nom masculin	**nm**	masculine noun
nom masculin et féminin	**nmf**	masculine and feminine noun
nom masculin, nom féminin	**nm, f**	masculine noun, feminine noun
nom masculin ou nom féminin	**nm ou nf**	masculine or feminine noun
nom masculin pluriel	**nmpl**	plural masculine noun
locution nominale	**n phr**	phrase noun
nom propre	**npr**	proper noun
physique nucléaire	**NUCL**	nuclear physics
numéral	**num**	numeral
œnologie	**ŒNOL / OENOL**	oenology
injurieux	**offens**	offensive
terme officiellement recommandé par l'Académie	**offic**	officially recognized term
onomatopée	**onomat**	onomatopoeia
optique	**OPT**	optics
ordinal	**ord**	ordinal
ornithologie	**ORNITH**	ornithology
	o.s.	oneself
péjoratif	**péj / pej**	pejorative
personne	**pers**	person
pronom personnel	**pers pron**	personal pronoun
industrie du pétrole	**PÉTR / PETR**	petroleum industry
pharmacie	**PHARM**	pharmaceuticals
philosophie	**PHILOS**	philosophy
phonétique	**PHON**	phonetics
photographie	**PHOT**	photography
locution	**phr**	phrase
physique	**PHYS**	physics
physiologie	**PHYSIOL**	physiology
pluriel	**pl**	plural
nom pluriel	**pl n**	plural noun
nom propre pluriel	**pl pr n**	plural proper noun
poétique	**poét**	poetic
poésie	**POET**	poetry
politique	**POL**	politics
adjectif possessif	**poss adj**	possessive adjective
pronom possessif	**poss pron**	possessive pronoun
participe passé	**pp**	past participle
participe présent	**p prés**	present participle
sens propre	**pr**	literal
nom placé devant un déterminant	**predet**	predeterminer
préfixe	**préf / pref**	prefix
locution prépositionnelle	**prep phr**	prepositional phrase
préposition	**prép / prep**	preposition
présent	**pres**	present
imprimerie	**PRINT**	printing
nom propre	**pr n**	proper noun
pronom	**pron**	pronoun
pronom adverbial	**pron adv**	adverbial pronoun
pronom démonstratif	**pron dém**	demonstrative pronoun
pronom indéfini	**pron indéf**	indefinite pronoun
pronom interrogatif	**pron interr**	interrogative pronoun
pronom personnel	**pron pers**	personal pronoun
locution pronominale	**pron phr**	pronominal phrase
pronom possessif	**pron poss**	possessive pronoun
pronom relatif	**pron rel**	relative pronoun
proverbe	**prov**	proverb
psychologie	**PSYCHOL**	psychology
passé	**pt**	past tense
quelque chose	**qqch**	something
quelqu'un	**qqn**	somebody
religion	**RELIG**	religion
pronom relatif	**rel pron**	relative pronoun
voile	**SAIL**	sailing
quelqu'un	**sb**	somebody
scolaire	**SCH**	school
argot scolaire	**school sl**	school slang
sciences	**SCI**	science
séparable	**sép / sep**	separable
couture	**SEW**	sewing
singulier	**sg / sing**	singular
argot	**sl**	slang
sociologie	**SOCIOL**	sociology
soutenu	**sout**	formal
terme spécialisé	**spéc / spec**	specialized term
Bourse	**ST. EX**	Stock Ex
quelque chose	**sthg**	
subjonctif		
suffixe		
sujet		
superlatif		
technologie	**T**	
télécommunications	**T**	
textiles	**T**	
très familier	**tf**	
théâtre	**TH**	theatre
transports	**TRANSP**	transport
travaux publics	**TRAV PUB**	civil engineering
télévision	**TV**	television
typographie	**TYPO**	typography
substantif non comptable	**U**	uncountable noun
université	**UNIV**	university
le plus souvent	**usu**	usually
verbe attributif	**v att**	link verb followed by a predicative adjective or noun
verbe auxiliaire	**v aux**	auxiliary verb
verbe	**vb**	verb
vêtement	**VÊT**	clothing
médecine vétérinaire	**VÉTÉR / VET**	veterinary science
verbe intransitif	**vi**	intransitive verb
verbe impersonnel	**v impers**	impersonal verb
très familier	**v inf**	very informal
verbe pronominal	**vp**	pronominal verb
verbe pronominal intransitif	**vpi**	intransitive pronominal verb
verbe pronominal transitif	**vpt**	transitive pronominal verb
verbe transitif	**vt**	transitive verb
verbe transitif inséparable	**vt insep**	inseparable transitive verb
verbe transitif séparable	**vt sep**	separable transitive verb
vulgaire	**vulg**	vulgar
zoologie	**ZOOL**	zoology
équivalent culturel	**≃**	cultural equivalent

REGIONAL VARIETIES OF ENGLISH

anglais australien	**AUSTR**	Australian English
anglais canadien	**CAN**	Canadian English
anglais irlandais	**IR**	Irish English
anglais de Nouvelle-Zélande	**NZ**	New Zealand English
anglais d'Afrique du Sud	**SAFR**	South African English
anglais écossais	**SCOT**	Scottish English
anglais britannique	**UK**	British English
anglais américain	**US**	American English

VARIÉTÉS DU FRANÇAIS

français d'Afrique	**AFR**	African French
belgicisme	**BELG**	Belgian French
québécisme	**QUÉBEC**	Canadian French
helvétisme	**SUISSE**	Swiss French

DICTIONNAIRE

français-anglais
anglais-français

French-English
English-French

DICTIONARY

21, rue du Montparnasse
75283 Paris Cedex 06
France

ISBN 978- 2-03-584231-2

Publié aux États-Unis et au Canada par :
Published in the United States of America and Canada by:
Éditions LAROUSSE
21, rue du Montparnasse
75283 Paris Cedex 06
France

www.larousse.fr

ISBN 978-2-03-541038-2

Diffusion/Sales: Houghton Mifflin Harcourt, Boston
Library of Congress CIP Data has been applied for

Crédits photographiques (lettrines) / Photographic credits (running initials) :
Drapeau britannique / British flag : Ph. © Andres Rodriguez – Fotolia.com
Statue de la Liberté et drapeau américain / Statue of Liberty and American flag : Ph. © Lee Prince – Fotolia.com
Tour Eiffel / Eiffel Tower : Ph. © Nabil Biyahmadine – Fotolia.com
Arc de Triomphe : Ph. © Imagine – Fotolia.com

Grand DICTIONNAIRE français-anglais anglais-français

French-English English-French DICTIONARY

Unabridged edition

Direction de la publication – Publishing director
Carine Girac-Marinier

Direction éditoriale – Editorial management
Claude Nimmo

Rédaction – Editors
Valérie Katzaros Martyn Back
avec – with
Emily Duggan, Hélène Houssemaine-Florent, Kathleen Micham, Marianne Mouchot, Christine Ouvrard

Suivi éditorial – Editorial coordination
Beata Assaf Giovanni Picci

Annexes – Supplementary material
Marie-Noëlle Lamy, Pascale Leclercq

Lecture-Correction – Proofreading
Madeleine Biaujeaud, Henri Goldszal, Joëlle Narjollet, Chantal Pagès

Structuration et contrôle de cohérence – Data structure and checking
Monika Hoffmann Al Mourabit
avec – with
Dominique Chevalier, Willemine Jaspars, Sharareh Maljaei

Informatique éditoriale et composition – Data management and Typesetting
Dalila Abdelkader, Ivo Kulev, Marion Pépin

Direction artistique – Design
Ulrike Meindl

Mise en page – Layout
Jérôme Faucheux

Dessins et Iconographie – Drawings and illustrations
Jacqueline Pajouès, Laurent Blondel, Archives Larousse ; Valérie Perrin

Cartographie – Maps
Nadine Martrès

Fabrication – Production
Marlène Delbeken

Remerciements

Nous tenons à remercier tout spécialement Anne-Claire Brabant, David Tarradas Agea, Gabrielle Bishop et Rozenn Étienne. Nos remerciements vont également à Laurence Bergé-Andreu qui, grâce à l'enquête réalisée auprès des enseignants, nous a permis de sélectionner les informations les plus pertinentes pour les annexes.

Acknowledgments

Special thanks to Anne-Claire Brabant, David Tarradas Agea, Gabrielle Bishop and Rozenn Étienne. We would also like to thank Laurence Bergé-Andreu whose survey of teachers helped us to select the most useful supplementary material.

Texte établi à partir du Grand Dictionnaire Larousse anglais-français / français-anglais.
Based on the Larousse Unabridged English-French / French-English Dictionary.

Direction de la rédaction – General editor
Faye Carney

Coordination éditoriale – Coordinating editor
Claude Nimmo

Rédaction – Editors

Valérie Katzaros, Martyn Back
Rose Rocciola, Michael Mayor
Claude Le Guyader, Martin Crowley
Laurence Larroche, Ruth Blackmore

avec – with

Cécile Vanwalleghem, David Hallworth, Catherine Julia, Jane Goldie
Anne Lecroart, Karen Lawson, Sabine Citron, Patrick White
Sophie Marin, Jane Rogoyska, Isabelle Rosselin, Steve Garner
Bernard Giraud, Margaret Jul Costa, Marie-Paule Poncelet, Peter Cross
Anne Landelle, Stephen Curtis, Nadine Mongeard, Paul Duffy
Carole Coen, Claire Evans, Edwin Carpenter, Simon Fraser

Secrétariat d'édition – Copy preparation
Marie-Noëlle Tilliette, Alexandra Dalbin, Emmanuelle Desramé, Sandrine Avril

Sommaire
Contents

Préface

Ce nouveau dictionnaire, fruit d'un projet ambitieux, est le plus actuel et le plus complet des ouvrages de référence français-anglais, anglais-français. Il s'adresse aux lycéens, aux étudiants, aux professionnels de la langue ainsi qu'à tous ceux qui ont un intérêt particulier pour la langue anglaise et la culture anglo-saxonne.

Conçu de manière à répondre au mieux aux besoins des utilisateurs, il allie à une présentation conviviale un contenu riche reflétant l'évolution de l'anglais et du français et couvrant aussi bien la langue courante que de nombreux domaines de spécialité, notamment ceux qui connaissent une forte progression, tels que les nouvelles technologies et l'Internet. En privilégiant une description des deux langues au travers de très nombreux exemples, notre propos est double : montrer les structures lexicales consacrées par l'usage et offrir ainsi une large palette de traductions. L'anglais américain a fait l'objet d'un traitement spécifique et les variantes britanniques et américaines sont clairement indiquées. Le fond et la forme étant intimement liés, nous avons apporté un soin particulier à la structure des articles, de façon à identifier précisément les différents sens des mots et à mettre en relief les mots composés, les expressions figées et les locutions.

Outre le lexique, ce nouveau dictionnaire offre à ses utilisateurs des aides, sous forme de notes et d'encadrés, pour déjouer les pièges de la langue et comprendre des points de grammaire là où la syntaxe diffère entre le français et l'anglais. Ces informations complémentaires sont insérées dans les articles afin de faciliter l'expression dans l'autre langue. Par ailleurs, un recueil d'exemples types regroupés par thème en annexe permet d'exprimer de la manière la plus naturelle des notions telles que l'acceptation, l'obligation, etc.

Enfin, fidèles à la tradition encyclopédique de Larousse, nous avons donné à ce Grand Dictionnaire une ouverture encyclopédique qui, au-delà des nombreux noms propres, termes géographiques et titres d'œuvres figurant dans sa nomenclature, s'étend aux développements complétant certains articles. Ainsi, les réalités historiques, culturelles ou institutionnelles dont les connotations ne peuvent être rendues par la seule traduction sont expliquées dans des notes. De même, certaines expressions imagées et courantes mais néanmoins peu transparentes font l'objet de développements qui renseignent le lecteur sur leur origine et leur emploi. En outre, un supplément en couleurs composé d'un cahier culturel relatant les grands courants artistiques, de planches thématiques consacrées à 15 domaines techniques et d'un atlas des pays anglophones et francophones complète cet ouvrage.

L'Éditeur

Foreword

This new dictionary is the most complete and up-to-date reference book on modern French available today. The result of an ambitious project, it is aimed at students, language professionals, and anyone with a serious interest in French language and culture.

Designed with the specific needs of its readers in mind, its user-friendly layout provides access to a wealth of words, meanings and expressions that reflect how both French and English have evolved. It covers everyday language – including slang – as well as a wide range of specialist fields, with particular emphasis on those where new coinages often appear such as new technologies and the Internet. Regional varieties of French are well represented, with many words and expressions specific to Belgium, Switzerland and Quebec. The entries also feature thousands of helpful example sentences, designed both to illustrate usage and to introduce essential nuances of translation. The layout of the dictionary has been carefully designed to make different meanings easy to identify, and to make compounds, set structures and idioms stand out.

But this dictionary is much more than just an inventory of words. If offers a wealth of extra information in the form of notes and boxes to help the reader avoid common pitfalls and to explain tricky grammar points. This extra information appears where it is most useful, in (or close to) the relevant entries. In a separate section, you will also find a wide selection of typical phrases arranged according to what they express (acceptance, refusal, etc), providing a valuable aid to self-expression in French.

Larousse is well known as the leading French publisher of encyclopaedias, and this dictionary has a uniquely rich encyclopaedic dimension, providing translations or explanations for a wealth of proper names, place names, and titles of books and artworks. Historical or cultural events and names of institutions whose connotations cannot be rendered by a simple translation are explained in helpful boxes. Colourful expressions which are very allusive or culture-bound and thus difficult to translate are treated in a similar way, with useful information on their origins, meanings and contexts. Last but by no means least, a colour supplement includes a cultural section presenting major artistic movements, colour plates with bilingual labels relating to a selection of technical fields, and maps of the English- and French-speaking world.

The Publisher

mot d'entrée
headword

acuponcture, acupuncture [akypɔ̃ktyʀ] nf acupuncture.

variante graphique
variant spelling

homographes
homographs

clocher[1] [klɔʃe] nm **1.** [tour] bell-tower, church tower **2.** [village] ▸ **son clocher** the place where he was born / *il n'a jamais quitté son clocher* he knows nothing of the world.
❖ **de clocher** loc adj ▸ **esprit de clocher** parochialism, parish-pump mentality / *intérêts de clocher* parochial interests ▸ **querelles de clocher** petty bickering.

clocher[2] [3] [klɔʃe] ◆ vi *fam* to be wrong / *qu'est-ce qui cloche?* what's wrong ou up? ◆ vt HORT to (put under a) cloche.

exemple
le mot d'entrée est montré en contexte
example
headword is shown in context

forme féminine
feminine form

créatif, ive [kʀeatif, iv] ◆ adj [esprit] creative, imaginative, inventive / *une atmosphère créative* a creative atmosphere. ◆ nm, f [gén] creative person ; [de publicité] designer.

graphie de la Réforme de l'orthographe
French reformed spelling

prononciation
voir pages 14 et 15 pour la liste des symboles phonétiques
pronunciation
see pages 14 and 15 for a list of the phonetic symbols

fair-play (*pl* **fair-play**), **fairplay*** [fɛʀplɛ] ◆ nm fair play, fair-mindedness. ◆ adj fair-minded ▸ **il est fair-play a)** [joueur] he plays fair **b)** *fig* he has a sense of fair play.

finish [finiʃ] (*pl* **finish** *ou* **finishs***) nm SPORT finish / *jouer un match* / *une partie au finish* (to play a) match / game to the finish / *je l'ai eu au finish* *fam & fig* I got him in the end.

numéros introduisant les différents sens
numbered meanings

renvoi aux tableaux de conjugaison
reference to verb tables

cultiver [3] [kyltive] vt **1.** AGR [champ, terres] to cultivate, to farm ; [plantes] to grow **2.** [conserver obstinément - accent] to cultivate / *elle cultive le paradoxe* she cultivates a paradoxical way of thinking **3.** [entretenir - relations, savoir] to keep up / *cultive ton russe* keep up your Russian ▸ **cultiver sa mémoire** to work on one's memory ▸ **cultivez l'ambassadeur** make sure you're in with the Ambassador **4.** [protéger] to protect, to safeguard / *elle cultive son indépendance* she protects her independence.
❖ **se cultiver** ◆ vpi to educate o.s. / *elle s'est cultivée par elle-même* she's self-taught. ◆ vpt : *se cultiver l'esprit* to cultivate the mind.

indication du sens ou du contexte
indication of meaning or context

sous-entrée
verbes pronominaux
sub-entry
French reflexive / pronominal verbs

catégorie grammaticale
part of speech

adresse [adʀɛs] nf **1.** [domicile] address ▸ **parti sans laisser d'adresse** gone without leaving a forwarding address ▸ **adresse du lieu de travail** business address ▸ **une bonne adresse a)** [magasin] a good shop UK ou store US **b)** [restaurant] a good restaurant **c)** [hôtel] a good hotel **2.** [dextérité] skill, dexterity, deftness ▸ **jeu d'adresse** game of skill **3.** [subtilité] cleverness, adroitness / *répondre avec adresse* to give a tactful answer **4.** [discours] formal speech, address **5.** [dans un dictionnaire] headword **6.** INFORM address **7.** ▸ **adresse électronique** e-mail address ▸ **adresse Internet** Web address ▸ **adresse IP** IP address ▸ **adresse URL** URL address.
❖ **à l'adresse de** loc prép intended for, aimed at.

nom composé, locution
compound, idiom

sous-entrée
structures figées
sub-entry
set structures

indicateur de domaine
field label

tangent, e [tɑ̃ʒɑ̃, ɑ̃t] adj **1.** GÉOM & MATH tangent, tangential **2.** *fam* [limite - cas, candidat] borderline / *ses notes sont tangentes* her grades put her on the borderline / *je ne l'ai pas renvoyé, mais c'était tangent* I didn't fire him but I was very close to doing so.
❖ **tangente** nf **1.** GÉOM & MATH tangent / *une tangente à la courbe* a tangent to the curve **2.** EXPR ▸ **prendre la tangente a)** *fam* [se sauver] to make off **b)** [esquiver une question] to dodge the issue.

indication du registre
register label

expressions figées
set phrases

indication de l'usage
usage label

les différents sens des expressions sont indiqués
different meanings of an expression

trompeter [27] [tʀɔ̃pəte] ◆ vt [fait] to trumpet, to shout from the rooftops. ◆ vi *vieilli* [musicien - gén] to play the trumpet, to trumpet *vieilli* ; [aigle] to scream.
✐ In reformed spelling (see p. 16-19), this verb is conjugated like *acheter*: *il trompète, elle trompèterait.*

note sur les mots concernés par la Réforme de l'orthographe
note on French reformed spelling

fuseau, x [fyzo] nm **1.** [bobine] spindle ▸ **dentelle / ouvrage aux fuseaux** bobbin lace / needlework **2.** VÊT stirrup pants **3.** GÉOM lune **4.** BIOL spindle.

pluriel
plural

abolitionism [ˌæbəˈlɪʃənɪzm] n abolitionnisme *m* *(dans un contexte américain, ce mot fait le plus souvent référence à l'abolition de l'esclavage aux États-Unis).*

traduction
translation

genre
French gender

Aga-saga [ˈɑːgəˌsɑːgə] n UK *hum roman ayant pour thème la vie sentimentale d'une femme au foyer aisée.*

explication lorsqu'il n'y a pas d'équivalent exact
explanatory gloss provided where there is no direct equivalent

A-level (abbr of advanced level) n UK SCH ▸ **A-levels** or **A-level exams** ≃ baccalauréat *m* / *he teaches A-level physics* ≃ il est professeur de physique en terminale / *to take one's A-levels* ≃ passer son bac.

précisions sur la traduction
extra information that clarifies the translation

accoutre UK, **accouter** US [əˈkuːtər] vt *fml* équiper ▸ **to be accoutred with sthg** être équipé de qqch.

équivalent culturel
cultural equivalent

forme développée des abréviations
full form of abbreviations

back country n AUSTR & NZ campagne *f*, arrière-pays *m inv.*

char [ʃaʀ] nm **1.** MIL tank ▸ **char d'assaut** ou **de combat** tank / *fait comme un char d'assaut* built like a tank **2.** LOISIRS float ▸ **char à voile** sand yacht / *faire du char à voile* to go sand yachting **3.** [voiture] ▸ **char à bancs** *open wagon with seats for passengers* ▸ **char à bœufs** ox cart ▸ **char funèbre** hearse **4.** ANTIQ chariot ▸ **le char de l'État** the ship of State **5.** QUÉBEC *fam* car **6.** *tfam* = **charre.**

variétés de l'anglais
regional varieties of English

variétés du français
regional varieties of French

renvoi des variantes orthographiques aux entrées principales
cross-reference from alternative spelling

selves [selvz] pl ⟶ **self.**

renvoi des pluriels irréguliers aux entrées au singulier
cross-reference from irregular plurals

had *(weak form* [həd], *strong form* [hæd]) pt & pp ⟶ **have.**

go² [gəʊ] *(pres (3rd pers sg)* **goes** [gəʊz], *pt* **went** [went], *pp* **gone** [gɒn], *pl* **goes** [gəʊz])
◆ vi

renvoi des formes irrégulières des verbes à l'infinitif
cross-reference from irregular verb forms to main verb

formes irrégulières des verbes avec leur transcription phonétique
irregular verb forms with pronunciation

A. TRAVEL OR PROCEED
B. WITH STATE OR SITUATION
C. FUTURE, INTENTION OR FUNCTION

A. TRAVEL OR PROCEED 1. [move, travel - person] aller ; [- vehicle] aller, rouler / *we're going to Paris / Japan / Spain* nous allons à Paris / au Japon / en Espagne [...]

menu indiquant les principaux sens des entrées complexes
menu introducing the structure of complex entries

foggy [ˈfɒgɪ] *(compar* **foggier**, *superl* **foggiest**) adj **1.** [misty] brumeux / *it's foggy* il y a du brouillard or de la brume / *it's getting foggy* le brouillard commence à tomber / *on a foggy day* par un jour de brouillard **2.** PHOT [film] voilé **3.** PHR **I haven't the foggiest idea** or **notion** je n'ai aucune idée, je n'en ai pas la moindre idée.

comparatifs et superlatifs irréguliers
irregular comparatives and superlatives

pluriels irréguliers avec leur transcription phonétiques
irregular plurals with pronunciation

loaf [ləʊf] *(pl* **loaves** [ləʊvz]) ◆ n **1.** [of bread] pain *m* ; [large round loaf] miche *f* / *two loaves (of bread) please* deux pains, s'il vous plaît **2.** PHR **use your loaf!** UK *inf* fais travailler tes méninges ! [...]

aged ◆ adj **1.** [eɪdʒd] [of the age of] : *a man aged 50* un homme (âgé) de 50 ans **2.** [ˈeɪdʒɪd] [old] âgé, vieux *(before vowel or silent 'h'* **vieil**, *f* **vieille)** / *my aged aunt* ma vieille tante ▸ **aged care** prise *f* en charge des personnes âgées. [...]

expressions figées
set phrases

précisions grammaticales
extra grammatical information

Alice [ˈælɪs] pr n / **'Alice in Wonderland'** *Carroll* 'Alice au pays des merveilles'.

fend [fend] vi ▸ **to fend for o.s. a)** se débrouiller tout seul **b)** [financially] s'assumer, subvenir à ses besoins.
❖ **fend off** vt sep [blow] parer ; [attack, attacker] repousser ; *fig* [question] éluder, se dérober à ; [person at door, on telephone] éconduire.

titres d'œuvres célèbres : littéraires, musicales, cinématographies, etc.
titles of well-known books, films, etc.

verbes à particules et verbes prépositionnels
phrasal verbs and prepositional verbs

faux amis
false friends

⚠ Le mot anglais **adept** signifie « expert » et non adepte.

⚠ In modern French, **affluence** refers to crowds of people arriving somewhere, never to wealth.

---

notes signalant des difficultés de traduction
notes on nuances of translation

politics ou **policy ?**
Politics se réfère à la politique au sens de l'art de gouverner, tandis que **a policy** est une politique au sens d'une stratégie ou d'un ensemble de mesures.

cerveau or **cervelle?**
The anatomical term is **cerveau; cervelle** is used when brains are being referred to as a food item (**cervelle d'agneau**), or metaphorically to refer to the human mind (**se creuser la cervelle; il n'a rien dans la cervelle**).

---

notes pour déjouer les pièges grammaticaux
useful grammar tips

Attention ! Le mot accommodation est indénombrable en anglais britannique. Il ne s'emploie jamais ni au pluriel ni avec l'article indéfini an :
Je cherche un logement provisoire. *I'm looking for (some) temporary accommodation.*

Note that avoir honte que is followed by a verb in the subjunctive:
I was ashamed that my brother had found out my secret. *J'avais honte que mon frère ait découvert mon secret.*

événements historiques clés
key historical events

Mai 1968
The events of May 1968 came about when student protests, coupled with widespread industrial unrest, culminated in a general strike and rioting. De Gaulle's government survived the crisis, but the issues raised made the events a turning point in French social history.

The Declaration of Independence
Document rédigé par Thomas Jefferson et proclamant, le 4 juillet 1776, l'indépendance des 13 colonies de la Nouvelle-Angleterre. Cette déclaration est considérée comme l'acte de naissance des États-Unis d'Amérique.

---

zooms sur les grandes institutions
insight into important institutions

Quai
The names **Quai d'Orsay** and **Quai des Orfèvres** are often used to refer to the government departments situated on the streets of the same name (the foreign office and the police department respectively). **Le Quai de Conti** is sometimes used to refer to the **Académie française**.

Downing Street
C'est à **Downing Street**, à Londres, que se trouvent les résidences officielles du Premier ministre (au n° 10) et du chancelier de l'Échiquier (au n° 11). Tony Blair a été le premier chef de gouvernement à avoir choisi de résider au n° 11 pour des raisons de confort familial. Par extension, le nom de la rue est employé pour désigner le Premier ministre et ses fonctions.

---

culture et société
culture and society

RTT
Initially planned as a measure to reduce unemployment, the law on a 35-hour working week known as **les trente-cinq heures** has not entirely succeeded but it has generated more leisure time for people in paid employment in the form of days off known as **journées (de) RTT**.

Flag day
En Grande-Bretagne, les **flag days** ont lieu en général le samedi. On fait appel à la générosité des particuliers qui, en contrepartie de leurs dons pour des œuvres de bienfaisance, reçoivent un insigne ou un badge. Aux États-Unis, **Flag Day** commémore l'adoption le 14 juin 1777 de **Stars and Stripes**, l'actuel drapeau américain.

---

système éducatif
education system

Bizutage
In some French schools and colleges, students take to the streets in fancy-dress and play practical jokes on each other and on passers-by at the beginning of the school year. This is part of the traditional initiation ceremony known as **bizutage**.

GCSE
Examen sanctionnant la fin de la première partie de l'enseignement secondaire. Chaque élève présente les matières de son choix (généralement entre 5 et 10) selon un système d'unités de valeur. Le nombre d'unités et les notes obtenues déterminent le passage dans la classe supérieure. Après cet examen, les élèves peuvent choisir d'arrêter leurs études ou de préparer les **A-levels**.

Le coq gaulois

The cockerel is the symbol of France. Its cry, **cocorico!**, is sometimes used to express national pride: **trois médailles d'or pour la France – Cocorico !**

Bald eagle

Cet oiseau est l'emblème des États-Unis. Il figure sur le sceau officiel.

symboles culturels expliqués

symbols explained

Caps

le cap Blanc	Cap Blanc
le cap Bon	Cap Bon
le cap de Bonne-Espérance	the Cape of Good Hope
cap Canaveral	Cape Canaveral
le cap Gris-Nez	Gris-Nez Cape
le cap Horn	Cape Horn
le cap Nord	North Cape
le cap Saint-Vincent	Saint Vincent Cape

Capes

Cape Bon	le cap Bon
Cape Canaveral	cap Canaveral
Cape Cod	cap Cod
the Cape of Good Hope	le cap de Bonne-Espérance
Cape Horn	le cap Horn

noms géographiques

lists of geographical names

Coup de Jarnac

In 1547, the baron de Jarnac fought a duel with a rival nobleman, François de Vivonne. Jarnac won the duel by cutting his rival's hamstring with an unexpected and unconventional sword thrust. The incident became legendary, and the expression **un coup de Jarnac** has come to mean an unexpected and decisive blow dealt by someone:

Après sa maladie, son licenciement économique a été un véritable coup de Jarnac. *Being made redundant after his illness was a terrible and unexpected blow for him.*

Coup de Jarnac de l'opposition municipale qui met son veto au projet de construction d'une marina. *Opposition council members have launched a surprise attack, vetoing plans for a new marina.*

Bob's your uncle

Cette expression trouverait son origine dans un cas de népotisme qui avait fait scandale en 1887, lorsque le Premier ministre Robert Cecil nomma son neveu au poste de premier secrétaire pour l'Irlande. Elle est généralement prononcée après une explication ou une série d'instructions, et évoque la simplicité de la démarche :

Add some sliced bananas and whipped cream and Bob's your uncle! *Ajoutez des bananes coupées en rondelles et de la chantilly et le tour est joué !*

Switch on, press start and Bob's your uncle! *Mettez en marche, appuyez sur « départ », et voilà !*

origine et signification des locutions

origins and meanings of idioms

aides sur les difficultés grammaticales

useful language tips

LA PLACE DES ADVERBES

Les adverbes sont des mots invariables qui servent à modifier un verbe, mais aussi un adjectif, un autre adverbe, un complément, ou même une phrase entière. Selon leur sens et le type d'élément qu'ils modifient, ils peuvent être placés à différents endroits de l'énoncé. On rencontre les adverbes en position initiale ou finale, comme en français, mais aussi en position préverbale, une spécificité de l'anglais.

POSITION INITIALE : COMME EN FRANÇAIS

En position initiale, on trouve les adverbes qui portent sur une phrase entière, comme c'est le cas des adverbes de point de vue :

Personally, I think the room price is perfectly affordable. **Moreover**, the location of the hotel is perfect. Personnellement, je trouve que le prix de la chambre est tout à fait abordable. De plus, l'hôtel est idéalement situé.

Dans l'exemple ci-dessus, l'énonciateur affirme que ce qui suit n'engage que

POSITION PRÉVERBALE : UNE SPÉCIFICITÉ DE L'ANGLAIS

Lorsqu'ils modifient un verbe, la grande majorité des adverbes peuvent occuper une position préverbale dans l'énoncé, contrairement à ce qui se passe en français.

En français, ces adverbes sont souvent placés ***après*** le verbe :

Il fait ***vraiment*** beau aujourd'hui.

BRINGING AND TAKING

THE VERBS **AMENER / EMMENER** AND **APPORTER / EMPORTER**

❶ When humans are direct objects

When the direct object is a human or a live animal, the verbs to choose are:

- **amener**
  Generally speaking, amener corresponds to the idea of ***bringing***.
  J'amènerai mon copain à ta soirée. I'll bring my boyfriend to your party.
  Ils avaient amené leur chien. They'd brought their dog.

❷ With inanimate objects

When the direct object is inanimate, the verbs to choose are:

- **apporter**
  Generally speaking, apporter corresponds to the idea of ***bringing***.
  Apporte-lui ses lunettes. Bring his glasses to him.
  Demain apportez vos livres de grammaire. Tomorrow, bring your grammar books.

Notes on language and culture

French - English section

French culture & society

L'**Académie** française
L'**agrégation**
La guerre d'**Algérie**
Alsace
Alsace-Lorraine
L'**Ancien** Régime
Anglo-Saxon
Les **Antilles**
Aquitaine
Les **Archives** départementales
Les **Archives** nationales
L'**Ascension**
L'**Assemblée** nationale
L'**Assomption**
Autoroute
Auvergne
Le festival d'**Avignon**
Baccalauréat
Bail
Banlieue
Basse-Normandie
La **Bastille**
BD
Beaubourg
La **Bibliothèque** nationale de France
Bistrot
Bizutage
Bouquinistes
Bourgogne
Bretagne
Cabinet
Cadre
Café
Calendrier républicain
Canton
CAPES
Carte de séjour
Caution
Centre
La **Chambre** des députés
Champagne-Ardenne
Charcuterie
Charges
La **Cinémathèque** française
Classes préparatoires
Code postal
Coefficient
Le **Collège** de France
Colonie de vacances
La **Comédie-Française**
Comité d'entreprise
Commune
La **Commune**
Concierge
Le **Conseil** constitutionnel
Le **Conseil** d'État
Conseil général
Conseil des ministres
Conseil municipal
Conseil régional
Conseil supérieur de la magistrature
Conseiller municipal
Constat
Le **coq** gaulois
La **Corse**
Cour d'assises
Cour de cassation
Cour des comptes
Décentralisation
La **déclaration** des droits de l'homme et du citoyen
Déclaration d'impôts
La **décolonisation**
Département
DOM-TOM
Dragée
L'Affaire **Dreyfus**
L'**école** laïque
La tour **Eiffel**
Élections
L'**Élysée**
Les **États** généraux
Fête
Fonctionnaire
Franche-Comté
Francophonie
Le **Front** populaire
Gendarmerie
Grande **école**
La **Hague**
Haussmann
Haute-Normandie
L'**hôtel** de la Monnaie
IGN
Île-de-France
Immatriculation
Impôts locaux
L'**Imprimerie** nationale
L'**Institut** de France
Le **Jeu** des mille euros
Le **Journal** officiel
La fête du 14 **Juillet**
Languedoc-Roussillon
Licence
Limousin
Lorraine
Le siècle des **Lumières**
La ligne **Maginot**
Magistrat
Mai 1968
Maire
Mairie
Maisons de la culture
Le **Marais**
Mariage
Marianne
La **Marseillaise**
Matignon
Midi-Pyrénées
MJC
Montparnasse
Muguet
Municipales
Mutuelle
L'édit de **Nantes**
Nord-Pas-de-Calais
La **Nouvelle** Vague
L'**Occupation**
Le plan **ORSEC**
Palais des Papes
Les cloches de **Pâques**
Paris
Pays de la Loire
Peine de mort
Permis de conduire
Picardie
Pièce
Pied-noir
Pion
Plan Vigipirate
PMU
Poitou-Charentes
École **polytechnique**
Préfecture
Préfet
La **présidentielle**
Presse
Provence-Alpes-Côte d'Azur
Quai
Régime de Sécurité sociale
Région
Les **renseignements** généraux
La **rentrée**
La **Résistance**
Les **Restos** du cœur
La **Révolution** française
Rhône-Alpes
Rive droite, rive gauche
RTT
Rue
Saint-Germain-des-Prés
SAMU
Les **sans-culottes**
Savon de Marseille
Sécurité sociale
Le **seizième**
Le **Sénat**
Service militaire ou national
Syndic
Le **Tour** de France
La **Toussaint**
Verlan
Versailles
Le gouvernement de **Vichy**
Le **vin**

Origins & meanings of idioms

L'**âge** du capitaine
Je t'**aime**, moi non plus
L'**Arlésienne**
L'**arroseur** arrosé
C'est [Mozart] qu'on **assassine** !
Faire **avancer** le schmilblick
Un **bateau** ivre
La **Berezina**
Tout va très **bien**, madame la marquise
C'est (pas) **Byzance**
Vouloir être **calife** à la place du calife
... de **chez** ...
Circulez, y a rien à voir
C'est **Clochemerle** !
Coup de Jarnac
Si [**Dieu**] n'existait pas, il faudrait l'inventer
Impossible n'est pas français
Un **inventaire** à la Prévert
La **madeleine** de Proust
[Labourage] et [pâturage] sont les deux **mamelles** de [la France]
La substantifique **moelle**
Tout le **monde** il est beau, tout le monde il est gentil
Mouton de Panurge
Revenons à nos **moutons**
C'est **nouveau**, ça vient de sortir !
[Tirer] plus vite que son **ombre**
J'en **passe** et des meilleur(e)s
Montrer **patte** blanche
Le plat **pays**
Une **peau** de chagrin
C'est pas le **Pérou**
Y a pas **photo** !
Morne **plaine**
Nourri dans le **sérail**
Être **tombé** dedans quand on était petit
Un coup de **Trafalgar**
[La **vie**] est un long fleuve tranquille

Useful language tips

amener : bringing and taking
avoir : *il y a... (que)* with expressions of time
comme : the conjunction *comme*
conditionnel : the nuances expressed by the conditional
couleur : colours
croire : *croire* and *penser*
depuis (que)
dernier : adjectives of time with different meanings according to their position
effet : traduire *en effet* et *effectivement*
en
encore : pas encore
faire : *cela (or ça) fait... que* + expressions of elapsed time or frequency
faire : when two verbs follow each other
futur : remember the future!
il : *il* in impersonal constructions
lui : using pronouns for emphasis
mouvement : how to describe the direction and manner of a movement
ne : *ne... pas* and *ne... plus* with expressions of time
par
passif : passive constructions as ways of emphasising authority or neutrality
quelque : how to talk about indeterminate objects or ideas
savoir : *savoir* or *connaître*
souvenir : talking about remembering things
subjonctif : the subjunctive after *que*: mandatory or a matter of choice?

Notes sur la culture et la langue

Partie anglais - français

Culture et société

The **Alamo**
The **Albert Hall**
A-Level
Alexandra Palace
Amendments
April Fools' Day
Archbishop
Armistice Day
Asian
Backbencher
Bald eagle
Barnardo's
The **Bay of Pigs**
Beer
Best man
Big Ben
Bingo
The **Black Country**
Block vote
Bloomsbury Group
The **Boer** War
Bond Street
Booker Prize
Boston Tea Party
Bow Bells
Bring-and-buy sale
The Battle of **Britain**
British Council
British Library
Broadsheet
Building societies
Capitol Hill
Carnaby Street
Carol service
Caucus
Property **chains**
The **Charge** of the Light Brigade
Checks and balances
The **Church** of England
The **City**
The **Civil Rights** Movement
The American **Civil War**
The English **Civil War**
Club
Colonel Blimp
Coming of age
Common law
Congress
The **Conservative Party**
Constitution
Continental breakfast
Convention
Corgi
The **Corn** Laws
Coronation Street
Covent Garden
Cracker
Daffodil
Date
The **Declaration of Independence**
The Great **Depression**
Dial-a-...
Downing Street
I have a **dream**
Drury Lane
Duke of Edinburgh's Award Scheme
The **Dust Bowl**
Edinburgh Festival
Mid-term **elections**
The **Emancipation** Proclamation
English breakfast
Eskimo
Eton
The **Fabian Society**
The **Falklands** War
Fête
The **Financial Times**
Financial year
Fiscal year
Flag day
Fleet Street
GCSE
The **Gettysburg Address**
The **Glorious Revolution**
The **Gold Rush**
Gothic novel
Grammar school
Ground zero
The **Gunpowder Plot**
Guy Fawkes' Night
The **Habeas Corpus** Act
Henley Regatta
Highland games
Home Rule
Honourable
House
House of Commons / Lords
House of Representatives
The American War of **Independence**
The **Industrial** Revolution
Internment
IRA
The **Irish** Free State
The **Jacobites**
Justice of the Peace → **JP**
The **Kennedy** assassination
The **Korean** War
Labor Day
Labour Party
Ladies' Day
Last Night of the Proms
Lawyer
L-driver
Leek
Liberal Democratic Party
Licensing Hours
Limerick
The battle of the **Little Bighorn**
Lloyd's of London
Local government
Log cabin
Lord
Lord Chancellor
Lord Lieutenant
Lord Mayor
The **Louisiana Purchase**
Loyalist
The **Luddite** Riots
Magna Carta
Marshall Plan
The **Mayflower** Compact
McCarthyism
The **Mexican** War
The **Midnight** ride
Minutemen
Monroe Doctrine
The **Norman** Conquest
Northern Ireland
Pantomime
Pearl Harbor
The **Peasants'** Revolt
The **Pentagon**
The **Pilgrim Fathers**
The **Poor Laws**
Porton Down
The **potato** famine
Primaries
Privy Council
Prohibition
The **Protectorate**
Pub
Public school
Punch and Judy
The **Puritans**
Quango
Radio
The **Reconstruction**
The great **Reform Bills**
Remembrance Sunday
The **Restoration**
Rhyming slang
The **Royal Society**
Comprehensive **schools**
Senate
Shadow cabinet
Shamrock
The **shot** heard around the world
Sinn Féin
Somerset House
The **South Sea Bubble**
The **Spanish-American** War
The **Spanish Armada**
Speaker of the House
Speech day
Sponsored walk
The **Stamp** Act
The **Stars** and Stripes
State of the Union address
Stonewall
Strawberries and cream
The General **Strike**
Student union
Suburb
The **suffragettes**
Sunday papers
Supreme Court
Tea
Terrace
Thanksgiving
Thistle
Traffic warden
The **trail** of tears
The **Transcontinental** Railroad
The **Union Jack**
University
The Saint **Valentine**'s Day Massacre
The **Vietnam** War
Village green
The **Wall Street** Crash
The **Wars** of the Roses
The **War** of the Worlds
Watergate
The **Welsh Assembly**
Westminster
Whitehall
The **winter** of discontent
Ye olde
Yearbook
Yellow lines

Origine et signification des expressions

Babe(s) in the Wood
Not with a **bang** but a whimper
The **blind** leading the blind
Bob's your uncle
Brave new world
Once more unto the **breach**
Catch-22
Computer says no
To be **cruel** to be kind
A **curate's egg**
Out, **damned** [spot]!
Not whistling **Dixie**
The 64 thousand **dollar** question
Eat, drink and be merry
Flavour of the month
The **genie** is out of the bottle
To put the **genie** back in the bottle
A **hair** of the dog [that bit you]
A red **herring**
Hobson's choice
Every **inch** a [king]
A good **innings**
Jam tomorrow
To **kill** someone with kindness
Labour of love
It isn't over till the fat **lady** sings
Land-office business
The **law** of the jungle
To pull somebody's **leg**
A **leopard** cannot change its spots
To have nine lives → **life**
To live the **life** of Riley
To be out on a **limb**
To be out of **line** ; to step out of **line**
To toe the **line**
At **loggerheads**
Logrolling
It's the **luck** of the draw
To be left in the **lurch**
Mad as a hatter
Another fine **mess**
I'm from **Missouri**
Nudge nudge, wink wink
The world's my **oyster**
Fools **rush** in...
More **sin**ned against than sinning
Fall on **stony** ground

Aides linguistiques

able : be able to *et* be allowed to
adjective : l'ordre des adjectifs
adverb : la place des adverbes
as : as *et* like
be
can : can / could
comparative : comparatif et superlatif
do
every : each / every / all / whole
for : for / since / ago
have (to)
if : if *et* wish
make : make *et* do
many : much / many / a lot of
may : may / might
move : verbs of movement
must
need : need *et* dare
not : la négation
ought to
question : 1) poser des questions
2) question tags
s : cas possessif ('s)
shall : shall / should
some : some / any / no
the : *articles* a, the, Ø
this : this / that
used : used to *et* be used to
verb : les verbes à particules
want (to)
which : which, who *et* that
will : 1) l'avenir **2)** will / would

Voyelles

[ɪ]	pit, big, rid
[e]	pet, tend
[æ]	pat, bag, mad
[ʌ]	putt, cut
[ɒ]	pot, log
[ʊ]	put, full
[ə]	mother, suppose
[iː]	bean, weed
[ɑː]	barn, car, laugh
[ɔː]	born, lawn
[uː]	loop, loose
[ɜː]	burn, learn, bird

Diphtongues

[eɪ]	bay, late, great
[aɪ]	buy, light, aisle
[ɔɪ]	boy, foil
[əʊ]	no, road, blow
[aʊ]	now, shout, town
[ɪə]	peer, fierce, idea
[eə]	pair, bear, share
[ʊə]	poor, sure, tour

Semi-voyelles

[j]	you, spaniel
[w]	wet, why, twin

Consonnes

[p]	pop, people
[b]	bottle, bib
[t]	train, tip
[d]	dog, did
[k]	come, kitchen
[g]	gag, great
[ʧ]	chain, wretched
[ʤ]	jig, fridge
[f]	fib, physical
[v]	vine, livid
[θ]	think, fifth
[ð]	this, with
[s]	seal, peace
[z]	zip, his
[ʃ]	sheep, machine
[ʒ]	usual, measure
[h]	how, perhaps
[m]	metal, comb
[n]	night, dinner
[ŋ]	sung, parking
[l]	little, help
[r]	right, carry
[x]	loch

Notes sur la transcription phonétique

ANGLAIS - FRANÇAIS

1. Accents primaire et secondaire

Les symboles [ˈ] et [ˌ] indiquent respectivement un accent primaire et un accent secondaire sur la syllabe suivante.

2. Prononciation du « r » final

Le symbole [ʳ] indique que le « r » final d'un mot anglais ne se prononce que lorsqu'il forme une liaison avec la voyelle du mot suivant ; le « r » final est presque toujours prononcé en anglais américain.

3. Anglais britannique et américain

Les différences de prononciation entre l'anglais britannique et l'anglais américain ne sont signalées que lorsqu'elles sortent du cadre de règles générales préétablies. Le « o » de **dog**, par exemple, est généralement plus allongé en anglais américain, et ne bénéficie pas d'une seconde transcription phonétique. En revanche, des mots comme **schedule**, **clerk**, **cliché**, etc., dont la prononciation est moins évidente, font l'objet de deux transcriptions phonétiques.

4. Mots ayant deux prononciations

Nous avons choisi de ne donner que la prononciation la plus courante du mot, sauf dans les cas où une variante est particulièrement fréquente, comme par exemple le mot **kilometre** [ˈkɪləˌmiːtəʳ or kɪˈlɒmɪtəʳ].

5. Les formes accentuées et atones

La prononciation de certains mots monosyllabiques anglais varie selon le degré d'emphase qu'ils ont dans la phrase ; **the**, par exemple, se prononce [ðiː] en position accentuée, [ðə] en position atone, et [ðɪ] devant une voyelle. Ces informations sont présentées de la manière suivante dans le dictionnaire: **the** *(weak form* [ðə]*, before vowel* [ðɪ]*, strong form* [ðiː]*)*.

FRANÇAIS - ANGLAIS

1. Le symbole ['] représente le « h aspiré » français, par exemple **hachis** [ˈaʃi].

2. Comme le veut la tendance actuelle, nous ne faisons pas de distinction entre le « a » de **pâte** et celui de **patte**, tous deux transcrits [a].

3. **Prononciation du « e » muet**
Lorsque le « e » peut ne pas être prononcé dans le discours continu, il a été mis entre parenthèses, comme par exemple pour le mot **cheval** [ʃ(ə)val].

Oral vowels

[i]	fille, île
[e]	pays, ann**ée**, **ai**der, fer**ai**
[ɛ]	bec, **ai**me, l**ait**, fer**ais**
[a]	lac, papillon
[y]	**u**sage, l**u**ne
[u]	**ou**til, g**oû**t
[ə]	l**e**, j**e**
[œ]	p**eu**ple, b**œu**f
[ø]	av**eu**, j**eu**
[o]	dr**ô**le, **au**be
[ɔ]	h**o**tte, aut**o**mne

Nasal vowels

[ɛ̃]	l**im**be, m**ain**
[œ̃]	parf**um**, br**un**
[ɑ̃]	ch**am**p, **en**nui
[ɔ̃]	**on**gle, m**on**

Semi-vowels

[j]	y**eu**x, l**i**eu
[ɥ]	l**u**i, n**u**it
[w]	**ou**est, **ou**i

Oral Consonants

[p]	**p**rendre, gri**pp**e
[t]	**th**éâ**t**re, **t**emps
[k]	**c**o**q**, **qu**atre, or**ch**estre
[b]	**b**ateau, ros**b**if
[d]	**d**alle, ron**d**e
[g]	**g**arder, épilo**gu**e, zin**c**
[f]	**ph**ysique, **f**ort
[s]	**c**ela, **s**avant, iner**t**ie, di**x**
[ʃ]	**ch**arrue, **sch**éma, **sh**érif
[v]	**v**oir, ri**v**e
[l]	ha**ll**e, **l**it
[z]	frai**s**e, **z**éro
[ʒ]	rou**g**e, **j**abot
[ʀ]	a**rr**acher, sab**r**e

Nasal consonants

[m]	**m**ât, dra**m**e
[n]	**n**ager, trô**n**e
[ɲ]	a**gn**eau, pei**gn**er
[ŋ]	parki**ng**

Notes on phonetic transcription

FRENCH - ENGLISH

1. The symbol ['] has been used to represent the French 'h aspiré', e.g. **hachis** ['aʃi].

2. We have followed the modern tendency not to distinguish between the 'a' in **pâte** and the 'a' in **patte**. Both are represented in the text by the phonetic symbol [a].

3. Internal schwa

In cases where the schwa [ə] is likely to be ignored in connected speech but retained in the citation form, the [ə] has been shown in brackets, e.g. **cheval** [ʃ(ə)val].

ENGLISH - FRENCH

1. Primary and secondary stress

The symbol [ˈ] indicates that the following syllable carries primary stress and the symbol [ˌ] that the following syllable carries secondary stress.

2. Pronunciation of final 'r'

The symbol [ʳ] in English phonetics indicates that the final 'r' is pronounced only when followed by a word beginning with a vowel. Note that it is nearly always pronounced in American English.

3. British and American English

Differences between British and American pronunciation have not been shown where the pronunciation can be predicted by a standard set of rules, for example where the 'o' in **dog** is lengthened in American English. However, phonetics have been shown for the more unpredictable cases of **schedule**, **clerk**, **cliché**, etc.

4. Alternative pronunciations

Our approach being primarily functional rather than descriptive, we have avoided giving variant pronunciations unless both variants are met with equal frequency, e.g. **kilometre** [ˈkɪləˌmiːtəʳ or kɪˈlɒmɪtəʳ].

5. Strong and weak forms

The pronunciation of certain monosyllabic words varies according to their prominence in a sentence, e.g. **the** when stressed is pronounced [ðiː]; when unstressed, [ðə] and before a vowel [ðɪ]. This information is presented in the text as follows: **the** *(weak form* [ðə]*, before vowel* [ðɪ]*, strong form* [ðiː]*)*.

Réforme de l'orthographe

Une orthographe mise à jour

Des recommandations pour une orthographe française revue et modernisée ont été émises en 1990, à l'initiative du Premier ministre français, par le groupe de travail du Conseil supérieur de la langue française. Les propositions (portant sur les noms communs uniquement) avaient pour but d'éliminer ce qui n'a plus de raison d'être pour le locuteur natif d'aujourd'hui, en particulier de supprimer des exceptions, établir des régularités, et, ce faisant, de faciliter l'apprentissage de la langue. La Réforme de 1990 voulait mettre en adéquation la graphie avec la prononciation actuelle en suivant les règles déjà admises de transposition d'un son en français.

En France, ces préconisations ont fait vivement réagir en leur temps (fallait-il, par exemple, rééditer tous nos classiques ?), jusqu'à ce que l'Académie française se prononce, soulignant qu'elles n'avaient aucun caractère obligatoire et seraient « soumises à l'épreuve du temps », aucune des graphies, la traditionnelle ou la nouvelle, n'étant « tenue pour fautive ».

Si la prise en compte des nouvelles graphies semble encore marginale en France même, la question reste ouverte pour la francophonie dans son ensemble, certains pays y voyant un moyen de mieux résister face à la langue concurrente.

Plus récemment, par son *Bulletin officiel* du 12 avril 2007, le ministère français de l'Éducation nationale a demandé aux enseignants de l'école primaire de prendre en compte ces nouvelles graphies.

Le lecteur trouvera ci-dessous les grandes lignes de cette réforme, axée autour de cinq points principaux.

Une graphie plus phonétique

• Certaines graphies qui paraissent aujourd'hui incongrues peuvent être remplacées par la graphie intuitive normale en français :

exéma au lieu de *eczéma*, *ognon* au lieu de *oignon*

• Certaines lettres superfétatoires peuvent être omises :
le « e » de *asseoir*, *messeoir*, *rasseoir* et *surseoir* ; le « h » de *saccharine*, etc.

Des familles réassorties

On harmonise les ensembles vus comme constituant une même famille. Par exemple, le fameux *chariot*, seul sans double « r » de la série des *charrue*, *charretier*, etc., devient *charriot*, et l'on peut dorénavant écrire *boursouffler* (avec deux « f ») comme *souffler*, *persiffler* comme *siffler*, *prud'hommal* (avec deux « m ») comme *prud'homme*, *quincailler* (sans « i » après le double « l ») comme *poulailler*, etc.

Un trait d'union plus systématique

• **Ajout du trait d'union.** En nouvelle orthographe, tous les adjectifs numéraux composés, sans exception, peuvent prendre un trait d'union.

– adjectifs numéraux cardinaux : vingt-et-un (21), trente-et-un (31), etc., mais aussi cent-deux (102), deux-mille (2 000), etc., trente-et-un-mille-quatre-cent-trente-et-un (31 431), et ainsi de suite.

– adjectifs numéraux ordinaux : vingt-et-unième (21e), deux-millième (2 000e), trente-et-un-mille-quatre-cents-trente-et-unième (31 431e), etc.

• **Suppression du trait d'union.** La nouvelle orthographe propose d'écrire sans trait d'union et sans espace, donc « soudés », un grand nombre de mots dits « composés » :

– qui commencent par « contre » (*contrallée*), « entre » (*s'entredéchirer*), « extra » — sur le modèle de *extraordinaire* —, « infra », « intra », « ultra ».

– qui sont formés d'un verbe et d'un nom :
croquemonsieur, *portemonnaie* ;

– qui sont, soit d'autres composés (*bienpensant*), soit commencent par un préfixe d'origine latine ou grecque (*électroencéphalogramme*, *néocalédonien*, etc.) ;

– qui sont formés d'onomatopées ou qui sont d'origine étrangère moderne (*cahincaha*, *weekend*, etc.).

Des changements d'accentuation

• **L'accent circonflexe** marque en français dans la plupart des cas un « s » disparu à l'écrit (parfois encore décelable dans la prononciation, cf. *hostel* → *hôtel*). Selon les recommandations de la Réforme de l'orthographe, cet accent peut être supprimé. Ainsi, par exemple, pour les verbes [infinitif et formes conjuguées] :

***connaitre**, il/elle connait, il/elle connaitra, il/elle connaitrait*

et non plus forcément

connaître, il/elle connaît, il/elle connaîtra, il/elle connaîtrait.

Cela vaut pour le « **i** » de ***apparaitre*** (*apparaître*), ***naitre*** (*naître*), ***paraitre*** (*paraître*), et tous les verbes de même modèle, mais aussi pour le « **u** » de ***bruler*** (*brûler*) et tous ses composés (*brule-parfum*). Pour certains verbes, seules certaines formes conjuguées sont concernées :

il complait/il se complait et non plus seulement *il complaît/il se complaît.*

L'accent circonflexe peut-être omis de même sur les noms : ***buche*** (*bûche*), ***bucheron*** (*bûcheron*), ***flute*** (*flûte*), ***ile*** (*île*), etc.

• **Exceptions :** l'accent circonflexe est conservé

– s'il permet de distinguer entre deux homophones :

*il **croit** [believes]* et *il **croît** [grows]*, ***jeune** [young]* et ***jeûne** [fasting]*

– dans les conjugaisons, aux formes du passé simple de l'indicatif et au subjonctif :

nous partîmes [passé simple],

qu'il partît [imparfait du subjonctif],

qu'il fût parti [plus-que-parfait du subjonctif].

• **L'accent grave sur le** « e » sera admis en lieu et place du « e » accent aigu, supplanté depuis longtemps par un « e » ouvert à l'oral :

– dans certains mots tels que *évènement*, au lieu de *événement*, selon des graphies déjà largement répandues mais contestées ;

– dans les inversions à valeur conditionnelle : *eussè-je* (même si j'avais) au lieu de *eussé-je*, *dussè-je* (même si je devais) au lieu de *dussé-je* ;

– dans les conjugaisons de certains verbes. Il s'agit surtout des verbes en *-eler*, *-érer*, *-eter*, pour lesquels la conjugaison traditionnelle garde le « e » accent aigu de l'infinitif ou rend le son « è » par le « e » suivi de double consonne (cf. *amonceler*, *marqueter*). Cela impliquera en général pour le verbe concerné la possibilité de se conjuguer selon un autre modèle.

conjugaison réformée	**conjugaison traditionnelle**
au présent de l'indicatif	
j'amoncèle	j'amoncelle
[sur le modèle de *peler*]	[sur le modèle de *appeler*]
je marquète	je marquette
[sur le modèle de *acheter*]	[sur le modèle de *appeler*]
au futur de l'indicatif	
j'amoncèlerai	j'amoncellerai
au conditionnel présent	
je fédèrerais	je fédérerais
je pondèrerais	je pondérerais

• **Le tréma** pourra être déplacé au-dessus du « u », lettre dont il signale la prononciation :

ambigüité et non plus seulement *ambiguïté*,
aigüe et non plus seulement *aiguë*, etc.

On s'autorise le tréma sur des « u » qui auraient dû le porter :

gageüre [gaʒyʀ] et non plus seulement *gageure* [gaʒyʀ], etc.

Des accords plus réguliers ?

Singulier et pluriel des mots composés. En orthographe traditionnelle, la graphie d'un mot composé tient compte du sens sous-jacent : on écrit *un rince-doigts* et *un sèche-cheveux* parce qu'on rince plusieurs doigts et qu'on sèche plusieurs cheveux ; on mange *des amuse-gueule*, qui amusent *la gueule* de chacun. En nouvelle orthographe, le mot composé est vu comme un mot simple ; en conséquence, seul le dernier composant varie en nombre. Autrement dit, il ne prend pas de « s » (ou de « x ») au singulier, sur aucun de ses composants. On pourra donc écrire *un rince-doigt, des rince-doigts* et *un sèche-cheveu, des sèche-cheveux*.

Les emprunts aux langues étrangères. Qu'ils viennent de langues mortes ou de langues vivantes, les emprunts peuvent être accentués conformément à leur prononciation moderne et être mis au pluriel selon les règles usuelles du français :

un flash — *des flashs*
un jazzman — *des jazzmans*
un erratum — *des erratums*

Les pluriels latins tels que *desiderata* étaient jusqu'ici surtout avérés au pluriel et à la forme invariable : *Quels sont tes desiderata ?* On pouvait admettre qu'existait un singulier implicite, dans la mesure où l'on peut dire : *Tu n'as pas de desiderata* (ni un, ni plusieurs, de même que l'on peut écrire *Tu n'as pas de souhait* OU *souhaits à formuler*).

En nouvelle orthographe, le mot est marqué d'accents écrits et devient variable : *un désidérata* — *des désidératas*

On fera une exception pour les formes adverbiales, qui seront accentuées mais ne seront pas soudées. On écrira en un mot :

un apriori — *des aprioris*
mais
à priori (loc adv)
ex nihilo (loc adv)

Le participe passé de *laisser*. L'accord du participe passé est connu pour être une difficulté du français à l'écrit. Les semi-auxiliaires *faire* et *laisser* sont couramment pensés comme deux cas particuliers ; or l'orthographe traditionnelle ne les traite pas de la même façon :

Faire devant un infinitif reste invariable en genre et en nombre : *Elle s'est **fait** faire une mise en plis.*

Laisser devant un infinitif est variable ou non, selon la fonction du sujet par rapport à l'infinitif : *Elle s'est **laissé** prendre* [invariable : ce n'est pas elle qui prend] mais *Elle s'est **laissée** tomber* [variable : c'est elle qui tombe].

Le cas est simplifié en nouvelle orthographe : *laisser* est lui aussi admis comme étant invariable en genre et en nombre.

Dans ce dictionnaire

Les formes de nouvelle orthographe retenues dans cet ouvrage, candidates à une entrée dans l'usage, sont données dans la partie français-anglais et marquées d'un astérisque (*) ou précisées par une remarque rédigée en anglais, en fin d'article.

> **connaître, connaitre*** [91] [kɔnɛtʀ]
> ◆ vt [...]
> ❖ **connaître de, connaitre de*** v + prép [...]
> ❖ **se connaître, se connaitre*** ◆ vp [...] ◆ vpi [...]

Pour les verbes changeant de modèle de conjugaison, le numéro de conjugaison donné à l'entrée renvoie au modèle traditionnel ; le modèle proposé par la Réforme de l'orthographe est précisé dans une remarque :

> **amonceler** [24] [amɔ̃sle] vt **1.** [...] **2.** [...]
> ❖ **s'amonceler** vpi [...]
> In reformed spelling (see p. 16-19), this verb is conjugated like ***peler*** : *il amoncèle, elle amoncèlera.*

> **fédérer** [18] [fedeʀe] vt to federate, to form into a federation.
> ❖ **se fédérer** vp *(emploi réfléchi)* to federate.
> In reformed spelling (see p. 16-19), this verb is conjugated like ***semer*** : *il fédèrera, elles se fédèreraient.*

> **marqueter** [27] [maʀkəte] vt **1.** [bois] to inlay **2.** *litt* [tacheter] to speckle, to dot.
> In reformed spelling (see p. 16-19), this verb is conjugated like ***acheter*** : *il marquète, elle marquètera.*

Les formes plurielles autorisées par la Réforme sont signalées par un astérisque :

> **appui-tête** (*pl* appuis-tête), **appuie-tête** (*pl* appuie-tête *ou* appuie-têtes*) [apɥitɛt] nm headrest.

Sont de même signalées par un astérisque les formes désormais autorisées au singulier :

> **rince-doigts, rince-doigt*** [ʀɛ̃sdwa] nm finger bowl.

En résumé

Selon cette réforme, de façon générale, certaines graphies, qui ne s'expliquent que par l'histoire de la langue, ne sont plus souhaitables ; la légitimité d'une graphie réformée est surtout fondée sur son reflet de la prononciation, son comportement plus conforme aux règles générales et donc, espère-t-on, la facilité de son apprentissage.

La nouvelle orthographe ne demande pas une application de ses règles sans discernement aucun, la prononciation ne devant pas être altérée et la reconnaissance devant rester immédiate. Ainsi, *extra-utérin*, qui sans trait d'union serait prononcé « *extrotérin* », ne sera pas soudé. Un mot peut aussi perdre son accent mais non son trait d'union, comme c'est le cas pour *brule-parfum*. Pour ne pas être comminatoire, la nouvelle orthographe admet des exceptions. Il arrive aussi qu'elle entérine un usage déjà répandu — comme c'est le cas pour *l'évènement* —, qu'elle propose d'étendre et de ne plus sanctionner dans le contexte scolaire et universitaire.

Que choisir ?

Réformée ou traditionnelle, deux graphies coexistent ; l'une ou l'autre s'écrit ou s'écrivent.

À chacun de juger s'il préfère l'orthographe traditionnelle :

> Alors, a priori, l'orthographe est-elle une gageure ? Si elle lui donne de l'eczéma et qu'il se complaît dans l'écriture cahin-caha, doit-il surseoir à la réforme, ou bien se conformer à mes desiderata, dussé-je lui paraître insistant ?

ou la nouvelle :

> Alors, à priori, l'orthographe est-elle une gageüre ? Si elle lui donne de l'exéma et qu'il se complait dans l'écriture cahincaha, doit-il sursoir à la réforme, ou bien se conformer à mes désidératas, dussè-je lui paraitre insistant ?

Ce dictionnaire bilingue, passerelle entre deux langues vivantes, ne se veut pas normatif et présente certaines formes de nouvelle orthographe à son lecteur, qui aura les cartes en main pour choisir.

French spelling reform

Modernized spelling rules

In 1990, on the initiative of the French Prime Minister, the *Conseil supérieur de la langue française* issued a series of recommendations for revised and modernized spelling of French. These proposals were intended to make the language easier to learn by eliminating what is no longer relevant to today's native speakers, removing exceptions, and generally making things more regular. The 1990 reform was intended to bring spelling into line with current pronunciation following standard rules of sound transcription.

At the time, these proposals provoked strong reactions in France (were all literary texts to be republished, for example?), leading the *Académie française* to state that the new spellings were in no way compulsory, that they would have to "stand the test of time", and that neither traditional nor reformed spelling was to be considered incorrect.

Although the new spelling rules have yet to be widely adopted in France, the reform has been more eagerly welcomed by other French-speaking countries, especially Canada (Quebec), where it is seen as a means of resisting the influence of English.

More recently, in the *Bulletin officiel* dated 12 April 2007, the French Education Minister asked primary school teachers to "take the new spellings into account".

Below we present the main thrust of the reform, focusing on five key points.

Spelling that more closely reflects pronunciation

• Some spellings that may now be perceived as odd can be replaced by a more intuitively logical alternative:

exéma instead of *eczéma*, *ognon* instead of *oignon*

• Some superfluous letters can be omitted:

the "e" in *asseoir, messeoir, rasseoir* and *surseoir*; the "h" in *saccharine*, etc.

Harmonization of word families

Sets of words seen as making up "families" have been harmonized. For instance the word *chariot*, the only word without a double "r" in the series *charrue, charretier*, etc., can now be spelt *charriot*. Similarly, *boursoufler* can be written *boursouffler* (in line with *souffler*), *persifler* can be written *persiffler* (like *siffler*), the new double "m" in *prud'hommal* echoes that in *prud'homme*, and *quincaillier* can become *quincailler*, modelled on *poulailler*.

More systematic hyphenation rules

• **Adding a hyphen**. In reformed spelling, all compound numerals can now be written with a hyphen:

cardinal numbers: *vingt-et-un, trente-et-un, cent-deux, deux-mille, trente-et-un-mille-quatre-cent-trente-et-un*, and so on.

ordinal numbers: *vingt-et-unième, deux-millième*, etc.

• **Removing the hyphen**. Many compounds can be now be spelt as one word:

- words that begin with "contre", "entre", "extra", "infra", "intra" and "ultra" (*contrallée, s'entredéchirer, infrarouge, intracommunautaire, ultraconservateur*);
- words that are made up of a verb and a noun (*croquemonsieur, portemonnaie*);
- in other compound forms such as *bienpensant* or words that begin with a prefix of Latin or Greek origin (*électroencéphalogramme, néocalédonien*);
- words that are onomatopoeic (*cahincaha*) or of modern foreign origin (*weekend*).

Use of accents

• **The circumflex accent** can in some cases be omitted:

connaître can now be written ***connaitre***, and its conjugated forms can also lose their circumflex *(il/elle connait, connaitra, connaitrait)*.

Similarly, *apparaître, naître* and *paraître* can now be written without the circumflex, as can *brûler* and all its compounds (*brûle-parfum* can now be written *brule-parfum*). Conjugated forms of verbs such as *complaire* are also affected: *il/elle (se) complaît* can now be written *il/elle (se) complait*.

The circumflex can also be omitted in some nouns, such as: **buche** (*bûche*), **bucheron** (*bûcheron*), **flute** (*flûte*), **ile** (*île*), etc.

• **Exceptions**. The circumflex is still required in the following cases:

- when it distinguishes between homophones

  il croit = he believes; *il croît* = it grows

  jeune = young; *jeûne* = fasting
- in conjugated forms (past simple indicative, subjunctive):

  nous partîmes [past simple],

  qu'il partît [imperfect subjunctive],

  qu'il fût parti [pluperfect subjunctive].

• **The grave accent on the "e"** can replace the acute accent where the open "e" sound has been used for a long time:

- *évènement* instead of *événement* (though widely used, the grave accent still tends to be marked as a mistake by teachers)
- in literary conditional forms such as *eussè-je, dussè-je* and *puissè-je* (traditionally written *eussé-je, dussé-je, puissé-je*)
- in certain verb conjugations.

This mainly concerns verbs that end in *-érer*, where the traditional conjugation retains the acute "e" of the infinitive, and in *-eler* and *-eter*, where the open "è" sound is rendered by doubling up the consonant (*amonceler: j'amoncelle*; *marqueter: il marquette*). In general the spelling reform allows these verbs to be conjugated according to another model:

reformed conjugation	**traditional conjugation**
present indicative	
j'amoncèle	j'amoncelle
[like *peler*]	[like *appeler*]
je marquète	je marquette
[like *acheter*]	[like *appeler*]
future indicative	
j'amoncèlerai	j'amoncellerai
present conditional	
je fédèrerais	je fédérerais
je pondèrerais	je pondérerais

• The diaeresis (tréma) can now be placed on the "u", since it indicates that the "u" is pronounced:

ambigüité instead of *ambiguïté, aigüe* instead of *aiguë*, etc.

The diaeresis can also be used on the letter "u" (where it should logically have always been used):

gageüre [gaʒyʀ] instead of *gageure* (never pronounced to rhyme with *fleur*), etc.

More regular agreement

Singular and plural of compounds. In traditional usage, the spelling of a compound word reflects its meaning: *rince-doigts* (fingerbowl) is written with an "s" because one rinses several fingers in it, but *amuse-gueule* (appetizer) is written without one because it "amuses" the (single) mouth of the person who eats it.

In reformed spelling, the compound is considered as a single word. This means that only its second component varies in number, and it never takes an "s" or an "x" in the singular, whatever its meaning. It is thus now possible to write *un rince-doigt, des rince-doigts.*

Loan words. Whether from dead or living languages, loan words can now be accentuated according to their modern pronunciation and pluralized according to the standard rules of French:

un flash	*des flashs*
un jazzman	*des jazzmans*
un erratum	*des erratums*

Latin plurals like *desiderata* (wishes) used to be considered as invariable plurals (*Quels sont tes desiderata?*). It was understood that an implicit singular existed because it was possible to write *Tu n'as pas de desiderata* (= you have no wishes/no single wish), just as it is possible to write *Tu n'as pas de souhait* OR *souhaits à formuler.*

In reformed spelling, the word has accents and becomes variable:

un désidérata,	*des désidératas.*

An exception is made for adverbial forms borrowed from other languages, which can now have accents but are still written as two words:

One word (nouns):	*un apriori, des aprioris*
Two words (adverbs):	*à priori, ex nihilo*

Past participle of "laisser". Agreement of the past participle is a thorny problem in French. The semi-auxiliaries *faire* and *laisser* are usually considered special cases, and traditional spelling confusingly treats them in different ways:

Faire followed by an infinitive always remains invariable in gender and number: *Elle s'est **fait** porter au pouvoir.*

Laisser followed by an infinitive is variable or invariable according to the function of the subject in relation to the infinitive: *Elle s'est **laissé** prendre en photo* (invariable because she wasn't the one taking the photograph) but *Elle s'est **laissée** tomber* (variable because she was the one who fell).

Spelling reform has simplified all this, and the past participle of *laisser* can now be considered invariable in gender and number: *Elles se sont **laissé** tomber.*

In this dictionary

Alternative new spellings are given for headwords on the French-English side of this dictionary. They are marked with an asterisk (*).

> **connaître, connaitre*** [91] [kɔnɛtʀ]
> ◆ vt [...]
> ❖ **connaître de, connaitre de*** v + prép [...]
> ❖ **se connaître, se connaitre*** ◆ vp [...] ◆ vpi [...]

Where verbs have a new alternative conjugation model, the number given in square brackets after the headword refers to the traditional model, while the alternative model is given in a note following the entry:

> **amonceler** [24] [amɔ̃sle] vt **1.** [...] **2.** [...]
> ❖ **s'amonceler** vpi [...]
> In reformed spelling (see p. 16-19), this verb is conjugated like ***peler** : il amoncèle, elle amoncèlera.*

> **fédérer** [18] [fedeʀe] vt to federate, to form into a federation.
> ❖ **se fédérer** vp *(emploi réfléchi)* to federate.
> In reformed spelling (see p. 16-19), this verb is conjugated like ***semer** : il fédèrera, elles se fédèreraient.*

> **marqueter** [27] [maʀkəte] vt **1.** [bois] to inlay **2.** *litt* [tacheter] to speckle, to dot.
> In reformed spelling (see p. 16-19), this verb is conjugated like ***acheter** : il marquète, elle marquètera.*

Plural forms authorized by the spelling reform are shown, marked with an asterisk:

> **appui-tête** (*pl* appuis-tête), **appuie-tête** (*pl* appuie-tête *ou* appuie-têtes*) [apɥitɛt] nm headrest.

Alternative new singular forms are also given, similarly marked with an asterisk:

> **rince-doigts, rince-doigt*** [ʀɛ̃sdwa] nm finger bowl.

Summary

According to the French spelling reform, some spellings whose sole justification lies in the history of the language should be abandoned. The legitimacy of a new spelling is chiefly based on how it reflects modern pronunciation and its regularity with respect to current standard rules. Reformed spelling sometimes merely embraces commonly used spellings, such as *évènement* and *règlement*, and states that teachers should no longer mark them as mistakes. It is hoped that the new spelling will make French easier to learn.

Reformed spelling does not involve blindly applying a set of rules, however; when an alternative spelling is used, pronunciation must not be affected and the word must still be instantly recognizable. The word *extra-utérin*, for example, has to remain a hyphenated compound because if it were written as one word it would be pronounced "extrotérin" (with the "au" of "auto"). Some words can lose their accents but not their hyphens, such as *brule-parfum.*

Which form should I use?

Reformed spelling allows two forms to exist side by side. In theory, you are free to choose which you prefer:

traditional spelling…

> Alors, a priori, l'orthographe est-elle une gageure ? Si elle lui donne de l'eczéma et qu'il se complaît dans l'écriture cahin-caha, doit-il surseoir à la réforme, ou bien se conformer à mes desiderata, dussé-je lui paraître insistant ?

… or new spelling

> Alors, à priori, l'orthographe est-elle une gageüre ? Si elle lui donne de l'exéma et qu'il se complait dans l'écriture cahincaha, doit-il sursoir à la réforme, ou bien se conformer à mes désidératas, dussè-je lui paraitre insistant ?

This dictionary is designed to be a bridge between two living languages. It is not prescriptive, and presents you with alternative spellings for a large number of French words. Although it's up to you to decide which form you prefer, you should be aware that, either because of the way they have been educated or because they are unaware of the reform, many French people will still flinch when they see the alternative spellings on paper. This means that you may still find yourself being corrected if you use them.

Français – Anglais
French – English

a, A [a] nm **1.** a, A **2.** EXPR **de A à Z** from A to Z. **Voir aussi g.**

a (abr écrite de **are**) a.

a [a] v ⟶ **avoir.**

A 1. (abr écrite de **ampère**) A, Amp **2.** abr écrite de **anticyclone 3.** abr écrite de **autoroute 4.** [sur une voiture] *indicates that the driver has recently obtained his or her licence.*

à [a] *(contraction de* à *avec* **le** *devant consonne ou 'h' aspiré* **au***, contraction de* à *avec* **les aux** [o])

◆ prép

- **A. DANS L'ESPACE**
- **B. DANS LE TEMPS**
- **C. DE QUELLE FAÇON**
- **D. DE QUI**
- **E. À QUI**
- **F. ÉVALUANT, RÉPARTISSANT**
- **G. DE PAR**
- **H. SUIVI DE L'INFINITIF**
- **I. QUI A, QUI SERT À**
- **J. COMME LIEN SYNTAXIQUE**

A. DANS L'ESPACE 1. [indiquant la position] at ; [à l'intérieur de] in ; [sur] on / *il habite à la campagne* he lives in the country / *elle habite au Canada* she lives in Canada / *j'habite au Havre* I live in Le Havre / *je suis aux Bermudes* I'm in Bermuda / *j'aimerais vivre à la Martinique* I'd like to live in Martinique ▸ **il est à l'hôpital** he's in hospital UK ou in the hospital US / *elle travaille à l'hôpital* she works at the hospital / *au jardin* in the garden ▸ **à l'orée du bois** at the edge of the wood ▸ **au marché** at the market / *il fait 45 °C au soleil* it's 45°C in the sun / *quand on est à 2 000 m d'altitude* when you're 2,000 m up / *au niveau de la mer* at sea level / *à l'intersection des deux droites* at the intersection of the two lines / *elle attendait à la porte* she was waiting at ou by the door ▸ **tenez-vous correctement à table** behave (properly) at the table ▸ **au mur / plafond** on the wall / ceiling ▸ **à terre** on the ground ▸ **se pencher à terre** to bend down / *c'est au rez-de-chaussée* it's on the ground floor / *j'ai mal à la tête* I've got a headache / *j'ai une ampoule au pied* I've got a blister on my foot / *je l'ai entendu à la radio* I heard it on the radio / *je l'ai vu à la télé* I saw it on TV / *on en a parlé aux informations* they mentioned it ou it was mentioned on the news ▸ **à ma droite** on ou to my right / *vous tournez à gauche après le feu* you turn left after the traffic lights / *la gare est à 500 m d'ici* the station is 500 m from here **2.** [indiquant la direction] to / *aller à Paris / aux États-Unis / à la Jamaïque* to go to Paris / to the United States / to Jamaica / *aller au cinéma* to go to the cinema / *aller à la piscine* to go swimming, to go to the swimming pool / *est-ce qu'elle est allée à l'université?* has she been to university? / *il a lancé le javelot à 74 m* he threw the javelin 74 m ▸ **lever les bras au ciel** to throw up one's arms **3.** [indiquant la provenance, l'origine] : *puiser de l'eau à la fontaine* to get water from the fountain / *retenir l'impôt à la source* to deduct tax at source / *remonter à l'origine d'une affaire* to get to the root of a matter.

B. DANS LE TEMPS 1. [indiquant un moment précis] at ; [devant une date, un jour] on ; [indiquant une époque, une période] in ▸ **à 6 h** at 6 o'clock / *il ne rentrera qu'à 8 h* he won't be back before 8 ▸ **à Pâques** at Easter ▸ **à Noël** at Christmas ▸ **à l'aube / l'aurore / midi** at dawn / daybreak / midday ▸ **au crépuscule** at dusk ▸ **le 12 au soir** on the evening of the 12th ▸ **à dater de ce jour** from that day on ou onwards ▸ **à mon arrivée** on my arrival ▸ **à ma naissance** when I was born ▸ **à l'automne** in (the) autumn UK, in the fall US ▸ **à la Renaissance** in the Renaissance ▸ **au XVII**[e] **siècle** in the 17th century ▸ **à chaque fois** every time ▸ **à chaque instant** every minute / *vous allez quelque part à Noël?* are you going somewhere for Christmas? / *je le lui donnerai à son anniversaire* I'll give it to her on her birthday ▸ **à trois, tu pars!** when I count three, go! **2.** [indiquant un délai] : *à une semaine des élections, 35 % des électeurs sont encore indécis* with only one week to go before election day, 35% of voters are still undecided / *nous sommes à deux semaines de Noël* there are only two weeks to go before Christmas, Christmas is only two weeks away / *il me tarde d'être à dimanche* I can't wait till Sunday ▸ **à demain / la semaine prochaine / mardi** see you tomorrow / next week / (on) Tuesday.

C. DE QUELLE FAÇON 1. [indiquant le moyen, l'instrument, l'accompagnement] ▸ **peindre à l'eau / à l'huile** to paint in watercolours / oils ▸ **marcher au fuel** to run off ou on oil ▸ **couper qqch au couteau** to cut sthg with a knife ▸ **cousu à la main** hand-sewn ▸ **cousu à la machine** machine-sewn ▸ **des mots écrits à la craie** words written in chalk ▸ **jouer qqch à la guitare** to play sthg on the guitar ▸ **cuisiner au beurre** to cook with butter ▸ **aller à pied / à cheval** to go on foot / on horseback **2.** [indiquant la manière] ▸ **à voix haute** out loud ▸ **on a ri aux larmes** we laughed till we cried ▸ **agir à son gré** to do as one pleases ou likes ▸ **tout fonctionne à merveille** everything works perfectly ▸ **je l'aime à la folie** I love her to distraction ▸ **nous pourrions multiplier les exemples à l'infini** we could cite an infinite number of examples ▸ **il s'assit à califourchon sur la chaise** he sat astride the chair ▸ **à toute vitesse** at full speed ▸ **à petits pas** at a slow pace ▸ **au ralenti** in slow motion ▸ **au rythme de deux par semaine** at the rate of two a week ▸ **à jeun** on ou with an empty stomach ▸ **faire qqch à la russe / turque** to do sthg the Russian / Turkish way ▸ **la vie à l'américaine** the American way of life ▸ **un film policier à la Hitchcock** a thriller in the style of ou à la Hitchcock.

D. DE QUI : *encore une idée à Papa!* fam another of Dad's ideas! / *je veux une chambre à moi* I want my own room ou a room of my own / *à qui est ce livre? — à moi* whose book is it? — (it's) mine / *c'est un ami à moi qui m'a parlé de vous* fam it was a friend of mine who told me about you.

E. À QUI : *je suis à vous dans une minute* I'll be with you in a minute ▸ **c'est à moi de jouer / parler** it's my turn to play / to speak / *ce n'est pas à moi de le faire* it's not up to me to do it ▸ **à M. le directeur** [dans la correspondance] to the manager / *à Jacques* to ou for Jacques ▸ **à notre fille bien-aimée** [sur une tombe] in memory of our beloved daughter ▸ **à toi pour toujours** yours for ever.

F. ÉVALUANT, RÉPARTISSANT 1. [introduisant un prix] : *un livre à 49 euros* a book which costs 49 euros, a book worth 49 euros / *un tableau à 100 000 euros* a painting worth 100,000 euros / **'tout à 10 euros'** 'everything 10 euros' / *ne fais pas la difficile pour une robe à 60 euros* don't make so much fuss about a 60-euro dress **2.** [indiquant un rapport, une mesure] ▸ **vendus à la douzaine / au poids / au détail** sold by the dozen / by weight / individually ▸ **payé à la page** paid by the page / *les promotions s'obtiennent au nombre d'années d'ancienneté* promotion is in accordance with length of service / *faites-les aligner deux à deux* line them up two by two **3.** [introduisant un nombre de personnes] : *ils ont soulevé le piano à quatre* it took four of them to lift the piano / *à deux, on aura vite fait de repeindre la cuisine* between the two of us, it won't take long to repaint the kitchen / *nous travaillons à sept dans la même pièce* there are seven of us working in the same room / *on peut dormir à six dans le chalet* the chalet can sleep six / *ils sont venus à plusieurs* several of them came **4.** [indiquant une approximation] : *je m'entraîne de trois à cinq heures par jour* I practise three to five hours a day / *j'en ai vu de 15 à 20* I saw 15 or 20 of them.

G. DE PAR 1. [indiquant la cause] : *à ces mots, il s'est tu* on hearing these words, he fell silent / *à ces cris, je me suis retourné* when I heard the cries, I turned round / *on l'a distribué à sa demande* it was given out at his request **2.** [indiquant la conséquence] : *il lui a tout dit, à ma grande surprise* he told her everything, much to my surprise ▸ **à la satisfaction générale** to the satisfaction of all concerned **3.** [d'après] ▸ **je l'ai reconnu à sa voix / démarche** I recognized (him by) his voice / walk / *au tremblement de ses mains, je voyais bien qu'il avait peur* I could tell he was scared from ou by the way his hands were shaking / *à sa mine, on voit qu'il est en mauvaise santé* you can tell from the way he looks that he's ill ▸ **à ce que je vois / comprends** from what I see / understand / *à ce qu'elle dit, le mur se serait écroulé* according to her ou to what she says, the wall collapsed.

H. SUIVI DE L'INFINITIF 1. [indiquant l'hypothèse, la cause] : *il s'est fait des ennemis à se conduire ainsi* he's made enemies by behaving that way / *tu vas te fatiguer à rester debout* you'll get tired standing up / *à t'entendre, on dirait que tu t'en moques* listening to you, I get the feeling that you don't care / *une histoire à vous faire rougir* an embarrassing story / *à bien considérer les* *choses...* all things considered... **2.** [exprimant l'obligation] : *la somme est à régler avant le 10* the full amount has to ou must be paid by the 10th / *le mur est à repeindre* the wall needs to be repainted ▸ **à consommer avec modération** to be drunk in moderation / *c'est une pièce à voir absolument* this play is really worth seeing / *un livre à lire et à relire* a book which can be read over and over again / *les vêtements à laver / repasser* the clothes to be washed / ironed / *la phrase à retenir* the sentence to be ou which should be remembered **3.** [exprimant la possibilité] ▸ **il n'y a rien à voir / à manger** there's nothing to see / to eat **4.** [en train de] : *il était assis là à bâiller* he was sitting there yawning / *j'étais sur la terrasse à lire* I was reading on the patio / *ne restez pas là à rêvasser* don't just sit there daydreaming **5.** [au point de] : *il en est à regretter ce qu'il a fait* he's come to regret what he did / *ils en sont à se demander si ça en vaut la peine* they've got to the stage of wondering whether or not it's worth the effort.

I. QUI A, QUI SERT À : *une fille aux cheveux longs* a girl with long hair / *l'homme au pardessus* the man in ou with the overcoat ▸ **une bête à cornes** a horned animal, an animal with horns / *une chemise à manches courtes* a short-sleeved shirt, a shirt with short sleeves ▸ **un pyjama à fleurs / rayures** flowery / stripy pyjamas / *une voiture à cinq vitesses* a five-gear car, a car with five gears / *une fugue à trois voix* a fugue in three parts ▸ **des sardines à l'huile** sardines in oil ▸ **concombre à la vinaigrette** cucumber in French dressing ▸ **poulet aux épices** spicy chicken ▸ **glace à la framboise** raspberry ice cream ▸ **arme à feu** firearm ▸ **avion à réaction** jet plane ▸ **chauffage au charbon / gaz** coal / gas heating ▸ **calculette à piles** battery-operated calculator ▸ **tasse à thé** teacup ▸ **mousse à raser** shaving cream ▸ **machine à coudre** sewing machine ▸ **papier à lettres** writing paper / **'bureau à louer'** 'office for rent'.

J. COMME LIEN SYNTAXIQUE 1. [introduisant le complément du verbe] ▸ **parler à qqn** to talk to sb ▸ **téléphoner à qqn** to phone sb ▸ **croire à qqch** to believe in sthg ▸ **penser à qqn** to think of ou about sb ▸ **convenir à qqn** to suit sb ▸ **aimer à faire qqch** *litt* to like to do sthg, to like doing sthg / *il consent à ce que nous y allions* he agrees to our going ▸ **dire à qqn de faire qqch** to tell sb to do sthg ▸ **rendre qqch à qqn** to give sthg back to sb, to give sb sthg back ▸ **dérober qqch à qqn** to steal sthg from sb ▸ **autoriser qqn à faire qqch** to authorize sb to do sthg **2.** [introduisant le complément d'un nom] : *l'aspiration à la liberté* hopes for freedom ▸ **l'appartenance à un parti** membership of a party / *son dévouement à notre cause* her devotion to our cause **3.** [introduisant le complément de l'adjectif] : *c'est difficile à dessiner* it's difficult to draw / *perpendiculaire à la droite B* perpendicular to line B ▸ **dévoué à la cause** devoted to the cause ▸ **agréable aux yeux** pleasant to look at ▸ **doux au toucher** soft to the touch.

Å (abr écrite de **Angström**) A, Å.

A+ (abr écrite de **à plus tard**) CUL.

a2m1 abr écrite de **à demain**.

AA (abr de **Alcooliques anonymes**) nmpl AA.

Aaron [aarɔ̃] npr Aaron.

AB (abr écrite de **assez bien**) *fair grade (as assessment of schoolwork)* ; ≃ C+ ; ≃ B-.

ab1to (abr écrite de **à bientôt**) CU.

abaissable [abɛsabl] adj [dossier, plateau] lowerable.

abaissant, e [abɛsɑ̃, ɑ̃t] adj degrading, debasing, humiliating.

abaisse [abɛs] nf [en pâtisserie] piece of rolled-out pastry / *faites une abaisse de 3 mm* roll the pastry to a thickness of 3 mm.

abaisse-langue [abɛslɑ̃g] (*pl* **abaisse-langues**) nm tongue-depressor, tongue spatula.

abaissement [abɛsmɑ̃] nm **1.** [d'une vitre] lowering ; [d'une manette - en tirant] pulling down ; [- en poussant] pushing down **2.** *fig* humbling, humiliation, abasement *litt*.

abaisser [4] [abese] vt **1.** [faire descendre - vitre] to lower ; [- store] to pull down *(sép)* ; [- voilette] to let down *(sép)* ; [- pont-levis] to lower, to let down *(sép)* ; [- température] to lower ▸ **abaisser la manette a)** [en tirant] to pull the lever down **b)** [en poussant] to push the lever down **2.** *litt* [individu, pays] to humble, to abase **3.** MATH [perpendiculaire] to drop ; [chiffre] to carry **4.** MUS to transpose down *(sép)* **5.** CULIN to roll out *(sép)* **6.** JEUX to lay down *(sép)*.

❖ **s'abaisser** vpi **1.** [vitre, pont-levis] to be lowered ; [voile, rideau] to fall ; [paupière] to droop **2.** [être en pente - champ] to slope down / *le terrain s'abaisse vers le fleuve* the land drops away towards the river.

❖ **s'abaisser à** vp + prép ▸ **s'abaisser à des compromissions** to stoop to compromise ▸ **s'abaisser à faire qqch** to stoop so low as to do sthg / *il ne s'abaisserait pas à mentir* he would not demean himself by lying.

abaisseur [abesœʀ] ◆ adj m ANAT ▸ **muscle abaisseur** depressor. ◆ nm ANAT depressor.

abajoue [abaʒu] nf cheek pouch.

abandon [abɑ̃dɔ̃] nm **1.** [fait de rejeter] abandonment, rejection / *son abandon de toute ambition politique* the fact that he gave up all political ambition ▸ **faire abandon de qqch à qqn** to donate sthg (freely) to sb ▸ **abandon de domicile** ou **du domicile conjugal** DR desertion of the marital home ▸ **abandon d'enfant** DR abandonment (of one's child) ▸ **abandon de famille** DR desertion ▸ **abandon de poste** MIL dereliction of duty ▸ **abandon de soi** self-abandonment **2.** [fait d'être rejeté] : *éprouver un sentiment d'abandon* to feel abandoned **3.** [état négligé] neglected state / *les lieux étaient dans un (état de) grand abandon* the place was shamefully neglected **4.** [absence de contraintes] abandon, freedom / *dans ses bras, elle avait connu un délicieux abandon* she'd experienced such sweet surrender in his arms / *une pose d'un abandon fort séduisant* a most seductive pose ▸ **avec abandon a)** [parler] freely **b)** [danser, rire] with gay abandon **5.** SPORT withdrawal / *il y a eu abandon par Vigor au troisième round* Vigor threw in the towel in the third round / *il y a eu abandon par Vigor juste avant l'arrivée* Vigor dropped out just before the finish.

❖ **à l'abandon** ◆ loc adj ▸ **un potager à l'abandon** a neglected kitchen garden. ◆ loc adv ▸ **laisser son affaire / ses enfants à l'abandon** to neglect one's business / one's children.

abandonné, e [abɑ̃dɔne] adj **1.** [parc] neglected ; [mine, exploitation] disused ; [village] deserted ; [maison, voiture] abandoned ; [vêtement, chaussure] discarded **2.** [enfant, animal] abandoned.

abandonner [3] [abɑ̃dɔne] vt **1.** [quitter - enfant, chien] to abandon ; [- épouse] to leave, to desert ; [- lieu] to abandon, to leave ; [- poste] to desert, to abandon ▸ **abandonné de tous** forsaken by all / *ils ont abandonné la ville pour la campagne* they left city life behind and settled in the country / *les troupes abandonnèrent le village* the troops withdrew from the village **2.** [faire défaut à] to fail, to desert, to forsake ▸ **mes forces m'abandonnent** *litt* my strength is failing me **3.** [renoncer à - projet, principe] to discard, to abandon ; [- hypothèse] to abandon ; [- espoir] to give up ; [- course] to drop out of ; [- études] to give up ; [- carrière] to give up, to leave ; [- droit, privilège] to relinquish, to renounce / *abandonner le pouvoir* to leave ou to retire from ou to give up office / *elle abandonne la géographie* she's dropping geography / *elle a abandonné l'enseignement* she's given up ou left teaching ▸ **abandonner la partie a)** *pr* to give up **b)** *fig* to throw in the sponge ou towel **4.** [livrer] ▸ **abandonner qqn à** to leave ou to abandon sb to / *il nous abandonne à notre destin* he's abandoning us to our fate / *il vous a abandonné à votre triste sort* he's left you to your unhappy fate *aussi hum* / *ils abandonnent le pays à la famine* they are condemning the country to starvation **5.** *(en usage absolu)* [dans une lutte, une discussion] to give up / *il ne comprendra jamais, j'abandonne* he'll never understand, I give up / *discute le prix, n'abandonne pas!* haggle over the price, don't give in! **6.** NAUT [navire] to abandon ; [homme] to maroon.

❖ **s'abandonner** vpi **1.** [se laisser aller] to let (o.s.) go / *elle s'abandonna dans ses bras* she surrendered herself to him **2.** [s'épancher] to open one's heart.

❖ **s'abandonner à** vp + prép [désespoir] to give way to ; [rêverie] to drift off into ; [plaisirs] to give o.s. up to.

abaque [abak] nm **1.** [pour compter] abacus **2.** ARCHIT abacus.

abasourdi, e [abazuʀdi] adj stunned.

abasourdir [32] [abazuʀdiʀ] vt **1.** [stupéfier] to stun / *la nouvelle nous avait abasourdis* we were stunned by the news **2.** [suj: bruit, clameur] to stun, to deafen.

abasourdissant, e [abazuʀdisɑ̃, ɑ̃t] adj [bruit] shattering, deafening ; [nouvelle] stunning.

abasourdissement [abazuʀdismɑ̃] nm stupefaction *sout*, amazement.

abat v ⟶ **abattre**.

abâtardir [32] [abataʀdiʀ] vt [race, individu] to cause to degenerate / *une version abâtardie de la pièce fig* a watered-down version of the play.

❖ **s'abâtardir** vpi [race, individu] to degenerate ; [valeur, qualité] to become debased.

abâtardissement [abataʀdismɑ̃] nm [d'une race] degeneration ; [d'une valeur] debasement.

abatis [abati] nm QUÉBEC *land being deforested for cultivation.*

abat-jour [abaʒuʀ] (*pl* **abat-jour** ou **abat-jours**) nm lampshade, shade.

abats [aba] nmpl [de porc, de bœuf] offal *(U)* ; [de volaille] giblets.

abat-son [abasɔ̃] (*pl* **abat-sons**) nm louvre.

abattage [abataʒ] nm **1.** [d'arbres] felling **2.** [d'animaux] slaughter, slaughtering / *45 kilos à l'abattage* 45 kilos at the time of slaughter **3.** MIN extraction, extracting **4.** EXPR **avoir de l'abattage** *fam* to be full of go ▸ **vente à l'abattage** discount sale.

abattant [abatɑ̃] nm flap, drop-leaf.

abattée [abate] nf **1.** NAUT beating **2.** AÉRON stall.

abattement [abatmɑ̃] nm **1.** [épuisement - physique] exhaustion ; [- moral] despondency, dejection **2.** [rabais] reduction ▸ **abattement (fiscal)** tax allowance ▸ **abattement à la base** basic allowance ▸ **abattement forfaitaire** stand allowance.

abattis [abati] ◆ nm **1.** MIL abatis, abattis **2.** [dans une forêt] felled trees. ◆ nmpl **1.** [de volaille] giblets **2.** *fam* [bras et jambes] limbs, arms and legs.

abattoir [abatwaʀ] nm slaughterhouse, abattoir.

abattre [83] [abatʀ] ◆ vt **1.** [faire tomber - arbre] to cut down *(sép)*, to fell ; [- mur] to pull ou to knock down *(sép)* ; [- quille] to knock down *(sép)* / *l'animal doit d'abord abattre son adversaire* first, the animal must bring its rival down ▸ **abattre de la besogne** ou **du travail** *fam & fig* to get through a lot of work / *on a abattu 20 kilomètres en une journée fam* we clocked UK ou racked US up 20 kilometres in a day **2.** [suj: vent, tempête, etc.] to knock down *(sép)* / *l'arbre fut abattu par le vent* the tree was blown down **3.** [mettre à plat - main, battant] to bring down *(sép)* / *elle a abattu son poing sur le buffet* she slammed her fist down on the sideboard ▸ **abattre ses cartes** ou **son jeu a)** *pr* to lay down one's cards **b)** *fig* to lay one's cards on the table, to show one's hand **4.** [faire retomber - blé, poussière] to settle ; [- vent] to bring down *(sép)* **5.** [tuer - personne] to shoot (down) ; [- avion] to shoot ou to bring down *(sép)* ; [- lièvre] to shoot ; [- perdrix] to shoot, to bring down *(sép)* ; [- animal domestique] to put down *(sép)* ; [- animal de boucherie] to slaughter **6.** [démoraliser] to shatter ; [épuiser] to drain, to wear out *(sép)* / *la défaite l'a complètement abattu* [moralement] the defeat completely crushed him ▸ **ne pas se laisser abattre** to keep one's spirits up / *ne nous laissons pas abattre* let's not let things get us down. ◆ vi NAUT [bateau à moteur] to pay off ; [voilier] to bear away.

❖ **s'abattre** vpi [s'écrouler - maison] to fall down ; [- personne] to fall (down), to collapse / *l'arbre s'est abattu* the tree came crashing down.

❖ **s'abattre sur** vp + prép **1.** [pluie] to come pouring down on ; [grêle] to come pelting ou beating down on ; [coups] to rain down on ▸ **le malheur / la maladie venait de s'abattre sur nous** suddenly we'd been struck by disaster / disease **2.** [se jeter sur] to swoop down on

▸ **s'abattre sur sa proie** *pr & fig* to swoop down on one's prey.

abattu, e [abaty] adj **1.** [démoralisé] despondent, dejected, downcast ▸ **d'un air abattu** dejectedly, dispiritedly **2.** [épuisé] exhausted, worn-out.

❖ **abattu** nm : *fusil à l'abattu* uncocked rifle.

abat-vent [abavɑ̃] (*pl* **abat-vent** *ou* **abat-vents**) nm **1.** [d'une cheminée] (chimney) cowl **2.** HORT windbreak.

abbasside [abasid] adj Abbassid.

❖ **Abbassides** nmpl ▸ **les Abbassides** the Abbassids.

abbatial, e, aux [abasjal, o] adj abbey *(modif)*.

❖ **abbatiale** nf abbey.

abbaye [abei] nf abbey ▸ **l'abbaye de Cîteaux** *the abbey where the Cistercian order was founded in 1098 by Robert de Molesmes* ▸ **l'abbaye de Clairvaux** *the most famous of the Cistercian monasteries founded by Saint Bernard* ▸ **l'abbaye de Thélème** *Rabelais' aristocratic utopia in "Gargantua".*

abbé [abe] nm **1.** [d'une abbaye] abbot **2.** [ecclésiastique] *title formerly used in France for members of the secular clergy* ▸ **Monsieur l'abbé** *vieilli* Father.

abbesse [abɛs] nf abbess.

abc [abese] nm inv **1.** [base] basics, fundamentals / *elle ignore même l'abc du métier* she doesn't even know the basics of the job **2.** [livre] primer, alphabet book.

abcéder [18] [apsede] vi MÉD to abscess / *la plaie a abcédé* the wound has abscessed.

abcès [apsɛ] nm abscess ▸ **abcès de fixation a)** *pr* fixation abscess **b)** *fig* necessary evil ▸ **crever** ou **ouvrir** ou **vider l'abcès** *fig* to make a clean breast of things.

abdication [abdikasjɔ̃] nf abdication.

abdiquer [3] [abdike] ◆ vt [pouvoir] to abdicate, to surrender ; [responsabilité, opinion] to abdicate, to renounce. ◆ vi to abdicate, to give in / *il abdique facilement devant ses enfants* he gives in easily to his children / *elle n'abdiquera jamais devant les syndicats* she'll never give way to the unions.

abdomen [abdɔmɛn] nm abdomen.

abdominal, e, aux [abdɔminal, o] adj abdominal.

❖ **abdominaux** nmpl **1.** [muscles] stomach ou abdominal muscles **2.** [exercices] ▸ **faire des abdominaux** to do exercises for the stomach muscles.

abdominoplastie [abdɔminoplasti] nf abdominoplasty.

abdos [abdo] nmpl **1.** [muscles] abs, stomach muscles **2.** [exercices] stomach exercises, abs (exercises) ▸ **faire des abdos** to do abs ou stomach exercises.

abducteur [abdyktœʀ] ◆ adj m **1.** ANAT abductor **2.** [tube] delivery *(modif)*. ◆ nm ANAT abductor muscle.

abduction [abdyksjɔ̃] nf PHYSIOL abduction.

abécédaire [abesedɛʀ] nm primer, alphabet book.

abeille [abɛj] nf bee ▸ **abeille maçonne** mason bee.

Abel [abɛl] npr BIBLE Abel.

Abélard [abelaʀ] npr Abelard.

aber [abɛʀ] nm (deep) estuary *(in Brittany)*.

aberrance [abɛʀɑ̃s] nf aberrance.

aberrant, e [abɛʀɑ̃, ɑ̃t] adj **1.** [comportement] deviant, aberrant ; [prix] ridiculous ; [idée] preposterous, absurd **2.** BIOL aberrant.

aberration [abɛʀasjɔ̃] nf **1.** [absurdité] aberration / *par quelle aberration avait-elle dit oui ?* whatever had possessed her to say yes ? **2.** BIOL & OPT aberration ▸ **aberration chromatique** chromatic aberration ▸ **aberration chromosomique** chromosome aberration.

abêtir [32] [abetiʀ] vt to dull the mind of / *abêti de fatigue* numb ou dazed with fatigue.

❖ **s'abêtir** vpi to become mindless ou half-witted.

abêtissant, e [abetisɑ̃, ɑ̃t] adj stupefying, dulling, mind-numbing.

abêtissement [abetismɑ̃] nm **1.** [action] : *l'abêtissement des enfants par la télévision* the mind-numbing effects of television on children / *l'abêtissement par le travail* the mind-numbing effects of overwork **2.** [résultat] dull-wittedness.

abhorrer [3] [abɔʀe] vt *litt* to loathe, to abhor.

Abidjan [abidʒɑ̃] npr Abidjan.

abidjanais, e [abidʒanɛ, ɛz] adj Abidjan French.

❖ **Abidjanais, e** nm, f *inhabitant of or person from Abidjan.*

abîme, abime* [abim] nm **1.** *litt* [gouffre] abyss, chasm, gulf **2.** *litt* [infini] depths / *les abîmes de son cœur* the depths of her heart / *plongé dans des abîmes de perplexité* utterly nonplussed **3.** [distance mentale] abyss, gulf, chasm / *il y a un abîme entre nous sur le problème de l'euthanasie* there's a gulf between us on the issue of euthanasia.

abîmé, e, abimé*, e [abime] adj **1.** [vêtement] ruined ; [livre, meuble] damaged **2.** *fam* [personne, visage] beaten up / *il est bien abîmé* he was beaten up pretty badly, he's in a pretty bad state.

abîmer, abimer* [3] [abime] vt **1.** [gâter -aliment, vêtement] to spoil ; [-meuble] to damage ; [-yeux] to ruin / *tu vas abîmer ta poupée !* you'll break your dolly ! **2.** *fam* [meurtrir] to injure / *ils l'ont bien abîmé* they've made a right mess of him ▸ **abîmer le portrait à qqn** to smash sb's face in *tfam.*

❖ **s'abîmer, s'abimer*** ◆ vpt : *tu vas t'abîmer la peau avec ces crèmes* you'll ruin your skin with those creams ▸ **s'abîmer la santé** *pr* to ruin one's health / *je ne vais pas m'abîmer la santé à l'aider fam & fig* why should I break my neck to help him ? ◆ vpi **1.** [aliment] to spoil, to go off UK ou bad ; [meuble] to get damaged **2.** *litt* [navire] to sink, to founder.

❖ **s'abîmer dans, s'abimer dans*** vp + prép *litt* [se plonger dans] ▸ **s'abîmer dans ses pensées** to be lost ou deep in thought ▸ **s'abîmer dans le désespoir** to be plunged in despair ▸ **elle s'abîmait dans la contemplation de vieux manuscrits** she would become deeply absorbed in old manuscripts.

ab intestat [abɛ̃tɛsta] loc adv & loc adj inv intestate.

abiotique [abjotik] adj abiotic.

abject, e [abʒɛkt] adj despicable, contemptible / *il a été abject avec elle* he behaved despicably towards her ▸ **d'une manière abjecte** abjectly.

abjection [abʒɛksjɔ̃] nf **1.** [état] utter humiliation **2.** [caractère vil] abjectness, vileness / *l'abjection de son comportement* his vile behaviour.

abjuration [abʒyʀasjɔ̃] nf *sout* abjuration ▸ **faire abjuration de qqch** to abjure sthg.

abjurer [3] [abʒyʀe] vt & vi *sout* to recant.

ablatif, ive [ablatif, iv] adj ablative.

❖ **ablatif** nm ablative (case) ▸ **ablatif absolu** ablative absolute.

ablation [ablasjɔ̃] nf **1.** MÉD removal, ablation *spéc* **2.** GÉOL & TECHNOL ablation.

ablette [ablɛt] nf bleak.

ablution [ablysjɔ̃] nf **1.** RELIG [du corps, du calice] ablution **2.** *hum* [toilette] ▸ **faire ses ablutions** to perform one's ablutions.

abnégation [abnegasjɔ̃] nf abnegation, self-denial ▸ **avec abnégation** selflessly ▸ **faire abnégation de soi-même** to act selflessly.

aboie v ⟶ **aboyer.**

aboiement [abwamɑ̃] nm **1.** [d'un chien] bark ▸ **des aboiements** barking / *le vendeur / l'officier répondit par un aboiement* the salesman / the officer barked (out) an answer **2.** *fig & péj* ranting, raving.

abois [abwa] ❖ **aux abois** ◆ loc adj **1.** CHASSE at bay **2.** *fig* ▸ **être aux abois** to have one's back against ou to the wall. ◆ loc adv **1.** CHASSE at bay **2.** *fig* ▸ **mettre qqn aux abois** to have sb by the throat.

abolir [32] [abɔliʀ] vt to do away *(insép)* with, to abolish.

abolition [abɔlisjɔ̃] nf abolition.

abolitionnisme [abɔlisjɔnism] nm abolitionism.

abolitionniste [abɔlisjɔnist] adj & nmf abolitionist.

abominable [abɔminabl] adj **1.** [désagréable -temps, odeur] appalling, abominable **2.** [abject -crime] heinous, abominable, vile ▸ **l'abominable homme des neiges** the abominable snowman.

abominablement [abɔminabləmɑ̃] adv [laid, cher, habillé] horribly, frightfully ▸ **abominablement (mal) organisé** appallingly ou abominably badly organized.

abomination [abɔminasjɔ̃] nf **1.** [acte, propos] abomination / *ce chou-fleur au gratin, c'est une abomination* that cauliflower cheese is revolting ▸ **il dit des abominations** he says appalling things **2.** [sentiment] loathing, detestation, abomination ▸ **avoir qqch en abomination** to abhor ou to loathe sthg.

abominer [3] [abɔmine] vt *litt* to loathe, to abhor, to abominate *litt.*

abondamment [abɔ̃damɑ̃] adv [servir, saler] copiously ; [rincer] thoroughly / *elle a abondamment traité la question* she has amply ou fully dealt with the question / *je vous l'ai abondamment répété* I have told you again and again.

abondance [abɔ̃dɑ̃s] nf **1.** [prospérité] affluence ▸ **vivre dans l'abondance** to live in affluence **2.** [grande quantité] ▸ **abondance de** abundance ou wealth of / *une abondance de citations / détails* a wealth of quotations / details / *parler avec abondance* to be eloquent ▸ **parler d'abondance** *sout* to extemporize ▸ **abondance de biens ne nuit pas** *prov* there's no harm in having too much.

❖ **en abondance** loc adv in abundance, in plenty ▸ **des fautes en abondance** an abundance of mistakes.

abondant, e [abɔ̃dɑ̃, ɑ̃t] adj **1.** [en quantité -nourriture] abundant, copious ; [-récolte] bountiful ; [-vivres] plentiful ; [-végétation] luxuriant, lush ; [-larmes] copious ; [-chevelure] luxuriant, thick ▸ **peu abondant** scarce ▸ **d'abondantes illustrations / recommandations** a wealth of illustrations / recommendations **2.** *litt* [aisé -style] lavish, fluent.

abondement [abɔ̃dmɑ̃] nm employer's contribution *(to savings or share ownership scheme).*

abonder [3] [abɔ̃de] vi **1.** [foisonner] to be plentiful ▸ **abonder en** to abound in, to be full of / *la côte abonde en crabes* the coast is teeming with crabs / *son livre abonde en anecdotes* her book is rich in anecdotes **2.** *fig & sout* : *abonder dans le sens de* to be in complete agreement with, to go along with / *ne me contredis pas puisque j'abonde dans ton sens !* don't contradict me, I'm agreeing with you !

abonné, e [abɔne] nm, f **1.** PRESSE & TÉLÉC subscriber ▸ **être aux abonnés absents** *hum* to be conspicuous by one's absence **2.** [au théâtre, au concert, au stade] season ticket-holder **3.** *fam & hum* [habitué] : *c'est un abonné aux gaffes* he's always putting his foot in it.

abonnement [abɔnmɑ̃] nm **1.** PRESSE subscription ▸ **prendre un abonnement à** to take out a subscription to **2.** [pour un trajet, au théâtre, au stade] season ticket **3.** TÉLÉC rental.

abonner [3] [abɔne] vt **1.** ▸ **abonner qqn à qqch a)** [journal] to take out a subscription for sb to sthg **b)** [théâtre, concert, stade] to buy sb a season ticket for sthg / *être abonné à un journal* to subscribe to a paper **2.** [pour un service] : *être abonné au gaz* to have gas / *être abonné au téléphone* to have a phone, to be on the phone UK / *encore une contravention ? décidément, tu es abonné ! hum* another parking ticket ? you're making rather a habit of this, aren't you ? / *je suis encore tombé à ski, je suis abonné ! hum* I took another tumble on the ski slopes, story of my life !

❖ **s'abonner** vp *(emploi réfléchi)* : *le trajet revient moins cher si l'on s'abonne* the journey works out cheaper with a pass ou season ticket ▸ **s'abonner à a)** [un journal] to take out a subscription to **b)** [au théâtre, au concert, au stade] to buy a season ticket for.

abonnir [32] [abɔniʀ] vt to improve.

❖ **s'abonnir** vpi to improve.

abord [abɔʀ] nm **1.** [contact] manner / *elle est d'un abord déconcertant / chaleureux* she puts you off your stride / makes you feel very welcome when you first meet her ▸ **être d'un abord facile / difficile** to be approachable / unapproachable **2.** [accès -à une côte] approach ; [-à une maison] access ▸ **d'un abord facile a)** [demeure] easy to get to **b)** [texte] easy to understand ou to get to grips with.

*In reformed spelling (see p. 16-19).

❖ abords nmpl [alentours] surroundings / *les abords de la tour* the area around the tower.
❖ aux abords loc adv all around / *dans le château et aux abords* in and around the castle.
❖ aux abords de loc prép : *aux abords de la ville* on the outskirts of the town.
❖ d'abord loc adv **1.** [en premier lieu] first / *il vaut mieux en parler d'abord* it's better to talk about it first / *il faudrait d'abord avoir l'argent, et le temps* first you'd need the money, and the time / *nous irons d'abord à Rome* we'll go to Rome first / *pense à tes études d'abord!* think about your studies first! ▸ **tout d'abord** first of all **2.** [au début] at first, initially, to begin with / *d'abord elle a été gentille* at first ou initially she was nice / *j'ai d'abord cru qu'il s'agissait d'une blague* at first ou to begin with I thought it was a joke **3.** [introduisant une restriction] to start with, for a start / *d'abord, tu n'es même pas prêt!* to start with ou for a start, you're not even ready! / *il ne dit jamais bonjour, d'abord* for a start, he never says hello **4.** [de toute façon] anyway / *je n'ai jamais aimé ça, d'abord* I've never liked it, anyway / *et puis d'abord, qu'est-ce que tu veux?* and anyway, what do you want?
❖ dès l'abord loc adv at the outset, from the (very) beginning.
❖ en abord loc adj NAUT close to the side.

abordable [abɔʀdabl] adj **1.** [peu cher -prix] reasonable ; [-produit] reasonably priced, affordable / *les fraises ne sont plus abordables* it's impossible even to think of buying strawberries now **2.** [ouvert -patron, célébrité] approachable **3.** [facile -texte] accessible ; [-problème] that can be discussed **4.** NAUT [côte] accessible / *le rivage n'était pas abordable* the shore was not easy to approach.

abordage [abɔʀdaʒ] nm **1.** [manœuvre -d'assaut] boarding ; [-avec un éperon] grappling ▸ **à l'abordage!** away boarders! **2.** [collision] collision / *l'abordage s'est produit à la sortie du chenal* the two boats collided as they came out of the fairway **3.** [approche -du rivage] coming alongside ; [-d'un quai] berthing.

aborder [3] [abɔʀde] ◆ vt **1.** [accoster -passant] to accost, to walk up to *(insép)*, to approach / *on n'aborde pas les gens dans la rue!* you don't just walk up to people in the street! / *quand le policier l'a abordé* when the detective came ou walked up to him / *quand vas-tu l'aborder pour cette augmentation?* when are you going to approach him about your pay rise? **2.** [arriver à l'entrée de] to enter / *les chevaux abordent la dernière ligne droite* the horses are now entering the home straight / *je suis tombé de vélo au moment où j'abordais la dernière montée / le virage* I fell off my bike as I was coming up to the last climb / the bend **3.** [faire face à -profession] to take up *(sép)* ; [-nouvelle vie] to embark on *(insép)* ; [-tâche] to tackle, to get to grips with ; [-retraite] to approach / *à 18 ans, on est prêt à aborder la vie* when you're 18, you're ready to start out in life / *comment aborder l'ascension?* how should one tackle the climb? **4.** [se mettre à examiner -texte, problème] to approach / *on n'aborde Pascal qu'en dernière année* we only start studying Pascal in the final year / *chez nous, on n'abordait pas ces sujets-là* we never used to mention those topics in our house / *il n'a pas eu le temps d'aborder le sujet* he didn't have time to get onto ou to broach the subject / *11 heures, et nous n'avons même pas abordé la nouvelle motion!* 11 o'clock, and we haven't got round to discussing the new motion! **5.** NAUT [attaquer] to board ; [percuter] to collide with *(insép)*, to ram into *(insép)*. ◆ vi to (touch) ou reach land / *nous abordons à Gênes demain* we reach Genoa tomorrow.

aborigène [abɔʀiʒɛn] ◆ adj **1.** [autochtone] aboriginal ; [d'Australie] Aboriginal, native Australian **2.** BOT indigenous. ◆ nmf [autochtone] aborigine ; [autochtone d'Australie] Aborigine, Aboriginal, native Australian.

abortif, ive [abɔʀtif, iv] adj abortive.
❖ abortif nm abortifacient.

abouchement [abuʃmɑ̃] nm **1.** [de deux tubes] butt-joining **2.** MÉD anastomosis.

aboucher [3] [abuʃe] vt **1.** [tuyaux] to butt, to join up *(sép)*, to join end to end **2.** [gens] to bring together ▸ **aboucher qqn avec** to put sb in touch ou contact with.
❖ s'aboucher vpi ▸ **s'aboucher avec qqn a)** [se mettre en rapport avec qqn] to get in touch with sb **b)** [se lier avec qqn] to team up with sb.

Abou Dhabi [abudabi] = **Abu Dhabi**.

abouler [3] [abule] vt *tfam* to hand ou to give over *(sép)* ▸ **aboule ton fric!** cough up! / *la clé, là, aboule!* sling us that key, will you!
❖ s'abouler vpi *tfam* to come along ▸ **tu t'aboules?** you coming?

aboulie [abuli] nf abulia, aboulia.

aboulique [abulik] ◆ adj abulic, aboulic. ◆ nmf abulia ou aboulia sufferer.

Abou-Simbel [abusimbel] npr Abu Simbel.

about [abu] nm butt *(of a beam)*.

aboutement [abutmɑ̃] nm **1.** [joint] join, butt **2.** [fait d'assembler] joining end to end, butt-joining.

abouter [3] [abute] vt to join end to end, to butt.

abouti, e [abuti] adj **1.** [projet, démarche] successful **2.** [œuvre] accomplished.

aboutir [32] [abutiʀ] vi **1.** [réussir -projet, personne] to succeed / *l'entreprise n'a pas abouti* the venture fell through ou never came to anything / *une enquête qui n'aboutira pas* an enquiry which will come to nothing ▸ **faire aboutir des négociations** to bring talks to a satisfactory conclusion **2.** [finir] : *le chemin aboutit sur la berge du fleuve* the path leads to the river bank / *aboutir en prison* to end up in prison / *toi, tu vas aboutir en pension!* you'll end up being sent away to boarding school, you will! **3.** MÉD to come to a head.
❖ aboutir à v + prép **1.** [voie, rue] to end at ou in, to lead to ; [fleuve] to end in / *cette route aboutit à la prison* this road ends at the prison / *où aboutit cette allée?* where does this lane go to ou end up? **2.** [avoir pour résultat] to lead to, to result in / *cela aboutira à une guerre* that will lead to a war / *de bonnes intentions qui n'aboutissent à rien* good intentions which come to nothing / *tu aboutiras au même résultat* you'll arrive at ou get the same result ▸ **aboutir à un compromis** to come to a compromise / *à quelle décision veux-tu nous faire aboutir?* which decision are you leading us up to?

aboutissants [abutisɑ̃] nmpl ▸ **les tenants et les aboutissants** the ins and outs.

aboutissement [abutismɑ̃] nm [conclusion] (final) outcome, result ; [résultat positif] success.

aboyer [13] [abwaje] vi **1.** [animal] to bark **2.** *péj* [personne] to bark ▸ **aboyer après** ou **contre qqn** to yell at sb **3.** EXPR **aboyer à la lune a)** *pr* to howl at the moon **b)** *fig* to complain to no avail.

aboyeur, euse [abwajœʀ, øz] adj barking.

abracadabra [abʀakadabʀa] nm abracadabra.

abracadabrant, e [abʀakadabʀɑ̃, ɑ̃t] adj bewildering.

Abraham [abʀaam] npr Abraham.

abraser [3] [abʀaze] vt to abrade *sout*, to wear off *(sép)*.

abrasif, ive [abʀazif, iv] adj abrasive.
❖ abrasif nm abrasive.

abrasion [abʀazjɔ̃] nf **1.** [action de frotter] abrasion, wearing off ; [résultat] abrasion **2.** GÉOL abrasion.

abrégé [abʀeʒe] nm **1.** [d'un texte] summary **2.** [livre] abstract, epitome *sout* ▸ **faire un abrégé de qqch** to make a précis of sthg.
❖ en abrégé ◆ loc adj [mot, phrase] in abbreviated form. ◆ loc adv [écrire] in brief, in an abridged version / *en abrégé, voici ce qui s'est passé* here's what happened in a nutshell.

abrègement [abʀɛʒmɑ̃] nm **1.** [d'un texte] shortening, abridgment **2.** [d'un délai] shortening ; [d'un congé] cutting short, curtailing.

abréger [22] [abʀeʒe] vt **1.** [interrompre -vacances] to curtail, to cut short, to shorten ; [-vie] to cut short, to put an (early) end to / *la pluie a abrégé le pique-nique* the rain put an early end to the picnic, the picnic was cut short by the rain ▸ **abréger les souffrances de qqn** *euphém* to put an end to sb's suffering **2.** [tronquer -discours] to cut ; [-texte] to cut, to abridge ; [-conversation] to cut short ; [-mot] to abbreviate, to truncate *sout* ; *(en usage absolu)* ▸ **abrège!** [ton agressif] get to the point!
❖ s'abréger vp to be abbreviated / *« et cetera » s'abrège en « etc. »* "et cetera" is abbreviated to "etc.".
❖ pour abréger loc adv : *Catherine, ou Cath pour abréger* Catherine, or Cath for short / *pour abréger, nous avons échoué* to cut a long story short, we failed.
In reformed spelling (see p. 16-19), this verb is conjugated like **semer**: ***elle abrègera, il abrègerait.***

abreuvement [abʀœvmɑ̃] nm watering.

abreuver [5] [abʀœve] vt **1.** [faire boire -animaux] to water **2.** *fig* ▸ **abreuver qqn de qqch** : *abreuver qqn de critiques* to heap criticism upon sb ▸ **abreuver qqn d'insultes** to shower sb with abuse / *elle l'abreuvait d'éloges* she heaped praise upon him / *nous sommes abreuvés d'images de violence* we get swamped with violent images.
❖ s'abreuver vpi **1.** [animal] to drink **2.** *fam* [personne] to drink / *c'est là qu'ils vont s'abreuver hum* it's their watering hole.

abreuvoir [abʀœvwaʀ] nm [bac] (drinking) trough ; [plan d'eau] watering place.

abréviatif, ive [abʀevjatif, iv] adj abbreviatory.

abréviation [abʀevjasjɔ̃] nf abbreviation.

abréviative [abʀevjativ] f ⟶ **abréviatif**.

abri [abʀi] nm **1.** [cabane] shelter, refuge ; [toit] shelter ; [sous terre] shelter ; [improvisé] shelter ▸ **abri antiatomique** ou **antinucléaire** (nuclear) fallout shelter ▸ **abri antiaérien** air-raid shelter ▸ **abri à vélos** bicycle stand **2.** *fig* refuge / *un abri contre la solitude* a refuge from ou a protection against ou a guard against loneliness.
❖ à l'abri loc adv **1.** [des intempéries] ▸ **être à l'abri** to be sheltered ▸ **mettre qqn à l'abri** to find shelter for sb ▸ **se mettre à l'abri** to take cover, to shelter **2.** [en lieu sûr] in a safe place / *j'ai mis ma collection de verres à l'abri* I've put my collection of glasses away in a safe place / *mettre sa fortune à l'abri dans le pétrole* to invest one's money safely in oil.
❖ à l'abri de loc prép **1.** [pluie] sheltered from ; [chaleur, obus] shielded from ; [regards] hidden from **2.** *fig* : *nos économies nous mettront à l'abri de la misère* our savings will shield us against poverty ou will protect us from hardship / *à l'abri des contrôles* safe from checks ▸ **personne n'est à l'abri d'une erreur / d'un maître-chanteur** anyone can make a mistake / fall victim to a blackmailer.

Abribus® [abʀibys] nm bus shelter.

abricot [abʀiko] ◆ nm **1.** BOT apricot **2.** [couleur] apricot. ◆ adj inv apricot, apricot-coloured.

abricoté, e [abʀikɔte] adj apricot-flavoured.

abricotier [abʀikɔtje] nm apricot tree.

abrité, e [abʀite] adj sheltered.

abriter [3] [abʀite] vt **1.** [protéger] ▸ **abriter qqn / qqch de la pluie** to shelter sb / sthg from the rain ▸ **abriter qqn / qqch du soleil** to shade sb / sthg ▸ **le versant abrité a)** [du soleil] the shady slopes **b)** [du vent] the sheltered slopes / *abritant ses yeux avec un journal* shading her eyes with a newspaper **2.** [loger -personnes] to house, to accommodate ; [-société, machine] to house.
❖ s'abriter vp *(emploi réfléchi)* ▸ **s'abriter de la pluie / du vent** to shelter from the rain / from the wind ▸ **s'abriter du soleil** to shade o.s. from the sun ▸ **s'abriter derrière la loi / ses parents** *fig* to hide behind the law / one's parents.

abrivent [abʀivɑ̃] nm windbreak.

abrogatif, ive [abʀɔgatif, iv] adj abrogative.

abrogation [abʀɔgasjɔ̃] nf repeal, rescinding, abrogation *sout*.

abrogative [abʀɔgativ] f ⟶ **abrogatif**.

abrogatoire [abʀɔgatwaʀ] adj abrogative.

abrogeable [abʀɔʒabl] adj repealable.

abroger [17] [abʀɔʒe] vt to repeal, to rescind, to abrogate *sout.*

abrupt, e [abʀypt] adj **1.** [raide - côte] steep, abrupt ; [- versant] sheer **2.** [brusque - manières] abrupt, brusque ; [- refus] blunt, abrupt, curt ; [- personne] short, sharp, abrupt ; [- changement] abrupt, sudden, sharp.

❖ **abrupt** nm steep slope.

abruptement [abʀyptəmɑ̃] adv [répondre] abruptly, brusquely, curtly ; [changer] abruptly, suddenly / *ne le lui dis pas trop abruptement* don't just blurt it out in front of her.

abruti, e [abʀyti] nm, f *fam* idiot / *ne ris pas comme un abruti* don't laugh like an idiot / *regarde où tu vas, abruti!* look where you're going, you idiot! / *quelle abrutie, j'ai oublié ton livre* like a fool I've forgotten your book.

abrutir [32] [abʀytiʀ] vt **1.** [abêtir] to turn into an idiot **2.** [étourdir] to stupefy ▸ **abruti de soleil** dazed by sunshine ▸ **abruti de fatigue** numb ou dazed with tiredness / *abruti par l'alcool* stupefied with drink / *après trois heures d'algèbre, je suis complètement abruti!* after three hours of algebra, I feel completely punch-drunk! **3.** [accabler] ▸ **abrutir qqn de qqch** : *abrutir qqn de travail* to overwork sb ▸ **abrutir qqn de conseils** to pester sb with endless advice.

❖ **s'abrutir** ◆ vp *(emploi réfléchi)* ▸ **s'abrutir de travail** to overwork o.s., to work o.s. into the ground. ◆ vpi [s'abêtir] to turn into an idiot.

abrutissant, e [abʀytisɑ̃, ɑ̃t] adj **1.** [qui rend bête] mind-numbing **2.** [qui étourdit] stupefying **3.** [qui fatigue] wearing, exhausting.

abrutissement [abʀytismɑ̃] nm mindless state / *l'abrutissement des enfants par la télévision* the mind-numbing effects of television on children.

Abruzzes [abʀyz] npr fpl ▸ **les Abruzzes** the Abruzzi.

ABS (abr de **Antiblockiersystem**) nm ABS.

abscisse [apsis] nf abscissa.

abscons, e [apskɔ̃, ɔ̃s] adj *litt* abstruse.

absence [apsɑ̃s] nf **1.** [fait de n'être pas là] absence / *cette décision a été prise pendant mon absence* this decision was taken in my absence ou while I was away ▸ **sa troisième absence a)** [à l'école] the third time he's been away from ou missed school **b)** [au travail] the third time he's been off work **c)** [à une réunion] the third time he's stayed away from ou not attended the meeting / *on a remarqué ses absences répétées* his persistent absenteeism didn't go unnoticed / *comment supporterai-je ton absence?* how shall I cope with you not being there ou around? **2.** [de goût, d'imagination] lack, absence ▸ **absence d'idéaux** lack of ideals / *une rassurante absence de préjugés* a reassuring lack of prejudice **3.** [défaillance] ▸ **absence (de mémoire)** mental blank / *elle a des absences par moments* her mind wanders at times, at times she can be absent-minded **4.** DR absence.

❖ **en l'absence de** loc prép in the absence of ▸ **en mon absence** during ou in my absence / *en l'absence de son fils* in her son's absence, while her son is / was away / *en l'absence de symptômes, il m'est difficile de me prononcer* since there are no symptoms, it is hard for me to say / *en l'absence de toute information* faced with a total lack of information, in the absence of any information.

absent, e [apsɑ̃, ɑ̃t] ◆ adj **1.** [personne - de l'école] absent ; [- du travail] off work, absent ; [- de son domicile] away / *il était absent de la réunion* he was not present at the meeting **2.** [inattentif] absent ▸ **regard absent** vacant look ▸ **d'un air absent** absent-mindedly **3.** [chose] missing ; [sentiment] lacking / *une plante absente de nos montagnes* a plant which cannot be found on our mountains / *un regard d'où toute tendresse est absente* a look entirely devoid of tenderness. ◆ nm, f [du travail, de l'école] absentee ; [dans une famille] absent person / *on ne fait pas cours, il y a trop d'absents* we're not having a lesson today, there are too many pupils missing ou away / *elle rêvait à l'absent* *litt* [à une personne décédée] she was dreaming of her dear departed ▸ **les absents ont toujours tort** *prov* the absent are always in the wrong.

absentéisme [apsɑ̃teism] nm absenteeism ▸ **absentéisme scolaire** truancy.

absentéiste [apsɑ̃teist] ◆ adj absentee. ◆ nmf absentee ▸ **les absentéistes** [au travail] persistent absentees.

absenter [3] [apsɑ̃te] ❖ **s'absenter** vpi to be absent ▸ **s'absenter de son travail** to be off ou to stay away from work / *s'absenter du lycée* to be away from ou to miss school / *je ne m'étais absentée que quelques minutes* I'd only gone out for a few minutes.

absidal, e, aux [apsidal, o] adj apsidal.

abside [apsid] nf apse.

absidial, e, aux [apsidjal, o] = **absidal.**

absidiole [apsidjɔl] nf apsidiole.

absinthe [apsɛ̃t] nf **1.** [boisson] absinthe **2.** BOT wormwood, absinthe.

absolu, e [apsɔly] adj **1.** [total - liberté] absolute, complete ; [- repos] complete ; [- silence] total ▸ **un dénuement absolu** abject poverty ▸ **en cas d'absolue nécessité** when absolutely necessary / *vous avez notre soutien absolu* you have our unconditional support **2.** POL [pouvoir, monarque, majorité] absolute **3.** [sans nuances] absolute / *elle voit les choses de manière absolue* she sees things in absolute terms ou in black and white ; [intransigeant] uncompromising, rigid / *refus absolu d'obtempérer* outright refusal to comply **4.** CHIM, MATH & PHYS absolute **5.** RAIL absolute **6.** LING [ablatif, construction] absolute.

❖ **absolu** nm **1.** PHILOS ▸ **l'absolu** the Absolute **2.** LING absolute construction / *verbe construit à l'absolu* transitive verb constructed without an object.

❖ **dans l'absolu** loc adv in absolute terms.

absolument [apsɔlymɑ̃] adv **1.** [entièrement - croire, avoir raison] absolutely, entirely ; [- ravi, faux] absolutely, completely ; [- défendu] strictly / *personne, absolument personne ne doit sortir* no-one, absolutely no-one must go out ▸ **absolument pas** not at all ▸ **absolument rien** absolutely nothing, nothing whatsoever **2.** [à tout prix] absolutely / *il faut absolument lui parler* we must speak to him without fail, we simply must speak to him **3.** [oui] absolutely / *vous y croyez? — absolument!* do you believe in it? — totally! / *il a raison! — absolument!* he's right! — absolutely! **4.** LING absolutely ▸ **employé absolument** used absolutely ou in an absolute construction.

absolution [apsɔlysjɔ̃] nf **1.** RELIG absolution ▸ **donner l'absolution à qqn** to give sb absolution / *je vous donne l'absolution de vos péchés* I absolve you of your sins **2.** DR acquittal.

absolutisme [apsɔlytism] nm absolutism.

absolutiste [apsɔlytist] adj & nmf absolutist.

absolutoire [apsɔlytwaʀ] adj absolving, absolutory.

absolvait v ⟶ **absoudre.**

absorbable [apsɔʀbabl] adj absorbable.

absorbant, e [apsɔʀbɑ̃, ɑ̃t] adj **1.** [tissu] absorbent **2.** [lecture] absorbing, gripping **3.** PHYS absorbative **4.** BOT ▸ **poils absorbants** root hairs.

absorber [3] [apsɔʀbe] vt **1.** [éponger - gén] to absorb, to soak up *(sép)* ; [- avec un buvard] to blot ; [- avec une éponge] to sponge off *(sép)* **2.** ACOUST & PHOT [lumière] to absorb ; [bruit] to absorb, to deaden **3.** [consommer - aliment] to take, to consume ; [- bénéfices, capitaux] to absorb ; ÉCON [entreprise] to take over *(sép)*, to absorb / *cette manœuvre vise à faire absorber la Dalco par l'Imalux* this move is designed to allow Imalux to take over Dalco **4.** [préoccuper - suj: travail] to absorb, to engross, to occupy ; [- suj: pensée] to absorb, to grip / *très absorbée par son activité politique* very much engrossed in her political activities **5.** [faire s'intégrer - réfugiés, nouveaux élèves, innovation] to absorb.

❖ **s'absorber dans** vp + prép to become absorbed in / *s'absorber dans un livre* to be engrossed in a book ▸ **s'absorber dans ses pensées** to be lost ou deep in thought.

absorbeur [apsɔʀbœʀ] nm absorber.

absorption [apsɔʀpsjɔ̃] nf **1.** [ingestion] swallowing, taking / *l'absorption d'un somnifère n'est pas sans risques* taking a sleeping pill is not without risk **2.** [pénétration] absorption / *masser jusqu'à absorption complète par la peau* massage well into the skin **3.** [intégration] assimilation / *absorption d'une entreprise par une autre* ÉCON takeover of one company by another **4.** *litt* [concentration de l'esprit] absorption, engrossment *litt* **5.** PHYSIOL absorption.

absorptivité [apsɔʀptivite] nf absorbency.

absoudre [87] [apsudʀ] vt **1.** RELIG to absolve **2.** *litt* [pardonner] to absolve / *je l'ai absous de ses erreurs de jeunesse* I forgave him his youthful indiscretions **3.** DR to dismiss.

absoute [apsut] nf final absolution.

abstenir [40] [apstəniʀ] ❖ **s'abstenir** vpi POL to abstain. ❖ **s'abstenir de** vp + prép [éviter de] to refrain ou to abstain from ▸ **s'abstenir de fumer** to refrain from smoking / *abstiens-toi de la critiquer* don't criticize her ; *(en usage absolu)* ▸ **dans ce cas, mieux vaut s'abstenir** in that case, it's better not to do anything / **'pas sérieux s'abstenir'** 'serious applications only' / **'agences s'abstenir'** 'no agencies, please'.

abstention [apstɑ̃sjɔ̃] nf **1.** POL abstention **2.** [renoncement] abstention.

abstentionnisme [apstɑ̃sjɔnism] nm abstention.

abstentionniste [apstɑ̃sjɔnist] adj & nmf abstentionist.

abstenu, e [apstəny] pp ⟶ **abstenir.**

abstient v ⟶ **abstenir.**

abstinence [apstinɑ̃s] nf **1.** RELIG abstinence ▸ **faire abstinence** to refrain from eating meat **2.** [chasteté] abstinence.

abstinent, e [apstinɑ̃, ɑ̃t] adj & nm, f abstinent.

abstint v ⟶ **abstenir.**

abstraction [apstʀaksjɔ̃] nf **1.** [notion] abstraction, abstract idea ▸ **l'abstraction** the theoretical plane **2.** [fait d'isoler] abstraction ▸ **faire abstraction de** [ignorer] to take no account of, to ignore, to disregard ▸ **abstraction faite de** apart from, leaving aside / *abstraction faite de la forme* style apart / *abstraction faite de son âge* disregarding his age **3.** ART ▸ **l'abstraction** abstract ou non-representational art.

Abstraction-Création [apstʀaksjɔ̃kʀeasjɔ̃] nf *influential group of artists, associated with the constructivist movement, active in Paris in the 1930s.*

abstraire [112] [apstʀɛʀ] vt **1.** [séparer] to abstract **2.** PHILOS to abstract.

❖ **s'abstraire** vpi to cut o.s. off.

abstrait, e [apstʀɛ, ɛt] **1.** ⟶ **abstraire 2.** [conçu par l'esprit] abstract **3.** [non appliqué - science, pensée] theoretical, abstract, pure **4.** [ardu] abstract, obscure *péj* **5.** *péj* [irréel] theoretical, abstract **6.** ART abstract, non-representational **7.** LING & MATH abstract.

❖ **abstrait** nm **1.** PHILOS ▸ **l'abstrait a)** the abstract **b)** [notions] abstract ideas, the theoretical plane **2.** ART [art] abstract ou non-representational art ; [artiste] abstract ou non-representational artist.

❖ **dans l'abstrait** loc adv in the abstract / *dans l'abstrait, il est facile de critiquer* it's easy to be critical if you just look at things in the abstract.

abstraitement [apstʀɛtmɑ̃] adv in the abstract, abstractly.

abstrayait v ⟶ **abstraire.**

abstrus, e [apstʀy, yz] adj *sout* abstruse.

absurde [apsyʀd] ◆ adj **1.** [remarque, idée] absurd, preposterous ; [personne] ridiculous, absurd / *ne soyez pas absurde!* don't be absurd ou talk nonsense! ▸ **d'une manière absurde** absurdly **2.** [oubli, contretemps] absurd **3.** PHILOS absurd. ◆ nm **1.** [absurdité] absurd **2.** LITTÉR, PHILOS & THÉÂTRE ▸ **l'absurde** the absurd.

absurdement [apsyʀdəmɑ̃] adv absurdly, ludicrously.

absurdité [apsyʀdite] nf **1.** [irrationalité] absurdity **2.** [parole, action] absurdity / *ne dis pas d'absurdités!* don't be absurd ou talk nonsense!

Abu Dhabi [abudabi] npr Abou Dhabi.

abus [aby] nm **1.** [excès - de stupéfiants, de médicament] abuse ▸ **abus d'alcool** excessive drinking, alcohol abuse / *l'abus de somnifères* taking too many sleeping pills

▸ **faire des abus** to overindulge ▸ **il y a de l'abus** *fam* that's a bit much **2.** [injustice] injustice / *une pratique qui a donné lieu à des abus* a practice which has given rise to abuse ▸ **les abus** excesses **3.** DR & POL misuse ▸ **abus d'autorité** misuse ou abuse of authority ▸ **abus de biens sociaux** misappropriation of public property ▸ **abus de confiance** breach of trust ▸ **abus de droit** abuse of privilege ▸ **abus de jouissance** infringement of ownership ▸ **abus de pouvoir** abuse of power **4.** LING ▸ **abus de langage** misuse of language.

abuser [3] [abyze] vt *litt* to deceive, to mislead.
❖ **abuser de** v + prép **1.** [consommer excessivement] to overuse ▸ **abuser de la boisson** to drink too much / *abuser des féculents* to eat too much starchy food / *n'abuse pas de ces médicaments* don't take too many of those tablets ▸ **abuser de ses forces** to overtax o.s. **2.** [mal utiliser - autorité, privilège] to abuse, to misuse / *elle abuse de la liberté que je lui donne* she misuses the freedom I allow her **3.** [exploiter - ami, bonté, patience] to take advantage of, to exploit / *tu abuses de lui* you take advantage of him ▸ **je ne voudrais pas abuser de votre gentillesse** I don't want to impose ▸ **je ne veux pas abuser de votre temps** I don't want to take up your time / *tu abuses de nos liens familiaux* you're exploiting ou taking advantage of the fact that we're family ▸ **abuser de la situation** to take unfair advantage of the situation ; *(en usage absolu)* ▸ **je crains d'abuser** I wouldn't like to impose / *je veux bien t'aider mais là, tu abuses!* I don't mind helping you but there is a limit ! ▸ **vraiment, il abuse!** he's going a bit far ou pushing it a bit ! / *dites donc, la queue est faite pour tout le monde, faudrait pas abuser! fam* hey, queue up like everybody else, can't you ? **4.** *euphém* [violer] to sexually abuse.
❖ **s'abuser** vpi to be mistaken ▸ **si je ne m'abuse** if I'm not mistaken, correct me if I'm wrong.

abusif, ive [abyzif, iv] adj **1.** [immodéré] excessive / *30 euros, c'est abusif!* 30 euros, that's a bit much ! **2.** [outrepassant ses droits - père, mère] domineering **3.** [incorrect] misused / *l'emploi abusif du mot « réaliser »* misuse of the word "réaliser".

Abu Simbel [abusimbɛl] = **Abou-Simbel.**

abusivement [abyzivmɑ̃] adv **1.** [de façon injuste] wrongly, unfairly **2.** [de façon incorrecte] wrongly, improperly / *le terme « réaliser » est employé abusivement* the word "réaliser" is used incorrectly **3.** [de façon excessive] excessively.

abyme [abim] nm ▸ **mise en abyme a)** ART self-referentiality **b)** LITTÉR story within the story **c)** THÉÂTRE play within the play / *cet auteur pratique beaucoup la mise en abyme* this author often uses the technique of the story within a story.

abyssal, e, aux [abisal, o] adj abyssal.

abysse [abis] nm ▸ **l'abysse** the abyssal zone.

abyssin, e [abisɛ̃, in] adj **1.** HIST Abyssinian **2.** [chat] Abyssinian.
❖ **Abyssin, e** nm, f Abyssinian.
❖ **abyssin** nm [chat] Abyssinian (cat).

Abyssinie [abisini] npr f ▸ **(l')Abyssinie** Abyssinia.

abyssinien, enne [abisinjɛ̃, ɛn] HIST = **abyssin.**

AC nf abr de **appellation contrôlée.**

acabit [akabi] nm *péj* ▸ **de cet acabit** of that type / *son amie est du même acabit* she and her friend are two of a kind / *ils sont tous du même acabit* they are all (pretty much) the same, they are all much of a muchness UK.

acacia [akasja] nm acacia ▸ **robinier faux acacia** false acacia, robinia.

académicien, enne [akademisjɛ̃, ɛn] nm, f [membre - d'une académie] academician ; [- de l'Académie française] member of the French Academy ou Académie française.
❖ **académicien** nm ANTIQ academic, academician.

académie [akademi] nf **1.** [société savante] learned society, academy ▸ **l'Académie (des) Goncourt** *literary society whose members choose the winner of the Prix Goncourt* ▸ **l'Académie des sciences** the Academy of Science ▸ **l'Académie française** the French Academy, the Académie française *(learned society of leading men and women of letters)* **2.** [école] academy ▸ **académie de danse / musique** academy of dance / music **3.** [salle] ▸ **académie de billard** billiard hall **4.** ART nude **5.** *fam* [corps] body, figure **6.** ADMIN & ENS ≃ local education authority UK ; ≃ school district US.
❖ **d'académie** loc adj ART academic.

L'Académie française

Originally a group of men of letters who were encouraged by Cardinal Richelieu in 1635 to become an official body. **L'Académie française** consists of forty distinguished writers known as **les Quarante** or **les Immortels**. Its chief task is to produce a definitive dictionary and to be the ultimate authority in matters concerning the French language.

académique [akademik] adj **1.** [d'une société savante] academic ; [de l'Académie française] of the French Academy ou Académie française **2.** *péj* [conventionnel] academic ▸ **danse académique** ballet dancing **3.** ÉDUC ▸ **l'année académique** SUISSE & QUÉBEC the academic year **4.** PHILOS ▸ **philosophe académique** Platonic philosopher.

académiquement [akademikmɑ̃] adv academically.

académisme [akademism] nm academicism.

Acadie [akadi] npr f ▸ **(l')Acadie** Acadia.

acadien, enne [akadjɛ̃, ɛn] adj Acadian.
❖ **Acadien, enne** nm, f Acadian.
❖ **acadien** nm LING Acadian.

acajou [akaʒu] ◆ nm **1.** BOT mahogany (tree) ; [anacardier] cashew ▸ **noix** ou **pomme d'acajou** cashew (nut) **2.** MENUIS mahogany. ◆ adj inv [couleur] mahogany.

acalculie [akalkyli] nf acalculia.

acalorique [akalɔʀik] adj noncaloric.

acanthe [akɑ̃t] nf acanthus.

a cappella, à capella* [akapela] loc adv & loc adj inv MUS a capella.

acariâtre [akaʀjatʀ] adj [caractère] sour ; [personne] bad-tempered.

acaricide [akaʀisid] ◆ adj : *un produit acaricide* an acaricide. ◆ nm acaricide.

acarien [akaʀjɛ̃] nm acarid.

acariose [akaʀjoz] nf acariasis.

acaule [akol] adj acaulescent.

accablant, e [akablɑ̃, ɑ̃t] adj [chaleur] oppressive ; [preuve, témoignage, vérité] damning ; [travail] exhausting ; [douleur] excruciating ; [chagrin] overwhelming / *le poids accablant des soucis* the heavy burden of worries / *il est d'une stupidité accablante* he's too stupid for words.

accablement [akabləmɑ̃] nm **1.** [désespoir] dejection, despondency / *saisi d'un grand accablement* utterly dejected **2.** [dû à la chaleur] (heat) exhaustion.

accabler [3] [akable] vt **1.** [abattre - suj: fatigue, chaleur] to overcome, to overwhelm ; [- suj: soucis] to overcome ; [- suj: chagrin, deuil, travail] to overwhelm ▸ **accablé de chagrin** grief-stricken ▸ **accablé de soucis** careworn **2.** [accuser - suj: témoignage] to condemn / *je ne veux pas l'accabler mais il faut reconnaître qu'elle a commis des erreurs* I don't want to be too hard on her but it has to be said that she made some mistakes **3.** [couvrir] ▸ **accabler qqn de** : *accabler qqn d'injures* to heap abuse upon ou to hurl insults at sb ▸ **accabler qqn de mépris** to show utter contempt for sb ▸ **accabler qqn de critiques** to be highly critical of sb / *accabler la population d'impôts* to overtax the population ▸ **accabler qqn de questions** to bombard sb with questions ▸ **accabler qqn de conseils** to pester sb with advice ▸ **accabler qqn de sa sollicitude** to be oversolicitous towards sb.

accalmie [akalmi] nf [du bruit, du vent, de la pluie, d'un combat, d'une crise politique] lull ; [d'une maladie] temporary improvement ; [de souffrances] temporary relief ou respite ; [du commerce] slack period ; [dans le travail, l'agitation] break / *pas un instant d'accalmie dans la journée* not a moment's respite throughout the day ▸ **l'accalmie qui précède l'orage** the lull ou calm before the storm.

accaparant, e [akapaʀɑ̃, ɑ̃t] adj [travail, études, enfant] demanding.

accaparement [akapaʀmɑ̃] nm **1.** ÉCON (speculative) hoarding **2.** [d'une conversation, d'une personne] monopolization.

accaparer [3] [akapaʀe] vt **1.** ÉCON : *accaparer des marchandises* [pour contrôler le marché] to hold goods back off the market **2.** [monopoliser - conversation, personne] to monopolize ; [- victoires, récompenses] to carry off *(insép)* ; [- places] to grab / *elle a tout de suite accaparé le fauteuil* she grabbed the armchair right away / *n'accapare pas le téléphone* don't monopolize the phone / *ne laisse pas les enfants t'accaparer* don't let the children monopolize you ou take you over **3.** [absorber - suj: travail, soucis] to absorb / *il est complètement accaparé par ses études* he's wrapped up ou completely absorbed in his studies ▸ **son travail l'accapare** her work takes up all her time.

accapareur, euse [akapaʀœʀ, øz] nm, f *péj* hoarder.

accastillage [akastijaʒ] nm NAUT superstructure.

accastiller [3] [akastije] vt NAUT to provide with a superstructure.

accédant, e [aksedɑ̃, ɑ̃t] nm, f ▸ **un accédant à la propriété** a new home-owner.

accéder [18] [aksede] ❖ **accéder à** v + prép **1.** [atteindre - trône] to accede to ; [- poste, rang] to rise to ; [- indépendance, gloire] to gain, to attain ; [- lieu] to reach / *on accède à la maison par un petit chemin* you get to the house via a narrow path, access to the house is by a narrow path ▸ **accéder à la propriété** to become a home-owner ▸ **faire accéder qqn au pouvoir** to bring sb to power / *la résolution de l'ONU vise à les faire accéder à l'indépendance* the UN resolution is aimed at allowing them to become independent **2.** [accepter - demande, requête] to grant ; [- désir] to meet, to give in to **3.** [connaître - culture] to attain a degree of ; [- secrets, documents] to gain access to.

✎ In reformed spelling (see p. 16-19), this verb is conjugated like *semer*: *elle accèdera, il accèderait.*

accélérateur, trice [akseleʀatœʀ, tʀis] adj accelerating.
❖ **accélérateur** nm accelerator ▸ **accélérateur de particules** particle accelerator ▸ **appuyer sur l'accélérateur** to accelerate ▸ **donner un coup d'accélérateur a)** *pr* to accelerate **b)** *fig* to speed things up.

accélération [akseleʀasjɔ̃] nf **1.** AUTO, MÉCAN & PHYS acceleration / *avoir de l'accélération* to have good acceleration ▸ **accélération de la pesanteur** acceleration of free fall ou of gravity **2.** [accroissement du rythme - du cœur, du pouls] acceleration ; [- d'un processus] speeding up ▸ **l'accélération de l'histoire** the gathering pace of historical events.

accéléré [akseleʀe] nm fast motion.
❖ **en accéléré** ◆ loc adj speeded-up, accelerated. ◆ loc adv speeded-up / *montre-moi la scène en accéléré* show me the scene speeded-up.

accélérer [18] [akseleʀe] ◆ vt [allure] to accelerate ; [rythme cardiaque] to raise, to increase ; [pouls] to quicken ; [démarches, travaux] to speed up ▸ **accélérer le pas** to quicken one's pace ▸ **accélérer le mouvement** *fam* to get things moving / *le gouvernement a décidé de faire accélérer la réforme* the government has decided to speed up the reform process. ◆ vi **1.** AUTO to accelerate ▸ **allez, accélère!** come on, step on it ! **2.** *fam* [se dépêcher] ▸ **accélère un peu!** come on, get going ou move !
❖ **s'accélérer** vpi [pouls, cœur] to beat faster ▸ **son débit s'accélère** he's talking faster and faster.

✎ In reformed spelling (see p. 16-19), this verb is conjugated like *semer*: *il accélèrera, elle accélèrerait.*

accélérographe [akseleʀɔgʀaf] nm accelerograph.

accéléromètre [akseleʀɔmɛtʀ] nm accelerometer.

accent [aksɑ̃] nm **1.** [prononciation] accent ▸ **avoir un accent** to speak with ou to have an accent / *il n'a*

* In reformed spelling (see p. 16-19).

pas d'accent he doesn't have an accent ▸ **avoir un bon accent** : *elle a un bon accent (en anglais / chinois)* her (English / Chinese) accent is very good ▸ **elle avait l'accent italien** she spoke with an Italian accent ▸ **l'accent du midi** a southern (French) accent **2.** PHON stress ▸ **accent de hauteur** pitch ▸ **accent d'intensité** tonic stress, main stress ▸ **accent tonique a)** tonic accent **b)** [signe] stress mark ▸ **mettre l'accent sur a)** *pr* to stress **b)** *fig* to stress, to emphasize **3.** [signe graphique] accent ▸ **accent grave / circonflexe / aigu** grave / circumflex / acute (accent) ▸ **e accent grave / aigu** e grave / acute **4.** [inflexion] note, accent / *un accent de sincérité / d'émotion* a note of sincerity / of emotion / *avec un accent plaintif* in plaintive tones / *les accents du désespoir / de l'amour* the accents of despair / of love / *avoir l'accent de la vérité* to ring true / *un poème aux accents baudelairiens* *litt* a poem with a Baudelairian flavour to it.

❖ **accents** nmpl [son] : *les accents d'un accordéon* the strains of an accordion ▸ **aux accents de** : *ils ont été accueillis aux accents de l'hymne national* they were welcomed by the strains of the national anthem.

accentuation [aksɑ̃tɥasjɔ̃] nf **1.** PHON stressing, accentuation / *l'accentuation, en anglais, se définit ainsi* the stress pattern of English is defined as follows **2.** [système graphique] use of accents **3.** [exagération -d'une ressemblance, d'une différence, des traits] emphasizing ; [-d'un effort] intensification, increase ; [-du chômage, d'une crise] increase, rise.

accentué, e [aksɑ̃tɥe] adj **1.** PHON [son, syllabe] stressed, accented / *voyelle non accentuée* unstressed vowel **2.** [dans l'écriture] accented / *un e accentué* an e with an accent, an accented e **3.** [exagéré -traits, défaut] marked, pronounced ; [-tendance, crise] increased, stronger.

accentuel, elle [aksɑ̃tɥɛl] adj accentual, stress *(modif)*, accent *(modif)*.

accentuer [7] [aksɑ̃tɥe] vt **1.** PHON [son, syllabe] to accent, to accentuate, to bring out *(insép)* **2.** [dans l'écriture] to put an accent on **3.** [rendre plus visible -ressemblance, différence] to accentuate, to bring out *(insép)*, to emphasize ; [-forme, traits] to emphasize, to accentuate, to highlight / *le maquillage accentue la forme de l'œil* make-up accentuates the outline of the eye **4.** [augmenter -effort] to increase, to intensify ; [-chômage, crise] to increase.

❖ **s'accentuer** vpi [contraste, ressemblance] to become more marked ou apparent ou pronounced ; [tendance] to become more noticeable ; [chômage] to rise, to increase ; [crise] to increase in intensity.

acceptabilité [akseptabilite] nf acceptability.

acceptable [akseptabl] adj [offre, condition] acceptable ; [attitude] decent, acceptable ; [travail] fair, acceptable ; [repas] decent ; [réponse] satisfactory ; [prix] fair, reasonable.

acceptant, e [akseptɑ̃, ɑ̃t] adj & nm, f acceptant.

acceptation [akseptasjɔ̃] nf **1.** [accord] acceptance **2.** FIN & DR acceptance ▸ **acceptation de banque** banker's acceptance.

accepter [4] [aksepte] vt **1.** [recevoir volontiers -cadeau, invitation] to accept ; *(en usage absolu)* : *ne fais pas tant d'histoires, accepte!* don't make such a fuss, say yes! ; [s'engager volontiers dans -défi, lutte] to take up *(sép)* / *j'accepte ton pari* I'll take you up on your bet **2.** [admettre -hypothèse, situation, excuse] to accept ; [-condition] to agree to, to accept ; [-mort, échec, sort] to accept, to come to terms with ; [-requête] to grant ▸ **accepter que** : *j'accepte que cela soit difficile* I agree that it is ou might be difficult / *j'accepte qu'il vienne* I agree to him coming ▸ **accepter de faire qqch** to agree to do sthg / *je n'ai pu leur faire accepter votre proposition* I was unable to persuade them to accept your offer ▸ **acceptons-en l'augure** *sout* : *il ne trahira pas — acceptons-en l'augure* he won't betray us — let's take it on trust that he won't **3.** [tolérer -critique, hypocrisie] to take, to stand for, to put up with *(insép)* / *il accepte tout de sa femme* he'd put up with anything from his wife ▸ **accepter que** : *elle accepte qu'il lui parle* she puts up with him talking to her / *il n'a pas accepté qu'elle le quitte* he just couldn't take ou accept her leaving him / *je n'accepte pas qu'on se moque de moi* I will not be made fun of ▸ **accepter de** to be prepared to / *j'accepte de ne rien dire* I'm prepared to say nothing **4.** [accueillir] to accept / *elle a tout de suite été acceptée dans la famille* she was readily accepted ou made welcome by the family ▸ **accepter qqn comme associé** to take sb in as a partner / *il a du mal à se faire accepter dans la famille* he's finding it hard to gain acceptance with the family / **'les animaux ne sont pas acceptés'** 'no pets allowed' / *acceptez-vous les cartes de crédit?* do you take credit cards? **5.** FIN to accept.

❖ **s'accepter** vp *(emploi réfléchi)* to accept o.s. / *je me trouvais trop grosse, maintenant je m'accepte telle que je suis* I used to think of myself as too fat, now I've learned to live with the way I am.

accepteur, euse [akseptœr, øz] nm, f [gén] accepter ; COMM & SCI acceptor.

❖ **accepteur** nm CHIM & PHYS acceptor.

acception [aksepsjɔ̃] nf meaning, sense ▸ **dans toutes les acceptions du mot** ou **du terme** in every sense of the word.

❖ **sans acception de** loc prép **1.** [gén] without taking into account **2.** DR ▸ **sans acception de personne** without giving preference to anyone.

accès [aksɛ] nm **1.** [entrée] access ▸ **un accès direct à** ou **sur la route** direct access to the road / *l'accès de la chambre t'est interdit* you're forbidden to enter the bedroom / **'accès interdit'** 'no entry', 'no admittance' / **'accès réservé aux voyageurs munis de billets'** 'ticket-holders only' / **'accès réservé au personnel'** 'staff only' ▸ **d'accès facile, facile d'accès a)** [lieu] accessible **b)** [île] easy to get to **c)** [personne] approachable **d)** [œuvre] accessible ▸ **d'accès difficile, difficile d'accès a)** [lieu] hard to get to **b)** [personne] not very approachable, unapproachable **c)** [œuvre] difficult ▸ **avoir accès à** [lieu, études, profession] to have access to ▸ **donner accès à a)** [lieu] to lead to **b)** [musée, exposition] to allow entry to **c)** [études, profession] to lead to, to open the way to **2.** [chemin, voie] way in, access, entrance / *les accès de la ville* the approaches to the town / *les accès de la maison* the ways in to ou entrances to the house / **'accès aux trains** ou **quais'** 'to the trains' **3.** [crise de folie, de jalousie] fit ▸ **un accès de colère** a fit of anger, an angry outburst ▸ **un accès de fièvre a)** MÉD a bout of fever **b)** *fig* a sudden burst of activity ▸ **un accès de joie** a surge of happiness ▸ **un accès de tristesse** a wave of sadness **4.** INFORM access ▸ **accès aléatoire / direct** random / direct access ▸ **accès commuté** dial-up access ▸ **accès à distance** remote access ▸ **accès à distance** remote access ▸ **accès à Internet** Web access ▸ **accès non autorisé** unauthorized access ▸ **port d'accès** access port.

❖ **par accès** loc adv in fits and starts / *ça le prenait par accès* it came over him in waves.

accessibilité [aksesibilite] nf accessibility.

accessible [aksesibl] adj [livre, œuvre] accessible ; [personne] approachable ; [lieu] accessible ▸ **accessible au public** open to the public / *les toilettes doivent être accessibles aux handicapés* toilets must have disabled access / *un luxe qui n'est pas accessible à tous* a luxury that not everyone can afford / *être accessible à la pitié* to be capable of pity.

accession [aksesjɔ̃] nf **1.** [arrivée] ▸ **accession au trône** accession ou acceding to the throne ▸ **depuis son accession au poste / rang de…** since he rose to the post / rank of… ▸ **le pays fête son accession à l'indépendance** the country's celebrating becoming independent ou achieving independence ▸ **faciliter l'accession à la propriété** to make it easier for people to become home-owners **2.** DR accession.

accessit [aksesit] nm ≃ certificate of merit UK ; ≃ Honourable Mention US.

accessoire [akseswar] ◆ adj [avantage] incidental ▸ **des considérations accessoires** considerations of secondary importance ▸ **des frais accessoires** incidentals, incidental expense ▸ **des avantages accessoires** fringe benefits. ◆ nm **1.** [considérations secondaires] : *laissons l'accessoire de côté* let's get to the point **2.** [dispositif, objet] accessory ▸ **accessoire automobile / informatique / vestimentaire** car / computer / fashion accessory ▸ **accessoires de bureau** office ou desk accessories **3.** CINÉ, THÉÂTRE & TV prop.

❖ **accessoires** nmpl DR fittings, appurtenances.

accessoirement [akseswarmɑ̃] adv **1.** [secondairement] secondarily **2.** [éventuellement] if necessary, if need be.

accessoiriser [3] [akseswarize] vt [voiture] to accessorize, to add accessories to ; [tenue] to brighten up with accessories.

accessoiriste [akseswarist] nmf **1.** CINÉ, THÉÂTRE & TV props person, propman (props girl) **2.** AUTO car accessories dealer.

accident [aksidɑ̃] nm **1.** [chute, coup] accident ; [entre véhicules] crash, accident, collision ▸ **un accident est si vite arrivé** accidents happen so easily ▸ **accident mortel** fatal accident ▸ **accident d'avion / de voiture** plane / car crash ▸ **accident de la circulation** ou **de la route** road accident / *la police est sur le lieu de l'accident* the police are at the scene of the accident ▸ **accident du travail** industrial accident **2.** [fait imprévu] mishap, accident ▸ **accident (de parcours)** hitch / *Anne a eu un petit accident avec la confiture* Anne had a little accident ou mishap with the jam / *ce n'était pas prévu, c'est un accident* it wasn't planned, it was an accident **3.** MÉD ▸ **accident de santé** (sudden) health problem ▸ **accident cardiaque** heart attack **4.** *euphém* [incontinence] accident / *à six ans, il a encore des accidents la nuit* although he's six, he still has accidents ou wets the bed at night **5.** GÉOL ▸ **un accident de terrain** an uneven piece of ground ▸ **les accidents du relief** the unevenness ou irregularity of the contours ▸ **accident tectonique** tectonic shift **6.** PHILOS accident **7.** MUS accidental.

❖ **par accident** loc adv accidentally, by accident ou chance, as chance would have it.

accidenté, e [aksidɑ̃te] ◆ adj **1.** [endommagé -voiture, avion] damaged **2.** [inégal -terrain] uneven, broken, irregular **3.** *sout* [mouvementé -destin, vie] eventful, chequered. ◆ nm, f injured person, casualty ▸ **accidenté du travail** victim of an industrial injury ▸ **accidenté de la route** road casualty.

accidentel, elle [aksidɑ̃tɛl] adj **1.** [dû à un accident] accidental ; [dû au hasard] fortuitous *sout*, incidental, accidental **2.** PHILOS accidental.

accidentellement [aksidɑ̃tɛlmɑ̃] adv **1.** [dans un accident] in an accident ; [par hasard] accidentally **2.** PHILOS accidentally.

accidenter [3] [aksidɑ̃te] vt [personne] to injure, to wound ; [véhicule] to damage.

accidentologie [aksidɑ̃tɔlɔʒi] nf accident research, accidentology.

accidentologue [aksidɑ̃tɔlɔg] nmf accident researcher, accidentologist.

accise [aksiz] nf QUÉBEC excise ▸ **droits d'accise** excise duties.

accises [aksiz] nfpl BELG indirect tax.

accisien [aksizjɛ̃] nm BELG indirect taxes agent.

acclamation [aklamasjɔ̃] nf acclamation *litt*, applause / *être accueilli par les acclamations de la foule* to be cheered by the crowd.

❖ **par acclamation** loc adv by popular acclaim, by acclamation ▸ **motion adoptée par acclamation** motion carried by acclamation.

acclamer [3] [aklame] vt to acclaim, to applaud, to cheer / *se faire acclamer* to be cheered.

acclimatable [aklimatabl] adj acclimatizable, acclimatable US.

acclimatation [aklimatasjɔ̃] nf acclimatization, acclimation US.

acclimatement [aklimatmɑ̃] nm acclimatization, acclimation US.

acclimater [3] [aklimate] vt **1.** BOT & ZOOL to acclimatize, to acclimate US **2.** [adopter] : *acclimater un usage étranger* to adopt a foreign practice.

❖ **s'acclimater** vpi **1.** BOT & ZOOL to acclimatize, to become acclimatized ou acclimated US to **2.** [personne] to adapt / *il s'est bien acclimaté à la vie parisienne* he's adapted ou taken to the Parisian way of life very well.

accointances [akwɛ̃tɑ̃s] nfpl *péj* contacts, links / *avoir des accointances avec le milieu* to have contacts with ou to be connected to the criminal underworld / *il a des accointances en haut lieu* he has friends in high places.

accointer [3] [akwɛ̃te] ❖ **s'accointer avec** vp + prép *litt & péj* to take up with, to team up with.

accolade [akɔlad] nf **1.** [embrassade] embrace ▸ **donner l'accolade à qqn** to embrace sb ▸ **recevoir l'accolade** to be embraced **2.** HIST accolade **3.** [signe] brace, bracket.

accolement [akɔlmɑ̃] nm *litt* association, bracketing (together).

accoler [3] [akɔle] vt **1.** [disposer ensemble] to place ou to put side by side / *accoler deux photographies, accoler une photographie à une autre* to put two photographs side by side **2.** [joindre par une accolade] to bracket together.

accommodant, e [akɔmɔdɑ̃, ɑ̃t] adj accommodating, obliging.

accommodat [akɔmɔda] nm acclimatization, acclimation US.

accommodation [akɔmɔdasjɔ̃] nf **1.** [acclimatement] acclimatization, acclimation US ; [adaptation] adaptation **2.** OPT focusing.

accommodement [akɔmɔdmɑ̃] nm **1.** [accord] arrangement / *trouver des accommodements avec sa conscience* to come to terms with one's conscience **2.** POL compromise / *propositions d'accommodement en vue d'une trêve* compromise proposals for a truce.

accommoder [3] [akɔmɔde] ◆ vt **1.** [adapter] to adapt, to adjust, to fit / *accommoder son discours au public* to fit one's words to the audience **2.** CULIN to prepare / *accommoder une viande en ragoût* to make ou to prepare a stew. ◆ vi OPT to focus.

❖ **s'accommoder à** vp + prép to adapt to / *il s'est accommodé à la vie rurale* he has adapted to country life.

❖ **s'accommoder de** vp + prép to put up with / *il s'accommode d'une modeste retraite* he's content ou satisfied with a small pension.

accompagnateur, trice [akɔ̃paɲatœʀ, tʀis] nm, f **1.** [de touristes] guide, courier ; [d'enfants] group leader, accompanying adult ; [de malades] nurse **2.** MUS accompanist.

accompagnement [akɔ̃paɲmɑ̃] nm **1.** CULIN [d'un rôti] trimmings ; [d'un mets] garnish / *servi avec un accompagnement de petits légumes* served with mixed vegetables **2.** MUS accompaniment **3.** *litt* [escorte] escort ; *fig* complement, accompaniment.

❖ **d'accompagnement** loc adj **1.** MIL ⟶ **tir 2.** GRAM ▸ **complément / préposition d'accompagnement** *complement / preposition indicating who accompanies the subject of the action.*

accompagner [3] [akɔ̃paɲe] vt **1.** [escorter -ami] to go with / *tu vas chez Paul? je t'accompagne* you're going to see Paul? I'll come along ou I'll go with you ▸ **accompagner qqn à l'aéroport a)** [gén] to go to the airport with sb **b)** [en voiture] to take sb to the airport ▸ **accompagner qqn en ville a)** [à pied] to walk into town with sb **b)** [en voiture] to drive sb into town / *accompagner un groupe de touristes* to accompany a group of sightseers, to take some sightseers on a tour / *être accompagné de gardes du corps* to be followed around ou accompanied by bodyguards / *elle vient toujours accompagnée* she never comes alone, she always brings somebody with her / *je serai accompagné de ma cousine* I'll come with my cousin / *il vaut mieux être seul que mal accompagné* you're better off alone than in bad company ▸ **accompagner un mourant** *fig* to be with a dying man to the end ▸ **accompagner qqn du regard** to follow sb with one's eyes ▸ **nos vœux / pensées vous accompagnent** our wishes / thoughts are with you **2.** [compléter] to go with / *un échantillon de parfum accompagne tout achat* a sample of perfume comes with every purchase / *ce gratin accompagne agréablement toutes les viandes* this gratin goes well with any meat dish / *une sauce pour accompagner vos poissons* a sauce to complement your fish dishes ▸ **accompagner qqch de** : *accompagné de vin blanc, c'est un délice* served with white wine, it's delicious / *un sourire accompagné d'un regard complice* a smile and a knowing glance **3.** MUS to accompany, to provide an accompaniment for.

❖ **s'accompagner** vp *(emploi réfléchi)* MUS : *s'accompagner à un instrument* to accompany o.s. on an instrument / *il chante et s'accompagne à l'accordéon* he sings and accompanies himself on the accordion.

❖ **s'accompagner de** vp + prép to come with / *ses phrases s'accompagnent d'une menace* his remarks contain a threat.

> ⚠ Lorsque accompagner signifie « aller quelque part avec qqn », il ne peut être traduit systématiquement par **to accompany** qui est d'un registre plus soutenu dans ce contexte.

accompli, e [akɔ̃pli] adj **1.** [parfait] accomplished **2.** [révolu] : *elle a vingt ans accomplis* she's turned ou over 20 **3.** LING perfective.

❖ **accompli** nm GRAM perfective.

accomplir [32] [akɔ̃pliʀ] vt **1.** [achever -mandat, obligation] to fulfil ; [-mission, travail] to carry out, to accomplish / *accomplir son devoir* to perform one's duty / *accomplir de bonnes actions* to do good (deeds) / *accomplir de mauvaises actions* to commit evil (deeds) / *il n'a rien accompli à ce jour* up to now he hasn't achieved ou accomplished anything **2.** [réaliser -miracle] to perform / *accomplir un exploit technique* to perform a feat of engineering ▸ **accomplir les dernières volontés de qqn** to carry out sb's last wishes.

❖ **s'accomplir** vpi **1.** [être exécuté -vœu] to come true, to be fulfilled ; [-prophétie] to come true / *ce qui s'accomplit autour de nous* the things happening all around us / *la volonté de Dieu s'accomplira* God's will shall be done **2.** [s'épanouir -personnalité] to become rounded out.

> ⚠ D'un registre plus soutenu, **to accomplish** ne doit pas être employé systématiquement pour traduire accomplir.

accomplissement [akɔ̃plismɑ̃] nm **1.** [exécution] accomplishment, fulfilment UK, fulfillment US / *cinq ans pour l'accomplissement de ce travail* five years to carry out ou to complete this work / *après l'accomplissement de votre mission* after carrying out your mission **2.** [concrétisation] ▸ **l'accomplissement d'une prophétie** the realization of a prophecy / *l'accomplissement d'un exploit sportif / d'un miracle* the performance of an athletic feat / of a miracle.

accon [akɔ̃] nm lighter, (flat-bottomed) barge.

acconier [akɔnje] nm lighterman.

accord [akɔʀ] nm **1.** [approbation] consent, agreement ▸ **demander l'accord de qqn** to ask for sb's consent ▸ **donner son accord à** to consent to ▸ **d'un commun accord** by mutual agreement, by common consent **2.** [entente] agreement ; [harmonie] harmony / *il faut un bon accord entre les participants* the participants must all get on well with each other / *accord de l'expression et de la pensée* harmony between expression and thought ▸ **vivre en parfait accord** to live in perfect harmony **3.** [convention] agreement ▸ **conclure un accord avec** to come to an agreement with ▸ **accord à l'amiable** amicable agreement ▸ **accord bilatéral** bilateral agreement ▸ **accord d'entreprise** collective agreement ▸ **accord commercial** trade agreement ▸ **accord de confidentialité** confidentiality agreement ▸ **accord de coopération** cooperation agreement ▸ **accord de crédit** credit agreement ▸ **accord de licence** licensing agreement ▸ **accord de paiement** payment agreement ▸ **accord de paix** peace agreement ▸ **accord de principe** agreement in principle ▸ **accord salarial** wage settlement ▸ **les accords d'Évian** *the agreement signed on 18 March 1962 establishing a cease-fire in Algeria and recognizing the country's independence* ▸ **les accords de Grenelle** *an agreement between the government and trade unions (27 May, 1968) improving wages and working conditions and aimed at ending workers' support for student disturbances* ▸ **Accord général sur les tarifs douaniers et le commerce** General Agreement on Tariffs and Trade ▸ **Accord de libre-échange nord-américain** North American Free Trade Agreement **4.** LING agreement ▸ **accord en genre / nombre** gender / number agreement ▸ **accord en genre et en nombre** agreement in number and in gender / *y a-t-il accord entre le sujet et le verbe?* does the verb agree with the subject? **5.** MUS [son] chord ; [réglage] tuning ▸ **accord parfait** triad ou common chord **6.** AUDIO tuning.

❖ **d'accord** loc adv ▸ **être d'accord (avec qqn)** to agree (with sb) / *ils ne sont pas d'accord* they don't agree, they disagree / *je suis d'accord pour qu'on lui dise* I agree that she should be told ou to her being told ▸ **(je ne suis) pas d'accord! a)** [je refuse] no (way)! **b)** [c'est faux] I disagree! / *tu viens? — d'accord* are you coming? — OK / *quinze euros chacun, d'accord?* fifteen euros each, OK? / *(c'est) d'accord pour ce soir* it's OK for tonight / *tu avais dit que c'était d'accord!* you said that it was OK! / *ah d'accord, puisque c'est comme ça, je n'irai pas!* OK ou alright ou I see, if that's the way it is I won't go! / *alors là, je ne suis plus d'accord!* now there I disagree! ▸ **nous en sommes** ou **demeurons d'accord** *sout* we are in agreement *sout* / *j'ai enfin réussi à les mettre d'accord* I've finally managed to get them to agree / *cessez de vous battre sinon c'est moi qui vais vous mettre d'accord!* *iron* stop fighting or I'll be the one to sort you out! ▸ **se mettre d'accord (sur qqch)** to agree (on sthg) / *ils n'arrivent pas à se mettre d'accord* they can't agree to reach an agreement / *mettez-vous d'accord, je ne comprends rien à ce que vous dites* get your story straight, I can't understand a word of what you're saying / *ils se sont mis d'accord pour combiner leur affaire* *fam* they cooked up a deal between them / *mettons-nous bien d'accord, c'est vous le responsable* let's get one thing straight, you're in charge ▸ **tomber d'accord** to come to an agreement ▸ **tomber d'accord sur qqch** to agree on sthg.

❖ **en accord avec** loc prép ▸ **en accord avec qqn** : *en accord avec le chef de service, nous avons décidé que...* together with the head of department, we have decided that / *en accord avec les directives* according to the guidelines / *en accord avec notre politique commerciale* in line with ou in keeping with our business policy / *en accord avec le style du mobilier* in keeping with the furniture.

accordable [akɔʀdabl] adj **1.** [opinions] which can be reconciled **2.** [faveur] which can be granted **3.** [piano] tunable.

accord-cadre [akɔʀkadʀ] (*pl* **accords-cadres**) nm framework ou outline agreement.

accordéon [akɔʀdeɔ̃] nm MUS accordion ▸ **coup d'accordéon** *fig* sudden reversal.

❖ **en accordéon** loc adj [chaussettes] wrinkled ; [voiture] crumpled.

accordéoniste [akɔʀdeɔnist] nmf accordionist.

accorder [3] [akɔʀde] vt **1.** [octroyer -congé, permission] to give, to grant ; [-faveur] to grant ; [-subvention] to grant, to award ; [-interview] to give ▸ **accorder le droit de vote à qqn** to give sb the right to vote, to enfranchise sb ▸ **accorder la grâce d'un** ou **sa grâce à un condamné** to grant a condemned man a pardon, to extend a pardon to a condemned man ▸ **accorder la main de sa fille à qqn** to give sb one's daughter's hand in marriage ▸ **accorder toute sa confiance à qqn** to give sb one's complete trust ▸ **accorder de l'importance à qqch** to attach importance to sthg / *accorder de la valeur aux objets* to set a value on things / *je vous accorde une heure, pas plus* I'll allow you one hour, no more / *voulez-vous m'accorder cette danse?* may I have this dance? **2.** [concéder] ▸ **accorder à qqn que** to admit to ou to grant sb that / *vous m'accorderez que, là, j'avais raison* you must admit that on this point I was right / *ils sont jeunes, je vous l'accorde* granted, they're young, they're young I grant you **3.** [harmoniser] : *accorder les couleurs d'une pièce* to harmonize ou to coordinate the colours of a room **4.** GRAM to make agree / *accorder le verbe avec le sujet* to make the verb agree with the subject **5.** MUS [piano, guitare] to tune / *les musiciens accordent leurs instruments* [avant un concert] the players are tuning up ▸ **accorder ses violons** to agree / *il faudrait accorder vos violons!* make your minds up!, get your stories straight!

❖ **s'accorder** ◆ vpi **1.** [être du même avis] ▸ **s'accorder à** : *tous s'accordent à dire que...* they all agree ou concur that... ▸ **s'accorder pour** : *ils se sont accordés pour baisser leurs prix* they agreed among themselves that they would drop their prices **2.** [s'entendre] : *on ne s'est jamais accordé (tous les deux)* we two never saw eye to eye ou got along **3.** [être en harmonie - caractères] to blend ; [- opinions] to match, to tally, to converge / *le moderne et l'ancien s'accordent parfaitement* old and new blend perfectly together / *ce qu'il dit ne s'accorde pas avec sa personnalité* he's saying things which are out of character **4.** GRAM to agree ▸ **s'accorder en genre avec** to agree in gender with **5.** MUS to tune up. ◆ vpt : *s'accorder quelques jours de repos* to take a few days off.

accordeur [akɔʀdœʀ] nm (piano) tuner.

accordoir [akɔʀdwaʀ] nm tuning wrench ou hammer.

accore [akɔʀ] ◆ adj abrupt, sheer. ◆ nf shore.

accorte [akɔʀt] adj f *litt* pleasant, comely / *une femme rondelette et accorte* an attractively buxom woman.

accostable [akɔstabl] adj : *le rivage n'est pas accostable* you can't get near the shore.

accostage [akɔstaʒ] nm **1.** NAUT drawing ou coming alongside **2.** [d'une personne] accosting.

accoster [3] [akɔste] ◆ vt **1.** [personne] to go up to *(insép)*, to accost **2.** NAUT to come ou to draw alongside. ◆ vi NAUT to berth.

accotement [akɔtmɑ̃] nm **1.** [d'une route] shoulder, verge UK / **'accotements non stabilisés'** 'soft shoulders US ', 'soft verges UK ' / **'accotements stabilisés'** 'hard shoulders UK ', shoulders US **2.** RAIL shoulder.

accoter [3] [akɔte] vt to lean / *accoter une échelle contre un mur* to lean a ladder against a wall / *maisons accotées à la colline* houses hugging the hillside.

❖ **s'accoter à, s'accoter contre** vp + prép to lean against.

accotoir [akɔtwaʀ] nm armrest.

accouchée [akuʃe] nf ▸ **jeune accouchée** *woman who has recently given birth.*

accouchement [akuʃmɑ̃] nm [travail] childbirth, labour ; [expulsion] delivery / *première* / *deuxième phase de l'accouchement* first / second stage of labour / *pendant mon accouchement* while I was giving birth ou in labour / *procéder à un accouchement* to deliver a woman / *elle a eu un accouchement difficile* she had a difficult delivery ▸ **accouchement anonyme** ou **sous X** anonymous birth ▸ **accouchement prématuré** ou **avant terme** premature delivery ▸ **accouchement dirigé** induced delivery ▸ **accouchement sans douleur** painless delivery ou childbirth ▸ **accouchement par le siège** breech birth ▸ **accouchement à terme** full term delivery.

accoucher [3] [akuʃe] ◆ vi **1.** [avoir un bébé] to have a baby, to give birth / *pendant qu'elle accouchait* while she was giving birth ou in labour / *Diane a accouché l'été dernier* / *avant terme* Diane had her child last summer / prematurely / *j'accouche en juin* my baby's due in June / *ils ont été obligés de la faire accoucher avant terme* they had to induce her **2.** *tfam* [parler] ▸ **accouche!** spit it out!, let's have it! ◆ vt : *c'est lui qui l'a accouchée* he delivered her baby.

❖ **accoucher de** v + prép **1.** [enfant] to give birth to, to have / *accoucher d'une fille* to give birth to a girl / *accoucher de jumeaux* to have twins **2.** *fam* [produire] to come up with, to produce / *six mois de travail pour accoucher d'une pièce aussi nulle!* six months of work to produce such a useless play!

accoucheur, euse [akuʃœʀ, øz] nm, f obstetrician.

accouder [3] [akude] ❖ **s'accouder** vpi ▸ **s'accouder à** ou **sur qqch** to lean (one's elbows) on sthg / *s'accouder à la fenêtre* to lean out of the window ▸ **être accoudé à qqch** to lean on sthg / *il était accoudé au bar* he was leaning on the bar.

accoudoir [akudwaʀ] nm armrest.

accouplement [akupləmɑ̃] nm **1.** [raccordement] linking, joining ; MÉCAN coupling, connecting ; ÉLECTR connecting **2.** AGR yoking, coupling **3.** ZOOL mating.

accoupler [3] [akuple] vt **1.** [raccorder - mots] to link ou to join (together) ; MÉCAN to couple, to connect ; ÉLECTR to connect **2.** AGR [pour le trait] to yoke ou to couple together *(sép)* **3.** ZOOL to mate.

❖ **s'accoupler** vpi [animaux] to mate.

accourir [45] [akuʀiʀ] vi to run, to rush / *elle est accourue pour le voir* she hurried ou rushed to see him / *ils sont accourus (pour) m'annoncer la nouvelle* they came running to tell me the news / *elle l'appelle et il accourt* all she has to do is whistle and he comes running / *ses hurlements ont fait accourir tout le voisinage* his screams brought all the neighbours rushing to the scene.

accoutrement [akutʀəmɑ̃] nm outfit.

accoutrer [3] [akutʀe] vt *péj* to dress up *(sép)* / *comme te voilà accoutré!* you do look ridiculous in that outfit!

❖ **s'accoutrer** vp *(emploi réfléchi) péj* to get dressed up.

accoutumance [akutymɑ̃s] nf **1.** [adaptation] habituation **2.** [d'un toxicomane] addiction, dependency.

accoutumé, e [akutyme] adj usual, customary.

❖ **comme à l'accoutumée** loc adv *sout* as usual, as always.

accoutumer [3] [akutyme] vt ▸ **accoutumer qqn à (faire) qqch** to accustom sb to (doing) sthg, to get sb used to (doing) sthg.

❖ **s'accoutumer à** vp + prép to get used to / *il faudra vous accoutumer à vous lever tôt* you'll have to get used to getting up early.

Accra [akʀa] npr Accra, Akkra.

accréditation [akʀeditasjɔ̃] nf FIN accreditation.

accréditer [3] [akʀedite] vt [rumeur, nouvelle] to substantiate, to give credence to ; [personne] to accredit ▸ **accréditer qqn auprès de** to accredit sb to.

❖ **s'accréditer** vpi [rumeur] to gain ground.

accréditeur [akʀeditœʀ] nm surety.

accréditif, ive [akʀeditif, iv] adj ▸ **lettre accréditive** letter of credit.

❖ **accréditif** nm [lettre] letter of credit ; [crédit] credit.

accro [akʀo] *fam* ◆ adj hooked ▸ **être accro à qqch a)** [drogue] to be hooked on sthg **b)** *fig* to be hooked on ou really into sthg. ◆ nmf fanatic / *les accros de la hi-fi* hi-fi fanatics / *c'est un accro du football* he's really mad on football.

Accrobranche® [akʀobʀɑ̃ʃ] nf treetop walking.

accroc [akʀo] nm **1.** [déchirure] tear, rip / *faire un accroc à sa chemise* to tear ou to rip one's shirt **2.** *fam* [entorse] breach, violation / *faire un accroc au règlement* to bend the rules / *faire un accroc à un contrat* to breach ou to violate a contract **3.** [incident] snag, hitch ▸ **un voyage sans accroc** ou **accrocs** an uneventful trip / *ce n'est qu'un petit accroc à notre planning* it's just a minor hitch as far as our schedule is concerned.

accrochage [akʀɔʃaʒ] nm **1.** [suspension - d'un tableau] hanging ; ART small exhibition **2.** [fixation - d'un wagon] hitching (up), coupling ; [- d'une remorque] hitching (up) **3.** [collision - entre véhicules] collision / *en 30 ans de conduite, je n'ai jamais eu le moindre accrochage* in 30 years as a driver, I've never had an accident of any sort / *ce n'est qu'un tout petit accrochage* it's only a scratch **4.** [querelle] quarrel, squabble ▸ **avoir un accrochage avec qqn** to clash with sb **5.** MIL skirmish, engagement **6.** SPORT [en boxe] clinch ; [entre deux coureurs] tangle **7.** MÉTALL scaffold, scaffolding.

accroche [akʀɔʃ] nf attention-getter, attention-catcher *(in advertising)*.

accroche-cœur [akʀɔʃkœʀ] *(pl* **accroche-cœur** *ou* **accroche-cœurs***)* nm kiss-curl UK, spit curl US.

accroche-plat [akʀɔʃpla] *(pl* **accroche-plat** *ou* **accroche-plats***)* nm plate-hanger.

accrocher [3] [akʀɔʃe] ◆ vt **1.** [suspendre - tableau] to hang ; [- manteau, rideau] to hang up *(sép)* / *un petit miroir accroché au moyen d'un clou* a small mirror hanging on ou from a nail **2.** [saisir] to hook / *chaque enfant essaie d'accrocher un paquet* each child tries to hook up a parcel / *accrocher une embarcation avec une gaffe* to hook a boat in / *il a accroché une bonne commande fam* he landed a big order **3.** [relier] ▸ **accrocher qqch à** to tie sthg (on) to / *accrocher un wagon à un train* to couple ou to hitch a wagon to a train / *accrocher un pendentif à une chaîne* to attach a pendant to a chain **4.** *fam* [aborder] to corner, to buttonhole, to collar / *le curé m'a accroché à la sortie de l'église* the vicar buttonholed me outside the church **5.** [retenir l'intérêt de] to grab the attention of ; [attirer - regard] to catch / *il faut accrocher le lecteur dès les premières pages* we must make the reader sit up and take notice from the very beginning of the book ▸ **qui accroche le regard** eye-catching ▸ **ses bijoux accrochaient la lumière** her jewels caught the light ; *(en usage absolu)* ▸ **un slogan qui accroche** a catchy slogan **6.** [déchirer - collant, vêtement] to snag, to catch **7.** [heurter - piéton] to hit / *il a accroché l'aile de ma voiture* he caught ou scraped my wing / *elle m'a accroché en me dépassant* she scraped my bodywork as she overtook me / *elle a accroché le vase au passage et il est tombé* she knocked the vase as she went past and it crashed to the ground **8.** MIL to engage in a skirmish with. ◆ vi **1.** [coincer - fermeture, tiroir] to jam, to stick / *des skis qui accrochent* skis that don't run smoothly / *farte tes skis, la neige accroche ce matin* wax your skis because the snow's sticky this morning ; *fig* [buter] to be stuck / *la discussion accroche sur la composition du comité* the discussion has got bogged down over the composition of the committee / *j'accroche sur la traduction de ce mot* I just can't come up with a good translation for this word **2.** *fam* [bien fonctionner] : *ça n'a pas accroché entre eux* they didn't hit it off / *je n'ai jamais accroché en physique* I never really got into physics / *en musique, il a tout de suite accroché* he took to music straight away.

❖ **s'accrocher** ◆ vp *(emploi passif)* to hang, to hook on / *la médaille s'accroche au bracelet avec un fermoir* the medallion fixes ou fastens on to the bracelet with a clasp / *la remorque s'accroche à la voiture* the trailer hooks ou hitches on to the (back of the) car. ◆ vp *(emploi réciproque)* **1.** [entrer en collision - voitures] to crash (into each other), to collide ; [- boxeurs] to clinch / *les pédales des deux vélos se sont accrochées* the pedals on the two bicycles got tangled up **2.** [se disputer] to clash / *ils ne peuvent pas se supporter, ils vont s'accrocher tout de suite* they can't stand each other so they're bound to start arguing straight away / *les deux divisions se sont accrochées* MIL there was a skirmish between the two divisions. ◆ vpi *fam* [persévérer - athlète, concurrent] to apply o.s. / *il faut s'accrocher pour suivre son explication* you've got to have your wits about you if you want to understand his explanation / *avec lui, il faut s'accrocher!* he's hard work! ◆ vpt EXPR **tu peux te l'accrocher! a)** *tfam* [tu ne l'auras jamais] you can whistle for it! **b)** [tu ne l'auras plus] you can kiss it goodbye!

❖ **s'accrocher à** vp + prép : *accroche-toi à la poignée!* hang on (tight) to the handle! ▸ **s'accrocher au pouvoir** / **à la vie** / **à qqn** *fig* to cling to power / to life / to sb / *une bicoque s'accrochait à la falaise litt* a shack was clinging to the cliff.

❖ **s'accrocher avec** vp + prép to clash with.

accrocheur, euse [akʀɔʃœʀ, øz] *fam* ◆ adj **1.** [tenace - vendeur] pushy **2.** [attirant - titre, slogan, tube] catchy ; [- sourire] beguiling ▸ **une publicité accrocheuse** an eye-catching advertisement. ◆ nm, f fighter.

accroire [akʀwaʀ] vt *(à l'infinitif seulement) litt* ▸ **faire** ou **laisser accroire qqch à qqn** to mislead sb into believing sthg ▸ **en faire accroire à qqn** to try to deceive sb.

accrois v ⟶ accroître.

accroissais ⟶ accroître.

accroissement [akʀwasmɑ̃] nm **1.** [augmentation] : *l'accroissement de la population* population growth / *avec l'accroissement de leur pouvoir d'achat* with their increased purchasing power ▸ **accroissement naturel** natural growth **2.** MATH increment.

accroître, accroitre* [94] [akʀwatʀ] vt [fortune, sentiment] to increase ; [désordre] to spread ; [domaine] to add (on) to ; [popularité] to enhance.

❖ **s'accroître, s'accroitre*** vpi [tension] to rise ; [sentiment] to grow ; [population] to rise, to increase, to grow.

accroupir [32] [akʀupiʀ] ❖ **s'accroupir** vpi to squat ou to crouch (down).

accroupissement [akʀupismɑ̃] nm **1.** [action] squatting, crouching **2.** [position] squatting position.

accru, e [akʀy] ◆ pp ⟶ **accroître.** ◆ adj [fortune] increased, larger ; [sentiment] deeper ; [popularité] enhanced.

❖ **accru** nm BOT sucker.

❖ **accrue** nf AGR [extension] *extension of forest by natural seeding.*

accu (abr de **accumulateur**) [aky] nm *fam* battery / *les accus sont morts* the battery's dead ▸ **accus rechargeables** rechargeable batteries ▸ **recharger ses accus** *fig* to recharge one's batteries.

accueil [akœj] nm **1.** [réception - d'invités] welcome, greeting / *nous avons reçu le plus chaleureux des accueils* we were given the heartiest of welcomes ▸ **faire bon accueil à qqn** to give sb a warm welcome ▸ **faire mauvais accueil à qqn** to give sb a cool reception ▸ **faire bon / mauvais accueil à une proposition** *fig* to receive a proposal warmly / coldly **2.** [bureau, comptoir] desk, reception.

❖ **d'accueil** loc adj [discours, cérémonie] welcoming ; [hôtesse, hall] reception *(modif)* ; [pays] host *(modif).*

accueillant, e [akœjɑ̃, ɑ̃t] adj [peuple, individu] welcoming, friendly ; [sourire] warm, welcoming ; [maison] hospitable ▸ **peu accueillant a)** [endroit] inhospitable **b)** [personne] unwelcoming, cold.

accueillir [41] [akœjiʀ] vt **1.** [aller chercher] to meet ▸ **accueillir qqn à l'aéroport** to meet sb at the airport **2.** [recevoir] ▸ **accueillir qqn froidement** to give sb a cool reception ▸ **être très bien / mal accueilli** to get a very pleasant / poor welcome / *il a été accueilli par des bravos* he was greeted with cheers / *ils m'ont accueilli avec un sourire gêné* they gave me an embarrassed smile as I came in / *elle a été accueillie par des huées* she was booed ou hissed as she came in ▸ **accueillir une idée avec scepticisme / enthousiasme** to greet an idea with scepticism / enthusiasm / *le projet a été très mal accueilli par la direction* the project got a cool reception ou response from the management **3.** [héberger] to house, to accommodate / *l'hôpital peut accueillir 1 000 malades* the hospital can accommodate 1,000 patients / *j'étais sans abri et ils m'ont accueilli* I was homeless and they took me in ou gave me a home.

acculer [3] [akyle] ◆ vt **1.** [bloquer] ▸ **acculer qqn contre qqch** to drive sb back against sthg ▸ **acculer un animal** CHASSE to bring an animal to bay ▸ **tel un animal acculé** like an animal at bay **2.** [contraindre] ▸ **acculer qqn à** : *acculer qqn à la faillite* to push sb into bankruptcy ▸ **acculer qqn au désespoir** to drive sb to despair. ◆ vi NAUT to list by the stern.

acculturation [akyltyʀasjɔ̃] nf acculturation, cultural adaptation.

acculturer [3] [akyltyʀe] vt : *acculturer un groupe ethnique* to help an ethnic group adjust to a new cultural environment.

accumulateur [akymylatœʀ] nm **1.** BANQUE, INFORM & MÉCAN accumulator **2.** ÉLECTR (storage) battery, storage cell.

accumulation [akymylasjɔ̃] nf **1.** [action] accumulation, amassing, building up ; [collection] mass / *que vais-je faire de cette accumulation de vieux journaux ?* what am I going to do with this pile of old newspapers ? ▸ **devant cette accumulation de preuves / démentis** faced with this mass of proof / with repeated denials **2.** ÉLECTR storage.

accumuler [3] [akymyle] vt **1.** [conserver - boîtes, boutons] to keep ou to hoard (in large quantities), to accumulate ; [- denrées] to stockpile, to hoard ; [- papiers] to keep / *j'accumule les chaussures neuves sans jamais les mettre* I just accumulate new shoes and never wear them **2.** [réunir - preuves] to pile on *(sép)*, to accumulate ; [- fortune, argent] to amass / *mais tu les accumules ! fam* [les bêtises] you never stop, do you ?

❖ **s'accumuler** vpi to accumulate, to mount (up), to pile up / *le linge sale s'accumule* the dirty linen is piling up / *les toxines s'accumulent dans l'organisme* there is a build-up of toxins in the body.

accusateur, trice [akyzatœʀ, tʀis] ◆ adj [silence, regard] accusing ; [bilan] incriminating ; [preuve] accusatory, incriminating. ◆ nm, f [dénonciateur] accuser.

❖ **accusateur** nm HIST ▸ **accusateur public** public prosecutor *(during the French Revolution).*

accusatif [akyzatif] nm accusative.

accusation [akyzasjɔ̃] nf **1.** DR charge, indictment ▸ **mettre qqn en accusation** to indict ou to charge sb **2.** [reproche] accusation, charge ▸ **lancer une accusation contre qqn / un parti** to make an accusation against sb / a party.

accusatoire [akyzatwaʀ] adj accusatory.

accusé, e [akyze] nm, f defendant ▸ **l'accusé** the accused ▸ **accusé, levez-vous !** the accused will stand !

❖ **accusé de réception** nm acknowledgment of receipt.

accuser [3] [akyze] vt **1.** [désigner comme coupable] to accuse / *je ne t'accuse pas !* I'm not saying you did it ! ▸ **tout l'accuse** everything points to his guilt ▸ **accuser qqn de qqch** to accuse sb of sthg / *il a accusé le jury de favoritisme* he accused the jury of being biased / *on m'accuse d'avoir menti* I'm being accused of lying / *elle l'accuse de les avoir tués* she's accusing him of killing them / *il s'est fait accuser injustement* he was unjustly accused ▸ **J'accuse** *title of an open letter to the French President which appeared in « l'Aurore » on 13 January 1898, in which Émile Zola insisted that Alfred Dreyfus had been unjustly incriminated* ; DR ▸ **accuser qqn de meurtre / viol** to charge sb with murder / rape ▸ **de quoi l'accuse-t-on ?** what's the charge against him ? / *toutes ces manigances visent à faire accuser un innocent* all this scheming is designed to bring about the indictment of an innocent man **2.** [rejeter la responsabilité sur] to blame, to put the blame on **3.** [accentuer] to highlight, to emphasize, to accentuate / *la lumière accuse les reliefs* sunlight emphasizes the outlines **4.** [indiquer] : *la Bourse accuse une forte baisse* the stock market is registering heavy losses / *son visage accuse une grande fatigue* her face shows how tired she is / *il accuse ses cinquante ans* he's fifty and looks it / *le compteur accuse 130 km/h* the meter's registering ou reading 130 km/h **5.** EXPR ▸ **accuser réception de** to acknowledge receipt of ▸ **accuser le coup a)** BOXE to reel with the punch **b)** [fatigue] to show the strain **c)** [moralement] to take it badly / *elle a drôlement accusé le coup, dis donc ! fam* you can tell she's really been through it !

❖ **s'accuser** vp *(emploi réfléchi)* to accuse o.s. / *la seule chose dont je peux m'accuser, c'est de…* the only fault I would admit to is… / *il s'est accusé d'avoir volé* he confessed to having committed a theft.

ace [es, ɛs] nm SPORT ace.

acellulaire [aselylɛʀ] adj acellular.

acéphale [asefal] adj acephalous.

acerbe [asɛʀb] adj **1.** [parole, critique] cutting, acerbic ▸ **d'un ton acerbe** crisply **2.** *litt* [goût] bitter.

acéré, e [aseʀe] adj **1.** [lame, pointe] sharp **2.** *fig & sout* [critique, propos] biting, caustic.

acériculteur, trice [aseʀikyltœʀ, tʀis] nm, f maple sugar producer.

acériculture [aseʀikyltyʀ] nf maple sugar production.

acétaldéhyde [asetaldeid] nm acetaldehyde.

acétate [asetat] nm CHIM acetate ▸ **acétate d'aluminium** aluminium acetate ▸ **acétate de cellulose** cellulose acetate.

acétique [asetik] adj acetic.

acétone [asetɔn] nf acetone.

acétonémie [asetɔnemi] nf acetonemia.

acétonémique [asetɔnemik] adj acetonemic.

acétonurie [asetɔnyʀi] nf acetonuria.

acétylcellulose [asetilselyloz] nf cellulose acetate.

acétylcholine [asetilkɔlin] nf acetylcholine.

acétyle [asetil] nm acetyl.

acétylène [asetilɛn] nm acetylene.

acétylénique [asetilenik] adj acetylenic.

acétylsalicylique [asetilsalisilik] adj acetylsalicylic.

acétylure [asetilyʀ] nm acetylide.

ACF (abr de **Automobile Club de France**) npr m *French automobile association* ; ≃ AA UK ; ≃ RAC UK ; ≃ AAA US.

ach. abr écrite de **achète.**

achalandage [aʃalɑ̃daʒ] nm DR clientele.

achalandé, e [aʃalɑ̃de] adj ▸ **bien achalandé** well-stocked ▸ **mal achalandé** short on merchandise.

acharné, e [aʃaʀne] ◆ adj [combat, lutte] fierce ; [travail] relentless ; [travailleur] hard ; [joueur] hardened ▸ **il est acharné à votre perte** ou **à vous perdre** he is set ou bent ou intent on ruining you. ◆ nm, f ▸ **un acharné du travail** a workaholic.

acharnement [aʃaʀnəmɑ̃] nm [dans un combat] fury ; [dans le travail] relentlessness, perseverance / *son acharnement à détruire les preuves* her determination to destroy the proofs / *son acharnement à réussir* his determination to succeed / *acharnement au travail* dedication to work ▸ **acharnement thérapeutique** use of intensive medication.

❖ **avec acharnement** loc adv [combattre] tooth and nail, furiously ; [travailler] relentlessly ; [résister] fiercely.

acharner [3] [aʃaʀne] ❖ **s'acharner** vpi **1.** ▸ **s'acharner sur** ou **contre** ou **après qqn** [le tourmenter] to persecute ou to hound sb / *les médias s'acharnent sur ou contre moi* I'm being hounded by the press / *ses créanciers s'acharnent sur elle* she's being hounded by her creditors, her creditors won't leave her a moment's peace / *le sort s'acharne sur lui* he's dogged by bad luck **2.** ▸ **s'acharner sur qqch** [persévérer] to work (away) at sthg / *voilà deux jours que je m'acharne sur ces calculs* I've been working away at these calculations for two days now / *cesse de t'acharner sur ce nœud !* just leave that knot alone ! ▸ **s'acharner à faire qqch** to strive to do sthg / *je m'acharne à lui faire mettre son écharpe* I'm always trying to get him to wear his scarf ; *(en usage absolu)* : *inutile de t'acharner, tu ne la convaincras pas* it's no use struggling, you won't persuade her.

achat [aʃa] nm **1.** [fait d'acheter] purchasing, buying / *l'achat d'une voiture neuve* the purchasing of a new car ▸ **faire un achat** to purchase ou to buy something / *faire un achat à crédit* to buy something on credit ▸ **achat au comptant** cash purchase ▸ **achat à crédit** credit purchase ▸ **achat groupé** combined purchase ▸ **achat d'impulsion** ou **spontané** impulse buy ▸ **achats en ligne** online shopping, cybershopping ▸ **achat à terme** BOURSE forward buying **2.** [article acheté] purchase, buy / *réglez vos achats à la caisse* pay (for your purchases) at the cash desk / *un sac rempli d'achats* a bag full of shopping ▸ **c'est un bon / mauvais achat** it's a good / bad buy.

❖ **à l'achat** loc adv : *la livre faisait 1,4 euro à l'achat* the buying rate for sterling was 1.4 euro / *cette machine est chère à l'achat mais vous l'amortirez en quelques années* this machine involves a high initial outlay but it will pay for itself in a few years.

acheminement [aʃminmɑ̃] nm [de marchandises] conveying, forwarding, shipment ; [de troupes] moving ; [de trains] routing ▸ **acheminement du courrier** mail delivery.

acheminer [3] [aʃmine] vt **1.** [marchandises] to convey, to forward / *acheminer des produits par avion* to ship products by plane ▸ **acheminer un colis vers** to ship a parcel to **2.** MIL to convey, to move ▸ **acheminer des troupes vers** ou **sur le front** to move troops up to the front ou up the line **3.** RAIL to route ▸ **acheminer un train vers** ou **sur** to route a train to ou towards.

* In reformed spelling (see p. 16-19).

❖ **s'acheminer vers** vp + prép [endroit] to head for ; [accord, solution] to move towards / *nous nous acheminons vers la résolution du conflit* we're moving towards UK ou toward US a solution to the conflict.

achetable [aʃtabl] adj purchasable.

acheter [28] [aʃte] vt **1.** [cadeau, objet d'art, denrée] to buy, to purchase *sout* / *où l'as-tu acheté?* where did you buy it? / *acheter des actions* ou *une part d'une entreprise* to buy into a business / *il a acheté les terrains environnants* he bought up the surrounding land ▸ **acheter qqch au kilo** to buy sthg by the kilo ▸ **acheter qqch comptant / en gros / d'occasion / à crédit** to buy sthg cash / wholesale / second-hand / on credit ▸ **acheter des boutons / oranges au détail** to buy buttons / oranges singly ▸ **acheter qqch à qqn a)** [pour soi] to buy sthg from sb **b)** [pour le lui offrir] to buy sb sthg, to buy sthg for sb / *je lui ai acheté sa vieille voiture* I bought his old car from ou off him / *si ça te plaît, je te l'achète* I'll buy you it ou it for you if you like it ; *(en usage absolu)* ▸ **achetez français!** buy French (products)! **2.** [échanger -liberté, paix] to buy **3.** [soudoyer -témoin, juge] to bribe, to buy (off) ; [-électeurs] to buy / *ne crois pas que tu pourras m'acheter* you must understand I won't be bought / *ils ont été achetés* they were bribed / *il s'est fait acheter par la Mafia* he was bought by the Mafia.

❖ **s'acheter** ◆ vp *(emploi passif)* to be on sale / *où est-ce que ça s'achète?* where can you buy it? ◆ vpt ▸ **s'acheter qqch** to buy o.s. sthg ▸ **s'acheter une conduite** to turn over a new leaf.

Acheter qqch à / pour qqn
Buy sthg for sb ou *buy sb sthg.*

Notez la construction à double complément qui en anglais peut prendre deux formes sans différence de sens :

- une structure identique à celle du français :
  verbe + COD + préposition + COI
  buy sthg for sb
- une structure qui diffère de celle du français, sans préposition, et dans laquelle l'ordre des compléments est inversé :
  verbe + COI + COD
  buy sb sthg

Thomas a acheté un livre à / pour son ami Gabriel. *Thomas bought a book for his friend Gabriel* ou *Thomas bought his friend Gabriel a book.*

acheteur, euse [aʃtœʀ, øz] nm, f **1.** [client] buyer, purchaser / *les acheteurs se font rares* there are fewer and fewer buyers ou customers ▸ **acheteur impulsif** impulse buyer ▸ **trouver un acheteur pour qqch** to find a buyer for ou to find somebody to buy sthg **2.** [professionnel] buyer **3.** DR vendee.

achevé, e [aʃve] adj [sportif, artiste] accomplished ; [œuvre] perfect ; [style] polished ▸ **d'un ridicule achevé** *sout* utterly ridiculous / *d'une bêtise achevée* completely stupid / *c'est un imbécile achevé* he's a complete idiot ou fool.

❖ **achevé d'imprimer** nm colophon.

achèvement [aʃɛvmɑ̃] nm completion.

⚠ **Achievement** signifie « exploit », « accomplissement » et non achèvement.

achever [19] [aʃve] vt **1.** [finir -repas, discours, lettre] to finish, to end, to bring to a close ou an end ; [-journal, livre] to reach the end of, to finish / *achever son œuvre* to complete one's life's work / *achever sa vie à l'hôpital* to end one's days in hospital / *laisse-le achever sa phrase* let him finish what he's saying ▸ **achever de faire qqch** to finish doing sthg / *ils avaient juste achevé de rembourser le crédit* they'd just got through paying off the debt / *achever de mettre au point une invention* to put the final touches to an invention / *cette remarque acheva de le décourager* the remark discouraged him completely ; *(en usage absolu)* [finir de parler] to finish (talking) / *à peine avais-je achevé que...* I'd hardly finished (talking) ou stopped talking when... **2.** [tuer -animal] to destroy ; [-personne] to finish off *(sép)* **3.** *fam* [accabler] to finish off / *la mort de sa femme l'a achevé* his wife's death really finished him off / *toutes ces courses m'ont achevé* all this shopping has done me in **4.** *fam* [ruiner] to finish off *(sép)*, to clean out *(sép)* / *les frais d'avocat l'ont achevé* the lawyer's fees cleaned him out.

❖ **s'achever** vpi [vie, journée, vacances] to come to an end, to draw to a close ou an end ; [dîner, film] to end, to finish ▸ **ainsi s'achève notre aventure** thus ends the story of our adventure ▸ **ainsi s'achève notre journal** RADIO & TV (and) that's the end of the news / *le livre s'achève sur une note d'espoir / un chapitre consacré à la peinture* the book ends on a hopeful note / with a chapter on painting.

⚠ **To achieve** signifie « accomplir », « réaliser » et non achever.

Achille [aʃil] npr Achilles.

achoppement [aʃɔpmɑ̃] nm ⟶ pierre.

achopper [3] [aʃɔpe] vi ▸ **achopper sur a)** *pr & vieilli* to stumble on ou over **b)** *fig* to come up against, to meet with / *elle achoppe sur les « r »* she can't pronounce her r's.

achromatique [akʀɔmatik] adj achromatic.

achromatisme [akʀɔmatism] nm achromatism.

acide [asid] ◆ adj **1.** [goût] acidic, acid, sour ; [propos] cutting, caustic **2.** CHIM & ÉCOL acid. ◆ nm **1.** CHIM acid ▸ **acide acétylsalicylique** acetylsalicylic acid ▸ **acide aminé** amino acid ▸ **acide chlorhydrique** hydrochloric acid ▸ **acide gras saturé / insaturé** saturated / unsaturated fatty acid ▸ **acide œnolique** oenolin ▸ **acide phénique** carbolic acid, phenol ▸ **acide sulfhydrique** hydrogen sulphide ▸ **acide sulfurique** sulphuric UK ou sulfuric US acid ▸ **acide tellureux** tellurous acid ▸ **acide urique** uric acid **2.** *arg crime* acid.

acidifiable [asidifjabl] adj acidifiable.

acidifiant, e [asidifjɑ̃, ɑ̃t] adj acidifying.

❖ **acidifiant** nm acidifier.

acidification [asidifikasjɔ̃] nf acidification.

acidifier [9] [asidifje] vt to acidify.

❖ **s'acidifier** vpi to acidify.

acidimétrie [asidimetʀi] nf acidimetry.

acidité [asidite] nf **1.** [d'un goût, d'un fruit] acidity, sourness ; [d'un propos] tartness, sharpness **2.** CHIM, GÉOL & MÉD acidity ▸ **acidité gastrique** gastric acidity.

acido-alcalimétrie [asidoalkalimetʀi] (*pl* **acido-alcalimétries**) nf acidoalkalimetry.

acido-basique [asidobazik] (*pl* **acido-basiques**) adj acido-basic.

acidophile [asidɔfil] adj acidophil.

acidose [asidoz] nf acidosis.

acidulé, e [asidyle] adj acidulous.

acier [asje] nm steel ▸ **acier haute tension** high-tensile steel ▸ **acier inoxydable / trempé** stainless / tempered steel ▸ **acier rapide** high-speed steel.

❖ **d'acier** loc adj MÉTALL steel *(modif)* ; *fig* [regard] steely ▸ **muscles / cœur d'acier** muscles / heart of steel.

aciérage [asjeʀaʒ] nm **1.** MÉTALL [fabrication] steeling ; [durcissement] case-hardening **2.** IMPR steel-engraving.

aciéré, e [asjeʀe] adj steely.

aciérer [18] [asjeʀe] vt **1.** MÉTALL to steel, to case-harden **2.** IMPR to engrave on steel.

✐ In reformed spelling (see p. 16-19), this verb is conjugated like **semer**: *il acièrera, elle acièrerait.*

aciérie [asjeʀi] nf steelworks, steel plant.

aciériste [asjeʀist] nmf steel manufacturer.

aclinique [aklinik] adj aclinic.

acmé [akme] nm ou nf **1.** *litt* [apogée] acme *litt*, summit, height **2.** MÉD climax.

acné [akne] nf acne ▸ **avoir de l'acné** to suffer from ou to have acne ▸ **acné juvénile** teenage acne ▸ **acné rosacée** rosacea acne.

acnéique [akneik] ◆ adj acned. ◆ nmf acne sufferer.

acolyte [akɔlit] nm **1.** RELIG acolyte **2.** [complice] sidekick.

acompte [akɔ̃t] nm **1.** [avance sur -une commande, des travaux] down payment ; [-un salaire] advance ; [-un loyer] deposit ▸ **donner** ou **verser un acompte de 100 euros (sur)** [achat] to make a down payment of 100 euros (on) ▸ **acompte provisionnel** [d'un impôt] instalment **2.** [avant-goût] foretaste, preview.

⚠ **Account** signifie « compte » et non acompte.

aconit [akɔnit] nm BOT aconite.

aconitine [akonitin] nf CHIM aconitine.

a contrario, à contrario* [akɔ̃tʀaʀjo] ◆ loc adj inv converse. ◆ loc adv conversely.

acoquiner [3] [akɔkine] ❖ **s'acoquiner** vpi *péj* ▸ **s'acoquiner à** ou **avec qqn** to take ou to team up with sb / *il s'est acoquiné avec Pierrot* he and Pierrot have teamed up together.

Açores [asɔʀ] npr fpl ▸ **les Açores** the Azores.

à-côté [akote] (*pl* **à-côtés**) nm **1.** [aspect -d'une question] side issue ; [-d'une histoire, d'un événement] side ou secondary aspect **2.** [gain] bit of extra money / *se faire des à-côtés* *fam* to make some extra money ; [frais] incidental expense / *les frais d'hôtel plus les à-côtés* hotel expenses plus incidentals.

à-coup [aku] (*pl* **à-coups**) nm **1.** [secousse -d'un moteur, d'un véhicule] cough, judder ; [-d'une machine] jerk, jolt **2.** [de l'économie] upheaval.

❖ **par à-coups** loc adv [travailler] in spurts ; [avancer] in fits and starts.

❖ **sans à-coups** loc adv [se dérouler] smoothly.

acouphène [akufɛn] nm tinnitus.

acousticien, enne [akustisjɛ̃, ɛn] nm, f acoustician.

acoustique [akustik] ◆ adj acoustic ▸ **appareil acoustique** hearing aid. ◆ nf [science] acoustics *(sg)* ; [qualité sonore] acoustics *(pl)*.

acquéreur [akeʀœʀ] nm purchaser, buyer ▸ **se rendre** ou **devenir acquéreur** : *il veut se rendre* ou *devenir acquéreur* he wants to buy ou to purchase / *il s'est rendu* ou *il est devenu acquéreur de...* he's become the owner of... / *elle a trouvé un acquéreur pour sa voiture* she found a buyer for her car / *ton chat a trouvé acquéreur?* have you found a (new) home for your cat? ▸ **se porter acquéreur de qqch** to announce one's intention to buy ou purchase sthg.

acquérir [39] [akeʀiʀ] vt **1.** [biens] to buy, to purchase, to acquire ; [fortune] to acquire ▸ **acquérir qqch dans des circonstances douteuses** to come by sthg in dubious circumstances ▸ **acquérir qqch par héritage** to come into sthg ▸ **bien mal acquis ne profite jamais** *prov* ill-gotten gains seldom prosper *prov* **2.** *fig* [habitude] to develop ; [célébrité] to attain, to achieve ; [droit] to obtain ; [expérience] to gain ; [savoir-faire] to acquire ; [information, preuve] to obtain, to acquire, to get hold of ▸ **acquérir de la valeur** to increase in value ▸ **acquérir la conviction / la certitude que** to become convinced / certain that ▸ **acquérir une immunité** to become immune, to acquire immunity ▸ **acquérir qqch à qqn** : *sa réaction lui a acquis l'estime de tous* her reaction won her everybody's esteem / *ce stage est destiné à leur faire acquérir une expérience pratique* this course is designed to give them practical experience **3.** *sout* [au passif] ▸ **être acquis à qqn** : *il vous est entièrement acquis* he backs you fully / *mon soutien vous est acquis* you can be certain of my support ▸ **être acquis à qqch** : *l'électorat n'est pas encore acquis à cette idée* the electorate hasn't fully accepted ou hasn't quite come round to that idea yet.

❖ **s'acquérir** ◆ vp *(emploi passif)* : *la souplesse s'acquiert par des exercices* you become supple by exercising. ◆ vpt ▸ **s'acquérir la confiance de qqn** to gain ou to win sb's trust.

acquêt [akɛ] nm acquest.

acquiert v ⟶ acquérir.

acquiescement [akjɛsmɑ̃] nm [accord] agreement ; [consentement] assent, agreement / *donner son acquiescement à une requête* to assent to a request.

❖ **d'acquiescement** loc adj [geste, signe] approving.

acquiescer [21] [akjese] vi to agree, to approve / *acquiescer d'un signe de tête* to nod (one's) approval ▸ **acquiescer à qqch** to assent ou to agree to sthg.

acquis, e [aki, iz] ◆ pp ⟶ acquérir. ◆ adj [avantage, droit, fait] established ; [fortune, titre] acquired ▸ **tenir qqch pour acquis** : *je tiens votre soutien pour acquis* I take it for granted that you'll support me / *nous tenons pour acquise l'égalité de l'homme et de la femme* we take it as an established fact that men and women are equals ; *(tournure impersonnelle)* : *il est acquis que vous ne participerez pas aux frais* it's understood that you won't contribute financially / *il est acquis que la loi sera votée* it's understood that the law will be passed / *il est acquis que la couche d'ozone est en danger* it is an established fact that the ozone layer is at risk.

❖ **acquis** nm **1.** [savoir] knowledge / *fonctionner sur des acquis anciens* to get by on what one already knows **2.** [expérience] experience ▸ **avoir de l'acquis** to be experienced **3.** [avantages, droits] established privileges, rights to which one is entitled / *considère ça comme un acquis* you can take it for granted ▸ **les acquis sociaux** social benefits.

acquisitif, ive [akizitif, iv] adj DR ▸ **pouvoir acquisitif** power of acquisition ▸ **processus acquisitif** acquisition process.

acquisition [akizisjɔ̃] nf **1.** [apprentissage] acquisition **2.** [achat] purchase ▸ **faire l'acquisition d'une maison** to buy ou to purchase a house / *regarde ma dernière acquisition* look at my latest buy ▸ **nouvelle acquisition a)** [achat] new purchase **b)** [dans un musée] new acquisition **3.** INFORM ▸ **acquisition de données** data acquisition.

acquit [aki] nm COMM receipt / **'pour acquit'** 'paid', 'received (with thanks)'.

❖ **par acquit de conscience** loc adv in order to set my / his, etc. mind at rest.

acquit-à-caution [akiakosjɔ̃] *(pl* **acquits-à-caution** [akizakosjɔ̃]) nm bond note.

acquittable [akitabl] adj **1.** DR liable to be acquitted **2.** FIN payable.

acquitté, e [akite] nm, f *person who has been acquitted.*

acquittement [akitmɑ̃] nm **1.** [règlement -d'une facture, d'un droit] payment ; [-d'une obligation] discharge ; [-d'une promesse] fulfilment ; [-d'une dette] paying off ; [-d'une fonction, d'un travail] performance ; [-d'un engagement] fulfilment **2.** DR acquittal.

acquitter [3] [akite] vt **1.** [payer -facture, note] to pay, to settle ; [-droits] to pay ; [-lettre de change] to receipt **2.** [libérer] ▸ **acquitter qqn de** : *acquitter qqn d'une dette / d'une obligation* to release sb from a debt / from an obligation **3.** DR to acquit.

❖ **s'acquitter de** vp + prép [obligation] to discharge ; [promesse] to carry out ; [dette] to pay off ; [fonction, travail] to perform ; [engagement] to fulfil.

acra [akʀa] nm *Creole fried fish or vegetable ball.*

acre [akʀ] nf **1.** HIST [en France] ≃ 5 200 m² **2.** [au Canada] acre UK *(= 4 047 m²).*

âcre [akʀ] adj [saveur, odeur] acrid ; *litt* [propos, ton] bitter.

âcreté [akʀəte] nf **1.** [d'une saveur, d'une odeur] acridness, acridity **2.** *litt* [d'un propos, d'un ton] bitterness.

acridien [akʀidjɛ̃] nm member of the Acrididae.

acrimonie [akʀimɔni] nf acrimony, acrimoniousness.

acrimonieux, euse [akʀimɔnjø, øz] adj acrimonious.

acrobate [akʀɔbat] nmf [gén] acrobat ; [au trapèze] trapeze artist.

acrobatie [akʀɔbasi] nf **1.** SPORT acrobatics *(pl)* **2.** *fig* : *faire des acrobaties pour obtenir un crédit* to turn cartwheels to get credit / *il a réussi à remonter son affaire par quelques acrobaties* he managed to save his business by doing some skilful manoeuvring **3.** AÉRON ▸ **acrobaties aériennes** ou **en vol** aerobatics *(pl).*

acrobatique [akʀɔbatik] adj acrobatic.

acronyme [akʀɔnim] nm acronym.

acropole [akʀɔpɔl] nf acropolis, citadel.

Acropole [akʀɔpɔl] npr f ▸ **l'Acropole** the Acropolis.

acrosport [akʀɔspɔʀ] nm acrosport.

acrostiche [akʀɔstiʃ] nm acrostic.

acrylique [akʀilik] adj & nm acrylic.

actant [aktɑ̃] nm agent.

acte [akt]

◆ nm

A. SÉQUENCE D'UNE ŒUVRE
B. ACTION
C. DOCUMENT, ACTION LÉGALE

A. SÉQUENCE D'UNE ŒUVRE **1.** MUS & THÉÂTRE act ▸ **acte III, scène 2** Act III, scene 2 / *un opéra en trois / cinq actes* an opera in three / five acts / *une pièce en un seul acte* a one-act play **2.** *fig* period, episode ▸ **sa mort annonçait le dernier acte de la campagne d'Italie / de la Révolution** his death ushered in the last episode of the Italian campaign / the Revolution.

B. ACTION **1.** [gén] action, act / *nous ne voulons pas des promesses mais des actes* we don't want promises but action / *son premier acte a été d'ouvrir la fenêtre* the first thing he did was to open the window ▸ **juger qqn sur ses actes** to judge sb by his / her actions / *un acte irresponsable* an irresponsible act ▸ **passer aux actes** to take action, to act / *le dossier est prêt, nous passerons aux actes vendredi* the plans are ready, we'll set things in motion on Friday ▸ **acte de banditisme** criminal act ▸ **acte de bravoure** act of bravery, brave deed, courageous act ▸ **un acte de Dieu** an act of God ▸ **acte de folie** act of madness ▸ **acte gratuit** PHILOS gratuitous act, acte gratuit *spéc* ▸ **acte de guerre** act of war ▸ **acte d'hostilité** hostile act ▸ **un acte contre nature** an unnatural act ▸ **acte sexuel** sex act ▸ **acte de terrorisme** terrorist action, act of terrorism ▸ **acte de vandalisme** act of vandalism ▸ **acte de vengeance** act of revenge ▸ **faire acte de candidature a)** [chercheur d'emploi] to submit one's application, to apply **b)** [maire] to stand UK, to run US ▸ **faire acte d'autorité** to show one's authority ▸ **faire acte de bonne volonté** to show willing ▸ **faire acte de courage** : *elle a fait acte de courage* she proved ou showed her courage ▸ **faire acte de présence** to put in an appearance **2.** MÉD ▸ **acte chirurgical** ou **opératoire** operation ▸ **acte de laboratoire** laboratory test ▸ **acte (médical) a)** [consultation] (medical) consultation **b)** [traitement] (medical) treatment **3.** BIOL [mouvement] ▸ **acte instinctif / réflexe** instinctive / reflex action ▸ **acte volontaire / involontaire** voluntary / involuntary action **4.** PSYCHOL ▸ **passer à l'acte a)** [gén] to act **b)** [névrosé, psychopathe] to act out ▸ **acte manqué** acte manqué / *c'était peut-être un acte manqué* maybe subconsciously I / he did it deliberately / *tu parles d'un acte manqué !* how Freudian can you get ! **5.** RELIG ▸ **acte d'amour** act of love ▸ **acte de charité** act of charity ▸ **acte de foi a)** act of faith **b)** HIST [pendant l'Inquisition] auto-da-fé.

C. DOCUMENT, ACTION LÉGALE **1.** DR act, action ▸ **acte attributif** deed of assignment ▸ **acte administratif** administrative act ▸ **acte d'administration** administrative act ▸ **acte bilatéral** bilateral act ▸ **acte de commerce** commercial act ▸ **acte constitutif / déclaratif** incorporation / declaration of legal status ▸ **acte juridique** legal transaction ▸ **acte du palais** act between two counsels UK ou attorneys at law US ▸ **acte de révocation** deed of revocation ▸ **acte à titre gratuit** deed-poll ▸ **acte à titre onéreux** contract for valuable consideration ▸ **acte translatif** deed of transfer ▸ **acte unilatéral** act of benevolence ▸ **faire acte de** : *faire acte de citoyen* to act in one's capacity as a citizen ▸ **faire acte d'héritier** to come forward as a beneficiary ▸ **faire acte de témoin** to act as a witness, to testify **2.** POL [en France] ▸ **acte de gouvernement** act of State ; [en Grande-Bretagne] ▸ **Acte du Parlement** act of Parliament ▸ **l'Acte unique européen** the Single European Act / *c'est maintenant un Acte du Parlement* it has now become law **3.** ADMIN certificate ▸ **acte de baptême** baptismal certificate ▸ **acte de décès** death certificate ▸ **acte de l'état civil** *certificate delivered by the registrar of births, deaths and marriages* ▸ **acte de mariage** marriage certificate ▸ **acte de naissance** birth certificate ▸ **demander acte de qqch** to ask for formal acknowledgment of sthg / *je demande acte de cette remarque* I want this remark to be minuted / *je demande acte du fait que...* I want it on record that... ▸ **donner acte de qqch** [constater légalement] to acknowledge sthg formally ▸ **donner acte à qqn de qqch** *fig* to acknowledge the truth of what sb said ▸ **dont acte** duly noted ou acknowledged ▸ **prendre acte de qqch a)** [faire constater légalement] to record sthg **b)** [noter] to take a note of ou to note sthg / *je prends acte de votre refus* I have taken note of ou noted your refusal ▸ **le comité prendra acte** the committee will note **4.** [en droit pénal] ▸ **acte d'accusation** (bill of) indictment / *lire l'acte d'accusation* to read out the bill of indictment ou the charge / *quel est l'acte d'accusation ?* what is the charge ? **5.** [en droit civil] ▸ **acte authentique** ou **notarié** notarial act ▸ **acte de cession** conveyance ▸ **acte de donation** deed of covenant, gift ▸ **acte d'huissier** writ ▸ **acte de succession** attestation of inheritance ou will **6.** [en droit commercial] ▸ **acte d'association** partnership agreement ou deed, articles of partnership ▸ **acte de vente** bill of sale **7.** [dans la diplomatie] ▸ **acte (diplomatique)** diplomatic instrument.

❖ **actes** nmpl **1.** [procès-verbaux] proceedings ; [annales] annals / *les actes de l'Académie des sciences* the annals of the Academy of Science **2.** RELIG ▸ **les Actes des apôtres** the Acts of the Apostles ▸ **les Actes des martyrs** the acts of the martyrs.

❖ **en acte** loc adv PHILOS in action.

acter [akte] vt to formally record / *acter une décision* to formally record a decision.

acteur, trice [aktœʀ, tʀis] nm, f CINÉ & THÉÂTRE actor (actress) ▸ **acteur comique** comic actor ▸ **actrice comique** comedienne, comic actress ▸ **acteur de genre** character actor.

❖ **acteur** nm *fig* protagonist / *les acteurs du drame* the people involved in the drama / *les acteurs sociaux de la période postindustrielle* the social forces of the post-industrial period.

actif, ive [aktif, iv] adj **1.** [qui participe -membre, militaire, supporter] active / *être actif dans une organisation* to be active within an organization ▸ **participer de façon** ou **prendre une part active à** to take part fully ou an active part in / *actif sur le plan politique* politically active **2.** [dynamique -vie] busy, active ; [-personne] active, lively, energetic / *les années les plus actives de ma vie* the busiest years of my life / *avoir une retraite très active* to have a very active ou busy retirement ▸ **balance commerciale active** favourable trade balance / *la Bourse a été très active aujourd'hui* trading on the stock market was brisk today / *il était si actif !* he was always busy doing something or other ! **3.** [qui travaille -population] working, active **4.** [efficace -remède, substance] active, potent ; [-shampooing] active / *le principe actif de ce détachant* the active ingredient in this stain-remover **5.** ÉLECTR, LING & OPT active **6.** CHIM active, activated.

❖ **actif** nm **1.** LING active voice **2.** [travailleur] member of the active ou working population ▸ **les actifs** the active ou working population **3.** FIN & DR [patrimoine] credit, credits, asset, assets ▸ **mettre** ou **porter une somme à l'actif de qqn** to add a sum to sb's assets ▸ **mettre qqch à l'actif de qqn** *fig* to credit sb with sthg ▸ **avoir qqch à son actif** to have sthg to one's credit / *elle a de nombreuses victoires à son actif* she has many achievements to her credit / *elle n'a que des échecs à son actif* she's never succeeded in anything / *à son actif,* *on peut mettre la conception du nouveau musée* to his credit, it should be said that he was the creator of the new museum ▸ **actif circulant** current assets ▸ **actif corporel** tangible fixed asset ▸ **actif immobilisé** net fixed assets ▸ **actif incorporel** intangible asset ▸ **actif net** net assets, book value.

❖ **active** nf MIL ▸ **l'active** the regular army.

actinide [aktinid] nm actinide.

actinie [aktini] nf actinia *spéc*, sea anemone.

actinium [aktinjɔm] nm actinium.

action [aksjɔ̃] nf **1.** [acte] action, act / *l'action de marcher* the act of walking / *responsable de ses actions* responsible for his actions ▸ **une action d'éclat** a brilliant feat ▸ **une action de grâces** an offering of thanks ▸ **l'action humanitaire** humanitarian act ▸ **bonne / mauvaise action** good / evil deed ▸ **faire une bonne action** to do a good deed ▸ **faire une mauvaise action** to commit an evil deed ▸ **faire de bonnes actions** to do good (deeds) ▸ **faire de mauvaises actions** to commit evil (deeds) **2.** [activité] action *(U)* / *l'action du gouvernement a été de laisser les forces s'équilibrer* the government's course of action was to let the various forces balance each other out ▸ **passer à l'action a)** [gén] to take action **b)** MIL to go into action / *assez parlé, il est temps de passer à l'action* enough talking, let's get down to it ou take some action / *dans le feu de l'action, en pleine action* right in the middle ou at the heart of the action ▸ **l'action** [l'intrigue] the action / *l'action se passe en Europe / l'an 2000* the action takes place in Europe / the year 2000 **3.** [intervention] action / *un conflit qui nécessite une action immédiate de notre part* a conflict necessitating immediate action on our part ▸ **une action revendicative** industrial action ▸ **une action syndicale est à prévoir** some industrial action is expected ▸ **action directe** direct action ▸ **Action directe** *right-wing terrorist organization* ▸ **l'Action française** *French nationalist and royalist group founded in the late nineteenth century* **4.** [effet] action, effect / *cette campagne aura une action psychologique sur les consommateurs* this campaign will have a psychological influence on the consumer / *l'action de l'acide sur le métal* the action of acid on metal / *un médicament à l'action lente* a slow-acting medicine / *l'action de la morphine* the effect of morphine **5.** FIN share / *les actions Comtel sont en hausse / à la baisse* Comtel shares are up / down ▸ **ses actions ont baissé / monté** *fig & hum* his stock has fallen / risen *fig* ▸ **action d'apport** vendor's share ▸ **action de capital** ≃ ordinary share ▸ **action différée / nominative** deferred / registered stock ▸ **action ordinaire** ordinary share ▸ **action au porteur** transferable ou bearer share ▸ **action préférentielle** preference share UK, preferred share US ▸ **action privilégiée** preference share UK, preferred stock US ▸ **actions cotées en Bourse** common stock ▸ **capital en actions** equity capital ▸ **dividende en actions** bonus issue UK, stock dividend US ▸ **société par actions** joint-stock company **6.** DR action, lawsuit ▸ **intenter une action contre** ou **à qqn** to bring an action against sb, to take legal action against sb, to take sb to court ▸ **action civile / en diffamation** civil / libel action ▸ **action en justice** lawsuit ▸ **engager une action judiciaire (à l'encontre de qqn)** to take legal action (against sb) ▸ **action paulienne** revocatory action ▸ **action pétitoire** claim of ownership **7.** ADMIN ▸ **action sanitaire et sociale** health and social services **8.** MIL & PHYS action ▸ **à double action** double-action **9.** GRAM action / *l'action du verbe* the action of the verb ▸ **verbe d'action** action verb **10.** SUISSE [vente promotionnelle] sale, special offer.

❖ **d'action** loc adj **1.** [mouvementé - roman] action-packed ▸ **film d'action** action film **2.** [qui aime agir] ▸ **homme / femme d'action** man / woman of action **3.** POL & SOCIOL ▸ **journée / semaine d'action** day / week of action.

❖ **en action** loc adv & loc adj in action ▸ **être en action** to be in action / *ils sont déjà en action sur les lieux* they're already busy on the scene ▸ **entrer en action a)** [pompiers, police] to go into action **b)** [loi, règlement] to become effective, to take effect ▸ **mettre qqch en action** to set sthg in motion / *la sirène s'est / a été mise en action* the alarm went off / was set off.

❖ **sous l'action de** loc prép due to, because of / *sous l'action de la pluie* due to the effect ou because of the rain.

actionnable [aksjɔnabl] adj actionable.

actionnaire [aksjɔnɛʀ] nmf shareholder UK, stockholder US ▸ **actionnaire majoritaire / minoritaire** majority / minority shareholder, majority / minority stockholder.

actionnariat [aksjɔnaʀja] nm **1.** [système] shareholding **2.** [actionnaires] ▸ **l'actionnariat** the shareholders.

actionner [3] [aksjɔne] vt **1.** [mettre en mouvement - appareil] to start up *(sép)* ; [- sirène] to set off *(sép)* ; [- sonnette] to ring / *le moteur est actionné par la vapeur* the engine is steam-powered ou steam-driven **2.** DR ▸ **actionner qqn** to bring an action against ou to sue sb.

actionneur [aksjɔnœʀ] nm actuator.

activateur [aktivatœʀ] nm activator.

activation [aktivasjɔ̃] nf **1.** [d'un processus, de travaux] speeding up ou along, hastening **2.** CHIM & PHYS activation.

active [aktiv] f ⟶ **actif.**

activé, e [aktive] adj CHIM & PHYS activated.

activement [aktivmɑ̃] adv actively ▸ **participer activement à qqch** to take an active part ou to be actively engaged in sthg.

activer [3] [aktive] vt **1.** [feu] to stoke (up) ; [travaux, processus] to speed up *(sép)* **2.** *fam* [presser] ▸ **active le pas! a)** get a move on! ; *(en usage absolu)* : *active un peu!* get a move on! **3.** CHIM & PHYS to activate.

❖ **s'activer** vpi **1.** [s'affairer] to bustle about **2.** *fam* [se dépêcher] : *il est tard, dis-leur de s'activer!* it's late, tell them to get a move on.

activisme [aktivism] nm activism.

activiste [aktivist] adj & nmf activist, militant.

activité [aktivite] nf **1.** [animation] activity *(U)* ▸ **déborder d'activité** to be extraordinarily active / *le restaurant / l'aéroport débordait d'activité* the restaurant / airport was very busy / *période de grande activité diplomatique* period of intense diplomatic activity / *l'activité aux heures de pointe* the hustle and bustle of the rush hour **2.** ADMIN & ÉCON ▸ **avoir une activité professionnelle** to be actively employed ▸ **être sans activité** to be unemployed / *avoir une activité non rémunérée* to be in unpaid work / *activité lucrative* gainful employment ▸ **activité primaire / secondaire / tertiaire** primary / secondary / tertiary employment **3.** [occupation] activity / *une activité différente leur est proposée tous les soirs* they can do a different activity every evening / *pensez-vous conserver une activité après la retraite?* do you intend to carry on some form of activity ou occupation after retirement? ▸ **mes activités professionnelles** my professional activities ▸ **activités dirigées** guided activities ▸ **activités d'éveil** discovery classes **4.** ASTRON & PHYSIOL activity ▸ **activité cérébrale** brain activity ▸ **l'activité solaire** solar activity.

❖ **en activité** loc adj [fonctionnaire, militaire] (currently) in post ; [médecin] practising ▸ **rester en activité** ADMIN to remain in gainful employment.

❖ **en pleine activité** loc adj [industrie, usine] fully operational ; [bureau, restaurant] bustling ; [marché boursier, secteur] very busy ▸ **être en pleine activité a)** [très affairé] to be very busy **b)** [non retraité] to be in the middle of one's working life.

actrice [aktʀis] f ⟶ **acteur.**

actu [akty] (abr de **actualité**) nf : *l'actu* the (latest) news / *l'actu de la semaine en images* this week's news in pictures.

actuaire [aktɥɛʀ] nmf actuary.

actualisation [aktɥalizasjɔ̃] nf **1.** [mise à jour - d'un texte] updating / *faire l'actualisation d'un ouvrage* to update a work **2.** PHILOS actualization **3.** ÉCON & FIN discounting **4.** LING realization.

actualiser [3] [aktɥalize] vt **1.** [manuel] to update, to bring up to date **2.** PHILOS & LING to actualize.

actualité [aktɥalite] nf **1.** [caractère actuel] topicality **2.** [événements récents] current developments / *l'actualité médicale / scientifique* medical / scientific developments / *se tenir au courant de l'actualité politique / théâtrale* to keep abreast of political / theatrical events ▸ **une question d'une actualité brûlante** a question of burning importance.

❖ **actualités** nfpl ▸ **les actualités** [les informations] current affairs, the news.

❖ **d'actualité** loc adj [film, débat, roman] topical ▸ **c'est un sujet d'actualité** it's very topical (at the moment).

> ⚠ **Actuality** signifie « réalité » et non actualité.

actuariat [aktɥaʀja] nm **1.** [fonction] ▸ **l'actuariat** the actuarial profession **2.** [corporation] body of actuaries.

actuariel, elle [aktɥaʀjɛl] adj actuarial.

actuel, elle [aktɥɛl] adj **1.** [présent] present, current / *sous le gouvernement actuel* under the present government / *l'actuel président* the President in office / *dans les circonstances actuelles* under the present circumstances / *le monde actuel* today's world ▸ **à l'époque actuelle** nowadays, in this day and age / *le cours actuel du dollar* the current (exchange) rate for the dollar **2.** [d'actualité] topical **3.** PHILOS & RELIG actual.

> ⚠ **Actual** signifie « réel » et non actuel.

actuellement [aktɥɛlmɑ̃] adv [à présent] at present, at the moment ; [de nos jours] nowadays, currently.

> ⚠ **Actually** signifie « en fait », « vraiment » et non actuellement.

acuité [akɥite] nf **1.** ACOUST shrillness **2.** [intensité - de l'intelligence] sharpness ; [- d'une crise] severity ; [- du regard] penetration ; [- d'un chagrin] keenness ; [- d'une douleur] intensity, acuteness **3.** MÉD acuity, acuteness ▸ **acuité visuelle** acuteness of vision.

acuponcteur, trice, acupuncteur, trice [akypɔ̃ktœʀ, tʀis] nm, f acupuncturist.

acuponcture, acupuncture [akypɔ̃ktyʀ] nf acupuncture.

acutangle [akytɑ̃gl] adj acute-angled.

acyclique [asiklik] adj acyclic.

ADAC [adak] (abr de **avion à décollage et atterrissage courts**) nm STOL.

adage [adaʒ] nm **1.** [maxime] adage, saying **2.** DANSE adagio.

adagio [adadʒjo] nm & adv adagio.

Adam [adɑ̃] npr Adam.

adamantin, e [adamɑ̃tɛ̃, in] adj *litt ou* ANAT adamantine.

adaptabilité [adaptabilite] nf adaptability.

adaptable [adaptabl] adj adaptable.

adaptateur, trice [adaptatœʀ, tʀis] nm, f [personne] adapter, adaptor.

❖ **adaptateur** nm [objet] adapter, adaptor ▸ **adaptateur d'interface** INFORM interface adapter ou adaptor.

adaptatif, ive [adaptatif, iv] adj adaptive.

adaptation [adaptasjɔ̃] nf **1.** [flexibilité] adaptation ▸ **faculté d'adaptation** adaptability / *ils n'ont fait aucun effort d'adaptation* they didn't try to adapt **2.** CINÉ, THÉÂTRE & TV adaptation, adapted version ▸ **adaptation scénique / cinématographique** stage / screen adaptation.

adapter [3] [adapte] vt **1.** [fixer] ▸ **adapter qqch à** ou **sur** : *adapter un embout à un tuyau / un filtre sur un objectif* to fit a nozzle onto a pipe / a filter onto a lens **2.** ▸ **adapter qqch à** [harmoniser qqch avec] : *adapter son discours à son public* to fit one's language to one's audience / *adapter des illustrations à un texte* to select pictures to fit a text ▸ **adapté aux circonstances** appropriate / *la méthode n'est pas vraiment adaptée à la situation* the method isn't very appropriate for this situation **3.** CINÉ, THÉÂTRE & TV to adapt / *adapter un roman au théâtre* ou *à la scène* to adapt a novel for the stage / *adapter une pièce pour la télévision* to adapt a play for TV ▸ **adapté d'une nouvelle de...** adapted from a short story by...

❖ **s'adapter** vpi **1.** [s'ajuster] ▸ **s'adapter à** to fit / *la clé s'adapte à la serrure* the key fits the lock ▸ **s'adapter sur** to fit on / *le couvercle s'adapte sur le bocal par un crochet / par un pas de vis* the lid clips / screws on to the jar **2.** [s'habituer] to adapt (o.s.) / *tu t'adapteras!* you'll get used to it! ▸ **savoir s'adapter** to be adaptable / *elle n'a pas pu s'adapter à ce milieu* she couldn't adjust to this social circle / *il s'est bien adapté à sa nouvelle école* he has settled down well in his new school.

ADAV [adav] (**abr de avion à décollage et atterrissage verticaux**) nm VTOL.

ADD (**abr écrite de analogique digital digital**) ADD.

addenda [adɛ̃da] (*pl* **addenda** *ou* **addendas**) nm addenda.

addictif, ive [adiktif, iv] adj addictive.

addiction [adiksjɔ̃] nf (drug) addiction.

Addis-Ababa [adisababa], **Addis-Abeba** [adisabeba] npr Addis Ababa.

additif, ive [aditif, iv] adj MATH & PHOT additive.

❖ **additif** nm **1.** [à un texte] additional clause **2.** [ingrédient] additive ▸ **additif alimentaire** food additive.

addition [adisjɔ̃] nf **1.** [ajout] addition / *l'addition d'une aile au bâtiment* the addition of a new wing to the building / *faire des additions à un texte* to add to a text **2.** MATH sum ▸ **faire une addition** to add (figures) up, to do a sum **3.** [facture] bill UK, check US ▸ **l'addition est salée!** *fam* the bill's a bit steep!

additionnel, elle [adisjɔnɛl] adj additional.

additionner [3] [adisjɔne] vt **1.** MATH [nombres] to add (up) / *additionner 15 et 57* to add 15 and 57, to add 15 to 57, to add together 15 and 57 **2.** [altérer] ▸ **additionner qqch de** : *du vin / lait additionné d'eau* watered-down wine / milk.

❖ **s'additionner** vpi to build up.

additionneur [adisjɔnœʀ] nm ÉLECTRON adder.

adducteur [adyktœʀ] ◆ adj m [muscle] adductor ; [canal] feeder. ◆ nm [muscle] adductor ; [canal] feeder (canal).

adduction [adyksjɔ̃] nf **1.** ANAT adduction **2.** TRAV PUB ▸ **adduction d'eau** water conveyance.

Adélaïde [adelaid] npr Adelaide.

Adélie [adeli] npr ⟶ **terre.**

ademption [adɑ̃psjɔ̃] nf DR ademption.

Aden [adɛn] npr Aden.

adénine [adenin] nf adenine.

adénite [adenit] nf adenitis.

adénocarcinome [adenɔkaʀsinom] nm MÉD adenocarcinoma.

adénoïde [adenɔid] adj adenoid.

adénoïdectomie [adenɔidɛktɔmi] nf adenoidectomy.

adénome [adenom] nm adenoma.

adénopathie [adenɔpati] nf adenopathy.

adénosine [adenozin] nf adenosine.

adénovirus [adenɔviʀys] nm adenovirus.

adepte [adɛpt] nmf **1.** RELIG & POL follower **2.** *fig* ▸ **faire des adeptes** to become popular / *l'aérobic a fait de nombreux adeptes* aerobics now has a big following ▸ **les adeptes du tennis** tennis fans / *c'est une adepte de romans policiers* she's an avid reader of detective novels.

> ⚠ Le mot anglais **adept** signifie « expert » et non adepte.

adéquat, e [adekwa, at] adj suitable, appropriate.

adéquatement [adekwatmɑ̃] adv suitably, appropriately.

adéquation [adekwasjɔ̃] nf appropriateness.

adhérence [adeʀɑ̃s] nf **1.** [par la colle, le ciment] adhesion **2.** [au sol] adhesion, grip / *l'adhérence des skis sur la neige* the skis' grip on the snow / *le manque d'adhérence d'une voiture* a car's lack of ou poor road-holding **3.** *litt* [adéquation] : *adhérence de l'expression à la pensée* cohesion between expression and thought **4.** ANAT adhesion.

adhérent, e [adeʀɑ̃, ɑ̃t] ◆ adj **1.** [gén] adherent ▸ **adhérent à la route** with good road-holding **2.** BOT adherent, adnate. ◆ nm, f member.

adhérer [18] [adeʀe] ❖ **adhérer à** v + prép **1.** [coller sur] to adhere to ▸ **adhérer à la route** to hold the road ; *(en usage absolu)* : *une colle qui adhère rapidement* a glue that sticks quickly **2.** [se rallier à - opinion] to adhere to, to support ; [- cause] to support ; [- idéal] to adhere to ; [- association] to join, to become a member of / *ils promettent n'importe quoi pour faire adhérer les gens à leur parti* they make all sorts of promises to get people to join their party ; *(en usage absolu)* : *pour une France moderne, adhérez!* join us in building a new France!

In reformed spelling (see p. 16-19), this verb is conjugated like *semer*: *elle adhèrera, il adhèrerait.*

adhésif, ive [adezif, iv] adj adhesive, sticky.

❖ **adhésif** nm **1.** [substance] adhesive **2.** [ruban] sticky tape, Sellotape® UK, Scotch tape® US.

adhésion [adezjɔ̃] nf **1.** [accord] support, adherence / *donner son adhésion à un projet* to give one's support to ou to support a project **2.** [inscription] membership / *l'adhésion au club est gratuite* club membership is free / *de plus en plus d'adhésions* more and more members.

> ⚠ Le mot anglais **adhesion** a des emplois particuliers et ne peut être employé systématiquement pour traduire adhésion.

adhésivité [adezivite] nf adhesiveness.

ad hoc [adɔk] loc adj inv **1.** [approprié] appropriate, suitable **2.** [destiné à tel usage - règle, raisonnement, commission] ad hoc ▸ **juge ad hoc** specially appointed judge ▸ **réunions ad hoc** meetings (organized) on an ad hoc basis.

ad hominem [adɔminɛm] loc adj inv ad hominem / *pas d'arguments ad hominem s'il vous plaît!* no personal attacks please!

adieu, x [adjø] nm farewell *litt*, good-bye ▸ **dire adieu à qqn** to say good-bye ou farewell to sb ▸ **tu peux dire adieu à ta voiture / tes ambitions** you can say good-bye to your car / ambitions ▸ **des adieux émouvants** an emotional parting ▸ **faire ses adieux à qqn** to say good-bye ou one's farewells to sb ▸ **faire ses adieux à la scène / au music-hall** to make one's final appearance on stage / on a music-hall stage / **'l'Adieu aux armes'** *Hemingway* 'A Farewell to Arms'.

❖ **adieu** interj farewell *litt*, goodbye ▸ **adieu Berthe!** *fam* that's the end of it!

❖ **d'adieu** loc adj inv [baiser] farewell *(modif)* ; [regard, cadeau] parting.

à-Dieu-va(t) [adjøva(t)] interj it's in God's hands.

adipeux, euse [adipø, øz] adj **1.** [tissu, cellule] adipose ; [visage] puffed up, puffy **2.** *hum* [personne] podgy.

adipocyte [adipɔsit] nm adipocyte.

adipose [adipoz] nf adiposis.

adiposité [adipozite] nf adiposity.

adjacent, e [adʒasɑ̃, ɑ̃t] adj adjacent, adjoining ▸ **adjacent à qqch** adjacent to ou adjoining sthg.

adjectif, ive [adʒɛktif, iv], **adjectival, e, aux** [adʒɛktival, o] adj adjective *(modif)*, adjectival.

❖ **adjectif** nm adjective ▸ **adjectif attribut** predicative adjective ▸ **adjectif démonstratif** demonstrative adjective ▸ **adjectif épithète** attribute adjective ▸ **adjectif indéfini** indefinite adjective ▸ **adjectif possessif** possessive adjective ▸ **adjectif verbal** verbal adjective.

adjectivement [adʒɛktivmɑ̃] adv adjectivally, as an adjective.

adjectiver [3] [adʒɛktive], **adjectiviser** [3] [adʒɛktivize] vt to use as an adjective.

adjoindre [82] [adjwɛ̃dʀ] vt **1.** [ajouter] ▸ **adjoindre à** to add to / *adjoindre une véranda à une pièce* to add a conservatory ou veranda on to a room / *adjoindre un titre à chaque nom d'une liste* to add a title to every name on a list **2.** [associer] ▸ **adjoindre qqn à** : *on m'a adjoint un secrétaire / une assistante* I was given a secretary / an assistant.

❖ **s'adjoindre** vpt ▸ **s'adjoindre qqn** to take sb on / *ils se sont adjoint des collaborateurs* they've taken on some helpers.

adjoint, e [adʒwɛ̃, ɛ̃t] ◆ adj assistant *(modif)*. ◆ nm, f [assistant] assistant ▸ **adjoint au maire** deputy mayor ▸ **adjoint d'enseignement** assistant teacher.

❖ **adjoint** nm MIL adjunct.

adjonction [adʒɔ̃ksjɔ̃] nf **1.** [fait d'ajouter] adding / **'sans adjonction de sucre / sel'** 'with no added sugar / salt' **2.** [chose ajoutée] addition / *biffer les adjonctions* to cross out the addenda / *prévoir une adjonction sur un plan d'architecte* to anticipate an addition to an architect's plan.

adjudant, e [adʒydɑ̃, ɑ̃t] nm, f **1.** MIL [dans l'armée de terre] ≃ warrant officer 2nd class UK ; ≃ warrant officer US ; [dans l'armée de l'air] ≃ warrant officer UK ; ≃ chief master sergeant US **2.** *fam & hum* ▸ **bien, mon adjudant!** yes sir!

adjudant-chef, adjudante-chef [adʒydɑ̃ʃɛf, adʒydɑ̃tʃɛf] (*mpl* **adjudants-chefs**, *fpl* **adjudantes-chefs**) nm, f [dans l'armée de terre] ≃ warrant officer 1st class UK ; ≃ chief warrant officer US ; [dans l'armée de l'air] ≃ warrant officer UK ; ≃ chief warrant officer US.

adjudicataire [adʒydikatɛʀ] nmf **1.** [aux enchères] successful bidder **2.** [d'un appel d'offres] successful tenderer.

adjudicateur, trice [adʒydikatœʀ, tʀis] nm, f **1.** [dans des enchères] seller **2.** [dans un appel d'offres] awarder *(of a contract)*.

adjudicatif, ive [adʒydikatif, iv] adj *relating to a sale by auction or a tender.*

adjudication [adʒydikasjɔ̃] nf **1.** [enchères] auction sale ; [attribution] auctioning (off) **2.** COMM [appel d'offres] invitation to tender UK ou bid US ; [attribution] awarding, allocation.

❖ **en adjudication** loc adv : *mettre une propriété en adjudication* to put a property up for (sale by) auction / *mettre un marché en adjudication* to put a contract out to tender.

❖ **par adjudication, par voie d'adjudication** loc adv **1.** [aux enchères] by auction **2.** COMM by tender.

adjudicative [adʒydikativ] f ⟶ **adjudicatif.**

adjuger [17] [adʒyʒe] vt **1.** [aux enchères] ▸ **adjuger qqch à qqn** to knock sthg down to sb / *adjuger un objet au plus offrant* to sell an item to the highest bidder / *la statuette a été adjugée pour 450 €* the statuette was knocked down for 450 € / *une fois, deux fois, trois fois, adjugé, vendu!* going, going, gone! ▸ **adjugé, vendu!** *fig* gone!, done! **2.** [attribuer] ▸ **adjuger un contrat / marché à qqn** to award a contract / market to sb ▸ **adjuger une note à qqn** to give sb a mark UK ou grade US ▸ **adjuger une place à qqn** to give sb a seat.

❖ **s'adjuger** vpt to take / *elle s'est adjugé la plus jolie chambre* she took ou commandeered the prettiest room / *s'adjuger la meilleure place* to take the best seat.

adjuration [adʒyʀasjɔ̃] nf *sout* plea, entreaty.

adjurer [3] [adʒyʀe] vt *sout* to entreat, to implore.

adjuvant, e [adʒyvɑ̃, ɑ̃t] adj adjuvant, auxiliary.

❖ **adjuvant** nm **1.** MÉD [médicament] adjuvant **2.** [produit] additive.

ad lib(itum) [adlib(itɔm)] loc adv ad lib.

ad litem [adlitɛm] loc adj inv ad litem.

ADM [adeɛm] (**abr de arme de destruction massive**) nf WMD.

admettre [84] [admɛtʀ] vt **1.** [laisser entrer - client, spectateur] to allow ou to let in *(sép)* / *le public sera admis après 8 h* the public will be allowed in after eight

/ **'on n'admet pas les animaux'** 'pets are not allowed', 'no pets' / *les enfants de moins de 10 ans ne sont pas admis* children under the age of 10 are not admitted / *on nous admit dans le lieu saint* we were admitted into the holy place **2.** MÉCAN to let in *(sép)* / *la soupape admet les gaz combustibles* the valve lets in the air-fuel mixture **3.** [recevoir] ▸ **admettre qqn chez soi** to allow sb into one's house ▸ **admettre qqn dans un groupe** to let ou to allow sb into a group ▸ **il m'a finalement admis parmi ses amis a)** [introduit auprès d'eux] he finally introduced me to his circle of friends **b)** [considéré comme l'un d'eux] he finally allowed me to become a friend ▸ **admettre qqn dans un club** to admit sb to (membership of) a club ▸ **faire admettre qqn dans un club** to sponsor sb for membership of a club / *elle a été admise à l'Académie* / *à l'hôpital* she was elected to the Académie / admitted to hospital / *admettre les femmes à* ou *dans la prêtrise* to admit women to the priesthood **4.** ENS to pass ▸ **être admis** to pass / *nous admettrons plus de candidats cette année* we will pass ou let through more candidates this year ; [dans une classe] : *il ne sera pas admis en classe supérieure* he won't be admitted to ou allowed into the next year UK ou class US **5.** [reconnaître] to admit to / *admettre un vol* to admit to a theft ou to having stolen / *j'admets mon erreur* / *mon incertitude* I admit I was wrong / I am unsure / *j'admets m'être trompé* I admit ou accept that I made a mistake / *il faut admettre que c'est un résultat inattendu* you've got to admit the result is unexpected ; [accepter] : *il n'a pas reçu ta lettre, admettons* OK, so he didn't get your letter ▸ **admettre que** : *j'admets que les choses se sont* / *se soient passées ainsi* I accept that things did happen / may have happened that way / *il est difficile d'admettre qu'il s'est* / *qu'il se soit trompé* it's difficult to accept that he made / may have made a mistake / *j'admets tes motifs, mais je ne suis pas d'accord sur ta façon d'agir* I accept your reasons, but I don't approve of the way you behaved **6.** [permettre - suj : personne] to tolerate, to stand for *(insép)* ; [- suj : chose] to allow, to admit of ou to be susceptible of *sout* / *tout texte admet de multiples interprétations* any text can lend itself to many different readings / *un résultat qui admet deux types d'explication* a finding which admits of ou allows two different explanations / *ces insolences ne seront pas admises* this kind of rudeness won't be tolerated ▸ **un ton qui n'admet pas la discussion** ou **réplique** a tone brooking no argument / *sa mine n'admettait pas la réplique* his look didn't invite a reply / *le règlement n'admet aucune dérogation* there shall be no breach of the regulations / *je n'admets pas d'être accusé sans preuve* I refuse to let myself be accused without proof / *je n'admets pas qu'on me parle sur ce ton !* I won't tolerate ou stand for this kind of talk ! / *je n'admets pas qu'on soit en retard !* I won't tolerate lateness ou stand for people being late ! **7.** [supposer] to assume / *si on admet qu'il gagne 1 400 euros par mois* if one assumes he earns 1,400 euros a month.

❖ **admettons que** loc conj let's suppose ou assume, supposing, assuming / *admettons qu'il soit venu, pourquoi n'a-t-il pas laissé un message sur mon bureau ?* assuming he did come, why didn't he leave a message on my desk ?

❖ **en admettant que** loc conj supposing ou assuming (that) / *en admettant que je parte à 3 h, je peux être à Nice dans la soirée* supposing I leave at three, I could be in Nice by evening / *en admettant que tu aies raison, tu pourrais quand même faire preuve d'indulgence* (even) supposing you're right, you could be a bit more tolerant.

administrateur, trice [administʀatœʀ, tʀis] nm, f **1.** [dans une société] director / *il est l'administrateur* / *elle est l'administratrice de l'entreprise* he's / she's the director of the firm ▸ **administrateur de biens** property manager ▸ **administrateur judiciaire** receiver **2.** [dans les affaires publiques] administrator ▸ **administrateur civil** senior civil servant **3.** [dans une institution, une fondation] trustee **4.** INFORM ▸ **administrateur de site** webmaster.

administratif, ive [administʀatif, iv] ◆ adj administrative. ◆ nm, f admin person ▸ **les administratifs** the admin staff.

administration [administʀasjɔ̃] nf **1.** [fait de donner] ▸ **l'administration d'un remède** / **sédatif** administering a remedy / sedative ▸ **l'administration d'un sacrement** administering a sacrament ▸ **l'administration de la justice** *sout* applying the law ▸ **l'administration d'une preuve** producing ou adducing a proof **2.** [gestion - d'une entreprise] management ; [- d'une institution] administration ; [- de biens] management, administration ; [- d'un pays] government, running ; [- d'une commune] running / *la mauvaise administration d'une société* mismanagement of a company / *les frais d'administration* spending on administration, administration costs ▸ **administration légale** guardianship ▸ **administration judiciaire** : *être placé sous administration judiciaire* to go into administration **3.** [fonction publique] ▸ **l'Administration** the Civil Service ▸ **entrer dans l'Administration** to become a civil servant, to enter the Civil Service **4.** [service public] ▸ **administration communale** local government ▸ **l'administration des Douanes** the Customs and Excise UK, the Customs Service US ▸ **l'administration des Eaux et forêts** the Forestry and Wildlife Commission ▸ **l'administration de l'Enregistrement** the Registration Department ▸ **l'administration des Impôts** the Inland Revenue UK, the Internal Revenue Service US **5.** [équipe présidentielle] ▸ **l'Administration Obama** the Obama administration.

administrativement [administʀativmɑ̃] adv administratively.

administré, e [administʀe] nm, f citizen ▸ **les administrés de...** people (who come) under the jurisdiction of...

administrer [3] [administʀe] vt **1.** [diriger - entreprise] to manage ; [- institution, fondation, département, bien] to administer, to run ; [- succession] to be a trustee of ; [- pays] to govern, to run ; [- commune] to run **2.** [donner - remède, sacrement] to administer ; [- gifle, fessée] to give / *se faire administrer les derniers sacrements* to be given the last rites **3.** *sout* [preuve] to produce, to adduce ▸ **administrer la justice** to apply the law.

admirable [admiʀabl] adj admirable.

admirablement [admiʀabləmɑ̃] adv wonderfully / *ils s'entendent admirablement bien* they get along wonderfully.

admirateur, trice [admiʀatœʀ, tʀis] nm, f admirer.

admiratif, ive [admiʀatif, iv] adj admiring / *son regard était admiratif* he looked impressed.

admiration [admiʀasjɔ̃] nf admiration, wonder ▸ **avoir** ou **éprouver de l'admiration pour** to admire ▸ **être en admiration devant qqn** / **qqch** to be filled with admiration for sb / sthg ▸ **faire** ou **susciter** ou **soulever l'admiration de qqn** to fill sb with admiration ▸ **éperdu d'admiration (pour)** lost in admiration (for) ▸ **un regard d'admiration** an admiring look.

admirativement [admiʀativmɑ̃] adv admiringly.

admirer [3] [admiʀe] vt to admire / *je l'admire, ça n'a pas dû être facile* I'm full of admiration for him, it can't have been easy / *il m'a fait admirer sa voiture* he showed off his car to me / *elle nous a fait admirer la vue de la terrasse* she took us onto the terrace so that we could admire the view.

admis, e [admi, iz] pp ⟶ **admettre**.

admissibilité [admisibilite] nf **1.** [d'une proposition, d'un procédé] acceptability **2.** ENS [après la première partie] *eligibility to take the second part of an exam* ; [après l'écrit] *eligibility to take the oral exam.*

admissible [admisibl] ◆ adj **1.** [procédé, excuse] acceptable / *il n'est pas admissible que...* it is unacceptable that... **2.** ENS [après la première partie] *eligible to take the second part of an exam* ; [après l'écrit] *eligible to take the oral exam.* ◆ nmf [après la première partie] *student who is allowed to take the second part of an exam* ; [après l'écrit] *student who is allowed to take the oral exam.*

admission [admisjɔ̃] nf **1.** [accueil] admission, admittance, entry / *l'admission de la Bulgarie dans l'UE* the admission of Bulgaria ou Bulgaria's entry into the EU ▸ **demande d'admission a)** [à l'hôpital] admission form **b)** [dans un club] membership application **2.** ENS ▸ **admission à un examen** passing an exam / *son admission à la faculté* his admission to ou his being admitted to the university **3.** MÉCAN induction **4.** TECHNOL intake **5.** BOURSE ▸ **admission à la cote** admission to quotation.

admittance [admitɑ̃s] nf admittance.

admixtion [admiksjɔ̃] nf PHARM admixture.

admonestation [admɔnɛstasjɔ̃] nf *litt* admonition *litt*, rebuke.

admonester [3] [admɔnɛste] vt *litt* to admonish.

admonition [admɔnisjɔ̃] nf **1.** *litt* [reproche] admonition *litt*, rebuke **2.** RELIG admonition.

ADN (abr de **acide désoxyribonucléique**) nm DNA ▸ **test ADN** DNA test.

ad nutum [adnytɔm] loc adv instantaneously, immediately.

ado [ado] (abr de **adolescent**) nmf *fam* teenager.

adobe [adob] nf adobe.

adolescence [adɔlesɑ̃s] nf adolescence / *je me souviens de mon adolescence* I remember when I was a teenager ▸ **au seuil de l'adolescence** in early adolescence / *il a eu une adolescence difficile* he was a difficult teenager.

adolescent, e [adɔlesɑ̃, ɑ̃t] nm, f adolescent, teenager.

adonis [adɔnis] nm Adonis / *ce n'est pas un adonis !* he's no beauty !

Adonis [adɔnis] npr Adonis.

adonner [3] [adɔne] ❖ **s'adonner à** vp + prép [lecture, sport, loisirs] to devote o.s. to, to go in for ; [travail, études] to devote o.s. to, to immerse o.s. in ▸ **s'adonner à la boisson** / **au jeu** to take to drink / to gambling ▸ **être adonné à qqch** to be addicted to sthg.

adoptable [adɔptabl] adj adoptable.

adoptant, e [adɔptɑ̃, ɑ̃t] ◆ adj adopting. ◆ nm, f adopter.

adopté, e [adɔpte] ◆ adj adopted ▸ **enfants adoptés** adopted children. ◆ nm, f adoptee.

adopter [3] [adɔpte] vt **1.** [enfant] to adopt / *ils ont pu le faire adopter par une famille française* they managed to have him adopted by a French family / *ses beaux-parents l'ont tout de suite adoptée fig* her in-laws took an instant liking to her / *votre pays m'a adopté* your country adopted me **2.** [suivre - cause] to take up *(sép)* ; [- point de vue] to adopt, to approve ; [- politique] to adopt, to take up ; [- loi, projet] to adopt, to pass ; [- mode] to follow, to adopt / *le projet de loi a été adopté* the bill went through / *ils ont fait adopter le projet de loi par l'Assemblée* they managed to get the bill through Parliament **3.** [se mettre dans - position, posture] to adopt, to assume / *adopter la démarche de Charlot* to walk like Charlie Chaplin **4.** [emprunter - nom] to assume ; [- accent] to put on *(sép)* ▸ **adopter un profil bas** to adopt a low profile.

adoptif, ive [adɔptif, iv] adj [enfant] adopted ; [parent] adoptive ; [patrie] adopted.

adoption [adɔpsjɔ̃] nf **1.** [d'un enfant] adoption **2.** [d'une loi, d'un projet] adoption, passing.

❖ **d'adoption** loc adj [pays] adopted ▸ **c'est un Parisien d'adoption** he's Parisian by adoption, he's adopted Paris as his home town.

adorable [adɔʀabl] adj **1.** [charmant - personne] adorable ; [- endroit] beautiful ; [- vêtement] lovely ; [- sourire] charming / *une adorable petite maison* an adorable little house **2.** RELIG worthy of adoration, adorable.

adorablement [adɔʀabləmɑ̃] adv adorably.

adorateur, trice [adɔʀatœʀ, tʀis] ◆ nm, f **1.** RELIG worshipper UK, worshiper US **2.** [admirateur] fan, admirer. ◆ adj adoring, worshipping UK, worshiping US.

adoration [adɔʀasjɔ̃] nf **1.** RELIG worship, adoration **2.** [admiration] adoration ▸ **être en adoration devant qqn** to dote on ou to worship sb.

adorer [3] [adɔʀe] vt **1.** [aimer - personne] to adore, to love ; [- maison, robe, livre] to love, to adore / *elle adore les roses* / *lire* / *qu'on lui écrive* she loves roses / to read / to get letters **2.** RELIG to adore, to worship.

❖ **s'adorer** vp *(emploi réciproque)* to adore each other.

ados [ado] nm bank *(to protect crops against the wind).*

adossé, e [adose] adj ▸ **être adossé à** : *elle était adossée au mur* she was leaning against the wall / *une maison adossée à la colline* a house built right up against the hillside / *la cabane adossée au garage* the shed backing on to the garage/ *l'entreprise est adossée à un grand groupe fig* the company is part of large group *(and thus enjoys a degree of financial security).*

adossement [adosmɑ̃] nm ▸ **l'adossement d'un bâtiment à** ou **contre qqch** a building leaning against sthg.

adosser [3] [adose] vt ▸ **adosser qqch à** ou **contre qqch** to put sthg (up) against sthg ▸ **adosser une armoire à** ou **contre un mur** to put a wardrobe against a wall / *adosser une échelle contre un mur* to put ou to lean a ladder against a wall.

❖ **s'adosser** vpi ▸ **s'adosser à** ou **contre qqch** to lean against sthg.

adoubement [adubmɑ̃] nm dubbing (ceremony).

adouber [3] [adube] vt **1.** [chevalier] to dub **2.** JEUX to adjust.

adoucir [32] [adusiʀ] vt **1.** [rendre plus doux -peau, regard, voix, eau] to soften ; [-amertume, caractère, acidité] to take the edge off ▸ **l'âge l'a beaucoup adouci** he's mellowed a lot with age / *du miel pour adoucir votre thé* honey to sweeten your tea ▸ **adoucir une sauce a)** [la sucrer] to sweeten a sauce **b)** [la rendre plus veloutée] to make a sauce smoother **2.** [atténuer -couleur, propos, dureté] to tone down *(sép)* ; [-difficulté, antagonisme] to ease **3.** [rendre supportable -peine, punition] to reduce, to lessen the severity of ; [-chagrin] to ease / *le tribunal a adouci la sentence* the court reduced the sentence / *ils s'efforcent d'adoucir les conditions de vie des prisonniers* they try to make the prisoners' living conditions less harsh / *seul le temps pourra adoucir les mauvais souvenirs laissés par le conflit* time alone will ease the painful memories left by the conflict **4.** MÉTALL to temper down *(sép)*, to soften **5.** MÉTÉOR [temps, température] to make warmer ou milder.

❖ **s'adoucir** vpi **1.** [devenir plus doux -peau, voix, lumière] to soften ; [-regard] to soften ; [-personne, caractère] to mellow **2.** MÉTÉOR [temps, température] to become milder **3.** [s'atténuer -pente] to become less steep ; [-accent] to become less broad **4.** ŒNOL to mellow.

adoucissant, e [adusisɑ̃, ɑ̃t] adj emollient.

❖ **adoucissant** nm **1.** MÉD emollient **2.** [pour le linge] fabric conditioner.

adoucissement [adusismɑ̃] nm **1.** [de la peau, de l'eau] softening ; [d'un caractère] softening, mellowing ▸ **un imperceptible adoucissement de son regard** / **sa voix** an imperceptible softening in his look / voice **2.** [estompage -d'une couleur, d'un contraste] softening, toning down **3.** [atténuation -d'une peine] reduction **4.** MÉTÉOR ▸ **adoucissement de la température** rise in temperature **5.** MÉTALL tempering, softening.

adoucisseur [adusisœʀ] nm ▸ **adoucisseur (d'eau)** water softener.

ad patres [adpatʀɛs] loc adv *fam* ▸ **aller ad patres** to go to meet one's maker ▸ **envoyer qqn ad patres** to send sb to (meet) his maker.

adr. 1. abr écrite de **adresse 2.** abr écrite de **adresser.**

adragante [adʀagɑ̃t] adj f ⟶ **gomme.**

adrénaline [adʀenalin] nf adrenalin.

adressage [adʀɛsaʒ] nm addressing ▸ **adressage direct** direct addressing ▸ **adressage multiple** multiple selection.

adresse [adʀɛs] nf **1.** [domicile] address ▸ **parti sans laisser d'adresse** gone without leaving a forwarding address ▸ **adresse du lieu de travail** business address ▸ **une bonne adresse a)** [magasin] a good shop UK ou store US **b)** [restaurant] a good restaurant **c)** [hôtel] a good hotel **2.** [dextérité] skill, dexterity, deftness ▸ **jeu d'adresse** game of skill **3.** [subtilité] cleverness, adroitness / *répondre avec adresse* to give a tactful answer **4.** [discours] formal speech, address **5.** [dans un dictionnaire] headword **6.** INFORM address **7.** ▸ **adresse électronique** e-mail address ▸ **adresse Internet** Web address ▸ **adresse IP** IP address ▸ **adresse URL** URL address.

❖ **à l'adresse de** loc prép intended for, aimed at.

adresser [4] [adʀese] vt **1.** [envoyer] ▸ **adresser qqch à qqn a)** [gén] to address ou to direct sthg to sb **b)** [par courrier] to send ou to forward sthg to sb / *adressez toute requête au Bureau 402* direct ou address all requests to Department 402 / *adresser CV détaillé à Monique Bottin* send detailed CV to Monique Bottin **2.** [libeller] to address / *le colis était mal adressé* the address on the parcel was wrong ▸ **adresser qqch à qqn** to address sthg to sb / *cette lettre vous est adressée* this letter is addressed to you ou has your name on the envelope **3.** [destiner] ▸ **adresser qqch à qqn** [une remarque] to address sthg to ou to direct sthg at sb / *il faudra adresser vos remarques au président* please address your remarks to the chair ▸ **adresser des questions à qqn** to ask sb questions, to direct questions at sb ▸ **adresser la parole à qqn** to speak to sb / *elle ne m'adresse plus la parole* she won't talk ou speak to me any more ▸ **adresser un compliment à qqn** to pay sb a compliment ▸ **adresser un reproche à qqn** to level a reproach at sb / *nous ne vous adressons aucun reproche* we don't blame you in any way / *à qui sont adressées ces allusions?* who are these hints meant for? / *adresser des prières à Dieu* to pray to God / *adresse ta prière à la Vierge Marie* make your prayer to the Virgin Mary ▸ **adresser qqch à qqn** [un geste, un regard] to aim sthg at sb / *il leur adressait des regards furieux* he looked at them with fury in his eyes, he shot furious glances at them / *le clin d'œil m'était sans doute adressé* the wink was undoubtedly meant for ou intended for ou aimed at me ▸ **adresser un signe à qqn** to wave at sb ▸ **adresser un signe de tête à qqn a)** [positif] to nod at sb **b)** [négatif] to shake one's head at sb ▸ **adresser un sourire à qqn** to smile at sb / *c'est à lui que les coups étaient adressés* the blows were meant ou intended for him **4.** [diriger -personne] : *adresser un malade à un spécialiste* to refer a patient to a specialist / *on m'a adressé à vous* I've been referred to you **5.** INFORM to address.

❖ **s'adresser à** vp + prép **1.** [parler à] to speak to, to address / *c'est à vous que je m'adresse* I'm talking to you / *le ministre s'adressera d'abord aux élus locaux* the minister will first address the local councillors / *comment s'adresse-t-on à un archevêque?* how do you address an archbishop? ▸ **s'adresser à la conscience** / **générosité de qqn** *fig* to appeal to sb's conscience / generosity **2.** [être destiné à] to be meant for ou aimed at / *à qui s'adresse cette remarque?* who's this remark aimed at? / *une émission qui s'adresse aux adolescents* a show aimed at a teenage audience **3.** [pour se renseigner] ▸ **adressez-vous à la concierge** you'd better see the porter / *il faut vous adresser au syndicat d'initiative* you should apply to the tourist office / *je ne sais pas à qui m'adresser* I don't know who to go to.

adret [adʀɛ] nm sunny side *(of a valley).*

Adriatique [adʀijatik] ◆ adj Adriatic ▸ **la mer Adriatique** the Adriatic Sea. ◆ npr f ▸ **l'Adriatique** the Adriatic (Sea).

adroit, e [adʀwa, at] adj **1.** [habile -gén] deft, dexterous ; [-apprenti, sportif, artisan] skilful UK, skillful US ▸ **être adroit de ses mains** to be clever with one's hands / *être adroit au billard* to be very good at billiards / *elle n'est pas très adroite pour faire les ourlets* she's not very good at doing hems **2.** [astucieux -manœuvre] clever ; [-diplomate] skilful ; [-politique] clever / *la remarque n'était pas bien adroite* it was a rather clumsy thing to say.

adroitement [adʀwatmɑ̃] adv **1.** [avec des gestes habiles] skilfully UK, skillfully US **2.** [astucieusement] cleverly.

ADSL (abr de **asymmetric digital subscriber line**) nm ADSL ▸ **liaison** ou **connexion ADSL** ADSL connection.

adsorber [3] [atsɔʀbe] vt to adsorb.

adulateur, trice [adylatœʀ, tʀis] *litt* ◆ adj adulatory. ◆ nm, f adulator.

adulation [adylasjɔ̃] nf *litt* adulation.

aduler [3] [adyle] vt *litt* to adulate, to fawn upon *(insép).*

adulescent, e [adylɛsɑ̃, adylɛsɑ̃t] nm, f overgrown teenager, kidult.

adulte [adylt] ◆ adj **1.** [individu] adult ; [attitude] mature ▸ **devenir adulte** to become an adult, to grow up **2.** ZOOL full-grown, adult ; BOT full-grown. ◆ nmf adult ▸ **livres / films pour adultes** adult books / films.

adultération [adylteʀasjɔ̃] nf adulteration.

adultère [adyltɛʀ] ◆ adj [relation] adulterous ▸ **femme adultère** adulteress ▸ **homme adultère** adulterer. ◆ nmf *litt* adulterer (adulteress). ◆ nm [infidélité] adultery ▸ **commettre l'adultère avec qqn** to have an adulterous relationship with sb, to commit adultery with sb.

adultérer [18] [adylteʀe] vt *litt* to adulterate.

✐ In reformed spelling (see p. 16-19), this verb is conjugated like **semer**: ***elle adultèrera, il adultèrerait.***

adultérin, e [adylteʀɛ̃, in] adj adulterine.

ad valorem [advalɔʀɛm] loc adj inv DR [taxe] ad valorem.

advenir [40] [advəniʀ] vi to happen.

❖ **il advient** v impers : *qu'est-il advenu de toutes tes belles idées?* what has become of all your wonderful ideas? / *qu'est-il advenu de lui?* what ou whatever became of him? ▸ **il advient que...** it (so) happens that... / *il advint que je tombai malade* it (so) happened that I fell ill, I happened to fall ill / *quoi qu'il advienne, quoi qu'il puisse advenir* come what may, whatever may happen ▸ **advienne que pourra** come what may / *je signe, allez, advienne que pourra!* I'll sign and blow the consequences!

adventice [advɑ̃tis] adj **1.** PHILOS adventitious **2.** BOT self-propagating.

adventif, ive [advɑ̃tif, iv] adj **1.** BOT [racine] adventitious **2.** GÉOL [cône, cratère] adventive, parasitic.

adventiste [advɑ̃tist] adj & nmf Adventist ▸ **les Adventistes du septième jour** the Seventh-Day Adventists.

adventive [advɑ̃tiv] f ⟶ **adventif.**

advenu, e [advəny] pp ⟶ **advenir.**

adverbe [advɛʀb] nm adverb ▸ **adverbe de lieu** / **temps / quantité** adverb of place / time / degree.

adverbial, e, aux [advɛʀbjal, o] adj adverbial.

adverbialement [advɛʀbjalmɑ̃] adv [employer] adverbially.

adversaire [advɛʀsɛʀ] nmf adversary, opponent / *je n'ai pas peur de l'adversaire* I'm not afraid of the opposition.

⚠ D'un registre plus soutenu, **adversary** ne peut être employé systématiquement pour traduire adversaire.

adversatif, ive [advɛʀsatif, tiv] adj adversative.

adverse [advɛʀs] adj **1.** [bloc, opinion] opposing / *dans les rangs adverses, on ne croit pas aux privatisations* privatizations aren't popular with the opposition **2.** *litt* [circonstances] adverse **3.** DR opposing.

adversité [advɛʀsite] nf adversity ▸ **poursuivi par l'adversité** the victim of many misfortunes.

advient, advint v ⟶ **advenir.**

ad vitam aeternam [advitametɛʀnam] loc adv for ever.

adynamie [adinami] nf adynamia.

AE nm abr de **adjoint d'enseignement.**

aède [aɛd] nm poet *(in Ancient Greece).*

A-EF (abr de **Afrique-Équatoriale française**) npr f FEA.

AELE (abr de **Association européenne de libre-échange**) npr f EFTA.

AEN (abr de **Agence pour l'énergie nucléaire**) npr f NEA.

aérage [aeʀaʒ] nm MIN ventilation, air supply.

aérateur [aeratœr] nm **1.** CONSTR ventilator **2.** AGR aerator.

aération [aerasjɔ̃] nf TECHNOL [d'une pièce] airing, ventilation / *il faudrait un peu d'aération dans cette chambre* this room needs airing.

aéré, e [aere] adj **1.** [chambre] well-ventilated, airy / *bien aéré* well-ventilated, airy / *mal aéré* poorly-ventilated, stuffy **2.** [présentation, texte] well-spaced.

aérer [18] [aere] vt **1.** [ventiler - chambre, maison] to air, to ventilate **2.** [alléger] : *aère un peu ton texte avant de le rendre* improve the presentation of your text before handing it in.

❖ **s'aérer** vp *(emploi réfléchi)* to get some fresh air / *si on allait s'aérer?* how about getting some fresh air? ▸ **s'aérer l'esprit / les idées** to clear one's mind / one's thoughts.

✐ In reformed spelling (see p. 16-19), this verb is conjugated like **semer**: *il aèrera, elle aèrerait.*

aérien, enne [aerjɛ̃, ɛn] adj **1.** AÉRON [tarif, base, raid, catastrophe] air *(modif)*; [combat, photographie] aerial ▸ **nos forces aériennes** our air forces **2.** [à l'air libre - câble] overhead **3.** [léger - mouvement] light, floating ▸ **d'une légèreté aérienne** as light as air **4.** TÉLÉC overhead.

❖ **aérien** nm aerial.

aérium [aerjɔm] nm sanatorium UK, sanatarium US.

aérobic [aerɔbik] nm aerobics *(U)*.

aérobie [aerɔbi] ◆ adj aerobic. ◆ nm aerobe, aerobium.

aéro-club *(pl* aéro-clubs*)*, **aéroclub*** [aerɔklœb] nm flying club.

aérodrome [aerɔdrom] nm airfield.

aérodynamique [aerɔdinamik] ◆ adj [étude, soufflerie] aerodynamic; [ligne, profil, voiture] streamlined. ◆ nf aerodynamics *(U)*.

aérodynamisme [aerɔdinamism] nm aerodynamics *(U)*.

aérofrein [aerɔfrɛ̃] nm air brake.

aérogare [aerɔgar] nf [pour les marchandises] airport building; [pour les voyageurs] air terminal.

aérogastrie [aerɔgastri] nf aerogastria.

aérogénérateur [aerɔʒeneratœr] nm wind generator.

aéroglisseur [aerɔglisœr] nm hovercraft.

aérogramme [aerɔgram] nm aerogramme UK, aerogram US, air letter.

aérographe [aerɔgraf] nm airbrush.

aérolit(h)e [aerɔlit] nm meteorite.

aéromobile [aerɔmɔbil] adj airborne.

aéromodélisme [aerɔmɔdelism] nm model aircraft making.

aéromoteur [aerɔmɔtœr] nm wind power engine.

aéronaute [aerɔnot] nmf aeronaut.

aéronautique [aerɔnotik] ◆ adj aeronautic, aeronautical. ◆ nf aeronautics *(U)*.

aéronaval, e, als [aerɔnaval] adj [bataille] air and sea *(modif)*.

❖ **aéronavale** nf ▸ **l'aéronavale** ≃ Fleet Air Arm UK ; ≃ Naval Air Command US.

aéronef [aerɔnɛf] nm aircraft.

aéronomie [aerɔnɔmi] nf aeronomy.

aérophagie [aerɔfaʒi] nf wind, aerophagia *spéc* ▸ **avoir** ou **faire de l'aérophagie** to have wind.

aéroplane [aerɔplan] nm *vieilli* aeroplane UK, airplane US.

aéroport [aerɔpɔr] nm airport.

aéroporté, e [aerɔpɔrte] adj MIL airborne.

aéroportuaire [aerɔpɔrtɥɛr] adj airport *(modif)*.

aéropostal, e, aux [aerɔpɔstal, o] adj airmail *(modif)*.

❖ **Aéropostale** npr f ▸ **l'Aéropostale** HIST *first French airmail service between Europe and South America (taken over by Air France in 1933).*

aérosol [aerɔsɔl] nm COMM aerosol.

❖ **en aérosol** loc adj spray *(modif)* / *nous l'avons aussi en aérosol* we also have it in spray form.

aérospatial, e, aux [aerɔspasjal, o] adj aerospace *(modif)*.

❖ **aérospatiale** nf **1.** SCI aerospace science **2.** INDUST aerospace industry.

aérostat [aerɔsta] nm aerostat.

aérostation [aerɔstasjɔ̃] nf aerostation.

aérostatique [aerɔstatik] ◆ adj aerostatic, aerostatical. ◆ nf aerostatics *(U)*.

aérotechnique [aerɔtɛknik] ◆ adj aerotechnical. ◆ nf aerotechnics *(U)*.

aéroterrestre [aerɔterɛstr] adj air and land *(modif)*.

aérothermique [aerɔtɛrmik] adj aerothermal.

aérothermodynamique [aerɔtɛrmɔdinamik] nf aerothermodynamics *(U)*.

Aérotrain® [aerɔtrɛ̃] nm hovertrain.

aérotransporté, e [aerɔtrɑ̃spɔrte] adj airborne.

AF ◆ nfpl abr de **allocations familiales.** ◆ npr f abr de **Assemblée fédérale.**

Afars [afar] npr mpl **1.** [peuple] Afars **2.** HIST ▸ **Territoire français des Afars et des Issas** Territory of the Afars and Issas.

AFAT, Afat [afat] (abr de **auxiliaire féminine de l'armée de terre**) nf *female member of the French army.*

affabilité [afabilite] nf *sout* affability, friendliness ▸ **avec affabilité** affably.

affable [afabl] adj *sout* affable, friendly ▸ **sous des dehors affables** behind a benign façade.

affablement [afabləmɑ̃] adv *sout* affably.

affabulateur, trice [afabylatœr, tris] nmf inveterate liar; PSYCHOL mythomaniac, pathological liar.

affabulation [afabylasjɔ̃] nf **1.** LITTÉR plot construction **2.** PSYCHOL mythomania.

affabuler [3] [afabyle] ◆ vi to invent stories. ◆ vt LITTÉR [intrigue] to construct.

affacturage [afaktyraʒ] nm FIN factoring.

affadir [32] [afadir] vt **1.** [aliments] to make bland ou tasteless **2.** [ternir] to make dull, to cause to fade.

❖ **s'affadir** vpi **1.** [aliments] to become tasteless **2.** [couleur] to fade / *dans sa deuxième période, ses couleurs se sont affadies* in his second period, he paints in duller shades.

affadissement [afadismɑ̃] nm **1.** [d'un mets] loss of taste, increased blandness **2.** [d'une couleur - par le soleil] fading; [- par un pigment] dulling.

affaibli, e [afebli] adj weakened / *utiliser un mot dans son sens affaibli* to use a word in its weaker sense.

affaiblir [32] [afeblir] vt **1.** [personne] to weaken / *sa maladie l'a beaucoup affaibli* his illness has weakened him a lot ou sapped all his energy **2.** [atténuer] to weaken / *le brouillard affaiblit tous les sons* the fog muffles all sounds **3.** [armée, institution] to weaken, to undermine / *un pays affaibli par la guerre* a country weakened by war **4.** [monnaie] to weaken.

❖ **s'affaiblir** vpi **1.** [dépérir] to weaken, to become weaker / *elle s'est beaucoup affaiblie depuis le mois dernier* she has grown a lot weaker since last month / *s'affaiblir de jour en jour* to get weaker and weaker every day, to get weaker by the day **2.** [s'atténuer - signification, impact] to weaken, to grow weaker; [- lumière] to fade / *la lumière du jour s'affaiblissait peu à peu* the daylight was fading gradually.

affaiblissement [afeblismɑ̃] nm [d'une personne, d'une idée, d'un sentiment] weakening; [d'une lumière, d'un bruit] fading.

affaiblisseur [afeblisœr] nm PHOT reducer.

affaire [afɛr] nf **1.** [société] business, firm, company ▸ **monter une affaire** to set up a business / *c'est un type qui monte des affaires fam* he's an entrepreneur / *remonter une affaire* to put a business back on its feet ▸ **gérer** ou **diriger une affaire** to run a business / *elle a une grosse affaire de meubles* she's got ou she runs a big furniture business ▸ **faire entrer qqn dans une affaire** to bring sb into a firm ▸ **l'affaire familiale** the family business **2.** [marché] (business) deal ou transaction ▸ **faire affaire avec qqn** to have dealings with sb ▸ **conclure une affaire avec qqn** to clinch a deal with sb ▸ **faire beaucoup d'affaires** to do a lot of business ▸ **une affaire (en or)** *fam* an unbeatable bargain ▸ **faire une (bonne) affaire** to get a (good) bargain / *à mon avis, ce n'est pas une affaire!* I wouldn't exactly call it a bargain! / *ils font des affaires en or* they're doing terrific business / *en ce moment, chez Lépo, tu as des affaires en or* there are great bargains to be had at Lépo's at the moment / *(c'est une) affaire conclue!, c'est une affaire faite!* it's a deal! / *l'affaire ne s'est jamais faite* the deal was never clinched / *l'affaire ne se fera pas* the deal's off ▸ **l'affaire n'est pas encore faite! a)** *pr* the deal isn't clinched yet **b)** *fig* it's by no means a foregone conclusion ▸ **c'est une affaire entendue!** we agree on that! ▸ **lui, c'est vraiment pas une affaire! a)** *fam* [il est insupportable] he's a real pain! **b)** [il est bête] he's no bright spark! **3.** [problème, situation délicate] business ▸ **une mauvaise** ou **sale affaire** a nasty business / *ce n'est pas une mince affaire, c'est tout une affaire* it's quite a business ▸ **quelle** ou **la belle affaire!** *iron* so what (does it matter)? ▸ **c'est une autre affaire** that's another story ou a different proposition / *pour lui faire manger des légumes, c'est toute une affaire!* we have a terrible time getting him to eat vegetables! ▸ **c'est une affaire de gros sous** it's a huge scam ▸ **sortir** ou **tirer qqn d'affaire a)** [par amitié] to get sb out of trouble **b)** [médicalement] to pull sb through ▸ **être sorti** ou **tiré d'affaire a)** [après une aventure, une faillite] to be out of trouble ou in the clear **b)** [après une maladie] to be off the danger list UK ou critical list US ▸ **se sortir** ou **se tirer d'affaire a)** [après une aventure, une faillite] to get o.s. out of trouble **b)** [après une maladie] to make a full recovery / *on n'est pas encore tirés d'affaire* we're not out of the woods yet **4.** [scandale] ▸ **affaire d'État** affair of state ▸ **n'en fais pas une affaire d'État!** *fig* don't blow the thing up out of all proportion! ▸ **affaire (politique)** (political) scandal ou affair / *l'affaire des pots-de-vin* the bribery scandal ▸ **l'affaire Dreyfus** the Dreyfus affair; [crime] murder; [escroquerie] business, job ▸ **être sur une affaire** to be in on a job **5.** [procès] trial, lawsuit, case ▸ **l'affaire est jugée demain** the trial concludes tomorrow ▸ **plaider / juger une affaire** to act for one of the parties / to be a judge in a lawsuit / *saisir un tribunal d'une affaire* to bring a case before a judge ▸ **affaire civile / correctionnelle** civil / criminal action **6.** [ce qui convient] ▸ **j'ai votre affaire** *fam* I've got just the thing for you ▸ **la mécanique c'est pas / c'est son affaire** *fam* car engines aren't exactly / are just his cup of tea ▸ **faire l'affaire (de qqn)** : *la vieille casserole fera l'affaire* the old saucepan'll do / *leur maison ferait bien mon affaire* I'd be quite happy with their house ▸ **faire son affaire à qqn** *fam* : *je vais lui faire son affaire* I'll sort ou straighten him out! **7.** [responsabilité] : *c'est mon / leur affaire* it's my / their business / *l'affaire d'autrui* other people's business ▸ **fais ce que tu veux, c'est ton affaire** do what you like, it's your business ou problem ▸ **en faire son affaire** to take the matter in hand, to make it one's business / *l'architecte? j'en fais mon affaire* I'll deal with ou handle the architect **8.** [question] : *dis-moi l'affaire en deux mots* tell me briefly what the problem is ▸ **l'âge / l'argent / le temps ne fait rien à l'affaire** age / money / time doesn't make any difference ▸ **c'est l'affaire d'une seconde** it can be done in a trice / *c'est l'affaire d'un coup de fil fam* all it takes is a phone call / *c'est une affaire de vie ou de mort* it's a matter of life and death / *pour moi, c'est une affaire d'honnêteté intellectuelle* for me, it's a matter of ou it's a question of intellectual honesty ▸ **affaire de principe** matter of principle / *je ne le lui dirai jamais, affaire de principe!* I'll never tell him, as ou it's a matter of principle ▸ **affaire de goût** question of taste / *c'est (une) affaire de goût* to each his own, it's a question of taste / *pour une affaire de souveraineté territoriale* over some business to do with territorial sovereignty / *faut-il les emprisonner? affaire d'opinion* should they be sent to prison? it's a matter of opinion **9.** EXPR ▸ **avoir affaire à** to (have to) deal with / *il vaut mieux n'avoir pas affaire à lui* it's better to avoid having anything to do with him / *je n'ai eu affaire qu'à ses tantes* I only ever dealt with ou had

*In reformed spelling (see p. 16-19).

to do with her aunts / *tu vas avoir affaire à moi si tu tires la sonnette!* if you ring the bell, you'll have me to deal with! / *elle a eu affaire à moi quand elle a voulu vendre la maison!* she had me to contend with when she tried to sell the house! ▸ **avoir affaire à forte partie** to have a strong ou tough opponent ▸ **avoir affaire à plus fort / plus malin que soi** to be dealing with someone stronger / more cunning than o.s. ▸ **être à son affaire** : *à la cuisine, il est à son affaire* in the kitchen ou when he's cooking he's in his element / *tout à son affaire, il ne m'a pas vu entrer* he was so absorbed in what he was doing, he didn't see me come in.

❖ **affaires** nfpl **1.** COMM & ÉCON business *(U)* / *comment vont les affaires?* how's business? ▸ **parler affaires** to talk business ▸ **les affaires vont bien / mal** business is good / bad / *les affaires vont mal cet été* business is slow this summer ▸ **être dans les affaires** to be a businessman (businesswoman) / *les affaires sont les affaires!* business is business! ▸ **pour affaires** [voyager, rencontrer] for business purposes, on business ▸ **voyage / repas d'affaires** business trip / lunch **2.** ADMIN & POL affairs ▸ **être aux affaires** to run the country, to be the head of state ▸ **les affaires courantes** everyday matters ▸ **les affaires de l'État** the affairs of state ▸ **les Affaires étrangères** ≃ the Foreign Office *(sg)* UK ; ≃ the State Department *(sg)* US ▸ **affaires intérieures** internal ou domestic affairs ▸ **affaires internationales** international affairs ▸ **affaires publiques** public affairs ▸ **les Affaires sociales** the Social Services (department) ▸ **les affaires** POL *financial scandals involving members of government* **3.** [situation matérielle] ▸ **ses affaires** his business affairs, his financial situation / *il connaît bien les affaires de son père* he's well acquainted with his father's business affairs / *mettre de l'ordre dans ses affaires (avant de mourir)* to put one's affairs in order (before dying) ; [situation personnelle] : *s'il revient, elle voudra le revoir et ça n'arrangera pas tes affaires* if he comes back, she'll want to see him and that won't help the situation / *mêle-toi de tes affaires!* mind your own business!, keep your nose out of this! / *c'est mes affaires, ça te regarde pas!* fam that's MY business! ▸ **affaires de cœur** love life **4.** [objets personnels] things, belongings, (personal) possessions / *tes affaires de classe* your school things / *mes affaires de plage* my beach ou swimming things / *range tes affaires* tidy up your things ▸ **ses petites affaires a)** hum his little things **b)** péj his precious belongings.

❖ **en affaires** loc adv when (you're) doing business, in business / *en affaires il faut avoir la tête froide* in business, one needs a cool head ▸ **être dur en affaires** [gén] to drive a hard bargain, to be a tough businessman (businesswoman).

❖ **toutes affaires cessantes** loc adv forthwith / *toutes affaires cessantes, ils sont allés chez le maire* they dropped everything and went to see the mayor.

⚠ **Affair** n'est pas toujours la traduction adéquate pour affaire. Voir article.

affairé, e [afeʀe] adj busy / *prends un air affairé* look busy, pretend you've got a lot to do / *ils entraient et sortaient d'un air affairé* they were bustling in and out.

affairement [afɛʀmɑ̃] nm *litt* bustle.

affairer [4] [afeʀe] ❖ **s'affairer** vpi to bustle / *il est toujours à s'affairer dans la maison* he's always bustling about the house ▸ **s'affairer auprès de qqn** to fuss around sb.

affairisme [afeʀism] nm *péj* money-making.

affairiste [afeʀist] nmf *péj* speculator.

affaissé, e [afese] adj : *le sol était affaissé* the ground had subsided / *il était affaissé sur sa chaise* he was slumped in his chair.

affaissement [afɛsmɑ̃] nm **1.** [effondrement] subsidence ▸ **affaissement de sol, affaissement de terrain** subsidence / *affaissement de la route / du terrain provoqué par des pluies diluviennes* road subsidence / subsidence due to torrential rain **2.** [relâchement - d'un muscle, des traits] sagging **3.** [dépression] collapse, breakdown.

affaisser [4] [afese] vt GÉOL [terrain, sol] to cause to sink ou to subside.

❖ **s'affaisser** vpi **1.** [se tasser - gén] to subside, to collapse, to sink ; [- bâtiment] to collapse / *la route s'est affaissée en plusieurs endroits* the road has subsided in several places / *à l'image, on voit la tour s'affaisser après l'explosion* on the screen, you can see the tower collapsing after the blast **2.** [s'affaler] to collapse, to slump ▸ **s'affaisser sur un canapé** to collapse ou to slump onto a couch **3.** ÉCON [monnaie, marché] to collapse, to slump.

affalement [afalmɑ̃] nm collapsing, slumping.

affaler [3] [afale] vt NAUT [voile] to haul down *(sép)*.

❖ **s'affaler** vpi ▸ **s'affaler dans un fauteuil** to flop into an armchair ▸ **s'affaler sur le sol** to collapse on the ground ▸ **s'affaler sur un divan** to flop down onto a couch / *être affalé dans un fauteuil* to be lounging in an armchair.

affamé, e [afame] ◆ adj famished, starving ▸ **affamé de** *litt* hungry for ▸ **affamé d'honneurs** thirsting for glory. ◆ nm, f starving person ▸ **les affamés** the starving.

affamer [3] [afame] vt to starve.

affameur, euse [afamœʀ, øz] nm, f starver.

affect [afɛkt] nm affect.

affectation [afɛktasjɔ̃] nf **1.** [manière] affectation / *il n'y a aucune affectation dans son langage* her language is not at all affected ▸ **avec affectation** affectedly **2.** [attribution] allocation / *l'affectation de crédits à la recherche* the allocation of funds to research / *l'affectation de l'aile sud aux services administratifs* allocating the south wing to administration **3.** [assignation] appointment, nomination ; MIL posting / *il a reçu son affectation en Allemagne* MIL he was posted to Germany.

affecté, e [afɛkte] adj [personne] affected, mannered ▸ **parler d'une manière affectée** to speak affectedly.

affecter [4] [afɛkte] vt **1.** [feindre] to affect, to feign / *affecter une grande joie* to pretend to be overjoyed / *il a affecté l'indifférence* he feigned indifference, he put on a show of indifference **2.** [présenter - une forme] : *affecter la forme d'un cône* to be cone-shaped **3.** [assigner] to allocate, to assign / *affecter des crédits à la recherche* to allocate funds to research **4.** [nommer - à une fonction] to appoint, to nominate ; [- à une ville, un pays] to post / *être affecté à un poste* to be appointed to a post ▸ **être affecté à un bureau a)** [venant de l'extérieur] to be appointed to work in an office **b)** [d'un autre service] to be transferred to an office / *son père l'a fait affecter à Paris* his father got him a post in Paris **5.** [atteindre] to affect / *le virus a affecté les deux reins* both kidneys were affected by the virus / *il est affecté d'une timidité maladive* he's painfully shy **6.** [émouvoir] to affect, to move ▸ **très affecté par cette lettre / l'accident de ses parents** greatly affected by this letter / his parents' accident **7.** MATH to modify.

❖ **s'affecter de** vp + prép *litt* to be affected ou moved ou stirred by.

affectif, ive [afɛktif, iv] adj **1.** [problème, réaction] emotional **2.** PSYCHOL affective.

affection [afɛksjɔ̃] nf **1.** [attachement] affection, fondness, liking ▸ **avoir de l'affection pour** to be fond of, to have a fondness for, to have a liking for / *je n'ai pas beaucoup d'affection pour le jardinage / son frère* I don't much care for gardening / his brother ▸ **prendre qqn en affection** to become fond of sb ▸ **une marque ou un signe d'affection** a token of love ou affection **2.** MÉD disease, disorder **3.** PSYCHOL affection.

affectionné, e [afɛksjɔne] adj [dans une lettre] loving, devoted ▸ **votre petite-fille affectionnée** your loving ou devoted granddaughter.

affectionner [3] [afɛksjɔne] vt **1.** [objet, situation] to be fond of **2.** [personne] to like, to feel affection for.

affectivité [afɛktivite] nf **1.** [réactions] ▸ **l'affectivité** emotionality *spéc*, emotional life **2.** [caractère] sensitivity.

affectueusement [afɛktɥøzmɑ̃] adv **1.** [tendrement] affectionately, fondly **2.** [dans une lettre] ▸ **bien affectueusement** kindest regards.

affectueux, euse [afɛktɥø, øz] adj loving, affectionate / *c'est un enfant très affectueux* he's a very affectionate child / *elle le regardait d'un air affectueux* she was looking at him fondly ou affectionately.

afférent, e [afeʀɑ̃, ɑ̃t] adj **1.** DR ▸ **afférent à** accruing to, relating to ▸ **part** ou **portion afférente à qqn** portion accruing to sb **2.** *sout* ▸ **afférent à** [qui se rapporte à] relating ou relevant to / *voici les renseignements afférents à l'affaire* here is information relating ou relevant to the matter **3.** MÉD [nerf, vaisseau] afferent.

affermage [afɛʀmaʒ] nm tenant farming.

affermer [3] [afɛʀme] vt to lease ou to rent (out).

affermir [32] [afɛʀmiʀ] vt **1.** [consolider - mur] to reinforce, to strengthen **2.** [rendre plus ferme] to strengthen, to tone ou to firm up *(sép)* / *affermir ses muscles par la natation* to strengthen one's muscles by swimming / *lotion tonique pour affermir votre peau* toning lotion for your skin **3.** [assurer] to strengthen / *affermir sa position* to strengthen one's position ▸ **affermir sa voix** to steady one's voice.

❖ **s'affermir** vpi **1.** [puissance, influence] to be strengthened ; [investissements, monnaie] to strengthen **2.** [muscle, chair] to firm ou to tone up, to get firmer.

affermissement [afɛʀmismɑ̃] nm [d'un pont] strengthening, consolidating ; [de la peau] toning ; [d'une monnaie] strengthening.

afféterie [afetʀi] nf *litt* affectation.

affichage [afiʃaʒ] nm **1.** [sur une surface] posting ▸ **affichage sauvage** fly posting / **'affichage interdit'** 'stick no bills' **2.** INFORM display ▸ **affichage à cristaux liquides** liquid crystal display, LCD ▸ **affichage numérique** digital display.

affiche [afiʃ] nf **1.** [annonce officielle] public notice ; [image publicitaire] advertisement, poster ; [d'un film, d'une pièce, d'un concert] poster ▸ **affiche électorale** election poster **2.** CINÉ & THÉÂTRE : *il y a une belle affiche en ce moment à l'Odéon* there are some really interesting things on at the Odéon / *en tête d'affiche, en haut de l'affiche* at the top of the bill ▸ **tenir l'affiche** to run / *la pièce a tenu l'affiche pendant plusieurs années* the play ran for several years ▸ **quitter l'affiche** to close.

❖ **à l'affiche** loc adv ▸ **être à l'affiche** to be on / *qu'est-ce qui est à l'affiche en ce moment?* what's on at the moment? / *mettre une pièce à l'affiche* to put a play on, to stage a play ▸ **rester à l'affiche** to run.

afficher [3] [afiʃe] vt **1.** [placarder] to post ou to stick up *(sép)* / *le jugement a été affiché dans toutes les mairies* the judgment was posted up in all the city halls **2.** [annoncer] to bill, to have on the bill / *une des salles affichait du Mozart* one of the concert halls had Mozart on the bill / *on affiche complet pour ce soir* the house is full tonight **3.** *péj* [exhiber] to show off *(sép)*, to display, to flaunt *péj* ▸ **afficher son désespoir** to make one's despair obvious / *afficher sa fortune / une liaison* to flaunt one's wealth / an affair **4.** INFORM to display.

❖ **s'afficher** vpi *péj* ▸ **elle s'affiche avec lui** she makes a point of being seen with him.

affichette [afiʃɛt] nf small poster.

afficheur [afiʃœʀ] nm billposter, billsticker.

affichiste [afiʃist] nmf poster designer.

affidavit [afidavit] nm affidavit.

affilage [afilaʒ] nm sharpening *(of a blade)*.

affilé, e [afile] adj [aiguisé] sharp ▸ **un poignard bien affilé** a well-sharpened dagger.

❖ **d'affilée** loc adv : *il a pris plusieurs semaines de congé d'affilée* he took several weeks' leave in a row ▸ **deux / trois heures d'affilée** for two / three hours at a stretch.

affiler [3] [afile] vt [couteau, lame] to sharpen.

affiliation [afiljasjɔ̃] nf affiliation / *demander son affiliation à une organisation* to apply for membership of an organization.

affilié, e [afilje] ◆ adj affiliated ▸ **non affilié** nonaffiliated. ◆ nm, f affiliate.

affilier [9] [afilje] ❖ **s'affilier** vp *(emploi réfléchi)* ▸ **s'affilier à** to affiliate o.s. ou to become affiliated to.

affiloir [afilwaʀ] nm whetstone.

affinage [afinaʒ] nm [d'un fromage] maturing ; [du coton] fining ; [d'un métal, de sucre] fining, refining.

affine [afin] adj MATH [application, espace, géométrie] affine.

affinement [afinmɑ̃] nm refinement.

affiner [3] [afine] vt **1.** [purifier - verre, métal] to refine **2.** [adoucir - traits] to fine down **3.** [raffiner - goût, sens] to refine **4.** [mûrir] ▸ **affiner du fromage** to allow cheese to mature.

❖ **s'affiner** vpi **1.** [se raffiner] to become more refined **2.** [mincir] to become thinner.

affinerie [afinʀi] nf MÉTALL refinery.

affineur, euse [afinœʀ, øz] nm, f refiner.

affinité [afinite] nf **1.** [sympathie] affinity ▸ **avoir des affinités avec qqn** to have an affinity with sb / *ils ont de fortes affinités l'un avec l'autre* there's a strong rapport between them / *se sentir des affinités avec un lieu* to feel a sense of affinity with a place **2.** CHIM affinity.

affirmatif, ive [afiʀmatif, iv] adj **1.** [catégorique] affirmative / *il a été très affirmatif à ce sujet* he was quite positive about it ▸ **parler d'un ton affirmatif** to speak affirmatively **2.** LING affirmative.

❖ **affirmatif** adv ▸ **affirmatif!** affirmative!

❖ **affirmative** nf ▸ **répondre par l'affirmative** to answer yes ou in the affirmative / *nous aimerions savoir si vous serez libre mercredi; dans l'affirmative, nous vous prions de...* we'd like to know if you are free on Wednesday; if you are ou if so, please...

affirmation [afiʀmasjɔ̃] nf **1.** [gén] affirmation **2.** DR solemn affirmation **3.** LOGIQUE affirmation.

affirmativement [afiʀmativmɑ̃] adv affirmatively.

affirmer [3] [afiʀme] vt **1.** [assurer] to assert, to affirm *sout* / *rien ne permet encore d'affirmer qu'il s'agit d'un acte terroriste* there is no firm evidence as yet that terrorists were involved / *je ne pourrais pas l'affirmer* I couldn't swear to it, I can't be (absolutely) positive about it / *elle affirme ne pas l'avoir vu de la soirée* she maintains she didn't see him all evening / *le Premier ministre a affirmé son désir d'en finir avec le terrorisme* the Prime Minister stated his desire to put an end to terrorism / *la semaine dernière, affirma-t-il* last week, he said **2.** [exprimer - volonté, indépendance] to assert.

❖ **s'affirmer** vpi [personne] to assert o.s. ; [qualité, désir, volonté] to assert ou to express itself.

⚠ D'un registre plus soutenu, **to affirm** ne doit pas être employé systématiquement pour traduire affirmer.

affixal, e, aux [afiksal, o] adj LING affixable.

affixe [afiks] nm affix.

affixé, e [afikse] adj LING affixed.

affleurement [aflœʀmɑ̃] nm **1.** GÉOL outcrop **2.** MENUIS levelling.

affleurer [5] [aflœʀe] ◆ vt [étagère, planches] to level. ◆ vi [écueil] to show on the surface ; GÉOL [filon] to outcrop ; *fig* to show through.

afflictif, ive [afliktif, iv] adj DR corporal.

affliction [afliksjɔ̃] nf *litt* affliction.

afflictive [afliktiv] f ⟶ **afflictif.**

affligé, e [afliʒe] adj afflicted.

affligeant, e [afliʒɑ̃, ɑ̃t] adj **1.** *litt* [attristant] distressing **2.** [lamentable] appalling, pathetic / *des résultats affligeants* pathetic ou appalling results ▸ **d'une ignorance affligeante** appallingly ignorant.

affliger [17] [afliʒe] vt **1.** [atteindre] to afflict, to affect ▸ **être affligé d'un handicap** to be afflicted with a handicap / *elle est affligée d'un prénom ridicule fig & hum* she's cursed with a ridiculous first name **2.** *litt* [attrister] to aggrieve *litt*, to affect / *sa mort m'a beaucoup affligé* his death affected me greatly.

❖ **s'affliger** vpi *litt* to be distressed, to feel grief ▸ **s'affliger de** to be distressed about, to grieve over.

affluence [aflyɑ̃s] nf **1.** [foule] crowd ▸ **il y a affluence** it's crowded / *il y a trop d'affluence* it's too crowded **2.** *litt* [richesses] affluence.

affluent, e [aflyɑ̃, ɑ̃t] adj [fleuve, rivière] tributary.

❖ **affluent** nm tributary, affluent.

affluer [3] [aflye] vi **1.** [couler] to rush / *le sang afflua à son visage* blood rushed to her face ▸ **les capitaux affluent** *fig* money's flowing ou rolling in **2.** [arriver] to surge / *les manifestants affluaient vers la cathédrale* the demonstrators were flocking to the cathedral / *la nouvelle fit affluer les curieux sur la place* the news brought people flooding into the square.

afflux [afly] nm **1.** [de sang] rush, afflux *sout* **2.** [de voyageurs] influx, flood **3.** ÉLECTR surge (of current).

affolant, e [afɔlɑ̃, ɑ̃t] adj **1.** [inquiétant] frightening, terrifying / *des rumeurs affolantes parvenaient du front* terrifying rumours came from the front **2.** *fam* [en intensif] appalling / *c'est affolant ce qu'il y a comme circulation* the traffic's appalling.

affolé, e [afɔle] adj **1.** [bouleversé] panic-stricken / *il avait l'air complètement affolé au téléphone* he sounded totally panic-stricken ou in a complete panic over the phone **2.** [boussole] spinning.

affolement [afɔlmɑ̃] nm **1.** [panique] panic / *l'affolement était si grand que...* there was such a panic that... ▸ **pas d'affolement!** don't panic! ▸ **sans affolement** in a cool (calm) and collected way **2.** [d'une boussole] spinning **3.** MÉTALL & PHYS perturbation.

affoler [3] [afɔle] vt **1.** [terrifier] to throw into a panic ; [bouleverser] to throw into turmoil / *les hurlements de l'animal l'affolèrent complètement* the howling of the animal threw her into a total panic / *les poulains étaient affolés* the foals were running around panick-stricken **2.** *litt* [sexuellement] to drive wild with desire.

❖ **s'affoler** vpi **1.** [s'effrayer] to panic / *ne t'affole pas, tout va bien!* don't panic, everything's OK! / *elle s'affole toujours à l'idée de partir* she always panics ou gets frantic at the thought of going away ▸ **l'animal s'affolait** the animal was getting distressed **2.** [boussole] to spin.

affouragement [afuʀaʒmɑ̃] nm foddering.

affourager [17] [afuʀaʒe] vt to fodder.

affranchi, e [afʀɑ̃ʃi] ◆ adj **1.** HIST [esclave] freed **2.** [émancipé] emancipated, liberated. ◆ nm, f **1.** HIST [esclave libéré] freed slave **2.** *arg crime* shady character.

affranchir [32] [afʀɑ̃ʃiʀ] vt **1.** HIST [esclave] to (set) free **2.** [colis, lettre] to stamp, to put a stamp ou stamps on ▸ **paquet insuffisamment affranchi** parcel with insufficient postage on it **3.** *arg crime* [renseigner] ▸ **affranchir qqn** to give sb the lowdown, to tip sb off *(sép)* **4.** JEUX [carte] to clear.

❖ **s'affranchir** vpi [colonie] to gain one's freedom ; [adolescent] to gain one's independence ; [opprimé] to become emancipated ou liberated / *s'affranchir de la tutelle de ses parents* to free o.s. from one's parents' supervision / *s'affranchir de la domination étrangère* to throw off foreign domination.

affranchissable [afʀɑ̃ʃisabl] adj [colis, lettre] which must be stamped, non postage paid.

affranchissement [afʀɑ̃ʃismɑ̃] nm **1.** [d'une lettre - avec des timbres] stamping ; [- à l'aide d'une machine] franking ; [- prix] postage ▸ **tarifs d'affranchissement pour l'Afrique** postage ou postal rates to Africa ▸ **dispensé d'affranchissement** post-free, postage paid ▸ **affranchissement insuffisant** insufficient postage **2.** [libération] freeing ▸ **après leur affranchissement** after they were set free.

affres [afʀ] nfpl *litt* pangs / *les affres de la jalousie* the pangs of jealousy / *les affres de la mort* the pangs ou throes of death / *les affres de la création* the throes of creativity.

affrètement [afʀɛtmɑ̃] nm chartering.

affréter [18] [afʀete] vt [avion, navire] to charter.

✎ In reformed spelling (see p. 16-19), this verb is conjugated like **semer**: *elle affrètera, il affrèterait.*

affréteur [afʀetœʀ] nm charterer, charter company.

affreusement [afʀøzmɑ̃] adv **1.** [en intensif] dreadfully, horribly, terribly / *elle a été affreusement mutilée* she was horribly mutilated / *ce tableau est affreusement laid* this painting is terribly ugly **2.** [laidement] : *affreusement habillé / décoré* hideously dressed / decorated.

affreux, euse [afʀø, øz] adj **1.** [répugnant] horrible, ghastly / *elle aperçut un visage affreux à la fenêtre* she saw a horrible face at the window / *quelle ville affreuse!* what a horrible city! **2.** [très désagréable] dreadful, awful / *nous avons connu quelques années affreuses* we have been through a few dreadful years / *il a fait un temps affreux pendant toute la semaine* the weather was awful all week long.

❖ **affreux** nm *fam* **1.** [mercenaire] (white) mercenary *(in Africa)* **2.** [en appellatif] : *tu viens, l'affreux?* coming, you little terror ou monster?

affriander [3] [afʀijɑ̃de] vt *litt* to allure, to entice.

affriolant, e [afʀijɔlɑ̃, ɑ̃t] adj alluring, appealing ▸ **des dessous affriolants** sexy underwear.

affrioler [3] [afʀijɔle] vt to excite, to allure.

affriquée [afʀike] ◆ adj f LING [consonne] affricative. ◆ nf LING affricate.

affront [afʀɔ̃] nm affront ▸ **essuyer** ou **subir un affront** to be affronted ou offended ▸ **faire un affront à qqn** to affront sb / *tu ne vas pas me faire l'affront de refuser?* you're not going to offend me by refusing?

affrontement [afʀɔ̃tmɑ̃] nm confrontation / *les derniers affrontements ont fait plusieurs morts* the last confrontation claimed several casualties / *l'affrontement de deux idéologies* the clash ou conflict of ideologies.

affronter [3] [afʀɔ̃te] vt **1.** [ennemi, mort] to face ; [problème] to face (up to), to square up to *(insép)* / *il n'a pas hésité à affronter le danger / l'incendie* he didn't hesitate to face danger / the fire **2.** MENUIS [planche] to butt-joint **3.** MÉD : *affronter les lèvres d'une plaie* to close up a wound.

❖ **s'affronter** vp *(emploi réciproque)* to confront one another / *deux thèses s'affrontent dans le débat sur la peine de mort* there are two opposing theories in the debate on the death penalty.

affublement [afybləmɑ̃] nm rigout.

affubler [3] [afyble] vt *péj* [habiller] to rig out *(sép)* / *affublé d'une veste rouge* rigged out in a red jacket / *qui l'a affublé ainsi?* who on earth dressed him like that? ▸ **on l'avait affublé d'un surnom idiot** *fig* the poor boy had been given an absurd nickname.

❖ **s'affubler de** vp + prép *péj* to rig o.s. out in / *elle s'était affublée d'une robe à frous-frous* she'd got herself all rigged out in a ridiculous flouncy dress.

affût, affut* [afy] nm **1.** ARM carriage, mount **2.** OPT [d'un télescope] frame.

❖ **à l'affût, à l'affut*** loc adv ▸ **se mettre à l'affût** CHASSE to hide out.

❖ **à l'affût de, à l'affut de*** loc prép **1.** CHASSE ▸ **être à l'affût de** to be lying in wait for **2.** [à la recherche de] ▸ **il est toujours à l'affût des ragots / des articles les plus récents** he's always on the look-out for juicy bits of gossip / the latest articles ▸ **à l'affût d'un sourire** begging for a smile.

affûtage, affutage* [afytaʒ] nm grinding, sharpening.

affûter, affuter* [3] [afyte] vt to grind, to sharpen.

affûteur, affuteur* [afytœʀ] nm grinder.

affûteuse, affuteuse* [afytøz] nf grinding machine.

afghan, e [afgɑ̃, an] adj Afghan.

❖ **Afghan, e** nm, f Afghan, Afghani.

❖ **afghan** nm LING Afghan.

afghani [afgani] nm [monnaie] afghani.

Afghanistan [afganistɑ̃] npr m ▸ **(l')Afghanistan** Afghanistan.

aficionado [afisjɔnado] nm aficionado ▸ **les aficionados du football** football enthusiasts.

afin [afɛ̃] ❖ **afin de** loc prép in order to, so as to / *il s'est levé tôt afin de terminer* he got up early (in order)

* In reformed spelling (see p. 16-19).

to finish. ❖ **afin que** loc conj *(suivi du subjonctif)* in order ou so that / *préviens-moi si tu viens afin que je puisse préparer ta chambre* tell me if you are coming so that I can prepare your bedroom.

AFNOR, Afnor [afnɔʀ] (abr de **Association française de normalisation**) npr f *French industrial standards authority* ; ≃ BSI UK ; ≃ ASA US.

afocal, e, aux [afɔkal, o] adj afocal.

a fortiori, à fortiori* [afɔʀsjɔʀi] loc adv a fortiori, even more so, with all the more reason.

AF-P (abr de **Agence France-Presse**) npr f *French national news agency.*

AFPA [afpa] (abr de **Association pour la formation professionnelle des adultes**) npr f *government body promoting adult vocational training.*

africain, e [afʀikɛ̃, ɛn] adj African.

❖ **Africain, e** nm, f African.

africanisation [afʀikanizasjɔ̃] nf Africanization, Africanizing.

africaniser [3] [afʀikanize] vt to Africanize.

africanisme [afʀikanism] nm Africanism.

africaniste [afʀikanist] nmf Africanist.

afrikaans [afʀikɑ̃s] nm LING Afrikaans.

afrikaner [afʀikanɛʀ], **afrikaander** [afʀikɑ̃dɛʀ] adj Afrikaner.

❖ **Afrikaner, Afrikaander** nmf Afrikaner.

Afrique [afʀik] npr f ▸ **(l')Afrique** Africa ▸ **(l')Afrique australe** Southern Africa ▸ **(l')Afrique noire** Black Africa ▸ **(l')Afrique du Nord** North Africa ▸ **(l')Afrique du Sud** South Africa.

Afrique-Équatoriale française [afʀikekwatɔʀjalfʀɑ̃sɛz] npr f ▸ **(l')Afrique-Équatoriale française** French Equatorial Africa.

Afrique-Occidentale française [afʀikɔksidɑ̃talfʀɑ̃sɛz] npr f ▸ **(l')Afrique-Occidentale française** French West Africa.

afro [afʀo] adj inv afro ▸ **coiffure afro** afro hairstyle.

afro-américain, e [afʀoameʀikɛ̃, ɛn] *(mpl* **afro-américains**, *fpl* **afro-américaines***)* adj Afro-American.

❖ **Afro-Américain, e** nm, f Afro-American.

afro-antillais, e [afʀoɑ̃tijɛ, ɛz] *(mpl* **afro-antillais**, *fpl* **afro-antillaises***)* adj Afro-Caribbean.

❖ **Afro-Antillais, e** nm, f Afro-Caribbean.

afro-asiatique [afʀoazjatik] *(pl* **afro-asiatiques***)* adj **1.** GÉOGR Afro-Asian **2.** LING Afro-Asiatic.

❖ **Afro-Asiatique** nmf Afro-Asian.

afro-brésilien, enne [afʀobʀeziljɛ̃, ɛn] *(mpl* **afro-brésiliens**, *fpl* **afro-brésiliennes***)* adj Afro-Brazilian.

❖ **Afro-Brésilien, enne** nm, f Afro-Brazilian.

afro-cubain, e [afʀokybɛ̃, ɛn] *(mpl* **afro-cubains**, *fpl* **afro-cubaines***)* adj Afro-Cuban.

❖ **Afro-Cubain, e** nm, f Afro-Cuban.

afro-rock [afʀoʀɔk] *(pl* **afro-rocks***)* nm Afro rock.

after [aftœʀ] nm after-party.

after-shave [aftœʀʃɛv] *(pl* **after-shave***)* ◆ adj aftershave / *une lotion after-shave* aftershave (lotion). ◆ nm aftershave (lotion).

AFU (abr de **assistance ou aide au freinage d'urgence**) nm inv ou nf inv AUTO power-assisted braking.

ag. abr écrite de **agence**.

AG (abr de **assemblée générale**) nf GM.

agaçant, e [agasɑ̃, ɑ̃t] adj **1.** [irritant] irritating, annoying / *ce qu'il peut être agaçant!* he can be so annoying! **2.** *litt* [excitant] exciting, titivating.

agacement [agasmɑ̃] nm irritation, annoyance / *montrer de l'agacement* to show irritation.

agacer [16] [agase] vt **1.** [irriter] to irritate, to annoy / *ses plaisanteries m'agacent* his jokes get on my nerves / *le jus de citron agace les dents* lemon juice sets one's teeth on edge **2.** *litt* [exciter] to excite, to titivate.

agacerie [agasʀi] nf piece of flirtatiousness ou of coquettish behaviour ▸ **faire de petites agaceries à qqn** to tease sb.

Agamemnon [agamɛmnɔ̃] npr Agamemnon.

agami [agami] nm agami, trumpeter.

agammaglobulinémie [agamaglɔbylinemi] nf agammaglobulinaemia.

agape [agap] nf RELIG agape.

❖ **agapes** nfpl feast ▸ **faire des agapes** to have a feast.

agar-agar [agaʀagaʀ] *(pl* **agars-agars***)* nm agar, agar-agar.

agaric [agaʀik] nm agaric.

agate [agat] nf agate.

agave [agav], **agavé** [agave] nm agave.

AGE (abr de **assemblée générale extraordinaire**) nf EGM.

âge [aʒ] nm **1.** [nombre d'années] age / *quel âge as-tu?* how old are you? / *quand j'avais ton âge* when I was your age / *être du même âge que* to be the same age ou as old as / *à ton âge, je lisais* when I was your age, I used to read / *à ton âge, on ne pleure plus* you're old enough not to cry now / *un garçon / une fille de ton âge ne doit pas...* a boy / a girl (of) your age shouldn't... ▸ **avoir l'âge légal (pour voter)** to be old enough to vote, to be of age ▸ **l'âge scolaire** compulsory school age / *un enfant d'âge scolaire* a school-age child, a child of school age ▸ **d'un âge avancé** getting on ou advanced in years ▸ **d'un âge canonique** *hum* ancient ▸ **d'un certain âge** *euphém* [dame, monsieur] middle-aged / *un canapé d'un certain âge hum* a couch which is past its best ou prime ▸ **à cause de son jeune / grand âge** because he's so young / old ▸ **avancer en âge** to be getting on in years ▸ **avoir l'âge (de faire qqch)** : *il veut se marier, c'est normal, il a l'âge* he wants to get married, it's normal at his age / *il a l'âge de prendre sa retraite* he's old enough to retire / *je n'ai plus l'âge (de grimper à la corde)* I'm too old (for climbing ropes) / *quand tu auras l'âge!* when you're old enough! ▸ **j'ai passé l'âge!** I'm too old (for this kind of thing)! / *tu as passé l'âge de jouer aux billes* you're too old to be playing with marbles ▸ **c'est de mon / son âge** : *les boums, c'est de son âge* they all want to have parties at that age ▸ **ce n'est pas de ton âge! a)** [tu es trop jeune] you're not old enough! **b)** [tu es trop vieux] you're too old (for it)! / *ce sont des choses qui ne sont plus de mon âge* I'm too old for that sort of thing now ▸ **tu es d'âge à** ou **en âge de comprendre** you're old enough to understand / *ils ne sont pas d'âge à* ou *en âge de se marier* they're not old enough to get married / *je ne suis plus d'âge à* ou *en âge de faire du camping* I'm too old to go camping / *avec l'âge, il s'est calmé* he mellowed with age ou as he grew older ▸ **les effets de l'âge** the effects of ageing ▸ **prendre de l'âge** to age, to get older ▸ **j'ai mal aux genoux — c'est l'âge!** my knees hurt — you're getting old! ▸ **on ne lui donne vraiment pas son âge** he doesn't look his age at all ▸ **quel âge me donnez-vous?** how old do you think I am? ▸ **faire** ou **paraître son âge** to look one's age / *elle ne fait* ou *ne paraît pas son âge* she doesn't look her age, she looks younger than she actually is ▸ **elle n'a pas d'âge** she seems ageless ▸ **l'âge d'un arbre / vin** the age of a tree / wine / *un whisky vingt ans d'âge* a twenty-year-old whisky ▸ **sans âge** ageless ▸ **l'âge du capitaine** : *s'en prendre à l'âge du capitaine est un péché mortel en politique* attacking a leader because of his or her age is a cardinal sin in politics ▸ **on a l'âge de ses artères** you're as old as you feel **2.** [période] age, time (of life) / *la quarantaine, c'est l'âge des grandes décisions* forty is the time (of life) for making big decisions / *une fois passé l'âge des poupées* when one's too old for dolls ▸ **l'âge adulte a)** [gén] adulthood **b)** [d'un homme] manhood **c)** [d'une femme] womanhood ▸ **l'âge bête** *fam* ou **ingrat** the awkward ou difficult age ▸ **l'âge critique** the change of life ▸ **l'âge mûr** maturity ▸ **l'âge pubertaire** the age of puberty ▸ **l'âge de raison** the age of reason ▸ **l'âge tendre** the tender years ▸ **l'âge viril** manhood ▸ **c'est le bel âge!** these are the best years of one's life! / *ne te plains pas, c'est le bel âge!* don't complain, these are the best years of your life ou you're in your prime! ▸ **le premier âge** infancy ▸ **le troisième âge a)** [période] old age **b)** [groupe social] senior citizens ▸ **le quatrième âge a)** [période] advanced old age **b)** [groupe social] very old people **3.** ADMIN age / *quel est l'âge de la retraite en France?* what's the retirement age in France? **4.** ARCHÉOL age ▸ **l'âge de bronze** the Bronze Age ▸ **l'âge de fer** the Iron Age ▸ **l'âge d'or** MYTH & *fig* the golden age ▸ **l'âge de la pierre polie** the Neolithic Age ▸ **l'âge de la pierre taillée** the Paleolithic Age **5.** PSYCHOL ▸ **âge mental** mental age / *il a un âge mental de cinq ans* he has a mental age of five.

❖ **à l'âge de** loc prép ▸ **je l'ai connu à l'âge de 17 ans a)** [j'avais 17 ans] I met him when I was 17 **b)** [il avait 17 ans] I met him when he was 17 / *on est majeur à l'âge de 18 ans* 18 is the age of majority.

❖ **en bas âge** loc adj [enfant] very young ou small.

❖ **entre deux âges** loc adj [personne] middle-aged.

> **L'âge du capitaine**
>
> In a letter to his sister Caroline in 1843, Gustave Flaubert invented an absurd mathematical problem as a joke. After making a number of statements about a ship, its cargo and its crew, he asks Caroline to deduce the captain's age. The expression **l'âge du capitaine** has entered the language; though originally used to allude to absurdly complicated problems of mathematics or logic, it now tends to be used more literally – often in journalism – to refer to the age of someone in a position of responsibility:
>
> **Les propos du président ont relancé le débat sur l'âge du capitaine.** *What the president said has rekindled discussions about his age.*

âgé, e [aʒe] adj **1.** [vieux] old / *c'est un monsieur très âgé maintenant* he's a very old man now / *elle est plus âgée que moi* she's older than I am **2.** ▸ **âgé de** [de tel âge] : *être âgé de 20 ans* to be 20 years old / *une jeune fille âgée de 15 ans* a 15-year-old girl.

agence [aʒɑ̃s] nf **1.** [bureau] agency ▸ **agence commerciale** sales office ▸ **agence immobilière** estate agent's UK, real-estate office US ▸ **agence d'intérim** temping agency ▸ **agence matrimoniale** marriage bureau ▸ **agence de placement** employment agency ▸ **agence de presse** press ou news agency ▸ **agence de publicité** advertising agency ▸ **agence de renseignements** information bureau ▸ **agence de tourisme** tourist agency ▸ **agence de voyages** travel agency, travel agent's UK ▸ **Agence France-Presse** = **AFP** ▸ **Agence nationale pour l'emploi** *former national employment agency* ▸ **l'agence Tass** Tass, the Tass news agency **2.** [succursale] branch / *quand vous passerez à l'agence* when you next visit the branch.

agencement [aʒɑ̃smɑ̃] nm [d'un lieu] layout, design ; [d'un texte] layout ; [d'éléments] order, ordering.

agencer [16] [aʒɑ̃se] vt **1.** [aménager] to lay out / *agencer un musée* to lay out a museum / *agencer une pièce* to arrange the furniture in a room ▸ **un studio bien agencé** a well laid-out studio flat **2.** [organiser] to put together *(sép)*, to construct / *agencer les scènes d'une comédie* to construct the scenes of a comedy.

agenda [aʒɛ̃da] nm diary ▸ **agenda de bureau** desk diary UK ou calendar US ▸ **agenda électronique** electronic organizer.

> ⚠ Le mot anglais **agenda** signifie « ordre du jour », « programme » et non « carnet », « calendrier ».

agenouillement [aʒnujmɑ̃] nm *litt* kneeling.

agenouiller [3] [aʒnuje] ❖ **s'agenouiller** vpi to kneel (down) / *s'agenouiller devant une statue* to kneel (down) before a statue / *il refuse de s'agenouiller devant le pouvoir fig* he refuses to bow to authority.

agenouilloir [aʒnujwaʀ] nm [prie-Dieu] hassock, kneeling stool.

* In reformed spelling (see p. 16-19).

agent, e [aʒɑ̃, ɑ̃t] nm, f **1.** COMM & POL agent ; ADMIN official, officer ▸ **agent d'accueil** greeter ▸ **agent administratif** administrative officer ▸ **agent artistique** agent ▸ **agent d'assurances** insurance agent ▸ **agent de change** stockbroker ▸ **agent commercial** sales representative ▸ **agent comptable** accountant ▸ **agent de conduite** [d'un train] train driver ▸ **agent consulaire** consular agent ▸ **agent double** double agent ▸ **agent électoral** canvasser ▸ **agent de l' État** ou **public** public sector employee ▸ **agent du fisc** tax officer ▸ **agent du gouvernement** government official ▸ **agent immobilier** estate agent UK, real estate agent US, realtor US ▸ **agent de liaison** MIL liaison officer ▸ **agent littéraire** literary agent ▸ **agent de maîtrise** supervisor ▸ **agent de renseignements** intelligence agent ▸ **agent secret** secret agent ▸ **agent de transmission** MIL dispatch rider **2.** [policier] ▸ **agent (de police) a)** [homme] policeman, constable UK, patrolman US **b)** [femme] policewoman, woman police constable UK, woman police officer US ▸ **agent de la circulation** traffic policeman / *s'il vous plaît, monsieur l'agent* excuse me, officer.

❖ **agent** nm **1.** [cause - humaine] agent ; [- non humaine] factor / *elle a été l'un des principaux agents de la révolution* she was a prime mover in the revolution ▸ **agent atmosphérique / économique** atmospheric / economic factor ▸ **agent de conservation** preservative **2.** CHIM & SCI agent ▸ **agent pathogène** pathogen ▸ **agent chimique** chemical agent **3.** GRAM agent.

aggiornamento [adʒɔʀnamɛnto] nm aggiornamento, update.

agglo [aglo] (abr de **aggloméré**) nm *fam* CONSTR chipboard.

agglomérant [aglɔmeʀɑ̃] nm CONSTR binder.

agglomérat [aglɔmeʀa] nm **1.** GÉOL agglomerate **2.** LING cluster.

agglomération [aglɔmeʀasjɔ̃] nf **1.** [ville et sa banlieue] town ▸ **l'agglomération parisienne** Paris and its suburbs, greater Paris **2.** TRANSP built-up area ▸ **en agglomération** TRANSP in a built-up area **3.** MIN [de sable] aggregation **4.** [assemblage] conglomeration.

aggloméré, e [aglɔmeʀe] adj agglomerate.

❖ **aggloméré** nm **1.** MIN briquet, briquette **2.** CONSTR chipboard ; GÉOL conglomerate ; [de liège] agglomerated cork.

agglomérer [18] [aglɔmeʀe] vt [pierre, sable] to aggregate ; [charbon] to briquet ; [métal] to agglomerate.

❖ **s'agglomérer** vpi to agglomerate, to aggregate.

✎ In reformed spelling (see p. 16-19), this verb is conjugated like **semer** : ***il agglomèrera, elle s'agglomèrerait.***

agglutinant, e [aglytinɑ̃, ɑ̃t] adj LING & MÉD agglutinative.

agglutination [aglytinasjɔ̃] nf **1.** LING & MÉD agglutination **2.** *péj* [masse] mass.

agglutiner [3] [aglytine] vt to mass ou to pack together *(sép)*.

❖ **s'agglutiner** vpi to congregate / *ils s'agglutinaient à la fenêtre* they were all pressing up against the window / *les pucerons s'agglutinent sous chaque bourgeon* greenfly congregate in a dense mass under each bud.

agglutinine [aglytinin] nf agglutinin.

agglutinogène [aglytinɔʒɛn] nm agglutinogen.

aggravant, e [agʀavɑ̃, ɑ̃t] adj aggravating / *et, fait aggravant, il avait oublié l'argent* and he'd forgotten the money, which made things worse.

aggravation [agʀavasjɔ̃] nf [d'une maladie, d'un problème] aggravation, worsening ; [de l'inflation] increase / *son état de santé a connu une aggravation* his health has worsened / *l'aggravation du chômage le mois dernier* the increase in unemployment last month.

aggraver [3] [agʀave] vt [mal, problème] to aggravate, to make worse, to exacerbate ; [mécontentement, colère] to increase / *ces mesures ne feront qu'aggraver l'inflation* these measures will only serve to worsen inflation ▸ **n'aggrave pas ton cas** don't make your position worse than it is.

❖ **s'aggraver** vpi to get worse, to worsen / *son état s'est aggravé* his condition has worsened / *la situation s'aggrave* the situation is getting worse / *décidément, mon pauvre vieux, ça s'aggrave! fam & hum* you get worse !

⚠ D'un registre plus soutenu, **to aggravate** ne peut être employé systématiquement pour traduire aggraver.

agile [aʒil] adj nimble, agile / *un esprit agile* an agile mind.

agilement [aʒilmɑ̃] adv [grimper, se mouvoir] nimbly, agilely.

agilité [aʒilite] nf agility.

agio [aʒjo] nm (bank) charge ▸ **payer 15 euros d'agios** to pay 15 euros in bank charges.

agir [32] [aʒiʀ]

◆ vi

A. ENTRER EN ACTION
B. AVOIR UN EFFET
C. DANS LE DOMAINE JURIDIQUE

A. ENTRER EN ACTION 1. [intervenir] to act, to take action / *il faut agir rapidement pour enrayer l'épidémie* we have to act quickly ou to take swift action to prevent an epidemic from developing / *en cas d'incendie, il faut agir vite* in the event of a fire, it is important to act quickly / *sur les ordres de qui avez-vous agi?* on whose orders did you act? ▸ **faire agir** : *est-ce la jalousie qui l'a fait agir?* was it jealousy that made her do it? / *c'est l'ambition qui le fait agir* he is motivated by ambition ▸ **agir auprès de qqn** [essayer de l'influencer] to try to influence sb ▸ **agir auprès de qqn pour obtenir qqch** to approach sb for sthg / *je vous en prie, agissez auprès de l'archevêque* please use your influence with the archbishop **2.** [passer à l'action] to do something / *parler et agir sont deux choses différentes* there's quite a difference between talking and actually doing something / *elle parle, mais elle n'agit pas* she talks but she doesn't do anything / *assez parlé, maintenant il faut agir!* enough talk, let's have some action! **3.** [se comporter] to act, to behave / *elle agit bizarrement ces temps-ci* she's been acting ou behaving strangely of late ▸ **bien / mal agir envers qqn** to behave well / badly towards sb / *tu n'as pas agi loyalement* you didn't play fair / *il a agi en bon citoyen* he did what any honest citizen would have done ▸ **agir à la légère** to act rashly ▸ **agir selon sa conscience** to act according to one's conscience, to let one's conscience be one's guide.

B. AVOIR UN EFFET 1. [fonctionner - poison, remède] to act, to take effect, to work ; [- élément nutritif] to act, to have an effect ; [- détergent] to work ▸ **laisser agir un décapant** to allow a paint-stripper to work ▸ **laisser agir la justice** to let justice take its course / *pour faire agir le médicament plus efficacement* to increase the efficiency of the drug **2.** [avoir une influence] ▸ **agir sur** to work ou to have an effect on / *tes larmes n'agissent plus sur moi* your tears don't have any effect on me ou don't move me any more.

C. DANS LE DOMAINE JURIDIQUE to act in a court of law ▸ **agir contre qqn a)** [en droit pénal] to prosecute sb **b)** [en droit civil] to sue sb ▸ **agir en diffamation** to sue for libel / *agir en recherche de paternité* to bring a paternity suit ▸ **agir au nom de** ou **pour qqn** to act on behalf of ou for sb.

❖ **s'agir de** v impers **1.** [être question de] ▸ **il s'agit de** : *je voudrais te parler — de quoi s'agit-il?* I'd like to talk to you — what about? ▸ **de qui s'agit-il?** who is it? / *je voudrais vous parler d'une affaire importante, voici ce dont il s'agit* I'd like to talk to you about an important matter, namely this / *le criminel dont il s'agit* the criminal in question ▸ **l'affaire dont il s'agit** the matter at issue / *ne la mêle pas à cette affaire, il s'agit de toi et de moi* don't bring her into this, it's between you and me / *il ne s'est agi que de littérature toute la soirée* the only thing talked about all evening was literature / *mais enfin, il s'agit de sa santé!* but her health is at stake (here)! ▸ **je peux te prêter de l'argent — il ne s'agit pas de ça** ou **ce n'est pas de ça qu'il s'agit** I can lend you some money — that's not the point ou the question / *s'il ne s'agissait que de moi, la maison serait déjà vendue* if it were just up to me, the house would already be sold / *s'il ne s'agissait que d'argent, la solution serait simple!* if it were only a question of money, the answer would be simple! / *une augmentation? il s'agit bien de cela à l'heure où l'on parle de licenciements iron* a rise? that's very likely now there's talk of redundancies *iron* / *quand il s'agit d'aller à la chasse, il trouve toujours le temps!* when it comes to going hunting, he can always find time! / *quand il s'agit de râler, tu es toujours là!* you can always be relied upon to moan! / *une voiture a explosé, il s'agirait d'un accident* a car has exploded, apparently by accident / *il s'agirait d'une grande première scientifique* it is said to be an important first for science **2.** [falloir] ▸ **il s'agit de** : *maintenant, il s'agit de lui parler* now we must talk to her / *c'est qu'il s'agit de gagner ce match!* we must win this match! / *il s'agissait pour moi d'être convaincant* I had to be convincing / *il s'agit de savoir si...* the question is whether... / *il s'agirait d'obéir!* [menace] you'd better do as you're told! / *dis donc, il ne s'agit pas de se perdre!* come on, we mustn't get lost now! / *il s'agit bien de pleurer maintenant que tu l'as cassé!* you may well cry, now that you've broken it! / *il ne s'agit pas que tu ailles tout lui raconter!* you'd better not go and repeat everything to him!

❖ **s'agissant de** loc prép **1.** [en ce qui concerne] as regards, with regard to / *s'agissant de lui, vous pouvez avoir toute confiance* as far as he's concerned, you've got nothing to worry about **2.** [puisque cela concerne] : *un service d'ordre ne s'imposait pas, s'agissant d'une manifestation pacifique* there was no need for a police presence, given that this was a peaceful demonstration.

âgisme [aʒism] nm age discrimination, agism.

agissant, e [aʒisɑ̃, ɑ̃t] adj **1.** [entreprenant] active **2.** [efficace] efficient, effective / *un remède agissant* an effective remedy.

agissements [aʒismɑ̃] nmpl machinations, schemes ▸ **des agissements louches** suspicious dealings.

agitateur, trice [aʒitatœʀ, tʀis] nm, f POL agitator.

❖ **agitateur** nm CHIM beater, agitator.

agitation [aʒitasjɔ̃] nf **1.** [mouvement - de l'air] turbulence ; [- de l'eau] roughness ; [- de la rue] bustle **2.** [fébrilité] agitation, restlessness / *être dans un état d'agitation violente* to be extremely agitated ▸ **l'agitation régnait dans la salle a)** [excitation] the room was buzzing with excitement **b)** [inquiétude] there was an uneasy atmosphere in the room **3.** MÉD & PSYCHOL agitated depression **4.** POL unrest / *agitation parmi la population* civil unrest ▸ **agitation syndicale** industrial unrest.

agité, e [aʒite] ◆ adj **1.** [mer] rough, stormy **2.** [personne - remuante] restless ; [- angoissée] agitated, worried / *c'était un enfant très agité* he was a very restless child **3.** [troublé - vie] hectic ; [- nuit, sommeil] restless. ◆ nm, f **1.** MÉD & PSYCHOL disturbed (mental) patient **2.** [excité] ▸ **c'est un agité** he can't sit still for a minute ▸ **c'est un agité du bocal** *fam* he's got a screw loose.

agiter [3] [aʒite] vt **1.** [remuer - liquide] to shake ; [- queue] to wag ; [- mouchoir, journal] to wave about *(insép)* / *agiter les bras* to flap ou to wave one's arms / *une petite brise agite la surface du lac* a soft breeze is ruffling the surface of the lake / *il agitait en hurlant une facture sous mon nez* he was yelling and waving a bill at me / **'agiter avant usage** ou **de s'en servir'** 'shake well before use' **2.** [brandir] to brandish ▸ **agiter le spectre de qqch devant qqn** to threaten sb with the spectre of sthg **3.** [troubler] to trouble, to upset / *l'idée de rencontrer son père l'agite beaucoup* the thought of meeting his father is troubling him a lot / *un besoin d'action agitait les étudiants* the students were longing for action ▸ **une violente colère l'agitait** he was in the grip of a terrible rage / *agiter le peuple contre le gouvernement* to incite the people to rise up against the government **4.** [débattre] to debate, to discuss / *agiter une question / un thème* to debate a question / a theme.

❖ **s'agiter** vpi **1.** [bouger] to move about ▸ **s'agiter dans son sommeil** to toss and turn in one's sleep / *cesse de t'agiter sur ta chaise!* stop fidgeting about on your chair! / *tu t'agites trop, ne te fais donc pas tant de souci* you're too restless, don't worry so much **2.** *fam* [se dépêcher] to get a move on ▸ **il faut t'agiter un peu si tu veux être à l'heure / avoir ton examen** you'd better get a move on if you want to be on time / to pass your exam ; [s'affairer] to rush about **3.** [se révolter] to be restless ou in a state of unrest **4.** [mer] to become rough.

⚠ **To agitate** signifie avant tout « troubler » et ne doit pas être employé systématiquement pour traduire agiter.

agit-prop [aʒitpʀɔp] nf inv POL agit-prop.

agneau, x [aɲo] nm **1.** ZOOL lamb ▸ **c'est un agneau!** *fig* he's as meek ou gentle as a lamb! ▸ **agneau de lait** suckling lamb **2.** CULIN lamb *(U)* / *l'agneau est gras, la viande d'agneau est grasse* lamb is fatty ▸ **côtelettes d'agneau** lamb chops **3.** [en appellatif] : *viens mon agneau (joli)!* come on lambkin! / *mes agneaux, vous allez me dire la vérité maintenant!* now, my little friends, you're going to tell me the truth! **4.** [fourrure] lamb, lambskin ; [peau] lambskin / *une veste en agneau* a lambskin jacket **5.** RELIG ▸ **l'Agneau (de Dieu)** the Lamb (of God) ▸ **l'agneau mystique** the mystic lamb ▸ **l'agneau pascal** the Paschal Lamb.

agnelage [aɲəlaʒ] nm [naissance] lambing ; [période] lambing season ou time.

agnelée [aɲəle] nf fall *(of lambs)*.

agneler [24] [aɲəle] vi to lamb.

✎ In reformed spelling (see p. 16-19), this verb is conjugated like **semer**: ***elle agnèle, elle agnèlera.***

agnelet [aɲəlɛ] nm *vieilli* small lamb, lambkin.

agnelle [aɲɛl] nf young ewe.

Agnès [aɲɛs] npr THÉÂTRE *character in Molière's "l'École des femmes", the archetype of the naive and innocent woman.*

agnosie [agnɔzi] nf agnosia.

agnosticisme [agnɔstisism] nm agnosticism.

agnostique [agnɔstik] adj & nmf agnostic.

Agnus Dei [agnysdei] nm inv Agnus Dei.

agonie [agɔni] nf death throes, pangs of death, death agony / *il a eu une longue agonie* he died a slow and painful death / *l'agonie de l'empire* *fig* the death throes of the empire ▸ **être à l'agonie a)** *pr* to be at the point of death **b)** *fig* to suffer agonies / *ne prolongez pas son agonie* *fig* please put her out of her misery.

⚠ **Agony** signifie « grande souffrance » et non agonie.

agonir [32] [agɔniʀ] vt *sout* ▸ **agonir qqn d'injures** ou **d'insultes** to hurl abuse at sb / *elle s'est fait agonir* she was reviled.

agonisant, e [agɔnizɑ̃, ɑ̃t] ◆ adj dying. ◆ nm, f dying person.

agoniser [3] [agɔnize] vi to be dying.

⚠ **To agonise** signifie « se tourmenter » et non agoniser.

agora [agɔʀa] nf **1.** [espace piétonnier] concourse **2.** ANTIQ agora.

agoraphobe [agɔʀafɔb] adj & nmf agoraphobic.

agoraphobie [agɔʀafɔbi] nf agoraphobia.

agouti [aguti] nm agouti.

agrafage [agʀafaʒ] nm [de papiers, de tentures] stapling ; [de vêtements] hooking, fastening ; [de bois ou de métal] clamping, cramping ; MÉD clamping.

agrafe [agʀaf] nf [pour papier] staple ; [pour vêtement] hook, fastener ; [pour bois ou métal] clamp ; MÉD clamp.

agrafer [3] [agʀafe] vt **1.** [papiers] to staple (together) ; [bords d'un tissu] to hook ou to fasten (up) **2.** *arg crime* [arrêter] to nick UK, to bust US ▸ **il s'est fait agrafer** he got nicked ou busted.

agrafeuse [agʀaføz] nf stapler.

agraire [agʀɛʀ] adj agrarian.

agrammatical, e, aux [agʀamatikal, o] adj ungrammatical.

agrammaticalité [agʀamatikalite] nf ungrammaticality.

agrammatisme [agʀamatism] nm agrammatism.

agrandir [32] [agʀɑ̃diʀ] vt **1.** [élargir - trou] to enlarge, to make bigger ; [- maison, jardin] to extend ; [- couloir, passage] to widen / *ses yeux agrandis par la terreur* her eyes wide with fear ▸ **la Communauté agrandie** the enlarged Community / *agrandir le cercle de ses activités* to enlarge the scope of one's activities / *j'ai besoin de partenaires pour agrandir mon affaire* I need partners to expand my business **2.** *litt* [exalter - âme, pensée] to elevate, to uplift **3.** [faire paraître grand] : *un trait de crayon pour agrandir les yeux* a pencil line to make your eyes look bigger / *on avait agrandi la scène par des décors transparents* the stage had been made to look bigger by the use of see-through sets **4.** IMPR & PHOT [cliché, copie] to enlarge, to blow up *(sép)* ; [sur écran] to magnify.

❖ **s'agrandir** vpi **1.** [s'élargir] to grow, to get bigger / *la banlieue s'agrandit sans cesse* the suburbs never stop growing / *le cercle de famille s'agrandit* the family circle is widening / *quand elle le vit, ses yeux s'agrandirent* when she saw him, her eyes widened **2.** ÉCON to expand / *le marché des logiciels s'agrandit* the market for software is expanding **3.** [avoir plus de place] ▸ **nous voudrions nous agrandir** we want more space for ourselves / *avec le troisième enfant, il faut s'agrandir* when the third child comes along, a family needs more living space.

agrandissement [agʀɑ̃dismɑ̃] nm **1.** PHOT enlargement **2.** [d'un appartement, d'une affaire] extension.

agrandisseur [agʀɑ̃disœʀ] nm PHOT enlarger.

agraphie [agʀafi] nf agraphia.

agrarien, enne [agʀaʀjɛ̃, ɛn] adj & nm, f agrarian.

agréable [agʀeabl] ◆ adj pleasant, nice, agreeable / *une corvée qui n'est pas très agréable* a rather unpleasant chore / *je la trouve plutôt agréable physiquement* I think she's quite nice-looking / *il ne souhaite que vous être agréable* he only wants to be nice to you / *il me serait bien agréable de le revoir* I would love to see him again ▸ **agréable à** : *une couleur agréable à l'œil* ou *à voir* a colour pleasing to the eye / *voilà quelqu'un qui est agréable à vivre* he's / she's really easy to get on with / *agréable à regarder* attractive. ◆ nm : *l'agréable, ici, c'est la grande terrasse* the nice thing about this place is the terrace.

⚠ L'adjectif anglais **agreeable** signifie « plaisant » dans un registre soutenu et ne peut être employé systématiquement pour traduire agréable.

agréablement [agʀeabləmɑ̃] adv pleasantly, agreeably.

agréé, e [agʀee] adj **1.** DR registered **2.** TÉLÉC / **'appareil agréé'** *France Télécom approved.*

agréer [15] [agʀee] vt [dans la correspondance] : *veuillez agréer mes sentiments distingués* yours faithfully UK, sincerely yours US.

❖ **agréer à** v + prép *litt* to please, to suit / *si cela vous agrée, nous nous verrons la semaine prochaine* if it suits you, we shall meet next week.

agrég [agʀɛg] nf *fam* **abr de agrégation.**

agrégat [agʀega] nm [de roches, de substances] aggregate ; *fig & péj* conglomeration, mish-mash *péj* ; *fig & péj* [amas] hotchpotch UK, hodgepodge US.

agrégatif, ive [agʀegatif, iv] ◆ adj UNIV [candidat, étudiant] *who is studying to take the agrégation.* ◆ nm, f UNIV agrégation candidate.

agrégation [agʀegasjɔ̃] nf **1.** ENS & UNIV *high-level competitive examination for teachers* **2.** [assemblage] agglomeration.

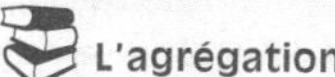

L'agrégation

This is a prestigious professional qualification for teachers in France. Those who pass the challenging competitive exam for the **agrég** become **professeurs titulaires,** and as such are entitled to higher pay and a less onerous timetable.

agrégé, e [agʀeʒe] ◆ adj **1.** UNIV *who has passed the agrégation* **2.** [assemblé] agglomerated. ◆ nm, f UNIV *person who has passed the agrégation (examination which commands certain salary and timetable privileges within the teaching profession).*

agréger [22] [agʀeʒe] vt **1.** [assembler] to agglomerate (together) **2.** [intégrer] ▸ **agréger qqn à** to incorporate sb into.

❖ **s'agréger** vpi [s'assembler] to form a mass.

❖ **s'agréger à** vp + prép to incorporate o.s. into.

✎ In reformed spelling (see p. 16-19), this verb is conjugated like **semer**: ***elle agrègera, il s'agrègerait.***

agrément [agʀemɑ̃] nm *sout* **1.** [attrait] charm, appeal, attractiveness / *sa maison est pleine d'agrément* his house is delightful ou very attractive / *un visage sans agrément* an unattractive face ; [plaisir] pleasure ▸ **les agréments de la vie** the pleasures of life **2.** [accord] approval, consent / *agir avec l'agrément de ses supérieurs* to act with one's superiors' approval ou consent.

❖ **d'agrément** loc adj [jardin, voyage] pleasure *(modif)*.

agrémenter [3] [agʀemɑ̃te] vt ▸ **agrémenter qqch avec** ou **de** to decorate sthg with / *vous pouvez agrémenter votre plat avec quelques feuilles de menthe* decorate ou garnish the dish with a few sprigs of mint / *des balcons agrémentés de géraniums* balconies bedecked with geraniums / *une lettre agrémentée de quelques expressions à l'ancienne* a letter graced ou adorned with a few quaint old phrases.

agrès [agʀɛ] nmpl **1.** SPORT piece of apparatus / *elle a eu 20 aux (exercices aux) agrès* she got 20 for apparatus work **2.** NAUT lifting gear ; [sur un ballon] tackle.

agresser [4] [agʀese] vt **1.** [physiquement] to attack, to assault ▸ **se faire agresser** to be assaulted **2.** [verbalement] to attack / *pourquoi m'agresses-tu ainsi? je n'ai fait que dire la vérité!* why are you being so aggressive towards me? I only told the truth! **3.** [avoir un effet nocif sur] to damage.

agresseur [agʀesœʀ] ◆ adj m [État, pays] attacking. ◆ nm [d'une personne] attacker, assailant, aggressor ; [d'un pays] aggressor / *elle n'a pas pu voir son agresseur* she couldn't see her assailant ou the person who assaulted her.

agressif, ive [agʀesif, iv] adj **1.** [hostile - personne, pays] aggressive, hostile, belligerent *litt* / *ne sois pas si agressif!* don't be so hostile ou aggressive! **2.** [oppressant - musique, image] aggressive / *la laideur agressive des monuments* *sout* the sheer ugliness of the buildings ▸ **un maquillage agressif** outrageous makeup **3.** [dynamique] dynamic, aggressive / *une concurrence agressive* aggressive competitors ▸ **il nous faut une politique commerciale agressive** we need a sales policy with some punch (to it) **4.** PSYCHOL [acte, pulsion] aggressive.

agression [agʀesjɔ̃] nf **1.** [attaque - contre une personne] attack, assault ; [- contre un pays] aggression ▸ **être victime d'une** ou **subir une agression** to be assaulted / *le nombre des agressions a diminué* the number of personal assaults has decreased / *les agressions de la vie moderne* *fig* the stresses and strains of modern life / *les agressions du soleil contre votre peau* the harm the sun does to your skin ▸ **agression sexuelle** sexual assault **2.** PSYCHOL aggression.

agressivement [agʀesivmɑ̃] adv aggressively.

agressivité [agʀesivite] nf aggressivity, aggressiveness.

agreste [agʀɛst] adj *litt* rustic.

agricole [agʀikɔl] adj agricultural, farming *(modif)* / *un pays agricole* an agricultural country.

agriculteur, trice [agrikyltœr, tris] nm, f farmer.

agriculture [agrikyltyr] nf agriculture, farming ▸ **agriculture biologique** organic farming ou agriculture ▸ **agriculture raisonnée** sustainable agriculture ou farming.

Agrigente [agriʒɑ̃t] npr Agrigento.

Agrippa [agripa] npr Agrippa.

agripper [3] [agripe] vt **1.** [prendre] to grab, to snatch **2.** [tenir] to clutch, to grip / *ne m'agrippe pas ainsi!* stop clutching me like that!
❖ **s'agripper** vpi to hold on ▸ **agrippe-toi, j'arrive** hold on tightly, I'm coming ▸ **s'agripper à qqch** to cling to ou to hold on (tight) to sthg / *elle s'agrippait à mon bras* she was gripping my arm.

Agrippine [agripin] npr Agrippina.

agritourisme [agriturism] nf agritourism.

Agro [agro] npr *nickname for ENSA.*

agroalimentaire [agroalimɑ̃tɛr] ◆ adj food-processing *(modif).* ◆ nm ▸ **l'agroalimentaire** the food-processing industry, agribusiness.

agrocarburant [agrokarbyrɑ̃] nm agrofuel.

agrochimie [agrɔʃimi] nf agrochemistry.

agrochimique [agrɔʃimik] adj agrochemical.

agroenvironnemental, e, aux [agroɑ̃virɔnmɑ̃tal] adj agro-environmental.

agro-industrie [agroɛ̃dystri] *(pl* **agro-industries***)* nf ▸ **l'agro-industrie a)** [en amont de l'agriculture] the farm machines, implements and fertilizers industry **b)** [en aval de l'agriculture] the food-processing industry, agribusiness.

agro-industriel, elle [agroɛ̃dystrijɛl] adj agro-industrial.

agrologie [agrɔlɔʒi] nf agrology.

agronome [agrɔnɔm] nmf agronomist.

agronomie [agrɔnɔmi] nf agronomics *(sg).*

agronomique [agrɔnɔmik] adj agronomic, agronomical.

agropastoral, e, aux [agrɔpastɔral, o] adj agricultural.

agro-terrorisme [agrotɛrɔrism] nm agroterrorism.

agro-terroriste [agrotɛrɔrist] nm, f agroterrorist.

agrotourisme [agroturism] nm agrotourism.

agrume [agrym] nm citrus fruit.

agrumiculture [agrymikyltyr] nf citrus fruit farming.

aguardiente [agwardjɛnte] nf aguardiente.

aguerrir [32] [agerir] vt to harden, to toughen (up).
❖ **s'aguerrir** vpi to become tougher.

aguets [agɛ] ❖ **aux aguets** loc adv ▸ **être aux aguets** to be on watch ou the lookout.

aguichant, e [agiʃɑ̃, ɑ̃t] adj seductive, enticing, alluring.

aguiche [agiʃ] nf teaser *(in advertising).*

aguicher [3] [agiʃe] vt to seduce, to entice, to allure.

aguicheur, euse [agiʃœr, øz] ◆ adj seductive, enticing, alluring. ◆ nm, f tease.

ah [a] ◆ interj **1.** [renforce l'expression d'un sentiment] ah, oh / *ah, que cette tomate est bonne!* oh ou ah ou mm, this tomato's delicious! / *ah, que je vous plains!* oh, I feel so sorry for you! / *ah, ne va pas croire cela!* oh please, you mustn't believe that! / *ah, ça y est, je l'ai trouvé!* ah ou aha, here we are, I've found it! / *ah, je te l'avais bien dit!* aha, I told you so! / *ah, c'est un secret* aha, that's a secret **2.** [dans une réponse] : *il est venu — ah bon!* he came — did he (really)? / *ils n'en ont plus en magasin — ah bon!* [ton résigné] they haven't got any more in stock — oh well! ▸ **ah non alors!** certainly not! ▸ **ah oui?** really? ◆ nm inv ah / *pousser des oh et des ah* to ooh and ah.

Ah (abr écrite de **ampère-heure**) ah.

ahan [aɑ̃] nm *vieilli ou litt* : *à grand ahan* with much puffing and panting.

ahaner [3] [aane] vi *litt* to puff and pant.

ahuri, e [ayri] ◆ adj **1.** [surpris] dumbfounded, amazed, stunned / *il a eu l'air ahuri quand je lui ai annoncé les prix / qu'il avait gagné* he looked dumbfounded when I told him the price / bowled over when I told him he'd won **2.** [hébété] stupefied, dazed / *elle erra pendant des heures, l'air ahuri* she wandered about for hours looking dazed / *il avait l'air complètement ahuri* he looked as if he was in a daze. ◆ nm, f idiot ▸ **espèce d'ahuri!** you idiot!

ahurir [32] [ayrir] vt to stun, to daze.

ahurissant, e [ayrisɑ̃, ɑ̃t] adj stunning, stupefying / *je trouve ça ahurissant* I think it's appalling.

ahurissement [ayrismɑ̃] nm daze / *son ahurissement était tel qu'il ne m'entendait pas* he was so stunned that he didn't even hear me.

ai v ⟶ **avoir.**

aï [ai] nm ZOOL ai, three-toed sloth.

aiche [ɛʃ] nf bait.

aide[1] [ɛd] ◆ nm **1.** [assistant - payé] assistant ; [- bénévole] helper / *les aides du président* the presidential aides ▸ **aide familial (étranger)** male au pair **2.** *(comme adjectif, avec ou sans trait d'union)* assistant *(modif)* **3.** MIL ▸ **aide de camp** aide-de-camp. ◆ nf ▸ **aide familiale** home help UK, home helper US ▸ **aide ménagère** home help UK, home helper US.

aide[2] [ɛd] nf **1.** [appui] help, assistance, aid ▸ **avoir besoin d'aide** to need help / *avec l'aide de mon frère* with help from my brother ou my brother's help / *elle y est arrivée sans l'aide de personne* she succeeded with no help at all ou unaided ou without anyone's help ▸ **à l'aide!** help! / *au secours, à l'aide!* help me PLEASE! / *j'ai eu de l'aide* I had help / *il a demandé l'aide d'un prêtre* he asked for the help ou aid ou assistance of a priest ▸ **appeler à l'aide** to call for help / *quand elle s'est retrouvée au chômage, elle a appelé ses parents à l'aide* when she found herself unemployed, she asked ou turned to her parents for help ▸ **offrir son aide à qqn** to give sb help, to go to sb's assistance ▸ **venir en aide à qqn** to come to sb's aid / *que Dieu vous vienne en aide* may God help you **2.** [don d'argent] aid ▸ **recevoir l'aide de l'État** to receive government aid ▸ **aide au développement économique (des pays du tiers-monde)** economic aid (to third world countries) ▸ **aide à l'emploi** employment support ▸ **aide fiscale** tax credit ▸ **aide humanitaire** humanitarian aid ▸ **aide judiciaire** ≃ legal aid ▸ **aide à la mobilité** relocation allowance *(paid to job seekers)* ▸ **aide personnalisée au logement** ≃ housing benefit *(U)* ▸ **aide à la reconversion des entreprises** industrial reconversion grants ▸ **aide au retour** *policy aimed at discouraging immigration by giving support to foreign nationals returning to their country of origin* ▸ **aide sociale** social security UK, welfare US **3.** INFORM ▸ **aide en ligne** online help.
❖ **aides** nfpl ÉQUIT aids.
❖ **à l'aide de** loc prép **1.** [avec] with the help of / *marcher à l'aide de béquilles* to walk with crutches **2.** [au secours de] ▸ **aller / venir à l'aide de qqn** to go / to come to sb's aid.

aide-comptable [ɛdkɔ̃tabl] *(pl* **aides-comptables***)* nmf accountant's assistant.

aide-éducateur, trice *(mpl* **aides-éducateurs**, *fpl* **aides-éducatrices***)* [ɛdedykatœr, ɛdedykatris] nm, f ÉDUC teaching assistant.

Aïd-el-Fitr [aidɛlfitr], **Aïd-el-Séghir** [aidɛlsegir] nf inv RELIG Eid-ul-Fitr.

Aïd-el-Kébir [aidɛlkebir], **Aïd-el-Adha** [aidɛlada] nf inv RELIG Eid-ul-Adha.

aide-mémoire [ɛdmemwar] *(pl* **aide-mémoire** *ou* **aide-mémoires***)* nm notes.

aide-opérateur, trice [ɛdɔperatœr, tris] *(mpl* **aides-opérateurs**, *fpl* **aides-opératrices***)* nm, f assistant cameraman.

aider [4] [ede] vt **1.** [apporter son concours à] to help / *elle l'a aidé toute sa vie* she helped him all her life / *je me suis fait aider par mon frère* I got my brother to help me ▸ **aider qqn à faire qqch** to help sb (to) do sthg / *peux-tu m'aider à ranger mes affaires?* can you help me to put away my things? / *elle l'aide à tenir sa comptabilité* she helps him to keep his books / *il a aidé la vieille dame à monter / descendre* he helped the old lady up / down / *aide-moi à rentrer / sortir la table* help me move the table in / out ; *(en usage absolu)* to help (out) / *parfois, pour payer son déjeuner, il aide dans les cuisines* sometimes, to pay for his lunch, he helps out in the kitchens **2.** [financièrement] to help out, to aid, to assist / *il a fallu l'aider pour monter son affaire* she needed help to set up her business ▸ **subventions pour aider l'industrie** subsidies to industry **3.** *(en usage absolu)* [favoriser] ▸ **ça aide** *fam* it's a help / *avoir un père richissime, ça aide* it helps to have a very rich father ▸ **des diplômes, ça aide** qualifications come in handy / *la fatigue aidant, je me suis endormi tout de suite* helped by exhaustion, I fell asleep right away / *elle l'oubliera, le temps aidant* she'll forget him in time ▸ **ne pas être aidé** *fam* : *il n'est pas aidé!* he hasn't got much going for him! ▸ **Dieu aidant** with the help of God, God willing.
❖ **aider à** v + prép to help / *aider à la digestion* to help digestion ▸ **aider à la compréhension entre les peuples** to aid ou to promote better understanding between peoples / *ça aide à passer le temps* it helps to pass the time.
❖ **s'aider** ◆ vp *(emploi réfléchi)* ▸ **aide-toi, le ciel t'aidera** *prov* God helps those who help themselves *prov.* ◆ vp *(emploi réciproque)* to help each other / *entre femmes, il faut s'aider* we women should help each other.
❖ **s'aider de** vp + prép to use / *elle s'est aidée de plusieurs ouvrages* she made use of ou used several books / *marcher en s'aidant d'une canne* to walk with a stick.

Aides [ɛd] npr *French Aids charity.*

aide-soignant, e [ɛdswaɲɑ̃, ɑ̃t] *(mpl* **aides-soignants**, *fpl* **aides-soignantes***)* nm, f nursing auxiliary UK, nurse's aid US.

aie v ⟶ **avoir.**

aïe [aj] interj [cri - de douleur] ouch ; [- de surprise] ▸ **aïe, la voilà!** oh dear ou oh no, here she comes! / *aïe, aïe, aïe, qu'est-ce qu'on va faire?* oh dear, what are we going to do? / *aïe, aïe, aïe, il était dur, l'examen!* boy, was that exam tough!

AIEA (abr de **Agence internationale de l'énergie atomique**) npr f IAEA.

aïeul, e [ajœl] nm, f grandparent, grandfather (grandmother).

aïeux [ajø] nmpl *litt* forefathers, ancestors ▸ **ah, mes aïeux, travailler avec lui n'est pas une sinécure** *hum* heavens, working with him is no easy task!

aigle [ɛgl] ◆ nm ORNITH eagle ▸ **aigle des mers** sea eagle ▸ **aigle royal** golden eagle ▸ **avoir des yeux** ou **un regard d'aigle** to be eagle-eyed ▸ **ce n'est pas un aigle** *hum* he's no great genius ▸ **l'Aigle de Meaux** *name given to Bossuet.* ◆ nf **1.** ORNITH (female) eagle **2.** MIL eagle.

aiglefin [ɛgləfɛ̃] = **églefin.**

aiglon [ɛglɔ̃] nm eaglet ▸ **l'Aiglon** *name given to Napoleon II.*

aiglonne [ɛglɔn] nf (female) eaglet.

aigre [ɛgr] ◆ adj **1.** [acide - vin] acid, sharp ; [- goût, lait] sour / *le vin a un goût aigre* the wine tastes sour ▸ **crème aigre** sour cream / *le lait est devenu aigre* the milk has turned ou gone sour **2.** [perçant - voix, son] shrill, sharp **3.** [vif - bise, froid] bitter **4.** [méchant] cutting, harsh, acid / *elle répondit d'un ton aigre* she retorted acidly. ◆ nm : *ton vin sent l'aigre* your wine smells sour ▸ **tourner à l'aigre a)** [lait] to turn sour **b)** [discussion] to turn sour ou nasty.

aigre-doux, aigre-douce [ɛgrədu, ɛgrədus] *(mpl* **aigres-doux**, *fpl* **aigres-douces***)* adj CULIN sweet-and-sour / *ses lettres étaient aigres-douces fig* his letters were tinged with bitterness.

aigrefin [ɛgrəfɛ̃] nm swindler.

aigrelet, ette [ɛgrəlɛ, ɛt] adj [odeur, saveur] sourish ; [son, voix] shrillish ; [propos] tart, sour, acid.

aigrement [ɛgrəmɑ̃] adv sourly, tartly, acidly.

aigrette [ɛgrɛt] nf **1.** ORNITH egret **2.** [décoration] aigrette.

aigreur [ɛgʀœʀ] nf **1.** [acidité] sourness / *l'aigreur du lait* the sourness of the milk **2.** [animosité] sharpness, bitterness / *ses propos étaient pleins d'aigreur* his remarks were very bitter.

❖ **aigreurs** nfpl ▶ **avoir des aigreurs (d'estomac)** to have heartburn.

aigri, e [egʀi] ◆ adj bitter, embittered. ◆ nm, f embittered person ▶ **ce n'est qu'un aigri** he's just bitter.

aigrir [32] [egʀiʀ] ◆ vt [lait, vin] to make sour ; [personne] to embitter, to make bitter. ◆ vi [lait] to turn (sour), to go off.

❖ **s'aigrir** vpi [lait] to turn (sour), to go off ; [caractère] to sour ; [personne] to become embittered.

aigrissement [egʀismɑ̃] nm *litt* [d'une boisson] turning sour ; [de relations] souring.

aigu, aiguë *ou* **aigüe*** [egy] adj **1.** [perçant - voix] high-pitched, shrill *péj*, piercing *péj* ; [- glapissement, hurlement] piercing, shrill / *on entendait la sonnerie aiguë du téléphone* we heard the shrill ringing of the telephone ; ACOUST & MUS high-pitched **2.** [effilé] sharp / *ses petites dents aiguës* his sharp little teeth **3.** [pénétrant - esprit, intelligence] sharp, keen / *j'ai la conscience aiguë de lui avoir causé du tort* I am acutely aware of having done her wrong ▶ **avoir un sens aigu de l'observation** ou **un regard aigu** to be an acute observer **4.** [grave - crise, douleur] severe, acute, extreme ; MÉD [phase, appendicite] acute / *au stade le plus aigu du conflit* at the height of the conflict.

❖ **aigu** nm high pitch ▶ **l'aigu, les aigus** treble range ▶ **dans les aigus** in treble.

aigue-marine [ɛgmaʀin] (*pl* **aigues-marines**) nf aquamarine.

aiguière [ɛgjɛʀ] nf ewer.

aiguillage [egɥijaʒ] nm **1.** RAIL [manœuvre] shunting, switching US ; [dispositif] points *(pl)* UK, shunt, switch US **2.** INFORM switching.

aiguille [egɥij] nf **1.** COUT needle ▶ **aiguille à coudre / tricoter / repriser** sewing / knitting / darning needle **2.** MÉD needle ▶ **aiguille hypodermique** hypodermic needle **3.** [d'une montre, d'une pendule] hand ; [d'un électrophone] arm ; [d'une balance] pointer ; [d'une boussole] needle ▶ **la petite aiguille** ou **l'aiguille des heures** the hour hand / *la grande aiguille, l'aiguille des minutes* the minute hand ▶ **aiguille aimantée** magnetic needle **4.** GÉOGR needle, high peak **5.** BOT needle ▶ **aiguille de pin / de sapin** pine / fir tree needle **6.** RAIL switch, shunt, points **7.** ZOOL ▶ **aiguille de mer** garfish **8.** [tour, clocher] spire.

aiguillée [egɥije] nf length of thread *(on a needle)*.

aiguiller [3] [egɥije] vt **1.** RAIL to shunt, to switch US **2.** [orienter - recherche] to steer / *on l'a aiguillé vers une section scientifique* he was steered ou guided towards the sciences.

aiguilletage [egɥijtaʒ] nm **1.** [d'un tapis] needling, needlebonding **2.** NAUT lashing, tying down.

aiguilleté, e [egɥijte] adj **1.** [tapis] needled **2.** NAUT lashed, tied down.

aiguilleter [27] [egɥijte] vt **1.** [tapis] to needle **2.** NAUT to lash, to tie down *(sép)*.

✎ In reformed spelling (see p. 16-19), this verb is conjugated like **semer** : **elle aiguillète, il aiguillètera.**

aiguillette [egɥijɛt] nf **1.** VÊT aglet **2.** CULIN [de canard, d'oie] strip of breast ; [de bœuf] ▶ **aiguillette (de rumsteck)** top of the rump (of beef).

❖ **aiguillettes** nfpl MIL aglets.

aiguilleur [egɥijœʀ] nm **1.** RAIL pointsman UK, switchman US **2.** AÉRON ▶ **aiguilleur (du ciel)** air traffic controller.

aiguillon [egɥijɔ̃] nm **1.** ENTOM sting **2.** BOT thorn **3.** [bâton] goad **4.** *litt* [motivation] incentive, stimulus, motivating force.

aiguillonner [3] [egɥijɔne] vt **1.** [piquer - bœuf] to goad **2.** [stimuler - curiosité] to arouse ; [- personne] to spur on, to goad on / *aiguillonné par son ambition* goaded on by his ambition.

aiguisage [eg(ɥ)izaʒ], **aiguisement** [eg(ɥ)izmɑ̃] nm sharpening, grinding.

aiguiser [3] [eg(ɥ)ize] vt **1.** [rendre coupant - couteau, lame] to sharpen ▶ **bien aiguisé** sharp **2.** [stimuler - curiosité] to stimulate, to rouse ; [- faculté, sens] to sharpen ; [- appétit] to whet, to stimulate.

aiguiseur, euse [eg(ɥ)izœʀ, øz] nm, f sharpener, grinder.

aiguisoir [eg(ɥ)izwaʀ] nm sharpener.

aïkido [ajkido] nm aikido ▶ **faire de l'aïkido** to do aikido.

ail [aj] (*pl* **ails** *ou* **aulx** [o]) nm garlic ▶ **ail des bois** QUÉBEC wild leek.

❖ **à l'ail** loc adj garlic *(modif)*.

aile [ɛl] nf **1.** ZOOL wing ; *fig* : *laissez-vous porter sur les ailes du rêve* let yourself be carried away as in a dream ▶ **avoir des ailes** to run like the wind ▶ **avoir un petit coup dans l'aile** *fam* to be tipsy / *il a un sacré coup dans l'aile* *fam* he's had one over the eight ▶ **couper** ou **rogner les ailes à qqn** to clip sb's wings ▶ **donner des ailes à qqn** to give ou to lend sb wings / *c'est la peur qui lui donne des ailes* fear lends him wings ▶ **prendre qqn sous son aile** to take sb under one's wing / **'les Ailes du désir'** *Wenders* 'The Wings of Desire' **2.** [d'un moulin] sail ; [d'un avion] wing ▶ **aile (delta)** ou **aile libre** ou **aile volante** hang-glider **3.** AUTO wing UK, fender US **4.** ANAT ▶ **les ailes du nez** the nostrils **5.** ARCHIT wing / *rajouter une aile à une maison* to build a wing ou a side extension onto a house **6.** SPORT ▶ **aile delta** ou **aile libre** : *faire de l'aile delta* ou *de l'aile libre* to go hang-gliding **7.** MIL wing, flank ▶ **l'aile marchante a)** *pr* the wheeling flank **b)** *fig* the militants, the active elements.

ailé, e [ele] adj winged.

aileron [ɛlʀɔ̃] nm **1.** ZOOL [d'un poisson] fin ; [d'un oiseau] pinion / *potage aux ailerons de requin* shark's fin soup **2.** AÉRON aileron.

ailette [ɛlɛt] nf **1.** [d'un radiateur] fin **2.** [d'une turbine] blade **3.** ARM fin.

ailier, ère [elje, ɛʀ] nm, f SPORT [au football] winger ; [au rugby] wing.

aillade [ajad] nf CULIN [sauce] garlic sauce ; [vinaigrette] garlic vinaigrette ; [tranche de pain] *slice of bread rubbed with olive oil and garlic and then toasted.*

aille v ⟶ **aller.**

ailler [3] [aje] vt [gigot, rôti] to put garlic in ; [croûton] to rub garlic on.

ailleurs [ajœʀ] adv elsewhere, somewhere ou someplace US else / *et si on allait ailleurs ?* how about going somewhere else ? / *allons voir ailleurs* let's go and look somewhere else ou elsewhere / *tu sais, ce n'est pas mieux ailleurs qu'ici* you know it's no better anywhere else than it is here ▶ **nulle part ailleurs** nowhere ou noplace US else / *on ne trouve ça nulle part ailleurs* you won't find that anywhere else ▶ **partout ailleurs** everywhere ou everyplace US else / *il fera beau partout ailleurs* the weather will be fine everywhere else / *il a toujours l'air ailleurs* he always looks as if he's miles away ▶ **il est ailleurs !** he's miles away ! ▶ **ils venaient d'ailleurs** they came from another place / *l'erreur doit provenir d'ailleurs* the mistake must come from somewhere else ; *(comme nom)* : *il rêvait d'un ailleurs impossible* *litt* he was dreaming of a distant world he would never see.

❖ **d'ailleurs** loc adv **1.** [de toute façon] besides, anyway / *je n'ai pas envie de sortir, d'ailleurs il fait trop froid* I don't want to go out and anyway ou besides, it's too cold / *d'ailleurs je sais bien que tu n'en veux pas* besides, I know quite well that you don't want any **2.** [de plus] what's more / *je n'en sais rien et d'ailleurs je ne tiens pas à le savoir* I don't know anything about it and what's more I don't want to know **3.** [du reste] for that matter / *je ne les aime pas, elle non plus d'ailleurs* I don't like them, nor does she for that matter **4.** [à propos] incidentally / *nous avons dîné dans un restaurant, très bien d'ailleurs* we had dinner in a restaurant which, incidentally, was very good **5.** [bien que] although, while / *votre inquiétude — d'ailleurs légitime — n'en est pas moins exagérée* your concern — although justified ou justified as it is — is nonetheless exaggerated.

❖ **par ailleurs** loc adv **1.** [d'un autre côté] otherwise / *il est charmant, mais pas très efficace par ailleurs* he's charming but otherwise not very efficient / *je comprenais ses arguments, même si par ailleurs je ne les approuvais pas* I understood what he was getting at, even though I didn't actually approve **2.** [de plus] besides, moreover / *par ailleurs, tu sais bien que je suis occupée ce jour-là* besides you know I'm busy that day / *la pièce est trop longue et par ailleurs pas très intéressante* the play's too long and not very interesting (either) for that matter / *par ailleurs je voulais te dire que je prends mes congés au mois d'août* I also wanted to let you know I'll be taking my holidays in August.

ailloli [ajɔli] = **aïoli.**

aimable [ɛmabl] adj **1.** [gentil] kind, pleasant, amiable / *il a dit quelques mots aimables avant de partir* he said a few kind words before leaving / *soyez assez aimable de nous prévenir si vous ne venez pas* please be kind enough to let us know if you aren't coming ▶ **peu aimable** not very nice / *vous êtes trop aimable, merci beaucoup* you're most kind, thank you very much / *c'est très aimable à vous* it's very kind of you / *c'est une aimable plaisanterie !* *iron* you must be joking ! / **'nous prions notre aimable clientèle de bien vouloir...'** 'would patrons kindly...' ▶ **il est aimable comme une porte de prison a)** *fam* [en ce moment] he's like a bear with a sore head **b)** [toujours] he's a miserable so-and-so **2.** *litt* [digne d'amour] lovable ; [séduisant] attractive / *elle le trouvait plutôt aimable* she thought him rather attractive.

aimablement [ɛmabləmɑ̃] adv kindly, pleasantly, amiably.

aimant[1] [ɛmɑ̃] nm **1.** [instrument] magnet **2.** [oxyde de fer] magnetite.

aimant[2]**, e** [ɛmɑ̃, ɑ̃t] adj loving, caring.

aimantation [ɛmɑ̃tasjɔ̃] nf magnetization.

aimanter [3] [ɛmɑ̃te] vt to magnetize.

aimer [4] [eme] vt **1.** [d'amour] to love ▶ **je l'aime beaucoup** I'm very fond of him ▶ **je l'aime bien** I like him / *je les aime bien mais sans plus* I quite like them but that's all ▶ **aimer qqn d'amour véritable** to truly love sb ▶ **qui m'aime me suive** *(allusion à Philippe VI de Valois)* anyone want to join me ? / *il m'aime un peu, beaucoup, passionnément, à la folie* [en effeuillant une fleur] he loves me, he loves me not, he loves me, he loves me not **2.** [apprécier - vin, musique, sport] to like, to love, to be fond of / *je n'aime plus tellement le jazz* I'm not so keen on jazz now / *les chats aiment le canapé* the cats like the sofa / *ah, la montagne, j'aime !* mm, I just love the mountains ! / *jamais tu ne me feras aimer la voile !* you'll never persuade me to like sailing ! / *il a réussi à se faire aimer de tous* he got everybody to like him / *nous aimions à nous promener au bord du lac* we used to enjoy walking by the lake ▶ **j'aime à croire** ou **à penser que tu m'as dit la vérité cette fois** *sout* I'd like to think that you told me the truth this time ▶ **aimer mieux** [préférer] to prefer / *j'aime mieux la rouge* I prefer the red one ▶ **aimer autant** ou **mieux** to prefer / *pas de dessert, merci, j'aime autant* ou *mieux le fromage* no dessert, thanks, I'd much rather have cheese ▶ **j'aime autant** ou **mieux ça** it's just as well / *il aimerait autant* ou *mieux prendre son bain tout de suite* he'd rather have ou he'd prefer to have his bath now ▶ **elle aime autant** ou **mieux que tu y ailles** she'd rather you ou she'd prefer it if you went ▶ **aimer que** : *il aime que ses enfants l'embrassent avant d'aller au lit* he loves his children to kiss him good night ▶ **je n'aime pas qu'on me mente / que tu rentres si tard** I don't like to be told lies / your coming home so late **3.** *(au conditionnel)* [souhaiter] : *j'aimerais un café s'il vous plaît* I'd like a coffee please ▶ **j'aimerais bien te voir** I'd really like to see you / *j'aimerais tant te voir heureux* I'd so love to see you happy / *nous aimerions assez la rencontrer* we'd rather like to meet her.

❖ **s'aimer** ◆ vp *(emploi réfléchi)* to like o.s. / *je ne m'aime pas* I don't like myself ▶ **je m'aime bien en bleu / avec les cheveux courts** I think I look good in blue / with short hair. ◆ vp *(emploi réciproque)* to love each other / *regarde ces deux-là comme ils s'aiment !*

* In reformed spelling (see p. 16-19).

see how these two love each other! / *les trois frères ne s'aimaient pas* the three brothers didn't care for ou like each other ▸ **les gens qui s'aiment** people in love ▸ **un couple qui s'aime** a loving ou devoted couple; *litt* [faire l'amour] to make love / *c'est là qu'ils s'étaient aimés pour la première fois* it was there that they had made love for the first time.

Voir encadré à l'article conditionnel.

Je t'aime, moi non plus

This expression, which literally means "I love you – neither do I", was originally the title of a famous song by Serge Gainsbourg (1967). It is commonly used to refer to a love-hate relationship:

Entre le présentateur vedette et la chaîne, c'est je t'aime moi non plus : chacun y va de ses critiques acerbes. *The star presenter and the TV company have a love-hate relationship, with a lot of mudslinging from both sides.*

Entre les deux peuples, c'est je t'aime, moi non plus : si chacun affirme ses liens historiques forts avec l'autre, aucun ne se prive pourtant de reprocher à l'autre son manque de soutien dans les affaires internationales. *The two peoples have a love-hate relationship: though each asserts its strong historic links with the other, they are quick to criticize each other for failing to provide support in international affairs.*

aine [ɛn] nf groin.

aîné, e, ainé, e [ene] ◆ adj ▸ **l'enfant aîné a)** [de deux] the elder ou older child **b)** [de plusieurs] the eldest ou oldest child / *la branche aînée de la famille* the senior branch of the family. ◆ nm, f **1.** [entre frères et sœurs] ▸ **l'aîné a)** [de deux] the elder ou older boy **b)** [de plusieurs] the eldest ou oldest boy ▸ **l'aînée a)** [de deux] the elder ou older girl **b)** [de plusieurs] the eldest ou oldest girl ▸ **notre aînée est étudiante a)** [de deux] our elder daughter's at college **b)** [de plusieurs] our eldest (daughter) is at college **2.** [doyen] ▸ **l'aîné a)** [de deux] the older man **b)** [de plusieurs] the oldest man ▸ **l'aînée a)** [de deux] the older woman **b)** [de plusieurs] the oldest woman ▸ **Pitt l'aîné** Pitt the Elder.

❖ **aînés** nmpl *sout* [d'une famille, d'une tribu] ▸ **les aînés** the elders / *respecte un peu tes aînés!* *hum* show some respect for your elders!

aînesse, ainesse* [ɛnɛs] nf ⟶ **droit.**

AINS [aiɛnɛs] (abr de **anti-inflammatoire non stéroïdien**) nm NSAID.

ainsi [ɛ̃si] adv **1.** [de cette manière] this ou that way ▸ **je suis ainsi faite** that's the way I am ▸ **puisqu'il en est ainsi** since that is the case, since that is the way things are / *s'il en était vraiment ainsi* if this were really so ou the case ▸ **c'est toujours ainsi** it's always like that / *tout s'est passé ainsi* this is how it happened ▸ **on voit ainsi que...** in this way ou thus we can see that... / *les sondages montrent ainsi la fragilité du parti au pouvoir* the polls thus highlight the governing party's fragility / *ainsi s'achève notre émission* this concludes our programme ▸ **ainsi va le monde** it's the way of the world ou the way things go **2.** [par conséquent] so, thus / *nous n'avons rien dérangé, ainsi vous retrouverez tout plus facilement* we didn't move anything, so you'll find everything again easily / *ainsi tu n'as pas réussi à le voir?* so you didn't manage to see him? / *ainsi (donc) tout est fini entre nous* so everything is over between us ▸ **ainsi soit-il a)** RELIG amen **b)** *hum* so be it **3.** [par exemple] for instance, for example / *je n'arrête pas de faire des bêtises: ainsi, l'autre jour...* I keep doing silly things: for example, the other day...

❖ **ainsi que** loc conj **1.** [comme] as / *tout s'est passé ainsi que je l'ai dit* everything happened as I said (it would) / *ainsi que je l'ai fait remarquer...* as I pointed out... **2.** [et] as well as / *mes parents ainsi que mes frères seront là* my parents will be there as well as my brothers **3.** *litt* [exprimant une comparaison] like / *il souriait dans son sommeil ainsi qu'un enfant* he smiled in his sleep just like a child.

❖ **et ainsi de suite** loc adv and so on, and so forth.

❖ **pour ainsi dire** loc adv **1.** [presque] virtually / *nous ne nous sommes pour ainsi dire pas vus* we virtually didn't see each other **2.** [si l'on peut dire] so to speak, as it were / *elle est pour ainsi dire sa raison de vivre* she's his reason for living, so to speak ou as it were.

aïoli [ajɔli] nm **1.** [sauce] aïoli, garlic mayonnaise **2.** [plat provençal] *dish of cod and poached vegetables served with aïoli sauce.*

air [ɛʀ] nm **1.** [apparence] air, look / *« bien sûr », dit-il d'un air guilleret / inquiet* "of course" he said, jauntily / looking worried / *elle l'écoute de l'air de quelqu'un qui s'ennuie* when she listens to him, she looks bored / *il avait un air angoissé / mauvais* he looked anxious / very nasty / *avoir bel* ou *bon air* to look impressive / *avoir mauvais air* to look shifty / *son fils a mauvais air* his son has a shifty look about him / *ne te laisse pas prendre à son faux air de gentillesse* don't be taken in by his apparent kindness / *son témoignage a un air de vérité qui ne trompe pas* his testimony sounds unmistakably genuine ▸ **avoir l'air** : *Maria, tu as l'air heureux* ou *heureuse* Maria, you look happy ▸ **elle n'a pas l'air satisfait** ou **satisfaite** she doesn't look as if she's pleased / *cette poire a l'air mauvaise, jette-la* this pear looks (as though it's) rotten, throw it away ▸ **l'armoire avait l'air ancienne** the wardrobe looked like an antique ou looked old / *tu avais l'air fin!* *fam* you looked a real fool! ▸ **avoir l'air de** : *il a l'air de t'aimer beaucoup* he seems to be very fond of you / *je ne voudrais pas avoir l'air de lui donner des ordres* I wouldn't like (it) to look as though I were ordering him about ▸ **ça a l'air d'un** ou **d'être un scarabée** it looks like a beetle / *ça m'a tout l'air (d'être) traduit de l'anglais* *fam* it looks to me as though it's been translated from English / *il a peut-être la rougeole — il en a tout l'air* he may have measles — it certainly looks like it ▸ **avoir un petit air penché** ou **des petits airs penchés** *fam* to look pensive ▸ **avec son air de ne pas y toucher** ou **sans avoir l'air d'y toucher, il arrive toujours à ses fins** though you wouldn't think it to look at him, he always manages to get his way ▸ **l'air de rien** ou **de ne pas en avoir** *fam* : *je me suis approchée, l'air de rien* ou *de ne pas en avoir, et je lui ai flanqué ma main sur la figure* I walked up, all innocent, like, and gave him a slap in the face ▸ **n'avoir l'air de rien (comme ça)** : *elle n'a l'air de rien (comme ça) mais elle a une réputation internationale en biologie* she may look very unassuming but she's an internationally-known biologist / *ça n'a l'air de rien comme ça, mais c'est une lourde tâche* it doesn't look much but it's quite a big job ▸ **ne pas avoir l'air (comme ça)** *fam* : *elle n'a pas l'air comme ça, mais elle sait ce qu'elle veut!* you wouldn't think it to look at her, but she knows what she wants! ▸ **sans en avoir l'air** : *sans en avoir l'air, elle a tout rangé en une heure* she tidied up everything in an hour without even looking busy / *je suis arrivée au bout de mon tricot, sans en avoir l'air!* I managed to finish my knitting, though it didn't seem that I was making any progress! ▸ **prendre** ou **se donner des airs** to give o.s. airs ▸ **prendre de grands airs** to put on airs (and graces) UK **2.** [ressemblance] likeness, resemblance ▸ **un air de famille** ou **parenté** a family resemblance ou likeness ▸ **il a un faux air de James Dean** he looks a bit like James Dean **3.** MUS [mélodie] tune ; [à l'opéra] aria / *siffloter un petit air joyeux* to whistle a happy little tune / *le grand air de la Tosca* Tosca's great aria / *avec lui c'est toujours le même air!* *fig & péj* he should change his tune! ▸ **c'est l'air qui fait la chanson** it's not what you say, it's the way you say it **4.** [qu'on respire] air ▸ **la pollution / température de l'air** air pollution / temperature / *l'air était chargé d'une odeur de jasmin* a smell of jasmine filled the air / *donne un peu d'air, on étouffe ici* let's have some air, it's stifling in here ▸ **air conditionné** [système] air-conditioning ▸ **ils ont l'air conditionné** their building is air-conditioned ▸ **air comprimé** compressed air ▸ **air liquide** liquid air ▸ **prendre l'air** to get some fresh air, to take the air *vieilli* ▸ **déplacer** ou **remuer beaucoup d'air** *péj* to make a lot of noise *fig* ▸ **(allez,) de l'air!** *fam* come on, beat it! / *vous, les gosses, de l'air!* come on you lot, scram! **5.** [vent] ▸ **il fait** *fam* ou **il y a de l'air aujourd'hui a)** it's breezy today **b)** [beaucoup] it's windy today **6.** [ciel] air ▸ **dans l'air** ou **les airs** (up) in the air ou sky ou skies *litt* ▸ **prendre l'air** [avion] to take off, to become airborne, to take to the air ▸ **transport par air** air transport **7.** [ambiance] atmosphere / *l'air est irrespirable quand mon père rentre* you can cut the atmosphere with a knife when my father comes home / *de temps en temps, il me faut l'air du pays natal* I need to go back to my roots from time to time / *la ville tout entière s'était emplie d'un petit air de fête* there was a party atmosphere in the whole town ▸ **vivre de l'air du temps** to live on (thin) air / *c'est bien joli d'être amoureux, mais on ne vit pas de l'air du temps* love is all very well but you can't exist on love alone.

❖ **à air** loc adj [pompe] air *(modif).*

❖ **à l'air** loc adv : *mets les draps à l'air sur le balcon* put the sheets on the balcony to air / *j'ai mis tous les vêtements d'hiver à l'air* I put all the winter clothes out for an airing / *mettre son derrière à l'air* to bare one's bottom.

❖ **à l'air libre** loc adv out in the open.

❖ **au grand air** loc adv [dehors] (out) in the fresh air.

❖ **dans l'air** loc adv in the air / *il y a du printemps dans l'air* spring is in the air / *il y a de la bouderie dans l'air* somebody's sulking around here / *il y a de l'orage dans l'air* *pr & fig* there's a storm brewing / *influencé par les idées qui sont dans l'air* influenced by current ideas / *la révolution est dans l'air* revolution is in the air / *la maladie est dans l'air* the disease is going around / *il y a quelque chose dans l'air!* there's something going on!

❖ **de l'air** loc adj [hôtesse, mal, musée] air *(modif).*

❖ **en l'air** ◆ loc adj **1.** [levé] in the air, up / *les pattes en l'air* with its feet in the air / *les mains en l'air!* hands up! **2.** [non fondé - promesse] empty / *encore des paroles en l'air!* more empty words! / *je ne fais pas de projets en l'air* when I make a plan, I stick to it. ◆ loc adv **1.** [vers le haut] (up) in the air ▸ **jeter** ou **lancer qqch en l'air** to throw sthg (up) in the air ▸ **tirer en l'air** to fire in the air ▸ **regarde en l'air** look up **2.** *fig* rashly ▸ **parler en l'air** to say things without meaning them / *vous dites que vous montez votre affaire? — oh, nous parlions en l'air* did you say you're setting up your own business? — oh, we were just tossing ou kicking ideas around ▸ **flanquer** *fam* ou **foutre** *tfam* **qqch en l'air a)** [jeter] to chuck sthg out, to bin sthg **b)** [gâcher] to screw sthg up.

airain [ɛʀɛ̃] nm *litt* bronze.

Airbag® [ɛʀbag] nm Airbag®.

Airbus® [ɛʀbys] nm Airbus®.

aire [ɛʀ] nf **1.** [terrain] area ▸ **aire de jeux** playground ▸ **aire de repos** [sur autoroute] rest area ▸ **aire de service** service station, rest and service plaza US ▸ **aire de stationnement** parking area **2.** AÉRON & ASTRON ▸ **aire d'atterrissage** landing area ▸ **aire d'embarquement** boarding area ▸ **aire de lancement** launching site **3.** GÉOL ▸ **aire continentale** continental shield **4.** MATH area **5.** AGR floor ▸ **aire de battage** threshing floor **6.** [nid d'aigle] eyrie.

airedale [ɛʀdɛl] nm Airedale (terrier).

airelle [ɛʀɛl] nf [myrtille] blueberry, bilberry; [rouge] cranberry ▸ **airelle canneberge** cranberry.

aisance [ɛzɑ̃s] nf **1.** [naturel] ease / *aller et venir avec aisance* to walk back and forth with ease / *danser / jongler avec aisance* to dance / to juggle with great ease ▸ **parler une langue avec aisance** to speak a language fluently / *il est incroyable d'aisance quand il saute* he jumps with amazing ease **2.** [prospérité] affluence ▸ **vivre dans l'aisance** to live a life of ease **3.** COUT : *donner de l'aisance à la taille* to let a garment out at the waist.

aise [ɛz] *litt* ◆ adj delighted / *je suis bien aise de vous revoir* I'm delighted to see you again. ◆ nf [plaisir] pleasure, joy / *il ne se sentait plus d'aise* he was utterly contented / *son accueil nous a comblés d'aise* her welcome filled us with joy.

❖ **aises** nfpl creature comforts ▸ **il aime ses aises** he likes his creature comforts / *prends tes aises, surtout!* *iron* do make yourself comfortable, won't you?

❖ **à l'aise, à son aise** loc adj & loc adv : *je suis plus à l'aise avec mes vieilles pantoufles* I feel more at ease with my old slippers on / *on est mal à l'aise dans ce fauteuil* this armchair isn't very comfortable ▸ **être à l'aise** [riche] to be well-to-do ou well-off / *nous sommes bien plus à l'aise depuis que ma femme travaille* we're better off now my wife's working ▸ **il se sent à l'aise** ou **à son aise** he feels at ease / *il s'est senti mal à l'aise pendant toute la réunion fig* he felt ill-at-ease during the entire meeting ▸ **il nous a mis tout de suite à l'aise** ou **à notre aise** he put us at (our) ease right away ▸ **mettez-vous donc à l'aise** ou **à votre aise** make yourself comfortable ▸ **à l'aise** *fam* : *on y sera ce soir, à l'aise!* we'll be there tonight, no hassle ou sweat! / *le piano rentre à l'aise fam* you can get the piano in no sweat / *tu crois qu'on va y arriver? — à l'aise! fam* do you think we'll manage? — easily! ▸ **être à l'aise dans ses baskets** *fam* to be together ▸ **à mon / ton, etc. aise** : *à ton aise!* please yourself! ▸ **à votre aise** as you please ▸ **tu en parles à ton aise** it's easy for you to talk ▸ **en prendre à son aise** : *il en prend à son aise!* he's a cool customer!

aisé, e [eze] adj **1.** [facile] easy / *ce n'est pas chose aisée que de le faire* it's no easy thing ou not easy to do **2.** [prospère] well-to-do, well-off / *une famille aisée* a well-to-do family.

aisément [ezemɑ̃] adv easily / *il est aisément reconnaissable à cause de sa cicatrice* he's easy to recognize because of his scar.

aisselle [ɛsɛl] nf **1.** ANAT armpit **2.** BOT axile.

Aix-en-Provence [ɛksɑ̃pʀɔvɑ̃s] npr Aix-en-Provence.

Aix-la-Chapelle [ɛkslaʃapɛl] npr Aachen.

aixois, e [ɛkswa, az] adj from Aix-en-Provence.

❖ **Aixois, e** nm, f *inhabitant of or person from Aix-en-Provence* ▸ **les Aixois** the people of Aix-en-Provence.

AJ nf abr de **auberge de jeunesse.**

ajaccien, enne [aʒaksjɛ̃, ɛn] adj from Ajaccio.

❖ **Ajaccien, enne** nm, f *inhabitant of or person from Ajaccio* ▸ **les Ajacciens** the people of Ajaccio.

Ajaccio [aʒaksjo] npr Ajaccio.

Ajax [aʒaks] npr MYTH Ajax.

ajiste [aʒist] nmf *member of the Fédération des auberges de jeunesse* ; ≃ youth-hosteller.

ajonc [aʒɔ̃] nm gorse *(U)*, furze *(U)*.

ajouré, e [aʒuʀe] adj **1.** COUT [nappe, napperon] openwork *(modif)*, hemstitched **2.** ARCHIT with an openwork design.

ajourer [3] [aʒuʀe] vt **1.** COUT [nappe] to hemstitch **2.** ARCHIT to decorate with openwork.

ajourné, e [aʒuʀne] ◆ adj [date, élection, réunion] postponed ; [candidat] referred ; [soldat] deferred. ◆ nm, f [étudiant] referred student ; [soldat] deferred soldier.

ajournement [aʒuʀnəmɑ̃] nm **1.** [renvoi] postponement, deferment, adjournment **2.** DR summons **3.** [d'un candidat] referral ; [d'un soldat] deferment.

ajourner [3] [aʒuʀne] vt **1.** [différer] to postpone, to defer *sout*, to put off *(sép)* / *nous avons préféré ajourner notre voyage* we preferred to postpone our trip / *l'avocat a fait ajourner le procès* the lawyer requested a postponement of the trial ou asked for the trial to be postponed **2.** DR to summon, to subpoena **3.** [étudiant] to refer ; [soldat] to defer.

ajout [aʒu] nm addition / *quelques ajouts dans la marge* a few additions ou addenda in the margin.

ajoute [aʒut] nf BELG addition.

ajouté [aʒute] nm addition, addendum.

ajouter [3] [aʒute] vt **1.** [mettre] to add / *ajoute donc une assiette pour ton frère* lay an extra place ou add a plate for your brother **2.** MATH to add / *ajouter 2 000 euros de loyer* [dans une colonne] to add in 2,000 euros for the rent / *ils ont ajouté 15 % de service* they added on 15% for the service / *ajouter 10 à 15* to add 10 and 15 (together), to add 10 to 15 ▸ **pour obtenir le dernier résultat, ajouter les deux sommes** to get the final result add both sums together **3.** [dire] to add / *il est parti sans rien ajouter* he left without saying another word / *je n'ai plus rien à ajouter* I have nothing further to say ou to add / *ajoutez à cela qu'il est têtu* added to this, he's stubborn **4.** *sout* ▸ **ajouter foi à** [croire] to believe, to give credence to *sout* / *je refuse d'ajouter foi à ses dires* I refuse to believe what he said.

❖ **ajouter à** v + prép to add to / *ça ne fait qu'ajouter à mon embarras* it only adds to my confusion.

❖ **s'ajouter** vpi to be added / *vient s'ajouter là-dessus le loyer* the rent is added ou comes on top ▸ **s'ajouter à** : *son licenciement s'ajoute à ses autres problèmes* the loss of his job adds to his other problems.

ajustable [aʒystabl] adj adjustable.

ajustage [aʒystaʒ] nm **1.** INDUST fitting **2.** [des pièces de monnaie] gauging.

ajusté, e [aʒyste] adj close-fitting.

ajustement [aʒystəmɑ̃] nm **1.** [modification - d'un projet] adjustment, adaptation ; [- des prix, des salaires, des statistiques] adjusting, adjustment **2.** INDUST fitting.

ajuster [3] [aʒyste] vt **1.** [adapter] to fit ▸ **ajuster un vêtement** COUT to alter a garment ▸ **ajuster qqch à** ou **sur** to fit sthg to ou on / *ajuster la théorie à la réalité* to adapt the theory to reality, to make the theory fit reality **2.** [mécanisme, réglage] to adjust **3.** ARM ▸ **ajuster un lapin** CHASSE to aim at a rabbit ▸ **ajuster son coup** ou **tir** *pr* to aim one's shot / *tu as bien ajusté ton coup* ou *tir fig* your aim was pretty accurate, you had it figured out pretty well **4.** [arranger - robe, coiffure] to rearrange ; [- cravate] to straighten **5.** ÉQUIT to adjust **6.** INDUST to fit **7.** [en statistique] to adjust.

❖ **s'ajuster** vpi to fit / *l'embout s'ajuste sur le* ou *au tuyau* the nozzle fits onto the pipe.

ajusteur [aʒystœʀ] nm fitter.

ajutage [aʒytaʒ] nm adjutage, ajutage.

akène [akɛn] nm achene, akene.

akinésie [akinezi] nf akinesia.

akvavit [akwavit] = **aquavit.**

Alabama [alabama] npr m ▸ **l'Alabama** Alabama.

alabandine [alabɑ̃din] nf alabandite.

alabastrite [alabastʀit] nf gypseous alabaster.

alacrité [alakʀite] nf *litt* alacrity, eagerness.

alaire [alɛʀ] adj wing *(modif)*.

alaise [alɛz] nf drawsheet / *alaise en caoutchouc* rubber sheet ou undersheet.

alambic [alɑ̃bik] nm still (for making alcohol).

alambiqué, e [alɑ̃bike] adj convoluted, involved, tortuous.

alanguir [32] [alɑ̃giʀ] vt [suj: chaleur, fatigue] to make listless ou languid ou languorous ; [suj: oisiveté, paresse] to make indolent ou languid ; [suj: fièvre] to make feeble, to enfeeble.

❖ **s'alanguir** vpi to grow languid ▸ **elle s'alanguissait peu à peu a)** [devenait triste] her spirits gradually fell **b)** [n'offrait plus de résistance] she was weakening gradually.

alanguissement [alɑ̃gismɑ̃] nm languor.

alanine [alanin] nf alanine.

alarmant, e [alaʀmɑ̃, ɑ̃t] adj alarming ▸ **de façon alarmante** alarmingly.

alarme [alaʀm] nf **1.** [dispositif] ▸ **alarme antivol** burglar alarm **2.** [alerte] alarm ▸ **donner l'alarme a)** *pr* to give ou to raise the alarm **b)** *fig* to raise the alarm **3.** [inquiétude] alarm, anxiety ▸ **à la première alarme** at the first sign of danger.

❖ **d'alarme** loc adj [dispositif, signal, sonnette] alarm *(modif)*.

alarmer [3] [alaʀme] vt **1.** [inquiéter - suj: personne, remarque] to alarm ; [- suj: bruit] to startle **2.** [alerter - opinion, presse] to alert.

❖ **s'alarmer** vpi to become alarmed / *il n'y a pas de quoi s'alarmer* there's no cause for alarm.

alarmiste [alaʀmist] adj & nmf alarmist.

Alaska [alaska] npr m ▸ **(l')Alaska** Alaska / *la route de l'Alaska* the Alaska Highway.

albanais, e [albanɛ, ɛz] adj Albanian.

❖ **Albanais, e** nm, f Albanian.

❖ **albanais** nm LING Albanian.

Albanie [albani] npr f ▸ **(l')Albanie** Albania.

albâtre [albatʀ] nm **1.** MINÉR alabaster **2.** [objet] alabaster (object).

❖ **d'albâtre** loc adj *litt* [blanc] ▸ **des épaules d'albâtre** alabaster shoulders, shoulders of alabaster.

albatros [albatʀos] nm ORNITH & SPORT albatross ▸ **albatros hurleur** wandering albatross.

Alberta [albɛʀta] npr f ▸ **l'Alberta** Alberta.

albigeois, e [albiʒwa, az] adj GÉOGR from Albi, of Albi.

❖ **Albigeois, e** nm, f GÉOGR *inhabitant of or person from Albi.*

❖ **albigeois** nmpl HIST Albigensian ▸ **la croisade des albigeois** the Albigensian Crusade.

albinisme [albinism] nm albinism.

albinos [albinos] adj & nmf albino.

Albion [albjɔ̃] npr f Albion.

album [albɔm] nm **1.** [livre] album ▸ **album à colorier** colouring ou painting book ▸ **album (de) photos** photograph album ▸ **album de bandes dessinées** comic book **2.** [disque] album, LP.

albumen [albymɛn] nm albumen.

albumine [albymin] nf albumin.

albuminé, e [albymine] adj albuminous.

albumineux, euse [albyminø, øz] adj albuminous.

albuminoïde [albyminɔid] ◆ adj albuminoid. ◆ nm albuminoid, scleroprotein.

albuminurie [albyminyʀi] nf albuminuria.

alcade [alkad] nm alcade, alcalde.

alcaïque [alkaik] adj Alcaic.

alcalescence [alkalesɑ̃s] nf alkalescence.

alcali [alkali] nm alkali ▸ **alcali volatil** ammonia.

alcalimétrie [alkalimetʀi] nf alkalimetry.

alcalin, e [alkalɛ̃, in] adj CHIM alkaline.

❖ **alcalin** nm alkali.

alcalinisation [alkalinizasjɔ̃] nf alkalinisation.

alcaliniser [3] [alkalinize] vt to alkalinize.

alcalinité [alkalinite] nf alkalinity.

alcalino-terreux [alkalinɔtɛʀø] adj m ▸ **métaux alcalino-terreux** alkaline earth metals.

alcaloïde [alkalɔid] nm alkaloid.

alcazar [alkazaʀ] nm alcazar.

alcène [alsɛn] nm olefine.

Alceste [alsɛst] npr *main character in Molière's "le Misanthrope", who shuns society.*

alchimie [alʃimi] nf alchemy ; *fig* chemistry.

alchimique [alʃimik] adj alchemical.

alchimiste [alʃimist] nmf alchemist.

Alcibiade [alsibjad] npr Alcibiades.

alcool [alkɔl] nm **1.** [boissons alcoolisées] ▸ **l'alcool** alcohol / *je ne bois pas d'alcool* I don't drink (alcohol) ▸ **boisson sans alcool** non-alcoholic drink ▸ **bière sans alcool** alcohol-free beer ; [spiritueux] ▸ **alcool de prune** plum brandy ▸ **alcool de fruit** *clear spirit made of distilled fruit wine* ▸ **il ne tient pas l'alcool** he can't take his drink **2.** CHIM & PHARM alcohol, spirit ▸ **alcool absolu** ou **déshydraté** pure ou absolute alcohol ▸ **alcool camphré** ou **de camphre** camphorated alcohol ▸ **alcool à brûler** methylated spirits, meths UK ▸ **alcool dénaturé** denatured alcohol ▸ **alcool éthylique** ethyl alcohol ▸ **alcool de menthe** medicinal mint spirit ▸ **alcool méthylique** methyl alcohol, methanol ▸ **alcool pur** raw spirits ▸ **alcool à 90 °** surgical spirit.

❖ **à alcool** loc adj [réchaud, lampe] spirit *(modif)*.

alcoolat [alkɔla] nm medicinal spirit.

alcoolé [alkɔle] nm tincture.

alcoolémie [alkɔlemi] nf alcohol level *(in the blood)*.

alcoolification [alkɔlifikasjɔ̃] nf alcoholic fermentation, alcoholization.

alcoolique [alkɔlik] ◆ adj alcoholic. ◆ nmf alcoholic ▸ **Alcooliques anonymes** Alcoholics Anonymous.

alcoolisable [alkɔlizabl] adj that can be alcoholized.

alcoolisation [alkɔlizasjɔ̃] nf **1.** CHIM alcoholization **2.** MÉD alcoholism.

alcoolisé, e [alkɔlize] adj **1.** [qui contient de l'alcool] ▸ **boissons alcoolisées** alcoholic drinks ou beverages *sout*, intoxicating liquors *sout* ▸ **non alcoolisé** nonalcoholic / *bière peu alcoolisée* low-alcohol beer **2.** *fam* [personne] drunk.

alcooliser [3] [alkɔlize] vt **1.** [convertir en alcool] to alcoholize, to convert to alcohol **2.** [additionner d'alcool] to add alcohol to.

❖ **s'alcooliser** vpi *fam* [s'enivrer] to get drunk ; [être alcoolique] to drink.

alcoolisme [alkɔlism] nm alcoholism.

alcoolo [alkɔlo] nmf *fam* alkie.

alcoologie [alkɔlɔʒi] nf medical study of alcoholism.

alcoologue [alkɔlɔg] nmf alcohologist.

alcoomètre [alkɔmɛtʀ] nm alcoholometer.

alcoométrie [alkɔmetʀi] nf alcoholometry.

Alco(o)test® [alkɔtɛst] nm **1.** [appareil] ≃ Breathalyser® UK ; ≃ Breathalyzer® US **2.** [vérification] breath test / *subir un Alcootest®* to take a breath test ▸ **soumettre qqn à un Alcootest®** to give sb a breath test, to breath-test ou breathalyse UK ou breathalyze US sb.

alcôve [alkov] nf alcove, recess.

❖ **d'alcôve** loc adj [secret, histoire] intimate.

alcyon [alsjɔ̃] nm **1.** MYTH halcyon **2.** ZOOL kingfisher, halcyon *litt*.

aldéhyde [aldeid] nm aldehyde.

al dente [aldɛnte] adv & adj al dente.

aldostérone [aldɔsteʀɔn] nf aldosterone.

ale [ɛl] nf ale.

aléa [alea] nm unforeseen turn of events / *tenir compte des aléas* to take the unforeseen ou unexpected into account ▸ **les aléas de l'existence** the ups and downs of life ▸ **ça fait partie des aléas du métier! a)** [risque] it's one of the risks you have to take in this job! **b)** [désagrément] it's one of the disadvantages of the job!

aléatoire [aleatwaʀ] adj **1.** [entreprise, démarche] risky, hazardous, chancy ▸ **c'est aléatoire** it's uncertain, there's nothing definite about it **2.** DR [contrat] aleatory **3.** FIN ▸ **gain aléatoire** chance ou contingent gain ▸ **marché / spéculation aléatoire** risky market / speculation ▸ **profit aléatoire** contingent profit **4.** INFORM random access **5.** MATH random **6.** MUS aleatory.

aléatoirement [aleatwaʀmɑ̃] adv **1.** [par hasard] by chance, at random **2.** [de façon risquée] riskily, in a risky ou chancy manner.

alémanique [alemanik] adj & nmf Alemannic.

ALENA (abr de Accord de libre-échange nord-américain) nm NAFTA.

alêne [alɛn] nf awl.

alénois [alenwa] adj m ▸ **cresson alénois** garden ou golden cress.

alentour [alɑ̃tuʀ] adv ▸ **dans la campagne alentour** in the surrounding countryside ▸ **les églises alentour** the churches in the neighbourhood ▸ **tout alentour** all around.

❖ **alentours** nmpl neighbourhood, vicinity, (surrounding) area / *les alentours de la ville* the countryside around the city / *les espaces verts des alentours de Londres* London's green belt / *surveille les alentours* [d'un bâtiment] keep an eye on the neighbourhood ▸ **il doit être dans les alentours** [tout près] he's somewhere around (here) ▸ **aux alentours de** [dans l'espace, le temps] around ▸ **aux alentours de Paris** near Paris ▸ **aux alentours de 1815** around 1815 ▸ **aux alentours de minuit** round (about) ou some time around midnight / *aux alentours de 50 m* around 50 m / *aux alentours de 80 euros* around 80 euros.

aléoute [aleut] adj Aleutian.

❖ **Aléoute** nmf Aleutian.

aléoutien, enne [aleusjɛ̃, ɛn] adj Aleutian.

Aléoutiennes [aleusjɛn] npr fpl ▸ **les (îles) Aléoutiennes** the Aleutian Islands. ⟶ **île**

Alep [alɛp] npr Aleppo.

aleph [alɛf] nm aleph.

alerte¹ [alɛʀt] adj [démarche] quick, alert ; [esprit] lively, alert ; [style] lively, brisk ; [personne] spry.

alerte² [alɛʀt] nf **1.** [signal] alert ▸ **donner l'alerte** to give the alert ▸ **alerte! a)** [aux armes] to arms! **b)** [attention] watch out! ▸ **fausse alerte** false alarm ▸ **alerte aérienne** air raid ou air strike warning ▸ **alerte à la bombe** bomb scare ▸ **alerte orange** MÉTÉOR amber alert ▸ **alerte rouge** red alert ▸ **fin d'alerte** all clear **2.** [signe avant-coureur] alarm, warning sign / *je ne suis pas surpris de son hospitalisation, elle avait déjà eu une alerte le mois dernier* I'm not surprised she's in hospital, she had a warning sign last month ▸ **à la première alerte** at the first warning ▸ **l'alerte a été chaude** that was a close call.

❖ **d'alerte** loc adj warning, alarm *(modif)*.

❖ **en alerte, en état d'alerte** loc adv on the alert ▸ **être en état d'alerte** to be in a state of alert / *toutes les casernes de pompiers étaient en état d'alerte* the entire fire service was on standby ou the alert.

alertement [alɛʀtəmɑ̃] adv alertly, briskly, in a lively manner.

alerter [3] [alɛʀte] vt **1.** [alarmer] to alert / *un bruit insolite l'avait alerté* he'd been alerted by an unusual sound **2.** [informer - autorités] to notify, to inform ; [- presse] to alert / *nous avons été alertés par les résidents eux-mêmes* the local residents themselves drew our attention to the problem ▸ **alerter qqn de** to alert sb to ▸ **alerter qqn des dangers de l'alcool** to alert ou to awaken sb to the dangers of alcohol.

alésage [alezaʒ] nm **1.** [technique] reaming, boring (out) **2.** [diamètre] bore.

alèse [alɛz] = **alaise**.

aléser [18] [aleze] vt to ream, to bore.

✎ In reformed spelling (see p. 16-19), this verb is conjugated like **semer**: ***elle alèsera, il alèserait.***

Alésia [alezja] npr Alésia.

alésoir [alezwaʀ] nm reamer.

alevin [alvɛ̃] nm alevin, young fish.

alevinage [alvinaʒ] nm **1.** [pisciculture] fish farming **2.** [repeuplement] stocking with young fish.

aleviner [3] [alvine] vt to stock (with young fish).

alevinier [alvinje] nm breeding-pond.

alevinière [alvinjɛʀ] nf = **alevinier**.

Alexandre [alɛksɑ̃dʀ] npr ▸ **Alexandre le Grand** Alexander the Great.

Alexandrie [alɛksɑ̃dʀi] npr Alexandria.

alexandrin, e [alɛksɑ̃dʀɛ̃, in] adj **1.** HIST Alexandrian **2.** LITTÉR Alexandrine.

❖ **Alexandrin, e** nm, f Alexandrian

❖ **alexandrin** nm LITTÉR Alexandrine.

alexie [alɛksi] nf word blindness, alexia *spéc*.

alezan, e [alzɑ̃, an] adj & nm, f chestnut ▸ **alezan clair** sorrel.

alfa [alfa] nm **1.** BOT esparto (grass) **2.** [papier] esparto paper.

Alfred [alfʀɛd] npr ▸ **Alfred le Grand** Alfred the Great.

algarade [algaʀad] nf quarrel.

Algarve [algaʀv] npr f ▸ **(l')Algarve** the Algarve.

algèbre [alʒɛbʀ] nf algebra / *pour moi, c'est de l'algèbre fam* it's all Greek to me, I can't make head nor tail of it.

algébrique [alʒebʀik] adj algebraic, algebraical.

algébriquement [alʒebʀikmɑ̃] adv algebraically.

algébriste [alʒebʀist] nmf algebraist.

Algeco® [alʒeko] nm Portakabin®.

Alger [alʒe] npr Algiers.

Algérie [alʒeʀi] npr f ▸ **(l')Algérie** Algeria ▸ **la guerre d'Algérie** the Algerian War.

La guerre d'Algérie

The most bitter of France's post-colonial struggles, 1954-1962. In a country dominated by a million white settlers, the **pieds-noirs**, the government's failure to crush the revolt of the **Front de libération nationale** (FLN), despite massive military intervention, led settlers and army officers to attempt a takeover of the colony. The recall to power of General de Gaulle (1958) and the **accords d'Évian** (1962) led to Algeria's independence and to the resettlement of the **pieds-noirs** in France.

algérien, enne [alʒeʀjɛ̃, ɛn] adj Algerian.

❖ **Algérien, enne** nm, f Algerian.

algérois, e [alʒeʀwa, az] adj from Algiers.

❖ **Algérois, e** nm, f *inhabitant of or person from Algiers* ▸ **les Algérois** the people of Algiers.

algie [alʒi] nf ache, pain.

algoculture [algɔkyltyʀ] nf seaweed cultivation.

algol [algɔl] nm ALGOL.

Algonkin, Algonquin [algɔ̃kɛ̃] npr m Algonquin ▸ **les Algonkins** the Algonquin.

❖ **algonkin, algonquin** nm Algonquin.

algorithme [algɔʀitm] nm algorithm.

algorithmique [algɔʀitmik] adj algorithmic.

algothérapie [algɔteʀapi] nf *alternative medicine based on marine plant extracts.*

algue [alg] nf (piece of) seaweed, alga *spéc* ▸ **les algues** seaweed, algae *spéc* ▸ **algues brunes / vertes / rouges** brown / green / red algae ▸ **algues bleues** blue-green algae.

Alhambra [alɑ̃bʀa] npr ▸ **l'Alhambra** the Alhambra.

alias [aljas] ◆ adv alias, a.k.a. ▸ **Frédo, alias le Tueur** Frédo a.k.a. the Killer. ◆ nm INFORM alias.

Ali Baba [alibaba] npr ▸ **Ali Baba et les Quarante Voleurs** Ali Baba and the Forty Thieves.

alibi [alibi] nm **1.** DR alibi / *un alibi en béton* the perfect alibi **2.** [prétexte] alibi, excuse.

alicament [alikamɑ̃] nm [avec additifs] nutraceutical, dietary supplement ; [biologique] organic food *(consumed for its health benefits)*.

alicante [alikɑ̃t] nm Alicante wine.

Alice [alis] npr / **'Alice au pays des merveilles'** *Carroll* 'Alice in Wonderland'.

alidade [alidad] nf alidade.

aliénabilité [aljenabilite] nf alienability.

aliénable [aljenabl] adj alienable.

aliénant, e [aljenɑ̃, ɑ̃t] adj alienating.

aliénataire [aljenatɛʀ] nmf alienee.

aliénateur, trice [aljenatœʀ, tʀis] nm, f alienator.

aliénation [aljenasjɔ̃] nf **1.** PHILOS & POL alienation **2.** PSYCHOL ▸ **aliénation mentale** insanity, mental illness **3.** [perte - d'un droit, d'un bien] loss, removal **4.** DR alienation, transfer of property ▸ **aliénation de biens** disposal of property.

aliéné, e [aljene] ◆ adj **1.** PHILOS & POL alienated **2.** PSYCHOL insane, mentally disturbed. ◆ nm, f PSYCHOL mental patient.

aliéner [18] [aljene] vt **1.** [abandonner - indépendance, liberté, droit] to give up *(sép)* ; DR to alienate **2.** [supprimer - droit, liberté, indépendance] to remove, to confiscate **3.** PHILOS & POL to alienate / *les dirigeants ont aliéné la base* the leadership has alienated the rank and file.

❖ **s'aliéner** vpt ▸ **s'aliéner qqn** to alienate sb / *elle s'est aliéné la presse* she has alienated the press / *je me suis aliéné leur amitié sout* I caused them to turn away ou to become estranged *sout* from me.

✎ In reformed spelling (see p. 16-19), this verb is conjugated like **semer**: ***il aliènera, elle aliènerait.***

aliéniste [aljenist] *vieilli* ◆ adj psychiatric. ◆ nmf psychiatrist.

Aliénor [aljenɔʀ] npr ▸ **Aliénor d'Aquitaine** Eleanor of Aquitaine.

alignement [aliɲmɑ̃] nm **1.** [rangée] line, row / *d'interminables alignements d'arbres* line upon line of trees ▸ **mettre qqch dans le même alignement que** to bring sthg into line ou alignment with ▸ **être à** ou **dans l'ali-**

gnement to be ou to stand in line ▸ **se mettre à** ou **dans l'alignement** to fall into line ▸ **ne pas être à** ou **dans l'alignement** to be out of line ▸ **perdre l'alignement** to get out of line ou alignment **2.** *fig* aligning, bringing into alignment / *leur alignement sur la politique des socialistes* their coming into line with the socialists' policy ▸ **alignement monétaire** monetary alignment ou adjustment **3.** DR building line.

❖ **alignements** nmpl [de menhirs] standing stones *(arranged in a row)*, alignments.

aligner [3] [aliɲe] vt **1.** [mettre en rang] to line up *(sép)*, to align / *aligner des dominos* to line up dominoes (end to end) **2.** MIL [soldats, tanks] to line up *(sép)*, to form into lines ; [divisions] to line up ; ADMIN & MIL to bring into alignment **3.** [présenter - preuves] to produce one by one ; [- en écrivant] to string together *(sép)* ; [- en récitant] to string together, to reel off *(sép)* **4.** [mettre en conformité] ▸ **aligner qqch sur** to line sthg up with, to bring sthg into line with / *chaque membre doit aligner sa politique sur celle de la Communauté* each member state must bring its policies into line with those of the Community **5.** [EXPR] **les aligner** *tfam* [payer] to cough up, to fork out.

❖ **s'aligner** vpi **1.** [foule, élèves] to line up, to form a line ; [soldats] to fall into line **2.** *fam* [EXPR] **pouvoir (toujours) s'aligner** : *il peut toujours s'aligner !* he's got no chance (of getting anywhere) ! / *elle s'entraîne tous les jours, alors tu peux toujours t'aligner !* she trains everyday, so you don't stand a chance !

❖ **s'aligner sur** vp + prép [imiter - nation, gouvernement] to fall into line ou to align o.s. with.

aligot [aligo] nm CULIN *mashed potatoes blended with garlic and soft cheese, a speciality of the Auvergne region.*

aligoté [aligɔte] nm aligoté (wine).

aliment [alimɑ̃] nm **1.** [nourriture] (type ou kind of) food / *citez trois aliments* list three types of food ou three different foods / *l'eau n'est pas un aliment* water is not (a) food ou has no food value ; [portion] (piece of) food / *le chien salive si l'on met devant lui un aliment* the dog salivates if you put food in front of him ▸ **des aliments** food, foodstuffs / *la plupart des aliments* most food ou foodstuffs ▸ **aliments pour bébé / chien** baby / dog food ▸ **aliments biologiques** organic food ▸ **aliments complets** whole food ▸ **aliments congelés / diététiques** frozen / health food ▸ **aliments énergétiques** high-energy food ▸ **aliments préparés** processed food **2.** *fig* & *litt* : *l'aliment de* ou *un aliment pour l'esprit* food for thought **3.** [dans les assurances] interest, risk.

❖ **aliments** nmpl DR maintenance.

alimentaire [alimɑ̃tɛʀ] adj **1.** COMM & MÉD food *(modif)* ▸ **sac / papier alimentaire** bag / paper for wrapping food ▸ **kilomètres alimentaires** ÉCOL food miles **2.** [pour gagner de l'argent] ▸ **œuvre alimentaire** potboiler ▸ **écrire un livre / tourner un film alimentaire** to write / to shoot a potboiler / *je fais des enquêtes mais c'est purement alimentaire* I do surveys, but it's just to make ends meet **3.** [de la digestion] alimentary **4.** TECHNOL feeding, feeder *(modif)* **5.** DR [obligation] maintenance *(modif)*.

alimentation [alimɑ̃tasjɔ̃] nf **1.** [fait de manger] (consumption of) food / *combien dépensez-vous pour l'alimentation ?* how much do you spend on food ? ; [fait de faire manger] feeding **2.** [régime] diet / *une alimentation carnée* a meat-based diet ▸ **une alimentation saine** a healthy diet / *un insecte dont l'alimentation est à base de nectar* an insect that feeds on nectar **3.** COMM [magasin] grocer's [UK], food store [US] ; [rayon] groceries / *à droite au fond, après l'alimentation* on the right, at the bottom, past the grocery shelves ou groceries ; [activité] ▸ **l'alimentation** food distribution, the food (distribution) trade **4.** INFORM ▸ **alimentation en papier** paper feed **5.** TECHNOL supply / *assurer l'alimentation d'une pompe en électricité* to supply electricity to a pump / *ils ont l'alimentation en eau* they have running water **6.** MIL [d'une armée] arms supply.

alimenter [3] [alimɑ̃te] vt **1.** [nourrir - malade, bébé] to feed **2.** TECHNOL [moteur, pompe] to feed ; [ville] to supply ▸ **alimenter qqn en eau** to supply sb with water / *alimenter un ordinateur en données* to feed data into a computer **3.** [approvisionner - compte] to put money into / *alimenter les caisses de l'État* to be a source of revenue ou cash for the Government **4.** [entretenir - conversation] to sustain ; [- curiosité, intérêt] to feed, to sustain ; [- doute, désaccord] to fuel.

❖ **s'alimenter** vp *(emploi réfléchi)* [gén] to eat / *elle ne s'alimente plus depuis une semaine* she hasn't had any solid food for a week ▸ **s'alimenter bien / mal** to have a good / poor diet ; [bébé] to feed o.s. / *il a l'âge de s'alimenter tout seul* he's old enough to feed himself.

❖ **s'alimenter en** vp + prép [se procurer] : *comment le village s'alimente-t-il en eau ?* how does the village get its water ?

alinéa [alinea] nm [espace] indent ; [paragraphe] paragraph.

alise [aliz] nf sorb-apple.

alisier [alizje] nm service-tree.

alitement [alitmɑ̃] nm confinement *(to one's bed)*.

aliter [3] [alite] vt to confine to bed.

❖ **s'aliter** vpi to take to one's bed ▸ **rester alité** to be confined to one's bed, to be bedridden.

alizé [alize] ◆ adj m [vent] trade *(modif)*. ◆ nm trade wind.

al-Khalil [alkalil] npr El Khalil.

Allah [ala] npr Allah.

allaitement [alɛtmɑ̃] nm [processus] feeding, suckling [UK], nursing [US] ; [période] breast-feeding period ▸ **allaitement maternel** ou **au sein** breast-feeding.

allaiter [4] [alete] vt to breastfeed / *à quelle heure est-ce que tu l'allaites ?* what time do you feed him ?

allant, e [alɑ̃, ɑ̃t] adj *litt* cheerful, lively.

❖ **allant** nm *sout* energy, drive ▸ **être plein d'allant** to have plenty of drive.

alléchant, e [aleʃɑ̃, ɑ̃t] adj **1.** [plat, odeur] mouthwatering, appetizing **2.** [proposition, projet, offre] enticing, tempting.

allécher [18] [aleʃe] vt **1.** [suj: odeur, plat] ▸ **allécher qqn** to give sb an appetite / *l'odeur du pain chaud allèche les enfants* the smell of hot bread makes the children's mouths water **2.** [suj: offre, proposition, projet - gén] to tempt, to seduce, to entice ; [- dans le but de tromper] to lure.

✎ In reformed spelling (see p. 16-19), this verb is conjugated like **semer**: ***il allèchera, elle allècherait.***

allée [ale] nf **1.** [à la campagne] footpath, lane ; [dans un jardin] alley ; [dans un parc] walk, path ; [en ville] avenue ; [devant une maison, une villa] drive, driveway ; [dans un cinéma, un train] aisle ▸ **les allées du pouvoir** the corridors of power **2.** ARCHÉOL ▸ **allée couverte** *series of dolmens, arranged to form a covered walkway* **3.** GOLF fairway.

❖ **allées et venues** nfpl comings and goings / *toutes ces allées et venues pour rien* all this running around ou about for nothing / *des allées et venues de la cave au grenier* endless trips from attic to cellar / *nous faisons des allées et venues entre Québec et Toronto* we go ou we shuttle back and forth between Quebec and Toronto.

allégation [alegasjɔ̃] nf allegation, (unsubstantiated) claim.

allège [alɛʒ] nf **1.** CONSTR [d'une fenêtre] basement ; [mur] dwarf wall **2.** NAUT barge, lighter.

allégé, e [aleʒe] adj low-fat ▸ **vinaigrette allégée** low-calorie ou low-fat vinaigrette.

allégeance [aleʒɑ̃s] nf **1.** HIST allegiance **2.** NAUT handicap.

allègement [alɛʒmɑ̃] nm **1.** [diminution - d'un fardeau] lightening ; [- d'une douleur] relief, alleviation, soothing **2.** ÉCON & FIN reduction / *ils sont en faveur de l'allègement des charges sociales pour les entreprises* they are in favour of reducing employers' national insurance contributions ▸ **allègement fiscal** tax reduction **3.** ENS ▸ **allègement de l'effectif** reduction in class size ▸ **allègement des programmes** streamlining of the curriculum **4.** SPORT [des skis] lifting (the weight off the skis).

alléger [22] [aleʒe] vt **1.** [rendre moins lourd - malle, meuble] to make lighter, to lighten / *il va falloir alléger le paquet de 10 grammes* we'll have to take 10 grammes off the parcel / *pour alléger votre silhouette* to make your body look trimmer **2.** ÉCON & FIN [cotisation, contribution] to reduce / *alléger les impôts de 10 %* to reduce tax by 10%, to take 10% off tax **3.** [soulager - douleur] to relieve, to soothe ▸ **je me suis senti allégé d'un grand poids** ou **fardeau** I felt (that) a great weight had been taken off my shoulders **4.** [faciliter - procédure, texte] to simplify, to trim (down) / *les formalités ont été allégées* some of the red tape was done away with **5.** ENS ▸ **alléger le programme** to trim the curriculum.

✎ In reformed spelling (see p. 16-19), this verb is conjugated like **semer**: ***il allègera, elle allègerait.***

allégorie [alegɔʀi] nf allegory.

allégorique [alegɔʀik] adj allegorical.

allégoriquement [alegɔʀikmɑ̃] adv allegorically.

allègre [alɛgʀ] adj cheerful, light-hearted ▸ **marcher d'un pas allègre** to walk with a light step.

allègrement [alɛgʀəmɑ̃] adv **1.** [joyeusement] cheerfully, light-heartedly **2.** *hum* [carrément] heedlessly, blithely.

allégresse [alegʀɛs] nf cheerfulness, liveliness ▸ **le cœur plein d'allégresse** *litt* with a light heart, light-heartedly ▸ **accueillir qqn avec allégresse** to give sb a cheerful welcome ▸ **l'allégresse était générale** there was general rejoicing.

alléguer [18] [alege] vt **1.** [prétexter] to argue ▸ **alléguer comme excuse / prétexte que** to put forward as an excuse / a pretext that / *alléguant du fait que* arguing that ▸ **alléguer l'ignorance** to plead ignorance, to argue that one didn't know **2.** *sout* [citer] to cite, to quote / *alléguer un texte de loi* to quote a legal text.

✎ In reformed spelling (see p. 16-19), this verb is conjugated like **semer**: ***il allèguera, elle allèguerait.***

allèle [alɛl] nm allele.

alléluia [aleluja] nm alleluia, hallelujah.

Allemagne [almaɲ] npr f ▸ **(l')Allemagne** Germany ▸ **(l')Allemagne de l'Est** East Germany ▸ **(l')Allemagne de l'Ouest** West Germany.

allemand, e [almɑ̃, ɑ̃d] adj German.

❖ **Allemand, e** nm, f German ▸ **Allemand de l'Est** *vieilli* East German ▸ **Allemand de l'Ouest** *vieilli* West German.

❖ **allemand** nm LING German.

❖ **allemande** nf DANSE & MUS allemande.

allène [alɛn] nm allene.

aller[1] [ale] nm **1.** [voyage] outward journey / *je suis passé les voir à l'aller* I dropped in to see them on the way (there) / *à l'aller, nous sommes passés par Anchorage* on the flight out we went via Anchorage / *l'avion était en retard à l'aller et au retour* the flight was delayed both ways ▸ **un aller (et) retour** a round trip ▸ **l'aller est plus long que le retour a)** [gén] the outward journey is longer than the return journey **b)** [en avion] flying out takes longer than flying back / *faire des allers et retours* [personne, document] to go back and forth, to shuttle back and forth / *je fais plusieurs allers et retours par jour entre l'hôpital et la maison* I go back and forth between the hospital and home several times a day ▸ **ne faire qu'un** ou **que l'aller et retour** : *je vais à la banque mais je ne fais qu'un aller et retour* I'm going to the bank, but I'll be right back **2.** [billet] ▸ **aller (simple)** single (ticket) [UK], one-way ticket [US] / *viens donc nous voir, je t'offre l'aller* come and see us, I'll pay half the price of the trip ▸ **aller (et) retour** return [UK] ou round-trip [US] (ticket) / *deux allers et retours pour Paris* two returns [UK] ou round-trip tickets [US] to Paris / *c'est combien l'aller-retour ?* how much is the return [UK] ou round-trip [US] (ticket) ? **3.** *fam* ▸ **aller et retour** [gifle] slap.

aller[2] [31] [ale]

◆ v aux **1.** *(suivi de l'infinitif)* [exprime le futur proche] to be going ou about to / *tu vas tomber !* you're going to fall !, you'll fall ! ▸ **attendez-le, il va arriver** wait for him, he'll be here any minute now / *attends, tu vas comprendre !* wait, all will become clear ou will be revealed ! *hum*

▸ **j'allais justement te téléphoner** I was just going to phone you, I was on the point of phoning you / *fais vite, la pièce va commencer* be quick, the play is about ou is going to start / *il va être 5 h* it's going on 5 / *il va pleuvoir, on dirait* it looks like rain ou as if it's going to rain / *est-ce que ça va durer longtemps?* is it going to be long?; [pour donner un ordre] : *tu vas faire ce que je te dis, oui ou non?* will you do as I say or won't you? **2.** *(suivi de l'infinitif)* [en intensif] to go / *pourquoi es-tu allé tout lui raconter?* why did you go and tell him everything? / *je voudrais apprendre à skier — c'est ça, va te casser une jambe!* *iron* I'd like to learn how to ski — that's right, go and break your leg! / *pour aller me faire tuer?* why should I go and get killed? ▸ **ne va pas croire / penser que...** don't go and believe / think that... / *tu ne vas pas me faire croire que tu ne savais rien!* you can't fool me into thinking that you didn't know anything! / *pourvu qu'elle n'aille pas se trouver mal!* let's hope she doesn't go and faint! / *qu'est-ce que tu vas t'imaginer!* you know me / him / her, etc. better than that! / *que n'iront-ils pas s'imaginer!* God knows what they'll think! / *où est-elle? — allez savoir!* where is she? — God knows! / *allez expliquer ça à un enfant de 5 ans!* try and explain ou try explaining that to a 5-year-old! **3.** *(suivi du gérondif)* [exprime la continuité] ▸ **aller en** : *aller en s'améliorant* to get better and better, to improve ▸ **aller en empirant** to get worse and worse, to worsen ▸ **aller en augmentant** to keep increasing ▸ **aller en diminuant** : *le bruit allait en diminuant* the noise was getting fainter and fainter; *(suivi du p prés)* ▸ **aller croissant a)** [tension] to be rising **b)** [nombre] to be rising ou increasing.

◆ vi

- **A. EXPRIME LE MOUVEMENT**
- **B. S'ÉTENDRE**
- **C. PROGRESSER**
- **D. ÊTRE DANS TELLE SITUATION**
- **E. EXPRIME L'ADÉQUATION**
- **F. LOCUTIONS**

A. EXPRIME LE MOUVEMENT **1.** [se déplacer] to go ▸ **qui va là?** who goes there? / *tu sais aller à cheval?* *vieilli* can you ride a horse? ▸ **va vite! a)** hurry up! **b)** [à un enfant] run along (now)! ▸ **aller à grands pas** to stride along / *vous alliez à plus de 90 km/h* [en voiture] you were driving at ou doing more than 90 km/h ▸ **va moins vite!** drive more slowly!, slow down! ▸ **aller çà et là** to flit about ▸ **aller (et) venir a)** [de long en large] to pace up and down **b)** [entre deux destinations] to come and go, to go to and fro / *je vais et viens entre la France et la Suisse* I go ou I shuttle back and forth between France and Switzerland / *je n'ai fait qu'aller et venir toute la matinée* I was in and out all morning / *il allait et venait dans la pièce* he was pacing up and down the room **2.** [se rendre -personne] ▸ **aller à** to go to ▸ **en allant à Limoges** on the way to Limoges / *aller à la mer / à la montagne* to go to the seaside / mountains / *il n'ira pas aux jeux Olympiques* he won't go to the Olympic Games / *son film ira au Festival de Cannes* her film will go to ou be shown at the Cannes festival ▸ **aller à l'université a)** [bâtiment] to go to the university **b)** [institution] to go to university ou college ▸ **aller à l'école a)** [bâtiment] to go to the school **b)** [institution] to go to school ▸ **aller à l'église a)** [bâtiment] to go to the church **b)** [institution] to go to church, to be a churchgoer ▸ **les gens qui vont à l'église / au concert a)** [gén] the people who go to church / to the concert **b)** [habitués] churchgoers / concertgoers ▸ **aller à la messe a)** to go to ou to attend mass **b)** [être pratiquant] to be a churchgoer ▸ **aller à la chasse / pêche** to go hunting / fishing ▸ **aller aux champignons** to go mushroom-picking / *aller aux escargots* to go snail collecting ▸ **où vas-tu?** where are you going? ▸ **comment y va-t-on?** how do you get there? ▸ **y aller** : *il y est allé en courant* he ran there ▸ **on y va!** let's go! / *je n'irai pas* I won't go ▸ **j'irai en avion / voiture** I'll fly / drive, I'll go by plane / car ▸ **j'irai à** ou **en vélo** I'll go (there) by bike, I'll ride (there) ▸ **aller chez** : *aller chez un ami* to go to see a friend, to go to a friend's ▸ **aller chez le dentiste** to go to the dentist's / *tu n'iras plus chez eux, tu m'entends?* you will not visit them again, do you hear me? / *je vais toujours chez Burthot pour mes chocolats* I always go to Burthot for my chocolates ou buy my chocolates from Burthot ▸ **aller dans** : *il a peur d'aller dans l'eau* he's afraid to go into the water / *je vais dans les Pyrénées* I'm going to the Pyrenees ▸ **aller en** : *aller en Autriche* to go ou to travel to Austria ▸ **aller en Avignon / Arles** to go to Avignon / to Arles ▸ **aller en haut / bas** to go up / down ▸ **aller vers** : *j'allais vers le nord* I was heading ou going north **3.** *(suivi de l'infinitif)* [pour se livrer à une activité] ▸ **aller faire qqch** to go and do sthg, to go do sthg US / *je vais faire mes courses tous les matins* I go shopping every morning / *va ramasser les poires dans le jardin* go and pick the pears in the garden ▸ **va voir là-bas si j'y suis!** *tfam* push off!, clear off! / *va te faire voir* *tfam* ou *te faire foutre!* *vulg* get lost! ou UK stuffed!, go to hell! **4.** [mener -véhicule, chemin] to go / *ce train ne va pas à Pau* this train doesn't go to Pau / *cette route ne va pas à Bruges* this road doesn't go to Bruges / *cette rue va vers le centre* this street leads towards the city centre ▸ **aller droit au cœur de qqn** to go straight to sb's heart / *il choisit des mots qui vont droit au cœur* he uses words which speak to the heart **5.** [fonctionner -machine] to go, to run; [-moteur] to run; [-voiture, train] to go / *le manège allait de plus en plus vite* the roundabout was going faster and faster / *son pouls va trop vite* her pulse is too fast **6.** [se ranger -dans un contenant] to go, to belong; [-dans un ensemble] to fit / *où vont les tasses?* where do the cups go? / *les poupées russes vont l'une dans l'autre* Russian dolls fit one inside the other / *ton morceau de puzzle ne va pas ici* your piece of puzzle doesn't fit ou belong here **7.** [être remis] ▸ **aller à** to go to / *l'argent collecté ira à une œuvre* the collection will go ou be given to a charity / *le prix d'interprétation masculine est allé à Jean Dufour* Jean Dufour was awarded the prize for best actor, the prize for best actor went to Jean Dufour / *la médaille d'or est allée à la Chine* China won ou got the gold medal, the gold medal went to China.

B. S'ÉTENDRE **1.** [dans l'espace] ▸ **aller de... à...** : *leur propriété va de la rivière à la côte* their land stretches from the river to the coast / *le passage qui va de la page 35 à la page 43* the passage which goes from page 35 to page 43 ▸ **aller jusqu'à a)** [vers le haut] to go ou to reach up to **b)** [vers le bas] to go ou to reach down to **c)** [en largeur, en longueur] to go to, to stretch as far as / *la tapisserie va jusqu'au plafond* the tapestry goes up to the ceiling **2.** [dans le temps] : *aller de... à...* to go from... to... / *sa période productive va de 1867 à 1892* his most productive period was from 1867 to 1892 ▸ **aller jusqu'à** [bail, contrat] to run till / *mon congé maladie va jusqu'au 15 janvier* my sick leave runs till January 15th / *jusqu'à quand vont les congés de février?* when does the February break finish? **3.** [dans une série] : *aller de... à...* to go ou to range from... to... / *vos notes vont de 11 à 18* your marks go ou range from 11 to 18 / *avec des températures allant de 10 °C à 15 °C* with temperatures between 10°C and 15°C ou ranging from 10°C to 15°C ▸ **aller jusqu'à** : *les prix vont jusqu'à 20 000 €* prices go as high as 20,000 € / *sa voix va jusqu'au do* her voice reaches ou goes up to C / *désolée, madame, nous n'allons pas jusqu'à la taille 50* sorry, Madam, we don't stock ou go up to size 50.

C. PROGRESSER **1.** [se dérouler] ▸ **aller vite / lentement** to go fast / slow / *la course va trop vite / lentement pour elle* the race is too fast / slow for her / *arrêtez-moi si je vais trop vite* [en parlant] stop me if I'm going too fast / *à partir de ce moment-là, le divorce est allé très vite* from that moment onwards the divorce proceedings went very fast ▸ **plus ça va...** : *plus ça va, moins je comprends la politique* the more I see of politics, the less I understand it / *plus ça va, plus je l'aime* I love her more each day **2.** [personne] ▸ **aller jusqu'à** : *j'irai jusqu'à 500 € pour le fauteuil* I'll pay ou go up to 500 € for the armchair ▸ **aller jusqu'à faire** to go as far as doing, to go so far as to do / *il est allé jusqu'à publier le tract* he went as far as publishing the pamphlet / *j'irais même jusqu'à dire que...* I would even go so far as to say that... ▸ **sans aller jusque-là** without going that far ▸ **aller sur** ou **vers** [approcher de] : *il va sur* ou *vers la cinquantaine* he's getting on for ou going on 50 / *elle va sur ses cinq ans* she's nearly ou almost five, she'll be five soon ▸ **aller à la faillite / l'échec** to be heading for bankruptcy / failure ▸ **aller à sa ruine** to be on the road to ruin ▸ **où va-t-on** ou **allons-nous s'il faut se barricader chez soi?** what's the world coming to if people have to lock themselves in nowadays? ▸ **allons (droit) au fait** let's get (straight) to the point ▸ **aller au plus pressé** to do the most urgent thing first.

D. ÊTRE DANS TELLE SITUATION **1.** [en parlant de l'état de santé] : *bonjour, comment ça va? — ça va* hello, how are you? — all right / *comment vas-tu? — ça va* how are you? — fine / *comment va ta mère?* how's your mother? / *comment va la santé?, comment va?* *fam* how are you keeping? ▸ **ça va?** [après un choc] are you all right? / *ça ne va pas du tout* I'm not at all well ▸ **aller bien** : *je vais bien* I'm fine ou well ▸ **ça va bien?** are you OK? / *mon cœur ne va plus trop bien* my heart's not as good as it used to be ▸ **aller mieux** : *elle va beaucoup mieux* she's (feeling) much better / *ton genou va mieux?* is your knee better?, does your knee feel (any) better? / *bois ça, ça ira mieux* drink this, you'll feel better ▸ **aller mal** : *il va mal* he's not at all well, he's very poorly ▸ **ça va pas (bien)** ou **la tête!, ça va pas, non?** *fam* you're off your head!, you must be mad! ▸ **ça va? — on fait aller** *fam* ou **il faut faire aller** *fam* how are you? — mustn't grumble **2.** [se passer] : *comment vont les affaires? — elles vont bien* how's business? — (it's doing) OK ou fine / *ça va de moins en moins bien entre eux* things have gone from bad to worse between them / *ça a l'air d'aller beaucoup mieux avec son mari* things seem to be much better between her and her husband ▸ **les choses vont** ou **ça va mal** things aren't too good ou aren't going too well / *ça va mal dans le sud du pays* there's trouble in the south of the country / *obéis-moi ou ça va mal aller (pour toi)!* do as I say or you'll be in trouble! / *comment ça va dans ton nouveau service?* how are you getting on ou how are things in the new department? / *ça a l'air d'aller* you seem to be coping / *et le lycée, ça va?* and how's school? / *quelque chose ne va pas?* is there anything wrong ou the matter? / *il y a quelque chose qui ne va pas dans l'imprimante* there's something wrong with the printer ▸ **ça ne va pas tout seul** ou **sans problème** it's not an ou it's no easy job ▸ **et le travail, ça va comme tu veux?** *fam* is work going all right? ▸ **faire aller** *fam* [commerce] to run, to manage.

E. EXPRIME L'ADÉQUATION **1.** [être seyant] ▸ **aller (bien) à qqn a)** [taille d'un vêtement] to fit sb **b)** [style d'un vêtement] to suit sb ▸ **le bleu lui va** blue suits her, she looks good in blue ▸ **rien ne me va** I don't look good in anything, nothing suits me / *mon manteau te va mieux qu'à moi* my coat looks much better on you (than on me), my coat suits you better than (it does) me / *ça ne te va pas de parler vulgairement* coarse language doesn't suit ou become you / *ça te va bien de donner des conseils!* *iron* you're a fine one to give advice! ▸ **cela te va à ravir** ou **à merveille** that looks wonderful on you, you look wonderful in that **2.** [être en harmonie] ▸ **aller avec** : *aller avec qqch* to go with ou to match sthg / *j'ai acheté un chapeau pour aller avec ma veste* I bought a hat to go with ou to match my jacket ▸ **aller ensemble a)** [couleurs, styles] to go well together, to match **b)** [éléments d'une paire] to belong together / *ils vont bien ensemble, ces deux-là!* those two make quite a pair! / *je trouve qu'ils vont très mal ensemble* I think (that) they're an ill-matched couple ou they make a very odd pair **3.** [convenir] : *le ton de ta voix ne va pas, reprends à la ligne 56* your tone isn't right, do it again from line 56 / *la clé de 12 devrait aller* spanner number 12 should do (the job) / *nos plats vont au four* our dishes are oven-proof / *tu veux de l'aide? — non, ça ira!* do you want a hand? — no, I'll manage ou it's OK! / *tu ne rajoutes pas de crème? — ça ira comme ça* don't you want to add some cream? — that'll do (as it is) ou it's fine like this ▸ **ça ira pour aujourd'hui** that'll be all for today, let's call it a day / *pour un studio, ça peut aller* as far as bedsits UK ou studio apartments US go, it's not too bad / *la robe ne va pas à la taille* the dress isn't right at the waist ▸ **aller à qqn** : *on dînera après le* *spectacle — ça me va* we'll go for dinner after the show — that's all right ou fine by me ou that suits me (fine) / *je vous fais un rabais de 10 %, ça vous va?* I'll give you a 10% discount, is that all right? / *je vous ai mis un peu plus de la livre, ça (vous) va?* it's a bit over a pound, is that all right?

F. LOCUTIONS ▸ **allez, un petit effort** come on, put some effort into it / *allez, ne pleure plus* come on (now), stop crying / *allons, pose cette arme!* come on (now), put that gun down! ▸ **allez, je m'en vais!** right, I'm going now! / *zut, j'ai cassé un verre! — et allez (donc), le troisième en un mois!* damn! I've broken a glass! — well done, that's the third in a month! ▸ **allez** ou **allons donc!** [tu exagères] go on ou get away (with you)!, come off it! ▸ **allez-y!** go on!, off you go! ▸ **vas-y, lance-toi!** go on then, do it! ▸ **allons-y!** let's go! ▸ **allons-y Alonzo!** *fam & hum* let's go, let's go Cisco! US / *allons-y, après la troisième mesure!* let's take it from the third bar! / *allons-y, ne nous gênons pas!* *iron* don't mind me! / *allons bon, j'ai perdu ma clef maintenant!* oh no, now I've lost my key! / *allons bon, voilà qu'il recommence à pleurer!* here we go, he's crying again! / *il n'est pas encore rentré — allons bon!* he's not home yet — oh no ou dear! ▸ **c'est mieux comme ça, va!** it's better that way, you know! / *tu ne seras pas en retard, va, tu as une heure devant toi!* you won't be late, you know, you've got an hour to go yet! / *(espèce de) frimeur, va!* *fam* you show-off! / *sale bête, va!* *fam* you disgusting creature! / *va donc, eh, chauffard!* *fam* roadhog! / *va donc, eh minable!* *fam* get lost, you little creep! ▸ **ça va** *fam*, **ça va bien**, *fam*, **ça va comme ça** *fam* OK / *je t'aurai prévenu! — ça va, ça va!* don't say I didn't warn you! — OK, OK! / *c'est toujours moi qui fais la vaisselle — oh, eh, ça va!* it's always me who does the dishes — give it a rest! / *ça va comme ça hein, j'en ai assez de tes jérémiades!* just shut up will you, I'm fed up with your moaning! ▸ **y aller** *fam* : *une fois que tu es sur le plongeoir, il faut y aller!* once you're on the diving board, you've got to jump! / *quand faut y aller, faut y aller* when you've got to go, you've got to go ▸ **y aller** [le faire] : *vas-y doucement, c'est fragile* gently ou easy does it, it's fragile ▸ **vas-y mollo avec le vin!** *fam* go easy on the wine! ▸ **ils n'y sont pas allés doucement avec les meubles** they were a bit rough with the furniture / *ils n'y sont pas allés doucement avec les grévistes* they didn't exactly handle the strikers with kid gloves ▸ **comme tu y vas** / **vous y allez** *fam* : *j'en veux 400 € — comme tu y vas!* I want 400 € for it — isn't that a bit much? / *c'est un fasciste — comme vous y allez!* he's a fascist — that's going a bit far! ▸ **ça y va** *fam* : *ça y va, les billets de 50 €!* 50-euro notes are going as if there was no tomorrow! / *ça y allait, les bouteilles de champagne!* champagne flowed like water! ▸ **y aller de** : *aux réunions de famille, il y va toujours d'une* ou *de sa chansonnette* every time there's a family gathering, he sings a little song / *elle y est allée de sa petite larme* *hum* she had a little cry ▸ **il** ou **cela** ou **ça va de soi (que)** it goes without saying (that) / *il va de soi que je vous paierai* it goes without saying that I'll pay you ▸ **il** ou **cela** ou **ça va sans dire (que)** it goes without saying (that) ▸ **il y va de** : *il y va de ta vie / carrière / réputation* your life / career / reputation is at stake / *il n'y va pas seulement de sa dignité* his dignity isn't the only thing at stake here ▸ **il en va de... comme de...** : *il en va de la littérature comme de la peinture* it's the same with literature as with painting ▸ **il en va de même pour** : *il n'en va pas de même pour toi* the same doesn't apply to you ▸ **il en va autrement** : *il en irait autrement si ta mère était encore là* things would be very different if your mother was still here / *va pour le Saint-Émilion!* *fam* all right ou OK then, we'll have the Saint-Emilion! / *je vous en donne 200 € — va pour 200 €!* I'll give you 200 € for it — very well ou all right, 200 € (it is)! ▸ **si tu vas par là** ou **si vous allez par là** on those grounds, on that account / *tout le monde est égoïste, si tu vas par là!* everybody's selfish, if you look at it like that!

❖ **s'en aller** vpi **1.** [partir - personne] to go / *il faut que je m'en aille* I must be off, I must go / *je lui donnerai la clé en m'en allant* I'll give him the key on my way out ▸ **ne t'en va pas** don't go ▸ **va-t'en!** go away! ▸ **s'en aller discrètement** to slip away (quietly) / *les employés qui ont 58 ans sont encouragés à s'en aller* employees who are 58 are encouraged to leave / *tous les jeunes s'en vont du village* all the young people are leaving the village / *va-t'en de là!* get away from there! / *il regarda le bateau s'en aller* he watched the boat leaving ou leave **2.** [se défaire, se détacher] to come undone / *attention! ta barrette s'en va!* careful, your hair slide is coming out! **3.** *sout* [mourir - personne] to die, to pass away / *si je m'en vais avant toi* if I die before you / *il s'en va de la poitrine* *hum* his cough will carry him off **4.** [disparaître - tache] to come off, to go (away) ; [- son] to fade away ; [- forces] to fail ; [- jeunesse] to pass ; [- lumière, soleil, couleur] to fade (away) ; [- peinture, vernis] to come off ▸ **ça s'en ira au lavage** / **avec du savon** it'll come off in the wash / with soap / *leur dernière lueur d'espoir s'en est allée* their last glimmer of hope has gone ou vanished / *la morale, la politesse, tout s'en va!* morals and good manners just don't exist anymore! **5.** *(suivi de l'infinitif)* [en intensif] : *il s'en fut trouver le magicien* off he went to find the wizard / *je m'en vais lui dire ses quatre vérités!* *fam* I'm going to tell her a few home truths! / *je m'en vais vous faire la démonstration* *fam* let me demonstrate.

> **Aller faire qqch**
>
> Notez l'emploi de go and do sthg qui sert à insister sur l'accomplissement de l'action (avec go to do sthg, on n'est pas certain que l'action soit accomplie). En anglais américain, and est souvent omis :
>
> **J'irai le voir demain.** *I'll go and see him tomorrow* ou *I'll go see him tomorrow* US.
>
> **Va chercher du pain.** *Go and get some bread* ou *Go get some bread* US.
>
> Au passé, les deux verbes sont au prétérit. Dans ce cas, and ne peut pas être omis :
>
> **Il est allé chercher de la peinture.** *He went and got some paint.*
>
> Notez que la construction go and do sthg relève d'un registre plutôt oral.

allergène [alɛʀʒɛn] nm allergen.

allergénique [alɛʀʒenik] adj allergenic.

allergie [alɛʀʒi] nf **1.** MÉD allergy ▸ **avoir** ou **faire une allergie à** to be allergic to **2.** *fam* [répugnance] allergy.

allergique [alɛʀʒik] adj **1.** MÉD [réaction] allergic ▸ **être allergique à qqch** to be allergic to sthg **2.** *fam & fig* allergic / *je suis allergique au sport* I'm allergic to sport.

allergisant, e [alɛʀʒizɑ̃, ɑ̃t] adj allergenic.

allergologie [alɛʀgɔlɔʒi] nf diagnosis and treatment of allergies.

allergologue [alɛʀgɔlɔg] nmf allergist.

aller-retour [aleʀətuʀ] (*pl* **allers-retours**) nm **1.** [voyage] return trip / *nous avons fait l'aller-retour dans la journée* we went there and back on the same day **2.** [billet] return UK ou round-trip US (ticket) / *je voudrais deux allers-retours pour Paris, s'il vous plaît* two returns to Paris, please.

alliacé, e [aljase] adj alliaceous.

alliage [aljaʒ] nm **1.** MÉTALL & TECHNOL alloy ▸ **structure en alliage léger** alloy structure **2.** *litt* [ajout] adjunct.

alliaire [aljɛʀ] nf garlic mustard.

alliance [aljɑ̃s] nf **1.** [pacte] alliance, pact, union / *l'alliance entre socialistes et communistes* ou *les socialistes et les communistes* the alliance between ou of Socialists and Communists / *conclure une alliance avec un pays* to enter into ou to forge an alliance with a country ▸ **conclure une alliance avec qqn** to ally o.s. with sb ▸ **l'Alliance française** *organization promoting French language and culture abroad* **2.** *sout* [mariage] union, marriage **3.** [combinaison] union, blending, combination ▸ **alliance de mots** LING oxymoron **4.** [bague] wedding ring **5.** RELIG covenant.

❖ **par alliance** loc adj by marriage.

allié, e [alje] ◆ adj allied. ◆ nm, f **1.** [pays, gouvernement] ally ▸ **les Alliés** HIST the Allies **2.** DR relation by marriage **3.** [ami] ally, supporter.

allier [9] [alje] vt **1.** [unir - pays, gouvernements, chefs] to unite, to ally (together) ; [- familles] to relate ou to unite by marriage **2.** [combiner - efforts, moyens, qualités] to combine (together) ; [- sons, couleurs, parfums] to match, to blend (together) / *elle allie l'intelligence à l'humour* she combines intelligence and humour **3.** TECHNOL to (mix into an) alloy.

❖ **s'allier** vpi **1.** [pays] to become allied ▸ **s'allier avec un pays** to ally o.s. to a country, to form an alliance with a country ; *sout* [par le mariage - personnes] to marry ; [- familles] to become allied ou related by marriage ▸ **s'allier à une famille** to marry into a family / *les aristocrates s'alliaient entre eux* aristocrats used to intermarry **2.** [se combiner - couleurs, sons, parfums] to match, to blend (together) ; [- qualités, talents, arts] to combine, to unite (together) **3.** TECHNOL to (become mixed into an) alloy.

alligator [aligatɔʀ] nm alligator.

allitération [aliteʀasjɔ̃] nf alliteration.

allô [alo] interj hello, hullo / *allô, qui est à l'appareil?* hello, who's speaking? / *allô, je voudrais parler à Damien* hello, I'd like to speak to Damien.

alloc [alɔk] (abr de **allocation**) nf *fam* benefit.

❖ **allocs** nfpl *fam* : *les allocs* benefit *(U)* UK, welfare *(U)* US / *avec les allocs, j'arrive à m'en sortir* I get by on benefit.

allocataire [alɔkatɛʀ] nmf beneficiary.

allocation [alɔkasjɔ̃] nf **1.** [attribution] allocation ; FIN [de parts] allotment, allotting **2.** SOCIOL [prestation] allowance, benefit UK, welfare US ▸ **avoir** ou **toucher des allocations** to be on benefit UK ou welfare US ▸ **allocation (de) chômage** unemployment benefit *(U)* UK ou compensation *(U)* US ▸ **allocations familiales** family allowance ▸ **allocation (de) logement, allocation-logement** housing benefit UK, rent subsidy ou allowance US / *je touche une allocation-logement* I get housing benefit UK ou a rent subsidy US ▸ **allocation (de) maternité** maternity allowance.

❖ **allocations** nfpl *fam* ▸ **les allocations a)** [service] social security UK, welfare US **b)** [bureau] the social security office.

allochtone [alɔktɔn] adj & nmf immigrant.

allocutaire [alɔkytɛʀ] nmf addressee.

allocution [alɔkysjɔ̃] nf [discours] (formal) speech.

allogène [alɔʒɛn] ◆ adj [gén] foreign ; [population] non-native. ◆ nmf alien.

allométrie [alɔmetʀi] nf allometry.

allonge [alɔ̃ʒ] nf **1.** [rallonge - gén] extension ; [- d'une table] leaf **2.** [crochet] (butcher's) hook **3.** FIN rider **4.** SPORT reach ▸ **avoir une bonne allonge** to have a long reach.

allongé, e [alɔ̃ʒe] adj **1.** [long] long **2.** [couché] : *il était allongé sur le canapé* he was lying on the sofa / *il est resté allongé pendant trois mois* he was bedridden for three months.

allongement [alɔ̃ʒmɑ̃] nm **1.** [extension - d'une route, d'un canal] extension ; [- d'une distance] increasing, lengthening ; [- d'une durée, de la vie] lengthening, extension ; [- des jours] lengthening / *l'allongement du temps de loisir* the increased time available for leisure pursuits **2.** AÉRON aspect ratio **3.** TECHNOL [déformation] stretching ; MÉTALL elongation **4.** LING lengthening.

allonger [17] [alɔ̃ʒe] ◆ vt **1.** [rendre plus long - robe, route, texte] to lengthen, to make longer / *le dernier chapitre allonge inutilement le récit* the last chapter just drags the story out pointlessly / *la coupe vous allonge la silhouette* the cut of the garment makes you look thinner ▸ **allonger le pas** to take longer strides **2.** [étirer - bras, jambe] to stretch out *(sép)* ▸ **allonger le cou** to stretch one's neck ▸ **allonger le bras pour prendre qqch a)** [devant soi] to stretch out one's hand to get sthg **b)** [en l'air] to stretch up to reach sthg **c)** [par terre] to bend down to pick up sthg **3.** [coucher - blessé, malade] to lay down *(sép)* / *vite, allongez-la par terre* quick, lay her down on the floor **4.** *tfam* [donner - argent] to produce, to come up with / *allonger un pourboire au coiffeur* to slip the hairdresser a tip / *cette fois-ci, il a fallu qu'il les allonge* this time he had to cough up ou to fork out ▸ **allonger une taloche à qqn** to give sb a slap ▸ **allonger un coup à qqn** to fetch sb a blow **5.** CULIN ▸ **allonger la sauce a)** *pr* to make the sauce thinner **b)** *fig* to spin things out **6.** ÉQUIT [allure] to lengthen. ◆ vi ▸ **les jours allongent** the days are drawing out ou getting longer.

❖ **s'allonger** vpi **1.** [se coucher] to stretch out ▸ **allongez-vous!** lie down! / *il / le chien s'allongea sur le tapis* he / the dog stretched out on the rug ▸ **allonge-toi un peu** have a little lie-down **2.** [se prolonger - visite, récit] to drag on ; [- vie, période] to become longer **3.** [se renfrogner] ▸ **son visage s'allongea** her face fell, she pulled UK ou made US a long face.

allopathe [alɔpat] ◆ adj allopathic. ◆ nmf allopathist, allopath.

allopathie [alɔpati] nf allopathy.

allopathique [alɔpatik] adj MÉD allopathic.

allophone [alɔfɔn] ◆ adj ▸ **les résidents allophones** foreign-language speaking residents. ◆ nmf *person whose native language is not that of the community in which he / she lives.*

allotropie [alɔtʀɔpi] nf allotropy.

allotropique [alɔtʀɔpik] adj allotropic.

allouer [6] [alwe] vt **1.** [argent] to allocate ; [indemnité] to grant ; FIN [actions] to allot **2.** [temps] to allot, to allow / *au terme du temps alloué* at the end of the allotted time / *le temps alloué à ces activités* the time allotted ou allocated to these activities.

allumage [alymaʒ] nm **1.** [d'un feu, d'une chaudière] lighting ; [du gaz] lighting, turning on **2.** [d'une ampoule, d'un appareil électrique] turning ou switching on **3.** AUTO & MÉCAN ignition ▸ **régler l'allumage** to set ou to adjust the timing ▸ **avance / retard à l'allumage** advanced / retarded ignition ▸ **allumage électronique / à induction** electronic / coil ignition **4.** ASTRONAUT ignition **5.** ARM firing *(of a mine).*

allumé, e [alyme] *fam* ◆ adj crazy / *son frère est complètement allumé!* his brother's a complete nutter! ◆ nm, f nutter *fam* / *il traîne avec une bande d'allumés* he hangs around with a load of nutters.

allume-cigare(s) [alymsigaʀ] (*pl* **allume-cigares**) nm cigarette lighter.

allume-feu [alymfø] (*pl* **allume-feu** *ou* **allume-feux**) nm **1.** [bois] kindling wood **2.** [à alcool] fire-lighter.

allume-gaz [alymgaz] nm inv gas lighter.

allumer [3] [alyme] vt **1.** [enflammer - bougie, réchaud, cigarette, torche, gaz] to light ; [- bois, brindille] to light, to kindle ; [- feu, incendie] to light, to start **2.** [mettre en marche - lampe, appareil] to turn ou to switch ou to put on *(sép)* ; [- phare] to put on, to turn on *(sép)* / *laisse une pièce allumée* leave the lights on in a room / *j'ai laissé la radio allumée!* I forgot to turn off the radio! ▸ **le bureau est allumé** there's a light on in the office, the lights are on in the office ; *(en usage absolu)* ▸ **allume!** turn the light on! / *comment est-ce qu'on allume?* how do you switch UK ou turn it on? / *où est-ce qu'on allume?* where's the switch? **3.** *litt* [commencer - guerre] to start ; [- passion, haine] to stir up *(sép)* **4.** *fam* [sexuellement] to arouse, to turn on *(sép).*

❖ **s'allumer** vpi **1.** [s'éclairer] : *leur fenêtre vient de s'allumer* a light has just come on at their window ; *fig* [visage, œil, regard] to light up **2.** [se mettre en marche - appareil, radio] to switch ou to turn on ; [- lumière] to come on **3.** [prendre feu - bois, brindille] to catch (fire) ; [- incendie] to start, to flare up **4.** *litt* [commencer - haine, passion] to be aroused ; [- guerre] to break out.

allumette [alymɛt] nf **1.** [pour allumer] match, matchstick / *l'os s'est cassé comme une allumette* the bone snapped like a twig ▸ **ne joue pas avec les allumettes** don't play with matches ▸ **allumette suédoise** ou **de sûreté** safety match ▸ **être gros** ou **épais comme une allumette** to be as thin as a rake ▸ **avoir des jambes comme des allumettes** to have legs like matchsticks **2.** CULIN [gâteau - salé] allumette, straw ; [- sucré] allumette.

allumettier, ère [alymetje, ɛtjɛʀ] nm, f **1.** [industriel] match manufacturer **2.** [ouvrier] worker in a match factory.

allumeur [alymœʀ] nm **1.** TECHNOL igniter **2.** AUTO (ignition) distributor **3.** [lampiste] ▸ **allumeur de réverbères** lamp-lighter.

allumeuse [alymøz] nf *fam & péj* tease.

allure [alyʀ] nf **1.** [vitesse d'un véhicule] speed / *à grande / faible allure* at (a) high / low speed ▸ **rouler à petite allure** ou **à une allure réduite** to drive at a slow pace ou slowly ▸ **aller** ou **rouler à toute allure** to go at (top ou full) speed / *le train filait à toute allure dans la nuit* the train sped through the night **2.** [vitesse d'un marcheur] pace / *il accélérait l'allure* he was quickening his pace ▸ **marcher à vive allure** to walk at a brisk pace ▸ **courir à toute allure** to run as fast as one can / *à cette allure, tu n'auras pas fini avant demain fig* at that speed ou rate, you won't have finished before tomorrow **3.** [apparence - d'une personne] look, appearance ▸ **avoir de l'allure** ou **grande allure** to have style / *une femme d'allure élégante entra* an elegant-looking woman came in ▸ **avoir fière allure** to cut a fine figure ▸ **avoir piètre allure** to cut a shabby figure / *il a une drôle d'allure* he looks odd ou weird ▸ **un personnage à l'allure** ou **d'allure suspecte** a suspicious-looking character / *je n'aime pas l'allure qu'elle a* I don't like the look of her / *un château d'allure médiévale* a medieval-looking castle / *le projet prend une mauvaise allure* the project is taking a turn for the worse ▸ **prendre des allures de** to take on an air of.

❖ **allures** nfpl ÉQUIT paces ; NAUT reach.

allusif, ive [alyzif, iv] adj allusive / *il est resté très allusif* he wasn't very specific.

allusion [alyzjɔ̃] nf **1.** [référence] allusion, reference ▸ **faire allusion à qqch** to allude to sthg, to refer to sthg / *il n'y a fait allusion qu'en passant* he only made a passing reference to it ▸ **par allusion à** alluding to / *« veni, vidi, vici », dit-il, par allusion à Jules César* "veni, vidi, vici" he said, alluding to Julius Caesar **2.** [sous-entendu] hint / *une allusion cousue de fil blanc* a heavy hint ▸ **c'est une allusion?** are you hinting at something? ▸ **l'allusion m'échappe** I don't get it.

allusivement [alyzivmɑ̃] adv allusively.

alluvial, e, aux [alyvjal, o] adj alluvial.

alluvionnaire [alyvjɔnɛʀ] adj alluvial.

alluvionnement [alyvjɔnmɑ̃] nm alluviation.

alluvionner [3] [alyvjɔne] vi to deposit alluvion ou alluvium.

alluvions [alyvjɔ̃] nfpl alluvion *(U)*, alluvium *(U)*.

alma mater [almamatɛʀ] nf sg alma mater.

almanach [almana] nm almanac.

almandin [almɑ̃dɛ̃] nm almandine.

aloès [alɔɛs] nm aloe.

aloe vera [alɔeveʀa] nm inv [plante, produit] aloe vera.

alogique [alɔʒik] adj alogical.

aloi [alwa] nm ▸ **de bon aloi a)** [marchandise, individu] of sterling ou genuine worth **b)** [plaisanterie] in good taste ▸ **de mauvais aloi a)** [marchandise] worthless **b)** [individu] worthless, no-good *(avant nom)* **c)** [plaisanterie] in bad taste **d)** [succès] cheap.

alopécie [alɔpesi] nf alopecia.

alors [alɔʀ] adv **1.** [à ce moment-là] then ▸ **j'étais jeune alors** I was young then / *Rome était alors à la tête d'un grand empire* at that time Rome was at the head of a great empire, Rome was then at the head of a great empire / *le cinéma d'alors était encore muet* films were still silent in those days / *le Premier ministre d'alors refusa de signer les accords* the then Prime Minister refused to sign the agreement ▸ **jusqu'alors** until then / *alors seulement, il se rendit compte de la situation* it was only then that he understood the situation / *et alors il a déclaré…* and then he declared… / *venez la semaine prochaine, j'aurai plus de temps alors* come next week, I'll have more time then **2.** [en conséquence] so / *il s'est mis à pleuvoir, alors nous sommes rentrés* it started to rain, so we came back in / *alors, il n'y a pas d'autre solution* so there's no other solution then **3.** [dans ce cas] then, so, in that case / *je préfère renoncer tout de suite, alors!* in that case I'd just as soon give up straight away! / *n'en parlons plus alors* let's say no more about it then ▸ **mais alors, ça change tout!** but that changes everything! **4.** [emploi expressif] ▸ **et alors?** so?, so what? / *il va se mettre en colère, et alors?* so what if he gets angry? / *et alors, qu'est-ce qui s'est passé?* so what happened then? / *alors, qu'est-ce qu'on fait?* so what are we going to do?, what are we going to do, then? / *alors, tu viens oui ou non?* so are you coming or not?, are you coming or not, then? / *dites-le-lui, ou alors je ne viens pas* tell him, otherwise ou or else I'm not coming / *alors là, il exagère!* he's going a bit far there! / *alors là, je ne sais plus quoi dire!* well then, I don't know what to say! / *ça alors, je ne l'aurais jamais cru!* my goodness, I would never have believed it! / *non mais alors, pour qui vous vous prenez?* well really, who do you think you are?

❖ **alors que** loc conj **1.** [au moment où] while, when / *l'orage éclata alors que nous étions encore loin de la maison* the storm broke while ou when we were still a long way from the house **2.** [bien que, même si] even though / *il a parlé tout le temps alors qu'on ne lui avait rien demandé* he talked non-stop, even though no one had asked him anything / *elle est sortie alors que c'était interdit* she went out, even though she wasn't supposed to / *alors même qu'il ne nous resterait que ce moyen, je refuserais de l'utiliser sout* even if this were the only means left to us I wouldn't use it **3.** [tandis que] while / *il part en vacances alors que je reste ici tout l'été* he's going on holiday while I stay here all summer.

alose [aloz] nf shad.

alouette [alwɛt] nf **1.** ORNITH lark ▸ **alouette des champs** skylark ▸ **alouette de mer** sealark ▸ **il attend que les alouettes lui tombent / il croit que les alouettes vont lui tomber toutes cuites dans le bec** *fam* he's waiting for things to / he thinks that things will just fall into his lap **2.** CULIN ▸ **alouette sans tête** ≃ beef olive.

alourdir [32] [aluʀdiʀ] vt **1.** [ajouter du poids à] to weigh down *(sép)*, to make heavy ou heavier / *l'emballage alourdit le paquet de 200 grammes* the wrapping makes the parcel heavier by 200 grammes / *alourdi par la fatigue* heavy with exhaustion **2.** [style, allure, traits] to make heavier ou coarser ; [impôts] to increase / *la grossesse commençait à alourdir sa démarche* pregnancy was making her walk more heavily / *cette répétition alourdit la phrase* the repetition makes the sentence unwieldy.

❖ **s'alourdir** vpi **1.** [grossir - personne] to put on weight ; [- taille] to thicken, to get thicker **2.** [devenir lourd] to become heavy ou heavier ▸ **ses paupières s'alourdissaient** his eyelids were beginning to droop ou were getting heavy ▸ **sa démarche s'est alourdie** he walks more heavily **3.** [devenir plus grossier] to get coarser / *ses traits s'alourdissent* his features are getting coarser / *durant cette période, son trait de pinceau s'alourdit* in this period, his brushwork becomes heavier.

alourdissement [aluʀdismɑ̃] nm **1.** [d'un paquet, d'un véhicule] increased weight **2.** [d'un style] heaviness ; [des impôts] increase / *seul l'alourdissement de sa silhouette laissait deviner sa maladie* the only sign of her illness was that she had put on a little weight.

aloyau [alwajo] nm sirloin.

ALP abr écrite de à la prochaine.

alpaga [alpaga] nm alpaca.

alpage [alpaʒ] nm **1.** [pâturage] high (mountain) pasture **2.** [saison] grazing season *(spent by livestock in high pastures).*

❖ **d'alpage** loc adj [fromage, produit] mountain *(modif)* ▸ **lait d'alpage** *milk from cattle grazing in mountain pastures.*

alpaguer [3] [alpage] vt *tfam* **1.** [arrêter] to nab, to bust US ▸ **se faire alpaguer** to get nabbed ou busted US **2.** [accaparer] to nab.

alpe [alp] nf (high) alpine pasture.

Alpes [alp] npr fpl ▸ **les Alpes** the Alps / *les Alpes du Sud* the Southern Alps.

alpestre [alpɛstʀ] adj alpine ▸ **plante alpestre** alpine.
alpha [alfa] nm alpha ▸ **l'alpha et l'oméga de** *fig* the beginning and the end of.
alphabet [alfabɛ] nm **1.** [d'une langue] alphabet ▸ **alphabet arabe / cyrillique / grec / romain** Arabic / Cyrillic / Greek / Roman alphabet **2.** [abécédaire] spelling ou ABC book, alphabet **3.** [code] ▸ **alphabet morse** Morse code ▸ **alphabet phonétique** phonetic alphabet.
alphabète [alfabɛt] ◆ adj literate. ◆ nmf person who can read and write.
alphabétique [alfabetik] adj alphabetic, alphabetical.
alphabétiquement [alfabetikmɑ̃] adv alphabetically.
alphabétisation [alfabetizasjɔ̃] nf elimination of illiteracy ▸ **campagne / taux d'alphabétisation** literacy campaign / rate.
alphabétiser [3] [alfabetize] vt to teach to read and write.
alphabétisme [alfabetism] nm alphabetical writing (system).
alphanumérique [alfanymeʀik] adj alphanumeric.
Alphapage® [alfapaʒ] npr radiopager.
Alpilles [alpij] nfpl GÉOGR *mountain range in Provence.*
alpin, e [alpɛ̃, in] adj **1.** BOT & GÉOL alpine **2.** SPORT [club] mountaineering *(modif)*, mountain-climbing *(modif)* ; [ski] downhill.
alpinisme [alpinism] nm mountaineering, mountain-climbing ▸ **faire de l'alpinisme** to climb, to go mountain-climbing.
alpiniste [alpinist] nmf mountaineer, climber.
alpiste [alpist] nm canary grass.
Alsace [alzas] npr f ▸ **(l')Alsace** Alsace.
❖ **alsace** nm Alsace (wine).

 **Alsace**

This administrative region includes the **départements** of Bas-Rhin and Haut-Rhin (capital: Strasbourg).

Alsace-Lorraine [alzaslɔʀɛn] npr f ▸ **(l')Alsace-Lorraine** Alsace-Lorraine.

Alsace-Lorraine

This eastern part of France was the underlying cause of the longstanding conflict between Germany and France. Consisting of part of the two old French provinces of Alsace and Lorraine (today the **départements** of Haut-Rhin, Bas-Rhin and Moselle), it was seized by the Germans at the end of the Franco-Prussian war in 1871, becoming part of the German Reich. Reverting to France after the First World War, seized by Germany again in 1940, the **Alsace-Lorraine** was finally restored to France at the end of the Second World War.

alsacien, enne [alzasjɛ̃, ɛn] adj Alsatian.
❖ **Alsacien, enne** nm, f Alsatian ▸ **les Alsaciens** the people of Alsace.
❖ **alsacien** nm LING Alsatian.
altaïque [altaik] adj Altaic.
altérabilité [alteʀabilite] nf alterability.
altérable [alteʀabl] adj alterable.
altérant, e [alteʀɑ̃, ɑ̃t] adj **1.** [qui modifie] altering **2.** [qui donne soif] thirst-inducing.
altération [alteʀasjɔ̃] nf **1.** [dégradation] alteration **2.** GÉOL weathering **3.** MUS [dièse] sharp (sign) ; [bémol] flat (sign).
altercation [altɛʀkasjɔ̃] nf *sout* quarrel, altercation *sout* / *j'ai eu une violente altercation avec elle* I had a violent quarrel ou a huge row with her.

altéré, e [alteʀe] adj **1.** [modifié - aliments] adulterated ; [- couleurs] faded, altered ; [- faits] altered, falsified ; [- traits] drawn, distorted ; [- santé, amitié] impaired, affected **2.** [assoiffé] thirsty.
alter ego [altɛʀego] nm inv **1.** *hum* [ami] alter ego **2.** [homologue] counterpart, alter ego.
altérer [18] [alteʀe] vt **1.** [dégrader - couleur] to spoil ; [- denrée] to affect the quality of **2.** *sout* [falsifier - fait, histoire] to distort ; [- vérité] to distort, to twist ; [- monnaie] to falsify **3.** [changer - composition, équilibre] to change, to alter, to modify ▸ **les traits altérés par le chagrin / la fatigue / la maladie** her face pinched with grief / drawn with tiredness / drawn with illness / *la peur lui altérait le visage* ou *les traits* fear had transformed his features / *la voix altérée par l'angoisse* her voice strained with anxiety **4.** *litt* [assoiffer] to make thirsty ▸ **altéré de** thirsty ou thirsting for / *altéré de gloire* thirsting for glory ▸ **altéré de sang** blood-thirsty **5.** MUS [accord] to alter ; [note] to inflect.
❖ **s'altérer** vpi **1.** [se dégrader - denrée] to spoil ; [- sentiment, amitié] to deteriorate ; [- couleurs] to fade ; [- voix] to be distorted / *leurs rapports se sont altérés* their relationship has deteriorated ▸ **sa santé s'est altérée** her health has deteriorated **2.** [se transformer - substance, minéral] to alter, to (undergo a) change.
In reformed spelling (see p. 16-19), this verb is conjugated like *semer*: *il altèrera, elle altèrerait.*
altérité [alteʀite] nf otherness.
altermondialisation [altɛʀmɔ̃djalizasjɔ̃] nf alter-globalisation.
altermondialisme [altɛʀmɔ̃djalism] nm alterglobalism.
altermondialiste [altɛʀmɔ̃djalist] ◆ adj alterglobalist. ◆ nmf alterglobalist.
alternance [altɛʀnɑ̃s] nf **1.** [succession] alternation ▸ **l'alternance des saisons** the alternating ou changing seasons ; AGR crop rotation **2.** POL ▸ **alternance (du pouvoir)** *changeover of power between parties* ▸ **pratiquer l'alternance** to take turns running a country **3.** LING ▸ **alternance vocalique** vowel gradation **4.** CINÉ, MUS & THÉÂTRE alternating programmes / *une salle qui pratique l'alternance* a house that shows two alternating programmes.
❖ **en alternance** loc adv ▸ **ils donnent** ou **programment « Manon » et « la Traviata » en alternance** they're putting on "Manon" and "la Traviata" alternately ▸ **jouer en alternance avec qqn** to alternate with another actor ▸ **faire qqch en alternance avec qqn** to take turns to do sthg.
alternant, e [altɛʀnɑ̃, ɑ̃t] adj alternating.
alternateur [altɛʀnatœʀ] nm alternator.
alternatif, ive [altɛʀnatif, iv] adj **1.** [périodique] alternate, alternating ; [mouvement, musique] alternative **2.** [à option] alternative ▸ **modèle alternatif de croissance** alternative model of growth ; SOCIOL alternative ▸ **rock alternatif** alternative rock.
❖ **alternative** nf **1.** [choix] alternative, option / *se trouver devant une pénible alternative* to be faced with a difficult choice, to be in a difficult dilemma **2.** [solution de remplacement] alternative **3.** LOGIQUE alternative ou disjunctive (proposition).
❖ **alternatives** nfpl alternating phases.
alternativement [altɛʀnativmɑ̃] adv (each) in turn, alternately.

⚠ **Alternatively** signifie « autrement » et non alternativement.

alterne [altɛʀn] adj alternate.
alterné, e [altɛʀne] adj **1.** TRANSP [stationnement] (authorized) on alternate sides of the street **2.** LITTÉR alternate **3.** MATH [application] alternate ; [série] alternating.
alterner [3] [altɛʀne] ◆ vt **1.** [faire succéder] to alternate **2.** AGR to rotate. ◆ vi [se succéder - phases] to alternate ; [- personnes] to alternate, to take turns ▸ **faire alterner** to alternate.

altesse [altɛs] nf Highness ▸ **Son Altesse Royale a)** [prince] His Royal Highness **b)** [princesse] Her Royal Highness ▸ **Son Altesse Sérénissime a)** [prince] His Most Serene Highness **b)** [princesse] Her Most Serene Highness.
altier, ère [altje, ɛʀ] adj haughty, arrogant ▸ **avoir un port altier** to carry o.s. proudly / *avoir une démarche altière* to walk proudly.
altimètre [altimɛtʀ] nm altimeter.
altimétrie [altimetʀi] nf altimetry.
altiport [altipɔʀ] nm (ski-resort) airfield.
altiste [altist] nmf viola player, violist.
altitude [altityd] nf altitude / *altitude au-dessus du niveau de la mer* height above sea level / *à une altitude de 4 500 m* at an altitude of 4,500 m / *à haute / basse altitude* at high / low altitude ▸ **altitude de croisière** cruising altitude ▸ **prendre de l'altitude** to gain altitude, to climb ▸ **perdre de l'altitude** to lose altitude.
❖ **d'altitude** loc adj [restaurant, station] mountain-top.
❖ **en altitude** loc adv high up, at high altitude.
alto [alto] nm **1.** [instrument] viola **2.** [voix] contralto ou alto (voice) ; [chanteuse] contralto, alto ▸ **je suis alto** I sing alto ou contralto.
altocumulus [altokymylys] nm altocumulus.
altostratus [altostʀatys] nm altostratus.
altruisme [altʀɥism] nm altruism.
altruiste [altʀɥist] ◆ adj altruistic. ◆ nmf altruist.
Altuglas® [altyglas] nm ≃ Perspex.
alu [aly] (abr de **aluminium**) ◆ nm *fam* [métal] aluminium UK, aluminum US ; [papier] aluminium UK ou aluminum US foil, tinfoil. ◆ adj ▸ **papier alu** aluminium UK ou aluminum US foil, tinfoil.
aluminate [alyminat] nm aluminate.
alumine [alymin] nf alumina, aluminium UK ou aluminum US oxide.
alumineux, euse [alyminø, øz] adj aluminous.
aluminium [alyminjɔm] nm aluminium UK, aluminum US.
aluminosilicate [alyminɔsilikat] nm aluminosilicate.
aluminothermie [alyminɔtɛʀmi] nf aluminothermy.
alun [alœ̃] nm alum.
alunir [32] [alyniʀ] vi to land (on the moon).
alunissage [alynisaʒ] nm (moon) landing.
alunite [alynit] nf alunite.
alvéolaire [alveɔlɛʀ] adj alveolar.
alvéole [alveɔl] nf **1.** [d'une ruche] cell, alveolus *spéc* **2.** ANAT ▸ **alvéole dentaire** tooth socket, alveolus *spéc* ▸ **alvéole pulmonaire** air cell, alveolus *spéc* **3.** GÉOL cavity, pit.
alvéolé, e [alveɔle] adj honeycombed, alveolate *spéc.*
alvéolite [alveɔlit] nf alveolitis.
alysse [alis] nf alyssum.
Alzheimer [alzajmɛʀ] npr ▸ **la maladie d'Alzheimer** Alzheimer's disease ▸ **avoir un Alzheimer** : *elle a un Alzheimer* she has got Alzheimer's (disease).
amabilité [amabilite] nf [qualité] kindness, friendliness, amiability ▸ **un homme plein d'amabilité** a very kind man / *ils ont eu l'amabilité de...* they were kind enough to... / *d'un ton sans amabilité* rather curtly / *veuillez avoir l'amabilité de...* please be so kind as to...
❖ **amabilités** nfpl [politesses] polite remarks ▸ **faire des amabilités à qqn** to be polite to sb / *trêve d'amabilités, passons aux choses sérieuses* enough of the pleasantries, let's get down to business.
amadou [amadu] nm touchwood, tinder.
amadouer [6] [amadwe] vt **1.** [enjôler] to cajole / *elle essaie de l'amadouer pour qu'il accepte* she's trying to cajole ou to coax him into agreeing **2.** [adoucir] to mollify, to soften (up) / *c'est pour m'amadouer que tu me dis ça ?* are you saying this to soften me up ?
amaigri, e [amegʀi] adj [visage] gaunt ; [trait] (more) pinched / *je le trouve très amaigri* he looks a lot thinner ou as if he's lost a lot of weight.

amaigrir [32] [amegʀiʀ] vt **1.** [suj : maladie, régime] to make thin ou thinner / *son séjour en prison l'a beaucoup amaigri* he's lost a lot of weight while he's been in prison ▸ **le visage amaigri par la maladie** his face emaciated from illness **2.** TECHNOL [épaisseur] to reduce ; [pâte] to thin down *(sép)*.
❖ **s'amaigrir** vpi to lose weight.

amaigrissant, e [amegʀisɑ̃, ɑ̃t] adj slimming UK, reducing US.

amaigrissement [amegʀismɑ̃] nm **1.** [perte de poids - du corps] weight loss ; [- des cuisses, de la silhouette] weight reduction / *un amaigrissement de 10 kg* a weight reduction of 10 kg **2.** TECHNOL [de l'épaisseur] reducing ; [d'une pâte] thinning down.

amalgamation [amalgamasjɔ̃] nf amalgamation.

amalgame [amalgam] nm **1.** MÉTALL amalgam **2.** [mélange] mixture, amalgam / *il ne faut pas faire l'amalgame entre ces deux questions* the two issues must not be confused **3.** HIST & MIL amalgamation.

amalgamer [3] [amalgame] vt **1.** MÉTALL to amalgamate **2.** [mélanger - ingrédients] to combine, to mix up *(sép)* **3.** [réunir - services, sociétés] to amalgamate / *les deux unités ont été amalgamées* the two units have been amalgamated.
❖ **s'amalgamer** vpi **1.** MÉTALL to amalgamate **2.** [s'unir] to combine, to amalgamate **3.** [se mélanger] to get mixed up.

aman [amɑ̃] nm *litt* safe-conduct / *demander l'aman* *arch* to surrender.

amande [amɑ̃d] nf **1.** [fruit] almond / *chocolat aux amandes* almond chocolate ▸ **amande douce** / **amère** sweet / bitter almond **2.** [noyau] kernel **3.** ZOOL ▸ **amande de mer** queen scallop.
❖ **d'amande(s)** loc adj almond.
❖ **en amande** loc adj [yeux] almond-shaped.

amandier [amɑ̃dje] nm almond tree.

amandine [amɑ̃din] nf almond tartlet.

amanite [amanit] nf amanita ▸ **amanite panthère** false blusher ▸ **amanite phalloïde** death cap ▸ **amanite tue-mouches** fly agaric.

amant [amɑ̃] nm (male) lover / *prendre un amant* to take a lover / **'l'Amant de Lady Chatterley'** *Lawrence* 'Lady Chatterley's Lover'.
❖ **amants** nmpl lovers / *devenir amants* to become lovers ▸ **les amants de Vérone** Romeo and Juliet.

amante [amɑ̃t] nf *litt* lover, mistress.

amarante [amaʀɑ̃t] ◆ adj inv amaranthine. ◆ nf amaranth.

amareyeur, euse [amaʀɛjœʀ, øz] nm, f oysterbed worker.

amarinage [amaʀinaʒ] nm **1.** [habitude] getting used to the sea, finding one's sea legs **2.** [remplacement] manning *(of a captured vessel)*.

amariner [3] [amaʀine] vt **1.** [habituer à la mer] to accustom to life at sea **2.** [navire] to take over *(sép)*.
❖ **s'amariner** vpi to find one's sea legs.

amarrage [amaʀaʒ] nm **1.** [dans un port] mooring **2.** [à un objet fixe] lashing **3.** AÉRON [d'un ballon] mooring ; ASTRONAUT docking **4.** [amarres] ropes.
❖ **à l'amarrage** loc adj moored.

amarre [amaʀ] nf mooring line ou rope ▸ **larguer les amarres** *pr & fig* to cast off one's moorings ▸ **rompre les amarres** *pr & fig* to break one's moorings.

amarrer [3] [amaʀe] vt **1.** NAUT [cordages] to fasten, to make fast ; [navire] to hitch, to moor ; *(en usage absolu)* ▸ **amarrer à quai** to wharf **2.** [bagages] to tie down *(sép)* / *nous avons amarré les valises sur le toit de la voiture* we tied the luggage to the car roof **3.** ASTRONAUT to dock.
❖ **s'amarrer** vpi **1.** NAUT [à une berge] to moor ; [dans un port] to dock, to berth **2.** ASTRONAUT to dock.

amaryllidacée [amaʀilidase] nf member of the Amaryllidaceae.

amaryllis [amaʀilis] nf amaryllis.

amas [ama] nm **1.** [tas] heap, mass, jumble **2.** ASTRON cluster ▸ **amas globulaire** globular cluster ▸ **amas galactique** ou **ouvert** open cluster **3.** MINÉR mass.

amasser [3] [amase] vt **1.** [entasser - vivres, richesses] to amass, to hoard / *amasser une fortune* to amass a fortune / *après avoir amassé un petit pécule* having got together a bit of money **2.** [rassembler - preuves, information] to amass.
❖ **s'amasser** vpi [foule, troupeau] to gather ou to mass (in large numbers) ; [preuves] to accumulate, to pile up.

amateur, trice [amatœʀ, tʀis] ◆ adj **1.** *(avec ou sans trait d'union)* [non professionnel] amateur *(modif)* ▸ **théâtre amateur** amateur theatre ▸ **photographe** / **peintre amateur** amateur photographer / painter ; SPORT amateur, non-professional ▸ **rencontre amateur** amateur event **2.** [friand, adepte] ▸ **amateur de** : *être amateur de qqch* to be very interested in sthg / *elle est amatrice de concerts* she's a keen ou dedicated concert-goer / *il est amateur de bonne chère* he's very fond of good food. ◆ nmf **1.** SPORT [non professionnel] amateur **2.** *péj* [dilettante] dilettante, mere amateur **3.** [connaisseur] ▸ **amateur de** connoisseur of ▸ **amateur d'art** art lover ou enthusiast **4.** *fam* [preneur] taker / *il y a des amateurs?* any takers? / *je ne suis pas amateur* I'm not interested, I don't go in for that sort of thing.
❖ **d'amateur** loc adj *péj* amateurish ▸ **c'est du travail d'amateur** it's a shoddy piece of work.
❖ **en amateur** loc adv non-professionally / *je fais de la compétition en amateur* I compete non-professionally ou as an amateur ▸ **s'intéresser à qqch en amateur** to have an amateur interest in sthg.

amateurisme [amatœʀism] nm **1.** LOISIRS & SPORT amateurism, amateur sport **2.** *péj* [dilettantisme] amateurism, amateurishness ▸ **c'est de l'amateurisme** it's amateurish.

amazone [amazon] nf **1.** [cavalière] horsewoman **2.** [tenue] (woman's) riding habit ; [jupe] riding skirt **3.** *arg crime* [prostituée] *prostitute operating from a car* **4.** ZOOL Amazon parrot.
❖ **en amazone** loc adv ▸ **monter en amazone** to ride side-saddle.

Amazone [amazon] npr f **1.** MYTH Amazon **2.** GÉOGR ▸ **l'Amazone** the Amazon (river).

Amazonie [amazoni] npr f ▸ **(l')Amazonie** the Amazon (Basin).

amazonien, enne [amazɔnjɛ̃, ɛn] adj Amazonian ▸ **la forêt amazonienne** the Amazon Forest.
❖ **Amazonien, enne** nm, f Amazonian.

amazonite [amazɔnit] nf amazonite.

ambages [ɑ̃baʒ] ❖ **sans ambages** loc adv *sout* without beating about the bush.

ambassade [ɑ̃basad] nf **1.** [bâtiment] embassy / *l'ambassade du Canada* the Canadian embassy **2.** [fonction] ambassadorship **3.** [personnel] embassy (staff) **4.** [mission] mission.

ambassadeur, drice [ɑ̃basadœʀ, dʀis] nm, f **1.** [diplomate] ambassador / *c'est l'ambassadeur du Canada* he's the Canadian Ambassador ▸ **ambassadeur auprès de** ambassador to ▸ **ambassadeur extraordinaire** ambassador extraordinary **2.** *fig* [représentant] representative, ambassador.
❖ **ambassadrice** nf [femme d'ambassadeur] ambassador's wife.

ambiance [ɑ̃bjɑ̃s] nf **1.** [atmosphère] mood, atmosphere / *l'ambiance qui règne à Paris* the general atmosphere ou mood in Paris / *l'ambiance générale du marché* the prevailing mood of the market / *comment créer une ambiance intime* how to create an intimate atmosphere **2.** [cadre] surroundings, ambiance *sout* ; [éclairage] lighting effects **3.** *fam* [animation] : *il y a de l'ambiance!* it's pretty lively in here! / *il va y avoir de l'ambiance quand elle saura ça!* there'll be hell to pay when she hears this!
❖ **d'ambiance** loc adj [éclairage] soft, subdued ; [musique] mood *(modif)*.

ambiant, e [ɑ̃bjɑ̃, ɑ̃t] adj [température] ambient / *les préjugés ambiants* the reigning ou prevailing prejudices ▸ **la médiocrité ambiante** the all-pervading mediocrity.

ambidextre [ɑ̃bidɛkstʀ] ◆ adj ambidextrous. ◆ nmf ambidexter.

ambigu, ambiguë ou **ambigüe*** [ɑ̃bigy] adj **1.** [à deux sens] ambiguous, equivocal / *l'expression est ambiguë* the phrase has two possible meanings ou is ambiguous ▸ **de façon ambiguë** ambiguously, equivocally **2.** [difficile à cerner] ambiguous / *c'est un personnage ambigu* he is an ambiguous character.

ambiguïté, ambigüité* [ɑ̃bigɥite] nf **1.** [équivoque] ambiguity / *réponse sans ambiguïté* unequivocal ou unambiguous answer ▸ **répondre sans ambiguïté** to answer unequivocally ou unambiguously **2.** LING ambiguity.

ambigument [ɑ̃bigymɑ̃] adv ambiguously.

ambiophonie [ɑ̃bjɔfɔni] nf ambisonics *(U)*.

ambitieusement [ɑ̃bisjøzmɑ̃] adv ambitiously.

ambitieux, euse [ɑ̃bisjø, øz] ◆ adj ambitious ▸ **trop ambitieux** overambitious. ◆ nm, f ambitious man (woman).

ambition [ɑ̃bisjɔ̃] nf **1.** [désir] ambition, aspiration / *une seule ambition l'anime* she has but one ambition ▸ **j'ai l'ambition** ou **mon ambition est de...** it's my ambition to... **2.** [désir de réussite] ambition ▸ **avoir de l'ambition** to be ambitious / *je n'ai pas beaucoup d'ambition* I'm not particularly ambitious / *être plein d'ambition* to be very ambitious.

ambitionner [3] [ɑ̃bisjɔne] vt [poste] to have one's heart set on ▸ **ambitionner de faire qqch** : *elle ambitionne de monter sur les planches* her ambition is to go on the stage.

ambivalence [ɑ̃bivalɑ̃s] nf ambivalence.

ambivalent, e [ɑ̃bivalɑ̃, ɑ̃t] adj ambivalent.

amble [ɑ̃bl] nm amble ▸ **aller l'amble** to amble.

amblyope [ɑ̃blijɔp] ◆ adj amblyopic. ◆ nmf amblyopia sufferer.

amblyopie [ɑ̃blijɔpi] nf amblyopia.

ambre [ɑ̃bʀ] ◆ adj inv amber. ◆ nm ▸ **ambre (jaune)** amber ▸ **ambre gris** ambergris.

ambré, e [ɑ̃bʀe] adj [couleur] amber *(modif)* ; [parfum] amber-scented.

ambrer [3] [ɑ̃bʀe] vt to scent with amber.

Ambroise [ɑ̃bʀwaz] npr ▸ **saint Ambroise** Saint Ambrose.

ambroisie [ɑ̃bʀwazi] nf ambrosia.

ambrosiaque [ɑ̃bʀɔzjak] adj ambrosial.

ambulance [ɑ̃bylɑ̃s] nf ambulance ▸ **en ambulance** in an ambulance.

ambulancier, ère [ɑ̃bylɑ̃sje, ɛʀ] nm, f **1.** [chauffeur] ambulance driver **2.** [infirmier] ambulance man (woman).

ambulant, e [ɑ̃bylɑ̃, ɑ̃t] adj itinerant, travelling UK, traveling US ▸ **c'est un dictionnaire ambulant** *fam* he's a walking dictionary.

ambulatoire [ɑ̃bylatwaʀ] adj ambulatory.

âme [am] nf **1.** [vie] soul ▸ **avoir l'âme chevillée au corps** to hang on grimly to life ▸ **rendre l'âme** to pass away **2.** [personnalité] soul, spirit / *avoir* ou *être une âme généreuse* to have great generosity of spirit ▸ **avoir une âme de chef** to be a born leader **3.** [principe moral] ▸ **en mon âme et conscience** in all conscience **4.** [cœur] soul, heart ▸ **faire qqch avec** / **sans âme** to do sthg with / without feeling / *touché jusqu'au fond de l'âme* deeply moved ▸ **de toute mon âme** with all my heart ou soul / *c'est un artiste dans l'âme* he's a born artist **5.** [personne] soul / *un village de 500 âmes* a village of 500 souls ; *sout* [en appellatif] : *mon âme, ma chère âme* (my) dearest ▸ **âme charitable** ou **bonne âme** kind soul ▸ **son âme damnée** the person who does his evil deeds ou dirty work for him ▸ **âme en peine** : *aller* ou *errer comme une âme en peine* to wander around like a lost soul ▸ **âme sensible** sensitive person ▸ **âmes sensibles, s'abstenir** not for the squeamish ▸ **âme sœur** kindred spirit, soulmate *hum* ▸ **chercher** / **trouver l'âme sœur** to seek / to find a soulmate ▸ **il n'y a pas âme qui vive** there isn't a (living) soul around / **'les Âmes mortes'** *Gogol* 'Dead Souls' / **'la Bonne Âme de Setchouan'** *Brecht* 'The Good Woman of Setzuan' **6.** *litt* [inspirateur] soul / *c'était elle l'âme du groupe* *fig* she was the inspiration of the group / *celui qui était l'âme*

* In reformed spelling (see p. 16-19).

du dadaïsme he who was the moving spirit behind dadaism **7.** ARM bore ▸ **âme rayée** rifled bore **8.** [centre - d'un aimant] core ; [- d'un câble] heart, core **9.** [d'un violon] soundpost.

améliorable [ameljɔʀabl] adj improvable, that can be improved.

améliorant, e [ameljɔʀɑ̃, ɑ̃t] adj soil-improving.

amélioration [ameljɔʀasjɔ̃] nf **1.** [action] improving, bettering / *assurer l'amélioration des conditions de travail* to ensure that working conditions are improved / *amélioration des sols* AGR soil improvement **2.** [résultat] improvement ▸ **apporter des améliorations à qqch** to improve on sthg, to carry out improvements to sthg / *on observe une nette amélioration de son état de santé* her condition has improved considerably / *amélioration des cours* BOURSE improvement in prices **3.** MÉTÉOR ▸ **amélioration (du temps)** better weather / *pas d'amélioration prévue cet après-midi* no improvement expected in the weather this afternoon.

❖ **améliorations** nfpl DR improvements / *en deux ans, nous avons apporté des améliorations* we have carried out improvements in two years.

améliorer [3] [ameljɔʀe] vt **1.** [changer en mieux - sol] to improve ; [- relations] to improve, to make better ; [- productivité] to increase, to improve **2.** [perfectionner - technique] to improve, to better ▸ **améliorer son anglais** to improve one's (knowledge of) English **3.** SPORT [record, score] to better, to improve on.

❖ **s'améliorer** vpi to improve / *le vin s'améliore en vieillissant* wine improves with age / *l'état de la malade s'est un peu amélioré* there's been some improvement in the patient's condition ▸ **le temps s'améliore** the weather's getting better, the weather's improving.

amen [amɛn] nm inv amen ▸ **tu dis amen à tout ce qu'elle fait** you agree with everything she does.

aménageable [amenaʒabl] adj **1.** [bureau, logement] convertible / *un espace aménageable en garage* space which can be converted into a garage **2.** [emploi du temps] flexible.

aménagement [amenaʒmɑ̃] nm **1.** [d'une pièce, d'un local] fitting (out) ; [d'un parc] laying out, designing ; [d'un terrain] landscaping / *on prévoit l'aménagement d'un des bureaux en salle de réunion* we're planning to convert one of the offices into a meeting room **2.** ADMIN ▸ **aménagement foncier** improvement of land ▸ **aménagement rural** rural development ou planning ▸ **aménagement du territoire** town and country planning, regional development ▸ **aménagement urbain** urban planning **3.** [refonte - d'un texte] redrafting, adjusting **4.** [assouplissement] : *il a obtenu des aménagements d'horaire* he managed to get his timetable rearranged ▸ **aménagement du temps de travail** flexible time management.

❖ **aménagements** nmpl ▸ **aménagements intérieurs** (fixtures and) fittings.

aménager [17] [amenaʒe] vt **1.** [parc] to design, to lay out *(sép)* ; [terrain] to landscape / *aménager une sortie sur une autoroute* to build an exit onto a motorway **2.** [équiper] to fit out, to equip ▸ **grenier aménagé** loft conversion ▸ **camping aménagé** fully-equipped camping site ▸ **plage aménagée** beach with full amenities **3.** [transformer] ▸ **aménager qqch en** : *aménager une pièce en atelier* to convert a room into a workshop **4.** [installer] to install, to fit / *aménager un placard sous un escalier* to fit ou to install a cupboard under a staircase / *il aménagea une cachette dans le grenier* he made a place to hide things in the attic **5.** [assouplir - horaire] to plan, to work out *(insép)* **6.** [refaire - texte] to adapt, to redraft.

aménageur, euse [amenaʒœʀ, øz] nm, f planner.

amendable [amɑ̃dabl] adj **1.** [texte] amendable **2.** AGR improvable **3.** SUISSE liable to be fined.

amende [amɑ̃d] nf fine / *une amende de 100 euros* a 100-euro fine / *avoir une amende de 100 euros* to be fined 100 euros / *être condamné à une grosse amende* to be heavily fined / **'défense d'entrer sous peine d'amende'** 'trespassers will be fined ou prosecuted' ▸ **amende forfaitaire** on-the-spot fine ▸ **mettre qqn à l'amende** **a)** *pr* to fine sb **b)** *fig* to penalize sb ▸ **faire amende honorable** to make amends.

amendement [amɑ̃dmɑ̃] nm **1.** DR & POL amendment **2.** AGR [incorporation] fertilizing, enrichment ; [substance] fertilizer.

amender [3] [amɑ̃de] vt **1.** DR & POL to amend **2.** AGR to fertilize **3.** *litt* [corriger] to amend.

❖ **s'amender** vpi to mend one's ways, to turn over a new leaf.

amène [amɛn] adj *sout* affable, amiable ▸ **d'une façon peu amène** in a very unpleasant manner.

amenée [amne] ❖ **d'amenée** loc adj [tuyau] supply *(modif)*.

amener [19] [amne] vt **1.** [faire venir - personne] to bring (along) ▸ **amener qqn chez soi** to bring sb round to one's place, to bring sb home / *amenez vos amis!* (do) bring your friends! ▸ **qu'est-ce qui vous amène?** what brings you here? / *amener des capitaux* to attract capital / *qu'est-ce qui vous a amené à la musique / à Dieu? fig* what got you involved with music / made you turn to God? **2.** *fam* [apporter] to bring (along) / *amène les couteaux!* bring ou get the knives! / *j'amènerai mon travail* I'll bring some work along **3.** [acheminer] to bring, to convey / *le pipeline amène le pétrole au terminal* the pipeline brings the oil to the terminal / *les journaux sont amenés par avion* the papers are brought (over) by air ; [conduire - suj : véhicule, chemin] to take / *la petite route vous amène à la plage* the path will take you to the beach / *dans le taxi qui les amenait au bureau* in the taxi taking them to the office **4.** [provoquer - perte, ruine] to bring about *(sép)*, to cause ; [- guerre, maladie, crise] to bring (on) ou about, to cause ; [- paix] to bring about **5.** [entraîner] ▸ **amener qqn à** : *mon métier m'amène à voyager* my job involves a lot of travelling **6.** [inciter] ▸ **amener qqn à** : *amener qqn à faire qqch* **a)** to lead sb to do sthg **b)** [en lui parlant] to talk sb into doing sthg **7.** [introduire - sujet] to introduce **8.** JEUX to throw **9.** NAUT [drapeau] to strike ; MIL ▸ **amener les couleurs** to strike the colours **10.** PÊCHE to draw in *(sép)*.

❖ **s'amener** vpi *fam* to come along, to turn ou to show up / *alors, tu t'amènes?* are you coming or aren't you? / *elle s'est amenée avec deux types* she showed up with two blokes / *faut s'amener avec une cravate?* do you have to wear a tie?

> **Amener qqn / qqch à qqn**
> *Bring sb / sthg to sb* ou *bring sb sb / sthg.*
>
> Notez la construction à double complément qui en anglais peut prendre deux formes dont le sens est le même :
>
> • une structure identique à celle du français :
> verbe + COD + préposition + COI
> **bring sb / sthg to sb**
>
> • une structure qui diffère de celle du français, sans préposition, et dans laquelle l'ordre des compléments est inversé :
> verbe + COI + COD
> **bring sb sb / sthg**
>
> **Ils ont amené plusieurs enfants blessés aux médecins de l'association.** *They brought several injured children to the charity's doctors* ou *They brought the charity's doctors several injured children.*
>
> **Amenez-moi votre fille, je souhaite lui parler.** *Bring your daughter to me, I want to talk to her* ou *Bring me your daughter, I want to talk to her.*
>
> Dans un registre plus familier, amener est employé pour signifier « apporter, porter vers un lieu / une personne » et se traduira alors par take.
>
> **Amène-lui ses lunettes.** *Take his glasses to him* ou *Take him his glasses.*

aménité [amenite] nf *sout* [caractère] amiability, affability ▸ **sans aménité** ungraciously, somewhat curtly.

❖ **aménités** nfpl *iron* insults, cutting remarks.

aménorrhée [amenɔʀe] nf amenorrhoea, amenorrhea US.

amenuisement [amənɥizmɑ̃] nm [de rations, de l'espoir] dwindling ; [des chances] lessening.

amenuiser [3] [amənɥize] vt **1.** [amincir - planche, bande] to thin down *(sép)* **2.** [diminuer - économies, espoir] to diminish, to reduce.

❖ **s'amenuiser** vpi [provisions, espoir] to dwindle, to run low ; [chances] to grow ou to get slimmer ; [distance] to grow smaller.

amer¹ [amɛʀ] nm GÉOGR seamark.

amer², ère [amɛʀ] adj [fruit] bitter ▸ **orange amère** bitter orange, Seville orange ▸ **amer comme (du) chicotin** as bitter as wormwood ; *fig* [déception] bitter.

❖ **amer** nm [boisson] bitters.

amérasien, enne [ameʀazjɛ̃, ɛn] adj Amerasian.

❖ **Amérasien, enne** nm, f Amerasian.

amèrement [amɛʀmɑ̃] adv bitterly.

américain, e [ameʀikɛ̃, ɛn] adj American.

❖ **Américain, e** nm, f American.

❖ **américain** nm LING American English.

❖ **américaine** nf *fam* [voiture] American car / *une grosse américaine* a big American car.

❖ **à l'américaine** loc adj **1.** ARCHIT American style **2.** CULIN à l'américaine *(cooked with tomatoes)*.

américanisation [ameʀikanizasjɔ̃] nf americanization.

américaniser [3] [ameʀikanize] vt to americanize.

❖ **s'américaniser** vpi to become americanized.

américanisme [ameʀikanism] nm **1.** [science] American studies **2.** [tournure] americanism.

américaniste [ameʀikanist] ◆ adj American studies *(modif)*. ◆ nmf Americanist.

amérindien, enne [ameʀɛ̃djɛ̃, ɛn] adj Amerindian, American Indian.

❖ **Amérindien, enne** nm, f Amerindian, American Indian.

Amérique [ameʀik] npr f ▸ **(l')Amérique** America ▸ **l'Amérique centrale / latine / du Nord / du Sud** Central / Latin / North / South America.

amerlo [amɛʀlo], **amerloque** [amɛʀlɔk] nmf *fam* Yankee, Yank.

amerrir [32] [ameʀiʀ] vi AÉRON to land (on the sea), to make a sea landing ; ASTRONAUT to splash down / *faire amerrir un hydravion* to land a seaplane.

amerrissage [ameʀisaʒ] nm AÉRON sea landing ; ASTRONAUT splashdown ▸ **faire un amerrissage forcé** AÉRON to make an emergency landing at sea.

amertume [amɛʀtym] nf bitterness ▸ **être plein d'amertume** to be very bitter ▸ **avec amertume** bitterly.

améthyste [ametist] nf amethyst.

amétrope [ametʀɔp] ◆ adj ametropic. ◆ nmf ametropia sufferer.

amétropie [ametʀɔpi] nf ametropia.

ameublement [amœbləmɑ̃] nm **1.** [meubles] furniture ▸ **articles d'ameublement** furnishings **2.** [installation] furnishing ; [décoration] (interior) decoration **3.** [activité] furniture trade.

ameublir [32] [amœbliʀ] vt **1.** AGR to loosen, to break down *(sép)* **2.** DR & FIN to convert into personalty.

ameuter [3] [amøte] vt **1.** [attirer l'attention de] : *le bruit a ameuté les passants* the noise drew a crowd of passers-by / *il a ameuté toute la rue* he got the whole street out ▸ **ameuter l'opinion sur qqch** to awaken public opinion to sthg / *il faut ameuter la presse* we must get the press onto this **2.** [chiens] to form into a pack.

❖ **s'ameuter** vpi to gather, to band together.

AMF (abr de Autorité des Marchés Financiers) nf *French stock exchange regulatory body* ; ≃ FSA UK ; ≃ SEC US.

amharique [amaʀik] nm Amharic.

BRINGING AND TAKING

THE VERBS **AMENER / EMMENER** AND **APPORTER / EMPORTER**

❶ When humans are direct objects

When the direct object is a human or a live animal, the verbs to choose are:

- **amener**
  Generally speaking, amener corresponds to the idea of ***bringing***.
  J'amènerai mon copain à ta soirée. I'll bring my boyfriend to your party.
  Ils avaient amené leur chien. They'd brought their dog.

- **emmener**
  Generally speaking, emmener corresponds to the idea of ***taking***.
  J'ai emmené les enfants voir leur grand-mère. I took the children to see their grand-mother.
  J'ai emmené ma meilleure amie visiter l'Inde. I took my best friend to visit India with me.

These two verbs are also appropriate with a direct object representing a vehicle:

J'ai amené ***or*** emmené la voiture chez le garagiste. I took my car to the mechanic.

As the exemple above shows, in modern French the difference between **amener** et **emmener** is gradually becoming less marked.

❷ With inanimate objects

When the direct object is inanimate, the verbs to choose are:

- **apporter**
  Generally speaking, apporter corresponds to the idea of ***bringing***.
  Apporte-lui ses lunettes. Bring his glasses to him.
  Demain apportez vos livres de grammaire. Tomorrow, bring your grammar books.

- **emporter**
  Generally speaking, emporter corresponds to the idea of ***taking***. Note, however, that emporter is never used with an indirect object (i.e. it is not possible to say ~~emporter quelque chose à quelqu'un~~).
  Sur une île déserte il n'emporterait que des livres. He would only take books to a desert island.
  Je suis parti sans rien emporter. I left without taking anything.

In everyday spoken French, you will come across **amener** et **emmener** used with an inanimate direct object:
Je vous amène l'addition. I'll bring your bill.
Emmène les poireaux dans la cuisine ! Take the leeks into the kitchen!
Remember that in written French this should be avoided.

ami, e [ami] ◆ adj [voix, peuple, rivage] friendly ▸ **un pays ami** a friendly country, an ally / *dans une maison amie* in the house of friends. ◆ nm, f **1.** [camarade] friend ▸ **c'est un de mes amis / une de mes amies** he's / she's a friend of mine / *des amis à nous* fam friends of ours / *mes voisins sont des amis* I'm friendly with the people next door / *Tom et moi sommes restés amis* I stayed friends with Tom / *un médecin de mes amis* sout a doctor friend of mine ▸ **un ami de la famille** ou **de la maison** a friend of the family ▸ **se faire un ami de qqn** to make friends with sb / *je m'en suis fait une amie* she became my friend ou a friend (of mine) ▸ **devenir l'ami de qqn** to become friends ou friendly with sb / *ne pas avoir d'amis* to have no friends ▸ **être entre amis** to be among friends / *nous sommes entre amis (ici)* we're among ou we're all friends (here) ▸ **ami d'enfance** childhood friend ▸ **les amis de mes amis sont mes amis** any friend of yours is a friend of mine **2.** [amoureux] ▸ **petit** ou *vieilli* **bon ami** boyfriend ▸ **petite** ou *vieilli* **bonne amie** girlfriend **3.** [bienfaiteur] ▸ **l'ami des pauvres / du peuple** the friend of the poor / of the people ▸ **un ami des arts** a patron of the arts **4.** [partisan] : *club des amis de Shakespeare* Shakespeare club ou society **5.** *(comme interjection)* ▸ **mon pauvre ami !** you poor fool ! / *écoutez, mon jeune ami !* now look here, young man ! ▸ **mon ami ! a)** [entre amis] my friend ! **b)** [entre époux] (my) dear ! **6.** EXPR **faire ami-ami avec qqn** fam : *il a essayé de faire ami-ami avec moi* he came on all buddy-buddy with me.
❖ **en ami** loc adv [par amitié] as a friend / *je te le dis en ami* I'm telling you as a friend ou because I'm your friend ; [en non-professionnel] as a friend, on a friendly basis / *vous êtes là professionnellement ou en ami ?* are you here in your professional capacity or as a friend ?

amiable [amjabl] adj [accord, compromis] amicable, friendly ▸ **amiable compositeur** arbitrator.
❖ **à l'amiable** loc adv privately, amicably ▸ **régler qqch à l'amiable a)** [gén] to reach an amicable agreement about sthg **b)** [sans procès] to settle sthg out of court.

amiante [amjɑ̃t] nm asbestos.

amiante-ciment [amjɑ̃tsimɑ̃] (*pl* **amiantes-ciments**) nm asbestos cement.

amibe [amib] nf amoeba, ameba US.

amibiase [amibjaz] nf amoebiasis.

amibien, enne [amibjɛ̃, ɛn] adj amoebic, amebic US.
❖ **amibien** nm member of the Amoebae.

amical, e, aux [amikal, o] adj friendly ▸ **peu amical** unfriendly ▸ **un match amical** a friendly (match).
❖ **amicale** nf association, club.

amicalement [amikalmɑ̃] adv in a friendly manner / *il lui répondit amicalement* he answered him in a friendly tone ▸ **bien amicalement** [en fin de lettre] (ever) yours.

amidon [amidɔ̃] nm starch.

amidonnage [amidɔnaʒ] nm starching.

amidonner [3] [amidɔne] vt to starch.

amidonnerie [amidɔnʀi] nf starch factory.

amidopyrine [amidɔpiʀin] nf amidopyrine.

amincir [32] [amɛ̃siʀ] vt [amaigrir] to thin down *(sép)* ; [rendre svelte] to slim down *(sép)* ▸ **cette veste t'amincit** this jacket makes you look slimmer / *je cherche une coiffure qui amincit le visage* I'm looking for a hairstyle that'll make my face look thinner.
❖ **s'amincir** vpi to get thinner.

amincissant, e [amɛ̃sisɑ̃, ɑ̃t] adj slimming, reducing US.

amincissement [amɛ̃sismɑ̃] nm [d'une épaisseur] thinning down ; [de la taille, des hanches] slimming, reducing US.

amine [amin] nf amine.

aminé, e [amine] adj ⟶ **acide.**

a minima, à minima* [aminima] loc adj inv ▸ **appel a minima** DR *appeal lodged when a sentence is considered too lenient.*

aminoacide [aminoasid] nm amino acid.

aminogène [aminoʒɛn] nm aminogen.

amiral, e, aux [amiʀal, o] adj ▸ **vaisseau** ou **navire amiral** flagship.
❖ **amiral, aux** nm admiral ▸ **amiral de la flotte** Admiral of the Fleet.
❖ **amirale** nf admiral's wife.

amirauté [amiʀote] nf admiralty.

amitié [amitje] nf **1.** [sentiment] friendship ▸ **faire qqch par amitié** to do sthg out of friendship ▸ **se lier d'amitié avec qqn** to make friends ou to strike up a friendship with sb ▸ **prendre qqn en amitié, se prendre d'amitié pour qqn** to befriend sb, to make friends with sb ▸ **avoir de l'amitié pour qqn** to be fond of sb / *l'amitié qui lie nos deux pays* the friendship between our two countries **2.** [relation] friendship ▸ **lier** ou **nouer une amitié avec qqn** to strike up a friendship with sb ▸ **amitié particulière** *euphém & vieilli* homosexual relationship **3.** [faveur] kindness, favour / *faites-moi l'amitié de rester* please do me the kindness ou favour of staying.
❖ **amitiés** nfpl [salutations, compliments] ▸ **faites-lui** ou **présentez-lui mes amitiés** give him my compliments ou best regards / *il vous fait* ou *vous transmet toutes ses amitiés* he sends you his best regards ou wishes / *mes amitiés à vos parents* best regards to your parents ▸ **(toutes) mes amitiés** [en fin de lettre] best regards ou wishes ▸ **amitiés, Marie** love ou yours, Marie.

AMM (abr de **autorisation de mise sur le marché**) nf *official authorization for marketing a pharmaceutical product.*

Amman [aman] npr Amman.

ammoniac, aque [amɔnjak] adj ammoniac ▸ **sel ammoniac** salt ammoniac ▸ **gomme ammoniaque** gum ammoniac.
❖ **ammoniac** nm ammonia.
❖ **ammoniaque** nf ammonia (water), aqueous ammonia.

ammoniacal, e, aux [amɔnjakal, o] adj ammoniacal.

ammoniaque [amɔnjak] f ⟶ **ammoniac.**

ammoniaqué, e [amɔnjake] adj ammoniated.

ammonification [amɔnifikasjɔ̃] nf ammonization, ammonification.

ammonite [amɔnit] nf ammonite.

ammonium [amɔnjɔm] nm ammonium.

amnésie [amnezi] nf amnesia.

amnésique [amnezik] ◆ adj amnesic. ◆ nmf amnesic, amnesiac.

amniocentèse [amnjɔsɛ̃tɛz] nf amniocentesis.

amnioscopie [amnjɔskɔpi] nf amnioscopy.

amniotique [amnjɔtik] adj amniotic.

amnistiable [amnistjabl] adj eligible for an amnesty.

amnistiant, e [amnistjɑ̃, ɑ̃t] adj amnestying.

amnistie [amnisti] nf amnesty ▸ **accorder une amnistie à qqn** to grant sb an amnesty ▸ **l'amnistie des contraventions** *traditional waiving of parking fines by French president after a presidential election.*

amnistié, e [amnistje] ◆ adj amnestied. ◆ nm, f [prisonnier] amnestied prisoner ; [exilé] amnestied exile.

amnistier [9] [amnistje] vt to amnesty.

amoché, e [amɔʃe] adj fam **1.** [voiture] wrecked **2.** [personne, visage] smashed ou messed up.

amocher [3] [amɔʃe] vt fam [meubles, vêtements] to ruin, to mess up *(sép)* ; [voiture] to bash up *(sép)* ; [adversaire, boxeur] to smash up *(sép)* ; [visage, jambe] to mess up *(sép)* / *se faire amocher* to get smashed up / *il s'est fait amocher le portrait* tfam he got his face smashed in.

* In reformed spelling (see p. 16-19).

❖ **s'amocher** vp *(emploi réfléchi) fam* to get badly bashed / *il s'est salement amoché le genou en tombant de vélo* he fell off his bike and really messed up his knee.

amodiataire [amɔdjatɛʀ] nmf [de terres] lessee ; [d'une mine] sub-lessee.

amodiation [amɔdjasjɔ̃] nf **1.** AGR leasing **2.** MIN sub-leasing.

amodier [9] [amɔdje] vt to lease.

amoindrir [32] [amwɛ̃dʀiʀ] vt **1.** [faire diminuer - valeur, importance] to diminish, to reduce ; [- forces] to weaken ; [- autorité, faculté] to weaken, to lessen, to diminish ; [- réserves] to diminish **2.** [rendre moins capable] to weaken, to diminish ▸ **il est sorti de son accident très amoindri a)** [physiquement] his accident left him physically much weaker **b)** [moralement] his accident left him psychologically impaired / *se sentir amoindri* to feel weakened.

❖ **s'amoindrir** vpi [autorité, forces] to weaken, to grow weaker ; [réserves] to diminish, to dwindle.

amoindrissement [amwɛ̃dʀismɑ̃] nm [d'une autorité, de facultés] weakening ; [de forces] diminishing, weakening ; [de réserves] reduction, diminishing.

amollir [32] [amɔliʀ] vt [beurre, pâte] to soften, to make soft ; [volonté, forces] to weaken, to diminish ▸ **amollir qqn a)** [l'adoucir] to soften sb **b)** [l'affaiblir] to weaken sb.

❖ **s'amollir** vpi **1.** [beurre, pâte, plastique] to soften, to become soft ; [jambes] to go weak **2.** [s'affaiblir - énergie, courage] to weaken.

amollissant, e [amɔlisɑ̃, ɑ̃t] adj enervating.

amollissement [amɔlismɑ̃] nm debilitation.

amonceler [24] [amɔ̃sle] vt **1.** [entasser - boîtes, livres, chaussures] to heap ou to pile up *(sép)* ; [- neige, sable, feuilles] to bank up *(sép)* ; [- vivres, richesses] to amass, to hoard / *amonceler une fortune* to build up ou to amass a fortune **2.** [rassembler - documents, preuves, informations] to amass.

❖ **s'amonceler** vpi [papiers, boîtes, feuilles] to heap ou to pile up ; [preuves] to accumulate, to pile up ; [dettes] to mount, to pile up ; [neige, sable, nuages] to bank up.

In reformed spelling (see p. 16-19), this verb is conjugated like *peler*: *il amoncèle, elle amoncèlera.*

amoncellement, amoncèlement* [amɔ̃sɛlmɑ̃] nm [d'objets divers, d'ordures] heap, pile ; [de neige, de sable, de feuilles, de nuages] heap ; [de richesses] hoard / *devant cet amoncellement de preuves* faced with this wealth of evidence.

amoncellerai v ⟶ **amonceler.**

amont [amɔ̃] ◆ nm [d'une rivière] upstream water ; [d'une montagne] uphill slope ▸ **vent d'amont** land breeze. ◆ adj inv [ski, skieur] uphill *(avant nom).*

❖ **en amont** loc adv *pr & fig* upstream.

❖ **en amont de** loc prép [rivière] upstream from ; [montagne] uphill from ou above / *la Tamise en amont de Londres* the Thames upstream from London / *le skieur qui arrive en amont de vous* the uphill skier (in relation to you) / *les étapes en amont de la production fig* the stages upstream of production, the pre-production stages.

amoral, e, aux [amɔʀal, o] adj amoral.

amoralisme [amɔʀalism] nm amorality.

amoralité [amɔʀalite] nf amorality.

amorçage [amɔʀsaʒ] nm **1.** ARM & TECHNOL priming ; ÉLECTR [d'une dynamo] energizing ; [d'un arc électrique] striking **2.** PÊCHE baiting.

amorce [amɔʀs] nf **1.** ARM [détonateur] primer, detonator ; [d'un obus] percussion cap ; [d'une balle] cap, primer ; [pétard] cap **2.** PÊCHE bait **3.** [début] beginning ▸ **l'amorce d'une réforme** the beginnings of a reform.

amorcer [16] [amɔʀse] vt **1.** [commencer - travaux] to start, to begin ; [- réforme] to initiate, to begin ; [- discussion, réconciliation] to start, to begin, to initiate ; [- virage] to go into *(insép)* ; [- descente] to start, to begin / *ils ont amorcé la dernière tranche des travaux* they're into the final phase of the building work / *les travaux sont bien amorcés* the work is well under way / *elle amorça un pas vers la porte* she made as if to go to the door **2.** ARM & TECHNOL to prime ; ÉLECTR to energize **3.** PÊCHE to bait ; *(en usage absolu)* ▸ **amorcer au pain a)** [un hameçon] to bait one's line with bread **b)** [répandre dans l'eau] to use bread as ground bait.

❖ **s'amorcer** vpi to begin / *le processus ne fait que s'amorcer* the process has only just begun ou got under way.

amorceur [amɔʀsœʀ] nm **1.** ÉLECTR igniter **2.** [d'une pompe] primer.

amorçoir [amɔʀswaʀ] nm **1.** PÊCHE bait box **2.** ARM gunpowder container.

amorphe [amɔʀf] adj **1.** *fam* [indolent] lifeless, passive **2.** BIOL & MINÉR amorphous.

amorti [amɔʀti] nm **1.** FOOT ▸ **faire un amorti** to trap the ball **2.** TENNIS drop shot.

amortie [amɔʀti] nf drop shot.

amortir [32] [amɔʀtiʀ] vt **1.** [absorber - choc] to cushion, to absorb ; [- son] to deaden, to muffle ; [- douleur] to deaden ; SPORT to trap the ball / *l'herbe a amorti sa chute* the grass broke his fall ▸ **amortir le coup a)** *pr* to cushion ou to soften the blow **b)** *fig* to soften the blow **2.** [rentabiliser] : *il faudra louer cette machine pour en amortir le coût* we'll have to rent out the machine to help cover ou to recoup the cost **3.** FIN [dette] to pay off, to amortize ; [équipement] to depreciate ; BOURSE to redeem ▸ **amortir des actions** to call in shares.

❖ **s'amortir** ◆ vp *(emploi passif)* ▸ **un achat qui s'amortit en deux ans a)** ÉCON a purchase that can be paid off in two years **b)** BOURSE a purchase that can be redeemed in two years. ◆ vpi [s'affaiblir - bruit] to fade (away).

amortissable [amɔʀtisabl] adj redeemable.

amortissement [amɔʀtismɑ̃] nm **1.** [adoucissement - d'un choc] absorption, cushioning ; [- d'un coup] cushioning ; [- d'un son] deadening, muffling **2.** FIN [d'une dette] paying ou writing off ; [d'un titre] redemption ; [d'un emprunt] paying off, amortization ▸ **amortissement annuel** annual depreciation ▸ **amortissement du capital** depreciation of capital ▸ **amortissement dégressif** ou **accéléré** accelerated depreciation ▸ **amortissement de la dette publique** payment of public debt.

amortisseur [amɔʀtisœʀ] nm shock absorber.

amour [amuʀ] nm **1.** [sentiment] love / *une vie sans amour* a loveless life / *son amour des* ou *pour les enfants* his love of ou for children ▸ **l'amour de sa mère a)** [qu'elle a pour lui] his mother's love **b)** [qu'il a pour elle] his love for his mother ▸ **éprouver de l'amour pour qqn** to feel love for sb ▸ **faire qqch par amour** to do sthg out of ou for love ▸ **faire qqch par amour pour qqn** to do sthg for the love of ou out of love for sb ▸ **ce n'est pas** ou **plus de l'amour, c'est de la rage!** *fam* it's not so much love, it's an obsession ! ▸ **l'amour filial a)** [d'un fils] a son's love **b)** [d'une fille] a daughter's love ▸ **l'amour maternel** / **paternel** motherly / fatherly love, a mother's / father's love ▸ **amour, quand tu nous tiens!** *(allusion à La Fontaine)* the things we do for love ! ▸ **'l'Amour sorcier'** *de Falla* 'Love, The Magician' **2.** [amant] lover, love ▸ **un amour de jeunesse** an old flame **3.** [liaison] (love) affair, romance / *ils ont vécu un grand amour* they had a passionate affair **4.** [acte sexuel] love-making ▸ **faire l'amour à** ou **avec qqn** to make love to ou with sb / *pendant* / *après l'amour* while / after making love **5.** [vif intérêt] love ▸ **faire qqch avec amour** to do sthg with loving care ou love **6.** [terme affectueux] ▸ **mon amour** my love ou darling / *oui, mon amour!* yes my love ! ▸ **un amour de petite fille** a delightful little girl / *apporte les glaçons, tu seras un amour* be a dear ou darling and bring the ice cubes **7.** ART cupid.

❖ **amours** ◆ nfpl **1.** *hum* [relations amoureuses] love life / *comment vont tes amours?* how's your love life (these days)? ▸ **à vos amours! a)** [pour trinquer] cheers !, here's to you ! **b)** [après un éternuement] bless you ! **2.** ZOOL courtship and mating. ◆ nmpl SUISSE [vin] ▸ **les amours** *the last drops of wine in a bottle.*

❖ **d'amour** loc adj [chagrin, chanson] love *(modif).*

❖ **par amour** loc adv out of ou for love ▸ **par amour pour qqn** for the love of sb.

❖ **pour l'amour de** loc prép for the love ou sake of ▸ **pour l'amour de Dieu! a)** [ton suppliant] for the love of God ! **b)** [ton irrité] for God's sake ! / *pour l'amour du ciel!* for heaven's sake ! ▸ **faire qqch pour l'amour de l'art** to do sthg for the sake of it.

Amour [amuʀ] npr m **1.** GÉOGR ▸ **l'Amour** the (River) Amur ▸ **la Côte d'Amour** *the French Atlantic coast near La Baule* **2.** MYTH ▸ **(le dieu) Amour** Cupid, Eros.

amouracher [3] [amuʀaʃe] ❖ **s'amouracher de** vp + prép ▸ **s'amouracher de qqn** to become infatuated with sb.

amour-en-cage [amuʀɑ̃kaʒ] *(pl* **amours-en-cage***)* nm ground ou winter cherry, Chinese lantern.

amourette [amuʀɛt] nf [liaison] casual love affair, passing romance ou fancy.

❖ **amourettes** nfpl CULIN marrowbone jelly *(U).*

amoureusement [amuʀøzmɑ̃] adv lovingly / *il la regardait amoureusement* he watched her lovingly ou with love in his eyes.

amoureux, euse [amuʀø, øz] ◆ adj **1.** [tendre - regard, geste] loving, tender ; [- vie, exploit] love *(modif)* ; [épris] ▸ **être amoureux de qqn** to be in love with sb / *ils sont amoureux (l'un de l'autre)* they're in love (with each other) ▸ **tomber amoureux de qqn** to fall in love with sb ▸ **être éperdument** ou **follement amoureux de qqn** to be head over heels ou madly in love with sb / *être fou amoureux* to be madly in love **2.** [amateur] ▸ **amoureux de** : *elle est amoureuse de la montagne* she has a passion for mountains. ◆ nm, f **1.** [amant] love, lover ▸ **amoureux transi** lovesick hero ▸ **jouer les amoureux** THÉÂTRE to play lovers' parts **2.** [adepte] lover / *amoureux des beaux-arts* a lover of fine arts / *les amoureux de la nature* nature-lovers.

❖ **en amoureux** loc adv : *si nous sortions en amoureux ce soir?* how about going out tonight, just the two of us?

amour-propre [amuʀpʀɔpʀ] *(pl* **amours-propres***)* nm pride.

amovibilité [amɔvibilite] nf removability.

amovible [amɔvibl] adj removable.

ampélopsis [ɑ̃pelɔpsis] nm ampelopsis.

ampère [ɑ̃pɛʀ] nm ampere.

ampère-heure *(pl* **ampères-heures***)*, **ampèreheure*** [ɑ̃pɛʀœʀ] nm ampere-hour.

ampèremètre [ɑ̃pɛʀmɛtʀ] nm ammeter, amperometer.

ampère-tour [ɑ̃pɛʀtuʀ] *(pl* **ampères-tours***)* nm ampere turn.

amphétamine [ɑ̃fetamin] nf amphetamine.

amphi [ɑ̃fi] (abr de **amphithéâtre**) nm *fam* lecture hall ou theatre.

amphibie [ɑ̃fibi] ◆ adj AÉRON & MIL amphibious. ◆ nm amphibian.

amphibien [ɑ̃fibjɛ̃] nm amphibian ▸ **les amphibiens** Amphibia.

amphibole [ɑ̃fibɔl] nf amphibole.

amphibologie [ɑ̃fibɔlɔʒi] nf amphibology, amphiboly.

amphibologique [ɑ̃fibɔlɔʒik] adj amphibological.

amphigouri [ɑ̃figuʀi] nm *litt* amphigory *litt,* nonsense.

amphigourique [ɑ̃figuʀik] adj *litt* amphigoric *litt,* overblown.

amphithéâtre [ɑ̃fiteatʀ] nm **1.** ANTIQ amphitheatre UK, amphitheater US ; ENS lecture theatre UK ou hall ; [d'un théâtre] amphitheatre, (upper) gallery ; [salle de dissection] dissection room **2.** GÉOL ▸ **amphithéâtre morainique** morainic cirque ou amphitheatre.

Amphitryon [ɑ̃fitʀijɔ̃] npr Amphitryon.

❖ **amphitryon** [ɑ̃fitʀijɔ̃] nm host.

amphore [ɑ̃fɔʀ] nf amphora.

ampicilline [ɑ̃pisilin] nf ampicillin.

ample [ɑ̃pl] adj **1.** VÊT [large - pull] loose, baggy ; [- cape, jupe] flowing, full **2.** [mouvement, geste] wide, sweeping **3.** [abondant - stock, provisions] extensive, ample ▸ **de plus amples renseignements** further details ou information.

amplement [ɑ̃pləmɑ̃] adv fully, amply / *gagner amplement sa vie* to make a very comfortable living / *il*

* In reformed spelling (see p. 16-19).

y a amplement de quoi les nourrir there's more than enough to feed them ▸ **ça suffit amplement, c'est amplement suffisant** that's more than enough.

ampleur [ɑ̃plœʀ] nf **1.** VÊT [largeur - d'un pull] looseness ; [- d'une cape, d'une jupe] fullness / *coupez en biais pour donner plus d'ampleur* cut on the bias to give more fullness **2.** [rondeur - d'un mouvement, d'un geste] fullness **3.** [importance - d'un projet] scope ; [- d'un stock, de ressources] abundance ▸ **l'ampleur des dégâts** the extent of the damages / *l'ampleur de la crise* the scale ou extent of the crisis / *des événements d'une telle ampleur* events of such magnitude ▸ **prendre de l'ampleur** to gain in importance.

ampli [ɑ̃pli] (abr de **amplificateur**) nm *fam* amp.

ampliatif, ive [ɑ̃pljatif, iv] adj [mémoire] amplifying ; [acte] duplicate *(modif).*

amplificateur, trice [ɑ̃plifikatœʀ, tʀis] adj ÉLECTR & PHYS amplifying ; OPT magnifying ; PHOT enlarging.

❖ **amplificateur** nm **1.** ÉLECTR & RADIO amplifier **2.** PHOT enlarger.

amplification [ɑ̃plifikasjɔ̃] nf **1.** ÉLECTR & PHYS amplification, amplifying ; PHOT [action] enlarging, enlargement ; OPT magnifying **2.** [développement - de tensions, de revendications] increase ; [- d'échanges, de relations] development, expansion.

amplifier [9] [ɑ̃plifje] vt **1.** ÉLECTR & PHYS to amplify ; OPT to magnify ; PHOT to enlarge **2.** [développer - courant, tendance] to develop, to increase ; [- conflit] to deepen ; [- hausse, baisse] to increase ; [- différence] to widen ; [- relations] to develop ; *péj* [exagérer] to exaggerate, to magnify.

❖ **s'amplifier** vpi [augmenter - courant, tendance] to develop, to increase ; [- conflit] to deepen ; [- hausse, baisse] to increase ; [- différence] to widen.

ampliforme [ɑ̃plifɔʀm] ◆ adj [soutien-gorge] padded. ◆ nm padded bra.

amplitude [ɑ̃plityd] nf **1.** ASTRON, MATH & PHYS amplitude **2.** MÉTÉOR range ▸ **amplitude thermique** thermal range **3.** ÉCON ▸ **amplitude des fluctuations** amplitude of fluctuations **4.** *litt* [étendue] magnitude, extent.

ampli-tuner [ɑ̃plitynɛʀ] (*pl* **amplis-tuners**) nm amplifier-tuner deck.

ampoule [ɑ̃pul] nf **1.** ÉLECTR bulb ▸ **ampoule à baïonnette** bayonet bulb ▸ **ampoule à vis** screw-fitting bulb ▸ **ampoule basse consommation** energy saving bulb **2.** [récipient] phial ▸ **ampoule autocassable** break-open phial **3.** MÉD blister ▸ **toi, tu ne vas pas attraper** ou **te faire des ampoules !** *fam & hum* don't strain yourself, will you !

ampoulé, e [ɑ̃pule] adj *péj* pompous, bombastic.

amputation [ɑ̃pytasjɔ̃] nf **1.** MÉD amputation **2.** *fig* [suppression] removal, cutting out / *ce texte a subi de nombreuses amputations* this text has been heavily cut.

amputé, e [ɑ̃pyte] nm, f amputee.

amputer [3] [ɑ̃pyte] vt **1.** MÉD [membre] to amputate, to remove ▸ **amputer un bras à qqn** to amputate sb's arm / *elle a été amputée d'un pied* she had a foot amputated **2.** [ôter une partie de - texte] to cut (down), to reduce ; [- budget] to cut back *(sép)* / *l'article a été amputé d'un tiers* the article was cut by a third / *le pays a été amputé de deux provinces* the country lost two provinces / *le palais a été amputé de son aile sud* the south wing of the palace was demolished.

amstellodamois, e [amstɛlɔdamwa, az] adj from Amsterdam.

❖ **Amstellodamois, e** nm, f *inhabitant of or person from Amsterdam* ▸ **les Amstellodamois** the people of Amsterdam.

Amsterdam [amstɛʀdam] npr Amsterdam.

amuïr [32] [amɥiʀ] ❖ **s'amuïr** vpi : *le « s » s'est amuï* the "s" became mute.

amuïssement [amɥismɑ̃] nm *dropping of a phoneme in prononciation.*

amulette [amylɛt] nf amulet.

amure [amyʀ] nf tack / *naviguer tribord / bâbord amures* to sail on the starboard / port tack ▸ **changer d'amure** to change tack.

amurer [3] [amyʀe] vt to tack, to board the tack of ; *(en usage absolu)* : *amurer à bâbord* to tack to port.

amusant, e [amyzɑ̃, ɑ̃t] adj **1.** [drôle] funny, amusing / *les gags ne sont même pas amusants* the jokes aren't even funny **2.** [divertissant] entertaining / *je vais t'apprendre un petit jeu amusant* I'm going to teach you an entertaining little game.

amuse-bouche [amyzbuʃ] (*pl* **amuse-bouche** *ou* **amuse-bouches**) nm appetizer, nibble UK.

amuse-gueule [amyzgøl] (*pl* **amuse-gueule** *ou* **amuse-gueules**) nm appetizer, nibble UK.

amusement [amyzmɑ̃] nm **1.** [sentiment] amusement ▸ **écouter qqn / sourire avec amusement** to listen to sb with / to smile in amusement ▸ **à son grand amusement** much to her amusement **2.** [chose divertissante] entertainment / *tu parles d'un amusement !* *iron* this isn't exactly my idea of fun ! ; [jeu] recreational activity, pastime.

amuser [3] [amyze] vt **1.** [faire rire] to make laugh, to amuse ▸ **elle m'amuse** she makes me laugh / *cela ne m'amuse pas du tout* I don't find that in the least bit funny ▸ **amuser la galerie** *fam* to play to the gallery **2.** [plaire à] to appeal to / *ça ne l'amuse pas de travailler chez eux* he doesn't enjoy ou like working there / *tu crois que ça m'amuse d'être pris pour un imbécile ?* do you think I enjoy being taken for a fool ? / *si ça t'amuse, fais-le* do it if that's what you want, if it makes you happy, do it **3.** [divertir] to entertain **4.** [détourner l'attention de] to divert, to distract **5.** *litt* [tromper] to delude, to deceive / *il m'a amusé pendant un an avec ses promesses* for a whole year he led me a merry dance with his promises.

❖ **s'amuser** vpi **1.** [jouer - enfant] to play / *elle s'amuse dehors avec son cousin* she's outside playing with her cousin / *à cet âge-là, on s'amuse avec presque rien* at that age, they amuse themselves very easily ▸ **s'amuser avec** [manipuler] to fiddle ou to toy with **2.** [se divertir] to have fun / *je ne me suis jamais autant amusé* I've never had so much fun / *ils se sont bien amusés* they really had a good time ▸ **amusez-vous bien !** enjoy yourselves !, have a good time ! / *qu'est-ce qu'on s'est amusés !* we had so much fun ! / *on s'amusait comme des petits fous* *fam* we were having a whale of a time / *elles ont construit une hutte pour s'amuser* they built a hut, just for fun / *mais, papa, c'était pour s'amuser !* but, Dad, we were only having fun ! / *ils ne vont pas s'amuser avec le nouveau colonel* they won't have much fun with the new colonel ▸ **s'amuser aux dépens de qqn** to make fun of sb **3.** [perdre son temps] ▸ **s'amuser en route** ou **en chemin a)** *pr* to dawdle on the way **b)** *fig* to waste time needlessly ▸ **on n'a pas le temps de s'amuser** there's no time for fooling around.

❖ **s'amuser à** vp + prép **1.** [jouer à] to play / *on s'amusait à la marelle* we used to play hopscotch **2.** [s'occuper à] : *ils s'amusent à dessiner* they are busy drawing / *il s'amuse à faire des avions en papier en cours* he spends his time making paper planes in class **3.** [s'embêter à] : *si tu crois que je vais m'amuser à ça !* if you think I have nothing better to do ! / *si je dois m'amuser à tout lui expliquer, j'ai pas fini !* *fam* if I've got to go and explain everything to him, I'll still be here next week ! **4.** [s'aviser de] : *ne t'amuse pas à toucher ce fil !* don't you (go and) touch ou go touching that wire !

amusette [amyzɛt] nf **1.** [distraction] idle amusement **2.** BELG [personne frivole] frivolous person.

amuseur, euse [amyzœʀ, øz] nm, f **1.** [artiste] entertainer **2.** *péj* [personne peu sérieuse] smooth talker.

amygdale [amidal] nf tonsil / *se faire opérer des amygdales* to have one's tonsils removed ou out.

amygdalectomie [amidalɛktɔmi] nf tonsillectomy.

amygdalite [amidalit] nf tonsillitis.

amylacé, e [amilase] adj amylaceous.

amylase [amilaz] nf amylase.

amylique [amilik] adj amyl *(modif).*

amyotrophie [amjɔtʀɔfi] nf MÉD amyotrophy, amyotrophia.

an [ɑ̃] nm **1.** [durée de douze mois] year ▸ **dans un an** one year from now / *encore deux ans et je m'arrête* two more years before I stop / *j'ai cinq ans de métier* I have five years' experience in this field / *une amitié de vingt ans* a friendship of twenty years' standing ▸ **un an plus tard** ou **après** one year ou twelve months later / *voilà deux ans qu'elle est partie* she's been gone for two years now ▸ **par an** a year ▸ **deux fois par an** twice a year / *je gagne tant par an* I earn so much a year ▸ **tous les ans a)** [gén] every ou each year **b)** [publier, réviser] yearly, on a yearly basis ▸ **bon an mal an** through good times and bad **2.** *(avec l'article défini)* [division du calendrier] (calendar) year ▸ **l'an dernier** ou **passé** last year / *en l'an 10 après Jésus-Christ* in (the year) 10 AD / *en l'an 200 avant notre ère* in (the year) 200 BC ▸ **l'an Un / Deux de la Révolution** HIST Year One / Two of the (French) Revolution ▸ **le jour** ou **le premier de l'An** New Year's day ▸ **le Nouvel An** : *que fais-tu pour le Nouvel An ?* what are you doing for New Year ? ▸ **en l'an de grâce 1624** *arch* in the year of Our Lord 1624 ▸ **se ficher** ou **se moquer de qqch comme de l'an quarante** *fam* : *je m'en fiche* ou *moque comme de l'an quarante !* I don't give two hoots ! **3.** [pour exprimer l'âge] ▸ **à trois ans** at three (years of age) ▸ **elle a cinq ans** she's five (years old) / *on fête ses vingt ans* we're celebrating his twentieth birthday / *un enfant de cinq ans* a five-year-old (child).

❖ **ans** nmpl *litt* advancing ou passing years / *un visage que les ans ne semblent pas avoir touché* a face seemingly untouched by the passing (of the) years.

anabaptisme [anabatism] nm Anabaptism.

anabaptiste [anabatist] adj & nmf Anabaptist.

anabolique [anabɔlik] adj anabolic.

anabolisant, e [anabɔlizɑ̃, ɑ̃t] adj anabolic.

❖ **anabolisant** nm anabolic steroid.

anabolisme [anabɔlism] nm anabolism.

anacarde [anakaʀd] nm cashew (nut), anacard *spéc.*

anacardier [anakaʀdje] nm cashew (tree).

anachorète [anakɔʀɛt] nm anchorite.

anachorétisme [anakɔʀetism] nm anchoretism.

anachronique [anakʀɔnik] adj anachronistic, anachronic.

anachronisme [anakʀɔnism] nm anachronism.

anaclitique [anaklitik] adj anaclitic.

anacoluthe [anakɔlyt] nf anacoluthon.

anaconda [anakɔ̃da] nm anaconda.

anadrome [anadʀɔm] adj anadromous.

anaérobie [anaeʀɔbi] ◆ adj anaerobic. ◆ nm anaerobe.

anaérobiose [anaeʀɔbjoz] nf anaerobiosis.

anaglyphe [anaglif] nm anaglyph.

anaglyptique [anagliptik] ◆ adj embossed. ◆ nf embossed print.

anagramme [anagʀam] nf anagram.

ANAH [ana, aenaaʃ] (abr de **Agence nationale pour l'amélioration de l'habitat**) npr f *national agency responsible for housing projects and restoration grants.*

anal, e, aux [anal, o] adj anal.

analeptique [analɛptik] adj & nm analeptic.

analgésie [analʒezi] nf analgesia.

analgésique [analʒezik] adj & nm analgesic.

analité [analite] nf anality.

anallergique [analɛʀʒik] adj hypoallergenic.

analogie [analɔʒi] nf analogy / *il y a une analogie entre ces deux histoires* there's an analogy between the two stories / *trouver une analogie entre deux choses* to draw an analogy between two things.

❖ **par analogie** loc adv by analogy ▸ **par analogie avec** by analogy with.

analogique [analɔʒik] adj **1.** [présentant un rapport] analogic, analogical **2.** INFORM analog ▸ **calculateur analogique** analog computer ▸ **convertisseur analogique numérique** analog-to-digital converter.

analogiquement [analɔʒikmɑ̃] adv analogically.

analogue [analɔg] ◆ adj analogous, similar ▸ **analogue par la forme** analogous in shape / *une histoire analogue à une autre* a story similar to another one. ◆ nm analogue.

analphabète [analfabɛt] adj & nmf illiterate.

analphabétisme [analfabetism] nm illiteracy / *les problèmes liés à l'analphabétisme* problems of literacy.
analysable [analizabl] adj **1.** [que l'on peut examiner] analysable **2.** INFORM scannable.
analysant, e [analizɑ̃, ɑ̃t] nm, f analysand.
analyse [analiz] nf **1.** [étude] analysis / *cet argument ne résiste pas à l'analyse* this argument doesn't stand up to analysis / *l'analyse des faits montre que...* an examination of the facts shows that... ▸ **analyse des coûts** cost analysis ▸ **analyse de faisabilité** feasibility study ▸ **analyse financière** financial analysis ▸ **analyse de marché** market survey ou research ▸ **analyse des postes de travail** job analysis ▸ **analyse des résultats** processing of results ▸ **analyse sectorielle** cross-section analysis **2.** ENS analysis / *faire l'analyse d'un texte* to analyse a text ▸ **analyse de texte** textual analysis ▸ **analyse logique** / **grammaticale** GRAM sentence / grammatical analysis ▸ **faire une analyse grammaticale** to parse / *faites l'analyse grammaticale de cette phrase* parse this sentence **3.** BIOL analysis ▸ **analyse de sang** blood analysis ou test **4.** PSYCHOL analysis, psychoanalysis ▸ **être en analyse** to be in analysis ▸ **faire une analyse** to undergo analysis ▸ **analyse transactionnelle** transactional analysis **5.** INFORM analysis ▸ **analyse factorielle** factor analysis ▸ **analyse fonctionnelle** functional ou systems analysis ▸ **analyse lexicale** lexical scan ▸ **analyse numérique** numerical analysis ▸ **analyse organique** systems design ▸ **analyse des performances du système** system evaluation ; ÉLECTRON scan, scanning **6.** CHIM & MATH analysis **7.** MIN essaying ▸ **analyse des minerais** ore essaying.
analysé, e [analize] nm, f PSYCHOL analysand.
analyser [3] [analize] vt **1.** [étudier] to analyse UK, to analyze US **2.** GRAM to parse / *analyser une phrase en constituants* to parse a sentence into its constituents **3.** [résumer] to summarize, to make an abstract ou a précis of **4.** BIOL & CHIM to analyse UK, to analyze US, to test **5.** PSYCHOL to analyse UK, to analyze US / *se faire analyser* to undergo analysis.
❖ **s'analyser** vp to be analysed UK ou analyzed US / *un tel comportement ne s'analyse pas facilement* such behaviour is not easy to understand.
analyseur [analizœʀ] nm **1.** INFORM analyser ▸ **analyseur logique** / **différentiel** logic / differential analyser ▸ **analyseur syntaxique** parser **2.** ÉLECTRON scanner, analyser **3.** ÉLECTR analyser **4.** CHIM analyst.
analyste [analist] nmf **1.** [gén] analyst **2.** PSYCHOL analyst, psychoanalyst.
analyste-programmeur, euse [analistpʀɔgʀamœʀ, øz] (*mpl* **analystes-programmeurs**, *fpl* **analystes-programmeuses**) nm, f systems analyst.
analytique [analitik] ◆ adj analytic, analytical ▸ **géométrie** / **philosophie analytique** analytical geometry / philosophy. ◆ nm abstract. ◆ nf analytics *(U)*.
analytiquement [analitikmɑ̃] adv analytically.
anamnèse [anamnɛz] nf PSYCHOL & RELIG anamnesis.
anamorphose [anamɔʀfoz] nf ENTOM & OPT anamorphosis.
ananas [anana(s)] nm pineapple.
anapeste [anapɛst] nm anapaest.
anaphase [anafaz] nf anaphase.
anaphore [anafɔʀ] nf anaphora.
anaphorique [anafɔʀik] adj anaphoric, anaphorical.
anaphrodisiaque [anafʀɔdizjak] ◆ adj anaphrodisiac. ◆ nm anaphrodisiac.
anaphylactique [anafilaktik] adj anaphylactic.
anaphylaxie [anafilaksi] nf anaphylaxis.
anar [anaʀ] nmf *fam* anarchist.
anarchie [anaʀʃi] nf **1.** POL anarchy **2.** [désordre] anarchy, lawlessness.
anarchique [anaʀʃik] adj anarchic, anarchical.
anarchiquement [anaʀʃikmɑ̃] adv anarchically.
anarchisant, e [anaʀʃizɑ̃, ɑ̃t] adj anarchistic.
anarchisme [anaʀʃism] nm anarchism.
anarchiste [anaʀʃist] ◆ adj anarchist, anarchistic. ◆ nmf anarchist.
anarcho-syndicalisme, anarchosyndicalisme* [anaʀkosɛ̃dikalism] nm anarchosyndicalism.
anarcho-syndicaliste [anaʀkosɛ̃dikalist] (*pl* **anarcho-syndicalistes**) adj & nmf anarcho-syndicalist.
anastigmat [anastigmat], **anastigmatique** [anastigmatik] adj m anastigmatic.
❖ **anastigmat** nm anastigmat, anastigmatic lens.
anastomose [anastɔmoz] nf ANAT, BOT & MÉD anastomosis.
anastomoser [3] [anastɔmoze] vt MÉD to anastomose.
❖ **s'anastomoser** vpi **1.** ANAT to anastomose **2.** GÉOGR [fleuve] to become braided.
anathématiser [3] [anatematize] vt **1.** *litt* [condamner] to censure **2.** RELIG to anathematize.
anathème [anatɛm] nm **1.** [condamnation] anathema ▸ **jeter l'anathème sur** to pronounce an anathema upon, to anathematize **2.** RELIG anathema.
Anatolie [anatɔli] npr f ▸ **(l')Anatolie** Anatolia.
anatolien, enne [anatɔljɛ̃, ɛn] adj Anatolian.
❖ **Anatolien, enne** nm, f Anatolian.
anatomie [anatɔmi] nf **1.** SCI [étude, structure] anatomy ▸ **anatomie pathologique** pathological anatomy **2.** *fam* [corps] body ▸ **une belle anatomie** a gorgeous figure / *son pantalon révélait tous les détails de son anatomie euphém* his / her trousers didn't leave much to the imagination / *dans la partie la plus charnue de son anatomie euphém* in his posterior.
anatomique [anatɔmik] adj anatomical / *faire l'étude anatomique d'un corps* to anatomize ou to dissect a body.
anatomiquement [anatɔmikmɑ̃] adv anatomically.
anatomiste [anatɔmist] nmf anatomist.
anatomopathologie [anatɔmopatɔlɔʒi] nf anatomicopathology.
anatoxine [anatɔksin] nf anatoxin, toxoid.
Anaxagore [anaksagɔʀ] npr Anaxagoras.
Anaximandre [anaksimɑ̃dʀ] npr Anaximander.
Anaximène [anaksimɛn] npr Anaximenes.
ANC (abr de **African National Congress**) ANC.
ancestral, e, aux [ɑ̃sɛstʀal, o] adj **1.** [venant des ancêtres] ancestral **2.** [ancien - tradition, coutume] ancient, age-old, time-honoured.
ancêtre [ɑ̃sɛtʀ] nmf **1.** [ascendant] ancestor, forefather / *c'était mon ancêtre* he / she was an ancestor of mine **2.** [précurseur - personne, objet] ancestor, forerunner, precursor **3.** *fam* [vieille personne] old boy (old girl) UK, old timer US.
❖ **ancêtres** nmpl ancestors, forebears.
anche [ɑ̃ʃ] nf reed.
anchois [ɑ̃ʃwa] nm anchovy.
ancien, enne [ɑ̃sjɛ̃, ɛn] ◆ adj **1.** [vieux - coutume, tradition, famille] old, ancient, time-honoured ; [- amitié, relation] old, long-standing ; [- bague, châle] old, antique ▸ **un meuble ancien** an antique ▸ **livres anciens** antiquarian books / *une de nos règles déjà ancienne stipule que...* one of our long-standing rules stipulates ou states that... **2.** ANTIQ [langue, histoire, civilisation] ancient ▸ **la Grèce ancienne** ancient ou classical Greece **3.** *(avant nom)* [ex - président, époux, employé] former, ex ; [- stade, église] former / *mon ancien patron* my former boss ou ex-boss / *ses anciens camarades* his old ou former comrades ▸ **c'est une ancienne infirmière** she used to work as a nurse ▸ **l'ancien aéroport** the old ou former airport / *mon ancienne école* my old school / *une ancienne colonie française* a former French colony / *l'ancienne rue de la Gare* what used to be rue de la Gare ▸ **un ancien combattant** a (war) veteran, an ex-serviceman ▸ **un ancien élève** an old boy UK, an alumnus US ▸ **une ancienne élève** an old girl UK, an alumna US ▸ **les anciens élèves** old boys UK, the alumni US **4.** [passé] former / *dans les temps anciens, dans l'ancien temps* in former times, in olden ou bygone days **5.** [qui a de l'ancienneté] senior / *vous n'êtes pas assez ancien dans la profession* you've not been in the job long enough / *ils sont plus anciens que moi dans la fonction* they're senior to me (in the job) **6.** LING ▸ **ancien français** Old French. ◆ nm, f **1.** [qui a de l'expérience] old hand **2.** [qui est plus vieux] elder / *respectez les anciens* have some respect for your elders **3.** [qui a participé] ▸ **un ancien de l'ENA** a former student of the ENA / *un ancien du parti communiste* an ex-member of the Communist Party / *un ancien de la guerre de Corée* a Korean war veteran, a veteran of the Korean war **4.** HIST ▸ **la querelle des Anciens et des Modernes** *famous controversy in the 17th century in which artists and writers debated the relative merits of classical and contemporary art and writing.*
❖ **ancien** nm **1.** [objets] ▸ **l'ancien** antiques / *meublé entièrement en ancien* entirely furnished with antiques **2.** [construction] ▸ **l'ancien** old ou older buildings / *les murs sont plus épais dans l'ancien* walls are thicker in old ou older buildings.
❖ **Anciens** nmpl ANTIQ & LITTÉR Ancients.
❖ **à l'ancienne** loc adj old-fashioned / *des fiançailles à l'ancienne* an old-fashioned ou old-style engagement ▸ **bœuf à l'ancienne** beef in traditional style / *bague à l'ancienne* traditional-style ring.
❖ **Ancien Régime** nm ▸ **l'Ancien Régime** the Ancien Régime.
❖ **Ancien Testament** nm ▸ **l'Ancien Testament** the Old Testament.
Voir encadré à l'article **dernier**.

⚠ Attention, **ancient** signifie « très ancien », « antique ». Il ne doit pas être employé pour traduire les autres sens du mot ancien.

L'Ancien Régime

The government and social structure of France before the Revolution of 1789 was an absolutist monarchy consisting of three estates: the clergy, the nobility (both enjoying institutional privileges), and the Third Estate, or commoners. The privileges which characterized the **Ancien Régime** were abolished the 4th of August 1789.

anciennement [ɑ̃sjɛnmɑ̃] adv previously, formerly.
ancienneté [ɑ̃sjɛnte] nf **1.** [d'une chose] oldness **2.** [d'une personne] length of service ▸ **avoir de l'ancienneté** : *elle a beaucoup d'ancienneté chez nous* she's been with us for a long time ; [avantages acquis] seniority / *avancer* ou *être promu à l'ancienneté* to be promoted by seniority.
❖ **de toute ancienneté** loc adv from time immemorial.
ancillaire [ɑ̃silɛʀ] adj [avec une servante] : *les amours ancillaires* love affairs with servants.
ancolie [ɑ̃kɔli] nf columbine, aquilegia.
Ancône [ɑ̃kon] npr Ancona.
ancrage [ɑ̃kʀaʒ] nm **1.** TECHNOL [fixation] anchorage / *ancrage des câbles d'un pont suspendu* cable anchorage of a suspension bridge ▸ **ancrage mécanique** mechanical bond ▸ **ancrage à scellement** permanent soil anchor **2.** NAUT [arrêt] moorage, anchorage ; [droits] anchorage ou moorage ou berthing (dues) **3.** [enracinement] : *l'ancrage d'un parti dans l'électorat* a party's electoral base / *l'action de la pièce n'a aucun ancrage dans la réalité* the plot of the play has no basis in reality.
ancre [ɑ̃kʀ] nf **1.** NAUT ▸ **ancre (de marine)** anchor ▸ **ancre de corps-mort** mooring anchor ▸ **ancre à jet** kedge anchor ▸ **ancre flottante** drag anchor ▸ **ancre de salut** *fig* last resort / *elle est mon ancre de salut* she's my last hope ▸ **ancre de terre** shore anchor ▸ **être à l'ancre** to ride ou to lie at anchor ▸ **jeter l'ancre a)** *pr* to cast ou to drop anchor **b)** *fig* to put down roots ▸ **lever l'ancre** *pr* to weigh anchor / *allez, on lève l'ancre!* *fam & fig* come on, let's go ! **2.** CONSTR ▸ **ancre de mur** cramp (iron) ▸ **ancre de tête** / **voûte** wall / tie anchor **3.** [d'une horloge] pallet ▸ **ancre à chevilles** pin pallet, lever fork.

* In reformed spelling (see p. 16-19).

ancrer [3] [ɑ̃kʀe] vt **1.** NAUT to anchor **2.** [attacher] to anchor / *ancrer un câble* to anchor a cable **3.** *fig* to root / *la propagande a ancré le parti dans la région* propaganda has established the party firmly in this area / *c'est une idée bien ancrée* it's a firmly-rooted idea.
❖ **s'ancrer** vpi **1.** NAUT to drop ou to cast anchor **2.** [se fixer] to settle / *sa famille s'est ancrée dans la région* his family has settled in the area.

andain [ɑ̃dɛ̃] nm swath *(of cut grass, hay, etc.)*.

andalou, se [ɑ̃dalu, uz] adj Andalusian.
❖ **Andalou, se** nm, f Andalusian.
❖ **andalou** nm LING Andalusian.

Andalousie [ɑ̃daluzi] npr f ▸ **(l')Andalousie** Andalusia.

andalousite [ɑ̃daluzit] nf andalusite.

Andes [ɑ̃d] npr fpl ▸ **les Andes** the Andes / *la cordillère des Andes* the Andes cordillera / *le climat des Andes* the climate of the Andes, the Andean climate.

andésite [ɑ̃dezit] nf andesite.

andin, e [ɑ̃dɛ̃, in] adj Andean.
❖ **Andin, e** nm, f Andean.

andorran, e [ɑ̃dɔʀɑ̃, an] adj Andorran.
❖ **Andorran, e** nm, f Andorran.

Andorre [ɑ̃dɔʀ] npr f ▸ **(la principauté d')Andorre** (the principality of) Andorra.

Andorre-la-Vieille [ɑ̃dɔʀlavjɛj] npr Andorra la Vella.

andouille [ɑ̃duj] nf **1.** CULIN chitterlings sausage *(eaten cold)* **2.** *fam* [imbécile] dummy ▸ **faire l'andouille** to fool around / *espèce d'andouille!* you great dummy! / *fais pas l'andouille, touche pas la prise!* watch out, don't touch the socket! / *fais pas l'andouille, tu sais bien qu'elle t'aime!* don't do anything stupid, you know she loves you!

andouiller [ɑ̃duje] nm tine.

andouillette [ɑ̃dujɛt] nf chitterlings sausage *(for grilling)*.

André [ɑ̃dʀe] npr ▸ **saint André** Saint Andrew ▸ **la Saint-André** Saint Andrew's Day.

andrinople [ɑ̃dʀinɔpl] nf Turkey red *(cotton fabric)*.

androcéphale [ɑ̃dʀɔsefal] adj androcephalous.

Androclès [ɑ̃dʀɔklɛs] npr Androcles.

androgène [ɑ̃dʀɔʒɛn] ◆ adj androgenic. ◆ nm androgen.

androgénèse [ɑ̃dʀɔʒenɛz] nf androgenesis.

androgyne [ɑ̃dʀɔʒin] ◆ adj androgynous. ◆ nm androgyne.

androgynie [ɑ̃dʀɔʒini] nf androgyny.

androïde [ɑ̃dʀɔid] nm android.

Andromaque [ɑ̃dʀɔmak] npr Andromache.

Andromède [ɑ̃dʀɔmɛd] npr Andromeda.

andropause [ɑ̃dʀɔpoz] nf male menopause.

androstérone [ɑ̃dʀɔsteʀɔn] nf androsterone.

âne [an] nm **1.** ZOOL donkey, ass ▸ **il est comme l'âne de Buridan** he can't make up his mind ▸ **être mauvais ou méchant comme un âne rouge** to be vicious ou nasty ▸ **il y a plus d'un** ou **il n'y a pas qu'un âne (à la foire) qui s'appelle Martin** that's a very common name, lots of people are called that **2.** [imbécile] idiot, fool ▸ **faire l'âne** to play the fool ▸ **c'est un âne bâté** he's a complete idiot ▸ **faire l'âne pour avoir du son** to play the fool to achieve one's ends.

anéantir [32] [aneɑ̃tiʀ] vt **1.** [détruire -armée, ville] to annihilate, to destroy, to wipe out *(sép)*; [-rébellion, révolte] to quell, to crush; [-espoir] to dash, to destroy; [-succès, effort] to ruin, to wreck; [-amour, confiance] to destroy / *leur équipe a été anéantie* their team was annihilated ou routed **2.** [accabler -suj: nouvelle, événement] to overwhelm, to crush / *ça l'a anéanti* it was a tremendous blow to him / *être anéanti par le chagrin* to be overcome by grief / *elle est anéantie* she's devastated; [épuiser] to exhaust ▸ **elle est anéantie par la chaleur / fatigue** she's overwhelmed by the heat / utterly exhausted.
❖ **s'anéantir** vpi to disappear, to vanish / *s'anéantir dans l'oubli* to sink into oblivion / *tous nos espoirs se sont anéantis* all our hopes were dashed.

anéantissement [aneɑ̃tismɑ̃] nm **1.** [destruction] ruin, annihilation, destruction ▸ **c'est l'anéantissement d'un mois de travail** it's a whole month's work lost / *cette nouvelle fut l'anéantissement de tous mes espoirs* this news dashed all my hopes **2.** [accablement] prostration / *être dans l'anéantissement le plus total* to be completely devastated.

anecdote [anɛkdɔt] nf anecdote / *tout cela, c'est de l'anecdote* *péj* this is all trivial detail, this is just so much trivia.

anecdotique [anɛkdɔtik] adj **1.** [qui contient des anecdotes] anecdotal **2.** [sans intérêt] trivial *péj*.

anélasticité [anelastisite] nf lack of elasticity.

anélastique [anelastik] adj unelastic.

anémie [anemi] nf **1.** MÉD anaemia UK, anemia US **2.** *fig* : *nous constatons une anémie de la production* we note that output has slowed to a trickle.

anémié, e [anemje] adj **1.** MÉD anaemic UK, anemic US **2.** [affaibli] weakened, anaemic.

anémier [9] [anemje] vt **1.** MÉD to make anaemic UK ou anemic US **2.** [affaiblir] to weaken, to enfeeble *litt*.
❖ **s'anémier** vp MÉD to become anaemic UK ou anemic US ; *fig* to weaken.

anémique [anemik] adj **1.** MÉD anaemic UK, anemic US **2.** [faible -personne] feeble, ineffectual; [-plante] spindly, weedy; [-économie, industrie] weak, slow, sluggish / *un texte plutôt anémique* a rather colourless piece of writing.

anémomètre [anemɔmɛtʀ] nm anemometer.

anémone [anemɔn] nf **1.** BOT anemone **2.** ZOOL ▸ **anémone de mer** sea anemone.

anémophile [anemɔfil] adj anemophilous *spéc*.

anémophilie [anemɔfili] nf wind-pollination, anemophily *spéc*.

anencéphale [anɑ̃sefal] adj anencephalic.

anencéphalie [anɑ̃sefali] nf anencephaly.

anérection [aneʀɛksjɔ̃] nf impotence.

anergie [anɛʀʒi] nf anergy.

ânerie [anʀi] nf **1.** [caractère stupide] stupidity / *tu es d'une ânerie!* you are so stupid!, you're such an idiot! **2.** [parole] stupid ou silly remark ▸ **dire des âneries** to make stupid ou silly remarks, to talk rubbish **3.** [acte] stupid blunder ou mistake ▸ **faire des âneries** to make stupid mistakes.

anéroïde [aneʀɔid] adj aneroid.

ânesse [anɛs] nf she-ass, jenny.

anesthésiant, e [anɛstezjɑ̃, ɑ̃t] adj & nm anaesthetic, anesthetic US.

anesthésie [anɛstezi] nf anaesthesia, anesthesia US ▸ **faire une anesthésie à qqn** to anaesthetize sb, to give sb an anaesthetic ▸ **être sous anesthésie** to be anaesthetized ou under an anaesthetic ▸ **anesthésie locale / générale** local / general anaesthesia ▸ **anesthésie péridurale** ou **épidurale** epidural (anaesthesia).

anesthésier [9] [anɛstezje] vt **1.** MÉD to anaesthetize, to anesthetize US / *docteur, allez-vous m'anesthésier?* doctor, are you going to give me an anaesthetic? / *on ressort de ses cours complètement anesthésié* *fig & hum* your mind is numb with boredom when you come out of his lectures **2.** [insensibiliser -bras, jambe] to numb, to deaden / *le glaçon m'a anesthésié la gencive* the ice cube numbed ou took all the feeling out of my gum.

anesthésiologie [anɛstezjɔlɔʒi] nf anaesthetics UK *(U)*, anesthesiology US.

anesthésiologiste [anɛstezjɔlɔʒist] = **anesthésiste-réanimateur**.

anesthésique [anɛstezik] adj & nm anaesthetic, anesthetic US / *un anesthésique local* a local anaesthetic.

anesthésiste [anɛstezist] nmf anaesthetist, anesthetist US, anesthesiologist US.

anesthésiste-réanimateur [anɛstezistʀeanimatœʀ] *(pl* **anesthésistes-réanimateurs***)* nmf anaesthetist UK, anesthesiologist US.

aneth [anɛt] nm dill.

anévrisme [anevʀism] nm aneurysm.

anévrysme, anévrisme [anevʀism] nm MÉD aneurism ▸ **rupture d'anévrysme** aneurysmal rupture.

anfractuosité [ɑ̃fʀaktɥozite] nf **1.** [cavité] crevice, crack **2.** MÉD anfractuosity.

ange [ɑ̃ʒ] nm **1.** RELIG angel ▸ **c'est mon bon ange** he's my guardian angel ▸ **c'est mon mauvais ange** he's a bad influence on me ▸ **ange déchu / gardien** fallen / guardian angel ▸ **ah, un ange passe!** hasn't anybody got anything to say? ▸ **un ange passa** there was a pregnant pause ou an awkward lull in the conversation ▸ **être aux anges** to be beside o.s. with joy / *elle était aux anges quand je le lui ai dit* when I told her, she was ecstatic ▸ **rire** ou **sourire aux anges** : *il riait* ou *souriait aux anges dans son sommeil* he was smiling happily in his sleep **2.** [personne parfaite] angel / *passe-moi le pain, tu seras un ange* be an angel ou a dear and pass me the bread ▸ **un ange de** : *c'est un ange de douceur* he's sweetness itself; [en appellatif] ▸ **mon ange** my darling ou angel **3.** ZOOL monkfish, angel shark.

angélique [ɑ̃ʒelik] ◆ adj RELIG & *fig* angelic ▸ **un sourire angélique** the sweet smile of an angel. ◆ nf BOT & CULIN angelica. ◆ nm [bois] basralocus wood.

angéliquement [ɑ̃ʒelikmɑ̃] adv angelically.

angélisme [ɑ̃ʒelism] nm otherworldliness.

angelot [ɑ̃ʒlo] nm cherub.

angélus [ɑ̃ʒelys] nm Angelus / **'l'Angélus'** *Millet* 'The Angelus *(probably the most often reproduced of 19th-century paintings)*'.

Angers [ɑ̃ʒe] npr Angers.

angevin, e [ɑ̃ʒvɛ̃, in] adj **1.** [d'Angers] from Angers **2.** [de l'Anjou] from Anjou.
❖ **Angevin, e** nm, f [habitant -d'Angers] *inhabitant of or person from Angers*; [-de l'Anjou] *inhabitant of or person from Anjou* ▸ **les Angevins a)** [d'Angers] the people of Angers **b)** [de l'Anjou] the people of Anjou.

angine [ɑ̃ʒin] nf **1.** [infection -des amygdales] tonsillitis; [-du pharynx] pharyngitis ▸ **avoir une angine** to have a sore throat ▸ **angine catarrhale** catarrhal ou acute pharyngitis ▸ **angine couenneuse** diphtheria **2.** [douleur cardiaque] angina ▸ **angine de poitrine** angina (pectoris).

> ⚠ Attention, lorsqu'il s'agit de problèmes de gorge, il ne faut pas traduire angine par **angina**.

angineux, euse [ɑ̃ʒinø, øz] adj anginal, anginous.

angiocardiographie [ɑ̃ʒjɔkaʀdjɔgʀafi] nf angiocardiography.

angiographie [ɑ̃ʒjɔgʀafi] nf angiography.

angiologie [ɑ̃ʒjɔlɔʒi] nf angiology.

angiome [ɑ̃ʒjom] nm angioma.

angiosperme [ɑ̃ʒjɔspɛʀm] nf angiosperm ▸ **les angiospermes** the Angiospermae.

Angkor [ɑ̃kɔʀ] npr Angkor.

anglais, e [ɑ̃glɛ, ɛz] adj [d'Angleterre] English; [de Grande-Bretagne] British ▸ **l'équipe anglaise** SPORT the England team.
❖ **Anglais, e** nm, f [d'Angleterre] Englishman (Englishwoman); [de Grande-Bretagne] Briton ▸ **les Anglais a)** [d'Angleterre] English people, the English **b)** [de Grande-Bretagne] British people, the British.
❖ **anglais** nm LING English ▸ **anglais américain / britannique** American / British English.
❖ **anglaise** nf **1.** [écriture] italic longhand **2.** BOT morello cherry.
❖ **anglaises** nfpl ringlets / *elle était coiffée avec des anglaises* her hair was in ringlets.
❖ **à l'anglaise** ◆ loc adj **1.** CULIN boiled **2.** HORT ▸ **jardin / parc à l'anglaise** landscaped garden / park **3.** MENUIS ▸ **escalier / limon à l'anglaise** open staircase / stringboard. ◆ loc adv ▸ **se sauver** ou **filer à l'anglaise** to take French leave.

anglaiser [4] [ɑ̃gleze] vt : *anglaiser un cheval* to nick a horse's tail.

angle [ɑ̃gl] nm **1.** [coin -d'un meuble, d'une rue] corner ▸ **faire un angle a)** [chemin] to bend, to turn

b) [maison] to be L-shaped, to form an angle ▸ **la maison qui est à** ou **qui fait l'angle** the house on the corner / *la statue est à l'angle de deux rues* the statue stands at a crossroads / *le buffet a des angles arrondis / pointus* the dresser has rounded / sharp corners ▸ **meuble d'angle** corner unit ▸ **angle saillant / rentrant** salient / re-entrant angle ▸ **angle vif** sharp angle ▸ **arrondir les angles** to smooth things over **2.** GÉOM angle ▸ **angle aigu / droit / obtus** acute / right / obtuse angle / *la rue fait un angle droit avec l'avenue* the street is at right angles to the avenue ▸ **angle alterne interne / plat** interior / exterior alternate angle ▸ **angle plat** straight angle ▸ **angle ouvert** wide angle ▸ **angle plein** 360-degree angle ▸ **angles opposés / supplémentaires** opposite / supplementary angles / *angles opposés par le sommet* vertical and opposite angles **3.** [aspect] angle, point of view / *je ne vois pas cela sous cet angle* I don't see it quite in that light ou from that angle / *quel que soit l'angle qu'on choisisse, le résultat est le même* you get the same result whichever way you go about it / *présenter les choses sous un certain angle* to present things from a certain point of view / *sous quel angle avez-vous abordé le sujet?* how did you approach the subject? / *vu sous l'angle économique / du rendement, cette décision se comprend* from an economic / a productivity point of view, the decision makes sense ▸ **angle d'attaque** *pr & fig* angle of attack **4.** OPT angle ▸ **angle d'incidence / de réflexion / de réfraction** angle of incidence / of reflection / of refraction ▸ **angle d'ouverture** aperture angle, beam width **5.** TECHNOL angle ▸ **angle d'attaque / d'affûtage / de coupe** working / lip / cutting angle.

❖ **angle mort** nm [en voiture] blind spot.

❖ **d'angle** loc adj [meuble] corner *(modif)* / *canapé d'angle* corner sofa.

Angleterre [ɑ̃glətɛʀ] npr f ▸ **(l')Angleterre a)** England **b)** [Grande-Bretagne] (Great) Britain ▸ **la bataille d'Angleterre** the Battle of Britain.

anglican, e [ɑ̃glikɑ̃, an] adj & nm, f Anglican.

anglicanisme [ɑ̃glikanism] nm Anglicanism.

angliche [ɑ̃gliʃ] *fam* ◆ adj [d'Angleterre] English ; [de Grande-Bretagne] Brit. ◆ nmf [d'Angleterre] Englishman (Englishwoman) ; [de Grande-Bretagne] Brit.

anglicisation [ɑ̃glisizasjɔ̃] nf anglicization, anglicizing.

angliciser [3] [ɑ̃glisize] vt to anglicize.

❖ **s'angliciser** vpi to become anglicized.

anglicisme [ɑ̃glisism] nm anglicism.

angliciste [ɑ̃glisist] nmf **1.** [étudiant] student of English **2.** [enseignant] teacher of English **3.** [spécialiste] Anglicist, expert in English language and culture.

anglo- [ɑ̃glo] préf anglo-.

anglo-américain, e [ɑ̃gloamerikɛ̃, ɛn] (*mpl* **anglo-américains**, *fpl* **anglo-américaines**) adj Anglo-American.

❖ **Anglo-Américain, e** nm, f Anglo-American.

❖ **anglo-américain** nm LING American English.

anglo-français, e [ɑ̃glofʀɑ̃sɛ, ɛz] (*mpl* **anglo-français**, *fpl* **anglo-françaises**) adj Anglo-French.

❖ **Anglo-Français, e** nm, f : *c'est un Anglo-Français* he's half English and half French.

anglo-irlandais, e [ɑ̃gloiʀlɑ̃dɛ, ɛz] (*mpl* **anglo-irlandais**, *fpl* **anglo-irlandaises**) adj Anglo-Irish.

❖ **Anglo-Irlandais, e** nm, f : *c'est un Anglo-Irlandais* he's half English and half Irish ▸ **les Anglo-Irlandais** the Anglo-Irish.

anglomane [ɑ̃glɔman] nmf Anglomaniac.

anglomanie [ɑ̃glɔmani] nf Anglomania.

anglo-normand, e [ɑ̃glonɔʀmɑ̃, ɑ̃d] (*mpl* **anglo-normands**, *fpl* **anglo-normandes**) adj **1.** HIST Anglo-Norman **2.** GÉOGR of the Channel islands ▸ **les îles Anglo-Normandes** the Channel Islands.

❖ **anglo-normand** nm LING Anglo-Norman.

anglophile [ɑ̃glɔfil] ◆ adj Anglophilic, Anglophiliac. ◆ nmf Anglophile.

anglophilie [ɑ̃glɔfili] nf Anglophilia.

anglophobe [ɑ̃glɔfɔb] ◆ adj Anglophobic. ◆ nmf Anglophobe.

anglophobie [ɑ̃glɔfɔbi] nf Anglophobia.

anglophone [ɑ̃glɔfɔn] adj & nmf Anglophone.

anglo-saxon, onne [ɑ̃glosaksɔ̃, ɔn] (*mpl* **anglo-saxons**, *fpl* **anglo-saxonnes**) adj **1.** [culture, civilisation] Anglo-American, Anglo-Saxon **2.** HIST Anglo-Saxon.

❖ **Anglo-Saxon, onne** nm, f Anglo-Saxon ▸ **les Anglo-Saxons a)** [peuples] British and American people **b)** HIST the Anglo-Saxons.

❖ **anglo-saxon** nm LING Old English, Anglo-Saxon.

Anglo-Saxon

The adjective **anglo-saxon** and the noun **Anglo-Saxon** are often used in French to refer to British and American people, culture, customs, etc.: **la musique anglo-saxonne, la littérature anglo-saxonne.**

angoissant, e [ɑ̃gwasɑ̃, ɑ̃t] adj [expérience] distressing, harrowing, agonizing ; [nouvelle, livre, film] distressing, harrowing / *il a vécu trois jours très angoissants* he lived through three harrowing days ; [sens affaibli] : *j'ai trouvé l'attente très angoissante* the wait was a strain on my nerves ▸ **une période angoissante** an anxious time.

angoisse [ɑ̃gwas] nf [inquiétude] anxiety ; [tourment] anguish ▸ **être** ou **vivre dans l'angoisse** to live in (a constant state of) anxiety ▸ **l'angoisse de** : *l'angoisse de la mort* the fear of death ▸ **vivre dans l'angoisse de qqch** to live in dread of ou to dread sthg / *avec elle, je vis dans l'angoisse d'une fugue* I live in constant fear that she'll run away / *l'angoisse de devoir faire un choix* the anguish of having to make a choice ▸ **angoisse existentielle** (existential) angst ▸ **c'est l'angoisse!** *fam* I dread the very idea!

❖ **angoisses** nfpl ▸ **avoir des angoisses** to suffer from anxiety attacks.

angoissé, e [ɑ̃gwase] ◆ adj [personne] anxious ; [regard] haunted, anguished, agonized ; [voix, cri] agonized, anguished / *être angoissé avant un examen* to feel anxious before an exam. ◆ nm, f anxious person ▸ **c'est un grand angoissé** he's the anxious type ou a terrible worrier.

angoisser [3] [ɑ̃gwase] ◆ vt ▸ **angoisser qqn a)** [inquiéter] to cause sb anxiety, to cause anxiety to sb **b)** [tourmenter] to cause sb anguish. ◆ vi *fam* to worry / *j'angoisse à mort pour l'examen de demain* I'm worried sick about tomorrow's exam.

❖ **s'angoisser** vpi *fam* to get worked up.

Angola [ɑ̃gɔla] npr m ▸ **(l')Angola** Angola.

angolais, e [ɑ̃gɔlɛ, ɛz] adj Angolan.

❖ **Angolais, e** nm, f Angolan.

angora [ɑ̃gɔʀa] ◆ adj angora ▸ **chat / chèvre / lapin angora** Angora cat / goat / rabbit ▸ **de la laine angora** angora wool. ◆ nm **1.** [chat, lapin] Angora **2.** [laine] angora.

❖ **en angora** loc adj angora *(modif)*.

Angoulême [ɑ̃gulɛm] npr Angoulême ▸ **le Festival d'Angoulême** *festival of comic strip art held in Angoulême.*

angoumoisin, e [ɑ̃gumwazɛ̃, in] adj from Angoulême.

❖ **Angoumoisin, e** nm, f *inhabitant of or person from Angoulême* ▸ **les Angoumoisins** the people of Angoulême.

angström, angstrœm* [agstʀœm] nm angstrom.

anguille [ɑ̃gij] nf ZOOL eel ▸ **anguille de mer / électrique** conger / electric eel ▸ **mince comme une anguille** thin as a reed ▸ **souple comme une anguille** supple as a reed ▸ **il y a anguille sous roche** there's something fishy going on.

anguilliforme [ɑ̃gijifɔʀm] adj eel-like, anguilliform *spéc.*

angulaire [ɑ̃gylɛʀ] adj angular.

anguleux, euse [ɑ̃gylø, øz] adj [objet] angular ; [visage] bony, sharp-featured, angular ; [personne] skinny, bony ; [esprit, caractère] stiff, angular.

angustura [ɑ̃gystyʀa] nf angostura.

anharmonique [anaʀmɔnik] adj anharmonic.

anhydre [anidʀ] adj anhydrous.

anhydride [anidʀid] nm anhydride ▸ **anhydride tellureux** tellurous anhydride.

anhydrite [anidʀit] nf anhydrite.

anicroche [anikʀɔʃ] nf hitch, snag / *il n'y a pas eu d'anicroches* there were no hitches, all went smoothly / *il pourrait bien y avoir des anicroches* there might well be a few snags ou hitches ▸ **sans anicroche** smoothly, without a hitch.

ânier, ère [anje, ɛʀ] nm, f donkey driver.

aniline [anilin] nf aniline.

animadversion [animadvɛʀsjɔ̃] nf *litt* animadversion *sout*, censure.

animal, e, aux [animal, o] adj animal ▸ **l'instinct animal** the animal instinct / *il répondit par un grognement animal* he gave an animal grunt by way of reply ▸ **échelle animale** evolutionary ladder.

❖ **animal, aux** nm **1.** ZOOL animal / *les animaux de la ferme* [dans les livres d'enfants] farm animals / *ils ont vendu tous les animaux de l'exploitation* they sold all the livestock on the farm ▸ **animal familier** ou **domestique** pet ▸ **animal virtuel** cyberpet ▸ **animal de boucherie** animal bred for meat ▸ **animaux de laboratoire** laboratory animals ▸ **grands animaux** larger animals **2.** *fam* [personne] dope, oaf / *c'est qu'il a encore raison, cet animal-là* ou *l'animal!* the beggar's right again! / *qu'est-ce qu'il a encore fait, ce grand animal(-là)?* what's that great oaf been up to this time?

animalcule [animalkyl] nm animalcule.

animalerie [animalʀi] nf **1.** [de laboratoire] breeding farm *(for laboratory animals)* **2.** [magasin] pet shop.

animalier, ère [animalje, ɛʀ] adj [peintre, sculpteur] animal *(modif)* ▸ **parc animalier** wildlife park.

❖ **animalier** nm **1.** ART animalier **2.** [employé] animal keeper *(in a laboratory)*.

animalité [animalite] nf animality, animal nature.

animateur, trice [animatœʀ, tʀis] nm, f **1.** [responsable - de maison de jeunes, de centre sportif] youth leader, coordinator ; [- de groupe] leader ; [- d'entreprise, de service] coordinator **2.** [gén, RADIO & TV] presenter ; [de jeux, de variétés] host **3.** [élément dynamique] moving spirit, driving force **4.** CINÉ animator.

⚠ Le mot anglais **animator** signifie « auteur de films d'animation ».

animation [animasjɔ̃] nf **1.** [entrain] life, liveliness, excitement ▸ **mettre un peu d'animation dans une réunion** to liven up a meeting / *son arrivée a créé beaucoup d'animation* his arrival caused a great deal of excitement **2.** [vivacité] liveliness, vivacity, animation / *elles discutaient de biologie avec animation* they were having a lively discussion about biology **3.** [d'un quartier, d'une ville] life / *il y a de l'animation dans les rues le soir* the streets are very lively ou full of life at night **4.** [coordination - d'un groupe] running ; [- d'un débat] chairing ▸ **chargé de l'animation culturelle** in charge of cultural activities / *responsable de l'animation de l'équipe* responsible for coordinating the team / *faire des animations dans les supermarchés* to promote products in supermarkets / *organiser des animations de rue* to organize street shows / *il y aura une petite animation pour les enfants* some activities will be organized for children **5.** CINÉ animation.

animé, e [anime] adj **1.** [doué de vie] animate ▸ **les êtres animés** animate beings **2.** [doté de mouvement] moving, animated / *les vitrines animées de Noël* moving ou animated window displays at Christmas **3.** [plein de vivacité - personne, discussion] lively, animated ; [- marché, ville, quartier] lively ▸ **une discussion animée** a lively ou spirited discussion ▸ **des rues animées** bustling ou lively streets **4.** LING animate.

*In reformed spelling (see p. 16-19).

animer [3] [anime] vt **1.** [doter de mouvement - mécanisme, robot] to move, to actuate, to motivate / *le piston est animé d'un mouvement de va-et-vient* the piston is driven back and forth **2.** [inspirer] to prompt, to motivate / *c'est la générosité qui l'anime* he's prompted ou motivated by generous feelings ▸ **être animé de** to be motivated ou prompted by / *être animé des meilleures intentions* to have the best of intentions / *être animé d'un nouvel espoir* to be buoyed up by new hope **3.** [égayer - soirée, repas] to bring life to, to liven up *(sép)* ; [- regard] to light up *(sép)* / *le plaisir animait son visage* his face was lit up with joy / *animer un personnage* to make a character come to life **4.** [présenter - débat] to chair ; [- émission d'actualité] to present ; [- émission de variétés] to host ; [faire fonctionner - atelier] to run **5.** SPORT ▸ **animer une course** to set the pace for a race.

❖ **s'animer** vpi [personne, conversation] to become animated ; [quartier, rue, visage, yeux] to come alive ; [pantin, poupée] to come to life.

animisme [animism] nm animism.

animiste [animist] ◆ adj animistic. ◆ nmf animist.

animosité [animozite] nf animosity, hostility, resentment ▸ **ressentir de l'animosité contre qqn** to feel resentment ou hostility towards sb ▸ **un regard plein d'animosité** a hostile look.

anion [anjɔ̃] nm anion.

anionique [anjɔnik] adj anionic.

anis [ani(s)] nm **1.** BOT anise ▸ **anis étoilé** star anise **2.** CULIN aniseed ▸ **à l'anis** aniseed *(modif)*, aniseed-flavoured.

anisé [anize] adj anisated, aniseed-flavoured.

aniser [3] [anize] vt to flavour with aniseed.

anisette [anizɛt] nf anisette.

anisotrope [anizɔtʀɔp] adj anisotropic.

Anjou [ɑ̃ʒu] npr m ▸ **(l')Anjou** Anjou.

Ankara [ɑ̃kaʀa] npr Ankara.

ankylose [ɑ̃kiloz] nf **1.** MÉD ankylosis **2.** [engourdissement] stiffness, numbness.

ankylosé, e [ɑ̃kiloze] adj **1.** MÉD ankylotic **2.** [engourdi] numb / *mon bras est complètement ankylosé* my arm's gone completely numb.

ankyloser [3] [ɑ̃kiloze] vt to ankylose.

❖ **s'ankyloser** vpi **1.** MÉD to ankylose **2.** [devenir raide - bras, jambe] to become numb ; [- personne] to go stiff.

ankylostome [ɑ̃kilɔstɔm] nm hookworm.

ankylostomiase [ɑ̃kilɔstɔmjaz] nf ankylostomiasis.

annal, e [anal] adj valid for one year, yearly.

annales [anal] nfpl annals ▸ **rester dans les annales** to go down in history.

annaliste [analist] nmf annalist.

annalité [analite] nf yearly nature.

annamite [anamit] adj Annamese.

❖ **Annamite** nmf Annamese.

Annapurna [anapyʀna] npr m ▸ **l'Annapurna** Annapurna.

Anne [an] npr ▸ **Anne d'Autriche** Anne of Austria ▸ **sainte Anne** Saint Anne ▸ **Anne Boleyn** Anne Boleyn ▸ **Anne de Clèves** Anne of Cleves.

anneau, x [ano] nm **1.** JOAILL ring / *l'anneau de ma bague est trop grand* the hoop of my ring is too large ▸ **un simple anneau d'or** a plain band of gold ▸ **en forme d'anneau** annular *sout*, ring-shaped ▸ **anneau épiscopal / nuptial** bishop's / wedding ring ▸ **l'anneau du pêcheur** the fisherman's ring **2.** [pour rideaux] ring ; [maillon] link ; [boucle - de ficelle] loop **3.** MATH ring **4.** BOT & GÉOM annulus **5.** ZOOL [d'un ver] metamere, somatite ; [d'un serpent] coil **6.** ANAT ring ▸ **anneau inguinal / crural** inguinal / crural ring **7.** ASTRON ring ▸ **les anneaux de Saturne** the rings of Saturn **8.** SPORT ▸ **anneau de vitesse a)** [pour patinage] rink **b)** [pour vélo] racetrack **9.** OPT ring ▸ **anneaux colorés** coloured rings **10.** MUS / **'l'Anneau du Nibelung'** *Wagner* 'The Ring of the Niebelung'.

❖ **anneaux** nmpl SPORT rings ; JEUX hoopla.

❖ **en anneau** loc adj **1.** [gén] ring-shaped, annular *sout* **2.** ÉLECTRON ring *(modif)*.

annecien, enne [ansjɛ̃, ɛn] adj from Annecy.

❖ **Annecien, enne** nm, f *inhabitant of or person from Annecy* ▸ **les Anneciens** the people of Annecy.

Annecy [ansi] npr Annecy ▸ **le Festival d'Annecy** *annual cartoon film festival in Annecy.*

année [ane] nf **1.** [division du calendrier] year ▸ **année bissextile** leap year ▸ **année civile** calendar ou civil year **2.** [date] year ▸ **année de fabrication** date ou year of construction ▸ **l'année 1789** the year 1789 **3.** [durée] year ▸ **l'année de référence** the base year / *ce projet durera toute l'année* this project will last the whole year ▸ **d'année en année** from year to year ▸ **d'une année à l'autre** from one year to the next / *tout au long de l'année, toute l'année* all year long ou round / *j'ai encore deux années à faire* I have two more years to do / *j'ai cinq années de métier* I have five years' experience in this field / *entrer dans sa trentième année* to enter one's thirtieth year / *la première année de la guerre* the first year of the war / *les plus belles années de ma vie* the best years of my life ▸ **années d'abondance** prosperous years ▸ **première année** UNIV first year UK, freshman year US ▸ **dernière année** UNIV final year / *c'est une étudiante de troisième année* she's a third-year student UK, she's in her junior year US / *elle est en troisième année de médecine* she's in her third year at medical school ▸ **l'année scolaire / universitaire / judiciaire** the school / academic / judicial year ▸ **l'année fiscale** the tax year, the fiscal year US ▸ **une année sabbatique** a sabbatical (year) ▸ **l'année sidérale** the sidereal year ▸ **années de vaches maigres / grasses** *fam* lean / prosperous years **4.** [célébration] ▸ **l'année de** the Year of / *l'année du Dragon* the Year of the Dragon / *l'année de l'Enfance* the Year of the Child ▸ **l'année de la Femme** International Women's Year **5.** [nouvel an] ▸ **bonne année!** happy New Year! ▸ **souhaiter la bonne année à qqn** to wish sb a happy New Year ▸ **carte / souhaits de bonne année** New Year card / wishes.

❖ **années** nfpl ▸ **les années 60 / 70** the sixties / seventies ▸ **les Années folles** the roaring twenties.

❖ **à l'année** loc adv [louer, payer] annually, on a yearly basis.

année-lumière [anelymjɛʀ] (*pl* **années-lumière**) nf light year ▸ **à des années-lumière de** *fig* light years away from / *mon cousin et moi, nous sommes à des années-lumière l'un de l'autre* my cousin and I are poles apart.

annelé, e [anle] adj **1.** [gén] ringed **2.** ARCHIT & BOT annulate, annulated.

anneler [24] [anle] vt to ring.

✎ In reformed spelling (see p. 16-19), this verb is conjugated like *peler*: *il annèle, il annèlera.*

annelet [anlɛ] nm **1.** [anneau] small ring **2.** ARCHIT annulet.

annélide [anelid] nf annelid ▸ **les annélides** the Annelida.

annexe [anɛks] ◆ adj **1.** [accessoire - tâche, détail, fait] subsidiary, related ; [sans importance] minor ▸ **des considérations annexes** side issues / *ne parlons pas de cela, c'est tout à fait annexe* let's forget about this, it's very much a minor point ou it's not relevant to the matter in hand **2.** [dossier] additional ▸ **les documents ou pièces annexes** the attached documents. ◆ nf **1.** [bâtiment] annexe UK, annex US / *l'annexe de l'école* the school annexe **2.** [supplément] annexe ▸ **mettre qqch en annexe à** to append sthg to ; [d'un bilan] schedule ; [d'un dossier] appendix, annexe UK, annex US ; DR [d'une loi] rider **3.** MÉD appendage ▸ **annexes de l'utérus** uterine appendages.

annexer [4] [anɛkse] vt **1.** [joindre] to annex, to append / *annexer un témoignage à un dossier* to append a testimony to a file **2.** HIST & POL to annex.

❖ **s'annexer** vpt *fam* ▸ **s'annexer qqch a)** [le monopoliser] to hog sthg **b)** *euphém* [le voler] to filch sthg, to purloin sthg *hum.*

annexion [anɛksjɔ̃] nf annexation.

annexionnisme [anɛksjɔnism] nm annexationism.

annexionniste [anɛksjɔnist] ◆ adj annexational. ◆ nmf annexationist.

annihilation [aniilasjɔ̃] nf **1.** [destruction] annihilation, destruction **2.** PHYS annihilation.

annihiler [3] [aniile] vt [efforts, révolte] to annihilate, to destroy ; [personne] to crush, to destroy *fig.*

anniversaire [anivɛʀsɛʀ] ◆ adj anniversary *(modif)* / *le jour anniversaire de leur rencontre* the anniversary of the day they first met. ◆ nm **1.** [d'une naissance] birthday / *le jour de son anniversaire* on his birthday / *une fête d'anniversaire* a birthday party ; [d'un mariage, d'une mort, d'un événement] anniversary ▸ **anniversaire de mariage** (wedding) anniversary ▸ **joyeux anniversaire!** happy birthday! **2.** [fête] birthday party.

> ⚠ Attention à ne pas confondre **anniversary**, qui signifie l'anniversaire d'un événement ou d'un mariage, et **birthday**, qui désigne l'anniversaire d'une naissance.

annonce [anɔ̃s] nf **1.** [nouvelle] notice, notification / *tu as lu l'annonce de sa nomination?* did you read the notification of her appointment? ; [fait de dire] announcement ▸ **faire une annonce** [gén] to make an announcement / *faire l'annonce de la sortie d'un disque* to announce the release of a new record **2.** [texte publicitaire] advertisement ▸ **mettre** ou **insérer une annonce dans un journal** to put ou to place an advert UK ou advertisement in a paper ▸ **annonce judiciaire** legal notice ▸ **annonce publicitaire** advertisement ▸ **les petites annonces a)** [location, vente] classified advertisements, small ad UK, want ad US **b)** [courrier du cœur] personal column **3.** JEUX declaration ▸ **faire une annonce** to declare **4.** [présage] portent *litt*, sign / *cet incident était en fait l'annonce de la guerre* this incident was really a portent of the forthcoming war.

annoncer [16] [anɔ̃se] vt **1.** [communiquer - décision, événement] to announce ; [- mauvaise nouvelle] to break, to announce / *je n'ose pas le lui annoncer* I daren't break it to her / *annoncer la naissance d'un enfant* to announce the birth of a child / *on annonce des réductions d'impôts* tax reductions have been announced ▸ **annoncer qqch à qqn** to inform sb of sthg, to tell sb sthg / *on m'a annoncé sa mort* I was told ou informed of his death ▸ **annoncer à qqn que** to inform sb that / *je vous annonce que je me marie* I'd like to inform you that I'm getting married / *je leur ai annoncé que je m'en allais* I told them I was leaving / *le gouvernement a fait annoncer sa décision par son porte-parole* the decision was announced by a government spokesman **2.** [prédire] to forecast / *ils annoncent du soleil pour demain* sunshine is forecast for tomorrow, the forecast for tomorrow is sunny / *on annonce une hausse des taux d'intérêt* an increase in interest rates is forecast **3.** COMM [proposer] to quote ▸ **annoncer un prix** to quote a price **4.** [présenter - visiteur] to announce ; [- projet, changement] to introduce, to usher in *(sép)* ▸ **qui dois-je annoncer?** what name shall I say? ▸ **se faire annoncer** to give one's name / *elle est arrivée sans se faire annoncer* she came unannounced / *annoncer un nouveau disque* to announce ou to introduce a new record **5.** [présager] to announce, to foreshadow, to herald *litt* / *ça n'annonce rien de bon* it doesn't bode well, it isn't a very good sign ; [être signe de] to be a sign ou an indication of / *le tremblement de ses mains annonçait toujours une violente colère* the tremor in his hands was a sure sign of imminent wrath **6.** JEUX to declare ▸ **annoncer la couleur** *fam* : *j'ai annoncé la couleur, ils savent que je démissionnerai s'il le faut* I've laid my cards on the table ou made no secret of it, they know I'll resign if I have to.

❖ **s'annoncer** ◆ vp *(emploi réfléchi)* [prévenir de sa visite] to notify ou to warn (that one will visit) / *viens quand tu veux, ce n'est pas la peine de t'annoncer* come whenever you like, there's no need to let me know beforehand. ◆ vpi **1.** [se profiler] to be looming ou on the horizon / *une grave crise s'annonce* a serious crisis is looming **2.** [dans des constructions attributives] : *la journée s'annonce très belle* it looks like it's going to be a beautiful day ▸ **le vent s'annonce violent** it looks as though there's going to be a gale ▸ **s'annoncer bien** :

cela s'annonce très bien things are looking very promising ou good / *mes premiers oraux s'annoncent bien* I seem to have done all right in my first orals ▸ **s'annoncer mal** : *cela s'annonce plutôt mal* it doesn't look very promising, the picture doesn't look ou isn't too good / *voilà un anniversaire qui s'annonce mal* it's an inauspicious start to *sout* ou a bad way to start a birthday.

annonceur, euse [anɔ̃sœʀ, øz] nm, f [présentateur] announcer.

❖ **annonceur** nm ▸ **annonceur (publicitaire)** advertiser.

annonciateur, trice [anɔ̃sjatœʀ, tʀis] adj announcing, heralding, foreshadowing ▸ **annonciateur de** : *bourgeons annonciateurs du printemps* buds heralding spring / *les secousses annonciatrices d'un tremblement de terre* the tremors that are the warning signs of an earthquake / *des nuages noirs annonciateurs de pluie* black clouds which are the harbingers of rain.

❖ **annonciateur** nm **1.** ÉLECTRON signal ▸ **annonciateur de couplage** interlocking signal **2.** TÉLÉC annunciator board ▸ **annonciateur de fin de communication** supervisory indicator.

Annonciation [anɔ̃sjasjɔ̃] nf **1.** BIBLE ▸ **l'Annonciation** the Annunciation **2.** [fête] Annunciation ou Lady Day.

annotateur, trice [anɔtatœʀ, tʀis] nm, f annotator.

annotation [anɔtasjɔ̃] nf **1.** [note explicative] annotation **2.** [note personnelle] note.

annoter [3] [anɔte] vt **1.** [commenter] to annotate **2.** [de remarques personnelles] to write notes on ▸ **un livre entièrement annoté** a book entirely covered with notes.

annuaire [anɥɛʀ] nm [recueil - d'une association, d'une société] yearbook, annual ▸ **annuaire (téléphonique)** telephone directory ou book ▸ **annuaire électronique** electronic directory.

annualisation [anɥalizasjɔ̃] nf annualization / *l'annualisation du temps de travail* the calculation of working hours on a yearly basis.

annualiser [3] [anɥalize] vt to annualize, to calculate on a yearly basis / *annualiser la durée du temps de travail* to annualize the work time.

annualité [anɥalite] nf yearly recurrence ▸ **l'annualité budgétaire** the yearly ou annual voting of the budget.

annuel, elle [anɥɛl] adj **1.** [qui revient chaque année] yearly, annual ▸ **congé annuel** annual leave ▸ **consommation annuelle** yearly ou annual consumption **2.** [qui dure un an] annual ▸ **une plante annuelle** an annual.

annuellement [anɥɛlmɑ̃] adv annually, yearly, on a yearly basis.

annuité [anɥite] nf **1.** FIN annuity ▸ **remboursement par annuités** repayment by annual payments ou yearly instalments UK ou installments US ou annuities **2.** [année de service] year.

annulabilité [anylabilite] nf [d'un contrat, d'une action] voidableness ; [d'une loi, d'un jugement] revocability.

annulable [anylabl] adj **1.** [gén] cancellable, annullable **2.** DR [contrat] voidable, cancellable, revocable ; [loi] revocable, repealable.

annulaire [anylɛʀ] ◆ adj **1.** [circulaire] annular *sout*, ring-shaped **2.** MÉD annular. ◆ nm [doigt] third ou ring finger.

annulatif, ive [anylatif, iv] adj revocatory, annulling.

annulation [anylasjɔ̃] nf **1.** [d'un ordre, d'un rendez-vous] cancellation, calling off ; [d'une réservation] cancellation ; [d'une commande] cancellation, withdrawal ; [d'une proposition] withdrawal **2.** DR [d'un décret, d'un acte judiciaire] cancellation, annulment ; [d'un contrat] voidance, annulment ; [d'un jugement] quashing, nullification ; [d'un droit] defeasance ; [d'une loi] revocation, rescindment.

annulative f ⟶ **annulatif.**

annuler [3] [anyle] vt **1.** [ordre, rendez-vous, projet] to cancel, to call off *(sép)* ; [réservation] to cancel ; [commande] to cancel, to withdraw **2.** DR [contrat] to annul, to render null and void, to invalidate ; [loi] to rescind, to revoke ; [mariage] to annul ; [testament] to set aside *(sép)*, to nullify ; [jugement, verdict] to quash ▸ **annuler une subvention** to withdraw a subsidy **3.** INFORM to undo.

❖ **s'annuler** vp *(emploi réciproque)* to cancel each other out / *les deux forces s'annulent* the two forces cancel each other out.

anobli, e [anɔbli] adj ennobled.

anoblir [32] [anɔbliʀ] vt to ennoble, to confer a title on.

anoblissement [anɔblismɑ̃] nm ennoblement.

anode [anɔd] nf anode.

anodin, e [anɔdɛ̃, in] adj **1.** [inoffensif] harmless **2.** [insignifiant - personne, propos] ordinary, commonplace ; [- détail] trifling, insignificant ; [- événement] meaningless, insignificant.

anodique [anɔdik] adj anodic, anodal, anode *(modif)* ▸ **polarisation anodique** anodic polarization ▸ **pulvérisation / tension anodique** anode sputtering / voltage ▸ **traitement anodique** anodizing.

anodisation [anɔdizasjɔ̃] nf anodization.

anodiser [3] [anɔdize] vt to anodize.

anodontie [anɔdɔ̃ti] nf anodontia.

anomal, e, aux [anɔmal, o] adj anomalous.

anomalie [anɔmali] nf **1.** [bizarrerie - d'une expérience, d'une attitude] anomaly ; [- d'une procédure, d'une nomination] irregularity **2.** ASTRON & LING anomaly **3.** BIOL abnormality.

anomie [anɔmi] nf anomie.

ânon [anɔ̃] nm (ass's) foal, young donkey ou ass.

anone [anɔn] nf anonad.

ânonnement [anɔnmɑ̃] nm [balbutiement] : *les ânonnements des enfants qui apprennent à lire* the faltering tones of children learning to read.

ânonner [3] [anɔne] ◆ vi to stammer out one's words / *il lisait en ânonnant* he read haltingly. ◆ vt to stumble through ▸ **ânonner sa leçon** to recite one's lesson falteringly / *ânonner son rôle* to stumble through one's lines.

anonymat [anɔnima] nm anonymity ▸ **conserver** ou **garder l'anonymat** to remain anonymous / *l'anonymat le plus total est garanti* confidentiality is guaranteed ▸ **sous le couvert de** ou **en gardant l'anonymat** anonymously.

anonyme [anɔnim] ◆ adj **1.** [sans nom - manuscrit, geste] anonymous ▸ **rester anonyme** to remain unnamed ou anonymous **2.** [inconnu - auteur, attaquant] anonymous, unknown / *une main anonyme avait écrit « beauté »* an anonymous hand had written "beauty" **3.** [sans personnalité - vêtement, meuble] drab, nondescript ; [- maison, appartement] anonymous, soulless, drab / *perdu dans la foule anonyme* lost in the crowd. ◆ nmf anonym / *c'était signé « anonyme »* it was signed "anon".

anonymement [anɔnimmɑ̃] adv anonymously.

anophèle [anɔfɛl] nm anopheles.

anorak [anɔʀak] nm anorak.

anorexie [anɔʀɛksi] nf anorexia ▸ **anorexie mentale** anorexia nervosa.

anorexigène [anɔʀɛksiʒɛn] ◆ adj anorectic. ◆ nm appetite suppressant.

anorexique [anɔʀɛksik] adj & nmf anorexic.

anorganique [anɔʀganik] adj MÉD anorganic.

anormal, e, aux [anɔʀmal, o] ◆ adj **1.** [inhabituel - événement] abnormal, unusual ; [- comportement] abnormal, aberrant *sout* / *à son âge, c'est anormal* it's not normal at his age **2.** [non réglementaire] irregular / *la procédure que vous avez utilisée est tout à fait anormale* it was most irregular for you to proceed in that way **3.** [injuste] unfair, unjustified / *il est parfaitement anormal qu'ils ne vous aient pas payé* it's intolerable that they didn't pay you **4.** *péj & vieilli* [handicapé] mentally handicapped **5.** BIOL abnormal, anomalous. ◆ nm, f *péj & vieilli* mentally handicapped person.

anormalement [anɔʀmalmɑ̃] adv **1.** [inhabituellement] unusually, abnormally **2.** BIOL abnormally, aberrantly.

anormalité [anɔʀmalite] nf abnormality.

anoure [anuʀ] nm anuran.

anovulatoire [anɔvylatwaʀ] adj anovular.

anoxie [anɔksi] nf anoxia.

ANPE (abr de **Agence nationale pour l'emploi**) npr f *national employment agency, now part of the Pôle emploi* ▸ **s'inscrire à l'ANPE** to sign on.

anse [ɑ̃s] nf **1.** [poignée] handle **2.** ÉLECTRON ear **3.** GÉOGR cove, bight **4.** ANAT ansa, loop **5.** MÉD snare **6.** MATH compound curve **7.** ARCHIT ▸ **anse (de panier)** basket-handle *arch.*

antagonique [ɑ̃tagɔnik] adj antagonistic.

antagonisme [ɑ̃tagɔnism] nm antagonism.

antagoniste [ɑ̃tagɔnist] ◆ adj antagonistic ▸ **les muscles antagonistes** antagonistic muscles. ◆ nmf antagonist.

antalgique [ɑ̃talʒik] adj & nm analgesic.

Antalya [ɑ̃talja] npr Antalya.

antan [ɑ̃tɑ̃] ❖ **d'antan** loc adj of yesteryear / *visiter le Paris d'antan* to visit the Paris of yesteryear ▸ **mes amis d'antan** my erstwhile friends, my friends from the old days.

Antananarivo [ɑ̃tananaʀivo] npr Antananarivo.

Antarctide [ɑ̃taʀktid] npr = **Antarctique** *(npr).*

antarctique [ɑ̃taʀktik] adj Antarctic ▸ **le cercle polaire antarctique** the Antarctic Circle.

❖ **Antarctique** ◆ npr m [océan] ▸ **l'Antarctique** the Antarctic (Ocean). ◆ npr f [continent] ▸ **(l')Antarctique** Antarctica.

antécambrien, enne [ɑ̃tekɑ̃bʀijɛ̃, ɛn] adj antecambrian.

antécédence [ɑ̃tesedɑ̃s] nf GÉOL antecedence.

antécédent, e [ɑ̃tesedɑ̃, ɑ̃t] adj **1.** [précédent - élément] antecedent *sout* ; [- événement] prior, previous ▸ **antécédent à** prior to **2.** GÉOL antecedent.

❖ **antécédent** nm **1.** GRAM, LOGIQUE & MATH antecedent **2.** MÉD past ou previous (medical) history.

❖ **antécédents** nmpl **1.** [faits passés] antecedents, past ou previous history / *les antécédents de l'accusé* the past history of the accused **2.** MÉD case history.

antéchrist [ɑ̃tekʀist] nm Antichrist.

antédiluvien, enne [ɑ̃tedilyvjɛ̃, ɛn] adj **1.** BIBLE antediluvian **2.** *fam* [vieux] antiquated, ancient ▸ **un frigo antédiluvien** a fridge (that looks like it's) out of the ark.

antémémoire [ɑ̃tememwaʀ] nf INFORM cache (memory).

anténatal, e, als [ɑ̃tenatal] adj antenatal.

antenne [ɑ̃tɛn] nf **1.** ENTOM antenna, feeler ▸ **avoir des antennes a)** *fam* [avoir de l'intuition] to be very intuitive **b)** [avoir des contacts] to know all the right people **2.** ÉLECTRON aerial UK, antenna US ▸ **antenne parabolique** dish aerial ou antenna, satellite dish **3.** RADIO & TV : *à vous l'antenne* over to you ▸ **être à l'antenne** to be on (the air) ▸ **passer à l'antenne** to go on the air ▸ **garder l'antenne** to stay on the air ▸ **rendre l'antenne** to hand back to the studio ▸ **prendre l'antenne** to come on the air ▸ **sur notre antenne a)** RADIO on this frequency ou station **b)** TV on this channel ▸ **Antenne 2** *former French state-owned television channel (now called France 2)* ▸ **temps d'antenne** air time **4.** [agence, service] office ▸ **notre antenne à Genève** our agent in Geneva, our Geneva office ▸ **antenne chirurgicale** surgical unit.

antenne(-)relais [ɑ̃tɛnʀəlɛ] *(pl* **antennes-relais** *ou* **antennes relais**) nf TÉLÉC mobile phone mast.

antépénultième [ɑ̃tepenyltjɛm] *sout* ◆ adj antepenultimate *sout* ▸ **l'antépénultième fois** the time before last. ◆ nf antepenult.

antéposé, e [ɑ̃tepoze] adj word-initial, in a word-initial position.

antéposer [ɑ̃tepoze] vt to place in front of the word / *dans cette phrase l'adjectif est antéposé* in this sentence the adjective comes before the noun.

antéposition [ɑ̃tepozisjɔ̃] nf word-initial position.

antéprédicatif, ive [ɑ̃tepʀedikatif, iv] adj antepredicative.

antérieur, e [ɑ̃teʀjœʀ] adj **1.** [précédent] anterior, prior ▸ **la situation antérieure** the previous ou former situation ▸ **une vie antérieure** a former life ▸ **antérieur à** prior to, before / *c'était bien antérieur à cette époque* it was long before that time / *la période antérieure à la révolution* the period before the revolution / *la période antérieure à l'ovulation* the period preceding ovulation **2.** [de devant] anterior **3.** LING front *(modif)*.

❖ **antérieur** nm foreleg, forelimb.

antérieurement [ɑ̃teʀjœʀmɑ̃] adv previously.

❖ **antérieurement à** loc prép prior to, previous to, before.

antériorité [ɑ̃teʀjɔʀite] nf **1.** [d'un événement] anteriority, antecedence, precedence **2.** GRAM anteriority.

antérograde [ɑ̃teʀɔgʀad] adj anterograde.

anthère [ɑ̃tɛʀ] nf anther.

anthérozoïde [ɑ̃teʀɔzɔid] nm antherozoid.

anthologie [ɑ̃tɔlɔʒi] nf anthology.

anthracite [ɑ̃tʀasit] ◆ adj inv charcoal grey UK ou gray US. ◆ nm anthracite, hard coal.

anthraciteux, euse [ɑ̃tʀasitø, øz] adj anthracitic.

anthracose [ɑ̃tʀakoz] nf miner's lung, anthracosis *spéc.*

anthrax [ɑ̃tʀaks] nm anthrax.

anthropique [ɑ̃tʀɔpik] adj anthropogenic.

anthropobiologie [ɑ̃tʀɔpɔbjɔlɔʒi] nf anthropobiology.

anthropocentrique [ɑ̃tʀɔpɔsɑ̃tʀik] adj anthropocentric.

anthropocentrisme [ɑ̃tʀɔpɔsɑ̃tʀism] nm anthropocentrism.

anthropoïde [ɑ̃tʀɔpɔid] ◆ adj anthropoid. ◆ nm anthropoid ape.

anthropologie [ɑ̃tʀɔpɔlɔʒi] nf anthropology.

anthropologique [ɑ̃tʀɔpɔlɔʒik] adj anthropological.

anthropologue [ɑ̃tʀɔpɔlɔg], **anthropologiste** [ɑ̃tʀɔpɔlɔʒist] nmf anthropologist.

anthropométrie [ɑ̃tʀɔpɔmetʀi] nf anthropometry.

anthropométrique [ɑ̃tʀɔpɔmetʀik] adj anthropometric, anthropometrical.

anthropomorphe [ɑ̃tʀɔpɔmɔʀf] adj anthropomorphous, anthropomorphic.

anthropomorphique [ɑ̃tʀɔpɔmɔʀfik] adj anthropomorphic.

anthropomorphisme [ɑ̃tʀɔpɔmɔʀfism] nm anthropomorphism.

anthroponymie [ɑ̃tʀɔpɔnimi] nf anthroponomy.

anthropophage [ɑ̃tʀɔpɔfaʒ] ◆ adj cannibal *(modif)*, cannibalistic, anthropophagous *spéc.* ◆ nmf cannibal, anthropophagite *spéc.*

anthropophagie [ɑ̃tʀɔpɔfaʒi] nf cannibalism, anthropophagy *spéc.*

anthropopithèque [ɑ̃tʀɔpɔpitɛk] nm anthropopithecus.

anthropotechnique [ɑ̃tʀɔpɔtɛknik] nf anthropotechnics *(U)*.

anthurium [ɑ̃tyʀjɔm] nm BOT anthurium.

antiabolitionniste [ɑ̃tiabɔlisjɔnist] ◆ adj against the abolition of the death penalty. ◆ nmf *person opposed to the abolition of the death penalty.*

antiacarien, enne [ɑ̃tiakaʀjɛ̃, ɑ̃tiakaʀjɛn] adj anti-mite / *traitement* ou *shampooing antiacarien* anti-mite treatment ou shampoo.

❖ **antiacarien** nm anti-mite treatment.

antiacide [ɑ̃tiasid] adj **1.** CHIM antacid **2.** TECHNOL acid-fast, acid-resistant.

antiadhésif, ive [ɑ̃tiadezif, iv] adj [gén] antiadhesive *(avant nom)* ; [poêle] nonstick.

❖ **antiadhésif** nm antiadhesive.

antiaérien, enne [ɑ̃tiaeʀjɛ̃, ɛn] adj antiaircraft.

anti-âge, antiâge* [ɑ̃tiaʒ] adj ▸ **crème anti-âge** antiageing UK ou antiaging US cream.

antialcoolique [ɑ̃tialkɔlik] adj temperance *(modif)*, anti-alcohol *(avant nom)*.

antialcoolisme [ɑ̃tialkɔlism] nm antialcoholism.

antiallergique [ɑ̃tialɛʀʒik] ◆ adj antiallergenic. ◆ nm antiallergen.

antiaméricain, e [ɑ̃tiameʀikɛ̃, ɛn] ◆ adj anti-American. ◆ nm, f anti-American.

antiaméricanisme [ɑ̃tiameʀikanism] nm anti-Americanism.

antiapartheid [ɑ̃tiapaʀtɛd] adj antiapartheid.

antiasthmatique [ɑ̃tiasmatik] adj & nm antiasthmatic.

antiatomique [ɑ̃tiatɔmik] adj antiatomic, antiradiation.

antiautoritaire [ɑ̃tiɔtɔʀitɛʀ] adj antiauthoritarian.

antiavortement [ɑ̃tiavɔʀtəmɑ̃] adj inv antiabortion, pro-life.

antibactérien, enne [ɑ̃tibakteʀjɛ̃, ɛn] adj antibacterial.

antibiogramme [ɑ̃tibjɔgʀam] nm record of bacterial sensitivity to antibiotics.

antibiothérapie [ɑ̃tibjoteʀapi] nf antibiotherapy.

antibiotique [ɑ̃tibjɔtik] adj & nm antibiotic.

antiblocage [ɑ̃tiblɔkaʒ] adj antilock *(avant nom)*.

antibois, e [ɑ̃tibwa, az] adj from Antibes.

❖ **Antibois, e** nm, f *inhabitant of or person from Antibes* ▸ **les Antibois** the people of Antibes.

antibourgeois, e [ɑ̃tibuʀʒwa, az] adj antibourgeois.

antibrouillage [ɑ̃tibʀujaʒ] nm antijamming.

antibrouillard [ɑ̃tibʀujaʀ] adj inv fog *(modif)* ▸ **phare** ou **dispositif antibrouillard** fog lamp UK ou light US.

antibruit [ɑ̃tibʀɥi] adj inv **1.** [matériau] soundproof **2.** ACOUST ▸ **mur antibruit** antinoise barrier **3.** AUTO antidrumming, antisqueak.

antibuée [ɑ̃tibɥe] ◆ adj inv demisting, antimisting. ◆ nm **1.** [dispositif] demister **2.** [produit] antimist agent, clear vision agent.

anticalcaire [ɑ̃tikalkɛʀ] adj antiliming, antiscale *(avant nom)*.

anticancéreux, euse [ɑ̃tikɑ̃seʀø, øz] adj **1.** [centre, laboratoire] cancer *(modif)* **2.** [médicament] anticancer *(avant nom)*, carcinostatic *spéc.*

❖ **anticancéreux** nm cancer treatment.

anticapitaliste [ɑ̃tikapitalist] adj anticapitalist.

anticasseurs [ɑ̃tikasœʀ] adj inv ⟶ **loi.**

antichambre [ɑ̃tiʃɑ̃bʀ] nf anteroom, antechamber / *dans les antichambres du pouvoir* on the fringes of power ▸ **faire antichambre** to wait quietly (to be received).

antichar [ɑ̃tiʃaʀ] adj antitank.

antichoc [ɑ̃tiʃɔk] adj shockproof.

antichute [ɑ̃tiʃyt] adj ▸ **traitement antichute** treatment to stop hair loss.

anticipatif, ive [ɑ̃tisipatif, iv] adj ▸ **paiement anticipatif** prepayment.

anticipation [ɑ̃tisipasjɔ̃] nf **1.** [prévision] anticipation / *anticipation des résultats* anticipation ou forecasting of the results **2.** COMM ▸ **anticipation de paiement a)** [somme] advance payment **b)** [action] paying in advance **3.** [science-fiction] science fiction.

❖ **d'anticipation** loc adj **1.** [roman, film] science-fiction *(modif)*, futuristic **2.** COMM & FIN ▸ **achat d'anticipation** hedge purchase.

❖ **par anticipation** ◆ loc adj FIN advance *(modif)* ▸ **paiement par anticipation** advance payment. ◆ loc adv [payer, régler] in advance.

anticipé, e [ɑ̃tisipe] adj **1.** [avant la date prévue - retraite, départ] early / *faire le règlement anticipé d'une facture* to pay a bill in advance **2.** [fait à l'avance] ▸ **avec nos remerciements anticipés** thanking you in advance ou anticipation.

anticiper [3] [ɑ̃tisipe] vt **1.** COMM & FIN ▸ **anticiper un paiement** to pay ou to settle a bill in advance **2.** [prévoir] to anticipate / *il a bien anticipé la réaction de son adversaire* he anticipated ou foresaw his opponent's reaction.

❖ **anticiper sur** v + prép ▸ **anticiper sur ce qui va se passer a)** [deviner] to guess what's going to happen **b)** [raconter] to explain what's going to happen ; *(en usage absolu)* : *mais j'anticipe !* but I'm getting ahead of myself ! ▸ **n'anticipons pas !** let's just wait and see !, all in good time !

anticlérical, e, aux [ɑ̃tikleʀikal, o] adj & nm, f anticlerical.

anticléricalisme [ɑ̃tikleʀikalism] nm anticlericalism.

anticlinal, e, aux [ɑ̃tiklinal, o] adj anticlinal.

❖ **anticlinal, aux** nm anticline.

anticoagulant, e [ɑ̃tikoagylɑ̃, ɑ̃t] adj **1.** MÉD anticoagulating **2.** CHIM anticlotting.

❖ **anticoagulant** nm **1.** MÉD anticoagulant **2.** CHIM anticlotting agent.

anticolonialisme [ɑ̃tikɔlɔnjalism] nm anticolonialism.

anticolonialiste [ɑ̃tikɔlɔnjalist] adj & nmf anticolonialist.

anticommunisme [ɑ̃tikɔmynism] nm anticommunism ▸ **anticommunisme primaire** crude anticommunism.

anticommuniste [ɑ̃tikɔmynist] adj & nmf anticommunist.

anticonceptionnel, elle [ɑ̃tikɔ̃sɛpsjɔnɛl] adj contraceptive, birth-control *(modif)*.

anticoncurrentiel, elle [ɑ̃tikɔ̃kyʀɑ̃sjɛl] adj anti-competitive.

anticonformisme [ɑ̃tikɔ̃fɔʀmism] nm nonconformism.

anticonformiste [ɑ̃tikɔ̃fɔʀmist] adj & nmf nonconformist.

anticonjoncturel, elle [ɑ̃tikɔ̃ʒɔ̃ktyʀɛl] adj ÉCON corrective.

anticonstitutionnel, elle [ɑ̃tikɔ̃stitysjɔnɛl] adj unconstitutional.

anticonstitutionnellement [ɑ̃tikɔ̃stitysjɔnɛlmɑ̃] adv unconstitutionally.

anticorps [ɑ̃tikɔʀ] nm antibody.

anticorrosif, ive [ɑ̃tikɔʀozif, ɑ̃tikɔʀoziv] adj anticorrosive ▸ **traitement anticorrosif** rustproofing.

anticorrosion [ɑ̃tikɔʀozjɔ̃] adj inv anticorrosive, antistain.

anticrénelage [ɑ̃tikʀenəlaʒ] nm INFORM antialiasing.

anticyclonal, e, aux [ɑ̃tisiklɔnal, o] = **anticyclonique.**

anticyclone [ɑ̃tisiklon] nm anticyclone.

anticyclonique [ɑ̃tisiklɔnik] adj anticyclonic.

antidate [ɑ̃tidat] nf antedate.

antidater [3] [ɑ̃tidate] vt to antedate, to predate.

antidéflagrant, e [ɑ̃tideflagʀɑ̃, ɑ̃t] adj explosion-proof.

antidémocratique [ɑ̃tidemɔkʀatik] adj antidemocratic.

antidépresseur [ɑ̃tidepʀesœʀ] adj m & nm antidepressant.

antidérapant, e [ɑ̃tideʀapɑ̃, ɑ̃t] adj **1.** [surface, tapis] nonslip **2.** AUTO nonskid, antiskid.

❖ **antidérapant** nm [pneu] anti-skid tyre UK ou tire US, slide preserver.

antidétonant, e [ɑ̃tidetɔnɑ̃, ɑ̃t] adj antiknock *(avant nom)*.

❖ **antidétonant** nm antiknock (compound).

antidiarrhéique [ɑ̃tidjaʀeik] ◆ adj MÉD antidiarrhoea. ◆ nm MÉD diarrhoea treatment.

antidiphtérique [ɑ̃tidifteʀik] adj diphtheria *(modif)* ▸ **sérum antidiphtérique** diphtheria serum.

antidiurétique [ɑ̃tidjyʀetik] adj & nm antidiuretic.

antidopage [ɑ̃tidɔpaʒ], **antidoping** [ɑ̃tidɔpiŋ] adj inv ▸ **contrôle** / **mesure antidopage** drug detection test / measure.

antidote [ɑ̃tidɔt] nm antidote / *l'antidote de l'arsenic* the antidote to arsenic / *un antidote contre la tristesse* a remedy for sadness.

antidouleur [ɑ̃tidulœʀ] ◆ adj inv [médicament] painkilling / *centre antidouleur* pain control unit. ◆ nm painkiller.

* In reformed spelling (see p. 16-19).

antidrogue [ɑ̃tidʀɔg] adj inv drug-prevention *(modif).*

antidumping [ɑ̃tidœmpiŋ] adj antidumping.

antiéconomique [ɑ̃tiekɔnɔmik] adj contrary to economic principles, uneconomic.

antieffraction [ɑ̃tiefʀaksjɔ̃] adj inv [dispositif] burglarproof.

antiémétique [ɑ̃tiemetik] adj & nm antiemetic.

antiémeutes [ɑ̃tiemøt] adj [brigade] riot *(modif).*

antienne [ɑ̃tjɛn] nf **1.** RELIG antiphon **2.** *fig* refrain.

antienzyme [ɑ̃tiɑ̃zim] nf antienzyme.

antiesclavagiste [ɑ̃tiɛsklavaʒist] ◆ adj antislavery ; [aux États-Unis] abolitionist. ◆ nmf opponent of slavery ; [aux États-Unis] abolitionist.

antiétatique [ɑ̃tietatik] adj opposed to state intervention, noninterventionist.

antieuropéanisme [ɑ̃tiøʀɔpeanism] nm anti-Europeanism.

antieuropéaniste [ɑ̃tiøʀɔpeanist] adj & nmf anti-Europeanist.

antieuropéen, enne [ɑ̃tiøʀɔpeɛ̃, ɛn] adj & nm, f anti-European.

antieuropéisme [ɑ̃tiøʀɔpeism] nm anti-Europeanism.

antieuropéiste [ɑ̃tiøʀɔpeist] adj & nmf anti-Europeanist.

antifading [ɑ̃tifediŋ] nm automatic gain control.

antifascisme [ɑ̃tifaʃism] nm antifascism.

antifasciste [ɑ̃tifaʃist] adj & nmf antifascist.

antiferromagnétisme [ɑ̃tifɛʀomaɲetism] nm antiferromagnetism.

antifongique [ɑ̃tifɔ̃ʒik] adj antifungal, fungicidal.

antifriction [ɑ̃tifʀiksjɔ̃] adj inv antifriction ▸ **alliage antifriction** antifriction metal, white metal.

antifumée [ɑ̃tifyme] adj inv anti-smoke.

anti-g [ɑ̃tiʒe] adj inv anti-G.

antigang [ɑ̃tigɑ̃g] adj ⟶ **brigade.**

antigel [ɑ̃tiʒɛl] nm **1.** AUTO antifreeze **2.** CHIM antigel.

antigène [ɑ̃tiʒɛn] nm antigen.

antigénique [ɑ̃tiʒenik] adj antigenic.

antigivrant, e [ɑ̃tiʒivʀɑ̃, ɑ̃t] adj anti-ice *(modif).*

❖ **antigivrant** nm anti-icer.

antiglisse [ɑ̃tiglis] adj inv antislip, nonslip.

antiglobalisation [ɑ̃tiglɔbalizasjɔ̃] nf antiglobalization.

Antigone [ɑ̃tigɔn] npr Antigone.

antigoutte [ɑ̃tigut] adj inv [peinture] nondrip.

antigouvernemental, e, aux [ɑ̃tiguvɛʀnəmɑ̃tal, o] adj antigovernment *(modif).*

antigrève [ɑ̃tigʀɛv] adj inv antistrike *(avant nom).*

antigrippal, e, aux [ɑ̃tigʀipal, o] adj [médicament, traitement] flu *(modif).*

Antigua [ɑ̃tigwa] npr Antigua ▸ **Antigua et Barbuda** Antigua and Barbuda.

antiguais et barbudien, antiguaise et barbudienne [ɑ̃tigwɛebaʀbydjɛ̃, ɑ̃tigwɛzebaʀbydjɛn] adj from Antigua and Barbuda.

❖ **Antiguais et Barbudien, Antiguaise et Barbudienne** nm, f Antiguan and Barbudan.

antihalo [ɑ̃tialo] adj inv & nm antihalo.

antihausse [ɑ̃tios] adj inv regulating price increases, anti-inflationary.

antihémorragique [ɑ̃tiemɔʀaʒik] ◆ adj MÉD anti-haemorrhage. ◆ nm MÉD antihaemorrhagic.

antihéros [ɑ̃tieʀo] nm antihero.

antihistaminique [ɑ̃tiistaminik] nm antihistamine.

antihygiénique [ɑ̃tiiʒjenik] adj unhygienic.

anti-impérialisme [ɑ̃tiɛ̃peʀjalism] (*pl* **anti-impérialismes**) nm anti-imperialism.

anti-impérialiste [ɑ̃tiɛ̃peʀjalist] (*pl* **anti-impérialistes**) adj & nmf anti-imperialist.

anti-incendie [ɑ̃tiɛ̃sɑ̃di] adj inv fireproofing.

anti-infectieux, euse [ɑ̃tiɛ̃fɛksjø, øz] adj anti-infection.

❖ **anti-infectieux** nm substance that fights infection.

anti-inflammatoire [ɑ̃tiɛ̃flamatwaʀ] (*pl* **anti-inflammatoires**) ◆ adj anti-inflammatory. ◆ nm anti-inflammatory agent.

anti-inflationniste [ɑ̃tiɛ̃flasjɔnist] (*pl* **anti-inflationnistes**) adj anti-inflationary.

antijeu [ɑ̃tiʒø] nm SPORT unsportsmanlike conduct ▸ **faire preuve d'antijeu** to be unsportsmanlike.

antillais, e [ɑ̃tijɛ, ɛz] adj West Indian.

❖ **Antillais, e** nm, f West Indian.

Antilles [ɑ̃tij] npr fpl ▸ **les Antilles** the Antilles, the West Indies ▸ **aux Antilles** in the West Indies ▸ **les Grandes / Petites Antilles** the Greater / Lesser Antilles ▸ **les Antilles françaises / néerlandaises** the French / Dutch West Indies ▸ **la mer des Antilles** the Caribbean Sea.

Les Antilles

The French West Indies include the overseas **départements** of Martinique and Guadeloupe, the latter including the islands of la Désirade, Marie-Galante, Saint-Barthélemy (Saint-Barth), les Saintes and Saint-Martin.

antilogarithme [ɑ̃tilɔgaʀitm] nm antilogarithm.

antilope [ɑ̃tilɔp] nf antelope.

antimaçonnique [ɑ̃timasɔnik] adj antimasonic.

antimatière [ɑ̃timatjɛʀ] nf antimatter.

antimigraineux, euse [ɑ̃timigʀɛnø, øz] adj antimigraine.

❖ **antimigraineux** nm migraine treatment.

antimilitarisme [ɑ̃timilitaʀism] nm antimilitarism.

antimilitariste [ɑ̃timilitaʀist] adj & nmf antimilitarist.

antimissile [ɑ̃timisil] adj inv antimissile.

antimite [ɑ̃timit] ◆ adj inv ▸ **boules antimite** mothballs ▸ **produit antimite** moth repellent. ◆ nm mothproofing agent, moth repellent.

antimitotique [ɑ̃timitɔtik] adj & nm antimitotic.

antimoine [ɑ̃timwan] nm antimony.

antimonarchique [ɑ̃timɔnaʀʃik], **antimonarchiste** adj antimonarchical.

❖ **antimonarchiste** nmf anti-monarchist.

antimondialisation [ɑ̃timɔ̃djalizasjɔ̃] nf antiglobalization.

antimondialiste [ɑ̃timɔ̃djalist] ◆ adj antiglobalization. ◆ nmf antiglobalist.

antimycosique [ɑ̃timikɔzik] adj & nm antimycotic.

antinataliste [ɑ̃tinatalist] adj : *une politique / décision antinataliste* a policy / decision aimed at reducing the birth rate.

antinational, e, aux [ɑ̃tinasjɔnal, o] adj antinational.

antinazi, e [ɑ̃tinazi] adj & nm, f anti-Nazi.

antineutron [ɑ̃tinøtʀɔ̃] nm antineutron.

antinévralgique [ɑ̃tinevʀalʒik] adj antineuralgic.

antinomie [ɑ̃tinɔmi] nf antinomy.

antinomique [ɑ̃tinɔmik] adj antinomic.

antinucléaire [ɑ̃tinykleɛʀ] ◆ adj antinuclear. ◆ nmf supporter of antinuclear policies.

Antioche [ɑ̃tjɔʃ] npr Antioch.

Antiope® [ɑ̃tjɔp] npr *information system available via the French television network* ; ≃ Teletext UK.

antioxydant [ɑ̃tiɔksidɑ̃] nm antioxidant, oxidation inhibitor.

antipaludéen, enne [ɑ̃tipalydeɛ̃, ɛn], **antipaludique** [ɑ̃tipalydik] adj & nm antimalarial, antipaludal.

antipanique [ɑ̃tipanik] adj inv anti-panic.

antipape [ɑ̃tipap] nm antipope.

antiparallèle [ɑ̃tipaʀalɛl] adj antiparallel.

antiparasitaire [ɑ̃tipaʀazitɛʀ] ◆ adj pest control *(modif).* ◆ nm pesticide.

antiparasite [ɑ̃tipaʀazit] ◆ adj inv anti-interference *(avant nom).* ◆ nm interference suppressor, interference eliminator, noise blanker UK.

antiparasiter [3] [ɑ̃tipaʀazite] vt to suppress interference in.

antiparlementaire [ɑ̃tipaʀləmɑ̃tɛʀ] adj antiparliamentary.

antiparlementarisme [ɑ̃tipaʀləmɑ̃taʀism] nm antiparliamentarism.

antiparti [ɑ̃tipaʀti] adj inv antiparty.

antiparticule [ɑ̃tipaʀtikyl] nf antiparticle.

antipathie [ɑ̃tipati] nf antipathy ▸ **éprouver de l'antipathie pour qqn** to dislike sb.

antipathique [ɑ̃tipatik] adj unpleasant / *je le trouve assez antipathique, il m'est plutôt antipathique* I don't like him much.

antipatinage [ɑ̃tipatinaʒ] ◆ adj AUTO [système, dispositif] anti-skid. ◆ nm anti-skid system.

antipatriotique [ɑ̃tipatʀiɔtik] adj unpatriotic.

antipelliculaire [ɑ̃tipelikylɛʀ] adj dandruff *(modif).*

antipersonnel [ɑ̃tipɛʀsɔnɛl] adj inv antipersonnel.

antiperspirant, e [ɑ̃tipɛʀspiʀɑ̃, ɑ̃t] adj antiperspirant.

❖ **antiperspirant** nm antiperspirant.

antiphonaire [ɑ̃tifɔnɛʀ] nm antiphonary.

antiphrase [ɑ̃tifʀaz] nf antiphrasis.

❖ **par antiphrase** loc adv paradoxically.

antipode [ɑ̃tipɔd] nm antipode ▸ **les antipodes** the antipodes / *la Nouvelle-Zélande est aux antipodes de la France* New Zealand is at the opposite point of the globe from France ; *fig* : *c'est aux antipodes de ce que je pensais* it's light-years away from what I imagined / *nous sommes aux antipodes l'un de l'autre* we are light-years away from each other, we are poles apart.

antipoison [ɑ̃tipwazɔ̃] adj inv ▸ **centre antipoison** emergency poisons unit ▸ **service téléphonique antipoison** poison emergency telephone service.

antipoliomyélitique [ɑ̃tipɔljomjelitik] adj antipolio, polio *(modif).*

antipollution [ɑ̃tipɔlysjɔ̃] adj inv antipollution *(avant nom)* ▸ **contrôle / mesure antipollution** pollution control / measure.

antiprotéase [ɑ̃tipʀoteaz] nf MÉD protease inhibitor.

antiprotectionniste [ɑ̃tipʀɔtɛksjɔnist] ◆ adj antiprotectionist, free trade *(modif).* ◆ nmf antiprotectionist, free-trader.

antiproton [ɑ̃tipʀɔtɔ̃] nm antiproton.

antiprurigineux, euse [ɑ̃tipʀyʀiʒinø, øz] adj antipruritic.

❖ **antiprurigineux** nm antipruritic.

antipsychiatrie [ɑ̃tipsikjatʀi] nf antipsychiatry.

antipsychiatrique [ɑ̃tipsikjatʀik] adj antipsychiatric.

antipsychotique [ɑ̃tipsikɔtik] adj antipsychotic.

antiputride [ɑ̃tipytʀid] adj antiputrefactive.

antipyrétique [ɑ̃tipiʀetik] adj antipyretic, antifebrile, antithermic.

antipyrine [ɑ̃tipiʀin] nf antipyrine.

antiquaille [ɑ̃tikaj] nf *péj* (worthless) antique, piece of bric-a-brac.

antiquaire [ɑ̃tikɛʀ] nmf antique dealer.

antique [ɑ̃tik] ◆ adj **1.** [d'époque - meuble, bijou, châle] antique, old **2.** *(avant nom)* [démodé] antiquated, ancient / *un antique frigo fam* an ancient fridge. ◆ nm ▸ **l'antique a)** [œuvres] antiquities **b)** [art] classical art.

antiquité [ɑ̃tikite] nf **1.** [objet] antique ▸ **des antiquités** antiques ▸ **magasin d'antiquités** antique shop / *sa voiture, c'est une antiquité! fig & hum* his car is an old wreck ou ancient! **2.** [période] ▸ **l'antiquité** ancient times, antiquity ▸ **l'Antiquité (grecque et romaine)** Ancient Greece and Rome **3.** [ancienneté] great age.

❖ **antiquités** nfpl ART antique art.

❖ **de toute antiquité** loc adv from time immemorial.

antirabique [ɑ̃tiʀabik] adj anti-rabies *(avant nom).*

antirachitique [ɑ̃tiʀaʃitik] adj antirachitic.
antiracisme [ɑ̃tiʀasism] nm antiracism.
antiraciste [ɑ̃tiʀasist] adj & nmf antiracist.
antiradar [ɑ̃tiʀadaʀ] adj inv antiradar.
antiradiation [ɑ̃tiʀadjasjɔ̃] adj ▸ **bouclier antiradiation** radiation shield ▸ **étui antiradiation** [pour téléphone portable] anti-radiation case.
antirationnel, elle [ɑ̃tiʀasjɔnɛl] adj antirational.
antireflet [ɑ̃tiʀəflɛ] adj inv coated, bloomed *spéc* ▸ **verre antireflet** non-reflecting glass.
antiréglementaire [ɑ̃tiʀɛgləmɑ̃tɛʀ] adj against regulations.
antirejet [ɑ̃tiʀəʒɛ] adj inv antirejection.
antireligieux, euse [ɑ̃tiʀəliʒjø, øz] adj antireligious.
antirépublicain, e [ɑ̃tiʀepyblikɛ̃, ɛn] adj & nm, f antirepublican.
antirides [ɑ̃tiʀid] adj anti-wrinkle *(avant nom)*.
antiroman [ɑ̃tiʀɔmɑ̃] nm anti-novel.
antirouille [ɑ̃tiʀuj] ◆ adj inv antirust *(avant nom)*, rust-resistant. ◆ nm rust preventive, rust inhibitor.
antiroulis [ɑ̃tiʀuli] adj anti-roll *(avant nom)*.
antisatellite [ɑ̃tisatɛlit] adj inv antisatellite.
antiscorbutique [ɑ̃tiskɔʀbytik] adj antiscorbutic.
antisèche [ɑ̃tisɛʃ] nf *arg scol* crib (sheet), cheat sheet US, pony US.
antiségrégationniste [ɑ̃tisegʀegasjɔnist] adj & nmf antisegregationist.
antisémite [ɑ̃tisemit] ◆ adj anti-Semitic. ◆ nmf anti-Semite.
antisémitisme [ɑ̃tisemitism] nm anti-Semitism.
antisepsie [ɑ̃tisɛpsi] nf antisepsis.
antiseptique [ɑ̃tisɛptik] adj & nm antiseptic.
antisérum [ɑ̃tiseʀɔm] nm antiserum.
antisismique [ɑ̃tisismik] adj antiseismic.
antislash [ɑ̃tislaʃ] nm INFORM backslash.
antisocial, e, aux [ɑ̃tisɔsjal, o] adj antisocial.
anti-sous-marin, e [ɑ̃tisumaʀɛ̃, in] (*mpl* **anti-sous-marins**, *fpl* **anti-sous-marines**) adj antisubmarine.
antisoviétique [ɑ̃tisɔvjetik] adj anti-Soviet.
antispasmodique [ɑ̃tispasmɔdik] adj & nm antispasmodic.
antisportif, ive [ɑ̃tispɔʀtif, iv] adj **1.** [hostile au sport] antisport **2.** [contraire à l'esprit sportif] unsporting, unsportsmanlike.
antistatique [ɑ̃tistatik] adj antistatic.
antistress [ɑ̃tistʀɛs] adj stress reducing.
antisyndical, e, aux [ɑ̃tisɛ̃dikal, o] adj antiunion.
antitabac [ɑ̃titaba] adj inv antitobacco, anti-smoking.
antitache [ɑ̃titaʃ] adj inv stain-repellent.
antiterroriste [ɑ̃titɛʀɔʀist] adj antiterrorist.
antitétanique [ɑ̃titetanik] adj antitetanic.
antithèse [ɑ̃titɛz] nf antithesis.
antithétique [ɑ̃titetik] adj antithetical, antithetic.
antithyroïdien, enne [ɑ̃titiʀɔidjɛ̃, ɛn] adj antithyroid.
antitoxine [ɑ̃titɔksin] nf antitoxin.
antitoxique [ɑ̃titɔksik] adj antitoxic.
antitranspirant, e [ɑ̃titʀɑ̃spiʀɑ̃, ɑ̃titʀɑ̃spiʀɑ̃t] adj anti-perspirant.
antitrust [ɑ̃titʀœst] adj inv antimonopoly UK, antitrust US.
antituberculeux, euse [ɑ̃titybɛʀkylø, øz] adj antitubercular, antituberculous.
antitussif, ive [ɑ̃titysif, iv] adj cough *(modif)* / *produit | comprimé antitussif* cough preparation / tablet.
❖ **antitussif** nm cough medicine, cough mixture UK ou syrup US.
antiunitaire [ɑ̃tiynitɛʀ] adj disruptive.
antivariolique [ɑ̃tivaʀjɔlik] adj antivariolar.
antivénéneux, euse [ɑ̃tivenenø, øz] adj antidotal.
antivénérien, enne [ɑ̃tiveneʀjɛ̃, ɛn] adj antivenereal.
antivenimeux, euse [ɑ̃tivənimø, øz] adj antivenin.
antiviral, e, aux [ɑ̃tiviʀal, o] adj MÉD & INFORM anti-viral.
❖ **antiviral, aux** nm MÉD antiviral.
antivirus [ɑ̃tiviʀys] nm INFORM anti-virus software.
antivol [ɑ̃tivɔl] ◆ adj inv antitheft. ◆ nm **1.** AUTO theft protection ; [sur la direction] steering (wheel) lock **2.** [de vélo] (bicycle) lock.
Antoine [ɑ̃twan] npr ▸ **saint Antoine** Saint Anthony ▸ **Antoine de Padoue** Anthony of Padua ▸ **(Marc) Antoine** (Mark) Antony.
antonomase [ɑ̃tɔnɔmaz] nf antonomasia.
antonyme [ɑ̃tɔnim] nm antonym.
antonymie [ɑ̃tɔnimi] nf antonymy.
antonymique [ɑ̃tɔnimik] adj antonymous.
antre [ɑ̃tʀ] nm **1.** [abri] cavern, cave **2.** [repaire - d'un fauve, d'un ogre] lair, den ; [- d'un brigand] hideout **3.** *fig* den **4.** ANAT antrum.
anurie [anyʀi] nf anuria.
anus [anys] nm anus.
anuscopie [anyskɔpi] nf anoscopy.
ANVAR [ɑ̃vaʀ] (abr de **Agence nationale de valorisation de la recherche**) nf *French public body that supports research and development in industry and commerce.*
Anvers [ɑ̃vɛʀ(s)] npr Antwerp.
anversois, e [ɑ̃vɛʀswa, az] adj from Antwerp.
❖ **Anversois, e** nm, f *inhabitant of or person from Antwerp* ▸ **les Anversois** the people of Antwerp.
anxiété [ɑ̃ksjete] nf anxiety, worry / *attendre qqch avec anxiété* to wait anxiously for sthg / *être en proie à l'anxiété* to be distressed ou worried ▸ **anxiété de séparation** separation anxiety.
anxieusement [ɑ̃ksjøzmɑ̃] adv anxiously, worriedly / *ils se regardèrent anxieusement* they exchanged worried ou anxious looks.
anxieux, euse [ɑ̃ksjø, øz] ◆ adj [inquiet - attente] anxious ; [- regard, voix, personne] anxious, worried ▸ **anxieux de** anxious ou impatient to. ◆ nm, f worrier ▸ **c'est un grand anxieux** he's the anxious type.
anxiogène [ɑ̃ksjɔʒɛn] adj anxiety-provoking.
anxiolytique [ɑ̃ksjɔlitik] ◆ adj anxiolitic. ◆ nm tranquillizer UK, tranquilizer US.
AOC abr écrite de **appellation d'origine contrôlée**.
A-OF (abr de **Afrique-Occidentale française**) npr f FWA.
AOP, aop (abr de **appellation d'origine protégée**) nf PDO.
aoriste [aɔʀist] nm aorist.
aorte [aɔʀt] nf aorta.
aortique [aɔʀtik] adj aortic, aortal.
aortite [aɔʀtit] nf aortitis.
Aoste [aost] npr Aosta.
août, aout* [u(t)] nm August ▸ **la journée du 10 août 1792** *day on which a popular rising led to the fall of the king and the creation of the Commune insurrectionnelle in the place of the "Commune de Paris", marking the beginning of the Terror* ▸ **la nuit du 4 août 1789** *the night during which feudal privileges were abolished by the "Assemblée constituante" (considered to be one of the starting points of the French Revolution)* ▸ **le 15-Août** *feast of The Assumption, national holiday in France well-known as a time of heavy traffic congestion.* **Voir aussi mars.**
aoûtat, aoutat* [auta] nm harvest mite, chigger US, redbug US.
aoûtien, enne, aoutien*, enne [ausjɛ̃, ɛn] nm, f August holidaymaker UK ou vacationer US.
APA [apea] (abr de **allocation personnalisée à l'autonomie**) nf *additional benefit awarded to an old-age pensioner for the purchase of certain particular goods or services.*
apache¹ [apaʃ] adj Apache.
❖ **Apache** npr Apache.
apache² [apaʃ] nm *vieilli* hooligan *(in turn-of-the century Paris)*.
apaisant, e [apɛzɑ̃, ɑ̃t] adj **1.** [qui calme la douleur] soothing **2.** [qui calme la colère] pacifying, mollifying.
apaisement [apɛzmɑ̃] nm [fait de calmer - soif, désir] quenching ; [- faim] assuaging ; [- chagrin] soothing, easing / *attendre l'apaisement d'une tempête* to wait for a storm to abate / *j'attendais l'apaisement de ses colères* I would wait for him to calm down after his angry outbursts ; [fait de se calmer] quietening down ▸ **chercher l'apaisement auprès de qqn** to go to sb for reassurance.
❖ **apaisements** nmpl [paroles] assurances ▸ **donner des apaisements à qqn** to give sb assurances.
apaiser [4] [apeze] vt [calmer - opposants, mécontents] to calm down *(sép)*, to pacify, to appease ; [- douleur, chagrin] to soothe, to alleviate, to lessen ; [- faim] to assuage ▸ **apaiser les esprits** to calm things down / *son visage était enfin apaisé* her face bore a look of peace at last.
❖ **s'apaiser** vpi [se calmer - personne] to calm down ; [- bruit, dispute, tempête, vent] to die down, to subside ; [- colère, chagrin, douleur] to subside ; [- faim] to be assuaged.
apanage [apanaʒ] nm prerogative, privilege ▸ **avoir l'apanage de qqch** to have a monopoly on sthg ▸ **être l'apanage de qqn** to be sb's privilege.
aparté [apaʀte] nm **1.** [discussion] private conversation **2.** THÉÂTRE aside.
❖ **en aparté** loc adv as an aside ▸ **dire qqch (à qqn) en aparté** : *il me l'a dit en aparté* he took me aside to tell me.
apartheid [apaʀtɛd] nm apartheid.
apathie [apati] nf apathy, listlessness.
apathique [apatik] adj apathetic, listless.
apathiquement [apatikmɑ̃] adv apathetically, listlessly.
apatride [apatʀid] ◆ adj stateless. ◆ nmf stateless person.
APD (abr de **aide publique au développement**) nf overseas development aid.
APEC [apɛk] (abr de **Association pour l'emploi des cadres**) nf *employment agency for professionals and managers.*
Apennin [apenɛ̃] npr m ▸ **l'Apennin, les Apennins** the Apennines.
aperception [apɛʀsɛpsjɔ̃] nf apperception.
apercevoir [52] [apɛʀsəvwaʀ] vt **1.** [voir brièvement] to glimpse, to catch sight of / *il était pressé, je n'ai fait que l'apercevoir* he was in a hurry, so I just caught a glimpse of him **2.** [distinguer] to make out *(sép)* / *on apercevait le phare au loin* you could (just) make out the lighthouse in the distance **3.** [remarquer] to see, to notice / *elle seule avait aperçu la contradiction* she alone had noticed the contradiction.
❖ **s'apercevoir** ◆ vp *(emploi réfléchi)* to catch sight of o.s. ◆ vp *(emploi réciproque)* to catch a glimpse of one another.
❖ **s'apercevoir de** vp + prép **1.** [remarquer] to notice, to see / *il ne s'est aperçu de rien* he didn't notice ou see anything / *la couleur est différente mais on s'en aperçoit à peine* the shade isn't the same but you can hardly see it ou it's hardly noticeable **2.** [comprendre] to become aware of, to realize ▸ **sans s'en apercevoir** inadvertently, without realizing it ▸ **s'apercevoir que** to realize ou to understand that / *je m'aperçois que c'est plus difficile que je ne croyais* I now realize it's more difficult than I thought / *il s'en est aperçu peu à peu* it gradually dawned on him / *cet incident nous a fait nous apercevoir de sa vulnérabilité* this incident made us realise how vulnerable he was.
aperçu [apɛʀsy] nm outline, idea / *un aperçu de la situation* a fair idea ou an outline of the situation / *un aperçu du sujet en deux mots* a quick survey ou a brief outline of the subject.
aperçut v ⟶ apercevoir.
apériodique [apeʀjɔdik] adj aperiodic.

* In reformed spelling (see p. 16-19).

apéritif, ive [apeʀitif, iv] adj : *faire une promenade apéritive* to take a walk to work up an appetite / *prendre une boisson apéritive* to have an aperitif.
❖ **apéritif** nm drink, aperitif / *venez à 19 h pour l'apéritif* come round for drinks at 7 p.m.
apéro [apeʀo] nm *fam* aperitif, drink *(before a meal)*.
aperture [apɛʀtyʀ] nf PHON aperture.
apesanteur [apəzɑ̃tœʀ] nf weightlessness.
apétale [apetal] ◆ adj apetalous. ◆ nf apetalous plant.
à-peu-près [apøpʀɛ] nm inv **1.** [approximation] approximation / *dans votre devoir, on ne vous demande pas d'à-peu-près* your homework answers should be very specific **2.** *vieilli* [plaisanterie] dreadful pun.
apeurer [5] [apœʀe] vt to frighten, to scare, to alarm.
apex [apɛks] nm **1.** ANAT, ASTRON & SCI apex **2.** [accent] macron.
aphasie [afazi] nf aphasia.
aphasique [afazik] adj & nmf aphasic.
aphélie [afeli] nm aphelion.
aphérèse [afeʀɛz] nf aphaeresis.
aphidien [afidjɛ̃] nm aphis, aphid.
aphone [afɔn] adj **1.** [sans voix] hoarse ▸ **j'étais complètement aphone** I'd lost my voice / *il est devenu aphone tellement il a crié* he's shouted himself hoarse **2.** MÉD aphonic.
aphonie [afɔni] nf aphonia.
aphorisme [afɔʀism] nm aphorism.
aphrodisiaque [afʀɔdizjak] adj & nm aphrodisiac.
Aphrodite [afʀɔdit] npr Aphrodite.
aphte [aft] nm mouth ulcer, aphtha *spéc*.
aphteux, euse [aftø, øz] adj aphthous.
API (abr de **alphabet phonétique international**) nm IPA.
à-pic [apik] (*pl* **à-pics**) nm steep rock face, sheer cliff.
apical, e, aux [apikal, o] adj apical.
❖ **apicale** nf apical consonant.
apicole [apikɔl] adj beekeeping *(modif)*, apiarian *spéc*.
apiculteur, trice [apikyltœʀ, tʀis] nm, f beekeeper, apiculturist *spéc*, apiarist *spéc*.
apiculture [apikyltyʀ] nf beekeeping, apiculture *spéc*.
apitoie v ⟶ **apitoyer**.
apitoiement [apitwamɑ̃] nm pity, compassion / *pas d'apitoiement !* no pity !
apitoyer [13] [apitwaje] vt to arouse the pity of ▸ **il veut m'apitoyer** he's trying to make me feel sorry for him.
❖ **s'apitoyer sur** vp + prép ▸ **s'apitoyer sur qqn** to feel sorry for ou to pity sb ▸ **s'apitoyer sur son sort** to wallow in self-pity.
APL (abr de **aide personnalisée au logement**) nf housing benefit UK, rent subsidy US.
aplacentaire [aplasɛ̃tɛʀ] ◆ adj aplacental. ◆ nm aplacental animal.
aplanir [32] [aplaniʀ] vt **1.** [niveler -terrain] to level (off), to grade ; [-surface] to smooth, to level off *(sép)* **2.** *fig* [difficulté] to smooth out ou over *(sép)*, to iron out *(sép)* ; [obstacle] to remove.
❖ **s'aplanir** vpi **1.** [surface] to level out ou off **2.** [difficulté, obstacle] : *les difficultés se sont peu à peu aplanies* the difficulties gradually smoothed themselves out.
aplanissement [aplanismɑ̃] nm **1.** [d'un jardin, d'une planche] levelling (off) / *nous lui devons l'aplanissement de toutes nos difficultés fig* we have her to thank for ironing out all our problems **2.** GÉOL peneplanation.
aplat, à-plat [apla] (*pl* **à-plats**) nm [couleur] flat tint, solid colour.
aplati, e [aplati] adj flattened / *la Terre est aplatie aux pôles* the Earth is oblate.
aplatir [32] [aplatiʀ] vt **1.** [rendre plat -tôle, verre, surface] to flatten (out) ; [-métal] to beat flat ; [-terre, sol] to roll, to crush ; [-rivet] to clench, to close ; [-couture, pli] to press (flat), to smooth (out) ; [-cheveux] to smooth ou to plaster down *(sép)* / *aplatissez le morceau de pâte avec votre main* flatten out the piece of dough with your hand **2.** [écraser] to flatten, to squash, to crush / *aplatir son nez contre la vitre* to flatten ou to squash one's nose against the window **3.** *fam* [vaincre] to crush, to flatten / *encore un mot et je t'aplatis !* one more word and I'll flatten you ! **4.** SPORT ▸ **aplatir le ballon** to touch the ball down ▸ **aplatir un essai** to score a try.
❖ **s'aplatir** vpi **1.** [être plat] to be flat / *son crâne s'aplatit au sommet* his head is flat at the top ; [devenir plat] to flatten (out), to become flat / *après la rivière, le relief commence à s'aplatir* the contours flatten out ou get flatter beyond the river **2.** [se coller] ▸ **s'aplatir par terre** to lie flat on the ground ▸ **s'aplatir contre le mur** to flatten o.s. against the wall / *aplatissez-vous contre la voiture* press yourself flat against the car / *sa voiture s'est aplatie contre un arbre* his car wrapped itself around a tree **3.** *fam* [s'humilier] to grovel, to fawn ▸ **s'aplatir devant qqn** to go crawling to sb ▸ **s'aplatir comme une carpette** to crawl, to creep UK.
aplatissement [aplatismɑ̃] nm **1.** ASTRON & GÉOM ▸ **l'aplatissement de la Terre** the flattening of the Earth ▸ **l'aplatissement d'une courbe** the oblateness of a curve **2.** [fait de rendre plat] flattening **3.** *fam* [servilité] crawling, fawning.
aplatisseur [aplatisœʀ] nm roller crusher.
aplomb [aplɔ̃] nm **1.** [verticalité] perpendicularity ▸ **à l'aplomb de a)** [au-dessus de] directly above **b)** [au-dessous de] directly below **2.** [confiance en soi] aplomb ▸ **avoir de l'aplomb** to be self-possessed, to be self-assured ▸ **répondre avec aplomb** to answer with self-assurance ou self-possession ou aplomb ; *péj* [insolence] nerve ▸ **avoir l'aplomb de faire qqch** to have the nerve to do sthg / *il ne manque pas d'aplomb* he really has a nerve.
❖ **aplombs** nmpl ÉQUIT stand.
❖ **d'aplomb** loc adj **1.** [vertical] perpendicular ▸ **être d'aplomb** to be vertical ▸ **mettre qqch d'aplomb a)** CONSTR to plumb sthg (up) **b)** [redresser] to straighten sthg up ▸ **ne pas être d'aplomb a)** CONSTR to be out of plumb ou off plumb **b)** [en déséquilibre] to be askew / *être bien d'aplomb sur ses jambes* to be steady on one's feet **2.** [en bonne santé] well ▸ **être d'aplomb** to be well ou in good health ▸ **ne pas être d'aplomb** to feel unwell ou out of sorts ▸ **remettre qqn d'aplomb** to put sb back on his / her feet, to make sb better.
APN nm abr de **appareil photo numérique**.
apnée [apne] nf apnoea ▸ **descendre** ou **plonger en apnée** to dive without breathing apparatus.
apocalypse [apɔkalips] nf **1.** [catastrophe] apocalypse ▸ **une apocalypse nucléaire** a nuclear holocaust **2.** RELIG ▸ **l'Apocalypse** the Apocalypse, the (Book of) Revelation ▸ **la Tenture de l'Apocalypse** *important series of 14th century narrative tapestries kept at the castle in Angers.*
❖ **d'apocalypse** loc adj [vision] apocalyptic ; [récit] doom-laden ▸ **un paysage d'apocalypse** a scene of devastation.
apocalyptique [apɔkaliptik] adj apocalyptic, cataclysmic.
apocope [apɔkɔp] nf apocope.
apocopé, e [apɔkɔpe] adj apocopated.
apocryphe [apɔkʀif] ◆ adj apocryphal. ◆ nm apocryphal text ▸ **les apocryphes (de la Bible)** the Apocrypha.
apode [apɔd] ◆ adj apodal. ◆ nm apode.
apodictique [apɔdiktik] adj apod(e)ictic.
apogée [apɔʒe] nm **1.** ASTRON apogee **2.** [sommet] peak, summit, apogee / *l'apogée de la réussite* the pinnacle ou the peak of achievement / *à l'apogée de sa carrière* at the height ou at the peak of his career.
apolitique [apɔlitik] ◆ adj [sans convictions politiques] apolitical ; [non affilié] nonpolitical. ◆ nmf apolitical person.
apolitisme [apɔlitism] nm [refus de s'engager] apolitical stance ; [engagement sans affiliation] nonpolitical stance.
apollinien, enne [apɔlinjɛ̃, ɛn] adj Apollonian.
apollon [apɔlɔ̃] nm Adonis / *un jeune apollon* a young Adonis ▸ **c'est un véritable apollon** he's like a Greek god / *ce n'est pas un apollon* he isn't exactly God's gift to women *hum*.
Apollon [apɔlɔ̃] npr Apollo.
Apollonios [apɔlɔnjos] npr Apollonius.
apologétique [apɔlɔʒetik] ◆ adj apologetic. ◆ nf apologetics *(U)*.
apologie [apɔlɔʒi] nf apologia ▸ **une apologie de** an apologia for ▸ **faire l'apologie de qqch** to (seek to) justify sthg.

⚠ En anglais moderne, **apology** signifie « excuses ».

apologiste [apɔlɔʒist] nmf apologist.
apologue [apɔlɔg] nm apologue.
apomorphine [apɔmɔʀfin] nf apomorphine.
aponévrose [apɔnevʀoz] nf aponeurosis.
apophonie [apɔfɔni] nf ablaut, vowel gradation.
apophtegme [apɔftɛgm] nm apophthegm.
apophysaire [apɔfizɛʀ] adj apophyseal.
apophyse [apɔfiz] nf apophysis.
apoplectique [apɔplɛktik] adj & nmf apoplectic.
apoplexie [apɔplɛksi] nf apoplexy.
apostasie [apɔstazi] nf apostasy.
apostasier [9] [apɔstazje] vt & vi to apostatize.
apostat, e [apɔsta, at] ◆ adj apostate, renegade *(avant nom)*. ◆ nm, f apostate, renegade.
aposter [3] [apɔste] vt *litt* to post as a watchman.
a posteriori, à postériori* [apɔsteʀjɔʀi] ◆ adj inv a posteriori. ◆ loc adv afterwards / *il est facile de juger a posteriori* it's easy to be wise after the event / *je m'en suis aperçu a posteriori* I realized later ou afterwards.
apostille [apɔstij] nf apostil.
apostolat [apɔstɔla] nm **1.** RELIG apostolate, discipleship **2.** [prosélytisme] evangelism, proselytism **3.** [vocation] dedication, vocation / *pour lui, l'enseignement c'est un apostolat* he is wholeheartedly devoted to teaching, teaching is his mission in life.
apostolicité [apɔstɔlisite] nf apostolicity.
apostolique [apɔstɔlik] adj apostolic.
apostrophe [apɔstʀɔf] nf **1.** [interpellation] invective **2.** GRAM apostrophe / *mis en apostrophe* used in apostrophe **3.** [signe] apostrophe ▸ **« s » apostrophe** "s" apostrophe.
apostropher [3] [apɔstʀɔfe] vt to shout at.
apothème [apɔtɛm] nm apothegm.
apothéose [apɔteoz] nf **1.** [apogée] summit / *l'apothéose du courage* the height of bravery / *ce concert a été l'apothéose du festival* the concert was the highlight of the festival **2.** THÉÂTRE (grand) finale / *cela s'est terminé en apothéose* it ended in fine ou grand style **3.** ANTIQ apotheosis **4.** [consécration] great honour UK ou honor US.
apothicaire [apɔtikɛʀ] nm *arch* apothecary.
apôtre [apotʀ] nm **1.** RELIG apostle, disciple **2.** [avocat] advocate / *se faire l'apôtre d'une idée* to champion ou to speak for an idea / *un apôtre de la tolérance* an advocate ou a champion of tolerance ▸ **faire le bon apôtre** *péj* to be hypocritical.
Appalaches [apalaʃ] npr mpl ▸ **les Appalaches** the Appalachian Mountains, the Appalachians.
appalachien, enne [apalaʃjɛ̃, ɛn] adj Appalachian.
apparaître, apparaitre* [91] [apaʀɛtʀ] vi **1.** [à la vue] to appear / *des nuages menaçants apparaissaient dans le ciel* menacing clouds were appearing in the sky / *après le bosquet, on voit apparaître le village* after you pass the copse, the village comes into view ▸ **apparaître à qqn en songe** ou **rêve** to appear ou to come to sb in a dream ; [à l'esprit] to appear, to transpire, to emerge / *ce qui apparaît, c'est surtout sa méchanceté* what emerges above all is his wickedness / *la vérité m'est apparue un beau jour* the truth came to ou dawned on me one day / *la voir dans un contexte professionnel la fait apparaître sous un jour complè-*

* In reformed spelling (see p. 16-19).

tement nouveau seeing her in a professional context shows her in a completely new light / *faire apparaître la vérité* to bring the truth to light **2.** [surgir] to appear, to materialize / *il est apparu tout d'un coup au coin de la rue* he appeared suddenly at the corner of the street / *la fée est apparue* the fairy appeared ou materialized / *le chat est apparu au milieu des couvertures* the cat emerged from the blankets **3.** [figurer] to appear, to feature / *la liste des ingrédients doit apparaître sur le paquet* the list of ingredients must appear ou feature on the package / *le nom du traducteur n'apparaît pas sur la page de titre* the translator's name doesn't appear on the title page / *Marilyn n'apparaît qu'une fois dans la première bobine* Marilyn appears only once in the first reel **4.** [se manifester - symptôme, bouton] to appear ; [- maladie] to develop ; [- préjugé, habitude] to develop, to surface / *quand apparaissent les premières rides* when the first wrinkles appear / *une coutume apparue en Europe* a custom which first developed in Europe ▸ **faire apparaître** to reveal **5.** [sembler] to seem, to appear / *cette histoire m'apparaît bien dérisoire aujourd'hui* the whole thing strikes me as being ridiculous now / *il apparaît enfin tel qu'il est* he's showing his true self at last ; *(tournure impersonnelle)* : *il apparaît impossible de faire...* it appears to be ou it seems impossible to do... ▸ **il apparaît que...** it appears ou emerges that...

apparat [apaʀa] nm **1.** [cérémonie] pomp ▸ **en grand apparat** with great pomp (and ceremony) ▸ **sans apparat** without pomp, simply ▸ **costume / discours d'apparat** ceremonial dress / speech **2.** LITTÉR ▸ **apparat critique** critical apparatus, apparatus criticus.

apparatchik [apaʀatʃik] nm apparatchik.

apparaux [apaʀo] nmpl handling gear, tackle ▸ **apparaux de bord** equipment on board.

appareil [apaʀɛj] nm **1.** [dispositif] apparatus, device ▸ **appareil acoustique** hearing aid ▸ **appareil de contrôle** tester ▸ **appareil dentaire a)** [prothèse] dentures, (dental) plate **b)** [pour corriger] brace UK ou braces US, plate ▸ **appareil électroménager** household appliance ▸ **appareil de mesure** measuring device ou apparatus ▸ **appareil orthopédique** orthopaedic UK ou orthopedic US appliance ▸ **appareil photo** (still) camera ▸ **appareil photo numérique** digital camera ▸ **appareil photo jetable** disposable camera ▸ **appareil plâtré** plaster cast ▸ **appareil de prothèse** surgical appliance ▸ **appareil reflex** reflex camera ▸ **appareil (téléphonique)** telephone / *qui est à l'appareil?* who's speaking? ▸ **Berlot à l'appareil!** Berlot speaking! **2.** AÉRON craft, aircraft ▸ **une fois dans l'appareil** once on board the aircraft **3.** ANAT apparatus, system ▸ **appareil digestif** digestive apparatus ou system ▸ **appareil respiratoire** respiratory apparatus **4.** CONSTR bond **5.** [système] apparatus / *l'appareil du parti* the party apparatus ou machinery ▸ **appareil critique** LITTÉR critical apparatus, apparatus criticus ▸ **l'appareil d'État** POL the state apparatus ▸ **l'appareil législatif** the machinery of the law ▸ **appareil psychique** psychic ou mental apparatus **6.** *litt* [cérémonial] trappings / *l'appareil somptueux du couronnement* the pomp and circumstance ou sumptuous trappings of the coronation **7.** CULIN mixture.

appareillage [apaʀɛjaʒ] nm **1.** TECHNOL equipment **2.** MÉD prosthesis **3.** NAUT casting off.

appareillement [apaʀɛjmɑ̃] nm matching, pairing.

appareiller [4] [apaʀeje] ◆ vt **1.** ARCHIT to measure out **2.** MÉD to fit with a prosthesis **3.** [assortir] to match, to pair **4.** ZOOL to mate. ◆ vi NAUT to cast off, to get under way.

apparemment [apaʀamɑ̃] adv apparently ▸ **apparemment, tout va bien** everything seems to be ou apparently everything's all right.

apparence [apaʀɑ̃s] nf [aspect - d'une personne] appearance ; [- d'un objet, d'une situation] appearance, look / *ça a l'apparence du bois* it looks like wood / *avoir une apparence de sagesse* to have an air of wisdom ▸ **avoir belle apparence** to look impressive / *avoir une apparence maladive* to look sickly, to be sickly-looking ▸ **sous l'apparence** ou **une apparence de libéralisme** in the guise ou behind a façade of liberalism ▸ **les apparences** appearances / *il a les apparences contre lui* everything points against him / *il va très bien, malgré les apparences* he's all right, contrary to all appearances ▸ **juger sur** ou **d'après les apparences** to judge ou to go by appearances ▸ **les apparences sont trompeuses, il ne faut pas se fier aux apparences a)** [en jugeant une personne] looks are deceptive **b)** [en jugeant une situation] there's more to it than meets the eye, appearances can be deceptive ▸ **faire qqch pour sauver les apparences** to do sthg for appearances' sake / *heureusement pour nous, les apparences sont sauves* fortunately, we've been able to save face.

❖ **en apparence** loc adv apparently, by ou to all appearances / *en apparence il travaille, mais comment le savoir vraiment?* to all appearances he works ou it would seem that he works, but how can one be sure?

apparent, e [apaʀɑ̃, ɑ̃t] adj **1.** [visible] visible / *devenir apparent* to become apparent, to surface, to emerge / *il n'y a aucun danger apparent* there's no apparent ou visible danger ▸ **installation apparente** surface installation ▸ **avec poutres apparentes** with exposed beams ▸ **couture apparente** topstitched seam **2.** [évident] obvious, apparent, evident ▸ **sans cause apparente** for no obvious ou apparent reason **3.** [superficiel] apparent / *un danger plus apparent que réel* a danger that is more apparent than real ou not as bad as it seems ▸ **une tranquillité apparente** outward ou surface calm.

apparenté, e [apaʀɑ̃te] adj **1.** [parent] related **2.** [allié] allied / *des listes apparentées* grouped electoral lists *(in proportional elections)* / *la construction et industries apparentées* building and allied trades ▸ **les socialistes et apparentés** the socialists and their allies **3.** [ressemblant] similar ▸ **deux styles apparentés** two similar ou closely related styles **4.** LING cognate.

apparentement [apaʀɑ̃tmɑ̃] nm **1.** [lien] link / *son apparentement à la bourgeoisie* his links to the bourgeoisie **2.** [alliance] alliance / *apparentement à un groupe parlementaire* alliance with a parliamentary group / *apparentement de listes électorales* grouping of electoral lists *(in proportional elections)*.

apparenter [3] [apaʀɑ̃te] ❖ **s'apparenter** vp *(emploi réciproque)* POL to enter into an alliance.

❖ **s'apparenter à** vp + prép **1.** [ressembler à] to be like / *cette histoire s'apparente à une aventure que j'ai vécue* this story is similar to ou is like an experience I once had **2.** [s'allier à] ▸ **s'apparenter à un groupe** to join a group / *s'apparenter à une famille* to marry into a family.

appariement [apaʀimɑ̃] nm matching, pairing.

apparier [9] [apaʀje] vt **1.** [chaussures, gants] to match, to pair **2.** ZOOL to mate.

❖ **s'apparier** vpi to mate.

appariteur [apaʀitœʀ] nm **1.** [huissier] usher **2.** UNIV porter UK, campus policeman US.

apparition [apaʀisjɔ̃] nf **1.** [arrivée - d'une personne, d'une saison] arrival, appearance ▸ **avec l'apparition du printemps** with the coming ou arrival of spring ▸ **faire une apparition** to put in ou to make an appearance ▸ **faire son apparition a)** [maladie] to develop **b)** [soleil] to come out / *brèves apparitions du soleil cet après-midi* brief sunny spells ou intervals this afternoon / *les nuages feront leur apparition dans la soirée* the sky will cloud over in the evening **2.** [première manifestation] (first) appearance / *l'apparition de la religion* the first appearance ou the birth of religion / *dès l'apparition des premiers symptômes* as soon as the first symptoms appear **3.** [vision] apparition, vision ▸ **avoir une apparition** to be visited by an apparition ▸ **avoir des apparitions** to have visions.

apparoir [apaʀwaʀ] v impers ▸ **il appert** : *il appert de ces témoignages que...* it appears ou it is evident from these statements that...

appart [apaʀt] nm *fam* flat UK, apartment US.

appartement [apaʀtəmɑ̃] nm flat UK, apartment US ▸ **appartement témoin** ou **modèle** show flat UK, model apartment US ▸ **appartement thérapeutique** sheltered accommodation *(U)*.

appartenance [apaʀtənɑ̃s] nf **1.** [statut de membre] ▸ **appartenance à** membership of UK ou in US ▸ **appartenance à un parti** membership of UK ou in US a party ▸ **appartenance à un groupe / club** membership of UK ou in US a group / club **2.** MATH membership.

appartenir [40] [apaʀtəniʀ] ❖ **appartenir à** v + prép **1.** [être la propriété de] to belong to / *à qui appartient la voiture verte?* whose is the green car? / *cet argent m'appartient en propre* this money is my own **2.** [faire partie de - groupe] to belong to, to be part of ; [- professorat, syndicat] to belong to / *il appartient à la même section que toi* he's a member of ou he belongs to the same group as you / *l'araignée n'appartient pas à la famille des insectes* spiders do not belong to ou are not members of the insect family **3.** [dépendre de] ▸ **la décision t'appartient** it's up to you, it's for you to decide / *pour des raisons qui m'appartiennent* for my own reasons / *l'éducation des enfants appartient aux deux parents* bringing up children is the responsibility of both parents ; *(tournure impersonnelle)* : *il appartient à chacun de faire attention* it's everyone's responsibility to be careful / *il ne vous appartient pas d'en décider* it's not for you to decide, the decision is not yours (to make) **4.** MATH to be a member of. ❖ **s'appartenir** vpi [être libre] : *avec tout ce travail, je ne m'appartiens plus* I have so much work, my time isn't my own any more.

appart hôtel [apaʀtotɛl] nm apartment hotel.

apparu, e [apaʀy] pp ⟶ **apparaître.**

appas, appâts* [apa] nmpl *litt* charms.

appât [apa] nm **1.** CHASSE & PÊCHE bait *(U)* **2.** [attrait] ▸ **l'appât de** the lure of ▸ **l'appât du gain** the lure ou attraction of money / *la récompense était un appât de taille* the reward was a tempting bait.

appâter [3] [apate] vt **1.** [attirer - poisson, animal] to lure ; [- personne] to lure, to entice **2.** [nourrir - oiseau] to feed **3.** [engraisser - volaille] to forcefeed.

appauvrir [32] [apovʀiʀ] vt [rendre pauvre - personne] to impoverish, to make poor ; [- pays] to impoverish, to drain ; [- terre] to impoverish, to drain, to exhaust ; [- sang] to make thin, to weaken ; [- langue] to impoverish.

❖ **s'appauvrir** vpi [personne, famille, pays] to get ou to grow poorer ; [sol] to become exhausted ; [sang] to become thin ; [langue] to become impoverished, to lose it's vitality.

appauvrissement [apovʀismɑ̃] nm impoverishment.

appeau, x [apo] nm **1.** [sifflet] birdcall **2.** [oiseau] decoy, stool pigeon.

appel [apɛl] nm **1.** [cri] call ▸ **un appel au secours** ou **à l'aide a)** *pr* a call for help **b)** *fig* a cry for help / *tu n'as pas entendu mes appels?* didn't you hear me calling (out)? / *le mâle répond à l'appel de la femelle* the male answers the call of the female ▸ **l'appel de** the call of ▸ **l'appel des sens** the call of the senses ▸ **l'appel du large** the call of the sea ▸ **l'appel de la nature** the call of the wild ▸ **appel à l'insurrection** call to insurrection ▸ **appel aux armes** call to arms ▸ **appel au peuple** appeal to the people ▸ **appel au rassemblement** call for unity ▸ **l'appel du 18 juin 1940** *General de Gaulle's radio appeal to the French people to resist the occupying Nazi forces* ▸ **appel de détresse a)** NAUT distress call **b)** [d'une personne] call for help ▸ **appel de phares** : *faire un appel de phares (à qqn)* to flash ou blink US one's headlights ou lights (at sb) ▸ **faire un appel du pied à qqn** to make covert advances to sb ▸ **appel radio** radio message **2.** [coup de téléphone] ▸ **appel (téléphonique)** (telephone ou phone) call ▸ **appel interurbain** long-distance call ▸ **appel en PCV** reverse charge call UK, collect call US ▸ **appel avec préavis** person-to-person call **3.** [sollicitation] appeal / *lancer un appel pour l'aide aux sinistrés* to launch an appeal for the disaster victims / *il est resté sourd aux appels (à l'aide) de sa famille* he ignored his family's calls ou appeals ou pleas (for help) ▸ **faire appel à a)** [clémence, générosité] to appeal to **b)** [courage, intelligence, qualité, souvenirs] to summon (up) / *faire appel à la générosité publique* to appeal to public generosity / *faire appel à tout son courage* to summon (up) ou to muster (up) all one's strength / *cela fait appel à des notions complexes* it involves complex notions / *faire appel à la force* to resort to force ▸ **faire appel à l'armée** to call in the army, to call the army out / *faire appel à un spécialiste* to call in a specialist / *il a fait* *appel à elle pour son déménagement* he asked for her help when he moved **4.** ÉCON call ▸ **appel de fonds** call for funds ▸ **appel d'offres** invitation to tender / *répondre à un appel d'offres* to make a bid **5.** DR appeal ▸ **en appel** on appeal ▸ **faire appel** to appeal ▸ **faire appel d'un jugement** to appeal against a decision ▸ **aller en appel** to appeal, to go to appeal ▸ **appel à maxima / minima** appeal by the Prosecution (against the severity) / leniency of the sentence ▸ **appel à témoins** appeal for witnesses (to come forward) **6.** [liste de présence] roll call ; MIL [mobilisation] call-up ▸ **faire l'appel a)** ÉDUC to take the register UK, to call (the) roll US **b)** MIL to call the roll ▸ **répondre à l'appel** to be present / *appel d'une classe* call-up ou calling up of a class **7.** IMPR ▸ **appel de note** reference mark **8.** INFORM call ▸ **appel par référence / valeur** call by reference / value ▸ **programme / séquence d'appel** call routine / sequence **9.** JEUX ▸ **faire un appel à cœur / carreau** to signal for a heart / diamond **10.** SPORT take-off ▸ **prendre son appel** to take off ; ESCRIME appel **11.** TECHNOL ▸ **appel d'air** draught.

❖ **sans appel** loc adj **1.** DR without (the possibility of an) appeal **2.** [irrévocable] irrevocable ▸ **c'est sans appel** there's no going back on it, it's final / *sa décision est sans appel* his decision is final / *répondre d'un ton sans appel* to reply dismissively.

appelant, e [aplɑ̃, ɑ̃t] ◆ adj INFORM calling. ◆ nm, f DR appellant.

appelé, e [aple] nm, f ▸ **il y a beaucoup d'appelés et peu d'élus** many are called but few are chosen.

❖ **appelé** nm MIL conscript, draftee US.

appeler [24] [aple] vt **1.** [interpeller] to call (out) to, to shout to / *appelle-le, il a oublié sa lettre* give him a shout, he's left his letter behind / *attendez que je vous appelle* wait till I call you ▸ **appeler qqn par la fenêtre** to call out to sb from the window ▸ **appeler le nom de qqn** to call out sb's name ▸ **appeler au secours a)** *pr* to shout "help", to call for help **b)** *fig* to call for help ; *(en usage absolu)* : *la pauvre, elle a appelé toute la nuit* the poor thing called out all night / *écoute, il appelle!* listen, he's calling out! **2.** [au téléphone] to call (up) ▸ **appelle-moi demain** call me tomorrow / *appelez ce numéro en cas d'urgence* dial this number in an emergency ▸ **elle appelle Londres** she's on the phone to London / *on vous appelle de Bonn* there's a call for you from Bonn / *je vais appeler le bureau pour dire que je ne viendrai pas* I'll call the office to say I won't be coming in **3.** [faire venir - médecin] to call, to send for *(insép)* ; [- police] to call ; [- renforts] to call up ou out *(sép)* ; [- ascenseur] to call / *appeler du secours* to go for help ▸ **appeler qqn à l'aide** to call to sb for help ▸ **appeler un taxi a)** [dans la rue] to hail a taxi **b)** [par téléphone] to phone for ou to call a taxi ▸ **appeler le garçon** to call the waiter / *le patron m'a appelé pour me faire signer le contrat* the boss called me in to get me to sign the contract ▸ **appeler qqn à** to call sb to ▸ **appeler qqn à une fonction importante** to call ou to appoint sb to a high office / *être appelé sous les drapeaux* to be called up ou conscripted ▸ **faire appeler qqn** to send for sb, to summon sb / *Dieu / le devoir vous appelle litt* God / your duty is calling you ▸ **le devoir m'appelle!** *hum* duty calls! / *une affaire m'appelle en ville* I have to go to town on business **4.** DR to summon ▸ **être appelé à comparaître** to be summoned ou issued with a summons / *être appelé à la barre* to be called ou summoned to the witness stand / *être appelé devant le juge* to be called up before the magistrate **5.** *sout* [désirer] ▸ **appeler qqch (de tous ses vœux)** to yearn (passionately) for / *une réconciliation que nous appelons de tous nos vœux* a reconciliation which we most ardently desire **6.** [nécessiter] to require, to call for *(insép)* / *la situation appelle des mesures immédiates* the situation calls for ou requires immediate action / *sa conduite appelle une punition* his attitude calls for ou deserves punishment / *un acte qui appelle une condamnation immédiate* an act which calls for immediate censure **7.** [entraîner] to lead to / *un coup en appelle un autre* one blow leads to another **8.** [inciter] ▸ **appeler qqn à** to call sb to / *appeler (des travailleurs) à la grève* to call a strike, to put out a strike call / *appeler les gens à la révolte* to incite people to rebel / *appeler aux armes* to call to arms ▸ **il faut appeler les gens à voter** ou **aux urnes** people must be urged to vote **9.** [destiner] ▸ **être appelé à** to be bound to / *ce quartier est appelé à disparaître* this part of town is due to be demolished (eventually) / *il va être appelé à revenir souvent* he will have to come back often / *j'étais appelée à devenir religieuse* I was to become a nun **10.** [nommer] to call / *appeler les choses par leur nom* to be blunt / *comment on appelle ça en chinois?* what's (the word for) this in Chinese? / *ici, on appelle tout le monde par un surnom* here we give everybody a nickname ▸ **appelez-moi Jo** call me Jo / *je l'appelle par son prénom* I call him by his first name / *nous appellerons le bébé Marie* we'll call ou name the baby Marie ▸ **se faire appeler** : *elle se fait appeler Jaspe* she wants to be called Jaspe ▸ **se faire appeler Arthur** *fam* to get it in the neck UK, to catch it **11.** INFORM [programme] to call (up) ; [réseau] to dial.

❖ **en appeler à** v + prép to appeal to / *j'en appelle à votre bon cœur* I'm appealing to your generosity / *j'en appelle à vous en dernier recours* I'm coming to you as a last resort.

❖ **s'appeler** ◆ vp *(emploi passif)* to be called ▸ **comment s'appelle-t-il?** what's his name?, what's he called? / *voilà ce qui s'appelle une gaffe!* that's what's called ou that's what I call putting your foot in it! ▸ **ça s'appelle revient** *fam* make sure you give it back. ◆ vp *(emploi réciproque)* to call one another / *vous vous appelez par vos prénoms?* are you on first-name terms?

appellatif, ive [apelatif, iv] adj appellative.

❖ **appellatif** nm appellative.

appellation [apelasjɔ̃] nf appellation, designation ▸ **une appellation injurieuse** an insulting name ▸ **appellation (d'origine) contrôlée** *government certification guaranteeing the quality of a French wine or cheese* / *c'est une appellation bordeaux contrôlée* it's a Bordeaux appellation contrôlée.

appelle v ⟶ **appeler.**

appendice [apɛ̃dis] nm **1.** [note] appendix **2.** [prolongement] appendage **3.** *hum* [nez] snout **4.** ANAT appendix.

appendicectomie [apɛ̃disɛktɔmi] nf appendicectomy, appendectomy ▸ **j'ai eu une appendicectomie** I had my appendix out.

appendicite [apɛ̃disit] nf appendicitis.

appendiculaire [apɛ̃dikylɛʀ] adj appendicular.

appendre [73] [apɑ̃dʀ] vt to hang, to affix.

appentis [apɑ̃ti] nm **1.** [bâtiment] lean-to **2.** [toit] lean-to, sloping roof.

appert v ⟶ **apparoir.**

appertisation [apɛʀtizasjɔ̃] nf canning.

appesantir [32] [apəzɑ̃tiʀ] vt [rendre pesant - démarche] to slow down *(sép)* ; [- tête, corps] to weigh down *(sép)* ; [- facultés] to dull ▸ **appesantir son bras** ou **autorité sur un pays** *fig* to strengthen one's authority over a country.

❖ **s'appesantir** vpi **1.** [devenir lourd - tête] to become heavier ; [- gestes, démarche] to become slower ; [- esprit] to grow duller **2.** [insister] ▸ **s'appesantir sur un sujet** to concentrate on ou to dwell at length on a subject.

appesantissement [apəzɑ̃tismɑ̃] nm [de l'esprit] (growing) dullness ; [des gestes, de la démarche] increased heaviness.

appétence [apetɑ̃s] nf *litt* appetence.

appétissant, e [apetisɑ̃, ɑ̃t] adj **1.** [odeur, mets] appetizing, mouthwatering ▸ **peu appétissant** unappetizing **2.** *fam* [attirant] attractive / *une femme aux rondeurs appétissantes* a curvaceous woman.

appétit [apeti] nm **1.** [envie de manger] appetite / *avoir de l'appétit* ou *grand appétit* ou *bon appétit* to have a good ou hearty appetite ▸ **manger avec appétit** ou **de bon appétit** to eat heartily ▸ **la promenade m'a donné de l'appétit** ou **m'a ouvert l'appétit** ou **m'a mis en appétit** the walk has given me an appetite / *des amuse-gueule pour ouvrir l'appétit de vos invités* little snacks as appetizers for your guests / *quelques diapositives d'abord, pour vous ouvrir l'appétit* *fig* first, a few slides, to whet your appetite / *ça va te couper l'appétit* it'll spoil your appetite, it'll take your appetite away ▸ **perdre l'appétit** to lose one's appetite ▸ **bon appétit!** enjoy your meal!, have a nice meal! ▸ **avoir un appétit d'oiseau** to eat like a bird ▸ **avoir un appétit de loup** ou **d'ogre** to eat like a horse ▸ **l'appétit vient en mangeant a)** *prov & pr* eating whets the appetite **b)** *fig* the more you have, the more you want **2.** [désir] ▸ **appétit de** appetite for ▸ **un insatiable appétit de vivre / de connaissances** an insatiable thirst for life / for knowledge.

❖ **appétits** nmpl [instincts] appetites.

applaudimètre [aplodimɛtʀ] nm clapometer UK, applause meter US.

applaudir [32] [aplodiʀ] ◆ vt [personne] to applaud, to clap ; [discours, pièce] to applaud / *et on l'applaudit encore une fois!* let's give him another big hand!, let's hear it for him one more time! / *ils se sont fait applaudir pendant un bon quart d'heure* they were clapped for at least a quarter of an hour / *il a longuement fait applaudir le pianiste* he led a long round of applause for the pianist. ◆ vi to clap, to applaud ▸ **applaudir à qqch** *fig* : *applaudir à une initiative* to praise ou to applaud an initiative ▸ **applaudir des deux mains à qqch** to approve of ou to welcome sthg heartily ▸ **applaudir à tout rompre** : *les gens applaudissaient à tout rompre* there was thunderous applause.

❖ **s'applaudir de** vp + prép ▸ **s'applaudir de qqch / d'avoir fait qqch** to congratulate o.s. on sthg / on having done sthg.

applaudissements [aplodismɑ̃] nmpl applause *(U)*, clapping *(U)* ▸ **un tonnerre** ou **une tempête d'applaudissements** thunderous applause ▸ **sous les applaudissements** amidst ou in the midst of applause.

appli [apli] (abr de **application**) nf INFORM app.

applicabilité [aplikabilite] nf applicability.

applicable [aplikabl] adj applicable / *loi applicable à partir du 1er mars* law to be applied as of March 1st ▸ **règlement applicable immédiatement** ruling effective forthwith.

applicage [aplikaʒ] nm TECHNOL application.

applicateur [aplikatœʀ] ◆ adj m applicator *(modif)*. ◆ nm applicator.

applicatif, ive [aplikatif, iv] adj INFORM application *(modif)*.

application [aplikasjɔ̃] nf **1.** [pose] application / *laisser sécher après l'application de la première couche* allow to dry after applying the first coat of paint **2.** [mise en pratique - d'une loi] application, enforcement ; [- d'une sentence] enforcement / *mesures prises en application de la loi* measures taken to enforce the law, law-enforcement measures ▸ **mettre qqch en application** to put sthg into practice, to apply sthg **3.** SCI & TECHNOL application / *les applications pratiques des voyages dans l'espace* the practical applications of space travel **4.** [soin] application ▸ **travailler avec application** to work diligently, to apply o.s. (to one's work) / *il y mettait une application inhabituelle* he was doing it with unusual application ou zeal **5.** MATH mapping, function ▸ **application bijective** bijective mapping, bijection ▸ **application surjective** surjective mapping, surjection **6.** COUT ▸ **application de dentelle** (piece of) appliqué lace.

applique [aplik] nf **1.** [lampe] wall lamp **2.** COUT (piece of) appliqué work.

appliqué, e [aplike] adj **1.** [studieux] assiduous, industrious **2.** SCI & UNIV applied.

appliquer [3] [aplike] vt **1.** [poser - masque, crème, ventouse] to apply ; [- enduit] to apply, to lay on *(sép)* / **'appliquer sur le cou et le visage'** 'apply to neck and face' / *appliquer son oreille contre la porte* to put one's ear to the door **2.** [mettre en pratique - décret] to enforce, to apply ; [- peine] to enforce ; [- idée, réforme] to put into practice, to implement ; [- recette, méthode] to use ; [- théorie, invention] to apply, to put into practice / *la règle de l'accord du participe n'est pas toujours appliquée* the rule for participle agreement is not always applied / *je ne fais qu'appliquer la consigne!* I don't make the rules, I'm just following orders! / *vous devez faire appliquer le règlement* you must make sure the rules are applied / *ces juges sont chargés de faire appli-*

quer les peines these judges are responsible for making sure sentences are carried out **3.** [donner - sobriquet, gifle] to give ; [- baiser] to plant / *un coup de pied bien appliqué* a powerful kick **4.** [consacrer] ▸ **appliquer qqch à** to devote sthg to / *appliquer toute son énergie à son travail* to devote all one's energy to one's work.

s'appliquer ◆ vp *(emploi passif)* **1.** [se poser] ▸ **s'appliquer sur a)** [suj : objet] to be laid ou to fit over **b)** [suj : enduit] to go over, to be applied on / *le pansement s'applique directement sur la lésion* the dressing is applied directly to the wound itself / **'s'applique sur toutes sortes de surfaces'** 'may be applied on many different surfaces' **2.** [être utilisé] to apply / *le terme s'applique uniquement aux plantes* the term only applies to plants / *cela ne s'applique pas dans notre cas* it doesn't apply in ou it's not applicable to our case. ◆ vpi **1.** [être attentif - élève, apprenti] to take care (over one's work), to apply o.s. (to one's work) / *tu ne t'appliques pas assez!* you don't take enough care over your work !, you don't apply yourself sufficiently ! ▸ **s'appliquer à ses devoirs** to apply o.s. to one's homework **2.** [s'acharner] ▸ **s'appliquer à faire** to try to do / *je me suis appliqué à faire ce qu'on attendait de moi* I took pains to do what was expected of me.

appoggiature [apɔʒjatyʀ] nf appoggiatura.

appoint [apwɛ̃] nm **1.** [argent] ▸ **faire l'appoint** to give the exact money ou change / **'prière de faire l'appoint'** 'exact money only, please' **2.** *litt* [aide] assistance, contribution.

d'appoint loc adj ▸ **radiateur d'appoint** extra radiator ▸ **salaire d'appoint** extra income.

appointage [apwɛ̃taʒ] nm shaping into a point.

appointé [apwɛ̃te] nm SUISSE soldier.

appointements [apwɛ̃tmɑ̃] nmpl salary.

> ⚠ Le mot anglais **appointment** signifie « rendez-vous » et n'a jamais le sens de rémunération.

appointer [3] [apwɛ̃te] vt **1.** [rémunérer] to pay a salary to **2.** TECHNOL to sharpen.

appondre [75] [apɔ̃dʀ] vt SUISSE to join (together).

appontage [apɔ̃taʒ] nm landing *(on an aircraft carrier)*.

appontement [apɔ̃tmɑ̃] nm wharf, landing stage.

apponter [3] [apɔ̃te] vi to land *(on an aircraft carrier)*.

apponteur [apɔ̃tœʀ] nm landing officer.

apport [apɔʀ] nm **1.** [action d'apporter] contribution / *l'apport culturel des immigrés* the cultural contribution of immigrants / *un apport d'argent frais* an injection of new money / *l'apport journalier en fer et en calcium* **a)** [fourni] the daily supply of iron and calcium **b)** [reçu] the daily intake of iron and calcium ▸ **apport quotidien recommandé** daily recommended allowance **2.** FIN & DR ▸ **apport de fonds** injection of capital ▸ **apport partiel d'actifs** asset contribution, transfer of assests ▸ **apports en communauté** goods contributed by spouses to the joint estate ▸ **apports en numéraire** / **en nature** contribution in cash / in kind ▸ **apports en société** capital invested.

apporter [3] [apɔʀte] vt **1.** [objet] to bring ▸ **apporte-le ici** bring it over here / *apporte-le à papa dans la cuisine* take it to Dad in the kitchen / *je t'ai apporté un cadeau* I've brought you a present ou a present for you / *apportez vos livres avec vous* bring your books along, bring your books with you / *on lui apporte ses repas au lit* he has his meals brought to him in bed / *Marie, apportez une chaise* Marie, bring ou fetch a chair / *apporte le plateau que j'ai laissé dehors* bring in the tray that I left outside / *faut-il apporter à boire?* should we bring a bottle ? / *les marins qui ont apporté le virus en Europe* the sailors who brought ou carried the virus (with them) to Europe ▸ **apporter sa pierre à l'édifice** to make one's contribution **2.** [fournir - message, nouvelle] to give ; [- preuve] to give, to provide, to supply ; [- résultat] to produce ; [- soulagement, satisfaction] to bring ; [- modification] to introduce ▸ **apporter de l'attention** ou **du soin à (faire) qqch** to exercise care in (doing) sthg / *elle apporte à ce projet l'enthousiasme de la jeunesse* she brings the enthusiasm of youth to the project / *il apporte à « Don Juan » un éclairage particulier* he brings an individual interpretation to "Don Juan" / *vous avez des qualités à apporter à notre société* you have skills to contribute to our company ▸ **apporter de l'aide à qqn** to help sb / *il apporte un peu de soleil dans notre vie* he brings a little sunshine into our lives.

Voir encadré à l'article amener.

> **Apporter qqch à qqn**
> *Bring / take sthg to sb* ou *bring / take sb sthg.*
>
> **Bring** si le COI est **me** ou **us** et **take** si le COI est **you, her/him, them,** etc.
>
> Notez la construction à double complément qui en anglais peut prendre deux formes dont le sens est le même :
>
> • une structure identique à celle du français :
> verbe + COD + préposition + COI
> **bring / take sthg to sb**
>
> • une structure qui diffère de celle du français, sans préposition, et dans laquelle l'ordre des compléments est inversé :
> verbe + COI + COD
> **bring / take sb sthg**
>
> **J'ai apporté les journaux de ce matin à mon père.** *I took the morning papers to my father* ou *I took my father the morning papers.*
>
> **Il m'a apporté des dessins.** *He brought some drawings to me* ou *He brought me some drawings.*
>
> ***Attention***
> **Apporte-le-nous / moi** *Bring it to us / me* ***(et non bring us / me it).***

apporteur [apɔʀtœʀ] nm **1.** [gén] bearer **2.** FIN [de capitaux] contributor.

apposer [3] [apoze] vt **1.** [ajouter - cachet, signature] to affix, to append ; DR [insérer - clause] to insert **2.** [poser - affiche, plaque] to put up *(sép)* / *apposer les scellés sur une porte* DR to affix the seals on a door.

apposition [apozisjɔ̃] nf **1.** [ajout] affixing, appending **2.** [pose] putting up ; DR [des scellés] affixing **3.** GRAM apposition ▸ **substantif en apposition** noun in apposition.

appréciable [apʀesjabl] adj **1.** [perceptible - changement] appreciable, noticeable ▸ **de manière appréciable** appreciably **2.** [considérable - somme, effort] appreciable.

appréciatif, ive [apʀesjatif, iv] adj **1.** [estimatif] evaluative ▸ **état appréciatif du mobilier** evaluation ou estimate of the value of the furniture **2.** [admiratif] appreciative.

appréciation [apʀesjasjɔ̃] nf **1.** [estimation - d'un poids, d'une valeur] appreciation, estimate, assessment ; [- d'une situation] assessment, appreciation, grasp / *je laisse cela à votre appréciation* I leave it to your judgment / *son appréciation du problème laisse à désirer* his grasp of the problem isn't all it should be **2.** [observation] remark, comment / *il a obtenu d'excellentes appréciations* ÉDUC he got very good comments from his teachers *(in his report)* **3.** [augmentation - d'une devise] appreciation.

apprécier [9] [apʀesje] vt **1.** [évaluer - valeur] to estimate, to assess ; [- distance] to estimate, to judge / *je ne crois pas que tu apprécies / que tu apprécies son travail à sa juste valeur* I don't think you really appreciate what he / what his work is worth / *il est impossible d'apprécier l'étendue des dégâts* it's impossible to estimate ou assess the extent of the damage **2.** [discerner - ironie, subtilités] to appreciate ▸ **apprécier l'importance de qqch** to appreciate the significance of sthg **3.** [aimer] to appreciate ▸ **apprécier qqn pour qqch** to appreciate sb for sthg, to like sb because of sthg / *on l'apprécie pour son humour* he's appreciated for his sense of humour / *j'ai beaucoup apprécié cette soirée* I really enjoyed the evening / *un vin très apprécié des connaisseurs* a wine much appreciated by connoisseurs / *le brie, vous apprécierez son goût!* you'll (just) love the Brie ! / *je n'apprécie pas du tout ce genre de blagues* I don't care for ou like that sort of joke at all / *le sel dans son café, il n'a pas apprécié!* *fam* he was not amused when he found his coffee had salt in it ! ▸ **il a moyennement apprécié** he was not amused, he was none too pleased / *les premières chaleurs à la sortie de l'hiver, on apprécie!* *fam* the first spell of mild weather after the winter is really welcome !

s'apprécier vpi [monnaie] to appreciate (in value).

> ⚠ **Appreciate** n'est pas toujours la traduction adéquate pour apprécier. Voir article.

appréhender [3] [apʀeɑ̃de] vt **1.** [craindre - examen, réaction] to feel apprehensive about / *j'appréhende mon opération* I am apprehensive ou worried about my operation / *elle appréhendait de partir* she was apprehensive about leaving **2.** [comprendre] to comprehend *sout*, to grasp / *une situation difficile à appréhender dans son ensemble* a situation which is difficult to grasp in its entirety **3.** DR [arrêter] to arrest, to apprehend *sout.*

appréhensif, ive [apʀeɑ̃sif, iv] adj apprehensive.

appréhension [apʀeɑ̃sjɔ̃] nf **1.** [crainte] fear, apprehension ▸ **avoir** ou **éprouver de l'appréhension** to feel apprehensive, to have misgivings ▸ **l'appréhension de l'échec** / **d'une catastrophe** fear of failure / of a catastrophe ▸ **avec appréhension** apprehensively / *je n'y pense pas sans une certaine appréhension* I'm a little apprehensive about it **2.** PHILOS [compréhension] apprehension.

apprenant, e [apʀənɑ̃, ɑ̃t] nm, f learner.

apprendre [79] [apʀɑ̃dʀ] vt **1.** [s'initier à] to learn ▸ **j'apprends le russe** I'm learning Russian / *ils ont décidé de lui faire apprendre l'anglais* they've decided that he should have English lessons ▸ **apprendre qqch de qqn** to learn sthg from sb, to be taught sthg by sb ▸ **apprendre qqch par cœur** to learn sthg (off) by heart ou rote ▸ **apprendre à être patient** to learn patience, to learn to be patient ▸ **apprendre à connaître qqn** / **une ville** to get to know sb / a town ; *(en usage absolu)* ▸ **il apprend facilement** / **avec difficulté** learning comes / doesn't come easily to him ▸ **apprendre lentement** / **vite** to be a slow / fast learner / *on apprend à tout âge* it's never too late to learn **2.** [enseigner] ▸ **apprendre qqch à qqn** to teach sb sthg ou sthg to sb ▸ **elle m'a appris le français** / **à nager** she taught me French / (how) to swim / *je t'apprendrai à fouiller dans mon sac!* I'll teach you to go through my bag ! / *ça t'apprendra à faire l'imbécile* that'll teach you (not) to fool around ▸ **il** / **ça va lui apprendre à vivre!** he'll / it'll teach him a thing or two ! ; *(en usage absolu)* ▸ **ça lui apprendra!** that'll teach him ! ▸ **on n'apprend pas à un vieux singe à faire la grimace** *prov* don't teach your grandmother to suck eggs **3.** [donner connaissance de] to tell ▸ **apprendre qqch à qqn** to tell sb sthg / *qui te l'a appris?* who told you ? / *vous ne m'apprenez rien!* tell me something new ! **4.** [être informé de - départ, mariage] to learn ou to hear of *(insép)* ; [- nouvelle] to hear / *j'ai appris sa mort à la radio* I heard of his death on the radio / *on apprend à l'instant qu'un prisonnier s'est échappé* we've just heard that a prisoner has escaped / *qu'est-ce que j'apprends, vous démissionnez?* what's this I hear about you resigning ? / *apprenez* ou *vous apprendrez qu'ici on ne fait pas ce genre de choses* you'll have to learn that we don't do things like that here / *tiens, tiens, on en apprend des choses!* *fam* well, well, who'd have thought such a thing ? / *on en apprend tous les jours!* *hum* you learn something new every day !

s'apprendre vp *(emploi passif)* to be learnt / *le style, ça ne s'apprend pas* you can't learn style / *ça ne s'apprend pas du jour au lendemain* you can't learn it overnight. Voir encadré page suivante.

Apprendre qqch à qqn
Teach sthg to sb ou *teach sb sthg.*

Notez la construction à double complément qui en anglais peut prendre deux formes dont le sens est le même :

• une structure identique à celle du français :
verbe + COD + préposition + COI
teach sthg to sb

• une structure qui diffère de celle du français, sans préposition et dans laquelle l'ordre des compléments est inversé :
verbe + COI + COD
teach sb sthg

Lara a appris des chansons algériennes à ses amies. *Lara taught some Algerian songs to her friends* ou *Lara taught her friends some Algerian songs.*

apprenti, e [apʀɑ̃ti] nm, f apprentice ▸ **apprenti maçon** builder's apprentice / *être placée comme apprentie chez une couturière* to be apprenticed to a seamstress / *il a mis son fils apprenti chez un boucher* he apprenticed his son to a butcher ▸ **jouer les apprentis sorciers** ou **à l'apprenti sorcier** *fig* to play at being God / **'l'Apprenti sorcier'** *Dukas* 'The Sorcerer's Apprentice'.

apprentissage [apʀɑ̃tisaʒ] nm **1.** [fait d'apprendre] ▸ **l'apprentissage des langues** language learning, learning languages ▸ **faire l'apprentissage de qqch** *fig* to learn one's first lessons in sthg **2.** [durée] (period of) apprenticeship.

❖ **d'apprentissage** loc adj [centre, école] training ; [contrat] of apprenticeship.

❖ **en apprentissage** loc adv ▸ **être en apprentissage chez qqn** to be apprenticed to ou to be serving one's apprenticeship with sb ▸ **mettre qqn en apprentissage chez un artisan** to apprentice sb to a craftsman.

apprêt [apʀɛ] nm **1.** [affectation] affectation, affectedness ▸ **sans apprêt** unaffectedly, without affectation **2.** TECHNOL [préparation -du cuir, d'un tissu] dressing ; [-du papier] finishing ; [-d'un plafond, d'un mur] sizing ; [produit -pour tissu] dressing ; [-pour papier] finish ; [-pour plafond, mur] size.

❖ **apprêts** nmpl *litt* [préparatifs] preparations / *les apprêts du bal* preparations for the ball.

apprêtage [apʀɛtaʒ] nm [d'un tissu] dressing ; [d'un papier] finishing ; [d'un plafond, d'un mur] sizing.

apprêté, e [apʀete] adj affected, fussy.

apprêter [4] [apʀete] vt **1.** TECHNOL [peau, tissu] to dress, to finish ; [plafond] to size **2.** *litt* [préparer -repas] to get ready, to prepare ; [habiller] to get ready, to dress.

❖ **s'apprêter** vp *(emploi réfléchi) litt* to prepare ou to dress o.s.

❖ **s'apprêter à** vp + prép : *je m'apprêtais à te rendre visite* I was getting ready to call on you.

apprêteur, euse [apʀetœʀ, øz] nm, f [d'un tissu, d'un papier] finisher.

appris, e [apʀi, iz] pp ⟶ **apprendre**.

apprivoisable [apʀivwazabl] adj tameable, which can be tamed ▸ **difficilement apprivoisable** difficult to tame.

apprivoisé, e [apʀivwaze] adj tame.

apprivoisement [apʀivwazmɑ̃] nm taming.

apprivoiser [3] [apʀivwaze] vt [animal] to tame, to domesticate ; [enfant, peur] to tame / *apprivoisez votre corps* get to know your body.

❖ **s'apprivoiser** vpi **1.** [animal] to become tame ; [personne] to become more sociable **2.** *litt* ▸ **s'apprivoiser à** [se familiariser avec] to get used ou accustomed to.

approbateur, trice [apʀɔbatœʀ, tʀis] ◆ adj [regard, sourire] approving ; [commentaire] supportive / *faire un signe de tête approbateur* to give an approving nod, to nod one's head in approval. ◆ nm, f *litt* approver, applauder.

approbatif, ive [apʀɔbatif, iv] adj approving.

approbation [apʀɔbasjɔ̃] nf **1.** [assentiment] approval, approbation *sout* / *il sourit en signe d'approbation* he gave a smile of approval, he smiled approvingly ▸ **rencontrer** / **gagner l'approbation de qqn** to meet with / to win sb's approval / *rencontrer l'approbation générale* to meet with general approval / *donner son approbation à un projet* to approve a plan **2.** [autorisation] approval ▸ **soumettre qqch à l'approbation de qqn** to submit sthg to sb for approval / *je ne peux rien faire sans son approbation* I can't do anything without his approval.

approbativement [apʀɔbativmɑ̃] adv approvingly.

approchable [apʀɔʃabl] adj approachable, accessible / *une vedette difficilement approchable* an inaccessible ou unapproachable star.

approchant, e [apʀɔʃɑ̃, ɑ̃t] adj similar ▸ **voici quelque chose d'approchant** here's something quite similar ▸ **rien d'approchant** nothing like that / *il a dû le traiter d'escroc ou quelque chose d'approchant* he must have called him a crook or something like that ou something of the sort.

approche [apʀɔʃ] nf **1.** [venue] approach ▸ **l'approche des examens** the coming of the exams, the approaching exams / *il sentait l'approche de la mort* he felt that death was upon him **2.** [accès] approachability ▸ **il est d'approche facile** / **difficile** he is approachable / unapproachable / *sa fiction est plus facile d'approche que son théâtre* her novels are more accessible than her plays **3.** [conception] approach / *une approche écologique du problème* an ecological approach to the problem **4.** IMPR [espacement] spacing ; [erreur] spacing error ; [signe] close-up mark **5.** AÉRON approach ▸ **être en approche (finale)** to be on one's final approach **6.** SPORT approach (shot).

❖ **approches** nfpl : *les approches de l'aéroport* the area surrounding the airport, the vicinity of the airport.

❖ **à l'approche de** loc prép **1.** [dans le temps] : *tous les ans, à l'approche de l'été* every year, as summer draws near / *à l'approche de l'épreuve, j'ai commencé à m'inquiéter* as the contest drew near, I started to worry / *à l'approche de la trentaine* as one nears ou approaches (the age of) thirty **2.** [dans l'espace] : *à l'approche de son père, il s'est enfui* he ran away as his father approached.

❖ **aux approches de** loc prép **1.** [dans le temps] : *tous les ans, aux approches de l'été* every year, as summer draws near / *aux approches de l'épreuve, j'ai pris peur* as the contest drew near, I panicked **2.** [dans l'espace] : *aux approches de la frontière, il y avait davantage de soldats* there were more soldiers as we approached ou neared the border.

approché, e [apʀɔʃe] adj [idée, calcul] approximate.

approcher [3] [apʀɔʃe] ◆ vt **1.** [mettre plus près -lampe, chaise] to move ou to draw nearer, to move ou to draw closer / *approche un peu ton tabouret* draw ou bring your stool a bit nearer ou closer / *approche la table du mur* move ou draw the table closer to the wall / *approcher une tasse de ses lèvres* to lift ou to raise a cup to one's lips / *elle approcha ses lèvres des miennes* she put her lips close to mine / *n'approche pas ta main de la flamme* don't put your hand near the flame **2.** [se mettre près de] to go ou to come near / *ne l'approchez* / *m'approchez surtout pas!* please don't go near him / come near me! **3.** [côtoyer -personnalité] to approach / *il n'est pas facile de l'approcher* she's not very approachable / *il approche les grands de ce monde* he rubs shoulders with the people at the top **4.** [établir un contact avec] to approach. ◆ vi **1.** [dans l'espace] to come ou to get nearer, to approach / *toi, approche!* you, come over here! / *faire approcher qqn* [d'un signe] to beckon to sb / *on approche de Paris* we're getting near to ou we're nearing Paris / *comme nous approchions de notre destination* as we were nearing our destination ▸ **approcher de la sainte table** ou **des sacrements** RELIG to partake of the Sacrament ; *fig* to be close / *enfin nous approchons du but!* at last we're nearing our goal! / *approcher de la perfection* to be ou to come close to perfection **2.** [dans le temps -nuit, aube] to draw near ; [-événement, saison] to approach, to draw near ▸ **on approchait de l'hiver** winter was drawing near / *il approche de la fin* he's nearing his end / *quand on approche de la cinquantaine* when you're getting on for fifty UK ou going on fifty US.

❖ **s'approcher** vpi ▸ **approche-toi** come here ou closer / *elle le tira par la manche pour le faire s'approcher* she took him by the sleeve and pulled him closer.

❖ **s'approcher de** vp + prép **1.** [se mettre plus près de] : *s'approcher d'une ville* to approach ou to near a town ▸ **s'approcher de qqn** to come close to sb, to come up to sb ▸ **s'approcher de qqch** to go near sthg / *qu'elle ne s'approche pas trop du bord* see that she doesn't go too near the edge / *on s'approche de la côte* we're nearing ou approaching the coast **2.** [correspondre à] to be ou to come close to / *leurs thèses s'approchent beaucoup des nôtres* their ideas are very close to ours / *vos descriptions ne s'approchent pas du tout de la réalité* your descriptions bear no resemblance to the facts.

approfondi, e [apʀɔfɔ̃di] adj thorough, detailed, extensive / *une connaissance approfondie de la langue* a thorough command ou knowledge of the language ▸ **traiter qqch de façon approfondie** to go into sthg thoroughly.

approfondir [32] [apʀɔfɔ̃diʀ] vt **1.** [creuser -puits] to deepen, to dig deeper **2.** [détailler -sujet, étude] to go deeper ou more thoroughly into / *il faut approfondir la question* the question needs to be examined in more detail / *tu n'approfondis jamais (les choses)* you only ever skim the surface of things / *il semblait réticent, je n'ai pas voulu approfondir la question* he seemed reluctant, so I avoided pressing him on the matter ▸ **sans approfondir** superficially **3.** [parfaire -connaissances] to improve, to deepen ▸ **approfondir sa connaissance de** to improve one's knowledge of, to acquire a deeper knowledge of.

❖ **s'approfondir** vp **1.** [mystère] to become greater **2.** [crise, récession] to worsen.

approfondissement [apʀɔfɔ̃dismɑ̃] nm **1.** [d'un puits] increasing the depth of, deepening **2.** [des connaissances] extending / *l'approfondissement de l'enquête pourrait le compromettre* a more thorough investigation might compromise him / *l'approfondissement de la question est réservé au deuxième volume* a more thorough examination of the issue will await volume two.

appropriation [apʀɔpʀijasjɔ̃] nf **1.** DR [saisie] appropriation ▸ **appropriation de fonds** misappropriation of funds, embezzlement ▸ **appropriation par violence** forcible seizure **2.** *sout* [adéquation] appropriateness, suitability.

approprié, e [apʀɔpʀije] adj [solution, technique] appropriate, apposite *sout*, suitable ; [tenue] proper, right ▸ **peu approprié** inappropriate / *de manière peu appropriée* inappropriately / *mots appropriés s'il en fut!* how appropriate those words were! / *un discours approprié aux circonstances* a speech appropriate ou suited to the circumstances / *on ne peut pas entrer si on n'a pas la tenue appropriée* they won't let you in without the proper ou right clothes.

approprier [10] [apʀɔpʀije] vt [adapter] to adapt, to suit / *il a su approprier son style à un public d'adolescents* he's managed to adapt his style to a teenage audience.

❖ **s'approprier** vpt [biens, invention] to appropriate ; [pouvoir] to seize.

approuvable [apʀuvabl] adj approvable, commendable.

approuver [3] [apʀuve] vt **1.** [être d'accord avec -méthode, conduite] to approve of *(insép)* / *je n'approuve pas la manière dont tu les traites* I don't approve ou I disapprove of the way you treat them / *elle m'a approuvé de ne pas avoir cédé* she approved of my not giving in ▸ **je vous approuve entièrement** I think you're entirely right / *la proposition a été approuvée par tout le monde* the proposition met with ou received general approval **2.** [autoriser -alliance, fusion] to approve, to agree to *(insép)* ; [-médicament, traitement] to approve ; [-contrat] to ratify ; [-projet de loi] to approve, to pass / *le transfert de fonds n'a pas encore été approuvé* the transfer of funds has not yet been approved ou authorized.

approvisionné, e [apʀɔvizjɔne] adj ▸ **bien approvisionné** [magasin, rayon] well-stocked.

approvisionnement [apʀɔvizjɔnmɑ̃] nm **1.** [action] supplying / *assurer l'approvisionnement d'un haut-fourneau en coke* to feed a blast furnace with coke **2.** [provisions] supply, provision, stock ▸ **approvisionnement en eau** water supply **3.** COMM procurement.

approvisionner [3] [apʀɔvizjɔne] vt **1.** [village, armée] to supply ▸ **être approvisionné en électricité** to be supplied with electricity / *approvisionner l'armée en équipement* to supply equipment to the army **2.** ARM to load **3.** BANQUE [compte] to pay (funds) into / *son compte n'a pas été approvisionné depuis six mois* no funds have been paid into her account for six months.

❖ **s'approvisionner** vpi [personne] to shop ; [commerce, entreprise] to stock up ▸ **où est-ce que vous vous approvisionnez? a)** [individu] where do you do your shopping? **b)** [commerce, entreprise] where do you get your supplies from? ▸ **s'approvisionner en** [stocker] to stock up on.

approvisionneur, euse [apʀɔvizjɔnœʀ, øz] nm, f supplier.

approximatif, ive [apʀɔksimatif, iv] adj [coût, évaluation] approximate, rough ; [traduction] rough ; [réponse] vague.

approximation [apʀɔksimasjɔ̃] nf **1.** [estimation] approximation / *ce chiffre n'est qu'une approximation* this is only an approximate figure ou a rough estimate **2.** *péj* [à-peu-près] generality, (vague) approximation / *à l'examen, le jury ne se contentera pas d'approximations* at the exam, the examiners won't be satisfied with generalities **3.** MATH approximation ▸ **calcul par approximations successives** calculus by continual approach.

approximativement [apʀɔksimativmɑ̃] adv [environ] approximately, roughly ; [vaguement] vaguely.

appt abr écrite de appartement.

appui [apɥi] nm **1.** CONSTR [d'un balcon, d'un garde-fou] support ▸ **appui de fenêtre** windowsill, window ledge **2.** [dans les positions du corps] ▸ **prendre appui sur** to lean (heavily) on / *prenant appui sur les épaules de son partenaire* leaning ou resting on his partner's shoulders ; [d'un alpiniste] press hold ▸ **trouver un appui a)** [pied] to gain ou to get a hold **b)** [alpiniste] to get a purchase **3.** [soutien] support, backing / *apporter son appui à une initiative* to back ou to support an initiative ▸ **avoir l'appui de qqn** to have sb's support ou backing / *ai-je votre appui?* do I have your support? / *avoir des appuis en haut lieu* to have friends in high places ; MIL support ▸ **appui aérien / naval** air / naval support.

❖ **à l'appui** loc adv : *il a lu, à l'appui, une lettre datée du 24 mai* in support of this ou to back this up, he read out a letter dated 24th May ▸ **preuves à l'appui** with supporting evidence ▸ **accusation sans preuves / témoignages à l'appui** charge not supported by any evidence / testimony.

❖ **à l'appui de** loc prép in support of, supporting / *à l'appui de ses dires* in support of ou to support what he was saying.

❖ **d'appui** loc adj [consonne] supporting ; [voyelle] support *(modif).*

appuie v ⟶ appuyer.

appui(e)-bras [apɥibʀa] (*pl* appuis-bras *ou* appuie-bras) nm armrest.

appui-tête (*pl* appuis-tête), **appuie-tête** (*pl* appuie-tête *ou* appuie-têtes*) [apɥitɛt] nm headrest.

appuyé, e [apɥije] adj [allusion] heavy, laboured ; [regard] insistent.

appuyer [14] [apɥije] ◆ vt **1.** [faire reposer] to lean, to rest / *appuyer son bras / sa main sur le dos d'une chaise* to rest one's arm / hand on the back of a chair / *le vélo était appuyé contre la grille* the bicycle was resting ou leaning against the railings **2.** [faire peser] : *appuie ta main sur le couvercle* press down on the lid **3.** [étayer] to support / *mur appuyé sur des contreforts* wall supported by buttresses **4.** [donner son soutien à - candidat, réforme] to back, to support / *la police, appuyée par l'armée* the police, backed up ou supported by the army **5.** [fonder] to ground, to base / *appuyer son raisonnement sur des faits* to base one's argument on ou to ground one's argument in facts. ◆ vi **1.** [exercer une pression] to press, to push down / *il faut appuyer de toutes ses forces* you have to press as hard as you can ▸ **appuyer sur a)** [avec le doigt] to press, to push **b)** [avec le pied] to press down on / *appuyez délicatement sur l'endroit sensible* press gently on the sore spot ▸ **appuyer sur la gâchette** to pull the trigger / *appuie sur le 3e étage fam* [dans un ascenseur] press ou push the button for the third floor / *il faut appuyer dessus de toutes tes forces* you have to press down on it as hard as you can ▸ **appuyer sur la chanterelle** to harp on **2.** [insister] ▸ **appuyer sur a)** [mot] to stress, to emphasize **b)** [note] to sustain **3.** AUTO ▸ **appuyer sur la droite / la gauche** to bear right / left / *appuyer sur la pédale de frein* to brake / *appuyer sur la pédale fam* to put one's foot down UK, to step on the gas US **4.** ÉQUIT ▸ **appuyer sur le mors** to hang on the bit.

❖ **s'appuyer** vpt *tfam* to have to put up with / *je me suis appuyé deux heures de voiture pour te voir* I put up with two hours' driving just to see you / *qui c'est qui va encore s'appuyer le ménage?* guess who's going to get stuck with the housework again?

❖ **s'appuyer à** vp + prép [physiquement] to lean ou to rest on / *il entra, s'appuyant à son bras* he came in leaning on her arm.

❖ **s'appuyer contre** vp + prép to lean against / *s'appuyer contre la rampe* to lean against the banister.

❖ **s'appuyer sur** vp + prép **1.** [se soutenir sur] to lean on / *le voilà, appuyé sur sa canne* there he is, leaning on his stick **2.** [s'en remettre à - ami] to lean ou to depend ou to rely on ; [- amitié, aide] to count ou to rely on ; [- témoignage] to rely on **3.** [se fonder sur] : *ce récit s'appuie sur une expérience vécue* this story is based on a real-life experience.

apr. abr écrite de après.

apraxie [apʀaksi] nf apraxia.

apraxique [apʀaksik] ◆ adj apraxic. ◆ nmf apraxia sufferer.

âpre [apʀ] adj **1.** [âcre - goût] sour ; [- vin] rough **2.** [rude - voix, froid] harsh ; [féroce - concurrence, lutte] bitter, fierce ▸ **âpre au gain** *péj* greedy, money-grabbing.

aprèm [apʀɛm] (abr de après-midi) nm ou nf *fam* afternoon / *à cet aprèm!* see you this afternoon!

âprement [apʀəmɑ̃] adv [sévèrement] bitterly, harshly / *on me l'a âprement reproché* I was harshly ou bitterly criticized for it / *se battre âprement* to fight bitterly / *cette victoire fut âprement disputée* it was a fiercely contested victory.

après [apʀɛ] ◆ prép **1.** [dans le temps] after / *après le départ de Paul* after Paul left ▸ **après (le) dîner** after dinner / *je prendrai un café après le déjeuner* I'll have a coffee after lunch / *le but a été marqué après deux minutes de jeu* the goal was scored two minutes after kick-off ▸ **530 après Jésus-Christ** 530 AD / *c'était peu après 3 h* it was shortly ou soon after 3 o'clock / *c'était bien après son départ* it was a long time ou a good while after he left / *après toutes ses promesses, voilà qu'elle change d'avis!* after all her promises, she's now changed her mind! / *qu'est-ce qu'il fait froid aujourd'hui, après le beau temps qu'on a eu hier!* *fam* it's so cold today, after yesterday's fine weather ou when you think how nice the weather was yesterday! / *après cela, que prendrez-vous?* what would you like after that ou to follow? / *tu le contredis en public, et après ça tu t'étonnes qu'il s'énerve!* you contradict him publicly (and) then you're surprised to find that he gets annoyed! / *après ça, il ne te reste plus qu'à aller t'excuser* the only thing you can do now is apologize ▸ **après quoi, nous verrons** then we'll see / *après ce qu'il m'a fait, je ne lui parlerai plus jamais* after what he did to me, I'll never speak to him again / *après avoir dîné, ils bavardèrent* after dining ou after dinner they chatted / *après avoir salué l'assistance, elle prit la parole* having bowed ou after bowing to the audience, she spoke ▸ **jour après jour** day after day / *page après page, le mystère s'épaissit* the mystery gets deeper with every page ou by the page **2.** [dans l'espace] after / *après le pont, la route bifurque* after the bridge the road forks / *la gare est après le parc* the station is past ou after the park / *après la fontaine, tournez à gauche* turn left after the fountain ; *fam* [sur] : *son foulard est resté accroché après les ronces* his scarf got caught on the brambles **3.** [dans un rang, un ordre, une hiérarchie] after / *après les livres, il aime la musique* after books, music is his second love / *après vous, je vous en prie* after you / *vous êtes après moi* [dans une file d'attente] you're after me / *il était juste après moi dans la file* he was just behind me in the queue / *quelle lettre vient après w?* which letter comes after w? / *il fait passer ma carrière après la sienne* my career comes after his ou takes second place to his, according to him / *le travail passe après la santé* health is more important than work **4.** [indiquant un mouvement de poursuite, l'attachement, l'hostilité] ▸ **courir après qqn** to run after sb / *le chien aboie après les passants* the dog barks at the passers-by ▸ **crier après qqn** to shout at sb / *il est furieux après toi* he's furious with you ▸ **s'énerver après qqch** to get angry with sthg ▸ **il est constamment après moi a)** [me surveille] he's always breathing down my neck **b)** [me harcèle] he's always nagging (at) ou going on at me / *ils sont après une invitation, c'est évident* it's obvious they're angling for ou they're after an invitation / *être après une bonne affaire* to be on to a bargain ▸ **demander après qqn** to ask after sb. ◆ adv **1.** [dans le temps] afterwards UK, afterward US ▸ **un mois après** a month later ▸ **aussitôt après** straight ou immediately after ou afterwards ▸ **bien après** a long ou good while after, much later ▸ **longtemps après** a long time after ou afterwards ▸ **peu après** shortly after ou afterwards / *garde tes forces pour après* conserve your strength for afterwards ou later / *nous sommes allés au cinéma et après au restaurant* we went to the cinema and then to a restaurant / *après on ira dire que je suis avare!* and then people will say I'm mean! / *après, tu ne viendras pas te plaindre!* don't come moaning to me afterwards! ▸ **et après? a)** [pour demander la suite] and then what? **b)** [marquant l'indifférence] so what? / *et après? qu'a-t-il fait?* and then what did he do? / *et après? qu'est-ce que ça peut faire? fam* so what? who cares? / *il menace de démissionner? et après?* so he's threatening to resign, so what? **2.** [dans l'espace] after / *vous tournez au feu, c'est tout de suite après* you turn at the lights, and it's just after **3.** [dans un rang, un ordre, une hiérarchie] next ▸ **qui est après?** [dans une file d'attente] who's next? / *et qu'est-ce qui vient après?* and what's next?

❖ **après coup** loc adv afterwards UK, afterward US, later / *c'est après coup que j'ai compris* it was only later ou afterwards that I understood / *il n'a réagi qu'après coup* it wasn't until afterwards ou later that he reacted / *laissez les journalistes parler, nous démentirons après coup* let the press talk, we'll deny it all afterwards ou later / *n'essaie pas d'inventer une explication après coup* don't try to invent an explanation after the event.

❖ **après que** loc conj after ▸ **après qu'il eut terminé...** after he had finished... / *je te dirai ce que j'en pense après que tu auras décidé* I'll tell you what I think after you've made a decision / *je me suis couché après que tu aies téléphoné* I went to bed after you phoned.

❖ **après tout** loc adv **1.** [introduisant une justification] after all / *après tout, ça n'a pas beaucoup d'importance* after all, it's not particularly important **2.** [emploi expressif] then / *il peut bien venir, après tout, s'il veut* he can come, then, if he wants / *débrouille-toi tout seul, après tout!* sort it out yourself then!

❖ **d'après** ◆ loc prép **1.** [introduisant un jugement] according to ▸ **d'après moi** in my opinion ▸ **d'après eux** in their opinion, according to them / *alors, d'après vous, qui va gagner?* so who do you think is going to win? / *d'après les informations qui nous parviennent* from ou according to the news reaching us / *d'après ce que je sais* from what I know ▸ **d'après ce qu'elle dit** from what she says ▸ **d'après mon expérience** in my experience **2.** [introduisant un modèle, une citation] ▸ **d'après Tolstoï** [adaptation] adapted from Tolstoy ▸ **peint d'après nature** painted from life / *d'après une idée originale de...* based on ou from an original idea by... ◆ loc adj **1.** [dans le

* In reformed spelling (see p. 16-19).

temps] following, next / *le jour d'après, il était là* the following ou next day, he was there ▸ **l'instant d'après** the next moment **2.** [dans l'espace] next / *je descends à la station d'après* I'm getting off at the next station / *la maison d'après est la nôtre* the next house is ours / *la poste? c'est juste la rue d'après* the post office? it's the next street along.

après-coup [apʀɛku] (*pl* **après-coups**) nm PSYCHOL after-effect.

après-demain [apʀɛdmɛ̃] adv the day after tomorrow ▸ **après-demain matin** / **soir** the day after tomorrow in the morning / evening.

après-dîner [apʀɛdine] (*pl* **après-dîners**) nm evening ▸ **discours d'après-dîner** after-dinner speech.

après-guerre [apʀɛgɛʀ] (*pl* **après-guerres**) nm ou nf post-war era ou period / *le théâtre d'après-guerre* post-war drama.

après-midi [apʀɛmidi] (*pl* **après-midi** *ou* **après-midis***) nm ou nf afternoon ▸ **en début** / **fin d'après-midi** early / late in the afternoon / *à 2 h de l'après-midi* at 2 (o'clock) in the afternoon, at 2 p.m / *je le ferai dans l'après-midi* I'll do it this afternoon.

après-rasage [apʀɛʀazaʒ] (*pl* **après-rasages**) ◆ adj inv aftershave *(modif).* ◆ nm aftershave (lotion).

après-shampooing [apʀɛʃɑ̃pwɛ̃] (*pl* **après-shampooings**), **après-shampoing** [apʀɛʃɑ̃pwɛ̃] (*pl* **après-shampoings**) nm (hair) conditioner.

après-ski [apʀɛski] (*pl* **après-skis**) nm **1.** [botte] snow boot **2.** [activités] après-ski.

après-soleil [apʀɛsɔlɛj] (*pl* **après-soleils**) nm after-sun cream.

après-vente (*pl* **après-vente** *ou* **après-ventes***) [apʀɛvɑ̃t] adj after-sales.

âpreté [apʀəte] nf **1.** [âcreté] sourness **2.** [dureté - d'un ton, d'une voix] harshness, roughness ; [- d'une saison] harshness, rawness ; [- d'un reproche] bitterness, harshness ▸ **combattre avec âpreté** to struggle bitterly ou grimly / *défendre avec âpreté son territoire* to fight for one's territory to the bitter end.

a priori, à priori* [apʀijɔʀi] ◆ loc adj inv PHILOS a priori. ◆ loc adv on the face of it / *a priori, c'est une bonne idée* on the face of it ou in principle it's a good idea / *a priori, je ne vois pas d'inconvénient* in principle I can't see any reason why not. ◆ nm inv [préjugé] preconception, preconceived idea ▸ **avoir un a priori favorable envers qqn** to be biased ou prejudiced in favour of sb ▸ **juger sans a priori** to judge impartially, to be an unbiased judge.

apriorisme [apʀijɔʀism] nm apriorism.

aprioriste [apʀijɔʀist] ◆ adj based on preconceptions, biased. ◆ nmf *person with preconceived ideas.*

apr. J.-C. (abr écrite de **après Jésus-Christ**) AD.

à-propos [apʀɔpo] nm inv aptness, relevance ▸ **votre remarque manque d'à-propos** your remark is not relevant ou to the point ▸ **intervenir avec à-propos** to intervene opportunely ou at the right time / *quelle que soit la situation, il réagit avec à-propos* whatever the situation, he always does ou says the right thing ▸ **faire preuve d'à-propos** to show presence of mind.

APS (abr de **Advanced Photo System**) nm APS.

apside [apsid] nf apsis ▸ **les apsides** the apsides.

apte [apt] adj ▸ **apte à qqch a)** [par sa nature] fit for ou suited to sthg **b)** [par ses qualifications] qualified for sthg **c)** [par ses capacités] capable of sthg ▸ **apte (au service militaire)** fit (for military service) ▸ **apte à faire qqch a)** [par sa nature] suited to doing sthg **b)** [par ses qualifications] qualified to do sthg / *être apte à remplir une fonction* to be suited to a position / *est-elle apte à conduire un autobus?* is she qualified to drive a bus?

aptère [aptɛʀ] adj apteral.

aptéryx [apteʀiks] nm apteryx, kiwi.

aptitude [aptityd] nf [capacité] ability, aptitude / *aptitude à assimiler les langues* ability to learn ou aptitude for learning foreign languages / *il n'a aucune aptitude dans ce domaine* he has ou shows no aptitude in that direction ▸ **avoir une aptitude au bonheur** / **à la patience** to have a capacity for happiness / for patience.

❖ **aptitudes** nfpl ▸ **aptitudes (intellectuelles)** abilities ▸ **avoir** / **montrer des aptitudes en langues** to have / to show a gift for languages.

apurement [apyʀmɑ̃] nm auditing, balancing.

apurer [3] [apyʀe] vt to audit, to balance.

apyrétique [apiʀetik] adj apyretic.

aquacole [akwakɔl] adj aquicultural.

aquaculture [akwakyltyʀ] nf aquaculture.

aquafortiste [akwafɔʀtist] nmf etcher.

Aquagym® [akwaʒim] nf SPORT aquaerobics.

aquaplanage [akwaplanaʒ] = **aquaplaning.**

aquaplane [akwaplan] nm **1.** [activité] aquaplaning **2.** [planche] aquaplane.

aquaplaning [akwaplaniŋ] nm AUTO aquaplaning.

aquarelle [akwaʀɛl] nf [tableau] watercolour UK, watercolor US ▸ **peindre à l'aquarelle** to paint in watercolours.

aquarelliste [akwaʀelist] nmf watercolourist.

aquariophile [akwaʀjɔfil] nmf aquarist.

aquarium [akwaʀjɔm] nm **1.** [décoratif] fish tank, aquarium **2.** [au zoo] aquarium ▸ **aquarium d'eau de mer** oceanarium.

aquatinte [akwatɛ̃t] nf aquatint.

aquatique [akwatik] adj aquatic, water *(modif).*

aquavit [akwavit] nm aquavit.

aqueduc [akdyk] nm **1.** [conduit] aqueduct **2.** ANAT duct.

aqueux, euse [akø, øz] adj **1.** ANAT & CHIM aqueous **2.** [plein d'eau] watery.

aquicole [akɥikɔl] adj ▸ **installation aquicole** fish farm.

aquifère [akɥifɛʀ] adj water-bearing, aquiferous *spéc.*

aquilin [akilɛ̃] adj m aquiline.

aquilon [akilɔ̃] nm *litt* north wind.

aquitain, e [akitɛ̃, ɛn] adj from Aquitaine, Aquitaine *(modif).*

❖ **Aquitain, e** nm, f *inhabitant of or person from Aquitaine.*

❖ **Aquitaine** npr f ▸ **(l')Aquitaine** Aquitaine.

Aquitaine

This administrative region includes the départements of Dordogne, Gironde, Landes, Lot-et-Garonne and Pyrénées-Atlantiques (capital: Bordeaux).

AR[1] **1.** abr écrite de **accusé de réception** **2.** abr écrite de **arrière.**

AR[2], A-R (abr écrite de **aller-retour**) R.

ara [aʀa] nm macaw.

arabe [aʀab] adj [cheval, pays] Arab, Arabian ▸ **chiffres arabes** Arabic numerals, Arabics.

❖ **Arabe** nmf Arab.

❖ **arabe** nm LING Arabic ▸ **arabe dialectal** / **littéral** vernacular / written Arabic.

arabesque [aʀabɛsk] nf ART & DANSE arabesque.

arabica [aʀabika] nm arabica.

Arabie [aʀabi] npr f ▸ **(l')Arabie** Arabia ▸ **(l')Arabie Saoudite** Saudi Arabia.

arabique [aʀabik] adj arabic.

arabisant, e [aʀabizɑ̃, ɑ̃t] ◆ adj Arabic. ◆ nm, f Arabist, Arabic scholar.

arabisation [aʀabizasjɔ̃] nf arabization.

arabiser [3] [aʀabize] vt to arabize, to arabicize.

arabisme [aʀabism] nm Arabism.

arable [aʀabl] adj arable.

arabo-islamique [aʀaboislamik] (*pl* **arabo-islamiques**) adj Arab-Islamic.

arabophone [aʀabɔfɔn] ◆ adj Arabic-speaking. ◆ nmf Arabic speaker.

arachide [aʀaʃid] nf peanut, groundnut *spéc.*

arachnéen, enne [aʀakneɛ̃, ɛn] adj **1.** *litt* [dentelle] gossamer *(modif),* gossamery **2.** ZOOL arachnidan.

arachnide [aʀaknid] nm arachnid.

arachnoïde [aʀaknɔid] nf arachnoid.

arachnoïdien, enne [aʀaknɔidjɛ̃, ɛn] adj arachnoid.

Aragon [aʀagɔ̃] npr m ▸ **(l')Aragon** Aragon.

araignée [aʀeɲe] nf **1.** ZOOL spider ▸ **araignée d'eau** water spider ▸ **araignée (de mer)** spider crab ▸ **avoir une araignée au plafond** *fam & hum* to have bats in the belfry ▸ **araignée du matin, chagrin, araignée du soir, espoir** *prov seeing a spider in the morning brings bad luck, seeing one in the evening brings good luck* **2.** PÊCHE gill net.

araire [aʀɛʀ] nm swing-plough.

arak [aʀak] nm arak, arrack.

Aral [aʀal] npr ▸ **la mer d'Aral** the Aral Sea.

araméen, enne [aʀameɛ̃, ɛn] adj Aramaic, Aramean, Aramaean.

❖ **Araméen, enne** nm, f Aramean, Aramaean.

❖ **araméen** nm LING Aramaic.

Ararat [aʀaʀat] npr ▸ **le mont Ararat** Mount Ararat.

arasement [aʀazmɑ̃] nm **1.** CONSTR [égalisation - d'un mur] levelling ; [- d'une planche] planing down ; [assise] levelling course **2.** GÉOL erosion.

araser [3] [aʀaze] vt **1.** [égaliser - mur] to level, to make level ou flush ; [- planche] to plane down *(sép)* **2.** GÉOL to erode.

aratoire [aʀatwaʀ] adj ploughing.

araucaria [aʀɔkaʀja] nm monkey puzzle (tree), araucaria *spéc.*

arbalète [aʀbalɛt] nf crossbow.

arbalétrier [aʀbaletʀije] nm **1.** [soldat] crossbowman **2.** ORNITH black martin **3.** CONSTR rafter.

arbitrable [aʀbitʀabl] adj arbitrable.

arbitrage [aʀbitʀaʒ] nm **1.** DR arbitration ▸ **recourir à l'arbitrage** to go to arbitration / *soumettre un différend à un arbitrage* to refer a dispute to arbitration / *trancher par arbitrage* to settle by arbitration / *il ne reste plus qu'à faire l'arbitrage de votre différend par le directeur* the only option left is to ask the director to settle your dispute **2.** [gén & SPORT] refereeing ; [au volley-ball, tennis, cricket] umpiring **3.** BOURSE arbitrage.

arbitragiste [aʀbitʀaʒist] nm FIN arbitrageur.

arbitraire [aʀbitʀɛʀ] ◆ adj [choix, arrestation] arbitrary / *c'est totalement arbitraire!* it's totally arbitrary ou unjustified! ◆ nm arbitrariness, arbitrary nature.

arbitrairement [aʀbitʀɛʀmɑ̃] adv arbitrarily.

arbitral, e, aux [aʀbitʀal, o] adj **1.** DR arbitral **2.** SPORT ▸ **décision arbitrale** referee's ou umpire's decision.

arbitralement [aʀbitʀalmɑ̃] adv by arbitration.

arbitre [aʀbitʀ] ◆ nmf **1.** DR arbiter, arbitrator ▸ **exercer un rôle d'arbitre** to act as arbitrator, to arbitrate / *elle va devenir l'arbitre de la situation* *fig* she will hold the key to the situation **2.** [gén & SPORT] referee ; [au volley-ball, tennis, cricket] umpire. ◆ nm PHILOS ▸ **libre arbitre** free will.

arbitrer [3] [aʀbitʀe] vt **1.** [différend] to arbitrate, to settle by arbitration / *il ne reste plus qu'à faire arbitrer votre différend par le directeur* the only option left is to ask the director to settle your dispute **2.** [gén & SPORT] to referee ; [au volley-ball, tennis, cricket] to umpire **3.** BOURSE [valeurs] to carry out an arbitrage operation on.

arboré, e [aʀbɔʀe] adj planted with trees, wooded, arboreous *spéc.*

arborer [3] [aʀbɔʀe] vt **1.** [porter - veste, insigne] to sport, to wear ; [- drapeau] to bear, to display **2.** [afficher - sourire] to wear ; [- manchette, titre] to carry.

arborescence [aʀbɔʀesɑ̃s] nf arborescence ; INFORM tree (structure) ; [diagramme] tree diagram.

arborescent, e [aʀbɔʀesɑ̃, ɑ̃t] adj arborescent.

arboretum, arborétum* [aʀbɔʀetɔm] nm arboretum.

* In reformed spelling (see p. 16-19).

arboricole [aʀbɔʀikɔl] adj **1.** HORT arboricultural **2.** ZOOL tree-dwelling, arboreal *spéc.*

arboriculteur, trice [aʀbɔʀikyltœʀ, tʀis] nm, f tree grower, arboriculturist *spéc.*

arboriculture [aʀbɔʀikyltyʀ] nf arboriculture ▸ **arboriculture fruitière** cultivation of fruit trees.

arborisation [aʀbɔʀizasjɔ̃] nf arborization.

arborisé, e [aʀbɔʀize] adj SUISSE ▸ **une plaine arborisée** a plain dotted with trees.

arbouse [aʀbuz] nf arbutus berry.

arbousier [aʀbuzje] nm arbutus.

arbre [aʀbʀ] nm **1.** BOT tree ▸ **arbre d'agrément** ou **d'ornement** ornamental tree ▸ **arbre d'amour** ou **de Judée** Judas tree ▸ **arbre à caoutchouc** rubber tree ▸ **arbre fruitier** fruit tree ▸ **arbre généalogique** family tree ▸ **faire son arbre généalogique** to draw up one's family tree ▸ **arbre de Moïse** pyracantha ▸ **arbre nain** dwarf tree ▸ **arbre de Noël** Christmas tree ▸ **arbre à pain** breadfruit ▸ **l'arbre de la science du bien et du mal** BIBLE the tree of knowledge ▸ **faire l'arbre fourchu** to walk on one's hands ▸ **abattre** ou **couper l'arbre pour avoir le fruit** to kill the goose that lays the golden eggs ▸ **entre l'arbre et l'écorce il ne faut pas mettre le doigt** one shouldn't get involved in other people's family quarrels ▸ **les arbres cachent la forêt** you can't see the wood UK ou forest US for the trees **2.** MÉCAN shaft ▸ **arbre moteur** ou **de couche** engine shaft ▸ **arbre à cames** camshaft ▸ **arbre de transmission** drive ou propeller shaft.

❖ **arbre de vie** nm **1.** BOT thuya **2.** ANAT arbor vitae **3.** BIBLE tree of life.

arbrisseau, x [aʀbʀiso] nm shrub ▸ **plantation** ou **parterre d'arbrisseaux** shrubbery.

arbuste [aʀbyst] nm shrub, bush.

arbustif, ive [aʀbystif, iv] adj shrubby.

arc [aʀk] nm **1.** ARM bow **2.** MATH arc ▸ **arc de cercle** arc of a circle / *être assis en arc de cercle* to be seated in a semicircle **3.** ANAT arch ▸ **arc aortique** arch of the aorta **4.** PHYS ▸ **arc électrique** electric arc **5.** ARCHIT arch ▸ **arc brisé** pointed arch ▸ **arc en fer à cheval / en plein cintre** horseshoe / semicircular arch ▸ **arc en ogive** ogee arch ▸ **arc surbaissé / surhaussé** depressed / raised arch ▸ **arc de triomphe** triumphal arch ▸ **l'arc de triomphe (de l'Étoile)** the Arc de Triomphe ▸ **l'arc de triomphe du Carrousel** *triumphal arch in the Tuileries gardens in Paris.*

❖ **à arc** loc adj [lampe, soudure] arc *(modif).*

ARC [aʀk] (abr de **Association de Recherche sur le Cancer**) nf *French national cancer research charity.*

arcade [aʀkad] nf **1.** ARCHIT archway ▸ **des arcades** arches, an arcade ▸ **une arcade de verdure** a leafy vault **2.** ANAT arch ▸ **arcade sourcilière** arch of the eyebrows / *il s'est ouvert l'arcade sourcilière* he was cut above the eye **3.** SUISSE [boutique] shop.

Arcadie [aʀkadi] npr f ▸ **(l')Arcadie** Arcadia.

arcadien, enne [aʀkadjɛ̃, ɛn] adj Arcadian.

❖ **Arcadien, enne** nm, f Arcadian.

arcane [aʀkan] nm [secret] mystery, arcanum *litt* ▸ **les arcanes de la politique / de la science** the mysteries of politics / of science.

Arcat-Sida [aʀkatsida] npr *association promoting Aids care and research.*

arcature [aʀkatyʀ] nf ARCHIT arcature.

arc-boutant *(pl* **arcs-boutants**), **arcboutant*** [aʀkbutɑ̃] nm flying buttress.

arc-boutement *(pl* **arcs-boutements**), **arcboutement*** [aʀkbutmɑ̃] nm buttressing.

arc-bouter, arcbouter* [3] [aʀkbute] vt [mur] to buttress.

❖ **s'arc-bouter, s'arcbouter*** vpi to brace o.s. / *s'arc-boutant des deux jambes* bracing himself with both legs ▸ **s'arc-bouter contre un mur** to brace one's back against a wall.

arceau, x [aʀso] nm **1.** ARCHIT arch (of vault) **2.** MÉD cradle.

arc-en-ciel [aʀkɑ̃sjɛl] *(pl* **arcs-en-ciel**) nm rainbow.

archaïque [aʀkaik] adj **1.** [vieux] archaic, outmoded, antiquated **2.** ART & LING archaic.

archaïsant, e [aʀkaizɑ̃, ɑ̃t] ◆ adj archaistic. ◆ nm, f archaist.

archaïsme [aʀkaism] nm [mot] archaism, archaic term ; [tournure] archaism, archaic turn of phrase.

archange [aʀkɑ̃ʒ] nm archangel.

arche [aʀʃ] nf **1.** ARCHIT arch ▸ **la Grande Arche (de La Défense)** *large office block at la Défense near Paris, shaped like a square archway* **2.** RELIG ark ▸ **l'arche d'alliance** the Ark of the Covenant ▸ **l'arche de Noé** Noah's Ark ▸ **l'arche sainte** the Holy Ark.

archéologie [aʀkeɔlɔʒi] nf archeology, archaeology.

archéologique [aʀkeɔlɔʒik] adj archeological, archaeological.

archéologue [aʀkeɔlɔg] nmf archeologist, archaeologist.

archéoptéryx [aʀkeɔpteʀiks] nm archaeopteryx.

archer [aʀʃe] nm archer, bowman.

archet [aʀʃɛ] nm **1.** MUS bow / *avoir un excellent coup d'archet* to be an outstanding violonist **2.** TECHNOL bow-saw.

archétypal, e, aux [aʀketipal] adj archetypal.

archétype [aʀketip] nm **1.** [symbole] archetype **2.** BIOL prototype.

archevêché [aʀʃəveʃe] nm **1.** [fonction, territoire] archbishopric **2.** [palais] archbishop's palace.

archevêque [aʀʃəvɛk] nm archbishop.

archi [aʀʃi] *fam* ◆ nf abr de **architecture.** ◆ nmf abr de **architecte.**

archidiacre [aʀʃidjakʀ] nm archdeacon.

archidiocésain, e [aʀʃidjɔsezɛ̃, ɛn] adj archdiocesan.

archidiocèse [aʀʃidjɔsɛz] nm archdiocese.

archiduc [aʀʃidyk] nm archduke.

archiduché [aʀʃidyʃe] nm archduchy.

archiduchesse [aʀʃidyʃɛs] nf archduchess.

archiépiscopal, e, aux [aʀʃiepiskɔpal, o] adj archiepiscopal.

archiépiscopat [aʀʃiepiskɔpa] nm archiepiscopate.

archimandrite [aʀʃimɑ̃dʀit] nm archimandrite.

Archimède [aʀʃimɛd] npr Archimedes.

archipel [aʀʃipɛl] nm archipelago ▸ **l'archipel frison** the Frisian Islands ▸ **l'archipel de la Sonde** the Sunda Islands / **'l'Archipel du Goulag'** *Soljenitsyne* 'The Gulag Archipelago'.

archiplein, e [aʀʃiplɛ̃, ɛn] adj *fam* [train, salle] jam-packed.

archipresbytéral, e, aux [aʀʃipʀɛsbiteʀal, o] adj archpriestly.

archiprêtre [aʀʃipʀɛtʀ] nm archpriest.

architecte [aʀʃitɛkt] nmf **1.** ARCHIT architect ▸ **avoir un diplôme d'architecte** to have a degree in architecture ▸ **architecte d'intérieur** interior designer ▸ **architecte naval** naval architect ▸ **architecte paysagiste** landscape architect ▸ **architecte urbaniste** town planner UK , city planner US **2.** *fig* [d'une réforme, d'une politique] architect.

architectonique [aʀʃitɛktɔnik] nf architectonics *(U).*

architectural, e, aux [aʀʃitɛktyʀal, o] adj architectural.

architecture [aʀʃitɛktyʀ] nf **1.** [art, style] architecture ▸ **architecture d'intérieur** interior design **2.** [structure - d'une œuvre d'art] structure, architecture **3.** INFORM architecture.

architecturer [3] [aʀʃitɛktyʀe] vt to structure / *un exposé bien architecturé* a well-structured talk.

architrave [aʀʃitʀav] nf architrave.

architravée [aʀʃitʀave] nf architraved cornice.

archivage [aʀʃivaʒ] nm filing ou storing (away).

archiver [3] [aʀʃive] vt **1.** [document, revue] to file ou to store (away) **2.** INFORM archive.

archives [aʀʃiv] nfpl **1.** [documents] archives, records ▸ **archives familiales** family records ; INFORM archive **2.** [lieu] record office ▸ **les Archives nationales** the French Historical Archives ; ≃ the Public Record Office UK ; ≃ the National Archives US.

❖ **d'archives** loc adj library *(modif)* ▸ **document / images d'archives** TV library document / pictures ▸ **copie d'archives** INFORM archive file.

Les Archives départementales

The **Archives départementales** collect and make available documents issued by the local administration, notably registry documents from **communes**. They can be consulted by genealogists, historians, students and anybody interested.

Les Archives nationales

The French Historical Archives, which house all legal documents concerning the history of France, were created in 1790. They are open to researchers and located in the Marais in Paris.

archiviste [aʀʃivist] nmf archivist.

archivolte [aʀʃivɔlt] nf archivolt.

archonte [aʀkɔ̃t] nm archon.

arçon [aʀsɔ̃] nm saddletree.

arctique [aʀktik] adj Arctic ▸ **le cercle polaire arctique** the Arctic Circle ▸ **l'océan Arctique** the Arctic (Ocean).

❖ **Arctique** npr m ▸ **l'Arctique** the Arctic (Ocean).

Ardèche [aʀdɛʃ] npr f ▸ **(l')Ardèche** the Ardèche.

ardéchois, e [aʀdeʃwa, az] adj from the Ardèche.

❖ **Ardéchois, e** nm, f *inhabitant of or person from the Ardèche* ▸ **les Ardéchois** the people of the Ardèche.

ardemment [aʀdamɑ̃] adv ardently, fervently, passionately ▸ **désirer qqch ardemment** to yearn for ou to crave sthg.

ardennais, e [aʀdɔnɛ, ɛz] adj from the Ardennes.

❖ **Ardennais, e** nm, f *inhabitant of or person from the Ardennes* ▸ **les Ardennais** the people of the Ardennes.

Ardennes [aʀdɛn] npr fpl ▸ **les Ardennes** the Ardennes / *noix des Ardennes* Ardennes ham.

ardent, e [aʀdɑ̃, ɑ̃t] adj **1.** [brûlant - chaleur] burning, scorching ; [- soleil] blazing, scorching ; [- fièvre] burning, raging ▸ **un rouge ardent** a fiery red **2.** [vif - tempérament] fiery, passionate ; [- désir] ardent, eager, fervent ; [- imagination] vivid, fiery **3.** [passionné - amant] ardent, eager, hot-blooded ; [- révolutionnaire, admirateur] ardent, fervent.

ardeur [aʀdœʀ] nf **1.** [fougue] passion, ardour UK, ardor US, fervour UK, fervor US ▸ **soutenir une cause avec ardeur** to support a cause ardently ou fervently ou passionately / *il n'a jamais montré une grande ardeur au travail* he's never shown much enthusiasm for work / *modérez vos ardeurs!* *hum* control yourself! **2.** *litt* [chaleur] (burning) heat.

ardillon [aʀdijɔ̃] nm tongue *(of a belt buckle).*

ardoise [aʀdwaz] nf **1.** [matière] slate ▸ **toit d'ardoises** ou **en ardoises** slate roof ▸ **crayon d'ardoise** slate-pencil **2.** [objet] slate ▸ **ardoise magique** magic slate **3.** *fam* [compte] bill, slate / *mets-le sur mon ardoise* put it on my bill ou on the slate / *on a une ardoise de 50 euros chez le boucher* we've run up a bill of 50 euros at the butcher's.

ardoisé, e [aʀdwaze] adj slate-grey.

ardoisier, ère [aʀdwazje, ɛʀ] adj **1.** [contenant de l'ardoise] slaty **2.** [ressemblant à l'ardoise] slatelike **3.** [industrie, production] slate *(modif).*

❖ **ardoisier** nm **1.** [exploitant] slate-quarry owner **2.** [ouvrier] slate-quarry worker.

❖ **ardoisière** nf slate quarry.

ardu, e [aʀdy] adj [difficile - problème, question] tough, difficult ; [- tâche] arduous, hard.

are [aʀ] nm are, hundred square metres.

arec [aʀɛk] nm areca.

aréique [aʀeik] adj with no permanent river system.

aréna [aʀena] nm QUÉBEC *sports centre with skating rink* ; arena US.

arène [aʀɛn] nf **1.** [pour la corrida] bullring ▸ **descendre** ou **entrer dans l'arène** *fig* to enter the fray ou the arena **2.** [sable] arenite, sand ▸ **arène granitique** granitic sand.

❖ **arènes** nfpl ANTIQ amphitheatre *(sg)* UK, amphitheater *(sg)* US.

arénicole [aʀenikɔl] ◆ adj sand-dwelling, arenicolous *spéc.* ◆ nf sandworm, lugworm.

aréole [aʀeɔl] nf ANAT areola.

aréomètre [aʀeɔmɛtʀ] nm hydrometer.

aréopage [aʀeɔpaʒ] nm learned assembly ou gathering ▸ **l'Aréopage** ANTIQ the Areopagus.

aréquier [aʀekje] = arec.

arête [aʀɛt] nf **1.** [de poisson] (fish) bone ▸ **cabillaud sans arêtes** boneless cod fillet / *enlever les arêtes d'un poisson* to bone a fish / *poisson plein d'arêtes* fish full of bones, bony fish **2.** [angle - d'un toit] arris ; [- d'un cube] edge ; [- d'une voûte] groin **3.** ANAT ▸ **l'arête du nez** the bridge of the nose **4.** GÉOGR crest, ridge **5.** BOT beard.

arêtier [aʀetje] nm CONSTR hip.

areu [aʀø] interj *langage enfantin* ▸ **areuareu!** goo-goo!

arg. abr écrite de **argus.**

argan [aʀgɑ̃] nm argan ▸ **huile d'argan** argan oil.

argent [aʀʒɑ̃] ◆ nm **1.** [métal] silver **2.** [monnaie] money ▸ **avoir de l'argent** to have money, to be wealthy / *une famille qui a de l'argent* a well-to-do family / *(se) faire de l'argent* to make money ▸ **pour de l'argent** for money / *l'argent lui fond dans les mains* money just runs through his fingers ▸ **argent comptant** : *payer* ou *régler en argent comptant* to pay cash ▸ **accepter** ou **prendre qqch pour argent comptant** to take sthg at face value ▸ **argent liquide** ready cash ou money ▸ **argent de poche** pocket money UK, allowance US ▸ **se faire de l'argent de poche** to make a bit of extra money ▸ **argent sale** dirty money ▸ **en avoir pour son argent** : *tu en auras pour ton argent* you'll get your money's worth, you'll get value for money / *je n'en ai pas vraiment eu pour mon argent* I didn't get my money's worth, I felt rather short-changed ▸ **en être pour son argent** to end up out of pocket ▸ **jeter l'argent par les fenêtres** to throw money down the drain, to squander money ▸ **l'argent n'a pas** ou **point d'odeur** *prov* it's all money! ▸ **l'argent ne fait pas le bonheur** *prov* money can't buy happiness ▸ **l'argent (trouvé) n'a pas de maître** *prov* money knows no master ▸ **le temps, c'est de l'argent** *prov* time is money **3.** [couleur] silver colour / *la surface du lac était du plus pur argent* the surface of the lake was the purest silver **4.** HÉRALD argent. ◆ adj inv silver, silver-coloured ▸ **robe en lamé argent** silver lamé dress.

❖ **d'argent** loc adj **1.** [en métal] silver *(modif)* **2.** [couleur] silver, silvery, silver-coloured / *des reflets d'argent* silvery reflections **3.** [pécuniaire] money *(modif)* **4.** [intéressé] ▸ **homme / femme d'argent** man / woman for whom money matters.

❖ **en argent** loc adj silver *(modif).*

argentage [aʀʒɑ̃taʒ] nm [d'un miroir] silvering ; [d'un couvert] silver-plating.

argentan [aʀʒɑ̃tɑ̃] nm German ou nickel silver.

argenté, e [aʀʒɑ̃te] adj **1.** [renard] silver *(modif)* ; [tempes] silver, silvery **2.** [plaqué] silver-plated, silver *(modif)* ▸ **métal argenté** silver plate **3.** *fam* [fortuné] well-heeled / *on n'était pas très argentés à l'époque* we weren't very well-off ou we were rather hard up at the time.

argenter [3] [aʀʒɑ̃te] vt **1.** [miroir] to silver ; [cuillère] to plate, to silver-plate **2.** *litt* [faire briller] : *la lune argentait la mer* the moon turned the sea silver.

argenterie [aʀʒɑ̃tʀi] nf silver, silverware.

argenteur [aʀʒɑ̃tœʀ] nm silverer, silversmith.

argentier [aʀʒɑ̃tje] nm **1.** [meuble] silver cabinet **2.** *fam* ▸ **le Grand argentier** [ministre] the Finance Minister.

argentifère [aʀʒɑ̃tifɛʀ] adj silver-bearing, argentiferous *spéc.*

argentin[1], e [aʀʒɑ̃tɛ̃, in] adj [son] silvery.

argentin[2], e [aʀʒɑ̃tɛ̃, in] adj GÉOGR Argentinian, Argentine.

❖ **Argentin, e** nm, f Argentinian, Argentine.

Argentine [aʀʒɑ̃tin] npr f ▸ **(l')Argentine** Argentina, the Argentine.

argentique [aʀʒɑ̃tik] adj [photographie] traditional, non-digital.

argenture [aʀʒɑ̃tyʀ] nf silvering.

argile [aʀʒil] nf clay ▸ **argile grasse / réfractaire** fatty / fire clay.

argileux, euse [aʀʒilø, øz] adj clayey, clayish.

argon [aʀgɔ̃] nm argon.

argonaute [aʀgɔnot] nm argonaut, paper nautilus.

Argonautes [aʀgɔnot] npr mpl ▸ **les Argonautes** the Argonauts.

Argos [aʀgɔs] npr Argus.

argot [aʀgo] nm slang, argot ▸ **argot de métier** jargon.

argotique [aʀgɔtik] adj slang *(modif)*, slangy.

argotisme [aʀgɔtism] nm [mot] slang word ; [tournure] slang expression.

argousin [aʀguzɛ̃] nm *vieilli & péj* cop ▸ **les argousins** the cops.

Argovie [aʀgɔvi] npr f ▸ **(l')Argovie** Aargau.

argovien, enne [aʀgɔvjɛ̃, ɛn] adj from Aargau.

❖ **Argovien, enne** nm, f *inhabitant of or person from Aargau.*

arguer [aʀge ou aʀgɥe], **argüer*** [aʀgɥe] [8] vt **1.** [conclure] to deduce / *que peut-on arguer de ces écrits?* what can we deduce from ou what conclusion can be drawn from these writings? **2.** [prétexter] ▸ **arguer que...** to put forward the fact that... / *arguant qu'il avait une mauvaise vue* pleading his poor eyesight.

❖ **arguer de, argüer de*** v + prép to use as an excuse, to plead / *elle argua d'une migraine pour se retirer* she pleaded a headache in order to withdraw / *il s'en est tiré en arguant de son ignorance* he got away with it by putting forward ou using his ignorance as an excuse.

> ⚠ Le verbe anglais **to argue** est beaucoup plus courant que arguer en français et signifie « se disputer » ou « argumenter ». Voir article.

argument [aʀgymɑ̃] nm **1.** [raison] argument ▸ **ses arguments** his reasoning ▸ **les arguments pour / contre la réforme** the arguments supporting / opposing the reform ▸ **des arguments pour et contre** pros and cons ▸ **présenter ses arguments** to state one's case / *avoir de bons / solides arguments* to have a good / strong case ▸ **tirer argument de qqch** to use sthg as an argument **2.** COMM ▸ **argument de vente** selling point **3.** LITTÉR [sommaire] general description, outline.

argumentaire [aʀgymɑ̃tɛʀ] nm COMM promotion leaflet.

argumentation [aʀgymɑ̃tasjɔ̃] nf **1.** [raisonnement] argumentation, rationale **2.** [fait d'argumenter] reasoning.

argumenter [3] [aʀgymɑ̃te] ◆ vi **1.** [débattre] to argue ▸ **argumenter en faveur de / contre qqch** to argue for / against sthg ▸ **argumenter de qqch avec qqn** to argue with sb about sthg **2.** [ergoter] to be argumentative, to quibble. ◆ vt [texte, démonstration] to support with (relevant) arguments ▸ **motion bien / mal argumentée** impressively / poorly argued motion.

argus [aʀgys] nm **1.** PRESSE ▸ **l'argus de l'automobile** the price guide for used cars / *ta voiture vaut à peine 2 000 € à l'argus* the book price for your car would only be 2,000 € **2.** ORNITH argus pheasant **3.** *litt* [gardien] guardian.

argutie [aʀgysi] nf quibble ▸ **arguties** quibbling, hair-splitting.

argyronète [aʀʒiʀɔnɛt] nf water spider.

aria [aʀja] ◆ nf MUS aria. ◆ nm *vieilli* [souci, tracas] nuisance.

Ariane [aʀjan] npr Ariadne ▸ **le fil d'Ariane** Ariadne's clew.

aride [aʀid] adj **1.** [sec - terre] arid, barren ; [- vent] dry ; [- cœur] unfeeling **2.** [difficile - sujet] arid, dull, uninteresting.

aridité [aʀidite] nf **1.** [du sol] aridity, barrenness ; [du vent] dryness **2.** [d'un sujet] aridity *sout*, dullness.

Ariège [aʀjɛʒ] npr f ▸ **(l')Ariège** the Ariège.

ariégeois, e [aʀjeʒwa, az] adj from the Ariège.

❖ **Ariégeois, e** nm, f *inhabitant of or person from the Ariège.*

ariette [aʀjɛt] nf arietta, ariette.

Arioste [aʀjɔst] npr ▸ **l'Arioste** Ariosto.

Aristide [aʀistid] npr Aristides.

aristo [aʀisto] *fam* ◆ adj aristocratic. ◆ nmf aristocrat ▸ **les aristos** the upper crust.

aristocrate [aʀistɔkʀat] ◆ adj aristocratic. ◆ nmf aristocrat / *des manières d'aristocrate* aristocratic manners ▸ **une famille d'aristocrates** an aristocratic family.

aristocratie [aʀistɔkʀasi] nf aristocracy.

aristocratique [aʀistɔkʀatik] adj aristocratic / *avoir du sang aristocratique (dans les veines)* to have aristocratic blood (in one's veins), to be blue-blooded.

aristocratiquement [aʀistɔkʀatikmɑ̃] adv aristocratically.

aristocratisme [aʀistɔkʀatism] nm elitism.

aristoloche [aʀistɔlɔʃ] nf birthwort.

Aristophane [aʀistɔfan] npr Aristophanes.

Aristote [aʀistɔt] npr Aristotle.

aristotélicien, enne [aʀistɔtelisjɛ̃, ɛn] adj & nm, f Aristotelian.

aristotélisme [aʀistɔtelism] nm Aristotelianism.

arithméticien, enne [aʀitmetisjɛ̃, ɛn] nm, f arithmetician.

arithmétique [aʀitmetik] ◆ adj **1.** MATH [moyenne, progression] arithmetical **2.** TECHNOL ▸ **machine arithmétique** adding machine. ◆ nf **1.** [matière] arithmetic ▸ **faire de l'arithmétique** to do arithmetic **2.** [livre] arithmetic book.

arithmétiquement [aʀitmetikmɑ̃] adv arithmetically.

Arizona [aʀizɔna] npr m ▸ **l'Arizona** Arizona.

Arkansas [aʀkɑ̃sas] npr m ▸ **l'Arkansas** Arkansas.

arlequin [aʀləkɛ̃] nm Harlequin.

Arlequin [aʀləkɛ̃] npr Harlequin.

arlequinade [aʀləkinad] nf **1.** THÉÂTRE harlequinade **2.** *fig & péj* (piece of) buffoonery.

Arles [aʀl] npr Arles ▸ **à** ou **en Arles** in Arles.

arlésien, enne [aʀlezjɛ̃, ɛn] adj from Arles.

❖ **Arlésien, enne** nm, f *inhabitant of or person from Arles* ▸ **les Arlésiens** the people of Arles / **'l'Arlésienne'** *Bizet* 'l'Arlésienne'.

❖ **arlésienne** nf *fam* ▸ **sa copine / ce ministre, c'est l'arlésienne!** does this much talked-about girlfriend / minister REALLY exist?

> **L'Arlésienne**
>
> In Alphonse Daudet's play *l'Arlésienne* (1872; adapted as an opera by Bizet), the hero has to give up a girl from Arles because of her bad reputation. All the characters are obsessed with the girl, but she never actually appears in the play. The expression **l'Arlésienne** has come to refer to people or things that are conspicuous by their absence:

* In reformed spelling (see p. 16-19).

La croissance joue l'Arlésienne en cette rentrée : tous les analystes économiques en parlent, tout le monde l'attend, mais personne ne peut dire aujourd'hui si elle sera au rendez-vous cette année. *Economic growth is conspicious by its absence this autumn: all the analysts are talking about it, everyone's waiting for it to happen, but no one can really say if it's going to make an appearance.*

Le grand romancier est l'Arlésienne de la saison littéraire : la critique ne parle que de lui dans les journaux mais on attend encore son nouveau roman ! *The great novelist is conspicuous by his absence this season: the critics are talking about no one else but we're still waiting for his latest offering!*

armada [aʀmada] nf **1.** [quantité] ▸ **une armada de touristes** an army of tourists / *est arrivée toute une armada de motos* a whole fleet of motorbikes suddenly appeared **2.** HIST ▸ **l'(Invincible) Armada** the Spanish Armada.

armagnac [aʀmaɲak] nm Armagnac (brandy).

armailli [aʀmaji] nm Suisse shepherd *(in Fribourg)*.

armateur [aʀmatœʀ] nm [propriétaire - d'un navire] ship owner ; [- d'une flotte] fleet owner ; [locataire] shipper.

armature [aʀmatyʀ] nf **1.** [cadre - d'une tente, d'un abat-jour] frame ; [structure - d'un exposé, d'une théorie] basis, framework **2.** CONSTR framework **3.** COUT underwiring ▸ **soutien-gorge à armature** underwired bra **4.** PHYS armature **5.** MUS key signature.

arme [aʀm] nf **1.** [objet] weapon / *porter une arme sur soi* to carry a weapon ▸ **charger une arme** to load a gun ▸ **arme biologique** bioweapon ▸ **l'arme chimique / nucléaire** chemical / nuclear weapons ▸ **arme blanche** knife ▸ **arme à feu** firearm ▸ **arme légère** light weapon ▸ **arme lourde** heavy weapon ▸ **arme de poing** handgun ▸ **arme de service** [d'un policier] service gun ▸ **rester l'arme au pied** to be ready for action ▸ **passer l'arme à gauche** *fam* to kick the bucket **2.** [armée] force, service ▸ **l'arme de l'artillerie** the artillery **3.** [instrument] weapon / *contre ses accusations, j'ai l'arme absolue* I have the perfect counter to his accusations / *une bonne arme psychologique* a good psychological weapon / *son sourire est une arme fatale* her smile is a deadly weapon ▸ **arme à double tranchant** *fig* double-edged sword / *le pouvoir est une arme à double tranchant* power is a double-edged sword ▸ **donner à qqn des armes contre soi** : *tu lui as donné une arme contre toi* you've given her a stick to beat you with.

❖ **armes** nfpl **1.** [matériel de guerre] arms, weapons, weaponry ▸ **aux armes!** to arms! ▸ **porter les armes** to be a soldier ▸ **portez / présentez / reposez armes!** shoulder / present / order arms! ▸ **prendre les armes** to take up arms ▸ **régler** ou **résoudre qqch par les armes** to settle sthg by force ▸ **tourner ses armes contre qqn** *fig* to turn (one's weapons) against sb ▸ **armes conventionnelles** conventional weapons ▸ **armes de dissuasion** deterrent ▸ **armes de guerre** weapons of war, weaponry ▸ **passer qqn par les armes** to send sb to the firing squad / *il a été passé par les armes ce matin* he died before the firing squad this morning ▸ **faire ses premières armes** to start out, begin one's career ▸ **mettre bas** ou **déposer** ou **rendre les armes** to lay down one's arms ▸ **partir avec armes et bagages** to up sticks and leave **2.** ESCRIME fencing **3.** HÉRALD coat of arms.

❖ **à armes égales** loc adv on equal terms.

❖ **aux armes de** loc prép HÉRALD bearing the arms of.

❖ **d'armes** loc adj ▸ **frère d'armes** brother-in-arms ▸ **homme d'armes** HIST man-at-arms.

⚠ Attention,
des armes = **arms** ou **weapons**,
MAIS
une arme = **a weapon**, jamais **an arm**.

armé, e [aʀme] adj **1.** [personne] armed / *attention, il est armé* watch out, he's armed ou he's carrying a weapon! ▸ **armé jusqu'aux dents** armed to the teeth ▸ **armé de...** armed with... / *armé de ses lunettes / d'une loupe, il explorait la paroi rocheuse fig* armed with his glasses / a magnifying glass, he examined the rock face ▸ **armé de pied en cap a)** HIST in full armour **b)** *fig* (well) prepared, fully armed ▸ **bien / mal armé contre le froid** well-protected / defenceless against the cold / *je suis armé contre ce genre de sarcasme* I have become inured to this kind of sarcasm / *pas encore armé contre les déceptions amoureuses* as yet unprepared for coping with unhappy love affairs / *mal armé (pour lutter) contre la concurrence* defenceless in the face of the competition **2.** CONSTR reinforced.

❖ **armé** nm cock.

❖ **armée** nf **1.** MIL army ▸ **être dans l'armée** to be in the army ▸ **être à l'armée** to be doing one's military service ▸ **armée active** ou **régulière** regular army ▸ **l'armée de l'air** the Air Force ▸ **l'armée de mer** the Navy ▸ **armée de métier** professional army ▸ **armée nationale** conscript army ▸ **armée d'occupation** army of occupation ▸ **armée de réserve** reserves ▸ **l'Armée rouge** the Red Army ▸ **l'Armée du Salut** the Salvation Army ▸ **l'armée de terre** the Army ▸ **le musée de l'Armée** *army museum at les Invalides in Paris* ▸ **armée mexicaine** : *cette entreprise c'est un peu l'armée mexicaine* this company is a bit top-heavy, there are too many chiefs and not enough Indians in this company **2.** *fig* army, host ▸ **une armée de figurants / sauterelles** an army of extras / grasshoppers.

armement [aʀməmɑ̃] nm **1.** [militarisation - d'un pays, d'un groupe] arming **2.** NAUT commissioning, fitting-out **3.** [d'un appareil photo] winding (on) ; [d'un pistolet] cocking **4.** [armes] arms, weapons, weaponry ▸ **limitation** ou **réduction des armements stratégiques** strategic arms limitation.

Arménie [aʀmeni] npr f ▸ **(l')Arménie** Armenia.

arménien, enne [aʀmenjɛ̃, ɛn] adj Armenian.

❖ **Arménien, enne** nm, f Armenian.

❖ **arménien** nm LING Armenian.

armer [3] [aʀme] vt **1.** MIL [guérilla, nation] to arm, to supply with weapons ou arms ▸ **armer qqn chevalier** to knight sb, to dub sb a knight **2.** *fig* [préparer] to arm **3.** ARM to cock **4.** PHOT to wind (on) *(sép)* **5.** NAUT to commission, to fit out *(sép)* **6.** CONSTR [béton, ciment] to reinforce **7.** TECHNOL [câble] to sheathe.

❖ **s'armer** vp *(emploi réfléchi)* [prendre une arme - policier, détective] to arm o.s. ; [- nation] to arm.

❖ **s'armer de** vp + prép **1.** [s'équiper de - arme] to arm o.s. with ; [- instrument] to equip o.s. with / *ils se sont armés de chaînes de vélo* they armed themselves with bicycle chains / *m'étant armé d'un magnétophone* having equipped myself with a tape-recorder **2.** *fig* [prendre] ▸ **s'armer de courage / patience** to muster ou summon up one's courage / patience.

armistice [aʀmistis] nm armistice ▸ **(l'anniversaire de) l'Armistice** Armistice ou Remembrance Day UK, Veteran's Day US.

armoire [aʀmwaʀ] nf wardrobe, cupboard UK, closet US ▸ **armoire frigorifique** cold room ou store ▸ **armoire à glace** *pr* mirrored wardrobe ▸ **c'est une véritable armoire à glace** *fig & hum* he's built like the side of a house ▸ **armoire à linge** linen cupboard ou closet ▸ **armoire sèche-linge** drying cupboard ▸ **armoire normande** large wardrobe ▸ **armoire à pharmacie** medicine cabinet ou chest.

armoiries [aʀmwaʀi] nfpl coat of arms, armorial bearings.

❖ **aux armoiries de** loc prép bearing the arms of.

armorial, e, aux [aʀmɔʀjal, o] adj armorial.

❖ **armorial, aux** nm armorial.

armoricain, e [aʀmɔʀikɛ̃, ɛn] adj Armorican.

❖ **Armoricain, e** nm, f Armorican.

armorier [9] [aʀmɔʀje] vt to emblazon ▸ **armorier qqch de** to emblazon sthg with.

Armorique [aʀmɔʀik] npr f ▸ **(l')Armorique** Armorica.

armure [aʀmyʀ] nf **1.** HIST armour UK, armor US ▸ **vêtu de son armure** armour-clad **2.** [protection] defence.

armurerie [aʀmyʀʀi] nf **1.** [activité] arms trade **2.** [magasin] armourer's, gunsmith's **3.** [usine] arms factory.

armurier [aʀmyʀje] nm **1.** [fabricant] gunsmith, armourer **2.** MIL armourer UK, armorer US.

ARN (abr de **acide ribonucléique**) nm RNA ▸ **ARN messager** messenger RNA ▸ **ARN ribosomique** ribosomic RNA ▸ **ARN de transfert** transfer RNA.

arnaque [aʀnak] nf *fam* swindle, rip-off / *c'est de l'arnaque!* what a rip-off!

arnaquer [3] [aʀnake] vt *fam* **1.** [duper] to rip off *(sép)* ▸ **arnaquer qqn de 200 euros** to do sb out of 200 euros / *il nous a joliment arnaqués* he really ripped us off / *je me suis fait arnaquer en achetant cette voiture* I was conned when I bought this car **2.** *arg crime* [arrêter] to nab / *se faire arnaquer par les flics* to be nabbed by the cops.

arnaqueur [aʀnakœʀ] nm *fam* swindler, rip-off merchant.

arnica [aʀnika] nm ou nf arnica.

arobase [aʀɔbaz] nm INFORM "at", @ ▸ **l'arobase** the "at" symbol ou sign.

aromate [aʀɔmat] nm [herbe] herb ; [condiment] spice ▸ **aromates** seasoning.

aromathérapie [aʀɔmateʀapi] nf MÉD aromatherapy.

aromatique [aʀɔmatik] ◆ adj aromatic, fragrant. ◆ nm CHIM aromatic compound.

aromatisant, e [aʀɔmatizɑ̃, ɑ̃t] adj ▸ **substance aromatisante** flavouring.

aromatisation [aʀɔmatizasjɔ̃] nf flavouring.

aromatiser [3] [aʀɔmatize] vt to flavour UK, to flavor US / *chocolat aromatisé au rhum* chocolate flavoured with rum, rum-flavoured chocolate.

arôme [aʀom] nm [parfum] aroma, fragrance ; [goût] flavour UK, flavor US ▸ **arôme artificiel / naturel** artificial / natural flavouring.

aronde [aʀɔ̃d] ⟶ queue.

arpège [aʀpɛʒ] nm arpeggio.

arpéger [22] [aʀpeʒe] vt [accord] to play as an arpeggio, to spread.

In reformed spelling (see p. 16-19), this verb is conjugated like **semer** : *il arpègera, elle arpègerait.*

arpent [aʀpɑ̃] nm *arch* ≃ acre / *un petit arpent de terre* a few acres ou a patch of land.

arpentage [aʀpɑ̃taʒ] nm land-surveying, land-measuring.

arpenter [3] [aʀpɑ̃te] vt **1.** [parcourir - couloir] to pace up and down / *arpenter un quai* to pace up and down a platform **2.** [mesurer] to survey, to measure.

arpenteur [aʀpɑ̃tœʀ] nm ▸ **arpenteur-géomètre** surveyor, land-surveyor.

arpenteuse [aʀpɑ̃tøz] nf looper, measuring worm.

arpète [aʀpɛt] nf seamstress's apprentice.

arqué, e [aʀke] adj [sourcils] arched ; [nez] hooked ; [jambes] bandy, bow *(modif)* ▸ **aux jambes arquées** bandy-legged, bow-legged.

arquebuse [aʀkəbyz] nf arquebus, harquebus.

arquebusier [aʀkəbyzje] nm arquebusier, harquebusier.

arquer [3] [aʀke] ◆ vt [courber - planche] to bend, to curve ; [- dos] to arch. ◆ vi *tfam* [marcher] to walk / *il ne peut plus arquer* he can't walk any more.

❖ **s'arquer** vpi to bend, to curve.

arr. abr écrite de **arrondissement**.

arrachage [aʀaʃaʒ] nm [d'une plante] pulling up, uprooting ; [de pommes de terre] lifting ▸ **l'arrachage des mauvaises herbes** weeding.

arraché [aʀaʃe] nm SPORT snatch ▸ **gagner à l'arraché** *fig* to snatch a victory ▸ **une victoire à l'arraché** a hard-won victory.

arrache-clou [aʀaʃklu] *(pl* **arrache-clous***)* nm nail-wrench.

arrachement [aʀaʃmɑ̃] nm **1.** [fait d'enlever - plante] uprooting, pulling out ; [- feuille, papier peint] ripping ou tearing out **2.** *fig* [déchirement] wrench / *l'arrachement des adieux* the wrench of saying goodbye / *quitter notre pays fut un véritable arrachement* it was a wrench ou it was heart-rending to leave our country.

arrache-pied [aʀaʃpje] ❖ **d'arrache-pied, d'arrachepied*** loc adv [travailler] relentlessly.

arracher [3] [aʀaʃe] vt **1.** [extraire - clou, cheville] to pull ou to draw out *(sép)* ; [- arbuste] to pull ou to root up *(sép)* ; [- betterave, laitue] to lift ; [- mauvaises herbes, liseron] to pull ou to root out *(sép)* ; [- poil, cheveu] to pull out *(sép)* ; [- dent] to pull out *(sép)*, to draw, to extract / *se faire arracher une dent* to have a tooth out / *il a eu un bras arraché dans l'explosion* he had an arm blown off in the explosion / *ça arrache la gorge* *fam & fig* it burns your throat / *il t'arracherait les yeux s'il savait* he'd tear ou scratch your eyes out if he knew / *des images à vous arracher le cœur* a heart-rending spectacle ▸ **arracher son masque à qqn** to unmask sb **2.** [déchirer - papier peint, affiche] to tear ou to rip off *(sép)* ; [- page] to tear out *(sép)*, to pull out *(sép)* / *la dernière page de mon agenda a été arrachée* the last page was torn out of my diary **3.** [prendre - sac, billet] to snatch, to grab ▸ **j'ai réussi à lui arracher le pistolet des mains a)** [très vite] I managed to snatch the gun away ou to grab the gun from him **b)** [après une lutte] I managed to wrest the gun from his grip ; [obtenir - victoire] to snatch ▸ **arracher des aveux / une signature à qqn** to wring a confession / signature out of sb ▸ **arracher des larmes à qqn** to bring tears to sb's eyes ▸ **arracher un sourire à qqn** to force a smile out of sb ▸ **arracher une parole à qqn** to get ou to squeeze a word out of sb / *pas moyen de lui arracher le moindre commentaire* it's impossible to get him to say anything **4.** [enlever - personne] ▸ **arracher qqn à son lit** to drag sb out of ou from his bed / *comment l'arracher à son ordinateur ?* how can we get ou drag him away from his computer ? / *arraché très jeune à sa famille* torn from the bosom of his family at an early age *litt* / *arracher un bébé à sa mère* to take a child from its mother ▸ **arracher qqn au sommeil** to force sb to wake up / *l'arrivée de sa sœur l'arracha à ses rêveries* he was awoken from his daydreams by the arrival of his sister **5.** ▸ **arracher qqn à** [le sauver de] to snatch ou to rescue sb from ▸ **arracher qqn à la mort** to snatch sb from (the jaws of) death ▸ **arracher qqn à l'enfer du jeu** to rescue sb from the hell of gambling.

❖ **s'arracher** ◆ vpt **1.** [s'écorcher] : *je me suis arraché la peau du genou en tombant* I fell over and scraped my knee ▸ **c'est à s'arracher les cheveux** *fam* it's enough to drive you crazy ▸ **s'arracher les yeux** to scratch each other's eyes out **2.** [se disputer - personne, héritage] to fight over *(insép)* / *les gens s'arrachaient les taxis* people were fighting over the available taxis / *on s'arrache les droits d'adaptation du roman* everybody's fighting over the film rights to the novel. ◆ vpi *tfam* [partir] ▸ **allez, on s'arrache !** come on, let's be off !

❖ **s'arracher à, s'arracher de** vp + prép to tear o.s. away from / *s'arracher au sommeil* to tear o.s. from sleep ▸ **s'arracher à ses rêveries** to snap out of one's daydreams / *s'arracher à son travail / à son ordinateur / de son fauteuil* to tear o.s. away from one's work / computer / armchair / *elle s'arracha à son étreinte* she tore herself away ou she wrenched herself free from his embrace.

arracheur [aʀaʃœʀ] nm *arch* ▸ **arracheur de dents** tooth-puller.

arracheuse [aʀaʃøz] nf lifter, grubber.

arrageois, e [aʀaʒwa, az] adj from Arras.

❖ **Arrageois, e** nm, f *inhabitant of or person from Arras* ▸ **les Arrageois** the people of Arras.

arraisonnement [aʀɛzɔnmɑ̃] nm NAUT boarding (for inspection).

arraisonner [3] [aʀɛzɔne] vt NAUT [navire] to board (for inspection).

arrangeable [aʀɑ̃ʒabl] adj [difficulté] which can be settled ; [projet, voyage] which can be fixed ou arranged.

arrangeant, e [aʀɑ̃ʒɑ̃, ɑ̃t] adj accommodating, obliging.

arrangement [aʀɑ̃ʒmɑ̃] nm **1.** [fait de disposer] arrangement, laying out ; [résultat] arrangement, layout / *modifier l'arrangement d'une pièce* to change the arrangement ou layout of a room / *l'arrangement des vers dans un sonnet* the order of lines in a sonnet **2.** [accord] arrangement, settlement ▸ **parvenir à un arrangement** to reach an agreement, to come to an arrangement ▸ **arrangement à l'amiable** amicable settlement ▸ **nous avons un arrangement** we have an understanding / *c'était un arrangement entre nous* we'd agreed it between ourselves ▸ **sauf arrangement contraire** unless otherwise agreed ▸ **arrangement de famille** DR family settlement *(in financial disputes)* **3.** MUS arrangement / *arrangement pour piano* arrangement for (the) piano.

arranger [17] [aʀɑ̃ʒe] vt **1.** [mettre en ordre - chignon] to tidy up *(sép)* ; [- tenue] to straighten ; [- bouquet] to arrange ; [- chambre] to lay out *(sép)*, to arrange / *il a bien arrangé son appartement* his appartment is nicely laid out **2.** [organiser - rencontre, entrevue] to arrange, to fix ; [- emploi du temps] to organize / *c'est Paul qui a arrangé la cérémonie / l'exposition* Paul organized the ceremony / put the exhibition together ▸ **arranger qqch à l'avance** to prearrange sthg / *ils ont arrangé ça entre eux* they've fixed it up between them **3.** [résoudre - dispute, conflit] to settle, to sort out *(sép)* / *je vais arranger ça avec ton professeur* I'll sort this out with your teacher / *c'est arrangé, tu peux partir* it's all settled, you're free to leave now ▸ **et mes rhumatismes n'arrangent pas les choses** ou **n'arrangent rien à l'affaire** my rheumatism doesn't help matters either / *voilà qui n'arrange pas mes affaires !* that's all I needed ! **4.** MUS to arrange / *arranger un morceau pour la guitare* to arrange a piece for (the) guitar **5.** [convenir à] to suit / *ce soir ou demain, comme ça t'arrange* tonight or tomorrow, as it suits you ou as is convenient for you / *mardi ? non, ça ne m'arrange pas* Tuesday ? no, that's no good for me ▸ **ça m'arrange (à merveille)** it suits me (down to the ground) / *on ne peut pas arranger tout le monde* you can't please everybody / *ce n'est pas parce que ça t'arrange de le croire que c'est vrai* just because it suits you to think so doesn't mean that it's true **6.** *fam* [réparer - radio, réveil, voiture] to fix ; [- chaussures] to fix, to mend ; [- robe] to alter / *je vais t'arranger ça en moins de deux* I'll fix this for you in no time **7.** [modifier - histoire, récit] to alter, to modify / *je ne t'ai jamais rien promis, tu arranges l'histoire (à ta façon)* I never promised you anything, you're just twisting things / *Bonaparte n'a jamais dit cela, il arrange l'histoire (à sa façon)* Bonaparte never said that, he's rewriting history (to suit himself) **8.** *fam* [maltraiter] to sort out UK *(sép)*, to work over *(sép)* / *eh bien, on t'a joliment arrangé !* well they certainly gave you a good going over !

❖ **s'arranger** ◆ vp *(emploi réfléchi)* **1.** [s'habiller, se maquiller] : *va donc t'arranger !* go and tidy yourself up ! / *elle sait s'arranger* she knows how to make the best of herself **2.** [se faire mal] : *tu t'es encore bien arrangé / bien arrangé la figure !* *fam & iron* you've made a fine mess of yourself / your face again ! ◆ vp *(emploi réciproque)* [se mettre d'accord] to come to an agreement / *on trouvera bien un moyen de s'arranger* we'll come to some sort of an arrangement / *elle et moi, nous nous arrangeons pour la garde des enfants* she and I have an arrangement whereby we look after each other's children. ◆ vpi **1.** [se débrouiller] to manage / *je m'arrangerai, ne t'en fais pas* I'll find a way ou work something out, don't worry ▸ **s'arranger pour** : *arrangez-vous pour avoir l'argent, sinon...* make sure ou see that you have the money, or else... / *je me suis arrangé pour vous faire tous inviter* I've managed to get an invitation for all of you / *il s'arrange toujours pour partir plus tôt* he always manages to leave early / *on s'était arrangé pour que ce soit une surprise* we'd arranged it so that it would be a surprise **2.** [s'améliorer - santé, temps] to improve, to get better ▸ **les choses s'arrangeront d'elles-mêmes** things'll sort themselves out ou take care of themselves / *ça ne risque pas de s'arranger tout seul* things are hardly likely to work themselves out on their own / *tout a fini par s'arranger* everything worked out fine in the end / *tu ne t'arranges pas avec les années !* *hum* you're not getting any better in your old age ! / *et Louis ? — ça ne s'arrange pas !* [son état empire] what about Louis ? — he's no better ! / *et maintenant il veut faire construire, ça s'arrange pas !* *fam* now he wants to build a house, he's completely off his rocker ! **3.** [se dérouler] to turn out / *comment ça s'est arrangé, tes histoires de bagnole ?* *fam* what happened with your car then ?

❖ **s'arranger avec** vp + prép to come to an agreement with / *on s'est arrangé avec les voisins* we sorted something out with the neighbours / *je m'arrangerai avec lui pour qu'il garde les enfants* I'll arrange for him to look after the children / *il s'est arrangé à l'amiable avec ses créanciers* he came to an amicable agreement with his creditors / *arrange-toi avec ma mère pour les meubles* see my mother about the furniture ▸ **arrange-toi avec lui** you'll have to sort it out with him / *je m'arrangerai avec ce que j'ai* I'll make do with what I've got.

❖ **s'arranger de** vp + prép to put up with, to make do with / *ce n'est peut-être pas la couleur que tu préfères, mais tu t'en arrangeras !* it may not be your favourite colour but you'll just have to put up with it ! / *ce n'est pas confortable, mais on s'en arrange* it's not comfortable, but we make do ▸ **il s'arrange de tout** he's very easy-going.

> ⚠ Attention, **to arrange** ne peut être employé pour traduire arranger qu'au sens de « mettre en ordre ».

arrangeur [aʀɑ̃ʒœʀ] nm arranger.

Arras [aʀas] npr Arras.

arrdt abr écrite de **arrondissement.**

arrérages [aʀeʀaʒ] nmpl arrears.

arrestation [aʀɛstasjɔ̃] nf arrest ▸ **procéder à une arrestation** to make an arrest ▸ **être en état d'arrestation** to be under arrest / *se mettre en état d'arrestation* to give o.s. up.

arrêt [aʀɛ] nm **1.** [interruption] stopping / *il a décidé l'arrêt du match* he decided to put a stop to ou to call a halt to ou to stop the match ▸ **arrêt momentané des programmes** temporary blackout ▸ **annoncer l'arrêt des poursuites** to announce that there will be no more prosecutions ▸ **l'arrêt se fait automatiquement** it stops automatically / *appuyer sur le bouton « arrêt »* press the "stop" ou "halt" button ▸ **temps d'arrêt** pause ▸ **marquer un temps d'arrêt** to stop ou to pause for a moment ▸ **arrêt des hostilités** cessation of hostilities ▸ **arrêt de paiement** stoppage of pay ▸ **arrêt de travail a)** [grève] stoppage **b)** [congé] sick leave **c)** [certificat] doctor's ou medical certificate **2.** TRANSP [pause] stop, halt / *avant l'arrêt complet de l'appareil* before the aircraft has come to a complete stop ou standstill / *ce train est sans arrêt jusqu'à Arcueil* this train is nonstop ou goes straight through to Arcueil / *en cas d'arrêt entre deux gares* if the train stops between stations / *Brive, Brive, deux minutes d'arrêt* this is Brive, there will be a two-minute stop / **'arrêts fréquents'** 'slow deliveries' / **'arrêt demandé'** 'stop requested' ▸ **arrêt facultatif** request stop UK, flag stop US ; [lieu] ▸ **arrêt (d'autobus)** bus stop / *je descends au prochain arrêt* I'm getting off at the next stop **3.** SPORT : *faire un arrêt du pied gauche* FOOT to make a save with one's left foot ▸ **arrêt de jeu** stoppage / *jouer les arrêts de jeu* to play injury time ▸ **faire un arrêt de volée** RUGBY to make a mark **4.** CINÉ & TV ▸ **arrêt sur image** freeze frame / *faire un arrêt sur image* to freeze a frame **5.** MÉD ▸ **arrêt cardiaque** ou **du cœur** cardiac arrest, cardiac failure **6.** COUT ▸ **faire un arrêt** to fasten off / *faire un arrêt de mailles* to cast off **7.** DR [décision] judgment, ruling ▸ **rendre un arrêt** to deliver ou to pronounce a judgment / *les arrêts de la Providence* *litt* the decrees of Fate ▸ **arrêt de mort** death sentence ▸ **signer son arrêt de mort** *fig* to sign one's own death warrant **8.** [arrestation] arrest / *faire arrêt sur des marchandises* to seize ou to impound goods.

* In reformed spelling (see p. 16-19).

❖ **arrêts** nmpl MIL arrest ▸ **mettre qqn aux arrêts** to place sb under arrest ▸ **être aux arrêts** to be under arrest ▸ **arrêts forcés** ou **de rigueur** close arrest.

❖ **à l'arrêt** loc adj [véhicule] stationary / *l'appareil est à l'arrêt sur la piste* the aircraft is at a standstill on the runway.

❖ **d'arrêt** loc adj **1.** TECHNOL [dispositif] stopping, stop *(modif)* **2.** COUT ▸ **point d'arrêt** finishing-off stitch.

❖ **en arrêt** loc adv ▸ **rester en arrêt devant qqch** to stop dead ou short before sthg ▸ **tomber en arrêt** [chien] to point / *je suis tombé en arrêt devant un magnifique vaisselier* I stopped short in front of a splendid dresser.

❖ **sans arrêt** loc adv [sans interruption] non-stop ; [à maintes reprises] constantly.

arrêté[1] [aʀete] nm **1.** [décret] order, decree ▸ **arrêté ministériel** ministerial order ▸ **arrêté municipal** ≃ by-law ▸ **par arrêté royal** by royal decree **2.** BANQUE ▸ **arrêté de compte a)** [bilan] statement of account **b)** [fermeture] settlement of account.

arrêté[2], e [aʀete] adj [opinion] fixed, set ; [intention] firm.

arrêter [4] [aʀete] ◆ vt **1.** [empêcher d'avancer - passant, taxi] to stop / *arrêtez-le! il a volé mon portefeuille!* stop that man, he has stolen my wallet! / *tu arrêteras la voiture devant l'entrée* you'll stop the car in front of the entrance / *la circulation est arrêtée sur la N7* traffic is held up ou has come to a standstill on the N7 (road) / *arrête-moi à la gare fam* drop me off at the station ▸ **arrêter un ballon** SPORT to make a save, to save a goal ▸ **arrête ton char! a)** *fam & hum* [je ne te crois pas] come off it! **b)** [arrête de te vanter] stop showing off! **2.** [retenir - personne] to stop ; [- regard] to catch, to fix / *qu'est-ce qui t'arrête?* what's stopping you? / *rien ne peut plus l'arrêter* nothing can stop him now ; [interrompre] to interrupt / *arrêtez-moi si je parle trop vite* stop me if I'm speaking too fast **3.** [éteindre - radio, télévision] to turn off *(sép)* ; [- moteur] to stop, to switch off *(sép)* **4.** [mettre fin à - élan] to stop, to check ; [- écoulement, saignement] to stem, to stop ; [- croissance, chute] to stop, to arrest, to bring to a halt / *on n'arrête pas le progrès! fam & hum* what will they think of next! ▸ **arrêter les frais** to stop messing about **5.** [abandonner - construction, publication, traitement] to stop ; [- sport, chant] to give up *(sép)* ; [cesser de fabriquer] to discontinue (the manufacture of) / *j'ai arrêté le piano / ma carrière d'acteur* I've given up the piano / my acting career **6.** [suj: police] to arrest ▸ **se faire arrêter** to get ou be arrested **7.** [déterminer - date, lieu] to appoint, to decide on *(insép)*, to fix ; [- plan, procédure] to decide on *(insép)*, to settle on *(insép)*, to settle upon *(insép)* ▸ **arrêter sa décision** to make up one's mind ▸ **arrêter son choix** to make one's choice **8.** [suj: médecin] ▸ **arrêter qqn** to put sb on sick leave / *ça fait un mois que je suis arrêté* I've been on sick leave for a month **9.** FIN ▸ **arrêter un compte a)** [le fermer] to close ou to settle an account **b)** [en faire un relevé] to draw up ou to make up a statement of account **10.** COUT [point] to fasten off *(sép)* ▸ **arrêter les mailles** to cast off **11.** [gibier] to point **12.** INFORM [ordinateur] to shut down. ◆ vi : *arrête, tu me fais mal!* stop it, you're hurting me! / *vous allez arrêter un peu, tous les deux!* stop it, the pair of you! / *quatre albums en un an! mais vous n'arrêtez pas!* four albums in a year! you never stop ou you don't ever take a break, do you? ▸ **arrêter de faire** to stop doing / *arrête de pleurer* stop crying / *il a arrêté de travailler l'an dernier* he retired last year ▸ **j'ai arrêté de fumer** I've given up ou stopped smoking / *arrêter de se droguer* to give up ou to come off drugs ; *(tournure impersonnelle)* : *il n'a pas arrêté de neiger* it hasn't stopped snowing, it's been snowing non-stop.

❖ **s'arrêter** vpi **1.** [cesser - bruit, pluie, saignement] to stop / *notre histoire ne s'arrête pas là* this isn't the end of our story / *les émissions s'arrêtent à 4 h* broadcasting stops ou ends at 4 a.m. ▸ **s'arrêter de a)** [cesser de] to stop **b)** [renoncer à] to give up, to stop / *elle s'est arrêtée de jouer en me voyant* she stopped playing when she saw me ▸ **s'arrêter de composer / fumer** to stop writing music / smoking / *il s'est arrêté de travailler après son accident* he stopped working after his accident / *le monde ne va pas s'arrêter de tourner pour autant* that won't stop the world from turning **2.** [s'immobiliser - montre] to stop ; [- ascenseur, véhicule] to stop, to come to a stop ou halt / *dites au chauffeur de s'arrêter* tell the driver to stop / *une voiture vint s'arrêter à ma hauteur* a car pulled up alongside me ▸ **s'arrêter net** to stop dead ou short **3.** [faire une halte, une pause] to stop ▸ **passer sans s'arrêter devant qqn** to pass by sb without stopping / *on va s'arrêter à un Restoroute* we'll stop at a motorway UK ou highway US café / *on s'est arrêtés plusieurs fois en route* we made several stops on the way ▸ **s'arrêter chez qqn** to call at sb's / *tu peux t'arrêter chez l'épicier en venant?* could you stop off at the grocer's on your way here? / *on va s'arrêter un quart d'heure* we'll stop for fifteen minutes, we'll take a fifteen-minute break / *aujourd'hui, je m'arrête à midi* today I'm stopping work at noon / *nous nous étions arrêtés à la page 56* we'd left off at page 56 **4.** [se fixer] ▸ **s'arrêter sur** : *son regard s'arrêta sur leur ami* his gaze fell on their friend / *notre choix s'est arrêté sur le canapé en cuir* we decided ou settled on the leather couch.

❖ **s'arrêter à** vp + prép [faire attention à] to pay attention to ▸ **il ne faut pas s'arrêter aux apparences** one mustn't go by appearances / *s'arrêter à des vétilles* to pay attention to trifles.

> Attention à ne pas confondre **stop doing sthg** et **stop to do sthg** :
>
> •Arrêter de + infinitif se traduit par **stop + -ing** :
> **Arrête d'embêter ton frère !** *Stop bothering your brother!*
> **Emma n'arrête pas de penser à Paul.** *Emma can't stop thinking about Paul.*
>
> •S'arrêter pour + infinitif se traduit par **stop to + base verbale** :
> **Ils se sont arrêtés pour déjeuner dans un village / prendre une photo.** *They stopped to have lunch in a village / to take a photo.*

arrêt-maladie [aʀɛmaladi] (*pl* **arrêts-maladies**) nm [congé] sick leave ; [certificat] medical certificate.

arrhes [aʀ] nfpl deposit, earnest money ▸ **verser des arrhes** to pay a deposit ▸ **verser 50 euros d'arrhes** to leave 50 euros as a deposit ou a deposit of 50 euros.

arriération [aʀjeʀasjɔ̃] nf backwardness, retardation.

arrière [aʀjɛʀ] ◆ adj inv **1.** AUTO [roue, feu] rear ; [siège] back **2.** SPORT backward ▸ **roulade arrière** backward roll. ◆ nm **1.** [d'une maison] back, rear ; [d'un véhicule] rear (end), back (end) / *à l'arrière du véhicule* at the rear of the vehicle ▸ **à l'arrière a)** [dans une voiture] in the back UK, in back US **b)** [dans un avion, un bus] at the back ou rear / *asseyez-vous à l'arrière* sit in the back **2.** SPORT [au basket-ball] guard ; [au football, au rugby] back ; [au volley-ball] rearline player ▸ **jouer arrière droit / gauche** FOOT to play right / left back ▸ **arrière central** centre-back ▸ **arrière latéral** side back ▸ **arrière volant** sweeper / *la ligne des arrières* ou *les arrières* the back line ou the backs **3.** NAUT stern ▸ **à l'arrière** astern ▸ **à l'arrière de** at the stern of **4.** MIL : *les blessés ont été transportés à l'arrière* the wounded were carried behind the lines. ◆ interj ▸ **arrière!** (stand) back!

❖ **arrières** nmpl MIL rear ▸ **assurer** ou **protéger ses arrières a)** to protect one's rear **b)** *fig* to leave o.s. a way out ou an escape route.

❖ **en arrière** loc adv **1.** [regarder] back ; [se pencher, tomber] backward, backwards ▸ **revenir en arrière a)** [sur une route] to retrace one's steps **b)** [avec un magnétophone] to rewind (the tape) / *reviens en arrière, je n'ai pas vu le début du film* rewind (the tape), I didn't see the beginning of the film / *se balancer d'avant en arrière* to rock to and fro / *ramener ses cheveux en arrière* to sweep one's hair back ▸ **rester en arrière** [d'un convoi, d'un défilé] to stay at the back ou rear / *ne restez pas en arrière, rapprochez-vous* don't stay at the back, come closer ▸ **en arrière toute!** NAUT full astern! **2.** [dans le temps] back ▸ **revenir en arrière** to go back in time / *cela nous ramène plusieurs mois en arrière* this takes us back several months.

❖ **en arrière de** loc prép behind / *rester en arrière de la colonne* MIL to fall behind (in the line) / *il reste en arrière des autres élèves* he's fallen behind the other pupils ▸ **se tenir en arrière de qqn** to stand behind sb.

arriéré, e [aʀjeʀe] ◆ adj **1.** [impayé - loyer, intérêt] overdue, in arrears ; [- dette] outstanding **2.** *vieilli* PSYCHOL backward, (mentally) retarded **3.** [archaïque - idée, technologie] backward / *le pays est économiquement arriéré* the country is economically backward. ◆ nm, f *vieilli* PSYCHOL retarded ou backward person.

❖ **arriéré** nm **1.** [dette] arrears *(pl)* ▸ **avoir 2 000 euros d'arriéré de loyer / d'impôts** to be 2,000 euros in arrears with one's rent / taxes ▸ **solder un arriéré** to pay off arrears **2.** [retard] backlog / *j'ai beaucoup d'arriéré dans mon travail* I have a big backlog of work ou a lot of work to catch up on.

arrière-ban [aʀjɛʀbɑ̃] (*pl* **arrière-bans**) nm HIST [levée] arrière-ban *(summons to the king's vassals to do military service)* ; [vassaux] vassals.

arrière-bouche [aʀjɛʀbuʃ] (*pl* **arrière-bouches**) nf back of the mouth.

arrière-boutique [aʀjɛʀbutik] (*pl* **arrière-boutiques**) nf ▸ **dans mon arrière-boutique** at the back of my shop UK ou store US.

arrière-cour [aʀjɛʀkuʀ] (*pl* **arrière-cours**) nf backyard UK.

arrière-cuisine [aʀjɛʀkɥizin] (*pl* **arrière-cuisines**) nf scullery.

arrière-fond [aʀjɛʀfɔ̃] (*pl* **arrière-fonds**) nm innermost depths.

arrière-garde [aʀjɛʀgaʀd] (*pl* **arrière-gardes**) nf rearguard.

arrière-gorge [aʀjɛʀgɔʀʒ] (*pl* **arrière-gorges**) nf back of the throat.

arrière-goût (*pl* **arrière-goûts**), **arrière-gout*** (*pl* **arrière-gouts***) [aʀjɛʀgu] nm aftertaste / *ça vous laisse un arrière-goût d'amertume* one is left with a bitter aftertaste / *le vin a un petit arrière-goût de cassis* there's an aftertaste of blackcurrant to the wine.

arrière-grand-mère [aʀjɛʀgʀɑ̃mɛʀ] (*pl* **arrière-grands-mères**) nf great-grandmother.

arrière-grand-oncle [aʀjɛʀgʀɑ̃tɔ̃kl] (*pl* **arrière-grands-oncles**) nm great-great-uncle, great-granduncle.

arrière-grand-père [aʀjɛʀgʀɑ̃pɛʀ] (*pl* **arrière-grands-pères**) nm great-grandfather.

arrière-grands-parents [aʀjɛʀgʀɑ̃paʀɑ̃] nmpl great grandparents.

arrière-grand-tante [aʀjɛʀgʀɑ̃tɑ̃t] (*pl* **arrière-grands-tantes**) nf great-great-aunt, great-grandaunt.

arrière-neveu [aʀjɛʀnəvø] (*pl* **arrière-neveux**) nm great-nephew, grandnephew.

arrière-nièce [aʀjɛʀnjɛs] (*pl* **arrière-nièces**) nf great-niece, grandniece.

arrière-pays [aʀjɛʀpei] nm inv hinterland ▸ **dans l'arrière-pays** in the hinterland.

arrière-pensée [aʀjɛʀpɑ̃se] (*pl* **arrière-pensées**) nf thought at the back of one's mind, ulterior motive / *son acceptation cachait une arrière-pensée de revanche* behind his acceptance lay a lurking idea of revenge ▸ **sans arrière-pensées** without any ulterior motives.

arrière-petite-fille [aʀjɛʀpətitfij] (*pl* **arrière-petites-filles**) nf great-granddaughter.

arrière-petite-nièce [aʀjɛʀpətitnjɛs] (*pl* **arrière-petites-nièces**) nf great-grandniece.

arrière-petit-fils [aʀjɛʀpətifis] (*pl* **arrière-petits-fils**) nm great-grandson.

arrière-petit-neveu [aʀjɛʀpətinəvø] (*pl* **arrière-petits-neveux**) nm great-grandnephew.

arrière-petits-enfants [aʀjɛʀpətizɑ̃fɑ̃] nmpl great-grandchildren.

arrière-plan [aʀjɛʀplɑ̃] (*pl* **arrière-plans**) nm background / *on la voit à l'arrière-plan sur la photo* she's in the background of the picture / *une vallée pro-*

fonde, avec les Alpes en arrière-plan a deep valley with the Alps in the background / *être à l'arrière-plan fig* to remain in the background.

arrière-saison [aʀjɛʀsɛzɔ̃] (*pl* **arrière-saisons**) nf end of the autumn UK ou fall US.

arrière-salle [aʀjɛʀsal] (*pl* **arrière-salles**) nf inner room, back room.

arrière-train [aʀjɛʀtʀɛ̃] (*pl* **arrière-trains**) nm **1.** ZOOL hindquarters **2.** *hum* [fesses] hindquarters *hum*, behind.

arrimage [aʀimaʒ] nm NAUT stowage.

arrimer [3] [aʀime] vt NAUT [ranger] to stow ; [attacher] to secure.

arrimeur [aʀimœʀ] nm stevedore.

arrivage [aʀivaʒ] nm delivery, consignment / *nous venons d'avoir un arrivage* we've just had a (fresh) consignment in / **'prix selon arrivage'** 'price according to availability'.

arrivant, e [aʀivɑ̃, ɑ̃t] nm, f newcomer, new arrival / *il y a dix nouveaux arrivants* there are ten newcomers ou new arrivals.

arrivé, e [aʀive] adj [qui a réussi] successful.

✣ **arrivée** nf **1.** [venue - d'une saison, du froid] arrival, coming ; [- d'un avion, d'un ami] arrival / *on attend son arrivée pour le mois prochain* we're expecting him to arrive ou he's expected to arrive next month / *à mon arrivée à la gare* on ou upon my arrival at the station, when I arrived at the station / *quelques mois après son arrivée au pouvoir* a few months after he came to power / *on viendra t'attendre à l'arrivée du train* we'll be waiting for you at the station ▸ **heure d'arrivée a)** [d'un train] time of arrival **b)** [du courrier] time of delivery **2.** SPORT finish **3.** TECHNOL ▸ **arrivée d'air / de gaz a)** [robinet] air / gas inlet **b)** [passage] inflow of air / gas.

arriver [3] [aʀive]

◆ vi *(aux être)*

A. DANS L'ESPACE

B. DANS LE TEMPS

A. DANS L'ESPACE 1. [parvenir à destination - voyageur, véhicule, courrier] to arrive / *arriver à l'école* to arrive at school, to get to school ▸ **arriver chez qqn** to arrive at sb's place ▸ **arriver chez soi** to get ou to arrive home / *arriver au sommet* to reach the summit / *elle doit arriver à Paris vers midi* she should arrive ou be in Paris at around twelve / *dès que je suis arrivé au Canada* as soon as I arrived in ou got to Canada / *Colomb croyait être arrivé aux Indes* Columbus thought he'd reached the Indies / *le bateau arrive à quai* the ship's coming alongside the quay / *j'étais à peine arrivé que le téléphone sonna* no sooner had I arrived than the phone rang / *on arrive à quelle heure?* what time do we get there? / *même en roulant vite ça nous fait arriver après minuit* even if we drive fast we won't get there before midnight ▸ **nous sommes bientôt** ou **presque arrivés** we're almost there / *les invités vont bientôt arriver* the guests will be arriving soon / *qui est arrivé après l'appel?* [en classe] who came in after I called the register UK ou called roll US ? / *je serai chez toi dans un quart d'heure, qui est déjà arrivé?* I'll be at your place in fifteen minutes, who's already there? / *puis la police est arrivée* then the police arrived ou came / *le courrier est-il arrivé?* has the post UK ou mail US arrived ou come yet? ▸ **être bien arrivé** [personne, colis] to have arrived safely ▸ **vous voilà enfin arrivés, je m'inquiétais a)** [ici] here you are ou you've arrived at last, I was getting worried **b)** [là-bas] you got there at last, I was getting worried ▸ **si tu n'arrives pas à l'heure, je pars sans toi a)** [ici] if you aren't here on time, I'll go without you **b)** [là-bas] if you don't get there on time, I'll go without you ▸ **par où es-tu arrivée? a)** [ici] which way did you come? **b)** [là-bas] which way did you go? ▸ **arriver de** to have (just) come from / *ils arrivent de Tokyo* they've just arrived ou come from Tokyo / *d'où arrives-tu pour être si bronzé?* where did you get that tan? / *j'arrive tout juste de vacances* I'm just back from my holidays / *y aller sans réserver? t'arrives d'où, toi?* go there without booking? you must be joking! **2.** [finir - dans un classement] to come (in) ▸ **arriver le premier / dernier a)** [coureur] to come in first / last, to take first / last place **b)** [invité] to arrive first / last, to be the first / last to arrive / *il est arrivé cinquième au marathon* he took (the) fifth place ou came in fifth in the marathon ▸ **ils sont arrivés dans un mouchoir** it was a close finish **3.** [venir] to come, to approach / *je l'ai vu arriver* I saw him approaching ou coming ▸ **les voilà qui arrivent** here they come ▸ **tu es prêt? — j'arrive tout de suite / dans une minute** are you ready? — I'm coming / I'll be with you in a minute / *j'arrive, j'arrive!* I'm coming! / *je n'ai pas vu la voiture arriver* I didn't see the car (coming) / *ils sont arrivés en voiture* they came by car ▸ **l'express arrivait en gare** the express train was pulling in / *une odeur de chocolat arrivait de la cuisine* a smell of chocolate wafted in ou came from the kitchen ▸ **le courant / l'eau n'arrive plus** there's no more power / no more water coming through.

B. DANS LE TEMPS 1. [événement, jour, moment] to come ▸ **Noël arrive bientôt** Christmas will soon be here ou with us / *le jour arrivera où...* the day will come when... ▸ **la soixantaine / retraite est vite arrivée** sixty / retirement is soon here / *le printemps est arrivé* spring is here ou has come / *juillet est enfin arrivé!* July is here at last! / *le grand jour est arrivé!* the big day's here at last! ▸ **l'aube arriva enfin** dawn broke at last **2.** [se produire] to happen / *comment est-ce arrivé?* how did it happen? / *un accident est si vite arrivé!* accidents will happen! / *ce sont des choses qui arrivent* these things happen / *ça n'arrive pas dans la vie* it doesn't happen in real life ▸ **arriver à qqn** to happen to sb / *il s'est fait renvoyer — ça devait lui arriver* he got fired — it was bound to happen / *ce genre d'histoires n'arrive qu'à moi!* these things only happen to me! / *ça peut arriver à tout le monde* it could happen to anyone / *ça peut arriver à tout le monde de se tromper!* everybody makes mistakes! / *un malheur lui est arrivé* something bad's happened to her / *ça n'arrive pas qu'aux autres* it's easy to think it'll never happen to you / *ça ne t'arrive jamais d'être de mauvaise humeur?* aren't you ever in a bad mood? / *tu ne te décourages jamais? — si, ça m'arrive* don't you ever get discouraged? — yes, from time to time / *tu es encore en retard. Que cela ne t'arrive plus!* you're late again. Don't let it happen again!

◆ v impers **1.** [venir] : *il est arrivé des dizaines de photographes* dozens of photographers arrived / *il arrive un train toutes les heures* there's a train every hour **2.** [aventure, événement] : *il est arrivé un accident* there's been an accident / *il est arrivé tant de choses depuis deux semaines* so many things have happened during the last two weeks / *comme il arrive souvent en pareilles circonstances* as is often the case in such circumstances / *il m'est arrivé une histoire incroyable!* something incredible happened to me! / *s'il m'arrivait quelque chose, prévenez mon père* if anything happens ou should anything happen to me, let my father know / *pourvu qu'il ne lui soit rien arrivé!* let's hope nothing's happened to her! **3.** [se produire parfois] ▸ **il arrive que** : *ne peut-il pas arriver que l'ordinateur se trompe?* couldn't the computer ever make a mistake? / *il arrive bien qu'ils se disputent mais...* they do quarrel sometimes ou from time to time but... / *il m'arrive parfois de le rencontrer dans la rue* sometimes I meet him in the street / *il m'arrive rarement de me mettre en colère* I don't get angry very often / *il lui arrivait de s'enfermer des heures dans sa bibliothèque* sometimes he'd spend hours shut away in his library ▸ **s'il arrivait que je sois** ou **fusse** *sout* **absent** if I happened to be absent.

✣ **arriver à** v + prép **1.** [niveau, taille, lieu] : *le bas du rideau arrive à 20 cm du sol* the bottom of the curtain is 20 cm above the ground / *on arrive au carrefour, tu vas tourner à droite* we're coming up to ou approaching the crossroads, you want to turn right / *le fil du téléphone n'arrive pas jusqu'à ma chambre* the phone cord doesn't reach ou isn't long enough to reach my bedroom / *l'eau arrive au canal par ce tuyau* the water reaches the channel through this pipe / *des bruits de conversation arrivaient jusqu'à nous* the sound of chatter reached us / *ses cheveux lui arrivent à la taille* her hair comes down to her waist / *ma nièce m'arrive à l'épaule* my niece comes up to my shoulder / *la boue m'arrivait jusqu'aux genoux* the mud came up to my knees, I was knee-deep in mud / *la neige nous arrivait à mi-corps* the snow came up to our waists **2.** [étape, moment, conclusion] to come to, to reach / *nous arrivons à une phase cruciale du projet* we're reaching a crucial stage in our project / *où (en) étions-nous arrivés la semaine dernière?* [dans une leçon] where did we get up to ou had we got to last week? / *arrivée à la fin de son discours* when she reached the end of her speech / *maintenant qu'il est arrivé au terme de son mandat* now that he's come to ou reached the end of his term of office ▸ **arrivée à la fin de sa carrière / vie** having reached the end of her career / life / *j'arrive à un âge où...* I've reached an age when... / *je suis arrivé à la conclusion suivante* I've come to ou reached the following conclusion ▸ **arrivez-en au fait** get to the point / *et ses tableaux? — j'y arrive / arrivais* what about his paintings? — I'm / I was coming to that **3.** [rang, résultat] to get ; [succès] to achieve / *pour arriver à une meilleure rentabilité* to get better results / *tu as refait l'addition? — oui, j'arrive au même total que toi* did you redo the calculations? — yes, I get the same result as you / *alors, tu es arrivé à ce que tu voulais?* so, did you get ou achieve what you wanted? ; *(en usage absolu)* [réussir socialement] to succeed, to be successful ▸ **si tu veux arriver** if you want to get on ou to succeed in life **4.** [pouvoir, réussir à] ▸ **arriver à faire qqch** to manage to do sthg, to succeed in doing sthg / *tu arrives à nager le crawl?* can you do the crawl? / *tu n'arriveras jamais à la convaincre* you'll never manage to convince her, you'll never succeed in convincing her / *je n'arrive pas à m'y habituer* I just can't get used to it / *je n'arrive pas à comprendre son refus* I can't understand why he said no / *il n'arrive pas à prononcer ce mot* he can't pronounce this word / *je ne suis pas encore arrivé à lui écrire ce mois-ci* I still haven't got round to writing to him this month / *je parie que tu n'y arriveras pas!* I bet you won't be able to do it! / *tu m'aides? je n'y arrive pas!* can you help me? I can't do ou manage it! / *tu n'arriveras jamais à rien* you'll never get anywhere / *je n'arriverai jamais à rien avec lui!* I'll never be able to do anything with him! **5.** EXPR **(en) arriver à qqch** [en venir à] : *comment peut-on en arriver au suicide?* how can anybody get to the point of contemplating suicide? / *j'en arrive à penser que...* I'm beginning to think that... / *j'en arrive parfois à me demander si...* sometimes I (even) wonder if... / *elle en arrive même à ne plus le souhaiter* she's even starting to hope it won't happen ▸ **en arriver là** : *je ne veux pas me faire opérer — il faudra pourtant bien en arriver là* I don't want to have an operation — you have no choice / *depuis, je ne lui parle plus — c'est malheureux d'en arriver là* since then, I haven't spoken to him — it's a shame it has come to that.

arrivisme [aʀivism] nm pushiness, ambitiousness / *elle n'est entrée au comité que par arrivisme* for her, joining the committee was just a way of furthering her career ou ambitions.

arriviste [aʀivist] ◆ adj self-seeking, careerist. ◆ nmf careerist.

arrogance [aʀɔgɑ̃s] nf arrogance ▸ **parler avec arrogance** to speak arrogantly.

arrogant, e [aʀɔgɑ̃, ɑ̃t] ◆ adj arrogant / *prendre un air arrogant* to take on an arrogant ou haughty air. ◆ nm, f arrogant person.

arroger [17] [aʀɔʒe] ✣ **s'arroger** vpt *sout* to assume, to arrogate (to o.s.) *sout* ▸ **s'arroger le droit de faire qqch** to assume the right to do sthg.

Arromanches-les-Bains [aʀɔmɑ̃ʃlebɛ̃] npr *coastal town in the Calvados region famous for the Allied landings of June 1944.*

arrondi [aʀɔ̃di] nm **1.** COUT hemline **2.** [forme - d'une sculpture] rounded form ou shape ; [- d'un parterre] circular line ou design **3.** AÉRON flaring out, flattening out **4.** INFORM & MATH rounding.

arrondir [32] [aʀɔ̃diʀ] vt **1.** [rendre rond] to make into a round shape, to round (off) *(sép)* / *le potier arrondit son bloc d'argile* the potter rounds off his lump of clay / *arrondissez les gestes, Mesdemoiselles* round out the movement, ladies ; [incurver] to round off *(sép)*

/ *arrondir les lignes d'un dessin* to make the lines of a drawing rounder / *arrondir un angle de table* to round off a table corner **2.** [augmenter - capital, pécule] to increase ; [- patrimoine, domaine] to extend ▸ **arrondir ses fins de mois** *fam* to make a little extra on the side / *cela m'aide à arrondir mes fins de mois* it keeps the wolf from the door **3.** MATH to round off *(sép)* ▸ **arrondir un total à l'euro supérieur / inférieur** to round a sum up / down to the nearest euro **4.** COUT to level (off) *(sép)* **5.** [dégrossir - style, phrase] to refine, to polish ; [- parfum, goût, personnalité] to make smoother, to round out *(sép)*.
❖ **s'arrondir** vpi **1.** [grossir - femme enceinte, ventre] to get bigger ou rounder ; [- somme] to mount up / *mes économies se sont arrondies !* my nest-egg is a nice size now ! **2.** PHON to become rounded.

arrondissage [arɔ̃disaʒ] nm TECHNOL rounding.

arrondissement [arɔ̃dismɑ̃] nm **1.** [dans une ville] *administrative subdivision of major French cities such as Paris, Lyon or Marseille* **2.** [au niveau départemental] *administrative subdivision of a département, governed by a "sous-préfet".*

arrosage [arozaʒ] nm **1.** [d'un jardin] watering ; [de la chaussée] spraying **2.** *fam* [corruption] bribing.

arrosé, e [aroze] adj **1.** [pluvieux] : *la région est bien arrosée* the area has a high rainfall **2.** [accompagné d'alcool] : *le repas a été plutôt bien arrosé fam* there was plenty to drink with the meal / *après un dîner un peu trop arrosé fam* after having had a bit too much to drink at dinner ▸ **café arrosé** coffee laced with alcohol.

arroser [3] [aroze] vt **1.** [asperger - jardin, pelouse] to water / *arrosez légèrement le dessus des feuilles* sprinkle some water on the surface of the leaves / *arroser une voiture au jet* to hose down ou to spray a car / *arrête, tu m'arroses !* stop it, you're spraying water (all) over me ou I'm getting wet ! ▸ **se faire arroser** *fam* [par la pluie] to get drenched ou soaked **2.** [inonder] to soak / *attention les enfants, vous allez arroser mon parquet !* careful, children, you'll get my floor all wet ! ▸ **arroser qqn de qqch** to pour sthg over sb, to drench sb in sthg **3.** CULIN [gigot, rôti] to baste **4.** [repas] ▸ **(bien) arroser son déjeuner** *fam* to drink (heavily) with one's lunch ▸ **arrosé de** : *une mousse de saumon arrosée d'un bon sauvignon* a salmon mousse washed down with a fine Sauvignon **5.** *fam* [fêter] to drink to / *promu chef d'équipe, on va arroser ça !* a promotion to section leader, let's drink to that ! ▸ **arroser une naissance** to wet a baby's head UK, to drink to a new baby **6.** GÉOGR ▸ **la Seine arrose Paris** the river Seine flows through Paris **7.** MIL [avec des bombes] to bomb ; [avec des obus] to shell ; [avec des balles] to spray **8.** *fam* [corrompre] to grease the palm of / *il avait arrosé des notables* he'd greased the palm of some VIPs.
❖ **s'arroser** vp *(emploi passif) fam* : *la naissance de ta fille, ça s'arrose !* let's drink to your new baby daughter !

arroseur [arozœr] nm **1.** [personne] waterer ▸ **c'est l'arroseur arrosé !** now the boot is on the other foot ! **2.** [dispositif] sprinkler.

L'arroseur arrosé

This is the name given to a short film made in 1895 by Louis Lumière, said to be both the first fictional film and the first comic film ever made. A gardener is watering his garden; a boy stands on the hosepipe; the gardener looks at the end of the hosepipe; the boy lifts his foot from the hose and the gardener gets sprayed with water. The expression **l'arroseur arrosé** (literally, "the waterer watered") is used to refer to a situation that suddenly turns against someone.

Jean Dubois se retrouve dans la situation de l'arroseur arrosé : chantre des valeurs civiques et traditionnelles, il vient d'être impliqué une affaire de fraude fiscale. *Jean Dubois has been hoist with his own petard: an avid defender of traditional civic values, he is now accused of involvement in a tax fraud scandal.*

Un pirate informatique reconnu comme le créateur de nombreux virus envoyés sur Internet vient d'être victime à son tour d'un virus particulièrement nocif : c'est le coup de l'arroseur arrosé. *A hacker identified as the creator of numerous computer viruses sent via the Web has himself fallen victim to a devastating virus – a case of the biter bit.*

arroseuse [arozøz] nf water cart.

arrosoir [arozwar] nm watering can UK ou pot US.

arroyo [arɔjo] nm arroyo.

arrt abr écrite de arrondissement.

arsenal, aux [arsənal, o] nm **1.** MIL & NAUT arsenal ▸ **ils ont découvert un véritable arsenal a)** [armes] they've stumbled on a major arms cache **b)** [bombes] they've stumbled on a bomb factory ▸ **arsenal maritime** naval dockyard **2.** *fam* [panoplie] equipment, gear / *l'arsenal des lois, l'arsenal législatif* the might of the law / *elle est arrivée avec l'arsenal du parfait chasseur* she came with all the right hunting gear.

Arsène Lupin [arsɛnlypɛ̃] npr *the gentleman thief in the detective novels of Maurice Leblanc (1864-1941).*

arsenic [arsənik] nm arsenic / **'Arsenic et vieilles dentelles'** *Capra* 'Arsenic and Old Lace'.

arsenical, e, aux [arsənikal, o], **arsénié, e** [arsenje] adj arsenical.

arsouille [arsuj] *vieilli* ◆ adj *tfam* [allure, genre] loutish. ◆ nmf *tfam* yob UK, roughneck US.

art [ar] nm **1.** ART art ▸ **l'art de Cézanne** Cézanne's art ▸ **l'art pour l'art** art for art's sake ▸ **art contemporain** contemporary art ▸ **art déco** art deco ▸ **art figuratif / abstrait** figurative / abstract art ▸ **l'art moderne / grec** modern / Greek art ▸ **art minimal** minimalist art ▸ **Art nouveau** Art nouveau ▸ **art pauvre** process art ▸ **cinéma** ou **salle d'art et d'essai** art house ▸ **grand art** : *regardez cette pyramide de fruits, c'est du grand art !* look at this pyramid of fruit, it's a work of art ! / *vos graffitis dans le couloir, ce n'est pas du grand art !* your graffiti in the corridor are hardly high art ! ▸ **le Musée national d'art moderne** *the Paris Museum of Modern Art, in the Pompidou Centre* **2.** [goût] art, taste, artistry ▸ **une maison décorée avec / sans art** a house decorated with / without taste **3.** [technique] art / *découper un poulet, c'est tout un art !* carving a chicken is quite an art ! ▸ **l'art culinaire** the art of cooking ▸ **l'art dramatique** dramatic art, dramatics ▸ **cours d'art dramatique a)** [classe] drama class **b)** [école] drama school ▸ **art floral** flower arranging ▸ **l'art de la guerre** the art of warfare ▸ **l'art oratoire** public speaking ▸ **l'art poétique** poetics ▸ **l'art sacré, le grand art** (the art of) alchemy / **'l'Art d'aimer'** *Ovide* 'Ars Amatoria' / **'l'Art de la fugue'** *Bach* 'The Art of the Fugue' / **'l'Art poétique'** *Boileau* 'Ars Poetica' **4.** [don] art, talent ▸ **l'art d'aimer** the art of loving / *avoir l'art du compromis* to have mastered the art of compromise / *il a l'art de m'énerver* he has a knack of getting on my nerves ▸ **l'art de vivre** the art of living / *l'Orient nous apprend un nouvel art de vivre* from the East, we are learning a new way of living / *je voulais juste le prévenir ! — oui, mais il y a l'art et la manière* I didn't want to offend him, just to warn him ! — yes, but there are ways of going about it.
❖ **arts** nmpl arts / *être un ami des arts* to be a friend of the arts ▸ **arts appliqués** ≃ art and design ▸ **arts décoratifs** decorative arts ▸ **arts graphiques** graphic arts ▸ **arts martiaux** martial arts ▸ **arts ménagers** ENS home economics ▸ **Salon des arts ménagers** ≃ Ideal Home Exhibition UK home crafts exhibition ou show US ▸ **les Arts et Métiers** ENS *college for the advanced education of those working in commerce, manufacturing, construction and design* ▸ **les arts plastiques** the visual arts ▸ **les arts premiers** primitive art ▸ **les arts du spectacle** the performing arts ▸ **arts et traditions populaires** arts and crafts ▸ **les Arts déco** *nickname of the Arts Décoratifs schools and museums in Paris.*

art. abr écrite de article.

Artaban [artabɑ̃] npr ▸ **fier comme Artaban** as proud as Punch.

Art déco [ardeko] nm Art Deco.

Arte [arte] npr *Franco-German cultural television channel created in 1992.*

artefact, artéfact [artefakt] nm artefact, artifact.

Artémis [artemis] npr Artemis.

artère [artɛr] nf **1.** ANAT artery ▸ **artère carotide** carotid artery ▸ **artère fémorale** femoral artery **2.** [avenue] arterial road UK, (main) road ou street ou thoroughfare ▸ **les grandes artères** the main roads.

artériectomie [arterjɛktɔmi] nf arteriectomy.

artériel, elle [arterjɛl] adj arterial.

artériographie [arterjɔgrafi] nf arteriography.

artériole [arterjɔl] nf arteriole.

artériopathie [arterjɔpati] nf arteriopathy.

artérioscléreux, euse [arterjɔsklerø, øz] ◆ adj arteriosclerotic. ◆ nm, f arteriosclerosis sufferer.

artériosclérose [arterjɔskleroz] nf arteriosclerosis.

artériotomie [arterjɔtɔmi] nf arteriotomy.

artérite [arterit] nf arteritis.

artésien, enne [artezjɛ̃, ɛn] adj [langue, patois] from Artois.
❖ **Artésien, enne** nm, f *inhabitant of or person from Artois.*

arthralgie [artralʒi] nf arthralgia.

arthrite [artrit] nf arthritis.

arthritique [artritik] ◆ adj arthritic. ◆ nmf arthritis sufferer.

arthritisme [artritism] nm arthritism, arthritic diathesis.

arthrographie [artrɔgrafi] nf arthrography.

arthropathie [artrɔpati] nf arthropathy.

arthroplastie [artrɔplasti] nf arthroplasty.

arthropode [artrɔpɔd] nm arthropod ▸ **les arthropodes** the Arthropoda.

arthroscopie [artrɔskɔpi] nf arthroscopy.

arthrose [artroz] nf osteoarthritis, degenerative joint disease.

Arthur [artyr] npr Arthur / *la légende du roi Arthur* Arthurian legend.

artichaut [artiʃo] nm (globe) artichoke.

article [artikl] nm **1.** COMM article, item ▸ **facture détaillée par articles** itemized bill ▸ **articles d'alimentation** foodstuffs ▸ **articles de bureau** office equipment and stationery ▸ **articles de luxe** luxury goods / *articles de mercerie* haberdasher's goods UK, notions US ▸ **articles de toilette** toiletries ▸ **articles de mode** fashion accessories ▸ **articles de voyage** travel goods / **'articles en promotion'** 'special offers' ▸ **article d'appel** loss leader ▸ **articles sans suite** discontinued line ▸ **faire l'article pour a)** *pr* to do a sales pitch for **b)** *fig* to praise / *elle a fait l'article pour son bouquin toute la soirée fam* she went on about her book all evening **2.** PRESSE article ▸ **article de fond** feature article ; [d'un dictionnaire, d'un guide] entry **3.** [sujet] point / *elle dit qu'on lui doit trois millions, et sur cet article, tu peux lui faire confiance !* she says she's owed three millions, and on that score ou point, you can believe what she says ! **4.** RELIG ▸ **articles de foi** articles of faith / *le socialisme, pour moi, c'est un article de foi fig* socialism is an article of faith for me **5.** [paragraphe] article, clause / *les articles de la Constitution* the articles ou clauses of the Constitution ▸ **l'article 10 du contrat** point ou paragraph ou clause 10 of the contract ▸ **article de loi** article of law ▸ **article 16** *article of the French Constitution entitling the President to assume overall power in an emergency* **6.** LING article ▸ **article défini / indéfini** definite / indefinite article **7.** INFORM item **8.** EXPR ▸ **à l'article de la mort** at death's door, on the point of death.

articulaire [artikylɛr] adj articular ▸ **douleurs articulaires** sore joints.

articulation [artikylasjɔ̃] nf **1.** ANAT & ZOOL joint / *j'ai mal dans les articulations* my joints ache ▸ **articulation immobile / mobile** fixed / hinge joint **2.** [prononciation] articulation ▸ **lieu** ou **point d'articulation** point of articulation **3.** [liaison] link, link-up ▸ **l'articulation des deux parties** the link between the two parts **4.** DR enumeration, setting forth ou out **5.** MÉCAN connection, joint.

articulatoire [aʀtikylatwaʀ] adj LING articulatory.

articulé, e [aʀtikyle] adj **1.** [mobile] articulated **2.** ANAT articulated, jointed **3.** MÉCAN hinged, jointed ▸ **jouet articulé** jointed toy ▸ **poupée articulée** jointed doll **4.** LING articulated.

❖ **articulé** nm **1.** ZOOL arthropod **2.** MÉD articulate.

articuler [3] [aʀtikyle] vt **1.** [prononcer] to articulate ; *(en usage absolu)* : *articule, je ne comprends rien* speak more clearly, I don't understand / *il articule mal* he doesn't speak clearly ▸ **bien articuler** to pronounce clearly **2.** [dire] to utter / *j'étais si ému que je ne pouvais plus articuler un seul mot* I was so moved that I couldn't utter ou say a single word **3.** [enchaîner -démonstration, thèse] to link up ou together *(sép)* ; [-faits] to connect **4.** MÉCAN to joint **5.** DR [accusations] to enumerate, to set forth ou out *(sép)*.

❖ **s'articuler autour de** vp + prép to hinge ou to turn on / *son article s'articule autour d'une idée originale* her article hinges on an original idea.

❖ **s'articuler sur** vp + prép ANAT, MÉCAN & ZOOL to be articulated ou jointed with.

artifice [aʀtifis] nm **1.** [stratagème] (clever) device ou trick / *ils ont réussi à dissimuler la situation financière par des artifices de calcul* they managed to hide the financial situation by massaging the figures / *ils ont usé de tous les artifices pour faire passer la proposition* they used every trick in the book to get the motion through ▸ **beauté sans artifices** artless beauty **2.** *litt* [adresse] skill / *la scène est peinte avec tant d'artifice que l'œil s'en trouve ébloui* the scene is depicted so skilfully that it is a wonder to behold **3.** [explosif] firework.

artificiel, elle [aʀtifisjɛl] adj **1.** [colorant, fleur, lumière, intelligence, insémination] artificial ; [lac, soie] artificial, man-made ; [perle] artificial, imitation *(modif)* ; [dent] false ; [bras, hanche] replacement *(modif)* ; [mouche] artificial **2.** [factice -besoin, plaisir] artificial **3.** [affecté] artificial, false, insincere / *je le trouve totalement artificiel* I find him totally artificial / *le style est très artificiel* the style is very contrived ou unnatural **4.** [arbitraire] artificial / *la comparaison est totalement artificielle* it's a very artificial comparison.

artificiellement [aʀtifisjɛlmɑ̃] adv artificially.

artificier [aʀtifisje] nm **1.** [en pyrotechnie] fireworks expert **2.** MIL [soldat] blaster ; [spécialiste] bomb disposal expert.

artificieusement [aʀtifisjøzmɑ̃] adv *litt* deceitfully.

artificieux, euse [aʀtifisjø, øz] adj *litt* deceitful.

artillerie [aʀtijʀi] nf artillery ▸ **ils ont envoyé la grosse artillerie** ou **l'artillerie lourde** *fig* they used drastic measures ▸ **pièce / tir d'artillerie** artillery cannon / fire.

artilleur [aʀtijœʀ] nm artilleryman.

artimon [aʀtimɔ̃] nm mizzen, mizzenmast.

artiodactyle [aʀtjɔdaktil] nm artiodactyl ▸ **les artiodactyles** the Artiodactyla.

artisan, e [aʀtizɑ̃, an] nm, f **1.** [travailleur] craftsman (craftswoman), artisan ▸ **artisan verrier** (skilled) glassmaker ▸ **artisan ébéniste** cabinet-maker **2.** [responsable] architect, author / *Churchill fut l'artisan de la défense nationale* Churchill was the architect of national defence ▸ **l'artisan de la paix** the peacemaker ▸ **être l'artisan de sa propre chute / ruine** to bring about one's own downfall / ruin.

artisanal, e, aux [aʀtizanal, o] adj **1.** [des artisans -classe, tradition] artisan *(modif)* **2.** [traditionnel -méthode, travail] traditional / *ils font toujours leur pain de façon artisanale* they still make their bread in the old-fashioned way / *un fauteuil fabriqué de façon artisanale* a hand-made armchair / *une bombe de fabrication artisanale* a home-made bomb **3.** [rudimentaire] basic, crude / *leur production est restée à un niveau artisanal* their production has remained small-scale.

artisanalement [aʀtizanalmɑ̃] adv : *ils savent encore travailler artisanalement dans cette région* they still use traditional work methods in this area / *produire des fromages artisanalement* to make cheese on a small scale.

artisanat [aʀtizana] nm **1.** [profession] ▸ **l'artisanat** the craft industry, the crafts **2.** [ensemble des artisans] artisans **3.** [produits] arts and crafts ▸ **exposition d'artisanat** arts and crafts exhibition / **'artisanat d'art'** 'arts and crafts' / *le travail du cuir fait partie de l'artisanat local* leatherwork is part of local industry.

artiste [aʀtist] ◆ adj **1.** [personne] artistic **2.** [bohème -genre, vie] bohemian. ◆ nmf **1.** ART [créateur] artist ▸ **mener une vie d'artiste** to lead an artist's life ▸ **artiste peintre** painter **2.** CINÉ, LOISIRS & THÉÂTRE [interprète] performer ; [comédien] actor ; [chanteur] singer ; [de music-hall] artiste, entertainer ▸ **artiste de cabaret** cabaret entertainer ▸ **artiste comique** comedian ▸ **artiste dramatique** actor (actress) **3.** [personne habile] artist / *notre boulanger est un véritable artiste* our baker is a true artist / *voilà ce que j'appelle un travail d'artiste!* that's what I call the work of an artist! / *quel est l'artiste qui a réalisé cette merveille au tableau?* *iron* which of you lot created this masterpiece on the blackboard?

artistement [aʀtistəmɑ̃] adv *litt* artistically.

artistique [aʀtistik] adj [enseignement, richesses] artistic / *elle a un certain sens artistique* she has a certain feeling for art ▸ **genre artistique** art form.

artistiquement [aʀtistikmɑ̃] adv artistically.

Artois [aʀtwa] npr m ▸ **(l')Artois** Artois.

arum [aʀɔm] nm arum.

ARVA [aʀva] (abr de **appareil de recherche de victimes en avalanches**) nm *equipment for searching for avalanche victims.*

aryen, enne [aʀjɛ̃, ɛn] adj Aryan.

❖ **Aryen, enne** nm, f Aryan.

arythmie [aʀitmi] nf arrhythmia.

arythmique [aʀitmik] adj ANAT arrhythmic, arrhythmical.

as[1] [a] v ⟶ **avoir.**

as[2] [as] nm **1.** JEUX [carte, dé, domino] ace ; [aux courses] number one ▸ **l'as de cœur / pique** the ace of hearts / spades ▸ **t'es fagoté** ou **ficelé** ou **fichu comme l'as de pique** *fam* you look as if you've been dragged through a hedge backwards ▸ **passer à l'as** *fam* : *et mon sandwich, alors, il passe à l'as?* what about my sandwich then? / *mon augmentation est passée à l'as* I might as well forget the idea of getting a pay increase **2.** *fam* [champion] ace, champ, wizard / *Delphine, t'es un as!* Delphine, you're a marvel! / *un as du traitement de texte* a word-processing wizard ▸ **un as de la route** ou **du volant** a crack driver / *un as de la gâchette* a crack shot **3.** ANTIQ [poids, monnaie] as.

a/s (abr écrite de **aux soins de**) c/o.

AS nf abr de **association sportive.**

ASA, Asa [aza] ASA, Asa ▸ **une pellicule 100 ASA** a 100 ASA film.

ASAP (abr de **as soon as possible**) ASAP.

asbeste [asbɛst] nf asbestos.

asbestose [asbɛstoz] nf asbestosis.

ASBL nf abr de **association sans but lucratif.**

asc. abr écrite de **ascenseur.**

ascaride [askaʀid] nm ascarid ▸ **les ascarides** Ascaridae.

ascaridiase [askaʀidjaz], **ascaridiose** [askaʀidjoz] nf ascariasis.

ascaris [askaʀis] = **ascaride.**

ascendance [asɑ̃dɑ̃s] nf **1.** [ancêtres] ancestry **2.** [extraction] ▸ **être d'ascendance allemande** to be of German descent ▸ **être d'ascendance paysanne** to be of peasant origin **3.** ASTRON ascent, rising **4.** AÉRON & MÉTÉOR ascending current.

ascendant, e [asɑ̃dɑ̃, ɑ̃t] adj **1.** [mouvement] rising, ascending **2.** ANAT [aorte, côlon] ascending.

❖ **ascendant** nm **1.** [emprise] influence, ascendancy ▸ **avoir de l'ascendant sur qqn** to have influence over sb / *je n'ai aucun ascendant sur eux* I have no influence over them ▸ **subir l'ascendant de qqn** to be under the influence of sb **2.** ASTROL ascendant.

❖ **ascendants** nmpl DR [parents] ascendants, ancestors.

ascenseur [asɑ̃sœʀ] nm **1.** lift UK, elevator US / *il habite au quatrième sans ascenseur* he lives in a fourth-floor walk-up **2.** INFORM scroll bar.

ascension [asɑ̃sjɔ̃] nf **1.** [montée -d'un ballon] ascent **2.** [escalade -d'un alpiniste] ascent, climb ▸ **faire l'ascension d'un pic** to climb a peak / *il a fait plusieurs ascensions dans les Alpes* he did several climbs in the Alps **3.** [progression] ascent, rise / *ses affaires connaissent une ascension rapide* his business is booming / *l'ascension des Dumot dans le monde de la finance* the rising fortunes of the Dumot family in the world of finance **4.** RELIG ▸ **l'Ascension** the Ascension ▸ **le jour de l'Ascension** Ascension Day **5.** ASTRON ascension ▸ **ascension droite d'un astre** right ascension of a heavenly body.

> **L'Ascension**
>
> In France many people take an extended weekend break after Ascension Day, **le jeudi de l'Ascension.**

ascensionnel, elle [asɑ̃sjɔnɛl] adj upward.

ascensoriste [asɑ̃sɔʀist] nmf elevator engineer.

ascèse [asɛz] nf asceticism, ascetic lifestyle.

ascète [asɛt] nmf ascetic ▸ **vivre en ascète** to live an ascetic life.

ascétique [asetik] adj ascetic.

ascétisme [asetism] nm asceticism.

ascidie [asidi] nf **1.** BOT ascidium **2.** ZOOL ascidian ▸ **les ascidies** the ascidians, the Ascidiacaea *spéc.*

ASCII [aski] (abr de **American Standard Code for Information Interchange**) adj ASCII *(modif).*

ascomycète [askɔmisɛt] nm ascomycete ▸ **les ascomycètes** Ascomycetes.

ascorbique [askɔʀbik] adj ascorbic.

asdic [asdik] nm asdic.

ase [az] nf ▸ **ase fétide** asafoetida.

ASE (abr de **Agence spatiale européenne**) npr f ESA.

asémantique [asemɑ̃tik] adj asemantic.

asepsie [asɛpsi] nf asepsis.

aseptique [asɛptik] adj aseptic.

aseptisation [asɛptizasjɔ̃] nf asepticization, asepticizing *(U).*

aseptisé, e [asɛptize] adj MÉD sterilized ; *fig* [ambiance] impersonal ; [discours, roman, univers] sanitized.

aseptiser [3] [asɛptize] vt to asepticize.

asexué, e [asɛksɥe] adj [plante, reproduction] asexual ; [individu] sexless.

ashkénaze [aʃkenaz] adj & nmf ▸ **(juif) ashkénaze** Ashkenazi ▸ **les Ashkénazes** the Ashkenazim.

ashram [aʃʀam] nm ashram.

asiadollar [azjadɔlaʀ] nm Asiadollar.

asiate [azjat] adj *péj* Oriental.

❖ **Asiate** nmf *péj* Oriental.

asiatique [azjatik] adj **1.** [de l'Asie en général] Asian **2.** [d'Extrême-Orient] Oriental ▸ **un restaurant asiatique** *a restaurant serving Oriental cuisine.*

❖ **Asiatique** nmf Asian.

Asie [azi] npr f Asia ▸ **l'Asie centrale** Central Asia ▸ **l'Asie Mineure** HIST Asia Minor ▸ **l'Asie du Sud-Est** Southeast Asia.

asilaire [azilɛʀ] adj *litt* ▸ **séjour / traitement asilaire** stay / treatment at a mental hospital.

asile [azil] nm **1.** [abri] refuge ▸ **offrir à qqn un asile pour la nuit** to give sb shelter for the night / *chercher / trouver asile* to seek / to find refuge / *votre jardin est un asile de paix et de verdure* your garden is a haven of peace and greenery ▸ **le dernier asile** *litt* the final resting place, the grave **2.** HIST & POL asylum ▸ **deman-**

der l'asile diplomatique / politique to seek diplomatic protection / political asylum **3.** [établissement - gén] home ▸ **asile d'aliénés** ou **de fous** mental home, (lunatic) asylum *vieilli* ▸ **asile de nuit** night shelter **4.** ENTOM assassin-fly, asilus *spéc.*

asocial, e, aux [asɔsjal, o] ◆ adj asocial *sout*, antisocial. ◆ nm, f dropout, social outcast.

asocialité [asɔsjalite] nf asocial *sout* ou antisocial behaviour.

asparagus [aspaʀagys] nm asparagus fern.

aspartam(e) [aspaʀtam] nm aspartame ▸ **yaourt à l'aspartame** artificially sweetened yoghurt.

aspe [asp] nm silk reel.

aspect [aspɛ] nm **1.** [apparence] appearance, look / *un bâtiment d'aspect imposant* an imposing-looking building / *des fromages d'un bel aspect* fine-looking cheeses / *tu ne trouves pas que la viande a un aspect bizarre?* don't you think the meat looks odd? ▸ **donner l'aspect de qqch à qqn** to give sb the appearance of sthg, to make sb look like sthg / *ces couleurs sombres donnent à la pièce un aspect bien terne* all those dark colours make the room look very dull ▸ **prendre l'aspect de qqch a)** [ressembler à qqch] to take on the appearance of sthg **b)** [se métamorphoser en qqch] to turn into sthg ▸ **offrir** ou **présenter l'aspect de qqch** to look like ou to resemble sthg **2.** [point de vue] aspect, facet ▸ **envisager** ou **examiner une question sous tous ses aspects** to consider a question from all angles ▸ **vu sous cet aspect** seen from this angle ou point of view ▸ **sous un aspect nouveau** in a new light **3.** ASTROL & LING aspect **4.** ASTRON aspect.

❖ **à l'aspect de** loc prép at the sight of, upon seeing / *elle s'est évanouie à l'aspect du sang* she fainted at the sight of the blood.

aspectuel, elle [aspɛktɥɛl] adj LING aspectual.

asperge [aspɛʀʒ] nf **1.** BOT asparagus **2.** *fam* [personne] ▸ **une (grande) asperge** a beanpole.

asperger [17] [aspɛʀʒe] vt **1.** [légèrement] to sprinkle / *asperger le linge avant de le repasser* to spray clothes with water before ironing ▸ **asperger qqn d'eau** ou **avec de l'eau** to spray sb with water **2.** [tremper] to splash, to splatter ▸ **se faire asperger** to get splashed / *on s'est fait copieusement asperger* we got drenched ou soaked ▸ **asperger qqn / qqch de qqch** to splash sb / sthg with sthg, to splash sthg on sb / sthg.

❖ **s'asperger** ◆ vp *(emploi réfléchi)* ▸ **s'asperger de qqch** to splash o.s. with sthg, to splash sthg on o.s. ◆ vp *(emploi réciproque)* to splash ou to spray one another.

aspergillus [aspɛʀʒilys] nm aspergillus.

aspérité [aspeʀite] nf **1.** [proéminence] rough bit / *les aspérités de la roche* the rough edges of the rock ▸ **les aspérités d'une surface** the roughness of a surface **2.** *litt* [rudesse] asperity, harshness.

asperme [aspɛʀm] adj seedless.

aspersion [aspɛʀsjɔ̃] nf **1.** [d'eau] sprinkling, spraying **2.** RELIG sprinkling, aspersion.

aspersoir [aspɛʀswaʀ] nm **1.** RELIG [goupillon] aspersorium **2.** [pomme d'arrosoir] rose.

asphaltage [asfaltaʒ] nm asphalting.

asphalte [asfalt] nm **1.** [bitume] asphalt **2.** *fam* [chaussée] street.

asphalter [3] [asfalte] vt to asphalt.

asphaltier [asfaltje] nm asphalt carrier.

asphodèle [asfɔdɛl] nm asphodel.

asphyxiant, e [asfiksjɑ̃, ɑ̃t] adj **1.** [obus, vapeur] asphyxiating, suffocating **2.** [oppressant - ambiance] stifling, suffocating.

asphyxie [asfiksi] nf **1.** MÉD asphyxia ▸ **asphyxie par submersion** drowning **2.** *fig* paralysis / *la guerre conduit le pays à l'asphyxie* war is paralysing the country.

asphyxier [9] [asfiksje] vt **1.** [priver d'air] to suffocate ; [faire respirer du gaz à] to asphyxiate ▸ **mourir asphyxié** to die of asphyxiation **2.** *fig* [personne] to oppress ; [pays, économie] to paralyse UK, to paralyze US.

❖ **s'asphyxier** ◆ vp *(emploi réfléchi)* [volontairement, au gaz] to gas o.s. ◆ vpi [accidentellement] to suffocate / *un enfant peut s'asphyxier avec un sac en plastique* a child could suffocate (itself) with a plastic bag.

aspic [aspik] nm **1.** ZOOL asp **2.** BOT & CULIN aspic.

aspidistra [aspidistʀa] nm aspidistra.

aspirant, e [aspiʀɑ̃, ɑ̃t] ◆ adj sucking, pumping. ◆ nm, f candidate.

❖ **aspirant** nm officer cadet.

aspirateur [aspiʀatœʀ] nm **1.** [domestique] Hoover® UK, vacuum cleaner ▸ **passer l'aspirateur** to do the hoovering UK ou vacuuming **2.** TECHNOL aspirator.

aspirateur-balai [aspiʀatœʀbalɛ] (*pl* **aspirateurs-balais**) nm upright vacuum cleaner.

aspirateur-traîneau [aspiʀatœʀtʀɛno] (*pl* **aspirateurs-traîneaux**) nm cylinder-type vacuum cleaner.

aspiration [aspiʀasjɔ̃] nf **1.** [ambition] aspiration, ambition **2.** [souhait] yearning, longing, craving **3.** [absorption - d'air] inhaling ; [- d'un gaz, d'un fluide] sucking up **4.** MÉCAN induction **5.** PHON aspiration **6.** MÉD ▸ **aspiration endo-utérine, IVG par aspiration** abortion by vacuum extraction.

aspiratoire [aspiʀatwaʀ] adj aspiratory.

aspiré, e [aspiʀe] adj PHON aspirate.

❖ **aspirée** nf PHON aspirate.

aspirer [3] [aspiʀe] vt **1.** [inspirer] to inhale, to breathe in *(sép)* / *il aspira goulûment l'air frais* he took long deep breaths of ou he gulped in the fresh air / *j'aspirais avec précaution l'air glacé* I was breathing the icy air in cautiously **2.** [pomper] to suck up *(sép)* / *aspirer une boisson avec une paille* to suck a drink through a straw ▸ **aspirer de l'air / des gaz d'une conduite** to pump air / gas out of a main ; [avec un aspirateur] to vacuum, to hoover UK / *aspirer la poussière d'un tapis* to hoover UK ou to vacuum a carpet **3.** PHON to aspirate.

❖ **aspirer à** v + prép [paix, repos] to crave, to long for *(insép)*, to yearn for *(insép)* ; [rang, dignité] to aspire to *(insép)*.

aspirine [aspiʀin] nf aspirin / *un comprimé d'aspirine* an aspirin.

aspiro-batteur [aspiʀobatœʀ] (*pl* **aspiro-batteurs**) nm beating vacuum cleaner.

asram [aʃʀam] = **ashram.**

assagir [32] [asaʒiʀ] vt *litt* [apaiser - personne] to quieten down *(sép)* ; [- passion, violence] to soothe, to allay ▸ **l'âge assagit les passions** passions become subdued with age / *un visage aux traits assagis* a face with composed features *litt* ▸ **l'expérience l'a assagie** experience has made her a wiser person ; [faire se ranger] to cause to settle down / *c'est un homme assagi maintenant* he's calmed down a lot.

❖ **s'assagir** vpi **1.** [personne] to settle down **2.** *fig* : *la passion s'assagit avec l'âge* passion becomes calmer with age.

assagissement [asaʒismɑ̃] nm settling ou quietening down.

assaillant, e [asajɑ̃, ɑ̃t] adj [armée, troupe] assailing, assaulting, attacking.

❖ **assaillant** nm assailant, attacker.

assaillir [47] [asajiʀ] vt MIL to attack, to assail *litt* ; [esprit, imagination] to beset ▸ **le doute m'assaillit** I was beset with doubt / *le bureau est assailli de demandes* the office is swamped ou besieged with inquiries.

assainir [32] [aseniʀ] vt **1.** [nettoyer - quartier, logement] to clean up *(sép)* ; [- air] to purify **2.** [assécher - plaine, région] to improve the drainage of **3.** [épurer - situation] to clear up ; [- marché, monnaie] to stabilize / *assainir le climat social* to put an end to social strife.

❖ **s'assainir** vpi to improve, to become healthier ▸ **la situation s'est assainie** the situation has improved.

assainissement [asenismɑ̃] nm **1.** [nettoyage - d'une ville] improvement ; [- d'un appartement] cleaning up / *un nouveau projet d'assainissement pour notre quartier* a new project for improving our district **2.** [assèchement] draining **3.** [d'une monnaie, d'un marché] stabilization, stabilizing.

assainisseur [asenisœʀ] nm air-freshener.

assaisonnement [asɛzɔnmɑ̃] nm **1.** [processus] dressing, seasoning **2.** [condiments] seasoning ; [sauce] dressing.

assaisonner [3] [asɛzɔne] vt **1.** CULIN [plat, sauce] to season ; [salade] to dress / *ta salade est trop assaisonnée* there's too much dressing on your salad ▸ **assaisonner des poireaux avec de la** ou **à la vinaigrette** to give leeks a vinaigrette dressing ; *(en usage absolu)* ▸ **assaisonnez et servez immédiatement** season and serve immediately **2.** *fig* [agrémenter] ▸ **assaisonner qqch de** to spice ou to lace sthg with **3.** *fam* [malmener] ▸ **assaisonner qqn** to tell sb off / *on va l'assaisonner, celui-là!* we'll certainly take care of HIM! / *elle m'a assaisonné quand je suis arrivé en retard!* she (certainly) let me have it when I turned up late! ; [escroquer] to sting, to rip off *(sép)* / *un restaurant où on se fait assaisonner* a restaurant where you get ripped off.

assassin, e [asasɛ̃, in] adj *litt & hum* **1.** [œillade] provocative / *elle a un regard assassin* one look from her is enough to make a man go weak at the knees **2.** [regard] murderous / *une petite phrase assassine* a jibe.

❖ **assassin** nm [gén] murderer, killer ; [d'une personnalité connue] assassin / *à l'aide, à l'assassin!* help, murder!

assassinat [asasina] nm murder ; [d'une personnalité connue] assassination ▸ **l'assassinat de la liberté** *fig* the assassination of liberty.

assassiner [3] [asasine] vt **1.** [tuer - gén] to murder ; [- vedette, homme politique] to assassinate ▸ **se faire assassiner** to be murdered **2.** *fam & péj* [malmener - musique, symphonie] to murder, to slaughter **3.** *fam* [ruiner] to bleed / *on assassine le contribuable!* the taxpayer is being bled dry!

C'est [Mozart] qu'on assassine !

The phrase **C'est Mozart qu'on assassine** is attributed to Saint-Exupéry; it was also the title of a 1966 novel by Gilbert Cesbron dealing with the consequences of divorce on young children. On one level, the expression evokes irreversible damage done to children's development, the idea being that it destroys their potential for future greatness (as if Mozart had been murdered as a child). Although it is sometimes used in this sense, it is more common to replace Mozart with another name to emphasize damage done to a famous person's work or reputation, or to something of value:

C'est Van Gogh qu'on assassine ! Tu as vu l'horrible qualité des reproductions dans le catalogue ? *Van Gogh must be turning in his grave! Have you seen those dreadful reproductions in the catalogue?*

Après la fermeture de la bibliothèque municipale, la mairie a annoncé qu'elle ne subventionnera pas le prochain festival de théâtre : c'est la culture qu'on assassine à Norville ! *After closing the local library, the council has announced it won't be subsidising the next theatre festival: this could sound the death knell for the arts in Norville!*

assaut [aso] nm **1.** MIL assault, attack, onslaught ▸ **un assaut contre** an assault on ou against ▸ **aller** ou **monter à l'assaut a)** *pr* to attack, to storm **b)** *fig* to attack ▸ **à l'assaut!** charge! ▸ **donner l'assaut** to launch ou to mount an attack / *se lancer à l'assaut d'une ville* to launch an attack ou to mount an onslaught on a town / *ils se sont lancés à l'assaut de la face nord* they launched ou mounted an assault on the north face / *ils se sont lancés à l'assaut du marché japonais* *fig* they set out to capture the Japanese market / *résister aux* *assauts de l'ennemi* to withstand enemy attacks ▸ **prendre d'assaut un palais** to storm a palace / *à la chute de la Bourse, les banques ont été prises d'assaut par les petits porteurs fig* when the Stock Exchange crashed, the banks were stormed by small shareholders / *le bar était pris d'assaut* the bar was mobbed / *les otages libérés ont subi les assauts de la presse* the released hostages had to put up with press harassment ▸ **faire assaut de** *litt* : *elles font assaut de politesse / gentillesse* they're falling over each other to be polite / nice ▸ **troupes d'assaut** storm troops **2.** ESCRIME bout.

assèchement [asɛʃmɑ̃] nm draining, drying-up.

assécher [18] [aseʃe] ◆ vt [drainer - terre, sol] to drain (the water off) ; [vider - étang, réservoir] to empty. ◆ vi [à marée basse] to become dry, to dry up.
✧ **s'assécher** vpi to become dry, to dry up.
✎ In reformed spelling (see p. 16-19), this verb is conjugated like **semer**: *elle assèchera, il assècherait.*

ASSEDIC, Assedic [asedik] (abr de **Association pour l'emploi dans l'industrie et le commerce**) npr *French unemployment insurance scheme, now part of the Pôle emploi* ; ≃ Unemployment Benefit Office UK ; ≃ Unemployment Office US ▸ **toucher les ASSEDIC** to get unemployment benefit UK ou welfare US.

assemblage [asɑ̃blaʒ] nm **1.** [fait de mettre ensemble] assembling, constructing, fitting together ▸ **procéder à l'assemblage de pièces a)** [gén] to assemble parts **b)** COUT to make up a garment ▸ **assemblage par soudage** soldering together ▸ **assemblage par tenons et mortaises** tenon and mortise joining **2.** AUTO & INDUST assembly **3.** [ensemble] assembly ; CONSTR framework, structure ; MENUIS joint **4.** ART assemblage **5.** IMPR gathering **6.** *péj* [amalgame] collection, concoction *péj* / *son livre n'est qu'un assemblage d'idées bizarres* her book is just a collection of weird ideas thrown together **7.** INFORM assembly ▸ **langage d'assemblage** assembly language.

assemblée [asɑ̃ble] nf **1.** [auditoire] gathering, audience / *en présence d'une nombreuse assemblée* in front of a large audience ▸ **l'assemblée des fidèles** RELIG the congregation **2.** [réunion] meeting ▸ **assemblée générale / annuelle** general / annual meeting / *la fédération a tenu son assemblée annuelle à Lille* the federation held its annual meeting in Lille ▸ **assemblée (générale) ordinaire / extraordinaire** ordinary / extraordinary (general) meeting **3.** POL [élus] ▸ **l'Assemblée (nationale)** the (French) National Assembly ▸ **la Haute Assemblée** the (French) Senate ▸ **assemblée constituante** constituent assembly ▸ **assemblée fédérale** [en Suisse] (Swiss) federal assembly **4.** [bâtiment] ▸ **l'Assemblée** ≃ the House.

L'Assemblée nationale

The National Assembly is the lower house of the French Parliament. Its members (the **députés**) are elected in the **élections législatives** held every five years.

assembler [3] [asɑ̃ble] vt **1.** [monter] to assemble, to put ou to fit together *(sép)* ; MENUIS to joint / *elle a tout assemblé elle-même à partir d'un kit* she put it together herself from a kit / *assemblez le dos et le devant du tricot* sew the back and the front of the sweater together / *assembler des poutres bout à bout* to butt beams ▸ **assembler deux pièces par collage / soudure** to glue / to solder two parts together **2.** [combiner - pensées] to gather (together) *(sép)* ; [- documents] to collate **3.** INFORM to assemble.
✧ **s'assembler** vpi to gather (together).

assembleur [asɑ̃blœʀ] nm **1.** INFORM assembler (language) **2.** [ouvrier] fitter.

assembleuse [asɑ̃bløz] nf IMPR gathering machine.

asséner [18], **assener** [19] [asene] vt [coup] to deliver, to strike / *je lui ai asséné quelques vérités bien senties fig* I threw a few home truths at him.
✎ In reformed spelling (see p. 16-19), this verb is conjugated like **semer**: *il assènera, elle assènerait.*

assentiment [asɑ̃timɑ̃] nm assent, agreement / *hocher la tête en signe d'assentiment* to nod one's head (in agreement).

asseoir, assoir* [65] [aswaʀ] ◆ vt **1.** [mettre en position assise] ▸ **asseoir qqn a)** [le mettre sur un siège] to sit sb down **b)** [le redresser dans son lit] to sit sb up / *il assit les enfants sur un banc* he placed ou sat the children on a bench / *huit personnes seront là pour dîner, où vais-je les asseoir?* there will be eight people at dinner, where am I going to put them all? / *assois-le bien, il va tomber* sit him up properly, he's going to fall over ▸ **asseoir qqn sur le trône** [le couronner] to put sb on the throne ▸ **être assis** : *j'étais assise sur un tabouret* I was sitting on a stool / *nous étions assis au premier rang* we were seated in the first row ▸ **êtes-vous bien assis?** are you sitting comfortably? ▸ **être assis en tailleur** to be sitting cross-legged / *je préfère être assise pour repasser* I prefer doing the ironing sitting down ▸ **être assis entre deux chaises** to be (caught) between two stools **2.** *sout* [consolider] to establish ▸ **asseoir son autorité** to establish ou to strengthen one's authority ▸ **asseoir sa réputation sur qqch** to base one's reputation on sthg **3.** [faire reposer - statue] to sit, to rest / *veillez à bien asseoir l'appareil sur son pied* make sure the camera is resting securely on its stand **4.** *fam* [étonner] to stun, to astound / *son insolence nous a tous assis* we were stunned by his insolence ▸ **j'en suis resté assis** I was flabbergasted **5.** FIN [impôt, taxe] to base, to fix **6.** ÉQUIT to sit. ◆ vi ▸ **faire asseoir qqn** to ask sb to sit down / *je vous en prie, faites asseoir tout le monde* please have everyone sit down ou get everyone to sit down / *je n'ai pas pu le faire asseoir* I couldn't get him to sit down.
✧ **s'asseoir, s'assoir*** vpi **1.** [s'installer] to sit down / *elle s'est assise* she sat down ▸ **asseyez-vous donc** please, do sit down / *asseyons-nous par terre* let's sit on the floor / *venez vous asseoir à table avec nous* come and sit at the table with us / *tu devrais t'asseoir un peu dans ton lit, tu serais mieux* you should sit up a bit in bed, you'd be more comfortable ▸ **s'asseoir en tailleur** to sit cross-legged / *il s'assit sur ses talons* he sat down on his heels **2.** EXPR ▸ **s'asseoir dessus** *tfam* : *ton opinion, je m'assois dessus* I couldn't give a damn about your opinion / *votre dossier, vous pouvez vous asseoir dessus* you know what you can do with your file.

assermentation [asɛʀmɑ̃tasjɔ̃] nf swearing in, taking of an oath.

assermenté, e [asɛʀmɑ̃te] ◆ adj [policier] sworn, sworn in ▸ **expert assermenté** expert on ou under oath. ◆ nm, f person sworn in.

assermenter [3] [asɛʀmɑ̃te] vt to swear in *(sép).*

assertion [asɛʀsjɔ̃] nf assertion.

asservir [32] [asɛʀviʀ] vt **1.** [assujettir] to enslave / *être asservi à une cause* to be in thrall to a cause **2.** TECHNOL to put under servo ou remote control.

asservissement [asɛʀvismɑ̃] nm **1.** [sujétion] enslavement **2.** TECHNOL automatic control.

asservisseur [asɛʀvisœʀ] ◆ adj m controlling. ◆ nm control unit, control system UK, controlling means US.

assesseur [asesœʀ] nm assessor.

asseyait v ⟶ asseoir.

assez [ase] adv **1.** [suffisamment] enough / *je suis assez fatigué comme ça* I'm tired enough as it is / *la maison est assez grande pour nous tous* the house is big enough for all of us / *il roule assez vite comme ça* he drives fast enough as it is / *tu n'as pas crié assez fort* you didn't shout loud enough / *j'ai assez travaillé pour aujourd'hui* I've done enough work for today / *il n'a pas assez fait attention* he didn't pay (careful) enough attention ▸ **est-ce que c'est assez?** is that enough? ▸ **c'est bien assez** that's plenty ▸ **c'est plus qu'assez** that's more than enough / *ça a assez duré!* it's gone on long enough! / *assez parlé, agissons!* that's enough talk ou talking, let's DO something! ▸ **en voilà** ou **c'(en) est assez!** that's enough!, enough's enough! ; *(en corrélation avec «pour»)* : *elle est assez grande pour s'habiller toute seule* she's old enough to dress herself / *il est assez bête pour le croire* he's stupid enough to believe it **2.** [plutôt, passablement] quite, rather / *disons qu'elle est assez jolie, sans plus* let's say she's quite pretty, no more than that ▸ **j'aime assez sa maison** I quite like his house / *c'est un assez bon exemple de ce qu'il ne faut pas faire* it's a pretty good example of what not to do / *je suis assez contente de moi* I'm quite pleased with myself / *la situation est assez grave* the situation is quite serious / *ils sont arrivés assez tard* they arrived rather late / *ils se connaissent depuis assez longtemps* they've known each other for quite a long time / *j'ai assez peu mangé aujourd'hui* I haven't eaten much today / *il y a assez peu de monde* there aren't many people, it isn't very busy.
✧ **assez de** loc dét enough / *il y a assez de monde* there are enough people / *nous n'aurons pas assez de temps* we won't have enough time / *il y en a assez* there is / are enough / *il en reste juste assez* there is / are just enough left / *il n'a pas besoin de venir, nous sommes (bien) assez de deux* he doesn't need to come, two of us will be (quite) enough / *j'aurai bien assez d'une couverture* one blanket will be quite enough ou sufficient ; *(en corrélation avec «pour»)* : *j'ai assez d'argent pour vivre* I have enough money to live on / *j'ai juste assez d'essence pour finir le trajet* I've got just enough petrol to last the journey ▸ **en avoir assez de qqch** : *j'en ai assez de vous écouter râler* I've had enough of (listening to) your moaning / *j'en ai (plus qu')assez de toutes ces histoires! fam* I've had (more than) enough of all this fuss!

assidu, e [asidy] adj **1.** [zélé] assiduous *sout*, diligent *sout*, hard-working ▸ **élève assidu** hard-working pupil / *il n'est pas très brillant mais au moins il est assidu* he's not very bright but at least he's conscientious ▸ **un amoureux assidu** a persistent lover / *il lui faisait une cour assidue* he courted her assiduously **2.** [constant] unflagging, unremitting, untiring / *grâce à un travail assidu* by dint of hard work / *elle a fourni des efforts assidus* she made unremitting efforts **3.** [fréquent] regular, constant / *un visiteur assidu des expositions* a frequent ou dedicated exhibition-goer / *la fréquentation assidue des bars m'a appris que...* hanging around in bars has taught me that...

assiduité [asidɥite] nf **1.** [zèle] assiduity *sout* ▸ **travailler avec assiduité** to work assiduously ou zealously *sout* ▸ **travailler avec assiduité à qqch** to work away at sthg **2.** [régularité] assiduousness *sout* / *l'assiduité aux répétitions est essentielle* regular attendance at rehearsals is vital / *je fréquente les musées avec assiduité* I visit museums regularly.
✧ **assiduités** nfpl attentions ▸ **importuner** ou **poursuivre qqn de ses assiduités** to force one's attentions upon sb.

assidûment, assidument* [asidymɑ̃] adv **1.** [avec zèle] assiduously *sout* **2.** [régulièrement] assiduously *sout*, unremittingly, untiringly.

assied v ⟶ asseoir.

assiégé, e [asjeʒe] nm, f besieged person ▸ **les assiégés** the besieged.

assiégeant, e [asjeʒɑ̃, ɑ̃t] adj besieging.
✧ **assiégeant** nm besieger.

assiéger [22] [asjeʒe] vt **1.** MIL [ville, forteresse] to lay siege to *(insép)*, to besiege **2.** [se précipiter en foule à] to besiege, to mob / *la maison fut assiégée par les journalistes* the house was besieged by journalists / *les guichets ont été assiégés* the ticket office was stormed by the public **3.** *litt* [importuner - suj: personne] to harass, to plague, to pester ; [- suj: pensées] to beset.
✎ In reformed spelling (see p. 16-19), this verb is conjugated like **semer**: *elle assiègera, il assiègerait.*

assiéra v ⟶ asseoir.

assiette [asjɛt] nf **1.** [récipient] plate ▸ **assiette à dessert** dessert plate ▸ **assiette creuse** ou **à soupe** soup dish ▸ **assiette plate** (dinner) plate ▸ **grande assiette** dinner plate ▸ **petite assiette** dessert ou side plate ▸ **c'est l'assiette au beurre** *fam* it's a cushy number ; [contenu] plate, plateful / *une (pleine) assiette de soupe* a (large) plateful of soup / *finis d'abord ton assiette* eat up what's on your plate first / *faire une assiette de légumes* to prepare a dish of (mixed) vegetables ▸ **assiette anglaise** assorted cold meats *(pl)* UK, cold cuts *(pl)* US

* In reformed spelling (see p. 16-19).

2. [assise] foundation, basis ; [d'une voie ferrée, d'une route] bed ; FIN [d'une hypothèque] basis ▸ **l'assiette fiscale** ou **de l'impôt** the base (taxation) rate, taxable income 3. ÉQUIT seat ▸ **avoir une bonne assiette** to have a good seat 4. NAUT trim 5. EXPR ▸ **ne pas être dans son assiette** to feel off colour UK ou color US / *je ne suis pas ou je ne me sens pas dans mon assiette* I don't feel too well, I'm feeling (a bit) out of sorts.

assiettée [asjete] nf 1. [mesure] ▸ **une assiettée de** a plate ou plateful of 2. [contenu] : *il a jeté toute l'assiettée par terre* he threw all the contents of the plate on the floor.

assignable [asiɲabl] adj 1. [attribuable] ascribable, attributable 2. DR liable to be subpoenaed.

assignat [asiɲa] nm paper money *(issued during the French Revolution)*.

assignation [asiɲasjɔ̃] nf 1. [de témoin] subpoena ; [d'un accusé] summons ▸ **assignation à résidence** house arrest 2. [de part, de rente] allocation.

assigner [3] [asiɲe] vt 1. [attribuer - poste] to assign ; [- tâche] to allot, to allocate, to assign / *assigner un même objectif à deux projets* to set the same goal for two projects 2. FIN [allouer] to allocate, to earmark / *assigner des crédits à la recherche* to allocate funds for ou to research 3. DR : *assigner un témoin (à comparaître)* to subpoena a witness ▸ **assigner le prévenu** to summon the defendant ▸ **assigner qqn à résidence** to put sb under house arrest ▸ **être assigné à résidence** to be under house arrest ▸ **assigner qqn (en justice) pour diffamation** to issue a writ for libel against sb.

assimilable [asimilabl] adj 1. PHYSIOL assimilable, easily absorbed ou assimilated 2. [abordable] easily acquired ou assimilated / *l'informatique est assimilable à tout âge* computer skills are easy to acquire at any age 3. SOCIOL easily assimilated ou integrated / *des populations difficilement assimilables* groups of people difficult to integrate 4. [similaire] ▸ **assimilable à** comparable to / *son travail est souvent assimilable à celui d'un médecin* his work can often be compared to that of a doctor.

assimilateur, trice [asimilatœr, tris] adj assimilative, assimilatory.

assimilation [asimilasjɔ̃] nf 1. PHYSIOL assimilation 2. BOT ▸ **assimilation chlorophyllienne** photosynthesis 3. [fait de comprendre] : *avoir un grand pouvoir d'assimilation* to acquire knowledge very easily / *l'assimilation des connaissances se fait à un rythme différent selon les élèves* pupils assimilate knowledge at different rates 4. [intégration] assimilation, integration 5. [de statut] : *l'assimilation des postes de maîtrise à des postes de cadres* placing supervisory positions in the same category as executive positions 6. PHON assimilation.

assimilé, e [asimile] adj comparable, similar / *talc pour bébé et produits assimilés* baby powder and similar products.

❖ **assimilé** nm ▸ **cadres et assimilés** executives and their equivalent.

assimiler [3] [asimile] vt 1. PHYSIOL to assimilate, to absorb, to metabolize / *son organisme n'assimile pas le fer* her body can't metabolize iron ; [digérer] to digest / *il assimile mal le lait* he can't digest milk properly 2. [comprendre] to assimilate, to take in *(sép)* / *il n'assimile rien* he doesn't take anything in / *j'ai du mal à assimiler les logarithmes* I have trouble mastering logarithms / *c'est du freudisme mal assimilé* it's ill-digested Freudianism 3. [intégrer] to assimilate, to integrate 4. PHON to assimilate.

❖ **assimiler à** v + prép to compare to / *il n'est pas question d'assimiler les infirmières aux aides-soignantes* there's no question of placing the nurses in the same category as auxiliaries / *être assimilé à un cadre supérieur* to be given equivalent status to an executive.

❖ **s'assimiler** vp *(emploi passif)* PHYSIOL to become absorbed ou metabolized ; [être digéré] to be assimilated ou digested / *les aliments riches en fibres s'assimilent plus facilement* high-fibre food is easier to assimilate.

❖ **s'assimiler à** vp + prép to compare o.s. to ou with.

assis, e [asi, iz] ◆ pp ⟶ **asseoir.** ◆ adj 1. [établi] stable ▸ **position bien assise** well-established position 2. [non debout] sitting (down) / *il est plus à l'aise dans la position assise que dans la position couchée* he feels more at ease sitting than lying down ▸ **rester assis** : *je vous en prie, restez assis* please don't get up / *tout le monde est resté assis* everyone remained seated / *se tenir assis* to be sitting up ▸ **assis!** [à un chien] sit!

❖ **assise** nf 1. [fondement] foundation, basis 2. CONSTR course ; [d'une route] bed 3. ANAT, BOT & GÉOL stratum.

❖ **assises** nfpl 1. DR ▸ **(cour d')assises** ≃ crown court UK ; ≃ circuit court US 2. [réunion] meeting, conference / *la fédération tient ses assises à Nice* a meeting of the federation is being held ou taking place in Nice.

Assise [asiz] npr Assisi.

assistanat [asistana] nm 1. ÉDUC (foreign) assistant exchange scheme 2. UNIV assistantship 3. [secours - privé] aid ; [- public] state aid.

assistance [asistɑ̃s] nf 1. [aide] assistance ▸ **prêter assistance à qqn** to lend ou give assistance to sb, to assist sb ▸ **trouver assistance auprès de qqn** to get help from sb ▸ **assistance éducative** *measure ordered by a judge to protect a child's physical, psychological or educational wellbeing* ▸ **assistance judiciaire** legal aid ▸ **assistance médicale pour les pays du tiers-monde** medical aid for Third World countries ▸ **l'Assistance (publique)** [à Paris et Marseille] *authority which used to manage the social services and is now in charge of state-owned hospitals* / *c'est un enfant de l'Assistance vieilli* he was brought up in an institution ▸ **assistance sociale a)** [aux pauvres] welfare **b)** [métier] social work ▸ **assistance technique** technical aid 2. MÉD ▸ **assistance respiratoire** artificial respiration 3. [spectateurs - d'une pièce, d'un cours] audience ; [- d'une messe] congregation / *la remarque a ému toute l'assistance* the entire audience was moved by the remark / *y a-t-il quelqu'un dans l'assistance qui souhaiterait intervenir?* does anyone in the audience wish to speak? 4. [présence] ▸ **assistance à** attendance at / *l'assistance aux conférences n'est pas obligatoire* attendance at lectures is not compulsory.

assistant, e [asistɑ̃, ɑ̃t] nm, f 1. [second] assistant / *l'assistant du directeur* the director's assistant 2. ÉDUC (foreign language) assistant 3. UNIV lecturer UK, assistant teacher US 4. SOCIOL ▸ **assistant maternel, assistante maternelle a)** [à son domicile] childminder UK, babysitter **b)** [en collectivité] crèche UK ou daycare center US worker ▸ **assistant social, assistante sociale** social worker 5. INFORM ▸ **assistant numérique personnel** personal digital assistant, PDA.

❖ **assistante** nf ▸ **assistante de police** policewoman, WPC UK *(in charge of minors)*.

assisté, e [asiste] ◆ adj 1. TECHNOL [frein, direction] servo *(modif)* 2. [aidé] ▸ **enfants assistés** children in care UK ou in custody US ▸ **chômeurs assistés** unemployed people receiving state aid ▸ **être assisté** ADMIN to receive state aid / *je ne veux pas être assisté!* I don't want charity! ◆ nm, f ADMIN ▸ **les assistés** recipients of state aid / *ils ont une mentalité d'assistés* they expect everything to be done for them.

assister [3] [asiste] vt [aider] to assist, to aid / *je l'ai assisté pendant l'opération / dans son travail* I assisted him during the operation / in his work / *le prêtre est assisté d'un enfant de chœur* the priest is attended by a choirboy / *nous vous ferons assister par un avocat* we will make sure you get a lawyer to assist you ▸ **assister qqn dans ses derniers moments** ou **dernières heures** to comfort sb in his last hours / *que Dieu vous assiste!* (may) God be with ou help you! ▸ **assister (qqn) d'office** DR to be appointed by the court (to defend sb).

❖ **assister à** v + prép 1. [être présent à - messe, gala] to attend ; [- concert de rock, enregistrement de télévision] to be at 2. [être témoin de] to witness, to be a witness to / *il a assisté à l'accident* he was a witness to ou he witnessed the accident 3. [remarquer] to note, to witness ▸ **on assiste à une recrudescence de la criminalité / du chômage** we are witnessing a new increase in crime / unemployment.

⚠ **To assist** ne peut être employé pour traduire assister qu'au sens d'« aider ».

associatif, ive [asɔsjatif, iv] adj associative ▸ **la vie associative** community life.

association [asɔsjasjɔ̃] nf 1. [groupement] society, association / *protéger la liberté d'association* to protect freedom of association ▸ **association des anciens élèves** association of former pupils UK ou alumni US ▸ **association de bienfaisance** charity, charitable organization ▸ **association à but non lucratif** ou **sans but lucratif** non profit-making UK ou not-for-profit US organization ▸ **association humanitaire** charity organization ▸ **association de malfaiteurs** criminal conspiracy ▸ **association de parents d'élèves** ≃ Parent-Teacher Association UK ; ≃ Parent-Teacher Organization US ▸ **association sportive** sports club 2. [collaboration] partnership, association / *notre association n'a pas duré longtemps* we weren't partners for long / *travailler en association avec l'État* to work in association with the state / *opéra produit en association avec une chaîne italienne* opera produced in association with an Italian TV channel 3. [combinaison - d'images] association ; [- de couleurs] combination / *l'association de nos intérêts devrait nous être profitable à tous deux* combining our interests should be profitable to us both ▸ **associations (d'idées)** associations ▸ **association médicamenteuse** combination treatment ▸ **associations verbales** PSYCHOL free associations.

associationnisme [asɔsjasjɔnism] nm associationism.

associationniste [asɔsjasjɔnist] adj & nmf associationist.

associativité [asɔsjativite] nf associativity.

associé, e [asɔsje] ◆ adj associate / *directeur / membre associé* associate director / member. ◆ nm, f associate, partner / *je l'ai pris comme associé* I took him into partnership.

associer [9] [asɔsje] vt 1. [idées, images, mots] to associate ▸ **associer qqn / qqch à** to associate sb / sthg with, to connect sb / sthg with, to link sb / sthg with / *elle a toujours associé la ville de Nice à une enfance heureuse* she has always associated the city of Nice with her happy childhood / *on associe souvent rhumatismes et humidité* rheumatism and damp conditions are frequently associated 2. [faire participer] ▸ **associer qqn à** : *il m'a associé à son projet* he included me in his project / *j'aurais voulu l'associer à mon bonheur* I would have liked to share my happiness with him 3. [saveurs, couleurs] ▸ **associer qqch à** to combine sthg with / *un plat qui associe la menthe à la fraise* a dish which combines mint with strawberry.

❖ **s'associer** ◆ vpi 1. [s'allier] to join forces ; COMM to enter ou to go into partnership, to become partners ou associates / *associons-nous pour réussir* let us join forces in order to succeed / *la France et l'Allemagne se sont associées pour le projet Hermès* France and Germany are partners in the Hermes project 2. [s'harmoniser] to be combined. ◆ vpt ▸ **s'associer qqn** to take sb on as a partner.

❖ **s'associer à** vp + prép to share (in) / *je m'associe pleinement à votre malheur* I share your grief / *s'associer à une entreprise criminelle* to be an accomplice to ou to take part in a crime.

assoiffé, e [aswafe] adj thirsty ▸ **assoiffé de sang** bloodthirsty.

assoiffer [3] [aswafe] vt to make thirsty / *assoiffer une ville* to cut off the water supply to a town.

assoit v ⟶ **asseoir.**

assolement [asɔlmɑ̃] nm crop rotation.

assoler [3] [asɔle] vt [terres] to rotate crops on.

assombrir [32] [asɔ̃brir] vt 1. [rendre sombre] to darken, to make dark ou darker ▸ **l'orage assombrit le ciel** the sky's dark with the impending storm / *sous un ciel assombri* under darkened skies / *le mur brun assombrit la pièce* the brown wall makes the room look darker **2.** [rendre triste] to cast a shadow ou cloud over, to mar / *la mort de son père a bien assombri notre séjour* her father's death cast a shadow over our stay / *aucun incident n'a assombri la cérémonie* no incident marred the ceremony.

❖ **s'assombrir** vpi **1.** [s'obscurcir] to darken, to grow dark / *à l'approche du cyclone, le ciel s'est assombri* with the approaching hurricane, the sky grew very dark **2.** [s'attrister - visage] to become gloomy, to cloud over ; [- personne, humeur] to become gloomy.

assombrissement [asɔ̃bʀismɑ̃] nm *litt* darkening.

assommant, e [asɔmɑ̃, ɑ̃t] adj *fam* **1.** [ennuyeux] boring, tedious / *j'ai passé une demi-heure assommante* I spent an excruciatingly boring half-hour **2.** [fatigant] : *les enfants ont été assommants toute la matinée* the children were unbearable all morning ! / *tu es assommant, à la fin, avec tes questions !* all these questions are getting really annoying !

assommer [3] [asɔme] vt **1.** [frapper] to knock out *(sép)*, to stun / *se faire assommer* to be knocked out ; [tuer] : *assommer un bœuf* to fell an ox ▸ **à assommer** ou **qui assommerait un bœuf** powerful / *l'eau-de-vie de sa grand-mère, elle assommerait un bœuf fam* his grandmother's brandy is pretty strong stuff **2.** *fam* [ennuyer] ▸ **assommer qqn** to bore sb stiff / *ils m'assomment avec leurs statistiques* they bore me to tears with their statistics ; [importuner] to harass, to wear down *(sép)* **3.** [abrutir] to stun.

assommoir [asɔmwaʀ] nm *arch* **1.** [matraque] club **2.** *fam* [bar] gin palace.

Assomption [asɔ̃psjɔ̃] nf ▸ **l'Assomption** the Assumption.

L'Assomption

Assumption, on the 15th of August, is a Catholic feast. It is a public holiday in France.

assonance [asɔnɑ̃s] nf assonance.

assonant, e [asɔnɑ̃, ɑ̃t] adj assonant.

assorti, e [asɔʀti] adj **1.** [en harmonie] ▸ **un couple bien assorti** a well-matched couple ▸ **un couple mal assorti** an ill-matched ou ill-assorted couple / *les deux couleurs sont très bien assorties* the two colours match (up) ou blend (in) perfectly ▸ **pantalon avec veste assortie** trousers UK ou pants US with matching jacket **2.** [chocolats] assorted **3.** [approvisionné] ▸ **un magasin bien assorti** a well-stocked shop.

assortiment [asɔʀtimɑ̃] nm **1.** [ensemble] assortment, selection ▸ **assortiment de charcuterie** selection of ou assorted cold meats ▸ **assortiment d'outils** set of tools, tool kit / *voulez-vous les mêmes gâteaux pour tout le monde ou un assortiment ?* would you like the same cakes for everybody or would you prefer an assortment ? **2.** [harmonisation] arrangement, matching / *elle s'occupe de l'assortiment des tissus pour notre catalogue de décoration* she's in charge of selecting soft furnishings for our interior decoration catalogue **3.** COMM [choix] selection, range, stock / *nous avons un vaste assortiment de jupes* we stock a large selection of skirts / *nous avons un vaste assortiment de desserts* we offer a large selection ou a wide range of desserts.

assortir [32] [asɔʀtiʀ] vt **1.** [teintes, vêtements] to match ▸ **assortir à** : *j'ai acheté le couvre-lit assorti au papier peint* I bought a bedspread to match the wallpaper / *assortir ses chaussures à sa ceinture* to match one's shoes with ou to one's belt **2.** [personnes] to match, to mix **3.** COMM [approvisionner] to supply **4.** [accompagner] ▸ **assortir de** : *il a assorti son discours d'un paragraphe sur le racisme* he added a paragraph on racism to his speech.

❖ **s'assortir** vpi **1.** [s'harmoniser] to match, to go together well / *sa manière de s'habiller s'assortit à sa personnalité* the way he dresses matches ou reflects his personality **2.** [être complété] ▸ **s'assortir de** : *son étude s'assortit de quelques remarques sur la situation actuelle* his study includes a few comments on the present situation **3.** COMM to buy one's stock / *il s'assortit dans les magasins de gros* he buys his stock wholesale.

Assouan [aswɑ̃] npr Aswan, Assouan ▸ **le barrage d'Assouan** the Aswan (High) Dam.

assoupi, e [asupi] adj **1.** [endormi - personne] asleep, sleeping, dozing **2.** *litt* [sans animation - ville] sleepy.

assoupir [32] [asupiʀ] vt **1.** [endormir] to make drowsy ou sleepy **2.** *litt* [atténuer - soupçon, douleur] to dull.

❖ **s'assoupir** vpi **1.** [s'endormir] to doze off, to fall asleep **2.** *litt* [s'affaiblir - crainte, douleur] to be dulled.

assoupissement [asupismɑ̃] nm **1.** [sommeil léger] doze ; [état somnolent] drowsiness / *tomber dans un léger assoupissement* to doze off **2.** *litt* [atténuation - des soupçons, de la douleur] dulling, numbing / *l'assoupissement de tous ses sens* the numbing of all her senses.

assouplir [32] [asupliʀ] vt **1.** [rendre moins dur - corps] to make supple, to loosen up *(sép)* ; [- linge, cuir] to soften / *ajoutez du lait pour assouplir la pâte* add milk until the dough is soft **2.** [rendre moins strict] to ease ▸ **assouplir ses positions** to take a softer line / *l'âge n'a pas assoupli son caractère* age hasn't made her more tractable ou any easier / *le règlement de l'école a été considérablement assoupli* the school rules have been considerably relaxed.

❖ **s'assouplir** vpi **1.** [devenir moins raide] to become looser ou more supple, to loosen up **2.** [caractère, règlement] to become more flexible.

assouplissant [asuplisɑ̃] nm (fabric) softener.

assouplissement [asuplismɑ̃] nm **1.** LOISIRS & SPORT limbering up, loosening up ▸ **des exercices** ou **une séance d'assouplissement** limbering-up exercises **2.** [d'un linge, d'un cuir] softening **3.** [d'une position] softening ▸ **demander l'assouplissement d'un règlement** to ask for regulations to be relaxed **4.** ÉCON ▸ **assouplissement du crédit** easing of credit.

assouplisseur [asuplisœʀ] nm (fabric) softener.

assourdir [32] [asuʀdiʀ] vt **1.** [personne] to deafen ; [bruit, son] to dull, to deaden, to muffle **2.** PHON to make voiceless ou unvoiced.

❖ **s'assourdir** vpi PHON to become voiceless ou unvoiced.

assourdissant, e [asuʀdisɑ̃, ɑ̃t] adj deafening, ear-splitting.

assourdissement [asuʀdismɑ̃] nm **1.** [d'un bruit] deadening, dulling, muffling **2.** PHON devoicing.

assouvir [32] [asuviʀ] vt *sout* [désir, faim] to appease, to assuage *sout* ; [soif] to quench.

assouvissement [asuvismɑ̃] nm *sout* [d'une passion, de la faim] appeasing, assuaging *sout* ; [de la soif] quenching.

assoyait v ⟶ asseoir.

assuétude [asɥetyd] nf MÉD addiction.

assujetti, e [asyʒeti] ◆ adj *litt* [population, prisonnier] subjugated. ◆ nm, f person liable for tax ▸ **les assujettis** those who are liable for tax.

assujettir [32] [asyʒetiʀ] vt **1.** [astreindre] to compel / *être assujetti à un contrôle médical très strict* to be subjected to very strict medical checks ▸ **être assujetti à l'impôt** to be liable for taxation **2.** [arrimer] to fasten, to secure / *assujettir une porte avec une chaîne* to secure a door with a chain **3.** *litt* [asservir - nation, peuple] to subjugate, to hold under a yoke.

❖ **s'assujettir à** vp + prép to submit (o.s.) to.

assujettissant, e [asyʒetisɑ̃, ɑ̃t] adj demanding.

assujettissement [asyʒetismɑ̃] nm **1.** *litt* [asservissement] subjection **2.** DR ▸ **assujettissement à l'impôt** liability to taxation.

assumer [3] [asyme] vt **1.** [endosser] to take on *(sép)*, to take upon o.s., to assume ▸ **j'en assume l'entière responsabilité** I take ou I accept full responsibility for it / *il assume la charge de directeur depuis la mort de son père* he's been director since his father died / *nous assumerons toutes les dépenses* we'll meet all the expenses / *elle assume à la fois les fonctions de présidente et de trésorière* she acts both as chairperson and treasurer / *j'ai assumé ces responsabilités pendant trop longtemps* I held that job for too long ; *(en usage absolu)* : *ils font des gosses et après ils n'assument pas ! fam* they have kids and then they don't face up to their responsibilities ! **2.** [accepter] to accept / *il assume mal ses origines* he's never been able to come to terms with his background ; *(en usage absolu)* ▸ **j'assume !** I don't care what other people think !

❖ **s'assumer** vpi : *il a du mal à s'assumer en tant que père* he's finding it hard to come to terms with his role as father / *il serait temps que tu t'assumes ! fam* it's time you took responsibility for your actions !

⚠ **To assume** n'est pas toujours la traduction adéquate pour assumer. Voir article.

assurable [asyʀabl] adj insurable.

assurance [asyʀɑ̃s] nf **1.** COMM [contrat] insurance (policy) / *placer des assurances* to sell insurance (policies) ▸ **assurance contre l'incendie** / **les accidents** insurance against fire / (personal) accidents, fire / accident insurance / *assurance contre le vol* insurance against theft ▸ **les assurances** insurance companies / *il est dans les assurances fam* he's in insurance ▸ **assurance auto** ou **automobile** car ou automobile US insurance ▸ **assurance bagage** luggage insurance ▸ **assurance chômage** unemployment insurance ▸ **assurance maladie** health insurance ▸ **assurance maritime** marine insurance ▸ **assurance maternité** maternity benefit ▸ **assurance mixte** endowment policy ▸ **assurance personnelle** ou **volontaire** private health insurance ou cover ▸ **assurance responsabilité civile** ou **au tiers** third party insurance ▸ **assurance tous risques** comprehensive insurance ▸ **les assurances sociales** ≃ National Insurance UK ; ≃ Welfare US ▸ **assurance vieillesse** retirement pension **2.** *sout* [promesse] assurance / *j'ai reçu l'assurance formelle que l'on m'aiderait financièrement* I was assured I would receive financial help **3.** [garantie] ▸ **une assurance de** a guarantee of / *le retour à la démocratie constitue une assurance de paix pour le pays* the return of democracy will guarantee peace for the country **4.** [aisance] self-confidence, assurance ▸ **manque d'assurance** insecurity, lack of self-confidence ▸ **manquer d'assurance** to be insecure, to have no self-confidence ▸ **s'exprimer avec assurance** to speak with assurance ou confidently / *elle a perdu toute sa belle assurance* she's lost all her cockiness / *je chantonnais pour me donner un peu d'assurance* I was singing to give myself some confidence / *elle a de l'assurance dans la voix* she sounds confident **5.** [certitude] ▸ **avoir l'assurance que** to feel certain ou assured that ▸ **j'ai l'assurance qu'il viendra** I'm sure he'll come **6.** [dans la correspondance] : *veuillez croire à l'assurance de ma considération distinguée* yours faithfully ou sincerely, sincerely yours US **7.** ALPINISME ▸ **(point d')assurance** belay.

assurance-crédit [asyʀɑ̃skʀedi] *(pl* **assurances-crédits***)* nf credit insurance.

assurance-décès [asyʀɑ̃sdesɛ] *(pl* **assurances-décès***)* nf life insurance ou assurance.

assurance-vie [asyʀɑ̃svi] *(pl* **assurances-vie***)* nf life insurance ou assurance.

assuré, e [asyʀe] ◆ adj **1.** [incontestable] certain, sure / *succès assuré pour son nouvel album !* her new album is sure to be a hit ! ▸ **discrétion assurée** confidentiality guaranteed **2.** [résolu] assured, self-confident ▸ **marcher d'un pas assuré** to walk confidently ▸ **d'une voix mal assurée** quaveringly, in an unsteady voice / *avoir un air assuré* to look self-confident. ◆ nm, f **1.** [qui a un contrat d'assurance] insured person, policyholder ▸ **les assurés** the insured **2.** ADMIN ▸ **assuré social** ≃ National Insurance contributor UK ; ≃ contributor to Social Security US.

assurément [asyʀemɑ̃] adv *sout* assuredly, undoubtedly, most certainly ▸ **assurément non !** certainly ou indeed *sout* not ! ▸ **assurément (oui) !** yes, indeed !, (most) definitely !

assurer [3] [asyʀe] ◆ vt **1.** [certifier] to assure / *il m'a assuré qu'il viendrait* he assured me he'd come /

je t'assure qu'elle est sincère I assure you she's sincere / *mais si, je t'assure!* yes, I swear! / *il faut de la patience avec elle, je t'assure!* you need a lot of patience when dealing with her, I'm telling you! **2.** [rendre sûr] to assure / *je l'assurai qu'il pouvait signer* I assured him he could sign / *laissez-moi vous assurer de ma reconnaissance* let me assure you of my gratitude **3.** [procurer] to maintain, to provide / *assurer le ravitaillement des populations sinistrées* to provide disaster victims with supplies / *une permanence est assurée le samedi après-midi* there is someone on duty on Saturday afternoons / *pour mieux assurer la sécurité de tous* to ensure greater safety for all ▸ **assurer une liaison aérienne** / **ferroviaire** to operate an air / a rail link / *assurer le ramassage scolaire* to operate a school bus service ▸ **assurer qqch à qqn** : *assurer à qqn un bon salaire* to secure a good salary for sb **4.** [mettre à l'abri] to ensure, to secure ▸ **assurer l'avenir** to make provision ou provide for the future ▸ **assurer ses arrières a)** MIL to protect one's rear **b)** *fig* to leave o.s. a way out ou something to fall back on **5.** [arrimer] to secure, to steady / *assurer le chargement d'une voiture avec des cordes* to secure the load on a car with ropes **6.** COMM to insure ▸ **assurer ses bagages** / **sa voiture** to insure one's luggage / one's car / *j'ai fait assurer mes bijoux* I had my jewels insured / *être mal assuré contre le vol* to be under-insured in case of theft **7.** SPORT to belay **8.** NAUT [bout] to belay, to make fast. ◆ vi *fam* ▸ **il assure en physique** / **anglais** he's good at physics / English / *elle a beau être nouvelle au bureau, elle assure bien* she may be new to the job but she certainly copes (well) / *les femmes d'aujourd'hui, elles assurent!* modern women can do anything! / *il va falloir assurer!* we'll have to show that we're up to it!

❖ **s'assurer** ◆ vp *(emploi réfléchi)* COMM to insure o.s. ▸ **s'assurer contre le vol** / **l'incendie** to insure o.s. against theft / fire / *il est obligatoire pour un automobiliste de s'assurer* by law, a driver must be insured. ◆ vpi [s'affermir] to steady o.s. ◆ vpt [se fournir - revenu] to secure, to ensure.

❖ **s'assurer de** vp + prép [contrôler] : *assurez-vous de la validité de votre passeport* make sure your passport is valid / *je vais m'en assurer immédiatement* I'll check right away ▸ **s'assurer que** to make sure (that), to check (that) / *assure-toi que tout va bien* make sure everything's OK / *pouvez-vous vous assurer qu'elle est bien rentrée?* could you check she got back all right?

assureur [asyʀœʀ] nm insurer, underwriter.

Assyrie [asiʀi] npr f ▸ **(l')Assyrie** Assyria.

assyrien, enne [asiʀjɛ̃, ɛn] adj Assyrian.

❖ **Assyrien, enne** nm, f Assyrian.

❖ **assyrien** nm LING Assyrian.

assyriologie [asiʀjɔlɔʒi] nf Assyriology.

aster [astɛʀ] nm aster.

astéride [asteʀid] nm member of the Asteroida.

astérie [asteʀi] nf starfish.

astérisque [asteʀisk] nm asterisk.

Astérix [asteʀiks] npr Asterix ▸ **le parc Astérix** *large theme park north of Paris.*

astéroïde [asteʀɔid] nm asteroid.

asthénie [asteni] nf asthenia.

asthénique [astenik] ◆ adj asthenic. ◆ nmf asthenia sufferer.

asthmatique [asmatik] adj & nmf asthmatic.

asthme [asm] nm asthma ▸ **avoir de l'asthme** to suffer from asthma.

asti [asti] nm Asti Spumante.

asticot [astiko] nm **1.** [ver] maggot ; PÊCHE gentle **2.** *fam* [individu] bloke UK, guy US / *qu'est-ce qu'il veut, cet asticot?* what's wrong with HIM?

asticoter [3] [astikɔte] vt *fam* to bug.

astigmate [astigmat] adj & nmf astigmatic.

astigmatisme [astigmatism] nm astigmatism.

astiquage [astikaʒ] nm polishing, shining.

astiquer [3] [astike] vt to polish, to shine.

astragale [astʀagal] nm **1.** ANAT astragalus, talus **2.** ARCHIT astragal **3.** BOT astragalus.

astrakan [astʀakɑ̃] nm astrakhan (fur) ▸ **un manteau en astrakan** an astrakhan coat.

Astrakan, Astrakhan [astʀakɑ̃] npr Astrakhan.

astral, e, aux [astʀal, o] adj astral.

astre [astʀ] nm ASTROL & ASTRON star ▸ **l'astre du jour** *litt* the sun ▸ **l'astre de la nuit** *litt* the moon ▸ **beau comme un astre** radiantly handsome ou beautiful.

astreignait v ⟶ **astreindre.**

astreignant, e [astʀɛɲɑ̃, ɑ̃t] adj demanding, exacting ▸ **un programme astreignant** a punishing schedule.

astreindre [81] [astʀɛ̃dʀ] vt ▸ **astreindre qqn à qqch** to tie sb down to sthg / *il est astreint à un régime sévère* he's on a very strict diet ▸ **astreindre qqn à faire qqch** to compel ou to force ou to oblige sb to do sthg / *je l'astreins à faire ses comptes* I force him to check his accounts.

❖ **s'astreindre à** vp + prép ▸ **s'astreindre à (faire) qqch** to compel ou to force o.s. to do sthg / *il s'astreint à un régime sévère* he sticks to a strict diet.

astreinte [astʀɛ̃t] nf DR *daily penalty for delay in payment of debt.*

astringence [astʀɛ̃ʒɑ̃s] nf astringency, astringence.

astringent, e [astʀɛ̃ʒɑ̃, ɑ̃t] adj PHARM astringent ; [vin] sharp.

❖ **astringent** nm astringent.

astrobiologie [astʀɔbjɔlɔʒi] nf astrobiology.

astrolabe [astʀɔlab] nm astrolabe.

astrologie [astʀɔlɔʒi] nf astrology.

astrologique [astʀɔlɔʒik] adj astrological.

astrologue [astʀɔlɔg] nmf astrologer.

astrométrie [astʀɔmetʀi] nf astrometry.

astrométrique [astʀɔmetʀik] adj astrometric, astrometrical.

astronaute [astʀɔnot] nmf astronaut.

astronautique [astʀɔnotik] nf astronautics *(U).*

astronef [astʀɔnɛf] nm *vieilli* spaceship.

astronome [astʀɔnɔm] nmf astronomer.

astronomie [astʀɔnɔmi] nf astronomy.

astronomique [astʀɔnɔmik] adj **1.** SCI astronomic, astronomical **2.** *fam* [somme] astronomic, astronomical / *ça a atteint des prix astronomiques!* it's become ridiculously expensive!

astronomiquement [astʀɔnɔmikmɑ̃] adv astronomically.

astrophysicien, enne [astʀɔfizisjɛ̃, ɛn] nm, f astrophysicist.

astrophysique [astʀɔfizik] nf astrophysics *(U).*

astuce [astys] nf **1.** [ingéniosité] astuteness, shrewdness ▸ **il est plein d'astuce** he's a shrewd individual **2.** *fam* [plaisanterie] joke, gag / *je n'ai pas compris l'astuce!* I didn't get it! / *encore une de tes astuces vaseuses!* another one of your lousy jokes! **3.** *fam* [procédé ingénieux] trick / *en page 23, notre rubrique «astuces»* our tips are on page 23 / *je n'arrive pas à l'ouvrir — attends, il doit y avoir une astuce* I can't open it — wait, there must be some knack (to it) / *comment fais-tu tenir le loquet? — ah, ah, c'est l'astuce!* how do you get the latch to stay on? — aha, wouldn't you like to know! / *j'ai trouvé une astuce formidable pour ne pas avoir à attendre* I've hit upon a great trick to avoid waiting ▸ **les astuces du métier** the tricks of the trade.

astucieusement [astysjøzmɑ̃] adv shrewdly, cleverly.

astucieux, euse [astysjø, øz] adj shrewd, clever.

Asturies [astyʀi] npr fpl ▸ **les Asturies** Asturias ▸ **le prince des Asturies** the Prince of Asturias.

asymétrie [asimetʀi] nf asymmetry, lack of symmetry.

asymétrique [asimetʀik] adj asymmetric, asymmetrical.

asymptomatique [asɛ̃ptɔmatik] adj asymptomatic.

asymptote [asɛ̃ptɔt] ◆ adj [courbe, plan] asymptotic, asymptotical. ◆ nf asymptote.

asymptotique [asɛ̃ptɔtik] adj asymptotic, asymptotical.

asynchrone [asɛ̃kʀon] adj asynchronous.

asyndète [asɛ̃dɛt] nf asyndeton.

asystolie [asistɔli] nf asystole, asystolia, asystolism.

Atacama [atakama] npr ⟶ **désert.**

ataraxie [ataʀaksi] nf ataraxia, ataraxy.

atavique [atavik] adj atavistic, atavic.

atavisme [atavism] nm atavism / *ils sont prudents, c'est un vieil atavisme paysan* they're very cautious, on account of their peasant origins / *ça doit être par atavisme!* it must be in my / your, etc. blood!

atchoum [atʃum] interj atishoo.

atèle [atɛl] nm spider monkey.

atelier [atəlje] nm **1.** [d'un bricoleur, d'un artisan] workshop ; [d'un peintre, d'un photographe] studio ; COUT workroom ▸ **atelier d'artiste** artist's studio ▸ **atelier de stylisme** designer's studio / **'l'Atelier du peintre'** *well-known large painting by Courbet (1855) including portraits of the artist's contemporaries* ▸ **les Ateliers nationaux** *workshops created after the 1848 revolution to provide work for the unemployed* **2.** [d'une usine] shop / *l'atelier s'est mis en grève* the shopfloor has gone on strike ▸ **atelier d'assemblage** ou **de montage** assembly shop ou room ▸ **atelier naval** shipyard ▸ **atelier protégé** sheltered workshop **3.** [cours] workshop ; ART class ▸ **atelier chorégraphique** dance workshop / *participer à un atelier de peinture sur soie* to take part in a silk painting workshop ou a workshop on silk painting **4.** [de francs-maçons] lodge.

atemporel, elle [atɑ̃pɔʀɛl] adj timeless.

ATER [atɛʀ] (abr de **attaché temporaire d'enseignement et de recherche**) nmf temporary lecturer.

atermoie v ⟶ **atermoyer.**

atermoiement [atɛʀmwamɑ̃] nm procrastination *sout*, delaying.

atermoyer [13] [atɛʀmwaje] vi to procrastinate *sout*, to delay / *ayant atermoyé deux mois, ils ont fini par dire oui* having held back from making a decision for two months, they finally said yes.

athée [ate] ◆ adj atheistic, atheist *(modif).* ◆ nmf atheist.

athéisme [ateism] nm atheism.

athématique [atematik] adj athematic.

Athéna [atena] npr Athena, Athene.

athénée [atene] nm **1.** ANTIQ Atheneum **2.** BELG high ou secondary school.

Athènes [atɛn] npr Athens.

athénien, enne [atenjɛ̃, ɛn] adj Athenian.

❖ **Athénien, enne** nm, f Athenian ▸ **c'est là que les Athéniens s'atteignirent** *hum* that was when things started to get complicated.

athermique [atɛʀmik] adj athermic, athermous.

athérosclérose [ateʀosklerоz] nf atherosclerosis.

athlète [atlɛt] nmf athlete ▸ **un corps** / **une carrure d'athlète** an athletic body / build.

athlétique [atletik] adj athletic.

athlétisme [atletism] nm athletics *(sg)* UK, track and fields US.

Athos [atos] npr ⟶ **mont.**

atlante [atlɑ̃t] nm atlante *(male figure used as architectural ornament).*

Atlantide [atlɑ̃tid] npr f ▸ **l'Atlantide** Atlantis.

atlantique [atlɑ̃tik] adj Atlantic ▸ **la côte atlantique** the Atlantic coast ▸ **le Pacte atlantique** the Atlantic Charter.

Atlantique [atlɑ̃tik] npr m ▸ **l'Atlantique** the Atlantic (Ocean).

atlantisme [atlɑ̃tism] nm Atlanticism.

atlas [atlas] nm **1.** [livre] atlas **2.** ANAT atlas.

Atlas [atlas] ◆ npr MYTH Atlas. ◆ npr m GÉOGR ▸ **l'Atlas** the Atlas Mountains ▸ **le Haut** ou **Grand Atlas** the High Atlas ▸ **le Moyen Atlas** the Middle Atlas.

atm (abr écrite de **atmosphère**) atm.

atmosphère [atmɔsfɛʀ] nf **1.** GÉOGR atmosphere **2.** [ambiance] atmosphere, ambiance **3.** [air que l'on respire] air ▸ **l'atmosphère humide du littoral** the dampness of the air on the coast **4.** PHYS atmosphere.

atmosphérique [atmɔsferik] adj [condition, couche, pression] atmospheric.
atoca [atɔka] nm QUÉBEC cranberry.
atoll [atɔl] nm atoll.
atome [atom] nm atom ▸ **l'ère de l'atome** the atomic age ▸ **avoir des atomes crochus avec qqn** *fam* to have things in common with sb / *je n'ai pas d'atomes crochus avec elle* I don't have much in common with her.
atomicité [atɔmisite] nf atomicity.
atomique [atɔmik] adj [masse] atomic ; [énergie] atomic, nuclear ; [explosion] nuclear.
atomisation [atɔmizasjɔ̃] nf PHYS atomization, atomizing.
atomisé, e [atɔmize] ◆ adj PHYS atomized. ◆ nm, f person suffering from the effects of radiation.
atomiser [3] [atɔmize] vt **1.** PHYS to atomize **2.** NUCL ▸ **atomiser qqch** to destroy sthg with an atom bomb, to blast sthg with a nuclear device **3.** *fig* to pulverize.
atomiseur [atɔmizœr] nm spray ▸ **parfum en atomiseur** spray perfume.
atomisme [atɔmism] nm atomism.
atomiste [atɔmist] ◆ adj **1.** PHYS atomic **2.** PHILOS atomistic, atomistical, atomist. ◆ nmf **1.** PHYS atomic scientist **2.** PHILOS atomist.
atomistique [atɔmistik] ◆ adj PHILOS atomistic, atomistical. ◆ nf PHYS atomic science.
atonal, e, aux [atɔnal, o] adj atonal.
atonalité [atɔnalite] nf atonality.
atone [atɔn] adj **1.** [expression, œil, regard] lifeless, expressionless **2.** PHON atonic, unaccented, unstressed **3.** MÉD atonic.
atonie [atɔni] nf **1.** [inertie] lifelessness **2.** MÉD atony.
atonique [atɔnik] adj MÉD atonic.
atours [atur] nmpl *arch* attire, array / *elle avait revêtu ses plus beaux atours hum* she was dressed in all her finery.
atout [atu] nm **1.** JEUX trump ▸ **jouer atout a)** to play a trump **b)** [en ouvrant le jeu] to lead trump ou trumps / *il a joué atout carreau* diamonds were trumps ▸ **l'atout est à pique** spades are trumps / *quel est l'atout?* what's trump ou trumps? ▸ **prendre avec de l'atout** to trump ▸ **jouer trois sans atout** to play three no trumps ▸ **atout maître a)** *pr* master trump **b)** *fig* trump card **2.** [avantage] asset, trump *fig* ▸ **il a tous les atouts dans son jeu** ou **en main** he has all the trumps ou all the winning cards.
atoxique [atɔksik] adj non-poisonous, non-toxic.
ATP ◆ npr f (abr de **Association des tennismen professionnels**) ATP. ◆ nmpl (abr de **Arts et Traditions populaires**) arts and crafts ▸ **musée des ATP** arts and crafts museum.
atrabilaire [atrabilɛr] *litt* ◆ adj cantankerous, atrabilious *litt*. ◆ nmf cantankerous person.
âtre [atr] nm *litt* hearth.
Atrée [atre] npr MYTH Atreus.
atriau [atrijo] nm SUISSE *circular forcemeat patty.*
Atrides [atrid] npr mpl ▸ **les Atrides** the Atreids, the Atridae.
atrium [atrijɔm] nm atrium.
atroce [atrɔs] adj **1.** [cruel] atrocious, foul ▸ **des scènes atroces** horrifying ou gruesome scenes ▸ **leur vengeance fut atroce** their revenge was awesome **2.** [insupportable] excruciating, dreadful, atrocious / *il est mort dans d'atroces souffrances* he died in dreadful pain **3.** [en intensif] : *sa maison est d'un mauvais goût atroce* his house is horribly tasteless **4.** *fam* [sens affaibli] atrocious, foul / *quel chapeau atroce!* what a hideous hat! / *il est atroce avec son père* he's really awful to his father / *les haricots étaient atroces!* the beans were foul!
atrocement [atrɔsmɑ̃] adv **1.** [cruellement] atrociously, horribly ▸ **atrocement mutilé** horribly ou hideously mutilated **2.** [en intensif] atrociously, dreadfully, horribly ▸ **atrocement ennuyeux** excruciatingly boring ▸ **j'ai atrocement froid** I'm frozen to death ▸ **j'ai atrocement faim** I'm starving ▸ **j'ai atrocement soif** I'm parched.
atrocité [atrɔsite] nf **1.** [caractère cruel] atrociousness / *le repentir n'excuse pas l'atrocité de ses crimes* repentance does not excuse the horror of his crimes **2.** [crime] atrocity / *les atrocités de la guerre* the atrocities committed in wartime.
atrophie [atrɔfi] nf atrophy.
atrophié, e [atrɔfje] adj atrophied.
atrophier [9] [atrɔfje] ❖ **s'atrophier** vpi to atrophy.
atrophique [atrɔfik] adj atrophic.
atropine [atrɔpin] nf atropin, atropine.
attabler [3] [atable] ❖ **s'attabler** vpi to sit down (at the table) / *tous les convives sont déjà attablés* all the guests are already seated at table / *venez donc vous attabler avec nous* do come and sit at our table.
ATTAC [atak] (abr de **Association pour la Taxation des Transactions pour l'Aide aux Citoyens**) nf *pressure group opposed to the dominance of the financial sphere in society, and which lobbies in favour of a tax on currency exchanges (Tobin tax).*
attachant, e [ataʃɑ̃, ɑ̃t] adj [personnalité] engaging, lovable ; [livre, spectacle] captivating / *c'est un enfant très attachant* he's such a lovable child.
attache [ataʃ] nf **1.** [lien - gén] tie ; [- en cuir, en toile] strap ; [- en ficelle] string ; [- d'un vêtement] clip, fastener ; [- d'un rideau] tie-back **2.** [ami] tie, friend ; [parent] relative, family tie / *il n'a plus aucune attache en France* he doesn't have any ties left in France / *elle a des attaches en Normandie* she has relatives in Normandy ▸ **un homme sans attaches a)** [sans partenaire] an unattached man **b)** [sans relations] a man without family or friends / *tous les ans ils séjournaient à Monteau, ils s'y étaient fait des attaches* they went back to Monteau every year, they'd made friends there **3.** BOT tendril **4.** RAIL ▸ **attache de rail** rail fastening.
❖ **attaches** nfpl ANAT joints ▸ **avoir des attaches fines** to be small-boned.
❖ **à l'attache** loc adj [chien, cheval] tied up.
attaché, e [ataʃe] ◆ adj attached / *attachés avec un trombone* [documents] held together with a paperclip ▸ **bien attaché** firmly attached ▸ **mal attaché** poorly attached, loose. ◆ nm, f attaché ▸ **attaché militaire** / **d'ambassade** military / embassy attaché ▸ **attaché d'administration** administrative assistant ▸ **attaché de presse** press attaché.
attaché-case [ataʃekɛz] (*pl* **attachés-cases**) nm attaché case.
attachement [ataʃmɑ̃] nm **1.** [affection] affection, attachment / *son attachement pour sa mère* his affection for ou attachment to his mother ▸ **avoir de l'attachement pour qqn** to be fond of sb **2.** CONSTR daily statement *(to record progress and costs).*
attacher [3] [ataʃe] ◆ vt **1.** [accrocher] to tie, to tie up *(sép)* ▸ **attacher son chien** to tie up one's dog / *attacher les mains d'un prisonnier* to tie a prisoner's hands together ▸ **attacher qqn / qqch à** to tie sb / sthg to / *attacher un chien à une corde / à sa niche* to tie a dog to a rope / to his kennel / *pauvre bête, il l'a attachée à une chaîne* he's chained the poor thing up / *la barque est attachée à une chaîne* the boat's moored on the end of a chain ou chained up ▸ **attacher qqn à une chaise** to tie sb to a chair ▸ **une photo était attachée à la lettre a)** [avec un trombone] a picture was clipped to the letter **b)** [avec une agrafe] a picture was stapled to the letter ▸ **il n'attache pas son chien avec des saucisses** *fam* he's as mean as hell **2.** [pour fermer] to tie / *attacher un colis avec une ficelle* to tie up a parcel / *une simple ficelle attachait la valise* the suitcase was held shut with a piece of string **3.** [vêtement] to fasten / *peux-tu m'aider à attacher ma robe?* can you help me do up my dress? ▸ **attacher ses lacets** to tie one's shoelaces ▸ **attachez votre ceinture** fasten your seatbelt **4.** [accorder] to attach ▸ **j'attache beaucoup de prix** ou **de valeur à notre amitié** I attach great value to ou set great store by our friendship / *elle attache trop d'importance à son physique* she attaches too much importance to the way she looks **5.** [fixer] ▸ **attacher ses yeux** ou **son regard sur qqn** to fix one's eyes upon sb **6.** [associer] to link, to connect / *le scandale auquel son nom est / reste attaché* the scandal with which his name is / remains linked / *plus rien ne l'attache à Paris* he has no ties in Paris now / *qu'est-ce qui m'attache à la vie maintenant?* what is there for me to live for now? **7.** *sout* [comme domestique, adjoint] ▸ **attacher qqn à** : *attacher un apprenti à un maître* to apprentice a young boy to a master / *elle est attachée à mon service depuis dix ans* she has been working for me for ten years. ◆ vi CULIN to stick / *le riz a attaché* the rice has stuck ▸ **poêle / casserole qui n'attache pas** nonstick pan / saucepan.
❖ **s'attacher** ◆ vp *(emploi réfléchi)* to tie o.s. / *il s'est attaché avec une corde* he tied himself (up) with a rope. ◆ vp *(emploi passif)* to fasten, to do up / *la robe s'attache sur le côté* the dress does up ou fastens on the side ▸ **s'attacher avec une fermeture Éclair® / des boutons** to zip / to button up. ◆ vpt ▸ **s'attacher (les services de) qqn** to take sb on / *il s'est attaché les services d'un garde du corps* he's hired a bodyguard.
❖ **s'attacher à** vp + prép **1.** [se lier avec] to become fond of ou attached to ▸ **s'attacher aux pas de qqn** to follow sb closely **2.** [s'efforcer de] to devote o.s. to / *je m'attache à le rendre heureux* I try (my best) to make him happy / *elle s'est attachée à reproduire les fresques fidèlement* she took pains to reproduce the frescoes faithfully.
attaquable [atakabl] adj **1.** MIL open to attack **2.** [discutable] contestable ▸ **son système** / **testament n'est pas attaquable** his system / will cannot be contested / *ses déclarations seront difficilement attaquables* his statements will be difficult to contest.
attaquant, e [atakɑ̃, ɑ̃t] ◆ adj attacking, assaulting, assailing. ◆ nm, f attacker, assailant.
❖ **attaquant** nm SPORT striker.
attaque [atak] nf **1.** [agression] attack, assault ▸ **passer à l'attaque a)** *pr* to attack **b)** *fig* to attack, to go on the offensive ▸ **attaque aérienne** air attack ou raid ▸ **attaque à main armée** [contre une banque] armed robbery ▸ **attaque préventive** pre-emptive strike **2.** [diatribe] attack, onslaught / *il a été victime d'odieuses attaques dans les journaux* he was subjected to scurrilous attacks in the newspapers / *pas d'attaques personnelles, s'il vous plaît* let's not be personal please **3.** MÉD stroke, seizure ; [crise] fit, attack **4.** SPORT *beginning of a stroke, catch, etc.* ; [avec un ballon] attack ; [en alpinisme] start **5.** MUS attack / *ton attaque n'est pas assez nette* your attack is too weak.
❖ **d'attaque** loc adj *fam* ▸ **être d'attaque** to be on UK ou in US form ▸ **se sentir d'attaque** : *je ne me sens pas d'attaque pour aller à la piscine* I don't feel up to going to the swimming pool / *te sens-tu d'attaque pour un petit tennis?* do you feel up to a game of tennis? / *je ne me sens pas tellement d'attaque ce matin* I don't really feel up to much this morning.
attaquer [3] [atake] vt **1.** [assaillir - ennemi, pays, forteresse] to attack, to launch an attack upon ; [- passant, touriste] to mug / *il s'est fait attaquer par deux hommes* he was attacked ou assaulted by two men / *madame, c'est lui qui m'a attaqué!* please Miss, he started it! / *attaquer une place par surprise* to make a surprise attack on a fort ▸ **attaquer le mal à la racine** to tackle the root of the problem **2.** [corroder] to damage, to corrode, to eat into *(insép)* / *la rouille attaque le fer* rust corrodes iron / *l'humidité a même attaqué l'abat-jour* the damp even damaged the lampshade **3.** [critiquer] to attack, to condemn / *il a été attaqué par tous les journaux* he was attacked by all the newspapers / *j'ai été personnellement attaqué* I suffered personal attacks / *le projet a été violemment attaqué* the project came in for some fierce criticism ; DR ▸ **attaquer qqn en justice** to bring an action against sb, to take sb to court ▸ **attaquer qqn en diffamation** to bring a libel action against sb ▸ **attaquer un testament** to contest a will **4.** [entreprendre - tâche] to tackle, to attack, to get started on *(insép)* / *j'ai attaqué ma pile de dossiers vers minuit* I got started on my heap of files around midnight / *prêt à attaquer le travail?* ready to get ou to settle down to work? **5.** *fam* [commencer - repas, bouteille] ▸ **attaquer le petit déjeuner** to dig into breakfast / *on attaque*

le beaujolais? shall we have a go at that Beaujolais? **6.** MUS to attack ; *(en usage absolu)* ▸ **quand l'orchestre attaque** when the orchestra strikes up **7.** JEUX ▸ **attaquer à l'atout** to lead trumps / *attaquer à carreau* to lead diamonds.

❖ **s'attaquer à** vp + prép **1.** [combattre] to take on, to attack / *elle s'est attaquée aux institutions* she took on the establishment ▸ **s'attaquer aux préjugés** to attack ou to fight ou to tackle prejudice / *il s'est tout de suite attaqué au problème* he tackled the problem right away **2.** [agir sur] to attack / *cette maladie ne s'attaque qu'aux jeunes enfants* only young children are affected by this disease / *les bactéries s'attaquent à vos gencives* bacteria attack your gums.

attardé, e [ataʀde] ◆ adj **1.** *vieilli* [anormal] backward, (mentally) retarded **2.** [démodé] old-fashioned.
◆ nm, f *vieilli* [malade] (mentally) retarded person.

attarder [3] [ataʀde] ❖ **s'attarder** vpi **1.** [rester tard - dans la rue] to linger ; [- chez quelqu'un] to stay late ; [- au bureau, à l'atelier] to stay on ou late / *ne nous attardons pas, la nuit va tomber* let's not stay, it's almost nightfall / *je me suis attardée près de la rivière* I lingered by the river / *rentre vite, ne t'attarde pas* be home early, don't stay out too late / *ils se sont attardés ici bien après minuit* they stayed around here long after midnight ▸ **s'attarder à faire qqch** : *elles s'attardaient à boire leur café* they were lingering over their coffee **2.** ▸ **s'attarder sur** [s'intéresser à] to linger over, to dwell on / *s'attarder sur des détails* to linger over details / *attardons-nous quelques minutes sur le cas de cette malade* let's consider the case of this patient for a minute / *vous vous êtes trop attardé sur l'aspect technique* you spent too much time discussing the technical side / *l'image contenue dans la strophe vaut que l'on s'y attarde* the image in the stanza merits further consideration ▸ **encore un mélodrame qui ne vaut pas que l'on s'y attarde** another forgettable melodrama.

atteindre [81] [atɛ̃dʀ] vt **1.** [lieu] to reach, to get to *(insép)* / *aucun son ne nous atteignait* no sound reached us ; RADIO & TV to reach / *des émissions qui atteignent un large public* programmes reaching a wide audience **2.** [situation, objectif] to reach, to attain *sout* / *atteindre la gloire* to attain glory *sout* / *il a atteint son but* he's reached his goal ou achieved his aim / *leur propagande n'atteint pas son but* their propaganda misses its target / *avez-vous atteint vos objectifs de vente?* have you reached ou fulfilled your sales targets? / *les taux d'intérêt ont atteint un nouveau record* interest rates have reached a record high **3.** [âge, valeur, prix] to reach ▸ **atteindre 70 ans** to reach the age of 70 / *le sommet atteint plus de 4 000 mètres* the summit is over 4,000 metres high / *les dégâts atteignent cent mille euros* one hundred thousand euros' worth of damage has been done **4.** [communiquer avec] to contact, to reach / *il est impossible d'atteindre ceux qui sont à l'intérieur de l'ambassade* the people inside the embassy are incommunicado **5.** [toucher] to reach, to get at, to stretch up to *(insép)* / *je n'arrive pas à atteindre le dictionnaire qui est là-haut* I can't reach the dictionary up there **6.** ARM to hit ▸ **atteindre la cible** to hit the target / *atteindre la cible en plein centre* to hit the bull's eye ▸ **la balle / le policier l'a atteint en pleine tête** the bullet hit / the policeman shot him in the head ▸ **atteint à l'épaule** wounded in the shoulder ; [blesser moralement] to affect, to move, to stir / *il peut dire ce qu'il veut à mon sujet, ça ne m'atteint pas* he can say what he likes about me, it doesn't bother me at all ▸ **rien ne l'atteint** nothing affects ou can reach him **7.** [affecter - suj : maladie, fléau] to affect / *les tumeurs secondaires ont déjà atteint le poumon* the secondary tumours have already spread to the lung / *être atteint d'un mal incurable* to be suffering from an incurable disease / *les pays atteints par la folie de la guerre* countries in the grip of war mania.

❖ **atteindre à** v + prép *litt* to achieve, to attain *sout*.

atteint, e [atɛ̃, ɛ̃t] adj **1.** [d'une maladie, d'un fléau] affected / *quand le moral est atteint* when depression sets in / *la partie gauche de la façade est atteinte* the left side of the façade is affected **2.** *fam* [fou] touched / *il est plutôt atteint* he's not quite right in the head.

❖ **atteinte** nf [attaque] attack ▸ **atteinte aux bonnes mœurs** offence against public decency ▸ **atteinte à la liberté individuelle** infringement of personal freedom / *atteinte aux droits de l'homme* violation of human rights ▸ **atteinte à la sûreté de l'État** high treason ▸ **atteinte à la vie privée** violation of privacy ▸ **porter atteinte au pouvoir de qqn** to undermine sb's power ▸ **porter atteinte à l'ordre public** to commit a breach of ou to disturb the peace ▸ **hors d'atteinte** out of reach.

❖ **atteintes** nfpl [effets nocifs] effects ▸ **les premières atteintes du mal se sont manifestées quand il a eu 20 ans a)** [épilepsie, diabète] he first displayed the symptoms of the disease at the age of 20 **b)** [alcoolisme, dépression] the first signs of the problem came to light when he was 20.

attelage [atlaʒ] nm **1.** [fait d'attacher - un cheval] harnessing ; [- un bœuf] yoking ; [- une charrette] hitching up **2.** [plusieurs animaux] team ; [paire d'animaux] yoke **3.** [véhicule] carriage **4.** RAIL [processus] coupling ; [dispositif] coupling.

atteler [24] [atle] vt **1.** [cheval] to harness ; [bœuf] to yoke ; [carriole] to hitch up *(sép)* **2.** RAIL to couple.

❖ **s'atteler à** vp + prép to get down to, to tackle / *il va falloir que tu t'attelles à ces révisions!* you'll have to get down to that revision!

✎ In reformed spelling (see p. 16-19), this verb is conjugated like *peler* : *il attèle, il attèlera*.

attelle [atɛl] nf **1.** MÉD splint **2.** [pour un cheval] hame.

attellera v ⟶ atteler.

attenant, e [atnɑ̃, ɑ̃t] adj adjoining, adjacent / *cour attenante à la maison* back yard adjoining the house.

attendre [73] [atɑ̃dʀ]
◆ vt

A. ÊTRE EN ATTENTE DE, PRÊT POUR
B. AVEC « QUE »
C. AVEC « DE »

A. ÊTRE EN ATTENTE DE, PRÊT POUR **1.** [rester jusqu'à la venue de - retardataire, voyageur] to wait for *(insép)* ▸ **je l'attends pour partir** I'm waiting till he gets here before I leave, I'll leave as soon as he gets here / *il va falloir t'attendre encore longtemps?* are you going to be much longer? / *attendez-moi après le travail* wait for me after work ▸ **attendre qqn à la sortie** to wait for sb outside ▸ **(aller) attendre qqn à l'aéroport / la gare** to (go and) meet sb at the airport / the station / *le train ne va pas vous attendre* the train won't wait (for you) ▸ **l'avion l'a attendu** they delayed the plane for him ▸ **attendre qqn au passage** ou **au tournant** *fig* to wait for a chance to pounce on sb / *elle se trompera, et je l'attends au tournant* she'll make a mistake and that's when I'll get her / **'En attendant Godot'** *Beckett* 'Waiting for Godot' **2.** [escompter l'arrivée de - facteur, invité] to wait for *(insép)*, to expect ; [- colis, livraison] to expect, to await *sout* ; [- réponse, événement] to wait for *(insép)*, to await / *je ne t'attendais plus!* I'd given up waiting for you!, I'd given up on you ▸ **attendre qqn d'une minute à l'autre** to expect sb any minute ▸ **attendre qqn à** ou **pour dîner** to expect sb for dinner / *vous êtes attendu, le docteur va vous recevoir immédiatement* the doctor's expecting you, he'll see you straightaway / *j'attends un coup de téléphone* I'm expecting a telephone call / *qu'est-ce que tu attends?* [ton interrogatif ou de reproche] what are you waiting for? / *qu'est-ce qu'il attend pour les renvoyer?* why doesn't he just fire them? ▸ **qu'attendez-vous pour déjeuner?** why don't you go ahead and have lunch? / *ils n'attendent que ça, c'est tout ce qu'ils attendent* that's exactly ou just what they're waiting for / *il attend le grand jour avec impatience* he's looking forward to the big day, he can't wait for the big day / *attendre fiévreusement des résultats* to be anxiously waiting for ou awaiting results ▸ **nous attendons des précisions** we're awaiting further details ▸ **attendre son tour** to wait one's turn ▸ **attendre son heure** to bide one's time ▸ **attendre le bon moment** to wait for the right moment (to come along) ▸ **attendre demain pour faire qqch** to delay sthg till ou until tomorrow / *cela peut attendre demain* that can wait till ou until tomorrow / *je lui ai prêté 500 euros et je les attends toujours* I lent him 500 euros and I still haven't got it back ▸ **se faire attendre** to keep others waiting / *désolé de m'être fait attendre* sorry to have kept you waiting / *les hors-d'œuvre se font attendre* the starters are a long time coming / *la réforme se fait attendre* the reform is taking a long time to materialize ▸ **les résultats ne se sont pas fait attendre a)** [après une élection] the results didn't take long to come in **b)** [conséquences d'une action] there were immediate consequences ▸ **attendre le dégel** *fam* : *alors, tu attends le dégel?* are you going to hang around here all day? ▸ **attendre qqn comme le Messie** to wait eagerly for sb **3.** [suj : femme enceinte] ▸ **attendre un bébé** ou **enfant, attendre famille** BELG to be expecting (a child), to be pregnant ▸ **attendre des jumeaux** to be pregnant with ou expecting twins / *j'attends une fille* I'm expecting a girl / *elle attend son bébé pour le 15 avril* her baby's due on 15 April ▸ **attendre un heureux événement** *euphém* to be expecting **4.** [être prêt pour] to be ready for, to await *sout* / *ta chambre t'attend* your room's ready (for you) / *la voiture vous attend* the car's ready for you, your car awaits *sout* ou *hum* / *venez, le dîner nous attend* come along, dinner's ready ou dinner is served **5.** [suj : destin, sort, aventure] to await *sout*, to be ou to lie in store for / *une mauvaise surprise l'attendait* there was a nasty surprise in store for her / *c'est là que la mort l'attendait* that's where he was to meet his death / *une nouvelle vie vous attend là-bas* a whole new life awaits you there / *il ne sait pas quel sort l'attend* he doesn't know what fate has in store for him ▸ **si tu savais** ou **tu ne sais pas ce qui t'attend!** you haven't a clue what you're in for, have you? / *avant de me porter volontaire, je voudrais savoir ce qui m'attend* before I volunteer, I'd like to know what I'm letting myself in for **6.** [espérer] ▸ **attendre qqch de** to expect sthg from ▸ **qu'attendez-vous de moi?** what do you expect of me? / *j'attendais mieux d'elle* I thought she'd do better, I was expecting better things from her / *j'attends de lui une réponse* I expect him to answer ou an answer from him / *nous attendons beaucoup de la réunion* we expect a lot (to come out) of the meeting / *sa réponse, je n'en attends pas grand-chose* I'm not expecting too much (to come) out of his reply **7.** [avoir besoin de] to need / *le document attend encore trois signatures* the document needs another three signatures / *le pays attend encore l'homme qui sera capable de mettre fin à la guerre civile* the country is still waiting for the man who will be able to put an end to the civil war.

B. AVEC « QUE » ▸ **attendre que** : *nous attendrons qu'elle soit ici* we'll wait till ou until she gets here ou for her to get here / *j'attends qu'il réponde* I'm waiting till he answers, I'm waiting for his answer, I'm awaiting his answer *sout* / *elle attendait toujours qu'il rentre avant d'aller se coucher* she would always wait up for him / *attends (un peu) que je le dise à ton père!* just you wait till ou until I tell your father!

C. AVEC « DE » ▸ **attends d'être grand** wait till ou until you're older / *nous attendions de sortir* we were waiting to go out ▸ **j'attends avec impatience de la revoir** I can't wait to see her again, I'm really looking forward to seeing her again / *attendre de voir la suite des événements* to wait to see what happens.

◆ vi **1.** [patienter] to wait / *les gens n'aiment pas attendre* people don't like to be kept waiting ou to have to wait / *je passe mon temps à attendre* I spend all my time waiting around / *il est en ligne, vous attendez?* he's on the other line, will you hold? ▸ **faites-les attendre** ask them to wait / *si tu crois qu'il va t'aider, tu peux toujours attendre!* if you think he's going to help you, don't hold your breath! / *il peut toujours attendre!* he'll have a long wait! ▸ **attends, je vérifie** hold on, I'll check! / *mais enfin attends, je ne suis pas prêt!* wait a minute, will you, I'm not ready! / *elle s'appelle, attends, comment déjà?* her name is, wait a minute, now what is it? / *c'était en, attendez un peu, 1986* it was in, just a minute, 1986 / *et attends, tu ne sais pas le plus beau!* wait (for it) ou hold on, the best part's yet to come! / *attendez voir, je crois me souvenir...* let's see ou let me see ou think, I seem to remember / *et alors là, attendez,* *il s'est mis à tout avouer* and at that point, wait for it ou would you believe it, he started to come clean ▸ **attends voir, je vais demander** *fam* hold ou hang on, I'll ask / *attends voir, toi! fam* [menace] just you wait! ▸ **tout vient à point à qui sait attendre** *prov* everything comes to he who waits *prov* **2.** [suj: plat chaud, soufflé] to wait ; [suj: vin, denrée] to keep / *les spaghettis ne doivent pas attendre* spaghetti must be served as soon as it's ready / *il fait trop attendre ses vins* [les sert trop vieux] he keeps his wines too long **3.** [être reporté] to wait / *votre projet attendra* your plan'll have to wait.

❖ **attendre après** v + prép *fam* **1.** [avoir besoin de] ▸ **attendre après qqch** to be in great need of sthg / *garde le livre, je n'attends pas après* keep the book, I'm not desperate ou in a hurry for it **2.** [compter sur] ▸ **attendre après qqn** to rely ou to count on sb / *je n'ai pas attendu après toi pour me l'expliquer* I didn't exactly rely on you to explain it to me / *si tu attends après lui, tu n'auras jamais tes renseignements* if you're counting on him ou if you leave it up to him, you'll never get the information you want / *elle est assez grande, elle n'attend plus après toi!* she's old enough to get along (perfectly well) without you!

❖ **s'attendre** vp *(emploi réciproque)* to wait for each other / *les enfants, attendez-vous pour traverser la rue* children, wait for each other before you cross the road / *on s'attend à l'entrée du cinéma* we'll wait for each other ou we'll meet outside the cinema.

❖ **s'attendre à** vp + prép to expect / *on ne s'attendait pas à sa mort* his death was unexpected / *il faut s'attendre à des embouteillages* traffic jams are expected / *il faut s'attendre à tout* we should be prepared for anything / *s'attendre au pire* to expect the worst ▸ **savoir à quoi s'attendre** to know what to expect / *je ne m'attendais pas à cela de votre part* I didn't expect that from you / *nous ne nous attendions pas à ce que la grève réussisse* we weren't expecting the strike to succeed, we hadn't anticipated that the strike would succeed ▸ **s'y attendre** : *il fallait s'y attendre* that was to be expected / *comme il fallait s'y attendre* as was to be expected, predictably enough / *tu aurais dû t'y attendre* you should have known ▸ **je m'y attendais** I expected as much.

❖ **en attendant** loc adv **1.** [pendant ce temps] : *finis ton dessert, en attendant je vais faire le café* finish your dessert, and in the meantime I'll make the coffee / *le train aura un retard de vingt minutes — en attendant allons boire un café* the train's going to be twenty minutes late — let's go and have a coffee while we wait **2.** *fam* [malgré cela] : *oui mais, en attendant, je n'ai toujours pas mon argent* that's as may be but I'm still missing my money / *ris si tu veux mais, en attendant, j'ai réussi à mon examen* you can laugh, but I passed my exam all the same.

❖ **en attendant que** loc conj until (such time as) / *en attendant qu'il s'explique, on ne sait rien* until (such time as) he's explained himself ou as long as he hasn't provided any explanations, we don't know anything.

attendri, e [atɑ̃dʀi] adj **1.** [ému] ▸ **un regard attendri** a look full of emotion **2.** [amolli - viande] tenderized.

attendrir [32] [atɑ̃dʀiʀ] vt **1.** [émouvoir] to move to tears ou pity **2.** [apitoyer] ▸ **attendrir qqn** to make sb feel compassion ou pity ▸ **se laisser attendrir** to give in to pity **3.** [viande] to tenderize.

❖ **s'attendrir** vpi **1.** [être ému] to be moved ou touched / *ne nous attendrissons pas!* let's not get emotional! ▸ **s'attendrir sur qqn / qqch** to be moved by sb / sthg, to be touched by sb / sthg / *s'attendrir sur un bébé* to gush over a baby **2.** [être apitoyé] to feel compassion ▸ **s'attendrir sur le sort de qqn** to feel pity ou sorry for sb ▸ **s'attendrir sur soi-même** to indulge in self-pity, to feel sorry for o.s.

attendrissant, e [atɑ̃dʀisɑ̃, ɑ̃t] adj moving, touching / *regarde-le essayer de s'habiller, c'est attendrissant!* look at him trying to dress himself, how sweet! ▸ **de façon attendrissante** touchingly.

attendrissement [atɑ̃dʀismɑ̃] nm **1.** [tendresse] emotion *(U)* ▸ **pas d'attendrissement!** let's not get emotional! / *l'attendrissement le gagnait* he was getting emotional ; [élan] : *je ne suis pas porté aux attendrissements* I don't tend to get emotional, I'm not the emotive type **2.** [pitié] pity, compassion / *attendrissement sur soi-même* self-pity.

attendrisseur [atɑ̃dʀisœʀ] nm tenderizer / *passer une viande à l'attendrisseur* to tenderize meat.

attendu¹ [atɑ̃dy] prép considering, given.

❖ **attendu que** loc conj since, considering ou given that ; DR whereas.

attendu² [atɑ̃dy] nm ▸ **les attendus d'un jugement** the reasons adduced for a verdict.

attendu³, e [atɑ̃dy] ◆ pp ⟶ **attendre.** ◆ adj ▸ **très attendu** eagerly-awaited / *la princesse, très attendue, descend de voiture* the eagerly-awaited princess is now getting out of the car / *un mariage attendu avec impatience* an eagerly-awaited wedding.

attentat [atɑ̃ta] nm **1.** [assassinat] assassination attempt ▸ **commettre un attentat contre qqn** to make an attempt on sb's life **2.** [explosion] attack ▸ **attentat à la bombe** bomb attack, bombing ▸ **attentat à la voiture piégée** car bomb explosion ▸ **attentat terroriste** terror attack / *l'ambassade a été hier la cible d'un attentat* the Embassy was bombed yesterday **3.** [atteinte] ▸ **attentat aux libertés constitutionnelles** violation of constitutional liberties / *attentat contre la sécurité de l'État* acts harmful to State security ▸ **attentat aux mœurs** DR indecent behaviour ▸ **attentat à la pudeur** act outraging public decency.

attentatoire [atɑ̃tatwaʀ] adj : *attentatoire à la dignité de l'homme* detrimental ou prejudicial to human dignity.

attentat-suicide [atɑ̃tasɥisid] (*pl* **attentats-suicides**) nm suicide attack ; [à la bombe] suicide bombing.

attente [atɑ̃t] nf **1.** [fait d'attendre, moment] wait ▸ **l'attente est longue** it's a long time to wait / *le plus dur, c'est l'attente* the toughest part is the waiting / *j'étais là depuis quarante minutes et l'attente se prolongeait* I'd been there for forty minutes and I was still waiting ▸ **pendant l'attente du verdict / des résultats** while awaiting the sentence / results ▸ **deux heures d'attente** a two-hour wait **2.** [espérance] expectation ▸ **répondre à l'attente de qqn** to come up to sb's expectations / *si la marchandise ne répond pas à votre attente* should the goods not meet your requirements.

❖ **dans l'attente de** loc prép **1.** [dans le temps] ▸ **être dans l'attente de qqch** to be waiting for ou awaiting *sout* sthg / *il vit dans l'attente de ton retour* he lives for the moment when you return **2.** [dans la correspondance] ▸ **dans l'attente de vous lire / de votre réponse / de vous rencontrer** looking forward to hearing from you / to your reply / to meeting you.

❖ **en attente** ◆ loc adv ▸ **laisser qqch en attente** to leave sthg pending. ◆ loc adj : *les plans sont en attente* the plans have been shelved.

attenter [3] [atɑ̃te]

❖ **attenter à** v + prép **1.** [commettre un attentat contre] ▸ **attenter à la vie de qqn** to make an attempt on sb's life ▸ **attenter à ses jours** ou **à sa vie** to attempt suicide **2.** [porter atteinte à] ▸ **attenter à l'honneur / à la réputation de qqn** to undermine sb's honour / reputation ▸ **attenter aux libertés civiles** to violate civil rights.

attentif, ive [atɑ̃tif, iv] adj **1.** [concentré - spectateur, public, élève] attentive / *l'auditoire était très attentif* the audience was very attentive ▸ **soyez attentifs!** pay attention! ▸ **écouter qqn d'une oreille attentive** to listen to sb attentively, to listen to every word sb says **2.** [prévenant - présence] watchful ; [- gestes, comportement, parole] solicitous *sout*, thoughtful / *avoir besoin de soins attentifs* to be in need of tender loving care **3.** [scrupuleux] ▸ **un examen attentif** a close ou careful examination **4.** ▸ **attentif à** [prêtant attention à] : *il était attentif au moindre bruit / mouvement* he was alert to the slightest sound / movement / *être attentif à ce qui se dit* to pay attention to ou to listen carefully to what is being said ▸ **être attentif aux besoins de qqn** to be attentive to sb's needs / *être attentif à sa santé* to be mindful of one's health / *être attentif à son travail* to be careful ou painstaking in one's work ▸ **attentif à** [soucieux de] : *attentif à ne pas être impliqué* anxious not to be involved / *il était attentif à ne blesser personne* he was careful not to hurt anyone.

attention [atɑ̃sjɔ̃] ◆ nf **1.** [concentration] attention ▸ **appeler** ou **attirer l'attention de qqn sur qqch** to call sb's attention to sthg, to point sthg out to sb / *mon attention a été attirée sur le fait que...* it has come to my notice that... ▸ **avoir l'attention de qqn** to have sb's attention / *vous avez toute mon attention* you have my undivided attention / *consacrer toute son attention à un problème* to devote one's attention to ou to concentrate on a problem ▸ **écouter qqn avec attention** to listen to sb attentively, to listen hard to what sb's saying ▸ **lire qqch avec attention** to read sthg carefully ou attentively ▸ **manque d'attention** carelessness ▸ **porter son attention sur qqch** to turn one's attention to sthg ▸ **faire attention** to pay attention ▸ **faites bien attention a)** [écoutez] listen carefully, pay attention **b)** [regardez] look carefully ▸ **faire attention à** to pay attention to, to heed *sout* / *fais particulièrement attention au dernier paragraphe* pay special attention to the last paragraph / *faites attention à ces menaces* bear these threats in mind / *faire attention (à ce) que...* to make sure ou to ensure (that)... **2.** [égard] attention *(U)*, attentiveness *(U)*, thoughtfulness *(U)* / *elle avait eu l'attention délicate de mettre des géraniums dans ma chambre* she'd had the lovely idea of putting geraniums in my bedroom / *je n'ai jamais droit à la moindre petite attention* nobody ever does nice things for me / *les mille et une attentions de la vraie tendresse* the thousand and one ways in which people express their love for each other ▸ **entourer qqn d'attentions, être plein d'attentions pour qqn** to lavish attention on sb **3.** [capacité à remarquer] attention ▸ **attirer l'attention** to attract attention ▸ **tu vas attirer l'attention! a)** [compliment] you'll make a few heads turn! **b)** [critique] you're too conspicuous! ▸ **attirer l'attention de qqn** to catch ou to attract sb's attention ▸ **faire attention à** : *tu as fait attention au numéro de téléphone?* did you make a (mental) note of the phone number? / *quand il est entré, je n'ai d'abord pas fait attention à lui* when he came in I didn't notice him at first / *ne fais pas attention à lui, il dit n'importe quoi* don't mind him ou pay no attention to him, he's talking nonsense **4.** EXPR ▸ **faire attention à** [surveiller, s'occuper de] : *faire attention à soi / à sa santé* to take care of ou to look after o.s. / one's health / *faire attention à sa ligne* to watch one's weight / *il ne fait pas assez attention à sa femme* he doesn't pay enough attention to his wife / *elle fait trop attention aux autres hommes* she's too interested in other men ▸ **faire attention** [être prudent] to be careful ou cautious / *fais bien attention en descendant de l'escabeau* do be careful when you come off the stepladder / *fais attention aux voitures* watch out for the cars / *fais attention à ce que tu dis!* watch what you're saying! ▸ **attention à la marche / porte** mind the step / door / *attention à tes bottes sales sur le tapis!* watch your muddy boots on that carpet! / *attention à la voiture!* mind the car! ▸ **attention au départ!** stand clear of the doors! ◆ interj **1.** [pour signaler un danger] watch ou look out / *attention, il est armé!* watch ou look out, he's got a gun! / *attention, attention, tu vas le casser!* gently ou easy (now), you'll break it! / **'attention chien méchant'** 'beware of the dog' / **'attention fragile'** 'handle with care' / **'attention peinture fraîche'** 'wet paint' / **'attention travaux'** 'men at work' **2.** [pour introduire une nuance] : *attention, ce n'est pas cela que j'ai dit* now look, that's not what I said.

❖ **à l'attention de** loc prép [sur une enveloppe] : *à l'attention de Madame Chaux* for the attention of Mme Chaux.

attentionné, e [atɑ̃sjɔne] adj thoughtful, solicitous *sout* / *comme mari, il était très attentionné* he was an extremely caring husband.

attentisme [atɑ̃tism] nm wait-and-see policy.

attentiste [atɑ̃tist] ◆ adj ▸ **attitude attentiste** wait-and-see attitude ▸ **politique attentiste** waiting game. ◆ nmf ▸ **les attentistes** those who play a waiting game.

attentive [atɑ̃tiv] f ⟶ **attentif.**

attentivement [atɑ̃tivmɑ̃] adv [en se concentrant] attentively, carefully, closely.

atténuant, e [atenɥɑ̃, ɑ̃t] adj [excuse, circonstance] mitigating.

atténuateur [atenɥatœʀ] nm attenuator.

atténuation [atenɥasjɔ̃] nf [d'une responsabilité] reduction, lightening *(U)* ; [d'une faute] mitigation ; [de propos] toning down *(U)* ; [d'une douleur] easing *(U)* ; [d'un coup] cushioning *(U)*, softening *(U)* / *l'eau froide produit une petite atténuation de la brûlure* cold water relieves the pain from the burn a little.

atténuer [7] [atenɥe] vt **1.** [rendre moins perceptible - douleur] to relieve, to soothe ; [- couleur] to tone down *(sép)*, to soften ; [- bruit] to muffle / *un chagrin que rien ne peut atténuer* a sorrow that nothing can relieve / *le temps a atténué les souvenirs* memories have become fainter over time **2.** [rendre moins important, moins grave - responsabilité] to reduce, to lighten, to lessen ; [- accusation] to tone down *(sép)* / *le remords n'atténue pas la faute* remorse does not lessen the blame.

❖ **s'atténuer** vpi [chagrin, cris, douleur] to subside, to die down ; [effet] to subside, to fade, to wane ; [lumière] to fade, to dim ; [bruit] to diminish, to tone down ; [couleur] to dim.

atterrant, e [ateʀɑ̃, ɑ̃t] adj appalling, shocking.

atterrer [4] [ateʀe] vt to dismay, to appal / *sa réponse m'a atterré* I was appalled at his answer / *je l'ai trouvé atterré par la nouvelle* I found him reeling from the shock of the news ▸ **il les regarda d'un air atterré** he looked at them aghast ou in total dismay.

atterrir [32] [ateʀiʀ] vi **1.** AÉRON to land, to touch down ▸ **l'avion allait atterrir** the plane was coming in to land / *atterrir en catastrophe* to make an emergency landing / *atterrir sur le ventre* to make a belly landing / *atterrir trop court* to undershoot / *atterrir trop long* to overshoot / *faire atterrir un avion* to land an aircraft **2.** *fam* [retomber] to land, to fetch UK ou to wind up / *la voiture a atterri dans un champ* the car fetched up ou landed in a field / *tous ses vêtements ont atterri dans la cour* all his clothes wound up in the yard **3.** *fam* [se retrouver] to end ou to wind ou to land up ▸ **atterrir en prison** to end up ou to land up in jail / *le dossier finit par atterrir sur son bureau* the file eventually landed ou wound up on his desk / *j'ai finalement atterri comme réceptionniste dans un cabinet dentaire* I ended up as a receptionist in a dentist's surgery / *mes lunettes, je me demande où elles ont bien pu atterrir!* where (on earth) could my glasses have got to?

atterrissage [ateʀisaʒ] nm landing ▸ **prêt à l'atterrissage** ready to touch down ou to land ▸ **après l'atterrissage** after touchdown ou landing ▸ **atterrissage sur le ventre** / **en catastrophe** / **forcé** belly / crash / emergency landing ▸ **atterrissage en douceur** soft landing ▸ **atterrissage sans visibilité** / **aux instruments** / **à vue** blind / instrument / visual landing.

❖ **d'atterrissage** loc adj landing *(modif)*.

atterrissement [ateʀismɑ̃] nm alluvial deposit.

atterrisseur [ateʀisœʀ] nm AÉRON undercarriage.

attestation [atɛstasjɔ̃] nf **1.** [document] certificate ▸ **attestation d'assurance** insurance certificate ▸ **attestation de sortie du territoire** *card notifying parental consent for a minor to leave the country* **2.** ENS [diplôme] certificate (of accreditation) **3.** DR attestation **4.** [preuve] proof / *son échec est une nouvelle attestation de son incompétence* his failure further demonstrates his incompetence.

attesté, e [atɛste] adj LING attested / *formes attestées dans la littérature du XIIe siècle* forms attested ou occurring in 12th century literature.

attester [3] [atɛste] vt **1.** [certifier] to attest / *il atteste que sa femme était bien chez elle* he attests that his wife was at home / *ce document atteste que…* this is to certify that… **2.** [témoigner] to attest ou to testify to, to vouch for / *cette version des faits est attestée par la presse* this version of the facts is borne out by the press.

❖ **attester de** v + prép to prove, to testify to, to show evidence of / *sa réponse atteste de sa sincérité* his answer shows evidence of ou testifies to ou demonstrates his sincerity / *ainsi qu'en attesteront ceux qui me connaissent* as those who know me will testify.

attiédir [32] [atjediʀ] vt *litt* **1.** [refroidir - air] to cool ; [- liquide] to make lukewarm **2.** [réchauffer] to warm (up) *(sép)* **3.** *fig* [sentiment] to cool.

❖ **s'attiédir** vpi *litt* **1.** [se refroidir] to cool (down), to become cooler **2.** [se réchauffer] to warm up, to become warmer **3.** *fig* [sentiment] to cool, to wane.

attifement [atifmɑ̃] nm *fam* (weird) getup ou gear.

attifer [3] [atife] vt *fam & péj* to get up *(sép)*, to rig out *(sép)*.

❖ **s'attifer** vp *(emploi réfléchi) fam* to get o.s. up, to rig o.s. out / *comment tu t'es attifé!* what DO you look like!

attiger [17] [atiʒe] vi *tfam* to go over the top, to go a bit far / *là, il attigeait!* he went a bit far there!

Attila [atila] npr Attila (the Hun).

attique [atik] ◆ adj attic. ◆ nm ARCHIT attic / *appartement en attique* penthouse.

❖ **Attique** npr f ▸ **l'Attique** Attica.

attirable [atiʀabl] adj attractable.

attirail [atiʀaj] nm equipment ▸ **attirail de pêche** fishing tackle / *il a tout un attirail pour la pêche* he's got a lot of fishing tackle ▸ **attirail de plombier** plumber's tool kit / *on emporte l'ordinateur et tout son attirail fam* let's take the computer with all the gear / *qu'est-ce que c'est que (tout) cet attirail? péj* what's all this paraphernalia for?

attirance [atiʀɑ̃s] nf attraction / *l'attirance entre nous deux a été immédiate* we were attracted to each other straight away ▸ **éprouver de l'attirance pour qqn** / **qqch** to feel attracted to sb / sthg / *l'attirance du vice* the lure of vice.

attirant, e [atiʀɑ̃, ɑ̃t] adj attractive.

attirer [3] [atiʀe] vt **1.** [tirer vers soi] to draw / *elle a attiré l'enfant contre elle* / *sur son cœur* she drew the child to her / to her bosom / *il m'a attiré vers le balcon pour me montrer le paysage* he drew me towards the balcony to show me the view ▸ **l'aimant attire le fer** / **les épingles** iron is / pins are attracted to a magnet **2.** [inciter à venir - badaud] to attract ; [- proie] to lure / *couvre ce melon, il attire les guêpes* cover that melon up, it's attracting wasps ▸ **attirer les foules** to attract ou to draw (in) the crowds / *les requins, attirés par l'odeur du sang* sharks attracted ou drawn by the smell of blood / *le coup de feu les a attirés sur les lieux* the shot drew them to the scene ▸ **attirer qqn dans un coin** / **piège** to lure sb into a corner / trap / *après l'avoir attirée derrière un paravent, il l'a embrassée* he kissed her after luring her behind a screen ▸ **attirer qqn avec** ou **par des promesses** to lure ou to entice sb with promises **3.** [capter - attention, regard] to attract, to catch ▸ **attirer l'attention de qqn** to catch ou to attract sb's attention ▸ **attirer l'attention de qqn sur qqch** to call sb's attention to sthg, to point sthg out to sb ▸ **attirer l'intérêt de qqn** to attract sb's interest / *essayant d'attirer l'œil du serveur* trying to catch the waiter's eye **4.** [plaire à] to attract, to seduce / *les femmes mariées l'attirent, il est attiré par les femmes mariées* he's attracted to married women ▸ **se sentir attiré par qqn** to feel attracted to sb / *il a une façon de sourire qui attire les femmes* women find the way he smiles attractive / *son originalité attire les hommes* her originality appeals to men / *le jazz ne m'attire pas beaucoup* jazz doesn't appeal to me much **5.** [avoir comme conséquence] to bring, to cause ▸ **attirer des ennuis à qqn** to cause trouble for sb, to get sb into trouble / *sa démission lui a attiré des sympathies* her resignation won ou earned her some sympathy ▸ **attirer sur soi la colère** / **haine de qqn** to incur sb's anger **6.** ASTRON & PHYS to attract.

❖ **s'attirer** ◆ vp *(emploi réciproque)* to attract one another. ◆ vpt ▸ **s'attirer des ennuis** to get o.s. into trouble, to bring trouble upon o.s. ▸ **s'attirer la colère de qqn** to incur sb's anger ▸ **s'attirer les bonnes grâces de qqn** to win ou to gain sb's favour.

attiser [3] [atize] vt **1.** [flammes, feu] to poke ; [incendie] to fuel **2.** [colère, haine, désir] to stir up *(sép)*, to rouse.

attitré, e [atitʀe] adj **1.** [accrédité] accredited, appointed **2.** [habituel - fournisseur, marchand] usual, regular **3.** [favori - fauteuil, place] favourite.

attitude [atityd] nf **1.** [comportement] attitude / *son attitude envers moi* / *les femmes* his attitude towards me / women / *elle a eu une attitude irréprochable* her attitude was beyond reproach ; *péj* [affectation] attitude / *prendre une attitude* to strike an attitude / *prendre des attitudes* to put on airs / *il prend des attitudes de martyr* he puts on a martyred look ▸ **il a l'air indigné, mais ce n'est qu'une attitude** his indignation is only skin-deep **2.** [point de vue] standpoint / *adopter une attitude ambiguë* to adopt an ambiguous standpoint ou attitude **3.** [maintien] bearing, demeanour ▸ **avoir une attitude gauche** to move clumsily ; [position] position, posture / *surpris dans une attitude coupable* caught in a compromising position.

attorney [atɔʀnɛ] nm attorney ▸ **attorney général** Attorney-General.

attouchement [atuʃmɑ̃] nm touching *(U)* ▸ **se livrer à des attouchements sur qqn** DR to fondle sb, to interfere with sb.

attracteur [atʀaktœʀ] nm PHYS attractor.

attractif, ive [atʀaktif, iv] adj **1.** PHYS attractive **2.** *sout* [plaisant] attractive, appealing.

attraction [atʀaksjɔ̃] nf **1.** ASTRON & PHYS attraction ▸ **attraction terrestre** earth's gravity ▸ **attraction universelle** gravity **2.** [attirance] attraction ▸ **l'attraction qu'il éprouve pour elle** / **la mort** his attraction to her / death ▸ **exercer une attraction sur qqn** / **qqch** to attract sb / sthg / *la religion exerce-t-elle encore une attraction sur les jeunes?* does the younger generation still feel drawn towards religion? **3.** [centre d'intérêt] attraction / *la grande attraction de la soirée* the chief attraction of the evening / *les attractions touristiques de la région* the area's tourist attractions **4.** LOISIRS attraction ▸ **attraction principale** ou **numéro un** star attraction / *il y aura des attractions pour les enfants* entertainment will be provided for children **5.** LING attraction.

attractivité [atʀaktivite] nf [d'un pays, d'un métier] attractiveness.

attrait [atʀɛ] nm **1.** [beauté - d'un visage, d'une ville, d'une idéologie] attraction, attractiveness / *elle trouve beaucoup d'attrait à ses romans* she finds his novels very attractive / *un des attraits du célibat* one of the attractions of celibacy ▸ **village sans (grand) attrait** rather charmless village **2.** [fascination] appeal, fascination ▸ **éprouver un attrait pour qqch** to be fascinated by sthg.

❖ **attraits** nmpl *euphém & litt* charms / *sans qu'elle cherche à dissimuler ses attraits* making no attempt to hide what nature endowed her with.

attrapade [atʀapad] nf *fam* set-to, ding-dong UK, spat US.

attrape [atʀap] nf catch, trick / *il doit y avoir une attrape là-dessous* there must be a catch in it somewhere.

attrape-couillon [atʀapkujɔ̃] (*pl* **attrape-couillons**) nm *fam* con trick.

attrape-mouche [atʀapmuʃ] (*pl* **attrape-mouches**) nm BOT flytrap.

attrape-nigaud [atʀapnigo] (*pl* **attrape-nigauds**) nm confidence trick.

attraper [3] [atʀape] vt **1.** [prendre] to pick up *(sép)* / *attraper un timbre délicatement avec des pinces* to pick a stamp up carefully with tweezers / *la chatte attrape ses chatons par la peau du cou* the cat picks up her kittens by the scruff of the neck / *elle attrapa sa guitare sur le sol* she picked up her guitar from the floor / *attrape la casserole par le manche* hold ou grasp the pan by the handle **2.** [saisir au passage - bras, main, ballon] to grab ▸ **attraper qqn par le bras** to grab sb by the arm ▸ **attraper qqn par la taille** to grab sb round the waist / *il m'a attrapé par les épaules et m'a secoué* he took me by the shoulders and shook me / *il a attrapé un stylo et a couru répondre au téléphone* he grabbed a pen and ran to answer the phone / *attrape Rex, attrape!* come on Rex, get it! **3.** [saisir par force, par ruse] to capture, to catch **4.** [surprendre - voleur, tricheur] to catch ; [- bribe de conversation, mot] to catch

▸ **attraper qqn à faire** to catch sb doing / *attends que je t'attrape!* just you wait till I get hold of you! / *si tu veux le voir, il faut l'attraper au saut du lit / à la sortie du conseil* if you want to see him, you must catch him as he gets up / as he comes out of the board meeting / *que je ne t'attrape plus à écouter aux portes!* don't let me catch you listening behind doors again! **5.** [réprimander] to tell off *(sép)* / *papa m'a attrapé!* daddy told me off! / *je vais l'attraper quand il va rentrer* I'll give him a thorough telling-off when he gets home ▸ **se faire attraper** to get a telling-off **6.** [prendre de justesse - train] to catch **7.** *fam* [avoir] to get / *attraper une contravention* to get a ticket / *attraper un coup de soleil* to get sunburnt ▸ **attraper froid** ou **un rhume** ou **du mal** *vieilli* to catch ou to get a cold / *elle a attrapé la rubéole de son frère* she got ou caught her brother's German measles / *ferme la fenêtre, tu vas nous faire attraper un rhume!* close the window or we'll all catch cold! ▸ **tiens, attrape!** [à quelqu'un qui vient d'être critiqué] that's one in the eye for you!, take that! **8.** [tromper - naïf, gogo] to catch (out), to fool.

❖ **s'attraper** ◆ vp *(emploi passif)* [être contracté - maladie, mauvaise habitude] to be catching / *le cancer ne s'attrape pas* you don't catch cancer ▸ **la rougeole s'attrape facilement** measles is very catching. ◆ vp *(emploi réciproque)* [se disputer] to fight, to squabble / *tu les as entendus s'attraper?* did you hear them squabbling?

attrape-touristes [atʀapturist] nm inv tourist trap.

attrape-tout *(pl* attrape-tout), **attrapetout*** *(pl* **attrapetouts***) [atʀaptu] adj catch-all *(avant nom)* / *une catégorie attrape-tout* a catch-all category.

attrayant, e [atʀɛjɑ̃, ɑ̃t] adj [homme, femme] good-looking, attractive ; [suggestion] attractive, appealing ▸ **peu attrayant** unattractive, unappealing / *j'avoue que la perspective est attrayante* I must say the idea is appealing.

attrempage [atʀɑ̃paʒ] nm bringing to the required temperature.

attremper [3] [atʀɑ̃pe] vt to bring to the required temperature.

attribuable [atʀibɥabl] adj ▸ **attribuable à** attributable to.

attribuer [7] [atʀibɥe] vt **1.** [distribuer - somme, bien] to allocate ; [- titre, privilège] to grant ; [- fonction, place] to allocate, to assign ; [- prix, récompense] to award / *nous ne sommes pas ici pour attribuer des blâmes* it is not up to us to lay the blame ▸ **attribuer un rôle à qqn a)** THÉÂTRE to cast sb for a part **b)** *fig* to cast sb in a role **2.** [imputer] ▸ **attribuer qqch à qqn** to ascribe ou to attribute sthg to sb / *ses contemporains ne lui attribuaient aucune originalité* her contemporaries did not credit her with any originality ▸ **attribuer la paternité d'un enfant / d'une œuvre à qqn** to consider sb to be the father of a child / author of a work / *un sonnet longtemps attribué à Shakespeare* a sonnet long thought to have been written by Shakespeare / *ces mots ont été attribués à Marat* these words were attributed to Marat, Marat is supposed to have said these words / *on attribue cette découverte à Pasteur* this discovery is attributed to Pasteur, Pasteur is accredited with this discovery / *j'attribue sa réussite à son environnement* I put her success down ou I attribute her success to her environment / *un divorce qu'il faut attribuer à l'alcoolisme* a divorce to be blamed on alcoholism / *attribue leur conduite à la stupidité plus qu'à la méchanceté* you must put their attitude to stupidity rather than to evil intent / *à quoi attribuer cette succession de catastrophes?* what could account for this series of disasters? **3.** [accorder] ▸ **attribuer de l'importance / de la valeur à qqch** to attach importance to / to find value in sthg ▸ **attribuer de l'intérêt à qqch** to find sthg interesting.

❖ **s'attribuer** vpt ▸ **s'attribuer qqch** to claim sthg for o.s. / *il s'est attribué la plus grande chambre* he claimed the largest room for himself / *s'attribuer un titre* to give o.s. a title / *s'attribuer une fonction* to appoint o.s. to a function ▸ **s'attribuer tout le mérite de qqch** to claim all the credit for sthg.

attribut [atʀiby] nm **1.** [caractéristique] attribute, (characteristic) trait ▸ **attributs (virils** ou **masculins)** *euphém* (male) genitals **2.** GRAM predicate ▸ **adjectif attribut** predicative adjective.

attributaire [atʀibytɛʀ] nmf **1.** ÉCON allottee **2.** DR beneficiary **3.** [d'un prix] prize-winner, award-winner.

attributif, ive [atʀibytif, iv] adj **1.** GRAM predicative, attributive **2.** DR assignment *(modif).*

attribution [atʀibysjɔ̃] nf **1.** [distribution - d'une somme] allocation ; [- d'une place, d'une part] allocation, attribution ; [- d'un prix] awarding ; ÉCON [d'actions] allotment **2.** [reconnaissance - d'une œuvre, d'une responsabilité, d'une découverte] attribution / *toiles d'attribution douteuse* paintings of doubtful origin / *l'attribution de la figurine à Rodin a été contestée* doubts have been cast on the belief that Rodin sculpted the figurine.

❖ **attributions** nfpl ▸ **cela n'entre pas** ou **n'entre pas dans mes attributions** this doesn't come within my remit UK.

attristant, e [atʀistɑ̃, ɑ̃t] adj saddening, depressing / *il est attristant de voir que…* it's such a pity to see that… / *comme c'est attristant!* it's ever so depressing!

attrister [3] [atʀiste] vt to sadden, to depress / *sa mort nous a tous profondément attristés* we were all greatly saddened by his death / *cela m'attriste de voir que…* it makes me sad ou I find it such a pity to see that…

❖ **s'attrister de** vp + prép ▸ **s'attrister de qqch** to be sad about sthg / *je m'attriste d'apprendre qu'il est parti* I'm sad to learn that he's gone.

attrition [atʀisjɔ̃] nf MÉD & RELIG attrition.

attroupement [atʀupmɑ̃] nm crowd / *un attroupement s'est formé* a crowd gathered.

attrouper [3] [atʀupe] vt [foule] to gather, to draw, to attract.

❖ **s'attrouper** vpi [gén] to gather together ; [en grand nombre] to flock together.

atypique [atipik] adj atypical.

au [o] ⟶ à.

aubade [obad] nf dawn serenade, aubade ▸ **donner une aubade à qqn** to serenade sb (at dawn).

aubain [obɛ̃] nm HIST alien resident *(in France).*

aubaine [obɛn] nf [argent] windfall ; [affaire] bargain ; [occasion] godsend, golden opportunity ▸ **quelle aubaine!** what a godsend! / *c'est une véritable aubaine pour notre usine* it comes as ou it is a godsend to our factory ▸ **profiter de l'aubaine** to take advantage ou to make the most of a golden opportunity.

aube [ob] nf **1.** [aurore] dawn ▸ **à l'aube** at dawn, at daybreak / *il se leva à l'aube* he rose at dawn / *l'aube pointait quand il se leva* dawn was about to break when he got up ▸ **l'aube d'une ère nouvelle** *fig* the dawn ou dawning of a new era **2.** RELIG alb **3.** NAUT paddle, blade **4.** [d'un moulin] vane ; [pale] blade.

aubépine [obepin] nf hawthorn ▸ **fleur d'aubépine** may blossom.

auberge [obɛʀʒ] nf inn / *tu prends la maison pour une auberge? fam* do you think this house is a hotel? ▸ **auberge espagnole** : *les ordinateurs, c'est l'auberge* ou *c'est comme une auberge espagnole* you get out of computers what you put in them in the first place ▸ **auberge de jeunesse** youth hostel ▸ **il n'est pas sorti / on n'est pas sortis de l'auberge** *fam* he's / we're not out of the woods yet.

aubergine [obɛʀʒin] ◆ nf **1.** BOT aubergine UK, eggplant US **2.** *fam* [contractuelle] (female) traffic warden UK, meter maid US. ◆ adj inv [couleur] aubergine.

aubergiste [obɛʀʒist] nmf inn-keeper.

aubette [obɛt] nf BELG **1.** [kiosque à journaux] newsstand **2.** [abri] bus shelter.

aubier [obje] nm sapwood.

auburn [obœʀn] adj inv auburn.

Aubusson [obysɔ̃] npr *town in central France famous as a centre for tapestry-making.*

aucun, e [okœ̃, yn] ◆ adj indéf **1.** [avec une valeur négative] : *il ne fait aucun effort* he doesn't make any effort / *aucune décision n'a encore été prise* no decision has been reached yet / *aucun article n'est encore prêt* none of the articles is ready yet / *aucun mot ne sortit de sa bouche* he didn't utter a single word / *il n'y a aucune raison de croire que…* there's no reason ou there isn't any reason to think that… / *il n'y a aucun souci à se faire* there is nothing to worry about / *ils n'eurent aucun mal à découvrir la vérité* they had no trouble (at all) finding out the truth / *elle n'en prend aucun soin* she doesn't look after it at all / *je ne vois aucun inconvénient à ce que vous restiez* I don't mind your staying at all ▸ **en aucune façon** in no way ▸ **sans aucun doute** undoubtedly, without any doubt ▸ **sans aucun remords** quite remorselessly ▸ **aucune idée!** no idea! **2.** [avec une valeur positive] any / *il est plus rapide qu'aucun autre coureur* he's faster than any other runner / *avez-vous aucune intention de le faire?* have you any intention of doing it? ◆ pron indéf **1.** [avec une valeur négative] none / *aucun d'entre eux n'a pu répondre* none of them could answer / *je sais qu'aucun n'a menti* I know that none ou not one of them lied / *je n'ai lu aucun de ses livres* I haven't read any of her books ▸ **aucun (des deux)** neither (of them) **2.** [servant de réponse négative] none / *combien d'entre eux étaient présents? — aucun!* how many of them were present? — none! **3.** [avec une valeur positive] any / *j'ai apprécié son dernier livre plus qu'aucun de ses films* I enjoyed his last book more than any of his films / *il est plus fort qu'aucun de vos hommes* he's stronger than any of your men ▸ **d'aucuns** *sout* some / *d'aucuns pensent que la guerre est inévitable* some (people) think ou there are those who think that war is unavoidable.

aucunement [okynmɑ̃] adv **1.** [dans des énoncés négatifs avec 'ne' ou 'sans'] in no way, not in the least ou slightest / *il n'avait aucunement envie d'y aller* he didn't want to go there in the slightest / *il agissait sans aucunement se soucier des autres* he behaved without the slightest regard for others / *je n'ai aucunement l'intention de me laisser insulter* I certainly have no ou I haven't the slightest intention of letting myself be insulted **2.** [servant de réponse négative] not at all / *a-t-il été question de cela? — aucunement* was it a question of that? — not at all / *je vous dérange? — aucunement!* am I disturbing you? — not at all ou by no means!

audace [odas] nf **1.** [courage] daring, boldness, audaciousness ▸ **avec audace** audaciously / *ils ont eu l'audace de nous attaquer par le flanc droit* they were bold enough to attack our right flank **2.** [impudence] audacity / *il a eu l'audace de dire non* he dared (to) ou he had the audacity to say no **3.** [innovation] innovation / *les audaces de l'architecture moderne* the bold innovations of modern architecture.

audacieusement [odasjøzmɑ̃] adv audaciously.

audacieux, euse [odasjø, øz] ◆ adj **1.** [courageux] daring, bold, audacious **2.** [impudent] bold, audacious, impudent **3.** [innovateur] bold, audacious, innovative. ◆ nm, f bold man (woman) / *c'était un audacieux* he was very daring.

au-dedans [odədɑ̃] adv **1.** [à l'intérieur] inside ▸ **vert au-dedans, rouge au-dehors** green (on the) inside, red (on the) outside **2.** [mentalement] inwardly / *elle a l'air confiante mais au-dedans elle a des doutes* she looks confident but deep within herself ou but inwardly she has doubts.

❖ **au-dedans de** loc prép inside, within / *au-dedans d'elle-même, elle regrette son geste fig* deep down ou inwardly, she regrets what she did.

au-dehors [odəɔʀ] adv **1.** [à l'extérieur] outside / *il fait bon ici, mais au-dehors il fait froid* it's warm in here, but outside ou outdoors it's cold **2.** [en apparence] outwardly / *elle est généreuse même si au-dehors elle paraît dure* she's generous even if she looks cold ou if she's outwardly cold.

❖ **au-dehors de** loc prép outside, without *litt* / *au-dehors de ces murs, personne ne sait rien* nobody knows anything outside these walls.

au-delà [odəla] ◆ nm ▸ **l'au-delà** the hereafter, the next world. ◆ loc adv beyond / *au-delà il y a la mer* beyond ou further on there is the sea / *tu vois le monument? l'école est un peu au-delà* can you see the

* In reformed spelling (see p. 16-19).

monument? the school is a little further (on) ou just beyond (that) / *le désir d'aller au-delà* the desire to go further / *2 000 €, et je n'irai pas au-delà* 2,000 euros, and that's my final offer / *surtout ne va pas au-delà* [d'une somme] whatever you do, don't spend any more / *il a obtenu tout ce qu'il voulait et bien au-delà* he got everything he wanted and more.

❖ **au-delà de** loc prép [dans l'espace] beyond ; [dans le temps] after ▸ **au-delà de la frontière** on the other side of ou beyond the border / *au-delà de 75 €, vous êtes imposable* above 75 € you must pay taxes / *ne va pas au-delà de 150 €* don't spend more than 150 € / *au-delà des limites du raisonnable* beyond the limits of what is reasonable / *réussir au-delà de ses espérances* to succeed beyond one's expectations / *c'est au-delà de sa juridiction* it is beyond ou outside his jurisdiction ▸ **au-delà de ses forces / moyens** beyond one's strength / means.

au-dessous [odsu] adv **1.** [dans l'espace] below, under, underneath / *il habite à l'étage au-dessous* he lives one floor below / *il n'y a personne (à l'étage) au-dessous* there's no one on the floor below **2.** [dans une hiérarchie] under, below / *enfants âgés de 10 ans et au-dessous* children aged 10 and below ▸ **taille au-dessous** next size down ▸ **un ton au-dessous** MUS one tone lower.

❖ **au-dessous de** loc prép **1.** [dans l'espace] below, under, underneath / *elle habite au-dessous de chez moi* she lives downstairs from me / *juste au-dessous de la corniche* right under the cornice **2.** [dans une hiérarchie] below / *au-dessous du niveau de la mer* below sea level ▸ **au-dessous de zéro** below zero ▸ **température au-dessous de zéro** sub-zero temperature / *au-dessous de la moyenne* below average ▸ **au-dessous de 65 ans** under 65 / *paquet au-dessous de 10 kg* parcel of less than 10 kg ▸ **au-dessous d'un certain prix** under ou below a certain price / *c'est au-dessous de lui de supplier* it's beneath him to beg / *au-dessous de sa condition* beneath one's condition ▸ **être au-dessous de tout** : *il est vraiment au-dessous de tout!* he's really useless! / *le service est au-dessous de tout* the service is an absolute disgrace.

au-dessus [odsy] adv **1.** [dans l'espace] above ▸ **il habite au-dessus** he lives upstairs / *il n'y a rien au-dessus* there is nothing upstairs ou (up) above / *il y a une croix au-dessus* there's a cross above it / *là-haut, il y a le hameau des Chevrolles, et il n'y a rien au-dessus* up there is Chevrolles village, and there's nothing beyond it **2.** [dans une hiérarchie] above / *les enfants de 10 ans et au-dessus* children aged 10 and above ▸ **la taille au-dessus** the next size up ▸ **un ton au-dessus** MUS one tone higher.

❖ **au-dessus de** loc prép **1.** [dans l'espace] above / *le placard est au-dessus de l'évier* the cupboard is above the sink ▸ **au-dessus du genou** above the knee / *il habite au-dessus de chez moi* he lives upstairs from me / *un avion passa au-dessus de nos têtes* a plane flew overhead **2.** [dans une hiérarchie] above / *au-dessus du niveau de la mer* above sea level / *au-dessus de 5 000 pieds* above 5,000 feet / *10 degrés au-dessus de zéro* 10 degrees above zero / *paquet au-dessus de 10 kg* parcel weighing more than 10 kg ▸ **au-dessus d'un certain prix** above a certain price ▸ **au-dessus de 15 ans** over 15 years old / *vivre au-dessus de ses moyens* to live beyond one's means ▸ **au-dessus de tout soupçon** above all ou beyond suspicion / *elle est au-dessus de ça* she's above all that / *c'était au-dessus de mes forces* it was too much for ou beyond me / *se situer au-dessus des partis* to be politically neutral.

au-devant [odvɑ̃] ❖ **au-devant de** loc prép ▸ **aller** ou **se porter au-devant de qqn** to go and meet sb ▸ **courir** ou **se précipiter au-devant de qqn** to run to meet sb ▸ **aller au-devant des désirs de qqn** to anticipate sb's wishes / *aller au-devant de ses obligations* to do more than what's expected of one ▸ **il va au-devant de graves ennuis / d'une défaite** he's heading for serious troubles / failure / *aller au-devant du danger* to court danger.

audibilité [odibilite] nf audibility.

audible [odibl] adj audible / *règle ton micro, tu es à peine audible* adjust your microphone, we can barely hear you.

audience [odjɑ̃s] nf **1.** [entretien] audience ▸ **donner audience** ou **accorder une audience à qqn** to grant sb an audience **2.** DR hearing **3.** [public touché - par un livre] readership ; [- par un film, une pièce, un concert] public / *un livre dont l'audience a dépassé tous les espoirs* a book with an unexpectedly large readership / *une émission à large audience* a very popular programme / *cette proposition a trouvé audience auprès de la population française* this proposal met with a favourable reception from the French population ▸ **audience captive** captive audience ▸ **audience cible** target audience.

audiencer [16] [odjɑ̃se] vt DR to submit for hearing.

Audimat® [odimat] nm audience rating ; ≃ Nielsen® ratings US ▸ **course à l'Audimat®** ratings war.

audimètre [odimɛtʀ] nm audience rating device ▸ **victime de l'audimètre** victim of the ratings.

audio [odjo] adj inv [matériel, fichier, livre] audio.

audioblog [odjoblɔg] nm audioblog.

audioconférence [odjɔkɔ̃ferɑ̃s] nf audio conference.

audiodisque [odjɔdisk] nm record.

audiofréquence [odjɔfʀekɑ̃s] nf audio frequency.

audiogramme [odjɔgʀam] nm audiogram.

audioguide [odjɔgid] nm audio guide, headset.

audiomètre [odjɔmɛtʀ] nm audiometer.

audiométrie [odjɔmetʀi] nf audiometry.

audionumérique [odjɔnymeʀik] adj ▸ **disque audionumérique** compact disc.

audio-oral, e, aux [odjooʀal, o] adj ENS audio-oral.

audiophone [odjɔfɔn] nm hearing aid.

audioprothésiste [odjɔpʀɔtezist] nmf hearing aid specialist.

audiovisuel, elle [odjɔvizɥɛl] adj audiovisual.

❖ **audiovisuel** nm **1.** [matériel] ▸ **l'audiovisuel** **a)** [des médias] radio and television equipment **b)** [dans l'enseignement] audiovisual aids **2.** [médias] ▸ **l'audiovisuel** broadcasting **3.** [techniques] ▸ **l'audiovisuel** media techniques.

audit [odit] nm audit.

auditer [3] [odite] vt to audit.

auditeur, trice [oditœʀ, tʀis] nm, f **1.** [d'une radio, d'un disque] listener ▸ **les auditeurs** the audience **2.** LING hearer **3.** ADMIN ▸ **auditeur à la Cour des comptes** junior official at the Cour des comptes **4.** ENS ▸ **auditeur libre** unregistered student, auditor US / *j'y vais en auditeur libre* I go to the lectures but I'm not officially on the course UK, I audit the lectures US.

auditif, ive [oditif, iv] adj hearing, auditory *spéc.*

audition [odisjɔ̃] nf **1.** DANSE, MUS & THÉÂTRE audition ▸ **passer une audition** to audition ▸ **faire passer une audition à qqn** to audition sb **2.** DR ▸ **pendant l'audition des témoins** while the witnesses were being heard **3.** PHYSIOL hearing **4.** [fait d'écouter] listening / *l'audition est meilleure dans cette salle* the sound is better in this room / *ne pas toucher pendant l'audition* do not touch while listening.

auditionner [3] [odisjɔne] ◆ vt ▸ **auditionner qqn** to audition sb, to give sb an audition. ◆ vi to audition.

auditoire [oditwaʀ] nm **1.** [public] audience **2.** BELG & SUISSE [salle de conférence] conference hall.

auditorium [oditɔʀjɔm] nm auditorium.

auge [oʒ] nf **1.** CONSTR trough **2.** GÉOGR & GÉOL ▸ **auge glaciaire, vallée en auge** U-shaped valley **3.** TECHNOL [d'un moulin] channel **4.** [mangeoire] trough / *passe ton auge* *fam & hum* pass your plate.

auget [oʒɛ] nm bucket *(of waterwheel)*.

augment [ogmɑ̃] nm augment.

augmentable [ogmɑ̃tabl] adj augmentable.

augmentatif, ive [ogmɑ̃tatif, iv] adj augmentative.

❖ **augmentatif** nm augmentative suffix.

augmentation [ogmɑ̃tasjɔ̃] nf **1.** [fait d'augmenter] increase ▸ **une augmentation de 3 %** a 3% increase ▸ **l'augmentation de qqch** the increase in sthg / *l'augmentation des cas d'hépatite* the increase in the number of hepatitis cases / *constater l'augmentation des salaires / impôts* to note the increase in salaries / taxes ▸ **en augmentation** rising, increasing ▸ **augmentation de capital** increase in capital **2.** [action d'augmenter] ▸ **l'augmentation de qqch** the raising of sthg / *l'augmentation des prix par les producteurs* the raising of prices by producers **3.** [majoration de salaire] (pay) rise UK, raise US ▸ **demander une augmentation** to ask for a rise / *quand vas-tu toucher ton augmentation?* when will your pay rise come through?

augmenter [3] [ogmɑ̃te] ◆ vt **1.** [porter à un niveau plus élevé - impôt, prix, nombre] to put up *(sép)*, to increase, to raise ; [- durée] to increase ; [- tarif] to step up *(sép)* ; [- salaire] to increase, to raise, to give a rise UK ou raise US ; [- dépenses] to increase ▸ **augmenter le pain** ou **le prix du pain** to put up bread prices / *la crise a fait augmenter le prix du pétrole* the crisis has pushed up the price of oil ▸ **elle a été augmentée** *fam* she got a (pay) rise UK ou a raise US / *augmenter le temps passé au bureau* to increase the time spent in the office ▸ **augmenter qqch de** : *augmenter les impôts de 5 %* to put up ou to raise ou to increase taxes by 5% / *nous voulons augmenter les ventes de 10 %* we want to boost sales by 10% / *ils ont augmenté les employés de 10 euros* *fam* they put up the employees' pay by 10 euros **2.** [intensifier - tension, difficulté] to increase, to step up *(sép)*, to make worse / *ces déclarations n'ont fait qu'augmenter la peur du peuple* these remarks only added to ou fuelled the people's fear **3.** MUS to augment ▸ **en augmentant** crescendo. ◆ vi **1.** [dette, population] to grow, to increase, to get bigger ; [quantité, poids] to increase ; [prix, impôt, salaire] to increase, to go up, to rise ▸ **tout** ou **la vie augmente!** everything's going up! / *achetez maintenant, ça va augmenter!* buy now, prices are on the increase ou going up! / *les salaires n'ont pas augmenté depuis 2003* salaries have been pegged at the same level since 2003 / *la viande a augmenté* *fam*, *le prix de la viande a augmenté* meat's gone up, meat has increased in price / *ça va faire augmenter la viande* it'll put the price of meat up **2.** [difficulté, tension] to increase, to grow / *la violence augmente dans les villes* urban violence is on the increase.

❖ **s'augmenter de** vp + prép : *la famille s'est augmentée de deux jumeaux* a pair of twins has joined the family.

Augsbourg [ogsbuʀ] npr Augsburg.

augural, e, aux [ogyʀal, o] adj augural.

augure [ogyʀ] nm **1.** ANTIQ augur ; [voyant] prophet, soothsayer / *consulter les augures* to consult the oracle **2.** [présage] omen ; ANTIQ augury.

❖ **de bon augure** loc adj auspicious ▸ **c'est de bon augure** it's auspicious, it augurs well, it bodes well.

❖ **de mauvais augure** loc adj ominous, inauspicious ▸ **c'est de mauvais augure** it's ominous, it doesn't augur well, it bodes ill.

augurer [3] [ogyʀe] vt to foresee / *sa visite ne laisse pas augurer de progrès significatif* no significant progress can be expected as a result of his visit ▸ **sa réponse augure mal / bien de notre prochaine réunion** his answer doesn't augur well / augurs well for our next meeting.

auguste [ogyst] ◆ adj **1.** [personnage] august **2.** [majestueux - geste, pas, attitude] majestic, noble. ◆ nm clown.

Auguste [ogyst] npr [empereur] Augustus.

augustin, e [ogystɛ̃, in] nm, f Augustinian.

Augustin [ogystɛ̃] npr ▸ **saint Augustin** Saint Augustine.

augustinien, enne [ogystinjɛ̃, ɛn] adj & nm, f Augustinian.

aujourd'hui [oʒuʀdɥi] adv **1.** [ce jour] today / *je l'ai vu aujourd'hui* I've seen him today ▸ **le journal d'aujourd'hui** today's paper / *nous sommes le trois aujourd'hui* today's the third / *ce sera tout pour aujourd'hui* that'll be all for today / *il y a huit jours aujourd'hui* a week ago today ▸ **dès aujourd'hui** today ▸ **qu'est-ce qu'il est paresseux! — c'est pas**

d'aujourd'hui! *fam* he's so lazy! — tell me something new! ▸ **alors! c'est pour aujourd'hui ou pour demain?** *fam* come on, we haven't got all day! **2.** [à notre époque] today, nowadays ▸ **la France d'aujourd'hui** modern ou present-day France, the France of today.

aula [ola] nf SUISSE hall.

aulne [on] nm alder.

auloffée [olɔfe] nf luffing.

aulx [o] pl ⟶ **ail.**

aumône [omon] nf charity, alms ▸ **faire l'aumône à qqn** to give alms to sb ▸ **faire l'aumône de qqch à qqn** *fig* to favour UK ou favor US sb with sthg ▸ **demander l'aumône** to beg for alms / *je ne demande pas l'aumône, uniquement ce qui m'est dû* I'm not asking for any handouts, only for what's rightly mine ▸ **vivre d'aumônes** to live on charity / *il lui fit l'aumône d'un regard* *litt* he spared her a glance.

aumônerie [omonʀi] nf chaplaincy.

aumônier [omonje] nm chaplain.

aumônière [omonjɛʀ] nf purse.

aune [on] ◆ nf ▸ **visage long** ou **tête longue d'une aune** face as long as a fiddle ▸ **savoir ce qu'en vaut l'aune** *litt* to know the value of things (through experience) / *c'est moi qui l'ai écrit — alors vous savez ce qu'en vaut l'aune!* I wrote it — so you should know what it's worth! ◆ nm = **aulne.**

auparavant [opaʀavɑ̃] adv **1.** [avant] before, previously ▸ **10 ans auparavant** 10 years before ou previously / *il avait auparavant vécu à l'étranger* he had previously lived abroad **2.** [tout d'abord] beforehand, first / *vous signerez là, mais auparavant j'aimerais faire une photocopie* you'll sign here but before you do ou but first ou but beforehand I'd like to make a photocopy.

auprès [opʀɛ] adv nearby.

❖ **auprès de** loc prép **1.** [à côté de] close to, near, by ▸ **assis auprès du feu** sitting by the fire ▸ **rester auprès de qqn** to stay with ou close to sb **2.** [dans l'opinion de] ▸ **avoir de l'influence auprès de qqn** to have some influence with sb / *il passe pour un fin connaisseur auprès de ses amis* he's considered a connoisseur by his friends **3.** [en s'adressant à] : *chercher du réconfort auprès d'un ami* to seek comfort from a friend / *faire une demande auprès d'un organisme* to make an application ou to apply to an organization ▸ **demander une autorisation auprès de qqn** to ask permission of sb ▸ **agir auprès de qqn** to use one's influence with sb **4.** [comparé à] compared with ou to / *ce n'est rien auprès de ce qu'il a gagné* it's nothing compared to ou with what he made **5.** [dans un titre] : *ambassadeur auprès du roi du Danemark* ambassador to the King of Denmark.

auquel [okɛl] m ⟶ **lequel.**

aura [oʀa] nf aura.

Aurélien [oʀeljɛ̃] npr Aurelian.

auréole [oʀeɔl] nf **1.** ART halo / *ils aiment à se parer de l'auréole du sacrifice* *fig* they like to wear the crown of sacrifice / *il a toujours nimbé sa mère d'une auréole* he's always worshipped his mother **2.** [tache] ring / *produit détachant qui ne laisse pas d'auréole* product that removes stains without leaving a mark **3.** ASTRON halo.

auréoler [3] [oʀeɔle] vt **1.** [parer] ▸ **auréoler qqn de** : *auréoler qqn de toutes les vertus* to turn sb into a saint / *tout auréolée de ses victoires américaines, elle vient se mesurer aux basketteuses européennes* basking in the glory of her American victories, she's come to challenge the European basketball teams **2.** ART to paint a halo around the head of / *tête auréolée de cheveux roux* *fig* head with a halo of red hair.

❖ **s'auréoler de** vp + prép : *elle aime à s'auréoler de mystère* she likes to wreathe herself in mystery / *il s'était auréolé de gloire sur les champs de bataille* he had won his laurels on the battlefield.

auréomycine [oʀeomisin] nf aureomycin.

auriculaire [oʀikylɛʀ] ◆ adj auricular. ◆ nm little finger.

auricule [oʀikyl] nf ANAT auricle.

aurifère [oʀifɛʀ] adj gold-bearing, auriferous *spéc.*

aurifier [9] [oʀifje] vt to fill with gold.

aurige [ɔʀiʒ] nm charioteer.

Aurigny [ɔʀiɲi] npr Alderney. ⟶ **île**

aurique [oʀik] adj auric.

aurochs, auroch* [oʀɔk] nm aurochs.

auroral, e, aux [ɔʀɔʀal, o] adj **1.** *litt* [de l'aurore] dawn *(modif)* **2.** ASTRON & MÉTÉOR auroral.

aurore [ɔʀɔʀ] ◆ nf **1.** [matin] daybreak, dawn ▸ **avant l'aurore** before daybreak / *nous voici à l'aurore d'une ère nouvelle* *fig* we are witnessing the dawn ou dawning of a new era **2.** ASTRON aurora ▸ **aurore australe** aurora australis ▸ **aurore boréale** aurora borealis ▸ **aurore polaire** northern lights, aurora polaris. ◆ adj inv golden (yellow).

❖ **aux aurores** loc adv *hum* at the crack of dawn.

auscultation [oskyltasjɔ̃] nf auscultation.

ausculter [3] [oskylte] vt to listen to ou to sound the chest of, to auscultate *spéc* / *il t'a ausculté?* did he listen to your chest?

auspices [ospis] nmpl **1.** [parrainage] ▸ **faire qqch sous les auspices de qqn** to do sthg under the patronage ou auspices of sb **2.** [présage] ▸ **sous de bons / mauvais auspices** under favourable / unfavourable auspices **3.** ANTIQ auspices.

aussi [osi] ◆ adv **1.** [également] too, also / *tu y vas? j'y vais aussi* are you going? I'm going too ou as well / *j'y étais moi aussi* I was there too ou as well / *elle aussi travaille à Rome* she too works in Rome, she works in Rome as well / *il a faim, moi aussi* he's hungry, and so am I ou me too ▸ **elle parle russe, moi aussi** SHE speaks Russian and so do I / *c'est aussi leur avis* they think so too / *joyeux Noël! — vous aussi!* merry Christmas! — the same to you! **2.** [en plus] too, also / *il parle anglais et aussi espagnol* he speaks English and Spanish too / *le talent ne suffit pas, il faut aussi travailler* it's not enough to be talented, you also have to work ou you have to work too / *j'ai aussi une maison à Paris* I also have a house in Paris / *elle travaille aussi à Rome* she also works in Rome, she works in Rome too ou as well **3.** *(devant adj)* [terme de comparaison] : *il est aussi grand que son père* he's as tall as his father / *il est loin d'être aussi riche qu'elle* he's far from being as rich as she is ou as her ▸ **elle est aussi belle qu'intelligente** ou **qu'elle est intelligente** she is as beautiful as she is intelligent / *ils sont aussi bons l'un que l'autre* they're both equally good ; *(devant adv)* : *il ne s'attendait pas à être payé aussi rapidement que cela* he didn't expect to be paid as quickly as that ou that quickly / *il se conduit aussi mal qu'autrefois* he behaves just as badly as before ▸ **aussi souvent / tard / cher que...** as often / late / expensive as... ▸ **aussi doucement que possible** as quietly as possible / *il ne s'est jamais senti aussi bien que depuis qu'il a arrêté de fumer* he's never felt so well since he stopped smoking ▸ **aussi bien** : *il peut aussi bien rentrer chez lui* he might just as well go home / *je ferais aussi bien de partir* I might as well leave ▸ **aussi sec** *fam* right away **4.** [tellement] so ; [avec un adjectif épithète] such / *je n'ai jamais rien vu d'aussi beau* I've never seen anything so beautiful / *as-tu déjà mangé quelque chose d'aussi bon?* have you ever eaten anything so delicious? / *je ne le savais pas aussi têtu* I didn't know he was so stubborn ▸ **d'aussi beaux cheveux** such lovely hair / *une aussi bonne occasion ne se représentera plus* such a good opportunity won't come up again ; *(antéposé au verbe)* ▸ **aussi léger qu'il soit** ou **aussi léger soit-il, je ne pourrai pas le porter** light as it is, I won't be able to carry it / *aussi curieux que cela puisse paraître* strange as ou though it may seem. ◆ conj **1.** [indiquant la conséquence] therefore, and so / *il était très timide, aussi n'osa-t-il rien répondre* he was very shy, and so he didn't dare reply / *j'avais confiance en elle, aussi n'avais-je pas fait de copie du contrat* I trusted her, and so I hadn't made a copy of the contract **2.** [d'ailleurs] : *on ne lui a rien dit, aussi pourquoi n'a-t-il pas demandé?* we didn't tell him anything, but in any case, why didn't he ask? / *aussi bien est-ce ma faute, je ne l'avais pas prévenu* *litt* but it's my fault, I didn't warn him.

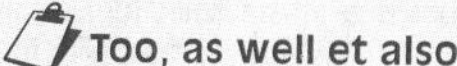

Too, as well et also

Aussi au sens d'« également » peut être rendu par too, as well et also, mais il convient de faire attention à leur place dans la phrase.

• As well (fréquent en anglais parlé) se place toujours en fin de phrase, tandis que also se place le plus souvent entre le sujet et le verbe (à l'exception de be) :

Il parle russe aussi. *He speaks Russian as well* ou *He also speaks Russian.*

Je suis pilote aussi. *I am a pilot as well* ou *I am also a pilot.*

En anglais américain, also se place parfois en fin de phrase :

Il parle chinois aussi. *He speaks Chinese also.*

Elle est traductrice aussi. *She's a translator also.*

• Also se place après le modal :

Ses parents peuvent venir aussi. *His parents can also come.*

Il te faudra aussi un gros pull. *You will also need a thick sweater.*

• Too se place soit en fin de phrase, soit directement après le sujet. Lorsque too est employé en fin de phrase, celle-ci peut être ambiguë ; il en va de même lorsqu'on emploie as well :

C'est aussi un bon cuisinier. *He's a good cook too* ou *as well.*

En plaçant too directement après le sujet, on évite cette ambiguïté (surtout à l'écrit) :

Lui aussi est bon cuisinier *He too is a good cook.*

À l'oral, c'est l'intonation qui enlève cette ambiguïté (les mots en bleu sont accentués) :

C'est aussi un bon cuisinier. *He's a good cook, too* ou *He's a good cook as well.*

Lui aussi est bon cuisinier. *He's a good cook, too* ou *He's a good cook as well.*

aussitôt [osito] adv immediately / *il vint aussitôt* he came right away ou immediately ▸ **aussitôt après son départ** immediately ou right after he left / *je suis tombé malade aussitôt après avoir acheté la maison* right after buying ou as soon as I'd bought the house I was taken ill / *il est arrivé aussitôt après* he arrived immediately after ou afterwards / *aussitôt rentré chez lui, il se coucha* as soon as he got home, he went to bed / *aussitôt votre lettre reçue, je...* as soon as I received your letter, I... ▸ **aussitôt dit, aussitôt fait** no sooner said than done.

❖ **aussitôt que** loc conj as soon as ▸ **aussitôt que possible** as soon as possible / *il l'appela aussitôt qu'il l'aperçut* he called out the moment ou as soon as he saw her.

austère [ostɛʀ] adj [architecture, mode de vie] austere, stark ; [style] dry ; [personnalité] stern, austere.

austèrement [ostɛʀmɑ̃] adv austerely.

austérité [osteʀite] nf **1.** [dépouillement -d'une architecture, d'un mode de vie] austerity, starkness ; [-d'un style] dryness / *l'austérité de leur vêtement reflète leur religion* their religious views are reflected in their austere dress **2.** ÉCON ▸ **mesures d'austérité** austerity measures ▸ **politique d'austérité** policy of austerity.

❖ **austérités** nfpl RELIG ▸ **les austérités** the austerities *sout.*

Austerlitz [ostɛʀlits] npr Austerlitz.

austral, e, als ou **aux** [ostʀal, o] adj [hémisphère] southern ; [pôle] south ; [constellation] austral. ⟶ **île**

* In reformed spelling (see p. 16-19).

australanthropien [ostʀalɑ̃tʀɔpjɛ̃] nm Australopithecus.

Australasie [ostʀalazi] npr f ▸ **l'Australasie** Australasia.

Australie [ostʀali] npr f ▸ **l'Australie** Australia / *l'Australie-Méridionale* South Australia / *l'Australie-Occidentale* Western Australia.

australien, enne [ostʀaljɛ̃, ɛn] adj Australian.

❖ **Australien, enne** nm, f Australian.

australopithèque [ostʀalɔpitɛk] nm Australopithecus.

austro-hongrois, e [ostʀoɔ̃gʀwa, az] adj Austro-Hungarian.

❖ **Austro-Hongrois, e** nmf Austro-Hungarian.

autan [otɑ̃] nm southerly wind.

autant [otɑ̃] adv **1.** [marquant l'intensité] : *je ne le hais plus autant* I don't hate him as much as I did / *j'ignorais que tu l'aimais autant* I didn't know that you loved him so much / *s'entraîne-t-il toujours autant?* does he still train as much (as he used to)? ▸ **pourquoi attendre autant?** why wait that ou so long? ; *(en corrélation avec 'que')* as much as / *les chaussures valent autant que la robe* the shoes are worth as much as the dress / *rien ne me déplaît autant que d'être en retard* there's nothing I dislike so much as being late / *tu peux le nier autant que tu voudras* you can deny it as much as you like / *la patiente doit prendre du repos autant que faire se peut* the patient must have as much rest as (is) possible ▸ **je l'aime autant que toi a)** [que tu l'aimes] I like him as much as you do **b)** [que je t'aime] I like him as much as you / *j'ai travaillé autant que lui* I worked as much ou as hard as he did / *cela me concerne autant que vous* it's of as much concern to me as it is to you **2.** [indiquant la quantité] : *je ne pensais pas qu'ils seraient autant* I didn't think there would be so many of them ▸ **elle boit toujours autant** she still drinks just as much (as she used to) / *on lui en remboursera autant* she'll get the same amount back ; *(en corrélation avec 'que')* : *ils sont autant que nous* there are as many of them as (there are of) us **3.** *(avec 'en')* [la même chose] : *tu devrais en faire autant* you should do the same / *pourriez-vous en faire autant?* could you do as much ou the same? / *j'en aurais fait autant pour toi* I'd have done the same ou as much for you ▸ **tâchez d'en faire autant** try to do the same / *il a fini son travail, je ne peux pas en dire autant* he's finished his work, I wish I could say as much ou the same / *elle est honnête, tout le monde ne peut pas en dire autant* she's honest, and not everyone can say that ou as much / *ce n'est pas toi qui pourrais en dire autant* you certainly couldn't say that ou as much, could you? / *j'en ai autant à votre service!* fam same to you!, likewise! **4.** *(avec l'infinitif)* [mieux vaut] ▸ **autant revenir demain** I / you, etc. might as well come back tomorrow / *autant manger le reste* I / you, etc. might as well eat up what's left / *autant dire la vérité* I / you, etc. might as well tell the truth / *autant y aller tant qu'il ne pleut pas* I / you, etc. might as well go while it's not raining **5.** [mieux] : *j'aurais autant fait de rester chez moi* I'd have done as well to stay at home / *tu aurais autant fait de passer par Le Mans* you'd have done as well to go via Le Mans / *autant aurait valu demander à sa sœur* it'd have been as well to ask her sister **6.** BELG [tant] : *il gagne autant par mois* he earns so much a month.

❖ **autant... autant** loc corrélative : *autant il est cultivé, autant il est nul en mathématiques* he's highly educated, but he's no good at mathematics / *autant il est gentil avec moi, autant il est désagréable avec elle* he's very nice to me, but he's horrible to her / *autant j'aime le vin, autant je déteste la bière* I hate beer as much as I love wine.

❖ **autant de** loc dét [avec un nom non comptable] as much ; [avec un nom comptable] as many ▸ **il y a autant d'eau / de sièges ici** there's as much water / there are as many seats here / *je ne pensais pas qu'il aurait autant de patience* I didn't think he'd have so much patience ▸ **je n'avais jamais vu autant d'eau / d'oliviers** I'd never seen so much water / so many olive-trees / *ces livres sont autant de chefs-d'œuvre* every last one of these books is a masterpiece ▸ **autant d'hommes, autant d'avis** as many opinions as there are men / *autant de lecteurs, autant de lectures* as many readings as there are readers ; *(en corrélation avec 'que')* : *il y a autant de femmes que d'hommes* there are as many women as (there are) men / *je lis autant de romans que de nouvelles* I read as many novels as short stories ▸ **(c'est) autant de...** *(+ pp)* : *(c'est) autant de gagné* ou *de pris* at least that's something / *c'est autant de perdu* that's that (gone) / *c'est autant de fait* that's that done at least.

❖ **autant dire** loc adv in other words / *j'ai été payé 500 euros, autant dire rien* I was paid 500 euros, in other words a pittance.

❖ **autant dire que** loc conj : *trois heures dans le four, autant dire que le poulet était carbonisé!* after three hours in the oven, needless to say the chicken was burnt to a cinder! / *l'ambassade ne répond plus, autant dire que tout est perdu* the embassy's phones are dead, a sure sign that all is lost.

❖ **autant que** loc conj **1.** [dans la mesure où] as far as ▸ **autant que possible** as far as (is) possible / *autant que je me souvienne* as far as I can remember ▸ **autant que je (le) sache** as far as I know **2.** [il est préférable que] : *autant que je vous le dise tout de suite...* I may as well tell you straightaway...

❖ **d'autant** loc adv : *si le coût de la vie augmente de 2 %, les salaires seront augmentés d'autant* if the cost of living goes up by 2%, salaries will be raised accordingly / *cela augmente d'autant mon intérêt pour cette question* it makes me all the more interested in this question / *si l'on raccourcit la première étagère de cinq centimètres, il faudra raccourcir la deuxième d'autant* if we shorten the first shelf by five centimetres, we'll have to shorten the second one by the same amount.

❖ **d'autant mieux** loc adv all the better, much better / *pars à la campagne, tu te reposeras d'autant mieux* you'll have a much better rest if you go to the country / *c'est d'autant mieux ainsi* it's much better like that.

❖ **d'autant mieux que** loc conj : *il a travaillé d'autant mieux qu'il se sentait encouragé* he worked all the better for feeling encouraged.

❖ **d'autant moins que** loc conj : *je le vois d'autant moins qu'il est très occupé en ce moment* I see even less of him now that he's very busy.

❖ **d'autant moins... que** loc corrélative : *elle est d'autant moins excusable qu'on l'avait prévenue* what she did is all the less forgivable as she'd been warned / *la promenade a été d'autant moins agréable que j'étais un peu souffrant* the walk wasn't very pleasant, particularly as ou since I wasn't feeling well.

❖ **d'autant plus** loc adv all the more reason / *mais je ne l'ai jamais fait! — eh bien d'autant plus!* but I've never done it before! — so ou well, all the more reason!

❖ **d'autant plus que** loc conj especially as / *il vous écoutera d'autant plus qu'il vous connaît* he'll listen to you, especially as ou particularly as he knows you.

❖ **d'autant plus... que** loc corrélative : *c'est d'autant plus stupide qu'il ne sait pas nager* it's particularly ou all the more stupid given (the fact) that he can't swim.

❖ **d'autant que** loc conj [vu que, attendu que] especially as, particularly as / *il faut rentrer — oui, d'autant que je n'ai pas encore préparé le dîner* it's time to go home — yes particularly ou especially as I haven't got dinner ready yet / *c'est une bonne affaire, d'autant que le crédit est très avantageux* it's a good deal, especially as the terms of credit are very advantageous.

❖ **pour autant** loc adv : *la situation n'est pas perdue pour autant* the situation isn't hopeless for all that, it doesn't necessarily mean all is lost / *n'en perds pas l'appétit pour autant* don't let it put you off your food / *il t'aime bien, mais il ne t'aidera pas pour autant* just because he's fond of you (it) doesn't mean that he'll help you / *fais-le-lui remarquer sans pour autant le culpabiliser* point it out to him, but don't make him feel guilty about it.

❖ **pour autant que** loc conj as far as / *pour autant que je (le) sache* as far as I know / *tu n'es pas inscrit, pour autant que je sache?* you're not on the register, as far as I know? / *pour autant qu'on puisse prévoir* as far as we can foresee ou predict / *pour autant qu'on puisse faire la comparaison* inasmuch as a comparison can be made / *pour autant qu'il ait pu être coupable* guilty though he might have been.

autarcie [otaʀsi] nf self-sufficiency, autarky *spéc* ▸ **vivre en autarcie** to be self-sufficient.

autarcique [otaʀsik] adj autarkic.

autel [otɛl] nm **1.** RELIG altar ▸ **conduire** ou **mener qqn à l'autel** to take sb to the altar ou down the aisle **2.** *litt* ▸ **l'Autel** the Church.

Auteuil [otøj] npr *upper-class district of Paris, well-known for its racecourse.*

auteur, e [otœʀ] nm, f **1.** [qui a écrit - un livre, un article, une chanson] writer, author / *on retrouve cette expression chez plusieurs auteurs* several writers use that phrase ▸ **auteur de a)** [d'une toile] painter of **b)** [d'un décor, d'un meuble, d'un vêtement] designer of **c)** [d'un morceau de musique] composer of **d)** [d'une statue] sculptor of **e)** [d'un film, d'un clip] director of / *une marine d'un auteur inconnu* a seascape by an unknown artist / *quelle jolie chanson, qui en est l'auteur?* what a lovely song, who wrote it? / *Léonard de Vinci a été l'auteur de nombreuses inventions* Leonardo invented many contraptions ▸ **un auteur dramatique** a playwright ▸ **un auteur à succès** a popular writer **2.** [responsable] ▸ **l'auteur de** : *l'auteur d'un accident* the person who caused an accident ▸ **l'auteur du meurtre** the murderer / *le meurtre dont il est l'auteur* the murder he committed / *les auteurs de ce crime* those who committed that crime / *les auteurs présumés de l'attentat* those suspected of having planted the bomb / *qui est l'auteur de cette farce?* who thought up this practical joke? / *l'auteur de la victoire / défaite* the person who brought about victory / defeat ▸ **l'auteur de mes jours** *litt ou hum* my progenitor *hum.*

auteur-compositeur [otœʀkɔ̃pozitœʀ] (*pl* **auteurs-compositeurs**) nm composer and lyricist ▸ **auteur-compositeur interprète** singer-songwriter ▸ **je suis auteur-compositeur interprète** I write and sing my own material.

authenticité [otɑ̃tisite] nf **1.** [d'un document, d'un tableau, d'un tapis] authenticity ; [d'un sentiment] genuineness / *l'authenticité de son chagrin* his heartfelt grief **2.** DR authenticity.

authentification [otɑ̃tifikasjɔ̃] nf authentication.

authentifier [9] [otɑ̃tifje] vt to authenticate.

authentique [otɑ̃tik] adj **1.** [document, tableau, tapis, objet d'art] genuine, authentic ; [sentiment] genuine, heartfelt **2.** DR authentic.

authentiquement [otɑ̃tikmɑ̃] adv authentically, genuinely.

autisme [otism] nm autism.

autiste [otist] ◆ adj autistic. ◆ nmf autistic person.

autistique [otistik] adj autistic.

auto [oto] ◆ nf car, automobile US / *en auto, il faut être prudent* one should be careful when driving ▸ **autos tamponneuses** bumper cars, dodgems. ◆ adj inv ⟶ **assurance.**

autoaccusateur, trice [otoakyzatœʀ, tʀis] adj self-accusatory.

autoaccusation [otɔakyzasjɔ̃] nf self-accusation.

autoadhésif, ive [otɔadezif, iv] adj self-adhesive.

autoalimenter [otɔalimɑ̃te] ❖ **s'autoalimenter** vp *(emploi réfléchi)* to be self-perpetuating.

autoallumage [otɔalymaʒ] nm pre-ignition.

autoamorçage [otɔamɔʀsaʒ] nm automatic priming.

autoanalyse [otɔanaliz] nf self-analysis.

autoanticorps [otɔɑ̃tikɔʀ] nm autoantibody.

autoberge [otɔbɛʀʒ] nf ▸ **(voie) autoberge** embankment road UK, expressway US *(along riverbank).*

autobiographie [otɔbjɔgʀafi] nf autobiography.

autobiographique [otɔbjɔgʀafik] adj autobiographical.

autobronzant, e [otɔbʀɔ̃zɑ̃, ɑ̃t] adj tanning.

❖ **autobronzant** nm **1.** [crème] tanning cream **2.** [cachet] tanning pill.

autobus [otɔbys] nm bus ▸ **autobus à impériale** double-decker (bus) UK.

autocar [otɔkaʀ] nm coach UK, bus US ▸ **autocar pullman** luxury coach.

autocariste [otokaʀist] nmf **1.** [propriétaire d'autocars] coach operator UK, bus company owner US **2.** [chauffeur] coach driver UK, bus driver US.

autocassable [otokasabl] adj ⟶ **ampoule.**

autocélébrer [otɔselebʀe] ❖ **s'autocélébrer** vp *(emploi réfléchi)* to sing one's own praises, to blow one's own trumpet.

autocensure [otɔsɑ̃syʀ] nf self-censorship, self-regulation ▸ **pratiquer l'autocensure** to censor o.s.

autocensurer [3] [otɔsɑ̃syʀe] ❖ **s'autocensurer** vp *(emploi réfléchi)* to censor o.s.

autocentré, e [otɔsɑ̃tʀe] adj autocentric.

autochenille [otɔʃnij] nf half-track.

autochtone [otɔktɔn] ◆ adj native. ◆ nmf native / *les autochtones sont arrivés en masse* hum the locals turned up in droves.

autoclave [otɔklav] ◆ adj pressure-sealed, autoclave *(modif).* ◆ nm autoclave, pressure cooker.

autocollant, e [otɔkɔlɑ̃, ɑ̃t] adj self-adhesive.
❖ **autocollant** nm sticker.

autoconsommation [otɔkɔ̃sɔmasjɔ̃] nf : *les légumes qu'ils cultivent sont destinés à l'autoconsommation* the vegetables they grow are meant for their own consumption ▸ **économie d'autoconsommation** subsistence economy.

autocopiant, e [otɔkɔpjɑ̃, ɑ̃t] adj carbonless.

autocorrectif, ive [otɔkɔʀɛktif, iv] adj self-correcting.

autocorrection [otɔkɔʀɛksjɔ̃] nf self-correcting.

autocouchette [otɔkuʃɛt] adj inv = **autos-couchettes.**

autocrate [otɔkʀat] nm autocrat.

autocratie [otɔkʀasi] nf autocracy.

autocratique [otɔkʀatik] adj autocratic.

autocritique [otɔkʀitik] nf self-criticism ▸ **faire son autocritique** to make a thorough criticism of o.s.

autocuiseur [otɔkɥizœʀ] nm pressure cooker.

autodafé [otɔdafe] nm auto-da-fé / *faire un autodafé de livres* to burn books.

autodéfense [otɔdefɑ̃s] nf self-defence UK, self-defense US.
❖ **d'autodéfense** loc adj [arme] defensive ▸ **groupe d'autodéfense** vigilante group.

autodérision [otɔdeʀizjɔ̃] nf self-mockery.

autodestructeur, trice [otɔdɛstʀyktœʀ, tʀis] adj self-destroying.

autodestruction [otɔdɛstʀyksjɔ̃] nf self-destruction.

autodétermination [otɔdetɛʀminasjɔ̃] nf self-determination.

autodétruire [98] [otɔdetʀɥiʀ] ❖ **s'autodétruire** vp *(emploi réfléchi)* to self-destruct.

autodidacte [otɔdidakt] ◆ adj self-taught, self-educated. ◆ nmf autodidact.

autodirecteur, trice [otɔdiʀɛktœʀ, tʀis] adj self-guiding.
❖ **autodirecteur** nm self-guiding device.

autodiscipline [otɔdisiplin] nf self-discipline.

autodrome [otɔdʀom] nm car-racing track.

auto-école (*pl* **auto-écoles**), **autoécole*** [otɔekɔl] nf driving-school ; *(comme adj)* ▸ **voiture auto-école** driving-school car.

autoélévateur, trice [otɔelevatœʀ, tʀis] adj self-adjusting.

autoérotique [otɔeʀɔtik] adj autoerotic, onanistic.

autoérotisme [otɔeʀɔtism] nm autoeroticism, onanism.

autofécondation [otɔfekɔ̃dasjɔ̃] nf self-fertilization, self-fertilizing.

autofinancement [otɔfinɑ̃smɑ̃] nm self-financing ▸ **capacité d'autofinancement** cash flow.

autofinancer [16] [otɔfinɑ̃se] ❖ **s'autofinancer** vp *(emploi réfléchi)* to be self-financing ou self-supporting.

autofocus [otɔfɔkys] ◆ adj autofocus. ◆ nm **1.** [système] autofocus system **2.** [appareil] autofocus camera.

autogène [otɔʒɛn] adj autogenous.

autogénèse [otɔʒenɛz] nf autogenesis.

autogéré, e [otɔʒeʀe] adj self-managed, self-run.

autogérer [18] [otɔʒeʀe] vt [entreprise, commune] to self-manage.
❖ **s'autogérer** vp *(emploi réfléchi)* [collectivité] to be self-managing.

autogestion [otɔʒɛstjɔ̃] nf self-management ▸ **entreprise / université en autogestion** self-managed company / university.

autogestionnaire [otɔʒɛstjɔnɛʀ] ◆ adj based on workers' self-management. ◆ nmf advocate of workers' self-management.

autogire [otɔʒiʀ] nm autogiro.

autogonfler [otɔgɔ̃fle] ❖ **s'autogonfler** vpi to self-inflate.

autogouverner [3] [otɔguvɛʀne] ❖ **s'autogouverner** vp *(emploi réfléchi)* to be self-governing.

autographe [otɔgʀaf] ◆ adj handwritten, autograph *(modif).* ◆ nm autograph.

autogreffe [otɔgʀɛf] nf autograft / *faire une autogreffe* to carry out an autograft.

autoguidage [otɔgidaʒ] nm guidance.

autoguidé, e [otɔgide] adj [avion] remotely-piloted ; [missile] guided.

autohypnose [otɔipnoz] nf autohypnosis.

auto-immun, e [otɔimœ̃, yn] (*mpl* **auto-immuns**, *fpl* **auto-immunes**) adj autoimmune.

auto-immunisation [otɔimynizasjɔ̃] = **auto-immunité.**

auto-immunitaire [otɔimynitɛʀ] (*pl* **auto-immunitaires**) adj autoimmune.

auto-immunité [otɔimynite] (*pl* **auto-immunités**) nf autoimmunity.

auto-inductance [otɔɛ̃dyktɑ̃s] (*pl* **auto-inductances**) nf self-inductance.

auto-induction [otɔɛ̃dyksjɔ̃] (*pl* **auto-inductions**) nf self-induction.

auto-infection [otɔɛ̃fɛksjɔ̃] nf autoinfection.

auto-intoxication [otɔɛ̃tɔksikasjɔ̃] (*pl* **auto-intoxications**) nf self-poisoning, autointoxication.

autolimitation [otɔlimitasjɔ̃] nf self-limitation.

autolubrifiant, e [otɔlybʀifjɑ̃, ɑ̃t] adj self-lubricating.

autolysat [otɔliza] nm substance resulting from autolysis.

autolyse [otɔliz] nf autolysis.

automate [otɔmat] nm **1.** [robot] automaton, robot ▸ **comme un automate** like a robot **2.** SUISSE [machine] vending machine ; [à billets] cash dispenser.

automaticien, enne [otɔmatisjɛ̃, ɛn] nm, f automation ou robotics specialist.

automaticité [otɔmatisite] nf automaticity.

automation [otɔmasjɔ̃] nf automation.

automatique [otɔmatik] ◆ adj automatic ▸ **de façon automatique** automatically. ◆ nm **1.** ARM automatic **2.** TÉLÉC ≃ direct dialling UK ou dialing US. ◆ nf **1.** AUTO automatic (car) **2.** SCI automation, cybernetics *(sg).*

automatiquement [otɔmatikmɑ̃] adv automatically.

automatisation [otɔmatizasjɔ̃] nf automation.

automatiser [3] [otɔmatize] vt to automate.
❖ **s'automatiser** vpi to become automated.

automatisme [otɔmatism] nm automatism / *j'éteins toutes les lampes, c'est un automatisme* I always switch lamps off, I do it without thinking ou it's automatic with me.

automédication [otɔmedikasjɔ̃] nf self-prescription *(of drugs)*, self-medication.

automitrailleuse [otɔmitʀajøz] nf armoured UK ou armored US car.

automnal, e, aux [otɔnal, o] adj autumnal *litt*, autumn *(modif)*, fall US *(modif)* ▸ **des teintes automnales** autumnal hues.

automne [otɔn] nm autumn, fall US ▸ **l'automne de sa vie** *litt* the autumn of his life.

automobile [otɔmɔbil] ◆ nf **1.** [véhicule] motor car UK, automobile US **2.** SPORT driving, motoring UK **3.** [industrie] car industry. ◆ adj **1.** MÉCAN [des voitures] car *(modif)* ; [bateau, engin] automotive, self-propelled **2.** ADMIN [vignette] car *(modif)* ; [assurance] car, automobile.

automobilisme [otɔmɔbilism] nm driving, motoring UK.

automobiliste [otɔmɔbilist] nmf driver, motorist UK.

automorphisme [otɔmɔʀfism] nm automorphism.

automoteur, trice [otɔmɔtœʀ, tʀis] adj automotive, motorized, self-propelled.
❖ **automoteur** nm **1.** MIL self-propelled gun **2.** NAUT self-propelled barge.
❖ **automotrice** nf electric railcar.

automouvant, e [otɔmuvɑ̃, ɑ̃t] adj self-propelled.

automutilation [otɔmytilasjɔ̃] nf self-mutilation.

autoneige [otɔnɛʒ] nf QUÉBEC snowmobile.

autonettoyant, e [otɔnɛtwajɑ̃, ɑ̃t] adj self-cleaning.

autonome [otɔnɔm] adj **1.** [autogéré - territoire, gouvernement, organisme] autonomous, self-governing ▸ **gestion autonome** managerial autonomy **2.** [non affilié - syndicat] independent **3.** [libre - caractère, personnalité] autonomous, independent ▸ **elle est très autonome** she likes to make her own decisions.
❖ **autonomes** nmpl *unaffiliated political extremist group (in France in the 1970s).*

autonomie [otɔnɔmi] nf **1.** [d'une personne] autonomy, independence ; [d'un État, d'un pays] autonomy, self-government ▸ **ils veulent l'autonomie** ou **leur autonomie** they want to be self-governed **2.** [d'un véhicule, d'un avion] range ; [d'un appareil rechargeable] : *ce rasoir a une autonomie de 30 minutes* the razor will run for 30 minutes before it needs recharging.

autonomisation [otɔnɔmizasjɔ̃] nf empowerment.

autonomiser [otɔnɔmize] vt [personne, groupe] to empower ; [région] to make more autonomous.
❖ **s'autonomiser** vp [personne, groupe] to become empowered ; [région] to become more autonomous.

autonomiste [otɔnɔmist] adj & nmf separatist.

autoplastie [otɔplasti] nf autoplasty.

autopompe [otɔpɔ̃p] nf fire-engine.

autoportant, e [otɔpɔʀtɑ̃, ɑ̃t] adj self-supporting.

autoportrait [otɔpɔʀtʀɛ] nm self-portrait ▸ **faire son autoportrait** to paint a self-portrait / *en réalité, dans cette nouvelle, elle fait son autoportrait* this short story is in fact her self-portrait.

autoproclamer [otɔpʀɔklame] ❖ **s'autoproclamer** vp to proclaim o.s. / *il s'est autoproclamé expert* he has proclaimed himself (to be) an expert.

autopropulsé, e [otɔpʀɔpylse] adj self-propelled.

autopropulseur [otɔpʀɔpylsœʀ] ◆ adj m self-propelling. ◆ nm self-propulsion apparatus ou system.

autopropulsion [otɔpʀɔpylsjɔ̃] nf self-propulsion.

autopsie [otɔpsi] nf **1.** MÉD autopsy ▸ **pratiquer une autopsie** to carry out an autopsy **2.** [analyse] critical analysis, autopsy / *faire l'autopsie d'un conflit* to go into the causes of a conflict.

autopsier [9] [otɔpsje] vt to carry out an autopsy on.

autopunitif, ive [otɔpynitif, iv] adj self-punishing.

autopunition [otɔpynisjɔ̃] nf self-punishment.

autoradio [otɔʀadjo] nm car radio.

autoradiographie [otɔʀadjɔgʀafi] nf autoradiography.

autorail [otɔʀaj] nm railcar.

autoréglage [otɔʀeglaʒ] nm automatic control.

autorégulateur, trice [otɔʀegylatœʀ, tʀis] adj self-regulating.

* In reformed spelling (see p. 16-19).

autorégulation [otɔregylasjɔ̃] nf **1.** BIOL & PHYSIOL self-regulation **2.** TECHNOL automatic regulation.

autoréparable [otɔreparabl] adj self-repairing.

auto-reverse [otɔrivœrs], **auto-réversible** [otɔreversibl] adj auto-reverse.

autorisation [otɔrizasjɔ̃] nf **1.** [consentement - d'un parent] permission, consent ; [- d'un supérieur] permission, authorization ; [- d'un groupe] authorization ▸ **donner son autorisation à qqch** to consent to sthg ▸ **donner à qqn l'autorisation de faire qqch** to give sb permission to do sthg / *qui t'a donné l'autorisation de prendre ces pommes?* who said you could have these apples? ▸ **faire qqch sans autorisation** to do sthg without permission ▸ **autorisation d'accès** INFORM access permission ▸ **autorisation parentale** parental consent **2.** ADMIN [acte officiel] authorization, permit ▸ **autorisation de mise sur le marché** *permit to market a product* ▸ **autorisation de sortie** [d'un lycée] (special) pass ▸ **autorisation de sortie du territoire** parental authorization *(permitting a minor to leave a country)* **3.** BANQUE : *une autorisation de 400 euros* a temporary overdraft of up to 400 euros ▸ **autorisation de crédit** credit line ▸ **autorisation de découvert** overdraft facility.

autorisé, e [otɔrize] adj **1.** PRESSE official / *de source autorisée, le président aurait déjà signé l'accord* sources close to the President say that he's already signed the agreement **2.** [agréé - aliment, colorant] permitted **3.** [qui a la permission] ▸ **personnes autorisées** authorized persons.

autoriser [3] [otɔrize] vt **1.** [permettre - manifestation, réunion, publication] to authorize, to allow ; [- emprunt] to authorize, to approve / *le défilé n'avait pas été autorisé* no permission ou authorization had been given for the procession (to be held) / *une pétition pour faire autoriser la sortie d'un film* a petition to have a film passed for release **2.** [donner l'autorisation à] ▸ **autoriser qqn à** to allow sb ou to give sb permission to / *je ne t'ai pas autorisé à utiliser ma voiture* I never said you could use my car / *je ne t'autorise pas à me parler sur ce ton* I won't have you talk to me like that ▸ **autoriser qqn à faire** [lui en donner le droit] to entitle sb ou to give sb the right to do / *vous êtes mes parents mais cela ne vous autorise pas à ouvrir mon courrier* my parents you may be but that doesn't give you the right to open my letters / *sa réponse nous autorise à penser que…* from his reply we may deduce ou his reply leads us to conclude that… **3.** [justifier] to permit of *sout*, to justify / *la jeunesse n'autorise pas tous les débordements* being young isn't an excuse for uncontrolled behaviour / *cette dépêche n'autorise plus le moindre espoir* this news spells the end of any last remaining hopes.

❖ **s'autoriser** vpt : *je m'autorise un petit verre de vin le soir* I allow myself a small glass of wine in the evening.

❖ **s'autoriser de** vp + prép [se servir de] : *elle s'autorise de sa confiance* she exploits his confidence in her.

autoritaire [otɔritɛr] ◆ adj authoritarian ▸ **il est très autoritaire** he's very overbearing. ◆ nmf authoritarian.

autoritairement [otɔritɛrmɑ̃] adv in an authoritarian way, with (excessive) authority.

autoritarisme [otɔritarism] nm authoritarianism.

autorité [otɔrite] nf **1.** [pouvoir] authority, power ▸ **l'autorité de la loi** the authority ou power of the law ▸ **par autorité de justice** by order of the court ▸ **avoir de l'autorité sur qqn** to be in ou to have authority over sb ▸ **être sous l'autorité de qqn** to be ou to come under sb's authority ▸ **se mettre sous l'autorité de qqn** to place o.s. under sb's authority ▸ **faire qqch de sa propre autorité** to do sthg on one's own authority ▸ **avoir autorité pour faire qqch** to have authority to do sthg ▸ **l'autorité parentale a)** [droits] parental rights **b)** [devoirs] parental responsibilities **2.** [fermeté] authority / *ses parents n'ont aucune autorité* her parents don't have any control over her / *faire preuve d'autorité envers un enfant* to show some authority towards a child / *il a besoin d'un peu d'autorité* he needs to be taken in hand / *avec de l'autorité dans la voix* with a note of authority in his voice **3.** [compétence] authority ▸ **dire qqch en invoquant l'autorité de qqn** to say sthg on sb's authority ▸ **parler de qqch avec autorité** to talk authoritatively about sthg ▸ **faire autorité** : *édition qui fait autorité* authoritative edition ▸ **version qui fait autorité** definitive version ▸ **essai qui fait autorité** seminal essay ; [expert] authority, expert / *c'est une autorité en matière de…* he's an authority ou expert on… **4.** ADMIN ▸ **l'autorité** ou **les autorités** those in authority ou the authorities ▸ **l'autorité militaire / religieuse** the military / religious authority ▸ **un agent** ou **représentant de l'autorité** an official ; [police] ▸ **les autorités** the police force / *les autorités ont dû intervenir* the police had to intervene.

❖ **d'autorité** loc adv without consultation / *si tu ne me le donnes pas, je le prendrai d'autorité* if you won't give it to me I'll take it without asking you / *d'autorité, j'ai décidé de fermer la bibliothèque le mercredi* I decided on my own authority to close the library on Wednesdays / *ils ont gelé les crédits d'autorité* they unilaterally stopped the funding.

autoroute [otɔrut] nf **1.** TRANSP motorway UK, freeway US / *conduite sur autoroute* motorway driving ▸ **autoroute à péage** toll motorway UK, turnpike US ▸ **l'autoroute du Soleil** *the motorway linking Paris, Lyon and Marseille, famously congested during the "grands départs" of July and August* **2.** INFORM ▸ **autoroute électronique** information superhighway.

Autoroute

In France, motorways are indicated with the letter **A** followed by a number. Many motorways are privately run and operate a toll system **(péage)**.

autoroutier, ère [otɔrutje, ɛr] adj motorway UK *(modif)*, freeway US *(modif)*.

❖ **autoroutière** nf *car particularly suited to motorway driving conditions* / *c'est une bonne autoroutière* it's ideal for motorway driving.

autosatisfaction [otɔsatisfaksjɔ̃] nf self-satisfaction.

autos-couchettes [otɔkuʃɛt] adj inv ▸ **train autos-couchettes** car-sleeper train.

auto-stop, autostop* [otɔstɔp] nm sg hitch-hiking, hitching ▸ **faire de l'auto-stop** to hitch-hike, to hitch / *elle a fait de l'auto-stop jusqu'à Chicago* she hitch-hiked to ou she hitched a ride to Chicago ▸ **prendre qqn en auto-stop** to give sb a lift ou ride.

auto-stoppeur, euse *(mpl* **auto-stoppeurs,** *fpl* **auto-stoppeuses), autostoppeur*, euse** [otɔstɔpœr, øz] nm, f hitch-hiker ▸ **prendre un auto-stoppeur** to pick up a hitch-hiker.

autosubsistance [otɔsybzistɑ̃s] nf (economic) self-sufficiency.

autosuffisance [otɔsyfizɑ̃s] nf self-sufficiency.

autosuffisant, e [otɔsyfizɑ̃, ɑ̃t] adj self-sufficient.

autosuggestion [otɔsygʒɛstjɔ̃] nf autosuggestion.

autosurveillance [otɔsyrvejɑ̃s] nf MÉD self-monitoring ▸ **autosurveillance glycémique** self-monitoring of blood glucose.

autotracté, e [otɔtrakte] adj self-propelled.

autotransformateur [otɔtrɑ̃sfɔrmatœr] nm autotransformer.

autotransfusion [otɔtrɑ̃sfyzjɔ̃] nf self-transfusion.

autotrempant, e [otɔtrɑ̃pɑ̃, ɑ̃t] adj self-hardening.

autour[1] [otur] nm goshawk.

autour[2] [otur] adv around, round / *mets du papier de soie autour* wrap it up in tissue paper ▸ **tout autour** all around / *il y avait un arbre et les enfants couraient (tout) autour* there was a tree and the children were running round it / *une nappe avec des broderies tout autour* a tablecloth with embroidery all around it ou round the edges.

❖ **autour de** loc prép **1.** [dans l'espace] around ▸ **autour du village** around the village / *il observait les gens autour de lui* he looked at the people around him **2.** [indiquant une approximation] around / *il gagne autour de 2 500 euros* he earns around 2,500 euros / *elle a autour de 20 ans* she's about 20 / *il a fait beaucoup de films autour des années 30* he made a lot of films around the 1930s / *ils sont arrivés autour de 20 h* they arrived (at) around 8 p.m.

autovaccin [otɔvaksɛ̃] nm autogenous vaccine.

autre [otr] ◆ dét *(adj indéf)* **1.** [distinct, différent] ▸ **un autre homme** another ou a different man / *il a rencontré une autre femme* he's met another woman / *vous avez cette jupe dans une autre taille?* do you have this skirt in another ou in a different size? / *donnez-moi une autre tasse, celle-ci est ébréchée* give me another ou a new cup, this one's chipped ▸ **j'ai une autre idée** I've got another idea ▸ **en d'autres lieux** elsewhere ▸ **dans d'autres circonstances…** in other circumstances…, had the circumstances been different… / *tu veux autre chose?* do you want anything else? / *il n'y a que du fromage, je n'ai pas autre chose* there's only cheese, I haven't got anything else / *toute autre réaction m'aurait surpris* any other reaction would've surprised me / *la vérité est tout autre* the truth is quite ou very ou altogether different / *je me faisais une tout autre idée de la question* I had quite a different concept of the matter ▸ **ça c'est une autre histoire** ou **affaire** ou **paire de manches** *fam* that's something else altogether, that's another story ou kettle of fish (altogether) ▸ **autres temps, autres mœurs** other days, other ways **2.** [supplémentaire] : *voulez-vous un autre café?* would you like another coffee? / *il n'y a pas d'autres verres?* aren't there any other glasses? / *une autre bière, s'il vous plaît* another beer please / *un autre mot sur le sujet* another ou one more word on the subject / *vous avez le droit à une autre réponse* you may give one more answer / *elle est partie sans autres explications* she left without further explanation / *il nous faut une autre chaise* we need one more ou an extra ou another chair / *essaie une autre fois* try again ou one more time **3.** [devenu différent] different / *c'est un autre appartement maintenant!* it's quite a different flat now!, the flat is completely transformed now! / *je me sens un autre homme* I feel a different ou new man / *je me sens, comment dire, autre* I feel, how can I put it, different ▸ **un tout autre homme** a completely different man / *avec des fines herbes, ça a un tout autre goût!* with some fines herbes, it has quite a different taste! / *elle est tout autre désormais* she's completely different now **4.** [marquant la supériorité] : *leur ancien appartement avait un autre cachet!* their old flat had far more character! / *leurs émissions sont d'une autre qualité!* their programmes are far better! / *la cuisine d'Éric, c'est autre chose!* you should taste Éric's cooking! / *le Japon, ah c'est autre chose!* Japan, now that's really something else! / *Marc est bon en maths, mais Jean c'est autre chose!* Marc is good at maths, but he's nowhere near as good as Jean! **5.** [restant] other, remaining / *les autres passagers ont été rapatriés en autobus* the other passengers were taken home by bus **6.** [avec les pronoms 'nous' et 'vous'] ▸ **nous autres consommateurs…** we consumers… ▸ **vous autres Français…** you French people… / *écoutez-le, vous autres! fam* listen to him, you lot! **7.** [dans le temps] other / *on y est allés l'autre jour* we went there the other day / *on ira une autre année* we'll go another year ▸ **l'autre fois** the other time ▸ **d'autres fois** other times ▸ **en d'autres temps a)** in other times **b)** [dans le passé] in days gone by ▸ **l'autre matin** the other morning / *je l'ai vu l'autre dimanche* I saw him the other Sunday ▸ **un autre jour** some other day / *je reviendrai à un autre moment* I'll come back some other time ▸ **dans l'autre vie** in the next world ▸ **dans une autre vie** in another life **8.** [en corrélation avec 'l'un'] : *l'une et l'autre hypothèses sont valables* both hypotheses are valid / *l'un ou l'autre projet devra être accepté* one of the two projects will have to be accepted / *ni l'une ni l'autre explication n'est plausible* neither explanation is plausible. ◆ pron **1.** [désignant des personnes] ▸ **un autre** someone else, somebody else ▸ **d'autres** other people, others / *on n'attend pas les autres?* aren't we going to wait for the others? / *d'autres que moi vous donneront les explications nécessaires* others will give you the necessary explanations / *plus que tout autre, tu aurais dû prévoir que…* you of all people should have foreseen that… ▸ **tout** ou **un autre que lui aurait refusé** anyone else but him would have refused ▸ **quelqu'un d'autre** someone else ▸ **aucun autre, nul autre** *sout* no one else, nobody else, none other *sout* ▸ **personne d'autre** no one else, nobody else ▸ **bien d'autres ont essayé** a lot of other people have tried / *elle est plus futée que les autres* she's shrewder than (any of) the others ; [désignant des choses] ▸ **un autre** another one ▸ **d'autres** other ones, others / *une maison semblable à une autre* a house like any other / *le restaurant ne me disait rien, nous en avons cherché un autre* the restaurant didn't appeal to me, (so) we looked for another one / *ce livre ou l'autre* this book or the other one / *mes chaussures sont sales, il faut que je mette les autres* my shoes are dirty, I'll have to wear the other ones / *je n'en ai pas besoin d'autres* I don't need any more ▸ **et l'autre qui n'arrête pas de pleurer!** *fam* and that one who won't stop crying ! ▸ **et l'autre, il est fou!** *fam* listen to that one ou him, he's mad ! ▸ **quelque chose d'autre** something else ▸ **rien d'autre** nothing else ▸ **comme dit** ou **dirait l'autre** as they say ▸ **à d'autres!** *fam* go on with you !, come off it ! **2.** [en corrélation avec 'l'un'] ▸ **l'une chante, l'autre danse** one sings, the other dances ▸ **l'un et l'autre** both of them ▸ **l'un ou l'autre** (either) one or the other, either one / *je l'ai su par l'une ou l'autre de ses collègues* I heard it through one or other of his colleagues ▸ **l'un après l'autre** one after another ou the other ▸ **ils marchaient l'un derrière l'autre** / **l'un à côté de l'autre** they were walking one behind the other / side by side / *ni l'un ni l'autre n'est venu* neither (of them) came / *je n'ai pu les joindre ni l'un ni l'autre* I couldn't get hold of either (one) of them / *on ne peut pas les distinguer l'un de l'autre* you can't tell one from the other, you can't tell them apart / *on les prend souvent l'un pour l'autre* people often mistake one for the other / *les uns le détestent, les autres l'adorent* he's loathed by some, loved by others / *aimez-vous les uns les autres* love one another / *aidez-vous les uns les autres* help each other ou one another / *n'écoute pas ce que disent les uns et les autres* don't listen to what people say / *l'un ne va pas sans l'autre* you can't have one without the other ▸ **présente-les l'un à l'autre** introduce them to each other / *ils sont tout l'un pour l'autre* they mean everything to each other / *vous êtes des brutes les uns comme les autres!* you're (nothing but) beasts, all of you ! ▸ **l'un dans l'autre** all in all, at the end of the day / *c'est plus cher, mais plus solide: l'un dans l'autre on s'y retrouve* it's more expensive, but it's stronger: all in all ou at the end of the day it amounts to the same / *l'un dans l'autre, nous avons recouvré nos frais* at the end of the day we broke even. ◆ nm PHILOS ▸ **l'autre** the other.

autrefois [otʀəfwa] adv in the past, in former times ou days / *je l'ai bien connu autrefois* I knew him well once / *autrefois s'élevait ici un château médiéval…* there used to be a medieval castle here… ▸ **d'autrefois** of old, of former times / *les maisons d'autrefois n'avaient aucun confort* in the past ou in the old days, houses were very basic.

autrement [otʀəmɑ̃] adv **1.** [différemment] another ou some other way / *la bouteille va se renverser, pose-la autrement* that bottle will spill, stand it differently / *je ne vois rien dans le rétroviseur, mets-le autrement* I can't see out of the rearview mirror, adjust it for me / *la banque est fermée, je vais me débrouiller autrement* the bank's closed, I'll find some other way (of getting money) / *il est habillé autrement que d'habitude* he hasn't got his usual clothes on ▸ **en être autrement** : *comment pourrait-il en être autrement* how could things be different ? / *il n'en a jamais été autrement* things have always been this way ou have never been any other way ou have never been any different ▸ **faire autrement** : *nous ne les laisserons pas construire la route ici, il faudra qu'ils fassent autrement* we won't let them build the road here, they'll have to find another ou some other way / *il n'y a pas moyen de faire autrement* there's no other way ou no alternative / *j'ai accepté, je n'ai pas pu faire autrement* I had no alternative but to say yes ▸ **faire autrement que** : *je n'ai pu faire autrement que de les entendre* I couldn't help but overhear them / *il n'a pas pu faire autrement que de rembourser* he had no alternative but to pay the money back / *on ne peut faire autrement que d'admirer son audace* one can't but admire her daring **2.** [sinon] otherwise, or else / *payez car autrement vous aurez des ennuis* pay up or else you'll get into trouble / *les gens sont désagréables, autrement le travail est intéressant* the people are unpleasant, but otherwise ou apart from that the work's interesting / *c'est dommage, autrement on aurait pu partir à minuit* it's a shame, because otherwise we could have left at midnight **3.** *(suivi d'un comparatif)* [beaucoup] far / *c'est autrement plus grave cette fois-ci* it's far more serious this time / *elle est autrement plus jolie que sa sœur* she's far prettier than her sister / *c'est autrement moins cher au marché* it's far cheaper if you buy it on the market / *il est autrement moins intelligent que son premier mari* he's much less bright than her first husband.

❖ **autrement dit** loc adv in other words / *autrement dit tu me quittes?* in other words, you're leaving me ?

Autriche [otʀiʃ] npr f ▸ **(l')Autriche** Austria.

Autriche-Hongrie [otʀiʃɔ̃gʀi] npr HIST ▸ **l'Autriche-Hongrie** Austria-Hungary.

autrichien, enne [otʀiʃjɛ̃, ɛn] adj Austrian.

❖ **Autrichien, enne** nm, f Austrian ▸ **l'Autrichienne** HIST (Queen) Marie-Antoinette.

autruche [otʀyʃ] nf ostrich ▸ **faire l'autruche** to bury one's head in the sand.

autrui [otʀɥi] pron indéf inv *sout* others, other people / *peu m'importe l'opinion d'autrui* other people's opinion ou the opinion of others means little to me / *la liberté d'autrui* other people's freedom, the freedom of others ▸ **ne fais pas à autrui ce que tu ne voudrais pas qu'on te fît** *prov* do as you would be done by.

auvent [ovɑ̃] nm **1.** [en dur] porch roof **2.** [en toile] awning, canopy.

auvergnat, e [ovɛʀɲa, at] adj from the Auvergne, of the Auvergne.

❖ **Auvergnat, e** nm, f *inhabitant of or person from the Auvergne* ▸ **les Auvergnats** the people of the Auvergne.

❖ **auvergnat** nm LING *dialect spoken in the Auvergne.*

Auvergne [ovɛʀɲ] npr f ▸ **l'Auvergne** the Auvergne.

Auvergne

This administrative region includes the départements of Allier, Cantal, Haute-Loire and Puy-de-Dôme (capital: Clermont-Ferrand).

aux [o] ⟶ à.

auxerrois, e [osɛʀwa, az] adj from Auxerre.

❖ **Auxerrois, e** nm, f *inhabitant of or person from Auxerre.*

auxiliaire [oksiljɛʀ] ◆ adj **1.** LING auxiliary **2.** [annexe] assistant *(modif)*, auxiliary **3.** TECHNOL auxiliary, standby. ◆ nmf **1.** [employé temporaire] temporary worker ▸ **ce n'est qu'un auxiliaire** he's only temporary **2.** DR ▸ **auxiliaire de justice** representative of the law **3.** MÉD ▸ **auxiliaire médical** paramedic ▸ **les auxiliaires médicaux** the paramedical profession **4.** [aide] helper, assistant / *elle m'a été une auxiliaire infatigable* she was a constant help to me. ◆ nm **1.** LING auxiliary **2.** [outil, moyen] aid / *le magnétoscope est l'auxiliaire précieux de mon enseignement* I find a video-recorder to be an invaluable teaching aid.

❖ **auxiliaires** nmpl **1.** ANTIQ *foreign troops of the Roman Army* **2.** NAUT [moteurs] auxiliary engines ; [équipement] auxiliary equipment.

auxiliairement [oksiljɛʀmɑ̃] adv **1.** LING : *verbe utilisé auxiliairement* verb used as an auxiliary **2.** [accessoirement] secondarily / *auxiliairement, cela peut servir d'abri* it can also, if necessary, be used as a shelter.

auxiliariat [oksiljaʀja] nm (status of the) assistant teachers.

auxquelles, auxquels [okɛl] fpl & mpl ⟶ **lequel.**

av. abr écrite de **avenue.**

AV ◆ nm abr de **avis de virement.** ◆ abr écrite de **avant.**

avachi, e [avaʃi] adj **1.** [sans tenue - vêtement] crumpled, shapeless / *mon vieux pantalon avachi* my baggy old trousers ; [chapeau] crumpled ; [cuir] limp ; [sommier, banquette] sagging ; [chaussure] shapeless, down-at-heel ; [gâteau] soggy ; [soufflé] collapsed **2.** [indolent] flabby, spineless / *la génération avachie que nous a léguée la guerre* the flabby ou supine *litt* post-war generation.

avachir [32] [avaʃiʀ] ❖ **s'avachir** vpi **1.** [s'affaisser - vêtement] to become shapeless ; [- gâteau, forme] to collapse ; [- cuir] to go limp ; [- canapé] to start sagging **2.** [s'affaler] : *s'avachir dans un fauteuil / sur une table* to slump into an armchair / over a table.

avachissement [avaʃismɑ̃] nm **1.** [perte de tenue - d'un tissu] becoming limp, losing (its) shape ; [- de chaussures] wearing out ; [- d'un canapé] starting to sag ; [- d'une forme] collapsing ; [- de ressorts, des muscles] slackening / *lutter contre l'avachissement des tissus musculaires* to prevent the slackening of muscles ; [état déformé] limp ou worn-down appearance **2.** [perte de courage - physique] going limp ; [- moral] loss of moral fibre ▸ **gagné par un avachissement de tout son corps a)** [de fatigue] going limp (with tiredness) **b)** [à la chaleur] withering (in the heat) **3.** [état physique - temporaire] limpness ; [- permanent] flabbiness ; [découragement] loss of moral fibre ; [veulerie] spinelessness.

aval [aval] ◆ nm **1.** FIN endorsement, guarantee / *donner son aval à une traite* to guarantee ou to endorse a draft **2.** [soutien] support ▸ **donner son aval à qqn** to back sb (up) **3.** [autorisation] authorization ▸ **avoir l'aval des autorités** to have (an) official authorization **4.** [d'une rivière] downstream water **5.** [d'une pente] downhill side *(of a slope)* ▸ **faites face à l'aval** face the valley ▸ **regardez vers l'aval** look down the slope. ◆ adj ▸ **ski / skieur aval** downhill ski / skier.

❖ **en aval de** loc prép **1.** [en suivant une rivière] downstream ou down-river from **2.** [en montagne] downhill from **3.** [après] following on from / *les étapes qui se situent en aval de la production* the post-production stages.

avalanche [avalɑ̃ʃ] nf **1.** GÉOGR avalanche **2.** *fig* [quantité - de courrier, de protestations, de compliments, de lumière] flood ; [- de coups, d'insultes] shower / *il y eut une avalanche de réponses* the answers came pouring in.

avalancheux, euse [avalɑ̃ʃø, øz] adj avalanche-prone.

avalement [avalmɑ̃] nm swallow, swallowing *(U).*

avaler [3] [avale] vt **1.** [consommer - nourriture] to swallow ; [- boisson] to swallow, to drink ▸ **avaler qqch d'un (seul) coup** ou **d'un trait** to swallow sthg in one gulp ▸ **avaler qqch de travers** : *j'ai dû avaler quelque chose de travers* something went down the wrong way / *je n'ai rien avalé depuis deux jours* I haven't had a thing to eat for two days / *avaler du lait à petites gorgées* to sip milk ▸ **avaler sa salive** to swallow / *à midi, elle prend à peine le temps d'avaler son déjeuner* at lunchtime, she bolts her meal ; *(en usage absolu)* [manger, boire] to swallow **2.** *fig* ▸ **avaler les obstacles / kilomètres** to make light work of any obstacle / of distances ▸ **vouloir tout avaler** to be hungry ou thirsty for experience ▸ **avaler qqn tout cru** to eat sb alive ▸ **avaler son bulletin** ou **son acte de naissance** ou **sa chique** *fam* to kick the bucket, to go and meet one's maker *hum* ▸ **comme quelqu'un qui aurait avalé son** ou **un parapluie a)** [raide] stiffly, with his back like a rod **b)** [manquant d'adaptabilité] stiffly, starchily **3.** [inhaler - fumée, vapeurs] to inhale, to breathe in *(sép)* **4.** [lire - roman, article] to devour / *une petite anthologie que vous avalerez en un après-midi* a short anthology which you will read ou get through in one afternoon **5.** *fam* [croire - mensonge] to swallow, to buy / *vous croyez que je vais avaler ça?* do you think I'll buy that ? / *il a avalé mon histoire (toute crue)* he swallowed my story hook, line and sinker / *je lui ai fait avaler que j'étais malade* I got him to believe that I was sick / *on ne nous le fera pas* *avaler* it won't wash (with us) / *elle lui ferait avaler n'importe quoi* he believes anything she says **6.** *fam* [accepter - insulte] to swallow ▸ **pilule difficile à avaler** *fig* hard ou bitter pill to swallow ▸ **avaler la pilule** to swallow the bitter pill ▸ **avaler des couleuvres a)** [insultes] to swallow insults **b)** [mensonges] to be taken in ▸ **faire avaler des couleuvres à qqn a)** [insultes] to humiliate sb **b)** [mensonges] to take sb in.

avaleur [avalœr] nm ▸ **avaleur de sabres** sword swallower.

avaliser [3] [avalize] vt **1.** DR [effet] to endorse, to back ; [signature] to guarantee **2.** [donner son accord à] to back, to condone, to support / *nous n'avalisons pas ces comportements barbares* we do not condone such barbaric behaviour.

avaliseur [avalizœr] nm endorser.

à-valoir [avalwaR] nm inv advance (payment).

avance [avɑ̃s] nf **1.** [par rapport au temps prévu] : *prendre de l'avance dans ses études* to get ahead in one's studies ▸ **j'ai pris de l'avance sur le** ou **par rapport au planning** I'm ahead of schedule ▸ **avoir de l'avance sur** ou **par rapport à ses concurrents** to be ahead of the competition ou of one's competitors ▸ **arriver avec 10 minutes / jours d'avance** to arrive 10 minutes / days early / *le livreur a une heure d'avance* the delivery man is an hour early / *le maillot jaune a pris 37 secondes d'avance* the yellow jersey's 37 seconds ahead of time **2.** [d'une montre, d'un réveil] : *ta montre prend de l'avance* your watch is fast ▸ **ma montre a une minute d'avance / prend une seconde d'avance toutes les heures** my watch is one minute fast / gains a second every hour **3.** [avantage - d'une entreprise] lead ; [- d'une armée] progress / *l'avance prise par notre pays en matière de génétique* our country's lead in the field of genetics / *perdre son avance sur un marché / dans une discipline scolaire* to lose one's lead in a market / school subject ▸ **ralentir l'avance de qqn** to slow sb's progress ▸ **avoir 10 points d'avance sur qqn** to have a 10 point lead over sb / *elle a une avance de 10 mètres sur la Britannique* she leads the British girl by 10 metres, she has a 10 metres lead over the British girl ▸ **avoir une demi-longueur d'avance** to lead by half a length **4.** [dans un approvisionnement] ▸ **en avoir d'avance, en faire d'avance** : *prends ce beurre, j'en ai plusieurs paquets d'avance* have this butter, I keep several packs in reserve / *de la sauce tomate? j'en fais toujours d'avance* tomato sauce? I always make some in advance **5.** [acompte] advance ▸ **donner à qqn une avance sur son salaire** to give sb an advance on his / her salary ▸ **faire une avance de 500 euros à qqn** to advance 500 euros to sb ▸ **avance bancaire** FIN (bank) overdraft ▸ **avance de fonds** loan ▸ **avance sur recette** loan to a producer *(to be recouped against box-office takings)* ▸ **avance sur salaire** advance (on one's salary) ▸ **avance sur titre** collateral loan **6.** AUTO ▸ **avance à l'allumage** ignition advance **7.** TECHNOL ▸ **avance rapide** fast forward.

⁂ **avances** nfpl [propositions - d'amitié, d'association] overtures, advances ; [- sexuelles] advances ▸ **faire des avances à qqn a)** [suj : séducteur] to make advances to sb **b)** [suj : entreprise] to make overtures to sb / *ils nous ont fait quelques avances mais rien n'a été signé* they made a few overtures but there was no actual deal.

⁂ **à l'avance** loc adv [payer] in advance, beforehand / *vous le saurez à l'avance* you'll know beforehand ▸ **dites-le-moi bien à l'avance** tell me well in advance, give me plenty of notice / *je n'ai été averti que deux minutes à l'avance* I was only warned two minutes beforehand, I only got two minutes' notice / *acheter un billet deux mois à l'avance* to buy a ticket two months in advance ▸ **réservez longtemps à l'avance** book early / *je savais à l'avance qu'il allait mentir* I knew in advance ou I could tell beforehand that he would lie ▸ **je me réjouis / j'ai peur à l'avance de voir la tête qu'elle fera quand elle l'apprendra** I'm looking / I'm not looking forward to seeing her face when she hears about it.

⁂ **d'avance, par avance** loc adv [payer, remercier] in advance ▸ **d'avance merci** thanking you in advance ▸ **savourant d'avance sa revanche** already savouring his revenge ▸ **c'est joué d'avance** it's a foregone conclusion / *c'est tout combiné d'avance* *fam* it's a put-up job / *d'avance je peux te dire qu'il n'est pas fiable* I can tell you right away ou now that he's not reliable.

⁂ **en avance** ◆ loc adj : *elle est en avance sur le reste de la classe* she's ahead of the rest of the class ▸ **être en avance sur son temps** ou **époque** to be ahead of one's time / *techniquement, ils sont en avance par rapport à nous* they're technologically ahead of us. ◆ loc adv [avant l'heure prévue] early ▸ **arriver en avance** to arrive early / *elle arrive* ou *elle est toujours en avance* she's always early ▸ **être en avance** to be early / *être en avance de 10 minutes / jours* to be 10 minutes / days early / *je me dépêche, je ne suis pas en avance!* I must rush, I'm (rather) late !

avancé, e [avɑ̃se] adj **1.** [dans le temps - heure] late ▸ **à une heure avancée** late at night / *à une date avancée de la colonisation romaine* at a late stage in the colonization by Rome ▸ **la saison est avancée** it's very late in the season ▸ **à un âge avancé** late (on) in life / *arriver à un âge avancé* to be getting on in years **2.** [pourri - poisson, viande] off UK bad ; [- fruit] overripe / *des pêches un peu avancées* peaches that are past their best **3.** [développé - intelligence, économie] advanced / *un garçon avancé pour son âge* a boy who's mature for ou ahead of his years / *pays parvenus à un stade / état avancé de la technologie* countries that have reached an advanced stage / state of technological development / *à un stade peu avancé* at an early stage ▸ **te voilà bien avancé!** *iron* a (fat) lot of good that's done you ! **4.** MIL [division, élément] advance *(modif)* ▸ **ouvrage avancé** outwork.

⁂ **avancée** nf **1.** [progression] progress / *l'avancée spectaculaire d'une monnaie* spectacular progress made by a currency **2.** [d'un toit] overhang **3.** PÊCHE trace, cast, leader.

avancement [avɑ̃smɑ̃] nm **1.** [promotion] promotion, advancement ▸ **avoir** ou **obtenir de l'avancement** to get (a) promotion ou promoted **2.** [progression] progress / *y a-t-il de l'avancement dans les travaux?* is the work progressing? **3.** DR ▸ **avancement d'hoirie** advancement.

avancer [16] [avɑ̃se] ◆ vt **1.** [pousser vers l'avant] to push ou to move forward *(sép)* ; [amener vers l'avant] to bring forward *(sép)* / *tu es trop loin, avance ta chaise* you're too far away, move ou bring your chair forward ▸ **avancer un siège à qqn** to pull ou draw up a seat for sb / *il m'avança un siège et me demanda de m'asseoir* he pulled up a chair for me and asked me to sit down / *avancer son assiette* [vers le plat de service] to push one's plate forward / *avancer les aiguilles d'une horloge* to put the hands of a clock forward / *la voiture de Madame / Monsieur est avancée* *hum* Madam / Sir, your carriage awaits you **2.** [allonger] ▸ **avancer la tête** to stick one's head out / *avancer le cou* to crane one's neck ▸ **avancer sa** ou **la main vers qqch a)** [pour l'attraper] to reach towards sthg **b)** [pour qu'on vous le donne] to hold out one's hand for sthg **3.** [dans le temps] to bring ou to put forward *(sép)*, to move up US / *ils ont dû avancer la date de leur mariage* they had to bring the date of their wedding forward / *l'heure du départ a été avancée de 10 minutes* the starting time was put forward 10 minutes ▸ **la réunion a été avancée à demain / lundi** the meeting has been brought forward to tomorrow / Monday / *avancer sa montre (d'une heure)* to put one's watch forward (by an hour) **4.** [proposer - explication, raison, opinion] to put forward *(sép)*, to suggest, to advance ; [- argument, théorie, plan] to put forward / *être sûr de ce que l'on avance* to be certain of what one is saying / *si ce qu'il avance est vrai* if his allegations are true **5.** [faire progresser] ▸ **avancer qqn** to help sb along / *je vais rédiger les étiquettes pour vous avancer* I'll write out the labels to make it quicker for you ou to help you along / *trêve de bavardage, tout cela ne m'avance pas* that's enough chatting, all this isn't getting my work done / *voilà qui n'avance pas mes affaires* this isn't much good ou help (to me) / *ça t'avance à quoi de mentir?* *fam* what do you gain by lying? / *voilà à quoi ça t'avance de tricher* this is where cheating gets you / *les insultes ne t'avanceront à rien* being abusive will get you nowhere **6.** [prêter - argent, somme, loyer] to lend, to advance **7.** HORT [plante] to push, to force. ◆ vi **1.** [se déplacer dans l'espace] to move forward, to proceed *sout*, to advance ; MIL to advance ▸ **avancer d'un pas** to take one step forward ▸ **avancer à grands pas** to stride along ▸ **avancer avec difficulté** to plod along ▸ **avancer vers** ou **sur qqn d'un air menaçant** to advance on sb threateningly / *avoir du mal à avancer* to make slow progress / *le bus avançait lentement* the bus was moving slowly / *ne restez pas là, avancez!* don't just stand there, move on ! ▸ **avance!** [en voiture] move ! ▸ **faire avancer qqn / une mule** to move sb / a mule along ▸ **avancer vers un objectif a)** [armée] to advance toward ou on a target **b)** [entreprise] to make good progress in trying to fulfil an objective **2.** [progresser - temps, action] to be getting on, to progress ▸ **l'heure avance** time's ou it's getting on, it's getting late ▸ **l'été / l'hiver avance** we're well into the summer / winter / *au fur et à mesure que la nuit avançait* as the night wore on / *le jeu avançait, je n'avais plus que cinq cartes devant moi* the game was progressing ou we were well on into the game and I only had five cards left in front of me ▸ **ça avance?** how's it going? / *alors, ce tricot, ça avance?* how's this knitting of yours getting along? ▸ **ça avance bien** it's coming along nicely ▸ **les réparations n'avançaient pas / avançaient** the repair work was getting nowhere / was making swift progress ▸ **le projet n'avance plus** the project's come to a halt ou standstill ▸ **faire avancer a)** [cause] to promote **b)** [connaissances] to further, to advance ▸ **faire avancer les choses a)** [accélérer une action] to speed things up **b)** [améliorer la situation] to improve matters **3.** [faire des progrès] to make progress, to get further forward / *tu n'avanceras pas en remâchant tes idées noires* you won't get very far by going over the same depressing thoughts again and again / *j'ai l'impression de ne pas avancer* I don't feel I'm getting anywhere ou I'm making any headway ▸ **avancer dans une enquête / son travail** to make progress in an investigation / one's work / *les peintres avancent vite / lentement* the decorators are making good / slow progress ▸ **avancer en âge a)** [enfant] to grow up, to get older **b)** [personne mûre] to be getting on (in years) ▸ **avancer en grade** to be promoted, to get a promotion **4.** [montre, réveil] ▸ **votre montre avance** ou **vous avancez de 10 minutes** your watch is ou you are 10 minutes fast / *pendule qui avance d'une seconde toutes les heures* clock that gains a second every hour **5.** [faire saillie - nez, menton] to jut ou to stick out, to protrude ; [- piton, promontoire] to jut ou to stick out.

⁂ **s'avancer** vpi **1.** [approcher] to move forward ou closer / *avancez-vous, les enfants* move forward ou come closer, children ▸ **il s'avança vers moi** he came towards me / *elle s'avançait discrètement vers les gâteaux* she was discreetly making her way toward the cakes **2.** [prendre de l'avance] ▸ **s'avancer dans son travail** to make progress ou some headway in one's work **3.** [prendre position] to commit o.s. / *je ne voudrais pas m'avancer mais il est possible que…* I can't be positive but it might be that… / *il s'est avancé à la légère* he committed himself rather rashly / *je me suis trop avancé pour me dédire* I've gone too far ou I'm in too deep to pull out now / *je m'avance peut-être un peu trop en affirmant cela* it might be a bit rash of me to say this **4.** [faire saillie] to jut ou to stick out, to protrude / *la jetée s'avance dans la mer* the jetty sticks out into the sea.

Faire avancer le schmilblick

This is an allusion to a well-known 1975 sketch by Coluche entitled *le Schmilblik*, a parody of a popular TV game show in which the nonsense word **schmilblick** was substituted for a word the contestant was being asked to guess. The expression **faire avancer le schmilblick** is used to refer to something that makes (or, more commonly, doesn't make) a useful contribution:

Les travaux sont en retard, et tes remarques sur les compétences de l'architecte ne font

pas avancer le schmilblick : il est trop tard pour en changer aujourd'hui ! *The work's behind schedule and your comments on the architect's abilities aren't going to get us anywhere: it's too late to get a new one now.*
J'espère que mon article sur le tri sélectif fera avancer le schmilblick. *I hope my article on sorting household waste will make some kind of a difference.*

avanie [avani] nf snub ▸ **faire (subir) des avanies à qqn** to snub sb / *subir des avanies* to be snubbed.

avant [avɑ̃] ◆ prép **1.** [dans le temps] before / *avant le lever du soleil* before sunrise / *il est arrivé avant la nuit / le dîner* he arrived before nightfall / dinner / *je voudrais te voir avant mon départ* I'd like to see you before I leave ▸ **avant son élection** prior to her election, before being elected ▸ **avant la guerre** in the pre-war period, before the war ▸ **200 ans avant Jésus-Christ** 200 (years) BC / *je ne serai pas prêt avant une demi-heure* I won't be ready for another half an hour / *ne me réveille pas avant 11 h* don't wake me up before 11 / *quand mon manteau sera-t-il prêt? — pas avant mardi* when will my coat be ready? — not before Tuesday / *nous n'ouvrons pas avant 10 h* we don't open until 10 / *le contrat sera signé avant deux mois* the contract will be signed within two months / *vous recevrez votre livraison avant la fin du mois* you'll get your delivery before the end ou by the end of the month / *il faut que je termine avant ce soir* I've got to finish by this evening ▸ **il faut que tu y sois bien avant / un peu avant 11 h** you have to be there well before / a bit before 11 ▸ **peu avant les élections** a short while ou time before the elections **2.** [dans l'espace] before / *vous tournez à droite juste avant le feu* you turn right just before the lights / *il est tombé avant la ligne d'arrivée* he fell before the finishing line **3.** [dans un rang, un ordre, une hiérarchie] before ▸ **vous êtes avant moi** [dans une file d'attente] you're before me / *il était juste avant moi dans la file* he was just in front of me in the queue / *leur équipe est maintenant avant la nôtre dans le classement général* their team is now ahead of us in the league / *je place le travail avant tout le reste* I put work above ou before everything else / *ta santé passe avant ta carrière* your health is more important than ou comes before your career. ◆ adv **1.** [dans le temps] before ▸ **quelques jours avant** some days before / *il fallait (y) réfléchir avant* you should have thought (about it) before ▸ **avant, après** [légende de photo] before, after / *avant, j'avais plus de patience avec les enfants* I used to be more patient with children / *avant, il n'y avait pas de machines à laver* before ou in the old days, there weren't any washing machines / *la maison est comme avant* the house has remained the same ou is the same as it was (before) ▸ **peu de temps avant** shortly before ou beforehand / *quand j'ai un rendez-vous, j'aime arriver un peu avant* when I'm due to meet someone, I like to get there a little ahead of time ▸ **bien** ou **longtemps avant** well ou long before / *c'était bien avant, mais tu n'étais pas encore né* it was well before that, you weren't born then / *on n'a aucune chance de le rattraper, il est parti bien avant* there's no chance of catching up with him, he left well ahead of us / *il est parti quelques minutes avant* he left a few minutes before ou earlier ▸ **un jour / mois / an avant** a day / month / year earlier / *très avant dans la saison* very late in the season ▸ **discuter / lire bien avant dans la nuit** to talk / to read late into the night **2.** [dans l'espace] : *vous voyez le parc? il y a un restaurant juste avant* see the park? there's a restaurant just before it ou this side of it ▸ **allons plus avant** let's go further / *il s'était aventuré trop avant dans la forêt* he'd ventured too far into the forest ; *fig* ▸ **sans entrer** ou **aller plus avant dans les détails** without going into any further ou more detail / *il est allé trop avant dans les réformes* he went too far with the reforms / *on m'a empêché d'aller plus avant dans mon enquête* I was prevented from carrying my investigations further **3.** [dans un rang, un ordre, une hiérarchie] : *est-ce que je peux passer avant?* can I go first? ▸ **lequel met-on avant?** which one do you put first? / *il y a quelqu'un avant?* [dans une file d'attente] is someone else first? / *tu sortiras cet été, mais tes examens, ça passe avant!* you can go out this summer but your exams come first! ◆ adj inv [saut périlleux, roulade] forward ; [roue, siège, partie] front / *la partie avant du véhicule* the front part of the vehicle. ◆ nm **1.** [d'un véhicule] front ; NAUT bow, bows / *tout l'avant de la voiture a été enfoncé* the front of the car was all smashed in / *il s'est porté vers l'avant du peloton* he moved to the front of the bunch ▸ **de l'avant à l'arrière** NAUT fore and aft ▸ **à l'avant** in the front / *montez à l'avant* sit in the front ▸ **aller de l'avant** *pr & fig* to forge ahead **2.** SPORT forward ; [au volley] frontline player / *il est avant dans son équipe de foot* he's a forward in his football team / *jouer avant droit / gauche* to play right / left forward / *la ligne des avants, les avants* the forward line, the forwards **3.** MIL ▸ **l'avant** the front.

❖ **avant de** loc prép before / *avant de partir, il faudra...* before leaving, it'll be necessary to... / *écoute-moi avant de crier* listen to me before you start shouting / *je ne signerai rien avant d'avoir vu les locaux* I won't sign anything until ou before I see the premises / *avant d'arriver au pont, il y a un feu rouge* there is a set of traffic lights before you come to the bridge.

❖ **avant que** loc conj : *ne dites rien avant qu'il n'arrive* don't say anything until he arrives / *je viendrai la voir avant qu'elle (ne) parte* I'll come and see her before she leaves / *avant qu'il comprenne, celui-là!* by the time he's understood!

❖ **avant que de** loc prép *litt* before ▸ **avant que de mourir...** before dying... / *avant que de donner mon avis, j'entendrai chacun d'entre vous* before I state my opinion, I'll hear what each of you has to say.

❖ **avant tout** loc adv **1.** [surtout] : *c'est une question de dignité avant tout* it's a question of dignity above all (else) **2.** [tout d'abord] first / *avant tout, je voudrais vous dire ceci* first (and foremost), I'd like to tell you this.

❖ **avant toute chose** loc adv first of all / *avant toute chose, je voudrais que vous sachiez ceci* first of all, I'd like you to know this / *avant toute chose, je vais prendre une douche* I'll have a shower before I do anything else.

❖ **d'avant** loc adj ▸ **le jour / le mois d'avant** the previous day / month, the day / month before / *je vais essayer de prendre le train d'avant* I'll try to catch the earlier train / *les locataires d'avant étaient plus sympathiques* the previous tenants were much nicer.

❖ **en avant** loc adv [marcher] in front ; [partir] ahead ; [se pencher, tomber, bondir] forward ▸ **envoyer qqn en avant** to send sb on ahead ou in front / *je pars en avant, je t'attendrai là-bas* I'm going on ahead, I'll wait for you there ▸ **il s'élança en avant** he rushed forward ▸ **en avant!** forward! ▸ **en avant, marche!** MIL forward march! ▸ **en avant, toute!** NAUT full steam ahead! ; *fig* ▸ **mettre qqn en avant a)** [pour se protéger] to use sb as a shield **b)** [pour le faire valoir] to push sb forward ou to the front ▸ **mettre qqch en avant** to put sthg forward ▸ **se mettre en avant** to push o.s. forward ou to the fore.

❖ **en avant de** loc prép : *il marche toujours en avant des autres* he always walks ahead of the others ▸ **être en avant d'un convoi a)** [dans les premiers] to be at the front of a procession **b)** [en premier] to be leading a procession / *le barrage routier a été installé en avant de Dijon* the roadblock was set up just before Dijon.

avantage [avɑ̃taʒ] nm **1.** [supériorité] advantage / *sa connaissance du danois est un avantage par rapport aux autres candidats* her knowledge of Danish gives her an advantage ou the edge over the other candidates ▸ **avoir un avantage sur qqn / qqch** to have an advantage over sb / sthg / *le nouveau système a des avantages sur l'ancien* the new system has advantages over the old one / *cela vous donne un avantage sur eux* this gives you an advantage over them ▸ **garder / perdre l'avantage** to keep / to lose the upper hand ▸ **prendre l'avantage** ou **un avantage sur qqn** to gain the upper hand over sb ▸ **avoir l'avantage sur qqn** to have the advantage over sb ▸ **avoir l'avantage de** to have the advantage of / *ils nous ont battus mais ils avaient l'avantage du nombre* they defeated us but they had the advantage of numbers / *j'ai sur toi l'avantage de l'âge* I have age on my side ▸ **elle a l'avantage d'avoir 20 ans / d'être médecin** she's 20 / a doctor, which is an advantage ▸ **avantage concurrentiel** competitive advantage **2.** [intérêt] advantage / *les avantages et les inconvénients d'une solution* the advantages and disadvantages ou pros and cons of a solution / *cette idée présente l'avantage d'être simple* the idea has the advantage of being simple ▸ **à mon / son avantage** in my / his interest / *c'est (tout) à ton avantage* it's in your (best) interest / *exploiter une idée à son avantage* to exploit an idea to one's own advantage ▸ **avoir avantage à faire** to be better off doing / *vous auriez avantage à apprendre la comptabilité* it would be to your advantage ou you'd do well to learn accounting / *tu as tout avantage à l'acheter ici* you'd be much better off buying it here / *elle aurait avantage à se taire* she'd be well-advised to keep quiet / *quel avantage as-tu à déménager?* what advantage is there in your moving house? ▸ **tirer avantage de** to derive an advantage from, to take advantage of / *ne tirez pas avantage de sa naïveté* don't take advantage of his naivety / *tirer avantage de la situation* to turn the situation to (one's) advantage ▸ **tourner à l'avantage de** : *la réforme ne doit pas tourner à l'avantage des privilégiés* the reform mustn't be allowed to work in favour of the wealthy / *notre lien de parenté a tourné à mon avantage* our family relationship worked to my advantage / *il tournera même ce divorce à son avantage* he'll even turn this divorce to his advantage **3.** FIN [bénéfice] benefit / *elle ne tire de sa participation aucun avantage matériel* she derives no material benefit ou gain from her contribution ▸ **avantages financiers** financial benefits ▸ **avantage fiscal** tax benefit ▸ **avantages accessoires** fringe benefits ▸ **avantages collectifs** social welfare ▸ **avantages comparatifs** comparative advantages ▸ **avantages complémentaires** perks ▸ **avantages en nature** payment in kind **4.** *sout* [plaisir] : *je n'ai pas l'avantage de vous avoir été présenté* I haven't had the privilege ou pleasure of being introduced to you / *j'ai (l'honneur et) l'avantage de vous annoncer que...* I am pleased ou delighted to inform you that... **5.** SPORT advantage ▸ **avantage (à) Rops!** advantage Rops! **6.** EXPR ▸ **être à son avantage a)** [avoir belle allure] to look one's best **b)** [dans une situation] to be at one's best ▸ **changer à son avantage** to change for the better.

avantager [17] [avɑ̃taʒe] vt **1.** [favoriser] to advantage, to give an advantage to, to favour UK, to favor US / *ils ont été avantagés par rapport aux étudiants étrangers* they were given an advantage over the foreign students ▸ **être avantagé dès le départ par rapport à qqn** to have a head start on ou over sb / *être avantagé par la nature* to be favoured by nature / *elle n'a pas été avantagée par la nature!* nature hasn't been particularly kind to her! **2.** [mettre en valeur] to show off *(sép)*, to show to advantage ▸ **son uniforme l'avantage** he looks his best in (his) uniform / *cette coupe ne t'avantage pas* this hairstyle isn't very flattering.

avantageusement [avɑ̃taʒøzmɑ̃] adv **1.** [peu cher] at ou for a good price **2.** [favorablement] favourably UK, favorably US / *il s'en est tiré avantageusement* he got away lightly / *vous pourriez avantageusement remplacer ces deux hommes par une machine* you could usefully replace these two operatives with a machine / *l'opération se solde avantageusement pour elle* the transaction has worked to her advantage.

avantageux, euse [avɑ̃taʒø, øz] adj **1.** [contrat, affaire] profitable ; [prix] attractive ; [condition, situation] favourable / *c'est une offre très avantageuse* it's an excellent bargain / *les cerises sont avantageuses en ce moment* cherries are a good buy at the moment **2.** [flatteur -pose, décolleté, uniforme] flattering / *il a une idée un peu trop avantageuse de lui-même* he's got too high an opinion of himself ▸ **prendre des airs avantageux** to look self-satisfied ▸ **un sourire avantageux** a superior smile, a smirk.

avant-bec [avɑ̃bɛk] (*pl* **avant-becs**) nm pier-head.

avant-bras [avɑ̃bʀa] nm inv forearm.

avant-centre [avɑ̃sɑ̃tʀ] (*pl* **avants-centres**) nm centre UK ou center US forward.

avant-cour [avɑ̃kuʀ] (*pl* **avant-cours**) nf forecourt.

avant-coureur [avɑ̃kuʀœʀ] (*pl* **avant-coureurs**) adj m precursory.

avant-dernier, ère [avɑ̃dɛʀnje, ɛʀ] (*mpl* **avant-derniers**, *fpl* **avant-dernières**) ◆ adj next to last ▸ **l'avant-dernière fois** the time before last. ◆ nm, f last but one ▸ **arriver avant-dernier** to be last but one.

avant-garde [avɑ̃gaʀd] (*pl* **avant-gardes**) nf **1.** MIL vanguard **2.** [élite] avant-garde / *peinture / architecture d'avant-garde* avant-garde painting / architecture.

avant-gardisme [avɑ̃gaʀdism] (*pl* **avant-gardismes**) nm avant-gardism.

avant-gardiste [avɑ̃gaʀdist] (*pl* **avant-gardistes**) ◆ adj avant-garde. ◆ nmf avant-gardist.

avant-goût (*pl* **avant-goûts**), **avant-gout*** (*pl* **avant-gouts***) [avɑ̃gu] nm foretaste.

avant-guerre [avɑ̃gɛʀ] (*pl* **avant-guerres**) nm ou nf pre-war years ou period / *les voitures d'avant-guerre* pre-war cars.

avant-hier [avɑ̃tjɛʀ] adv the day before yesterday.

avant-midi (*pl* **avant-midi** *ou* **avant-midis***) [avɑ̃midi] nm ou nf BELG & QUÉBEC morning.

avant-pays [avɑ̃pei] nm inv foreland.

avant-plan [avɑ̃plɑ̃] nm BELG foreground.

avant-port [avɑ̃pɔʀ] (*pl* **avant-ports**) nm outer harbour.

avant-poste [avɑ̃pɔst] (*pl* **avant-postes**) nm **1.** MIL outpost **2.** [lieu de l'action] : *il est toujours aux avant-postes* he's always where the action is.

avant-première [avɑ̃pʀəmjɛʀ] (*pl* **avant-premières**) nf **1.** THÉÂTRE dress rehearsal **2.** CINÉ preview ▸ **présenter qqch en avant-première** to preview sthg.

avant-projet [avɑ̃pʀɔʒɛ] (*pl* **avant-projets**) nm pilot study.

avant-propos [avɑ̃pʀɔpo] nm inv foreword.

avant-scène [avɑ̃sɛn] (*pl* **avant-scènes**) nf **1.** THÉÂTRE [partie de la scène] apron, proscenium **2.** THÉÂTRE [loge] box.

avant-toit [avɑ̃twa] (*pl* **avant-toits**) nm ▸ **l'avant-toit** the eaves.

avant-train [avɑ̃tʀɛ̃] (*pl* **avant-trains**) nm **1.** ZOOL forequarters **2.** AUTO front-axle unit **3.** MIL limber.

avant-trou [avɑ̃tʀu] (*pl* **avant-trous**) nm preliminary hole.

avant-veille [avɑ̃vɛj] (*pl* **avant-veilles**) nf two days before ou earlier / *l'avant-veille de son mariage* two days before he got married / *à l'avant-veille de la révolution* *fig* on the eve of the revolution.

avare [avaʀ] ◆ adj **1.** [pingre] mean, miserly, tight-fisted **2.** *fig* ▸ **être avare de** to be sparing of / *elle est plutôt avare de sourires* she doesn't smile much / *il n'a pas été avare de compliments / de conseils* he was generous with his compliments / advice / *il n'est pas avare de son temps* he gives freely of his time. ◆ nmf miser / *un vieil avare* an old miser ou skinflint / **'l'Avare'** *Molière* 'The Miser'.

avarice [avaʀis] nf miserliness, avarice.

avaricieux, euse [avaʀisjø, øz] ◆ adj *sout* miserly, stingy. ◆ nm, f miser, skinflint.

avarie [avaʀi] nf damage *(sustained by a ship)* ▸ **subir des avaries** to sustain damage ▸ **avaries communes / particulières / simples** general / particular / ordinary damage ▸ **avaries de mer** sea damage ▸ **avaries de route** damage in transit.

avarié, e [avaʀje] adj **1.** [aliment, marchandise] spoilt, damaged ▸ **de la viande avariée** tainted meat ▸ **cette viande est avariée** this meat has gone off **2.** NAUT ▸ **navire avarié** damaged ship.

❖ **s'avarier** vpi [denrée alimentaire] to go off UK ou bad, to rot.

avatar [avataʀ] nm **1.** RELIG avatar **2.** [changement] change, metamorphosis **3.** [mésaventure] misadventure, mishap / *les avatars de la vie politique* the vicissitudes of political life **4.** INTERNET avatar.

AVC (abr de **accident vasculaire cérébral**) nm CVA.

Ave [ave] nm inv Ave Maria, Hail Mary.

avec [avɛk] ◆ prép **1.** [indiquant la complémentarité, l'accompagnement, l'accord] with / *et avec la viande, quels légumes voulez-vous?* what vegetables would you like with your meat? / *je ne prends jamais de sucre avec mon café* I never take sugar in my coffee ▸ **une maison avec jardin** a house with a garden / *une chambre avec vue sur le lac* a room with a view over the lake / *un homme avec une blouse blanche* a man in a white coat ou with a white coat on / *je viendrai avec ma femme* I'll come with my wife, I'll bring my wife along ▸ **habiter avec qqn** to live with sb / *j'ai réalisé le catalogue avec lui* I designed the catalogue with him ▸ **avec les encouragements de...** encouraged by..., with the encouragement of... ▸ **avec la collaboration de...** with contributions from ou by... / *tous les résidents sont avec moi* all the residents support me ou are behind me ou are on my side / *là-dessus, je suis avec vous* I'm with you on that point / *avec les écologistes, je pense que...* like the greens, I think that... ▸ **avec dans le rôle principal / dans son premier rôle, X** starring / introducing X ▸ **un film avec Gabin** a film featuring Gabin ; [envers] to, towards UK, toward US ▸ **être patient / honnête avec qqn** to be patient / honest with sb ▸ **être gentil avec qqn** to be kind ou nice to sb ▸ **se comporter bien / mal avec qqn** to behave well / badly towards sb ; [en ce qui concerne] : *avec lui c'est toujours la même chose* it's always the same with him / *ce qu'il y a avec eux, c'est qu'ils ne comprennent rien* the problem with them is that they don't understand anything / *avec lui tout est toujours simple* everything is always simple according to him ▸ **et avec ceci?** anything else? ▸ **avec ça** : *avec ça, il faut compter les frais d'assurance* the cost of insurance should also be added on top of that / *il est compétent et avec ça il ne prend pas cher* he's very competent and he's cheap as well / *et avec ça il n'est pas content!* **a)** [en plus] and on top of that ou and what's more, he's not happy! **b)** [malgré tout] with all that, he's still not happy! / *avec tout ça, j'ai oublié de lui téléphoner* with all that, I forgot to call him / *et avec ça que je me gênerais!* I should worry! **2.** [indiquant la simultanéité] : *se lever avec le jour* to get up at the crack of dawn / *se coucher avec les poules* to go to bed early / *le paysage change avec les saisons* the countryside changes with the seasons **3.** [indiquant une relation d'opposition] with ▸ **se battre avec qqn** to fight with sb / *être en guerre avec un pays* to be at war with a country ▸ **se disputer avec qqn** to quarrel with sb ▸ **rivaliser avec qqn** to compete with sb **4.** [indiquant une relation de cause] with / *avec le temps qu'il fait, je préfère ne pas sortir* I prefer not to go out in this weather / *ils ne pourront pas venir, avec cette pluie* they won't be able to come with (all) this rain / *avec tout le chocolat que tu as mangé, tu vas être malade* you're going to be ill with all that chocolate you've eaten / *avec ce nouveau scandale, le ministre va tomber* this new scandal will mean the end of the minister's career / *avec sa force de caractère, elle s'en sortira* with her strength of character she'll come through / *au lit avec la grippe* in bed with (the) flu / *ils ont compris avec le temps* in time, they understood ▸ **s'améliorer avec l'âge** to improve with age / *ne m'embête pas avec toutes ces histoires* don't bother me with all that **5.** [malgré] : *avec tous ses diplômes, Pierre ne trouve pas de travail* even with all his qualifications, Pierre can't find work / *avec ses airs aimables, c'est une vraie peste* despite his pleasant manner, he's a real pest **6.** [indiquant la manière] with / *elle est habillée avec goût* she is dressed tastefully ou with taste ▸ **faire qqch avec plaisir** to do sthg with pleasure, to take pleasure in doing sthg ▸ **faire qqch avec beaucoup de soin** to do sthg with great care, to take great care in doing sthg ▸ **regarder qqn avec passion / mépris** to look at sb passionately / contemptuously / *ce n'est pas avec colère que je le fais* I'm not doing it in anger **7.** [indiquant le moyen, l'instrument] with ▸ **marcher avec une canne** to walk with a stick, to use a walking-stick ▸ **couper qqch avec un couteau** to cut sthg with a knife ▸ **fonctionner avec des piles** to run on batteries, to be battery-operated / *c'est fait avec de la laine* it's made of wool / *avec un peu de chance* with a bit of luck / *avec un peu plus d'argent...* with a little more money... / *elle est partie avec un bateau de pêche* she left on a fishing boat / *nous avons continué avec 5 litres de carburant* we carried on with 5 litres of fuel / *tu peux conduire un poids lourd avec ton permis?* can you drive a heavy goods vehicle with our licence? / *voyager avec un faux passeport* to travel with ou on a forged passport. ◆ adv **1.** *fam* : *il a pris la clef et il est parti avec* he took the key and went off with it / *ôtez vos chaussures, vous ne pouvez pas entrer avec* take off your shoes, you can't come in with them (on) / *je vous mets les os avec?* shall I put the bones in for you? **2.** BELG : *je vais faire des courses, tu viens avec?* I'm going shopping, are you coming (with me)?

❖ **d'avec** loc prép ▸ **distinguer qqch d'avec qqch** to distinguish sthg from sthg ▸ **divorcer d'avec qqn** to divorce sb ▸ **se séparer d'avec qqn** to separate from sb.

aveline [avlin] nf filbert, cobnut.

avelinier [avlinje] nm filbert, cob.

Ave Maria [avemaʀja] = **Ave.**

aven [avɛn] nm sinkhole, swallow hole UK.

avenant[1] [avnɑ̃] nm **1.** [gén] amendment ▸ **avenant à un contrat** amendment to a contract **2.** [dans les assurances] endorsement, additional clause / *avenant d'augmentation de la garantie* endorsement for an increase in cover.

❖ **à l'avenant** loc adv : *un exposé sans intérêt et des questions à l'avenant* a boring lecture with equally boring questions.

❖ **à l'avenant de** loc prép in accordance with / *ils se sont conduits à l'avenant de leurs principes* they behaved according to their principles.

avenant[2], e [avnɑ̃, ɑ̃t] adj pleasant / *le personnel est compétent mais peu avenant* the staff are competent but not very pleasant / *une hôtesse avenante accueille les visiteurs* a gracious hostess greets the visitors / *son visage arborait un air faussement avenant* his face wore a deceptively welcoming look.

avènement [avɛnmɑ̃] nm **1.** [d'un souverain] accession ; [du Messie] advent *sout*, coming **2.** [d'une époque, d'une mode] advent ▸ **l'avènement d'une ère nouvelle** the advent of a new era.

avenir [avniʀ] nm **1.** [période future] future ▸ **dans un avenir indéterminé** sometime in the future ▸ **dans un avenir proche / lointain** in the near / distant future / *pas dans un avenir proche* not in the foreseeable future / *il est temps de songer à l'avenir* it's time to think of the future / *ce que nous réserve l'avenir* what the future holds (for us) / *l'avenir dira si j'ai raison* time will tell if I'm right / *espérer dans / croire en un avenir meilleur* to hope for / to believe in a better future ▸ **l'avenir est à nous** the future is ours / *les moyens de transport de l'avenir* the transport systems of the future ; [générations futures] future generations **2.** [situation future] future / *nous devons nous préoccuper de l'avenir de notre fils* we should start thinking about our son's future / *tu as devant toi un brillant avenir* you have a promising future ahead (of you) ; [chances de succès] future, (future) prospects ▸ **une invention sans avenir** an invention with no future ▸ **avoir de l'avenir** to have a future / *les nouveaux procédés techniques ont de l'avenir* the new technical processes are promising ou have a good future ▸ **découverte d'un matériau d'avenir** discovery of a promising new material ▸ **les professions d'avenir** up-and-coming professions.

❖ **à l'avenir** loc adv in future / *à l'avenir vous êtes priés d'arriver à l'heure* in future, you are requested to be on time.

avent [avɑ̃] nm ▸ **l'avent** Advent.

Aventin [avɑ̃tɛ̃] npr ▸ **le mont Aventin** the Aventine Hill.

aventure [avɑ̃tyʀ] nf **1.** [incident - gén] experience, incident ; [- extraordinaire] adventure / *il m'est arrivé une aventure singulière ce matin* a strange thing happened to me this morning / *le récit d'une aventure en mer* the tale of an adventure at sea ; [risque] adventure, venture / *adopter un tel projet c'est se lancer dans l'aventure* accepting such a project is a bit risky ▸ **la grande aventure** great adventure / *se lancer dans une grande aventure* to set off on a big adventure ▸ **dire la bonne aventure à qqn** to tell sb's fortune **2.** [liaison] (love) affair.

* In reformed spelling (see p. 16-19).

❖ **à l'aventure** loc adv at random, haphazardly ▸ **marcher / rouler à l'aventure** to walk / to drive aimlessly / *partir à l'aventure* to go off in search of adventure.

❖ **d'aventure** loc adj [roman, film] adventure *(modif)*.

❖ **d'aventure, par aventure** loc adv by chance / *si d'aventure tu le vois, transmets-lui mon message* if by any chance you see him, give him my message.

aventuré, e [avɑ̃tyʀe] adj [hypothèse, théorie] risky ; [démarche] chancy, risky, venturesome *litt*.

aventurer [3] [avɑ̃tyʀe] vt **1.** [suggérer - hypothèse, analyse] to venture **2.** [risquer - fortune, réputation, bonheur] to risk, to chance.

❖ **s'aventurer** vpi [aller] to venture / *il n'avait pas peur de s'aventurer le soir dans des ruelles obscures* he wasn't afraid of venturing out into dark alleys at night.

❖ **s'aventurer à** vp + prép : *je ne m'aventure plus à faire des pronostics* I no longer venture ou dare to make any forecasts / *téléphone-lui si tu veux, moi je ne m'y aventurerais pas* ring her up if you like, I wouldn't chance it myself.

aventureusement [avɑ̃tyʀøzmɑ̃] adv **1.** [hardiment] adventurously **2.** [dangereusement] riskily.

aventureux, euse [avɑ̃tyʀø, øz] adj **1.** [hardi - héros] adventurous **2.** [dangereux - projet] risky, chancy.

aventurier [avɑ̃tyʀje] nm **1.** [explorateur] adventurer ; [aimant le risque] risk-taker **2.** *péj* [escroc] rogue.

aventurière [avɑ̃tyʀjɛʀ] nf *péj* adventuress.

aventurine [avɑ̃tyʀin] nf MINÉR aventurin, aventurine.

aventurisme [avɑ̃tyʀism] nm adventurism.

aventuriste [avɑ̃tyʀist] adj & nmf adventurist.

avenu, e [avny] adj ▸ **nul et non avenu** null and void.

avenue [avny] nf avenue ▸ **sur l'avenue Foch** on the Avenue Foch.

avéré, e [aveʀe] adj [fait, information] known, established / *c'est un fait avéré que...* it is a known fact that...

avérer [18] [aveʀe] vt *sout* [affirmer] : *avérer un fait* to vouch for the accuracy of a fact.

❖ **s'avérer** vpi **1.** *sout* [être prouvé] to be proved (correct) / *cette hypothèse ne s'est jamais avérée* this hypothesis was never proved correct **2.** *(suivi d'un adj ou d'une loc adj)* [se révéler] to prove / *la solution s'est avérée inefficace* the solution turned out ou proved (to be) inefficient / *les jeunes vendeurs se sont avérés plus performants que leurs anciens* the younger salesmen showed ou proved themselves to be more efficient than their seniors **3.** *(tournure impersonnelle)* : *il s'avère difficile d'améliorer les résultats* it's proving difficult to improve on the results / *il s'avère que mon cas n'est pas prévu par le règlement* it turns out ou it so happens that my situation isn't covered by the regulations.

✎ In reformed spelling (see p. 16-19), this verb is conjugated like **semer**: *il s'avèrera, elle s'avèrerait.*

avers [avɛʀ] nm obverse.

averse [avɛʀs] nf shower ▸ **sous l'averse** in the rain ▸ **laisser passer l'averse** *fig* to wait until the storm blows over / *une averse d'injures s'abattit sur moi* I was assailed by a string ou stream of insults ▸ **averse météorique** meteorite shower.

aversion [avɛʀsjɔ̃] nf aversion, loathing / *sa laideur m'inspirait de l'aversion* his ugliness filled me with loathing / *il les a pris en aversion* he took a violent dislike to them.

averti, e [avɛʀti] adj [informé] informed, mature ; [connaisseur] well-informed / *un critique averti en matière de musique* a critic well-informed about music / *le consommateur est de plus en plus averti* consumers are better and better informed / *à 13 ans, c'était déjà une jeune fille avertie* *euphém* even at 13, she knew all about the facts of life ▸ **pour lecteurs avertis seulement** for adult readers only.

avertir [32] [avɛʀtiʀ] vt **1.** [informer] to inform, to tell / *avertis-moi dès que tu (le) sais* tell me ou let me know as soon as you know / *l'avez-vous averti de votre départ?* have you informed him that ou did you tell him that you are leaving? / *il faut l'avertir que le spectacle est annulé* he must be informed ou told that the show's off **2.** [mettre en garde] to warn / *nous n'avons pas été avertis du danger* we were not warned about the danger / *je t'avertis que la prochaine fois la punition sera sévère* I'm warning you that the next time the punishment will be severe.

avertissement [avɛʀtismɑ̃] nm **1.** [signe] warning, warning sign / *il est parti sans le moindre avertissement* he left without any warning **2.** [appel à l'attention] notice, warning / *il n'a pas tenu compte de mon avertissement* he didn't take any notice of my warning **3.** [blâme] warning, reprimand ; ADMIN [lettre] admonitory letter *sout* ▸ **donner un avertissement à qqn** to give sb a warning, to warn sb / *premier et dernier avertissement!* I'm telling you now and I won't tell you again! **4.** [en début de livre] ▸ **avertissement (au lecteur)** foreword **5.** RAIL warning signal.

⚠ **Advertisement** signifie « publicité » et non avertissement.

avertisseur, euse [avɛʀtisœʀ, øz] adj warning.

❖ **avertisseur** nm alarm, warning signal ▸ **avertisseur sonore a)** [gén] alarm **b)** AUTO horn ▸ **avertisseur visuel** indicator ▸ **avertisseur d'incendie** fire alarm.

aveu, x [avø] nm **1.** [confession] ▸ **faire un aveu** to acknowledge ou to confess ou to admit something / *je vais vous faire un aveu, j'ai peur en voiture* I must confess that I'm scared in cars / *obtenir les aveux d'un criminel* to make a criminal confess / *recueillir les aveux d'un criminel* to take down a criminal's confession ▸ **faire des aveux complets a)** [à la police] to make a full confession **b)** *fig & hum* to confess all ▸ **passer aux aveux** *pr & fig* to confess ▸ **faire l'aveu de qqch** to own up to sthg ▸ **faire l'aveu de son inexpérience / amour** to confess to being inexperienced / in love / *(faire) l'aveu de son ignorance lui a été pénible* she found it difficult to admit ou to acknowledge her ignorance **2.** *litt* [foi] ▸ **sans aveu** dishonourable / *c'était un homme sans aveu* he was a dishonourable man, he was not a man of his word **3.** *sout* [autorisation] permission, consent / *nous ne pouvons rien faire sans l'aveu de l'intéressé* we can do nothing without the consent of the party concerned.

❖ **de l'aveu de** loc prép according to / *de l'aveu des participants, il ressort que...* according to the participants it seems that... / *la tour ne tiendra pas, de l'aveu même de l'architecte* the tower will collapse, even the architect says so ▸ **de son propre aveu** by his own reckoning.

aveuglant, e [avœglɑ̃, ɑ̃t] adj [éclat, lueur] blinding, dazzling ; [évidence, preuve] overwhelming ; [vérité] self-evident, glaring / *soudain, une vérité aveuglante lui est apparue* the truth came to her in a blinding flash.

aveugle [avœgl] ◆ adj **1.** [privé de la vue] blind, sightless / *un enfant aveugle de naissance* a child born blind ou blind from birth ▸ **devenir aveugle** to go blind / *l'accident qui l'a rendu aveugle* the accident which blinded him ou deprived him of his sight / *je ne suis pas aveugle, je vois bien tes manigances* I'm not blind, I can see what you're up to / *la passion la rend aveugle* she's blinded by passion / *il faudrait être aveugle pour ne pas voir qu'elle souffre* you'd have to be blind not to see that she's in pain **2.** [extrême - fureur, passion] blind, reckless **3.** [absolu - attachement, foi, soumission] blind, unquestioning **4.** CONSTR [mur, fenêtre] blind. ◆ nmf blind man (woman) ▸ **les aveugles** the blind ou sightless ▸ **parler de / juger qqch comme un aveugle des couleurs** to speak of / to judge sthg blindly.

❖ **en aveugle** loc adv ▸ **faire qqch en aveugle** to do sthg blindly / *se lancer en aveugle dans une entreprise* to take a leap in the dark.

aveuglement [avœgləmɑ̃] nm blindness, blinkered state / *dans son aveuglement il est capable de tout* in his blindness, he's capable of anything.

aveuglément [avœglemɑ̃] adv [inconsidérément] blindly / *elle lui faisait aveuglément confiance* she trusted him utterly.

aveugle-né, e [avœglәne] *(mpl* **aveugles-nés**, *fpl* **aveugles-nées***)* nm, f *person blind from birth* / *c'est un aveugle-né* he was born blind, he's been blind from birth.

aveugler [5] [avœgle] vt **1.** [priver de la vue] to blind / *l'accident qui l'a aveuglée* the accident which blinded her ou deprived her of her sight ; [éblouir] to blind / *la lueur des phares m'aveuglait* the glare of the headlights blinded ou dazzled me ▸ **la haine l'aveugle** *fig* she's blinded by hatred **2.** NAUT ▸ **aveugler une voie d'eau** to stop a leak.

❖ **s'aveugler sur** vp + prép to close one's eyes to / *ne vous aveuglez pas sur vos chances de réussite* don't overestimate your chances of success.

aveuglette [avœglɛt] ❖ **à l'aveuglette** loc adv **1.** [sans voir - conduire] blindly / *il m'a fallu marcher à l'aveuglette le long d'un tunnel* I had to grope my way through a tunnel / *elle conduisait à l'aveuglette dans un brouillard épais* she drove blindly through a thick fog **2.** *fig* : *je ne veux pas agir à l'aveuglette* I don't want to act without first weighing the consequences / *son projet n'a pas été entrepris à l'aveuglette* he did his homework before undertaking his project.

aveulir [32] [avøliʀ] vt *litt* to weaken, to enervate *litt*.

❖ **s'aveulir** vp *litt* to become weak.

aveulissement [avølismɑ̃] nm *litt* enervation.

aveyronnais, e [avɛʀɔnɛ, ɛz] adj from Aveyron.

❖ **Aveyronnais, e** nm, f *inhabitant of or person from Aveyron.*

aviaire [avjɛʀ] adj avian ▸ **peste aviaire** fowl pest.

aviateur, trice [avjatœʀ, tʀis] nm, f pilot, aviator *vieilli* / *elle a été l'une des premières aviatrices* she was one of the first women pilots.

aviation [avjasjɔ̃] nf **1.** TRANSP aviation ▸ **aviation civile / marchande** civil / commercial aviation **2.** [activité] flying / *elle était destinée à l'aviation* she was meant to fly **3.** MIL [armée de l'air] air force ; [avions] aircraft, air force / *l'aviation ennemie a attaqué nos bases* enemy aircraft attacked our bases ▸ **aviation de chasse** fighter force ▸ **aviation navale** fleet air arm UK, naval air force US.

avicole [avikɔl] adj **1.** [ferme, producteur] poultry *(modif)*, bird *(modif)*, fowl *(modif)* **2.** [parasite] avicolous *spéc*.

aviculteur, trice [avikyltœʀ, tʀis] nm, f [éleveur - d'oiseaux] bird breeder ou farmer, aviculturist *spéc* ; [- de volailles] poultry breeder ou farmer.

aviculture [avikyltyʀ] nf [élevage - de volailles] poultry farming ou breeding ; [- d'oiseaux] aviculture *spéc*, bird breeding.

avide [avid] adj **1.** [cupide] greedy, grasping / *un homme avide* a greedy man / *des mains avides se tendaient vers l'or* greedy ou grasping hands reached towards the gold **2.** [enthousiaste] eager, avid ▸ **écouter d'une oreille avide** to listen eagerly ou avidly ▸ **avide de** greedy ou avid for / *un produit avide d'oxygène* an oxygen-hungry product ▸ **avide de louanges** hungry for praise ▸ **avide de nouveauté** eager ou avid for novelty ▸ **avide de savoir** eager to learn, thirsty for knowledge / *un candidat avide de succès* a candidate hungry for success / *avide de connaître le monde* eager ou anxious ou impatient to discover the world.

avidement [avidmɑ̃] adv **1.** [gloutonnement] greedily, ravenously ▸ **boire avidement** to drink thirstily ▸ **manger avidement** to eat hungrily **2.** [avec enthousiasme] eagerly, avidly, keenly / *regardant avidement ce que faisaient les aînés* watching keenly what the older ones were doing ▸ **écouter qqn avidement** to listen to sb eagerly **3.** [par cupidité] greedily, covetously.

avidité [avidite] nf **1.** [voracité] voracity, greed, gluttony *péj* **2.** [enthousiasme] eagerness, impatience **3.** [cupidité] greed, cupidity, covetousness.

Avignon [aviɲɔ̃] npr Avignon ▸ **à** ou **en Avignon** in Avignon ▸ **le Festival d'Avignon** the Avignon festival.

Le Festival d'Avignon

Founded by Jean Vilar in 1947 and held every summer in and around Avignon in the south of France, this arts festival is a showcase for new theatre and dance performances: **sa nouvelle pièce sera d'abord donnée à / en Avignon.**

avignonnais, e [aviɲɔnɛ,ɛz] adj from Avignon.
❖ **Avignonnais, e** nm, f *inhabitant of or person from Avignon.*

avilir [32] [aviliʀ] vt **1.** [personne] to debase, to shame ▸ **vos mensonges vous avilissent** your lies are unworthy of you **2.** *sout* [monnaie] to debase ; [marchandise] to cause to depreciate / *l'inflation a avili le dollar* inflation has devalued the dollar.
❖ **s'avilir** ◆ vp *(emploi réfléchi)* to demean ou to debase ou to disgrace o.s. / *il s'avilit dans l'alcoolisme* he's sunk into alcoholism. ◆ vpi [monnaie, marchandise] to depreciate.

avilissant, e [avilisɑ̃,ɑ̃t] adj degrading, demeaning / *mon métier n'a rien d'avilissant* there is nothing shameful about my job.

avilissement [avilismɑ̃] nm **1.** [d'une personne] degradation, debasement / *le roman décrit l'avilissement d'un homme par le jeu* the novel describes a man's downfall through gambling **2.** *sout* [d'une monnaie] depreciation, devaluation / *l'avilissement du dollar* the devaluation of the dollar.

aviné, e [avine] adj [qui a trop bu] drunken, intoxicated ; [qui sent le vin - souffle] wine-laden ; [altéré par la boisson - voix] drunken ▸ **une brute avinée** a drunken brute.

aviner [3] [avine] vt [fût, futaille] to season.

avion [avjɔ̃] nm **1.** [véhicule] plane, aeroplane UK, airplane US ▸ **avion bimoteur** / **quadrimoteur** twin-engined / four-engined plane ▸ **avion militaire** / **de chasse** military / fighter plane ▸ **avion à décollage vertical** vertical takeoff aircraft, jump-jet ▸ **avion furtif** stealth bomber ou plane ▸ **avion de guerre** warplane ▸ **avion à hélices** propeller plane ▸ **avion hôpital** hospital plane ▸ **avion de ligne** airliner ▸ **avion à réaction** jet (plane) ▸ **avion de tourisme** private aircraft ou plane ▸ **avion de transport** transport aircraft **2.** [mode de transport] ▸ **l'avion** flying / *irez-vous en avion ou en train?* are you flying or going by train? ▸ **je déteste (prendre) l'avion** I hate flying / **'par avion'** 'air mail' ▸ **courrier par avion** air mail.

avion-cargo [avjɔ̃kaʀgo] (*pl* **avions-cargos**) nm air freighter.

avion-citerne [avjɔ̃sitɛʀn] (*pl* **avions-citernes**) nm (air) tanker, supply plane.

avion-école [avjɔ̃ekɔl] (*pl* **avions-écoles**) nm training plane ou aircraft.

avionique [avjɔnik] nf avionics *(sg).*

avionnerie [avjɔnʀi] nf QUÉBEC aircraft factory.

avionneur [avjɔnœʀ] nm aircraft constructor.

aviron [aviʀɔ̃] nm **1.** [rame] oar ▸ **tirer sur les avirons** to row ▸ **coup d'aviron** stroke / *en trois coups d'aviron vous serez de l'autre côté* you'll row to the other side in no time at all **2.** [activité] rowing.

avis [avi] nm **1.** [point de vue] opinion, viewpoint / *les avis sont partagés au sein du parti* opinions within the party are divided ▸ **avoir son** ou **un avis sur qqch** to have views on sthg / *je n'ai pas d'avis sur la question* I have nothing to say ou no opinion on the matter / *ne décide pas pour elle, elle a son avis!* don't decide for her, she knows her own mind! ▸ **j'aimerais avoir votre avis** I'd like to hear your views ou to know what you think (about it) ▸ **demande** ou **prends l'avis d'un second médecin** ask the opinion of another doctor / *toi, je ne te demande pas ton avis!* I didn't ask for your opinion! ▸ **donner son avis** to give ou to contribute one's opinion / *si vous voulez (que je vous donne) mon avis* if you ask me ou want my opinion ▸ **donner** ou **émettre un avis favorable a)** [à une demande] to give the go-ahead **b)** [à une proposition] to give a positive response, to come out in favour / *après avis favorable, vous procéderez à l'expulsion* having obtained permission (from the authorities), you will start the eviction procedure ▸ **émettre un avis défavorable** to give a negative response ▸ **prendre l'avis de qqn** to seek sb's advice / *je vais prendre des avis et je vous contacterai* I'll seek further advice before contacting you ▸ **à mon** / **son avis** in my / his opinion / *à mon avis, c'est un mensonge* in my opinion, it's a lie, I think it's a lie ▸ **à mon humble avis** *hum* in my humble opinion ▸ **être d'avis que...** to be of the opinion that... / *elle est d'avis qu'il est trop tard* she's of the opinion that it's too late / *je ne suis pas d'avis qu'on l'envoie en pension* I don't agree with his being sent away to boarding school ▸ **de l'avis de** [selon] according to ▸ **de l'avis des experts** according to the experts ▸ **de l'avis général, ce film est un chef-d'œuvre** the general view is that the film is a masterpiece ▸ **je suis de votre avis** I agree with you ▸ **il n'est pas de ton avis** he doesn't agree with you ▸ **du même avis (que)...** : *lui et moi ne sommes jamais du même avis* he and I don't see eye to eye ou never agree on anything / *je suis du même avis que toi* I agree with you / *il n'est pas du même avis que son père* he disagrees with his father ▸ **m'est avis que...** *hum* it seems to me that..., methinks... ▸ **sur l'avis de** on the advice ou at the suggestion of / *c'est sur leur avis que j'ai fait refaire la toiture* I had the roof redone on their advice **2.** [information] announcement ; [sommation - légale] notice ; [- fiscale] notice, demand / *j'ai reçu un avis du percepteur* I had a tax demand ▸ **jusqu'à nouvel avis** until further notice ▸ **nous irons sauf avis contraire a)** [de votre part] unless we hear otherwise ou to the contrary, we'll go **b)** [de notre part] unless you hear otherwise ou to the contrary, we'll go ▸ **avis aux amateurs** : *il reste encore quelques parts de gâteau, avis aux amateurs* there's still some cake left if anyone's interested ▸ **avis au lecteur** foreword ▸ **avis au public** 'public notice' ▸ **avis de décès** death notice ▸ **avis de domiciliation** notice of payment by banker's order ▸ **avis de mise en recouvrement** FIN notice of assessment ▸ **avis de rappel** reminder ▸ **avis de réception** acknowledgement of receipt ▸ **avis de recherche a)** [d'un criminel] wanted (person) poster **b)** [d'un disparu] missing person poster ▸ **avis de virement** BANQUE advice of bank transfer.

avisé, e [avize] adj shrewd, prudent / *un conseiller très avisé* a shrewd counsellor ▸ **bien avisé** well-advised ▸ **mal avisé** ill-advised.

aviser [3] [avize] ◆ vt **1.** [informer] to inform, to notify ▸ **aviser qqn de qqch** to inform ou to notify sb of sthg / *vous serez avisé par lettre* you will be notified ou informed by letter / *avez-vous été avisé?* have you been informed? / *il m'a avisé que ma candidature était retenue* he informed me that my application had been accepted **2.** [voir] to notice, to glimpse, to catch sight of / *il avisa dans la foule un de ses amis* he caught sight of one of his friends in the crowd. ◆ vi to decide, to see (what one can do) / *maintenant nous allons devoir aviser* we'll have to see what we can do now / *s'il n'est pas là dans une heure, j'aviserai* I'll have another think if he isn't here in an hour ▸ **avisons au plus pressé** let's attend ou see to the most urgent matters.
❖ **s'aviser de** vp + prép **1.** [remarquer] to become aware of / *je me suis avisé de sa présence quand elle a ri* I suddenly noticed her presence when she laughed / *il s'est avisé trop tard (de ce) qu'il n'avait pas sa clé* he realized too late that he didn't have his key **2.** [oser] to dare to / *ne t'avise pas de l'interrompre quand elle parle* don't think of interrupting her while she's speaking / *et ne t'avise pas de recommencer!* and don't you dare do that again! / *le premier qui s'avise de tricher sera puni* the first one who takes it into his head to cheat will be punished / *il s'est avisé de sortir malgré l'interdiction du médecin* he decided to go out despite the doctor's orders.

aviso [avizo] nm sloop.

avitaillement [avitajmɑ̃] nm **1.** NAUT victualling, refuelling **2.** AÉRON refuelling UK, refueling US.

avitailler [3] [avitaje] vt AÉRON & NAUT to refuel.

avitailleur [avitajœʀ] nm **1.** NAUT refuelling tanker UK, refueling tanker US **2.** AÉRON air tanker.

avitaminose [avitaminoz] nf vitamin deficiency, avitaminosis *spéc* ▸ **avitaminose C** vitamin C deficiency.

avivage [avivaʒ] nm **1.** TEXT touching up *(of colours)* **2.** MÉTALL burnishing.

avivement [avivmɑ̃] nm MÉD revivification.

aviver [3] [avive] vt **1.** [intensifier - flammes] to fan, to stir up *(sép)* ; [- feu] to revive, to rekindle ; [- couleur] to brighten, to revive ; [- sentiment] to stir up ; [- désir] to excite, to arouse ; [- blessure] to irritate ; [- querelle] to stir up, to exacerbate ; [- crainte] to heighten **2.** MENUIS to square off **3.** MÉD to open up.
❖ **s'aviver** vp [douleur, regrets] to intensify / *la concurrence entre ces deux groupes s'avive* competition is becoming more intense between the two groups / *son regard s'aviva* his face brightened.

av. J.-C. (abr écrite de **avant Jésus-Christ**) BC.

avocaillon [avɔkajɔ̃] nm *fam & péj* pettifogger, pettifogging lawyer.

avocasserie [avɔkasʀi] nf *fam & vieilli* chicanery, pettifoggery.

avocassier, ère [avɔkasje,ɛʀ] adj *fam & vieilli* pettifogging.

avocat[1] [avɔka] nm BOT avocado (pear).

avocat[2]**, e** [avɔka,at] nm, f **1.** DR lawyer, barrister UK, attorney-at-law US ▸ **mon avocat** my counsel ▸ **mes avocats** my counsel / *je lui mettrai mes avocats sur le dos!* *fam* I'll take him to court! ▸ **avocat d'affaires** business lawyer ▸ **avocat consultant** ≃ counsel in chamber UK ; ≃ consulting barrister UK ; ≃ attorney US ▸ **avocat de la défense** counsel for the defence UK ; ≃ defending counsel UK ; ≃ defense counsel US ▸ **avocat général** ≃ counsel for the prosecution UK ; ≃ prosecuting attorney US ▸ **avocat de la partie civile** counsel for the plaintiff ▸ **avocat plaidant** court lawyer UK, trial attorney US **2.** [porte-parole] advocate, champion / *se faire l'avocat d'une mauvaise cause* to advocate ou to champion a lost cause / *je serai votre avocat auprès de lui* I'll plead with him on your behalf ▸ **avocat du diable** devil's advocate ▸ **se faire l'avocat du diable** to be devil's advocate.

avocatier [avɔkatje] nm avocado (tree).

avocette [avɔsɛt] nf avocet.

avoine [avwan] nf **1.** [plante] oat ; [grains] oats **2.** EXPR **passer une avoine à qqn** *tfam* to beat sb up.

avoir[1] [avwaʀ] nm **1.** COMM credit note ; [en comptabilité] credit side / *la fleuriste m'a fait un avoir* the florist gave me a credit note / *j'ai un avoir de 30 euros à la boucherie* I've got 30 euros' credit at the butcher's ▸ **avoir fiscal** FIN tax credit **2.** ÉCON & FIN ▸ **avoirs** assets, holdings ▸ **avoirs numéraires** ou **en caisse** cash holdings **3.** *litt* [possessions] assets, worldly goods / *vivre d'un petit avoir personnel* to live off a small personal income / *dépouillé de tout son avoir* stripped of all his worldly goods.

avoir[2] [1] [avwaʀ]
◆ v aux

A. TEMPS COMPOSÉS
B. AVOIR À, N'AVOIR QUE

A. TEMPS COMPOSÉS **1.** [avec des verbes transitifs] : *as-tu lu sa lettre?* did you read ou have you read his letter? / *les deux buts qu'il avait marqués* the two goals he had scored ▸ **j'aurais voulu vous aider** I'd have liked to help you / *non content de les avoir humiliés, il les a jetés dehors* not content with humiliating them, he threw them out **2.** [avec des verbes intransitifs] ▸ **j'ai maigri** I've lost weight ▸ **as-tu bien dormi?** did you sleep well? / *tu as dû rêver* you must have been dreaming **3.** [avec le verbe 'être'] ▸ **j'ai été surpris** I was surprised ▸ **il aurait été enchanté** he would've ou would have been delighted.

B. AVOIR À, N'AVOIR QUE **1.** [exprime la possibilité] ▸ **avoir à** : *tu as à manger dans le réfrigérateur* there's something to eat in the fridge for you / *je n'ai rien à boire* I haven't got anything ou I have nothing ou I've got nothing to drink ▸ **n'avoir qu'à** : *ils n'ont qu'à écrire au* *directeur* **a)** [conseil] all they have to do ou all they've got to do is write to the manager **b)** [menace] just let them (try and) write to the manager / *s'il vous manque quelque chose, vous n'avez qu'à me le faire savoir* if you're missing anything, just let me know / *tu n'as qu'à le recoller* all you've got to do is glue it back together / *t'as qu'à leur dire!* *fam* why don't you (just) tell them! / *t'as qu'à la mettre à la porte!* *fam* just throw her out! / *t'as qu'à me frapper, pendant que tu y es!* *fam* why don't you hit me while you're at it? **2.** [exprime l'obligation] ▸ **avoir à** to have to ▸ **partez, j'ai à travailler** go away, I've got to work / *j'ai à ajouter une petite précision* I must add one point, I must just say one thing / *je n'ai pas à me justifier auprès de vous* I don't have to justify myself to you / *un jour, tu auras à t'expliquer* one day, you will have to account for yourself / *et voilà, je n'ai plus qu'à recommencer!* so now I've got to start all over again! **3.** [exprime le besoin] ▸ **avoir à** to have to / *il a à te parler* he's got something to ou there's something he wants to tell you ▸ **j'ai à réfléchir** I need to think (it over) / *tu n'as pas à t'inquiéter* you shouldn't worry, you have nothing to worry about / *tu n'as pas à te plaindre* you shouldn't complain, you have nothing to complain about **4.** EXPR **n'avoir que faire de** : *je n'ai que faire de tes états d'âme* I couldn't care less about your moods / *la démocratie, ils n'en ont que faire* they couldn't care less about democracy.

◆ vt

- **A. DÉTENIR, ATTRAPER**
- **B. ARBORER, MESURER**
- **C. SOUFFRIR DR, ÉPROUVER**
- **D. VAINCRR, DUPER**
- **E. SUR SON AGENDA**

A. DÉTENIR, ATTRAPER **1.** [être propriétaire de - action, bien, domaine, etc.] to have, to own, to possess ; [- chien, hôtel, voiture] to have, to own ▸ **avoir de l'argent** to have money / *tu n'aurais pas un stylo en plus?* have you got ou do you happen to have a spare pen? / *je n'ai plus de sucre* I've run out of sugar ; COMM to have / *avoir un article en magasin* to have an item in stock / *avoir un article en vitrine* to display an item in the window / *nous avons plus grand si vous préférez* we have it in a larger size if you prefer ▸ **j'ai encore quelques places à 99 €** / **un vol à 17 h 30** I still have some 99 euro seats / a flight at 5.30 p.m. (available) **2.** [ami, collègue, famille, etc.] to have / *il a encore sa grand-mère* his grandmother's still alive / *je n'ai plus ma mère* my mother's dead / *voilà sept ans qu'il n'a plus sa femme* he lost his wife ou his wife died seven years ago ▸ **elle a trois enfants** she has three children / *elle a eu des jumeaux* she had twins / *il n'a jamais eu d'enfants* he never had any children ▸ **avoir un / une / des... qui** : *elle a un mari qui fait la cuisine* she's got the sort ou kind of husband who does the cooking / *j'avais un père qui jouait avec ses enfants* I had the kind of father who played with his children ; [pour exprimer une particularité, un défaut] ▸ **avoir son / sa / ses... qui** *fam* : *j'ai la chaîne de mon vélo qui est cassée* the chain on my bike is broken / *il a sa tante qui est malade* *fam* his aunt's ill **3.** [détenir - permis de conduire, titre] to have, to hold ; [- droits, privilège] to have, to enjoy ; [- emploi, expérience, devoirs, obligations] to have ; [- documents, preuves] to have, to possess / *quand nous aurons le pouvoir* when we're in power / *avoir l'arme nucléaire est devenu une de leurs priorités* possession of nuclear weapons has become one of their priorities ▸ **avoir l'heure** to have the time ▸ **quelle heure avez-vous?** what time do you make it? ; SPORT to have ▸ **avoir le ballon** to be in possession of ou to have the ball **4.** [obtenir - amende, article] to get ; [- information, rabais, récompense] to get, to obtain / *où as-tu eu tes chaussettes?* where did you get ou buy your socks? / *elle a ses renseignements par Mirna* she gets her information from Mirna / *je pourrais vous avoir des places gratuites* I could get you free tickets ▸ **tu auras la réponse / le devis demain** you'll get the answer / estimate tomorrow / *il a toutes les filles qu'il veut* *fam* he gets all the girls he wants ; [au téléphone] to get through to / *j'ai essayé de t'avoir toute la journée* I tried to get through to you ou to contact you all day / *je l'ai eu au téléphone* I got him on the phone / *je n'arrive même pas à avoir leur standard* I can't even get through to their switchboard / *pour avoir Besançon, composez le 85 13* for Besançon ou to get through to Besançon, dial 8513 **5.** [jouir de - beau temps, bonne santé, liberté, bonne réputation] to have, to enjoy ; [- choix, temps, mauvaise réputation] to have ▸ **avoir la confiance de qqn** to be trusted by sb ▸ **avoir l'estime de qqn** to be held in high regard by sb / *vous avez toute ma sympathie* you have all my sympathy / *j'ai une heure pour me décider* I have an hour (in which) to make up my mind / *il a tout pour lui et il n'est pas heureux!* he's got everything you could wish for and he's still not happy! / *tu veux tout avoir!* you want (to have) everything! **6.** [recevoir chez soi] : *il a son fils tous les dimanches* his son stays with him every Sunday ▸ **avoir de la famille / des amis à dîner** to have relatives / friends over for dinner / *j'aurai ma belle-famille au mois d'août* my in-laws will be staying with me in August **7.** RADIO & TV [chaîne, station] to receive, to get / *bientôt, nous aurons les chaînes européennes* soon, we'll be able to get the European channels **8.** [attraper - otage, prisonnier] to have / *les flics ne l'auront jamais* *fam* the cops'll never catch him **9.** [atteindre - cible] to get, to hit / *vise la pomme — je l'ai eue!* aim at the apple — (I) got it! / *tu peux m'avoir le pot de confiture?* can you reach the pot of jam for me? **10.** [monter à bord de - avion, bus, train] to catch / *je n'ai pas pu avoir le train de 17 h* I couldn't catch ou get the 5 o'clock train / *j'ai eu le dernier avion* I caught ou got the last plane.

B. ARBORER, MESURER **1.** [présenter - tel aspect] to have (got) / *elle a un joli sourire* she's got ou she has a nice smile / *tu as de petits pieds* you've got ou you have small feet / *il a les yeux verts* he's got ou he has green eyes / *elle a le nez de sa mère* she's got ou she has her mother's nose / *un monstre qui a sept têtes* a seven-headed monster, a monster with seven heads / *je cherche un acteur qui ait un grand nez* I'm looking for an actor with a big nose / *elle a une jolie couleur de cheveux* her hair's a nice colour / *elle a beaucoup de sa mère* she really takes after her mother ▸ **avoir tout de** : *il a tout de l'aristocrate* he's the aristocratic type / *tu as tout d'un fou avec cette coiffure* you look like a madman with that hairstyle / *les ordinateurs qui ont un disque dur* computers with a hard disk / *la méthode a l'avantage d'être bon marché* this method has the advantage of being cheap / *ton père a le défaut de ne pas écouter ce qu'on lui dit* your father's weakness is not listening to what people tell him / *l'appareil a la particularité de s'éteindre automatiquement* the machine's special feature is that it switches itself off automatically ; [avec pour complément une partie du corps] to have ▸ **avoir l'estomac vide** to have an empty stomach ▸ **j'ai la tête lourde** my head aches ▸ **j'ai le bras ankylosé** my arm's stiff ▸ **avoir le / la / les... qui** : *j'ai les jambes qui flageolent* my legs are shaking / *il a les yeux qui se ferment* he can't keep his eyes open ▸ **en avoir** *tfam* to have a lot of balls ▸ **ne pas en avoir** *tfam* to have no balls **2.** [porter sur soi - accessoire, vêtement, parfum] to have on *(sép)*, to wear / *tu vois la dame qui a le foulard?* do you see the lady with the scarf? / *faites attention, il a une arme* careful, he's got a weapon ou he's armed **3.** [faire preuve de] ▸ **avoir de l'audace** to be bold ▸ **avoir du culot** *fam* to be cheeky, to have a nerve / *il a eu le culot de me le dire* *fam* he had the cheek ou the nerve to tell me ▸ **avoir du talent** to have talent, to be talented ▸ **ayez la gentillesse de...** would you ou please be kind enough to... / *aie la politesse de laisser parler les autres* please be polite enough to let the others talk / *il a eu la cruauté de lui dire* he was cruel enough to tell him **4.** [exprime la mesure] to be ▸ **le voilier a 4 m de large** ou **largeur** the yacht is 4 m wide / *j'ai 70 cm de tour de taille* I'm 70 cm round the waist, I have a 70 cm waist / *le puits a 2 m de profondeur* the well's 2 m deep ▸ **la porte a 1,50 m de haut** ou **hauteur** the door is 1 m 50 cm high ▸ **en avoir pour** : *j'en ai pour 70 euros* it's costing me 70 euros ▸ **tu en as pour 12 jours / deux heures** it'll take you 12 days / two hours / *j'ai pour 400 euros de frais!* I have 400 euros worth of expenses! / *j'en ai eu pour 143 euros* I had to pay ou it cost me 143 euros / *on en a bien pour trois heures pour aller jusqu'à Lille* it's going to take us ou we'll need at least three hours to get to Lille / *si la police l'attrape, il en aura pour 20 ans!* *fam* if the police catch him he'll get ou cop 20 years! **5.** [exprime l'âge] to be ▸ **quel âge as-tu?** how old are you? ▸ **j'ai 35 ans** I'm 35 (years old) / *nous avons le même âge* we're the same age / *il a deux ans de plus que moi* he's two years older than me / *il vient d'avoir 74 ans* he's just turned 74.

C. SOUFFRIR DE, ÉPROUVER **1.** [subir - symptôme] to have, to show, to display ; [- maladie, hoquet, mal de tête, etc.] to have ; [- accident, souci, ennuis] to have ; [- difficultés] to have, to experience ; [- opération] to undergo, to have ; [- crise] to have, to go through *(insép)* ▸ **avoir de la fièvre** to have ou to be running a temperature ▸ **avoir un cancer** to have cancer ▸ **avoir des migraines** to suffer from ou to have migraines ▸ **avoir des contractions** to have contractions / *j'ai une rougeur au coude* I have a red blotch on my elbow / *je ne sais pas ce que j'ai aujourd'hui* I don't know what's the matter ou what's wrong with me today / *qu'as-tu? tu es affreusement pâle* what's wrong? you're deathly pale / *sa sœur n'a rien eu* his sister escaped unscathed / *le car n'a rien eu du tout, mais la moto est fichue* *fam* there wasn't a scratch on the bus but the motorbike's a write-off / *qu'est-ce qu'elle a encore, cette voiture?* *fam* NOW what's wrong with this car? / *il a des souris chez lui* he's got mice ▸ **un enfant / chaton qui a des vers** a child / kitten with worms **2.** [émettre, produire - mouvement] to make ; [- ricanement, regard, soupir] to give ▸ **avoir un sursaut** to (give a) start / *elle eut un pauvre sourire* she smiled faintly ou gave a faint smile / *elle eut cette phrase devenue célèbre* she said ou uttered those now famous words / *il eut une moue de dédain* he pouted disdainfully **3.** [ressentir] ▸ **avoir faim** to be ou to feel hungry ▸ **avoir peur** to be ou to feel afraid ▸ **avoir des scrupules** to have qualms ▸ **avoir des remords** to feel remorse ▸ **avoir du chagrin** to feel ou to be sad ▸ **avoir un pressentiment** to have a premonition ▸ **avoir de l'amitié pour qqn** to regard ou to consider sb as a friend ▸ **avoir de l'admiration pour qqn** to admire sb / *je n'ai que mépris pour lui* I feel only contempt for him ▸ **avoir du respect pour qqn** to have respect for ou to respect sb ▸ **en avoir après** ou **contre qqn** *fam* to be angry with sb / *après* ou *contre qui en as-tu?* who are you angry with? / *ce chien / cette guêpe en a après toi!* this dog / wasp has got it in for you! ▸ **en avoir après** ou **contre qqch** to be angry about sthg / *moi, j'en ai après* ou *contre la pollution!* pollution really makes me angry! **4.** [élaborer par l'esprit - avis, idée, suggestion] to have ▸ **j'ai mes raisons** I have my reasons / *elle a toujours réponse à tout* she's got an answer for everything *fam*.

D. VAINCRE, DUPER **1.** [battre, surpasser] to get, to beat / *ne t'inquiète pas, on les aura dans la descente!* don't worry, we'll get them going downhill! / *tu essaies d'accaparer le marché, mais je t'aurai!* you're trying to corner the market but I'll get the better of you! / *il m'a eu au cinquième set* he got ou beat me in the fifth set / *il va se faire avoir dans la dernière ligne droite* he's going to get beaten in the final straight **2.** [escroquer] to have, to do, to con / *900 euros pour ce buffet? tu t'es fait avoir!* 900 euros for that dresser? you were conned ou had ou done! / *les touristes, on les a facilement* tourists are easily conned **3.** [duper] to take in *(sép)*, to take for a ride, to have / *je t'ai bien eu!* I took you in ou I had you there, didn't I? ▸ **il m'a eu** he led me up the garden path / *tu t'es fait avoir!* you've been had ou taken in ou taken for a ride! / *tu essaies de m'avoir!* you're having ou putting me on! ▸ **n'essaie pas de m'avoir** don't try it on with me.

E. SUR SON AGENDA [devoir participer à - débat, élection, réunion] to have, to hold ; [- rendez-vous] to have / *j'ai (un) cours de chimie ce matin* I've got a chemistry lesson this morning / *avons-nous une réunion aujourd'hui?* is there ou do we have a meeting today?

❖ **il y a** v impers **1.** [dans une description, une énumération - suivi d'un singulier] there is ; [- suivi d'un pluriel] there are / *il y avait trois chanteurs* there were three singers / *il n'y a pas de lit* there is no bed / *il y a du*

'IL Y A... (QUE)' WITH EXPRESSIONS OF TIME

The set phrases **il y a** and **il y a... que** both refer to elapsed time. Both relate this elapsed time to an event or action. The important thing to remember is which tense to use for *a)* the verb **avoir** in the '**il y a**' clause, and *b)* the verb in the clause describing the related event or action. Tense sequences are summarised in the tables below.

IL Y A

Situation	Tense of **avoir** in '**il y a**'	Tense of the verb in the related clause	
Time elapsed between an event and the present:	present	perfect	
	Il y a trois ans,	je me suis expatrié. (1)	I went to live abroad three years ago.
	Il y a cinq minutes,	il a commencé à se plaindre du ventre.	He started complaining about stomach ache five minutes ago.

(1) You may come across a different clause order ('Il y a trois ans, je me suis expatrié' or 'Je me suis expatrié il y a trois ans') but the meaning and the tense choices are unaffected.

'IL Y A... QUE' AND 'IL Y AURA... QUE'

Here the choice of tense depends on whether the action or event in column three of the table below is a lasting action / event, or one that occurred at one point in time (or 'punctual' action / event).

Situation	Tense of **avoir** in '**il y a... que**'	Tense of the verb in the related clause	
Time has elapsed between a punctual action / event in the past and the present time:	present	perfect	
	Il y a trois ans que	je me suis expatrié.	I went to live abroad three years ago.
Time has elapsed between a lasting action / event in the past and the present time:	present	present	
	Il y a cinq minutes qu'il	se plaint du ventre.	He's been complaining of stomach ache for five minutes.
A lasting action / event is being projected into the future:	future	present	
	Mardi prochain, il y aura un mois que	les employés sont en grève.	By next Tuesday the staff will have been on strike for one month.
A punctual action / event is being projected into the future:	future	perfect	
	Demain soir, il y aura exactement deux semaines que	j'ai arrêté de fumer.	By tomorrow night, I will have been a non-smoker for precisely two weeks.

IL Y AVAIT... QUE... QUAND / LORSQUE

Time has elapsed between a punctual action / event in the past, and a previous action / event:	imperfect	perfect (or past historic, if the context is literary)	
	Il y avait quatre mois qu'on se connaissait	quand on s'est fiancés.	We'd known each other four months when we got engaged.
	Il y avait un quart de siècle qu'il était parti pour les croisades	lorsque son épouse mourut.	He had been in the Crusades for a quarter of a century when his wife died.

soleil the sun is shining **/** *qu'est-ce qu'il y a dans la malle?* what's in the trunk? **/** *il n'y a qu'ici qu'on en trouve* this is the only place (where) you can find it / them **/** *il n'y a pas que moi qui le dis* I'm not the only one to say so **/** *il y a juste de quoi faire une jupe* there is just enough to make a skirt ▸ **il y a voiture et voiture** there are cars and cars ▸ **avoue qu'il y a de quoi être énervé!** you must admit it's pretty irritating! ▸ **qu'est-ce qu'il y a? — il y a que j'en ai marre!** *fam* what's the matter? — I'm fed up, that's what! ▸ **il n'y a pas de quoi!** : *merci — il n'y a pas de quoi!* thank you — don't mention it ou you're welcome! ▸ **il n'y a rien à faire** : *il n'y a rien à faire, la voiture ne démarre pas* it's no good, the car won't start ▸ **il n'y a pas à dire** : *il n'y a pas à dire, il sait ce qu'il veut* there's no denying he knows what he wants ▸ **il n'y a que lui / moi, etc. pour...** : *il n'y a que lui pour dire une chose pareille!* trust him to say something like that! ▸ **il n'y a rien à voir** ou **y a rien à voir** *fam* there's nothing to see ▸ **n'y en avoir que pour qqn** *fam* : *il n'y en a que pour lui!* he's the one who gets all the attention! ▸ **il y en a** ou **il y a des gens, je vous jure!** *fam* some people, honestly ou really! ▸ **quand il n'y en a plus, il y en a encore!** *fam* there's plenty more where that came from **2.** [exprimant la possibilité, l'obligation, etc.] : *il n'y a plus qu'à payer les dégâts* we'll just have to pay for the damage **/** *il n'y a qu'à lui dire* you / we, etc. just have to tell him **/** *il n'y a qu'à commander pour être servi* you only have to order to get served **3.** [indiquant la durée] : *il y a 20 ans de ça* 20 years ago **/** *il y a une heure que j'attends* I've been waiting for an hour **4.** [indiquant la distance] : *il y a bien 3 km d'ici au village* it's at least 3 km to the village **5.** *(à l'infinitif)* : *il va y avoir de la pluie* there's going to be some rain **/** *il pourrait y avoir un changement* there could be a change **/** *il doit y avoir une raison* there must be a ou some reason.
Voir encadré page suivante.

Le verbe avoir se traduit généralement par have. En anglais britannique, on emploie très fréquemment have + got, notamment à l'oral :
Il a une voiture. *He has a car* ou *He's got a car.*
Elle a les cheveux bruns. *She has brown hair* ou *She's got brown hair.*

Have + got s'emploie généralement au présent, mais peut également s'employer au passé :
Il avait une voiture. *He had a car* **(had got** *est impossible ici).*
Il a dit qu'il avait une voiture. *He said he had a car* ou *He said he'd got a car.*
Elle avait les yeux bleus. *She had blue eyes* **(had got** *est impossible ici).*
Il a pensé qu'elle avait la grippe. *He thought she had flu* ou *He thought she'd got flu.*

Notez l'emploi de be avec certains adjectifs lorsque avoir introduit une caractéristique, un état :
J'ai sommeil / faim / soif / peur / raison / tort. *I'm sleepy / hungry / thirsty / afraid / right / wrong.*

Notez également l'emploi de be avec le mot shape :
Ces pièces peuvent avoir différentes formes. *These parts can be different shapes.*
Celle-ci a une forme différente. *This one is a different shape.*

avoirdupois [avwaʀdypwa] nm avoirdupois (weight).

avoisinant, e [avwazinɑ̃, ɑ̃t] adj neighbouring UK, neighboring US, nearby *(adj)* / *les quartiers avoisinants ont été évacués* the surrounding streets were evacuated.

avoisiner [3] [avwazine] vt **1.** [dans l'espace] to be near ou close to, to border on *(insép)* / *la propriété avoisine la rivière* the land borders on the river / *son attitude avoisine l'insolence fig* his attitude verges on insolence **2.** [en valeur] to be close on, to come close to / *les dégâts avoisinent le million* damages come close to one million.

avorté, e [avɔʀte] adj [réforme, tentative] failed, abortive / *une initiative avortée* an abortive move.

avortement [avɔʀtəmɑ̃] nm MÉD & ZOOL abortion / *être contre l'avortement* to be against abortion ▸ **l'avortement d'une tentative** *fig* the failure of an attempt.

avorter [3] [avɔʀte] ◆ vi **1.** MÉD to abort, to have an abortion ; ZOOL to abort ▸ **faire avorter qqn** to carry out an abortion on sb **2.** [plan] to fall through, to miscarry ; [réforme] to fall through ; [révolution] to fail, to come to nothing. ◆ vt to abort, to carry out an abortion on ▸ **se faire avorter** to have an abortion.

avorteur, euse [avɔʀtœʀ, øz] nm, f abortionist.

avorton [avɔʀtɔ̃] nm [chétif] runt ; [monstrueux] freak, monster / *espèce de petit avorton !* you little runt !

avouable [avwabl] adj worthy, respectable / *un motif avouable* a worthy motive ▸ **des mobiles peu avouables** disreputable motives.

avoué [avwe] nm ≃ solicitor UK ; ≃ attorney US.

avouer [6] [avwe] vt **1.** [erreur, forfait] to admit, to confess (to), to own up to *(insép)* / *elle a avoué voyager sans billet / tricher aux cartes* she owned up to travelling without a ticket / to cheating at cards ; *(en usage absolu)* ▸ **il a avoué** [à la police] he owned up, he made a full confession / *si personne n'avoue, tout le monde sera puni* if no one owns up then everyone will be punished **2.** [doute, sentiment] to admit ou to confess to ▸ **elle refuse d'avouer ses angoisses / qu'elle a des ennuis** she refuses to acknowledge her anxiety / admit that she has problems / *je t'avoue que j'en ai assez* I must admit that I've had all I can take / *il lui a fallu du courage, j'avoue, mais...* what he did required courage, I grant you, but... / *il faut avouer qu'elle a de la patience* you have to admit (that) she's patient.

❖ **s'avouer** vpi : *elle ne s'avoue pas encore battue* she won't admit defeat yet / *je m'avoue complètement découragé* I confess ou admit to feeling utterly discouraged.

avril [avʀil] nm April ▸ **en avril, ne te découvre pas d'un fil** *prov* ≃ ne'er cast a clout till May is out *prov.* **Voir aussi mars.**

AVS (abr de **assurance vieillesse et survivants**) nf *Swiss pension scheme.*

avulsion [avylsjɔ̃] nf **1.** MÉD extraction **2.** DR avulsion.

avunculaire [avɔ̃kylɛʀ] adj avuncular.

avunculat [avɔ̃kyla] nm ANTHR avunculate.

AWACS, awacs [awaks] (abr de **Airborne Warning and Control System**) nm AWACS.

axe [aks] nm **1.** GÉOM axis ▸ **axe des abscisses / des ordonnées** x- / y-axis ▸ **axe optique** principal axis ▸ **axe de symétrie** axis of symmetry **2.** [direction] direction, line / *deux grands axes de développement* two major trends of development / *développer de nouveaux axes de recherche* to open up new areas of research / *sa politique s'articule autour de deux axes principaux* her policy revolves around two main themes ou issues / *il est dans l'axe du parti* [membre] he's in the mainstream of the party **3.** [voie] : *ils vont ouvrir un nouvel axe Paris-Bordeaux* they're going to open up a new road link between Paris and Bordeaux ▸ **l'axe Lyon-Genève** RAIL the Lyon-Geneva line ▸ **(grand) axe** major road UK, main highway US / *tous les (grands) axes routiers sont bloqués par la neige* all major roads are snowed up ▸ **axe rouge** *section of the Paris road system where parking is prohibited to avoid congestion* ▸ **l'axe historique** [à Paris] *series of historical landmarks which form an uninterrupted perspective from the Louvre to the Grande Arche at la Défense* **4.** MÉCAN axle **5.** HIST ▸ **l'Axe** the Axis.

❖ **dans l'axe de** loc prép [dans le prolongement de] in line with / *la perspective s'ouvre dans l'axe du palais* the view opens out from the palace / *le Louvre s'inscrit dans l'axe des Champs-Élysées* the Louvre is directly in line with the Champs-Élysées.

axel [aksɛl] nm axel.

axénique [aksenik] adj axenic.

axer [3] [akse] vt ▸ **axer qqch sur qqch** to centre UK ou center US sthg on sthg / *il est très axé sur le spiritisme* he is very keen on spiritualism / *axer une campagne publicitaire sur les enfants* to build an advertising campaign around children / *le premier trimestre sera axé sur Proust* the first term will be devoted to Proust / *une modernisation axée sur l'importation des meilleures techniques étrangères* modernization based on importing the best foreign techniques.

axial, e, aux [aksjal, o] adj **1.** [d'un axe] axial **2.** [central] central ▸ **éclairage axial** central overhead lighting *(in a street).*

axillaire [aksilɛʀ] adj axillary.

axiologie [aksjɔlɔʒi] nf axiology.

axiomatique [aksjɔmatik] ◆ adj axiomatic. ◆ nf axiomatics *(sg).*

axiomatisation [aksjɔmatizasjɔ̃] nf axiomatization.

axiomatiser [3] [aksjɔmatize] vt to axiomatize.

axiome [aksjom] nm axiom.

axis [aksis] nm ANAT & ZOOL axis.

axolotl [aksɔlɔtl] nm axolotl.

axone [akson] nm axon, axone.

ay [aj] nm Champagne from Ay.

ayant p prés ⟶ **avoir.**

ayant cause [ɛjɑ̃koz] (*pl* **ayants cause**) nm beneficiary, legal successor.

ayant droit [ɛjɑ̃dʀwa] (*pl* **ayants droit**) nm [gén] beneficiary ; [à une propriété] rightful owner ; [à un droit] eligible party.

ayatollah [ajatɔla] nm ayatollah.

aye-aye [ajaj] (*pl* **ayes-ayes**) nm ZOOL aye-aye.

ayé abr écrite de **ça y est.**

ayons v ⟶ **avoir.**

ayurvédique [ajyʀvedik] adj Ayurvedic ▸ **massage ayurvédique** Ayurvedic massage.

azalée [azale] nf azalea.

Azay-le-Rideau [azɛləʀido] npr *one of the more famous of the sixteenth-century châteaux of the Loire Valley.*

azéotrope [azeɔtʀɔp], **azéotropique** [azeɔtʀɔpik] adj azeotropic.

Azerbaïdjan [azɛʀbajdʒɑ̃] npr m ▸ **(l')Azerbaïdjan** Azerbaijan.

azerbaïdjanais, e [azɛʀbajdʒanɛ, ɛz] adj Azerbaijani.

❖ **Azerbaïdjanais, e** nm, f Azerbaijani.

❖ **azerbaïdjanais** nm LING Azerbaijani.

azéri, e [azeʀi] adj Azeri.

❖ **Azéri, e** nm, f Azeri.

❖ **azéri** nm LING Azerbaijani.

azimut [azimyt] nm azimuth ▸ **partir dans tous les azimuts** *fam* to be all over the place / *la discussion partait dans tous les azimuts* the discussion was all over the place.

❖ **tous azimuts** *fam* ◆ loc adj all out, full scale / *une attaque tous azimuts* an all out attack ▸ **publicité tous azimuts** comprehensive advertising campaign. ◆ loc adv all over (the place) / *prospecter tous azimuts* to canvass all over ▸ **la jeune société se développe tous azimuts** the new firm is really taking off.

azimutal, e, aux [azimytal, o] adj azimuthal.

azimuté, e [azimyte] adj *fam* [fou] crazy.

Azincourt [azɛ̃kuʀ] npr Agincourt.

azonal, e, aux [azonal, o] adj azonal.

azoospermie [azɔɔspɛʀmi] nf azoospermia.

azote [azɔt] nm nitrogen.

azoté, e [azɔte] adj nitrogenous, azotic.

AZT (abr de **azothymidine**) nm AZT.

aztèque [astɛk] adj Aztec.

❖ **Aztèque** nmf Aztec.

azulejo, azuléjo* [azulexo] nm azulejo tile.

azur [azyʀ] ◆ nm **1.** [couleur] azure *litt*, sky-blue ▸ **la Côte d'Azur** the French Riviera, the Côte d'Azur **2.** *litt* [ciel] skies. ◆ adj inv azure, sky-blue.

azurage [azyʀaʒ] nm blueing.

azurant [azyʀɑ̃] nm fluorescent brightening agent.

azuré, e [azyʀe] adj *litt* azure *litt*, sky-blue.

azuréen, enne [azyʀeɛ̃, ɛn] adj **1.** *litt* [bleu] azure *litt*, sky-blue **2.** [de la Côte d'Azur] of the Côte d'Azur ou French Riviera.

azurer [3] [azyʀe] vt to blue, to tinge with blue.

azurite [azyʀit] nf azurite.

azyme [azim] adj ⟶ **pain.**

* In reformed spelling (see p. 16-19).

b, B [be] nm b, B. Voir aussi **g**.

B 1. (abr écrite de **bien**) *good grade (as assessment of schoolwork)* ; ≃ B **2.** (abr écrite de **bel**) B.

b1sur abr écrite de **bien sûr**.

B2i [bedøzi] nm abr de **brevet informatique et Internet**.

BA (abr de **bonne action**) nf *fam good deed* ▸ **faire une BA** to do a good deed.

B-A (abr de **Basses-Alpes**) npr fpl *French département.*

baba [baba] ◆ adj *fam* ▸ **être** ou **rester baba** to be flabbergasted. ◆ nm **1.** CULIN ▸ **baba (au rhum)** (rum) baba **2.** *fam* EXPR **l'avoir dans le baba** to be let down / *après ils partiront en congé et c'est toi qui l'auras dans le baba!* then they'll go off on holiday and you'll be left holding the baby ! ◆ nmf = **baba cool**.

b.a.-ba [beaba] nm ABCs, rudiments / *apprendre le b.a.-ba du métier* to learn the ABCs ou basics of the trade.

baba cool [babakul] (*pl* **babas cool**) nmf *fam person adopting hippie-like values and lifestyle.*

Babel [babɛl] npr ⟶ **tour**.

babeurre [babœʀ] nm buttermilk.

babil [babil] nm [des enfants] prattle, babble ; [du ruisseau] murmuring, babble ; [des oiseaux] twittering.

babillage [babijaʒ] nm [des enfants] babble, babbling, prattle ; [d'un bavard] chatter.

babillard, e [babijaʀ, aʀd] adj *litt* [ruisseau] murmuring, babbling.

babiller [3] [babije] vi [oiseau] to twitter ; [ruisseau] to murmur, to babble ; [enfant] to prattle, to babble, to chatter ; [bavard] to prattle (on), to chatter (away).

babines [babin] nfpl **1.** ZOOL chops **2.** *fam* [lèvres] lips / *se lécher* ou *pourlécher les babines* to lick one's chops ▸ **à s'en lécher** ou **pourlécher les babines** scrumptious.

babiole [babjɔl] nf knick-knack, trinket / *je voudrais lui acheter une babiole pour marquer son anniversaire* I would like to buy her a little something for her birthday.

babiroussa [babiʀusa] nm babirusa.

bâbord [babɔʀ] nm port ▸ **à bâbord** on the port side.

babouche [babuʃ] nf (oriental) slipper.

babouin [babwɛ̃] nm baboon.

baby-beef [bebibif] (*pl* **baby-beefs**) nm feeder.

baby boom, babyboum* [bebibum] nm baby boom.

baby-boomer [babibumœʀ ou bebibumœʀ] (*pl* **baby-boomers**) nmf baby boomer.

baby-boomeur, euse [babibumœʀ, øz ou bebibumœʀ, øz] (*mpl* **baby-boomeurs**, *fpl* **euses**) nm, f baby boomer.

baby-foot (*pl* **baby-foot**), **babyfoot*** [babifut] nm table football UK, foosball US.

Babylone [babilɔn] npr Babylon.

babylonien, enne [babilɔnjɛ̃, ɛn] adj Babylonian.

❖ **Babylonien, enne** nm, f Babylonian.

baby-sitter (*pl* **baby-sitters**), **babysitteur*** [bebisitœʀ] nmf baby-sitter.

baby-sitting (*pl* **baby-sittings**), **babysitting*** [bebisitiŋ] nm baby-sitting ▸ **faire du baby-sitting** to baby-sit.

baby-test [bebitɛst] (*pl* **baby-tests**) nm developmental test *(for young children).*

bac [bak] nm **1.** NAUT (small) ferry ou ferryboat **2.** [dans un réfrigérateur] compartment, tray ▸ **bac à glace** ice-cube tray ▸ **bac à légumes** vegetable compartment ; [dans un bureau] ▸ **bac mobile pour dossiers suspendus** filing trolley UK, movable file cabinet US ; [pour plantes] ▸ **bac (à fleurs)** plant holder **3.** COMM [présentoir] dump bin **4.** [fosse, réserve - pour liquides] tank, vat ; [- pour stockage de pièces] container ▸ **bac à sable a)** [d'enfant] sandpit UK, sandbox US **b)** [pour routes] grit bin ▸ **bac à sel** salt bin *(for roads)* **5.** PHOT [cuvette - vide] tray ; [- pleine] bath **6.** *fam* [diplôme] ▸ **bac plus trois / quatre / cinq** *expression indicating the number of years of formal study completed after the baccalauréat* ▸ **niveau bac + 3** *3 years of higher education.*

BAC [bak] (abr de **brigade anticriminalité**) nf *police squad specializing in patrols to combat crime.*

baccalauréat [bakalɔʀea] nm *final secondary school examination, qualifying for university entrance* ; ≃ A-levels UK ; ≃ high school diploma US ▸ **baccalauréat international** international baccalaureate.

Baccalauréat

The **baccalauréat** or **bac** is taken by students who have completed their final year at the **lycée**; successful candidates may go to university. There are three main types **(filières)** of **bac**, each corresponding to a specific field: **bac L (littéraire)** being arts-oriented, **bac S (scientifique)** science-based and **bac ES (économique et social)** economics and social studies. Within each domain various obligatory and optional subjects can be combined to give up to eleven different types of diploma. There is also the **bac professionnel** which offers seventy-five different specialist or vocational subjects, and the **bac technologique**, with seven specialist subjects. Grades **mentions** at the baccalauréat are as follows: **assez bien (AB, 12-14/20)**; **bien (B, 14-16/20)**; **très bien (TB, over 16/20)**.

The different levels of studies in France are referred to in terms of **bac +** (**bac + 2** for the **BTS** and **DUT**, **bac + 3** for the **licence**, **bac + 4** for the **master**, **bac + 5** for a **doctorat**) and are used in job advertisements, CVs and day-to-day life in order to indicate one's level or years of studies.

baccara [bakaʀa] nm baccara, baccarat.

baccarat [bakaʀa] nm Baccarat (crystal) / *un vase en baccarat* a Baccarat crystal vase.

Baccarat [bakaʀa] npr *town in eastern France famous for its fine crystalware.*

bacchanale [bakanal] nf *litt* [débauche] drunken revel, bacchanal.

❖ **bacchanales** nfpl ANTIQ bacchanalia.

bacchante [bakɑ̃t] nf **1.** ANTIQ bacchante, bacchanal **2.** *litt & péj* [femme] bacchante *litt.*

❖ **bacchantes** nfpl *fam & hum* moustache, whiskers *hum.*

Bacchus [bakys] npr Bacchus.

baccifère [baksifɛʀ] adj bacciferous.

Bach [bak] npr ▸ **Jean-Sébastien** ou **Johann Sebastian Bach** Johann Sebastian Bach.

bâchage [baʃaʒ] nm covering over with a tarpaulin.

bâche [baʃ] nf transport cover, canvas sheet, tarpaulin ▸ **bâches imperméables** waterproof tarpaulin.

bachelier, ère [baʃəlje, ɛʀ] nm, f *student who has passed the baccalauréat.*

> ⚠ Attention à ne pas traduire bachelier par **bachelor**, qui n'a jamais ce sens.

bâcher [3] [baʃe] vt to cover over *(sép)*, to tarpaulin.

bachi-bouzouk (*pl* **bachi-bouzouks**), **bachibouzouk*** [baʃibuzuk] nm bashibazouk.

bachique [baʃik] adj Bacchic.

bachot [baʃo] nm **1.** [barque] wherry, skiff **2.** *vieilli* [diplôme] = **baccalauréat**.

bachotage [baʃɔtaʒ] nm *fam* cramming ▸ **faire du bachotage** to cram, to swot up UK, to bone up US.

bachoter [3] [baʃɔte] vi *fam* to cram, to swot up UK, to bone up US / *il a été obligé de bachoter dans toutes les matières* he had to cram all the subjects.

bachoteur, euse [baʃɔtœʀ, øz] nm, f *fam* crammer.

bacillaire [basilɛʀ] adj bacillar, bacillary ▸ **malade bacillaire** tubercular patient.

bacille [basil] nm bacillus ▸ **bacille de Koch** tubercle bacillus.

bacilliforme [basilifɔʀm] adj bacilliform.

bacillose [basiloz] nf pulmonary tuberculosis.

bacillurie [basilyʀi] nf bacilluria.

backgammon [bakgamɔn] nm backgammon.

back-office [bakɔfis] (*pl* **back-offices**) nm back office.

bâclage [baklaʒ] nm [action] botching, skimping / *cette toiture, c'est du bâclage!* they / you, etc., made a really shoddy job of that roof !

bâcle [bakl] nf bar *(across a door or a window).*

bâcler [3] [bakle] vt to skimp on *(insép)*, to botch / *nous avons bâclé les formalités en deux jours* we pushed through the red tape in a couple of days / *on bâcle le ménage et on arrive* we'll give the house a quick clean and be right there ▸ **bâcler sa toilette** to give o.s. a quick wash / *je vais bâcler les comptes vite fait* *fam* I'll throw the accounts together in no time ▸ **c'est du travail bâclé a)** [réparation] it's a botched job **b)** [devoir] it's slapdash work.

bacon [bekɔn] nm [petit lard] bacon ; [porc fumé] smoked loin of pork, Canadian bacon.

bactéricide [bakteʀisid] ◆ adj bactericidal. ◆ nm bactericide.

bactérie [bakteʀi] nf bacterium.

bactérien, enne [bakteʀjɛ̃, ɛn] adj bacterial.

bactériologie [bakteʀjɔlɔʒi] nf bacteriology.

bactériologique [bakteʀjɔlɔʒik] adj bacteriological.

bactériologiste [bakteʀjɔlɔʒist] nmf bacteriologist.

bactériophage [bakteʀjɔfaʒ] adj bacteriophage.

bactériostatique [bakteʀjɔstatik] adj bacteriostatic.

badaboum [badabum] interj [bruit de chute] crash, bang, wallop.

badaud, e [bado, od] nm, f [curieux] curious onlooker ; [promeneur] stroller / *un attroupement de badauds* a crowd of gaping onlookers ▸ **attirer les badauds** to draw a crowd.

badauderie [badodʀi] nf *litt* idle curiosity.

Bade [bad] npr Baden.

bader [bade] vt *arg crime* to look at.

baderne [badɛʀn] nf *tfam* ▸ **une vieille baderne** an old fogey, an old stick-in-the-mud.

badge [badʒ] nm **1.** [insigne] badge / *passer son badge de secouriste* to get one's first aid badge **2.** [autocollant] sticker.

badger [17] [badʒe] vi [à l'entrée] to swipe in ; [à la sortie] to swipe out.

badgeuse [badʒøz] nf swipe card reader.

badiane [badjan] nf [arbre] Chinese anise tree ; [fruit] star anise.

badigeon [badiʒɔ̃] nm CONSTR [pour l'extérieur] whitewash ; [pour l'intérieur] distemper ; [pigmenté] coloured distemper, colourwash UK ▸ **passer qqch au badigeon a)** [pour l'extérieur] to whitewash sthg **b)** [pour l'intérieur] to distemper sthg.

badigeonner [3] [badiʒɔne] vt **1.** CONSTR [intérieur] to distemper ; [extérieur] to whitewash ; [en couleur] to paint with coloured distemper, to colourwash UK **2.** CULIN & MÉD to paint, to brush ▸ **badigeonner la plaie d'alcool** dab surgical spirit liberally onto the wound / *badigeonner la pâte de jaune d'œuf* brush the pastry with egg yolk.

badigeonneur, euse [badiʒɔnœʀ, øz] nm, f **1.** CONSTR painter, whitewasher **2.** *péj & vieilli* [peintre amateur] dauber.

badigoinces [badigwɛ̃s] nfpl *tfam* lips / *se lécher les badigoinces* to lick one's lips ou chops ▸ **se caler les badigoinces** to have a blow-out ou a chow-down US.

badin[1] [badɛ̃] nm AÉRON airspeed indicator.

badin[2]**, e** [badɛ̃, in] adj [gai] light-hearted ; [plaisant] playful / *tenir des propos badins* to (indulge in light-hearted) banter ▸ **répondre d'un ton badin** to answer playfully ou jokingly.

badinage [badinaʒ] nm banter, jesting, badinage *litt ou hum.*

badine [badin] nf switch, stick / *la badine de Charlot* Charlie Chaplin's stick.

badiner [3] [badine] vi to jest, to banter, to tease / *tu badines!* you jest! *hum* ▸ **badiner avec** : *ne badine pas avec ta santé* don't trifle with your health / *elle ne badine pas sur le chapitre de l'exactitude* she's very strict about ou she's a stickler for punctuality / **'On ne badine pas avec l'amour'** *Musset* 'You Can't Trifle With Love'.

badinerie [badinʀi] nf *litt* jest, badinage *litt hum.*

bad-lands [badlɑ̃ds] nfpl GÉOGR badlands.

badminton [badmintɔn] nm badminton.

BAFA, bafa [bafa] (abr de **brevet d'aptitude aux fonctions d'animation**) nm *diploma for youth leaders and workers.*

baffe [baf] nf *fam* slap, clout, smack ▸ **coller une baffe à qqn** to give sb a smack in the face *tfam.*

Baffin [bafɛ̃] npr ⟶ **terre.**

baffle [bafl] nm AUDIO speaker ; TECHNOL baffle.

bafouer [6] [bafwe] vt [autorité, loi] to flout, to defy ; [sentiment] to ridicule, to scoff at *(insép).*

bafouillage [bafujaʒ] nm **1.** [bredouillage] sputtering, stammering **2.** [propos incohérents] gibberish ; [inaudibles] mumblings.

bafouille [bafuj] nf *tfam* letter, missive *hum* / *une tendre bafouille* a billet doux *hum.*

bafouiller [3] [bafuje] ◆ vi [bégayer] to stutter, to stammer / *la peur le faisait bafouiller* he was so frightened he couldn't talk properly / *tellement embarrassé qu'il en bafouillait* stammering with embarrassment. ◆ vt to stammer / *euh ... oui,... non, bafouilla-t-elle* well... yes,... no, she stammered ▸ **bafouiller des propos incohérents** to talk (a lot of) gibberish.

bafouilleur, euse [bafujœʀ, øz] nm, f [bégayeur] stammerer ; [personne incohérente] mumbler.

bâfrer [3] [bafʀe] *tfam* ◆ vt to gobble, to wolf (down) *(sép)* / *il a bâfré trois douzaines d'huîtres* he wolfed down three dozen oysters / *elle a tout bâfré* she polished off the lot. ◆ vi to stuff one's face, to pig o.s.

❖ **se bâfrer** vp *fam* to stuff oneself.

bâfreur, euse [bafʀœʀ, øz] nm, f *tfam* glutton, greedy-guts, chowhound US.

bagage [bagaʒ] nm **1.** [pour voyager] baggage, luggage ▸ **mes bagages** my luggage ▸ **chacun de mes bagages a)** [sacs] each (one) of my bags **b)** [valises] each (one) of my suitcases / *il avait pour tout bagage un sac et un manteau* he was carrying only a bag and a coat ▸ **faire ses bagages** to pack one's bags / *il a fait ses bagages sans demander son reste* *fig* he left without further ado ▸ **en bagage accompagné** [expédier, voyager] as registered baggage ▸ **un seul bagage de cabine est autorisé** only one piece of hand baggage is allowed ▸ **un bagage à main** a piece of hand-luggage ▸ **bagages de soute** registered baggage *(in an aeroplane)* ▸ **soute à bagages** hold **2.** *(toujours au sg)* [formation] background (knowledge) / *son bagage scientifique était insuffisant pour faire des études de médecine* his scientific knowledge was insufficient for studying medicine / *en musique, elle a déjà un bon bagage* she already has a good grounding in music.

> Attention ! Les mots luggage et baggage sont indénombrables. Ils ne s'emploient jamais ni au pluriel ni avec l'article indéfini a :
> **J'ai perdu tous mes bagages.** *I've lost all my luggage.*
> **Plusieurs bagages furent endommagés.** *Several pieces / items of luggage were damaged.*
> **Avez-vous des bagages à main ?** *Do you have any hand baggage?*

bagagerie [bagaʒʀi] nf luggage room.

bagagiste [bagaʒist] nmf **1.** [dans un hôtel] porter ; [dans un aéroport] baggage handler **2.** [fabricant] travel goods manufacturer.

bagarre [bagaʀ] nf **1.** [échange de coups] fight, brawl ▸ **une bagarre entre ivrognes** a drunken brawl / *la bagarre est devenue générale* the fight degenerated into a free-for-all / *des bagarres ont éclaté dans la rue* scuffles ou fighting broke out in the street / *il ne connaît qu'une solution à tout, la bagarre!* fighting is his answer to everything **2.** *fig* battle, fight / *se lancer dans la bagarre politique* to join the political fray ▸ **la bagarre a été très dure pendant la deuxième mi-temps / le deuxième set** SPORT it was a close fight during the second half / set.

bagarrer [3] [bagaʀe] vi [physiquement] to fight ; [verbalement] to argue / *elle a bagarré dur pour arriver là où elle est* she fought hard to get where she is / *pour les convaincre, il faut bagarrer* you have to work hard at convincing them.

❖ **se bagarrer** ◆ vp *(emploi réciproque)* **1.** [se combattre] to fight, to scrap / *ils n'arrêtent pas de se bagarrer* they're always fighting **2.** [se quereller] to quarrel, to have a scene / *mes parents se bagarraient* my parents used to quarrel. ◆ vpi **1.** [combattre] to fight, to scrap ▸ **il adore se bagarrer** he loves a scrap **2.** *fig* to fight, to struggle / *se bagarrer pour que justice soit faite* to fight ou to struggle in order to see justice done.

bagarreur, euse [bagaʀœʀ, øz] adj *fam* aggressive / *elle a des enfants bagarreurs* her kids are always ready for a scrap.

bagasse [bagas] nf **1.** [de canne à sucre] bagasse **2.** [marc de raisin] marc.

bagatelle [bagatɛl] nf **1.** [chose sans valeur] trinket, bauble ; [sans importance] trifle, bagatelle / *se fâcher pour une bagatelle* to take offence over nothing / *ça m'a coûté la bagatelle de 10 000 €* *iron* it cost me a mere 10,000 € **2.** MUS bagatelle **3.** *fam* [sexe] ▸ **il est porté / elle est portée sur la bagatelle** he / she likes to play around.

❖ **Bagatelle** npr ▸ **le parc de Bagatelle** *park in the Bois de Boulogne famous for its rose gardens.*

Bagdad [bagdad] npr Baghdad.

bagdadien, enne [bagdadjɛ̃, ɛn] adj from Baghdad.

❖ **Bagdadien, enne** nm, f *inhabitant of or person from Baghdad.*

baggy [bagi] nm baggy pants.

bagnard [baɲaʀ] nm convict.

bagne [baɲ] nm **1.** [prison] prison, labour UK ou labor US camp ; HIST penal colony / *c'est le bagne, ici!* *fig* they work you to death in this place! / *son travail, c'est pas le bagne!* he's not exactly overworked! **2.** [sentence] hard labour UK ou labor US / *c'est le bagne ici* *fig* it's slave labour UK ou labor US here.

bagnole [baɲɔl] nf *fam* car ▸ **une vieille bagnole** an old banger UK ou car.

bagou(t) [bagu] nm *fam* glibness ▸ **il a du bagout** he has the gift of the gab, he can talk the hind legs off a donkey.

bagouze [baguz] nf *fam* big flashy ring.

baguage [bagaʒ] nm **1.** HORT girdling **2.** ZOOL ringing.

bague [bag] nf **1.** JOAILL ring ▸ **passer la bague au doigt à qqn** to marry sb ▸ **bague de fiançailles** engagement ring **2.** [d'un champignon] ring ; [d'un cigare] band **3.** MÉCAN collar, ring ▸ **bague collectrice** ÉLECTR collectoring ▸ **bague de serrage** jubilee clip.

baguenaude [bagnod] nf BOT bladder senna pod.

baguenauder [3] [bagnode] vi *fam* to amble ou to stroll ou to drift along.

❖ **se baguenauder** vpi *fam* to amble ou to stroll ou to drift along.

baguenaudier [bagnodje] nm bladder senna.

baguer [3] [bage] vt **1.** [oiseau] to ring ; [doigt] to put a ring on **2.** TECHNOL to collar **3.** COUT to baste, to tack.

baguette [bagɛt] nf **1.** [petit bâton] switch, stick ▸ **baguette de coudrier** hazel stick ou switch ▸ **baguette magique** magic wand / *d'un coup de baguette magique* as if by magic ▸ **baguette de sourcier** divining rod / *elle a les cheveux raides comme des baguettes* her hair is dead straight **2.** CULIN [pain] French stick UK ou loaf, baguette ; [pour manger] chopstick / *manger avec des baguettes* to eat with chopsticks **3.** MUS [pour diriger] baton / *sous la baguette du jeune chef* under the baton of the young conductor ▸ **baguette de tambour** drumstick ▸ **mener** ou **faire marcher qqn à la baguette** to rule sb with an iron hand ou a rod of iron **4.** VÊT [d'une chaussure] foxing ; [sur des bas, un collant] clock **5.** MENUIS length of beading / *cacher les câbles avec des baguettes* to bead in the wires.

bah [ba] interj **1.** [marque l'indifférence] pooh, who cares / *bah, on verra bien!* oh well, we'll have to see! **2.** [marque le doute] really, you don't say US / *bah, je ne sais pas!* really, I don't know!

bahaï [baaj] adj & nmf Baha'i.

bahaïsme [baaism] nm Bahaism.

Bahamas [baamas] npr fpl ▸ **les Bahamas** the Bahamas ▸ **aux Bahamas** in the Bahamas.

Bahreïn [baʀejn], **Bahrayn** [baʀajn] npr Bahrain, Bahrein.

bahreïnien, enne [baʀeinjɛ̃, ɛn], **bahreïni, e** [baʀejni] adj Bahraini, Bahreini.
❖ **Bahreïnien, enne, Bahreïni, e** nm, f Bahraini, Bahreini.

baht [bat] nm [monnaie] baht.

bahut [bay] nm **1.** [buffet] sideboard **2.** [coffre] trunk **3.** *fam* [collège, lycée] school / *à quelle heure tu retournes au bahut* what time are you going back to school? **4.** *fam* [véhicule] car / *le voilà, avec son gros bahut* here he comes with his tank / *avance ton bahut!* get that heap of junk out of my way!

bai, e [bɛ] adj bay.

baie [bɛ] nf **1.** BOT berry **2.** ARCHIT opening ▸ **baie vitrée** picture ou bay window **3.** GÉOGR bay **4.** ÉLECTRON & TÉLÉC rack.

la baie d'Along	Along Bay
la baie des Anges	the Baie des Anges
la baie de Baffin	Baffin Bay
la baie des Cochons	the Bay of Pigs
la baie d'Hudson	Hudson Bay
la baie (de) James	James Bay
la baie de San Francisco	San Francisco Bay
la baie de Somme	the Baie de Somme
la Grande Baie australienne	the Great Australian Bight

baignade [bɛɲad] nf [activité] swimming, bathing UK / *à l'heure de la baignade* at swimming time / **'baignade interdite'** 'no swimming'; [lieu] bathing ou swimming place ▸ **aménager une baignade a)** to lay out an area for swimming **b)** [pour bébés] to lay out an area for paddling.

baigner [4] [beɲe] ◆ vt **1.** [pour laver] to bath UK, to bathe US / *c'est l'heure de baigner les enfants* it's time to bath UK ou to bathe US the children; [pour soigner] to bathe / *baigne ton doigt malade dans de l'eau chaude* bathe your sore finger in hot water **2.** *litt* [suj: fleuve, mer] to wash, to bathe / *la Seine baigne Paris* the Seine bathes ou washes Paris / *un rayon de lumière baignait la pièce* light suffused the room, the room was bathed in light / *la clairière était baignée de soleil* the clearing was bathed ou flooded with sunlight **3.** [mouiller] to soak, to wet / *un visage baigné de larmes* a face bathed in tears / *il était baigné de sueur après sa course* he was soaked with sweat after the race. ◆ vi **1.** [être immergé -dans l'eau, le lait] to soak; [-dans l'alcool, le vinaigre] to steep / *des cerises baignant dans l'alcool* cherries steeping ou soaking in alcohol / *les pommes de terre baignaient dans la sauce* the potatoes were swimming in sauce / *il faut que le tissu baigne complètement dans la teinture* the material must be fully immersed in the dye; *litt* [être environné -de brouillard, de brume] to be shrouded ou swathed / *le paysage baignait dans la brume* the countryside was shrouded in mist **2.** *fig* : *nous baignons dans le mystère* we're deep in mystery / *il baigne dans la joie* he is overwhelmed with joy, he's overjoyed / *elle baigne dans la musique depuis sa jeunesse* she's been immersed in music since she was young **3.** EXPR **ça** ou **tout baigne (dans l'huile)!** *fam* everything's great ou fine!
❖ **se baigner** ◆ vp *(emploi réfléchi)* ▸ **se baigner les yeux** / **le visage** to bathe one's eyes / face. ◆ vpi [dans une baignoire] to have UK ou to take US a bath; [dans un lac, dans la mer] to go swimming ou bathing UK / *je me suis baigné dans la mer Morte* I went swimming in the Dead Sea / *à quelle heure on se baigne?* what time shall we go for our swim?

baigneur, euse [bɛɲœʀ, øz] nm, f swimmer, bather UK.
❖ **baigneur** nm baby doll.

baignoire [bɛɲwaʀ] nf **1.** [dans une salle de bains] bath UK bathtub US ▸ **baignoire sabot** hip bath ▸ **supplice** ou **torture de la baignoire** torture by immersion **2.** THÉÂTRE ground floor box **3.** MIL & NAUT conning tower.

Baïkal [baikal] npr m ▸ **le (lac) Baïkal** Lake Baikal.

bail, baux [baj, bo] nm **1.** [de location] lease ▸ **prendre qqch à bail** to take out a lease on sthg ▸ **faire** / **passer un bail** to draw up / to enter into a lease ▸ **bail commercial** / **professionnel** / **rural** commercial / professional / rural lease ▸ **bail à construction** construction lease ▸ **bail d'habitation** house-letting UK rental lease US **2.** EXPR **il y a** ou **ça fait un bail que ...** *fam* it's been ages since... / *ça fait un bail qu'il ne m'a pas téléphoné* it's been ages since he last phoned me, he hasn't phoned me for ages.

Bail

In France, the usual duration of the **bail** or lease for private rented accommodation is three years. The expression **bail à céder**, often seen on signs in shop windows, means that the lease on the shop or office is for sale.

baille [baj] nf **1.** [baquet] tub **2.** *tfam* [eau] water / *tomber* ou *se retrouver à la baille* to fall into the drink.
❖ **Baille** npr *nickname of the naval academy in Brest.*

bâillement [bajmɑ̃] nm **1.** [action] yawn ▸ **étouffer un bâillement** to stifle a yawn ▸ **des bâillements** yawning *(U)* **2.** [ouverture] gap.

bailler [3] [baje] vt *arch* to give ▸ **la bailler belle** ou **bonne à qqn** to try to hoodwink sb.

bâiller [3] [baje] vi **1.** [de sommeil, d'ennui] to yawn / *ses discours me font bâiller* his speeches send me to sleep ▸ **bâiller à s'en décrocher la mâchoire** ou **comme une carpe** to yawn one's head off **2.** [être entrouvert -porte, volet] to be ajar ou half-open; [-col] to gape / *son chemisier bâille aux emmanchures* her blouse gapes at the armholes.

bailleur, eresse [bajœʀ, ʀɛs] nm, f lessor ▸ **bailleur de fonds** backer, sponsor ▸ **bailleur de licence** licensor, licenser.

bâilleur, euse [bajœʀ, øz] nm, f yawner ▸ **un bon bâilleur en fait bâiller deux** *prov* one good yawn sets others to yawning.

bailli [baji] nm HIST bailiff.

bailliage [bajaʒ] nm bailiwick.

bâillon [bajɔ̃] nm [sur une personne] gag / *mettre un bâillon à l'opposition* *fig* to gag ou to muzzle the opposition.

bâillonnement [bajɔnmɑ̃] nm gagging.

bâillonner [3] [bajɔne] vt [otage, victime] to gag; [adversaire, opposant] to gag, to muzzle.

bain [bɛ̃] nm **1.** [pour la toilette] bath, bathing ▸ **donner un bain à qqn** to bath sb, to give sb a bath ▸ **prendre un bain** to have ou to take a bath ▸ **vider** / **faire couler un bain** to empty / to run a bath / *mon bain refroidit* my bath's ou bathwater's getting cold / *je préfère le bain à la douche* I prefer baths to showers ▸ **bain moussant** / **parfumé** bubble / scented bath ▸ **bain de bouche** mouthwash, mouth rinse ▸ **bain de boue** mudbath ▸ **bain bouillonnant** whirlpool bath ▸ **bain de pieds** footbath / *prendre un bain de pieds* to soak ou to bathe one's feet (in warm soapy water) ▸ **bain de vapeur** steam bath ▸ **bain de siège** sitzbath, hip bath / *faire des bains de siège* to take a sitzbath ou a hip bath ▸ **bain turc** Turkish bath ▸ **être dans le bain a)** [s'y connaître] to be in the swing of things **b)** [être compromis] to be in it up to one's neck / *quand on n'est plus dans le bain* when you've got out of the habit of things ▸ **être dans le même bain (que)** to be in the same boat (as) ▸ **mettre deux choses dans le même bain** to lump two things together ▸ **mettre qqn dans le bain a)** [l'initier] to put sb in the picture **b)** [le compromettre] to drag sb into it ▸ **se mettre** ou **se remettre dans le bain** to get (back) into the swing of things ou the routine **2.** [baignoire] bath UK bathtub US ▸ **bain à remous** Jacuzzi® **3.** LOISIRS & SPORT [activité] bathing, swimming ▸ **prendre un bain a)** [nager] to have a swim **b)** [patauger] to have a paddle ▸ **bain de minuit** midnight swim ou dip **4.** [bassin] ▸ **grand bain a)** [bassin] big pool **b)** [côté] deep end ▸ **petit bain a)** [bassin] children's pool **b)** [côté] shallow end **5.** *fig* [immersion] ▸ **bain de culture** feast of culture / *ce séjour à Paris était un véritable bain de culture* this stay in Paris was a complete cultural experience ▸ **bain de foule** walkabout / *prendre un bain de foule* to go on a walkabout ▸ **bain de jouvence** rejuvenating ou regenerating experience / *cela a été pour moi un bain de jouvence* it's taken years off me ▸ **bain linguistique** ou **de langue** immersion in a language ▸ **la manifestation s'est terminée dans un bain de sang** the demonstration ended in a bloodbath ▸ **bain de soleil** sunbathing / *prendre un bain de soleil* to sunbathe **6.** [substance pour trempage] bath ▸ **bain révélateur** ou **de développement** developing bath, developer ▸ **bain d'arrêt** PHOT stop bath ▸ **bain de fixateur** fixing bath ▸ **bain de friture** CULIN deep fat ▸ **bain de fusion** MÉTALL (welding) puddle ▸ **bain de sels** salt bath ▸ **bain de trempe** quenching bath; [cuve] vat.
❖ **bains** nmpl [établissement] baths ▸ **bains douches** public baths (with showers) ▸ **bains turcs** Turkish baths.
❖ **de bain** loc adj [sels, serviette] bath *(modif)*.

bain-marie [bɛ̃maʀi] (*pl* **bains-marie**) nm **1.** [processus] bain-marie cooking **2.** [casserole] bain-marie.
❖ **au bain-marie** loc adv in a bain-marie.

baïonnette [bajɔnɛt] nf bayonet ▸ **baïonnette au canon** fix bayonet.

baise [bɛz] nf **1.** BELG [baiser] kiss **2.** *vulg* [sexe] ▸ **la baise** sex.

baise-en-ville [bɛzɑ̃vil] nm inv *fam & hum* overnight case ou bag.

baisemain [bɛzmɛ̃] nm ▸ **faire le baisemain** to kiss a woman's hand.

baisement [bɛzmɑ̃] nm kissing ▸ **le baisement de la Croix** the kissing of the Cross.

baiser[1] [beze] nm kiss ▸ **donner** / **envoyer un baiser à qqn** to give / to blow sb a kiss ▸ **baiser de Judas** kiss of Judas ▸ **baiser de paix** kiss of peace.

baiser[2] [4] [beze] ◆ vt **1.** *litt* [embrasser] to kiss ▸ **baiser le front** / **la main de qqn** to kiss sb's forehead / hand ▸ **baiser la terre** to kiss the ground **2.** *vulg* [coucher avec] to screw, to fuck / *il est mal baisé* he needs to get laid / *c'est une mal baisée* she's a frustrated old cow **3.** *vulg* [tromper] to shaft, to con / *il s'est fait baiser par Merlot* he got conned by Merlot; [vaincre] to outdo / *on les a baisés à la deuxième mi-temps* we finally got the buggers in the second half; [prendre] : *ils se sont fait baiser par le contrôleur* they were had ou caught by the ticket inspector. ◆ vi *vulg* to fuck / *il baise bien* he's a good fuck / *on a bien baisé* we had a good fuck ▸ **baiser avec qqn** to screw sb.

baiseur, euse [bezœʀ, øz] nm, f *vulg* : *c'est un sacré baiseur* / *une sacrée baiseuse* he / she screws around / *c'est un bon baiseur* / *une bonne baiseuse* he / she's good in bed.

baisoter [3] [bɛzɔte] vt *fam & vieilli* to kiss all over.

baisse [bɛs] nf **1.** [perte de valeur] fall, drop ▸ **baisse des taux d'intérêt** drop in interest rates / *le marché des obligations a connu une baisse sensible* the bond market has dropped considerably **2.** [perte d'intensité] decline, drop ▸ **baisse de prix** fall in prices ▸ **baisse de température** drop in temperature ▸ **baisse de pression** drop ou fall in pressure **3.** [perte de quantité] drop ▸ **baisse de la production** drop in production.
❖ **à la baisse** loc adv on the downswing ou downturn ou decline ▸ **jouer à la baisse** to speculate on the fall ▸ **revoir à la baisse** to revise downwards.

❖ **en baisse** loc adj [crédit, fonds] declining, sinking, decreasing / *les fonds sont en baisse* funds are sinking ou decreasing.

baisser [4] [bese] ◆ vt **1.** [vitre de voiture] to lower, to wind ou to let down *(sép)* ; [store] to lower, to take ou to let down *(sép)* ; [tableau] to lower / *il faudra baisser l'étagère de deux crans* the shelf will have to be taken down two pegs ▸ **le rideau est baissé a)** THÉÂTRE the curtain's down **b)** [boutique] the iron curtain's down ▸ **baisser son pantalon** / **sa culotte** *pr* to pull down one's trousers / knickers ▸ **baisser son pantalon** ou **sa culotte** *fam* ou **son froc** *tfam* **(devant qqn)** *fig* to climb ou to back down **2.** [main, bras] to lower ▸ **baisser les yeux** ou **paupières** to lower one's eyes, to look down, to cast one's eyes down ▸ **baisser les yeux (sur qqn / qqch)** to look down (at sb / sthg) ▸ **faire baisser les yeux à qqn** to stare sb out ou down ▸ **marcher les yeux baissés a)** [de tristesse] to walk with downcast eyes **b)** [en cherchant] to walk with one's eyes to the ground ▸ **baisser le nez dans** / **sur son journal** to bury one's head in / to look down at one's newspaper / *il gardait le nez baissé sur sa soupe* he was hunched over his soup / *baisser son chapeau sur ses yeux* to pull ou to tip one's hat over one's eyes / *attention, baisse la tête!* look out, duck! / *les fleurs baissent la tête* the flowers are drooping ▸ **en baissant la tête a)** [posture] with one's head down ou bent **b)** [de tristesse] head bowed (with sorrow) ▸ **baisser la tête** ou **le nez (de honte)** *fig* to hang one's head (in shame) ▸ **baisser les bras** to throw in the sponge ou towel *fig* **3.** [en intensité, en valeur] to lower, to turn down *(sép)* ▸ **baisser la radio** / **lumière** to turn the radio / light down ▸ **baisser la voix** to lower one's voice ▸ **baisser un prix** to bring down ou to lower ou to reduce a price ▸ **baisser le ton** to calm down / *baisse le ton! fam* cool it!, pipe down! ◆ vi [espoir, lumière] to fade ; [marée] to go out ; [soleil] to go down, to sink ; [température] to go down, to drop, to fall ; [prix, action boursière] to drop, to fall ; [santé, faculté] to decline ; [pouvoir] to wane, to dwindle, to decline / *la crue baisse* the waters are subsiding / *l'eau a baissé (d'un mètre) dans le bassin* the water level has gone down (by one metre) in the pond ▸ **le jour baisse** the daylight's fading ▸ **la qualité baisse** the quality's deteriorating / *nos réserves de sucre ont baissé* our sugar reserves have run low, we're low on sugar / *ces mesures visent à faire baisser les prix du mètre carré* these measures are intended to bring down the price per square metre ▸ **sa vue baisse** his eyesight's fading ou getting weaker ou failing ▸ **sa mémoire baisse** her memory's failing / *son travail baisse* his work's deteriorating / *il a beaucoup baissé depuis sa maladie* he's deteriorated ou declined considerably since his illness / *sa voix baissa, et il s'arrêta au milieu de la phrase* his voice trailed off in mid-sentence ▸ **baisser dans l'estime de qqn** to go down in sb's estimation ; [réduire le prix] : *on l'a fait baisser à 150 €* we beat him down to 150 €.

❖ **se baisser** vpi **1.** [personne] to bend down / *il faut se baisser pour passer* you have to bend down ou to stoop to go through / *se baisser pour éviter un coup* to duck in order to avoid a blow ▸ **il n'y a qu'à se baisser pour les prendre** ou **les ramasser** they're two a penny UK ou a dime a dozen US **2.** [store, vitre] to go down / *la poignée ne se baisse plus* the handle won't go down now.

baissier, ère [besje, ɛʀ] ◆ adj bear *(modif)*, short, bearish. ◆ nm, f BOURSE bear.

bajoue [baʒu] nf ZOOL chop, chap.

❖ **bajoues** nfpl *hum* [gén] jowls ; [de bébé] chubby cheeks / *il avait des bajoues* he had great big jowls / *un bébé qui a de bonnes bajoues* a baby with chubby cheeks.

bakchich [bakʃiʃ] nm *fam* [pourboire] tip ; [pot-de-vin] bribe, backhander UK.

Bakélite® [bakelit] nf Bakelite®.

baklava [baklava] nm baklava.

Bakou [baku] npr Baku.

bal, bals [bal] nm **1.** [réunion -populaire] dance ; [-solennelle] ball, dance ▸ **bal en plein air** open-air dance / *la tradition des bals de rue* the tradition of dancing in the streets ▸ **aller au bal** to go dancing ou to a dance ▸ **donner un bal** to give a ball ▸ **bal costumé** fancy-dress ball ▸ **bal masqué** masked ball ▸ **bal populaire** *(local) dance open to the public* ▸ **bal travesti** costume ball ▸ **mener le bal a)** *pr* to lead off (at a dance) **b)** *fig* to have the upper hand **2.** [lieu] dance hall.

BAL [bal] (abr de **boîte aux lettres (électronique)**) nf E-mail, email.

balade [balad] nf **1.** [promenade -à pied] walk, stroll, ramble ; [-en voiture] drive, spin ; [-à cheval] ride ▸ **faire une balade a)** [à pied] to go for a walk **b)** [en voiture] to go for a drive **c)** [à cheval] to go for a ride **2.** [voyage] jaunt, trip / *une jolie balade à travers l'Italie* a delightful jaunt across Italy.

balader [3] [balade] vt *fam* **1.** [promener -enfant, chien] to take (out) for a walk ; [-touriste, visiteur] to take ou to show around *(sép)* / *je les ai baladés en voiture* I took them (out) for a drive **2.** [emporter] to carry ou *péj* to cart about / *balader le téléphone d'une pièce à l'autre* to carry the telephone from room to room.

❖ **se balader** vpi *fam* **1.** [se promener -à pied] to stroll ou to amble along / *se balader sans but* to drift (aimlessly) along / *aller se balader dans les rues* to go for a walk ou stroll through the streets ▸ **aller se balader a)** [en voiture] to go for a drive **b)** [à cheval] to go for a ride **2.** [voyager] to go for a trip ou jaunt / *aller se balader en Espagne* to go for a trip around Spain **3.** [traîner] to lie around / *ses vêtements se baladent partout* his clothes are lying around all over the place / *je n'aime pas les fils électriques qui se baladent* I hate trailing wires / *qu'est-ce que c'est que cette fourchette qui se balade?* what's this fork doing lying around?

baladeur, euse [baladœʀ, øz] adj *fam* : *être de tempérament baladeur* to have wanderlust / *il est d'humeur baladeuse ce matin* he just can't stay in one place today ▸ **avoir la main baladeuse** to have wandering hands.

❖ **baladeur** nm **1.** AUDIO Walkman®, personal stereo **2.** AUTO sliding shaft **3.** MÉCAN sliding gear wheel.

❖ **baladeuse** nf **1.** [lampe] inspection ou portable lamp **2.** AUTO trailer.

baladin [baladɛ̃] nm *arch* wandering player, travelling artist.

balafon [balafɔ̃] nm balafo.

balafre [balafʀ] nf **1.** [entaille] slash, gash, cut **2.** [cicatrice] scar ▸ **Jojo la Balafre** *hum* ≃ Scarface Joe.

balafré, e [balafʀe] ◆ adj scarred / *un visage balafré* a scarred face. ◆ nm, f scarface.

balafrer [3] [balafʀe] vt to slash, to gash, to cut.

balai [balɛ] nm **1.** [de ménage] broom ▸ **balai-éponge** mop ▸ **balai mécanique** carpet sweeper ▸ **du balai!** *fam* scram! **2.** ÉLECTR brush **3.** AUTO ▸ **balai d'essuie-glace** windscreen UK ou windshield US wiper blade **4.** *tfam* [année] year / *il a cinquante balais* he's fifty.

balai-brosse [balɛbʀɔs] *(pl* **balais-brosses**) nm (long-handled) scrubbing UK ou scrub US brush.

balaie v → **balayer**.

balaise [balɛz] *tfam* = **balèze**.

balalaïka [balalaika] nf balalaika.

balance [balɑ̃s] nf **1.** [instrument de mesure] scales ▸ **balance à bascule** weighing machine ▸ **balance à fléau** beam balance ▸ **balance de ménage** kitchen scales ▸ **balance de précision** precision balance ▸ **balance de Roberval** Roberval's balance ▸ **balance romaine** steelyard ▸ **jeter qqch dans la balance** *fig* to take sthg into account, to take account of sthg ▸ **mettre tout son poids** ou **tout mettre dans la balance** *fig* to use (all of) one's influence to tip the scales ▸ **tenir la balance égale entre deux personnes** / **opinions** *fig* to strike a balance between two people / opinions **2.** [équilibre] balance ▸ **balance des forces** balance of power ; ÉCON balance ▸ **balance commerciale** balance of trade ▸ **balance des comptes** balance of payments ▸ **balance des paiements** balance of payments **3.** PÊCHE crayfish net **4.** ACOUST & ÉLECTR balance ▸ **balance électrodynamique** current balance ou weigher **5.** *arg crime* [dénonciateur] squealer, grass UK, rat US.

❖ **en balance** loc adv : *mettre deux arguments en balance* to balance two arguments / *mettre en balance toutes les données* to weigh up all the information / *mettre en balance les avantages et les inconvénients* to weigh (up) the pros and cons.

> ⚠ Le mot anglais **balance** n'est pas toujours la traduction adéquate pour balance. Voir article.

Balance [balɑ̃s] npr f **1.** ASTRON Libra **2.** ASTROL Libra ▸ **être Balance** to be Libra ou a Libran.

balancé, e [balɑ̃se] adj : *être bien balancé fam* to have a stunning figure ▸ **tout bien balancé** all things considered, taking one thing with another.

balancelle [balɑ̃sɛl] nf **1.** [siège] swing chair **2.** NAUT balancelle **3.** TECHNOL swing tray.

balancement [balɑ̃smɑ̃] nm **1.** [mouvement -d'un train] sway, swaying ; [-d'un navire] pitching, roll, rolling ; [-de la tête] swinging ; [-des hanches] swaying ; [-d'une jupe] swinging **2.** [équilibre] balance, equilibrium, symmetry **3.** *litt* [hésitation] wavering, hesitation.

balancer [16] [balɑ̃se] ◆ vt **1.** [bras, hanches] to swing ; [bébé] to rock ; [personne -dans un hamac] to push **2.** [compenser] to counterbalance, to counteract, to cancel out *(sép)* **3.** *fam* [se débarrasser de -objet] to throw away *(sép)*, to chuck out *(sép)* / *je ne trouve plus sa lettre, j'ai dû la balancer* I can't find his letter, I must have chucked it out ▸ **balancer qqch par la fenêtre** to throw ou to chuck ou to pitch sthg out of the window ▸ **tout balancer** to chuck it all in ; [se débarrasser de -personne] ▸ **balancer qqn** to get rid of sb / *ils ont balancé le corps dans la rivière* they dumped the body in the river / *elle a balancé son mec* she's ditched her boyfriend **4.** *fam* [donner -coup] to give ▸ **balancer une gifle à qqn** to give sb a slap, to smack sb in the face / *il lui a balancé un coup de poing* he socked him one ; [lancer -livre, clefs] to chuck ou to toss (over) / *balance le journal* can you chuck ou sling me the paper? **5.** *fam* [dire -insulte] to hurl / *elle n'arrête pas de me balancer des trucs vraiment durs* she's always making digs at me / *elle m'a balancé ça en pleine figure* she came out with it just like that **6.** *arg crime* [dénoncer -bandit] to shop UK, to squeal on *(insép)* ; [-complice] to rat on *(insép)* **7.** FIN [budget, compte] to balance. ◆ vi **1.** *litt* [hésiter] to waver, to dither ▸ **sans balancer** unhesitatingly, unreservedly ▸ **entre les deux mon cœur balance** *hum* I can't choose between them **2.** *vieilli* ▸ **ça balance** *fam* [boîte de nuit, musique] it's groovy / *balance, mec! fam* groove on, man!

❖ **se balancer** vpi **1.** [osciller -personne] to rock, to sway ; [-train] to roll, to sway ; [-navire] to roll, to pitch ; [-branche] to sway / *se balancer d'un pied sur l'autre* to shift from one foot to the other / *se balancer sur sa chaise* to tip back one's chair / *se balancer sur ses ancres* NAUT to ride at anchor **2.** [sur une balançoire] to swing ; [sur une bascule] to seesaw ; [pendu au bout d'une corde] to swing, to dangle / *quand on l'a retrouvé, il se balançait au bout d'une corde* when they found him, he was swinging from the end of a rope **3.** [se compenser] to balance / *profits et pertes se balancent* profits and losses cancel each other out, the account balances **4.** *fam* EXPR **s'en balancer** [s'en moquer] : *je m'en balance* I don't give a damn / *tes opinions, tout le monde s'en balance!* who gives a damn about what you think?

> ⚠ Le verbe anglais **to balance** signifie rarement balancer.

balancier [balɑ̃sje] nm **1.** [de moteur] beam, rocker arm ; [d'horloge] pendulum ; [de montre] balance wheel ; [autour d'un axe] walking beam ▸ **retour de balancier** backlash **2.** [de funambule] pole **3.** ZOOL balancer, haltere.

balancine [balɑ̃sin] nf topping lift.

balançoire [balɑ̃swaʀ] nf **1.** [suspendue] swing ▸ **faire de la balançoire** to have a (go on the) swing, to play on the swing **2.** [bascule] seesaw.

Balaton [balatɔ̃] npr ⟶ **lac.**

balayage [balɛjaʒ] nm **1.** [d'un sol, d'une pièce] sweeping ; [d'épluchures, de copeaux] sweeping up **2.** [avec un projecteur, un radar] scanning, sweeping / *balayage d'une zone / du ciel avec un faisceau lumineux* scanning an area / the sky with a light beam **3.** [de la chevelure] highlighting **4.** ÉLECTRON scanning, sweep, sweeping ▸ **circuit** / **fréquence** / **vitesse de balayage** sweep current / frequency / speed **5.** INFORM scanning ▸ **balayage de ligne** row scanning ▸ **balayage télévision** raster scan.

balayer [11] [baleje] ◆ vt **1.** [nettoyer - plancher] to sweep ; [- pièce] to sweep (out) ; [- tapis] to brush, to sweep / *le sol a besoin d'être balayé* the floor could do with a sweep ▸ **balayer devant chez soi** ou **sa porte** to set one's own house in order **2.** [pousser - feuilles, nuages] to sweep along ou away ou up ; [- poussière, copeaux, épluchures] to sweep up *(sép)* / *le vent balayait les feuilles* the wind swept the leaves along ou away ▸ **balayé par le vent** windswept ▸ **balayant les jetons de la main a)** [pour les ramasser] sweeping up the tokens with her hand **b)** [pour les éloigner] sweeping the tokens away with her hand **3.** [parcourir - suj: vent, tir] to sweep (across ou over) ; [- suj: faisceau, regard] to sweep, to scan ; [- suj: caméra] to pan across *(insép)* / *les vagues balayaient la jetée* the waves were sweeping (over) the jetty / *ses grandes ailes balayaient le sol* its large wings swept the ground ▸ **ses yeux balayèrent l'assemblée** he scanned the audience / *les branches / les avirons balayaient l'eau* the branches brushed / the oars trailed on the surface of the water **4.** [détruire - obstacles, préjugés] to sweep away ou aside *(sép)* / *la monarchie a été balayée par la révolution* the monarchy was swept aside by the revolution / *balayer l'ennemi hors de ses positions* to sweep the enemy out of its positions / *les ouragans balaient tout sur leur passage* hurricanes sweep away everything in their path **5.** *fam* [renvoyer] to push out *(sép)*, to get rid of / *il va falloir me balayer ces incapables!* these incompetents have got to go ! **6.** ÉLECTRON to scan. ◆ vi to sweep up / *il faudrait balayer ici* this place needs a good sweep.

balayette [balɛjɛt] nf brush.

balayeur, euse [balɛjœʀ, øz] nm, f street ou road sweeper.

❖ **balayeuse** nf street cleaner.

balayures [balejyʀ] nfpl sweepings.

balbutiant, e [balbysjɑ̃, ɑ̃t] adj **1.** [hésitant] stuttering, stammering **2.** [récent] : *c'est une technique encore balbutiante* it's a technique that's still in its infancy.

balbutiement [balbysimɑ̃] nm [d'un bègue] stammering, stuttering ; [d'un ivrogne] slurred speech ; [d'un bébé] babbling.

❖ **balbutiements** nmpl [d'une technique, d'un art] early stages, beginnings, infancy.

balbutier [9] [balbysje] ◆ vi **1.** [bègue] to stammer, to stutter ; [ivrogne] to slur (one's speech) ; [bébé] to babble / *la timidité le fait balbutier* he's so shy he stammers ▸ **j'en balbutiais d'ahurissement** I was so astonished (that) I was stuck for words **2.** [débuter] to be just starting ou in its early stages ou in its infancy. ◆ vt to stammer (out) ▸ **balbutier des remerciements** to stammer out one's thanks / *balbutier une prière* to mumble a prayer.

balbuzard [balbyzaʀ] nm osprey.

balcon [balkɔ̃] nm **1.** [plate-forme] balcony **2.** [balustrade] railings *(pl)*, railing **3.** THÉÂTRE balcony ▸ **premier balcon** dress circle ▸ **deuxième balcon** upper circle ▸ **dernier balcon** gallery.

balconnet [balkɔnɛ] nm **1.** [balustrade] overhanging railing **2.** [soutien-gorge] half-cup bra.

baldaquin [baldakɛ̃] nm **1.** [sur un lit] canopy, tester **2.** [sur un autel, un trône] canopy, baldachin, baldachino.

Bâle [bal] npr Basel, Basle.

Baléares [baleaʀ] npr fpl Baleares ▸ **les (îles) Baléares** the Balearic Islands ▸ **aux Baléares** in the Balearic Islands. ⟶ **île**

baleine [balɛn] nf **1.** ZOOL whale ▸ **baleine blanche** / **bleue** / **à bosse** white / blue / humpback whale ▸ **rire** ou **rigoler** ou **se tordre comme une baleine** *fam* to split one's sides laughing **2.** [fanon] whalebone, baleen **3.** [de parapluie] rib **4.** [de corset - en plastique] bone, stay ; [- en métal] steel ; [- en fanon] (whalebone) stay **5.** [pour un col] collar stiffener.

baleiné, e [balene] adj **1.** [corset, gaine] boned **2.** [col] stiffened.

baleineau, x [balɛno] nm whale calf.

baleinier, ère [balenje, ɛʀ] adj whaling ▸ **industrie baleinière** whaling (industry) ▸ **port baleinier** whaling station.

❖ **baleinier** nm **1.** [navire] whaling ship, whaler **2.** [chasseur] whaler.

❖ **baleinière** nf **1.** NAUT lifeboat **2.** PÊCHE whaleboat, whaler, whale catcher.

balèze [balɛz] *tfam* ◆ adj **1.** [grand] hefty, huge / *un type balèze* a great hulk (of a man) **2.** [doué] great, brilliant / *balèze en physique* dead good UK ou ace at physics. ◆ nm muscleman ▸ **un gros** ou **grand balèze** a great hulk (of a man).

Bali [bali] npr Bali ▸ **à Bali** in Bali.

balinais, e [balinɛ, ɛz] adj Balinese.

❖ **Balinais, e** nm, f Balinese ▸ **les Balinais** the Balinese.

balisage [balizaʒ] nm **1.** NAUT markers, beacons, buoyage ▸ **balisage maritime** navigational markers ; AÉRON lights, markers ▸ **balisage des bords de piste** runway lights ▸ **balisage d'aéroport** / **des pistes d'approche** airport / landing area lights ▸ **balisage d'entrée de piste** airway markers ; [sur route] markers, road markers **2.** [d'un texte] markers / *le balisage du texte est mal fait* the text hasn't been properly marked **3.** [pose - de signaux, de signes] marking out ▸ **balisage par radars** beacon signalling.

balise [baliz] nf **1.** NAUT beacon, (marker) buoy ▸ **balise maritime** navigational marker ▸ **balise radio** (radio) beacon ; AÉRON marker, beacon ▸ **balise de guidage** radar beacon ; [sur route] road marker cone, police cone ; [sur sentier] waymark **2.** BOT canna fruit.

baliser [3] [balize] ◆ vt **1.** NAUT to mark out *(sép)*, to buoy **2.** AÉRON ▸ **baliser une piste** to mark out a runway with lights **3.** [trajet] to mark out ou off *(sép)* / *baliser une voie (pour l'interdire à la circulation)* to cone off a lane (from traffic) ▸ **balisé de drapeaux** / **piquets** marked out with flags / poles ▸ **sentier balisé** waymarked path. ◆ vi *tfam* to be scared stiff / *ça me fait baliser rien que d'y penser* the very thought of it scares me stiff.

baliseur [balizœʀ] nm **1.** [navire] buoy keeper's boat, Trinity House boat UK **2.** [personne] buoy keeper.

balisier [balizje] nm canna.

balisticien, enne [balistisjɛ̃, ɛn] nm, f ballistics expert.

balistique [balistik] ◆ adj ballistic. ◆ nf ballistics *(U)*.

baliveau, x [balivo] nm **1.** CONSTR scaffold ou scaffolding pole **2.** [arbre] sapling.

balivernes [balivɛʀn] nfpl **1.** [propos] nonsense / *ce sont des balivernes* it's all nonsense ▸ **dire des balivernes** to talk nonsense **2.** [bagatelles] trivia, trifles / *s'inquiéter pour des balivernes* to worry over trifles.

balkanique [balkanik] adj Balkan.

balkanisation [balkanizasjɔ̃] nf **1.** POL Balkanization **2.** [fragmentation] parcelling off into tiny units.

balkaniser [3] [balkanize] vt **1.** POL to balkanize **2.** [fragmenter] to parcel off into tiny units.

Balkans [balkɑ̃] npr mpl ▸ **les Balkans** the Balkans.

ballade [balad] nf **1.** [poème lyrique, chanson] ballad **2.** [en prosodie, pièce musicale] ballade.

ballant, e [balɑ̃, ɑ̃t] adj [jambes] dangling ; [poitrine] wobbling / *il était debout, les bras ballants* he stood with his arms dangling at his sides / *ne reste pas là, les bras ballants* don't just stand there like an idiot.

❖ **ballant** nm looseness / *donner du ballant à un câble* to give a cable some slack, to slacken off a cable.

ballast [balast] nm **1.** NAUT ballast tank ou container **2.** CONSTR & RAIL ballast.

ballastage [balastaʒ] nm ballasting.

ballaster [3] [balaste] vt to ballast.

balle [bal] nf **1.** ARM bullet ▸ **tirer à balles** to shoot with real bullets ▸ **se tirer une balle dans la bouche** / **tête** to shoot o.s. in the mouth / head ▸ **tué par balles** shot dead ▸ **balle dum-dum** / **perdue** / **traçante** dum-dum / stray / tracer bullet ▸ **balle à blanc** blank ▸ **balle en caoutchouc** rubber bullet ▸ **se tirer une balle dans le pied** *fig* to shoot o.s. in the foot **2.** [pour jouer] ball ▸ **jouer à la balle** to play with a ball / *la balle, la balle!* [dans les jeux d'équipe] over here, over here ! ▸ **balle de caoutchouc** rubber ball ▸ **balle de golf** golfball ▸ **balle de tennis** tennis ball ▸ **la balle est dans son camp** *fig* the ball's in his court **3.** [point, coup] stroke, shot / *une belle balle* a fine stroke ou shot ▸ **faire des balles** TENNIS to practice, to knock up UK ▸ **balle de jeu** / **match** TENNIS game / match point ▸ **balle nulle** no-ball **4.** [paquet] bale **5.** BOT & AGR ▸ **la balle** the chaff, the husks **6.** *fam* [visage] face / *avoir une bonne balle* to have a friendly face **7.** *vieilli* franc ▸ **t'as pas cent balles? a)** have you got a hundred francs ? **b)** [monnaie] can you spare some change ? / *j'ai dépensé cent balles aujourd'hui* I've spent a tenner today.

baller [3] [bale] vi [bras, jambe] to dangle.

ballerine [balʀin] nf **1.** [danseuse] ballerina, ballet dancer **2.** [chaussure - de danse] ballet ou dancing shoe ; [- de ville] pump.

ballet [balɛ] nm **1.** [genre] ballet (dancing) **2.** [œuvre] ballet (music) ; [spectacle] ballet ▸ **le ballet blanc** classical ballet *(in white tutus)* ▸ **ballet de cour** HIST court entertainment *(danced by the monarch and courtiers)* ▸ **ballets roses** / **bleus** *euphém sexual orgies between adults and female / male minors* ▸ **ballet diplomatique** *fig* : *l'incident a donné lieu à tout un ballet diplomatique* the incident has given rise to intense diplomatic activity ▸ **les Ballets russes** the Ballets Russes **3.** [troupe] ballet company **4.** SPORT ▸ **ballet aquatique** aquashow, aquacade US.

balletomane [balɛtɔman] nmf ballet-lover, balletomane *sout.*

ballet-pantomime [balepɑ̃tɔmim] *(pl* **ballets-pantomimes**) nm pantomime ballet.

ballon [balɔ̃] nm **1.** JEUX & SPORT ball ▸ **jouer au ballon** to play with a ball ▸ **ballon de foot** ou **football** football UK, soccer ball US ▸ **ballon de basket** basketball ▸ **ballon de rugby** rugby ball ▸ **le ballon ovale** [le rugby] rugby ▸ **le ballon rond** [le foot] football UK, soccer US **2.** [sphère] ▸ **ballon (de baudruche)** (party) balloon ▸ **ballon d'hélium** helium balloon ▸ **ballon d'oxygène a)** MÉD oxygen tank **b)** *fig* life-saver **3.** AÉRON (hot-air) balloon ▸ **monter en ballon** [ascension] to go up in a balloon ▸ **ballon captif** / **libre** captive / free balloon ▸ **ballon de barrage** barrage balloon ▸ **ballon d'essai a)** *pr* pilot balloon **b)** *fig* test ▸ **lancer un ballon d'essai a)** [se renseigner] to put out feelers **b)** [faire un essai] to do a trial run, to run a test **4.** CHIM round-bottomed flask, balloon ; [pour l'Alcootest] (breathalyser) bag ▸ **souffler dans le ballon** to be breathalysed UK ou breathalyzed US **5.** [verre] (round) wine glass, balloon glass ▸ **ballon de rouge** glass of red wine ; [contenu] glassful / *il boit son ballon de blanc tous les matins* he has a little glass of white wine every morning **6.** [réservoir] ▸ **ballon (d'eau chaude)** hot water tank **7.** GÉOGR ▸ **les ballons** the (rounded tops of the) Vosges mountains ▸ **le ballon d'Alsace** / **de Guebwiller** the Ballon d'Alsace / de Guebwiller **8.** SUISSE [petit pain] (bread) roll **9.** EXPR ▸ **avoir le ballon** *tfam* to have a bun in the oven.

ballonné, e [balɔne] adj bloated ▸ **être ballonné** to feel bloated.

ballonnement [balɔnmɑ̃] nm **1.** MÉD distension *(U)*, flatulence *(U)* ▸ **j'ai des ballonnements** I feel bloated **2.** VÉTÉR bloat.

ballonner [3] [balɔne] vt to swell.

ballonnet [balɔnɛ] nm **1.** AÉRON ballonet **2.** JEUX small balloon.

ballon-sonde [balɔ̃sɔ̃d] *(pl* **ballons-sondes**) nm pilot balloon.

ballot [balo] nm **1.** [paquet] bundle, package **2.** *fam* [sot] nitwit, blockhead / *cet espèce de ballot n'avait rien compris* the poor fool hadn't got the idea at all.

ballote [balɔt] nf black ou stinking horehound.

ballotin [balɔtɛ̃] nm sweet UK ou candy US box.

ballottage, ballotage* [balɔtaʒ] nm second ballot ou round ▸ **être en ballottage** to have to stand UK ou to run US again in a second round / *il y a ballottage à Tours* there will be a second ballot in Tours.

ballottement, ballotement* [balɔtmɑ̃] nm [d'un véhicule] rocking, swaying, shaking ; [d'un passager, d'un sac] rolling around ; [d'un radeau] tossing, bobbing about.

ballotter, balloter* [3] [balɔte] ◆ vt [navire] to toss (about) ; [passager, sac] to roll around / *les détritus ballottés par les vagues* refuse bobbing up and down in the waves ; *fig* : *être ballotté entre deux endroits* to be shifted ou shunted around constantly from one place to the other / *être ballotté entre deux personnes* to waver between two people / *être ballotté par les événements* to be carried along by events. ◆ vi [tête] to loll, to sway ; [valise] to bang ou to shake about, to rattle around.

ballottine [balɔtin] nf stuffed and boned meat roll, ballottine.

ball-trap (*pl* **ball-traps**), **balltrap*** [baltʀap] nm **1.** [tir - à une cible] trapshooting, clay-pigeon shooting ; [- à deux cibles] skeet, skeet shooting **2.** [appareil] trap.

balluchon [balyʃɔ̃] nm bundle ▸ **faire son balluchon** *pr & fig* to pack one's bags.

balnéaire [balneɛʀ] adj seaside *(modif).*

balnéothérapie [balneɔteʀapi] nf balneotherapy.

bâlois, e [balwa, az] adj from Basel.

❖ **Bâlois, e** nm, f *inhabitant of or person from Basel.*

balourd, e [baluʀ, uʀd] ◆ adj awkward / *qu'il est balourd quand il veut demander un service!* he's so awkward when he wants to ask a favour ! ◆ nm, f awkward person.

❖ **balourd** nm MÉCAN unbalance.

balourdise [baluʀdiz] nf **1.** [caractère] awkwardness **2.** [parole, acte] blunder, gaffe / *raconter des balourdises* to say the wrong thing.

Baloutches [balutʃ] npr Baluchis.

baloutchi [balutʃi] nm Baluchi.

Baloutchistan [balutʃistɑ̃], **Béloutchistan** [belutʃistɑ̃] npr m ▸ **le Baloutchistan** Baluchistan.

balsa [balza] nm balsa, balsa wood.

balsamier [balzamje] nm balsam.

balsamine [balzamin] nf balsam, busy lizzie.

balsamique [balzamik] adj **1.** BOT & MÉD balsamic ▸ **vinaigre balsamique** balsamic vinegar **2.** *litt* [odorant] fragrant, scented.

balte [balt] adj Baltic ▸ **les pays Baltes** the Baltic states ▸ **les républiques baltes** the Baltic republics.

❖ **Balte** nmf Balt.

❖ **balte** nm LING Baltic.

balthazar [baltazaʀ] nm Balthazar (bottle).

Balthazar [baltazaʀ] npr **1.** HIST Belshazzar **2.** BIBLE Balthazar.

baltique [baltik] adj Baltic.

❖ **Baltique** npr f ▸ **la (mer) Baltique** the Baltic (Sea) / *les ports de la Baltique* the Baltic ports.

❖ **baltique** nm LING Baltic.

baluchon [balyʃɔ̃] = **balluchon.**

balustrade [balystʀad] nf [d'un balcon] balustrade ; [d'un pont] railing.

balustre [balystʀ] nm **1.** [pilier - de balustrade, de siège] baluster **2.** [compas] pair of compasses *(with spring bow dividers).*

balzacien, enne [balzasjɛ̃, ɛn] adj : *une description balzacienne* a description reminiscent of Balzac.

balzan, e [balzɑ̃, an] adj ZOOL white-stockinged.

❖ **balzane** nf white stocking (of a horse).

Bamako [bamako] npr Bamako.

bamakois, e [bamakwa, az] adj from Bamako.

❖ **Bamakois, e** nm, f *inhabitant of or person from Bamako.*

bambin [bɑ̃bɛ̃] nm toddler.

bambochard, e [bɑ̃bɔʃaʀ, aʀd] *fam* = **bambocheur.**

bamboche [bɑ̃bɔʃ] nf *fam & vieilli* partying / *c'est la bamboche ce soir!* it's party-time tonight !

bambocher [3] [bɑ̃bɔʃe] vi *fam & vieilli* : *à l'époque où je bambochais* in the days when I was always partying / *il adore bambocher* he's always ready for a good night out.

bambocheur, euse [bɑ̃bɔʃœʀ, øz] *fam & vieilli* ◆ adj partying. ◆ nm, f party-goer, reveller.

bambou [bɑ̃bu] nm bamboo ▸ **attraper un coup de bambou** *fam* to get sunstroke ▸ **avoir le coup de bambou a)** *fam* [devenir fou] to go crazy **b)** [être fatigué] to feel very tired / *c'est le coup de bambou dans ce restaurant! fam* [très cher] this restaurant's a real rip-off !

❖ **en bambou** loc adj [meuble, cloison] bamboo *(modif).*

bamboula [bɑ̃bula] nf *tfam* : *faire la bamboula* to make whoopee.

ban [bɑ̃] nm **1.** [applaudissements] : *un ban pour… !* three cheers ou a big hand for… ! **2.** [roulement de tambour] drum roll ▸ **fermer le ban** *fig* to bring the proceedings to a close ▸ **ouvrir le ban** *fig* to open the proceedings ; [sonnerie de clairon] bugle call **3.** HIST [condamnation] banishment, banning ; [convocation] ban ; [vassaux] vassals ▸ **le ban et l'arrière-ban** *fig* the world and his wife ▸ **convoquer le ban et l'arrière-ban** to summon the (entire) family.

❖ **bans** nmpl banns ▸ **les bans sont affichés** ou **publiés** the banns have been posted.

❖ **à ban** loc adv ▸ **mettre qqch à ban** SUISSE to forbid access to sthg.

❖ **au ban de** loc prép : *être au ban de la société* to be an outcast ou a pariah / *mettre un pays au ban des nations* to boycott a country ▸ **mettre qqn au ban d'un club** to blackball sb.

banal, e, als [banal] adj **1.** [courant] commonplace, ordinary, everyday *(avant nom)* / *ce n'est vraiment pas banal* it's most unusual, it's really strange **2.** [sans originalité - idée, histoire] trite, banal ; [- chose] commonplace ; [- argument] standard, well-worn ; [- vie] humdrum ; [- événement] everyday / *ce que je vais vous dire là est très banal* there's nothing original ou unusual about what I'm going to say **3.** INFORM general-purpose.

banalement [banalmɑ̃] adv in an ordinary way / *nous nous sommes rencontrés fort banalement* we met in very ordinary ou unremarkable circumstances.

banalisation [banalizasjɔ̃] nf **1.** [généralisation] spread ; *péj* [perte d'originalité] trivialization / *son exposé est une banalisation des idées de Lacan* his account trivializes Lacan's ideas **2.** [d'un véhicule] : *la banalisation des voitures de police* the use of unmarked police cars **3.** RAIL [d'une voie] signalling for two-way working ; [d'une locomotive] use of engine by several crews.

banalisé, e [banalize] adj **1.** [véhicule] unmarked **2.** INFORM general-purpose.

banaliser [3] [banalize] vt **1.** [rendre courant - pratique] to trivialize, to make commonplace / *maintenant que la téléphonie sans fil est banalisée* now that cordless phones have become commonplace **2.** *péj* [œuvre] to deprive ou to rob of originality ; [idée] to turn into a commonplace **3.** [véhicule] to remove the markings from ; [marque déposée] to turn into a household name **4.** RAIL [voie] to signal for two-way working ; [locomotive] to man with several crews.

❖ **se banaliser** vpi to become commonplace ou a part of (everyday) life / *la billetterie électronique s'est banalisée* electronic cash dispensing is now part of everyday life.

banalité [banalite] nf **1.** [d'une situation, d'un propos] triteness, banality, triviality ; [d'une tenue] mundaneness **2.** [propos, écrit] platitude, commonplace, cliché.

banana split [bananasplit] nm banana split.

banane [banan] ◆ nf **1.** BOT banana ▸ **banane plantain** ou **jaune** plantain ▸ **banane verte** green banana **2.** *fam* [pare-chocs] overrider **3.** *fam* [coiffure] quiff UK **4.** *fam* [hélicoptère] chopper **5.** *fam* [décoration] medal, gong UK **6.** [sac] bum-bag UK, fanny pack US, waist-bag US **7.** ÉLECTR banana plug **8.** *tfam* [idiot] nitwit, twit UK, dumbbell US. ◆ adj inv banana-shaped.

bananeraie [bananʀɛ] nf banana plantation ou grove.

bananier, ère [bananje, ɛʀ] adj banana *(modif).*

❖ **bananier** nm **1.** BOT banana, banana tree **2.** NAUT banana boat.

banc [bɑ̃] nm **1.** [meuble] bench, seat ▸ **banc (d'église)** pew ▸ **(au) banc des accusés** (in the) dock ▸ **le banc des avocats** the lawyers' bench ▸ **sur le banc des ministres** on the government bench ▸ **banc des pénalités** ou **des punitions** penalty box ▸ **banc des joueurs** players' bench ▸ **(au) banc des témoins** (in the) witness box UK ou stand US ▸ **sur les bancs de l'école** in one's schooldays ▸ **banc public** park bench **2.** [de poissons] shoal, school ▸ **banc de harengs** herring shoal ▸ **banc de maquereaux** school of mackerel ▸ **banc de morues** cod bank ou shoal ▸ **banc de sardines** school ou shoal of sardines ; [zone] ▸ **banc d'huîtres a)** [dans la mer] oyster bed **b)** [dans un restaurant] display of oysters ▸ **banc de homards** lobster ground ▸ **banc de pêche** fishing bank ou ground **3.** [amas] bank ▸ **banc de boue** mudbank, mud flats ▸ **banc de brume** fog patch ▸ **banc de glace** ice floe ▸ **banc de gravier** gravel bank ▸ **banc de neige** QUÉBEC snowdrift ▸ **banc de sable** sandbank, sandbar **4.** GÉOL [couche] bed, layer ; [au fond de la mer] bank, shoal **5.** MENUIS & TECHNOL [établi] bench, workbench ; [bâti] frame, bed **6.** INFORM bank ▸ **banc mémoire** memory bank **7.** NAUT (oarsman's) bench, thwart.

❖ **banc d'essai** nm **1.** AUTO ▸ **banc d'essai à rouleaux** road simulator **2.** INDUST test rig, test bed ; INFORM benchmark ; *fig* test ▸ **faire un banc d'essai a)** *pr* to test (an engine) **b)** *fig* to have a trial run ▸ **mettre qqn au banc d'essai** to give sb a test / *mettre une idée au banc d'essai* to test out an idea.

bancable [bɑ̃kabl] adj bankable.

bancaire [bɑ̃kɛʀ] adj banking, bank *(modif)* ▸ **chèque bancaire** cheque UK, check US ▸ **commission bancaire** bank commission ▸ **établissement bancaire** banking establishment, bank.

bancal, e, als [bɑ̃kal] adj **1.** [meuble] rickety, wobbly ; [personne] lame **2.** [peu cohérent - idée, projet] unsound ; [- raisonnement] weak, unsound / *la proposition est un peu bancale* the proposal doesn't really stand up to examination.

bancassurance [bɑ̃kasyʀɑ̃s] nf bancassurance.

banco [bɑ̃ko] nm banco ▸ **faire banco** to go banco.

bancroche [bɑ̃kʀɔʃ] adj *fam* lame, gimpy US.

banc-titre [bɑ̃titʀ] (*pl* **bancs-titres**) nm rostrum camera.

bandage [bɑ̃daʒ] nm **1.** [pansement] bandage, dressing / *il faut resserrer le bandage* the bandage should be tightened ▸ **bandage abdominal** abdominal bandage ou binder ▸ **bandage herniaire** truss **2.** [fait de panser] bandaging, binding (up) **3.** [fait de tendre - un ressort] stretching, tensing ; [- un arc] bending, drawing **4.** AUTO & RAIL tyre.

bandagiste [bɑ̃daʒist] nmf bandage manufacturer.

bandana [bɑ̃dana] nm bandana, bandanna.

bandant, e [bɑ̃dɑ̃, ɑ̃t] adj *vulg* exciting / *elle est bandante* she's a real turn-on ; [sens affaibli] : *pas très bandant comme boulot! hum* this job's hardly the most exciting thing going !

bande [bɑ̃d]

◆ nf

A. GROUPE
B. RUBAN
C. EN NAVIGATION

A. GROUPE 1. [groupe - de malfaiteurs] gang ; [- d'amis] group ; [- d'enfants] troop, band ; [- d'animaux] herd ; [- de chiens, de loups] pack / *faire partie de la bande* to be one of the group ▸ **bande armée** armed gang ou band ▸ **la bande à Bonnot** *group of anarchists led by Jules Joseph Bonnot who carried out terrorist attacks on several banks (1910-1912)* ▸ **la Bande des Quatre** the Gang of

* In reformed spelling (see p. 16-19).

Four **2.** EXPR **faire bande à part** : *il fait toujours bande à part* he keeps (himself) to himself / *il a encore décidé de faire bande à part* he's decided yet again to go it alone / *ceux de Bel-Air font bande à part* those who come from Bel-Air stick together ▸ **bande de** *péj* pack ou bunch of ▸ **une bande de menteurs / voleurs** a bunch of liars / crooks / *vous y comprenez rien, bande de cons! tfam* you just don't get it, do you, you bloody UK ou goddamn US idiots!

B. RUBAN **1.** [d'étoffe, de papier, etc.] strip, band ▸ **bande de journal** newspaper wrapper ▸ **bande gommée** gummed binding strip ▸ **bande molletière** puttee, putty ▸ **bande de roulement** AUTO tyre tread **2.** [de territoire] strip / *bande de sable* strip ou spit ou tongue of sand / *bande de terrain* strip of land ▸ **bande d'arrêt d'urgence** TRANSP emergency lane, hard shoulder UK, shoulder US **3.** [sur une route] band, stripe ▸ **bande blanche** white line / *bande de ralentissement* speed check **4.** CINÉ reel ▸ **bande sonore** soundtrack ▸ **bande amorce** CINÉ & PHOT start ou head leader ▸ **bande (magnétique)** AUDIO (magnetic) tape **5.** ÉLECTRON & RADIO band ▸ **bande de fréquence** frequency band ▸ **bande (de fréquence) publique** citizen's band, CB ▸ **sur la bande FM** on FM ▸ **bande passante** bandwidth **6.** INFORM ▸ **bande perforée** punched paper tape UK, perforated tape **7.** MÉD bandage ▸ **bande Velpeau** crepe bandage **8.** ARCHIT band **9.** LITTÉR & LOISIRS ▸ **bande dessinée a)** [dans un magazine] comic strip **b)** [livre] comic book ▸ **la bande dessinée** [genre] comic strips / *l'auteur d'une bande dessinée célèbre* the author of a well-known comic book ▸ **magazine** ou **revue de bandes dessinées** comic **10.** ARM ▸ **bande de mitrailleuse** machine gun belt **11.** BILLARD cushion ▸ **jouer la bande** to play off the cushion **12.** BIOL ▸ **bande chromosomique** chromosome band **13.** PHYS ▸ **bande de fréquences** frequency band.

C. EN NAVIGATION list, heel ▸ **donner de la bande** to heel over, to list.

❖ **en bande** loc adv as ou in a group, all together / *ils ne se déplacent qu'en bande* they always move around in a gang.

❖ **par la bande** loc adv in a roundabout way ▸ **apprendre qqch par la bande** to learn sthg through the grapevine ▸ **faire qqch par la bande** to do sthg underhandedly.

bandé, e [bɑ̃de] adj **1.** [recouvert] bandaged ▸ **avoir les yeux bandés** to be blindfolded ▸ **pieds bandés** bound ou bound-up feet **2.** HÉRALD bendy **3.** [tendu] stretched, tensed.

bande-annonce [bɑ̃danɔ̃s] (*pl* **bandes-annonces**) nf trailer.

bandeau, x [bɑ̃do] nm **1.** [serre-tête] headband **2.** [coiffure] coiled hair / *avoir les cheveux en bandeau, porter des bandeaux* to wear one's hair in coils **3.** [sur les yeux] blindfold ▸ **avoir un bandeau sur les yeux a)** *pr* to be blindfolded **b)** *fig* to be blind to reality ; [sur un œil] eye patch **4.** ARCHIT string ou belt course **5.** [espace publicitaire] advertising space *(in the shape of a band around a vehicle)* **6.** AUTO (piece of) capping.

bandelette [bɑ̃dlɛt] nf **1.** [bande] strip ▸ **les bandelettes d'une momie** the wrappings of a mummy **2.** ANAT ▸ **bandelette optique** optic tract **3.** ARCHIT bandelet.

bander [3] [bɑ̃de] ◆ vt **1.** [panser -main, cheville] to bandage (up) ▸ **bander les yeux à qqn** [pour qu'il ne voie pas] to blindfold sb ▸ **avoir les yeux bandés a)** MÉD to have one's eyes bandaged **b)** [avec un bandeau] to be blindfolded **2.** [tendre -arc] to draw, to bend ; [-ressort, câble] to stretch, to tense ; *litt* [muscle] to tense, to tauten / *bander ses forces* to gather up ou to muster one's strength / *bandant toutes ses forces vers ce seul but* her whole being directed towards that goal **3.** ARCHIT to arch, to vault. ◆ vi *vulg* to have a hard-on / *ça me fait bander* it gives me a hard-on ; [sens affaibli] : *ça me fait pas bander* it doesn't turn me on.

bandera [bɑ̃dera] nf bandera.

banderille [bɑ̃drij] nf banderilla.

banderillero [bɑ̃derijero] nm banderillero.

banderole [bɑ̃drɔl] nf **1.** [bannière -sur un mât, une lance] banderole ; [-en décoration] streamer ; [-dans une manifestation] banner **2.** ARCHIT banderole.

bande-son [bɑ̃dsɔ̃] (*pl* **bandes-son**) nf soundtrack.

bande-vidéo [bɑ̃dvideo] (*pl* **bandes-vidéo**) nf videotape.

bandit [bɑ̃di] nm **1.** [brigand] bandit ; [gangster] gangster **2.** [escroc] crook, conman ; [dit avec affection] : *bandit, va!* you rogue ou rascal!

banditisme [bɑ̃ditism] nm crime / *c'est du banditisme! fig* it's daylight robbery! ▸ **grand banditisme** organized crime.

bandonéon [bɑ̃dɔneɔ̃] nm bandoneon.

bandothèque [bɑ̃dɔtɛk] nf tape library.

bandoulière [bɑ̃duljɛr] nf **1.** ARM sling ; [à cartouches] bandolier **2.** [d'un sac] shoulder strap.

❖ **en bandoulière** loc adv : *porter un sac en bandoulière* to carry a shoulder bag / *on peut aussi le mettre en bandoulière* you can also wear it over your shoulder ▸ **son fusil en bandoulière** his gun slung across his chest.

bang [bɑ̃g] ◆ nm [franchissement du mur du son] sonic boom. ◆ interj bang, crash / *bang, bang, t'es mort!* bang, bang, you're dead! / *bang, tout par terre!* crash(, bang), everything on the floor!

Bangkok [bɑ̃gkɔk] npr Bangkok.

bangkokien, enne [bɑ̃gkɔkjɛ̃, ɛn] adj Bangkokian.

❖ **Bangkokien, enne** nm, f Bangkokian.

bangladais, e [bɑ̃gladɛ, ɛz], **bangladeshi, e** [bɛ̃gladɛʃi] adj Bangladeshi.

❖ **Bangladais, e, Bangladeshi, e** nm, f Bangladeshi.

Bangladesh [bɑ̃gladɛʃ] npr m ▸ **le Bangladesh** Bangladesh ▸ **au Bangladesh** in Bangladesh ▸ **les habitants du Bangladesh** the Bangladeshi ou Bangladeshis.

bangladeshi [bɛ̃gladɛʃi] = **bangladais.**

Bangui [bɑ̃gi] npr Bangui.

banian [banjɑ̃] nm banyan.

banjo [bɑ̃(d)ʒo] nm banjo.

banjoïste [bɑ̃(d)ʒɔist] nmf banjoist.

Banjul [bɑ̃ʒul] npr Banjul.

banlieue [bɑ̃ljø] ◆ nf suburb ▸ **la banlieue** suburbia, the suburbs / *la maison est en banlieue* the house is on the outskirts of the town ou in the suburbs ▸ **une banlieue de Londres** a suburb of London / *une banlieue cossue* a prosperous suburb ▸ **banlieue pavillonnaire** *suburb with lots of little houses of uniform appearance* ▸ **la banlieue rouge** *towns in the Paris suburbs with Communist mayors* ▸ **banlieue verte** garden suburb ▸ **grande banlieue** outer suburbs, commuter belt ▸ **proche banlieue** inner suburbs / *des loubards de banlieue fam* yobs UK ou hoods US from the suburbs. ◆ nm BELG commuter train.

Banlieue

Although the word **banlieue** simply means suburb, its connotations in French society are much more complex. The post-war development of areas on the fringes of major cities led to the creation of huge housing projects which have, in many cases, effectively become ghettos occupied by increasingly disenfranchised populations. These troubled **cités de banlieue**, officially referred to as **quartiers sensibles**, have become a major symbol of social malaise in France.

banlieusard, e [bɑ̃ljøzar, ard] ◆ adj *péj* suburban. ◆ nm, f [gén] suburbanite ; TRANSP commuter ▸ **les banlieusards** *people who live in the suburbs.*

banne [ban] nf **1.** [auvent] awning, tilt **2.** [charrette] cart.

bannette [banɛt] nf **1.** [pour courrier] letter tray **2.** [store] awning.

banni, e [bani] ◆ adj banished, exiled. ◆ nm, f exile.

bannière [banjɛr] nf **1.** [étendard] banner ▸ **la bannière étoilée** the star-spangled banner ▸ **combattre** ou **lutter sous la bannière de qqn** to fight on sb's side **2.** INFORM ▸ **bannière publicitaire** banner (ad ou advertisement) ▸ **bannière verticale** skyscraper ad.

bannir [32] [banir] vt **1.** [expulser] to banish, to exile **2.** *litt* [éloigner] to reject, to cast out ▸ **bannir qqn de sa présence** to cast sb from one's presence *litt* / *banni à jamais de mes relations* forever banished from my circle of friends **3.** [supprimer -idée, pensée] to banish ; [-aliment] to cut out *(sép)* ▸ **j'ai banni cette idée** I banished ou dismissed the idea from my mind / *bannissez la violence de vos comportements* banish all violence from your behaviour.

bannissement [banismɑ̃] nm banishment.

banquable [bɑ̃kabl] adj [effet] bankable ▸ **non banquable** unbankable.

banque [bɑ̃k] nf **1.** [établissement] bank ▸ **avoir / mettre une somme à la banque** to have / put some money in the bank ▸ **passer à la banque** to go to the bank ▸ **banque d'affaires / d'investissement** investment bank ▸ **banque de dépôt** deposit bank ▸ **banque commerciale** commercial bank ▸ **banque de compensation** clearing bank ▸ **banque d'émission** issuing bank, issuing house ▸ **la Banque d'Angleterre** the Bank of England ▸ **la Banque centrale européenne** the European Central Bank ▸ **la Banque de France** the Bank of France ▸ **la Banque mondiale** the World Bank **2.** [profession] banking ▸ **travailler dans la banque** to be in banking **3.** INFORM & MÉD bank ▸ **banque du sang / du sperme / de données** blood / sperm / data bank ▸ **banque d'images** picture library **4.** JEUX [réserve] bank ▸ **tenir la banque** to be the banker, to keep the bank.

banquer [3] [bɑ̃ke] vi *tfam* to fork out ▸ **qui va banquer?** who's going to foot the bill? / *à toi de banquer* your turn to cough up.

banqueroute [bɑ̃krut] nf **1.** [faillite] bankruptcy ▸ **banqueroute frauduleuse** fraudulent bankruptcy ▸ **faire banqueroute** to go bankrupt **2.** [échec] failure ▸ **la banqueroute d'une politique** the utter failure of a policy / *critiquant la banqueroute de notre société* criticizing our bankrupt society.

banqueroutier, ère [bɑ̃krutje, ɛr] nm, f fraudulent bankrupt.

banquet [bɑ̃kɛ] nm banquet ▸ **donner un banquet** to give a banquet / **'le Banquet'** *Platon* 'Symposium' ▸ **la campagne des banquets** *Guizot's ban on reformist banquets in 1848 which was the prelude to the revolution.*

banqueter [27] [bɑ̃kte] vi **1.** [bien manger] to feast, to eat lavishly **2.** [prendre part à un banquet] to banquet.

In reformed spelling (see p. 16-19), this verb is conjugated like *acheter* : *il banquètera, elle banquèterait.*

banquette [bɑ̃kɛt] nf **1.** [siège -de salon] seat, banquette US ; [-de piano] (duet) stool ; [-de restaurant] wall seat ; [-de voiture, de métro] seat ▸ **banquette avant / arrière** front / back seat ▸ **jouer devant les banquettes** *fig* to play to an empty house **2.** ARCHIT window seat **3.** TRAV PUB berm ▸ **banquette de halage** towpath **4.** RAIL track bench **5.** MIL ▸ **banquette de tir** banquette.

banquier, ère [bɑ̃kje, ɛr] nm, f banker.

banquise [bɑ̃kiz] nf [côtière] ice, ice shelf ; [dérivante] pack ice, ice field ou floe.

bantou, e [bɑ̃tu] adj Bantu.

❖ **Bantou, e** nm, f Bantu.

❖ **bantou** nm LING Bantu.

bantoustan [bɑ̃tustɑ̃] nm Bantustan, Bantu Homeland.

banyuls [banjyls] nm Banyuls (wine).

baobab [baɔbab] nm baobab.

baptême [batɛm] nm **1.** RELIG baptism ; [cérémonie] christening, baptism ▸ **donner le baptême à qqn** to baptize ou to christen sb / *recevoir le baptême* to be baptized ou christened **2.** [d'un bateau] christening, naming ;

[d'une cloche] christening, dedication **3.** [première expérience] ▸ **baptême de l'air** first ou maiden flight ▸ **baptême du feu** MIL & *fig* baptism of fire / *maintenant que tu as eu ton baptême du feu fig* now you've been blooded ▸ **baptême de la ligne** (first) crossing of the line ▸ **baptême de plongée** first scuba dive.

baptiser [3] [batize] vt **1.** RELIG to christen, to baptize **2.** [nommer -personne, animal] to name, to call / *elle a baptisé son chien Victor* she named her dog Victor ; [surnommer] to nickname, to christen, to dub **3.** [bateau] to christen, to name ; [cloche] to christen, to dedicate **4.** *fam* [diluer -vin, lait] to water down *(sép).*

baptismal, e, aux [batismal, o] adj baptismal.

baptisme [batism] nm Baptist doctrine.

baptiste [batist] adj & nmf Baptist ▸ **les baptistes** the Baptists.

baptistère [batistɛʀ] nm baptistery.

baquet [bakɛ] nm **1.** [récipient] tub **2.** [siège] bucket seat.

bar [baʀ] nm **1.** [café] bar ▸ **bar à vin** wine bar **2.** [comptoir] bar / *le prix au bar n'est pas le même que le prix en salle* drinks are more expensive if you sit at a table **3.** ZOOL bass **4.** PHYS bar.

Barabbas [baʀabas] npr Barabbas.

baragouin [baʀagwɛ̃] nm *fam* **1.** [langage incompréhensible] jargon, gobbledegook, double Dutch UK **2.** *péj* [langue étrangère] lingo.

baragouinage [baʀagwinaʒ] nm *fam* **1.** [manière de parler] jabbering, gibbering **2.** [jargon] jargon, gobbledegook.

baragouiner [3] [baʀagwine] *fam* ◆ vt [langue] to speak badly ; [discours] to gabble ▸ **je baragouine l'espagnol** I can barely put two words of Spanish together ▸ **qu'est-ce qu'elle baragouine?** **a)** [langue étrangère] what's that language she's jabbering in? **b)** [propos incompréhensibles] what's she jabbering on about? ◆ vi [de façon incompréhensible] to jabber, to gibber, to talk gibberish ; [dans une langue étrangère] to jabber away.

baragouineur, euse [baʀagwinœʀ, øz] nm, f *fam* jabberer, gabbler.

baraka [baʀaka] nf **1.** [dans l'Islam] baraka **2.** *fam* [chance] luck ▸ **avoir la baraka** to be lucky / *il a la baraka en ce moment* he's on a winning streak at the moment.

baraque [baʀak] nf **1.** [cabane -à outils] shed ; [-d'ouvriers, de pêcheurs] shelter, hut ; [-de forains] stall ; [-de vente] stall, stand, booth **2.** *fam* [maison] shack, shanty / *une vieille baraque* an old shack / *une baraque minuscule* a rabbit hutch of a house / *t'en as une belle baraque!* you've got a great place! / *une grande baraque au bord de la mer* a big place by the sea / *qui commande dans cette baraque?* who the hell's in charge around here? / *j'en ai marre de cette baraque!* I've had enough of this place!

baraqué, e [baʀake] adj *fam* muscular, hefty, beefy *péj* ▸ **un type baraqué** a great hulk of a man.

baraquement [baʀakmɑ̃] nm **1.** [baraques] shacks **2.** MIL camp.

baraterie [baʀatʀi] nf [criminelle] barratry ; [simple] fault.

baratin [baʀatɛ̃] nm *fam* **1.** [boniment] flannel ▸ **faire du baratin à qqn** to spin sb a yarn, to flannel sb **2.** [vantardises] ▸ **c'est du baratin** it's just (a lot of) hot air.

baratiner [3] [baʀatine] *fam* ◆ vi **1.** [mentir] to flannel **2.** [se vanter] to shoot one's mouth (off) / *il baratine tout le temps* he's full of hot air. ◆ vt ▸ **baratiner qqn** **a)** [en vue d'un gain] to flannel sb **b)** [pour le séduire] to chat sb up UK, to give sb a line US **c)** [pour l'impressionner] to shoot one's mouth off to sb ▸ **baratiner un client** to give a customer the spiel.

baratineur, euse [baʀatinœʀ, øz] *fam* ◆ adj **1.** [menteur] smooth-talking **2.** [vantard] big-mouthed. ◆ nm, f **1.** [séducteur] smooth talker **2.** [menteur] fibber **3.** [vantard] big mouth.

barattage [baʀataʒ] nm churning.

baratte [baʀat] nf churn.

baratter [3] [baʀate] vt to churn.

barbacane [baʀbakan] nf **1.** CONSTR weep hole **2.** HIST [construction] barbican ; [meurtrière] loophole.

Barbade [baʀbad] npr f ▸ **la Barbade** Barbados / *à la Barbade* in Barbados / *de la Barbade* Barbadian.

barbadien, enne [baʀbadjɛ̃, ɛn] adj Barbadian.

❖ **Barbadien, enne** nm, f Barbadian.

barbant, e [baʀbɑ̃, ɑ̃t] adj *fam* boring ▸ **il est barbant** he's a drag ou bore / *l'émission était barbante* the programme was boring ou a drag.

barbaque [baʀbak] nf *tfam* [viande] meat ; *péj* tough meat.

barbare [baʀbaʀ] ◆ adj **1.** HIST [primitif] barbarian, barbaric **2.** [terme, emploi] incorrect **3.** [cruel] barbaric. ◆ nmf barbarian.

barbaresque [baʀbaʀɛsk] adj Barbary *(modif)* ▸ **les États barbaresques** the Barbary states / *les pirates barbaresques* the Barbary Coast pirates.

❖ **Barbaresque** nmf *inhabitant of or person from Barbary.*

barbarie [baʀbaʀi] nf **1.** [cruauté] barbarity, barbarousness ▸ **acte de barbarie** barbarous act **2.** [état primitif] barbarism.

Barbarie [baʀbaʀi] npr f Barbary.

barbarisme [baʀbaʀism] nm barbarism.

barbe[1] [baʀb] nm [cheval] barb.

barbe[2] [baʀb] nf **1.** [d'homme -drue] (full) beard ; [-clairsemée] stubble ; [-en pointe] goatee ▸ **porter la barbe** to have a beard ▸ **se faire la barbe** to (have a) shave ▸ **se raser** / **se tailler la barbe** to shave off / to trim one's beard / *un homme à la barbe rousse* a red-bearded man, a man with a red beard ▸ **sans barbe** **a)** [rasé] beardless, clean-shaven **b)** [imberbe] beardless, smooth-chinned ▸ **barbe de deux jours** two days' stubble ou growth ▸ **barbe à papa** candy floss UK, cotton candy US ▸ **fausse barbe** false beard ▸ **femme à barbe** bearded woman ▸ **vieille barbe** (old) stick-in-the-mud, old fogey / *rien que des vieilles barbes fam* a bunch of wrinklies UK ou greybeards US ▸ **avoir de la barbe au menton** *fam* : *il n'a pas encore de barbe au menton* he's still wet behind the ears ▸ **elle a une longue barbe blanche, cette plaisanterie!** *fam & hum* that joke's got whiskers! ▸ **c'est la barbe!, quelle barbe!** *fam* what a drag ou bore! ▸ **la barbe!** **a)** *fam* [pour faire taire] shut up!, shut your mouth! *tfam*, shut your trap! *tfam* **b)** [pour protester] damn!, hell!, blast! ▸ **parler** ou **marmonner dans sa barbe** to mutter under one's breath / *il a marmonné quelque chose dans sa barbe* he muttered something under his breath ▸ **rire dans sa barbe** to laugh up one's sleeve ▸ **faire qqch à la barbe de qqn** to do sthg under sb's very nose **2.** [d'animal] tuft of hairs, beard **3.** BOT beard, awn **4.** [filament -de plume] barb ; [-de coton] tuft ; [-de métal, de plastique] burr **5.** TECHNOL beard, bolt toe.

❖ **barbes** nfpl [de papier] ragged edge ; [d'encre] smudge.

❖ **en barbe** loc adv NAUT ▸ **mouiller en barbe** to moor with two anchors ahead.

barbeau, x [baʀbo] nm **1.** ZOOL barbel **2.** *tfam* [souteneur] pimp **3.** BOT cornflower, bluebottle.

Barbe-Bleue [baʀbəblø] npr Bluebeard.

barbecue [baʀbəkju] nm **1.** [appareil] barbecue (set) / *faire cuire de la viande au barbecue* to barbecue meat **2.** [repas] barbecue.

barbe-de-capucin [baʀbdəkapysɛ̃] (*pl* **barbes-de-capucin**) nf wild chicory.

barbelé, e [baʀbəle] adj barbed.

❖ **barbelé** nm barbed wire, barbwire US / *derrière les barbelés* behind the barbed wire.

barber [3] [baʀbe] vt *fam* **1.** [lasser] to bore / *je vais lui écrire, mais ça me barbe!* I'll write to him, but what a drag! **2.** [importuner] to hassle / *ne me barbe pas avec ces histoires!* don't hassle me with this stuff!

❖ **se barber** vpi to be bored stiff ou to tears ou to death / *qu'est-ce qu'on se barbe ici!* this place is so boring!

Barberousse [baʀbəʀus] npr Barbarossa.

Barbès [baʀbɛs] npr *district in north Paris with a large North African immigrant population.*

barbet, ette [baʀbɛ, ɛt] nm, f [chien] water spaniel.

❖ **barbet** nm ZOOL ⟶ **rouget.**

❖ **barbette** nf **1.** VÊT barb **2.** MIL barbette.

barbiche [baʀbiʃ] nf goatee.

barbichette [baʀbiʃɛt] nf (small) goatee.

barbichu, e [baʀbiʃy] adj *fam* bearded.

❖ **barbichu** nm *fam* man with a goatee.

barbier [baʀbje] nm barber / **'le Barbier de Séville'** *Beaumarchais, Rossini* 'The Barber of Seville'.

barbillon [baʀbijɔ̃] nm **1.** ZOOL barbel **2.** *tfam* [souteneur] (young) pimp.

barbiturique [baʀbityʀik] ◆ adj barbituric. ◆ nm barbiturate.

barbituromanie [baʀbityʀɔmani] nf barbiturate addiction, barbiturism.

Barbizon [baʀbizɔ̃] npr ▸ **l'école de Barbizon** *the Barbizon school (landscape painters of the mid-19th century, including Millet, Corot and Diaz).*

barbon [baʀbɔ̃] nm *litt* [homme -âgé] old man, greybeard ; [-aux idées dépassées] (old) stick-in-the-mud.

barbotage [baʀbɔtaʒ] nm **1.** *fam* [baignade] paddling, splashing about **2.** CHIM bubbling (through a liquid).

barbote [baʀbɔt] nf [loche] loach.

barboter [3] [baʀbɔte] ◆ vi **1.** [s'ébattre] to paddle, to splash around ou about / *barboter dans son bain* to splash around in one's bath **2.** [patauger] to wade **3.** CHIM ▸ **faire barboter un gaz** to bubble a gas (through a liquid). ◆ vt *fam* [dérober] to pinch, to swipe.

❖ **barboter dans** v + prép *fam* **1.** [être impliqué dans] to have a hand in / *barboter dans des affaires louches* to be mixed up in some shady business / *un scandale où barbotent quelques ministres* a scandal several ministers are mixed up in **2.** [être empêtré dans] ▸ **barboter dans qqch** to be embroiled ou to stew in sthg / *je barbote dans ces histoires de divorce* I'm embroiled in this divorce business.

barboteur, euse [baʀbɔtœʀ, øz] *fam* ◆ adj light-fingered. ◆ nm, f pilferer.

❖ **barboteur** nm bubbler, wash bottle.

❖ **barboteuse** nf (pair of) rompers ou crawlers, playsuit.

barbotine [baʀbɔtin] nf **1.** [en poterie] slip **2.** BOT tansy.

barbouillage [baʀbujaʒ] nm **1.** [application de couleur, de boue] daubing **2.** [fait d'écrire] scribbling, scrawling ; [écrit] scribble, scrawl **3.** [tableau -de mauvais artiste] daub *péj* ; [-d'enfant] scribbled picture / *à l'âge des premiers barbouillages* when a child first learns to draw.

barbouiller [3] [baʀbuje] vt **1.** [salir] : *tu as barbouillé ton tablier!* you've dirtied your apron! ▸ **barbouiller qqch de qqch** to smear sthg with sthg / *son menton était barbouillé de confiture* his chin was smeared with jam **2.** [peindre] to daub ▸ **barbouiller des toiles** to mess about ou around with paint / *à son âge, elle ne fait encore que barbouiller du papier* at her age all she does is splash paint on paper ▸ **barbouiller qqch de peinture** to slap paint on sthg, to daub sthg with paint / *les lèvres barbouillées de rouge vif* her lips smeared with bright red lipstick ; *(en usage absolu)* : *je ne peins pas, je barbouille* I'm not really a painter, I just mess about with colours **3.** [gribouiller] to scrawl, to scribble ▸ **il barbouille du papier** **a)** *pr* he's scribbling away **b)** *fig & péj* he's just a scribbler **4.** *fam* [donner la nausée à] to nauseate / *ça me barbouille (l'estomac* ou *le cœur)* it turns my stomach / *avoir l'air barbouillé* to look green around the gills *hum* ▸ **avoir l'estomac** ou **se sentir barbouillé** to feel queasy ou nauseated, to feel sick UK ou nauseous US.

barbouilleur, euse [baʀbujœʀ, øz] nm, f *péj* [écrivain] scribbler ; [peintre] dauber.

barbouillis [baʀbuji] = **barbouillage.**

barbouze [barbuz] nf *tfam* **1.** [espion] spy **2.** [garde du corps] heavy, minder ; [intermédiaire] minder **3.** [barbe] beard.

barbu, e [barby] adj bearded.

❖ **barbu** nm **1.** [homme] bearded man, man with a beard **2.** ZOOL barbet.

Barbuda, Barbouda [barbuda] npr GÉOGR Barbuda.

barbue [barby] nf ZOOL brill.

barcarolle, barcarole* [barkarɔl] nf barcarolle.

barcasse [barkas] nf *péj* boat, tub.

barcelonais, e [barsəlɔnɛ, ɛz] adj Barcelonese.

❖ **Barcelonais, e** nm, f *inhabitant of or person from Barcelona.*

Barcelone [barsəlɔn] npr Barcelona.

Barco® [barko] nm data projector.

barda [barda] nm *fam* **1.** MIL gear, kit UK **2.** [chargement] stuff, gear, paraphernalia.

bardage [bardaʒ] nm **1.** [revêtement de maison] weatherboarding UK, siding US **2.** [autour d'un tableau] (protective) boarding.

bardane [bardan] nf burdock.

barde [bard] ◆ nm [poète] bard. ◆ nf CULIN bard.

bardeau, x [bardo] nm **1.** [pour toiture] shingle **2.** [pour façade] weatherboard UK, clapboard US **3.** [pour carrelage] lath **4.** = **bardot.**

barder [3] [barde] ◆ vt **1.** CULIN to bard **2.** *arch* [cuirasser] to bard **3.** *fig* ▸ **être bardé de** [être couvert de] to be covered in ou with ▸ **coffre bardé de ferrures** chest bound with iron bands ▸ **être bardé de diplômes** to have a string of academic titles. ◆ v impers *fam* ▸ **ça barde!** all hell's broken loose! / *ça barde chez les voisins!* the neighbours are having a hell of a row UK ou spat US ! / *quand il a dit ça, ça a bardé!* things really turned nasty when he said that! ▸ **ça va barder si elle le retrouve!** there'll be hell to pay if she finds him! / *si je le retrouve, ça va barder!* if I find him, I'll give him something to remember me by! / *si tu ne te dépêches pas, ça va barder!* you'll get it ou be for it if you don't hurry up!

bardot [bardo] nm hinny.

barème [barɛm] nm **1.** [tableau] ready reckoner **2.** [tarification] scale ▸ **barème des prix** price list, schedule of prices ▸ **barème des salaires** wage scale, variable sliding scale.

Barents [barɛ̃s] npr ⟶ **mer.**

barge [barʒ] nf **1.** NAUT barge, lighter **2.** ZOOL godwit.

barguigner [3] [bargiɲe] vi *fam* ▸ **sans barguigner** without hesitation ou shillyshallying.

Bari [bari] npr Bari.

barigoule [barigul] ❖ **à la barigoule** loc adj CULIN ▸ **artichauts à la barigoule** *artichokes stuffed with mushrooms and ham.*

baril [baril] nm [de vin] barrel, cask ; [de pétrole] barrel ; [de lessive] pack ▸ **baril de poudre** powder keg.

barillet [barijɛ] nm **1.** [baril] small barrel ou cask **2.** ARM & TECHNOL cylinder.

bariolage [barjɔlaʒ] nm **1.** [action] daubing with bright colours **2.** [motif] gaudy colour-scheme.

bariolé, e [barjɔle] adj [tissu] motley, multicoloured UK, multicolored US, parti-coloured UK, parti-colored US ; [foule] colourful UK, colorful US.

barioler [3] [barjɔle] vt to cover with gaudy colours, to splash bright colours on.

bariolure [barjɔlyr] nf garish ou gaudy colours.

barjo(t) [barʒo] adj *tfam* nuts, bananas.

barmaid [barmɛd] nf barmaid.

barman [barman] (*pl* **barmans** *ou* **barmen** [-mɛn]) nm barman UK, bartender US.

bar-mitsva [barmitsva] nf inv Bar Mitzvah.

barn [barn] nm PHYS barn.

Barnabé [barnabe] npr Barnabas.

barographe [barɔgraf] nm barograph.

baromètre [barɔmɛtr] nm barometer, glass / *le baromètre est au beau fixe* the barometer is set ou reads fair / *le baromètre est à la pluie* the barometer is set on rain ▸ **baromètre de l'opinion publique** *fig* barometer ou indicator of public opinion ▸ **baromètre anéroïde** aneroid barometer.

barométrie [barɔmetri] nf barometry.

barométrique [barɔmetrik] adj barometric, barometer *(modif).*

baron, onne [barɔ̃, ɔn] nm, f **1.** [noble] baron (baroness) **2.** [magnat] ▸ **baron de la finance** tycoon **3.** CULIN ▸ **baron d'agneau** baron of mutton.

baronet, baronnet [barɔnɛ] nm HIST baronet.

baronnage [barɔnaʒ] nm baronage.

baronnie [barɔni] nf **1.** HIST barony **2.** *fig* [pouvoir local] enclave / *le parti s'est transformé en plusieurs baronnies* the party has divided into a number of enclaves.

baroque [barɔk] ◆ adj **1.** ARCHIT, ART & LITTÉR baroque **2.** [étrange -idée] weird / *son short avec ses escarpins, ça fait un peu baroque fam* her shorts and her court shoes look a bit weird together. ◆ nm Baroque.

baroquisant, e [barɔkizɑ̃, ɑ̃t] adj tending to the Baroque.

baroquisme [barɔkism] nm tendency towards the Baroque.

barotraumatisme [barɔtromatism] nm barotrauma.

baroud [barud] nm *fam* fighting, battle ▸ **baroud d'honneur** last stand / *pour moi, c'est un baroud d'honneur* it's my way of going out in style.

baroudeur, euse [barudœr, øz] nm, f *fam* [qui aime le combat] fighter ; [qui a voyagé] : *il a un air de baroudeur* he looks like he's been around a bit.

barouf [baruf] nm *tfam* racket, din ▸ **faire du barouf a)** [bruit] to kick up a racket **b)** [scandale] to make a fuss.

barque [bark] nf small boat ▸ **barque de pêcheur** small fishing boat ▸ **mener sa barque** *fig* to look after o.s. / *il est assez grand pour mener sa barque* he's old enough to look after himself ▸ **il a bien / mal mené sa barque** he managed / didn't manage his affairs well.

barquette [barkɛt] nf **1.** CULIN *boat-shaped tartlet* **2.** [emballage] carton, punnet.

barracuda [barakuda] nm barracuda.

barrage [baraʒ] nm **1.** [réservoir] dam ; [régulateur] weir, barrage ▸ **barrage (de retenue)** dam ▸ **barrage flottant** floating dam ▸ **faire barrage à** to stand in the way of, to obstruct, to hinder ▸ **barrage mobile** movable dam **2.** [dispositif policier] ▸ **barrage (de police)** police cordon ▸ **barrage routier** roadblock **3.** MIL ▸ **barrage roulant** creeping ou rolling barrage **4.** SPORT ▸ **(match de) barrage** play-off.

barrage-poids [baraʒpwa] (*pl* **barrages-poids**) nm gravity dam.

barrage-voûte [baraʒvut] (*pl* **barrages-voûtes**) nm arch ou arched dam.

barre [bar] nf **1.** [tige -de bois] bar ; [-de métal] bar, rod ▸ **barre de fer** iron bar ▸ **j'ai une barre sur l'estomac / au-dessus des yeux** [douleur] I have a band of pain across my stomach / eyes ▸ **avoir un coup de barre** *fig* to be shattered UK ou pooped US ▸ **barre de céréales** muesli bar ▸ **barre de chocolat** chocolate bar ▸ **barre d'accouplement** AUTO tie-rod ▸ **barre antiroulis** NAUT anti-roll bar ▸ **barre d'appui** handrail ▸ **barre omnibus** ÉLECTR busbar ▸ **barre de réaction** radius arm ▸ **barre de remorquage** tow bar ▸ **barre de torsion** AUTO torsion bar **2.** SPORT ▸ **barres asymétriques / parallèles** asymmetric / parallel bars ▸ **barre à disques** barbell ▸ **barre fixe** high ou horizontal bar ; DANSE barre ▸ **exercices à la barre** barre work ou exercises **3.** NAUT ▸ **barre (de gouvernail) a)** [gén] helm **b)** [sur un voilier] tiller **c)** [sur un navire] wheel ▸ **prendre la barre a)** *pr* to take the helm **b)** *fig* to take charge ▸ **être à la barre a)** to be at the helm, to steer **b)** *fig* to be at the helm ou in charge **4.** [trait] line / *faire des barres* to draw lines / *mets la barre sur ton T* cross your T ▸ **barre de soustraction / fraction** subtraction / fraction line ▸ **barre oblique** slash ▸ **barre oblique inversée** backslash ▸ **double barre** double bar ▸ **avoir barre sur qqn** to have a hold over ou on sb **5.** [niveau] level / *le dollar pourrait descendre au-dessous de la barre des 2 euros* the dollar could fall below the level of 2 euros / *pour l'examen de physique, la barre a été fixée à 12* the pass mark UK ou passing grade US for the physics exam was set at twelve ▸ **mettre** ou **placer la barre trop haut** to set too high a standard / *à chaque fois, ils mettent la barre plus haut* they keep making it harder to meet the target **6.** MUS ▸ **barre (de mesure)** bar line **7.** DR ▸ **barre (du tribunal)** bar ▸ **barre des témoins** witness box UK ou stand US ▸ **appeler qqn à la barre** to call sb to the witness box UK ou stand US ▸ **comparaître à la barre** to appear as a witness **8.** INFORM ▸ **barre de défilement** scroll bar ▸ **barre d'espacement** space bar ▸ **barre d'état** status bar ▸ **barre de menu** menu bar ▸ **barre de navigation** navigation bar, navigation frame ▸ **barre d'outils** toolbar **9.** GÉOGR [crête] ridge ; [banc de sable] sandbar ; [houle] race **10.** NUCL & PHYS ▸ **barre de contrôle** control rod **11.** HÉRALD bar ▸ **barre de bâtardise** bend sinister.

barré, e [bare] adj **1.** [chèque] crossed ▸ **chèque non barré** open cheque **2.** *fam* EXPR **être bien / mal barré** : *on est mal barré(s) pour y être à 8 h* we haven't got a hope in hell ou we don't stand a chance of being there at 8 / *on est bien barré(s)! iron, on est mal barré(s)!* (that's) great! *iron*, (that's) marvellous! *iron* ▸ **c'est mal barré** it's got off to a bad start / *entre eux deux c'est mal barré* they started off on the wrong foot with each other.

❖ **barré** nm barré.

barreau, x [baro] nm **1.** [de fenêtre] bar ; [d'échelle] rung ▸ **barreau de chaise** *fam & hum* fat cigar **2.** DR ▸ **le barreau** the Bar ▸ **être admis** ou **reçu au barreau** to be called to the Bar ▸ **être radié du barreau** to be disbarred.

barrement [barmɑ̃] nm crossing.

barrer [3] [bare] ◆ vt **1.** [bloquer -porte, issue] to bar ; [-voie, route] to block, to obstruct / *les grévistes barrent la voie de chemin de fer* strikers are blocking the railway track / *des éboulements barrent le torrent* fallen boulders are blocking the stream / *la rue est temporairement barrée* the street has been temporarily closed ▸ **barrer le passage à qqn** to block sb's way ▸ **barrer la route à qqn** *pr & fig* to stand in sb's way **2.** [rayer -chèque] to cross ; [-erreur, phrase] to cross ou to score out *(sép)*, to strike out / *barrer ses T* to cross one's Ts / *une profonde tranchée barrait le paysage* a deep trench scarred the landscape / *un pli lui barrait le front* he had a deep line running right across his forehead / *l'écharpe tricolore qui lui barrait la poitrine* the tricolor sash he wore across his chest **3.** NAUT to steer. ◆ vi NAUT to steer, to be at the helm.

❖ **se barrer** vpi *fam* **1.** [partir] to beat it, to split, to clear off / *on se barre d'ici!* let's split! / *barre-toi de là, tu me gênes!* shift, you're in my way! **2.** [se détacher] to come off / *ta barrette se barre* your hairslide is coming out.

barrette [barɛt] nf **1.** [pince] ▸ **barrette (à cheveux)** (hair) slide UK, barrette US ▸ **barrette de médaille** medal bar **2.** COUT collar pin **3.** ÉLECTR ▸ **barrette de connexion** connecting strip **4.** RELIG biretta ▸ **recevoir la barrette** to be made a cardinal **5.** MIN helmet **6.** INFORM ▸ **barrette de mémoire** memory module.

barreur, euse [barœr, øz] nm, f **1.** [gén] helmsman **2.** [en aviron] coxswain ▸ **avec barreur** coxed ▸ **sans barreur** coxless.

barricade [barikad] nf barricade ▸ **nous avons conquis ces libertés sur les barricades** we won those freedoms by going out in the streets and fighting for them ▸ **être de l'autre côté de la barricade** to be on the opposite ou other side of the fence ▸ **les journées des Barricades** *insurrections where barricades are erected in the streets.*

barricader [3] [barikade] vt [porte, rue] to barricade.

❖ **se barricader** vp *(emploi réfléchi)* **1.** [se retrancher] to barricade o.s. **2.** [s'enfermer] to lock ou to shut

* In reformed spelling (see p. 16-19).

o.s. / *il s'est barricadé dans sa chambre* he's locked ou shut himself in his room.

barrière [baʀjɛʀ] nf **1.** [clôture] fence ; [porte] gate ▸ **barrière de passage à niveau** level UK ou grade US crossing gate ▸ **barrière de dégel** *closure of road to heavy traffic during thaw* ▸ **barrière de sécurité** guard-rail **2.** [obstacle] barrier / *la barrière de la langue* the language barrier / *il n'y avait plus de barrière entre les deux amants* nothing further could come between the two lovers ▸ **dresser** ou **mettre une barrière entre...** to raise a barrier between... ▸ **faire tomber une barrière / les barrières** to break down a barrier / the barriers ▸ **barrières douanières** tariff ou trade barriers **3.** GÉOGR ▸ **barrière de corail** barrier reef ▸ **barrière naturelle** natural barrier ▸ **la Grande Barrière** the Great Barrier Reef.

barrique [baʀik] nf barrel, cask.

barrir [32] [baʀiʀ] vi [éléphant] to trumpet.

barrissement [baʀismɑ̃] nm trumpeting.

barrot [baʀo] nm NAUT beam.

bartavelle [baʀtavɛl] nf rock partridge.

barycentre [baʀisɑ̃tʀ] nm barycentre.

baryon [baʀjɔ̃] nm baryon.

baryte [baʀit] nf baryta, barium hydroxide.

baryté, e [baʀite] adj MÉD ▸ **bouillie barytée** barium meal.

baryton [baʀitɔ̃] nm [voix] baritone (voice) ; [chanteur] baritone ▸ **saxophone baryton** baritone saxophone.

baryum [baʀjɔm] nm barium ▸ **sulfate de baryum** barium meal.

barzoï [baʀzɔj] nm borzoi, Russian wolfhound.

bas¹ [ba] nm [de femme] stocking / *le visage dissimulé sous un bas* wearing a stocking mask ▸ **des bas avec / sans couture** seamed / seamless stockings ▸ **bas fins** sheer stockings ▸ **bas de soie** silk stockings ▸ **bas de laine a)** *pr* woollen UK ou woolen US stocking **b)** *fig* savings, nest egg / *qu'y a-t-il dans son bas de laine? fig* how much money has he got under the mattress?, how big is his nest egg? / *le bas de laine des Français* the savings of small ou small-time French investors ▸ **bas (de) Nylon®** nylon stockings ▸ **bas résille** fishnet stockings ▸ **bas à varices** support stockings.

bas², basse [ba, bas] *(devant nm commençant par voyelle ou « h » muet* [baz]*)*

◆ adj

A. DANS L'ESPACE

B. DANS UNE HIÉRARCHIE

A. DANS L'ESPACE 1. [de peu de hauteur - bâtiment, mur] low ; [- herbes] low, short ; [- nuages] low ▸ **une petite maison basse** a squat little house ▸ **une chaise basse** a low chair / *le tableau est trop bas, remonte-le un peu* the painting is too low ou far down, move it up a bit ▸ **avoir le front bas** to be low-browed ▸ **attrape les branches basses** grasp the lower ou bottom branches / *le soleil était bas sur l'horizon* the sun was low on the horizon ▸ **à basse altitude** at (a) low altitude / *la partie basse du buffet* the lower part of the dresser **2.** [peu profond] low ▸ **les eaux sont basses** the water level's low ou down ▸ **la Seine est basse** the (level of the) Seine is low ▸ **aux basses eaux a)** [de la mer] at low tide **b)** [d'une rivière] when the water level is low **c)** *fig* at a time of stagnation ▸ **c'est la basse mer** ou **marée basse** it's low tide, the tide is low **3.** [incliné vers le sol] : *être assis la tête basse* to sit with one's head down ▸ **marcher la tête basse** to hang one's head as one walks / *le chien s'enfuit, la queue basse* the dog ran away with its tail between its legs **4.** NAUT ▸ **basses voiles, voiles basses** lower sails ou courses ▸ **basses vergues** lower yards **5.** GÉOGR ▸ **les basses terres** the lowlands ▸ **la basse Bretagne** the western part of Brittany ▸ **les basses Alpes** the foothills of the Alps ▸ **la basse vallée du Rhône** the lower Rhone valley ▸ **la basse Loire / Seine** the lower Loire / Seine (valley).

B. DANS UNE HIÉRARCHIE 1. [en grandeur - prix, fréquence, pression, etc.] low ▸ **à bas prix** cheap, for a low price ▸ **les bas salaires** low salaries ▸ **bas de gamme** [produit] low-end, bottom-of-the-range ▸ **à basse température** [laver] at low temperatures ▸ **le thermomètre est bas** temperatures are low / *la note la plus basse est 8* the lowest mark is 8 / *les enchères sont restées très basses* the bidding didn't get off the ground / *le moral de l'équipe est bas* the team's in low spirits, morale in the team is low / *son moral est très bas* he's down, he's in very low spirits **2.** [médiocre - intérêt, rendement] low, poor ; [- dans les arts] inferior, minor, crude / *le niveau de la classe est très bas* the (achievement) level of the class is very low / *c'est de la basse comédie* it's low comedy / *c'est de la basse littérature* it's inferior literature ▸ **les basses cartes** JEUX the small ou low cards ▸ **les bas morceaux** [en boucherie] the cheap cuts **3.** [inférieur dans la société] low, lowly *litt*, humble / *de basse origine* of humble origin / *de basse condition* from a poor family ▸ **le bas clergé** the minor clergy ▸ **le bas peuple** the lower classes ou orders *péj* **4.** MUS [grave - note] low, bottom *(modif)* ; [- guitare, flûte] bass *(modif)* / *sa voix tremble dans les notes basses* her voice quavers in the bottom of the range / *le ton est trop bas, je ne pourrai pas le chanter* the piece is pitched too low, I won't be able to sing it ▸ **une voix basse** a deep voice **5.** [peu fort] low, quiet ▸ **parler à voix basse** to speak in a low ou quiet voice ▸ **sur un ton bas** in hushed tones **6.** *péj* [abject, vil - âme] low, mean, villainous ; [- acte] low, base, mean ; [- sentiment] low, base, abject ▸ **de basses compromissions** shabby compromises / *à moi toutes les basses besognes* I get stuck with all the dirty work ; [vulgaire - terme, expression] crude, vulgar **7.** LING ▸ **bas allemand** Low German ▸ **bas breton** Breton *(as spoken in southern Brittany)* **8.** [le plus récent] ▸ **le Bas-Empire** the late Empire ▸ **la basse latinité** late Roman times ▸ **le bas Moyen Âge** the late Middle Ages.

✧ **bas** ◆ adv **1.** [à faible hauteur, à faible niveau] low / *les oiseaux sont passés très bas* the birds flew very low / *la dernière étagère est placée trop bas* the last shelf is too low / *je mettrais l'étagère plus bas* I'd put the shelf lower down ▸ **le thermomètre est descendu** ou **tombé très bas cette nuit** temperatures dropped very low last night / *les prix ne descendront pas plus bas* prices won't come down any further / *leurs actions sont au plus bas* their shares have reached an all-time low ▸ **elle est bien bas a)** [physiquement] she's very poorly **b)** [moralement] she's very low ou down ▸ **vous êtes tombé bien bas a)** [financièrement] you've certainly gone down in the world **b)** [moralement] you've sunk really low / *il est tombé bien bas dans mon estime* he's gone down a lot in my estimation / *plus bas, vous trouverez la boulangerie* [plus loin] you'll find the baker's a little further on / *j'habite deux maisons plus bas que lui* I live two houses down from his place ; [dans un document] ▸ **plus bas** below, further down ou on ▸ **voir plus bas** see below ▸ **bas les masques** : *je sais tout maintenant, alors bas les masques* I know everything now, so you can stop pretending ▸ **bas les pattes!** *fam* hands off! **2.** ACOUST [d'une voix douce] in a low voice ; [d'une voix grave] in a deep voice / *mets le son plus bas* turn the sound down / *mets la musique tout bas* turn the music right down ▸ **il dit tout haut ce que les autres pensent tout bas** he voices the thoughts which others keep to themselves **3.** MUS low / *tu prends la deuxième mesure un peu trop bas* [à un chanteur, à un musicien] you're taking the second bar a bit too low **4.** VÉTÉR ▸ **mettre bas** to give birth / *elle a mis bas quatre chiots* she gave birth to four puppies **5.** NAUT ▸ **mettre pavillon bas** to lower ou to strike the colours ▸ **haler bas** to haul in ou down ▸ **mettre bas les feux** to draw the fires. ◆ nm **1.** [partie inférieure - d'un pantalon, d'un escalier, d'une hiérarchie, etc.] bottom ; [- d'un visage] lower part ▸ **le bas d'une robe** [partie inférieure] the bottom of a dress / *elle a le bas du visage de son père* the bottom ou lower part of her face is like her father's ▸ **le bas du dos** the small of the back ▸ **bas de pyjama** pyjama bottoms / *il dort en bas de pyjama* he sleeps in his pyjama bottoms **2.** CULIN ▸ **bas de carré** prime chops (of veal) **3.** NAUT ▸ **le bas de l'eau** low tide **4.** PÊCHE ▸ **bas de ligne** trace, cast **5.** *litt* [ignominie] baseness, vileness / *se complaire dans le bas et le vulgaire* to revel in base and vulgar things.

✧ **basse** nf **1.** MUS [partie] bass (part) ou score ▸ **basse chiffrée** figured bass ▸ **basse continue** basso continuo ▸ **basse contrainte** ou **obstinée** basso ostinato **2.** [voix d'homme] bass (voice) ▸ **basse chantante** basso cantante ▸ **basse profonde** basso profundo ; [chanteur] bass / *la basse intervient à la sixième mesure* the bass comes in on the sixth bar **3.** [instrument - gén] bass (instrument) ; [- violoncelle] (double) bass **4.** GÉOGR shoal, flat, sandbank.

✧ **à bas** loc adv ▸ **mettre qqch à bas** to pull sthg down / *ils ont mis à bas tout le quartier* they razed the whole district to the ground ▸ **à bas...** : *à bas la dictature!* down with dictatorship!

✧ **à bas de** loc prép ▸ **se jeter / sauter à bas de son cheval** to throw o.s. / to jump off one's horse.

✧ **au bas de** loc prép ▸ **au bas des escaliers** at the foot ou bottom of the stairs / *au bas de la page* at the foot ou bottom of the page ▸ **au bas de la hiérarchie / liste** at the bottom of the hierarchy / list ▸ **au bas du jardin** at the bottom (end) ou far end of the garden.

✧ **de bas en haut** loc adv from bottom to top, from the bottom up ▸ **regarder qqn de bas en haut** to look sb up and down.

✧ **d'en bas** ◆ loc adj [du niveau inférieur] downstairs / *les voisins d'en bas* the people downstairs / *la porte d'en bas est fermée* the downstairs door is shut ▸ **la France d'en bas** ordinary French people. ◆ loc adv [dans une maison] from downstairs / *le bruit vient d'en bas* the noise is coming from downstairs ; [d'une hauteur] from the bottom / *elle est partie d'en bas fig* she worked her way up, she started from nowhere / *vu d'en bas on dirait un château* seen from below it looks like a castle.

✧ **du bas** loc adj **1.** [de l'étage inférieur] ▸ **l'appartement du bas** the flat underneath ou below ou downstairs **2.** [du rez-de-chaussée] downstairs *(modif)* ▸ **les chambres du bas** the downstairs rooms / *les volets du bas* the downstairs shutters **3.** [de l'endroit le moins élevé] lower / *le carreau du bas est cassé* the lower pane is broken.

✧ **en bas** loc adv **1.** [à un niveau inférieur - dans un bâtiment] downstairs, down / *je vais* ou *descends fam en bas* I'm going down ou downstairs ▸ **passe par en bas, c'est plus court a)** [par l'étage inférieur] cut through downstairs, it's quicker **b)** [par le jardin en contrebas] cut through the bottom of the garden, it's quicker / *la maison a deux pièces en bas et deux en haut* the house has two rooms downstairs and two upstairs **2.** [dans la partie inférieure] : *prends le carton par en bas* take hold of the bottom of the box **3.** [vers le sol] : *je ne peux pas regarder en bas, j'ai le vertige* I can't look down, I feel dizzy / *le village semblait si petit, tout en bas* the village looked so small, down there ou below ▸ **suspendre qqch la tête en bas** to hang sthg upside down.

✧ **en bas de** loc prép : *en bas de la côte* at the bottom ou foot of the hill ▸ **en bas des marches** at the bottom ou foot of the stairs / *signez en bas du contrat* sign at the bottom of the contract / *j'ai rangé les draps en bas de l'armoire* I've put the sheets at the bottom of the wardrobe / *ils se retrouvent en bas du classement général* they're now (at the) bottom of the league / *il s'est laissé glisser jusqu'en bas de l'échelle* he slid down (to the bottom of) the ladder.

basal, e, aux [bazal, o] adj basal.

basalte [bazalt] nm basalt.

basaltique [bazaltik] adj basaltic.

basane [bazan] nf **1.** [peau de mouton] sheepskin **2.** *tfam* [peau] hide, skin **3.** *arg mil* [cavalerie] cavalry.

basané, e [bazane] ◆ adj **1.** [bronzé - touriste] suntanned ; [- navigateur] tanned UK, tan US, weather-beaten **2.** [connotation raciste] dark-skinned. ◆ nm, f *(raciste) racist term used with reference to dark-skinned people* ; ≃ darky *fam*.

basaner [3] [bazane] vt to tan.

bas-bleu [bablø] *(pl* **bas-bleus***)* nm *péj* bluestocking.

bas-côté [bakote] *(pl* **bas-côtés***)* nm [de route] side, verge UK, shoulder US ; [d'église] aisle.

basculant, e [baskylɑ̃, ɑ̃t] adj tip-up.

bascule [baskyl] nf **1.** [balance] weighing machine ; [pèse-personne] scales **2.** [balançoire] seesaw ▸ **mouvement de bascule** seesaw motion ▸ **pratiquer une politique de bascule** to change allies frequently **3.** TECHNOL bascule ▸ **bascule bistable** ÉLECTRON flip-flop.

basculement [baskylmɑ̃] nm [d'une pile] toppling over ; [d'un récipient] tipping out ou over / *pour empêcher le basculement de l'électorat vers les Verts* to prevent a swing to the Green Party.

basculer [3] [baskyle] ◆ vi **1.** [personne] to topple, to fall over ; [vase] to tip over ; [benne] to tip up / *un peu plus et il faisait basculer la voiture dans le vide* it would only have taken a little push to send the car over the edge / *le levier fait basculer le wagonnet dans la benne* the lever tips the contents of the truck into the skip **2.** *fig* ▸ **son univers a basculé** his world collapsed ▸ **basculer dans** : *la pièce bascule soudain dans l'horreur* the mood of the play suddenly switches to horror ▸ **basculer dans l'opposition** to go over to the opposition. ◆ vt [renverser - chariot] to tip up *(sép)* ; [- chargement] to tip out *(sép)* ▸ **basculer son vote sur** to switch one's vote to.

basculeur [baskylœʀ] nm rocker switch.

base [baz] nf **1.** [support] base / *à la base du cou* at the base of the neck ▸ **base de maquillage** make-up base **2.** [fondement] basis, groundwork *(U)*, foundations ▸ **établir qqch** / **reposer sur une base solide** to set sthg up / to rest on a sound basis ▸ **établir** ou **jeter les bases d'une alliance** to lay the foundations of ou for an alliance / *quelle est votre base de départ?* what's ou where's your starting point? **3.** MIL ▸ **base (aérienne** / **militaire** / **navale)** (air / army / naval) base ▸ **base d'opérations** / **de ravitaillement** operations / supply base ▸ **rentrer à la base** to go back to base **4.** ASTRONAUT ▸ **base de lancement** launching site **5.** POL ▸ **la base** the grass roots, the rank and file **6.** FIN ▸ **base d'imposition** taxable amount **7.** GÉOM, INFORM & MATH base ▸ **base d'un système numérique** base ou radix of a numeration system ▸ **système de base cinq** / **huit** base five / eight system ▸ **base de connaissances** knowledge base ▸ **base de données** database ▸ **base de données relationnelles** relational database **8.** LING [en diachronie] root ; [en synchronie] base, stem ; [en grammaire générative] base component **9.** CULIN [d'un cocktail, d'une sauce] basic ingredient **10.** ÉLECTRON ▸ **base de temps** clock **11.** CHIM base **12.** SPORT [détente] ▸ **base de loisirs** (outdoor) leisure ou sports complex.

❖ **bases** nfpl [fondations] foundations, basis ▸ **les bases de la sémiotique** the basis of semiotics ; [acquis] basic knowledge / *votre enfant n'a pas les bases* your child lacks basic knowledge ▸ **avoir de bonnes bases en arabe** / **musique** to have a good grounding in Arabic / in music.

❖ **à base de** loc prép ▸ **à base de café** coffee-based.

❖ **à la base** loc adv **1.** [en son fondement] : *le raisonnement est faux à la base* the basis of the argument is false **2.** [au début] at the beginning, to begin ou to start off with / *à la base, nous étions un groupe de rock* to begin with ou originally, we were a rock band.

❖ **de base** loc adj **1.** [fondamental - vocabulaire, industrie] basic ; [- principe] basic, fundamental ▸ **militant de base** grassroots militant **2.** [de référence - salaire, traitement] basic **3.** LING base *(modif)*.

base-ball *(pl* **base-balls)**, **baseball*** [bɛzbol] nm baseball.

baser [3] [baze] vt **1.** [fonder] ▸ **baser qqch sur (qqch)** to base sthg on (sthg) / *baser une affirmation sur les faits* to base ou to ground an assertion on facts ou in fact / *tes soupçons ne sont basés sur rien* there are no grounds for your suspicions, your suspicions are groundless / *baser une doctrine sur le libéralisme* to base a doctrine on liberalism **2.** MIL & COMM [installer] to base ▸ **être basé à** to be based at ou in / *les soldats basés à Berlin* the soldiers based in Berlin, the Berlin-based soldiers / *aviation basée à terre* ground-based air force / *l'entreprise est basée à Lyon* the firm's based in Lyon.

❖ **se baser sur** vp + prép to base one's judgment on / *sur quoi te bases-tu?* what are your arguments based on? / *je me base sur les chiffres de l'année dernière* I've taken last year's figures as the basis for my calculations.

bas-fond *(pl* **bas-fonds)**, **basfond*** [bafɔ̃] nm GÉOGR & NAUT shallow, shoal.

❖ **bas-fonds, basfonds*** nmpl *litt* : *les bas-fonds de New York* the slums of New York / *les bas-fonds de la société* the dregs of society.

basic [bazik] nm INFORM basic.

basicité [bazisite] nf basicity.

basilic [bazilik] nm **1.** BOT basil **2.** MYTH & ZOOL basilisk.

basilique [bazilik] nf basilica ▸ **la basilique Saint-Pierre** Saint Peter's Basilica.

basin [bazɛ̃] nm dimity.

basiphile [bazifil] adj basophilous.

basique [bazik] adj CHIM basic.

basket [baskɛt] ◆ nm ou nf [chaussure] ▸ **baskets** trainers UK, sneakers US. ◆ nm *fam* = **basket-ball.**

basket-ball *(pl* **basket-balls)**, **basketball*** [baskɛtbol] nm basketball.

basketteur, euse [baskɛtœʀ, øz] nm, f basketball player.

basmati [basmati] nm basmati (rice).

basquaise [baskɛz] adj f & nf Basque.

❖ **(à la) basquaise** loc adj CULIN basquaise *(with a tomato and ham sauce)*.

basque¹ [bask] nf COUT basque ▸ **s'accrocher** ou **se pendre aux basques de qqn** to dog sb's footsteps, to stick to sb like glue / *cet enfant est toujours pendu à mes basques* that child just won't let go of me.

basque² [bask] adj Basque ▸ **le Pays basque** the Basque Country / *au Pays basque* in the Basque Country.

❖ **Basque** nmf Basque.

❖ **basque** nm LING Basque.

bas-relief [baʀəljɛf] *(pl* **bas-reliefs)** nm bas ou low relief.

basse [bas] f ⟶ **bas.**

basse-cour *(pl* **basses-cours)**, **bassecour*** [baskuʀ] nf **1.** [lieu] farmyard **2.** [volaille] ▸ **(animaux de) basse-cour** poultry / *toute la basse-cour était en émoi* the hens and chickens were extremely agitated.

basse-fosse *(pl* **basses-fosses)**, **bassefosse*** [basfos] nf dungeon.

bassement [basmɑ̃] adv [agir] basely, meanly / *sa visite était bassement intéressée* his visit was motivated by mere self-interest / *parlons de choses bassement matérielles* let's talk money / *question bassement intéressée, as-tu de quoi payer mon repas?* hum I hate to mention this, but have you got enough to pay for my meal?

Basse-Normandie [basnɔʀmɑ̃di] npr f ▸ **la Basse-Normandie** Basse-Normandie.

 **Basse-Normandie**

This administrative region includes the départements of Calvados, Manche and Orne (capital: Caen).

bassesse [basɛs] nf **1.** [caractère vil] baseness ; [servilité] servility / *il ne poussera pas la bassesse jusque-là* he won't stoop that low **2.** [action - mesquine] base ou despicable act ; [- servile] servile act / *il ne reculera devant aucune bassesse* he will stoop to anything ▸ **faire des bassesses** to behave despicably.

basset [basɛ] nm basset (hound).

bassin [basɛ̃] nm **1.** ANAT pelvis **2.** [piscine] pool ; [plan d'eau] pond, ornamental lake / *il y a un petit bassin pour les enfants* there's a paddling pool **3.** [récipient] basin, bowl ▸ **bassin hygiénique** ou **de lit** bedpan **4.** ÉCOL ▸ **bassin de décantation** settling tank **5.** GÉOGR basin ▸ **bassin houiller** coal basin ▸ **bassin hydrographique** drainage area ▸ **bassin sédimentaire** sedimentary basin ▸ **le bassin d'Aquitaine** the Aquitaine Basin ▸ **le Bassin parisien** the Paris Basin ▸ **le Bassin rouge** the Red Basin **6.** NAUT dock ▸ **bassin de radoub** dry dock.

bassinant, e [basinɑ̃, ɑ̃t] adj *fam* boring / *elle est vraiment bassinante* she's a real pain in the neck.

bassine [basin] nf basin, bowl ▸ **bassine à confiture** preserving pan.

bassiner [3] [basine] vt **1.** [chauffer] to warm *(with a warming pan)* **2.** [humecter] to moisten **3.** *fam* [ennuyer] to bore / *il nous bassine avec ses histoires de cœur* we're bored stiff hearing about his love affairs / *tu nous bassines avec ça!* stop going on and on about it!

bassinet [basinɛ] nm **1.** ANAT renal pelvis **2.** HIST bascinet, basinet.

bassinoire [basinwaʀ] nf **1.** [à lit] warming pan **2.** *fam* [importun] old bore, pain in the neck, crashing bore.

bassiste [basist] nmf **1.** [guitariste] bass guitarist **2.** [contrebassiste] double bass player.

basson [basɔ̃] nm **1.** [instrument] bassoon **2.** [musicien] bassoonist.

bassoniste [basɔnist] nmf bassoonist.

Bassora [basɔʀa] npr Basra, Basrah.

basta [basta] interj *fam* (that's) enough / *je la rembourse et puis basta!* I'll give her her money back and then that's it! / *je termine la page 14 et basta!* I'll finish page 14 and then that's it!

bastide [bastid] nf **1.** [maison] Provençal cottage ; [ferme] Provençal farmhouse **2.** HIST walled town *(in southwest France)*.

bastille [bastij] nf **1.** [fort] fortress **2.** [à Paris] ▸ **la Bastille a)** [forteresse] the Bastille **b)** [quartier] Bastille, the Bastille area ▸ **la prise de la Bastille** the storming of the Bastille ▸ **l'Opéra-Bastille** the Bastille Opera House.

 **La Bastille**

The Bastille, a state prison and a symbol of **Ancien Régime** tyranny, fell to the people of Paris on 14th July 1789, marking the beginning of the Revolution. The square where the Bastille once stood is now the home of one of the Paris opera houses, known as **l'Opéra-Bastille**.

bastingage [bastɛ̃gaʒ] nm **1.** NAUT rail ▸ **par-dessus le bastingage** overboard **2.** HIST bulwark.

bastion [bastjɔ̃] nm **1.** CONSTR bastion **2.** [d'une doctrine, d'un mouvement] bastion ▸ **bastion du socialisme** socialist stronghold, bastion of socialism / *les derniers bastions de la chrétienté* the last outposts ou bastions of Christianity.

baston [bastɔ̃] nf *tfam* : *il y a eu de la baston* there was a bit of trouble.

bastonnade [bastɔnad] nf beating.

bastonner [bastɔne] ❖ **se bastonner** vp *(emploi réciproque)* *fam* to fight.

bastos [bastos] nf *arg crime* bullet, slug.

bastringue [bastʀɛ̃g] nm *tfam* **1.** [attirail] stuff, junk, clobber UK ▸ **et tout le bastringue** and the whole bag of tricks, and all the whole shebang **2.** [bal] (sleazy) dance hall **3.** [orchestre] dance band.

bas-ventre [bavɑ̃tʀ] *(pl* **bas-ventres)** nm (lower) abdomen, pelvic area.

bat v ⟶ **battre.**

bât [ba] nm packsaddle ▸ **cheval de bât** packhorse ▸ **c'est là que** ou **où le bât blesse** that's where the shoe pinches.

bât. abr écrite de **bâtiment.**

bataclan [bataklɑ̃] nm *fam* ▸ **et tout le bataclan** and the whole caboodle ou shebang.

bataille [bataj] nf **1.** [combat] battle, fight ▸ **bataille aérienne a)** [à grande échelle] air battle **b)** [isolée] dogfight ▸ **bataille aéronavale** sea-air battle ▸ **bataille de boules de neige** snowball fight ▸ **bataille de polochons** pillow fight ▸ **bataille de rue** street fight ou brawl ▸ **bataille rangée** pitched battle ▸ **bataille électorale** elect-

* In reformed spelling (see p. 16-19).

oral contest ▸ **arriver après la bataille** *fig* to arrive when it's all over bar the shouting **2.** JEUX ≃ beggar-my-neighbour UK ▸ **bataille navale** battleships.

❖ **en bataille** loc adj **1.** MIL in battle order **2.** [cheveux] dishevelled UK, disheveled US ▸ **avoir les cheveux en bataille** to have tousled hair ▸ **avoir les sourcils en bataille** to have bushy eyebrows, to be beetle-browed.

batailler [3] [bataje] vi **1.** [physiquement] to fight, to scuffle / *il est toujours prêt à batailler* he's always spoiling for a fight **2.** *fig* to struggle, to fight / *on a bataillé dur pour avoir ce contrat* we fought ou struggled hard to win this contract / *je bataille contre leur désordre* I wage a constant battle against their untidiness.

batailleur, euse [batajœʀ, øz] ◆ adj [agressif] quarrelsome, rowdy. ◆ nm, f fighter / *c'est un batailleur* [agressif] he's always spoiling ou ready for a fight.

bataillon [batajɔ̃] nm **1.** MIL battalion ▸ **le bataillon d'Afrique** *disciplinary battalion originally stationed in North Africa* **2.** [foule] ▸ **un bataillon de** scores of, an army of.

bâtard, e [bataʀ, aʀd] ◆ adj **1.** [enfant] illegitimate ; [animal] crossbred ▸ **chien bâtard** mongrel **2.** [genre, œuvre] hybrid ; [solution] half-baked, ill thought-out. ◆ nm, f illegitimate child ; *péj* bastard.

❖ **bâtard** nm [pain] *short thick loaf.*

❖ **bâtarde** nf slanting round-hand writing.

batardeau, x [bataʀdo] nm cofferdam.

bâtardise [bataʀdiz] nf illegitimacy, bastardy *péj litt.*

batavia [batavja] nf batavia lettuce.

bat d'Af [batdaf] npr m *the bataillon d'Afrique, a disciplinary battalion originally stationed in North Africa (or, by extension, someone serving in it).*

bâté, e [bate] adj ▸ **âne bâté** dunce, numskull.

bateau, x [bato] nm **1.** [navire, embarcation] boat, ship ▸ **je prends le bateau à Anvers / à 10 h** I'm sailing from Antwerp / at 10 ▸ **faire du bateau a)** [en barque, en vedette] to go boating **b)** [en voilier] to go sailing ▸ **bateau à aubes** ou **roues** paddle steamer ▸ **bateau à moteur / rames** motor / rowing boat ▸ **bateau hôtel** boatel ▸ **bateau de pêche** fishing boat ▸ **bateau de plaisance** pleasure boat ou craft ▸ **bateau pneumatique** rubber boat, dinghy ▸ **bateau à voiles** yacht ou sailing boat UK, sailboat US ▸ **mener** ou **conduire qqn en bateau** *fam* to lead sb up the garden path, to take sb for a ride ▸ **monter un bateau à qqn** *fam* to set sb up **2.** [charge] ▸ **un bateau de charbon** a boatload of coal **3.** [sur le trottoir] dip (in the pavement), driveway entrance.

❖ **bateau** adj inv **1.** COUT ▸ **col** ou **encolure bateau** boat neck, bateau neckline **2.** [banal] hackneyed ▸ **un sujet bateau** an old chestnut.

Un bateau ivre

The origin of this expression is Arthur Rimbaud's poem *le Bateau ivre* (1871), in which the image of a "drunken" boat symbolizes the young poet drifting through life. The expression is used figuratively to refer to an institution or company that is drifting like a ship with no one at the helm:

L'entreprise se porte mal, c'est un bateau ivre que le moindre écueil peut faire chavirer. *The company is in trouble: like a ship drifting on the open sea, the least obstacle could cause it to capsize.*

Les États travaillent à un plan de sauvetage pour aider le bateau ivre du monde financier à traverser la crise. *Countries are working on a rescue plan to help the troubled financial world steer a course through the crisis.*

bateau-bus [batobys] (*pl* **bateaux-bus**) nm riverbus / *prendre le bateau-bus* to take the riverbus.

bateau-citerne [batositɛʀn] (*pl* **bateaux-citernes**) nm tanker.

bateau-feu [batofø] (*pl* **bateaux-feux**) nm lightship.

bateau-lavoir [batolavwaʀ] (*pl* **bateaux-lavoirs**) nm washhouse *(on a river).*

❖ **Bateau-Lavoir** npr ▸ **le Bateau-Lavoir** *building in Montmartre where Picasso took up residence in 1904 and which became famous as a meeting-place for artists and writers.*

bateau-mouche [batomuʃ] (*pl* **bateaux-mouches**) nm river boat *(on the Seine).*

bateau-phare [batofaʀ] (*pl* **bateaux-phares**) = **bateau-feu.**

bateau-pilote [batopilɔt] (*pl* **bateaux-pilotes**) nm pilot ship ou boat.

bateau-pompe [batopɔ̃p] (*pl* **bateaux-pompes**) nm fireboat.

batelage [batlaʒ] nm **1.** [transport] ferry transport **2.** [salaire] lighterage.

bateleur, euse [batlœʀ, øz] nm, f tumbler, street entertainer.

batelier, ère [batəlje, ɛʀ] ◆ adj inland waterways *(modif).* ◆ nm, f [marinier] boatman (boatwoman) ; [sur un bac] ferryman (ferrywoman).

batellerie [batɛlʀi] nf **1.** [activité] inland waterways transport **2.** [flotte] inland ou river fleet.

bâter [3] [bate] vt to put a packsaddle on.

bat-flanc (*pl* **bat-flanc**), **batflanc*** [baflɑ̃] nm [cloison - de dortoir] wooden partition ; [- d'écurie] bail.

bath [bat] adj inv *fam & vieilli* super, super-duper, great.

bathymètre [batimɛtʀ] nm bathometer, bathymeter.

bathymétrie [batimetʀi] nf bathymetry.

bathymétrique [batimetʀik] adj bathymetric.

bathyscaphe [batiskaf] nm bathyscaph, bathyscaphe.

bathysphère [batisfɛʀ] nf bathysphere.

bâti, e [bati] adj **1.** [personne] ▸ **être bien bâti** to be well-built ▸ **être bâti en force** to have a powerful build, to be powerfully built **2.** [terrain] built-up, developed.

❖ **bâti** nm **1.** COUT [technique] basting, tacking ; [fil] tacking / *défais le bâti* take out the tacking **2.** [cadre] frame, stand ▸ **bâti d'assemblage** assembly jig.

batifolage [batifɔlaʒ] nm **1.** [amusement] frolicking **2.** [flirt] flirting.

batifoler [3] [batifɔle] vi **1.** [s'amuser] to frolic **2.** [flirter] to flirt.

batik [batik] nm batik.

bâtiment [batimɑ̃] nm **1.** [édifice] building / *bâtiments de ferme / d'usine* farm / factory buildings ▸ **les bâtiments d'exploitation** the sheds and outhouses (of a farm) **2.** [profession] ▸ **le bâtiment** the building trade, the construction industry ▸ **être dans le bâtiment** to be a builder ou in the building trade ▸ **quand le bâtiment va, tout va** a busy building trade is the sign of a healthy economy **3.** NAUT ship, (sea-going) vessel ▸ **bâtiment de charge** freighter ▸ **bâtiment de guerre** warship ▸ **bâtiment de haut bord** ship of the line ▸ **bâtiment léger** light craft.

bâtir [32] [batiʀ] vt **1.** CONSTR to build / *se faire bâtir une maison* to have a house built ▸ **bâtir (qqch) sur le sable** to build (sthg) on sand ▸ **bâtir des châteaux en Espagne** to build castles in the air **2.** [créer - fortune] to build up *(sép)* ; [- foyer] to build / *bâtissons l'avenir ensemble* let's work together to build our future **3.** COUT to baste, to tack.

❖ **se bâtir** vp : *la ville s'est bâti une nouvelle image* the town has built itself a new image / *la confiance en soi se bâtit avec l'expérience* self-confidence grows with experience.

❖ **à bâtir** loc adj **1.** CONSTR [pierre, terrain] building *(modif)* **2.** COUT basting *(modif)*, tacking *(modif).*

bâtisse [batis] nf *péj* building ▸ **une grande bâtisse** a big barn of a place.

bâtisseur, euse [batisœʀ, øz] nm, f builder ▸ **bâtisseur d'empires** *fig* empire-builder.

batiste [batist] nf batiste, cambric.

bâton [batɔ̃] nm **1.** [baguette - gén] stick ; [- d'agent de police] truncheon UK, billy (club) US ; [- de berger] staff, crook ; [- de skieur] pole ▸ **bâton de maréchal** *pr* marshal's baton ▸ **cette nomination, c'est son bâton de maréchal** *fig* this appointment is the high point of her career ▸ **bâton de pèlerin** *pr* pilgrim's staff ▸ **prendre son bâton de pèlerin** *fig* to go on a crusade ▸ **être le bâton de vieillesse de qqn** to be the staff of sb's old age ▸ **bâton merdeux a)** *vulg* [personne] shit **b)** [situation] shitty situation ▸ **mettre des bâtons dans les roues à qqn a)** [continuellement] to impede sb's progress **b)** [en une occasion] to throw a spanner UK ou wrench US in the works for sb **2.** [barreau] ▸ **bâton de chaise** chair rung **3.** [de craie, de dynamite, etc.] stick ▸ **bâton de colle** glue stick ▸ **bâton de rouge à lèvres** lipstick ▸ **bâton de réglisse** liquorice UK ou licorice US stick **4.** ÉDUC [trait] (vertical) line ▸ **faire des bâtons** to draw vertical lines / *à l'âge où les enfants font des bâtons* at the age when children are in the earliest stages of learning to write **5.** *tfam & vieilli* [dix mille francs] ten thousand francs ▸ **10 bâtons** one hundred thousand francs.

❖ **à bâtons rompus** ◆ loc adj **1.** MENUIS ▸ **parquet à bâtons rompus** herringbone flooring **2.** [conversation] idle. ◆ loc adv ▸ **parler à bâtons rompus** to make casual conversation.

bâtonnat [batɔna] nm ≃ office of President of the Bar.

bâtonner [3] [batɔne] vt to beat with a stick.

bâtonnet [batɔnɛ] nm **1.** [petit bâton] stick ▸ **bâtonnet de manucure** orange stick **2.** ANAT ▸ **bâtonnet de la rétine** retinal rod.

bâtonnier, ère [batɔnje, ɛʀ] nm, f ≃ President of the Bar.

batracien [batʀasjɛ̃] nm batrachian ▸ **les batraciens** frogs and toads, batrachians *spéc.*

battage [bataʒ] nm **1.** [du blé] threshing ; [de l'or, d'un tapis] beating **2.** *fam* ▸ **battage (publicitaire)** hype, ballyhoo US / *faire du battage autour d'un livre* to hype ou US to ballyhoo a book / *ils font tout un battage pour sa pièce* his play is getting a lot of hype ▸ **battage médiatique** media hype.

battant, e [batɑ̃, ɑ̃t] ◆ adj ▸ **porte battante a)** [bruyante] banging door **b)** [laissée ouverte] swinging door **c)** [à battant libre] swing door ▸ **le cœur battant** with beating heart ▸ **sous une pluie battante** in the driving ou pelting rain. ◆ nm, f fighter *fig* ▸ **c'est une battante!** she's a real fighter!

❖ **battant** nm **1.** [d'une cloche] clapper, tongue **2.** [vantail, volet] flap / *le battant droit était ouvert* the right half (of the double door) was open.

batte [bat] nf **1.** SPORT bat ▸ **batte de base-ball / cricket** baseball / cricket bat **2.** CULIN ▸ **batte à beurre** dasher **3.** [outil - maillet] mallet ; [- tapette] beater.

battement [batmɑ̃] nm **1.** [mouvement - des ailes] flapping ; [- des paupières] flutter ▸ **battement de mains** clapping, applause **2.** SPORT ▸ **battement des jambes** leg movement **3.** [d'une porte] banging, beating ▸ **des battements de tambour** drumbeats **4.** [rythme du cœur, du pouls] beating, throbbing, beat / *je sens les battements de son cœur* I can feel her heart beating ▸ **avoir des battements de cœur** : *j'ai des battements de cœur* **a)** [palpitations] I suffer from palpitations **b)** [émotion] my heart's beating ou pounding **5.** [pause] break / *un battement de 10 minutes* a 10-minute break ; [attente] wait / *j'ai une heure de battement entre la réunion et le déjeuner* I have an hour between the meeting and lunch.

batterie [batʀi] nf **1.** MIL battery / *mettre une arme en batterie* to put a gun in battery ▸ **batterie antichars** antitank battery ▸ **batterie de canons** battery of artillery ou guns **2.** AUTO, ÉLECTR & PHYS battery ▸ **batterie d'accumulateurs** battery of accumulators ▸ **batterie de cellules solaires** solar-powered battery ▸ **recharger** ou **regonfler ses batteries** *fig* to recharge one's batteries **3.** MUS [en jazz, rock, pop] drums, drum kit ; [en musique classique] percussion instruments ; [roulement] drum

* In reformed spelling (see p. 16-19).

roll ▸ **tenir la batterie** to play the ou to be on drums / *Harvey Barton à la batterie* Harvey Barton on drums **4.** [série] battery / *batterie de piles* batteries ▸ **batterie de tests** / **mesures** battery of tests / of measures ▸ **batterie de cuisine** *pr* set of kitchen utensils / *les officiers avec leur batterie de cuisine hum* the officers with all their gongs UK ou decorations **5.** AGR ▸ **poulet de batterie** battery hen **6.** DANSE batterie.

batteur [batœʀ] nm **1.** MUS drummer **2.** [appareil] ▸ **batteur (à œufs)** egg beater ou whisk **3.** [ouvrier] beater ; AGR thresher **4.** [au cricket] batsman ; [au base-ball] batter.

batteuse [batøz] nf **1.** AGR thresher, threshing machine **2.** MÉTALL beater.

battle-dress [batœldʀɛs] nm inv battle-dress.

battoir [batwaʀ] nm [pour laver] beetle, battledore.

❖ **battoirs** nmpl *fam* (great) paws, mitts.

battre [83] [batʀ] ◆ vt **1.** [brutaliser - animal] to beat ; [- personne] to batter ▸ **battre qqn à mort** to batter sb to death / *il m'énerve tellement que je le battrais!* he annoys me so much that I could hit him! ▸ **battre en brèche a)** [mur] to breach **b)** [gouvernement] to topple **c)** [politique] to drive a coach and horses through UK to demolish ▸ **battre qqn comme plâtre** to beat sb severely **2.** [vaincre - adversaire] to beat, to defeat / *Bordeaux s'est fait battre 2 à 0* Bordeaux were beaten ou defeated 2 nil ▸ **battre qqn aux échecs** to defeat ou to beat sb at chess ▸ **se tenir pour** ou **s'avouer battu** to admit defeat ▸ **battre qqn à plate couture** ou **plates coutures** to beat sb hollow **3.** [surpasser - record] to beat ▸ **battre tous les records** *pr & fig* to set a new record / *j'ai battu tous les records de vitesse pour venir ici* I must have broken the record getting here / *cet hiver, nous battrons tous les records de froid* this winter will be the coldest on record **4.** [frapper - tapis, or] to beat (out) ; [- blé, grain] to thresh ▸ **battre qqch à froid** to cold-hammer sthg ▸ **battre froid à qqn** to cold-shoulder sb ▸ **battre la semelle** to stamp one's feet *(to keep warm)* ▸ **battre monnaie** to mint (coins) ▸ **il faut battre le fer quand il est chaud** *prov* strike while the iron is hot *prov* **5.** [remuer - beurre] to churn ; [- blanc d'œuf] to beat ou to whip (up), to whisk / *œufs battus en neige ferme* stiffly beaten egg whites / *battez le sucre avec le beurre* cream together the sugar and the butter / *battre l'air de ses bras fig* to beat the air with one's arms **6.** [sillonner] ▸ **battre le secteur** to scour ou to comb the area / *ils ont battu les bois pour retrouver l'enfant* they combed (every inch of) the woods to find the missing child ▸ **battre le pavé parisien** to roam the streets of Paris ▸ **battre les buissons** CHASSE to beat the bushes ▸ **battre la campagne** ou **le pays a)** *pr* to comb the countryside **b)** *fig* to be in one's own little world **7.** JEUX ▸ **battre les cartes** to shuffle the cards ou pack **8.** MUS [mesure] to beat (out) ; MIL & MUS [tambour] to beat (on) ▸ **battre la générale** to sound the call to arms ▸ **battre le rappel** to drum up troops ▸ **battre le rappel de la famille** / **du parti** *fig* to gather the family / party round ▸ **battre (le) tambour** ou **la grosse caisse** *fam* to make a lot of noise ▸ **mon cœur bat la breloque** I've got a bad heart ▸ **mon cœur bat la chamade** my heart's racing **9.** NAUT ▸ **battre pavillon** to sail under ou to fly a flag / *un navire battant pavillon britannique* a ship flying the British flag **10.** EXPR ▸ **battre son plein** [fête] to be in full swing. ◆ vi **1.** [cœur, pouls] to beat, to throb ; [pluie] to lash, to beat down ; [porte] to rattle, to bang ; [store] to flap / *l'émotion faisait battre mon cœur* my heart was beating ou racing with emotion / *le vent faisait battre les volets* the shutters were banging in the wind **2.** EXPR ▸ **battre en retraite a)** *pr* to retreat **b)** *fig* to beat a retreat.

❖ **battre de** v + prép ▸ **battre des mains** to clap one's hands ▸ **battre des paupières a)** [d'éblouissement] to blink **b)** [pour séduire] to flutter one's eyelashes ▸ **l'oiseau bat des ailes a)** *pr* [lentement] the bird flaps its wings **b)** [rapidement] the bird flutters its wings ▸ **battre de l'aile** to be in a bad way.

❖ **se battre** ◆ vp *(emploi réciproque)* to fight, to fight (with) one another / *se battre à mains nues* to fight with one's bare hands ▸ **se battre à l'épée** / **au couteau** to fight with swords / knives ▸ **se battre en duel** to fight (each other in) a duel / *ne vous battez pas, il y en a pour tout le monde fig* don't get excited, there's enough for everyone / *on se bat pour assister à ses cours* people are falling over each other to get into his classes / *surtout ne vous battez pas pour m'aider! iron* don't all rush to help me! ▸ **se battre comme des chiffonniers** to fight like cats and dogs. ◆ vpi **1.** [lutter] to fight ▸ **se battre avec** / **contre qqn** to fight with / against sb ▸ **se battre contre des moulins à vent** to tilt at windmills **2.** *fig* to fight, to struggle ▸ **j'ai dû me battre pour pouvoir entrer** / **sortir** I had to fight my way in / out / *il faut se battre pour le faire se coucher à huit heures!* it's a real struggle to get him to bed at eight! / *je me suis battu pour qu'il accepte* I had a tough time getting him to accept ▸ **nous nous battons pour la paix** / **contre l'injustice** we're fighting for peace / against injustice / *se battre contre la maladie* to struggle ou to fight against disease / *je suis obligé de me battre avec la serrure chaque fois que je rentre hum* I have to struggle ou to do battle *hum* with the lock every time I come home. ◆ vpt [frapper] ▸ **se battre les flancs** to struggle pointlessly ▸ **je m'en bats l'œil** *tfam* I don't give a tinker's cuss.

battu¹, e [baty] adj **1.** [maltraité] battered **2.** [vaincu] beaten, defeated ▸ **on est battus d'avance** we've got no chance **3.** [or, fer] beaten.

battue² [baty] nf **1.** CHASSE battue, beat **2.** [recherche] search *(through an area)*.

batture [batyʀ] nf QUÉBEC sand bar.

bau, x [bo] nm beam.

baud [bo] nm baud.

baudelairien, enne [bodlɛʀjɛ̃, ɛn] adj of Baudelaire, Baudelairean.

baudet [bodɛ] nm **1.** [âne] donkey, ass **2.** MENUIS sawhorse, trestle.

baudrier [bodʀije] nm **1.** [bandoulière] baldric **2.** SPORT harness.

baudroie [bodʀwa] nf monkfish, anglerfish.

baudruche [bodʀyʃ] nf **1.** [peau] goldbeater's skin **2.** *fam* [personne] windbag.

bauge [boʒ] nf **1.** [du cochon, du sanglier] wallow **2.** [lieu sale] pigsty.

Bauhaus [boos] npr m ▸ **le Bauhaus** the Bauhaus.

baume [bom] nm balsam, balm ▸ **baume de benjoin** friar's balsam ▸ **baume du Canada** Canada balsam ▸ **baume démêlant** hair conditioner ▸ **baume pour les lèvres** lip balm ▸ **baume du Pérou** Peru balsam, balsam of Peru ▸ **baume du tigre** tiger balm ▸ **baume de Tolu** tolu ▸ **mettre un peu de baume au cœur de qqn** *fig* to soothe sb's aching heart / *si ça peut te mettre du baume au cœur* if it's any consolation (to you).

baumé [bome] nm Baumé scale.

baumier [bomje] = **balsamier**.

baux [bo] pl **1.** COMM ⟶ **bail 2.** NAUT ⟶ **bau**.

bauxite [boksit] nf bauxite.

bavard, e [bavaʀ, aʀd] ◆ adj [personne] talkative ; [roman, émission] wordy, long-winded / *elle n'était pas bien bavarde ce soir* she hardly said a word ou she wasn't in a talkative mood tonight ▸ **il est bavard comme une pie** he's a real chatterbox. ◆ nm, f ▸ **quelle bavarde celle-là!** she's a real chatterbox! / *attention, c'est une bavarde!* watch out, she can't keep quiet! / *les bavards, on leur règle leur compte!* [délateurs] we know how to deal with informers!

bavardage [bavaʀdaʒ] nm **1.** chatting, chattering / *puni pour bavardage* ÉDUC punished for talking in class **2.** INFORM chat.

❖ **bavardages** nmpl [conversation] chatter *(U)* ; *péj* [racontars] gossip *(U)*.

bavarder [3] [bavaʀde] vi **1.** [parler] to chat, to talk ▸ **bavarder avec qqn** to (have a) chat with sb / *on bavardait des heures au téléphone* we used to talk for hours on the phone / *avec qui tu bavardes?* who are you chatting to? **2.** *péj* [médire] to gossip **3.** *fam* [à la police] to talk, to blab, to squeal.

bavarois, e [bavaʀwa, az] adj Bavarian.

❖ **Bavarois, e** nm, f Bavarian.

❖ **bavarois** nm LING Bavarian.

❖ **bavaroise** nf CULIN Bavarian cream.

bavasser [3] [bavase] vi *fam & péj* to natter, to yak.

bave [bav] nf [d'un bébé] dribble ; [d'un chien] slobber, slaver ; [d'un malade] foam, froth ; [d'un escargot] slime ▸ **la bave du crapaud n'atteint pas la blanche colombe** *prov* sticks and stones may break my bones, but names will never hurt me.

baver [3] [bave] vi **1.** [bébé] to dribble, to drool, to slobber ; [chien] to slaver, to slobber ; [malade] to foam ou to froth at the mouth ▸ **baver d'envie à la vue de qqch** to drool over sthg / *j'avais des bottes neuves, tous les copains en bavaient! fam & fig* I had a pair of brand new boots, all my friends were green (with envy)! ▸ **baver d'admiration devant qqn** to worship the ground sb walks on **2.** [encre, stylo] to leak **3.** *fam* EXPR ▸ **en baver** [souffrir] to have a rough ou hard time of it / *on va t'en faire baver à l'armée* they'll make you sweat blood ou they'll put you through it in the army / *tu n'as pas fini d'en baver!* you've got a hard slog UK ou road ahead of you! ▸ **en baver des ronds de chapeau a)** [être étonné] to have eyes like saucers **b)** [souffrir] to go through the mill, to have a rough time of it.

❖ **baver sur** v + prép *fam* [médire de] to slander.

bavette [bavɛt] nf **1.** [bavoir] bib **2.** [viande] ▸ **bavette (d'aloyau)** top of sirloin **3.** AUTO mudguard.

baveux, euse [bavø, øz] adj [bouche] drooling ; [baiser] wet ; [omelette] runny.

Bavière [bavjɛʀ] npr f ▸ **(la) Bavière** Bavaria.

bavoir [bavwaʀ] nm bib.

bavure [bavyʀ] nf **1.** IMPR smudge, ink stain **2.** INDUST burr **3.** [erreur] flaw, mistake ▸ **un spectacle sans bavure** a faultless ou flawless show ▸ **bavure (policière)** police error / *il y a eu une bavure* the police have made a serious blunder.

bayadère [bajadɛʀ] ◆ nf [danseuse] bayadere. ◆ adj [rayé] bayadere *(modif)*, striped.

bayer [3] [baje] vi ▸ **bayer aux corneilles a)** *pr* to stand gaping **b)** [être inactif] to stargaze.

Bayeux [bajø] npr Bayeux.

bayonnais, e [bajɔnɛ, ɛz] adj from Bayonne.

❖ **Bayonnais, e** nm, f *inhabitant of or person from Bayonne.*

bayou [baju] nm bayou.

bazar [bazaʀ] nm **1.** [souk] bazaar, bazar ; [magasin] general store, dime store US **2.** *fam* [désordre] clutter, shambles *(sg)* / *quel bazar, cette chambre!* what a shambles ou mess this room is! **3.** *fam* [attirail] stuff, junk, clobber UK / *et tout le bazar!* and (all that) stuff!

❖ **de bazar** loc adj *péj* [psychologie, politique] half-baked, two bit US *(avant nom)*.

bazarder [3] [bazaʀde] vt *fam* [jeter] to dump, to chuck (out).

bazooka [bazuka] nm bazooka.

BB [bebe] npr *Brigitte Bardot's nickname.*

BCBG (abr de **bon chic bon genre**) adj inv *term used to describe an upper-class lifestyle reflected especially in expensive but conservative clothes* / *elle est très BCBG* ≃ she's really Sloany UK *fam* / *il est très BCBG* ≃ he's a real preppie type US *fam.*

BCE (abr de **Banque centrale européenne**) nf ECB.

BCG® (abr de **(vaccin) bacille Calmette-Guérin**) nm BCG.

bcp abr écrite de **beaucoup**.

bd abr écrite de **boulevard**.

BD [bede] nf abr de **bande dessinée**.

BD

A common abbreviation for **bande dessinée** or comic book. Considered a serious and important art form in France, the comic book has become popular among teenagers and intellectuals alike. An annual festival of comic book art is held in Angoulême.

bdc (abr écrite de **b**as **d**e **c**asse) lc.

beach-volley [bitʃvɔlɛ] (*pl* **beach-volleys**) nm beach volleyball / *jouer au beach-volley* to play beach volleyball.

beagle [bigœl] nm beagle.

béance [beɑ̃s] nf *litt* wide opening, yawning gap.

béant, e [beɑ̃, ɑ̃t] adj [gouffre] gaping, yawning ; [plaie] gaping, open ▸ **béant d'étonnement** gaping in surprise / *être béant d'admiration* to be open-mouthed ou agape *litt* with admiration.

Béarn [beaʀn] npr GÉOGR ▸ **le Béarn** Béarn.

béarnais, e [beaʀnɛ, ɛz] adj from the Béarn.

❖ **Béarnais, e** nm, f *inhabitant of or person from the Béarn.*

❖ **béarnaise** nf CULIN ▸ **(sauce à la) béarnaise** béarnaise sauce.

béat, e [bea, at] adj [heureux] blissfully happy ; *péj* [niais -air, sourire] vacuous ; [-optimisme] smug ; [-admiration] blind ▸ **être béat d'admiration** to be open-mouthed ou agape *litt* with admiration.

béatement [beatmɑ̃] adv *péj* [idiotement] ▸ **il la regardait béatement** he looked at her with a blissfully stupid expression.

béatification [beatifikasjɔ̃] nf beatification.

béatifier [9] [beatifje] vt to beatify.

béatitude [beatityd] nf **1.** RELIG beatitude ▸ **les béatitudes** the Beatitudes **2.** [bonheur] bliss, beatitude *litt.*

beatnik [bitnik] nmf beatnik ▸ **les beatniks** the Beat Generation.

beau, belle [bo, bɛl] (*mpl* **beaux** [bo], *fpl* **belles** [bɛl]) *(devant nm commençant par voyelle ou «h» muet* **bel** [bɛl] *)*

◆ adj

- **A. ESTHÉTIQUEMENT**
- **B. MORALEMENT, SOCIALEMENT**
- **C. NON NÉGLIGEABLE**
- **D. EMPLOIS IRONIQUES**

A. ESTHÉTIQUEMENT **1.** [bien fait, joli -femme] beautiful, good-looking ; [-homme] good-looking, handsome ; [-enfant, physique, objet, décor] beautiful, lovely ▸ **c'est très beau** it's gorgeous ou exquisite ou beautiful / *un beau chat* a beautiful ou handsome cat ▸ **de la tour, on a une belle vue** ou **la vue est belle** there's a lovely ou beautiful view from the tower / *elle est belle fille* she's a good-looking ou beautiful girl / *il est beau garçon* ou *fam gosse* he's good-looking, he's a good-looking guy / *ils forment un beau couple* they make a lovely couple ▸ **elle est assez belle** she's fairly good-looking ▸ **se faire beau / belle** to get dressed up, to do o.s. up / *ça, c'est une belle moto!* that's a terrific-looking bike ! / *la robe a une très belle coupe* the dress is beautifully cut / *ce n'était pas beau à voir fam* it wasn't a pretty sight / *son cadavre n'était pas beau à voir fam* his body wasn't a pretty sight ▸ **être beau comme le jour** ou **un astre** ou **un ange** : *il est beau comme l'amour* ou *un ange* ou *un astre* ou *le jour* **a)** [homme] he's a very handsome ou good-looking man **b)** [petit garçon] he's a very handsome ou good-looking boy / *elle est belle comme un ange* ou *le jour* she's a real beauty ▸ **être beau comme un dieu** : *il est beau comme un dieu* he's extremely handsome ▸ **sois belle et tais-toi!** *fam* just concentrate on looking pretty ! **2.** [attrayant pour l'oreille -chant, mélodie, voix] beautiful, lovely ▸ **quelques beaux accords** some fine chords / *le russe est une belle langue* Russian is a beautiful language **3.** [remarquable, réussi -poème, texte] fine, beautiful ; [-chanson, film] beautiful, lovely ▸ **de beaux vêtements** fine clothes / *de belles paroles de Brel* some fine lyrics by Brel / *le boucher a de la belle marchandise* the butcher's got nice meat / *le plus beau moment du match* the finest moment in the match / *il y a eu quelques beaux échanges* there were a few good ou fine rallies ▸ **quel beau coup!** what a magnificent shot ! / *son cheval a fait une belle course* his horse ran a very good race / *nous avons fait un beau voyage* we had a wonderful trip **4.** MÉTÉOR fine, beautiful / *il y aura un beau soleil sur tout le pays* the whole country will enjoy bright sunshine ▸ **la mer sera belle** the sea will be calm / *temps froid mais beau sur tout le pays* the whole country will enjoy cold but sunny weather ▸ **du beau temps** nice ou good weather / *on a eu du très beau temps* we had beautiful weather, the weather was beautiful ▸ **une belle après-midi** a beautiful afternoon ▸ **les derniers beaux jours** the last days of summer.

B. MORALEMENT, SOCIALEMENT **1.** [digne] noble, fine ▸ **une belle âme** a noble nature / *elle a eu un beau geste* she made a noble gesture / *je suis chirurgien — vous faites un beau métier* I'm a surgeon — yours is a fine profession ; [convenable] nice / *ce n'est pas beau de tirer la langue!* it's not nice to stick your tongue out (at people) ! / *ce n'est pas beau de mentir!* it's very naughty ou it's not nice to lie ! **2.** [brillant intellectuellement] wonderful, fine / *c'est un beau sujet de thèse* it's a fine topic for a thesis / *en une belle expression, il résume le dilemme* he encapsulates the dilemma in one apt phrase **3.** [d'un haut niveau social] smart ▸ **faire un beau mariage a)** [argent] to marry into money ou a fortune **b)** [classe] to marry into a very good family ▸ **le beau monde** ou *fam* **linge** the upper crust, the smart set.

C. NON NÉGLIGEABLE **1.** [gros, important -gains, prime, somme] nice, handsome, tidy ▸ **donnez-moi un beau melon / poulet** give me a nice big melon / chicken / *il a un bel appétit* he has a good ou hearty appetite / *manger avec un bel appétit* to eat heartily / *c'est un beau cadeau qu'il t'a fait là!* that's a nice ou that's quite a present he gave you ! / *un beau coup en Bourse* a spectacular deal on the Stock Exchange **2.** [en intensif] : *il a une belle cicatrice dans le dos* he's got quite a (big) scar on his back / *je me suis fait une belle bosse* I got a great big bump / *elle lui a mis une belle raclée fam* she gave him a good hiding / *il y a un beau bazar dans ta chambre! fam* your room's in a fine ou real mess ! / *il y a eu un beau scandale* there was a huge scandal / *c'était une belle bêtise de lui faire confiance* it was a stupid ou big mistake to trust him / *tu m'as fait une belle peur* you gave me a real scare / *quel beau vacarme!* what a terrible noise ! ▸ **un bel hypocrite** a real hypocrite / *t'es un beau salaud! tfam* you're a right bastard ! ▸ **il y a beau temps** *fam* : *il y a beau temps de ce que je te dis là* what I'm telling you now happened ages ago **3.** [agréable] good ▸ **présenter qqch sous un beau jour** to show sthg in a good light / *ce serait trop beau!* that'd be too good to be true ! / *c'est trop beau pour être vrai* it's too good to be true ▸ **c'est beau l'amour!** love's a wonderful thing ! / *un beau coup de dés* a lucky throw of the dice **4.** [prospère] good / *après la guerre, ils croyaient à un bel avenir* after the war, they thought they had a wonderful future ahead of them / *tu as encore de belles années devant toi* you still have quite a few good years ahead of you ▸ **avoir une belle situation a)** [argent] to have a very well-paid job **b)** [prestige] to have a high-flying job / *il a fait une très belle carrière dans les textiles* he carved out a brilliant career for himself in textiles **5.** [dans des appellations] : *venez, ma belle amie* do come along, darling / *mais oui, mon bel ami, je vous accorde que...* yes, my friend, I'll grant you that... / *alors, (ma) belle enfant, qu'en dis-tu? fam* what do you think about that, my dear ? / *mon beau monsieur, personne ne vous a rien demandé!* my friend, this is none of your business ! **6.** [certain] ▸ **un beau jour / matin** one fine day / morning.

D. EMPLOIS IRONIQUES : *belle demande!* [saugrenue] what a question ! / *que voilà un beau langage!* language, please ! / *c'est du beau travail!* a fine mess this is ! / *en voilà, une belle excuse!* that's a good excuse !, what an excuse ! / *je vais le lui faire comprendre, et de la belle manière!* I'll make him understand, and in no uncertain terms ! ▸ **beaux discours** : *ils ont oublié tous leurs beaux discours* they've forgotten all their fine ou fine-sounding words ▸ **beaux serments, belles promesses** : *garde tes belles promesses* ou *tes beaux serments!* you can keep your promises ! ▸ **belles paroles** fine words / *assez de belles paroles!* enough fine words ! ▸ **sur ces belles paroles, il faut que je m'en aille** *hum* on that note, I must go now ▸ **en dire de belles à qqn** : *il lui en a dit de belles* the things he told her (you wouldn't believe) ! / *il est sorti de sa voiture et il m'en a dit de belles!* he got out of his car and gave me a right earful ! ▸ **en apprendre** ou **en entendre de belles sur qqn** : *j'en ai appris* ou *entendu de belles sur toi!* I heard some fine ou right things about you ! ▸ **en faire de belles** : *il en a fait de belles quand il était petit!* he didn't half get up to some mischief when he was little ! ▸ **en voir de belles avec qqn** *fam* : *elle en a vu de belles avec son mari!* her husband's led her a merry dance ! ▸ **nous voilà beaux!** we're in a fine mess now ! ▸ **c'est bien beau** : *c'est bien beau tout ça, mais...* that's all very fine ou well, but... / *c'est bien beau de critiquer les autres mais toi, que fais-tu?* it's all very well to criticize, but what do you ever do ? ▸ **le plus beau** *fam* : *et tu ne sais pas le plus beau!* and you haven't heard the best part (yet) !, and the best part's still to come ! *fam* / *le plus beau, c'est que sa femme n'en savait rien!* the best part (of it) is that his wife knew nothing about it ! / *ça c'est le plus beau!* that crowns it all !, that (really) takes the biscuit !

❖ **beau** ◆ adv **1.** MÉTÉOR ▸ **il fait beau** the weather's ou it's fine / *il fera beau et chaud* it'll be warm and sunny / *il n'a pas fait très beau l'été dernier* the weather wasn't very nice ou good last summer **2.** EXPR **il ferait beau voir (cela)!** that'll be the day ! / *il ferait beau voir qu'elle me donne des ordres!* her, boss me around ? that'll be the day ! / *elle le fera quand même — il ferait beau voir (cela)!* she'll do it all the same — just let her try ! ▸ **avoir beau faire (qqch)** : *tu auras beau faire, la pelouse ne repoussera plus ici* whatever you do, the lawn won't grow here again / *j'avais beau tirer, la porte ne s'ouvrait pas* however hard I pulled, the door wouldn't open / *j'ai eu beau le lui répéter plusieurs fois, il n'a toujours pas compris* I have told him and told him but he still hasn't understood / *j'avais beau me raisonner, j'avais peur* however hard I tried to reason with myself, I was frightened ▸ **on a beau dire...** whatever you say..., say what you like... / *on a beau dire, on a beau faire, les jeunes s'en vont un jour de la maison fam* whatever you do or say, young people eventually leave home / *vous avez beau dire, elle a quand même tout financé elle-même* say what you like ou you may criticize, but she's paid for it all herself ▸ **a beau mentir qui vient de loin** *prov it's easy to lie when there's nobody around to contradict you* ▸ **voir tout en beau** to see the world through rose-coloured spectacles ▸ **tout beau** : *alors, vous signez? — hé, tout beau (tout beau)!* you will sign then ? — hey, steady on ou not so fast ! ◆ nm **1.** [esthétique] ▸ **elle aime le beau** she likes beautiful things ; [objets de qualité] : *pour les meubles du salon, je veux du beau* I want really good ou nice furniture for the living room **2.** [homme] beau, dandy **3.** EXPR **au beau** : *le temps est au beau* the weather looks fine ▸ **au beau fixe** : *le temps / baromètre est au beau fixe* the weather / barometer is set fair / *nos relations sont au beau fixe fam* things between us are looking rosy / *il a le moral au beau fixe fam* he's in high spirits ▸ **c'est du beau!** *fam* : *elle a dit un gros mot — c'est du beau!* she said a rude word ! — how naughty ! / *il m'a pincé — c'est du beau!* he pinched me — that was naughty ou that wasn't a nice thing to do ! ▸ **faire le beau** [chien] to sit up and beg.

❖ **belle** nf **1.** [jolie femme] beauty ; [dame] lady / *il se plaisait en compagnie de ces belles* he liked the company of these fair ladies / **'la Belle et la Bête'** *Madame Leprince de Beaumont, Cocteau* 'Beauty and the Beast' / **'la Belle au bois dormant'** *Perrault* 'Sleeping Beauty' **2.** *fam* [en appellatif] ▸ **bonjour ma belle!** good morning, beautiful ! / *tu te trompes, ma belle!* you're quite wrong my dear ! **3.** *hum* ou *litt* [amie, amante] lady friend, beloved / *sa belle l'a quitté* his lady (friend) has left him / *il chantait sous les fenêtres de sa belle* he was singing beneath the windows of his beloved **4.** SPORT decider, deciding match ; JEUX decider, deciding game ▸ **on fait** ou **joue la belle?** shall we play the decider ? **5.** EXPR **(se) faire la belle** *fam* to do a runner UK, to cut and run US.

❖ **au plus beau de** loc prép : *au plus beau de la fête* when the party was in full swing / *au plus beau du discours* right in the middle of the speech.

❖ **bel et bien** loc adv well and truly / *il m'aurait bel et bien frappé si tu n'avais pas été là* he really would have hit me if you hadn't been there / *elle s'est bel et bien échappée* she got away and no mistake / *ils nous ont bel et bien eus* fam they well and truly conned us (all right) / *il est bel et bien mort* he's dead all right, he's well and truly dead.

❖ **bel et bon, bel et bonne** loc adj fine / *tout cela est bel et bon, mais...* iron this is all very fine, but...

❖ **de plus belle** loc adv [aboyer, crier] louder than ever, even louder ; [frapper] harder than ever, even harder ; [taquiner, manger] more than ever, even more / *la pluie a recommencé de plus belle* it started to rain again harder than ever / *le combat a repris de plus belle* the fight resumed with renewed violence / *il s'est mis à travailler de plus belle* he went back to work with renewed energy.

❖ **belle de Fontenay** nf Belle de Fontenay potato.

❖ **belle page** nf IMPR right-hand page, odd-number page / *chaque chapitre commence en belle page* each chapter starts on the right-hand page.

Beaubourg [bobuʀ] npr *name commonly used to refer to the Pompidou Centre.*

Beaubourg

This term officially refers to the area surrounding the Pompidou Centre but it has come to mean the museum itself. The very unusual design of the **Centre national d'art et de culture Georges-Pompidou** was the subject of much controversy when it was built in 1977, but today it is one of the most visited buildings in France. It houses a modern art gallery, a cinema, an open-stack library and other cultural exhibits.

beauceron, onne [bosʀɔ̃, ɔn] adj from the Beauce area.

❖ **Beauceron, onne** nm, f *inhabitant of or person from the Beauce area.*

beaucoup [boku] adv **1.** [modifiant un verbe] a lot, a great deal ; [dans des phrases interrogatives ou négatives] much, a lot, a great deal / *il boit beaucoup* he drinks a lot ou a great deal ▸ **il travaille beaucoup** he works a lot ou a great deal / *il ne mange pas beaucoup* he doesn't eat much ou a great deal ou a lot / *il sort beaucoup* he goes out a lot ou a great deal ▸ **elle voyage beaucoup** she travels a lot ou a great deal / *je ne l'ai pas beaucoup vu* I didn't see much of him ▸ **je vous remercie beaucoup** thank you very much (indeed) / *on s'aimait beaucoup* we liked each other a lot ou a great deal / *il compte beaucoup pour moi* he means a lot ou a great deal to me / *ils ne s'apprécient pas beaucoup* they don't like each other much / *10 bouteilles, ça ne fait pas beaucoup?* 10 bottles, isn't that a bit much? **2.** [modifiant un adverbe] much, a lot / *c'est beaucoup mieux comme ça* it's much ou a lot better like that ▸ **beaucoup moins intéressant** much ou a lot less interesting ▸ **beaucoup plus bête** much ou a lot more stupid / *beaucoup plus grand* much ou a lot bigger / *beaucoup trop fort* much ou far too loud ▸ **il parle beaucoup trop** he talks far too much ▸ **en faire beaucoup trop** to overdo it **3.** [de nombreuses personnes] many, a lot ; [de nombreuses choses] a lot ▸ **beaucoup pensent que...** a lot of people ou many people think that... / *nous sommes beaucoup à penser cela* there are a lot ou many of us who think that / *il n'y en a pas beaucoup qui réussissent* not a lot of people ou not many succeed / *nous étions beaucoup à le croire* many ou a lot of us believed it ▸ **elle a beaucoup à faire / à dire** she has a lot to do / to say ▸ **c'est beaucoup** that's a lot ▸ **c'est déjà beaucoup que...** : *c'est déjà beaucoup qu'il y soit allé!* at least he went! ▸ **ça compte pour beaucoup** that counts for a lot ▸ **être pour beaucoup dans qqch** : *il est pour beaucoup dans son succès* he played a large part in ou he had a great deal to do with her success ▸ **c'est beaucoup dire** that's a bit of an overstatement **4.** [modifiant un adjectif] : *imprudent, il l'est même beaucoup* he's really quite careless.

❖ **beaucoup de** loc dét [suivi d'un nom comptable] many, a lot of ; [suivi d'un nom non comptable] much, a lot of, a great deal of ▸ **beaucoup de monde** a lot of people / *beaucoup de gens pensent que...* a lot of people ou many people think that... / *j'ai beaucoup de choses à dire* I've got many ou a lot of things to say / *il n'a pas beaucoup d'amis* he doesn't have many ou a lot of friends, he has few friends ▸ **beaucoup d'entre nous** many ou a lot of us / *il faut beaucoup de courage* it takes a lot of ou a great deal of courage / *elle a beaucoup de goût* she has a lot of ou a great deal of taste / *je n'ai pas beaucoup de patience* I don't have much ou a lot of ou a great deal of patience / *il ne nous reste plus beaucoup de temps* we've not got much time left / *il n'y a plus beaucoup de lait* there isn't much milk left / *il y en a beaucoup* there is / are a lot.

❖ **de beaucoup** loc adv **1.** [avec un comparatif ou un superlatif] by far / *il est de beaucoup le plus jeune* he is the youngest by far, he is by far the youngest / *elle est de beaucoup la plus douée* she's the most talented by far, she is by far the most talented / *il est mon aîné de beaucoup* he's considerably older than I am **2.** [avec un verbe] : *il a gagné de beaucoup* he won easily / *il te dépasse de beaucoup* he's far ou much taller than you / *je préférerais de beaucoup rester* I'd much rather stay / *je préfère de beaucoup le sien* I much prefer his / *as-tu raté ton train de beaucoup?* did you miss your train by much? / *je la préfère, et de beaucoup* I much prefer her.

A lot, very much & a great deal

Pour modifier un verbe, beaucoup peut être rendu par a lot, very much ou a great deal. Attention toutefois à leur place dans la phrase.

• A lot et, en anglais britannique, a great deal, sont employés lorsqu'il s'agit de rendre le sens quantitatif, ou de fréquence, de beaucoup et se placent toujours en fin de proposition :

Il parle beaucoup de sa femme. *He talks about his wife a lot* ou *He talks about his wife a great deal.*

Ils se voient beaucoup. *They see each other a lot.*

Pas beaucoup peut se traduire par not... (very) much.

Elle ne sort pas beaucoup. *She doesn't go out (very) much* ou *a lot.*

• Very much est employé pour signifier l'idée qualitative contenue dans beaucoup et se place lui aussi toujours en fin de proposition :

Elle aime beaucoup voyager. *She likes travelling very much.*

D'autres traductions de beaucoup + verbe s'imposent dans certains cas :

Son livre m'a beaucoup intéressée. *I found his book very interesting.*

J'ai beaucoup apprécié son honnêteté. *I really appreciated his honesty.*

beauf [bof] nm *tfam* **1.** [beau-frère] brother-in-law **2.** *péj & fig archetypal lower-middle-class Frenchman.*

beau-fils [bofis] (*pl* **beaux-fils**) nm **1.** [gendre] son-in-law **2.** [fils du conjoint] stepson.

beaufort [bofɔʀ] nm Beaufort cheese.

Beaufort [bofɔʀ] npr ▸ **l'échelle de Beaufort** the Beaufort scale.

beau-frère [bofʀɛʀ] (*pl* **beaux-frères**) nm brother-in-law.

beaujolais [boʒɔlɛ] nm beaujolais (wine).

Beaujolais [boʒɔlɛ] npr m ▸ **le Beaujolais** (the) Beaujolais (region).

beau-père [bopɛʀ] (*pl* **beaux-pères**) nm **1.** [père du conjoint] father-in-law **2.** [époux de la mère] stepfather.

beaupré [bopʀe] nm bowsprit.

beauté [bote] nf **1.** [d'une femme, d'une statue] beauty, loveliness ; [d'un homme] handsomeness ▸ **avoir la beauté du diable** to have a youthful glow **2.** [femme] beauty, beautiful woman / *je vous offre un verre, beauté?* can I get you a drink, darling? **3.** [élévation - de l'âme] beauty ; [- d'un raisonnement] beauty, elegance ▸ **pour la beauté du geste** ou **de la chose** for the beauty of it / *je lui ai cédé mon tour, pour la beauté du geste* I let him have my turn, just because it was a nice thing to do.

❖ **beautés** nfpl [d'un paysage] beauties, beauty spots ; [d'une œuvre] beauties.

❖ **de beauté** loc adj [concours, reine] beauty (*modif*).

❖ **de toute beauté** loc adj magnificent, stunningly beautiful.

❖ **en beauté** loc adv ▸ **être en beauté** to look stunning / *gagner une course en beauté* to win a race handsomely ▸ **finir en beauté** to end with a flourish ou on a high note / *pour terminer votre repas en beauté* as a splendid finishing touch to your meal.

Beauvau [bovo] npr ▸ **la place Beauvau** *square in Paris where the Ministry of the Interior is situated.*

beaux-arts [bozaʀ] nmpl **1.** [genre] fine arts ▸ **musée des Beaux-Arts** museum of fine art **2.** [école] ▸ **les Beaux-Arts** *French national art school.*

beaux-parents [bopaʀɑ̃] nmpl father-in-law and mother-in-law, in-laws.

bébé [bebe] ◆ nm **1.** [nourrisson] baby ▸ **avoir un bébé** to have a baby / *elle a eu son bébé hier* she had her baby ou she gave birth yesterday / *attendre un bébé* to be expecting a baby ▸ **faire le bébé** *péj* to act like ou to be being a baby **2.** ZOOL baby / *la lionne s'occupe de ses bébés* the lioness looks after her babies ou young ou cubs. ◆ adj inv *péj* babyish *péj*, baby-like ▸ **elle est restée bébé** she's still very much a baby.

bébé-bulle [bebebyl] (*pl* **bébés-bulles**) nm bubble baby.

bébé-éprouvette [bebeepʀuvɛt] (*pl* **bébés-éprouvette**) nm test-tube baby.

bébête [bebɛt] adj *fam* silly ▸ **le Bébête Show** *former satirical television puppet show in which French political figures were represented as animals.*

be-bop [bibɔp] nm bebop.

bec [bɛk] nm **1.** ZOOL beak, bill ▸ **au bec long / court** long / short-billed / *donner des coups de bec à* to peck (at) ▸ **nez en bec d'aigle** hook nose ▸ **avoir bec et ongles** to be well-equipped and ready to fight ▸ **se défendre bec et ongles** to fight tooth and nail **2.** *fam* [bouche] mouth ▸ **ferme ton bec!** shut up!, pipe down! / *ouvre le bec!* [en nourrissant un enfant] open wide! ▸ **ça lui a bouclé** ou **cloué** ou **clos le bec** it shut him up, it reduced him to silence / *avoir toujours la cigarette / pipe au bec* to have a cigarette / pipe always stuck in one's mouth ▸ **être** ou **rester le bec dans l'eau** to be left high and dry **3.** [d'une plume] nib **4.** [de casserole] lip ; [de bouilloire, de théière] spout **5.** MUS [de saxophone, de clarinette] mouthpiece **6.** GÉOGR bill, headland **7.** BELG, SUISSE & QUÉBEC *fam* [baiser] kiss / *donner un bec* to (give a) kiss **8.** VÊT : *faire un bec* to pucker **9.** EXPR ▸ **tomber sur un bec** *fam* to run into ou to hit a snag.

❖ **bec à gaz** nm gas burner.

❖ **bec de gaz** nm lamppost, gaslight.

❖ **bec fin** nm gourmet.

bécane [bekan] nf *fam* **1.** [moto, vélo] bike **2.** *hum* [machine] ▸ **ma bécane a)** [ordinateur] my machine, my computer **b)** [machine à écrire] my old typewriter.

bécarre [bekaʀ] ◆ adj ▸ **la bécarre** A natural. ◆ nm natural sign.

bécasse [bekas] nf **1.** [oiseau] woodcock **2.** *fam* [sotte] twit UK, silly goose.

bécasseau, x [bekaso] nm sandpiper.

bécassine [bekasin] nf **1.** [oiseau] snipe ▸ **bécassine des marais** Wilson's ou common snipe **2.** *fam* [sotte] silly goose, nincompoop, ninny.

Bécassine [bekasin] npr *early cartoon character representing a naive but optimistic Breton housekeeper.*

because [bikoz] *fam* ◆ conj because, coz. ◆ prép because of / *elle est pas revenue because sa maladie* she never came back on account of she was ill.

bec-croisé [bɛkkʀwaze] (*pl* **becs-croisés**) nm crossbill.

bec-de-cane [bɛkdəkan] (*pl* **becs-de-cane**) nm **1.** [poignée] door handle **2.** [serrure] spring lock.

bec-de-lièvre [bɛkdəljɛvʀ] (*pl* **becs-de-lièvre**) nm harelip.

bec-de-perroquet [bɛkdəpeʀɔkɛ] (*pl* **becs-de-perroquet**) nm osteophyte.

bêchage [bɛʃaʒ] nm digging (up).

béchamel [beʃamɛl] nf ▸ **(sauce) béchamel** white sauce, béchamel.

bêche [bɛʃ] nf spade.

bêcher [4] [beʃe] ◆ vt **1.** [sol] to dig (over) ; [pommes de terre] to dig (up ou out) **2.** *fam* [critiquer] to run down *(sép)*, to pull apart ou to pieces. ◆ vi [faire le snob] to put on airs.

bêcheur, euse [bɛʃœʀ, øz] nm, f *fam* **1.** [critique] detractor **2.** *péj* [prétentieux] stuck-up person, snooty person.

bécot [beko] nm *fam* [bise] kiss, peck ▸ **gros bécot** smacker.

bécoter [3] [bekɔte] vt *fam* to kiss.

❖ **se bécoter** vp *(emploi réciproque) fam* to smooch, to kiss (and cuddle).

becquée [beke] nf beakful ▸ **donner la becquée** [oiseau] to feed / *sa maman lui donne la becquée hum* his mummy's feeding him little bits of food.

becquerel [bɛkʀɛl] nm becquerel.

becquet [bekɛ] nm **1.** AUTO spoiler **2.** [papier] slip *(of paper, to show the position of a query or addition in copy prepared for print)* **3.** THÉÂTRE *change made to a play by its author during rehearsals.*

becqueter [27] [bɛkte] vt **1.** [picoter] to peck (at) **2.** *tfam* [manger] to eat / *il n'y avait rien à becqueter* there was no grub.

In reformed spelling (see p. 16-19), this verb is conjugated like *acheter*: *elle becquètera, il becquèterait.*

bectance [bɛktɑ̃s] nf *tfam* grub, nosh UK chowder US.

becter [4] [bɛkte] = **becqueter.**

bedaine [bədɛn] nf paunch / *il a pris de la bedaine* he's developed a paunch ou a pot belly / *un homme qui a de la bedaine* a man of ample girth *euphém.*

Bède [bɛd] npr ▸ **Bède le Vénérable** the Venerable Bede.

bédé [bede] nf *fam* ▸ **la bédé** comic strips ▸ **une bédé** a comic strip.

bedeau, x [bədo] nm beadle, verger.

bédéiste [bedeist] nmf comic strip artist.

bédéphile [bedefil] nmf comics fan.

bedon [bədɔ̃] nm *vieilli* [d'enfant] tummy ; [d'obèse] paunch.

bedonnant, e [bədɔnɑ̃, ɑ̃t] adj *fam* paunchy.

bedonner [3] [bədɔne] vi to get paunchy.

bédouin, e [bedwɛ̃, in] adj Bedouin, Beduin.

❖ **Bédouin, e** nm, f Bedouin, Beduin.

bée [be] adj f ▸ **être bouche bée devant qqn** to gape at sb / *j'en suis restée bouche bée* I was flabbergasted.

beefsteak [biftɛk] = **bifteck.**

beeper [bipe] vt to beep.

béer [15] [bee] vi to be wide open ▸ **béer d'admiration** to gape with ou to be lost in admiration.

Beethoven [betɔvɛn] npr Beethoven.

beffroi [befʀwa] nm belfry.

bégaie v ⟶ **bégayer.**

bégaiement [begɛmɑ̃] nm [trouble de la parole] stammer, stutter ▸ **bégaiements a)** [d'un bègue] stammering, stuttering **b)** [d'embarras, d'émotion] faltering / *les premiers bégaiements d'une industrie nouvelle fig* the first hesitant steps of a new industry.

bégayant, e [begɛjɑ̃, ɑ̃t] adj [discours] stammering, stuttering.

bégayer [11] [begeje] ◆ vi [hésiter - bègue] to stammer, to stutter ; [- ivrogne] to slur (one's speech) / *la colère la faisait bégayer* she was so angry she was stammering. ◆ vt to stammer (out) ▸ **bégayer des excuses** to stammer out an apology.

bégonia [begɔnja] nm begonia.

bègue [bɛg] ◆ adj stammering, stuttering ▸ **être bègue** to (have a) stammer. ◆ nmf stammerer, stutterer.

bégueule [begœl] *fam* ◆ adj prudish, squeamish / *elle n'est pas bégueule* she's no prude. ◆ nf prude.

bégueulerie [begœlʀi] nf *fam* prudishness, squeamishness.

béguin [begɛ̃] nm **1.** *fam* [attirance] ▸ **avoir le béguin pour qqn** to have a crush on sb **2.** *fam* [amoureux] crush **3.** [coiffe] bonnet.

béguinage [beginaʒ] nm Beguine convent.

béguine [begin] nf RELIG Beguine.

bégum [begɔm] nf begum.

béhaviorisme [beavjɔʀism] nm behaviourism.

béhavioriste [beavjɔʀist] adj & nmf behaviourist.

Behring [beʀiŋ] = **Béring.**

beige [bɛʒ] adj & nm beige.

beigeasse [bɛʒas], **beigeâtre** [bɛʒatʀ] adj *péj* yellowish ou greyish beige.

beigne [bɛɲ] ◆ nf *tfam* [gifle] slap, clout ▸ **filer une beigne à qqn** to slap sb, to give sb a smack / *tu veux une beigne?* do you want a thick ear? ◆ nm QUÉBEC [beignet] doughnut.

beignerie [bɛɲʀi] nf QUÉBEC *snack bar serving doughnuts.*

beignet [bɛɲɛ] nm [gén] fritter ; [au sucre, à la confiture] doughnut ▸ **beignet aux pommes** apple doughnut ▸ **beignet de crevettes** prawn fritter.

Beijing [bɛjʒiŋ] npr Beijing.

bêk [bɛk] interj BELG ugh.

béké [beke] nm Caribbean creole *(with white ancestry).*

bel [bɛl] ◆ adj ⟶ **beau.** ◆ nm ACOUST bel.

bêlant, e [belɑ̃, ɑ̃t] adj **1.** [mouton] bleating **2.** [chevrotant - voix] bleating, shaky.

Bélarus [belaʀys] npr ▸ **la république de Bélarus** the Republic of Belarus.

bel canto, belcanto* [bɛlkɑ̃to] nm sg bel canto.

Belém [belɛm] npr Belém.

bêlement [bɛlmɑ̃] nm bleat ▸ **les bêlements des moutons** the bleating of the sheep.

bêler [4] [bele] ◆ vi to bleat. ◆ vt [chanson] to bleat out *(sép).*

belette [bəlɛt] nf weasel.

Belfort [bɛlfɔʀ] npr Belfort ▸ **le Territoire de Belfort** Belfort and Territory.

belge [bɛlʒ] adj Belgian.

❖ **Belge** nmf Belgian.

belgicisme [bɛlʒisism] nm [mot] Belgian-French word ; [tournure] Belgian-French expression.

Belgique [bɛlʒik] npr f ▸ **la Belgique** Belgium.

Belgrade [bɛlgʀad] npr Belgrade.

belgradois, e [bɛlgʀadwa, az] adj Belgradian.

❖ **Belgradois, e** nm, f Belgrader.

bélier [belje] nm **1.** ZOOL ram **2.** TECHNOL hydraulic ram **3.** HIST battering ram.

Bélier [belje] npr m **1.** ASTRON Aries **2.** ASTROL Aries ▸ **je suis Bélier** I'm Aries ou an Arian.

Belize [beliz] npr m ▸ **(le) Belize** Belize ▸ **au Belize** in Belize.

bélizien, enne [belizjɛ̃, ɛn] adj Belizean.

❖ **Bélizien, enne** nm, f Belizean.

belladone [beladɔn] nf belladonna, deadly nightshade.

bellâtre [bɛlatʀ] nm *péj* fop.

belle [bɛl] f ⟶ **beau.**

Bellecour [bɛlkuʀ] npr ▸ **la place Bellecour** *square in Lyon.*

belle-dame [bɛldam] (*pl* **belles-dames**) nf **1.** BOT belladonna **2.** ENTOM painted lady.

belle-de-jour [bɛldəʒuʀ] (*pl* **belles-de-jour**) nf convolvulus, morning-glory.

belle-de-nuit [bɛldənɥi] (*pl* **belles-de-nuit**) nf **1.** BOT marvel-of-Peru, four-o'clock **2.** [prostituée] lady of the night.

belle-doche [bɛldɔʃ] (*pl* **belles-doches**) nf *tfam* mother-in-law.

belle-famille [bɛlfamij] (*pl* **belles-familles**) nf ▸ **sa belle-famille a)** [de l'époux] her husband's family, her in-laws **b)** [de l'épouse] his wife's family, his in-laws.

belle-fille [bɛlfij] (*pl* **belles-filles**) nf **1.** [bru] daughter-in-law **2.** [fille du conjoint] stepdaughter.

bellement [bɛlmɑ̃] adv **1.** [joliment] nicely, finely **2.** [vraiment] well and truly, in no uncertain manner / *il l'a bellement remis à sa place* he really took him down a peg or two.

belle-mère [bɛlmɛʀ] (*pl* **belles-mères**) nf **1.** [mère du conjoint] mother-in-law **2.** [épouse du père] stepmother.

belles-lettres [bɛllɛtʀ] nfpl ▸ **les belles-lettres** great literature, belles-lettres *sout.*

belle-sœur [bɛlsœʀ] (*pl* **belles-sœurs**) nf sister-in-law.

Belleville [bɛlvil] npr *area of Paris with a large immigrant population.*

bellicisme [belisism] nm bellicosity *sout*, warmongering.

belliciste [belisist] ◆ adj bellicose *sout*, warmongering. ◆ nmf warmonger.

belligérance [beliʒeʀɑ̃s] nf belligerence, belligerency.

belligérant, e [beliʒeʀɑ̃, ɑ̃t] ◆ adj belligerent, warring. ◆ nm, f belligerent / *les belligérants n'étaient que trois* there were only three warring parties.

belliqueux, euse [belikø, øz] adj [peuple] warlike ; [ton, discours] aggressive, belligerent ; [enfant, humeur] bellicose *sout*, quarrelsome.

belon [bəlɔ̃] nf Belon oyster.

belote [bəlɔt] nf belote ▸ **faire une belote** to play a game of belote.

béluga, bélouga [beluga] nm **1.** ZOOL white ou beluga whale **2.** [caviar] beluga (caviar).

belvédère [bɛlvedɛʀ] nm [pavillon] belvedere, gazebo ; [terrasse] panoramic viewpoint.

Belzébuth [bɛlzebyt] npr Beelzebub.

bémol [bemɔl] ◆ adj ▸ **mi bémol** E flat. ◆ nm flat ▸ **double bémol** double flat ▸ **mettre un bémol a)** [parler moins fort] to pipe down **b)** [modérer ses propos] to climb down.

bémoliser [bemɔlize] vt MUS to flatten.

ben [bɛ̃] adv *fam* **1.** [pour renforcer] : *ben quoi?* so what? ▸ **ben non** well, no ▸ **ben voyons (donc)!** what next! **2.** [bien] ▸ **pt'êt ben qu'oui, pt'êt ben qu'non** maybe yes, maybe no.

Bénarès [benaʀɛs] npr Benares.

bénédicité [benedisite] nm grace ▸ **dire le bénédicité** to say grace.

bénédictin, e [benediktɛ̃, in] adj & nm, f Benedictine ▸ **les Bénédictins** the Benedictines.

❖ **Bénédictine®** nf [liqueur] Benedictine.

bénédiction [benediksjɔ̃] nf **1.** RELIG benediction, blessing / *recevoir la bénédiction papale* to be given ou to receive the Pope's blessing ▸ **donner la bénédiction à qqn** to pronounce the blessing on ou to bless sb / *la bénédiction nuptiale leur sera donnée à...* the marriage ceremony will take place ou the marriage will be solemnized *sout* at... **2.** [accord] blessing ▸ **donner sa**

*In reformed spelling (see p. 16-19).

bénédiction à qqch to give sthg one's blessing / *il peut déguerpir dès demain, et avec ma bénédiction!* *fam* he can get lost tomorrow, with my blessing! **3.** [aubaine] blessing, godsend ▸ **c'est une bénédiction qu'il soit vivant / qu'elle se porte volontaire** it's a blessing that he's alive / a godsend that she's volunteering to do it.

bénef [benɛf] nm *tfam* profit ▸ **c'est tout bénef pour elle** she gets quite a deal out of this.

bénéfice [benefis] nm **1.** FIN profit ▸ **bénéfice avant / après impôt** pre-tax / after-tax profit ▸ **bénéfice brut / net** gross / net profit ▸ **faire** ou **enregistrer un bénéfice brut / net de 20 000 euros** to gross / to net 20,000 euros ▸ **bénéfice à distribuer** profit attributable to shareholders ▸ **bénéfices exceptionnels** windfall profit ▸ **bénéfice d'exploitation** operating profit ▸ **bénéfice net par action** earnings per share ▸ **bénéfices réinvestis** ploughback UK, plowback US ▸ **c'est tout bénéfice** *fam* : *à ce prix-là, c'est tout bénéfice* at that price, you make a 100% profit on it / *il leur apprend l'anglais en les amusant, c'est tout bénéfice!* *fig* he teaches them English while entertaining them, what better way is there? **2.** [avantage] benefit, advantage / *il n'y a pas de bénéfice à mentir* there's nothing to gain by lying ▸ **tirer (un) bénéfice de qqch** to derive some benefit ou an advantage from sthg / *c'est le bénéfice que l'on peut tirer de cette conduite* that's the reward for such behaviour ▸ **le bénéfice du doute** : *laisser à qqn le bénéfice du doute* to give sb the benefit of the doubt / *il a eu le bénéfice du doute* he was given the benefit of the doubt **3.** DR ▸ **sous bénéfice d'inventaire** *without liability to debts beyond inherited assets* ▸ **j'accepte, sous bénéfice d'inventaire** *fig* everything else being equal, I accept **4.** RELIG living, benefice **5.** HIST benefice **6.** PSYCHOL ▸ **bénéfice primaire / secondaire** primary / secondary gain.

❖ **à bénéfice** loc adv [exploiter, vendre] at a profit.

❖ **au bénéfice de** loc prép **1.** [en faveur de] for (the benefit of) / *match au bénéfice de l'enfance handicapée* benefit match for handicapped children **2.** DR ▸ **au bénéfice de l'âge** by prerogative of age.

bénéficiaire [benefisjɛʀ] ◆ adj [opération] profitable, profit-making ; [marge] profit *(modif).* ◆ nmf [d'une mesure] beneficiary ; [d'un mandat, d'un chèque] payee, recipient / *qui en seront les principaux bénéficiaires?* who will benefit by it most?

bénéficier [9] [benefisje] ❖ **bénéficier de** v + prép **1.** [avoir] to have, to enjoy / *bénéficier de conditions idéales / d'avantages sociaux* to enjoy ideal conditions / welfare benefits ; DR ▸ **bénéficier de circonstances atténuantes** to have the benefit of ou to be granted extenuating circumstances **2.** [profiter de] to benefit by ou from ▸ **bénéficier d'une forte remise** to get a big reduction / *bénéficier d'une mesure* to benefit by ou to profit from a measure ▸ **faire bénéficier qqn de ses connaissances** to allow sb to benefit by ou to give sb the benefit of one's knowledge.

bénéfique [benefik] adj **1.** [avantageux] beneficial, advantageous **2.** ASTROL favourable.

Benelux [benelyks] npr m ▸ **le Benelux** Benelux / *les pays du Benelux* the Benelux countries.

benêt [bənɛ] *péj* ◆ adj m simple-minded, idiotic, silly. ◆ nm simpleton / *son grand benêt de fils* his great fool of a son.

bénévolat [benevɔla] nm [travail] voluntary help ou work ; [système] system of voluntary work.

bénévole [benevɔl] ◆ adj [aide, conseil] voluntary, free ; [association] voluntary ; [médecin] volunteer *(modif).* ◆ nmf volunteer, voluntary worker.

bénévolement [benevɔlmɑ̃] adv voluntarily ▸ **travailler bénévolement pour qqn** to do voluntary work for sb.

Bengale [bɛ̃gal] npr m ▸ **le Bengale** Bengal ▸ **au Bengale** in Bengal / *le golfe du Bengale* the Bay of Bengal.

bengali, e [bɛ̃gali] adj Bengali.

❖ **Bengali, e** nmf Bengali.

❖ **bengali** nm **1.** LING Bengali **2.** ZOOL waxbill.

Benghazi [bɛngazi] npr Benghazi.

bénigne [beniɲ] f ⟶ **bénin.**

bénignité [beniɲite] nf **1.** MÉD [d'une maladie] mildness ; [d'une tumeur] non-malignant character **2.** *litt* [mansuétude] benignancy, kindness.

bénin, igne [benɛ̃, iɲ] adj **1.** MÉD [maladie] mild ; [tumeur] non-malignant, benign / *une forme bénigne de rougeole* a mild form of measles **2.** [accident] slight, minor **3.** *litt* [gentil] benign, kindly.

Bénin [benɛ̃] npr m ▸ **le Bénin** Benin ▸ **au Bénin** in Benin.

béninois, e [beninwa, az] adj Beninese.

❖ **Béninois, e** nm, f Beninese ▸ **les Béninois** the Beninese.

béni-oui-oui [beniwiwi] nmf *péj* yes-man (yes-woman).

bénir [32] [beniʀ] vt **1.** RELIG [fidèles] to bless, to give one's blessing to ; [eau, pain] to consecrate ; [union] to solemnize **2.** [remercier] : *je bénis le passant qui m'a sauvé la vie* I'll be eternally thankful to the passer-by who saved my life / *béni soit le jour où je t'ai rencontré* blessed be the day I met you / *elle bénit le ciel de lui avoir donné un fils* she thanked God for giving her a son / *toi, je te bénis d'avoir perdu mes clés!* *iron* thanks a lot for losing my keys!

bénisseur, euse [benisœʀ, øz] adj blessing.

bénit, e [beni, it] adj consecrated, blessed.

bénitier [benitje] nm stoup, font.

benjamin, e [bɛ̃ʒamɛ̃, in] nm, f youngest child ▸ **mon benjamin** my youngest (child).

benjoin [bɛ̃ʒwɛ̃] nm benzoin.

benne [bɛn] nf **1.** MIN tub, tram ▸ **benne basculante** tipper (truck) ▸ **benne preneuse** clamshell **2.** [à ordures] skip UK, Dumpster® US.

benoît, e, benoit*, e [bənwa, at] adj *péj* [doucereux] bland, ingratiating.

❖ **benoîte, benoite*** nf BOT herb bennet, wood avens.

Benoît [bənwa] npr ▸ **saint Benoît** Saint Benedict.

benoîtement, benoitement* [bənwatmɑ̃] adv *péj* blandly, ingratiatingly.

benthos [bɛ̃tɔs] nm benthos.

benzaldéhyde [bɛ̃zaldeid] nm benzaldehyde.

benzène [bɛ̃zɛn] nm benzene.

benzénique [bɛ̃zenik] adj benzene *(modif).*

benzidine [bɛ̃zidin] nf benzidine.

benzine [bɛ̃zin] nf benzin, benzine.

benzoate [bɛ̃zɔat] nm benzoate.

benzodiazépine [bɛ̃zɔdjazepin] nf benzodiazepine.

benzoïque [bɛ̃zɔik] adj benzoic.

benzol [bɛzɔl] nm benzol, benzole.

benzolisme [bɛ̃zɔlism] nm benzol poisoning.

benzonaphtol [bɛ̃zɔnaftɔl] nm sodium benzoate, benzoate of soda.

benzoyle [bɛ̃zɔil] nm benzoyle.

benzyle [bɛ̃zil] nm benzyl.

benzylique [bɛ̃zilik] adj benzyl *(modif).*

béotien, enne [beɔsjɛ̃, ɛn] ◆ adj **1.** ANTIQ Boeotian **2.** *péj* [inculte] uncultured, philistine. ◆ nm, f *péj* [rustre] philistine.

❖ **Béotien, enne** nm, f ANTIQ Boeotian.

BEP (abr de **brevet d'études professionnelles**) nm *vocational diploma (taken after two years of study at a "lycée professionnel").*

BEPC (abr de **brevet d'études du premier cycle**) nm *former name of French school certificate taken after four years of secondary education ; now called* ***diplôme national du brevet.***

béquet [bekɛ] = **becquet.**

béqueter [bekte] = **becqueter.**

béquillard, e [bekijaʀ, aʀd] nm, f *fam* person (walking) on crutches.

béquille [bekij] nf **1.** [canne] crutch ▸ **marcher avec des béquilles** to walk on ou with crutches **2.** [de moto] stand **3.** NAUT shore, prop **4.** [d'une serrure] handle **5.** ARM stand.

béquiller [3] [bekije] ◆ vi to hobble (along) on crutches. ◆ vt NAUT to shore ou to prop up *(sép).*

ber [bɛʀ] nm NAUT cradle.

berbère [bɛʀbɛʀ] adj Berber.

❖ **Berbère** nmf Berber.

❖ **berbère** nm LING Berber.

bercail [bɛʀkaj] nm sheepfold ▸ **rentrer** ou **revenir au bercail a)** [à la maison] to get back home **b)** RELIG to return to the fold.

berçante [bɛʀsɑ̃t] nf QUÉBEC ▸ **(chaise) berçante** rocking chair.

berce [bɛʀs] nf **1.** BOT cow parsnip, hogweed **2.** BELG [berceau] cradle.

berceau, x [bɛʀso] nm **1.** [lit] cradle / *du berceau à la tombe* from the cradle to the grave / *on se connaît depuis le berceau* we've known each other since we were babies ▸ **il / elle les prend au berceau** *fam* [séducteur] he's / she's a cradle-snatcher / *ils les prennent au berceau, les flics, maintenant* *fam* policemen seem to get younger and younger ▸ **prendre qqn au berceau pour lui apprendre qqch** to teach sb sthg right from the earliest age **2.** [lieu d'origine] cradle, birthplace / *le berceau de la civilisation* the cradle of civilization **3.** ARCHIT ▸ **(voûte en) berceau** barrel vault **4.** [tonnelle] arbour, bower.

bercelonnette [bɛʀsəlɔnɛt] nf rocking cradle.

bercement [bɛʀsəmɑ̃] nm rocking ou swaying movement.

bercer [16] [bɛʀse] vt **1.** [bébé] to rock, to cradle / *bercer un bébé dans ses bras* to cradle ou to rock a baby in one's arms / *il faut la bercer pour qu'elle s'endorme* you have to rock her to sleep / *les chansons qui ont bercé mon enfance* the songs I was brought up on **2.** [calmer - douleur] to lull, to soothe **3.** [tromper] ▸ **bercer qqn de** to lull sb with ▸ **bercer qqn de paroles / promesses** to give sb fine words / empty promises.

❖ **se bercer de** vp + prép ▸ **se bercer d'illusions** to delude o.s. with ou to nurse ou to entertain illusions / *ne nous berçons pas d'illusions* let's not be under any illusions.

berceur, euse [bɛʀsœʀ, øz] adj lulling, soothing.

berceuse [bɛʀsøz] nf **1.** [chanson d'enfant] lullaby ; MUS berceuse **2.** [fauteuil] rocking chair **3.** QUÉBEC = **berçante.**

Bercy [bɛʀsi] npr **1.** [ministère] *the French Ministry of Finance* **2.** [stade] *large sports and concert hall in Paris.*

BERD, Berd [bɛʀd] (abr de **Banque européenne pour la reconstruction et le développement**) npr f EBRD.

béret [beʀɛ] nm ▸ **béret (basque)** (French) beret.

Berezina [beʀezina] npr f ▸ **la Berezina** *Napoleon's retreat over the River Berezina in Bielorussia in 1812* ▸ **c'était la Berezina** *fig* it was an absolute disaster.

La Berezina

The River Berezina in Bielorussia was the scene of a famously catastrophic episode during Napoleon's retreat from Russia in November 1812. The French army crossed the Berezina using makeshift bridges. One bridge collapsed, others were burnt, and a large number of people perished when they jumped into the freezing water to escape the advancing Russian army. Popularised in the 20th century by a song by Pierre Perret, the expression **la Berezina** is commonly used, particularly in the press, to refer to catastrophic failure:

Pour éviter la Berezina électorale, les candidats ont dû aller sur le terrain et convaincre les électeurs. *To avoid disaster in the polls, the candidates had to get out there and convince the electorate.*

> **C'est la Berezina chez les producteurs de liège, les ventes chutent d'année en année.** *Cork producers are in dire straits, with sales plummeting every year.*

bergamasque [bɛʀɡamask] nf Bergamask.

Bergame [bɛʀɡam] npr Bergamo.

bergamote [bɛʀɡamɔt] nf bergamot orange.
❖ **à la bergamote** loc adj [savon] bergamot-scented ; [thé] with bergamot, bergamot-flavoured.

bergamotier [bɛʀɡamɔtje] nm bergamot (tree).

berge [bɛʀʒ] nf **1.** GÉOGR [rive] bank ▸ **route** ou **voie sur berge** [dans une grande ville] embankment road **2.** *tfam* [an] year / *à 25 berges, elle a monté sa boîte* when she was 25, she set up her own business.

Bergen [bɛʀɡɛn] npr Bergen.

berger, ère [bɛʀʒe, ɛʀ] nm, f **1.** [pâtre] shepherd (shepherdess) / *des histoires de bergers et de bergères* pastoral stories **2.** [guide] shepherd / *bon / mauvais berger* good / bad shepherd.
❖ **berger** nm ZOOL sheepdog ▸ **berger (allemand)** Alsatian, German shepherd ▸ **berger d'Écosse** collie (dog) ▸ **berger des Pyrénées** Pyrenean mountain dog.
❖ **bergère** nf [fauteuil] bergère.

bergerie [bɛʀʒəʀi] nf **1.** AGR sheepfold **2.** ART [peinture] pastoral (painting) ; [tapisserie] pastoral tapestry ; LITTÉR [poème] pastoral **3.** COMM counter.

bergeronnette [bɛʀʒəʀɔnɛt] nf wagtail.

béribéri [beʀibeʀi] nm beriberi.

Béring [beʀiŋ] npr ▸ **le détroit de Béring** the Bering Strait.

berk [bɛʀk] interj *fam* ugh, yuk.

berkélium [bɛʀkeljɔm] nm berkelium.

Berlin [bɛʀlɛ̃] npr Berlin / *Berlin-Est* East Berlin / *Berlin-Ouest* West Berlin ▸ **le mur de Berlin** the Berlin Wall.

berline [bɛʀlin] nf **1.** AUTO saloon car UK, sedan US ▸ **grosse berline** big saloon (car) UK, full-size sedan US ▸ **moyenne berline** compact car **2.** HIST berlin, berline.

berlingot [bɛʀlɛ̃ɡo] nm **1.** [bonbon] ≃ boiled sweet UK ; ≃ hard candy US **2.** [emballage] carton.

berlinois, e [bɛʀlinwa, az] adj from Berlin.
❖ **Berlinois, e** nm, f Berliner ▸ **Berlinois de l'Est / l'Ouest** East / West Berliner.

berlue [bɛʀly] nf ▸ **avoir la berlue** to be seeing things / *si je n'ai pas la berlue, c'est bien Paul là-bas* if my eyes don't deceive me, that's Paul over there.

bermuda [bɛʀmyda] nm ▸ **un bermuda** (a pair of) Bermuda shorts, Bermudas.

Bermudes [bɛʀmyd] npr fpl ▸ **les Bermudes** Bermuda ▸ **aux Bermudes** in Bermuda ▸ **le triangle des Bermudes** the Bermuda Triangle.

bernacle [bɛʀnakl], **bernache** [bɛʀnaʃ] nf barnacle goose ▸ **bernacle du Canada** Canada goose.

bernardin, e [bɛʀnaʀdɛ̃, in] nm, f Bernardine.

bernard-l'ermite [bɛʀnaʀlɛʀmit] nm inv hermit crab.

berne [bɛʀn] ❖ **en berne** loc adv at half-mast / *mettre les drapeaux en berne* to half-mast the flags, to lower the flags to half-mast.

Berne [bɛʀn] npr Bern.

berner [3] [bɛʀne] vt [tromper] to fool, to dupe, to hoax / *on s'est fait berner* we were taken in ou duped / *je ne vais pas me laisser berner cette fois* I won't be made a fool of this time / *n'essaie pas de me berner* don't try to fool me.

bernique [bɛʀnik] ◆ nf limpet. ◆ interj *arch* nothing doing.

bernois, e [bɛʀnwa, az] adj Bernese.
❖ **Bernois, e** nm, f Bernese.

berrichon, onne [beʀiʃɔ̃, ɔn] adj from Berry.
❖ **Berrichon, onne** nm, f *inhabitant of or person from Berry.*

Berry [beʀi] npr m ▸ **le Berry** Berry *(region in central France).*

bersaglier [bɛʀsaɡlije, bɛʀsalje] nm bersagliere.

berthe [bɛʀt] nf [col] bertha.

béryl [beʀil] nm beryl.

béryllium [beʀiljɔm] nm beryllium.

berzingue [bɛʀzɛ̃ɡ] ❖ **à tout(e) berzingue** loc adv *fam* at full speed, double quick.

besace [bəzas] nf [sac] beggar's bag.

bésef [bezɛf] adv *(suivi d'un nom non comptable) tfam* much, a lot of ; *(suivi d'un nom comptable)* many, a lot of / *de la patience, j'en ai pas bésef fam* I don't have much ou a lot of patience / *il n'y en avait pas bésef, des clients* there weren't many ou a lot of customers.

bésicles [bezikl], **besicles** [bəzikl] nfpl *arch* spectacles ; *hum* specs.

bésigue [bezig] nm bezique.

besogne [bəzɔɲ] nf [travail] task, job, work / *se mettre à la besogne* to get down to work ▸ **c'est de la belle** ou **bonne besogne** it's a fine piece of work, it's a neat job / *une rude besogne* a hard task.

besogner [3] [bəzɔɲe] vi *péj* [travailler] to drudge, to slave away, to toil away.

besogneux, euse [bəzɔɲø, øz] ◆ adj **1.** *péj* [travailleur] hardworking **2.** *litt* [pauvre] needy, poor. ◆ nm, f drudge, hardworking man (woman).

besoin [bəzwɛ̃] nm **1.** [nécessité] need / *il a de gros besoins d'argent* he needs lots of money ▸ **nos besoins en pétrole** / **ingénieurs** our oil / engineering requirements / *quels sont ses besoins?* what are his (basic) needs? / *tous vos besoins seront satisfaits* all your needs will be answered ou satisfied ▸ **avoir** ou **sentir** ou **ressentir le besoin de faire qqch** to feel the need to do sthg / *il n'est pas besoin de vous dire* you hardly need to be told ▸ **si besoin est** if necessary, if needs be / *il n'est pas besoin de mentir* there's no need to lie / *sans qu'il soit besoin de prévenir les parents* without it being necessary to let the parents know ▸ **besoin (naturel), petit besoin, besoin pressant** *euphém* call of nature ▸ **faire ses (petits) besoins** to attend to ou to answer the call of nature / *être pris d'un besoin pressant* to be taken ou caught short / *avoir un besoin pressant d'argent* to be pressed for money **2.** [pauvreté] need ▸ **dans le besoin** in need / *ceux qui sont dans le besoin* the needy ▸ **c'est dans le besoin qu'on connaît le véritable ami** ou **ses vrais amis** *prov* a friend in need is a friend indeed *prov* **3.** EXPR **avoir besoin de qqch** to need sthg / *je n'en ai aucun besoin* I have no need of it whatsoever ▸ **avoir besoin de faire qqch** to need to do sthg / *j'ai besoin d'oublier* I need to forget / *elle n'a pas besoin qu'on le lui répète* she doesn't need ou have to be told twice / *je n'ai pas besoin de vous rappeler que...* I don't need to ou I needn't remind you that... / *mon agenda a besoin d'être mis à jour* my diary UK ou agenda US needs updating ou to be updated ▸ **avoir bien** ou **grand besoin de qqch** to be in dire need of sthg, to need sthg badly / *tu aurais bien besoin d'un shampooing* your hair's badly in need of a wash / *tu avais bien besoin de lui dire!* you WOULD have to go and tell him!, what did you (want to) tell him for? / *un pneu crevé! on en avait bien besoin* ou *on avait bien besoin de ça!* *iron* a flat tyre, that's all we needed!
❖ **au besoin** loc adv if necessary, if needs ou need be.
❖ **pour les besoins de** loc prép : *pour les besoins de la cause* for the purpose in hand / *pour les besoins du direct* for the purpose of the live broadcast.

Bessarabie [besaʀabi] npr GÉOGR ▸ **la Bessarabie** Bessarabia.

bestiaire [bɛstjɛʀ] nm **1.** [recueil] bestiary **2.** ANTIQ gladiator.

bestial, e, aux [bɛstjal, o] adj [instinct, acte] bestial, brutish.

bestialement [bɛstjalmɑ̃] adv bestially, brutishly.

bestialité [bɛstjalite] nf **1.** [brutalité] bestiality, brutishness **2.** [zoophilie] bestiality.

bestiau [bɛstjo] nm beast, creature.

bestiaux [bɛstjo] nmpl [d'une exploitation] livestock ; [bovidés] cattle / *traités / entassés comme des bestiaux* treated / penned-in like cattle.

bestiole [bɛstjɔl] nf [insecte] creature *hum.*

best of [bɛstɔf] nm inv : *un best of de Serge Gainsbourg* a selection of Serge Gainsbourg's most popular songs / *le best of de la semaine* the pick of the week / *le best of du championnat* selected highlights from the championship.

best-seller *(pl* **best-sellers**), **bestseller*** [bɛstsɛlœʀ] nm best-seller.

bêta¹, asse [bɛta, as] *fam* ◆ adj [stupide] idiotic, silly, foolish. ◆ nm, f [idiot] blockhead, numskull / *espèce de gros bêta!* you blockhead!

bêta² *(pl* **bêta** *ou* **bêtas***) [bɛta] ◆ nm [lettre] beta. ◆ adj inv GÉOL & ÉLECTRON beta *(modif).*

bêtabloquant, e [bɛtablɔkɑ̃, ɑ̃t] adj beta-blocker *(modif).*
❖ **bêtabloquant** nm beta-blocker.

bétail [betaj] nm ▸ **le bétail a)** [gén] livestock **b)** [bovins] cattle ▸ **100 têtes de bétail** 100 head of cattle / *traiter les gens comme du bétail* to treat people like cattle ▸ **gros bétail** (big) cattle.

bétaillère [betajɛʀ] nf cattle truck UK, stock car US.

bêtasse [bɛtas] f ⟶ **bêta.**

bêtathérapie [bɛtateʀapi] nf beta ray therapy.

bêtatron [bɛtatʀɔ̃] nm betatron.

bête [bɛt] ◆ adj **1.** [peu intelligent] stupid, idiotic / *il est plus bête que méchant* he's not wicked, just (plain) stupid / *mais non, cela ne me dérange pas, ce que tu peux être bête!* of course you're not putting me out, how silly (can you be ou of you)! / *c'est encore moi qui vais payer, je suis bien bête, tiens!* I'll end up paying again, like an idiot! / *mais oui, je me souviens maintenant, suis-je bête!* ah, now I remember, how stupid of me! / *je ne suis pas bête au point de...* I know better than to... / *il faudrait être bête pour dépenser plus* it would be foolish ou you'd have to be an idiot to spend more ▸ **loin d'être bête** far from stupid / *pas si bête, j'ai pris mes précautions* I took some precautions, since I'm not a complete idiot / *pas si bête, la petite!* she's no fool, that girl! ▸ **être bête comme ses pieds** ou **comme une cruche** ou **comme une oie** ou **à manger du foin** to be as thick as two short planks UK, to be as dumb as the day is long US ▸ **être bête et discipliné** : *je suis bête et discipliné, moi, je fais ce qu'on me dit de faire!* I'm just carrying out orders! ▸ **c'est bête à pleurer** it's ridiculously stupid **2.** [regrettable] : *je n'ai pas su le retenir, comme c'est bête!* I didn't know how to keep him, what a pity ou waste! / *c'est bête de ne pas y avoir pensé* it's silly ou stupid not to have thought of it / *ce serait trop bête de laisser passer l'occasion* it would be a pity not to take advantage of the occasion **3.** [simple] : *c'est tout bête, il suffisait d'y penser!* it's so simple, we should have thought of it before! / *ce n'est pas bête, ton idée!* that's quite a good idea you've got there! ▸ **c'est bête comme tout** ou **chou** *fam* it's simplicity itself ou easy as pie ou easy as falling off a log **4.** [stupéfait] ▸ **en être** ou **rester tout bête** to be struck dumb ou dumbfounded. ◆ nf **1.** [animal - gén] animal ; [-effrayant] beast / *mener les bêtes aux champs* to take the herd off to graze ▸ **aimer les bêtes** to be an animal-lover / *jeté* ou *livré (en pâture) aux bêtes* ANTIQ thrown to the lions ▸ **bête à cornes / poil / plumes** horned / furry / feathered animal ▸ **bête fauve a)** [gén] wild animal ou beast **b)** [félin] big cat ▸ **bête féroce** ou **sauvage** wild animal ou beast ▸ **bête de race** pedigree animal ▸ **bête de somme** ou **de charge** beast of burden / *je ne veux pas être la bête de somme du service* I don't want to do all the dirty work in this department ▸ **la bête du Gévaudan** *a large animal (probably a wolf), believed to be responsible for the disappearance of over fifty people in the Lozère department in the 1760s* ▸ **bête de trait** draught UK ou draft US animal ▸ **(petite) bête** insect, creature *hum* ▸ **bête à bon Dieu** ladybird UK, ladybug US **2.** [personne] ▸ **grosse bête, va!** you silly fool! / *tu n'es qu'une grande bête* you're a great fool ▸ **c'est une bonne** ou **brave bête a)** *fam* [généreux] he's a good sort **b)** [dupe] he's a bit of a sucker ▸ **bête**

* In reformed spelling (see p. 16-19).

à concours *fam* swot UK ou grind US *(who does well at competitive exams)* ▸ **bête curieuse** strange-looking creature / *cessez de me dévisager, je ne suis pas une bête curieuse!* stop staring at me as if I had two heads! / *ils nous regardaient comme des bêtes curieuses* they were staring at us as if we'd come from Mars ▸ **sa / ma bête noire** his / my bugbear / *un ministre qui est la bête noire des étudiants* a minister students love to hate / *le latin, c'était ma bête noire* Latin was my pet hate ▸ **bête de scène / télévision** great live / television performer ▸ **comme une bête** : *malade comme une bête* sick as a dog ▸ **travailler comme une bête** to work like a slave ou dog / *s'éclater comme une bête fam* to have a great time / *mourir / vivre comme une bête* to die / to live godlessly ▸ **faire la bête à deux dos** *arch ou hum* to have sex ▸ **se payer** ou **se servir sur la bête** to get one's payment in kind *(by docking it off a man's pay, or by demanding a woman's sexual favours)* **3.** RELIG ▸ **la bête de l'Apocalypse** the beast of the Apocalypse.

bétel [betɛl] nm betel.

bêtement [bɛtmɑ̃] adv **1.** [stupidement] foolishly, stupidly, idiotically ▸ **rire bêtement** to giggle **2.** [simplement] ▸ **tout bêtement** purely and simply, quite simply.

Bethléem [bɛtleɛm] npr Bethlehem.

Bethsabée [bɛtsabe] npr Bathsheba.

bêtifiant, e [betifjɑ̃, ɑ̃t] adj idiotic, stupid.

bêtifier [9] [betifje] vi to talk nonsense / *elle bêtifie quand elle parle à son enfant* she uses baby talk to her child.

bêtise [betiz] nf **1.** [stupidité] idiocy, foolishness, stupidity / *j'ai eu la bêtise de ne pas vérifier* I was foolish enough not to check / *c'est de la bêtise d'y aller seul* going there alone is sheer stupidity / *il n'y a pas de limite à la bêtise humaine* human folly knows no bounds *litt* **2.** [remarque] silly ou stupid remark ▸ **dire une bêtise** to say something stupid ▸ **dire des bêtises** to talk nonsense **3.** [action] stupid thing, piece of foolishness ou idiocy ▸ **bêtises de jeunesse** youthful pranks / *le chat a encore fait des bêtises* the cat has been up to some mischief again / *ne recommencez pas vos bêtises* don't start your stupid tricks again ▸ **faire une bêtise** to do something silly ou stupid / *je viens de faire une grosse bêtise* I've just done something very silly / *tu as fait une bêtise en refusant* it was stupid ou foolish of you to refuse, you were a fool to refuse **4.** [vétille] trifle ▸ **pleurer pour des bêtises** to cry over trifles ou trivial matters / *on se dispute toujours pour des bêtises* we're always arguing over trifles ou having petty squabbles **5.** CULIN ▸ **bêtises de Cambrai** humbug UK (hard) mint candy US.

bêtisier [betizje] nm collection of howlers ▸ **le bêtisier de la semaine** PRESSE gaffes of the week.

béton [betɔ̃] nm **1.** CONSTR concrete / *maintenant, il y a du béton partout péj* the place is just a vast expanse of concrete now ▸ **béton armé / précontraint** reinforced / prestressed concrete **2.** FOOT ▸ **faire le béton** to pack the defence **3.** EXPR ▸ **laisse béton!** *fam* forget it!, let it drop!

❖ **en béton** loc adj **1.** CONSTR concrete *(modif)* **2.** *fam* [résistant - estomac] cast-iron ; [- défense, garantie] watertight, surefire.

bétonnage [betɔnaʒ] nm **1.** CONSTR concreting **2.** FOOT defensive play.

bétonner [3] [betɔne] ◆ vt **1.** CONSTR to concrete **2.** [surcharger de bâtiments] to overdevelop / *la côte est complètement bétonnée* the coast is overdeveloped **3.** [rendre inattaquable] : *tu as intérêt à bétonner ton argumentation* you'd better make sure your arguments are watertight / *il a bétonné son enquête* he's left no stone unturned in his investigation. ◆ vi FOOT to pack the defence, to play defensively.

bétonnière [betɔnjɛʀ] nf cement mixer.

bette [bɛt] nf (Swiss) chard.

betterave [bɛtʀav] nf ▸ **betterave (potagère)** beet ▸ **betterave fourragère** mangelwurzel ▸ **betterave rouge** beetroot UK, red beet US ▸ **betterave sucrière** sugar beet.

betteravier, ère [bɛtʀavje, ɛʀ] adj beetroot *(modif)*.

❖ **betteravier** nm beet grower.

beuglant [bøglɑ̃] nm *fam & vieilli* sleazy night-club.

beuglante [bøglɑ̃t] nf *fam* [chanson] song ; [cri] yell ▸ **pousser une beuglante a)** [chanter] to belt out a song **b)** [crier] to give a yell.

beuglement [bøgləmɑ̃] nm **1.** [cri - de la vache] moo ; [- du taureau] bellow ; [- d'une personne] bellow, yell ▸ **des beuglements a)** [de vache] mooing, lowing **b)** [de taureau] bellowing **c)** [d'une personne] bellowing, yelling, bawling **2.** [bruit - de la radio] blaring noise.

beugler [5] [bøgle] ◆ vi **1.** [crier - vache] to moo, to low ; [- taureau] to bellow ; [- chanteur, ivrogne] to bellow, to bawl **2.** [être bruyant - radio] to blare. ◆ vt [chanson] to bawl ou to bellow out *(sép)*.

beur [bœʀ] adj *born in France of North African parents.*

❖ **Beur** nmf *person born in France of North African immigrant parents.*

Beurette [bœʀɛt] nf *fam young woman born in France of North African immigrant parents.*

beurk [bœʀk] *fam* = **berk**.

beurre [bœʀ] nm **1.** [de laiterie] butter ▸ **au beurre** (all) butter *(modif)* ▸ **du beurre fondu** melted UK ou drawn US butter ▸ **beurre clarifié** clarified butter ▸ **beurre demi-sel** slightly salted butter ▸ **beurre doux** unsalted butter ▸ **beurre laitier** dairy butter ▸ **beurre à la motte** loose butter ▸ **beurre non salé** unsalted butter ▸ **beurre salé** salted butter ▸ **beurre de yak** ou **yack** (Tibetan) ghee ▸ **entrer dans qqch comme dans du beurre** to slice through sthg like a knife through butter ▸ **faire son beurre** *fam* to make money hand over fist / *ils font leur beurre sur le dos des touristes fam* they get rich pickings by fleecing the tourists ▸ **ça met du beurre dans les épinards** *fam* it's a nice little earner ▸ **vouloir le beurre et l'argent du beurre** to want to have one's cake and eat it (too) ▸ **il n'y en a pas plus que de beurre en branche** ou **broche a)** [inexistant] there's no such thing **b)** [introuvable] it's nowhere to be found **2.** [pâte] ▸ **beurre d'arachide** ou **de cacahuètes** peanut butter ▸ **beurre de cacao / de muscade** cocoa / nutmeg butter ▸ **beurre d'anchois** anchovy paste ▸ **beurre blanc / noir** white / black butter sauce ▸ **beurre composé** beurre composé ▸ **beurre d'escargot** *flavoured butter used in the preparation of snails* ▸ **beurre manié** beurre manié.

beurré, e [bœʀe] adj **1.** CULIN ▸ **du pain beurré** buttered bread ▸ **tartine beurrée** piece of bread and butter **2.** *tfam* [ivre] plastered, pissed UK ▸ **beurré (comme un petit Lu)** pissed as a newt UK, stewed to the gills US

❖ **beurré** nm butter-pear, beurré.

❖ **beurrée** nf **1.** *tfam* [ivresse] ▸ **prendre une beurrée** to get plastered, to get pissed UK **2.** QUÉBEC [tartine] piece of bread and butter ; [substance] bread and butter (and jam) spread.

beurrer [5] [bœʀe] vt [tartine, moule] to butter.

❖ **se beurrer** vpi *tfam* to get plastered, to get pissed UK, to get sloshed.

beurrerie [bœʀʀi] nf **1.** [laiterie] (butter-producing) dairy **2.** [industrie] butter industry.

beurrier, ère [bœʀje, ɛʀ] adj [production] butter *(modif)* ; [région] butter-producing.

❖ **beurrier** nm [récipient] butter dish.

beuverie [bœvʀi] nf *fam* drinking binge, bender.

bévue [bevy] nf [gaffe] blunder, gaffe ▸ **commettre une bévue** to blunder.

bey [bɛ] nm bey.

Beyrouth [beʀut] npr Beirut, Beyrouth ▸ **de Beyrouth** Beiruti / *Beyrouth-Est* East Beirut / *Beyrouth-Ouest* West Beirut.

bézef [bezɛf] *tfam* = **bésef**.

Bhoutan, Bhutan [butɑ̃] npr m Bhutan ▸ **le Bhoutan** Bhutan ▸ **au Bhoutan** in Bhutan.

bhoutanais, e [butanɛ, ɛz] adj Bhutanese.

❖ **Bhoutanais, e** nm, f Bhutanese.

BHV (abr de **Bazar de l'Hôtel de Ville**) npr m *large department store in central Paris, now part of a nationwide chain.*

bi [bi] adj inv [bisexuel] bi.

biacide [biasid] ◆ adj diacidic. ◆ nm diacid.

Biafra [bjafʀa] npr Biafra.

biafrais, e [bjafʀɛ, ɛz] adj Biafran.

❖ **Biafrais, e** nm, f Biafran.

biais, e [bjɛ, bjɛz] adj [oblique] slanting ▸ **voûte biaise** skew arch.

❖ **biais** nm **1.** [obliquité] slant / *le biais d'un mur* the slant of a wall **2.** COUT [bande] piece (of material) cut on the bias ; [sens] bias / *travailler dans le biais* to cut on the bias ou cross **3.** [moyen] way / *j'ai trouvé un biais pour ne pas payer* I found a way of not paying / *elle cherche un biais pour se faire connaître* she is trying to find a way of making herself known ▸ **par le biais de** through, via, by means of **4.** [aspect] angle / *je ne sais pas par quel biais le prendre* I don't know how ou from what angle to approach him / *prendre le biais* to go off at a tangent **5.** [dans des statistiques] bias.

❖ **de biais** loc adv [aborder] indirectly, tangentially *sout* ▸ **regarder qqn de biais** to give sb a sidelong glance.

❖ **en biais** loc adv sideways, slantwise, at an angle ▸ **regarder qqn en biais** to give sb a sidelong glance / *traverser la rue en biais* to cross the street diagonally.

biaisé, e [bjeze] adj [statistiques, raisonnement] distorted.

biaiser [4] [bjeze] vi to prevaricate, to equivocate / *il va falloir biaiser pour avoir des places pour l'opéra* we'll have to be a bit clever to get seats for the opera.

biathlon [biatlɔ̃] nm biathlon.

biauriculaire [biɔʀikylɛʀ] adj biauricular.

bibande [bibɑ̃d] adj bi-band, dual-band.

bibasique [bibazik] adj dibasic.

bibelot [biblo] nm [précieux] curio, bibelot ; [sans valeur] trinket, knick-knack.

biberon [bibʀɔ̃] nm feeding UK ou baby US bottle ▸ **donner le biberon à un bébé / agneau** to bottle-feed a baby / lamb / *enfant nourri* ou *élevé au biberon* bottle-fed baby ▸ **prendre son biberon** to have one's bottle ▸ **prendre qqn au biberon** to start sb from the earliest possible age.

biberonner [3] [bibʀɔne] vi *fam & hum* to tipple, to booze.

bibi[1] [bibi] nm *fam* [petit chapeau] *small woman's hat.*

bibi[2] [bibi] pron *fam & hum* [moi] yours truly / *les corvées, c'est pour bibi* yours truly gets lumbered UK ou stuck with the chores.

Bibi Fricotin [bibifʀikɔtɛ̃] npr *comic strip character from the inter-war years.*

bibine [bibin] nf *fam* ▸ **c'est de la bibine** [boisson, bière] it's dishwater ; [c'est facile] it's a piece of cake.

bible [bibl] nf **1.** RELIG ▸ **la Bible** the Bible / *une bible de poche* a pocket Bible **2.** [référence] bible ▸ **la bible des mélomanes** the music lover's bible.

bibli [bibli] nf *fam* library.

bibliobus [biblijɔbys] nm mobile library UK, bookmobile US.

bibliographe [biblijɔgʀaf] nmf bibliographer.

bibliographie [biblijɔgʀafi] nf bibliography.

bibliographique [biblijɔgʀafik] adj bibliographic.

bibliomanie [biblijɔmani] nf bibliomania.

bibliophile [biblijɔfil] nmf book-lover, bibliophile.

bibliophilie [biblijɔfili] nf bibliophilism.

bibliothécaire [biblijɔtekɛʀ] nmf librarian.

bibliothèque [biblijɔtɛk] nf **1.** [lieu] library ; [meuble] book-case ▸ **bibliothèque de dépôt** legal copyright deposit library ▸ **bibliothèque municipale** public library ▸ **bibliothèque de prêt** lending library ▸ **bibliothèque universitaire** university library ; [collection] collection / *sa bibliothèque de livres d'art* her collection of art books / *c'est une bibliothèque ambulante* he's a walking encyclopedia ▸ **bibliothèque de logiciels** software library ▸ **la Bibliothèque rose** *collection of books for very* *young children* ▸ **la Bibliothèque verte** *collection of books for older children* / ***tu en es resté à la Bibliothèque rose!*** *hum* ≃ you're still reading Janet and John stories UK ou Jon and Jane books US ! ▸ **la Bibliothèque nationale de France (BNF)** *the French national library* ▸ **la bibliothèque de l'Arsenal** *library in Paris with an important collection of documents on French literary history and theatre* **2.** COMM ▸ **bibliothèque de gare** station bookstall UK ou newsstand US.

La Bibliothèque nationale de France

The BNF is a large copyright deposit library comparable to the British Library and the Library of Congress. The original building on the rue de Richelieu in central Paris houses the library's collection of manuscripts, engravings, coins, medals and maps; the main bulk of the book collection is housed in the Bibliothèque François-Mitterrand, a modern complex on the banks of the Seine whose four towers are designed to look like open books.

biblique [biblik] adj biblical.

bibliste [biblist] nmf Biblist, Biblicist.

Bic® [bik] nm ball (point) pen ; ≃ Biro® UK ; ≃ Bic® US.

bicaméral, e, aux [bikameʀal, o] adj two-chamber, bicameral *sout*.

bicamérisme [bikameʀism], **bicaméralisme** [bikameʀalism] nm two-chamber (political) system, bicameralism *sout*.

bicarbonate [bikaʀbɔnat] nm bicarbonate ▸ **bicarbonate de soude** bicarbonate of soda.

bicarbonaté, e [bikaʀbɔnate] adj bicarbonate *(modif)*.

bicarré, e [bikaʀe] adj biquadratic.

bicentenaire [bisɑ̃tnɛʀ] adj & nm bicentenary UK, bicentennial US.

bicéphale [bisefal] adj two-headed, bicephalous *sout*.

biceps [bisɛps] nm biceps / ***avoir des biceps*** *fam* to have big biceps.

Bichat [biʃa] npr ⟶ **entretien**.

biche [biʃ] nf **1.** ZOOL doe, hind **2.** [en appellatif] ▸ **ma biche** *fam* my darling.

bicher [3] [biʃe] vi *tfam* to be tickled pink / ***ça nous faisait bicher de le voir s'empêtrer dans ses mensonges*** it was really gratifying to see him getting tangled in his lies ; *(tournure impersonnelle)* ▸ **ça biche?** how's it going?, how's things?

bichette [biʃɛt] nf **1.** ZOOL young hind ou doe **2.** *fam* [en appellatif] ▸ **ma bichette** my darling ou pet.

bichlorure [biklɔʀyʀ] nm bichloride, dichloride.

bichon, onne [biʃɔ̃, ɔn] nm, f Maltese *(terrier)*.

bichonner [3] [biʃɔne] vt [choyer] to pamper, to pet, to mollycoddle *péj* / ***il aime se faire bichonner*** he loves to be pampered.

❖ **se bichonner** vp *(emploi réfléchi)* [se pomponner] to spruce o.s. up.

bichromate [bikʀɔmat] nm bichromate, dichromate.

bichromie [bikʀɔmi] nf two-colour process.

Bickford [bikfɔʀd] npr ⟶ **cordeau**.

bicolore [bikɔlɔʀ] adj two-coloured UK, two-colored US.

biconcave [bikɔ̃kav] adj biconcave.

biconvexe [bikɔ̃vɛks] adj biconvex.

bicoque [bikɔk] nf shack.

bicorne [bikɔʀn] nm cocked ou two-pointed hat.

bicot [biko] nm **1.** ZOOL [biquet] kid **2.** *vulg & vieilli racist term used to refer to North African Arabs.*

bicross [bikʀɔs] nm [vélo] mountain bike ; [sport] mountain biking.

biculturalisme [bikyltyʀalism] nm biculturalism.

biculturel, elle [bikyltyʀɛl] adj bicultural.

bicycle [bisikl] nm **1.** [à roues inégales] penny-farthing UK, ordinary US **2.** QUÉBEC bicycle.

bicyclette [bisiklɛt] nf **1.** [engin] bicycle ▸ **faire de la bicyclette** to ride a bicycle ▸ **monter à bicyclette** to ride a bicycle **2.** LOISIRS & SPORT ▸ **la bicyclette** cycling.

bidasse [bidas] nm *fam* [soldat] private, squaddie UK, grunt US.

bide [bid] nm *fam* **1.** [ventre] belly, gut **2.** [échec] flop, washout / ***ça a été*** ou ***fait un bide*** it was a complete flop ou washout.

bidet [bidɛ] nm bidet.

bidirectionnel, elle [bidiʀɛksjɔnɛl] adj bi-directional.

bidoche [bidɔʃ] nf *tfam* meat.

bidon [bidɔ̃] ◆ adj inv *fam* phoney ▸ **société bidon** phoney company. ◆ nm **1.** [récipient] can, tin ▸ **bidon d'essence** petrol can ▸ **bidon d'huile** oilcan ▸ **bidon de lait** milk-churn UK, milk can US ; MIL water bottle, canteen **2.** *fam* [ventre] belly, gut **3.** *tfam* [mensonge] : ***c'est du bidon tout ça*** that's all baloney / ***je te jure que ce n'est pas du bidon*** I swear that's the honest truth.

bidonnage [bidɔnaʒ] nm *fam* faking / ***le bidonnage de l'info*** fake news items / ***cette interview sent le bidonnage à plein nez*** the interview is obviously fake.

bidonnant, e [bidɔnɑ̃, ɑ̃t] adj *fam* side-splitting, screamingly funny / ***elle est bidonnante*** she's a hoot ou scream ▸ **c'était bidonnant** it was a scream ou hoot.

bidonner [3] [bidɔne] vt [truquer] to fake.

❖ **se bidonner** vpi *fam* to split one's sides laughing, to laugh one's head off / ***qu'est-ce qu'on se bidonne avec eux!*** it's a laugh a minute with them!

bidonville [bidɔ̃vil] nm shantytown.

bidouillage [bidujaʒ] nm *fam* messing around, fiddling, tampering.

bidouiller [3] [biduje] vt *fam* [serrure, logiciel] to fiddle (about) with, to tamper with.

bidouilleur, euse [bidujœʀ, øz] nm, f *fam* : ***c'est un bidouilleur*** he's good with his hands.

bidule [bidyl] nm *fam* **1.** [objet] thingamajig, thingummy UK, contraption **2.** [personne] whatshisname (whatshername) / ***eh, Bidule, t'as pas vu ma sœur?*** hey, Thingy UK ou buddy US, seen my sister?

bief [bjɛf] nm [de cours d'eau] reach ; [de moulin] race ▸ **bief d'aval / d'amont** tail / mill race.

bielle [bjɛl] nf connecting rod.

biellette [bjɛlɛt] nf MÉCAN sub axle.

biélorusse [bjelɔʀys] adj Belorussian, Byelorussian.

❖ **Biélorusse** nmf Belorussian, Byelorussian.

❖ **biélorusse** nm LING Byelorussian.

Biélorussie [bjelɔʀysi] npr f ▸ **(la) Biélorussie** Belarussia, Byelorussia.

bien [bjɛ̃] ◆ adv **1.** [de façon satisfaisante] well ▸ **tout allait bien** everything was going well ou fine ▸ **ça te va bien a)** [aspect] it suits you **b)** [taille] it fits you / ***ça te va bien de te plaindre!*** *iron* you're a fine one to complain! / ***il s'est bien remis de son opération*** he recovered well ou made a good recovery from his operation / ***il s'en est bien tiré*** he came out of it well / ***elle se débrouille bien sans moi*** she manages very well without me / ***la pièce est très bien jouée*** the acting in the play's very good ▸ **il cuisine bien** he's a good cook ▸ **elle écrit bien a)** [style] she writes well **b)** [calligraphie] she has beautiful writing / ***il parle bien (le) grec*** his Greek is good, he speaks Greek well ▸ **du travail bien fait** a job well done ▸ **la pièce finit bien** the play has a happy ending ▸ **ça commence bien! a)** it's got off to a good start! **b)** *iron* here we go! ▸ **on mange bien ici** the food is good here / ***le grille-pain ne marche pas très bien*** the toaster doesn't work very well ▸ **la vis tient bien** the screw is secure ou is in tight ▸ **dors bien!** sleep well! / ***il gagne bien sa vie*** he earns a good living ▸ **ils vivent bien** they have a comfortable life ▸ **bien payé** well paid ▸ **faire bien** to look good / ***ce vase fait très bien sur la cheminée*** the vase looks very good on the fireplace ▸ **bien prendre qqch** to take sthg well ▸ **bien s'y prendre** : ***il s'y est bien pris*** he tackled it well / ***il s'y est bien pris pour interviewer le ministre*** he did a good job of interviewing the minister ▸ **vivre bien qqch** to have a positive experience of sthg ▸ **bien se tenir** to behave o.s. ▸ **tiens-toi bien! a)** [à la rambarde] hold on tight! **b)** [sur la chaise] sit properly! **c)** [à table] behave yourself! ▸ **tu tombes bien!** you've come at (just) the right time! **2.** [du point de vue de la santé] ▸ **aller** ou **se porter bien** to feel well ou fine / ***elle ne va pas très bien ces jours-ci*** she's not very well at the moment / ***il se porte plutôt bien!*** *hum* he doesn't look as if he's starving! **3.** [conformément à la raison, à la loi, à la morale] well, decently ▸ **bien agir envers qqn** to do the proper ou right ou correct thing by sb ▸ **bien se conduire** to behave well ou decently ▸ **tu as bien fait** you did the right thing, you did right ▸ **j'ai cru bien faire** I thought it was the right thing to do / ***tu fais bien de ne plus les voir*** you're right not to see them any more / ***tu fais bien de me le rappeler*** thank you for reminding me, it's a good thing you reminded me (of it) / ***il ferait bien de se faire oublier!*** he'd be well advised to ou he'd do well to ou he'd better keep a low profile! / ***tu ferais bien de partir plus tôt*** you'd do well to leave earlier / ***pour bien faire, nous devrions partir avant 9 h*** ideally, we should leave before 9 / ***il faudrait lui acheter un cadeau pour bien faire*** we really ought to buy her a present **4.** [sans malentendu] right, correctly / ***si je vous comprends bien*** if I understand you correctly ou properly / ***ai-je bien entendu ce que tu viens de dire?*** did I hear you right? / ***comprenez-moi bien, je ne veux pas vous causer d'ennuis, mais...*** don't misunderstand me, I don't intend to cause you any trouble but... / ***si je me souviens bien*** if I remember right ou correctly **5.** [avec soin] ▸ **écoute-moi bien** listen (to me) carefully ▸ **as-tu bien vérifié?** did you check properly? / ***fais bien ce que l'on te dit*** do exactly ou just as you're told ▸ **mélangez bien** stir well ▸ **soigne-toi bien** take good care of yourself **6.** *(suivi d'un adjectif)* [très] really, very / ***c'est bien agréable*** it's really ou very nice / ***elle est bien belle*** she's really ou very beautiful ▸ **bien déçu** really ou terribly disappointed ▸ **bien mûr** really ou very ripe / ***tu es bien sûr?*** are you quite certain ou sure? ▸ **c'est bien bon** it's very ou really good / ***bois un thé bien chaud*** have a nice hot cup of tea / ***cette robe est bien chère*** that dress is a bit on the expensive side ou rather expensive / ***cela me paraît bien risqué!*** that seems pretty ou rather risky to me! ; *(suivi d'un adverbe)* ▸ **tu habites bien loin** you live a long way away / ***c'était il y a bien longtemps*** that was a very long time ago ▸ **embrasse-le bien fort** give him a big hug / ***il est bien tard pour sortir*** it's a bit late to go out ▸ **bien souvent** (very) often ▸ **bien avant / après** well before / after ▸ **bien trop tôt** far ou much too early ▸ **c'est bien mieux** it's much better / ***c'est bien plus joli comme ça*** it looks much nicer like that **7.** *(suivi d'un verbe)* [beaucoup] ▸ **on a bien ri** we had a good laugh, we laughed a lot / ***hier soir, on a bien discuté*** we had a good (long) discussion last night / ***je t'aime bien, tu sais*** I like you a lot ou I'm very fond of you, you know **8.** [véritablement] ▸ **j'ai bien l'impression que...** I really have the feeling that... ▸ **j'ai bien cru que...** I really thought that... / ***il a bien failli se noyer*** he very nearly drowned / ***sans bien se rendre compte de ce qu'il faisait*** without being fully aware of ou without fully realizing what he was doing **9.** [pour renforcer, insister] : ***qui peut bien téléphoner à cette heure-ci?*** who could that be ringing at this hour? / ***où peut-il bien être?*** where on earth is he? / ***je sais bien que tu dis la vérité*** I know very well that you're telling the truth / ***veux-tu bien te taire?*** will you please be quiet? ▸ **c'est bien lui** it is him / ***ce n'est pas lui, mais bien son associé que j'ai eu au téléphone*** it wasn't him, but rather his partner I spoke to on the phone ▸ **c'est bien ça** that's it ou right ▸ **c'est bien ce que je disais / pensais** that's just what I was saying / thinking / ***c'est bien le moment d'en parler!*** *iron* it's hardly the right time to talk about it! / ***c'est bien ce qui me préoccupe!*** that's (just) what's worrying me! / ***vous vous appelez bien Anne, n'est-ce pas?*** your name is Anne, isn't it? / ***j'ai pourtant bien entendu frapper*** I'm sure I heard a knock at the door / ***je le vois bien médecin*** I can (quite) see him as a doctor ▸ **je comprends** ou **pense bien!** : ***je vais me plaindre — je comprends*** ou ***pense bien!*** I'm going to complain

— I should think so too! ▸ **je pense bien!** : *tu vas lui dire? — je pense bien!* are you going to tell him? — you bet I am! ▸ **tu penses bien!** : *il ne m'aidera pas, tu penses bien!* he won't help me, you can be sure of that! ▸ **être bien de qqn** : *c'est bien de lui, ça!* that's typical of him!, that's just like him! **10.** [volontiers] ▸ **j'irais bien avec toi** I'd really like to go with you / *je te dirais bien quelque chose, mais je suis poli* I could say something rude but I won't / *je boirais bien quelque chose* I could do with ou I wouldn't mind a drink / *j'irais bien nager un peu* I fancy ou I wouldn't mind going for a little swim / *je t'aurais bien accompagné, mais...* I'd have been happy to go with you, but... / *je l'aurais bien tué!* I could have killed him! **11.** [au moins] at least / *ça fait bien vingt fois qu'on lui dit* he's been told at least twenty times ▸ **ils étaient bien 30** there were at least 30 of them / *il est bien 10 h* it must be 10 o'clock at least / *il a bien 50 ans* he must be at least 50 **12.** [exprimant la supposition, l'éventualité] ▸ **tu verras bien** you'll see ▸ **ça lui passera bien** he'll grow out of it / *je l'entendrai bien venir* I'll hear him coming / *ils pourraient bien refuser* they might well refuse ▸ **ça se pourrait bien** it's perfectly possible **13.** [pourtant] : *mais il fallait bien le lui dire!* but he had to be told (all the same)! / *il faut bien le faire* it's got to be done **14.** [beaucoup] ▸ **bien de, bien des** [suivi d'un nom] quite a lot of / *j'ai eu bien du souci* I've had a lot to worry about / *elle a bien du courage!* isn't she brave!, she's got a great deal of courage! ▸ **bien des fois...** more than once... ▸ **bien des gens** lots of ou quite a lot of ou quite a few people / *j'ai reçu bien des lettres* I received quite a lot of ou a good many letters **15.** [dans la correspondance] ▸ **bien à toi** love ▸ **bien à vous** yours.
◆ adj inv **1.** [qui donne satisfaction] good / *comment trouves-tu mon dessin? — très bien!* how do you like my drawing? — it's very nice ou good! / *il est bien, ton médecin?* is your doctor (any) good? / *elle serait bien dans le rôle de Turandot* she'd be ou make a good Turandot / *c'est bien de s'amuser mais il faut aussi travailler* it's all right to have fun but you have to work too / *je recule? — non, vous êtes bien là* fam shall I move back? — no, you're all right ou OK ou fine like that / *qu'est-ce qu'il est bien dans son dernier film!* fam he's great ou really good in his new film!; ÉDUC [sur un devoir] good ▸ **assez bien** fair ▸ **très bien** very good **2.** [esthétique -personne] good-looking, attractive; [-chose] nice, lovely / *je ne me trouve jamais de chaussures bien* I can never find (any) nice shoes ▸ **tu es très bien en jupe** a) [cela te sied] you look very nice in a skirt b) [c'est acceptable pour l'occasion] a skirt is perfectly all right / *elle est drôlement bien, ta sœur!* [jolie] your sister's really good-looking! ▸ **être bien de sa personne** : *il est bien de sa personne* he's a good-looking man / *elle est bien de sa personne* she's a good-looking woman **3.** [convenable -personne] decent, nice / *ce ne sont pas des gens bien* they aren't decent people / *on ne rencontre pas que des gens bien par petites annonces* the people you meet through ads aren't always the right sort / *adresse-toi à lui, c'est un type bien* fam go and see him, he's a decent bloke UK ou guy US ▸ **c'est bien** [conduite, action] : *ce serait bien de lui envoyer un peu d'argent* it'd be a good idea to send her some money / *ils se sont séparés et c'est bien comme ça* they've split up and it's better that way / *chacun a ses idées et c'est bien ainsi* everybody's got their own ideas and that's how it should be / *tout ça c'est très bien, mais...* that's all well and good, but... / *c'est très bien à vous de n'avoir rien dit* it's very good of you to have said nothing / *ce n'est pas bien de tirer la langue* it's naughty ou it's not nice to stick out your tongue / *ce n'est pas bien de montrer (les gens) du doigt* it's not nice to point ou you shouldn't point (at people) / *ce n'est pas bien de tricher* you shouldn't cheat **4.** [en forme] well ▸ **elle n'est pas / est très bien en ce moment** she's not doing / she's doing well right now / *je n'étais pas bien hier* I wasn't feeling well yesterday ▸ **se sentir bien** to feel fine ou well / *se sentir bien dans sa peau* to feel at ease ou happy with o.s. ▸ **vous ne vous sentez pas bien?** a) aren't you feeling well? b) [mentalement] are you crazy? / *il n'est pas bien, celui-là!* fam he's got a problem, he has! ▸ **me / te / nous voilà bien!** NOW I'm / you're / we're in a fine mess! **5.** [à l'aise] ▸ **on est bien ici** it's nice here / *on est vraiment bien dans ce fauteuil* this armchair is really comfortable / *je suis bien avec toi* I like being with you **6.** [en bons termes] ▸ **être bien avec qqn** to be well in with sb ▸ **ils sont bien ensemble** they're happy together ▸ **se mettre bien avec qqn** to get in with sb, to get into sb's good books. ◆ nm **1.** PHILOS & RELIG ▸ **le bien** good / *la différence entre le bien et le mal* the difference between good and evil ou right and wrong ▸ **faire le bien** to do good / *elle fait du bien autour d'elle* she does good (works) wherever she goes / *rendre le bien pour le mal* to return good for evil **2.** [ce qui est agréable, avantageux] ▸ **c'est pour son bien** it's for her / his good / *c'est pour ton bien que je dis ça* I'm saying this for your own good ou benefit / *c'est ton bien que je veux* I only want what's best for you ▸ **le bien commun** ou **général** the common good / *c'est pour le bien de tous / de l'entreprise* it's for the common good / the good of the firm ▸ **pour le bien public** in the public interest ▸ **vouloir du bien à qqn** to wish sb well / *elle ne te voulait pas que du bien* her intentions towards you weren't all friendly ▸ **dire / penser du bien de** to speak / to think well of / *si tu savais le bien qu'on dit de toi* you should hear the wonderful things people say about you / *on ne m'a dit que du bien de votre cuisine* I've heard the most flattering things about your cooking ▸ **faire du bien** : *continue à me masser, ça fait du bien* carry on massaging me, it's doing me good / *cela fait du bien de se dégourdir les jambes* it's nice to be able to stretch your legs / *les piqûres, ça ne fait pas de bien!* fam injections are no fun! / *je me suis cogné l'orteil, ça fait pas du bien!* fam I bashed my toe, it's quite painful! ▸ **faire du bien** ou **le plus grand bien à qqn** [médicament, repos] to do sb good, to benefit sb / *la promenade m'a fait du bien* the walk did me good / *le dentiste ne m'a pas fait du bien!* the dentist really hurt me! / *un peu de pluie ferait du bien aux plantes* some rain would do the plants good ou wouldn't hurt the plants / *cela m'a fait du bien de te parler* it did me good to talk to you / *une subvention ferait du bien aux agriculteurs* a subsidy would be of great help to the farming community / *laisser tomber les livres par terre, ça ne leur fait pas du bien* fam you don't do a book too much good by dropping it on the floor / *la séparation leur fera le plus grand bien* being apart will do them a lot ou a world of good / *le repos m'a fait (un) grand bien* the rest did me the world ou a power of good ▸ **grand bien te / lui fasse!** iron much good may it do you / him! ▸ **bien m'en / lui en prend** : *bien m'en a pris* it was just as well I did it / *bien leur en a pris de ne pas l'écouter* how right they were not to listen to him, it was just as well they didn't listen to him ▸ **ça fait du bien par où ça passe!** fam aah, I feel better for that! **3.** [bienfait] good ou positive thing, benefit / *la restructuration sera un bien pour l'entreprise* reorganization will be a positive move for the firm / *cette décision a été un bien pour tout le monde* the decision was a good thing for all ou everyone concerned **4.** [propriété personnelle] possession, (piece) ou item of property; [argent] fortune / *mon bien t'appartient* what's mine is yours / *il a mangé tout son bien en trois mois* he squandered his fortune in three months / *ils ont un petit bien en Ardèche* fam they have a bit of land in the Ardèche / *la jeunesse est un bien précieux* youth is a precious asset ▸ **tous mes biens** all my worldly goods, all I'm worth ▸ **les biens temporels** ou **de ce monde** material possessions, worldly goods ▸ **avoir du bien au soleil** fam to be well-off ou rich **5.** DR & ÉCON ▸ **bien de consommation courante** consumer good ▸ **biens de consommation durables** consumer durables / *biens de consommation non durables* disposable goods ▸ **bien marchand** commodity ▸ **biens d'équipement** capital equipment ou goods ▸ **biens d'équipement ménager** household goods ▸ **biens immédiatement disponibles** off-the-shelf goods ▸ **biens intermédiaires** intermediate goods ▸ **biens privés / publics** private / public property ▸ **biens de production** producer ou capital goods ▸ **biens sociaux** corporate assets ▸ **biens vacants** ownerless property **6.** HIST ▸ **biens nationaux** *property confiscated from nobles during the Revolution and resold.* ◆ interj **1.** [indiquant une transition] OK, right (then) ▸ **bien, je t'écoute** right ou OK, I'm listening / *bien, c'est fini pour aujourd'hui* right ou OK, that's it for today / *bien! où en étions-nous?* right! where were we? **2.** [marquant l'approbation] : *je n'irai pas! — bien, n'en parlons plus!* I won't go! — very well ou all right (then), let's drop the subject! / *c'est décidé! — bien!* we've decided! — good ou fine! / *je reviens dans une heure — bien* I'll be back in an hour — (all) right ou fine / *très bien, je vais avec toi* fine ou very well, I'll go with you ▸ **fort bien** fine / *bien, bien, on y va* all right, all right ou OK, OK, let's go.
✣ **bien entendu** loc adv of course / *tu m'aideras? — bien entendu!* will you help me? — of course ou that goes without saying!
✣ **bien entendu que** loc conj of course / *bien entendu que j'aimerais y aller* of course I'd like to go.
✣ **bien que** loc conj despite the fact that, although, though / *bien que je comprenne votre problème, je ne peux vous aider* although ou though I understand your problem, I can't help you / *bien qu'ayant travaillé cette question, je serais en peine d'en parler* although I've studied this question, I would be hard to speak about it / *bien que malade, il a tenu à y aller* although he was ill, he insisted on going / *sa maison, bien que petite, est agréable* small though it is, her house is nice.
✣ **bien sûr** loc adv of course / *viendras-tu? — bien sûr!* will you come? — of course (I will)! / *puis-je le prendre? — bien sûr* may I take it? — of course ou please do ou by all means.
✣ **bien sûr que** loc conj of course / *bien sûr qu'elle n'avait rien compris!* of course she hadn't understood a thing! / *c'est vrai? — bien sûr que oui!* is it true? — of course it is!

Notez que, à la différence de bien, well ne précède jamais le complément d'objet :
Il a bien traité ses enfants. *He treated his children well.*
J'ai essayé de bien décrire le paysage. *I tried to describe the landscape well.*

Tout va très bien, madame la marquise

In a 1935 comic song by Ray Ventura et ses Collégiens, a marquise phones her butler to ask how things are going back at the château. The butler reels off a catalogue of disasters (the marquis finds out he is ruined, commits suicide, and accidentally sets fire to the château killing the marquise's mare), but tries to minimise the impact of what he is saying by ending each statement with: **Mais à part ça, tout va très bien, madame la marquise.** The expression is sometimes used ironically at the end of a list of disastrous events:

Comment s'est passé ton voyage d'affaires ? – Très bien, mon avion avait du retard, j'ai attendu des heures pour avoir un taxi, et, au dernier moment, mon client a refusé de signer le contrat. À part ça, tout va très bien madame la marquise... ! *How was your business trip? – Great, my plane was late, I waited hours for a taxi, and at the last minute the client wouldn't sign the contract – but apart from that everything was fine!*

bien-aimé, e (*mpl* bien-aimés, *fpl* bien-aimées), **bienaimé*, e** [bjɛ̃neme] adj & nm, f beloved.
biénergie [bienɛʀʒi] nf [chauffage, chaudière] dual-energy.

*In reformed spelling (see p. 16-19).

bien-être, bienêtre* [bjɛ̃nɛtʀ] nm sg **1.** [aise] well-being / *une agréable sensation de bien-être* a wonderful feeling of well-being **2.** [confort matériel] (material) well-being.

bienfaisance [bjɛ̃fəzɑ̃s] nf [charité] charity.
◆ **de bienfaisance** loc adj [bal] charity *(modif)* ; [association, œuvre] charity *(modif)*, charitable / *travailler pour les œuvres de bienfaisance* to do charity work.

bienfaisant, e [bjɛ̃fəzɑ̃, ɑ̃t] adj **1.** [bénéfique - effet, climat] beneficial, salutary *sout* **2.** [indulgent - personne] beneficent *sout*, kind, kindly.

bienfait [bjɛ̃fɛ] nm **1.** *litt* [acte de bonté] kindness ▸ **combler qqn de bienfaits** to shower sb with kindness *litt* **2.** [effet salutaire] benefit / *les bienfaits d'un séjour à la montagne* the benefits ou beneficial effects of a stay in the mountains / *les bienfaits de la civilisation* the advantages ou benefits of civilisation.

bienfaiteur, trice [bjɛ̃fɛtœʀ, tʀis] nm, f benefactor (benefactress) / *l'association fonctionne grâce à des bienfaiteurs* the association keeps going ou running thanks to benefactors ▸ **bienfaiteur du genre humain** great man (woman).

bien-fondé *(pl* **bien-fondés**), **bienfondé*** [bjɛ̃fɔ̃de] nm [d'une revendication] rightfulness ; [d'un argument] validity ▸ **établir le bien-fondé de qqch** to substantiate sthg.

bien-fonds, bienfonds* [bjɛ̃fɔ̃] nm real estate.

bienheureux, euse [bjɛ̃nøʀø, øz] ◆ adj **1.** RELIG blessed ▸ **bienheureux les pauvres d'esprit** blessed are the poor in spirit **2.** [heureux - personne, vie] happy, blissful ; [- hasard] fortunate, lucky. ◆ nm, f RELIG ▸ **les bienheureux** the blessed ou blest.

bien-jugé *(pl* **bien-jugés**), **bienjugé*** [bjɛ̃ʒyʒe] nm DR just and lawful decision.

biennal, e, aux [bjenal, o] adj biennial.
◆ **biennale** nf biennial arts festival.

Bienne [bjɛn] npr Biel.

bien-pensance [bjɛ̃pɑ̃sɑ̃s] *(pl* **bien-pensances**) nf **1.** [opinion] right-thinking opinion / *l'auteur cherche à se démarquer de la bien-pensance* the author seeks to distance himself from right-thinking opinion **2.** [gens] right-thinking people / *la bien-pensance a vivement réagi* there was a sharp reaction from right-thinking people.

bien-pensant, e *(mpl* **bien-pensants**, *fpl* **bien-pensantes**), **bienpensant*, e** [bjɛ̃pɑ̃sɑ̃, ɑ̃t] *péj* ◆ adj [conformiste] right-thinking, right-minded. ◆ nm, f right-thinking ou right-minded person.

bienséance [bjɛ̃seɑ̃s] nf decorum, propriety ▸ **les bienséances** the proprieties.

bienséant, e [bjɛ̃seɑ̃, ɑ̃t] adj decorous, proper, becoming / *il n'est pas bienséant d'élever la voix* it is unbecoming ou it isn't proper ou it isn't done to raise one's voice.

bientôt [bjɛ̃to] adv **1.** [prochainement] soon, before long ▸ **à (très) bientôt !** see you soon ! / *je reviens bientôt* I'll be back soon / *il sera bientôt de retour* he'll soon be back, he'll be back before long ▸ **j'ai bientôt fini** I've almost finished ▸ **il est bientôt midi** it's nearly midday / *bientôt, ce ne sera plus qu'un mauvais souvenir* it'll soon be nothing but a bad memory / *tu vas bientôt être plus grand que moi !* you'll be taller than me soon ou before you know it ! / *l'accord de paix n'est pas pour bientôt* it is unlikely that the peace agreement will be signed soon ▸ **c'est pour bientôt ? a)** will it be long? **b)** [naissance] is it ou is the baby due soon ? / *c'est pas bientôt fini ce vacarme ? fam* have you quite finished (making all that racket)? **2.** *sout* [rapidement] soon, quickly, in no time / *il eut bientôt fait de reprendre ses esprits* he came around in no time ▸ **cela est bientôt dit** that's easier said than done.

bienveillance [bjɛ̃vejɑ̃s] nf **1.** [qualité] benevolence, kindliness ▸ **parler de qqn avec bienveillance** to speak favourably of sb **2.** [dans des formules de politesse] : *je sollicite de votre bienveillance un entretien* I beg to request an interview *sout*.

bienveillant, e [bjɛ̃vejɑ̃, ɑ̃t] adj [personne] benevolent, kindly ; [regard, sourire] kind, kindly, gentle.

bienvenu, e [bjɛ̃vny] ◆ adj opportune, apposite. ◆ nm, f : *être le bienvenu* to be welcome / *soyez les bienvenus dans notre ville* welcome to our city / *tu seras toujours la bienvenue chez nous* you'll always be welcome here, we'll always be pleased to have you with us / *cet argent était vraiment le bienvenu* that money was most welcome.
◆ **bienvenue** nf welcome ▸ **souhaiter la bienvenue à qqn** to welcome sb / *bienvenue à toi, ami !* welcome to you, my friend !
◆ **de bienvenue** loc adj [discours] welcoming ; [cadeau] welcome *(modif)*.

bière [bjɛʀ] nf **1.** [boisson] beer ▸ **bière blanche** wheat beer ▸ **bière blonde** lager ▸ **bière brune** brown ale UK, dark beer US ▸ **bière (à la) pression** draught UK ou draft US beer ▸ **c'est de la petite bière** *fam* it's small beer *fam* ou nothing / *ce n'est pas de la petite bière* it's quite something **2.** [cercueil] coffin, casket US ▸ **mettre qqn en bière** to place sb in his / her coffin.

biface [bifas] nm ARCHÉOL flint, biface.

biffage [bifaʒ] nm crossing ou scoring ou striking out.

biffe [bif] nf *arg mil* ▸ **la biffe** *nickname of the French infantry.*

biffer [3] [bife] vt to cross ou to score ou to strike out *(sép)*.

biffin [bifɛ̃] nm *arg mil* foot soldier, footslogger.

biffure [bifyʀ] nf crossing out, stroke / *faire des biffures sur une lettre* to cross things out in a letter.

bifide [bifid] adj bifid.

bifidus [bifidys] nm BIOL bifidus ▸ **yaourt au bifidus** live yoghurt.

bifilaire [bifilɛʀ] adj bifilar.

bifocal, e, aux [bifɔkal, o] adj bifocal.

bifteck [biftɛk] nm **1.** [tranche] (piece of) steak / *un bifteck dans le filet* a piece of fillet steak / *un bifteck dans la hampe* a (piece of) steak cut off the flank ▸ **un bifteck haché** a beefburger ▸ **défendre / gagner son bifteck** to look after / to earn one's bread and butter **2.** [catégorie de viande] steak / *du bifteck haché* (best) mince UK, lean ground beef US.

bifurcation [bifyʀkasjɔ̃] nf **1.** [intersection] fork, junction, turn-off **2.** [changement] change (of course).

bifurquer [3] [bifyʀke] vi **1.** TRANSP [route] to fork, to branch off, to bifurcate *sout* ; [conducteur] to turn off / *on a alors bifurqué sur Lyon* we then turned off towards Lyon / *bifurquer à gauche* to take the left fork, to fork left, to turn left **2.** [changer] to branch off (into), to switch to / *il a bifurqué vers la politique* he branched out into politics.

bigame [bigam] ◆ adj bigamous. ◆ nmf bigamist.

bigamie [bigami] nf bigamy.

bigarade [bigaʀad] nf bitter ou Seville orange.

bigaradier [bigaʀadje] nm bitter ou Seville orange tree.

bigarré, e [bigaʀe] adj [vêtement, fleur] variegated, multicoloured UK, multicolored US, parti-coloured UK, parti-colored US ; [foule] colourful UK, colorful US.

bigarreau, x [bigaʀo] nm bigarreau (cherry).

bigarrer [3] [bigaʀe] vt *litt* [colorer] to variegate, to colour in many shades.

bigarrure [bigaʀyʀ] nf variegation, multicoloured effects.

big band [bigbɑ̃d] nm big band.

big(-)bang *(pl* **big(-)bang**), **bigbang*** [bigbɑ̃g] nm FIN & PHYS big bang.

big crunch [bigkʀœnʃ] nm ▸ **le big crunch** the Big Crunch.

bigler [3] [bigle] *fam* ◆ vi to squint. ◆ vt [regarder] to (take a) squint at, to eye.
◆ **bigler sur** v + prép *fam* to eye (with greed).

bigleux, euse [biglø, øz] *fam* ◆ adj short-sighted. ◆ nm, f short-sighted person.

bigophone [bigɔfɔn] nm *fam* [téléphone] phone, blower UK, horn US ▸ **coup de bigophone** ring / *passe-moi un coup de bigophone* give me a ring UK ou buzz.

bigophoner [bigɔfɔne] vi *fam* to phone.

bigorneau, x [bigɔʀno] nm periwinkle, winkle.

bigorner [3] [bigɔʀne] vt *tfam* [défoncer - moto] to smash up *(sép)*.
◆ **se bigorner** vp *(emploi réciproque) tfam* to scrap, to fight.

bigot, e [bigo, ɔt] ◆ adj [dévot] sanctimonious, holier-than-thou. ◆ nm, f (religious) bigot.

bigoterie [bigɔtʀi] nf (religious) bigotry.

bigouden [bigudɛn] ◆ adj from the Bigouden area (of Brittany). ◆ nm Bigouden (woman's) headgear. ◆ nf Bigouden woman.

bigoudi [bigudi] nm curler, roller / *(se) mettre des bigoudis* to put one's hair into curlers ou rollers / *elle est sortie en bigoudis* she went out with her hair in curlers ou rollers.

bigourdan, e [biguʀdɑ̃, an] adj from Bigorre.
◆ **Bigourdan, e** nm, f *inhabitant of or person from Bigorre.*

bigre [bigʀ] interj *vieilli* gosh, my.

bigrement [bigʀəmɑ̃] adv [très] jolly UK, mighty US / *il fait bigrement froid ici* it's jolly ou mighty cold in here / *il faut être bigrement culotté* you have to have a hell of a nerve / *ça a bigrement changé* it has changed a heck of a lot.

biguine [bigin] nf beguine.

Bihar [biaʀ] npr GÉOGR ▸ **le Bihar** Bihar.

bihebdomadaire [biɛbdɔmadɛʀ] adj biweekly, semi-weekly.

bijectif, ive [biʒɛktif, iv] adj bijective.

bijection [biʒɛksjɔ̃] nf bijection.

bijou, x [biʒu] nm **1.** [parure] jewel ▸ **bijoux de famille** family jewels ou jewellery ▸ **bijoux fantaisie** costume jewellery **2.** [fleuron] gem / *un bijou de l'art rococo* a gem of Rococo art **3.** *fam* [en appellatif] : *bonjour, mon bijou* hello precious ou my love.

bijouterie [biʒutʀi] nf **1.** [bijoux] jewels, jewellery **2.** [magasin] jeweller's UK ou jeweler's US (shop), jeweler's (store) US **3.** [industrie] jewellery UK ou jewelry US business **4.** [technique] jewellery-making UK, jewelry-making US.

bijoutier, ère [biʒutje, ɛʀ] nm, f jeweller UK, jeweler US.

Bikini® [bikini] nm bikini.

bilabiale [bilabjal] ◆ adj f bilabial. ◆ nf bilabial (consonant).

bilabié, e [bilabje] adj bilabiate.

bilame [bilam] nm bimetallic strip.

bilan [bilɑ̃] nm **1.** FIN balance sheet, statement of accounts ▸ **dresser** ou **faire le bilan** to draw up the balance sheet ▸ **porter un article au bilan** to put an item into the balance ▸ **bilan de l'exercice** end-of-year balance sheet **2.** [appréciation] appraisal, assessment / *quand on fait le bilan de sa vie* when one takes stock of ou when one assesses one's (lifetime) achievements / *quel est le bilan de ces discussions ?* what is the end result of these talks ?, what have these talks amounted to ? / *le bilan définitif fait état de 20 morts* the final death toll stands at 20 ▸ **un bilan économique positif** positive economic results **3.** MÉD ▸ **bilan (de santé)** (medical) check-up / *se faire faire un bilan (de santé)* to have a check-up.

bilatéral, e, aux [bilateʀal, o] adj bilateral, two-way.

bilatéralement [bilateʀalmɑ̃] adv bilaterally.

bilatéralité [bilateʀalite] nf bilateralism.

bilboquet [bilbɔkɛ] nm cup-and-ball game.

bile [bil] nf **1.** ANAT bile **2.** *fam* EXPR ▸ **décharger** ou **épancher sa bile sur qqn** to vent one's spleen on sb ▸ **se faire de la bile** to fret / *je me suis fait beaucoup de bile pour toi* I worried myself sick about you / *te fais pas de bile* don't you fret ou worry.

biler [3] [bile] ◆ **se biler** vpi *fam* [s'inquiéter] to fret, to worry o.s. sick / *ne te bile pas pour lui* don't get all

* In reformed spelling (see p. 16-19).

worked up ou don't worry yourself sick about him ▸ **te bile pas!** no problem!

bileux, euse [bilø, øz] adj *fam* easily worried / *je n'ai jamais été du genre bileux* I never was one to worry about things, I never was much of a worrier.

bilharzie [bilaʀzi] nf bilharzia, schistosome.

bilharziose [bilaʀzjoz] nf bilharziasis, schistosomiasis.

biliaire [biljɛʀ] adj biliary.

bilié, e [bilje] adj bilious.

bilieux, euse [biljø, øz] adj **1.** [pâle - teint] bilious, sallow, yellowish **2.** [colérique - personne, tempérament] testy, irascible **3.** *sout* [inquiet] anxious.

biligenèse [biliʒənɛz] nf biliation.

bilinéaire [bilineɛʀ] adj bilinear.

bilingue [bilɛ̃g] ◆ adj bilingual. ◆ nmf bilingual speaker.

bilinguisme [bilɛ̃gɥism] nm bilingualism.

bilirubine [biliʀybin] nf bilirubin.

billard [bijaʀ] nm **1.** [jeu] billiards *(sg)* / *faire un billard* to play a game of billiards ▸ **billard américain** pool ▸ **billard anglais** bagatelle **2.** [salle] billiard room UK, poolroom US **3.** [meuble] billiard UK ou pool US table ▸ **billard électrique a)** [jeu] pinball **b)** [machine] pinball machine **4.** *fam* [table d'opération] : *une fois qu'on est sur le billard* once you're on the operating table ▸ **monter** ou **passer sur le billard** to be operated (on), to have an operation ▸ **faire passer qqn sur le billard** to open sb up / *quand est-ce que tu passes sur le billard?* when are you going under the knife?

bille [bij] nf **1.** JEUX [de verre] marble ▸ **placer ses billes** to get o.s. in ▸ **reprendre ses billes** to pull out *(of a deal)* ▸ **toucher sa bille en** *fam* to be bloody UK *tfam* ou darned US good at / *en mécanique, je touche pas ma bille* I haven't got a clue about mechanics ; [de billard] ball ▸ **être chauve comme une bille de billard** to be bald as a coot UK ou as an egg US **2.** *fam* [tête] ▸ **avoir une bonne bille** to look a good sort / *avoir une bille de clown* to have a funny face **3.** [de bois] billet, log (of wood).

❖ **à bille** loc adj [crayon, stylo] ball-point *(modif)* ; [déodorant] roll-on *(avant nom)*.

❖ **bille en tête** loc adv straight, straightaway / *il est allé bille en tête se plaindre à la direction* he went straight to the management with a complaint.

biller [3] [bije] vt to ball-test.

billet [bijɛ] nm **1.** LOISIRS & TRANSP ticket / *billet d'avion / de train / de concert / de loterie* plane / train / concert / lottery ticket ▸ **voyageurs munis de billets** ticket holders ▸ **retenez** ou **réservez les billets à l'avance** book ahead ▸ **billet aller** ou **simple** single ticket UK, single UK, one-way ticket US ▸ **billet aller-retour** return UK ou roundtrip US ticket ▸ **billet circulaire** day return (ticket) UK, roundtrip ticket US ▸ **billet de faveur** complimentary ticket **2.** FIN ▸ **billet (de banque)** note UK, banknote UK, bill US, bankbill US / *le nouveau billet de 10 euros* the new 10-euro note ou bill / *le billet est un faux* this note is a forgery ▸ **un billet** *vieilli* [dix francs] ten francs ▸ **billet à ordre** promissory note, note of hand ▸ **billet au porteur** bearer bill ▸ **le billet vert** the dollar, the US currency ▸ **faux billet** forged banknote **3.** [message] note ▸ **billet doux** ou **galant** billet doux, love letter ▸ **billet d'humeur** PRESSE column **4.** MIL ▸ **billet de logement** billet **5.** EXPR **donner** ou **flanquer** *fam* ou **ficher** *fam* **son billet à qqn que…** : *je te donne* ou *flanque* ou *fiche mon billet que tu te trompes* I bet my bottom dollar ou my boots that you're wrong / *elle est enceinte, je t'en fiche mon billet* *tfam* I bet you anything she's pregnant.

billette [bijɛt] nf billet, log.

billetterie [bijɛtʀi] nf **1.** TRANSP & LOISIRS [opérations] ticket distribution ; [guichet] ticket office ▸ **billetterie automatique** ticket machine **2.** BANQUE [distributeur] cash dispenser.

billettiste [bijɛtist] nmf **1.** [vendeur] ticket seller **2.** [journaliste] columnist.

billevesées [bilvəze] nfpl *litt* nonsense, twaddle.

billion [biljɔ̃] nm **1.** [million de millions] billion UK, trillion US **2.** *vieilli* [milliard] milliard UK, billion US.

billot [bijo] nm [de bourreau, d'enclume] block / *finir* ou *périr sur le billot* to be beheaded.

bilobé, e [bilɔbe] adj bilobate, bilobed.

biloculaire [bilɔkylɛʀ] adj bilocular.

bimane [biman] adj bimanous.

bimbeloterie [bɛ̃blɔtʀi] nf **1.** [babioles] knick-knacks **2.** [commerce] fancy goods business.

bimbelotier, ère [bɛ̃blɔtje, ɛʀ] nm, f **1.** [fabricant] fancy goods manufacturer **2.** [vendeur] fancy goods dealer.

bimbo [bimbo] nf *fam & péj* bimbo.

bimensuel, elle [bimɑ̃sɥɛl] adj twice monthly, fortnightly UK, semimonthly US.

❖ **bimensuel** nm [revue] fortnightly review UK, semimonthly US.

bimestre [bimɛstʀ] nm two-month period.

bimestriel, elle [bimɛstʀijɛl] adj bimonthly.

❖ **bimestriel** nm [revue] bimonthly.

bimétallique [bimetalik] adj bimetallic.

bimétallisme [bimetalism] nm bimetallism.

bimillénaire [bimilenɛʀ] nm bimillenary.

bimoteur [bimɔtœʀ] ◆ adj m twin-engined. ◆ nm twin-engined plane ou aircraft.

binage [binaʒ] nm harrowing, hoeing.

binaire [binɛʀ] adj INFORM & MATH binary.

binational, e, aux [binasjɔnal, o] ◆ adj with dual nationality. ◆ nm, f person with dual nationality.

biner [3] [bine] vt to harrow, to hoe.

binette [binɛt] nf **1.** AGR hoe **2.** *fam* [visage] mug **3.** QUÉBEC INFORM smiley.

bineuse [binøz] nf cultivator.

bing [biŋ] onomat thwack, smack.

bingo [bingo] nm & interj bingo.

biniou [binju] nm (Breton) bagpipes *(pl)*.

binoclard, e [binɔklaʀ, aʀd] ◆ adj ▸ **être binoclard** to wear specs. ◆ nm, f *fam* : *c'est une binoclarde* she wears specs UK.

binocle [binɔkl] nm [lorgnon] pince-nez.

❖ **binocles** nmpl *fam* [lunettes] specs UK, glasses.

binoculaire [binɔkylɛʀ] adj binocular.

binôme [binom] nm binomial.

binomial, e, aux [binomjal, o] adj binomial.

bin's [bins], **binz** [binz] nm *fam* **1.** [désordre] mess / *quel binz sur ton bureau!* your desk is a complete mess! **2.** [situation compliquée] hassle / *c'est tout un binz pour aller chez elle* it's such a hassle getting to her place.

bintje [bintʃ] nf bintje potato.

bio [bjo] adj inv [nourriture, style de vie] organic.

biobibliographie [bjɔbiblijɔgʀafi] nf biobibliography.

biocarburant [bjɔkaʀbyʀɑ̃] nm biomass fuel.

biocénose, biocœnose [bjɔsenoz] nf ÉCOL biocenosis.

biochimie [bjɔʃimi] nf biochemistry.

biochimique [bjɔʃimik] adj biochemical.

biochimiste [bjɔʃimist] nmf biochemist.

biocide [bjɔsid] adj biocide.

bioclimat [bjɔklima] nm bioclimate.

bioclimatique [bjɔklimatik] adj bioclimatic.

bioclimatologie [bjɔklimatɔlɔʒi] nf bioclimatology.

biocompatible [bjɔkɔ̃patibl] adj biocompatible.

bioconversion [bjɔkɔ̃vɛʀsjɔ̃] nf bioconversion.

biodégradabilité [bjɔdegʀadabilite] nf biodegradability.

biodégradable [bjɔdegʀadabl] adj biodegradable.

biodégradation [bjɔdegʀadasjɔ̃] nf biodegradation.

biodesign [bjɔdizajn] nm bio-design.

biodiesel, biodiésel* [bjɔdjezɛl] nm biodiesel.

biodiversité [bjɔdivɛʀsite] nf biodiversity.

biodynamique [bjɔdinamik] adj biodynamic.

bioélectricité [bjɔelɛktʀisite] nf bioelectricity.

bioénergétique [bjɔenɛʀʒetik] adj bioenergetic.

bioénergie [bjɔenɛʀʒi] nf bioenergetics.

bioéthique [bjɔetik] nf bioethics.

bio-feedback [bjɔfidbak] nm biofeedback.

biogenèse [bjɔʒənɛz] nf biogenesis.

biogénétique [bjɔʒenetik] adj biogenetic.

biogéographie [bjɔʒeɔgʀafi] nf biogeography.

biogéographique [bjɔʒeɔgʀafik] adj biogeographical.

biographe [bjɔgʀaf] nmf biographer.

biographie [bjɔgʀafi] nf biography ▸ **biographie officielle** authorized biography.

biographique [bjɔgʀafik] adj biographical.

bio-industrie [bjoɛ̃dystʀi] *(pl* **bio-industries***)* nf bioindustry.

bio-informatique [bjoɛ̃fɔʀmatik] *(pl* **bio-informatiques***)* nf biocomputing.

biologie [bjɔlɔʒi] nf biology ▸ **biologie animale / végétale** animal / plant biology ▸ **biologie cellulaire / médicale / moléculaire** cellular / medical / molecular biology.

biologique [bjɔlɔʒik] adj **1.** BIOL biological **2.** [naturel - produit, aliment] natural, organic.

biologiste [bjɔlɔʒist] nmf biologist.

bioluminescence [bjɔlyminesɑ̃s] nf bioluminescence.

biomagnétisme [bjɔmaɲetism] nm biomagnetism.

biomasse [bjɔmas] nf biomass.

biomatériau, x [bjɔmateʀjo] nm biomaterial.

biomécanique [bjɔmekanik] nf biomechanics *(U)*.

biomédecine [bjɔmedsin] nf biomedicine.

biomédical, e, aux [bjɔmedikal, o] adj biomedical.

biométrie [bjɔmetʀi] nf biometry, biometrics *(U)*.

biométrique [bjɔmetʀik] adj biometric.

biomoléculaire [bjɔmɔlekylɛʀ] adj biomolecular.

biomorphique [bjɔmɔʀfik] adj biomorphic.

biomorphisme [bjɔmɔʀfism] nm biomorphism.

bionique [bjɔnik] nf bionics *(U)*.

biophysicien, enne [bjɔfizisjɛ̃, ɛn] nmf biophysicist.

biophysique [bjɔfizik] nf biophysics *(U)*.

biopic [bjopik] nm biopic.

biopiratage [bjopiʀataʒ] nm = **biopiraterie**.

biopiraterie [bjɔpiʀatʀi] nf biopiracy.

biopsie [bjɔpsi] nf biopsy.

biorythme [bjɔʀitm] nm biorhythm.

biosciences [bjɔsjɑ̃s] nfpl bioscience.

biosécurité [bjɔsekyʀite] nf biosecurity.

biosphère [bjɔsfɛʀ] nf biosphere.

biosynthèse [bjɔsɛ̃tɛz] nf biosynthesis.

biotechnologie [bjɔtɛknɔlɔʒi], **biotechnique** [bjɔtɛknik] nf biotechnology.

biotechnologique [bjɔtɛknɔlɔʒik], **biotechnique** [bjɔtɛknik] adj biotechnological.

bioterrorisme [bjɔtɛʀɔʀism] nm bioterrorism.

bioterroriste [bjɔtɛʀɔʀist] adj & nmf bioterrorist.

biothérapie [bjɔteʀapi] nf biotherapy.

biotique [bjɔtik] adj biotic.

biotope [bjɔtɔp] nm biotope.

biotype [bjɔtip] nm biotype.

biotypologie [bjɔtipɔlɔʒi] nf biotypology.

biovigilance [bjoviʒilɑ̃s] nf **1.** [concernant les biotechnologies] GM monitoring **2.** [concernant les prélèvements biologiques] *monitoring the health and safety of biological samples, removed organs, etc.*

bioxyde [bjɔksid] nm dioxide.

bip [bip] nm **1.** [signal sonore] beep / *«parlez après le bip (sonore)»* "please speak after the beep ou tone" ▸ **émettre un bip** to bleep **2.** [appareil] pager, beeper.

bipale [bipal] adj twin-bladed.

biparti, e [biparti], **bipartite** [bipartit] adj **1.** BOT bipartite **2.** POL bipartite, two-party *(avant nom).*

bipartisme [bipartism] nm bipartism, two-party system.

bipartition [bipartisjɔ̃] nf bipartition.

bipasse [bipas] nm by-pass.

bip-bip [bipbip] (*pl* **bips-bips**) nm bleep, bleeping sound ou tone ▸ **faire bip-bip** to bleep.

❖ **Bip-Bip** npr [personnage de dessin animé] Road Runner.

bipède [bipɛd] adj & nm biped.

bipenne [bipɛn] ◆ adj two-winged. ◆ nf twin-edged axe.

biper [3] [bipe] vt to page.

biphasé, e [bifaze] adj diphasic, two-phase *(avant nom).*

bipied [bipje] nm bipod.

biplace [biplas] ◆ adj two-seat *(avant nom).* ◆ nm two-seater.

biplan [biplɑ̃] nm biplane.

bipolaire [bipɔlɛʀ] adj bipolar.

bipolarisation [bipɔlaʀizasjɔ̃] nf bipolarization.

bipolarisé, e [bipɔlaʀize] adj bipolarized.

bipolarité [bipɔlaʀite] nf bipolarity.

bipoutre [biputʀ] adj twin-boom.

bippeur [bipœʀ] nm = **bip.**

bique [bik] nf **1.** ZOOL nanny-goat **2.** *fam & péj* [femme] ▸ **vieille bique** old bag ou cow.

biquet, ette [bikɛ, ɛt] nm, f **1.** ZOOL kid **2.** [en appellatif] ▸ **mon biquet** *fam* my pet.

biquotidien, enne [bikɔtidjɛ̃, ɛn] adj twice-daily.

birapport [biʀapɔʀ] nm anharmonic ratio.

birbe [biʀb] nm *litt & péj* ▸ **vieux birbe** old fuddy-duddy ou stick-in-the-mud.

BIRD [bœʀd] (abr de **Banque internationale pour la reconstruction et le développement**) npr f IBRD.

birdie [bœʀdi] nm GOLF birdie.

biréacteur [biʀeaktœʀ] nm twin-engined jet.

biréfringence [biʀefʀɛ̃ʒɑ̃s] nf birefringence.

biréfringent, e [biʀefʀɛ̃ʒɑ̃, ɑ̃t] adj birefringent.

Bir Hakeim [biʀakɛm] npr *scene of the heroic resistance of the Free French Forces against Rommel during the North African Campaign (June 1942).*

birman, e [biʀmɑ̃, an] adj Burmese.

❖ **Birman, e** nm, f Burmese ▸ **les Birmans** the Burmese.

❖ **birman** nm LING Burmese.

Birmanie [biʀmani] npr f ▸ **(la) Birmanie** Burma.

biroute [biʀut] nf **1.** AÉRON windsock, wind cone ou sleeve **2.** *vulg* [pénis] cock, prick.

bis[1] [bis] ◆ adv **1.** MUS repeat, twice **2.** [dans une adresse] ▸ **13 bis** 13 A. ◆ interj [à un spectacle] encore / *chanter une chanson en bis* to sing ou to give an encore.

bis[2], **e** [bi, biz] adj [couleur] greyish-brown UK, grayish-brown US ▸ **pain bis** brown bread.

bisaïeul, e [bizajœl] nm, f great-grandfather (great-grandmother).

bisannuel, elle [bizanɥɛl] adj [tous les deux ans] biennial.

bisbille [bizbij] nf *fam* tiff.

❖ **en bisbille** loc adv *fam* at loggerheads ou odds / *on est longtemps restés en bisbille* we were at loggerheads for a long time.

bisbrouille [bisbʀuj] nf BELG tiff.

biscaïen, enne, biscayen, enne [biskajɛ̃, ɛn] adj Biscayan.

❖ **Biscaïen, enne, Biscayen, enne** nm, f Biscayan.

❖ **biscaïen, biscayen** nm **1.** LING Biscayan **2.** *arch* [fusil] musket.

Biscaye [biskaj] npr Biscay ; ⟶ **golfe.**

biscayen [biskajɛ̃] = **biscaïen.**

biscôme [biskom] nm SUISSE *Swiss gingerbread.*

biscornu, e [biskɔʀny] adj **1.** [irrégulier - forme] irregular, misshapen **2.** [étrange - idée] cranky, queer, weird ; [- esprit, raisonnement] twisted, tortuous.

biscoteaux, biscotos [biskɔto] nmpl *fam* biceps.

biscotte [biskɔt] nf ▸ **des biscottes** *toasted bread sold in packets and often eaten for breakfast.*

biscotterie [biskɔtʀi] nf *factory where "biscottes" are made.*

biscuit [biskɥi] ◆ nm **1.** [gâteau sec] biscuit UK, cookie US ▸ **biscuit pour chien** dog biscuit ▸ **biscuit à la cuiller** ladyfinger, sponge finger ▸ **biscuit de mer** cuttlefish bone ▸ **biscuit salé** savoury biscuit UK, cracker US **2.** [gâteau] ▸ **biscuit glacé** Neapolitan ice cream ▸ **biscuit roulé** Swiss roll ▸ **biscuit de Savoie** sponge cake **3.** [porcelaine] biscuit, bisque. ◆ adj inv biscuit-coloured.

biscuiter [3] [biskɥite] vt INDUST to make into biscuit.

biscuiterie [biskɥitʀi] nf **1.** [usine] biscuit UK ou cookie US factory **2.** [industrie] biscuit UK ou cookie US trade.

bise [biz] ◆ f ⟶ **bis** *(adj).* ◆ nf **1.** GÉOGR North ou northerly wind **2.** [baiser] kiss / *donne-moi* ou *fais-moi une bise* give me a kiss / *se faire la bise* to give one another a kiss ▸ **grosses bises** [dans une lettre] love and kisses.

biseau, x [bizo] nm bevel ▸ **en biseau** bevelled UK, beveled US.

biseautage [bizotaʒ] nm [du bois, du verre] bevelling UK, beveling US.

biseauter [3] [bizote] vt **1.** [bois, verre] to bevel **2.** JEUX ▸ **biseauter les cartes** to mark the cards.

biset [bizɛ] nm rock pigeon ou dove.

bisexualité [bisɛksɥalite] nf bisexuality, bisexualism US.

bisexué, e [bisɛksɥe] adj bisexual.

bisexuel, elle [bisɛksɥɛl] adj bisexual.

Bismarck [bismaʀk] npr Bismarck.

bismuth [bismyt] nm MÉD & MÉTALL bismuth.

bismuthine [bismytin] nf bismuthinite, bismuth glance.

bison [bizɔ̃] nm **1.** [d'Amérique] American buffalo ou bison **2.** [d'Europe] European bison, wisent.

Bison Futé [bizɔ̃fyte] npr *organization giving details of road conditions, traffic congestion, etc.*

bisontin, e [bizɔ̃tɛ̃, in] adj from Besançon.

❖ **Bisontin, e** nm, f *inhabitant of Besançon.*

bisou [bizu] nm *fam* kiss / *donne-moi* ou *fais-moi un bisou* give me a kiss.

bisque [bisk] nf bisque ▸ **bisque de homard** lobster bisque.

bisquer [3] [biske] vi *fam* to be riled ou nettled ▸ **bisque, bisque, rage!** I win! *(gloating exclamation of victory)* ▸ **faire bisquer qqn** to rile ou nettle sb.

Bissau [biso] npr GÉOGR Bissau.

bisse [bis] nm SUISSE irrigation canal *(in the Valais region).*

bissecteur, trice [bisɛktœʀ, tʀis] adj bisecting.

❖ **bissectrice** nf bisector, bisectrix.

bissection [bisɛksjɔ̃] nf bisection, bisecting.

bisser [3] [bise] vt [suj: spectateur] to encore ; [suj: artiste] to do again.

bissextile [bisɛkstil] adj f ⟶ **année.**

bistouri [bistuʀi] nm lancet.

bistre [bistʀ] adj inv & nm bistre.

bistré, e [bistʀe] adj brownish.

bistrer [3] [bistʀe] vt to colour with bistre.

bistro(t) [bistʀo] nm ≃ café ; ≃ pub UK ; ≃ bar US ; *(comme adj inv)* ▸ **chaise / table bistrot** bistrot-style chair / table.

Bistrot

This word can refer either to a small café or to a cosy restaurant, especially one frequented by regulars. The **style bistrot** refers to a style of furnishing inspired by the chairs, tables and zinc countertops typical of the traditional **bistrot**.

bistrotier, ère [bistʀɔtje, ɛʀ] nm, f *fam* café owner.

bisulfate [bisylfat] nm bisulphate.

bisulfite [bisylfit] nm bisulphite.

bisulfure [bisylfyʀ] nm disulphide, bisulphide.

bit [bit] nm INFORM bit / *nombre de bits par pouce / seconde* bits per inch / second.

BIT (abr de **Bureau international du travail**) npr m ILO.

bite [bit] nf *vulg* prick, cock.

bitension [bitɑ̃sjɔ̃] nf dual tension.

biterrois, e [bitɛʀwa, az] adj from Béziers.

❖ **Biterrois, e** nm, f *inhabitant of Béziers.*

bithérapie [biteʀapi] nf bitherapy, dual therapy.

bitoniau [bitɔnjo] nm *fam* thingy.

bitos [bitos] nm *tfam* hat.

bitrate [bitʀat] nm INFORM bitrate.

bitte [bit] nf **1.** NAUT bitt ▸ **bitte d'amarrage** bollard **2.** *vulg* [pénis] = **bite.**

bitter [bitɛʀ] nm bitters *(pl).*

bitture [bityʀ] nf *tfam* ▸ **prendre une bitture** to go on a bender, to get plastered / *il (se) tenait une de ces bittures!* he got really plastered!

bitturer [3] [bityʀe] ❖ **se bitturer** vpi *tfam* to get plastered.

bitumage [bitymaʒ] nm asphalting, bituminizing.

bitume [bitym] nm **1.** MIN bitumen **2.** TRAV PUB asphalt, bitumen **3.** *fam* [trottoir] pavement UK, sidewalk US ▸ **sur le bitume a)** [sans abri] out on the street **b)** [sans ressources] on Skid Row.

bitumé, e [bityme] adj asphalted, bituminized.

bitumer [3] [bityme] vt to asphalt, to bituminize.

bitumineux, euse [bityminø, øz] adj bituminous.

biture [bityʀ] *tfam* = **bitture.**

biturer [bityʀe] = **bitturer.**

biunivoque [biynivɔk] adj ▸ **correspondance biunivoque** one-to-one mapping.

bivalence [bivalɑ̃s] nf [gén & LOGIQUE] bivalence ; CHIM bivalency.

bivalent, e [bivalɑ̃, ɑ̃t] adj bivalent.

bivalve [bivalv] ◆ adj bivalve. ◆ nm bivalve.

bivouac [bivwak] nm bivouac.

bivouaquer [3] [bivwake] vi to bivouac, to set up camp overnight.

biz TEXTO (abr écrite de **bises**) KOTC, HAK.

bizarre [bizaʀ] ◆ adj [comportement, personne, idée, ambiance] odd, peculiar, strange / *tu ne le trouves pas bizarre?* don't you think he's strange? / *je l'ai trouvé bizarre ce matin-là* I thought he was behaving oddly that morning / *c'est un type vraiment bizarre fam* he's an odd bod UK ou a weirdo / *c'est bizarre, ce que tu me dis* what you're telling me is funny ou strange / *elle s'habille de manière bizarre* she has a strange ou wayward sense of dress / *se sentir bizarre* to feel (a bit) funny. ◆ nm : *le bizarre dans l'histoire, c'est que…* what's really strange is that…

bizarrement [bizaʀmɑ̃] adv oddly, strangely, peculiarly / *bizarrement, ce matin-là, il ne s'était pas rasé* for some strange reason, he hadn't shaved that morning.

bizarrerie [bizaʀʀi] nf **1.** [caractère bizarre] strangeness / *la bizarrerie de son comportement* the strangeness of his behaviour **2.** [action bizarre] eccentricity / *ses bizarreries ne me surprennent plus* his eccentricities no longer surprise me.

bizarroïde [bizaʀɔid] adj *fam* odd, weird, bizarre.

bizou [bizu] *fam* = **bisou.**

bizut [bizy] nm *arg scol* fresher UK, freshman US *(liable to ragging).*

bizutage [bizytaʒ] nm *arg scol practical jokes played on new arrivals in a school or college* ; ≃ ragging UK ; ≃ hazing US.

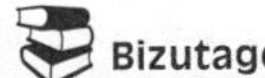

Bizutage

In some French schools and colleges, students take to the streets in fancy-dress and play practical jokes on each other and on passers-by at the beginning of the school year. This is part of the traditional initiation ceremony known as **bizutage**.

bizuter [3] [bizyte] vt *arg scol* ≃ to rag UK ; ≃ to haze US / *se faire bizuter* to be ragged.

bizuth [bizy] *arg scol* = **bizut.**

bjr abr écrite de **bonjour.**

bla-bla(-bla) *(pl* **bla-bla** *ou* **bla-bla-bla**), **bla-bla(bla)*** [blabla(bla)] nm blah, claptrap / *arrête ton bla-bla-bla!* stop talking rubbish UK ou trash US ! ▸ **c'est du bla-bla-bla** that's just a lot of waffle UK ou nonsense.

black [blak] adj *fam* black.
❖ **Black** nmf *fam* Black.

black-bass [blakbas] nm inv black bass.

blackboulage [blakbulaʒ] nm blackballing.

blackbouler [3] [blakbule] vt [candidat] to blackball / *se faire blackbouler* to be blackballed / *il s'est fait blackbouler à son examen* they failed him at his exam.

black jack [blak(d)ʒak] nm blackjack.

blacklister, black-lister [blakliste] vt to blacklist.

black-out *(pl* **black-out**), **blackout*** [blakaut] nm blackout.

black-rot [blakRɔt] *(pl* **black-rots**) nm black rot.

blafard, e [blafaR, aRd] adj pallid, wan *litt.*

blague [blag] nf **1.** [histoire] joke / *il est toujours à dire des blagues* he's always joking **2.** [duperie] hoax, wind-up UK ▸ **c'est une blague?** are you kidding?, you can't be serious! / *elle dit qu'elle va démissionner mais c'est de la blague* she says she'll resign but that's all guff ou hot air / *elle a eu des triplés — sans blague!* *fam* she had triplets — never ou no kidding / *vous allez arrêter, non mais, sans blague!* *fam* will you PLEASE give it a rest! ▸ **blague à part** kidding ou joking apart, in all seriousness / *blague à part, c'est un homme très agréable* seriously, though, ou joking apart, he's a very nice man **3.** [farce] (practical) joke, trick / *ça n'est pas une blague à faire!* that's FUNNY! ▸ **il m'a fait une mauvaise** ou **sale blague** he played a nasty trick on me **4.** [maladresse] blunder, boob UK, blooper US ▸ **faire une blague** to boob UK, to make a blooper US ; [sottise] silly ou stupid thing (to do) / *je vous laisse seuls deux minutes, pas de blagues!* I'm leaving you alone for two minutes, so no funny business!
❖ **blague à tabac** nf tobacco pouch.

blaguer [3] [blage] *fam* ◆ vi to joke / *je ne blague plus!* I'm serious! / *j'aime bien blaguer* I like a joke ▸ **tu blagues?** you're kidding! ◆ vt to tease ▸ **blaguer qqn sur qqch** to tease sb about sthg.

blagueur, euse [blagœR, øz] *fam* ◆ adj [enfant, expression] joking, teasing. ◆ nm, f joker, prankster.

blair [blɛR] nm *tfam* nose, conk UK, schnozz US.

blaireau, x [blɛRo] nm **1.** ZOOL badger **2.** [pour se raser] shaving brush **3.** *fam & péj* [homme conformiste] ≃ Essex man UK ; ≃ Joe Sixpack US.

blairer [4] [blɛRe] vt *tfam* : *personne ne peut le blairer* no one can stand ou stick UK him.

blâmable [blamabl] adj blameworthy.

blâme [blam] nm **1.** [condamnation] disapproval *(U)* ▸ **rejeter le blâme sur qqn** to put the blame on sb ▸ **s'attirer** ou **encourir le blâme de qqn** to incur sb's disapproval **2.** ADMIN & ÉDUC reprimand ▸ **recevoir un blâme** to be reprimanded ▸ **donner un blâme à qqn** to reprimand sb.

blâmer [3] [blame] vt **1.** [condamner] to blame / *je ne le blâme pas d'avoir agi ainsi* I don't blame him for having acted that way / *il ne faut pas l'en blâmer* he should not be blamed for it **2.** ADMIN & ÉDUC [élève, fonctionnaire] to reprimand.

blanc, blanche [blɑ̃, blɑ̃ʃ] adj **1.** [couleur] white ▸ **avoir les cheveux blancs** to be white-haired ou snowy-haired *litt* / *à 40 ans, j'étais déjà toute blanche* at 40 years of age I was already white-haired ou all my hair had already turned white / *que tu es blanc!* how pale you look! / *être blanc de peau* to be white-skinned ou pale-skinned ▸ **être blanc de rage** to be white ou livid with rage ▸ **être blanc comme un cachet d'aspirine** *fam & hum* [non bronzé] to be completely white ▸ **blanc comme un linge** white as a sheet ▸ **blanc comme le lis** lily-white ▸ **blanc comme neige a)** *pr* snow-white, (as) white as snow, (as) white as the driven snow **b)** *fig* (as) pure as the driven snow / *elle est sortie du procès blanche comme neige* she came out of the trial as pure as the driven snow ou with her reputation intact / *le pouvoir se veut blanc comme neige* the authorities are trying to look as innocent as the lamb ▸ **d'une voix blanche** in a monotone ▸ **le Mont Blanc** Mont Blanc **2.** [race] white, Caucasian ; [personne] white, white-skinned, Caucasian / *les quartiers blancs de la ville* the white areas of town **3.** [vierge] blank ▸ **elle a remis (une) copie blanche** she handed in a blank sheet of paper ▸ **écrire sur du papier blanc** to write on plain ou unlined paper ▸ **vote blanc** blank vote **4.** [examen] mock **5.** [innocent] innocent, pure / *il n'est pas aussi blanc qu'il en a l'air* he's not as innocent as he looks / *il n'est pas sorti tout blanc de l'affaire* he hasn't come out of this business untarnished **6.** CULIN [sauce, viande] white **7.** [verre] plain **8.** LITTÉR [vers] blank **9.** ACOUST & ÉLECTR white.
❖ **blanc** ◆ nm **1.** [couleur] white / *le blanc lui va bien* she looks good in white ▸ **blanc cassé** off-white ▸ **aller du blanc au noir** ou **passer du blanc au noir** to go from one extreme to the other **2.** [matière blanche] ▸ **blanc** [fard] white makeup powder ▸ **blanc de baleine** spermaceti ▸ **blanc de chaux** whitewash ▸ **blanc d'Espagne** whiting **3.** [cornée] ▸ **blanc de l'œil** white of the eye ▸ **regarder qqn dans le blanc des yeux** to look sb straight in the eye **4.** CULIN ▸ **blanc d'œuf** egg white, white of an egg ▸ **blanc de poireau** white of leek ▸ **blanc de poulet** chicken breast / *dans le poulet, je préfère le blanc* when I have chicken, I like the white meat ou the breast best ▸ **blancs d'œufs battus** whipped egg whites **5.** [linge] ▸ **le blanc** (household) linen ▸ **un magasin de blanc** a linen shop / *faire une machine de blanc* to do a machine-load of whites **6.** [vin] white wine / *boire du blanc* to drink white wine ▸ **un blanc sec** a dry white wine / *un petit blanc* *fam* [verre] a glass of white wine ▸ **blanc de blancs** blanc de blancs *(white wine from white grapes)* ▸ **blanc cassis** kir *(made with blackcurrant cordial rather than crème de cassis)* **7.** [espace libre] blank space, blank, space ; [dans une conversation] blank ▸ **laissez un blanc** leave a blank ou space **8.** BOT mildew. ◆ adv : *il a gelé blanc la semaine dernière* there was some white frost last week ▸ **voter blanc** to return a blank vote ▸ **un jour il dit blanc, l'autre il dit noir** one day he says yes, the next day he says no ▸ **il dit blanc aux uns et noir aux autres** he says one thing to one person and another thing to someone else ▸ **l'un dit blanc, l'autre dit noir** one (of them) says one thing, the other says the opposite.
❖ **Blanc, Blanche** nm, f **1.** ANTHR white ou Caucasian man (woman) / *il a épousé une Blanche* he married a white woman ▸ **les Blancs** white people ▸ **petit Blanc** poor white / *les petits Blancs* white trash *péj* **2.** HIST [en Russie] White Russian ; [en France] Bourbon supporter *(in post-revolutionary France)* ▸ **les Blancs et les Bleus** *Chouan insurgents and Republican soldiers during the French Revolution.*
❖ **blanche** nf **1.** MUS minim UK, half note US **2.** [bille] white (ball) **3.** *arg crime* [héroïne] ▸ **la blanche** smack **4.** [eau-de-vie] colourless spirit.
❖ **à blanc** ◆ loc adj [cartouche] blank ▸ **une balle à blanc** a blank ▸ **tir à blanc** firing blanks, blank rounds. ◆ loc adv **1.** ARM ▸ **tirer à blanc** to fire blanks **2.** [à un point extrême] ▸ **chauffer à blanc** to make white-hot.
❖ **en blanc** ◆ loc adj **1.** [chèque, procuration] blank **2.** [personne] : *une mariée en blanc* a bride wearing white ▸ **les hommes en blanc** (hospital) doctors. ◆ loc adv [peindre, colorer] white ; [s'habiller, sortir] in white ▸ **laisser une ligne / page en blanc** to leave a line / page blank / *tu vas te marier en blanc?* will you wear white?

blanc-bec [blɑ̃bɛk] *(pl* **blancs-becs**) nm greenhorn ▸ **jeune blanc-bec** young whippersnapper.

blanchâtre [blɑ̃ʃatR] adj [mur] offwhite, whitish ; [nuage] whitish ; [teint] pallid.

blanche [blɑ̃ʃ] f ⟶ **blanc.**

Blanche-Neige [blɑ̃ʃnɛʒ] npr Snow White / **'Blanche-Neige et les sept nains'** *Grimm* 'Snow White and the Seven Dwarfs'.

blanchet [blɑ̃ʃɛ] nm IMPR blanket.

blancheur [blɑ̃ʃœR] nf **1.** [couleur] whiteness / *ces draps sont d'une blancheur douteuse* these sheets aren't very white / *ses mains avaient la blancheur du lis* she had lily-white hands **2.** *litt* [pureté] purity, innocence.

blanchiment [blɑ̃ʃimɑ̃] nm **1.** [décoloration, nettoyage - d'un mur] whitewashing ; [- d'un tissu] bleaching **2.** [de l'argent] laundering **3.** [barbe, cheveux] ? **4.** HORT (industrial) blanching.

blanchir [32] [blɑ̃ʃiR] ◆ vt **1.** [couvrir de blanc] to whiten, to turn white ▸ **blanchir à la chaux** to whitewash / *le gel a blanchi les champs* the frost has turned the fields white ; [décolorer] to turn white, to bleach / *le temps a blanchi ses cheveux* time has turned his hair white **2.** [nettoyer - linge] to launder / *donner ses draps à blanchir* to take one's sheets to be laundered ou cleaned / *être logé, nourri et blanchi* to get bed and board and to have one's laundry done **3.** [innocenter] to exonerate, to clear / *il est sorti complètement blanchi des accusations portées contre lui* he was cleared of the charges laid against him ; [argent] : *blanchir l'argent de la drogue* to launder money made from drug trafficking / *ces sommes sont blanchies dans l'immobilier* this money is laundered by investing it in real estate **4.** CULIN to blanch ; HORT [légumes, salade] to blanch (industrially) **5.** IMPR [texte, page] to space, to space out *(sép).* ◆ vi [barbe, cheveux] to turn white / *elle a blanchi très jeune* her hair turned white when she was still very young / *blanchir de rage* to turn ashen-faced with rage ▸ **blanchir sous le harnais** ou **harnois** *litt* to go grey in the saddle.
❖ **se blanchir** vp *(emploi réfléchi)* to exonerate o.s., to clear one's name ▸ **se blanchir d'une accusation** to clear one's name of an allegation.

blanchissage [blɑ̃ʃisaʒ] nm **1.** [nettoyage] laundering / *porter ses draps au blanchissage* to take one's sheets to the laundry **2.** [raffinage] refining.

blanchissant, e [blɑ̃ʃisɑ̃, ɑ̃t] adj **1.** [produit] whitening **2.** [cheveux, barbe] greying UK, graying US.

blanchissement [blɑ̃ʃismɑ̃] nm [nettoyage d'un tissu] cleaning, bleaching ▸ **blanchissement à la chaux** whitewashing.

blanchisserie [blɑ̃ʃisRi] nf laundry / *envoyer ses draps à la blanchisserie* to send one's sheets away to be laundered ou cleaned.

blanchisseur, euse [blɑ̃ʃisœR, øz] nm, f launderer, laundryman (laundrywoman).

blanchon [blɑ̃ʃɔ̃] nm ZOOL whitecoat *(baby seal).*

blanc-manger [blɑ̃mɑ̃ʒe] *(pl* **blancs-mangers**) nm *almond milk jelly.*

blanc-seing [blɑ̃sɛ̃] *(pl* **blancs-seings**) nm paper signed in blank ▸ **donner son blanc-seing à qqn** *pr & fig* to give sb carte blanche.

blanquette [blɑ̃kɛt] nf **1.** [vin] ▸ **blanquette de Limoux** *sparkling white wine* **2.** CULIN blanquette ▸ **blanquette de veau** blanquette of veal.

blase [blaz] nm *tfam* **1.** [nom] handle, moniker **2.** [nez] beak, hooter UK, schnozz US.

* In reformed spelling (see p. 16-19).

blasé, e [blaze] ◆ adj blasé. ◆ nm, f blasé person ▸ **jouer les blasés** to act as if one's seen it all.

blaser [3] [blaze] vt to make blasé.
❖ **se blaser** vpi to become blasé.

blason [blazɔ̃] nm **1.** [écu] arms, blazon ▸ **salir** ou **ternir son blason** to tarnish one's reputation, to blot one's copy-book UK ▸ **redorer son blason a)** [ses finances] to restore the family fortune *(by marrying into money)* **b)** [son prestige] to polish up one's image **2.** [héraldique] heraldry.

blasonner [blazɔne] vt to blazon.

blasphémateur, trice [blasfematœʀ, tʀis] ◆ adj [personne] blaspheming ; [acte, parole] blasphemous. ◆ nm, f blasphemer.

blasphématoire [blasfematwaʀ] adj blasphemous.

blasphème [blasfɛm] nm blasphemy.

blasphémer [18] [blasfeme] ◆ vi to blaspheme. ◆ vt *litt* : *blasphémer le nom de Dieu* to take God's name in vain.

In reformed spelling (see p. 16-19), this verb is conjugated like **semer**: ***il blasphèmera, elle blasphèmerait.***

blastoderme [blastɔdɛʀm] nm blastoderme.

blastogenèse [blastɔʒənɛz] nf blastogenesis.

blastomère [blastɔmɛʀ] nm blastomere.

blastomycète [blastɔmisɛt] nm member of the Blastomycetes.

blastomycose [blastɔmikoz] nf blastomycosis.

blatérer [18] [blateʀe] vi [bélier] to bleat ; [chameau] to bray.

In reformed spelling (see p. 16-19), this verb is conjugated like **semer**: ***il blatèrera, il blatèrerait.***

blatte [blat] nf cockroach.

blaze [blaz] *tfam* = **blase**.

blazer [blazɛʀ] nm blazer.

blé [ble] nm **1.** BOT wheat ▸ **blé dur** durum wheat ▸ **blé noir** buckwheat ▸ **blé en herbe** wheat in the blade ▸ **blés** *litt* [champs] wheatfields **2.** *tfam* [argent] dosh UK, dough US.

bled [blɛd] nm **1.** *fam* [petit village] small village ; *péj* dump, hole ▸ **un petit bled paumé** a little place out in the sticks ou the middle of nowhere **2.** [en Afrique du Nord] ▸ **le bled** the interior of the country ▸ **aller dans le bled** to go up-country.
❖ **Bled** nm ▸ **le Bled** *book used to teach French spelling and grammar in primary schools.*

blême [blɛm] adj pale, wan *litt*, ashen-faced ▸ **blême de peur / rage** ashen-faced with fear / rage.

blêmir [32] [blemiʀ] vi to blanch, to (turn) pale ▸ **blêmir de peur / rage** to go ashen-faced with fear / rage.

blêmissement [blemismɑ̃] nm paling, blanching.

blende [blɛ̃d] nf blende.

blennie [bleni] nf blenny.

blennorragie [blenɔʀaʒi] nf blennorrhagia, gonorrhoea UK gonorrhea US.

blennorragique [blenɔʀaʒik] adj blennorrhagic.

blennorrhée [blenɔʀe] nf blennorrhoea UK blennorrhea US.

blèsement [blɛzmɑ̃] nm lisping.

bléser [18] [bleze] vi to lisp.

In reformed spelling (see p. 16-19), this verb is conjugated like **semer**: ***elle blèsera, il blèserait.***

blessant, e [blesɑ̃, ɑ̃t] adj wounding, hurtful ▸ **se montrer blessant envers qqn** to hurt sb's feelings.

blessé, e [blese] ◆ adj **1.** [soldat] wounded ; [accidenté] injured / *blessé au genou* hurt in the knee **2.** [vexé - amour-propre, orgueil, personne] hurt. ◆ nm, f [victime - d'un accident] injured person ; [- d'une agression] wounded person ▸ **les blessés de la route** road casualties ▸ **blessé léger / grave** slightly / severely injured person ▸ **grand blessé** severely injured person ▸ **blessé de guerre a)** [en service] wounded soldier **b)** [après la guerre] wounded veteran.

blesser [4] [blese] vt **1.** [au cours d'un accident] to injure, to hurt ; [au cours d'une agression] to injure, to wound / *il a été blessé par balle* he was hit by a bullet, he sustained a bullet-wound ▸ **blesser qqn avec un couteau** to inflict a knife-wound on sb / *être blessé d'un coup de couteau* to be stabbed ou knifed / *elle est blessée à la jambe* she has a leg injury, her leg's hurt / *être blessé dans un accident de voiture* to be injured in a car accident / *il a été blessé à la guerre* he was wounded in the war, he has a war-wound **2.** [partie du corps] to hurt, to make sore / *son sac à dos lui a blessé l'épaule* her rucksack hurt her shoulder ▸ **des chaussures qui blessent a)** [par compression] shoes that pinch **b)** [par frottement] shoes that chafe **3.** [offenser] to offend, to upset / *tu l'as blessé avec tes questions* you hurt his feelings with your questions / *tes paroles m'ont blessé* I felt hurt by what you said ▸ **blesser qqn dans son amour-propre** to hurt sb's pride **4.** *litt* [aller contre - convenances, vérité] to offend ; [- intérêts] to harm.
❖ **se blesser** vpi to injure ou to hurt o.s. / *elle s'est blessée au bras* she injured ou hurt her arm.

blessure [blesyʀ] nf **1.** [lésion] wound, injury / *blessure grave / légère / mortelle* severe / slight / fatal injury ▸ **blessure superficielle** flesh wound / *nettoyer une blessure* to clean out a wound / *c'était avant ma blessure* it was before I was injured ▸ **blessure en séton** seton wound **2.** [offense] wound ▸ **une blessure d'amour-propre** a blow to one's pride ou self-esteem.

blet, ette [blɛ, blɛt] adj mushy, overripe.
❖ **blette** = **bette**.

blettir [32] [bletiʀ] vi to become mushy ou overripe.

blettissement [bletismɑ̃] nm : *pour empêcher le blettissement des poires* to stop pears becoming mushy ou overripe.

bleu, e [blø] ◆ adj **1.** [coloré] blue / *avoir les yeux bleus* to have blue eyes, to be blue-eyed / *avoir le menton bleu* *fig* to have a five o'clock shadow **2.** [meurtri, altéré] blue, bruised / *il a les lèvres bleues* his lips are blue / *son bras était tout bleu* his arm was black and blue ▸ **bleu de froid** blue with cold **3.** CULIN very rare / *le steak doit être servi bleu* you should serve the steak very rare **4.** EXPR ▸ **avoir une peur bleue** to have the fright of one's life, to be terrified ▸ **avoir une peur bleue de qqch / qqn** to be terrified ou scared stiff of sthg / sb. ◆ nm, f *fam* [gén] newcomer, greenhorn ; MIL rookie, raw recruit ; ÉDUC new boy (new girl) ; [à l'université] fresher UK freshman US.
❖ **bleu** nm **1.** [couleur] blue / *peindre un mur en bleu* to paint a wall blue ▸ **admirer le bleu du ciel / de la mer** to admire the blueness of the sky / sea ▸ **bleu clair** light blue ▸ **bleu foncé** dark blue ▸ **bleu acier** steel blue ▸ **bleu ardoise** slate blue ▸ **bleu canard** peacock blue ▸ **bleu ciel** sky blue ▸ **bleu (de) cobalt** cobalt blue ▸ **bleu indigo** (indigo) blue ▸ **bleu horizon** sky blue ▸ **bleu lavande** lavender blue ▸ **bleu marine** navy blue ▸ **bleu de méthylène** MÉD methylene blue ▸ **bleu noir** blue black ▸ **bleu nuit** midnight blue ▸ **bleu outremer** ultramarine ▸ **bleu pastel** powder blue ▸ **bleu pervenche** periwinkle blue ▸ **bleu pétrole** petrol blue ▸ **bleu de Prusse** Prussian blue ▸ **bleu roi** royal blue ▸ **bleu turquoise** turquoise ▸ **bleu vert** blue green ▸ **le grand bleu** the blue depths of the sea ▸ **il n'y a vu que du bleu** *fam* he didn't notice a thing ou was none the wiser **2.** [ecchymose] bruise / *se faire un bleu* to get a bruise / *se faire un bleu à la cuisse* to bruise one's thigh ▸ **être couvert de bleus** to be black and blue, to be covered in bruises **3.** VÊT ▸ **bleu (de travail)** (worker's denim) overalls UK coveralls US ▸ **bleu de chauffe** boiler suit UK work overalls **4.** [fromage] blue cheese / *bleu de Bresse* blue cheese **5.** HIST soldier of the Republic *(during the French Revolution)* **6.** [pour la lessive] blue, blueing / *passer du linge au bleu* to blue laundry **7.** *vieilli* ▸ **petit bleu** telegram.
❖ **bleue** nf **1.** ▸ **la grande bleue** the Mediterranean (sea) **2.** EXPR ▸ **en voir de bleues** to go through a lot.
❖ **au bleu** ◆ loc adj CULIN : *truite au bleu* trout au bleu. ◆ loc adv CULIN ▸ **cuire** ou **faire un poisson au bleu** to cook a fish au bleu.

bleuâtre [bløatʀ] adj bluish, bluey.

bleuet [bløɛ] nm **1.** [fleur] cornflower **2.** QUÉBEC [fruit] blueberry, huckleberry.

bleuetière [bløɛtjɛʀ] nf QUÉBEC blueberry field.

bleuir [32] [bløiʀ] ◆ vi to turn ou to go blue. ◆ vt to turn blue.

bleuissement [bløismɑ̃] nm : *empêcher le bleuissement des chairs* to stop the flesh turning ou going blue.

bleusaille [bløzaj] nf *arg mil* ▸ **la bleusaille** the rookies.

bleuté, e [bløte] adj [pétale, aile] blue-tinged ; [lentille, verre] blue-tinted.

blindage [blɛ̃daʒ] nm **1.** [revêtement] armour plate ou plating ; [fait de blinder] armouring **2.** ÉLECTR screening, shielding **3.** [d'une porte] reinforcing **4.** MIN timbering.

blindé, e [blɛ̃de] adj **1.** [voiture, tank, train] armoured, armour-clad, armour-plated ; [brigade, division] armoured **2.** [renforcé - porte, paroi] reinforced **3.** *fam* [insensible] hardened **4.** *tfam* [ivre] plastered, sloshed UK.
❖ **blindé** nm MIL [véhicule] armoured UK ou armored US vehicle ▸ **les blindés** the armour UK the armor US ; [soldat] *member of a tank regiment.*

blinder [3] [blɛ̃de] vt **1.** [contre les agressions] to armour UK to armor US **2.** [renforcer - porte] to reinforce, to armour-plate UK to armor-plate US **3.** ÉLECTR to shield **4.** MIN to timber **5.** *fam* [endurcir] to toughen (up), to harden / *le genre d'éducation qui vous blinde pour la vie* the sort of education that gives you a thick skin for the rest of your life.
❖ **se blinder** vpi **1.** *tfam* [s'enivrer] to drink o.s. into a stupor **2.** *fam* [s'endurcir] to toughen o.s. up.

bling-bling [blingbling] ◆ adj *fam* bling-bling, bling / *la génération bling-bling* the bling-bling generation. ◆ nm ▸ **le bling-bling** bling-bling, bling / *il fait dans le bling-bling maintenant* he's gone all bling-bling.

blini [blini] nm blini.

blinquer [blɛ̃ke] BELG ◆ vt to polish. ◆ vi to shine.

blister [blistɛʀ] nm blister pack.

Blitz [blitz] npr m ▸ **le Blitz** HIST the Blitz.

blizzard [blizaʀ] nm blizzard.

bloc [blɔk] nm **1.** [masse - de pierre] block ; [- de bois, de béton] block, lump / *le fronton a été fait dans un seul bloc* the pediment was hewn from a single block ▸ **être tout d'un bloc a)** [en un seul morceau] to be made of a single block **b)** [trapu] to be stockily built **c)** [direct] to be simple and straightforward **d)** [inflexible] to be unyielding **2.** [de papier] pad ▸ **bloc de bureau / papier** desk / writing pad ▸ **bloc calendrier** tear-off calendar ▸ **bloc à dessins** sketch block ▸ **bloc à en-tête** headed notepad **3.** INFORM ▸ **bloc de calcul** arithmetic unit ▸ **bloc de mémoire** memory bank **4.** [installation] ▸ **bloc frigorifique** refrigeration unit ▸ **bloc opératoire a)** [salle] operating theatre UK ou room US **b)** [locaux] surgical unit **5.** [maisons] block **6.** [ensemble] block / *deux blocs adverses* two opposing factions ou blocks ▸ **former un bloc a)** [sociétés] to form a grouping **b)** [amis, alliés] to stand together **c)** [composants] to form a single whole ▸ **faire bloc** to form a block ▸ **faire bloc avec / contre qqn** to stand (together) with / against sb ▸ **le bloc des pays de l'Est** ou **soviétique** HIST the Eastern ou Soviet bloc / *le bloc des pays de l'Ouest* ou *occidental* the Western Alliance ▸ **le Bloc national** *the centre-right group which governed France from November 1919 until May 1924* **7.** ÉCON & FIN ▸ **bloc monétaire** monetary bloc **8.** GÉOL ▸ **bloc erratique** erratic (block) **9.** *arg crime* [prison] nick UK slammer ▸ **allez, au bloc!** lock him up !
❖ **à bloc** loc adv : *visser une vis à bloc* to screw a screw down hard / *fermer une manette à bloc* to turn a tap hard off / *serrer le frein à bloc* to pull the brakes on hard / *gonfler un pneu à bloc* to blow a tyre right up UK to blow a tire all the way up US / *remonter une pendule à bloc* to wind a clock right UK ou all the way US up ▸ **il est gonflé** ou **remonté à bloc** *fam* he's on top form ou full of beans / *ne le provoque pas, il est remonté à bloc!* leave him alone, he's already wound up !
❖ **en bloc** loc adv as a whole / *j'ai tout rejeté en bloc* I rejected it lock, stock and barrel, I rejected the whole thing / *condamner une politique en bloc* to condemn a policy outright.

blocage [blɔkaʒ] nm **1.** [arrêt - des freins] locking, jamming on ; [- d'un écrou] tightening (up) ; [SPORT - de la balle] blocking, trapping **2.** ÉCON [des loyers, des tarifs] freeze / *blocage des prix et des salaires* freeze on wages and prices **3.** PSYCHOL block, blockage ▸ **faire un blocage sur qqch** to block sthg off **4.** CONSTR rubble, infill.

blocaille [blɔkaj] nf rubble.

bloc-cuisine [blɔkkɥizin] (*pl* **blocs-cuisines**) nm kitchen unit.

bloc-cylindres [blɔksilɛ̃dʀ] (*pl* **blocs-cylindres**) nm cylinder block.

bloc-diagramme [blɔkdjagʀam] (*pl* **blocs-diagrammes**) nm GÉOGR block diagram.

bloc-eau [blɔko] (*pl* **blocs-eaux**) nm plumbing unit.

bloc-évier [blɔkevje] (*pl* **blocs-éviers**) nm sink unit.

block [blɔk] nm RAIL block system.

blockbuster [blɔkbœstœʀ] nf **1.** [film] blockbuster **2.** [médicament] blockbuster drug.

blockhaus [blɔkos] nm blockhouse ; [de petite taille] pillbox.

bloc-moteur [blɔkmɔtœʀ] (*pl* **blocs-moteurs**) nm engine block.

bloc-notes [blɔknɔt] (*pl* **blocs-notes**) nm notepad, scratchpad US.

blocus [blɔkys] nm blockade / *faire le blocus d'une ville* to blockade a city ▸ **blocus économique** / **naval** economic / naval blockade ▸ **le Blocus continental** HIST the Continental System.

blog [blɔg] nm INFORM blog.

blogosphère [blɔgɔsfɛʀ] nf blogosphere.

blogroll [blɔgʀɔl] nf INTERNET blogroll.

blogueur, euse [blɔgœʀ, øz] nm, f INFORM blogger.

blond, e [blɔ̃, blɔ̃d] ◆ adj **1.** [chevelure] blond, fair ; [personne] blond, fair-haired ▸ **blond platine** ou **platiné** platinum blond ▸ **blond ardent** ou **roux** ou **vénitien** light auburn ▸ **blond cendré** ash blond / *des cheveux blond cendré* ash blond hair ▸ **blond filasse** flaxen-haired ▸ **blond comme les blés** golden-haired **2.** [jaune pâle] pale yellow, golden, honey-coloured. ◆ nm, f blonde, fair-haired man (woman) / *une blonde incendiaire* a bombshell / *une blonde décolorée* a peroxide blonde / *une blonde platine* a platinum blonde.

❖ **blond** nm [couleur - des cheveux] blond colour ; [- du sable] golden colour / *ses cheveux sont d'un blond très clair* she has light blond hair.

❖ **blonde** nf **1.** [cigarette] Virginia cigarette **2.** [bière] lager **3.** QUÉBEC [amie] girlfriend.

blondasse [blɔ̃das] adj *péj* yellowish / *elle est blondasse* she's blondish.

blondeur [blɔ̃dœʀ] nf fairness, blondness, blondeness.

blondinet, ette [blɔ̃dinɛ, ɛt] ◆ adj blond-haired, fair-haired. ◆ nm, f little blond-haired ou fair-haired child.

blondir [32] [blɔ̃diʀ] ◆ vi **1.** [personne, cheveux] to go fairer **2.** CULIN ▸ **faire blondir des oignons** to fry onions gently until transparent **3.** *litt* [feuille, blé] to turn gold. ◆ vt ▸ **blondir ses cheveux a)** [à l'eau oxygénée] to bleach one's hair **b)** [par mèches] to put highlights in one's hair.

bloom [blum] nm MÉTALL bloom.

bloquer [3] [blɔke] vt **1.** [caler - table] to wedge, to stop wobbling ▸ **bloque la porte a)** [ouverte] wedge the door open **b)** [fermée] wedge the door shut / *c'est le tapis qui bloque la porte* the carpet's jamming the door ▸ **bloquer une roue a)** [avec une cale] to put a block under ou to chock a wheel **b)** [avec un sabot de Denver] to clamp a wheel / *la roue est bloquée* the wheel is locked ou jammed ▸ **la porte est bloquée** the door is stuck ou jammed **2.** [serrer fort - vis] to screw down hard, to overtighten ; [- frein] to jam on, to lock **3.** [entraver] ▸ **bloquer le passage** ou **la route** to block ou to obstruct *sout* the way / *pousse-toi, tu me bloques le passage* move, you're (standing) in my way ▸ **être bloqué dans l'ascenseur** to be stuck in the lift UK ou elevator US / *je suis bloqué à la maison avec un gros rhume* I'm stuck at home with a bad cold ▸ **les pourparlers sont bloqués** the negotiations are at a standstill ou have reached an impasse **4.** [empêcher l'accès à - ville, point stratégique] to block, to seal off (*sép*) / *la neige bloque les routes* the roads are blocked by the snow ▸ **bloqué par la neige** snowbound / *bloqué par les glaces* icebound **5.** *fam* [retenir - une personne] to hold up (*sép*) **6.** ÉCON [loyers, prix, salaires] to freeze ; FIN [compte] to freeze ; [chèque] to stop ; POL [mesure, vote] to block / *le ministre a fait bloquer les crédits* the minister imposed a restriction on funding **7.** [réunir] to group together / *on va bloquer les activités sportives le matin* we'll have all sports events in the morning **8.** PSYCHOL to cause ou to produce a (mental) block in / *ça la bloque* she has a mental block about it / *il est bloqué sur le plan sexuel* he's sexually repressed **9.** SPORT ▸ **bloquer la balle a)** [au basket] to block the ball **b)** [au football] to trap the ball **10.** BELG *fam* [étudier - examen] to cram for, to swot for UK, to grind away for US ; [- matière] to cram, to swot up UK (*sép*), to grind away at US **11.** QUÉBEC [échouer à - examen] to fail, to flunk **12.** CONSTR to fill (with rubble).

❖ **se bloquer** vpi **1.** [clef] to jam, to stick, to get stuck ; [roue] to jam ; [machine, mécanisme] to jam, to get stuck ; [frein, roue] to jam, to lock **2.** [personne - ne pas communiquer] to close in on o.s. ; [- se troubler] to have a mental block / *je me bloque quand on me parle sur ce ton* my mind goes blank ou I freeze when somebody speaks to me like that.

blottir [32] [blɔtiʀ] vt **1.** [poser] ▸ **blottir sa tête contre l'épaule de qqn** to lay one's head on sb's shoulder **2.** *fig* ▸ **être blotti** : *ferme blottie au fond de la vallée* farmhouse nestling in the bottom of the valley.

❖ **se blottir** vpi to curl ou to cuddle ou to snuggle up ▸ **blotti sous mes couvertures** snug in my blankets.

blousant, e [bluzɑ̃, ɑ̃t] adj loose, loose-fitting / *la tunique se porte blousante* the tunic is worn tucked loosely into the waist.

blouse [bluz] nf **1.** [à l'école] *smock formerly worn by French schoolchildren* ; [pour travailler] overalls ; [à l'ancienne, de paysan] smock ; [corsage] blouse **2.** [d'un médecin] white coat ; [d'un chimiste, d'un laborantin] lab coat ▸ **les blouses blanches** doctors and nurses.

blouser [3] [bluze] ◆ vt **1.** *vieilli* [au billard] to pot, to pocket **2.** *fam* [tromper] to con, to trick / *je me suis fait blouser* I've been conned, I was had. ◆ vi to be loose-fitting, to fit loosely ▸ **faire blouser un chemisier** to pull a blouse out a bit at the waist.

blouson [bluzɔ̃] nm (short) jacket ▸ **blouson d'aviateur** bomber jacket ▸ **blousons dorés** rich young thugs ▸ **les blousons noirs** *young louts in black leather jackets.*

blue-jean [bludʒin] (*pl* **blue-jeans**) nm (pair of) jeans.

blues [bluz] nm **1.** blues (*sg*) / *chanter le blues* to sing the blues **2.** *fam* [mélancolie] blues ▸ **avoir le blues** to have the blues.

bluet [blyɛ] nm cornflower ; QUÉBEC blueberry.

bluette [blyɛt] nf **1.** *vieilli* [ouvrage] pretty little story **2.** *vieilli* [étincelle] sparklet.

bluff [blœf] nm bluff / *ne le crois pas, c'est du bluff!* don't believe him, he's just bluffing !

bluffer [3] [blœfe] vt & vi to bluff.

bluffeur, euse [blœfœʀ, øz] ◆ adj bluffing. ◆ nm, f bluffer.

blush [blœʃ] nm blusher.

blutage [blytaʒ] nm bolting, boulting.

bluter [3] [blyte] vt to bolt, to boult.

BNF npr f abr de **Bibliothèque nationale de France.**

BO (abr de **bande originale**) nf soundtrack.

boa [bɔa] nm **1.** ZOOL boa ▸ **boa constricteur** boa constrictor **2.** VÊT boa.

boat people [botpipœl] nm inv (South East Asian) refugee / *les boat people* the boat people.

bob [bɔb] nm **1.** [chapeau] sun hat **2.** = **bobsleigh.**

bobard [bɔbaʀ] nm *fam* fib / *raconter des bobards* to fib *tfam*, to tell fibs.

bobèche [bɔbɛʃ] nf [d'un bougeoir] candle ring ▸ **se monter la bobèche** *fam & vieilli* to get all worked up.

bobet [bɔbɛ] adj SUISSE *fam* silly.

bobinage [bɔbinaʒ] nm **1.** [enroulage] winding, reeling **2.** ÉLECTR coil.

bobine [bɔbin] nf **1.** TEXT bobbin, reel, spool / *une bobine de fil* a reel of thread **2.** ÉLECTR coil ▸ **bobine d'induction** induction coil **3.** CINÉ & PHOT reel ▸ **une bobine de pellicule** a roll of film **4.** AUTO ▸ **bobine d'allumage** ignition coil **5.** *fam* [visage] face, mug / *quand je pense à la bobine qu'il va faire!* I can hardly wait to see (the look on) his face !

❖ **en bobine** loc adv : *rester en bobine fam* to be left in the lurch.

bobiner [3] [bɔbine] vt **1.** COUT & TEXT to reel, to spool, to wind **2.** ÉLECTR to coil **3.** PÊCHE to reel in (*sép*).

bobinette [bɔbinɛt] nf *arch* wooden latch.

bobineur, euse [bɔbinœʀ, øz] nm, f winder, winding operative.

❖ **bobineur** nm [d'une machine à coudre] bobbin winder.

❖ **bobineuse** nf winding machine, coiler.

bobinoir [bɔbinwaʀ] nm winding machine.

bobo [bobo] nm *langage enfantin* [égratignure] scratch ; [bosse] bump ▸ **faire bobo (à qqn)** to hurt (sb) / *se faire bobo* to hurt o.s. / *il n'y a pas de bobo, tout le monde va bien?* no one hurt, everybody OK ?

bobonne [bɔbɔn] nf *fam & péj* wife, old girl ou lady / *sa femme, c'est une vraie bobonne* his wife's the housewife-in-curlers type / *bobonne, t'es prête?* ready, Missus ?

bobsleigh [bɔbslɛg] nm bobsleigh, bobsled US.

bocage [bɔkaʒ] nm **1.** GÉOGR bocage *(countryside with small fields and many hedges)* **2.** *litt* [bois] copse, coppice, thicket.

bocager, ère [bɔkaʒe, ɛʀ] adj ▸ **pays** / **paysage bocager** country / landscape of small fields and hedges.

bocal, aux [bɔkal, o] nm **1.** [pour les conserves] jar, bottle / *manger des fruits en bocaux* to eat bottled ou preserved fruit / *mettre des haricots verts en bocaux* to preserve ou to bottle green beans **2.** [aquarium] fishbowl, bowl **3.** EXPR ▸ **se remplir** *fam* / **se rincer** *fam* **le bocal** to stuff / to drink o.s. silly.

Boccace [bɔkas] npr Boccaccio.

boche [bɔʃ] nmf *tfam, vieilli & injur* Boche ▸ **les boches** the Boche.

Bochiman [bɔʃimɑ̃] npr mpl Bushman, Bushmen.

bock [bɔk] nm [récipient] ≃ (half-pint) beer glass ; [contenu] glass of beer.

bodhisattva [bɔdisatva] nm bodhisattva.

body (*pl* **bodys** *ou* **bodies**) [bɔdi] nm body(suit).

body art [bɔdiaʀt] nm body art.

bodyboard [bɔdibɔʀd] nm SPORT bodyboarding.

bodybuildé, e [bɔdibilde] adj *fam* muscly.

bodybuilding, body-building [bɔdibildiŋ] (*pl* **bodybuildings** *ou* **body-buildings**) nm ▸ **le bodybuilding** body building.

Boer [buʀ] npr m ▸ **les Boers** the Boers.

bœuf [bœf] (*pl* **bœufs** [bø]) ◆ nm **1.** ZOOL [de trait] ox ; [de boucherie] bullock, steer ▸ **bœuf musqué** musk ox ▸ **il a un bœuf sur la langue a)** [on l'a payé] somebody's bought his silence **b)** [il ne veut rien dire] he's keeping his own counsel ▸ **fort comme un bœuf** as strong as an ox ▸ **saigner comme un bœuf** to bleed profusely ▸ **souffler comme un bœuf** to wheeze ou to pant (heavily) **2.** CULIN beef ▸ **bœuf bourguignon** bœuf ou beef bourguignon ▸ **bœuf gros sel** ≃ boiled beef and vegetables (with sea salt) ▸ **bœuf (à la) mode** boiled beef and carrots **3.** *fam* MUS jam session ▸ **faire un bœuf** to have a jam session, to jam. ◆ adj inv ▸ **effet bœuf** : *elle a fait un effet bœuf* she made quite a splash.

bof [bɔf] interj *fam term expressing lack of interest or enthusiasm* / *tu as aimé le film? — bof!* did you like the film ? — it was all right I suppose ▸ **la bof génération** *in* *the seventies, the young who didn't seem to be interested in anything.*

BOF [bɔf, beœf] (abr de **Beurre, Œufs, Fromages**) nm HIST *name given to black market profiteers during the Occupation of France.*

bogey [bɔgɛ] nm SPORT bogey.

boggie [bɔgi] = **bogie.**

boghei [bɔgɛ] nm buggy (carriage).

bogie [bɔʒi] nm RAIL bogie, bogy.

Bogotá [bɔgɔta] npr Bogota.

bogue¹ [bɔg] nf BOT chestnut bur.

bogue², bug [bɔg], [bœg] nm INFORM bug / *le bogue de l'an 2000* the millennium bug.

boguet [bɔgɛ] nm SUISSE [cyclomoteur] moped.

bohème [bɔɛm] ◆ adj bohemian / *lui, c'est le genre bohème* he's the artistic type. ◆ nmf bohemian. ◆ nf ▸ **la bohème** the bohemian ou artistic way of life / **'la Bohème'** *Puccini* 'la Bohème'.

Bohême [bɔɛm] npr f ▸ **(la) Bohême** Bohemia.

bohémien, enne [bɔemjɛ̃, ɛn] adj Bohemian.
❖ **Bohémien, enne** nm, f **1.** [de Bohême] Bohemian **2.** *péj* [nomade] gipsy, traveller.

boille [bwaj] = **bouille.**

boire¹ [bwaʀ] nm ▸ **il en oublie** ou **perd le boire et le manger** he's becoming totally distracted.

boire² [108] [bwaʀ] ◆ vt **1.** [avaler] to drink / *boire de l'eau / de la bière* to drink water / beer ▸ **boire un coup** *fam* ou **pot** *fam* ou **verre** to have a drink ou jar UK / *elle a tout bu d'un coup* she gulped it all down / *boire un coup de trop* to have one too many / *donne-nous quelque chose à boire* give us a drink ou something to drink / *commander* ou *demander quelque chose à boire* to order a drink / *prenez et buvez-en tous, car ceci est mon sang* BIBLE take ye all and drink of it for this is my blood ; *(en usage absolu)* ▸ **il buvait à petits coups** ou **à petites gorgées** he was sipping his drink ▸ **ça se boit comme du petit-lait** it goes down a treat UK ou like silk US ▸ **boire du lait** ou **du petit-lait** to lap it up ▸ **boire les paroles de qqn** : *il buvait ses paroles* he was lapping up everything she said ▸ **boire la tasse a)** *fam* [en nageant] to swallow water **b)** [perdre de l'argent] to lose a lot of money **c)** [faire faillite] to go under **2.** [absorber] to absorb, to soak up *(sép)* / *les géraniums ont bu toute l'eau* the geraniums soaked up ou drank all the water. ◆ vi **1.** [s'hydrater] to drink, to take in a liquid / *vous ne buvez pas assez* you don't drink enough liquids ▸ **fais-le boire** [malade, enfant, animal] give him a drink ou something to drink / *s'arrêter pour faire boire les chevaux* to stop and water the horses / *tant qu'elle a de la fièvre, faites-la boire abondamment* if she's feverish make sure she gets plenty of liquid ▸ **il y a à boire et à manger là-dedans a)** [dans un verre] there are bits floating in the glass **b)** *fig* it's a bit of a mixed bag ▸ **boire jusqu'à plus soif** to drink one's fill **2.** [pour fêter un événement] ▸ **boire à** to toast / *nous buvons à ta santé* we're drinking to ou toasting your health **3.** [pour s'enivrer] to drink ▸ **il boit trop** he has a drink problem / *il a toujours aimé boire* he's always enjoyed a drink / *elle s'est mise à boire après la mort de son mari* she started drinking when her husband died / *il boit bien* ou *sec* *fam* he's a rather heavy drinker / *elle l'a fait boire pour qu'il avoue* she got him drunk so that he'd confess ▸ **boire comme une éponge** ou **un tonneau** ou **un trou** *fam* to drink like a fish.
❖ **se boire** vp *(emploi passif)* ▸ **se boit frais / chambré** should be drunk chilled / at room temperature.

bois [bwa] nm **1.** [de grands arbres] wood, wooded area ; [de jeunes ou petits arbres] thicket, copse, coppice ; [d'arbres plantés] grove / *un bois de pins* a pine grove ▸ **le Bois de Boulogne** the Bois de Boulogne **2.** [matière] wood *(U)* ▸ **en bois** wooden ▸ **chèque en bois** *fig* bad ou rubber cheque UK, bad ou rubber check US ▸ **bois à brûler** ou **de chauffage** firewood ▸ **bois blanc** whitewood ▸ **bois de charpente** timber ▸ **bois debout** standing timber ▸ **bois d'ébène a)** *pr* ebony **b)** *fig* black gold ▸ **bois exotique** imported wood ▸ **bois flottants** driftwood ▸ **bois des îles** tropical hardwood ▸ **bois de rose** rosewood ▸ **bois mort** dead wood UK, deadwood US ▸ **petit bois** kindling ▸ **être du bois dont on fait les…** : *il est du bois dont on fait les flûtes* he's very easy-going / *il est du bois dont on fait les héros* he's got the stuff of heroes ▸ **faire feu** ou **flèche de tout bois** to use all available means / *dans un tel cas, il faut faire feu de tout bois* this is a case of all's fair in love and war / *ils font flèche de tout bois pour faire tomber le ministère* they're pulling out all the stops to bring down the cabinet / *il fait même payer les emballages, il fait flèche de tout bois* he even charges for the wrappings, he's a shrewd character ! ▸ **toucher du bois** *fam & fig* to touch wood UK, to knock on wood US ▸ **touchons** ou **je touche du bois** touch wood UK, knock on wood US ▸ **je vais leur montrer de quel bois je me chauffe !** *fam* I'll show them what I'm made of ! **3.** [d'une raquette] frame ; [d'un club de golf] wood ▸ **faire un bois** *fam* [au tennis] to hit the ball off the wood ▸ **bois de lit** bedstead **4.** ART ▸ **bois (gravé)** woodcut.
❖ **bois** nmpl ZOOL antlers ; FOOT goalposts ; MUS woodwind section ou instruments ▸ **les bois de justice** HIST the guillotine.
❖ **de bois** loc adj **1.** [charpente, jouet, meuble] wooden **2.** [impassible] : *je ne suis pas de bois* I'm only human.

boisage [bwazaʒ] nm MIN [action] timbering ; [soutènement] timber work.

boisé, e [bwaze] adj **1.** [région, terrain] wooded, woody **2.** CONSTR panelled.

boisement [bwazmɑ̃] nm afforestation.

boiser [3] [bwaze] vt **1.** AGR to afforest **2.** MIN to timber **3.** CONSTR to panel.

boiserie [bwazʀi] nf piece of decorative woodwork ▸ **des boiseries** panelling UK, paneling US.

boiseur [bwazœʀ] nm MIN timberman.

boisseau, x [bwaso] nm **1.** [mesure] bushel ▸ **garder** ou **mettre** ou **tenir qqch sous le boisseau** to keep sthg hidden ou a secret **2.** TECHNOL [tuyau] drain tile.

boisson [bwasɔ̃] nf **1.** [liquide à boire] drink ▸ **boisson gazeuse** fizzy drink / *j'aimerais une boisson fraîche* I'd like a cool drink / *vendre des boissons alcoolisées* to sell alcoholic drinks / *la consommation de boissons alcoolisées est interdite dans l'enceinte du stade* drinking alcohol is forbidden inside the stadium / *je m'occupe de la boisson* I'll take care of the drinks / *et pour la boisson ?* [au restaurant] and what will you have to drink ? **2.** [alcool] ▸ **la boisson** drink, drinking / *c'est la boisson qui l'a tué* excessive drinking killed him ▸ **être pris de boisson** *sout* to be inebriated ou intoxicated.

boîte, boite* [bwat] nf **1.** [récipient - à couvercle, à fente] box ▸ **boîte d'allumettes a)** [pleine] box of matches **b)** [vide] matchbox ▸ **boîte à bijoux** jewellery UK ou jewelery US box ▸ **boîte à chaussures** shoebox ▸ **boîte de couleurs** paintbox ▸ **boîte à idées** suggestions box ▸ **boîte à malice** bag of tricks ▸ **boîte à ordures** dustbin UK, trash can US ▸ **boîte à outils** tool box, toolkit ▸ **boîte à ouvrage** sewing box ▸ **boîte à pain** bread bin ▸ **boîte de peinture** paintbox, box of paints ▸ **boîte à pharmacie** first aid box ou kit ▸ **boîte à pilules** pillbox ▸ **boîte à savon** soapbox ▸ **boîte à thé** tea caddy ▸ **c'est dans la boîte !** *fam* [à un tournage de film] it's in the can ! ▸ **et toi, boîte à malice ?** *fam* what about you, you clever little monkey ? ▸ **boîte de Pandore** Pandora's box ▸ **ferme ta boîte (à camembert, tu l'ouvriras au dessert)** *fam* shut your trap ou mouth **2.** [pour aliments] ▸ **boîte (de conserve)** tin UK, can / *acheter une boîte de haricots* to buy a tin of beans / *il ne mange que des boîtes* he eats nothing but tinned food **3.** [contenu - d'un récipient à couvercle, à fente] box, boxful ; [- d'une conserve] tinful UK, canful / *manger une boîte de haricots* to eat a tinful of beans / *dévorer une boîte entière de chocolats* to eat one's way through a ou to eat a whole box of chocolates **4.** [pour le courrier] ▸ **boîte à** ou **aux lettres a)** [dans la rue] pillar box UK, postbox UK, mailbox US **b)** [chez soi] letterbox UK, mailbox US ▸ **mettre qqch à la boîte** to post UK ou to mail US sthg / *servir de boîte aux lettres* to be a go-between ▸ **boîte postale** post box ▸ **boîte aux lettres (électronique)** INFORM electronic mailbox **5.** AÉRON & AUTO ▸ **boîte noire** black box **6.** *fam* [discothèque] ▸ **boîte (de nuit)** (night) club / *boîte de jazz* jazz club ▸ **aller en boîte** to go to a nightclub **7.** *fam* [lieu de travail] office ▸ **boîte d'intérim** temping agency ▸ **j'ai changé de boîte** I got a job with a new firm / *il fut renvoyé de sa boîte* he got the sack ; [lycée] school ▸ **boîte à bac** ou **bachot** *péj* crammer UK **8.** ANAT ▸ **boîte crânienne** cranium **9.** AUTO ▸ **boîte à gants** glove compartment ▸ **boîte de vitesses** gearbox UK, transmission US **10.** ÉLECTR ▸ **boîte de dérivation** junction box **11.** MENUIS ▸ **boîte à onglets** mitre box **12.** MUS ▸ **boîte à musique** musical box UK, music box US ▸ **boîte à rythmes** drum machine **13.** INFORM ▸ **boîte d'alerte a)** [avec 'OK'] warning box, alert box **b)** [avec 'oui' et 'non'] confirm box ▸ **boîte de dialogue** dialogue box **14.** TÉLÉC ▸ **boîte vocale** voice-mail, message box.
❖ **en boîte, en boite*** ◆ loc adj tinned UK, canned. ◆ loc adv **1.** INDUST & CULIN : *mettre des fruits en boîte* to preserve ou to tin fruit / *mettre des petits pois en boîte* to tin peas **2.** EXPR ▸ **mettre qqn en boîte** *fam* to wind sb up UK, to pull sb's leg.

boitement [bwatmɑ̃] nm limp, limping / *être affecté d'un léger boitement* to limp a little.

boiter [3] [bwate] vi **1.** [en marchant] to limp, to be lame ▸ **boiter du pied droit** ou **de la jambe droite** to have a game ou lame right leg **2.** [être bancal - chaise, table] to wobble, to be rickety **3.** [être imparfait - projet, raisonnement] to be shaky.

boiteux, euse [bwatø, øz] ◆ adj **1.** [cheval, personne] lame ; [meuble, table] rickety ▸ **il est boiteux** he walks with a limp, he limps **2.** [imparfait - paix, alliance] fragile, brittle, shaky ; [- comparaison, raisonnement] unsound, shaky / *ton premier paragraphe est boiteux* your first paragraph doesn't hang together. ◆ nm, f lame man (woman).

boîtier, boitier* [bwatje] nm **1.** [gén] case, casing ; [d'une lampe de poche] battery compartment ▸ **boîtier de montre** watchcase **2.** PHOT camera body / *détacher l'objectif du boîtier* take the lens off (the camera).

boitillant, e [bwatijɑ̃, ɑ̃t] adj hobbling.

boitillement [bwatijmɑ̃] nm slight limp, hobble.

boitiller [3] [bwatije] vi to limp slightly, to be slightly lame, to hobble / *elle est rentrée / sortie en boitillant* she hobbled in / out.

boiton [bwatɔ̃] nm SUISSE *fam* pigsty.

boit-sans-soif [bwasɑ̃swaf] nmf *fam* drunk, lush US.

boivent v ⟶ **boire.**

bol [bɔl] nm **1.** [récipient] bowl ▸ **le Bol d'or** *French motorcycle racing trophy* **2.** [contenu] bowl, bowlful ▸ **prendre un bol d'air a)** [se promener] to (go and) get some fresh air **b)** [changer d'environnement] to get a change of air **3.** *fam* [chance] luck ▸ **avoir du bol** to be a lucky devil / *il a un de ces bols !* he's got the luck of the devil ! **4.** *vieilli* [pilule] bolus.
❖ **au bol** loc adj [coupe de cheveux] pudding-bowl *(modif)* UK, bowl *(modif)* US.
❖ **bol alimentaire** nm bolus.

bolchevik, bolchevique [bɔlʃəvik], **bolchévique*** [bɔlʃevik] adj & nmf Bolshevik, Bolshevist.

bolchevisme [bɔlʃəvism ou bɔlʃevism], **bolchévisme*** [bɔlʃevism] nm Bolshevism.

boldo [bɔldo] nm boldo.

bolduc [bɔldyk] nm *type of flat linen or cotton ribbon used for gift wrapping.*

bolée [bɔle] nf ▸ **bolée de cidre** bowl ou bowlful of cider *(in N.W. France, cider is often served in bowls).*

boléro [bɔleʀo] nm bolero / **'Boléro'** *Ravel* 'Bolero'.

bolet [bɔlɛ] nm boletus.

bolide [bɔlid] nm fast car, racing UK ou race US car / *où vas-tu avec ton bolide ?* *hum* where are you going with that fiendish machine of yours ? ▸ **entrer dans une / sortir d'une pièce comme un bolide** to hurtle into a / out of a room.

bolivar [bɔlivaʀ] nm bolivar.

Bolivie [bɔlivi] npr f ▸ **(la) Bolivie** Bolivia.

* In reformed spelling (see p. 16-19).

bolivien, enne [bɔlivjɛ̃, ɛn] adj Bolivian.
❖ **Bolivien, enne** nm, f Bolivian.

bollard [bɔlaʀ] nm NAUT bollard.

Bologne [bɔlɔɲ] npr Bologna.

bolonais, e [bɔlɔnɛ, ɛz] adj Bolognese.
❖ **Bolonais, e** nm, f Bolognese ◗ **les Bolonais** the Bolognese.

bombage [bɔ̃baʒ] nm spray-painting.

bombance [bɔ̃bɑ̃s] nf feast ◗ **faire bombance** to feast.

bombarde [bɔ̃baʀd] nf **1.** MUS [jeu d'orgues] bombarde, bombardon ; [de Bretagne] shawm **2.** ARM bombarde.

bombardement [bɔ̃baʀdəmɑ̃] nm **1.** MIL [avec des obus] shelling ; [avec des bombes] bombing *(U)* ◗ **bombardement aérien a)** aerial attack **b)** [raid] air raid ◗ **les bombardements aériens** [sur Londres] the Blitz ◗ **bombardement en piqué** dive-bombing **2.** [lancement de projectiles] showering, pelting ◗ **bombardement atomique** PHYS atomic bombardment.

bombarder [3] [bɔ̃baʀde] vt **1.** MIL [avec des obus] to shell ; [avec des bombes] to bomb **2.** [avec des projectiles] to shower, to pelt ; PHYS to bombard / *être bombardé de boules de neige* to be pelted with snowballs ◗ **bombarder qqn de questions** *fig* to bombard sb with questions / *elle s'est fait bombarder de critiques* she came in for a volley of criticism **3.** *(suivi d'un nom) fam* [promouvoir] : *il a été bombardé responsable du projet* he found himself catapulted into the position of project leader / *il a réussi à la faire bombarder directrice* he managed to pitchfork her into the position of director.

bombardier [bɔ̃baʀdje] nm **1.** AÉRON & MIL [avion] bomber ; [pilote] bombardier **2.** ENTOM bombardier (beetle).

bombardon [bɔ̃baʀdɔ̃] nm bombardon.

Bombay [bɔ̃bɛ] npr Bombay.

bombe [bɔ̃b] nf **1.** MIL & NUCL bomb ◗ **bombe A** ou **atomique** atom ou atomic bomb ◗ **la bombe atomique** the Bomb ◗ **bombe à billes / fragmentation / neutrons** cluster / fragmentation / neutron bomb ◗ **bombe H** H bomb ◗ **bombe à eau** water bomb ◗ **bombe à hydrogène** hydrogen bomb ◗ **bombe incendiaire** firebomb ◗ **bombe à retardement** *pr & fig* time bomb ◗ **arriver comme une bombe** to come like a bolt out of the blue ◗ **la nouvelle est arrivée comme une** ou **a fait l'effet d'une bombe** the news came like a bolt out of the blue **2.** GÉOL ◗ **bombe volcanique** volcanic bomb **3.** [aérosol] spray ◗ **bombe anticrevaison** instant puncture sealant ◗ **bombe insecticide** fly UK ou bug US spray ◗ **bombe lacrymogène** teargas grenade ◗ **peinture en bombe** spray paint ◗ **chantilly en bombe** cream in a pressurized canister **4.** ÉQUIT riding hat ou cap **5.** CULIN ◗ **bombe glacée** bombe / *bombe glacée au chocolat* chocolate bombe **6.** MÉD ◗ **bombe au cobalt** cobalt therapy unit **7.** *tfam* [personne] ◗ **bombe sexuelle** sex kitten, sex bomb **8.** *fam* [fête] feast, spree ◗ **faire la bombe** to whoop it up, to have a riotous old time / *on a fait une de ces bombes!* we had such a ball !

bombé, e [bɔ̃be] adj **1.** [renflé - paroi] bulging ; [- front] bulging, domed ; [- poitrine, torse] thrown out, stuck out ; [- forme] rounded **2.** TRAV PUB cambered.

bombement [bɔ̃bmɑ̃] nm **1.** [renflement] bulge **2.** TRAV PUB camber.

bomber[1] [3] [bɔ̃be] ◆ vt **1.** TRAV PUB to camber **2.** [gonfler] ◗ **bomber le torse a)** *pr* to stick out one's chest **b)** *fig* to swagger about **3.** [slogan] to spray, to spray-paint. ◆ vi **1.** [route] to camber **2.** *fam* [se dépêcher] to belt along ◗ **va falloir bomber!** we'll have to get a move on !

bomber[2] [bɔ̃bœʀ] nm bomber jacket.

bombinette [bɔ̃binɛt] nf **1.** *fam* [bombe] bomb **2.** [voiture] car.

bombonne [bɔ̃bɔn] nf = **bonbonne.**

bombyx [bɔ̃biks] nm bombyx ◗ **bombyx du mûrier** silkworm moth.

bôme [bom] nf NAUT boom.

bon, bonne [bɔ̃, bɔn] *(devant nm commençant par voyelle ou « h » muet* [bɔn]*)*
◆ adj

A. QUI CONVIENT
B. PLAISANT
C. JUSTE, ADÉQUAT
D. MORALEMENT
E. EN INTENSIF

A. QUI CONVIENT 1. [en qualité - film, récolte, résultat, connaissance] good / *les hôteliers ont fait une bonne saison* it was a good season for the hotel trade ◗ **très bonne idée!** very good ou excellent idea ! / *viande de bonne qualité* good-quality meat ◗ **de très bonne qualité** of superior ou very good quality / *elle parle un bon espagnol* she speaks good Spanish, her Spanish is good / *il a un bon accent en russe* he has a good accent in Russian ou a good Russian accent ◗ **de bonnes notes** ÉDUC good ou high marks UK ou grades US / *il a un bon service* SPORT he has a good serve, his serve is good, he serves well **2.** [qui remplit bien sa fonction - matelas, siège, chaussures, éclairage, freins] good ; [- cœur, veines, charpente, gestion, investissement] good, sound / *il a une bonne santé* he's in good health, his health is good ◗ **de bonnes jambes** a strong pair of legs / *une bonne vue, de bons yeux* good eyesight ; SPORT [au tennis] good ◗ **la balle est bonne** the ball's in ◗ **son service était bon** his serve was correct / *la remise en jeu n'était pas bonne* FOOT the throw-in wasn't good ou correct ◗ **bon vieux, bonne vieille** good old ◗ **les bonnes vieilles méthodes** the good old methods **3.** [qui n'est pas périmé - nourriture] all right ; [- document, titre de transport] valid / *le lait n'est plus bon* the milk's gone off UK ou has turned / *ta carte d'identité n'est plus bonne* your identity card is no longer valid ◗ **l'ampoule n'est plus bonne** the bulb's gone / *la colle n'est plus bonne* the glue isn't usable any more **4.** [compétent] good / *bon père et bon époux* a good father and husband / *comme toute bonne journaliste, elle ne veut pas révéler ses sources* like all good journalists, she's not prepared to name her sources / *en bon professeur, il me reprend lorsque je fais des fautes* he corrects my mistakes, as any good teacher would / *être / ne pas être bon en musique* to be good / bad at music ◗ **nos bons clients** our good ou regular customers ◗ **à quoi bon?** what for ? / *je pourrais lui écrire, mais à quoi bon?* I could write to her but what would be the point ? ◗ **bon à** [digne de] : *les piles sont bonnes à jeter* the batteries can go straight in the bin UK ou trash can US / *les poires sont bonnes à jeter* the pears can go straight in the bin UK ou trash can US / *la table est tout juste bonne à faire du petit bois* the table is just about good enough for firewood / *je ne suis bonne qu'à repasser tes chemises!* I'm only fit to iron your shirts ! / *tu n'es bon qu'à critiquer!* all you ever do is criticize ! ◗ **c'est bon à savoir** that's good to know / *il y a un restaurant là-bas — c'est bon à savoir* there's a restaurant there — that's worth knowing ou that's good to know ◗ **bon pour** [condamné à] : *il est bon pour 15 ans (de prison)* he's going to get 15 years in prison / *je suis bonne pour recommencer* I'll have to do it (all over) again ◗ **bon pour le service** MIL & *vieilli* fit for (national) service / *on est bons pour une amende fam* we're in for a fine / *les motards nous suivent — on est bons! fam* the cops are following us — we've had it ou we're in for it !

B. PLAISANT 1. [agréable - repas, odeur] good, nice ; [- soirée, vacances] good, nice, pleasant / *ton gâteau était très bon* your cake was very good ou nice / *l'eau du robinet n'est pas bonne* the tap water isn't very nice ou doesn't taste very nice / *il y a une bonne odeur de café ici* there's a nice smell of coffee in here ◗ **avoir une bonne odeur** to smell good ou nice / *viens te baigner, l'eau est bonne!* come for a swim, the water's lovely and warm ! ◗ **elle est bonne?** [l'eau] what's the water like ? / *avoir une bonne tête* ou *bouille* to have a nice ou a friendly face / *son frère a une bonne tête* her brother looks nice / *c'est si bon de ne rien faire!* it feels so good to be doing nothing ! / *je me souviens des bons moments* I remember the good ou happy times / *vous avez passé un bon Noël?* did you enjoy your Christmas ?, did you have a good ou nice Christmas ? ◗ **bon anniversaire!** happy birthday ! / *bonne (et heureuse) année!* happy new year ! ◗ **bonne chance!** good luck ! ◗ **bonne journée!** have a nice day ! ◗ **bonnes vacances!** have a nice holiday UK ou vacation US ! ◗ **bon voyage!** have a nice ou good trip ! ◗ **passe une bonne soirée** enjoy yourself (tonight) ; *(en intensif)* : *un bon grog bien chaud* a nice hot toddy ◗ **elle est bien bonne celle-là! a)** *iron* that's a good one ! **b)** that's a bit much ! ◗ **bon temps** : *prendre* ou *se donner* ou *se payer du bon temps* to have fun, to have a great ou good time / *c'était le bon temps!* those were the (good old) days ! ◗ **le bon vieux temps** the good old days **2.** [favorable, optimiste - prévisions, présage, nouvelle] good ◗ **c'est (un) bon signe** it's a good sign / *la météo est bonne* the weather forecast is good.

C. JUSTE, ADÉQUAT 1. [correct - numéro de téléphone] right ; [- réponse, solution] correct, right / *c'est la bonne rue* it's the right street **2.** [opportun] right, convenient, appropriate / *ce n'est pas la bonne époque* it isn't the right time / *l'héritage est arrivé au bon moment pour elle* the inheritance came at the right time ou at a convenient time for her / *je suis arrivé au bon moment pour les séparer* I got there in time to separate them / *ce n'est pas le bon jour pour demander une augmentation* it's not the right day ou an appropriate moment to ask for a payrise ◗ **ayez le bon geste a)** [en sauvetage] do the right thing **b)** [honnête] do the decent thing / *tout lui est bon pour se faire remarquer* she'll stop at nothing to attract attention ◗ **juger** ou **trouver bon de / que** to think it appropriate ou fitting to / that / *elle n'a pas jugé bon de s'excuser* she didn't find that she needed to ou she didn't see fit to apologize ◗ **il est bon de** : *il n'est pas toujours bon de dire ce que l'on pense* it's not always a good ou wise thing to say what's on one's mind / *il serait bon de préciser l'heure de la réunion* it would be a good thing ou idea to give the time of the meeting ◗ **il est bon que** : *il est bon qu'un bébé dorme l'après-midi* a baby should sleep in the afternoon / *il ne serait pas bon que l'on nous voie ensemble* it wouldn't be a good thing to be seen together / *il serait bon que tu te fasses oublier* you'd do well to keep ou you'd better keep a low profile ◗ **comme / où / quand / si bon vous semble** as / wherever / whenever / if you see fit **3.** [bénéfique, salutaire] good, beneficial / *c'est bon pour les plantes* it's good for the plants ◗ **c'est bon contre** ou **pour le mal de mer** it's good for seasickness / *c'est bon pour la santé* it's good for you, good for your health / *le bon air de la campagne* the good ou fresh country air / *attention, le virage n'est pas bon!* careful, this bend's nasty ou dangerous ! **4.** *fam* EXPR **c'est bon! a)** [c'est juste] that's right ! **b)** [ça suffit] that'll do ! **c)** [c'est d'accord] OK ! / *c'est bon, c'est bon, je m'en occupe!* OK, OK, I'll do it ! / *c'est bon?* OK ?

D. MORALEMENT 1. [décent, honnête - conduite] good, proper ; [- influence, mœurs] good ◗ **avoir de bonnes lectures** to read the right kind of books ◗ **avoir de bonnes fréquentations** to mix with the right sort of people / *ils n'ont pas bonne réputation* they don't have much of a reputation / *un bon Français n'aurait pas accepté la défaite* a good ou proper Frenchman wouldn't have admitted defeat **2.** [bienveillant - personne] good, kind, kindly ◗ **Dieu est bon** RELIG God is merciful / *avoir l'air bon* to look kind ou kindly / *je suis déjà bien bon de te prêter ma voiture!* it's kind ou decent enough of me to lend you my car as it is ! / *dites-lui plein de bonnes choses de ma part fam* give her my love ; [rire, manger] heartily ◗ **bon cœur** : *avoir bon cœur* to be kind-hearted / *à votre bon cœur, Messieurs-Dames* ou *à vot' bon cœur M'sieurs-Dames* spare a penny, ladies and gents ? ◗ **de bon cœur** willingly / *tenez, prenez, c'est de bon cœur* please have it, I'd love you to ◗ **le bon Dieu** the (good) Lord **3.** [amical - relation] ◗ **avoir de bons rapports avec qqn** to be on good terms with sb **4.** [brave] good ◗ **c'est un bon garçon** he's a good lad ou sort ◗ **c'est une bonne petite** she's a nice ou good girl / *et en plus ils boivent, mon bon Monsieur!* and what's more they drink, my dear man ! / *alors ma bonne dame, qu'est-ce qu'il vous faut aujourd'hui?* well, madam, what do you need today ?

E. EN INTENSIF **1.** [grand, gros] good / *un bon mètre de tissu* at least one metre of material ▸ **une bonne averse** a heavy shower (of rain) ▸ **une bonne tranche** a thick slice / *donnez-moi une bonne livre de raisin* give me a pound of grapes or a little over / *elle fait un bon 42* she's a 42 or a 44, she's a large 42 / *ça a duré une bonne minute* it lasted a good minute or so / *une bonne cuillère à soupe de farine* a heaped tablespoon ou tablespoonful of flour **2.** [fort, violent] ▸ **un bon coup** [heurt] a hefty ou full blow / *un bon coup de pied* a powerful kick / *un bon coup de bâton* a mighty crack with a stick ▸ **une bonne fessée** a good ou sound spanking ▸ **pleurer un bon coup** *fam* to have a good cry ▸ **en prendre un bon coup** *fam* to get a real hammering **3.** [complet, exemplaire] good / *le mur a besoin d'un bon lessivage* the wall needs a good scrub ▸ **arriver** ou **être bon deuxième** to finish a strong second ▸ **arriver** ou **être bon dernier** to bring up the rear ▸ **une bonne fois pour toutes** once and for all.

◆ nm, f **1.** [personne vertueuse] good person ▸ **les bons** the good **2.** [personne idéale, chose souhaitée] right one ▸ **je crois que c'est enfin le bon a)** *fam* [lors d'un recrutement] I think we've got our man at last **b)** [lors d'une rencontre amoureuse] I think it's Mister Right at last / *je ferai toutes les agences jusqu'à ce que je trouve la bonne* I'll visit all the agencies until I find the right one **3.** [personne, chose de qualité] ▸ **c'est un bon / une bonne!** he's / she's good! / *on m'en soumet beaucoup mais je ne publie que les bons* I get a lot of them sent to me but I only publish the good ones **4.** [par affection] ▸ **mon bon a)** [à un jeune homme] my dear boy **b)** [à un homme mûr] my dear man ▸ **ma bonne a)** [à une jeune femme] my dear girl **b)** [à une femme mûre] my dear / *mais mon bon / ma bonne, personne ne dit le contraire!* my dear man / woman, nobody's saying anything different!

❖ **bon** ◆ nm **1.** [dans les films] goody, goodie / *jouer le rôle du bon* to play the good guy / *les bons et les méchants* the goodies and the baddies, the good guys and the bad guys **2.** [chose de qualité] : *n'acheter que du bon* to buy only good quality ▸ **avoir du bon** to have something good about it / *il y a du bon dans votre dissertation* there are some good points in your essay / *il y a du bon et du mauvais dans ses propositions* her proposals have some good points ou their merits / *cette solution a cela de bon qu'elle est moins chère que les autres* this solution is interesting insofar as it is less expensive than the others **3.** [ce qui est moral] ▸ **le bon** good **4.** [ce qui est plaisant] : *le bon de l'histoire, c'est que...* the funniest ou best part of the story is that... **5.** [coupon] coupon, voucher ▸ **bon d'achat** ou **de caisse** cash voucher ▸ **bon de commande** order form ▸ **bon de garantie** guarantee ▸ **bon de livraison** delivery slip ▸ **bon de réduction** discount coupon **6.** FIN ▸ **bon d'épargne** savings bond ou certificate ▸ **bon du Trésor** treasury bill. ◆ adv **1.** MÉTÉOR ▸ **faire bon** : *il fait bon ici* it's nice and warm here / *il fait bon ce soir* it's a nice evening **2.** *(suivi d'un infinitif)* : *il ne fait pas bon la déranger* you'll be ill-advised to disturb her / *il ne fait pas bon se promener seul dans les rues* walking the streets alone is not to be recommended / *il ne faisait pas bon être communiste alors* it wasn't advisable to be a communist in those days. ◆ interj **1.** [marque une transition] right, so, well now / *bon, eh bien je m'en vais* all right, I'm going now / *bon, où en étais-je?* well now ou right ou so, where was I? **2.** [en réponse] right, OK, fine ▸ **bon d'accord, allons-y** OK then, let's go / *je n'ai vraiment pas le temps — bon, bon, j'irai seul!* I really don't have the time — all right, all right, I'll go on my own then! / *sors d'ici! — bon, bon, c'est pas la peine de crier!* *fam* get out of here! — OK, OK, no need to shout!

❖ **bon à rien, bonne à rien** ◆ loc adj **1.** [inutile] : *je suis trop vieux, je ne suis plus bon à rien* I'm too old, I'm useless ou no good now **2.** [incompétent] useless, hopeless. ◆ nm, f [personne sans valeur] good-for-nothing ; [personne incompétente] useless individual.

❖ **bon à tirer** ◆ nm final corrected proof / *donner le bon à tirer* to pass for press. ◆ adj passed for press.

❖ **bonne femme** ◆ nf *fam* **1.** [femme] woman ▸ **une vieille bonne femme** an old biddy **2.** [petite fille] : *une petite bonne femme adorable* a lovely little girl **3.** *péj* [épouse] wife. ◆ loc adj **1.** CULIN *cooking term used in the names of simple country dishes* **2.** COUT ▸ **des rideaux bonne femme** *old-fashioned curtains with tie-backs and frilled edges.*

Bon [bɔ̃] npr ⟶ cap.

bonapartisme [bɔnapaʀtism] nm Bonapartism, pro-Bonaparte feelings.

bonapartiste [bɔnapaʀtist] adj & nmf Bonapartist.

bonasse [bɔnas] adj *péj* easy-going, soft.

bonasserie [bɔnasʀi] nf *litt & péj* : *faire preuve de bonasserie* to be too easy-going.

Bonaventure [bɔnavɑ̃tyʀ] npr GÉOGR ▸ **île de Bonaventure** Bonaventure Island

bonbon [bɔ̃bɔ̃] nm sweet UK, (piece of) candy US ▸ **bonbon acidulé** acid drop ▸ **bonbon anglais** fruit drop ▸ **bonbon à la menthe** mint.

bonbonne [bɔ̃bɔn] nf [pour le vin] demijohn ; [pour des produits chimiques] carboy.

bonbonnière [bɔ̃bɔnjɛʀ] nf **1.** [boîte] sweet UK ou candy US box **2.** [appartement] bijou flat UK ou apartment US.

bon-chrétien [bɔ̃kʀetjɛ̃] *(pl* **bons-chrétiens***)* nm William's (Bon Chrétien) pear.

bond [bɔ̃] nm **1.** [d'une balle] bounce ▸ **prendre** ou **saisir l'occasion au bond** to seize the opportunity ▸ **prendre** ou **saisir une remarque au bond** to pounce on a remark ▸ **prendre** ou **saisir la balle au bond a)** *pr* to catch the ball on the bounce ou rebound **b)** *fig* to seize the opportunity **2.** [saut] jump, leap ▸ **faire un bond** [d'effroi, de surprise] to leap up ▸ **faire des bonds a)** *pr* to jump up and down **b)** *fig* to go up and down ▸ **faire un bond en avant a)** [économie] to boom **b)** [prix, loyer] to soar **c)** [recherche] to leap forward ▸ **ne faire qu'un bond** : *je n'ai fait qu'un bond jusqu'à chez vous quand j'ai su la nouvelle* I rushed to your place when I heard the news ▸ **se lever d'un bond** to leap up / *franchir un ruisseau d'un bond* to clear a brook at one jump, to leap across a brook ▸ **avancer** ou **progresser par bonds** to progress in leaps and bounds ▸ **le grand bond en avant** HIST the Great Leap Forward **3.** SPORT jump / *il a remporté l'épreuve avec un bond de 2,03 m* he won the competition with a jump of 2 m 3 cm **4.** EXPR ▸ **faire faux bond à qqn** : *elle nous a fait faux bond* **a)** [elle n'est pas venue] she didn't turn up **b)** [elle nous a déçus] she let us down.

bonde [bɔ̃d] nf **1.** [ouverture -d'un bassin] sluice gate ; [-d'un tonneau] bunghole ; [-d'un lavabo] plughole **2.** [bouchon -d'un tonneau] bung, stopper ; [-d'un lavabo] plug.

bondé, e [bɔ̃de] adj packed, jam-packed ▸ **le train était bondé** the train was packed (with people).

bondérisation [bɔ̃deʀizasjɔ̃] nf bonderization, bonderizing.

bondérisé, e [bɔ̃deʀize] adj bonderized.

bondieusard, e [bɔ̃djøzaʀ, aʀd] ◆ adj *fam & péj* sanctimonious. ◆ nm, f sanctimonious person.

bondieuserie [bɔ̃djøzʀi] nf **1.** [objet] religious trinket ▸ **des bondieuseries** religious knick-knacks **2.** [bigoterie] religiosity.

bondir [32] [bɔ̃diʀ] vi **1.** [sauter] to bounce, to bound, to leap (up) / *le chat bondit sur la souris* the cat pounced ou leapt on the mouse / *la moto bondit en avant* the motorbike leapt forward ▸ **bondir de** : *bondir de joie* to leap for joy ▸ **bondir sur** [pour importuner, semoncer] to pounce on ▸ **faire bondir** : *pareille inconscience me fait bondir* such recklessness makes my blood boil / *ça va le faire bondir* [d'indignation, de colère] he'll hit the roof, he'll go mad **2.** [courir] to dash, to rush / *quand il a appris l'accident, il a bondi jusqu'à l'hôpital / chez elle* when he heard about the accident, he rushed (over) to the hospital / her place.

bondissement [bɔ̃dismɑ̃] nm *litt* [d'un poulain] bouncing, bounding ; [d'un agneau] gambolling.

bondon [bɔ̃dɔ̃] nm bung.

bon enfant [bɔnɑ̃fɑ̃] adj inv [caractère] good-natured, easy-going ; [atmosphère] relaxed, informal.

bongo [bɔ̃go] nm bongo (drum).

bonheur [bɔnœʀ] nm **1.** [chance] luck ▸ **par bonheur** fortunately, luckily ▸ **avoir le bonheur de** to be lucky enough ou to have the good fortune to / *il a eu le bonheur d'arriver juste à temps* he was lucky enough to arrive just in time ▸ **connaître son bonheur** : *tu ne connais pas ton bonheur!* you don't know when you're lucky ou how lucky you are! / *jouer de bonheur* to have a lucky run ▸ **porter bonheur à qqn** to bring sb luck / *ça ne lui a pas porté bonheur!* he lived to regret it!, he had cause to bemoan the fact later! / *ça ne te portera pas bonheur!* don't think you'll get away with it! **2.** [contentement] happiness ▸ **connaître le bonheur** to know what it's like to be happy, to experience happiness ▸ **faire le bonheur de qqn** [le contenter] to make sb happy, to bring sb happiness / *si cette robe peut faire ton bonheur, prends-la* if this dress is any good ou use to you, have it ▸ **trouver le bonheur** to find happiness ▸ **trouver son bonheur** : *as-tu trouvé ton bonheur?* did you find what you were looking for?

❖ **au petit bonheur (la chance)** loc adv haphazardly.

bonheur-du-jour [bɔnœʀdyʒuʀ] *(pl* **bonheurs-du-jour***)* nm escritoire, writing table.

bonhomie, bonhommie* [bɔnɔmi] nf geniality, bonhomie.

bonhomme [bɔnɔm] *(pl* **bonshommes** [bɔ̃zɔm]*)* *fam* ◆ nm **1.** [homme] chap ▸ **un grand bonhomme** a great (big) man **2.** [partenaire] old man, fellow *vieilli* ; [garçon] little chap ou lad / *allez viens, mon petit bonhomme* come along, little man **3.** [figure] man / *dessiner des bonshommes* to draw little men ou people ▸ **bonhomme de neige** snowman ▸ **le bonhomme Noël** Father Christmas, Santa Claus ▸ **bonhomme de pain d'épice** gingerbread man **4.** EXPR ▸ **aller** ou **continuer son petit bonhomme de chemin** to go ou to carry on at one's own pace / *l'idée faisait son petit bonhomme de chemin* the idea was slowly but surely gaining ground. ◆ adj [air, caractère] good-natured, good-tempered ; [atmosphère] relaxed, informal / *... dit-il d'un ton bonhomme* ... he said good-naturedly ou with bonhomie.

boni [bɔni] nm **1.** [bénéfice] profit / *faire un* ou *du boni* to make a profit **2.** [dépense] balance in hand **3.** [bonus] bonus **4.** [prime] bonus.

boniche [bɔniʃ] *fam & péj* = **bonniche**.

Boniface [bɔnifas] npr Boniface.

bonification [bɔnifikasjɔ̃] nf **1.** AGR improvement **2.** SPORT [avantage] advantage, extra points **3.** [somme allouée] profit **4.** [rabais] discount, reduction **5.** ÉCON ▸ **bonification d'intérêts** interest relief.

bonifier [9] [bɔnifje] vt **1.** AGR to improve **2.** [adoucir -caractère] to improve, to mellow **3.** [payer] to pay as a bonus **4.** ÉCON to credit.

❖ **se bonifier** vpi [caractère] to mellow, to improve.

boniment [bɔnimɑ̃] nm **1.** COMM sales talk ou patter / *faire le boniment* to deliver the sales patter ou spiel ▸ **faire du boniment à** *fam* to sweet-talk, to soft-soap **2.** *fam* [mensonge] tall story / *tout ça, c'est des boniments* that's a load of claptrap ou guff ▸ **arrête tes boniments** stop fibbing.

bonimenter [bɔnimɑ̃te] vi to give the sales patter.

bonimenteur, euse [bɔnimɑ̃tœʀ, øz] nm, f *péj* [menteur] smooth talker.

bonite [bɔnit] nf bonito.

bonjour [bɔ̃ʒuʀ] nm **1.** [salutation -gén] hello ; [-le matin] good morning ; [-l'après-midi] good afternoon ▸ **bonjour, comment allez-vous?** hello, how are you? / *va dire bonjour à la dame* go and say hello to the lady ▸ **vous lui donnerez le bonjour** ou **vous lui direz bonjour de ma part** say hello for me / *vous avez le bonjour de Martin* Martin sends his love / *bien le bonjour chez vous* regards to everybody (back home) ▸ **t'as le bonjour d'Alfred!** *fam* get lost! **2.** *fam* [exprime la difficulté] : *pour le faire aller à l'école, bonjour!* no way can you get him to go to school! / *je n'ai pas fait de gym depuis un mois, bonjour les courbatures!* I haven't done any exercise for a month, I'm going to ache, let me tell you!

Bonn[1] [bɔn] npr Bonn.

* In reformed spelling (see p. 16-19).

bonne² [bɔn] ◆ f ⟶ **bon.** ◆ nf **1.** [domestique] maid ▸ **bonne d'enfants** nanny UK, child's nurse US ▸ **bonne à tout faire** servant / *c'est moi la bonne à tout faire ici* I'm the servant around here **2.** *fam* [chose plaisante] : *je vais t'en raconter une bonne* let me tell you a good one ▸ **il m'en a dit** ou **raconté une bien bonne** he told me a good one **3.** EXPR **avoir qqn à la bonne** to like sb, to be in (solid) with sb US / *le patron m'a à la bonne!* I'm in the boss's good books!, the boss likes me! / *la petite Julie t'a à la bonne!* Julie's really sweet on you! ▸ **prendre qqch à la bonne** : *il prend tout à la bonne* **a)** [sans façons] he takes things as they come **b)** [avec optimisme] he always looks on the bright side ▸ **en avoir de bonnes** : *tu en as de bonnes!* are you kidding?

Bonne-Espérance [bɔnɛsperɑ̃s] npr ▸ **le cap de Bonne-Espérance** the Cape of Good Hope.

bonne-maman [bɔnmamɑ̃] (*pl* **bonnes-mamans**) nf *vieilli* grand-mama.

bonnement [bɔnmɑ̃] adv ▸ **tout bonnement** (quite) simply / *je lui ai dit tout bonnement ce que je pensais* I quite simply told him what I thought.

bonnet [bɔnɛ] nm **1.** [coiffe - en laine] (woolly) hat UK, (wooly) hat US ; [- de femme, d'enfant] hat, bonnet ; [- de soldat, de marin] hat ▸ **bonnet d'âne** dunce's cap ▸ **bonnet de bain** swimming cap ▸ **bonnet de douche** shower cap ▸ **bonnet d'évêque** *fig* parson's nose ▸ **bonnet de nuit a)** nightcap **b)** *fig & péj* wet blanket ▸ **bonnet à poils** busby, bearskin ▸ **bonnet de police** *vieilli* forage cap ▸ **bonnet phrygien** cap of liberty, Phrygian cap ▸ **c'est bonnet blanc et blanc bonnet** it's six of one and half a dozen of the other, it's all much of a muchness UK ▸ **jeter son bonnet par-dessus les moulins** to throw caution to the winds ▸ **parler à son bonnet** to talk to o.s. ▸ **prendre qqch sous son bonnet** to take the initiative of doing sthg / *il a pris sous son bonnet de le faire* he did it off his own bat ▸ **se monter le bonnet** *fam* to get worked ou het up **2.** ZOOL reticulum **3.** [d'un soutien-gorge] cup.

bonneteau, x [bɔnto] nm three-card trick.

bonneterie, bonnèterie* [bɔnɛtʀi] nf **1.** [commerce] hosiery business ou trade **2.** [industrie] hosiery-making (industry).

bonneteur [bɔntœʀ] nm three-card trick player.

bonnetier, ère [bɔntje, ɛʀ] nm, f **1.** [fabricant] hosier **2.** [ouvrier] hosiery worker.

bonnetière [bɔntjɛʀ] nf *narrow wardrobe with shelves.*

bonnette [bɔnɛt] nf **1.** NAUT stuns'l **2.** PHOT close-up lens.

bonniche [bɔniʃ] nf *fam & péj* maid, skivvy UK / *faire la bonniche* to skivvy UK, to do all the dirty work / *je ne suis pas ta bonniche!* I'm not here to clean up your mess!

Bonnot [bɔno] npr ⟶ **bande.**

bonobo [bɔnɔbo] nm pygmy chimpanzee, bonobo.

bon-papa [bɔ̃papa] (*pl* **bons-papas**) nm *vieilli* grand-papa.

bonsaï [bɔnzaj] nm bonsai.

bonsoir [bɔ̃swaʀ] nm **1.** [en arrivant] good evening ; [en partant] good night / *viens dire bonsoir à maman* come and say good night to mummy / *je vous souhaite le bonsoir* *sout* I wish you a good night **2.** *fam* [emploi expressif] : *pour lui faire faire le ménage, bonsoir!* no way can you get him to help around the house! / *ils paient les heures, mais pour les frais, bonsoir!* they pay for your time, but when it comes to expenses, you might as well forget it! / *mais bonsoir (de bonsoir), où est-il passé?* damn, where has he gone now?

bonté [bɔ̃te] nf [bienveillance] kindness, goodness / *elle l'a fait par pure bonté d'âme* she did it purely out of the goodness of her heart / *il a eu la bonté de passer nous voir* he was kind enough to come for a visit / *ayez la bonté de...* please be so kind as to... ▸ **bonté divine!, bonté du ciel!** good gracious!

❖ **bontés** nfpl *litt* kindness, kindnesses / *comment vous remercier de toutes vos bontés?* how could I thank you for your kindness ou kindnesses? ▸ **avoir des bontés pour qqn** *euphém* to bestow one's favours on sb.

bonus [bɔnys] nm [dans les assurances] no-claim ou no-claims bonus.

bonze [bɔ̃z] nm **1.** RELIG buddhist priest ou monk, bonze **2.** *fam, péj & fig* big cheese ▸ **un vieux bonze** a pontificating old fool.

bonzerie [bɔ̃zʀi] nf Buddhist monastery.

bonzesse [bɔ̃zɛs] nf Buddhist nun.

boogie-woogie [bugiwugi] nm boogie-woogie.

book [buk] nm *fam* pressbook, portfolio.

booké, e [buke] adj *fam* booked-up, busy.

bookmaker, bookmakeur* [bukmɛkœʀ] nm bookmaker.

booléen, enne [buleɛ̃, ɛn], **boolien, enne** [buljɛ̃, ɛn] adj Boolean.

boom, boum* [bum] nm **1.** [développement] boom, expansion / *il y a eu un boom sur les actions des sociétés privatisées* the shares of the privatized companies boomed / *le boom de la natalité* the baby boom / *le boom des fours à micro-ondes* the booming microwave oven market **2.** BOURSE boom.

boomer [bumœʀ] nm ACOUST woofer.

boomerang [bumʀɑ̃g] nm boomerang / *faire boomerang* *fig*, *avoir un effet boomerang* *fig* to boomerang.

booster¹ [3] [buste] vt to boost.

booster² [bustœʀ] nm ASTRONAUT booster.

bootlegger [butlɛgœʀ] nm bootlegger.

boots [buts] nmpl (desert) boots.

bop [bɔp] nm bop.

boqueteau, x [bɔkto] nm coppice, copse.

Bora Bora [bɔʀabɔʀa] npr Bora Bora.

borate [bɔʀat] nm borate.

boraté, e [bɔʀate] adj borated.

borax [bɔʀaks] nm borax, tincal.

borborygme [bɔʀbɔʀigm] nm **1.** [gargouillement] rumble, gurgle, borborygmus *spéc* **2.** *péj* [paroles] mumble.

borchtch, bortch* [bɔʀtʃ] nm borsch, borscht.

bord [bɔʀ] nm **1.** [côté - d'une forêt, d'un domaine] edge ; [- d'une route] side ▸ **sur le bord de** on the edge of / *dessine sur le bord de ta feuille* draw on the edge of your paper / *sur le bord de la route* by the roadside / *sur le bord de la Seine* on the embankment (in Paris), next to the Seine ▸ **sur les bords de** : *sur les bords du fleuve* **a)** [gén] on the river bank **b)** [en ville] on the waterfront / *sur les bords de Seine* on the embankment (in Paris), on the banks of the Seine ▸ **regagner le bord a)** [de la mer] to get back to the shore ou beach **b)** [d'une rivière] to get back to the bank **c)** [d'une piscine] to get back to the side ▸ **le bord du trottoir** the kerb UK ou curb US ▸ **le bord** ou **les bords de mer** the seaside **2.** [pourtour - d'une plaie] edge ; [- d'une assiette, d'une baignoire] rim, edge ; [- d'un verre] rim / *remplir un verre jusqu'au bord* to fill a glass to the brim ou to the top **3.** COUT [non travaillé] edge ; [replié et cousu] hem ; [décoratif] border ▸ **chapeau à larges bords** wide-brimmed ou broad-brimmed hat ▸ **bord ourlé / festonné** rolled / festooned hem **4.** NAUT [côté, bastingage] side ▸ **jeter** ou **balancer** *fam* **qqch par-dessus bord** to throw ou to chuck sthg overboard ▸ **tirer des bords** to tack ; [navire] ▸ **les hommes du bord** the crew **5.** [opinion] side / *nous sommes du même bord* we're on the same side.

❖ **à bord** loc adv AUTO on board ; AÉRON & NAUT aboard, on board / *il y avait toute une famille à bord* there was an entire family on board ou in the vehicle / *avant de monter à bord* before boarding ou going aboard / *assurez-vous que vous n'oubliez rien à bord* make sure you do not leave any of your belongings on board the aircraft.

❖ **à bord de** loc prép on board ▸ **à bord d'un navire / d'une voiture** on board a ship / car ▸ **monter à bord d'un bateau / avion** to board a boat / plane.

❖ **au bord de** loc prép **1.** [en bordure de] ▸ **se promener au bord de l'eau / la mer** to walk at the water's edge / the seaside / *s'arrêter au bord de la route* to stop by the roadside **2.** [à la limite de] on the brink ou verge of, very close to ▸ **au bord des larmes / de la dépression** on the verge of tears / a nervous breakdown / *au bord de la défaillance* very close to fainting ▸ **être au bord de l'abîme** to be on the verge of ruin ▸ **être au bord de la tombe** : *il est au bord de la tombe* he's got one foot in the grave.

❖ **bord à bord** loc adv edge to edge.

❖ **de bord** loc adj [journal, livre, commandant] ship's.

❖ **de haut bord** loc adj rated.

❖ **sur les bords** loc adv *fam* slightly, a touch / *il est un peu radin sur les bords* he's a bit tight-fisted.

bordage [bɔʀdaʒ] nm **1.** COUT hedging, hemming **2.** NAUT [en bois] planking ; [en fer] plating ▸ **ajuster des bordages a)** [en bois] to adjust planks **b)** [en fer] to adjust plates **3.** QUÉBEC inshore ice.

bordé [bɔʀde] nm **1.** NAUT [en bois] planking ; [en fer] plating **2.** COUT (piece of) trimming.

bordeaux [bɔʀdo] ◆ adj inv [grenat] burgundy *(modif)*, claret *(modif)*. ◆ nm Bordeaux (wine) ▸ **un bordeaux rouge** a red Bordeaux, a claret ▸ **un bordeaux blanc** a white Bordeaux.

Bordeaux [bɔʀdo] npr Bordeaux.

bordée [bɔʀde] nf **1.** NAUT [canons, salve] broadside ; [distance] tack ▸ **tirer des bordées** to tack ▸ **tirer une bordée** *fam & fig* to paint the town red ; [partie de l'équipage] watch **2.** *fig* [série] ▸ **une bordée d'insultes** *fig* a torrent ou stream of abuse **3.** QUÉBEC ▸ **bordée de neige** heavy snowfall.

bordel [bɔʀdɛl] *tfam* ◆ nm **1.** [hôtel de passe] brothel, whorehouse **2.** [désordre] shambles *(sg)*, mess / *range ton bordel!* clean up your (damn) mess! / *c'est toujours un vrai bordel chez toi!* your place is always a shambles! / *mettre le bordel dans une pièce / réunion* to turn a room into a pigsty / a meeting into a shambles / *ils sont venus foutre le bordel* *tfam* they only came to mess things up. ◆ interj dammit, hell / *bordel de merde!* *vulg* fuck!

bordelais, e [bɔʀdəlɛ, ɛz] adj **1.** [de Bordeaux] from Bordeaux **2.** [du Bordelais] from the Bordeaux area.

❖ **Bordelais, e** nm, f *inhabitant of or person from Bordeaux.*

❖ **bordelaise** nf **1.** [bouteille] Bordeaux bottle **2.** CULIN ▸ **à la bordelaise** in shallots and red wine.

Bordelais [bɔʀdəlɛ] npr m ▸ **le Bordelais** the Bordelais (region).

bordélique [bɔʀdelik] adj *tfam* [chambre] messy ; [écriture, esprit] chaotic / *c'est plutôt bordélique chez toi* your place is a total shambles / *il est vraiment bordélique!* he leaves such a mess everywhere! / *quelle réunion bordélique!* what a chaotic meeting!

border [3] [bɔʀde] vt **1.** [garnir] to edge, to trim ▸ **border qqch de** to trim ou to edge sthg with / *un jupon bordé de dentelle* a lace-edged petticoat **2.** [en se couchant] : *as-tu bien bordé ton lit?* did you tuck the blankets in properly? / *va te coucher, je viendrai te border* go to bed, I'll come and tuck you in **3.** [délimiter] to line / *les troènes qui bordent la clôture* the privet lining the fence / *la route est bordée de haies* the road is lined with hedges **4.** NAUT [de planches] to plank ; [de tôles] to plate ; [voile] to haul on.

bordereau, x [bɔʀdəʀo] nm **1.** FIN & COMM note, slip ▸ **bordereau d'achat** purchase note ▸ **bordereau de caisse** cash statement ▸ **bordereau d'escompte** list of bills for discount ▸ **bordereau de salaire** salary advice, wages slip ▸ **bordereau de vente** sales slip ▸ **bordereau de versement** paying-in slip UK, deposit slip US **2.** DR ▸ **bordereau des pièces** docket.

borderline [bɔʀdœʀlajn] nm inv PSYCHOL borderline case.

bordier, ère [bɔʀdje, ɛʀ] adj **1.** NAUT ▸ **navire bordier** lop-sided ship, lopsider **2.** GÉOGR ▸ **mer bordière** epicontinental sea **3.** SUISSE [au bord de l'eau] waterside.

❖ **bordier** nm **1.** SUISSE [riverain] local resident **2.** NAUT lop-sided ship, lopsider.

bordure [bɔʀdyʀ] nf **1.** [bord -d'un évier] edge ; [-d'une verre] edge, brim ; [-d'une plate-bande] border, edge ; [-d'une cheminée] surround UK, border US / *une bordure de trottoir* a kerb stone ▸ **la bordure du trottoir** the kerb ; [bande décorative] border / *des assiettes à bordure dorée* plates with a gold border ou edged in gold **2.** VÊT border, edge ; [d'un chapeau] brim ▸ **foulard à bordure bleue** scarf trimmed with blue ou edged with blue ou with a blue border.
❖ **en bordure de** loc prép : *habiter une maison en bordure de mer* to live in a house by the sea.

bore [bɔʀ] nm boron.

boréal, e, als *ou* **aux** [bɔʀeal, o] adj boreal, North *(modif)*.

borgne [bɔʀɲ] ◆ adj **1.** [personne] one-eyed / *un homme borgne* a one-eyed man, a man who's blind in one eye **2.** [fenêtre, mur] obstructed **3.** [mal fréquenté -hôtel] shady. ◆ nmf one-eyed person, one-eyed man (woman).

borique [bɔʀik] adj boric ▸ **acide borique** boric acid.

Boris Godounov [bɔʀisgɔdunɔf] npr Boris Godunov.

bornage [bɔʀnaʒ] nm boundary marking / *procéder au bornage d'un terrain* to mark the boundaries of a plot.

borne [bɔʀn] nf **1.** [pour délimiter] boundary stone, landmark ▸ **borne kilométrique** milepost ▸ **borne milliaire** (Roman) milestone ▸ **rester planté comme une borne** : *ne reste pas là planté comme une borne!* don't just stand there! **2.** [point] ▸ **borne d'appel d'urgence** emergency call box ▸ **borne d'information** information point **3.** [pour marquer un emplacement] bollard ▸ **borne d'amarrage** bollard (for ships) **4.** *fam* [kilomètre] kilometre UK, kilometer US / *on a fait les 10 bornes à pied* we walked the 10 kilometres **5.** ÉLECTR terminal **6.** INFORM ▸ **borne d'accès** [à Internet] access point ▸ **borne interactive** ou **multimédia** interactive terminal.
❖ **bornes** nfpl *fig* bounds, limits ▸ **sans bornes** [patience, ambition] boundless / *faire reculer les bornes de la science* to roll back the frontiers of knowledge ▸ **dépasser** ou **passer les bornes** to go too far ▸ **son ambition n'a** ou **ne connaît pas de bornes** his ambition knows no bounds.

borné, e [bɔʀne] adj [individu] narrow-minded ; [esprit] narrow / *tu es vraiment borné* you're so narrow-minded!, you have such a limited outlook!

borne-fontaine [bɔʀnfɔ̃tɛn] *(pl* **bornes-fontaines***)* nf public drinking fountain.

Bornéo [bɔʀneo] npr Borneo ▸ **à Bornéo** in Borneo.

borner [3] [bɔʀne] vt **1.** [délimiter -champ, terrain] to mark off ou out *(sép)*, to mark the boundary of **2.** [restreindre] to limit, to restrict.
❖ **se borner à** vp + prép **1.** [se limiter à] to be limited ou restricted to / *son rôle se borne à recevoir les clients* her role is limited to welcoming the clients / *nos relations se sont bornées à quelques échanges sur le palier* our relationship was never more than the odd conversation on the landing **2.** [se contenter de] to limit ou to restrict o.s. to ▸ **bornez-vous à l'essentiel** don't stray from the essentials.

Borodine [bɔʀɔdin] npr Borodin.

borosilicate [bɔʀosilikat] nm borosilicate.

Borromées [bɔʀɔme] npr ⟶ **île**.

bortsch [bɔʀtʃ] = **borchtch**.

borure [bɔʀyʀ] nm boride.

Bosch [bɔʃ] npr ▸ **Jérôme Bosch** Hieronymus Bosch.

bosco [bɔsko] nm *fam* bosun, boatswain.

boskoop, boscop* [bɔskɔp] nf Boskoop apple.

bosniaque [bɔsnjak] adj Bosnian.
❖ **Bosniaque** nmf Bosnian.
❖ **bosniaque** nm LING Bosnian.

Bosnie [bɔsni] npr f ▸ **(la) Bosnie** Bosnia.

Bosnie-Herzégovine [bɔsniɛʀzegɔvin] npr f ▸ **(la) Bosnie-Herzégovine** Bosnia-Herzegovina.

bosnien, enne [bɔsnjɛ̃, ɛn] = **bosniaque**.

boson [bɔzɔ̃] nm boson.

Bosphore [bɔsfɔʀ] npr m ▸ **le Bosphore** the Bosphorus, the Bosporus.

bosquet [bɔskɛ] nm coppice, copse.

boss [bɔs] nm *fam* boss / *à la maison, c'est elle le boss!* she's boss at home!

bossage [bɔsaʒ] nm boss.

bossa-nova *(pl* **bossas-novas***)*, **bossanova*** [bɔsanɔva] nf bossa nova.

bosse [bɔs] nf **1.** [à la suite d'un coup] bump, lump ▸ **se faire une bosse** to get a bump **2.** ANAT & ZOOL [protubérance] hump **3.** [du sol] bump ; [en ski] mogul / *un terrain plein de bosses* a bumpy piece of ground **4.** NAUT painter ▸ **avoir la bosse des maths** *fam* to have a good head for maths UK ou math US, to be a born mathematician ▸ **rouler sa bosse** *fam* to knock around ou about UK.
❖ **en bosse** loc adj ART embossed.

bosselage [bɔslaʒ] nm embossing.

bosselé, e [bɔsle] adj [carrosserie] dented ; [métal ouvragé] embossed.

bosseler [24] [bɔsle] vt **1.** ART to emboss **2.** [faire des bosses à] to dent.
✐ In reformed spelling (see p. 16-19), this verb is conjugated like **peler**: ***il bossèlera, elle bossèlerait.***

bossellement, bossèlement* [bɔsɛlmɑ̃] nm denting.

bossellera v ⟶ **bosseler**.

bosselure [bɔslyʀ] nf (irregular) bumps.

bosser [3] [bɔse] *fam* ◆ vi to work / *j'ai bossé toute la nuit pour cet examen* I stayed up all night working for that exam / *il bosse en usine depuis l'âge de 14 ans* he's been working in a factory since the age of 14 ▸ **bosser dur** to work hard, to graft. ◆ vt to swot up *(sép)* UK, to grind away at US / *tu ferais mieux de bosser ta physique* you should swot up your physics.

bosseur, euse [bɔsœʀ, øz] *fam* ◆ adj ▸ **être bosseur** to work hard, to be hardworking. ◆ nm, f hard worker.

bossoir [bɔswaʀ] nm davit.

bossu, e [bɔsy] ◆ adj humpbacked, hunchbacked ▸ **être bossu** to be humpbacked, to have a hump ou humpback. ◆ nm, f humpback, hunchback ▸ **rire** ou **rigoler** *fam* ou **se marrer** *fam* **comme un bossu** to laugh fit to burst, to laugh o.s. silly.

boston [bɔstɔ̃] nm JEUX & MUS boston.

Boston [bɔstɔn] npr Boston.

bot, e [bo, bɔt] adj ▸ **pied bot** club foot.

botanique [bɔtanik] ◆ adj botanical. ◆ nf botany.

botaniste [bɔtanist] nmf botanist.

botnet [bɔtnɛt] nm INTERNET botnet.

Botnie [bɔtni] npr ⟶ **golfe**.

Botrange [bɔtʀɑ̃ʒ] npr ▸ **le signal de Botrange** *the highest point in Belgium (694 m).*

Botswana [bɔtswana] npr m ▸ **le Botswana** Botswana ▸ **au Botswana** in Botswana.

botswanais, e [bɔtswanɛ, ɛz] adj Botswanan.
❖ **Botswanais, e** nm, f Botswanan.

botte [bɔt] nf **1.** [chaussure] (high) boot ▸ **bottes de cavalier** riding boots ▸ **bottes en caoutchouc** gumboots UK, wellington boots UK, rubber boots US ▸ **bottes de cow-boy** cowboy boots ▸ **bottes d'égoutier** waders ▸ **bottes de sept lieues** seven-league boots ▸ **haut comme une** ou **ma botte** knee-high to a grass-hopper ▸ **être à la botte de qqn** to be sb's puppet ▸ **avoir qqn à sa botte** to have sb under one's thumb ▸ **cirer** ou **lécher les bottes de qqn** *fam* to lick sb's boots ▸ **sous la botte de l'ennemi** beneath the enemy's heel **2.** [de fleurs, de radis] bunch ; [de paille] sheaf, bundle ▸ **il n'y en a pas des bottes** *fam* there isn't much ou a lot of it / *elle chante bien? — pas des bottes* *fam* does she sing well? — not really **3.** ESCRIME thrust ▸ **allonger une botte** to thrust ▸ **porter une botte à qqn a)** *pr* to make a thrust at sb **b)** *fig* to hit out ou to have a dig at sb ▸ **botte secrète** secret weapon.

botteler [24] [bɔtle] vt [foin, paille] to sheaf.
✐ In reformed spelling (see p. 16-19), this verb is conjugated like **peler**: ***il bottèle, elle bottèlerait.***

botteleur, euse [bɔtlœʀ, øz] nm, f trusser.
❖ **botteleuse** nf straw binder.

botter [3] [bɔte] vt **1.** [chausser -enfant] to put boots on ; [-client] to provide boots for, to sell boots to **2.** SPORT to kick / *il a botté la balle en touche* he kicked the ball into touch **3.** EXPR ▸ **ça me botte!** *fam* it's great! ▸ **botter le train** ou **les fesses** ou **le derrière** *fam* ou **le cul** *tfam* **à qqn** to kick sb in the pants ▸ **se faire botter les fesses** ou **le cul** *tfam* to get a kick up the backside.

botteur [bɔtœʀ] nm SPORT kicker.

bottier [bɔtje] nm [fabricant -de bottes] bootmaker ; [-de chaussures] shoemaker.

bottillon [bɔtijɔ̃] nm ankle boot.

Bottin® [bɔtɛ̃] nm telephone directory, phone book ▸ **le Bottin mondain** *directory of famous people* ; ≃ Who's Who?

bottine [bɔtin] nf ankle boot ▸ **bottine à boutons** button boot.

botulique [bɔtylik] adj ▸ **toxine botulique** botulin.

botulisme [bɔtylism] nm botulism.

boubou [bubu] nm boubou, bubu.

bouc [buk] nm **1.** ZOOL goat, he-goat, billy goat / *sentir le bouc* ou *puer comme un bouc* to stink to high heaven ▸ **bouc émissaire** scapegoat **2.** [barbe] goatee.

boucan [bukɑ̃] nm *fam* din, racket ▸ **faire du boucan** to kick up a din, to make a racket / *les voisins ont fait un de ces boucans!* the neighbours really kicked up a din! / *tu ne l'as pas entendu? il a pourtant fait assez de boucan* didn't you hear him? he was making enough noise.

boucaner [3] [bukane] vt [viande] to smoke, to cure.

boucanier [bukanje] nm buccaneer.

bouchage [buʃaʒ] nm **1.** [d'une bouteille] corking **2.** [d'une fuite] plugging, stopping **3.** [d'un trou] filling up.

bouchain [buʃɛ̃] nm bilge ▸ **bouchain vif** hard bilge.

bouche [buʃ] nf **1.** ANAT & ZOOL mouth ▸ **j'ai la bouche sèche** my mouth feels dry ▸ **avoir la bouche pleine** to have one's mouth full / *ne parle pas la bouche pleine* don't talk with your mouth full / *elle me donna sa bouche* *litt* she offered me her lips ▸ **dans la bouche de** : *dans ta bouche le mot prend toute sa valeur* when you say it ou coming from you, the word takes on its full meaning / *ce n'est pas joli dans la bouche d'un petit garçon!* it doesn't sound nice, coming from a little boy! / *ce sont toutes les mères qui s'expriment par sa bouche* she's speaking for all mothers ▸ **il a six bouches à nourrir** he has six mouths to feed (at home) ▸ **je n'ai pas l'intention de nourrir des bouches inutiles** I won't have loafers around here ▸ **ça c'est pour** ou **je le garde pour la bonne bouche a)** [nourriture] I'm keeping this as a treat for later **b)** [nouvelle] I'm keeping the best until last ▸ **de bouche en bouche** from person to person ▸ **bouche à oreille** grapevine / *par le bouche à oreille* through the grapevine, by word of mouth ▸ **de bouche à oreille** confidentially ▸ **être** ou **rester bouche bée** to stand open-mouthed ▸ **rester bouche cousue** to keep one's lips sealed ▸ **avoir la** ou **faire sa bouche en cœur** *péj* to simper / *il m'a annoncé la bouche en cœur qu'il ne venait plus* he gaily announced to me that he was no longer coming ▸ **faire la bouche en cul-de-poule** to purse one's lips ▸ **ouvrir la bouche** *pr* to open one's mouth / *elle n'a pas ouvert la bouche de la soirée* *fig* she didn't say a word all evening ▸ **il n'a que ce mot / nom à la bouche** he only ever talks about one thing / person / *des insultes, tu n'as que ça à la bouche* insults, that's all you ever come out with ▸ **son nom est sur toutes les bouches** her name is on everyone's lips, she's the talk of the town **2.** [orifice -d'un cratère] mouth ; [-d'un canon] muzzle ▸ **bouche d'air chaud** ou **de chaleur** hot-air vent ▸ **bouche d'eau** ou **d'incendie** fire hydrant ▸ **bouche d'aération** air vent ▸ **bouche d'arrosage** water pipe, standpipe ▸ **bouche d'égout** manhole, inspection chamber ▸ **bouche de métro** metro entrance, underground entrance **3.** ŒNOL full-bodiedness, richness / *un vin bien en bouche* a full-bodied wine.
❖ **bouches** nfpl [d'un fleuve, d'un détroit] mouth.

* In reformed spelling (see p. 16-19).

bouché, e [buʃe] adj **1.** [nez] blocked ; [oreilles] blocked up ▶ **j'ai le nez bouché** my nose is blocked **2.** MÉTÉOR [ciel, horizon, temps] cloudy, overcast **3.** *fam* [idiot] stupid, thick UK / *il est vraiment bouché* he's really stupid ! ▶ **bouché à l'émeri** thick as two short planks UK, as dumb as they come US **4.** [sans espoir - avenir] hopeless ; [- filière, secteur] oversubscribed **5.** [bouteille] corked ; [cidre, vin] bottled.

bouche-à-bouche [buʃabuʃ] nm inv mouth-to-mouth resuscitation ▶ **faire du bouche-à-bouche à qqn** to give sb mouth-to-mouth resuscitation ou the kiss of life.

bouche-à-oreille [buʃaɔʀɛj] nm inv word of mouth / *on a trouvé notre maison par le* ou *grâce au bouche-à-oreille* we found our house by word of mouth.

bouchée [buʃe] nf **1.** [contenu] mouthful / *ne prends pas de si grosses bouchées* don't put such big pieces into your mouth / *il n'a fait qu'une bouchée du petit pain* he swallowed the roll whole ▶ **ne faire qu'une bouchée de** : *elle n'a fait qu'une bouchée de ses rivales* she made short work of her rivals / *je n'en ferai qu'une bouchée !* I'll eat him for breakfast ! ▶ **mettre les bouchées doubles** to work twice as hard, to put on a spurt ▶ **pour une bouchée de pain** for a song ou next to nothing / *il a acheté ce tableau pour une bouchée de pain* he bought this painting for next to nothing **2.** CULIN (vol-au-vent) case ▶ **bouchée à la reine** chicken vol-au-vent ; [friandise] ▶ **bouchée (au chocolat)** chocolate bouchée.

boucher[1] [3] [buʃe] vt **1.** [fermer - trou] to fill up *(sép)* ; [- fuite] to plug, to stop ; [- bouteille] to cork ▶ **boucher un trou** *fig* to fill a gap ▶ **en boucher un coin à qqn** *fam* : *je parie que ça t'en bouche un coin !* I bet you're impressed ! **2.** [entraver] to obstruct, to block / *tu me bouches le passage* you're in ou blocking my way / *la tour nous bouche complètement la vue* the tower cuts off ou obstructs our view totally.

❖ **se boucher** ◆ vpi **1.** [s'obstruer - tuyau, narine] to get blocked **2.** MÉTÉOR [temps] to become overcast. ◆ vpt ▶ **se boucher le nez** to hold one's nose ▶ **se boucher les oreilles a)** *pr* to put one's fingers in ou to plug one's ears **b)** *fig* to refuse to listen ▶ **se boucher les yeux a)** *pr* to hide one's eyes **b)** *fig* to refuse to see.

boucher[2], ère [buʃe, ɛʀ] nm, f butcher / *ce chirurgien est un vrai boucher* this surgeon is a real butcher.

boucherie [buʃʀi] nf **1.** [boutique] butcher's shop UK ou store US ▶ **viande de boucherie** butcher's meat ▶ **boucherie chevaline** horse-butcher's (shop) **2.** [métier] butchery **3.** [massacre] slaughter, butchery.

bouche-trou [buʃtʀu] (*pl* **bouche-trous**) nm [personne] stand-in, stopgap ; [objet] makeshift replacement.

bouchon [buʃɔ̃] nm **1.** [en liège] cork ; [d'un bidon, d'une bouteille en plastique] cap ; [d'une bouteille en verre, d'une carafe] stopper / *vin qui sent le bouchon* corked wine ▶ **un bouchon de carafe** *fam* a huge diamond ou rock ▶ **bouchon (du réservoir) d'essence** petrol cap ▶ **bouchon de vidange** AUTO blow-off ▶ **tu pousses le bouchon un peu loin** *fam* you're going a little too far ou pushing it a bit ▶ **prendre du bouchon** *fam* to be getting on (in years) **2.** [bonde] plug ▶ **bouchon de cérumen** earwax plug **3.** [poignée de paille, de foin] wisp **4.** *fam* [embouteillage] traffic jam ; [à une intersection] gridlock **5.** PÊCHE float.

bouchonnage [buʃɔnaʒ] nm rubbing down *(of a horse)*.

bouchonné, e [buʃɔne] adj [vin] corked.

bouchonner [3] [buʃɔne] ◆ vt [cheval] to rub down *(sép)*. ◆ vi : *ça bouchonne à partir de 5 h* traffic is heavy from 5 p.m. onwards.

bouchot [buʃo] nm mussel bed.

bouclage [buklaʒ] nm **1.** PRESSE [d'un article] finishing off ; [d'un journal] putting to bed ▶ **c'est mardi le bouclage** the paper's going to bed ou to press on Tuesday **2.** *fam* [d'un coupable] locking up ; [d'un quartier] surrounding, sealing off **3.** [d'une ceinture] fastening, buckling **4.** [des cheveux] curling.

boucle [bukl] nf **1.** [de cheveux] curl ▶ **Boucles d'or** LITTÉR Goldilocks **2.** [de ceinture] buckle ; [de lacet] loop ; [d'un cours d'eau] loop, meander / *elle ne fait pas de boucles à ses lettres* she doesn't put any loops on her letters / *faire une boucle à un ruban* to loop a ribbon **3.** INFORM loop **4.** SPORT [en course] lap.

❖ **boucle d'oreille** nf earring.

bouclé, e [bukle] adj [cheveux, barbe] curly ; [personne] curly-haired.

bouclement [bukləmɑ̃] nm ringing *(of a bullock or a pig)*.

boucler [3] [bukle] ◆ vt **1.** [fermer - ceinture] to buckle, to fasten / *boucler sa ceinture en voiture* to fasten one's seat belt ▶ **boucler sa valise a)** *pr* to shut one's suitcase **b)** *fig* to pack one's bags ▶ **la boucler** *fam* : *toi, tu la boucles !* not a word out of you ! **2.** [dans une opération policière] ▶ **boucler une avenue / un quartier** to seal off an avenue / area **3.** *fam* [enfermer] to shut away *(sép)*, to lock up *(sép)* / *si tu continues, je te boucle dans ta chambre* any more of this and you'll go to your room / *je suis bouclé à la maison avec la grippe* I'm stuck at home with the flu / *il s'est fait boucler pour six mois* he's been put away for six months **4.** [mettre un terme à - affaire] to finish off *(sép)*, to settle ; [- programme de révisions] to finish (off) ▶ **boucler un journal / une édition** PRESSE to put a paper / an edition to bed **5.** [équilibrer] ▶ **boucler son budget** to make ends meet / *il a du mal à boucler ses fins de mois* he's always in the red at the end of the month **6.** AÉRON ▶ **boucler la boucle** to loop the loop ▶ **la boucle est bouclée** ou **on a bouclé la boucle** we're back to square one **7.** [cheveux, mèches] to curl. ◆ vi **1.** [cheveux] to curl, to be curly ▶ **il boucle naturellement** he has naturally curly hair **2.** INFORM to get stuck in a loop, to loop round and round.

❖ **se boucler** vp *(emploi réfléchi)* ▶ **se boucler chez soi** to shut o.s. away.

bouclette [buklɛt] nf **1.** [de cheveux] small curl **2.** *(comme adj)* TEXT [fil, laine] bouclé.

bouclier [buklije] nm **1.** [protection de soldat] shield ; [de policier] riot shield / *elle lui a fait un bouclier de son corps* *fig & sout* she shielded him with her body **2.** [protection] shield ▶ **bouclier thermique** ASTRONAUT thermal ou heat shield ▶ **bouclier atomique** atomic shield ▶ **bouclier humain** human shield **3.** ÉCON ▶ **bouclier fiscal** tax shield **4.** GÉOL shield ▶ **le Bouclier canadien** the Canadian shield.

bouddha [buda] nm [statue] buddha.

Bouddha [buda] npr Buddha.

bouddhique [budik] adj Buddhist, Buddhistic.

bouddhisme [budism] nm Buddhism.

bouddhiste [budist] adj Buddhist.

bouder [3] [bude] ◆ vi to sulk ▶ **elle est partie bouder** she's gone off in a sulk. ◆ vt [ami] to refuse to talk to ; [dessert, cadeau] to refuse to accept ; [élection] to refuse to vote ; [fournisseur] to stay away from / *le public a boudé son film* hardly anyone went to see her film.

bouderie [budʀi] nf sulking *(U)* / *je ne supporte plus ses bouderies* I'm fed up with his sulking.

boudeur, euse [budœʀ, øz] ◆ adj sulky, sullen. ◆ nm, f sulky person.

❖ **boudeuse** nf [siège] courting couch.

boudin [budɛ̃] nm **1.** CULIN ▶ **boudin (noir)** blood ou black pudding UK, blood sausage US ▶ **boudin blanc** white pudding UK, white sausage US ▶ **faire du boudin** *fam* to sulk **2.** [cylindre] roll **3.** *fam & péj* [femme] : *sa sœur est un vrai boudin !* his sister looks like the back of a bus UK ou a Mack truck US ! **4.** [doigt] fat finger.

Boudin [budɛ̃] npr ▶ **le Boudin** *regimental march of the French Foreign Legion.*

boudiné, e [budine] adj [doigt, main] podgy UK, pudgy US / *je me sens boudinée dans cette robe* this dress is too tight for me.

boudiner [3] [budine] vt **1.** [suj: vêtement] ▶ **cette jupe la boudine** that skirt makes her look fat / *il a l'air boudiné dans ses vêtements* he looks as though his clothes were a size too small **2.** INDUST [fil de métal] to coil ; TEXT to rove ; [tuyau] to extrude.

❖ **se boudiner** vp *(emploi réfléchi)* : *se boudiner dans une jupe* to squeeze o.s. into a skirt (that is too tight).

boudoir [budwaʀ] nm **1.** [pièce] boudoir **2.** [biscuit] sponge finger UK, ladyfinger US.

boue [bu] nf **1.** [terre détrempée] mud ▶ **couvert de boue** muddy **2.** [dépôt] sludge ▶ **boues activées** MÉD activated sludge ▶ **boues d'épuration** sewage sludge.

bouée [bwe] nf **1.** [en mer] buoy ▶ **bouée d'amarrage** mooring buoy ▶ **bouée de corps-mort** anchor buoy **2.** [pour nager] rubber ring ▶ **bouée de sauvetage** lifebelt, lifebuoy / *il s'est raccroché à elle comme à une bouée de sauvetage* he hung onto her as if his life depended on it.

boueux, euse [buø, øz] adj **1.** [sale - trottoir] muddy ; [- tapis] mud-stained **2.** IMPR smudged.

❖ **boueux** nm *fam* bin man UK, dustman UK, garbage collector US.

bouffant, e [bufɑ̃, ɑ̃t] adj [cheveux] bouffant ; [manche] puffed out.

bouffarde [bufaʀd] nf *fam* pipe.

bouffe [buf] ◆ nf *fam* food, grub, nosh / *on se fait une bouffe ?* do you fancy getting together for a meal ? ▶ **aimer la bonne bouffe** to like one's food. ◆ adj ▶ **opéra bouffe** comic opera.

bouffée [bufe] nf **1.** [exhalaison] puff / *envoyer des bouffées de fumée* to puff (out) smoke / *tirer des bouffées d'une pipe* to draw on one's pipe ▶ **une bouffée d'air** a puff ou a breath of wind ▶ **une bouffée d'air frais** *pr & fig* a breath of fresh air / *une bouffée de parfum* a whiff of perfume / *des odeurs de cuisine m'arrivaient par bouffées* the smell of cooking wafted over to me **2.** [accès] fit, outburst ▶ **une bouffée de colère** a fit of rage ▶ **une bouffée de tendresse** a sudden burst of tenderness ▶ **avoir des bouffées de chaleur** MÉD to have hot flushes UK ou flashes US ▶ **bouffée délirante** PSYCHOL delirious fit.

bouffer [3] [bufe] ◆ vt *fam* **1.** [manger] to eat ; [manger voracement] to guzzle ▶ **je l'aurais bouffé !** *fig* I could have killed him ! ; *(en usage absolu)* : *bouffer au restaurant* to eat out / *on a bien / mal bouffé* the food was great / terrible / *je vais les faire bouffer et on sera tranquilles* I'll give them something to eat and then we'll have some peace **2.** [gaspiller] to be heavy on, to soak up *(sép)* / *bouffer de l'essence* to be heavy on petrol UK ou gas US / *il a bouffé toute sa fortune* he spent all his money **3.** [accaparer] : *les enfants me bouffent tout mon temps* the kids take up every minute of my time / *tu te laisses bouffer par ta mère* you're letting your mother walk all over you **4.** EXPR **bouffer du curé** to be a priest-hater ▶ **bouffer du communiste** to be a commie-basher. ◆ vi [gonfler] to puff (out) / *faire bouffer ses manches* to puff out one's sleeves ▶ **faire bouffer ses cheveux** to make one's hair bouffant.

❖ **se bouffer** vp *(emploi réciproque) fam* ▶ **se bouffer le nez a)** [une fois] to have a go at one another **b)** [constamment] to be at daggers drawn.

bouffetance [buftɑ̃s] *fam* = **bouffe** *(nf)*.

bouffeur, euse [bufœʀ, øz] nm, f *tfam* **1.** [mangeur] eater / *je suis un grand bouffeur de pâtes* I eat a lot of pasta **2.** [appareil, machine] : *cette bagnole est une bouffeuse d'essence* this car is a real gas-guzzler *fam*.

bouffi, e [bufi] adj [yeux] puffed-up, puffy ; [visage] puffed-up, puffy, bloated / *les yeux bouffis de sommeil* eyes swollen with sleep ▶ **être bouffi d'orgueil** *fig* to be bloated with pride ▶ **tu l'as dit, bouffi !** *fam* you said it !

❖ **bouffi** nm [hareng] bloater.

bouffir [32] [bufiʀ] ◆ vt **1.** [visage, yeux] to puff up **2.** [hareng] to bloat. ◆ vi to become swollen ou bloated, to puff up.

bouffissure [bufisyʀ] nf [d'un visage, d'un corps] puffy ou swollen state ; [d'un style] turgidness.

bouffon, onne [bufɔ̃, ɔn] adj [scène] comical, farcical.

❖ **bouffon** nm buffoon ▶ **le bouffon du roi** HIST the king's jester ▶ **la querelle des Bouffons** HIST *mid-eighteenth century quarrel between the partisans of Italian and French music.*

bouffonnerie [bufɔnʀi] nf **1.** [acte] piece of buffoonery ; [parole] farcical remark **2.** [caractère] buffoonery.

bougainvillée [bugɛ̃vile] nf bougainvillaea.

bougainvillier [bugɛ̃vilje] nm = **bougainvillée.**

bouge [buʒ] nm **1.** [logement] hovel **2.** [café] cheap ou sleazy bar.

bougeoir [buʒwaʀ] nm candleholder, candlestick.

bougeotte [buʒɔt] nf *fam* fidgets ▸ **avoir la bougeotte a)** [remuer] to have the fidgets **b)** [voyager] to have itchy feet.

bouger [17] [buʒe] ◆ vi **1.** [remuer] to move ▸ **rien ne bouge** nothing's stirring / *j'ai une dent qui bouge* I have a loose tooth ▸ **rester sans bouger** to stay still ▸ **ne bougeons plus!** hold it! / *le vent fait bouger les branches des arbres* the branches of the trees are swaying in the wind / *il sait faire bouger ses oreilles* he can wiggle his ears **2.** [se déplacer] to move / *je n'ai pas bougé de la maison* I never stirred from the house / *un métier où on bouge beaucoup* a job involving a lot of travel **3.** [se modifier - couleur d'un tissu] to fade / *les prix n'ont pas bougé* prices haven't changed ou altered **4.** [s'activer] to move, to stir / *les syndicats commencent à bouger* the unions are on the move / *ce projet a fait bouger les habitants du quartier* the project has spurred the local inhabitants into action. ◆ vt to move, to shift.

❖ **se bouger** vpi *fam* : *si on se bougeait un peu?* come on, let's get moving ou let's get a move on! / *tu ne t'es pas beaucoup bougé pour trouver un nouveau boulot* you didn't try very hard to find a new job.

bougie [buʒi] nf **1.** [en cire] candle **2.** AUTO ▸ **bougie (d'allumage)** sparking UK ou spark US plug.

bougnat [buɲa] nm *in Paris, owner of a small café who also sold coal.*

bougnoul(e) [buɲul] nm *vulg racist term used with reference to North Africans.*

bougon, onne [bugɔ̃, ɔn] ◆ adj grouchy, grumpy. ◆ nm, f grumbler, grouch.

bougonnement [bugɔnmɑ̃] nm grouching, grumbling.

bougonner [3] [bugɔne] vi to grouch, to grumble.

bougonneur, euse [bugɔnœʀ, øz] ◆ adj grouchy, grumpy. ◆ nm, f grumbler, grouch.

bougre [bugʀ] *fam & vieilli* ◆ nm **1.** [homme] chap, fellow / *c'est un bon bougre!* he's a good bloke UK ou guy US ▸ **un pauvre bougre** a poor bloke UK ou guy US **2.** *péj* ▸ **bougre de** : *bougre d'imbécile* ou *d'andouille!* you stupid idiot! ◆ interj **1.** [marque la colère] damn, heck **2.** [marque la surprise] I'll be dashed, cripes.

bougrement [bugʀəmɑ̃] adv *fam & vieilli* damn, damned / *il fait bougrement froid* it's damn cold.

bougresse [bugʀɛs] nf *fam & vieilli* wretched woman / *elle sait s'y prendre, la bougresse!* [ton admiratif] that one certainly knows what she's about!

boui-boui (*pl* **bouis-bouis**), **bouiboui*** [bwibwi] nm *fam* [restaurant] caff UK, greasy spoon / *au boui-boui du coin* at the local caff.

bouif [bwif] nm *tfam* cobbler.

bouillabaisse [bujabɛs] nf bouillabaisse.

bouillant, e [bujɑ̃, ɑ̃t] adj **1.** [qui bout] boiling ; [très chaud] boiling hot / *j'aime boire mon café bouillant* I like my coffee to be boiling hot **2.** [ardent] fiery, passionate.

bouillasse [bujas] nf *fam* [boue] muck, mud ; [de neige] slush.

bouille [buj] nf **1.** *fam* [figure] face, mug / *il a une bonne bouille* [sympathique] he looks a nice bloke UK ou guy US **2.** SUISSE churn UK, milk pail US.

bouilleur [bujœʀ] nm **1.** [distillateur] distiller ▸ **bouilleur de cru** home distiller **2.** TECHNOL [d'une chaudière] heating ou fire tube.

bouilli, e [buji] adj [eau, lait, viande] boiled.

❖ **bouilli** nm [viande] boiled meat ; [bœuf] boiled beef.

❖ **bouillie** nf baby food ou cereal ▸ **bouillie bordelaise** Bordeaux mixture ▸ **avoir de la bouillie dans la bouche** to mumble ▸ **c'est de la bouillie pour les chats** it's a dog's breakfast.

❖ **en bouillie** loc adj & adv crushed ▸ **mettre qqn en bouillie** to beat sb to a pulp.

bouillir [48] [bujiʀ] ◆ vi **1.** [arriver à ébullition] to boil / *faire bouillir de l'eau pour le thé* to boil water for tea / *faire bouillir des légumes* to boil vegetables / *faire bouillir des instruments* to sterilize ou to boil instruments ▸ **faire bouillir la marmite** to keep the pot boiling **2.** [s'irriter] to boil ▸ **ça me fait bouillir** it makes my blood boil ▸ **bouillir d'impatience** / **de colère** to seethe with impatience / anger. ◆ vt to boil / *bouillir du linge* to boil washing.

bouilloire [bujwaʀ] nf kettle ▸ **bouilloire électrique** electric kettle.

bouillon [bujɔ̃] nm **1.** CULIN broth, stock ▸ **bouillon gras** / **maigre** meat / clear stock ▸ **bouillon cube** stock cube ▸ **bouillon de légumes** vegetable stock ▸ **bouillon de onze** ou **d'onze heures** poisoned drink ▸ **boire** ou **prendre un bouillon a)** *fam* [en nageant] to swallow water **b)** *fig* to suffer heavy losses, to take a bath **2.** BIOL ▸ **bouillon de culture** *pr* culture medium / *ces quartiers sont un véritable bouillon de culture pour la délinquance fig* these areas are a perfect breeding-ground for crime **3.** [remous] : *éteindre le feu dès le premier bouillon* turn off the heat as soon as it boils ▸ **à gros bouillons** : *couler à gros bouillons* to gush out ou forth / *bouillir à gros bouillons* to boil fast ou hard ▸ **cuire à gros bouillons** to bubble fiercely **4.** COUT puff **5.** PRESSE unsold copies.

bouillonnant, e [bujɔnɑ̃, ɑ̃t] adj bubbling, foaming, seething.

bouillonné [bujɔne] nm ruffle, ruffled border.

bouillonnement [bujɔnmɑ̃] nm bubbling, foaming, seething ▸ **bouillonnement d'idées** *fig* ferment of ideas.

bouillonner [3] [bujɔne] vi **1.** [liquide] to bubble ; [source] to foam, to froth ▸ **ils bouillonnent d'idées** *fig* they're full of ideas **2.** [s'agiter] ▸ **bouillonner d'impatience** to seethe with impatience.

bouillotte [bujɔt] nf hot-water bottle.

boul. abr écrite de **boulevard.**

boulange [bulɑ̃ʒ] nf *fam* [métier] bakery trade ou business / *il est dans la boulange* he works as a baker.

boulanger, ère [bulɑ̃ʒe, ɛʀ] nm, f baker.

boulangerie [bulɑ̃ʒʀi] nf **1.** [boutique] bakery, baker's (shop UK ou store US) ▸ **boulangerie pâtisserie** baker's and confectioner's, bread and cake shop **2.** [industrie] bakery trade ou business.

boulangisme [bulɑ̃ʒism] nm *19th-century movement supporting General Boulanger.*

boulangiste [bulɑ̃ʒist] ◆ adj [mouvement, parti] of General Boulanger. ◆ nmf supporter of General Boulanger.

boulder [buldœʀ] nm boulder.

boule [bul] nf **1.** [sphère] ball ▸ **boule de billard** billiard ball ▸ **il a le crâne comme une boule de billard** he's (as) bald as a coot ▸ **boule de cristal** crystal ball / *regarder dans sa boule de cristal* to look into one's crystal ball ▸ **boule de feu** fireball ▸ **boule de gomme** gumdrop ▸ **boule de loto** lottery ball ▸ **avoir les yeux en boules de loto** [de surprise] to be wide-eyed ▸ **boule de neige** snowball ▸ **faire boule de neige** *fig* to snowball ▸ **boule de poils** [dans l'estomac d'un animal] hairball / *une petite boule de poils* [chaton] a little fluffy ball ▸ **boule puante** stinkbomb ▸ **boules Quiès®** earplugs ▸ **boule à thé** tea ball ▸ **avoir une boule dans la gorge** to have a lump in one's throat ▸ **avoir une boule dans l'estomac** to have a heavy stomach **2.** *fam* [tête] : *il a la boule à zéro* his head is completely shaven ▸ **coup de boule** headbutt ▸ **donner un coup de boule à qqn** to headbutt ou nut sb **3.** JEUX ▸ **boule (de pétanque)** (steel) bowl ▸ **jouer aux boules** to play boules *(popular French game played on bare ground with steel bowls)* **4.** INFORM ▸ **boule de commande** trackball **5.** BELG [bonbon] boiled sweet.

❖ **boules** nfpl *tfam* ▸ **avoir les boules a)** [être effrayé] to be scared stiff **b)** [être furieux] to be pissed off **c)** [être déprimé] to be feeling down ▸ **tu me fous les boules a)** [tu me fais peur] you're scaring me **b)** [tu me déprimes] you're really getting me down.

❖ **en boule** loc adj & loc adv [en rond - animal] ▸ **se mettre en boule** to curl up into a ball ; *fam* [en colère] ▸ **être en boule** to be hopping mad, to be furious / *ça me met en boule* it makes me mad, it really gets my goat.

bouleau, x [bulo] nm **1.** BOT birch ▸ **bouleau argenté** silver birch **2.** [bois] birch.

boule-de-neige [buldənɛʒ] (*pl* **boules-de-neige**) nf BOT [arbuste] guelder rose.

Boule-de-Suif [buldəsɥif] npr *the best known of Maupassant's tales, about the Franco-Prussian War.*

bouledogue [buldɔg] nm bulldog.

bouler [3] [bule] vi to roll along / *bouler au bas de l'escalier* to tumble down the stairs.

boulet [bulɛ] nm **1.** ARM ▸ **boulet de canon** cannonball ; [de prisonnier] ball (and chain) ▸ **arriver comme un boulet dans une pièce** to come crashing into a room ▸ **tirer à boulets rouges sur qqn** to lay into sb **2.** MIN (coal) nut **3.** ZOOL fetlock.

boulette [bulɛt] nf **1.** CULIN ▸ **boulette (de viande)** meatball ▸ **boulette (pour chien)** croquette ▸ **boulette empoisonnée** poison ball **2.** [de papier] pellet **3.** *fam* [erreur] blunder, blooper US ▸ **faire une boulette** to blunder, to goof US.

boulevard [bulvaʀ] nm **1.** [avenue] boulevard ; [à Paris] ▸ **les grands boulevards** the main boulevards *(with many theatres, restaurants and nightclubs)* ▸ **les boulevards extérieurs** ou **des maréchaux** the outer boulevards *(following the old town wall)* ▸ **le boulevard du crime** *nickname given to the boulevard du Temple in Paris in the 19th century because of its theatres, where crimes often featured in the melodramas of the day* ▸ **les boulevards intérieurs** the (Paris) inner ring road UK ou beltway US ▸ **le boulevard périphérique** the (Paris) ring road UK ou beltway US **2.** THÉÂTRE ▸ **le boulevard** light comedy.

❖ **de boulevard** loc adj THÉÂTRE ▸ **pièce de boulevard** light comedy.

bouleversant, e [bulvɛʀsɑ̃, ɑ̃t] adj upsetting, distressing ▸ **témoignage bouleversant** deeply moving testimony.

bouleversement [bulvɛʀsəmɑ̃] nm upheaval, upset / *son divorce a été un grand bouleversement dans sa vie* his divorce drastically changed ou was a great upheaval in his life / *le bouleversement de toutes mes habitudes* the disruption of my entire routine ▸ **des bouleversements politiques** political upheavals.

bouleverser [3] [bulvɛʀse] vt **1.** [émouvoir] to move deeply / *bouleversé par la naissance de son fils* deeply moved by his son's birth ; [affliger] to upset, to distress / *bouleversé par la mort de son ami* shattered ou very distressed by the death of his friend / *bouleversé par la souffrance des prisonniers* distressed ou profoundly upset by the prisoners' suffering **2.** [désorganiser - maison, tiroir] to turn upside down ; [- habitudes, vie, plan] to turn upside down, to disrupt, to change drastically.

boulgour [bulguʀ] nm bulgar ou bulgur wheat.

boulier [bulje] nm abacus.

boulimie [bulimi] nf compulsive eating, bulimia *spéc* / *être atteint de boulimie* ou *faire de la boulimie* to be a compulsive eater.

boulimique [bulimik] ◆ adj bulimic. ◆ nmf compulsive eater, bulimic *spéc.*

boulin [bulɛ̃] nm putlog.

boulingrin [bulɛ̃gʀɛ̃] nm lawn *(in a formal garden).*

boulisme [bulism] nm boules.

bouliste [bulist] nmf boules player.

boulle [bul] nm inv boulle furniture *(style of highly ornamented furniture associated with André Charles Boulle).*

boulochage [bulɔʃaʒ] nm pilling.

boulocher [3] [bulɔʃe] vi to pill.

boulodrome [bulɔdʀom] nm bowling alley.

* In reformed spelling (see p. 16-19).

Boulogne-Billancourt [bulɔɲbijɑ̃kuʀ] npr *town in the Paris suburbs, the site until recently of the state-run Renault car factory, well-known for its enlightened approach to labour relations.*

boulomane [bulɔman] nmf *person who loves playing boules.*

boulon [bulɔ̃] nm bolt ▸ **boulon avec écrou** nut and bolt ▸ **boulon à vis** screw bolt ▸ **serrer les boulons** *fam & fig* to tighten the screws / *il lui manque un boulon, à ce type!* *fam* this guy's got a screw loose!

boulonnage [bulɔnaʒ] nm bolting (on).

boulonner [3] [bulɔne] ◆ vt to bolt (on). ◆ vi *fam* to work, to plug away / *il boulonne dur* he works really hard.

boulonnerie [bulɔnʀi] nf **1.** [fabrique] nut-and-bolt manufacture **2.** [dans une quincaillerie] nut-and-bolt section.

boulot¹ [bulo] nm *fam* **1.** [fait de travailler] ▸ **le boulot** work ▸ **elle est très boulot boulot** *péj* she's a workaholic **2.** [ouvrage réalisé] piece of work, job / *il s'est coupé les cheveux tout seul, t'aurais vu le boulot!* he cut his own hair, you should have seen the mess! **3.** [travail à faire] ▸ **du boulot** a lot of work / *il y a encore du boulot dessus!* it needs loads more work on it! / *tout le monde au boulot!* come on everybody, let's get cracking! **4.** [emploi, poste] job ▸ **un petit boulot** casual work *(U)* ▸ **faire des petits boulots** to do casual work **5.** [lieu] work / *j'ai appelé le boulot pour dire que j'étais malade* I called in sick / *je déjeune au boulot* I have lunch at work.

boulot², otte [bulo, ɔt] adj *fam* plump, tubby / *une petite bonne femme boulotte* a tubby little woman.

boulotter, bouloter* [3] [bulɔte] *fam* ◆ vt [manger] to scoff ; *(en usage absolu)* : *elle n'arrête pas de boulotter* she just won't stop eating. ◆ vi *vieilli* [travailler] to work, to slave away / *il a passé sa vie à boulotter* he slaved away all his life.

boum [bum] ◆ interj bang ▸ **faire boum** to go bang ▸ **ça a fait boum! a)** [attentat] it went bang! **b)** [ballon] it went pop! ◆ nm **1.** [bruit] bang / *il y a eu un grand boum et tout s'est effondré* there was a loud bang and everything collapsed **2.** *fam* [succès] : *le boum des téléphones portables* the mobile phone boom ▸ **faire un boum** to be a great success story ou a runaway success ▸ **être en plein boum a)** [dans une boutique, une entreprise] to have a rush on **b)** [dans des préparations] to be rushed off one's feet, to be very busy. ◆ nf *fam* party *(for teenagers).*

boumer [3] [bume] vi *fam* ▸ **alors, ça boume?** so, how's tricks? / *ça boume pas très fort pour lui* he's having a rough time of it ▸ **ça boume!** things are (going) fine!

bouquet [bukɛ] nm **1.** [fleurs -gén] bunch ; [-grand, décoratif] bouquet ; [-petit] sprig, spray / *le bouquet de la mariée* the wedding ou bride's bouquet **2.** [groupe -d'arbres] clump, cluster **3.** [dans un feu d'artifice] crowning ou final piece, the (grand) finale ▸ **alors ça, c'est le bouquet!** *fam* that's the limit!, that takes the biscuit UK ou cake US ! **4.** CULIN ▸ **bouquet garni** bouquet garni **5.** ŒNOL bouquet, nose **6.** ZOOL (common) prawn **7.** TV ▸ **bouquet de chaînes** ou **de programmes** channel package ▸ **bouquet numérique** digital channel package.

bouqueté, e [bukte] adj ŒNOL with a good bouquet ou nose.

bouquetière [buktjɛʀ] nf flower girl.

bouquetin [buktɛ̃] nm ibex.

bouquin [bukɛ̃] nm **1.** *fam* [livre] book **2.** [lapin] buck rabbit ; [lièvre] male hare **3.** [bouc] (old) billy-goat.

bouquiner [3] [bukine] vt & vi *fam* to read.

bouquiniste [bukinist] nmf secondhand bookseller.

Bouquinistes

In Paris, this term can refer specifically to the people who sell books, prints, cards, etc., from small stalls along the banks of the Seine.

bourbe [buʀb] nf [gén] mud, mire *litt* ; [dans l'eau] sludge.

bourbeux, euse [buʀbø, øz] adj muddy ▸ **eau bourbeuse** muddy ou sludgy water.

bourbier [buʀbje] nm **1.** [marécage] quagmire **2.** *fig* [situation difficile] quagmire.

bourbon [buʀbɔ̃] nm bourbon.

Bourbon [buʀbɔ̃] npr Bourbon ▸ **les Bourbons** *the royal dynasty which ruled France from 1589 to 1792 and from 1814 to 1830.*

bourbonien, enne [buʀbɔnjɛ̃, ɛn] adj of the Bourbon dynasty.

bourdaine [buʀdɛn] nf alder buckthorn.

bourde [buʀd] nf **1.** [bêtise] blunder, bloomer UK, blooper US ▸ **faire une bourde a)** [gaffer] to blunder, to put one's foot in it **b)** [faire une erreur] to make a mistake, to mess things up, to goof (up) US **2.** *vieilli* [mensonge] fib / *raconter des bourdes* to tell fibs.

bourdon [buʀdɔ̃] nm **1.** ZOOL bumblebee, humblebee ▸ **faux bourdon** drone **2.** MUS [jeu d'orgue] bourdon ; [son de basse] drone **3.** [cloche] great bell **4.** IMPR omission, out **5.** [bâton] pilgrim's staff **6.** EXPR **avoir le bourdon** *fam* to feel down, to be down in the dumps.

bourdonnant, e [buʀdɔnɑ̃, ɑ̃t] adj [ruche, insecte] humming, buzzing, droning.

bourdonnement [buʀdɔnmɑ̃] nm [vrombissement -d'un insecte, d'une voix] hum, buzz, drone ; [-d'un ventilateur, d'un moteur] hum, drone / *avoir un bourdonnement dans les oreilles* to have a ringing in one's ears.

bourdonner [3] [buʀdɔne] vi [insecte, voix] to hum, to buzz, to drone ; [moteur] to hum ; [oreille] to ring ; [lieu] to buzz / *la salle bourdonnait du bruit des conversations* the room was buzzing with the sound of conversation.

bourg [buʀ] nm (market) town ▸ **aller au bourg** to go (up) to town.

bourgade [buʀgad] nf (large) village, small town.

bourge [buʀʒ] *fam & péj* ◆ adj upper-class. ◆ nmf upper-class person / *chez les bourges* in upper-class circles.

bourgeois, e [buʀʒwa, az] ◆ adj **1.** [dans un sens marxiste] of the bourgeoisie, bourgeois **2.** [dans un sens non marxiste] middle-class **3.** *péj* [caractéristique de la bourgeoisie] ▸ **goûts bourgeois** bourgeois tastes ▸ **presse bourgeoise** bourgeois ou capitalist press **4.** [aisé, confortable] ▸ **intérieur bourgeois** comfortable middle-class home ▸ **quartier bourgeois** comfortable residential area ; CULIN ▸ **cuisine bourgeoise** good plain home cooking. ◆ nm, f **1.** [dans un sens marxiste] bourgeois **2.** [dans un sens non marxiste] member of the middle class ▸ **grand bourgeois** member of the upper-middle class **3.** HIST [au Moyen Âge] burgher / **'les Bourgeois de Calais'** 'The Burghers of Calais *(famous sculpture by Rodin)* ' ; [avant la Révolution] member of the third estate **4.** SUISSE [citoyen] citizen ▸ **les bourgeois** the townspeople **5.** *péj* [béotien] Philistine.

❖ **bourgeoise** nf *fam* ▸ **ma bourgeoise** my old lady, the wife UK.

❖ **en bourgeois** loc adv *vieilli* : *habillé en bourgeois* out of uniform, (dressed) in civvies.

bourgeoisement [buʀʒwazmɑ̃] adv **1.** [conventionnellement] conventionally, respectably ▸ **vivre bourgeoisement** to lead a respectable life / *une maison meublée bourgeoisement* a comfortably furnished house **2.** DR ▸ **occuper bourgeoisement un local** to use premises for residential purposes only.

bourgeoisial [buʀʒwazjal] adj SUISSE town *(modif).*

bourgeoisie [buʀʒwazi] nf **1.** [dans un sens marxiste] bourgeoisie ▸ **la petite bourgeoisie** the petty bourgeoisie **2.** [classe aisée, professions libérales] middle class ▸ **la petite / moyenne bourgeoisie** the lower middle / the middle class ▸ **la grande** ou **haute bourgeoisie** the upper-middle class **3.** HIST [au Moyen Âge] burghers ; [avant la Révolution] bourgeoisie, third estate **4.** SUISSE [citoyenneté] citizenship.

bourgeon [buʀʒɔ̃] nm BOT & MÉD bud.

bourgeonnement [buʀʒɔnmɑ̃] nm BOT budding.

bourgeonner [3] [buʀʒɔne] vi **1.** BOT to bud **2.** [visage, nez] to break out in spots.

Bourges [buʀʒ] npr ▸ **le Printemps de Bourges** *annual music festival in Bourges.*

bourgmestre [buʀgmɛstʀ] nm BELG & SUISSE burgomaster.

bourgogne [buʀgɔɲ] nm Burgundy (wine).

Bourgogne [buʀgɔɲ] npr f ▸ **(la) Bourgogne** Burgundy.

Bourgogne

This administrative region includes the **départements** of Côte-d'Or, Nièvre, Saône-et-Loire and Yonne (capital: Dijon).

bourguignon, onne [buʀgiɲɔ̃, ɔn] adj **1.** GÉOGR & HIST Burgundian **2.** CULIN [sauce] bourguignonne.

❖ **Bourguignon, onne** nm, f **1.** GÉOGR Burgundian **2.** HIST ▸ **les Bourguignons** the supporters of the Dukes of Burgundy *(in the Hundred Years War).*

❖ **bourguignon** nm LING Burgundy dialect.

❖ **bourguignonne** nf **1.** [bouteille] Burgundy wine bottle **2.** CULIN ▸ **à la bourguignonne** with a bourguignonne sauce *(cooked in red wine).*

bourlinguer [3] [buʀlɛ̃ge] vi **1.** [voyager par mer] to sail (around) **2.** *fam* [se déplacer] to get around, to kick about / *elle a bourlingué dans le monde entier* she's been all over the world **3.** NAUT to labour.

bourlingueur, euse [buʀlɛ̃gœʀ, øz] nm, f **1.** [marin] old salt **2.** [aventurier] wanderer, rover ▸ **c'est un bourlingueur** he's always on the move.

bourrache [buʀaʃ] nf borage.

bourrade [buʀad] nf [de la main] push, shove ; [du coude] poke, dig ▸ **donner une bourrade amicale à qqn** to give sb a friendly shove ▸ **repousser qqn d'une bourrade** to shove sb away / *une bourrade dans les côtes* a poke ou dig in the ribs.

bourrage [buʀaʒ] nm **1.** [remplissage -d'un coussin] stuffing ; [-d'une chaise] filling, padding ; [-d'une pipe, d'un poêle] filling ▸ **bourrage de crâne a)** *fam* [propagande] brainwashing **b)** ÉDUC cramming **2.** [d'imprimante, de photocopieur] paper jam **3.** TECHNOL ▸ **bourrage (de cartes)** INFORM (card) jam ▸ **bourrage du film** CINÉ piling up ou buckling of the film.

bourrasque [buʀask] nf **1.** [coup de vent] squall, gust ou blast (of wind) ▸ **souffler en bourrasque** to blow in gusts, to gust **2.** [incident] storm, crisis ▸ **sous la bourrasque** in the midst of the crisis ou storm.

bourratif, ive [buʀatif, iv] adj *fam* filling, stodgy *péj* ▸ **des aliments bourratifs** stodge *(U) péj.*

bourre¹ [buʀ] nm *arg crime* cop ▸ **les bourres** the cops, the fuzz.

bourre² [buʀ] nf **1.** [rembourrage] filling, stuffing, wadding **2.** TEXT flock ▸ **bourre de laine a)** [déchet] flock of wool **b)** [rembourrage] flock wool ▸ **bourre de papier** fluff ▸ **bourre de soie** flock ou floss ou waste silk **3.** BOT down **4.** ARM wad **5.** EXPR **bonne bourre!** *vulg* hope you get your oats!

❖ **à la bourre** loc adv *fam* ▸ **être à la bourre a)** to be in a rush **b)** [dans son travail] to be behind / *il est toujours à la bourre* he always leaves everything until the last minute.

bourré, e [buʀe] adj *tfam* pissed UK, bombed US.

bourreau, x [buʀo] nm **1.** [exécuteur -gén] executioner ; [-qui pend] hangman **2.** [tortionnaire] torturer ▸ **bourreau d'enfant** child beater ▸ **bourreau des cœurs** heartbreaker ▸ **bourreau de travail** workaholic.

bourrée [buʀe] nf DANSE bourrée.

bourrelé, e [buʀle] adj ▸ **bourrelé de remords** full of remorse, racked with guilt.

bourrèlement [buʀɛlmɑ̃] nm *litt* anguish, torment.

bourrelet [buʀlɛ] nm **1.** [isolant] weather strip, draught excluder UK **2.** [de graisse] fold ▸ **bourrelet de chair** roll of flesh / *des bourrelets autour de la taille* a spare tyre.

bourrelier [buʀəlje] nm saddler.

bourrellerie [buʀɛlʀi] nf saddlery.

bourrer [3] [buʀe] ◆ vt **1.** [rembourrer] to fill, to stuff **2.** [remplir - pipe] to fill ; [- poche] to fill, to cram, to stuff ; [- valise, tiroir] to cram (full), to pack tightly / *bourrer un poêle de papier* to stuff a stove full of paper / *un texte bourré de fautes* a text full of ou riddled with mistakes ▸ **bourrer le crâne** ou **le mou à qqn** *fam* to have UK ou to put US sb on ▸ **bourrer les urnes** to rig the vote *(by producing large numbers of false ballot papers)* **3.** [gaver - suj : aliment] to fill up ▸ **bourrer qqn de** to cram ou to stuff sb with / *tu le bourres de sucreries / principes surannés* you're stuffing him full of sweets / outmoded principles ; *(en usage absolu)* : *les bananes, ça bourre* bananas are very filling ou fill you up **4.** [frapper] ▸ **bourrer la gueule à qqn** *tfam* to kick sb's head ou teeth in ▸ **bourrer qqn de coups** to beat sb (up). ◆ vi *fam* [se hâter] to hurry / *allez, bourrez un peu!* come on, get a move on!

❖ **se bourrer** vp *(emploi réfléchi)* **1.** *fam* [manger] to stuff o.s. ou one's face ▸ **se bourrer de** to stuff one's face with **2.** EXPR ▸ **se bourrer la gueule** *tfam* to get pissed UK ou bombed US.

bourriche [buʀiʃ] nf **1.** [panier] basket **2.** PÊCHE [filet] keepnet.

bourrichon [buʀiʃɔ̃] nm *fam* ▸ **monter le bourrichon à qqn** to have UK ou to put US sb on ▸ **se monter le bourrichon** to get (all) worked up / *elle s'était monté le bourrichon* she'd imagined all sorts of things.

bourricot [buʀiko] nm donkey, burro US.

bourride [buʀid] nf bourride *(fish stew with garlic mayonnaise)*.

bourrin [buʀɛ̃] nm *fam* (old) nag.

bourrique [buʀik] nf **1.** ZOOL donkey **2.** *fam* [personne obstinée] pig-headed individual / *elle ne voudra pas, la bourrique!* she's so pig-headed she won't want to! **3.** EXPR ▸ **faire tourner qqn en bourrique** to drive sb crazy ou up the wall.

bourru, e [buʀy] adj **1.** [rude - personne, manières] gruff, rough ▸ **d'un ton bourru** gruffly **2.** TEXT rough **3.** [jeune - vin] fermented ; [- lait] raw.

bourse [buʀs] nf **1.** [porte-monnaie] purse ▸ **avoir la bourse bien garnie** to have a well-lined purse ▸ **faire bourse commune** to pool one's money ▸ **faire bourse à part** to keep one's money separate ▸ **sans bourse délier** without paying a penny ou US cent ▸ **la bourse ou la vie!** stand and deliver!, your money or your life! ▸ **ouvrir sa bourse** to put one's hand in one's pocket ▸ **ouvrir sa bourse à qqn** to lend sb money **2.** ÉDUC & UNIV ▸ **bourse (d'études)** **a)** [gén] grant **b)** [obtenue au mérite] scholarship ▸ **avoir une bourse** to have a grant ou scholarship.

❖ **bourses** nfpl scrotum.

Bourse [buʀs] nf **1.** [marché] stock exchange, stock market ▸ **la Bourse de Londres** the London Stock Exchange ▸ **la Bourse de Paris** the Paris Bourse ou Stock Exchange ▸ **Bourse du commerce** ou **de marchandises** commodity exchange ▸ **Bourse maritime** ou **des frets** shipping exchange ▸ **Bourse du travail** *(local or regional) trade union centre* ; ≃ trades' council UK ▸ **Bourse des valeurs** stock exchange ▸ **coup de Bourse** spectacular deal on the stock exchange **2.** [cours] market ▸ **la Bourse est calme / animée / en hausse** the market is quiet / is lively / has risen.

❖ **à la Bourse, en Bourse** loc adv on the stock exchange ou market ▸ **jouer à la** ou **en Bourse** to speculate on the stock exchange ou market.

boursicotage [buʀsikɔtaʒ] nm dabbling (on the stock exchange).

boursicoter [3] [buʀsikɔte] vi to dabble (on the stock exchange).

boursicoteur, euse [buʀsikɔtœʀ, øz] nm, f small investor / *il était boursicoteur à ses heures* he used to dabble from time to time on the stock exchange.

boursier, ère [buʀsje, ɛʀ] ◆ adj **1.** UNIV & ÉDUC ▸ **un étudiant boursier** a grant ou scholarship holder **2.** [de la Bourse] stock exchange *(modif)*, (stock) market *(modif)*. ◆ nm, f **1.** UNIV & ÉDUC grant ou scholarship holder / *les boursiers doivent remplir le formulaire ci-joint* students who receive a grant ou scholarship should fill in the accompanying form **2.** BOURSE operator.

boursouflage, boursoufflage* [buʀsuflaʒ] nm [gonflement - du visage] swelling, puffiness ; [- de la peinture] blistering.

boursouflé, e, boursoufflé*, e [buʀsufle] adj **1.** [gonflé - visage] swollen, puffy ; [- peinture] blistered ; [- plaie] swollen **2.** [ampoulé] bombastic, pompous, turgid.

boursouflement, boursoufflement* [buʀsufləmɑ̃] = boursouflage.

boursoufler, boursouffler* [3] [buʀsufle] vt [gonfler - visage] to swell, to puff up *(sép)* ; [- peinture] to blister.

❖ **se boursoufler, se boursouffler*** vpi [visage] to become swollen ou puffy ; [peinture] to blister ; [surface] to swell (up).

boursouflure, boursoufflure* [buʀsuflyʀ] nf **1.** [bouffissure] puffiness ; [cloque] blister **2.** [emphase] pomposity, turgidity.

bousculade [buskylad] nf **1.** [agitation] crush, pushing and shoving / *pas de bousculade!* no jostling ou shoving! / *une bousculade vers la sortie* a scramble ou stampede towards the exit / *j'ai perdu mon parapluie dans la bousculade* I lost my umbrella in the confusion **2.** *fam* [précipitation] rush / *ça a été la bousculade toute la journée* it's been one mad rush all day (long).

bousculer [3] [buskyle] vt **1.** [pousser - voyageur, passant] to jostle, to push, to shove ; [- chaise, table] to bump ou to knock into / *il l'a bousculée au passage* he bumped into her as he went past ▸ **se faire bousculer par qqn** to be jostled by sb **2.** *fig* [changer brutalement] to upset, to turn on its head, to turn upside down ▸ **bousculer les traditions** to turn tradition on its head, to upset tradition ▸ **bousculer les habitudes de qqn** to upset sb's routine **3.** [presser] to rush, to hurry ▸ **j'ai été très bousculé** I've had a lot to do ou a very busy time / *laisse-moi le temps de réfléchir, ne me bouscule pas* don't rush me, I need time to think.

❖ **se bousculer** vpi **1.** [dans une cohue] to jostle, to push and shove / *tout le monde se bousculait pour arriver à la caisse* everybody was shoving to get to the cash desk **2.** [affluer] to rush / *les idées se bousculaient dans sa tête* his head was a jumble of ideas / *on se bouscule pour aller voir l'exposition* there's a rush to see the new exhibition / *on se bouscule pour avoir son livre* everybody's clamouring for his book / *ne vous bousculez surtout pas pour m'aider* *iron* don't all rush to help me at once, will you? ▸ **ça se bouscule au portillon!** *fam* [il y a affluence] there's a huge crowd trying to get in! / *ça ne se bouscule pas au portillon* *hum* people aren't exactly turning up in droves.

bouse [buz] nf ▸ **bouse (de vache)** **a)** [matière] cow dung **b)** [motte] cowpat.

bouseux, euse [buzø, øz] nm, f *tfam & péj* yokel, country bumpkin, hick US / *les bouseux du coin* the local yokels *hum*.

bousier [buzje] nm dung beetle.

bousillage [buzijaʒ] nm **1.** *fam* [gâchis] botch, botch-up **2.** CONSTR cob.

bousiller [3] [buzije] vt *fam* **1.** [mal faire] to bungle, to botch (up) **2.** [casser] to bust, to wreck / *ma montre est bousillée* my watch is bust ; [gâcher] to spoil, to ruin ▸ **tu as tout bousillé** you've spoilt it all ou ruined the whole thing **3.** *tfam* [tuer] to bump off *(sép)*, to do in *(sép)*, to waste.

❖ **se bousiller** vpt *fam* ▸ **se bousiller les yeux / la santé** to ruin one's eyes / health.

bousilleur, euse [buzijœʀ, øz] nm, f *fam* botcher, bungler.

boussole [busɔl] nf **1.** [instrument] compass **2.** *fam* EXPR ▸ **perdre la boussole** : *il a complètement perdu la boussole* **a)** [vieillard] he's lost his marbles, he's gone gaga **b)** [fou] he's off his head ou rocker / *il s'agit de ne pas perdre la boussole* let's keep our wits about us ou our head.

boustifaille [bustifaj] nf *tfam* grub, nosh UK chow US.

bout [bu] nm **1.** [extrémité - d'un couteau, d'un crayon] tip ; [- d'une botte, d'une chaussette] toe ; [- d'une table, d'une ficelle] end / *le bout est arrondi* it's got a round tip / *tiens bien ton bout, je tire* hold on to your end while I pull ▸ **à bouts ronds** round-tipped ▸ **à bouts carrés** square-tipped ▸ **bout de canapé** end table ▸ **bout du doigt** fingertip, tip of the finger ▸ **bout du nez** tip of the nose ▸ **bout de sein** nipple ▸ **bout filtre** filter tip ▸ **à bout filtre** filter-tipped ▸ **le bon bout** : *prendre qqch par le bon bout* to get hold of sthg the right way round / *prendre qqn par le bon bout* to approach sb the right way ▸ **tenir le bon bout** : *plus que 40 pages à écrire, je tiens le bon bout* only another 40 pages to write, I can see the light at the end of the tunnel ▸ **je ne sais pas par quel bout le prendre** **a)** [personne] I don't know how to handle ou to approach him **b)** [article, travail] I don't know how to tackle ou to approach it ▸ **aborder** ou **considérer** ou **voir les choses par le petit bout de la lorgnette** to take a narrow view of things ▸ **il a accepté du bout des lèvres** he accepted reluctantly ou half-heartedly ▸ **je l'ai sur le bout de la langue** it's on the tip of my tongue ▸ **sur le bout des doigts** perfectly, by heart / *il connaît* ou *sait ses verbes sur le bout des doigts* he knows his verbs by heart ou off pat UK ou down pat US / *je connais son œuvre sur le bout des doigts* I know her work by heart ou inside out ▸ **s'asseoir du bout des fesses** to sit down gingerly ▸ **s'en aller par tous les bouts** to fall ou to come to pieces ▸ **en voir le bout** : *enfin, on en voit le bout* at last, we're beginning to see the light at the end of the tunnel / *on n'en voit pas le bout* there's no end to it **2.** [extrémité - d'un espace] end ▸ **le bout du tunnel** the end of the tunnel / *on voit enfin le bout du tunnel* *fig* at last we can see the light at the end of the tunnel ▸ **le bout du monde** the back of beyong ▸ **ce n'est pas le bout du monde!** it won't kill you! ▸ **ce serait bien le bout du monde si ça prenait plus de deux jours** it'll take two days at the very most **3.** [portion de temps] ▸ **un bout de temps** a while / *ça fait un bon bout de temps de ça* *fam* it was quite a long time ago ou a while back / *il faudra attendre un bon bout de temps* you'll have to wait for quite some time **4.** [morceau] ▸ **bout de** **a)** [pain, bois, terrain] piece of **b)** [papier] scrap of / *un vieux bout de chewing-gum* an old piece of chewing gum / *un bout de ciel bleu* a patch of blue sky ▸ **donne-m'en un bout** give me some ou a piece ou a bit ▸ **un (petit) bout d'homme / de femme** *fam* a little man / woman ▸ **bout de chou** ou **zan** **a)** *fam* [enfant] toddler **b)** [en appellatif] sweetie, poppet UK ▸ **bout d'essai** screen test ▸ **bout de rôle** THÉÂTRE & CINÉ walk-on ou bit part ▸ **ça fait un bon bout de chemin** it's quite some ou a way ▸ **faire un bout de chemin avec qqn** to go part of the way with sb ▸ **faire un bout de conduite à qqn** to walk sb part of the way ▸ **discuter** ou **tailler le bout de gras** *fam* to chew the fat ▸ **mettre les bouts** *tfam* to make o.s. scarce / *la vie avec lui était intolérable, alors elle a mis les bouts* life with him was intolerable, so she did a bunk UK ou she split US **5.** NAUT *(on prononce* [but]*)* rope ▸ **être bout au vent** to be head to the wind.

❖ **à bout** loc adv ▸ **être à bout** to be at the end of one's tether / *ma patience est à bout!* I've run out of patience! ▸ **mettre** ou **pousser qqn à bout** to push sb to the limit / *ne me pousse pas à bout!* don't push me (too far)!

❖ **à bout de** loc prép **1.** ▸ **être à bout de** [ne plus avoir de] : *être à bout d'arguments* to have run out of arguments ▸ **être à bout de forces** : *il est à bout de forces* **a)** [physiquement] he's got no strength left in him **b)** [psychologiquement] he can't cope any more / *être à bout de nerfs* to be on the verge of a breakdown / *être à bout de patience* to have run out of patience **2.** EXPR ▸ **à bout de bras** : *porter un paquet à bout de bras* to carry a parcel (in one's outstretched arms) ▸ **porter qqn / une entreprise à bout de bras** *fig* to carry sb / a business ▸ **venir à bout de** **a)** [adversaire, obstacle] to overcome **b)** [travail] to see the end of / *je ne suis pas venu à bout de ces taches* I couldn't get rid of these stains.

*In reformed spelling (see p. 16-19).

❖ **à bout portant** loc adv point-blank ▸ **tirer (sur qqn / qqch) à bout portant** to shoot (sb / sthg) at point-blank range.

❖ **à tout bout de champ** loc adv all the time, non-stop / *elle me pose des questions à tout bout de champ* she never stops asking me questions / *on cite son nom à tout bout de champ* her name is constantly being quoted.

❖ **au bout de** loc prép **1.** [après] after ▸ **au bout d'un moment** after a while / *au bout d'une heure* after an hour **2.** [à la fin de] : *j'arrive au bout de mon contrat* my contract's nearly up / *le succès est au bout de nos efforts* our efforts will lead to success / *pas encore au bout de ses peines* not out of the woods yet **3.** [dans l'espace] : *au bout de la rue* at the bottom ou end of the road / *leur couple est arrivé au bout du chemin* fig the two of them have come to the end of the road ▸ **rester au bout de la plume** : *le mot est resté au bout de ma plume* I didn't write the word in the end / *la conclusion a dû rester au bout de sa plume* he must have forgotten to put in the conclusion ▸ **être au bout de son ou du rouleau a)** [épuisé] to be completely washed out **b)** [presque mort] to be at death's door.

❖ **au bout du compte** loc adv at the end of the day, in the end.

❖ **bout à bout** loc adv end to end / *disposez les montants bout à bout avant de les assembler* lay the struts end to end before assembling / *un ramassis de citations mises bout à bout* a whole mishmash of quotations.

❖ **de bout en bout** loc adv [lire] from cover to cover / *parcourir un couloir de bout en bout* to pace up and down a corridor / *tu as raison de bout en bout* you're completely ou totally right / *elle a mené la course de bout en bout* she led the race from start to finish.

❖ **d'un bout à l'autre** loc adv : *la pièce est drôle d'un bout à l'autre* the play's hilarious from beginning to end ou from start to finish / *il m'a contredit d'un bout à l'autre* he contradicted me all the way.

❖ **d'un bout de... à l'autre** loc corrélative : *d'un bout de l'année à l'autre* all year round / *d'un bout à l'autre du pays, les militants s'organisent* (right) throughout the country, the militants are organizing themselves.

❖ **en bout de** loc prép at the end of ▸ **en bout de course** at the end of the race / *le régime est en bout de course* fig the regime is running out of steam ▸ **en bout de piste** at the end of the runway.

❖ **jusqu'au bout** loc adv to the very end / *il est resté jusqu'au bout* he stayed to the very end / *il va toujours jusqu'au bout de ce qu'il entreprend* he always sees things to the very end / *j'irais jusqu'au bout du monde avec toi* I'd follow you to the end ou ends of the earth ▸ **jusqu'au bout des ongles** : *il est toujours soigné jusqu'au bout des ongles* he's always immaculate / *elle est artiste jusqu'au bout des ongles* she's an artist through and through.

boutade [butad] nf [plaisanterie] joke, sally *sout* / *faire une boutade* to make ou to crack a joke / *c'est une boutade!* you're joking! ▸ **c'était une boutade!** (I was) only joking! / *s'en tirer par une boutade* to joke one's way out of it.

bout-dehors [budəɔʀ] (*pl* **bouts-dehors**) nm NAUT boom.

boute-en-train (*pl* boute-en-train), **boutentrain*** [butɑ̃tʀɛ̃] nm [amuseur] funny man, joker / *le boute-en-train de la bande* the life and soul of the group.

boutefas [butfa], **boutéfas*** [butefa] nm SUISSE pork sausage.

boutefeu, x [butfø] nm **1.** [en pyrotechnie] linstock **2.** MIL shot firer **3.** *vieilli* troublemaker.

bouteille [butɛj] nf **1.** [récipient -pour un liquide] bottle ; [-pour un gaz] bottle, cylinder ▸ **une bouteille de vin** [récipient] a wine bottle ▸ **un casier à bouteilles** a bottle rack ▸ **bouteille Thermos®** Thermos® (flask) UK, Thermos® (bottle) ▸ **avoir de la bouteille** to be an old hand ▸ **prendre de la bouteille** *fam* to be getting ou UK knocking on a bit / *elle a pris de la bouteille* she's not getting any younger, she's getting on a bit ▸ **c'est la bouteille à l'encre** the whole thing's a muddle ▸ **jeter ou lancer une bouteille à la mer a)** *pr* to send a message in a bottle **b)** *fig* to send out an SOS **2.** [contenu] bottle, bottleful / *boire une bouteille de rouge* to drink a bottle of red wine / *vendu en litres ou en bouteilles* sold in litres or in (75 cl) bottles ▸ **boire une bonne bouteille** to drink a good bottle of wine ▸ **être porté sur ou aimer ou caresser la bouteille** to like one's drink.

❖ **bouteilles** nfpl NAUT heads, toilets.

❖ **en bouteille** ◆ loc adj [gaz, vin] bottled. ◆ loc adv : *mettre du vin en bouteille* to bottle wine / *vieilli en bouteille* aged in bottle.

bouteillerie [butɛjʀi] nf [usine] bottle factory ; [fabrication] bottle industry.

bouteillon [butɛjɔ̃] nm dixie.

bouter [3] [bute] vt *litt* to drive ou to chase out *(sép)*.

bouteur [butœʀ] nm [engin] bulldozer.

boutiquaire [butikɛʀ] adj ▸ **niveau boutiquaire** [dans un aéroport] shopping level ou concourse.

boutique [butik] nf **1.** [magasin] shop UK, store US ▸ **boutique de mode** boutique ▸ **boutique en ligne** cyber shop, cyber store ▸ **boutique franche** duty-free shop ▸ **tenir boutique** to have a shop **2.** *fam* [lieu de travail] place, dump / *j'en ai marre de cette boutique!* I've had enough of this dump! ▸ **changer de boutique** to get a new job ▸ **parler boutique** to talk shop.

boutiquier, ère [butikje, ɛʀ] nm, f shopkeeper UK, storekeeper US.

boutis [buti] nm Marseille embroidery, Provençal quilted embroidery, boutis.

boutoir [butwaʀ] nm **1.** ZOOL snout **2.** EXPR **coup de boutoir** cutting remark.

bouton [butɔ̃] nm **1.** BOT bud ▸ **bouton d'œillet** carnation bud ▸ **bouton de rose** rosebud **2.** COUT button ▸ **bouton de bottine** boot stud ▸ **avoir des yeux en boutons de bottine** to have beady eyes ▸ **bouton de col** collar stud ▸ **bouton de manchette** cuff link **3.** [poignée de porte, de tiroir] knob **4.** [de mise en marche] button ▸ **bouton de réglage** dial ▸ **bouton de sonnette** bell-push **5.** MÉD pimple, spot ▸ **avoir des boutons a)** [pustules] to have pimples **b)** [petits, rouges] to have a rash ▸ **bouton de fièvre** fever blister, cold sore ▸ **donner des boutons à qqn** to get on sb's nerves / *cette série me donne des boutons!* this series really get on my nerves / *c'est le rapport qui donne des boutons à la majorité* the report that brought the majority out in a cold sweat **6.** JOAILL ▸ **bouton d'oreille** stud earring.

❖ **en bouton** loc adj BOT in bud.

bouton-d'argent [butɔ̃daʀʒɑ̃] (*pl* **boutons-d'argent**) nm yarrow.

bouton-d'or [butɔ̃dɔʀ] (*pl* **boutons-d'or**) nm buttercup.

boutonnage [butɔnaʒ] nm **1.** [action de boutonner] buttoning (up) **2.** [mode de fermeture] buttons / *à boutonnage de haut en bas* button-through *(modif)*.

boutonner [3] [butɔne] ◆ vt **1.** [vêtement] to button (up), to do up *(sép)* **2.** ESCRIME to button. ◆ vi BOT to bud (up).

❖ **se boutonner** ◆ vp *(emploi passif)* [se fermer] to button (up). ◆ vp *(emploi réfléchi)* *fam* [s'habiller] to button o.s. up.

boutonneux, euse [butɔnø, øz] adj [peau, visage, adolescent] spotty, pimply.

boutonnière [butɔnjɛʀ] nf **1.** COUT buttonhole ▸ **point de boutonnière** blanket stitch **2.** MÉD buttonhole **3.** *fam* [blessure] gash.

❖ **à la boutonnière** loc adv on one's lapel / *avoir une fleur à la boutonnière* to wear a flower on one's lapel ou in one's buttonhole, to wear a buttonhole UK ou boutonniere US / *ils défilent, la décoration à la boutonnière* they're marching with their medals on.

bouton-poussoir [butɔ̃puswaʀ] (*pl* **boutons-poussoirs**) nm push button.

bouton-pression [butɔ̃pʀesjɔ̃] (*pl* **boutons-pression**) nm snap (fastener) US, press stud UK, popper UK.

boutre [butʀ] nm dhow.

bout-rimé [buʀime] (*pl* **bouts-rimés**) nm poem in set rhymes.

❖ **bouts-rimés** nmpl bouts-rimés, rhymed endings.

bouturage [butyʀaʒ] nm propagation by cuttings.

bouture [butyʀ] nf cutting ▸ **faire des boutures** to take cuttings.

bouturer [3] [butyʀe] ◆ vt **1.** [reproduire] to propagate (by cuttings) **2.** [couper] to take cuttings from. ◆ vi to grow suckers.

Bouvard et Pécuchet [buvaʀepekyʃe] npr *characters from a novel of the same name by Flaubert: two foolish men whose naïve quest for scientific knowledge leads them into comic situations.*

bouvier, ère [buvje, ɛʀ] nm, f bullock driver, cowherd.

❖ **bouvier** nm bouvier, sheepdog ▸ **bouvier des Flandres** bouvier des Flandres.

bouvillon [buvijɔ̃] nm young bullock.

bouvreuil [buvʀœj] nm bullfinch.

bouzouki [buzuki] nm bouzouki.

Bovary [bɔvaʀi] npr ▸ **Emma ou Madame Bovary** *heroine of Flaubert's novel "Madame Bovary", after whom the term "bovarysme" was coined to describe the feeling that romantic happiness is just round the corner.*

bovarysme [bɔvaʀism] nm romantic daydreaming.

bovidé [bɔvide] nm bovid ▸ **les bovidés** the Bovidae.

bovin, e [bɔvɛ̃, in] adj **1.** ZOOL [espèce] bovine ; [élevage] cattle *(modif)* **2.** *péj* [stupide] bovine.

❖ **bovin** nm bovine ▸ **les bovins a)** ZOOL the Bovini **b)** AGR cattle.

boviné [bɔvine] nm bovine ▸ **les bovinés** the Bovini.

bowling [buliŋ] nm **1.** JEUX (tenpin) bowling ▸ **aller faire un bowling** to go bowling **2.** [salle] bowling alley.

bow-string [bostʀiŋ] (*pl* **bow-strings**) nm [poutre] bowstring girder.

bow-window [bowindo] (*pl* **bow-windows**) nm bow window.

box[1] [bɔks], **box-calf** [bɔkskalf] (*pl* **box-calfs**) nm [cuir] box calf.

box[2] [bɔks] (*pl* **box** *ou* **boxes**) nm **1.** [enclos -pour cheval] stall, loose box UK **2.** [garage] lock-up garage **3.** [compartiment -à l'hôpital, au dortoir] cubicle **4.** DR ▸ **box des accusés** dock ▸ **dans le box des accusés** *pr & fig* in the dock.

boxe [bɔks] nf boxing ▸ **faire de la boxe** to box ▸ **boxe américaine** full contact ▸ **boxe anglaise** boxing ▸ **boxe française** kick ou French boxing.

boxer[1] [bɔksɛʀ] nm ZOOL boxer.

boxer[2] [3] [bɔkse] ◆ vi to box, to fight ▸ **boxer contre qqn** to box with sb. ◆ vt *fam* to punch, to thump.

boxeur, euse [bɔksœʀ, øz] nm, f boxer.

box-office [bɔksɔfis] (*pl* **box-offices**) nm box office.

boxon [bɔksɔ̃] nm *tfam* **1.** [maison close] brothel, whorehouse **2.** [désordre] godawful mess.

boy [bɔj] nm **1.** [serviteur] boy **2.** [danseur] (music-hall) dancer.

boyard [bɔjaʀ] nm boyar.

boyau, x [bwajo] nm **1.** CULIN length of casing **2.** MUS ▸ **boyau (de chat)** catgut, gut **3.** [passage -de mine] gallery, tunnel ; [souterrain] narrow tunnel ; [tranchée] trench ; [rue] narrow alleyway **4.** [chambre à air] inner tube.

❖ **boyaux** nmpl ZOOL guts, entrails ; *fam* [d'une personne] innards, guts.

boycott [bɔjkɔt], **boycottage** [bɔjkɔtaʒ] nm boycott.

boycotter [3] [bɔjkɔte] vt to boycott / *les syndicats veulent faire boycotter les élections* the unions want people to boycott the elections / *se faire boycotter* to be boycotted.

boycotteur, euse [bɔjkɔtœʀ, øz] ◆ adj boycotting *(avant nom)*. ◆ nm, f boycotter.

boy-scout (*pl* **boy-scouts**), **boyscout*** [bɔjskut] nm **1.** *fam* [naïf] idealist **2.** *vieilli* [scout] boyscout, scout.

BP (abr de **boîte postale**) nf P.O. Box.

BPAL nf abr de **base de plein air et de loisirs**.

BPI (abr de **bits per inch**) nm inv BPI.

brabançon, onne [bʀabɑ̃sɔ̃, ɔn] adj from Brabant.
◆ **Brabançon, onne** nm, f *inhabitant of or person from Brabant.*

Brabançonne [bʀabɑ̃sɔn] npr f *Belgian national anthem.*

brabant [bʀabɑ̃] nm metal plough.

Brabant [bʀabɑ̃] npr m ▸ **le Brabant** Brabant.

bracelet [bʀaslɛ] nm **1.** [souple] bracelet ; [rigide] bangle ▸ **bracelet (de cheville)** anklet ▸ **bracelet (de montre)** watchstrap, watchband US **2.** [pour faire du sport] wristband ▸ **bracelet de force** leather wristband ▸ **bracelet en éponge** sweatband **3.** [lien] band ▸ **bracelet élastique** rubber band **4.** [pour un condamné] ▸ **bracelet électronique** electronic tag.
◆ **bracelets** nmpl *arg crime* [menottes] bracelets *tfam*, cuffs.

bracelet-montre [bʀaslɛmɔ̃tʀ] (*pl* **bracelets-montres**) nm wristwatch.

brachial, e, aux [bʀakjal, o] adj brachial.

brachiation [bʀakjasjɔ̃] nf brachiation.

brachiocéphalique [bʀakjɔsefalik] adj cervicobrachial.

brachiopode [bʀakjɔpɔd] nm brachiopod.

brachiosaure [bʀakjozɔʀ] nm brachiosaur.

brachycéphale [bʀakisefal] adj & nmf brachycephalic.

braconnage [bʀakɔnaʒ] nm CHASSE poaching.

braconner [3] [bʀakɔne] vi CHASSE to poach.

braconnier, ère [bʀakɔnje, ɛʀ] nm, f CHASSE poacher.

bractée [bʀakte] nf bract.

bradage [bʀadaʒ] nm clearance sale.

brader [3] [bʀade] vt to sell off ***(sép)*** cheaply / **'on brade'** 'clearance sale'.

braderie [bʀadʀi] nf **1.** [vente - en plein air, dans une salle] ≃ jumble sale UK ; ≃ rummage sale US **2.** [soldes] clearance sale.

bradeur, euse [bʀadœʀ, øz] nm, f discounter.

braguette [bʀagɛt] nf flies UK, fly US *(on trousers).*

Brahma [bʀama] npr Brahma.

brahmane [bʀaman] nm Brahman.

brahmanique [bʀamanik] adj Brahmanic.

brahmanisme [bʀamanism] nm Brahmanism.

Brahmapoutre [bʀamaputʀ], **Brahmaputra** [bʀamaputʀa] npr m ▸ **le Brahmapoutre** the Brahmaputra.

brahmine [bʀamin] nf Brahmani.

brai [bʀɛ] nm [goudrons] pitch.

braies [bʀɛ] nfpl *arch* breeches.

braillard, e [bʀajaʀ, aʀd] *péj* ◆ adj : *un bébé braillard* a bawler. ◆ nm, f bawler, squaller / *fais taire ton braillard !* keep that squalling brat of yours quiet !

braille [bʀaj] nm Braille / *apprendre le braille* to learn (to read) Braille ▸ **un livre en braille** a book in Braille.

braillement [bʀajmɑ̃] nm bawl, howl / *les braillements d'un bébé* the crying ou howling of a baby.

brailler [3] [bʀaje] ◆ vi **1.** [pleurer] to wail, to bawl, to howl **2.** [crier - mégère, ivrogne] to yell, to bawl ; [- radio] to blare (out) **3.** [chanter] to roar, to bellow. ◆ vt to bawl (out), to holler (out) US.

brailleur, euse [bʀajœʀ, øz] *péj* = **braillard**.

braiment [bʀɛmɑ̃] nm bray, braying.

brainstorming [bʀɛnstɔʀmiŋ] nm brainstorming session.

brain-trust (*pl* **brain-trusts**), **braintrust*** [bʀɛntʀœst] nm brains trust UK, brain trust US.

braire [112] [bʀɛʀ] vi **1.** ZOOL to bray **2.** *fam* [crier] to yell, to bellow **3.** EXPR **tu me fais braire !** *fam* you're getting on my wick !

braise [bʀɛz] nf **1.** [charbons] (glowing) embers ▸ **un regard de braise** *fig* a smouldering look **2.** *arg crime* [argent] dough, moolah.

braiser [4] [bʀeze] vt to braise.

brame [bʀam] ◆ nf (plate) slab. ◆ nm bell *(of rutting stag).*

bramement [bʀammɑ̃] nm bell.

bramer [3] [bʀame] vi **1.** ZOOL to bell **2.** *fam* [pleurer] to wail.

bran [bʀɑ̃] nm bran.

brancard [bʀɑ̃kaʀ] nm **1.** [civière] stretcher **2.** [limon d'attelage] shaft.

brancarder [3] [bʀɑ̃kaʀde] vt to carry on a stretcher.

brancardier [bʀɑ̃kaʀdje] nm stretcher-bearer.

branchage [bʀɑ̃ʃaʒ] nm [ramure] boughs, branches.
◆ **branchages** nmpl (cut) branches.

branche [bʀɑ̃ʃ] nf **1.** BOT [d'arbre] branch, bough ; [de céleri] stick ▸ **grosse branche** limb, large branch ▸ **branche fruitière** fruit-bearing branch ▸ **vieille branche** *hum & vieilli* old chum ou buddy ▸ **s'accrocher** ou **se raccrocher aux branches** *fam* to hang on by one's fingernails ▸ **accroche-toi aux branches !** *fam* brace yourself for a shock ! **2.** [secteur] ▸ **branche (d'activité)** field / *vous êtes dans quelle branche ?* what's your line ou field ? **3.** [d'une famille] side / *par la branche maternelle* on the mother's side (of the family) / *la branche aînée de la famille* the senior branch of the family ▸ **avoir de la branche** *vieilli* to have breeding **4.** [tige - de lunettes] sidepiece UK, bow US ; [- d'un compas, d'un aimant] arm, leg ; [- de ciseaux] blade ; [- de tenailles] handle ; [- d'un chandelier] branch **5.** ANAT ramification **6.** ÉLECTRON leg, branch ▸ **circuit à deux branches** two-legged circuit.
◆ **en branches** loc adj [épinards] leaf *(modif).*

branché, e [bʀɑ̃ʃe] *fam* ◆ adj fashionable, trendy *péj.* ◆ nm, f : *tous les branchés viennent dans ce café* you get all the fashionable people ou *péj* trendies in this café.

branchement [bʀɑ̃ʃmɑ̃] nm **1.** CONSTR, ÉLECTR, TÉLÉC & TRAV PUB connection ▸ **branchement d'appareil a)** [tuyau] connecting branch **b)** [liaison] connection, installation / *branchement de conduits* branch-off point ▸ **branchement d'égout** connection to the sewage system ▸ **faire un branchement d'égout** to become connected to the sewage system ▸ **branchement au réseau électrique** network branch ▸ **branchement électrique** electric power supply / *faire un branchement au* ou *sur le réseau* to become connected to the mains (power supply) / *faire un branchement sur un tuyau* to become connected to a pipe **2.** RAIL turnout.

brancher [3] [bʀɑ̃ʃe] ◆ vt **1.** CONSTR, ÉLECTR, TÉLÉC & TRAV PUB to connect ▸ **brancher qqch sur une prise** to plug sthg in / *je me branche où ?* *fam* where is there a plug ? ▸ **être branché a)** [appareil] to be plugged in **b)** [canalisation] to be connected to the system / *assurez-vous que l'appareil n'est pas branché* make sure the appliance is unplugged **2.** *fam* [faire parler] ▸ **brancher qqn sur** to start sb off ou to get sb going on / *je l'ai branché sur le reggae et il ne s'est plus arrêté* I got him onto reggae music and after that there was no stopping him **3.** *fam* [mettre en rapport] ▸ **brancher qqn avec** to put sb in touch with / *je vais te brancher avec ma sœur, elle sait ce qu'il faut faire* I'll put you in touch with my sister, she knows what to do **4.** *fam* [intéresser] : *ça me branche bien !* that's great ! / *ce type ne me branche pas des masses* that guy's really not my type / *l'acupuncture, ça me branche* I'm into acupuncture / *il est très branché (sur les) voyages* he's really into travelling / *ça vous brancherait d'y aller ?* how do you fancy going there ? **5.** *fam* [séduire] ▸ **se faire brancher par qqn** to be chatted up by sb. ◆ vi to roost, to sit.
◆ **se brancher** ◆ vp *(emploi passif)* ▸ **se brancher dans** to plug into. ◆ vpi ▸ **se brancher sur a)** RADIO to tune in to **b)** [canalisation] to connect up to / *se brancher sur les grandes ondes* to tune in to long wave / *il s'est branché sur l'informatique* *fam & fig* he's got into computers.

branchette [bʀɑ̃ʃɛt] nf *litt* twig, sprig.

branchial, e, aux [bʀɑ̃ʃjal, o] adj branchial.

branchies [bʀɑ̃ʃi] nfpl gills, branchiae *spéc.*

branchiopode [bʀɑ̃kjɔpɔd] nm branchiopod.

branchu, e [bʀɑ̃ʃy] adj branchy.

brandade [bʀɑ̃dad] nf ▸ **brandade de morue** brandade, salt cod puree.

brande [bʀɑ̃d] nf **1.** [plantes] heather, heath **2.** [terrain] heath, moor.

brandebourg [bʀɑ̃dbuʀ] nm COUT frog, frogging.
◆ **à brandebourgs** loc adj COUT frogged.

Brandebourg [bʀɑ̃dbuʀ] npr Brandenburg ▸ **la porte de Brandebourg** the Brandenburg Gate.

brandebourgeois, e [bʀɑ̃dbuʀʒwa, az] adj from Brandenburg.
◆ **Brandebourgeois, e** nm, f *inhabitant of or person from Brandenburg.*

brandir [32] [bʀɑ̃diʀ] vt to brandish, to wave (about), to flourish.

brandon [bʀɑ̃dɔ̃] nm [pour allumer] firebrand ▸ **brandon de discorde a)** [objet, situation] bone of contention **b)** [personne] troublemaker.

brandy [bʀɑ̃di] nm brandy.

branlant, e [bʀɑ̃lɑ̃, ɑ̃t] adj **1.** [vieux - bâtiment, véhicule] ramshackle, rickety **2.** [instable - pile d'objets] unsteady, wobbly, shaky ; [- échelle, chaise] rickety, shaky ; [- démarche] tottering ; [- dent] loose ; [- résolution, réputation] shaky.

branle [bʀɑ̃l] nm [mouvement] pendulum motion ; [impulsion] impulsion, propulsion ▸ **donner le branle à qqch** [procédure, situation] to set sthg going ou in motion ▸ **être en branle** to be on the move ▸ **mettre en branle a)** [cloche] to set going **b)** [mécanisme, procédure] to set going ou in motion ▸ **se mettre en branle a)** [voyageur] to set off, to start out **b)** [mécanisme] to start moving, to start going **c)** [voiture] to start (moving).

branle-bas (*pl* **branle-bas**), **branlebas*** [bʀɑ̃lba] nm **1.** [agitation] pandemonium, commotion ▸ **branle-bas de combat !** NAUT & *fig* action stations ! / *quand ma tante arrivait, c'était le branle-bas de combat* when my aunt arrived, it was action stations all round **2.** NAUT clearing of the decks.

branlement [bʀɑ̃lmɑ̃] nm [dodelinement] wagging (of the head).

branler [3] [bʀɑ̃le] ◆ vi [échelle, pile d'objets] to be shaky ou unsteady ; [fauteuil] to be rickety ; [dent] to be loose ▸ **branler dans le manche** [outil] to have a loose handle ▸ **branler du chef a)** [de haut en bas] to nod **b)** [de droite à gauche] to shake one's head. ◆ vt *tfam* [faire] ▸ **mais qu'est-ce qu'il branle ? a)** [il est en retard] where the fuck is he ? **b)** [il fait une bêtise] what the fuck's he up to ?
◆ **se branler** vpi *tfam* to (have a) wank UK, to jerk off US ▸ **je m'en branle** *fig* I don't give a shit ou fuck.

branlette [bʀɑ̃lɛt] nf *vulg* wank / *se faire une (petite) branlette* to have a wank UK, to jerk off US.

branleur, euse [bʀɑ̃lœʀ, øz] nm, f *tfam* wanker UK, little shit.

brante [bʀɑ̃t] nf SUISSE *grape-picker's basket.*

braquage [bʀakaʒ] nm **1.** AUTO (steering) lock **2.** AÉRON deflection **3.** *fam* [vol] holdup, stickup.

braque [bʀak] ◆ adj *fam* cracked, nuts / *elle est complètement braque* she's as mad as a March hare ou a hatter, she's as crazy as a bedbug US. ◆ nm ZOOL pointer.

braquer [3] [bʀake] ◆ vt **1.** [pointer - fusil] to point, to aim, to level ; [- projecteur, télescope] to train ▸ **braquer son revolver sur qqn** to level ou to point one's gun at sb **2.** [concentrer] ▸ **braquer sur** to train ou to fix ou to turn on / *son regard était braqué sur moi* she was staring straight at me, her gaze was fixed on me **3.** AUTO & AÉRON to lock **4.** [rendre hostile] to antagonize ▸ **ne le braquez pas** don't antagonize him ou put his back up ▸ **braquer qqn contre** to set sb against ▸ **elle est**

* In reformed spelling (see p. 16-19).

braquée contre ses collègues / ce mariage she's totally opposed to her colleagues / dead set against this marriage **5.** *fam* [attaquer -banque] to hold up *(insép)* ; [-caissier] to hold at gunpoint. ◆ vi [voiture] to lock ▸ **braquer bien / mal** to have a good / poor turning circle ▸ **braquer à droite / gauche** to lock hard to the right / left ▸ **braque à fond!** wheel hard down!

❖ **se braquer** vpi to dig one's heels in / *il s'est braqué, il n'y a rien à faire* he's dug his heels in ou he's set (his face) against it, there's nothing we can do.

braquet [bʀakɛ] nm transmission ratio ▸ **mettre le petit braquet** to shift to first gear.

braqueur, euse [bʀakœʀ, øz] nm, f holdup man *m*, holdup woman *f (in bank, etc.)*.

bras [bʀa] ◆ nm **1.** [membre] arm ; ANAT upper arm ▸ **blessé au bras** wounded in the arm ▸ **avoir qqn à son bras** to have sb on one's arm ▸ **son panier / épouse au bras** his basket / wife on his arm ▸ **avoir qqch dans les bras** to be carrying sthg in one's arms ▸ **porter un enfant dans les** ou **ses bras** to carry a child (in one's arms) ▸ **tomber dans les bras de qqn** to fall into sb's arms / *ils sont tombés dans les bras l'un de l'autre* they fell into each other's arms / *il l'a jetée dans les bras de Robert fig* he drove her into Robert's arms ▸ **sous le bras** under one arm ▸ **prendre le bras de qqn** to grab sb's arm ▸ **donner** ou **offrir son bras à qqn** to offer sb one's arm ▸ **serrer qqn dans ses bras** to hold sb in one's arms, to hug sb ▸ **tendre** ou **allonger le bras** to stretch one's arm out ▸ **les bras en croix** (with) arms outstretched ou outspread ▸ **bras cassé** no-hoper ▸ **bras droit** right hand man (woman) ▸ **faire un bras de fer avec qqn a)** *pr* to arm-wrestle with sb **b)** *fig* to have a tussle with sb ▸ **faire un bras d'honneur à qqn** ≃ to give sb a V-sign UK ou the finger US ▸ **jouer les gros bras** to throw one's weight around ▸ **tomber à bras raccourcis sur qqn a)** [gén] to lay into sb **b)** [physiquement] to beat sb to a pulp ▸ **avoir le bras long** to be influential ▸ **se jeter dans les bras de qqn a)** *pr* to throw o.s. into sb's arms **b)** *fig* to fall an easy prey to sb ▸ **les bras lui en sont tombés** his jaw dropped ou fell ▸ **les bras vous en tombent** : *quand on entend ça, les bras vous en tombent* the mind boggles when you hear that ▸ **lever les bras** [d'impuissance] to throw up one's arms (helplessly) ▸ **lever les bras au ciel** to throw up one's arms in indignation ▸ **ouvrir les bras à qqn** : *tu n'avais qu'à lui ouvrir les bras!* all you had to do was open up to her! ▸ **tendre les bras à qqn a)** *pr* to hold out one's arms to sb **b)** *fig* to offer sb (moral) support ▸ **tendre les bras vers qqn a)** *pr* to hold out one's arms to sb **b)** *fig* to turn to sb for help **2.** ZOOL [du cheval] arm ; [tentacule] arm, tentacle **3.** [partie -d'une ancre, d'un électrophone, d'un moulin] arm ; [-d'une charrette] arm, shaft ; [-d'une grue] arm, jib ; [-d'un fauteuil] arm, armrest ; [-d'une brouette] handle ; [-d'une manivelle] web, arm ; [-d'un brancard] pole ; [-d'une croix] arm ▸ **bras d'accès** ou **de lecture-écriture** access arm ▸ **bras de levier** lever arm ou crank ▸ **bras manipulateur** computer-operated arm ▸ **bras télémanipulateur** remote-control computer-operated arm **4.** [pouvoir] ▸ **le bras séculier** the secular arm / *le bras de la justice* the long arm of the law **5.** GÉOGR [d'un delta] arm ▸ **bras de mer** sound, arm of the sea ▸ **bras de rivière** arm ou US branch of a river ▸ **bras abandonné** ou **mort** dead channel ▸ **petit bras d'eau** armlet **6.** NAUT (anchor) arm. ◆ nmpl [main-d'œuvre] workers / *on a besoin de bras* we're short-handed ou short-staffed ▸ **le manque de bras** the shortage of manpower.

❖ **à bras ouverts** loc adv [accueillir] with open arms.

❖ **au bras de** loc prép on the arm of, arm in arm with.

❖ **bras dessus, bras dessous** loc adv arm in arm.

❖ **sur les bras** loc adv ▸ **avoir qqn / qqch sur les bras** to be stuck with sb / sthg / *je me suis retrouvé avec le projet sur les bras* I got landed with the project / *je n'ai plus mes enfants sur les bras* my children are off my hands now ▸ **rester sur les bras** : *le loyer m'est resté sur les bras* I was left with the rent to pay / *les libraires craignent que cette anthologie ne leur reste sur les bras* booksellers are worried that this anthology might not sell.

brasage [bʀazaʒ] nm brazing, soldering.

braser [3] [bʀaze] vt to solder.

brasero, braséro* [bʀazeʀo] nm brazier.

brasier [bʀazje] nm **1.** [incendie] blaze, fire / *il retourna dans le brasier* he went back into the blaze ou inferno / *la maison n'était plus qu'un brasier* the house was now a blazing mass, the fire was now raging through the house **2.** [tumulte] fire / *le brasier de ses passions* the (consuming) fire of his passions / *le pays est maintenant un véritable brasier* the whole country's ablaze.

Brasília [bʀazilja] npr Brasilia.

bras-le-corps [bʀalkɔʀ] ❖ **à bras-le-corps** loc adv ▸ **prendre qqn à bras-le-corps** to catch hold of ou to seize sb around the waist / *prendre un problème à bras-le-corps fig* to tackle a problem head on.

brassage [bʀasaʒ] nm **1.** [de la bière] brewing ; [du malt] mashing **2.** [de liquides] mixing, swirling together ; [des cultures, des peuples] intermixing, intermingling.

brassard [bʀasaʀ] nm armband ▸ **brassard de deuil** black armband.

brasse [bʀas] nf **1.** SPORT breaststroke / *tu sais nager la brasse?* can you do the breaststroke? / *elle traverse la piscine en 10 brasses* she can cross the swimming pool in 10 strokes *(doing the breaststroke)* ▸ **brasse papillon** butterfly (stroke) **2.** [mesure] 5 feet ; NAUT fathom.

brassée [bʀase] nf armful.

❖ **par brassées** loc adv by the armful / *on m'apportait des télégrammes par brassées* I was getting telegrams by the armful.

brasser [3] [bʀase] vt **1.** [bière] to brew ; [malt] to mash **2.** JEUX [cartes] to shuffle **3.** [populations] to intermingle **4.** [agiter -air] to fan ; [-feuilles mortes] to toss about *(sép)*, to stir **5.** [manier -argent, sommes] to handle ▸ **brasser des affaires** to handle a lot of business.

brasserie [bʀasʀi] nf **1.** [fabrique de bière] brewery **2.** [café] *large café serving light meals.*

brasseur, euse [bʀasœʀ, øz] nm, f **1.** SPORT breaststroker / *c'est un bon brasseur* he's good at the breaststroke **2.** [fabricant de bière] brewer.

❖ **brasseur d'affaires** nm big businessman.

brassière [bʀasjɛʀ] nf **1.** VÊT (baby's) vest UK ou undershirt US **2.** NAUT ▸ **brassière de sauvetage** life jacket **3.** QUÉBEC bra.

brasure [bʀazyʀ] nf **1.** [soudure] soldering joint ou surface ou seam **2.** [alliage] brazing alloy.

bravache [bʀavaʃ] ◆ adj swaggering, blustering. ◆ nm braggart *litt*, swaggerer ▸ **faire le bravache** to brag.

bravade [bʀavad] nf [ostentation] bravado ; [défi] defiance ▸ **faire qqch par bravade a)** [ostentation] to do sthg out of bravado **b)** [défi] to do sthg in a spirit of defiance.

brave [bʀav] ◆ adj **1.** [courageux] brave, bold ▸ **faire le brave** to act brave **2.** *(avant nom)* [bon] good, decent ▸ **de braves gens** good ou decent people ▸ **un brave type** *fam* a nice bloke UK ou guy **3.** [ton condescendant] : *ma brave dame* / *mon brave monsieur, personne ne dit le contraire!* my dear lady / my dear fellow, nobody's saying anything to the contrary! / *il est bien brave mais il ne comprend rien* he means well but he doesn't understand a thing. ◆ nmf [héros] brave man (woman) / *un brave parmi les braves* a hero amongst heroes. ◆ nm [guerrier indien] brave.

> ⚠ L'adjectif anglais **brave** ne signifie brave qu'au sens de « courageux ».

bravement [bʀavmɑ̃] adv **1.** [courageusement] bravely, courageously **2.** [sans hésitation] boldly, resolutely / *il s'est bravement mis au travail* he set to work with a will.

braver [3] [bʀave] vt **1.** [affronter -danger, mort] to defy, to brave ; [-conventions] to go against, to challenge **2.** [défier -autorité] to defy, to stand up to *(insép)* / *braver les autorités* to stand up to ou to defy the authorities ▸ **braver les ordres** to go against ou to defy orders.

bravissimo [bʀavisimo] interj bravissimo.

bravo [bʀavo] ◆ interj **1.** [applaudissement] bravo **2.** [félicitations] well done, bravo / *bravo! bien parlé!* hear! hear! / *bravo, tu as raison!* good thinking! / *eh bien bravo, tu as réussi ton coup! iron* congratulations, you did a really great job there! ◆ nm bravo / *un grand bravo pour nos candidats* let's have a big hand for our contestants ▸ **entrer / partir sous les bravos** to be cheered in / out.

bravoure [bʀavuʀ] nf bravery, courage.

Brazzaville [bʀazavil] npr Brazzaville.

BRB nf abr de **brigade de répression du banditisme.**

break [bʀɛk] nm **1.** AUTO estate car UK station wagon US **2.** [voiture à cheval] break **3.** MUS break **4.** SPORT ▸ **faire le break** to break away ; [à la boxe] break.

breakdance [bʀɛkdɛns] nm breakdancing.

brebis [bʀəbi] nf **1.** ZOOL ewe ▸ **brebis galeuse** black sheep **2.** RELIG sheep ▸ **brebis égarée** lost sheep ▸ **les brebis de Dieu** the faithful.

brèche [bʀɛʃ] nf **1.** [ouverture] breach, gap, break **2.** MIL breach / *faire une brèche dans un front* to break open ou to breach an enemy line ▸ **être toujours sur la brèche** to be always on the go **3.** *fig* hole, dent / *faire une brèche à son capital* to make a hole ou dent in one's capital **4.** GÉOL breccia.

bréchet [bʀeʃɛ] nm carina, keel.

brechtien, enne [bʀɛʃtjɛ̃, ɛn] adj Brechtian.

bredouillage [bʀədujaʒ] = **bredouillement.**

bredouille [bʀəduj] adj empty-handed ▸ **rentrer bredouille a)** CHASSE & PÊCHE to come home empty-handed ou with an empty bag **b)** *fig* to come back empty-handed.

bredouillement [bʀədujmɑ̃] nm mumbling, muttering.

bredouiller [3] [bʀəduje] vi & vt to mumble, to mutter.

bredouilleur, euse [bʀədujœʀ, øz] ◆ adj mumbling, muttering. ◆ nm, f mumbler, mutterer.

bredouillis [bʀəduji] = **bredouillage.**

bref, brève [bʀɛf, bʀɛv] adj **1.** [court -moment, vision] brief, fleeting ; [concis -lettre, discours] brief, short ▸ **une brève histoire d'amour** a brief love affair ▸ **soyez bref** be brief ▸ **soyez plus bref** come to the point **2.** PHON [syllabe, voyelle] short.

❖ **bref** ◆ adv in short, in a word / *enfin bref, je n'ai pas envie d'y aller* well, basically, I don't want to go / *bref, ce n'est pas possible* anyway, it's not possible. ◆ nm RELIG (papal) brief.

❖ **brève** nf **1.** PHON [voyelle] short vowel ; [syllabe] short syllable **2.** PRESSE, RADIO & TV brief ▸ **brèves de comptoir** bar talk.

❖ **en bref** loc adv **1.** [en résumé] in short, in brief **2.** PRESSE, RADIO & TV news in brief.

Brejnev [bʀɛʒnɛf] npr Brezhnev.

brelan [bʀəlɑ̃] nm *three of a kind* ▸ **brelan de rois** three kings.

breloque [bʀəlɔk] nf [bijou] charm.

brème [bʀɛm] nf **1.** ZOOL bream **2.** *arg crime* (playing) card.

Brême [bʀɛm] npr Bremen.

brésil [bʀezil] nm brazilwood.

Brésil [bʀezil] npr m ▸ **le Brésil** Brazil ▸ **au Brésil** in Brazil.

brésilien, enne [bʀeziljɛ̃, ɛn] adj Brazilian.

❖ **Brésilien, enne** nm, f Brazilian.

❖ **brésilien** nm LING Brazilian Portuguese.

Bresse [bʀɛs] npr f ▸ **la Bresse** Bresse *(region in eastern France famous for its poultry).*

Bretagne [bʀətaɲ] npr f ▸ **(la) Bretagne** Brittany ▸ **la Bretagne bretonnante a)** LING the Breton-speaking part of Brittany **b)** [gén] the most typically Breton part of Brittany. **Voir encadré page suivante.**

Bretagne

This administrative region includes the **départements** of Côtes-d'Armor, Finistère, Ille-et-Vilaine and Morbihan (capital: Rennes).

bretèche [bRətɛʃ] nf bartizan.

bretelle [bRətɛl] nf **1.** [bandoulière] (shoulder) strap ▸ **bretelle de fusil** gun sling / *porter l'arme à la bretelle* to carry one's weapon slung over one's shoulder **2.** [de robe] shoulder strap ; [de soutien-gorge] (bra) strap ▸ **sans bretelles** [robe, soutien-gorge] strapless **3.** TRANSP slip road UK, access road ▸ **bretelle d'accès** access road ▸ **bretelle d'autoroute** motorway slip road UK, highway access road US ▸ **bretelle de contournement** bypass ▸ **bretelle de raccordement** motorway UK ou highway US junction ▸ **bretelle de sortie** exit road **4.** RAIL double crossover.

❖ **bretelles** nfpl braces UK, suspenders US / *se faire remonter les bretelles fig* to be told to pull one's socks up.

breton, onne [bRətɔ̃, ɔn] adj Breton.

❖ **Breton, onne** nm, f Breton ▸ **Breton bretonnant a)** LING native speaker of Breton **b)** [gén] *native Breton attached to Breton traditions and culture.*

❖ **breton** nm LING Breton.

bretonnant, e [bRətɔnɑ̃, ɑ̃t] adj Breton-speaking.

bretteur [bRɛtœR] nm *vieilli* swordsman, dueller.

bretzel [bRɛtzɛl] nm pretzel.

breuvage [bRœvaʒ] nm **1.** [boisson] beverage, drink ▸ **un drôle de breuvage** a strange concoction **2.** [potion] potion, beverage.

brève [bRɛv] f ⟶ **bref.**

brevet [bRəvɛ] nm **1.** DR ▸ **brevet (d'invention)** patent ▸ **accorder un brevet** to license a patent ▸ **exploiter un brevet** to work a patent ▸ **prendre un brevet** to take out a patent ▸ **titulaire d'un brevet** patentee **2.** ÉDUC diploma ▸ **décerner** ou **délivrer un brevet à qqn** to award a diploma on sb ▸ **le brevet** *exam taken at 14 years of age at the end of the "collège"* ▸ **brevet d'apprentissage** ≃ certificate of apprenticeship ▸ **brevet d'études professionnelles** = **BEP** ▸ **brevet informatique et Internet** *computing proficiency certificate taken at various stages in a child's education* ▸ **brevets militaires** ≃ staff college qualifications ▸ **brevet professionnel** *vocational diploma* ▸ **brevet de technicien** *exam taken at 17 after 3 years' technical training* ▸ **brevet de technicien supérieur** = **BTS 3.** AÉRON ▸ **brevet de pilote** pilot's licence / *avoir son brevet de pilote* to be a qualified pilot ou qualified as a pilot **4.** [certificat] certificate ▸ **brevet de secourisme** first-aid certificate ▸ **décerner à qqn un brevet de moralité** to testify to ou to vouch for sb's character.

brevetable [bRəvtabl] adj patentable.

breveté, e [bRəvte] ◆ adj **1.** [diplômé] qualified **2.** [garanti] patented. ◆ nm, f patentee.

breveter [27] [bRəvte] vt to patent ▸ **faire breveter qqch** to take out a patent for sthg.

✎ In reformed spelling (see p. 16-19), this verb is conjugated like **acheter**: *il brevète, elle brevètera.*

bréviaire [bRevjɛR] nm breviary / *dire son bréviaire* to read one's breviary.

BRGM (abr de **Bureau de recherches géologiques et minières**) npr m *French geological and mining research agency.*

Briansk [bRiɑ̃sk] npr Bryansk.

briard, e [bRijaR, aRd] adj from the Brie region.

❖ **Briard, e** nm, f *inhabitant of or person from the Brie region.*

❖ **briard** nm Briard (sheepdog).

bribes [bRib] nfpl **1.** [restes - d'un gâteau, d'un repas] scraps, crumbs **2.** [fragments - de discours] snatches, scraps ; [- d'information, de connaissance] scraps.

❖ **par bribes** loc adv in snatches, bit by bit / *je connais l'histoire par bribes* I heard the story in snatches.

bric-à-brac [bRikabRak] nm inv **1.** [tas d'objets] clutter, jumble, bric-à-brac / *c'est là que je mets tout mon bric-à-brac* that's where I put all my odds and ends ou bits and pieces **2.** [mélange d'idées] jumble of ideas, hotchpotch UK ou hodgepodge US of ideas **3.** [boutique] junk shop UK, secondhand store US.

bricelet [bRislɛ] nm SUISSE *thin crisp waffle.*

bric et de broc [bRikedbRɔk]

❖ **de bric et de broc** loc adv haphazardly / *meublé de bric et de broc* furnished with bits and pieces.

brick [bRik] nm **1.** NAUT brig **2.** CULIN *savoury deep-fried filo pastry parcel (a Tunisian speciality).*

brick-goélette [bRikgɔelɛt] (*pl* **bricks-goélettes**) nm schooner brig.

bricolage [bRikɔlaʒ] nm **1.** [travail manuel] do-it-yourself, DIY UK / *aimer le bricolage* to like do-it-yourself ou DIY **2.** [réparation] makeshift repair / *c'est du bon bricolage* it's good work **3.** [mauvais travail] ▸ **c'est du bricolage** it's just been thrown together.

❖ **de bricolage** loc adj [magasin, manuel, rayon] do-it-yourself *(modif)*, DIY UK *(modif)*.

bricole [bRikɔl] nf **1.** [petit objet] ▸ **des bricoles** things, bits and pieces / *je dois acheter quelques bricoles* I must buy a few things ou a few bits and pieces **2.** [article de peu de valeur] trifle / *je vais lui offrir une bricole* I'm going to give her a little something ▸ **… et des bricoles** *fam* … and a bit / *30 euros et des bricoles* 30-odd euros **3.** [chose sans importance] piece of trivia ▸ **des bricoles** trivia **4.** *fam* [ennui] trouble / *il va t'arriver des bricoles* you're heading for trouble **5.** [harnais] breast harness **6.** [bretelle] carrying girth ou strap **7.** PÊCHE double hook.

bricoler [3] [bRikɔle] ◆ vi **1.** [faire des aménagements] to do DIY ▸ **elle adore bricoler** she's a real do-it-yourself enthusiast **2.** [avoir de petits emplois] to do odd jobs / *jusqu'à 24 ans, j'ai bricolé* until I was 24, I never had a serious job **3.** *fam & péj* [mauvais artisan, praticien ou étudiant] to produce shoddy work. ◆ vt **1.** [confectionner] to make / *c'est moi qui ai bricolé ça* it's all my own work / *j'ai bricolé une poignée pour la porte* I improvised a new handle for the door **2.** [réparer] to fix (up), to mend, to carry out makeshift repairs to / *j'ai bricolé la radio et elle a l'air de marcher* I've tinkered with the radio a bit and it seems to be working **3.** [manipuler] to tinker ou to tamper with / *qui a bricolé le grille-pain?* who's been tinkering with the toaster? ▸ **bricoler un moteur** to soup up an engine.

bricoleur, euse [bRikɔlœR, øz] ◆ nm, f **1.** [qui construit ou répare soi-même] handyman (handywoman), DIY enthusiast **2.** *péj* [dilettante] amateur, dilettante. ◆ adj ▸ **il est très bricoleur** he's good with his hands ▸ **il n'est pas bricoleur** he's no handyman.

bride [bRid] nf **1.** ÉQUIT bridle / *tenir son cheval en bride* to curb ou to rein in a horse / *rendre la bride à un cheval* to give a horse its head ▸ **à bride abattue** ou **à toute bride** at full speed, like greased lightning ▸ **avoir la bride sur le cou** to be given a free hand ▸ **laisser la bride sur le cou à qqn** to give sb a free rein ▸ **serrer** ou **tenir la bride à qqn** to keep sb on a tight rein ▸ **tourner bride** to turn tail **2.** COUT bar ; [en dentelle] bride, bar **3.** MÉD adhesion ▸ **bride amniotique** amniotic band ou adhesion.

bridé, e [bRide] adj ▸ **yeux bridés** slanting eyes / *avoir les yeux bridés* to have slanting eyes.

brider [3] [bRide] vt **1.** ÉQUIT to bridle **2.** [serrer] to constrict / *ma veste me bride aux emmanchures* my jacket is too tight under the arms **3.** [émotion] to curb, to restrain ; [personne] to keep in check ▸ **brider son enthousiasme** to keep a check on ou to curb one's enthusiasm ▸ **brider les passions de qqn** to curb ou to dampen sb's passions **4.** COUT to bind **5.** CULIN to truss **6.** NAUT to lash together.

bridge [bRidʒ] nm **1.** DENT bridge, bridgework **2.** JEUX bridge.

bridger [17] [bRidʒe] vi to play bridge.

bridgeur, euse [bRidʒœR, øz] nm, f bridge player.

brie [bRi] nm Brie.

Brie [bRi] npr f ▸ **la Brie** the Brie region.

briefer [3] [bRife] vt to brief.

briefing [bRifiŋ] nm briefing.

Brienne-le-Château [bRijɛnləʃato] npr *site of the military school where Napoléon studied (1779-1784).*

brièvement [bRijɛvmɑ̃] adv **1.** [pendant peu de temps] briefly, fleetingly, for a short time **2.** [avec concision] briefly, in a few words.

brièveté [bRijɛvte] nf brevity, briefness.

brigade [bRigad] nf **1.** MIL [détachement] brigade ▸ **brigade de gendarmerie** squad of gendarmes ▸ **brigade des sapeurs-pompiers** fire brigade ; [régiments] brigade **2.** [équipe d'ouvriers] gang, team **3.** [corps de police] squad ▸ **brigade anticriminalité** crime squad ▸ **brigade antigang** ou **de répression du (grand) banditisme** organized crime division ▸ **brigade antiémeute** riot squad ▸ **brigade des mineurs** juvenile squad ▸ **brigade des mœurs** vice squad ▸ **brigade des stupéfiants** ou *fam* **des stups** drug squad ▸ **brigade mobile** ou **volante** flying squad **4.** [en Italie] ▸ **les Brigades rouges** the Red Brigades.

brigadier, ère [bRigadje, ɛR] nm, f **1.** [de police] sergeant **2.** MIL corporal **3.** HIST brigadier.

brigadier-chef [bRigadjeʃɛf] (*pl* **brigadiers-chefs**) nm lance-sergeant.

brigand [bRigɑ̃] nm **1.** [bandit] bandit, brigand *litt* **2.** [escroc] crook, thief **3.** [avec affection] ▸ **brigand, va!** *fam* you rogue ou imp ou rascal.

brigandage [bRigɑ̃daʒ] nm **1.** [vol à main armée] armed robbery **2.** [acte malhonnête] : *c'est du brigandage* it's daylight robbery.

brigantin [bRigɑ̃tɛ̃] nm brigantine.

brigantine [bRigɑ̃tin] nf NAUT spanker.

brigue [bRig] nf *litt* intrigue / *avoir une place par (la) brigue* to get a job by pulling strings.

briguer [3] [bRige] vt [emploi] to angle for *(insép)* ; [honneur] to seek, to pursue, to aspire to *(insép)* ; [suffrage] to seek.

brillamment [bRijamɑ̃] adv brilliantly, magnificently ▸ **réussir brillamment un examen** to pass an exam with flying colours UK ou colors US.

brillance [bRijɑ̃s] nf [du regard] brilliance ; [des cheveux] shine, sheen, gloss.

brillant, e [bRijɑ̃, ɑ̃t] adj **1.** [luisant - parquet] shiny, polished ; [- peinture] gloss *(modif)* ; [- cheveux, lèvres] shiny, glossy ; [- soie] lustrous ; [- toile, cristal] sparkling, glittering ; [- feuille, chaussure] glossy, shiny ; [- yeux] bright, shining ▸ **brillant de** : *yeux brillants de malice* eyes sparkling with mischief ▸ **yeux brillants de fièvre** eyes bright with fever **2.** [remarquable - esprit, intelligence] brilliant, outstanding ; [- personne] outstanding ; [- succès, carrière, talent] brilliant, dazzling, outstanding ; [- conversation] brilliant, sparkling ; [- hommage] superb, magnificent ; [- représentation, numéro] brilliant, superb ▸ **il a été brillant** he did very well indeed ou brilliantly ▸ **faire un mariage brillant** to marry very well ▸ **c'est un brillant parti** he / she'll be a good catch ▸ **pas brillant** : *ce n'est pas brillant* it's not brilliant / *sa santé n'est pas brillante* he's not well, his health is not too good / *les résultats ne sont pas brillants* the results aren't too good ou aren't all they should be.

❖ **brillant** nm **1.** [éclat - d'un métal, d'une surface] gloss, sheen ; [- de chaussures] shine ; [- d'une peinture] gloss ; [- d'un tissu] sheen ; [- d'un diamant, d'un regard] sparkle **2.** [brio] brio, sparkle ▸ **malgré le brillant de sa conversation / son œuvre** in spite of his brilliant conversation / impressive work **3.** JOAILL brilliant.

❖ **brillant à lèvres** nm [cosmétique] lip gloss.

brillanté [bRijɑ̃te] nm dimity.

brillanter [3] [bRijɑ̃te] vt **1.** *litt* to give glitter ou sparkle to **2.** JOAILL to cut into a brilliant **3.** TEXT to gloss **4.** MÉTALL to brighten.

brillantine [bRijɑ̃tin] nf [pour les cheveux] brilliantine.

briller [3] [bRije] vi **1.** [luire - chaussure, soleil, lumière, regard] to shine ; [- chandelle] to glimmer ; [- étoile] to twinkle, to shine ; [- diamant] to shine, to glitter, to sparkle ; [- dents] to sparkle ; [- eau] to shimmer, to sparkle ;

[-feuille] to shine, to glisten / *tout brille dans sa cuisine* his kitchen's gleaming / *j'ai le nez qui brille* I have a shiny nose ▶ **faire briller** : *faire briller ses chaussures* to shine one's shoes ▶ **faire briller un meuble / l'argenterie** to polish a piece of furniture / the silver / *sa bague en diamant brillait de tous ses feux* her diamond ring threw off a thousand sparkles ▶ **briller de** : *des yeux qui brillent de colère* eyes ablaze with anger / *des yeux qui brillent de plaisir / d'envie* eyes sparkling with pleasure / glowing with envy / *des yeux qui brillent de fièvre* eyes bright with fever ▶ **faire briller qqch** to polish sthg / *la joie faisait briller ses yeux* his eyes were shining with joy / *faire briller les avantages d'une situation* to point out the advantages of a situation ▶ **tout ce qui brille n'est pas (d')or** *prov* all that glitters is not gold *prov* **2.** [exceller] to shine, to excel, to be outstanding / *briller au tennis / en biologie* to be very good at tennis / at biology / *briller dans une conversation* to shine in a conversation ; [se distinguer] to stand out / *avoir le désir de briller* to be anxious to stand out ▶ **briller à un examen** to do very well in an exam ▶ **briller en société** to be a social success ▶ **briller par son absence** to be conspicuous by one's absence ▶ **briller par son incompétence** to be remarkably incompetent.

brimade [bʀimad] nf **1.** [vexation] victimization, bullying ▶ **faire subir des brimades à qqn** to victimize sb, to bully sb **2.** *arg scol* ragging *(U)* UK, hazing *(U)* US, initiation ceremony.

brimbaler [bʀɛ̃bale] = **bringuebaler**.

brimborion [bʀɛ̃bɔʀjɔ̃] nm *litt* bauble, trinket.

brimer [3] [bʀime] vt **1.** [tracasser] to victimize / *il se sent brimé* he feels victimized **2.** *arg scol* to rag UK, to haze US, to initiate.

brin [bʀɛ̃] nm **1.** [filament] strand ▶ **câble à un brin** single-strand ou single-stranded cable ▶ **corde / laine à trois brins** three-ply rope / wool ; TEXT fibre **2.** [tige - d'herbe] blade ; [- d'osier] twig ; [- de muguet, de persil] sprig ; [- de bruyère, d'aubépine] sprig **3.** [morceau - de laine, de fil] piece, length ▶ **brin de paille** (piece of) straw **4.** [parcelle] ▶ **un brin de** a (tiny) bit of / *un brin de génie* a touch of genius / *il faut avoir un brin d'inconscience pour faire ça* you need to be a bit foolhardy to do that / *il n'a pas un brin de bon sens* he hasn't an ounce ou a shred of common sense / *il n'y a pas un brin de vent* there isn't a breath of wind / *il n'y a pas un brin de vérité là-dedans* there isn't a grain of truth in it ▶ **faire un brin de** *fam* : *faire un brin de causette (à)* ou *avec qqn* to have a quick chat (with sb) / *faire un brin de cour à* to have a little flirt with / *faire un brin de toilette* to have a quick wash **5.** EXPR **un beau brin de fille** a good-looking girl.

❖ **un brin...** loc adv *fam* a trifle..., a touch... / *il était un brin dépité* he was a trifle disappointed / *lève ton bras un brin plus haut* raise your arm a shade ou fraction higher / *rigoler* ou *s'amuser un brin* to have a bit of fun.

brindille [bʀɛ̃dij] nf twig.

bringue [bʀɛ̃g] nf *fam* **1.** *péj* [personne] ▶ **une grande bringue** a beanpole **2.** [noce] ▶ **faire la bringue** to live it up, to party **3.** SUISSE [querelle] row ; [rengaine] refrain.

bringuebaler [3] [bʀɛ̃gbale] ◆ vt to joggle, to jiggle, to shake. ◆ vi to rattle / *c'est fragile, il ne faut pas que ça bringuebale dans la valise* it's fragile and mustn't rattle around in the suitcase / *une carriole qui bringuebale* a cart that rattles along ▶ **une voiture bringuebalante** a shaky old car.

bringuer [3] [bʀɛ̃ge] SUISSE ◆ vi : *arrête de bringuer!* stop going on about it! ◆ vt to go on at *(insép)*.

❖ **se bringuer** vpi : *ils se bringuaient* they were having a row.

brinquebaler [bʀɛ̃kbale] = **bringuebaler**.

brio [bʀijo] nm brio, verve.

❖ **avec brio** loc adv ▶ **parler avec brio a)** [en une occasion] to make a brilliant speech **b)** [naturellement] to be a dazzling speaker ▶ **s'en tirer avec brio** to carry sthg off with style / *passer une épreuve avec brio* to pass an exam with flying colours.

brioche [bʀijɔʃ] nf **1.** CULIN brioche **2.** *fam* [ventre] paunch ▶ **avoir de la brioche** to be potbellied ▶ **prendre de la brioche** to be getting a paunch ou potbelly.

brioché, e [bʀijɔʃe] adj brioche-like.

brique [bʀik] ◆ nf **1.** CONSTR brick ▶ **un mur de brique** ou **briques** a brick wall ▶ **brique creuse** air brick ▶ **brique pleine** solid brick ▶ **brique réfractaire** firebrick ▶ **bouffer des briques** *tfam* to have nothing to eat **2.** [morceau] piece / *brique de jeu de construction* building block **3.** [emballage - de lait, de jus de fruits] carton **4.** *fam & vieilli* : *une brique* [dix mille francs] ten thousand francs **5.** SUISSE [fragment] fragment, splinter. ◆ adj inv brick-red.

❖ **en brique** loc adj brick *(modif)*, made of brick.

briquer [3] [bʀike] vt [pont de navire] to scrub ; *fam* [maison] to clean from top to bottom ▶ **tout avait été briqué** everything had been scrubbed.

briquet [bʀikɛ] nm **1.** [appareil] lighter **2.** ZOOL beagle.

briquetage [bʀiktaʒ] nm **1.** [maçonnerie] brickwork **2.** [enduit] imitation brickwork.

briqueter [27] [bʀikte] vt **1.** CONSTR [pavement, surface] to face in imitation brickwork **2.** [transformer en briquettes] to briquette.

In reformed spelling (see p. 16-19), this verb is conjugated like *acheter* : *il briquète, elle briquètera.*

briqueterie, briquèterie* [bʀikɛtʀi] nf brickworks *(sg)*, brickyard.

briqueteur [bʀiktœʀ] nm bricklayer.

briquetier [bʀiktje] nm **1.** [ouvrier] brickmaker **2.** [dirigeant] brickyard manager.

briquette [bʀikɛt] nf **1.** CONSTR small brick **2.** [de combustible] briquette.

bris [bʀi] nm **1.** [fragment] piece, fragment ▶ **des bris de glace** shards, fragments of glass / *être assuré contre les bris de glace* to be insured for plate glass risk **2.** DR ▶ **bris de clôture** breach of close ▶ **bris de scellés** breaking of seals.

brisant, e [bʀizɑ̃, ɑ̃t] adj ▶ **explosif brisant** high explosive.

❖ **brisant** nm [haut-fond] reef, shoal.

❖ **brisants** nmpl [vagues] breakers.

briscard [bʀiskaʀ] nm **1.** MIL old soldier, veteran **2.** [vétéran] veteran, old hand ▶ **un vieux briscard** a veteran.

brise [bʀiz] nf breeze ▶ **bonne brise** fresh breeze.

brisé, e [bʀize] adj **1.** [détruit] broken ▶ **un homme brisé a)** [par la fatigue] a run-down ou worn-out man **b)** [par les ennuis, le chagrin] a broken man **2.** GÉOM broken **3.** ARCHIT [arc] broken.

❖ **brisé** nm DANSE brisé.

brise-béton (*pl* **brise-béton** ou **brise-bétons***) [bʀizbetɔ̃] nm jackhammer.

brise-bise (*pl* **brise-bise** ou **brise-bises***) [bʀizbiz] nm half curtain *(on the bottom half of a window)*.

brise-copeaux (*pl* **brise-copeaux**), **brise-copeau*** (*pl* **brise-copeaux***) [bʀizkɔpo] nm chip breaker.

brisées [bʀize] nfpl **1.** CHASSE broken branches *(to mark the way)* **2.** EXPR **aller** ou **marcher sur les brisées de qqn** to poach on sb's preserves.

brise-fer (*pl* **brise-fer** ou **brise-fers***) [bʀizfɛʀ] nm *fam & vieilli* vandal.

brise-glace(s) (*pl* **brise-glaces**), **brise-glace*** (*pl* **brise-glaces***) [bʀizglas] nm **1.** NAUT icebreaker **2.** [pour un pont] icebreaker, ice apron ou guard **3.** [outil] hammer.

brise-jet (*pl* **brise-jet** ou **brise-jets***) [bʀizʒɛ] nm tap swirl.

brise-lames (*pl* **brise-lames**), **brise-lame*** (*pl* **brise-lames***) [bʀizlam] nm breakwater, groyne, mole.

brisement [bʀizmɑ̃] nm *litt* breaking.

brise-mottes (*pl* **brise-mottes**), **brise-motte*** (*pl* **brise-mottes***) [bʀizmɔt] nm harrow.

briser [3] [bʀize] vt **1.** [mettre en pièces - verre, assiette] to break, to smash ; [- vitre] to break, to shatter, to smash ; [- motte de terre] to break up *(sép)* ▶ **briser qqch en mille morceaux** to smash sthg to pieces / *cela me brise le cœur* it breaks my heart ▶ **briser les tabous** *fig* to break taboos **2.** [séparer en deux - canne, branche] to break, to snap ; [- liens, chaînes] to break ▶ **briser la glace** to break the ice **3.** [assouplir] ▶ **briser des chaussures** to break shoes in **4.** [défaire - réputation, carrière] to wreck, to ruin ; [- résistance, rébellion] to crush, to quell ; [- contrat] to break ; [- grève] to break (up) ▶ **briser un mariage / une amitié / une famille** to break up a marriage / friendship / family ▶ **briser l'élan de qqn a)** *pr* to make sb stumble **b)** *fig* to clip sb's wings **5.** [soumettre] to break / *je le briserai* I'll break him **6.** [épuiser - suj: soucis, chagrin] to break, to crush ; [- suj: exercice, voyage] to exhaust, to tire out *(sép)* / *la voix brisée par l'émotion* his voice breaking with emotion / *brisé par la maladie* broken by illness **7.** EXPR **brisons là!** *litt* not another word!, that's enough! ▶ **les briser à qqn** *tfam* : *tu me les brises!* you're getting on my wick! UK, you're starting to bug me! US

❖ **briser avec** v + prép [ami, tradition] to break with.

❖ **se briser** vpi **1.** [se casser - verre] to shatter, to break ▶ **son cœur s'est brisé** he was broken-hearted **2.** [être altéré - espoir] to shatter ; [- voix] to break, to falter **3.** [déferler - mer] to break **4.** [échouer - attaque, assaut] to fail.

brise-soleil (*pl* **brise-soleil** ou **brise-soleils***) [bʀizsɔlɛj] nm sunbreaker.

brise-tout (*pl* **brise-tout**), **brisetout*** (*pl* **brisetouts***) [bʀiztu] = **brise-fer**.

briseur, euse [bʀizœʀ, øz] nm, f **1.** *litt* [casseur] wrecker **2.** *fig* ▶ **briseur de grève** strikebreaker, scab.

brise-vent (*pl* **brise-vent** ou **brise-vents***) [bʀizvɑ̃] nm windbreak.

brisquard [bʀiskaʀ] = **briscard**.

bristol [bʀistɔl] nm **1.** [carton] Bristol board, bristol **2.** [carte de visite] visiting UK ou calling US card **3.** [fiche] index card.

Bristol [bʀistɔl] npr Bristol.

brisure [bʀizyʀ] nf **1.** [fêlure] crack, break **2.** [fragment] splinter, fragment **3.** HÉRALD mark of cadency.

❖ **brisures** nfpl ▶ **brisures de riz** broken rice.

Britannicus [bʀitanikys] npr Britannicus.

britannique [bʀitanik] adj British.

❖ **Britannique** ◆ adj ▶ **les îles Britanniques** the British Isles. ◆ nmf Briton, Britisher US ▶ **les Britanniques** the British.

broc [bʀo] nm [gén] pitcher ; [pour la toilette] ewer.

brocante [bʀɔkɑ̃t] nf **1.** [objets] ▶ **la brocante** secondhand articles / *faire de la brocante* to deal in secondhand goods **2.** [commerce] secondhand ou junk shop UK, used goods store US / *il y a une brocante près d'ici* there's a secondhand shop near here.

brocanter [3] [bʀɔkɑ̃te] vi to deal in secondhand goods.

brocanteur, euse [bʀɔkɑ̃tœʀ, øz] nm, f dealer in secondhand goods, secondhand ou junk shop owner UK, secondhand store keeper US.

brocard [bʀɔkaʀ] nm **1.** *litt* [moquerie] gibe, taunt **2.** ZOOL yearling fallow deer.

brocarder [3] [bʀɔkaʀde] vt *litt* to gibe at *(insép)*, to mock.

brocart [bʀɔkaʀ] nm brocade.

broccio [bʀɔtʃjo] nm broccio cheese *(from Corsica)*.

Brocéliande [bʀɔseljɑ̃d] npr *former name for the "forêt de Paimpont" in Brittany, known as the legendary forest in the Romance of the Round Table where Merlin is supposed to have lived.*

brochage [bʀɔʃaʒ] nm **1.** IMPR stitching, sewing **2.** TEXT brocade **3.** MÉCAN broaching.

broche [bʀɔʃ] nf **1.** CULIN spit, skewer, broach **2.** [bijou] broach **3.** [en alpinisme] piton **4.** ÉLECTRON & MÉD pin **5.** MÉCAN broaching tool, broach **6.** TECHNOL & TEXT spindle **7.** [d'une serrure] broach, hinge pin.

❖ **à la broche** loc adv on a spit ▶ **cuit à la broche** roasted on a spit, spit-roasted.

*In reformed spelling (see p. 16-19).

broché, e [bʀɔʃe] adj **1.** TEXT brocaded, broché **2.** IMPR paperback *(modif).*
❖ **broché** nm **1.** [tissu] brocade, broché ou swivel fabric **2.** [procédé] swivel ou broché weaving.

brocher [3] [bʀɔʃe] vt **1.** IMPR to stitch, to sew **2.** MÉCAN to broach **3.** TEXT to brocade, to figure ▸ **tissu broché d'or** material interwoven with raised gold threads.

brochet [bʀɔʃɛ] nm ZOOL pike.

brochette [bʀɔʃɛt] nf **1.** CULIN [broche] skewer ; [mets] brochette, kebab ▸ **du mouton en brochettes** lamb kebabs **2.** [assemblée] lot ▸ **une jolie brochette d'hypocrites** a fine lot of hypocrites **3.** [ribambelle] ▸ **brochette de décorations** row of decorations.

brocheur, euse [bʀɔʃœʀ, øz] nm, f **1.** IMPR stitcher, sewer **2.** TEXT brocade weaver.
❖ **brocheur** nm broché weaving machine.
❖ **brocheuse** nf IMPR binding machine ▸ **brocheuse automatique sans couture** threadless ou adhesive ou flexible binding machine.

brochure [bʀɔʃyʀ] nf **1.** IMPR stitched book, unbound book ; [livret] pamphlet, booklet, brochure / *j'ai pris toutes les brochures sur Capri* I took all the brochures on Capri **2.** TEXT brocaded design, figured pattern.

brocoli [bʀɔkɔli] nm broccoli *(U)* ▸ **des brocolis** broccoli.

brodequin [bʀɔdkɛ̃] nm **1.** [chaussure] (laced) boot **2.** ANTIQ [bottine] brodekin, buskin.
❖ **brodequins** nmpl [pour torture] ▸ **les brodequins** the boot.

broder [3] [bʀɔde] ◆ vt **1.** COUT to embroider ▸ **brodé à la main** hand-embroidered ▸ **brodé d'or** embroidered in gold thread / *un mouchoir brodé de fleurs* a handkerchief embroidered with flowers **2.** *litt* [embellir] to embellish, to embroider *litt.* ◆ vi [exagérer] to use poetic licence.

broderie [bʀɔdʀi] nf **1.** COUT [technique] embroidery ▸ **broderie à l'aiguille** needlework, embroidery ▸ **faire de la broderie** to do embroidery ou needlework ▸ **broderie anglaise** broderie anglaise ▸ **broderie mécanique** machine embroidery **2.** [ouvrage] (piece of) embroidery, embroidery work **3.** [industrie] embroidery trade.

brodeur, euse [bʀɔdœʀ, øz] nm, f embroiderer.
❖ **brodeuse** nf embroidering machine.

broie v ⟶ **broyer.**

broiement [bʀwamɑ̃] = **broyage.**

bromate [bʀɔmat] nm bromate.

brome [bʀom] nm **1.** CHIM bromine **2.** BOT brome grass, brome.

bromé, e [bʀome] adj brominated.

bromhydrique [bʀɔmidʀik] adj hydrobromic.

bromique [bʀɔmik] adj bromic.

bromoforme [bʀɔmofɔʀm] nm bromoform.

bromure [bʀɔmyʀ] nm bromide ▸ **bromure de potassium** potassium bromide.

bronche [bʀɔ̃ʃ] nf bronchus ▸ **les bronches** the bronchial tubes.

broncher [3] [bʀɔ̃ʃe] vi **1.** [réagir] to react, to respond / *tu n'as pas intérêt à broncher!* not a word out of you! / *le premier qui bronche...* the first one to move a muscle ou to budge... **2.** [cheval] to stumble.
❖ **sans broncher** loc adv without batting an eye ou eyelid, without turning a hair ou flinching.

bronchiole [bʀɔ̃ʃjɔl] nf bronchiole.

bronchiolite [bʀɔ̃kjɔlit ou bʀɔ̃ʃjɔlit] nf MÉD bronchiolitis.

bronchique [bʀɔ̃ʃik] adj bronchial.

bronchite [bʀɔ̃ʃit] nf bronchitis.

bronchiteux, euse [bʀɔ̃ʃitø, øz] ◆ adj bronchitic. ◆ nm, f bronchitis sufferer.

bronchitique [bʀɔ̃ʃitik] ◆ adj bronchitic ▸ **être bronchitique** to have chronic bronchitis. ◆ nmf chronic bronchitis patient.

broncho-pneumonie (*pl* broncho-pneumonies), **bronchopneumonie*** [bʀɔ̃kɔpnømɔni] nf bronchopneumonia.

broncho-pneumopathie [bʀɔ̃kɔpnømopati] nf bronchopneumonia.

bronchorrhée [bʀɔ̃kɔʀe] nf bronchorrhea.

bronchoscope [bʀɔ̃kɔskɔp] nm bronchoscope.

bronchoscopie [bʀɔ̃kɔskɔpi] nf bronchoscopy.

Brongniart [bʀɔɲaʀ] npr ▸ **le palais Brongniart** *name by which the Paris Stock Exchange is sometimes known.*

brontosaure [bʀɔ̃tozɔʀ] nm brontosaur, brontosaurus.

bronzage [bʀɔ̃zaʒ] nm **1.** [hâle] suntan, tan / *avoir un beau bronzage* to have a nice tan ▸ **bronzage intégral** allover tan **2.** TECHNOL bronzing.

bronzant, e [bʀɔ̃zɑ̃, ɑ̃t] adj suntan *(avant nom).*

bronze [bʀɔ̃z] ◆ nm ART & MÉTALL bronze / *un homme au cœur de bronze litt* a cold-hearted man. ◆ adj inv bronze, bronze-coloured.

bronzé, e [bʀɔ̃ze] adj **1.** [hâlé] suntanned, tanned UK, tan US **2.** TECHNOL bronze, bronzed.

bronzer [3] [bʀɔ̃ze] ◆ vt **1.** [hâler] to tan **2.** [donner l'aspect du bronze à] to bronze **3.** [fer] to blue. ◆ vi to tan, to go brown ▸ **se faire bronzer** to sunbathe.

bronzette [bʀɔ̃zɛt] nf *fam* (bout of) sunbathing ▸ **faire une petite bronzette** to lie in the sun, to sunbathe for a while.

brook [bʀuk] nm water jump.

brossage [bʀɔsaʒ] nm **1.** [de chaussures, de vêtements] brushing **2.** [d'un cheval] brushing down.

brosse [bʀɔs] nf **1.** [ustensile] brush ▸ **brosse à chaussures** shoe brush ▸ **brosse à cheveux** hairbrush ▸ **brosse à dents** toothbrush ▸ **brosse à habits** clothes brush ▸ **brosse à ongles** nailbrush ▸ **brosse en chiendent** scrubbing UK ou scrub US brush ▸ **brosse métallique** wire brush ▸ **coup de brosse** : *donner un coup de brosse à qqch* **a)** [pour dépoussiérer] to brush sthg **b)** [pour laver] to give sthg a scrub ▸ **brosse à reluire** *fam* : *as* ou *champion de la brosse à reluire* sweet talker ▸ **passer la brosse à reluire à qqn** *fam* to butter sb up, to soft-soap sb **2.** [pinceau] brush **3.** [coiffure] crew cut / *se faire couper les cheveux en brosse* to have a crew cut ou a flat-top **4.** ZOOL [d'un renard] brush ; [d'une abeille] scopa.

brosser [3] [bʀɔse] vt **1.** [épousseter - miettes] to brush (off) ; [- pantalon, jupe] to brush down **2.** [frictionner] to brush, to scrub ▸ **brosser un cheval** to rub a horse down **3.** ART [paysage, portrait] to paint ▸ **brosser le portrait de qqn** *pr* to paint sb's portrait, *fig* to describe sb / *il m'a brossé un tableau idéal de son travail* he painted me a glowing picture of his job / *je vais vous brosser un tableau de la situation* I'll give you a brief outline of the situation **4.** BELG *fam* ▸ **brosser un cours** to skive off UK ou to cut US a class **5.** SPORT to cut, to give spin to.
❖ **se brosser** vp *(emploi réfléchi)* **1.** [se nettoyer] to brush o.s. (down) / *brosse-toi, tu as de la poussière sur ton manteau* brush yourself down, you've got dust on your coat ▸ **se brosser les dents / les cheveux** to brush one's teeth / hair **2.** EXPR ▸ **il peut toujours se brosser, il n'aura jamais mon livre** *fam* he can whistle for my book.

brosserie [bʀɔsʀi] nf **1.** [usine] brush factory **2.** [commerce] brush-making industry.

brou [bʀu] nm BOT husk, shuck US.
❖ **brou de noix** nm walnut stain / *passer au brou de noix* to stain with walnut.

brouet [bʀuɛ] nm *hum ou litt* (coarse) gruel / *un noir brouet* a foul brew.

brouettage [bʀuɛtaʒ] nm carting, barrowing, wheel barrowing.

brouette [bʀuɛt] nf barrow, wheelbarrow.

brouettée [bʀuete] nf barrowful, wheelbarrowful.

brouetter [4] [bʀuete] vt to cart *(in a wheelbarrow)*, to barrow, to wheelbarrow.

brouhaha [bʀuaa] nm hubbub, (confused) noise / *un brouhaha de voix* a hubbub of voices.

brouillage [bʀujaʒ] nm [accidentel] interference ; [intentionnel] jamming ▸ **brouillage électronique** RADIO electronic jamming.

brouillard [bʀujaʀ] nm **1.** MÉTÉOR [léger] mist ; [épais] fog / *il y a du brouillard* it's misty, there's a mist ▸ **un brouillard à couper au couteau** a very thick fog ▸ **brouillard givrant** freezing fog ▸ **brouillard matinal** early-morning fog ▸ **être dans le brouillard** : *il est dans le brouillard* he's not with it **2.** [voile] mist / *avoir un brouillard devant les yeux* to have blurred vision / *voir à travers un brouillard* to see things through a haze ou mist **3.** BOT gypsophila *spéc*, baby's breath **4.** [livre de comptes] daybook.

brouillasse [bʀujas] nf drizzle.

brouillasser [3] [bʀujase] v impers ▸ **il brouillasse** it's drizzling.

brouille [bʀuj] nf tiff, quarrel ▸ **leur brouille dure toujours** they're still not speaking ou on speaking terms / *leur brouille est irrémédiable* they're fallen out (with each other) for good.

brouillé, e [bʀuje] adj **1.** [terne] ▸ **avoir le teint brouillé** to look off-colour **2.** [ciel] cloudy **3.** JEUX shuffled **4.** CULIN scrambled.

brouiller [3] [bʀuje] vt **1.** CULIN [œuf] to scramble **2.** [mélanger - cartes] to shuffle ▸ **brouiller la cervelle** *fam* ou **le cerveau de qqn** to get sb muddled ou confused / *ça m'a brouillé les idées* it confused ou befuddled me ▸ **brouiller les cartes** *fig* to confuse the issue ▸ **brouiller les pistes a)** [dans un roman] to confuse the reader **b)** [dans une poursuite] to cover one's tracks, to put sb off one's scent **c)** [dans un débat] to put up a smokescreen **3.** [dérégler] to jumble / *brouiller la combinaison d'un coffre* to jumble the combination of a safe **4.** [troubler - liquide] to cloud ▸ **brouiller la vue** to cloud ou to blur one's eyesight / *brouiller un miroir* to blur a mirror / *les lettres étaient brouillées devant mes yeux* the letters were a blur before my eyes / *il avait les yeux brouillés par les larmes* his eyes were blurred with tears **5.** RADIO [signal] to garble ; [transmission, circuit] to jam **6.** [fâcher] to turn against, to alienate from / *ça l'a brouillé avec sa famille* it's turned him against his family / *ce professeur m'a brouillé avec les mathématiques fig* that teacher spoiled ou ruined mathematics for me / *je suis brouillé avec les ordinateurs* I'm no good with computers.
❖ **se brouiller** ◆ vp *(emploi réciproque)* [se fâcher] to quarrel, to fall out (with one another). ◆ vpi **1.** [se mélanger - idées] to get confused ou muddled ou jumbled ; [se troubler - vue] to blur, to become blurred **2.** MÉTÉOR [ciel] to become cloudy, to cloud over.
❖ **se brouiller avec** vp + prép to fall out with.

brouillerie [bʀujʀi] nf tiff.

brouilleur [bʀujœʀ] nm INFORM scrambler.

brouillon, onne [bʀujɔ̃, ɔn] ◆ adj **1.** [travail] untidy, messy **2.** [personne] muddleheaded, unmethodical ▸ **avoir l'esprit brouillon** to be muddleheaded. ◆ nm, f muddler.
❖ **brouillon** nm (rough) draft ▸ **faire un brouillon** to make a (rough) draft / *faire une lettre au brouillon* to draft a letter, to write a first draft of a letter.

brouillonner [3] [bʀujɔne] vt to jot down *(sép).*

brouilly [bʀuji] nm [vin] Brouilly.

broussaille [bʀusaj] nf [touffe] clump of brushwood.
❖ **broussailles** nfpl [sous-bois] undergrowth ; [dans un champ] scrub.
❖ **en broussaille** loc adj [cheveux] tousled, dishevelled ; [sourcils, barbe] bushy, shaggy.

broussailleux, euse [bʀusajø, øz] adj **1.** [terrain] brushy, scrubby, covered with brushwood **2.** [sourcils, barbe] shaggy, bushy ; [cheveux] tousled, dishevelled.

broussard [bʀusaʀ] nm bushman.

brousse [bʀus] nf **1.** GÉOGR [type de végétation] ▸ **la brousse** the bush **2.** [étendue] ▸ **la brousse a)** [en Afrique] the bush **b)** [en Australie] the outback / *vivre en pleine brousse fam & fig* to live in the backwoods ou out in the sticks ou in the boondocks US.

* In reformed spelling (see p. 16-19).

✧ **de brousse** loc adj **1.** [chaussures] desert *(modif)* **2.** [feux] bush *(modif)*.

broutart, broutard [brutar] nm store calf.

broutement [brutmɑ̃] nm **1.** [du bétail] grazing ; [d'un animal sauvage] browsing **2.** [d'une machine, d'un outil] juddering UK, jerking ; [d'un embrayage] slipping.

brouter [3] [brute] ◆ vt **1.** [suj: bétail] to graze, to feed on *(insép)* ; [suj: animal sauvage] to browse, to feed on *(insép)* ▸ **brouter des feuilles** to nibble at leaves **2.** EXPR **il nous les broute** *tfam* he's being a pain in the neck ou arse. ◆ vi **1.** [bétail] to graze, to feed ; [animal sauvage] to browse, to feed / *elle fait brouter ses chèvres dans le pré du voisin* she grazes her goats in her neighbour's field **2.** [machine-outil] to chatter, to judder UK, to jerk ; [embrayage] to slip.

broutille [brutij] nf [chose futile] trifle, trifling matter / *il s'inquiète pour des broutilles* he's worrying over nothing / *broutilles que tout cela !* what a lot of trivia !

brownie [broni] nm CULIN brownie.

brownien [brawnjɛ̃] adj m Brownian.

browning [brawniŋ] nm Browning (automatic rifle).

browser [brawzœr] nm browser.

broyage [brwajaʒ] nm [pulvérisation -d'une couleur] grinding ; [-de la pierre, du sucre] crushing ; [-d'une fibre] breaking, crushing ; [-d'un grain] milling, grinding, crushing.

broyer [13] [brwaje] vt **1.** [écraser -couleur, matériau friable, nourriture] to grind ; [-pierre, sucre, ail] to crush ; [-grain] to mill, to grind ; [-fibre] to break, to crush ; [-main, pied] to crush ▸ **broyer dans un mortier** to pound in a mortar / *se faire broyer* to be ou get crushed **2.** EXPR **broyer du noir** to be in the doldrums, to think gloomy thoughts.

broyeur, euse [brwajœr, øz] ◆ adj grinding. ◆ nm, f grinder, crusher.

✧ **broyeur** nm [pulvérisateur -à minerai, à sable] grinder, crusher, mill ; [-à paille] bruiser ; [-à fibre] brake ; [-à déchets] disintegrator, grinder ▸ **broyeur d'ordures** [dans un évier] waste UK ou garbage US disposal unit ▸ **broyeur sanitaire** Saniflo®, macerator unit.

brrr [br] interj brrr.

bru [bry] nf daughter-in-law.

bruant [bryɑ̃] nm ORNITH bunting.

brucella [brysɛla] nf brucella.

brucelles [brysɛl] nfpl SUISSE (pair of) tweezers.

brucellose [bryseloz] nf brucellosis.

brugeois, e [bryʒwa, az] adj from Bruges.

✧ **Brugeois, e** nm, f *inhabitant of or person from Bruges.*

Bruges [bryʒ] npr Bruges.

brugnon [bryɲɔ̃] nm (white) nectarine.

brugnonier [bryɲɔnje] nm nectarine (tree).

bruine [brɥin] nf drizzle ▸ **petite bruine** fine drizzle.

bruiner [3] [brɥine] v impers ▸ **il bruine** it's drizzling.

bruineux, euse [brɥinø, øz] adj drizzly.

bruire [105] [brɥir] vi *litt* [feuilles, vent] to rustle, to whisper ; [eau] to murmur ; [insecte] to hum, to buzz, to drone / *le vent faisait bruire les arbres* the trees were rustling in the wind.

bruissement [brɥismɑ̃] nm [des feuilles, du vent, d'une étoffe] rustle, rustling ; [de l'eau] murmuring ; [d'un insecte] hum, humming, buzzing ; [des ailes, d'une voile] flapping.

bruissent, bruit v ⟶ bruire.

bruit [brɥi] nm **1.** [son] sound, noise ▸ **des bruits de pas** the sound of footsteps ▸ **des bruits de voix** the hum of conversation / *les bruits de la maison / rue* the (everyday) sounds of the house / street ▸ **un bruit sec** a snap ▸ **un bruit sourd** a thud / *faire un bruit* to make a sound ou noise / *il y a un petit bruit* there's a slight noise ▸ **bruit blanc** ACOUST white noise ▸ **bruit de fond** background noise ▸ **en bruit de fond** in the background / *avec les jérémiades du père en perpétuel bruit de fond* with the father's perpetual moaning in the background / **'le Bruit et la fureur'** Faulkner 'The Sound and the Fury' **2.** [vacarme] ▸ **le bruit** noise / *j'ai horreur d'expliquer quelque chose dans le bruit* I hate explaining something against a background of noise ▸ **un bruit d'enfer** a huge racket ▸ **faire du bruit** to be noisy / *ne fais pas de bruit* be quiet / *la machine ne fait pas de bruit* the machine doesn't make any noise ▸ **sans faire de bruit** noiselessly, without making a sound / *il est entré sans (faire de) bruit* he came in without (making) a sound ▸ **faire beaucoup de bruit** *pr* to be very loud ou noisy / *il fait beaucoup de bruit mais il n'agit pas fig* he makes a lot of noise but he does nothing / *beaucoup de bruit pour rien* much ado about nothing **3.** [retentissement] sensation, commotion, furore UK, furor US / *ça va faire du bruit* it'll cause a sensation, we haven't heard the last of it / *sa démission a fait beaucoup de bruit* her resignation caused quite a commotion / *on a fait beaucoup de bruit autour de cet enlèvement* the kidnapping caused a furore / *on a fait grand bruit autour de sa déclaration* her statement caused a great sensation ou commotion ▸ **cela fera du bruit dans Landerneau** it will be the talk of the town **4.** [rumeur] rumour UK, rumor US, piece of gossip / *le bruit court que...* rumour has it ou it is rumoured that... / *se faire l'écho d'un bruit* to bruit sthg abroad *sout* / *il n'est bruit que de son mariage / nouveau livre litt* her marriage / new book is the talk of the town ▸ **des bruits de bottes** rumours of impending war, the sound of jackboots ▸ **c'est un bruit de couloir** it's a rumour ▸ **faux bruit** false rumour / *faire circuler des faux bruits* to spread false rumours **5.** MÉD sound, bruit ▸ **bruit cardiaque** ou **du cœur** heart ou cardiac sound ▸ **bruit de souffle** (heart) murmur ▸ **bruit respiratoire** rattle **6.** RADIO & TÉLÉC noise ▸ **bruits ambiants** room noise, background noise ▸ **bruit solaire** solar (radio) noise.

✧ **sans bruit** loc adv noiselessly, without a sound / *il s'avance sans bruit* he moves forward without a sound.

bruitage [brɥitaʒ] nm sound effects.

bruiter [3] [brɥite] vt to make sound effects for.

bruiteur, euse [brɥitœr, øz] nm, f sound effects engineer.

brûlage, brulage* [brylaʒ] nm [des herbes] burning ; [d'une peinture] burning (off) ; [des cheveux] singeing ; [du café] roasting.

brûlant, e, brulant*, e [brylɑ̃, ɑ̃t] adj **1.** [chaud -lampe, assiette] burning (hot) ; [-liquide] burning ou boiling (hot), scalding ; [-nourriture] burning (hot), piping hot ; [-soleil, température] blazing (hot), scorching, blistering ; [-personne, front] feverish ▸ **avoir les mains brûlantes** to have hot hands **2.** [animé] ▸ **brûlant de** : *yeux brûlants de curiosité* eyes gleaming with curiosity / *un regard brûlant de désir* a look of burning desire **3.** [actuel, dont on parle] ▸ **sujet** ou **dossier brûlant** burning issue / *c'est dire l'actualité brûlante de ce livre* this shows how very topical this book is **4.** [ardent -regard, sentiment] ardent, impassioned ; [-imagination, récit, secret] passionate.

brûlé, e, brulé*, e [bryle] ◆ adj [calciné] burnt ▸ **terre de Sienne brûlée** burnt sienna. ◆ nm, f badly burnt person ▸ **un grand brûlé** a patient suffering from third-degree burns / *service pour les grands brûlés* burns unit.

✧ **brûlé, brulé*** nm burnt part / *enlever le brûlé sur un gâteau* to scrape the burnt parts off a cake ▸ **une odeur de brûlé** a smell of burning ▸ **un goût de brûlé** a burnt taste ▸ **ça sent le brûlé a)** [odeur] there's a smell of burning **b)** *fam & fig* there's trouble brewing.

brûle-gueule *(pl* brûle-gueule*)*, **brule-gueule*** *(pl* brule-gueules**)* [brylgœl] nm (short) pipe.

brûle-parfum(s) *(pl* brûle-parfums*)*, **brule-parfum*** *(pl* brule-parfums**)* [brylparfœ̃] nm perfume vaporizer.

brûle-pourpoint [brylpurpwɛ̃]

✧ **à brûle-pourpoint, à brule-pourpoint*** loc adv **1.** [sans détour] point-blank, without beating about the bush **2.** [inopinément] out of the blue / *demanda-t-elle à brûle-pourpoint* she asked out of the blue.

brûler, bruler* [3] [bryle] ◆ vt **1.** [détruire -feuilles, corps, objet] to burn, to incinerate / *il a brûlé la moquette en jouant avec des allumettes* he burnt the carpet while playing with matches / *on a brûlé Jeanne d'Arc* Joan of Arc was burnt (at the stake) ▸ **brûler qqn vif / sur le bûcher** to burn sb alive / at the stake ▸ **brûler ce qu'on a adoré** to turn against one's former love ou loves ▸ **brûler le pavé** to tear along ▸ **brûler les planches** to give an outstanding performance ▸ **brûler ses dernières cartouches** to shoot one's bolt ▸ **brûler ses vaisseaux** to burn one's boats ou bridges **2.** [consommer -électricité, fioul] to burn (up), to use, to consume ▸ **brûler la chandelle par les deux bouts** to burn the candle at both ends ▸ **elle brûle un cierge à la Vierge deux fois par an** *pr* she lights a candle to the Virgin Mary twice a year ▸ **brûler un cierge à qqn** *fig* to show one's gratitude to sb **3.** [trop cuire] to burn / *mon gâteau est complètement brûlé* my cake is burnt to a cinder **4.** [trop chauffer -tissu] to burn, to scorch, to singe ; [-cheveux, poils] to singe ; [-acier] to spoil / *la chaleur de midi brûlait la plage litt* the midday heat had turned the beach into an inferno / *un paysage brûlé par le soleil* a landscape scorched by the sun **5.** [irriter -partie du corps] to burn / *la fumée me brûle les yeux* smoke is making my eyes smart ou sting / *le froid me brûle les oreilles* the cold is making my ears burn / *le piment me brûle la langue* the chili is burning my tongue ▸ **brûler la cervelle à qqn** *pr* to blow sb's brains out ▸ **l'argent lui brûle les doigts** money burns a hole in his pocket **6.** [endommager -suj: gel] to nip, to burn ; [-suj: acide] to burn ▸ **brûlé par le gel** frost-damaged ▸ **le soleil brûle l'herbe** the sun scorches the grass **7.** *fam* [dépasser] ▸ **brûler son arrêt** [bus, personne] to go past ou to miss one's stop ▸ **brûler un feu** to go through a red light ▸ **brûler un stop** to fail to stop at a stop sign ▸ **brûler la consigne a)** [l'oublier] to forget instructions **b)** [y désobéir] to ignore instructions ▸ **brûler la politesse à qqn a)** [passer devant lui] to push in front of sb (in the queue) **b)** [partir sans le saluer] to leave without saying goodbye to sb ▸ **brûler les étapes a)** [progresser rapidement] to advance by leaps and bounds **b)** *péj* to cut corners, to take short cuts **8.** [café] to roast **9.** [animer] to burn / *le désir qui le brûle* the desire that consumes him **10.** MÉD [verrue] to burn off *(sép)* **11.** *arg crime* [tuer] to waste / *pas un geste ou je te brûle !* don't move or I'll blow your brains out ! ◆ vi **1.** [flamber] to burn (up), to be on fire ; [lentement] to smoulder / *le pin brûle bien* pine wood burns well ▸ **brûler sur le bûcher** to be burnt at the stake ▸ **brûler vif** to be burnt alive ou to death ▸ **la forêt a brûlé** the forest was burnt down ou to the ground / *mon dîner a brûlé* my dinner's burnt / *ses vêtements brûlaient* his clothes were on fire **2.** [se consumer -charbon, essence] to burn ▸ **laisser brûler la lumière** to leave the light burning ou on ▸ **faire brûler le rôti** to burn the roast **3.** [être chaud] to be burning ▸ **avoir le front / la gorge qui brûle** to have a burning forehead / a burning sensation in the throat ▸ **ça brûle a)** [plat, sol] it's boiling hot ou burning **b)** [eau] it's scalding **c)** [feu] it's burning ▸ **les yeux me brûlent** my eyes are stinging ou smarting **4.** *fig* ▸ **brûler pour qqn** *litt* to be in love with sb, to have a burning passion for sb **5.** JEUX to be close ▸ **je brûle ?** am I getting warm ?

✧ **brûler de, bruler de*** v + prép **1.** [être animé de] : *brûler de colère* to be burning ou seething with anger ▸ **brûler d'impatience / de désir** to be burning with impatience / desire **2.** [désirer] to be dying ou longing to ▸ **brûler de parler à qqn** to be dying to talk to sb / *je brûle de te revoir* I'm longing ou I can't wait to see you again.

✧ **se brûler, se bruler*** vp *(emploi réfléchi)* to burn o.s. / *se brûler avec du thé* to burn ou to scald o.s. with tea ▸ **se brûler la main** to burn one's hand ▸ **se brûler la cervelle** *fam* to blow one's brains out ▸ **se brûler les ailes** to get one's fingers burnt.

brûlerie, brulerie* [brylri] nf **1.** [pour le café] coffee roasting plant **2.** [pour l'eau-de-vie] distillery.

brûleur, bruleur* [brylœr] nm burner ▸ **brûleur à gaz** gas burner ou ring ▸ **brûleur à mazout** oil burner.

brûlis, brulis* [bryli] nm **1.** [mode de culture] slash-and-burn farming ▸ **culture sur brûlis** slash-and-burn cultivation **2.** [terrain] patch of burn-baited land.

brûloir, bruloir* [brylwar] nm coffee roaster.

brûlot, brulot* [bʀylo] nm **1.** [bateau] fireship **2.** [écrit] fierce ou blistering attack **3.** QUÉBEC ENTOM midge.

brûlure, brulure* [bʀylyʀ] nf **1.** [lésion] burn / *se faire une brûlure au poignet* to burn o.s. on the wrist ▸ **brûlure au premier / second / troisième degré** MÉD first- / second- / third-degree burn ▸ **brûlure de cigarette** cigarette burn **2.** [sensation] burning sensation / *la brûlure de la neige* the burning of the snow / *la brûlure de la honte fig* the burning sensation of shame ▸ **brûlures d'estomac** heartburn **3.** [trace] burnt patch.

brumaire [bʀymɛʀ] nm *2nd month of the French revolutionary calendar (from Oct 23 to Nov 21).*

brumasse [bʀymas] nf thin mist, haze.

brumasser [3] [bʀymase] v impers ▸ **il brumasse** there's a light mist.

brume [bʀym] nf **1.** [brouillard - de chaleur] haze ; [- de mauvais temps] mist ▸ **brume de mer** sea mist **2.** NAUT fog **3.** [confusion] daze, haze / *il est encore dans les brumes du sommeil* he's still half asleep / *être dans les brumes de l'alcool* to be in a drunken stupor.

brumeux, euse [bʀymø, øz] adj **1.** MÉTÉOR misty, foggy, hazy **2.** [vague] hazy, vague / *un souvenir brumeux* a hazy ou dim recollection.

Brumisateur® [bʀymizatœʀ] nm atomizer.

brun, brune [bʀœ̃, bʀyn] ◆ adj **1.** [au pigment foncé - cheveux] brown, dark ; [- peau] brown, dark ▸ **brun cuivré** tawny **2.** [bronzé] brown, tanned. ◆ nm, f brown-haired ou dark-haired man (woman), brunette.

❖ **brun** nm brown (colour).

❖ **brune** nf **1.** [cigarette] brown tobacco cigarette **2.** [bière] dark beer ; ≃ brown ale UK.

❖ **à la brune** loc adv *litt* at dusk.

brunante [bʀynɑ̃t] nf QUÉBEC dusk.

brunâtre [bʀynatʀ] adj brownish.

brunch [bʀœntʃ] nm brunch.

bruncher [bʀœnʃe] vi to have brunch.

Brunei [bʀynei] npr m ▸ **le Brunei** Brunei ▸ **au Brunei** in Brunei.

brunet, ette [bʀynɛ, ɛt] nm, f brown-haired lad (lass).

bruni [bʀyni] nm burnish.

brunir [32] [bʀyniʀ] ◆ vi **1.** [foncer - cheveux, couleur] to get darker, to darken ; [- peau] to get brown ou browner ▸ **brunir au soleil** to tan **2.** CULIN [sauce, oignons] to brown ; [sucre] to darken ▸ **laissez brunir** cook until golden ▸ **faites brunir les oignons** brown the onions. ◆ vt **1.** [hâler] to tan **2.** [polir - métal] to burnish ; [- acier] to brown, to burnish.

brunissage [bʀynisaʒ] nm burnishing.

brunissement [bʀynismɑ̃] nm tanning.

brunisseur, euse [bʀynisœʀ, øz] nm, f burnisher.

❖ **brunisseur** adj m ▸ **plat brunisseur** browning dish.

brunissoir [bʀyniswaʀ] nm burnisher, burnishing tool.

brunissure [bʀynisyʀ] nf [de métal] burnish.

Brunswick [bʀœ̃zvik] npr Brunswick.

Brushing® [bʀœʃiŋ] nm blow-dry ▸ **faire un Brushing à qqn** to blow-dry sb's hair.

brusque [bʀysk] adj **1.** [bourru - ton] curt, abrupt ; [- personne] abrupt, brusque, blunt ; [- geste] abrupt, rough ▸ **un mouvement brusque** a jerk, a sudden movement **2.** [imprévu] abrupt, sudden / *une brusque baisse de température* a sudden drop in temperature / *un virage brusque* a sharp bend.

brusquement [bʀyskəmɑ̃] adv [soudainement] suddenly, abruptly.

brusquer [3] [bʀyske] vt **1.** [malmener] to be rough with **2.** [hâter - dénouement] to rush ; [- adieux] to cut short ▸ **brusquer les choses** to rush things.

brusquerie [bʀyskəʀi] nf **1.** [brutalité] abruptness, brusqueness, sharpness ▸ **avec brusquerie** abruptly **2.** [soudaineté] abruptness, suddenness.

brut, e [bʀyt] adj **1.** [non traité - pétrole, métal] crude, untreated ; [- laine, soie, charbon, brique] untreated, raw ; [- sucre] raw, coarse ; [- pierre précieuse] rough, uncut ; [- minerai] raw ; [- or] unrefined ▸ **brut de** : *bois brut de machine* machine-dressed timber ▸ **brut de coulée** as cast ▸ **brut de forge** as forged ▸ **brut de laminage** as rolled **2.** [émotion, qualité] naked, pure, raw ; [donnée] raw ; [fait] simple, plain ▸ **brut de décoffrage** rough and ready ▸ **à l'état brut** in the rough **3.** [sauvage] brute ▸ **la force brute** brute force **4.** ÉCON gross **5.** [poids] gross **6.** ŒNOL brut, dry.

❖ **brut** ◆ adv gross / *gagner 5 000 euros brut* to earn 5,000 euros gross / *ballot qui pèse 200 kilos brut* packet weighing 200 kilos gross (including wrappings). ◆ nm **1.** [salaire] gross income **2.** [pétrole] crude oil **3.** [champagne] brut ou dry champagne.

brutal, e, aux [bʀytal, o] ◆ adj **1.** [violent - personne] brutal, vicious ; [- enfant] rough ; [- choc] strong, violent ; [- force] brute ; [- jeu] rough ▸ **être brutal avec qqn** to treat sb brutally, to be violent with sb **2.** [franc] brutal, blunt / *il a été très brutal en lui annonçant la nouvelle* he broke it to him very unfeelingly ou harshly / *ils se parlèrent avec une franchise brutale* they had a very blunt and frank conversation **3.** [non mitigé] brutal, raw **4.** [soudain - changement] sudden, abrupt ; [- transition] abrupt / *cela a été très brutal* it was very sudden. ◆ nm, f brute, violent individual.

brutalement [bʀytalmɑ̃] adv **1.** [violemment] brutally, violently, savagely ▸ **pousser qqn brutalement contre qqch** to shove sb brutally ou roughly against sthg **2.** [sèchement] brusquely, sharply, bluntly / *il lui annonça brutalement la nouvelle* he broke the news to her bluntly **3.** [tout d'un coup] suddenly / *le vent peut changer brutalement de direction* the wind can change direction very suddenly ▸ **s'arrêter brutalement** to come to an abrupt halt.

brutaliser [3] [bʀytalize] vt **1.** [maltraiter] to ill-treat ▸ **brutaliser qqn** to batter sb / *se faire brutaliser par la police* to be manhandled by the police **2.** [brusquer] to bully / *il ne faut pas me brutaliser* don't bully me.

brutalisme [bʀytalism] nm brutality.

brutalité [bʀytalite] nf **1.** [violence] brutality, violence ▸ **des brutalités** brutalities, violent acts ▸ **brutalités policières** police brutality **2.** [soudaineté] suddenness / *surpris par la brutalité de la crise* startled by the sudden onset of the crisis.

brute [bʀyt] nf **1.** [personne violente] bully ▸ **comme une brute** with all one's might, like mad ▸ **frapper comme une brute sur qqch** to hit sthg with full force, to hammer away at sthg / *ne tire pas comme une brute, c'est fragile* don't pull so hard, it's delicate ▸ **c'est une brute épaisse** he's nothing but a brute ▸ **une grande** ou **grosse brute** a big brute (of a man) **2.** [personne fruste] boor, lout **3.** *litt* [animal] brute.

Brutus [bʀytys] npr Brutus.

Bruxelles [bʀysɛl] npr Brussels.

bruxellois, e [bʀysɛlwa, az] adj from Brussels.

❖ **Bruxellois, e** nm, f *inhabitant of or person from Brussels.*

bruyamment [bʀɥijamɑ̃] adv [parler, rire, protester] loudly ; [manger, jouer] noisily.

bruyant, e [bʀɥijɑ̃, ɑ̃t] adj [enfant, rue] noisy ▸ **un rire bruyant** a loud laugh.

bruyère [bʀɥijɛʀ] nf **1.** BOT heather / *(racine de) bruyère* briar ▸ **bruyère cendrée** bell heather **2.** [lande] moor, heath.

bryologie [bʀijɔlɔʒi] nf bryology.

bryophyte [bʀijɔfit] nf bryophyte.

bsr abr écrite de **bonsoir**.

BSR (abr de **brevet de sécurité routière**) nm *proficiency test for riding a moped.*

BT ◆ nm abr de **brevet de technicien**. ◆ nf (abr de **basse tension**) LT.

BTA (abr de **brevet de technicien agricole**) nm *agricultural training certificate (taken at age 18).*

B to B [bitubi] (abr de **business to business**) nm B to B.

B to C [bitusi] (abr de **business to consumer**) nm B to C.

BTP (abr de **bâtiment et travaux publics**) nmpl *building and public works sector.*

BTS (abr de **brevet de technicien supérieur**) nm *advanced vocational training certificate (taken at the end of a 2-year higher education course).*

bu, e [by] pp ⟶ **boire**.

BU nf abr de **bibliothèque universitaire**.

buanderie [bɥɑ̃dʀi] nf **1.** [pièce, local - à l'intérieur] laundry, utility room ; [- à l'extérieur] washhouse **2.** QUÉBEC [laverie] laundry.

bubale [bybal] nm hartebeest.

bubon [bybɔ̃] nm bubo.

bubonique [bybɔnik] adj bubonic.

Bucarest [bykaʀɛst] npr Bucharest.

buccal, e, aux [bykal, o] adj mouth *(modif)*, buccal *spéc.*

buccin [byksɛ̃] nm **1.** ZOOL whelk **2.** ANTIQ & MUS trumpet.

buccinateur [byksinatœʀ] nm **1.** ANAT buccinator **2.** ANTIQ & MUS trumpet player.

bucco-dentaire *(pl* **bucco-dentaires**), **buccodentaire*** [bykodɑ̃tɛʀ] adj mouth *(modif)* ▸ **hygiène bucco-dentaire** oral hygiene.

Bucéphale [bysefal] npr Bucephalus.

bûche, buche* [byʃ] nf **1.** [morceau de bois] log **2.** *fam* [personne apathique] lump ▸ **ne reste pas là comme une bûche** don't just stand there like a lemon UK ou like a lump on a log US **3.** CULIN & HIST ▸ **bûche glacée** Yule log *(with an ice-cream filling)* ▸ **bûche de Noël** Yule log **4.** EXPR ▸ **prendre** ou **ramasser une bûche** *fam* to take a tumble, to come a cropper UK.

bûcher[1], bucher* [3] [byʃe] ◆ vt **1.** *fam* [travailler] to swot up UK, to grind US ▸ **bûcher un examen** to cram for an exam ▸ **bûcher sa physique** to bone up on ou to swot up UK one's physics **2.** QUÉBEC [bois] to fell, to cut down. ◆ vi QUÉBEC to fell trees.

bûcher[2], bucher* [byʃe] nm **1.** [supplice] ▸ **le bûcher** the stake ▸ **être condamné au bûcher** to be sentenced to be burnt at the stake **2.** [funéraire] pyre **3.** [remise] woodshed.

bûcheron, onne, bucheron*, onne [byʃʀɔ̃, ɔn] nm, f woodcutter, lumberjack.

bûchette, buchette* [byʃɛt] nf **1.** [petit bois] twig, stick **2.** [pour compter] stick.

bûcheur, euse, bucheur*, euse [byʃœʀ, øz] *fam* ◆ adj hardworking. ◆ nm, f hardworking student, swot UK *péj*, grind US *péj.*

bucolique [bykɔlik] ◆ adj bucolic, pastoral. ◆ nf bucolic, pastoral poem / **'les Bucoliques'** *Virgile* 'The Eclogues', 'The Bucolics'.

Budapest [bydapɛst] npr Budapest.

buddleia, buddleya [bydleja] nm buddleia.

budget [bydʒɛ] nm **1.** [d'une personne, d'une entreprise] budget ▸ **avoir un petit budget** to be on a (tight) budget / *des prix pour les petits budgets* budget prices / *se fixer un budget loisirs* to decide on a budget for one's leisure activities ▸ **budget temps a)** [délai] allowance **b)** SOCIOL time budget **2.** FIN & ÉCON ▸ **le Budget** the Budget ▸ **budget économique** economic budget ▸ **budget d'exploitation** operating budget ▸ **budget d'investissement** capital budget ▸ **budget prévisionnel** provisional budget.

budgétaire [bydʒetɛʀ] adj budgetary.

budgéter [bydʒete] vt = **budgétiser**.

budgétisation [bydʒetizasjɔ̃] nf budgeting.

budgétiser [3] [bydʒetize], **budgéter** [bydʒete] vt to budget for.

budgétivore [bydʒetivɔʀ] *hum* ◆ adj wasteful of State resources. ◆ nmf big spender (of State resources).

buée [bɥe] nf condensation / *il y a de la buée sur les carreaux* the windows are covered in condensation ▸ **plein** ou **couvert de buée** misted ou steamed up /

* In reformed spelling (see p. 16-19).

mes lunettes se couvrent de buée my glasses are getting steamed up.

Buenos Aires [bɥenozɛʀ] npr Buenos Aires.

buffer [bœfœʀ] nm INFORM buffer.

buffet [byfɛ] nm **1.** [de salle à manger] sideboard ▸ **buffet (de cuisine)** kitchen cabinet ou dresser **2.** [nourriture] : *il y aura un buffet pour le déjeuner* there will be a buffet lunch ▸ **buffet campagnard** buffet *(mainly with country-style cold meats)* ▸ **buffet froid** (cold) buffet **3.** [salle] ▸ **buffet (de gare)** (station) café ou buffet ou cafeteria ; [comptoir roulant] refreshment trolley UK ou cart US **4.** [d'un orgue] case **5.** *tfam* [ventre] belly ▸ **ne rien avoir dans le buffet a)** [être à jeun] to have an empty belly **b)** [être lâche] to have no guts / *se remplir le buffet* to stuff one's face, to pig out.

buffle [byfl] nm **1.** ZOOL buffalo **2.** [pour polir] buffer.

bufflesse [byflɛs], **bufflonne** [byflɔn] nf cow buffalo.

bug [bœg] nm = **bogue**.

buggy [bygi] nm buggy *(carriage)*.

bugle [bygl] nm MUS bugle.

bugne [byɲ] nf CULIN *strip of fried dough sprinkled with sugar, speciality of the Lyon region.*

building [bildiŋ] nm tower block.

buis [bɥi] nm **1.** BOT box, boxtree **2.** MENUIS box, boxwood.

buisson [bɥisɔ̃] nm **1.** BOT bush **2.** CULIN ▸ **buisson d'écrevisses** crayfish en buisson **3.** RELIG ▸ **buisson ardent** burning bush.

buisson-ardent [bɥisɔ̃aʀdɑ̃] (*pl* **buissons-ardents**) nm BOT pyracantha.

buissonneux, euse [bɥisɔnø, øz] adj **1.** [terrain] shrub-covered **2.** [arbre, végétation] shrub-like.

buissonnière [bɥisɔnjɛʀ] adj f ⟶ **école**.

Bujumbura [buʒumbuʀa] npr Bujumbura.

Bulawayo [bulawajo] npr Bulawayo.

bulbaire [bylbɛʀ] adj MÉD bulbar.

bulbe [bylb] nm **1.** BOT bulb, corm **2.** ANAT ▸ **bulbe pileux** hair bulb ▸ **bulbe rachidien** medulla **3.** ARCHIT ▸ **bulbe (byzantin)** onion dome **4.** NAUT bulb **5.** *(comme adj)* ÉLECTR ▸ **groupe bulbe** bulb turbine generator set.

bulbeux, euse [bylbø, øz] adj BOT bulbous.

bulgare [bylgaʀ] adj Bulgarian.

❖ **Bulgare** nmf Bulgarian.

❖ **bulgare** nm LING Bulgarian.

Bulgarie [bylgaʀi] npr f ▸ **(la) Bulgarie** Bulgaria.

bulldozer [byldozɛʀ], **bulldozeur*** [byldozœʀ] nm **1.** [machine] bulldozer **2.** *fam* [fonceur] bulldozer / *c'est un bulldozer, cette femme!* that woman bulldozes her way through life !

bulle [byl] ◆ nf **1.** [d'air, de gaz, de bain moussant] bubble ▸ **bulle d'air** [dans un tuyau] airlock ▸ **bulle de savon** soap bubble / *des bulles* bubbles, froth / *il n'y a plus de bulles dans le Coca* the coke has gone flat ▸ **faire des bulles a)** [de savon] to blow bubbles **b)** [bébé] to dribble **2.** [de bande dessinée] balloon, speech bubble **3.** ÉCON bubble ▸ **bulle financière** financial bubble ▸ **la bulle Internet** the Internet bubble **4.** *arg scol* [zéro] nought, zero / *avoir la bulle* to get nought ou (a) zero / *j'ai encore eu la bulle en maths* I got nought again in maths **5.** MÉD [enceinte stérile] bubble ; *(comme adj)* ▸ **enfant bulle** *child brought up in a sterile bubble* **6.** [emballage] blister **7.** RELIG bull. ◆ nm ▸ **(papier) bulle** Manila paper.

buller [3] [byle] vi *tfam* to bum about ou around.

bulletin [byltɛ̃] nm **1.** RADIO & TV bulletin ▸ **bulletin d'informations** news bulletin ▸ **bulletin météorologique** weather forecast ou report **2.** ADMIN ▸ **bulletin de naissance** birth certificate ▸ **bulletin de recensement** census return ▸ **bulletin de santé** medical report ▸ **le Bulletin officiel** *official listing of all new decrees, circulars and memoranda from the French* ***ministère de l'Éducation nationale*** **3.** ÉDUC ▸ **bulletin (scolaire** ou **de notes)** (school) report UK, report card US ▸ **bulletin mensuel / trimestriel** monthly / end-of-term report ▸ **avoir un bon / mauvais bulletin** to get a good / bad school report **4.** BOURSE ▸ **bulletin des oppositions** list of stopped bonds **5.** POL ▸ **bulletin de vote** ballot paper ▸ **bulletin blanc** blank ballot paper ▸ **bulletin secret** secret ballot **6.** [revue] bulletin, annals **7.** [ticket] ▸ **bulletin de commande** order form ▸ **bulletin de consigne** left luggage UK ou checkroom US ticket ▸ **bulletin de paie** ou **salaire** pay slip, salary advice ▸ **bulletin de participation** entry form.

bulletin-réponse [byltɛ̃ʀepɔ̃s] (*pl* **bulletins-réponse**) nm entry form.

bulleux, euse [bylø, øz] adj MÉD blistered.

bull-terrier [bultɛʀje] (*pl* **bull-terriers**) nm bull-terrier.

bulot [bylo] nm whelk.

bungalow [bœ̃galo] nm [maison - sans étage] bungalow ; [- de vacances] chalet.

bunker [bunkœʀ] nm **1.** SPORT bunker UK, sand trap US **2.** MIL bunker.

Bunsen [bœ̃zɛn] npr ▸ **bec Bunsen** Bunsen burner.

buraliste [byʀalist] nmf tobacconist *(licensed to sell stamps)*.

bure [byʀ] nf **1.** TEXT homespun **2.** VÊT frock, cowl / *la bure du moine* monk's habit.

bureau, x [byʀo] nm **1.** [meuble - gén] desk ; [- à rabat] bureau ▸ **bureau à cylindre** roll-top desk ▸ **bureau ministre** pedestal desk **2.** [pièce d'une maison] study ; [meubles de cette pièce] set of furniture *(for a study)* **3.** [lieu de travail] office ▸ **aller au bureau** to go to the office ▸ **travailler dans un bureau** to work in an office, to have an office job ou a desk job / *le centre de Londres est envahi par les bureaux* central London has been taken over by offices / *nos bureaux sont transférés au 10, rue Biot* our office has ou our premises have been transferred to 10 rue Biot ▸ **les bureaux du ministère** the Ministry offices ; [salle de travail] : *elle est dans son bureau* she's in her office ▸ **bureau d'accueil** reception ▸ **bureau paysager** open-plan office *(with plants)* ▸ **employé de bureau** office worker, clerk ▸ **fournitures de bureau** office supplies **4.** [agence] ▸ **bureau d'aide sociale** social security UK ou welfare US office ▸ **bureau de change a)** [banque] bureau de change, foreign exchange office **b)** [comptoir] bureau de change, foreign exchange counter ▸ **bureau d'études a)** [entreprise] research consultancy **b)** [service] research department ou unit ▸ **bureau des objets trouvés** lost property UK ou lost-and-found US office ▸ **bureau de placement** employment agency *(for domestic workers)* ▸ **bureau de poste** post office ▸ **bureau de renseignements** information desk ou point ou centre ▸ **bureau de style** design consultancy ▸ **bureau de tabac** tobacconist's UK, tobacco dealer's US ▸ **bureau de tri** sorting office ▸ **bureau de vote** polling station **5.** [service interne] ▸ **bureau commercial** commercial department **6.** THÉÂTRE booking office ▸ **jouer à bureaux fermés** to be fully booked **7.** [commission] committee ▸ **bureaux internationaux** international bureaux / *le syndicat réuni en bureau confédéral* the union meeting at federal committee level ▸ **Bureau international du travail** International Labour Organization ▸ **bureau politique** Politburo **8.** PRESSE office (abroad).

bureaucrate [byʀokʀat] nmf bureaucrat.

bureaucratie [byʀokʀasi] nf **1.** [système] bureaucracy **2.** [fonctionnaires] officials, bureaucrats **3.** [tracasseries] red tape, bureaucracy.

bureaucratique [byʀokʀatik] adj bureaucratic, administrative.

bureaucratisation [byʀokʀatizasjɔ̃] nf bureaucratization.

bureaucratiser [3] [byʀokʀatize] vt to bureaucratize.

Bureautique® [byʀotik] ◆ adj ▸ **système / méthode Bureautique** system / method of office automation. ◆ nf **1.** [système] office automation **2.** [matériel] office equipment.

burette [byʀɛt] nf **1.** [bidon] ▸ **burette (d'huile)** oilcan **2.** CHIM burette **3.** RELIG cruet.

❖ **burettes** nfpl *vulg* bollocks UK, nuts US ▸ **il me casse les burettes** he's getting on my wick UK, he's starting to break my balls US.

burger [bœʀgœʀ] nm CULIN burger.

burgrave [byʀgʀav] nm burgrave.

burin [byʀɛ̃] nm **1.** MÉTALL cold, coldchise **2.** [outil de graveur] burin, graver **3.** [gravure] engraving, print.

buriné, e [byʀine] adj [traits] strongly marked ; [visage] craggy, furrowed.

buriner [3] [byʀine] vt **1.** ART to engrave **2.** TECHNOL to chisel **3.** *litt* [visage] to carve deep lines into.

burka [buʀka] = **burqa**.

Burkina [byʀkina] npr m ▸ **le Burkina** Burkina-Faso ▸ **au Burkina** in Burkina-Faso.

burkinabé [byʀkinabe] adj from Burkina-Faso.

❖ **Burkinabé** nmf *inhabitant of or person from Burkina-Faso.*

burlat [byʀla] nf burlat cherry.

burlesque [byʀlɛsk] ◆ adj **1.** [très drôle - accoutrement] comic, comical, droll ; [- plaisanterie] funny **2.** *péj* [stupide - idée] ludicrous, ridiculous **3.** CINÉ & LITTÉR burlesque. ◆ nm CINÉ & LITTÉR ▸ **le burlesque** the burlesque.

burnous [byʀnu] nm burnous, burnouse.

burn-out [bœʀnaut] nm inv MÉD burnout.

burqa, burka [buʀka] nm ou nf burqa.

burundais, e [buʀundɛ, ɛz] adj Burundian.

❖ **Burundais, e** nm, f Burundian.

Burundi [buʀundi] npr m ▸ **le Burundi** Burundi ▸ **au Burundi** in Burundi.

bus [bys] nm bus / *on y va en bus* ou *par le bus* we're going there by bus / *il était dans le bus* he was on the bus ▸ **monter / descendre du bus** to get on / off the bus ▸ **bus à soufflet** bendy bus.

busard [byzaʀ] nm harrier ▸ **busard Saint-Martin** hen harrier.

buse [byz] nf **1.** ZOOL buzzard **2.** *fam & péj* nitwit, dolt / *quelle buse!* what a nitwit ! **3.** [conduit] duct ▸ **buse d'aérage** ventilation duct, air shaft **4.** AUTO ▸ **buse de carburateur** choke tube ▸ **buse d'injection** injector nozzle **5.** BELG [échec] failure.

buser [3] [byze] vt BELG *fam* : *il a été busé* he failed.

business [biznɛs] nm *fam* [affaire(s)] business / *parler business* to talk business ▸ **business angel** business angel.

busqué, e [byske] adj [nez] hook *(modif)*, hooked.

buste [byst] nm **1.** ANAT [haut du corps] chest ; [seins] bust **2.** [sculpture] bust / *un buste de Mozart* a bust of Mozart.

bustier [bystje] nm **1.** [soutien-gorge] strapless bra **2.** [corsage] bustier.

but [byt] nm **1.** [dessein] aim, purpose, point / *quel est le but de votre visite?* what's the purpose ou object of your visit ? ▸ **quel est le but de la manœuvre** ou **de l'opération?** what's the point of such a move ? / *j'aimerais vous voir — dans quel but?* I'd like to see you — what for ? ▸ **avoir pour but de** to aim to / *j'avais pour but de vous connaître* I was aiming to ou my aim was to get to know you / *la réforme a un but bien précis* the purpose of the reform is quite precise / *dans un but (bien) précis* with a specific aim in mind / *dans le but de faire...* for the purpose of doing..., with the aim of doing... / *je lui ai parlé dans le seul but de t'aider* my sole aim in talking to him was to help you ▸ **aller** ou **frapper droit au but** to go straight to the point ▸ **dans ce but** with this end ou aim in view / *à but industriel* industrial ▸ **à but lucratif** profit-making ▸ **à but non lucratif** non profit-making **2.** [ambition] aim, ambition, objective / *ils n'ont aucun but dans la vie* they have no aim ou purpose in life ▸ **toucher au** ou **le but** to be on the point of achieving one's aim / *je n'ai d'autre but que de bien faire mon travail* my only ambition is to do my work well **3.** [destination] : *le but de notre voyage leur était inconnu* our destination was unknown to them / *aujourd'hui, le but de la promenade sera le monastère* today, we'll walk as far as ou to the monastery ▸ **sans but** aimlessly **4.** FOOT [limite, point] goal ▸ **jouer dans les buts** to be (the) goalkeeper / *gagner / perdre par 5 buts à 2* to win / to lose by 5 goals to 2 ▸ **marquer** ou **rentrer** *fam* **un but** to score a goal ▸ **un but égalisateur** an equalizer, an equalizing goal ; [cible] target, mark **5.** GRAM purpose.

❖ **de but en blanc** loc adv [demander] point-blank, suddenly ; [rétorquer] bluntly ▸ **répondre à qqn de but en blanc** to give sb a blunt answer, to answer sb bluntly / *demanda-t-elle de but en blanc* she suddenly asked.

butane [bytan] nm ▸ **(gaz) butane a)** CHIM butane **b)** [dans la maison] Calor gas.

buté, e [byte] adj mulish, stubborn / *elle est complètement butée* she's as stubborn as a mule.

butée [byte] nf **1.** TECHNOL stop ; [de ski] toe-piece ; MÉCAN stop block **2.** ARCHIT abutment.

buter [3] [byte] ◆ vi **1.** [trébucher] to stumble, to trip ▸ **buter contre une pierre** to trip over a stone **2.** [cogner] ▸ **buter contre qqch** to walk ou to bump into sthg **3.** [achopper] ▸ **buter sur** : *buter sur une difficulté* to come ou to stumble across a problem ▸ **buter sur un mot a)** [en parlant] to trip over a word **b)** [en lisant pour soi] to have trouble understanding a word **4.** CONSTR ▸ **buter contre** to rest against, to be supported by. ◆ vt **1.** [braquer] ▸ **buter qqn** to put sb's back up, to make sb dig his / her heels in **2.** *arg crime* [tuer] to bump off *(sép)*, to waste / *se faire buter* to be bumped off ou done in.

❖ **se buter** vpi **1.** [se braquer] to dig one's heels in, to get obstinate **2.** [se heurter] ▸ **se buter dans** ou **contre** to bump into.

buteur [bytœʀ] nm **1.** SPORT striker **2.** *tfam* [assassin] killer.

butin [bytɛ̃] nm **1.** [choses volées -par des troupes] spoils, booty ; [-par un cambrioleur] loot **2.** [trouvailles] booty.

butiner [3] [bytine] ◆ vi [insectes] to gather nectar and pollen. ◆ vt **1.** [pollen, nectar] to gather ; [fleurs] to gather pollen and nectar on **2.** [rassembler - idées] to glean, to gather.

butineur, euse [bytinœʀ, øz] adj pollen-gathering ▸ **abeille butineuse** pollen-gathering bee.

butoir [bytwaʀ] nm **1.** RAIL buffer **2.** [de porte] door stop **3.** FIN limit.

butor [bytɔʀ] nm **1.** *péj* [malotru] boor, lout **2.** ZOOL bittern.

buttage [bytaʒ] nm HORT earthing ou banking up.

butte [byt] nf **1.** [monticule] hillock, knoll ▸ **la Butte (Montmartre)** (the Butte) Montmartre ▸ **habiter sur la Butte** to live up on the hill *(in Montmartre)* **2.** MIL ▸ **butte de tir** butts **3.** HORT mound.

❖ **en butte à** loc prép ▸ **être en butte à** to be exposed to, to be faced with ▸ **en butte aux quolibets** exposed to ou a prey to jeers.

butter [3] [byte] vt **1.** HORT to earth ou to bank up *(sép)* **2.** *arg crime* to bump off *(sép)*, to waste.

Buttes-Chaumont [bytʃomɔ̃] npr ▸ **le parc des** ou **les Buttes-Chaumont** *landscaped park in Paris.*

butte-témoin [byttemwɛ̃] (*pl* **buttes-témoins**) nf outlier.

buvable [byvabl] adj **1.** [qui n'est pas mauvais à boire] drinkable / *il est buvable, ce petit vin! hum* this wine's very drinkable ! **2.** PHARM [ampoule] to be taken orally.

buvait v ⟶ **boire.**

buvard [byvaʀ] nm **1.** [morceau de papier] piece of blotting-paper ; [substance] blotting-paper **2.** [sous-main] blotter.

buvette [byvɛt] nf **1.** [dans une foire, une gare] refreshment stall **2.** [de station thermale] pump room.

buveur, euse [byvœʀ, øz] nm, f **1.** [alcoolique] drinker, drunkard ▸ **c'est un gros buveur** he's a heavy drinker **2.** [client de café] customer **3.** [consommateur] ▸ **buveur de** : *nous sommes de grands buveurs de café* we are great coffee drinkers / *je ne suis pas un gros buveur de lait* I don't drink much milk.

buzz [bœz] nm ▸ **buzz marketing** buzz marketing / *le film a fait un énorme buzz* the film created a huge buzz.

BVA (abr de **Brulé Ville Associés**) npr *French market research company.*

BVP (abr de **Bureau de vérification de la publicité**) npr m *French advertising standards authority* ; ≃ ASA UK.

by-pass [bajpas] nm inv **1.** ÉLECTR bypass **2.** MÉD bypass operation.

byronien, enne [bajʀɔnjɛ̃, ɛn] adj Byronic.

Byzance [bizɑ̃s] npr **1.** GÉOGR Byzantium **2.** EXPR **c'est Byzance!** *fam* it's fantastic !

C'est (pas) Byzance

This colloquial expression is an allusion to the legendary wealth and opulence of ancient Byzantium. It is used affirmatively to refer to great comfort and luxury, and negatively to refer to a situation that doesn't live up to one's expectations (compare **c'est pas le Pérou**):

On a eu un séminaire de trois jours à Nice : c'était Byzance ! Restaurant tous les soirs, hôtel avec piscine... *We went on a three-day seminar in Nice, it was fabulous! We ate out every evening, the hotel had a pool...*

Il a créé son entreprise, et pour l'instant c'est pas Byzance : il a du mal à remplir son carnet de commandes. *He's set up his own company but things aren't going that brilliantly: he's having trouble getting orders.*

byzantin, e [bizɑ̃tɛ̃, in] adj **1.** HIST Byzantine **2.** *péj & sout* byzantine *péj*.

❖ **Byzantin, e** nm, f Byzantine.

byzantinisme [bizɑ̃tinism] nm hair-splitting, argumentativeness.

byzantiniste [bizɑ̃tinist] adj Byzantinist, specialist in Byzantine art.

BZH (abr écrite de **Breizh**) *Brittany (e.g. as nationality sticker on a car).*

c, C [se] nm inv [lettre] c, C. **Voir aussi g.**

c 1. (abr écrite de **centime**) c **2.** abr écrite de **centi 3.** ▸ **c...** *abbreviation in polite texts for the word "con".*

C 1. (abr écrite de **Celsius, centigrade**) C **2.** (abr écrite de **coulomb**) C **3.** abr écrite de **c'est 4.** abr écrite de **code.**

c' [s] ⟶ **ce** *(pron dém).*

ç' [s] ⟶ **ce** *(pron dém).*

ca abr écrite de **centiare.**

CA ◆ nm **1.** abr de **chiffre d'affaires 2.** abr de **conseil d'administration 3.** abr de **corps d'armée.** ◆ nf abr de **chambre d'agriculture.**

ça¹ [sa] nm PSYCHOL id.

ça² [sa] pron dém **1.** [désignant un objet -proche] this, it ; [-éloigné] that, it ▸ **donne-moi ça** give me that, give it to me / *ça se trouve où?* where is it ou that? ▸ **laisse ça!** hands off!, leave that ou it (alone)! / *qu'est-ce que tu veux? — ça, là-bas* what do you want? — that, over there ▸ **ça sent bon** that ou it smells nice / *il y avait ça entre moi et l'autobus* there was this ou that much between me and the bus / *il y a ça de différence de taille entre eux* there is this ou that much difference in height between them ▸ **il ne m'a pas donné ça!** *fam* he didn't give me a thing ou a bean! ▸ **regarde-moi ça!** just look at that! ▸ **il ne pense qu'à ça!** *euphém* he's got a one-track mind! **2.** [désignant -ce dont on vient de parler] this, that ; [-ce dont on va parler] this / *qu'est-ce que tu dis de ça?* what do you say to that? / *je n'ai jamais dit ça!* I never said that ou any such thing! / *la liberté, c'est ça qui est important* freedom, that's what matters / *il y a un peu de ça, c'est vrai* it's true, there's an element of ou a bit of that / *à part ça, tout va bien* apart from that, everything's fine ▸ **il est parti il y a un mois / une semaine de ça** he left a month / a week ago / *écoutez, ça va vous étonner...* this will surprise you, listen... **3.** [servant de sujet indéterminé] : *et ton boulot, comment ça se passe? fam* how's your job going? / *je voudrais m'inscrire, comment ça se passe?* I'd like to join, what do I have to do ou how do I go about it? ▸ **ça souffle!** *fam* there's quite a wind (blowing)! ▸ **ça fait 2 kg / 3 m** that's 2 kg / 3 m / *ça vous fera 7 euros* that'll be 7 euros / *ça fait deux heures que j'attends* I've been waiting for two hours ▸ **ça vaut mieux** it's just as well / *qu'est-ce que ça peut faire?* what does it matter? ▸ **qu'est-ce que ça veut dire? a)** what does it ou that mean? **b)** [c'est ridicule] where's the sense in it? **c)** [ton menaçant] what do you mean by that?, what's that supposed to mean? / *les enfants, ça comprend tout* children understand everything / *et ça n'arrête pas de se plaindre! fam & péj* and he is / they are etc. forever complaining! ▸ **ça ira comme ça** that'll do ▸ **ça y est** : *ça y est, j'ai fini!* that's it, I'm finished! / *ça y est, ça devait arriver!* now look what's happened! / *ça y est, ça commence!* here we go! / *ça y est, tu es prêt?* so are you ready now? / *ça y est, c'est de ma faute!* that's it, it's all my fault! ▸ **c'est ça! a)** that's right **b)** *iron* right! / *c'est ça, dites que je suis folle* so I'm out of my mind, is that it ou am I? / *c'est ça, moquez-vous de moi!* that's right, have a good laugh at my expense! **4.** [emploi expressif] ▸ **pourquoi ça?** why?, what for? ▸ **qui ça?** who?, who's that? ▸ **où ça?** where?, where abouts? ▸ **quand ça?** when? / *comment ça, c'est fini?* what do you mean it's over? ▸ **ah ça oui!** you bet! ▸ **ah ça non!** certainly not!

çà [sa] adv ▸ **çà et là** here and there.

cabale [kabal] nf **1.** [personnes] cabal ; [intrigue] cabal, intrigue ▸ **monter une cabale contre qqn** to plot against sb **2.** HIST cabala, cabbala, kabbala.

cabaliste [kabalist] nmf cabalist, kabbalist.

cabalistique [kabalistik] adj [science] cabalistic.

caban [kabɑ̃] nm [longue veste] car coat ; [de marin] reefer jacket UK, reefer US ; [d'officier] pea jacket.

cabane [kaban] nf **1.** [hutte] hut, cabin ; [pour animaux, objets] shed ▸ **cabane de** ou **en rondins** log cabin ▸ **cabane à lapins a)** *pr* rabbit hutch **b)** *fig* box ▸ **cabane à outils** toolshed **2.** *fam* [maison] dump / *j'en ai marre de cette cabane!* I'm fed up with this dump! **3.** *fam* [prison] clink / *il a fait 8 ans de cabane* he did ou spent 8 years inside **4.** SUISSE [refuge] mountain refuge **5.** QUÉBEC ▸ **cabane à sucre** sugar (and maple syrup) refinery, sap house.

cabanon [kabanɔ̃] nm **1.** [abri] shed, hut ; [en Provence] (country) cottage **2.** *vieilli* [pour fou] padded cell / *il est bon pour le cabanon fam* ou *à mettre au cabanon* he should be put away.

cabaret [kabaʀɛ] nm **1.** [établissement] nightclub, cabaret **2.** [activité] ▸ **le cabaret** cabaret / *il a débuté au cabaret* he started off doing cabaret ▸ **un spectacle de cabaret** a floorshow **3.** [meuble] liqueur cabinet **4.** *vieilli* [auberge] tavern.

cabaretier, ère [kabaʀtje, ɛʀ] nm, f *vieilli* inn-keeper.

cabas [kaba] nm **1.** [pour provisions] shopping bag **2.** [pour figues, raisins] basket.

cabernet [kabɛʀnɛ] nm cabernet (grape).

cabestan [kabɛstɑ̃] nm capstan.

cabillaud [kabijo] nm cod.

cabillot [kabijo] nm toggle.

cabine [kabin] nf **1.** NAUT cabin **2.** AÉRON [des passagers] cabin ▸ **cabine (de pilotage)** cockpit ▸ **personnel de cabine** cabin crew **3.** [de laboratoire de langues] booth ; [de piscine, d'hôpital] cubicle ▸ **cabine (de bain) a)** [hutte] bathing ou beach hut **b)** [serviette] beach-towel (for changing) ▸ **cabine de douche** shower cubicle ▸ **cabine d'essayage** changing ou fitting room UK, dressing room US ▸ **cabine de projection** projection room **4.** TÉLÉC ▸ **cabine téléphonique** phone box UK ou booth **5.** TRANSP [de camion, de tracteur, de train] cab ; [de grue] cabin ▸ **cabine (de téléphérique)** cablecar **6.** RAIL ▸ **cabine d'aiguillage** signal box, points control box.

cabinet [kabinɛ] nm **1.** [de dentiste] surgery UK, office US ; [de magistrat] chambers ; [d'avoué, de notaire] office ▸ **cabinet dentaire** dental surgery UK, dentist's office US ▸ **cabinet (médical** ou **de consultation)** (doctor's) surgery UK ou office US **2.** [réduit] ▸ **cabinet de débarras** boxroom UK, storage room US ▸ **cabinet noir** walk-in cupboard **3.** [petite salle] ▸ **cabinets d'aisances** *arch* toilet, privy *arch* ▸ **cabinet de lecture** reading room ▸ **cabinet particulier** [de restaurant] private dining room ▸ **cabinet de toilette** bathroom ▸ **cabinet de travail** study **4.** [clientèle -de médecin, de dentiste] practice ▸ **monter un cabinet** to set up a practice **5.** [agence] ▸ **cabinet d'affaires** business consultancy ▸ **cabinet d'avocats** law firm ▸ **cabinet d'architectes** firm of architects ▸ **cabinet d'assurances** insurance firm ou agency ▸ **cabinet conseil** ou **de consultants** consulting firm, consultancy firm ▸ **cabinet immobilier** estate agent's UK ou realtor's US office **6.** POL [gouvernement] cabinet ▸ **faire partie du cabinet** to be in ou a member of the Cabinet ▸ **cabinet du Premier ministre** Prime Minister's departmental staff ▸ **cabinet fantôme** shadow cabinet ▸ **cabinet ministériel** minister's advisers, departmental staff **7.** [d'un musée] (exhibition) room ▸ **cabinet des estampes / médailles** prints / medals room **8.** [meuble] cabinet **9.** [d'horloge] (clock) case.

❖ **cabinets** nmpl *fam* toilet, loo UK, bathroom US.

> **Cabinet**
>
> In a French context this term refers to the team of civil servants who carry out advisory and administrative duties for a minister or a **préfet**. The Prime Minister's **cabinet** is made up of senior civil servants and not of ministers. It includes the **directeur de cabinet**, who has a political role as the Prime Minister's principal private secretary (and can deputize for him or her), and the **chef de cabinet**, whose function is largely administrative.

câblage [kablaʒ] nm **1.** TV [pose du réseau] cable TV installation, cabling ▸ **le câblage d'une rue / ville** cabling a street / a town **2.** ÉLECTR [opération] wiring ; [fils] cables **3.** [torsion] cabling.

câble [kabl] nm **1.** [cordage -en acier] cable, wire rope ; [-en fibres végétales] line, rope, cable ▸ **câble de démarreur** ou **de démarrage** AUTO jump lead ▸ **câble de halage** ou **remorquage** NAUT towrope, towline ▸ **câble d'accélérateur** AUTO accelerator cable ▸ **câble d'amarrage** NAUT mooring line ou cable ▸ **câble de frein** AUTO brake cable **2.** ÉLECTR cable ▸ **câble électrique** electric cable ▸ **câble hertzien** radio link *(by hertzian waves)* ▸ **câble optique** optical fibre ▸ **câble à paires** paired cable ▸ **câble parallèle** parallel cable ▸ **câble (à courant) porteur** carrier cable ▸ **câble à quartes** quad ou quadded cable ▸ **câble série** serial cable **3.** TV ▸ **avoir le câble** to have cable TV ▸ **transmettre par câble** to cablecast **4.** [télégramme] cable, cablegram.

câblé, e [kable] adj **1.** TV [ville, région] with cable television ▸ **réseau câblé** cable television network **2.** INFORM hard-wired **3.** [à fonctionnement fixe] cabled **4.** *fam* [à la mode] switched on.
❖ **câblé** nm cord.

câbler [3] [kable] vt **1.** TV [ville, région] to link to a cable television network, to wire for cable ; [émission] to cable **2.** ÉLECTR to cable **3.** [fils] to twist together (into a cable), to cable **4.** TÉLÉC [message] to cable.

câblerie [kabləʀi] nf cable ou cable-manufacturing plant.

câbleur, euse [kablœʀ, øz] nm, f cable-layer.

câblodistributeur [kablɔdistʀibytœʀ] nm cable company.

câblodistribution [kablɔdistʀibysjɔ̃] nf cable television, cablevision.

câblogramme [kablɔgʀam] nm cablegram.

câblo-opérateur [kabloɔpeʀatœʀ] (*pl* **câblo-opérateurs**) nm cable operator, cable company.

cabochard, e [kabɔʃaʀ, aʀd] *fam* ◆ adj pigheaded, stubborn. ◆ nm, f : *c'est un cabochard* he's pigheaded ou as stubborn as a mule.

caboche [kabɔʃ] nf **1.** *fam* [tête] nut, noddle UK / *mets-toi (bien) ça dans la caboche!* get that into your thick head ! ▸ **avoir la caboche dure** to be pigheaded **2.** [clou] hob-nail.

cabochon [kabɔʃɔ̃] nm **1.** JOAILL cabochon **2.** [clou] stud.

cabosser [3] [kabɔse] vt [carrosserie, couvercle] to dent ▸ **voiture cabossée** battered car ▸ **chapeau cabossé** battered hat.

cabot [kabo] nm **1.** *fam* [chien] dog, mutt *péj* **2.** *arg mil* corporal **3.** [mulet] common grey mullet **4.** [acteur] ham (actor).

cabotage [kabɔtaʒ] nm coastal navigation ▸ **petit / grand cabotage** inshore / seagoing navigation.

caboter [3] [kabɔte] vi [gén] to sail ou to ply along the coast ; [ne pas s'éloigner] to hug the shore.

caboteur [kabɔtœʀ] nm [navire] coaster, tramp.

cabotin, e [kabɔtɛ̃, in] ◆ adj [manières, personne] theatrical. ◆ nm, f **1.** [personne affectée] show-off, poseur **2.** *péj* [acteur] ham (actor).

cabotinage [kabɔtinaʒ] nm [d'un poseur] affectedness, theatricality ; [d'un artiste] ham acting ▸ **faire du cabotinage** to ham it up.

cabotiner [kabɔtine] vi to ham it up.

cabré, e [kabʀe] adj **1.** [cheval] rearing **2.** [avion] tail down.

cabrer [3] [kabʀe] vt **1.** [cheval] ▸ **il cabra son cheval** he made his horse rear up **2.** AÉRON to nose up *(sép)* **3.** [inciter à la révolte] ▸ **cabrer qqn** to put sb's back up.
❖ **se cabrer** vpi **1.** [cheval] to rear up **2.** AÉRON to nose up **3.** [se rebiffer] to balk, to jib.

cabri [kabʀi] nm ZOOL kid.

cabriole [kabʀijɔl] nf **1.** [bond - d'un enfant] leap ; [- d'un animal] prancing *(U)*, cavorting *(U)* ; [acrobatie] somersault ▸ **faire des cabrioles a)** [clown] to do somersaults **b)** [chèvre] to prance ou to cavort (about) **c)** [enfant] to dance ou to jump about **2.** [manœuvre] clever manoeuvre / *il a éludé la question / refusé l'invitation par une cabriole* he managed to dodge the question / to duck out of having to accept the invitation **3.** DANSE cabriole **4.** ÉQUIT capriole.

cabrioler [3] [kabʀijɔle] vi [enfant] to leap (about) ; [animal] to prance ou to cavort (about).

cabriolet [kabʀijɔlɛ] nm **1.** [véhicule - automobile] convertible ; [- hippomobile] cabriolet **2.** [meuble] cabriole chair.

cabus [kaby] nm white cabbage.

CAC, Cac [kak ou sease] (abr de **cotation assistée en continu**) ▸ **l'indice CAC 40** *the French Stock Exchange shares index.*

caca [kaka] nm *fam* poo UK, poop US / *c'est du caca* it's poo / *c'est du caca! fig* it's yucky ! / *du caca de chien* some dog dirt ou mess ▸ **faire caca** to do a poo UK ou poop US.
❖ **caca d'oie** nm & adj inv greenish-yellow, greeny-yellow.

cacaber [3] [kakabe] vi [perdrix] to call.

cacahouète, cacahuète [kakawɛt] nf peanut.

cacao [kakao] nm **1.** BOT [graine] cocoa bean **2.** CULIN ▸ **(poudre de) cacao** cocoa (powder) ▸ **au cacao** cocoa-flavoured ; [boisson] cocoa.

cacaoté, e [kakaɔte] adj cocoa-flavoured.

cacaotier [kakaɔtje], **cacaoyer** [kakaɔje] nm cocoa tree.

cacaotière [kakaɔtjɛʀ], **cacaoyère** [kakaɔjɛʀ] nf cocoa plantation.

cacarder [3] [kakaʀde] vi ZOOL to cackle.

cacatoès [kakatɔɛs] nm cockatoo.

cacatois [kakatwa] nm [voile] royal ▸ **grand / petit cacatois** main / fore royal ▸ **(mât de) cacatois** royal mast.

cachalot [kaʃalo] nm sperm whale.

cache [kaʃ] ◆ nf [d'armes, de drogue] cache. ◆ nm **1.** [pour œil, texte] cover card ; [de machine à écrire] cover **2.** CINÉ & PHOT mask.

caché, e [kaʃe] adj **1.** [dans une cachette - butin, or] hidden **2.** [secret - sentiment] secret ; [- signification] hidden, secret ; [- talent] hidden.

cache-cache (*pl* **cache-cache**), **cachecache*** [kaʃkaʃ] nm ▸ **jouer à cache-cache (avec qqn)** *pr & fig* to play hide and seek (with sb).

cache-cœur [kaʃkœʀ] (*pl* **cache-cœurs**) nm wrap-over top.

cache-col [kaʃkɔl] (*pl* **cache-cols**) nm scarf.

cachemire [kaʃmiʀ] nm **1.** [tissu, poil] cashmere ▸ **en cachemire** cashmere *(modif)* **2.** VÊT [châle] cashmere shawl ; [pull-over] cashmere sweater ; [gilet] cashmere cardigan **3.** *(comme adj)* [motif, dessin] paisley *(modif)*.

Cachemire [kaʃmiʀ] npr m ▸ **le Cachemire** Kashmir ▸ **au Cachemire** in Kashmir.

cache-misère (*pl* **cache-misère** ou **cache-misères***) [kaʃmizɛʀ] nm *baggy outer garment worn to hide clothes underneath* ; *fig* : *cette réforme est un cache-misère* it's just a token reform.

cache-nez [kaʃne] nm inv scarf, comforter UK.

cache-oreilles [kaʃɔʀɛj] nm inv earmuffs.

cache-pot [kaʃpo] (*pl* **cache-pots**) nm (flower ou plant) pot holder.

cache-poussière (*pl* **cache-poussière** ou **cache-poussières***) [kaʃpusjɛʀ] nm dust coat.

cache-prise [kaʃpʀiz] (*pl* **cache-prises**) nm socket cover.

cacher[1] [kaʃɛʀ] = **kasher**.

cacher[2] [3] [kaʃe] vt **1.** [prisonnier, réfugié] to hide ; [trésor, jouet] to hide, to conceal **2.** [accroc, ride] to hide, to conceal (from view) ▸ **il cache son jeu a)** *pr* he's not showing his hand **b)** *fig* he's keeping his plans to himself, he's playing his cards close to his chest **3.** [suj: niche, grenier] to hide, to conceal **4.** [faire écran devant] to hide, to obscure / *cacher un œil* [chez l'oculiste] to cover one eye (with one's hand) ▸ **cacher la lumière** ou **le jour à qqn** to be in sb's light / *pousse-toi, tu caches ta sœur!* [en prenant une photo] get out of the way, you're right in front of your sister ! / *tu me caches la vue!* you're blocking my view ! **5.** [ne pas révéler - sentiment, vérité] to hide, to conceal, to cover up *(sép)* ▸ **cacher son âge** to keep one's age (a) secret ▸ **cacher qqch à qqn** to conceal ou to hide sthg from sb / *toi, tu me caches quelque chose!* you're keeping something from me ! / *je ne cache pas que...* I must say ou admit that... / *je ne (te) cacherai pas que je me suis ennuyé* to be frank with you, (I must say that) I was bored / *il l'aime, il ne l'a jamais caché* he loves her, he's never made any secret of it / *il n'a pas caché son soulagement* his relief was plain for all to see.
❖ **se cacher** ◆ vp *(emploi réfléchi)* **1.** [suivi d'une partie du corps] : *je me cachais la tête sous les draps* I hid my head under the sheets / *cachez-vous un œil* cover one eye **2.** [au négatif] ▸ **ne pas se cacher qqch** to make no secret of sthg, to be quite open about sthg / *il me plaît, je ne m'en cache pas!* I like him, it's no secret ! ◆ vpi **1.** [aller se dissimuler - enfant, soleil] to hide ▸ **se cacher derrière des rideaux / dans un bois** to hide behind curtains / in the woods ▸ **se cacher de qqn** : *se cacher de ses parents pour fumer, fumer en se cachant de ses parents* to smoke behind one's parents' back **2.** [être dissimulé - fugitif] to be hiding ; [- objet] to be hidden / *le village se cache dans la vallée* the village lies tucked away at the bottom of the valley.

cache-radiateur [kaʃʀadjatœʀ] (*pl* **cache-radiateurs**) nm radiator cover.

cache-sexe [kaʃsɛks] (*pl* **cache-sexes**) nm G-string.

cachet [kaʃɛ] nm **1.** PHARM tablet ▸ **un cachet d'aspirine** an aspirin (tablet) **2.** [sceau] seal ; [empreinte] stamp ▸ **cachet de la poste** postmark / *porter le cachet de Nice* to be postmarked Nice, to bear a Nice postmark / *le cachet de la poste faisant foi* date of postmark will be taken as proof of postage **3.** [salaire] fee **4.** [charme - d'un édifice, d'une ville] character ; [- d'un vêtement] style ▸ **avoir du cachet a)** [édifice, village] to be full of character **b)** [vêtements] to be stylish ▸ **donner du cachet à** ou **faire le cachet de qqch** to give sthg its charm ou character ▸ **n'avoir aucun cachet** to be utterly lacking in character.

cachetage [kaʃtaʒ] nm [d'une enveloppe] sealing.

cache-tampon [kaʃtɑ̃pɔ̃] (*pl* **cache-tampon** ou **cache-tampons**) nm JEUX ≃ hunt-the-thimble.

cacheter [27] [kaʃte] vt [enveloppe, vin] to seal / *cacheter un billet à la cire* to seal a letter with wax.
In reformed spelling (see p. 16-19), this verb is conjugated like *acheter*: *il cachètera, elle cachèterait.*

cachette [kaʃɛt] nf [d'un enfant] hiding place ; [d'un malfaiteur, d'un réfugié] hideout ; [d'un objet] hiding place / *sors de ta cachette!* [à un enfant] come out !
❖ **en cachette** loc adv [fumer, lire, partir] secretly, in secret ; [rire] to o.s., up one's sleeve / *il me l'a donné en cachette* he gave it to me secretly ou without anybody noticing / *ils faisaient circuler le livre en cachette* the book was circulated in secret ▸ **en cachette de qqn a)** [boire, fumer] behind sb's back, while sb's back's turned **b)** [préparer, décider] without sb knowing, unbeknownst to sb.

cachettera v ⟶ **cacheter**.

cachexie [kaʃɛksi] nf **1.** MÉD cachexia **2.** VÉTÉR rot.

cachot [kaʃo] nm [de prisonnier] dungeon / *3 ans de cachot* 3 years (locked away) in a dungeon.

cachotterie, cachoterie* [kaʃɔtʀi] nf (little) secret / *elle aime faire des cachotteries* she likes to make a mystery of everything ▸ **faire des cachotteries à qqn** to keep secrets from sb.

cachottier, ère, cachotier*, ère [kaʃɔtje, ɛʀ] *fam* ◆ adj secretive ▸ **il est cachottier** he's full of little mysteries ou secrets. ◆ nm, f ▸ **c'est un cachottier** he's secretive / *tu ne me l'avais pas dit, petite cachottière!* you never told me, you secretive little thing !

cachou [kaʃu] nm **1.** [bonbon] cachou **2.** [substance, teinture] catechu, cachou, cutch.

cacique [kasik] nm **1.** [notable] cacique **2.** *arg scol* ▸ **le cacique** [à un concours] *student graduating in first place (especially from the École normale supérieure)* **3.** *fam* [personne importante] big shot, bigwig.

cacochyme [kakɔʃim] *litt* ◆ adj *hum* doddery, doddering. ◆ nmf dodderer.

cacophonie [kakɔfɔni] nf cacophony.

cacophonique [kakɔfɔnik] adj cacophonous.

cactacée [kaktase], **cactée** [kakte] nf member of the cactus family ou of the Cactaceae.

cactus [kaktys] nm cactus.

c.-à-d. (abr écrite de **c'est-à-dire**) i.e.

cadastral, e, aux [kadastʀal, o] adj cadastral.

cadastre [kadastʀ] nm **1.** [plans] cadastral register ; ≃ land register **2.** [service] ▸ **le cadastre** cadastral survey (office) ; ≃ land registry UK ; ≃ land office US.

cadastrer [3] [kadastʀe] vt ≃ to register with the land registry.

cadavéreux, euse [kadaveʀø, øz] adj [teint] livid, deathly pale ; [fixité] corpse-like.

cadavérique [kadaveʀik] adj **1.** [du cadavre] of a corpse ▸ **rigidité cadavérique** rigor mortis **2.** [blan-

* In reformed spelling (see p. 16-19).

cheur] deathly, cadaverous ; [teint] deathly pale ; [fixité] corpse-like.

cadavre [kadavʀ] nm **1.** [d'une personne - gén] corpse, body ; [- à disséquer] cadaver ; [d'un animal] body, carcass ▸ **c'est un cadavre ambulant** he's a walking corpse ▸ **il y a un cadavre entre eux** they share a guilty secret **2.** *fam & hum* [bouteille] empty bottle, empty.

❖ **cadavre exquis** nm [jeu] ≃ consequences ; LITTÉR cadavre exquis.

Caddie® [kadi] nm [chariot] (supermarket ou shopping) trolley UK, (grocery ou shopping) cart US.

caddie, caddy [kadi] nm [au golf] caddie, caddy.

caddy [kadi] = **caddie.**

cade [kad] nm BOT cade.

cadeau, x [kado] nm **1.** [don] present, gift ▸ **recevoir un cadeau de qqn** to get a present from ou to be given a present by sb ▸ **faire un cadeau à qqn** to give sb a present ou a gift ▸ **faire cadeau de qqch à qqn** [le lui offrir] to make sb a present of sthg, to give sb sthg as a present / *je vous fais cadeau du kiwi* I'll give you ou throw in the kiwi fruit for free / *je te dois 5 euros — je t'en fais cadeau !* I owe you 5 euros — forget it ! / *ils ne font pas cadeau des places !* *euphém* the tickets aren't exactly cheap ! ▸ **il ne m'a pas fait de cadeau a)** [dans une transaction, un match] he didn't do me any favours **b)** [critique] he didn't spare me / *dans la vie, on ne vous fait pas de cadeau* you can't expect things to be easy ! / *ils ne font pas de cadeau !* [gendarmes, examinateurs, employeurs] they're not out to do anybody any favours ! ▸ **tiens, cadeau !** *hum* here's a little present for you ! ▸ **cadeau d'anniversaire** / **de Noël** birthday / Christmas present ▸ **cadeau de mariage** wedding present ▸ **cadeau d'entreprise** giveaway ou free gift ▸ **cadeau publicitaire** free gift ▸ **ce n'est pas un cadeau ! a)** *fam* [personne insupportable] he's a real pain ! **b)** [personne bête] he's no bright spark ! ▸ **les petits cadeaux entretiennent l'amitié** *prov* gifts oil the wheels of friendship **2.** *(comme adjectif, avec ou sans trait d'union)* ▸ **paquet cadeau** gift-wrapped parcel UK ou package US ▸ **shampooing cadeau** free bottle of shampoo *(with a purchase).*

cadenas [kadna] nm padlock ▸ **fermer au cadenas** to padlock.

cadenasser [3] [kadnase] vt **1.** [fermer] to padlock **2.** *fam* [emprisonner] to lock up *(sép)*, to put away *(sép).*

cadence [kadɑ̃s] nf **1.** DANSE & MUS [rythme] rhythm ▸ **marquer la cadence** to beat out the rhythm ; [accords] cadence ; [passage de soliste] cadenza **2.** LITTÉR cadence **3.** [d'un marcheur, d'un rameur] pace ▸ **à une bonne cadence** at quite a pace **4.** INDUST rate ▸ **cadence de production** rate of production ▸ **cadence de travail** work rate / *non aux cadences infernales !* no speed-up ! **5.** MIL ▸ **cadence de tir** rate of fire.

❖ **à la cadence de** loc prép at the rate of.

❖ **en cadence** loc adv : *taper des mains en cadence* to clap in time ▸ **marcher en cadence** to march.

cadencé, e [kadɑ̃se] adj [marche, musique] rhythmical ; [gestes, démarche] swinging ▸ **au pas cadencé** MIL in quick time.

cadencer [16] [kadɑ̃se] vt [vers, phrase] to give rhythm to / *cadencer son pas* to march in rhythm.

cadet, ette [kadɛ, ɛt] ◆ adj [plus jeune] younger ; [dernier-né] youngest. ◆ nm, f **1.** [dans une famille - dernier-né] ▸ **le cadet, la cadette** the youngest child ou one ▸ **son cadet a)** [fils] his youngest son ou boy **b)** [frère] his youngest brother ; [frère, sœur plus jeune] ▸ **mon cadet** my younger brother ▸ **ma cadette** my younger sister **2.** [entre personnes non apparentées] ▸ **être le cadet de qqn** to be younger than sb / *je suis son cadet de 4 ans* I'm 4 years his junior ou 4 years younger than he is **3.** SPORT junior *(between 13 and 16 years old).*

❖ **cadet** nm **1.** MIL [élève] cadet **2.** HIST [futur militaire] cadet **3.** EXPR ▸ **c'est le cadet de mes soucis** it's the least of my worries.

cadi [kadi] nm cadi.

Cadix [kadiks] npr Cadiz.

cadmie [kadmi] nf zinc oxide residue.

cadmier [9] [kadmje] vt to coat with cadmium.

cadmium [kadmjɔm] nm cadmium.

cadogan [kadɔgɑ̃] = **catogan.**

cador [kadɔʀ] nm *arg* **1.** [chien] mutt **2.** [champion] heavyweight / *dans sa branche, c'est un cador* he's a heavyweight in his field.

cadrage [kadʀaʒ] nm **1.** CINÉ & PHOT centring **2.** MIN framing **3.** IMPR [des dimensions] cropping ; [des couleurs] masking.

cadran [kadʀɑ̃] nm [d'une montre, d'une pendule] face, dial ; [d'un instrument de mesure, d'une boussole] face ; [d'un téléphone] dial ▸ **cadran solaire** sun dial.

cadrat [kadʀa] nm IMPR quad.

cadratin [kadʀatɛ̃] nm IMPR em quad.

cadre[1] [kadʀ] nmf **1.** [responsable - dans une entreprise] executive ; [- dans un parti, un syndicat] cadre ▸ **un poste de cadre** an executive ou a managerial post ▸ **cadre supérieur** ou **dirigeant** senior executive, member of (the) senior management ▸ **cadre moyen** middle manager ▸ **femme cadre** woman executive ▸ **jeune cadre dynamique** *hum* whizz kid **2.** MIL [catégorie] corps ▸ **cadre d'active** ≃ active list ▸ **cadre de réserve** ≃ reserve list ; [officier] officer, member of the officer corps **3.** ADMIN [catégorie] grade, category *(within the Civil Service)* ▸ **le cadre (de la fonction publique)** [toutes catégories] the Civil Service.

❖ **cadres** nmpl **1.** [contrainte] ▸ **cadres sociaux** social structures / *cadres de la mémoire* structures of the memory **2.** ADMIN staff list / *être sur les cadres* to be a member of staff.

> **Cadre**
>
> In French companies, employees are divided into two categories, **employés** and **cadres**. Cadres, who usually have a higher level of education and greater responsibilities, enjoy better salaries, more benefits and more prestige. They are also expected to work longer hours.

cadre[2] nm **1.** [encadrement - d'un tableau, d'une porte, d'une ruche, etc.] frame ▸ **cadre de bicyclette** bicycle frame **2.** [environnement] setting, surroundings ▸ **habiter dans un cadre agréable** / **de verdure** to live in pleasant surroundings / a leafy setting ▸ **le cadre de** the scene of / *c'était le cadre de mes amours enfantines* it was the scene of my childhood loves ▸ **cadre de vie** (living) environment **3.** [portée, limites - d'accords, de réformes] scope, framework / *une fois posé le cadre de votre réflexion* once you've defined the framework of your ideas ▸ **loi cadre** outline law ▸ **plan cadre** blueprint (project) ▸ **réforme cadre** general outline of reform **4.** IMPR box, space / **'cadre réservé à l'administration'** 'for official use only' **5.** [emballage] crate, packing case **6.** ÉLECTR [de radio] frame aerial **7.** MIN casing.

❖ **dans le cadre de** loc prép within the framework ou scope of / *dans le cadre de mes fonctions* as part of my job / *cela n'entre pas dans le cadre de mes fonctions* it falls outside the scope of my responsibilities.

cadrer [3] [kadʀe] ◆ vi **1.** [correspondre - témoignages] to tally, to correspond / *les deux notions ne cadrent pas ensemble* the two ideas don't go together ▸ **cadrer avec** to be consistent with / *sa déposition cadre bien avec les premiers témoignages* her statement is consistent with the earlier testimonies / *il faudrait faire cadrer nos déclarations avec les siennes* we must make sure that what we say tallies with what he says / *un suicide ne cadre pas du tout avec sa personnalité* she's not the sort of person who would ever commit suicide **2.** COMPTA ▸ **faire cadrer un compte** to square an account. ◆ vt CINÉ & PHOT to centre.

cadreur, euse [kadʀœʀ, øz] nm, f cameraman (camerawoman).

caduc, caduque [kadyk] adj **1.** BOT ▸ **à feuilles caduques** deciduous **2.** PHYSIOL [dent] deciduous ; [membrane] decidual **3.** PHON mute ▸ **le schwa est caduc** the schwa falls ou disappears **4.** DR [accord, loi] null and void ; [police d'assurances] lapsed ▸ **devenir caduc** [accord, contrat, loi] to lapse ▸ **rendre caduc** [accord, loi] to make null and void **5.** *sout* [qui n'est plus fondé - théorie] outmoded, obsolete.

❖ **caduque** nf PHYSIOL decidua, decidual membrane.

caducée [kadyse] nm **1.** [de médecin, de pharmacien] caduceus, doctor's badge / *avoir le caducée sur son pare-brise* to display a doctor's symbol on one's car **2.** MYTH Caduceus.

caducifolié, e [kadysifɔlje] adj deciduous.

caducité [kadysite] nf deciduous nature ou character.

caduque [kadyk] f ⟶ **caduc.**

cæcal, e, aux [sekal, o] adj caecal.

cæcum [sekɔm] nm ANAT & VÉTÉR caecum.

caennais, e [kanɛ, ɛz] adj from Caen.

❖ **Caennais, e** nm, f *inhabitant of or person from Caen.*

cæsium [sezjɔm] = **césium.**

CAF [kaf] ◆ npr f (abr de **Caisse d'allocations familiales**) Child Benefit office UK, Aid to Dependent Children office US. ◆ adj inv & adv (abr de **coût, assurance, fret**) cif.

cafard[1] [kafaʀ] nm **1.** ENTOM cockroach **2.** *fam* EXPR ▸ **avoir le cafard** to feel low, to feel down ▸ **donner le cafard à qqn** to get sb down ▸ **coup de cafard** : *j'ai eu un coup de cafard hier* I felt a bit down yesterday.

cafard[2], e [kafaʀ, aʀd] nm, f *fam* **1.** [dénonciateur] sneak, telltale **2.** [faux dévot] (religious) hypocrite.

cafardage [kafaʀdaʒ] nm *fam* sneaking, taletelling.

cafarder [3] [kafaʀde] *fam* ◆ vi **1.** [rapporter] to sneak, to snitch **2.** [être déprimé] to feel depressed ou down / *l'arrivée de l'automne me fait toujours cafarder* the arrival of autumn always depresses me. ◆ vt [quelqu'un] to sneak ou to snitch on *(insép).*

cafardeur, euse [kafaʀdœʀ, øz] nm, f *fam* sneak, telltale.

cafardeux, euse [kafaʀdø, øz] adj *fam* [air, tempérament] gloomy ▸ **je suis** ou **je me sens cafardeux en ce moment** I'm feeling low ou down at the moment.

caf'conc' [kafkɔ̃s] nm inv *fam* = **café-concert.**

café [kafe] ◆ nm **1.** [boisson, graine] coffee ▸ **faire du café** to make coffee ▸ **garçon, deux cafés** waiter, two coffees ▸ **café allongé** ou **long** *coffee diluted with hot water* ▸ **café crème** coffee with cream ▸ **café décaféiné** decaffeinated coffee ▸ **café express** espresso coffee ▸ **café filtre** filter coffee ▸ **café frappé** ou **glacé** iced coffee ▸ **café en grains** coffee beans / *j'achète mon café en grains* I buy coffee beans ▸ **café instantané** ou **soluble** instant coffee ▸ **café au lait** white coffee UK, coffee with milk US ▸ **café lyophilisé** instant coffee ▸ **café moulu** ground coffee ▸ **café noir** black coffee ▸ **café noisette** *espresso with a dash of milk* ▸ **café turc** Turkish coffee ▸ **café vert** unroasted coffee ▸ **café viennois** Viennese coffee **2.** [fin du repas] coffee, coffee-time ; BELG *early evening meal (served with coffee)* ; ≃ high tea UK / *au café, il n'avait toujours pas terminé son histoire* he still hadn't finished his story by the time we got to the coffee ▸ **venez pour le café** come and have coffee with us *(after the meal)* **3.** [établissement] ▸ **café (bar)** (licensed) café ▸ **café littéraire** literary café ▸ **c'est une discussion de café du Commerce** *péj* it's bar-room talk ▸ **le café de Flore** *historic café on the boulevard Saint-Germain in Paris, formerly a meeting place for writers and artists.* ◆ adj coffee-coloured UK, coffee-colored US.

❖ **au café** loc adj [glace, entremets] coffee, coffee-flavoured ▸ **chou au café** chou bun with coffee-flavoured ou coffee-cream filling ▸ **éclair au café** coffee eclair.

❖ **café liégeois** nm *coffee ice cream with whipped cream and coffee.*

> **Café**
>
> In French cafés, a small cup of strong black coffee is called **un (petit) café, un express** or, colloquially, **un petit noir**. This may be served **serré** (extra-strong), **léger** (weak) or **allongé** (diluted with hot water). An **express**

with a tiny amount of milk added is called **une noisette**. A large cup of black coffee is **un grand café, un double express** or, colloquially, **un grand noir**. Coffee with frothy, steam-heated milk is called **un (grand / petit) crème**. The term **café au lait** is almost never used in cafés.

Parisian cafés have traditionally played an important part in the intellectual and artistic life of the city. For example, the **café de Flore** was a favourite meeting place for the existentialists.

café-au-lait [kafeolɛ] adj inv coffee-coloured UK coffee-colored US.

café-concert [kafekɔ̃sɛʀ] (*pl* **cafés-concerts**) nm *café where music-hall performances are given.*

caféier [kafeje] nm coffee tree.

caféière [kafejɛʀ] nf coffee plantation.

caféine [kafein] nf caffeine.

caféisme [kafeism] nm excessive coffee-drinking.

cafetan [kaftɑ̃] nm caftan, kaftan.

cafétéria [kafeteʀja] nf cafeteria.

café-théâtre [kafeteatʀ] (*pl* **cafés-théâtres**) nm **1.** [café avec spectacle] *café where theatre performances take place* **2.** [petit théâtre] alternative theatre.

cafetier [kaftje] nm *vieilli* café owner.

cafetière [kaftjɛʀ] nf **1.** [machine] coffee maker ; [récipient] coffeepot **2.** *fam* [tête] nut, noddle UK.

cafouillage [kafujaʒ] nm *fam* **1.** [désordre] shambles, muddle / *il y a eu un cafouillage devant les buts* there was a scramble in front of the goal **2.** AUTO misfiring.

cafouiller [3] [kafuje] vi *fam* **1.** [projet, service] to get into a muddle ; [décideur, dirigeant] to faff around ou about ; [présentateur, orateur] to get mixed up ou into a muddle / *il a cafouillé dans ses explications* he got all confused (in his explanations) / *cafouiller avec le ballon* SPORT to fumble the ball **2.** AUTO to misfire.

cafouilleur, euse [kafujœʀ, øz] *fam* ◆ adj [personne] : *il est cafouilleur* he's totally disorganised. ◆ nm, f bungler.

cafouilleux, euse [kafujø, øz] adj *fam* [explications] muddled ; [service] shambolic UK chaotic / *le départ de la course a été assez cafouilleux* there was chaos when the race started.

cafouillis [kafuji] *fam* = **cafouillage.**

cafre [kafʀ] adj & nmf kafir, kaffir.

caftan [kaftɑ̃] = **cafetan.**

cafter [3] [kafte] *fam* ◆ vi to sneak, to snitch. ◆ vt ▸ **cafter qqn** to sneak ou to snitch on sb / *elle a cafté que j'étais pas à l'école* she sneaked on me and said I wasn't at school.

cafteur, euse [kaftœʀ, øz] nm, f *fam* sneak, snitch.

cage [kaʒ] nf **1.** [pour animaux] cage ▸ **un animal en cage** a caged animal / *mettre un animal en cage* to cage an animal ▸ **cage à lapins** *pr* rabbit hutch / *habiter dans des cages à lapins fig* to live in little boxes ▸ **cage à oiseau** ou **oiseaux** cage, birdcage ▸ **cage à poules** *pr* hen coop / *vivre dans une cage à poules fig* to live in cramped surroundings **2.** ANAT ▸ **cage thoracique** rib cage **3.** CONSTR ▸ **cage d'ascenseur** lift UK ou elevator US shaft ▸ **cage d'escalier** stairwell **4.** [structure, enceinte] ▸ **cage d'écureuil** JEUX climbing frame ▸ **cage de Faraday** ÉLECTR Faraday cage **5.** MÉCAN ▸ **cage de roulement** ball bearing casing **6.** MIN ▸ **cage (d'extraction)** cage **7.** *fam* FOOT goal ▸ **dans la cage** in the net **8.** *fam* [prison] nick UK slammer.

cageot [kaʒo] nm **1.** [contenant] crate ; [contenu] crate, crateful **2.** *fam & péj* [laideron] : *quel cageot, sa femme!* his wife looks like the back of a bus UK ou Mack truck US !

cagette [kaʒɛt] nf crate.

cagibi [kaʒibi] nm boxroom UK storage room US.

cagnard [kaɲaʀ] nm [soleil ardent] hot sun / *il nous a attendus en plein cagnard* he waited for us in the burning sun.

cagne [kaɲ] = **khâgne.**

cagneux, euse [kaɲø, øz] ◆ adj [jambes] crooked ; [cheval, personne] knock-kneed ▸ **genoux cagneux** knock knees. ◆ nm, f = **khâgneux.**

cagnotte [kaɲɔt] nf **1.** [caisse, somme] jackpot / *la cagnotte est maintenant de 5 millions d'euros* the sum to be won is now 5 million euros **2.** *fam* [fonds commun] kitty **3.** *fam* [économies] nest egg.

cagot, e [kago, ɔt] ◆ adj **1.** *litt* [air] sanctimonious, holier-than-thou ; [personne] sanctimonious **2.** HIST outcast *(presumed descendant of lepers under the Ancien Régime).* ◆ nm, f hypocrite.

cagou [kagu] nm kagu.

cagoule [kagul] nf **1.** [capuchon - d'enfant] balaclava ; [- de voleur] hood ; [- de moine] cowl ; [- de pénitent] hood, cowl **2.** [manteau] cowl.

cahier [kaje] nm **1.** ÉDUC notebook US exercise book UK ▸ **cahier de maths / géographie** maths / geography exercise book ▸ **cahier de brouillon** roughbook UK notebook *(for drafts)* ▸ **cahier d'exercices** exercise book ▸ **cahier de textes a)** [d'élève] homework notebook **b)** [de professeur] (work) record book ▸ **cahier de travaux pratiques** lab (note) book **2.** [recueil] ▸ **cahier des charges a)** [de matériel] specifications **b)** [dans un contrat] remit ▸ **cahier de revendications** claims register **3.** IMPR gathering.

❖ **cahiers** nmpl **1.** LITTÉR [mémoires] diary, memoirs **2.** HIST ▸ **cahiers de doléances** book of grievances.

cahin-caha, cahincaha* [kaɛ̃kaa] loc adv ▸ **aller cahin-caha a)** [marcheur] to hobble along **b)** [entreprise, projet] to struggle along / *comment va-t-il? — cahin-caha* how is he? — struggling along.

cahors [kaɔʀ] nm Cahors (wine).

cahot [kao] nm jolt, judder.

cahotant, e [kaɔtɑ̃, ɑ̃t] adj [chemin] bumpy, rough ; [voiture] jolting, juddering.

cahotement [kaɔtmɑ̃] nm jolt, judder.

cahoter [3] [kaɔte] ◆ vi [véhicule] to jolt (along). ◆ vt [passagers] to jolt, to bump about ; [voiture] to jolt.

cahoteux, euse [kaɔtø, øz] adj bumpy, rough.

cahute, cahutte* [kayt] nf **1.** [abri] shack, hut **2.** *péj* [foyer] hovel.

caïd [kaid] nm **1.** *fam* [dans une matière] wizard ; [en sport] ace ; [d'une équipe] star **2.** *fam* [chef - de bande] gang leader ; [- d'une entreprise, d'un parti] big shot, bigwig / *jouer au caïd, faire son caïd* to act tough **3.** HIST caid, local governor *(of indigenous origin, under French rule).*

caillage [kajaʒ] = **caillement.**

caillasse [kajas] nf **1.** [éboulis] loose stones, scree **2.** *fam & péj* [mauvais sol] stones / *je ne peux rien planter, c'est de la caillasse* I can't plant anything, the ground's nothing but stones.

caillasser [kajase] vt *fam* to throw stones at.

caille [kaj] nf **1.** ZOOL quail **2.** [en appellatif] : *ma (petite) caille* my pet.

caillé [kaje] ◆ nm curds. ◆ adj m [lait] curdled.

caillebotis [kajbɔti] nm **1.** [grille] grating **2.** [plancher] duckboard.

caille-lait (*pl* **caille-lait** *ou* **caille-laits***) [kajlɛ] nm BOT bedstraw.

caillement [kajmɑ̃] nm [du lait] curdling ; [du sang] coagulation, clotting.

cailler [3] [kaje] vi **1.** [lait] to curdle ; [sang] to coagulate, to clot / *faire cailler du lait* to curdle milk **2.** *tfam* [avoir froid] ▸ **ça caille ici!** it's bloody UK ou goddam UK freezing here!

❖ **se cailler** *tfam* ◆ vpi to be cold. ◆ vpt ▸ **se cailler les miches, se les cailler** to be bloody cold / *on se les caille dehors!* it's bloody UK ou goddam UK freezing outside!

caillette [kajɛt] nf rennet stomach, abomasum.

caillot [kajo] nm [de lait] (milk) curd ▸ **caillot (de sang)** bloodclot.

caillou, x [kaju] nm **1.** [gén] stone **2.** TRAV PUB ▸ **cailloux d'empierrement** road metal **3.** JOAILL stone ▸ **caillou du Rhin** rhinestone **4.** *fam* [diamant] stone, sparkler **5.** MINÉR feldspar **6.** *fam* [crâne] : *avoir le caillou déplumé* to be bald ▸ **il n'a plus un cheveu** ou **un poil sur le caillou** he's as bald as a coot UK now.

cailloutage [kajutaʒ] nm **1.** [empierrement - d'une route] metalling ; [- d'une voie ferrée] ballasting **2.** [pierres - d'une route] road metal ; [- d'une voie ferrée] ballast **3.** [pâte de faïence] hard paste.

caillouter [3] [kajute] vt [route] to metal ; [voie ferrée] to ballast.

caillouteux, euse [kajutø, øz] adj [chemin, champ] stony ; [plage] pebbly, shingly.

cailloutis [kajuti] nm TRAV PUB road metal.

caïman [kaimɑ̃] nm caiman, cayman.

Caïn [kaɛ̃] npr Cain.

Caire [kɛʀ] npr ▸ **Le Caire** Cairo ▸ **au Caire** in Cairo.

cairn [kɛʀn] nm cairn.

cairote [kɛʀɔt] adj from Cairo.

❖ **Cairote** nmf Cairene.

caisse [kɛs]

◆ nf

A. EMBALLAGE, CONTENANT
B. MUSIQUE
C. AUTOMOBILE
D. CORPS HUMAIN
E. BANQUE & COMMERCE
F. ADMINISTRATION

A. EMBALLAGE, CONTENANT **1.** [gén] box, case, chest ; [à claire-voie] crate ▸ **mettre en caisse** to box ▸ **caisse américaine** cardboard box ▸ **caisse d'emballage** packing crate ▸ **caisse à outils** toolbox **2.** [boîte de 12 bouteilles] case / *on a bu deux caisses de champagne* we drank two cases of Champagne **3.** HORT box, tub / *mettre un arbuste en caisse* to plant a shrub in a tub **4.** [d'horloge] case, casing.

B. MUSIQUE **1.** [fût de tambour] cylinder ▸ **caisse claire** side ou snare drum ▸ **caisse de résonance** resonance chamber, resonating body ▸ **caisse roulante** side drum ▸ **grosse caisse a)** [tambour] bass drum **b)** [musicien] bass drummer **2.** [corps de violon] belly, sounding board.

C. AUTOMOBILE [carrosserie] body ; *fam* [voiture] car ▸ **vieille caisse** old banger ou crate ou heap / *t'es venu avec ta caisse?* did you come by car?

D. CORPS HUMAIN **1.** ANAT ▸ **caisse du tympan** middle ear, tympanic cavity *spéc* **2.** EXPR ▸ **il part** ou **s'en va de la caisse** *fam* it's his cough that'll carry him off *hum.*

E. BANQUE & COMMERCE **1.** [tiroir] till ; [petit coffre] cashbox ▸ **caisse (enregistreuse)** till ou cash register ▸ **tenir la caisse** to be the cashier ▸ **partir avec la caisse** to run off with the takings / *on l'a pris en train de se servir dans la caisse pr & fig* he was caught helping himself from ou with his hand in the till ▸ **faire une caisse commune** to put one's money together, to have a kitty ▸ **les caisses de l'État** the coffers of the State **2.** [lieu de paiement - d'un supermarché] check-out, till ; [- d'un cinéma, d'un casino, d'un magasin] cash desk ; [- d'une banque] cashier's desk / **'caisse'** [panneau dans un magasin] 'please pay here' ▸ **passer à la caisse a)** [magasin] to go to the cash desk **b)** [supermarché] to go through the check-out **c)** [banque] to go to the cashier's desk **d)** [recevoir son salaire] to collect one's wages / *après ce qu'il a dit au patron, il n'a plus qu'à passer à la caisse!* *fam* after what he said to the boss, he'll be getting his cards UK ou pink slip US ! ▸ **caisse éclair** [distributeur] cashpoint ▸ **caisse rapide** [dans un supermarché] quick-service till, express checkout **3.** [argent - d'un commerce] cash (in the till), takings ▸ **faire la** ou **sa caisse** to balance the till **4.** [fonds] fund, funds / *nous avons une caisse pour les cas sociaux* we have a fund for needy individuals

* In reformed spelling (see p. 16-19).

▸ **caisse noire** slush fund **5.** BANQUE ▸ **caisse d'épargne** ≃ savings bank.
F. ADMINISTRATION [organisme] office ▸ **caisse d'Allocations familiales** Child Benefit office UK, Aid to Dependent Children office US ▸ **la Caisse des dépôts et consignations** *French funding body for public works and housing* ▸ **caisse des écoles** *local schools' fund for extra-curricular activities, school meals, etc.* ▸ **caisse de prévoyance** contingency fund ▸ **caisse primaire d'assurance maladie** *French Social Security office in charge of health insurance* ▸ **caisse de retraite** pension ou superannuation fund.
❖ **en caisse** ◆ loc adj **1.** FIN ▸ **argent en caisse** cash **2.** HORT ▸ **arbuste en caisse** boxed shrub. ◆ loc adv : *avoir 500 euros en caisse* to have 500 euros in the till ▸ **je n'ai plus rien en caisse a)** COMM my till's empty **b)** *fig* I'm broke.

caisserie [kɛsʀi] nf case ou crate manufacture.

caissette [kɛsɛt] nf **1.** [contenant] small box **2.** [contenu] small boxful.

caissier, ère [kesje, ɛʀ] nm, f [d'une boutique, d'un casino, d'une banque] cashier ; [d'un supermarché] check-out assistant UK ou clerk US ; [de cinéma] cashier, box-office assistant UK.

caisson [kɛsɔ̃] nm **1.** TRAV PUB [pour fondation] caisson, cofferdam ▸ **caisson de pont** caisson *(for underwater work)* **2.** ARCHIT [pour plafond] coffer, caisson, lacunar **3.** NAUT caisson, cofferdam ▸ **caisson étanche** ou **de flottabilité** buoyancy tank **4.** SPORT ▸ **caisson hyperbare** bathysphere ▸ **maladie** ou **mal des caissons** decompression sickness, the bends **5.** NUCL (nuclear reactor) casing **6.** HIST & MIL caisson, ammunition wagon.

cajoler [3] [kaʒɔle] vt [enfant] to cuddle.

cajolerie [kaʒɔlʀi] nf [manifestation de tendresse] cuddle ▸ **faire des cajoleries à qqn** to cuddle sb.
❖ **cajoleries** nfpl *péj* [flatteries] flattery, cajolery.

cajoleur, euse [kaʒɔlœʀ, øz] ◆ adj **1.** [affectueux - parent, ton] affectionate, loving **2.** *péj* [flatteur] coaxing, wheedling. ◆ nm, f *péj* [flatteur] wheedler, flatterer.

cajou [kaʒu] nm ⟶ **noix.**

cajun [kaʒœ̃] adj Cajun.
❖ **Cajun** nmf Cajun.

cake [kɛk] nm fruit cake.

cal [kal] nm **1.** [durillon - à la main] callus ; [- au pied] corn **2.** BOT & MÉD callus.

calabrais, e [kalabʀɛ, ɛz] adj Calabrian.
❖ **Calabrais, e** nm, f Calabrian.

Calabre [kalabʀ] npr f ▸ **(la) Calabre** Calabria.

caladium [kaladjɔm] nm caladium.

calage [kalaʒ] nm **1.** [action de caler] wedging **2.** AUTO stalling.

Calais [kalɛ] npr Calais.

calaisien, enne [kalɛzjɛ̃, ɛn] adj from Calais.
❖ **Calaisien, enne** nm, f *inhabitant of or person from Calais.*

calaison [kalɛzɔ̃] nf NAUT draught.

calamar [kalamaʀ] = **calmar.**

calamine [kalamin] nf **1.** CHIM calamine **2.** AUTO carbon deposit.

calaminer [3] [kalamine] ❖ **se calaminer** vpi to get covered with soot.

calamistré, e [kalamistʀe] adj brilliantined.

calamite [kalamit] nf BOT calamite.

calamité [kalamite] nf **1.** [événement] calamity, catastrophe, disaster **2.** *fam & hum* [personne] walking disaster.

calamiteux, euse [kalamitø, øz] adj calamitous, disastrous, catastrophic.

calancher [3] [kalɑ̃ʃe] vi *tfam* to kick the bucket, to snuff it UK.

calandrage [kalɑ̃dʀaʒ] nm calendering.

calandre [kalɑ̃dʀ] nf **1.** AUTO radiator grill **2.** TEXT & PAPETERIE calender **3.** ORNITH ▸ **calandre nègre** black lark **4.** AGR ▸ **calandre du blé / riz** wheat / rice weavil.

calandrer [3] [kalɑ̃dʀe] vt to calender.

calanque [kalɑ̃k] nf (Mediterranean) creek.

calao [kalao] nm hornbill.

calcaire [kalkɛʀ] ◆ adj [roche, relief] limestone *(modif)* ; [sol] chalky, calcareous *spéc* ; [eau] hard. ◆ nm **1.** GÉOL limestone **2.** [dans une casserole] fur UK, sediment US.

calcanéum [kalkaneɔm] nm calcaneum.

calcareux, euse [kalkaʀø, øz] adj BELG ▸ **eau calcareuse** hard water.

calcédoine [kalsedwan] nf chalcedony.

calcémie [kalsemi] nf blood calcium content.

calcéolaire [kalseɔlɛʀ] nf calceolaria.

calcicole [kalsikɔl] adj calcicolous.

calcif [kalsif] nm *fam* pants UK, shorts US.

calcification [kalsifikasjɔ̃] nf calcification.

calcifié, e [kalsifje] adj calcified.

calcifuge [kalsifyʒ] adj calcifuge.

calcin [kalsɛ̃] nm calcine.

calcination [kalsinasjɔ̃] nf calcination.

calciné, e [kalsine] adj [bois, corps, viande] charred, burned to a cinder ; [mur, maison] charred.

calciner [3] [kalsine] vt **1.** [transformer en chaux] to calcine **2.** [brûler] to burn to a cinder, to char **3.** [chauffer - brique, minerai] to calcine.
❖ **se calciner** vpi **1.** [viande] to burn to a cinder **2.** [être chauffé - brique, minerai] to calcine.

calciphobe [kalsifɔb] adj calciphobe.

calcique [kalsik] adj calcic.

calcite [kalsit] nf calcite.

calcium [kalsjɔm] nm calcium.

calciurie [kalsjyʀi] nf calcium content of urine.

calcul [kalkyl] nm **1.** [suite d'opérations] calculation ▸ **faire un calcul** to do a calculation ▸ **faire des calculs** to calculate / *je fais des calculs à longueur de journée* I handle figures all day long / *ça reviendra moins cher, fais le calcul!* it'll be cheaper, just work it out! ▸ **faire le calcul de qqch** to work sthg out, to calculate sthg / *il suffit d'un rapide calcul pour voir que...* a quick calculation is all that's needed to see that... / *le raisonnement est correct, mais le calcul est faux* the method's right but the calculations are wrong ▸ **calcul différentiel / intégral / vectoriel** differential / integral / vector calculus ▸ **calcul algébrique** calculus ▸ **calcul des probabilités** probability theory **2.** ÉDUC ▸ **le calcul** sums, arithmetic ▸ **calcul mental a)** [matière] mental arithmetic **b)** [opération] mental calculation **3.** [estimation] calculation, computation ▸ **d'après mes calculs** according to my calculations / *tous calculs faits, le piano devrait pouvoir passer* working it out, we should get the piano through ▸ **un bon calcul** a good move / *ce n'est pas un bon calcul* it's not a good way of going about things ▸ **un mauvais** ou **faux calcul** a bad move **4.** *péj* [manœuvre] scheme ▸ **par calcul** out of (calculated) self-interest ▸ **sans calcul** without any ou with no ulterior motive **5.** MÉD stone, calculus *spéc* ▸ **calcul biliaire** gall stone ▸ **calcul urinaire** ou **rénal** kidney stone, renal calculus *spéc.*

calculabilité [kalkylabilite] nf calculability.

calculable [kalkylabl] adj [prix] calculable ; [dégâts] estimable / *c'est calculable de tête* you can work it out ou calculate it in your head.

calculateur, trice [kalkylatœʀ, tʀis] ◆ adj *péj* calculating, scheming. ◆ nm, f **1.** [qui compte] : *c'est un bon / mauvais calculateur* he's good / bad at figures ou sums **2.** *péj* [personne intéressée] : *un fin calculateur* a shrewd operator ▸ **un ignoble calculateur** a scheming character.
❖ **calculateur** nm **1.** *vieilli* [ordinateur] computer ▸ **calculateur digital** ou **numérique** digital computer **2.** AUTO ▸ **calculateur embarqué** on-board computer.
❖ **calculatrice** nf [machine] calculator ▸ **calculatrice de poche** pocket calculator.

calculer [3] [kalkyle] ◆ vt **1.** [dépenses, dimension, quantité, etc.] to calculate, to work out *(sép)* / *on n'a pas encore calculé le montant de la facture* the bill hasn't been calculated yet ▸ **calculer qqch de tête** ou **mentalement** to work sthg out in one's head ▸ **calculer vite** to be quick at figures, to calculate quickly **2.** [avec parcimonie - pourboire, dépenses] to work out to the last penny, to budget carefully **3.** [évaluer - avantages, inconvénients, chances, risque] to calculate, to weigh up *(sép)* ▸ **mal calculer qqch** to miscalculate sthg ▸ **calculer que** to work out ou to calculate that / *j'ai calculé qu'il me faudrait deux heures pour aller à Toulouse* I've worked out that it'll take me two hours to get to Toulouse **4.** [préparer - gestes, effets, efforts] to calculate, to work out *(sép)* ▸ **j'ai tout calculé** I have it all worked out ▸ **calculer son élan** SPORT to work out one's run-up ▸ **calculer son coup** *fam* to plan one's moves carefully / *tu as bien calculé ton coup!* you had it all figured out! / *tu as mal calculé ton coup!* you got it all wrong! ◆ vi to calculate / *il calcule vite et bien* he's quick at arithmetic.

calculette [kalkylɛt] nf pocket calculator.

calculeux, euse [kalkylø, øz] adj **1.** [relatif aux calculs] calculous, calculary **2.** [affecté de calculs] calculous.

Calcutta [kalkyta] npr Calcutta.

caldoche [kaldɔʃ] adj New Caledonian.
❖ **Caldoche** nmf *white inhabitant of New Caledonia.*

cale [kal]
◆ nf

A. OBJET, INSTRUMENT
B. EN MARINE

A. OBJET, INSTRUMENT 1. [pour bloquer - un meuble] wedge ; [- une roue] wedge, chock / *mettre une voiture sur cales* to put a car on blocks **2.** [d'ébéniste] ▸ **cale à poncer** sanding block **3.** [sur rails] chock.
B. EN MARINE 1. [partie d'un navire] hold **2.** [partie d'un quai] slipway ▸ **mettre sur cales** to lay down / *le bateau est sur cale* the boat is on the stocks ▸ **cale de construction** ou **de lancement** slip, slipway ▸ **cale de radoub** graving ou dry dock ▸ **cale sèche** dry dock ▸ **être en cale sèche** to be in dry dock.

calé, e [kale] adj *fam* **1.** [instruit] ▸ **calé en** well up on / *il est calé en histoire* he's brilliant at history **2.** [difficile - problème] tough **3.** BELG *fam* [prêt] ready.

calebasse [kalbas] nf **1.** [fruit, récipient] calabash, gourd **2.** *fam* [tête] nut, noddle UK.

calebassier [kalbasje] nm calabash tree.

calèche [kalɛʃ] nf barouche, calash ▸ **une promenade en calèche** a ride in a horse-drawn carriage.

calecif [kalsif] *fam* = **calcif.**

caleçon [kalsɔ̃] nm **1.** [sous-vêtement] ▸ **caleçon court, caleçons courts** pair of (men's) underpants ▸ **caleçon long, caleçons longs** pair of long johns **2.** [pour nager] ▸ **caleçon de bain** swimming trunks **3.** [pantalon] leggings.

Calédonie [kaledɔni] npr f ▸ **la Calédonie** Caledonia.

calédonien, enne [kaledɔnjɛ̃, ɛn] adj Caledonian.
❖ **Calédonien, enne** nm, f Caledonian.

cale-étalon [kaletalɔ̃] (*pl* **cales-étalons**) nf stop-measure.

calembour [kalɑ̃buʀ] nm play on words, pun ▸ **faire un calembour** to make a pun ▸ **faire des calembours** to play with words.

calembredaine [kalɑ̃bʀədɛn] nf [plaisanterie] joke.
❖ **calembredaines** nfpl [sornettes] balderdash, nonsense / *dire* ou *débiter des calembredaines* to talk a lot of (stuff and) nonsense.

calendes [kalɑ̃d] nfpl **1.** ANTIQ calends **2.** EXPR ▸ **renvoyer** ou **remettre qqch aux calendes grecques** to put sthg off ou to postpone sthg indefinitely.

calendos [kalɑ̃dos] nm *fam* [camembert] camembert.

calendrier [kalɑ̃dʀije] nm **1.** [tableau, livret] calendar ▸ **calendrier grégorien / républicain** Gregorian / Republican calendar ▸ **calendrier perpétuel / à effeuiller** perpetual / tear-off calendar **2.** [emploi du temps] timetable UK, schedule US ; [plan - de réunions] schedule, calendar ; [- d'un festival] calendar ; [- d'un voyage] schedule / *j'ai un calendrier très chargé* I have a very busy schedule ou timetable / *le calendrier de ses visites officielles n'a pas encore été établi* her official visits haven't been timetabled ou scheduled yet ▸ **calendrier des rencontres** FOOT fixture list UK, match schedule US.

Calendrier républicain

The Republican calendar was first used in 1793. The year began on 22nd September and was divided into twelve months of thirty days each, the remaining days being given over to celebrations. The names of the months were inspired by the changing seasons, the weather and the harvest: **vendémiaire, brumaire, frimaire, nivôse, pluviôse, ventôse, germinal, floréal, prairial, messidor, thermidor, fructidor.** The calendar was officially replaced by the Gregorian calendar in 1806.

cale-pied [kalpje] (*pl* **cale-pieds**) nm toe-clip.

calepin [kalpɛ̃] nm **1.** [carnet] notebook **2.** BELG [serviette] briefcase.

caler [3] [kale] ◆ vt **1.** [avec une cale - armoire, pied de chaise] to wedge, to steady with a wedge ; [- roue] to chock, to wedge ▸ **caler une porte a)** [pour la fermer] to wedge a door shut **b)** [pour qu'elle reste ouverte] to wedge a door open **2.** [installer] to prop up *(sép)* ▸ **caler qqn sur des coussins** to prop sb up on cushions / *le pied doit être bien calé dans la chaussure* the foot must be firmly held in the shoe / *bien calé dans son fauteuil* comfortably settled in his armchair **3.** *fam* [remplir] : *ça cale (l'estomac)* it fills you up, it's filling **4.** NAUT [mât] to house. ◆ vi **1.** AUTO [moteur, voiture] to stall ▸ **j'ai calé** I've stalled **2.** [s'arrêter - devant un problème] to give up ; [- dans un repas] / *prends mon gâteau, je cale* have my cake, I can't eat anymore **3.** NAUT ▸ **caler 15 pieds** to draw 15 feet, to have a draught UK ou draft US of 15 feet ▸ **caler trop** to be too deep in water.

❖ **se caler** ◆ vpi [s'installer] : *se caler dans un fauteuil* to settle o.s. comfortably in an armchair. ◆ vpt EXPR **se caler les joues** ou **se les caler** *fam* [bien manger] to stuff ou to feed one's face.

caleter [kalte] *tfam* = **calter.**

calf [kalf] nm abr de **box-calf.**

calfat [kalfa] nm [ouvrier] calker, caulker.

calfatage [kalfataʒ] nm calking, caulking.

calfater [3] [kalfate] vt to calk, to caulk.

calfeutrage [kalføtʀaʒ], **calfeutrement** [kalføtʀəmɑ̃] nm [d'une fenêtre, d'une porte] draught-proofing ; [d'une ouverture] stopping up, filling.

calfeutrer [3] [kalføtʀe] vt [ouverture] to stop up *(sép)*, to fill ; [fenêtre, porte - gén] to make draught-proof ; [- avec un bourrelet] to weatherstrip.

❖ **se calfeutrer** vp *(emploi réfléchi)* **1.** [s'isoler du froid] to make o.s. snug **2.** *fig* [s'isoler] to shut o.s. up ou away.

calibrage [kalibʀaʒ] nm **1.** [d'un obus, d'un tube] calibration **2.** COMM [de fruits] grading **3.** IMPR castoff.

calibre [kalibʀ] nm **1.** INDUST & MÉCAN gauge **2.** CONSTR & TRAV PUB template **3.** ARM & TECHNOL bore, calibre UK, caliber US / *un canon de 70 calibres* a 70 millimetre gun ▸ **de gros calibre** large-bore ▸ **de petit calibre** small-bore **4.** COMM grade, (standardized ou standard) size **5.** *arg crime* [revolver] shooter UK, rod US **6.** *fig* [type] class, calibre UK, caliber US ▸ **de ce calibre** of this calibre ou class / *il est d'un autre calibre* he's not in the same league.

calibrer [3] [kalibʀe] vt **1.** [usiner - obus, revolver, tube] to calibrate **2.** COMM to grade **3.** IMPR to cast off *(sép)*.

calice [kalis] nm **1.** BOT & PHYSIOL calyx **2.** RELIG chalice.

calicot [kaliko] nm **1.** TEXT calico **2.** [bande] banner.

califat, khalifat [kalifa] nm caliphate, khalifate.

calife [kalif] nm caliph.

Vouloir être calife à la place du calife

In the 1960s comic book series *Iznogoud* by René Goscinny and Jean Tabary, the wicked Grand Vizier Iznogoud will stop at nothing to dethrone the caliph and take his place. The expression **vouloir être calife à la place du calife** has entered the language, referring to an ambitious desire to oust the person in charge:

Gravir les échelons de la hiérarchie de l'entreprise, ça n'est pas son objectif ; ce qu'il veut, c'est devenir au plus vite calife à la place du calife. *His goal isn't just to climb the corporate ladder, it's to take the place of the boss as quickly as he can.*

Il veut être calife à la place du calife au parti socialiste. *He's got his eye firmly on the leadership role in the Socialist Party.*

Californie [kalifɔʀni] npr f ▸ **(la) Californie** California ▸ **la Basse-Californie** Lower California.

californien, enne [kalifɔʀnjɛ̃, ɛn] adj Californian.

❖ **Californien, enne** nm, f Californian.

califourchon [kalifuʀʃɔ̃] ❖ **à califourchon** loc adv astride ▸ **être à califourchon sur qqch** to bestride ou to be astride sthg ▸ **monter** ou **s'asseoir** ou **se mettre à califourchon sur qqch** to sit astride ou to straddle sthg.

Caligula [kaligyla] npr Caligula.

câlin, e [kalɛ̃, in] adj **1.** [regard, voix] tender **2.** [personne] affectionate.

❖ **câlin** nm cuddle ▸ **faire un câlin à qqn** to give sb a cuddle ▸ **faire des câlins à qqn** to (kiss and) cuddle sb.

câliner [3] [kaline] vt to (kiss and) cuddle, to pet / *se faire câliner* to be cuddled.

❖ **se câliner** vp *(emploi réciproque)* to cuddle.

câlinerie [kalinʀi] nf [qualité] tenderness ; [geste] caress, cuddle ▸ **faire des câlineries à qqn** to kiss and cuddle sb.

calisson [kalisɔ̃] nm ▸ **calisson (d'Aix)** *lozenge-shaped sweet made of iced marzipan.*

calleux, euse [kalø, øz] adj **1.** [main, peau] callous, horny **2.** MÉD [ulcère] callous.

call-girl (*pl* **call-girls**), **callgirl*** [kɔlgœʀl] nf call girl.

calligramme [kaligʀam] nm calligramme.

calligraphe [kaligʀaf] nmf calligrapher.

calligraphie [kaligʀafi] nf calligraphy.

calligraphier [9] [kaligʀafje] vt **1.** ART to calligraph **2.** [écrire avec soin] ▸ **calligraphier qqch** to write sthg in a beautiful hand.

calligraphique [kaligʀafik] adj calligraphic.

Calliope [kaljɔp] npr MYTH Calliope.

callipyge [kalipiʒ] adj *hum* callipygian, big-bottomed ▸ **la Vénus callipyge** Callipygian Venus.

callosité [kalozite] nf callosity, callus.

calmant, e [kalmɑ̃, ɑ̃t] adj **1.** PHARM [contre l'anxiété] tranquillizing ; [contre la douleur] painkilling **2.** [propos] soothing.

❖ **calmant** nm **1.** PHARM [contre l'anxiété] tranquillizer UK, tranquilizer US, sedative ▸ **des calmants** tranquillizers / *prendre des calmants* to be on tranquillizers / *je voudrais m'arrêter de prendre des calmants* I want to come off tranquillizers **2.** [contre la douleur] painkiller.

calmar [kalmaʀ] nm squid.

calme [kalm] ◆ adj **1.** [sans agitation - quartier, rue, moment] quiet, peaceful ; [- journée, ambiance] calm / *nous avons passé trois jours calmes* we had three quiet days / *le malade a passé une nuit calme* the patient had a peaceful night **2.** [sans mouvement - eau, étang, mer] still, calm ; [- air] still ▸ **par temps calme** when there's no wind **3.** [maître de soi] calm, self-possessed ; [tranquille] quiet / *parler d'une voix calme* to talk calmly / *c'est un enfant très calme* he's a very placid child ▸ **rester calme** to stay calm **4.** [peu productif - marché] quiet, dull, slack / *les affaires sont calmes en ce moment* business is slack ou quiet at the moment. ◆ nmf [personne] calm ou placid person. ◆ nm **1.** [absence d'agitation] peace, quiet, calm ; [de l'air, de l'eau] stillness ▸ **avec calme** calmly ▸ **du calme! a)** [ne vous agitez pas] keep quiet! **b)** [ne paniquez pas] keep cool! ▸ **le calme** peace and quiet / *j'ai besoin de calme pour réfléchir* I need quiet ou peace and quiet to think ▸ **être au calme** to have ou to enjoy peace and quiet / *il faut rester au calme* you should avoid excitement ▸ **manifester dans le calme** to hold a peaceful demonstration ▸ **ramener le calme a)** [dans une assemblée] to restore order **b)** [dans une situation] to calm things down ▸ **c'est le calme avant la tempête** this is the calm before the storm **2.** [silence] silence ▸ **faire qqch dans le calme** to do sthg quietly / *allons les enfants, on rentre dans le calme!* come on children, let's go back in quietly now! **3.** [sang-froid] composure, calm ▸ **du calme!** calm down! / *une femme d'un grand calme* a very composed woman ▸ **garder son calme** to keep calm ▸ **perdre son calme** to lose one's composure ▸ **retrouver son calme** to calm down, to regain one's composure **4.** [vent] calm ▸ **c'est le calme plat a)** [en mer] there's no wind **b)** [il ne se passe rien] there's nothing happening **c)** [à la Bourse] the Stock Exchange is in the doldrums.

❖ **calmes** nmpl ▸ **calmes équatoriaux** doldrums.

calmement [kalməmɑ̃] adv calmly, quietly.

calmer [3] [kalme] vt **1.** [rendre serein - enfant, opposant, foule] to calm down *(sép)* / *essaie de calmer les enfants* try and get the children to calm down ▸ **nous devons calmer les esprits a)** [dans un groupe] we must put everybody's mind at rest **b)** [dans la nation] we must put the people's minds at rest ▸ **calmer le jeu a)** SPORT to calm the game down **b)** *fig* to calm things down / *je vais le calmer, moi! fam* I'll shut him up! **2.** [dépassionner - mécontentement] to soothe, to calm ; [- colère] to calm, to appease ; [- querelle] to pacify, to defuse ; [- débat] to restore order to **3.** [diminuer - fièvre, inflammation] to bring down *(sép)* ; [- douleur] to soothe, to ease ; [- faim] to satisfy, to appease ; [- soif] to quench ; [- désespoir, crainte] to ease, to allay ; [- désir, passion, enthousiasme] to dampen ; [- impatience] to relieve / *pour calmer sa frayeur* to dispel ou to allay his fear / *ça devrait leur calmer les nerfs* that should soothe their (frayed) nerves.

❖ **se calmer** vpi **1.** [devenir serein] to calm down / *attends que les choses se calment* wait for things to calm down **2.** [se taire] to quieten UK ou to quiet US down **3.** [s'affaiblir - dispute, douleur] to die down ou away, to ease off ou up ; [- fièvre] to die or to go down ; [- anxiété] to fade ; [- passion] to fade away, to cool ; [- faim, soif] to die down, to be appeased ▸ **la douleur s'est calmée brusquement / peu à peu** the pain died away abruptly / eased up gradually **4.** MÉTÉOR [averse] to ease off ; [mer] to become calm ; [vent] to die down, to drop.

calomel [kalɔmɛl] nm calomel.

calomniateur, trice [kalɔmnjatœʀ, tʀis] ◆ adj [parole] slanderous ; [lettre] libellous. ◆ nm, f slanderer ; [par écrit] libeller.

calomnie [kalɔmni] nf slander, calumny / *ce sont de pures calomnies* it's all lies.

calomnier [9] [kalɔmnje] vt [dénigrer - personne] to slander, to calumniate *sout* ; [- par écrit] to libel.

calomnieux, euse [kalɔmnjø, øz] adj [propos] slanderous ; [écrit] libellous UK, libelous US.

caloporteur [kalɔpɔʀtœʀ] adj m heat-conveying.

calorie [kalɔʀi] nf calorie ▸ **ça apporte des calories a)** [c'est nutritif] it'll help build you up **b)** [cela fait grossir] it's fattening ▸ **un régime basses calories** a low-calorie diet ▸ **grande calorie** kilocalorie, large calorie.

calorifère [kalɔʀifɛʀ] ◆ adj **1.** [produisant de la chaleur] heat-giving **2.** [transportant de la chaleur] heat-conveying. ◆ nm **1.** [poêle] stove **2.** QUÉBEC [radiateur] radiator.

calorifique [kalɔʀifik] adj [perte] heat *(modif)* ; [valeur] calorific.

* In reformed spelling (see p. 16-19).

calorifuge [kalɔʀifyʒ] ◆ adj heat-insulating. ◆ nm heat insulator.

calorifugeage [kalɔʀifyʒaʒ] nm heat insulation.

calorifuger [17] [kalɔʀifyʒe] vt to insulate, to lag.

calorimètre [kalɔʀimɛtʀ] nm calorimeter.

calorimétrie [kalɔʀimetʀi] nf calorimetry.

calorimétrique [kalɔʀimetʀik] adj calorimetric, calorimetrical.

caloriporteur [kalɔʀipɔʀtœʀ] adj m heat-conveying.

calorique [kalɔʀik] adj PHYS & PHYSIOL calorific, caloric.

calorisation [kalɔʀizasjɔ̃] nf calorization.

calot [kalo] nm **1.** VÊT cap **2.** MIL forage cap **3.** JEUX big marble.

calotin, e [kalɔtɛ̃, in] ◆ adj churchy. ◆ nm, f holy Joe.

calotte [kalɔt] nf **1.** VÊT skullcap ; [de prêtre] calotte, skullcap ▸ **la calotte** *fam* the clergy **2.** *fam* [tape] box on the ear ▸ **flanquer une calotte à qqn** to give sb a clip round the earhole ▸ **(se) prendre** ou **recevoir une calotte** to get a thick ear **3.** ANAT ▸ **calotte du crâne** ou **crânienne** top of the skull **4.** ARCHIT [voûte] calotte **5.** ASTRON ▸ **calotte polaire** polar region **6.** *litt* ▸ **la calotte des cieux** the dome ou vault of heaven **7.** MATH ▸ **calotte sphérique** portion of a sphere **8.** GÉOGR ▸ **calotte glaciaire** icecap.

calotter [3] [kalɔte] vt *fam* : *calotter un enfant* to box a child around the ears.

calquage [kalkaʒ] nm tracing.

calque [kalk] nm **1.** [feuille] piece of tracing paper ; [substance] tracing paper **2.** [dessin] tracing, traced design ▸ **prendre** ou **faire un calque de** to trace **3.** [copie - d'un tableau, d'un texte] exact copy, replica **4.** [répétition - d'une attitude, d'une erreur] carbon copy **5.** LING calque, loan translation.

calquer [3] [kalke] vt **1.** [motif] to trace **2.** [imiter - manières, personne] to copy exactly **3.** LING to translate literally ▸ **calqué sur** ou **de l'espagnol** translated literally from Spanish.

calter [3] [kalte] vi *tfam* to scarper UK to cut and run US.

✣ **se calter** vpi *tfam* to scarper UK to cut and run US.

calumet [kalymɛ] nm peace pipe ▸ **fumer le calumet de la paix a)** *pr* to smoke the pipe of peace **b)** *fig* to make peace.

calva [kalva] *fam* = **calvados.**

calvados [kalvados] nm Calvados, apple brandy.

calvaire [kalvɛʀ] nm **1.** RELIG [crucifixion] ▸ **le Calvaire (de Jésus)** the suffering of Jesus on the Cross **2.** [monument - à plusieurs croix] calvary ; [- à une croix] wayside cross ou calvary **3.** ART calvary, road to Calvary **4.** [souffrance] ordeal / *sa maladie a été un long calvaire* his illness was a long ordeal.

Calvin [kalvɛ̃] npr ▸ **Jean Calvin** John Calvin.

calvinisme [kalvinism] nm Calvinism.

calviniste [kalvinist] ◆ adj Calvinist, Calvinistic. ◆ nmf Calvinist.

calvitie [kalvisi] nf **1.** [absence de cheveux] baldness ▸ **calvitie précoce** premature baldness **2.** *fam* [emplacement] bald spot.

calypso [kalipso] nm calypso.

camaïeu, x [kamajø] nm **1.** [tableau] monochrome painting **2.** [gravure] monochrome engraving **3.** [technique] ▸ **le camaïeu** monochrome, monotint ▸ **en camaïeu** [tableau] monochrome ▸ **un camaïeu de bleus** a monochrome in blue **4.** [couleurs] shades / *le camaïeu du couchant* the shades of sunset.

camail [kamaj] nm **1.** [d'un cheval] neck guard **2.** VÊT (ecclesiastical) cape, cope **3.** [du coq] neck feathers, hackles **4.** HIST camail.

camarade [kamaʀad] nmf **1.** [ami] friend ▸ **camarade de chambrée** roommate ▸ **camarade de classe** classmate ▸ **camarade d'école** schoolmate ▸ **camarade de jeu** playmate ▸ **camarade de régiment** comrade (in arms) ▸ **camarade de travail** workmate, colleague **2.** POL comrade **3.** [en appellatif] comrade.

camaraderie [kamaʀadʀi] nf [entre deux personnes] good fellowship, friendship ; [dans un club, un groupe] companionship, camaraderie / *il n'y a que de la camaraderie entre eux* they're just (good) friends.

camard, e [kamaʀ, aʀd] adj *vieilli* [nez] pug ; [personne] pug-nosed.

✣ **Camarde** nf *litt* ▸ **la Camarde** the Grim Reaper.

camarguais, e [kamaʀgɛ, ɛz] adj from the Camargue.

✣ **Camarguais, e** nm, f *inhabitant or native of Camargue.*

Camargue [kamaʀg] npr f ▸ **la Camargue** the Camargue (area).

camarilla [kamaʀija] nf camarilla.

cambial, e, aux [kɑ̃bjal, o] adj FIN exchange *(modif)*, currency *(modif)*.

cambiste [kɑ̃bist] ◆ adj ▸ **banquier cambiste** bank with a bureau de change ou foreign exchange counter ▸ **marché cambiste** currency ou foreign exchange market. ◆ nmf **1.** BOURSE exchange broker **2.** [de bureau de change] bureau de change ou foreign exchange dealer.

cambium [kɑ̃bjɔm] nm cambium.

Cambodge [kɑ̃bɔdʒ] npr m ▸ **le Cambodge** Cambodia ▸ **au Cambodge** in Cambodia.

cambodgien, enne [kɑ̃bɔdʒjɛ̃, ɛn] adj Cambodian.

✣ **Cambodgien, enne** nm, f Cambodian.

✣ **cambodgien** nm LING Cambodian.

cambouis [kɑ̃bwi] nm dirty oil ou grease ▸ **mettre les mains dans le cambouis** *fig* to get one's hands dirty.

cambrage [kɑ̃bʀaʒ] nm camber.

cambré, e [kɑ̃bʀe] adj [dos] arched ; [pied] with a high instep ; [personne] arched-back ; [cheval] bow-legged.

cambrement [kɑ̃bʀəmɑ̃] = **cambrage.**

cambrer [3] [kɑ̃bʀe] vt **1.** [pied] to arch ▸ **cambrer le dos** ou **les reins** to arch one's back **2.** TECHNOL [barre, poutre] to camber.

✣ **se cambrer** vpi to arch one's back.

cambrien, enne [kɑ̃bʀijɛ̃, ɛn] adj Cambrian.

✣ **cambrien** nm Cambrian (period).

cambriolage [kɑ̃bʀijɔlaʒ] nm **1.** [coup] burglary, break-in **2.** [activité] ▸ **le cambriolage** burglary, housebreaking.

cambrioler [3] [kɑ̃bʀijɔle] vt [propriété] to burgle UK to burglarize US ; [personne] to burgle ▸ **se faire cambrioler** to be burgled.

cambrioleur, euse [kɑ̃bʀijɔlœʀ, øz] nm, f burglar, housebreaker.

Cambronne [kɑ̃bʀɔn] npr ▸ **le mot de Cambronne** *euphemism for the word "merde".*

cambrousse [kɑ̃bʀus], **cambrouse** [kɑ̃bʀuz] nf *fam & péj* country, countryside ▸ **en pleine cambrousse** in the middle of nowhere / *il arrive* ou *débarque de sa cambrousse* he's just up from the backwoods ou sticks.

cambrure [kɑ̃bʀyʀ] nf **1.** [posture - du dos] curve ; [- du pied, d'une semelle] arch **2.** TECHNOL [d'une chaussée, d'une pièce de bois] camber **3.** OPT curve **4.** [partie - du pied] instep ; [- du dos] small **5.** [support de semelage] instep.

cambuse [kɑ̃byz] nf **1.** NAUT storeroom **2.** *fam & péj* [chambre, maison] dump, tip UK

cambusier [kɑ̃byzje] nm NAUT storekeeper.

came [kam] nf **1.** MÉCAN cam **2.** *tfam* [drogue] junk **3.** *tfam* [marchandises] stuff, junk.

camé[1]**, e** [kame] ◆ adj *tfam* high / *il est camé* he's on something. ◆ nm, f *tfam* junkie.

camée[2] [kame] nm JOAILL cameo.

caméléon [kameleɔ̃] nm ZOOL chameleon.

camélia [kamelja] nm camellia.

camélidé [kamelide] nm camel, member of the camel family ou *spéc* the Camelidae.

camelot [kamlo] nm **1.** [dans la rue] street peddler, hawker **2.** POL ▸ **camelot du roi** Royalist supporter *(in France).*

camelote [kamlɔt] nf *fam* **1.** [marchandise] stuff, goods / *c'est de la bonne camelote* it's good stuff **2.** *péj* [mauvaise qualité] ▸ **c'est de la camelote** it's junk ou trash / *leurs bagues, c'est de la camelote* their rings are cheap and nasty.

camembert [kamɑ̃bɛʀ] nm **1.** [fromage] Camembert (cheese) **2.** [graphique] pie chart.

camer [3] [kame] ✣ **se camer** vpi *tfam* to be a junkie / *se camer à la cocaïne* to be on coke.

caméra [kameʀa] nf **1.** AUDIO, CINÉ & TV film UK ou movie US camera / *il s'est expliqué devant les caméras* he gave an explanation in front of the television cameras ▸ **caméra invisible** candid camera ▸ **caméra portative** press camera ▸ **caméra sonore** sound camera ▸ **caméra super-8** super 8 camera ▸ **caméra vidéo** video camera **2.** OPT ▸ **caméra électronique** ou **électronographique** electronic camera.

> ⚠ Le mot anglais **camera** désigne un appareil photo et non une caméra.

cameraman (*pl* **cameramans** *ou* **cameramen** [kameʀamɛn]), **caméraman*** [kameʀaman] nm cameraman *(nm)*, camera operator.

camériste [kameʀist] nf **1.** [dame d'honneur] lady-in-waiting **2.** [femme de chambre] chambermaid.

camerlingue [kamɛʀlɛ̃g] nm camerlengo.

Cameroun [kamʀun] npr m ▸ **le Cameroun** Cameroon ▸ **au Cameroun** in Cameroon.

camerounais, e [kamʀunɛ, ɛz] adj Cameroonian.

✣ **Camerounais, e** nm, f Cameroonian.

Caméscope® [kameskɔp] nm camcorder ▸ **Caméscope numérique®** digital camcorder.

camion [kamjɔ̃] nm **1.** AUTO lorry UK truck US / **'interdit aux camions'** 'no HGVs UK', 'no trucks US' ▸ **camion benne** dumper truck ▸ **camion de déménagement** removal van UK moving van US ▸ **camion des éboueurs** dustcart UK garbage truck US ▸ **camion à remorque** lorry with trailer ▸ **camion à semi-remorque** articulated lorry UK trailer truck US **2.** [de peintre] (paint) pail.

camion-citerne [kamjɔ̃sitɛʀn] (*pl* **camions-citernes**) nm tanker (lorry) UK tank(er) truck US

camionnage [kamjɔnaʒ] nm (road) haulage UK trucking US

camionner [3] [kamjɔne] vt to haul, to transport by lorry UK ou truck US

camionnette [kamjɔnɛt] nf van ▸ **camionnette de livraison** delivery van.

camionneur, euse [kamjɔnœʀ, øz] nm, f [conducteur] lorry UK ou truck US driver.

✣ **camionneur** nm [entrepreneur] (road) haulage contractor, (road) haulier UK ou hauler US trucker US

camion-poubelle [kamjɔ̃pubɛl] (*pl* **camions-poubelles**) nm dustcart, (dust) bin lorry UK garbage truck US

camisard [kamizaʀ] nm HIST Calvinist partisan *(in the Cévennes uprising of 1702).*

camisole [kamizɔl] nf **1.** VÊT camisole **2.** PSYCHOL ▸ **camisole chimique** *drugs used to control the behaviour of violent psychiatric patients* ▸ **camisole de force** strait jacket.

camomille [kamɔmij] nf **1.** BOT camomile **2.** [infusion] camomile tea.

Camorra [kamɔʀa] nf Camorra.

camouflage [kamuflaʒ] nm **1.** MIL [procédé] camouflaging ; [matériel] camouflage **2.** [d'un message] coding **3.** ZOOL camouflage, mimicry.

camoufler [3] [kamufle] vt **1.** MIL to camouflage **2.** [cacher - passage, gêne] to conceal ; [- bavure] to cover up *(sép)* ; [- vérité] to hide, to conceal **3.** [déguiser] : *de nombreux crimes sont camouflés en suicides* murders are often made to look like suicide.

✣ **se camoufler** vp *(emploi réfléchi)* **1.** MIL to camouflage o.s. **2.** ZOOL to camouflage itself, to mimic its environment.

camouflet [kamuflɛ] nm **1.** *litt* [affront] snub, insult, affront **2.** MIL camouflet, stifler.

camp [kɑ̃] nm **1.** MIL (army) camp ▸ **camp militaire** / **retranché** military / fortified camp ▸ **camp de base** base camp ▸ **camp de prisonniers** prisoner of war camp ▸ **camp volant** temporary camp ▸ **vivre en camp volant a)** *fig* [en situation changeante] to be always on the move **b)** [en déménageant souvent] to live out of a suitcase ▸ **lever le camp a)** *pr* to break camp **b)** *fig* to make tracks **2.** HIST & POL camp ▸ **camp (de concentration)** concentration camp / *la vie dans les camps* life in the concentration camps ▸ **camp de déportation** deportation camp ▸ **camp d'extermination** ou **de la mort** death camp ▸ **camp de réfugiés** refugee camp ▸ **camp de travail (forcé)** forced labour UK ou labor US camp ▸ **Camp David** HIST Camp David ▸ **le Camp du Drap d'or** HIST the Field of (the) Cloth of Gold *(meeting between François I of France and Henry VIII of England in 1520)* **3.** LOISIRS campsite, camping site / *je fais un camp à Pâques avec ma classe* I'm going on a camping trip at Easter with my class / *j'envoie les enfants en camp cet été* I'm sending the children off to summer camp this year ▸ **camp de scouts** scout camp ▸ **camp de vacances** holiday UK ou vacation US camp **4.** [campement] ▸ **camp de nomades a)** [dans le désert] nomad camp **b)** [de gens du voyage] travellers' camp ▸ **camp de nudistes** nudists camp **5.** JEUX & SPORT team, side **6.** [faction] camp, side / *il faut choisir son camp* you must decide which side you're on / *passer dans l'autre camp* ou *changer de camp* to change sides, to go over to the other side **7.** EXPR **ficher le camp** *fam* to clear off ▸ **foutre le camp** *tfam* [personne] to bugger off UK, to take off US ▸ **fous le camp!** shove ou piss off! / *mon pansement fout le camp* my plaster's coming off ▸ **tout fout le camp!** what is the world coming to?

campagnard, e [kɑ̃paɲaʀ, aʀd] ◆ adj [accent, charme, style, vie] country *(modif)*, rustic. ◆ nm, f countryman (countrywoman) ▸ **les campagnards** countryfolk.

campagne [kɑ̃paɲ] nf **1.** GÉOGR [habitat] country ; [paysage] countryside / *les travaux de la campagne* farm ou agricultural work ▸ **la campagne environnante** the surrounding country ou countryside ▸ **une campagne plate** flat ou open country ▸ **une campagne vallonnée** rolling countryside ▸ **à la campagne** in the country ou countryside **2.** [activité] campaign ▸ **faire campagne pour** / **contre** to campaign for / against ▸ **lancer une campagne pour** / **contre** to launch a campaign for / against ▸ **campagne d'affichage** poster campaign ▸ **campagne de diffamation** smear campaign ▸ **campagne électorale** election campaign ▸ **campagne de presse** press campaign ▸ **campagne de recrutement** recruitment drive ▸ **campagne de vaccination** vaccination program ▸ **campagne de vente** sales campaign ▸ **campagne publicitaire** ou **de publicité** COMM advertising campaign **3.** MIL campaign ▸ **faire campagne** to campaign, to fight ▸ **la campagne d'Italie** the Italian campaign ▸ **les campagnes napoléoniennes** Napoleon's campaigns **4.** ARCHÉOL ▸ **campagne de fouilles** excavation plan.

❖ **de campagne** loc adj **1.** [rural - chemin, médecin, curé] country *(modif)* **2.** COMM [pain, saucisson] country *(modif)* **3.** MIL [tenue] field *(modif)*.

❖ **en campagne** loc adv in the field, on campaign ▸ **être en campagne** *fig* to be on the warpath ▸ **entrer** ou **se mettre en campagne** *pr & fig* to go into action.

campagnol [kɑ̃paɲɔl] nm vole.

campanaire [kɑ̃panɛʀ] adj ▸ **art campanaire** bell-ringing ▸ **artisan campanaire** bellmaker.

Campanie [kɑ̃pani] npr f ▸ **(la) Campanie** Campania.

campanile [kɑ̃panil] nm [d'une église] bell-tower ; [isolé] campanile.

campanulacée [kɑ̃panylase] nf member of the Campanulae.

campanule [kɑ̃panyl] nf bellflower, campanula *spéc.*

campé, e [kɑ̃pe] adj ▸ **bien campé** [robuste] well-built / *bien campé sur ses jambes* standing firmly on his feet ▸ **des personnages bien campés a)** [bien décrits] well-drawn characters **b)** [bien interprétés] well-played characters.

campement [kɑ̃pmɑ̃] nm **1.** [installation] camp, encampment ; [terrain] camping place ou ground ; [de bohémiens] caravan site / **'campement interdit'** 'no camping' ▸ **établir un campement** to set up camp ▸ **replier le campement** to break camp **2.** MIL [détachement] detachment of scouts.

camper [3] [kɑ̃pe] ◆ vi **1.** LOISIRS to camp **2.** MIL to camp (out) ▸ **camper sur ses positions a)** MIL to stand one's ground **b)** *fig* to stand one's ground, to stick to one's guns **3.** [habiter temporairement] : *je campe chez un copain en attendant* meanwhile, I'm camping (out) at a friend's. ◆ vt **1.** THÉÂTRE [personnage] to play the part of **2.** [par un dessin - silhouette] to draw, to sketch out *(sép)* **3.** [par un écrit - personnage] to portray **4.** [placer] : *camper son chapeau sur l'oreille* to tilt one's hat over one's ear / *camper son chapeau sur sa tête* to stick one's hat on one's head **5.** MIL [troupes] to encamp.

❖ **se camper** vpi ▸ **se camper devant qqn** to plant o.s. in front of sb.

campeur, euse [kɑ̃pœʀ, øz] nm, f camper.

camphre [kɑ̃fʀ] nm camphor.

camphré, e [kɑ̃fʀe] adj camphorated.

camphrier [kɑ̃fʀije] nm camphor tree.

camping [kɑ̃piŋ] nm **1.** [activité] camping / *on a fait du camping l'été dernier* we went camping last summer / *j'aime faire du camping* I like camping ▸ **camping sauvage a)** [non autorisé] camping on non-authorized sites **b)** [en pleine nature] camping in the open ou in the wild, wilderness camping **2.** [terrain] camp ou camping site UK, campground US ; [pour caravanes] caravan UK ou trailer US site.

❖ **de camping** loc adj camp *(modif)*, camping.

camping-car [kɑ̃piŋkaʀ] *(pl* **camping-cars***)* nm camper-van UK, camper US.

camping-caravaning [kɑ̃piŋkaʀavaniŋ] nm inv caravanning UK, camping in a trailer US.

Camping-Gaz® [kɑ̃piŋgaz] nm inv butane gas-stove.

campus [kɑ̃pys] nm campus ▸ **sur le campus** on campus.

camus, e [kamy, yz] adj [nez] pug ; [personne] pug-nosed.

canada [kanada] nf Canada apple.

Canada [kanada] npr m ▸ **le Canada** Canada ▸ **au Canada** in Canada.

Canadair® [kanadɛʀ] nm fire-fighting plane, tanker plane US.

canadianisme [kanadjanism] nm Canadianism.

canadien, enne [kanadjɛ̃, ɛn] adj Canadian.

❖ **Canadien, enne** nm, f Canadian.

❖ **canadienne** nf **1.** [tente] (ridge) tent **2.** VÊT fur-lined jacket **3.** [pirogue] (Canadian) canoe.

canaille [kanaj] ◆ adj **1.** [polisson] roguish **2.** [vulgaire] coarse, vulgar. ◆ nf **1.** [crapule] scoundrel, crook ▸ **la canaille** *vieilli* the rabble **2.** [ton affectueux] ▸ **petite canaille!** you little devil ou rascal!

canaillerie [kanajʀi] nf *litt* **1.** [acte] low trick **2.** [malhonnêteté] crookedness **3.** [vulgarité] coarseness, vulgarity.

canal, aux [kanal, o] nm **1.** NAUT canal / *sur les canaux et rivières* on the inland waterways ▸ **canal maritime** ou **de navigation** ship canal ▸ **canal de jonction** junction canal ▸ **canal latéral** lateral canal **2.** TRAV PUB duct, channel ▸ **canal d'amenée** feed ou feeder channel **3.** AGR canal ▸ **canal de drainage** / **d'irrigation** drainage / irrigation canal **4.** TV & INFORM channel ▸ **Canal+** ou **Plus** *French pay TV channel* ▸ **canal IRC** IRC channel ; QUÉBEC [chaîne] (TV) channel **5.** ANAT & BOT duct, canal ▸ **canal auditif** auditory canal ▸ **canal biliaire** bile duct ▸ **canal déférent** vas deferens ▸ **canal inguinal** inguinal canal ▸ **canal lacrymal** tear duct, lachrymal canal *spéc* ▸ **canal médullaire** medullary canal ou cavity **6.** ÉCON ▸ **canal de distribution** distribution channel **7.** ARCHIT flute **8.** ASTRON canal.

❖ **par le canal de** loc prép through, via.

Canaux

le canal calédonien	the Caledonian Canal
le canal de Corinthe	the Corinth Canal
le canal du Midi	*canal linking the Garonne estuary to the Mediterranean*
le canal de Mozambique	the Mozambique Channel
le canal de Panamá	the Panama Canal
le canal de Suez	the Suez Canal

canalisable [kanalizabl] adj [énergie, pensées, efforts] which can be channelled.

canalisation [kanalizasjɔ̃] nf **1.** TRAV PUB [conduit] pipe ▸ **canalisations** [système] pipes, pipework, piping **2.** ÉLECTR wiring **3.** [travaux - d'une rivière] channelling / *la canalisation de la région* equipping the area with a canal system **4.** [rassemblement - d'énergies, d'une foule, de pensées] channelling.

canaliser [3] [kanalize] vt **1.** TRAV PUB [cours d'eau] to channel ; [région] to provide with a canal system **2.** [énergies, foule, pensées, ressources] to channel / *la police canalisait les manifestants vers la sortie* the police were channelling the demonstrators towards the exit.

canapé [kanape] nm **1.** [siège] settee, sofa ▸ **canapé clic-clac** *sofa bed operated by a spring mechanism* ▸ **canapé convertible** bed settee, sofa bed **2.** CULIN [pour cocktail] canapé / *caviar sur canapé* canapé of caviar ; [pain frit] canapé, croûton *(spread with forcemeat, served with certain meats)*.

canapé-lit [kanapeli] *(pl* **canapés-lits***)* nm bed settee, sofa bed.

canaque [kanak] adj Kanak.

❖ **Canaque** nmf Kanak.

canard [kanaʀ] nm **1.** ZOOL duck ▸ **canard mâle** drake ▸ **canard musqué** ou **de Barbarie** Muscovy ou musk duck ▸ **canard sauvage** wild duck ▸ **canard siffleur** widgeon ▸ **canard boiteux** *fig* lame duck **2.** CULIN duck ▸ **canard laqué** Peking duck ▸ **canard à l'orange** duck in orange sauce, duck à l'orange **3.** [terme affectueux] ▸ **mon petit canard** sweetie, sweetie-pie **4.** *fam* [journal] paper, rag ▸ **le Canard enchaîné** PRESSE *satirical French weekly newspaper* **5.** [informations] rumour **6.** [couac] false note ▸ **faire un canard** to hit a false note, to go off key **7.** *fam* [sucre - au café] sugar lump dipped in coffee ; [- à l'eau-de-vie] sugar lump dipped in eau-de-vie ; [- au rhum] sugar lump dipped in rum / *faire un canard* to dip a lump of sugar into one's drink **8.** MÉD [bol] feeding cup.

canardeau, x [kanaʀdo] nm duckling.

canarder [3] [kanaʀde] ◆ vt [avec une arme à feu] to snipe at *(insép)*, to take potshots at *(insép)* ; [avec des projectiles] to pelt ▸ **se faire canarder** [au fusil] to be sniped at. ◆ vi *fam* [faire des fausses notes] to sing off key ; [faire une fausse note] to hit a false note, to go off key.

canardière [kanaʀdjɛʀ] nf **1.** [mare] duck-pond **2.** CHASSE [zone] duck shoot ; [fusil] punt gun.

canari [kanaʀi] ◆ nm canary ▸ **les Canaris** *the Nantes football team.* ◆ adj inv canary-yellow.

Canarie [kanaʀi] npr f ▸ **la Grande Canarie** Grand Canary.

canarien, enne [kanaʀjɛ̃, ɛn] adj Canarian.

❖ **Canarien, enne** nm, f Canarian.

Canaries [kanaʀi] npr fpl ▸ **les (îles) Canaries** the Canary Islands, the Canaries ▸ **aux Canaries** in the Canaries. ⟶ **île**.

canasson [kanasɔ̃] nm *tfam* horse, nag *péj.*

canasta [kanasta] nf canasta.

Canaveral [kanaveʀal] npr ⟶ **cap.**

Canberra [kɑ̃bɛʀa] npr Canberra.

cancale [kɑ̃kal] nf (Cancale) oyster.

cancan [kɑ̃kɑ̃] nm **1.** [cri du canard] quack **2.** [danse] (French) cancan **3.** [bavardage] piece of gossip ▸ **des cancans** gossip / *n'écoute pas les cancans* don't listen to gossip ou to what people say.

cancaner [3] [kɑ̃kane] vi **1.** ZOOL to quack **2.** [médire] to gossip / *leur divorce a beaucoup fait cancaner* their divorce caused a lot of gossip.

cancanier, ère [kɑ̃kanje, ɛʀ] ◆ adj gossipy. ◆ nm, f gossip.

cancer [kɑ̃sɛʀ] nm **1.** MÉD cancer ▸ **avoir un cancer** to have cancer ▸ **cancer du foie** / **de la peau** liver / skin cancer ▸ **cancer du col de l'utérus** cervical cancer

▸ **atteint d'un cancer rare** suffering from a rare form of cancer **2.** [fléau] cancer, canker.

Cancer [kɑ̃sɛʀ] npr m **1.** ASTRON Cancer **2.** ASTROL Cancer ▸ **être Cancer** to be Cancer ou a Cancerian.

cancéreux, euse [kɑ̃seʀø, øz] ◆ adj [cellule, tumeur] malignant, cancerous ; [malade] cancer *(modif)*. ◆ nm, f cancer victim ou sufferer.

cancérigène [kɑ̃seʀiʒɛn] adj carcinogenic.

cancérisation [kɑ̃seʀizasjɔ̃] nf : *pour empêcher la cancérisation des cellules* to prevent cells from becoming malignant.

cancériser [3] [kɑ̃seʀize] ❖ **se cancériser** vpi to become cancerous ou malignant.

cancérogène [kɑ̃seʀɔʒɛn] = **cancérigène.**

cancérogenèse [kɑ̃seʀɔʒənɛz] nf carcinogenesis.

cancérologie [kɑ̃seʀɔlɔʒi] nf cancerology.

cancérologique [kɑ̃seʀɔlɔʒik] adj cancerologic, cancerological.

cancérologue [kɑ̃seʀɔlɔg] nmf cancerologist.

cancérophobie [kɑ̃seʀɔfɔbi] nf cancerophobia.

cancoillotte [kɑ̃kwajɔt] nf Cancoillotte *(strong-tasting soft cheese, from the Franche-Comté region)*.

cancre [kɑ̃kʀ] nm dunce.

cancrelat [kɑ̃kʀəla] nm cockroach.

candélabre [kɑ̃delabʀ] nm **1.** [flambeau] candelabra **2.** [colonne ornementée] ornate column **3.** [réverbère] street lamp.

candeur [kɑ̃dœʀ] nf ingenuousness, naivety / *il l'a raconté en toute candeur* he recounted it quite candidly ou ingenuously.

candi [kɑ̃di] adj m ▸ **sucre candi** rock sugar, rock candy.

candida [kɑ̃dida] nm candida.

candidat, e [kɑ̃dida, at] nm, f **1.** POL candidate ▸ **être candidat aux élections** to be a candidate in the elections, to stand UK ou to run in the elections / *être candidat à la présidence* to run for president, to stand for president UK **2.** [à un examen, à une activité] candidate ; [à un emploi] applicant, candidate / *les candidats à l'examen d'entrée* entrance examination candidates / *être candidat à un poste* to be a candidate for a post / *se porter candidat à un poste* to apply for a post / *il y a des candidats à la vaisselle?* *hum* any volunteers for the washing-up UK ou for doing the dishes US ▸ **les candidats à l'aventure** adventure-seekers.

candidature [kɑ̃didatyʀ] nf **1.** POL candidature, candidacy ▸ **poser sa candidature** to stand UK ou to declare o.s. a candidate ▸ **retirer sa candidature** to stand down / *elle soigne sa candidature au poste de trésorière* she's working on her election to the post of treasurer ▸ **candidature multiple** standing UK ou running for election in several constituencies ▸ **candidature officielle** standing UK ou running as official candidate **2.** [pour un emploi] application ▸ **poser sa candidature (à)** to apply (for) ▸ **retirer sa candidature** to withdraw one's application ▸ **candidature spontanée** prospective application.

candide [kɑ̃did] adj ingenuous, naive.

> ⚠ **Candid** signifie « franc », « sincère » et non candide.

candidement [kɑ̃didmɑ̃] adv ingenuously, naively.

candidose [kɑ̃didoz] nf candidiasis.

candir [32] [kɑ̃diʀ] vt [sucre, bonbon] to candy.
❖ **se candir** vpi to candy.

candomblé [kɑ̃dɔ̃ble] nm candomblé.

cane [kan] nf (female) duck.

Canebière [kanbjɛʀ] npr f ▸ **la Canebière** *large avenue in Marseille.*

Canée [kane] npr f ▸ **La Canée** Canea.

caner [3] [kane] vi **1.** *tfam* [de peur] to chicken out **2.** *tfam* [mourir] to kick the bucket.

caneton [kantɔ̃] nm duckling / *caneton à l'orange* duck à l'orange.

canette [kanɛt] nf **1.** ZOOL duckling **2.** [bouteille] (fliptop) bottle **3.** [boîte] can ▸ **canette (de bière)** bottle (of beer) **4.** [bobine] spool.

canevas [kanva] nm **1.** [d'un roman, d'un exposé] framework **2.** TEXT canvas **3.** [d'une carte] graticule.

caniche [kaniʃ] nm **1.** ZOOL poodle **2.** *péj* [personne] lapdog, poodle.

caniculaire [kanikylɛʀ] adj scorching, blistering.

canicule [kanikyl] nf **1.** [grande chaleur] scorching heat ▸ **la canicule** [en plein été] the midsummer heat ▸ **une semaine de canicule** a weeklong heatwave / *quelle canicule!* what a scorcher! **2.** ANTIQ caniculars, canicular days.

canidé [kanide] nm canine ▸ **les canidés** the dog family, the Canidae *spéc.*

canif [kanif] nm penknife, pocketknife.

canin[1], e [kanɛ̃, in] adj canine ▸ **exposition canine** dog show.

canine[2] [kanin] nf canine tooth.

canisse [kanis] = **cannisse.**

caniveau, x [kanivo] nm **1.** [le long du trottoir] gutter **2.** [conduit] gutter, drainage channel.

canna [kana] nm canna ▸ **les cannas** the Cannaceae.

cannabis [kanabis] nm [drogue, chanvre] cannabis.

cannabisme [kanabism] nm cannabis dependency.

cannage [kanaʒ] nm **1.** [activité] caning **2.** [produit] cane work.

canne [kan] nf **1.** [d'un élégant] cane ; [d'un vieillard] walking-stick ▸ **canne (anglaise)** crutch ▸ **marcher avec des cannes** to be on crutches ▸ **canne blanche** white stick UK ou cane US ▸ **les cannes blanches** the visually disabled **2.** PÊCHE ▸ **canne à pêche** fishing-rod **3.** BOT ▸ **canne à sucre** sugar cane **4.** ARM ▸ **canne à épée** swordstick, sword cane **5.** [rotin] cane *(U)*.
❖ **cannes** nfpl *tfam* [jambes] legs, pins ; SPORT ski-poles, poles.

canné, e [kane] adj **1.** [en rotin] cane *(modif)* **2.** *tfam* [mort] dead as a doornail.

canne-béquille [kanbekij] *(pl* **cannes-béquilles***)* nf crutch.

canneberge [kanbɛʀʒ] nf cranberry.

canne-épée [kanepe] *(pl* **cannes-épées***)* nf swordstick.

cannelé, e [kanle] adj **1.** [orné de cannelures] fluted **2.** OPT fluted **3.** [à gouttière] grooved.
❖ **cannelé** nm CULIN *small fluted dense-textured cake.*

canneler [24] [kanle] vt to flute.

✎ In reformed spelling (see p. 16-19), this verb is conjugated like **peler** : *il cannèle, elle cannèlera.*

cannelier [kanəlje] nm cinnamon tree.

cannelle [kanɛl] ◆ nf **1.** CULIN cinnamon ▸ **cannelle de Ceylan / Chine** Ceylon / China cinnamon **2.** [robinet] tap UK, faucet US, spigot US. ◆ adj inv pale brown, cinnamon-coloured.
❖ **à la cannelle** loc adj cinnamon-flavoured ▸ **thé à la cannelle** cinnamon tea.

cannelloni [kanelɔni] *(pl* **cannelloni** *ou* **cannellonis***)* nm cannelloni.

cannelure [kanlyʀ] nf **1.** [d'un vase, d'un pilier] flute, fluting **2.** [d'une vis, d'une pièce de monnaie] groove, grooving **3.** BOT & GÉOL stria, striation.

canner [3] [kane] ◆ vt [tabouret] to cane. ◆ vi *tfam* = **caner.**

Cannes [kan] npr Cannes ▸ **le festival de Cannes** the Cannes film festival.

cannette [kanɛt] = **canette.**

cannibale [kanibal] ◆ adj & nmf cannibal *aussi fig.* ◆ nm BELG steak tartare on toast.

cannibalique [kanibalik] adj cannibalistic.

cannibalisation [kanibalizasjɔ̃] nf COMM cannibalization / *il n'y a pas de risque de cannibalisation entre ces deux produits* there's no risk of cannibalization between the two products.

cannibaliser [3] [kanibalize] vt to cannibalize.

cannibalisme [kanibalism] nm **1.** [anthropophagie] cannibalism **2.** [férocité] cannibalism, savagery.

cannisse [kanis] nf rush fence.

cannois, e [kanwa, az] adj from Cannes.
❖ **Cannois, e** nm, f *inhabitant of or person from Cannes.*

canoë [kanɔe] nm canoe ▸ **faire du canoë** to go canoeing.

canoéisme [kanɔeism] nm canoeing.

canoéiste [kanɔeist] nmf canoeist.

canoë-kayak [kanɔekajak] *(pl* **canoës-kayaks***)* nm ▸ **faire du canoë-kayak** to go canoeing.

canon [kanɔ̃] nm **1.** ARM [pièce - moderne] gun ; [- ancienne] cannon ; [tube d'une arme à feu] barrel ▸ **à canon double** double-barrelled ▸ **à canon scié** sawn-off UK, sawed-off US ▸ **canon automatique** machine-gun ▸ **canon mitrailleur** heavy machine-gun **2.** NAUT ▸ **canon de chasse / retraite** fore / aft gun **3.** ÉLECTRON ▸ **canon électronique** ou **à électrons** electron gun **4.** AGR ▸ **canon arroseur** irrigation cannon **5.** LOISIRS & SPORT ▸ **canon à neige** snow-making machine **6.** [de clé, de serrure] barrel **7.** MUS canon ▸ **canon à trois voix** canon for three voices ▸ **chanter en canon** to sing a ou in canon **8.** ART canon **9.** *sout* [modèle] model, canon *sout* ▸ **le canon de la beauté / du bon goût** the canon of beauty / good taste *sout* / *elle était le canon de l'élégance* she was a model of elegance **10.** RELIG canon ; *(comme adj m)* ▸ **droit canon** canonical law **11.** [de vin] glass (of wine) ; [d'eau-de-vie] shot (of spirits).

cañon [kaɲɔn] nm canyon.

canonial, e, aux [kanɔnjal, o] adj RELIG **1.** [réglé par les canons] canonic, canonical **2.** [du chanoine] of a canon.

canonicat [kanɔnika] nm canonry.

canonique [kanɔnik] ◆ adj **1.** [conforme aux règles] classic, canonic, canonical **2.** RELIG canonic, canonical **3.** MATH canonical. ◆ nf canon.

canonisation [kanɔnizasjɔ̃] nf canonization, canonizing.

canoniser [3] [kanɔnize] vt to canonize.

canoniste [kanɔnist] nm canonist.

canonnade [kanɔnad] nf heavy gunfire, cannonade.

canonner [3] [kanɔne] vt *litt* to shell, to cannonade *litt.*

canonnier [kanɔnje] nm gunner.

canonnière [kanɔnjɛʀ] nf **1.** NAUT gunboat **2.** [meurtrière] loophole.

canope [kanɔp] nm ▸ **(vase) canope** Canopic jar.

canopée [kanɔpe] nf ÉCOL canopy.

Canossa [kanɔsa] npr ▸ **aller à Canossa** to eat humble pie.

canot [kano] nm dinghy ▸ **canot automobile** motorboat ▸ **canot de pêche** fishing boat ▸ **canot pneumatique** pneumatic ou inflatable dinghy ▸ **canot de sauvetage** lifeboat.

canotage [kanɔtaʒ] nm boating ▸ **faire du canotage** to go boating.

canoter [3] [kanɔte] vi **1.** [se promener] to go boating **2.** [manœuvrer] to handle a boat.

canoteur, euse [kanɔtœʀ, øz] nm, f rower *(in a dinghy)*.

canotier [kanɔtje] nm [chapeau] (straw) boater.

Canson® [kɑ̃sɔ̃] npr ▸ **papier Canson** drawing paper.

cantabrique [kɑ̃tabʀik] adj Cantabrian.
❖ **Cantabrique** npr ⟶ **mer** ▸ **la Cantabrique** [région] Cantabria.
❖ **Cantabriques** npr ⟶ **mont.**

cantal [kɑ̃tal] nm Cantal cheese.

Cantal [kɑ̃tal] npr m ▸ **le Cantal** (the) Cantal (area).

cantaloup [kɑ̃talu] nm cantaloup (melon).

cantate [kɑ̃tat] nf cantata.

cantatrice [kɑ̃tatʀis] nf [d'opéra] (opera) singer ; [de concert] (concert) singer / **'la Cantatrice chauve'** *Ionesco* 'The Bald Soprano'.

canter [kɑ̃tɛʀ] nm ÉQUIT cantering *(up to the weighing enclosure).*

cantilène [kɑ̃tilɛn] nf cantilena.

cantilever [kɑ̃tilevœʀ] ◆ adj **1.** [poutre, pont] cantilever **2.** AÉRON cantilever. ◆ nm [poutre] cantilever.

cantine [kɑ̃tin] nf **1.** [dans une école] dining hall, canteen ; [dans une entreprise] canteen / ***les élèves qui mangent à la cantine*** pupils who have school meals ou school dinners / ***c'est bon à la cantine?*** are school dinners good ? **2.** [malle] (tin) trunk.

cantiner [3] [kɑ̃tine] vi *arg crime* to buy goods in prison.

cantique [kɑ̃tik] nm canticle ▸ **cantique de Noël** Christmas carol ▸ **le Cantique des cantiques** The Song of Songs, The Song of Solomon.

canton [kɑ̃tɔ̃] nm **1.** [en France] division of an arrondissement, canton ; [en Suisse] canton ; [au Luxembourg] administrative unit, canton ; [au Canada] township **2.** RAIL section **3.** ARCHIT canton **4.** HÉRALD canton.

Canton

This administrative unit in the French system of local government is administered by the local members of the **conseil général**. There are between 11 and 70 **cantons** in each **département**. Each **canton** is made up of several **communes.**

Switzerland is a confederation of 23 districts known as **cantons,** three of which are themselves divided into **demi-cantons.** Although they are to a large extent self-governing, the federal government reserves control over certain areas such as foreign policy, the treasury, customs and the postal service.

Canton [kɑ̃tɔ̃] npr Canton.

cantonade [kɑ̃tɔnad] ❖ **à la cantonade** loc adv **1.** [sans interlocuteur précis] to all present, to the company at large ▸ **crier qqch à la cantonade** to call ou to shout sthg (out) / ***« téléphone ! », cria-t-il à la cantonade*** "phone !", he called out / ***il a perdu mais ce n'est pas la peine de le crier*** ou ***de l'annoncer à la cantonade*** he's lost but there's no need to proclaim ou to shout it from the rooftops **2.** THÉÂTRE ▸ **parler à la cantonade a)** [depuis les coulisses] to speak off stage **b)** [à une personne qui est dans les coulisses] to speak to the wings.

cantonais, e [kɑ̃tɔnɛ, ɛz] adj **1.** CULIN [cuisine] Cantonese ▸ **riz cantonais** (special) fried rice **2.** GÉOGR Cantonese.

❖ **Cantonais, e** nm, f Cantonese ▸ **les Cantonais** the Cantonese.

❖ **cantonais** nm LING Cantonese.

cantonal, e, aux [kɑ̃tɔnal, o] adj local.

❖ **cantonales** nfpl *election held every six years for the "conseil général"* ; ≃ local elections.

cantonnement [kɑ̃tɔnmɑ̃] nm **1.** [à une tâche, à un lieu] confinement, confining *(U)* **2.** MIL [lieu - gén] quarters ; [- chez l'habitant] billet **3.** MIL [action - gén] stationing ; [- chez l'habitant] billeting.

cantonner [3] [kɑ̃tɔne] ◆ vt **1.** [isoler] ▸ **cantonner qqn dans un lieu** to confine sb to a place **2.** *fig* ▸ **cantonner qqch à** ou **dans** [activité, explication] to limit ou to confine sthg to / ***si la discussion reste cantonnée au taux de chômage*** if the discussion remains confined to the rate of unemployment **3.** MIL to billet ▸ **cantonner un soldat chez qqn** to billet a soldier on sb. ◆ vi to be billeted ▸ **cantonner chez qqn** to be billeted on sb.

❖ **se cantonner à, se cantonner dans** vp + prép **1.** [s'enfermer] ▸ **se cantonner dans** [lieu] to confine o.s. to / ***il se cantonnait dans sa solitude*** he took refuge in solitude **2.** [être limité] ▸ **se cantonner à** ou **dans** to be confined ou limited ou restricted to **3.** [se restreindre] ▸ **se cantonner à** ou **dans** [activité, explication] to confine ou to limit o.s. to.

cantonnier [kɑ̃tɔnje] nm **1.** [sur une route] roadman, road mender **2.** RAIL platelayer UK, trackman US.

cantonnière [kɑ̃tɔnjɛʀ] nf [de lit] valance ; [rideau] pelmet.

Cantorbéry [kɑ̃tɔʀbeʀi] npr Canterbury.

canular [kanylaʀ] nm **1.** [action] practical joke, hoax ▸ **faire un canular à qqn** to play a hoax on sb **2.** [parole] hoax.

canule [kanyl] nf cannula.

canuler [3] [kanyle] vt *tfam* to drive mad ou up the wall.

canut, use [kany, yz] nm, f silk weaver ou worker *(in Lyon).*

canyon [kaɲɔn] = cañon.

canyoning [kanjɔniŋ], **canyonisme** [kanjɔnism] nm canyoning.

canzone [kandzɔne] (*pl* **canzoni** [-ni]) nf canzone.

CAO (abr de **conception assistée par ordinateur**) nf CAD.

caoua [kawa] nm *fam* coffee.

caoutchouc [kautʃu] nm **1.** BOT (natural ou India) rubber **2.** CHIM (synthetic) rubber ▸ **caoutchouc butyle** Butyl® ▸ **caoutchouc Mousse** foam rubber **3.** *fam* [élastique] rubber ou elastic band **4.** [soulier] galosh **5.** [ficus] rubber plant.

❖ **de caoutchouc, en caoutchouc** loc adj rubber *(modif).*

caoutchoutage [kautʃutaʒ] nm **1.** [processus] coating with rubber, rubberizing **2.** [enduit] rubberized coating.

caoutchouter [3] [kautʃute] vt to cover ou to overlay with rubber, to rubberize.

caoutchouteux, euse [kautʃutø, øz] adj [viande] rubbery, chewy ; [fromage] rubbery.

cap [kap] nm **1.** GÉOGR cape, headland, promontory ▸ **doubler** ou **passer un cap** to round a cape **2.** AÉRON, AUTO & NAUT course / ***cap au compas*** magnetic ou compass course / ***cap au vent*** head on to the wind ▸ **changer de** ou **le cap** to alter one's ou to change course ▸ **mettre le cap sur a)** NAUT to steer ou to head for **b)** AUTO to head for / ***mettre le cap au large*** to set out to sea ▸ **suivre un cap** to steer a course **3.** [étape] milestone, hurdle ▸ **passer** ou **franchir le cap de a)** [dans une situation difficile] to get over, to come through **b)** [dans une gradation, des statistiques] to pass the mark of / ***il a passé le cap de la cinquantaine*** he's into his fifties / ***l'adolescence est un cap difficile à passer*** adolescence is a difficult time to live through / ***la revue a dépassé le cap des deux mille lecteurs*** the readership of the magazine has passed the two thousand mark.

Caps

le cap Blanc	Cap Blanc
le cap Bon	Cap Bon
le cap de Bonne-Espérance	the Cape of Good Hope
cap Canaveral	Cape Canaveral
le cap Gris-Nez	Gris-Nez Cape
le cap Horn	Cape Horn
le cap Nord	North Cape
le cap Saint-Vincent	Saint Vincent Cape

CAP nm **1.** (abr de **certificat d'aptitude professionnelle**) *vocational training certificate (taken at secondary school)* ; ≃ City and Guilds examination UK **2.** (abr de **certificat d'aptitude pédagogique**) teaching diploma.

Cap [kap] npr ▸ **Le Cap a)** [ville] Cape Town **b)** [province] Cape Province ▸ **au Cap** in Cape Town.

Cap. (abr écrite de **capitaine**) Capt.

capable [kapabl] adj **1.** [compétent] capable, competent, able ▸ **un architecte très capable** a very capable ou able architect **2.** DR competent **3.** ▸ **être capable de a)** [physiquement] to be able to, to be capable of **b)** [psychologiquement] to be capable of / ***capable de porter 30 kilos*** capable of lifting ou able to lift 30 kilos / ***te sens-tu capable de te lever?*** do you feel able to get up ? ▸ **capable de mentir** capable of lying / ***il n'est pas capable de se maîtriser*** he's unable to control himself ▸ **capable de générosité** capable of generosity ou of being generous ▸ **capable de tout** capable of (doing) anything / ***il est capable de nous oublier !*** I wouldn't put it past him to forget us !

capacimètre [kapasimɛtʀ] nm faradmeter.

capacitaire [kapasitɛʀ] nmf **1.** [diplômé] *holder of the "capacité en droit" qualification* **2.** [étudiant] *student preparing for the "capacité en droit" examination.*

capacitance [kapasitɑ̃s] nf capacitance.

capacité [kapasite] nf **1.** [aptitude] ability, capability ▸ **avoir la capacité de faire qqch** to have the ability to do sthg, to be capable of doing sthg / ***diriger? il n'en a pas la capacité*** managing? he hasn't got the ability for it / ***avoir une grande capacité de travail*** to be capable of ou to have a capacity for hard work / ***j'ai perdu toute capacité de concentration*** I'm no longer able to concentrate / ***ses capacités d'organisateur*** his abilities as an organizer **2.** [d'un récipient, d'une salle, d'un véhicule] capacity ▸ **sac d'une grande capacité** roomy bag ▸ **capacité vitale** ou **thoracique** ANAT & PHYSIOL vital capacity **3.** ÉLECTR capacitance **4.** INFORM & TÉLÉC capacity **5.** DR capacity ▸ **avoir capacité pour** to be (legally) entitled to / ***je n'ai pas capacité pour vous répondre*** *fig* it's not up to me to give you an answer ▸ **capacité civile** civil capacity ▸ **capacité électorale** (electoral) franchise ▸ **capacité de jouissance** legal entitlement (to a piece of property) **6.** [diplôme] ▸ **capacité en droit** *law diploma leading to a law degree course* **7.** ÉCON ▸ **capacité de financement** financing capacity ▸ **capacité productrice** maximum possible output ou capacity.

❖ **capacités** nfpl ability ▸ **utiliser au mieux les capacités de qqn** to make the best use of sb's ability / ***élève ayant des capacités mais paresseux*** pupil with ability but inclined to be lazy ▸ **capacités intellectuelles** intellectual capacity.

capacitif, ive [kapasitif, iv] adj capacitive.

caparaçon [kapaʀasɔ̃] nm caparison.

caparaçonner [3] [kapaʀasɔne] vt **1.** [cheval] to caparison **2.** [protéger] to cover from top to bottom.

❖ **se caparaçonner** vpi to deck o.s. out, to bedeck o.s.

cape [kap] nf **1.** [pèlerine] cloak, cape **2.** [d'un cigare] wrapper, outer leaf **3.** [de torero] capa **4.** NAUT ▸ **être à la cape** to lie to ▸ **mettre à la cape** to heave to.

❖ **de cape et d'épée** loc adj cloak-and-dagger *(avant nom).*

capelan [kaplɑ̃] nm capelin, caplin.

capeler [24] [kaple] vt **1.** [cordage] to reeve **2.** [vague] : ***capeler une lame par l'avant*** to take a wave head-on.

 In reformed spelling (see p. 16-19), this verb is conjugated like *peler*: *il capèle, elle capèlera.*

capeline [kaplin] nf wide-brimmed hat, capeline.

capella [kapɛla] ⟶ a capella.

CAPES, Capes [kapɛs] (abr de **certificat d'aptitude au professorat de l'enseignement du second degré**) nm *secondary school teaching certificate* ; ≃ PGCE UK.

CAPES

Candidates who pass the competitive exam for the **CAPES** become **professeurs certifiés** and are entitled to teach in secondary schools.

capésien, enne [kapesjɛ̃, ɛn] nm, f **1.** [étudiant] student preparing to take the CAPES **2.** [diplômé] CAPES-holder.

Capet [kapɛ] npr ▸ **Hugues Capet** Hugues Capet.

CAPET, Capet [kapɛ] (abr de **certificat d'aptitude au professorat de l'enseignement technique**) nm *specialized teaching certificate.*

capétien, enne [kapesjɛ̃, ɛn] adj Capetian.

❖ **Capétien, enne** nm, f Capetian *(descendant of Hugues Capet).*

capharnaüm [kafaʀnaɔm] nm [chaos] shambles / *leur maison est un vrai capharnaüm* their house is a real shambles / *je n'y retrouve rien, dans ce capharnaüm!* I can't find a thing in all this clutter!

Capharnaüm [kafaʀnaɔm] npr Capernaum.

cap-hornier [kapɔʀnje] (*pl* **cap-horniers**) nm Cape Horner.

capillaire [kapilɛʀ] ◆ adj **1.** [relatif aux cheveux] hair *(modif)* **2.** [très fin -tube, vaisseau] capillary *(modif).* ◆ nm **1.** [vaisseau] capillary **2.** [tube] capillary (tube) **3.** BOT maidenhair (fern).

capillarite [kapilaʀit] nf capillaritis.

capillarité [kapilaʀite] nf PHYS capillarity, capillary action.

❖ **par capillarité** loc adv by ou through capillary action.

capilliculteur, trice [kapilikyltœʀ, tʀis] nm, f hair designer.

capilliculture [kapilikyltyʀ] nf hair care.

capilotade [kapilɔtad] ❖ **en capilotade** loc adj [écrasé] in a pulp ; [fatigué et douloureux] aching / *j'ai les jambes en capilotade* my legs are aching.

capitaine [kapitɛn] ◆ nmf **1.** NAUT [dans la marine marchande] captain, master ; [dans la navigation de plaisance] captain, skipper ▸ **oui, capitaine** yes, sir ▸ **capitaine de corvette** MIL lieutenant commander ▸ **capitaine de frégate** MIL commander ▸ **capitaine au long cours** master mariner ▸ **capitaine de port** ADMIN & NAUT harbour master ▸ **capitaine de vaisseau** MIL captain **2.** MIL [dans l'armée -de terre] captain ; [-de l'air] flight lieutenant UK, captain US ; *litt* leader of men, military commander ▸ **les capitaines d'industrie** the captains of industry **3.** SPORT captain **4.** [des pompiers] chief fire officer UK, fire chief US. ◆ nm ZOOL tread-fin.

capitainerie [kapitɛnʀi] nf harbour UK ou harbor US master's office.

capital[1], aux [kapital, o] nm **1.** FIN [avoir -personnel] capital *(U)* ; [-d'une société] capital *(U)*, assets / *une société au capital de 50 000 euros* a firm with assets of 50,000 euros ▸ **capital réel** ou **versé** paid-up capital ▸ **capital engagé** capital expenditure ▸ **capital d'exploitation** working capital ▸ **capital financier** finance capital ▸ **capital fixe** fixed ou capital assets ▸ **capital foncier** land ▸ **capital social** nominal capital ▸ **capital social autorisé** authorized capital ▸ **capital souscrit** subscribed capital ▸ **capital variable** ÉCON variable capital **2.** [compensation] ▸ **capital décès** death benefit ▸ **capital départ** severance money ou pay **3.** [monde de l'argent, des capitalistes] ▸ **le capital** capital ▸ **le grand capital** big business / **'le Capital'** *Marx* 'Das Kapital' **4.** [accumulation] stock / *notre capital de confiance auprès des usagers* the stock of good-will we have built up among users / *un capital de connaissances* a fund of knowledge / *le capital culturel du pays* the nation's cultural wealth ▸ **le capital intellectuel** intellectual resources / *le capital forêt de la planète* the forest reserves of the planet / *n'entamez pas votre capital santé* don't overtax your health.

❖ **capitaux** nmpl [valeurs disponibles] capital ▸ **circulation des capitaux** circulation of capital ▸ **fuite des capitaux** flight of capital ▸ **capitaux flottants** floating capital ▸ **capitaux propres** common equity, shareholders' equity.

capital[2], e, aux [kapital, o] adj **1.** [détail] vital ; [question, aide] fundamental, crucial, vital ; [argument, point] fundamental ▸ **c'est capital** it's essential ou crucial ▸ **c'est d'une importance capitale** it's of the utmost importance / *n'en fais pas une affaire capitale!* don't blow it up out of all proportion! / *il est capital que nous prenions des mesures* it is absolutely essential that we take action **2.** [œuvre, projet] major **3.** [lettre -imprimée] capital ; [-manuscrite] (block) capital **4.** DR capital ▸ **la peine capitale** capital punishment, the death penalty.

❖ **capitale** nf **1.** POL & ADMIN capital (city) ▸ **la capitale** [Paris] the capital, Paris ▸ **capitale régionale** regional capital ▸ **la capitale des Gaules** *the city of Lyon* **2.** [centre] : *la capitale de la mode* the capital of fashion **3.** IMPR capital (letter) ▸ **petite capitale** small capital.

❖ **en capitales** loc adv IMPR in capitals, in block letters / *écrivez votre nom en capitales (d'imprimerie)* write your name in block capitals, print your name.

capitalisable [kapitalizabl] adj capitalizable.

capitalisation [kapitalizasjɔ̃] nf capitalization ▸ **capitalisation boursière** capital stock.

capitaliser [3] [kapitalize] vt **1.** FIN [capital] to capitalize ; [intérêts] to add ; [revenu] to turn into capital / *une fois que les intérêts ont été capitalisés* once the accrued interest has been calculated **2.** [amasser -argent] to save up *(sép)*, to accumulate **3.** [accumuler] to accumulate ▸ **capitaliser des heures supplémentaires** to accrue ou to accumulate overtime / *capitaliser des connaissances* to accumulate knowledge.

capitalisme [kapitalism] nm capitalism.

capitaliste [kapitalist] ◆ adj capitalist, capitalistic. ◆ nmf capitalist.

capitalistique [kapitalistik] adj capitalistic.

capital-risque [kapitalʀisk] nm venture ou risk capital.

capital-risqueur [kapitalʀiskœʀ] (*pl* **capital-risqueurs**) nm venture capitalist.

capiteux, euse [kapitø, øz] adj **1.** [fort -alcool, senteur] heady **2.** [excitant -charme, blonde] sensuous.

Capitole [kapitɔl] npr m **1.** [à Toulouse] ▸ **le Capitole** *nickname for the town of Toulouse* **2.** [à Rome] ▸ **le Capitole** the Capitol **3.** [à Washington] ▸ **le Capitole** Capitol Hill, the Capitol.

Capitolin [kapitɔlɛ̃] npr ⟶ **mont.**

capiton [kapitɔ̃] nm **1.** [matériau] padding **2.** [section rembourrée] boss, padded section.

capitonnage [kapitɔnaʒ] nm padding.

capitonner [3] [kapitɔne] vt to pad.

capitulaire [kapitylɛʀ] adj [cathédrale] capitular ; [salle] chapter *(modif).*

capitulard, e [kapitylaʀ, aʀd] *péj* ◆ adj defeatist. ◆ nm, f defeatist / *espèce de capitulard!* you quitter!, defeatist!

capitulation [kapitylasjɔ̃] nf **1.** MIL [action] surrender, capitulation ; [traité] capitulation ▸ **capitulation sans conditions** unconditional surrender **2.** [fait de céder] surrendering.

capitule [kapityl] nm capitulum.

capituler [3] [kapityle] vi **1.** MIL to surrender, to capitulate **2.** [céder] to surrender, to give in.

capoeira [kapwɛʀa] nf capoeira.

caporal, e, aux [kapɔʀal, o] nmf **1.** [dans l'armée de terre] lance corporal UK, private first class US **2.** [dans l'armée de l'air] senior aircraftman UK, airman first class US **3.** HIST ▸ **le Petit Caporal** Napoleon Bonaparte.

❖ **caporal** nm [tabac] Caporal tobacco.

caporal-chef, caporale-chef [kapɔʀalʃɛf] (*mpl* **caporaux-chefs** [kapɔʀoʃɛf], *fpl* **caporales-chefs** [kapɔʀalʃɛf]) nm, f corporal.

caporaliser [3] [kapɔʀalize] vt to set petty rules for.

caporalisme [kapɔʀalism] nm **1.** [autoritarisme] petty officiousness, bossiness **2.** [régime politique] military rule.

capot [kapo] ◆ nm **1.** AUTO bonnet UK, hood US **2.** NAUT [tôle] cover ; [ouverture] companion hatchway **3.** [d'une machine] hood. ◆ adj inv CARTES ▸ **être capot** to make no tricks at all.

capotage [kapɔtaʒ] nm **1.** [d'une machine, d'un moteur] hooding **2.** [culbute] overturning.

capote [kapɔt] nf **1.** *fam* [préservatif] condom ▸ **capote anglaise** *vieilli* French letter UK, condom **2.** [d'une voiture] hood UK, top US **3.** [manteau] greatcoat **4.** [chapeau] bonnet.

capoter [3] [kapɔte] ◆ vt to fit with a hood. ◆ vi **1.** [voiture] to overturn, to roll over ; [bateau] to turn turtle **2.** *fam* [projet] to fall through, to collapse ; [tractation] to fall through / *il a tout fait capoter* he messed everything up / *leur veto a fait capoter la négociation* their veto overturned ou upset the negotiation process.

Capoue [kapu] npr Capua.

Cappadoce [kapadɔs] npr f ▸ **la Cappadoce** Cappadocia.

cappuccino [kaputʃino] nm cappuccino.

câpre [kapʀ] nf caper.

caprice [kapʀis] nm **1.** [fantaisie] whim, passing fancy / *elle lui passe tous ses caprices* she indulges his every whim / *rien n'est réfléchi, il n'agit que par caprice* he doesn't think things through, he just acts on impulse **2.** [colère] tantrum ▸ **faire des caprices** to throw tantrums / *elle n'a pas mal, c'est un caprice* she's not in pain, she's just being awkward ou difficult **3.** [irrégularité] : *c'est un véritable caprice de la nature* it's a real freak of nature **4.** [engouement] (sudden) infatuation **5.** MUS capriccio, caprice.

capricieusement [kapʀisjøzmɑ̃] adv capriciously.

capricieux, euse [kapʀisjø, øz] adj **1.** [coléreux] temperamental ▸ **un enfant capricieux** an awkward child **2.** [fantaisiste] capricious, fickle **3.** [peu fiable -machine, véhicule] unreliable, temperamental ; [-saison, temps] unpredictable.

capricorne [kapʀikɔʀn] nm ZOOL capricorn beetle.

Capricorne [kapʀikɔʀn] npr m **1.** ASTRON Capricorn **2.** ASTROL Capricorn ▸ **être Capricorne** to be (a) Capricorn.

câprier [kapʀije] nm caper (plant).

caprifoliacée [kapʀifɔljase] nf caprifoil ▸ **les caprifoliacées** the Caprifoliaceae.

caprin, e [kapʀɛ̃, in] adj goat *(modif)*, caprine *spéc.*

❖ **caprin** nm member of the goat family.

capriné [kapʀine] nm member of the goat family ou *spéc* the Caprinae.

capron [kapʀɔ̃] nm hautboy ou hautbois strawberry.

capsulage [kapsylaʒ] nm capsuling.

capsulaire [kapsylɛʀ] adj capsular.

capsule [kapsyl] nf **1.** [d'un flacon] top, cap **2.** ASTRON ▸ **capsule (spatiale)** (space) capsule **3.** ARM cap, primer **4.** PHARM capsule **5.** BOT capsule **6.** ANAT capsule ▸ **capsule interne** internal capsule ▸ **capsules surrénales** adrenal ou suprarenal gland.

capsuler [3] [kapsyle] vt to put a cap ou top on.

captage [kaptaʒ] nm **1.** AUDIO & TÉLÉC picking up, receiving **2.** PHYS harnessing **3.** RAIL picking up (of current) **4.** ÉCOL arresting **5.** MIN ▸ **captage de grisou** degassing.

captateur, trice [kaptatœʀ, tʀis] nm, f inveigler ▸ **captateur de succession** inheritance hunter.

captation [kaptasjɔ̃] nf **1.** DR inveiglement **2.** PHYS harnessing.

captatoire [kaptatwaʀ] adj DR inveigling.

capter [3] [kapte] vt **1.** [attention, intérêt] to capture **2.** PHYS to harness **3.** ÉCOL to arrest **4.** AUDIO & TÉLÉC to pick up *(insép)*, to receive **5.** DR to inveigle.

capte-suies [kaptəsɥi] nm inv extractor (fan).

capteur [kaptœʀ] nm **1.** ÉCOL ▸ **capteur (solaire)** solar panel **2.** [pour mesurer] sensor ; [pour commander] probe.

captieux, euse [kapsjø, øz] adj specious *sout*, misleading.

captif, ive [kaptif, iv] ◆ adj **1.** COMM [marché] captive **2.** [emprisonné] captive. ◆ nm, f *litt* captive.

captivant, e [kaptivɑ̃, ɑ̃t] adj captivating, riveting, enthralling.

captiver [3] [kaptive] vt to captivate, to rivet.

captivité [kaptivite] nf captivity / *garder un animal en captivité* to keep an animal in captivity.

capture [kaptyʀ] nf **1.** [de biens] seizure, seizing, confiscation ; [d'un navire, d'un tank] capture **2.** [arrestation] capture / *après sa capture, il a déclaré...* after he was captured ou caught, he said... **3.** CHASSE & PÊCHE catching **4.** [biens ou animaux] catch, haul **5.** GÉOGR & PHYS capture.

capturer [3] [kaptyʀe] vt **1.** [faire prisonnier] to capture, to catch **2.** CHASSE & PÊCHE to catch **3.** [navire, tank] to capture.

capuche [kapyʃ] nf hood ▸ **capuche en plastique** rain hood.

capuchon [kapyʃɔ̃] nm **1.** VÊT [bonnet] hood ; [manteau] hooded coat **2.** [d'un stylo] cap, top ; [d'un dentifrice] top **3.** [d'une cheminée] cowl **4.** ANAT & ZOOL hood.

❖ **à capuchon** loc adj hooded.

capuchonné, e [kapyʃɔne] adj hooded.

capucin [kapysɛ̃] nm **1.** RELIG Capuchin (Friar) ▸ **les capucins** the Capuchins **2.** ZOOL capuchin (monkey) **3.** CHASSE hare.

capucine [kapysin] ◆ nf **1.** BOT nasturtium **2.** [danse] (children's) round **3.** RELIG Capuchin nun. ◆ adj inv orangey-red.

capverdien, enne [kapvɛʀdjɛ̃, ɛn] adj Cape Verdean.

❖ **Capverdien, enne** nm, f Cape Verdean.

Cap-Vert [kapvɛʀ] npr m ▸ **le Cap-Vert** Cape Verde ▸ **au Cap-Vert** in Cape Verde. ⟶ **île**

caque [kak] nf herring barrel ▸ **la caque sent toujours le hareng** *prov* what is bred in the bone will come out in the flesh *prov.*

caquelon [kaklɔ̃] nm fondue pot.

caquet [kakɛ] nm **1.** [gloussement] cackle, cackling **2.** *fam* [bavardage] yakking / ***il a un de ces caquets!*** he yaks on and on! ▸ **rabattre** ou **rabaisser le caquet à qqn** to take sb down a peg or two, to put sb in his / her place.

caquetage [kaktaʒ] nm [futile] prattle ; [indiscret] gossip.

caqueter [27] [kakte] vi **1.** [poule] to cackle **2.** [tenir des propos - futiles] to prattle (on) ; [- indiscrets] to gossip.

✎ In reformed spelling (see p. 16-19), this verb is conjugated like *acheter*: ***il caquète, elle caquètera.***

car[1] [kaʀ] nm bus, coach ▸ **car de police** police van ▸ **car de ramassage (scolaire)** school bus.

car[2] [kaʀ] conj because, for *sout* / ***il est efficace, car très bien secondé*** he is efficient because he has very good back-up / ***car voyez-vous, je n'ai jamais pu me résoudre à...*** (for ou because) you see, I have never been able to bring myself to... / ***car enfin, à quoi vous attendiez-vous?*** I mean, what did you expect?

carabe [kaʀab] nm ground beetle.

carabin [kaʀabɛ̃] nm *fam* medic.

carabine [kaʀabin] nf rifle ▸ **carabine à air comprimé** air rifle ou gun.

carabiné, e [kaʀabine] adj *fam* [note à payer, addition] stiff, steep ; [rhume] filthy, stinking ; [migraine] blinding ▸ **une grippe carabinée** a dreadful dose of the flu.

carabinier [kaʀabinje] nm **1.** [en Italie] carabiniere, policeman **2.** [en Espagne] carabinero, customs officer **3.** HIST carabineer, carabinier **4.** EXPR **il arrive toujours comme les carabiniers** *fam* he always turns up too late.

carabistouille [kaʀabistuj] nf BELG *fam* : ***raconter des carabistouilles*** to talk nonsense.

Carabosse [kaʀabɔs] npr ⟶ **fée.**

Caracas [kaʀakas] npr Caracas.

caraco [kaʀako] nm camisole.

caracole [kaʀakɔl] nf caracole.

caracoler [3] [kaʀakɔle] vi **1.** [sautiller] to skip about, to gambol **2.** ÉQUIT to caracole.

caractère [kaʀaktɛʀ] nm **1.** [nature] nature / ***le caractère religieux de la cérémonie*** the religious nature of the ceremony / ***pour donner un caractère d'authenticité à son œuvre*** to give his work a stamp of authenticity / ***sa conversation a le caractère d'une confession*** he talks as if he were making a confession ▸ **à caractère officiel** of an official nature **2.** [tempérament] character, nature ▸ **avoir un caractère passionné** to have a passionate nature, to be passionate / ***ce n'est pas dans son caractère d'être agressif*** it's not in character for him to be ou it's not in his nature to be aggressive ▸ **quel caractère!** what a temper! ▸ **avoir bon caractère** to be good-natured ▸ **avoir mauvais caractère** to be bad-tempered ▸ **avoir un caractère de chien** *fam* ou **de cochon** *fam* to have a foul temper **3.** [volonté, courage] character ▸ **avoir du caractère** to have character ▸ **une femme de caractère** a woman of character ▸ **elle manque de caractère** she's not very strong-willed **4.** [type de personne] character / ***les caractères doux sont souvent mal compris*** gentle people are often misunderstood **5.** [trait] characteristic, feature, trait / ***tous les caractères d'une crise économique*** all the characteristics of an economic crisis ; [dans des statistiques] characteristic **6.** [originalité] character / ***un édifice qui a du caractère*** a building with character ▸ **appartement / maison de caractère** flat / house with character ▸ **sans aucun caractère** characterless **7.** BIOL characteristic ▸ **caractère acquis / héréditaire** acquired / hereditary characteristic ou trait **8.** IMPR & INFORM character ▸ **le choix des caractères** the choice of type ▸ **en gros / petits caractères** in large / small print ▸ **caractères gras** : ***en caractères gras*** in bold (type) ▸ **caractères d'imprimerie** block letters ▸ **écrire en caractères d'imprimerie** please write in block letters.

⚠ Attention, ce mot ne se traduit pas toujours par **character** en anglais. Voir article.

caractériel, elle [kaʀakteʀjɛl] ◆ adj **1.** PSYCHOL [adolescent] maladjusted, (emotionally) disturbed **2.** [d'humeur changeante] moody **3.** [du caractère] character *(modif).* ◆ nm, f [enfant] problem child ; [adulte] maladjusted person.

caractérisation [kaʀakteʀizasjɔ̃] nf characterization.

caractérisé, e [kaʀakteʀize] adj [méchanceté] blatant ; [indifférence] pointed.

caractériser [3] [kaʀakteʀize] vt **1.** [constituer le caractère de] to characterize / ***avec la générosité qui le caractérise*** with characteristic generosity / ***qu'est-ce qui caractérise son art?*** what are the main characteristics ou features of his work? **2.** [définir] to characterize, to define.

❖ **se caractériser par** vp + prép to be characterized by.

caractéristique [kaʀakteʀistik] ◆ adj characteristic, typical / ***observez la rougeur caractéristique*** note the characteristic red hue / ***c'est caractéristique de sa façon d'agir*** it's typical of his way of doing things. ◆ nf **1.** [trait] characteristic, (distinguishing) feature ou trait **2.** MATH characteristic.

caractérologie [kaʀakteʀɔlɔʒi] nf characterology.

caractérologique [kaʀakteʀɔlɔʒik] adj characterological.

caracul [kaʀakyl] nm caracul, karakul.

carafe [kaʀaf] nf **1.** [récipient - ordinaire] carafe ; [- travaillé] decanter **2.** [contenu] jugful ; [de vin] carafe ▸ **une demi-carafe** half a carafe (of wine) **3.** *fam* [tête] nut **4.** EXPR **rester** ou **tomber en carafe a)** [véhicule] to break down **b)** [voyageur] to be stranded.

carafon [kaʀafɔ̃] nm **1.** [récipient - ordinaire] small jug ou carafe ; [- travaillé] small decanter **2.** [contenu] (small) jugful ; [de vin] small carafe **3.** *fam* [tête] nut / ***il n'a rien dans le carafon!*** he's got no brains!

caraïbe [kaʀaib] adj Caribbean.

Caraïbe [kaʀaib] npr f ▸ **la Caraïbe** the Caribbean ▸ **la mer Caraïbe** the Caribbean Sea.

Caraïbes [kaʀaib] npr fpl ▸ **les (îles) Caraïbes** the Caribbean, the West Indies ▸ **la mer des Caraïbes** the Caribbean (Sea). ⟶ **île,** ⟶ **mer**

carambolage [kaʀɑ̃bɔlaʒ] nm **1.** [de voitures] pileup, multiple crash **2.** [au billard] cannon.

carambole [kaʀɑ̃bɔl] nf red (billiard) ball.

caramboler [3] [kaʀɑ̃bɔle] ◆ vi to cannon. ◆ vt to crash into / ***11 voitures carambolées*** a pileup of 11 cars.

carambouillage [kaʀɑ̃bujaʒ] nm fraudulent selling of goods bought on credit.

carambouille [kaʀɑ̃buj] nf = **carambouillage.**

carambouilleur, euse [kaʀɑ̃bujœʀ, øz] nm, f swindler *(who fraudulently sells goods bought on credit).*

caramel [kaʀamɛl] ◆ nm **1.** [pour napper] caramel **2.** [bonbon - dur] toffee, taffy US, caramel ; [- mou] toffee, fudge. ◆ adj inv caramel colour.

caramélisation [kaʀamelizasjɔ̃] nf caramelization.

caraméliser [3] [kaʀamelize] ◆ vt **1.** [mets] to coat with caramel ; [boisson, glace] to flavour with caramel **2.** [sucre] to caramelize. ◆ vi to caramelize ▸ **faire caraméliser du sucre** to caramelize sugar.

❖ **se caraméliser** vpi to caramelize.

carapace [kaʀapas] nf **1.** ZOOL shell, carapace *spéc* **2.** *fig* (protective) shell.

carapater [3] [kaʀapate] ❖ **se carapater** vpi *fam* to skedaddle, to scram, to make o.s. scarce / ***c'est le moment de se carapater!*** it's time we made ourselves scarce! / ***l'arrivée des flics les a fait se carapater*** they took to their heels when the cops arrived.

carat [kaʀa] nm [d'un métal, d'une pierre] carat, karat US ▸ **chaîne de 22 carats** 22 carat (gold) chain.

Caravage [kaʀavaʒ] npr m ▸ **le Caravage** Caravaggio ▸ **un tableau du Caravage** a painting by Caravaggio.

caravagesque [kaʀavaʒɛsk], **caravagiste** [kaʀavaʒist] adj of the Caravaggio school.

caravanage [kaʀavanaʒ] nm caravaning.

caravane [kaʀavan] nf **1.** [véhicule - de vacancier] caravan UK, trailer US ; [- de nomade] caravan **2.** [convoi] caravan ▸ **caravane publicitaire** following vehicles.

caravanier, ère [kaʀavanje, ɛʀ] nm, f **1.** [conducteur] caravanner **2.** [vacancier] caravanner UK, camper *(in a trailer)* US.

caravaning [kaʀavaniŋ] nm caravanning.

caravansérail [kaʀavɑ̃seʀaj] nm caravanserai, caravansary.

caravelle [kaʀavɛl] nf NAUT caravel.

carbochimie [kaʀbɔʃimi] nf organic chemistry.

carbogène [kaʀbɔʒɛn] nm carbogen.

carbohémoglobine [kaʀbɔemɔglɔbin] nf carbohaemoglobin.

carbonade [kaʀbɔnad] nf carbonade, carbonnade ▸ **carbonade flamande** beef stew with beer.

carbonado [kaʀbɔnado] nm carbonado.

carbonarisme [kaʀbɔnaʀism] nm Carbonarism.

carbonaro [kaʀbɔnaʀo] nm Carbonaro.

carbonatation [kaʀbɔnatasjɔ̃] nf carbonatation.

carbonate [kaʀbɔnat] nm carbonate.

carbonater [3] [kaʀbɔnate] vt to carbonate.

carbone [kaʀbɔn] nm **1.** [papier] (sheet of) carbon paper **2.** CHIM carbon ▸ **carbone 14** carbon-14 ▸ **dater au carbone 14** to carbon-date, to date with carbon-14 ▸ **la capture et le stockage du carbone** carbon capture and storage ▸ **bilan carbone** carbon balance ▸ **crédit carbone** carbon credit ▸ **équivalent carbone** carbon dioxide equivalent ▸ **taxe carbone** carbon tax.

carboné, e [kaʀbɔne] adj **1.** CHIM carbonaceous **2.** MINÉR carboniferous.

carbonifère [kaʀbɔnifɛʀ] ◆ adj carboniferous. ◆ nm Carboniferous (period).

carbonique [kaʀbɔnik] adj carbonic.

carbonisage [kaʀbɔnizaʒ] nm carbonizing.

carbonisation [kaʀbɔnizasjɔ̃] nf carbonization.

carboniser [3] [kaʀbɔnize] vt **1.** [brûler - viande] to burn to a cinder ; [- édifice] to burn to the ground ▸ **des corps carbonisés** charred bodies **2.** [transformer en charbon] to carbonize, to turn into charcoal.

carbonnade [kaʀbɔnad] = **carbonade.**

carbonyle [kaʀbɔnil] nm carbonyl.

carbonylé, e [kaʀbɔnile] adj carbonylic.

carboxyhémoglobine [kaʀbɔksiemɔglɔbin] nf carboxyhaemoglobin.

carboxylase [kaʀbɔksilaz] nf carboxylase.

carboxyle [kaʀbɔksil] nm carboxyl.

carboxylique [karbɔksilik] adj carboxylic.

carburant [karbyrɑ̃] ◆ adj m ▸ **mélange carburant** mixture of air and petrol. ◆ nm fuel.

carburateur [karbyratœr] nm carburettor UK, carburetor US.

carburation [karbyrasjɔ̃] nf **1.** AUTO carburation **2.** MÉTALL carburization, carburizing.

carbure [karbyr] nm carbide.

carburé, e [karbyre] adj carburetted.

carburéacteur [karbyreaktœr] nm jet fuel.

carburer [3] [karbyre] ◆ vt **1.** AUTO to carburate **2.** MÉTALL to carburize. ◆ vi *fam* **1.** [aller vite] : *fais tes valises, et que ça carbure!* pack your bags, and be quick about it! **2.** [travailler dur] to work flat out ; [réfléchir] : *ça carbure, ici!* brains are working overtime in here! **3.** [fonctionner] : *ça carbure?* how are things? / *moi, je carbure au café* I can't do anything unless I have a coffee inside me.

carcajou [karkaʒu] nm QUÉBEC wolverine.

carcan [karkɑ̃] nm **1.** HIST [collier] collar shackle / *pris dans les règlements comme dans un carcan fig* hemmed in by regulations **2.** [sujétion] yoke, shackles / *pour moi, la famille est un carcan* for me, the family fetters and constrains **3.** [pour bétail] yoke.

carcasse [karkas] nf **1.** [d'un animal] carcass **2.** *fam & fig* : *amène ta carcasse!* get yourself over here! / *promener* ou *traîner sa (vieille) carcasse* to drag o.s. along **3.** [armature - d'un édifice] shell ; [- d'un meuble] carcass ; [- d'un véhicule] shell, body ; [- d'un parapluie] frame **4.** ÉLECTR yoke ring **5.** MÉTALL casing, frame **6.** [d'un pneu] carcass ▸ **carcasse diagonale** bias-ply tyre ▸ **carcasse radiale** radial-ply tyre.

carcéral, e, aux [karseral, o] adj prison *(modif)*.

carcinogène [karsinɔʒɛn] adj carcinogenic.

carcinogenèse [karsinɔʒənɛz] nf carcinogenesis.

carcinoïde [karsinɔid] adj carcinoid.

carcinologie [karsinɔlɔʒi] nf carcinology.

carcinomateux, euse [karsinɔmatø, øz] adj carcinomatous.

carcinome [karsinom] nm carcinoma.

cardage [kardaʒ] nm carding.

cardamome [kardamɔm] nf cardamon, cardamum, cardamom.

cardan [kardɑ̃] nm ▸ **(joint de) cardan** universal joint.

carde [kard] nf edible part of a cardoon.

cardé [karde] nm **1.** [fil] carded yarn **2.** [étoffe] carded cloth.

carder [3] [karde] vt to card.

cardeur, euse [kardœr, øz] nm, f carder, carding operator.

❖ **cardeuse** nf carding machine.

cardia [kardja] nm cardia.

cardiaque [kardjak] ◆ adj heart *(modif)*, cardiac ▸ **une maladie cardiaque** a heart disease ▸ **elle est cardiaque** she has a heart condition. ◆ nmf cardiac ou heart patient.

cardigan [kardigɑ̃] nm cardigan.

cardinal, e, aux [kardinal, o] adj **1.** ASTROL & MATH cardinal **2.** [essentiel] essential, fundamental ▸ **vertus cardinales** cardinal virtues **3.** GÉOGR ▸ **points cardinaux** points of the compass.

❖ **cardinal, aux** nm **1.** MATH cardinal number, cardinal **2.** RELIG cardinal **3.** ZOOL cardinal (grosbeak) **4.** [apéritif] *Kir made with red wine.*

cardinalat [kardinala] nm cardinalate.

cardinalice [kardinalis] adj of a cardinal.

cardiogramme [kardjɔgram] nm cardiogram.

cardiographe [kardjɔgraf] nm cardiograph.

cardiographie [kardjɔgrafi] nf cardiography.

cardiologie [kardjɔlɔʒi] nf cardiology.

cardiologue [kardjɔlɔg] nmf heart specialist, cardiologist *spéc*.

cardiomégalie [kardjomegali] nf megalocardia, cardiomegaly.

cardiomyopathie [kardjomjɔpati] nf cardiomyopathy.

cardiopathie [kardjɔpati] nf heart disease, cardiopathy *spéc*.

cardio-pulmonaire [kardjɔpylmɔnɛr] (*pl* **cardio-pulmonaires**) adj cardio-pulmonary ▸ **maladie cardio-pulmonaire** heart and lung disease.

cardio-rénal, e, aux [kardjɔrenal, o] adj cardio-renal ▸ **maladie cardio-rénale** heart and kidney disease.

cardio-respiratoire [kardjɔrɛspiratwar] (*pl* **cardio-respiratoires**) adj cardiorespiratory ▸ **maladie cardio-respiratoire** disease of the heart and respiratory system.

cardiotonique [kardjɔtɔnik] adj & nm cardiotonic.

cardio-training [kardjɔtrɛniŋ] (*pl* **cardio-trainings**) nm cardio-training, CV training.

cardio-vasculaire (*pl* **cardio-vasculaires**), **cardiovasculaire*** [kardjɔvaskylɛr] adj cardiovascular.

cardite [kardit] nf MÉD carditis.

cardon [kardɔ̃] nm cardoon.

Carélie [kareli] npr f ▸ **(la) Carélie** Karelia.

carême [karɛm] nm **1.** RELIG ▸ **le carême a)** [abstinence] fasting **b)** [époque] Lent ▸ **faire carême** to fast for ou to observe Lent ▸ **face** ou **figure de carême** sad ou long face **2.** [saison] dry season *(in the West Indies)*.

carénage [karenaʒ] nm **1.** NAUT careenage **2.** AÉRON & AUTO streamlined body.

carence [karɑ̃s] nf **1.** MÉD deficiency / *carence en zinc* zinc deficiency ▸ **avoir une carence alimentaire** to suffer from a nutritional deficiency **2.** [d'une administration, d'une œuvre, d'une méthode] shortcoming, failing **3.** PSYCHOL ▸ **carence affective** emotional deprivation **4.** DR insolvency.

❖ **de carence, par carence** loc adj deficiency *(modif)*.

carencer [16] [karɑ̃se] vt to cause a nutritional deficiency in.

carène [karɛn] nf **1.** NAUT hull **2.** AÉRON & AUTO streamlined body **3.** BOT & ZOOL carina.

caréner [18] [karene] vt **1.** NAUT to careen **2.** AUTO & AÉRON to streamline.

✎ In reformed spelling (see p. 16-19), this verb is conjugated like *semer*: *elle carènera, il carènerait.*

carentiel, elle [karɑ̃sjɛl] adj deficiency-related.

caressant, e [karɛsɑ̃, ɑ̃t] adj **1.** [personne] affectionate, loving / *un enfant caressant* an affectionate child **2.** [voix, sourire] warm, caressing ; *litt* [vent] caressing.

caresse [karɛs] nf **1.** [attouchement] caress, stroke ▸ **faire des caresses à a)** [chat] to stroke **b)** [personne] to caress **2.** *litt* [d'un sourire] tenderness ; [du vent, du soleil] caress, kiss / *sous la caresse du soleil* kissed by the sun.

caresser [4] [karese] vt **1.** [toucher - affectueusement] to stroke ; [- sensuellement] to caress / *caresser un enfant* to pet a child / *le chat aime se faire caresser derrière les oreilles* the cat likes being stroked behind the ears ▸ **caresser les cheveux de qqn** to stroke sb's hair ▸ **caresser qqn des yeux** ou **du regard** to gaze lovingly at sb ▸ **caresser qqn dans le sens du poil** to stroke sb's ego / *il faut le caresser dans le sens du poil* don't rub him (up) the wrong way **2.** *litt* [effleurer - tissu, papier] to touch lightly / *caresser les touches d'un piano* to tinkle away on the piano **3.** [avoir, former] : *caresser le dessein de faire* to be intent on doing ▸ **caresser le rêve de faire qqch** to dream of doing sthg **4.** *fam* [battre] ▸ **caresser les oreilles à qqn** to clout sb round the ear.

❖ **se caresser** ◆ vp *(emploi réfléchi)* to caress o.s. ◆ vp *(emploi réciproque)* to cuddle. ◆ vpt : *se caresser les cheveux* to stroke one's hair.

caret [karɛ] nm **1.** [corde] rope yarn **2.** ZOOL hawksbill (turtle).

car-ferry [karferi] (*pl* **car-ferries** [-ri]) nm ferry, car-ferry.

cargaison [kargɛzɔ̃] nf **1.** [marchandises] cargo, freight / *quelle est votre cargaison* what (type of goods) are you carrying? **2.** *fam* [quantité] ▸ **une cargaison de** a load of.

cargo [kargo] nm freighter.

carguer [karge] vt NAUT to brail, to furl.

cari [kari] nm **1.** [épice] curry powder **2.** [plat] curry.

❖ **au cari** loc adj ▸ **poulet au cari** chicken curry, curried chicken.

cariatide [karjatid] = **caryatide.**

caribéen, enne [karibeɛ̃, ɛn] adj Caribbean.

❖ **Caribéen, enne** nm, f West Indian.

caribou [karibu] nm QUÉBEC caribou, reindeer.

caricatural, e, aux [karikatyral, o] adj **1.** [récit, explication] distorted ▸ **un féminisme caricatural** a mockery ou travesty of feminism **2.** [visage] grotesque **3.** [dessin, art] caricatural **4.** [exagéré] typical, caricature *(modif)* / *il a tout du vieux militaire caricatural* he's a typical old soldier.

caricature [karikatyr] nf **1.** [dessin] caricature ▸ **caricature politique** (political) cartoon **2.** [déformation] caricature / *c'est une caricature de ce que j'ai dit* it makes a mockery of ou it's a complete distortion of what I said **3.** [personne] ▸ **c'est une vraie caricature! a)** [physiquement] he looks grotesque! **b)** [dans son comportement] he's totally ridiculous!

caricaturer [3] [karikatyre] vt **1.** [dessiner] to caricature **2.** [déformer] to distort.

caricaturiste [karikatyrist] nmf caricaturist.

carie [kari] nf **1.** MÉD caries *spéc* ▸ **carie dentaire** tooth decay, dental caries *spéc* / *elle n'a pas de caries* she doesn't have any bad teeth **2.** BOT [du blé] bunt, smut ; [des arbres] blight.

carié, e [karje] adj **1.** MÉD [dent] decayed, bad ; [os] carious **2.** [blé] smutty ; [arbre] blighted.

carier [9] [karje] vt to decay, to cause decay in.

❖ **se carier** vpi to decay.

carillon [karijɔ̃] nm **1.** [cloches] carillon / *on entendit un carillon dans le lointain* bells could be heard ringing in the distance **2.** [sonnerie - d'une horloge] chime ; [- d'entrée] chime **3.** [horloge] chiming clock **4.** MUS carillon.

carillonné, e [karijɔne] adj ▸ **fête carillonnée** high festival.

carillonnement [karijɔnmɑ̃] nm **1.** [action] ringing **2.** [son] chiming.

carillonner [3] [karijɔne] ◆ vi **1.** [cloches] to ring, to chime / *carillonner à toute volée* to peal out / *on a fait carillonner les cloches pour la victoire* the bells were sounded in celebration of the victory **2.** [à la porte] to ring (the doorbell) loudly. ◆ vt **1.** *péj* [rumeur] to broadcast, to shout from the roof tops **2.** [festival] to announce with a peal of bells.

carillonneur, euse [karijɔnœr, øz] nm, f bell ringer.

Carinthie [karɛ̃ti] npr f ▸ **(la) Carinthie** Carinthia.

carioca [karjɔka] adj from Rio de Janeiro, of Rio de Janeiro.

❖ **Carioca** nmf Cariocan, Carioca.

cariste [karist] nmf forklift truck driver ou operator.

caritatif, ive [karitatif, iv] adj charity *(modif)* ▸ **association caritative** charity.

carlin [karlɛ̃] nm ZOOL pug (dog).

carlingue [karlɛ̃g] nf **1.** AÉRON cabin **2.** NAUT keelson.

carlisme [karlism] nm Carlism.

carliste [karlist] adj & nmf Carlist.

carmagnole [karmaɲɔl] nf MUS & VÊT carmagnole.

carme [karm] nm Carmelite, White Friar ▸ **les carmes** the Carmelites.

carmel [karmɛl] nm **1.** [de carmélites] carmel, Carmelite convent ; [de carmes] carmel, Carmelite monastery **2.** [ordre] ▸ **le carmel** the Carmelite order.

carmélite [karmelit] nf Carmelite.

carmin [karmɛ̃] nm & adj inv crimson, carmine.

carminatif, ive [karminatif, iv] adj MÉD carminative.

carminé, e [karmine] adj *litt* crimson, carmine.

Carnac [karnak] npr **1.** [en Bretagne] Carnac ▸ **les alignements de Carnac** *lines of standing stones at Carnac* **2.** [en Égypte] Karnak.

* In reformed spelling (see p. 16-19).

carnage [kaʀnaʒ] nm slaughter, carnage / *à l'examen, ça a été le carnage! fam & fig* they went down like nine pins in the exam!

carnassier, ère [kaʀnasje, ɛʀ] adj [animal] carnivorous; [dent] carnassial.

◆ **carnassier** nm carnivore.

◆ **carnassière** nf **1.** [dent] carnassial **2.** [sac] game-bag.

carnation [kaʀnasjɔ̃] nf *litt* [teint] complexion; [en peinture] flesh tint.

carnaval [kaʀnaval] nm **1.** [fête] carnival ▸ **pendant le carnaval** during carnival, at carnival time **2.** [mannequin] ▸ **(Sa Majesté) Carnaval** King Carnival.

carnavalesque [kaʀnavalɛsk] adj **1.** [de carnaval] of the carnival **2.** [burlesque] carnivalesque, carnival-like.

Carnavalet [kaʀnavalɛ] npr ▸ **le musée Carnavalet** *museum of Parisian history.*

carne [kaʀn] nf **1.** *fam* [viande] tough meat **2.** *tfam* [terme d'injure] swine / *petite carne, va!* you little swine! / *vieille carne!* old bag!

carné, e [kaʀne] adj **1.** [en diététique] meat-based **2.** [rosé] flesh-toned, flesh-coloured.

carnet [kaʀnɛ] nm **1.** [cahier] note-book ▸ **carnet à dessins** sketchbook **2.** [registre] ▸ **carnet d'adresses** address book ▸ **carnet de bal** dance card ▸ **carnet de bord** log book ▸ **carnet de notes** school report UK report card US / *elle a eu un bon carnet (de notes)* she got a good report UK ou good grades US ▸ **carnet de route** log book ▸ **carnet de santé** child's health record **3.** [à feuilles détachables] ▸ **carnet de chèques** cheque-book UK checkbook US ▸ **carnet à souches** counterfoil book ▸ **carnet de tickets (de métro)** ten metro tickets ▸ **carnet de timbres** book of stamps **4.** ÉCON ▸ **carnet de commandes** order book / *avoir un bon carnet de commandes* to have a full order book **5.** [rubrique] ▸ **carnet blanc** marriages column ▸ **carnet mondain** court and social ▸ **carnet rose** births column.

carnier [kaʀnje] nm gamebag.

carnivore [kaʀnivɔʀ] ◆ adj carnivorous. ◆ nm carnivore, meat-eater.

carnotset, carnotzet [kaʀnɔtze] nm SUISSE *room set aside for drinking with friends, usually in a cellar.*

Caroline [kaʀɔlin] npr f ▸ **(la) Caroline du Nord** North Carolina ▸ **(la) Caroline du Sud** South Carolina.

Carolines [kaʀɔlin] npr fpl ▸ **les (îles) Carolines** the Caroline Islands. ⟶ **île**

carolingien, enne [kaʀɔlɛ̃ʒjɛ̃, ɛn] adj Carolingian, of Charlemagne.

caroncule [kaʀɔ̃kyl] nf ANAT, BOT & ZOOL caruncle.

carotène [kaʀɔtɛn] nm carotene.

carotide [kaʀɔtid] nf carotid.

carotidien, enne [kaʀɔtidjɛ̃, ɛn] adj carotid.

carottage [kaʀɔtaʒ] nm **1.** GÉOL & MIN core boring **2.** *fam* [d'une somme] nicking UK, pinching; [d'une permission] wangling.

carotte [kaʀɔt] ◆ nf **1.** BOT carrot ▸ **les carottes sont cuites** the game's up **2.** *fam* [récompense] carrot ▸ **la carotte et le bâton** the carrot and the stick **3.** GÉOL & MIN core **4.** [tabac] plug **5.** [enseigne] tobacconist's sign. ◆ adj inv carroty *péj*, red, carrot-coloured.

carotter [3] [kaʀɔte] vt *tfam* [argent, objet] to nick UK, to pinch; [permission] to wangle ▸ **carotter qqch à qqn** to swindle ou to diddle sb out of sthg / *elle s'est fait carotter une grosse somme par un prétendu assureur* she got diddled out of a lot of money by a bogus insurance agent.

carotteur, euse [kaʀɔtœʀ, øz], **carottier, ère** [kaʀɔtje, ɛʀ] nm, f [escroc] crook.

carotteuse [kaʀɔtøz] nf core drill.

carottier [kaʀɔtje] nm core drill.

caroube [kaʀub] nf carob.

caroubier [kaʀubje] nm carob (tree).

carouge [kaʀuʒ] = **caroube.**

carpaccio [kaʀpatʃjo] nm CULIN carpaccio.

Carpates [kaʀpat] npr fpl ▸ **les Carpates** the Carpathian Mountains ou Carpathians ▸ **dans les Carpates** in the Carpathians.

carpatique [kaʀpatik] adj Carpathian.

carpe [kaʀp] ◆ nf carp. ◆ nm carpus.

carpeau, x [kaʀpo] nm young carp.

carpelle [kaʀpɛl] nm carpel.

carpette [kaʀpɛt] nf **1.** [tapis] rug **2.** *fam & péj* [personne] doormat, spineless individual ▸ **s'aplatir** ou **être (plat) comme une carpette devant qqn** to grovel in front of sb.

carpiculture [kaʀpikyltyʀ] nf carp farming.

carpien, enne [kaʀpjɛ̃, ɛn] adj carpal.

carpillon [kaʀpijɔ̃] nm very small carp.

carquois [kaʀkwa] nm quiver.

carrare [kaʀaʀ] nm Carrara marble.

carre [kaʀ] nf **1.** SPORT [d'un ski, d'un patin à glace] edge ▸ **lâcher les carres** to flatten the skis ▸ **reprendre de la carre** to go back on one's edges **2.** [d'une planche] crosscut **3.** [sur un pin] notch *(for extracting resin).*

carré, e [kaʀe] adj **1.** [forme, planche] square ▸ **avoir les épaules carrées** to be square-shouldered **2.** GÉOM & MATH square **3.** [sans détours] straight, straightforward ▸ **être carré en affaires** to have a forthright business manner / *il est un peu trop carré* he's a bit blunt **4.** NAUT [mât] square-rigged; [voile] square.

◆ **carré** nm **1.** [gén & GÉOM] square / *un petit carré de ciel bleu* a little patch of blue sky **2.** MATH square ▸ **le carré de six** six squared, the square of six / *élever un nombre au carré* to square a number **3.** HORT ▸ **carré de choux** cabbage patch **4.** VÊT (square) scarf ▸ **carré de coton** cotton square ▸ **carré Hermès®** *designer headscarf made by Hermès (a status symbol in France)* **5.** [coiffure] bob **6.** [viande] ▸ **carré d'agneau / de mouton / de porc / de veau** loin of lamb / mutton / pork / veal **7.** [fromage] ▸ **carré de l'Est** carré de l'Est cheese **8.** JEUX [au poker] ▸ **carré d'as** four aces **9.** MIL square **10.** NAUT wardroom **11.** ANAT quadrate muscle.

◆ **carrée** nf *fam* pad / *un peu d'ordre dans la carrée!* get this place tidied up!

Carré [kaʀe] npr ▸ **maladie de Carré** Carré's disease, canine distemper ▸ **virus de Carré** canine distemper virus.

carreau, x [kaʀo] nm **1.** [sur du papier] square ▸ **papier à carreaux** squared paper, graph paper / *mettre un motif au carreau* to square up a design; [motif sur du tissu] check ▸ **veste à carreaux** check ou checked jacket / *draps à petits carreaux* sheets with a small check design ou pattern **2.** [plaque de grès, de marbre] tile ▸ **carreau de faïence** ceramic tile **3.** [sol] tiled floor ▸ **se retrouver sur le carreau a)** *fam* [par terre] to end up on the floor **b)** [pauvre] to wind up on Skid Row ▸ **rester sur le carreau a)** *fam* [être assommé] to be laid out **b)** [être tué] to be bumped off **c)** [échouer] to come a cropper UK to take a spill US **4.** [vitre] window-pane; [fenêtre] window **5.** CARTES diamond **6.** SUISSE [jardin] (square) garden **7.** *fam* EXPR **se tenir à carreau** : *tiens-toi à carreau!* watch your step! / *il s'est tenu à carreau* he kept a low profile.

◆ **carreaux** nmpl *tfam* [lunettes] specs / *t'as vu l'autre là-bas avec ses carreaux?* look at old four-eyes over there!

carrefour [kaʀfuʀ] nm **1.** [de rues] crossroads *(sg)*, junction / *nous arrivons à un carrefour fig* we've come to a crossroads **2.** [point de rencontre] crossroads / *Hong Kong, carrefour de l'Asie* Hong Kong, crossroads of Asia ▸ **un carrefour d'idées** a forum of ideas **3.** [rencontre] forum, symposium.

carrelage [kaʀlaʒ] nm **1.** [carreaux] tiles, tiling ▸ **poser un carrelage** to lay tiles ou a tiled floor **2.** [opération] tiling **3.** [sol] tiled floor.

carreler [24] [kaʀle] vt [mur, salle de bains] to tile.

✐ In reformed spelling (see p. 16-19), this verb is conjugated like *peler*: *il carrèle, elle carrèlera.*

carrelet [kaʀlɛ] nm **1.** ZOOL plaice **2.** [filet] square fishing net **3.** [aiguille] half-moon needle **4.** [règle] square ruler.

carreleur, euse [kaʀlœʀ, øz] nm, f tiler.

carrelle v ⟶ **carreler.**

carrément [kaʀemɑ̃] adv **1.** [dire] straight out, bluntly; [agir] straight / *elle a carrément téléphoné au maire* she phoned straight to the mayor / *je vais le quitter! — ah, carrément?* I'm going to leave him! — it's as serious as that, is it? **2.** *fam* [en intensif] pretty *(adv)*, downright ▸ **carrément bête** downright stupid / *il est carrément en retard* he's well and truly late / *on gagne carrément un mètre* you gain a whole metre ▸ **c'est carrément du vol / de la corruption** it's daylight robbery / blatant corruption / *tourne carrément à gauche* take a sharp left **3.** [poser] squarely, firmly.

carrer [3] [kaʀe] ◆ **se carrer** vpi to settle, to ensconce o.s. *sout* ou *hum.*

carrier [kaʀje] nm quarryman.

carrière [kaʀjɛʀ] nf **1.** [d'extraction] quarry ▸ **carrière de craie** chalkpit **2.** [profession] career ▸ **la Carrière** [diplomatie] the diplomatic service ▸ **la carrière des armes** a military career **3.** [parcours professionnel] career ▸ **faire carrière dans** to pursue a career in / *l'accident a brisé sa carrière* the accident ruined ou wrecked his career ▸ **en début / en fin de carrière** at the beginning / end of one's career **4.** *litt* [de la vie, du soleil] course / *la carrière de la gloire* the path to glory ▸ **donner (libre) carrière à** to give free rein to.

◆ **de carrière** loc adj [officier] regular; [diplomate] career *(modif).*

carriérisme [kaʀjeʀism] nm careerism.

carriériste [kaʀjeʀist] nmf careerist, career-minded person.

carriole [kaʀjɔl] nf **1.** [à deux roues] cart **2.** QUÉBEC car sleigh, carriole.

carrossable [kaʀɔsabl] adj suitable for motor vehicles.

carrossage [kaʀɔsaʒ] nm [angle] camber.

carrosse [kaʀɔs] nm **1.** [véhicule] coach ▸ **carrosse d'apparat** state coach **2.** [panier] wine basket.

carrosser [3] [kaʀɔse] vt **1.** [voiture] to fit a body to **2.** EXPR **elle est bien carrossée** *tfam* she's got a good figure, she's got curves in all the right places.

carrosserie [kaʀɔsʀi] nf **1.** AUTO [structure] body; [habillage] bodywork ▸ **atelier de carrosserie** body shop **2.** [d'un appareil ménager] cover, case **3.** *tfam* [d'une personne] : *belle carrosserie!* nice figure! **4.** [métier] coachwork, coach-building.

carrossier [kaʀɔsje] nm coachbuilder.

carrousel [kaʀuzɛl] nm **1.** ÉQUIT carousel **2.** [de voitures, de personnes] merry-go-round ▸ **le carrousel ministériel** the comings and goings at the Ministry **3.** [à valises] carousel **4.** AUDIO carousel **5.** BELG [manège] merry-go-round, carousel.

carroyage [kaʀwajaʒ] nm [en dessin] squaring.

carroyer [13] [kaʀwaje] vt to square.

carrure [kaʀyʀ] nf **1.** [corps] build ▸ **avoir une carrure d'athlète** to be built like an athlete **2.** [qualité] stature, calibre / *une présidente d'une carrure exceptionnelle* an exceptionally able chairwoman **3.** VÊT breadth across the shoulders.

carry [kaʀi] = **cari.**

cartable [kaʀtabl] nm [à bretelles] satchel; [à poignée] schoolbag.

carte [kaʀt]

◆ nf

A. PAPIER, PLASTIQUE, DOCUMENT

B. POUR SE REPÉRER

C. POUR JOUER

A. PAPIER, PLASTIQUE, DOCUMENT **1.** [courrier] card ▸ **carte d'anniversaire** birthday card ▸ **carte d'invitation** invitation card ▸ **carte de Noël** Christmas card ▸ **carte postale** postcard ▸ **carte de visite a)** [personnelle] visiting UK ou calling US card **b)** [professionnelle] business card ▸ **carte de vœux** New Year greetings card **2.** [de restaurant] menu ▸ **la carte des vins** the wine list; [choix] menu ▸ **ils ont une belle / petite carte** they have an impressive / a limited menu; [menu à prix non fixe] à la carte menu

▸ **choisissez dans la carte** choose one of the à la carte dishes **3.** [document officiel] card / *il a la carte du parti écologiste* he's a card-carrying member of the green party ▸ **carte d'alimentation** ou **de rationnement** ration card ▸ **carte d'abonnement a)** TRANSP season ticket ou pass **b)** MUS & THÉÂTRE season ticket ▸ **carte d'adhérent** ou **de membre** membership card ▸ **carte de don d'organe** donor card ▸ **carte d'électeur** polling card UK, voter registration card US ▸ **carte d'embarquement** boarding card ou pass ▸ **carte d'entrée** pass ▸ **carte d'étudiant** student card ▸ **carte de famille nombreuse** discount card *(for families with at least three children)* ▸ **carte de fidélité** loyalty card ▸ **carte grise** ≃ logbook UK ; ≃ car registration papers US ▸ **carte d'identité professionnelle** [de représentant] (official) ID card ▸ **carte d'invalidité** *disabled person's travel pass* ▸ **carte de lecteur** reader's UK ou library card ▸ **carte (nationale) d'identité** (national) identity card ou ID card ▸ **carte (nationale) de priorité** *card giving priority in queues and on public transport* ▸ **carte de presse** presscard ▸ **carte de résident** (long term) residence permit ▸ **carte sanitaire** prostitute's registration papers / *fille* ou *prostituée en carte* registered prostitute ▸ **carte de séjour (temporaire)** (temporary) residence permit ▸ **carte de sortie** pupil's pass *(showing entitlement to leave school at certain times)* ▸ **Carte Senior®** *card entitling senior citizens to reduced rates on trains, etc.* ▸ **carte verte** green card UK, certificate of insurance US ▸ **donner** ou **laisser carte blanche à qqn** to give sb carte blanche ou a free hand **4.** [moyen de paiement] ▸ **carte bancaire** bank card, cash card UK ▸ **Carte Bleue®** Visa Card® *(with which purchases are debited directly from the holder's current account)* ▸ **carte de crédit** credit card *(to back up signatures on bills and to obtain cash from machines)* ▸ **carte de paiement** credit card *(to effect automatic payment for goods and services)* ▸ **carte de téléphone** ou **téléphonique** Phonecard® ▸ **cabine à cartes** cardphone **5.** INFORM (circuit) card ou board ▸ **carte d'extension (mémoire)** add-in card ▸ **carte graphique** graphics card ▸ **carte magnétique** swipe card ▸ **carte à mémoire** ou **à puce** smart card ▸ **carte perforée** punch card ▸ **carte à pistes magnétiques** magnetic (striped) ledger card ▸ **carte son** sound card ▸ **carte RNIS®** ISDN® card **6.** TÉLÉC ▸ **carte SIM®** SIM® card.

B. POUR SE REPÉRER GÉOGR & GÉOL map ; ASTRON, MÉTÉOR & NAUT chart / *dresser une carte de la région* to map (out) the area ▸ **carte du ciel** sky chart ▸ **carte d'état-major** ≃ Ordnance Survey map UK ; ≃ Geological Survey map US ▸ **carte marine** nautical chart ▸ **carte routière** road map ▸ **carte topographique** contour map ▸ **la carte de** ou **du Tendre** LITTÉR map of the amorous sentiments *(from de Scudéry's novel "Clélie", 1660)*.

C. POUR JOUER JEUX ▸ **carte (à jouer)** (playing) card ▸ **jeu de cartes a)** [activité] card game **b)** [paquet] pack of cards ▸ **tirer** ou **faire** *fam* **les cartes à qqn** to read sb's cards ▸ **se faire tirer les cartes** to have one's cards read ▸ **jouons la carte de l'honnêteté / la qualité** *fig* let's go for honesty / quality ▸ **carte forcée a)** *pr* forced card **b)** *fig* Hobson's choice ▸ **carte maîtresse a)** *pr* master card **b)** *fig* master ou trump card ▸ **une bonne carte** an asset ▸ **montrer ses cartes** to show one's hand ▸ **jeter des cartes / une carte sur la table** to put proposals / a proposal on the table ▸ **jouer cartes sur table** to lay one's cards on the table ▸ **il n'a pas joué toutes ses cartes a)** *pr* he hasn't played his last card **b)** *fig* he still has a trick up his sleeve.

❖ **à la carte** ◆ loc adj **1.** [repas] à la carte **2.** [programme, investissement] customized ; [horaire] flexible / *des séjours à la carte* tailor-made ou à la carte holidays ; [télévision] pay-per-view. ◆ loc adv ▸ **manger à la carte** to eat à la carte.

❖ **de grande carte** loc adj [restaurant, établissement] first-class.

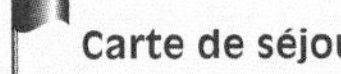

Carte de séjour

Foreign nationals from outside the Schengen area living in France are required to carry this document. It is issued by their local **préfecture** as a certificate of residency.

cartel [kaʀtɛl] nm **1.** ÉCON cartel / *se rassembler en cartel* to form a cartel **2.** POL coalition, cartel **3.** MIL cartel **4.** [pendule] (decorative) wall clock **5.** [plaque] name and title plaque *(on a painting, a statue)*.

❖ **Cartel** nm **1.** THÉÂTRE ▸ **le Cartel** *group of four theatre companies directed by Baty, Dullin, Jouvet and Pitoëff from 1927-1940, influential in the development of modern French stagecraft* **2.** HIST ▸ **le Cartel des gauches** *a coalition of left-wing parties formed in 1924 in opposition to the "Bloc national" and gaining power in the same year under Édouard Herriot.*

carte-lettre [kaʀtəlɛtʀ] (*pl* **cartes-lettres**) nf letter card.

cartellisation [kaʀtelizasjɔ̃] nf [d'entreprises] cartelization.

carter [kaʀtɛʀ] nm **1.** ÉLECTR case, casing **2.** AUTO ▸ **carter d'engrenages** gearbox casing ▸ **carter à l'huile** sump UK, oilpan US ▸ **carter du moteur** crankcase ; [de vélo] chain guard.

carte-réponse [kaʀtʀepɔ̃s] (*pl* **cartes-réponse** *ou* **cartes-réponses**) nf reply card.

Carterie® [kaʀtəʀi] nf card shop.

cartésianisme [kaʀtezjanism] nm Cartesianism.

cartésien, enne [kaʀtezjɛ̃, ɛn] adj & nm, f Cartesian.

carte-vue [kaʀtəvy] (*pl* **cartes-vues**) nf BELG (picture) postcard.

Carthage [kaʀtaʒ] npr Carthage.

Carthagène [kaʀtaʒɛn] npr Carthagena.

carthaginois, e [kaʀtaʒinwa, az] adj Carthaginian.

❖ **Carthaginois, e** nm, f Carthaginian.

cartier [kaʀtje] nm playing card manufacturer.

cartilage [kaʀtilaʒ] nm **1.** ANAT [substance] cartilage *(U)* **2.** [du poulet] piece of gristle.

cartilagineux, euse [kaʀtilaʒinø, øz] adj **1.** ANAT cartilaginous **2.** [poisson] gristly.

cartogramme [kaʀtɔgʀam] nm cartogram.

cartographe [kaʀtɔgʀaf] nmf cartographer.

cartographie [kaʀtɔgʀafi] nf cartography.

cartographier [kaʀtɔgʀafje] vt [pays, région] to map, to draw a map of ; [génome humain] to map.

cartographique [kaʀtɔgʀafik] adj cartographic.

cartomancie [kaʀtɔmɑ̃si] nf cartomancy, fortune-telling *(with cards)*.

cartomancien, enne [kaʀtɔmɑ̃sjɛ̃, ɛn] nm, f fortune-teller *(with cards)*.

carton [kaʀtɔ̃] nm **1.** [matière] cardboard **2.** [boîte - grande] cardboard box ; [- petite] carton ▸ **carton à chapeaux** hatbox ▸ **carton à chaussures** shoebox **3.** [contenu - d'une grande boîte] cardboard boxful ; [- d'une petite boîte] cartonful **4.** [rangement - pour dossiers] (box) file ; [- pour dessins] portfolio / *le projet est resté dans les cartons fig* the project never saw the light of day, the project was shelved **5.** ART sketch, cartoon ▸ **carton de tapisserie** (tapestry) cartoon **6.** GÉOGR insert map **7.** FOOT ▸ **carton jaune** yellow card ▸ **carton rouge** red card ▸ **prendre** *fam* ou **ramasser** *fam* **un carton** to get thrashed **8.** *fam* EXPR **taper le carton** to play cards ▸ **faire un carton a)** [au ball-trap] to take a potshot **b)** [réussir] to hit the jackpot ▸ **faire un carton sur qqn** to shoot sb down.

❖ **en carton** loc adj cardboard *(modif)*.

carton-feutre [kaʀtɔ̃føtʀ] (*pl* **cartons-feutres**) nm roofing felt.

cartonnage [kaʀtɔnaʒ] nm **1.** [reliure] boarding **2.** [boîte] cardboard box **3.** [empaquetage] cardboard packing **4.** [fabrication] cardboard industry.

cartonner [3] [kaʀtɔne] ◆ vt [livre] to bind in boards. ◆ vi *fam* **1.** [film, disque] to be a hit ; [livre] to be a best-seller / *j'ai cartonné en maths* I did brilliantly in maths **2.** EXPR **garé dans un couloir d'autobus, ça va cartonner!** he's parked in a bus lane, he's really going to catch it ! ▸ **ça cartonne sec!** its risky !

cartonnerie [kaʀtɔnʀi] nf **1.** [industrie] cardboard industry **2.** [commerce] cardboard trade **3.** [usine] cardboard factory.

cartonneux, euse [kaʀtɔnø, øz] adj cardboard-like.

cartonnier, ère [kaʀtɔnje, ɛʀ] nm, f **1.** ART tapestry designer, mosaic designer **2.** [fabricant] cardboard manufacturer.

❖ **cartonnier** nm filing cabinet *(for cardboard files)*.

carton-pâte [kaʀtɔ̃pat] (*pl* **cartons-pâtes**) nm pasteboard.

❖ **de carton-pâte, en carton-pâte** loc adj *péj* [décor] cardboard *(modif)* ; [personnage, intrigue] cardboard cut-out *(modif)*.

cartophile [kaʀtɔfil] nmf postcard collector.

cartophilie [kaʀtɔfili] nf postcard collecting.

cartothèque [kaʀtɔtɛk] nf map library.

cartouche [kaʀtuʃ] ◆ nf **1.** ARM [projectile, charge] cartridge ▸ **cartouche à blanc** blank cartridge **2.** COMM [recharge] cartridge ; [emballage groupant plusieurs paquets] carton **3.** PHOT cartridge, cassette, magazine **4.** ÉLECTR cartridge. ◆ nm **1.** ANTIQ & ART cartouche **2.** [sur un plan] box.

cartoucherie [kaʀtuʃʀi] nf **1.** [fabrique] cartridge factory **2.** [dépôt] cartridge depot.

cartouchière [kaʀtuʃjɛʀ] nf **1.** [de soldat] cartridge pouch **2.** [de chasseur] cartridge belt.

carvi [kaʀvi] nm caraway.

cary [kaʀi] = **cari.**

caryatide [kaʀjatid] nf caryatid.

caryocinèse [kaʀjɔsinɛz] nf caryocinesis.

caryopse [kaʀjɔps] nm caryopsis.

caryotype [kaʀiɔtip] nm karyotype.

cas [ka] nm **1.** [hypothèse] ▸ **dans le premier cas** in the first instance / *dans le meilleur des cas* at best / *dans le pire des cas* at worst ▸ **dans l'un des cas** in one case / *dans certains cas, en certains cas* in some ou certain cases ▸ **en aucun cas** under no circumstances, on no account ▸ **en pareil cas** in such a case / *auquel cas* ou *en ce cas* ou *dans ce cas* in which case, in that case, this being the case / *dans un cas comme dans l'autre* ou *dans l'un ou l'autre cas* ou *dans les deux cas* either way ▸ **cas de figure** case, instance / *envisageons ce cas de figure* let us consider that possibility ▸ **le cas échéant** should this happen **2.** [situation particulière] case, situation ▸ **c'est également mon cas** I'm in the same situation ▸ **j'ai expliqué mon cas** I stated my case ou position / *certains animaux sont presque aveugles ; c'est le cas de la taupe* some animals, such as the mole, are almost blind / *ce n'est pas le cas* that's not the case / *c'est un cas très rare* it's a very rare occurrence ▸ **cas particulier** special case / *c'est un cas particulier, elle n'a pas de ressources* she's a special case, she has no income / *les cas particuliers en grammaire russe* exceptions in Russian grammar / *se mettre dans un mauvais cas* to paint o.s. into a corner ▸ **cas de conscience** matter of conscience ▸ **poser un cas de conscience à qqn** to put sb in a (moral) dilemma ▸ **cas d'espèce** individual ou particular case ▸ **cas de force majeure a)** *pr* case of force majeure **b)** *fig* case of absolute necessity ▸ **cas limite** borderline case ▸ **ce n'est pas un cas pendable** it's no great crime ▸ **c'est le cas de le dire!** you've said it ! **3.** MÉD & SOCIOL case / *il y a eu trois cas de varicelle* there have been three cases of chickenpox / *ce garçon est un cas! fam & hum* that boy is something else ou a real case ! **4.** GRAM case ▸ **grammaire des** ou **de cas** case grammar ▸ **langue à cas** inflected language **5.** EXPR **faire grand cas de a)** [événement] to attach great importance to **b)** [argument, raison] to set great store by **c)** [invité, ami] to make a great fuss ou much of / *on fit grand cas du jeune romancier* much was made of the young novelist / *ne faire aucun cas de* to pay no attention to, to take no notice of ▸ **faire peu de cas de a)** [argument, raison] to pay scant attention to **b)** [invité, ami] to ignore.

❖ **au cas où** loc conj in case / *au cas où il ne viendrait pas* in case he doesn't come ; *(comme adv)* ▸ **prends un parapluie au cas où** *fam* take an umbrella just in case.

◈ **dans le cas de** loc prép *sout* ▸ **mettre qqn dans le cas de faire** ou **d'avoir à faire qqch** to put sb in the position of having to do sthg.
◈ **dans tous les cas** = en tout cas.
◈ **en cas de** loc prép in case of ▸ **en cas de besoin** in case of need ▸ **en cas d'incendie** in the event of a fire ▸ **en cas d'urgence** in an emergency / *en cas de perte de la carte* should the card be lost.
◈ **en tout cas** loc adv in any case ou event, anyway.
◈ **cas social** nm *person needing social worker's assistance* / *tous les cas sociaux dans son école* all the children from problem families at her school.

Notez que in case n'est pas suivi de would :
Au cas où ils auraient envie de rester dîner, j'ai prévu large. *I've made extra in case they want to stay for dinner.*
Il avait une canne à la main pour le cas où il aurait à se défendre. *He carried a stick in case he had to defend himself.*

Casablanca [kazablɑ̃ka] npr Casablanca.
casanier, ère [kazanje, ɛʀ] ◆ adj stay-at-home. ◆ nm, f stay-at-home type, homebody.
casaque [kazak] nf [d'un jockey] silks ; [de mousquetaire] paletot *(with wide sleeves)* ; [blouse] paletot ▸ **tourner casaque a)** [fuir] to turn and run **b)** [changer d'opinion] to do a volte-face.
casbah [kazba] nf casbah, kasbah.
cascabelle [kaskabɛl] nf cascabel.
cascade [kaskad] nf **1.** [chute d'eau] waterfall, cascade *litt* **2.** [abondance] ▸ **une cascade de a)** [tissu] a cascade of **b)** [compliments] a stream of **c)** [sensations] a rush of, a gush of ▸ **des cascades d'applaudissements** thundering applause **3.** [acrobatie] stunt / *faire de la cascade* to do stunts.
◈ **en cascade** ◆ loc adj **1.** [applaudissements] tumultuous ; [rires] ringing **2.** ÉLECTR ▸ **montage en cascade** cascade ou tandem connection. ◆ loc adv : *ses cheveux tombaient en cascade sur ses épaules* her hair cascaded around her shoulders.
cascader [3] [kaskade] vi *litt* to cascade (down).
cascadeur, euse [kaskadœʀ, øz] nm, f stunt man (woman).
case [kaz] nf **1.** [d'un damier] square ; [d'une grille de mots croisés] square ; [d'un formulaire] box ▸ **case départ** : *retournez* ou *retour à la case départ* return to go / *retour à la case départ! fig* back to square one! **2.** [d'un meuble, d'une boîte] compartment ▸ **il a une case (de) vide** *fam* ou **en moins** *fam* he's not all there, he's got a screw loose **3.** SUISSE ▸ **case (postale)** postbox **4.** INFORM box **5.** RADIO & TV slot **6.** [hutte] hut / **'la Case de l'oncle Tom'** *Beecher-Stowe* 'Uncle Tom's Cabin'.
caséeux, euse [kazeø, øz] adj **1.** *sout* [rappelant le fromage] caseous **2.** MÉD caseous.
caséification [kazeifikasjɔ̃] nf MÉD caseation.
caséine [kazein] nf casein.
casemate [kazmat] nf **1.** [d'une fortification] casemate **2.** [ouvrage fortifié] blockhouse.
caser [3] [kaze] vt *fam* **1.** [faire entrer] ▸ **caser qqch dans qqch** to fit sthg in sthg / *tu peux y caser un canapé* you can fit a sofa in / *peux-tu caser ça dans ta valise?* can you find room for this in your suitcase? **2.** [dire -phrase, histoire] to get in *(sép)* **3.** [loger -invités] to put up *(sép)* / *les enfants sont casés chez la grand-mère* the children are staying at their grandma's **4.** [dans un emploi] to fix up *(sép)* / *elle est bien casée* she's fixed up nicely **5.** [marier] to marry off *(sép)* ▸ **il est enfin casé** he's settled down at last.
◈ **se caser** vpi *fam* **1.** [dans un emploi] to get fixed up with a job **2.** [se marier] to settle down **3.** [se loger] to find somewhere to live.
caserne [kazɛʀn] nf **1.** MIL barracks *(sg ou pl)* ▸ **caserne de pompiers** fire station / *des plaisanteries de caserne* barrack-room ou locker-room jokes **2.** *péj* [logements] soulless high-rise flats UK ou apartments US.
casernement [kazɛʀnəmɑ̃] nm **1.** [action] quartering in barracks **2.** [locaux] barrack buildings.
caserner [3] [kazɛʀne] vt to barrack.
cash [kaʃ] adv cash ▸ **payer cash** to pay cash / *je te le vends, mais cash! fam* I'll sell it to you but it's cash on the nail!
cash and carry [kaʃɛndkaʀi] nm inv cash-and-carry.
casher [kaʃɛʀ] = kasher.
cash-flow [kaʃflo] (*pl* **cash-flows**) nm cash flow.
cashmere [kaʃmiʀ] nm cashmere.
casier [kazje] nm **1.** [case -ouverte] pigeonhole ; [-fermée] compartment ; [-dans une consigne, un gymnase] locker ▸ **casier de consigne automatique** luggage locker **2.** [meuble -à cases ouvertes] pigeonholes ; [-à tiroirs] filing cabinet ; [-à cases fermées] compartment ; [-à cases fermant à clef] locker ▸ **casier à bouteilles** bottle rack **3.** [pour ranger -des livres] unit ; [-des bouteilles] rack ; [-dans un réfrigérateur] compartment **4.** [pour transporter] crate **5.** ADMIN & DR record ▸ **casier fiscal** tax record ▸ **casier judiciaire** police ou criminal record ▸ **un casier judiciaire vierge** a clean (police) record / *maintenant, il a un casier judiciaire* now he's got a criminal record **6.** PÊCHE pot.
casino [kazino] nm casino.
casoar [kazɔaʀ] nm **1.** ZOOL cassowary **2.** [plumet] plume *(on hats worn by Saint-Cyr cadets)*.
Caspienne [kaspjɛn] npr f ▸ **la (mer) Caspienne** the Caspian Sea. ⟶ **mer**
casque [kask] nm **1.** [pour protéger] helmet ; [d'ouvrier] hard hat / **'le port du casque est obligatoire'** [sur un chantier] 'hard hats must be worn' ▸ **casque colonial** pith helmet ▸ **casque intégral** full face helmet ▸ **casque de moto** crash helmet ▸ **casque à pointe** spiked helmet ▸ **casque de protection** [pour moto] crash helmet ▸ **les casques bleus** the UN peace-keeping force, the blue berets **2.** AUDIO headphones, headset, earphones **3.** [de coiffeur] hood hairdrier **4.** *litt* [cheveux] ▸ **un casque roux** a crown of red hair **5.** BOT helmet, galea **6.** ZOOL casque.
casqué, e [kaske] adj helmeted.
casquer [3] [kaske] vi *tfam* to cough up, to come up with the cash.
casquette [kaskɛt] nf cap ▸ **casquette d'officier** officer's peaked cap.
cassable [kasabl] adj breakable.
cassage [kasaʒ] nm [d'assiettes] breaking ; [de cailloux] crushing ; [d'un syndicat] crushing / *cassage de gueule tfam* punch-up UK, fist-fight.
Cassandre [kasɑ̃dʀ] npr Cassandra ▸ **jouer les Cassandre** to be a prophet of doom ou a real Jeremiah.
cassant, e [kasɑ̃, ɑ̃t] adj **1.** [cheveux, ongle] brittle ; [métal] short **2.** [réponse] curt ▸ **être cassant avec qqn** to be short ou curt with sb ▸ **d'un ton cassant** crisply **3.** *fam* [fatigant] : *c'est pas vraiment cassant* it's not exactly tiring ou overtaxing.
cassate [kasat] nf cassata.
cassation [kasasjɔ̃] nf **1.** DR cassation **2.** MIL reduction to the ranks.
casse [kas] ◆ nm *fam* [d'une banque] bank robbery ; [d'une maison] break-in. ◆ nf **1.** IMPR case ▸ **bas / haut de casse** lower / upper case ▸ **lettre bas- / haut-de-casse** lower-case / upper-case letter **2.** [bris, dommage] breakage / **'on paye la casse'** 'breakages must be paid for' **3.** *fam* [bagarre] ▸ **de la casse** a punch-up UK ou fist-fight / *il va y avoir de la casse* there's going to be a bit of punch up UK ou a free-for-all US **4.** [de voitures] scrapyard ▸ **mettre** ou **envoyer à la casse** to scrap / *vendre une voiture à la casse* to sell a car for scrap / *une idéologie bonne pour la casse fig* an ideology fit for the scrapheap **5.** BOT cassia.
cassé, e [kase] adj **1.** ⟶ **blanc 2.** ⟶ **col.**
◈ **cassé** nm CULIN ▸ **gros cassé** large crack ▸ **petit cassé** small crack.
casse-cou (*pl* casse-cou *ou* casse-cous*) [kasku] ◆ adj [personne] daredevil ; [projet] risky. ◆ nmf daredevil.
casse-croûte (*pl* casse-croûte), **casse-croute*** (*pl* casse-croutes*) [kaskʀut] nm *fam* [repas léger] snack ; [sandwich] sandwich.
casse-cul (*pl* casse-cul *ou* casse-culs*) [kasky] ◆ adj *tfam* boring as hell / *ses cours sont casse-cul* his lectures are a complete pain in the arse UK ou ass US. ◆ nmf pain in the arse UK ou ass US.
casse-graine (*pl* casse-graine *ou* casse-graines*) [kasgʀɛn] nm *fam* [repas léger] snack.
casse-gueule (*pl* casse-gueule *ou* casse-gueules*) [kasgœl] *fam* ◆ adj [chemin] treacherous ; [projet] risky / *dis donc, il est casse-gueule ton escalier!* hey, this staircase of yours is dangerous! / *c'est casse-gueule, ton projet!* this plan of yours is going to be a complete disaster! ◆ nmf daredevil. ◆ nm dangerous ou nasty spot.
Casse-Noisette [kasnwazɛt] npr / **'Casse-Noisette'** *Tchaïkovski* 'Nutcracker Suite'.
casse-noisettes [kasnwazɛt] nm inv nutcracker.
casse-noix [kasnwa] nm inv **1.** [instrument] nutcracker **2.** ZOOL nutcracker.
casse-pattes (*pl* casse-pattes), **casse-patte*** (*pl* casse-pattes*) [kaspat] nm *tfam* [alcool] rotgut.
casse-pieds (*pl* casse-pieds), **casse-pied*** (*pl* casse-pieds*) [kaspje] adj *fam* [ennuyeux] boring ; [agaçant] annoying ▸ **c'est casse-pieds à faire** it's a nuisance ou drag ou bind / *un peu casse-pieds à préparer* a bit of a hassle to prepare.
casse-pierre(s) [kaspjɛʀ] (*pl* casse-pierre *ou* casse-pierres) nm stone crusher.
casse-pipe(s) [kaspip] (*pl* casse-pipe *ou* casse-pipes) nm MIL & *fig* ▸ **aller au casse-pipes** *fam* to go to war.
casser [3] [kase] ◆ vt **1.** [mettre en pièces -table] to break (up) ; [-porte] to break down *(sép)* ; [-poignée] to break off *(sép)* ; [-noix] to crack (open) ▸ **casser qqch en mille morceaux** to smash sthg to bits ou smithereens ▸ **casser qqch en deux** to break ou to snap sthg in two / *un homme que la douleur a cassé fig* a man broken by suffering / *avoir envie de tout casser* to feel like smashing everything up ▸ **casser sa tirelire** to break into one's piggybank ▸ **casser du bois a)** *pr* to chop wood **b)** *fam & fig* to crash-land ▸ **casser du sucre sur le dos de qqn** *fam* to knock sb when his / her back's turned ▸ **un journal où on casse du coco** *tfam* a commie-bashing paper ▸ **casser la banque** JEUX & *fig* to break the bank ▸ **casser la baraque a)** *fam* THÉÂTRE to bring the house down **b)** [faire échouer un plan] to ruin it all / *ne casse pas ma baraque en lui disant fam* don't ruin it all for me by telling him ▸ **casser la croûte** *fam* ou **graine** *fam* to have a bite to eat ▸ **casser le morceau** *fam* to spill the beans ▸ **casser sa pipe** *fam* to kick the bucket ▸ **ça ne casse pas des briques** *fam* it's no great shakes ou no big deal ▸ **il / ça ne casse pas trois pattes à un canard** *fam* he / it wouldn't set the world on fire **2.** [interrompre -fonctionnement, déroulement, grève] to break ▸ **le mécanisme est cassé** the mechanism is broken ▸ **casser le rythme** to break the rhythm ▸ **casser l'ambiance** to spoil the atmosphere **3.** [démolir] to demolish / *on a dû casser le mur* we had to knock down ou to demolish the wall **4.** [en parlant de parties du corps] to break / *avoue ou je te casse le bras!* own up or I'll break your arm! ▸ **casser la figure** *fam* ou **gueule** *tfam* **à qqn** to smash sb's face in ▸ **casser les oreilles à qqn a)** *fam* [avec de la musique] to deafen sb **b)** [en le harcelant] to give sb a lot of hassle ▸ **casser les reins à qqn** to put a stop to sb's career ▸ **casser les pieds à qqn** *fam* to get on sb's nerves ou wick UK ▸ **casser les noix à qqn** *vulg* to get on sb's tits ▸ **tu nous les casses** *vulg* you're a fucking pain (in the neck) **5.** [abîmer -voix] to damage, to ruin / *le rhum lui a cassé la voix* rum ruined her voice **6.** [annihiler -espoir] to dash, to destroy ; [-moral] to crush / *la religion, la famille, ils veulent tout casser* religion, family values, they want to smash everything **7.** DR [jugement] to quash ; [arrêt] to nullify, to annul **8.** [rétrograder -officier] to break, to reduce to the ranks ; [-fonctionnaire] to demote **9.** COMM ▸ **casser les**

* In reformed spelling (see p. 16-19).

prix to slash prices ▸ **casser le métier** to operate at unfairly competitive rates **10.** *tfam* [cambrioler] to do a job on **11.** *fam* [voiture] to take to bits *(for spare parts)*, to cannibalize. ◆ vi [verre, chaise] to break ; [fil] to snap ; [poignée] to break off ▸ **la tige a cassé a)** [en deux] the stem snapped **b)** [s'est détachée] the stem snapped off ▸ **tout passe, tout lasse, tout casse** *prov* nothing lasts.

❖ **se casser** ◆ vpi **1.** [être mis en pièces -assiette] to break ; [-poignée] to break off ▸ **se casser net a)** [en deux] to snap into two **b)** [se détacher] to break clean off **2.** *tfam* [partir] to push ou to buzz off ▸ **casse-toi !** get lost !, push off ! / ***le voilà, casse-toi !*** he's coming, scram ! **3.** [cesser de fonctionner -appareil, véhicule] to break down **4.** [être altéré -voix] to crack, to falter **5.** *fig* [se fatiguer] ▸ **ne pas se casser** : ***il ne s'est pas trop cassé pour son rapport*** he didn't exactly wear himself out writing his report / ***ils ne se sont pas cassés*** they didn't make much of an effort **6.** VÊT to break (off) / ***votre pli de pantalon doit se casser sur la chaussure*** the crease of your trouser leg UK ou pant leg US must break over the shoe. ◆ vpt to break ▸ **se casser le cou a)** *pr* to break one's neck **b)** *fig* to come a cropper UK to take a tumble ▸ **se casser le cul** *vulg* ou **les reins** *fam* [au travail] to bust a gut, to kill o.s. ▸ **se casser la figure** *fam* ou **gueule** *tfam* **a)** [personne] to come a cropper UK to take a tumble **b)** [livre, carafe] to crash to the ground **c)** [projet] to bite the dust, to take a dive ▸ **se casser la tête** *fam* ou **nénette** *fam* to rack one's brains / ***ne te casse pas la tête, fais une omelette*** don't put yourself out, just make an omelette ▸ **se casser le nez a)** *fam* [ne trouver personne] to find no-one in **b)** [échouer] to come a cropper UK to bomb US ▸ **ça vaut mieux que de se casser une jambe** *fam* it's better than a poke in the eye with a sharp stick.

❖ **à tout casser** *fam* ◆ loc adj [endiablé -fête] fantastic ; [-succès] runaway / ***une soirée à tout casser*** one hell of a party. ◆ loc adv [tout au plus] at the (very) most.

casserole [kasʀɔl] nf **1.** [ustensile, contenu] pan, saucepan **2.** *fam* [instrument de musique] flat ou off-key instrument ; [voix] flat ou off-key voice ▸ **chanter comme une casserole** to sing off key **3.** CINÉ spot (light).

❖ **à la casserole** ◆ loc adj braised. ◆ loc adv ▸ **faire** ou **cuire à la casserole** to braise ▸ **passer à la casserole a)** *fam* [être tué] to get bumped off **b)** [subir une épreuve] to go through it / ***elle est passée à la casserole*** *tfam* [sexuellement] she got laid.

> ⚠ Le mot anglais **casserole** signifie « ragoût » et non casserole.

casse-tête (*pl* casse-tête *ou* casse-têtes*) [kastɛt] nm **1.** JEUX puzzle, brainteaser ▸ **casse-tête chinois** *pr* Chinese puzzle ▸ **c'est un vrai casse-tête chinois** *fig* it's totally baffling / ***organiser cette réception, c'était un vrai casse-tête !*** what a headache it was organizing that party ! **2.** ARM club.

casse-tout [kastu] *fam* ◆ adj inv butterfingered. ◆ nmf butterfingers.

cassette [kasɛt] nf **1.** AUDIO & INFORM cassette **2.** [coffret] casket **3.** [trésor royal] privy purse.

cassettothèque [kasɛtɔtɛk] nf cassette library.

casseur, euse [kasœʀ, øz] nm, f **1.** [dans une manifestation] rioting demonstrator **2.** *fam* [cambrioleur] burglar **3.** COMM scrap dealer, scrap merchant UK

Cassin [kasɛ̃] npr ⟶ **mont.**

Cassiopée [kasjɔpe] npr MYTH & ASTRON Cassiopeia.

cassis [kasis] nm **1.** [baie] blackcurrant **2.** [plante] blackcurrant bush **3.** [liqueur] blackcurrant liqueur, cassis **4.** *tfam* [tête] nut **5.** [dos-d'âne] gully *(across a road)*.

Cassius [kasjys] npr Cassius.

cassolette [kasɔlɛt] nf **1.** CULIN small baking dish **2.** [brûle-parfum] incense-burner.

cassonade [kasɔnad] nf light brown sugar.

cassoulet [kasulɛ] nm cassoulet, haricot bean stew *(with pork, goose or duck)*.

cassure [kasyʀ] nf **1.** [fissure] crack **2.** [rupture dans la vie, le rythme] break **3.** VÊT fold / ***la cassure de son pantalon*** where his trousers rest on his shoes **4.** GÉOL break ; [faille] fault.

castagne [kastaɲ] nf *fam* fighting / ***il risque d'y avoir de la castagne*** things might get ugly.

castagnettes [kastaɲɛt] nfpl castanets / ***ses dents jouaient des castagnettes*** his teeth were chattering / ***ses genoux jouaient des castagnettes*** his knees were knocking.

caste [kast] nf ENTOM & SOCIOL caste.

castel [kastɛl] nm *litt* small castle.

castillan, e [kastijɑ̃, an] adj Castilian.

❖ **Castillan, e** nm, f Castilian.

❖ **castillan** nm LING Castilian.

Castille [kastij] npr f ▸ **(la) Castille** Castile ▸ **Castille-La Manche** La Mancha ▸ **Castille-León** Leon.

casting [kastiŋ] nm CINÉ & THÉÂTRE casting ▸ **passer un casting** to go to an audition ▸ **erreur de casting a)** *pr* casting error **b)** *fig* ***ce n'est pas qu'il soit incompétent, c'est juste une erreur de casting*** it's not that he's incompetent, he's just not cut out for this job.

castor [kastɔʀ] nm **1.** ZOOL beaver **2.** [fourrure] beaver.

Castor [kastɔʀ] npr ▸ **Castor et Pollux** Castor and Pollux.

castrat [kastʀa] nm **1.** MUS castrato **2.** [homme castré] castrated man, eunuch.

castrateur, trice [kastʀatœʀ, tʀis] adj castrating.

castration [kastʀasjɔ̃] nf **1.** [d'un homme, d'une femme] castration **2.** [d'un animal -mâle] castration, gelding ; [-femelle] castration, spaying **3.** BOT castration.

castrer [3] [kastʀe] vt **1.** [homme, femme] to castrate ; [cheval] to castrate, to geld ; [chat] to castrate, to neuter, to spay **2.** BOT to castrate.

castrisme [kastʀism] nm Castroism.

castriste [kastʀist] ◆ adj Castroist. ◆ nmf Castroist, Castro supporter.

casuel, elle [kazɥɛl] adj **1.** [éventuel] fortuitous **2.** LING case *(modif)* **3.** BELG [fragile] fragile.

casuiste [kazɥist] nm casuist.

casuistique [kazɥistik] nf casuistry.

casus belli [kazysbeli] nm inv casus belli.

catabolisme [katabɔlism] nm catabolism.

cataclysmal, e, aux [kataklismal, o] adj **1.** GÉOGR cataclysmal, cataclysmic **2.** [bouleversant] catastrophic, disastrous, cataclysmic.

cataclysme [kataklism] nm **1.** GÉOGR natural disaster, cataclysm **2.** [bouleversement] cataclysm, catastrophe, disaster.

cataclysmique [kataklismik] = **cataclysmal.**

catacombes [katakɔ̃b] nfpl catacombs.

catadioptre [katadjɔptʀ] nm **1.** AUTO reflector **2.** [sur une route] Catseye® UK highway reflector US

catadioptrique [katadjɔptʀik] adj catadioptric.

catafalque [katafalk] nm catafalque.

cataire [katɛʀ] nf catmint.

catalan, e [katalɑ̃, an] adj Catalan.

❖ **Catalan, e** nm, f Catalan.

❖ **catalan** nm LING Catalan.

catalepsie [katalɛpsi] nf catalepsy.

cataleptique [katalɛptik] adj & nmf cataleptic.

catalogage [katalɔgaʒ] nm cataloguing.

catalogne [katalɔɲ] nf QUÉBEC *material woven from strips of coloured fabric.*

Catalogne [katalɔɲ] npr f ▸ **(la) Catalogne** Catalonia.

catalogue [katalɔg] nm **1.** [liste -de bibliothèque, d'exposition] catalogue, catalog US / ***faire le catalogue des toiles exposées*** to catalogue ou to itemize the exhibits ▸ **catalogue raisonné** ART catalogue raisonné **2.** COMM [illustré] catalogue ; [non illustré] price-list ▸ **catalogue en ligne** online catalogue UK ou catalog US **3.** *péj* [énumération] (long) list.

cataloguer [3] [katalɔge] vt **1.** [livre] to list, to catalogue, to catalog US ; [bibliothèque] to catalogue, to catalog US ; [œuvre, marchandise] to catalogue, to catalog US to put into a catalogue **2.** *fam* [juger] to label, to categorize, to pigeonhole / ***j'ai horreur d'être catalogué*** I hate people putting labels on me / ***il s'est fait cataloguer comme dilettante*** he was labelled a dilettante.

catalpa [katalpa] nm catalpa.

catalyse [kataliz] nf catalysis.

catalyser [3] [katalize] vt **1.** [provoquer -forces, critiques] to act as a catalyst for **2.** CHIM to catalyse.

catalyseur [katalizœʀ] nm **1.** [personne, journal] catalyst / ***il a été le catalyseur de...*** he acted as a catalyst for... **2.** CHIM catalyst.

catalytique [katalitik] adj catalytic.

catamaran [katamaʀɑ̃] nm **1.** [voilier] catamaran **2.** [flotteurs] floats.

Catane [katan] npr Catania.

cataphorèse [katafɔʀɛz] nf cataphoresis.

Cataphote® [katafɔt] nm reflector.

cataplasme [kataplasm] nm **1.** MÉD poultice, cataplasm **2.** *fam* [aliment] : ***j'ai encore ce cataplasme sur l'estomac*** I can still feel that lead weight in my stomach.

cataplexie [katapleksi] nf MÉD & ZOOL cataplexy.

catapultage [katapyltaʒ] nm **1.** AÉRON & ARM catapulting **2.** [d'un employé] rapid promotion.

catapulte [katapylt] nf AÉRON, ARM & JEUX catapult.

catapulter [3] [katapylte] vt **1.** ARM & AÉRON to catapult **2.** [employé] to kick upstairs / ***il a été catapulté directeur*** he was pitchforked into the manager's job.

cataracte [kataʀakt] nf **1.** MÉD cataract / ***se faire opérer de la cataracte*** to have a cataract operation **2.** [chute d'eau] waterfall, cataract.

catarrhal, e, aux [kataʀal, o] adj catarrhal.

catarrhe [kataʀ] nm catarrh.

catarrheux, euse [kataʀø, øz] ◆ adj catarrhous. ◆ nm, f catarrh sufferer.

catastrophe [katastʀɔf] nf **1.** [désastre -en avion, en voiture] disaster ; [-dans une vie, un gouvernement] catastrophe, disaster / ***une catastrophe, la soirée chez Claude !*** Claude's party was a total disaster ! / ***une catastrophe, ce type !*** *fam* that guy's a walking disaster ! / ***catastrophe, il nous manque deux chaises !*** oh horrors, we're a couple of chairs short ! ▸ **éviter la catastrophe** to avoid a catastrophe ▸ **frôler la catastrophe** to come close to disaster ▸ **catastrophe écologique** ecological disaster ▸ **catastrophe naturelle** natural disaster **2.** LITTÉR catastrophe, denouement.

❖ **en catastrophe** loc adv ▸ **partir en catastrophe** to rush off ▸ **s'arrêter en catastrophe** to make an emergency stop ▸ **atterrir en catastrophe** to make a forced ou an emergency landing.

catastropher [3] [katastʀɔfe] vt to shatter, to stun ▸ **un air catastrophé** a stunned look.

catastrophique [katastʀɔfik] adj catastrophic, disastrous.

catastrophisme [katastʀɔfism] nm catastrophism / ***ne fais pas de catastrophisme !*** don't be so pessimistic !

catastrophiste [katastʀɔfist] adj very pessimistic / ***il a prononcé un discours catastrophiste sur l'évolution du climat*** he made a very gloomy speech about climate change.

catch [katʃ] nm (all-in) wrestling ▸ **faire du catch** to wrestle.

catcher [3] [katʃe] vi to wrestle.

catcheur, euse [katʃœʀ, øz] nm, f (all-in) wrestler.

catéchèse [kateʃɛz] nf catechesis.

catéchisation [kateʃizasjɔ̃] nf **1.** RELIG catechization, catechizing **2.** *péj* indoctrination.

catéchiser [3] [kateʃize] vt **1.** RELIG to catechize **2.** *péj* to indoctrinate.

catéchisme [kateʃism] nm **1.** RELIG [enseignement, livre] catechism ▸ **aller au catéchisme** to go to catechism ; ≃ to go to Sunday school **2.** *fig* doctrine, creed / ***cela fait partie de leur catéchisme*** it's Gospel truth to them.

catéchiste [kateʃist] nmf [gén] catechist ; [pour enfants] Sunday-school teacher.

catéchumène [katekymɛn] nmf **1.** RELIG catechumen **2.** [que l'on initie] novice.

catégorie [kategɔʀi] nf **1.** [pour classifier - des objets, des concepts] category, class, type ; [- des employés] grade / *mettre dans la même catégorie* to put in the same category, to lump together ▸ **catégorie d'âge** age group ▸ **catégorie sociale** social class ▸ **catégorie socio-économique** socioeconomic class ▸ **catégorie socioprofessionnelle** socioprofessional group **2.** [qualité - dans les transports, les hôtels] class ▸ **hotel de seconde catégorie** second-class hotel ▸ **morceau de première / deuxième / troisième catégorie** [viande] prime / second / cheap cut **3.** SPORT class / *premier dans sa catégorie* first in his class ▸ **toutes catégories** for all comers **4.** PHILOS category.

catégoriel, elle [kategɔʀjɛl] adj **1.** [d'une catégorie] category *(modif)* ▸ **classement catégoriel** classification by category **2.** SOCIOL ▸ **revendications catégorielles** sectional claims *(claims relating to one category of workers only)* **3.** LING & PHILOS category *(modif).*

catégorique [kategɔʀik] adj **1.** [non ambigu - refus] flat, categorical, point-blank **2.** [décidé] categorical ▸ **il a été catégorique** he was adamant / *là-dessus, je serai catégorique* I'm not prepared to budge on that ▸ **je suis catégorique** [j'en suis sûr] I'm positive **3.** MATH & PHILOS categorical.

catégoriquement [kategɔʀikmɑ̃] adv [nettement - affirmer] categorically ; [- refuser] categorically, flatly, point-blank.

catégorisation [kategɔʀizasjɔ̃] nf categorization.

catégoriser [3] [kategɔʀize] vt [ranger] to categorize.

catelle [katɛl] nf SUISSE ceramic tile.

caténaire¹ [katenɛʀ] nf SUISSE ceramic tile.

caténaire² [katenɛʀ] ◆ adj catenary *(modif).* ◆ nf catenary.

catgut [katgyt] nm MÉD catgut.

cathare [kataʀ] adj Cathar.

❖ **cathare** nmf Cathar.

catharisme [kataʀism] nm Catharism.

catharsis [kataʀsis] nf PSYCHOL & THÉÂTRE catharsis.

cathartique [kataʀtik] adj MÉD, PHYS & THÉÂTRE cathartic.

cathédral, e, aux [katedʀal, o] adj RELIG cathedral *(modif).*

❖ **cathédrale** nf [édifice] cathedral.

Catherine [katʀin] npr ▸ **sainte Catherine** Saint Catherine ▸ **la Sainte-Catherine** Saint Catherine's Day ▸ **coiffer sainte Catherine** *to be still unmarried by the age of 25* ▸ **Catherine d'Aragon** Catherine of Aragon ▸ **Catherine de Médicis** Catherine de Medici ▸ **Catherine de Russie** Catherine the Great.

catherinette [katʀinɛt] nf *woman who is still single and aged 25 on St Catherine's Day.*

cathéter [katetɛʀ] nm catheter.

cathétérisme [kateteʀism] nm catheterization.

catho [kato] adj & nmf *fam* Catholic.

❖ **catho** nf *fam* ▸ **la catho de Paris** *the private Catholic university in Paris.*

cathode [katɔd] nf cathode.

cathodique [katɔdik] adj cathodic.

catholicisme [katɔlisism] nm (Roman) Catholicism.

catholicité [katɔlisite] nf RELIG [caractère] catholicity ; [groupe] ▸ **la catholicité a)** [église] the (Roman) Catholic Church **b)** [fidèles] the (Roman) Catholic community.

catholique [katɔlik] ◆ adj **1.** RELIG (Roman) Catholic / *une institution catholique* a Catholic ou an RC school **2.** *fam* EXPR ▸ **pas très catholique comme façon de faire a)** [peu conventionnel] not a very orthodox way of doing things **b)** [malhonnête] not a very kosher way of doing things ▸ **un individu pas très catholique** a rather shady individual. ◆ nmf (Roman) Catholic.

catholiquement [katɔlikmɑ̃] adv catholically, according to the ways of the (Roman) Catholic church.

catimini [katimini] ❖ **en catimini** loc adv on the sly ou quiet ▸ **arriver / partir en catimini** to sneak in / out.

catin [katɛ̃] nf *litt* trollop *vieilli.*

cation [katjɔ̃] nm cation.

cationique [katjɔnik] adj cationic.

catogan [katɔgɑ̃] nm *large bow holding the hair at the back of neck.*

Caton [katɔ̃] npr Cato.

cattleya [katlɛja] nm cattleya.

Catulle [katyl] npr Catullus.

Caucase [kokaz] npr m **1.** [montagnes] ▸ **le Caucase** the Caucasus **2.** [région] ▸ **le Caucase** Caucasia.

caucasien, enne [kokazjɛ̃, ɛn] adj Caucasian / *les langues caucasiennes* the Caucasian languages.

❖ **Caucasien, enne** nm, f Caucasian.

caucasique [kokazik] adj Caucasian / *les langues caucasiques* the Caucasian languages.

cauchemar [koʃmaʀ] nm **1.** [mauvais rêve] nightmare ▸ **faire un cauchemar** to have a nightmare **2.** [situation] nightmare / *c'était un cauchemar pour moi d'apprendre les verbes irréguliers* learning irregular verbs was a real nightmare for me **3.** [personne assommante] nuisance.

cauchemarder [3] [koʃmaʀde] vi to have nightmares / *la perspective d'une semaine avec eux me fait cauchemarder* the prospect of spending a week with them is a real nightmare.

cauchemardesque [koʃmaʀdɛsk], **cauchemardeux, euse** [koʃmaʀdø, øz] adj **1.** [sommeil] nightmarish **2.** *fig* [horrifiant] nightmarish, hellish.

cauchois, e [koʃwa, az] adj from the Caux region.

❖ **Cauchois, e** nm, f *inhabitant of or person from the Caux region.*

caudal, e, aux [kodal, o] adj tail *(modif),* caudal *spéc.*

caudillo [kaodijo] nm caudillo ▸ **le Caudillo** General Franco.

Caudines [kodin] npr ▸ **les fourches Caudines** GÉOGR the Caudine Forks ▸ **passer sous les fourches Caudines** *fig* to undergo stringent checks.

causal, e, als *ou* **aux** [kozal, o] adj [lien] causal.

causalisme [kozalism] nm doctrine of causality.

causalité [kozalite] nf causality.

causant, e [kozɑ̃, ɑ̃t] adj *fam* chatty / *il n'est pas très causant* [coopératif] he's not exactly forthcoming.

causatif, ive [kozatif, iv] adj causative.

cause [koz] nf **1.** [origine, motif] cause, reason, origin ▸ **remonter jusqu'aux causes** to go back to the origins ▸ **cause de** : *la cause profonde de sa tristesse* the underlying reason for his sadness ▸ **être (la) cause de qqch** to cause sthg ▸ **être cause que** *litt* : *le mauvais temps est cause que je n'ai pu aller vous rendre visite* I wasn't able to come and see you on account of the bad weather ▸ **relation de cause à effet** causal relationship ▸ **à petite cause grands effets** *prov* great oaks from little acorns grow *prov* ▸ **et pour cause!** and for a very good reason! / *il n'est pas venu, et pour cause!* he didn't come, for obvious reasons! / *elle est malheureuse, et pour cause!* she's unhappy, and with good reason ou as well she might be! **2.** PHILOS cause ▸ **la cause première / seconde / finale** the prime / secondary / final cause **3.** DR [affaire] case, brief ▸ **cause célèbre** *pr & fig* cause célèbre ▸ **cause civile** civil action ▸ **cause criminelle** criminal proceedings / *un avocat sans causes* a briefless barrister ▸ **la cause est entendue a)** *pr* each side has put its case **b)** *fig* there's no doubt about it ▸ **plaider la cause de qqn** *pr & fig* to plead sb's case ; [motif] ▸ **cause licite / illicite** just / unjust cause **4.** [parti que l'on prend] cause / *la cause des mineurs* the miners' cause ▸ **faire cause commune avec qqn** to join forces with sb / *une cause perdue* a lost cause / *une bonne cause* a good cause ▸ **pour la bonne cause a)** [pour un bon motif] for a good cause **b)** *hum* [en vue du mariage] with honourable intentions / *je suis tout acquis à sa cause* I support him wholeheartedly.

❖ **à cause de** loc prép **1.** [par la faute de] because ou on account of, due ou owing to / *j'ai perdu mon temps à cause de toi* I wasted my time because of you **2.** [en considération de] because ou on account of, due ou owing to / *acceptée à cause de ses diplômes* taken on account of her qualifications **3.** [par égard pour] for the sake ou because of / *ils sont venus à cause de votre amitié* they came because of your friendship.

❖ **en cause** ◆ loc adj **1.** [concerné] in question / *la voiture en cause était à l'arrêt* the car involved ou in question was stationary ▸ **la somme / l'enjeu en cause** the amount / the thing at stake **2.** [que l'on suspecte] ▸ **les financiers en cause** the financiers involved / *certains ministres sont en cause* some ministers are implicated **3.** [contesté] ▸ **être en cause** [talent] to be in question ; DR ▸ **affaire en cause** case before the court. ◆ loc adv **1.** [en accusation] ▸ **mettre qqn en cause** to implicate sb ▸ **mettre qqch en cause** to call sthg into question **2.** [en doute] ▸ **remettre en cause** [principe] to question, to challenge / *son départ remet tout en cause* her departure reopens the whole question ou debate.

❖ **en tout état de cause** loc adv in any case, at all events, whatever happens / *en tout état de cause, nous ne pouvons partir que mardi* whatever happens, we can only leave on Tuesday.

❖ **pour cause de** loc prép owing to, because of / **'fermé pour cause de décès'** 'closed owing to bereavement' / *démissionner pour cause de maladie* to resign owing to ill-health ou on grounds of health.

causer [3] [koze] ◆ vt [provoquer - peine, problème] to cause ▸ **causer des ennuis à qqn** to make trouble for sb / *cela m'a causé de graves ennuis* it got me into a lot of trouble. ◆ vi *fam* **1.** [bavarder] ▸ **causer (à qqn)** to chat (to sb) ▸ **cause toujours(, tu m'intéresses)! a)** [je fais ce que je veux] yeah, yeah (I'll do what I like anyway)! **b)** [tu pourrais m'écouter] don't mind me! / *je l'avais prévenu, mais cause toujours!* I'd warned him but I might as well have been talking to the wall! **2.** [médire] to gossip, to prattle / *ça a fait causer dans le quartier* it set tongues wagging in the district **3.** *(suivi d'un nom sans article)* [parler] ▸ **causer politique** to talk about politics, to talk politics.

causerie [kozʀi] nf informal talk *(in front of an audience).*

causette [kozɛt] nf *fam* ▸ **faire la causette à qqn** to chat with sb / *faire un brin de causette* to have a little chinwag UK, to chew the fat US.

causeur, euse [kozœʀ, øz] ◆ adj chatty, talkative. ◆ nm, f talker, conversationalist.

❖ **causeuse** nf love seat.

causse [kos] nm limestone plateau.

causticité [kostisite] nf CHIM & *fig* causticity.

caustique [kostik] ◆ adj **1.** CHIM caustic **2.** [mordant] caustic, biting, sarcastic. ◆ nm CHIM caustic. ◆ nf OPT caustic (curve).

cautèle [kotɛl] nf *litt* wiliness, cunning.

cauteleux, euse [kotlø, øz] adj *litt* wily, cunning.

cautère [kotɛʀ] nm cautery ▸ **c'est un cautère sur une jambe de bois** it's as much use as a poultice on a wooden leg.

cautérisation [koteʀizasjɔ̃] nf cauterization, cauterizing.

cautériser [3] [koteʀize] vt to cauterize.

caution [kosjɔ̃] nf **1.** [somme] bail ▸ **payer la caution de qqn** to post bail for sb, to bail sb out ▸ **caution personnelle** personal security **2.** [garant] ▸ **se porter caution pour qqn** to stand security ou surety ou guarantee for sb **3.** [garantie morale] guarantee ; [soutien] support, backing / *avec la caution du ministre* with the support ou the backing of the minister ▸ **donner ou apporter sa caution à** to support, to back ▸ **caution juratoire** guarantee given on oath **4.** COMM security, guarantee / *verser une caution de 100 euros* to put down a 100 euro deposit (as security).

❖ **sous caution** loc adv [libérer] on bail.

Caution

When renting accommodation in France, the future tenant is usually required to pay a **caution** or deposit (normally twice the monthly rent), repayable if the property is maintained in good condition. A **caution solidaire** is a statement signed by a third party guaranteeing payment of rent in the event of non-payment by the tenant. The term **caution parentale** is used when the guarantor is the tenant's mother or father.

cautionnement [kosjɔnmɑ̃] nm **1.** [contrat] surety ou security bond **2.** COMM [dépôt] security, guarantee ; DR bail ▸ **cautionnement réel** collateral security **3.** [soutien] support, backing.

cautionner [3] [kosjɔne] vt **1.** DR ▸ **cautionner qqn a)** [se porter caution] to post bail for sb **b)** [se porter garant] to stand surety ou guarantee for sb **2.** [soutenir] to support, to back / *je tiens à faire cautionner cette décision par le directeur des ventes* I want to get the head of sales to back me up on this decision / *se faire cautionner par ses parents pour la location d'un appartement* to provide a parental guarantee when renting a flat.

Caux [ko] npr ▸ **le pays de Caux** the Caux region / *dans le pays de Caux* in the Caux region.

cavaillon [kavajɔ̃] nm Cavaillon melon.

cavalcade [kavalkad] nf **1.** [défilé] cavalcade **2.** [course] stampede / *pas de cavalcade dans l'escalier, s'il vous plaît!* please, no stampeding down the stairs! / *c'est tout le temps la cavalcade* we're always in such a rush all the time.

cavalcader [3] [kavalkade] vi to scamper around.

cavale [kaval] nf **1.** *litt* ZOOL [jument] mare **2.** *arg crime* jailbreak ▸ **être en cavale** to be on the run.

cavaler [3] [kavale] ◆ vi *fam* **1.** [courir] to run ou to rush (around) / *j'ai cavalé toute la journée pour trouver un cadeau* I ran around all day long looking for a present / *je cavale tout le temps* I'm on the go the whole time **2.** [se hâter] to get a move on / *il va falloir cavaler si tu veux avoir ton train* you'll have to get a move on if you want to catch your train **3.** [à la recherche de femmes] to chase women ; [à la recherche d'hommes] to chase men / *il ne pense qu'à cavaler après les femmes* chasing women is all he (ever) thinks about. ◆ vt *tfam* [agacer] : *il commence à me cavaler* he's getting right up my nose UK, he's starting to tick me off US.

❖ **se cavaler** vpi *fam* to clear off.

cavalerie [kavalʀi] nf **1.** MIL cavalry ▸ **cavalerie légère** light (cavalry ou horse) brigade ▸ **cavalerie lourde, grosse cavalerie** armoured cavalry ▸ **la grosse cavalerie** *fig* the run-of-the-mill stuff **2.** COMM ▸ **effets** ou **papiers de cavalerie** accommodation bills ou notes.

cavaleur, euse [kavalœʀ, øz] adj *fam* [homme] philandering ; [femme] man-eating ▸ **il est cavaleur** he's a womanizer ▸ **elle est cavaleuse** she'll go for anything in trousers.

❖ **cavaleur** nm *fam* philanderer, womanizer.

❖ **cavaleuse** nf *fam* man-eater.

cavalier, ère [kavalje, ɛʀ] ◆ adj **1.** ÉQUIT ▸ **allée** ou **piste cavalière** bridle path, bridleway **2.** *péj* [désinvolte - attitude] offhand, cavalier ; [- réponse] curt, offhand ▸ **agir de façon cavalière** to act in an offhand manner. ◆ nm, f **1.** ÉQUIT rider **2.** [danseur] partner.

❖ **cavalier** nm **1.** HIST Cavalier **2.** MIL cavalryman, mounted soldier **3.** BIBLE ▸ **les (quatre) Cavaliers de l'Apocalypse** the (Four) Horsemen of the Apocalypse **4.** [pour aller au bal] escort ▸ **faire cavalier seul a)** [dans une entreprise] to go it alone **b)** POL to be a maverick **5.** JEUX [aux échecs] knight **6.** [sur un dossier] tab **7.** [clou] staple **8.** [surcharge] rider.

cavalièrement [kavaljɛʀmɑ̃] adv casually, in a cavalier ou an offhand manner.

cave[1] [kav] ◆ adj **1.** *litt* [creux] hollow, sunken **2.** ANAT ⟶ **veine.** ◆ nm **1.** *arg crime* [étranger au milieu] outsider **2.** *tfam* [dupe] gullible individual, soft touch.

cave[2] [kav] nf **1.** [pièce] cellar / *de la cave au grenier fig* [ranger, nettoyer] from top to bottom ▸ **cave à vin** wine cellar **2.** [vins] (wine) cellar ▸ **avoir une bonne cave** to keep a good cellar **3.** [cabaret] cellar UK ou basement US nightclub **4.** [coffret] ▸ **cave à cigares** cigar box ▸ **cave à liqueurs** cellaret **5.** [gén & JEUX] stake ; [au poker] ante.

⚠ Le mot anglais **cave** signifie « grotte » et non cave.

caveau, x [kavo] nm **1.** [sépulture] vault, tomb, burial chamber **2.** [cabaret] club *(in a cellar).*

caver [3] [kave] vt *litt* [creuser] to hollow ou to dig (out).

caverne [kavɛʀn] nf **1.** [grotte] cave, cavern ▸ **une caverne de brigands** *fam* a den of thieves **2.** MÉD cavity.

caverneux, euse [kavɛʀnø, øz] adj **1.** [voix] sepulchral **2.** MÉD [poumon] cavernulous ; [souffle, râle] cavernous.

cavernicole [kavɛʀnikɔl] ◆ adj cavernicolous *spéc,* cave-dwelling. ◆ nm cave-dwelling ou cavernicolous *spéc* animal.

caviar [kavjaʀ] nm **1.** CULIN caviar, caviare ▸ **caviar rouge** salmon roe ▸ **caviar d'aubergines** aubergine UK ou eggplant US puree **2.** IMPR blue pencil / *passer au caviar* to blue-pencil, to censor.

caviardage [kavjaʀdaʒ] nm blue-pencilling, censoring / *après un bon caviardage* after a thorough going over with the blue pencil.

caviarder [3] [kavjaʀde] vt to blue-pencil, to censor.

cavicorne [kavikɔʀn] nm cavicorn animal.

caviste [kavist] nm cellarman.

cavitaire [kavitɛʀ] adj cavitary.

cavitation [kavitasjɔ̃] nf MÉCAN & MÉTALL cavitation.

cavité [kavite] nf **1.** [trou] cavity / *une cavité entre deux roches* a cavity ou gap between two rocks **2.** ANAT cavity ▸ **cavité articulaire** socket ▸ **cavité cotyloïde** acetabulum ▸ **cavité dentaire** pulp cavity **3.** ÉLECTRON ▸ **cavité résonante** resonant cavity, cavity resonator.

Cayenne [kajɛn] npr Cayenne.

CB [sibi] (abr de **citizen's band, canaux banalisés**) nf CB.

Cb1 abr écrite de **c'est bien.**

cc 1. (abr écrite de **cuillère à café**) tsp **2.** abr écrite de **charges comprises.**

CCE (abr de **Commission des communautés européennes**) npr f ECC.

CCI (abr de **chambre de commerce et d'industrie**) nf CCI.

CCP (abr de **compte chèque postal, compte courant postal**) nm *post office account* ; ≃ giro account UK ; ≃ Post Office checking account US.

cd (abr écrite de **candela**) cd.

CD ◆ nm **1.** abr de **chemin départemental 2.** (abr de **Compact Disc**) CD ▸ **CD audio** audio CD ▸ **CD vidéo** CD video, CDV **3.** abr de **comité directeur.** ◆ (abr écrite de **corps diplomatique**) CD.

CDD (abr de **contrat à durée déterminée**) nm fixed term contract ▸ **elle est en CDD** she's on a fixed term contract.

CDI nm **1.** (abr de **centre de documentation et d'information**) *school library* **2.** (abr de **contrat à durée indéterminée**) permanent employment contract ▸ **elle est en CDI** she's got a permanent employment contract.

CD-I (abr de **Compact Disc interactif**) nm interactive Compact Disc.

CD-ROM, CD-Rom [sedeʀɔm] (abr de **compact disk read only memory**) nm inv CD-Rom.

CDS (abr de **Centre des démocrates sociaux**) npr m *French political party.*

CDU nf abr de **classification décimale universelle.**

CDV (abr de **Compact Disc Video**) nm CVD.

ce[1], **cette** [sə, sɛt] (*pl* **ces** [se]) *(devant nm commençant par voyelle ou 'h' muet* **cet** [sɛt] *)* dét *(adj dém)* **1.** [dans l'espace - proche] this, these *(pl)* ; [- éloigné] that, those *(pl)* / *cet homme qui vient vers nous* the man (who's) coming towards us / *tiens, prends cette canne* here, take this walking-stick / *tu vois cet immeuble?* you see that building? ▸ **regarde de ce côté-ci** look over here / *cette veste, là-bas en vitrine* that jacket, over there in the window / *cet homme qui gesticule là-bas* that man over there (who's) waving his arms about / *je ne connais pas cette région-là* I don't know that region / *ces arbres, ces fleurs, ces jardins lui rappelaient son enfance* these trees, these flowers, these gardens reminded him of his childhood **2.** [dans le temps - à venir] this, these *(pl)* ; [- passé] last ▸ **vas-y ce matin** go this morning / *cette nuit nous mettrons le chauffage* tonight we'll turn the heating on / *cette nuit j'ai fait un rêve étrange* last night I had a strange dream / *cette semaine je n'ai rien fait* I haven't done a thing this ou this past ou this last week ▸ **cette année-là** that year ▸ **ces jours-ci** these days ▸ **ce jour** *sout* : *fait ce jour à Blois* witnessed by my hand this day in Blois **3.** [désignant - ce dont on a parlé] this, these *(pl),* that, those *(pl)* ; [- ce dont on va parler] this, these *(pl)* / *je t'ai déjà raconté cette histoire* I've told you that story before / *enfin, ces personnes se sont rencontrées* these people finally met / *cette remarque traduit son incompréhension* this ou that remark shows that he doesn't understand / *écoute cette histoire et tu vas comprendre* listen to this story and you'll understand **4.** [suivi d'une proposition relative] : *voici ce pont dont je t'ai parlé* here's the ou that bridge I told you about / *cet air que tu fredonnais* that ou the tune you were humming / *il était de ces comédiens qui...* he was one of those actors who... **5.** [emploi expressif] : *cette douleur dans son regard!* such grief in his eyes! / *ce peuple! fam* what a crowd! ▸ **ce culot!** *fam* what a nerve!, the cheek of it! ▸ **cette idée!** what an idea!, the very idea! / *cet enfant est un modèle de sagesse!* this ou that child is so well behaved! / *et cette bière, elle vient? fam* well, what about that beer then? / *et ce roman, tu le commences quand?* when will you get started on that novel of yours? ▸ **et ces douleurs / cette grippe, comment ça va?** *fam* how's the pain / the flu doing? / *ce roquet n'entrera pas chez moi!* I won't have that nasty little dog in my house! / *et pour ces messieurs, ce sera?* now what will the ou you gentlemen have?

ce[2] [sə] *(devant 'e' c'* [s]*, devant 'a' ç'* [s] *)* pron dém **1.** [sujet du verbe 'être'] ▸ **c'est à Paris** it's in Paris ▸ **c'était hier** it was yesterday / *c'est toi!* it's you! ▸ **c'est un escroc** he's a crook ▸ **ce sont mes frères** they are my brothers / *ce doit être son mari* it must be her husband / *dire oui, c'est renoncer à sa liberté* saying yes means ou amounts to giving up one's freedom / *tes amis, ce sont* ou *fam c'est des gens bien sympathiques* your friends are really nice people / *c'est rare qu'il pleuve en juin* it doesn't often rain in June / *c'est encore loin, la mer?* is the sea still far away?, is it still a long way to the sea? / *qui est-ce? fam* who is it? / *où est-ce? fam* where is it? / *qu'est-ce que c'est? fam* what is it?, what's that? / *à qui est-ce? fam* whose is it? / *c'est à toi?* is this ou is it yours? / *serait-ce que tu as oublié?* have you forgotten, by any chance? **2.** [pour insister] : *c'est la robe que j'ai achetée* this is the dress (that) I bought / *c'est l'auteur que je préfère* he's / she's my favourite writer / *c'est à vous, monsieur, que je voudrais parler* it was you I wanted to speak to, sir / *c'est à elle que je dois ma réussite* she's the one I owe my success to, it is to her that I owe my success *sout* / *c'est à lui / à toi de décider* it's up to him / up to you to decide / *c'est à pleurer de rage* it's enough to make you weep with frustration **3.** ['c'est que' introduisant une explication] : *si je te le demande, c'est que j'en ai besoin* I wouldn't be asking you for it if I didn't need it / *s'il ne parle pas beaucoup, c'est qu'il est timide* if he doesn't say much, it's because he's shy **4.** [comme antécédent du pronom relatif] ▸ **ce qui, ce que** what / *ce qui m'étonne, c'est que...* what surprises me is that... / *ce qui est arrivé était à prévoir* what happened was foreseeable / *demande-lui ce qui lui ferait plaisir* ask her what she'd like / *voici ce que l'on me propose* here's what I've been offered / *il y a* *du vrai dans ce qu'il dit* there's some truth in what he says / *dis-moi ce que tu as fait* tell me what you did ; [reprenant la proposition] which / *cette action provoquerait une rupture, ce qui serait catastrophique* such an action would cause a split, which would be disastrous / *il dit en avoir les moyens, ce que je crois volontiers* he says he can afford it, which I'm quite prepared to believe ▶ **ce dont** : *ce dont je ne me souviens pas, c'est l'adresse* what I can't remember is the address ▶ **ce pour quoi** : *ce pour quoi j'ai démissionné* the reason (why) I resigned ▶ **ce en quoi** : *ce en quoi je croyais s'est effondré* the thing I believed in has collapsed ; [introduisant une complétive] ▶ **de ce que** : *je m'étonne de ce qu'il n'ait rien dit* I'm surprised (by the fact that) he didn't say anything ▶ **à ce que** : *veille à ce que tout soit prêt* make sure everything's ready ▶ **sur ce que** : *il insiste sur ce que le travail doit être fait en temps voulu* he insists that the work must be done in the specified time **5.** [emploi exclamatif] : *ce que tu es naïf!* you're so naive!, how naive you are! / *ce qu'elle joue bien!* she's such a good actress!, what a marvellous actress she is! / *tu vois ce que c'est que de mentir!* you see what happens when you lie!, you see where lying gets you! / *ce que c'est (que) d'être instruit, tout de même!* it must be wonderful to be educated! **6.** EXPR **ce me semble** *sout* ou *hum* it seems to me, I think, methinks *litt* ou *hum* / *vous êtes pressé, ce me semble* it seems to me (that) ou you look like you're in a hurry / *je n'ai rien reçu, ce me semble* I don't think I've received anything, I don't appear to have received anything ▶ **ce faisant** in so doing / *il l'a radiée de la liste, ce faisant il la prive de ses droits* he has struck her off the list, and in so doing he is depriving her of her rights ▶ **ce disant** so saying, with these words ▶ **et ce** : *il n'a rien dit, et ce malgré toutes les menaces* he said nothing, (and this) in spite of all the threats ▶ **sur ce** : *j'arrive et sur ce, le téléphone sonne* I arrive and just then the phone rings / *sur ce, je vous salue* and now, I take my leave / *sur ce, elle se leva* with that, she got up ▶ **pour ce faire** *sout* to this end / *ils veulent construire et pour ce faire ils ont pris contact avec des entrepreneurs* they want to start building and to this end they have contacted a firm of contractors.

CE ◆ nm **1.** abr de **comité d'entreprise** **2.** (abr de **cours élémentaire**) ▶ **CE1** *second year of primary school* ▶ **CE2** *third year of primary school.* ◆ npr f (abr de **Communauté européenne**) EC.

CEA (abr de **Commissariat à l'énergie atomique**) npr m *French atomic energy commission* ; ≃ AEA UK ; ≃ AEC US.

céans [seɑ̃] adv *arch* here, within ou in this house.

CECA, Ceca [seka] (abr de **Communauté européenne du charbon et de l'acier**) npr f HIST ECSC.

ceci [səsi] pron dém this / *ceci n'est pas très loin de nos préoccupations actuelles* this is not unrelated to our present concerns / *ceci pour vous dire que...* (all) this to tell you that... / *ceci (étant) dit* having said this ou that ▶ **à ceci près que** except ou with the exception that ▶ **retenez bien ceci...** now, remember this... / *ceci va vous étonner, écoutez...* this will surprise you, listen... / *son rapport a ceci d'étonnant que...* her report is surprising in that... / *ceci ne me concerne pas* this is nothing to do with me ▶ **ceci n'explique pas cela** one thing doesn't explain the other.

Cécile [sesil] npr ▶ **sainte Cécile** Saint Cecilia.

cécilie [sesili] nf caecilian.

cécité [sesite] nf blindness, cecity *sout* ▶ **cécité nocturne / verbale / des neiges** night / word / snow blindness.

cédant, e [sedɑ̃, ɑ̃t] ◆ adj assigning, granting. ◆ nm, f assignor, grantor.

céder [18] [sede] ◆ vt **1.** [donner] to give (up) / *il est temps de céder l'antenne* our time is up / *nous cédons maintenant l'antenne à Mélanie* we're now going to hand over to Mélanie / **'cédez le passage'** 'give way' UK, 'yield' US ▶ **céder le passage à qqn** to let sb through, to make way for sb ▶ **céder du terrain a)** MIL to give ground, to fall back **b)** *fig* to back down ou off ▶ **céder le pas à qqn a)** *pr* to give way to sb **b)** *fig* to let sb have precedence ▶ **céder sa place à qqn a)** *pr* to give up one's seat to sb **b)** *fig* to give up one's place to sb ▶ **ne le céder à personne en qqch** *sout* : *il ne le cède à personne en ambition* as far as ambition is concerned, he's second to none / *des gens qui ne le cèdent à personne en ténacité* people who are as tenacious as the best of them / *il ne le cède en rien à nos plus grands peintres* he can take his place alongside our greatest painters **2.** [vendre] to sell / *il a cédé son fonds de commerce pour rien* he gave up ou sold his business for next to nothing / *je ne céderai jamais le verger* I'll never part with ou sell the orchard / **'à céder'** 'for sale' ; [faire cadeau de] to give away *(sép)*, to donate / *céder ses biens à une fondation* to donate ou to transfer one's assets to a foundation. ◆ vi **1.** [à la volonté d'autrui] to give in / *je ne céderai pas!* I won't give in, I won't back down! / *tu n'arriveras jamais à le faire céder* you'll never get him to back down **2.** MIL : *céder sous l'assaut de l'ennemi* to be overpowered ou overwhelmed by the enemy **3.** [casser - étagère, plancher] to give way ; [- câble, poignée] to break off ; [- couture] to come unstitched.

❖ **céder à** v + prép **1.** [ne pas lutter contre - sommeil, fatigue] to succumb to ; [- tentation, caprice] to give in ou to yield to / *la fièvre a cédé aux médicaments* the drugs reduced the temperature / *cette hypothèse cédera à la première analyse* this hypothesis won't stand up to analysis **2.** [être séduit par] ▶ **céder à la facilité** to take the easy way out ▶ **céder à qqn** to give in to sb.

In reformed spelling (see p. 16-19), this verb is conjugated like **semer**: ***il cèdera, elle cèderait.***

cédérom [sederɔm] nm INFORM CD-ROM.

cédétiste [sedetist] ◆ adj CFDT *(modif).* ◆ nmf member of the CFDT.

CEDEX, Cedex [sedɛks] (abr de **courrier d'entreprise à distribution exceptionnelle**) nm *accelerated postal service for bulk users.*

cédille [sedij] nf cedilla.

cédrat [sedra] nm citron.

cédratier [sedratje] nm citron (tree).

cèdre [sɛdr] nm **1.** [arbre] cedar (tree), arborvitae QUÉBEC ▶ **cèdre du Liban** cedar of Lebanon **2.** [bois] cedar (wood).

cédrière [sedrijɛr] nf QUÉBEC cedar grove.

CEE (abr de **Communauté économique européenne**) npr f EEC.

CEGEP [seʒɛp] (abr de **collège d'enseignement général et professionnel**) nm QUÉBEC ≃ technical college.

cégépien, enne [seʒepjɛ̃, ɛn] nm, f QUÉBEC *student of a CEGEP.*

cégétiste [seʒetist] ◆ adj CGT *(modif).* ◆ nmf member of the CGT.

CEI (abr de **Communauté des États indépendants**) npr f CIS.

ceindre [81] [sɛ̃dr] vt *litt* **1.** [entourer] : *un cercle de fer ceignait son front* he had a band of iron around his head / *son bras ceignant ma taille* her arm around my waist ▶ **ceindre qqch de** : *ceindre sa tête d'une couronne* to place a crown upon one's head / *un château ceint de hautes murailles* a castle surrounded by high walls **2.** [porter] : *ceindre la couronne* to assume the crown / *ceindre la tiare* to assume the priestly robe ▶ **ceindre l'écharpe tricolore** to don the mayoral (tricolour) sash.

❖ **se ceindre** vpt *litt* : *se ceindre les reins* to gird one's loins.

ceint, e [sɛ̃, sɛ̃t] pp ⟶ **ceindre.**

ceinturage [sɛ̃tyraʒ] nm HORT girdling.

ceinture [sɛ̃tyr] nf **1.** VÊT [en cuir, métal] belt ; [fine et tressée] cord ; [large et nouée] sash ; [gaine, corset] girdle ▶ **ceinture de chasteté** chastity belt ▶ **ceinture fléchée** QUÉBEC arrow sash ▶ **ceinture de sauvetage** life belt ▶ **ceinture de sécurité** seat ou safety belt / *ceinture de sécurité à enrouleur* inertia-reel seat belt ▶ **attachez votre ceinture** fasten your seat belt ▶ **faire ceinture, se serrer la ceinture** [se priver] to tighten one's belt / *on a trop dépensé ces derniers temps, maintenant ceinture!* *fam* we've been overspending lately, we're going to have to tighten our belts now **2.** SPORT [à la lutte] waistlock ; [au judo et au karaté] belt ▶ **elle est ceinture blanche / noire** she is a white / black belt **3.** COUT [taille] waistband ; ANAT waist / *de l'eau jusqu'à la ceinture* with water up to his waist ▶ **nu jusqu'à la ceinture** naked from the waist up ▶ **au-dessous de la ceinture** *pr & fig* : *frapper au-dessous de la ceinture* to hit below the belt / *c'est un coup au-dessous de la ceinture!* that's a bit below the belt! **4.** ZOOL ▶ **ceinture pelvienne / scapulaire** pelvic / pectoral girdle **5.** MÉD ▶ **ceinture orthopédique** surgical corset ▶ **ceinture de grossesse** maternity girdle **6.** TRANSP ▶ **petite / grande ceinture** inner / outer circle **7.** ARCHIT cincture **8.** ASTRON ▶ **ceinture de rayonnement** ou **radiations** ou **Van Allen** Van Allen belt **9.** [enceinte] belt, ring / *une ceinture de peupliers* a belt of poplars / *une ceinture montagneuse* a belt of mountains ▶ **ceinture verte** green belt.

ceinturer [3] [sɛ̃tyre] vt **1.** [porter avec une ceinture] : *vous pouvez la ceinturer* [robe] you can wear it with a belt **2.** [saisir par la taille] to grab round the waist ; SPORT to tackle **3.** [lieu] to surround, to encircle / *les remparts ceinturent la ville* the town is surrounded by ramparts **4.** HORT to girdle.

ceinturon [sɛ̃tyrɔ̃] nm **1.** VÊT (broad) belt **2.** [gén & MIL] belt ; [à cartouches] cartridge belt ; [à sabre] sword belt.

cela [səla] pron dém **1.** [désignant un objet éloigné] that / *regardez cela, là-bas!* look at that (over there)! **2.** [désignant - ce dont on vient de parler] this, that ; [- ce dont on va parler] this ▶ **cela (étant) dit...** having said this ou that... / *je n'ai pas dit cela* I didn't say that / *cela mérite qu'on s'y intéresse* that ou this is worth studying / *cela prouve que j'avais raison* that proves I was right / *je ne m'attendais pas à cela* I wasn't expecting that / *après cela, on n'en entendit plus parler* after that, nothing more was heard of it / *malgré cela il est resté fidèle à ses amis* in spite of (all) that, he remained loyal to his friends ▶ **à part cela** apart from that ▶ **qu'est-ce que cela?** *sout* what is that? / *cela n'explique pas ce qu'il a dit hier* this ou that doesn't explain what he said yesterday ▶ **il est parti il y a un mois / une semaine de cela** he left a month / a week ago / *cela va vous étonner, écoutez...* this'll surprise you, listen... / *son histoire a cela d'extraordinaire que...* her story is extraordinary in that... ▶ **c'est cela!** *iron* that's right! / *c'est cela, moquez-vous de moi!* that's right, have a good laugh (at my expense)! / *je suis folle, c'est (bien) cela?* so I'm out of my mind, is that it ou am I? **3.** [remplaçant 'ce'] : *cela n'est pas très étonnant* that is not very surprising / *cela est mieux ainsi* it's better this way **4.** [dans des tournures impersonnelles] it ▶ **cela ne fait rien** it doesn't matter / *cela fait une heure que j'attends* I've been waiting for an hour / *cela fait longtemps que nous ne nous sommes vus* it's been a long time since we've seen each other **5.** [emploi expressif] ▶ **pourquoi cela?** why?, what for? ▶ **qui cela?** who?, who's that? ▶ **où cela?** where?, whereabouts? ▶ **quand cela?** when?

céladon [seladɔ̃] ◆ adj inv pale green, celadon *litt.* ◆ nm celadon.

Célèbes [selɛb] npr Celebes ▶ **à Célèbes** in Celebes.

célébrant [selebrɑ̃] nm celebrant.

célébration [selebrasjɔ̃] nf celebration / *la célébration du mariage se fera à...* the marriage ceremony will take place at...

célèbre [selɛbr] adj famous, famed ▶ **devenir célèbre** to become famous ▶ **tristement célèbre** notorious / *célèbre dans le monde entier* world-famous.

célébrer [18] [selebre] vt **1.** [fête] to observe ; [anniversaire, messe, mariage] to celebrate **2.** [glorifier - personne] to extol the virtues of ; [- exploit] to toast, to celebrate.

In reformed spelling (see p. 16-19), this verb is conjugated like **semer**: ***elle célèbrera, il célèbrerait.***

célébrité [selebrite] nf **1.** [gloire] fame, celebrity **2.** [personne] celebrity, well-known personality.

celer [25] [sәle] vt *arch* ou *litt* ▶ **celer qqch à qqn** to conceal sthg from sb / *à ne vous rien celer* to tell you the truth.

céleri [sɛlʀi] nm celery ▸ **céleri en branches** celery ▸ **céleri rémoulade** celeriac salad.

céleri-rave [sɛlʀiʀav] (*pl* **céleris-raves**) nm celeriac.

célérité [seleʀite] nf *litt* celerity *litt*, swiftness, speed ▸ **avec célérité** swiftly, rapidly.

célesta [selɛsta] nm celesta.

céleste [selɛst] adj **1.** [du ciel] celestial **2.** [du paradis] celestial, heavenly **3.** [de Dieu] divine **4.** [surnaturel - beauté, voix, mélodie] heavenly, sublime **5.** HIST ▸ **le Céleste Empire** the Celestial Empire.

célibat [seliba] nm [d'un prêtre] celibacy ; [d'un homme] celibacy, bachelorhood ; [d'une femme] spinsterhood, celibacy / *elle a choisi le célibat* she decided to remain single ou not to marry ▸ **vivre dans le célibat a)** [homme] to remain a bachelor **b)** [femme] to remain single **c)** [prêtre] to be celibate.

célibataire [selibatɛʀ] ◆ adj **1.** [homme, femme] single, unmarried ; [prêtre] celibate / *il est encore célibataire* he's still a single man ou a bachelor / *elle est célibataire* she is single ou unmarried **2.** ADMIN single. ◆ nm [homme] single man, bachelor ; ADMIN single man / *les célibataires paient davantage d'impôts que les hommes mariés* single men pay more tax than married men ▸ **un célibataire endurci** a confirmed bachelor ▸ **un club pour célibataires** a singles club. ◆ nf single woman, unmarried woman ; ADMIN single woman.

celle [sɛl] f ⟶ **celui.**

celle-ci [sɛlsi], **celle-là** [sɛlla] f ⟶ **celui.**

cellier [selje] nm storeroom *(for wine or food)*, pantry.

Cellophane® [selɔfan] nf Cellophane® ▸ **sous Cellophane** cellophane-wrapped.

cellulaire [selylɛʀ] adj **1.** BIOL [de la cellule] cell *(modif)* ; [formé de cellules] cellular **2.** TÉLÉC ⟶ **téléphone 3.** MIN porous, poriferous **4.** TECHNOL [béton] cellular ; [matériau, mousse] expanded **5.** [carcéral] ▸ **emprisonnement** ou **régime cellulaire** solitary confinement ▸ **voiture cellulaire** prison ou police van UK, police wagon US.

cellulase [selylaz] nf cellulase.

cellule [selyl] nf **1.** BIOL cell ▸ **cellule nerveuse** / **sanguine** nerve / blood cell **2.** [élément constitutif] basic element ou unit ▸ **cellule familiale** family unit ou group **3.** [d'une ruche] cell **4.** [d'un prisonnier, d'un religieux] cell ▸ **deux par cellule** two to a cell **5.** POL cell **6.** [groupe de travail] ▸ **cellule de crise** crisis centre ▸ **cellule de réflexion** think tank **7.** PHOT ▸ **cellule (photoélectrique)** photoelectric cell **8.** TECHNOL ▸ **cellule photovoltaïque** photovoltaic cell **9.** AÉRON airframe **10.** ACOUST & INFORM cell ▸ **cellule (de) mémoire** storage cell.

cellulite [selylit] nf cellulitis.

cellulitique [selylitik] adj cellulitis *(modif)*.

celluloïd [selylɔid] nm celluloid.

cellulose [selyloz] nf cellulose.

cellulosique [selylozik] adj cellulosic.

Celsius [sɛlsjys] npr Celsius.

celte [sɛlt] adj Celtic.

⟡ **Celte** nmf Celt.

celtique [sɛltik] adj Celtic ▸ **les langues celtiques** the Celtic languages.

celui, celle [səlɥi, sɛl] (*mpl* **ceux** [sø], *fpl* **celles** [sɛl]) pron dém **1.** [suivi de la préposition 'de'] : *le train de 5 h est parti, prenons celui de 6 h* we've missed the 5 o'clock train, let's get the 6 o'clock / *vous ajouterez à vos frais ceux de janvier* add January's expenses to the current ones / *j'ai comparé mon salaire avec celui d'Ève* I compared my salary with Eve's / *ceux d'entre vous qui veulent s'inscrire* those of you who wish to register **2.** [suivi d'un pronom relatif] ▸ **celui, celle** the one ▸ **ceux, celles** those, the ones / *prête-moi ceux que tu as lus* lend me those ou the ones you have read / *c'est celle que j'ai achetée* that's the one I bought / *c'est celui qui a réparé ma voiture* he's the one who fixed my car / *prends la rouge, c'est celle qui te va le mieux* take the red one, it's the one that suits you best / *celui dont je t'ai parlé* the one I told you about **3.** [suivi d'un adjectif, d'un participe] : *achetez celle conforme aux normes* buy the one that complies with the standard / *tous ceux désirant participer à l'émission* all those wishing ou who wish to take part in the show.

⟡ **celui-ci, celle-ci** (*mpl* **ceux-ci**, *fpl* **celles-ci**) pron dém **1.** [désignant une personne ou un objet proches] ▸ **celui-ci, celle-ci** this one (here) ▸ **ceux-ci, celles-ci** these ones, these (here) ▸ **donne-moi celui-ci** give me this one (here) / *c'est celui-ci que je veux* this is the one I want, I want this one / *passe-moi le pinceau, non pas celui-là, celui-ci* pass me the brush, no not that one, this one **2.** [désignant ce dont on va parler ou ce dont on vient de parler] : *son inquiétude était celle-ci...* his worry was as follows... / *elle voulait voir Anne, mais celle-ci était absente* she wanted to see Anne, but she was out / *ah celui-ci, il me fera toujours rire!* now he always makes me laugh!

⟡ **celui-là, celle-là** (*mpl* **ceux-là**, *fpl* **celles-là**) pron dém **1.** [désignant une personne ou un objet éloignés] ▸ **celui-là, celle-là** that one (there) ▸ **ceux-là, celles-là** those ones, those (over there) ▸ **donne-moi celui-là** give me that one (there) / *c'est celui-là que je veux* that's the one I want, I want that one / *il n'y a aucun rapport entre les deux décisions, celle-ci n'explique pas celle-là* the two decisions are unconnected, the latter is no explanation for the former **2.** [emploi expressif] : *il a toujours une bonne excuse, celui-là!* he's always got a good excuse, that one!

cément [semɑ̃] nm **1.** MÉTALL cement **2.** ANAT cement, cementum.

cémentation [semɑ̃tasjɔ̃] nf cementation.

cémenter [3] [semɑ̃te] vt to cement.

cénacle [senakl] nm **1.** RELIG cenacle **2.** *sout* [comité] literary coterie *sout* ou group / *admis au cénacle* admitted into the company of the select few.

⟡ **Cénacle** npr m ▸ **le Cénacle** *group of young Romantic writers who met at the homes of Victor Hugo and Charles Nodier between 1823 and 1830.*

cendre [sɑ̃dʀ] nf **1.** [résidu - gén] ash, ashes ; [- de charbon] cinders ▸ **cendre de bois / de cigarette** wood / cigarette ash / *une viande au goût de cendre* meat with a smoky taste ▸ **mettre** ou **réduire en cendres** [maison] to burn to the ground **2.** GÉOL (volcanic) ash **3.** *litt* ▸ **les cendres** [dépouille] the ashes, the remains **4.** RELIG ▸ **les Cendres** ou **le mercredi des Cendres** Ash Wednesday.

cendré, e [sɑ̃dʀe] adj **1.** [gris] ashen, ash *(modif)*, ash-coloured **2.** [couvert de cendres] ash covered ▸ **fromage cendré** cheese matured in wood ash.

⟡ **cendré** nm cheese matured in wood ash.

⟡ **cendrée** nf **1.** CHASSE & PÊCHE dust shot **2.** [revêtement] cinder ; [piste] cinder track ▸ **sur la cendrée** (out) on the track.

cendreux, euse [sɑ̃dʀø, øz] adj **1.** [plein de cendres] full of ashes **2.** [gris - écorce, roche] ash-coloured ; [- teint] ashen, ashy **3.** MÉTALL grainy, granular ; [sol] ashy.

cendrier [sɑ̃dʀije] nm [de fumeur] ashtray ; [de fourneau] ash pit ; [de poêle] ashpan ; [de locomotive] ash box.

cendrillon [sɑ̃dʀijɔ̃] nf *litt* [servante] drudge.

Cendrillon [sɑ̃dʀijɔ̃] npr Cinderella.

cène [sɛn] nf **1.** [dernier repas] ▸ **la Cène** the Last Supper **2.** [communion] Holy Communion, Lord's Supper.

cénesthésie [senɛstezi] nf cenesthesia.

cénesthésique [senɛstezik] adj cenesthetic.

cénobite [senɔbit] nm cenobite.

cénotaphe [senɔtaf] nm cenotaph.

cénozoïque [senɔzɔik] adj cenozoic.

cens [sɑ̃s] nm **1.** ANTIQ [recensement] census **2.** HIST ▸ **cens électoral** poll tax ; [féodal] quitrent.

censé, e [sɑ̃se] adj supposed to / *tu n'es pas censé le savoir* you're not supposed to know it ▸ **être censé faire qqch** to be supposed to do sthg ▸ **vous êtes censé arriver à 9 h a)** [indication] you're supposed to arrive at 9 **b)** [rappel à l'ordre] we expect you to arrive at 9.

censément [sɑ̃semɑ̃] adv apparently, seemingly.

censeur [sɑ̃sœʀ] nm **1.** *vieilli* ÉDUC deputy headmaster ou head teacher UK, assistant ou vice principal US **2.** [responsable de la censure] censor **3.** *sout* [critique] critic **4.** ANTIQ censor.

censitaire [sɑ̃sitɛʀ] adj poll-tax based.

censorat [sɑ̃sɔʀa] nm **1.** ÉDUC deputy headship UK, position of assistant principal US **2.** ANTIQ censorship.

censorial, e, aux [sɑ̃sɔʀjal, o] adj censorial.

censurable [sɑ̃syʀabl] adj censurable.

censure [sɑ̃syʀ] nf **1.** [interdiction] censorship / *face à la censure paternelle* faced with his father's instruction that he shouldn't do it ; [commission] ▸ **la censure a)** the censors **b)** [examen] censorship **2.** POL censure **3.** RELIG censure / *les censures de l'Église* the censure of the Church **4.** PSYCHOL & ANTIQ censorship.

censurer [3] [sɑ̃syʀe] vt **1.** [film, livre] to censor **2.** POL & RELIG to censure **3.** PSYCHOL to exercise censorship on **4.** *sout* [critiquer] to criticize, to censure.

cent [sɑ̃] ◆ dét **1.** a ou one hundred ▸ **cent mille** a hundred thousand ▸ **deux cents filles** two hundred girls ▸ **trois cent quatre rangs** three hundred and four rows ▸ **les Cent-Jours** HIST the Hundred Days ▸ **elle est aux cent coups** [affolée] she's frantic ▸ **cent fois** : *je te l'ai dit cent fois* I've told you a hundred times / *tu as cent fois raison* you're a hundred per cent right / *je préfère cent fois celle-ci* I prefer this one a hundred times over ▸ **faire les cent pas** to pace up and down ▸ **à cent pieds sous terre** dead and buried ▸ **cent sept ans** *fam* : *il y a cent sept ans que...* it's been ages since... / *je ne vais pas attendre cent sept ans fam* I'm not going to wait forever (and a day) ▸ **s'ennuyer à cent sous de l'heure** to be bored stiff ou to death / *on se faisait suer à cent sous de l'heure fam* it was as exciting as watching paint dry / **'Cent Ans de solitude'** *Garcia Marquez* 'One Hundred Years of Solitude' **2.** [dans des séries] ▸ **chambre cent** room one hundred ▸ **page deux cent (six)** page two hundred (and six) ▸ **l'an neuf cent** the year nine hundred **3.** SPORT ▸ **le cent mètres** the hundred metres ▸ **le quatre cents mètres haies** the four hundred metres hurdle ou hurdles ▸ **le cent mètres nage libre** the hundred metres freestyle. ◆ nm **1.** [chiffre] ▸ **j'habite au cent** I live at number one hundred **2.** [centaine] hundred ▸ **un cent d'huîtres** a hundred oysters **3.** BANQUE [centime] cent **4.** EXPR ▸ **pour cent** per cent / *20 pour cent* 20 per cent / *cent pour cent coton* a ou one hundred per cent pure cotton / *il est cent pour cent anglais* he's a hundred per cent English / *je suis cent pour cent contre* I'm wholeheartedly against it ▸ **je te le donne en cent** guess, I'll give you three guesses. **Voir aussi cinq.**

centaine [sɑ̃tɛn] nf **1.** [cent unités] hundred ▸ **la colonne des centaines** the hundreds column **2.** ▸ **une centaine de** [environ cent] about a hundred, a hundred or so / *il faut compter une centaine d'euros* it costs about a hundred euros ou a hundred euros or so ▸ **plusieurs centaines de dollars** several hundred dollars / *elle a traité des centaines de personnes* she treated hundreds of people **3.** [âge] ▸ **arriver à la centaine** to reach one's hundredth birthday / *j'espère atteindre la centaine* I hope to live to be a hundred / *dépasser la centaine* to be over a hundred.

⟡ **par centaines** loc adv by the hundreds / *les gens arrivent par centaines* people are arriving by the hundreds ou in their hundreds.

centaure [sɑ̃tɔʀ] nm centaur.

centaurée [sɑ̃tɔʀe] nf centaurea.

centenaire [sɑ̃tnɛʀ] ◆ adj hundred-year old ▸ **plusieurs fois centenaire** several hundred years old. ◆ nmf [vieillard] centenarian. ◆ nm [anniversaire] centenary UK, centennial US CAN.

centennal, e, aux [sɑ̃tenal, o] adj centennial.

centésimal, e, aux [sɑ̃tezimal, o] adj centesimal.

centiare [sɑ̃tjaʀ] nm centiare, square metre UK ou meter US.

centième [sɑ̃tjɛm] ◆ adj num hundredth. ◆ nm [fraction] hundredth part / *ce n'est pas le centième de ce qu'il m'a fait* it doesn't even come close to what he did to me. ◆ nf THÉÂTRE hundredth performance. **Voir aussi cinquième.**

centigrade [sɑ̃tigʀad] adj centigrade.

centigramme [sɑ̃tigʀam] nm centigram.
centilitre [sɑ̃tilitʀ] nm centilitre UK, centiliter US.
centime [sɑ̃tim] nm **1.** [de monnaie] centime ▸ **pas un centime** not a penny UK ou cent US / *ça ne m'a pas coûté un centime* it didn't cost me a penny UK ou one cent US **2.** FIN ▸ **centimes additionnels** additional tax.
centimètre [sɑ̃timɛtʀ] nm **1.** [unité de mesure] centimetre UK, centimeter US ▸ **centimètre cube** cubic centimetre UK ou centimeter US **2.** [ruban] tape measure, tape line US.
centimétrique [sɑ̃timetʀik] adj centimetric.
centrafricain, e [sɑ̃tʀafʀikɛ̃, ɛn] adj Central African.
❖ **Centrafricain, e** nm, f Central African.
centrage [sɑ̃tʀaʒ] nm centring.
central, e, aux [sɑ̃tʀal, o] adj **1.** [du milieu d'un objet] middle *(avant nom)*, central / *le trou central* the central ou middle hole **2.** [du centre d'une ville] central / *mon bureau est très central* my office is very central **3.** ADMIN & POL central, national **4.** [principal] main, crucial / *le point central de votre exposé* the main ou crucial ou key point in your thesis **5.** PHON centre *(modif)*.
❖ **central** nm **1.** TÉLÉC ▸ **central (téléphonique)** (telephone) exchange **2.** SPORT [de tennis] ▸ **(court) central** centre UK ou center US court.
❖ **centrale** nf **1.** [usine] power plant ou station UK ▸ **centrale nucléaire / thermique** nuclear / thermal power station **2.** POL ▸ **centrale ouvrière** trade UK ou labor US union confederation **3.** [prison] county jail, penitentiary US.
❖ **centrale d'achats** nf [groupement] central purchasing department ; [magasin] discount store.
Centrale [sɑ̃tʀal] npr *grande école training engineers.*
centralien, enne [sɑ̃tʀaljɛ̃, ɛn] nm, f *student or ex-student of Centrale.*
centralisateur, trice [sɑ̃tʀalizatœʀ, tʀis] adj centralizing.
centralisation [sɑ̃tʀalizasjɔ̃] nf centralization, centralizing.
centraliser [3] [sɑ̃tʀalize] vt to centralize.
centralisme [sɑ̃tʀalism] nm centralism.
centraliste [sɑ̃tʀalist] adj & nmf centralist.
centraméricain, e [sɑ̃tʀamerikɛ̃, ɛn] adj Central American.
❖ **Centraméricain, e** nm, f Central American.
centre [sɑ̃tʀ] nm **1.** [milieu -gén] centre UK, center US ▸ **le centre** [d'une ville] the centre / *aller au centre* to go into the centre (of town) / *elle était le centre de tous les regards* all eyes were fixed on her ▸ **se prendre pour le centre du monde** ou **de l'univers** : *il se prend pour le centre du monde* ou *de l'univers* he thinks the world revolves around him / *pour elle, je suis le centre du monde* I'm the centre of her world **2.** [concentration] ▸ **centre industriel** industrial area ▸ **centre urbain** town ▸ **les grands centres urbains** large conurbations **3.** [organisme] centre UK, center US ▸ **centre d'accueil** reception centre ▸ **centre d'accueil de jour** day care centre UK ou center US ▸ **centre aéré** *former name of holiday activity centre for school children, now called* **centre de loisirs** ▸ **centre d'appels** call centre UK ou center US ▸ **centre commercial** shopping centre ou UK precinct, (shopping) mall US ▸ **centre de contrôle** [spatial] mission control ▸ **centre culturel** art ou arts centre ▸ **centre de dépistage du cancer / du sida** centre for cancer / AIDS screening ▸ **centre de documentation** information centre ▸ **centre éducatif fermé** *remand centre* ▸ **centre pour femmes battues** women's refuge ▸ **centre d'hébergement pour les sans-abri** hostel for the homeless ▸ **centre hospitalier** hospital (complex) ▸ **centre hospitalo-universitaire** teaching hospital ▸ **centre d'instruction** military academy ▸ **centre médical** clinic ▸ **centre médico-social** health centre UK ou center US ▸ **centre de renseignements (téléphoniques)** directory enquiries UK, information US ▸ **centre social** social services UK ou welfare US office ▸ **centre de tri** sorting office **4.** [point essentiel] main ou key point, heart, centre UK, center US ▸ **le centre du débat** the heart ou crux of the matter ▸ **être au centre de** to be the key point of, to be at the heart ou centre of / *la sécurité est au centre de nos préoccupations* safety is at the centre of our concerns ▸ **centre d'activités** activity centre ▸ **centre d'intérêt** centre of interest **5.** SCI centre UK, center US ▸ **centre de gravité** *pr & fig* centre of gravity ▸ **centre nerveux** nerve centre ▸ **centre phrénique** central tendon of the diaphragm ▸ **centre vital a)** *pr* vital organs **b)** *fig* nerve centre **6.** POL middle ground, centre UK, center US ▸ **il est du centre** he's a centrist ▸ **centre droit / gauche** moderate right / left / *il est (de) centre droit* he's right-of-centre / *il est (de) centre gauche* he's left-of-centre **7.** ÉCON ▸ **centre de coûts** cost center **8.** SPORT [au basketball] post, pivot ; FOOT centre pass **9.** INDUST ▸ **centre d'usinage** turning shop.
❖ **Centre** npr m ▸ **le Centre** *French region.*

Centre
This administrative region includes the **départements** of Cher, Eure-et-Loir, Indre, Indre-et-Loire, Loir-et-Cher and Loiret (capital: Orléans).

centrer [3] [sɑ̃tʀe] vt **1.** [gén, PHOT & SPORT] to centre UK, to center US **2.** [orienter] : *centrons le débat* let's give the discussion a focus ▸ **être centré sur** to be centred ou focussed around / *le documentaire était centré sur l'enfance de l'artiste* the documentary was focussed around the artist's childhood / *nos préoccupations sont centrées sur...* our number one concern is...
centreur [sɑ̃tʀœʀ] nm *plastic adaptor for singles on a record-player.*
centre-ville [sɑ̃tʀəvil] (*pl* **centres-villes**) nm city centre UK ou center US, town centre UK ou downtown US ▸ **aller au centre-ville** to go into the centre (of town).
centrifugation [sɑ̃tʀifygasjɔ̃] nf centrifugation.
centrifuge [sɑ̃tʀifyʒ] adj centrifugal.
centrifuger [17] [sɑ̃tʀifyʒe] vt to centrifuge.
centrifugeuse [sɑ̃tʀifyʒøz] nf **1.** MÉD & TECHNOL centrifuge **2.** CULIN juice extractor, juicer US.
centripète [sɑ̃tʀipɛt] adj centripetal.
centrisme [sɑ̃tʀism] nm centrism.
centriste [sɑ̃tʀist] adj & nmf centrist.
centuple [sɑ̃typl] ◆ adj : *1 000 est un nombre centuple de 10* 1,000 is a hundred times 10. ◆ nm : *le centuple de 20 est 2 000* a hundred times 20 is 2,000 / *il a gagné le centuple de sa mise* his bet paid off a hundredfold.
❖ **au centuple** loc adv a hundredfold.
centupler [3] [sɑ̃typle] ◆ vt to increase a hundredfold ou a hundred times, to multiply by a hundred. ◆ vi to increase a hundredfold / *quelques placements heureux ont fait centupler sa fortune* a few lucky investments have increased his fortune one-hundredfold.
centurie [sɑ̃tyʀi] nf century.
centurion [sɑ̃tyʀjɔ̃] nm centurion.
cep [sɛp] nm BOT ▸ **cep (de vigne)** vine stock.
CEP nm **abr de certificat d'études primaires.**
cépage [sepaʒ] nm vine.
cèpe [sɛp] nm **1.** BOT boletus **2.** CULIN cep.
cependant [səpɑ̃dɑ̃] conj however, nevertheless, yet / *il n'avait pas très envie de sortir ce soir-là ; cependant il se laissa entraîner* he didn't really want to go out that night, nevertheless ou yet he let himself be dragged along / *je suis d'accord avec vous, j'ai cependant une petite remarque à faire* I agree with you, however I have one small comment to make / *il parle très bien, avec un léger accent cependant* he speaks very well, but with a slight accent.
❖ **cependant que** loc conj *litt* while.
céphalée [sefale], **céphalalgie** [sefalalʒi] nf headache, cephalgia *spéc.*
céphalique [sefalik] adj cephalic.
céphalopode [sefalɔpɔd] nm cephalopod ▸ **les céphalopodes** the Cephalopoda.
céphalo-rachidien, enne (*mpl* céphalo-rachidiens, *fpl* céphalo-rachidiennes), **céphalorachidien*, enne** [sefalɔʀaʃidjɛ̃, ɛn] adj cerebrospinal, cephalorachidian *spéc.*
céphalosporine [sefalɔspɔʀin] nf cephalosporin.
céphalothorax [sefalɔtɔʀaks] nm cephalothorax.
cérame [seʀam] ◆ adj ▸ **grès cérame** Grecian urn. ◆ nm Grecian urn.
céramide [seʀamid] nm ceramide.
céramique [seʀamik] ◆ adj ceramic. ◆ nf **1.** [art] ceramics *(U)*, pottery **2.** [objet] piece of ceramic **3.** [matière] ceramic ▸ **des carreaux de céramique** ceramic tiles **4.** DENT dental ceramics ou porcelain.
céramiste [seʀamist] nmf ceramist.
céraste [seʀast] nm cerastes.
cérat [seʀa] nm cerate.
cerbère [sɛʀbɛʀ] nm *litt* **1.** [concierge] ill-tempered doorkeeper **2.** [geôlier] jailer.
Cerbère [sɛʀbɛʀ] npr MYTH Cerberus.
cerce [sɛʀs] nf curved template, hoop.
cerceau, x [sɛʀso] nm [d'enfant, d'acrobate, de tonneau, de jupon] hoop ; [de tonnelle] half-hoop.
cerclage [sɛʀklaʒ] nm **1.** [action de cercler] hooping **2.** MÉD cerclage **3.** [cercles d'une futaille] hooping.
cercle [sɛʀkl] nm **1.** GÉOM circle ; [forme] circle, ring ▸ **tracer un cercle** to draw a circle / *décrire des cercles dans le ciel* [avion, oiseau] to fly around in circles, to wheel round, to circle ▸ **faire cercle autour de qqn** to stand ou to gather round sb in a circle ▸ **entourer qqch d'un cercle** to put a ring round ou to circle sthg ▸ **en cercle** in a circle / *un village entouré d'un cercle de collines* a village ringed with hills ▸ **cercle vicieux** vicious circle **2.** [gamme, étendue -d'activités, de connaissances] range, scope **3.** [groupe] circle, group / *le cercle de mes amis* my circle ou group of friends ▸ **cercle de famille** family (circle) ▸ **cercle de lecture** book club ▸ **cercle littéraire** literary circle **4.** [club] club ▸ **un cercle militaire** an officer's club **5.** [objet circulaire] hoop ▸ **cercle de roue** (wheel) tyre **6.** ASTRON & MATH circle ▸ **grand cercle** great circle ▸ **cercle horaire** horary circle **7.** GÉOGR ▸ **cercle polaire** polar circle ▸ **cercle polaire Arctique / Antarctique** Arctic / Antarctic Circle **8.** ÉCON ▸ **cercle de qualité** quality circle.
cercler [3] [sɛʀkle] vt **1.** [emballage] to ring ; [tonneau] to hoop / *une caisse cerclée de fer* an iron-bound crate **2.** MÉD to wire.
cercopithèque [sɛʀkɔpitɛk] nm cercopithecid.
cercueil [sɛʀkœj] nm coffin UK, casket US.
céréale [seʀeal] nf **1.** BOT cereal **2.** CULIN ▸ **des céréales** (breakfast) cereal.
céréaliculture [seʀealikyltyʀ] nf cereal farming.
céréalier, ère [seʀealje, ɛʀ] adj cereal *(modif)*.
❖ **céréalier** nm **1.** [producteur] cereal farmer ou grower **2.** [navire] grain ship.
cérébelleux, euse [seʀebelø, øz] adj cerebellar.
cérébral, e, aux [seʀebʀal, o] ◆ adj **1.** ANAT cerebral **2.** MÉD brain *(modif)* **3.** [intellectuel -activité, travail] intellectual, mental ; [-film, livre] cerebral, intellectual. ◆ nm, f : *c'est un cérébral / une cérébrale* he's / she's an intellectual.
cérébro-spinal, e, aux, cérébrospinal*, e, aux [seʀebʀospinal, o] adj cerebrospinal.
cérébro-vasculaire [seʀebʀovaskylɛʀ] adj cerebrovascular.
cérémonial, als [seʀemɔnjal] nm [règles, livre] ceremonial.
cérémonie [seʀemɔni] nf **1.** RELIG ceremony **2.** [fête] ceremony, solemn ou formal occasion ▸ **cérémonie d'ouverture / de clôture** opening / closing ceremony ▸ **cérémonie nuptiale** wedding ceremony / *la cérémonie de remise des prix* the award ceremony **3.** ANTHR ceremony, rites ▸ **cérémonie d'initiation** initiation rites ▸ **cérémonie du thé** tea ceremony ▸ **c'est tout une cérémonie** : *avant qu'il ne s'endorme, c'est tout une cérémonie* it's quite a performance getting him to go to sleep.

*In reformed spelling (see p. 16-19).

❖ **cérémonies** nfpl *péj* [manières] fuss, palaver / *ne fais pas tant de cérémonies* don't make such a fuss.
❖ **avec cérémonie** loc adv ceremoniously.
❖ **de cérémonie** loc adj [tenue] ceremonial.
❖ **en grande cérémonie** loc adv [apporter, présenter] with great formality, very ceremoniously.
❖ **sans cérémonie** loc adv **1.** [simplement] casually, informally / *pas besoin de te changer, c'est sans cérémonie* just come as you are, it's an informal occasion / *venez dîner ce soir, sans cérémonie* come and have dinner tonight, it won't be anything special **2.** *péj* [abruptement] unceremoniously, without so much as a by-your-leave.

cérémoniel, elle [seremɔnjɛl] adj RELIG ceremonial.

cérémonieusement [seremɔnjøzmɑ̃] adv ceremoniously, formally.

cérémonieux, euse [seremɔnjø, øz] adj ceremonious, formal.

cerf [sɛr] nm stag.

cerfeuil [sɛrfœj] nm chervil.

cerf-volant [sɛrvɔlɑ̃] *(pl* **cerfs-volants***)* nm **1.** JEUX kite ▸ **jouer au cerf-volant** to fly a kite **2.** ZOOL stag beetle.

cerisaie [səʀizɛ] nf cherry orchard / **'la Cerisaie'** *Tchekhov* 'The Cherry Orchard'.

cerise [səʀiz] ◆ nf [fruit] cherry / *la cerise sur le gâteau fig* the icing on the cake. ◆ adj inv cherry, cherry-red, cerise.

cerisier [səʀizje] nm **1.** [arbre] cherry (tree) **2.** [bois] cherry (wood).

CERN, Cern [sɛʀn] (abr de **Conseil européen pour la recherche nucléaire**) npr m CERN.

cerne [sɛʀn] nm **1.** [sous les yeux] shadow, (dark) ring / *elle a des cernes* she's got dark rings under her eyes **2.** TEXT ring / *faire un cerne* to leave a ring **3.** HORT (annual) ring **4.** ART outline.

cerné, e [sɛʀne] adj ▸ **avoir les yeux cernés** to have (dark) rings under one's eyes.

cerneau, x [sɛʀno] nm (shelled) walnut.

cerner [3] [sɛʀne] vt **1.** [entourer] to surround, to lie around / *les lacs qui cernent la ville* the lakes dotted around the ou surrounding the town **2.** [assiéger - ville] to surround, to seal off *(sép)* ; [- armée, population] to surround / *vous êtes cernés!* you are surrounded! **3.** [définir - question, problème] to define, to determine / *ceci nous a permis de cerner le problème de près* this has enabled us to home in on the problem / *il est difficile à cerner* I can't make him out **4.** [ouvrir - noix] to crack open, to shell **5.** HORT to ring.

CERS (abr de **Commission européenne de recherches spatiales**) nf ESRO.

certain[1]**, e** [sɛʀtɛ̃, sɛʀtɛn] *(devant nm commençant par voyelle ou 'h' muet* [sɛʀtɛn] *)* adj **1.** [incontestable - amélioration] definite ; [- preuve] definite, positive ; [- avantage, rapport] definite, clear ; [- décision, invitation, prix] definite / *le médicament a des effets secondaires certains* the drug has definite side-effects / *avec un enthousiasme certain* with real ou obvious enthusiasm ▸ **tenir qqch pour certain** to have no doubt about sthg / *je tiens son accord pour certain* I have no doubt that he'll agree ▸ **c'est certain** [pour confirmer] undoubtedly, that's for certain ou sure / *le projet a beaucoup de retard — c'est certain, mais...* the project is a long way behind schedule — that's certainly true but... / *j'aurais préféré attendre, c'est certain* I'd have preferred to wait, of course ▸ **une chose est certaine** one thing's for certain ou sure / *elle démissionne, c'est maintenant certain* it's now certain ou definite that she's resigning **2.** [inéluctable - échec, victoire] certain / *devant un renvoi certain* / *une mort certaine* faced with certain dismissal / death / *on nous avait présenté son départ comme certain* we'd been told he was certain to go **3.** [persuadé] ▸ **être certain de** : *être certain de ce qu'on avance* to be sure ou certain about what one is saying / *il n'est pas très certain de sa décision* he's not sure he's made the right decision / *êtes-vous certain de votre bon droit?* are you sure (that) you're in the right? ▸ **être certain d'avoir fait qqch** to be sure ou to be positive one has done sthg / *il est certain de revenir* he's sure ou certain to return / *si tu pars battu, tu es certain de perdre!* if you think you're going to lose, (then) you're bound ou sure ou certain to lose! / *êtes-vous sûr que c'était lui? — j'en suis certain!* are you sure it was him? — I'm positive! / *ils céderont — n'en sois pas si certain* they'll give in — don't be so sure / *j'étais certain que cela recommencerait* I was sure ou I knew it would happen again / *si j'étais certain qu'il vienne* if I knew (for sure) ou if I was certain that he was coming **4.** MATH & PHILOS certain.
❖ **certain** nm BOURSE fixed ou direct rate of exchange.

certain[2]**, e** [sɛʀtɛ̃, sɛʀtɛn] *(devant nm commençant par voyelle ou 'h' muet* [sɛʀtɛn] *)* dét *(adj indéf)* **1.** [exprimant l'indétermination] : *à remettre à une certaine date* to be handed in on a certain date ▸ **à un certain moment** at one point / *un certain nombre d'entre eux* some of them / *j'y ai cru un certain temps* I believed it for a while ▸ **un certain temps après / avant** a while later / earlier / *d'un certain point de vue, tu as raison* in some ways ou in a sense, you're right ▸ **d'une certaine façon** ou **manière** in a way ▸ **dans** ou **en un certain sens** in a sense **2.** [exprimant une quantité non négligeable] : *il a fait preuve d'une certaine intelligence* he has shown a certain amount of ou some intelligence / *il a un certain talent* he has some talent / *il a eu une certaine influence sur elle* he had some influence on her / *il faut un certain courage!* you certainly need some pluck! / *elle a un certain culot!* she's got some nerve! **3.** [devant un nom de personne] : *un certain John a téléphoné* someone called John phoned / *les dialogues sont l'œuvre d'un certain...* the dialogue is by someone called... ou by one... / *il voit souvent un certain Robert péj* he sees a lot of some character called Robert.
❖ **certains, certaines** ◆ dét *(adj indéf pl)* [quelques] some, certain ▸ **certaines fois** sometimes, on some occasions ▸ **dans certaines circonstances** in certain ou some circumstances ▸ **certains jours** sometimes, on some days / *certains indices retrouvés chez lui...* certain clues found at his home... / *j'ai certaines idées sur la question* I have some ou a few ideas on the subject / *je connais certaines personnes qui n'auraient pas hésité* I can think of some ou a few people who wouldn't have thought twice about it. ◆ pron indéf pl [personnes] some (people) ; [choses] some ; [d'un groupe] some (of them) ▸ **certains pensent que...** some people think that... / *je travaille, moi, je ne suis pas comme certains! aussi hum* I work, unlike some people! / *certains d'entre vous semblent ne pas avoir compris* some of you seem not to have understood / *il a de nombreux amis et certains sont très influents* he has a lot of friends and some of them are very influential / *il vend des gravures et certaines sont très jolies* he sells engravings, and some (of them) are very pretty.

certainement [sɛʀtɛnmɑ̃] adv **1.** [sans aucun doute] certainly, surely, no doubt ▸ **il va certainement échouer** he is bound to fail **2.** [probablement] surely, certainly / *il y a certainement une solution à ton problème* there must be ou there is surely a way to solve your problem ▸ **elle va certainement t'appeler** she'll most likely call you / *tu te souviens certainement de Paul?* surely you remember Paul?, your remember Paul, surely? / *il sera certainement le vainqueur* he's the most likely candidate / *je reviendrai certainement mardi* I'll very likely come back on Tuesday **3.** [dans une réponse] certainly / *je peux? — certainement!* may I? — certainly ou of course! ▸ **certainement pas!** certainly not!

certes [sɛʀt] adv *sout* **1.** [assurément] certainly, indeed / *vous n'ignorez certes pas quelle est la situation* I'm sure you are not unaware of the situation / *certes, je ne pouvais pas lui dire la vérité* I certainly couldn't tell him the truth **2.** [servant de réponse] certainly / *acceptez-vous? — certes!* do you accept? — certainly! / *l'avez-vous lu? — certes!* did you read it? — I certainly did ou I did indeed! / *m'en voulez-vous? — certes non!* are you angry with me? — of course not ou certainly not! **3.** [indiquant la concession] of course, certainly / *certes, sa situation n'est pas enviable, mais que faire?* his situation is certainly not to be envied, but what can be done? / *je ne veux certes pas la décourager, mais...* I certainly wouldn't want to discourage her, but... / *il est beau, certes, mais il n'est pas sympathique* he's handsome, I grant you, but he's not very nice.

certif [sɛʀtif] nm *fam* abr de **certificat d'études (primaires)**.

certificat [sɛʀtifika] nm **1.** [attestation] certificate ▸ **certificat de bonne vie et de bonnes mœurs** DR character reference ▸ **certificat de mariage** marriage certificate ▸ **certificat médical** doctor's certificate ▸ **certificat de naissance** birth certificate ▸ **certificat de navigabilité a)** [aérienne] certificate of airworthiness **b)** [maritime] certificate of seaworthiness ▸ **certificat d'origine** certificate of origin ▸ **certificat de scolarité a)** ÉDUC school attendance certificate **b)** UNIV university attendance certificate ▸ **certificat de travail** ≃ P 45 UK, attestation of employment ▸ **certificat de vaccination** vaccination certificate **2.** [diplôme] diploma, certificate ▸ **certificat d'aptitude pédagogique** = CAP ▸ **certificat d'aptitude professionnelle** = CAP ▸ **certificat d'aptitude au professorat de l'enseignement du second degré** = CAPES / *certificat d'aptitude au professorat de l'enseignement technique* = CAPET ▸ **certificat d'études (primaires)** basic school-leaving qualification *(abolished in Metropolitan France in 1989)*.

certificateur [sɛʀtifikatœʀ] ◆ adj m certifying, guaranteeing. ◆ nm [gén] certifier, guarantor ; [de caution] counter-security.

certification [sɛʀtifikasjɔ̃] nf **1.** [authentification] authentification **2.** [garantie] (bank) guarantee **3.** [assurance, attestation] attestation, witnessing ▸ **certification de signature** ou **des signatures** witnessing of signatures.

certifié, e [sɛʀtifje] ◆ adj holding the CAPES. ◆ nm, f CAPES holder.

certifier [9] [sɛʀtifje] vt **1.** [assurer] to assure / *il m'a certifié que rien n'avait été vendu* he assured me nothing had been sold **2.** DR [garantir - caution] to guarantee, to counter-secure ; [- signature] to witness, to authenticate ; [- document] to authenticate, to certify ▸ **certifié conforme** : *une copie certifiée conforme (à l'original)* a certified copy of the original document.

certitude [sɛʀtityd] nf certainty, certitude *sout* / *ce n'est pas une hypothèse, c'est une certitude* it's not a possibility, it's a certainty ▸ **avoir la certitude de qqch** to be convinced of sthg / *il viendra, j'en ai la certitude* I'm convinced ou certain ou quite sure he'll come / *je sais avec certitude que...* I know for a certainty that...

céruléen, enne [seʀyleɛ̃, ɛn] adj *litt* cerulean.

cérumen [seʀymɛn] nm earwax, cerumen *spéc*.

cérumineux, euse [seʀyminø, øz] adj ceruminous.

céruse [seʀyz] nf ceruse.

Cervantès [sɛʀvɑ̃tɛs] npr Cervantes.

cerveau, x [sɛʀvo] nm **1.** ANAT brain ▸ **cerveau antérieur** forebrain ▸ **cerveau moyen** midbrain ▸ **cerveau postérieur** hindbrain ▸ **cerveau brûlé** *fam* hothead ▸ **il a le cerveau malade** *fam* ou **dérangé**, *fam* ou **fêlé** *fam* he's got a screw loose, he's cracked **2.** *fam* [génie] brainy person ▸ **c'est un cerveau** he's got brains **3.** [instigateur] brains ▸ **être le cerveau de qqch** to be the brains behind sthg **4.** INFORM ▸ **cerveau électronique** electronic brain.

cervelas [sɛʀvəla] nm ≃ saveloy *(sausage)*.

cervelet [sɛʀvəlɛ] nm cerebellum.

cervelle [sɛʀvɛl] nf **1.** ANAT brain **2.** *fam* [intelligence] brain ▸ **se mettre qqch dans la cervelle** to get sthg into one's head / *il faudrait te le mettre dans la cervelle* get it into your head / *il n'a* ou *il n'y a rien dans sa petite cervelle* he's got nothing between his ears / *quand elle a quelque chose dans la cervelle* when she gets an idea into her head ▸ **avoir une cervelle d'oiseau** ou **une tête sans cervelle** to be bird-brained ▸ **se mettre la cervelle à l'envers** to rack one's brains **3.** CULIN brains ▸ **une cervelle de mouton** sheep's brains ▸ **cervelle de canut** *fromage frais with herbs*.

cervical, e, aux [sɛʀvikal, o] adj cervical.

cervicite [sɛʀvisit] nf cervicitis.

cervidé [sɛʀvide] nm cervid, member of the deer family ou Cervidae *spéc* ▸ **les cervidés** the Cervidae *spéc.*

Cervin [sɛʀvɛ̃] npr m ▸ **le (mont) Cervin** the Matterhorn.

cervoise [sɛʀvwaz] nf ale, barley wine.

ces [se] pl ⟶ **ce.**

CES nm abr de **contrat emploi-solidarité.**

césar [sezaʀ] nm **1.** [despote] tyrant, dictator **2.** CINÉ *French cinema award.*

César [sezaʀ] npr Caesar ▸ **rendez à César ce qui appartient à César** render unto Caesar that which is Caesar's.

césarien, enne [sezaʀjɛ̃, ɛn] adj ANTIQ & POL Caesarean.

césarienne [sezaʀjɛn] nf caesarean UK ou cesarean US (section).

césariser [sezaʀize] vt MÉD to perform a Caesarean on.

césium [sezjɔm] nm caesium.

cessant, e [sɛsɑ̃, ɑ̃t] adj ⟶ **affaire.**

cessation [sɛsasjɔ̃] nf **1.** MIL ▸ **cessation des hostilités** cease-fire **2.** [d'une activité] cessation, stopping ▸ **cessation du travail** stoppage **3.** COMM ▸ **cessation de paiement** suspension of payments / *être en cessation de paiement* to have suspended (all) payments ▸ **cessation d'activité** termination of business / *pour cause de cessation de commerce* due to closure.

cesse [sɛs] nf ▸ **n'avoir de cesse que** *sout* : *elle n'aura de cesse qu'elle n'ait trouvé la réponse* she will not rest until she finds the answer.

❖ **sans cesse** loc adv continually, constantly / *elle se plaint sans cesse* she's constantly complaining, she complains all the time.

cesser [4] [sese] ◆ vi [pluie] to stop, to cease *sout* ; [vent] to die down, to abate *sout* ; [combat] to (come to a) stop ; [bruit, mouvement] to stop, to cease *sout* / *il y a trop d'absentéisme, il faut que cela cesse !* too many people are staying away from work, this must stop ! ▸ **cesser de** *sout* to stop / *cesse de pleurer* stop crying ▸ **cesser de fumer** to give up ou to stop smoking / *ne pas cesser de faire sout* to carry on doing / *il n'a pas cessé de pleuvoir* it rained non-stop / *il ne cesse pas de gémir* he never stops moaning ▸ **ne cesser de faire** *sout* to persist in doing / *je ne cesse d'y penser* I cannot stop myself thinking about it. ◆ vt **1.** [arrêter] to stop, to halt ▸ **cesser le travail** to down tools, to walk out / *les chantiers navals cessent le travail* [dans un titre] stoppage at the shipyards ▸ **faire cesser qqch** to put a stop to sthg **2.** MIL ▸ **cesser le combat** to stop fighting ▸ **cesser le feu** to cease fire.

cessez-le-feu [seselfø] nm inv cease-fire.

cessibilité [sesibilite] nf assignability, transferability.

cessible [sesibl] adj assignable, transferable.

cession [sɛsjɔ̃] nf DR transfer, assignment ▸ **cession de bail** lease transfer.

cession-bail [sesjɔ̃baj] (*pl* **cessions-bails** *ou* **cessions-baux**) nf lease-back.

cessionnaire [sɛsjɔnɛʀ] nmf assignee, transferee.

c'est-à-dire [setadiʀ] loc adv **1.** [introduisant une explication] that is (to say), i.e., in other words / *toute la famille, c'est-à-dire mes parents et mes sœurs* all the family, i.e. ou that is, my parents and my sisters ; [pour demander une explication] ▸ **c'est-à-dire ?** what do you mean ? **2.** [introduisant une rectification] or rather / *il est venu hier, c'est-à-dire plutôt avant-hier* he came yesterday, I mean ou or rather the day before yesterday **3.** [introduisant une hésitation] : *tu penses y aller ? — eh bien, c'est-à-dire...* are you thinking of going ? — well, you know ou I mean...

❖ **c'est-à-dire que** loc conj **1.** [introduisant un refus, une hésitation] actually, as a matter of fact / *voulez-vous nous accompagner ? — c'est-à-dire que je suis un peu fatigué* do you want to come with us ? — I'm afraid ou actually I'm a bit tired / *tu m'en veux ? — c'est-à-dire que oui, un peu* are you angry with me ? — well, actually, I am a bit **2.** [introduisant une explication] which means / *il a acheté une maison, c'est-à-dire qu'il s'est endetté* he bought a house, which means he got himself into debt **3.** [introduisant une rectification] or rather / *je ne sais pas ce qu'il veut, c'est-à-dire que je préfère ne pas le savoir* I don't know what he wants or rather I don't want to know.

césure [sezyʀ] nf caesura.

cet [sɛt] m ⟶ **ce** *(adj dém).*

cétacé [setase] nm cetacean ▸ **les cétacés** the Cetacea.

cétane [setan] nm cetane.

céteau [seto] nm dab.

cétoine [setwan] nf beetle.

cétone [setɔn] nf ketone.

cétonique [setɔnik] adj ketonic.

cétonurie [setɔnyʀi] nf ketonuria.

cette [sɛt] f ⟶ **ce** *(adj dém).*

ceux [sø] pl ⟶ **celui.**

ceux-ci [søsi], **ceux-là** [søla] mpl ⟶ **celui.**

Cévennes [sevɛn] npr fpl ▸ **les Cévennes** the Cévennes.

cévenol, e [sevnɔl] adj from the Cévennes.

❖ **Cévenol, e** nm, f *inhabitant of or person from the Cévennes.*

Ceylan [selɑ̃] npr Ceylon.

ceylanais, e [selanɛ, ɛz] adj Ceylonese.

❖ **Ceylanais, e** nm, f *inhabitant of or person from Ceylon.*

cf. (abr de **confer**) cf.

CFA (abr de **Communauté financière africaine**) ◆ npr ▸ **franc CFA** *currency used in former French African colonies.* ◆ nm (**abr de centre de formation des apprentis**) *centre for apprenticeship training.*

CFAO (abr de **conception et fabrication assistées par ordinateur**) nf CADCAM.

CFC (abr de **chlorofluorocarbone**) nm CFC.

CFCM (abr de **Conseil français du culte musulman**) nm *French Council of Muslims.*

CFDT (abr de **Confédération française démocratique du travail**) npr f *French trade union.*

CFE-CGC (abr de **Confédération française de l'encadrement-CGC**) nf *French managers' union.*

CFES (abr de **certificat de fin d'études secondaires**) nm *school-leaving certificate.*

CFF (abr de **Chemins de fer fédéraux**) npr mpl *Swiss railways.*

CFL (abr de **Chemins de fer luxembourgeois**) npr mpl *Luxembourg railways.*

CFP ◆ npr f (abr de **Compagnie française des pétroles**) *French oil company.* ◆ npr (abr de **Colonies françaises du Pacifique**) ▸ **franc CFP** *currency used in former French colonies in the Pacific area.*

CFTC (abr de **Confédération française des travailleurs chrétiens**) npr f *French trade union.*

CGC (abr de **Confédération générale des cadres**) npr f *French management union.*

CGI (abr de **common gateway interface**) nf CGI.

CGPME (abr de **Confédération générale des petites et moyennes entreprises**) npr f *French small business employers' organization.*

CGT (abr de **Confédération générale du travail**) npr f *major French trade union (with links to the Communist Party).*

ch (abr de **cheval-vapeur**) hp.

ch. **1.** abr écrite de **charges** **2.** abr écrite de **chauffage** **3.** abr écrite de **cherche.**

CH (abr écrite de **Confédération helvétique**) *Swiss nationality sticker on a car.*

chabichou [ʃabiʃu] nm *kind of goatsmilk cheese.*

chablis [ʃabli] nm ŒNOL Chablis.

chablon [ʃablɔ̃] nm SUISSE stencil.

chabot [ʃabo] nm ZOOL bullhead, miller's thumb.

chabrot [ʃabʀo] nm *regional country tradition of adding red wine to the last few spoonfuls of soup in one's bowl.*

chacal, als [ʃakal] nm **1.** ZOOL jackal **2.** *péj* [personne] vulture, wolf.

cha-cha-cha (*pl* **cha-cha-cha**), **chachacha*** [tʃatʃatʃa] nm cha-cha, cha-cha-cha.

chacun, e [ʃakœ̃, yn] pron indéf **1.** [chaque personne, chaque chose] each ▸ **chacun à sa façon** each in his own way / *chacun à sa façon, ils ont raison* each one is right in his own way / *je vous donne 10 minutes chacun* I'll give you 10 minutes each / *je les vends 10 € chacun* I'm selling them for 10 € each ou a piece ▸ **chacun de** each (one) of ▸ **chacun d'entre nous** each of us / *chacun des employés a une tâche à remplir* each employee has a job to do ▸ **chacun de ses gestes** each of his gestures ▸ **chacun son tour** : *Madame, chacun son tour* please wait your turn, Madam / *alors comme ça tu pars en vacances ? — eh oui, chacun son tour !* so you're off on holiday, are you ? — well, it's my turn now ! / *nous y sommes allés chacun à notre tour* we each went in turn **2.** [tout le monde] everyone, everybody ▸ **chacun le dit** everyone says so ▸ **à chacun ses goûts** to each his own ▸ **à chacun son métier** every man to his own trade ▸ **tout un chacun** everybody, each and every person ▸ **à chacun sa chacune** *fam* every Jack has his Jill ▸ **chacun pour soi** every man for himself.

chafouin, e [ʃafwɛ̃, in] adj *péj* ▸ **un visage chafouin** a pinched ou foxy face.

chagrin[1] [ʃagʀɛ̃] nm [peine] sorrow, grief ▸ **causer du chagrin à qqn** to cause distress to ou to distress sb ▸ **avoir un chagrin d'amour** to be disappointed in love.

chagrin[2] [ʃagʀɛ̃] nm [cuir] shagreen.

chagrin[3], e [ʃagʀɛ̃, in] adj *litt* **1.** [triste] sad, sorrowful, woeful *litt* **2.** [revêche] ill-tempered, quarrelsome.

chagrinant, e [ʃagʀinɑ̃, ɑ̃t] adj grievous, distressing.

chagriner [3] [ʃagʀine] vt **1.** [attrister] to grieve, to distress **2.** [contrarier] to worry, to bother, to upset **3.** [cuir] to shagreen, to grain.

chah [ʃa] = **shah.**

chahut [ʃay] nm *fam* rumpus, hullabaloo, uproar ▸ **faire du chahut** [élèves] to make a racket, to kick up a rumpus.

chahuter [3] [ʃayte] *fam* ◆ vi **1.** [être indiscipliné] to kick up a rumpus, to make a racket **2.** [remuer] : *ça chahutait ferme sur le bateau !* it was a bit rough on the boat ! ◆ vt **1.** [houspiller - professeur] to rag, to bait ; [-orateur] to heckle / *un professeur chahuté* a teacher who can't control his pupils ▸ **se faire chahuter** : *il se fait chahuter en classe* he can't keep (his class in) order / *le Premier ministre s'est fait chahuter à l'Assemblée* the Prime Minister was heckled in parliament **2.** [remuer] to knock about, to bash around.

chahuteur, euse [ʃaytœʀ, øz] *fam* ◆ adj rowdy, boisterous. ◆ nm, f rowdy.

chai [ʃɛ] nm wine and spirits storehouse.

Chaillot [ʃajo] npr ▸ **(le palais de) Chaillot** *architectural complex built in 1937 on the site of the Trocadéro in Paris.*

chaînage, chainage* [ʃɛnaʒ] nm **1.** CONSTR [action] clamping, tying ; [armature] clamps, ties ; [mesurage] chaining **2.** INFORM chaining.

chaîne, chaine* [ʃɛn] nf **1.** [attache, bijou] chain / *le chien était attaché à sa niche par une chaîne* the dog was chained to its kennel ▸ **une chaîne en or** a gold chain ▸ **faire la chaîne** *fig* to form a (human) chain / *former une chaîne de solidarité* to create a network of support ▸ **chaîne d'arpenteur** surveyor's chain ▸ **chaîne de vélo** bicycle chain ▸ **chaîne de montre** watch chain ▸ **chaîne de sûreté a)** [sur un bijou] safety chain **b)** [sur une porte] (door) chain ▸ **briser ses chaînes** to cast off one's chains ou shackles / *le peuple a brisé ses chaînes* the people shook off their chains **2.** [suite] chain, series / *une chaîne d'événements* a chain of events ▸ **la chaîne alimentaire** ÉCOL the food chain ▸ **chaîne du froid** cold chain ▸ **chaîne de montagnes** (mountain) range ▸ **chaîne parlée** LING (speech) utterances ▸ **chaîne de solidarité** support network **3.** TV channel / *je regarde la première chaîne* I'm watching channel one ▸ **chaîne**

*In reformed spelling (see p. 16-19).

câblée cable channel ▸ **chaîne cryptée** pay channel *(for which one needs a special decoding unit)* ▸ **chaîne payante** ou **à péage** subscription TV channel ▸ **chaîne publique** publicly-owned channel, public service channel US **4.** AUDIO ▸ **chaîne hi-fi** hi-fi ▸ **chaîne stéréo** stereo ▸ **chaîne compacte** compact system ▸ **chaîne laser** CD system **5.** COMM [de restaurants, de supermarchés] chain **6.** INDUST ▸ **chaîne de montage** / **fabrication** assembly / production line **7.** INFORM string ▸ **chaîne vide** / **de caractères** nul / character string **8.** CHIM & PHYS chain **9.** TEXT warp **10.** DANSE chain / *faites la chaîne!* [dans une ronde] hold hands and make a circle! **11.** CONSTR [barre] I-beam, tie-beam, tie-iron ; [pilier] pier **12.** PÊCHE ▸ **chaîne à chalut** trawl grommet.

❖ **chaînes, chaines*** nfpl AUTO (snow) chains.

❖ **à la chaîne, à la chaine*** ◆ loc adj [travail] assembly-line *(modif)*, production-line *(modif)*. ◆ loc adv [travailler, produire] on the production line ▸ **faire qqch à la chaîne** to mass-produce sthg ▸ **ils ont été faits à la chaîne a)** [gén] they're off the production line **b)** *péj* they've been churned out (in their hundreds) / *des objets produits à la chaîne* mass-produced items.

❖ **en chaîne, en chaine*** loc adj ▸ **des catastrophes en chaîne** a whole catalogue of disasters.

chaîner, chainer* [4] [ʃene] vt **1.** CONSTR to chain, to tie **2.** [mesurer] to chain **3.** AUTO [pneu] to put chains on ; [voiture] to fit with chains **4.** INFORM to chain.

chaînette, chainette* [ʃɛnɛt] nf **1.** JOAILL small chain **2.** COUT ▸ **(point de) chaînette** chain stitch **3.** [attache] : *chaînette de sûreté* safety chain.

❖ **en chaînette, en chainette*** loc adj ARCHIT & GÉOM catenary.

chaînon, chainon* [ʃɛnɔ̃] nm **1.** [élément - d'une chaîne, d'un raisonnement] link ▸ **le chaînon manquant** *pr & fig* the missing link **2.** GÉOGR secondary chain ou range (of mountains) **3.** INFORM ▸ **chaînon de données** data link.

chair [ʃɛʀ] ◆ nf flesh ▸ **bien en chair** plump ▸ **en chair et en os** in the flesh ▸ **chair à saucisse** sausage meat ▸ **avoir la chair de poule** to have goose pimples ou gooseflesh, to have goosebumps US. ◆ adj inv flesh-coloured UK, flesh-colored US.

chaire [ʃɛʀ] nf **1.** [estrade] rostrum ▸ **monter en chaire a)** *pr* to go up on the rostrum **b)** *fig* to start one's speech **2.** RELIG throne, cathedra ▸ **la chaire apostolique** the Holy See **3.** UNIV chair / *être titulaire d'une chaire de linguistique* to hold a chair in linguistics.

chaise [ʃɛz] nf **1.** [siège] chair / *chaise à bascule, chaise berçante* QUÉBEC rocking chair ▸ **chaise de cuisine** / **jardin** kitchen / garden chair ▸ **chaise haute** ou **d'enfant** ou **de bébé** highchair ▸ **chaise électrique** electric chair ▸ **chaise longue a)** [d'extérieur] deck ou canvas chair **b)** [d'intérieur] chaise longue / *faire de la chaise longue* to lounge about in a deck chair ▸ **chaise percée** commode ▸ **chaise pliante** folding chair ▸ **chaise à porteurs** sedan (chair) ▸ **chaise de poste** post chaise ▸ **chaise roulante** wheelchair **2.** JEUX ▸ **chaises musicales** musical chairs **3.** CONSTR wooden frame **4.** NAUT ▸ **nœud de chaise** bowline.

chaisier, ère [ʃezje, ɛʀ] nm, f **1.** [fabricant] chair maker **2.** [gardien] chair attendant *(in gardens or church)*.

chakra [ʃakʀa] nm chakra.

chaland [ʃalɑ̃] nm NAUT barge.

chaland, e [ʃalɑ̃, ɑ̃d] nm, f *arch* [client] regular customer.

chaland-citerne [ʃalɑ̃sitɛʀn] *(pl* **chalands-citernes**) nm bunkering barge.

chalazion [ʃalazjɔ̃] nm chalazion.

chalcographie [kalkɔgʀafi] nf [art] chalcography ; [lieu] chalcography room.

chalcolithique [kalkɔlitik] adj : *(période) chalcolithique* Chalcolithic (age).

Chaldée [kalde] npr f ▸ **(la) Chaldée** Chaldea.

chaldéen, enne [kaldeɛ̃, ɛn] adj Chaldean.

❖ **Chaldéen, enne** nm, f Chaldean.

❖ **chaldéen** nm LING Chaldee, Chaldean.

châle [ʃal] nm shawl.

chalet [ʃalɛ] nm [maison - alpine] chalet ; [- de plaisance] (wooden) cottage.

chaleur [ʃalœʀ] nf **1.** MÉTÉOR heat ▸ **chaleur douce** warmth / *il fait une chaleur lourde* it's very muggy ▸ **quelle chaleur!** what a scorcher! / **'craint** ou **ne pas exposer à la chaleur'** 'store in a cool place' **2.** PHYS heat ▸ **chaleur massique** ou **spécifique** specific heat **3.** [sentiment] warmth / *leur accueil manquait de chaleur* their welcome lacked warmth ou wasn't very warm / *il y avait une certaine chaleur dans sa voix* his voice was warm (and welcoming) / *plaider une cause avec chaleur* to plead a case fervently ou with fervour UK ou fervor US ▸ **chaleur humaine** human warmth **4.** ART [d'une couleur] warmth.

❖ **chaleurs** nfpl **1.** MÉTÉOR ▸ **les grandes chaleurs** the hottest days of the summer **2.** ZOOL heat / *la jument a ses chaleurs* the mare's on UK ou in US heat.

❖ **en chaleur** loc adj **1.** ZOOL on heat UK, in heat US **2.** *vulg* [homme, femme] horny.

chaleureusement [ʃalœʀøzmɑ̃] adv warmly.

chaleureux, euse [ʃalœʀø, øz] adj [remerciement] warm, sincere ; [accueil] warm, cordial, hearty ; [approbation] hearty, sincere ; [voix] warm ; [ami] warm-hearted.

châlit [ʃali] nm bedstead.

challenge [tʃalɛndʒ], **chalenge*** [ʃalɑ̃ʒ] nm **1.** [défi] challenge **2.** SPORT [épreuve] sporting contest ; [trophée] trophy.

challenger [tʃalɛndʒœʀ], **chalengeur*, euse** [ʃalɑ̃ʒœʀ, øz] nm challenger.

chaloir [ʃalwaʀ] v impers *arch* ou *litt* ▸ **peu me** ou **peu m'en chaut** it matters (but) little to me.

chaloupe [ʃalup] nf [à moteur] launch ; [à rames] rowing boat UK, rowboat US.

chaloupé, e [ʃalupe] adj **1.** [danse] gliding, swaying **2.** [démarche] rolling.

chalouper [3] [ʃalupe] vi **1.** [danser] to sway, to glide **2.** [marcher] to waddle.

chalumeau, x [ʃalymo] nm **1.** TECHNOL blowlamp UK, blowtorch US / *chauffer un métal au chalumeau* to heat a piece of metal with a blowlamp ▸ **chalumeau oxhydrique** / **oxyacétylénique** oxyhydrogen / oxyacetylene torch **2.** MUS pipe **3.** [paille] straw.

chalut [ʃaly] nm trawl ▸ **pêcher au chalut** to trawl.

chalutage [ʃalytaʒ] nm trawling.

chalutier [ʃalytje] nm **1.** [pêcheur] trawlerman **2.** [bateau] trawler ▸ **petit chalutier** dragger.

chamade [ʃamad] nf ▸ **battre la chamade** to beat ou to pound wildly.

chamaille [ʃamaj] *fam* = **chamaillerie**.

chamailler [3] [ʃamaje] ❖ **se chamailler** vp *(emploi réciproque) fam* to bicker, to squabble. ❖ **se chamailler avec** vp + prép *fam* to bicker with.

chamaillerie [ʃamajʀi] nf *fam* squabble, tiff ▸ **chamailleries** squabbling.

chamailleur, euse [ʃamajœʀ, øz] *fam* ◆ adj squabbling. ◆ nm, f bickerer, squabbler.

chaman, e [ʃaman] nm, f shaman.

chamanisme [ʃamanism] nm shamanism.

chamarrer [3] [ʃamaʀe] vt to decorate, to adorn, to ornament ▸ **un tissu chamarré** a rich and colourful material / *un costume chamarré d'or* a costume decorated with gold.

chamarrures [ʃamaʀyʀ] nfpl trimmings, adornments / *elle adore les chamarrures* she loves a glittery style of dress.

chambard [ʃɑ̃baʀ] nm *fam* din, racket, rumpus ▸ **faire tout un chambard a)** [faire du bruit] to kick up (a din), to make a rumpus **b)** [faire du désordre] to make a mess **c)** [protester] to kick up (a fuss), to raise a stink.

chambardement [ʃɑ̃baʀdəmɑ̃] nm *fam* upheaval ▸ **le grand chambardement, le chambardement général** the troubles.

chambarder [3] [ʃɑ̃baʀde] vt *fam* [endroit, objets] to mess up *(sép)*, to turn upside down *(sép)* ; [projets] to upset, to overturn, to turn upside down.

chambellan [ʃɑ̃belɑ̃] nm chamberlain.

chambertin [ʃɑ̃bɛʀtɛ̃] nm Chambertin (wine).

chamboulement [ʃɑ̃bulmɑ̃] nm *fam* **1.** [désordre] mess, shambles **2.** [changement] total change, upheaval / *il y a eu un chamboulement complet dans nos projets* our plans were turned upside down.

chambouler [3] [ʃɑ̃bule] vt *fam* [endroit, objets] to mess up *(sép)*, to turn upside down *(sép)* ; [projets] to ruin, to upset, to mess up *(sép)* / *cette réunion imprévue a chamboulé mon emploi du temps* this last-minute meeting has messed up my schedule.

chambranle [ʃɑ̃bʀɑ̃l] nm [de cheminée] mantelpiece ; [de porte] (door) frame ou casing ; [de fenêtre] (window) frame ou casing.

chambre [ʃɑ̃bʀ] nf **1.** [pièce] ▸ **chambre (à coucher)** (bed) room / *dans ma chambre* in my room ou bedroom / *avoir une chambre en ville* [étudiant] to have a place in town ▸ **faire chambre à part** to sleep in separate rooms / *faire chambre commune* to share the same room ou bedroom ▸ **réserver une chambre d'hôtel** to book a hotel room ▸ **chambre individuelle** ou **pour une personne** single (room) ▸ **chambre double** ou **pour deux personnes** double room ▸ **chambre d'hôte** ≃ room in a guest house / **'chambres d'hôte'** 'rooms available' / **'chambres à louer'** 'rooms available' / **'chambre avec ou sans pension'** 'bed and breakfast or full board' ▸ **chambre d'amis** guest ou spare room ▸ **chambre de bonne a)** *pr* maid's room **b)** [louée à un particulier] attic room *(often rented to a student)* ▸ **chambre d'enfant a)** child's room **b)** [pour tout-petits] nursery ▸ **chambre meublée** bedsit ▸ **chambre de service** servant's room ▸ **camarade de chambre** roommate **2.** [local] ▸ **chambre de décontamination** decontamination chamber ▸ **chambre forte** strongroom ▸ **chambre froide** cold room ▸ **chambre à gaz** gas chamber **3.** POL House, Chamber ▸ **la Chambre des communes** the House of Commons UK ▸ **la Chambre des députés** the (French) Chamber of Deputies ; ≃ House of Commons UK ; ≃ House of Representatives US ▸ **la Chambre haute** / **basse** the Upper / Lower Chamber ▸ **la Chambre des lords** ou **des pairs** the House of Lords UK ▸ **la Chambre des représentants** the House of Representatives US **4.** DR [subdivision d'une juridiction] chamber ▸ **première chambre** upper chamber ou court ▸ **deuxième chambre** lower chamber ou court ; [section] Court ▸ **Chambre d'accusation** ou **des mises en accusation** Court of criminal appeal ▸ **Chambre des appels correctionnels** District Court **5.** [organisme] ▸ **Chambre de commerce** Chamber of Commerce ▸ **chambre de compensation** clearing house ▸ **Chambre des métiers** Guild Chamber ▸ **Chambre syndicale** Employer's Syndicate **6.** NAUT [local] ▸ **chambre des cartes** ou **de navigation** chart house ▸ **chambre de chauffe** stokehold ▸ **chambre des machines** engine room ; [cabine] cabin **7.** ASTRON ▸ **chambre de Schmidt** Schmidt telescope **8.** ARM chamber **9.** MÉCAN, PHYS & TECHNOL chamber ▸ **chambre à air** inner tube ▸ **sans chambre à air** tubeless ▸ **chambre de combustion** combustion chamber **10.** PHOT ▸ **chambre noire** darkroom **11.** OPT ▸ **chambre claire** / **noire** camera lucida / obscura **12.** ANAT ▸ **chambre antérieure** ou **de l'œil** anterior chamber of the eye ▸ **chambre pulpaire (d'une dent)** (tooth) pulp chamber.

❖ **en chambre** ◆ loc adj **1.** *hum* [stratège, athlète] armchair *(modif)* **2.** [à domicile] : *couturière en chambre* dressmaker working from home. ◆ loc adv [travailler] at ou from home.

La Chambre des députés

This was the official name for the French parliamentary assembly until 1946, when the name l'Assemblée nationale was adopted.

chambrée [ʃɑ̃bʀe] nf MIL [pièce] (barrack) room ; [soldats] ▸ **toute la chambrée** all the soldiers in the barrack room.

chambrer [3] [ʃɑ̃bʀe] vt **1.** ŒNOL to allow to breathe, to bring to room temperature **2.** *fam* [se moquer de] to pull sb's leg / *arrête de me chambrer!* stop pulling my leg!

chambrette [ʃɑ̃bʀɛt] nf small room.
chambrière [ʃɑ̃bʀijɛʀ] nf **1.** [servante] chambermaid **2.** [fouet] lunging whip **3.** [béquille] cart-prop.
chameau, x [ʃamo] nm **1.** ZOOL camel **2.** *fam & péj* ▸ **quel chameau! a)** [homme] he's a real swine! **b)** [femme] she's a real cow! / ***oh, le petit chameau!*** little tyke!
chamelier [ʃaməlje] nm camel driver.
chamelle [ʃamɛl] nf female camel.
chamito-sémitique [kamitɔsemitik] (*pl* **chamito-sémitiques**) ◆ adj Hamito-Semitic. ◆ nm LING Hamito-Semitic language group.
chamois [ʃamwa] ◆ nm **1.** ZOOL chamois **2.** SPORT *skiing proficiency grade* **3.** [couleur] buff, fawn. ◆ adj inv buff, fawn.
chamoisage [ʃamwazaʒ] nm buffing.
chamoiser [3] [ʃamwaze] vt to buff.
chamoisette [ʃamwazɛt] nf BELG duster.
chamoisine [ʃamwazin] nf shammy leather.
chamoniard, e [ʃamɔnjaʀ, aʀd] adj from Chamonix.
❖ **Chamoniard, e** nm, f *inhabitant or native of Chamonix.*
champ [ʃɑ̃] nm **1.** AGR field / ***champ de blé*** field of wheat / ***champ de maïs*** cornfield / ***mener les bêtes aux champs*** to graze a herd in the field ou fields / ***un champ de neige*** a snowfield, a field of snow **2.** [périmètre réservé] ▸ **champ d'aviation** airfield ▸ **champ de courses** racecourse ▸ **champ de foire** fairground ▸ **champ de tir a)** ARM [terrain] rifle range **b)** [portée d'une arme] field of fire **3.** [domaine, étendue] field, range ▸ **le champ de la psychanalyse / conscience** the field of psychoanalysis / consciousness / ***élargir le champ de ses activités*** to widen the range ou scope of one's activities ▸ **un vaste champ d'action** a broad field of activity ▸ **avoir le champ libre** to have a free hand ▸ **laisser le champ libre à qqn** to leave the field open for sb ▸ **avoir du champ devant soi** : ***il a du champ devant lui*** he's got an open field in front of him ▸ **prendre du champ a)** [pour observer] to step back **b)** [pour réfléchir] to stand back **c)** [pour sauter] to take a run-up **4.** CINÉ & PHOT ▸ **être dans le champ** to be in shot ▸ **sortir du champ** to go out of shot **5.** ÉLECTR & PHYS field ▸ **champ électrique / magnétique** electric / magnetic field ▸ **champ de pesanteur** gravitational field **6.** FOOT ▸ **champ (de jeu)** play area **7.** HÉRALD field **8.** INFORM ▸ **champ d'action** sensitivity ▸ **champ variable** variable field **9.** LING & MATH field **10.** MÉD field ▸ **champ opératoire / visuel** field of operation / view **11.** MIL ▸ **aux champs** general salute ▸ **champ de bataille a)** *pr* battlefield, battleground **b)** *fig* mess / ***la cuisine avait l'air d'un champ de bataille*** the kitchen looked like a bomb had hit it ▸ **champ clos** battleground ▸ **champ d'honneur** field of honour / ***il est mort au champ d'honneur*** he died for his country ▸ **champ de manœuvres** parade ground ▸ **champ de mines** minefield **12.** MYTH ▸ **les champs Élysées** ou **Élyséens** the Elysian Fields.
❖ **champs** nmpl [campagne] country, countryside ▸ **la vie aux champs** country life / ***se promener dans les champs*** to go for a walk in the country.
❖ **sur-le-champ** loc adv immediately, at once, right away.
champ' [ʃɑ̃p] nm *fam* champers.
champagne [ʃɑ̃paɲ] ◆ nm Champagne ▸ **champagne brut / rosé** extra dry / pink Champagne. ◆ adj inv **1.** [couleur] Champagne *(modif)* **2.** ŒNOL ⟶ **fine** *(nf).*
Champagne [ʃɑ̃paɲ] npr f ▸ **(la) Champagne** Champagne.
Champagne-Ardenne [ʃɑ̃paɲaʀdɛn] npr f ▸ **la Champagne-Ardenne** Champagne-Ardenne.

 **Champagne-Ardenne**

This administrative region includes the **départements** of Ardennes, Aube, Haute-Marne and Marne (capital: Châlons-en-Champagne).

champagnisation [ʃɑ̃paɲizasjɔ̃] nf sparkling wine production *(according to the Champagne method).*
champagniser [3] [ʃɑ̃paɲize] vt ▸ **champagniser du vin** to make sparkling wine *(by using the Champagne method)* ▸ **vins champagnisés** Champagne method wines.
Champ-de-Mars [ʃɑ̃dmaʀs] npr m ▸ **le Champ-de-Mars** *the esplanade where the Eiffel Tower stands.*
champenois, e [ʃɑ̃pənwa, az] adj from Champagne ▸ **méthode champenoise** Champagne method.
❖ **Champenois, e** nm, f *inhabitant of or person from the Champagne region.*
❖ **champenoise** nf *bottle designed for Champagne.*
champêtre [ʃɑ̃pɛtʀ] adj *litt* [vie, plaisirs, travaux] country *(modif)*, rustic.
champignon [ʃɑ̃piɲɔ̃] nm **1.** BOT & SCI fungus ; CULIN mushroom ▸ **champignon de Paris** ou **de couche** button mushroom ▸ **champignon hallucinogène** magic mushroom ▸ **grandir** ou **pousser comme un champignon a)** [enfant] to grow (up) fast **b)** [ville, installations] to mushroom **2.** MÉD ▸ **des champignons** a fungus, a fungal infection **3.** [nuage] ▸ **champignon (atomique)** mushroom cloud **4.** *fam* AUTO accelerator (pedal) ▸ **mettre le pied** ou **appuyer sur le champignon** to put one's foot down UK, to step on the gas US, to step on it.
champignonnière [ʃɑ̃piɲɔnjɛʀ] nf mushroom bed.
champignonniste [ʃɑ̃piɲɔnist] nmf mushroom grower.
champion, onne [ʃɑ̃pjɔ̃, ɔn] ◆ nm, f **1.** SPORT champion / ***le champion du monde d'aviron*** the world rowing champion / ***c'est un champion de la triche*** *fam* he's a first-rate ou prize cheat **2.** [défenseur] champion ▸ **se faire le champion de qqch** to champion sthg. ◆ adj *fam* : ***pour les bêtises, il est champion!*** he's a great one for getting up to stupid things! / ***c'est champion!*** it's terrific!
championnat [ʃɑ̃pjɔna] nm championship.
champlever [19] [ʃɑ̃lve] vt [gravure] to cut away *(in-sép)* ; [émail] to chase.
Champs-Élysées [ʃɑ̃zelize] npr mpl ▸ **les Champs-Élysées** the Champs-Elysées.
chançard, e [ʃɑ̃saʀ, aʀd] *fam* ◆ adj lucky, jammy UK. ◆ nm, f lucky dog ou devil, jammy devil UK.
chance [ʃɑ̃s] nf **1.** [aléa, hasard] luck ▸ **bonne chance!** good luck! ▸ **souhaiter bonne chance à qqn** to wish sb good luck **2.** [hasard favorable] (good) luck / ***c'est une chance que je sois arrivée à ce moment-là!*** it's a stroke of luck that I arrived then! / ***quelle chance j'ai eue!*** lucky me! ▸ **avoir de la / ne pas avoir de chance** to be lucky / unlucky / ***j'ai eu la chance de le rencontrer*** I was lucky ou fortunate enough to meet him / ***votre génération aura peut-être plus de chance que la nôtre*** your generation will perhaps have more luck than ours ▸ **tenter sa chance** to try one's luck / ***on pourrait lui donner encore une chance*** we could give him another chance ▸ **donner** ou **laisser sa chance à qqn** to give sb his chance ▸ **avoir une chance de cocu** *tfam* ou **de pendu** to have the luck of the devil ▸ **c'est la faute à pas de chance** *fam* it's just bad luck ▸ **pas de chance!** bad ou hard luck! **3.** *(toujours au sg)* [sort favorable] luck, (good) fortune ▸ **la chance lui sourit** luck favours him / ***la chance a voulu que sa lettre se soit égarée*** luckily his letter got lost ▸ **c'est ta dernière chance** it's your last chance / ***sa dernière chance de salut*** his last chance of salvation / ***négociations de la dernière chance*** last-ditch negotiations ▸ **jour de chance** lucky day ▸ **sa chance tourne** his luck is changing ▸ **porter chance** to bring (good) luck / ***son intransigeance ne lui a pas porté chance*** his intransigence has not brought him luck / ***pousser sa chance*** to push one's luck **4.** [éventualité, probabilité] chance / ***tu n'as pas une chance sur dix de réussir*** you haven't got a one-in-ten chance of succeeding / ***ce qu'il dit a toutes les chances d'être faux*** the chances are that what he is saying is wrong / ***quelles sont mes chances d'être nommé à ce poste?*** what are my chances of being appointed to this post? / ***il y a peu de chances qu'on te croie*** there's little chance (that) you'll be believed ▸ **son projet a de fortes** ou **grandes chances d'être adopté** his plan stands a good chance of being adopted / ***je cherche à évaluer mes chances de succès*** I'm trying to evaluate my chances of success / ***n'hésite pas, tu as tes chances*** don't hesitate, you've got ou you stand a chance / ***tu assisteras au débat? — il y a des chances*** *fam* will you be present at the debate? — maybe.
❖ **par chance** loc adv luckily, fortunately / ***par chance, le courant était coupé*** luckily the current was turned ou switched off.

⚠ Attention, ce mot ne se traduit pas toujours par **chance** en anglais. Voir article.

chancelant, e [ʃɑ̃slɑ̃, ɑ̃t] adj **1.** [vacillant - démarche, pas] unsteady, wobbling ; [- pile] tottering **2.** [faiblissant - santé] faltering, failing, fragile.
chanceler [24] [ʃɑ̃sle] vi **1.** [vaciller - personne] to totter, to wobble, to stagger ; [- pile d'objets] to be unsteady **2.** [faiblir - pouvoir, institution, autorité] to wobble, to totter ; [- santé] to be failing / ***les émeutes ont fait chanceler le pouvoir*** the riots rocked the government.
✐ In reformed spelling (see p. 16-19), this verb is conjugated like **peler**: ***il chancèlera, elle chancèlerait.***
chancelier, ère [ʃɑ̃səlje, ɛʀ] nm, f **1.** [d'ambassade] (embassy) chief secretary, chancellor UK ; [de consulat] first secretary **2.** POL [en Allemagne, en Autriche] chancellor ; [en Grande-Bretagne] ▸ **chancelier de l'Échiquier** Chancellor of the Exchequer **3.** HIST chancellor.
chancelière [ʃɑ̃səljɛʀ] nf **1.** [épouse] chancellor's wife **2.** [chausson] foot muff.
chancelle v ⟶ **chanceler.**
chancellerie [ʃɑ̃sɛlʀi] nf **1.** POL Ministry of Justice UK, Department of Justice US **2.** RELIG ▸ **chancellerie apostolique** Chancery.
chanceux, euse [ʃɑ̃sø, øz] ◆ adj lucky, fortunate, happy *litt.* ◆ nm, f lucky man (woman).
chancre [ʃɑ̃kʀ] nm **1.** MÉD chancre ▸ **chancre induré** ou **syphilitique** hard ou infective ou true chancre ▸ **chancre mou** chancroid, soft chancre **2.** BOT canker **3.** *litt* [fléau] plague.
chancrelle [ʃɑ̃kʀɛl] nf chancroid, soft chancre.
chandail [ʃɑ̃daj] nm pullover, sweater.
Chandeleur [ʃɑ̃dlœʀ] nf ▸ **la Chandeleur** Candlemas.
chandelier [ʃɑ̃dəlje] nm [à une branche] candlestick ; [à plusieurs branches] candelabrum, candelabra.

⚠ Le mot anglais **chandelier** signifie « lustre » et non chandelier.

chandelle [ʃɑ̃dɛl] nf **1.** [bougie] (tallow) candle ▸ **le jeu n'en vaut pas la chandelle** the game's not worth the candle ▸ **brûler la chandelle par les deux bouts** to burn the candle at both ends ▸ **devoir une fière chandelle à qqn** to be deeply indebted to sb, to owe sb a big favour UK ou favor US ▸ **tenir la chandelle** to play gooseberry UK **2.** [feu d'artifice] ▸ **chandelle romaine** Roman candle **3.** *fam* [morve] trickle of snot **4.** AÉRON chandelle ▸ **monter en chandelle** to chandelle **5.** RUGBY [tir] up-and-under ▸ **faire une chandelle** TENNIS to lob the ball **6.** [position de gymnastique] ▸ **faire la chandelle** to perform a shoulder stand **7.** CONSTR prop, stay.
❖ **aux chandelles** ◆ loc adj [dîner, repas] candlelit. ◆ loc adv [dîner] by candlelight.
chanfrein [ʃɑ̃fʀɛ̃] nm **1.** ZOOL snout, muzzle **2.** [pièce d'armure] chamfron, chamfrain **3.** ARCHIT chamfer, bevel edge.
chanfreiner [4] [ʃɑ̃fʀene] vt to chamfer, to bevel.
change [ʃɑ̃ʒ] nm **1.** FIN [transaction] exchange ; [taux] exchange rate / ***quel est le change?*** what's the rate of exchange ou the exchange rate ▸ **faire le change** to deal in foreign exchange / **'change (ouvert de 9 h à 11 h)'** 'bureau de change (open from 9 a.m. till 11 a.m.)' ▸ **donner le change à qqn** [le duper] to hoodwink sb, to

put sb off the track ▸ **gagner / perdre au change** **a)** *pr* to be better / worse off because of the exchange rate **b)** *fig* to come out a winner / loser on the deal / *je perds au change du point de vue salaire* I'm worse off as far as my pay goes **2.** [couche] ▸ **change complet** disposable nappy UK ou diaper US.

changeable [ʃɑ̃ʒabl] adj [caractère, ordre] changeable, alterable.

changeant, e [ʃɑ̃ʒɑ̃, ɑ̃t] adj **1.** [moiré] shot **2.** [inconstant - fortune] fickle, unpredictable ; [- humeur] fickle, volatile, shifting **3.** MÉTÉOR [temps] unsettled, changeable ▸ **un ciel changeant** changing skies.

changement [ʃɑ̃ʒmɑ̃] nm **1.** [substitution] change ▸ **changement de** change of ▸ **après le changement d'entraîneur / de régime** after the new trainer / regime came in ▸ **changement d'adresse** change of address ▸ **signaler son changement d'adresse** to give out one's new address ▸ **en cas de changement de domicile** in case of a change of address / **'changement de propriétaire'** 'under new ownership' **2.** [modification] change / *un changement très net s'est produit* there's been a definite change ▸ **apporter des changements à qqch** to alter sthg / *des changements sont intervenus* there have been changes / *comment va-t-il ? — pas de* ou *aucun changement* how is he? — stable ▸ **changement de** : *changement de température / temps* change in temperature / (the) weather ▸ **changement de cap** ou **de direction** change of course ▸ **changement de programme** **a)** TV change in the (published) schedule **b)** *fig* change of plan ou in the plans **3.** [évolution] ▸ **le changement** change / *pour le changement, votez Poblon !* for a new future, vote Poblon ! / *je voudrais bien un peu de changement* I'd like things to change a little / *quand les enfants seront partis, ça fera du changement* things will be different after the children have gone **4.** TRANSP change / *j'ai trois changements / je n'ai pas de changement pour aller chez elle* I have to change three times / I don't have to change to get to her place ; [lieu] : *le changement est au bout du quai* change (lines) at the end of the platform **5.** THÉÂTRE ▸ **changement à vue** set change in full view of the audience ▸ **changement de décor** *pr* scene change ou shift / *avoir besoin d'un changement de décor* *fig* to be in need of a change of horizon **6.** SPORT ▸ **changement de joueurs** change of players, changeover ▸ **changement de balles !** TENNIS new balls ! **7.** AUTO ▸ **changement de vitesse** **a)** [levier] gear lever UK gear stick UK gear shift US **b)** [en voiture] gear change ou shift **c)** [en vélo] gear change.

changer [17] [ʃɑ̃ʒe] ◆ vt *(aux avoir)* **1.** [modifier - apparence, règlement, caractère] to change, to alter ; [- testament] to alter / *je désire faire changer l'ordre du jour de la réunion* I would like to propose some changes to the agenda of today's meeting / *on ne le changera pas* he'll never change / *cette coupe la change vraiment* that haircut makes her look really different / *mais ça change tout !* ah, that makes a big difference ! ▸ **ça ne change rien** it makes no difference ou odds UK / *qu'est-ce que ça change ?* what difference does it make ? / *je n'ai pas changé un mot à ton texte* I didn't alter a single ou one word of your text / *il ne veut rien changer à ses habitudes* he won't alter his ways one jot ou iota ▸ **changer les règles du jeu** **a)** *pr* to alter the rules of the game **b)** *fig* to move the goalposts, to change the rules **2.** [remplacer - installation, personnel] to change, to replace ; [- roue, ampoule, drap, etc.] to change / *ne change pas les assiettes* don't lay new plates / *j'ai fait changer les freins* I had new brakes put in / *on change les balles tous les six jeux* new balls are used every sixth game ▸ **changer l'eau d'un vase** to change the water in a vase / *le directeur a été changé* there's been a change of manager ▸ **changer le décor** THÉÂTRE to shift the set **3.** FIN [en devises, en petite monnaie] to change ▸ **changer de l'argent** to change money / *changer un billet pour avoir de la monnaie* to change a note in order to get small change / *changer des dollars en euros* to change dollars into euros **4.** [troquer] ▸ **changer qqch pour qqch** to change sthg for sthg ; *(en usage absolu)* : *j'aime mieux ton écharpe, on change ?* I like your scarf better, shall we swap? / *je ne voudrais pas changer avec elle* *fam* I'd hate to be in her shoes **5.** [transformer] ▸ **changer qqch en qqch** to turn sthg into sthg / *elle a changé le prince en grenouille* she changed the prince into a frog ▸ **je veux bien être changé en pierre si...** I'll eat my hat if... **6.** [transférer] ▸ **changer qqch de place** to move sthg / *changer une cassette de face* to turn a cassette over ▸ **changer qqn de poste / service** to transfer sb to a new post / department ▸ **changer son fusil d'épaule** to have a change of heart **7.** *fam* [désaccoutumer] : *pars en vacances, ça te changera un peu* you should go away somewhere, it'll be a change for you / *mets-toi en jupe, ça te changerait* wear a skirt, it'd make a change for you / *enfin un bon spectacle, ça nous change des inepties habituelles !* a good show at last, that makes a change from the usual nonsense ! / *viens, ça te changera les idées* come along, it'll take your mind off things / *je broie du noir, il faut que je sorte pour me changer les idées* I'm brooding, I must get out for a bit of a change of scene **8.** [bébé] to change ▸ **changer un malade** to put fresh clothes on a sick person. ◆ vi *(aux avoir)* **1.** [se modifier - personne, temps, tarif, etc.] to change / *sa personnalité a changé* he's become different / *tu n'as pas changé* you've not changed, you're still the same / *les horaires de train vont changer* there's going to be a new train timetable / *le corps change à ton âge* at your age, bodily ou physical changes occur ▸ **changer en bien / mal** to change for the better / worse ▸ **plus ça change, plus c'est la même chose** *fam* the more things change the more they stay the same **2.** TRANSP [de métro, de train] to change **3.** [être remplacé] to change / *le président change tous les trois ans* there's a change of chairperson every three years. ◆ vi *(aux être)* [malade, personnalité] to change / *il est bien changé depuis son accident* he's changed a lot since his accident.

❖ **changer de** v + prép ▸ **changer d'adresse** **a)** [personne] to move to a new address **b)** [commerce] to move to new premises ▸ **changer de nom / nationalité** to change one's name / nationality / *changer de rouge à lèvres* to switch lipsticks, to use a different lipstick ▸ **changer de fournisseur** to use a different dealer ▸ **changer de partenaire** [en dansant, dans un couple] to change partners ▸ **changer de chaussettes** to change one's socks ▸ **changer de vêtements** to get changed ▸ **changer de coiffure** to get a new hairstyle ▸ **changer de style** to adopt a new style ▸ **changer de chaîne** **a)** [une fois] to change channels **b)** [constamment] to zap / *je dois changer d'avion à Athènes* I have to get a connecting flight in Athens ▸ **changer de comportement** to alter one's behaviour UK ou behavior US ▸ **changer de vie** to embark on a new life ▸ **changer d'avis** ou **d'idée** to change one's mind / *elle m'a fait changer d'avis* she changed ou made me change my mind / *tu vas changer de ton, dis !* don't take that tone with me ! ▸ **changer de direction** **a)** [gén] to change direction **b)** [vent] to change ▸ **changer de place** to move ▸ **changez de côté** **a)** [au tennis, au ping-pong] change ou switch sides **b)** [dans un lit] turn over ▸ **changer d'aspect** to begin to look different ▸ **changer de forme** to change shape / *en chauffant, la sauce change de consistance* as it heats up, the sauce changes its consistency / *le courant a changé d'intensité* the intensity of the current has changed ▸ **changer de vitesse** AUTO to change gear ▸ **changer d'air** to have a break ▸ **changer de décor** THÉÂTRE to change the set / *j'ai besoin de changer de décor* I need a change of scenery ▸ **changer d'avis comme de chemise** to keep changing one's mind ▸ **changer de cap** *pr & fig* to change course ▸ **changer de crémerie** *fam* to take one's custom ou business elsewhere ▸ **change de disque !** *fam* put another record on !

❖ **se changer** vp *(emploi réfléchi)* [s'habiller] to get changed.

❖ **se changer en** vp + prép to change ou to turn into / *la grenouille se changea en princesse* the frog turned into a princess.

❖ **pour changer** loc adv for a change.

❖ **pour ne pas changer** loc adv as usual / *et toi, tu ne fais rien, pour ne pas changer !* and you do nothing, as usual !

changeur [ʃɑ̃ʒœʀ] nm **1.** [personne] money changer **2.** [dispositif] ▸ **changeur de billets** change machine ▸ **changeur de disques** record changer ▸ **changeur de monnaie** money changer.

channe [ʃan] nf SUISSE pewter jug.

chanoine [ʃanwan] nm canon.

chanoinesse [ʃanwanɛs] nf canoness.

chanson [ʃɑ̃sɔ̃] nf **1.** MUS song / *mettre un texte en chanson* to set a text to music ; *fig* ▸ **c'est toujours la même chanson** it's always the same old story ▸ **ça va, on connaît la chanson** enough of that, we've heard it all before ▸ **ça, c'est une autre chanson** that's another story ▸ **chanson d'amour / populaire** love / popular song ▸ **chanson à boire** drinking song ▸ **chanson enfantine** children's song, nursery rhyme ▸ **chanson de marins** shanty UK chantey US **2.** LITTÉR ▸ **chanson de geste** chanson de geste, epic poem / **'la Chanson de Roland'** 'The Song of Roland'.

chansonnette [ʃɑ̃sɔnɛt] nf ditty, simple song.

chansonnier, ère [ʃɑ̃sɔnje, ɛʀ] nm, f *satirical cabaret singer or entertainer.*

❖ **chansonnier** nm **1.** *vieilli* songwriter **2.** [recueil] songbook.

chant [ʃɑ̃] nm **1.** [chanson] song ; [mélodie] melody ▸ **chant grégorien** Gregorian chant ▸ **chant de guerre** battle hymn ▸ **chant de Noël** Christmas carol ▸ **chant nuptial** wedding song ▸ **son chant du cygne** his swan song ▸ **écouter le chant des sirènes** to listen to the siren's ou mermaid's song / **'le Chant du départ'** *French revolutionary song written by Méhul* **2.** [action de chanter] singing **3.** [art de chanter] singing ▸ **apprendre le chant** to learn singing / *prendre des leçons de chant* to take singing lessons **4.** [sons - d'un oiseau] singing, chirping ; [- d'une cigale] chirping ; [- d'un coq] crowing ▸ **le chant des vagues / de la source** *litt* the song of the waves / of the spring **5.** [forme poétique] ode, lyric ; [division dans un poème] canto **6.** CONSTR edge ▸ **posés de chant** ou **sur chant** set edgewise ou on edge.

❖ **au chant du coq** loc adv at cockcrow.

chantage [ʃɑ̃taʒ] nm blackmail ▸ **faire du chantage à qqn** to blackmail sb.

chantant, e [ʃɑ̃tɑ̃, ɑ̃t] adj **1.** [langue] musical ; [voix, accent] lilting **2.** [aisément retenu - air] tuneful / *un opéra très chantant* an opera full of easily remembered tunes.

chanter [3] [ʃɑ̃te] ◆ vi **1.** [personne] to sing ▸ **chanter juste / faux** to sing in tune / out of tune / *elle chantait accompagnée à la guitare* she was singing to the accompaniment of a guitar ▸ **chanter à tue-tête** to sing one's head off ▸ **c'est comme si tu chantais** *fam* it's like talking to a brick wall, you're wasting your breath / **'Chantons sous la pluie'** *Donen* 'Singin' in the Rain' **2.** [oiseau] to sing, to chirp ; [cigale] to chirp ; [coq] to crow ▸ **écouter chanter les oiseaux** to listen to the birds singing ; *litt* [rivière, mer] to murmur ; [bouilloire] whistle **3.** [être mélodieux - accent, voix] to lilt / *avoir une voix qui chante* to have a singsong voice **4.** EXPR ▸ **faire chanter qqn** to blackmail sb ▸ **si ça te chante** if you fancy it / *viens quand ça te chante* come whenever you feel like it ou whenever the mood takes you / *ça te chante d'aller au concert ?* how do you fancy (going to) a concert? ◆ vt **1.** MUS [chanson, messe] to sing / *qu'est-ce que tu me chantes là* *fig* what are you talking about ? **2.** [célébrer] to sing (of) / *chanter les exploits d'un héros* to sing (of) a hero's exploits ▸ **chanter victoire** to crow (over one's victory) ▸ **chanter les louanges de qqn** to sing sb's praises.

chanterelle [ʃɑ̃tʀɛl] nf **1.** BOT chanterelle **2.** MUS E-string **3.** CHASSE decoy (bird).

chanteur, euse [ʃɑ̃tœʀ, øz] ◆ nm, f singer ▸ **chanteur de charme** crooner ▸ **chanteur folk** folk singer ▸ **chanteur de rock** rock singer ▸ **chanteur des rues** street singer. ◆ adj ▸ **oiseau chanteur** songbird.

chantier [ʃɑ̃tje] nm **1.** [entrepôt] yard, depot **2.** [terrain] (working) site / *sur le chantier* on the site **3.** CONSTR ▸ **chantier (de construction)** building site ▸ **chantier de démolition** demolition site ou area **4.** TRAV PUB roadworks UK roadwork US **5.** NAUT ▸ **chantier naval** shipyard **6.** *fam* [désordre] mess, sham-

bles / *ta chambre, c'est un vrai chantier* your bedroom is a total shambles ou looks like a bomb's hit it.
◆ **en chantier** ◆ loc adj : *la maison est en chantier* they're still doing ou fixing US up the house. ◆ loc adv : *il a plusieurs livres en chantier* he has several books on the stocks ou in the pipeline / *mettre un ouvrage en chantier* to get a project started.

chantilly [ʃɑ̃tiji] ◆ adj inv ⟶ **crème.** ◆ nf inv whipped cream Chantilly.

chantonnement [ʃɑ̃tɔnmɑ̃] nm humming, crooning.

chantonner [3] [ʃɑ̃tɔne] vt & vi to hum, to croon, to sing softly.

chantoung [ʃɑ̃tuŋ] = **shantung.**

chantournement [ʃɑ̃tuʀnəmɑ̃] nm jigsawing.

chantourner [3] [ʃɑ̃tuʀne] vt to jigsaw.

chantre [ʃɑ̃tʀ] nm **1.** RELIG cantor ▸ **grand chantre** precentor **2.** *litt* ▸ **le chantre de** the eulogist of ou apologist for.

chanvre [ʃɑ̃vʀ] nm BOT & TEXT hemp ▸ **chanvre de Manille** abaca, Manila hemp ▸ **chanvre indien a)** BOT Indian hemp **b)** [drogue] marijuana.

chanvrier, ère [ʃɑ̃vʀije, ɛʀ] ◆ adj hemp, hempen, hemplike. ◆ nm, f **1.** [cultivateur] hemp grower **2.** [ouvrier] hemp dresser.

chaos [kao] nm **1.** [confusion] chaos / *un chaos de ruines* a tangled heap of ruins **2.** RELIG ▸ **le Chaos** Chaos.

chaotique [kaɔtik] adj chaotic.

chap. (abr écrite de **chapitre**) ch.

chapardage [ʃapaʀdaʒ] nm *fam* petty theft / *des chapardages répétés* pilfering *(U).*

chaparder [3] [ʃapaʀde] vt *fam* to pinch, to swipe / *il s'est fait chaparder sa montre* he had his watch pinched ou nicked UK / *on chapardait des fruits à l'étalage* we used to pinch fruit from shops.

chapardeur, euse [ʃapaʀdœʀ, øz] *fam* ◆ adj inclined to (petty) theft. ◆ nm, f (casual) thief / *un chapardeur invétéré* a habitual pilferer.

chape [ʃap] nf **1.** RELIG [de prêtre] cope **2.** CONSTR screed ▸ **comme une chape de plomb** like a lead weight **3.** [d'un pneu] tread **4.** [d'une poulie] shell.

chapeau, x [ʃapo] nm **1.** [couvre-chef] hat ▸ **chapeau claque** opera hat ▸ **chapeau cloche** cloche (hat) ▸ **chapeau de cow-boy** cowboy hat ▸ **chapeau de feutre** felt hat ▸ **chapeau haut-de-forme** top hat ▸ **chapeau melon** bowler ou derby US (hat) ▸ **chapeau mou** trilby UK, fedora US ▸ **chapeau de paille** straw hat ▸ **chapeau de soleil** sunhat ▸ **mettre** ou **porter la main au chapeau** to raise one's hat ▸ **porter le chapeau** to carry the can UK, to take the rap US ▸ **faire porter le chapeau à qqn** to force sb to carry the can UK, to leave sb holding the bag US ▸ **tirer son chapeau à qqn** to take one's hat off to sb ▸ **saluer qqn chapeau bas** to doff one's hat to sb / *je te dis chapeau!* I'll take my hat off to you!, well done!, bravo! **2.** [d'un champignon] cap **3.** [de texte, d'article] introductory paragraph ; RADIO & TV introduction **4.** [d'un tuyau de cheminée] cowl.
◆ **sur les chapeaux de roue** loc adv : *prendre un virage sur les chapeaux de roue* to take a turning on two wheels ▸ **démarrer sur les chapeaux de roue a)** *pr* to shoot off **b)** [film, réception, relation] to get off to a great start.
◆ **chapeau chinois** nm **1.** MUS crescent **2.** ZOOL limpet.

chapeauté, e [ʃapote] adj : *femme bien gantée et bien chapeautée* a woman with nice gloves and a nice hat on.

chapeauter [3] [ʃapote] vt **1.** *fam* [superviser] to oversee, to supervise / *il a décidé de faire chapeauter les deux services par un secrétaire général* he decided to put both departments under the control of a general secretary **2.** [article, texte] to write an introductory piece for.

chapelain [ʃaplɛ̃] nm chaplain.

chapelet [ʃaplɛ] nm **1.** RELIG [collier] rosary, beads ; [prières] rosary ▸ **réciter** ou **dire son chapelet** to tell one's beads ▸ **débiter** ou **dévider son chapelet** *fam* to tell all **2.** [d'îles, de saucisses] string ; [d'insultes] string, stream ▸ **un chapelet de bombes** a stick of bombs.

chapelier, ère [ʃapəlje, ɛʀ] ◆ adj [commerce, industrie] hat *(modif).* ◆ nm, f hatter.

chapelle [ʃapɛl] nf **1.** RELIG chapel ▸ **chapelle ardente** chapel of rest / *transformer une salle en chapelle ardente* to turn a room into a temporary mortuary **2.** [cercle] clique, coterie.

chapellerie [ʃapɛlʀi] nf **1.** [commerce] hat trade **2.** [industrie] hat ou hat-making industry.

chapelure [ʃaplyʀ] nf breadcrumbs ▸ **passer qqch dans la chapelure** to coat sthg with breadcrumbs.

chaperon [ʃapʀɔ̃] nm **1.** [surveillant] chaperon, chaperone ▸ **servir de chaperon à qqn** to chaperon ou to chaperone sb **2.** CONSTR [d'un mur] coping **3.** LITTÉR / **'le Petit Chaperon rouge'** *Perrault* 'Little Red Riding Hood'.

chaperonner [3] [ʃapʀɔne] vt **1.** [jeune fille, groupe] to chaperon, to chaperone **2.** CONSTR to cope.

chapiteau, x [ʃapito] nm **1.** ARCHIT capital, chapiter **2.** [cirque] big top / *nous vous accueillons ce soir sous le plus grand chapiteau du monde* we welcome you tonight under the world's biggest top **3.** [d'un alambic] head.

chapitral, e, aux [ʃapitʀal, o] adj [assemblée, délibération] capitular.

chapitre [ʃapitʀ] nm **1.** [d'un livre] chapter **2.** FIN [d'un budget] item **3.** [question] matter, subject / *il est exigeant sur le chapitre des vins* he's hard to please in the matter of ou as regards wines / *tu as raison, au moins sur un chapitre* you're right, at least on one score **4.** RELIG [assemblée] chapter ; [lieu] chapterhouse.

chapitrer [3] [ʃapitʀe] vt [sermonner] to lecture ; [tancer] to admonish / *je l'ai dûment chapitré sur ses responsabilités* I gave him the appropriate lecture about his responsibilities ▸ **se faire chapitrer par qqn** to be ou get told off by sb.

chapka [ʃapka] nf shapka *(round brimless fur hat worn in Russia).*

chapon [ʃapɔ̃] nm capon.

chaponner [3] [ʃapɔne] vt to caponize.

chaptalisation [ʃaptalizasjɔ̃] nf chaptalization, chaptalizing.

chaptaliser [3] [ʃaptalize] vt to chaptalize.

chaque [ʃak] dét *(adj indéf)* **1.** [dans un groupe, une série] each, every / *chaque enfant a reçu un livre* each ou every child received a book ▸ **à chaque pas** at every ou each step ▸ **chaque hiver** every ou each winter / *la distance est de trois mètres entre chaque poteau* there is a distance of three metres between each pole / *je pense à elle à chaque instant* I think about her all the time / *chaque chose en son temps!* all in good time! ▸ **à chaque jour suffit sa peine** *prov* sufficient unto the day (is the evil thereof) **2.** [chacun] each / *on a gagné 200 euros chaque au Loto* we won 200 euros each on the lottery / *les CD sont vendus 15 euros chaque* CDs are sold at 15 euros each ou a piece.

char [ʃaʀ] nm **1.** MIL tank ▸ **char d'assaut** ou **de combat** tank / *fait comme un char d'assaut* built like a tank **2.** LOISIRS float ▸ **char à voile** sand yacht / *faire du char à voile* to go sand yachting **3.** [voiture] ▸ **char à bancs** *open wagon with seats for passengers* ▸ **char à bœufs** ox cart ▸ **char funèbre** hearse **4.** ANTIQ chariot ▸ **le char de l'État** the ship of State **5.** QUÉBEC *fam* car **6.** *tfam* = **charre.**

charabia [ʃaʀabja] nm gobbledegook, gibberish.

charade [ʃaʀad] nf **1.** [devinette] riddle **2.** [mime] (game of) charades.

charançon [ʃaʀɑ̃sɔ̃] nm weevil, snout beetle ▸ **charançon du blé / de la vigne** grain / vine weevil.

charançonné, e [ʃaʀɑ̃sɔne] adj weevilled, weevily.

charbon [ʃaʀbɔ̃] nm **1.** MIN coal / *le rôti n'est plus qu'un morceau de charbon* the roast is burnt to a cinder / *se passer le visage au charbon* to black one's face ▸ **charbon actif** activated charcoal ▸ **charbon aggloméré** briquette ▸ **charbon de bois** charcoal ▸ **aller au charbon** *fam* to do one's bit ▸ **être** ou **marcher sur des charbons ardents** to be on tenterhooks, to be like a cat on hot bricks UK ou a hot tin roof US **2.** ART [crayon] charcoal (pencil) ; [croquis] charcoal drawing **3.** [maladie - chez l'animal, chez l'homme] anthrax ; [- des céréales] smut, black rust **4.** PHARM charcoal ▸ **charbon actif** ou **activé** active ou activated carbon, activated charcoal **5.** ÉLECTR carbon.

charbonnages [ʃaʀbɔnaʒ] nmpl coalmines, collieries UK / *les Charbonnages de France* the French Coal Board.

charbonner [3] [ʃaʀbɔne] ◆ vt **1.** ART [croquis, dessin] to (draw with) charcoal **2.** [noircir - visage] to charcoal. ◆ vi **1.** [mèche] to char **2.** NAUT to bunker, to coal.

charbonneux, euse [ʃaʀbɔnø, øz] adj **1.** [noir] coal-black, coal-like **2.** [souillé] sooty black ▸ **avoir les yeux charbonneux** *péj* to use heavy black eye makeup **3.** [brûlé] charred **4.** MÉD anthracoid **5.** BOT smutty.

charbonnier, ère [ʃaʀbɔnje, ɛʀ] ◆ adj [commerce, industrie] coal *(modif)* ▸ **navire charbonnier** coaler, collier. ◆ nm, f [vendeur] coaler, coalman ; [fabricant de charbon de bois] charcoal-burner ▸ **charbonnier est maître dans sa maison** ou **chez soi** *prov* an Englishman's UK ou a man's US home is his castle *prov.*
◆ **charbonnier** nm NAUT coaler, collier.
◆ **charbonnière** nf **1.** [lieu] charcoal kiln ou stack **2.** BELG [seau à charbon] coal bucket **3.** ORNITH great tit.

charcutage [ʃaʀkytaʒ] nm *fam & péj* [opération chirurgicale] butchering ; [travail mal fait] hacking about ▸ **charcutage électoral** gerrymandering ▸ **faire du charcutage électoral** to gerrymander.

charcuter [3] [ʃaʀkyte] vt *fam & péj* **1.** [opérer] to butcher, to hack about / *se faire charcuter* to be hacked about **2.** [couper - volaille, texte] to hack to pieces ou about.
◆ **se charcuter** vp *(emploi réfléchi) fam* : *je me suis charcutée en essayant de m'enlever l'écharde* I made a real mess of my finger trying to get the splinter out / *je me suis charcuté un doigt / le pied* I mangled one of my fingers / my foot.

charcuterie [ʃaʀkytʀi] nf **1.** [magasin] delicatessen **2.** [produits] cooked meats **3.** [fabrication] cooked meats trade.

Charcuterie
A charcuterie sells mainly food prepared with pork: sausages, pâtés, ham, etc., also known collectively as **charcuterie**. Ready-prepared dishes to take away are usually also sold.

charcutier, ère [ʃaʀkytje, ɛʀ] nm, f **1.** [commerçant] pork butcher ▸ **chez votre charcutier habituel** ≃ at your local delicatessen **2.** *fam & péj* [chirurgien] butcher.

chardon [ʃaʀdɔ̃] nm **1.** BOT thistle **2.** [sur un mur] spike.

chardon(n)ay [ʃaʀdɔnɛ] nm Chardonay ou Chardonnay (wine).

chardonneret [ʃaʀdɔnʀɛ] nm goldfinch.

charentais, e [ʃaʀɑ̃tɛ, ɛz] adj from the Charente.
◆ **Charentais, e** nm, f *inhabitant of or person from the Charente.*
◆ **charentaises** nfpl [pantoufles] slippers *(traditionally symbolising old-fashioned and home-loving attitudes in France).*

Charente [ʃaʀɑ̃t] npr f ▸ **(la) Charente** the Charente (region).

Charenton [ʃaʀɑ̃tɔ̃] npr *suburb of Paris, with a famous psychiatric hospital.*

charge [ʃaʀʒ] nf **1.** [cargaison - d'un animal] burden ; [- d'un camion] load ; [- d'un navire] cargo, freight / *plier sous une lourde charge* to be weighed down by a heavy burden / *camion en pleine charge* fully laden lorry ▸ **charge utile** capacity load, payload ▸ **charge à vide** empty weight **2.** [poussée] load **3.** [gêne] burden, weight *fig* / *c'est une telle charge pour nous* it's such a burden to us **4.** [responsabilité] responsibility / *à qui revient la charge de le faire?* who has ou carries the responsibility for doing it? / *toutes les réparations sont à sa charge* he will pay for the repair work, all the repair work will be done at his cost / *à charge pour toi d'apporter le vin* you'll be responsible for bringing ou it'll be up to you to bring the wine ▸ **avoir charge d'âmes a)** [prêtre] to have the care of souls **b)** [parent] to have lives in one's care ▸ **prendre en charge** : *nous prenons tous les frais médicaux en charge* we pay for ou take care of all medical expenses / *les frais d'hébergement sont pris en charge par l'entreprise* accommodation is paid for by the company / *elle a pris son neveu en charge* she took on responsibility for her nephew / *à ton âge, tu dois te prendre en charge* at your age, you should take responsibility for yourself ou you should be able to look after yourself ▸ **avoir qqn à (sa) charge a)** [gén] to be responsible for supporting sb **b)** ADMIN to have sb as a dependant ▸ **enfants à charge** dependent children / *ses enfants sont encore à sa charge* his children are still his dependants ▸ **prendre des frais** / **un orphelin à sa charge** to take on the expenditure / an orphan **5.** ADMIN [fonction] office ▸ **charge élective** elective office ▸ **charge de notaire** notary's office **6.** ARM charge / *il a reçu toute la charge dans la poitrine* his chest took the full impact of the blast ▸ **charge creuse** hollow charge ▸ **charge d'explosifs** explosive charge **7.** ÉLECTR : *mettre une batterie en charge* to charge a battery ▸ **charge électrique** electric charge ▸ **charge négative** / **positive** negative / positive charge **8.** PSYCHOL ▸ **charge affective** ou **émotionnelle** emotional charge **9.** DR [présomption] charge, accusation / *de très lourdes charges pèsent contre lui* there are very serious charges hanging over him **10.** [satire] caricature **11.** MIL [assaut] charge / *donner la charge* to charge / *sonner la charge* to sound the charge / *reculer devant une charge de police* to retreat under a police charge ▸ **retourner** ou **revenir à la charge a)** *pr* to mount a fresh attack **b)** *fig* to go back onto the offensive / *je t'ai déjà dit non, ne reviens pas à la charge!* I've already said no, don't keep on at me!

❖ **charges** nfpl [frais] costs ▸ **charges comprises** [loyer] including service charges / *salaire charges comprises* gross salary ▸ **charges de famille** dependants ▸ **charges financières** financial costs ou expenses ▸ **charges d'exploitation** operating charges ou expenses ▸ **charges directes** direct costs ▸ **charges (locatives)** maintenance charges ▸ **charges patronales** employers' contributions ▸ **charges salariales** wage costs ▸ **charges sociales** social security contributions.

❖ **à charge de** loc prép : *j'accepte, à charge de revanche* I accept, provided you'll let me do the same for you ▸ **à charge de preuve** pending production of proof.

Charges

Householders and tenants in blocks of flats are required to pay **charges**, a monthly sum for the general upkeep of the building. In estate agencies, rent is expressed either including this sum (**charges comprises** or **cc**) or excluding it (**hors charges**, **charges en sus**, or **plus charges**). Sometimes, the charges include heating costs.

chargé, e [ʃaʀʒe] adj **1.** [occupé -journée] busy, full **2.** [alourdi] intricate ▸ **tissu** / **motif trop chargé** over-elaborate material / pattern **3.** *fig* : *avoir la conscience chargée* to have a guilty conscience / *un gangster au passé chargé* a gangster with a past / *il a un casier judiciaire chargé* he has a long (criminal) record **4.** MÉD ▸ **estomac chargé** overloaded stomach ▸ **avoir la langue chargée** to have a furred tongue.

❖ **chargé** nm [responsable] ▸ **chargé d'affaires** chargé d'affaires ▸ **chargé de cours** ≃ part-time lecturer ▸ **chargé de famille** person supporting a family ▸ **chargé de mission** ≃ (official) representative.

chargement [ʃaʀʒəmɑ̃] nm **1.** [marchandises -gén] load ; [-d'un navire] cargo, freight **2.** [fait de charger -un navire, un camion] loading ; [-une chaudière] stoking ; [-une arme] loading ▸ **à chargement automatique** self-loading **3.** ÉLECTR charging (up).

charger [17] [ʃaʀʒe] vt **1.** [mettre un poids sur] to load ▸ **charger une voiture** to load a car / *tes livres chargent un peu trop l'étagère* the shelf is overloaded with your books ▸ **être chargé** to be loaded / *il est entré, les bras chargés de cadeaux* he came in loaded down with presents / *les arbres sont chargés de fruits* the trees are loaded down ou groaning with fruit ▸ **être chargé comme une bête** ou **un âne** ou **un baudet** to be weighed down **2.** [prendre en charge -suj: taxi] to pick up *(sép)* **3.** [alourdir, encombrer] to overload / *les notes dont il charge les marges de ses cahiers* the notes that fill the margins of his notepads / *ces meubles chargent trop la pièce* this furniture makes the room look (too) cluttered ▸ **charger qqn de** to overload sb with / *charger sa mémoire de détails* to overload one's memory with details **4.** [arme, caméra, magnétoscope] to load (up) ; ÉLECTR to charge (up) **5.** [d'une responsabilité] ▸ **charger qqn de qqch** to put sb in charge of sthg / *on l'a chargé d'un cours à l'université* he was assigned to teach ou given a class at the university / *je vous charge d'un travail important* I'm giving you ou entrusting you with an important job / *il m'a chargé de vous transmettre un message* he asked me to give you a message **6.** [amplifier] to inflate, to put up *(sép)* **7.** [exagérer -portrait] to overdo / *ne charge pas ainsi ton rôle, joue plus en finesse* don't overact, be more subtle / *elle n'est pas si idiote, tu charges un peu la description!* she's not that stupid, you're overdoing it a bit! **8.** [incriminer] ▸ **charger qqn** to make sb appear guiltier / *certains témoins ont essayé de le charger au maximum* some witnesses tried to strengthen the prosecution's case against him **9.** [attaquer] to charge (at) ▸ **chargez!** charge! / *la police n'a pas chargé (les manifestants)* the police didn't charge (at the demonstrators).

❖ **se charger de** vp + prép **1.** [obj: responsabilité] to take on, to take care of / *je me charge de le prévenir* I'll make sure to let him know / *je me charge de tout* I'll take care of everything / *je me charge de lui remettre votre lettre* I'll see to it personally that he gets your letter / *qui va se charger du travail?* who's going to take the job on? **2.** [obj: élève, invité] to take care of, to look after / *quant à lui, je m'en charge personnellement* I'll personally take good care of him.

chargeur [ʃaʀʒœʀ] nm **1.** PHOT magazine **2.** ARM cartridge clip **3.** ÉLECTR charger **4.** [ouvrier] loader **5.** NAUT shipper.

chargeuse [ʃaʀʒøz] nf **1.** [distributrice] distributor **2.** MIN loading machine **3.** MÉTALL charging ou loading machine.

charia [ʃaʀja] nf RELIG sharia, sheria.

chariot, charriot* [ʃaʀjo] nm **1.** [véhicule -gén] wagon, waggon UK ; [-à bagages] trolley UK, cart US ; [-dans un supermarché] trolley UK, cart US ▸ **chariot élévateur** fork-lift truck ▸ **chariot élévateur à fourche** fork-lift truck **2.** ASTRON ▸ **le Grand Chariot** the Great Bear UK, the Big Dipper US ▸ **le Petit Chariot** the Little Bear UK ou Dipper US **3.** [de machine à écrire] carriage **4.** CINÉ & TV dolly.

charioter, charrioter* [3] [ʃaʀjɔte] vt to turn on a lathe.

charismatique [kaʀismatik] adj **1.** RELIG charismatic **2.** [séduisant] charismatic ▸ **être charismatique** to have charisma.

charisme [kaʀism] nm **1.** RELIG charisma, charism **2.** [influence] charisma.

charitable [ʃaʀitabl] adj **1.** [généreux] charitable ▸ **se montrer charitable envers qqn** to be charitable ou to exercise charity towards sb / *avis* ou *conseil charitable iron* so-called friendly bit of advice **2.** [association, mouvement] charitable, charity *(modif)*.

charitablement [ʃaʀitabləmɑ̃] adv charitably, generously / *je lui ai charitablement conseillé d'abandonner le chant hum* I advised her in the kindest possible way to give up singing.

charité [ʃaʀite] nf **1.** [altruisme] charity, love / *aurais-tu la charité de leur rendre visite?* would you be kind enough to pay them a visit? ▸ **charité bien ordonnée commence par soi-même** *prov* charity begins at home *prov* **2.** [aumône] charity ▸ **demander la charité** to beg (for charity) ▸ **faire la charité (à)** to give alms *vieilli* ou a handout (to) / *je n'ai nul besoin qu'on me fasse la charité fig* I don't need anybody's help, I'll manage on my own / *la charité, s'il vous plaît!* can you spare some change, please?

❖ **de charité** loc adj ▸ **fête de charité** benefit event ▸ **œuvres de charité** charities ▸ **vente de charité** charity sale.

charivari [ʃaʀivaʀi] nm hurly-burly, hullabaloo.

charlatan [ʃaʀlatɑ̃] nm *péj* charlatan.

charlatanerie [ʃaʀlatanʀi] nf *péj* = **charlatanisme.**

charlatanesque [ʃaʀlatanɛsk] adj *péj* **1.** [guérisseur] quackish **2.** [imposteur] phoney, bogus.

charlatanisme [ʃaʀlatanism] nm *péj* **1.** [d'un guérisseur] quackery **2.** [d'un imposteur] charlatanism.

Charlemagne [ʃaʀləmaɲ] npr Charlemagne.

Charleroi [ʃaʀləʀwa] npr Charleroi.

Charles [ʃaʀl] npr ▸ **Charles Martel** Charles Martel ▸ **Charles Quint** Charles V, Charles the Fifth ▸ **Charles le Téméraire** Charles the Bold.

charleston [ʃaʀlɛstɔn] nm charleston.

charlot [ʃaʀlo] nm *fam* clown, joker ▸ **jouer les charlots** to fool around.

Charlot [ʃaʀlo] npr CINÉ Charlie Chaplin.

charlotte [ʃaʀlɔt] nf CULIN charlotte ▸ **charlotte aux pommes** apple charlotte.

charmant, e [ʃaʀmɑ̃, ɑ̃t] adj charming, engaging, delightful / *nous étions en charmante compagnie* we were in delightful company / *vous avez eu là une charmante attention* how very thoughtful of you ▸ **charmante soirée!** *iron* what a great evening! ▸ **c'est charmant!** *iron* charming!

charme [ʃaʀm] nm **1.** [attrait] charm ▸ **faire le charme de** to be the most attractive ou greatest asset of / *c'est ce qui fait tout son charme* that's what is so appealing ou charming about him / *leur maison ne manque pas de charme* their house is not without charm **2.** [d'une femme, d'un homme] charm, attractiveness / *les femmes lui trouvent du charme* women find him attractive ▸ **faire du charme à qqn** to try to charm sb **3.** [enchantement] spell / *être sous le charme de* to be under the spell of ▸ **tenir qqn** / **un public sous le charme** to hold sb / an audience spellbound ▸ **le charme est rompu** the spell's broken **4.** BOT hornbeam **5.** EXPR ▸ **se porter comme un charme** to be in excellent health ou as fit as a fiddle / *comment vous portez-vous? — comme un charme!* how do you feel? — never better!

❖ **charmes** nmpl *euphém* [d'une femme] charms ▸ **vivre** ou **faire commerce de ses charmes** to trade on one's charms.

❖ **de charme** loc adj **1.** [plaisant] ▸ **hôtel de charme** hotel **2.** *euphém* [érotique -presse] soft-porn ▸ **hôtesse de charme** escort.

charmer [3] [ʃaʀme] vt **1.** [plaire à] to delight, to enchant / *son sourire l'a charmé* he was enchanted by her smile **2.** [envoûter -auditoire] to cast ou to put a spell on ; [-serpent] to charm **3.** [dans des formules de politesse] ▸ **être charmé de** : *je suis charmé de vous revoir* I'm delighted to see you again / *charmé de vous avoir rencontré* (it's been) very nice meeting you.

charmeur, euse [ʃaʀmœʀ, øz] ◆ adj [air, sourire] charming, engaging, delightful. ◆ nm, f [séducteur] charmer / *méfie-toi de ce charmeur* watch out, he'll try and use his charm on you ▸ **charmeur de serpents** snake charmer.

charmille [ʃaʀmij] nf **1.** [berceau de verdure] bower, arbour **2.** [allée] tree-covered walk ou path.

charnel, elle [ʃaʀnɛl] adj **1.** [sexuel] carnal ▸ **l'amour charnel** carnal love **2.** *sout* [physique -beauté] physical, bodily / *nous parlons d'eux en tant qu'êtres charnels* we're talking about them as human beings made of flesh and blood.

* In reformed spelling (see p. 16-19).

charnellement [ʃaʀnɛlmɑ̃] adv *sout* carnally ▸ **connaître qqn charnellement** to have carnal knowledge of sb.

charnier [ʃaʀnje] nm **1.** [fosse] mass grave **2.** [ossuaire] charnel house.

charnière [ʃaʀnjɛʀ] nf **1.** ANAT & MENUIS hinge **2.** [transition] junction, turning point / *Goethe est à la charnière du XVIIIe et du XIXe siècle* Goethe lived during the transition from the 18th to the 19th century / *marquer la charnière entre deux périodes* to be a turning point between two eras **3.** *(comme adjectif, avec ou sans trait d'union)* ▸ **moment** / **siècle charnière** moment / century of transition.

charnu, e [ʃaʀny] adj **1.** [corps] plump, fleshy ; [lèvres] full, fleshy ; [fruits] pulpy **2.** ANAT fleshy, flesh-covered / *la partie charnue de son anatomie* hum his posterior **3.** ŒNOL ropy.

charognard [ʃaʀɔɲaʀ] nm **1.** ZOOL carrion feeder **2.** *fam* [exploiteur] vulture *fig.*

charogne [ʃaʀɔɲ] nf **1.** [carcasse] ▸ **une charogne** a decaying carcass / *ces animaux se nourrissent de charogne* these animals feed off carrion **2.** *tfam* [homme] bastard ; [femme] bitch / *espèce de charogne!* you bastard !

charolais, e [ʃaʀɔlɛ, ɛz] adj from the Charolais area.

❖ **Charolais, e** nm, f *inhabitant of or person from the Charolais area.*

❖ **Charolais** npr m Charolais area.

❖ **charolais** nm Charolais bull ▸ **les charolais** Charolais cattle.

❖ **charolaise** nf Charolais cow.

Charon [kaʀɔ̃] npr MYTH Charon.

Charonne [ʃaʀɔn] npr Charonne *(metro station where in 1962 police charged a group of communist demonstrators, killing eight and injuring over a hundred).*

charpentage [ʃaʀpɑ̃taʒ] nm carpentry ou timber work.

charpente [ʃaʀpɑ̃t] nf **1.** CONSTR skeleton, framework ▸ **charpente en bois** timber work / *maison à charpente de bois* wood frame house ▸ **charpente métallique** steel frame **2.** ANAT : *il a la charpente d'un boxeur* he's built like a boxer / *une charpente d'athlète* an athlete's build ▸ **charpente osseuse** skeleton **3.** [schéma - d'un projet] structure, framework ; [- d'un roman] outline.

charpenté, e [ʃaʀpɑ̃te] adj ▸ **bien** ou **solidement charpenté a)** [personne] well-built **b)** [film, argument] well-structured.

charpenter [3] [ʃaʀpɑ̃te] vt **1.** CONSTR to carpenter **2.** [structurer - œuvre] to construct, to structure.

charpenterie [ʃaʀpɑ̃tʀi] nf carpentry.

charpentier, ère [ʃaʀpɑ̃tje, ɛʀ] nm, f [ouvrier] carpenter ; [entrepreneur] (master) carpenter.

charpie [ʃaʀpi] nf [pansement] lint, shredded linen.

❖ **en charpie** loc adv ▸ **mettre** ou **réduire qqch en charpie** to tear sthg to shreds ▸ **je vais le mettre** ou **réduire en charpie** *fig* I'll make mincemeat (out) of him / *il a servi de la viande en charpie* he served meat that was cooked to shreds.

charre [ʃaʀ] nm *tfam* ▸ **c'est pas du charre** ou **des charres!** no kidding !

charretée [ʃaʀte] nf **1.** [contenu] cartful, cartload / *une charretée de blé* a cartload of wheat ▸ **par charretées entières** by the cartload **2.** *fam* [grande quantité] : *une charretée d'insultes* loads ou a heap of insults / *des charretées de vieux machins* piles of old junk, old junk by the crateful.

charretier, ère [ʃaʀtje, ɛʀ] ◆ adj [chemin, voie] cart *(modif).* ◆ nm, f carter.

charrette [ʃaʀɛt] nf **1.** AGR cart **2.** HIST ▸ **la charrette des condamnés** the tumbrel ou tumbril **3.** *fam* [personnes licenciées] : *faire partie de la première / dernière charrette (de licenciements)* to be among the first / last group of people to be dismissed / *on ne sait pas qui va faire partie de la prochaine charrette* you don't know where the axe is going to fall next time **4.** *fam* [travail intensif] ▸ **faire une charrette** to work flat out ▸ **être charrette** to be working against the clock.

charriage [ʃaʀjaʒ] nm **1.** TRANSP carriage, haulage **2.** GÉOL overthrust.

charrié, e [ʃaʀje] adj GÉOL displaced *(as the result of an overthrust).*

charrier [9] [ʃaʀje] ◆ vt **1.** [suj: personne] to cart ou to carry (along) **2.** [suj: fleuve, rivière] to carry ou to wash along / *la Neva charrie d'énormes glaçons* the Neva carries great blocks of ice **3.** *tfam* [railler] ▸ **charrier qqn** to take the mickey out of sb UK to put sb on US ▸ **se faire charrier** to get ribbed. ◆ vi *tfam* [exagérer] to go too far ou (way) over the top / *2 euros d'augmentation, ils charrient!* 2 euros on the price, they've got a nerve ! / *cette fois, tu charries vraiment!* you're going too far this time ! / *je veux bien aider mais faut pas charrier* I don't mind lending a hand, but I don't like people taking advantage.

charroi [ʃaʀwa] nm carting.

charron [ʃaʀɔ̃] nm **1.** [fabricant] cartwright, wheelwright **2.** [réparateur] wheelwright.

charroyer [13] [ʃaʀwaje] vt to cart.

charrue [ʃaʀy] nf plough UK plow US ▸ **charrue polysoc** multiple plough ▸ **mettre la charrue avant les bœufs** to put the cart before the horse.

charte [ʃaʀt] nf **1.** [document] charter ▸ **la charte des droits de l'homme** the Charter of Human Rights **2.** HIST charter ▸ **la Grande Charte** Magna Carta **3.** [plan] ▸ **charte d'aménagement** development plan.

❖ **chartes** nfpl ⟶ **école.**

charter [ʃaʀtɛʀ] nm [avion] chartered plane ; [vol] charter flight.

chartiste [ʃaʀtist] nmf **1.** POL [en Grande-Bretagne] Chartist **2.** UNIV *student or former student of the École des chartes.*

chartrain, e [ʃaʀtʀɛ̃, ɛn] adj from Chartres.

❖ **Chartrain, e** nm, f *inhabitant or native of Chartres.*

chartreux, euse [ʃaʀtʀø, øz] nm, f Carthusian monk.

❖ **chartreux** nm [chat] British blue (cat).

❖ **chartreuse** nf **1.** RELIG Charterhouse, Carthusian monastery, Carthusian convent / **'la Chartreuse de Parme'** *Stendhal* 'The Charterhouse of Parma' **2.** [liqueur] Chartreuse.

Charybde [kaʀibd] npr Charybdis ▸ **tomber de Charybde en Scylla** to go from the frying pan into the fire.

chas [ʃa] nm eye *(of a needle).*

chassant, e [ʃasɑ̃, ɑ̃t] adj MIN longitudinal.

chasse [ʃas] nf **1.** [activité] hunting ; [occasion] hunt ▸ **chasse au daim** / **renard** / **tigre** deer / fox / tiger hunt / *chasse au lapin* (rabbit) shooting ▸ **chasse au lièvre a)** [gén] hare hunting **b)** [avec lévriers] hare coursing ▸ **chasse au phoque** sealing, seal culling / *un pays de chasse* an area that's good for hunting ▸ **aller à la chasse a)** [à courre] to go hunting **b)** [au fusil] to go shooting ▸ **dresser un chien pour la chasse a)** [à courre] to train a dog for hunting ou the hunt **b)** [au fusil] to train a dog for shooting ou the shoot ▸ **chasse à courre a)** [activité] hunting **b)** [occasion] hunt ▸ **chasse sous-marine** underwater fishing ▸ **qui va à la chasse perd sa place** *prov* if somebody takes your place it serves you right for leaving it empty **2.** [domaine - de chasse à courre] hunting grounds ; [- de chasse au fusil] shooting ground / *louer une chasse* to rent a shoot / **'chasse gardée'** 'private, poachers will be prosecuted' / *laisse-la tranquille, c'est chasse gardée* *fam* leave her alone, she's spoken for **3.** [butin] game / *la chasse a été bonne* we got a good bag / *faire bonne chasse* to get a good bag **4.** [période] hunting season, shooting season **5.** [poursuite] chase, hunt ▸ **faire** ou **donner la chasse à un cambrioleur** to chase after a burglar / *prendre en chasse une voiture* to chase a car **6.** [recherche] ▸ **chasse à** search for ▸ **chasse à l'homme** manhunt ▸ **chasse au trésor** treasure hunt ▸ **chasse aux sorcières** witch hunt ▸ **faire la chasse à** to search for, to (try to) track down ▸ **faire la chasse au mari** *fam* to go hunting for a husband ▸ **se mettre en chasse pour trouver qqch** to go out hunting for sthg ▸ **se mettre en chasse pour trouver un emploi** / **une maison** to go job-hunting / house-hunting **7.** AÉRON ▸ **la chasse** fighter planes **8.** [d'eau] flush ▸ **tirer la chasse (d'eau)** to flush the toilet.

❖ **en chasse** loc adj ZOOL on UK ou in US heat.

châsse [ʃas] nf **1.** RELIG [coffre] shrine ▸ **orné** ou **paré comme une châsse** [personne] extravagantly overdressed **2.** [de lunettes] frames.

chassé [ʃase] nm chassé.

chasse-clou [ʃasklu] *(pl* **chasse-clous***)* nm nail punch.

chassé-croisé [ʃasekʀwaze] *(pl* **chassés-croisés***)* nm **1.** [confusion] ▸ **le chassé-croisé ministériel** / **de limousines** the comings and goings of ministers / of limousines **2.** DANSE set to partners.

chasselas [ʃasla] nm ▸ **du chasselas** Chasselas grapes.

chasse-mouches *(pl* chasse-mouches*)*, **chasse-mouche*** *(pl* **chasse-mouches***)* [ʃasmuʃ] nm fly-swatter.

chasse-neige *(pl* chasse-neige *ou* chasse-neiges*)* [ʃasnɛʒ] nm **1.** [véhicule] snowplough UK, snowplow US **2.** [position du skieur] snowplough UK snowplow US ▸ **descendre** / **tourner en chasse-neige** to snowplough down / round.

chasse-pierres *(pl* **chasse-pierres***)*, **chasse-pierre*** *(pl* **chasse-pierres***)* [ʃaspjɛʀ] nm cowcatcher.

chassepot [ʃaspo] nm ARM chassepot.

chasser [3] [ʃase] ◆ vt **1.** CHASSE to hunt / *il chasse le daim* he hunts deer ▸ **chasser le phoque** to seal **2.** [expulser] to drive out *(sép)*, to expel / *il a été chassé de chez lui* he was made to leave home / *elle l'a chassé de la maison* she sent him packing **3.** [congédier - employé] to dismiss **4.** [faire partir] to dispel, to drive away *(sép)*, to get rid of / *le mauvais temps a chassé les touristes* the bad weather drove away the tourists / *pour chasser les mauvaises odeurs* to get rid of bad smells / *sortez pour chasser les idées noires* go out and forget your worries ▸ **chassez le naturel, il revient au galop** *prov* the leopard can't change its spots **5.** [pousser] to drive (forward) ▸ **le vent chasse le sable** / **les nuages** the wind is blowing the sand / the clouds along. ◆ vi **1.** [aller à la chasse - à courre] to go hunting ; [- au fusil] to go shooting / *chasser sur les terres d'autrui* *fig* to poach on somebody's preserve ou territory **2.** [déraper] to skid / *le navire chasse sur son ancre* NAUT the ship is dragging its anchor.

chasseresse [ʃasʀɛs] ◆ adj f ▸ **Diane chasseresse** Diana the huntress. ◆ nf *litt* huntress.

châsses [ʃas] nmpl *tfam* peepers, eyes.

chasseur, euse [ʃasœʀ, øz] nm, f **1.** CHASSE hunter, huntsman (huntress) ▸ **un très bon chasseur** an excellent shot / *chasseur de daims* deerhunter ▸ **le Chasseur français** PRESSE *hunting magazine, whose small ads section is traditionally used by people looking for companionship* **2.** [chercheur] ▸ **chasseur d'autographes** autograph hunter ▸ **chasseur d'images** (freelance) photographer ▸ **chasseur de mines** minesweeper ▸ **chasseur de primes** bounty hunter ▸ **chasseur de têtes** *pr & fig* headhunter **3.** AÉRON & MIL fighter (plane) ▸ **chasseur à réaction** jet fighter ▸ **chasseur-bombardier** fighter bomber **4.** MIL chasseur ▸ **chasseur alpin** Alpine chasseur **5.** [dans un hôtel] messenger (boy), bellboy US

❖ **chasseur** adj inv CULIN chasseur.

chasseur-cueilleur [ʃasœʀkœjœʀ] *(pl* **chasseurs-cueilleurs***)* nm hunter-gatherer.

chassie [ʃasi] nf rheum / *avoir de la chassie dans les yeux* to have rheumy eyes.

chassieux, euse [ʃasjø, øz] ◆ adj [œil] rheumy ; [personne] rheumy-eyed / *avoir les yeux chassieux* to have rheumy eyes. ◆ nm, f rheumy-eyed person.

châssis [ʃasi] nm **1.** CONSTR frame ▸ **châssis à tabatière** skylight frame **2.** ART stretcher ; PHOT (printing) frame ▸ **châssis d'imprimerie** IMPR chase **3.** AUTO chassis, steel frame **4.** *tfam* [corps féminin] chassis, figure / *quel beau châssis!* hum what a body !

chaste [ʃast] adj chaste, innocent.

chastement [ʃastəmɑ̃] adv chastely, innocently.

chasteté [ʃastəte] nf chastity.

*In reformed spelling (see p. 16-19).

chasuble [ʃazybl] nf **1.** RELIG chasuble **2.** VÊT ▸ **robe chasuble** pinafore dress.

chat¹ [tʃat] nm INTERNET chat.

chat², chatte [ʃa, ʃat] nm, f **1.** [gén & ZOOL] cat ; [mâle] tomcat ; [femelle] she-cat ▸ **un petit chat** a kitten / *regarde le petit chat* look at the little pussy cat ▸ **chat européen** ou **de gouttière** tabby (cat) ▸ **chat persan** / **siamois** Persian / Siamese cat ▸ **chat angora** Angora cat ▸ **chat de Birmanie** Burmese cat ▸ **chat sauvage a)** [félin] wildcat **b)** QUÉBEC [raton laveur] raccoon ▸ **appeler un chat un chat** to call a spade a spade ▸ **avoir un chat dans la gorge** to have a frog in one's throat ▸ **acheter chat en poche** to buy a pig in a poke ▸ **écrire comme un chat** to scrawl ▸ **il n'y a pas de quoi fouetter un chat** it's nothing to make a fuss about ▸ **j'ai d'autres chats à fouetter** I've got better things to do ▸ **il n'y avait pas un chat** *fam* there wasn't a soul about ▸ **il ne faut pas réveiller le chat qui dort** *prov* let sleeping dogs lie *prov* ▸ **quand le chat n'est pas là, les souris dansent** *prov* when the cat's away, the mice will play *prov* ▸ **à bon chat, bon rat** *prov* it's tit for tat *loc* ▸ **chat échaudé craint l'eau froide** once bitten, twice shy *prov* **2.** LITTÉR / **'le Chat botté'** *Perrault* 'Puss in Boots' **3.** *fam* [terme d'affection] pussycat, sweetie, sweetheart **4.** JEUX ▸ **jouer à chat** to play tag ▸ **c'est Sonia le chat** Sonia's it ▸ **jouer à chat perché** to play off-ground tag ▸ **jouer au chat et à la souris avec qqn** *fig* to play cat-and-mouse with sb **5.** HIST & NAUT ▸ **chat à neuf queues** cat-o'-nine-tails.

❖ **chatte** nf *vulg* pussy, fanny UK.

châtaigne [ʃatɛɲ] nf **1.** BOT chestnut ▸ **châtaigne d'eau** water chestnut **2.** *tfam* [coup] biff, clout ▸ **il s'est pris une de ces châtaignes! a)** [il a été frappé] he got such a smack! **b)** [il s'est cogné] he gave himself a nasty knock! **3.** ZOOL ▸ **châtaigne de mer** sea urchin.

châtaigneraie [ʃatɛɲʀɛ] nf chestnut grove.

châtaignier [ʃateɲe] nm **1.** BOT chestnut tree **2.** [bois] chestnut.

châtain [ʃatɛ̃] ◆ adj m [cheveux] chestnut (brown) ▸ **châtain clair** light brown / *châtain doré* ou *roux* auburn ▸ **être châtain** to have brown hair. ◆ nm chestnut brown.

chataire [ʃatɛʀ] = **cataire.**

château, x [ʃato] nm **1.** HIST castle ▸ **château fort** fortified castle **2.** [palais] castle, palace ; [manoir] mansion, manor (house) ▸ **château de cartes** house of cards ▸ **ses illusions se sont écroulées comme un château de cartes** his illusions collapsed like a house of cards ▸ **château de sable** sandcastle ▸ **bâtir** ou **faire des châteaux en Espagne** to build castles in the air ▸ **château gonflable** bouncy castle ▸ **le Château** *fam* [la présidence de la République] *humorous term referring to the French presidency* **3.** ŒNOL chateau / *mis en bouteilles au château* chateau bottled **4.** NAUT ▸ **château d'arrière** aftercastle ▸ **château d'avant** forecastle, fo'c's'le, fo'c'sle.

❖ **château d'eau** nm water tower.

chateaubriand, châteaubriant [ʃatobʀijɑ̃] nm Chateaubriand (steak).

Château-la-Pompe [ʃatolapɔ̃p] npr m *fam & hum* water / *accompagné d'un verre de Château-la-Pompe* washed down with a glass of good old tapwater *hum*.

châtelain, e [ʃatlɛ̃, ɛn] nm, f **1.** [propriétaire - gén] owner of a manor ; [- homme] lord of the manor ; [- femme] lady of the manor **2.** HIST (feudal) lord.

❖ **châtelaine** nf **1.** [chaîne de ceinture, bijou] chatelaine **2.** HIST [femme du châtelain] chatelaine, lady of the manor.

châtelet [ʃatlɛ] nm small (fortified) castle.

chat-huant [ʃaɥɑ̃] (*pl* **chats-huants**) nm tawny ou brown ou wood owl.

châtier [9] [ʃatje] vt *litt* **1.** [punir] to chastise, to castigate *litt* **2.** [affiner] to polish, to refine / *parler dans une langue châtiée* to use refined language.

chatière [ʃatjɛʀ] nf **1.** [pour un chat] cat door ou flap **2.** [dans un toit] ventilation hole.

châtiment [ʃatimɑ̃] nm *sout* chastisement *sout*, punishment.

chatoie v ⟶ **chatoyer.**

chatoiement [ʃatwamɑ̃] nm [sur du métal, du verre] gleam, shimmer ; [sur de la soie] (soft) glimmer.

chaton [ʃatɔ̃] nm **1.** ZOOL kitten **2.** BOT catkin, ament *spéc*, amentum *spéc* **3.** [poussière] ball of fluff **4.** [par affection] darling **5.** JOAILL [tête de la bague] bezel ; [pierre enchâssée] stone.

chatouille [ʃatuj] nf *fam* tickle ▸ **faire des chatouilles à qqn** to tickle sb / *elle adore les chatouilles* she loves being tickled ▸ **craindre les chatouilles** to be ticklish.

chatouillement [ʃatujmɑ̃] nm tickle / *je ressens encore un chatouillement dans les oreilles mais je n'ai plus mal* my ears still tickle but it doesn't hurt anymore.

chatouiller [3] [ʃatuje] vt **1.** [pour faire rire] to tickle **2.** [irriter] to tickle **3.** [exciter - odorat, palais] to titillate **4.** [heurter - amour-propre, sensibilité] to prick.

chatouilleux, euse [ʃatujø, øz] adj **1.** [physiquement] ticklish **2.** [pointilleux] sensitive, touchy / *il a un caractère chatouilleux* he's a touchy kind of person ▸ **chatouilleux sur** overparticular about / *elle est très chatouilleuse sur ce qu'elle appelle le bon goût* she's very sensitive ou particular about what she calls good taste.

chatouillis [ʃatuji] nm *fam* tickle ▸ **faire des chatouillis à qqn** to tickle sb / *aimer les chatouillis* to love being tickled.

chatoyant, e [ʃatwajɑ̃, ɑ̃t] adj **1.** [brillant] gleaming, glistening, shimmering **2.** [luisant] glimmering.

chatoyer [13] [ʃatwaje] vi **1.** [briller] to gleam, to glisten, to shimmer / *la lumière des bougies faisait chatoyer les tissus précieux* the precious fabrics shimmered in the candlelight **2.** [luire] to glimmer.

châtrer [3] [ʃatʀe] vt **1.** [étalon, homme, taureau] to castrate ; [verrat] to geld ; [chat] to castrate, to fix US **2.** [texte] to make innocuous **3.** BOT [plante] to cut back ; [fleur] to castrate.

chatte [ʃat] f ⟶ **chat.**

chattemite [ʃatmit] nf *litt & péj* ▸ **faire la chattemite** to be all honey.

chatter, tchatter [tʃate] vi INFORM to chat.

chatterie [ʃatʀi] nf **1.** [câlinerie] coaxing ▸ **faire des chatteries à qqn** to pamper sb **2.** [friandise] delicacy.

chatterton [ʃatɛʀtɔn] nm insulating tape UK, friction tape US.

chatteur, euse, tchatteur, euse [tʃatœʀ, øz] nm, f INFORM chatter.

chat-tigre [ʃatigʀ] (*pl* **chats-tigres**) nm tiger cat.

chaud, e [ʃo, ʃod] adj **1.** [dont la température est - douce] warm ; [- élevée] hot ▸ **climat** / **temps** / **vent chaud a)** [tempéré] warm climate / weather / wind **b)** [tropical] hot climate / weather / wind ▸ **un bain chaud** a hot bath ▸ **une boisson chaude** a hot drink / *un petit pain tout chaud* a hot bun / *ton thé est à peine chaud* your tea is barely warm / *son front est tout chaud* his forehead is hot / *les nuits deviennent plus chaudes en juin* the nights become warmer in June / *au (moment le) plus chaud de la journée* in the heat of the day ▸ **marrons chauds** roast chestnuts ▸ **chaud comme une caille** snug as a bug in a rug ▸ **chaud devant!** [au restaurant] excuse me! *(said by waiters carrying plates to clear the way)* **2.** [veste, couverture] warm **3.** [qui n'a pas refroidi] warm / *le lit est encore chaud* the bed is still warm / *la place du directeur est encore chaude* *fig* the manager's shoes are still warm **4.** [enthousiaste] ardent, warm, keen ▸ **de chauds partisans** dedicated supporters / *je ne suis pas très chaud pour le faire* *fam* I'm not really eager to do it / *son accueil n'a pas été très chaud* he didn't welcome us too warmly **5.** [ardent - ambiance] warm ▸ **avoir une chaude discussion sur qqch** to debate sthg heatedly / *une chaude amitié* a loving ou close ou warm friendship **6.** [agité, dangereux] hot / *les points chauds du monde* the danger spots in the world / *le mois de septembre sera chaud* there will be (political) unrest in September ▸ **l'alerte a été chaude** it was a near ou close thing **7.** *fam* PRESSE hot (off the press) ▸ **une nouvelle toute chaude** an up-to-the-minute piece of news **8.** *tfam* [sexuellement] hot, randy UK, horny ▸ **chaud lapin** randy devil **9.** [couleur, voix] warm.

❖ **chaud** ◆ adv hot ▸ **servir chaud** serve hot ▸ **bois-le chaud** drink it (while it's) hot ▸ **avoir chaud a)** [douce chaleur] to feel warm **b)** [forte chaleur] to feel hot ▸ **il fait chaud a)** [douce chaleur] it's warm **b)** [forte chaleur] it's hot ▸ **on a eu chaud!** *fam* that was a close ou near thing! ▸ **il fera chaud le jour où tu l'entendras dire merci!** that'll be the day when you hear him say thank you! ▸ **ça ne me fait ni chaud ni froid** I couldn't care less. ◆ nm **1.** [chaleur] ▸ **le chaud** the heat ou hot weather **2.** MÉD ▸ **un chaud et froid** a chill.

❖ **chaude** nf MÉTALL heat, melt ▸ **chaude blanche** / **rouge** white / red heat.

❖ **à chaud** loc adv **1.** [en urgence] : *l'opération s'est faite à chaud* it was emergency surgery / *sonder à chaud* to do a spot poll / *ne lui pose pas la question à chaud* don't just spring the question on him in the midst of it all **2.** MÉTALL ▸ **souder à chaud** to hot-weld / *étirer un métal à chaud* to draw metal under heat.

❖ **au chaud** loc adv ▸ **restez bien au chaud a)** [au lit] stay nice and cosy ou warm in your bed **b)** [sans sortir] don't go out in the cold ▸ **mettre** ou **garder des assiettes au chaud** to keep plates warm.

chaudement [ʃodmɑ̃] adv **1.** [contre le froid] warmly ▸ **se vêtir chaudement** to put on warm clothes **2.** [chaleureusement - gén] warmly, warmheartedly ; [- recommander] heartily ; [- féliciter] with all one's heart.

chaude-pisse [ʃodpis] (*pl* **chaudes-pisses**) nf *vulg* clap.

chaud-froid [ʃofʀwa] (*pl* **chauds-froids**) nm CULIN chaudfroid.

chaudière [ʃodjɛʀ] nf boiler ▸ **chaudière à bois** / **charbon** wood- / coal-fired boiler ▸ **chaudière accumulatrice de chaleur** heat storage vessel ▸ **chaudière à eau chaude** hot water boiler ▸ **chaudière à vapeur** steam boiler ▸ **chaudière nucléaire** nuclear-powered boiler.

chaudron [ʃodʀɔ̃] nm [en fonte] cauldron ; [en cuivre] copper kettle ou boiler.

chaudronnerie [ʃodʀɔnʀi] nf **1.** [profession] boilermaking, boilerwork **2.** [marchandises - de grande taille] boilers ; [- de petite taille] hollowware **3.** [usine] boilerworks.

chaudronnier, ère [ʃodʀɔnje, ɛʀ] nm, f [gén] boilermaker ; [sur du cuivre] coppersmith.

chauffage [ʃofaʒ] nm **1.** [d'un lieu] heating / *le chauffage coûte cher* heating costs a lot ▸ **système de chauffage** heating system **2.** [installation, système] heating (system) ▸ **installer le chauffage** to put heating in ▸ **baisser** / **monter le chauffage a)** [dans une maison] to turn the heating down / up **b)** [en voiture] to turn the heater down / up ▸ **chauffage central** / **urbain** central / district heating ▸ **chauffage électrique** / **solaire** electric / solar heating ▸ **chauffage au gaz** / **au mazout** gas-fired / oil-fired heating ▸ **chauffage à air pulsé** warm-air heating ▸ **chauffage par le sol** underfloor heating.

chauffagiste [ʃofaʒist] nm heating specialist.

chauffant, e [ʃofɑ̃, ɑ̃t] adj [surface] heating.

chauffard [ʃofaʀ] nm reckless driver ; [qui s'enfuit] hit-and-run driver.

chauffe [ʃof] nf **1.** [opération] stoking **2.** [temps] heating time ▸ **pendant la chauffe a)** [d'une machine] while the machine's warming up **b)** [d'une chaudière] while the boiler's heating.

❖ **de chauffe** loc adj boiler *(modif)*.

chauffe-assiettes [ʃofasjɛt] nm inv plate warmer, hostess tray.

chauffe-bain [ʃofbɛ̃] (*pl* **chauffe-bains**) nm water heater.

chauffe-biberon [ʃofbibʀɔ̃] (*pl* **chauffe-biberons**) nm bottle warmer.

chauffe-eau (*pl* **chauffe-eau** *ou* **chauffe-eaux***) [ʃofo] nm water heater ▸ **chauffe-eau électrique** immersion heater.

chauffe-pieds (*pl* **chauffe-pieds**), **chauffe-pied*** (*pl* **chauffe-pieds***) [ʃofpje] nm foot-warmer.

chauffe-plats (*pl* **chauffe-plats**), **chauffe-plat*** (*pl* **chauffe-plats***) [ʃofpla] nm chafing dish.

chauffer [3] [ʃofe] ◆ vi **1.** [eau, plat, préparation] to heat up ▸ **mettre qqch à chauffer, faire chauffer qqch** to heat sthg up / *ça chauffe trop, baisse le gaz* it's overheating, turn the gas down **2.** [dégager de la chaleur - radiateur] to give out heat / *un pâle soleil d'hiver qui chauffe à peine* a pale wintry sun, hardly giving out any heat / *en avril, le soleil commence à chauffer* in April, the sun gets hotter **3.** [surchauffer - moteur] to overheat ▸ **faire chauffer sa voiture** to warm up one's car / *ne laissez pas chauffer l'élément* don't allow the element to overheat ou to get too hot **4.** *fam* [être agité] : *ça commence à chauffer* things are getting hot ▸ **ça va chauffer!** there's trouble brewing! ▸ **ça chauffe** [à un concert] things are really cooking **5.** JEUX to get warm ▸ **tu chauffes!** you're getting warmer! ◆ vt **1.** [chambre, plat] to warm ou to heat up *(sép)* / *chauffer une maison à l'électricité* to have electric heating in a house ▸ **piscine chauffée** heated swimming pool **2.** MÉTALL ▸ **chauffer un métal à blanc / au rouge** to make a metal white-hot / red-hot **3.** *fam* [exciter] ▸ **chauffer la salle** to warm up the audience / *il a chauffé la salle à blanc* ou *à bloc* he worked the audience up into a frenzy / *chauffer un étudiant pour un examen* to cram a student for an exam **4.** EXPR **tu commences à me chauffer les oreilles** *fam* you're getting up my nose UK, you're starting to get my goat.

❖ **se chauffer** vpi **1.** [se réchauffer] to warm o.s. (up) / *viens te chauffer près du feu* come and warm yourself up ou get warm by the fire **2.** [dans un local] : *ils n'ont pas les moyens de se chauffer* they can't afford heating ▸ **se chauffer à l'électricité** to have electric heating ▸ **se chauffer au bois** to use a wood stove for heating.

chaufferette [ʃofʀɛt] nf [bouillotte, boîte] footwarmer.

chaufferie [ʃofʀi] nf **1.** [local] boiler room **2.** NAUT & NUCL stokehold.

chauffeur [ʃofœʀ] nm **1.** [conducteur] driver ▸ **chauffeur (routier), chauffeur de camion** lorry UK ou truck US driver ▸ **chauffeur de taxi** taxi ou cab driver ▸ **chauffeur du dimanche** *péj* Sunday driver **2.** [employé] : *location de voiture avec chauffeur* chauffeur-driven hire-cars / *j'ai fait le chauffeur de ces dames toute la journée fam* I drove the ladies around all day long / *il est le chauffeur du président* he chauffeurs for the chairman ▸ **chauffeur de maître** chauffeur **3.** [d'une locomotive] stoker.

chauffeuse [ʃoføz] nf low armless chair.

chaulage [ʃolaʒ] nm **1.** AGR liming **2.** CONSTR whitewashing.

chauler [3] [ʃole] vt **1.** AGR to lime **2.** CONSTR to whitewash.

chaumard [ʃomaʀ] nm fairlead.

chaume [ʃom] nm **1.** [sur un toit] thatch / *recouvrir un toit de chaume* to thatch a roof **2.** AGR [paille] haulm ; [sur pied] stubble **3.** *litt* [champ] stubble field.

chaumer [3] [ʃome] ◆ vt [champs] to clear stubble from, to clear of stubble. ◆ vi to clear stubble.

chaumière [ʃomjɛʀ] nf ≃ cottage ; [avec un toit de chaume] thatched cottage ▸ **faire causer** ou **jaser dans les chaumières** to give the neighbours something to talk about.

chaussant, e [ʃosɑ̃, ɑ̃t] adj [botte, soulier] well-fitting.

❖ **chaussant** nm fitting qualities *(of a shoe or boot)*.

chausse [ʃos] nf [entonnoir] linen funnel.

❖ **chausses** nfpl *arch* hose.

chaussée [ʃose] nf **1.** [d'une route] roadway, pavement US / *ne restez pas sur la chaussée* stay off the road ou roadway / **'chaussée déformée'** 'uneven road surface' / **'chaussée glissante'** 'slippery road', 'slippery when wet' **2.** [talus] dyke, embankment ; [voie surélevée] causeway ▸ **la Chaussée des Géants** the Giant's Causeway.

chausse-pied *(pl* **chausse-pieds**), **chaussepied*** [ʃospje] nm shoehorn.

chausser [3] [ʃose] ◆ vt **1.** [escarpins, skis, palmes] to put on *(sép)* ▸ **chausser les étriers** SPORT to put one's feet into the stirrups / *elle était chaussée de pantoufles de soie* she was wearing silk slippers **2.** [enfant, personne] ▸ **viens chausser les enfants** come and put the children's shoes on for them **3.** [fournir en chaussures] to provide shoes for, to supply with shoes / *je suis difficile à chausser* it's hard for me to find shoes that fit **4.** [lunettes] to put ou to slip on *(sép)* **5.** AUTO : *la voiture est chaussée de pneus neige* the car has snow tyres on **6.** [arbre, plante] to earth up. ◆ vi : *voici un modèle qui devrait mieux chausser* this style of shoe should fit better ▸ **du combien chaussez-tu?** what size shoes do you take? ▸ **je chausse du 38** I take a size 38 shoe, I take size 38 in shoes.

❖ **se chausser** ◆ vp *(emploi réfléchi)* : *chausse-toi, il fait froid* put something on your feet, it's cold / *se chausser avec un chausse-pied* to use a shoehorn. ◆ vpi [se fournir] : *je me chausse chez Lebel* I buy my shoes at ou I get my shoes from Lebel's.

chausses [ʃos] nfpl *arch* hose, chausses.

chausse-trap(p)e *(pl* **chausse-trapes** *ou* **chausse-trappes**), **chaussetrappe*** [ʃostʀap] nf *pr & fig* trap.

chaussette [ʃosɛt] nf **1.** VÊT sock ▸ **en chaussettes** in one's stockinged feet ▸ **laisser tomber qqn comme une vieille chaussette** *fam* to ditch sb **2.** *fam & vieilli* ▸ **chaussette à clous** (policeman's) boot.

chausseur [ʃosœʀ] nm **1.** [fabricant] shoemaker **2.** [vendeur] shoemaker, footwear specialist.

chausson [ʃosɔ̃] nm **1.** VÊT [d'intérieur] slipper ; [de bébé] bootee **2.** [de danseuse] ballet shoe, pump ; [de gymnastique] soft shoe ; [dans la chaussure de ski] inner shoe **3.** CULIN turnover ▸ **chausson aux pommes** ≃ apple turnover **4.** COUT ▸ **point de chausson** blind hem stitch.

chaussure [ʃosyʀ] nf **1.** VÊT shoe / *acheter des chaussures* to buy shoes ▸ **chaussures plates** flat shoes, flatties *fam* ▸ **chaussures à semelles compensées** platform shoes ▸ **chaussures à talon** (shoes with) heels ▸ **chaussures vernies** patent leather shoes ▸ **chaussures de ville** smart shoes ▸ **trouver chaussure à son pied** *fig* to find a suitable match / *elle a trouvé chaussure à son pied fig* she found the right person **2.** LOISIRS & SPORT ▸ **chaussures de marche** walking ou hiking boots ▸ **chaussures de ski** ski boots ▸ **chaussures de sport** sports shoes, trainers UK **3.** COMM shoe trade ; [industrie] shoe ou shoe-manufacturing industry.

chaut v ⟶ **chaloir.**

chauve [ʃov] ◆ adj [crâne, tête] bald ; [personne] bald, baldheaded ; *litt* [montagne] bare ▸ **chauve comme un œuf** *fam* as bald as a coot UK ou as an egg US ▸ **il devient chauve** he's balding ou going bald. ◆ nmf bald person, bald man (woman).

chauve-souris *(pl* **chauves-souris**), **chauvesouris*** [ʃovsuʀi] nf bat.

chauvin, e [ʃovɛ̃, in] ◆ adj chauvinistic, jingoist, jingoistic. ◆ nm, f chauvinist, jingoist.

chauvinisme [ʃovinism] nm chauvinism, jingoism.

chaux [ʃo] nf lime ▸ **mur passé** ou **blanchi à la chaux** whitewashed wall / *enduire un arbre de chaux* to lime a tree ▸ **chaux éteinte** slaked lime ▸ **chaux vive** quicklime.

chavirement [ʃaviʀmɑ̃] nm **1.** *litt* [d'un navire] capsizing, keeling over, overturning **2.** *fig* [effondrement] collapse.

chavirer [3] [ʃaviʀe] ◆ vi **1.** NAUT to capsize, to keel over, to turn turtle ▸ **faire chavirer** to capsize / *arrête, tu vas faire chavirer la barque!* stop it, you'll tip the boat over! **2.** [se renverser] to keel over, to overturn / *tout chavire autour de moi* everything around me is spinning **3.** [tourner - yeux] to roll ▸ **avoir le cœur qui chavire a)** [de dégoût] to feel nauseated **b)** [de chagrin] to be heartbroken. ◆ vt **1.** [basculer] to capsize, to overturn **2.** [émouvoir] to overwhelm, to shatter / *il a l'air tout chaviré* he looks devastated.

cheap [tʃip] adj *fam* [de mauvaise qualité] tacky ; [peu cher] cheap.

chébran [ʃebʀɑ̃] adj *fam* : *il est chébran* he's got street cred.

chèche [ʃɛʃ] nm scarf.

chéchia [ʃeʃja] nf tarboosh, fez.

check-list [tʃɛklist] *(pl* **check-lists**) nf checklist.

check-up *(pl* **check-up**), **checkup*** [tʃɛkœp] nm checkup.

chef [ʃɛf] ◆ nm **1.** [responsable - gén] head ; [- d'une entreprise] manager, boss ▸ **chef comptable** chief accountant ▸ **chef d'atelier** shop foreman ▸ **chef de bureau** head clerk ▸ **chef de cabinet** principal private secretary UK ▸ **chef de chantier** site foreman ▸ **chef de clinique** ≃ senior registrar ▸ **chef d'établissement** ÉDUC headteacher UK, headmaster (headmistress) UK, principal US ▸ **chef de famille** head of the family ▸ **chef de l'Église** Head of the Church ▸ **chef de l'État** Head of the State ▸ **chefs d'État** heads of state ▸ **chef d'entreprise** company manager ▸ **chef d'équipe** foreman ▸ **chef de produit** product manager ▸ **chef de projet** project manager ▸ **chef de rayon** department manager ▸ **chef de service** section head ▸ **chef du personnel** personnel ou staff manager **2.** MIL ▸ **chef d'escadron** major ▸ **chef d'état-major** chief of staff ▸ **chef de patrouille** patrol leader ▸ **chef de pièce** gun captain **3.** RAIL ▸ **chef de gare** station master ▸ **chef mécanicien** chief mechanic **4.** CULIN ▸ **chef (cuisinier)** chef / *la spécialité du chef aujourd'hui* the chef's special today **5.** MUS ▸ **chef de pupitre** head of section ▸ **chef des chœurs** choirmaster **6.** SPORT ▸ **chef de nage** stroke **7.** [leader] leader / *elle a toutes les qualités d'un chef* she has all the qualities of a leader / *bravo, c'est toi le chef! hum* well done, boss! *hum* ▸ **chef de bande** gang leader ▸ **chef de file** leader ▸ **petit chef a)** *péj* [dans une famille] domestic tyrant **b)** [au bureau, à l'usine] slave driver / *une mentalité de petit chef* a petty-minded attitude to one's subordinates ▸ **elle s'est débrouillée comme un chef!** *fam* she did really well! **8.** *(comme adj)* head *(modif)*, chief *(modif)* ▸ **infirmière-chef** head nurse ▸ **ingénieur-chef** chief engineer ▸ **médecin-chef** head doctor **9.** *hum* [tête] head ▸ **opiner du chef** to nod **10.** DR ▸ **chef d'accusation** charge ou count (of indictment) **11.** HÉRALD chief. ◆ nf [responsable] ▸ **la chef** the boss.

❖ **au premier chef** loc adv above all, first and foremost / *leur décision me concerne au premier chef* their decision has immediate implications for me.

❖ **de mon propre chef, de son propre chef** loc adv on my / his, etc., own authority ou initiative / *j'ai agi de mon propre chef* I acted on my own initiative.

❖ **en chef** ◆ loc adj ▸ **commandant en chef** commander-in-chief ▸ **ingénieur en chef** chief engineer. ◆ loc adv : *commander en chef* to be commander-in-chief.

❖ **chef d'orchestre** nm **1.** MUS conductor **2.** *fig* [organisateur] organizer, orchestrator.

chef-d'œuvre [ʃɛdœvʀ] *(pl* **chefs-d'œuvre**) nm masterpiece.

chefferie [ʃɛfʀi] nf [autorité politique] chieftaincy.

chef-garde [ʃɛfgaʀd] nm BELG guard *(on a train)*.

chef-lieu [ʃɛfljø] *(pl* **chefs-lieux**) nm ADMIN *in France, administrative centre of a "département", "arrondissement" or "canton"* ; ≃ county town UK ; ≃ county seat US.

cheftaine [ʃɛftɛn] nf [de louveteaux] cubmistress UK, den mother US ; [chez les jeannettes] Brown Owl UK, den mother US ; [chez les éclaireuses] captain.

cheik, cheikh [ʃɛk] nm sheik, sheikh.

chéiroptère [keiʀɔptɛʀ] = **chiroptère.**

chelem [ʃlɛm] nm JEUX & SPORT slam ▸ **grand chelem** grand slam ▸ **petit chelem** small ou little slam.

chemin [ʃəmɛ̃] nm **1.** [allée] path, lane ▸ **chemin creux** sunken lane ▸ **chemin de halage** towpath ▸ **chemin de ronde** covered way ▸ **chemin de terre** dirt track ▸ **chemin de traverse a)** *pr* path across the fields **b)** *fig* short cut ▸ **chemin vicinal** ou **départemental** minor road ▸ **être toujours sur les (quatre) chemins** to be always on the move ou road ▸ **bandit** ou **voleur de grand chemin** ou **grands chemins** highwayman ▸ **tous les chemins mènent à Rome** *prov* all roads lead to Rome *prov* **2.** [parcours, trajet] way ▸ **faire** ou **abattre du chemin** to go a long way / *le chemin que nous avons fait* ou *abattu* the long way we've come ou distance we've covered ▸ **on s'est retrouvé à mi-chemin** ou **à moitié chemin** we met halfway / *suivre le che-*

* In reformed spelling (see p. 16-19).

min de la balle [au tennis] to follow the path of the ball ▸ **demandons-lui notre chemin** let's ask him how to get there / *pas de problème, c'est sur mon chemin* no problem, it's on my way ▸ **c'est le chemin le plus court / long** it's the shortest / longest way / *nous avons fait tout le chemin à pied / en voiture* we walked / drove all the way / *se frayer* ou *s'ouvrir un chemin dans la foule* to force one's way through the crowd ▸ **se mettre sur le chemin de qqn** to stand in sb's way ▸ **passer son chemin** *vieilli* to go on one's way / *passez votre chemin!* on your way! / *prendre le chemin de l'exil* to go into exile ▸ **prendre des chemins détournés pour faire qqch** *fig* to use roundabout means in order to do sthg ▸ **par un chemin détourné a)** *pr* by a roundabout route **b)** *fig* in a roundabout way ▸ **prendre le chemin des écoliers** to go the long way around ▸ **ne pas en prendre le chemin** : *il voudrait devenir avocat, mais il n'en prend pas le chemin* he'd like to be a lawyer, but he's not going about it the right way / *je voudrais des petits-enfants mais ça n'en prend pas le chemin* I'd like some grandchildren but it doesn't seem to be on the agenda **3.** *fig* [destinée, progression] way ▸ **ouvrir / montrer le chemin** to open / to lead the way / *il va son chemin sans se préoccuper des autres* he goes his way without worrying about other people / *nos chemins se sont croisés autrefois* we met a long time ago ▸ **faire son chemin a)** [personne] to make one's way in life **b)** [idée] to catch on / *cet enfant fera du chemin, croyez-moi!* this child will go far ou a long way, believe me! ▸ **mettre un obstacle sur le chemin de qqn** to put an obstacle in sb's way ▸ **se mettre sur le chemin de qqn** to stand in sb's way ▸ **trouver qqn sur son chemin** [ennemi] to find sb standing in one's way / *que je ne te retrouve pas sur mon chemin!* don't let me ever bump into you again! ▸ **le chemin de Damas** BIBLE the road to Damascus ▸ **trouver son chemin de Damas** *fig* to see the light / *ne t'arrête pas en si bon chemin* don't give up now that you're doing so well ▸ **être / rester sur le droit chemin** to be on / to keep to the straight and narrow ▸ **détourner qqn du droit chemin** to lead sb astray **4.** RELIG ▸ **chemin de croix** Way of the Cross **5.** [napperon] ▸ **chemin de table** table runner.

❖ **chemin faisant** loc adv on the way, on one's way.

❖ **en chemin** loc adv on the way ou one's way / *ne t'amuse pas en chemin* don't mess around on the way / *nous en avons parlé en chemin* we talked about it on the way ou on our way.

chemin de fer [ʃəmɛ̃dfɛʀ] (*pl* **chemins de fer**) nm **1.** RAIL railway UK railroad US / *voyager en chemin de fer* to travel by train / *employé des chemins de fer* rail worker UK railman **2.** JEUX chemin de fer.

chemineau, x [ʃəmino] nm *vieilli* tramp, vagrant, hobo US.

cheminée [ʃəmine] nf **1.** [gén] shaft ; [de maison] chimney (stack) ; [dans un mur] chimney ; [d'usine] chimney (stack), smokestack ; [de paquebot] funnel ▸ **cheminée d'aération** ventilation shaft **2.** [âtre] fireplace ; [chambranle] mantelpiece / *viens te réchauffer près de la cheminée* come and get warm by the fire ou fireplace **3.** GÉOL [d'un volcan] vent ; [d'un massif] chimney ▸ **cheminée de fées** devil's chimney.

cheminement [ʃəminmɑ̃] nm **1.** [parcours] movement / *le cheminement des eaux souterraines* the movement of underground water **2.** *fig* [développement] development, unfolding / *le cheminement de sa pensée* the development of her thought **3.** MIL advance (under cover).

cheminer [3] [ʃəmine] vi **1.** *litt* [avancer - marcheur] to walk along ; [- fleuve] to flow / *cheminer avec difficulté à travers bois* to struggle through the woods **2.** *fig* [progresser - régulièrement] to progress, to develop ; [- lentement] to make slow progress ou headway **3.** MIL to advance (under cover) **4.** [en topographie] to traverse.

cheminot [ʃəmino] nm RAIL railwayman UK railroad man US.

chemisage [ʃəmizaʒ] nm **1.** [d'un projectile] jacketing **2.** [d'un conduit, d'un moule] lining.

chemise [ʃəmiz] nf **1.** VÊT shirt ▸ **chemise américaine** undershirt ▸ **chemise de nuit a)** [de femme] nightgown, nightdress **b)** [d'homme] nightshirt ▸ **en (bras ou manches de) chemise** in shirt-sleeves ▸ **il donnerait jusqu'à sa chemise** he'd give the shirt off his back ▸ **ils ne lui ont laissé que sa chemise** they took everything but what he stood up in ▸ **je m'en fiche** *fam* ou **soucie** ou **moque comme de ma première chemise** I couldn't care less about it ▸ **perdre au jeu jusqu'à sa dernière chemise** to gamble one's last penny UK ou cent US away **2.** HIST ▸ **Chemises brunes** Brownshirts ▸ **Chemises noires** Blackshirts ▸ **Chemises rouges** Redshirts **3.** [de carton] folder **4.** MÉCAN & TECHNOL [enveloppe - intérieure] lining ; [- extérieure] jacket.

chemiser [3] [ʃəmize] vt **1.** MÉCAN & TECHNOL [intérieurement] to line ; [extérieurement] to jacket **2.** CULIN to coat with aspic jelly.

chemiserie [ʃəmizʀi] nf **1.** [fabrique] shirt factory **2.** [boutique] gents' outfitter's UK haberdasher's US **3.** [industrie] shirt trade.

chemisette [ʃəmizɛt] nf [pour femme] short-sleeved blouse ; [pour homme, pour enfant] short-sleeved shirt.

chemisier, ère [ʃəmizje, ɛʀ] nm, f shirtmaker UK haberdasher US.

❖ **chemisier** nm blouse.

chênaie [ʃɛnɛ] nf stand of oak trees.

chenal, aux [ʃənal, o] nm **1.** [canal - dans les terres] channel ; [- dans un port] fairway, channel **2.** GÉOL [sous la mer] trench **3.** MÉTALL ▸ **chenal de coulée** runner.

chenapan [ʃənapɑ̃] nm *hum* rascal, rogue, scoundrel.

chêne [ʃɛn] nm **1.** BOT oak ▸ **chêne rouvre** Turkey oak ▸ **chêne vert** holm oak, ilex ▸ **fort** ou **solide comme un chêne** as strong as an ox **2.** MENUIS oak.

chéneau, x [ʃeno] nm gutter *(on a roof)*.

chêne-liège [ʃɛnljɛʒ] (*pl* **chênes-lièges**) nm cork oak.

chenet [ʃənɛ] nm andiron, firedog.

chènevis [ʃɛnvi] nm hempseed.

Chengdu [ʃɛŋdu] npr Chengdu.

chenil [ʃənil] nm **1.** [établissement - pour la reproduction] breeding kennels ; [- pour la garde] boarding kennels ; [- pour le dressage] training kennels **2.** SUISSE [bric-à-brac] (load of) junk.

chenille [ʃənij] nf **1.** ENTOM caterpillar ▸ **chenille du bombyx** silk worm ▸ **chenille processionnaire** processionary caterpillar **2.** MÉCAN caterpillar ▸ **véhicule à chenilles** tracked vehicle **3.** TEXT chenille.

chenillé, e [ʃənije] adj [engin, véhicule] tracked.

chenillette [ʃənijɛt] nf MIL small tracked vehicle ; [pour neige] snowmobile.

chenu, e [ʃəny] adj *litt* **1.** [vieillard] hoary **2.** [arbre] bald ou leafless (with age), glabrous *spéc*.

cheptel [ʃɛptɛl] nm **1.** [bétail] livestock / *avoir un cheptel de 1 000 têtes* to have 1,000 head of cattle / *le cheptel bovin de la France* the total number of cattle in France **2.** DR ▸ **cheptel (vif)** livestock ▸ **cheptel mort** farm equipment.

chèque [ʃɛk] nm **1.** FIN cheque UK check US ▸ **tirer / toucher un chèque** to draw / to cash a cheque ▸ **faire un chèque de 50 euros à qqn** to write sb a cheque for 50 euros ▸ **chèque bancaire** cheque ▸ **chèque de banque** cashier's cheque ▸ **chèque barré** crossed cheque ▸ **chèque en blanc** blank cheque ▸ **donner un chèque en blanc à qqn** *fig* to give sb carte blanche ▸ **chèque en bois** *fam* ou **sans provision** dud cheque UK rubber cheque, bad check US / *il a fait un chèque sans provision* his cheque bounced ▸ **chèque de caisse** credit voucher ▸ **chèque de caution** *cheque given as deposit* ▸ **chèque à ordre** cheque to order ▸ **chèque au porteur** bearer cheque ▸ **chèque postal** *cheque drawn on the postal banking system* ; ≃ giro (cheque) UK ▸ **chèque de voyage** traveller's cheque UK traveler's check US **2.** [coupon] ▸ **chèque cadeau** gift token ▸ **chèque emploi-service universel** *special cheque used to pay casual workers such as part-time cleaners, babysitters, etc.* ▸ **chèque essence** petrol coupon ou voucher ▸ **chèque repas** luncheon voucher.

Chèque-Déjeuner® [ʃɛkdeʒœne] (*pl* **Chèques-Déjeuners**) nm ≃ luncheon voucher.

Chèque-Restaurant® [ʃɛkʀɛstɔʀɑ̃] (*pl* **Chèques-Restaurants**) nm ≃ luncheon voucher.

chèque-vacances [ʃɛkvakɑ̃s] (*pl* **chèques-vacances**) nm *voucher that can be used to pay for holiday accommodation, activities, meals, etc.*

chéquier [ʃekje] nm chequebook UK checkbook US.

cher, chère [ʃɛʀ] adj **1.** [aimé] dear / *elle m'est plus chère qu'une sœur* she's dearer to me than a sister / *ceux qui vous sont chers* your loved ones, the ones you love ▸ **un être cher** a loved one **2.** [dans des formules de politesse] dear ▸ **cher Monsieur, chère Madame** dear Sir, dear Madam ▸ **mon cher ami** my dear friend ▸ **mes bien** ou **très chers amis** dearest friends ▸ **bien chers tous** dearest friends / *le cher homme n'a pas compris* *hum* ou *iron* the dear man didn't understand ▸ **mes bien** ou **très chers frères** RELIG beloved brethren **3.** [précieux] dear, beloved / *il est retourné à ses chères études* *hum* he's gone back to his ivory tower ou to his beloved books ▸ **cher à** : *la formule si chère aux hommes politiques* the phrase beloved of politicians, that favourite phrase of politicians / *mon souhait le plus cher* my dearest ou most devout wish **4.** [onéreux] expensive, dear UK ▸ **c'est plus cher** it's dearer UK ou more expensive ▸ **c'est moins cher** it's cheaper ou less expensive ▸ **peu cher** inexpensive / *voilà un dîner pas cher!* now this is a cheap dinner! / *ne va pas chez Pablet, il est trop cher* don't go to Pablet's, his prices are too high.

❖ **cher** adv **1.** COMM ▸ **coûter cher** to cost a lot, to be expensive / *est-ce que ça te revient cher?* does it cost you a lot? / *ça me revient trop cher* it's too expensive for me, I can't afford it ▸ **prendre cher** *fam* to charge a lot / *il te prend cher* how much does he charge (you)? / *il prend trop cher* he charges too much / *tu ne prends pas assez cher* you don't charge enough ▸ **il vaut cher a)** [bijou de famille] it's worth a lot ou valuable **b)** [article en magasin] it's expensive / *je l'ai eu pour pas cher* *fam* I didn't pay much for it / *elle vend cher* *fam* her prices are high **2.** EXPR **donner cher** : *je donnerais cher pour le savoir* I'd give anything to know / *je ne donne pas cher de sa vie* I wouldn't give much for his chances of survival ▸ **valoir cher** : *il ne vaut pas cher* he's a good-for-nothing / *et toi, tu ne vaux pas plus cher* and you're no better.

chercher [3] [ʃɛʀʃe] vt **1.** [dans l'espace] to look ou to search for *(insép)* / *que cherches-tu?* what are you looking for? / *cherche les clefs dans tes poches* look in your pockets for the keys ▸ **chercher qqn du regard** ou **des yeux** to look around for sb ▸ **chercher qqn / qqch à tâtons** to fumble ou to grope for sb / sthg / *il cherchait son enfant à tâtons dans le noir* he groped around in the dark trying to find his child ▸ **chercher la petite bête** *fam* to split hairs ▸ **chercher des poux dans la tête à qqn** *fam* to try and pick a fight with sb ▸ **cherchez la femme** *(allusion à Alexandre Dumas père)* cherchez la femme **2.** [mentalement] to try to find, to search for *(insép)* ▸ **je cherche son nom** I'm trying to remember her name ; *(en usage absolu)* : *tu donnes ta langue au chat? — attends, je cherche* give up? — wait, I'm still thinking ou trying to think ▸ **chercher des crosses** *fam* ou **des ennuis** ou **des histoires à qqn** to try and cause trouble for sb ▸ **chercher chicane** ou **querelle à qqn** to try and pick a quarrel with sb ▸ **chercher midi à quatorze heures** *fam* to look for complications (where there are none) / *pas besoin de chercher midi à quatorze heures pour expliquer son départ* no need to look too far to understand why he left **3.** [essayer de se procurer] to look ou to hunt for *(insép)* / *je cherche cette édition rare depuis longtemps* I've been hunting for this rare edition for years ▸ **chercher du travail** to look for work, to be job-hunting ▸ **chercher une maison** to look for a house, to be house-hunting / *il faut vite chercher du secours* you must get help quickly / *il est parti chercher fortune à l'étranger* he went abroad to look for fame and fortune ▸ **chercher refuge auprès de qqn** to seek refuge with sb ▸ **chercher femme** *vieilli* to look for a wife **4.** [aspirer à - tranquillité, inspiration] to look ou to search for *(insép)*, to seek (after) / *il ne cherche que son intérêt* he thinks only of his own interests **5.** [provoquer] to look for *(insép)* / *tu l'as bien cherché!* you asked for it! / *toujours à chercher la bagarre!* always looking ou spoiling for a fight! ▸ **quand** ou **si on me cherche, on me trouve** if anybody asks for trouble, he'll get it **6.** [avec des verbes de mouvement] ▸ **aller chercher**

qqn / qqch to fetch sb / sthg / *aller chercher les enfants à l'école* to pick the children up from school / *monte / descends chercher la valise* go (up) / down and fetch the suitcase ▸ **aller chercher qqn à l'aéroport** to go and pick sb up at the airport / *allez me chercher le directeur* [client mécontent] I'd like to speak to the manager ▸ **aller chercher** *fig* : *que vas-tu chercher là?* what on earth are you going on about? / *mais qu'est-ce que tu vas encore chercher, je n'ai rien dit de mal* now what are you thinking of? I didn't mean anything bad / *où as-tu été chercher que j'avais accepté?* what made you think I said yes? ▸ **aller chercher dans les** *fam*, **aller chercher jusqu'à** *fam* : *ça va bien chercher dans les 500 €* it's worth at least 500 € / *ça peut aller chercher jusqu'à dix ans de prison* it could get you up to ten years in prison ▸ **aller chercher loin** *fam* : *ça va chercher loin, cette histoire* this is a bad business.

❖ **chercher à** v + prép to try ou to attempt ou to seek to / *je ne cherche qu'à t'aider* I'm only trying to help you / *cherche pas à comprendre fam* don't bother to try to ou and understand.

❖ **chercher après** v + prép *fam* to look for, to be ou to chase after / *je cherche encore après ces maudites lunettes!* I'm still after those damn glasses!

❖ **se chercher** ◆ vp *(emploi réciproque)* : *ils se sont cherchés pendant longtemps* they spent a long time looking for each other. ◆ vpi : *il se cherche* he's trying to sort himself out.

chercheur, euse [ʃɛʀʃœʀ, øz] ◆ adj [esprit, mentalité] inquiring. ◆ nm, f **1.** UNIV researcher, research worker ▸ **travailler comme chercheur** to be a researcher, to do research **2.** [aventurier] ▸ **un chercheur de trésor** a treasure seeker ▸ **chercheur d'or** gold digger.

❖ **chercheur** nm ASTRON ▸ **chercheur de comètes** finder.

chère [ʃɛʀ] nf *litt & hum* food, fare / *la chère y est excellente* the food there is superb ▸ **faire bonne chère** to eat well.

chèrement [ʃɛʀmɑ̃] adv **1.** [à un prix élevé] dearly, at great cost / *la victoire fut chèrement payée* the victory was won at great cost **2.** *litt* [tendrement] dearly, fondly ▸ **aimer chèrement qqn** to love sb dearly.

chéri, e [ʃeʀi] ◆ adj darling, dear, beloved *sout* / *mon gros bébé chéri* my sweet darling baby / *à notre grand-mère chérie* [au cimetière] to our beloved grandmother. ◆ nm, f **1.** *(en appellatif)* darling, dear, honey US / *qu'y a-t-il, chéri* what's the matter, dear ou darling? / *mon chéri, je te l'ai dit cent fois* darling, I've already told you a hundred times **2.** [personne préférée] : *il a toujours été le chéri de ses parents* he was always the darling of the family / *voilà le chéri de ces dames hum* here comes the ladykiller **3.** *fam* [amant] lover, boyfriend (girlfriend) / *sa chérie l'a largué* his girlfriend ditched him.

chérif [ʃeʀif] nm [prince arabe] sherif, sharif.

chérifien, enne [ʃeʀifjɛ̃, ɛn] adj Cherifian.

chérir [32] [ʃeʀiʀ] vt *litt* [aimer - personne] to cherish, to love (dearly) ; [- démocratie, liberté] to cherish ; [- mémoire, souvenir] to cherish, to treasure.

chérot [ʃeʀo] *fam* ◆ adj inv pricey, on the pricey side. ◆ adv : *il vend plutôt chérot!* his prices are on the stiff side!

cherra v ⟶ choir.

cherry [ʃeʀi] *(pl* **cherrys** ou **cherries)** nm cherry brandy.

cherté [ʃɛʀte] nf : *la cherté des fraises* the high price of strawberries / *la cherté de la vie* the high cost of living.

chérubin [ʃeʀybɛ̃] nm **1.** RELIG cherub **2.** [enfant] cherub.

chétif, ive [ʃetif, iv] adj **1.** [peu robuste] sickly, puny **2.** BOT stunted **3.** *litt* [peu riche - récolte] meagre UK, meager US, poor ; [- existence] poor, wretched.

chevaine [ʃəvɛn] nm chub.

cheval, aux [ʃ(ə)val, o] nm **1.** ZOOL horse ▸ **cheval d'attelage** carthorse, plough horse ▸ **cheval de poste** ou **relais** post-horse ▸ **cheval de bataille** *fig* hobbyhorse, pet subject ▸ **cheval de cirque** circus horse ▸ **cheval de course** racehorse ▸ **cheval de labour** plough UK ou plow US horse ▸ **cheval de manège** school horse ▸ **cheval marin** [hippocampe] sea horse ▸ **cheval de retour** [récidiviste] recidivist ▸ **cheval de selle** saddle horse ▸ **cheval de trait** draught UK ou draft US horse ▸ **changer** ou **échanger** ou **troquer son cheval borgne pour un aveugle** *prov* to jump from the frying pan into the fire ▸ **travailler comme un cheval** to work like a dog ou slave ▸ **à cheval donné on ne regarde pas la dent** *prov* don't look a gift horse in the mouth *prov* ▸ **monter sur ses grands chevaux** to get on one's high horse ▸ **ce n'est pas un** ou **le mauvais cheval** he's not a bad guy ou sort ▸ **ça ne se trouve pas sous le pas** ou **sabot d'un cheval** it doesn't grow on trees **2.** ÉQUIT (horseback) riding / *elle aime beaucoup le cheval* she loves riding ▸ **faire du cheval** to ride, to go riding **3.** LOISIRS ▸ **cheval de bois** wooden horse / *faire un tour sur les chevaux de bois* to go on the roundabout ou carousel ▸ **jouer aux petits chevaux** JEUX ≃ to play ludo **4.** AUTO & FIN ▸ **cheval fiscal** horsepower *(for tax purposes)* **5.** MIL ▸ **cheval de frise** cheval-de-frise **6.** ANTIQ ▸ **le cheval de Troie** the Trojan horse **7.** [viande] horsemeat **8.** *fam & péj* [femme] ▸ **grand cheval** great horse of a woman.

❖ **à cheval** loc adv **1.** ÉQUIT on horseback / *aller au village à cheval* to ride to the village, to go to the village on horseback / *traverser une rivière à cheval* to ride across a river **2.** [à califourchon] : *être à cheval sur une chaise* to be sitting astride a chair / *l'étang est à cheval sur deux propriétés* the pond straddles two properties / *mon congé est à cheval sur février et mars* my period of leave starts in February and ends in March **3.** *fam* [pointilleux] ▸ **être à cheval sur** to be particular about / *il est très à cheval sur les principes* he is a stickler for principles / *ils sont très à cheval sur la tenue* they're very particular about dress.

❖ **de cheval** loc adj **1.** CULIN horse *(modif)*, horsemeat *(modif)* **2.** *fam* [fort] ▸ **fièvre de cheval** raging fever ▸ **remède de cheval** drastic remedy **3.** *péj* [dents] horsey *péj*, horselike.

cheval-d'arçons [ʃ(ə)valdaʀsɔ̃] nm inv vaulting horse.

chevalement [ʃəvalmɑ̃] nm **1.** CONSTR shoring **2.** MIN (pit) head frame, gallows frame.

chevaler [3] [ʃ(ə)vale] vt to shore up *(sép)*.

chevaleresque [ʃ(ə)valʀɛsk] adj **1.** [généreux] chivalrous ▸ **agir de façon chevaleresque** to behave like a gentleman **2.** [des chevaliers] : *l'honneur / le devoir chevaleresque* a knight's honour / duty.

chevalerie [ʃəvalʀi] nf **1.** [ordre] knighthood **2.** [institution] chivalry.

chevalet [ʃəvalɛ] nm **1.** [d'un peintre] easel **2.** [support] stand, trestle **3.** MUS bridge **4.** HIST [de torture] rack.

chevalier [ʃəvalje] nm **1.** HIST knight / *il a été fait chevalier* he was knighted ▸ **chevalier errant** knight-errant ▸ **chevalier d'industrie** wheeler-dealer ▸ **chevalier servant** (devoted) escort ▸ **le chevalier de la Triste Figure** LITTÉR the Knight of the Sorrowful Countenance ▸ **les chevaliers de la Table ronde** the Knights of the Round Table **2.** ADMIN ▸ **chevalier de la Légion d'honneur** chevalier of the Legion of Honour **3.** ORNITH sandpiper.

chevalière [ʃəvaljɛʀ] nf signet ring.

chevalin, e [ʃəvalɛ̃, in] adj **1.** [race] equine **2.** [air, allure, visage] horsey, horselike.

cheval-vapeur [ʃəvalvapœʀ] *(pl* **chevaux-vapeur** [ʃəvovapœʀ]) nm horsepower.

chevauchant, e [ʃəvoʃɑ̃, ɑ̃t] adj overlapping.

chevauchée [ʃəvoʃe] nf ride / **'la Chevauchée fantastique'** *John Ford* 'Stagecoach'.

chevauchement [ʃəvoʃmɑ̃] nm **1.** [superposition] overlap, overlapping / *pour éviter tout chevauchement dans l'emploi du temps des élèves* to avoid clashes ou overlaps between subjects in the students' timetable **2.** CONSTR spanning **3.** GÉOL thrust fault.

chevaucher [3] [ʃəvoʃe] vt **1.** [monter sur - moto, cheval, balai, vague] to ride ; [- âne, chaise] to sit astride ou astraddle **2.** [recouvrir en partie] to overlap.

❖ **se chevaucher** vp *(emploi réciproque)* **1.** [être superposé - dents] to grow into each other ; [- tuiles] to overlap / *mon cours et le sien se chevauchent* my lesson overlaps with hers **2.** GÉOL to overthrust.

chevau-léger [ʃəvoleʒe] *(pl* **chevau-légers)** nm **1.** [soldat] soldier of the Household Cavalry **2.** [corps] ▸ **les chevau-légers** the Household Cavalry.

chevêche [ʃəvɛʃ] nf little owl.

chevelu, e [ʃəvly] ◆ adj **1.** [ayant des cheveux] hairy **2.** [à chevelure abondante] longhaired **3.** BOT comose, comate. ◆ nm, f *péj* [personne] long-haired man (woman).

❖ **chevelu** nm BOT root-hairs *(pl)*.

chevelure [ʃəvlyʀ] nf **1.** [cheveux] hair / *son abondante chevelure* her thick hair **2.** ASTRON tail.

chevenne, chevesne [ʃəvɛn] = **chevaine.**

chevet [ʃ(ə)vɛ] nm **1.** [d'un lit] bedhead **2.** ARCHIT chevet.

❖ **au chevet de** loc prép at the bedside of.

❖ **de chevet** loc adj bedside *(modif)*.

cheveu, x [ʃ(ə)vø] nm **1.** [poil] hair ▸ **ses cheveux** his hair ▸ **avoir les cheveux noirs / longs / frisés** to have black / long / curly hair ▸ **aux cheveux blonds / noirs / frisés** blond- / black- / curly-haired / *une fille aux cheveux courts* a girl with short hair, a short-haired girl / *avoir les cheveux raides* to have straight hair / *les cheveux en désordre* ou *bataille* with unkempt ou tousled hair / *(les) cheveux au vent* with his / her etc. hair blowing freely in the wind / *avoir le cheveu rare* to be thinning (on top) / *s'il touche à un seul cheveu de ma femme...* if he dares touch a hair on my wife's head... ▸ **en cheveux** *vieilli* bare-headed ▸ **une histoire à faire dresser les cheveux sur la tête** a story that makes your hair stand on end ▸ **d'un cheveu** : *le coup l'a manqué d'un cheveu* the blow missed him by a hair's breadth / *il s'en est fallu d'un cheveu qu'on y reste* we missed death by a hair's breadth / *il s'en est fallu d'un cheveu qu'il ne soit renversé par une voiture* he very nearly got run over ▸ **avoir un cheveu sur la langue** to (have a) lisp ▸ **se faire des cheveux (blancs)** to worry o.s. sick ▸ **venir** ou **arriver** ou **tomber comme un cheveu sur la soupe** to come at the wrong time / *sa question est tombée comme un cheveu sur la soupe* his question couldn't have come at a worse time ▸ **saisir une occasion aux cheveux** to seize an opportunity ▸ **c'est un peu tiré par les cheveux** it's a bit far-fetched ▸ **se prendre aux cheveux** to come to blows ▸ **avoir mal aux cheveux** *fam* to have a hangover **2.** [coiffure] hairstyle / *tu aimes mes cheveux comme ça?* how do you like my haircut ou hairstyle?

❖ **à cheveux** loc adj hair *(modif)*.

❖ **à un cheveu de** loc prép within a hair's breadth of.

❖ **cheveux d'ange** nmpl **1.** [guirlande] tinsel garland **2.** CULIN vermicelli.

chevillard [ʃəvijaʀ] nm wholesale butcher.

cheville [ʃ(ə)vij] nf **1.** ANAT ankle / *ils avaient de la boue jusqu'aux chevilles* they were ankle-deep in mud, the mud came up to their ankles ▸ **ne pas arriver à la cheville de qqn** : *son fils ne lui arrive pas à la cheville* his son's hardly in the same league as him / *personne ne lui arrive à la cheville* he's head and shoulders above everybody else *fig* **2.** MENUIS [pour visser] (wall) plug, Rawlplug® UK, (wall) anchor US ; [pour boucher] dowel ▸ **il est la cheville ouvrière du mouvement** *fig* he's the mainspring ou kingpin of the movement **3.** MUS peg **4.** LITTÉR cheville, expletive **5.** [de boucher] hook.

❖ **en cheville** loc adv ▸ **être en cheville avec qqn** to be in cahoots with sb / *ils sont en cheville tous les deux* they're in it together.

cheviller [3] [ʃ(ə)vije] vt to peg / *l'armoire est chevillée* the wardrobe is pegged together.

chevillette [ʃ(ə)vijɛt] nf [clé] (wooden) peg.

cheviotte [ʃəvjɔt] nf Cheviot wool.

chèvre [ʃɛvʀ] ◆ nf **1.** ZOOL [mâle] goat, billy-goat ; [femelle] goat, she-goat, nanny-goat ▸ **rendre qqn chè-**

vre *fam* to drive sb crazy ▸ **la chèvre de M. Seguin** *the best known of Daudet's stories in "les Lettres de mon moulin" (1869), familiar to generations of schoolchildren* **2.** [treuil] hoist ; [chevalet] trestle. ◆ nm goat's cheese.

chevreau, x [ʃəvʀo] nm **1.** ZOOL kid **2.** [peau] kid / *des gants de chevreau* kid gloves.

chèvrefeuille [ʃɛvʀəfœj] nm honeysuckle.

chevrette [ʃəvʀɛt] nf **1.** ZOOL [chèvre] kid, young nanny-goat ou she-goat ; [femelle du chevreuil] roe, doe ; [crevette] shrimp **2.** [fourrure] goatskin **3.** [trépied] tripod.

chevreuil [ʃəvʀœj] nm **1.** ZOOL roe deer **2.** CULIN venison.

chevrier, ère [ʃəvʀije, ɛʀ] nm, f goatherd.

❖ **chevrier** nm chevrier bean.

chevron [ʃəvʀɔ̃] nm **1.** CONSTR rafter **2.** MIL chevron, V-shaped stripe **3.** [motif] chevron ▸ **veste à chevrons a)** [petits] herringbone jacket **b)** [grands] chevron-patterned jacket.

chevronné, e [ʃəvʀɔne] adj seasoned, experienced, practised ▸ **c'est un grimpeur chevronné** he's an old hand at climbing ou a seasoned climber.

chevrotain [ʃəvʀɔtɛ̃] nm chevrotain, mouse deer.

chevrotant, e [ʃəvʀɔtɑ̃, ɑ̃t] adj quavering.

chevrotement [ʃəvʀɔtmɑ̃] nm quavering.

chevroter [3] [ʃəvʀɔte] vi [voix] to quaver.

chevrotin [ʃəvʀɔtɛ̃] nm **1.** ZOOL fawn *(of roe deer)* **2.** CULIN [fromage] goat's cheese.

chevrotine [ʃəvʀɔtin] nf piece of buckshot ▸ **chevrotines** buckshot.

chewing-gum [ʃwiŋgɔm] (*pl* **chewing-gums**) nm gum, chewing-gum ▸ **un chewing-gum** a piece of gum.

Cheyenne [ʃejɛn] nmf Cheyenne ▸ **les Cheyennes** the Cheyenne.

chez [ʃe] prép **1.** [dans la demeure de] : *je rentre chez moi* I'm going home ▸ **chez soi** at home ▸ **rentrer chez soi** to go home ▸ **rester chez soi** to stay at home ou in / *est-elle chez elle en ce moment?* is she at home ou in at the moment? / *il habite chez moi en ce moment* he's living with me ou he's staying at my place at the moment ▸ **elle l'a raccompagné chez lui a)** [à pied] she walked him home **b)** [en voiture] she gave him a lift home / *puis-je venir chez vous?* may I come over (to your place)? / *les amis chez qui j'étais ce week-end* the friends I stayed with this weekend / *c'est juste à côté de chez lui* it's just round the corner from his place / *ça s'est passé pas loin de / devant chez nous* it happened not far from / right outside where we live / *elle arrive de chez lui* she's just come from his place / *on pourrait passer chez elle* we could drop by at her place ou drop in on her ▸ **chez M. Durand** [dans une adresse] care of Mr Durand / *il se sent partout chez lui* he's at home everywhere ▸ **fais comme chez toi a)** make yourself at home **b)** *iron* do make yourself at home, won't you ▸ **chez nous a)** [dans ma famille] in my ou our family **b)** [dans mon pays] in my ou our country / *chez nous, on ne fait pas de manières* we don't stand on ceremony in our family / *chez moi, ma mère disait toujours...* in my family ou at home, my mother used to say... ▸ **chacun chez soi** everyone should look to his own affairs ▸ **c'est une coutume / un accent bien de chez nous** it's a typical local custom / accent / *une bonne tarte aux pommes bien de chez nous* *hum* a good old apple pie like mother used to make **2.** [dans un magasin, une société, etc.] ▸ **aller chez le coiffeur / le médecin** to go to the hairdresser's / the doctor's ▸ **il est chez le coiffeur / le médecin** he's at the hairdresser's / the doctor's ▸ **acheter qqch chez l'épicier** to buy sthg at the grocer's / *je l'ai acheté chez Denver & Smith* I bought it from Denver & Smith ▸ **dîner chez Maxim's** to dine at Maxim's / *une robe de chez Dior* a Dior dress, a dress designed by Dior / *il a travaillé chez IBM* he worked at ou for IBM / *il a fait ses études chez les jésuites* he studied with the Jesuits ou at a Jesuit school **3.** [dans un pays, un groupe] ▸ **chez les Russes** in Russia / *c'est une coutume chez les Suédois* it's a Swedish custom / *chez les Grecs* in Ancient Greece / *cette expression est courante chez les jeunes* this expression is widely used among young people ▸ **chez l'homme / la femme** in men / women / *c'est fréquent chez les mammifères* it's often the case in ou with mammals **4.** [dans une personne] : *ce qui me gêne chez lui, c'est...* the problem with him is... / *c'est devenu une habitude chez elle* it's become a habit with her / *il y a quelque chose que j'apprécie particulièrement chez eux, c'est leur générosité* something I particularly like about them is their generosity **5.** [dans l'œuvre de] in ▸ **chez Molière / Giotto** in Molière's / Giotto's work / *c'est souvent le cas chez Marivaux* it's often the case with ou in Marivaux.

La préposition chez est rendue de différentes manières en anglais selon le contexte:

• Si chez signifie «(dans) la demeure de» et est suivi du nom de la personne ou d'un pronom personnel, on emploie at + possessif + place. Place peut être remplacé par house, flat, etc.

On va se retrouver chez Marie. *We're going to meet at Marie's place / house / flat.*

Notez que dans un registre familier on peut omettre place.

On a dîné chez Anne. *We had dinner at Anne's.*

• Chez soi est rendu par at my / his / their, etc., place, at home, ou (surtout en anglais américain) simplement home :

Je suis resté chez moi toute la journée. *I stayed at my place all day* ou *I stayed at home all day* ou *I stayed home all day* US.

Il est toujours chez lui le soir. *He's always (at) home in the evening.*

• Lorsqu'on parle de se rendre chez qqn, on emploie to + possessif + place / house / flat, etc. :

C'est la première fois que je viens chez toi. *It's the first time I've been to your place.*

Ils sont allés chez leurs parents en voiture. *They drove to their parents' house.*

• Lorsque chez soi est associé à un verbe de mouvement, on emploie verbe + home :

Je vais rentrer chez moi à pied / en voiture. *I'll walk / drive home.*

Il est rentré chez lui. *He's gone home.*

• Si l'on veut dire que l'on se trouve chez un commerçant, chez le médecin, chez le dentiste, etc., on emploie at + possessif :

Thomas est chez le coiffeur. *Thomas is at the hairdresser's.*

• Lorsqu'on se rend chez un commerçant, le médecin, etc., on emploie verbe + to + possessif :

Elle va chez le boucher une fois par semaine. *She goes to the butcher's once a week.*

• Si chez signifie parmi, on emploie in ou among :

C'est assez répandu chez les adolescents. *It's quite common among teenagers.*

Une maladie courante chez le chien. *A common illness in dogs.*

Si c'est d'une seule personne que l'on parle, on emploie about :

Ce que j'apprécie le plus chez elle, c'est son humour. *What I like about her the most is her sense of humour.*

... de chez...

Used for emphasis in informal spoken French, the expression [adjective / adverb] **de chez** [adjective / adverb] mimics the form [noun] **de chez** [name of designer] used in the world of luxury goods and fashion: **un sac à main de chez Dior** *a Dior handbag*; **un tailleur de chez Lagerfeld** *a Lagerfeld suit.*

Mais tu as vu les bijoux qu'elle porte ? C'est clinquant de chez clinquant ! *Have you seen that jewellery she's wearing? Bling-bling or what?*

Je l'aime grave de chez grave. *I'm so loved up with him it's unreal.*

chez-soi [ʃeswa] nm inv home ▸ **avoir un chez-soi** ou **son chez-soi** to have a home of one's own.

chiader [3] [ʃjade] vt *tfam* **1.** [perfectionner] to polish up *(sép)* / *c'est vachement chiadé comme bagnole!* this car's got the works! **2.** ÉDUC & UNIV to cram for, to swot (up) UK.

chiadeur, euse [ʃjadœʀ, øz] nm, f *tfam* ÉDUC swot UK, grind US ; [au travail] perfectionist.

chialer [3] [ʃjale] vi *tfam* to blubber, to bawl / *chialer un bon coup* to bawl one's head off.

chialeur, euse [ʃjalœʀ, øz] *tfam* ◆ adj blubbering, bawling. ◆ nm, f blubbering ou bawling brat.

chiant, e [ʃjɑ̃, ɑ̃t] adj *tfam* **1.** [assommant -personne, chose à faire, livre] boring / *ce qu'elle est chiante avec ses histoires!* she's so boring when she gets going with her stories! / *ce que c'est chiant cette vérification!* having to check all this is a real drag! / *son dernier bouquin est d'un chiant!* his latest book is really bloody UK ou godawful US boring! **2.** [difficile -chose à faire] : *c'est chiant à mettre en service, cette imprimante!* this printer is a real pain to install! **3.** [contrariant -personne, événement] annoying / *t'es chiante de pas répondre quand on te parle!* why can't you answer me when I speak to you, it really pisses me off UK ou ticks me off! US / *c'est chiant, cette coupure de courant!* this power cut is a real pain in the neck ou arse UK.

chianti [kjɑ̃ti] nm Chianti.

chiard [ʃjaʀ] nm *tfam* brat.

chiasma [kjasma] nm chiasm, chiasma.

chiasmatique [kjasmatik] adj chiasmal, chiasmatic.

chiasme [kjasm] nm **1.** [figure de style] chiasmus **2.** ANAT & ART chiasm, chiasma.

chiasse [ʃjas] nf **1.** *vulg* [diarrhée] : *avoir la chiasse* to have the trots ou runs / *attraper la chiasse* to get the trots ou runs **2.** *tfam* [poisse] : *quelle chiasse!* what a drag! **3.** [de mouche, d'oiseau] shit.

chiatique [ʃjatik] adj *tfam* : *t'es vraiment chiatique* you're a bloody UK ou damn pain / *c'est vraiment chiatique* it's a complete drag.

chibre [ʃibʀ] nm SUISSE *popular Swiss card game.*

chic [ʃik] ◆ adj inv **1.** [élégant] stylish, smart, classy / *pour faire chic* in order to look smart ou classy ▸ **c'est très chic!** very classy! **2.** [distingué] smart / *il paraît que ça fait chic de...* it's considered smart (these days) to... ▸ **les gens chic** the smart set **3.** [sympathique] nice / *c'est un chic type!* he's a decent fellow ou nice guy! / *c'est une chic fille!* she's really nice! ▸ **être chic avec qqn** to be nice to sb / *c'était (vraiment) chic de sa part* it was (really) nice of him / *sois chic, donne-le-moi!* be an angel, give it to me! ◆ nm **1.** [élégance -d'une allure, d'un vêtement] style, stylishness, chic ▸ **avoir du chic** to have style, to be chic / *veste qui a du chic* stylish jacket ▸ **s'habiller avec chic** to dress smartly ▸ **bon chic bon genre** *fam* ≃ Sloaney UK ; ≃ preppy US **2.** *fam* EXPR **avoir le chic pour** : *il a le chic pour dire ce qu'il ne faut pas* he has a gift for ou a knack of saying the wrong thing / *tu as vraiment le chic pour trouver des petites robes chouettes* you've really got the knack of finding great little dresses. ◆ interj *fam & vieilli* ▸ **chic (alors)!** great!, smashing! / *tu viendras? chic alors!* you'll be coming? great!

❖ **de chic** loc adv off the cuff, impromptu *(adv).*
Chicago [ʃikago] npr Chicago.
chicane [ʃikan] nf **1.** [dans un procès] quibble, pettifogging *(U)*, chicanery *(U)* **2.** [querelle] squabble **3.** SPORT [de circuit] chicane ; [de gymkhana] zigzag **4.** CARTES chicane.
❖ **en chicane** loc adj zigzag *(modif).*
chicaner [3] [ʃikane] ◆ vt ▸ **chicaner qqn sur** to quibble with sb about / *on me chicane sur l'emploi de ce mot* they quibble about my use of this word. ◆ vi to quibble.
chicaneries [ʃikanʀi] nfpl quibbling *(U).*
chicaneur, euse [ʃikanœʀ, øz], **chicanier, ère** [ʃikanje, ɛʀ] ◆ adj quibbling. ◆ nm, f **1.** [au tribunal] pettifogger **2.** [ergoteur] quibbler.
chicano [ʃikano] adj Chicano.
❖ **Chicano** nmf Chicano.
chicha, shisha [ʃiʃa] nf hookah.
chiche [ʃiʃ] adj **1.** [avare] mean ▸ **être chiche de** : *il n'a pas été chiche de son temps / de ses efforts* he didn't spare his time / efforts / *il n'a pas été chiche de compliments* he was generous with his compliments **2.** [peu abondant - repas, dîner, récolte] scanty, meagre UK, meager US **3.** *fam* [capable] ▸ **être chiche de** : *tu n'es pas chiche de le faire !* I'll bet you couldn't do it ! / *elle est chiche de le faire !* she's quite capable of doing it ! ▸ **chiche !** want to bet ? ▸ **chiche ? — chiche !** want to bet ? — you're on ! / *chiche que je mange tout !* bet you I can eat it all ! / *je vais lui dire ce que je pense ! — allez, chiche !* I'm going to give him a piece of my mind ! — go on, I dare you !
chiche-kebab *(pl* **chiches-kebabs***)*, **chichekébab*** [ʃiʃkebab] nm kebab, shish kebab.
chichement [ʃiʃmɑ̃] adv **1.** [de façon mesquine] meanly, stingily **2.** [pauvrement] scantily, meagrely UK, meagerly US ▸ **vivre chichement** to lead a meagre existence.
chichi [ʃiʃi] nm *fam* [simagrée] airs (and graces) ▸ **faire des chichis** to put on airs / *ce sont des gens à chichis* these people give themselves airs ▸ **un dîner sans chichis** an informal dinner / *ne fais pas tant de chichis pour une simple piqûre !* don't make such a fuss about a little injection !
chichiteux, euse [ʃiʃitø, øz] *fam* ◆ adj affected. ◆ nm, f show-off, poseur.
chicon [ʃikɔ̃] nm **1.** [pomme de laitue] cos UK ou romaine US lettuce heart **2.** BELG [endive] chicory.
chicorée [ʃikɔʀe] nf **1.** [salade] endive UK, chicory US **2.** [à café] chicory **3.** [fleur] (wild) chicory.
chicos [ʃikɔs] adj *fam* classy, smart, chic.
chicot [ʃiko] nm [d'une dent] stump ; [d'un arbre] tree stump.
chicotin [ʃikɔtɛ̃] nm sap of aloes.
chié, e [ʃje] adj *tfam* **1.** [réussi - soirée, livre] damn good / *c'est un chié spectacle* it's a fabulous show / *oh, dis donc, c'est chié comme appareil photo !* wow, what a brilliant camera ! **2.** [culotté] : *il est chié, lui !* he's got a nerve ! **3.** [drôle] : *il est chié* he's a scream / *il est chié quand il imite le directeur* he's a scream when he takes off the boss **4.** [difficile - tâche] hard / *alors là, c'est chié comme question !* well, that's a hell of a question !
❖ **chiée** nf *tfam* [grande quantité] : *une chiée de…* heaps ou a whole lot ou loads of… / *on a eu une chiée d'ennuis pendant le voyage* it was just one damn thing after another during the whole journey / *des chiées* loads / *des gens serviables, y en a pas des chiées !* helpful people don't exactly grow on trees !
chien, chienne [ʃjɛ̃, ʃjɛn] nm, f **1.** ZOOL dog (bitch) ▸ **chien d'arrêt** ou **couchant** pointer ▸ **faire le chien couchant** to fawn, to crawl ▸ **chien d'appartement** lapdog ▸ **chien d'aveugle** guide dog ▸ **chien de berger** sheepdog ▸ **chien de chasse** retriever ▸ **chien courant** hound ▸ **chien errant** stray dog ▸ **chien de garde a)** *pr* guard dog **b)** *fig* watchdog ▸ **chien guide** assistance dog ▸ **chien de manchon** lapdog ▸ **chien de meute** hound ▸ **chien policier** police dog ▸ **chien de race** pedigree dog ▸ **chien de traîneau** husky / **'chien méchant'** 'beware of the dog' ▸ **un regard de chien battu** a hang-dog expression ▸ **bon à jeter aux chiens** fit for the bin UK ou garbage US ▸ **(rubrique des) chiens écrasés** minor news items ▸ **se regarder en chiens de faïence** to stare at one another ▸ **il est comme le chien du jardinier** he's a dog in the manger ▸ **ils sont comme chien et chat** they fight like cat and dog ▸ **comme un chien** like a dog ▸ **comme un jeune chien** excitedly ▸ **comme un chien savant** *péj* like a trained monkey ▸ **arriver comme un chien dans un jeu de quilles** to turn up at just the wrong moment ▸ **ce n'est pas fait pour les chiens** *péj* it is there for a good reason / *et ta fourchette, c'est pour les chiens ? fam* what do you think your fork's for ? ▸ **merci mon chien !** *hum* I never heard you say thank you ! ▸ **je lui réserve** ou **garde un chien de ma chienne** I've got something up my sleeve for him that he's not going to like one bit ▸ **chienne de vie !** *fam* life's a bitch ! ▸ **un chien regarde bien un évêque** a cat may look at a king ▸ **bon chien chasse de race** *prov* good breeding always tells ▸ **il menace beaucoup, mais chien qui aboie ne mord pas** *prov* his bark is worse than his bite ▸ **les chiens aboient, la caravane passe** *prov* let the world say what it will / **'le Chien des Baskerville'** *Conan Doyle* 'The Hound of the Baskervilles' **2.** *tfam* [terme d'insulte] bastard *m*, bitch *f*.
❖ **chien** nm **1.** ASTRON ▸ **le Grand / Petit Chien** the Great / Little Dog **2.** ARM hammer, cock **3.** ZOOL ▸ **chien de mer** dogfish **4.** EXPR ▸ **avoir du chien** *fam* : *elle a du chien* she's got sex-appeal.
❖ **chiens** nmpl (long) fringe.
❖ **à la chien** loc adv [coiffé] with a long fringe.
❖ **de chien** loc adj *fam* [caractère, temps] lousy, rotten ▸ **avoir un mal de chien à faire qqch** to find it terribly difficult to do sthg.
❖ **en chien de fusil** loc adv curled up.
chien-assis [ʃjɛ̃asi] *(pl* **chiens-assis***)* nm dormer window UK, dormer US.
chien-chien [ʃjɛ̃ʃjɛ̃] *(pl* **chiens-chiens***)* nm doggy ▸ **chien-chien à sa mémère a)** *pr* Mummy's little doggie-woggie **b)** *fig* yes-man.
chiendent [ʃjɛ̃dɑ̃] nm couch grass / *ça pousse comme du chiendent* it grows at a phenomenal rate.
chienlit [ʃjɑ̃li] nf *fam* **1.** [désordre] mess, shambles ▸ **c'est la chienlit** it's a shambles ! **2.** [masque] mask **3.** [mascarade] masquerade.
chien-loup [ʃjɛ̃lu] *(pl* **chiens-loups***)* nm Alsatian (dog), German shepherd.
chienne [ʃjɛn] f ⟶ **chien.**
chiennerie [ʃjɛnʀi] nf **1.** *tfam* [saleté] : *cette chiennerie de métier !* what a lousy job ! **2.** *litt* [comportement] meanness.
chier [9] [ʃje] vi **1.** *vulg* [déféquer] to shit, to have UK ou take US a shit **2.** *tfam* EXPR **ça chie (des bulles) a)** [ça fait du scandale] it's a bloody scandal **b)** [entre deux personnes] they're having a real bloody go at each other / *si elle l'apprend, ça va chier (des bulles) !* the shit's really going to hit the fan ou all hell's going to break loose if she ever finds out ! ▸ **chier dans les bottes de qqn a)** [l'ennuyer à l'excès] to piss sb off **b)** [lui jouer un sale tour] to play a dirty trick on sb ▸ **chier dans la colle** to be bang UK ou smack US out of order ▸ **en chier (des bulles** ou **des ronds de chapeau)** to have a hell of a time / *j'en ai chié pour le terminer à temps !* I've had a hell of a job getting this finished on time ! ▸ **envoyer chier qqn** to tell sb to get stuffed ▸ **faire chier qqn a)** [l'importuner, le contrarier] to bug sb **b)** [l'ennuyer] to bore the pants off sb / *fais pas chier !* don't be such a pain in the arse UK ou ass US !, give me a break ! / *tu (me) fais chier* give me a break, will you ? / *(ça) fait chier, ce truc !* this thing's a real pain in the arse UK ou ass US ! ▸ **se faire chier** : *qu'est-ce qu'on s'est fait chier hier soir !* it was so damned boring last night ! / *qu'est-ce que je me fais chier avec elle !* she bores me stiff ! ▸ **se faire chier à faire qqch** : *je vais pas me faire chier à tout recopier !* I can't be arsed UK ou bothered with writing it all out again !, I'm not damned well writing it all out again ! ▸ **il n'y a pas à chier** ou **y a pas à chier** : *y a pas à chier, faut que j'aie fini ce soir !* I've damned well got to finish by tonight and that's that !
❖ **à chier** loc adj *tfam* **1.** [très laid] : *son costard est à chier* his suit looks bloody awful UK ou godawful US **2.** [très mauvais] crap / *ce film est à chier* this film is (a load of) crap **3.** [insupportable] : *il est à chier, ce prof !* that teacher is a pain in the arse UK ou ass US !
chierie [ʃiʀi] nf *tfam* pain *fam* / *quelle chierie cette machine à laver !* this washing machine's a bloody pain !
chieur, euse [ʃjœʀ, øz] nm, f *tfam* : *c'est un vrai chieur / une vraie chieuse* he's / she's a real pain in the arse UK ou ass US / *quel chieur, ce type !* God that guy's a pain !
chiffe [ʃif] nf ▸ **c'est une vraie chiffe molle** he's got no guts, he's totally spineless / *je suis une vraie chiffe molle aujourd'hui* [fatigué] I feel like a wet rag today.
chiffon [ʃifɔ̃] nm **1.** [torchon] cloth ▸ **chiffon à poussière** duster UK, dust cloth US **2.** [vieux tissu] rag ▸ **parler chiffons** to talk clothes ou fashion **3.** *péj* [texte] : *qui est l'auteur de ce chiffon ?* who's responsible for this mess ?
❖ **en chiffon** loc adj crumpled up (in a heap) / *toutes ses affaires sont en chiffon* his things are all crumpled up.
chiffonnade [ʃifɔnad] nf chiffonnade.
chiffonnage [ʃifɔnaʒ] nm rumpling, crumpling.
chiffonné, e [ʃifɔne] adj **1.** [froissé] crumpled **2.** [fatigué - visage] tired, worn.
chiffonner [3] [ʃifɔne] vt **1.** [vêtement] to rumple, to crumple ; [papier] to crumple **2.** *fam* [préoccuper] to bother, to worry / *ça n'a pas eu l'air de la chiffonner* it didn't seem to bother her.
❖ **se chiffonner** vp [vêtement, papier] to get creased.
chiffonnier, ère [ʃifɔnje, ɛʀ] nm, f rag dealer, rag-and-bone man *m*.
❖ **chiffonnier** nm [meuble] chiffonier, chiffonnier.
chiffrable [ʃifʀabl] adj quantifiable.
chiffrage [ʃifʀaʒ] nm **1.** [d'un code] ciphering **2.** [évaluation] (numerical) assessment **3.** MUS figuring.
chiffre [ʃifʀ] nm **1.** MATH figure, number ▸ **nombre à deux / trois chiffres** two / three digit number / *jusqu'à deux chiffres après la virgule* up to two decimal points / *arrondi au chiffre supérieur / inférieur* rounded up / down / *écrivez la somme en chiffres* write the amount out in figures ▸ **en chiffres ronds** in round figures / *les chiffres du cadran de la montre* the figures on the watchface ▸ **aimer les chiffres** [le calcul] to like maths ▸ **chiffre arabe / romain** Arabic / Roman numeral **2.** [montant] amount, sum / *le chiffre des dépenses s'élève à 600 euros* total expenditure amounts to 600 euros **3.** [taux] figures, rate / *chiffre de diffusion d'un magazine* a magazine's sales (figures) ▸ **les chiffres du chômage** the unemployment figures **4.** COMM ▸ **chiffre d'affaires** turnover, sales ▸ **chiffre d'affaires annuel** annual turnover ▸ **chiffre d'affaires à l'exportation** total export sales ▸ **chiffre de ventes** sales ▸ **faire du chiffre** *fam* to run at a healthy profit **5.** INFORM digit ▸ **chiffre binaire** bit, binary digit ▸ **chiffre de contrôle** check digit **6.** TÉLÉC code, ciphering ; [service] cipher (office) **7.** [d'une serrure] combination **8.** [initiales] initials ; [à l'ancienne] monogram / *du papier à lettres à son chiffre* (his) personalized ou monogrammed stationery ▸ **brodé à leur chiffre** embroidered with their monogram **9.** MUS figure.
chiffré, e [ʃifʀe] adj **1.** [évalué] assessed, numbered **2.** [codé] coded, ciphered **3.** MUS figured.
chiffrement [ʃifʀəmɑ̃] nm [codage] ciphering.
chiffrer [3] [ʃifʀe] ◆ vt **1.** [évaluer] to assess, to estimate ▸ **chiffrer des travaux** to draw up an estimate (of the cost of work) / *il est trop tôt pour chiffrer le montant des dégâts* it's too early to put a figure to the damage **2.** [numéroter] to number / *chiffrer les pages d'un document* to number the pages of ou to paginate *spéc* a document **3.** ADMIN, INFORM & MIL to cipher, to code, to encode **4.** [linge, vêtement - marquer de ses initiales] to mark ou to inscribe with initials ; [- marquer d'un monogramme] to monogram **5.** MUS to figure. ◆ vi *fam* to cost a packet ▸ **ça chiffre !** it mounts up !

* In reformed spelling (see p. 16-19).

❖ **se chiffrer** vp *(emploi passif)* ▸ **se chiffrer à** [se monter à] to add up ou to amount to ▸ **se chiffrer en** ou **par** to amount to, to be estimated at / *sa fortune se chiffre par milliards* his fortune amounts to billions / *les pertes se chiffrent en centaines de têtes* losses are estimated at several hundreds.

chiffreur, euse [ʃifʀœʀ,øz] nm, f coder, ciphering clerk.

chignole [ʃiɲɔl] nf **1.** [outil - à main] hand-drill ; [- électrique] electric drill **2.** *fam & péj* [voiture] heap.

chignon [ʃiɲɔ̃] nm bun, chignon ▸ **faire son chignon** to coil up one's hair ▸ **défaire son chignon** to undo one's chignon ▸ **chignon banane** long coil of hair.

chihuahua [ʃiwawa] nm Chihuahua.

chiisme [ʃiism] nm Shiism.

chiite [ʃiit] adj Shiah, Shiite.

❖ **Chiite** nmf Shiite.

chikungunya [ʃikungunja] nm chikungunya.

Chili [ʃili] npr m ▸ **le Chili** Chile ▸ **au Chili** in Chile.

chilien, enne [ʃiljɛ̃,ɛn] adj Chilean.

❖ **Chilien, enne** nm, f Chilean.

chilom, shilom [ʃilɔm] nm chillum.

chimère [ʃimɛʀ] nf **1.** MYTH chimera **2.** [utopie] dream, fantasy / *on est en pleine chimère* this is a complete pipe dream ! / *je vous laisse à vos chimères* I'll leave you alone with your pipe dreams.

chimérique [ʃimeʀik] adj **1.** [illusoire] fanciful / *des espoirs chimériques* fanciful hopes **2.** *litt* [utopiste] chimeric.

chimie [ʃimi] nf chemistry / *la chimie de l'amour / des sentiments* the chemistry of love / emotions ▸ **chimie biologique** biochemistry ▸ **chimie minérale** inorganic chemistry ▸ **chimie organique** organic chemistry.

chimiluminescence [ʃimilyminɛsɑ̃s] nf chemiluminescence.

chimio [ʃimjo] (abr de **chimiothérapie**) nf *fam* chemo.

chimiosynthèse [ʃimjɔsɛ̃tɛz] nf chemosynthesis.

chimiotaxie [ʃimjɔtaksi] nf chemotaxis.

chimiothérapie [ʃimjɔteʀapi] nf chemotherapy.

chimiothérapique [ʃimjɔteʀapik] adj [méthode] chemotherapeutic ; [traitement] drug-based, chemotherapeutic *spéc*.

chimique [ʃimik] adj **1.** [de la chimie] chemical **2.** *fam* [artificiel] chemical, artificial / *tous ces trucs chimiques qu'on trouve dans la nourriture* all these additives you find in food.

chimiquement [ʃimikmɑ̃] adv chemically.

chimiquier [ʃimikje] nm chemical tanker.

chimiste [ʃimist] nmf chemist ▸ **ingénieur chimiste** chemical engineer.

chimiurgie [ʃimjyʀʒi] nf chemurgy.

chimpanzé [ʃɛ̃pɑ̃ze] nm chimpanzee.

chinchilla [ʃɛ̃ʃila] nm **1.** [rongeur, fourrure] chinchilla **2.** [chat] chinchilla **3.** [lapin] chinchilla.

chine [ʃin] ◆ nm **1.** [porcelaine] china **2.** [papier] rice paper. ◆ nf [brocante] secondhand goods trade.

❖ **à la chine** ◆ loc adj ▸ **vente à la chine** hawking / *vendeur à la chine* hawker. ◆ loc adv ▸ **vendre qqch à la chine** to hawk sthg.

Chine [ʃin] npr f ▸ **(la) Chine** China ▸ **Chine communiste** Red ou Communist China ▸ **Chine nationaliste** Nationalist China ▸ **Chine populaire, République populaire de Chine** People's Republic of China ▸ **la mer de Chine** the China Sea.

chiné, e [ʃine] adj [tissu] chiné, mottled ; [laine] bicoloured wool.

chiner [3] [ʃine] ◆ vt **1.** TEXT to mottle **2.** *fam* [taquiner] to kid, to tease. ◆ vi [faire les boutiques] to go round the second-hand shops.

chinetoque [ʃintɔk] adj & nmf *(raciste) racist term used with reference to Chinese people* ; ≃ Chink *tfam* ; ≃ Chinky *tfam*.

chineur, euse [ʃinœʀ,øz] nm, f *fam* [taquin] teaser.

chinois, e [ʃinwa,az] adj **1.** [de Chine] Chinese **2.** *fam* [compliqué] twisted.

❖ **Chinois, e** nm, f Chinese ▸ **les Chinois** the Chinese.

❖ **chinois** nm **1.** LING Chinese ▸ **chinois du Nord** Mandarin (Chinese) ▸ **chinois du Sud** Cantonese ▸ **pour moi, c'est du chinois** it's all Greek to me **2.** CULIN [passoire] (conical) strainer ▸ **passer qqch au chinois** to sieve sthg.

chinoiser [3] [ʃinwaze] vi to split hairs.

chinoiserie [ʃinwazʀi] nf **1.** *fam* [complication] complication ▸ **chinoiseries administratives** red tape **2.** ART chinoiserie.

chinook [ʃinuk] nm Chinook.

chintz [ʃints] nm chintz.

chiot [ʃjo] nm pup, puppy.

chiotte [ʃjɔt] nf *tfam* [désagrément] drag, hassle / *quel temps de chiotte !* what godawful weather !

❖ **chiottes** nfpl *tfam* bog UK, john US / *aux chiottes !* [tu dis des bêtises] (what a load of) bullshit ! / *aux chiottes l'arbitre !* the referee's a wanker !

chiourme [ʃjuʀm] nf **1.** [rameurs] ▸ **la chiourme** the slaves *(on a galley)* **2.** [forçats] ▸ **la chiourme** the convicts *(in a penitentiary)*.

chiper [3] [ʃipe] vt *fam* to pinch, to swipe / *elle me chipe tous mes pulls* she's always pinching my sweaters / *je me suis fait chiper mon stylo* someone's pinched ou nicked my pen.

chipie [ʃipi] nf minx.

chipiron [ʃipiʀɔ̃] nm small squid.

chipolata [ʃipɔlata] nf chipolata.

chipotage [ʃipɔtaʒ] nm *fam* **1.** [en discutant] quibbling, hairsplitting **2.** [en mangeant] nibbling.

chipoter [3] [ʃipɔte] vi *fam* **1.** [discuter] to argue, to quibble ▸ **ne chipotons pas !** let's not argue over trifles ! / *chipoter sur les prix* to haggle over prices **2.** [sur la nourriture] to pick at one's food.

chipoteur, euse [ʃipɔtœʀ,øz] *fam* ◆ adj **1.** [en discutant] quibbling **2.** [en mangeant] finicky. ◆ nm, f **1.** [ergoteur] fault-finder, quibbler **2.** [mangeur] picky eater.

chips [ʃips] nfpl (potato) crisps UK ou chips US.

> ⚠ Ce mot ne se traduit par **chips** ou **potato chips** qu'en anglais américain.

chique [ʃik] nf **1.** [tabac] quid, chew (of tobacco) ▸ **ça ne vaut pas une chique** *fam* it's not worth a bean **2.** [cocon de soie] *small, poor-quality silk cocoon*.

chiqué [ʃike] nm *fam & péj* ▸ **chiqué !** [dans un match] that's cheating ! ▸ **il n'a pas mal, c'est du** ou **il fait du chiqué** he's not in pain at all, he's putting it on ou just pretending.

chiquenaude [ʃiknod] nf **1.** [pichenette] flick **2.** [impulsion] push.

chiquer [3] [ʃike] ◆ vt to chew. ◆ vi **1.** to chew tobacco **2.** EXPR **y a pas à chiquer** *tfam* there's no doubt about it.

chiromancie [kiʀɔmɑ̃si] nf chiromancy, palmistry.

chiromancien, enne [kiʀɔmɑ̃sjɛ̃,ɛn] nm, f chiromancer.

chiropracteur [kiʀɔpʀaktœʀ] = **chiropraticien.**

chiropractie [kiʀɔpʀakti] nf chiropractic.

chiropraticien, enne [kiʀɔpʀatisjɛ̃,ɛn] nm, f chiropractor.

chiropratique [kiʀɔpʀatik] adj QUÉBEC chiropractic.

chiropraxie [kiʀɔpʀaksi] = **chiropractie.**

chiroptère [kiʀɔptɛʀ] nm chiropter, chiropteran.

chiroquois, e [ʃiʀokwa,az] adj from Chilly-Mazarin.

❖ **Chiroquois, e** nm, f *inhabitant of or person from Chilly-Mazarin*.

chiroubles [ʃiʀubl] nm Chiroubles (wine).

chirurgical, e, aux [ʃiʀyʀʒikal,o] adj **1.** MÉD surgical **2.** [précis] accurate.

chirurgie [ʃiʀyʀʒi] nf surgery ▸ **petite / grande chirurgie** minor / major surgery ▸ **chirurgie à cœur ouvert** open-heart surgery ▸ **chirurgie dentaire** dental surgery ▸ **chirurgie esthétique** cosmetic surgery ▸ **chirurgie non invasive** non invasive surgery ▸ **chirurgie plastique** plastic surgery ▸ **chirurgie reconstructrice** reconstructive surgery.

chirurgien, enne [ʃiʀyʀʒjɛ̃,ɛn] nm, f surgeon.

chirurgien-dentiste [ʃiʀyʀʒjɛ̃dɑ̃tist] (*pl* **chirurgiens-dentistes**) nm dental surgeon.

Chisinau [ʃizino] npr GÉOGR Chisinau.

chistera, chistéra* [ʃisteʀa] nm chistera.

chitine [kitin] nf chitin.

chitineux, euse [kitinø,øz] adj chitinous.

chiure [ʃjyʀ] nf ▸ **chiure de mouche** fly speck.

ch.-l. abr écrite de **chef-lieu.**

chlamydia [klamidja] (*pl* **chlamydiae** ou **chlamydias**) nf chlamydia.

chlâsse, chlasse* [ʃlas] adj *tfam* **1.** [ivre] tanked-up, rat-arsed UK / *il était complètement chlâsse* he was pissed out of his head **2.** [fatigué] knackered UK, all in.

chleuh, e [ʃlø] adj & nm, f *(raciste) offensive term used with reference to German people* ▸ **les chleuhs** ≃ the Jerries ; ≃ the Boche.

chlinguer [3] [ʃlɛ̃ge] vi *tfam* to stink, to pong UK / *ça chlingue, par ici !* it's a bit whiffy UK ou it sure stinks US around here !

chloral, als [klɔʀal] nm chloral.

chloramphénicol [klɔʀɑ̃fenikɔl] nm chloramphenicol.

chlorate [klɔʀat] nm chlorate.

chloration [klɔʀasjɔ̃] nf chlorination.

chlore [klɔʀ] nm **1.** CHIM chlorine **2.** [Javel] bleach, bleaching agent.

chloré, e [klɔʀe] adj chlorinated / *les composés chlorés sont toxiques* chlorine compounds are toxic / *l'eau de la piscine est très chlorée* the water in the pool is highly chlorinated.

chlorer [klɔʀe] vt CHIM to chlorinate.

chloreux [klɔʀø] adj m chlorous.

chlorhydrate [klɔʀidʀat] nm hydrochlorate.

chlorhydrique [klɔʀidʀik] adj hydrochloric.

chlorique [klɔʀik] adj chloric.

chlorite [klɔʀit] nm chlorite.

chlorofluorocarbone [klɔʀɔflyɔʀɔkaʀbɔn] nm CHIM chlorofluorocarbon.

chloroforme [klɔʀɔfɔʀm] nm chloroform.

chloroformer [3] [klɔʀɔfɔʀme] vt **1.** MÉD to administer chloroform to **2.** [abrutir] to stultify.

chlorométrie [klɔʀɔmetʀi] nf chlorometry.

chlorophylle [klɔʀɔfil] nf **1.** BOT chlorophyll **2.** [nature] : *les citadins avides de chlorophylle* city dwellers eager to breathe the fresh country air.

chlorophyllien, enne [klɔʀɔfiljɛ̃,ɛn] adj chlorophyll *(modif)*.

chloroplaste [klɔʀɔplast] nm BOT chloroplast.

chlorure [klɔʀyʀ] nm chloride.

chloruré, e [klɔʀyʀe] adj chlorinated.

chlorurer [3] [klɔʀyʀe] vt to chlorinate.

chnoque [ʃnɔk] = **schnock.**

chnouf [ʃnuf] = **schnouf.**

choc [ʃɔk] nm **1.** [collision - entre véhicules] crash ; [- entre personnes] collision ; [heurt] impact, shock ▸ **choc de deux objets** collision of two objects / *le choc entre les deux voitures a été très violent* the two cars collided full on ▸ **résistant aux chocs** shock-proof, shock-resistant ▸ **la porte s'est cassée sous le choc** the door broke under the impact / *sous le choc, l'avion se désintégra* the plane fell apart on impact / *l'essieu a subi un choc* the axle sustained a shock / *projeté dans le fossé par la violence du choc* thrown into the ditch by the force of the collision ▸ **tenir le choc** *fam* to withstand the impact / *le verre n'a pas tenu le choc* the glass shattered on impact **2.** [bruit - métallique] clang ; [- sourd] thwack ; [- cristallin] clink, tinkle **3.** MIL [affrontement] clash **4.** [incompatibilité] clash, conflict ▸ **choc culturel** culture shock ▸ **le choc des générations** the generation gap **5.** [émotion] shock / *ça fait un choc !* it's a bit of a shock ! / *ça m'a* *fait un sacré choc de les revoir* it was a great shock to me to meet them again **6.** ÉLECTR shock ; PHYS collision ▸ **par chocs** by collision ▸ **choc moléculaire** molecule collision **7.** MÉD shock ▸ **choc allergique / anesthésique** allergic / anaesthesia shock ▸ **choc émotif** emotional shock ▸ **choc opératoire** post-operative trauma ou shock **8.** ÉCON ▸ **choc pétrolier** oil crisis **9.** *(comme adjectif, avec ou sans trait d'union)* ▸ **argument / discours choc** hard-hitting argument / speech ▸ **mesures chocs** hard-hitting measures ▸ **des prix-chocs** rock-bottom prices.

❖ **de choc** loc adj **1.** [unité, troupe, traitement] shock *(modif)* ▸ **état de choc** state of shock / *être en état de choc* to be in a state of shock ; [patron] ultra-efficient ▸ **un patron de choc** a go-ahead ou whizz-kid manager **2.** *fam & hum* [d'avant-garde] ultra-modern ▸ **un curé de choc** a trendy ou with-it priest.

❖ **sous le choc** loc adj ▸ **être sous le choc a)** MÉD to be in shock **b)** [bouleversé] to be in a daze ou in shock.

chochotte [ʃɔʃɔt] nf *fam & péj* ▸ **quelle chochotte tu fais! a)** [mijaurée] don't be so stuck-up ! **b)** [effarouchée] don't be so squeamish ! / *elle n'aime pas ça, chochotte!* fancy that, Madam doesn't like it ! / *il ne supporte pas cette odeur, chochotte!* oh dear, his Lordship can't stand the smell !

chocolat [ʃɔkɔla] ◆ nm **1.** CULIN chocolate ▸ **chocolat blanc** white chocolate ▸ **chocolat à croquer** ou **noir** dark ou plain chocolate ▸ **chocolat au lait** milk chocolate ▸ **chocolat de ménage** cooking chocolate ▸ **chocolat en poudre** drinking chocolate ▸ **chocolat de régime** diet chocolate **2.** [friandise] chocolate / *chocolat fourré à la fraise* chocolate filled with strawberry cream ▸ **chocolat glacé** choc ice **3.** [boisson] hot chocolate, cocoa ▸ **un chocolat chaud** a cup of hot chocolate ▸ **boire du chocolat** to drink a cup of hot chocolate ou cocoa. ◆ adj inv **1.** [couleur] chocolate brown **2.** *fam* EXPR **on est chocolat! a)** [dupés] we've been had ! **b)** [coincés] we've blown it ! / *me voilà chocolat une fois de plus!* and I'm the sucker, yet again !

❖ **au chocolat** loc adj chocolate *(modif)*.

chocolaté, e [ʃɔkɔlate] adj chocolate *(modif)*, chocolate (flavoured) UK, chocolate (flavored) US.

chocolaterie [ʃɔkɔlatʀi] nf chocolate factory.

chocolatier, ère [ʃɔkɔlatje, ɛʀ] nm, f **1.** [fabricant] chocolate-maker **2.** [marchand] confectioner.

❖ **chocolatière** nf hot chocolate pot.

chocottes [ʃɔkɔt] nfpl *tfam* ▸ **avoir les chocottes** to be scared stiff / *ça m'a donné* ou *filé les chocottes* it scared me out of my wits.

chœur [kœʀ] nm **1.** MUS [chorale] choir, chorus ; [morceau] chorus / *le chœur des prisonniers de « Fidelio »* the prisoners' chorus in "Fidelio" **2.** *fig* [ensemble] body, group / *le chœur des critiques n'a pas ménagé ses louanges* the critics at large were highly appreciative **3.** ANTIQ chorus **4.** ARCHIT choir.

❖ **en chœur** loc adv **1.** MUS ▸ **chanter en chœur** to sing in chorus **2.** [ensemble] (all) together ▸ **tous en chœur** all together ! / *parler en chœur* to speak in unison / *ils sont tous allés à la plage en chœur* they all went to the beach together.

choie v ⟶ **choyer.**

choir [72] [ʃwaʀ] vi *sout* to fall ▸ **se laisser choir sur une chaise / dans un fauteuil** to flop onto a chair / down in an armchair ▸ **laisser choir qqn** *fig* to drop sb.

choisi, e [ʃwazi] adj **1.** [raffiné] ▸ **une assemblée choisie** a select audience ▸ **en termes choisis** in a few choice phrases / *il parle un langage choisi* he chooses his words carefully **2.** [sélectionné] selected, picked ▸ **bien choisi** well-chosen, appropriate ▸ **mal choisi** inappropriate / *cocher les articles choisis* tick the selected items.

choisir [32] [ʃwaziʀ] vt **1.** [sélectionner] to choose, to pick / *choisis ce que tu veux* take your choice ou pick / *à ta place, je choisirais celle-ci* if I were you, I'd choose this one / *voilà ce que / celui que j'ai choisi* this is / he's the one I've chosen / *j'ai choisi les pommes les plus mûres* I selected the ripest apples / *tu as choisi ton moment!* *iron* you picked a good time ! / *il a choisi la liberté* he chose freedom ; *(en usage absolu)* ▸ **bien choisir** to choose carefully, to be careful in one's choice / *je n'ai pas eu le temps de choisir* I had no time to make my choice **2.** [décider] to decide, to choose, to elect *sout* / *ils ont choisi de rester* they decided ou chose to stay ; *(en usage absolu)* : *je n'ai pas choisi, c'est arrivé comme ça* it wasn't my decision, it just happened.

choix [ʃwa] nm **1.** [liberté de choisir] choice ▸ **donner le choix à qqn** to give sb a ou the choice ▸ **avoir un** ou **le choix** to have a choice / *je n'avais pas le choix* I had no choice, I didn't have any choice / *ils ne nous ont pas laissé le choix* they left us no alternative ou other option / *tu as le choix entre rester et partir* you may choose either to stay or go ▸ **avoir le choix de qqch** to be able to choose sthg / *vous avez le choix des moyens* you may use whatever means you choose / *avoir le choix des armes* *pr & fig* to have the choice of weapons **2.** [sélection] choice ▸ **faire un choix** to make a choice ▸ **arrêter son choix sur** to decide on, to choose ▸ **mon choix est fait** I've made up my mind / *ses choix sont toujours réfléchis* she's always cautious in her choice ou choices / *précisez votre choix par téléphone* phone in your selection / *nous allons procéder au choix des couleurs* we are going to choose the colour scheme / *chacun peut y trouver un article de son choix* everybody can find something that appeals to them / *vous avez gagné un voyage aux Seychelles avec la personne de votre choix* you've won a holiday for two in the Seychelles / *la carrière de votre choix* your chosen career **3.** [gamme] ▸ **un choix de** a choice ou range ou selection of / *ils ont un bon / grand choix de robes* they have a good / large selection of dresses **4.** COMM ▸ **premier choix** top quality ▸ **de premier choix** top-quality ▸ **viande** ou **morceaux de premier choix** prime cuts ▸ **de second choix a)** [fruits, légumes] standard, grade 2 **b)** [viande] standard ▸ **articles de second choix** seconds **5.** PSYCHOL ▸ **choix d'objet** object choice.

❖ **au choix** ◆ loc adj [question] optional. ◆ loc adv ▸ **être promu au choix** to be promoted by selection / *prenez deux cartes au choix* choose ou select (any) two cards / *vous avez fromage ou dessert au choix* you have a choice of either cheeses or a dessert / *répondre au choix à l'une des trois questions* answer any one of the three questions.

❖ **de choix** loc adj **1.** [de qualité] choice *(avant nom)*, selected ▸ **des vins / mets de choix** choice wines / food **2.** [spécial] special / *il gardera toujours une place de choix dans nos cœurs* he will always have a special place in our hearts.

❖ **par choix** loc adv out of choice.

choke [tʃɔk] nm SUISSE AUTO choke.

cholédoque [kɔledɔk] ◆ adj m bile *(modif)*. ◆ nm ▸ **(canal) cholédoque** bile duct.

choléra [kɔleʀa] nm MÉD & VÉTÉR cholera.

cholériforme [kɔleʀifɔʀm] adj choleriform.

cholérique [kɔleʀik] ◆ adj choleraic. ◆ nmf cholera sufferer.

cholestérol [kɔlɛsteʀɔl] nm cholesterol ▸ **avoir du cholestérol** to have a high cholesterol level.

cholestérolémie [kɔlɛsteʀɔlemi] nf cholesterol level (of the blood).

chômable [ʃomabl] adj ▸ **jour chômable** public holiday.

chômage [ʃomaʒ] nm **1.** [inactivité] unemployment ▸ **la montée du chômage** the rise in unemployment ▸ **mettre au chômage** to lay off ▸ **chômage de longue durée** long-term unemployment ▸ **chômage partiel** short-time working ▸ **chômage saisonnier** seasonal unemployment ▸ **chômage structurel** structural unemployment ▸ **chômage technique** : *être mis au chômage technique* to be laid off **2.** *fam* [allocation] unemployment benefit, dole (money) UK ▸ **toucher le chômage** to be on the dole.

❖ **au chômage** ◆ loc adj [sans emploi] unemployed, out of work ▸ **être au chômage** to be unemployed ou out of work. ◆ loc adv ▸ **s'inscrire au chômage** to sign on UK, to register as unemployed.

chômé, e [ʃome] adj ▸ **jour chômé** public holiday.

chômedu [ʃomdy] nm *fam* unemployment / *être au chômedu* to be out of work.

chômer [3] [ʃome] vi **1.** [être sans emploi] to be unemployed ou out of work **2.** [suspendre le travail - employé] to knock off work ; [- entreprise, machine] to stand idle, to be at a standstill **3.** [avoir du loisir] to be idle, to have time on one's hands / *elle n'a pas le temps de chômer* she hasn't got time to sit and twiddle her thumbs ▸ **il ne chôme pas** he's never short of something to do **4.** [être improductif] : *laisser chômer une terre* to allow land to lie fallow / *laisser chômer son argent* to let one's money lie idle.

chômeur, euse [ʃomœʀ, øz] nm, f [sans emploi] unemployed person ▸ **il est chômeur** he's unemployed ou out of work ▸ **les chômeurs** the unemployed / *le nombre des chômeurs est très élevé* the unemployment ou jobless figures are high ▸ **les chômeurs de longue durée** the long-term unemployed.

chope [ʃɔp] nf mug.

choper [3] [ʃɔpe] *fam* ◆ vt **1.** [contracter - maladie] to catch / *j'ai chopé la grippe* I've caught the flu **2.** [intercepter] to catch, to get, to grab / *tâche de la choper à sa descente du train* try to grab her when she gets off the train ▸ **se faire choper a)** [gén] to get caught **b)** [par la police] to be nicked UK ou nabbed **3.** [voler] to swipe, to pinch / *elle s'est fait choper son porte-monnaie* she had her purse nicked UK ou snatched US. ◆ vi SPORT to chop, to slice.

chopine [ʃɔpin] nf **1.** *fam* [bouteille] bottle **2.** *fam* [verre] glass / *aller boire une chopine* to go and have a jar UK ou a drink **3.** QUÉBEC [mesure] half-pint.

chopper [ʃɔpœʀ] nm **1.** ARCHÉOL chopper tool **2.** [moto] chopper **3.** ÉLECTRON chopper, vibrator.

chop suey [ʃɔpsoj] *(pl* **chop sueys***)* nm chop suey.

choquant, e [ʃɔkɑ̃, ɑ̃t] adj **1.** [déplaisant - attitude] outrageous, shocking / *avec un mépris choquant de la justice* with outrageous disregard for justice **2.** [déplacé - tenue] offensive, shocking / *ça n'a rien de choquant* it's not at all shocking / *tu trouves sa tenue choquante?* do you find the way she's dressed offensive ?

choqué, e [ʃɔke] adj shocked / *il les regardait d'un air profondément choqué* he looked at them, visibly shocked.

choquer [3] [ʃɔke] vt **1.** [heurter] to hit, to knock, to bump / *choquer des verres* to clink glasses **2.** [scandaliser] to shock, to offend / *ça te choque qu'elle pose nue?* do you find it shocking ou offensive that she should pose in the nude ? / *ça ne me choque pas du tout* I don't see anything wrong with that ▸ **être choqué (de qqch)** to be shocked (at sthg) ; *(en usage absolu)* : *son intention était de choquer* he intended to be offensive ou to shock / *leur album a beaucoup choqué* their album caused great offence **3.** [aller contre] to go against, to be contrary to / *choquer le bon goût* to be ou to run contrary to good taste / *ce raisonnement choque le bon sens* this line of argument is an insult to common sense **4.** [traumatiser] : *ils ont été profondément choqués par sa mort* they were devastated by his death ▸ **être choqué** MÉD to be in shock.

❖ **se choquer** ◆ vp *(emploi réciproque)* [s'entrechoquer] to come into collision. ◆ vpi [être scandalisé] to be shocked.

choral, e, als *ou* **aux** [kɔʀal, o] adj choral ▸ **chants chorals** choral songs.

❖ **choral, als** nm MUS & RELIG choral, chorale.

❖ **chorale** nf choir, choral society.

chorée [kɔʀe] nf chorea.

chorégraphe [kɔʀegʀaf] nmf choreographer.

chorégraphie [kɔʀegʀafi] nf choreography ▸ **faire la chorégraphie de** to choreograph.

chorégraphier [kɔʀegʀafje] vt to choreograph.

chorégraphique [kɔʀegʀafik] adj choreographic.

choréique [kɔʀeik] ◆ adj choreal, choreic. ◆ nmf chorea sufferer.

choriste [kɔʀist] nmf **1.** RELIG chorister **2.** THÉÂTRE chorus singer ▸ **les choristes** [au cabaret] the chorus line.

chorizo [(t)ʃɔʀizo] nm chorizo.

choroïde [kɔʀɔid] nf choroid coat.

chorus [kɔʀys] nm ▸ **faire chorus** to (all) agree, to speak with one voice.

chose [ʃoz]
◆ nf

A. SENS CONCRET
B. PERSONNE
C. SENS ABSTRAIT

A. SENS CONCRET **1.** [bien matériel, nourriture, vêtement] thing / *un livre et une table sont des choses* tables and books are things ou objects ▶ **les belles choses** nice things / *il n'avait acheté que des bonnes choses* he had only bought good things to eat / *elle a eu trop de choses à Noël* she got too many things ou presents for Christmas / *j'ai encore deux ou trois choses à acheter* I still have a couple of things to buy / *j'ai encore des choses à lui chez moi* I still have a few of his things ou some of his belongings at home **2.** [objet ou produit indéterminé] thing / *quelle est cette chose immonde?* what is this hideous thing? / *tu sais faire marcher cette chose?* do you know how this thing works? **3.** PHILOS thing ▶ **la chose en soi** the thing in itself.

B. PERSONNE creature, thing ▶ **être la chose de qqn a)** [avoir été modelé par qqn] to be (like) putty in sb's hands **b)** [être la possession de qqn] to belong to sb / *elle me prend pour sa chose* she thinks she can do what she wants with me.

C. SENS ABSTRAIT **1.** [acte, fait] ▶ **une chose** a thing, something ▶ **les choses** things / *j'ai encore beaucoup de choses à faire* I've still got lots (of things) to do / *c'est une chose que je ne savais pas* that's something I didn't know / *ah, encore une chose, je ne viendrai pas demain* oh, one more thing, I won't be coming tomorrow / *s'il y a bien une chose qui m'agace, c'est son manque de ponctualité* if there's one thing that annoys me (about him), it's that he's never on time / *l'hypocrisie, c'est une chose que je ne supporte pas* hypocrisy is something I can't bear / *une chose est sûre, il perdra* one thing's (for) sure, he'll lose ▶ **y a-t-il une chose** ou **y a-t-il chose** *litt* **plus belle que l'amour?** is there anything more beautiful than love? / *c'est une bonne chose qu'elle soit restée* it's a good thing she stayed / *en avril, ce sera chose faite* ou *la chose sera faite* it will be done by April / *ce n'est pas la même chose* [cela change tout] it's a different matter / *je suis retourné dans mon village, mais ce n'est plus la même chose* I went back to my village, but it's just not the same any more / *la fidélité est une chose, l'amour en est une autre* faithfulness is one thing, love is quite another ▶ **ce n'est pas la chose à dire / faire!** what a thing to say / do! / *c'est pas des choses à dire / faire!* *fam* you just don't say / do that kind of thing! / *c'est la chose à ne pas faire* it's the wrong thing to do / *ce ne sont pas des choses à faire en société* that's just not done in polite circles / *chose extraordinaire / curieuse, il était à l'heure!* amazingly / strangely enough, he was on time! / *je ne crois pas à toutes ces choses* I don't believe in all that / *ce sont des choses qui arrivent* it's just one of those things / *s'occuper de choses et d'autres* to potter about ▶ **accomplir** ou **faire de grandes choses** to do great things / *elle fait beaucoup de choses pour les handicapés* she does a lot for handicapped people ▶ **faire bien les choses** [savoir recevoir] to do things in style ▶ **il ne fait pas les choses à demi** ou **moitié** he doesn't do things by halves ▶ **chose promise chose due** a promise is a promise **2.** [parole] thing / *il dit une chose et il en fait une autre* he says one thing and does something else / *la chose que je n'ai pas comprise* what ou the thing I didn't understand / *je vais te dire une (bonne) chose, ça ne marchera jamais* let me tell you something, it'll never work / *il est sorti de sa voiture et il m'a dit de ces choses!* *fam* he got out of his car and gave me a right mouthful! / *elle dit toujours des choses sur ses collègues* she's always saying things about the people she works with / *qu'a-t-il dit? — peu de choses en vérité* what did he say? — very little ou nothing much, actually ▶ **bavarder** ou **parler de choses et d'autres** to chat about this and that ▶ **dites-lui bien des choses** give him my best regards **3.** [écrit] thing / *elle a écrit de bonnes choses* she wrote some good things ou stuff / *comment peut-on écrire des choses pareilles!* how can anyone write such things! **4.** ▶ **la chose** [ce dont il est question] : *comment a-t-il pris la chose?* how did he take it? / *comment vois-tu la chose?* how do you see it ou things ou the matter? ▶ **la chose est entendue** we're agreed on this / *la chose n'est pas faisable* it can't be done / *laisse-moi t'expliquer la chose* let me explain what it's all about ▶ **être porté sur la chose** *euphém* to have a one-track mind **5.** *sout* [affaires] ▶ **la chose publique** POL the state **6.** DR ▶ **chose jugée** res judicata.

◆ nm *fam* **1.** [pour désigner un objet] thing, thingie / *passe-moi le..., le chose bleu sur la table* give me the..., the blue thing on the table **2.** [pour désigner une personne] ▶ **Chose a)** [homme] What's-his-name, Thingie **b)** [femme] What's-her-name, Thingie / *c'est une pièce avec Chose, tu sais, le grand blond!* it's a play with What's-his-name, you know, the tall blond guy! / *Madame Chose, elle devrait savoir ça* What's-her-name ou Mrs Thingie should know that.

◆ adj *fam* funny, peculiar / *être* ou *se sentir un peu chose* to feel a bit peculiar / *ton fils a l'air tout chose aujourd'hui* your son looks a bit peculiar today.

❖ **choses** nfpl [situation] things / *les choses de la vie* the things that go to make up life / *les choses étant ce qu'elles sont* as things stand, things being as they are / *au point où en sont les choses* as things now stand / *voilà où en sont les choses* this is how things stand (at the moment) / *en mettant les choses au mieux / pire* looking on the bright / dark side (of things) / *prendre les choses comme elles viennent* to take life as it comes.

❖ **de deux choses l'une** loc adv : *de deux choses l'une, tu es avec moi ou avec lui!* either you're on my side or you're on his! / *de deux choses l'une, ou tu m'obéis ou tu vas te coucher!* either you do as I tell you or you go to bed, it's up to you!

chosification [ʃozifikasjɔ̃] nf reification.

chosifier [9] [ʃozifje] vt to reify, to consider as a thing.

Chostakovitch [ʃɔstakɔvitʃ] npr Shostakovich.

chott [ʃɔt] nm salt lake.

chou[1], x [ʃu] nm **1.** BOT ▶ **chou (cabus)** white cabbage ▶ **chou de Bruxelles** Brussels sprout ▶ **chou chinois** Chinese cabbage ou leaves ▶ **chou frisé** (curly) kale ▶ **chou pommé** round cabbage ▶ **chou rouge** red cabbage **2.** CULIN ▶ **(petit) chou** chou ▶ **chou à la crème** cream puff **3.** [ornement] round knot, rosette **4.** *fam* EXPR **être dans les choux** to be in a mess ▶ **c'est dans les choux!** that's torn it!, that's the end of that! / *avec cette pluie, son barbecue est dans les choux* it's curtains for his barbecue in this rain ▶ **faire chou blanc** to draw a blank, to be out of luck ▶ **faire ses choux gras de qqch** to put sthg to good use ▶ **rentrer dans le chou à qqn a)** [en voiture] to slam into sb **b)** [agresser] to go for sb.

chou[2], choute [ʃu, ʃut] nm, f *fam* **1.** *(en appellatif)* honey, sugar, sweetheart ▶ **mon pauvre chou!** you poor little thing! / *viens voir mamie, mon petit chou* come along with granny, sweetheart **2.** [personne aimable] darling, love ▶ **c'est un chou** he's such a darling ou love **3.** *(comme adj)* [gentil] nice, kind ▶ **tu es chou a)** [en demandant un service] there's a dear **b)** [pour remercier] you're so kind, you're an absolute darling ; [mignon] cute / *il est vraiment chou sur cette photo* isn't he cute in this picture?

chouan [ʃwɑ̃] nm Chouan *(member of a group of counter-revolutionary royalist insurgents, one of whose leaders was Jean Chouan, in the Vendée, western France, from 1793 to 1800).*

chouannerie [ʃwanʀi] nf ▶ **la chouannerie** the Chouan uprising.

choucas [ʃuka] nm jackdaw.

chouchou, oute [ʃuʃu, ut] nm, f *fam & péj* favourite UK, favorite US / *c'est le chouchou du prof* she's the teacher's pet / *le chouchou de sa grand-mère* his grandmother's blue-eyed boy.

❖ **chouchou** nm [pour les cheveux] scrunchy.

chouchoutage [ʃuʃutaʒ] nm *fam & péj* favouritism.

chouchouter [3] [ʃuʃute] vt *fam* [élève] to give preferential treatment to ; [enfant, ami] to mollycoddle, to pamper / *j'adore être chouchouté quand je suis malade* I love being pampered when I'm ill / *ton mari, tu le chouchoutes trop!* you shouldn't mollycoddle your husband so much! ▶ **se faire chouchouter** to let o.s. be spoiled.

choucroute [ʃukʀut] nf **1.** CULIN [chou] pickled cabbage ; [plat] sauerkraut ▶ **choucroute garnie** sauerkraut with meat **2.** *fam* [coiffure] beehive.

Chou En-Lai [ʃuɛnlaj] npr Chou En-Lai.

chouette[1] [ʃwɛt] nf **1.** ZOOL owl ▶ **chouette hulotte** tawny owl **2.** *fam & péj* [femme] ▶ **vieille chouette** old bag.

chouette[2] [ʃwɛt] *fam* ◆ adj **1.** [agréable - soirée] fantastic, lovely, terrific / *il me reste 20 euros, c'est chouette* fantastic, I've got 20 euros left! / *chouette journée, non?* lovely day, isn't it? / *elle est chouette, ta sœur* your sister's really nice / *il a une chouette petite bouille, ce gosse* that kid's got a cute face / *ben il est chouette avec ce chapeau!* *iron* doesn't he look great with that hat on? **2.** [gentil] kind ; [coopératif] helpful / *il est vraiment chouette* he's so good-natured / *il est très chouette avec nous* he's very good to us / *elle est drôlement chouette avec les enfants* she's really good with the kids / *sois chouette, prête-moi ta voiture* oh go on, lend me your car. ◆ interj great.

chou-fleur [ʃuflœʀ] *(pl* **choux-fleurs***)* nm cauliflower / *oreille en chou-fleur* cauliflower ear.

chouia [ʃuja] nm *fam* ▶ **un chouia** a little ou wee ou tiny bit / *encore un chouia de crème* just a drop more cream / *un chouia trop à gauche* a teeny (weeny) bit too much to the left.

chouiner [ʃwine] vi *fam* to whine.

chou-navet [ʃunavɛ] *(pl* **choux-navets***)* nm swede UK, rutabaga US.

chou-palmiste [ʃupalmist] *(pl* **choux-palmistes***)* nm cabbage tree.

chouquette [ʃukɛt] nf *small chou bun coated with sugar.*

chou-rave [ʃuʀav] *(pl* **choux-raves***)* nm kohlrabi.

chouraver [3] [ʃuʀave] vt *tfam* to swipe, to pinch ▶ **chouraver qqch à qqn** to pinch sthg from sb.

chouriner [ʃuʀine] = **suriner**.

choute f ⟶ **chou** *(nm, f).*

chow-chow *(pl* **chows-chows***)*, **chowchow*** [ʃoʃo] nm chow (dog).

choyer [13] [ʃwaje] vt to pamper, to make a fuss of ▶ **se faire choyer** to be pampered.

CHR (abr de **centre hospitalier régional**) nm *regional hospital.*

chrême [kʀɛm] nm chrism, consecrated oil.

chrétien, enne [kʀetjɛ̃, ɛn] adj & nm, f Christian.

chrétien-démocrate, chrétienne-démocrate [kʀetjɛ̃demɔkʀat, kʀetjɛndmɔkʀat] *(mpl* **chrétiens-démocrates**, *fpl* **chrétiennes-démocrates***)* adj & nm, f Christian Democrat.

chrétiennement [kʀetjɛnmɑ̃] adv ▶ **vivre chrétiennement** to live as a good Christian / *être enterré chrétiennement* to have a Christian burial.

chrétienté [kʀetjɛ̃te] nf Christendom.

Chris-Craft® [kʀiskʀaft] nm inv Chris-Craft®.

Christ [kʀist] npr m ▶ **le Christ** Christ.

❖ **christ** nm [crucifix] (Christ on the) cross, crucifix.

christiania [kʀistjanja] nm christie, christy.

christianisation [kʀistjanizasjɔ̃] nf Christianization, conversion to Christianity / *le pays avant la christianisation* the country before the spread of Christianity.

christianiser [3] [kʀistjanize] vt to evangelize, to convert to Christianity.

christianisme [kʀistjanism] nm Christianity.

christique [kʀistik] adj Christlike.

christologie [kʀistɔlɔʒi] nf christology.

Christophe [kʀistɔf] npr ▶ **saint Christophe** Saint Christopher.

chromage [kʀomaʒ] nm chromium plating.

chromate [kʀɔmat] nm chromate.

chromatine [kʀɔmatin] nf chromatin.

chromatique [kʀɔmatik] adj **1.** MUS & OPT chromatic **2.** BIOL chromosomal.

chromatisme [kʀɔmatism] nm chromaticism.

* In reformed spelling (see p. 16-19).

chromatogramme [kʀɔmatɔgʀam] nm chromatogram.

chromatographie [kʀɔmatɔgʀafi] nf chromatography.

chromatophore [kʀɔmatɔfɔʀ] nm chromatophore.

chrome [kʀom] nm CHIM chromium.

❖ **chromes** nmpl [d'un véhicule] chrome *(U)*, chromium-plated parts / ***faire les chromes d'une voiture / d'un vélo*** to polish up the chrome on a car / bicycle.

chromé, e [kʀome] adj chrome, chromium-plated / ***le boîtier est en métal chromé*** the case is made of chrome.

chromer [kʀome] vt to chrome.

chromeux, euse [kʀɔmø, øz] adj chromous.

chromique [kʀɔmik] adj chromic.

chromo [kʀɔmo] nm *péj* poor-quality colour print.

chromodynamique [kʀɔmɔdinamik] nf chromodynamics *(sg)*.

chromogène [kʀɔmɔʒɛn] adj chromogenic, colour-producing.

chromolithographie [kʀɔmɔlitɔgʀafi] nf chromolithography, process offset.

chromosome [kʀɔmɔzom] nm chromosome ▸ **chromosome X / Y** X / Y chromosome ▸ **jeu de chromosomes** set of chromosomes.

chromosomique [kʀɔmɔzomik] adj chromosomal, chromosome *(modif)*.

chromosphère [kʀomɔsfɛʀ] nf chromatosphere.

chroniciser ❖ **se chroniciser** vp [maladie] to become chronic.

chronicité [kʀɔnisite] nf chronicity.

chronique [kʀɔnik] ◆ adj **1.** MÉD chronic **2.** [constant] chronic ▸ **chômage chronique** chronic unemployment. ◆ nf **1.** PRESSE [rubrique] column ▸ **faire la chronique de** to report on ▸ **chronique littéraire** arts page ▸ **chronique mondaine** gossip column ▸ **chronique des spectacles** (entertainments) listings **2.** LITTÉR chronicle **3.** BIBLE ▸ **les Chroniques** Chronicles.

chroniquement [kʀɔnikmɑ̃] adv **1.** MÉD chronically **2.** [constamment] chronically, perpetually.

chroniquer [kʀɔnike] vt **1.** [dans la presse] to write about / ***chroniquer un roman*** to write a review of a novel **2.** [traiter sous forme de chronique] : ***une émission qui chronique la vie culturelle à Paris*** a programme that keeps you up to date on cultural life in Paris / ***le documentaire chronique son périple dans le Sahara*** the documentary chronicles his journey across the Sahara.

chroniqueur, euse [kʀɔnikœʀ, øz] nm, f **1.** [journaliste] commentator, columnist ▸ **chroniqueur mondain** gossip columnist **2.** [historien] chronicler.

chrono [kʀono] *fam* ◆ nm stopwatch. ◆ adv by the clock ▸ **250 chrono** recorded speed 250 kph.

chronobiologie [kʀɔnɔbjɔlɔʒi] nf chronobiology.

chronogramme [kʀɔnɔgʀam] nm chronogram, timing chart.

chronographe [kʀɔnɔgʀaf] nm chronograph.

chronologie [kʀɔnɔlɔʒi] nf chronology, time sequence ▸ **chronologie des événements** calendar of events.

chronologique [kʀɔnɔlɔʒik] adj chronological ▸ **série chronologique** time series.

chronologiquement [kʀɔnɔlɔʒikmɑ̃] adv chronologically.

chronométrage [kʀɔnɔmetʀaʒ] nm timing, timekeeping.

chronomètre [kʀɔnɔmɛtʀ] nm stopwatch.

chronométrer [18] [kʀɔnɔmetʀe] vt to time *(with a stopwatch)*.

✐ In reformed spelling (see p. 16-19), this verb is conjugated like *semer*: ***elle chronomètrera, il chronomètrerait.***

chronométreur, euse [kʀɔnɔmetʀœʀ, øz] nm, f timekeeper.

chronométrie [kʀɔnɔmetʀi] nf chronometry.

chronométrique [kʀɔnɔmetʀik] adj chronometric.

chronophage [kʀɔnofaʒ] adj [activité, processus] time-consuming.

chronophotographie [kʀɔnɔfɔtɔgʀafi] nf chronophotography.

Chronopost® [kʀɔnɔpɔst] nm *express mail service.*

chrysalide [kʀizalid] nf chrysalis ▸ **sortir de sa chrysalide** *fig* to come out of one's shell.

chrysanthème [kʀizɑ̃tɛm] nm chrysanthemum ▸ **inaugurer les chrysanthèmes** *General de Gaulle's description of the traditional function of the President of the Republic, to which he did not wish to be confined.*

chrysolite [kʀizɔlit] nf chrysolite, chrysolith.

CHS (abr de **centre hospitalier spécialisé**) nm *psychiatric hospital.*

CHSCT (abr de **comité d'hygiène, de sécurité et des conditions de travail**) nm *health and safety committee.*

ch'timi [ʃtimi] ◆ adj from the north of France. ◆ nmf northerner *(in France)*.

CHU nm abr de **centre hospitalo-universitaire.**

chuchotement [ʃyʃɔtmɑ̃] nm whisper ▸ **des chuchotements** whispering *(U)*.

chuchoter [3] [ʃyʃɔte] ◆ vi to whisper. ◆ vt [mot d'amour, secret] to whisper ▸ **chuchoter qqch à qqn** to whisper sthg to sb / ***il lui a chuchoté quelques mots à l'oreille*** he whispered a few words in her ear.

chuchoterie [ʃyʃɔtʀi] nf whispers, whispered conversation.

chuchoteur, euse [ʃyʃɔtœʀ, øz] ◆ adj whispering. ◆ nm, f whisperer.

chuchotis [ʃyʃɔti] = **chuchotement.**

chuintant, e [ʃɥɛ̃tɑ̃, ɑ̃t] adj hushing.

❖ **chuintante** nf PHON palato-alveolar fricative.

chuintement [ʃɥɛ̃tmɑ̃] nm **1.** PHON *use of palato-alveolar fricatives instead of sibilants (characteristic of certain French regional accents)* **2.** [sifflement d'une bouilloire] hiss, hissing.

chuinter [3] [ʃɥɛ̃te] vi **1.** ZOOL to hoot **2.** [siffler] to hiss **3.** PHON to pronounce ou articulate sibilants as fricatives.

chut [ʃyt] interj hush, sh, shhh.

chute [ʃyt] nf **1.** [perte d'équilibre] fall ▸ **faire une chute** to fall, to take a tumble / ***faire une chute de cheval*** to come off a horse / ***il a fait une chute de neuf mètres*** he fell nine metres / ***il m'a entraîné dans sa chute*** he dragged ou pulled me down with him / **'attention, chute de pierres'** 'danger! falling rocks' ▸ **chute libre** free fall / ***faire du saut en chute libre*** to skydive / ***la livre est en chute libre*** *fig* the pound's plummeting **2.** [perte] fall ▸ **la chute des cheveux** hair loss / ***au moment de la chute des feuilles*** when the leaves fall **3.** [baisse - des prix] drop, fall ▸ **chute des ventes** COMM fall-off in sales / ***la chute des prix*** the fall ou drop in prices ▸ **chute de tension a)** MÉD drop in blood pressure **b)** ÉLECTR & PHYS voltage drop ▸ **chute de pression** pressure drop **4.** [effondrement - d'un gouvernement, d'une institution] collapse, fall ▸ **entraîner qqn dans sa chute** to drag sb down with one **5.** MIL fall ▸ **la chute de Metz** the fall of Metz **6.** BIBLE ▸ **la Chute** the Fall **7.** MÉTÉOR ▸ **chutes de neige** snowfall ▸ **chutes de pluie** rainfall **8.** [fin - d'une histoire] punch line / ***j'ai été surpris par la chute*** [d'une situation] I was surprised by the outcome / ***j'attends la chute avec grand intérêt*** I wonder how things will turn out ▸ **la chute du jour** *litt* nightfall, the day's end **9.** ANAT ▸ **chute des reins** small of the back **10.** [déchet - de tissu] scrap ; [- de bois, de métal] offcut, trimming ▸ **chutes de pellicule** film trims / ***c'est une scène qui est restée parmi les chutes*** that scene ended up on the cutting-room floor / ***une couverture faite avec des chutes (de tissu)*** a blanket made of remnants (of fabric) **11.** CONSTR [d'un toit] pitch, slope.

❖ **chute d'eau** nf waterfall.

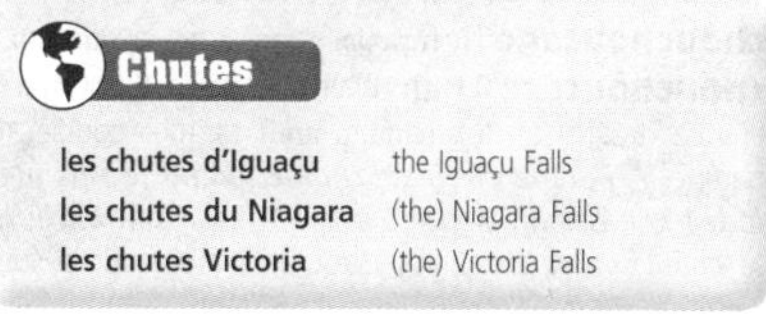

Chutes

les chutes d'Iguaçu	the Iguaçu Falls
les chutes du Niagara	(the) Niagara Falls
les chutes Victoria	(the) Victoria Falls

chuter [3] [ʃyte] vi **1.** *fam* [tomber] to fall **2.** [ne pas réussir] to fail, to come to grief ▸ **chuter sur** to fail on / ***le candidat a chuté sur la dernière question*** the candidate failed on the final question **3.** [baisser] to fall, to tumble / ***la crise a fait chuter les ventes*** the crisis sent sales plummetting ▸ **faire chuter les ventes** to bring sales (figures) tumbling down **4.** JEUX to go down.

chyme [ʃim] nm chyme.

Chypre [ʃipʀ] npr Cyprus ▸ **à Chypre** in Cyprus. ⟶ **île**

chypriote [ʃipʀijɔt] = **cypriote.**

ci [si] pron dém inv ▸ **ci et ça** this and that / ***faire ci et ça*** to do this and that.

-ci [si] adv **1.** [dans l'espace] ▸ **celui-ci** this one / ***celui-ci ou celui-là?*** this one or that one? **2.** [dans le temps - présent] : ***à cette heure-ci il n'y a plus personne*** there's nobody there at this time of day ▸ **ce mois-ci** this month ▸ **cette semaine-ci** this week ; [dans le temps - futur] : ***ils viennent dîner ce mercredi-ci*** they're coming for dinner next Wednesday ; [dans le temps - passé] : ***il n'a pas fait très beau ces jours-ci*** the weather hasn't been too good just lately / ***je ne l'ai pas beaucoup vu ces temps-ci*** I haven't seen much of him lately **3.** [pour insister] : ***je ne t'ai pas demandé ce livre-ci*** THAT's not the book I asked for / ***cette fois-ci j'ai compris!*** NOW I've got it! / ***c'est à cette heure-ci que tu rentres?*** what time do you call this?

Ci (abr écrite de **curie**) Ci.

CIA (abr de **Central Intelligence Agency**) npr f CIA.

ciao [tʃao] interj *fam* ciao.

ci-après [siapʀɛ] adv hereafter, hereinafter, following ▸ **les dispositions ci-après** the provisions set out below ▸ **ci-après dénommé l'acheteur** hereinafter referred to as the Buyer.

cibiche [sibiʃ] nf *fam & vieilli* cig, ciggie.

cibiste [sibist] nmf CB user.

ciblage [siblaʒ] nm targeting.

cible [sibl] nf **1.** ARM & PHYS target ▸ **cible fixe / mobile** stationary / moving target ▸ **cible d'amarrage** docking target ▸ **cible panoramique** landscape target **2.** *fig* [victime] target ▸ **prendre qqn pour cible** to make sb the target of one's attacks / ***c'est toujours lui qu'on prend pour cible*** he's always the scapegoat / ***sa maladresse fait de lui une cible toute trouvée*** his clumsiness makes him the obvious target for ou the butt of everybody's jokes **3.** COMM target group ▸ **cible visée** intended target ▸ **population cible** target population **4.** ÉCOL ▸ **cible de réduction des émissions** emissions target.

ciblé, e [sible] adj targeted.

cibler [3] [sible] vt [produit] to define a target group for ; [public] to target.

ciboire [sibwaʀ] nm RELIG ciborium.

ciboule [sibul] nf spring onion UK scallion US

ciboulette [sibulɛt] nf chives *(pl)*.

ciboulot [sibulo] nm *fam* head ▸ **se creuser le ciboulot** to rack one's brain / ***il n'a rien dans le ciboulot*** he's a dope, he's got nothing between his ears / ***elle en a dans le ciboulot!*** she's got a good head on her shoulders!

cicatrice [sikatʀis] nf **1.** MÉD scar **2.** *fig* [marque] mark, scar ▸ **cicatrice indélébile** permanent scar / ***laisser des cicatrices*** to leave scars **3.** BOT scar (of attachment) ▸ **cicatrice de feuille / de bourgeon** leaf / bud scar ▸ **cicatrice du haricot** hilum.

cicatriciel, elle [sikatʀisjɛl] adj scar *(modif)*, cicatricial *spéc*

cicatricule [sikatʀikyl] nf tread.

cicatrisable [sikatʀizabl] adj that can be healed.

cicatrisant, e [sikatʀizɑ̃, ɑ̃t] adj healing.

❖ **cicatrisant** nm healing agent, cicatrizant *spéc*

cicatrisation [sikatʀizasjɔ̃] nf **1.** MÉD scarring, cicatrization *spéc* / ***la cicatrisation se fait mal*** the wound is not healing ou closing up properly **2.** [apaisement] healing.

cicatriser [3] [sikatʀize] vt **1.** MÉD to heal, to cicatrize *spéc* / ***cette pommade fera cicatriser la plaie plus***

vite this cream will help the wound heal up more quickly **2.** [adoucir] to heal.

◈ se cicatriser vpi [coupure] to heal ou to close up ; [tissus] to form a scar ; *fig* to heal.

Cicéron [siseʀɔ̃] npr Cicero.

cicérone [siseʀɔn] nm guide, mentor.

cicéronien, enne [siseʀɔnjɛ̃, ɛn] adj Ciceronian.

ci-contre [sikɔ̃tʀ] adv opposite ▸ **illustré ci-contre** as shown (in the picture) opposite.

CICR (abr de **Comité international de la Croix-Rouge**) npr m IRCC.

Cid [sid] npr m ▸ **le Cid** El Cid / **'le Cid'** *Corneille* 'Le Cid'.

ci-dessous [sidəsu] adv below.

ci-dessus [sidəsy] adv above ▸ **l'adresse ci-dessus** the above address.

ci-devant [sidəvɑ̃] nmf HIST former aristocrat.

CIDEX, Cidex [sidɛks] (abr de **courrier individuel à distribution exceptionnelle**) nm *system grouping letter boxes in country areas.*

CIDJ (abr de **centre d'information et de documentation de la jeunesse**) nm *careers advisory service.*

cidre [sidʀ] nm cider UK, hard cider US ▸ **cidre bouché** bottled cider *(with a seal)* ▸ **cidre brut / doux** dry / sweet cider.

cidrerie [sidʀəʀi] nf cider-house.

Cie (abr écrite de **compagnie**) Co ▸ **Johnson et Cie** Johnson & Co.

ciel [sjɛl] (*pl* **cieux** [sjø]) ◆ nm **1.** [espace] sky ▸ **haut dans le ciel** (high) up in the sky ▸ **entre ciel et terre** in the air, in midair / *une explosion en plein ciel* a mid-air explosion ▸ **jusqu'au ciel** (up) to the skies ▸ **lever les bras au ciel** to throw up one's hands *(in exasperation, despair, etc.)* ▸ **lever les yeux au ciel** [d'exaspération] to roll one's eyes ▸ **tomber du ciel a)** [arriver opportunément] to be heaven-sent ou a godsend **b)** [être stupéfait] to be stunned **2.** (*pl* **ciels** [sjɛl]) MÉTÉOR : *ciel clair / nuageux* clear / cloudy sky **3.** ASTRON sky **4.** RELIG Heaven / *Mamie est montée* ou *partie au ciel* Grandma has gone up to Heaven **5.** *litt* [fatalité] fate ; [providence] : *c'est le ciel qui t'envoie* you're a godsend / *c'est le ciel qui nous envoie cet argent* that money's a godsend ▸ **le ciel soit loué** thank heavens / *que le ciel vous entende!* may heaven help you! **6.** (*pl* **ciels** [sjɛl]) [plafond] ▸ **ciel de chambre** canopy ▸ **ciel de lit** canopy **7.** MIL ▸ **ciel protecteur** overhead cover. ◆ interj *vieilli* ▸ **(juste) ciel!** heavens above!, (good) heavens!

◈ ciels nmpl *litt* [temps] : *les ciels changeants de Bretagne* the changing skies of Brittany / *les ciels tourmentés de Van Gogh* ART Van Gogh's tortured skies.

◈ cieux nmpl *litt* [région] climes, climate / *sous des cieux plus cléments* in milder climes ▸ **partir vers d'autres cieux** to be off to distant parts.

◈ à ciel ouvert loc adj **1.** MIN open-cast UK, open-cut US **2.** [piscine, stade] open-air.

CIEP (abr de **Centre international d'études pédagogiques**) npr m *French centre for educational research.*

cierge [sjɛʀʒ] nm **1.** [bougie] altar candle ▸ **cierge magique** sparkler **2.** BOT cereus.

cieux [sjø] pl ⟶ **ciel.**

cigale [sigal] nf cicada.

cigare [sigaʀ] nm **1.** [à fumer] cigar **2.** *fam* [tête] head **3.** BELG [réprimande] talking-to.

cigarette [sigaʀɛt] nf **1.** [à fumer] cigarette ▸ **fumer une cigarette** to smoke a cigarette, to have a smoke ▸ **cigarette filtre** filter-tipped cigarette **2.** CULIN ▸ **cigarette (russe)** *shortcrust biscuit shaped like a brandy snap.*

cigarettier [sigaʀɛtje] nm cigarette manufacturer.

cigarière [sigaʀjɛʀ] nf cigar-maker.

cigarillo [sigaʀijo] nm cigarillo.

ci-gît, ci-git* [siʒi] adv here lies.

cigogne [sigɔɲ] nf stork.

cigogneau, x [sigɔɲo] nm young ou immature stork.

ciguë, cigüe* [sigy] nf ▸ **(petite) ciguë** fool's-parsley ▸ **grande ciguë** giant hemlock.

ci-inclus, e [siɛ̃kly, yz] (*mpl* **ci-inclus**, *fpl* **ci-incluses**) adj *(après le nom)* enclosed.

◈ ci-inclus adv *(invariable avant le nom, variable après le nom)* : *ci-inclus vos quittances* please find bill enclosed / *veuillez trouver la copie du testament ci-incluse* please find enclosed the copy of the will.

CIJ (abr de **Cour internationale de justice**) nf ICJ.

ci-joint, e [siʒwɛ̃, ɛ̃t] (*mpl* **ci-joints**, *fpl* **ci-jointes**) adj *(invariable avant le nom, variable après le nom)* attached, enclosed / *(veuillez trouver) ci-joint la facture correspondante* please find enclosed ou attached the invoice relating to your order / *après examen des pièces ci-jointes* on studying the enclosed documents.

cil [sil] nm **1.** ANAT eyelash, lash, cilium *spéc* **2.** BIOL ▸ **cils vibratiles** cilia.

ciliaire [siljɛʀ] adj ciliary.

cilice [silis] nm hair shirt, cilice *spéc.*

cilié, e [silje] adj ciliate, ciliated.

cillement [sijmɑ̃] nm blinking, nictitation *spéc.*

ciller [3] [sije] vi **1.** [battre des cils] to blink **2.** [réagir] ▸ **il n'a pas cillé** he didn't bat an eyelid ou turn a hair / *ils contemplaient le spectacle sans ciller* they contemplated the sight with no visible sign of emotion.

cimaise [simɛz] nf **1.** ART picture rail / *pendre un tableau aux plus hautes cimaises* to sky a painting **2.** ARCHIT cymatium.

cime [sim] nf **1.** GÉOGR peak, summit, top ▸ **les cimes** *litt* the mountain tops **2.** [haut d'un arbre] crown, top / *les singes vivent dans les cimes* monkeys live in the canopy of the forest.

ciment [simɑ̃] nm **1.** CONSTR cement ▸ **ciment à prise lente / rapide** slow-setting / quick-setting cement **2.** *sout* [lien] bond / *l'enfant fut le ciment de leur amour* the child acted as a bond between them.

cimentation [simɑ̃tasjɔ̃] nf cementing.

cimenter [3] [simɑ̃te] vt **1.** CONSTR to cement **2.** [renforcer] to consolidate.

cimenterie [simɑ̃tʀi] nf cement factory ou works.

cimentier [simɑ̃tje] nm cement manufacturer.

cimeterre [simtɛʀ] nm scimitar.

cimetière [simtjɛʀ] nm cemetery, graveyard ; [autour d'une église] churchyard ▸ **cimetière de voitures** scrapyard *(for cars)* ▸ **cimetière des éléphants** elephant's graveyard / **'le Cimetière marin'** *Paul Valéry* 'The Graveyard by the Sea'.

cinabre [sinabʀ] nm **1.** CHIM cinnabar **2.** ART vermilion.

ciné [sine] nm *fam* **1.** [spectacle] ▸ **le ciné** the pictures / *se faire un ciné* to go and see a film UK ou a movie US **2.** [édifice] cinema UK, movie theater US.

cinéaste [sineast] nmf film-director UK, movie director US ▸ **cinéaste amateur** amateur film-maker UK ou movie-maker US.

ciné-club (*pl* **ciné-clubs**), **cinéclub*** [sineklœb] nm film society UK, movie club US.

cinéma [sinema] nm **1.** [édifice] cinema UK, movie theater US ▸ **aller au cinéma** to go to the cinema UK ou the movies US ▸ **cinéma d'art et d'essai** art house ▸ **cinéma en plein air a)** [dans les pays chauds] open-air cinema **b)** [aux USA] drive-in (movie-theater) ▸ **un cinéma de quartier** a local cinema **2.** [spectacle, genre] ▸ **le cinéma** the cinema UK, the movies US / *des effets encore jamais vus au cinéma* effects never before seen on screen ▸ **le cinéma d'animation** cartoons, animation ▸ **le cinéma d'art et d'essai** art films UK ou movies US ▸ **le cinéma muet** silent films UK ou movies US ▸ **le cinéma parlant** talking pictures, talkies **3.** [métier] ▸ **le cinéma** film-making UK, movie-making US ▸ **faire du cinéma a)** [technicien] to work in films UK ou the movies US **b)** [acteur] to act in films UK, to be a screen actor ▸ **étudiant en cinéma** film student ▸ **cinéma publicitaire** COMM screen advertising UK ▸ **école de cinéma** film ou film-making school UK, movie-making school US **4.** [industrie] ▸ **le cinéma** the film UK ou movie US industry **5.** *fam* EXPR **c'est du cinéma** it's (all) playacting / *alors c'était du cinéma, ton voyage en Inde?* so your trip to India was all a sham? ▸ **faire du** ou **tout un cinéma (pour)** to kick up a huge fuss (about) / *le gosse a fait un cinéma pas possible pour y retourner* the kid made an awful fuss to go back there ▸ **arrête (de faire) ton cinéma! a)** [de mentir] stop putting us on! **b)** [de bluffer] stop shooting your mouth off! ▸ **se faire du cinéma** to fantasize.

◈ de cinéma loc adj [festival, revue, vedette] film UK *(modif)*, movie US *(modif)* ; [école] film-making UK, movie-making US.

Cinémascope® [sinemaskɔp] nm Cinemascope®.

cinémathèque [sinematɛk] nf film UK ou movie US library ▸ **la Cinémathèque française** *the French film institute.*

> **La Cinémathèque française**
>
> Founded in Paris in 1936, the **Cinémathèque** specializes in the conservation and restoration of films; it also screens films for public viewing.

cinématique [sinematik] nf kinematics.

cinématographe [sinematɔgʀaf] nm cinematograph.

cinématographie [sinematɔgʀafi] nf cinematography.

cinématographique [sinematɔgʀafik] adj cinematographic, film UK *(modif)*, movie US *(modif)* ▸ **les techniques cinématographiques** cinematic techniques ▸ **une grande carrière cinématographique** a great career in the cinema ▸ **droits d'adaptation cinématographique** film rights ▸ **droits de reproduction cinématographique** film printing rights.

cinématographiquement [sinematɔgʀafikmɑ̃] adv cinematographically ▸ **cinématographiquement parlant** from a cinematic point of view.

cinémographe [sinemɔgʀaf] nm tachograph.

cinémomètre [sinemɔmɛtʀ] nm tachometer, speedometer.

ciné-parc (*pl* **ciné-parcs**), **cinéparc*** [sinepaʀk] nm QUÉBEC drive-in cinema.

cinéphile [sinefil] ◆ nmf film UK ou movie US buff. ◆ adj : *être (très) cinéphile* to be a film UK ou movie US buff.

cinéraire [sineʀɛʀ] ◆ adj cinerary ▸ **urne cinéraire** funeral urn. ◆ nf cineraria.

Cinérama® [sineʀama] nm Cinerama.

cinéroman [sineʀɔmɑ̃] nm cinenovel.

cinétique [sinetik] ◆ adj kinetic. ◆ nf kinetics *(U).*

cinétisme [sinetism] nm kinetic art.

cinghalais, e [sɛ̃galɛ, ɛz] adj Singhalese, Sinhalese.

◈ Cinghalais, e nm, f Singhalese, Sinhalese.

◈ cinghalais nm LING Singhalese, Sinhalese.

cinglant, e [sɛ̃glɑ̃, ɑ̃t] adj **1.** [violent] bitter, biting / *une gifle cinglante* a stinging slap **2.** [blessant] biting, cutting, stinging ▸ **d'un ton cinglant** scathingly ▸ **des reproches cinglants** bitter criticism.

cinglé, e [sɛ̃gle] *fam* ◆ adj crazy, screwy, nuts / *t'es pas un peu cinglé!* are you crazy? ◆ nm, f loony UK, screwball US / *les cinglés du volant / jazz / cinéma* car / jazz / film fanatics.

cingler [3] [sɛ̃gle] ◆ vi **1.** NAUT ▸ **cingler vers** to sail (at full sail) towards, to make for **2.** *(tournure impersonnelle)* ▸ **ça cingle** *fam* it's bitterly cold. ◆ vt **1.** [fouetter] to lash / *la pluie cingle les vitres* the rain is lashing the window-panes **2.** [blesser] to sting.

cinoche [sinɔʃ] nm *fam* cinema UK, movies US *(pl).*

cinq [sɛ̃k] ◆ dét **1.** five / *cinq est la moitié de dix* five is half of ten / *cinq livres de pommes* five pounds of apples / *cinq cents / mille étoiles* five hundred / thousand stars ▸ **cinq pour cent** five per cent ▸ **cinq dixièmes** five tenths / *cinq fois mieux* five times better ▸ **elle a cinq ans a)** [fillette] she's five (years old ou of age) **b)** [voiture] it's five years old / *une fille de cinq ans* a five-year old (girl) ▸ **les cinq lettres** *euphém* ≃ a four-letter word ▸ **dire les cinq lettres à qqn** to tell sb where to go ▸ **bouteille cinq étoiles** *inexpensive wine bottle (with*

* In reformed spelling (see p. 16-19).

five stars embossed on the neck) for which a deposit is payable **2.** [dans des séries] five ▸ **à la page cinq** on page five ▸ **au chapitre cinq** in chapter five, in the fifth chapter / *il arrive le cinq novembre* he's arriving on November (the) fifth ou the fifth of November / *quel jour sommes-nous? — le cinq novembre* what's the date today? — the fifth of November **3.** [pour exprimer les minutes] ▸ **trois heures cinq** five past three ▸ **trois heures moins cinq** five to three / *elle est arrivée à cinq fam* she arrived at five past ▸ **cinq minutes a)** [d'horloge] five minutes **b)** [un moment] a short while / *cinq minutes plus tard, il a changé d'avis* a few minutes later he changed his mind / *j'en ai pour cinq minutes* it'll only take me a few minutes / *il doit s'absenter cinq minutes pour changer sa voiture de place* he's got to go and move his car, it'll only take him a few minutes / *c'est à cinq minutes (d'ici)* it's not very far from here. ◆ pron five / *nous étions cinq dans la pièce* there were five of us in the room. ◆ nm inv **1.** MATH five / *cinq et cinq font dix* five and five are ten ▸ **deux fois cinq** two times five, twice five **2.** [numéro d'ordre] number five / *c'est le cinq qui a gagné* number five wins / *allez au cinq* [maison] go to number five **3.** JEUX five ▸ **le cinq de carreau / pique** the five of diamonds / spades ; [quille] kingpin **4.** [chiffre écrit] ▸ **dessiner un cinq** to draw a (figure) five **5.** MUS ▸ **le groupe des Cinq** the Five.

❖ **cinq sur cinq** loc adv : *je te reçois cinq sur cinq pr & fig* I'm reading ou receiving you loud and clear / *t'as compris? — cinq sur cinq!* got it? — got it!

❖ **en cinq sec** loc adv *fam* in no time at all, in the twinkling of an eye / *en cinq sec, c'était fait* it was done before you could say "Jack Robinson".

cinquantaine [sɛ̃kɑ̃tɛn] nf **1.** [nombre] ▸ **une cinquantaine de voitures** fifty or so cars, about fifty cars **2.** [d'objets] (lot of) fifty **3.** [âge] fifty ▸ **il frise la cinquantaine** he's nearly fifty / *il a la cinquantaine bien sonnée* he's well into his fifties / *quand on arrive à* ou *atteint la cinquantaine* when you reach fifty.

cinquante [sɛ̃kɑ̃t] ◆ dét **1.** fifty / *cinquante est la moitié de cent* fifty is half of one hundred ▸ **cinquante et un** fifty-one ▸ **cinquante-deux** fifty-two ▸ **cinquante et unième** fifty-first / *cinquante mille habitants* fifty thousand inhabitants / *deux billets de cinquante fam* two fifty-euro notes ou fifties ▸ **dans les années cinquante** in the fifties / *la mode des années cinquante* fifties' fashions / *cinquante pour cent des personnes interrogées pensent que...* fifty per cent of ou half the people we asked think that... / *il est mort à cinquante ans* he died at ou when he was fifty **2.** [dans des séries] fifty ▸ **page / numéro cinquante** page / number fifty **3.** SPORT ▸ **le cinquante mètres** the fifty metres **4.** EXPR **il n'y en a pas cinquante** *fam* : *des solutions, il n'y en a pas cinquante* there aren't that many ways to solve the problem ▸ **je te l'ai dit cinquante fois!** if I've told you once, I've told you a hundred times! ◆ nm inv **1.** MATH fifty / *cinquante et cinquante font cent* fifty and fifty are a hundred / *deux fois cinquante* two times fifty **2.** [numéro d'ordre] number fifty / *c'est le cinquante qui a gagné* number fifty wins / *allez au cinquante* [maison] go to number fifty **3.** [chiffre écrit] : *le cinquante n'est pas lisible* the fifty is illegible.

cinquantenaire [sɛ̃kɑ̃tnɛʀ] ◆ adj fifty-year old. ◆ nm fiftieth anniversary, golden jubilee.

cinquantième [sɛ̃kɑ̃tjɛm] ◆ adj num fiftieth. ◆ nm fiftieth part. ◆ nf fiftieth performance. **Voir aussi cinquième.**

cinquième [sɛ̃kjɛm] ◆ adj num fifth / *le cinquième volume de la collection* the fifth volume in the series / *le vingt-cinquième concurrent* the twenty-fifth competitor / *la quarante-cinquième année* the forty-fifth year ▸ **arriver cinquième** to come fifth ▸ **cinquième colonne** fifth column ▸ **cinquième maladie** MÉD fifth disease ▸ **être la cinquième roue du carrosse** ou **de la charrette** to be a fifth wheel. ◆ nmf **1.** [personne] fifth, fifth man (woman) ▸ **je suis cinquième a)** [dans une file] I'm fifth **b)** [dans un classement] I came fifth **2.** [objet] fifth (one) / *le cinquième était cassé* the fifth (one) was broken. ◆ nm **1.** [étage] fifth floor UK, sixth floor US **2.** [arrondissement de Paris] fifth (arrondissement) **3.** MATH fifth / *les quatre cinquièmes du total* four fifths of the total amount. ◆ nf **1.** ÉDUC second year UK *(of secondary school)*, seventh grade US **2.** DANSE fifth (position).

cinquièmement [sɛ̃kjɛmmɑ̃] adv fifthly, in the fifth place.

cintrage [sɛ̃tʀaʒ] nm **1.** MÉTALL bending **2.** ARCHIT centering.

cintre [sɛ̃tʀ] nm **1.** [portemanteau] coat-hanger **2.** ARCHIT arch **3.** MÉTALL bend, curve **4.** [d'un siège] crest **5.** THÉÂTRE rigging loft ▸ **les cintres** the flies.

cintré, e [sɛ̃tʀe] adj **1.** COUT close-fitting *(at the waist)*, waisted **2.** *fam* [fou] crazy, nuts, screwy.

cintrer [3] [sɛ̃tʀe] vt **1.** ARCHIT to arch, to vault **2.** [courber] to bend, to curve **3.** COUT to take in *(sép)* *(at the waist)*.

CIO (abr de **Comité international olympique**) npr m IOC.

cirage [siʀaʒ] nm [cire] shoe polish ; [polissage] polishing ▸ **être dans le cirage a)** *fam* AÉRON to be flying blind **b)** *fig* to be groggy.

circadien, enne [siʀkadjɛ̃, ɛn] adj circadian.

circaète [siʀkaɛt] nm circaetus.

Circé [siʀse] npr Circe.

circoncire [101] [siʀkɔ̃siʀ] vt to circumcise.

circoncis [siʀkɔ̃si] ◆ adj circumcised. ◆ nm [garçon] circumcised boy ; [homme] circumcised man.

circoncisait v ⟶ **circoncire.**

circoncision [siʀkɔ̃sizjɔ̃] nf circumcision.

circonférence [siʀkɔ̃feʀɑ̃s] nf **1.** GÉOM circumference **2.** [tour] periphery.

circonflexe [siʀkɔ̃flɛks] adj circumflex.

circonlocution [siʀkɔ̃lɔkysjɔ̃] nf *péj* circumlocution ▸ **que de circonlocutions!** what a roundabout way of putting it!

circonscriptible [siʀkɔ̃skʀiptibl] adj circumscribable.

circonscription [siʀkɔ̃skʀipsjɔ̃] nf **1.** ADMIN & POL area, district ▸ **circonscription électorale a)** [nationale] constituency UK, district US **b)** [locale] ward UK ▸ **circonscription consulaire** consular district **2.** GÉOM circumscription, circumscribing.

circonscrire [99] [siʀkɔ̃skʀiʀ] vt **1.** [limiter - extension, dégâts] to limit, to control ▸ **circonscrire un incendie** to bring a fire under control, to contain a fire **2.** [préciser] to define the limits ou scope of **3.** GÉOM to circumscribe.

❖ **se circonscrire** vp ▸ **se circonscrire autour de** to be centred UK ou centered US on ou around.

circonspect, e [siʀkɔ̃spɛ, ɛkt] adj [observateur, commentateur] cautious, wary ; [approche] cautious, circumspect *sout.*

circonspection [siʀkɔ̃spɛksjɔ̃] nf caution, cautiousness, wariness ▸ **avec circonspection** cautiously, warily / *agir avec la plus extrême circonspection* to be extremely cautious.

circonstance [siʀkɔ̃stɑ̃s] nf **1.** [situation] ▸ **circonstances** circumstances / *quelles étaient les circonstances?* what were the circumstances? ▸ **étant donné les circonstances** given the circumstances ou situation **2.** [conjoncture] circumstance, occasion ▸ **profiter de la circonstance** to seize the opportunity **3.** DR ▸ **circonstances aggravantes / atténuantes** aggravating / extenuating circumstances.

❖ **de circonstance** loc adj **1.** [approprié] appropriate, fitting ▸ **vers de circonstance** occasional verse **2.** GRAM ▸ **complément de circonstance** adverbial phrase.

❖ **pour la circonstance** loc adv for the occasion.

circonstancié, e [siʀkɔ̃stɑ̃sje] adj detailed / *je ne vous ferai pas un rapport circonstancié* I won't go into great detail.

circonstanciel, elle [siʀkɔ̃stɑ̃sjɛl] adj GRAM adverbial.

circonvenir [40] [siʀkɔ̃vniʀ] vt [abuser - juge, témoin] to circumvent ▸ **circonvenir l'électorat** to trick the voters.

circonvoisin, e [siʀkɔ̃vwazɛ̃, in] adj *litt* neighbouring, surrounding.

circonvolution [siʀkɔ̃vɔlysjɔ̃] nf **1.** [enroulement] circumvolution **2.** ANAT convolution, gyrus.

circuit [siʀkɥi] nm **1.** AUTO & SPORT circuit ▸ **circuit automobile** racing circuit **2.** [randonnée] tour, trip ▸ **faire le circuit des châteaux / vins** to do a tour of the chateaux / vineyards / *faire le circuit des bars* ≃ to go bar hopping US ; ≃ to go on a pub crawl UK ▸ **circuit touristique** organized trip ou tour **3.** [détour] detour, circuitous route / *faire un long circuit pour arriver quelque part* to make a long detour to get somewhere / *par tout un circuit de raisonnement fig* through a long and complicated thought process **4.** ÉLECTR & ÉLECTRON circuit ▸ **couper le circuit** to switch off ▸ **circuit imprimé** printed circuit ▸ **circuit intégré** integrated circuit ▸ **circuit logique** logical circuit **5.** [parcours] progression, route **6.** ÉCON channels ▸ **circuit de distribution** distribution channel / *le circuit de distribution du pain* the distribution channels for bread **7.** CINÉ network / *le film est fait pour le circuit commercial* it's a mainstream film **8.** [tuyaux] (pipe) system ▸ **circuit de refroidissement** cooling system **9.** [pourtour d'une ville] circumference **10.** EXPR **dans le circuit** : *elle est encore dans le circuit* she's still around / *quand je rentrerai dans le circuit* when I'm back in circulation.

❖ **en circuit fermé** ◆ loc adj [télévision] closed-circuit *(modif).* ◆ loc adv **1.** ÉLECTRON in closed circuit **2.** [discuter, vivre] without any outside contact.

circulaire [siʀkylɛʀ] ◆ adj **1.** [rond] circular, round **2.** [tournant - mouvement, regard] circular **3.** TRANSP return UK *(modif)*, round-trip US *(modif)* **4.** [définition, raisonnement] circular. ◆ nf circular.

circulairement [siʀkylɛʀmɑ̃] adv [marcher, rouler] in a circle.

circularité [siʀkylaʀite] nf **1.** [forme] roundness **2.** [d'un raisonnement] circularity.

circulation [siʀkylasjɔ̃] nf **1.** TRANSP : *la circulation des camions est interdite le dimanche* lorries are not allowed to run on Sundays ▸ **il y a de la / peu de circulation aujourd'hui** the traffic is heavy / there isn't much traffic today / *encore quelques petits problèmes de circulation au nord de Lyon* still some congestion north of Lyon ▸ **circulation aérienne / ferroviaire / routière** air / rail / road traffic **2.** [du sang, de l'air, d'un fluide] circulation / *avoir une bonne / mauvaise circulation* to have good / bad circulation **3.** [déplacement] spread, movement ▸ **la libre circulation des capitaux** free circulation of capital **4.** [circuit] ▸ **enlever** ou **retirer de la circulation a)** COMM to take off the market **b)** *fig* to take out of circulation ▸ **être en circulation** to be on the market ▸ **mettre en circulation a)** [argent] to put into circulation **b)** COMM to bring out, to put on the market.

circulatoire [siʀkylatwaʀ] adj [appareil] circulatory.

circuler [3] [siʀkyle] vi **1.** [se déplacer - personne] to move / *circulez, il n'y a rien à voir* move along now, there's nothing to see / *je n'aime pas que les enfants circulent dans toute la maison* I don't like the children to have the run of the whole house ; TRANSP [conducteur] to drive ; [flux de voitures] to move ; [train] to run / *rien ne circule ce matin* the traffic's at a standstill this morning / *en Angleterre on circule à gauche* they drive on the left in England / *l'autobus 21 circule de nuit* the number 21 bus runs at night **2.** [air, fluide] to circulate **3.** [passer de main en main] to be passed around ou round / *le rapport circule* the report's being circulated / *faites circuler la bouteille* pass the bottle round / *faire circuler des faux billets* to put forged banknotes into circulation **4.** [se propager] to circulate ▸ **faire circuler des bruits** to spread rumours / *c'est une rumeur qui circule* it's a rumour that's going around ▸ **l'information ne circule pas** information is not getting around.

Circulez, y a rien à voir

This is a stock phrase uttered – at least supposedly – by policemen to move on curious bystanders at the scene of a crime or accident (the equivalent of "move along now please!"). It is used figuratively to refer to people moving on quickly from somewhere (first example), or not being allowed to stay somewhere (second example):

L'assemblée générale fut brève, c'est le moins qu'on puisse dire ! C'était, circulez, y a rien à voir ! *They certainly didn't hang about at the AGM, they were in and out of there like a shot!*

Seuls les directeurs ont été invités au cocktail, pour les autres, ça a été circulez, y a rien à voir ! *Only the directors were invited to the drinks party, the rest of us didn't get a look-in.*

circumambulation [siʀkɔmɑ̃bylasjɔ̃] nf circumambulation.

circumlunaire [siʀkɔmlynɛʀ] adj circumlunar.

circumnavigation [siʀkɔmnavigasjɔ̃] nf circumnavigation.

circumpolaire [siʀkɔmpɔlɛʀ] adj circumpolar.

circumstellaire [siʀkɔmstelɛʀ] adj circumstellar.

circumterrestre [siʀkɔmteʀɛstʀ] adj around-the-world *(avant nom).*

cire [siʀ] nf **1.** [encaustique] (wax) polish **2.** [dans une ruche] wax ▸ **cire d'abeille** beeswax ▸ **cire à cacheter** sealing wax **3.** [cérumen] earwax **4.** PÉTR mineral ou earth wax **5.** EXPR **c'est une cire molle** *fam* he's got no will of his own.

❖ **à (la) cire perdue** ◆ loc adj lost-wax. ◆ loc adv using the lost-wax process.

❖ **de cire** loc adj [poupée, figurine] wax *(modif)* ▸ **musée de cire, cabinet de cire** *vieilli* wax-works.

ciré, e [siʀe] adj waxed, polished.

❖ **ciré** nm **1.** VÊT [gén] oilskin ; [de marin] sou'wester **2.** TEXT oilskin.

cirer [3] [siʀe] vt **1.** [faire briller - meuble, parquet] to wax, to polish ; [- chaussure] to polish ▸ **cirer les bottes à qqn** *fam & fig* to lick sb's boots **2.** EXPR **n'en avoir rien à cirer** *tfam* : *il en a rien à cirer* he doesn't give a damn.

cireur, euse [siʀœʀ, øz] nm, f [de rue] shoe shiner, shoe-shine boy *(nm).*

❖ **cireuse** nf floor polisher.

cireux, euse [siʀø, øz] adj **1.** [comme la cire] waxy, wax-like, waxen *litt* **2.** [jaunâtre] waxen *litt*, wax-coloured.

cirque [siʀk] nm **1.** LOISIRS [chapiteau] circus, big top ; [représentation] circus ▸ **aller au cirque** to go to the circus **2.** *fam* [agitation] : *c'est pas un peu fini, ce cirque ?* will you stop fooling around? ; [lieu] : *c'est un vrai cirque ici !* it's chaos ou pandemonium in here! **3.** *fam* [scène] : *arrête un peu ton cirque !* stop making a fuss! ▸ **faire son cirque** to make a fuss / *tous les matins, elle fait son cirque pour s'habiller* every morning she makes an awful fuss about getting dressed **4.** GÉOGR cirque, corrie ; [sur la Lune] crater ▸ **cirque glaciaire** cwm **5.** ANTIQ amphitheatre ▸ **les jeux du cirque** the circus games.

cirrhose [siʀoz] nf cirrhosis.

cirrhotique [siʀɔtik] ◆ adj [foie] cirrhotic. ◆ nmf cirrhotic, cirrhosis sufferer.

cirrocumulus [siʀɔkymylys] nm cirrocumulus.

cirrostratus [siʀɔstʀatys] nm cirrostratus.

cirrus [siʀys] nm cirrus.

cisaille [sizaj] nf [outil] ▸ **cisaille, cisailles** (pair of) shears ▸ **cisaille à lame** guillotine ▸ **cisaille circulaire** rotary shears.

cisaillement [sizajmɑ̃] nm **1.** MÉTALL cutting **2.** HORT pruning.

cisailler [3] [sizaje] vt **1.** [barbelés, tôle] to cut **2.** [couper grossièrement] to hack (at).

❖ **se cisailler** ◆ vpi [métal] to shear off. ◆ vpt [se couper] : *il s'est cisaillé la joue* he cut ou slashed his cheek.

cisalpin, e [sizalpɛ̃, in] adj Cisalpine ▸ **(la) Gaule cisalpine** Cisalpine Gaul.

ciseau, x [sizo] nm **1.** [outil] chisel / *sculpter une figure au ciseau* to chisel out a figure ▸ **ciseau à froid** cold chisel **2.** FOOT scissor-kick.

❖ **ciseaux** nmpl **1.** [outil] ▸ **(une paire de) ciseaux** (a pair of) scissors / *(une paire de) grands ciseaux* (a pair of) shears / *donner un coup de ciseaux dans un tissu* to cut a piece of material with scissors / *donner des coups de ciseaux dans un texte* to make cuts in a text ▸ **ciseaux à ongles** nail scissors **2.** SPORT ▸ **saut en ciseaux** scissor jump ▸ **sauter en ciseaux** to do a scissor jump.

ciselage [sizlaʒ], **cisèlement** [sizɛlmɑ̃] nm [d'une grappe de raisin] shearing ; [du métal] engraving ; [du cuir] embossing.

ciseler [25] [sizle] vt **1.** MÉTALL [en défonçant] to engrave ; [en repoussant] to emboss / *un bracelet en or ciselé* an engraved gold bracelet / *son nez délicatement ciselé fig* her finely chiselled nose **2.** *litt* [texte] to polish / *un sonnet délicatement ciselé* a delicately crafted sonnet **3.** [ciboulette] to snip **4.** [grappe de raisin] to shear (off).

ciselet [sizlɛ] nm small chisel.

ciseleur [sizlœʀ] nm engraver.

ciselure [sizlyʀ] nf **1.** MÉTALL [en défoncé] engraving ; [en repoussé] embossing **2.** ART & MENUIS chiselling **3.** [de reliure] embossing.

Cisjordanie [sisʒɔʀdani] npr f ▸ **la Cisjordanie** the West Bank.

cisjordanien, enne [sisʒɔʀdanjɛ̃, ɛn] adj from the West Bank.

❖ **Cisjordanien, enne** nm, f *inhabitant of or person from the West Bank.*

ciste [sist] nm **1.** [arbrisseau] cistus, rockrose **2.** ANTIQ cist **3.** [tombe] cist, kist.

cistercien, enne [sistɛʀsjɛ̃, ɛn] adj & nm, f Cistercian ▸ **les cisterciens** the Cistercians.

cistre [sistʀ] nm cithern, cittern.

citadelle [sitadɛl] nf **1.** CONSTR citadel / *la ferme avait été transformée en citadelle fig* the farm had been made into a fortress **2.** [centre] stronghold.

citadin, e [sitadɛ̃, in] ◆ adj [habitude, paysage] city *(modif)*, town *(modif)*, urban ; [population] town-dwelling, city-dwelling, urban. ◆ nm, f city-dweller, town-dweller.

citation [sitasjɔ̃] nf **1.** [extrait] quotation **2.** DR summons ▸ **citation à comparaître a)** [pour un témoin] subpoena **b)** [pour un accusé] summons ▸ **il a reçu une citation à comparaître a)** [témoin] he was subpoenaed **b)** [accusé] he was summonsed **3.** MIL ▸ **citation à l'ordre du jour** mention in dispatches.

cité [site] nf **1.** [ville] city ; [plus petite] town ▸ **cité linéaire** ribbon development ▸ **la Cité interdite** the Forbidden City ▸ **la Cité de la Musique** *cultural centre devoted to music in the Parc de la Villette in Paris* ▸ **la cité des Papes** Avignon ▸ **la cité phocéenne** Marseille ▸ **la Cité des Sciences et de l'Industrie** *science and technology museum complex in the Parc de La Villette in Paris* **2.** [résidence] (housing) estate UK ou development US, council estate UK ▸ **les cités de banlieue** suburban housing estates *(in France, often evocative of poverty and delinquency)* ▸ **cité ouvrière** ≃ council estate UK ; ≃ housing project US ▸ **cité de transit** transit camp ▸ **cité universitaire** hall(s) of residence UK dormitory US **3.** ANTIQ city-state **4.** RELIG ▸ **la cité céleste** the Heavenly City ▸ **la cité sainte** the Holy City / **'la Cité de Dieu'** *saint Augustin* 'The City of God'.

Cîteaux [sito] npr ⟶ **abbaye.**

cité-dortoir [sitedɔʀtwaʀ] (*pl* **cités-dortoirs**) nf dormitory town, bedroom community US.

cité-jardin [siteʒaʀdɛ̃] (*pl* **cités-jardins**) nf garden city.

citer [3] [site] vt **1.** [donner un extrait de] to cite, to quote (from) / *je vous ai cité dans mon article* I quoted you in my article **2.** [mentionner] to mention / *son ouvrage principal n'est même pas cité* his main work isn't even mentioned ▸ **citer qqn en exemple** to cite sb as an example **3.** [énumérer] to name, to quote, to list **4.** DR [témoin] to subpoena ; [accusé] to summons **5.** MIL to mention / *citer un soldat à l'ordre du jour* to mention a soldier in dispatches.

citerne [sitɛʀn] nf **1.** [cuve] tank ; [pour l'eau] water tank, cistern **2.** NAUT tank **3.** [camion] tanker **4.** RAIL tank wagon UK tank car US

cité U [sitey] nf *fam* abr de **cité universitaire.**

cithare [sitaʀ] nf cithara.

cithariste [sitaʀist] nmf cithara player.

citizen band [sitizənbɑ̃d] (*pl* **citizen bands**) nf Citizens' Band, CB.

citoyen, enne [sitwajɛ̃, ɛn] ◆ nm, f **1.** HIST & POL citizen **2.** *fam* [personnage] ▸ **qu'est-ce que c'est que ce citoyen-là ? a)** [inquiétant] he's a bit of a queer fish UK ou odd duck US **b)** [amusant] what an eccentric! ◆ adj [personne, entreprise] socially responsible, civic-minded.

citoyenneté [sitwajɛnte] nf citizenship ▸ **prendre la citoyenneté française** to acquire French citizenship.

citrate [sitʀat] nm citrate.

citrine [sitʀin] nf citrine.

citrique [sitʀik] adj citric.

citron [sitʀɔ̃] nm **1.** BOT lemon ▸ **citron pressé** freshly squeezed lemon juice ▸ **citron vert** lime **2.** *fam* [tête] nut **3.** ENTOM brimstone.

❖ **au citron** loc adj [lotion, savon] lemon *(modif)* ; [gâteau, sauce] lemon *(modif)*, lemon-flavoured ▸ **parfumé au citron** lemon-scented.

citronnade [sitʀɔnad] nf lemonade.

citronné, e [sitʀɔne] adj [gâteau] lemon-flavoured ; [pochette] lemon-scented ; [eau de toilette] lemon *(épithète).*

citronnelle [sitʀɔnɛl] nf **1.** [mélisse] lemon balm **2.** [aromate tropical] lemongrass **3.** [baume] citronella oil **4.** [boisson] citronella liqueur.

citronnier [sitʀɔnje] nm lemon tree.

citrouille [sitʀuj] nf **1.** [fruit] pumpkin **2.** *fam* [tête] nut.

cive [siv] nf chives *(pl).*

civelle [sivɛl] nf young eel.

civet [sivɛ] nm civet, stew / *civet de lièvre, lièvre en civet* civet of hare ; ≃ jugged hare.

civette [sivɛt] nf **1.** BOT chives *(pl)* **2.** [animal, parfum, fourrure] civet.

civière [sivjɛʀ] nf stretcher.

civil, e [sivil] adj **1.** [non religieux] civil ▸ **mariage civil** civil marriage ceremony **2.** [non militaire] civilian ▸ **porter des vêtements civils** to wear civilian clothes **3.** ADMIN ▸ **jour civil** civil ou calendar day **4.** [non pénal] civil **5.** *litt* [courtois] courteous, civil.

❖ **civil** nm **1.** [non militaire] civilian **2.** DR civil action / *porter une affaire au civil* to bring a case before the civil courts.

❖ **dans le civil** loc adv in civilian life.

❖ **en civil** loc adj ▸ **être en civil** [soldat] to be wearing civilian clothes ▸ **policier en civil** plain clothes policeman.

civil ou civilian ?

Le mot anglais **civil** désigne tout ce qui concerne le citoyen. **civilian** signifie « non militaire ».

civilement [sivilmɑ̃] adv **1.** DR ▸ **se marier civilement** to have a civil wedding, to get married at a registry office UK ou at city hall US ▸ **être civilement responsable** to be legally responsible **2.** *sout* [courtoisement] courteously.

civilisable [sivilizabl] adj civilizable.

civilisateur, trice [sivilizatœʀ, tʀis] ◆ adj civilizing. ◆ nm, f civilizer.

civilisation [sivilizasjɔ̃] nf **1.** SOCIOL civilization / *les grandes civilisations du passé* great civilizations of the past **2.** [action de civiliser] civilization, civilizing **3.** [fait d'être civilisé] civilization **4.** *hum* [confort] civilization / *nous sommes revenus à la civilisation après dix jours sous la tente* we got back to civilization after ten days under canvas.

❖ **de civilisation** loc adj ▸ **langue de civilisation** language of culture ▸ **maladie de civilisation** social disease.

civilisé, e [sivilize] ◆ adj [nation, peuple] civilized / *on est chez des gens civilisés, ici!* *fam* we're not savages! ◆ nm, f civilized person, member of a civilized society.

civiliser [3] [sivilize] vt to civilize, to bring civilization to.

❖ **se civiliser** vpi to become civilized.

civiliste [sivilist] nmf specialist in civil law.

civilité [sivilite] nf *litt* [qualité] politeness, polite behaviour, civility *sout* / *la plus élémentaire civilité voudrait que l'on fasse* ou *serait de…* it would be only polite to…

❖ **civilités** nfpl *litt* [paroles] polite greetings ▸ **présenter ses civilités à qqn** to pay one's respects to sb / *rivalisant de civilités* making polite comments to one another.

civique [sivik] adj civic ▸ **avoir l'esprit civique** to be public-spirited ▸ **éducation** ou **instruction civique** civics *(U)*.

civisme [sivism] nm sense of citizenship, public-spiritedness.

cl (abr écrite de **centilitre**) cl.

clabaudage [klabodaʒ] nm **1.** [chien] yapping **2.** *vieilli* [personne] whingeing.

clabauder [klabode] vi **1.** [aboyer] to yap **2.** *vieilli* [se plaindre] to whinge.

clac [klak] interj [bruit - de fouet] crack ; [- d'une fenêtre] slam / *le clac-clac-clac des sabots des chevaux* the clip-clop of the horses' hooves.

clafoutis [klafuti] nm *sweet dish made from cherries or other fruit and batter.*

claie [klɛ] nf **1.** [pour les fruits] rack **2.** [barrière] fence, hurdle **3.** [tamis] riddle, screen.

claim [klɛm] nm **1.** [titre] claim, mining concession **2.** [terrain] claim.

clair, e [klɛʀ] adj **1.** [lumineux - pièce, appartement] light, bright ; [ciel] clear / *la pièce est très claire le matin* the room gets a lot of light in the morning ▸ **une nuit claire** a clear night / *une claire journée de juin* a fine ou bright day in June ▸ **par temps clair** in clear weather / *il a le regard clair* he's got bright eyes **2.** [limpide - eau, son] clear ▸ **d'une voix claire** in a clear voice ▸ **teint clair a)** [frais] clear complexion **b)** [pâle] fair ou light complexion **3.** [peu épais - sauce] thin ▸ **une soupe claire** a clear soup ; [rare] sparse / *des bois clairs* sparsely wooded area **4.** [couleur - tissu, cheveux] light-coloured UK, light-colored US, light / *porter des vêtements clairs* to wear light ou light-coloured clothes / *vert / rose clair* light green / pink **5.** [précis - compte-rendu] clear / *un résumé clair de la situation* a clear ou lucid account of the situation / *il a été on ne peut plus clair* he was perfectly clear / *pourriez-vous être plus clair?* could you make yourself more clear?, could you elucidate? / *se faire une idée claire de* to form a clear ou precise picture of / *cette affaire n'est pas très claire* there's something fishy about all this / *je n'ai plus les idées très claires* I can't think clearly any more **6.** [perspicace] clear ▸ **avoir les idées claires** ou **l'esprit clair** to be clear-thinking **7.** [évident] clear, obvious / *il est clair que nous irons* it's obvious that we'll go, obviously we'll go ▸ **c'est clair et net** it's perfectly clear / *il n'a rien compris, c'est clair et net* he clearly hasn't understood a thing ▸ **c'est clair comme le jour** ou **comme de l'eau de roche** ou **comme deux et deux font quatre** it's crystal clear **8.** BIOL [œuf] unfertilized.

❖ **clair** ◆ nm **1.** [couleur] light colour / *les clairs et les ombres* ART light and shade **2.** ASTRON ▸ **clair de lune** moonlight ▸ **au clair de lune** in the moonlight / *il y a un beau clair de lune ce soir* it's a fine moonlit night tonight ▸ **clair de terre** earthlight **3.** EXPR **le plus clair de** the best part of ▸ **passer le plus clair de son temps à faire qqch** to spend most ou the best part of one's time doing sthg. ◆ adv : *il fait déjà clair dehors* it's already light outside ▸ **parler clair** : *parlons clair* let's not mince words! ▸ **voir clair** : *on n'y voit plus très clair à cette heure-ci* the light's not very good at this time of the day ▸ **y voir clair** [dans une situation] to see things clearly / *j'aimerais y voir clair* I'd like to understand ▸ **y voir clair dans le jeu de qqn** to see right through sb, to see through sb's little game.

❖ **au clair** ◆ loc adj ⟶ **sabre.** ◆ loc adv ▸ **mettre** ou **tirer qqch au clair** to clear sthg up, to clarify sthg / *il faut tirer cette affaire au clair* this matter must be cleared up, we must get to the bottom of this.

❖ **en clair** loc adv **1.** [sans code] : *envoyer un message en clair* to send an unscrambled message ▸ **diffuser en clair** TV to broadcast unscrambled programmes / **'en clair jusqu'à 20 h'** 'can be watched by non-subscribers until 8 o'clock' **2.** [en d'autres termes] to put it plainly.

❖ **claire** nf **1.** [bassin] oyster bed **2.** [huître] fattened oyster.

clairance [klɛʀɑ̃s] nf clearance.

clairement [klɛʀmɑ̃] adv clearly / *il a répondu très clairement* his answer was quite clear.

clairet, ette [klɛʀɛ, ɛt] adj **1.** [léger - sauce, vin] light, thin *péj* **2.** [faible - voix] thin, reedy.

❖ **clairet** nm *light red wine.*

❖ **clairette** nf *light sparkling wine.*

claire-voie (*pl* **claires-voies**), **clairevoie*** [klɛʀvwa] nf **1.** [barrière] lattice, open-worked fence **2.** ARCHIT clerestory, clearstory **3.** NAUT deadlight.

❖ **à claire-voie, à clairevoie*** loc adj open-work.

clairière [klɛʀjɛʀ] nf [dans une forêt] clearing, glade.

clair-obscur [klɛʀɔpskyʀ] (*pl* **clairs-obscurs**) nm **1.** ART chiaroscuro **2.** [pénombre] twilight, half-light.

clairon [klɛʀɔ̃] nm MUS [instrument] bugle ; [joueur] bugler ; [orgue] clarion stop.

claironnant, e [klɛʀɔnɑ̃, ɑ̃t] adj resonant, stentorian *litt* / *…, dit-il d'une voix claironnante …* he said, his words ringing out.

claironner [3] [klɛʀɔne] ◆ vi to shout. ◆ vt to proclaim far and wide, to broadcast (to all and sundry).

clairsemé, e [klɛʀsəme] adj [barbe, cheveux] sparse, thin ; [arbres] scattered ; [public] sparse / *il a eu quelques succès clairsemés au cours des 20 dernières années* he has had occasional successes over the last 20 years.

clairsemer [klɛʀsəme] ❖ **se clairsemer** vp [foule] to disperse ; [cheveux] to thin.

Clairvaux [klɛʀvo] npr ⟶ **abbaye.**

clairvoyance [klɛʀvwajɑ̃s] nf **1.** [lucidité] clear-sightedness ▸ **faire preuve de clairvoyance** to be clear-sighted **2.** [de médium] clairvoyance.

clairvoyant, e [klɛʀvwajɑ̃, ɑ̃t] ◆ adj **1.** [lucide] clearsighted, perceptive **2.** [non aveugle] sighted **3.** [médium] clairvoyant. ◆ nm, f **1.** [non aveugle] sighted person ▸ **les clairvoyants** the sighted **2.** [médium] clairvoyant.

clam [klam] nm clam.

clamecer [16] [klamse] *tfam* = **clamser.**

clamer [3] [klame] vt **1.** [proclamer] ▸ **clamer son innocence** to protest one's innocence / *clamant leur mécontentement* making their dissatisfaction known **2.** [crier] to clamour, to shout.

clameur [klamœʀ] nf clamour *(U)* UK, clamor US ▸ **pousser des clameurs** to shout / *la clameur du marché montait* ou *les clameurs du marché montaient jusqu'à nos fenêtres* the hubbub of the market could be heard from our windows.

clamp [klɑ̃p] nm MÉD clamp.

clamser [3] [klamse] vi *tfam* to kick the bucket.

clan [klɑ̃] nm **1.** SOCIOL clan **2.** *péj* [coterie] clan, coterie, clique.

clandé [klɑ̃de] nm *tfam* **1.** [maison de passe] whorehouse **2.** [maison de jeux] gambling den.

clandestin, e [klɑ̃dɛstɛ̃, in] ◆ adj **1.** [secret] secret, underground, clandestine **2.** [illégal] illegal, illicit *sout.* ◆ nm, f [passager] stowaway ; [immigré] illegal immigrant.

clandestinement [klɑ̃dɛstinmɑ̃] adv **1.** [secrètement] secretly, in secret, clandestinely **2.** [illégalement] illegally, illicitly *sout.*

clandestinité [klɑ̃dɛstinite] nf secrecy, clandestine nature.

❖ **dans la clandestinité** loc adv underground ▸ **entrer dans la clandestinité** to go underground / *des armes sont fabriquées dans la clandestinité* weapons are made clandestinely.

clanique [klanik] adj **1.** SOCIOL clan *(modif)* **2.** *péj* [coterie] clannish.

clanisme [klanism] nm **1.** SOCIOL clan system **2.** *péj* [comportement] clannishness.

clap [klap] nm CINÉ clapperboard.

clapet [klapɛ] nm **1.** TECHNOL [soupape] valve ▸ **clapet d'admission / d'échappement** inlet / exhaust valve ▸ **clapet à charnière** poppet valve **2.** *fam* [bouche] : *elle a un de ces clapets!* she's a real chatterbox!, she can talk the hind legs off a donkey! / *ferme ton clapet!* shut your mouth!

clapier [klapje] nm **1.** [à lapins] hutch **2.** *péj* [appartement] : *c'est un vrai clapier ici!* it's like living in a shoe box in this place!

clapir [32] [klapiʀ] vi [lapin] to squeal.

clapotant, e [klapɔtɑ̃, ɑ̃t] adj lapping.

clapotement [klapɔtmɑ̃] nm lapping.

clapoter [3] [klapɔte] vi [eau, vague] to lap.

clapoteux, euse [klapɔtø, øz] = **clapotant.**

clapotis [klapɔti] = **clapotement.**

clappement [klapmɑ̃] nm [de la langue] clicking / *des clappements de langue* clicks of the tongue.

clapper [3] [klape] vi to click one's tongue.

claquage [klakaʒ] nm **1.** MÉD [muscle] strained muscle ; [ligament] strained ligament ▸ **se faire** ou **avoir un claquage** [muscle] to strain a muscle / *pour éviter les claquages* [ligament] to avoid strained ligaments ou straining a ligament **2.** ÉLECTR (electric) breakdown.

claquant, e [klakɑ̃, ɑ̃t] adj *fam* exhausting, killing.

claque [klak] ◆ nm **1.** [chapeau] opera hat **2.** QUÉBEC [chaussure] galosh, rubber US **3.** *tfam* [maison de tolérance] knocking-shop UK, cathouse US. ◆ nf **1.** [coup] smack, slap / *tu vas recevoir une claque* you'll get a smack! ▸ **une bonne claque** a stinger ▸ **une claque dans la gueule a)** *tfam & pr* a smack in the gob UK ou kisser US **b)** *fig* a slap in the face **2.** THÉÂTRE claque **3.** [d'une chaussure] upper **4.** QUÉBEC [chaussure] rubber overshoe **5.** EXPR **j'en ai ma claque** *fam* **a)** [saturé] I've had it up to here **b)** [épuisé] I'm shattered UK ou bushed US.

claqué, e [klake] adj **1.** *fam* [éreinté] worn out, shattered UK, bushed US ▸ **je suis claqué** I'm shattered! **2.** MÉD strained.

claquement [klakmɑ̃] nm [bruit violent] banging, slamming / *le claquement sec du fouet* the sharp crack of the whip ▸ **un claquement de doigts** a snap of the fingers / *sur un claquement de doigts* *fig* in the twinkling of an eye / *un claquement de langue* a clicking of the tongue / *entendre un claquement de portière* to hear a car door slam.

claquemurer [3] [klakmyʀe] vt to shut in *(sép).*

❖ **se claquemurer** vp *(emploi réfléchi)* to shut o.s. in ou away.

claquer [3] [klake] ◆ vt **1.** [fermer] to bang ou to slam (shut) ▸ **claquer la porte a)** *pr* to slam the door **b)** *fig* to storm out ▸ **claquer la porte au nez de qqn a)** *pr* to slam the door in sb's face **b)** *fig* to send sb packing **2.** [faire résonner] : *claquer sa langue* to click one's tongue **3.** *fam* [dépenser] to spend / *ils ont claqué tout l'héritage* they spent all the money from the inheritance / *elle claque un fric fou en vêtements* she spends a fortune on clothes / *j'ai tout claqué* I blew the lot **4.** *fam* [fatiguer] to wear out *(sép)* / *ça m'a claqué* it was absolutely shattering UK, it wiped me out US **5.** *fam* [gifler] to slap. ◆ vi **1.** [résonner - porte] to bang ; [- drapeau, linge] to flap / *un coup de feu a claqué* a shot rang out ▸ **faire claquer ses doigts** to snap one's fingers / *faire claquer une porte* to slam a door / *faire claquer sa langue* to click one's tongue / *le clocher fit claquer son fouet* the coachman cracked his whip **2.** *fam* [mourir] to peg out ; [tomber en panne] to conk out / *le frigo va*

* In reformed spelling (see p. 16-19).

claquer the fridge is on the way out / *elle lui a claqué dans les bras* she just died on him / *le projet lui a claqué dans les doigts* [il a échoué] his project fell through **3.** [céder avec bruit - sangle] to snap ; [- baudruche, chewing-gum] to pop.

claquer de v + prép ▸ **il claque des dents** his teeth are chattering ▸ **claquer des doigts** to snap one's fingers ▸ **je claque du bec** *fam* I'm starving.

se claquer ◆ vpi *fam* [se fatiguer] to wear o.s. out / *je me suis claqué pour rien* I worked myself into the ground for nothing. ◆ vpt ▸ **se claquer un muscle** to strain ou to pull a muscle / *se claquer un ligament* to strain ou to pull a ligament.

claqueter [27] [klakte] vi [cigogne] to clapper.

✎ In reformed spelling (see p. 16-19), this verb is conjugated like *acheter*: *il claquètera, elle claquèterait*.

claquette [klakɛt] nf CINÉ clapperboard.

claquettes nfpl **1.** DANSE tap-dancing ▸ **faire des claquettes** to tap-dance **2.** [tongs] flipflops.

claquoir [klakwaʀ] nm clapperboard.

clarification [klaʀifikasjɔ̃] nf **1.** [d'une suspension, d'une sauce, du beurre] clarification ; [d'un vin] settling **2.** [explication] clarification.

clarifier [9] [klaʀifje] vt **1.** [rendre limpide - suspension, beurre, sauce] to clarify ; [- vin] to settle **2.** [expliquer] to clarify, to make clear.

se clarifier vpi **1.** [situation] to become clearer **2.** [suspension, sauce] to become clear **3.** CHIM to become clarified.

clarine [klaʀin] nf cowbell.

clarinette [klaʀinɛt] nf clarinet ▸ **clarinette basse** bass clarinet.

clarinettiste [klaʀinetist] nmf clarinettist, clarinet player.

clarisse [klaʀis] nf Clarisse ▸ **les clarisses** the Poor Clares.

clarté [klaʀte] nf **1.** [lumière] light ▸ **la clarté du jour** daylight ; [luminosité] brightness **2.** [transparence] clarity, limpidness, clearness **3.** [intelligibilité] clarity, clearness / *son raisonnement n'est pas d'une grande clarté* his reasoning is not particularly clear / *voir avec clarté que* to see with great clarity ou perfectly clearly that.

clartés nfpl *litt* knowledge.

clash [klaʃ] (*pl* **clashs** *ou* **clashes**) nm *fam* clash, conflict / *il y a eu un clash entre nous (à propos de...)* we clashed (over...).

classable [klasabl] adj classable / *cette musique est difficilement classable* it's hard to classify this kind of music.

classe [klas]

◆ nf

A. ENSEIGNEMENT
B. DANS UNE HIÉRARCHIE
C. LANGAGE MILITAIRE

A. ENSEIGNEMENT **1.** [salle] classroom **2.** [groupe] class ▸ **sa classe** his class ou classmates ▸ **camarade de classe** classmate / *toute la classe riait* the whole class laughed ▸ **classe de neige** *residential classes in the mountains for schoolchildren* ▸ **classe de mer** *residential classes at the seaside for schoolchildren* ▸ **classe verte** *residential classes in the countryside for urban schoolchildren* ▸ **classe transplantée** *generic term referring to "classe de neige", "classe de mer" and "classe verte"* **3.** [cours] class, lesson ▸ **classe de français** French class ▸ **classe de perfectionnement** advanced class ▸ **faire la classe a)** [être enseignant] to teach **b)** [donner un cours] to teach ou to take a class / *c'est moi qui leur fais la classe* I'm their teacher **4.** [niveau] class, form UK, grade US ▸ **dans les grandes / petites classes** in the upper / lower forms UK / *silence, la petite classe!* *hum* be quiet, children! / *monter de classe* to go on to the next form ▸ **refaire** ou **redoubler une classe** to repeat a year ▸ **classes préparatoires** *schools specializing in preparing pupils to take grandes écoles entrance exams.*

B. DANS UNE HIÉRARCHIE **1.** [espèce] class, kind ; MATH & SCI class ; [dans des statistiques] bracket, class, group ▸ **classe d'âge** age group / *classe de revenus* income bracket **2.** [rang] class, rank ▸ **former une classe à part** to be in a class ou league of one's own **3.** POL & SOCIOL class ▸ **classe sociale** social class ▸ **les classes populaires** ou **laborieuses** the working classes ▸ **les classes moyennes / dirigeantes** the middle / ruling classes ▸ **l'ensemble de la classe politique** the whole of the political establishment ou class / *la classe des petits commerçants* shopkeepers as a group **4.** TRANSP class ▸ **première / deuxième classe** first / second class ▸ **billet de première / deuxième classe** first- / second-class ticket ▸ **voyager en première classe** to travel first class ▸ **classe affaires / économique** AÉRON business / economy class ▸ **classe club / touriste** club / economy ou tourist class **5.** [niveau] quality, class ▸ **de grande classe** top-quality ▸ **de première classe** first-class / *un hôtel de classe internationale* a hotel of international standing **6.** [distinction] class, style ▸ **avec classe** smartly, with elegance ▸ **avoir de la classe** to have class ou style **7.** LING class ▸ **classe grammaticale** part of speech.

C. LANGAGE MILITAIRE annual contingent / *la classe 70* the 1970 levy.

◆ adj *fam* ▸ **être classe** to be classy.

classes nfpl ▸ **faire ses classes** MIL to go through training.

en classe loc adv ▸ **aller en classe** to go to school / *il a l'âge d'aller en classe* he's of school age ▸ **rentrer en classe a)** [pour la première fois] to start school **b)** [à la rentrée] to go back to school, to start school again.

 **Classes préparatoires**

After the **baccalauréat**, very successful students may choose to attend the **classes préparatoires**, intensive courses organized in **lycées**. Students are completely immersed in their subject and do little else than prepare for the competitive **grandes écoles** entrance exams. If a student fails to gain a place in a **grande école**, two years of **prépa** are considered equivalent to a certain amount of credits at a university. Classes préparatoires are divided into subject areas or **filières**: economics and commerce (known as prépa ECS), literature (the first year nicknamed «hypokhâgne» and the second «khâgne»), and mathematics (the first year commonly called «math sup» and the second «math spé»).

classé, e [klase] adj **1.** [terminé] closed, dismissed / *pour moi, c'est une affaire classée* all that's over and done with ou the matter's closed as far as I'm concerned **2.** [protégé] listed ▸ **monument / château classé** listed ou scheduled building / castle **3.** SPORT : *cheval non classé* also-ran ▸ **joueur classé** [au tennis] ranked player.

classement [klasmɑ̃] nm **1.** [tri - de documents] classifying, ordering, sorting ; [- d'objets] sorting, grading / *faire un classement de livres* to sort out ou to classify books ; [rangement] filing ▸ **faire du classement** to do some filing / *faire une erreur de classement* to file something in the wrong place **2.** CHIM grading ▸ **classement volumétrique** sizing **3.** [palmarès] ranking, placing ▸ **avoir un mauvais / bon classement** to do badly / well ▸ **donner le classement d'un examen / d'une course** to give the results of an exam / of a race ▸ **classement des élèves** class list ▸ **classement de sortie** pass list ▸ **premier au classement général** first overall **4.** INFORM sequencing **5.** ADMIN listing.

classer [3] [klase] vt **1.** [archiver - vieux papiers] to file (away) ; [- affaire] to close **2.** [agencer] to arrange, to classify, to sort ▸ **classer qqch par ordre alphabétique** to put sthg in alphabetical order **3.** INFORM to sequence **4.** ADMIN [site] to list, to schedule **5.** [définir] ▸ **classer qqn comme** to categorize ou *péj* to label sb as / *à sa réaction, je l'ai tout de suite classé* I could tell straight away what sort of person he was from his reaction.

se classer vpi **1.** [dans une compétition] to finish, to rank / *se classer troisième* to rank third / *mon cheval s'est classé premier* my horse came in ou finished first **2.** [prendre son rang] ▸ **se classer parmi** to rank among.

classeur [klasœʀ] nm **1.** [chemise] binder, folder, jacket US ▸ **classeur à anneaux** ring binder ▸ **classeur à feuilles mobiles** loose-leaf binder **2.** [tiroir] filing drawer ; [meuble] filing cabinet.

classicisme [klasisism] nm **1.** ART & LITTÉR classicism **2.** [conformisme] traditionalism.

classieux, euse [klasjø, øz] adj *fam* classy.

classificateur, trice [klasifikatœʀ, tʀis] adj classifying.

classificateur nm **1.** INFORM classifier **2.** CHIM screen, sizer.

classification [klasifikasjɔ̃] nf **1.** [répartition] classification / *classification du bois* lumber grading **2.** [système] classification system ▸ **classification décimale universelle** Dewey decimal system ▸ **classification périodique des éléments** periodic table **3.** NAUT [mode d'identification] class logo **4.** BIOL classification ▸ **classification des animaux / végétaux** animal / plant classification.

classificatoire [klasifikatwaʀ] adj classifying, classificatory.

classifier [9] [klasifje] vt **1.** [ordonner] to classify **2.** [définir] to label.

classique [klasik] ◆ adj **1.** ENS classical ▸ **faire des études classiques** to study classics **2.** LING & LITTÉR classical ▸ **les auteurs classiques** the classical ou seventeenth and eighteenth-century authors ▸ **le français classique** seventeenth and eighteenth-century French ; DANSE & MUS [traditionnel] classical ; [dix-huitième siècle] classical, eighteenth-century ; ANTIQ classical **3.** [conventionnel] conventional ▸ **matériel / armement classique** conventional equipment / weapons ▸ **vêtement de coupe classique** classically cut garment **4.** [connu - sketch, plaisanterie, recette] classic ▸ **réaction classique** classic response ▸ **c'est le coup classique a)** [ça arrive souvent] that's typical! **b)** [une ruse connue] that's a well-known trick! / *il m'a fait le coup classique de la panne* he gave me the old breakdown scenario **5.** ÉCON classic. ◆ nm **1.** LITTÉR [auteur] classical author ; [œuvre] classic ▸ **un classique du genre** a classic of its kind ▸ **connaître ses classiques** to be well-read / *c'est un des grands classiques de la littérature russe* it's one of the great classics of Russian literature **2.** MUS [genre] ▸ **le classique** classical music ; [œuvre - gén] classic ; [- de jazz] (jazz) standard **3.** [style - d'habillement, de décoration] classic style **4.** ÉQUIT classic. ◆ nf SPORT classic.

 **classic** ou **classical ?**

L'adjectif **classical** se réfère soit au classicisme gréco-romain, soit à la musique classique. Lorsque classique désigne ce qui relève d'une tradition, d'une norme, il faut le traduire par **classic** :

He wrote a thesis on classical architecture. *Il a écrit une thèse sur l'architecture classique.*

This is a classic case of fraud. *Il s'agit d'un cas classique d'escroquerie.*

classiquement [klasikmɑ̃] adv **1.** [avec classicisme] classically **2.** [habituellement] customarily / *méthode classiquement utilisée* customary ou classic method.

Claude [klod] npr [empereur romain] Claudius.

claudicant, e [klodikɑ̃, ɑ̃t] adj limping.

claudication [klodikasjɔ̃] nf limp, claudication *spéc.*

claudiquer [3] [klodike] vi to limp.

Claudius [klodjys] npr Claudius.

clause [kloz] nf **1.** DR clause, stipulation ▸ **clause de résiliation / retrait** termination / withdrawal clause ▸ **clause abusive** unfair clause ▸ **clause compromissoire** arbitration clause ▸ **clause conditionnelle** proviso

▸ **clause contraire** stipulation to the contrary ▸ **clause dérogatoire** derogatory clause ▸ **clause pénale** penalty clause ▸ **clause résolutoire** resolutive clause ▸ **clause de sauvegarde** safety clause ▸ **clause de style** *pr* standard ou formal clause / *ce n'est qu'une clause de style fig* it's only a manner of speaking **2.** POL [d'un traité] clause.

claustra [klostʀa] nm partition.

claustral, e, aux [klostʀal, o] adj **1.** [d'un cloître] claustral, cloistral **2.** [retiré] cloistered.

claustration [klostʀasjɔ̃] nf confinement.

claustrer [3] [klostʀe] vt to confine ▸ **vivre claustré** to lead the life of a recluse.

❖ **se claustrer** vp *(emploi réfléchi)* to shut o.s. away / *elle s'est claustrée* she has become a recluse.

claustromanie [klostʀɔmani] nf claustromania.

claustrophobe [klostʀɔfɔb] ◆ adj claustrophobic. ◆ nmf claustrophobe, claustrophobic.

claustrophobie [klostʀɔfɔbi] nf claustrophobia.

claveau, x [klavo] nm **1.** [pierre taillée] gauged stone **2.** [voussoir] arch stone **3.** VÉTÉR sheep-pox.

clavecin [klavsɛ̃] nm harpsichord / **'le Clavecin bien tempéré'** *Bach* 'The Well-Tempered Clavier'.

claveciniste [klavsinist] nmf harpsichordist, harpsichord player.

claver [3] [klave] vt IMPR & INFORM to keyboard, to type, to key (in).

claveter [27] [klavte] vt to spline.

✎ In reformed spelling (see p. 16-19), this verb is conjugated like *acheter*: *il clavètera, elle clavèterait.*

clavette [klavɛt] nf key, pin ▸ **clavette de commande** actuating pin ▸ **clavette plate / creuse** flat / hollow key.

clavicorde [klavikɔʀd] nm clavichord.

clavicule [klavikyl] nf collarbone, clavicle *spéc*.

clavier [klavje] nm **1.** [d'une machine] keyboard ; [d'un téléphone] keypad ▸ **clavier qwerty / azerty** qwerty / azerty keyboard ▸ **clavier dactylographique** alpha-numeric keyboard ▸ **clavier de fonctions** function keyboard ▸ **clavier numérique** ou **auxiliaire** keypad **2.** MUS [d'un piano] keyboard ; [d'un orgue] manual ▸ **clavier main gauche** [d'un accordéon] fingerboard ▸ **clavier de pédales** pedal board **3.** [registre] range / *tout le clavier des émotions* the whole spectrum of emotions.

claviériste [klavjeʀist] nmf keyboard player.

claviste [klavist] nmf keyboard operator, keyboarder.

clayère [klɛjɛʀ] nf oyster bed.

clayette [klɛjɛt] nf shelf, tray / *clayette coulissante d'un réfrigérateur* slide-out shelf in a fridge.

clayon [klɛjɔ̃] nm wire stand.

clé [kle] nf **1.** [de porte, d'horloge, de boîte de conserve] key ; [d'un tuyau de poêle] damper / *la clé est sur la porte* the key's in the lock ou door ▸ **prendre la clé des champs** to get away ▸ **clé à pompe** pump-action key ▸ **les clés de saint Pierre** the papal authority ▸ **fausse clé** picklock ▸ **mettre la clé sous la porte** ou **le paillasson a)** *pr* to shut up shop **b)** *fig* to disappear overnight **2.** [outil] spanner UK, wrench US ▸ **clé Allen** Allen key ▸ **clé anglaise** ou **à molette** adjustable spanner UK ou wrench US, monkey wrench ▸ **clé à douilles** socket wrench ▸ **clé à pipe** box spanner ▸ **clé à tube** tube spanner ▸ **clé universelle** adjustable spanner UK ou wrench US **3.** AUTO ▸ **clé de contact** ignition key ▸ **clés de voiture** car keys **4.** TÉLÉC ▸ **clé d'appel** call button ▸ **clé d'écoute** audio-switch ▸ **clé de réponse** reply key ; INFORM ▸ **clé USB** USB key, USB stick UK ▸ **clé d'accès** enter key ▸ **clé électronique** electronic key ▸ **clé de protection** data protection **5.** MUS clef, key ▸ **clé de sol** key of G, treble clef ▸ **clé de fa** key of F, bass clef ▸ **clé d'ut** key of C, C clef ; [touche] key ; [d'un instrument - à vent] finger-plate ; [- à corde] peg ▸ **clés de tension** screws **6.** [moyen] ▸ **la clé de** the key to / *la clé de la réussite* the key to success **7.** [explication] clue, key ▸ **la clé de l'énigme** the key to the puzzle / *la clé du mystère* the key to the mystery **8.** [influence déterminante] ▸ **la clé de** the key to / *le parti écologiste détient la clé des élections* the green party holds the key to ou is a key factor in the election results / *Gibraltar est la clé de la Méditerranée* he who holds Gibraltar holds the Mediterranean ; *(comme adjectif, avec ou sans trait d'union)* [essentiel] key *(avant nom)* ▸ **mot / position clé** key word / post ▸ **témoin clé** key witness **9.** [introduction] : *clefs pour l'informatique / la philosophie* introduction to computer technology / philosophy **10.** [prise de lutte] arm lock ▸ **faire une clé au bras de qqn** to have sb in an arm lock **11.** ARCHIT ▸ **clé d'arc** keystone ▸ **clé de voûte a)** *pr* keystone, quoin **b)** *fig* linchpin, cornerstone.

❖ **à clé** loc adv : *fermer une porte à clé* to lock a door.

❖ **à clés** loc adj ▸ **roman / film à clés** novel / film based on real characters *(whose identity is disguised)*.

❖ **à la clé** loc adv **1.** MUS in the key signature / *il y a un bémol / dièse à la clé* the key signature has a flat / sharp **2.** [au bout du compte] ▸ **avec... à la clé a)** [récompense] with... as a bonus **b)** [punition] with... into the bargain / *une promenade dans la campagne, avec visite des vignobles à la clé* a ride in the country with a tour of the vineyards thrown in.

❖ **clé(s) en main** ◆ loc adj **1.** COMM ▸ **prix clé** ou **clés en main a)** [d'un véhicule] on-the-road price **b)** [d'une maison] all-inclusive price **2.** INDUST turnkey *(modif).* ◆ loc adv **1.** COMM ▸ **acheter une maison clé** ou **clés en main** to buy a house with vacant ou immediate possession / *acheter une voiture clé* ou *clés en main* to buy a car ready to drive away **2.** INDUST on a turnkey basis.

❖ **sous clé** loc adv **1.** [en prison] behind bars ▸ **mettre qqn sous clé** to lock sb up, to put sb behind bars **2.** [à l'abri] ▸ **garder qqch sous clé** to lock sthg away, to put sthg under lock and key ▸ **mettre qqch sous clé** to lock sthg away.

clean [klin] adj *fam* [personne] wholesome-looking, clean-cut.

clearance [kliʀɑ̃s] = **clairance.**

clearing [kliʀiŋ] nm FIN clearing.

clébard [klebaʀ], **clebs** [klɛps] nm *tfam* dog, mutt.

clédar [kledaʀ] nm SUISSE garden gate.

clef[1] [kle] = **clé.**

clef[2] [kle] nm SUISSE garden gate.

clématite [klematit] nf clematis.

clémence [klemɑ̃s] nf **1.** MÉTÉOR mildness **2.** [pardon] leniency, mercy, clemency ▸ **s'en remettre à la clémence de qqn** to throw o.s. on sb's mercy / *l'accusé s'en remet à la clémence des juges* the defendant throws himself on the mercy of the Court.

clément, e [klemɑ̃, ɑ̃t] adj **1.** MÉTÉOR mild / *temps clément sur toutes les régions* mild weather throughout the country **2.** [favorable] : *à une époque moins clémente* in less happy times.

Clément [klemɑ̃] npr ▸ **saint Clément** Saint Clement.

clémentine [klemɑ̃tin] nf clementine.

clémentinier [klemɑ̃tinje] nm clementine tree.

clenche [klɑ̃ʃ] nf **1.** [loquet] latch **2.** BELG [poignée] doorhandle.

Cléopâtre [kleɔpatʀ] npr Cleopatra.

clepsydre [klɛpsidʀ] nf clepsydra.

cleptomane [klɛptɔman] = **kleptomane.**

cleptomanie [klɛptɔmani] = **kleptomanie.**

clerc [klɛʀ] nm **1.** RELIG cleric **2.** *sout* scholar ▸ **grand clerc** : *il est grand clerc en la matière* he's an expert on the subject / *point n'est besoin d'être grand clerc pour deviner la fin de l'histoire* you don't need to be a genius to guess the end of the story **3.** [employé] ▸ **clerc de notaire** clerk ▸ **faire un pas de clerc** *litt* to blunder.

clergé [klɛʀʒe] nm clergy, priesthood ▸ **clergé régulier** regular clergy ▸ **le bas clergé** the lower clergy.

clergyman [klɛʀʒiman] (*pl* **clergymans** *ou* **clergymen** [-mɛn]) nm clergyman.

clérical, e, aux [kleʀikal, o] adj [du clergé] clerical.

cléricalisme [kleʀikalism] nm clericalism.

Clermont-Ferrand [klɛʀmɔ̃fɛʀɑ̃] npr Clermont-Ferrand.

clermontois, e [klɛʀmɔ̃twa, az] adj from Clermont-Ferrand.

❖ **Clermontois, e** nm, f *inhabitant of or person from Clermont-Ferrand.*

CLES, Cles [klɛs] (abr de **contrat local emploi-solidarité**) nm *community work scheme for young unemployed people.*

clic [klik] interj & nm click ▸ **clic droit** right click ▸ **clic gauche** left click ▸ **d'un clic de souris** at the click of a mouse.

clic-clac [klikklak] ◆ nm inv clickety-click. ◆ adj inv canapé.

cliché [kliʃe] nm **1.** PHOT [pellicule] negative ; [photo] photograph, shot / *il a pris quelques clichés de la cérémonie* he took some photographs of the ceremony **2.** TECHNOL [plaque] plate **3.** INFORM format, layout **4.** *péj* [banalité] cliché / *tous ses gags sont des clichés* his gags are all so corny.

clicher [3] [kliʃe] vt to plate, to stereotype.

click [klik] nm click (of the tongue).

client, e [klijɑ̃, ɑ̃t] nm, f **1.** [d'un magasin, d'un restaurant] customer ; [d'une banque, d'un salon de coiffure, d'un institut de beauté] customer, client ; [d'un avocat] client ; [d'un hôtel] guest ; [d'un médecin] patient ; [d'un taxi] passenger / *je suis client chez eux* I'm one of their regular customers ▸ **à la tête du client** : *chez eux, c'est à la tête du client* they charge you what they feel like / *ce professeur note à la tête du client* the grades that teacher gives depend on whether he likes you or not ▸ **les clients d'un médecin** a doctor's patients ▸ **les clients d'un hôtel** hotel guests ▸ **gros client** : *le Mexique est un gros client des États-Unis* the United States does a lot of trade with Mexico **2.** HIST client ▸ **un drôle de client** a dodgy customer / *qu'est-ce qu'ils veulent, ces clients-là ?* what's this crew after ?

clientèle [klijɑ̃tɛl] nf **1.** [clients] clientele, customers / **'la clientèle est priée de...'** 'customers are requested to...' / *acheter une clientèle à un confrère* to buy a practice from a colleague ▸ **perdre sa clientèle** to lose one's customers **2.** POL ▸ **clientèle électorale** electorate, voters **3.** HIST patronage, protection.

clientélisme [klijɑ̃telism] nm *péj* populism.

clignement [kliɲmɑ̃] nm ▸ **clignement d'œil** ou **d'yeux a)** [involontaire] blink **b)** [volontaire] wink ▸ **des clignements d'œil** ou **d'yeux** blinking.

cligner [3] [kliɲe] ◆ vt [fermer] ▸ **cligner les yeux** to blink. ◆ vi [paupières, yeux] to blink.

❖ **cligner de** v + prép **1.** [fermer involontairement] ▸ **cligner de l'œil** ou **des yeux** to blink **2.** [faire signe avec] ▸ **cligner de l'œil (en direction de qqn)** to wink (at sb).

clignotant, e [kliɲɔtɑ̃, ɑ̃t] adj [signal] flashing ; [lampe défectueuse] flickering ; [guirlande] twinkling, flashing.

❖ **clignotant** nm **1.** AUTO [lampe] indicator UK, turn signal US ▸ **mettre son clignotant** to indicate UK, to put on one's turn signal US **2.** [signal] warning light ; SPORT sequenced starting lights **3.** ÉCON [indice] (key) indicator.

clignotement [kliɲɔtmɑ̃] nm **1.** [lumière - d'une guirlande, d'une étoile] twinkling ; [- d'un signal] flashing ; [- d'une lampe défectueuse] flickering **2.** [mouvement - des paupières] flickering ; [- des yeux] blinking.

clignoter [3] [kliɲɔte] vi **1.** [éclairer - étoile, guirlande] to twinkle ; [- signal] to flash (on and off) ; [- lampe défectueuse] to flicker **2.** [automobiliste] to indicate UK, to put on one's turn signal US.

clim [klim] (abr de **climatisation**) nf *fam* air conditioning, AC.

climat [klima] nm **1.** GÉOGR climate / *sous nos climats* in our country / *sous d'autres climats* in other countries / *partir vers des climats plus sereins sout* to travel to sunnier climes ▸ **climat artificiel** artificial climate ▸ **climat continental** continental climate ▸ **climat désertique** desert climate ▸ **climat méditerranéen** Mediterranean climate ▸ **climat océanique** ocean climate ▸ **climat polaire** polar climate ▸ **climat tempéré** temperate climate ▸ **climat tropical** tropical climate **2.** [ambiance] climate, atmosphere ▸ **un climat de méfiance** an atmosphere of suspicion / *le climat devient malsain !* things are turning nasty !

climatique [klimatik] adj **1.** MÉTÉOR weather *(modif)*, climatic **2.** LOISIRS ▸ **centre / station climatique** health centre / resort.

climatisation [klimatizasjɔ̃] nf **1.** [dans un immeuble] air conditioning **2.** [dans une voiture] heating and ventilation.

climatiser [3] [klimatize] vt to air-condition, to install air-conditioning in ▸ **restaurant climatisé** restaurant with air-conditioning.

climatiseur [klimatizœʀ] nm air-conditioner, air-conditioning unit.

climatisme [klimatism] nm climatism.

climatologie [klimatɔlɔʒi] nf climatology.

climatologique [klimatɔlɔʒik] adj climatological.

climatologue [klimatɔlɔg] nmf climatologist.

climax [klimaks] nm **1.** [point culminant] climax **2.** ÉCOL climax.

clin [klɛ̃] ❖ **à clin** loc adj ▸ **un pont à clin** a clapboard bridge.

clin d'œil [klɛ̃dœj] *(pl* **clins d'œil***)* nm **1.** [clignement] wink ▸ **faire un clin d'œil à qqn** to wink at sb **2.** [allusion] allusion, implied reference / *un clin d'œil à...* an allusion ou an implied reference to...

❖ **en un clin d'œil** loc adv in the twinkling of an eye, in less than no time, in a flash.

clinicat [klinika] nm ≃ registrarship *(in a teaching hospital)*.

clinicien, enne [klinisjɛ̃, ɛn] nm, f **1.** MÉD clinical practitioner **2.** PSYCHOL clinical psychologist.

clinique [klinik] ◆ adj clinical ▸ **conférence / médecine / psychologie clinique** clinical lecture / medicine / psychology ▸ **leçon clinique** teaching at the bedside / *les signes cliniques de l'affection* the visible signs of the disease. ◆ nf **1.** [établissement] (private) clinic ▸ **clinique d'accouchement** maternity hospital **2.** [service] teaching department *(of a hospital)*.

cliniquement [klinikmɑ̃] adv clinically.

clinquant, e [klɛ̃kɑ̃, ɑ̃t] adj **1.** [brillant] glittering, tinselly *péj* **2.** [superficiel - style] flashy / *le monde clinquant du show business* the razzmatazz of show business.

❖ **clinquant** nm **1.** [faux éclat] : *le clinquant de leurs conversations* the superficial sparkle of their conversations **2.** [faux bijou] imitation jewellery *(U)* UK ou jewelry *(U)* US **3.** [lamelle] tinsel.

Clio [klijo] npr Clio.

clip [klip] nm **1.** [broche] clip, brooch **2.** [boucle d'oreille] clip-on earring **3.** [attache] clamp, clip ▸ **clip de blocage** lock clip ▸ **clips de fixation** holders **4.** [film] video.

clipart [klipaʀt] nm INFORM clipart.

cliquable [klikabl] adj clickable ▸ **plan cliquable** clickable map.

clique [klik] nf **1.** [coterie] clique, gang, coterie **2.** MIL [fanfare] band.

❖ **cliques** nfpl ▸ **prendre ses cliques et ses claques a)** *fam* [partir] to up and leave **b)** [emporter ses affaires] to pack one's bags (and go).

cliquer [3] [klike] vi ▸ **cliquer (sur)** to click (on) / *cliquer deux fois* to double-click.

cliquet [klikɛ] nm **1.** [mécanisme] catch, dog, pawl ▸ **cliquet de retenue** holding-dog ▸ **cliquet d'entraînement** driving pawl **2.** [outil] pawl ▸ **à cliquet** pawl *(modif)*.

cliquètement [klikɛtmɑ̃] = **cliquetis.**

cliqueter [27] [klikte] vi [clefs] to jangle ; [petite serrure] to click ; [grosse serrure] to clang, to clank ; [épées] to click ; [machine à écrire] to clack ; [assiettes] to clatter ; [verres] to clink.

✐ In reformed spelling (see p. 16-19), this verb is conjugated like **acheter** : *il cliquètera, elle cliquèterait.*

cliquetis [klikti] nm [de clefs, de bijoux, de chaînes] jangling *(U)* ; [d'épées] rattling *(U)* ; [d'une machine à écrire] clacking *(U)* ; [d'assiettes] clatter, clattering *(U)* ; [de verres] clinking *(U)*.

cliquette v ⟶ **cliqueter.**

cliquettement [klikɛtmɑ̃] = **cliquetis.**

clisse [klis] nf **1.** [pour fromages] wicker tray **2.** [pour bouteilles] wicker jacket.

clitoridectomie [klitɔʀidɛktɔmi] nf clitoridectomy.

clitoridien, enne [klitɔʀidjɛ̃, ɛn] adj clitoral.

clitoris [klitɔʀis] nm clitoris.

clivable [klivabl] adj CHIM cleavable.

clivage [klivaʒ] nm **1.** [de roche, de cristal] cleavage, splitting ▸ **plan de clivage** cleavage plane **2.** [séparation] divide, division ▸ **clivage social** social divide / *il y a un net clivage entre les riches et les pauvres / la droite et la gauche* there's a sharp divide between rich and poor / right and left.

cliver [3] [klive] vt MINÉR to divide, to separate.

❖ **se cliver** vpi to split, to become divided.

cloaque [klɔak] nm **1.** [égout] cesspool, open sewer **2.** *litt* [lieu sale] cesspool, cloaca *litt* **3.** ZOOL cloaca.

clochard, e [klɔʃaʀ, aʀd] nm, f tramp.

clochardisation [klɔʃaʀdizasjɔ̃] nf : *on observe une clochardisation croissante chez les jeunes* more and more young people are turning into vagrants.

clochardiser [3] [klɔʃaʀdize] vt to make destitute ou homeless.

❖ **se clochardiser** vpi to become destitute.

cloche [klɔʃ] ◆ adj *fam* [idiot] stupid / *c'est cloche, cette histoire* what a stupid story / *ce que tu peux être cloche!* what a dope ou ninny you are! ◆ nf **1.** [instrument, signal] bell / *les enfants, c'est la cloche!* [à l'école] children, the bell's ringing! ▸ **(chapeau) cloche** cloche hat ▸ **s'en mettre plein** ou **se taper la cloche** *fam* to stuff one's face ▸ **déménager** ou **partir à la cloche de bois** to do a moonlight flit UK, to leave without paying the rent **2.** HORT cloche **3.** CULIN dome, dish-cover ▸ **cloche à fromage** cheese dish *(with cover)*, cheese-bell **4.** NAUT ▸ **cloche de plongée** ou **à plongeur** diving-bell **5.** CHIM ▸ **cloche à vide** vacuum bell-jar ▸ **cloche de verre** bell glass **6.** *fam* [personne] idiot / *quelle cloche, ce type!* what an idiot! / *salut, vieille cloche!* hello, old thing! ▸ **comme une cloche** : *ne reste pas là à me regarder comme une cloche!* don't just stand there gawping at me! **7.** *fam* [vagabondage] ▸ **la cloche** vagrancy / *être de la cloche* to be of no fixed abode / *c'est la cloche là-bas sous le pont* it's cardboard city over there under the bridge.

❖ **en cloche** loc adj bell-shaped ▸ **courbe en cloche** bell-shaped curve.

❖ **sous cloche** loc adv ▸ **mettre sous cloche a)** HORT to put under glass, to cloche **b)** *fig* to mollycoddle.

Clochemerle [klɔʃmɛʀl] npr : *c'est Clochemerle ici!* there's a very parish-pump atmosphere here!

> **C'est Clochemerle !**
>
> *Clochemerle* is the title of a novel by Gabriel Chevallier (1934), adapted for cinema in 1948. In Clochemerle-en-Beaujolais the mayor's efforts to bring progress to his village are rewarded only by a urinal near the church. Trouble ensues, the army is called in, and the Clochemerle urinal ends up being a threat to world peace when the French President has to interrupt an international conference to deal with the affair. The name **Clochemerle** is now used allusively to refer to pettiness or narrow parochialism.

cloche-pied [klɔʃpje] ❖ **à cloche-pied, à clochepied*** loc adv ▸ **sauter à cloche-pied** to hop.

clocher[1] [klɔʃe] nm **1.** [tour] bell-tower, church tower **2.** [village] ▸ **son clocher** the place where he was born / *il n'a jamais quitté son clocher* he knows nothing of the world.

❖ **de clocher** loc adj ▸ **esprit de clocher** parochialism, parish-pump mentality / *intérêts de clocher* parochial interests ▸ **querelles de clocher** petty bickering.

clocher[2] [3] [klɔʃe] ◆ vi *fam* to be wrong / *qu'est-ce qui cloche?* what's wrong ou up? ◆ vt HORT to (put under a) cloche.

clocheton [klɔʃtɔ̃] nm pinnacle turret.

clochette [klɔʃɛt] nf **1.** [petite cloche] small bell / *clochette à vache* cow-bell / *clochette à mouton* sheep-bell **2.** BOT [campanule] bell-flower.

clodo [klɔdo] nmf *fam* tramp, bum US.

cloison [klwazɔ̃] nf **1.** CONSTR partition / *mur de cloison* dividing wall **2.** AÉRON & NAUT bulkhead ▸ **cloison étanche** watertight bulkhead **3.** ANAT & BOT dissepiment, septum ▸ **cloison nasale** nasal septum.

cloisonnage [klwazɔnaʒ] nm **1.** ARCHIT partitioning **2.** NAUT bulkheading **3.** JOAILL cloisonné work.

cloisonné, e [klwazɔne] adj **1.** ANAT & BOT septated **2.** JOAILL cloisonné.

❖ **cloisonné** nm JOAILL cloisonné.

cloisonnement [klwazɔnmɑ̃] nm **1.** [division] division / *le cloisonnement des services dans une entreprise* the excessive compartmentalisation of departments in a firm **2.** ARCHIT, JOAILL & NAUT = **cloisonnage.**

cloisonner [3] [klwazɔne] vt **1.** CONSTR to partition off *(sép)* **2.** NAUT to bulkhead **3.** [séparer] to compartmentalise.

cloisonnisme [klwazɔnism] = **synthétisme.**

cloître, cloitre* [klwatʀ] nm **1.** [couvent] convent, monastery **2.** ARCHIT [d'un couvent] cloister ; [d'une cathédrale] close.

cloîtré, e [klwatʀe] adj [moine, religieuse] cloistered, enclosed ; [ordre] monastic.

cloîtrer, cloitrer* [3] [klwatʀe] vt **1.** RELIG ▸ **cloîtrer qqn** to shut sb up in a convent **2.** [enfermer] to shut up ou away / *nous sommes cloîtrés toute la journée / dans notre atelier* we're shut up all day / in our workshop.

❖ **se cloîtrer, se cloitrer*** vp *(emploi réfléchi)* to shut o.s. away.

clonage [klonaʒ] nm cloning ▸ **clonage reproductif** reproductive cloning ▸ **clonage thérapeutique** therapeutic cloning.

clone [klon] nm clone.

cloner [3] [klone] vt to clone.

clonique [klonik] adj clonic.

clope [klɔp] nm ou nf *fam* fag UK, smoke US.

cloper [3] [klɔpe] vi *fam* to smoke.

clopin-clopant, clopinclopant* [klɔpɛ̃klɔpɑ̃] adv **1.** [en boitant] ▸ **avancer clopin-clopant** to hobble along ▸ **traverser clopin-clopant** to hobble across **2.** [irrégulièrement] ▸ **ça va clopin-clopant** it has its ups and downs.

clopiner [3] [klɔpine] vi *fam* to hobble along.

clopinettes [klɔpinɛt] nfpl *fam* ▸ **des clopinettes** (next to) nothing / *gagner des clopinettes* to earn peanuts ▸ **des clopinettes!** [refus] nothing doing!, no way!

cloporte [klɔpɔʀt] nm **1.** ZOOL wood-louse **2.** *fam & vieilli* [concierge] door-keeper, concierge.

cloque [klɔk] nf **1.** BOT & MÉD blister **2.** [défaut] raised spot, blister ▸ **faire des cloques** to blister / *la peinture fait des cloques* the paint has blistered **3.** *tfam* EXPR **être en cloque** to have a bun in the oven ▸ **mettre qqn en cloque** *tfam* to knock sb up.

cloqué, e [klɔke] adj seersucker *(modif)*.

❖ **cloqué** nm seersucker ▸ **cloqué de soie** ripple silk.

cloquer [3] [klɔke] vi **1.** [peinture, papier] to blister **2.** *fam* [peau] to come up in a blister.

clore [113] [klɔʀ] vt **1.** *sout* [fermer - porte, volet] to close, to shut ; [entourer - parc] to shut off *(sép)* ▸ **verger clos** walled orchard **2.** FIN ▸ **clore un compte** to close an account **3.** [conclure] to conclude, to end, to finish ▸ **clore les débats a)** [s'arrêter] to end the discussion, to bring the discussion to a close **b)** [reporter] to adjourn (the discussion) / *les inscriptions seront closes le lundi 15* UNIV the closing date for enrolment is Monday 15th / *la scène qui clôt le film* the very last scene of the film ▸ **l'incident est clos** the matter is closed.

* In reformed spelling (see p. 16-19).

clos, e [klo, kloz] adj **1.** [fermé] closed, shut ▸ **les yeux clos** with one's eyes shut ▸ **rester bouche close** to keep one's mouth shut ▸ **trouver porte close** to find nobody at home **2.** PHON closed.
❖ **clos** nm enclosed garden *(often a vineyard).*

close combat [klɔzkɔ̃ba] *(pl* **close combats***)* nm close combat.

closent v ⟶ **clore.**

closerie [klozʀi] nf flower-garden.

clôt v ⟶ **clore.**

clôture [klotyʀ] nf **1.** [barrière - en bois] fence ; [- en fil de fer] railings ▸ **clôture à claire-voie** split-rail fencing **2.** [fermeture] closing / **'clôture annuelle'** 'annual closure' / *j'ai assisté à la clôture* I attended the closing ceremony ; [fin] end / *clôture des inscriptions le 20 décembre* UNIV the closing date for enrolment is December 20th **3.** BOURSE close ▸ **à la clôture** at the close **4.** [dans un monastère] enclosure.
❖ **de clôture** loc adj [séance, date] closing ▸ **cours de clôture** BOURSE closing price.
❖ **en clôture** loc adv BOURSE at closing / *combien valait l'euro en clôture?* what was the closing price of the euro?, what did the euro close at?

clôturer [3] [klotyʀe] ◆ vt **1.** [fermer] to enclose, to fence (in) *(sép)* **2.** [terminer] to close, to end ▸ **clôturer les débats** to close the debate **3.** BANQUE [compte] to close. ◆ vi BOURSE to close / *la séance a clôturé en baisse* prices were down at the close.

clou [klu] nm **1.** [pointe] nail ▸ **clou d'ameublement** (upholstery) tack ▸ **clou cavalier** staple ▸ **clou (de) tapissier** (carpet) tack ▸ **clou sans tête** brad ▸ **un clou chasse l'autre** *prov* new enthusiasms chase out old ones **2.** [summum] ▸ **le clou de** the climax ou highlight of **3.** CULIN ▸ **clou de girofle** clove **4.** *fam* [furoncle] boil **5.** *fam & péj* [machine] ▸ **vieux clou a)** [voiture] old banger UK ou crate US **b)** [vélo] old boneshaker UK ou bike **6.** *fam* EXPR ▸ **pas un clou** : *ça ne vaut pas un clou* it's not worth a bean / *il n'en fiche pas un clou* he doesn't do a stroke, he never lifts a finger / *qu'est-ce qu'il a eu? — pas un clou!* what did he get? — not a sausage! UK ou zilch! US ▸ **des clous!** no way!, nothing doing! ▸ **pour des clous** for nothing.
❖ **clous** nmpl pedestrian ou zebra crossing UK, crosswalk US.
❖ **à clous** loc adj [chaussure] hobnail *(modif)* ; [pneu] studded.
❖ **au clou** loc adv *fam* in the pawnshop ▸ **mettre qqch au clou** to pawn sthg, to hock sthg.

clouage [kluaʒ] nm nailing / *clouage droit / en biais* face / edge nailing.

clouer [3] [klue] vt **1.** [fixer] to nail (down) **2.** [fermer] to nail shut ▸ **clouer le bec à qqn** *fam* to shut sb up **3.** [immobiliser - au sol] to pin down *(sép)* / *il est resté cloué au lit pendant trois jours* he was laid up in bed for three days / *la peur le clouait sur place* he was rooted to the spot with fear.

cloutage [klutaʒ] nm [décoration] studding, studwork.

clouté, e [klute] adj **1.** [décoré] studded **2.** [renforcé - chaussure, semelle] hobnailed ; [- pneu] studded.

clouter [3] [klute] vt to stud.

Clovis [klɔvis] npr Clovis.

clovisse [klɔvis] nf clam.

clown [klun] nm clown ▸ **faire le clown** to clown, to fool around / *quel clown, ce gosse!* fig that kid's a clown! ▸ **clown blanc** white-faced clown.

clownerie [klunʀi] nf **1.** LOISIRS ▸ **des clowneries** clown's antics **2.** *péj* [bêtise] (stupid) prank / *faire des clowneries* to clown ou to fool around.

clownesque [klunɛsk] adj clownish, clownlike.

CLT (abr de **Compagnie luxembourgeoise de télévision**) npr f *Luxembourg TV company.*

club [klœb] nm **1.** [groupe - de personnes] club ; [- de nations] group ▸ **club d'investissement** investment club ▸ **club de lecture** book club ▸ **le Club des cinq** LITTÉR the Famous Five **2.** [centre] ▸ **club de gym** fitness centre, gym ▸ **club de sport** ou **sportif** sports club ▸ **club de vacances** holiday UK ou vacation US village **3.** GOLF club.

Cluny [klyni] npr **1.** [ville] Cluny **2.** [à Paris] ▸ **l'hôtel et musée de Cluny** the Cluny Museum.

cluse [klyz] nf cluse, transverse valley.

clystère [klistɛʀ] nm clyster.

Clytemnestre [klitɛmnɛstʀ] npr Clytemnestra.

cm (abr écrite de **centimètre**) cm.

cm² (abr écrite de **centimètre carré**) sq.cm., cm².

cm³ (abr écrite de **centimètre cube**) cu.cm., cm³.

CM ◆ nf abr de **Chambre des métiers.** ◆ nm (abr de **cours moyen**) ▸ **CM1** *fourth year of primary school* ▸ **CM2** *fifth year of primary school.*

CMU [seɛmy] (abr de **couverture maladie universelle**) nf *health insurance system for the underprivileged* ; ≃ Medicaid US.

CNAC [knak] (abr de **Centre national d'art et de culture**) npr m *official name of the Pompidou Centre.*

CNAM [knam] npr m abr de **Conservatoire national des arts et métiers.**

CNC npr m **1.** (abr de **Conseil national de la consommation**) *consumer protection organization* **2.** (abr de **Centre national de la cinématographie**) *national cinematographic organization.*

CNDP (abr de **Centre national de documentation pédagogique**) npr m *national organization for educational resources.*

CNE (abr de **Caisse nationale d'épargne**) npr f *national savings bank.*

CNED [knɛd] (abr de **Centre national d'enseignement à distance**) npr *French national distance learning centre.*

CNES, Cnes [knɛs] (abr de **Centre national d'études spatiales**) npr m *French national space research centre.*

CNIL [knil] (abr de **Commission nationale de l'informatique et des libertés**) npr f *board which enforces data protection legislation.*

CNIT, Cnit [knit] (abr de **Centre national des industries et des techniques**) npr m *trade centre at la Défense near Paris.*

CNJA (abr de **Centre national des jeunes agriculteurs**) npr m *farmers' union.*

Cnossos [knɔsɔs] npr Knossos.

CNPF (abr de **Conseil national du patronat français**) npr m *former national council of French employers* ; ≃ CBI UK.

CNR (abr de **Conseil national de la Résistance**) npr m *central organization of the French Resistance founded in 1943.*

CNRS (abr de **Centre national de la recherche scientifique**) npr m *national organization for scientific research* ; ≃ SRC UK.

CNUCED, Cnuced [knysɛd] (abr de **Conférence des Nations unies pour le commerce et l'industrie**) npr f UNCTAD.

coaccusé, e [koakyze] nm, f codefendant.

coach [kotʃ] *(pl* **coachs** *ou* **coaches***)* nm SPORT coach, trainer ; [conseiller professionnel] coach.

coacher [kotʃe] vt **1.** [entraîner] to coach **2.** [conseiller] to advise.

coaching [kotʃiŋ] nm coaching.

coacquéreur [kɔakeʀœʀ] nm joint purchaser.

coadjuteur [kɔadʒytœʀ] nm coadjutor.

coadministrateur, trice [kɔadministʀatœʀ, tʀis] nm, f codirector.

coagulabilité [kɔagylabilite] nf coagulability.

coagulable [kɔagylabl] adj coagulable, liable to coagulate.

coagulant, e [kɔagylɑ̃, ɑ̃t] adj coagulating.
❖ **coagulant** nm coagulant.

coagulation [kɔagylasjɔ̃] nf [du sang] coagulation, coagulating *(U)* ; [du lait] curdling *(U).*

coaguler [3] [kɔagyle] vi & vt [sang] to coagulate ; [lait] to curdle.
❖ **se coaguler** vpi [sang] to coagulate ; [lait] to curdle.

coagulum [kɔagylɔm] nm clot, coagulum *spéc.*

coalescence [kɔalɛsɑ̃s] nf coalescence, coalescing *(U).*

coalescent, e [kɔalɛsɑ̃, ɑ̃t] adj coalescent.

coalescer [21] [kɔalɛse] vt MÉTALL to blend, to mix.

coalisé, e [kɔalize] ◆ adj allied. ◆ nm, f allied nation, ally.

coaliser [3] [kɔalize] vt to make into a coalition.
❖ **se coaliser** vpi to form a coalition.

coalition [kɔalisjɔ̃] nf POL coalition ; *péj* conspiracy ▸ **gouvernement de coalition** coalition government.

coaltar [koltaʀ] nm coaltar / *être dans le coaltar fam & fig* to be in a daze.

coaptation [kɔaptasjɔ̃] nf coaptation *spéc.*

coassement [kɔasmɑ̃] nm croaking.

coasser [3] [kɔase] vi **1.** [grenouille] to croak **2.** *péj* [commère] to gossip.

coassocié, e [kɔasɔsje] nm, f copartner.

coassurance [kɔasyʀɑ̃s] nf coinsurance.

coati [kɔati] nm coati.

coauteur, e [kootœʀ] nm, f **1.** LITTÉR coauthor, joint author ▸ **mon coauteur** my coauthor **2.** DR accomplice.

coaxial, e, aux [kɔaksjal, o] adj coaxial.

cobalt [kɔbalt] nm cobalt.

cobalthérapie [kɔbalteʀapi], **cobaltothérapie** [kɔbaltɔteʀapi] nf cobaltotherapy.

cobaye [kɔbaj] nm guinea pig ▸ **servir de cobaye** to be used as a guinea pig.

cobelligérant, e [kɔbeliʒeʀɑ̃, ɑ̃t] adj & nm, f cobelligerent.

cobol [kɔbɔl] nm Cobol, COBOL.

cobra [kɔbʀa] nm cobra ▸ **cobra royal** king cobra.

co-branding nm co-branding.

coca [kɔka] nf **1.** BOT coca **2.** PHARM coca extract.
❖ **Coca®** nm inv *fam* [boisson] Coke®.

Coca-Cola® [kɔkakɔla] nm inv Coca-Cola®.

cocagne [kɔkaɲ] ❖ **de cocagne** loc adj ▸ **époque / pays de cocagne** years / land of plenty.

cocaïne [kɔkain] nf cocaine.

cocaïnisme [kɔkainism] nm = **cocaïnomanie.**

cocaïnomane [kɔkainɔman] nmf cocaine addict.

cocaïnomanie [kɔkainɔmani] nf cocaine addiction.

cocarde [kɔkaʀd] nf **1.** [en tissu] rosette ; HIST cockade **2.** [signe - militaire] roundel ; [- sur une voiture officielle] official logo.

cocardier, ère [kɔkaʀdje, ɛʀ] ◆ adj *péj* chauvinistic, jingoistic. ◆ nm, f chauvinist, jingoist.

cocasse [kɔkas] adj comical.

cocasserie [kɔkasʀi] nf [d'une situation] funniness / *c'était d'une cocasserie!* it was a scream!

coccinelle [kɔksinɛl] nf **1.** ZOOL ladybird UK, ladybug US **2.** [voiture] beetle UK, bug US.

coccyx [kɔksis] nm coccyx.

coche [kɔʃ] ◆ nf **1.** [encoche] notch **2.** *régional* [truie] sow. ◆ nm **1.** [voiture] stage coach ▸ **manquer** ou **rater** ou **louper le coche** to miss the boat **2.** NAUT ▸ **coche d'eau** (horse-pulled passenger) barge.

cochenille [kɔʃnij] nf **1.** [insecte] mealybug **2.** [teinture] cochineal.

cocher¹ [kɔʃe] nm coach driver ▸ **cocher de fiacre** cabman.

cocher² [3] [kɔʃe] vt to tick (off) UK, to check (off) US.

cochère [kɔʃɛʀ] adj f ▸ **porte cochère** carriage entrance, porte cochère.

cochevis [kɔʃvi] nm crested lark.

Cochinchine [kɔʃɛ̃ʃin] npr f ▸ **(la) Cochinchine** Cochin China.

cochléaire [kɔkleɛʀ] adj cochleate, spiral.

cochlée [kɔkle] nf cochlea.

cochon, onne [kɔʃɔ̃, ɔn] *fam* ◆ adj **1.** [sale] dirty, filthy, disgusting / *tu ne vas pas rendre un devoir aussi cochon?* are you really going to hand in such a messy piece of homework? / *ce n'est pas cochon!* it's not bad! **2.** [obscène] smutty, dirty, filthy. ◆ nm, f **1.** [vicieux] lecher / *un vieux cochon* a dirty old man **2.** [personne sale] (filthy) pig / *oh, le petit cochon!* [à un enfant] you mucky pup!

❖ **cochon** nm **1.** ZOOL pig ▸ **cochon de lait** suckling pig ▸ **faire le cochon pendu** to hang by one's legs ▸ **sale comme un cochon** filthy dirty ▸ **manger comme un cochon** to eat like a pig ▸ **amis** ou **copains comme cochons** as thick as thieves ▸ **si les petits cochons ne te mangent pas** *hum* if the wolf doesn't get you **2.** [homme méprisable] dirty dog ▸ **cochon qui s'en dédit!** you've got a deal! ▸ **ben mon cochon!** *fam* well, I'll be damned!

❖ **de cochon** loc adj [temps] foul, filthy ; [caractère] foul.

❖ **cochon d'Inde** nm guinea pig.

cochonceté [kɔʃɔ̃ste] nf *fam* **1.** [saleté] : *faire des cochoncetés* to make a filthy mess **2.** [nourriture] junk food **3.** [obscénité] piece of smut / *dire des cochoncetés* to say dirty things.

cochonnaille [kɔʃɔnaj] nf pork products / *des cochonnailles pendaient au plafond* sausages and hams were hanging from the ceiling.

cochonner [3] [kɔʃɔne] ◆ vt *fam* [dessin, chambre] to make a mess of. ◆ vi [truie] to pig.

cochonnerie [kɔʃɔnʀi] nf *fam* **1.** [chose médiocre] rubbish *(U)* UK, trash *(U)* US / *on t'a vendu une cochonnerie* they sold you a piece of rubbish UK ou junk ; [nourriture - mal préparée] pigswill *(U)* ; [- de mauvaise qualité] junk food *(U)* **2.** [saleté] mess *(U)* ▸ **faire des cochonneries** to make a mess **3.** [obscénité] smut *(U)* ▸ **dire des cochonneries** to say filthy things **4.** [action déloyale] dirty trick ▸ **faire une cochonnerie à qqn** to play a dirty trick on sb **5.** [dans des exclamations] ▸ **cochonnerie de** : *cochonnerie de voiture!* / *de brouillard!* damn this car! / this fog!

cochonnet [kɔʃɔnɛ] nm **1.** [aux boules] jack **2.** [porcelet] piglet.

cocker [kɔkɛʀ] nm cocker spaniel.

cockpit [kɔkpit] nm cockpit.

cocktail [kɔktɛl] nm **1.** [boisson] cocktail ; [réception] cocktail party **2.** [mélange] mix, mixture **3.** ARM ▸ **cocktail Molotov** Molotov cocktail.

coco [koko] nm **1.** *fam* [tête] nut / *il a rien dans le coco!* he's got nothing between the ears! **2.** *fam* [individu] ▸ **un drôle de coco** *péj* a shady customer / *c'est un joli coco!* *iron* what a charming individual! **3.** *fam* [en appellatif - à un adulte] love UK, honey US ; [- à un enfant] sweetie ▸ **petit coco** : *qu'est-ce qu'il a le petit coco?* what's wrong, little man? **4.** *langage enfantin* [œuf] egg **5.** *fam & péj* [communiste] commie **6.** TEXT coir.

cocoler [3] [kɔkɔle] vt SUISSE to cosset.

cocon [kɔkɔ̃] nm cocoon ▸ **vivre dans un cocon** *fig* to live a cocooned ou sheltered existence, to live in a cocoon / *s'enfermer* ou *rester dans son cocon fig* to stay in one's shell.

cocontractant, e [kɔkɔ̃tʀaktɑ̃, ɑ̃t] nm, f contracting partner.

cocooning [kɔkuniŋ] nm cocooning US / *on a fait du cocooning ce week-end* we had a quiet time at home this weekend.

cocorico [kɔkɔʀiko] nm **1.** *pr* cock-a-doodle-doo ▸ **faire cocorico** to crow **2.** *fig expression of French national pride* ▸ **cocorico!** three cheers for France!

cocoter [kɔkɔte] *péj* = **cocotter.**

cocoteraie [kɔkɔtʀɛ] nf coconut grove.

cocotier [kɔkɔtje] nm coconut palm ▸ **tomber du cocotier** *fig* to be forced to retire.

cocotte [kɔkɔt] nf **1.** [casserole] casserole dish ▸ **cuire à la cocotte** to casserole **2.** *langage enfantin* [poule] hen ▸ **cocotte en papier** paper bird **3.** [en appellatif] darling, love UK, honey US **4.** *péj* [femme] tart / *sentir* ou *puer la cocotte* to stink of cheap perfume.

❖ **cocottes** nfpl MUS high staccato notes.

❖ **à la cocotte, en cocotte** loc adv : *cuit en cocotte* casseroled ▸ **(faire) cuire qqch en cocotte** to casserole sthg.

❖ **en cocotte** loc adj [œuf] coddled.

Cocotte-Minute® [kɔkɔtminyt] nf pressure cooker.

❖ **à la Cocotte-Minute** ◆ loc adj pressure-cooked. ◆ loc adv [cuit] in a pressure cooker.

cocotter [3] [kɔkɔte] vi *fam & péj* to stink / *ça cocotte!* it stinks!

cocu, e [kɔky] *fam* ◆ adj : *il est cocu* his wife's been unfaithful to him. ◆ nm, f **1.** [conjoint trompé] deceived husband (wife) / *elle l'a fait cocu* she was unfaithful to him **2.** [dupe] sucker.

cocuage [kɔkyaʒ] nm *fam* cuckoldry.

cocufier [9] [kɔkyfje] vt *fam* to be unfaithful to, to cuckold *vieilli*.

cocyclique [kɔsiklik] adj belonging to the same circle.

codage [kɔdaʒ] nm **1.** [chiffrement] coding **2.** LING encoding.

code [kɔd] nm **1.** [ensemble de lois] code ▸ **le code (civil)** the civil code ▸ **code de commerce** commercial law ▸ **code maritime** navigation laws ▸ **code pénal** penal code ▸ **code de la route** Highway Code UK, rules of the road US ▸ **code du travail** labour UK ou labor US legislation **2.** [normes] code ▸ **code moral** moral code ▸ **code de la politesse** code of good manners **3.** [ensemble de conventions] code ▸ **code international de signaux** NAUT International Code ▸ **code télégraphique** telegraphic code ▸ **code des transmissions** signal ou signalling code **4.** [groupe de symboles] code ▸ **science des codes** cryptography ▸ **code alphanumérique** / **binaire** alphanumeric / binary code ▸ **code (à) barres** bar code ▸ **code confidentiel** ou **personnel** [d'une carte de crédit] personal identification number, PIN ▸ **code couleur** colour UK ou color US code ▸ **code d'entrée** [sur une porte] door code ▸ **code à lecture optique** machine readable code line ▸ **code machine** INFORM machine code ▸ **code postal** post UK ou zip US code ▸ **code de routage** routing information ▸ **code source** INFORM source code **5.** [manuel] code-book ▸ **code de chiffrement** cipher book ▸ **code de déchiffrement** code-book **6.** LING language **7.** SCI ▸ **code génétique** genetic code.

❖ **codes** nmpl AUTO dipped headlights UK, dimmed headlights US, low beams US.

❖ **en code** loc adv **1.** [sous forme chiffrée] in code ▸ **mettre qqch en code** to cipher ou to code sthg **2.** AUTO ▸ **se mettre en code** to dip one's headlights UK, to dim one's headlights US, to put on the low beams US.

Code postal

A sequence of five numbers used for the automatic sorting of mail. The first two digits of a French postcode correspond to the code number of the **département**.

codé, e [kɔde] adj encoded, coded ▸ **caractère** / **programme codé** coded character / program ▸ **générateur d'impulsions codées** pulse coder ▸ **message codé** cryptogram ▸ **question codée** encoded question ▸ **langage codé** secret language.

code-barres [kɔdbaʀ] (*pl* **codes-barres**) nm bar code.

codébiteur, trice [kɔdebitœʀ, tʀis] nm, f joint debtor.

codécision [kodesizjɔ̃] nf joint decision.

codéfendeur [kɔdefɑ̃dœʀ] nm co-respondent.

codéine [kɔdein] nf codeine.

codemandeur, eresse [kɔdəmɑ̃dœʀ, dʀɛs] nm, f joint plaintiff.

coder [3] [kɔde] vt **1.** [chiffrer] to code, to encipher **2.** LING to encode.

codétenteur, trice [kɔdetɑ̃tœʀ, tʀis] nm, f joint holder.

codétenu, e [kɔdetny] nm, f fellow-prisoner.

codeur, euse [kɔdœʀ, øz] nm, f coder.

❖ **codeur** nm coding machine.

codex [kɔdɛks] nm codex ▸ **codex pharmaceutique** pharmacopœia.

codicillaire [kɔdisilɛʀ] adj codicillary.

codicille [kɔdisil] nm DR codicil.

codificateur, trice [kɔdifikatœʀ, tʀis] ◆ adj codifying. ◆ nm, f codifier.

codification [kɔdifikasjɔ̃] nf **1.** [d'une profession, d'un système] codification **2.** DR classification of laws.

codifier [9] [kɔdifje] vt **1.** [pratique, profession] to codify **2.** DR to classify.

codirecteur, trice [kɔdiʀɛktœʀ, tʀis] nm, f joint manager.

codirection [kodiʀɛksjɔ̃] nf joint management.

codiriger [17] [kɔdiʀiʒe] vt ▸ **codiriger qqch** to manage sthg together ou jointly.

codon [kɔdɔ̃] nm codon.

coéchangiste [kɔeʃɑ̃ʒist] nmf party to an exchange.

coéditer [3] [kɔedite] vt to copublish.

coéditeur, trice [kɔeditœʀ, tʀis] ◆ adj copublishing. ◆ nm, f copublisher.

coédition [kɔedisjɔ̃] nf copublication.

coéducation [kɔedykasjɔ̃] nf coeducation.

coefficient [kɔefisjɑ̃] nm **1.** MATH & PHYS coefficient ▸ **coefficient multiplicateur** multiplying factor ▸ **coefficient numérique** numerical coefficient ▸ **coefficient de pénétration dans l'air** AUTO drag factor ▸ **coefficient de rendement** coefficient of efficiency **2.** [proportion] rating, ratio ▸ **coefficient d'exploitation** / **de perte** operating / loss ratio ▸ **coefficient d'erreur** ou **d'incertitude** margin of error **3.** [valeur] weight, weighting ▸ **affecter qqch d'un coefficient** to weight sthg / *l'anglais est affecté du coefficient 3* English will be weighted at a rate equal to 300% / *coefficient correcteur applicable aux salaires* weighting applicable to salaries ▸ **coefficient statistique** statistical weight.

Coefficient

In baccalauréat examinations, the grade for each subject is multiplied by a **coefficient** which is determined by the type of baccalauréat chosen. For a **bac S**, which has a scientific bias, the **coefficient** for maths will be higher than the **coefficient** for philosophy, for example.

cœlacanthe [selakɑ̃t] nm coelacanth.

cœliaque [seljak] adj coeliac.

cœliochirurgie [seljɔʃiʀyʀʒi] nf MÉD laparoscopic ou celioscopic surgery, celiosurgery.

cœlioscopie [seljɔskɔpi] nf coelioscopy.

cœnesthésie [senɛstezi] nf = **cénesthésie.**

coentreprise [kɔɑ̃tʀəpʀiz] nf joint venture.

coenzyme [kɔɑ̃zim] nf coenzyme.

coéquation [kɔekwasjɔ̃] nf proportional assessment.

coéquipier, ère [kɔekipje, ɛʀ] nm, f teammate.

coercible [kɔɛʀsibl] adj coercible, which can be coerced.

coercitif, ive [kɔɛʀsitif, iv] adj coercive.

coercition [kɔɛʀsisjɔ̃] nf coercion.

Coëtquidan [kɔetkidɑ̃] npr *important army base in Brittany where the Saint-Cyr military college is situated.*

cœur [kœʀ]

◆ nm

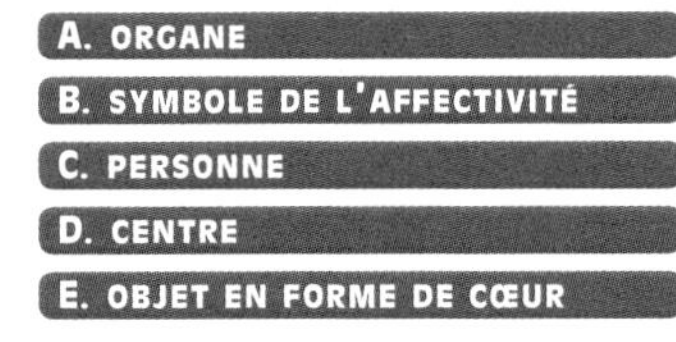

A. ORGANE **1.** ANAT heart / *une balle en plein cœur* a bullet through the heart / *il est malade du cœur* he's got a heart condition ▸ **cœur droit** / **gauche** right / left side of the heart ▸ **cœur artificiel** artificial heart ▸ **greffe du cœur** heart transplant ▸ **ça m'a donné** ou **j'ai eu un coup au cœur** it really made me jump ▸ **beau** ou **joli** ou **mignon comme un cœur** as pretty as a picture ▸ **tenir qqn contre son cœur** to hold sb to one's bosom *litt* **2.** [estomac] ▸ **avoir le cœur au bord des lèvres** to feel queasy ou sick ▸ **ça va mieux, ton mal au** ou **de cœur** do you still feel sick? ▸ **avoir mal au cœur** to feel sick ▸ **ça me fait mal au cœur** it breaks my heart ▸ **ça me ferait mal au cœur de devoir le lui laisser!** *fam* I'd hate to have to leave it to him! ▸ **mettre le cœur à l'envers à qqn** *fam* [le dégoûter] to sicken sb, to turn sb's stomach ▸ **lever** ou **soulever le cœur à qqn** to sicken sb, to turn sb's stomach / *un spectacle à vous soulever le cœur* a nauseating ou sickening sight / *pour voir ce reportage il faut avoir le cœur bien accroché* this report is not for the squeamish.

B. SYMBOLE DE L'AFFECTIVITÉ **1.** [pensées, for intérieur] heart ▸ **ouvrir son cœur à qqn** to open one's heart to sb ▸ **vider son cœur** to pour out one's heart ▸ **en avoir le cœur net** : *je veux en avoir le cœur net* I want to know ou to find out the truth / *je vais lui demander franchement, comme cela j'en aurai le cœur net* I'll ask him straight out, that way, I'll get to the bottom of the matter **2.** [énergie, courage] courage / *le cœur lui a manqué* his courage failed him ▸ **avoir le cœur de** to have the heart to / *tu n'aurais pas le cœur de la renvoyer!* you wouldn't have the heart to fire her! ▸ **ne pas avoir le cœur à l'ouvrage** : *il n'avait pas le cœur à l'ouvrage* his heart wasn't in it ▸ **avoir du cœur au ventre** to be courageous ▸ **donner du cœur au ventre à qqn** to give sb courage ▸ **mettre du cœur dans qqch** : *elle adore son travail, elle y met du cœur* she loves her work, she really puts her heart (and soul) into it ▸ **allez, haut les cœurs!** come on, chin up! **3.** [humeur] ▸ **il est parti le cœur joyeux** ou **gai** he left in a cheerful mood ▸ **avoir le cœur léger** / **triste** to be cheerful / heavy-hearted ▸ **d'un cœur léger** light-heartedly / *d'un cœur content* contentedly ▸ **avoir le cœur à faire qqch** to be in the mood to do ou to feel like doing sthg / *je n'ai plus le cœur à rire* I don't feel like laughing any more ▸ **ne plus avoir le cœur à rien** to have lost heart ▸ **le cœur n'y est pas** : *ils travaillent, mais le cœur n'y est pas* they're working but their hearts aren't in it ▸ **si le cœur t'en dit** if you feel like it, if the fancy takes you **4.** [charité, bonté] ▸ **avoir du** ou **bon cœur** to be kind ou kind-hearted ▸ **elle a du** ou **bon cœur** her heart is in the right place / *tu n'as pas de cœur!* you're heartless!, you have no heart! / *ton bon cœur te perdra!* you're too kind-hearted for your own good! / *c'était un homme au grand cœur* ou *de cœur* he was a good man ▸ **avoir un cœur gros comme ça** *fam* : *il a un cœur gros comme ça* he'd give you the shirt off his back ▸ **avoir le cœur sur la main** to be very generous ▸ **avoir un cœur d'or** to have a heart of gold ▸ **avoir le cœur dur** ou **sec, avoir un cœur de pierre** to have a heart of stone ▸ **à vot' bon cœur (m'sieurs-dames)** spare us a few pence UK ou a dime US **5.** [siège des émotions, de l'amour] heart / *son cœur se remplit de joie* his heart filled with joy ▸ **laisser parler son cœur** to let one's feelings come through ▸ **venir du cœur** to come (straight) from the heart / *des mots venus du (fond du) cœur* heartfelt words ▸ **aller droit au cœur** : *vos paroles me sont allées droit au cœur* your words went straight to my heart / *je garderai son souvenir dans mon cœur* his memory will remain in my heart / *son cœur de mère ne pouvait s'y résigner* as a mother, her heart just couldn't accept it ▸ **briser le cœur à qqn** to break sb's heart / *cela me brise le cœur de le voir dans cet état* it breaks my heart to see him in such a state ▸ **c'était à vous briser** ou **fendre le cœur** it was heartbreaking ou heartrending / *cette fille lui a mis le cœur à l'envers* he lost his heart to that girl ▸ **cela chauffe** ou **réchauffe le cœur** it warms the cockles of your heart, it's heartwarming ▸ **avoir le cœur serré** to have a lump in one's throat / *avoir le cœur déchiré* to be heartbroken / *avoir un cœur sensible* / *pur* to be a sensitive / candid soul / *mon cœur est libre* ou *à prendre* I'm fancy-free / *comment trouver le chemin de* ou *gagner son cœur?* how can I win her heart? / *c'était un ami selon mon cœur* *litt* he was a friend after my own heart / *ce sont des amis de cœur* they're bosom friends ▸ **histoire de cœur** love affair ▸ **ses problèmes de cœur** the problems he has with his love life ▸ **avoir le cœur gros** to feel sad, to have a heavy heart ▸ **porter qqn dans son cœur** *fam* : *je ne le porte pas dans mon cœur* I'm not particularly fond of him ▸ **le cœur a ses raisons que la raison ne connaît pas** the heart has its reasons which reason knows nothing of.

C. PERSONNE **1.** [personne ayant telle qualité] ▸ **c'est un cœur d'or** he has a heart of gold ▸ **c'est un cœur sensible** / **pur** he's a sensitive / candid soul ▸ **c'est un cœur dur** ou **sec** ou **de pierre** he has a heart of stone, he's heartless / *c'est un cœur de lion* he is lion-hearted ▸ **à cœur vaillant rien d'impossible** *prov* where there's a will there's a way *prov* **2.** [terme d'affection] darling, sweetheart / *tu viens, mon cœur?* coming, darling? ▸ **mon (petit) cœur** my darling.

D. CENTRE **1.** [d'un chou, d'une salade, d'un fromage] heart ; [d'un fruit, d'un réacteur nucléaire] core ; [d'une ville] heart, centre / *enlever le cœur d'une pomme* to core an apple ▸ **cœur de laitue** lettuce heart ▸ **cœur de palmier** palm heart ▸ **cœur d'artichaut** *pr* artichoke heart / *c'est un vrai cœur d'artichaut* *fig* he / she is always falling in love ▸ **cœur de réseau** INTERNET backbone **2.** [d'un débat] central point / *le cœur de mon argument est que...* the central point of my argument is that... **3.** MENUIS ▸ **cœur de merisier** / **peuplier** heart of cherry / poplar.

E. OBJET EN FORME DE CŒUR **1.** JOAILL heart-shaped jewel **2.** CULIN heart-shaped delicacy ▸ **petits cœurs à la crème** hearts of fromage frais with cream **3.** JEUX : *du cœur* hearts / *dame* / *dix de cœur* queen / ten of hearts / *jouer à* ou *du cœur* to play hearts.

❖ **à cœur** loc adv **1.** [avec sérieux] ▸ **prendre les choses à cœur** to take things to heart / *elle prend vraiment son travail à cœur* she really takes her job seriously / *ne prends pas ses critiques tant à cœur* don't take her criticism so much to heart ▸ **tenir à cœur à qqn** : *ce rôle me tient beaucoup à cœur* this part means a lot to me ▸ **avoir à cœur de faire qqch** to be very eager to do sthg **2.** CULIN ▸ **fromage fait à cœur** fully ripe cheese / *café grillé à cœur* high roast coffee / *avocat mûr à cœur* fully ripe avocado.

❖ **à cœur joie** loc adv to one's heart's content / *s'en donner à cœur joie* to have tremendous fun ou a tremendous time.

❖ **à cœur ouvert** ◆ loc adj [opération] open-heart *(modif).* ◆ loc adv ▸ **parler à cœur ouvert à qqn** to have a heart-to-heart (talk) with sb.

❖ **au cœur de** loc prép ▸ **au cœur de l'été** at the height of summer ▸ **au cœur de l'hiver** in the depths of winter / *au cœur de la forêt* deep in the forest / *au cœur de la nuit* in the ou at dead of night ▸ **au cœur du Morvan** in the heart of the Morvan region / *au cœur de la ville* in the centre of town, in the town centre / *le sujet fut au cœur des débats* this subject was central to the debate.

❖ **cœur à cœur** loc adv *litt* ▸ **parler cœur à cœur avec qqn** to have a heart-to-heart (talk) with sb.

❖ **de bon cœur** loc adv [volontiers -donner] willingly ; [-rire, manger] heartily ; [-parler] readily ▸ **il y est allé de bon cœur a)** [en mangeant] he really tucked in **b)** [en travaillant] he really got stuck in ou he went at it with a will ▸ **c'est de bon cœur** : *ne me remerciez pas, c'est de bon cœur (que je vous ai aidé)* no need to thank me, it was a pleasure (helping you).

❖ **de tout cœur** loc adv wholeheartedly ▸ **être de tout cœur avec qqn** [condoléances] to sympathize wholeheartedly with sb / *je ne pourrai assister à votre mariage mais je serai de tout cœur avec vous* I won't be able to attend your wedding but I'll be with you in spirit.

❖ **de tout mon cœur, de tout son cœur** loc adv **1.** [sincèrement -aimer, remercier] with all my / his, etc. heart, from the bottom of my / his, etc., heart ; [-féliciter] warmly, wholeheartedly / *rire de tout son cœur* to laugh heartily ou one's head off / *je vous remercie de tout mon cœur* I thank you from the bottom of ou with all my heart **2.** [énergiquement] : *y aller de tout son cœur* *fam* to go at it hammer and tongs, to give it all one's got.

❖ **en cœur** loc adj [bouche, pendentif] heart-shaped.

❖ **par cœur** loc adv **1.** [apprendre, connaître] by heart ▸ **connaître qqn par cœur** to know sb inside out / *je connais toutes tes excuses par cœur* I know all your excuses by heart **2.** EXPR ▸ **dîner par cœur** to go without (one's) dinner.

❖ **sans cœur** loc adj heartless.

❖ **sur le cœur** loc adv ▸ **la mousse au chocolat m'est restée sur le cœur** *pr* the chocolate mousse made me feel sick / *ses critiques me sont restées* ou *me pèsent sur le cœur* I still haven't got over the way she criticized me ▸ **avoir qqch sur le cœur** to have sthg on one's mind / *dis ce que tu as sur le cœur* say what's (weighing) on your mind / *avoir un poids sur le cœur* to have a heavy heart / *en avoir gros sur le cœur* *fam* to be really upset.

cœur-de-pigeon [kœʀdəpiʒɔ̃] (*pl* **cœurs-de-pigeon**) nm *variety of cherry.*

coexistence [kɔɛgzistɑ̃s] nf coexistence ▸ **coexistence pacifique** peaceful coexistence.

coexister [3] [kɔɛgziste] vi ▸ **coexister (avec)** to coexist (with).

coextensif, ive [kɔɛkstɑ̃sif, iv] adj coextensive ▸ **coextensif à** sharing the same area of application as.

COFACE [kɔfas] (abr de **Compagnie française d'assurances pour le commerce extérieur**) npr f *export insurance company* ; ≃ ECGD.

coffrage [kɔfʀaʒ] nm **1.** MIN & TRAV PUB coffering, lining **2.** CONSTR casing.

coffre [kɔfʀ] nm **1.** [caisse] box, chest ▸ **coffre à jouets** toybox ▸ **coffre à outils** tool box **2.** NAUT locker ▸ **coffre d'amarrage** mooring buoy, trunk buoy **3.** AUTO boot UK, trunk US ▸ **coffre de rangement** [d'un camion] storage compartment ▸ **coffre à bagages** [d'un autocar] baggage ou luggage compartment **4.** [coffre-fort] safe, strongbox ▸ **les coffres de l'État** the coffers of the State / *les coffres sont vides à la fin du mois* the coffers are empty by the end of the month ; BANQUE safe-deposit box / *coffre de nuit* night safe **5.** AÉRON ▸ **coffre à parachute** parachute canister **6.** ZOOL [poisson] coffer-fish **7.** *fam* [poitrine] chest ; [voix] (big) voice ▸ **avoir du coffre** [du souffle] to have a good pair of lungs.

coffre-fort [kɔfʀəfɔʀ] (*pl* **coffres-forts**) nm safe, strongbox.

coffrer [3] [kɔfʀe] vt **1.** *fam* [emprisonner] to put behind bars ▸ **se faire coffrer** to be sent down **2.** MIN to coffer **3.** CONSTR to form.

coffret [kɔfʀɛ] nm **1.** [petit coffre] box, case ▸ **dans un coffret cadeau** in a gift box / *un coffret de cinq savons* a boxed set of five soaps ▸ **coffret à bijoux** jewellery UK ou jewelry US box **2.** [cabinet] cabinet.

❖ **en coffret** loc adv ▸ **présenté** ou **vendu en coffret** sold in a box / *la présentation en coffret est ce qui fait le succès de ce produit* this item sells so well because it comes in a presentation box.

cofinancement [kɔfinɑ̃smɑ̃] nm cofinancing.

cofinancer [16] [kɔfinɑ̃se] vt to cofinance, to finance jointly.

cofondateur, trice [kɔfɔ̃datœʀ, tʀis] nm, f co-founder.

cogérance [koʒeʀɑ̃s] nf joint management.

cogérant, e [koʒeʀɑ̃, ɑ̃t] nm, f joint manager (manageress).

cogérer [18] [koʒeʀe] vt to manage jointly.

In reformed spelling (see p. 16-19), this verb is conjugated like **semer**: ***elle cogère, il cogèrera.***

cogestion [koʒɛstjɔ̃] nf joint management ou administration.

cogitation [kɔʒitasjɔ̃] nf *hum* cogitation *(U)*, pondering *(U)* / *je te laisse à tes cogitations* I'll leave you to think things over.

cogiter [3] [kɔʒite] *hum* ◆ vi to cogitate / *il faut que je cogite!* I must put my thinking cap on! ◆ vt to think out *(sép)*, to ponder.

cognac [kɔɲak] nm [gén] brandy ; [de Cognac] Cognac.

cognassier [kɔɲasje] nm quince tree.

cognation [kɔgnasjɔ̃] nf cognation / *ils sont parents par cognation* they are blood relatives.

cogne [kɔɲ] nm *arg crime* ▸ **les cognes** the fuzz UK ou cops US.

cognée [kɔɲe] nf axe, hatchet.

cognement [kɔɲmɑ̃] nm knock, thump.

cogner [3] [kɔɲe] ◆ vi **1.** [heurter] to bang, to knock / *qu'est-ce qui cogne?* what's that banging? / *le moteur cogne* there's a knocking sound in the engine / *son cœur cognait dans sa poitrine* his heart was thumping ▸ **cogner à la fenêtre a)** [fort] to knock on the window **b)** [légèrement] to tap on the window **2.** *fam* [user de violence] : *mon père cognait* my father was violent ▸ **cogner sur qqn** to beat sb up / *ça va cogner* things are going to get rough. ◆ vt **1.** [entrer en collision avec] to bang ou to knock ou to smash into **2.** *fam* [battre] to whack, to wallop.

❖ **se cogner** ◆ vpi **1.** [se faire mal] ▸ **je me suis cogné** I banged into something **2.** EXPR **s'en cogner** *tfam* : *il s'en cogne* he doesn't give a damn ou monkey's UK. ◆ vpt ▸ **se cogner le coude** to hit ou to bang one's elbow.

cognitif, ive [kɔgnitif, iv] adj cognitive.

cognition [kɔgnisjɔ̃] nf cognitive processes, cognition.

cohabitation [kɔabitasjɔ̃] nf **1.** [vie commune] cohabitation, cohabiting, living together **2.** POL *coexistence of an elected head of state and an opposition parliamentary majority.*

cohabiter [3] [kɔabite] vi **1.** [partenaires] to cohabit, to live together ; [amis] to live together ▸ **cohabiter avec qqn** to live with sb / *ici, plusieurs races cohabitent* people of several different races live together here **2.** [coexister] to coexist / *faire cohabiter deux théories* to reconcile two theories.

cohérence [kɔerɑ̃s] nf [gén & OPT] coherence / *manque de cohérence* inconsistency.

cohérent, e [kɔerɑ̃, ɑ̃t] adj **1.** [logique] coherent / *de façon cohérente* coherently **2.** [fidèle à soi-même] consistent ▸ **être cohérent** to be true to o.s. **3.** OPT coherent.

cohériter [3] [kɔerite] vi to inherit jointly.

cohéritier, ère [kɔeritje, ɛr] nm, f coheir (coheiress).

cohésif, ive [kɔezif, iv] adj cohesive.

cohésion [kɔezjɔ̃] nf **1.** [solidarité] cohesion, cohesiveness ▸ **la cohésion du groupe** the way the members of the group stick together **2.** [d'un corps, de molécules] cohesion.

cohorte [kɔɔrt] nf **1.** ANTIQ cohort **2.** *péj* [foule] ▸ **une cohorte de** hordes ou droves of **3.** SOCIOL population.

cohue [kɔy] nf **1.** [foule] crowd, throng **2.** [bousculade] ▸ **dans la cohue** amidst the general pushing and shoving, in the (general) melee.

coi, coite [kwa, kwat] adj speechless ▸ **en rester coi** to be speechless ▸ **se tenir coi** to keep quiet.

coiffage [kwafaʒ] nm ▸ **mousse / gel de coiffage** styling mousse / gel.

coiffant, e [kwafɑ̃, ɑ̃t] adj ▸ **gel coiffant** styling gel.

coiffe [kwaf] nf **1.** VÊT [de paysanne] (traditional) headdress ; [de nonne] (nun's) headdress ; [garniture de chapeau] lining **2.** ASTRONAUT & BOT cap **3.** [d'un livre relié] head cap **4.** ANAT caul.

coiffer [3] [kwafe] vt **1.** [cheveux - avec un peigne] to comb ; [- avec une brosse] to brush / *l'enfant coiffait la poupée* the child was combing ou brushing the doll's hair / *elle était bien coiffée* her hair looked nice / *tu es horriblement mal coiffé* your hair's all over the place ▸ **cheveux faciles / difficiles à coiffer** manageable / unmanageable hair **2.** [réaliser la coiffure de] : *elle s'est fait coiffer par Paolo, c'est Paolo qui l'a coiffée* she had her hair done by Paolo / *qui vous coiffe d'habitude?* who normally does your hair? / *coiffez-le court s'il vous plaît* cut his hair short please / *j'ai payé une fortune pour être mal coiffé!* I spent a fortune on a hairstyle I don't like! **3.** [chapeauter] to cover the head of / *il était coiffé d'une casquette* he was wearing a cap / *être coiffé de noir* to be wearing a black hat / *il a coiffé la statue d'une casquette* he put a cap on the statue **4.** [aller à] : *un rien la coiffe* she suits any hat / *cette toque te coiffe à ravir* you look wonderful in that fur hat **5.** [mettre sur sa tête] to put on / *coiffer la couronne* to be crowned / *coiffer la mitre* to be ordained a bishop **6.** *litt* [couvrir] : *la neige coiffait les sommets* the mountain-tops were covered in snow / *la tour était coiffée d'étendards* the tower was crowned with flags **7.** [diriger] to control ▸ **elle coiffe plusieurs services** she's in charge of several departments **8.** EXPR **coiffer qqn au** ou **sur le poteau** to pip sb at the post UK, to pass sb up US ▸ **se faire coiffer au poteau** to be pipped at the post UK, to be nosed out.

❖ **se coiffer** vp *(emploi réfléchi)* **1.** [se peigner] to comb one's hair ; [arranger ses cheveux] to do one's hair **2.** [mettre un chapeau] to put a hat on **3.** [acheter ses chapeaux] : *se coiffer chez les grands couturiers* to buy one's hats from the top designers.

coiffeur, euse [kwafœr, øz] nm, f hairdresser, hair stylist ▸ **aller chez le coiffeur** to go to the hairdresser's ▸ **coiffeur pour hommes** gentlemen's hairdresser, barber ▸ **coiffeur pour dames** ladies' hairdresser.

❖ **coiffeuse** nf dressing-table.

coiffure [kwafyr] nf **1.** [coupe] hairdo, hairstyle / *se faire faire une nouvelle coiffure* to have one's hair styled ou restyled ▸ **coiffure à la garçonne** Eton crop UK, urchin cut US ▸ **coiffure à la Jeanne d'Arc** pageboy haircut **2.** [technique] ▸ **la coiffure** hairdressing **3.** [chapeau] headdress.

coin [kwɛ̃] nm **1.** [angle] corner / *se cogner au coin de la table* to hit the corner of the table / *le coin de la rue* the corner of the street / *à un coin de rue* on a street-corner ▸ **un coin couloir** / **fenêtre** an aisle / a window seat ▸ **à chaque coin de rue** ou **à tous les coins de rue** all over the place, everywhere / *une robe comme on en trouve à tous les coins de rue* a common or garden dress / *il n'y en a pas à tous les coins de rue* you don't see many of them about ▸ **sur un coin de table** : *manger sur un coin de table* to eat a hasty meal / *travailler sur un coin de table* to bungle one's work / *ce n'est pas le genre de calcul qui peut se faire sur un coin de table* that's not the sort of calculation you can do on the back of an envelope ▸ **au coin du feu** *pr* by the fireside / *rester au coin du feu fig* to stay at home ▸ **au coin d'un bois a)** *pr* somewhere in a wood **b)** *fig* in a lonely place / *on n'aimerait pas le rencontrer au coin d'un bois!* you wouldn't like to meet him on a dark night! **2.** [commissure - des lèvres, de l'œil] corner ▸ **du coin de l'œil** [regarder, surveiller] out of the corner of one's eye **3.** [endroit quelconque] place, spot / *dans un coin de la maison* somewhere in the house / *j'ai dû laisser mon livre dans un coin* I must have left my book somewhere or other / *dans un coin de sa mémoire* in a corner of his memory ▸ **bon coin** : *il connaît les bons coins* he knows all the right places ; [espace réservé] ▸ **le coin des bricoleurs** COMM the do-it-yourself department ; *(suivi d'un nom, avec ou sans trait d'union)* ▸ **coin cuisine** kitchen recess ▸ **coin repas** ou **salle à manger** dining area ▸ **coin salon** sitting area ▸ **coin travail** workspace, work area ; [à la campagne] corner, place, spot / *quel coin charmant!* what a lovely place! / *un petit coin tranquille à la campagne* a quiet spot in the country ▸ **un coin perdu a)** [isolé] an isolated spot **b)** [arriéré] a godforsaken place *péj* / *trouver un petit coin pas cher (pour passer l'été)* to find somewhere not too expensive (for the summer) / *c'est vraiment un coin pourri! fam* what a dump! ▸ **chercher dans tous les coins et les recoins** to look in every nook and cranny ▸ **connaître qqch dans les coins** to know sthg like the back of one's hand ▸ **le petit coin** *fam & euphém* the smallest room **4.** [parcelle] patch, plot / *un coin de terre* a plot ou patch of land / *le coin des fleurs* the flower plot / *il reste un coin de ciel bleu* there's still a patch of blue sky **5.** IMPR [forme] die ; [poinçon] stamp, hallmark / *idée marquée au coin du bon sens* idea full of common sense **6.** [cale] wedge ▸ **coin de centrage** / **serrage** centering / tightening wedge.

❖ **au coin** loc adv [de la rue] on ou at the corner / *la boulangerie qui est au coin* the baker's on ou at the corner / *mettre un enfant au coin* to make a child stand in the corner (as punishment).

❖ **dans le coin** loc adv [dans le quartier - ici] locally, around here ; [- là-bas] locally, around there ▸ **elle habite dans le coin a)** [ici] she lives (somewhere) around here **b)** [là-bas] she lives somewhere around there / *et Victor? — il est dans le coin* where's Victor? — somewhere around / *je passais dans le coin et j'ai eu envie de venir te voir* I was in the area and I felt like dropping in (on you).

❖ **dans son coin** loc adv ▸ **laisser qqn dans son coin** to leave sb alone / *allons, ne laisse pas ton petit frère dans son coin* come on, make an effort to include your young brother ▸ **rester dans son coin** to keep oneself to oneself / *elle reste toujours dans son coin* she doesn't mix.

❖ **de coin** loc adj [étagère] corner *(modif).*

❖ **du coin** loc adj [commerce] local ▸ **la boucherie du coin** the butcher's just round the corner, the local butcher's ▸ **les gens du coin a)** [ici] people who live round here, the locals **b)** [là-bas] people who live there, the locals ▸ **être du coin** to live locally ou in the area / *désolé, je ne suis pas du coin* sorry, I'm not from around here.

❖ **en coin** ◆ loc adj [regard] sidelong ▸ **un sourire en coin** a half-smile. ◆ loc adv [regarder, observer] sideways ▸ **sourire en coin** to give a half-smile.

coinçage [kwɛ̃saʒ] nm TECHNOL keying, wedging.

coincé, e [kwɛ̃se] adj *fam* **1.** *péj* [inhibé] repressed, hung-up **2.** [mal à l'aise] tense, uneasy.

coincement [kwɛ̃smɑ̃] nm jamming.

coincer [16] [kwɛ̃se] ◆ vt **1.** [immobiliser - volontairement] to wedge ; [- accidentellement] to catch, to stick, to jam / *coince la roue avec une pierre* wedge the wheel with a stone / *mon manteau est coincé dans la portière* my coat's caught ou stuck in the door / *j'ai coincé la fermeture de ma robe* I got the zip of my dress stuck / *il a été coincé entre la voiture et le mur* he was jammed ou trapped between the car and the wall **2.** *fam* [attraper] to corner, to nab, to collar ▸ **se faire coincer** to get nabbed / *je me suis fait coincer dans le couloir par Darival* I got cornered by Darival in the corridor / *j'arriverai bien à le coincer après le dîner* I'll corner him somehow after dinner **3.** *fam* [retenir] : *plus de trains? je suis coincé, maintenant!* the last train's gone? I'm in a real fix now! / *je suis coincé par ce qu'il a dit à ma mère* because of what he said to my mother, my hands are tied ou I'm stuck / *elle est coincée entre ses convictions et les exigences de la situation* she's torn between her convictions and the demands of the situation **4.** [mettre en difficulté - par une question] to catch out *(sép)* UK, to put on the spot / *là, ils t'ont coincé!* they've got you there! ◆ vi **1.** [être calé] : *c'est la chemise bleue qui coince au fond du tiroir* the blue shirt at the back is making the drawer jam **2.** [être entravé] to stick / *les négociations coincent* the discussions have come to a sticking point ▸ **ça coince (quelque part)** *fam* there's a hitch somewhere / *ça coince au niveau de mes parents!* my parents don't much care for the idea!

❖ **se coincer** ◆ vpi [se bloquer - clef, fermeture] to jam, to stick. ◆ vpt ▸ **se coincer la main / le pied** to have one's hand / foot caught / *l'enfant s'est coincé le doigt dans la serrure* the child got his finger stuck in the lock.

coïncidence [kɔɛ̃sidɑ̃s] nf **1.** [hasard] chance / *quelle coïncidence de vous voir ici!* what a coincidence seeing you here! ▸ **c'est (une) pure coïncidence** it's purely coincidental **2.** MATH coincidence **3.** ÉLECTRON ▸ **coïncidence d'oscillations** surging.

❖ **par coïncidence** loc adv coincidentally, by coincidence / *par coïncidence, il était là aussi* by coincidence ou chance, he was there as well.

coïncident, e [kɔɛ̃sidɑ̃, ɑ̃t] adj **1.** [dans l'espace] coextensive, coincident **2.** [dans le temps] concomitant, simultaneous.

coïncider [3] [kɔɛ̃side] vi **1.** [s'ajuster l'un sur l'autre] to line up, to coincide, to be coextensive *sout* / *faites coïncider les deux triangles* line up the two triangles (so that they coincide) / *faire coïncider les gains et les per-*

tes to equate gains and losses **2.** [se produire ensemble] to coincide / *nos anniversaires coïncident* our birthdays fall on the same day / *j'ai essayé de faire coïncider ma visite avec le début du festival* I tried to make my visit coincide with the beginning of the festival **3.** [concorder] to concord ▸ **les deux témoignages coïncident** the two statements are consistent.

coin-coin, (*pl* **coin-coin**) **coincoin*** [kwɛ̃kwɛ̃] ◆ nm quacking. ◆ onomat quack quack.

coinculpé, e [koɛ̃kylpe] nm, f codefendant.

coing [kwɛ̃] nm quince.

coït [kɔit] nm coitus ▸ **coït interrompu** coitus interruptus.

coite [kwat] f ⟶ **coi.**

coke [kɔk] ◆ nm coke. ◆ nf *fam* coke.

cokéfaction [kɔkefaksjɔ̃] nf = **coking.**

cokéfiable [kɔkefjabl], **cokéfiant, e** [kɔkefjɑ̃, ɑ̃t] adj coking.

cokéfier [9] [kɔkefje] vt to coke.

cokerie [kɔkʀi] nf coking plant.

coking [kɔkiŋ] nm coking.

col [kɔl] nm **1.** COUT collar ▸ **col blanc** / **bleu** white-collar / blue-collar worker ▸ **col boutonné** button-down collar ▸ **col cassé** wing collar ▸ **col châle** shawl collar ▸ **col cheminée** turtleneck ▸ **col chemisier** shirt collar ▸ **col Claudine** Peter Pan collar ▸ **col Mao** Mao collar ▸ **col marin** sailor's collar ▸ **col montant** turtleneck ▸ **col officier** mandarin collar ▸ **col roulé** polo neck UK, turtleneck US ▸ **se pousser du** ou **se hausser du** ou **se hausser le col** *litt* to blow one's own trumpet ▸ **faux col a)** *pr* detachable collar **b)** [de la bière] head / *un demi sans faux col* a glass of beer with as little froth as possible **2.** [d'une bouteille] neck **3.** ANAT cervix, neck ▸ **col du fémur** neck of the thighbone ▸ **col de l'utérus** neck of the womb / *cancer du col de l'utérus* cervical cancer **4.** GÉOGR pass, col ▸ **le col du Saint-Gothard** the Saint Gotthard Pass.

col. abr écrite de **colonne.**

Col. (abr écrite de **Colonel**) Col.

cola [kɔla] = **kola.**

col-bleu [kɔlblø] (*pl* **cols-bleus**) nm *fam & vieilli* sailor.

colchique [kɔlʃik] nm colchicum ▸ **colchique d'automne** autumn crocus.

cold-cream [kɔldkʀim] (*pl* **cold-creams**) nm cold cream.

col-de-cygne [kɔldəsiɲ] (*pl* **cols-de-cygne**) nm swan-neck.

colégataire [kɔlegatɛʀ] nmf joint legatee.

coléoptère [kɔleɔptɛʀ] nm member of the Coleoptera.

colère [kɔlɛʀ] ◆ nf **1.** [mauvaise humeur] anger, rage ▸ **passer sa colère sur qqn** to take out one's bad temper on sb ▸ **avec colère** angrily, in anger / *il se retourna avec colère* he turned round angrily / *va-t'en, dit-il avec colère* go away, he said angrily ▸ **colère bleue** ou **noire** towering rage ▸ **la colère est mauvaise conseillère** *prov* anger and haste hinder good counsel **2.** [crise] fit of anger ou rage ; [d'un enfant] tantrum ▸ **piquer** *fam* ou **faire une colère a)** [adulte] to fly into a temper **b)** [enfant] to have ou to throw a tantrum / *entrer dans une violente colère* to fly into a violent rage **3.** *litt* [des éléments, des dieux] wrath / *la colère de Dieu* BIBLE the wrath of God / **'Aguirre ou la colère de Dieu'** *Herzog* 'Aguirre, the Wrath of God'. ◆ adj *vieilli* ▸ **être colère** to be bad-tempered.

❖ **en colère** loc adj angry, livid, mad ▸ **être en colère contre qqn** to be angry with sb UK ou at sb US ▸ **mettre qqn en colère** to make sb angry ▸ **se mettre en colère** to flare up, to lose one's temper / *je vais me mettre en colère !* I'm going to get angry !

coléreux, euse [kɔleʀø, øz], **colérique** [kɔleʀik] adj [personne] irritable, quick-tempered / *il a un caractère très coléreux* he's got quite a temper.

colibacille [kɔlibasil] nm colon bacillus.

colibacillose [kɔlibasiloz] nf colibacillosis.

colibri [kɔlibʀi] nm hummingbird, colibri.

colifichet [kɔlifiʃɛ] nm knick-knack, trinket / *vendre des colifichets* to sell fancy goods.

colimaçon [kɔlimasɔ̃] nm snail.

colin [kɔlɛ̃] nm [lieu noir] coley UK, pollock US ; [lieu jaune] pollack ; [merlan] whiting ; [merlu] hake.

colinéaire [kɔlineɛʀ] adj collinear.

colineau [kɔlino] nm codling.

colin-maillard [kɔlɛ̃majaʀ] (*pl* **colin-maillards**) nm blind man's buff.

colinot [kɔlino] = **colineau.**

colin-tampon [kɔlɛ̃tɑ̃pɔ̃] (*pl* **colin-tampons**) nm drum beat ▸ **il s'en moque** ou **il s'en soucie comme de colin-tampon** *fam & vieilli* he doesn't give a damn about it.

colique [kɔlik] nf **1.** *fam* [diarrhée] diarrhoea UK, diarrhea US ▸ **avoir la colique** to have diarrhoea / *ça me flanque la colique fig* it gives me the heebie-jeebies **2.** MÉD [douleur] colic, stomach ache ▸ **coliques néphrétiques a)** renal colic **b)** [chez le nourrisson] gripes **3.** *tfam* [contrariété] hassle, drag / *quelle colique !* what a pain !

colis [kɔli] nm package US, packet, parcel UK ▸ **colis piégé** parcel UK ou package US bomb ▸ **colis postal** postal packet / *par colis postal* by parcel post.

Colisée [kɔlize] npr m ▸ **le Colisée** the Colosseum.

Colissimo® [kɔlisimo] nm *express parcel service run by the French Post Office.*

colistier, ère [kɔlistje, ɛʀ] nm, f fellow candidate (*on a list or platform*).

colite [kɔlit] nf colitis.

coll. 1. abr écrite de **collection 2.** (abr écrite de **collaborateurs**) ▸ **et coll.** et al.

collabo [kɔlabo] nmf *péj* HIST collaborationist.

collaborateur, trice [kɔlabɔʀatœʀ, tʀis] nm, f **1.** [aide] associate **2.** [membre du personnel] member of staff **3.** *péj* HIST collaborator, collaborationist.

collaboratif, ive [kɔlabɔʀatif, iv] adj : *c'est un travail collaboratif* it's a collaboratif effort ▸ **encyclopédie collaborative** collaborative encyclopedia ▸ **espace collaboratif** INFORM collaborative space.

collaboration [kɔlabɔʀasjɔ̃] nf **1.** [aide] collaboration, cooperation, help ▸ **merci de votre collaboration** thank you for your cooperation ▸ **en collaboration étroite avec** in close cooperation with **2.** HIST [politique] collaborationist policy ; [période] collaboration.

collaborationniste [kɔlabɔʀasjɔnist] nmf & adj *péj* HIST collaborationist.

collaborer [3] [kɔlabɔʀe] vi **1.** [participer] to participate ▸ **ont aussi collaboré…** also taking part were… ▸ **collaborer à a)** to take part ou to participate in **b)** PRESSE to write for, to contribute to, to be a contributor to **2.** *péj* HIST to collaborate.

collage [kɔlaʒ] nm **1.** [fixation] gluing, sticking ▸ **collage des affiches** billposting, bill sticking ▸ **collage du papier peint** paperhanging **2.** ART collage **3.** *fam* [concubinage] affair **4.** ŒNOL fining **5.** INDUST sizing.

collagène [kɔlaʒɛn] nm collagen.

collant, e [kɔlɑ̃, ɑ̃t] adj **1.** [adhésif] adhesive, sticking ; [poisseux] sticky / *j'ai les mains collantes* my hands are sticky **2.** [moulant] tightfitting / *un pull collant* a skintight sweater **3.** *fam & péj* [importun] limpet-like ▸ **qu'il est collant ! a)** [importun] he just won't leave you alone ! **b)** [enfant] he's so clinging !, he won't give you a minute's peace !

❖ **collant** nm **1.** [bas] (pair of) tights UK, panty hose US (*U*) **2.** [de danse] leotard.

❖ **collante** nf *arg scol* [convocation] *letter asking a student to present himself for an exam.*

collapsus [kɔlapsys] nm MÉD collapse.

collatéral, e, aux [kɔlateʀal, o] adj **1.** [de chaque côté] collateral *sout* ▸ **les rues collatérales a)** [les rues parallèles] the streets that run parallel **b)** [les rues perpendiculaires] the side streets **2.** *fig* [dégâts, dommages] collateral / *effets collatéraux* collateral effects **3.** ANAT & DR collateral **4.** GÉOGR ▸ **points collatéraux** intermediate points (*of the compass*).

❖ **collatéral, aux** nm **1.** ARCHIT aisle **2.** DR collateral relative.

collation [kɔlasjɔ̃] nf **1.** [repas] light meal, snack **2.** RELIG collation, conferral, conferment **3.** [de textes] collation.

collationnement [kɔlasjɔnmɑ̃] nm checking, collation.

collationner [3] [kɔlasjɔne] vt to collate.

colle [kɔl] nf **1.** [glu] glue, adhesive ▸ **colle à bois** wood glue ▸ **colle de poisson** fish glue ▸ **colle végétale** vegetable size **2.** *fam* [énigme] trick question, poser, teaser ▸ **poser une colle à qqn** to set sb a poser / *là, vous me posez une colle !* you've got me there ! **3.** *arg scol* [examen] oral test ; [retenue] detention ▸ **avoir une colle** to get detention, to be kept in ou behind (after school) / *j'ai eu une colle* I got detention ▸ **mettre une colle à qqn** to keep sb behind (in detention) / *une heure de colle* an hour's detention.

❖ **à la colle** loc adv *fam* : *ils sont à la colle* they've shacked up together.

collectage [kɔlɛktaʒ] nm collection, picking up.

collecte [kɔlɛkt] nf **1.** [ramassage] collection / *faire la collecte du lait* to collect milk (*from farms for transportation to the local creamery*) / *faire la collecte des vieux journaux* to pick up (bundles of) old newspapers set aside for collection **2.** INFORM ▸ **collecte des données** data collection ou gathering **3.** [quête] collection ▸ **faire une collecte** to collect money, to make a collection / *je fais une collecte pour lui acheter un cadeau de notre part à toutes* I've started a kitty to buy her a present from us all.

collecter [4] [kɔlɛkte] vt [argent] to collect ; [lait, ordures] to collect, to pick up (*sép*).

collecteur, trice [kɔlɛktœʀ, tʀis] ◆ adj collecting. ◆ nm, f ADMIN ▸ **collecteur d'impôts** tax collector.

❖ **collecteur** nm **1.** ÉLECTR [lames] commutator ; ÉLECTRON [d'un transistor] collector **2.** MÉCAN manifold ▸ **collecteur d'admission** intake manifold ▸ **collecteur d'air** ÉLECTRON air-trap ▸ **collecteur de dynamo** collector ring ▸ **collecteur d'échappement** AUTO exhaust manifold ▸ **collecteur de pont** NAUT deck manifold ▸ **collecteur supérieur** upper header **3.** CULIN drip cup, juice collector cup **4.** [égout] main sewer.

collectif, ive [kɔlɛktif, iv] adj **1.** [en commun] collective, common / *une démarche collective serait plus efficace* collective representations would have more impact **2.** [de masse] general, mass (*modif*), public ▸ **suicide collectif** mass suicide ▸ **licenciements collectifs** mass redundancies ▸ **terreur collective** general panic ▸ **viol collectif** gang rape **3.** TRANSP group (*modif*) **4.** GRAM collective.

❖ **collectif** nm **1.** GRAM collective noun **2.** FIN ▸ **collectif budgétaire** interim budget, extra credits **3.** [équipe] collective / *ouvrage rédigé par un collectif sous la direction de Jean Dupont* by Jean Dupont et al.

collection [kɔlɛksjɔ̃] nf **1.** [collecte] collecting / *il fait collection de timbres* he collects stamps **2.** [ensemble de pièces] collection ▸ **collection privée** private collection / *aller voir les collections d'un musée* to visit the collections of a museum / *une amende, je l'ajoute à ma collection !* hum another fine for my collection ! **3.** *fam & péj* [clique] ▸ **une collection de** a bunch ou crew of **4.** COMM [série - gén] line, collection ; [- de livres] collection, series ▸ **toute la collection** [de revues] the complete set, all the back issues ▸ **dans la collection jeunesse** in the range of books for young readers / *la collection complète des œuvres de Victor Hugo* the collected works of Victor Hugo **5.** VÊT collection ▸ **les collections** [présentations] fashion shows ▸ **les collections d'été** / **d'hiver** the summer / winter collections ▸ **pendant les collections** while the fashion shows are on **6.** MÉD gathering.

collectionner [3] [kɔlɛksjɔne] vt **1.** [tableaux, timbres] to collect **2.** *hum* [avoir en quantité] ▸ **il collectionne les ennuis** he's never out of trouble / *les enfants collectionnent les virus !* children pick up every virus (that's) going ! / *je collectionne les factures en ce moment !* I'm inundated with bills at the moment !

* In reformed spelling (see p. 16-19).

collectionneur, euse [kɔlɛksjɔnœʀ, øz] nm, f collector.

collectionnisme [kɔlɛksjɔnism] nm passion for hoarding ou collecting (things).

collective [kɔlɛktiv] f ⟶ **collectif.**

collectivement [kɔlɛktivmɑ̃] adv collectively / *ils sont collectivement responsables* they're collectively responsible / *ils se sont élevés collectivement contre la nouvelle loi* they protested as a group against the new law.

collectivisation [kɔlɛktivizasjɔ̃] nf collectivization, collectivizing.

collectiviser [3] [kɔlɛktivize] vt to collectivize.

collectivisme [kɔlɛktivism] nm collectivism.

collectiviste [kɔlɛktivist] adj & nmf collectivist.

collectivité [kɔlɛktivite] nf **1.** [société] community / *au sein de la collectivité* within the community / *dans l'intérêt de la collectivité* in the public interest **2.** ADMIN ▸ **les collectivités locales a)** [dans un État] the local authorities **b)** [dans une fédération] the federal authorities ▸ **les collectivités publiques** the public authorities.

collector [kɔlɛktɔʀ] nm collector's edition / *coffret collector* boxed collector's set.

collège [kɔlɛʒ] nm **1.** ÉDUC school ▸ **collège privé / technique** private / technical school ▸ **collège d'enseignement secondaire** = **CES** ▸ **collège d'enseignement technique** = **CET** ▸ **le Collège de France** the Collège de France ; RELIG private school *(run by a religious organization)* **2.** [corps constitué] college **3.** ADMIN body ▸ **collège électoral** body of electors, constituency.

⚠ Évitez d'employer le mot anglais **college** pour désigner un établissement secondaire en France, car dans le monde anglo-saxon ce mot désigne le plus souvent une université.

Le Collège de France

This place of learning near the Sorbonne holds public lectures given by prominent academics and specialists. It is not a university and does not confer degrees, although it is controlled by the Ministry of Education.

collégial, e, aux [kɔleʒjal, o] adj collegial, collegiate ▸ **exercer un pouvoir collégial** to rule collegially.

❖ **collégiale** nf RELIG collegiate church.

collégialement [kɔleʒjalmɑ̃] adv [délibérer, statuer] collegially.

collégialité [kɔleʒjalite] nf collegiality, collegial structure ou authority.

collégien, enne [kɔleʒjɛ̃, ɛn] nm, f schoolkid, schoolboy (schoolgirl) ▸ **rougir comme un collégien** to blush like a schoolboy / *se conduire comme un collégien* to behave like a schoolkid ▸ **prendre qqn pour un collégien** to take sb for a fool / *tu me prends pour un collégien?* do you think I was born yesterday?

collègue [kɔlɛg] nmf **1.** [employé] colleague, fellow-worker ▸ **collègue de bureau** : *je l'ai prêté à un collègue de bureau* I lent it to somebody at the office **2.** [homologue] opposite number, counterpart **3.** *fam & hum* [camarade] : *demande au collègue de se pousser* ask our friend here to move over ▸ **salut collègue** how's things!

coller [3] [kɔle] ◆ vt **1.** [fixer - étiquette, timbre] to stick (down) ; [- tissu, bois] to glue (on) ; [- papier peint] to paste (up) ; [- affiche] to post, to stick up *(sép)*, to put up *(sép)* **2.** [fermer - enveloppe] to close up *(sép)*, to stick down *(sép)* **3.** [emmêler] to mat, to plaster / *le poil du chien est tout collé* the dog's coat is all matted / *les cheveux collés par la pluie* his hair plastered flat by the rain **4.** [appuyer] to press / *coller son nez à la vitre* to press one's face to the window / *coller son oreille contre le mur* to press one's ear against the wall ▸ **coller qqn au mur** to put sb against a wall **5.** *fam* [suivre] to follow closely, to tag along behind / *ne me colle pas comme ça!* stop following me everywhere!, just let go of me, will you! / *la voiture nous colle de trop près* the car's keeping too close to us **6.** *fam* ÉDUC [punir] to keep in *(sép)* ▸ **se faire coller** to get a detention ; [refuser] : *se faire coller à un examen* to fail an exam **7.** *fam* [mettre - chose] to dump, to stick ; [- personne] to put, to stick / *colle ton sac là* stick ou dump your bag over there / *ils l'ont collée en pension / en prison* they stuck her in a boarding school / put her in jail / *je vais lui coller mon poing sur la figure!* I'm going to thump him on the nose! / *je vous colle une contravention!* I'm booking you! **8.** *fam* [imposer] to foist on, to saddle with ▸ **coller qqch / qqn à qqn** : *ils m'ont collé le bébé pour la semaine* they've lumbered UK ou saddled me with the baby for a week ; [obliger à devenir] : *ils l'ont collé responsable de la rubrique sportive* they saddled him with the sports editorship **9.** ŒNOL to fine **10.** INDUST to size **11.** INFORM to paste. ◆ vi **1.** [adhérer - timbre] to stick / *ces vieilles étiquettes ne collent plus* these old labels don't stick any more / *le caramel colle aux dents* toffee sticks to your teeth ; [être poisseux] to be sticky / *avoir les doigts qui collent* to have sticky fingers / *j'ai horreur de la confiture, ça colle* I hate jam, it's sticky ▸ **coller aux basques** ou **aux semelles de qqn** *fam* to stick to sb like glue ▸ **coller au derrière** *fam* ou **aux fesses**, *tfam* **de qqn** *fig* to stick to sb like a limpet ▸ **coller à la peau de qqn** : *ce rôle lui colle à la peau* he was made for that role **2.** [vêtement] to cling ▸ **coller à la peau de qqn a)** *pr* to cling to sb **b)** *fig* to be inherent to ou innate in sb **3.** *fam* [aller bien] ▸ **ça colle!** it's OK!, right-ho! UK ▸ **ça ne colle pas** it doesn't work, something's wrong / *il y a quelque chose qui ne colle pas* there's something wrong somewhere / *ça ne colle pas pour demain soir* tomorrow night's off / *ça ne colle pas entre eux* they're not hitting it off very well / *les couleurs sont bien, c'est la taille qui ne colle pas* it's the right shade, but the size is no good ▸ **coller avec** to match up to, to fit in with / *ça ne colle pas avec son caractère* it's just not like him / *les faits ne collent pas les uns avec les autres* the facts don't make sense **4.** *fam* JEUX : *toi, tu colles (et nous, on se cache)!* you count (up to ten and we hide)!

❖ **coller à** v + prép [respecter] to be faithful to ▸ **coller à son sujet** to stick to one's subject / *vous collez trop à l'original* you're too close to the original text ▸ **coller à la réalité** to be true to life / *une émission qui colle à l'actualité* a programme that keeps up with current events.

❖ **se coller** ◆ vpi **1.** [se blottir] ▸ **se coller à qqn** to snuggle up ou to cling to sb, to hug sb / *les chatons se collaient les uns aux autres* the kittens were snuggling up to each other ▸ **se coller à** ou **contre un mur pour ne pas être vu** to press o.s. up against a wall in order not to be seen **2.** *fam* [s'installer] : *les enfants se sont collés devant la télé* the children plonked themselves down in front of the TV **3.** EXPR **se coller ensemble** *tfam* [vivre ensemble] to shack up together ▸ **s'y coller** *fam* [s'atteler à un problème, une tâche] to make an effort to do sthg, to set about doing sthg / *maintenant, il faut t'y coller* you must get down to work now / *je vais m'y coller sérieusement* I'm going to get down to it seriously. ◆ vpt *fam* ▸ **se coller qqch** to take sthg on / *c'est moi qui me colle les gosses!* I'm the one who has to put up with the kids! / *il s'est collé tout Proust pour l'examen* he got through all of Proust for the exam.

collerette [kɔlʀɛt] nf **1.** COUT collar, collarette ▸ **collerette de dentelle** lace collar ; HIST frill, ruff **2.** CULIN (paper) frill **3.** [sur une bouteille] neck-band label **4.** MÉCAN flange **5.** BOT annulus.

collet [kɔlɛ] nm **1.** [col] collar ▸ **mettre la main au collet de qqn** to get hold of sb, to collar sb *fam* ▸ **prendre qqn au collet a)** *pr* to seize ou to grab sb by the neck **b)** *fig* to catch sb in the act ▸ **être collet monté** to be straight-laced **2.** [piège] noose, snare / *prendre un lapin au collet* to snare a rabbit **3.** CULIN neck / *collet de veau / bœuf* neck of veal / beef **4.** ANAT neck **5.** BOT annulus, ring.

colleter [27] [kɔlte] vt to seize by the collar / *se faire colleter* to be collared ou nabbed.

❖ **se colleter** vp *(emploi réciproque)* to fight.

❖ **se colleter avec** vp + prép to struggle ou to wrestle with.

In reformed spelling (see p. 16-19), this verb is conjugated like *acheter* : *il collète, elle se collètera.*

colleur, euse [kɔlœʀ, øz] nm, f ▸ **colleur d'affiches** billsticker, bill poster.

❖ **colleuse** nf **1.** CINÉ splicer, splicing unit **2.** IMPR pasting machine **3.** PHOT mounting press.

colley [kɔlɛ] nm collie.

collier [kɔlje] nm **1.** JOAILL necklace, necklet ▸ **collier de perles** string of pearls ▸ **collier ras du cou** choker **2.** [parure] collar ▸ **collier de fleurs** garland of flowers **3.** [courroie - pour chien, chat] collar ▸ **collier antipuces** flea collar / *collier de cheval* horse-collar ; *fig* ▸ **donner un coup de collier** to make a special effort / *encore un petit coup de collier!* just one more try! ▸ **reprendre le collier** to get back into harness ou to the treadmill *péj* ▸ **collier de misère** yoke of misery **4.** MÉCAN clip, collar, ring ▸ **collier d'arbre** shaft collar ▸ **collier de blocage** clamping ring ▸ **collier de câble** cable clamp ▸ **collier de fixation** bracket, clip ▸ **collier de serrage** clamp collar ▸ **collier ressort** spring clip **5.** [de plumes, de poils] collar, frill, ring ▸ **pigeon à collier** ring-necked pigeon ▸ **collier (de barbe)** short ou clipped beard ▸ **porter le collier** to be bearded, to have a beard.

collimateur [kɔlimatœʀ] nm ASTRON & OPT collimator ; ARM sight ▸ **avoir qqn dans le collimateur** ou **son collimateur** to have one's eye on sb / *il est dans le collimateur du patron* the boss has got his eye on him.

colline [kɔlin] nf hill ▸ **les collines** [au pied d'un massif] the foothills / *au sommet de la colline* up on the hilltop / *sur le versant de la colline* on the hillside.

collision [kɔlizjɔ̃] nf **1.** [choc] collision, impact ▸ **entrer en collision avec** to collide with / *collision entre les manifestants et la police* clash between demonstrators and police ; AUTO crash ▸ **collision en chaîne** ou **série** (multiple) pile-up **2.** [désaccord] clash ▸ **collision d'intérêts** clash of interests **3.** GÉOGR & PHYS collision.

collocation [kɔlɔkasjɔ̃] nf **1.** DR order of priority, ranking **2.** LING collocation.

colloïdal, e, aux [kɔlɔidal, o] adj colloidal.

colloïde [kɔlɔid] nm colloid.

colloque [kɔlɔk] nm conference, colloquium, seminar.

colloquer [3] [kɔlɔke] vt ▸ **colloquer des créanciers** *to list creditors in bankruptcy proceedings in the order in which they should be paid.*

collusion [kɔlyzjɔ̃] nf collusion / *il y a collusion entre eux* they're in collusion.

collusoire [kɔlyzwaʀ] adj collusive.

collutoire [kɔlytwaʀ] nm antiseptic throat preparation / *collutoire en aérosol* throat spray.

collyre [kɔliʀ] nm eyewash, antiseptic eye lotion.

colmatage [kɔlmataʒ] nm **1.** [réparation] filling-up, plugging / *après le colmatage des brèches du barrage* after plugging the gaps in the dam **2.** MIL consolidation **3.** AGR warping **4.** [fait d'obstruer] clogging, choking.

colmater [3] [kɔlmate] vt **1.** [boucher] to fill in *(sép)*, to plug, to repair ▸ **colmater un déficit** to reduce a deficit ▸ **colmater les brèches** *pr & fig* to close the gaps **2.** AGR to warp **3.** MIL to consolidate.

colo [kɔlo] nf *fam* (children's) holiday camp UK summer camp US.

colocataire [kɔlɔkatɛʀ] nmf ADMIN cotenant ; [gén] flatmate UK roommate US.

colocation [kɔlɔkasjɔ̃] nf joint tenancy, joint occupancy.

cologarithme [kɔlɔgaʀitm] nm cologarithm.

Cologne [kɔlɔɲ] npr Cologne.

Colomb [kɔlɔ̃] npr ▸ **Christophe Colomb** Christopher Columbus.

colombage [kɔlɔ̃baʒ] nm frame wall, stud-work.

❖ **à colombages** loc adj half-timbered.

colombe [kɔlɔ̃b] nf dove ▸ **les colombes et les faucons** POL the doves and the hawks.

Colombie [kɔlɔ̃bi] npr f ▸ **(la) Colombie** Colombia.
Colombie-Britannique [kɔlɔ̃bibʀitanik] npr f ▸ **(la) Colombie-Britannique** British Columbia.
colombien, enne [kɔlɔ̃bjɛ̃, ɛn] adj Columbian.
❖ **Colombien, enne** nm, f Columbian.
colombier [kɔlɔ̃bje] nm dovecot, dovecote, pigeon house.
colombin, e [kɔlɔ̃bɛ̃, in] adj reddish-purple.
❖ **colombin** nm **1.** ORNITH male pigeon **2.** CÉRAMIQUE coil *(of clay)* **3.** *tfam & vieilli* [étron] turd.
❖ **colombine** nf AGR guano.
Colombine [kɔlɔ̃bin] npr Colombine.
colombium [kɔlɔ̃bjɔm] nm columbium.
Colombo [kɔlɔ̃bo] npr Colombo.
colombophile [kɔlɔ̃bɔfil] ◆ adj pigeon-fancying. ◆ nmf pigeon fancier.
colombophilie [kɔlɔ̃bɔfili] nf pigeon fancying.
colon [kɔlɔ̃] nm **1.** [pionnier] colonist, settler **2.** [enfant] boarder, camper *(at a "colonie de vacances")* **3.** *arg mil* colonel ▸ **ben mon colon!** *hum* struth!
côlon [kolɔ̃] nm colon.
colonel, elle [kɔlɔnɛl] nm, f [de l'armée -de terre] colonel ; [-de l'air] group captain UK, colonel US.
colonelle [kɔlɔnɛl] nf colonel's wife.
colonial, e, aux [kɔlɔnjal, o] ◆ adj colonial ▸ **l'empire colonial** the (colonial) Empire, the colonies ▸ **style colonial (américain)** colonial style, Early American. ◆ nm, f colonial / *mon père était un colonial* my father lived in the colonies.
❖ **coloniale** nf MIL ▸ **la coloniale** the colonial troops.
colonialisme [kɔlɔnjalism] nm colonialism.
colonialiste [kɔlɔnjalist] ◆ adj colonialistic. ◆ nmf colonialist.
colonie [kɔlɔni] nf **1.** [population] settlement **2.** POL [pays] colony ; [fondation] ▸ **colonie pénitentiaire** penal colony **3.** [communauté] community, (little) group / *la colonie indienne de Vancouver* the Indian colony in Vancouver / *la colonie bretonne de Paris* the Breton community in Paris ▸ **une colonie de peintres** a little group of painters **4.** ZOOL colony group ▸ **une colonie de fourmis** a colony of ants / *des colonies de touristes marchaient vers la plage* crowds of tourists were marching along to the beach **5.** LOISIRS ▸ **colonie (de vacances)** *organized holidays for children* ▸ **l'été dernier, j'ai fait une** ou **je suis allé en colonie** [enfant] I went to summer camp last year US / *faire une colonie de vacances* [moniteur] to be a camp counsellor.

Colonie de vacances

The **colonie de vacances**, or **colo**, is an integral part of childhood for many French people. The **colonie** is a sort of summer camp; the children are supervised by **moniteurs** (group leaders), who organize games and activities.

colonisable [kɔlɔnizabl] adj colonizable, fit for colonization.
colonisateur, trice [kɔlɔnizatœʀ, tʀis] ◆ adj colonizing. ◆ nm, f colonizer.
colonisation [kɔlɔnizasjɔ̃] nf **1.** [conquête] colonization / *après la colonisation de l'Afrique* after the colonization of Africa **2.** [période] ▸ **la colonisation** (the age of) colonization **3.** *péj* [influence] subjugation, colonization.
colonisé, e [kɔlɔnize] ◆ adj colonized. ◆ nm, f inhabitant of a colonized country ▸ **les colonisés** colonized peoples.
coloniser [3] [kɔlɔnize] vt **1.** POL to colonize **2.** *fam* [envahir] to take over *(sép)*, to colonize / *ne les laissez pas coloniser nos plages!* don't let them take over our beaches! **3.** *péj* [influencer] to subjugate, to influence / *les productions américaines ont-elles colonisé notre télévision?* have American programmes taken over our TV channels?

colonnade [kɔlɔnad] nf ARCHIT colonnade.
colonne [kɔlɔn] nf **1.** ARCHIT column, pillar ▸ **colonne dorique** / **ionique** Doric / Ionic column ▸ **la colonne de Juillet** *the monumental column at the centre of the place de la Bastille in Paris* ▸ **colonne Morris** *dark green ornate pillar used to advertise forthcoming attractions in Paris* ▸ **la colonne Trajane** Trajan's Column **2.** CONSTR & TRAV PUB [poteau] column, post, upright ▸ **colonne d'appui** support beam ▸ **colonne de levage** lifting column ; [conduite] riser, pipe ▸ **colonne de distribution** standpipe ▸ **colonne montante** rising main, riser ▸ **colonne sèche** dry riser **3.** ANAT ▸ **colonne (vertébrale)** backbone, spinal column *spéc* / *avoir mal à la colonne fam* to have backache **4.** MÉCAN column ▸ **colonne de direction** steering column **5.** [masse cylindrique] ▸ **colonne de liquide** / **mercure** liquid / mercury column **6.** [forme verticale] column, pillar ▸ **colonne d'eau** column of water, waterspout ▸ **colonne de feu** / **fumée** pillar of fire / smoke **7.** MIL column, line ▸ **colonne de tête** / **queue** MIL front / rear column ▸ **colonne d'assaut** attacking column / *colonne de ravitaillement* supply column ▸ **la colonne infernale** HIST *Republican soldiers fighting the people of Vendée in 1793* **8.** [d'un formulaire, d'un texte, d'un tableau] column / *ne rien inscrire dans cette colonne* do not write in this column / *les rangées et les colonnes d'un tableau* the rows and columns of a table ▸ **colonne des unités** unit column **9.** PRESSE column ▸ **colonnes rédactionnelles** editorial columns / *dans les colonnes de votre quotidien* in your daily paper / *comme je l'écrivais hier dans ces colonnes* as I wrote yesterday in these pages.
❖ **en colonne** loc adv ▸ **en colonne par trois** / **quatre** in threes / fours / *les enfants étaient en colonne par deux* the children formed a line two abreast.
colonnette [kɔlɔnɛt] nf small column, colonnette.
colonoscopie [kɔlɔnɔskɔpi] nf colonoscopy.
colopathie [kɔlɔpati] nf colonopathy.
colophane [kɔlɔfan] nf colophony, rosin.
coloquinte [kɔlɔkɛ̃t] nf **1.** BOT colocynth **2.** *fam* [tête] nut.
Colorado [kɔlɔʀado] npr m **1.** [État] ▸ **le Colorado** Colorado **2.** [fleuve] ▸ **le Colorado** the Colorado (River).
colorant, e [kɔlɔʀɑ̃, ɑ̃t] adj colouring UK, coloring US.
❖ **colorant** nm colouring UK, coloring US, dye, pigment ▸ **colorant alimentaire** food colouring *(U)*, edible dye / **'sans colorants'** 'no artificial colouring'.
coloration [kɔlɔʀasjɔ̃] nf **1.** [couleur] pigmentation, colouring UK, coloring US **2.** [chez le coiffeur] hair tinting / *se faire faire une coloration* to have one's hair tinted / *je vous fais une coloration?* shall I give you a colour rinse? **3.** [de la voix, d'un instrument] colour UK, color US **4.** [tendance] ▸ **coloration politique** political colour ou tendency.
colorature [kɔlɔʀatyʀ] nf coloratura.
coloré, e [kɔlɔʀe] adj **1.** [teinté] brightly coloured UK ou colored US ▸ **une eau colorée a)** [à la teinture] water with dye in it **b)** [avec du vin] water with just a drop of wine in it ; [bariolé] multicoloured UK, multicolored US **2.** [expressif] colourful UK, colorful US, vivid, picturesque / *leur langage coloré* their colourful language.
colorer [3] [kɔlɔʀe] vt **1.** [teinter -dessin, objet] to colour UK, to color US ; [-ciel, visage] to tinge, to colour UK, to color US ▸ **colorer qqch en rouge** / **jaune** to colour sthg red / yellow / *l'émotion lui colorait les joues* he was flushed with emotion / *l'aurore colore de rose les maisons des pêcheurs* dawn gives a pink tinge to the fishermen's cottages **2.** [teindre -tissu] to dye ; [-bois] to stain, to colour UK, to color US **3.** [oignons, viande] to brown lightly.
❖ **se colorer** vpi [visage] to blush, to redden / *les pêches commencent à se colorer* the peaches are beginning to ripen / *son visage se colora sous l'effet de la confusion* his face reddened with embarrassment ▸ **se colorer de** *fig* to be tinged with, to be coloured UK ou colored US with / *sa colère se colorait d'attendrissement* his anger was tinged with pity.

coloriage [kɔlɔʀjaʒ] nm **1.** [technique] colouring UK, coloring US ▸ **faire du coloriage** ou **des coloriages** to colour (a drawing) **2.** [dessin] coloured drawing.
colorié, e [kɔlɔʀje] adj colourful UK, colorful US, coloured UK, colored US.
colorier [9] [kɔlɔʀje] vt to colour in UK, to color in US / *colorie le crocodile en vert* colour in the crocodile (in ou with) green.
colorimètre [kɔlɔʀimɛtʀ] nm colorimeter, tintometer.
colorimétrie [kɔlɔʀimetʀi] nf colorimetry, colorimetrics *(U)*.
coloris [kɔlɔʀi] nm [couleur] colour UK, color US ; [nuance] shade / *les coloris pastel* pastel shades ou colours / *nous avons cette jupe dans d'autres coloris* we have the same skirt in other colours.
colorisation [kɔlɔʀizasjɔ̃] nf colourization UK, colorization US.
coloriser [3] [kɔlɔʀize] vt to colourize UK, to colorize US.
coloriste [kɔlɔʀist] nmf **1.** ART colourist UK, colorist US **2.** IMPR colourer UK, colorer US, colourist UK, colorist US **3.** [coiffeur] hairdresser *(specializing in tinting)*.
coloscopie [kɔlɔskɔpi], **colonoscopie** [kɔlɔnɔskɔpi] nf colonoscopy.
colossal, e, aux [kɔlɔsal, o] adj huge, colossal.
colossalement [kɔlɔsalmɑ̃] adv hugely, colossally.
colosse [kɔlɔs] nm **1.** [statue] colossus ▸ **le colosse de Rhodes** the Colossus of Rhodes ▸ **un colosse aux pieds d'argile** an idol with feet of clay **2.** [homme de grande taille] giant ▸ **un colosse de l'automobile** *fig* a car manufacturing giant.
colostomie [kɔlɔstɔmi] nf colostomy.
colostrum [kɔlɔstʀɔm] nm colostrum.
colportage [kɔlpɔʀtaʒ] nm hawking, peddling.
colporter [3] [kɔlpɔʀte] vt **1.** [vendre] to hawk, to peddle **2.** [répandre] to hawk about *(sép)* / *qui a colporté la nouvelle?* who spread the news?
colporteur, euse [kɔlpɔʀtœʀ, øz] nm, f hawker, pedlar / *colporteur de mauvaises nouvelles* bringer of bad tidings ▸ **colporteur de ragots** scandalmonger.
colposcopie [kɔlpɔskɔpi] nf colposcopy.
colt [kɔlt] nm gun.
coltiner [3] [kɔltine] vt to carry / *coltiner de lourdes charges* to carry heavy loads.
❖ **se coltiner** vpt *fam* **1.** [porter] : *se coltiner une valise* / *boîte* to lug a suitcase / box around **2.** [supporter -corvée] to take on *(sép)*, to put up with *(insép)* ; [-personne indésirable] to put up with / *celui-là, faut se le coltiner* you certainly need patience to put up with him!
Coluche [kolyʃ] npr *French comedian and champion of the underprivileged, founder of the "Restaurants du Cœur" (1944-1986)*.
columbarium [kɔlɔ̃baʀjɔm] nm columbarium.
colvert [kɔlvɛʀ] nm mallard.
colza [kɔlza] nm colza, rape.
coma [kɔma] nm ▸ **le coma** a coma ▸ **être** / **tomber dans le coma** to be in / to go ou to fall into a coma ▸ **être dans un coma dépassé** to be brain dead.
Comanche [kɔmɑ̃ʃ] nmf Comanche ▸ **les Comanches** the Comanche.
comandant [kɔmɑ̃dɑ̃] nm joint mandator.
comandataire [kɔmɑ̃datɛʀ] nmf joint proxy.
comateux, euse [kɔmatø, øz] adj comatose.
combat [kɔ̃ba] ◆ v ⟶ **combattre.** ◆ nm **1.** MIL battle, fight ▸ **combat aérien** / **naval** air / sea battle ▸ **combat d'arrière-garde** *pr & fig* rearguard action ▸ **des combats de rue** street fighting / *quelques combats isolés dans les montagnes* some isolated skirmishes in the mountains ▸ **aller au combat** : *les tanks ne sont jamais allés au combat* the tanks never went into battle / *il n'est jamais allé au combat* he never saw action ▸ **et le combat cessa faute de combattants** *(allusion à Corneille)* and the combat ceased for want of fighters **2.** [lutte physique] fight ▸ **combat corps à corps** hand-to-hand combat ▸ **combat rapproché**

close combat ▸ **combat singulier** single combat ▸ **en combat singulier** *fig* on a one-to-one basis ; SPORT contest, fight ▸ **combat de boxe** boxing match ▸ **combat de coqs** cockfight **3.** [lutte morale, politique] struggle, fight ▸ **continuons le combat!** the struggle goes on ! / *le bon combat* the good fight ▸ **mener le bon combat** to fight for a just cause ▸ **le combat contre l'alcoolisme / la pauvreté** the fight against alcoholism / poverty / *son combat de tous les instants contre l'injustice* her relentless fight ou battle against injustice / *son long combat contre le cancer* his long struggle against cancer ▸ **combat d'intérêts** clash of interests.

❖ **de combat** loc adj **1.** MIL [zone] combat *(modif)* ; [réserves] battle *(modif)*, war *(modif)* ▸ **avion de combat** warplane, fighter plane ▸ **navire de combat** battleship ▸ **tenue de combat** battledress **2.** [de choc] militant.

combatif, ive, combattif*, ive [kɔ̃batif, iv] adj [animal] aggressive ; [personne] combative, aggressive, pugnacious *litt* ▸ **se montrer combatif** to be ready for a fight / *être d'humeur combative* to be full of fight / *tu n'es pas d'humeur très combative aujourd'hui* you haven't got any fight in you today.

combativité, combattivité* [kɔ̃bativite] nf combativeness, aggressiveness, pugnacity *litt.*

combattant, e [kɔ̃batɑ̃, ɑ̃t] ◆ adj fighting. ◆ nm, f MIL combatant, fighter, soldier ; [adversaire] fighter.

combattre [83] [kɔ̃batʀ] ◆ vt **1.** MIL to fight (against) ▸ **combattre l'ennemi** to give battle to the enemy **2.** [s'opposer à - inflation, racisme] to combat, to fight, to struggle against ; [- politique] to oppose, to fight / *il est difficile de combattre son instinct* it's difficult to go against one's instincts / *il a longtemps combattu la maladie* he fought ou struggled against the disease for a long time **3.** [agir contre - incendie] to fight ; [- effets] to combat / *lotion qui combat l'acné* lotion for acne / *pour combattre l'effet nocif du soleil sur vos cheveux* to combat the effects of too much sun on your hair. ◆ vi **1.** MIL to fight / *l'armée est prête à combattre* the troops are ready to fight ou for action / *combattre aux côtés d'une nation* to fight alongside a nation **2.** [en politique, pour une cause] to fight, to struggle / *les femmes ont combattu pour obtenir l'égalité des droits* women have fought ou struggled for equal rights.

combe [kɔ̃b] nf combe, valley.

combien [kɔ̃bjɛ̃] ◆ adv **1.** [pour interroger sur une somme] how much / *c'est combien?, ça fait combien?* how much is it ? / *combien coûte ce livre?* how much is this book ?, how much does this book cost ? / *combien je vous dois?* how much do I owe you ? ▸ **combien te faut-il?** how much (money) do you need ? / *je ne sais même pas combien il gagne* I don't even know how much he earns / *à combien doit-on affranchir cette lettre?* how much postage does this letter need ? / *à combien se montent vos frais?* how much are your expenses ? / *à combien cela vous est-il revenu?* how much did you pay for that ? / *l'indice a augmenté de combien?* how much has the rate gone up by ? / *de combien est le déficit?* how large is the deficit ? **2.** [pour interroger sur le nombre] how many / *combien serons-nous ce soir?* how many of us will there be this evening ? ▸ **combien sont-ils?** how many of them are there ? / *combien se souviendront de lui?* how many will remember him ? / *je me demande combien ils sont* I wonder how many of them there are **3.** [pour interroger sur la distance, la durée, la mesure, etc.] ▸ **combien tu pèses?** how much do you weigh ? ▸ **combien tu mesures?** how tall are you ? / *combien y a-t-il de Londres à Paris?* how far is it from London to Paris ? / *combien dure le film?* how long is the film ?, how long does the film last ? / *il est arrivé combien?* where did he come ? / *combien ça lui fait maintenant?* *fam* how old is he now ? / *il y a combien entre lui et sa sœur?* what's the age difference between him and his sister ? / *de combien votre frère est-il votre aîné?* how much older than you is your brother ? **4.** [en emploi exclamatif] how / *vous ne pouvez pas savoir combien il est distrait!* you wouldn't believe how absent-minded he is ! / *combien je regrette de ne pas vous voir plus souvent!* how I regret not seeing you more often ! / *tu ne peux pas savoir combien je suis heureuse!* you can't imagine how happy I am ! / *ces mesures étaient sévères mais combien efficaces* these measures were drastic but extremely efficient / *c'est plus cher mais combien meilleur!* it's more expensive but all the better for it ! / *combien plus crédible était sa première version des faits!* his first version of the facts was so much more believable ! ▸ **ô combien!** *litt & hum* : *elle a souffert, ô combien!* she suffered, oh how she suffered ! ◆ nm inv ▸ **le combien sommes-nous?** what's the date (today) ? / *le bus passe tous les combien?* how often does the bus come ?

❖ **combien de** loc dét **1.** [pour interroger - suivi d'un nom non comptable] how much ; [- suivi d'un nom comptable] how many / *combien d'argent avez-vous sur vous?* how much money have you got on ou with you ? / *combien de sucre reste-t-il?* how much sugar is left ? / *combien de paquets reste-t-il?* how many packets are left ? ▸ **combien de fois** how many times, how often / *combien de fois par semaine vas-tu au cinéma?* how many times a week do you go to the pictures ? / *combien de fois faut-il que je te le répète?* how often ou how many times do I have to tell you ? ▸ **combien de temps** how long / *combien de temps resterez-vous?* how long will you be staying ? / *depuis combien de temps habitent-ils ici?* how long have they been living here for ? / *combien y a-t-il de pays en Europe?* how many countries are there in Europe ? / *combien veux-tu de lait dans ton thé?* how much milk do you want in your tea ? / *combien de jours resterez-vous?* how many days ou how long will you be staying ? ▸ **combien d'enfants ont-ils?** how many children have they got ? **2.** [emploi exclamatif] : *combien d'ennuis il aurait pu s'éviter!* he could have saved himself so much trouble !

combientième [kɔ̃bjɛ̃tjɛm] ◆ adj interr : *c'est ta combientième tasse de thé aujourd'hui?* just how many cups of tea have you drunk today ? / *c'est la combientième fois que je te le dis?* how many times have I told you ?, I must have told you umpteen times !, if I've told you once I've told you a hundred times ! ◆ nmf **1.** [personne] : *c'est la combientième qui demande à être remboursée depuis ce matin?* how many does that make wanting their money back since this morning ? **2.** [objet] : *prends le troisième — le combientième?* have the third one — which one did you say ? **3.** [rang] : *tu es le combientième en math?* how high are you ou where do you come in maths ?

combinable [kɔ̃binabl] adj combinable.

combinaison [kɔ̃binɛzɔ̃] nf **1.** CHIM [action] combining ; [résultat] combination ; [composé] compound **2.** [d'un cadenas] combination **3.** INFORM ▸ **combinaison de code** password **4.** MATH combination **5.** POL ▸ **combinaison ministérielle** composition of a cabinet **6.** VÊT [sous-vêtement] slip ; [vêtement] ▸ **combinaison anti-g** G suit ▸ **combinaison de plongée** diving suit, wetsuit ▸ **combinaison de ski** ski suit ▸ **combinaison spatiale** space suit ▸ **combinaison de travail** boiler suit UK, overalls UK, coveralls US ▸ **combinaison de vol** flying suit ▸ **combinaison pantalons** jump suit **7.** [assemblage] : *la combinaison des deux éléments est nécessaire* the two elements must be combined / *la combinaison de l'ancien avec le moderne est très réussie* the combination ou mixture of ancient and modern is very successful.

❖ **combinaisons** nfpl *péj* [manigances] schemes, tricks.

combinard, e [kɔ̃binaʀ, aʀd] adj & nm, f *fam & péj* : *c'est un vrai combinard, il est vraiment combinard* he's a real schemer, he always knows some dodge or other.

combinat [kɔ̃bina] nm (industrial) combine.

combinateur [kɔ̃binatœʀ] nm **1.** AUTO selector switch **2.** RAIL controller.

combinatoire [kɔ̃binatwaʀ] ◆ adj **1.** [capable d'agencer] combinative **2.** LING combinatory **3.** MATH combinatorial. ◆ nf **1.** LING combinatorial rules **2.** MATH combinatorial mathematics *(sg).*

combine [kɔ̃bin] nf *fam* **1.** [astuce, truc] scheme, trick / *il a toujours des combines, lui!* he always knows some trick or other / *j'ai une combine pour entrer sans payer* I know a way of getting in for free / *c'est simple, il suffit de connaître la combine* it's easy when you know how ▸ **être dans la combine** to be in on it ▸ **mettre qqn dans la combine** to let sb in on it **2.** VÊT slip.

combiné, e [kɔ̃bine] adj joint, combined ▸ **état-major combiné** joint chief of staff.

❖ **combiné** nm **1.** VÊT corselet, corselette **2.** TÉLÉC receiver, handset **3.** CHIM compound **4.** SPORT [gén] athletics event ; [en ski] combined competition ▸ **combiné alpin** alpine combined competition ▸ **combiné nordique** northern combined competition **5.** HORT ▸ **combiné d'arrosage** sprinkler (system).

combiner [3] [kɔ̃bine] vt **1.** [harmoniser - styles] to combine, to match ; [- couleurs] to match, to harmonize, to mix ; [- sons] to harmonize, to mix / *on peut combiner glaïeuls et marguerites* you can mix gladioli with daisies / *combiner son travail et ses loisirs* to combine business with pleasure **2.** [comprendre] to combine / *un sentiment qui combine la crainte et le désir* a feeling of both fear and desire ▸ **un appareil qui combine deux / diverses fonctions** a two-function / multi-function apparatus **3.** [planifier] to plan, to work out *(sép)* / *combine ton voyage de sorte que…* plan your trip so that… / *un itinéraire combiné à l'avance* an itinerary planned in advance ▸ **bien combiné** well planned **4.** *fam & péj* [manigancer] to think up *(sép)* / *on avait pourtant combiné de raconter la même chose!* but the idea was to give them the same story ! **5.** CHIM to combine / *combiner une base avec un acide* to combine a base with an acid.

❖ **se combiner** vpi **1.** [exister ensemble - éléments] to be combined / *en lui se combinent la sensibilité et l'érudition* he combines sensitivity with erudition **2.** [s'harmoniser - couleurs] to match, to harmonize, to mix ; [- sons] to harmonize, to mix **3.** CHIM ▸ **se combiner avec** to combine with **4.** *fam* [se passer] : *ça se combine* ou *les choses se combinent bien* it's ou things are working out very well / *ça s'est mal combiné* it didn't work out.

comble [kɔ̃bl] ◆ adj packed, crammed. ◆ nm **1.** [summum] ▸ **le comble de** the height ou epitome of ▸ **le comble du chic** the ultimate in chic / *le comble du snobisme est de…* the last word in snobbery is to… / *du champagne et, comble du luxe, du caviar* champagne and, oh, height of luxury, caviar ▸ **(c'est) un ou le comble!** that beats everything !, that takes the biscuit ! UK ou takes the cake ! US / *les objectifs ne sont pas atteints, un comble pour une usine-pilote!* they haven't fulfilled their objectives, which is just not on for a model factory ! ▸ **le comble, c'est que…** to crown ou to cap it all… / *le comble, c'est qu'il est parti sans payer* and to crown it all ou to add insult to injury, he left without paying **2.** [charpente] roof timbers ou gable ▸ **comble mansardé** mansard roof ▸ **faux comble** mansard roof deck ▸ **les combles** the attic.

❖ **à son comble** loc adv at its height / *la panique était à son comble* the panic was at its height.

❖ **au comble de** loc prép at the height of, in a paroxysm of ▸ **au comble du bonheur** deliriously happy / *au comble de la douleur* prostrate with ou in a paroxysm of grief.

❖ **pour comble de** loc prép : *et pour comble de malchance, la voiture est tombée en panne* and then, to cap it all, the car broke down / *pour comble d'hypocrisie, ils envoient leur fille chez les sœurs* then, to compound the hypocrisy, they send their daughter to a convent.

comblement [kɔ̃bləmɑ̃] nm filling in.

combler [3] [kɔ̃ble] vt **1.** [boucher - cavité, creux] to fill in *(sép)* / *combler un trou avec de la terre* to fill in a hole with earth **2.** [supprimer - lacune, vide] to fill ; [- silence] to break ; [- perte, déficit] to make up for ▸ **combler son retard** to make up for lost time **3.** [satisfaire - personne] to satisfy ; [- désir, vœu] to satisfy, to fulfil / *je suis vraiment comblée!* I have everything I could wish for !, I couldn't ask for anything more ! / *voilà un père comblé!* there's a contented father ! **4.** *fig* [couvrir, emplir] ▸ **combler qqn de** : *combler un enfant de cadeaux* to shower a child with gifts ▸ **combler qqn de joie** to fill sb with joy.

❖ **se combler** vpi [trou] to get filled in, to fill up.

*In reformed spelling (see p. 16-19).

combo [kɔ̃bo] nm combo.

comburant, e [kɔ̃byʀɑ̃, ɑ̃t] adj combustive.
❖ **comburant** nm oxidant.

combustibilité [kɔ̃bystibilite] nf combustibility.

combustible [kɔ̃bystibl] ◆ adj combustible. ◆ nm fuel ▸ **combustible fossile** fossil fuel.

combustion [kɔ̃bystjɔ̃] nf combustion ▸ **à combustion interne** internal-combustion *(modif)* ▸ **à combustion lente** slow-burning.

Côme [kom] npr Como ▸ **le lac de Côme** Lake Como.

come-back [kɔmbak] nm inv comeback ▸ **faire son** ou **un come-back** to make ou to stage a comeback.

COMECON, Comecon [kɔmekɔn] (abr de **Council for Mutual Economic Assistance**) npr m COMECON.

comédie [kɔmedi] nf **1.** [art dramatique] theatre ▸ **jouer la comédie** to act, to be an actor **2.** [pièce comique] comedy ▸ **comédie de caractères** character comedy ▸ **comédie de mœurs** comedy of manners ▸ **comédie de situation** situation comedy ▸ **comédie musicale** musical / **'la Comédie humaine'** *Balzac* 'The Human Comedy' **3.** [genre] comedy / *acteur spécialisé dans la comédie* comic actor **4.** [nom de certains théâtres] ▸ **la Comédie du Nord** the Comédie du Nord **5.** *péj* [hypocrisie] act / *cette réception, quelle comédie!* what a farce that party was! ▸ **il n'est pas vraiment malade, c'est de la comédie** ou **il nous joue la comédie** he's only play-acting ou it's only an act, he's not really ill **6.** *fam* [caprice, colère] tantrum ▸ **faire** ou **jouer la comédie** to throw a tantrum, to make a fuss / *il m'a fait toute une comédie pour avoir le jouet* he kicked up a huge fuss to get the toy **7.** *fam* [histoire] : *c'est toute une comédie pour lui faire avaler sa soupe* you have to go through a whole rigmarole to get her to eat her soup / *pour avoir un rendez-vous, quelle comédie!* what a palaver to get an appointment!
❖ **de comédie** loc adj comic, comedy *(modif)* ▸ **personnage de comédie a)** *pr* comedy character **b)** *fig* clown, buffoon.

Comédie-Française [kɔmedifʀɑ̃sɛz] npr f ▸ **la Comédie-Française** *French national theatre company.*

> **La Comédie-Française**
>
> This state-subsidized company dates back to the seventeenth century; the theatre itself, officially called **le Théâtre-Français** or **le Français**, is situated near the Palais-Royal in Paris. Its repertoire consists mainly of classical works, although modern plays are sometimes staged.

comédien, enne [kɔmedjɛ̃, ɛn] ◆ adj ▸ **elle est comédienne** *fig* she's putting on an act, she's a phoney. ◆ nm, f **1.** [acteur - gén] actor (actress) ; [- comique] comedian (comedienne) **2.** [hypocrite] phoney ▸ **quel comédien!** he's putting it on!

> ⚠ Le mot anglais **comedian** désigne exclusivement un acteur comique.

comédon [kɔmedɔ̃] nm blackhead, comedo *spéc.*

COMES, Comes [kɔmɛs] (abr de **Commissariat à l'énergie solaire**) npr m *solar energy commission.*

comestibilité [kɔmɛstibilite] nf edibility.

comestible [kɔmɛstibl] adj edible ▸ **non comestible** inedible.
❖ **comestibles** nmpl food, foodstuffs.

comète [kɔmɛt] nf comet.

comice [kɔmis] nf [poire] comice pear.

comices [kɔmis] nmpl **1.** ANTIQ comitia **2.** AGR ▸ **comices agricoles** agricultural fair.

coming out [kɔmiŋawt] nm inv ▸ **faire son coming out** to come out / *son coming out remonte à 2003* he came out in 2003.

comique [kɔmik] ◆ adj **1.** LITTÉR comic, comedy *(modif)* ▸ **auteur comique** comic author ▸ **le genre comique** comedy **2.** [amusant] comical, funny / *avec une expression comique sur le visage* with a comical look on his face. ◆ nmf **1.** [artiste] comic, comedian (comedienne) ▸ **c'est un grand comique** he's a great comic actor **2.** [auteur] comic author, writer of comedies ou comedy. ◆ nm **1.** [genre] comedy ▸ **le comique de caractères / situation** character / situation comedy / *le comique troupier* barrack-room comedy **2.** [ce qui fait rire] : *c'était du plus haut comique!* it was hysterically funny! / *le comique de l'histoire, c'est que...* the funny part of it is that...

> **comic** ou **comical ?**
>
> **Comic** désigne ce qui se réfère à la comédie (**a comic film ; comic writing**). **Comical** signifie plus largement « amusant » (**his comical behaviour ; it was quite comical to watch**).

comiquement [kɔmikmɑ̃] adv comically, funnily.

comité [kɔmite] nm committee, board ▸ **se constituer en comité** to form a committee ▸ **comité d'action** action committee ▸ **comité central** central committee ▸ **comité consultatif** advisory board ▸ **comité de défense** defence committee ▸ **comité directeur** steering committee ▸ **comité électoral** POL electoral committee ▸ **comité d'entreprise** works council ▸ **comité exécutif** POL executive committee ou board ▸ **comité de gestion** board of managers ▸ **comité de lecture** supervisory committee ▸ **comité de locataires** tenants' association ▸ **comité de pilotage** steering committee ▸ **comité de quartier** POL local committee ▸ **le Comité de salut public** the Committee of Public Safety.
❖ **en comité secret** loc adv secretly.
❖ **en petit comité, en comité restreint** loc adv as a select group / *on a dîné en petit comité* the dinner was just for a select group.

> **Comité d'entreprise**
>
> In a company with more than 50 employees, the CE looks after the general welfare of company employees and organizes subsidized leisure activities, outings, holidays, etc. It also helps deal with industrial disputes.

command [kɔmɑ̃] nm principal *(in purchase).*

commandant, e [kɔmɑ̃dɑ̃, ɑ̃t] nm, f **1.** MIL [de l'armée de terre] major ▸ **commandant d'armes** garrison commander ; [de l'armée de l'air] wing commander UK, lieutenant colonel US ; [de la marine] commander ▸ **commandant en second** first lieutenant ; [de la marine marchande] captain ▸ **commandant en chef** commander in chief **2.** NAUT captain **3.** AÉRON ▸ **commandant (de bord)** captain / *le commandant Durcot vous souhaite...* Captain Durcot wishes you... ▸ **commandant en second** second in command.

commande [kɔmɑ̃d] nf **1.** COMM order ▸ **passer / annuler une commande** to put in / to cancel an order / *passer commande de 10 véhicules* to order 10 vehicles / *le garçon a pris la commande* the waiter took the order ; [marchandises] order, goods ordered / *notre commande vient d'être livrée* our order has just been delivered / *j'ai été obligé de renvoyer toute la commande* I had to return all the goods (I had) ordered **2.** TECHNOL control mechanism ▸ **la commande des essuie-glaces** the wiper mechanism ▸ **commande à distance** remote control **3.** INFORM control ▸ **commande numérique** numerical control ▸ **commande de contact** contact operate ▸ **commande d'interruption** break feature.
❖ **commandes** nfpl [dispositif de guidage] controls ▸ **être aux commandes a)** *pr* to be at the controls **b)** *fig* to be in charge ▸ **prendre les** ou **se mettre aux commandes a)** *pr* to take over at the controls **b)** *fig* to take charge.
❖ **à la commande** loc adv ▸ **payer à la commande** to pay while ordering ▸ **payable à la commande** payment with order ▸ **travailler à la commande** to work to order.
❖ **de commande** loc adj **1.** MÉCAN control *(modif)* **2.** *péj* [factice - enthousiasme, humour] forced, unnatural **3.** *litt* [indispensable] ▸ **la plus grande circonspection / générosité est de commande** prudence / generosity is of the essence.
❖ **sur commande** loc adv COMM & *fig* to order.

commandement [kɔmɑ̃dmɑ̃] nm **1.** [ordre] command, order ▸ **donner un commandement** to give an order ▸ **obéir aux commandements de qqn** to obey sb's orders / *à mon commandement, prêt, partez!* on the word of command, ready, go! **2.** [fait de diriger] command / *prendre le commandement d'une section* to take over command of a platoon ▸ **avoir le commandement de** [armée, pays] to be in command of, to lead **3.** [état-major] command ▸ **le commandement allié** allied command ▸ **commandements territoriaux** territorial commands ▸ **le haut commandement** the High Command **4.** DR summons **5.** BIBLE commandment.

commander [3] [kɔmɑ̃de] ◆ vt **1.** [diriger - armée, expédition, soldats, équipe] to command ; [- navire] to be in command of ; *(en usage absolu)* : *tu dois lui obéir, c'est lui qui commande* you must obey him, he's in charge / *c'est moi qui commande ici!* I'm the one who gives the orders around here! **2.** [ordonner] : *commander la retraite aux troupes* to order the troops back ou to retreat ▸ **commander à qqn de faire** ou **qu'il fasse** *sout* **qqch** to order sb to do sthg / *il a commandé de se taire* ou *que l'on se taise* he demanded silence **3.** TECHNOL to control / *l'ouverture des portes est commandée par une manette* the doors open by means of a lever / *la porte qui commande l'accès à la cave* the door to the cellar / *la télévision est commandée à distance* the television is remote-controlled **4.** COMM [tableau, ouvrage] to commission ; [objet manufacturé, repas] to order / *on m'a commandé une affiche pour le festival* I was commissioned to do a poster for the festival / *peux-tu commander un sandwich?* could you order a sandwich? / *commander une robe sur catalogue* to order a dress from a catalogue / *je vais commander le menu* I'll take the fixed-price menu ; *(en usage absolu)* : *c'est fait, j'ai déjà commandé* I've already ordered ▸ **vous avez commandé?** has somebody taken your order? **5.** *sout* [requérir] to demand / *la prudence commande le silence absolu* prudence demands total discretion, total discretion is required for the sake of prudence / *l'intérêt général commande que l'on soit modéré* for the sake of the general interest, moderation is required **6.** *litt* [maîtriser] to control / *il ne commande plus ses nerfs* he is no longer in control of his emotions **7.** INFORM to drive. ◆ vi [primer] ▸ **le devoir commande!** duty calls! / *le travail commande!* back to work!
❖ **commander à** v + prép **1.** [donner des ordres à - armée] to command **2.** *litt* [maîtriser] to control, to be in control ou command of / *on ne commande pas à ses désirs* desire cannot be controlled.
❖ **se commander** ◆ vp *(emploi passif)* *fam* [être imposé] : *je n'aime pas ces gens, ça ne se commande pas* I don't like those people, I can't help it / *l'amour ne se commande pas* you can't make love happen. ◆ vpi *sout* [être relié - pièces] to be connected ou interconnected, to connect, to interconnect / *toutes les pièces se commandent* all the rooms are interconnected.

commanderie [kɔmɑ̃dʀi] nf commandery.

commandeur [kɔmɑ̃dœʀ] nm **1.** RELIG commander **2.** [dans un ordre civil] commander ▸ **grand commandeur** Grand Commander.

commanditaire [kɔmɑ̃ditɛʀ] nm **1.** [d'une entreprise commerciale] sleeping UK ou silent US partner ; [d'un tournoi, d'un spectacle] backer, sponsor **2.** *(comme adj)* ▸ **associé commanditaire** sleeping UK ou silent US partner.

commandite [kɔmɑ̃dit] nf share *(of limited partner).*

commanditer [3] [kɔmɑ̃dite] vt [entreprise commerciale] to finance ; [tournoi, spectacle] to sponsor.

commando [kɔmɑ̃do] nm commando.

comme [kɔm] ◆ conj **1.** [introduisant une comparaison] as, like / *c'est un jour comme les autres* it's a day like any other / *ce n'est pas un homme comme les autres* he's not like other men / *une maison pas comme les autres* a very unusual house / *il fut comme un second père pour moi* he was like a second father to me / *ce fut comme une révélation* it was like a revelation / *il fait beau comme en plein été* it's as hot as if it was the middle of summer / *nous nagerons comme quand nous étions en Sicile* we'll swim like when we were in Sicily / *il a fait un signe, comme pour appeler* he made a sign, as if to call out / *c'est comme ta sœur, elle ne téléphone jamais* your sister's the same, she never phones / *je suis comme toi, j'ai horreur de ça* I'm like you, I hate that kind of thing / *fais comme moi, ne lui réponds pas* do as I do, don't answer him / *qu'est-ce que tu veux? — choisis comme pour toi* what do you want? — get me the same as you ▸ **blanc comme neige** white as snow / *il parle comme un livre* he talks like a book / *je l'ai vu comme je vous vois* I saw it as sure as I'm standing here / *il reviendra — je ne dis pas comme toi* he'll be back — I wouldn't be too sure / *il sera dentiste, tout comme sa mère* he'll be a dentist, just like his mother ▸ **la voiture fait comme un bruit** the car's making a funny noise ▸ **j'ai comme l'impression qu'on s'est perdus!** I've got a feeling we're lost! ▸ **il y a comme un défaut!** *fam* something seems to be wrong! ▸ **c'est tout comme** as good as / *il ne m'a pas injurié, mais c'était tout comme* he didn't actually insult me, but it was close ou as good as / *elle n'a pas encore le rôle, mais c'est tout comme* she hasn't got the part yet, but it's as good as ou as near as makes no difference **2.** [exprimant la manière] as / *fais comme il te plaira* do as you like ou please / *fais comme je t'ai appris* do it the way I taught you / *tout s'est passé comme je l'ai dit* everything happened as I said (it would) / *il est venu, comme je l'espérais* he came as I hoped he would / *si, comme je le crois, il n'est pas trop tard* if, as I believe, it's not too late / *comme on pouvait s'y attendre, nos actions ont baissé* as could be expected, our shares have gone down / *comme je l'ai fait remarquer...* as I pointed out... / *ça s'écrit comme ça se prononce* it's written as it's pronounced / *la connaissant comme je la connais* knowing her as well as ou like I do / *si, comme le dit Aristote...* if, as Aristotle says... ▸ **comme convenu** : *je passerai vous prendre à 9 h comme convenu* I'll pick you up at 9 as (we) agreed ou planned ▸ **comme dirait l'autre** *fam* as the saying goes, to coin a phrase, as they say ▸ **comme on dit** as they say ▸ **comme il se doit** as is fitting, in a fitting manner / *on le recevra comme il se doit* we'll receive him in a fitting manner / *comme il se doit en pareilles circonstances* as befits the circumstances, as is fitting in such circumstances ▸ **comme qui dirait** *fam* sort of, kind of / *c'était comme qui dirait un gémissement* it was a sort of moan ▸ **comme bon me / te, etc. semble** : *comme bon vous semble* as you think best / *fais comme bon te semble* do whatever you wish ou like / *vous accepterez ou non, comme bon vous semblera* say yes or no, whatever you feel like ▸ **comme ci comme ça** *fam* : *comment ça va? — comme ci comme ça* how are you? — so-so / *tu t'entends bien avec lui? — comme ci comme ça* do you get on with him? — sort of ou so-so **3.** [tel que] like, such as / *une femme comme elle mérite mieux* a woman like her deserves better / *une grande fille comme toi ne pleure pas* a big girl like you doesn't cry / *mince comme elle est, elle peut porter n'importe quoi* being as slim as she is everything suits her, she is so slim that everything suits her / *bête comme il est, il serait capable de lui dire* he's so stupid, he'd even tell him / *les arbres comme le marronnier...* trees like ou such as the chestnut... / *les grands mammifères, comme l'éléphant...* big mammals, such as ou like elephants... ▸ **D comme Denise** D for Denise **4.** [en tant que] as / *il vaut mieux l'avoir comme ami que comme ennemi* I'd sooner have him as a friend than as an enemy / *je l'ai eu comme élève* he was one of my students / *elle a réussi comme actrice* she's a success as an actress / *ils se sont présentés à l'élection comme libéraux* they ran in the election as liberals / *qu'est-ce que vous avez comme vin?* what (kind of) wine do you have? / *qu'y a-t-il comme dessert?* what's for dessert? / *c'est plutôt faible comme excuse!* it's a pretty feeble excuse! / *c'est pas mal comme clip* *fam* it's not a bad video / *comme gaffeur, tu te poses là!* *fam* you really know how to put your foot in it! / *c'est tout ce que j'ai eu comme remerciements* that's all the thanks I got / *il n'y a qu'une table et deux chaises comme meubles* the only furniture is a table and two chairs **5.** [pour ainsi dire] : *il restait sur le seuil, comme paralysé* he was standing on the doorstep, (as if he was) rooted to the spot / *ta robe est comme neuve!* your dress is as good as new! / *le village était comme mort* the village seemed dead ▸ **il était comme fou** he was like a madman **6.** [et] : *l'un comme l'autre aiment beaucoup voyager* they both love travelling / *lui comme moi adorons les longues promenades* we both love long walks / *cette robe peut se porter avec comme sans ceinture* you can wear this dress with or without a belt / *le règlement s'applique à tous, à vous comme aux autres* the rules apply to everybody, you included / *un spectacle que les parents, comme les enfants, apprécieront* a show which will delight parents and children alike / *à la ville comme à la scène* in real life as well as on stage / *tout le monde s'y est mis, les jeunes comme les vieux* everybody, young and old, got down to work / *la solidarité a joué son rôle en France comme à l'étranger* solidarity played its part in France as well as abroad **7.** [indiquant la cause] since, as / *comme elle arrive demain, je prépare sa chambre* since ou as she's arriving tomorrow, I'll get her room ready / *comme j'ai bon cœur, je le lui ai donné* since ou as I'm generous, I gave it to him / *comme il était en retard, on a raté le film* since ou as he was late, we missed the film **8.** [au moment où] as, when ; [pendant que] while / *le pot de fleurs est tombé juste comme je passais* the flowerpot fell just as ou when I was walking past / *comme le soir tombait, il se mit à neiger* as evening approached, it began to snow / *comme le rôti cuisait, je préparai les légumes* while the joint was cooking, I prepared the vegetables. ◆ adv **1.** [emploi exclamatif] how ▸ **comme c'est triste!** how sad (it is)!, it's so sad! / *comme tu es grande!* what a big girl you are now!, how big you've grown! / *comme je regrette de l'avoir fait!* I'm so sorry I did it!, how I regret having done it! / *comme il court vite!* he runs so fast! / *comme je te comprends!* I know exactly how you feel! **2.** [indiquant la manière] : *tu sais comme il est* you know what he's like ou how he is / *tu as vu comme elle m'a traité!* you saw how ou the way she treated me!

❖ **comme ça** ◆ loc adj **1.** [ainsi] like that ▸ **je suis comme ça** I'm like that / *va lui dire — je ne suis pas comme ça, moi!* go and tell him — I'm not like that! / *il est comme ça, on ne le changera pas!* that's the way he is, you won't change him! / *j'ai fait pousser une citrouille comme ça!* I grew a pumpkin THAT big! **2.** [admirable] great / *c'est une fille comme ça!* she's a great girl! / *il a un vin blanc comme ça!* he's got a fantastic white wine! / *et l'expo? — c'était comme ça!* what about the exhibition? — it was great! ◆ loc adv **1.** [de cette manière] like this ou that / *je ne peux pas sortir comme ça* I can't go out (dressed) like this ou that / *qu'as-tu à me regarder comme ça?* why are you staring at me like that? / *c'est comme ça, que ça te plaise ou non!* that's how ou the way it is, whether you like it or not! / *il m'a répondu comme ça qu'il était majeur* *fam* I'm old enough, he says to me ▸ **puisque** ou **si c'est comme ça** if that's how ou the way it is / *je ne te dirai jamais plus rien, puisque c'est comme ça* I'll never tell you anything ever again, if that's the way ou how it is / *depuis quand tousses-tu comme ça?* how long have you been coughing like that? / *ne crie pas comme ça!* don't shout like that! **2.** [en intensif] : *alors comme ça, tu te maries?* (oh) so you're getting married? / *où vas-tu comme ça?* where are you off to? **3.** [de telle manière que] that way, so that / *je te laisse la clef, comme ça tu pourras entrer* I'll leave you the key, so that you can let yourself in.

❖ **comme il faut** ◆ loc adj respectable, proper / *une jeune fille comme il faut* a very well-bred girl / *des gens très comme il faut* very respectable people. ◆ loc adv **1.** [correctement] properly / *fais ton travail comme il faut* do your work properly / *tu ne t'y prends pas comme il faut* you're doing it the wrong way, you're not doing it properly / *tu n'as pas refermé la boîte comme il faut* you didn't close the box properly / *elle est un peu maigre — et pourtant elle mange comme il faut!* she's a bit skinny — she eats well though ou and yet she eats properly! **2.** *fam* [emploi exclamatif] : *il s'est fait battre, et comme il faut (encore)!* he got well and truly thrashed!

❖ **comme quoi** loc conj **1.** [ce qui prouve que] which shows ou (just) goes to show that / *comme quoi, on ne peut pas tout prévoir* which (just) goes to show that you can't foresee everything / *comme quoi tu aurais mieux fait de te taire!* which just goes to show that you should have kept quiet! **2.** *fam* [selon quoi] : *j'ai reçu des ordres comme quoi personne ne devait avoir accès au dossier* I've been instructed not to allow anybody access to that file / *c'est une lettre comme quoi je dois me présenter à leur bureau* it's a letter telling me to go to their office.

❖ **comme si** loc conj **1.** [exprimant la comparaison] as if / *il se conduit comme s'il était encore étudiant* he behaves as if he was still a student ▸ **faire comme si** : *mais je n'y connais rien — fais comme si!* but I don't know anything about it — just pretend! ▸ **faire comme si de rien n'était** as though nothing was wrong ou amiss / *elle faisait comme si de rien n'était* she pretended (that) there was nothing wrong, she pretended (that) nothing had

THE CONJUNCTION COMME

The conjunction **comme** has four meanings: causal, time-related, comparative and exclamatory.

❶ Comme introducing a cause or a reason for something

Comme j'avais froid, j'ai monté le chauffage.
As I was cold, I turned the heating up.

❷ Comme introducing an expression of simultaneity in time (formal usage)

Il arriva comme nous finissions le plat principal.
He arrived as we were finishing the main course.

❸ Comme and comme si introducing a comparison

Les Japonais mangent du poisson au petit déjeuner comme nous prendrions un croissant.
The Japanese have fish for breakfast, just as we would have a croissant.

Elle m'a regardé comme si elle voulait me tuer.
She glared at me as if she wanted to kill me.

❹ Comme expressing the intensity of a situation, often in exclamations

Voyez comme c'est facile ! See how easy it is!

Comme ils ont dû souffrir ! How they must have suffered!

Note: it may be tempting to use **comment** (*how*) in this meaning but you should resist this temptation because **comment** implies a method, and would not be appropriate for either of the two examples above, which are about intensity. To understand this nuance, compare:

Regarde **comme** il dort !
See how soundly he sleeps!
[intensity]

Regarde **comment** il dort !
See how he's sleeping!
[method; implies that he may be tangled up in the sheets, or half-way on the floor, etc.]

happened **2.** [emploi exclamatif] as if, as though / *c'est comme si c'était fait!* it's as good as done! / *comme s'il ne savait pas ce qu'il faisait!* as if ou as though he didn't know what he was doing!

❖ **comme tout** loc adv really, extremely, terribly / *tu es jolie comme tout* you really are pretty!, aren't you pretty! / *il est malin comme tout* he's extremely cunning ou as cunning as they come / *j'ai été malade comme tout sur le bateau* I was (as) sick as a dog on the boat.

commedia dell'arte [kɔmedjadelaʀte] nf commedia dell'arte.

commémoratif, ive [kɔmemɔʀatif, iv] adj memorial *(modif)*, commemorative *sout* ▸ **une plaque commémorative** a commemorative plaque.

commémoration [kɔmemɔʀasjɔ̃] nf commemoration ▸ **en commémoration de** in commemoration of, in memory of.

commémorer [3] [kɔmemɔʀe] vt to commemorate, to celebrate the memory of.

commençant, e [kɔmɑ̃sɑ̃, ɑ̃t] nm, f beginner.

commencement [kɔmɑ̃smɑ̃] nm **1.** [première partie -de la vie, d'un processus] beginning, start, early stages / *du commencement jusqu'à la fin* from start to finish, from beginning to end ▸ **commencements** [période] beginnings, early ou initial stages / *les commencements ont été durs* the early days were tough, things were pretty hard at the beginning ▸ **c'est le commencement de la fin** *hum* it's the beginning of the end ▸ **il y a un commencement à tout** everybody has to learn to walk before they can run **2.** [essai] beginning, start, attempt / *il y a eu un commencement d'émeute, vite réprimé* a riot started, but was soon brought under control / *son texte ne comporte pas même le commencement d'une idée* there isn't even a vestige of an idea in his text **3.** DR ▸ **commencement d'exécution** *initial steps in the commission of a crime* ▸ **commencement de preuve par écrit** prima facie evidence.

❖ **au commencement** loc adv in ou at the beginning ▸ **au commencement était le Verbe** BIBLE in the beginning was the Word.

❖ **au commencement de** loc prép at the beginning ou start of / *au commencement de la période* DR when the period commences *sout*.

commencer [16] [kɔmɑ̃se] ◆ vt **1.** [entreprendre -ouvrage, jeu, apprentissage] to start, to begin ▸ **as-tu commencé ton livre? a)** [celui que tu vas lire] have you started ou begun (reading) your book? **b)** [celui que tu vas écrire] have you started ou begun (writing) your book? / *il a commencé le repas* he's started eating / *allez, commence la vaisselle!* come on, get going on the dishes! / *vous commencez le travail demain* you start (work) tomorrow / *j'ai commencé des chaussons pour le bébé* I've started (knitting) some bootees for the baby ▸ **commencer le piano / la compétition très jeune** to start playing the piano / taking part in tournaments very young / *nous allons commencer notre descente vers Milan* we are beginning our descent towards Milan; *(en usage absolu)* ▸ **à quelle heure tu commences? a)** [au lycée] what time do you start school? **b)** [au travail] what time do you start work? **2.** [passer au début de -journée, soirée] to start, to begin / *nous commencerons cette heure par un exposé* we will begin this class with a talk ▸ **j'ai bien / mal commencé l'année** I've made a good / bad start to the year **3.** [être au début de] to begin / *la maille qui commence le rang* the first stitch in the row / *c'est son numéro qui commence le spectacle* her routine begins the show, the show begins with her routine. ◆ vi **1.** [débuter] to start ▸ **ne commence pas!** don't start! / *ce n'est pas moi, c'est lui qui a commencé!* it wasn't me, HE started it! ▸ **ça commence bien!** *aussi iron* things are off to a good start! ▸ **commencer à faire qqch** to start ou to begin doing sthg / *elle a commencé à repeindre la cuisine* she started redecorating the kitchen ▸ **je commençais à m'inquiéter** I was beginning to worry / *tu commences à m'énerver!* you're getting on my nerves! / *je commence à en avoir assez!* I'm getting fed up with all this! / *ça commence à bien faire!* *fam* enough is enough!, things have gone quite far enough! ▸ **commencer de** *litt* : *nous commencions de déjeuner* we had started luncheon ▸ **commencer par** : *la pièce commence par un dialogue* the play starts ou opens with a dialogue / *la dispute a commencé par ou sur un malentendu* the argument started with a misunderstanding ▸ **commençons par le commencement** let's begin at the beginning, first things first / *commence par enlever les couvertures* first, take the blankets off / *tu veux une moto? commence par réussir ton examen* if you want a motorbike, start by passing your exam / *je vais commencer par l'appeler* the first thing I'm going to do is call him; *(tournure impersonnelle)* ▸ **il commence à pleuvoir / neiger** it's started to rain / to snow / *il commence à se faire tard* *fam* it's getting late **2.** [avoir tel moment comme point de départ] to start, to begin / *quand commence le trimestre?* when does term start? / *la séance commence à 20 h* the session starts ou begins at 8 p.m. / *à quelle heure ça commence?* *fam* [cours, spectacle, match] what time does it start? / *le spectacle est commencé depuis un quart d'heure* the show started a quarter of an hour ago / *les vendanges ont commencé tard cette année* the grape harvest started ou is late this year / *les ennuis ont commencé quand il s'est installé au-dessous de chez moi* the trouble started ou began when he moved in downstairs / *on fait généralement commencer la crise après le premier choc pétrolier* the recession is generally said to have started after the first oil crisis **3.** [se mettre à travailler] ▸ **commencer dans la vie** to start off in life ▸ **commencer sur la scène / au cinéma** to make one's stage / screen debut / *j'ai commencé en 78 avec deux ouvrières* I set up ou started (up) in '78 with two workers **4.** [dans un barème de prix] to start / *les pantalons commencent à / vers 70 €* trousers start at / at around 70 €.

❖ **à commencer par** loc prép starting with / *que tout le monde contribue, à commencer par toi!* let everyone give something, starting with you!

❖ **pour commencer** loc adv **1.** [dans un programme, un repas] first, to start with ▸ **pour commencer, du saumon** to start the meal ou as a first course, salmon **2.** [comme premier argument] for a start, in the first place / *pour commencer, tu es trop jeune, et ensuite c'est trop cher!* for a start you're too young, and anyway, it's too expensive!

commendataire [kɔmɑ̃datɛʀ] adj commendatory.

commensal, e, aux [kɔmɑ̃sal, o] nm, f **1.** *litt* [compagnon de table] table companion; [hôte] guest **2.** ZOOL commensal.

commensalisme [kɔmɑ̃salism] nm commensalism.

commensurable [kɔmɑ̃syʀabl] adj commensurable, measurable.

comment [kɔmɑ̃] ◆ adv **1.** [de quelle manière] how / *comment lui dire que...?* how am I / are we, etc. going to tell him that...? ▸ **comment t'appelles-tu?** what's your name? / *comment se fait-il qu'il n'ait pas appelé?* how come he hasn't called? ▸ **comment est-ce possible?** how is it possible? ▸ **comment faire?** what shall we do? / *je me demande comment tout cela va finir* I wonder how it's all going to end ▸ **comment tu parles!** *fam* what kind of language is that! ▸ **comment allez-vous?** how are you? / *comment va?* *fam* how's things? / *et les enfants, comment ça va?* and how are the children? **2.** [pour faire répéter] ▸ **comment?** sorry?, what (was that)? / *je pars — comment? — j'ai dit, je pars* I'm leaving — what (did you say)? — I said, I'm leaving **3.** [exprimant l'indignation, l'étonnement] : *comment, c'est tout ce que tu trouves à dire?* what! is that all you can say? / *comment, tu n'as pas compris?* what? you didn't understand? ou you mean you didn't understand? / *comment oses-tu me parler ainsi!* how dare you talk to me like this! / *comment, ce n'est pas encore prêt?* you mean it's still not ready? / *comment ça, tu pars?* *fam* what do you mean, you're leaving? / *comment, mais c'est scandaleux!* what! but that's scandalous! ▸ **et comment!** : *tu as aimé le concert? — et comment!* did you like the concert? — I certainly did! / *il l'a bien eu — et comment!* he really took him in — he certainly did! ▸ **mais comment donc!** of course!, by all means!, sure thing! US / *pouvons-nous entrer? — mais comment donc!* can we come in? — of course! ou by all means! / *mais comment donc! ne vous gênez surtout pas!* *iron* don't mind me! ◆ nm ▸ **le comment** the how.

commentaire [kɔmɑ̃tɛʀ] nm **1.** [remarque] comment, remark, observation ▸ **avez-vous des commentaires?** any comments ou remarks? / *faire un commentaire* to make a remark ou a comment / *il n'a pas fait de commentaires dans la marge* he didn't write any remarks in the margin / *puis-je me permettre (de faire) un commentaire?* may I say something? / *je te dispense ou je me passe de tes commentaires* I can do without your remarks / *c'est comme ça, et pas de commentaire!* *fam* that's how it is, and don't argue (with me)! ▸ **cela se passe de commentaire ou commentaires** it speaks for itself ▸ **sans commentaire!** no comment! ▸ **commentaires de presse** press comments **2.** *péj* [critique] comment / *son mariage a suscité bien des commentaires* her marriage caused a great deal of comment ou gossip / *les commentaires des voisins ne vont pas manquer* the neighbours will have a few things to say ▸ **avoir des commentaires (à faire) sur** : *j'aurais des commentaires à faire sur ton attitude d'hier soir* I'd like to say something about your attitude last night **3.** RADIO & TV commentary / *commentaire de notre envoyé permanent à Bonn* the commentary is by our correspondent in Bonn / *commentaire de la rencontre, Pierre Pastriot* with live commentary from the stadium, Pierre Pastriot **4.** ENS ▸ **un texte avec commentaire** an annotated text / *un commentaire de la Bible* a biblical commentary, a biblical exegesis *sout* ▸ **commentaire de texte** : *faire un commentaire de texte* to comment on a text ▸ **un commentaire composé** a written commentary **5.** INFORM comment **6.** LING comment, theme **7.** LITTÉR / **'Commentaires'** *César* 'Commentaries'.

commentateur, trice [kɔmɑ̃tatœʀ, tʀis] nm, f **1.** ENS & LITTÉR commentator, reviewer, critic **2.** [d'une cérémonie, d'un match] commentator; [d'un documentaire] presenter ▸ **commentateur du journal télévisé** broadcaster, anchorman US ; [observateur] observer, critic / *pour certains commentateurs, il s'agit là d'une victoire* for some observers, this is a victory.

commenter [3] [kɔmɑ̃te] vt **1.** [expliquer -œuvre] to explain, to interpret / *veuillez commenter ce dernier vers du poème* please write a commentary on the last line of the poem / *la façon dont Sartre a commenté Flaubert* the way in which Sartre interpreted Flaubert / *on leur fait commenter Dante dès la troisième année d'italien* they start doing literary criticism of Dante in the third year of Italian studies / *le directeur va maintenant commenter notre programme de fabrication* the manager will now explain our manufacturing schedule **2.** [donner son avis sur] to comment on *(insép)*, to respond to, to give one's response to / *voulez-vous commenter les récentes critiques de l'opposition?* would you care to respond to recent objections by the Opposition? **3.** RADIO & TV [cérémonie, match] to cover, to do the commentary of ou for.

commérage [kɔmeʀaʒ] nm piece of gossip ▸ **commérages** gossip / *être friand de commérages* to be fond of gossip ▸ **faire des commérages** to gossip / *ce ne sont que des commérages* it's only hearsay.

commerçant, e [kɔmɛʀsɑ̃, ɑ̃t] ◆ adj **1.** [peuple, port, pays] trading *(modif)*; [rue, quartier] shopping *(modif)* ▸ **un quartier très commerçant** a good shopping area **2.** [qui a le sens du commerce] : *ils en offrent deux pour le prix d'un, c'est très commerçant* they sell two for the price of one, that's good business sense / *il a l'esprit commerçant* he's a born salesman, he could sell you anything / *un sourire commerçant* *péj* a mercenary smile. ◆ nm, f shopkeeper UK, storekeeper US / *tous les commerçants étaient fermés* all the shops UK ou stores US were closed ▸ **commerçant de détail** retail trader ▸ **commerçant en gros** wholesale dealer ▸ **les petits commerçants** small ou retail traders.

commerce [kɔmɛʀs] nm **1.** [activité] ▸ **le commerce** trade / *faire le commerce des céréales* to trade in cereals ▸ **être dans le commerce** to be in trade, to run a business ▸ **faire du commerce avec qqn / un pays** to trade with sb / a country ▸ **le commerce extérieur / intérieur**

foreign / domestic trade ▸ **commerce de détail** retail trade ▸ **commerce électronique** electronic trade, e-trade ▸ **commerce équitable** fair ou equitable trade ▸ **le commerce en gros** wholesale trade ▸ **faire commerce de ses charmes** *euphém* to cash in on one's charms **2.** [affaires] business / *cela fait marcher le commerce* it's good for business ▸ **le commerce marche mal** business is slow / *le monde du commerce* the business world ▸ **le commerce français** business in France ▸ **le commerce dominical** Sunday trading ▸ **commerce intégré** corporate ou combined chain ▸ **le petit commerce** (small) business **3.** [circuit de distribution] : *on ne trouve pas encore ce produit dans le commerce* this item is not yet available on the market / *cela ne se trouve plus dans le commerce* this item has gone off the market **4.** [magasin] shop UK, store US ▸ **ouvrir** ou **monter un commerce** to open ou to start a business ▸ **tenir un commerce** to run a business **5.** *litt* [relation] ▸ **entretenir un commerce d'amitié avec qqn** to keep company with sb ; [fréquentation] company / *renoncer au commerce des hommes* to renounce the company of one's fellow-men.

❖ **de commerce** loc adj **1.** [opération] commercial, business *(modif)* ; [acte] trade *(modif)* ; [code, tribunal] commercial ; [école] business *(modif)* **2.** NAUT [marine, navire, port] trading, merchant *(modif)*.

commercer [16] [kɔmɛʀse] vi to trade, to deal / *commercer avec un pays* to trade with a country.

commercial, e, aux [kɔmɛʀsjal, o] ◆ adj **1.** [activité] commercial ; [relation] trade *(modif)* ▸ **adressez-vous à notre service** ou **secteur commercial** please apply to our sales department / *avoir des contacts commerciaux avec* to have trading ou trade links with / *pour des raisons commerciales* for commercial reasons ▸ **droit commercial** business law ▸ **l'anglais commercial** business English ▸ **un gros succès commercial** a) [film, pièce] a big box-office success b) [livre] a best-selling book, a best-seller **2.** TV commercial ▸ **les chaînes commerciales** commercial channels **3.** *péj* [sourire] ingratiating / *vos anciens fans trouvent que vous êtes devenu commercial* your old fans think you've sold out / *c'est une chanson très commerciale* it's a very commercial song. ◆ nmf sales representative ou executive.

❖ **commerciale** nf *fam* AUTO commercial vehicle.

commercialement [kɔmɛʀsjalmɑ̃] adv commercially ▸ **commercialement parlant** from a business point of view.

commercialisable [kɔmɛʀsjalizabl] adj marketable.

commercialisation [kɔmɛʀsjalizasjɔ̃] nf marketing.

commercialiser [3] [kɔmɛʀsjalize] vt **1.** COMM to market, to commercialize / *le modèle sera commercialisé en janvier* the model will be coming onto the market in January **2.** DR [dette, lettre de change] to market.

commère [kɔmɛʀ] nf **1.** [médisante] gossip **2.** [bavarde] chatterbox **3.** LITTÉR ▸ **ma commère la tortue** Mrs Tortoise.

commets v ⟶ **commettre.**

commettant [kɔmetɑ̃] nm principal.

commettre [84] [kɔmɛtʀ] vt **1.** [perpétrer - erreur] to make ; [- injustice] to perpetrate ; [- meurtre] to commit / *quand le crime a-t-il été commis?* when did the crime take place? / *commettre une maladresse* to commit a blunder, to make a gaffe ▸ **commettre une imprudence** to take an unwise step / *l'impatience lui a fait commettre une faute impardonnable* his impatience led him to make an inexcusable mistake **2.** DR [nommer - arbitre, avocat, huissier] to appoint / *commettre un avocat (à la défense)* to appoint ou to name a lawyer (for the defence) ▸ **commis d'office** appointed by the court **3.** NAUT to lay up **4.** *hum & péj* [produire - livre, émission] to perpetrate / *il avait commis quelques articles dans les années 80* he had penned a few articles back in the eighties.

❖ **se commettre avec** vp + prép *litt* to associate with.

comminatoire [kɔminatwaʀ] adj **1.** *litt* [menaçant] threatening **2.** DR *giving a warning that payment is due.*

comminutif, ive [kɔminytif, iv] adj comminuted.

commis, e [kɔmi, iz] pp ⟶ **commettre.**

❖ **commis** nm **1.** DR agent **2.** [employé - de magasin] helper, assistant ; [- de banque] runner, junior clerk ; [- de ferme] lad, boy, farm hand ▸ **commis boucher** ou **de boucherie** butcher's boy ▸ **commis greffier** assistant to the court clerk ▸ **commis voyageur** *vieilli* travelling UK ou traveling US salesman, commercial traveller UK ou traveler US **3.** ADMIN ▸ **grand commis de l'État** senior ou higher civil servant **4.** MIL & NAUT ▸ **commis aux vivres** steward.

commisération [kɔmizeʀasjɔ̃] nf commiseration ▸ **sans commisération** ruthlessly, pitilessly.

commissaire [kɔmisɛʀ] nmf **1.** [membre d'une commission] commissioner **2.** SPORT steward ▸ **commissaire d'une course** race steward **3.** ADMIN ▸ **commissaire de la Marine** / **de l'Air** chief administrator in the Navy / the Air Force ▸ **commissaire de la République** commissioner of the Republic ▸ **commissaire du gouvernement** government commissioner ▸ **commissaire de police** (police) superintendent UK, (police) captain US, precinct captain US ▸ **bonjour, Monsieur le Commissaire** good morning, Superintendent UK ou Captain US ▸ **commissaire divisionnaire** chief superintendent UK, police chief US ▸ **commissaire principal** chief superintendent UK, chief of police US **4.** FIN ▸ **commissaire aux comptes** auditor **5.** NAUT ▸ **commissaire de** ou **du bord** purser **6.** HIST [en URSS] commissar.

commissaire-priseur [kɔmisɛʀpʀizœʀ] (*pl* **commissaires-priseurs**) nm auctioneer.

commissariat [kɔmisaʀja] nm **1.** [fonction] commissionership **2.** ADMIN ▸ **commissariat de l'Air** Air Force staff ▸ **commissariat de la Marine** Admiralty Board UK, Naval Command US **3.** FIN ▸ **commissariat aux comptes** auditorship **4.** [local] ▸ **commissariat (de police)** police station ou precinct US.

commission [kɔmisjɔ̃] nf **1.** [groupe] commission, committee ▸ **commission d'arbitrage** arbitration committee / *commission du budget* budget committee / *commission de contrôle* supervisory committee ▸ **commission d'enquête** board ou commission of inquiry UK, fact-finding committee US ▸ **la Commission européenne** the European Commission ▸ **commission d'examen** board of examiners ▸ **commission paritaire** joint commission ▸ **commission parlementaire** parliamentary committee ou commission ▸ **commission permanente** standing committee / *être en commission* to be in committee / *renvoyer un projet de loi en commission* to commit a bill **2.** DR [pouvoir] commission ▸ **commission rogatoire** letters rogatory **3.** MIL ▸ **commission d'armistice** armistice council ▸ **commission militaire** army exemption tribunal **4.** [pourcentage] commission, percentage / *toucher une commission sur une vente* to get a commission ou percentage on a sale / *ajoute 5 % de commission pour l'agence* add a 5% commission for the agency ▸ **travailler à la commission** to work on a commission basis ou for a percentage **5.** [course] errand / *j'ai envoyé mon fils faire des commissions* I've sent my son off on some errands **6.** : *n'oublie pas de lui faire la commission* [de lui donner le message] don't forget to give him the message **7.** *fam & euphém* ▸ **la petite** / **grosse commission** number one / two / *faire la petite / grosse commission* to do a wee-wee / poo **8.** *sout* [perpétration] : *la commission d'un crime* the commission of a crime.

❖ **commissions** nfpl [achats] shopping ▸ **faire les commissions** to do some shopping / *sors les commissions de la voiture* get the shopping out of the car.

commissionnaire [kɔmisjɔnɛʀ] nmf [intermédiaire] commission agent UK, broker, agent ▸ **commissionnaire en douane** customs agent ou broker ▸ **commissionnaire de transport** forwarding agent.

commissionnement [kɔmisjɔnmɑ̃] nm commissioning.

commissionner [3] [kɔmisjɔne] vt to commission.

commissoire [kɔmiswaʀ] adj ▸ **clause commissoire** commissoria lex.

commissural, e, aux [kɔmisyʀal, o] adj commissural.

commissure [kɔmisyʀ] nf **1.** [dans le cerveau] commissure **2.** [de la bouche] corner.

commode¹ [kɔmɔd] adj **1.** [pratique - moyen de transport] useful, convenient ; [- outil] useful, handy / *c'est bien commode d'avoir un marché dans le quartier* it's very handy ou convenient having a market in the area / *les talons aiguilles ne sont pas très commodes pour marcher* high heels aren't very practical for walking (in) **2.** [facile] easy / *ce n'est pas commode à analyser* it's not easy to analyse / *ce n'est pas commode de concilier deux activités* reconciling two different jobs is not easy ou a simple task ▸ **c'est** ou **ce serait trop commode!** that would be too easy! **3.** [aimable] : *elle n'est pas commode (à vivre)* she's not easy to live with / *son patron n'est pas commode* her boss isn't an easy person to get along with / *il est peu commode* he's awkward ou difficult **4.** *vieilli* [indulgent - morale] liberal, easy-going.

commode² [kɔmɔd] nf chest of drawers.

commodément [kɔmɔdemɑ̃] adv **1.** [confortablement] comfortably **2.** *vieilli* [aisément] easily.

commodité [kɔmɔdite] nf **1.** [facilité] convenience ▸ **pour plus de commodité** for greater convenience, to make things more convenient **2.** [aspect pratique] : *la commodité d'une maison* the comfort ou convenience of a house / *j'habite à côté de mon bureau, c'est d'une grande commodité* I live next door to my office, it's extremely convenient.

❖ **commodités** nfpl [agréments] conveniences ; *vieilli* [toilettes] toilet, toilets.

commotion [kɔmɔsjɔ̃] nf **1.** [choc] shock / *être sous le coup de la commotion* to be dazed by the shock **2.** MÉD ▸ **commotion cérébrale** concussion **3.** *sout* [perturbation] upheaval, agitation / *les commotions sociales / politiques dans l'Allemagne de 1933* the social / political upheavals in the Germany of 1933.

commotionner [3] [kɔmɔsjɔne] vt to shake (up) *(sép)* / *la terrible nouvelle l'a commotionné* the appalling news gave him a shock.

commuable [kɔmɥabl] adj commutable.

commuer [7] [kɔmɥe] vt to commute / *commuer une peine de prison en amende* to commute a prison sentence to a fine.

commun, e [kɔmœ̃, yn] adj **1.** [partagé - jardin, local] shared, communal ; [- ami] mutual / *hôtel avec salle de télévision commune* hotel with public TV lounge ▸ **commun à** : *une langue commune à cinq millions de personnes* a language shared by five million people / *le court de tennis est commun à tous les propriétaires* the tennis court is the common property of all the residents **2.** [fait en collaboration - travail, politique] shared, common ; [- décision] joint / *nous avons pris la décision commune de...* we took a joint decision to... ; [en communauté] ▸ **la vie commune** [conjugale] conjugal life, the life of a couple / *ils vont reprendre la vie commune* they're going to live together again **3.** [identique - caractère, passion] similar ; [- habitude] common, shared / *nous avons des problèmes communs* we share the same problems, we have similar problems / *il n'y a pas de commune mesure entre...* there's no similarity whatsoever between... / *c'est sans commune mesure avec...* there's no comparison with... **4.** [courant - espèce, usage, faute] common, ordinary, run-of-the mill / *une plante commune dans cette région* a plant that is common in this region / *il est d'un courage peu commun* he's uncommonly ou exceptionally brave ▸ **un nom peu commun** a very unusual name **5.** *péj* [banal] common, coarse / *il la trouvait commune* he thought she was common **6.** LING common **7.** MATH ▸ **le plus grand dénominateur commun** the highest common denominator.

❖ **commun** nm : *l'homme du commun vieilli* the common man / *un homme hors du commun* an exceptional ou unusual man ▸ **cela sort du commun** this is very unusual ▸ **le commun de** : *le commun des mortels* the common run of people / *le commun des mortels ne pourra sans doute pas comprendre* the man in the street won't be able to understand ▸ **le commun des lecteurs** the average reader.

❖ **communs** nmpl outbuildings, outhouses.

❖ **d'un commun accord** loc adv by mutual agreement, by common consent / *tous d'un commun accord ont décidé que...* they decided unanimously that...

❖ **en commun** loc adv ▸ **avoir qqch en commun (avec)** to have sthg in common (with) ▸ **mettre qqch en commun** to pool sthg / *nous mettons tout en commun* we share everything.

communal, e, aux [kɔmynal, o] adj **1.** ADMIN [en ville] ≃ of the urban district ; [à la campagne] ≃ of the rural district **2.** [du village - fête] local, village *(modif)* **3.** BELG ▸ **conseil communal** town council ▸ **maison communale** town hall.

❖ **communale** nf *fam* primary UK ou grade US school.

❖ **communaux** nmpl BELG [terres] common land.

communaliser [3] [kɔmynalize] vt ≃ to put under the jurisdiction of the local authority.

communard, e [kɔmynaʀ, aʀd] ◆ adj HIST of the (Paris) Commune. ◆ nm, f HIST Communard, member of the (Paris) Commune.

❖ **communard** nm *red wine mixed with crème de cassis liqueur.*

communautaire [kɔmynotɛʀ] adj **1.** [vie, esprit] communal, community *(modif)* **2.** POL [de l'Union européenne] EU *(modif)* ; [de la Communauté européenne] Community *(modif)* ; HIST [du Marché commun] Common Market *(modif)*.

communautarisation [kɔmynotaʀizasjɔ̃] nf *joint exploitation of oceanic or maritime resources.*

communautarisme [kɔmynotaʀism] nm communitarianism.

communautariste [kɔmynotaʀist] adj & nmf communitarian.

communauté [kɔmynote] nf **1.** [similitude - de vues, de pensées] likeness, closeness ; [- d'intérêts] community ; [- de sentiments] commonness **2.** [groupe] community / *communauté linguistique* group of people speaking the same language / *la communauté scientifique* the scientific community / *la communauté universitaire* the academic community / *communauté religieuse* religious community / *la communauté des fidèles* [d'une paroisse] the congregation ▸ **la Communauté économique européenne** the European Economic Community ▸ **la Communauté des États indépendants** the Commonwealth of Independent States ▸ **la Communauté européenne de l'énergie atomique** the European Atomic Energy Community ▸ **la Communauté européenne** the European Community ▸ **communauté en ligne** online community ▸ **communauté urbaine** *syndicate made up of a large town and surrounding "communes" responsible for the infrastructure of the area* **3.** [public] ▸ **la communauté** the general public **4.** DR joint estate ▸ **communauté réduite aux acquêts** *communal estate comprising only property acquired after marriage.*

❖ **en communauté** loc adv [vivre] communally, as a community.

> ⚠ Attention, ce mot ne se traduit pas toujours par **community**. Voir article.

commune [kɔmyn] ◆ f ⟶ commun. ◆ nf **1.** ADMIN [agglomération] commune / *une jolie petite commune rurale* a nice little country village ▸ **la commune et ses alentours a)** [en ville] ≃ the urban district **b)** [à la campagne] ≃ the rural district ▸ **communauté de communes** *group of* **communes** *forming a single administrative entity* **2.** [habitants] ▸ **la commune a)** [en ville] people who live within the urban district **b)** [à la campagne] people who live within the rural district **3.** [administrateurs] : *c'est la commune qui paie* the local authority ou the council UK is paying **4.** HIST ▸ **la Commune (de Paris)** the (Paris) Commune **5.** [en Grande-Bretagne] ▸ **les Communes** the House of Commons.

Commune

A **commune** is an administrative district in France. There are 37,000 **communes**, some with less than 25 inhabitants. Each **commune** has an elected mayor and a town council.

La Commune

A revolutionary government set up in Paris from March 18th to May 27th 1871 after the Prussian siege was lifted. It was brutally put down by soldiers sent in by the Thiers government in Versailles and remains an important landmark in the history of European socialism.

communément [kɔmynemɑ̃] adv commonly, usually / *il n'arrive pas communément que...* it is unusual for... / *la torture est encore communément pratiquée là-bas* torture is still routinely practised there / *la renoncule terrestre, communément appelée bouton d'or* ranunculus, commonly known as ou usually called the buttercup.

communiant, e [kɔmynjɑ̃, ɑ̃t] nm, f communicant.

communicable [kɔmynikabl] adj **1.** [exprimable] communicable / *c'est une impression difficilement communicable* it's a feeling difficult to put into words **2.** [transmissible - données, informations] communicable / *ces données ne sont pas communicables* this data is classified.

communicant, e [kɔmynikɑ̃, ɑ̃t] adj communicating ▸ **deux chambres communicantes** two connecting UK ou adjoining US rooms.

❖ **communicant** nm communicator.

communicateur, trice [kɔmynikatœʀ, tʀis] nm, f communicator.

communicatif, ive [kɔmynikatif, iv] adj **1.** [qui se répand - rire, bonne humeur] infectious **2.** [bavard] communicative, talkative ▸ **peu communicatif** not very communicative, quiet.

communication [kɔmynikasjɔ̃] nf **1.** [annonce] announcement, communication / *j'ai une communication importante à vous faire* I have an important announcement to make ▸ **donner communication de qqch** to communicate sthg **2.** [exposé - fait à la presse] statement ; [- fait à des universitaires, des scientifiques] paper / *les communications des intervenants seront publiées* all papers read at the conference will be published / *faire une communication sur l'atome* to deliver a lecture on the atom **3.** [transmission] communicating, passing on, transmission / *pour éviter la communication de ces maladies* to stop the spread of these diseases ▸ **avoir communication d'un dossier** to get hold of a file, to have had a file passed on to one / *je n'ai pas eu communication de sa nouvelle adresse* her new address hasn't been passed on to me ▸ **demander communication d'un dossier** to ask for a file (to be handed on to one) ▸ **donner communication d'un dossier (à qqn)** to pass on a file (to sb) / **'arrêt des communications à 16 h'** [dans une bibliothèque] 'no book deliveries after 4 p.m.' ▸ **communication au ministère public** *court order submitting a case to the public prosecutor* ▸ **donner communication de pièces** to give discovery of documents **4.** [contact] communication, contact ▸ **être en communication avec qqn** to be in contact ou touch with sb / *vous devriez vous mettre en communication avec elle* you should get in touch with her / *cela rend désormais possible la communication entre gens malentendants* this has made it possible for the hard of hearing to communicate with each other / *depuis l'explosion, nous n'avons plus de communication avec l'extérieur* we haven't been able to communicate with the outside world since the blast **5.** [échange entre personnes] communication / *il a des problèmes de communication (avec les autres)* he has problems communicating with ou relating to people / *il n'y a pas de communication possible avec elle* it's impossible to relate to her ; [diffusion d'informations] ▸ **la communication** : *les techniques de la communication* media techniques ▸ **la communication de masse** the mass media ▸ **communication interne** [dans une entreprise] interdepartmental communication **6.** [moyen de liaison] (means of) communication / *toutes communications entre les deux pays ont été interrompues* all communication between the two countries has been stopped **7.** TÉLÉC ▸ **communication téléphonique** (phone) call / *je vous passe la communication* I'll put you through ▸ **je prends la communication** I'll take the call / *il est en communication avec...* he's speaking to..., he's on the phone to... / *la communication a été coupée* we were cut off / *le prix de la communication a augmenté* the cost of a phone call has gone up ▸ **avoir la communication** : *vous avez la communication* you're through / *pour obtenir la communication, faites le 12* dial 12 in order to get through ▸ **communication interurbaine** inter-city ou city-to-city call ▸ **communication en PCV** reverse-charge call UK, collect call US **8.** INFORM ▸ **communication homme-machine** man-machine dialogue.

❖ **communications** nfpl MIL communications.

❖ **de communication** loc adj **1.** [porte, couloir] connecting **2.** [réseau, satellite] communications *(modif)* ▸ **moyens de communication** means of communication **3.** [agence] publicity *(modif)*.

communicationnel, elle [kɔmynikasjɔnɛl] adj communicational.

communier [9] [kɔmynje] vi **1.** RELIG to communicate, to receive Communion **2.** *litt* [s'unir spirituellement] : *communier dans un même idéal* to be united in ou to share the same ideals ▸ **communier avec qqn** to share the same feelings as sb ▸ **communier avec la nature** to be at one ou to commune with nature.

communion [kɔmynjɔ̃] nf **1.** RELIG [communauté de foi] communion ▸ **Communion des saints** communion of saints ; [partie de la messe] ▸ **Communion** (Holy) Communion ; [cérémonie] ▸ **première communion** first communion ▸ **communion solennelle** solemn communion **2.** *litt* [accord] : *nous nous sommes découvert une communion d'idées et de sentiments* we found that we shared the same ideas and feelings ▸ **être en communion avec qqn** to be at one ou to commune with sb ▸ **être en communion d'idées** ou **d'esprit avec qqn** to share sb's ideas.

communiqué [kɔmynike] nm communiqué ▸ **un communiqué officiel** an official communiqué ou announcement ▸ **un communiqué de presse** a press release.

communiquer [3] [kɔmynike] ◆ vt **1.** [transmettre - information] to communicate, to give ; [- demande] to transmit ; [- dossier, message] to pass on *(sép)* ; [- savoir, savoir-faire] to pass on, to hand down *(sép)* / *communiquer le goût de la lecture à ses enfants* to pass on one's love of reading to one's children / *il s'est fait communiquer le dossier* he asked for the file to be passed on to him **2.** PHYS [chaleur, lumière] to transmit ; [mouvement, impulsion] to impart / *communiquer de l'énergie à un corps* to transmit energy to a body **3.** [donner par contamination] to transmit / *il leur a communiqué son fou rire / enthousiasme* he passed on his giggles / enthusiasm to them **4.** [annoncer] to announce, to impart, to communicate / *j'ai une chose importante à vous communiquer* I have something important to say to you / *rien ne nous a été communiqué* we have heard nothing / *selon une nouvelle qu'on nous communique à l'instant* according to news just in. ◆ vi **1.** [échanger des messages] to communicate / *communiquer par téléphone / lettre* to communicate by phone / letter / *les dauphins communiquent entre eux* dolphins communicate with each other ; [échanger des sentiments] : *leur problème est qu'ils n'arrivent pas à communiquer avec leurs parents* their problem is that they can't communicate with their parents / *dans une famille, il faut apprendre à communiquer* members of a family must learn to express their feelings to each other / *j'ai besoin de communiquer* I need to express my feelings (to others) **2.** [être relié] to interconnect / *la chambre communique avec la salle de bains* there's a connecting door between the bathroom and the bedroom / *une maison où les pièces communiquent* a house with interconnecting rooms / *une chambre avec salle de bains qui communique* a bedroom with bathroom en suite **3.** [en relations publiques] ▸ **communiquer sur qqch** to communicate about sthg / *l'entreprise communique sur son action dans le développement durable* the company communicates about its sustainable development initiatives.

❖ **se communiquer** ◆ vp *(emploi passif)* [être transmis - don, savoir, savoir-faire] to be passed on, to be handed down / *le vrai talent ne se communique pas* you can't teach people how to be talented. ◆ vpi [se propager - incendie] to spread ; [- maladie] to spread, to be passed on ▸ **se communiquer à** to spread to / *sa peur risque de se communiquer à tout son entourage* he's likely to make everyone else as frightened as he is.

communisant, e [kɔmynizɑ̃, ɑ̃t] ◆ adj Communistic / *un journal communisant* a paper with Communist sympathies. ◆ nm, f Communist sympathizer, fellow traveller.

communisme [kɔmynism] nm Communism.

communiste [kɔmynist] ◆ adj Communist / *le parti communiste* the Communist party. ◆ nmf Communist.

commutable [kɔmytabl] adj **1.** [éléments] commutable **2.** DR = **commuable.**

commutateur [kɔmytatœʀ] nm ÉLECTR & ÉLECTRON [de circuits] changeover switch, commutator ; [interrupteur] switch ▸ **actionner un commutateur a)** [pour allumer] to switch on **b)** [pour éteindre] to switch off ▸ **commutateur de données** data switch.

commutatif, ive [kɔmytatif, iv] adj **1.** MATH commutative **2.** LING commutable **3.** DR commutative.

commutation [kɔmytasjɔ̃] nf **1.** [substitution] commutation, substitution ; LING & MATH commutation **2.** DR ▸ **commutation de peine** commutation of a sentence **3.** ÉLECTR & ÉLECTRON commutation, switching / *une commutation permet de passer automatiquement sur piles* it switches itself on to battery **4.** INFORM & TÉLÉC switch-over, switching ▸ **commutation de bande / circuits** tape / circuit switching.

commutativité [kɔmytativite] nf **1.** MATH commutativity **2.** LING commutability.

commutatrice [kɔmytatʀis] nf rotary converter.

commuter [3] [kɔmyte] ◆ vt **1.** LING to substitute, to commute **2.** MATH to commute ▸ **commuter A et B** to commute A and ou with B **3.** ÉLECTR to commutate. ◆ vi **1.** MATH to commute **2.** LING to substitute, to commute.

Comores [kɔmɔʀ] npr fpl ▸ **les Comores** the Comoro Islands, the Comoros ▸ **aux Comores** in the Comoro Islands. ⟶ **île**

comorien, enne [kɔmɔʀjɛ̃, ɛn] adj Comoran, Comorian.

❖ **Comorien, enne** nm, f Comoran, Comorian.

compacité [kɔ̃pasite] nf compactness.

compact, e [kɔ̃pakt] adj **1.** [dense - matière] solid, dense ; [- foule] dense, packed ; [- poudre] pressed, compacted **2.** [ski] short **3.** AUDIO, AUTO & PHOT compact **4.** MATH compact.

❖ **compact** nm **1.** [ski] short ski **2.** *vieilli* [poudre] pressed powder **3.** [disque] compact disc, CD / *disponible en compact* available on CD **4.** [appareil photo] compact (camera).

compactage [kɔ̃paktaʒ] nm **1.** [technique] compacting *(U)* **2.** [résultat] compaction.

Compact Disc® [kɔ̃paktdisk] (*pl* **Compact Discs**) nm compact disc, CD.

compacte [kɔ̃pakt] nf compact car.

compacter [kɔ̃pakte] vt [gén] to compact ; INFORM [données] to compress.

compacteur [kɔ̃paktœʀ] nm road roller, steamroller.

compagne [kɔ̃paɲ] nf **1.** [camarade] (female) companion / *compagne de classe / jeux* (female) classmate / playmate / *elle a été ma compagne d'infortune* she suffered with me, she was my companion in misery **2.** [épouse] wife ; [concubine] girlfriend **3.** [animal domestique] companion / *sa chatte est une fidèle compagne* her cat is a faithful companion.

compagnie [kɔ̃paɲi] nf **1.** [présence] company / *sa compagnie m'est insupportable* I can't stand her company ou being with her / *elle avait un chien pour toute compagnie* her dog was her only companion ▸ **être d'une compagnie agréable / sinistre** to be a pleasant / gloomy companion ▸ **être de bonne / mauvaise compagnie** to be good / bad company ▸ **être en bonne / mauvaise compagnie** to be in good / bad company / *je te laisse en bonne compagnie* I leave you in good hands ▸ **tenir compagnie à qqn** to keep sb company / *il te faudrait de la compagnie* you need some company / *tu sais, je me passerais bien de compagnie!* I could do with being left alone, you know! / *il n'aime pas la compagnie* he doesn't enjoy company ou being with people **2.** [groupe] party, company, gang / *une joyeuse compagnie* a lively company ou group ou gang / *toute la compagnie était là* the whole gang was there **3.** COMM & INDUST company ▸ **compagnie aérienne** airline (company) ▸ **compagnie d'assurances** insurance company ▸ **compagnie maritime** shipping company ou line ▸ **Michel Darot et compagnie** *pr* Michel Darot and Company ▸ **tout ça, c'est mensonge / arnaque et compagnie** *fam & fig* that's nothing but a pack of lies / a swindle **4.** THÉÂTRE ▸ **compagnie (théâtrale)** (theatre) group ou company ou troupe **5.** ZOOL [de sangliers] herd ; [de perdreaux] covey, flock **6.** MIL company ▸ **compagnie de chars** tank brigade ▸ **compagnie d'éclairage et d'appui** lighting and support company **7.** [dans des noms d'organisations] ▸ **Compagnie de Jésus** Society of Jesus ▸ **Compagnies républicaines de sécurité** ≃ SAS UK ; ≃ state troopers US.

❖ **de compagnie** ◆ loc adj [animal] domestic. ◆ loc adv *sout* [voyager] together.

❖ **en compagnie de** loc prép accompanied by, (in company) with.

compagnon [kɔ̃paɲɔ̃] nm **1.** [camarade] companion ▸ **compagnon d'armes** brother ou comrade in arms ▸ **compagnon de bord** shipmate ▸ **compagnon de captivité** companion in captivity ▸ **compagnon de cellule** cellmate ▸ **compagnon d'exil** fellow exile ▸ **compagnon de jeux** playmate ▸ **compagnon de route** ou **voyage** travelling companion / *compagnon de table* table companion ▸ **compagnon d'infortune** companion in misfortune **2.** [époux] husband, companion ; [ami, concubin] boyfriend ▸ **mon compagnon** my companion **3.** [animal] friend / *il a un chien pour tout compagnon* his only friend is a dog **4.** [franc-maçon] companion **5.** [ouvrier] ▸ **Compagnon du Tour de France** journeyman, apprentice **6.** HIST ▸ **Compagnon de la Libération** (French) Resistance fighter **7.** INDUST unskilled worker ou labourer **8.** BOT ▸ **compagnon rouge / blanc** red / white campion.

compagnonnage [kɔ̃paɲɔnaʒ] nm HIST **1.** [chez un maître] ≃ apprenticeship **2.** [association] guild.

comparabilité [kɔ̃paʀabilite] nf comparability.

comparable [kɔ̃paʀabl] adj comparable, similar / *on aboutit à des résultats comparables* we arrive at similar results / *comparons ce qui est comparable* let's compare like with like ▸ **ce n'est pas comparable** there's no comparison / *je n'ai jamais rien goûté de comparable* I've never tasted anything like it / *une fonction comparable à celle de comptable* a function comparable with ou similar to that of an accountant.

comparais v ⟶ **comparaître.**

comparaison [kɔ̃paʀɛzɔ̃] nf **1.** [gén] comparison ▸ **faire la** ou **une comparaison entre deux ordinateurs** to compare two computers / *c'est sans comparaison avec le mien* it cannot possibly be compared with mine / *elle est, sans comparaison, la plus grande chanteuse du moment* she's by far our best contemporary singer ▸ **aucune comparaison!** there's no comparison! ▸ **point de comparaison** point of comparison / *comment décider sans avoir un point de comparaison?* how can you possibly make up your mind without some means of comparison? ▸ **supporter** ou **soutenir la comparaison avec qqch** to bear ou to stand comparison with sthg **2.** [figure de style] comparison, simile ▸ **adverbe de comparaison** comparative adverb.

❖ **en comparaison de, en comparaison avec** loc prép in comparison ou as compared with, compared to.

comparaître, comparaitre* [91] [kɔ̃paʀɛtʀ] vi to appear ▸ **comparaître en justice** to appear before a court ▸ **appelé** ou **cité à comparaître** summoned to appear ▸ **faire comparaître qqn devant un tribunal** to bring sb before a court.

comparant, e [kɔ̃paʀɑ̃, ɑ̃t] ◆ adj appearing before the court. ◆ nm, f *person appearing before the court.*

comparateur [kɔ̃paʀatœʀ] nm comparator.

comparatif, ive [kɔ̃paʀatif, iv] adj comparative ▸ **étude comparative** comparative study.

❖ **comparatif** nm comparative ▸ **comparatif de supériorité / d'infériorité** comparative of greater / lesser degree.

comparatisme [kɔ̃paʀatism] nm **1.** LING comparative linguistics **2.** LITTÉR comparative literature.

comparatiste [kɔ̃paʀatist] nmf **1.** LING specialist in comparative linguistics **2.** LITTÉR specialist in comparative literature.

comparativement [kɔ̃paʀativmɑ̃] adv comparatively, by ou in comparison.

comparé, e [kɔ̃paʀe] adj [littérature] comparative.

comparer [3] [kɔ̃paʀe] vt **1.** [confronter] to compare ▸ **comparer deux tableaux** to compare two pictures ▸ **comparer un livre à** ou **avec un autre** to compare a book to ou with another / *comparez les prix avant d'acheter* compare prices before you buy / *il faut comparer ce qui est comparable* you must compare like with like **2.** [assimiler] ▸ **comparer qqch / qqn à** to compare sthg / sb to / *comme artiste, il ne peut être comparé à Braque* as an artist, he cannot compare with Braque / *je le compare toujours à Groucho Marx* he always reminds me of Groucho Marx.

❖ **se comparer** vp *(emploi passif)* : *ce sont deux choses qui ne se comparent pas* there can be no comparison between these two things.

❖ **se comparer à** vp + prép to compare o.s. with.

❖ **comparé à** loc prép compared to ou with, in comparison to ou with.

comparse [kɔ̃paʀs] nmf **1.** THÉÂTRE extra, walk-on ▸ **un rôle de comparse** a walk-on part **2.** *péj* [d'un brigand, d'un camelot] stooge.

compartiment [kɔ̃paʀtimɑ̃] nm **1.** RAIL compartment / *compartiment de 1re classe* first-class compartment **2.** [case - d'une boîte] compartment ; [- d'un sac] pocket **3.** [carreau] square **4.** NAUT tank **5.** INFORM ▸ **compartiment protégé** hold area.

❖ **à compartiments** loc adj [tiroir, classeur] divided into compartments.

compartimentage [kɔ̃paʀtimɑ̃taʒ] nm [d'une caisse, d'une armoire] partitioning ; [d'une administration, des connaissances] compartmentalization, fragmenting.

compartimentation [kɔ̃paʀtimɑ̃tasjɔ̃] nf = **compartimentage.**

compartimenter [3] [kɔ̃paʀtimɑ̃te] vt [caisse, armoire] to partition, to divide into compartments ; [administration, connaissances] to compartmentalize, to split into small units.

comparu [kɔ̃paʀy] pp ⟶ **comparaître.**

comparution [kɔ̃paʀysjɔ̃] nf appearance ▸ **comparution en justice** court appearance / *comparution en conseil de discipline* appearance before a disciplinary committee.

compas [kɔ̃pa] nm **1.** AÉRON & NAUT compass ▸ **compas gyroscopique** gyrocompass **2.** GÉOM (pair of) compasses ▸ **compas d'épaisseur** spring-adjusting callipers ▸ **compas à pointes sèches** dividers ▸ **compas de réduction** proportional compasses ▸ **avoir le compas dans l'œil** to be a good judge of distances / measurements, etc. / *le placard tient juste, tu as eu le compas dans l'œil!* the cupboard just fits, you judged that well!

❖ **au compas** loc adv **1.** NAUT by the compass **2.** [avec précision] with military precision.

compassé, e [kɔ̃pase] adj stiff, strait-laced.

* In reformed spelling (see p. 16-19).

compassion [kɔ̃pasjɔ̃] nf compassion, sympathy ▸ **avec compassion** compassionately.

compassionnel, elle [kɔ̃pasjɔnɛl] adj compassional.

compatibilité [kɔ̃patibilite] nf compatibility ▸ **compatibilité sanguine** blood-group compatibility ou matching.

compatible [kɔ̃patibl] ◆ adj [gén, TECHNOL & INFORM] compatible / *leurs modes de vie ne sont pas compatibles* their life-styles are totally incompatible / *cela n'est pas compatible avec mon emploi du temps* this won't fit into my schedule ▸ **compatible MAC** Mac-compatible ▸ **compatible PC** PC-compatible. ◆ nm INFORM compatible.

compatir [32] [kɔ̃patiʀ] ❖ **compatir à** v + prép : *je compatis à votre douleur* I sympathize with you in your grief, I share in your grief ; *(en usage absolu)* ▸ **je compatis! a)** I sympathize! **b)** *iron* my heart bleeds!

compatissant, e [kɔ̃patisɑ̃, ɑ̃t] adj sympathetic, compassionate.

compatriote [kɔ̃patʀijɔt] nmf compatriot, fellow countryman (countrywoman).

compensable [kɔ̃pɑ̃sabl] adj **1.** [perte] that can be compensated, compensable US **2.** [chèque] clearable.

compensateur, trice [kɔ̃pɑ̃satœʀ, tʀis] adj **1.** [indemnité] compensating, compensatory **2.** [pendule] compensation *(modif).*

❖ **compensateur** nm **1.** [appareil] compensator **2.** AÉRON (trim) tab.

compensation [kɔ̃pɑ̃sasjɔ̃] nf **1.** [dédommagement] compensation / *je travaille dur mais il y a des compensations* I work hard but there are compensations **2.** FIN [de dettes] offsetting ; [de chèques] clearing **3.** ÉCOL ▸ **compensation carbone** carbon offset **4.** DR ▸ **compensation des dépens** sharing of the costs *(among different parties)* **5.** MÉD & PSYCHOL compensation ▸ **elle mange par compensation** she eats for comfort **6.** NAUT correction, adjustment **7.** AÉRON tabbing **8.** MÉCAN & PHYS balancing.

❖ **en compensation** loc adv as a ou by way of (a) compensation.

❖ **en compensation de** loc prép by way of compensation ou as compensation ou to compensate for.

compensatoire [kɔ̃pɑ̃satwaʀ] adj **1.** [qui équilibre] compensatory, compensating **2.** FIN countervailing.

compensé, e [kɔ̃pɑ̃se] adj **1.** MÉD compensated **2.** [semelle] ▸ **chaussures à semelles compensées** platform shoes **3.** COMM ▸ **publicité compensée** prestige advertising.

compenser [3] [kɔ̃pɑ̃se] vt **1.** [perte] to make up for *(insép)*, to offset / *rien ne compense la perte d'un ami* nothing makes up for the loss of a friend ; *(en usage absolu)* : *pour compenser, je l'ai emmenée au cinéma* to make up for it, I took her to the cinema / *au moins, le dîner était bon, cela compense* at least the meal was good, that makes up for it **2.** DR ▸ **compenser les dépens** to order each party to pay its own costs **3.** MÉD to compensate, to counterbalance ; PSYCHOL to compensate ; *(en usage absolu)* ▸ **il mange pour compenser** he eats for comfort **4.** MÉCAN & PHYS to balance **5.** NAUT to adjust, to correct **6.** FIN [dette] to offset, to balance out *(sép).*

❖ **se compenser** vp *(emploi réciproque)* to make up for one another.

> ⚠ **To compensate** ne peut être employé systématiquement pour traduire compenser.

compère [kɔ̃pɛʀ] nm **1.** [complice -d'un camelot] accomplice ; [-d'un artiste] stooge **2.** LITTÉR : *(mon) compère le lapin* Mister Rabbit.

compère-loriot [kɔ̃pɛʀlɔʀjo] *(pl* **compères-loriots)** nm MÉD sty, stye.

compétence [kɔ̃petɑ̃s] nf **1.** [qualification, capacité] competence / *j'ai des compétences en informatique* I have computer skills / *ses compétences en traduction* her skills as a translator / *avoir recours aux compétences d'un expert* to refer to an expert ▸ **cela n'entre pas dans mes compétences** ou **ce n'est pas de ma compétence a)** [cela n'est pas dans mes attributions] this doesn't come within my remit **b)** [cela me dépasse] that's beyond my competence ▸ **compétence de base** core skill **2.** DR competence ▸ **compétence territoriale** jurisdiction **3.** LING & MÉD competence.

compétent, e [kɔ̃petɑ̃, ɑ̃t] adj **1.** [qualifié] competent, skilful, skilled / *en cuisine, je suis assez compétente* I'm quite a good cook / *un ouvrier compétent* a competent worker ▸ **compétent en la matière** : *les gens compétents en la matière (qui savent)* people who know about ou are conversant with *sout* this topic / *seul le maire est compétent en la matière* [habilité] only the mayor is competent to act in this matter **2.** [approprié -service] relevant ▸ **les services compétents** the relevant departments, the departments concerned.

compétiteur, trice [kɔ̃petitœʀ, tʀis] nm, f **1.** [rival] ▸ **le compétiteur de qqn** sb's rival **2.** COMM & SPORT competitor.

compétitif, ive [kɔ̃petitif, iv] adj competitive / *leurs produits sont très compétitifs* their products are highly competitive ou very competitively priced ▸ **des prix très compétitifs** very good ou competitive prices / *leurs chaînes hi-fi sont à des prix compétitifs* their hi-fi equipment is competitively priced.

compétition [kɔ̃petisjɔ̃] nf **1.** [rivalité] competition, competing / *j'ai horreur de la compétition* I hate having to compete (with others) **2.** [niveau d'activité sportive] competition ▸ **faire de la compétition a)** [athlétisme] to take part in competitive events **b)** AUTO & NAUT to race ▸ **j'arrête la compétition** I'm giving up competitive sports ; *(comme adj inv)* : *elle a le niveau compétition en aviron* she's a top-level oarswoman ▸ **le cours compétition** [au ski] the advanced (ski) class **3.** [concours -en athlétisme, en natation] competition, event ; [-au tennis] tournament ; AUTO & NAUT competition, race.

❖ **de compétition** loc adj ▸ **des skis de compétition a)** [de descente] racing skis **b)** [de fond] eventing skis ▸ **sport de compétition** competitive sport.

❖ **en compétition** loc adv SPORT at competition level.

❖ **en compétition avec** loc prép competing ou in competition with.

compétitivité [kɔ̃petitivite] nf competitiveness.

compil [kɔ̃pil] (abr de **compilation**) nf *fam* compilation.

compilateur, trice [kɔ̃pilatœʀ, tʀis] nm, f **1.** *sout* [auteur] compiler **2.** *péj* [plagiaire] plagiarist.

❖ **compilateur** nm INFORM compiler.

compilation [kɔ̃pilasjɔ̃] nf **1.** [fait de réunir des textes] compiling ; [ensemble de textes, de morceaux de musique] compilation **2.** *péj* [plagiat] plagiarizing, synthesizing ; [ouvrage] (mere) compilation ou synthesis *péj* **3.** INFORM compilation.

compiler [3] [kɔ̃pile] vt **1.** [assembler] to put together *(sép)*, to assemble **2.** *péj* [suj: plagiaire] to borrow from **3.** INFORM to compile.

complainte [kɔ̃plɛ̃t] nf **1.** *litt* LITTÉR & MUS lament, plaint **2.** DR complaint.

complaire [110] [kɔ̃plɛʀ] ❖ **complaire à** v + prép *litt* ▸ **complaire à qqn** to please sb. ❖ **se complaire** vpi ▸ **se complaire dans qqch** to revel ou to delight ou to take pleasure in sthg / *il se complaît dans son malheur* he wallows in his own misery ▸ **se complaire à dire / faire qqch** to take great pleasure in saying / doing sthg.

complaisamment [kɔ̃plɛzamɑ̃] adv **1.** [avec amabilité] kindly, obligingly **2.** *péj* [avec vanité] smugly, complacently, with self-satisfaction.

complaisance [kɔ̃plɛzɑ̃s] nf **1.** [amabilité] kindness, obligingness ▸ **avec complaisance** kindly, obligingly **2.** [vanité] complacency, smugness, self-satisfaction ▸ **avec complaisance** smugly, complacently **3.** [indulgence -des parents] laxity, indulgence ; [-d'un tribunal, d'un juge] leniency, indulgence ; [-d'un mari] connivance.

❖ **complaisances** nfpl favours.

❖ **de complaisance** loc adj ▸ **certificat** ou **attestation de complaisance** phoney certificate *(given to please the person concerned)* ▸ **billet de complaisance** COMM accommodation bill.

❖ **par complaisance** loc adv out of sheer politeness, purely ou merely to be polite.

complaisant, e [kɔ̃plɛzɑ̃, ɑ̃t] adj **1.** [aimable] kind ; [serviable] obliging, complaisant **2.** [vaniteux] smug, self-satisfied, complacent / *prêter une oreille complaisante aux éloges* to lap up praise **3.** [indulgent -parents] lax, indulgent ; [-juge, tribunal] indulgent, lenient / *elle a un mari complaisant* her husband turns a blind eye to her infidelities.

complaisons v ⟶ **complaire.**

complément [kɔ̃plemɑ̃] nm **1.** [supplément] : *un complément d'information est nécessaire* further ou additional information is required ▸ **demander un complément d'enquête** to order a more extensive inquiry **2.** [reste] rest, remainder / *voici 40 euros, vous aurez le complément ce soir* here's 40 euros, you'll get the remainder tonight **3.** MÉD complement ▸ **fixation** ou **déviation du complément** complement fixation ▸ **complément inactivé** complementoid **4.** MATH complement **5.** LING complement ▸ **complément (d'objet) direct / indirect** direct / indirect object ▸ **complément d'agent** agent ▸ **complément de comparaison** comparative expansion ▸ **complément circonstanciel** adverbial phrase **6.** ADMIN ▸ **complément familial** means-tested family allowance *(for parents with three children above the age of three).*

complémentaire [kɔ̃plemɑ̃tɛʀ] ◆ adj **1.** [supplémentaire -information] additional, further **2.** [industries, couleurs] complementary **3.** LING & MATH complementary **4.** ÉCON complementary **5.** HIST & ÉDUC ▸ **cours complémentaire** ≃ secondary modern school. ◆ nm MATH complementary.

complémentarité [kɔ̃plemɑ̃taʀite] nf **1.** [fait de se compléter] complementarity / *la complémentarité du jaune et du violet* the complementary qualities of yellow and purple **2.** ÉCON complementarity.

complet, ète [kɔ̃plɛ, ɛt] adj **1.** [qui a tous ses éléments -série, collection, parure] complete, full ; [-œuvre] complete / *la panoplie n'est pas complète* there's something missing from the set ▸ **café / thé complet** COMM continental breakfast with coffee / tea ▸ **change complet** disposable nappy UK ou diaper US **2.** [approfondi -compte-rendu, description] full, comprehensive ; [-analyse, examen] thorough, full / *une lecture complète du manuscrit* a thorough ou an in-depth reading of the manuscript **3.** [entier] full / *nous resterons un mois complet* we'll stay a full month / *le ticket est valable pour la journée complète* the ticket is valid for the whole day **4.** [bondé -bus, métro, stade] full / **'complet' a)** [hôtel] 'no vacancies' **b)** [parking] 'full' ▸ **nous sommes complets** [salle de concert, théâtre, restaurant] we're (fully) booked **5.** [parfait -homme, artiste] all-round *(avant nom)*, complete ▸ **un sportif complet** an all-round athlete **6.** [total, absolu -silence] total, absolute ; [-repos] complete ; [-échec] total / *ils vivent dans la pauvreté la plus complète* they live in utter ou absolute ou abject poverty ▸ **un fiasco complet** a complete (and utter) disaster ▸ **c'est complet!** that's all we needed!, that's the last straw!, that caps it all! **7.** [fournissant tout le nécessaire] : *la natation est un sport complet* swimming is an all-round sport / *le lait est un aliment complet* milk is a complete food, milk contains all the necessary nutrients **8.** CULIN [pain, farine, spaghetti] wholemeal ; [riz] brown **9.** BOT complete.

❖ **complet** nm VÊT ▸ **complet, complet-veston** (man's) suit.

❖ **au (grand) complet** loc adj ▸ **(toute) l'équipe au complet** the whole team / *mes amis étaient là au complet* all my friends showed up / *tous les documents au complet* the complete set of documents / *les couverts ne sont pas au complet* there are some knives and forks missing.

complète [kɔ̃plɛt] f ⟶ **complet.**

complètement [kɔ̃plɛtmɑ̃] adv **1.** [totalement] completely, totally / *une maison complètement refaite* a completely renovated house ▸ **c'est complètement faux** it's totally ou completely wrong ▸ **complètement nu** stark naked / *il n'est pas complètement responsable* he's not wholly to blame / *sa thèse est complètement terminée* her thesis is completely finished / *le jeu les a complètement ruinés* gambling left them totally penniless **2.** [vraiment] absolutely ▸ **elle est complètement folle** she's stark raving mad ▸ **je suis complètement d'accord** I absolutely ou totally agree / *il est complètement fou d'elle!* he's absolutely mad about her!

compléter [18] [kɔ̃plete] vt **1.** [ajouter ce qui manque à - collection, dossier] to complete ; [- somme, remboursement] to make up *(sép)* / *il a complété sa collection par un Van Gogh* he completed his collection with a painting by Van Gogh **2.** [approfondir - analyse, notes, formation] to complete ; [- enquête] to finish, to complete **3.** [constituer le dernier élément de] to complete, to finish ou to round off *(sép)* / *un index complète le guide* the guide is completed by an index / *pour compléter le tout* to cap ou to crown it all.

❖ **se compléter** ◆ vp *(emploi passif)* : *ma collection se complète peu à peu* my collection will soon be complete. ◆ vp *(emploi réciproque)* to complement (one another) / *le vin et le fromage se complètent parfaitement* wine complements cheese perfectly.

✐ In reformed spelling (see p. 16-19), this verb is conjugated like **semer**: **elle complètera, il compléterait.**

complétif, ive [kɔ̃pletif, iv] adj ▸ **proposition complétive** noun clause.

❖ **complétive** nf noun clause.

complétion [kɔ̃plesjɔ̃] nf completion.

complétive f ⟶ **complétif.**

complétude [kɔ̃pletyd] nf *sout* [fait d'être complet] completeness.

complexe [kɔ̃plɛks] ◆ adj **1.** [compliqué - processus, trajet] complicated ; [- caractère, personne] complex, complicated / *pour des raisons complexes* for complex reasons **2.** LING & MATH complex. ◆ nm **1.** PSYCHOL complex ▸ **avoir des complexes** *fam* to be hung up ▸ **complexe d'infériorité** / **de supériorité** / **d'Œdipe** inferiority / superiority / Oedipus complex **2.** CONSTR & ÉCON complex ▸ **complexe hospitalier** / **industriel** medical / industrial complex ▸ **un grand complexe hôtelier** a large hotel complex ▸ **un complexe touristique** a tourist centre **3.** CHIM & MATH complex.

❖ **sans complexe(s)** ◆ loc adj **1.** [simple] natural **2.** *péj* [sans honte] uninhibited / *elle est sans complexe, celle-là!* she's so brazen! ◆ loc adv **1.** [sans manières] quite naturally ou simply, uninhibitedly **2.** *péj* [avec sans gêne] uninhibitedly / *elle s'est ruée sur le buffet sans complexe* she went straight for the buffet quite unashamedly.

complexé, e [kɔ̃plɛkse] ◆ adj neurotic / *elle est complexée par son poids* she has a complex about her weight. ◆ nm, f : *c'est un complexé* he has a lot of complexes.

complexer [4] [kɔ̃plɛkse] vt **1.** [personne] : *arrête, tu vas le complexer* stop, you'll give him a complex **2.** CHIM to unite into a complex.

complexification [kɔ̃plɛksifikasjɔ̃] nf complexification.

complexifier [9] [kɔ̃plɛksifje] vt to complicate, to make more complex.

complexion [kɔ̃plɛksjɔ̃] nf *litt* constitution / *être de complexion robuste* / *délicate* to have a healthy / delicate constitution.

complexité [kɔ̃plɛksite] nf complexity.

complication [kɔ̃plikasjɔ̃] nf **1.** [problème] complication / *oui mais attendez, il y a une complication* yes but wait, it's more complicated than you think / *tu cherches des complications là où il n'y en a pas* you're reading more into it than is justified / *pourquoi faire des complications?* why make things more difficult than they need be? **2.** [complexité] complicatedness, complexity ▸ **elle aime les complications** she likes things to be complicated.

❖ **complications** nfpl MÉD complications / *s'il n'y a pas de complications, il s'en sortira* if no complications set in ou arise, he'll pull through.

complice [kɔ̃plis] ◆ adj [regard, sourire, silence] knowing ▸ **être complice de qqch** to be (a) party to sthg. ◆ nmf **1.** [malfrat] accomplice / *c'est un de leurs complices* he's in league with them **2.** [ami, confident] partner, friend / *sa femme et complice de tous les instants* his wife and constant companion **3.** [dans un spectacle, un canular] partner.

complicité [kɔ̃plisite] nf **1.** DR complicity ▸ **avec la complicité de qqn** with the complicity of sb, with sb as an accomplice **2.** [entente, amitié] : *elle lui adressa un sourire de complicité* she smiled at him knowingly, she gave him a knowing smile / *nous avons retrouvé ce très vieux film avec la complicité du réalisateur* we've unearthed this very old footage, with the kind help of the director.

❖ **en complicité avec** loc prép in collusion with.

complies [kɔ̃pli] nfpl complin, compline.

compliment [kɔ̃plimɑ̃] nm **1.** [éloge] compliment ▸ **faire un compliment à qqn** to pay sb a compliment, to pay a compliment to sb / *on m'a fait des compliments sur mon soufflé* I was complimented on my soufflé **2.** [félicitations] congratulations / *adresser des compliments au vainqueur* to congratulate the winner / *(je vous fais) mes compliments!* *iron* congratulations!, well done! **3.** [dans des formules de politesse] compliment / *mes compliments à votre épouse* my regards to your wife / *avec les compliments de l'auteur* with the author's compliments ▸ **compliments au chef!** *aussi hum* my compliments to the chef! **4.** [discours] congratulatory speech.

complimenter [3] [kɔ̃plimɑ̃te] vt **1.** [féliciter] to congratulate ▸ **complimenter qqn sur son succès** to congratulate sb on ou for having succeeded **2.** [faire des éloges à] to compliment / *Julie m'a complimentée sur* ou *pour ma robe* Julie complimented me on my dress.

complimenteur, euse [kɔ̃plimɑ̃tœʀ, øz] ◆ adj *litt* obsequious. ◆ nm, f flatterer.

compliqué, e [kɔ̃plike] ◆ adj **1.** [difficile à comprendre - affaire, exercice, phrase] complicated ; [- jeu, langue, livre, problème] difficult ; [- plan] intricate / *elle avait un nom compliqué* she had a real tongue-twister of a name / *c'est trop compliqué à expliquer* it's too hard to explain / *regarde, ce n'est pourtant pas compliqué!* look, it's not so difficult to understand! **2.** [ayant de nombreux éléments - appareil, mécanisme] complicated, complex, intricate **3.** [qui manque de naturel - personne] complicated ; [- esprit] tortuous / *que les rapports entre les gens sont compliqués!* relationships (between people) are complicated! **4.** MÉD ▸ **fracture compliquée** compound fracture. ◆ nm, f *fam* : *ta sœur, c'est une compliquée!* your sister certainly likes complications!

❖ **compliqué** nm : *c'est d'un compliqué!* it's so complicated!

compliquer [3] [kɔ̃plike] vt to complicate, to make (more) difficult ou complicated / *la pluie a compliqué la tâche des sauveteurs* the rain made things harder for the rescuers / *il me complique la vie* he makes things ou life difficult for me.

❖ **se compliquer** ◆ vpi **1.** [devenir embrouillé] to become (more) complicated / *ça se complique!* things are getting complicated!, the plot thickens! *hum* / *la situation se complique* the situation is becoming more and more involved **2.** MÉD to be followed by complications / *un rhume mal soigné peut se compliquer* an untreated cold can give rise to complications. ◆ vpt ▸ **se compliquer la vie** ou **l'existence** make life difficult for o.s. / *ne te complique donc pas la vie!* don't make life difficult for yourself!

complot [kɔ̃plo] nm **1.** POL plot ▸ **le complot des poudres** HIST the Gunpowder Plot **2.** [menées] plot, scheme.

comploter [3] [kɔ̃plɔte] ◆ vt to plot / *qu'est-ce que vous complotez tous les deux?* what are you two plotting?, what are you two up to? ◆ vi to be part of a plot / *punis pour avoir comploté* punished for their part in the plot ▸ **comploter de** to conspire to ▸ **comploter de tuer qqn** to conspire to kill sb, to plot sb's murder.

comploteur, euse [kɔ̃plɔtœʀ, øz] nm, f plotter.

complu [kɔ̃ply] pp ⟶ **complaire.**

compogravure [kɔ̃pɔgʀavyʀ] nf IMPR typesetting.

componction [kɔ̃pɔ̃ksjɔ̃] nf **1.** [gravité affectée] gravity, solemnity ▸ **avec componction** with solemnity **2.** RELIG compunction, contrition.

comportement [kɔ̃pɔʀtəmɑ̃] nm **1.** [attitude] behaviour UK, behavior US ▸ **comportement d'achat** buying patterns ▸ **comportement alimentaire** eating habits ▸ **trouble du comportement alimentaire** eating disorder ▸ **comportement sexuel** sexual behaviour **2.** AUTO & SCI [d'un véhicule] performance, behaviour UK, behavior US ; [de pneus] performance ; [d'une molécule] behaviour UK, behavior US.

comportemental, e, aux [kɔ̃pɔʀtəmɑ̃tal, o] adj **1.** [relatif à la façon d'être] behaviour *(modif)* UK, behavior US, behavioural UK, behavioral US **2.** PSYCHOL behaviourist UK, behaviorist US.

comportementalisme [kɔ̃pɔʀtəmɑ̃talism] nm behaviourism UK, behaviorism US.

comporter [3] [kɔ̃pɔʀte] vt **1.** [être muni de] to have, to include / *l'immeuble ne comporte pas d'escalier de secours* the building doesn't have a fire escape **2.** [être constitué de] to be made up ou to consist of / *la maison comporte trois étages* it's a three-storey house **3.** [contenir] to contain / *le reportage comporte des interviews inédites* the report contains original interviews **4.** [entraîner] to entail, to imply / *c'est un voyage qui comporte des risques* it's a risky trip / *tout métier comporte des inconvénients* every profession has its disadvantages / *elle a choisi l'aventure, avec tout ce que cela comporte de dangers* she chose to lead a life of adventure with all the risks it entailed **5.** [permettre, admettre] to allow, to admit / *la règle comporte quelques exceptions* there are one or two exceptions to this rule.

❖ **se comporter** vpi **1.** [réagir - personne] to act, to behave / *tâche de bien te comporter* try to behave (yourself ou well) / *il s'est très mal comporté* he behaved very badly ▸ **se comporter en enfant** / **en adulte** to act childishly / like an adult / *comment se comporte-t-elle en classe?* how does she behave in class? **2.** [fonctionner - voiture, pneus] to behave, to perform ; [- molécule] to behave / *la voiture se comporte très bien sur verglas* the car handles very well on ice.

composant, e [kɔ̃pozɑ̃, ɑ̃t] adj **1.** [qui constitue] constitutive **2.** LING compound *(modif).*

❖ **composant** nm **1.** [élément] component, constituent **2.** CONSTR, INDUST & LING component ▸ **composant de base** base component.

❖ **composante** nf [gén, MATH & PHYS] component.

composé, e [kɔ̃poze] adj **1.** [formé d'un mélange - bouquet, salade] mixed, composite **2.** [affecté - attitude] studied / *un visage composé* a studied look **3.** BOT [feuille] compound ; [inflorescence] composite ▸ **fleur composée** composite (flower) **4.** ARCHIT composite **5.** LING [temps] compound *(modif)* ▸ **mot composé** compound (word) **6.** CHIM, ÉCON & MATH compound *(modif).*

❖ **composé** nm **1.** [ensemble] ▸ **composé de** mixture ou blend ou combination of **2.** CHIM & MATH compound **3.** LING compound (word).

❖ **composée** nf composite (flower) ▸ **les composées** the Compositae.

composer [3] [kɔ̃poze] ◆ vt **1.** [rassembler - équipe, cabinet] to form, to select (the members of) ; [- menu] to prepare, to put together *(sép)* ; [- bouquet] to make up *(sép)* / *composer un plateau de fromages* to prepare a selection of cheeses **2.** [écrire - roman, discours] to write ; [- poème, symphonie] to compose ; [- programme] to draw up *(sép)*, to prepare / *une chanson que j'ai composée en cinq minutes* / *une nuit* a song I dashed off in five minutes / composed in one night **3.** [faire partie de] to (go to) make up *(insép)* / *les personnes qui composent le gouvernement* the politicians who make up the government ▸ **être composé de** to be made up of, to consist of **4.** *litt* [apprêter, étudier - attitude] : *composer son visage* to compose one's features ▸ **composer**

son personnage to create an image for o.s. **5.** TÉLÉC [numéro de téléphone] to dial ; [code] to key (in) **6.** IMPR to set. ◆ vi **1.** [transiger] to compromise / *entre époux, il faut composer* there must be a certain amount of give and take between husband and wife / *tu ne sais pas composer* you're (too) uncompromising ▸ **composer avec qqn / sa conscience** to come to a compromise with sb / one's conscience **2.** ÉDUC to take an exam ▸ **composer en histoire** to take a history test ou exam **3.** MUS : *il ne compose plus depuis des années* he hasn't composed ou written anything for years ▸ **il compose** he writes music.

❖ **se composer** vpt : *se composer un visage de circonstance* to assume an appropriate expression.

❖ **se composer de** vp + prép to be made up ou composed of / *l'équipe se compose de onze joueurs* the team is made up of ou comprises eleven players / *le noyau se compose d'un proton et d'un neutron* the nucleus is made up of ou is composed of a proton and a neutron.

composeuse [kɔ̃pozøz] nf typesetter.

composite [kɔ̃pozit] ◆ adj **1.** [mobilier, population] heterogeneous, mixed, composite ; [foule, assemblée] mixed **2.** ARCHIT & TECHNOL composite. ◆ nm ARCHIT composite order.

compositeur, trice [kɔ̃pozitœʀ, tʀis] nm, f **1.** MUS composer **2.** IMPR compositor, typesetter.

composition [kɔ̃pozisjɔ̃] nf **1.** [fabrication, assemblage -d'un produit, d'un plat, d'un menu] making up, putting together ; [-d'un bouquet] making up, arranging ; [-d'une équipe, d'une assemblée, d'un gouvernement] forming, formation, setting up ▸ **composition florale** flower arrangement **2.** [écriture -d'une symphonie] composition ; [-d'un poème, d'une lettre] writing ; [-d'un programme] drawing up **3.** [éléments -d'une assemblée, d'un gouvernement, d'un menu] composition ; [-d'un programme] elements / *quelle sera la composition du jury?* who will the members of the jury be?, who will make up the jury? ; CULIN, PHARM & CHIM composition / *des conservateurs entrent dans la composition du produit* this product contains preservatives / **'composition: eau, sucre, fraises'** 'ingredients: water, sugar, strawberries' **4.** ART & PHOT [technique, résultat] composition / *avoir le sens de la composition* to have a good eye for composition / *la composition est déséquilibrée* the composition is unbalanced **5.** IMPR typesetting, composition ▸ **composition automatique** ou **programmée** automatic typesetting **6.** LING compounding **7.** ÉDUC [dissertation] essay, composition ; [examen] test, exam, paper ▸ **composition française** French paper.

❖ **à composition** loc adv *sout* ▸ **amener qqn à composition** to lead sb to a compromise / *arriver* ou *venir à composition* to come to a compromise.

❖ **de bonne composition** loc adj accommodating, good-natured, easy-going.

❖ **de composition** loc adj [rôle] character *(modif).*

❖ **de ma composition, de sa composition** loc adj : *il a chanté une petite chanson de sa composition* he sang a little song he'd written / *je vais servir une ratatouille de ma composition* I'm going to serve my own version of ratatouille.

compost [kɔ̃pɔst] nm compost.

compostage [kɔ̃pɔstaʒ] nm **1.** [pour dater] datestamping **2.** [pour valider] punching **3.** AGR composting.

composter [3] [kɔ̃pɔste] vt **1.** [pour dater] to date stamp **2.** [pour valider] to punch **3.** AGR to compost.

composteur [kɔ̃pɔstœʀ] nm **1.** [dateur] datestamp **2.** [pour valider] ticket-punching machine **3.** INFORM ▸ **composteur de données** data cartridge.

compote [kɔ̃pɔt] nf CULIN ▸ **compote (de fruits)** stewed fruit, compote / *compote de pommes* stewed apples, apple compote.

❖ **en compote** loc adj **1.** [fruits] stewed / *elle ne mange que des fruits en compote* all she ever eats is stewed fruit **2.** *fam* [meurtri, détruit] smashed up / *j'ai les pieds en compote* my feet are killing me / *il a la figure en compote* his face has been beaten to a pulp.

compotée [kɔ̃pɔte] nf CULIN compote / *compotée d'oignons* onion compote.

compotier [kɔ̃pɔtje] nm fruit bowl.

compound [kɔ̃pund] adj inv compound *(modif).*

compréhensibilité [kɔ̃pʀeɑ̃sibilite] nf intelligibility.

compréhensible [kɔ̃pʀeɑ̃sibl] adj [intelligible] comprehensible, intelligible ; [excusable, concevable] understandable.

compréhensif, ive [kɔ̃pʀeɑ̃sif, iv] adj **1.** [disposé à comprendre] understanding **2.** PHILOS comprehensive.

> ⚠ **Comprehensive** signifie « exhaustif », « complet » et non compréhensif.

compréhension [kɔ̃pʀeɑ̃sjɔ̃] nf **1.** [fait de comprendre] comprehension, understanding / *des notes nécessaires à la compréhension du texte* notes that are necessary to understand ou for a proper understanding of the text / *nous testons leur rapidité de compréhension* we try to see how quickly they understand **2.** [bienveillance] sympathy, understanding / *être plein de compréhension* to be very understanding **3.** LING & MATH comprehension.

comprendre [79] [kɔ̃pʀɑ̃dʀ]

◆ vt

A. SAISIR, APPRÉCIER
B. INCLURE

A. SAISIR, APPRÉCIER **1.** [saisir par un raisonnement] to understand, to comprehend *sout* / *je ne comprends pas la logique de ce que tu dis* I don't understand the logic behind what you're saying / *ce que je n'arrive pas à comprendre c'est...* what I can't work out is... / *c'est simple, qu'y a-t-il à comprendre?* it's very plain, what is there to understand? / *il comprend vite mais il faut lui expliquer longtemps! hum* he's a bit slow on the uptake! / *c'est à n'y rien comprendre* it's just baffling ▸ **(c'est) compris? a)** [vous avez suivi] is it clear?, do you understand? **b)** [c'est un ordre] do you hear me! ▸ **(c'est) compris!** all right!, OK! ▸ **faire comprendre qqch à qqn a)** [le lui prouver] to make sthg clear to sb **b)** [l'en informer] to give sb to understand sthg / *je lui ai bien fait comprendre que tout était fini* I gave him to understand that it was all over ▸ **se faire comprendre a)** [mon exposé est-il clair?] *est-ce que je me fais bien comprendre?* is my explanation clear enough? **b)** [ton menaçant] do I make myself clear? ▸ **il a vite compris son malheur** ou **sa douleur!** *fig* it didn't take him long to understand that he was in trouble! / *quand j'ai vu la pile de dossiers, j'ai compris mon malheur* ou *ma douleur!* when I saw that great pile of files, I knew what I was in for! ; *(en usage absolu)* : *elle a fini par comprendre* [se résigner] she finally got the message / *ça va, j'ai compris, tu préfères que je m'en aille!* OK, I get the message, you want me to go! **2.** [saisir grâce à ses connaissances -théorie, langue] to understand / *pour comprendre le cubisme* in order to understand cubism / *elle comprend parfaitement le russe* she understands Russian perfectly / *se faire comprendre* to make o.s. understood / *je n'arrive pas à me faire comprendre en allemand* I can't make myself understood in German **3.** [saisir par une intuition] to understand, to realize / *il a compris qu'il était condamné* he understood ou realized he was doomed / *comprends-tu l'importance d'une telle décision?* do you realize how important a decision it is? / *je commence à comprendre où il veut en venir* I'm beginning to realize what he's after **4.** [admettre] to understand / *je comprends qu'on s'énerve dans les bouchons* it's quite understandable that people get irritable when caught in traffic jams / *je ne comprends pas qu'elle ne m'ait pas appelé* I don't understand why she didn't call me / *je n'arrive toujours pas à comprendre ce qui lui a pris* I still can't figure out what got into him ; *(en usage absolu)* : *elle n'a pas osé, il faut comprendre (aussi)!* she didn't dare, you have to put yourself in her shoes! **5.** [concevoir] to understand, to see / *voilà comment je comprends la vie!* now this is what I call living! / *c'est ainsi que je comprends le rôle* this is how I understand ou see the part ; *(en usage absolu)* [pour établir un lien avec l'interlocuteur] : *tu comprends?* you see?, you know? / *tu comprends, ce qui me plaît c'est de vivre à la campagne* you see, what I like is living in the country **6.** [avoir les mêmes sentiments que] to understand, to sympathize with / *je ne le comprendrai jamais* I'll never understand him / *elle comprend les jeunes* she understands young people / *je vous comprends, cela a dû être terrible* I know how you feel, it must have been awful / *je la comprends, avec un mari pareil!* I don't blame her with the sort of husband she's got! **7.** [apprécier] to have a feeling for, to understand / *un public qui comprend l'art abstrait* an audience that understands abstract art / *il ne comprend pas la plaisanterie* he can't take a joke.

B. INCLURE **1.** [être composé entièrement de] to contain, to be made up ou to be comprised ou to consist of / *la maison comprend cinq pièces* the house consists of five rooms / *la cérémonie comprend trois phases* the ceremony's made up of three (different) phases **2.** [être composé en partie de] to include, to contain / *l'équipe comprend trois joueurs étrangers* there are three foreign players in the team **3.** [englober -frais, taxe] to include / *si l'on comprend les cousins et cousines* if you include the cousins (as well) **4.** *(au passif)* [se situer] : *l'inflation sera comprise entre 5 % et 8 %* inflation will be (somewhere) between 5% and 8% / *la partie comprise entre la table et le mur* the section between the table and the wall.

❖ **se comprendre** ◆ vp *(emploi passif)* to be understandable / *c'est une réaction* / *un motif qui se comprend* it's an understandable response / motive / *cela se comprend, ça se comprend* that's quite understandable / *elle ne veut plus le voir, cela se comprend* understandably enough, she won't see him any more. ◆ vp *(emploi réciproque)* to understand one another / *nous nous sommes mal compris* we failed to understand ou we misunderstood each other. ◆ vp *(emploi réfléchi)* EXPR **je me comprends!** *fam* I know what I'm getting at (even if others don't)!

comprenette [kɔ̃pʀənɛt] nf *fam* ▸ **il n'a pas la comprenette facile, il a la comprenette dure** he's a bit slow (on the uptake).

comprennent, comprenons v ⟶ **comprendre.**

compresse [kɔ̃pʀɛs] nf compress, pack.

compresser [4] [kɔ̃pʀese] vt to pack (tightly) in, to pack in tight.

compresseur [kɔ̃pʀesœʀ] nm **1.** [d'un réfrigérateur] compressor **2.** MÉCAN supercharger **3.** TRAV PUB ▸ **(rouleau) compresseur** steamroller.

compressibilité [kɔ̃pʀesibilite] nf **1.** MÉCAN & PHYS compressibility **2.** *fig* [flexibilité] : *cela dépend de la compressibilité des dépenses* it depends on how much expenditure can be cut down ou reduced.

compressible [kɔ̃pʀesibl] adj **1.** MÉCAN & PHYS compressible **2.** *fig* [réductible] reducible / *commençons par les dépenses compressibles* let's begin with expenses that can be cut down ou reduced.

compressif, ive [kɔ̃pʀesif, iv] adj [bandage, appareil] compressive.

compression [kɔ̃pʀesjɔ̃] nf **1.** MÉCAN & PHYS compression **2.** [des dépenses, du personnel] reduction, cutting down / *procéder à une compression des effectifs* to cut down the workforce / *des compressions budgétaires* cuts ou reductions in the budget **3.** MÉD compression **4.** INFORM compression ▸ **compression des caractères** digit compression.

❖ **à compression (de vapeur)** loc adj compression *(modif).*

❖ **de compression** loc adj MÉCAN [pompe] compression *(modif).*

comprimable [kɔ̃pʀimabl] adj compressible.

comprimé, e [kɔ̃pʀime] adj compressed.

❖ **comprimé** nm tablet.

comprimer [3] [kɔ̃pʀime] vt **1.** [serrer -air, vapeur, gaz] to compress ; [-objets] to pack (in) tightly ; [-foin, paille] to compact, to press tight / *cette robe me comprime la taille* this dress is much too tight for me around the waist / *les voyageurs étaient comprimés dans le train* the travellers were jammed ou packed tight in the train **2.** [diminuer - dépenses] to curtail, to trim, to cut down *(sép)* ; [- effectifs] to trim ou to cut down *(sép)* **3.** [contenir - colère, joie, rire] to hold back *(sép)*, to suppress, to repress ; [- larmes] to hold back *(sép)* **4.** INFORM to pack **5.** MÉD to compress.

compris, e [kɔ̃pʀi, iz] ◆ pp ⟶ **comprendre.** ◆ adj **1.** [inclus - service, boisson] included / *800 € de loyer, charges comprises* 800 € rent, all maintenance charges included / *ils vivent à cinq, l'oncle compris* the five of them live together, the uncle included ▸ **non compris** not included / *service non compris* service not included, not inclusive of the service charge ▸ **y compris** included, including / *32 personnes y compris l'équipage* 32 people including the crew ou the crew included / *je travaille tous les jours y compris le dimanche* I work every day including Sundays ou Sundays included ; [dans les dates] inclusive / *je serai parti du premier au 15 compris* I'll be away from the first to the 15th inclusive **2.** [pensé] ▸ **bien compris** well thought-out. ◆ interj *fam* AÉRON & TÉLÉC ▸ **compris !** OK !

✧ **tout compris** loc adv net, all inclusive, all in UK / *on a payé 180 € tout compris* we paid 180 € all inclusive ou all in.

compromets v ⟶ **compromettre.**

compromettant, e [kɔ̃pʀɔmetɑ̃, ɑ̃t] adj [document, action] incriminating ; [situation] compromising / *évitez toute relation compromettante* avoid associating with anybody who might compromise you.

compromettre [84] [kɔ̃pʀɔmɛtʀ] ◆ vt **1.** [nuire à la réputation de] to compromise / *ils ont tenté de la compromettre* they tried to compromise her / *compromis par une vidéo sur Internet* compromised ou incriminated because of a video on the internet / *il est compromis dans l'affaire* he's implicated ou involved in the affair **2.** [mettre en danger - fortune, avenir, santé] to put in jeopardy, to jeopardize / *s'il pleut, notre sortie est compromise* if it rains, our outing is unlikely to go ahead. ◆ vi DR to compromise.

✧ **se compromettre** vp *(emploi réfléchi)* to risk ou to jeopardize one's reputation, to be compromised.

compromis [kɔ̃pʀɔmi] nm **1.** [concession] compromise ; [moyen terme] compromise (solution) / *faire des compromis* to make compromises / *trouver un compromis* to reach ou to come to a compromise **2.** DR ▸ **compromis de vente** provisional sale agreement.

compromission [kɔ̃pʀɔmisjɔ̃] nf base action, (piece of) dishonourable behaviour / *elle est prête à n'importe quelle compromission pour réussir* she will stoop to anything in order to succeed.

compromissoire [kɔ̃pʀɔmiswaʀ] adj arbitration *(modif)*.

comptabilisation [kɔ̃tabilizasjɔ̃] nf FIN : *faire la comptabilisation des recettes et des dépenses* to balance out credits and debits.

comptabiliser [3] [kɔ̃tabilize] vt **1.** FIN to list, to enter in the accounts **2.** [compter] to count / *je n'ai pas comptabilisé ses allées et venues* I didn't keep a record of his comings and goings / *comptabiliser les appels* to list ou to itemize phone calls.

comptabilité [kɔ̃tabilite] nf **1.** [profession] accountancy, accounting ▸ **faire de la comptabilité** to work as an accountant **2.** [comptes] accounts, books ▸ **faire sa comptabilité** to do one's books ou book-keeping ▸ **faire la comptabilité de qqn** to do sb's books ou book-keeping / *ma comptabilité est à jour* my books are ou my book-keeping is up-to-date **3.** [technique] accounting, book-keeping ▸ **comptabilité analytique** cost accounting ▸ **comptabilité à partie double** double-entry book-keeping **4.** [service, bureau] accounts (department) / *adressez-vous à la comptabilité* apply to the accounts department **5.** ÉCON & FIN ▸ **comptabilité nationale** national auditing ▸ **comptabilité publique** public finance.

comptable [kɔ̃tabl] ◆ adj **1.** FIN accounting *(modif)*, book-keeping *(modif)* **2.** LING count *(modif)*, countable **3.** *sout* [responsable] ▸ **être comptable (à qqn) de qqch** to be accountable ou answerable (to sb) for sthg. ◆ nmf accountant ▸ **comptable du Trésor public** Treasury official.

comptage [kɔ̃taʒ] nm counting ▸ **faire le comptage de** to count.

comptant [kɔ̃tɑ̃] ◆ adj m : *je lui ai versé 200 € comptants* I paid him 200 € in cash. ◆ adv cash ▸ **payer comptant** to pay cash / *acheter / vendre comptant* to buy / to sell for cash.

✧ **au comptant** loc adv cash *(adv)* ▸ **acheter / vendre au comptant** to buy / to sell for cash.

compte [kɔ̃t]

◆ nm

A. CALCUL, SOMME CALCULÉE
B. BANQUE & INFORMATIQUE
C. LOCUTIONS

A. CALCUL, SOMME CALCULÉE **1.** [opération] counting ▸ **faire le compte (de) a)** [personnes] to count (up) **b)** [dépenses] to add up / *ils ont fait le compte des absents* they counted (up) the number of people absent / *faites le compte vous-même* work it out (for) yourself / *quand on fait le compte...* when you reckon it all up... ▸ **compte à rebours** *pr & fig* countdown ▸ **commencer le compte à rebours** *pr & fig* to start the countdown **2.** [résultat] (sum) total / *j'ai le compte* I've got the right money / *je vous remercie, monsieur, le compte est bon* ou *y est !* thank you sir, that's right ! ▸ **il n'y a pas le compte a)** [personnes] they're not all here ou there, some are missing **b)** [dépenses] it doesn't add up ▸ **compte rond** : *cela fait un compte rond* that makes it a (nice) round sum ou figure / *cela ne fait pas un compte rond* it comes to an odd figure ▸ **faire bon compte** to be generous (when serving), to give generous helpings ▸ **faire mon / ton, etc., compte** : *comment fais-tu ton compte pour te tromper à chaque fois / pour que tout le monde soit mécontent ?* how do you manage to get it wrong every time / manage it so (that) nobody's satisfied ? / *mais comment a-t-il fait son compte ?* but how did he make such a mess of it ? **3.** [avantage] ▸ **trouver son compte** : *j'y trouve mon compte* I do well out of it, it works out well for me ▸ **il n'y trouvait pas son compte, alors il est parti a)** [il ne gagnait pas assez d'argent] he wasn't doing well enough out of it, so he left **b)** [dans une relation] he wasn't getting what he wanted out of it, so he left **4.** [dû] ▸ **demander son compte** to ask for one's wages ▸ **donner son compte à qqn** to give sb (his) notice ▸ **avoir son compte (de)** to have more than one's fair share ou more than enough (of) / *je n'ai pas mon compte de sommeil* I don't get all the sleep I need ou enough sleep / *avoir eu son compte d'ennuis* to have had one's fair share of trouble / *il a déjà son compte fam* [il a beaucoup bu] he's had quite enough to drink already, he's had a skinful ▸ **recevoir son compte a)** *pr* to get one's (final) wages **b)** *fam & fig* to get the sack UK ou one's marching orders ▸ **régler son compte à qqn a)** *pr* to pay sb off **b)** *fam & fig* to give sb a piece of one's mind / *je vais lui régler son compte ! fig* I'm going to give him a piece of my mind ! ▸ **régler ses comptes** [mettre en ordre ses affaires] to put one's affairs in order ▸ **régler ses comptes avec qqn a)** [le payer] to settle up with sb **b)** [se venger] to settle a score with sb ▸ **son compte est bon** *fam* he's had it, he's done for.

B. BANQUE & INFORMATIQUE **1.** [de dépôt, de crédit] account ▸ **compte bancaire** bank account ▸ **compte courant** current UK ou checking US account ▸ **compte client** client account ▸ **compte crédit** budget account ▸ **compte de dépôt** deposit UK ou savings US account ▸ **compte épargne** savings account ▸ **compte épargne logement** savings account *(for purchasing a property)* ▸ **compte joint** joint account ▸ **compte numéroté** numbered account **2.** [facture] bill, check US ▸ **faites-moi** ou **préparez-moi le compte** may I have the bill, please ? ▸ **régler un compte a)** [payer] to settle a bill **b)** [mettre au net une situation] to clear the air **c)** [se venger] to settle a score ou an old score **3.** [bilan] ▸ **compte de profits et pertes** profit and loss account ▸ **compte de résultat** profit and loss account **4.** INFORM & INTERNET account ▸ **compte utilisateur** user account ▸ **compte de courrier électronique** e-mail account.

C. LOCUTIONS ▸ **reprendre à son compte a)** [magasin] to take over in one's own name **b)** [idée, écrit] to adopt / *il a pris le repas à son compte* he paid for the meal ▸ **être** ou **travailler à son compte** to be self-employed / *il est à son compte* he's his own boss, he's set up on his own ▸ **à compte d'auteur** at the author's own expense ▸ **passer** ou **porter une somme en compte a)** [recette] to credit a sum **b)** [dépense] to debit a sum / *je suis en compte avec ton frère* I've got some business to settle with your brother / *nous sommes en compte, vous me réglerez tout à la fin* as we're doing business together, you may pay me in full at the end ▸ **demander des comptes à qqn** to ask sb for an explanation of sthg, to ask sb to account for sthg ▸ **rendre des comptes (à qqn)** to give ou to offer (sb) an explanation / *je n'ai de comptes à rendre à personne* I don't owe anybody any explanations, I don't have to justify my actions to anybody / *je n'ai pas de comptes à vous rendre* I don't have to justify myself to you ▸ **rendre compte de qqch à qqn a)** [s'en expliquer] to justify sthg to sb **b)** [faire un rapport] to give an account of sthg to sb / *si vous rencontrez des difficultés, rendez-en compte au chef d'équipe* if you have any difficulties, report to the team leader / *il est venu nous rendre compte de l'accident* he came to give us an account of the accident ▸ **devoir des comptes à qqn** to be responsible ou accountable to sb / *je ne dois de comptes à personne* I don't have to account for ou to justify my actions to anybody / *il ne te doit pas de comptes* he doesn't owe you any explanations ▸ **prendre qqch en compte** [prendre en considération] to take sthg into account ou consideration ▸ **se rendre compte de qqch** to realize sthg / *je ne me rendais pas compte de l'effort que cela lui avait coûté* I hadn't realized ou appreciated the effort she'd put into it / *te rends-tu compte de ce que tu fais ?* do you realize ou really understand what you're doing ? / *on lui a collé une étiquette dans le dos mais il ne s'en est pas rendu compte* somebody stuck a label on his back but he didn't notice / *non mais, tu te rends compte ! fam* [indignation] can you believe it ? ▸ **tenir compte de qqch** to take account of sthg, to take sthg into account ▸ **ne tenir aucun compte de qqch** to disregard sthg / *elle n'a pas tenu compte de mes conseils* she took no notice of ou ignored my advice / *si vous avez réglé récemment, ne tenez pas compte du présent rappel* if you have settled the account in the last few days, please ignore this reminder ▸ **compte tenu de** in view ou in the light of ▸ **compte non tenu de** leaving out, excluding.

✧ **comptes** nmpl accounts, accounting ▸ **faire / tenir les comptes** to do / to keep the accounts / *elle tient bien ses comptes* she keeps her accounts in good order / *j'ai mal fait mes comptes* I've made a mistake in my accounts ▸ **comptes consolidés** consolidated accounts ▸ **comptes d'apothicaire** : *faire des comptes d'apothicaire* to work things out to the last penny ou cent US ▸ **les bons comptes font les bons amis** *prov* pay your debts and you'll keep your friends.

✧ **à bon compte** loc adv [acheter] cheap, cheaply ▸ **s'en tirer à bon compte a)** [sans frais] to manage to avoid paying a fortune **b)** [sans conséquences graves] to get off lightly.

✧ **à ce compte, à ce compte-là** loc adv [selon ce raisonnement] looking at it ou taking it that way.

✧ **de compte à demi** loc adv [en partageant - les frais] sharing the expenses ou costs ; [- les bénéfices] sharing the profits, with a half-share of the profits.

✧ **pour compte** loc adv ▸ **laisser qqn pour compte** to neglect sb / *laisser des marchandises pour compte* to leave goods on a merchant's hands.

✧ **pour le compte** loc adv for the count / *il est resté à terre pour le compte* he was out for the count.

✧ **pour le compte de** loc prép for / *elle travaille pour le compte d'une grande société* she works for a large firm, she freelances for a large firm.

✧ **pour mon compte, pour son compte** loc adv for my / his, etc., part, as for me / him, etc. / *pour son compte, il la trouvait antipathique* as for him, he thought she was unpleasant.

✧ **sur le compte de** loc prép **1.** [à propos de] on, about, concerning / *on a dit bien des bêtises sur son* *compte* people talked a lot of nonsense about him **2.** EXPR **mettre qqch sur le compte de qqn** *pr* to put sthg on sb's bill ▸ **mettre qqch sur le compte de qqch** to put sthg down to sthg / *je mets ses excentricités sur le compte de sa jeunesse* I put her eccentric behaviour down to her youth.

◆ **tout compte fait, tous comptes faits** loc adv **1.** [en résumé] all in all, on balance, all things considered **2.** [après tout] thinking about it, on second thoughts.

compte(-)chèques [kɔ̃tʃɛk] (*pl* **comptes chèques** *ou* **comptes-chèques**) nm current UK ou checking US account ▸ **compte-chèques postal** *account held at the Post Office* ; ≃ giro account UK ▸ **les comptes-chèques postaux** *the banking service of the French Post Office* ; ≃ the Giro Bank UK.

compte-gouttes (*pl* **compte-gouttes**), **compte-goutte*** (*pl* **compte-gouttes***) [kɔ̃tgut] nm dropper.

◆ **au compte-gouttes, au compte-goutte*** loc adv *fam* very sparingly ▸ **payer qqn au compte-gouttes** to pay sb off in dribs and drabs ▸ **distribuer qqch au compte-gouttes** to dole sthg out / *ils les prêtent au compte-gouttes, leurs vidéos!* they don't like lending out too many videos at a time!

compter [3] [kɔ̃te] ◆ vt **1.** [dénombrer - objets, argent, personnes] to count / *avez-vous compté l'argent de la caisse / les absents?* have you counted the money in the till / the people who are absent? / *il s'est mis à compter les billets* he started to count the notes / *on peut compter* ou *on a vite compté les cadeaux qu'elle a faits!* *péj* you can count the presents she's given on the fingers of one hand! / *on ne compte plus ses bévues* we've lost count of his mistakes / *on ne compte plus ses crimes* she has committed countless ou innumerable crimes / *as-tu compté combien de jours elle a été absente?* have you counted the number of days she was missing ou absent? / *j'ai compté qu'il restait 100 euros dans la caisse* according to my reckoning there are 100 euros left in the till / *compter les heures / jours* [d'impatience] to be counting the hours / days / *il m'a compté absent / présent* *fam* he marked me (down as) absent / present ▸ **compter les points** *pr & fig* to keep score ▸ **compter qqch sur les doigts de la main** : *on peut les compter sur les doigts de la main* you can count them of the fingers of one hand ▸ **compter les côtes à qqn** : *on peut lui compter les côtes* he's as thin as a rake **2.** [limiter] to count (out) ▸ **le temps lui est compté a)** [il va mourir] his days are numbered **b)** [pour accomplir quelque chose] he's running out of time ▸ **ses jours sont comptés** his days are numbered ▸ **il ne comptait pas sa peine / ses efforts** he spared no pains / effort / *tu es toujours à compter tes sous!* you're always counting your pennies! / *il lui compte chaque sou* ou *son argent* *fig* he grudges her every penny ou US cent **3.** [faire payer] to charge for ▸ **compter qqch à qqn** to charge sb for sthg / *j'ai compté trois heures de ménage* I've charged for three hours' housework / *nous ne vous compterons pas la pièce détachée* we won't charge you ou there'll be no charge for the spare part / *le serveur nous a compté 5 euros de trop* the waiter has overcharged us by 5 euros, the waiter has charged us 5 euros too much **4.** [payer, verser] to pay / *il m'a compté deux jours à 40 euros* he paid me (for) two days at 40 euros **5.** [inclure] to count (in), to include / *dans le total nous n'avons pas compté le vin* wine has not been included in the overall figure / *tu as compté les boissons aussi?* did you count the drinks as well? **6.** [classer - dans une catégorie] ▸ **compter qqch / qqn parmi** to count sthg / sb among, to number sthg / sb among / *je compte ce livre parmi mes préférés* I count this book among my favourites **7.** [prendre en considération] to take into account, to take account of / *on vous comptera vos années d'ancienneté* your length of service will be taken into account / *et je ne compte pas la fatigue!* and that's without mentioning the effort! ▸ **compter qqn / qqch pour** : *nous devons compter sa contribution pour quelque chose* we must take some account of her contribution **8.** [avoir - membres, habitants] to have / *notre musée compte quelques tableaux rares* our museum has ou boasts several rare paintings / *la capitale compte deux millions d'habitants* the capital has two million inhabitants / *l'association compte maintenant 67 adhérents* the association now has ou numbers 67 members / *nous sommes heureux de vous compter parmi nous ce soir* we're happy to have ou to welcome you among us tonight / *il compte beaucoup d'artistes au nombre de* ou *parmi ses amis* he numbers many artists among his friends / *elle compte déjà cinq victoires dans des grands tournois* she's already won five big tournaments / *quand on compte 20 années de service* when you've been 20 years with the same company **9.** [s'attendre à] to expect / *je compte recevoir les résultats cette semaine* I'm expecting the results this week **10.** [avoir l'intention de] to intend ▸ **compter faire qqch** to intend to do sthg, to mean to do sthg, to plan to do sthg / *que comptes-tu faire ce soir?* what are your plans for ou what do you intend to do tonight? / *ils m'ont renvoyé — que comptes-tu faire maintenant?* I've been fired — what do you intend to do now? / *dis-lui ce que tu comptes faire* tell him what your intentions are ou what you have in mind / *nous comptions aller en Grèce cet été* we'd planned to go to Greece this summer **11.** [prévoir] to allow / *nous comptons une demi-bouteille de vin par personne* we allow half a bottle of wine per person / *il faut compter entre 20 et 30 € pour un repas* you have to allow between 20 and 30 € for a meal / *je compte qu'il y a un bon quart d'heure de marche / une journée de travail* I reckon there's a good quarter of an hour's walk / there's a day's work ; *(en usage absolu)* ▸ **compter juste** to skimp ▸ **compter large** to be generous / *deux canards pour 10 personnes? c'est compter un peu juste!* two ducks between 10 people? that's cutting it a bit fine! / *il faudra deux heures pour y aller, en comptant large* it will take two hours to get there, at the most **12.** SPORT [boxeur] to count out *(sép).* ◆ vi **1.** [calculer] to count, to add up ▸ **apprendre à compter** to learn to count / *ça fait 37 — je sais compter!* it's 37 — I do know how to count (thank you)! / *ne me dérange pas quand je compte* don't disturb me when I'm counting ▸ **compter jusqu'à 10** to count (up) to 10 / *compter sur ses doigts* to count on one's fingers / *compter avec une calculette* to add up with a calculator ▸ **compter vite** to add up quickly / *si je compte bien, tu me dois 58 euros* if I've counted right ou according to my calculations, you owe me 58 euros / *tu as dû mal compter* you must have got your calculations wrong, you must have miscalculated **2.** [limiter ses dépenses] to be careful (with money) / *ils sont obligés de compter maintenant* they have to be careful with money now / *c'est quelqu'un qui n'a jamais compté* he has never been one to worry about money ▸ **savoir compter** to be good at looking after one's money / *ne t'inquiète pas pour la tante, elle sait compter!* don't worry about the aunt, she knows how to look after her own interests ou her money! **3.** [importer] to count, to matter ▸ **ce qui compte, c'est ta santé / le résultat** the important thing is your health / the end result / *40 ans d'ancienneté, ça compte!* 40 years' service counts for something! / *une des personnes qui ont le plus compté dans ma vie* one of the most important people in my life / *tu comptes beaucoup pour moi* you mean a lot to me / *le médecin est un personnage qui compte dans le village* the doctor is a highly respected figure in the village / *je prendrai ma décision seule! — alors moi, je ne compte pas?* I'll make my own decision! — so I don't count ou matter, then? / *tu as triché, ça ne compte pas* you cheated, it doesn't count / *à l'examen, la philosophie ne compte presque pas* philosophy is a very minor subject in the exam / *compter double / triple* to count double / triple ▸ **compter pour** to count for / *compter pour quelque chose / rien* to count for something / nothing / *et moi, je ne compte pour rien?* what about me then? don't I count for ou mean anything? / *quand il est invité à dîner, il compte pour trois!* when he's invited to dinner he eats enough for three! ▸ **compter pour du beurre** *fam* to count for nothing / *et moi, dans tout ça, je compte pour du beurre?* so I don't count, then? **4.** [figurer] ▸ **compter parmi** to rank with, to be numbered among / *elle compte parmi les plus grands pianistes de sa génération* she is one of the greatest pianists of her generation.

◆ **compter avec** v + prép to reckon with / *désormais, il faudra compter avec l'opposition* from now on, the opposition will have to be reckoned with / *dans une course, il faut toujours compter avec le vent* in a race, the wind always has to be reckoned with.

◆ **compter sans** v + prép to fail to take into account, to fail to allow for / *il avait compté sans la rapidité de Jones* he had failed to take Jones' speed into account.

◆ **compter sur** v + prép [faire confiance à] to count ou to rely ou to depend on *(insép)* ; [espérer - venue, collaboration, événement] to count on *(insép)* / *on ne peut pas compter sur lui* he can't be relied on, you can't count ou rely ou depend on him / *c'est quelqu'un sur qui tu peux compter* he's / she's a reliable person / *je compte sur son aide* I'm counting on his help / *ne compte pas trop sur la chance* don't count ou rely too much on luck / *je vous le rendrai — j'y compte bien!* I'll give it back to you — I should hope so! / *je peux sortir demain soir? — n'y compte pas!* can I go out tomorrow night? — don't count ou bank on it! ▸ **il ne faut pas trop y compter** don't count on it, I wouldn't count on it ▸ **compter sur qqn / qqch pour** : *compte sur lui pour aller tout répéter au patron!* you can rely on him to go and tell the boss everything! / *si c'est pour lui jouer un mauvais tour, ne comptez pas sur moi!* if you want to play a dirty trick on him, you can count me out! / *ne compte pas sur moi pour que j'arrange les choses!* don't count on me to patch things up! ▸ **compte là-dessus (et bois de l'eau fraîche)!** *fam & iron* you must be joking!, dream on! / *tu me prêteras ta moto? — c'est ça, compte là-dessus (et bois de l'eau fraîche)!* will you lend me your motorbike? — you must be joking!

◆ **se compter** ◆ vp *(emploi passif)* to be counted / *les détournements de fonds se comptent par dizaines* there have been dozens of cases of embezzlement / *ses succès ne se comptent plus* her successes are innumerable ou are past counting. ◆ vp *(emploi réfléchi)* **1.** [s'estimer] to count ou to consider o.s. / *je ne me compte pas parmi les plus malheureux* I count myself as one of the luckier ones **2.** [s'inclure dans un calcul] to count ou to include o.s. / *non, nous sommes six — ah oui, j'avais oublié de me compter* no, there are six of us — oh yes, I forgot to count ou to include myself.

◆ **à compter de** loc prép as from ou of / *à compter du 7 mai* as from ou of May 7th / *à compter de ce jour, nous ne nous sommes plus revus* from that day on, we never saw each other again.

◆ **à tout compter** loc adv all things considered, all in all.

◆ **en comptant** loc prép including / *il faut deux mètres de tissu en comptant l'ourlet* you need two metres of material including ou if you include the hem.

◆ **sans compter** ◆ loc adv [généreusement] ▸ **donner sans compter** to give generously ou without counting the cost ▸ **se dépenser sans compter** to spare no effort. ◆ loc prép [sans inclure] not counting ; [sans parler de] to say nothing of, not to mention / *il y aura beaucoup de monde, sans compter ceux qui viennent sans prévenir* there'll be a lot of people, even without counting ou not to mention the ones who'll come without letting us know beforehand.

◆ **sans compter que** loc conj quite apart from the fact that / *il est trop tôt pour aller dormir, sans compter que je n'ai pas du tout sommeil* it's too early to go to bed, quite apart from the fact that I'm not at all sleepy.

◆ **tout bien compté** loc adv all things considered, all in all.

compte(-)rendu [kɔ̃tʀɑ̃dy] (*pl* **comptes rendus** *ou* **comptes-rendus**) nm [d'une conversation] account, report ; [d'une séance, d'un match, d'une visite professionnelle] report ; [d'un livre, d'un spectacle] review / *faire le compte-rendu d'un livre* to review a book / *faire le compte-rendu de la réunion* to report on the meeting ▸ **compte-rendu d'audience** court session record.

compte-tours (*pl* **compte-tours**), **compte-tour*** (*pl* **compte-tours***) [kɔ̃ttuʀ] nm rev counter, tachometer *spéc.*

compteur [kɔ̃tœʀ] nm [appareil] meter ; [affichage] counter ▸ **relever le compteur** to read the meter / *mettre le compteur à zéro* to set the counter on zero

* In reformed spelling (see p. 16-19).

/ remettre le compteur à zéro to reset the counter */ la voiture a 1 000 kilomètres au compteur* the car has 1,000 kilometres on the clock ▸ **compteur à gaz / d'eau / d'électricité** gas / water / electricity meter ▸ **compteur Geiger** Geiger counter ▸ **compteur kilométrique** milometer UK mileometer UK odometer US ▸ **compteur bloqué** *fam* [conduire, rouler] with one's foot to the floor, like a maniac ▸ **compteur de vitesse** speedometer ▸ **compteur volumétrique** volumeter ▸ **remettre les compteurs à zéro** to start from scratch again, to go back to square one.

comptine [kɔ̃tin] nf [chanson] nursery rhyme ; [formule] counting-out rhyme.

comptoir [kɔ̃twaʀ] nm **1.** [bar] bar */ j'ai pris un café au comptoir* I had a coffee at the bar ou counter **2.** [de magasin] counter **3.** [dans un hôtel, un aéroport] ▸ **comptoir de la réception** reception desk ▸ **comptoir d'enregistrement** check-in desk ou counter **4.** HIST trading post **5.** ÉCON trading syndicate **6.** BANQUE bank branch ▸ **comptoir national d'escompte** national discount branch **7.** SUISSE [foire] fair *(where items are exhibited and sold)*.

compulser [3] [kɔ̃pylse] vt to consult, to refer to *(insép)*.

compulsif, ive [kɔ̃pylsif, iv] adj PSYCHOL compulsive.

compulsion [kɔ̃pylsjɔ̃] nf PSYCHOL compulsion.

compulsionnel, elle [kɔ̃pylsjɔnɛl] adj PSYCHOL compulsive.

computation [kɔ̃pytasjɔ̃] nf computation (of time).

computer [kɔ̃pjutœʀ], **computeur** [kɔ̃pytœʀ] nm computer.

comtal, e, aux [kɔ̃tal, o] adj of a count, of an earl UK

comtat [kɔ̃ta] nm county.

comte [kɔ̃t] nm count, earl */* **'le Comte de Monte-Cristo'** *Dumas* 'The Count of Monte Christo' ▸ **le Comte de Paris** *title of the present claimant to the French throne.*

comté [kɔ̃te] nm **1.** [territoire d'un comte] earldom **2.** [division géographique] county **3.** [fromage] comté (cheese).

comtesse [kɔ̃tɛs] nf countess.

comtoise [kɔ̃twaz] nf [horloge] grandfather ou long-case clock.

con, conne [kɔ̃, kɔn] *tfam* ◆ adj **1.** [stupide] bloody UK ou damn stupid ; [irritant] bloody UK ou damn irritating ! */ ce que c'est con* it's so bloody UK ou damn stupid ! */ ce que t'es con !* you're so bloody stupid UK ou so dumb US */ il n'est pas con !* he's no fool ! */ qu'est-ce qu'elle est conne !* God she's stupid ! ▸ **con comme un balai** ou **la lune** ou **un manche** thick as two short planks UK as dumb as they come US ▸ **se retrouver tout con** to look an idiot, to end up looking stupid */ quand sa perruque s'est envolée, il s'est retrouvé tout con* he looked a real fool when his wig blew off **2.** [regrettable] silly, stupid */ c'est vraiment con que t'aies pas pu le prévenir !* it's really stupid that you weren't able to let him know in time ! ◆ nm, f [personne stupide] bloody UK ou goddam US fool */ pauvre con !* you prat UK ou schmuck US ! */ pauvre conne !* silly bitch ! */ bande de cons !* (what a) load of jerks ! */ le roi des cons* a complete and utter prat UK ou jerk US */ faire le con* to arse around UK to screw around US */ fais pas le con avec ce rasoir !* put that bloody UK ou goddam US razor down !

❖ **con** nm *vulg* cunt.

❖ **à la con** loc adj *tfam* **1.** [stupide] bloody UK ou damn US stupid */ c'est une histoire à la con* it's a bloody stupid story **2.** [de mauvaise qualité] crappy, shitty */ j'en ai ras le bol de cette bagnole à la con !* I'm fed up with this bloody UK ou goddam US car !

Conakry [kɔnakʀi] npr Conakry, Konakri.

conard [kɔnaʀ] *vulg* = **connard.**

conasse [kɔnas] *vulg* = **connasse.**

concassage [kɔ̃kasaʒ] nm [de la pierre, du sucre] crushing, pounding ; [du poivre] grinding.

concassé, e [kɔ̃kase] adj [poivre] coarse-ground ▸ **blé concassé** cracked wheat.

concasser [3] [kɔ̃kase] vt [pierre, sucre] to crush, to pound ; [poivre] to grind.

concasseur [kɔ̃kasœʀ] ◆ adj m crushing ▸ **cylindre concasseur** crushing cylinder. ◆ nm crusher.

concaténation [kɔ̃katenasjɔ̃] nf concatenation.

concave [kɔ̃kav] adj concave.

concavité [kɔ̃kavite] nf **1.** [fait d'être concave] concavity **2.** [creux] hollow, cavity.

concéder [18] [kɔ̃sede] vt **1.** [donner - droit, territoire] to concede, to grant */ on leur a concédé des terres* they were granted some land **2.** [admettre] to admit, to grant */ je te concède ce point* I grant you that point */ elle parle bien, ça je te le concède* I must admit that she's a good speaker, she's a good speaker, I grant you **3.** SPORT [point, corner] to concede, to give away *(sép)* */ il n'a pas concédé un seul set en dix matches* he hasn't given away ou conceded a single set in his last ten matches.

In reformed spelling (see p. 16-19), this verb is conjugated like **semer** : ***il concèdera, elle concèderait.***

concélébrer [18] [kɔ̃selebʀe] vt to concelebrate.

In reformed spelling (see p. 16-19), this verb is conjugated like **semer** : ***il concélèbrera, il concélèbrerait.***

concentrateur [kɔ̃sɑ̃tʀatœʀ] nm INFORM concentrator.

concentration [kɔ̃sɑ̃tʀasjɔ̃] nf **1.** [attention] ▸ **concentration (d'esprit)** concentration */ l'exercice nécessite une grande concentration* the exercise requires great concentration */ faire un effort de concentration* to try to concentrate */ elle fait des erreurs par manque de concentration* she makes mistakes because she doesn't concentrate enough **2.** [rassemblement] concentration */ pour éviter la concentration de tous les pouvoirs chez un seul homme* to make sure that all power isn't concentrated in the hands of one man */ la concentration de l'industrie textile dans le Nord* the concentration of the textile industry in the North ▸ **concentration du feu** ou **tir** MIL concentration of fire ▸ **concentration de troupes** MIL troop concentration ▸ **concentration urbaine** conurbation **3.** CHIM, CULIN & PHARM concentration */ augmenter la concentration en sucre d'un sirop* to increase the sugar content of a syrup **4.** ÉCON ▸ **concentration horizontale** / **verticale** horizontal / vertical integration.

concentrationnaire [kɔ̃sɑ̃tʀasjɔnɛʀ] adj **1.** HIST ▸ **l'univers concentrationnaire** life in the (concentration) camps ▸ **l'horreur concentrationnaire** the horror of the (concentration) camps **2.** [rappelant les camps] concentration-like.

concentré, e [kɔ̃sɑ̃tʀe] adj **1.** [attentif] : *je n'étais pas assez concentré* I wasn't concentrating hard enough **2.** CHIM, CULIN & PHARM concentrated **3.** [concis - style] compact, taut */ dans une lettre très concentrée* in a letter that was very much to the point.

❖ **concentré** nm **1.** CULIN & PHARM [de jus de fruits] concentrate ; [de parfum] extract ▸ **concentré de tomate** tomato purée **2.** [résumé] summary, boiled-down version *péj / on leur fait apprendre un concentré d'histoire de France* they're made to learn a boiled-down ou potted version of French history.

concentrer [3] [kɔ̃sɑ̃tʀe] vt **1.** [rassembler - troupes, foule, élèves] to concentrate, to mass */ c'est là que l'on a concentré les malades* this is where all the sick people have been gathered together **2.** [intérêt, efforts] to concentrate, to focus */ concentrer (toute) son attention sur* to concentrate (all) one's attention on **3.** CHIM, CULIN & PHARM to concentrate **4.** OPT to focus.

❖ **se concentrer** vpi **1.** [être attentif] to concentrate */ la radio m'empêche de me concentrer* the radio is preventing me from concentrating ou is ruining my concentration ▸ **se concentrer sur qqch** to concentrate ou to focus on sthg */ je vais me concentrer sur l'anglais pour l'examen* I'm going to concentrate on English for the exam **2.** [se réunir - foule] to gather, to cluster, to concentrate */ la foule s'était concentrée sur le parvis* the crowd had converged on the square **3.** [se canaliser] to be concentrated ou focussed */ se concentrer sur un seul problème* to concentrate on a single issue.

concentrique [kɔ̃sɑ̃tʀik] adj concentric.

concept [kɔ̃sɛpt] nm concept, notion.

concepteur, trice [kɔ̃sɛptœʀ, tʀis] nm, f designer */ c'est plutôt un concepteur qu'un gestionnaire* he's more of an ideas man than a manager.

conception [kɔ̃sɛpsjɔ̃] nf **1.** [notion] idea, concept, notion */ sa conception du socialisme* his idea of socialism */ nous avons la même conception des choses* we see things the same way */ elle a une conception originale de la vie* she has an original way of looking at life **2.** *litt* [compréhension] understanding **3.** BIOL conception **4.** [élaboration - gén] design ; [- par une entreprise] product design */ produit de conception française* French-designed product */ un ventilateur d'une conception toute nouvelle* a fan with an entirely new design **5.** INFORM ▸ **conception assistée par ordinateur** computer-aided design ▸ **conception et fabrication assistées par ordinateur** computer-aided manufacturing.

conceptualisation [kɔ̃sɛptɥalizasjɔ̃] nf conceptualization.

conceptualiser [3] [kɔ̃sɛptɥalize] vt to conceptualize.

conceptualisme [kɔ̃sɛptɥalism] nm conceptualism.

conceptuel, elle [kɔ̃sɛptɥɛl] adj conceptual.

concernant [kɔ̃sɛʀnɑ̃] prép **1.** [relatif à] concerning, regarding */ pour toutes questions concernant nos nouveaux produits* for all questions concerning ou regarding ou relating to our new products **2.** [à propos de] regarding, with regard to */ concernant la réduction des impôts, voilà ce qu'il a dit* regarding ou with regard to taxes, this is what he said.

concerner [3] [kɔ̃sɛʀne] vt to concern */ écoute un peu, cette discussion te concerne* listen ! this discussion has implications for you ou concerns you */ cette histoire ne nous concerne pas* this business doesn't concern us ou is of no concern to us ou is no concern of ours */ les salariés concernés par cette mesure* the employees concerned ou affected by this measure ▸ **se sentir concerné** to feel involved */ il ne se sent pas concerné* he's indifferent.

❖ **en ce qui concerne** loc prép concerning, as regards ▸ **en ce qui me / le concerne** as far as I'm / he's concerned, from my / his point of view, as for me / him.

concert [kɔ̃sɛʀ] nm **1.** MUS concert */ concert rock / de musique classique* rock / classical (music) concert */ concert de musique de chambre* chamber concert */ concert de musique sacrée* concert of sacred music ▸ **aller au concert** to go to a concert */ je vais peu au concert* I don't go to concerts very often, I'm not much of a concert-goer */ il faut les voir en concert* you have to see them in concert ou on stage ▸ **Béhel en concert** [sur une affiche, un disque] Béhel live ou in concert **2.** *fig* [ensemble] chorus ▸ **concert de louanges** / **protestations** chorus of praises / protests */ un concert de sifflets / marteaux-piqueurs* a chorus of whistles / pneumatic drills **3.** *sout* [entente] entente */ le concert des nations africaines* the entente between African nations.

❖ **de concert** loc adv together, jointly */ nous avons décidé de concert que...* together we have decided that... ▸ **agir de concert avec qqn** to act jointly ou in conjunction with sb.

concertant, e [kɔ̃sɛʀtɑ̃, ɑ̃t] adj concertante.

concertation [kɔ̃sɛʀtasjɔ̃] nf **1.** [dialogue] dialogue */ une plus grande concertation entre les pays industrialisés serait désirable* a greater dialogue between the industrialized countries would be welcome **2.** [consultation] consultation */ sans concertation préalable avec les syndicats* without consulting the unions.

concerté, e [kɔ̃sɛʀte] adj **1.** [commun - plan, action] concerted, joint **2.** ÉCON : *fixation concertée des prix* common pricing, common price fixing.

concerter [3] [kɔ̃sɛʀte] vt to plan ou to devise jointly.

❖ **se concerter** vp *(emploi réciproque)* to consult together, to confer.

concertino [kɔ̃sɛʀtino] nm [groupe, morceau] concertino.

concertiste [kɔ̃sɛʀtist] nmf **1.** [gén] concert performer ou artist **2.** [soliste] soloist *(in a concerto)*.

concerto [kɔ̃sɛʀto] nm concerto ▸ **concerto grosso** concerto grosso / **'(les) Concertos brandebourgeois'** *Bach* '(The) Brandenburg Concertos'.

concessif, ive [kɔ̃sesif, iv] adj GRAM concessive.

❖ **concessive** nf GRAM concessive clause.

concession [kɔ̃sesjɔ̃] nf **1.** [compromis] concession ▸ **faire des concessions** to make concessions / *je l'ai fait, mais au prix de nombreuses concessions* I did it but I had to concede a lot (of ground) / *c'est un homme sans concession* he's an uncompromising man **2.** DR [action de concéder] concession, conceding / *faire la concession d'un terrain à* to grant a piece of land to ▸ **accorder une concession à** to grant a concession to ▸ **retirer une concession à** to withdraw a concession from **3.** [terrain] concession ▸ **concession minière / pétrolière** mining / oil concession ▸ **concession funéraire** burial plot ▸ **concession à perpétuité** burial plot held on perpetuity.

❖ **de concession** loc adj GRAM concessive.

concessionnaire [kɔ̃sesjɔnɛʀ] ◆ adj concessionary. ◆ nmf COMM dealer, franchise holder / *renseignez-vous auprès de votre concessionnaire (automobile)* see your (car) dealer ▸ **concessionnaire agréé** authorized dealer.

concessive [kɔ̃sesiv] f ⟶ **concessif.**

concevable [kɔ̃svabl] adj conceivable / *c'est difficilement concevable* it's hardly conceivable / *il n'est pas concevable que...* it's inconceivable that...

concevoir [52] [kɔ̃s(ə)vwaʀ] vt **1.** [avoir une notion de] to conceive of *(insép)*, to form a notion of ▸ **concevoir l'infini** to form a notion of infinity ; *(en usage absolu)* : *la faculté de concevoir* the ability to think ▸ **ce que l'on conçoit bien s'énonce clairement** *(allusion à Boileau)* what is clearly understood can be clearly expressed **2.** [imaginer] to imagine, to conceive of *(insép)* / *concevoir la maison idéale* to imagine the ideal home / *je ne conçois pas de repas sans vin* I can't imagine a meal without wine **3.** [comprendre] to understand, to see / *c'est ainsi que je conçois l'amour* this is my idea of love ou how I see love / *cela vous est difficile, je le conçois* I can (well) understand that it's difficult for you ▸ **concevoir qqch comme** to conceive ou to see sthg as **4.** *litt* [ressentir - haine, amitié] to conceive, to develop / *il en conçut une vive amertume* he felt very bitter about it **5.** [créer - meuble, décor, ouvrage] to design ; [- plan, programme] to conceive, to devise, to think up *(sép)* / *parc bien / mal conçu* well- / poorly-designed garden **6.** [rédiger - message, réponse] to compose, to couch / *une lettre conçue en ces termes* a letter written as follows ou couched in the following terms **7.** BIOL to conceive ; *(en usage absolu)* : *les femmes qui ne peuvent pas concevoir* women who cannot have children ou conceive.

❖ **se concevoir** vp *(emploi passif)* to be imagined / *une telle politique se conçoit en temps de guerre* such a policy is understandable in wartime.

conchoïdal, e, aux [kɔ̃kɔidal, o] adj conchoidal.

conchoïde [kɔ̃kɔid] nf conchoid.

conchyliculteur, trice [kɔ̃kilikyltœʀ, tʀis] nm, f shellfish breeder.

conchyliculture [kɔ̃kilikyltyʀ] nf shellfish breeding.

conchyliologie [kɔ̃kiljɔlɔʒi] nf conchology.

concierge [kɔ̃sjɛʀʒ] nmf **1.** [gardien - d'immeuble] caretaker UK, janitor US, superintendent US ; [- d'hôtel] porter UK, receptionist, concierge **2.** *fam & péj* [bavard] gossip, blabbermouth.

> **Concierge**
>
> In French apartment buildings, the **concierge** does general cleaning jobs, makes sure no unwelcome visitors enter the building, and often also delivers mail to the occupants of the building. The concierge usually lives in a small flat (**la loge**) just inside the front entrance. The politically correct term for concierge is **gardien/gardienne.**

conciergerie [kɔ̃sjɛʀʒəʀi] nf **1.** [loge] caretaker's office, janitor's lodge US **2.** HIST ▸ **la Conciergerie** the Conciergerie prison *(in Paris)*.

concile [kɔ̃sil] nm council ▸ **concile œcuménique** ecumenical council ▸ **concile de Trente** Council of Trent.

conciliable [kɔ̃siljabl] adj reconcilable, compatible / *les études sont-elles conciliables avec le métier de chanteur?* is studying compatible with a singing career? / *des principes difficilement conciliables* principles difficult to reconcile.

conciliabule [kɔ̃siljabyl] nm consultation.

conciliabules [kɔ̃siljabyl] nmpl confab.

conciliaire [kɔ̃siljɛʀ] adj conciliar.

conciliant, e [kɔ̃siljɑ̃, ɑ̃t] adj [personne] conciliatory, accommodating ; [paroles, ton] conciliatory, placatory.

conciliateur, trice [kɔ̃siljatœʀ, tʀis] ◆ adj conciliatory, placatory. ◆ nm, f conciliator, arbitrator.

conciliation [kɔ̃siljasjɔ̃] nf **1.** [médiation] conciliation / *esprit de conciliation* spirit of conciliation ▸ **geste de conciliation** conciliatory gesture **2.** DR conciliation, arbitration **3.** *litt* [entre deux personnes, deux partis] reconciliation.

conciliatoire [kɔ̃siljatwaʀ] adj conciliatory.

concilier [9] [kɔ̃silje] vt **1.** [accorder - opinions, exigences] to reconcile ▸ **concilier travail et plaisir** to manage to combine work with pleasure **2.** [gagner - faveurs, sympathie] to gain, to win / *sa gentillesse lui a concilié la sympathie de tous* his kindness made him popular with everybody.

❖ **se concilier** vpt ▸ **se concilier l'amitié de qqn** to gain ou to win sb's friendship ▸ **se concilier les électeurs** to win the voters over.

concis, e [kɔ̃si, iz] adj [style] concise, tight ; [écrivain] concise ▸ **de manière concise** concisely ▸ **soyez plus concis** come to the point.

concision [kɔ̃sizjɔ̃] nf concision, conciseness, tightness ▸ **avec concision** concisely / *style d'une extrême concision* extremely concise ou tight style.

concitoyen, enne [kɔ̃sitwajɛ̃, ɛn] nm, f fellow citizen.

conclave [kɔ̃klav] nm conclave.

concluant, e [kɔ̃klyɑ̃, ɑ̃t] adj [essai, démonstration] conclusive ▸ **peu concluant** inconclusive.

conclure [96] [kɔ̃klyʀ] ◆ vt **1.** [terminer - discussion, travail] to end, to conclude, to bring to a close ou conclusion ; [- repas] to finish ou to round off *(sép)* ; *(en usage absolu)* ▸ **conclure par** to end ou to conclude with / *elle a conclu par un appel à l'unité* she ended with a call for unity / *maintenant, vous devez conclure* now you must come to a conclusion **2.** [déduire] to conclude / *que peut-on conclure de cette expérience?* what conclusion can be drawn from this experience? / *n'ayant pas eu de réponse, j'en conclus que...* not having had an answer I conclude that... **3.** [accord] to conclude ; [traité] to sign ; [cessez-le-feu] to agree to *(insép)* ▸ **marché conclu!** it's a deal! ◆ vi DR ▸ **les témoignages concluent contre lui / en sa faveur** the evidence goes against him / in his favour.

❖ **conclure à** v + prép : *ils ont dû conclure au meurtre* they had to conclude that it was murder.

❖ **pour conclure** loc adv as a ou in conclusion, to conclude.

conclusif, ive [kɔ̃klyzif, iv] adj *sout* [paragraphe] closing, final.

conclusion [kɔ̃klyzjɔ̃] nf **1.** [fin] conclusion **2.** [déduction] conclusion / *nous en sommes arrivés à la conclusion suivante* we came to ou reached the following conclusion ▸ **gardons-nous des conclusions hâtives** let's not jump to conclusions ▸ **tirer une conclusion de qqch** to draw a conclusion from sthg / *conclusion, la voiture est fichue fam* the result is that the car is a write-off UK ou is totaled US.

❖ **conclusions** nfpl [d'un rapport] conclusions, findings ; DR submissions ▸ **déposer** ou **signifier des conclusions** to file submissions with a court.

❖ **en conclusion** loc adv as a ou in conclusion, to conclude.

concocter [3] [kɔ̃kɔkte] vt to concoct.

conçois, conçoivent v ⟶ **concevoir.**

concombre [kɔ̃kɔ̃bʀ] nm BOT cucumber.

❖ **concombre de mer** nm ZOOL sea cucumber.

concomitamment [kɔ̃kɔmitamɑ̃] adv concomitantly.

concomitance [kɔ̃kɔmitɑ̃s] nf concomitance.

concomitant, e [kɔ̃kɔmitɑ̃, ɑ̃t] adj concomitant, attendant.

concordance [kɔ̃kɔʀdɑ̃s] nf **1.** [conformité] agreement, similarity / *la concordance des empreintes / dates* the similarity between the fingerprints / dates **2.** GRAM ▸ **concordance des temps** sequence of tenses **3.** GÉOL conformability **4.** [index] concordance.

❖ **en concordance avec** loc prép in agreement ou keeping ou accordance with.

concordant, e [kɔ̃kɔʀdɑ̃, ɑ̃t] adj **1.** [correspondant] : *les versions sont concordantes* the stories agree ou match **2.** GÉOL conformable.

concordat [kɔ̃kɔʀda] nm **1.** RELIG concordat **2.** COMM winding-up arrangement.

concordataire [kɔ̃kɔʀdatɛʀ] adj **1.** RELIG concordat *(modif)* **2.** COMM ▸ **failli concordataire** certified bankrupt.

concorde [kɔ̃kɔʀd] nf *litt* concord, harmony.

concorder [3] [kɔ̃kɔʀde] vi [versions, chiffres] to agree, to tally ; [groupes sanguins, empreintes] to match ▸ **faire concorder qqch et** ou **avec qqch** to make sthg and sthg agree.

concourant, e [kɔ̃kuʀɑ̃, ɑ̃t] adj **1.** GÉOM ▸ **droites concourantes** concurrent ou convergent lines **2.** [actions, volontés] joint, concerted, united.

concourir [45] [kɔ̃kuʀiʀ] vi **1.** [être en compétition] to compete / *elle a refusé de concourir cette année* she has refused to enter competitions ou to compete this year / *il est trop jeune pour que je le fasse concourir* he's too young for me to enter him in competitions ▸ **concourir avec qqn** to compete with ou against sb **2.** GÉOM to converge **3.** DR to have concurrent claims.

❖ **concourir à** v + prép to contribute to, to work towards UK ou toward US / *beaucoup de facteurs ont concouru à sa réussite* a number of factors contributed to his success / *tout concourt à me faire croire qu'il ment* everything leads me to believe that he's lying.

concours [kɔ̃kuʀ] nm **1.** [aide] aid, help, support ▸ **prêter son concours à** to lend one's support to / *grâce au concours du maire* thanks to the mayor's help ou support **2.** [combinaison] ▸ **un heureux / un fâcheux concours de circonstances** a lucky / an unfortunate coincidence **3.** [épreuve] competition, contest ▸ **concours de beauté / de chant** beauty / singing contest ▸ **concours agricole / hippique** agricultural / horse show ▸ **concours de recrutement** competitive entry examination ▸ **le concours de l'Eurovision** the Eurovision song contest ▸ **le concours Lépine** *annual exhibition of the "Association des inventeurs et des fabricants français", where many ingenious new gadgets are displayed and demonstrated* **4.** ENS competitive (entrance) exam ▸ **le concours d'entrée à l'ENA** the entrance exam for ENA ▸ **le concours général** *competition in which the best pupils in the two upper forms at French lycées compete for prizes in a variety of subjects.*

❖ **avec le concours de** loc prép with the participation of, in association with.

❖ **par concours, sur concours** loc adv [recruter, entrer] on the results of a competitive entrance exam.

concouru [kɔ̃kuʀy] pp ⟶ **concourir.**

concret, ète [kɔ̃kʀɛ, ɛt] adj **1.** [palpable] concrete / *un objet concret* a thing, a concrete object **2.** [non théorique] concrete, practical / *faire des propositions concrètes* to make concrete ou practical proposals **3.** [s'appuyant sur l'expérience] concrete, empirical, experiential ▸ **un esprit concret** a practical mind **4.** LING & MUS concrete.

❖ **concret** nm ▸ **le concret** that which is concrete, the concrete / *ce qu'il nous faut, c'est du concret* we need something we can get our teeth into.

concrètement [kɔ̃kʀɛtmɑ̃] adv concretely, in concrete terms / *je ne vois pas concrètement ce que ça peut donner* I can't visualize what it would be like / *concrètement, qu'est-ce que cela va entraîner pour les usagers?* in concrete terms, what will that mean for the users?

concrétion [kɔ̃kʀesjɔ̃] nf CHIM, GÉOL & MÉD concretion.

concrétisation [kɔ̃kʀetizasjɔ̃] nf concretization, materialization ▸ **la concrétisation d'un rêve** a dream come true.

concrétiser [3] [kɔ̃kʀetize] vt [rêve] to realize ; [idée, proposition] to make concrete.

❖ **se concrétiser** vpi [rêve] to come true, to materialize ; [proposition, idée] to be realized, to take concrete form ou shape.

conçu, e [kɔ̃sy] pp ⟶ **concevoir.**

concubin, e [kɔ̃kybɛ̃, in] nm, f **1.** [amant] concubine, partner **2.** DR partner, cohabitee.

concubinage [kɔ̃kybinaʒ] nm **1.** [vie de couple] ▸ **vivre en concubinage** to live as man and wife, to cohabit **2.** DR cohabitation, cohabiting ▸ **concubinage notoire** common-law marriage.

concupiscence [kɔ̃kypisɑ̃s] nf [envers les biens] greed ; [envers le sexe] lust, concupiscence *litt.*

concupiscent, e [kɔ̃kypisɑ̃, ɑ̃t] adj [envers les biens] greedy ; [envers le sexe] lustful, concupiscent *litt.*

concurremment [kɔ̃kyʀamɑ̃] adv at the same time, concurrently.

❖ **concurremment avec** loc prép **1.** [de concert avec] in conjunction ou concert *sout* with **2.** [en même temps que] concurrently with.

concurrence [kɔ̃kyʀɑ̃s] nf **1.** [rivalité] competition / *faire (de la) concurrence à* to be in competition ou to compete with / *les Japonais nous font une concurrence acharnée* we're engaged in a cut-throat competition with the Japanese ▸ **concurrence déloyale** unfair competition ou trading **2.** [rivaux] ▸ **la concurrence** the competition.

❖ **en concurrence** loc adv in competition / *il est en concurrence avec son frère* he's competing with his brother.

❖ **jusqu'à concurrence de** loc prép up to, to the limit of / *vous pouvez être à découvert jusqu'à concurrence de 1 000 €* your overdraft limit is 1,000 €.

concurrencer [16] [kɔ̃kyʀɑ̃se] vt to compete ou to be in competition with / *ils nous concurrencent dangereusement* they're very dangerous ou serious competitors for us.

concurrent, e [kɔ̃kyʀɑ̃, ɑ̃t] ◆ adj competing, rival *(avant nom)*. ◆ nm, f **1.** COMM & SPORT competitor **2.** ÉDUC candidate.

concurrentiel, elle [kɔ̃kyʀɑ̃sjɛl] adj competitive / *marchandises vendues à des prix concurrentiels* competitively-priced goods.

concussion [kɔ̃kysjɔ̃] nf embezzlement, misappropriation of public funds.

concussionnaire [kɔ̃kysjɔnɛʀ] ◆ adj embezzling. ◆ nmf embezzler.

conçut v ⟶ **concevoir.**

condamnable [kɔ̃danabl] adj blameworthy, reprehensible.

condamnation [kɔ̃danasjɔ̃] nf **1.** [action] sentencing, convicting / *il a fait l'objet de trois condamnations pour vol* he's already had three convictions for theft, he's been convicted three times for theft ; [peine] sentence ▸ **condamnation aux travaux forcés** sentence of hard labour ▸ **condamnation à mort** death sentence ▸ **condamnation à la réclusion à perpétuité** life sentence, sentence of life imprisonment ▸ **condamnation par défaut / par contumace** decree by default / in absentia **2.** [blâme] condemnation, blame / *c'est une condamnation sans appel de sa politique extérieure* it's an out and out condemnation of his foreign policy **3.** [fin - d'un projet, d'une tentative] end / *ce projet est la condamnation de l'enseignement privé* this project spells the end of private education **4.** AUTO [blocage] locking ; [système] locking device.

condamnatoire [kɔ̃danatwaʀ] adj DR condemnatory.

condamné, e [kɔ̃dane] nm, f DR sentenced ou convicted person / *condamné à la réclusion perpétuelle* life prisoner, lifer / *l'aile des condamnés à mort* Death Row ▸ **condamné à mort** prisoner under sentence of death ▸ **la cigarette du condamné** the condemned man's last cigarette.

condamner [3] [kɔ̃dane] vt **1.** DR [accusé] to sentence ▸ **condamner qqn à mort / aux travaux forcés** to sentence sb to death / to hard labour / *condamné à trois mois de prison pour...* sentenced to three months' imprisonment for... ▸ **condamné à une amende** fined ▸ **condamné aux dépens** ordered to pay costs ▸ **condamné pour meurtre** convicted of murder ▸ **condamner qqn par défaut / par contumace** to sentence sb by default / in absentia ▸ **faire condamner qqn** to get ou to have sb convicted **2.** [interdire - magazine] to forbid publication of ; [- pratique] to forbid, to condemn / *la société condamne la bigamie* society forbids ou condemns bigamy / *la loi condamne l'usage de stupéfiants* the use of narcotics is forbidden by law **3.** [désapprouver - attentat, propos] to express disapproval of ▸ **condamner qqn pour avoir fait** ou **d'avoir fait qqch** to blame sb for having done sthg / *nous condamnons cet acte avec indignation* we fiercely condemn what has been done here / *l'expression est condamnée par les puristes* the use of the phrase is condemned ou is disapproved of by purists **4.** [accuser] to condemn / *son silence la condamne* her silence condemns her **5.** [suj: maladie incurable] to condemn, to doom / *les médecins disent qu'il est condamné* the doctors say that there is no hope for him / *les malades condamnés sont renvoyés chez eux* terminally-ill patients are sent back home / *ce projet est condamné par manque d'argent* fig the project is doomed through lack of money **6.** [murer - porte, fenêtre] to block up *(sép)*, to seal off *(sép)* ; [- pièce] to close up *(sép)* / *la troisième chambre avait été condamnée* the third bedroom had been closed up / *condamner toutes les fenêtres d'une maison* to board up the windows in a house ▸ **condamner sa porte** *fig* to bar one's door **7.** [obliger] : *il était condamné à vivre dans la misère* he was condemned to live in poverty / *je suis condamnée à rester alitée pendant dix jours* I'm confined to bed for ten days.

condé [kɔ̃de] nm *arg crime* [flic] cop ▸ **les condés** the fuzz, the cops.

condensable [kɔ̃dɑ̃sabl] adj condensable.

condensateur [kɔ̃dɑ̃satœʀ] nm **1.** ÉLECTR condenser, capacitor **2.** OPT ▸ **condensateur optique** condenser.

condensation [kɔ̃dɑ̃sasjɔ̃] nf **1.** CHIM & PHYS condensation **2.** [buée] condensation / *une pièce où il y a beaucoup de condensation* a very damp room **3.** [d'un texte] reducing, abstracting.

condensé [kɔ̃dɑ̃se] nm digest, summary, abstract.

condenser [3] [kɔ̃dɑ̃se] vt **1.** CHIM & PHYS to condense **2.** [raccourcir - récit] to condense, to cut down ▸ **style condensé** terse style.

❖ **se condenser** vpi to condense.

condenseur [kɔ̃dɑ̃sœʀ] nm **1.** CHIM, MÉTALL & PHYS condenser ▸ **condenseur à mélange** jet ou injection condenser ▸ **condenseur à surface** surface condenser **2.** OPT condenser.

condescendance [kɔ̃desɑ̃dɑ̃s] nf condescension ▸ **avec condescendance** condescendingly ▸ **traiter qqn avec condescendance** to patronize sb ▸ **faire preuve de condescendance à l'égard de qqn** to patronize sb.

condescendant, e [kɔ̃desɑ̃dɑ̃, ɑ̃t] adj [hautain - regard, parole] condescending, patronizing ▸ **d'un air condescendant** patronizingly.

condescendre [73] [kɔ̃desɑ̃dʀ] ❖ **condescendre à** v + prép to condescend to / *elle a condescendu à me recevoir aussi hum* she condescended ou deigned to see me.

condiment [kɔ̃dimɑ̃] nm [épices] condiment ; [moutarde] (mild) mustard.

condisciple [kɔ̃disipl] nmf ÉDUC classmate, schoolmate ; UNIV fellow student.

condition [kɔ̃disjɔ̃] nf **1.** [préalable] condition / *une des conditions du progrès* one of the conditions of ou requirements for progress ▸ **mettre une condition à qqch** to set a condition before sthg can be done / *j'accepte mais à une condition* I accept but on one condition ▸ **condition nécessaire / suffisante** necessary / sufficient condition ▸ **condition préalable** prerequisite ▸ **condition requise** requirement ▸ **une condition sine qua non pour** an absolute prerequisite for **2.** [état] condition, shape ▸ **condition physique / psychologique** physical / psychological shape / *être en bonne condition physique* to be in condition, to be fit ▸ **en grande** ou **excellente condition physique** in excellent shape / *être en mauvaise condition physique* to be in poor physical shape, to be unfit **3.** [position sociale] condition, rank, station / *des gens de toutes conditions* people from all walks of life / *une femme de condition modeste* a woman from a modest background ▸ **épouser qqn de sa condition** to marry a person of one's station ou condition / *la condition paysanne au XIXe siècle* the situation of peasants in the 19th century / *pour améliorer leur condition* in order to improve their lot ▸ **la condition féminine** the lives of women, the female condition ▸ **la condition ouvrière** the condition of the working-class **4.** [destinée] ▸ **la condition humaine** the human condition **5.** GRAM & DR condition.

❖ **conditions** nfpl **1.** [environnement] conditions ▸ **conditions climatiques / économiques** weather / economic conditions / *dans des conditions normales de température* at normal temperatures ▸ **conditions météo** weather conditions ▸ **conditions de vie / travail** living / working conditions **2.** [termes] terms ▸ **les conditions d'un accord** the terms of an agreement / *aux conditions les plus avantageuses* on the most favourable terms / *vos conditions seront les miennes* I'll go along with whatever conditions you wish to lay down / *quelles sont ses conditions?* what terms is he offering? ▸ **conditions de vente / d'achat** terms of sale / purchase ▸ **conditions de paiement / de remboursement** payment / repayment terms.

❖ **à condition de** loc prép on condition that, providing ou provided (that) / *tu peux y aller à condition de ne pas rentrer tard* you may go on condition that ou provided (that) you don't come back late.

❖ **à (la) condition que** loc conj on condition that, provided ou providing (that) / *je ne dirai rien à condition que tu en fasses autant* I won't say anything on condition that ou provided (that) you do the same.

❖ **dans ces conditions** loc adv under these conditions / *dans ces conditions, j'accepte* under these conditions, I accept / *dans ces conditions, pourquoi se donner tant de mal?* if that's the case, why go to so much trouble?

❖ **en condition** loc adv **1.** [en bonne forme] in shape ▸ **mettre en condition** [athlète, candidat] to get into condition ou form ▸ **se mettre en condition** to get (o.s.) fit ou into condition ou into shape **2.** [dans un état favorable] : *mettre le public en condition* to condition the public **3.** *arch* [dans la domesticité] ▸ **entrer en condition chez qqn** to enter sb's service.

❖ **sans condition(s)** ◆ loc adv unconditionally. ◆ loc adj unconditional.

❖ **sous condition** loc adv conditionally ▸ **acheter sous condition** to buy on approval.

conditionné, e [kɔ̃disjɔne] adj **1.** PSYCHOL conditioned **2.** [climatisé - bureau, autocar] air-conditioned **3.** COMM [marchandise] packaged.

conditionnel, elle [kɔ̃disjɔnɛl] adj **1.** [soumis à condition] conditional, tentative / *notre soutien est conditionnel et dépend de...* our support is conditional on... **2.** PSYCHOL conditioned **3.** GRAM conditional.

❖ **conditionnel** nm GRAM conditional (mood) ▸ **conditionnel présent / passé** present / perfect conditional tense.

❖ **conditionnelle** nf GRAM conditional clause.

THE NUANCES EXPRESSED BY THE CONDITIONAL

You are probably familiar with the use of the conditional where it implies a hypothesis or a condition, in main clauses preceding or following **si**, and sometimes in **que** clauses (for example ça me dérangerait s'il fumait / qu'il fume = it would bother me if he smoked). For further examples of this, please consult the entries **si** (conjunction) and **que** (conjunction). Here, we focus on other nuances expressed by the conditional in French.

THE CONDITIONAL AS A POLITE ALTERNATIVE TO THE INDICATIVE

The examples in the section all have in common the fact that the same idea could be expressed through the use of the indicative instead of the conditional. By choosing the conditional (in bold below), the speaker is being less direct, adding a nuance of courtesy to requests, preferences and advice, or softening an assertion.

❶ Making requests

● Wanting to do something

Bonjour, puis-je / **pourrais**-je parler à Arthur ? Hello can / ***could*** I speak to Arthur?

S'il vous plaît, est-ce que je peux / **pourrais** avoir du pain ? Can / ***could*** I please have some bread?

Je veux / **voudrais** régler la chambre. I want to / ***would*** like to settle my bill for the room.

● Asking someone for something / to do something

Vous avez / **auriez** une feuille de format A4 ? Do you have / ***would you by any chance have*** an A4 sheet?

Vous êtes / **seriez** libre lundi ? Are you / ***Would you be*** free on Monday ***by any chance*** ?

Est-ce que cela vous ennuie / **ennuierait** de fermer la fenêtre ? Would you mind closing / ***Could I possibly ask you to*** close the window?

Vous savez / **sauriez** réparer cette serrure ? Do you know how to / ***Would you by any chance be able to*** fix this lock?

Tu peux / **pourrais** m'aider à mettre la table ? Can you / ***could*** you help me lay the table?

Tu peux / **pourrais** faire moins de bruit ? Not so much noise! / ***Please*** don't make so much noise.

● Telling people what they must do

Il ne faut / **faudrait** pas que cela se reproduise. It mustn't happen again. / ***Please*** make sure it doesn't happen again.

Tu peux / **pourrais** te taire ? Be quiet! / ***Please*** be quiet!

If the situation is heated, even the 'more polite' option of using the conditional creates a very direct tone:

Tu peux / **pourrais** être plus poli, dis donc ! Don't be so rude!

❷ Stating preferences

The verb **préférer** and the phrase **aimer mieux** (or **aimer autant**) are often involved here.

Elle préfère / **préférerait** un rendez-vous en semaine. She prefers / ***would prefer*** an appointment during the week.

J'aime / J'**aimerais mieux** le lui dire en face. I prefer to / I'***d much rather*** say it to his face.

● Offering advice or suggestions

Vous devez / **devriez** annuler le dîner. You must / I ***think you should*** cancel the dinner.

On peut / **pourrait** lui demander de revenir demain ? Can / ***Could*** we ask her to come back tomorrow?

● Making assertions

J'ajoute / J'**ajouterais** que ce médicament a fait ses preuves. I'm also saying / I'***d also like to say*** that this drug has proved effective.

J'ai / J'**aurais** peur d'abîmer le cuir. I am / I'***d be*** worried about damaging the leather.

Ils ont / **auraient** eu des jumeaux. They had twins. / ***Apparently*** they had twins.

Il semble / **semblerait** que le blocus soit déjà levé. ***Apparently*** the blockade has already been lifted. / ***It may possibly be the case that*** the blockade has already been lifted.

IN JOURNALISM: WHEN THE INDICATIVE IS NOT AN OPTION

Here, the conditional is used when it is felt that an allegation could not be upheld in a court of law. The softening effect of the conditional on assertions similar to above (ils auraient eu des jumeaux) but in the context of the media, the indicative is carefully avoided because it might expose the speaker to claims of slander and to legal action.

Le docteur aurait ensuite tenté d'extorquer des fonds à ses patientes. The doctor then allegedly tried to extort money from his patients.

L'entourage du ministre aurait essayé de le convaincre de refuser une interview. It is alleged that the minister's entourage tried to convince him not to take part in an interview.

IN INFORMAL AND SPOKEN FRENCH

In written and more formal spoken French you would use a **si** clause to express a condition or a hypothesis, but in informal spoken French two conditionals may be used:

Il me l'aurait dit, je l'aurais aidé. If he'd told me, I'd have been able to help.

Tu serais venu hier, on serait allés se promener au moulin. If you'd come yesterday, we'd have gone for a walk up to the mill.

In very informal contexts, the indicative can even sometimes take on a hypothetical nuance without recourse to a **si** clause or to a conditional:

Tu venais hier, on allait se promener. If you'd come yesterday we would have gone for a walk.

See also étonner.

❖ **au conditionnel** loc adv **1.** GRAM in the conditional **2.** [comme une hypothèse] : *la nouvelle est à prendre au conditionnel* the news has yet to be confirmed ou checked / *il faut l'annoncer au conditionnel* it's not yet certain.

conditionnellement [kɔ̃disjɔnɛlmɑ̃] adv conditionally, tentatively.

conditionnement [kɔ̃disjɔnmɑ̃] nm **1.** [fait d'emballer, emballage] packaging **2.** TEXT conditioning **3.** INDUST processing **4.** PSYCHOL conditioning ▸ **conditionnement classique** classical conditioning ▸ **conditionnement instrumental** ou **opérant** instrumental learning.

conditionner [3] [kɔ̃disjɔne] vt **1.** [emballer - marchandise, aliments] to package **2.** TEXT to condition **3.** INDUST to process **4.** [influencer] to condition, to influence / *la publicité conditionne nos choix* advertising conditions ou influences our choices / *on l'a conditionné pour réagir de la sorte* he's been conditioned to react this way / *notre départ est conditionné par son état de santé* our going away depends on ou is conditional on her state of health **5.** [climatiser] to air-condition.

conditionneur, euse [kɔ̃disjɔnœr, øz] nm, f food-processing specialist.

❖ **conditionneur** nm **1.** [climatiseur] air conditioner **2.** INDUST packer.

condoléances [kɔ̃dɔleɑ̃s] nfpl condolences / *lettre de condoléances* letter of condolence ▸ **présenter ses condoléances** to offer one's condolences / *veuillez accepter mes plus sincères condoléances* please accept my deepest sympathy ou my most sincere condolences ▸ **toutes mes condoléances, Paul** with deepest sympathy ou heartfelt condolences, Paul.

condom [kɔ̃dɔm] nm condom, sheath.

condominium [kɔ̃dɔminjɔm] nm condominium.

condor [kɔ̃dɔʀ] nm condor.

condottiere (*pl* condottieri [kɔ̃dɔtjeʀi]), **condottière*** [kɔ̃dɔtjɛʀ] nm condottiere.

conductance [kɔ̃dyktɑ̃s] nf conductance.

conducteur, trice [kɔ̃dyktœʀ, tʀis] ◆ adj **1.** ÉLECTR conductive **2.** *fig* [principal - principe, fil] guiding. ◆ nm, f **1.** TRANSP driver ▸ **conducteur d'autobus** bus driver **2.** INDUST operator ▸ **conducteur de travaux** foreman (forewoman), clerk of works.

❖ **conducteur** nm PHYS conductor.

⚠ **Conductor**, lorsqu'il s'agit d'une personne, signifie « chef d'orchestre » ou « contrôleur » et non conducteur.

conductibilité [kɔ̃dyktibilite] nf conductivity.

* In reformed spelling (see p. 16-19).

conductible [kɔ̃dyktibl] adj conductive, conductible.

conduction [kɔ̃dyksjɔ̃] nf conduction ▸ **conduction électrolytique** electrolysis.

conductivité [kɔ̃dyktivite] nf conductivity.

conduire [80] [kɔ̃dɥiʀ] vt **1.** [emmener - gén] to take ; [- en voiture] to drive, to take / *conduire les enfants à l'école* to take ou to drive the children to school / *je vais t'y conduire, si tu veux* I'll drive ou take you there, if you like ▸ **conduire qqn jusqu'à la porte** to see sb to the door, to show sb the way out / *conduire le troupeau à l'alpage* to drive the cattle to the high pastures / *le policier l'a conduit au poste* the policeman took him down to the station / *il est obligé de se faire conduire au bureau par sa femme* he has to get his wife to drive him to work **2.** [guider] to lead / *conduire un cheval par la bride* to lead a horse by the bridle / *conduire un aveugle dans la rue* to lead a blind man along the street / *les empreintes m'ont conduit jusqu'au hangar* the footprints led me to the shed **3.** [donner accès] ▸ **conduire à** to lead to *(insép)*, to open out onto *(insép)* / *cet escalier ne conduit nulle part* this staircase doesn't lead anywhere **4.** [mener] ▸ **conduire qqn à** : *conduire qqn au désespoir* to drive sb to desperation / *cela me conduit à penser que...* this leads me to believe that..., I am led to believe that... / *ce qui nous conduit à la conclusion suivante* which leads ou brings us to the following conclusion ▸ **conduire qqn à la victoire** [entraîneur, entraînement] to lead sb (on) to victory ; *(en usage absolu)* : *cette filière conduit au bac technique* this stream allows you to go on to ou this stream leads to a vocational school-leaving qualification / *la jalousie conduit aux pires excès* jealousy leads to ou can cause extremes of bad behaviour **5.** TRANSP [véhicule] to drive ; [hors-bord] to steer ; *(en usage absolu)* : *qui conduisait?* who was driving?, who was behind the wheel? / *ils conduisent trop longtemps sans s'arrêter* they spend too much time behind the wheel without a break ▸ **conduire à droite / gauche** to drive on the right- / left-hand side of the road ▸ **conduire bien / mal / vite** to be a good / bad / fast driver **6.** [diriger - État] to run, to lead ; [- affaires, opérations] to run, to conduct, to manage ; [- travaux] to supervise ; [- recherches, enquête] to conduct, to lead ; [- délégation, révolte] to head, to lead **7.** [être en tête de] : *conduire le deuil* to be at the head of the funeral procession, to be a chief mourner **8.** MUS [orchestre, symphonie] to conduct **9.** [faire passer - eau] to carry, to bring / *l'oléoduc qui conduit le pétrole à travers le désert* the pipeline which carries the oil across the desert **10.** PHYS [chaleur, électricité] to conduct, to be a conductor of.

❖ **se conduire** ◆ vp *(emploi passif)* [être piloté] to be driven, to drive / *une voiture qui se conduit facilement* a car that's easy to drive. ◆ vpi [se comporter] to behave, to conduct o.s. / *ce n'est pas une façon de se conduire avec une dame* that's no way to behave to a lady / *se conduire bien* to behave (o.s.) well / *tâche de bien te conduire* try to behave (yourself) / *se conduire mal* to behave badly, to misbehave / *nos joueurs se sont conduits comme des sauvages* our players behaved like brutes.

conduit, e [kɔ̃dɥi, it] pp ⟶ **conduire.**

❖ **conduit** nm **1.** TECHNOL conduit, pipe ▸ **conduit d'aération** air duct ▸ **conduit de fumée** flue ▸ **conduit de ventilation** ventilation shaft **2.** ANAT canal, duct ▸ **conduit auditif** auditory canal ▸ **conduit lacrymal** tear ou lachrymal *spéc* duct.

❖ **conduite** nf **1.** [pilotage - d'un véhicule] driving ; [- d'un hors-bord] steering / *conduite tout terrain* cross-country driving ▸ **la conduite à droite / gauche** driving on the right- / left-hand side of the road ▸ **avec conduite à droite / à gauche** right-hand / left-hand drive *(modif)* ▸ **conduite accompagnée** *driving practice when accompanied by a qualified driver (authorized for learner drivers over 16 having passed their theoretical exam at a driving school)* ▸ **conduite en état d'ivresse** drink-driving UK, drunk-driving US, drinking and driving ▸ **faire un bout ou brin de conduite à qqn (jusqu'à)** *fam* to walk sb part of the way (to) **2.** [comportement] conduct, behaviour UK, behavior US ▸ **avoir une conduite étrange** to behave oddly ▸ **pour bonne conduite** [libéré, gracié] for good behaviour ▸ **mauvaise conduite** misbehaviour UK, misbehavior US, misconduct **3.** [direction - des affaires] management, conduct ; [- de la guerre] conduct ; [- d'un pays] running ; [- des travaux] supervision **4.** [voiture] ▸ **conduite intérieure** saloon (car) UK, sedan US **5.** TECHNOL pipe ; [canalisation principale] main ▸ **conduite d'eau / de gaz** water / gas pipe ▸ **conduite forcée** pressure pipeline.

condyle [kɔ̃dil] nm condyle.

condylien, enne [kɔ̃diljɛ̃, ɛn] adj condylar.

condylome [kɔ̃dilom] nm condyloma.

cône [kon] nm **1.** GÉOM cone ▸ **en forme de cône** conical, coneshaped **2.** BOT pine cone **3.** GÉOL ▸ **cône de déjection** alluvial cone ▸ **cône volcanique** volcanic cone **4.** ANAT ▸ **cône rétinien** retinal cone **5.** ZOOL cone shell **6.** [glace] cone, cornet.

conf. (abr écrite de **confort**) ▸ **tt conf.** mod. cons.

confabulation [kɔ̃fabylasjɔ̃] nf PSYCHOL confabulation.

confection [kɔ̃fɛksjɔ̃] nf **1.** CULIN preparation, making **2.** COUT [d'une robe] making ; [d'un veston] tailoring ▸ **la confection** INDUST the clothing industry ou business / *je ne trouve pas ma taille en confection* I can't find my size in ready-to-wear clothes ou in the shops.

❖ **de confection** loc adj ready-to-wear, ready-made, off-the-peg UK.

confectionner [3] [kɔ̃fɛksjɔne] vt **1.** [préparer - plat, sauce] to prepare, to make **2.** COUT [robe] to make, to sew ; [veston] to tailor / *c'est sa mère qui confectionne les costumes des enfants* it's her mother who runs up the children's costumes.

confectionneur, euse [kɔ̃fɛksjɔnœʀ, øz] nm, f clothes manufacturer.

confédéral, e, aux [kɔ̃fedeʀal, o] adj confederal.

confédération [kɔ̃fedeʀasjɔ̃] nf **1.** [nation] confederation, confederacy ▸ **la Confédération helvétique** the Swiss Confederation **2.** POL ▸ **confédération générale du travail** = **CGT.**

confédéré, e [kɔ̃fedeʀe] ◆ adj confederate. ◆ nm, f SUISSE *person from another canton.*

❖ **confédérés** nmpl HIST ▸ **les confédérés** the Confederates.

confédérer [18] [kɔ̃fedeʀe] vt to confederate.

✎ In reformed spelling (see p. 16-19), this verb is conjugated like **semer**: ***il confédèrera, elle confédèrerait.***

confer [kɔ̃fɛʀ] vt ▸ **confer page 36** see page 36.

conférence [kɔ̃feʀɑ̃s] nf **1.** [réunion] conference / *conférence internationale sur la paix* international peace conference / *donner* ou *tenir une conférence* to hold a meeting ou conference ▸ **ils sont en conférence** they are in a meeting ▸ **conférences en ligne** ou **web conférences** web conferencing ▸ **conférence de presse** press conference ▸ **conférence au sommet** summit conference **2.** [cours] lecture / *il a fait une conférence sur Milton* he gave ou he delivered a lecture on Milton, he lectured on Milton **3.** BOT [poire] conference pear.

conférencier, ère [kɔ̃feʀɑ̃sje, ɛʀ] nm, f speaker.

conférer [18] [kɔ̃feʀe] ◆ vt **1.** [décerner - titre, droit] to confer, to bestow ▸ **conférer une médaille à qqn** to confer a medal on ou upon sb **2.** *fig* [donner - importance, prestance] to impart. ◆ vi [discuter] to talk, to hold talks.

✎ In reformed spelling (see p. 16-19), this verb is conjugated like **semer**: ***il confèrera, elle confèrerait.***

confesse [kɔ̃fɛs] nf [confession] : *aller à / revenir de confesse* to go to / to come back from confession ▸ **chacun son tour, comme à confesse** *hum* one at a time.

confesser [4] [kɔ̃fese] vt **1.** RELIG [péché] to confess (to) ; [personne] to hear the confession of, to be the confessor of ; *(en usage absolu)* : *le Père Guérin ne confessera pas aujourd'hui* Father Guérin will not hear confessions today **2.** *fam* [faire parler] ▸ **confesser qqn** to make sb talk **3.** *litt* [foi, convictions] to proclaim **4.** [reconnaître, admettre] to admit, to confess / *j'ai eu tort, je le confesse* I admit ou confess I was wrong.

❖ **se confesser** vpi to confess, to make one's confession / *se confesser à un prêtre* to confess to a priest.

confesseur [kɔ̃fesœʀ] nm **1.** RELIG confessor **2.** [confident] confidant (confidante).

confession [kɔ̃fesjɔ̃] nf **1.** RELIG [aveu, rite] confession ▸ **faire une confession** *pr & fig* to make a confession, to confess **2.** [appartenance] faith, denomination ▸ **être de confession luthérienne / anglicane** to belong to the Lutheran / Anglican faith **3.** *litt* [proclamation] proclaiming **4.** LITTÉR / **'Confessions'** *Rousseau* 'Confessions'.

confessionnal, aux [kɔ̃fesjɔnal, o] nm confessional.

confessionnel, elle [kɔ̃fesjɔnɛl] adj denominational.

confetti [kɔ̃feti] nm (piece of) confetti ▸ **des confettis** confetti / *ils ont quitté le bal masqué sous une pluie de confettis* they were showered with confetti as they left the masked ball.

confiance [kɔ̃fjɑ̃s] nf **1.** [foi - en quelqu'un, quelque chose] trust, confidence ▸ **avec confiance** confidently / *envisager son avenir avec confiance* to feel confident about one's future ▸ **confiance excessive** overconfidence ▸ **avoir confiance en qqn / qqch** to trust sb / sthg, to have confidence in sb / sthg ▸ **faire confiance à qqn** to trust sb / *peut-on lui faire confiance?* can he be trusted?, is he trustworthy ou reliable? / *elle a mon entière confiance* I have complete confidence in her ▸ **placer sa confiance en qqn** to put one's trust ou to place one's confidence in sb / *j'ai confiance en l'avenir de mon pays* I have faith in the future of my country **2.** POL : *voter la confiance au gouvernement* to pass a vote of confidence in the government ▸ **vote de confiance** vote of confidence **3.** [aplomb] ▸ **confiance en soi** confidence, self-confidence, self-assurance / *manquer de confiance en soi* to lack self-confidence / *reprendre confiance en soi* to regain one's self-confidence.

❖ **de confiance** loc adj ▸ **poste de confiance** position of trust ▸ **personne de confiance** reliable ou trustworthy person / *les hommes de confiance du président* the President's advisers.

❖ **en confiance** loc adv ▸ **mettre qqn en confiance** to win sb's trust ▸ **se sentir** ou **être en confiance (avec qqn)** to feel safe (with sb).

❖ **en toute confiance** loc adv with complete confidence / *tu peux y aller / l'acheter en toute confiance* you can go there / buy it with confidence.

confiant, e [kɔ̃fjɑ̃, ɑ̃t] adj **1.** [qui fait confiance] trusting, trustful **2.** [qui exprime la confiance] trusting, confident **3.** [qui a confiance] : *être confiant dans* ou *en* to have confidence in / *je suis confiant dans la réussite de notre programme* I have confidence in the success of our programme, I'm confident that our programme will be a success / *il est confiant (en lui-même)* he's self-assured ou self-confident.

confidence [kɔ̃fidɑ̃s] nf confidence ▸ **faire une confidence à qqn** to confide something to sb, to trust sb with a secret ▸ **faire des confidences à qqn** to confide in sb ▸ **mettre qqn dans la confidence** to take sb into one's confidence, to let sb into the secret ▸ **être dans la confidence** to be in on the ou a secret ▸ **se faire des confidences** to confide in each other ▸ **confidences sur l'oreiller** *hum* pillow talk.

❖ **en confidence** loc adv in (strict) confidence.

confident, e [kɔ̃fidɑ̃, ɑ̃t] nm, f confidant (confidante).

confidentialité [kɔ̃fidɑ̃sjalite] nf confidentiality ▸ **accord de confidentialité** non-disclosure agreement.

confidentiel, elle [kɔ̃fidɑ̃sjɛl] adj **1.** [secret - information] confidential ; [- entretien] private ▸ **à titre confidentiel** in confidence, confidentially **2.** [limité] ▸ **un tirage confidentiel** a small print-run / *un livre un peu confidentiel* a book that only appeals to a limited readership.

confidentiellement [kɔ̃fidɑ̃sjɛlmɑ̃] adv confidentially, in (strict) confidence.

confier [9] [kɔ̃fje] vt **1.** [dire - craintes, intentions] to confide, to entrust ▸ **confier un secret à qqn** to confide ou to entrust a secret to sb, to share a secret with sb / *il m'a confié qu'il voulait divorcer* he confided to me that he wanted to get a divorce **2.** [donner] to entrust / *confier ses clefs à un ami* to entrust one's keys to a friend ▸ **confier une mission à qqn** to entrust a mission to sb, to entrust sb with a mission / *la garde de Marie a été confiée à sa mère* Marie has been put in her mother's care **3.** *litt* [livrer] to consign.

❖ **se confier** vpi [s'épancher] to confide ▸ **se confier à qqn** to confide in sb / *je n'ai personne à qui me confier* I have nobody to confide in / *elle ne se confie pas facilement* she doesn't confide in people easily.

❖ **se confier à** vp + prép [s'en remettre à] to trust to / *se confier à sa bonne étoile* to trust to one's lucky star.

configuration [kɔ̃figyʀasjɔ̃] nf **1.** [aspect général] configuration, general shape ▸ **la configuration des lieux** the layout of the place **2.** CHIM & INFORM configuration ▸ **configuration par défaut** default setting.

configurer [kɔ̃figyʀe] vt INFORM to configure.

confiné, e [kɔ̃fine] adj [air] stale ; [atmosphère] stuffy ▸ **vivre confiné chez soi** to live shut up indoors.

confinement [kɔ̃finmɑ̃] nm **1.** [enfermement] confinement **2.** PHYS ▸ **confinement d'un plasma** confinement, containment **3.** [d'une espèce animale] concentration *(in a particular area).*

confiner [3] [kɔ̃fine] vt [reléguer] to confine / *on le confine dans des rôles comiques* he's confined to comic parts.

❖ **confiner à** v + prép **1.** *sout* [être voisin de - pays, maison] to border on **2.** *fig* [être semblable à] to border ou to verge on / *passion qui confine à la folie* passion bordering ou verging on madness.

❖ **se confiner** vp *(emploi réfléchi)* [s'enfermer] : *se confiner dans son bureau* to confine o.s. to one's study, to shut o.s. away in one's study.

❖ **se confiner à** vp + prép [se limiter à] to confine o.s. ou to limit o.s. ou to keep to / *je préfère ne pas me confiner aux auteurs que je connais bien* I'd rather not confine myself to ou keep to those writers I'm familiar with.

confins [kɔ̃fɛ̃] nmpl [limites - d'un pays] borders ; [- d'un savoir, de l'intelligence] confines, bounds / *les confins de l'Europe et de l'Asie* the borders of Europe and Asia.

❖ **aux confins de** loc prép on the borders of / *aux confins du conscient et de l'inconscient* *fig* on the borders of the conscious and the unconscious.

confire [101] [kɔ̃fiʀ] vt [dans du sucre] to preserve, to candy ; [dans du vinaigre] to pickle.

❖ **se confire** vpi *litt* : *se confire en dévotion* to be excessively pious.

confirmand, e [kɔ̃fiʀmɑ̃, ɑ̃d] nm, f confirmand.

confirmatif, ive [kɔ̃fiʀmatif, iv] adj confirmative.

confirmation [kɔ̃fiʀmasjɔ̃] nf **1.** [attestation] confirmation / *obtenir confirmation d'un résultat* to receive confirmation of a result, to have a result confirmed / *donnez-nous confirmation de votre rendez-vous* please give us confirmation of ou please confirm your appointment / *il m'en a donné confirmation lui-même* he confirmed it to ou for me himself ▸ **en confirmation de** as a ou in confirmation of, confirming **2.** RELIG confirmation / *recevoir la confirmation* to be confirmed / *donner la confirmation* to confirm **3.** DR upholding.

confirmé, e [kɔ̃fiʀme] adj [professionnel] experienced.

confirmer [3] [kɔ̃fiʀme] vt **1.** [rendre définitif - réservation, nouvelle] to confirm / *confirmer par écrit* to confirm by letter ou in writing / *cela reste à confirmer* it remains to be confirmed, it is as yet unconfirmed **2.** [renforcer - témoignage, diagnostic, impression] to confirm, to bear out *(insép)* / *ceci confirme mes ou me confirme dans mes soupçons* this bears out ou confirms my suspicions **3.** [affermir - position, supériorité] to reinforce ▸ **confirmer qqn dans ses fonctions** to confirm sb in office **4.** RELIG to confirm / *se faire confirmer* to be confirmed.

❖ **se confirmer** vpi **1.** [s'avérer - rumeur] to be confirmed / *son départ se confirme* it's been confirmed that he's leaving ; *(tournure impersonnelle)* : *il se confirme que...* it has now been confirmed that... **2.** [être renforcé - tendance, hausse] to become stronger.

confisait v ⟶ **confire.**

confiscable [kɔ̃fiskabl] adj liable to seizure ou to being seized, confiscable.

confiscation [kɔ̃fiskasjɔ̃] nf **1.** [saisie] confiscation, seizure, seizing **2.** DR forfeiture.

confiserie [kɔ̃fizʀi] nf **1.** [produit] sweet UK, candy US ▸ **acheter des confiseries** to buy confectionery, to buy sweets UK, to buy candy US **2.** [industrie] confectionery (business ou trade) **3.** [magasin] confectioner's, sweet shop UK, candy store US **4.** [des olives, des sardines] pickling.

confiseur, euse [kɔ̃fizœʀ, øz] nm, f confectioner.

confisquer [3] [kɔ̃fiske] vt **1.** [retirer - marchandises, drogue] to confiscate, to seize ; [- sifflet, livre] to take away *(sép)*, to confiscate ▸ **confisquer qqch à qqn** to take sthg away from ou to confiscate sthg from sb ▸ **se faire confisquer qqch par qqn** to have sthg confiscated by sb **2.** [supprimer] to take away *(sép)*, to suppress / *le pouvoir a confisqué nos libertés* the authorities have taken away ou suppressed our civil rights **3.** DR to seize, to confiscate.

confit, e [kɔ̃fi, it] ◆ pp ⟶ **confire.** ◆ adj **1.** [fruits] candied, crystallized ; [cornichons] pickled / *ailes de canards confites* conserve of duck wings **2.** *fig* : *être confit en dévotion* to be steeped in piety.

❖ **confit** nm conserve ▸ **confit d'oie** goose conserve *(goose cooked in it's own fat to preserve it).*

confiteor [kɔ̃fiteɔʀ] nm inv Confiteor.

confiture [kɔ̃fityʀ] nf jam, preserve / *confiture de fraises* / *mûres* strawberry / blackberry jam ▸ **confiture d'oranges** (orange) marmalade ▸ **tartine de confiture** slice of bread with jam ▸ **faire des confitures** to make jam ▸ **donner de la confiture aux cochons** *fam* to cast pearls before swine.

❖ **en confiture** loc adv ▸ **mettre qqch en confiture** to reduce sthg to a pulp.

confiturerie [kɔ̃fityʀʀi] nf jam factory.

confiturier, ère [kɔ̃fityʀje, ɛʀ] ◆ adj jam *(modif).* ◆ nm, f jam ou preserve manufacturer.

❖ **confiturier** nm jam dish.

conflagration [kɔ̃flagʀasjɔ̃] nf **1.** [conflit] conflagration, conflict **2.** [bouleversement] major upheaval.

conflictuel, elle [kɔ̃fliktɥɛl] adj [pulsions, désirs] conflicting, clashing ▸ **situation / relation conflictuelle** antagonistic situation / relationship.

conflit [kɔ̃fli] nm **1.** MIL conflict, war / *le conflit irano-irakien* the Iran-Iraq war ▸ **conflit armé** armed conflict ou struggle ▸ **conflit limité** limited conflict **2.** [heurt] ▸ **entrer en conflit avec** to conflict with, to come into conflict with ▸ **être en conflit avec qqn** to be in conflict with sb / *il y a beaucoup de conflits internes* there's a lot of infighting ▸ **le conflit des générations** the generation gap, the clash between generations **3.** DR conflict ▸ **conflit d'attribution / de juridiction** conflict of authority ▸ **conflit d'intérêts** conflict of interests ▸ **conflit social** ou **du travail** labour ou industrial dispute ▸ **conflit salarial** wage dispute.

confluence [kɔ̃flyɑ̃s] nf **1.** GÉOGR confluence **2.** [rencontre] confluence, convergence ▸ **à la confluence de** at the junction of / *à la confluence du marxisme et de la psychanalyse* where Marxism and psychoanalysis meet.

confluent [kɔ̃flyɑ̃] nm **1.** GÉOGR confluence / *au confluent du Rhône et de la Saône* at the confluence of the Saône and the Rhône **2.** [point de rencontre] junction **3.** ANAT confluence.

confluer [3] [kɔ̃flye] vi **1.** GÉOGR to meet, to merge **2.** *litt* [être réunis] to converge.

confondant, e [kɔ̃fɔ̃dɑ̃, ɑ̃t] adj astonishing, astounding.

confondre [75] [kɔ̃fɔ̃dʀ] vt **1.** [mêler - films, auteurs, dates] to confuse, to mix up *(sép)* / *il a confondu la clef du garage et celle de la porte* he mistook the garage key for the door key, he mixed up the garage key and the door key / *j'ai confondu leurs voix* I got their voices mixed up ▸ **confondre qqn / qqch avec** to mistake sb / sthg for / *on me confond avec ma cousine* I'm mistaken for ou people mix me up with my cousin ▸ **tous âges confondus** irrespective of age ; *(en usage absolu)* : *on ne se connaît pas, vous devez confondre* we've never met, you must be making a mistake ou be mistaken / *attention, ce n'est pas ce que j'ai dit, ne confondons pas!* hey, let's get one thing straight, that's not what I said **2.** [démasquer - menteur, meurtrier] to unmask, to expose / *le misérable était enfin confondu!* at last the rogue was unmasked! **3.** *sout* [étonner] to astound, to astonish / *une telle naïveté a de quoi vous confondre* such naivety is truly astounding / *être* ou *rester confondu devant* to be speechless in the face of ou astounded by.

❖ **se confondre** vpi **1.** [se mêler - fleuves] to flow together, to merge ; [- formes, couleurs] to merge / *dans mon rêve, Marie et Sophie se confondaient en une seule personne* in my dream, Marie and Sophie merged into one person ou were one and the same (person) **2.** [être embrouillé] to be mixed up ou confused / *les dates se confondaient dans mon esprit* the dates became confused ou were all mixed up in my mind.

❖ **se confondre en** vp + prép ▸ **se confondre en excuses / remerciements** to be effusive in one's apologies / thanks, to apologize / thank profusely.

conformation [kɔ̃fɔʀmasjɔ̃] nf **1.** [aspect physique] build / *sa conformation anatomique* its anatomical structure / *avoir une conformation normale* to be normally built / *un enfant qui a une mauvaise conformation* a child with poor bone structure **2.** CHIM conformation, configuration.

conforme [kɔ̃fɔʀm] adj **1.** [qui répond à une règle] standard / *on ne peut pas brancher l'appareil, la fiche n'est pas conforme* the machine can't be plugged in, the plug isn't standard / *ce n'est pas conforme à la loi* this is not in accordance with the law **2.** [conventionnel] conventional, standard **3.** [semblable] identical ▸ **conforme à l'original** true to the original / *ce n'est pas conforme à l'esquisse* it bears little resemblance to ou doesn't match the sketch / *une maison conforme à mes goûts* a house in keeping with my ou after my own tastes.

conformé, e [kɔ̃fɔʀme] adj ▸ **bien conformé a)** [fœtus] well-formed **b)** [enfant] well-built ▸ **mal conformé** [fœtus] malformed / *un enfant mal conformé* a child with poor bone structure.

conformément [kɔ̃fɔʀmemɑ̃] ❖ **conformément à** loc prép in accordance with, according to / *conformément au souhait que vous avez exprimé* in accordance with your wish / *vivre conformément à ses principes* to live in accordance ou conformity with one's principles / *tout s'est déroulé conformément au plan* everything was done according to plan ▸ **conformément à l'article 26** in accordance with clause 26.

conformer [3] [kɔ̃fɔʀme] vt **1.** COMM [standardiser] to make standard, to produce according to the standards **2.** [adapter] ▸ **conformer qqch à** to adapt ou to match sthg to / *conformer ses envies à ses possibilités financières* to tailor ou to match one's desires to one's financial means / *ils ont conformé leur tactique à la nôtre* they modelled their tactics on ours.

❖ **se conformer à** vp + prép [se plier à - usage] to conform to ; [- ordre] to comply with, to abide by ▸ **se conformer aux habitudes de qqn** to conform to sb's habits / *se conformer à une décision* to abide by ou to comply with a decision.

conformisme [kɔ̃fɔʀmism] nm conventionality, conformism.

conformiste [kɔ̃fɔʀmist] ◆ adj **1.** [traditionnel] conformist, conventional **2.** HIST Conformist. ◆ nmf conformist, conventionalist.

conformité [kɔ̃fɔʀmite] nf **1.** [ressemblance] similarity / *étonné par la conformité des deux statuettes* surprised by the similarity of the two figurines ▸ **conformité de goûts / d'intérêts** similarity of tastes / of interests **2.** [obéissance] ▸ **la conformité à** conformity to / *la conformité aux usages sociaux* conformity to social customs **3.** [conventionnalisme] conventionality.

❖ **en conformité avec** loc prép in accordance with, according to ▸ **être en conformité avec** to conform to.

confort [kɔ̃fɔʀ] nm **1.** [commodités] ▸ **le confort** [d'un appartement, d'un hôtel] modern conveniences ▸ **un cinq-pièces tout confort** a five-room apartment with all mod cons UK ou modern conveniences US **2.** [aise physique] ▸ **le confort** comfort ▸ **j'aime (avoir) mon confort** I like my (creature) comforts / *son petit confort* his creature comforts / *pour votre confort, nous avons prévu des serviettes parfumées* scented tissues are available for your convenience ▸ **améliorer le confort d'écoute** to improve sound quality **3.** [tranquillité] ▸ **le confort intellectuel** self-assurance.

confortable [kɔ̃fɔʀtabl] adj **1.** [douillet - lit, maison] comfortable, cosy, snug / *la chaise n'est pas très confortable* the chair's rather uncomfortable **2.** [tranquillisant - situation, routine] comfortable / *être dans une position peu confortable* pr & fig to be in an awkward position **3.** [important - retraite, bénéfice] comfortable.

confortablement [kɔ̃fɔʀtabləmɑ̃] adv comfortably / *être confortablement assis* to be comfortably seated ▸ **vivre confortablement** [dans l'aisance] to lead a comfortable existence, to be comfortably off.

conforter [3] [kɔ̃fɔʀte] vt [renforcer - position, avance] to reinforce, to strengthen / *ce que tu dis conforte mon interprétation* what you say bears out ou confirms my interpretation / *cela la conforte dans la mauvaise opinion qu'elle a de moi* it confirms her poor opinion of me / *l'euro a conforté sa position* the euro has strengthened its position.

confraternel, elle [kɔ̃fʀatɛʀnɛl] adj fraternal.

confraternité [kɔ̃fʀatɛʀnite] nf fraternity ou brotherhood between colleagues.

confrère [kɔ̃fʀɛʀ] nm colleague / *un confrère de la BBC* a BBC colleague / *un de mes confrères du journal* one of my colleagues on the paper, one of my fellow journalists / *un de mes confrères qui est spécialiste des maladies vasculaires* one of my colleagues who specializes in vascular diseases / *à cette heure-là, nos confrères de France 3 diffusaient un match* at that time our colleagues at France 3 were showing a match.

confrérie [kɔ̃fʀeʀi] nf **1.** [groupe professionnel] fraternity / *la confrérie des journalistes sportifs* the fraternity of sports writers ▸ **confrérie gastronomique** *association for the promotion of good food* **2.** RELIG confraternity, brotherhood.

confrontation [kɔ̃fʀɔ̃tasjɔ̃] nf **1.** [face-à-face] confrontation / *la confrontation du violeur avec la victime* ou *entre le violeur et la victime est-elle une bonne chose?* is it a good idea to confront the rapist with his victim? **2.** DR confrontation **3.** [comparaison] comparison **4.** [conflit] confrontation ▸ **confrontation armée** armed confrontation ou conflict / *il cherche toujours à éviter les confrontations* ou *la confrontation* he always tries to avoid confrontation.

confronter [3] [kɔ̃fʀɔ̃te] vt **1.** [mettre face à face - accusés, témoins] to confront ▸ **être confronté à** ou **avec qqn** to be confronted with sb ; *fig* : *être confronté à une difficulté* to be faced ou confronted with a difficulty ▸ **confronter qqn avec les conséquences de ses actes** to confront sb with the consequences of his / her actions / *il n'est pas toujours facile d'être confronté à la réalité* it's not always easy to face up to reality **2.** [comparer - textes, points de vue] to compare / *confronter un vers avec un autre* ou *un vers et un autre* ou *deux vers* to compare one line with another ou one line to another ou two lines (together).

confucéen, enne [kɔ̃fyseɛ̃, ɛn] adj & nm, f Confucian.

confucianisme [kɔ̃fysjanism] nm Confucianism.

confucianiste [kɔ̃fysjanist] = **confucéen.**

Confucius [kɔ̃fysjys] npr Confucius.

confus, e [kɔ̃fy, yz] adj **1.** [imprécis - souvenir, impression] unclear, confused, vague ; [- idées] muddled ; [- situation, histoire] confused, involved ; [- explication] muddled, confused ▸ **c'est un esprit confus** he is muddleheaded **2.** [désordonné - murmures, cris] confused ; [- amas] confused, disorderly / *des voix confuses* a confused babble of voices / *un enchevêtrement confus de fils multicolores* a confused tangle of many coloured threads **3.** [embarrassé] : *c'est un cadeau magnifique, je suis confuse* it's a splendid present, I'm quite overwhelmed ou I really don't know what to say / *je l'ai tellement regardé qu'il en est resté tout confus* I stared at him so much he didn't know what to do with himself ▸ **confus de** ashamed at, embarrassed by / *être confus de sa propre ignorance* to be ashamed of one's (own) ignorance / *je suis confus de t'avoir fait attendre* I'm awfully ou dreadfully sorry to have kept you waiting.

> ⚠ Attention, **confused** ne peut être employé pour traduire confus au sens d'« embarrassé ».

confusément [kɔ̃fyzemɑ̃] adv **1.** [vaguement] confusedly, vaguely ▸ **sentir confusément que** to have a vague feeling that **2.** [indistinctement] unintelligibly, inaudibly.

confusion [kɔ̃fyzjɔ̃] nf **1.** [méprise] mix-up, confusion / *la confusion entre les deux notions est fréquente* the two notions are often mixed up ou confused **2.** [désordre] confusion, disarray, chaos / *la fête s'est terminée dans la confusion générale* the party ended in total confusion / *semer* ou *répandre la confusion dans une assemblée* to throw a meeting into confusion / *il régnait une confusion indescriptible dans la gare* the station was in a state of indescribable confusion ou chaos ▸ **jeter la confusion dans l'esprit de qqn** to sow confusion in sb's mind, to throw sb into confusion **3.** PSYCHOL ▸ **confusion mentale** mental confusion **4.** [honte] embarrassment, confusion / *rougir de confusion* to blush (with shame) ▸ **à ma grande confusion** to my great embarrassment **5.** DR ▸ **confusion de dette** confusion **6.** POL ▸ **confusion des pouvoirs** nonseparation of legislative, executive and judiciary powers.

confusionnel, elle [kɔ̃fyzjɔnɛl] adj confusional.

confusionnisme [kɔ̃fyzjɔnism] nm disinformation.

conga [kɔ̃ga] nm **1.** [danse] conga **2.** [tambour] conga drum.

congé [kɔ̃ʒe] nm **1.** [vacances] holiday UK, vacation US ; ADMIN & MIL leave ▸ **trois semaines de congé** three weeks off, three weeks' leave / *vous avez congé le 11 novembre?* do you have the 11th of November off? / *les écoles ont congé le 30* the schools are out ou break up on the 30th / *j'ai congé le lundi* I have Mondays off, I'm off on Mondays, Monday is my day off ▸ **congé d'adoption** *leave for an adopting parent* ▸ **congé pour convenance personnelle** compassionate leave ▸ **congé d'enseignement et de recherche** *leave enabling an employee to study or carry out research* ▸ **congé formation** *leave of absence to enable an employee to follow a training course* ▸ **congé de maladie** sick leave ▸ **congé (de) maternité** maternity leave ▸ **congé de naissance** paternity leave ▸ **congé parental (d'éducation)** *parent's right to take time off without pay (after a birth or an adoption)* ▸ **congé de paternité** paternity leave ▸ **congés payés** paid holiday ou holidays ou leave UK, paid vacation US ▸ **congé sabbatique** sabbatical (leave) ▸ **congés scolaires** school holidays UK ou vacation US ▸ **congé sans solde** time off without pay, unpaid leave ▸ **jour de congé** day off **2.** [avis de départ] notice / *donner son congé à son patron* to hand in one's notice to the boss / *donner son congé à son propriétaire* to give notice to one's landlord / *donner (son) congé à un employé* to give notice to ou to dismiss an employee / *demander son congé* [serviteur] to ask to leave **3.** [adieu] ▸ **donner congé à qqn** to dismiss sb ▸ **prendre congé** to (take one's) leave, to depart ▸ **prendre congé de** to take one's leave of.

❖ **en congé** loc adv ▸ **être en congé a)** [soldat] to be on leave **b)** [écolier, salarié] to be on holiday UK ou vacation US / *je suis en congé demain jusqu'à lundi* I'm off (from) tomorrow till Monday.

congéable [kɔ̃ʒeabl] adj that may be terminated *(at landlord's request)*.

congédiable [kɔ̃ʒedjabl] adj liable to be dismissed *(at any time)*.

congédiement [kɔ̃ʒedimɑ̃] nm **1.** [licenciement] dismissal **2.** [d'un bail] termination.

congédier [9] [kɔ̃ʒedje] vt [employé] to dismiss, to discharge ; [locataire] to give notice to ; *sout* [importun] to send away *(sép)* ▸ **se faire congédier** to be dismissed.

congelable [kɔ̃ʒlabl] adj freezable, suitable for freezing.

congélateur [kɔ̃ʒelatœʀ] nm deep freeze, freezer.

congélation [kɔ̃ʒelasjɔ̃] nf **1.** [technique] freezing ; [durée] freezing time ▸ **supporte bien la congélation** may be frozen / *ne supporte pas la congélation* does not freeze well ▸ **sac de congélation** freezer bag **2.** [passage à l'état de glace] freezing, turning to ice ▸ **point de congélation** freezing point.

congeler [25] [kɔ̃ʒle] vt to freeze / *tarte / viande congelée* frozen pie / meat.

❖ **se congeler** ◆ vp *(emploi passif)* [dans un congélateur] to freeze / *la mayonnaise ne se congèle pas* you can't freeze mayonnaise (successfully), mayonnaise doesn't freeze well. ◆ vpi [eau] to freeze.

congénère [kɔ̃ʒenɛʀ] ◆ adj congeneric ▸ **congénère à** congeneric with. ◆ nmf **1.** [animal] congener **2.** *péj* [personne] : *toi et tes congénères* you and your sort / *sans ses congénères, il se comporte correctement* away from his peers he behaves well.

congénital, e, aux [kɔ̃ʒenital, o] adj congenital / *il est bête, c'est congénital!* fam & hum he was born stupid ! ▸ **une maladie congénitale** a congenital illness.

congénitalement [kɔ̃ʒenitalmɑ̃] adv congenitally.

congère [kɔ̃ʒɛʀ] nf snowdrift.

congestif, ive [kɔ̃ʒɛstif, iv] adj congestive.

congestion [kɔ̃ʒɛstjɔ̃] nf congestion / *il a eu une congestion* fam he has had a stroke ▸ **congestion cérébrale** stroke ▸ **congestion pulmonaire** congestion of the lungs.

congestionné, e [kɔ̃ʒɛstjɔne] adj [visage] flushed ; [route] congested.

congestionner [3] [kɔ̃ʒɛstjɔne] vt **1.** [partie du corps] to congest ; [visage] to flush **2.** [encombrer - réseaux routiers] to congest, to clog up *(sép)*.

❖ **se congestionner** vpi **1.** [visage] to become flushed **2.** [être encombré] to become clogged up ou congested.

conglomérat [kɔ̃glɔmeʀa] nm ÉCON & GÉOL conglomerate.

conglomération [kɔ̃glɔmeʀasjɔ̃] nf conglomeration.

conglomérer [18] [kɔ̃glɔmeʀe] vt to conglomerate.

> In reformed spelling (see p. 16-19), this verb is conjugated like *semer*: *il conglomèrera, elle conglomèrerait.*

conglutiner [3] [kɔ̃glytine] vt to conglutinate.

Congo [kɔ̃go] npr m ▸ **le Congo a)** [pays] the Congo **b)** [fleuve] the Congo River, the River Congo ▸ **au Congo** in the Congo / *le Congo Belge* the Belgian Congo.

congolais, e [kɔ̃gɔlɛ, ɛz] adj Congolese.

❖ **Congolais, e** nm, f Congolese ▸ **les Congolais** the Congolese.

❖ **congolais** nm CULIN coconut cake.

congratulations [kɔ̃gʀatylasjɔ̃] nfpl *litt* felicitations.

congratuler [3] [kɔ̃gʀatyle] vt *litt* to congratulate.

congre [kɔ̃gʀ] nm conger (eel).

congréer [15] [kɔ̃gʀee] vt NAUT to worm.

congréganiste [kɔ̃gʀeganist] ◆ adj congregational. ◆ nmf congregant.

congrégation [kɔ̃gʀegasjɔ̃] nf **1.** [ordre] congregation, order **2.** [assemblée de prélats] congregation.

congrégationalisme [kɔ̃gʀegasjɔnalism] nm Congregationalism.

congrégationaliste [kɔ̃gʀegasjɔnalist] ◆ adj Congregational, Congregationalist. ◆ nmf Congregationalist.

congrès [kɔ̃gʀɛ] nm [conférence, colloque] congress / *congrès médical* / *scientifique* medical / scientific congress ▸ **le Congrès (américain)** Congress ▸ **membre du Congrès** member of Congress, Congressman (Congresswoman) ▸ **le congrès d'Épinay** *the unification congress (1971) where the French Socialist Party adopted the title "Parti socialiste", developed new policies and elected F. Mitterrand as its first secretary* ▸ **le congrès de Tours** *Socialist Party congress (1920) which marked the split between the Second International and the Third* ▸ **le congrès de Vienne** HIST the Congress of Vienna.

congressiste [kɔ̃gʀesist] nmf participant at a congress.

congru, e [kɔ̃gʀy] adj MATH congruent.

congruence [kɔ̃gʀyɑ̃s] nf congruence.

congruent, e [kɔ̃gʀyɑ̃, ɑ̃t] adj congruent.

conicité [kɔnisite] nf conic shape.

conifère [kɔnifɛʀ] nm conifer.

conique [kɔnik] adj **1.** [pointu] conical, cone-shaped **2.** MATH conic.

conjectural, e, aux [kɔ̃ʒɛktyʀal, o] adj conjectural.

conjecturalement [kɔ̃ʒɛktyʀalmɑ̃] adv conjecturally.

conjecture [kɔ̃ʒɛktyʀ] nf conjecture, surmise ▸ **se perdre en conjectures** to be perplexed / *nous en sommes réduits aux conjectures* we can only guess.

conjecturer [3] [kɔ̃ʒɛktyʀe] vt *sout* to conjecture *sout* ou to speculate about *(insép)* / *conjecturer l'évolution politique* to conjecture *sout* ou to speculate about the development of the political situation / *je ne conjecture rien de bon de la situation* I can't see anything good coming out of the situation ▸ **conjecturer que** to surmise that ; *(en usage absolu)* : *que s'est-il passé ? — on ne peut que conjecturer* what happened ? — one can but guess ▸ **conjecturer sur** to make guesses about.

conjoint, e [kɔ̃ʒwɛ̃, ɛ̃t] ◆ adj **1.** [commun - démarche] joint **2.** [lié - cas, problème] linked, related **3.** [qui accompagne] ▸ **note conjointe** attached note **4.** MUS conjoint, conjunct. ◆ nm, f ADMIN spouse / *il faut l'accord des deux conjoints* the agreement of both husband and wife is necessary ▸ **les futurs conjoints** the bride and groom, the future couple.

conjointement [kɔ̃ʒwɛ̃tmɑ̃] adv jointly / *conjointement avec mon associé* together with my associate / *vous recevrez conjointement la facture et le catalogue* you'll find the invoice enclosed with the catalogue.

conjoncteur-disjoncteur [kɔ̃ʒɔ̃ktœʀdisʒɔ̃ktœʀ] (*pl* **conjoncteurs-disjoncteurs**) nm circuit breaker.

conjonctif, ive [kɔ̃ʒɔ̃ktif, iv] adj **1.** GRAM conjunctive **2.** ANAT connective.

❖ **conjonctive** nf **1.** GRAM conjunctive clause **2.** ANAT conjunctiva.

conjonction [kɔ̃ʒɔ̃ksjɔ̃] nf **1.** [union] union, conjunction / *dû à la conjonction de deux facteurs* due to the conjunction of two factors **2.** GRAM conjunction ▸ **conjonction de coordination** / **de subordination** coordinating / subordinating conjunction **3.** ASTRON conjunction.

conjonctival, e, aux [kɔ̃ʒɔ̃ktival, o] adj conjunctival.

conjonctivite [kɔ̃ʒɔ̃ktivit] nf conjunctivitis.

conjoncture [kɔ̃ʒɔ̃ktyʀ] nf **1.** [contexte] situation, conditions / *la conjoncture internationale actuelle* the current international context ou situation ▸ **dans la conjoncture actuelle** under the present circumstances, at this juncture **2.** ÉCON economic situation ou trends / *attendre une amélioration de la conjoncture* to wait for economic conditions to improve ▸ **de conjoncture** conjunctural ▸ **étude de conjoncture** study of the (overall) economic climate / *crise de conjoncture* economic crisis.

conjoncturel, elle [kɔ̃ʒɔ̃ktyʀɛl] adj [chômage] cyclical ▸ **crise conjoncturelle** economic crisis *(due to cyclical and not structural factors)* ▸ **prévisions conjoncturelles** economic forecasts ▸ **test conjoncturel** economic test.

conjoncturiste [kɔ̃ʒɔ̃ktyʀist] nmf economic planner.

conjugable [kɔ̃ʒygabl] adj which can be conjugated.

conjugaison [kɔ̃ʒygɛzɔ̃] nf **1.** BIOL, CHIM & GRAM conjugation **2.** [union] union, conjunction.

conjugal, e, aux [kɔ̃ʒygal, o] adj conjugal ▸ **vie conjugale** married life.

conjugalement [kɔ̃ʒygalmɑ̃] adv conjugally ▸ **vivre conjugalement** to live as a married couple ou as husband and wife.

conjugalité [kɔ̃ʒygalite] nf conjugality.

conjugué, e [kɔ̃ʒyge] adj **1.** [uni - efforts] joint, combined **2.** CHIM, MATH & OPT conjugate.

❖ **conjugués** nmpl MATH conjugate complex numbers.

conjuguées [kɔ̃ʒyge] nfpl conjugatae.

conjuguer [3] [kɔ̃ʒyge] vt **1.** [verbe] to conjugate / *conjuguer au futur* to conjugate in the future tense **2.** [unir - efforts, volontés] to join, to combine.

❖ **se conjuguer** ◆ vp *(emploi passif)* GRAM to conjugate, to be conjugated. ◆ vpi [s'unir] to work together, to combine.

conjurateur, trice [kɔ̃ʒyʀatœʀ, tʀis] nm, f conjuror, sorcerer.

conjuration [kɔ̃ʒyʀasjɔ̃] nf **1.** [complot] conspiracy **2.** [incantation] conjuration.

conjuré, e [kɔ̃ʒyʀe] nm, f conspirator, plotter.

conjurer [3] [kɔ̃ʒyʀe] vt **1.** *litt* [supplier] to beg, to beseech *litt* / *il la conjura de ne pas le dénoncer* he begged ou besought *litt* her not to give him away / *ne le bats pas, je t'en conjure* don't hit him, I beseech you *litt* ou I beg (of) you **2.** [écarter - mauvais sort, danger, crise] to ward off *(sép)*, to keep at bay **3.** *litt* [manigancer] to plot ▸ **conjurer la perte de qqn** to plot sb's downfall.

❖ **se conjurer** vpi *litt* to conspire ▸ **se conjurer contre** to plot ou to conspire against.

connais, connaissait v ⟶ **connaître.**

connaissance [kɔnɛsɑ̃s] nf **1.** [maîtrise dans un domaine] knowledge / *avoir une connaissance intuitive* / *empirique de* to have an intuitive / empirical knowledge of / *une connaissance approfondie de l'espagnol* a thorough knowledge ou good command of Spanish ▸ **la connaissance de soi** self-knowledge **2.** PHILOS ▸ **la connaissance** knowledge / *toutes les branches de la connaissance* all areas of (human) knowledge **3.** [fait d'être informé] ▸ **avoir connaissance de qqch** to know ou to learn about sthg / *il n'en a jamais eu connaissance* he never learnt about it, he was never notified of it / *prendre connaissance des faits* to learn about ou to hear of the facts / *il est venu à notre connaissance que...* it has come to our attention that... ▸ **porter qqch à la connaissance de qqn** to bring sthg to sb's knowledge ou attention **4.** [conscience] consciousness ▸ **avoir toute sa connaissance** to be fully conscious / *il gisait là* / *il est tombé, sans connaissance* he was lying there / he fell unconscious ▸ **perdre connaissance** to lose consciousness ▸ **reprendre connaissance** to come to, to regain consciousness ▸ **faire reprendre connaissance à qqn** to bring sb to ou round **5.** ▸ **faire la connaissance de qqn, faire connaissance avec qqn** [rencontrer qqn] to make sb's acquaintance, to meet sb / *on a lié* ou *fait connaissance à Berne* we met in Bern / *une fois que vous aurez mieux fait connaissance* once you've got to know each other better / *prendre connaissance d'un texte* to read ou to peruse a text ▸ **faire connaissance avec qqch** [aborder qqch] to discover, to get to know **6.** [ami] acquaintance / *c'est une simple connaissance* he's a mere ou nodding acquaintance / *faire de nouvelles connaissances* to make new acquaintances, to meet new people / *agrandir le cercle de ses connaissances* to widen one's circle of acquaintances.

❖ **connaissances** nfpl knowledge ▸ **avoir des connaissances** to be knowledgeable / *avoir de solides connaissances en* to have a thorough knowledge of ou a good grounding in / *avoir des connaissances sommaires en* to have a basic knowledge of, to know the rudiments of ▸ **connaissances livresques** book-learning / *mes connaissances en chimie sont tout ce qu'il y a de plus rudimentaire* my knowledge of chemistry is extremely rudimentary.

❖ **à ma connaissance, à sa connaissance** loc adv to (the best of) my / his, etc., knowledge, as far as I know / he knows, etc. ▸ **pas à ma connaissance** not to my knowledge, not as far as I know, not that I know of / *il n'y avait pas, à sa connaissance, de cas semblable dans la famille* there was, as far as he knew, no similar case in the family.

❖ **de connaissance** loc adj : *être entre gens de connaissance* to be among familiar faces / *nous sommes entre gens de connaissance ici* we all know each other here ▸ **être en pays de connaissance a)** [dans un domaine] to be on familiar ground **b)** [dans un milieu] to be among familiar faces.

❖ **de ma connaissance, de sa connaissance** loc adj : *une personne de ma connaissance* an acquaintance of mine, somebody I know.

❖ **en connaissance de cause** loc adv ▸ **faire qqch en connaissance de cause** to do sthg with full knowledge of the facts / *et j'en parle en connaissance de cause* and I know what I'm talking about.

> Attention ! Le mot **knowledge** est indénombrable. Il ne s'emploie jamais au pluriel :
> **Ses connaissances en la matière sont époustouflantes.** *His knowledge of the subject is astounding.*

connaissement [kɔnɛsmɑ̃] nm bill of lading, waybill.

connaisseur, euse [kɔnɛsœʀ, øz] ◆ adj [regard, air] expert *(avant nom)*, knowledgeable. ◆ nm, f connoisseur ▸ **un public de connaisseurs** a knowledgeable audience, an audience of experts ▸ **parler de qqch en connaisseur** to speak knowledgeably about sthg / *être connaisseur en pierres précieuses* to be a connoisseur of ou knowledgeable about gems.

connaître, connaitre* [91] [kɔnɛtʀ] ◆ vt

A. QUELQUE CHOSE
B. QUELQU'UN
C. ÉPROUVER
D. ADMETTRE

A. QUELQUE CHOSE 1. [avoir mémorisé - code postal, itinéraire, mot de passe] to know / *connais-tu le chemin pour y aller ?* do you know how to get there ou the way there ? / *la cachette était connue d'elle seule* she was the only one who knew where the hiding place was / *je connais des bars espagnols à Paris* I know some Spanish bars in Paris ▸ **connaître les bonnes adresses** to know (all) the best places to go **2.** [être informé de - information, nouvelle] to know / *je suis impatient de connaître les résultats* I'm anxious to know ou to hear the results / *tu connais celle du cheval qui ne voulait pas boire ?* *fam* do you know ou have you heard the one about the horse who wouldn't drink ? ▸ **faire connaître a)** [avis, sentiment] to make known **b)** [décision, jugement] to make known, to announce / *je vous ferai connaître ma décision plus tard* I'll inform you of my decision ou I'll let you know what I've decided later / *les patrouilleurs nous font connaître la position des canons ennemis* scout planes let us know the position of enemy fire ou give us intelligence about the position of enemy fire / *je ne te connaissais pas ce manteau* I didn't know you had this coat, I've never seen you wearing this coat (before) / *je ne lui connais aucun défaut* I'm not aware of her having any faults / *on ne lui connaissait aucun ennemi* he had no known enemies **3.** [avoir des connaissances sur - langue, ville, appareil, œuvre] to know, to be familiar with ; [- technique] to know, to be acquainted with ; [- sujet] to know (about) / *je ne connais pas l'italien* I don't know ou can't speak Italian / *je connais un peu l'informatique* I have some basic knowledge of computing, I know a little about computing / *apprenez à connaître votre corps* learn to know your body / *je ne conduirai pas, je ne connais pas ta voiture* I won't drive, I'm

*In reformed spelling (see p. 16-19).

not familiar with **ou** I don't know your car / *elle connaît tout sur tout aussi iron* she knows everything there is to know / *il connaît bien les Alpes* he knows the Alps well / *je connais mal les dauphins* my knowledge of dolphins is patchy, I don't know much about dolphins / *connais-tu Flaubert?* do you know (the work of) **ou** have you read Flaubert? ▸ **faire connaître** : *faire connaître un produit* to publicize a product / *son dernier film l'a fait connaître dans le monde entier* his latest film has brought him worldwide fame / *sa traduction a fait connaître son œuvre en France* her translation has brought his work to French audiences / *cette émission est destinée à faire connaître des artistes étrangers* this programme is aimed at introducing foreign artists ▸ **ça me / le connaît** *fam* : *les bons vins, ça le connaît!* he knows a thing or two about **ou** he's an expert on good wine! / *la mécanique, ça le connaît!* he's a dab hand UK **ou** a whiz at mechanics! ▸ **connaît pas** *fam* : *à cet âge-là, la propreté, connaît pas* at that age they don't know the meaning of the word cleanliness / *y connaître quelque chose en* to have some idea **ou** to know something about / *tu y connais quelque chose en informatique?* do you know anything about computers? ▸ **ne rien y connaître** : *je n'y connais rien en biologie* I don't know a thing about biology / *je ne mange pas de cette horreur! — tu n'y connais rien!* I won't eat that horrible stuff! — you don't know what's good for you! ; *(en usage absolu)* : *tu sais comment ça marche? — oui, je connais* do you know how it works? — yes, I do ▸ **connaître son affaire ou métier** to know one's job ▸ **en connaître un bout ou rayon sur** *fam* to know a thing or two about ▸ **connaître la chanson ou musique** *fam* to have heard it all before / *il te remboursera — ouais, je connais la musique!* he'll pay you back — yeah, (I've) heard that one before! **4.** *litt* [reconnaître] to recognize, to know *litt* ▸ **connaître qqn à qqch** to recognize sb because of sthg.

B. QUELQU'UN **1.** [par l'identité] to know ▸ **connaître qqn de vue / nom / réputation** to know sb by sight / name / reputation / *on la connaissait sous le nom de Louise Michel* she was known as Louise Michel ▸ **se faire connaître a)** [révéler son identité] to make o.s. known **b)** [devenir une personne publique] to make o.s. **ou** to become known / *notre auditeur n'a pas voulu se faire connaître* our listener didn't want his name to be known **ou** wished to remain anonymous / *la police ne le connaît que trop bien!* the police know him only too well! / *je suis patient, tu me connais* I'm patient, you know me / *la connaissant, ça ne me surprend pas* knowing her, I'm not surprised / *tu me connais mal!* you don't know me! / *elle a bien connu ton oncle* she knew your uncle well / *je ne le connais qu'un peu* he's only an acquaintance of mine / *je la connais depuis toujours* I've always known her / *je t'ai connue plus enjouée* I've known you to be chirpier / *je l'ai connu enfant* I knew him when he was a child / *si tu fais ça, je ne te connais plus!* if you do that, I'll have nothing more to do with you! ▸ **je te connais comme si je t'avais fait!** *fam* I know you as if you were my own **ou** like the back of my hand! **2.** [rencontrer] to meet / *j'aimerais le connaître* I'd like to meet him / *ah, si je t'avais connue plus tôt!* if only I'd met you earlier! / *je l'ai connu au cours du tournage* I got to know him while we were shooting the picture / *j'aimerais vous faire connaître mon frère* I would like to introduce you to my brother **3.** [sexuellement] to have carnal knowledge of, to know.

C. ÉPROUVER **1.** [peur, amour] to feel, to know, to experience / *dans ses bras, j'ai connu l'amour* in her arms, I understood what love was / *une famille où il pourra enfin connaître la tendresse* a family where he will at last experience affection **2.** [faire l'expérience de] to experience / *tu n'as pas connu les petits bars de Saint-Germain!* you never knew **ou** experienced the little bars in Saint-Germain! / *la tour avait connu des jours meilleurs* the tower had seen better days / *ah, l'insouciance de la jeunesse, j'ai connu ça!* I was young and carefree once! / *ses promesses, je connais!* *fam* don't talk to me about his promises! ▸ **faire connaître qqch à qqn** to introduce sb to sthg ; [obtenir - succès, gloire] to have, to experience / *enfin, elle connut la consécration* she finally received the highest accolade / *ma douleur ne connaîtra jamais aucun soulagement* there will never be any relief from my pain **3.** [subir - crise] to go **ou** to live through *(insép)*, to experience ; [- épreuve, humiliation, guerre] to live through *(insép)*, to suffer, to undergo / *il a connu bien des déboires* he has had **ou** suffered plenty of setbacks / *puis Rome connut la décadence* then Rome went through a period of **ou** fell into decline / *sa carrière a connu des hauts et des bas* her career has had its ups and downs / *le corps de l'enfant connaît ensuite une période d'intenses bouleversements* profound changes then take place in the child's body.

D. ADMETTRE **1.** [suj : chose] to have ; *(la forme négative)* to know / *son ambition ne connaît pas de bornes* **ou** *limites* her ambition is boundless **ou** knows no bounds **2.** [suj : personne] ▸ **ne pas connaître de** *litt* : *il ne connaît pas de maître* he knows no master ▸ **ne connaître que** : *Rex ne connaît que son maître* Rex only responds to **ou** knows his master / *il ne connaît que le travail* work is the only thing he's interested in **ou** he knows / *les voitures, tu ne connais que ça!* *fam* cars, that's all you're interested in! / *il ne connaît que le mensonge* he is incapable of telling the truth / *ils ne connaissent que le règlement!* they always stick to the rules **ou** go by the book! / *contre les rhumes, je ne connais qu'un bon grog* there's nothing like a hot toddy to cure a cold.

❖ **connaître de, connaitre de*** v + prép DR : *ce tribunal ne connaît pas des fraudes fiscales* this court is not empowered to deal with tax fraud.

❖ **se connaître, se connaitre*** ◆ vp *(emploi réfléchi)* to know o.s., to be self-aware / *je n'oserai jamais, je me connais* I'd never dare, I know what I'm like / *le yoga vous aide à mieux vous connaître* yoga helps you to get to know yourself better **ou** is the way to greater self-knowledge ▸ **connais-toi toi-même** *(allusion à Socrate)* know thyself ▸ **ne plus se connaître** *vieilli* [de colère] to be beside o.s. ◆ vp *(emploi réciproque)* to be acquainted, to have met (before) / *vous vous connaissez?* have you met (before)? / *tout le monde se connaît?* has everybody met everybody else? / *ils se connaissent bien* they know each other well. ◆ vpi ▸ **s'y connaître** [être expert] : *s'y connaître en architecture* to know a lot about architecture / *je ne m'y connais pas en antiquités* I don't know anything about antiques / *je m'y connais peu en informatique* I don't know much about computers / *ah ça, pour râler, il s'y connaît!* *fam* he's very good at grumbling! / *pour les gaffes, tu t'y connais!* *fam* when it comes to blunders, you take some beating! ▸ **c'est un escroc, ou je ne m'y connais pas!** I know a crook when I see one!

Voir encadré à l'article savoir.

connard [kɔnaʀ] nm *vulg* wanker UK, arsehole UK, asshole US.

connasse [kɔnas] nf *vulg* stupid cow **ou** bitch.

conne [kɔn] f *tfam* ⟶ **con.**

connectabilité [kɔnɛktabilite] nf INFORM connectivity.

connectable [kɔnɛktabl] adj connectable.

connecter [4] [kɔnɛkte] vt to connect.

❖ **se connecter à** vp + prép INFORM to connect o.s. to.

connecteur [kɔnɛktœʀ] nm connector.

Connecticut [kɔnɛktikœt] npr m ▸ **le Connecticut** Connecticut.

connectique [kɔnɛktik] nf [connexions] connections ; [rayon dans un magasin] cables and wiring.

connectivité [kɔnɛktivite] nf connectivity.

connerie [kɔnʀi] nf *tfam* **1.** [stupidité] stupidity / *sa connerie se lit sur sa figure* you can tell he's a prat UK **ou** schmuck US just by looking at him **2.** [acte, remarque] stupid thing / *raconter des conneries* to talk rubbish / *arrête de me raconter des conneries* don't talk rubbish / *c'est incroyable ce qu'il peut raconter comme conneries* it's incredible what rubbish he comes out with sometimes ▸ **faire des conneries** : *elle a fait une connerie* she's done sthg really bloody UK **ou** goddam stupid US.

connétable [kɔnetabl] nm HIST constable.

connexe [kɔnɛks] adj [idées, problèmes] closely related.

connexion [kɔnɛksjɔ̃] nf connection ▸ **connexion (à) Internet** Internet connection.

connexité [kɔnɛksite] nf relatedness.

connivence [kɔnivɑ̃s] nf *sout* connivance, complicity / *avec la connivence du gardien* with the warden's connivance ▸ **être de connivence avec** to be in connivance with, to connive with / *ils sont de connivence* they're in league with each other ▸ **un regard de connivence** a conniving look.

connivent, e [kɔnivɑ̃, ɑ̃t] adj connivent.

connotation [kɔnɔtasjɔ̃] nf **1.** LING connotation **2.** [nuance] overtone.

connoter [3] [kɔnɔte] vt **1.** LING to connote **2.** PHILOS to connote, to imply, to have overtones of.

connu, e [kɔny] ◆ pp ⟶ **connaître.** ◆ adj **1.** [découvert - univers] known **2.** [répandu - idée, tactique] well-known, widely known **3.** [célèbre - personnalité, chanteur] famous, well-known ▸ **peu connu a)** [personne, œuvre] little-known **b)** [lieu] out-of-the-way / *un de ses tableaux les moins connus* one of his least well-known **ou** least-known paintings / *une blague connue* *fam* an old joke ▸ **être connu comme le loup blanc** : *il est connu comme le loup blanc* everybody knows him.

❖ **connu** nm ▸ **le connu et l'inconnu** the known and the unknown.

conque [kɔ̃k] nf **1.** ZOOL conch **2.** ANAT external ear, concha *spéc.*

conquérant, e [kɔ̃keʀɑ̃, ɑ̃t] ◆ adj **1.** MIL & POL conquering **2.** [hautain - sourire] domineering ; [- démarche] swaggering / *il entra d'un air conquérant* he swaggered in. ◆ nm, f conqueror.

conquérir [39] [kɔ̃keʀiʀ] vt **1.** MIL & POL to conquer **2.** [acquérir - espace, pouvoir] to gain control over, to capture, to conquer / *conquérir de nouveaux marchés* to conquer **ou** to capture new markets ▸ **se comporter comme en pays conquis** to act as if one owns the place **3.** [séduire - cœur, public] to win (over) *(sép)*, to conquer / *conquérir un homme / une femme* to win a man's / a woman's heart ▸ **être conquis** to be entirely won over.

conquête [kɔ̃kɛt] nf **1.** [action] conquest / *partir à la conquête de l'Amérique* to set out to conquer America / *il a fait la conquête de ma cousine* he's made a conquest of my cousin, he's won my cousin's heart **2.** [chose gagnée] conquest, conquered territory / *les conquêtes des premiers jours de la révolution* the conquests of the early days of the revolution **3.** *fam* [personne] conquest / *sa dernière conquête s'appelle Peter* her latest conquest is called Peter.

conquiert v ⟶ **conquérir.**

conquis, e [kɔ̃ki, iz] pp ⟶ **conquérir.**

conquistador [kɔ̃kistadɔʀ] nm conquistador.

consacrant [kɔ̃sakʀɑ̃] ◆ adj m consecrating. ◆ nm consecrating priest, consecrator.

consacré, e [kɔ̃sakʀe] adj **1.** RELIG [hostie] consecrated ; [terre] hallowed **2.** [accepté - rite, terme] accepted, established ▸ **c'est l'expression consacrée** it's the accepted way of saying it **3.** [célèbre - artiste, cinéaste] established, recognized.

consacrer [3] [kɔ̃sakʀe] vt **1.** ▸ **consacrer qqch à** [réserver qqch à] to devote **ou** to dedicate sthg to / *les week-ends sont consacrés aux enfants / au sport* weekends are devoted to the children / to sports / *combien de temps consacrez-vous à la lecture?* how much time do you devote to **ou** spend reading? / *as-tu dix minutes à me consacrer?* can you spare me ten minutes? / *consacrons-lui notre couverture cette semaine* let's devote our front page to her this week **2.** RELIG [pain, autel, église, évêque] to consecrate / *consacrer un temple à Jupiter* to consecrate **ou** to dedicate a temple to Jupiter / *le sang de nos fils a consacré ce lieu* *litt* the blood of our sons has hallowed this place **3.** [entériner - pratique, injustice] to sanction, to hallow ▸ **expression consacrée par l'usage** expression that has become established by usage / *tradition consacrée par le temps* time-honoured tradition **4.** [couronner - artiste, acteur] to crown, to turn into a star / *le jury l'a consacré meilleur acteur de l'année* the jury voted him best actor of the year.

❖ **se consacrer à** vp + prép to devote ou to dedicate o.s. to / *je ne peux me consacrer à mon fils que le soir* I can only find time for my son in the evenings / *se consacrer à Dieu* to consecrate one's life to the service of ou to devote o.s. to God.

consanguin, e [kɔ̃sɑ̃gɛ̃, in] ◆ adj ▸ **sœur consanguine** half-sister *(on the father's side)* ▸ **mariage consanguin** intermarriage, marriage between blood relatives. ◆ nm, f half-brother, half-sister *(on the father's side)* ▸ **les consanguins** blood relations ou relatives.

consanguinité [kɔ̃sɑ̃ginite] nf **1.** [parenté] consanguinity **2.** [mariages consanguins] intermarriage.

consciemment [kɔ̃sjamɑ̃] adv consciously, knowingly.

conscience [kɔ̃sjɑ̃s] nf **1.** [connaissance] consciousness, awareness ▸ **avoir conscience de** to be conscious ou aware of ▸ **prendre conscience de qqch** to become aware of ou to realize sthg / *ça m'a fait prendre conscience de la précarité du bonheur* it made me realize ou aware (of) how precarious happiness is ▸ **conscience de classe** class consciousness ▸ **conscience collective / politique** collective / political consciousness ▸ **conscience de soi** self-awareness **2.** [sens de la morale] conscience / *agir selon sa conscience* to act according to one's conscience ▸ **libérer** ou **soulager sa conscience** to relieve one's conscience ▸ **avoir qqch sur la conscience** to have sthg on one's conscience ▸ **avoir un poids sur la conscience** : *elle a un poids sur la conscience* there is a heavy weight on her conscience / *il a la conscience large* ou *élastique fam* he has a very flexible sense of right and wrong / *sa conscience ne le laissera pas tranquille* ou *en paix* his conscience will give him no rest ▸ **avoir la conscience tranquille** to have an easy conscience / *je n'ai pas la conscience tranquille de l'avoir laissé seul* I have an uneasy conscience ou I feel bad about having left him alone ▸ **avoir bonne conscience** to have a clear conscience / *tu dis ça pour te donner bonne conscience* you're saying this to appease your conscience / *le monde occidental se donne bonne conscience* the Western world is appeasing its conscience ▸ **avoir mauvaise conscience** to have a guilty ou bad conscience ▸ **c'est une affaire** ou **un cas de conscience** it's a matter of conscience ▸ **crise de conscience** crisis of conscience ▸ **avoir sa conscience pour soi** : *j'ai ma conscience pour moi* my conscience is clear ▸ **acheter les consciences** to buy off people's consciences **3.** [lucidité] consciousness ▸ **perdre conscience** to lose consciousness ▸ **reprendre conscience** to regain consciousness, to come to **4.** [application] ▸ **conscience professionnelle** conscientiousness / *faire son travail avec beaucoup de conscience professionnelle* to do one's job very conscientiously, to be conscientious in one's work.

❖ **en (toute) conscience** loc adv in all conscience / *je ne peux, en conscience, te laisser partir seul* I can't decently let you go on your own.

consciencieusement [kɔ̃sjɑ̃sjøzmɑ̃] adv conscientiously.

consciencieux, euse [kɔ̃sjɑ̃sjø, øz] adj [élève] conscientious, meticulous ; [travail] meticulous.

conscient, e [kɔ̃sjɑ̃, ɑ̃t] adj **1.** [délibéré -geste, désir, haine] conscious **2.** [averti] aware ▸ **être conscient du danger** to be aware ou conscious of the danger **3.** [lucide -blessé] conscious.

❖ **conscient** nm ▸ **le conscient** the conscious (mind).

conscription [kɔ̃skʀipsjɔ̃] nf conscription, draft US.

conscrit [kɔ̃skʀi] nm conscript, draftee US ▸ **armée de conscrits** conscript ou draft US army ▸ **se faire avoir comme un conscrit** *fam* to be completely taken in.

consécrateur [kɔ̃sekʀatœʀ] = consacrant.

consécration [kɔ̃sekʀasjɔ̃] nf **1.** RELIG consecration **2.** [confirmation -d'une coutume] establishment, sanctioning ; [-d'une injustice] sanctioning ; [-d'un artiste, d'une carrière] consecration, apotheosis, crowning point.

consécutif, ive [kɔ̃sekytif, iv] adj **1.** [successif] consecutive / *dormir 12 heures consécutives* to sleep for 12 consecutive hours ou for 12 hours running / *c'est la cinquième fois consécutive qu'il remet le rendez-vous* this is the fifth time running ou in a row that he's postponed the meeting ▸ **consécutif à** : *les dégâts consécutifs à l'incendie* the damage brought about ou caused by the fire / *l'infarctus est souvent consécutif au surmenage* heart attacks are often the result of stress **2.** GRAM & MATH consecutive.

consécution [kɔ̃sekysjɔ̃] nf [gén & LOGIQUE] consecution.

consécutivement [kɔ̃sekytivmɑ̃] adv consecutively / *notre équipe a subi consécutivement quatre défaites* our team has suffered four consecutive defeats ou four defeats in a row / *les accidents se sont produits consécutivement* the accidents happened one after another ou the other.

❖ **consécutivement à** loc prép after, as a result of, following / *consécutivement à un incident technique* as a result of ou following a technical hitch.

conseil [kɔ̃sɛj] nm **1.** [avis] piece of advice, counsel *sout* / *un dernier petit conseil* one last word ou piece of advice ▸ **un conseil d'ami** a friendly piece of advice ▸ **des conseils a)** [d'ami] advice **b)** [trucs] tips, hints ▸ **conseils aux bricoleurs / jardiniers** hints for handymen / gardeners ▸ **agir sur / suivre le conseil de qqn** to act on / to take sb's advice ▸ **écouter le conseil de qqn** to listen to ou to take sb's advice ▸ **demander conseil à qqn** to ask sb's advice, to ask sb for advice / *si j'avais un conseil à te donner* if I had one piece of advice to give you ▸ **prendre conseil auprès de qqn** to take advice from sb **2.** [activité] consulting ▸ **conseil en stratégie** strategy consulting **3.** [conseiller] adviser, consultant ; *(comme adjectif, avec ou sans trait d'union)* ▸ **ingénieur conseil** consultant engineer ▸ **avocat conseil** legal consultant ▸ **parfumeur-conseil** cosmetics consultant ▸ **conseil conjugal** marriage-guidance counsellor ▸ **conseil en publicité** advertising consultant ▸ **conseil en organisation** organizational consultant ▸ **conseil fiscal** tax consultant ▸ **conseil juridique** legal adviser ▸ **conseil en stratégie** strategy consultant **4.** [assemblée] board ; [réunion] meeting ▸ **tenir conseil** to hold a meeting ▸ **conseil d'administration a)** [d'une société] board of directors **b)** [d'une organisation internationale] governing body ▸ **conseil d'arrondissement** district council ▸ **conseil de cabinet** cabinet council, council of ministers ▸ **le Conseil constitutionnel** *French government body ensuring that laws, elections and referenda are constitutional* ▸ **le Conseil économique et social** *consultative body advising the government on economic and social matters* ▸ **le Conseil d'État** the (French) Council of State ▸ **le Conseil de l'Europe** the Council of Europe ▸ **le Conseil européen** the European Council ▸ **conseil de famille** board of guardians ▸ **conseil général** ≃ county council ▸ **conseil de guerre a)** [réunion] war council ; ≃ War Cabinet **b)** [tribunal] court-martial ▸ **passer en conseil de guerre** to be court-martialled ▸ **faire passer qqn en conseil de guerre** to court-martial sb ▸ **conseil interministériel** interministerial council ▸ **le Conseil des ministres** ≃ the Cabinet ▸ **conseil municipal a)** [en ville] ≃ town council UK ; ≃ city council US ; ≃ local (urban) council **b)** [à la campagne] ≃ parish council UK; ≃ local (rural) council ▸ **conseil de prud'hommes** industrial arbitration court ; ≃ ACAS UK ▸ **conseil régional** regional council ▸ **conseil de révision** MIL recruiting board, draft board US ▸ **le Conseil de sécurité** the Security Council ▸ **le Conseil supérieur de la magistrature** *French state body that appoints members of the judiciary* **5.** ENS ▸ **conseil de classe** staff meeting *(concerning a class)* ▸ **conseil de discipline** disciplinary committee ▸ **conseil d'école** *committee responsible for internal organization of a primary school* ▸ **conseil d'établissement** ≃ board of governors UK ; ≃ board of education US ▸ **conseil des maîtres** *teachers' committee at a primary school* ▸ **conseil des professeurs** *termly meeting of teachers to discuss progress made by individual pupils* ▸ **Conseil supérieur de l'Éducation nationale** *consultative body dealing with educational matters* ▸ **conseil d'UFR** departmental (management) committee ▸ **Conseil d'Université** ≃ university Senate UK ; ≃ Board of Trustees US.

❖ **de bon conseil** loc adj : *un homme de bon conseil* a man of sound advice, a wise counsellor / *demande-lui, elle est de bon conseil* ask her, she's good at giving advice.

> Attention ! Le mot **advice** est indénombrable. Il ne s'emploie jamais ni au pluriel ni avec l'article indéfini **an** :
> **Il m'a donné quelques conseils de jardinage.** *He gave me some gardening advice.*
> **Puis-je vous donner un petit conseil ?** *Can I give you some advice?* ou *Can I give you a piece of advice?*

Conseil des ministres

The President himself presides over the **Conseil des ministres**, which traditionally meets every Wednesday morning; strictly speaking, when ministers assemble in the sole presence of the Prime Minister, this is known as **le Conseil de cabinet**.

Le Conseil constitutionnel

The **Conseil constitutionnel**, which ensures that new laws do not contravene the constitution, has nine members appointed for a nine-year period; it also includes the surviving former presidents of France. The president of the Republic, the Prime Minister or any member of Parliament can refer laws to the **Conseil constitutionnel** for scrutiny.

Le Conseil d'État

The French Council of State acts both as the highest court to which the legal affairs of the state can be referred, and as a consultative body to which bills and rulings are submitted by the government prior to examination by the **Conseil des ministres**. It has 200 members.

Conseil supérieur de la magistrature

This state body advises on the appointment of members of the **magistrature**, and on specific points of law concerning the judiciary. It is also consulted when the president wishes to exercise his official pardon. It has ten members: the Minister of Justice and nine others appointed by the president of the Republic.

Conseil municipal

The town council is elected for six years during the **municipales** (local elections). Elected members, or **conseillers municipaux**, oversee the administration of a **commune** in conjunction with the mayor.

Conseil général

The body responsible for the administration of a **département**. Members are elected for a six-year term, with one councillor per **canton**, and are headed by the **président du conseil général**.

Conseil régional

The committee body for the administration of a **Région**. Members are elected for a six-year term and are headed by the **président du conseil régional**. They decide on matters of planning, construction, regional development and education.

conseiller[1] [4] [kɔ̃seje] vt **1.** [recommander - livre, dentiste] to recommend ▸ **conseiller qqch / qqn à qqn** to recommend sthg / sb to sb **2.** [donner son avis à - ami, enfant] to advise, to give advice to / *elle conseille le président sur les questions économiques* she advises ou counsels the President on economic matters ▸ **on m'a bien / mal conseillé** I was given good / bad advice ▸ **conseiller à qqn de faire qqch** to advise sb to do sthg / *je vous conseille de réserver* I advise you to make a reservation / *il n'est pas conseillé de conduire par ce temps* it's not advisable to drive in this weather / *beaucoup d'étudiants souhaitent se faire conseiller dans le choix d'une filière* many students want to be advised about their choice of career.

conseiller[2], **ère** [kɔ̃seje, ɛʀ] nm, f **1.** [guide] adviser, counsellor UK counselor US ; [spécialiste] adviser, advisor ▸ **conseiller clientèle** customer service advisor ▸ **conseiller conjugal** ou **matrimonial** marriage guidance counsellor ▸ **conseiller économique / juridique** economic / legal adviser **2.** ENS ▸ **conseiller d'orientation** careers adviser UK guidance counselor US ▸ **conseiller pédagogique** educational adviser ▸ **conseiller principal d'éducation** *non-teaching staff member in charge of general discipline* **3.** [membre d'un conseil] councillor UK councilor US council member ; ADMIN ▸ **conseiller d'État** member of the Conseil d'État ▸ **conseiller municipal a)** [en ville] ≃ local ou town councillor UK ; ≃ city councilman (councilwoman) US **b)** [à la campagne] ≃ local councillor ▸ **conseiller régional** regional councillor.

Conseiller municipal

This term refers to any member of the **conseil municipal** or the mayor himself. The number of councillors depends on the size of the town, although there must be a minimum of nine. Paris has 163 councillors, known as the **conseillers de Paris**.

conseilleur, euse [kɔ̃sejœʀ, øz] nm, f *péj* giver of advice ▸ **les conseilleurs ne sont pas les payeurs** *prov* it's very easy to give advice when you're not going to suffer the consequences.

consens v ⟶ consentir.

consensuel, elle [kɔ̃sɑ̃sɥɛl] adj **1.** [contrat] consensus *(modif)*, consensual ▸ **une politique consensuelle** a strategy of seeking the middle ground, consensus politics **2.** ANAT consensual.

consensus [kɔ̃sɛ̃sys] nm consensus (of opinion) / *il n'y a pas de consensus là-dessus* there's no consensus of ou generally agreed opinion on this.

consentant, e [kɔ̃sɑ̃tɑ̃, ɑ̃t] adj **1.** [victime] willing **2.** DR : *les trois parties sont consentantes* the three parties are in agreement ou are agreeable ▸ **adultes consentants** consenting adults.

consentement [kɔ̃sɑ̃tmɑ̃] nm consent ▸ **donner son consentement à** to (give one's) consent to ▸ **avec / sans le consentement de la famille** with / without the family's consent ▸ **consentement exprès / tacite** DR formal / tacit consent ▸ **divorce par consentement mutuel** divorce by mutual consent.

consentir [37] [kɔ̃sɑ̃tiʀ] vt [délai, réduction] to grant ▸ **consentir qqch à qqn** to grant ou to allow sb sthg / *on m'a consenti une remise de 10 % / un délai supplémentaire de 15 jours* I was allowed a 10% discount / another two weeks.

❖ **consentir à** v + prép to consent ou to agree to / *consentir à une hausse des salaires* to consent ou to agree to a wage increase ▸ **elle n'a pas consenti à m'accompagner a)** [n'a pas été d'accord pour le faire] she didn't agree to come with me **b)** [n'a pas daigné le faire] she didn't deign to ou stoop so low as to accompany me / *consentiront-ils à ce que tu épouses un étranger?* will they consent to your marrying a foreigner? ▸ **j'y ai consenti à contrecœur a)** I agreed to it ou allowed it reluctantly **b)** *(en usage absolu)* to consent.

conséquemment [kɔ̃sekamɑ̃] adv consequently ▸ **conséquemment à** as a result of, following (on ou upon).

conséquence [kɔ̃sekɑ̃s] nf consequence, repercussion ▸ **lourd de conséquences** with serious consequences / *ma gaffe a eu pour conséquence de les brouiller* my blunder resulted in their falling out (with each other) / *les conséquences de ce choix sur ma vie* the effects this choice would have on my life / *cela ne tirera pas à conséquence* this won't have any repercussions ou will be of no consequence ▸ **une déclaration sans conséquence a)** [sans importance] a statement of no ou little consequence **b)** [sans suite] an inconsequential statement.

❖ **de conséquence** loc adj : *personne de conséquence* person of consequence ou importance ▸ **une affaire de conséquence** a matter of (some) consequence.

❖ **en conséquence** loc adv **1.** [par conséquent] consequently, therefore **2.** [comme il convient] accordingly.

❖ **en conséquence de** loc prép as a consequence ou result of ▸ **en conséquence de quoi** as a result of which.

conséquent, e [kɔ̃sekɑ̃, ɑ̃t] adj **1.** [cohérent] consistent / *être conséquent avec soi-même* to be consistent / *être conséquent dans ses engagements* to be consistent in one's commitments **2.** *litt* [conforme] ▸ **conséquent à** in keeping ou conformity ou agreement with **3.** *fam* [important - moyens, magasin] sizeable ; [- somme] tidy **4.** GÉOGR consequent.

❖ **conséquent** nm **1.** PHILOS consequent **2.** MUS answer.

❖ **par conséquent** loc adv consequently, as a result.

conservateur, trice [kɔ̃sɛʀvatœʀ, tʀis] ◆ adj **1.** [prudent - placement, gestion] conservative / *avoir un esprit conservateur* to be conservative-minded **2.** POL [gén] conservative ▸ **le parti conservateur a)** [en Grande-Bretagne] the Conservative ou Tory Party **b)** [au Canada] the Progressive Conservative Party. ◆ nm, f POL [gén] conservative ; [en Grande-Bretagne] Conservative, Tory.

❖ **conservateur** nm **1.** [additif] preservative **2.** [responsable - de musée] curator ; [- de bibliothèque] librarian ▸ **conservateur des eaux et forêts** ≃ forestry commissioner ▸ **conservateur des hypothèques** ≃ registrar of mortgages.

conservation [kɔ̃sɛʀvasjɔ̃] nf **1.** [dans l'agroalimentaire] preserving ▸ **conservation par le froid** cold storage **2.** [maintien en bon état] keeping, preserving, safeguarding / *pour ce qui est de la conservation des archives* as far as keeping the archives is concerned **3.** BIOL & PHYS ▸ **conservation de l'énergie** conservation of energy **4.** [état] state of preservation / *des originaux dont la conservation est remarquable / lamentable* originals in a remarkable / appalling state of preservation **5.** ADMIN ▸ **conservation des eaux et forêts** ≃ Forestry Commission ▸ **conservation des hypothèques** ≃ Land Registry.

conservatisme [kɔ̃sɛʀvatism] nm **1.** [prudence] conservatism **2.** POL [gén] conservatism ; [en Grande-Bretagne] Conservatism.

conservatoire [kɔ̃sɛʀvatwaʀ] ◆ adj protective. ◆ nm [école] school, academy ▸ **conservatoire de musique** conservatoire ▸ **le Conservatoire (national supérieur d'art dramatique)** *national drama school in Paris* ▸ **le Conservatoire (national supérieur de musique)** the Conservatoire *(in Paris and Lyon)* ▸ **le Conservatoire national des arts et métiers** *science and technology school in Paris.*

conserve [kɔ̃sɛʀv] nf item of tinned UK ou canned food ▸ **les conserves** tinned UK ou canned food ▸ **conserve de viande** tinned UK ou canned meat ▸ **conserves de fruits** conserves ▸ **conserves en bocaux** bottled preserves ▸ **se nourrir de conserves** to live on ou out of tins UK ou cans / *aliments en conserve* tinned UK ou canned food ▸ **mettre en conserve** to tin UK to can / *on ne va pas en faire des conserves!* *hum* we're not going to hang on to it forever!

❖ **de conserve** loc adv ▸ **naviguer de conserve** to sail in convoy / *aller de conserve* *fig & litt* to go (all) together / *agir de conserve* *litt* to act in concert.

conservé, e [kɔ̃sɛʀve] adj *fam* ▸ **bien conservé** well-preserved.

conserver [3] [kɔ̃sɛʀve] vt **1.** [aliment - dans le vinaigre] to pickle ; [- dans le sel, par séchage, en congelant] to preserve ; [- dans le sucre] to preserve, to conserve ; [- dans des boîtes] to preserve, to tin UK to can ; [- en bocal] to bottle **2.** ARCHIT, CONSTR & ÉCOL [édifice, énergie] to preserve **3.** [stocker] to keep, to store, to stock / **'conserver à l'abri de l'humidité'** 'keep ou store in a dry place' / **'conserver hors de la portée des enfants'** 'keep out of children's reach' **4.** [avoir en sa possession - photos, relations] to keep, to hang on to *(insép)* / *j'ai toujours conservé mes amis* I've always kept (up with) my friends ▸ **conserver qqch précieusement** to treasure sthg / *conserver la partie B de ce formulaire* keep ou retain part B of this form **5.** [garder - charme, force, illusion, calme] to keep, to retain ▸ **conserver (toute) sa tête a)** [rester calme] to keep one's head ou self-control **b)** [être lucide] to have all one's wits about one / *une idée qui conserve toute son actualité* an idea which is still very topical / *elle a conservé sa beauté* she's kept ou retained her looks / *cette crème conserve à votre peau toute sa jeunesse* this cream will help your skin retain its youthfulness / *le sport, ça conserve* *fam* sport keeps you young ▸ **conserver son amitié à qqn** to stay friendly with sb **6.** [à la suite d'une expérience] ▸ **conserver qqch de** : *conserver des séquelles d'une maladie* to suffer the aftereffects of a disease / *j'en ai conservé un excellent souvenir* I've retained very good memories of it / *j'en ai conservé la peur du noir* it left me with a fear of the dark / *je veux en conserver le souvenir* I want to hold on to the memory of it **7.** NAUT : *conserver sa position* to hold one's position **8.** MIL : *conserver ses positions* to hold fast.

❖ **se conserver** ◆ vp *(emploi passif)* [être stocké] to be kept / *les pommes doivent se conserver sur des clayettes* apples must be stored on racks. ◆ vpi [durer - aliment] to keep ; [- poterie, parchemin] to survive / *les truffes au chocolat ne se conservent pas longtemps* (chocolate) truffles don't keep long / *les seuls documents qui se soient conservés* the only documents which survived.

conserverie [kɔ̃sɛʀvəʀi] nf **1.** [industrie] canning industry **2.** [technique] canning **3.** [usine] canning factory.

conserveur [kɔ̃sɛʀvœʀ] nm manufacturer of tinned UK ou canned food.

considérable [kɔ̃sideʀabl] adj **1.** [important - somme, travail] considerable **2.** [éminent - personne] prominent / *une personnalité considérable dans le monde des lettres* a prominent figure in the world of literature.

considérablement [kɔ̃sideʀabləmɑ̃] adv considerably / *elle nous a considérablement influencés* she had a considerable influence on us.

considérant [kɔ̃sideʀɑ̃] nm DR preamble.

considération [kɔ̃sideʀasjɔ̃] nf **1.** [examen] consideration, scrutiny ▸ **la question mérite considération** the question is worth considering **2.** [préoccupation] consideration, factor / *ce ne sont pas les seules considérations* these are not the only considerations / *ce sont des considérations bassement matérielles* these are very mundane preoccupations ▸ **les considérations de temps** the time factor / *se perdre en considérations techniques* to get lost in technical considerations / *si l'on s'arrête à* *ce genre de considérations* if we pay too much attention to this kind of detail **3.** [respect] regard, esteem ▸ **par considération pour** out of respect ou regard for ▸ **jouir d'une grande considération** to be highly considered ou regarded, to be held in great esteem ▸ **manque de considération** disregard ▸ **veuillez agréer l'assurance de ma considération distinguée** yours faithfully UK, yours sincerely US.

❖ **en considération** loc adv ▸ **faire entrer qqch en considération** to bring sthg into play ou consideration ▸ **prendre qqch en considération** to take sthg into account ou consideration / *toutes les candidatures seront prises en considération* all applications will be given careful consideration / *omettre de prendre en considération* to leave out of consideration.

❖ **en considération de** loc prép : *en considération de votre état de santé* because of ou given ou considering your health / *en considération de vos services* in (full) recognition of your services.

❖ **sans considération de** loc prép ▸ **sans considération de personne** without taking individual cases into consideration ou account / *sans considération du coût* regardless ou heedless of ou without considering (the) cost.

considérer [18] [kɔ̃sideʀe] vt **1.** [regarder] to gaze ou to stare at *(insép)* ▸ **considérer qqn avec hostilité** to stare at sb in a hostile manner / *considérons la droite AB* consider the line AB **2.** [prendre en compte -offre, problème] to consider, to take into consideration, to weigh up *(sép)* / *considérer le pour et le contre* to weigh up the pros and cons / *nous devons considérer l'intérêt de tous* we have to take everybody's interests into account ou consideration / *il faut considérer que l'accusé est mineur* it must be taken into account ou be borne in mind that the defendant is underage **3.** [croire] to consider, to deem *sout* / *je la considère qualifiée pour ce travail* I consider her (to be) qualified for this job / *je considère que je n'en ai pas le droit* I consider that I don't have any right to do so **4.** [juger] : *considérer bien / mal* to hold in high / low esteem ▸ **considérer qqn / qqch comme** to regard ou to consider sb / sthg as / *elle me considère comme sa meilleure amie* she regards me as ou looks upon me as ou considers me to be her best friend / *je considère ta réponse comme un refus* I regard your answer as a refusal **5.** [respecter] to respect, to hold in high esteem ou regard / *on considérait beaucoup votre père dans les milieux financiers* your father was highly respected ou was held in high regard in financial circles / *un spécialiste hautement considéré* a highly-regarded ou highly-respected expert.

❖ **se considérer** vp *(emploi réfléchi)* : *il se considère comme un très grand artiste* he considers himself (as) a great artist.

❖ **à tout bien considérer, tout bien considéré** loc adv **1.** [en résumé] all things considered, taking everything into consideration, considering / *elle s'est bien débrouillée, tout bien considéré* she managed rather well, considering **2.** [tout compte fait] on second thoughts ou further consideration / *tout bien considéré, je ne me présente plus* having thought (further) about it ou on further consideration, I'm not standing after all.

In reformed spelling (see p. 16-19), this verb is conjugated like **semer**: *il considèrera, elle considèrerait.*

consignataire [kɔ̃siɲatɛʀ] nmf **1.** COMM consignee **2.** NAUT consignee, forwarding agent **3.** DR depositary.

consignation [kɔ̃siɲasjɔ̃] nf **1.** COMM consignment ▸ **en consignation** on consignment **2.** DR deposit **3.** [d'un emballage] charging a deposit on / *la consignation est de 10 centimes* there's a 10-centime refund on return.

consigne [kɔ̃siɲ] nf **1.** [instruction] orders, instructions / *ils ont reçu pour consigne de ne pas tirer* they've been given orders not to shoot / *je n'ai pas (reçu) de consignes* I have received no instructions / *elle avait pour consigne de surveiller sa sœur* she'd been told to keep an eye on her sister **2.** MIL [punition] confinement to barracks ; ÉDUC detention / *on m'a filé deux heures de consigne fam* I was kept in (detention) for two hours **3.** RAIL left-luggage office UK, checkroom US, baggage room US ▸ **consigne automatique** (left-luggage) lockers UK, lockers ▸ **mettre qqch à la consigne a)** [automatique] to put sthg in a left-luggage locker **b)** [manuelle] to check sthg in at the left-luggage office **4.** COMM deposit / *il y a 30 centimes de consigne sur la bouteille* there's a 30-cent deposit on the bottle.

consigné, e [kɔ̃siɲe] adj returnable ▸ **non consigné** non returnable.

consigner [3] [kɔ̃siɲe] vt **1.** [déposer -valise] to put in the left-luggage office UK ou checkroom, US ou baggage room US **2.** FIN [somme] to deposit **3.** [emballage] to put ou to charge a deposit on / *la bouteille est consignée 50 centimes* there's a 50-centime deposit on the bottle **4.** [noter] to record, to put down *(sép)* / *consigner ses pensées dans un journal* to put ou to write down one's thoughts in a diary ▸ **consigner qqch par écrit** to put down sthg in writing ou on paper / *consigner les déclarations des témoins* to take down statements **5.** MIL to confine to barracks ; ÉDUC to keep in (detention) **6.** [interdire] ▸ **consigner sa porte à qqn** *sout* to bar one's door to sb, to refuse sb admittance / *consigner une salle de jeux* to bar entrance to a gaming room / **'consigné à la troupe'** 'out of bounds to troops' **7.** NAUT to consign.

consistance [kɔ̃sistɑ̃s] nf **1.** [état] consistency / *consistance crémeuse / dure* creamy / firm consistency / *donner de la consistance à une sauce* to thicken a sauce ▸ **prendre consistance** [sauce] to thicken / *le projet prend consistance fig* the project is taking shape ▸ **sans consistance a)** *fig* [rumeur] groundless, ill-founded **b)** [personne] spineless **c)** [discours, raisonnement] woolly **d)** [fade] colourless UK, colorless US **2.** [cohérence] consistency.

consistant, e [kɔ̃sistɑ̃, ɑ̃t] adj **1.** [épais -sauce, peinture] thick **2.** [substantiel -plat, repas] substantial **3.** [bien établi -argument, rumeur] well-founded, well-grounded.

⚠ **Consistent** signifie « constant », « cohérent » et non consistant.

consister [3] [kɔ̃siste] ❖ **consister à** v + prép to consist in / *son rôle consistait à claquer une porte* his part consisted in slamming a door. ❖ **consister dans, consister en** v + prép to consist of / *en quoi consiste votre mission?* what does your mission consist of?, what is your mission all about? / *l'exposition consiste en sculptures et tableaux* the exhibition consists of ou is made up of sculptures and paintings / *l'intérêt de la pièce consiste dans les effets scéniques* the interest of the play lies in ou lies with its stage effects.

consistoire [kɔ̃sistwaʀ] nm consistory.

conso (abr de **consommation**) [kɔ̃so] nf *fam* drink.

consœur [kɔ̃sœʀ] nf **1.** [collègue] (female) colleague **2.** RELIG sister nun.

consol [kɔ̃sɔl] nm consol.

consolable [kɔ̃sɔlabl] adj consolable.

consolant, e [kɔ̃sɔlɑ̃, ɑ̃t] adj consoling, comforting.

consolateur, trice [kɔ̃sɔlatœʀ, tʀis] ◆ adj comforting, consolatory. ◆ nm, f comforter.

consolation [kɔ̃sɔlasjɔ̃] nf **1.** [soulagement] consolation, comfort, solace *litt* / *la compagnie de son chien était une maigre consolation* his dog was of little comfort to him **2.** [personne ou chose qui réconforte] consolation / *sa fille est sa seule consolation* his daughter is his sole consolation.

❖ **de consolation** loc adj [épreuve, tournoi] runners-up *(modif)* ; [lot, prix] consolation *(modif)*.

console [kɔ̃sɔl] nf **1.** [table] console table **2.** CONSTR cantilever, bracket **3.** ARCHIT console **4.** MUS [d'un orgue] console ; [d'une harpe] neck **5.** INFORM console ▸ **console de visualisation** (visual) display unit ▸ **console de jeux** video game.

consoler [3] [kɔ̃sɔle] vt to console, to comfort / *rien ne pouvait le consoler* [enfant] nothing could cheer him up ou console him / *si cela peut te consoler* if it's any consolation.

❖ **se consoler** ◆ vp *(emploi réfléchi)* to console o.s. ▸ **se consoler dans l'alcool** to find solace in drink. ◆ vpi to console o.s., to be consoled / *il ne s'est jamais consolé de la mort de sa femme* he never got over losing his wife / *on dirait qu'elle s'est vite consolée!* it looks like she got over it fast!

consolidation [kɔ̃sɔlidasjɔ̃] nf **1.** [d'un édifice, d'un meuble] strengthening, reinforcement ; [d'un mur] bracing, buttressing, reinforcement **2.** COUT [d'un bouton, d'un talon] reinforcement **3.** [renforcement -d'une amitié, d'une position, d'un pouvoir] consolidation, strengthening / *on assiste à la consolidation de la dictature* the dictatorship is consolidating its power **4.** MÉD setting **5.** DR consolidation **6.** FIN consolidation **7.** GÉOL & TRAV PUB bracing, strengthening.

consolidé, e [kɔ̃sɔlide] adj [fonds, bilan] consolidated ; [dette] funded.

❖ **consolidés** nmpl consols.

consolider [3] [kɔ̃sɔlide] vt **1.** [renforcer -édifice, meuble] to strengthen ; [-mur] to brace, to buttress **2.** [affermir -position, majorité, amitié] to consolidate, to strengthen **3.** MÉD to set, to reduce **4.** DR to consolidate **5.** FIN to consolidate / *l'euro a consolidé son avance à la Bourse* the Euro has strengthened its lead on the Stock Exchange.

❖ **se consolider** vp [parti, régime] to strengthen, to consolidate its position ; [fracture] to knit / *en rachetant son concurrent, l'entreprise se consolide dans sa position de leader du secteur* by buying out its competitor, the company has consolidated its position as market leader / *l'euro se consolide* the euro is consolidating.

consommable [kɔ̃sɔmabl] adj **1.** [nourriture] edible ; [boisson] drinkable **2.** CHIM consumable.

consommateur, trice [kɔ̃sɔmatœʀ, tʀis] ◆ adj : *système consommateur d'électricité* electricity consuming system / *les pays fortement consommateurs de pétrole* the countries that consume large quantities of crude oil. ◆ nm, f **1.** [par opposition à producteur] consumer **2.** [client -d'un service] customer, user.

consommation [kɔ̃sɔmasjɔ̃] nf **1.** [absorption -de nourriture] consumption / *viande impropre à la consommation* meat unfit for (human) consumption **2.** [utilisation -de gaz, d'électricité] consumption / *elle fait une grande consommation de parfum / papier* she goes through a lot of perfume / paper **3.** ÉCON ▸ **la consommation** consumption (of goods and services) ▸ **la consommation des ménages** household consumption ▸ **biens / société de consommation** consumer goods / society **4.** AUTO ▸ **consommation d'essence** petrol UK ou gas US consumption / *une consommation de 4 litres aux 100 (km)* a consumption of 4 litres per 100 km **5.** [au café] drink ▸ **prendre une consommation** [boire] to have a drink / *la serveuse a déjà pris les consommations fam* the waitress has already taken the orders (for the drinks) **6.** *litt* [accomplissement -d'un crime] perpetration ; [-d'un mariage] consummation.

consommé, e [kɔ̃sɔme] adj *sout* consummate.

❖ **consommé** nm clear soup, consommé.

consommer [3] [kɔ̃sɔme] vt **1.** [absorber -nourriture] to eat, to consume *sout* ; [-boisson] to drink, to consume *sout* / *les Français consomment beaucoup de pain* French people eat a lot of bread / *le pays où l'on consomme le plus de vin* the country with the highest wine consumption ; *(en usage absolu)* : *toute personne attablée doit consommer* anyone occupying a table must order a drink / *les gens qui ne consomment pas* nondrinking customers / **'à consommer frais'** 'serve chilled' / **'à consommer avant (fin)...'** 'best before (end)...' / *je consommais des montagnes de BD fam* I used to devour loads of comics **2.** [utiliser -combustible] to use (up), to consume, to go through *(sép)* ▸ **une voiture qui consomme beaucoup / peu (d'essence)** a car that uses a lot of / that doesn't use much petrol / *les industries qui consomment de l'aluminium* industries that use aluminium **3.** DR [mariage] to consummate **4.** *litt* [accomplir -crime] to perpetrate ; [-ruine] to bring about the completion of.

❖ **se consommer** vp *(emploi passif)* ▸ **ça se consomme froid** it's eaten cold, you eat it cold.

consomptible [kɔ̃sɔ̃ptibl] adj consumable ▸ **produits consomptibles** consumables.

consomptif, ive [kɔ̃sɔ̃ptif, iv] adj wasting *(avant nom).*

consomption [kɔ̃sɔ̃psjɔ̃] nf *vieilli* [amaigrissement] wasting ; [tuberculose] consumption.

consonance [kɔ̃sɔnɑ̃s] nf **1.** LITTÉR & MUS consonance **2.** [sonorité] sound / *je n'aime pas la consonance de ce mot* I don't like the sound of that word / *de consonance anglaise, aux consonances anglaises* English-sounding.

consonant, e [kɔ̃sɔnɑ̃, ɑ̃t] adj LITTÉR & MUS consonant.

consonantique [kɔ̃sɔnɑ̃tik] adj **1.** [des consonnes] consonantal, consonant *(modif)* / *le système consonantique* the consonant system **2.** ACOUST consonant, resonant.

consonantisme [kɔ̃sɔnɑ̃tism] nm consonant system *(of a language).*

consonne [kɔ̃sɔn] nf consonant.

consort [kɔ̃sɔʀ] adj & nm consort.

❖ **consorts** nmpl *péj* ▸ **Paul et consorts** Paul and his kind, Paul and those like him.

consortage [kɔ̃sɔʀtaʒ] nm SUISSE *farmers' association.*

consortial, e, aux [kɔ̃sɔʀsjal, o] adj *relating to a consortium or a syndicate.*

consortium [kɔ̃sɔʀsjɔm] nm consortium, syndicate / *constituer un consortium* to form a consortium / *les chaînes ont constitué un consortium* the channels have become syndicated.

conspirateur, trice [kɔ̃spiʀatœʀ, tʀis] nmf conspirator, plotter, conspirer.

conspiration [kɔ̃spiʀasjɔ̃] nf conspiracy, plotting ▸ **la Conspiration des poudres** HIST the Gunpowder Plot.

conspirer [3] [kɔ̃spiʀe] ◆ vi to conspire, to plot, to scheme ▸ **conspirer contre qqn** to conspire ou to plot ou to scheme against sb. ◆ vt to plot, to scheme.

❖ **conspirer à** v + prép *sout* to conspire to / *tout conspire à la réussite de ce projet* everything conspires ou combines to make this project a success.

conspuer [7] [kɔ̃spɥe] vt *sout* to shout down *(sép)* ▸ **se faire conspuer a)** [orateur] to be shouted down **b)** [comédien] to be booed off the stage.

constamment [kɔ̃stamɑ̃] adv **1.** [sans interruption] continuously, continually **2.** [très fréquemment] constantly.

constance [kɔ̃stɑ̃s] nf **1.** [persévérance] constancy, steadfastness / *vous avez de la constance!* you don't give up easily! **2.** *litt* [fidélité] constancy, fidelity, faithfulness **3.** PSYCHOL invariability, constancy

Constance [kɔ̃stɑ̃s] npr ▸ **le lac de Constance** lake Constance.

constant, e [kɔ̃stɑ̃, ɑ̃t] adj **1.** [invariable] unchanging, constant / *constant dans ses amitiés* faithful to one's friends ou in friendship / *être constant dans ses goûts* to be unchanging in one's tastes **2.** [ininterrompu] continual, continuous, unceasing **3.** MATH constant **4.** FIN constant ▸ **en euros constants** in constant ou inflation-adjusted euros.

❖ **constante** nf **1.** MATH & PHYS constant **2.** ÉLECTR ▸ **constante diélectrique** (dielectric) permittivity, dielectric constant **3.** MÉTÉOR ▸ **constante solaire** solar constant **4.** [caractéristique] stable ou permanent trait **5.** INFORM constant ▸ **constante complexe** / **double précision** / **réelle** complex / double precision / real constant.

Constantin [kɔ̃stɑ̃tɛ̃] npr [empereur] Constantine.

Constantine [kɔ̃stɑ̃tin] npr Constantine.

Constantinople [kɔ̃stɑ̃tinɔpl] npr Constantinople.

constat [kɔ̃sta] nm **1.** [acte] certified statement ou report ▸ **constat d'accident** accident statement / *faisons le constat* [après un accident] let's fill in the necessary papers (for the insurance) ▸ **constat d'adultère** adultery report ▸ **constat à l'amiable** mutually-agreed accident report ▸ **constat d'huissier** process-server's affidavit **2.** [bilan] review ▸ **faire un constat d'échec** to acknowledge ou to admit a failure.

> **Constat**
>
> When there is a car crash in France, the drivers have to produce a report that explains the causes of the accident. It must be signed by both parties and is then used by the insurance companies to determine responsibilities. Insurance companies supply drivers with prepared **constats** which need to be filled out and sent within 5 days of the accident.

constatation [kɔ̃statasjɔ̃] nf **1.** [observation] noting, noticing / *la constatation d'une fuite a entraîné une vérification de l'ensemble du système* the discovery of a leak led to a checkup of the entire system **2.** [remarque] remark, comment, observation / *faites-moi part de vos constatations* let me have your comments / *ce n'est pas un reproche, c'est une simple constatation* this isn't a criticism, it's just an observation ou I'm just stating a fact / *première constatation, le liquide vire au bleu* the first thing to note is that the liquid turns blue.

❖ **constatations** nfpl [d'une enquête] findings ▸ **procéder aux constatations** to establish the facts.

constater [3] [kɔ̃state] vt **1.** [remarquer] to note, to observe, to notice / *on constate une régression de la criminalité* a decline in criminality can be observed / *je constate que tu fumes toujours autant* I notice you still smoke just as much / *j'ai constaté une légère amélioration de son état de santé* I've noticed a slight improvement in his health / *je suis forcée de constater que je ne peux te faire confiance* I am forced to the conclusion that I can't trust you ; *(en usage absolu)* ▸ **constatez par vous-même!** just see for yourself! / *je ne critique pas, je ne fais que constater* I'm not criticizing, I'm just stating the facts **2.** [enregistrer - décès] to certify ; [- faits] to record, to list / *l'expert est venu constater les dégâts* the expert came to assess the damage.

constellation [kɔ̃stelasjɔ̃] nf **1.** ASTRON constellation **2.** [ensemble - de savants, de célébrités] constellation, galaxy / *une constellation de taches* stains all over.

consteller [4] [kɔ̃stele] vt to spangle, to stud / *de nombreuses décorations constellent son uniforme* his uniform is adorned with medals ▸ **constellé de** : *un ciel constellé d'étoiles* a star-studded sky / *une robe constellée de taches* a dress spattered with stains / *un visage constellé de taches de rousseur* a face covered in freckles.

consternant, e [kɔ̃stɛʀnɑ̃, ɑ̃t] adj distressing ▸ **d'une bêtise consternante** appallingly stupid / *la pièce est consternante* the play's dire ou appallingly bad.

consternation [kɔ̃stɛʀnasjɔ̃] nf consternation, dismay / *la consternation était générale* everybody was appalled.

consterner [3] [kɔ̃stɛʀne] vt to appall, to fill with consternation / *consterné par une nouvelle* appalled by a piece of news ▸ **regarder qqch d'un air consterné** to look with consternation upon sthg.

constipation [kɔ̃stipasjɔ̃] nf constipation.

constipé, e [kɔ̃stipe] ◆ adj **1.** MÉD constipated **2.** *fam* [guindé] : *être* ou *avoir l'air constipé* to look ill-at-ease ou uncomfortable / *un style constipé* a constipated style. ◆ nm, f **1.** MÉD constipated person **2.** *fam* [personne guindée] repressed ou stuffy person.

constiper [3] [kɔ̃stipe] vt to constipate.

constituant, e [kɔ̃stitɥɑ̃, ɑ̃t] adj **1.** [élément] constituent **2.** DR & POL ▸ **pouvoir constituant** constituent power.

❖ **constituant** nm **1.** DR & POL constituent ; HIST *member of the 1789 Constituent Assembly* **2.** CHIM component **3.** LING constituent ▸ **constituant immédiat** immediate constituent.

❖ **Constituante** nf HIST ▸ **la Constituante** the Constituent Assembly.

constitué, e [kɔ̃stitɥe] adj **1.** [personne] : *un homme normalement constitué* a (physically) normal man ▸ **un individu solidement constitué** a sturdily-built individual ▸ **bien constitué** hardy **2.** POL [autorité] constituted.

constituer [7] [kɔ̃stitɥe] vt **1.** [créer - collection] to build up *(sép),* to put together *(sép)* ; [- bibliothèque] to build ou to set up *(sép)* ; [- société anonyme, association, gouvernement] to form, to set up *(sép)* ; [- équipe, cabinet] to form, to select (the members of) ; [- dossier] to prepare / *son père voulait lui constituer un patrimoine* his father wanted to set him up with an estate **2.** [faire partie de] to form, to constitute, to (go to) make up / *ces cinq pages constituent l'introduction* these five pages form the introduction / *les timbres qui constituent sa collection* the stamps that make up his collection / *l'eau est constituée de…* water consists ou is composed of… **3.** [être] to be, to represent / *le vol constitue un délit* theft is ou constitutes an offence / *sa présence constitue un danger* his presence spells danger **4.** DR [nommer] to name, to appoint ▸ **constituer qqn président** to appoint sb as ou to make sb chairman ▸ **constituer qqn son légataire** DR to name ou to appoint sb one's legatee **5.** [établir] ▸ **constituer une dot** / **une rente à qqn** to settle a dowry / a pension on sb.

❖ **se constituer** ◆ vpi **1.** [être composé] ▸ **se constituer de** to be made up of **2.** [se mettre en position de] ▸ **se constituer prisonnier** to give o.s. up ▸ **se constituer partie civile** to file a civil action **3.** [se former] to form, to be formed / *un nouveau comité s'est constitué* a new committee has formed ou has been formed ou has been created ▸ **se constituer en** to form / *ils se sont constitués en association* they formed a society. ◆ vpt ▸ **se constituer qqch** to build sthg up ou to amass sthg (for o.s.) ▸ **se constituer une vidéothèque** to build up a video library ▸ **se constituer un patrimoine** to amass an estate.

constitutif, ive [kɔ̃stitytif, iv] adj **1.** [qui compose] constituent, component / *les éléments constitutifs de l'eau* the elements which make up ou the constituent elements of water **2.** [typique - propriété] constitutive **3.** DR constitutive.

constitution [kɔ̃stitysjɔ̃] nf **1.** [création - d'une collection] building up, putting together ; [- d'une bibliothèque] building up, setting up ; [- d'une association, d'une société, d'un gouvernement] forming, formation, setting up ; [- d'un dossier] preparation, putting together ; [- d'une équipe] selection **2.** [composition - d'un groupe] composition ; [- d'une substance] makeup, composition **3.** POL [lois] constitution ; [régime] ▸ **constitution républicaine** republic ▸ **constitution monarchique** monarchy **4.** [santé] constitution, physique ▸ **une bonne** / **solide constitution** a sound / sturdy constitution ▸ **être de constitution fragile** [souvent malade] to be susceptible to disease **5.** PHARM [en homéopathie] composition **6.** DR [d'une dot, d'une rente] settling, settlement ; [désignation] ▸ **constitution d'un avoué** appointment ou briefing of a lawyer ▸ **constitution de partie civile** filing of a civil action.

constitutionnaliser [3] [kɔ̃stitysjɔnalize] vt to constitutionalize, to make constitutional.

constitutionnaliste [kɔ̃stitysjɔnalist] adj & nmf constitutionalist.

constitutionnalité [kɔ̃stitysjɔnalite] nf constitutionality.

constitutionnel, elle [kɔ̃stitysjɔnɛl] adj constitutional.

constitutionnellement [kɔ̃stitysjɔnɛlmɑ̃] adv constitutionally.

constricteur [kɔ̃stʀiktœʀ] ◆ adj m ANAT & ZOOL constrictor. ◆ nm **1.** ANAT constrictor **2.** ZOOL boa constrictor.

constriction [kɔ̃stʀiksjɔ̃] nf constriction.

constrictor [kɔ̃stʀiktɔʀ] ◆ adj = **constricteur.** ◆ nm boa constrictor.

constringent, e [kɔ̃stʀɛ̃ʒɑ̃, ɑ̃t] adj constringent.

constructeur, trice [kɔ̃stʀyktœʀ, tʀis] adj building, manufacturing.

❖ **constructeur** nm **1.** [d'édifices] builder **2.** [d'appareils, d'engins] manufacturer ▸ **constructeur automobile** car manufacturer ▸ **constructeur naval** shipbuilder

3. INFORM handler, builder **4.** *litt* ▸ **constructeur d'empire** empire builder.

constructible [kɔ̃stʀyktibl] adj constructible ▸ **terrain** ou **parcelle constructible** plot suitable for building on, building land.

constructif, ive [kɔ̃stʀyktif, iv] adj **1.** [qui fait progresser] constructive, positive **2.** CONSTR constructional, building *(modif)*.

construction [kɔ̃stʀyksjɔ̃] nf **1.** [édification] building, construction / *la construction de la tour a duré un an* it took a year to build ou to erect the tower / *c'était de la bonne construction à l'époque* building standards were high in those days **2.** [édifice] building, construction / *des constructions récentes* new buildings, recent constructions **3.** [fabrication] building, manufacturing ▸ **la construction automobile** car manufacturing / *appareil de construction française* French-built machine ; [entreprise] ▸ **constructions navales** shipbuilding (industry) ▸ **constructions aéronautiques** aircraft industry **4.** [structure - d'une œuvre] structure ; [- d'une phrase] construction, structure / *ce n'est qu'une construction idéologique* it's only an ideological construction **5.** GRAM construction / *ce verbe a une construction passive* this verb is construed passively ou has a passive construction **6.** MATH figure, construction.

❖ **de construction** loc adj **1.** [matériau] building *(modif)*, construction *(modif)* **2.** JEUX ▸ **jeu de construction** set of building blocks.

❖ **en construction** loc adv under construction / *la maison est encore en construction* the house is still being built ou still under construction.

constructivisme [kɔ̃stʀyktivism] nm constructivism.

constructiviste [kɔ̃stʀyktivist] adj & nmf ART & PHILOS constructivist.

construire [98] [kɔ̃stʀɥiʀ] vt **1.** [route, barrage] to build, to construct ; [maison] to build / *une maison récemment construite* a newly-built house / *se faire construire une maison* to have a house built / *tous ensemble pour construire l'Europe!* *fig* all united to build a new Europe! ; *(en usage absolu)* : *leur rêve, c'est de pouvoir faire construire* they dream of having their own house built **2.** INDUST [fabriquer] to build, to manufacture **3.** [structurer - pièce, roman] to structure, to construct ; [- théorie, raisonnement] to build, to develop ; [- figure de géométrie] to draw, to construct / *construire correctement une phrase* to construct a sentence properly **4.** GRAM to construe / *on construit « vouloir » avec le subjonctif* "vouloir" is construed with ou takes the subjunctive.

❖ **se construire** vp *(emploi passif)* **1.** [être édifié] to be built / *ça se construit par ici!* *fam* a lot of stuff's going up ou a lot of building's going on around here! / *la campagne environnante s'est construite* the surrounding countryside has become a built-up area **2.** GRAM ▸ **se construire avec** to be construed with, to take.

consubstantialité [kɔ̃sypstɑ̃sjalite] nf consubstantiality.

consubstantiation [kɔ̃sypstɑ̃sjasjɔ̃] nf consubstantiation.

consubstantiel, elle [kɔ̃sypstɑ̃sjɛl] adj consubstantial.

consul, e [kɔ̃syl] nm, f **1.** [diplomate] consul / *le consul de France* the French consul **2.** HIST Consul *(in France from 1799 to 1804)* **3.** ANTIQ consul.

consulaire [kɔ̃sylɛʀ] adj consular.

consulat [kɔ̃syla] nm **1.** [résidence, bureaux] consulate **2.** [fonction diplomatique] consulship **3.** HIST ▸ **le Consulat** the Consulate *(in France from 1799 to 1804)* **4.** ANTIQ consulship.

consultable [kɔ̃syltabl] adj [ouvrage, fichier] which may be consulted, available for reference ou consultation.

consultant, e [kɔ̃syltɑ̃, ɑ̃t] ◆ adj **1.** ⟶ **avocat 2.** ⟶ **médecin.** ◆ nm, f consultant ▸ **consultant en gestion** management consultant ▸ **consultant en stratégie** strategy consultant.

consultatif, ive [kɔ̃syltatif, iv] adj advisory.

consultation [kɔ̃syltasjɔ̃] nf **1.** [d'un plan, d'un règlement] consulting, checking ▸ **la consultation d'un dictionnaire** looking words up in a dictionary / *après consultation de mon emploi du temps* after checking my timetable **2.** POL ▸ **consultation électorale** election **3.** [chez un professionnel] consultation ▸ **donner des consultations a)** [gén] to hold consultations **b)** [médecin] to have one's surgery UK ou office hours US ▸ **il est en consultation** [médecin] he's with a patient ▸ **horaires de consultation** [chez un médecin] surgery UK ou office US hours / *il demande 60 € pour la consultation* he charges 60 € for (his) professional services **4.** INFORM ▸ **consultation de table** table lookup ▸ **consultation de fichier** file browsing ou browse.

consulter [3] [kɔ̃sylte] ◆ vt **1.** [médecin] to visit, to consult ; [avocat, professeur] to consult, to seek advice from ; [voyante] to visit / *il ne m'a même pas consulté* he didn't even ask for my opinion ▸ **consulter qqn du regard** to look questioningly at sb ; *(en usage absolu)* ▸ **se décider à consulter** to decide to go to the doctor's / *lorsqu'il est venu consulter, j'ai prescrit des antibiotiques* when he came to see me, I prescribed some antibiotics **2.** [livre, dictionnaire] to refer to *(insép)* ; [plan, montre, baromètre, horaire] to look at *(insép)*, to check ; [horoscope] to read / *quand je consulte le miroir* when I look at myself in the mirror ▸ **consulter ses notes** to go over one's notes **3.** *(à la forme négative)* *sout* [prendre en compte] : *il ne consulte que son intérêt* he's guided only by self-interest **4.** INFORM to search. ◆ vi [docteur] to hold surgery, to see patients.

❖ **se consulter** vp *(emploi réciproque)* [discuter] to confer / *ils se sont consultés avant de m'annoncer la nouvelle* they conferred before giving me the news ▸ **se consulter du regard** to look questioningly at one another.

consumable [kɔ̃symabl] adj : *cette matière est consumable* this substance will burn.

consumer [3] [kɔ̃syme] vt **1.** [brûler] to burn, to consume / *le feu a consumé tous les livres* the fire destroyed all the books / *les bûches consumées dans la cheminée* the charred logs in the fireplace **2.** *litt* [tourmenter] : *la jalousie la consume* she's consumed with jealousy / *il est consumé de chagrin* ou *par le chagrin* he is racked with grief.

❖ **se consumer** vpi **1.** [brûler] to burn / *laisser une cigarette se consumer* to let a cigarette burn (out) **2.** *litt* [être tourmenté] : *il se consume de désespoir* he's wasting away in ou with despair ▸ **se consumer d'amour pour qqn** to pine for sb.

consumérisme [kɔ̃symeʀism] nm ▸ **le consumérisme** consumerism.

consumériste [kɔ̃symeʀist] adj : *le mouvement consumériste* the consumerist movement.

contact [kɔ̃takt] nm **1.** [toucher] touch, contact **2.** AUTO, ÉLECTR & RADIO contact, switch / *le contact ne se fait pas* there's no contact / *il y a un mauvais contact* there's a loose connection somewhere ▸ **mettre / couper le contact a)** ÉLECTR to switch on / off **b)** AUTO to turn the ignition on / off / *nous avons perdu le contact radio avec eux* we're no longer in radio contact with them **3.** [lien] contact ▸ **avoir des contacts avec** to have contact with / *il a perdu tout contact avec le réel* he's lost all contact with reality ▸ **prendre des contacts** to establish some contacts ▸ **prendre contact avec qqn** to contact sb, to get in touch with sb / *j'ai gardé le contact avec mes vieux amis* I'm still in touch with my old friends / *il est d'un contact facile* he's easy to get on with / *avec ma belle-famille, il n'y a pas tellement de contact* my in-laws aren't very close (to us) **4.** [personne - dans les affaires, l'espionnage] contact, connection **5.** GÉOM ▸ **(point de) contact de deux plans** intersection ou meeting point of two planes **6.** PHOT contact (print) **7.** ÉQUIT contact.

❖ **au contact de** loc prép ▸ **au contact de l'air** in contact with ou when exposed to the air / *elle sursauta au contact de ma main sur son épaule* she jumped at the touch of my hand on her shoulder / *ne pas mettre au contact de l'œil* avoid contact with the eyes / *il a changé à mon contact* he's changed since he met me.

❖ **de contact** loc adj **1.** AUTO ignition *(modif)* **2.** RAIL [fil, ligne] contact *(modif)* **3.** OPT contact *(modif)*.

❖ **en contact** ◆ loc adj **1.** [reliés - personnes] in touch **2.** [adjacents - objets, substances] in contact **3.** ÉLECTR connected. ◆ loc adv ▸ **rester en contact avec qqn** to keep ou to stay ou to remain in touch with sb ▸ **entrer en contact avec qqn a)** to contact sb, to get in touch with sb **b)** AÉRON & MIL to make contact with sb ▸ **mettre en contact a)** [personnes] to put in touch (with each other) **b)** [objets, substances] to bring into contact **c)** AÉRON to establish contact between.

contacter [3] [kɔ̃takte] vt to contact, to get in touch with / *on peut me contacter par téléphone au bureau* you can reach me by phone at the office ▸ **veuillez contacter ma secrétaire** please get in touch with my secretary.

contacteur [kɔ̃taktœʀ] nm ÉLECTR contactor.

contactologiste [kɔ̃taktɔlɔʒist] nmf contact lens specialist.

contagieux, euse [kɔ̃taʒjø, øz] ◆ adj [personne] contagious ; [maladie, rire] infectious, contagious ▸ **son virus / enthousiasme est contagieux** his virus / enthusiasm is catching. ◆ nm, f contagious patient / *les contagieux ne sont pas acceptés à la crèche* children with contagious diseases will not be admitted to the nursery.

contagion [kɔ̃taʒjɔ̃] nf **1.** MÉD contagion / *pour éviter tout risque de contagion* to avoid any risk of infection ou contagion **2.** [d'un rire, d'une peur] contagiousness, infectiousness.

contagiosité [kɔ̃taʒjozite] nf contagiousness / *à haute* ou *forte contagiosité* highly contagious.

container [kɔ̃tɛnɛʀ] = **conteneur.**

contaminateur, trice [kɔ̃taminatœʀ, tʀis] ◆ adj infectious. ◆ nm, f infectious carrier ▸ **chercher le contaminateur de qqn** to look for the contact who infected sb.

contamination [kɔ̃taminasjɔ̃] nf **1.** MÉD contamination / *pour éviter la contamination* to avoid contamination **2.** [de l'environnement, des aliments] contamination ▸ **contamination radioactive** radioactive contamination **3.** LING contamination **4.** *litt* [corruption] (moral) pollution.

contaminer [3] [kɔ̃tamine] vt **1.** MÉD to contaminate, to infect **2.** ÉCOL to contaminate **3.** *litt* [corrompre - personne] to corrupt.

conte [kɔ̃t] nm story, tale / *contes de Bretagne* Breton stories ou tales ou legends ▸ **conte de bonnes femmes** old wives' tale ▸ **conte de fées** *pr & fig* fairy tale / **'Contes du chat perché'** *Aymé* 'The Wonderful Farm'.

contemplateur, trice [kɔ̃tɑ̃platœʀ, tʀis] nm, f contemplator.

contemplatif, ive [kɔ̃tɑ̃platif, iv] ◆ adj **1.** [pensif] thoughtful, contemplative, meditative **2.** RELIG contemplative. ◆ nm, f contemplative / *c'est un contemplatif* he likes to muse.

contemplation [kɔ̃tɑ̃plasjɔ̃] nf **1.** [méditation] contemplation, reflection ▸ **en contemplation devant** lost in admiration of **2.** RELIG contemplation.

contempler [3] [kɔ̃tɑ̃ple] vt to look at / *d'ici, vous pouvez contempler le superbe paysage* from here, you can see the superb view ▸ **contempler qqn avec amour** to gaze lovingly at sb.

contemporain, e [kɔ̃tɑ̃pɔʀɛ̃, ɛn] ◆ adj **1.** [de la même époque] contemporary ▸ **être contemporain de** to be contemporary with / *elle est contemporaine de Colette* she's a contemporary of Colette's **2.** [moderne] contemporary, modern, present-day. ◆ nm, f contemporary / *mon / son contemporain* my / his contemporary / *les contemporains n'ont rien compris à son attitude* his contemporaries didn't understand his attitude.

contemporanéité [kɔ̃tɑ̃pɔʀaneite] nf [simultanéité] contemporaneousness / *ceci atteste la contemporanéité des deux cultures* this shows that the two cultures were contemporaneous ou existed at the same time ; [caractère actuel] contemporary nature / *ce qui frappe dans ces œuvres, c'est leur contemporanéité* what is striking about these works is how contemporary they are.

contempteur, trice [kɔ̃tɑ̃ptœʀ, tʀis] nm, f *litt* denigrator, despiser ▸ **ses contempteurs** those who derided him.

contenance [kɔ̃tnɑ̃s] nf **1.** [attitude] attitude, bearing ▸ **il essayait de prendre** ou **se donner une contenance** he was trying to put on a brave face ▸ **faire bonne contenance** to put up a bold ou good front ▸ **perdre contenance** to lose one's composure **2.** [capacité - d'un tonneau, d'un réservoir] capacity ; [- d'un navire] (carrying ou holding) capacity.

contenant [kɔ̃tnɑ̃] nm container.

conteneur [kɔ̃tənœʀ] nm **1.** INDUST container ▸ **conteneur à gaz** gas tank ▸ **mise en conteneur** containerization **2.** HORT (large) plant holder.

contenir [40] [kɔ̃tniʀ] vt **1.** [renfermer] to contain, to hold / *chaque boîte contient 10 cigares* each box contains ou holds 10 cigars / *l'enveloppe contenait le reçu* the receipt was enclosed in the envelope / *que contient ce colis?* what's in this parcel? / *votre article contient beaucoup de paradoxes* your article is full of ou contains many contradictions **2.** [être constitué de] to contain / *boissons qui contiennent de l'alcool* drinks containing alcohol **3.** [avoir telle capacité] to hold / *véhicule pouvant contenir 35 personnes assises / debout* vehicle seating 35 / with standing room for 35 people **4.** [réprimer - foule, larmes, sanglots] to hold back *(sép)* ; [- poussée, invasion] to contain ; [- rire, colère] to suppress / *une colère mal contenue* barely suppressed anger.

❖ **se contenir** vpi to control o.s. ▸ **ils ne pouvaient plus se contenir a)** [ils pleuraient] they couldn't hold back their tears any longer **b)** [ils riaient] they couldn't disguise their mirth any longer.

content, e [kɔ̃tɑ̃, ɑ̃t] adj **1.** [heureux] happy, glad, pleased / *ils avaient l'air très contents* they looked very happy ou pleased / *je suis content que tu aies pu venir* I'm glad that you could make it / *je ne suis pas content du tout* I'm not at all pleased ou happy / *s'il n'est pas content, c'est pareil!* *fam* he can like it or lump it! **2.** [satisfait] ▸ **être content de qqch** to be satisfied with sthg / *je suis très content de moi* I'm very pleased with myself ▸ **non content de** *sout* not content with / *non content d'être riche, il veut aussi être célèbre* not content with being rich ou not satisfied with being rich, he wants to be famous as well.

❖ **content** nm *sout* ▸ **avoir (tout) son content de qqch** to have (had) one's fill of sthg / *laisse-les s'amuser tout leur content* let them play as much as they like.

contentement [kɔ̃tɑ̃tmɑ̃] nm satisfaction, contentment ▸ **avec contentement** contentedly ▸ **contentement de soi** self-satisfaction.

contenter [3] [kɔ̃tɑ̃te] vt **1.** [faire plaisir à] to please, to satisfy / *voilà qui devrait contenter tout le monde* this should satisfy ou please everybody **2.** [satisfaire] to satisfy.

❖ **se contenter de** vp + prép **1.** [s'accommoder de] to be content ou to content o.s. with, to make do with / *elle s'est contentée d'une modeste chambre* she contented herself ou was satisfied with a modest room / *il se contente de peu* he's easily satisfied **2.** [se borner à] : *en guise de réponse, elle s'est contentée de sourire* she merely smiled in reply.

contentieux, euse [kɔ̃tɑ̃sjø, øz] adj contentious.

❖ **contentieux** nm **1.** [conflit] dispute, disagreement / *il y a un contentieux entre eux* they're in dispute **2.** [service] legal department ou bureau **3.** [affaire] litigation ▸ **contentieux administratif** procedure in contentious administrative matters ▸ **contentieux fiscal** tax litigation ▸ **contentieux électoral** procedure in contentious electoral matters.

contention [kɔ̃tɑ̃sjɔ̃] nf **1.** *litt* exertion, application ▸ **contention d'esprit** concentration **2.** MÉD [d'un os] setting, reduction ; [d'un malade] restraint ▸ **moyen de contention** splint ; [d'un membre] support ▸ **de contention** [chaussettes, collant] support **3.** VÉTÉR restraint.

contenu, e [kɔ̃tny] pp ⟶ **contenir.**

❖ **contenu** nm **1.** [d'un récipient, d'un paquet] content, contents **2.** [teneur - d'un document, d'une œuvre] content, text / *quel est le contenu du texte?* what does the text say? ▸ **gestion des contenus** content management **3.** LING (linguistic) content **4.** PSYCHOL ▸ **contenu latent** latent content.

conter [3] [kɔ̃te] vt *litt* to relate, to tell / *je vais vous conter l'histoire de Barbe-Bleue* I'll tell you the story of Bluebeard ▸ **conter fleurette à qqn** to murmur sweet nothings to sb ▸ **en conter** : *on m'en a conté de belles sur toi!* I've heard some fine things about you! ▸ **ne pas s'en laisser conter** : *elle ne s'en laisse pas conter* she's not easily taken in.

contestable [kɔ̃tɛstabl] adj debatable, questionable / *de manière contestable* dubiously.

contestataire [kɔ̃tɛstatɛʀ] ◆ adj protesting ou revolting *(against established values)* ▸ **un journal contestataire** an anti-establishment newspaper. ◆ nmf anti-establishment protester / *c'est un contestataire* he's always calling things into question.

contestation [kɔ̃tɛstasjɔ̃] nf **1.** [d'une loi, d'un testament, d'un document] contesting, opposing ; [d'un récit, d'un droit] contesting, questioning ; [d'une compétence] questioning, challenging, doubting ▸ **sans contestation (possible)** beyond (all possible) dispute ou question **2.** [litige] dispute, controversy, debate **3.** POL ▸ **la contestation** protests, protesting, the protest movement.

conteste [kɔ̃tɛst] ❖ **sans conteste** loc adv indisputably, unquestionably.

contester [3] [kɔ̃tɛste] ◆ vt **1.** [testament] to contest, to object to ; [récit, document] to dispute, to question ; [compétence] to question, to dispute, to throw into doubt / *je ne conteste pas que votre tâche ait été difficile* I don't dispute ou doubt the fact that you had a difficult task / *je ne lui conteste pas le droit de...* I don't challenge ou question his right to... ▸ **être contesté** to be a subject of controversy ▸ **une personnalité très contestée** a very controversial personality **2.** POL to protest ou to rebel against. ◆ vi **1.** [discuter] : *obéir aux ordres sans contester* to obey orders blindly ou without raising any objections **2.** POL to protest.

conteur, euse [kɔ̃tœʀ, øz] nm, f **1.** [narrateur] narrator, storyteller **2.** [écrivain] storyteller.

contexte [kɔ̃tɛkst] nm **1.** [situation] context **2.** INFORM environment **3.** LING ▸ **contexte linguistique / de situation** linguistic / situational context.

❖ **en contexte** loc adv in context ▸ **mettre qqch en contexte** to put sthg into context, to contextualize sthg.

contextualisation [kɔ̃tɛkstɥalizasjɔ̃] nf contextualisation.

contextualiser [kɔ̃tɛkstyalize] vt to contextualize.

contextuel, elle [kɔ̃tɛkstɥɛl] adj contextual.

contexture [kɔ̃tɛkstyʀ] nf **1.** [d'un tissu, d'un matériel] texture **2.** *sout* [d'une œuvre] structure.

contient v ⟶ **contenir.**

contigu, contiguë *ou* **contigüe*** [kɔ̃tigy] adj **1.** [bâtiments, terrains, objets] contiguous *sout*, adjacent, adjoining / *les maisons contiguës à la nôtre* [accolées] the houses joining on to ours **2.** *sout* [époques, sujets, domaines] close, contiguous *sout*.

contiguïté, contigüité* [kɔ̃tigɥite] nf **1.** [proximité - de bâtiments, de terrains, d'objets] contiguity *sout*, adjacency, proximity **2.** *sout* [de domaines, d'époques, de sujets] closeness, contiguousness *sout*, contiguity *sout* **3.** INFORM adjacency.

continence [kɔ̃tinɑ̃s] nf **1.** [abstinence] continence, (self-imposed) chastity **2.** [sobriété, discrétion] restraint **3.** MÉD continence.

continent[1] [kɔ̃tinɑ̃] nm **1.** GÉOGR continent ▸ **l'Ancien / le Nouveau Continent** the Old / the New World **2.** [par opposition à une île] ▸ **le continent** the mainland.

continent[2], e [kɔ̃tinɑ̃, ɑ̃t] adj **1.** [chaste] continent, chaste ; [discret] discreet, restrained, reserved **2.** MÉD continent.

continental, e, aux [kɔ̃tinɑ̃tal, o] ◆ adj **1.** [par opposition à insulaire] mainland *(modif)* **2.** GÉOGR [climat, température] continental. ◆ nm, f person who lives on the mainland ▸ **les continentaux** people from the mainland.

continentalité [kɔ̃tinɑ̃talite] nf continental climatic characteristics.

contingence [kɔ̃tɛ̃ʒɑ̃s] nf MATH & PHILOS contingency.

❖ **contingences** nfpl contingencies, eventualities / *les contingences de la vie quotidienne* everyday happenings ou events / *prévoir toutes les contingences* to take unforeseen circumstances into consideration.

contingent[1] [kɔ̃tɛ̃ʒɑ̃] nm **1.** [quantité] (allotted) share **2.** [quota] quota **3.** [troupe] contingent ; [ensemble des recrues] national service conscripts UK, call-up UK, draft US / *le contingent* ou *les soldats du contingent* the conscripts, the draft US.

contingent[2], e [kɔ̃tɛ̃ʒɑ̃, ɑ̃t] adj **1.** PHILOS contingent **2.** *litt* [sans importance] incidental.

contingentement [kɔ̃tɛ̃ʒɑ̃tmɑ̃] nm **1.** ÉCON fixing of quotas, restriction **2.** COMM quota system, apportioning by quota.

contingenter [3] [kɔ̃tɛ̃ʒɑ̃te] vt **1.** ÉCON [importations] to limit, to fix a quota on ; [produits de distribution] to restrict the distribution of **2.** COMM to distribute ou to allocate according to a quota.

contint v ⟶ **contenir.**

continu, e [kɔ̃tiny] adj **1.** [ininterrompu - effort, douleur, bruit] continuous, unremitting, relentless ; [- soins] constant ; [- ligne, trait] continuous, unbroken ; [- sommeil] unbroken **2.** ÉLECTR [courant] direct **3.** MATH continuous **4.** TEXT [métier] throstle (frame).

❖ **continu** nm MATH & PHILOS continuum.

❖ **continue** nf LING continuant.

❖ **en continu** loc adv **1.** continuously, uninterruptedly **2.** IMPR continuously.

continuateur, trice [kɔ̃tinɥatœʀ, tʀis] nm, f continuator.

continuation [kɔ̃tinɥasjɔ̃] nf **1.** [suite] continuation, extension / *notre politique doit être la continuation de la vôtre* our policy must be a continuation of yours **2.** [fait de durer] continuing, continuance *sout* **3.** EXPR ▸ **bonne continuation!** *fam* all the best!

continuel, elle [kɔ̃tinɥɛl] adj **1.** [ininterrompu] continual **2.** [qui se répète] constant, perpetual / *des pannes continuelles* constant breakdowns.

continuellement [kɔ̃tinɥɛlmɑ̃] adv **1.** [de façon ininterrompue] continually **2.** [de façon répétitive] constantly, perpetually.

continuer [7] [kɔ̃tinɥe] ◆ vt **1.** [faire durer - exposé] to carry on *(insép)* ; [- conversation] to carry on *(insép)*, to maintain, to keep up *(sép)* ; [- études] to continue, to keep up *(sép)*, to go on with *(insép)* / *continuez le repas sans moi* go on with the meal without me / *je veux continuer le chant* I want to keep up my singing **2.** [dans l'espace] to continue, to extend / *continue le trait jusqu'au bout* continue the line to the end / *nous voulons continuer la cuisine en démolissant la resserre* we want to extend the kitchen by pulling down the pantry ▸ **continuer son chemin a)** [voyageur] to keep going **b)** [idée] to keep gaining momentum. ◆ vi **1.** [dans le temps] to go ou to carry on *(insép)* / **'la vente continue pendant les travaux'** 'business as usual during alterations' / *son histoire a continué pendant tout le repas* his story went on throughout the meal / *si tu continues, ça va mal aller!* if you keep this up, you'll be sorry! / *tu vois, continua-t-elle* you see, she went on / *une telle situation ne peut continuer* this situation cannot be allowed to continue ▸ **continuer à** ou **de faire qqch** to continue to do ou to keep on doing sthg / *il continue de* ou *à pleuvoir* it keeps on raining / *malgré cela, il continue à fumer* in spite of this, he continues to smoke ou carries on smoking / *ma plante continue de grandir* my plant keeps getting bigger **2.** [dans l'espace] to continue, to carry on *(insép)*, to go on *(insép)* / *la route continue jusqu'au village* the road runs straight on to the village / *arrête-toi ici, moi je continue* you can stop right here, I'm going on ▸ **continue!** [à avancer] keep going! / *continue tout droit jusqu'au carrefour* keep straight on to the crossroads.

❖ **se continuer** vpi **1.** [dans le temps] to carry on, to be carried on **2.** [dans l'espace] to extend.

continuité [kɔ̃tinɥite] nf **1.** [d'un effort, d'une tradition] continuity ; [d'une douleur] persistence / *la conti-*

* In reformed spelling (see p. 16-19).

nuité dans l'action continuity of action **2.** MATH continuity.

continûment, continument* [kɔ̃tinymɑ̃] adv *litt* continually.

continuum [kɔ̃tinɥɔm] nm continuum ▸ **continuum espace-temps** space-time continuum.

contondant, e [kɔ̃tɔ̃dɑ̃, ɑ̃t] adj blunt.

contorsion [kɔ̃tɔʀsjɔ̃] nf [d'acrobate] contortion, acrobatic feat *(involving twisting the body)* / *il a fait toutes sortes de contorsions pour atteindre la boîte* he had to twist right round to reach the box.

contorsionner [3] [kɔ̃tɔʀsjɔne] ❖ **se contorsionner** vpi to twist one's body, to contort o.s. / *se contorsionner comme un ver* to squirm ou to wriggle about like a worm.

contorsionniste [kɔ̃tɔʀsjɔnist] nmf contortionist.

contour [kɔ̃tuʀ] nm **1.** [d'un objet, d'une silhouette] contour, outline, shape / *la nuit estompait les contours du vieux moulin* darkness blurred the outlines of the old mill ▸ **contour d'un caractère** INFORM character outline **2.** [arrondi - d'un visage] curve ; [- d'une rivière, d'un chemin] winding part ou section.

contourné, e [kɔ̃tuʀne] adj **1.** [avec des courbes] : *la balustrade contournée d'un balcon* the curved railing of a balcony **2.** [peu naturel] overelaborate / *un style contourné* overblown rhetoric **3.** HÉRALD ▸ **animal contourné** animal regardant.

contournement [kɔ̃tuʀnəmɑ̃] nm **1.** [d'un obstacle - à pied] bypassing, walking round ou around ; [- en voiture] driving round ou around **2.** [d'une difficulté] bypassing, circumventing ; [d'une loi] circumventing.

contourner [3] [kɔ̃tuʀne] vt **1.** [faire le tour de - souche, flaque] to walk around *(insép)* ; [- ville] to bypass, to skirt ▸ **ayant contourné la forêt a)** [à pied] having walked round the forest **b)** [en voiture] having driven round the forest ; MIL [position] to skirt **2.** [éluder - loi, difficulté] to circumvent, to get round *(insép)* **3.** *litt* [modeler - vase, piédestal] to fashion ou to shape (into complex curves).

contraceptif, ive [kɔ̃tʀasɛptif, iv] adj contraceptive.

❖ **contraceptif** nm contraceptive, method of contraception ▸ **contraceptif masculin / féminin** male / female contraceptive.

contraception [kɔ̃tʀasɛpsjɔ̃] nf contraception / *moyen de contraception* means *(sg)* of contraception.

contractant, e [kɔ̃tʀaktɑ̃, ɑ̃t] ◆ adj contracting. ◆ nm, f ▸ **les contractants** the contracting parties.

contracté, e [kɔ̃tʀakte] adj **1.** ANAT [muscle, voix] taut, tense / *il avait les mâchoires contractées* his jaw was stiff **2.** [nerveux - personne] tense / *avant la représentation, elle est toujours très contractée* before the performance, she's always very tense.

contracter [3] [kɔ̃tʀakte] vt **1.** [se charger de - dette] to incur, to run up *(sép)* ; [- assurance] to take out *(sép)* ; [- obligation, engagement] to take on *(sép)* ▸ **contracter un emprunt** to take out a loan / *contracter une dette de reconnaissance fig* to be beholden to sb ▸ **contracter une alliance** to enter into an alliance ▸ **contracter mariage avec qqn** *sout* to contract a marriage with sb **2.** [acquérir - manie, habitude] to develop, to acquire ; [- maladie] to contract *sout*, to catch **3.** [réduire - liquide, corps] to contract **4.** [raidir - muscle] to contract, to tighten, to tauten ; [- visage, traits] to tense (up), to tighten (up) / *le visage contracté par la peur* his / her face taut with fear **5.** [rendre anxieux] to make tense **6.** LING to contract.

❖ **se contracter** vpi **1.** [être réduit - liquide, corps] to contract, to reduce ; [- fibre] to shrink **2.** [se raidir - visage, traits] to tense (up), to become taut / *ne vous contractez pas* don't tense up **3.** LING [mot] to contract, to be contracted.

contractile [kɔ̃tʀaktil] adj contractile.

contractilité [kɔ̃tʀaktilite] nf contractility.

contraction [kɔ̃tʀaksjɔ̃] nf **1.** [raidissement - d'un muscle] contracting, tensing ; [- du visage, des traits, de l'estomac] tensing, tightening (up) ; [- des mâchoires] clamping ; [raideur - d'un muscle] tenseness, tautness ; [- de l'estomac] tightness ; [- des mâchoires] stiffness **2.** MÉD ▸ **contraction (utérine)** contraction **3.** LING contraction **4.** ÉDUC ▸ **contraction de texte** summary / *faire une contraction de texte* to summarize a text **5.** PHYS contraction ▸ **contraction des longueurs** ou **de Lorentz** Lorentz ou Lorentz-Fitzgerald contraction **6.** ÉCON : *la contraction de la demande* the fall in demand.

contractualisation [kɔ̃tʀaktɥalizasjɔ̃] nf **1.** [d'un problème] contract-based solution **2.** [d'un agent] appointment as a public servant.

contractualiser [3] [kɔ̃tʀaktɥalize] vt **1.** [problème] to solve by a contract **2.** [employé] to hire as a public servant.

contractuel, elle [kɔ̃tʀaktɥɛl] adj contractual, contract *(modif)*.

❖ **contractuel** nm ADMIN contract public servant ; [policier] (male) traffic warden UK ou policeman US.

❖ **contractuelle** nf (female) traffic warden UK, traffic policewoman US.

contractuellement [kɔ̃tʀaktɥɛlmɑ̃] adv contractually.

contracture [kɔ̃tʀaktyʀ] nf **1.** MÉD contraction, cramp **2.** ARCHIT contracture.

contracturer [3] [kɔ̃tʀaktyʀe] vt to contract.

contradicteur [kɔ̃tʀadiktœʀ] nm contradictor / *il y avait de bruyants contradicteurs dans l'auditoire* there were some noisy hecklers in the audience.

contradiction [kɔ̃tʀadiksjɔ̃] nf **1.** [contestation] contradiction / *elle ne supporte pas la contradiction* she can't stand contradiction ou being contradicted ▸ **porter** ou **apporter la contradiction** : *porter la contradiction dans une discussion* to be a dissenter in a discussion / *désolé de devoir porter la contradiction mais...* I'm sorry to have to differ but... **2.** [incompatibilité] contradiction, inconsistency / *il y a trop de contradictions dans son témoignage* there are too many contradictions ou inconsistencies in her testimony / *il est plein de contradictions* he's full of contradictions / *« soleil » et « noir », il y a une contradiction entre ces deux mots* "soleil noir" is a contradiction in terms **3.** LOGIQUE contradiction **4.** DR allegation.

❖ **en contradiction avec** loc prép in contradiction with / *c'est en contradiction avec sa façon de vivre* it goes against his style of life / *être en contradiction avec soi-même* to be inconsistent.

contradictoire [kɔ̃tʀadiktwaʀ] adj **1.** [opposé - théories, idées] contradictory, clashing ; [- témoignage] conflicting ▸ **débat** / **réunion contradictoire** open debate / meeting ▸ **contradictoire à** in contradiction to, at variance with / *c'est contradictoire à* ou *avec ce que tu viens de dire* this contradicts what you've just said **2.** LOGIQUE contradictory **3.** DR ▸ **jugement contradictoire** *judgment rendered in the presence of the parties involved.*

contradictoirement [kɔ̃tʀadiktwaʀmɑ̃] adv **1.** [de façon opposée] contradictorily **2.** DR *in the presence of the parties involved.*

contraignable [kɔ̃tʀɛɲabl] adj that can be constrained.

contraignait v ⟶ **contraindre.**

contraignant, e [kɔ̃tʀɛɲɑ̃, ɑ̃t] adj [occupation] restricting ; [contrat] restrictive ; [horaire] restricting, limiting.

contraindre [80] [kɔ̃tʀɛ̃dʀ] vt **1.** [obliger] ▸ **contraindre qqn à** : *la situation nous contraint à la prudence* the situation forces us to be careful / *les grèves nous ont contraints à annuler notre voyage* the strikes forced us to cancel our trip ▸ **être contraint de** to be obliged to / *je suis contraint de rester à Paris* I'm obliged ou forced to stay in Paris **2.** *litt* [réprimer - désir, passion] to constrain *litt*, to restrain, to keep a check on **3.** *litt* [réprimer] : *contraindre une personne dans ses choix* to restrict sb's choice **4.** DR to constrain.

❖ **se contraindre** vp *(emploi réfléchi)* to force o.s.

contraint, e [kɔ̃tʀɛ̃, ɛ̃t] adj **1.** [emprunté - sourire] constrained, forced, unnatural ; [- politesse] unnatural **2.** [obligé] ▸ **contraint et forcé** under duress / *elle est venue contrainte et forcée* she came under duress ou because she had no choice.

❖ **contrainte** nf **1.** [obligation] constraint, imposition ▸ **contrainte budgétaire** budget constraint ▸ **les contraintes sociales** social constraints **2.** [force] constraint ▸ **céder sous la contrainte** to give in under pressure **3.** [gêne] constraint, embarrassment ▸ **parler sans contrainte** to speak uninhibitedly **4.** DR ▸ **contrainte par corps** imprisonment for non-payment of debts.

contraire [kɔ̃tʀɛʀ] ◆ adj **1.** [point de vue, attitude] opposite / *ils ont des avis contraires* they hold opposite opinions / *face à cela, on peut avoir deux attitudes contraires* in the face of this, two radically opposed attitudes are possible ▸ **sauf avis contraire** unless otherwise informed **2.** [inverse - direction, sens] : *fais le tour dans le sens contraire* go the opposite way round / *dans le sens contraire à celui des aiguilles d'une montre* anticlockwise UK, counterclockwise US **3.** *sout* [défavorable, nuisible] contrary *sout*, unfavourable **4.** LOGIQUE contrary **5.** MUS contrary. ◆ nm **1.** [inverse] ▸ **le contraire** the opposite / *j'avais raison, ne me dis pas le contraire* I was right, don't deny it ▸ **le contraire de** the opposite of / *elle timide? c'est tout le contraire!* her, shy? quite the opposite ou contrary! / *il est le contraire de son père* he's the opposite of his father / *elle dit toujours le contraire de ce que disent les autres* she always says the opposite of what others say / *on peut comprendre par là une chose et son contraire* you can interpret this statement either one way or the other / *dire tout et son contraire* to contradict o.s. **2.** LING opposite, antonym.

❖ **au contraire, bien au contraire, tout au contraire** loc adv quite the reverse ou opposite.

❖ **au contraire de** loc prép unlike.

❖ **contraire à** loc prép : *c'est contraire à mes principes* it's against my principles / *des pratiques contraires à l'hygiène* unhygienic practises / *le sort était contraire à leur amour litt* fate stood in the way of their love.

contrairement [kɔ̃tʀɛʀmɑ̃] ❖ **contrairement à** loc prép ▸ **contrairement à ce qu'il m'a dit / aux prévisions** contrary to what he told me / to all expectations ▸ **contrairement à son frère** unlike his brother.

contralto [kɔ̃tʀalto] nm contralto.

contrapontiste, contrapuntiste [kɔ̃tʀapɔ̃tist] nmf contrapuntist.

contrariant, e [kɔ̃tʀaʀjɑ̃, ɑ̃t] adj [personne] annoying ; [nouvelle] annoying / *il n'est pas contrariant* he's really easy-going.

contrarié, e [kɔ̃tʀaʀje] adj [amour] frustrated, thwarted ; [projet] disrupted / *tu as l'air contrarié* you look annoyed.

contrarier [9] [kɔ̃tʀaʀje] vt **1.** [ennuyer - personne] to annoy / *je ne voulais pas te contrarier* I didn't mean to annoy you / *ça la contrarie de devoir arrêter de travailler* she's annoyed at having to stop work / *si cela ne te contrarie pas* if you don't mind **2.** [contrecarrer - ambitions, amour] to thwart ; [- mouvement, action] to impede, to bar ▸ **contrarier un gaucher** *to force a left-handed person to use his right hand* **3.** [contraster] : *contrarier des couleurs* to use contrasting shades.

❖ **se contrarier** vp *(emploi réciproque)* **1.** [aller à l'encontre de - forces] to oppose one another **2.** [être en conflit - personnes] to clash **3.** [s'opposer - formes, couleurs] to contrast.

contrariété [kɔ̃tʀaʀjete] nf **1.** [mécontentement] annoyance, vexation ▸ **éprouver une contrariété** to be annoyed ou upset / *elle doit avoir une grosse contrariété* something must have upset her a lot / *elle a dû avoir une petite contrariété* she must have had some minor setback **2.** *sout* [opposition] clash ▸ **contrariété d'humeur** clash of personalities.

contrastant, e [kɔ̃tʀastɑ̃, ɑ̃t] adj [effets, couleurs] contrasting.

contraste [kɔ̃tʀast] nm contrast ▸ **faire contraste (avec qqch)** to contrast (with sthg) / *deux couleurs qui font contraste* two contrasting shades.

❖ **de contraste** loc adj [substance] contrast *(modif)*.

❖ **en contraste** loc adv : *mettre deux choses en contraste* to contrast two things.

*In reformed spelling (see p. 16-19).

❖ **en contraste avec** loc prép by contrast to ou with, in contrast to ou with.

❖ **par contraste** loc adv in contrast.

❖ **par contraste avec** loc prép by contrast to ou with, in contrast to ou with.

contrasté, e [kɔ̃tʀaste] adj [couleurs, situations] contrasting ; [photo, image] contrasty.

contraster [3] [kɔ̃tʀaste] ◆ vt [caractères, situations, couleurs] to contrast ; [photo] to show up the contrast in. ◆ vi to contrast ▸ **contraster avec qqch** to contrast with sthg.

contrat [kɔ̃tʀa] nm **1.** [acte, convention] contract ▸ **passer un contrat avec qqn** to enter into a contract with sb / *un contrat de deux ans* a two-year contract ▸ **contrat bilatéral** / **consensuel** bilateral / consensual contract ▸ **contrat d'adhésion** membership agreement ▸ **contrat administratif** public service contract ▸ **contrat d'assurance** insurance policy ▸ **contrat de capitalisation** *French financial product similar to life insurance* ▸ **contrat à durée déterminée** / **indéterminée** fixed-term / permanent contract ▸ **contrat de garantie** guarentee, warranty ▸ **contrat de location a)** [de local] tenancy agreement [UK], rental agreement [US] **b)** [de voiture] rental agreement ▸ **contrat de louage** rental contract ▸ **contrat de mariage** marriage contract / *il n'y a pas eu de contrat de mariage* there was no marriage contract drawn up ▸ **contrat de prestation de service** service contract ▸ **contrat de qualification** training contract ▸ **contrat de travail** contract of employment ▸ **contrat de vente** bill of sale ▸ **contrat verbal** verbal contract ou undertaking ▸ **remplir son contrat a)** DR to fulfil the terms of one's contract **b)** *fig* [s'exécuter] to keep one's promise **2.** [entente] agreement, deal ▸ **un contrat tacite** an unspoken agreement **3.** PHILOS ▸ **contrat social** social contract / **'Du contrat social'** *Rousseau* 'The Social Contract' **4.** *arg crime* [de tueur] contract **5.** CARTES contract ▸ **réaliser son contrat** to make one's contract.

contrat-type [kɔ̃tʀatip] (*pl* **contrats-types**) nm skeleton contract.

contravention [kɔ̃tʀavɑ̃sjɔ̃] nf **1.** [amende] (parking) fine ; [avis] (parking) ticket **2.** [infraction] contravention, infraction, infringement.

contre [kɔ̃tʀ] ◆ prép **1.** [indiquant la proximité] against, on / *s'appuyer contre un arbre* / *une palissade* to lean against a tree / a fence / *l'échelle était dressée contre le mur* the ladder was against the wall ▸ **se frotter contre qqch** to rub (o.s.) against ou on sthg ▸ **se blottir contre qqn** to cuddle up to sb / *elle s'est endormie contre moi* she fell asleep on me ou against me ▸ **joue contre joue** cheek to cheek ▸ **pare-chocs contre pare-chocs** bumper to bumper ▸ **tenir qqn tout contre soi** to hold sb close / *allongé tout contre elle* lying right next to ou beside her / *un coup contre la vitre* a knock on ou at the window / *je me suis cogné la tête contre le radiateur* I hit my head on the radiator / *les vagues se brisaient contre la jetée* the waves were breaking against ou on the jetty / *lancer une balle contre le mur* to throw a ball against ou at the wall / *jeter des cailloux contre un carreau* to throw pebbles at a window / *gare ta voiture contre la mienne* park your car next to mine ▸ **mettez-vous contre le mur** stand (right) by the wall **2.** [indiquant l'opposition] against ▸ **nager contre le courant** to swim upstream ou against the current / *notre équipe aura le vent contre elle* our team will play into the wind ▸ **une attaque contre qqn** an attack against ou on sb ▸ **agir contre qqn** to act against sb ▸ **être en colère contre qqn** to be angry at ou with sb / *nous avons des preuves contre lui* we have (some) evidence against him / *je suis contre l'intervention* I'm opposed to ou against (the idea of) intervention / *trop de gens sont contre cette réforme* there are too many people against this reform / *qui se présente contre le candidat sortant?* who's running against the outgoing candidate ? ▸ **voter contre qqn** / **qqch** to vote against sb / sthg ▸ **Durier contre Chardin** DR Durier versus Chardin / *le match contre le Brésil* the Brazil match, the match against ou with Brazil ▸ **jouer contre qqn** to play against sb ▸ **c'est contre mes principes** that goes ou it's against my principles / *c'est contre ma religion* it's against my religion ▸ **avoir qqch contre qqn** to have sthg against sb / *je n'ai rien contre toi personnellement* it's nothing personal, I've nothing personal against you / *je l'ai fait contre ma volonté* I did it against my will ▸ **agir contre les ordres** / **son devoir** to act against orders / counter to one's duty / *pour une fois, j'irai contre mon habitude* for once, I'll break my habit / *vous allez contre l'usage* / *le règlement* you're going against accepted custom / the regulations **3.** [pour protéger de] against ▸ **pastilles contre la toux** cough lozenges ▸ **lutter contre l'alcoolisme** to fight (against) alcoholism / *que faire contre l'inflation?* what can be done about ou against ou to combat inflation ? / *c'est le seul recours contre cette décision* it's the only appeal against this decision ▸ **s'assurer contre le vol** to take out insurance against theft **4.** [en échange de] for, in exchange ou return for / *j'ai échangé mon livre contre le sien* I swapped my book for hers / *elle est revenue sur sa décision contre une promesse d'augmentation* she reconsidered her decision after being promised a rise / *que demandent-ils contre la libération des otages?* what do they want in return for releasing the hostages ? **5.** [indiquant une proportion, un rapport] against, to / *parier à 10 contre 1* to bet at 10 to 1 / *10 contre 1 qu'ils vont gagner!* ten to one they'll win ! ▸ **156 voix contre 34** 156 votes to 34 / *ils nous sont tombés dessus à trois contre un* there were three of them for every one of us, they were three to one against us / *le dollar s'échange à 0,82 euro contre 0,73 hier* the dollar is trading at 0.82 euros compared to ou (as) against 0.73 yesterday **6.** [contrairement à] ▸ **contre toute apparence** contrary to ou despite all appearances ▸ **contre toute attente** contrary to ou against all expectations ▸ **contre toute logique** against all logic ▸ **contre toute prévision** against all the odds. ◆ adv **1.** [indiquant la proximité] : *approche-toi du mur, et appuie-toi contre* go up to the wall and lean against it / *il n'a pas vu le poteau, et sa tête a heurté contre* he didn't see the post, and he banged his head against ou on it **2.** [indiquant l'opposition] against / *cette réforme ne passera pas, trop de gens sont contre* this reform won't get through, too many people are against it / *ah non, moi je suis contre!* I'm against it ! / *on partage? — je n'ai rien contre* shall we share ? — I've nothing against it ou it's OK by me / *c'est l'instinct, tu ne pourras pas aller contre* it's instinctive, you won't be able to fight it / *contre? levez la main* hands up those against [UK], all against, hands up [US]. ◆ nm **1.** [argument opposé] : *le pour et le contre* the pros and cons **2.** SPORT & JEUX [au volley, au basket] block ; [en escrime] counter ; [au billard] kiss ; [au bridge] double ▸ **marquer sur un contre** FOOT to score on a counter attack ▸ **faire un contre** RUGBY to intercept the ball.

❖ **par contre** loc adv on the other hand / *il est très compétent, par contre il n'est pas toujours très aimable* he's very competent, but on the other hand he's not always very pleasant / *il parle espagnol, par contre son anglais laisse encore à désirer* his Spanish is good, but his English isn't all it might be.

contre-acculturation [kɔ̃tʀakyltyʀasjɔ̃] (*pl* **contre-acculturations**) nf counteracculturation.

contre-alizé [kɔ̃tʀalize] (*pl* **contre-alizés**) nm anti-trade (wind).

contre-allée (*pl* **contre-allées**), **contrallée*** [kɔ̃tʀale] nf [d'une avenue] service ou frontage [US] road ; [d'une promenade] side track ou path.

contre-amiral, e (*mpl* **contre-amiraux**, *fpl* **contre-amirales**), **contramiral*, e** [kɔ̃tʀamiʀal] nm, f rear admiral.

contre-analyse [kɔ̃tʀanaliz] (*pl* **contre-analyses**) nf second analysis, reanalysis.

contre-appel (*pl* **contre-appels**), **contrappel*** [kɔ̃tʀapɛl] nm second roll call.

contre-argument [kɔ̃tʀaʀgymɑ̃] (*pl* **contre-arguments**) nm counterargument.

contre-assurance (*pl* **contre-assurances**), **contrassurance*** [kɔ̃tʀasyʀɑ̃s] nf reinsurance.

contre-attaque (*pl* **contre-attaques**), **contrattaque*** [kɔ̃tʀatak] nf **1.** MIL [gén] counterattack ; [à l'explosif] counter-blast **2.** [dans une polémique] counterattack, counter-blast.

contre-attaquer, contrattaquer* [3] [kɔ̃tʀatake] vt to counterattack, to strike back *(sép).*

contrebalancer [16] [kɔ̃tʀəbalɑ̃se] vt **1.** [poids] to counterbalance **2.** [compenser - inconvénients, efforts] to offset, to make up for *(insép),* to compensate.

❖ **se contrebalancer** ◆ vp *(emploi réciproque)* [raisons, hypothèses] to counterbalance each other ; [dépenses] to cancel each other out. ◆ vpi *fam* [se moquer] : *je m'en contrebalance* I couldn't give a damn.

contrebande [kɔ̃tʀəbɑ̃d] nf **1.** [trafic] smuggling, contraband ▸ **faire de la contrebande** to smuggle (in) goods **2.** [marchandises] contraband, smuggled goods ; [alcool] bootleg / *contrebande de guerre* wartime smuggling.

❖ **de contrebande** loc adj smuggled, contraband *(modif).*

❖ **en contrebande** loc adv ▸ **faire entrer** / **sortir qqch en contrebande** to smuggle sthg in / out.

contrebandier, ère [kɔ̃tʀebɑ̃dje, ɛʀ] nm, f smuggler.

contrebas [kɔ̃tʀəba] ❖ **en contrebas** loc adv lower down, below *(adv).* ❖ **en contrebas de** loc prép below.

contrebasse [kɔ̃tʀəbas] nf **1.** [instrument] (double) bass, contrabass **2.** [musicien] = **contrebassiste.**

contrebassiste [kɔ̃tʀəbasist] nmf (double) bass player, double bassist.

contrebasson [kɔ̃tʀəbasɔ̃] nm contrabassoon, double bassoon.

contrebatterie [kɔ̃tʀəbatʀi] nf counterbattery.

contre-braquer, contrebraquer* [3] [kɔ̃tʀəbʀake] vi to drive into a skid.

contrebuter [3] [kɔ̃tʀəbyte] vt to buttress, to prop ou to shore up *(sép).*

contrecarrer [3] [kɔ̃tʀəkaʀe] vt [personne] to thwart ; [projet, initiative] to thwart, to block.

contrechamp [kɔ̃tʀəʃɑ̃] nm CINÉ reverse shot.

contre-chant (*pl* **contre-chants**), **contrechant*** [kɔ̃tʀəʃɑ̃] nm counterpoint.

contre-choc (*pl* **contre-chocs**), **contrechoc*** [kɔ̃tʀəʃɔk] nm backlash.

contrecœur[1] [kɔ̃tʀəkœʀ] nm **1.** [d'un foyer] fireback **2.** RAIL guardrail, check rail [UK].

contrecœur[2] [kɔ̃tʀəkœʀ] ❖ **à contrecœur** loc adv reluctantly, unwillingly, grudgingly.

contrecollé, e [kɔ̃tʀəkɔle] adj ▸ **bois contrecollé** thick plywood.

contrecoup [kɔ̃tʀəku] nm **1.** [répercussion] repercussion, aftereffect ▸ **subir le contrecoup de qqch** to suffer the aftershock ou aftereffects of sthg **2.** [ricochet] rebound.

contre-courant (*pl* **contre-courants**), **contrecourant*** [kɔ̃tʀəkuʀɑ̃] nm countercurrent.

❖ **à contre-courant, à contrecourant*** loc adv **1.** [d'un cours d'eau] against the current, upstream **2.** [à rebours] ▸ **aller à contre-courant** to go against the grain.

❖ **à contre-courant de, à contrecourant de*** loc prép : *aller à contre-courant de la mode* to go against the trend / *cela va à contre-courant de ce que je voulais faire* that is the (exact) opposite of what I wanted to do.

contre-courbe (*pl* **contre-courbes**), **contrecourbe*** [kɔ̃tʀəkuʀb] nf countercurve.

contre-culture (*pl* **contre-cultures**), **contreculture*** [kɔ̃tʀəkyltyʀ] nf counterculture.

contredanse [kɔ̃tʀədɑ̃s] nf **1.** DANSE contredanse, contra danse **2.** *fam* [contravention] ticket / *avoir une contredanse* to get a ticket, to get booked.

contredire [103] [kɔ̃tʀədiʀ] vt [personne, propos] to contradict / *sa version contredit la tienne* his version is at variance with ou contradicts yours / *les faits contredisent cette hypothèse* the facts contradict ou go against this assumption.

❖ **se contredire** ◆ vp *(emploi réciproque)* **1.** [personnes] : *ils se contredisent (l'un l'autre)* they contradict each other **2.** [témoignages, faits] to be in contradiction (with each other), to contradict each other. ◆ vp *(emploi réfléchi)* : *il se contredit* he contradicts himself.

contredit [kɔ̃tʀədi] ⟡ **sans contredit** loc adv unquestionably, undoubtedly.

contrée [kɔ̃tʀe] nf *litt* [pays] country, land *litt* ; [région] region, area / *dans une contrée lointaine* in a faraway land.

contre-écrou (*pl* contre-écrous), **contrécrou*** [kɔ̃tʀekʀu] nm locknut.

contre-emploi (*pl* contre-emplois), **contremploi*** [kɔ̃tʀɑ̃plwa] nm miscasting.

contre-empreinte (*pl* contre-empreintes), **contrempreinte*** [kɔ̃tʀɑ̃pʀɛ̃t] nf fossil imprint.

contre-enquête (*pl* contre-enquêtes), **contrenquête*** [kɔ̃tʀɑ̃kɛt] nf counterinquiry.

contre-épreuve (*pl* contre-épreuves), **contrépreuve*** [kɔ̃tʀepʀœv] nf **1.** IMPR counterproof **2.** [contre-essai] repetition test, countercheck.

contre-espionnage (*pl* contre-espionnages), **contrespionnage*** [kɔ̃tʀɛspjɔnaʒ] nm counterespionage.

contre-essai (*pl* contre-essais), **contressai*** [kɔ̃tʀesɛ] nm repetition ou second test, countercheck.

contre-exemple (*pl* contre-exemples), **contrexemple*** [kɔ̃tʀɛgzɑ̃pl] nm [illustration] counterexample / *choisir un contre-exemple* to choose an example that goes against the rule / *il a donné un contre-exemple* he gave evidence to the contrary.

contre-expertise (*pl* contre-expertises), **contrexpertise*** [kɔ̃tʀɛkspɛʀtiz] nf second expert evaluation ou opinion.

contre-extension (*pl* contre-extensions), **contrextension*** [kɔ̃tʀɛkstɑ̃sjɔ̃] nf counterextension.

contrefaçon [kɔ̃tʀəfasɔ̃] nf **1.** [action d'imiter - une signature, une écriture, une monnaie] counterfeiting, forging ; [- un brevet] infringement **2.** [copie - d'un produit, d'un vêtement] imitation, fake ; [- d'une signature, d'une écriture, de monnaie] counterfeit, forgery ▸ **méfiez-vous des contrefaçons** be wary of imitations.

contrefacteur, trice [kɔ̃tʀəfaktœʀ, tʀis] nm, f [de produits] copier, imitator, faker ; [de billets] counterfeiter, forger.

contrefaire [109] [kɔ̃tʀəfɛʀ] vt **1.** [parodier] to mimic, to take off *(sép)* **2.** [signature, écriture, argent] to counterfeit, to forge ; [brevet] to infringe **3.** [déformer - visage] to distort ; [- voix] to alter, to change, to distort.

contrefait, e [kɔ̃tʀəfɛ, ɛt] adj **1.** [déformé] deformed, misshapen **2.** [falsifié - signature, écriture, argent] counterfeit, forged.

contrefaites v ⟶ contrefaire.

contre-fenêtre (*pl* contre-fenêtres), **contrefenêtre*** [kɔ̃tʀəfənɛtʀ] nf double window sash.

contrefera v ⟶ contrefaire.

contre-feu (*pl* contre-feux), **contrefeu*** [kɔ̃tʀəfø] nm **1.** [plaque] fireback **2.** [incendie] backfire.

contrefiche [kɔ̃tʀəfiʃ] nf **1.** [étai] oblique prop ou stay **2.** ARCHIT [jambe de force] brace, strut.

contreficher [3] [kɔ̃tʀəfiʃe] ⟡ **se contreficher de** vp + prép *fam* to be indifferent to / *je me contrefiche de ses problèmes* I don't give two hoots about her problems / *je m'en contrefiche* I couldn't care less, who gives a damn ?

contre-fil (*pl* contre-fils), **contrefil*** [kɔ̃tʀəfil] nm opposite direction.

contre-filet (*pl* contre-filets), **contrefilet*** [kɔ̃tʀəfilɛ] nm sirloin (steak).

contrefit, contrefont v ⟶ contrefaire.

contrefort [kɔ̃tʀəfɔʀ] nm **1.** ARCHIT buttress, abutment **2.** [d'une chaussure] stiffener **3.** BOT & GÉOGR spur.

⟡ **contreforts** nmpl GÉOGR foothills.

contrefoutre [116] [kɔ̃tʀəfutʀ] ⟡ **se contrefoutre de** vp + prép *tfam* : *je m'en contrefous* I don't give a shit ou toss UK (about it).

contre-haut [kɔ̃tʀəo]

⟡ **en contre-haut, en contrehaut*** loc adv (up) above. ⟡ **en contre-haut de, en contrehaut de*** loc prép (up) above.

contre-indication (*pl* contre-indications), **contrindication*** [kɔ̃tʀɛ̃dikasjɔ̃] nf **1.** MÉD contraindication **2.** [argument] counter-argument / *je ne vois pas de contre-indication à ce que nous construisions sur ce terrain* I see no reason why we shouldn't build on this piece of land.

contre-indiqué, e (*mpl* contre-indiqués *fpl* contre-indiquées), **contrindiqué*, e** [kɔ̃tʀɛ̃dike] adj **1.** MÉD contraindicated **2.** [déconseillé] inadvisable.

contre-indiquer, contrindiquer* [3] [kɔ̃tʀɛ̃dike] vt to contraindicate.

contre-interrogatoire (*pl* contre-interrogatoires) **contrinterrogatoire*** [kɔ̃tʀɛ̃teʀɔgatwaʀ] nm cross-examination.

contre-jour (*pl* contre-jours), **contrejour*** [kɔ̃tʀəʒuʀ] nm **1.** [éclairage] back light **2.** [photo] contre-jour shot.

⟡ **à contre-jour, à contrejour*** loc adv [être placé - personne] with one's back to the light ; [- objet] against the light ou sunlight / *une photo prise à contre-jour* a contre-jour shot.

contre-la-montre [kɔ̃tʀəlamɔ̃tʀ] nm inv time trial.

contremaître, contremaitre* [kɔ̃tʀəmɛtʀ] nm **1.** [dans un atelier] foreman, supervisor **2.** NAUT petty officer.

contremaîtresse, contremaitresse* [kɔ̃tʀəmɛtʀɛs] nf forewoman, supervisor.

contre-manifestant, e (*mpl* contre-manifestants *fpl* contre-manifestantes), **contremanifetant*, e** [kɔ̃tʀəmanifɛstɑ̃, ɑ̃t] nm, f counterdemonstrator.

contre-manifestation (*pl* contre-manifestations), **contremanifestation*** [kɔ̃tʀəmanifɛstasjɔ̃] nf counterdemonstration.

contre-manifester, contremanifester* [3] [kɔ̃tʀəmanifɛste] vi to hold a counterdemonstration.

contremarche [kɔ̃tʀəmaʀʃ] nf **1.** [d'escalier] riser **2.** MIL countermarch.

contremarque [kɔ̃tʀəmaʀk] nf **1.** [billet - au spectacle] voucher *(exchanged for ticket at the entrance)* ; [- de transport] extra portion (of ticket) **2.** ÉQUIT bishopping *(of horse's teeth)* **3.** COMM & HÉRALD countermark.

contremarquer [3] [kɔ̃tʀəmaʀke] vt COMM & HÉRALD to countermark.

contre-mesure (*pl* contre-mesures), **contremesure*** [kɔ̃tʀəməzyʀ] nf [gén & MIL] countermeasure ▸ **contre-mesure électronique** jamming device.

contre-nature [kɔ̃tʀənatyʀ] adj inv unnatural, contrary to nature.

contre-offensive (*pl* contre-offensives), **controffensive*** [kɔ̃tʀɔfɑ̃siv] nf **1.** MIL counteroffensive **2.** [réplique] counteroffensive, counterblast.

contre-OPA [kɔ̃tʀɔpea] nf inv counter bid.

contrepartie [kɔ̃tʀəpaʀti] nf **1.** [compensation] compensation / *ce travail est pénible, mais il y a des contreparties* this job is difficult but there are compensations ; [financière] compensation, consideration / *vous aurez la contrepartie financière de la perte subie* you will be financially compensated for the loss incurred **2.** [registre comptable] duplicate register **3.** BOURSE market making **4.** [d'une opinion] opposite view ; [d'un argument] corollary, obverse, converse.

⟡ **en contrepartie** loc adv **1.** [en compensation] in ou by way of compensation **2.** [en revanche] on the other hand **3.** [en retour] in return.

⟡ **en contrepartie de** loc prép (as a ou in compensation) for / *service en contrepartie duquel vous devrez payer la somme de...* for which services you will pay the sum of...

contre-passation (*pl* contre-passations), **contrepassation*** [kɔ̃tʀəpasasjɔ̃] nf reversing ou transferring *(of an amount)*.

contrepassement [kɔ̃tʀəpasmɑ̃] nm reversing ou transferring *(of an amount)*.

contre-pente (*pl* contre-pentes), **contrepente*** [kɔ̃tʀəpɑ̃t] nf reverse slope.

contre-performance (*pl* contre-performances), **contreperformance*** [kɔ̃tʀəpɛʀfɔʀmɑ̃s] nf bad result, performance below expectation / *elle a eu* ou *fait une série de contre-performances* she's had a run of bad results.

contrepèterie [kɔ̃tʀəpɛtʀi] nf spoonerism.

contre-pied (*pl* contre-pieds), **contrepied*** [kɔ̃tʀəpje] nm **1.** [d'une opinion] opposite (view) ; [d'un argument] converse, obverse ▸ **prendre le contre-pied de** : *prendre le contre-pied d'une hypothèse* to oppose a hypothesis / *prenons le contre-pied de sa position* let's take the (exact) opposite position to hers **2.** SPORT : *prendre un adversaire à contre-pied* to catch an opponent off balance, to wrong-foot an opponent **3.** CHASSE backscent ▸ **prendre le contre-pied a)** [chien] to run heel **b)** *fig* to take the opposite view.

contreplacage [kɔ̃tʀəplakaʒ] nm **1.** [procédé] plywood construction **2.** [feuille] plywood panel.

contreplaqué [kɔ̃tʀəplake] nm plywood.

contreplaquer [3] [kɔ̃tʀəplake] vt to laminate into plywood.

contre-plongée (*pl* contre-plongées), **contreplongée*** [kɔ̃tʀəplɔ̃ʒe] nf low-angle shot.

⟡ **en contre-plongée, en contreplongée*** loc adv from below / *prends-la en contre-plongée* get a low-angle shot of her, shoot her from below.

contrepoids [kɔ̃tʀəpwa] nm [gén] counterbalance, counterweight ; [d'une horloge] balance weight ; [d'un funambule] balancing pole ▸ **faire contrepoids (à qqch)** *pr & fig* to provide a counterweight (to sthg).

contre-poil [kɔ̃tʀəpwal]

⟡ **à contre-poil, à contrepoil*** loc adv the wrong way ▸ **prendre qqn à contre-poil** *fam* to rub sb up the wrong way.

contrepoint [kɔ̃tʀəpwɛ̃] nm LITTÉR & MUS counterpoint.

⟡ **en contrepoint** loc adv **1.** LITTÉR & MUS contrapuntally **2.** *litt* [en même temps] at the same time, concurrently.

⟡ **en contrepoint de** loc prép **1.** LITTÉR & MUS as counterpoint to **2.** [avec] as an accompaniment to.

contre-pointe (*pl* contre-pointes), **contrepointe*** [kɔ̃tʀəpwɛ̃t] nf **1.** ARM back edge of sword **2.** MÉCAN tailstock.

contrepointiste [kɔ̃tʀəpwɛ̃tist] = **contrapuntiste.**

contrepoison [kɔ̃tʀəpwazɔ̃] nm antidote.

contre-porte (*pl* contre-portes), **contreporte*** [kɔ̃tʀəpɔʀt] nf [d'isolation] inner door ; [de protection] screen door.

contre-pouvoir (*pl* contre-pouvoirs), **contrepouvoir*** [kɔ̃tʀəpuvwaʀ] nm *challenge to established authority.*

contre-préparation [kɔ̃tʀəpʀepaʀasjɔ̃] (*pl* contre-préparations) nf counterpreparation.

contre-productif, ive (*mpl* contre-productifs *fpl* contre-productives), **contreproductif*, ive** [kɔ̃tʀəpʀɔdyktif, iv] adj counterproductive.

contre-projet (*pl* contre-projets), **contreprojet*** [kɔ̃tʀəpʀɔʒɛ] nm counterplan, counterproject / *y a-t-il des contre-projets ?* are there any (other) projects to rival this one ?

contre-propagande (*pl* contre-propagandes), **contrepropagande*** [kɔ̃tʀəpʀɔpagɑ̃d] nf counterpropaganda.

contre-proposition (*pl* contre-propositions), **contreproposition*** [kɔ̃tʀəpʀɔpozisjɔ̃] nf counterproposal.

contre-publicité (*pl* contre-publicités), **contrepublicité*** [kɔ̃tʀəpyblisite] nf [qui concurrence] knocking copy ; [qui manque son objectif] anti-advertisement.

contrer [3] [kɔ̃tʀe] vt **1.** [s'opposer à] to block, to counter / *elle me contre systématiquement* she tries to block everything I do **2.** JEUX to double **3.** SPORT [au

*In reformed spelling (see p. 16-19).

volley] to block *(a smash)* ; [au rugby] to block *(a kick)* ; [à la boxe] to counter *(a punch)*.

contre-rail *(pl* **contre-rails), contrerail*** [kɔ̃tʀəʀaj] nm guardrail.

contre-révolution *(pl* **contre-révolutions), contrerévolution*** [kɔ̃tʀəʀevɔlysjɔ̃] nf counter-revolution.

contre-révolutionnaire *(pl* **contre-révoutionnaires), contrerévolutionnaire*** [kɔ̃tʀəʀevɔlysjɔnɛʀ] adj & nmf counterrevolutionary.

contrescarpe [kɔ̃tʀɛskaʀp] nf counterscarp.

contreseing [kɔ̃tʀəsɛ̃] nm countersignature.

contresens [kɔ̃tʀəsɑ̃s] nm **1.** [mauvaise interprétation] misinterpretation ; [mauvaise traduction] mistranslation ▸ **faire un contresens** to mistranslate *(a word or a passage)* **2.** [aberration] sheer nonsense / *la politique pétrolière de ce pays est un contresens* this country's oil policy is an absurdity **3.** TEXT wrong way *(of fabric)*.

❖ **à contresens** loc adv **1.** [traduire, comprendre, marcher] the wrong way **2.** TEXT against the grain.

contresignataire [kɔ̃tʀəsiɲatɛʀ] nmf countersigner.

contresigner [3] [kɔ̃tʀəsiɲe] vt to countersign.

contretemps [kɔ̃tʀətɑ̃] nm **1.** [empêchement] hitch, mishap, setback ▸ **à moins d'un contretemps** unless there's a hitch, unless something unexpected crops up **2.** MUS offbeat.

❖ **à contretemps** loc adv **1.** [inopportunément] at the wrong time ou moment **2.** MUS off the beat.

contre-terrorisme *(pl* **contre-terrorismes), contreterrorisme*** [kɔ̃tʀətɛʀɔʀism] nm counter-terrorism.

contre-terroriste *(pl* **contre-terroristes), contreterroriste*** [kɔ̃tʀətɛʀɔʀist] adj & nmf counterterrorist.

contre-torpilleur *(pl* **contre-torpilleurs), contretorpilleur*** [kɔ̃tʀətɔʀpijœʀ] nm destroyer.

contre-transfert *(pl* **contre-transferts), contretransfert*** [kɔ̃tʀətʀɑ̃sfɛʀ] nm countertransfer, countertransference.

contretype [kɔ̃tʀətip] nm duplicate.

contre-ut [kɔ̃tʀyt] nm inv MUS top C, high C.

contre-valeur *(pl* **contre-valeurs), contrevaleur*** [kɔ̃tʀəvalœʀ] nf exchange value / *pour la contre-valeur de 50 euros* in exchange for 50 euros.

contrevenant, e [kɔ̃tʀəvnɑ̃, ɑ̃t] nm, f offender.

contrevenir [40] [kɔ̃tʀəvniʀ] ❖ **contrevenir à** v + prép to contravene, to infringe.

contrevent [kɔ̃tʀəvɑ̃] nm **1.** [volet] shutter **2.** MÉTALL back-draught **3.** CONSTR strut, brace.

contrevenu [kɔ̃tʀəvny] pp ⟶ **contrevenir.**

contrevérité [kɔ̃tʀəveʀite] nf falsehood, untruth.

contrevient, contrevint v ⟶ **contrevenir.**

contre-visite *(pl* **contre-visites), contrevisite*** [kɔ̃tʀəvizit] nf further consultation *(for a second medical opinion)*.

contre-voie *(pl* **contre-voies), contrevoie*** [kɔ̃tʀəvwa] nf parallel track *(going in the opposite direction)*.

❖ **à contre-voie, à contrevoie*** loc adv ▸ **monter / descendre à contre-voie** to get on / off on the wrong side of the train.

contribuable [kɔ̃tʀibɥabl] nmf taxpayer.

contribuer [7] [kɔ̃tʀibɥe] vi [financièrement] to contribute (money), to pay a share.

❖ **contribuer à** v + prép ▸ **contribuer à qqch** to have a part in ou to contribute to sthg / *contribuer à l'achat d'un cadeau* to contribute to (buying) a present ▸ **contribuer au succès de** to contribute to ou to have a part in the success of / *elle n'a pas contribué à la discussion* she took no part in the discussion / *la forêt contribue à l'agrément de la région* the forest is one of the things that helps to make the area so pleasant ▸ **contribuer à faire qqch** to go towards doing sthg.

contributeur, trice [kɔ̃tʀibytœʀ, tʀis] nm, f contributor.

contributif, ive [kɔ̃tʀibytif, iv] adj **1.** DR contributory **2.** INFORM & INTERNET ▸ **logiciel contributif** shareware ▸ **encyclopédie contributive** collaborative encyclopedia.

contribution [kɔ̃tʀibysjɔ̃] nf **1.** [argent apporté] contribution, sum contributed / *ma contribution a été de 30 euros* I contributed 30 euros **2.** [aide] contribution, help / *sa contribution au spectacle se limite à la rédaction du programme* his only contribution to the show was writing the programme / *je peux te mettre à contribution?* can you give me a hand? **3.** [impôt] tax ▸ **contribution directe / indirecte** direct / indirect taxation ▸ **contribution sociale généralisée** *supplementary social security contribution to help the underprivileged* ▸ **les contributions sociales** social security contributions.

❖ **contributions** nfpl ≃ Inland Revenue UK ; ≃ Internal Revenue Service US.

❖ **à contribution** loc adv ▸ **mettre qqn à contribution** to call upon sb's services / *toute l'équipe a été mise à contribution pour finir le projet* the entire team was called on to finish the project / *mets-le à contribution* ask him to help.

contrit, e [kɔ̃tʀi, it] adj contrite, chastened.

contrition [kɔ̃tʀisjɔ̃] nf **1.** *litt* [repentir] contrition *litt*, remorse **2.** RELIG ▸ **acte de contrition** act of contrition / *faire* ou *réciter un acte de contrition* to make an act of contrition.

contrôlabilité [kɔ̃tʀolabilite] nf controllability.

contrôlable [kɔ̃tʀolabl] adj **1.** [maîtrisable] that can be controlled, controllable **2.** [vérifiable] that can be checked ou verified, checkable, verifiable.

contrôle [kɔ̃tʀol] nm **1.** [maîtrise] control / *garder / perdre le contrôle de sa voiture* to keep / to lose control of one's car ▸ **avoir le contrôle de a)** [d'un secteur, de compagnies] to have (owning) control of **b)** [d'un pays, d'un territoire, d'un match] to be in control of ▸ **contrôle de soi-même** self-control ▸ **contrôle des naissances** birth control ▸ **sous contrôle** under control **2.** [surveillance -de personnes, de travail] supervision, control ▸ **visite** ou **examen de contrôle** MÉD follow-up ▸ **contrôle aérien** flight control ▸ **contrôle antidopage** dope test ▸ **contrôle budgétaire** budgeting control ▸ **contrôle des changes** exchange control ▸ **contrôle de gestion** management control ▸ **contrôle économique** ou **des prix** price control ▸ **contrôle judiciaire** ≃ probation ▸ **placé sous contrôle judiciaire** ≃ put on probation ▸ **contrôle parental** parental control ▸ **contrôle de qualité** quality control ▸ **contrôle radar** radar speed check ▸ **contrôle sanitaire** health check ▸ **contrôle de vitesse** AUTO speed trap **3.** [inspection -d'actes, de documents] control, check, checking ▸ **contrôle des comptes** ou **fiscal** audit / *il a un contrôle fiscal* ≃ the Inland Revenue UK ou IRS & US is checking his (tax) returns ▸ **contrôle de douane** customs control ▸ **contrôle d'identité** ou **de police** identification check ▸ **contrôle des passeports** passport control ▸ **contrôle de routine** routine check-up ▸ **contrôle technique** AUTO test of roadworthiness, MOT (test) UK, inspection US **4.** [bureau] check point **5.** SPORT [de la balle] control **6.** ÉDUC test / *avoir un contrôle en chimie* to have a chemistry test ▸ **contrôle continu (des connaissances)** continuous assessment **7.** JOAILL [poinçon] hallmark ; [bureau] hallmark centre **8.** MIL [liste] list, roll **9.** INFORM ▸ **contrôle carré** crosscheck ▸ **contrôle de la coupure de mot** hyphenation control ▸ **contrôle de parité** odd-even check **10.** TÉLÉC monitoring.

> ⚠ Attention, ce mot ne se traduit pas toujours par **control** en anglais, de même que contrôler ne se traduit pas toujours par **to control**. Voir aussi l'article **contrôler**.

contrôler [3] [kɔ̃tʀole] vt **1.** [maîtriser -émotions, sentiments] to control, to master, to curb ; [-respiration] to control ; [-discussion, match] to control, to master ; [-véhicule] to control, to be in control of / *contrôle tes nerfs!* get a grip on yourself! / *nous ne contrôlons plus la situation* the situation is out of our control **2.** [surveiller -personnes, travail] to supervise / *nous sommes contrôlés toutes les semaines* a supervisor checks our work every week **3.** [vérifier -renseignement, exactitude] to check, to verify ; [-billet, papiers] to check, to inspect ; [-qualité] to control ; [-bon fonctionnement] to check, to monitor ; [-traduction] to check / *je vais contrôler ce que tu m'as dit / si tu m'as dit la vérité* I'll check what you told me / whether you told me the truth ▸ **se faire contrôler a)** [dans un bus, un train] to have one's ticket checked **b)** [par un agent de police] to have one's ID checked **4.** [avoir sous son autorité -affaires, secteur] to be in control of, to control ; [-territoire, zone] to control, to be in command of **5.** SPORT [ballon] to have control of **6.** JOAILL to hallmark **7.** TÉLÉC to monitor **8.** FIN [prix] to control ; [dépenses, comptes] to audit.

❖ **se contrôler** vp *(emploi réfléchi)* to control o.s., to be in control of o.s. / *il ne se contrôlait plus* he'd lost his grip on himself, he was (totally) out of control.

contrôleur, euse [kɔ̃tʀolœʀ, øz] nm, f **1.** RAIL ticket inspector **2.** AÉRON ▸ **contrôleur aérien** air traffic controller **3.** ADMIN & FIN ▸ **contrôleur (de gestion)** auditor ▸ **contrôleur (des impôts)** (tax) inspector ou assessor ▸ **contrôleur des douanes** customs inspector.

❖ **contrôleur** nm **1.** INDUST regulator **2.** [horloge] telltale UK, time clock **3.** INFORM controller ▸ **contrôleur de transmission / communication** transmission / communication controller ▸ **contrôleur interne de disques** internal storage control.

contrordre [kɔ̃tʀɔʀdʀ] nm countermand, counter-order / *il y a contrordre, vous ne partez plus* orders have been countermanded ou changed, you're not leaving ▸ **à moins d'un** ou **sauf contrordre** unless otherwise informed / *sauf contrordre, je te retrouve à six heures à la gare* unless you hear from me, I'll meet you at six at the station.

controversable [kɔ̃tʀɔvɛʀsabl] adj debatable, disputable.

controverse [kɔ̃tʀɔvɛʀs] nf [débat] controversy ▸ **donner lieu à controverse** to be controversial.

controversé, e [kɔ̃tʀɔvɛʀse] adj (much) debated ou disputed.

contumace [kɔ̃tymas] nf contumacy *sout*, refusal to appear in court, contempt of court.

❖ **par contumace** loc adv in absentia.

contusion [kɔ̃tyzjɔ̃] nf contusion *spéc*, bruise.

contusionner [3] [kɔ̃tyzjɔne] vt to bruise ▸ **visage contusionné** face covered in bruises.

conurbation [kɔnyʀbasjɔ̃] nf conurbation.

convainc v ⟶ **convaincre.**

convaincant, e [kɔ̃vɛ̃kɑ̃, ɑ̃t] adj convincing, persuasive / *de façon convaincante* convincingly ▸ **peu convaincant** unconvincing / *un argument peu convaincant* a rather thin argument / *faites-vous convaincant* try to be persuasive.

convaincre [114] [kɔ̃vɛ̃kʀ] vt **1.** [persuader] to convince, to persuade / *je n'ai pas su le convaincre* I couldn't convince him / *essaie de la convaincre de venir* try to persuade her to come ▸ **convaincre qqn de faire qqch** to persuade sb to do sthg, to talk sb into doing sthg / *votre dernier argument m'a convaincu* your last argument has won me over **2.** [prouver coupable] ▸ **convaincre qqn de mensonge** to force sb to admit he / she lied ▸ **convaincre qqn de vol** to convict sb of theft, to find sb guilty of theft.

❖ **se convaincre** vp *(emploi réfléchi)* to realize, to accept / *il faut te convaincre que tout est fini* you must realize ou understand ou accept that it's all over / *il est difficile de s'en convaincre* it's difficult to accept it.

convaincu, e [kɔ̃vɛ̃ky] ◆ adj convinced ▸ **être convaincu de qqch** to be convinced of sthg / *un partisan convaincu du socialisme* a firm believer in socialism / *parler d'un ton convaincu* to talk with conviction. ◆ nm, f firm ou great ou strong believer *(in an idea)*.

convainquait v ⟶ **convaincre.**

convalescence [kɔ̃valesɑ̃s] nf **1.** MÉD convalescence ▸ **être en convalescence** to be convalescing **2.** MIL *army convalescence leave.*

convalescent, e [kɔ̃valesɑ̃, ɑ̃t] adj & nm, f convalescent.

convecteur [kɔ̃vɛktœʀ] nm convector.

convection [kɔ̃vɛksjɔ̃] nf convection.

convenable [kɔ̃vnabl] adj **1.** [moment, lieu] suitable, appropriate ▸ **au moment convenable** at the right ou appropriate moment **2.** [tenue] decent, respectable ; [comportement] seemly, correct ▸ **peu convenable** improper ▸ **de manière peu convenable** inappropriately / *mets une robe plus convenable* put a more decent dress on / *une famille très convenable* a very respectable ou decent ou upstanding family / *ce n'est pas très convenable de parler fort* it's not very polite to talk loudly **3.** [devoir] passable, adequate ; [logement, rémunération] decent, adequate.

convenablement [kɔ̃vnabləmɑ̃] adv **1.** [de façon appropriée] suitably, appropriately **2.** [décemment] decently, properly ▸ **habille-toi convenablement** dress decently ou respectably ▸ **se tenir convenablement** to behave properly **3.** [de façon acceptable] ▸ **gagner convenablement sa vie** to earn a decent wage / *il s'exprime très convenablement en italien* he has a fairly good knowledge of Italian / *une pièce convenablement éclairée* a fairly well-lit room / *il travaille convenablement à l'école* his schoolwork is fairly good ▸ **on y mange convenablement** the food is quite adequate there.

convenance [kɔ̃vnɑ̃s] nf *litt* [adéquation] appropriateness, suitability / *la convenance d'humeur* ou *de goût entre deux personnes* affinity of taste between two people.

❖ **convenances** nfpl propriety, decorum, accepted (standards of) behaviour ▸ **respecter les convenances** to respect ou to observe the proprieties.

❖ **à ma convenance, à sa convenance** loc adv as suits me / him, etc. (best) / *je choisirai une couleur à ma convenance* I'll choose a shade to suit me.

❖ **pour convenance(s) personnelle(s)** loc adv for personal reasons.

convenir [40] [kɔ̃vniʀ] vt ▸ **c'est convenu ainsi** it's been agreed this way / *comme (cela a été) convenu* as agreed ▸ **convenir que** to agree ou to accept ou to admit that / *tu dois bien convenir qu'elle a raison* you must admit she's right.

❖ **convenir à** v + prép **1.** [être approprié à] to suit / *cette table conviendra parfaitement à ma cuisine* this table's perfect for my kitchen ; *(en usage absolu)* : *dire les mots qui conviennent* to say the right words / *trouver le ton qui convient* to find the right ou suitable tone **2.** [plaire à] to suit / *lundi matin me conviendrait assez* Monday morning would suit me fine / *10 h, cela vous convient-il?* does 10 o'clock suit you? / *ce travail ne lui convient pas du tout* this job's not right for him at all / *une mode qui convient à toutes les femmes* a style that looks good on ou suits all women / *la vie que je mène me convient parfaitement* the life I lead suits me perfectly / *cette chaleur ne me convient pas du tout* this heat doesn't agree with me at all.

❖ **convenir de** v + prép **1.** [se mettre d'accord sur] to agree upon / *nous avions convenu de nous retrouver à midi* we had agreed to meet at noon ▸ **convenir d'un endroit** to agree upon a place / *il est convenu avec la direction de...* it's agreed with the management to... ▸ **somme convenue** agreed sum ▸ **comme convenu** as agreed **2.** [reconnaître] ▸ **convenir de qqch** to admit sthg ▸ **convenir de ses erreurs** to admit ou to acknowledge one's errors / *je conviens d'avoir dit cela* I admit to having said that / *j'en conviens volontiers* I don't mind admitting it.

❖ **il convient de** v impers **1.** [il est souhaitable de] it is advisable ou a good idea to / *il convient de fermer cette porte à clé* it is advisable to lock this door / *il voudrait savoir ce qu'il convient de faire* he would like to know the right thing to do **2.** [il est de bon ton de] it is proper ou the done thing to / *il convient d'apporter des fleurs à la maîtresse de maison* it is the done thing to bring flowers for one's hostess.

❖ **se convenir** vp *(emploi réciproque)* to suit one another.

convent [kɔ̃vɑ̃] nm Masonic assembly.

convention [kɔ̃vɑ̃sjɔ̃] nf **1.** [norme] convention / *les conventions orthographiques* spelling conventions / *un système de conventions* an agreed system **2.** [règle de bienséance] (social) convention ▸ **respecter les conventions** to conform to accepted social behaviour ou established conventions **3.** [accord - tacite] agreement, understanding ; [- officiel] agreement ; [- diplomatique] convention / *convention signée entre le patronat et les syndicats* union ou union-management agreement ▸ **convention collective (du travail)** collective agreement ▸ **convention de crédit** credit agreement ▸ **convention salariale** wage agreement **4.** POL [assemblée - aux États-Unis] convention ; [- en France] assembly **5.** HIST ▸ **la Convention** the French National Convention *(1792-1795).*

❖ **de convention** loc adj conformist, conventional.

❖ **par convention** loc adv : *par convention, nous appellerons cet ensemble N* let us call this set N / *par convention, on symbolise la vitesse par un v* speed is usually symbolised by a v.

conventionnalisme [kɔ̃vɑ̃sjɔnalism] nm conventionalism, conformism.

conventionné, e [kɔ̃vɑ̃sjɔne] adj **1.** [médecin, clinique] subsidized, designated by the health system ; ≃ National Health UK ▸ **non conventionné** private **2.** [honoraires, prix] set ▸ **prêt conventionné** low-interest (subsidized) loan.

conventionnel, elle [kɔ̃vɑ̃sjɔnɛl] adj **1.** [conformiste] conventional, conformist ▸ **formules conventionnelles** clichés, platitudes **2.** [arbitraire - signe, valeur] conventionally agreed **3.** POL ▸ **accords conventionnels** agreements resulting from collective bargaining ▸ **politique conventionnelle** policies relating to union-management agreements **4.** DR contractual **5.** ARM conventional.

❖ **conventionnel** nm **1.** [membre] member *(of a convention)* **2.** HIST ▸ **Conventionnel** member of the French National Convention *(1792-1795).*

conventionnellement [kɔ̃vɑ̃sjɔnɛlmɑ̃] adv conventionally, unoriginally *péj.*

conventionnement [kɔ̃vɑ̃sjɔnmɑ̃] nm MÉD medical care ; ≃ National Health Service contract UK ▸ **le conventionnement d'une clinique** a clinic's adherence to a (public) medical care system.

conventionner [3] [kɔ̃vɑ̃sjɔne] vt ≃ to link to the NHS UK ou a (public) medical care system.

conventuel, elle [kɔ̃vɑ̃tɥɛl] adj conventual.

❖ **conventuel** nm Friar Minor Conventual.

convenu, e [kɔ̃vny] ◆ pp ⟶ **convenir.** ◆ adj ▸ **style convenu** conventional style / *l'intrigue est très convenue* the plot is very obvious.

convergence [kɔ̃vɛʀʒɑ̃s] nf **1.** [confluence - de chemins, de lignes] convergence, confluence ▸ **point de convergence a)** *pr* point of convergence **b)** *fig* point of agreement **2.** [concordance] convergence / *la convergence de nos efforts* our combined efforts / *la convergence de nos conclusions* the fact that our conclusions lead to a single result **3.** MATH & OPT convergence.

convergent, e [kɔ̃vɛʀʒɑ̃, ɑ̃t] adj convergent.

converger [17] [kɔ̃vɛʀʒe] vi **1.** [confluer] to converge, to meet at a point / *tous les chemins convergent vers la clairière* all paths converge on the clearing **2.** [aboutir au même point] : *nos conclusions convergent* we tend toward the same conclusions **3.** MATH & OPT to converge.

convers, e [kɔ̃vɛʀ, ɛʀs] adj **1.** RELIG lay *(avant nom)* **2.** LOGIQUE converse.

conversation [kɔ̃vɛʀsasjɔ̃] nf **1.** [discussion] discussion, conversation, talk / *une conversation animée* a heated discussion ▸ **être en grande conversation** to be deep in conversation / *elle est en grande conversation avec son mari* she's deep in conversation with her husband ▸ **engager la conversation (avec qqn)** to start up a conversation (with sb) / *suite à ma conversation téléphonique avec votre secrétaire* following my phone conversation with your secretary / *interrompre sa conversation* to break off in mid-conversation / *interrompre une conversation* to interrupt a conversation ▸ **détourner la conversation** to change the subject ▸ **amener la conversation sur qqch** to steer the conversation towards sthg, to bring sthg up in the conversation / *il écrit dans le style de la conversation* he writes in a conversational style, his style of writing is colloquial / *il a une conversation ennuyeuse* he's boring to talk to ▸ **avoir de la conversation** to be a good conversationalist ▸ **n'avoir aucune conversation** : *il n'a aucune conversation* he's a poor conversationalist **2.** [pourparlers] ▸ **conversations diplomatiques** diplomatic talks ou negotiations / *des conversations entre les syndicats et le patronat* talks between unions and management.

conversationnel, elle [kɔ̃vɛʀsasjɔnɛl] adj interactive ▸ **en mode conversationnel** in interactive ou conversational mode.

converser [3] [kɔ̃vɛʀse] vi to converse, to talk.

conversion [kɔ̃vɛʀsjɔ̃] nf **1.** [de chiffres, de mesures, de devises] conversion, converting / *conversion des miles en kilomètres* converting of miles to kilometres **2.** RELIG conversion / *à cause de sa conversion au judaïsme* because of her conversion ou because she converted to Judaism **3.** [ralliement] conversion **4.** NAUT turning around **5.** [au ski] kick turn **6.** DR & SCI conversion **7.** [formation] retraining.

converti, e [kɔ̃vɛʀti] ◆ adj converted. ◆ nm, f convert.

convertibilité [kɔ̃vɛʀtibilite] nf convertibility.

convertible [kɔ̃vɛʀtibl] ◆ adj **1.** [transformable] convertible ▸ **convertible en qqch** convertible into sthg ▸ **avion convertible** convertiplane, convertoplane ▸ **canapé convertible** sofa bed, bedsettee UK, convertible sofa US ▸ **fauteuil convertible** convertible armchair **2.** FIN convertible. ◆ nm **1.** [canapé] sofa bed, bedsettee UK, convertible sofa US **2.** AÉRON convertiplane, convertoplane **3.** FIN convertible bond.

convertir [32] [kɔ̃vɛʀtiʀ] vt **1.** [convaincre] to convert ▸ **convertir qqn à a)** [religion] to convert sb to **b)** [opinion, mouvement] to win sb over ou to convert sb to **2.** FIN & MATH [mesure, grandeur, argent] to convert / *convertir des euros en dollars* to convert euros into dollars **3.** INFORM [données] to convert ▸ **convertir en numérique** to digitize **4.** LOGIQUE to convert **5.** [transformer] : *ils ont converti la vieille gare en musée* they converted ou transformed the old railway station into a museum.

❖ **se convertir** vpi [athée] to become a believer ; [croyant] to change religion ▸ **se convertir à** [religion, mouvement] to be converted to, to convert to.

convertissage [kɔ̃vɛʀtisaʒ] nm MÉTALL conversion.

convertisseur, euse [kɔ̃vɛʀtisœʀ, øz] nm, f RELIG converter.

❖ **convertisseur** nm **1.** MÉTALL converter ▸ **convertisseur Bessemer** Bessemer converter **2.** ÉLECTR converter, convertor **3.** TV converter ▸ **convertisseur d'images** image converter **4.** MÉCAN ▸ **convertisseur de couple** torque converter **5.** INFORM ▸ **convertisseur numérique** digitizer ▸ **convertisseur de signal** converter ▸ **convertisseur tournant** motor generator (set) ▸ **convertisseur série-parallèle** staticizer.

convexe [kɔ̃vɛks] adj convex.

convexion [kɔ̃vɛksjɔ̃] = **convection.**

convexité [kɔ̃vɛksite] nf convexity.

conviction [kɔ̃viksjɔ̃] nf [certitude] conviction, belief / *j'ai la conviction que...* it's my belief that..., I'm convinced that... / *avec / sans conviction* with / without conviction / *manquer de conviction* to lack conviction.

❖ **convictions** nfpl [credo] fundamental beliefs / *avoir des convictions politiques* to have political convictions.

convient v ⟶ **convenir.**

convier [9] [kɔ̃vje] vt *litt* **1.** [faire venir] to invite ▸ **convier qqn à une soirée / un repas** to invite sb to a party / a meal **2.** [inciter] ▸ **convier qqn à faire qqch** to invite ou to urge sb to do sthg.

convint v ⟶ **convenir.**

convive [kɔ̃viv] nmf guest *(at a meal)* / *combien y aura-t-il de convives?* how many guests will there be?

convivial, e, aux [kɔ̃vivjal,o] adj **1.** [ambiance, fête] convivial **2.** INFORM user-friendly.

convivialité [kɔ̃vivjalite] nf **1.** [d'une société] conviviality **2.** INFORM user-friendliness.

convocable [kɔ̃vɔkabl] adj summonable.

convocation [kɔ̃vɔkasjɔ̃] nf **1.** [d'une assemblée, de ministres] calling together, convening ; [de témoins, d'un employé] summoning **2.** [avis écrit] notification / *vous recevrez bientôt votre convocation* you'll be notified shortly ; DR summons *(sg)*.

convoi [kɔ̃vwa] nm **1.** AUTO & NAUT convoy ▸ **convoi d'ambulances / de péniches** string of ambulances / of barges / **'convoi exceptionnel'** 'wide ou dangerous load' **2.** RAIL train ▸ **convoi postal** postal UK ou mail US train **3.** [cortège] convoy ▸ **un convoi de prisonniers** a convoy of prisoners ▸ **convoi funèbre** funeral procession.

❖ **en convoi** loc adv in convoy.

convoie v ⟶ **convoyer.**

convoiement [kɔ̃vwamɑ̃] nm [gén] escorting, convoying ; AÉRON *shuttling of new planes to operational zones.*

convoiter [3] [kɔ̃vwate] vt **1.** [vouloir -argent, héritage, poste] to covet, to be after *(insép)* / *j'avais enfin le rôle tant convoité* at last, I had the role I had longed for **2.** *litt* [par concupiscence] to lust after *(insép)*.

convoitise [kɔ̃vwatiz] nf **1.** [désir -d'un objet] desire, covetousness ; [-d'argent] greed, cupidity *sout* / *agir par convoitise* to act out of greed ▸ **regarder qqch avec convoitise** to stare at sthg greedily / *exciter* ou *exaspérer les convoitises* to arouse envy ou greed **2.** *litt* [concupiscence] : *convoitise (de la chair)* lust.

convoler [3] [kɔ̃vɔle] vi *arch* ou *hum* : *convoler en secondes noces* to re-marry ▸ **convoler en justes noces** to be wed.

convoluté, e [kɔ̃vɔlyte] adj convolute *(modif)*, coiled.

convolvulacée [kɔ̃vɔlvylase] nf convolvulus.

convoquer [3] [kɔ̃vɔke] vt [assemblée, concile, ministres] to call together *(sép)*, to convene ; [témoin] to summon to a hearing ; [employé, postulant] to call in *(sép)* ; [journalistes, presse] to invite / *ils m'ont convoqué pour passer un entretien* they've called ou asked me in for an interview / *elle est convoquée chez le proviseur* she's been summoned to the principal's office / *je suis convoqué à 9 h au centre d'examens* I have to be at the examination centre at 9.

convoyage [kɔ̃vwajaʒ] = **convoiement.**

convoyer [13] [kɔ̃vwaje] vt [accompagner] to escort, MIL to convoy.

convoyeur, euse [kɔ̃vwajœʀ,øz] adj escort *(modif)*. ◆ nm, f escort.

❖ **convoyeur** nm **1.** [transporteur] ▸ **convoyeur de fonds a)** [entreprise] security firm *(transporting money)* **b)** [homme] security guard ; ≃ Securicor guard UK **2.** NAUT convoy (ship) **3.** [tapis roulant] conveyor belt.

convulser [3] [kɔ̃vylse] vt to convulse / *la peur convulsait son visage* her face was convulsed ou distorted with fear.

❖ **se convulser** vpi to be convulsed / *il se convulsait de douleur* he was convulsed with pain.

convulsif, ive [kɔ̃vylsif,iv] adj **1.** MÉD convulsive **2.** [brusque] : *un mouvement convulsif* a sudden ou uncontrolled movement.

convulsion [kɔ̃vylsjɔ̃] nf **1.** MÉD convulsion / *il fut soudain pris de convulsions* he suddenly went into convulsion ou convulsions **2.** [agitation] convulsion, upheaval, disturbance.

convulsionnaire [kɔ̃vylsjɔnɛʀ] nmf convulsionary mystic.

convulsionner [3] [kɔ̃vylsjɔne] vt [visage] to convulse, to distort ; [patient] to send into convulsion ou convulsions.

convulsivement [kɔ̃vylsivmɑ̃] adv convulsively.

cooblіgé, e [kɔɔbliʒe] nm, f joint debtor.

cooccupant, e [kɔɔkypɑ̃,ɑ̃t] nm, f co-occupier.

cooccurrence [kɔɔkyʀɑ̃s] nf co-occurrence.

Cook [kuk] npr ⟶ **détroit.**

cookie [kuki] nm **1.** [petit gâteau] cookie US biscuit UK **2.** INFORM cookie.

cool [kul] *fam* ◆ adj inv cool, laid-back, relaxed / *ils sont cool, ses parents* his parents are easy going. ◆ nm inv MUS cool jazz.

coolie [kuli] nm coolie.

coopérant, e [kɔɔpeʀɑ̃,ɑ̃t] ◆ adj cooperative. ◆ nm, f aid worker.

coopérateur, trice [kɔɔpeʀatœʀ,tʀis] ◆ adj cooperative. ◆ nm, f [collaborateur] cooperator, collaborator ; [adhérent] member of a cooperative.

coopératif, ive [kɔɔpeʀatif,iv] adj cooperative, helpful / *se montrer coopératif* to cooperate, to be cooperative.

❖ **coopérative** nf **1.** ÉCON cooperative, co-op ▸ **coopérative d'achat** purchasing cooperative **2.** ÉDUC ▸ **coopérative scolaire** fund-raising group *(of pupils under the supervision of a teacher)*.

coopération [kɔɔpeʀasjɔ̃] nf **1.** [collaboration] cooperation / *il nous a offert sa coopération* he offered to cooperate (with us) **2.** ÉCON & POL economic cooperation **3.** ADMIN & MIL *form of National Service in which the person works abroad on an aid project* ▸ **le ministère de la Coopération et du Développement** *ministry promoting the development of Third World countries* ; ≃ the Overseas Development Administration UK **4.** ÉCON cooperation, cooperative action.

coopératisme [kɔɔpeʀatism] nm *doctrine encouraging the cooperative movement.*

coopérer [18] [kɔɔpeʀe] vi to cooperate ▸ **coopérer à qqch** to cooperate in (doing) sthg, to collaborate on doing sthg.

✎ In reformed spelling (see p. 16-19), this verb is conjugated like ***semer*** : ***il coopèrera, elle coopèrerait.***

cooptation [kɔɔptasjɔ̃] nf co-option.

coopter [3] [kɔɔpte] vt to co-opt.

coordinateur, trice [kɔɔʀdinatœʀ,tʀis] ◆ adj coordinating. ◆ nm, f coordinator.

coordination [kɔɔʀdinasjɔ̃] nf **1.** [d'une opération] coordination **2.** [des mouvements] coordination / *il n'a aucune coordination* he is totally uncoordinated.

coordonnateur, trice [kɔɔʀdɔnatœʀ,tʀis] = **coordinateur.**

coordonné, e [kɔɔʀdɔne] adj **1.** [harmonieux] coordinated **2.** LING ▸ **propositions coordonnées** coordinate clauses **3.** [assorti] matching / *veste et jupe coordonnées* matching ou coordinating jacket and skirt.

❖ **coordonnés** nmpl [vêtements] coordinates, (matching) separates ; [linge] matched set.

❖ **coordonnées** nfpl **1.** GÉOGR & MATH coordinates **2.** *fam* [adresse] ▸ **laissez-moi vos coordonnées** leave me your name, address and phone number / *je n'ai même pas ses coordonnées!* I don't even know where to reach her! ▸ **coordonnées bancaires** bank account details.

coordonner [3] [kɔɔʀdɔne] vt **1.** [organiser] to coordinate, to integrate / *il est là pour coordonner les secours* his job is to act as coordinator for the emergency services **2.** [assortir] to match / *coordonner des accessoires* to match ou to coordinate accessories **3.** LING to coordinate.

copain, copine [kɔpɛ̃,kɔpin] *fam* ◆ nm, f [ami] mate UK buddy US friend / *Anne, c'est vraiment une super copine* Anne's a really good friend / *un copain d'école / de bureau* a school / an office chum / *être / rester bons copains* to be / to remain good friends / *fais-en profiter les copains!* let everybody share it! / *il retrouvera vite du boulot grâce aux copains* he'll soon find another job through his connections ▸ **petit copain** boyfriend ▸ **petite copine** girlfriend. ◆ adj ▸ **être très copain** ou **être copain-copain avec** to be very pally with ▸ **copains comme cochons** thick as thieves.

coparent [kɔpaʀɑ̃] nm co-parent.

coparentalité [kɔpaʀɑ̃talite] nf parenting as a couple ; [après séparation] shared ou joint parenting.

copartage [kɔpaʀtaʒ] nm coparcenary.

copartageant, e [kɔpaʀtaʒɑ̃,ɑ̃t] nm, f coparcener, parcener.

copartager [17] [kɔpaʀtaʒe] vt ▸ **copartager qqch** to be coparcener ou coparceners in sthg.

coparticipant, e [kɔpaʀtisipɑ̃,ɑ̃t] ◆ adj in copartnership. ◆ nm, f copartner.

coparticipation [kɔpaʀtisipasjɔ̃] nf copartnership.

copaternité [kɔpatɛʀnite] nf joint responsibility *(for invention)*.

copeau, x [kɔpo] nm [de métal] (metal) chip ; [de bois] (wood) chip ▸ **des copeaux a)** [de métal] chips, filings **b)** [pour l'emballage] woodwool.

Copenhague [kɔpənag] npr Copenhagen.

copenhaguois, e [kɔpɛnagwa,az] adj Copenhagener.

❖ **Copenhaguois, e** nm, f Copenhagener.

Copernic [kɔpɛʀnik] npr Copernicus.

copernicien, enne [kɔpɛʀnisjɛ̃,ɛn] adj Copernican.

copiage [kɔpjaʒ] nm *péj* [plagiat] copying ; ÉDUC cribbing.

copie [kɔpi] nf **1.** [reproduction légitime -d'un document] copy, duplicate ; [-d'une lettre] copy / *je vais en faire une copie* I'll go and make a copy (of it) / *c'est la copie exacte de son père* he's the image of his father ▸ **copie carbone** carbon copy, cc ▸ **copie certifiée conforme (à l'original)** certified copy ▸ **copie électronique** soft copy **2.** [reproduction frauduleuse -d'une œuvre, d'un produit] copy, imitation, reproduction / *ce n'était pas un vrai Pollock mais une copie* it wasn't a real Pollock but a copy ou fake **3.** [feuille] sheet ▸ **des copies simples / doubles** *single- / double-width sheets of squared paper used for schoolwork* **4.** ÉDUC [devoir] paper / *il m'a rendu une très bonne copie* he did a very good paper ou piece of work for me ▸ **rendre copie blanche a)** *pr* to hand in a blank paper **b)** *fig* to fail to come up with the solution *(for a problem)* ▸ **revoir sa copie** : *le ministre va devoir revoir sa copie* the minister will need to have a rethink **5.** CINÉ, RADIO & TV copy **6.** PRESSE ▸ **la copie** copy / *être en mal de copie* to be short of copy / *des journalistes en mal de copie* journalists short of ou desperate for something to write about **7.** INFORM ▸ **copie d'écran** screen dump ▸ **copie libre / en clair** blind / hard copy ▸ **copie de sauvegarde** backup copy.

❖ **pour copie conforme** loc adv certified accurate.

copier [9] [kɔpje] vt **1.** [modèle] to reproduce, to copy / *j'ai copié cette robe sur un modèle de couturier* I copied this dress from a designer model **2.** [bijou, tableau] to fake, to copy **3.** [transcrire -document, texte] to copy (out), to make a copy of / *copier un rapport au propre* to make a fair copy of a report ; [punition] to copy out *(sép)* / *vous me copierez dix fois cette phrase* write out this sentence ten times ; INFORM to copy **4.** ÉDUC [pour tricher] to copy / *il a copié (l'exercice) sur moi / son livre* he copied (the exercise) from me / his book **5.** [attitude, personne] to copy, to imitate / *ils copient les Américains* they imitate the Americans **6.** EXPR ▸ **tu me la copieras!** ou **vous me la copierez!** *fam* that's something that's going to stick with me for a while!

copier-coller [3] [kɔpjekɔle] vt INFORM copy and paste.

copieur, euse [kɔpjœʀ,øz] nm, f [plagiaire] plagiarist ; ÉDUC & UNIV cribber.

❖ **copieur** nm [de documents] copier.

copieusement [kɔpjøzmɑ̃] adv [manger] heartily ; [annoter] copiously ; [servir] generously / *après un repas copieusement arrosé* after a meal washed down with generous amounts of wine / *il s'est fait copieusement insulter par sa femme* *hum* he got quite a mouthful from his wife.

copieux, euse [kɔpjø,øz] adj [repas] copious, hearty, lavish ; [ration] lavish, big, giant US ; [notes] copious.

copilote [kɔpilɔt] nmf co-pilot.

copinage [kɔpinaʒ] nm *fam & péj* (mutually profitable) chumminess ▸ **par copinage** through the old boy network UK ou one's connections.

copine [kɔpin] f ⟶ copain.

copiner [3] [kɔpine] ❖ **copiner avec** v + prép *fam* to pal up with.

copinerie [kɔpinʀi] nf *fam* chumminess.

copiste [kɔpist] nmf **1.** copyist, transcriber **2.** IMPR platemaker.

coplanaire [kɔplanɛʀ] adj coplanar.

copolymère [kɔpɔlimɛʀ] nm copolymer.

coposséder [18] [kɔpɔsede] vt to own jointly, to have joint ownership of.

In reformed spelling (see p. 16-19), this verb is conjugated like *semer*: *il copossèdera, elle copossèderait.*

copossession [kɔpɔsesjɔ̃] nf joint ownership.

coppa [kɔppa] nf coppa.

copra(h) [kɔpʀa] nm copra.

coprésidence [kɔpʀezidɑ̃s] nf co-presidency, co-chairmanship.

coprésident [kɔpʀezidɑ̃] nm co-president, co-chairman.

coprésidente [kɔpʀezidɑ̃t] nf co-president, co-chairwoman.

coprin [kɔpʀɛ̃] nm ink ou inky cap.

coprocesseur [kɔpʀɔsesœʀ] nm coprocessor ▸ **coprocesseur mathématique** INFORM maths UK ou math US coprocessor.

coproducteur, trice [kɔpʀɔdyktœʀ, tʀis] nm, f co-producer.

coproduction [kɔpʀɔdyksjɔ̃] nf coproduction / *ce film est une coproduction des télévisions française et italienne* this film has been coproduced by French and Italian television.

coproduire [80] [kɔpʀɔdɥiʀ] vt to coproduce, to produce jointly.

coprophage [kɔpʀɔfaʒ] adj coprophagous.

coprophagie [kɔpʀɔfaʒi] nf coprophagy.

copropriétaire [kɔpʀɔpʀijetɛʀ] nmf co-owner, joint owner, coproprietor.

copropriété [kɔpʀɔpʀijete] nf **1.** [gén -fait d'être copropriétaire] co-ownership, joint ownership **2.** [immeuble] (jointly owned) apartment building / *une petite copropriété* a small apartment building ▸ **réunion de copropriété** apartment owners' meeting.

❖ **en copropriété** ◆ loc adj jointly owned. ◆ loc adv ▸ **acheter qqch en copropriété** to buy sthg jointly.

copte [kɔpt] adj Coptic.

❖ **Copte** nmf Copt.

❖ **copte** nm LING Coptic.

copulatif, ive [kɔpylatif, iv] adj copulative.

copulation [kɔpylasjɔ̃] nf copulation.

copule [kɔpyl] nf copula.

copuler [3] [kɔpyle] vi to copulate.

copyright [kɔpiʀajt] nm copyright.

coq [kɔk] ◆ nm **1.** [mâle -de la poule] cock UK, rooster US ; [-des gallinacés] cock, cockbird ▸ **coq de bruyère** capercailie, capercaillie ▸ **coq de combat** gamecock ▸ **coq d'été** hoopoe ▸ **coq faisan** cock pheasant ▸ **coq d'Inde** turkey-cock ▸ **coq de perdrix** partridge ▸ **coq de roche** cock-of-the-rock ▸ **être comme un coq en pâte** to be in clover ▸ **avoir des mollets de coq** to be spindly-legged, to have legs like matchsticks ▸ **passer** ou **sauter du coq à l'âne** to jump from one subject to another **2.** [figure, symbole] ▸ **coq de clocher** weathercock, weather vane ▸ **coq gaulois** *French national symbol (a cockerel)* **3.** CULIN chicken ▸ **coq au vin** coq au vin **4.** *fam* [fanfaron, séducteur] lady-killer ▸ **le coq de** ou **du village** the local Casanova **5.** NAUT (ship's) cook. ◆ adj SPORT [catégorie, poids] bantam *(modif).*

> **Le coq gaulois**
>
> The cockerel is the symbol of France. Its cry, **cocorico!**, is sometimes used to express national pride: **trois médailles d'or pour la France – Cocorico !**

coq-à-l'âne [kɔkalɑn] nm inv **1.** [dans la conversation] sudden change of subject ▸ **faire un coq-à-l'âne** to go on to something completely different **2.** LITTÉR skit, satirical farce.

coquard, coquart [kɔkaʀ] nm *fam* shiner, black eye.

coque [kɔk] nf **1.** [mollusque] cockle **2.** [de noix, de noisette, d'amande] shell **3.** [boucle -de ruban] loop, bow ; [-de cheveux] curl, lock **4.** NAUT [châssis] hull ; AÉRON hull, fuselage ; AUTO shell, body **5.** [de chaussure de ski] shell **6.** *fam* [embarcation] ▸ **coque (de noix)** skiff.

❖ **à la coque** loc adj [œuf] soft-boiled.

coquelet [kɔklɛ] nm young cockerel.

coquelicot [kɔkliko] nm poppy.

coqueluche [kɔklyʃ] nf **1.** MÉD whooping-cough, pertussis *spéc* **2.** *fam & fig* : *il est la coqueluche de l'école* he's the darling ou heartthrob of the school.

coquelucheux, euse [kɔklyʃø, øz] ◆ adj [personne] suffering from whooping-cough ▸ **toux coquelucheuse** whooping-cough. ◆ nm, f whooping-cough sufferer.

coquerel [kɔkʀɛl] nm QUÉBEC cockroach.

coqueron [kɔkʀɔ̃] nm **1.** NAUT peak ▸ **coqueron avant** forepeak ▸ **coqueron arrière** after-peak **2.** QUÉBEC [logement] tumbledown house.

coquet, ette [kɔkɛ, ɛt] adj **1.** [qui s'habille bien] smartly dressed ; [soucieux de son apparence] concerned about one's appearance **2.** [élégant -maison, mobilier] fashionable, stylish **3.** *vieilli* [qui cherche à séduire] coquettish, flirtatious **4.** *fam* [important -somme, indemnité] tidy, nice (little).

❖ **coquette** nf **1.** [femme] coquette, flirt **2.** THÉÂTRE stage coquette ▸ **jouer les grandes coquettes a)** *pr* to specialize in stage coquette parts **b)** *fig* to be a coquette.

coquetier [kɔktje] nm **1.** [godet] eggcup **2.** [pêcheur] cockle gatherer **3.** EXPR **gagner** ou **décrocher le coquetier** *fam* to hit the jackpot.

coquettement [kɔkɛtmɑ̃] adv **1.** [décorer, meubler] elegantly, stylishly ; [s'habiller] smartly, stylishly, elegantly **2.** [sourire, répondre] coquettishly, flirtatiously.

coquetterie [kɔkɛtʀi] nf **1.** [goût de la toilette] interest in one's looks, desire to look elegant **2.** *litt* [flirt] act of coquetry ou flirtatiousness ▸ **faire des coquetteries à qqn** to flirt with sb ▸ **être en coquetterie avec qqn** to be flirtatious with sb **3.** EXPR **avoir une coquetterie dans l'œil** *fam* to have a cast in one's eye ou a slight squint.

coquillage [kɔkijaʒ] nm **1.** [mollusque] shellfish **2.** CULIN : *manger des coquillages* to eat shellfish ou seafood **3.** [coquille] shell / *collectionner des coquillages* to collect sea-shells.

coquillard [kɔkijaʀ] nm *tfam* [œil] eye ▸ **coquillards** peepers.

coquille [kɔkij] nf **1.** [de mollusque, d'œuf, de noix] shell ▸ **rentrer dans sa coquille** *fig* to go ou to retire into one's shell ▸ **rester dans sa coquille** *fig* to be introverted ▸ **sortir de sa coquille** *fig* to come out of one's shell, to open up ▸ **coquille Saint-Jacques a)** [mollusque] scallop **b)** [enveloppe] scallop shell ▸ **coquille vide** *fig* empty shell **2.** [récipient] shell, scallop, scallop-shaped dish **3.** CULIN ▸ **coquille de beurre** butter curl ▸ **coquille de poisson** fish served in a shell **4.** ARCHIT shell **5.** [bateau] ▸ **coquille de noix** *fam* cockleshell **6.** SPORT box **7.** MÉD spinal bed **8.** VÊT cup **9.** IMPR [en composition] misprint ; [d'une seule lettre] literal ; [en dactylographie] typo.

❖ **coquille d'œuf** adj inv eggshell.

coquillette [kɔkijɛt] nf ▸ **des coquillettes** pasta shells.

coquin, e [kɔkɛ̃, in] ◆ adj **1.** [espiègle] mischievous / *comme elle est coquine, cette petite!* what a little rascal ou devil she is! **2.** [grivois -histoire] risqué, naughty / *une œillade coquine* a provocative glance **3.** *régional* ▸ **coquin de sort!** I'll be darned! ◆ nm, f [enfant] (little) rascal ou devil.

❖ **coquin** nm **1.** *arch* [voyou] rogue, scoundrel **2.** GÉOL nodule of phosphate of lime.

❖ **coquine** nf *arch* strumpet.

coquinerie [kɔkinʀi] nf *litt* **1.** [caractère malicieux] mischievousness, roguishness **2.** [acte malicieux] trick, prank ▸ **faire une coquinerie à qqn** to play a trick on sb ; [acte malfaisant] dirty ou mean trick ; [escroquerie] swindle.

cor [kɔʀ] nm **1.** MUS horn ▸ **cor (de chasse)** hunting horn ▸ **cor des Alpes** Alpen horn ▸ **cor anglais** cor anglais, English horn ▸ **cor de basset** basset horn ▸ **cor d'harmonie** French horn **2.** [au pied] corn.

❖ **à cor et à cri** loc adv ▸ **réclamer qqch / qqn à cor et à cri** to clamour UK ou clamor US for sthg / sb.

corail, aux [kɔʀaj, o] nm **1.** JOAILL, ZOOL & GÉOGR coral ▸ **barrière de corail** coral reef **2.** CULIN coral.

❖ **corail** adj inv coral(-pink).

❖ **de corail** loc adj [rouge] coral(-pink).

corallien, enne [kɔʀaljɛ̃, ɛn] adj coralloid, coralline.

coralline [kɔʀalin] nf coralline.

Coran [kɔʀɑ̃] nm ▸ **le Coran** the Koran.

coranique [kɔʀanik] adj [texte, école] Koranic.

corbeau, x [kɔʀbo] nm **1.** ORNITH crow ▸ **corbeau corneille** crow ▸ **corbeau freux** rook ▸ **grand corbeau** raven **2.** *fam & péj* [auteur anonyme] writer of poison-pen letters / *la police savait qui était le corbeau* the police knew who'd written the poison-pen letter **3.** *vieilli* [escroc] shark **4.** ARCHIT corbel, bracket.

corbeille [kɔʀbɛj] nf **1.** [contenant, contenu] basket ▸ **corbeille à courrier** desk tray ▸ **corbeille à ouvrage** workbasket ▸ **corbeille à linge** washing basket, hamper US ▸ **corbeille à pain** breadbasket ▸ **corbeille à papier** wastepaper basket ou bin, waste basket US **2.** THÉÂTRE dress circle **3.** ARCHIT bell **4.** BOURSE [à Paris] trading floor ▸ **à la corbeille** [en style journalistique] on the (Paris) Stock Exchange.

❖ **corbeille de mariage** nf [des invités] wedding presents ; [du marié] groom's wedding presents *(to the bride)* / *mon père avait mis la voiture dans ma corbeille de mariage* the car was a wedding present from my father.

corbeille-d'argent [kɔʀbɛjdaʀʒɑ̃] (*pl* **corbeilles-d'argent**) nf alyssum.

corbillard [kɔʀbijaʀ] nm hearse.

corbleu [kɔʀblø] interj *arch* by Jove.

cordage [kɔʀdaʒ] nm **1.** [lien] rope ▸ **les cordages** ropes and cables **2.** [mesure] measuring by the cord **3.** [d'une raquette] strings ; [action de corder] stringing / *faire refaire le cordage de sa raquette* to have one's racket re-strung.

❖ **cordages** nmpl NAUT rigging.

corde [kɔʀd] nf **1.** [lien] rope / *attaché au poteau par une corde* roped to the post ▸ **tirer (un peu trop) sur la corde a)** *fam* [profiter d'autrui] to push one's luck, to go a bit too far **b)** [abuser de sa santé, ses forces] to push o.s. to the limits, to overdo it ▸ **tomber** ou **pleuvoir des cordes** *fam* : *il tombe* ou *pleut des cordes* it's raining cats and dogs, it's bucketing down **2.** [câble tendu] ▸ **corde à linge** clothesline, washing line UK ▸ **corde raide** high wire, tightrope ▸ **être sur la corde raide a)** *pr* to be on ou to walk the tightrope **b)** *fig* to walk a tightrope, to do a (difficult) balancing act **3.** [pour pendre] rope ▸ **la corde** [supplice] the rope / *il mérite la corde!* he deserves to be hanged ou to hang! ▸ **passer la corde au cou à qqn** to send sb to the gallows ▸ **se mettre** ou **se passer la corde au cou a)** [se mettre à la merci de qqn] to put one's head in a noose **b)** [se marier] to saddle o.s. with a wife ▸ **il ne faut pas parler de corde dans la maison d'un pendu** *prov* talk not of ropes in a hanged man's house ▸ **toucher la corde du pendu** to touch wood ▸ **il ne vaut pas la corde pour le pendre** hanging's too good for him **4.** [matériau] cord, rope **5.** ACOUST & MUS string ▸ **instruments à cordes** string instruments ▸ **toucher** ou **faire vibrer** ou **faire jouer la corde sensible** to touch an emotional chord, to tug at the heartstrings **6.** JEUX, LOISIRS & SPORT rope ; ÉQUIT rail ▸ **corde à nœuds** knotted climbing rope ▸ **corde à sauter** skipping rope UK, jump rope US ▸ **sauter à la corde** to skip UK, to jump rope US ▸ **corde lisse** climbing rope **7.** [d'une arbalète, d'une raquette] string ▸ **avoir plus d'une corde** ou **plusieurs cordes à son arc** to have more than one string to one's bow **8.** ANAT cord ▸ **corde dorsale** spinal cord ▸ **corde du jarret** hamstring ▸ **corde du tympan** chorda tympani ▸ **cordes vocales** vocal cords ▸ **c'est dans ses cordes** she's good at that kind of thing / *le bricolage, ce n'est pas dans mes cordes* I'm no good at DIY / *quelque chose qui soit dans vos cordes* something you're good at **9.** TEXT thread / *des manches qui montraient la corde* threadbare sleeves **10.** [mesure] cord **11.** MATH chord.

❖ **cordes** nfpl [instruments] strings, stringed instruments.

❖ **à la corde** loc adv AUTO & ÉQUIT ▸ **être à la corde** to be on the inside / *prendre un virage à la corde* to hug a bend.

❖ **dans les cordes** loc adv [d'un ring] on the ropes ▸ **aller dans les cordes** *pr & fig* to be on the ropes.

❖ **de corde, en corde** loc adj [semelle] cord *(modif)* ; [revêtement] whipcord *(modif)* ; [échelle] rope *(modif)*.

cordeau, x [kɔʀdo] nm **1.** [fil] string, line ▸ **tiré au cordeau a)** [allée] perfectly straight **b)** *fig* straight as a die **2.** [mèche] fuse ▸ **cordeau Bickford** Bickford fuse ▸ **cordeau détonant** detonator fuse.

cordée [kɔʀde] nf roped party.

cordelette [kɔʀdəlɛt] nf cord.

cordelier [kɔʀdəlje] nm RELIG Cordelier.

cordelière [kɔʀdəljɛʀ] nf **1.** [corde] cord **2.** ARCHIT cable moulding, ropework.

corder [3] [kɔʀde] vt **1.** [lier] to rope up *(sép)* **2.** [mettre en corde] to twist (into ropes ou a rope) **3.** [raquette] to string **4.** [mesurer - bois] to cord.

❖ **se corder** vpi [légume] to become ou to go stringy.

corderie [kɔʀdəʀi] nf **1.** [industrie] ropemaking trade ou industry **2.** [usine] rope factory.

cordial, e, aux [kɔʀdjal, o] adj warm, cordial, friendly / *une haine / aversion cordiale pour…* a heartfelt hatred of / disgust for…

❖ **cordial, aux** nm [boisson] tonic, pick-me-up.

cordialement [kɔʀdjalmɑ̃] adv **1.** [saluer] warmly, cordially / *ils se détestent cordialement* they heartily detest each other **2.** [dans la correspondance] ▸ **cordialement vôtre** kind regards.

cordialité [kɔʀdjalite] nf warmth, cordiality.

cordiforme [kɔʀdifɔʀm] adj cordate, cordiform.

cordillère [kɔʀdijɛʀ] nf mountain range, cordillera *spéc* ▸ **la cordillère des Andes** the Andes (cordillera).

cordon [kɔʀdɔ̃] nm **1.** [de rideaux] cord ; [d'un bonnet, d'un sac] string ; [de soulier] lace / *cordon de sonnette* bellpull ▸ **tenir les cordons de la bourse** to hold the purse strings **2.** [ligne - de policiers] row, cordon ; [- d'arbres] row, line ▸ **cordon sanitaire a)** MÉD cordon sanitaire **b)** MIL cordon sanitaire, buffer zone **3.** ANAT ▸ **cordon médullaire** spinal cord ▸ **cordon ombilical** umbilical cord ▸ **cordon spermatique** spermatic cord **4.** GÉOL ▸ **cordon littoral** offshore bar **5.** [insigne] sash ▸ **avoir** ou **recevoir le grand cordon** to be awarded the grand-croix of the Légion d'honneur **6.** ARCHIT cordon.

cordon-bleu [kɔʀdɔ̃blø] *(pl* **cordons-bleus***)* nm cordon bleu (cook), gourmet cook.

cordonnerie [kɔʀdɔnʀi] nf **1.** [boutique - moderne] heel bar, shoe repair shop UK ou store US ; [- artisanale] cobbler's **2.** [activité] shoe repairing, cobbling.

cordonnet [kɔʀdɔnɛ] nm **1.** [pour lier] (piece of) cord **2.** [pour orner] (piece of) braid.

cordonnier, ère [kɔʀdɔnje, ɛʀ] nm, f [qui répare] shoe repairer, cobbler ; [qui fabrique] shoemaker ▸ **les cordonniers sont toujours les plus mal chaussés** *prov* the shoemaker's son always goes barefoot *prov*.

cordouan, e [kɔʀdwɑ̃, an] adj from Cordoba.

❖ **Cordouan, e** nm, f *inhabitant of or person from Cordoba.*

❖ **cordouan** nm [de chèvre, de cheval] cordovan.

Cordoue [kɔʀdu] npr Cordoba.

Corée [kɔʀe] npr f Korea ▸ **(la) Corée du Nord / Sud** North / South Korea.

coréen, enne [kɔʀeɛ̃, ɛn] adj Korean.

❖ **Coréen, enne** nm, f Korean.

❖ **coréen** nm LING Korean.

coreligionnaire [kɔʀəliʒjɔnɛʀ] nmf coreligionist ▸ **vos coreligionnaires** those who share your religious denomination.

coresponsable [kɔʀɛspɔ̃sabl] ◆ adj jointly responsible. ◆ nmf person sharing responsibility ▸ **les coresponsables** those jointly responsible.

Corfou [kɔʀfu] npr Corfu ▸ **à Corfou** in Corfu.

coriace [kɔʀjas] adj **1.** [dur - viande] tough, chewy **2.** [problème, personne] tough / *des taches coriaces* tough stains, stains that won't come out / *c'est coriace!* [situation] it's a tough one ! / *elle est coriace!* she's a tough one !

coriandre [kɔʀjɑ̃dʀ] nf [plante] (fresh) coriander ; [graines] coriander seeds.

coricide [kɔʀisid] nm corn remover.

corindon [kɔʀɛ̃dɔ̃] nm corundum.

Corinthe [kɔʀɛ̃t] npr ⟶ **golfe.**

corinthien, enne [kɔʀɛ̃tjɛ̃, ɛn] adj Corinthian.

❖ **Corinthien, enne** nm, f Corinthian.

Coriolan [kɔʀjɔlɑ̃] npr Coriolanus.

corme [kɔʀm] nf whitebeam berry.

cormier [kɔʀmje] nm whitebeam.

cormoran [kɔʀmɔʀɑ̃] nm cormorant.

cornac [kɔʀnak] nm elephant keeper, mahout.

cornaline [kɔʀnalin] nf cornelian.

cornaquer [3] [kɔʀnake] vt *fam* to lead, to guide, to act as a guide to.

corne [kɔʀn] nf **1.** [d'un animal, d'un diable] horn ▸ **faire les cornes à qqn** to mock sb *(by making a gesture with one's fingers shaped like horns)* ▸ **hou les cornes!** *fam* shame on you ! ▸ **avoir** ou **porter des cornes** *fam* to be a cuckold ▸ **faire porter des cornes à qqn** *fam* to cuckold sb **2.** [matériau] horn / *bouton de corne* horn button / *lunettes à monture de corne* horn-rimmed glasses ou spectacles **3.** [outil] ▸ **corne à chaussures** shoehorn **4.** MUS horn ▸ **corne de brume** fog horn **5.** [récipient] horn ▸ **corne d'abondance a)** [ornement] horn of plenty, cornucopia **b)** BOT horn of plenty **6.** [callosité] : *avoir de la corne* to have calluses **7.** [coin de page] dog-ear ▸ **faire une corne à** to turn down the corner of **8.** [forme - d'un mont] peak ; [- d'un bois] (horn-shaped) corner ; [- de la Lune, d'un champ, d'une terre] horn ▸ **la Corne de l'Afrique** the Horn of Africa **9.** CULIN ▸ **corne de gazelle** *crescent-shaped cake, a North African Arab speciality.*

❖ **à cornes** loc adj **1.** [bête] horned **2.** [chapeau] cocked.

corné, e [kɔʀne] adj [qui a l'apparence de la corne] corneous, horned.

corned-beef [kɔʀnbif] nm inv corned beef.

cornée [kɔʀne] nf ANAT cornea.

cornéen, enne [kɔʀneɛ̃, ɛn] adj corneal.

corneille [kɔʀnɛj] nf crow ▸ **corneille mantelée** hooded crow.

cornélien, enne [kɔʀneljɛ̃, ɛn] adj [héros, vers] Cornelian, of Corneille ▸ **choix** ou **dilemme cornélien** conflict of love and duty.

cornemuse [kɔʀnəmyz] nf (set of) bagpipes.

cornemuseur [kɔʀnəmyzœʀ], **cornemuseux** [kɔʀnəmyzø] nm bagpiper, piper.

corner¹ [kɔʀnɛʀ] nm FOOT corner kick.

corner² [3] [kɔʀne] ◆ vt **1.** [plier - par négligence] to dog-ear ; [- volontairement] to turn down the corner ou corners of **2.** *fam* [clamer - nouvelle] to blare out *(sép)* ; *(en usage absolu)* ▸ **corner aux oreilles de qqn** to deafen sb. ◆ vi **1.** CHASSE to sound a horn **2.** *arch* ou AUTO to hoot, to sound one's horn ▸ **corne!** sound your horn ! **3.** VÉTÉR to wheeze **4.** EXPR ▸ **les oreilles ont dû lui / te corner** his / your ears must have been burning.

cornet [kɔʀnɛ] nm **1.** [papier] cornet ; [contenu] cornet, cornetful ▸ **un cornet de frites** a bag of chips UK ou French fries US / *mettre sa main en cornet* to cup one's hand to one's ear **2.** SUISSE [sac en papier] paper bag ; [sac en plastique] plastic bag **3.** CULIN ▸ **cornet de glace a)** [gaufrette] cone **b)** [gaufrette et glace] ice cream cone, cornet UK ▸ **cornet à la crème** cream horn ▸ **cornet de jambon** stuffed slice of ham *(rolled in the shape of a horn)* **4.** [gobelet] ▸ **cornet à dés** dice cup **5.** MUS [d'un orgue] cornet stop ; [instrument] ▸ **cornet (à pistons)** cornet **6.** ANAT ▸ **cornet de nez** turbinate body **7.** ACOUST ▸ **cornet acoustique** ear trumpet.

cornette [kɔʀnɛt] nf [de religieuse] cornet.

❖ **cornettes** nfpl SUISSE *cone-shaped Swiss pasta.*

cornettiste [kɔʀnetist] nmf cornet player.

cornflakes [kɔʀnflɛks] nmpl cornflakes.

corniaud [kɔʀnjo] nm **1.** [chien] mongrel **2.** *fam* [imbécile] nitwit, nincompoop.

corniche [kɔʀniʃ] nf **1.** GÉOGR [roche] ledge ; [neige] cornice **2.** [route] corniche (road) **3.** ARCHIT cornice **4.** *arg scol class preparing for admission to Saint-Cyr.*

cornichon [kɔʀniʃɔ̃] nm **1.** [légume] gherkin ; [condiment] (pickled) gherkin, pickle US **2.** *fam* [imbécile] nitwit, nincompoop **3.** *arg scol student preparing for the entrance examination to Saint-Cyr.*

cornière [kɔʀnjɛʀ] nf **1.** [barre] angle bar **2.** [tuile] corner tile.

corniot [kɔʀnjo] = **corniaud.**

corniste [kɔʀnist] nmf horn player.

cornouaillais, e [kɔʀnwajɛ, ɛz] adj **1.** [de la Cornouaille] from Cornouaille **2.** [de la Cornouailles] Cornish.

❖ **Cornouaillais, e** nm, f Cornishman (Cornishwoman).

❖ **cornouaillais** nm LING Cornish.

Cornouaille [kɔʀnwaj] npr f ▸ **(la) Cornouaille** Cornouaille *(region in NW France).*

Cornouailles [kɔʀnwaj] npr f ▸ **(la) Cornouailles** Cornwall.

cornouille [kɔʀnuj] nf cornelian cherry.

cornouiller [kɔʀnuje] nm cornus, dogwood (tree) ; [rouge] redwood.

cornu, e [kɔʀny] adj horned.

❖ **cornue** nf retort.

Corogne [kɔʀɔɲ] npr ▸ **La Corogne** La Coruña.

corollaire, corolaire* [kɔʀɔlɛʀ] nm [conséquence] consequence ; LOGIQUE corollary / *le corollaire obligé de la hausse des prix* the inevitable consequence of the rise in prices / *cela a pour corollaire une inflation endémique* a consequence of this is endemic inflation, this results in endemic inflation.

corolle, corole* [kɔʀɔl] nf corolla.

Coromandel [kɔʀɔmɑ̃dɛl] npr ▸ **la côte de Coromandel** the Coromandel Coast.

coron [kɔʀɔ̃] nm [quartier] mining village ; [maison] miner's cottage.

coronaire [kɔʀɔnɛʀ] ◆ adj coronary. ◆ nf coronary artery.

coronal, e, aux [kɔʀɔnal, o] adj **1.** ASTRON of the solar corona **2.** ANAT coronal.

coronarien, enne [kɔʀɔnaʀjɛ̃, ɛn] adj coronary.

coronarite [kɔʀɔnaʀit] nf coronaritis.

coronarographie [kɔʀɔnaʀɔgʀafi] nf radiography of the coronary arteries.

coronaropathie [kɔʀɔnaʀɔpati] nf coronary disease.

coronavirus [kɔʀɔnaviʀys] nm coronavirus.

corossol [kɔʀɔsɔl] nm soursop.

corporatif, ive [kɔʀpɔʀatif, iv] adj [institution, système] corporative ; [image, esprit] corporate.

corporation [kɔʀpɔʀasjɔ̃] nf [groupe professionnel] corporate body ▸ **dans notre corporation** in our profession.

corporatisme [kɔʀpɔʀatism] nm **1.** POL corporatism **2.** *péj* [esprit de caste] professional protectionism.

corporatiste [kɔʀpɔʀatist] adj & nmf corporatist.

corporel, elle [kɔʀpɔʀɛl] adj **1.** [douleur] physical ; [fonction] bodily ; [châtiment] corporal ; [hygiène] personal ▸ **soins corporels** care of ou caring for one's body **2.** PHILOS endowed with a (physical) body.

corps [kɔʀ] nm **1.** PHYSIOL body / *tremblant de tout son corps* trembling all over / *vendre? il faudra me passer sur le corps!* *fig & hum* sell? (it'll be) over my dead body ! / *elle te passerait sur le corps pour obtenir le poste* *fig* she'd trample you underfoot to get the job

* In reformed spelling (see p. 16-19).

▸ **faire corps avec** to be at ou as one with ▸ **près du corps** [vêtement] close-fitting, figure-hugging **2.** [cadavre] body / *porter un corps en terre* to lay a body to rest **3.** [élément, substance] body ▸ **corps simple** / **composé** simple / compound body ▸ **corps céleste** celestial ou heavenly body ▸ **corps conducteur** conductor ▸ **corps étranger** foreign body ▸ **corps gras** fatty substance ▸ **corps noir** black body **4.** [groupe, communauté] ▸ **le corps consulaire** the consular corps ▸ **le corps diplomatique** the diplomatic corps ▸ **le corps médical** the medical profession ▸ **le corps professoral** the teaching profession *(excluding primary school teachers)* / *le corps professoral de l'université* the teaching staff of the university, the Faculty US ▸ **le corps électoral** the electorate, the body of voters ▸ **le corps enseignant** the teaching profession ▸ **le corps exécutif** the executive ▸ **corps législatif** legislative body ▸ **corps politique** body politic ▸ **un corps de métier** a building trade ▸ **le corps de ballet** DANSE the corps de ballet ▸ **corps constitué** constituent body ▸ **grand corps de l'État** *senior civil servants recruited through the École nationale d'administration* **5.** MIL ▸ **corps d'armée** army corps ▸ **corps de cavalerie** cavalry brigade ▸ **corps expéditionnaire** task force ▸ **corps franc** commando ▸ **corps de garde a)** [soldats] guards **b)** [local] guardroom / *chansons de corps de garde* ≃ rugby songs / *plaisanteries de corps de garde* barrack-room jokes ▸ **corps de troupes** unit of troops **6.** [partie principale - d'un texte] body ; [- d'une machine] main part ; [- d'un cylindre] barrel ▸ **corps de bâtiment** main body of a building ▸ **corps de logis** main building ; [majorité] bulk, greater part **7.** [ensemble - de lois, de textes] body, corpus ; [- de preuves] body ▸ **le corps du délit** corpus delicti **8.** [consistance - d'un tissu, d'un arôme] body / *un vin qui a du corps* a full-bodied wine ▸ **donner corps à une idée** / **un plan** to give substance to an idea / a scheme ▸ **prendre corps a)** [sauce] to thicken **b)** [projet] to take shape **9.** IMPR size **10.** ANAT ▸ **corps caverneux** erectile tissue *(of the penis)* ▸ **corps vitré** vitreous body **11.** RELIG ▸ **le corps mystique du Christ** the Body of Christ.

❖ **à corps perdu** loc adv with all one's might ▸ **se jeter** ou **se lancer à corps perdu dans une aventure** / **entreprise** to throw o.s. headlong into an affair / a task / *il se jeta* ou *lança à corps perdu dans son travail* he immersed himself in his work.

❖ **à mon corps défendant, à son corps défendant** loc adv reluctantly.

❖ **corps et âme** loc adv body and soul.

❖ **corps et biens** loc adv NAUT ▸ **perdu corps et biens** lost with all hands / *il s'est perdu corps et biens fig* he's disappeared without trace.

corps à corps [kɔʀakɔʀ] ◆ nm *pr* hand-to-hand combat ou fight ; *fig* hard struggle. ◆ loc adv [lutter] hand to hand.

corps-mort [kɔʀmɔʀ] (*pl* **corps-morts**) nm moorings, (mooring) buoys.

corpulence [kɔʀpylɑ̃s] nf **1.** [volume corporel] build **2.** [obésité] stoutness, corpulence / *avoir de la corpulence* to be stout ou corpulent / *un monsieur d'une certaine corpulence euphém* a rather portly gentleman, a gentleman of ample girth.

corpulent, e [kɔʀpylɑ̃, ɑ̃t] adj stout, corpulent, portly.

corpus [kɔʀpys] nm **1.** [recueil] corpus, collection **2.** LING corpus.

corpusculaire [kɔʀpyskylɛʀ] adj corpuscular.

corpuscule [kɔʀpyskyl] nm ANAT & PHYS corpuscle.

corral, als [kɔʀal] nm corral.

correct, e [kɔʀɛkt] adj **1.** [sans fautes - calcul, description] correct, accurate ; [- déroulement] correct, proper **2.** [tenue] proper, correct, decent **3.** [courtois] courteous, polite / *un monsieur tout à fait correct* a well-bred gentleman, a gentleman with (good) manners / *tu n'as pas été très correct en partant sans prévenir* it was rather ill-mannered ou impolite of you to leave without warning **4.** [honnête - somme, offre] acceptable, fair / *1 000 euros, c'est correct* 1,000 euros, that's fair enough ou acceptable / *trois jours de travail pour 300 euros, il a été plutôt correct avec toi* 300 euros for three days' work, he was certainly very fair (with you) / *il est correct en affaires* he's an honest businessman **5.** [peu remarquable - repas, soirée] decent, OK / *le concert était correct, sans plus* the concert was OK(, that's all one can say).

correctement [kɔʀɛktəmɑ̃] adv **1.** [sans fautes] correctly, accurately **2.** [selon la décence, la courtoisie] properly, decently **3.** [de façon peu remarquable] reasonably well / *on a mangé correctement* we had a reasonable meal.

correcteur, trice [kɔʀɛktœʀ, tʀis] ◆ adj corrective. ◆ nm, f **1.** ÉDUC & UNIV examiner, marker UK grader US **2.** IMPR proofreader.

❖ **correcteur** nm **1.** [dispositif] corrector ▸ **correcteur orthographique** ou **d'orthographe** spell checker ▸ **correcteur de tonalité** tone control ; [produit] ▸ **correcteur liquide** correction fluid **2.** [pour aliments] ▸ **correcteur d'acidité** acidity corrector.

correctif, ive [kɔʀɛktif, iv] adj corrective.

❖ **correctif** nm **1.** [rectification] qualifying statement, corrective / *je voudrais apporter un correctif à ce qu'a dit mon collègue* I'd like to qualify what my colleague said **2.** [atténuation] toning down / *apporter un correctif à des mesures* to soften measures.

correction [kɔʀɛksjɔ̃] nf **1.** [rectificatif] correction / *apporter une correction à une déclaration* **a)** [mise au point] to qualify a statement **b)** [atténuation] to tone down a statement ▸ **correction des variations saisonnières** seasonal adjustment ; [action de rectifier] correction, correcting / *la correction des troubles de la vue* correcting eye defects **2.** ÉDUC marking UK grading US / *elle fait ses corrections* she's doing her marking **3.** IMPR ▸ **la correction a)** [lieu] the proofreading department **b)** [personnel] proofreaders, the proofreading department ▸ **correction d'auteur** author's corrections ou emendations ▸ **correction d'épreuves** proofreading **4.** [punition] beating **5.** [conformité] accuracy / *la correction d'une traduction* the accuracy of a translation **6.** [comportement] correctness, propriety / *apprenez-leur la correction* teach them manners ou how to behave (properly) / *il a agi avec correction* he showed good manners.

correctionnalisation [kɔʀɛksjɔnalizasjɔ̃] nf referral to a criminal court.

correctionnaliser [3] [kɔʀɛksjɔnalize] vt ≃ to commit for trial to the magistrate's court UK ou criminal & US court.

correctionnel, elle [kɔʀɛksjɔnɛl] adj ▸ **tribunal correctionnel** ≃ magistrate's UK ou criminal & US court.

❖ **correctionnelle** nf ▸ **la correctionnelle** ≃ magistrate's UK ou criminal & US court ▸ **passer en correctionnelle** to go ou appear before a magistrate UK ou judge US.

Corrège [kɔʀɛʒ] npr m ▸ **le Corrège** Correggio / *un tableau du Corrège* a painting by Correggio.

corrélat [kɔʀela] nm correlate.

corrélatif, ive [kɔʀelatif, iv] adj LING & LOGIQUE correlative.

❖ **corrélatif** nm LING correlative.

corrélation [kɔʀelasjɔ̃] nf **1.** [rapport] correlation / *il y a (une) corrélation entre A et B* A and B are correlated / *il n'y a aucune corrélation entre les deux* the two are unrelated ▸ **mettre en corrélation** to correlate **2.** MATH correlation.

corrélationnel, elle [kɔʀelasjɔnɛl] adj correlational.

corrélativement [kɔʀelativmɑ̃] adv correlatively.

corrélé, e [kɔʀele] adj correlated.

corréler [18] [kɔʀele] vt to correlate.

✐ In reformed spelling (see p. 16-19), this verb is conjugated like **semer**: *il corrèlera, elle corrèlerait.*

correspondance [kɔʀɛspɔ̃dɑ̃s] nf **1.** [lettres] post UK mail US correspondence *sout* ; [échange de lettres] correspondence ▸ **correspondance commerciale** business correspondence ▸ **être en correspondance avec** [par lettre] to correspond with ▸ **par correspondance** : *cours par correspondance* correspondence courses / *elle étudie l'anglais par correspondance* she's learning English through a correspondence course / *faire des études supérieures par correspondance* to take a degree through a correspondence course ; ≃ to do an Open University course UK **2.** PRESSE correspondence **3.** TRANSP connection ; [train, bus] connection ; [vol] connecting flight / *la correspondance est au bout du quai* change trains at the end of the platform / *la correspondance est assurée entre les aérogares* a shuttle service is provided between the air terminals **4.** [similitude] conformity ; [rapport] correspondence / *la correspondance de leurs ambitions* the uniformity of their ambitions **5.** MATH correspondence.

correspondant, e [kɔʀɛspɔ̃dɑ̃, ɑ̃t] ◆ adj **1.** [qui s'y rapporte] corresponding, relevant / *une commande et la facture correspondante* an order and the corresponding invoice ou the invoice that goes with it / *il n'y a pas de terme grec correspondant* there's no equivalent ou corresponding term in Greek **2.** *sout* [qui écrit] corresponding / *membre correspondant de la société* corresponding member of the society. ◆ nm, f **1.** TÉLÉC *person one is calling* / *votre correspondant est en ligne* we are unable to put you through ▸ **nous recherchons votre correspondant** we're trying to connect you ou put you through **2.** [épistolaire] correspondent ; ÉDUC penfriend UK pen pal / *tous mes correspondants me disent que…* all the people who write to me tell me that… **3.** [avec qui l'on traite] correspondent / *mon correspondant était Butier* Butier was the person I was dealing with **4.** PRESSE ▸ **correspondant (de presse)** (press) correspondent ▸ **correspondant permanent** / **à l'étranger** permanent / foreign correspondent ▸ **notre correspondant à Moscou** our Moscow correspondent ▸ **correspondant de guerre** war correspondent **5.** ÉDUC guardian *(of a boarder)*.

correspondre [75] [kɔʀɛspɔ̃dʀ] vi [par lettre] to correspond *sout*, to write (letters to one another) ; [par téléphone] to be in touch by telephone ▸ **correspondre avec qqn a)** [par lettre] to correspond with sb *sout*, to write to sb **b)** [par téléphone] to stay in touch with sb / *l'entreprise correspond avec l'Allemagne* the firm has contacts in Germany.

❖ **correspondre à** v + prép **1.** [équivaloir à] to be equivalent to / *mon rôle correspond à celui d'un de vos « tutors »* my function is equivalent ou may be compared to that of what you call a tutor **2.** [être conforme à - désir] to correspond to ; [- vérité] to correspond to, to tally with ; [- besoin] to meet **3.** [être lié à] to correspond to.

❖ **se correspondre** vp *(emploi réciproque)* **1.** [communiquer - salles] to communicate, to connect **2.** [être en relation - idées, mots] to correspond.

Corrèze [kɔʀɛz] npr f ▸ **(la) Corrèze** the Corrèze.

corrézien, enne [kɔʀezjɛ̃, ɛn] adj from the Corrèze.

❖ **Corrézien, enne** nm, f *inhabitant of or person from the Corrèze.*

corrida [kɔʀida] nf **1.** [de taureaux] bullfight **2.** *fam* [agitation] carry-on UK to-do / *les gosses font la corrida dans leur chambre* the kids are racing ou tearing round their bedroom / *cette corrida pour la faire s'habiller !* what a performance trying to get her dressed !

corridor [kɔʀidɔʀ] nm **1.** [d'un bâtiment] corridor, passage **2.** [territoire] corridor.

corrigé [kɔʀiʒe] nm correct version ▸ **faire un corrigé de qqch** to give the correct version of sthg / *un corrigé du problème de physique* a model answer to the physics problem.

corriger [17] [kɔʀiʒe] vt **1.** ÉDUC [copie] to mark UK to grade US ; [en cours] to correct, to give the correct version **2.** [rectifier - texte] to correct, to amend ; [- faute] to correct ; IMPR to proofread **3.** [punir] to punish / *cet enfant mérite qu'on le corrige* that child deserves to be punished **4.** [modifier - vice] to cure ; [- mauvaise habitude] to break ; [- posture] to correct ; [- comportement] to improve **5.** [débarrasser] ▸ **corriger qqn de a)** [vice, mauvaise posture] to cure sb of **b)** [mauvaise habitude] to rid sb of **6.** [adoucir - agressivité] to mitigate ; [- parole dure] to soften / *l'ajout de miel corrige l'acidité du fruit* adding honey softens the acid taste of the fruit **7.** ARM ▸ **corriger le tir** to adjust the firing / *corrigeons le tir, je l'accuse non de malveillance mais de négli-*

gence my words are in danger of being distorted, I didn't say he's been malicious, just careless.

❖ **se corriger** ◆ vp *(emploi réfléchi)* **1.** [élève, auteur] to correct one's (own) work ; [orateur, présentateur] to correct o.s. **2.** [devenir - plus sage] to improve (one's behaviour) ; [- moins immoral] to mend one's ways **3.** [se guérir] ▸ **se corriger de a)** [avarice, paranoïa] to cure o.s. of **b)** [mauvaise habitude] to rid o.s. of. ◆ vp *(emploi passif)* [être rectifié] to be put right / *la myopie se corrige avec une bonne paire de lunettes* short-sightedness can be corrected with a good pair of glasses.

corrigible [kɔʀiʒibl] adj rectifiable.

corroboration [kɔʀɔbɔʀasjɔ̃] nf corroboration.

corroborer [3] [kɔʀɔbɔʀe] vt to corroborate, to confirm.

corrodant, e [kɔʀɔdɑ̃, ɑ̃t] adj corrosive.

corroder [3] [kɔʀɔde] vt [métal] to corrode, to eat into *(insép)* ; [amitié, bonheur] to corrode.

❖ **se corroder** vpi to corrode.

corrompre [78] [kɔʀɔ̃pʀ] vt **1.** [vicier - denrée] to taint, to spoil ; [- sang] to taint, to rot ; [- air] to taint, to pollute **2.** [pervertir - innocent, enfant] to corrupt **3.** [soudoyer - fonctionnaire] to bribe **4.** *litt* [faire dévier - langue, sens] to distort, to debase **5.** *litt* [troubler - joie, bonheur] to mar, to taint *litt*, to spoil.

corrompu, e [kɔʀɔ̃py] adj **1.** [en décomposition] rotting **2.** [vil] corrupted **3.** [vénal] venal / *des juges corrompus* judges amenable to being bribed.

corrosif, ive [kɔʀozif, iv] adj **1.** [satire, auteur] corrosive, biting, caustic **2.** [acide] corrosive.

corrosion [kɔʀozjɔ̃] nf CHIM, GÉOL & MÉTALL corrosion.

corroyer [13] [kɔʀwaje] vt **1.** [cuir] to curry **2.** [métal] to weld **3.** [bois] to trim.

corrupteur, trice [kɔʀyptœʀ, tʀis] ◆ adj corrupting. ◆ nm, f **1.** [qui soudoie] briber **2.** *litt* [qui débauche] corrupter.

corruptible [kɔʀyptibl] adj corruptible.

corruption [kɔʀypsjɔ̃] nf **1.** [vénalité] corruption ; [fait de soudoyer] corruption, bribing / *il a tout utilisé, même la corruption* he used every available means, including corruption ▸ **corruption de fonctionnaire** bribery and corruption **2.** [avilissement - de la jeunesse, d'un innocent] corruption **3.** [putréfaction - d'un cadavre, d'une substance] corruption, decomposition, putrefaction **4.** *litt* [déviation - d'une langue, de termes] distortion, corruption, debasement *litt* / *la corruption du goût* corruption of taste / *la corruption du jugement* distortion of judgement.

corsage [kɔʀsaʒ] nm [blouse] blouse ; [d'une robe] bodice.

corsaire [kɔʀsɛʀ] ◆ nm pirate, corsair / *du temps des corsaires* when pirates used to roam the high seas. ◆ adj ▸ **pantalon corsaire** breeches.

corse [kɔʀs] adj Corsican.

❖ **Corse** nmf Corsican.

❖ **corse** nm LING Corsican.

Corse [kɔʀs] npr f ▸ **(la) Corse** Corsica.

 **La Corse**

This administrative region includes the **départements** of Haute-Corse and Corse-du-Sud (capital: Ajaccio).

corsé, e [kɔʀse] adj **1.** [café] full-flavoured ; [vin] full-bodied ; [mets] spicy / *la sauce est trop corsée* the sauce is too strong / *l'addition était plutôt corsée !* the bill was a bit steep ! **2.** [scabreux] racy, spicy **3.** [difficile] : *il était corsé, cet examen !* that exam was a real stinker !

corselet [kɔʀsəlɛ] nm **1.** [d'une armure] corselet, corslet **2.** ENTOM & VÊT corselet.

corser [3] [kɔʀse] vt **1.** [compliquer - problème] to aggravate, to make harder to solve ; [- exercice] to complicate **2.** [rendre - plus intéressant] to liven up *(sép)* ; [- plus osé] to make racier / *elle corsait ses récits de détails savoureux* she livened up her stories with spicy details **3.** CULIN to make spicier ; [boisson] to spike ; [vin] to strengthen.

❖ **se corser** vpi **1.** [se compliquer] to get complicated / *c'est là que l'histoire se corse* at this point the story gets really complicated ▸ **l'affaire se corse** the plot thickens **2.** [devenir osé] to become spicy **3.** [devenir plus intéressant] to liven up / *vers minuit, au club, les choses se corsaient* the club used to liven up ou to come to life around midnight.

corset [kɔʀsɛ] nm **1.** [sous-vêtement] corset **2.** MÉD ▸ **corset orthopédique** (orthopedic) corset **3.** [d'un arbre] protective fence **4.** *fig* [contrainte] straightjacket.

corseter [28] [kɔʀsəte] vt **1.** [institution, jeunesse] to constrict / *corseté de principes* hemmed about with principles **2.** VÊT to fit with a corset.

corsetier, ère [kɔʀsətje, ɛʀ] nm, f corsetiere.

corso [kɔʀso] nm procession of floats ▸ **corso fleuri** procession of flowered floats.

cortège [kɔʀtɛʒ] nm **1.** [accompagnateurs] cortege ; [d'un roi] retinue **2.** [série] series, succession / *un cortège d'échecs* a trail of failures / *tout le cortège des maladies infantiles* the full complement of childhood diseases / *la guerre et son cortège de malheurs* the war and its attendant tragedies **3.** [défilé] procession / *un long cortège de fourmis* a long trail of ants ▸ **cortège (de voitures)** motorcade ▸ **un cortège de manifestants** a march (of protesters) / *le cortège allait de la Bastille à la République* the demonstration stretched from the Bastille to the place de la République ▸ **cortège funèbre** funeral cortege ou procession ▸ **cortège nuptial** bridal procession.

Cortes [kɔʀtɛs] nfpl Cortes.

cortex [kɔʀtɛks] nm cortex.

cortical, e, aux [kɔʀtikal, o] adj cortical.

corticoïde [kɔʀtikɔid], **corticostéroïde** [kɔʀtikɔsteʀɔid] adj & nm corticosteroid.

corticosurrénal, e, aux [kɔʀtikɔsyʀenal, o] adj adrenocortical.

❖ **corticosurrénale** nf adrenal cortex.

corticothérapie [kɔʀtikɔteʀapi] nf corticotherapy.

cortisol [kɔʀtisɔl] nm hydrocortisone, cortisol.

cortisone [kɔʀtizɔn] nf cortisone.

cortisonique [kɔʀtizɔnik] adj **1.** [relatif à la cortisone] cortisone *(modif)* **2.** [dérivé] cortisone-based.

corvéable [kɔʀveabl] adj & nmf HIST liable to the corvée.

corvée [kɔʀve] nf **1.** [activité pénible] chore / *repasser, quelle corvée !* ironing's such a chore ou a drag ! **2.** [service] duty ; MIL fatigue ▸ **être de corvée** [soldat] to be on fatigue duty / *être de corvée de pluches fam* / *de chiottes tfam* to be on spud-peeling / on latrine duty / *c'est toujours la mère qui est de corvée hum* it's always the mother who has to do everything / *on est de corvée de vaisselle* we're on dishwashing duty **3.** HIST corvée.

corvette [kɔʀvɛt] nf corvette.

corvidé [kɔʀvide] nm member of the crow family ou Corvidae *spéc.*

corymbe [kɔʀɛ̃b] nm BOT corymb.

coryphée [kɔʀife] nm **1.** ANTIQ coryphaeus **2.** MUS choirmaster **3.** DANSE coryphee, ballerina.

coryza [kɔʀiza] nm coryza, head cold.

COS [kɔs] nm abr de **coefficient d'occupation des sols.**

cosaque [kɔzak] nm cossack.

cosécante [kɔsekɑ̃t] nf cosecant.

Cosette [kozɛt] npr *the persecuted girl in Hugo's "les Misérables" who is saved by Jean Valjean. A symbol of innocence and vulnerability.*

cosignataire [kɔsiɲatɛʀ] nmf cosignatory.

cosigner [3] [kɔsiɲe] vt to cosign.

cosinus [kɔsinys] nm cosine.

cosmétique [kɔsmetik] adj & nm cosmetic.

cosmétologie [kɔsmetɔlɔʒi] nf cosmetology.

cosmétologue [kɔsmetɔlɔg] nmf cosmetologist.

cosmique [kɔsmik] adj ASTRON cosmic.

cosmodrome [kɔsmɔdʀom] nm cosmodrome.

cosmogonie [kɔsmɔgɔni] nf cosmogony.

cosmogonique [kɔsmɔgɔnik] adj cosmogonic, cosmogonical.

cosmographe [kɔsmɔgʀaf] nmf cosmographer.

cosmographie [kɔsmɔgʀafi] nf cosmography.

cosmographique [kɔsmɔgʀafik] adj cosmographic, cosmographical.

cosmologie [kɔsmɔlɔʒi] nf cosmology.

cosmologique [kɔsmɔlɔʒik] adj cosmologic, cosmological.

cosmonaute [kɔsmɔnot] nmf cosmonaut.

cosmopolite [kɔsmɔpɔlit] ◆ adj **1.** [ville, foule] cosmopolitan, multi-ethnic **2.** [personne] cosmopolitan, international **3.** BOT & ZOOL ubiquitous. ◆ nmf cosmopolitan person.

cosmopolitisme [kɔsmɔpɔlitism] nm **1.** [d'une personne] cosmopolitanism, internationalism **2.** [d'un lieu] cosmopolitan air.

cosmos [kɔsmos] nm [univers] cosmos ; [espace] space, outer-space.

cossard, e [kɔsaʀ, aʀd] *tfam* ◆ adj lazy. ◆ nm, f lazybones.

cosse [kɔs] nf **1.** BOT pod, husk **2.** ÉLECTR cable terminal **3.** NAUT eye **4.** EXPR ▸ **avoir la cosse** *tfam* to feel lazy.

cossu, e [kɔsy] adj [famille] affluent, well-off, wealthy ; [quartier] affluent, moneyed ; [maison, pièce] luxurious.

Costa Brava [kɔstabʀava] npr f ▸ **la Costa Brava** the Costa Brava / *sur la Costa Brava* on the Costa Brava.

Costa del Sol [kɔstadɛlsɔl] npr f ▸ **la Costa del Sol** the Costa del Sol / *sur la Costa del Sol* on the Costa del Sol.

costal, e, aux [kɔstal, o] adj costal, rib *(modif).*

costard [kɔstaʀ] nm *fam* suit ▸ **un (homme en) costard-cravate** a man in a suit and tie ▸ **les costards-cravates** the men in suits ▸ **costard de sapin** *hum* wooden overcoat, coffin ▸ **tailler un costard à qqn** to tear sb to pieces.

Costa Rica [kɔstaʀika] npr m ▸ **le Costa Rica** Costa Rica / *au Costa Rica* in Costa Rica.

costaricain, e [kɔstaʀikɛ̃, ɛn], **costaricien, enne** [kɔstaʀisjɛ̃, ɛn] adj Costa Rican.

❖ **Costaricain, e, Costaricien, enne** nm, f Costa Rican.

costaud, e [kɔsto, od] *fam* ◆ adj **1.** [personne] hefty, beefy / *elle est costaud* ou *costaude* she's pretty hefty / *un type costaud* a great hulk of a bloke UK ou guy US **2.** [meuble, arbre, tissu] strong, tough, resilient **3.** [problème] tough / *c'est costaud, comme bouquin !* it's pretty solid stuff, that book ! **4.** [alcool] strong, robust. ◆ nm, f beefy bloke UK ou fellow, hefty lass.

❖ **costaud** nm : *c'est du costaud* it's solid stuff.

costume [kɔstym] nm **1.** [complet] suit **2.** [tenue] costume / *en costume de cérémonie* in ceremonial costume ou dress ▸ **costume régional** / **national** regional / national dress ▸ **en costume d'Adam** / **d'Ève** in his / her birthday suit ▸ **costume de bain** bathing costume UK ou suit ▸ **un costume en sapin** *fam & hum* a wooden overcoat **3.** HIST & THÉÂTRE costume / *l'histoire du costume* the history of costume.

costumé, e [kɔstyme] adj ▸ **des enfants costumés** children in fancy dress ▸ **bal costumé** fancy-dress ball.

costumer [3] [kɔstyme] vt ▸ **costumer qqn en Pierrot** to dress sb up as a Pierrot.

❖ **se costumer** vp *(emploi réfléchi)* to wear fancy dress ▸ **se costumer en diable** to dress up as a devil.

costumier, ère [kɔstymje, ɛʀ] nm, f **1.** [vendeur, loueur] costumier, costumer **2.** THÉÂTRE wardrobe master (mistress).

cosy [kɔzi] ◆ adj inv cosy. ◆ nm *vieilli bed with built-in shelves running along the headboard and down one side.*

cotable [kɔtabl] adj BOURSE quotable.

cotangente [kɔtɑ̃ʒɑ̃t] nf cotangent.

cotation [kɔtasjɔ̃] nf **1.** BOURSE quotation ▸ **cotation en Bourse** / **au second marché** listing ou quotation on the stock exchange / on the second market ▸ **cotation électronique** e-listing **2.** ARCHIT & CONSTR ▸ **cotation fonctionnelle** *illustration of the most important dimensions of machine parts in a drawing.*

cote [kɔt] nf **1.** BOURSE [valeur] quotation ; [liste] share (price) index ▸ **inscrit à la cote** [valeurs] listed **2.** COMM quoted value ▸ **cote immobilière** property assessment ou rate **3.** [estime] ▸ **cote d'amour** ou **de popularité a)** [d'un homme politique] standing with the electorate ou (popular) rating ou popularity **b)** [d'un film, d'une idée] (popular) rating ▸ **avoir la cote** *fam* to be popular **4.** [arrangement] ▸ **cote mal taillée** awkward compromise **5.** ARCHIT, CONSTR & TRAV PUB measurement **6.** GÉOGR height ▸ **cote d'alerte a)** *pr* flood ou danger level **b)** *fig* crisis ou flash point / *la cote d'alerte est atteinte* we're at flash point **7.** [dans une bibliothèque - sur un livre] shelf mark ; [- sur un périodique] serial mark.

côte [kot] nf **1.** [hauteur] slope, incline ; [à monter, à descendre] hill ▸ **monter la côte** to go uphill ▸ **descendre la côte** to go downhill / *en haut de la côte* on the top of the hill **2.** [rivage] coast ; [vu d'avion, sur une carte] coastline / *ils vivent sur la côte* they live on the coast / *on a fait toute la côte* we went all around the coast **3.** ANAT rib ▸ **vraie / fausse côte** true / false rib ▸ **côte flottante** floating rib ▸ **se tenir les côtes (de rire)** *fam* to be in stitches ▸ **caresser** ou **chatouiller les côtes à qqn** *fam* to give sb a good hiding ▸ **avoir les côtes en long** *fam* to be bone idle **4.** [de porc, d'agneau, de veau] chop ; [de bœuf] rib ▸ **côte première a)** [de veau] shoulder chop **b)** [d'agneau] lamb chop UK, loin chop US ▸ **côte seconde** [d'agneau] neck cutlet UK, rib chop US **5.** ARCHIT, BOT & TEXT rib / *côte de bette* rib of beet ou chard / *point de côtes* ribbing stitch **6.** NAUT ▸ **aller à la côte** to hug the coast.

❖ **côte-à-côte** loc adv [marcher, s'asseoir] side by side ; [travailler, lutter] side by side, shoulder to shoulder.

Côtes

la Côte d'Amour	the Atlantic coast near La Baule-Escoublac
la Côte d'Argent	the Atlantic coast between the Gironde and Bidassoa estuaries
la Côte d'Azur	the French Riviera
la côte de Coromandel	the Coromandel Coast
la Côte d'Émeraude	part of the Northern French coast, near Saint-Malo
la côte de Malabar	the Malabar Coast
la Côte d'Opale	the coast between Calais and Dieppe
la Côte Vermeille	part of the Mediterranean coast, between Collioure and Cerbère

coté, e [kɔte] adj **1.** [quartier] sought-after ; [produit] highly rated / *un architecte / gynécologue coté* an architect / a gynaecologist who's (much) in demand ▸ **être bien / mal coté** to have a good / bad reputation / *elle est bien cotée* she's highly thought of / *il est mal coté* he has a very poor reputation **2.** BOURSE listed ▸ **valeurs cotées en Bourse** listed securities **3.** TECHNOL ▸ **croquis coté** dimensioned sketch.

côté [kote] nm **1.** [d'un tissu, d'une médaille] side / *le côté humide du mur* the damp side of the wall **2.** [d'un jardin, d'une pièce, d'une rue] side / *ton côté du lit* your side of the bed / *le côté sud de la ville* the south side ou part of town / *il y a un arbre de chaque côté* there's a tree (on) each side ▸ **allons de ce côté-ci** let's go this way ▸ **de ce / de l'autre côté de la barrière** *pr & fig* on this side / on the other side of the fence ▸ **côté cour / jardin** THÉÂTRE stage left / right ▸ **côté sous le vent** NAUT leeward side ▸ **côté du vent** NAUT windward side ▸ **voir de quel côté vient le vent** *fig* to see which way the wind blows *loc* ▸ **tomber du côté où ça penche** to follow one's inclinations **3.** [du corps] side / *dormir sur le côté* to sleep on one's side / *recevoir un coup au côté* to be hit in the side ▸ **une douleur au côté** a pain in the side **4.** [parti] side / *il s'est mis de mon côté* he sided with me ▸ **être aux côtés de qqn** to be by sb's side **5.** [aspect] side / *le côté publicité* the advertizing side (of things) ▸ **côté travail** *fam* on the work front, workwise **6.** [facette - d'une personnalité] side, facet ; [- d'une situation] side, aspect / *elle a un côté naïf* there's a naive side to her / *chaque emploi a ses bons et ses mauvais côtés* every job has its good and bad sides ou points ▸ **prendre qqch du bon / mauvais côté** to take sthg in good / bad part / *les bons côtés de la vie* the good things in life / *voir le bon côté des choses* to look on the bright side ▸ **d'un côté** in a way, in some respects ▸ **d'un côté..., d'un autre côté...** on the one hand..., on the other hand...

❖ **à côté** loc adv **1.** [tout près] next door ; [pas très loin] nearby ▸ **les voisins d'à côté** the nextdoor neighbours **2.** [mal] ▸ **passer** ou **tomber à côté** to miss ▸ **répondre à côté** : *elle a répondu à côté* **a)** [exprès] she avoided the question **b)** [involontairement] her answer was not to the point.

❖ **à côté de** loc prép **1.** [pas loin] next to / *à côté de la cible* off target ▸ **passer à côté de a)** [chemin, difficulté, porte] to miss **b)** [occasion] to miss out on / *il est passé à côté du bonheur* he missed out on happiness ▸ **à côté de ça** on the other hand ▸ **être à côté de la plaque** *fam* to have (got hold of) the wrong end of the stick **2.** [par rapport à] by ou in comparison with / *il fait plutôt avare à côté de son frère* he seems rather mean compared to his brother.

❖ **de côté** loc adv **1.** [regarder] sideways ; [sauter, tomber] aside, to one side / *la casquette posée de côté* the cap worn to ou on one side **2.** [en réserve] aside, to one side ▸ **mettre qqch de côté** to put sthg aside ou by ▸ **laisser qqch de côté** to put sthg to one side ▸ **laisser qqn de côté** to leave sb out.

❖ **de mon côté, de son côté** loc adv **1.** [en ce qui concerne] for my / his part, etc. **2.** [de la famille] on my / his, etc., side of the family.

❖ **de tous côtés** loc adv **1.** [partout - courir] everywhere, all over the place ; [- chercher] everywhere, high and low **2.** [de partout] from all sides.

❖ **du côté de** loc prép **1.** [dans l'espace] : *elle est partie du côté du village* she went towards UK ou toward US the village / *du côté de chez toi* around where you live / *la maison est située du côté sud de la baie* the house is on the south side of the bay / *le vent vient du côté de la mer* the wind's blowing from the sea **2.** [parmi] : *cherchons du côté des auteurs classiques* let's look amongst classical authors.

❖ **d'un côté et de l'autre** loc adv here and there.

coteau, x [kɔto] nm **1.** [versant] hillside, slope **2.** [colline] hill.

❖ **coteaux** nmpl vineyards *(on a hillside).*

Côte-de-l'Or [kotdəlɔʀ] npr f ▸ **la Côte-de-l'Or** the Gold Coast.

Côte-d'Ivoire [kotdivwaʀ] npr f ▸ **(la) Côte-d'Ivoire** the Ivory Coast.

Côte-d'Or [kotdɔʀ] npr f ▸ **(la) Côte-d'Or** the Côte-d'Or.

côtelé, e [kotle] adj ribbed.

côtelette [kotlɛt] nf **1.** [de viande] ▸ **côtelette d'agneau** lamb chop ▸ **côtelettes découvertes** [d'agneau] ≃ middle of neck ▸ **côtelettes premières** [d'agneau] ≃ best end of neck **2.** *fam* [d'une personne] rib / *en plein dans les côtelettes* slap bang in the ribcage.

coter [3] [kɔte] ◆ vt **1.** BOURSE to list (on the share index) ▸ **coté en Bourse** ≃ listed on the Stock Exchange / *des valeurs qui seront cotées en Bourse demain* ≃ shares which will go on the Stock Exchange tomorrow **2.** COMM to price, to give a list price for **3.** [évaluer - œuvre d'art] to rate **4.** [dans une bibliothèque - livre] to assign a class ou shelf mark to ; [- périodique] to assign a serial mark to **5.** GÉOGR to write in the heights on **6.** ARCHIT, CONSTR & TRAV PUB [dessin] to mark the dimensions on. ◆ vi : *les actions Rivetti cotaient autour de 200 euros* Rivetti shares were listed at around 200 euros.

coterie [kɔtʀi] nf *péj* set, clique *péj*, coterie *litt.*

Côtes-d'Armor [kotdaʀmɔʀ] npr fpl ▸ **les Côtes-d'Armor** the Côtes-d'Armor.

coteur [kɔtœʀ] nm jobber.

cothurne [kɔtyʀn] nm buskin, cothurnus.

côtier, ère [kotje, ɛʀ] adj [région, navigation] coastal ; [pêche] inshore ; [chemin] coast *(modif)* ▸ **un fleuve côtier** a coastal river.

cotillon [kɔtijɔ̃] nm **1.** *hum* petticoat **2.** [farandole] cotillion, cotillon.

❖ **cotillons** nmpl party novelties.

cotisant, e [kɔtizɑ̃, ɑ̃t] ◆ adj contributing. ◆ nm, f [à une association] subscriber ; [à une assurance, à une fête] contributor.

cotisation [kɔtizasjɔ̃] nf [pour une fête] contribution ; [à une association] subscription, dues ; [pour la protection sociale] contributions ▸ **cotisation patronale** employers' contribution ▸ **cotisation salariale** employees' contribution.

cotiser [3] [kɔtize] vi [par choix] to subscribe ; [par obligation] to pay one's contributions / *cotiser à une caisse de retraite* to contribute to a pension fund.

❖ **se cotiser** vpi to club together / *le groupe s'est cotisé* everyone in the group contributed.

côtoie v ⟶ **côtoyer.**

côtoiement [kotwamɑ̃] nm contact / *le côtoiement du danger* contact with danger.

coton [kɔtɔ̃] ◆ nm **1.** BOT [fibre, culture] cotton ; [plante] cotton plant **2.** TEXT [tissu] cotton ; [fil] (cotton) thread, piece of cotton ▸ **en** ou **de coton** [vêtements] cotton *(modif)* **3.** [ouate] ▸ **coton (hydrophile)** cotton wool UK, (absorbent) cotton US ▸ **avoir du coton dans les oreilles** *fam* to be cloth-eared **4.** [tampon de ouate] cotton wool pad UK, cotton pad US. ◆ adj *fam* tough, tricky / *c'est (plutôt) coton* it's (rather) tough ou tricky !

cotonnade [kɔtɔnad] nf cotton fabric, cottonade.

cotonner [3] [kɔtɔne] ❖ **se cotonner** vpi [tissu] to fluff (up) ; [fruit] to go like cotton-wool.

cotonnerie [kɔtɔnʀi] nf **1.** [culture] cotton-growing **2.** [terrain] cotton plantation **3.** [fabrique] cotton mill.

cotonneux, euse [kɔtɔnø, øz] adj **1.** BOT downy **2.** *litt* [vaporeux] fleecy / *un ciel cotonneux* a cotton-wool sky **3.** [sourd - bruit] muffled **4.** [texture] : *une poire / purée cotonneuse* a pear / puree tasting of cotton-wool.

cotonnier, ère [kɔtɔnje, ɛʀ] ◆ adj cotton *(modif).* ◆ nm, f cotton spinner.

❖ **cotonnier** nm cotton (plant).

Coton-Tige® [kɔtɔ̃tiʒ] *(pl* **Cotons-Tiges)** nm cotton bud UK, Q-tip® US.

côtoyer [13] [kotwaje] vt **1.** [fréquenter] to mix with **2.** [être confronté à] to deal with / *elle côtoie le danger tous les jours* she faces danger every day / *ce travail me fait côtoyer des gens intéressants* I meet some interesting people in this job / *cette expérience lui a fait côtoyer la misère* this experience brought him face to face with poverty **3.** [suj : chemin] to skirt ou to run alongside ; [suj : fleuve] to flow ou to run alongside.

cotre [kɔtʀ] nm cutter.

cotte [kɔt] nf **1.** ARM ▸ **cotte d'armes** coat of arms ▸ **cotte de mailles** coat of mail **2.** [de travail] overalls *(pl)*, dungarees *(pl).*

cotylédon [kɔtiledɔ̃] nm ANAT & BOT cotyledon.

cou [ku] nm **1.** ANAT neck / *un pendentif autour du cou* a pendant round her neck ▸ **sauter** ou **se jeter au cou de qqn** to throw one's arms around sb's neck ▸ **se casser** ou **se rompre le cou a)** *pr* to break one's neck **b)** *fig* to come a cropper UK, to take a tumble ▸ **y être jusqu'au cou** : *il y est jusqu'au cou* he's up to his neck in it **2.** ZOOL neck **3.** VÊT neck **4.** [d'une bouteille, d'un vase] neck.

couac [kwak] ◆ nm [note] false note ▸ **faire un couac** to hit the wrong note. ◆ onomat arrk, quack.

couard, e [kwaʀ, aʀd] *litt* ◆ adj cowardly. ◆ nm, f coward, poltroon *litt.*

couardise [kwaʀdiz] nf *litt* cowardice.

couchage [kuʃaʒ] nm [matériel] bed ; [préparatifs] sleeping arrangements ▸ **matériel de couchage** bedding.

couchailler [3] [kuʃaje] vi *fam & péj* to sleep around.

couchant, e [kuʃɑ̃, ɑ̃t] adj

1. ⟶ **chien 2.** ⟶ **soleil.**

❖ **couchant** nm *litt* [occident] west.

couche [kuʃ] nf **1.** [épaisseur - de neige, terre, maquillage] layer ; [- de peinture] coat ▸ **passer une couche de peinture sur qqch** to give sthg a coat of paint ; [en cuisine] layer ▸ **étaler qqch en couches épaisses / fines** to spread sthg thickly / thinly ▸ **avoir** ou **en tenir une couche** *fam* to be (as) thick as a brick UK ou as two short planks UK to be as dumb as they come US **2.** ASTRON & GÉOL layer, stratum ▸ **couche d'ozone** ozone layer / **'préserve la couche d'ozone'** 'ozone-friendly' **3.** SOCIOL level, social stratum **4.** HORT hotbed **5.** [de bébé] nappy UK diaper US ▸ **couche jetable** disposable nappy **6.** *litt* [lit] bed.

❖ **couches** nfpl *vieilli* [accouchement] confinement, labour UK labor US / *elle est morte en couches* she died in childbirth.

❖ **fausse couche** nf miscarriage.

couché, e [kuʃe] adj **1.** [allongé] lying down ; [au lit] in bed ▸ **couché!** [à un chien] (lie) down! **2.** [écriture] slanting, sloping **3.** [pli] recumbent.

couche-culotte [kuʃkylɔt] (*pl* **couches-culottes**) nf disposable nappy UK ou diaper US.

coucher¹ [kuʃe] nm **1.** [action] going to bed / *le coucher est à 11 h* bedtime is at 11 o'clock / *le coucher du roi* the king's going-to-bed ceremony ▸ **le coucher d'un enfant** a child's bedtime routine **2.** [moment] bedtime ▸ **deux cachets au coucher** two tablets at bedtime ou before bed / *la lune à son coucher* *litt* the setting moon ▸ **coucher de soleil** sunset ▸ **au coucher du soleil** at sunset, at sundown US.

coucher² [3] [kuʃe] ◆ vt **1.** [mettre au lit] to put to bed ; [allonger] to lay down *(sép)* ▸ **coucher qqn sur le carreau** *fam* to knock sb down, to lay sb out **2.** [héberger] to put up *(sép)*, to accommodate / *on peut coucher toute la famille* we can accommodate the entire family / *la caravane peut coucher cinq personnes* the camping-car can accommodate ou sleep five **3.** [poser - par terre] to lay down *(sép)* / *coucher une bouteille / moto* to lay a bottle / motorbike on its side / *la pluie a couché les herbes* the rain flattened the grasses / *l'orage a couché les arbres* the storm brought the trees down / *des poteaux couchés en travers de la route* poles lying across the road / *le vent coucha le bateau* the wind made the boat keel over ou keeled the boat over / *coucher un fusil en joue* ARM to aim a gun **4.** *sout* [écrire] to set down (in writing) ou on paper / *coucher ses pensées sur le papier* to write down one's thoughts, to commit one's thoughts to writing *sout* ▸ **coucher qqn sur son testament** to name sb in one's will ▸ **coucher qqn sur une liste** to include sb's name in a list. ◆ vi **1.** [aller dormir] to go to bed / *cela va te faire coucher tard* that will keep you up late **2.** [dormir] to sleep ▸ **on couchera à l'hôtel a)** [une nuit] we'll spend the night ou we'll sleep in a hotel **b)** [plusieurs nuits] we'll stay in a hotel / *les deux enfants couchent au grenier* the two children sleep in the attic ▸ **tu restes coucher?** are you staying overnight ou the night? / *coucher à la belle étoile* to sleep out in the open ▸ **coucher sous les ponts** to sleep rough / *la voiture couche dehors* the car stays in the street at night **3.** *tfam* [sexuellement] to sleep around.

❖ **coucher avec** v + prép *fam* to go to bed ou to sleep with.

❖ **se coucher** vpi **1.** [dans un lit] to go to bed / *je vous empêche de vous coucher?* am I keeping you up? ▸ **va te coucher!** *fam* get lost ou knotted UK **2.** [s'allonger] to lie down / *se coucher en chien de fusil* to lie curled up ou in the foetal position / *se coucher à plat ventre* to lie face down / *il se couchait sur sa copie pour que je ne puisse pas la lire* he was leaning over his work so I couldn't read it / *se coucher sur son guidon* to lean hard against one's handlebars **3.** [soleil, lune] to set, to go down **4.** NAUT to keel over.

coucherie [kuʃʀi] nf *fam* sleeping around / *qui s'intéresse à leurs coucheries?* who's interested in their sexual goings-on ou in who they go to bed with?

couche-tard [kuʃtaʀ] nmf night owl / *c'est un couche-tard* he's always late to bed, he's a night owl.

couche-tôt [kuʃto] nmf : *c'est un couche-tôt* he always goes to bed early.

couchette [kuʃɛt] nf [d'un train] couchette ; [d'un bateau] bunk.

coucheur, euse [kuʃœʀ, øz] nm, f *fam* : *c'est un coucheur* he sleeps around, he's promiscuous ▸ **mauvais coucheur** awkward customer.

couci-couça, coucicouça* [kusikusa] loc adv *fam* so-so.

coucou [kuku] ◆ nm **1.** ZOOL cuckoo ▸ **(pendule à) coucou** cuckoo clock **2.** BOT cowslip **3.** *fam* [avion] crate, heap. ◆ interj **1.** [cri] hi **2.** JEUX peekaboo, coo-ee.

coude [kud] nm **1.** ANAT elbow ▸ **coudes au corps** elbows in ▸ **jusqu'au coude** up to one's elbow ▸ **faire du coude à qqn** to nudge sb ▸ **jouer des coudes a)** *pr* to push and shove, to jostle **b)** *fig* to manoeuvre / *les gens jouaient des coudes pour atteindre le guichet* people were pushing and shoving to get to the kiosk / *j'ai dû jouer des coudes pour parvenir au bar* I had to elbow my way to the bar ▸ **coude à coude** [marcher, travailler] shoulder to shoulder, side by side ▸ **garder** ou **mettre** ou **tenir qqch sous le coude** to keep sthg shelved indefinitely, to keep sthg on the back burner ▸ **lever le coude** *fam* to booze ▸ **se serrer** ou **se tenir les coudes** to stick together **2.** [d'un vêtement] elbow ; [pièce en cuir, en tissu] elbow patch **3.** [d'un tuyau] bend, elbow ; [d'une route] bend / *le couloir fait un coude* there's a sharp bend in the passage.

coudé, e [kude] adj bent, angled.

❖ **coudée** nf **1.** *arch* [mesure] cubit **2.** EXPR ▸ **avoir les coudées franches** to have elbow room.

cou-de-pied [kudpje] (*pl* **cous-de-pied**) nm instep.

couder [3] [kude] vt to bend (at an angle).

coudière [kudjɛʀ] nf elbow pad.

coudoie v ⟶ **coudoyer.**

coudoiement [kudwamɑ̃] nm ▸ **le coudoiement de** mixing with.

coudoyer [13] [kudwaje] vt **1.** [fréquenter] to rub shoulders ou to mix with **2.** [frôler] to brush past **3.** [suj : réalité, image] to stand side by side with.

coudre [86] [kudʀ] vt **1.** COUT [robe] to make up *(sép)* ; [morceaux] to sew ou to stitch together *(sép)* ; [bouton] to sew on *(sép)* ; [semelle] to sew ou to stitch on *(sép)* ▸ **cousu (à la) machine** machined ; *(en usage absolu)* ▸ **j'aime coudre** I enjoy sewing ▸ **coudre à la main / machine** to sew by hand / machine ▸ **cousu (à la) main** hand-stitched ▸ **du cousu main** *fam* top-quality stuff ▸ **être (tout) cousu d'or** to be extremely wealthy ▸ **c'est cousu de fil blanc** it's plain for all to see ▸ **mensonge cousu de fil blanc** transparent lie **2.** [volaille] to sew up *(sép)* **3.** [plaie] to stitch up *(sép)*, to sew up *(sép)* **4.** [livre] to stitch (together).

❖ **à coudre** loc adj sewing.

coudrier [kudʀije] nm hazel tree.

Coué [kwe] npr ▸ **méthode Coué** autosuggestion, Couéism.

couenne [kwan] nf **1.** [de porc] rind **2.** SUISSE [de fromage] rind **3.** MÉD buffy coat.

couenneux, euse [kwanø, øz] adj **1.** [semblable à la couenne] rind-like **2.** MÉD buffy.

couette [kwɛt] nf **1.** [de cheveux] ▸ **des couettes** bunches UK pigtails US **2.** [édredon] duvet UK comforter US (continental) quilt.

couffin [kufɛ̃] nm **1.** [pour bébé] Moses basket UK bassinet US **2.** [cabas] (straw) basket.

coufique, kufique [kufik] ◆ adj Kufic. ◆ nm Kufic script.

cougouar [kugwaʀ], **couguar** [kug(w)aʀ] nm cougar.

couic [kwik] onomat eek.

❖ **que couic** loc adv *tfam* zilch, nothing.

couille [kuj] nf *vulg* **1.** [testicule] nut, ball, bollock UK / *un coup de pied dans les couilles* a kick in the balls ▸ **avoir des couilles (au cul)** to have balls ▸ **il n'a pas de couilles** he's got no balls ▸ **casser** ou **peler les couilles à qqn** to get on sb's tits UK to break sb's balls US **2.** [échec, erreur] cock-up UK ball-up US / *il m'est arrivé une couille* there's been a bit of a cock-up / *partir en couille* to cock up, to fuck up **3.** [personne] ▸ **une couille molle** a wimp.

couillon, onne [kujɔ̃, ɔn] *tfam* ◆ nm, f **1.** [imbécile] wally UK airhead ; [dupe] mug **2.** [dans le Midi] : *salut, couillon!* ≃ hello, mate! UK ◆ adj damned stupid.

couillonnade [kujɔnad] nf *tfam* [histoire] damn stupid thing to say ; [action] damn stupid thing to do ; [objet] piece of junk / *dire des couillonnades* to talk rubbish / *fais pas de couillonnades* don't do anything daft / *après on te donne une médaille ou une couillonnade de ce genre* afterwards they give you a medal or some such piece of junk ▸ **c'est de la couillonnade** [discours] it's a load of bull ou (old) cobblers UK / *l'entraînement le samedi, c'est de la couillonnade* you'd have to be a moron to train on Saturdays.

couillonner [3] [kujɔne] vt *tfam* to con / *te laisse pas couillonner* don't let yourself be conned, don't be taken for a sucker / *se faire couillonner* to be conned.

couillu, e [kujy] adj *tfam* [personne] ballsy.

couinement [kwinmɑ̃] nm **1.** [d'une souris] squeak, squeaking ; [d'un lièvre, d'un porc] squeal, squealing **2.** [d'un enfant] whine, whining **3.** [d'un frein] squeal, squealing.

couiner [3] [kwine] vi **1.** [souris] to squeak ; [lièvre, porc] to squeal **2.** [enfant] to whine **3.** [frein] to squeal.

coulage [kulaʒ] nm [d'une statue] casting ; [d'un métal, de la cire, du verre] pouring.

coulant, e [kulɑ̃, ɑ̃t] adj **1.** *fam* [personne] easygoing, lax *péj* / *ils sont coulants avec les passeurs* they close their eyes to smuggling / *elle est plus coulante avec toi* she lets you get away with more **2.** [léger - vin] smooth / *il est coulant* it slips down easily **3.** [style, prose] free, free-flowing **4.** [fromage] runny.

coulée [kule] nf **1.** [de sang, de peinture] streak **2.** [chute] ▸ **coulée de lave** lava flow ▸ **coulée de neige** snowslide ▸ **coulée de boue** mudslide **3.** MÉTALL [injection] casting ; [masse] casting **4.** [d'un animal] run.

coulemelle [kulmɛl] nf parasol mushroom.

couler [3] [kule] ◆ vi **1.** [fleuve, eau] to run, to flow ; [larmes] to run down, to flow ▸ **la sueur coulait sur son visage a)** [abondamment] sweat was pouring down his face **b)** [goutte à goutte] sweat was trickling down his face / *le vin coulait à flots* wine flowed freely / *le sable / l'argent coule entre ses doigts* sand / money trickles through her fingers / *fais couler l'eau* turn on the water ▸ **faire couler un bain** to run a bath / *il faisait couler le sable entre ses doigts* he was letting the sand run between his fingers / *fais couler un peu d'eau dessus* pour a little water over it / *avoir le nez qui coule* to have a runny nose / *il a les yeux qui coulent* he has watery eyes / *laisser couler son sang* to let o.s. bleed / *faire couler de la salive* *fig* to cause some tongue-wagging, to set the tongues wagging ▸ **faire couler beaucoup d'encre** *fig* to cause a lot of ink to flow ▸ **il coulera de l'eau sous les ponts avant que…** there'll be a lot of water under the bridge before… **2.** [progresser facilement] to flow / *le temps coule* *litt* time slips by / *depuis, sa vie a coulé, calme et tranquille* since then, he has enjoyed a calm and peaceful life ▸ **couler de source** to follow (on naturally) ▸ **cela coule de source** it's obvious ▸ **laisse couler!** *fam* don't bother!, just drop it! **3.** [avoir une fuite - robinet] to leak, to drip **4.** [se liquéfier - fromage, bougie] to run **5.** [sombrer - nageur] to go under ; [- bateau] to go down, to sink ▸ **couler à pic** to sink straight to the bottom / *couler pavillon haut* to lose gracefully ; [entreprise, politicien] to sink, to go down. ◆ vt **1.** [faire sombrer - bateau] to sink ; [- entreprise, concurrent] to sink, to bring down *(sép)* **2.** *litt* [passer] ▸ **couler des jours heureux** to spend some happy days **3.** [ciment] to pour ; [métal] to cast / *couler l'eau d'une chaudière* to run ou to draw water out of a boiler / *couler du plomb dans un joint* to run lead into a joint **4.** [fabriquer - statue] to cast **5.** AUTO ▸ **couler une bielle** to run a rod.

* In reformed spelling (see p. 16-19).

❖ **se couler** ◆ vpi [se glisser] ▸ **se couler dans** [lit, foule] to slip into / *elle se coula dans son lit et s'endormit aussitôt* she slipped into her bed and went to sleep straight away / *il s'est coulé dans le moule fig* he slipped into the mould / *se couler le long de* to slide alongside / *se couler le long des murs* to hug the walls. ◆ vpt ▸ **se la couler douce** *fam* to have an easy time (of it).

couleur [kulœʀ] nf **1.** [impression visuelle] colour UK, color US / *le vert est une couleur* green is a colour ▸ **de couleur vive** brightly-coloured ▸ **une jolie couleur verte** a pretty shade of green / *de quelle couleur est sa voiture?* what colour is his car? / *je n'ai jamais vu la couleur de son argent fig* I've never seen the colour of his money ▸ **couleurs primaires** ou **fondamentales** primary colours ▸ **couleurs complémentaires** complementary colours ▸ **couleur de muraille** stone grey ▸ **en voir de toutes les couleurs** *fam* : *on en a vu de toutes les couleurs* we've been through some hard times ▸ **en faire voir à qqn de toutes les couleurs** to give sb a hard time / *il nous en a fait voir de toutes les couleurs* he gave us a hard time **2.** [pour les cheveux] tint, colour UK, color US / *se faire faire une couleur* to have one's hair tinted, to have some colour put in one's hair **3.** JEUX suit **4.** [vivacité] colour UK, color US / *le texte a beaucoup de couleur* the text has a good deal of colour ou is very colourful ▸ **couleur locale** local colour / *un restaurant très couleur locale* a restaurant with plenty of local colour **5.** [aspect -général] light, colour UK, color US / *voir la situation sous de nouvelles couleurs* to see the situation in a new light / *l'avenir m'apparaissait sous les couleurs les plus sombres / sous de belles couleurs* the future presented itself (to me) in an unfavourable / favourable light / *quelle sera la couleur politique de votre nouveau journal?* what will be the political colour of your new newspaper? / *la couleur du temps* the spirit of the times **6.** [d'une personne] shade, colour UK, color US ▸ **changer de couleur** to change colour / *passer par toutes les couleurs de l'arc-en-ciel* to go (through) all the colours of the rainbow; [carnation] : *la couleur de la peau* skin colour **7.** [linge] coloureds UK, coloreds US **8.** HÉRALD & MUS colour UK, color US.

❖ **couleurs** nfpl **1.** [linge] coloureds UK, coloreds US **2.** [peintures] coloured paints ▸ **couleurs à l'huile** oil paints ▸ **couleurs à l'eau** watercolours **3.** [bonne mine] (healthy) glow, colour UK, color US ▸ **prendre des couleurs** to get a tan ou a bit of colour in one's cheeks ▸ **avoir des couleurs** to look well **4.** SPORT [d'une équipe] colours UK, colors US ; [d'un jockey, d'un cheval] livery / *elle a défendu les couleurs de la France* she defended the French flag **5.** HÉRALD colour UK ou color US.

❖ **aux couleurs de** loc prép : *aux couleurs du parti* in party colours ▸ **aux couleurs du propriétaire a)** [yacht] flying the owner's flag **b)** [cheval] in the owner's colours.

❖ **de couleur** loc adj coloured UK, colored US ▸ **une personne de couleur** a coloured UK ou colored US person, a nonwhite.

❖ **en couleur** loc adv in colour UK ou color US ▸ **tout en couleur** in full colour ▸ **haut en couleur** very lively ou colourful ou picturesque.

couleuvre [kulœvʀ] nf ▸ **couleuvre (à collier)** grass snake.

couleuvreau, x [kulœvʀo] nm young grass snake.

couleuvrine [kulœvʀin] nf culverin.

coulis [kuli] ◆ nm **1.** CULIN purée, coulis **2.** [mortier] grout. ◆ adj m ⟶ **vent.**

coulissant, e [kulisɑ̃, ɑ̃t] adj sliding.

coulisse [kulis] nf **1.** THÉÂTRE ▸ **les coulisses** the wings ▸ **les coulisses du pouvoir** the corridors of power ▸ **dans les coulisses, en coulisse a)** THÉÂTRE in the wings **b)** *fig* behind the scenes ▸ **on murmure en coulisse que... a)** THÉÂTRE there's an off-stage rumour that... **b)** *fig* they say behind the scenes that... **2.** [glissière] runner **3.** COUT hem *(through which to pass tape)* **4.** BOURSE unofficial stock market.

❖ **à coulisse** loc adj sliding.

coulissement [kulismɑ̃] nm sliding motion.

coulisser [3] [kulise] ◆ vi to slide. ◆ vt **1.** [volet] to provide with runners **2.** COUT to hem *(in order to run a tape through)* ▸ **pantalon coulissé** trousers with a drawstring waist.

couloir [kulwaʀ] nm **1.** [d'un bâtiment] corridor, passage ; [d'un wagon] corridor ▸ **les couloirs du métro** the corridors of the tube UK ou subway US ▸ **intrigues de couloir** backstage manoeuvring ▸ **bruits de couloirs** rumours **2.** TRANSP ▸ **couloir (de circulation)** lane ▸ **couloir aérien** air traffic lane ▸ **couloir d'autobus** bus lane ▸ **couloir de navigation** sea lane **3.** [entre des régions, des pays] corridor ▸ **couloir humanitaire** humanitarian corridor **4.** GÉOGR gully, couloir *spéc* ▸ **le couloir rhodanien** the Rhone Corridor ▸ **couloir d'avalanche** avalanche corridor **5.** [d'un appareil de projection] track **6.** SPORT lane ; TENNIS tramlines, alley US.

coulomb [kulɔ̃] nm coulomb.

coulommiers [kulɔmje] nm Coulommiers cheese.

coulpe [kulp] nf ▸ **battre sa coulpe** to beat one's breast.

coulure [kulyʀ] nf **1.** [traînée] streak **2.** MÉTALL run-out **3.** BOT *washing-away of pollen by spring rains, causing crop failure.*

country [kuntʀi] nm inv ou nf inv Country (and Western) music.

coup [ku]

◆ nm

A. HEURT, DÉFLAGRATION
B. GESTE, ACTION
C. ÉVÉNEMENT PARTICULIER
D. FOIS

A. HEURT, DÉFLAGRATION 1. [gén] blow, knock ; [avec le poing] punch, blow ; [avec le pied] kick / *un coup violent* a hard knock / *un coup brutal* a nasty blow / *elle a failli mourir sous ses coups* he thrashed her to within an inch of her life, he nearly battered her to death ▸ **frapper à coups redoublés** to hit twice as hard ▸ **donner un coup** : *donner un petit coup à* ou *sur qqch* to tap sthg lightly ▸ **donner un coup sec sur qqch** to give sthg a (hard ou smart) tap / *il frappait sur la porte à grands coups / à petits coups* he banged on the door / he knocked gently at the door / *un coup dans les tibias* a kick in the shins / *donner un coup sur la table* [avec le poing] to bang one's fist (down) on the table ▸ **en arriver** ou **en venir aux coups** to come to blows / *j'ai pris un coup sur la tête* I got a knock ou a bang on the head ▸ **prendre des coups** to get knocked about ▸ **recevoir un coup** to get hit / *il a reçu un coup sur la tête* he was hit on the head / *j'en ai reçu, des coups, quand j'étais petit!* I was constantly knocked about when I was little! ▸ **rendre coup pour coup** *pr & fig* to hit back, to give as good as one gets ▸ **coups et blessures** DR grievous bodily harm / *inculpé de coups et blessures* charged with inflicting grievous bodily harm ▸ **porter un coup à qqn** *pr & fig* to deal sb a blow ▸ **porter un coup mortel à qqn** to strike sb a fatal blow / *les grandes surfaces ont porté un (rude) coup au petit commerce fig* small traders have been dealt a (severe) blow by large retail chains ▸ **le coup a porté** *pr & fig* the blow struck home **2.** [attaque, choc] blow, shock ▸ **ça m'a fait un coup a)** [émotion] it gave me a shock **b)** [déception] it was a blow / *les mauvais coups de la vie* the nasty blows that life deals you ▸ **sale coup (pour la fanfare)!** *fam* that's a bit of a blow ou downer! ▸ **en prendre un coup** *fam* : *le buffet en a pris un coup pendant le déménagement* the dresser got a bit bashed in the move / *trois échecs d'affilée, son moral en a pris un coup* with three successive failures, her morale has taken a bit of a bashing / *avec le krack boursier, l'économie en a pris un coup* the economy has suffered a great deal from the crash ▸ **tenir le coup** : *j'ai trop de travail, je ne sais pas si je tiendrai le coup* I've got too much work, I don't know if I'll be able to cope / *il faut que tu tiennes le coup jusqu'à la fin de la semaine* you'll have to keep going until the end of the week **3.** BOXE punch, blow ▸ **coup bas a)** *pr* blow ou punch below the belt **b)** *fig* blow below the belt ▸ **c'est un coup bas** that's below the belt ▸ **tous les coups sont permis** *pr & fig* (there are) no holds barred ▸ **compter les coups** *pr & fig* to keep score **4.** ARM shot, blast ▸ **un coup de revolver** a shot, a gunshot ▸ **le coup est parti a)** [revolver] the gun went off **b)** [fusil] the rifle went off / *tirer un coup de canon* to fire ou to blast a cannon / *le coup est passé très près* the bullet just whistled past ▸ **(revolver à) six coups** six-shot gun ▸ **faire coup double a)** CHASSE to do a right and left **b)** *fig* to kill two birds with one stone **5.** [bruit -gén] knock ; [-sec] rap ; [craquement] snap / *des coups au carreau* knocking ou knocks on the window ▸ **un coup de gong** a bang on a gong ; [heure sonnée] stroke / *le dernier coup de 3 h* the last stroke of three / *les douze coups de minuit* the twelve strokes of midnight **6.** *vulg* [éjaculation] ▸ **tirer un** ou **son coup** to shoot one's load.

B. GESTE, ACTION 1. [mouvement d'une partie du corps] ▸ **un coup de corne** a butt ▸ **un coup de langue** a lick / *elle nettoyait ses chatons à (grands) coups de langue* she was licking the kittens clean ▸ **un coup de bec a)** *pr* a peck **b)** *fig* cutting remark ▸ **un coup de dent a)** *pr* a bite **b)** *fig* cutting remark / *d'un grand coup de dent* with one snap of the jaws / *à petits coups de dents* in little nibbles ▸ **coup de griffe** ou **patte a)** *pr* swipe of the paw **b)** *fig* cutting remark **2.** [emploi d'un instrument] : *donner un (petit) coup de brosse / chiffon à qqch* to give sthg a (quick) brush / wipe / *je vais me donner un coup de peigne* I'll just comb my hair ou give my hair a (quick) comb / *je viens pour un coup de peigne* [chez le coiffeur] I just want a quick comb through / *passe un coup d'aspirateur au salon* give the living room a quick vacuum / *passe un coup d'éponge sur la table* give the table a wipe (with the sponge) / *il a reçu un coup de gourdin sur la tête* he was clubbed on the head / *un coup de marteau* a blow with a hammer / *il s'est donné un coup de marteau sur le doigt* he hit his finger with a hammer / *il a reçu un coup de marteau sur la tête* he was hit on the head with a hammer / *il creusait la terre à coups de pioche* he dug the earth with a pick / *en deux coups de rame nous pouvons traverser la rivière* we can cross the river in a couple of strokes / *passe un coup dans la salle de bains fam* give the bathroom a going-over ▸ **en donner** ou **ficher** *fam* ou **mettre** *fam* **un coup** to get down to business ▸ **il va falloir qu'on en mette** ou **en mettre un coup** we'll have to get down to it (the) hiccups ▸ **bois un coup** drink something ou have a drink / *tu me sers un coup (à boire)?* could you pour me a drink? / *tu boiras* ou *prendras bien un coup avant de partir?* you'll have a drink before you go ou one for the road, won't you? / *boire un coup de trop* to have one too many ▸ **un coup de rouge** a glass of red wine / *un coup de gnôle* a nip of brandy **3.** [lancer] throw / *elle a renversé toutes les boîtes de conserve en un seul coup* she knocked down all the cans in one throw ; [aux dés] throw (of the dice) / *on joue la tournée en trois coups* let's have three goes with the dice to see who'll pay for the round ; JEUX [action] move ; CARTES go / *la partie se joue dans les premiers coups* the game is won or lost in the opening moves ▸ **c'est un coup pour rien a)** [essai] it's a trial run **b)** [échec] it's a failure.

C. ÉVÉNEMENT PARTICULIER 1. *fam* [mauvais tour] trick ▸ **il prépare un coup** he's up to something ▸ **(faire) un mauvais** ou **sale coup (à qqn)** (to play) a dirty trick (on sb) / *je parie que c'est un coup de Julie!* I bet Julie's behind this! ▸ **coup en traître** stab in the back ▸ **monter un coup contre qqn** to set sb up, to frame sb ▸ **faire le coup à qqn** : *il nous a encore fait le coup* he's pulled the same (old) trick on us again ▸ **faire le coup de... à qqn** : *il a essayé de me faire le coup de la panne* he tried to pull the old running-out-of-petrol trick on me / *il m'a fait le coup du charme et j'ai craqué* he turned on the charm and I fell for it / *on ne me refera pas le coup de la vaisselle!* I won't get conned into doing the dishes again! / *ne me fais pas le coup de ne pas venir!* now don't stand me up, will you! ▸ **coup monté** put-up job, frame-up ▸ **faire un coup en douce** : *elle a fait un coup en douce* she's cooked up something behind everybody's back / *il fait toujours ses coups en douce* he's always going behind people's backs **2.** *arg crime* [vol, escroquerie] job / *ils sont sur un gros coup avec le Balafré* they're on to a big job ou number with Scarface / *il était sur le coup du supermarché* he was in on the supermarket job **3.** *fam* [affaire] : *je suis sur un coup* I'm onto something

/ *je veux l'acheter mais on est plusieurs sur le coup* I want to buy it but there are several people interested ▸ **expliquer le coup à qqn** to explain the situation ou set-up to sb / *être dans tous les coups* to have a finger in every pie ▸ **rattraper le coup** to sort things out ▸ **il a manqué** ou **raté son coup** he didn't pull it off ▸ **elle a réussi son coup** she pulled it off / *tu as vu le coup de la marée noire, ça a été vite étouffé!* did you see that business about the oil spill, they hushed that one up quickly! / *c'est un coup à avoir un accident, ça!* that's the sort of thing that causes accidents! / *combien crois-tu que ça va coûter? — oh, c'est un coup de 1 000 euros* how much do you think it will cost? — oh, about 1,000 euros ; *vulg* [personne - sexuellement] ▸ **c'est un bon coup** he / she's a good lay **4.** [action remarquable, risquée] coup ▸ **faire un beau** ou **joli coup** to pull a (real) coup / *elle a décroché le contrat, quel joli coup!* she landed the contract, what a coup! / *quand il s'agit d'un gros coup, elle met la main à la pâte* when it's something really important, she lends a hand ▸ **tenter le coup** to have a go, to give it a try ▸ **c'est un coup à faire** ou **tenter** it's worth trying ou a try **5.** [circonstance marquante] ▸ **marquer le coup** to mark the occasion ▸ **un coup du ciel** ou **de la Providence** a twist of fate ▸ **un coup de chance** ou **de pot** *fam* ou **de bol** *fam* a stroke of luck, a lucky break ▸ **t'as vraiment eu un coup de chance** ou **pot** *fam* ou **bol** *fam* **!** you were a lucky dog!, you certainly got a lucky break there!

D. FOIS time, go ▸ **du premier coup** first time, at the first attempt / *j'ai eu mon permis au second coup* I passed my driving test at the second attempt / *au prochain coup, tu vas y arriver* you'll do it next time ou at your next go ▸ **essaie encore un coup** have another go / *ce coup-ci, on s'en va* this time, we're off / *ce coup-là, je crois qu'elle a compris* I think she got the message that time ▸ **pour un coup** *fam* just for (this) once / *pour un coup, tu peux bien le laisser sortir en semaine!* let him go out on a weekday, just for ou this once! ▸ **un bon coup** *fam* : *c'est ça, pleure un bon coup* that's it, have a good cry / *dites-le lui un bon coup, qu'on n'en parle plus!* tell him once and for all, and let's not talk about it any more! / *vous devriez vous expliquer un bon coup!* you should have it out once and for all! / *souffle un grand coup! fam* [en se mouchant, sur des bougies] blow hard! ▸ **respire un grand coup** *fam* take a deep breath.

❖ **à coups de** loc prép : *démoli à coups de marteau* smashed to pieces with a hammer / *ils se battaient à coups d'oreillers* they were having a pillow-fight / *il ne discute qu'à coups de statistiques* the only thing he puts forward is statistics / *la productivité a été augmentée à coups de primes spéciales* productivity was increased through ou by dint of special bonuses.

❖ **à coup sûr** loc adv undoubtedly, certainly, for sure / *tu vas à coup sûr rater ton train!* one thing's (for) sure, you'll miss your train! / *à coup sûr, tu ne t'attendais pas à ça!* you certainly never expected that! / *elle ne s'engage qu'à coup sûr* she only commits herself when she's certain of the outcome.

❖ **après coup** loc adv afterwards, later on / *son attitude, après coup, s'expliquait bien* it was easy to explain her attitude afterwards ou in retrospect.

❖ **à tous les coups** loc adv *fam* **1.** [chaque fois] every time / *ça marche à tous les coups* it never fails **2.** [sans aucun doute] : *à tous les coups, il a oublié* he's bound to have forgotten.

❖ **au coup par coup** loc adv *fam* bit by bit / *négocier au coup par coup* to have piecemeal negotiations / *les avantages sociaux ont été obtenus au coup par coup* welfare benefits were won bit by bit.

❖ **coup sur coup** loc adv one after the other, in quick succession / *deux angines coup sur coup* two attacks of tonsillitis in quick succession.

❖ **dans le coup** *fam* ◆ loc adj : *les gens dans le coup* hip ou trendy people ▸ **être dans le coup** : *elle est dans le coup* **a)** [complice] she's in on it ou involved in it **b)** [au courant] she knows all about it **c)** [à la page] she's hip ou with it / *moi, je ne suis pas dans le coup* [dans l'affaire] it's nothing to do with me, it doesn't involve me ▸ **moi, je ne suis plus dans le coup a)** [dans l'affaire] count me out ou leave me out of it **b)** [au courant] I'm a bit out of touch ou out of it / *pour le pop, je ne suis plus dans le coup* I've not kept up with ou I'm rather out of touch with the pop scene. ◆ loc adv ▸ **mettre qqn dans le coup** to let sb in on the act / *c'est Benjamin qui m'a mis dans le coup* Benjamin got me involved in it ou in on it.

❖ **du coup** loc adv so, as a result / *alors, du coup, tu ne pars plus!* so that means, you're not going anymore! / *elle ne pouvait pas venir, du coup j'ai reporté le dîner* as she couldn't come, I put the dinner off, she couldn't come so I put the dinner off.

❖ **d'un (seul) coup** loc adv **1.** [en une seule fois] in one (go), all at once / *tu peux mettre toute la farine d'un seul coup* you can add the flour all at once / *avale-les d'un coup* swallow them down in one (go) / *il a tout bu d'un coup* he drank the whole lot in one go, he downed it in one / *d'un seul coup d'un seul, je fais sortir le lapin du chapeau fam* and hey presto, with one wave of my hand, I pull the rabbit out of the hat! **2.** [soudainement] all of a sudden / *j'ai eu envie de pleurer / de le gifler, ça m'a pris d'un coup fam* I got a sudden urge to cry / to slap him.

❖ **pour le coup** loc adv : *pour le coup, je ne savais plus quoi faire* at that point, I didn't know what to do next / *j'ai aussi failli renverser le lait, c'est pour le coup qu'il aurait été en colère! fam* I nearly spilt the milk as well, he really would have been furious then!

❖ **sous le coup de** loc prép ▸ **faire qqch sous le coup de la colère** to do sthg in anger / *sous le coup de la colère, on dit des choses qu'on regrette après* you often say things in anger which you regret later / *sous le coup de l'excitation, il a trop promis* in the heat of the moment, he made promises he couldn't keep / *il est encore sous le coup de l'émotion* he still hasn't got over the shock ▸ **tomber sous le coup de qqch** to come within the scope of sthg / *tomber sous le coup de la loi* to be punishable by law, to be a statutory offence UK ou offense US / *si vous ne payez pas, vous tombez sous le coup d'une expulsion* if you don't pay, you become liable to eviction.

❖ **sur le coup** loc adv **1.** [mourir] instantly **2.** [à ce moment-là] straightaway, there and then / *je n'ai pas compris sur le coup* I didn't understand immediately ou straightaway / *sur le coup, j'ai accepté, mais je le regrette aujourd'hui* I accepted straightaway, but now I regret it.

❖ **sur le coup de** loc prép ▸ **sur le coup de 6 h / de midi** roundabout ou around 6 o'clock / midday.

❖ **coup d'aile** nm : *d'un puissant coup d'aile, le rapace gagne les hauteurs* the bird of prey gains height on its powerful wings / *la cane a donné un petit coup d'aile* the duck flapped its wings / *tous les moineaux se sont envolés d'un coup d'aile* all the sparrows took wing suddenly / *Paris-Bruxelles en un coup d'aile fig* Paris-Brussels in one short hop / *on peut aller n'importe où dans le monde d'un coup d'aile* you can fly anywhere in the world in no time at all.

❖ **coup de balai** nm : *donner un coup de balai* to sweep up / *je vais donner un coup de balai dans la cuisine* I'm going to sweep (out) the kitchen / *la cuisine a besoin d'un bon coup de balai* the kitchen needs a good sweep / *le comité aurait besoin d'un bon coup de balai fig* the committee could do with a shake-up ▸ **donner un bon coup de balai dans les traditions / la direction** *fig* to revamp the traditions / management.

❖ **coup de barre** nm *fam* : *j'ai un coup de barre* I feel shattered UK ou pooped US.

❖ **coup de chapeau** nm praise ▸ **donner un coup de chapeau à qqn** to praise sb / *son livre mérite un coup de chapeau* his book deserves some recognition.

❖ **coup de chien** nm **1.** MÉTÉOR sudden squall **2.** *fig* bolt from the blue.

❖ **coup de cœur** nm ▸ **avoir un** ou **le coup de cœur pour qqch** to fall in love with sthg, to be really taken with sthg / *voici nos coups de cœur dans la collection de printemps* here are our favourite spring outfits ; *(comme adj inv)* : *des prix coup de cœur* special offers.

COLOURS

WHEN ARE COLOUR ADJECTIVES INVARIABLE?

❶ When two adjectives are put together to describe a single colour

If an adjective specifying a shade (**pâle**, **clair**, **foncé**...) modifies an adjective of colour, both adjectives are invariably masculine singular:

des yeux bleu pâle pale blue eyes

des draps vert clair light green sheets

Colour adjectives can be combined using a hyphen. These combinations do not agree with the nouns which they describe:

des yeux bleu-vert blue-green eyes

un ton gris-bleu a bluey-grey colour

❷ When a noun and an adjective are put together to describe a single colour

Adjectives of colour can be made more specific by the addition of the name of a coloured object:

vert bouteille bottle green

jaune citron lemon yellow

In these constructions, the adjective is invariably masculine singular: e.g. des serviettes bleu nuit (dark blue towels). In the context of fashion, nouns are often used in this way: e.g. des collants pivoine (peony-red tights), une broderie café au lait (pale coffee coloured embroidery).

A PEJORATIVE SUFFIX FOR NAMES OF COLOURS

When an adjective of colour carries the suffix **-âtre**, it often implies a pejorative judgement on the shade of the colour mentioned:

des traces rougeâtres reddish stains

un teint jaunâtre a sallow complexion

une eau verdâtre murky green water.

❖ **coup de coude** nm ▸ **donner un coup de coude à qqn a)** [en signe] to nudge sb **b)** [agressivement] to dig one's elbow into sb.

❖ **coup d'éclat** nm feat ▸ **faire un coup d'éclat** to pull off a coup.

❖ **coup d'État** nm **1.** [putsch] coup (d'état) **2.** *fig* coup.

❖ **coup de feu** nm **1.** [tir] shot / *tirer un coup de feu* to fire a shot, to shoot / *on a entendu des coups de feu* we heard shots being fired ou gunshots **2.** *fig* : *c'est le coup de feu* there's a sudden rush on.

❖ **coup de fil** = coup de téléphone.

❖ **coup de filet** nm [poissons] draught, haul ; [suspects] haul.

❖ **coup de foudre** nm **1.** MÉTÉOR flash of lightning **2.** *fig* love at first sight / *ça a été le coup de foudre* it was love at first sight.

❖ **coup de fouet** nm ▸ **donner un coup de fouet à qqn a)** *pr* to lash ou to whip sb **b)** *fig* to give sb a boost / *ces vitamines te donneront un coup de fouet fig* these vitamins will give you a boost ou a lift.

❖ **coup fourré** nm **1.** ESCRIME double hit **2.** *fig* low trick.

❖ **coup franc** nm free kick.

❖ **coup de fusil** nm **1.** [acte] shot ; [bruit] shot, gunshot ▸ **donner un coup de fusil à qqn** to shoot sb (with a rifle) / *on entendait des coups de fusil* you could hear shooting ou shots being fired / *un coup de fusil a déchiré le silence* the silence was shattered by the sound of a shot / *recevoir un coup de fusil* to get shot **2.** *fig* : *on y mange bien, mais après c'est le coup de fusil !* it's a good restaurant, but the bill is a bit of a shock !

❖ **coup de grâce** nm *pr & fig* coup de grâce, deathblow.

❖ **coup du lapin** nm [coup] rabbit punch ; [dans un accident de voiture] whiplash *(U)*.

❖ **coup de main** nm **1.** [raid] smash-and-grab (attack) ; MIL coup de main **2.** [aide] ▸ **donner un coup de main à qqn** to give ou to lend sb a hand **3.** [savoir-faire] : *avoir le coup de main* to have the knack ou the touch.

❖ **coup d'œil** nm **1.** [regard] look, glance / *elle s'en rendit compte au premier coup d'œil* she noticed straight away ou immediately ou at a glance ▸ **donner** ou **jeter un petit coup d'œil à** to have a quick look ou glance at / *d'un coup d'œil, il embrassa le tableau* he took in the situation at a glance ▸ **avoir le coup d'œil** to have a good eye / *pour les coquilles, elle a le coup d'œil* she has a keen eye for misprints ▸ **valoir le coup d'œil** to be (well) worth seeing **2.** [panorama] view / *de là-haut, le coup d'œil est unique* the view up there is unique.

❖ **coup de pied** nm [d'une personne, d'un cheval] kick / *le coup de pied de l'âne fig* the parting shot ▸ **donner un coup de pied à qqn / dans qqch** to kick sb / sthg / *il a donné un coup de pied dans le flipper* he gave the pinball machine a kick.

❖ **coup de poing** ◆ nm punch / *les coups de poing pleuvaient* it was raining blows ou punches ▸ **donner un coup de poing à qqn** to give sb a punch, to punch sb / *faire le coup de poing* to brawl, to fight. ◆ adj inv / **'opération coup de poing'** 'prices slashed'.

❖ **coup de poker** nm (bit of a) gamble / *on peut tenter la chose, mais c'est un coup de poker* we can try it but it's a bit risky.

❖ **coup de pompe** nm *fam* sudden feeling of exhaustion / *j'ai un coup de pompe* I suddenly feel completely shattered UK ou beat US.

❖ **coup de pouce** nm bit of help ▸ **donner un coup de pouce à qqn** to pull (a few) strings for sb ▸ **donner un coup de pouce à qqch** to give sthg a bit of a boost / *il nous faudrait de la publicité pour donner un coup de pouce à nos ventes* we need some advertising to give our sales a bit of a boost.

❖ **coup de sang** nm **1.** MÉD stroke **2.** *fig* angry outburst / *elle a eu un coup de sang* she exploded (with rage).

❖ **coup de soleil** nm sunburn *(U)* ▸ **prendre** ou **attraper un coup de soleil** to get sunburnt.

❖ **coup du sort** nm [favorable] stroke of luck ; [défavorable] stroke of bad luck.

❖ **coup de téléphone** nm (phone) call ▸ **donner** ou **passer un coup de téléphone** to make a call ▸ **donner** ou **passer un coup de téléphone à qqn** to phone ou to call ou to ring UK sb / *recevoir un coup de téléphone* to receive ou to get a phone call / *j'ai eu un coup de téléphone de Jean* I had a call from Jean.

❖ **coup de tête** nm **1.** [dans une bagarre] head butt ▸ **donner un coup de tête à qqn** to head-butt sb **2.** SPORT header **3.** *fig* (sudden) impulse ▸ **sur un coup de tête** on (a sudden) impulse.

❖ **coup de théâtre** nm THÉÂTRE coup de théâtre, sudden twist in the action ; *fig* sudden turn of events / *et alors, coup de théâtre, on lui demande de démissionner* and then, out of the blue, he was asked to resign.

❖ **coup de torchon** nm *fam* [bagarre] fist-fight ; [nettoyage] clear-out UK, cleanup.

❖ **coup de vent** nm **1.** [rafale] gust (of wind) **2.** EXPR **en coup de vent** : *entrer / partir en coup de vent* to rush in / off / *elle est passée par Lausanne en coup de vent* she paid a flying visit to Lausanne ▸ **manger en coup de vent** to grab something to eat.

* In reformed spelling (see p. 16-19).

Coup de Jarnac

In 1547, the baron de Jarnac fought a duel with a rival nobleman, François de Vivonne. Jarnac won the duel by cutting his rival's hamstring with an unexpected and unconventional sword thrust. The incident became legendary, and the expression **un coup de Jarnac** has come to mean an unexpected and decisive blow dealt by someone:

Après sa maladie, son licenciement économique a été un véritable coup de Jarnac. *Being made redundant after his illness was a terrible and unexpected blow for him.*

Coup de Jarnac de l'opposition municipale qui met son veto au projet de construction d'une marina. *Opposition council members have launched a surprise attack, vetoing plans for a new marina.*

coupable [kupabl] ◆ adj **1.** [fautif] guilty / *se sentir coupable* to feel guilty / *prendre un air coupable* to look sheepish ou guilty **2.** [responsable] guilty, culpable *sout* ; DR guilty **3.** *litt* [amour, rêve, pensée] sinful, reprehensible ; [action] culpable *sout*. ◆ nmf **1.** [élément responsable] culprit / *le vrai coupable, c'est l'amour* the real culprit is love **2.** DR guilty party.

coupage [kupaʒ] nm [mélange] blending ; [avec de l'eau] diluting, dilution, watering down.

coupailler [3] [kupaje] vt *péj* to hack away at.

coupant, e [kupɑ̃, ɑ̃t] adj **1.** [tranchant - ciseaux] sharp ▸ **herbe coupante** grass you can cut yourself on **2.** [caustique - ton, remarque] cutting, biting.

❖ **coupant** nm cutting edge.

coup-de-poing [kudpwɛ̃] (*pl* **coups-de-poing**) ◆ nm ▸ **coup-de-poing américain** knuckle-duster. ◆ adj [argument, chanson] hard-hitting ; [politique] tough and uncompromising.

coupe [kup] nf **1.** [action] cutting (out) ; [coiffure] ▸ **coupe (de cheveux)** cut, haircut ▸ **changer de coupe** to have one's hair restyled ▸ **coupe au carré** (square) bob **2.** COUT [forme] cut ; [action] cutting ; [tissu] length / *un ensemble à la coupe impeccable* an impeccably-cut suit **3.** [dessin] section ▸ **coupe longitudinale** longitudinal section ▸ **coupe transversale** cross-section **4.** [au microscope] section **5.** JEUX [séparation] cut, cutting **6.** [sciage] cutting (down) ; [étendue] felling area ; [entaille] section ▸ **coupes budgétaires** budget cuts ▸ **coupe sombre a)** *pr* thinning out **b)** *fig* drastic cut / *faire des coupes sombres dans un budget* to drastically cut a budget ▸ **coupe réglée** periodic felling ▸ **mettre en coupe réglée a)** *pr* to fell on a regular basis **b)** *fig* to bleed ou to drain systematically **7.** LING & LITTÉR break, caesura ▸ **coupe syllabique** syllable break **8.** [verre, contenu - à boire] glass ; [- à entremets] dish ▸ **coupe de glace / fruits** [dessert] ice cream / fruit *(presented in a dish)* / *je t'offre une coupe* [de champagne] let me buy you a glass of champagne ▸ **coupe à glace** sundae dish ▸ **la coupe est pleine** the cup is full.

❖ **à la coupe** loc adj ▸ **fromage / jambon à la coupe** cheese cut / ham sliced at the request of the customer.

❖ **sous la coupe de** loc prép **1.** [soumis à] ▸ **être sous la coupe de qqn** to be under sb's thumb ▸ **tomber sous la coupe de qqn** to fall into sb's clutches **2.** JEUX ▸ **jouer sous la coupe de qqn** to lead after sb has cut.

coupé [kupe] nm AUTO & DANSE coupé.

coupe-choux [kupʃu] (*pl* **coupe-choux**) nm *fam* **1.** [sabre] sabre **2.** *hum* (cut-throat) razor.

coupe-cigares [kupsigaʀ] (*pl* **coupe-cigares**) nm cigar cutter.

coupe-circuit [kupsiʀkɥi] (*pl* **coupe-circuit** ou **coupe-circuits**) nm cutout.

coupe-coupe (*pl* **coupe-coupe**), **coupecoupe*** [kupkup] nm machete.

coupée [kupe] nf gangway.

coupe-faim (*pl* **coupe-faim** ou **coupe-faims***) [kupfɛ̃] nm **1.** [gén] snack **2.** MÉD appetite suppressant.

coupe-feu (*pl* **coupe-feu** ou **coupe-feux***) [kupfø] nm **1.** [espace] firebreak, fire line **2.** [construction] fireguard.

coupe-file [kupfil] (*pl* **coupe-files**) nm pass.

coupe-gorge (*pl* **coupe-gorge** ou **coupe-gorges***) [kupgɔʀʒ] nm [quartier] dangerous area ; [bâtiment] death trap.

coupe-jarret [kupʒaʀɛ] (*pl* **coupe-jarrets**) nm *litt* cutthroat.

coupe-légumes (*pl* **coupe-légumes**), **coupe-légume*** (*pl* **coupe-légumes***) [kuplegym] nm vegetable cutter, vegetable slicer.

coupelle [kupɛl] nf **1.** [petite coupe] (small) dish **2.** CHIM cupel.

coupe-ongles (*pl* **coupe-ongles**), **coupe-ongle*** (*pl* **coupe-ongles***) [kupɔ̃gl] nm (pair of) nail clippers.

coupe-papier [kuppapje] (*pl* **coupe-papier** ou **coupe-papiers**) nm paper knife.

couper [3] [kupe] ◆ vt **1.** [entailler - légèrement] to cut ; [- gravement] to slash / *le vent lui coupait le visage fig* the wind stung her face ▸ **couper le souffle** ou **la respiration à qqn** to take sb's breath away / *beau à couper le souffle* breathtakingly beautiful ▸ **à couper au couteau** : *il y avait un brouillard à couper au couteau* the fog was so thick you couldn't see your hand in front of your face / *un accent à couper au couteau* a very strong accent / *un silence à couper au couteau* a silence you could cut with a knife **2.** [membre] to cut off *(sép)* ; [tête] to cut off, to chop (off) / *il a fallu lui couper un doigt* he had to have a finger off ou amputated / *couper la tête* ou *le cou à un canard* to chop a duck's head off ▸ **couper bras et jambes à qqn** [surprise] to amaze sb / *ça lui a coupé les jambes* [de fatigue] that's really tired him out **3.** [mettre en morceaux - ficelle] to cut ; [- gâteau] to cut up *(sép)* ; [- saucisson] to cut up, to slice (up) ; [- bois] to chop (up) / *elle est obligée de lui couper sa viande* she has to cut up his meat (for him) / *couper en tranches* to cut up, to cut into slices, to slice ▸ **couper qqch en tranches fines / épaisses** to slice sthg thinly / thickly, to cut sthg into thin / thick slices ▸ **elle se ferait couper en morceaux plutôt que de...** she'd rather die than... ▸ **couper la poire en deux** to meet half-way, to come to a compromise ▸ **couper les ponts avec qqn** to break all ties ou to break off relations with sb ▸ **couper les cheveux en quatre** to split hairs **4.** [tailler - fleurs] to cut ; [- bordure] to cut off *(sép)* ; [- arbre] to cut ou to chop down *(sép)*, to fell ▸ **couper les cheveux à qqn** to cut ou to trim sb's hair / *se faire couper les cheveux* to have one's hair cut ▸ **couper le mal à la racine** to strike at the root of the evil **5.** COUT [robe] to cut out *(sép)* ; [tissu] to cut **6.** [écourter - film, texte] to cut ; [ôter - remarque, séquence] to cut (out), to edit out *(sép)* / *garde l'introduction mais coupe les citations latines* keep the introduction but edit ou cut ou take out the Latin quotations **7.** [arrêter - crédit] to cut off ▸ **couper l'eau a)** [par accident] to cut off the water **b)** [volontairement] to turn ou to switch off the water / *son père va lui couper les vivres* his father will stop supporting him ou will cut off his means of subsistence **8.** [interrompre - fièvre] to bring down *(sép)* ; [- relations diplomatiques, conversation] to break off ▸ **couper la parole à qqn** to cut sb short / *ne coupe pas la parole comme ça !* don't cut in like that ! / *la joie lui coupait la parole* joy rendered him speechless ▸ **couper l'appétit à qqn** to ruin ou spoil sb's appetite ▸ **couper qqn** *fam* to interrupt sb / *vous me coupez tout le temps !* you're always cutting in (when I'm speaking) ou interrupting (me) ! / *je vais à la gym à midi, ça (me) coupe la journée* I go to the gym at lunchtime, it helps to break the day up ▸ **couper la chique** ou **le sifflet à qqn** *fam* to shut sb up ▸ **couper ses effets à qqn** to take the wind out of sb's sails **9.** [barrer - route] to cut off *(sép)* ; [- retraite] to block off *(sép)*, to cut off / *l'arbre nous coupait la route* the tree blocked our path **10.** [diviser - surface] to cut ; [- ligne] to cut, to intersect ; [- voie] to cross, to cut across / *le mur coupe la ville en deux* the wall cuts the town in two ou bisects the town / *où le chemin de fer coupe la route* where the railway line cuts across ou crosses the road / *la voiture nous a coupé la route* the car cut across in front of us / *depuis, la famille est coupée en deux fig* since then, the family has been split in two ▸ **couper qqn de qqch** to cut sb off from sthg / *je me sens coupé de tout* I feel cut off from everything ou totally isolated **11.** [diluer -lait] to add water to, to thin ou to water down *(sép)* ▸ **coupé d'eau** diluted, watered down ▸ **couper du vin a)** [à l'eau] to water wine down **b)** [avec d'autres vins] to blend wine **12.** CINÉ ▸ **coupez!** cut! **13.** TÉLÉC to cut off *(sép)* **14.** JEUX [partager] to cut ; [jouer l'atout] to trump **15.** SPORT [balle] to slice. ◆ vi **1.** [être tranchant] to cut, to be sharp / *attention, ça coupe!* careful, it's sharp! **2.** [prendre un raccourci] ▸ **couper à travers champs** to cut across country ou the fields / *il nous a fait couper à travers champs* he showed us a shortcut across the fields / *couper par une petite route* to cut through by a minor road / *coupons par le moulin* let's take a short-cut via the mill ▸ **couper au plus court** to take the quickest way **3.** [interrompre] to cut in ▸ **faux, coupa-t-elle** not true, she cut in.

❖ **couper à** v + prép ▸ **couper court à qqch** [mettre fin à] to cut sthg short, to curtail sthg ▸ **couper à qqch** to get out of sthg / *tu ne couperas pas à la vaisselle!* you won't get out of doing the dishes! ▸ **y couper** : *on n'y a pas coupé, à son sermon!* sure enough we got a lecture from him! / *tu dois y aller, tu ne peux pas y couper!* you've got to go, there's no way you can get out of it!

❖ **se couper** ◆ vp *(emploi réfléchi)* to cut o.s. ▸ **se couper les ongles** to cut ou to trim one's nails / *se couper le* ou *au front* to cut one's forehead / *se couper les veines* to slit ou to slash one's wrists ▸ **se couper en quatre pour qqn a)** [ponctuellement] to bend over backwards to help sb **b)** [continuellement] to devote o.s. utterly to sb. ◆ vpi **1.** [lignes, routes] to cut across one another, to intersect **2.** *fam* [se contredire] to contradict o.s.

couper-coller [kupekɔle] vt & vi to cut-and-paste.

couperet [kupʀɛ] nm **1.** [d'une guillotine] blade, knife **2.** [à viande] cleaver, chopper.

couperose [kupʀoz] nf red blotches (on the face), rosacea *spéc.*

couperosé, e [kupʀoze] adj blotchy and red, affected by rosacea *spéc.*

coupeur, euse [kupœʀ, øz] nm, f **1.** COUT cutter **2.** EXPR **un coupeur de cheveux en quatre** a nitpicker ▸ **un coupeur de têtes a)** *pr* executioner **b)** *fig* hatchet man.

coupe-vent (*pl* **coupe-vent** *ou* **coupe-vents***) [kupvɑ̃] nm **1.** VÊT windcheater UK, Windbreaker US **2.** TRANSP V-shaped deflector.

couplage [kuplaʒ] nm ÉLECTR & MÉCAN coupling.

couple [kupl] ◆ nm **1.** [d'amoureux, de danseurs] couple ; [de patineurs, d'animaux] pair / *leur couple ne marche pas très fort* their relationship isn't going too well / *ils ont des problèmes de couple* they've got problems in their relationship **2.** MÉCAN & PHYS couple ▸ **couple moteur** torque **3.** MATH pair **4.** NAUT frame / *interdiction de se mettre à couple* no double-mooring. ◆ nf **1.** CHASSE [chiens] couple ; [colliers] leash **2.** *litt & vieilli* ▸ **une couple de** a couple of.

couplé [kuple] nm [au tiercé] double.

coupler [3] [kuple] vt **1.** [mettre deux à deux] to couple together, to pair up ou off *(sép)* **2.** ÉLECTR & MÉCAN to couple **3.** CHASSE to leash together.

couplet [kuplɛ] nm **1.** [strophe] verse ; [chanson] song **2.** *péj* [discours] tirade / *il y allait de son couplet sur la jeunesse d'aujourd'hui* he gave his little set piece on the young people of today.

coupleur [kuplœʀ] nm **1.** ÉLECTR, RAIL & TRANSP coupler **2.** INFORM coupler ▸ **coupleur acoustique** acoustic coupler ▸ **coupleur synchrone** synchronous coupler.

coupole [kupɔl] nf **1.** ARCHIT dome ▸ **petite coupole** cupola ▸ **la Coupole a)** [Académie] the Académie française **b)** [restaurant] *restaurant in Paris famous as a former meeting place for artists* ▸ **entrer sous la Coupole** to be made a member of the Académie française **2.** ARM cupola.

coupon [kupɔ̃] nm **1.** TEXT remnant **2.** [de papier] coupon **3.** FIN [droit attaché à un titre] coupon **4.** TRANSP ▸ **coupon annuel / mensuel** yearly / monthly pass ; BELG rail ou train ticket.

coupon-réponse [kupɔ̃ʀepɔ̃s] (*pl* **coupons-réponse**) nm reply coupon.

coupure [kupyʀ] nf **1.** [blessure] cut / *la coupure est profonde* it's a deep cut, it's quite a gash ▸ **il connaît la coupure** *arg crime* he knows just the trick **2.** [trêve, repos] break / *une bonne coupure dans la semaine* a good break during the week **3.** ÉLECTR ▸ **coupure (de courant)** power cut, blackout ▸ **il y a une coupure de gaz / d'eau** the gas / the water has been cut off **4.** [suppression -dans un texte] deletion **5.** [article] ▸ **coupure de journal / presse** newspaper / press cutting ou clipping **6.** FIN note UK, bill US ▸ **grosses coupures** large denominations ou bills US ▸ **petites coupures** small denominations ou bills US.

couque [kuk] nf BELG cake.

cour [kuʀ] nf **1.** [d'immeuble] courtyard ; [de ferme] yard, farmyard / *avec vue sur (la) cour* looking onto the inside of the building ou onto the courtyard ▸ **cour d'honneur** main courtyard ▸ **cour de récréation** ÉDUC playground UK, schoolyard US / *ça s'est passé dans la cour de récréation* it happened in the playground ou at playtime ▸ **jouer dans la cour des grands** *fig* to be up there with the leaders ▸ **être admis dans la cour des grands** : *la société a été admise dans la cour des grands* the company has now become a serious contender ▸ **cour des Miracles** HIST *area in Paris where vagrants had the right of sanctuary* / *c'était la cour des Miracles dans la salle d'attente fig* the waiting room was utter bedlam **2.** [d'un roi] court ; *fig* [admirateurs] following, inner circle (of admirers) ▸ **c'est la cour du roi Pétaud** it's chaotic ▸ **être bien / mal en cour** to be in / out of favour **3.** DR [magistrats] court ▸ **Messieurs, la Cour!** all rise!, be upstanding in court! UK ; [tribunal] ▸ **cour d'appel** Court of Appeal UK ou Appeals US, appellate court US ▸ **cour d'assises** ≃ Crown Court UK ; ≃ Circuit court US ▸ **Cour de cassation** final Court of Appeal UK ou Appeals US ▸ **Cour européenne des droits de l'homme** European Court of Human Rights ▸ **Cour Internationale de justice** International Court of Justice ▸ **Haute cour** High Court *(for impeachment of president or ministers)* **4.** ADMIN ▸ **Cour des comptes** *the French audit office* ; ≃ controller and auditor general UK ; ≃ General Accounting Office US **5.** BELG toilets **6.** EXPR **faire la cour à qqn** to court sb, to woo sb.

Cour d'assises

This is the court which hears criminal cases. It is made up of a president, two assessors, and a jury of laymen. Normally the court meets every three months in each **département**.

Cour de cassation

The highest court of civil and criminal appeal in France. The court has the power to overturn the decisions of lower courts when it believes the law has been misinterpreted. It does not rehear cases but simply analyses the way the law was applied.

Cour des comptes

A state body that supervises the financial affairs of public bodies and local authorities, and monitors the way public funds are used.

courage [kuʀaʒ] nm **1.** [bravoure] courage, bravery / *je n'ai pas eu le courage de le lui dire* [mauvaise nouvelle] I didn't have the heart to tell him / *le courage me manqua* my courage failed me ▸ **avec courage** courageously, bravely / *travailler avec courage* to work with a will ▸ **avoir le courage de ses opinions** to have the courage of one's convictions ▸ **prendre son courage à deux mains** to muster all one's courage **2.** [énergie] will, spirit / *je n'ai pas le courage d'aller travailler / de le lui dire* I don't feel up to going to work / to telling her / *un whisky pour te donner du courage* a whisky to buck you up / *courage, la journée est bientôt finie* keep it up, the day's nearly over ▸ **bon courage!** good luck!, hope it goes well! ▸ **prendre courage** to take heart ▸ **perdre courage** to lose heart, to become discouraged.

courageusement [kuʀaʒøzmɑ̃] adv **1.** [se battre, parler] courageously, bravely **2.** [travailler] with a will.

courageux, euse [kuʀaʒø, øz] adj courageous, brave ▸ **courageux mais pas téméraire** brave but not reckless ou foolhardy / *je ne me sens pas très courageux aujourd'hui* I don't feel up to much today.

couramment [kuʀamɑ̃] adv **1.** [bien] fluently / *elle parle le danois couramment* she speaks Danish fluently ou fluent Danish **2.** [souvent] commonly / *objet employé couramment* object in general use / *l'expression s'emploie couramment* the expression is in common usage ▸ **ça se dit couramment** it's a common ou an everyday expression ▸ **cela arrive couramment** it happens frequently ▸ **cela se fait couramment** it's common practice.

courant[1] [kuʀɑ̃] nm **1.** ÉLECTR ▸ **courant (électrique)** (electric) current ▸ **branché sur le courant** plugged into the mains ▸ **couper le courant** to cut the power off ▸ **mettre le courant** to switch the power on ▸ **rétablir le courant** to put the power back on / *prendre le courant fam* to get a shock ou an electric shock ▸ **courant alternatif / continu** alternating / direct current ▸ **le courant passe bien entre...** : *le courant passe bien entre nous* we're on the same wavelength / *le courant passe bien entre lui et le public* he comes across well to the public **2.** [dans l'eau] current, stream / *il y a trop de courant* the current is too strong ▸ **courant marin** marine current ▸ **suivre le courant a)** *pr* to go with the current **b)** *fig* to follow the crowd, to go with the tide ▸ **nager contre** ou **remonter le courant a)** *pr* to swim against the current **b)** *fig* to go against the tide **3.** [dans l'air] current ▸ **courant (atmosphérique)** airstream, current ▸ **courant d'air** draught UK, draft US / *il y a des courants d'air* it's draughty ▸ **se déguiser** ou **se transformer en courant d'air** *hum* to vanish into thin air **4.** [tendance] current, trend / *le courant classique* the classical movement / *les courants de l'opinion* currents ou trends in public opinion ▸ **un courant d'optimisme** a wave of optimism ▸ **les courants du PS** *the ideological tendencies which have traditionally existed within the Socialist Party* **5.** [masse mouvante] movement, shift / *les courants de population* shifts of population / *les courants commerciaux sont perturbés* commercial progress is disturbed **6.** [ce qui est quotidien] ▸ **le courant** everyday life.

❖ **au courant** ◆ loc adj [informé] : *personne / journal bien au courant* well-informed person / paper / *il est parti mais les gens au courant n'ont rien dit* he left but those who knew about it ou who were in the know kept quiet / *je ne suis pas au courant* I don't know anything about it / *oui, je suis au courant* yes, I know / *tu veux dire que tu étais au courant?* you mean you knew all about it? ◆ loc adv ▸ **se tenir au courant** to keep abreast of things ou o.s. informed / *allez, on se tient au courant* let's keep in touch / *tiens-moi au courant* let me know how things are going ▸ **mettre qqn au courant** to let sb know, to fill sb in / *pour vous mettre au courant* so that you know, in order to fill you in ▸ **tenir qqn au courant** to keep sb posted ou informed.

❖ **au courant de** loc prép **1.** [informé de] : *au courant des nouvelles méthodes* well up on new methods / *être très au courant de ce qui se passe* to be very well-informed about what's happening / *tu es au courant de la panne?* do you know about the breakdown? / *on ne me tient jamais au courant de rien!* nobody ever tells me anything! / *je ne suis au courant de rien, moi!* I'm completely in the dark! **2.** *litt* [au fil de] ▸ **écrire qqch au courant de la plume a)** [rapidement] to dash sthg off **b)** [sans effort] to pen sthg with ease / *des mots* *qui viennent au courant de la plume* words that flow from the pen.

◆ **dans le courant de** loc prép in ou during the course of.

courant², e [kurɑ̃, ɑ̃t] adj **1.** [quotidien - vie, dépenses] everyday ; [- travail] everyday, routine ▸ **en anglais courant** in everyday ou conversational English **2.** [commun - problème, maladie] common ; [- incident] everyday **3.** [normal - modèle, pointure] standard **4.** [actuel] current ▸ **le mois courant** the current month / *votre lettre du 17 courant* your letter of the 17th instant UK ou the 17th of this month.

◆ **courante** nf **1.** *fam* [diarrhée] ▸ **la courante** the runs **2.** DANSE courante.

courbatu, e [kurbaty] adj aching (and stiff).

courbature [kurbatyr] nf ache / *plein de courbatures* aching (and stiff) all over.

courbaturé, e [kurbatyre] adj aching (and stiff).

courbe [kurb] ◆ adj curving, rounded, curved. ◆ nf **1.** [forme] curve / *avoir des courbes généreuses* to be curvaceous **2.** GÉOM curve, curved ou rounded line / *la route fait des courbes* the road curves **3.** [sur un graphique] curve ▸ **la courbe d'apprentissage** the learning curve ▸ **courbe de température** temperature curve ▸ **courbe en cloche** bell curve ▸ **courbe de Gauss** Gauss curve ▸ **tracer la courbe de** to plot the curve of, to graph **4.** GÉOGR ▸ **courbe de niveau** contour line.

courbement [kurbəmɑ̃] nm curving.

courber [3] [kurbe] ◆ vt **1.** [plier] to bend / *arbre courbé par le poids des fruits* tree bending under ou with the weight of the fruit **2.** [personne] ▸ **courber la tête** to bow ou to bend one's head ▸ **courber le front sur qqch** to bend over sthg / *marcher le dos courbé* to walk with a stoop ▸ **courber l'échine** ou **le dos devant qqn** to give in ou to submit to sb. ◆ vi *litt* : *courber sous le poids* to be weighed down by a burden.

◆ **se courber** vpi **1.** [ployer - arbre, barre] to bend **2.** [personne - gén] to bend down ; [- de vieillesse] to stoop ; [- pour saluer] to bow (down) ; [- par soumission] ▸ **se courber devant qqch** to bow before sthg, to submit to sthg.

courbette [kurbɛt] nf **1.** [salut] low bow ▸ **faire des courbettes à qqn** *péj* to kowtow to sb, to bow and scrape to sb **2.** [d'un cheval] curvet.

courbure [kurbyr] nf curved line ou shape, curvature *sout.*

courette [kurɛt] nf [d'un immeuble] small yard ou courtyard, close ; [d'une ferme] small yard ou farmyard.

coureur, euse [kurœr, øz] ◆ adj **1.** [cheval] racing **2.** *fam* [séducteur] : *il est très coureur* he's a womanizer ou philanderer / *elle est très coureuse* she's always chasing men. ◆ nm, f **1.** SPORT runner ; [sauteur de haies] hurdler ▸ **coureur de fond / demi-fond** long-distance / middle-distance runner ▸ **coureur cycliste** (racing) cyclist ▸ **coureur automobile** racing driver ▸ **coureur motocycliste** motorcycle ou motorbike driver **2.** *fam* [séducteur] womanizer (maneater) ▸ **coureur de dot** dowry-hunter ▸ **coureur de jupons** womanizer, philanderer **3.** [amateur] : *un coureur de fêtes / musées* inveterate party-goer / museum-goer **4.** QUÉBEC ▸ **coureur des bois** fur trader.

◆ **coureurs** nmpl *vieilli* ZOOL running birds.

courge [kurʒ] nf **1.** CULIN (vegetable) marrow UK, squash US ; [plante, fruit] gourd, squash **2.** *fam* [imbécile] idiot, dope, twit.

courgette [kurʒɛt] nf courgette UK, zucchini US.

courir [45] [kurir] ◆ vi **1.** [gén] to run ; [sportif, lévrier] to run, to race ▸ **entrer / sortir / traverser en courant** to run in / out / across ▸ **monter / descendre l'escalier en courant** to run up / down the stairs ▸ **partir en courant** to run off / *il arriva vers moi en courant* he ran up to me / *j'ai couru à fond de train* ou *à toutes jambes* I ran as fast as my legs could carry me / *il partit en courant à toutes jambes* he raced off / *courir ventre à terre* to run flat out ▸ **courir tête baissée (vers)** to rush headlong (towards) ▸ **courir après qqn** to run after sb / *elle a fait courir son cheval dans le Grand Prix* she entered her horse in the Grand Prix ▸ **courir comme un lièvre** to run like a hare ▸ **courir comme le vent** to run like the wind **2.** [se déplacer - nuée] to race along ou by ; [- eau] to rush, to run / *ses doigts couraient sur les touches* his fingers ran up and down the keyboard ▸ **laisser courir sa plume** to let one's pen run freely **3.** [se précipiter] to rush, to run / *toujours en train de courir chez le médecin* always running to the doctor ▸ **j'y cours** I'll rush over / *et tes confitures ? — j'y cours !* what about the jam you're making? — I'm just going to see to it now! / *un mot écrit en courant* a rushed note, a note that's been dashed off / *j'ai couru partout pour les cadeaux* I rushed everywhere for presents / *j'ai couru toute la journée* I've been in a rush ou I've been run off my feet all day / *qu'est-ce qui le fait courir ?* *fig* what drives him? / *la pièce qui fait courir tout Paris* the play all Paris is flocking to see **4.** [se propager - rumeur, idée] ▸ **un bruit qui court** a rumour UK ou rumor US that's going round ▸ **faire courir des bruits sur qqn** to spread rumours UK ou rumors US about sb ▸ **le bruit court que…** rumour UK ou rumor US has it that… **5.** [temps] : *l'année qui court* the current year / *le contrat court jusqu'au 25* the contract runs until the 25th / *par les temps qui courent* nowadays **6.** [s'étendre] ▸ **courir le long de** [rivière, voie ferrée] to run ou to stretch along / *ses notes couraient en marge du texte* his notes ran in the margin (next to the text) **7.** FIN [intérêt] to accrue / *laisser courir des intérêts* to allow interest to accrue **8.** NAUT to sail **9.** EXPR ▸ **tu peux (toujours) courir !** *fam* no way! / *l'épouser ? il peut toujours courir !* *fam* marry her? he doesn't have a hope in hell! ▸ **laisser courir** *fam* [abandonner] to give up ▸ **laisse courir !** drop it!, forget it! ▸ **courir sur le système** *tfam* ou **le haricot** *tfam* **à qqn** [l'énerver] to get up sb's nose UK ou on sb's nerves / *il commence à me courir !* *fam* he's beginning to get up my nose UK ou to tick me off US. ◆ vt **1.** SPORT [course] to compete in, to run **2.** [sillonner - ville, mers] to roam, to rove / *chemins courant la campagne litt* paths darting through the countryside ▸ **courir les rues** to be run-of-the-mill ou nothing unusual / *cela court les rues* [idée, style] it's run-of-the-mill / *quelqu'un comme ça, ça ne court pas les rues* people like that are hard to come by **3.** [fréquenter] to go round / *elle court les musées* she's an inveterate museum-goer / *courir les fêtes* to go to all the parties ▸ **courir les filles / les garçons** to chase girls / boys ▸ **courir le jupon** ou **le cotillon** to be a womaniser ▸ **courir la gueuse** ou **le guilledou** ou **la prétentaine** *hum & vieilli* to go wenching **4.** [rechercher - honneurs, poste] to seek ▸ **acteur courant le cachet** actor desperate for work ; [encourir] ▸ **courir un risque** to run a risk ▸ **faire courir un risque** ou **danger à qqn** to put sb at risk ; [tenter] ▸ **courir sa chance** to try one's luck **5.** CHASSE to hunt ▸ **il ne faut pas courir deux lièvres à la fois** *prov* if you run after two hares you will catch neither *prov.*

◆ **courir à** v + prép [faillite, désastre] to be heading for / *elle court à sa perte* she's on the road to ruin.

◆ **courir après** v + prép [rechercher] : *courir après qqn fam* to bug sb / *courir après un poste* to be after a job / *courir après la célébrité* to strive for recognition / *il court toujours après le temps* he's always short of time / *elle ne court pas après l'argent* she's not after money / *il peut toujours courir après son argent !* he'll never see his money again!

◆ **courir sur** v + prép [approcher de] : *courir sur ses 60 ans* to be approaching 60.

◆ **se courir** vp *(emploi passif)* : *le tiercé se court à Enghien aujourd'hui* today's race is being run at Enghien.

courlis [kurli], **courlieu, x** [kurljø] nm curlew.

couronne [kurɔn] nf **1.** [coiffure - d'un souverain] crown ; [- d'un pair] coronet ▸ **couronne de fleurs d'oranger** crown ou circlet of orange blossom ▸ **couronne de lauriers** crown of laurels, laurel wreath ▸ **couronne d'épines** crown of thorns ▸ **couronne royale** royal crown ▸ **couronne funéraire** ou **mortuaire** (funeral) wreath ▸ **porter la couronne** *pr* to wear the crown **2.** HIST & POL ▸ **la Couronne d'Angleterre / de Belgique** the English / Belgian Crown / *prétendre à la couronne* to lay claim to the throne / *il aspire à la Couronne de France* he wants to become King of France / *les joyaux de la Couronne* the Crown jewels **3.** [cercle] crown, circle / *une couronne de nuages entourait la montagne* the mountain was surrounded by a ring of clouds **4.** [périphérie] ▸ **la petite couronne** *the suburbs adjacent to Paris* ▸ **la grande couronne** *the outerlying Parisian suburbs* **5.** DANSE crown **6.** [pain] ring ou ring-shaped loaf **7.** [prothèse dentaire] crown **8.** AUTO ▸ **couronne dentée** crown wheel **9.** ARCHIT & ASTRON corona **10.** [monnaie] crown ▸ **couronne danoise / norvégienne** krone ▸ **couronne suédoise** krona **11.** [d'un arbre] crown.

◆ **en couronne** loc adj **1.** [en rond] ▸ **fleurs en couronne** wreath of flowers / *nattes en couronne* plaits (worn) in a crown **2.** CULIN in a ring.

couronné, e [kurɔne] adj crowned.

couronnement [kurɔnmɑ̃] nm **1.** [cérémonie] coronation, crowning **2.** [réussite] crowning achievement **3.** [récompense] : *cette année a vu le couronnement de ses efforts* this year her efforts were finally rewarded.

couronner [3] [kurɔne] vt **1.** [roi] to crown / *elle fut couronnée reine / impératrice* she was crowned queen / empress ; ANTIQ & HIST [orateur, soldat] to crown with a laurel wreath **2.** [récompenser - poète, chercheur] to award a prize to ; [- œuvre, roman] to award a prize for **3.** [conclure - carrière, recherches, vie] to crown / *sa nomination vient couronner sa carrière* her nomination is the crowning achievement of her career / *et pour couronner le tout fam* and to crown it all, and on top of all that **4.** [dent] to crown.

◆ **se couronner** vpt ▸ **se couronner les genoux** to graze one's knees.

courrai v ⟶ courir.

coure [kur] ⟶ chasse.

courriel [kurjɛl] nm email.

courrier [kurje] nm **1.** [correspondance - reçue] mail, letters, post UK ; [- à envoyer] letters (to be sent) / *j'ai beaucoup de courrier en retard* I've got a lot of letters to write / *il y a du courrier pour moi aujourd'hui ?* are there any letters for me ou have I got any mail ou is there any post UK for me today? / *elle reçoit beaucoup de courrier* she receives large quantities of mail / *le courrier est-il arrivé ?* has the postman UK ou mailman US been yet? / *avec la grève, il y a du retard dans le courrier* with the strike, there are delays in mail deliveries / *faites partir ça avec le premier courrier* send this first post today UK, send this by the first mail US **2.** [lettre] ▸ **un courrier** a letter **3.** ADMIN & POL [messager] courier **4.** [chronique] column ▸ **courrier du cœur** agony UK ou advice US column, problem page ▸ **courrier des lecteurs** letters (to the editor) **5.** INFORM ▸ **courrier électronique** email **6.** TRANSP mail ; HIST [homme] messenger.

> ⚠ Le mot anglais **courier** ne signifie jamais courrier.

courriériste [kurjerist] nmf columnist ▸ **courriériste du cœur** agony aunt.

courroie [kurwa] nf **1.** [gén] belt strap **2.** TECHNOL belt ▸ **courroie de transmission** driving belt ▸ **courroie de ventilateur** AUTO fan belt.

courroucé, courroucée [kuruse] adj wrathful.

courroucer [16] [kuruse] vt *sout* to anger, to infuriate.

◆ **se courroucer** vpi *sout* to become infuriated.

courroux [kuru] nm *sout* anger, ire *litt*, wrath *litt* / *les flots en courroux litt* the raging sea.

cours [kur]

◆ nm

A. ÉCOULEMENT, SUCCESSION
B. FINANCE
C. ENSEIGNEMENT

A. ÉCOULEMENT, SUCCESSION **1.** GÉOGR [débit] flow ; [parcours] course / *avoir un cours lent* to be slow-flowing / *avoir un cours rapide* to be fast-flowing / *dévier le cours d'une rivière* to divert the course of a river ▸ **cours d'eau a)** [ruisseau] stream **b)** [rivière] river **2.** [déroulement - des années, des saisons, de pensées] course ; [- d'événements] course, run ; [- de négociations, d'une maladie, de travaux] course, progress ▸ **donner** ou **laisser (libre) cours à a)** [joie, indignation] to give vent to **b)** [imagination, chagrin] to give free rein to ▸ **suivre son cours** [processus] to continue ▸ **reprendre son cours** : *la vie reprend son cours* life goes on ▸ **l'Histoire reprend son cours** history must take its course / *en suivant / remontant le cours du temps* going forward / back in time **3.** ASTRON course **4.** [dans des noms de rue] avenue **5.** CONSTR ▸ **cours d'assise** course ou layer *(of bricks, etc.)*.

B. FINANCE 1. [de devises] rate ▸ **cours des devises** ou **du change** foreign exchange rate ou rate of exchange ▸ **cours forcé** forced currency ▸ **avoir cours a)** [monnaie] to be legal tender ou legal currency **b)** [pratique] to be common ▸ **avoir cours légal** to be legal tender ou a legal currency ▸ **ne plus avoir cours a)** [monnaie] to be out of circulation, to be no longer legal tender ou a legal currency **b)** [pratique, théorie] to be obsolete **c)** [expression, terme] to be obsolete ou no longer in use **2.** [d'actions] price, trading rate ▸ **cours des actions** share price ▸ **cours de Bourse** stock price ▸ **au cours du marché** at the market ou trading price ▸ **au cours du jour** at today's rate ▸ **cours acheteur** bidding price ▸ **cours limite** limit price ▸ **cours pivot** central rate ▸ **premier cours** ou **cours d'ouverture** opening price ▸ **dernier cours** ou **cours de clôture** closing price ▸ **le cours d'ouverture / de clôture de ces actions était de 20 euros** these shares opened / closed at 20 euros.

C. ENSEIGNEMENT 1. ÉDUC [classe] class, lesson ; UNIV class, lecture ; [ensemble des leçons] course ▸ **aller en cours** to go to one's class ▸ **être en cours** to be in class ▸ **suivre des cours** to attend a course / *suivre un cours* ou *des cours d'espagnol* to go to ou to attend a Spanish class ▸ **prendre des cours** to take lessons ou a course / *elle prend des cours au Conservatoire* she attends the Conservatoire / *j'ai cours tout à l'heure* [élève, professeur] I have a class later / *j'ai cours tous les jours* [élève, professeur] I have classes every day / *j'ai quatre heures de cours aujourd'hui* I've got four hours of classes today ▸ **faire cours** to teach / *c'est moi qui vous ferai cours cette année* I'll be teaching you this year / *les professeurs ne font pas cours cet après-midi* there are no lessons this afternoon / *qui nous fera cours pendant votre absence?* who's going to take our class while you're away? / *tu ne vas pas me faire un cours sur la politesse?* are you going to give me a lecture on how to be polite? ▸ **cours par correspondance a)** correspondence course **b)** UNIV ≃ Open University course UK ▸ **cours magistral** lecture ▸ **donner / prendre des cours particuliers** to give / to have private tuition / *je prends des cours particuliers de français* I get ou have private tuition in French ▸ **cours de perfectionnement** proficiency course ▸ **cours du soir** evening class **2.** [manuel] course, coursebook, textbook ; [notes] notes **3.** [degré - dans l'enseignement primaire] ▸ **cours préparatoire** ≃ year one UK ; ≃ nursery school US ▸ **cours élémentaire** ≃ years two and three UK ; ≃ first and second grades US ▸ **cours moyen** ≃ years four and five UK ; ≃ third and fourth grades US **4.** [établissement] school.

❖ **au cours de** loc prép during, in ou during the course of ▸ **au cours du débat** in the course of ou during the debate ▸ **au cours des siècles** over the centuries / *au cours de notre dernier entretien* when we last spoke / *ça se décidera au cours des prochaines semaines* it'll be decided in the weeks to come.

❖ **en cours** loc adj [actuel] ▸ **l'année / le tarif en cours** the current year / price ▸ **affaire / travail en cours** business / work in hand / *examen en cours* examination in progress ▸ **être en cours** [débat, réunion, travaux] to be under way, to be in progress / *une enquête est en cours* investigations are taking place.

❖ **en cours de** loc prép in the process of ▸ **en cours de construction** under construction, in the process of being built ▸ **en cours de réparation** in the process of being repaired, undergoing repairs ▸ **en cours d'investigation** being investigated, under investigation ▸ **c'est en cours d'étude** it's being examined / *il nous a laissés en cours de partie* he left us in the middle of the game ▸ **en cours de route** on the way.

course [kurs] nf **1.** SPORT [compétition] race / *épuisé par sa course* exhausted from his running / *il a dû arrêter en pleine course* he had to stop in the middle of the race ▸ **faire la course** to race / *on fait la course jusqu'à la cabane!* race you ou last (one) to the hut! ▸ **faire la course avec qqn** to race (with) sb / *les enfants, on ne fait pas la course!* children, no running! / *c'est toujours la course au bureau fig* we're always run off our feet at the office ▸ **course attelée / handicap** harness / handicap race ▸ **course de fond** ou **d'endurance** long-distance race ▸ **course de** ou **en chars** chariot race ▸ **course automobile** motor ou car race ▸ **course de chevaux** (horse) race ▸ **course cycliste** cycle race ▸ **course de demi-fond** middle-distance race ▸ **course d'obstacles** ÉQUIT steeplechase ▸ **course d'orientation** orienteering ▸ **course à pied** race ▸ **course aux armements** arms race ▸ **course de relais** relay race ▸ **course en sac** sack race ▸ **course de taureaux** bullfight ▸ **course landaise, course de vachettes** *bullfight with young cows involving acrobatics (e.g. vaulting over the animals) but not killing* ▸ **course de vitesse** sprint UK, dash US ▸ **course contre la montre a)** *pr* race against the clock, time-trial **b)** *fig* race against time ▸ **être dans la course** *fam* to be hip ou with it *vieilli* ▸ **rester dans la course** to stay in ou to be still in the race / *l'entreprise essaie de rester dans la course* the company's trying to keep up with the competitors **2.** [activité] ▸ **la course a)** [à pied] running **b)** [en voiture, à cheval] racing / *je fais de la course à pied tous les jours* I run every day ▸ **la course à** : *la course aux armements* the arms race / *la course au pouvoir / à la présidence* the race for power / the presidency **3.** [randonnée] : *faire une course en montagne* to go for a trek in the mountains **4.** [d'un taxi - voyage] journey ; [- prix] fare / *payer (le prix de) la course* to pay the fare **5.** [commission] errand / *j'ai une course à faire* I've got to buy something ou to get something from the shops ; [d'un coursier] errand **6.** [trajectoire - d'un astre, d'un pendule] course, trajectory ; [- d'un missile] flight ; [- d'un piston] stroke **7.** SUISSE [trajet] trip *(by train or boat)* ; [excursion] excursion.

❖ **courses** nfpl **1.** [commissions] ▸ **faire les / des courses** to do the / some shopping / *il est parti faire quelques courses* he went out to do a bit of shopping / *la liste des courses* the shopping list **2.** [de chevaux] races ▸ **jouer aux courses** to bet on the races ou on the horses / *il a gagné 2 000 euros aux courses* he won 2,000 euros on the races.

course-croisière [kurskrwazjɛr] *(pl* **courses-croisières**) nf boat race.

course-poursuite [kurspursɥit] *(pl* **courses-poursuites**) nf **1.** SPORT track race **2.** [entre policiers et voleurs] car chase.

courser [3] [kurse] vt *fam* to chase, to run after *(insép)* / *elle s'est fait courser par des voyous* she was chased by some thugs.

coursier, ère [kursje, ɛr] nm, f errand boy (girl) ; [à moto] dispatch rider.

❖ **coursier** nm **1.** [transporteur] ▸ **envoyer qqch par coursier** to send sthg by courier ▸ **coursier international** courier company **2.** *litt* [cheval] steed.

coursive [kursiv] nf **1.** NAUT gangway **2.** CONSTR (raised) passageway.

court, e [kur, kurt]

◆ adj

A. DANS L'ESPACE
B. DANS LE TEMPS
C. FAIBLE, INSUFFISANT

A. DANS L'ESPACE 1. [en longueur - cheveux, ongles] short / *il a les jambes courtes* he's got short legs ▸ **court sur pattes a)** *fam* [chien] short-legged **b)** [personne] short ▸ **à manches courtes** short-sleeved, with short sleeves / *la jupe est trop courte de trois centimètres* the skirt is three centimetres too short / *la ligne droite est le plus court chemin d'un point à un autre* a straight line is the shortest distance between two points / *quel est le plus court chemin de Sens à Troyes?* what's the shortest way ou distance ou route between Sens and Troyes?, what's the quickest way to get from Sens to Troyes? / *il y a un chemin plus court* there's a shorter ou quicker way / *je l'ai suivi sur une courte distance* I followed him a short ou little way **2.** ANAT [os, muscle] short **3.** RADIO [onde] short **4.** NAUT ▸ **vague** ou **mer courte** choppy sea.

B. DANS LE TEMPS 1. [bref, concis - discours, lettre, séjour, durée, etc.] short, brief / *son histoire était courte mais bonne* *fam* his story was short but sweet / *les jours sont de plus en plus courts* the days are getting shorter (and shorter) ou are drawing in / *les années semblent bien courtes!* the years seem to fly by ou to pass so quickly! ▸ **pendant un court instant** for a brief ou fleeting moment / *mon séjour a été plus court que prévu* my stay was shorter than planned ▸ **cycle court** *course of studies leading to qualifications exclusive of university entrance* / *il fera un cycle court* he won't be doing a course leading on to university **2.** [proche] ▸ **à court terme** short-term *(avant nom)* / *dette / emprunt à court terme* short-term debt / loan / *j'ai des projets à court terme* I have some plans in ou for the short term.

C. FAIBLE, INSUFFISANT 1. [faible - avance, avantage] small ; [- majorité] small, slender / *après sa courte victoire sur son compatriote* after a narrow victory over his fellow countryman / *Zanoa a mené la course sur une courte distance* Zanoa led the race by a short distance / *au virage, il avait une courte avance sur le peloton* in the bend, he was leading the bunch by a short distance ▸ **gagner d'une courte tête** *pr & fig* to win by a short head **2.** [restreint] ▸ **avoir la respiration courte** ou **le souffle court** to be short of breath ou wind **3.** *fam* [insuffisant - connaissances] slender, slim ; [- quantité, mesure] meagre, skimpy / *nos revenus sont un peu courts pour envisager un emprunt* we don't really earn enough to consider taking out a loan / *10 sur 20, c'est un peu court* 10 out of 20, it's a bit borderline / *deux bouteilles pour six, c'est un peu court* two bottles for six people, that's a bit on the mean UK ou stingy side / *3 000 euros pour refaire le toit, l'estimation me semble courte* 3,000 euros to redo the roof, the estimate seems on the low side to me / *tu n'as que trois mètres de tissu? c'est un peu court* you've only got three metres of material? that's a bit skimpy / *l'avion décolle dans 30 minutes — c'est trop court pour l'avoir* the plane takes off in 30 minutes — we won't make it in time / *plutôt court comme excuse!* (it's) a bit of a pathetic excuse! / *sa rubrique est amusante mais les idées sont courtes* his column is entertaining but short on ideas ▸ **à courtes vues a)** [personne] limited (in one's understanding) **b)** [explication] limited ▸ **avoir la vue courte** *pr & fig* to be shortsighted UK ou nearsighted US ▸ **avoir la mémoire courte** to have a short memory.

❖ **court** ◆ adv **1.** [en dimension] : *je me suis fait couper les cheveux court* I had my hair cut short / *des cheveux coupés* ou *taillés très court* [gén] hair cut very short / *se coiffer court* to keep one's hair short ▸ **elle s'habille court** she wears her skirts short / *cet été, on s'habillera court* this summer, short dresses and skirts will be in fashion ou hemlines will be high **2.** [en durée] ▸ **pour faire court** *fam* to cut a long story short **3.** [brusquement] ▸ **s'arrêter court** to stop short ▸ **tourner court** [discussion, projet] to come to an abrupt end. ◆ nm **1.** [terrain] ▸ **court (de tennis)** tennis court / *sur le court* on (the) court / *court en bitume* hard court / *court en gazon* grass court / *court en terre battue* clay court **2.** COUT & VÊT ▸ **le court** short fashions ou hemlines ou styles **3.** EXPR ▸ **aller au plus court** to take the quickest course of action / *allons au plus court, qui a pris l'argent?* let's not beat about the bush, who took the money? ▸ **prendre par le** ou **au plus court** [chemin, procédure] to take a short cut.

❖ **à court** loc adv *fam* short on cash, hard-up, a bit short.

❖ **à court de** loc prép ▸ **être à court d'idées / de vivres** to have run out of ideas / food / *nous étions presque à court d'eau* we were low on ou running short of water ▸ **être à court d'argent** to be short of money / *à court de* *personnel* short-staffed / *elle n'est jamais à court d'arguments* she's never at a loss for an argument.

❖ **de court** loc adv ▸ **prendre qqn de court a)** [ne pas lui laisser de délai de réflexion] to give sb (very) short notice **b)** [le surprendre] to catch sb unawares ou napping.

❖ **tout court** loc adv : *Maximilien de la Fontanière, Maxime tout court pour les amis* Maximilien de la Fontanière, or just Maxime to his friends / *appelez-moi Jeanne, tout court* just call me Jeanne / *cela indigne les chrétiens démocrates et même les chrétiens tout court* this is shocking to Christian Democrats and even to Christians full stop UK ou period.

courtage [kuʀtaʒ] nm brokerage ▸ **vente par courtage** selling on commission / *ces articles sont vendus par courtage* these items are sold on commission ▸ **courtage électronique** e-brokerage.

courtaud, e [kuʀto, od] ◆ adj **1.** [personne] short-legged, squat, dumpy **2.** VÉTÉR docked and crop-eared. ◆ nm, f **1.** [personne] short-legged ou squat ou dumpy person **2.** [chien] docked and crop-eared dog ; [cheval] docked and crop-eared horse.

court-bouillon [kuʀbujɔ̃] (*pl* **courts-bouillons**) nm court-bouillon / *faire cuire au* ou *dans un court-bouillon* to cook in a court-bouillon.

court-circuit [kuʀsiʀkɥi] (*pl* **courts-circuits**) nm ÉLECTR short circuit ▸ **faire court-circuit** to short-circuit.

court-circuiter [3] [kuʀsiʀkɥite] vt **1.** ÉLECTR to short, to short-circuit **2.** *fam* [assemblée, personnel] to bypass ; [procédure] to bypass, to short-circuit / *court-circuite-le avant qu'il ne signe* grab him before he signs.

court-courrier [kuʀkuʀje] (*pl* **court-courriers**) nm short-haul plane.

courtepointe [kuʀtəpwɛ̃t] nf duvet, counterpane.

courtier, ère [kuʀtje, ɛʀ] nm, f **1.** BOURSE broker **2.** COMM ▸ **courtier en assurances** / **vins** insurance / wine broker ▸ **courtier maritime** ship ou shipping broker.

courtilière [kuʀtiljɛʀ] nf mole cricket.

courtine [kuʀtin] nf curtain.

courtisan [kuʀtizɑ̃] nm **1.** HIST courtier **2.** *sout* [flatteur] flatterer, sycophant.

courtisane [kuʀtizan] nf *litt* courtesan.

courtisanerie [kuʀtizanʀi] nf *litt* flattery, sycophancy *litt*.

courtiser [3] [kuʀtize] vt **1.** [femme] to court, to woo, to pay court to **2.** [pays, puissants] to woo / *courtiser le pouvoir* / *la gloire* to woo power / fame / *il le courtisait servilement* he fawned on him obsequiously.

court-jus [kuʀʒy] (*pl* **courts-jus**) nm *fam* [électrique] short.

court(-)métrage [kuʀmetʀaʒ] (*pl* **courts métrages** *ou* **courts-métrages**) nm short film, short.

courtois, e [kuʀtwa, az] adj **1.** [poli -personne, manières] civil, courteous / *de manière courtoise* politely / *un homme courtois* a courteous man / *d'un ton courtois* civilly, courteously ▸ **être courtois envers qqn** to be courteous ou civil towards sb **2.** HIST & LITTÉR [amour] courtly ; [roman, littérature] about courtly love.

courtoisement [kuʀtwazmɑ̃] adv courteously.

courtoisie [kuʀtwazi] nf courteousness ▸ **avec courtoisie** courteously.

court-vêtu, e [kuʀvety] (*mpl* **court-vêtus**, *fpl* **court-vêtues**) adj : *des femmes court-vêtues* women in short skirts.

couru, e [kuʀy] ◆ pp ⟶ **courir.** ◆ adj **1.** [populaire] fashionable, popular ; [spectacle] popular / *les bars les plus courus* the most fashionable bars **2.** *fam* [certain] ▸ **c'est couru (d'avance) !** it's a (dead) cert ! UK it's a sure thing ! US ▸ **c'était couru !** it was bound to happen !, it was a foregone conclusion !

cousait v ⟶ **coudre.**

couscous [kuskus] nm couscous.

couscoussier [kuskusje] nm couscous steamer.

cousette [kuzɛt] nf **1.** [étui] sewing kit **2.** *fam & vieilli* dressmaker's apprentice.

couseuse [kuzøz] nf **1.** [couturière] sewer **2.** IMPR stitcher **3.** [machine à coudre] industrial sewing-machine.

cousin, e [kuzɛ̃, in] nm, f cousin ▸ **cousin germain** first ou full cousin ▸ **petit cousin, cousin au second degré** second cousin ▸ **cousin éloigné** ou **à la mode de Bretagne** *hum* distant relation.

❖ **cousin** nm ENTOM (big) mosquito.

cousinage [kuzinaʒ] nm *vieilli* **1.** [parenté] cousinhood **2.** [cousins] ▸ **son cousinage** his kinsfolk ou kinfolk US.

cousiner [3] [kuzine] vi ▸ **cousiner (avec qqn)** to be on friendly terms (with sb).

coussin [kusɛ̃] nm **1.** [de siège, de meuble] cushion ; BELG [oreiller] pillow / *un coussin de feuilles* / *mousse* a cushion of leaves / moss **2.** TECHNOL ▸ **coussin d'air** air cushion ▸ **coussin gonflable** *(recomm. off. pour airbag)* Airbag® **3.** BASEBALL base.

coussinet [kusinɛ] nm **1.** [petit coussin] small cushion **2.** ZOOL cushion **3.** MÉCAN bearing / *coussinet de bielle* big end bearing ; RAIL chair **4.** ARCHIT coussinet, cushion.

cousu, e [kuzy] pp ⟶ **coudre.**

coût, cout* [ku] nm **1.** [prix] cost, price ▸ **coût d'achat** / **de remplacement** purchase / replacement cost ▸ **coût du capital** capital cost ▸ **coût du crédit** credit charges ou cost ▸ **coût de la main-d'œuvre** labour costs ▸ **coût de production** production cost ▸ **coût de revient** cost ▸ **coût de la vie** cost of living ▸ **coût salarial** cost of an employee for his employer ▸ **coûts fixes** fixed costs ▸ **coûts variables** variable costs ▸ **coûts directs** direct costs ▸ **coûts indirects** indirect costs **2.** *fig* : *le coût social de la privatisation* the social cost of privatization / *le coût de ses imprudences* the cost ou consequences of his foolishness.

coûtant, coutant* [kutɑ̃] adj m cost *(modif)*.

couteau, x [kuto] nm **1.** [à main] knife ; [d'une machine, d'un mixer] blade / *il a ouvert le paquet avec un couteau* he cut the parcel open with a knife / *il joue facilement du* ou *manie facilement le couteau* he's quick with the knife / *comme si on lui enfonçait un couteau dans le cœur* as if he'd been stabbed in the heart ▸ **couteau à beurre** / **pain** butter / bread knife ▸ **couteau de cuisine** / **de table** kitchen / table knife ▸ **couteau Économe** ou **éplucheur** ou **à éplucher** potato peeler ▸ **couteau pliant** ou **de poche** pocket knife ▸ **couteau de chasse** hunting knife ▸ **couteau à cran d'arrêt** flick knife UK switchblade US ▸ **couteau à désosser** boning knife ▸ **couteau électrique** electric carving knife ▸ **couteau à filets de sole** filleting knife ▸ **couteau suisse** Swiss army knife ▸ **couteau à viande** carving knife ▸ **coup de couteau** stab (with a knife) / *donner un coup de couteau à qqn* to stab sb (with a knife) / *prendre* *fam* ou *recevoir un coup de couteau* to be knifed ou to get stabbed / *ils l'ont tué à coups de couteau* they stabbed ou knifed him to death ▸ **au couteau a)** *pr* *tartare coupé au couteau* hand-chopped steak tartare **b)** *fig* [acharné] *une concurrence au couteau* cutthroat competition ▸ **enfoncer le couteau dans la plaie** to dig the knife in ▸ **remuer** ou **retourner le couteau dans la plaie** to twist the knife in the wound ▸ **avoir le couteau sous la gorge** to have a gun pointed at one's head ▸ **jouer les seconds couteaux (dans une affaire)** to play a secondary role in a business, to play second fiddle ▸ **être à couteaux tirés avec qqn** to be at daggers drawn with sb **2.** [d'une balance] knife edge **3.** ART palette knife ▸ **peinture au couteau** knife painting **4.** ZOOL razor shell UK ou clam US.

couteau-scie [kutosi] (*pl* **couteaux-scies**) nm serrated-edge knife.

coutelas [kutla] nm **1.** [de cuisine] large kitchen knife **2.** ARM cutlass.

coutelier, ère [kutəlje, ɛʀ] nm, f cutler, cutlery specialist.

coutellerie [kutɛlʀi] nf **1.** [ustensiles] cutlery UK silverware US **2.** [lieu de fabrication] cutlery works **3.** [lieu de vente] kitchen-ware shop UK ou store US (specializing in cutlery) **4.** [industrie] cutlery industry.

coûter, couter* [3] [kute] vt **1.** [somme] to cost ▸ **combien ça coûte ?** *fam* how much is it ?, how much does it cost ? / *cela m'a coûté 200 euros* it cost me 200 euros / *je veux cette maison, ça coûtera ce que ça coûtera* I want that house no matter how much it costs ; *(en usage absolu)* : *une voiture, ça coûte !* *fam* a car is an expensive thing ! ▸ **coûter la peau des fesses** *fam* ou **une fortune** ou **les yeux de la tête** to cost a fortune ou the earth ou an arm and a leg ▸ **coûter cher** [produit, service] to be expensive, to cost a lot of money / *ça va lui coûter cher !* *fig* she's going to pay for this ! / *cela ne coûte pas cher* it's cheap ou inexpensive **2.** [exiger -efforts] to cost / *ça ne coûte rien d'être aimable !* it doesn't cost anything to be kind ! / *ça te coûterait beaucoup d'être poli* / *de me répondre ?* would it be asking too much for you to be polite / to answer me ? / *cette démarche lui a beaucoup coûté* it was a very difficult ou painful step for him to take / *ça ne m'a pas beaucoup coûté de ne pas y aller* it was no great hardship for me not to go / *tu peux bien l'aider, pour ce que ça te coûte !* it wouldn't be any trouble for you to help her ! **3.** [provoquer -larmes] to cost, to cause / *les nuits blanches que son roman lui a coûtées* the sleepless nights her novel cost her **4.** [entraîner la perte de -carrière, membre, vote] to cost / *ça a failli lui coûter la vie* it nearly cost him his life / *un accident qui a coûté la vie à dix personnes* an accident which claimed the lives of ten people.

❖ **coûte que coûte, coute que coute*** loc adv at all costs, whatever the cost, no matter what.

coûteux, euse, couteux*, euse [kutø, øz] adj **1.** [onéreux] expensive, costly ▸ **peu coûteux** cheap / *c'est d'un entretien coûteux* it's expensive to maintain / *une guerre coûteuse en vies humaines* a war costing many human lives ou with a high cost in human lives **2.** [lourd de conséquences] costly / *des préjugés coûteux pour l'avenir de l'homme* prejudices which prove costly for future generations.

coutil [kuti] nm [toile -gén] drill ; [-pour literie] ticking.

coutume [kutym] nf **1.** [tradition] custom / *c'est une coutume bretonne* it's a Breton custom / *je t'embrasse, c'est la coutume* I'll give you a kiss, it's the custom / *comme c'est la coutume en Alsace* as is the custom ou is customary in Alsace ▸ **d'après** ou **selon la coutume** as custom dictates ▸ **selon une coutume ancienne** according to an age-old tradition **2.** [habitude, manie] habit, custom / *selon* ou *comme c'était ma coutume* as was my habit ou wont *litt* / *avoir (pour) coutume de faire* to be in the habit of ou accustomed to doing / *elle n'a pas coutume de partir sans prévenir* she doesn't usually leave without warning ▸ **comme de coutume** as usual / *il pleuvait, comme de coutume* as usual, it was raining / *elle a allumé elle-même toutes les bougies, comme de coutume* she lit all the candles herself, as was her custom / *moins que de coutume* less than usual, not as much as usual / *plus que de coutume* more than usual **3.** DR customary.

coutumier, ère [kutymje, ɛʀ] adj **1.** [habituel] customary, usual **2.** [habitué à] ▸ **coutumier de** : *il ne m'a pas rendu toute ma monnaie — il est coutumier du fait !* he short-changed me — that wouldn't be the first time ou that's one of his usual tricks ! / *j'ai oublié et pourtant je ne suis pas coutumier du fait* I forgot, and yet it's not something I usually do / *boire est une chose dont elle n'est pas coutumière* she doesn't usually drink.

❖ **coutumier** nm customary.

couture [kutyʀ] nf **1.** [action de coudre, passe-temps, produit] ▸ **la couture** sewing / *j'ai de la couture à faire* I've got some sewing to do / *elle fait de la couture dans le jardin* she's sewing in the garden / *ne touche pas à ma couture* leave my sewing alone ; [confection] ▸ **la couture (artisanale)** dressmaking ▸ **la haute couture** (haute) couture, fashion design **2.** [suite de points] seam ▸ **faire une couture à qqch** to seam sthg ▸ **couture apparente** ou **sellier** top stitching, overstitching ▸ **couture plate** ou **rabattue** flat seam ▸ **couture anglaise** French seam **3.** *litt* [cicatrice] scar ; [points de suture] stitches **4.** [d'un moulage, d'une sculpture] seam.

❖ **à coutures** loc adj [bas, collant] seamed, with seams.

❖ **sans coutures** loc adj [bas, collant] seamless.

❖ **sous toutes les coutures** loc adv from every angle, very closely, under a microscope *fig*.

*In reformed spelling (see p. 16-19).

couturé, e [kutyʀe] adj scarred / *tout couturé de cicatrices / rides* criss-crossed with scars / wrinkles.

couturier, ère [kutyʀje, ɛʀ] nm, f [fabricant - de complets] tailor ; [- de chemises] shirtmaker ; [- de robes] dressmaker / *j'ai besoin d'une couturière pour mes ravaudages* I need somebody to do some sewing (and mending) for me.

❖ **couturier** nm **1.** [de haute couture] ▸ **(grand) couturier** fashion designer **2.** ANAT ▸ **grand couturier** sartorius *spéc* ou tailor's muscle.

❖ **couturière** nf THÉÂTRE *rehearsal preceding the final dress rehearsal, enabling last-minute alterations to costumes.*

couvain [kuvɛ̃] nm nest of insect eggs.

couvaison [kuvɛzɔ̃] nf **1.** [période] incubation **2.** [action] brooding.

couvée [kuve] nf **1.** [œufs] clutch **2.** [oisillons] brood, clutch / *la nouvelle couvée de jeunes cinéastes* the new generation ou breed of young filmmakers **3.** *fam* [famille] ▸ **sa couvée** her brood.

couvent [kuvɑ̃] nm **1.** [de religieuses] convent ; [de religieux] monastery / *entrer au couvent* to enter a convent ou nunnery *vieilli* **2.** [pensionnat] convent school.

couventine [kuvɑ̃tin] nf [religieuse] conventual ; [pensionnaire] convent schoolgirl.

couver [3] [kuve] ◆ vt **1.** [suj : oiseau] to sit on *(insép)* ; [suj : incubateur] to hatch, to incubate ; *(en usage absolu)* : *quand la mouette couve* when the seagull sits on its eggs ou broods ou is broody **2.** [protéger - enfant] to overprotect, to cocoon ▸ **couver des yeux** ou **du regard a)** [personne aimée] to gaze fondly at **b)** [friandise, bijou] to look longingly at **3.** [maladie] to be coming down with / *je crois que je couve quelque chose* I can feel something coming on **4.** *litt* [vengeance, revanche] to plot. ◆ vi **1.** [feu] to smoulder **2.** [rébellion] to be brewing (up) ; [sentiment] to smoulder / *la haine qui couvait en elle* the hatred that was smouldering inside her / *la révolte couvait chez les paysans* a peasant revolt was brewing (up) ▸ **couver sous la cendre** to be brewing (up), to bubble under the surface.

couvercle [kuvɛʀkl] nm **1.** [qui se pose, s'enfonce] lid, cover ; [qui se visse] top, screw-top, cap **2.** AUTO [de piston] cover.

couvert[1] [kuvɛʀ] nm **1.** [cuiller, fourchette, couteau] knife, fork and spoon ▸ **des couverts en argent** silver cutlery ▸ **couverts à salade** salad servers ; [avec assiette et verre] place setting ▸ **mettre le couvert** to lay ou to set the table / *j'ai mis trois couverts* I've laid three places ou the table for three / *mets deux couverts de plus* lay ou set two extra places / *elle a son couvert chez Triot* she has her meals ou she's a regular at Triot's / *tu auras toujours ton couvert chez moi* there'll always be a place for you at my table **2.** [prix d'une place au restaurant] cover charge.

❖ **couverts** nmpl cutlery *(U)* UK, silverware *(U)* US ▸ **couverts à poisson** fish cutlery.

couvert[2], e [kuvɛʀ, ɛʀt] ◆ pp ⟶ **couvrir.** ◆ adj **1.** [abrité - allée, halle, marché] covered ; [- piscine] indoor *(avant nom)* **2.** [vêtu - chaudement] warmly-dressed, (well) wrapped-up ou muffled-up ; [- décemment] covered (up) / *j'aime avoir les jambes couvertes* I like my legs to be covered up ▸ **rester couvert** [garder son chapeau] to keep one's hat on **3.** MÉTÉOR [temps] dull, overcast ; [ciel] overcast, clouded-over / *attendez-vous à un après-midi couvert* expect a cloudy afternoon.

❖ **couvert** nm *litt* leafy canopy.

❖ **à couvert** loc adv ▸ **être à couvert a)** [de projectiles] to be under cover **b)** [de critiques, de soupçons] to be safe ▸ **se mettre à couvert a)** [de projectiles] to get under ou to take cover **b)** [de critiques, de soupçons] to cover ou to safeguard o.s.

❖ **à couvert de** loc prép protected against / *ici, nous serons à couvert de la pluie* here, we'll be sheltered from the rain.

❖ **sous couvert de** loc prép in the guise of / *sous couvert de sollicitude, elle me suit partout* under the pretext of being concerned for me, she follows me around everywhere.

❖ **sous le couvert de** loc prép **1.** [sous l'apparence de] in the guise of **2.** [sous la responsabilité de] ▸ **il l'a fait sous le couvert de son chef / frère** he did it using his boss / brother as a shield **3.** *litt* [à l'abri de] : *sous le couvert d'un bois* in the shelter of a wood.

couverture [kuvɛʀtyʀ] nf **1.** [morceau de tissu] blanket / *sous les couvertures* under the blankets ou covers ▸ **couverture chauffante** electric blanket ▸ **couverture de survie** space ou survival blanket ▸ **amener** ou **tirer la couverture à soi a)** [après un succès] to take all the credit **b)** [dans une transaction] to get the best of the deal **2.** CONSTR [activité] roofing ; [ouvrage] (type of) roof **3.** PRESSE [activité] coverage / *assurer ou faire la couverture d'un événement* to give coverage of ou to cover an event ▸ **couverture médiatique** media coverage ; [d'un magazine] cover, front page / *mettre une photo en couverture* to put a photo on the cover **4.** [d'un livre] cover **5.** [assurance] cover ▸ **couverture médicale** health ou medical cover ▸ **couverture sociale** Social Security cover ▸ **avoir une couverture sociale** to belong to a benefit scheme **6.** [prétexte] disguise, façade / *le financier / la société qui leur servait de couverture* the financier / company they used as a front **7.** MIL cover ▸ **couverture aérienne** air cover.

❖ **de couverture** loc adj MIL & PRESSE cover *(modif).*

couveuse [kuvøz] nf **1.** [poule] brooder, sitter **2.** [machine] ▸ **couveuse (artificielle)** incubator.

couvoir [kuvwaʀ] nm [local] hatchery.

couvrant, e [kuvʀɑ̃, ɑ̃t] adj [peinture, vernis] that covers well.

❖ **couvrante** nf *tfam* blanket.

couvre-chef [kuvʀəʃɛf] *(pl* **couvre-chefs***)* nm *hum* hat, headgear.

couvre-feu [kuvʀəfø] *(pl* **couvre-feux***)* nm curfew.

couvre-joint [kuvʀəʒwɛ̃] *(pl* **couvre-joints***)* nm CONSTR bead, batten.

couvre-lit [kuvʀəli] *(pl* **couvre-lits***)* nm bedspread.

couvre-livre [kuvʀəlivʀ] *(pl* **couvre-livres***)* nm dust jacket.

couvre-pied(s) *(pl* **couvre-pieds***)*, **couvrepied*** [kuvʀəpje] nm quilt.

couvre-plat [kuvʀəpla] *(pl* **couvre-plats***)* nm dish cover.

couvreur [kuvʀœʀ] nm roofer.

couvrir [34] [kuvʀiʀ] ◆ vt **1.** [d'une protection, d'une couche - meuble] to cover ; [- livre, cahier] to cover, to put a dust cover on ; [d'un couvercle - poêle] to cover, to put a lid on ▸ **couvrir le feu** to bank up the fire ▸ **couvrir de** [surface] : *couvrir un mur de peinture* to paint a wall / *il avait couvert le mur de graffitis / posters* he'd covered the wall with graffiti / posters ▸ **couvrir avec** ou **de** [protéger] to cover with / *couvrez les fraisiers avec de la paille* cover ou protect your strawberry plants with straw / *toit couvert de chaume* thatched roof ▸ **couvrir qqn de** [lui donner en abondance] : *couvrir qqn de cadeaux / d'injures / de louanges / de reproches* to shower sb with gifts / insults / praise / reproaches ▸ **couvrir qqn de caresses / baisers** to stroke / to kiss sb all over ▸ **couvrir qqn de honte** to make sb feel ashamed ▸ **couvrir qqn d'or** to shower sb with gifts **2.** [vêtir] to wrap ou to cover ou to muffle up *(sép)* / *couvre bien ta gorge!* make sure your throat is covered up! ; [envelopper] to cover / *une mantille lui couvrait la tête* her head was covered with a mantilla, a mantilla covered her head / *la jupe couvre tout juste le genou* the skirt barely covers the knee **3.** [dissimuler - erreur] to cover up *(sép)* ; [protéger - complice] to cover up for / *ils le couvrent* [pour une erreur] they're covering up for him / *il avance l'argent, mais en cas de difficulté, c'est moi qui le couvre* he puts up the money but if there's a problem, I step in **4.** [voix] to drown (out) / *les basses couvrent trop les ténors* the basses drown out the tenors **5.** [assurer - dégâts, frais, personne, risque] to cover, to insure / *l'assurance me couvre contre l'incendie* the insurance policy covers me against fire **6.** [inclure] to cover, to include / *le prix couvre la livraison et l'entretien* the price covers ou includes delivery and maintenance **7.** [compenser] to cover / *les recettes ne couvrent plus les dépenses* income no longer covers expenses / *nous couvrons nos frais maintenant* we're paying our way now **8.** MIL [retraite, soldat] to cover, to give cover / *on te couvre* we've got you covered ▸ **couvrir ses arrières** to cover one's rear **9.** [parcourir] to cover / *elle a couvert les 15 km en 52 minutes* she covered ou ran the 15 km in 52 minutes **10.** [englober - dans l'espace] to cover ; [- dans le temps] to span / *leur propriété couvre 10 hectares* their estate covers ou occupies 10 hectares / *le réseau couvre toute la région* the network covers the whole area / *ses recherches couvrent près de 30 ans* his research spans nearly 30 years **11.** [suj : émetteur, représentant] to cover **12.** PRESSE [événement] to cover, to give coverage to / *couvrir entièrement un procès* to give full coverage to a trial **13.** FIN [emprunt] to underwrite ; [enchère] to bid higher than, to outbid **14.** VÉTÉR to cover **15.** JEUX [carte] to cover. ◆ vi : *cette peinture couvre bien* this paint covers well.

❖ **se couvrir** ◆ vp *(emploi réfléchi)* **1.** [se vêtir] to dress warmly, to wrap up (well) **2.** [mettre un chapeau] to put on one's hat **3.** SPORT to cover o.s. **4.** [se garantir] to cover o.s. ◆ vpi [ciel] to become overcast, to cloud over ▸ **le temps se couvre** it's ou the sky is clouding over.

❖ **se couvrir de** vp + prép ▸ **se couvrir de fleurs / bourgeons / feuilles** to come into bloom / bud / leaf / *le champ s'est couvert de coquelicots* poppies have come up all over the field / *se couvrir de boutons* to come out ou to become covered in spots / *la place s'est couverte de monde* the square became crowded ou swamped with people ▸ **se couvrir de ridicule** to make o.s. look ridiculous ▸ **se couvrir de honte / gloire** to cover o.s. with shame / glory.

covalence [kɔvalɑ̃s] nf covalency.

covalent, e [kɔvalɑ̃, ɑ̃t] adj covalent.

covariance [kɔvaʀjɑ̃s] nf covariance.

covendeur, euse [kɔvɑ̃dœʀ, øz] nm, f co-seller.

cover-girl *(pl* **cover-girls***)*, **covergirl*** [kɔvœʀgœʀl] nf cover girl.

covoiturage [kovwatyʀaʒ] nm car-pooling, car-sharing.

cow-boy *(pl* **cow-boys***)*, **cowboy*** [kɔbɔj] nm cowboy / *jouer aux cow-boys et aux Indiens* to play (at) cowboys and Indians.

coxal, e, aux [kɔksal, o] adj coxal.

coxalgie [kɔksalʒi] nf coxalgia.

coxarthrose [kɔksaʀtʀoz] nf arthritis of the hip.

coyote [kɔjɔt] nm coyote.

CP (abr de **cours préparatoirE**) nm *first year of primary school.*

CPAM (abr de **caisse primaire d'assurances maladie**) nf *national health insurance office.*

CPGE, cpge (abr de **classe préparatoire aux grandes écoles**) nf *preparatory course for "grandes écoles".*

cps (abr écrite de **caractères par seconde**) cps.

cpt abr écrite de **comptant.**

CQFD (abr de **ce qu'il fallait démontrer**) QED / *et voilà, CQFD!* and there you are!

CR nm abr de **compte-rendu.**

crabe [kʀab] nm **1.** CULIN & ZOOL crab ▸ **crabe enragé** ou **vert** green crab ▸ **crabe nageur** swimming crab **2.** *fam & péj* [personne] rat, foul creature.

❖ **en crabe** loc adv : *marcher / se déplacer en crabe* to walk / to move sideways / *voler en crabe* AÉRON to drift.

crabot [kʀabo] nm direct-drive dog clutch.

crac [kʀak] onomat **1.** [bois, os] crack, snap ; [biscuit] snap ; [tissu] rip **2.** EXPR **crac boum, et crac** *fam* hey presto.

crachat [kʀaʃa] nm **1.** [salive] spit / *des crachats* spit, spittle **2.** *fam* [médaille] medal, gong UK.

craché, e [kʀaʃe] adj *fam* ▸ **tout craché** : *c'est son père tout craché!* he's the spitting image of his dad! / *ça, c'est du Maud tout craché!* that's just like Maud!, that's Maud all over!

crachement [kʀaʃmɑ̃] nm **1.** [fait de cracher] spitting ; [crachat] mucus, sputum *spéc* / *avoir des crache-*

ments de sang to spit blood **2.** [projection - de flammes, vapeur] burst, shower ; [- de scories, d'étincelles] shower **3.** [bruit - d'un haut-parleur] crackle, crackling.

cracher [3] [kʀaʃe] ◆ vi **1.** [personne] to spit / *cracher par terre* to spit on the ground ▸ **cracher sur qqn a)** *pr* to spit at sb **b)** *fig* to spit on sb ▸ **cracher à la figure de qqn** *pr & fig* to spit in sb's face ▸ **c'est comme si on crachait en l'air!** *fam* it's like whistling in the wind ! ▸ **il ne faut pas cracher dans la soupe** don't bite the hand that feeds you ▸ **cracher sur qqch** *fam* : *il ne crache pas sur le champagne* he doesn't turn his nose up at champagne / *je ne cracherais pas sur 300 euros!* I wouldn't turn my nose up at ou say no to 300 euros ! / *ce système a du bon, ne crache pas dessus!* there are things to be said for this system, don't knock it ! ▸ **cracher au bassinet** to cough up **2.** [chat, marmotte] to spit, to hiss **3.** [fuir - stylo] to splutter ; [- robinet] to splutter, to splash **4.** [nasiller - haut-parleur, radio] to crackle. ◆ vt **1.** [rejeter - sang] to spit ; [- aliment] to spit out *(sép)* ▸ **cracher ses poumons** *fam* to cough up one's lungs **2.** [suj : volcan, canon] to belch (forth) ou out ; [suj : fusil] to shoot a burst of, to spit ; [suj : robinet] to spit out ou to splutter out *(sép)* ▸ **cracher des flammes** ou **du feu** [dragon] to breathe fire / *il est fort ton calvados, je vais cracher des flammes!* *fam & hum* your Calvados is pretty strong, I'll be breathing fire ! **3.** [énoncer - insultes] to spit out *(sép)*, to hiss / *« racaille! », cracha-t-elle en sortant* "scum !", she hissed on her way out **4.** *fam* [donner - argent] to cough up *(sép)*, to fork out *(sép)* / *grand-père ne les crache pas facilement!* grandpa's a real old skinflint ! ; *(en usage absolu)* : *si tu veux la marchandise, il faut cracher* if you want the stuff, you've got to cough up.

cracheur, euse [kʀaʃœʀ, øz] ◆ adj ZOOL spitting *(avant nom)*. ◆ nm, f spitter ▸ **cracheur (de feu)** fire-eater.

crachin [kʀaʃɛ̃] nm (fine) drizzle.

crachiner [3] [kʀaʃine] v impers ▸ **il crachine** it's drizzling.

crachoir [kʀaʃwaʀ] nm spittoon ▸ **tenir le crachoir** *fam* to go on and on, to monopolize the conversation ▸ **tenir le crachoir à qqn** : *je n'ai pas envie de lui tenir le crachoir!* I don't feel like listening to her rambling on for hours !

crachotement [kʀaʃɔtmɑ̃] nm [d'une radio, d'un téléphone] crackle, crackling ; [d'un robinet, d'une personne] splutter, spluttering.

crachoter [3] [kʀaʃɔte] vi [personne] to splutter, to sputter ; [radio, téléphone] to crackle ; [robinet] to splutter.

crachouiller [kʀaʃuje] *fam* = **crachoter**.

crack [kʀak] nm **1.** ÉQUIT crack **2.** *fam* [personne - gén] wizard ; [- en sport] ace / *c'est un crack en ski* he's an ace skier / *c'est un crack en latin* he's brilliant at Latin **3.** [drogue] crack.

cracker [kʀakœʀ] nm CULIN cracker.

cracking [kʀakiŋ] nm PÉTR cracking.

cracra [kʀakʀa] *fam*, **crade** [kʀad], **cradingue** [kʀadɛ̃g] *tfam*, **crado** [kʀado] *fam* adj inv [personne, objet] filthy ; [restaurant] grotty UK, lousy US.

craie [kʀɛ] nf chalk, limestone ▸ **une craie** a stick of chalk ▸ **dessiner qqch à la craie** to chalk sthg out ▸ **écrire qqch à la craie** to chalk sthg, to write sthg with chalk / *il y avait des croix à la craie sur leurs portes* crosses had been chalked on their doors ▸ **craie de tailleur** French chalk.

craignait v ⟶ **craindre**.

craignos [kʀɛɲos] adj inv *tfam* ▸ **c'est craignos! a)** [louche] it's dodgy ! UK **b)** [ennuyeux] it's a real pain !

crailler [3] [kʀaje] vi to caw.

craindre [80] [kʀɛ̃dʀ] vt **1.** [redouter - personne] to fear, to be frightened ou afraid of ; [- événement] to fear, to be afraid ou scared of ▸ **craindre Dieu** to go in fear of ou to fear God / *je ne crains personne!* nobody can frighten me !, I'm not afraid of anyone ! / *sa grosse voix le faisait craindre de tous ses élèves* his booming voice made all his pupils afraid of him / *elle sait se faire craindre de ses subordonnés* she knows how to intimidate her subordinates / *qui ne craint pas la mort?* who isn't afraid of death ou dying ? / *je ne crains pas les piqûres* I'm not afraid ou scared of injections ▸ **craindre le pire** to fear the worst ▸ **ne crains rien** have no fear, never fear, don't be afraid / *il n'y a rien à craindre* there's no cause for alarm *sout*, there's nothing to fear / *il y a tout à craindre d'une intervention militaire* one can expect the worst from a military intervention / *craindre de prendre l'avion* to be afraid of flying / *elle craignait toujours d'être en retard* she was always afraid of being late / *si je ne craignais pas de vous choquer* if I wasn't afraid of shocking you / *craignant de la réveiller, il a retiré ses chaussures* he took off his shoes, for fear of waking her up **2.** [tenir pour probable] to fear / *alors, je suis renvoyé? — je le crains* so, I'm fired ? — I'm afraid so / *elle pourrait nous dénoncer — c'est à craindre* she might give us away — unfortunately, (I think) it's likely / *je crains de l'avoir blessée* I'm afraid I've hurt her / *je crains qu'il (n')ait oublié* I'm afraid that ou I fear he might have forgotten / *on craint un peu partout que…* there are widespread fears that… / *je crains fort qu'il (ne) soit déjà trop tard* I fear ou I'm very much afraid it's already too late / *je crains que oui / non* I fear ou I'm afraid so / not **3.** [être sensible à] : *ça craint le froid* [plante] it's sensitive to cold, it doesn't like the cold / *c'est un bois qui craint les chocs* it's a fairly fragile kind of wood / **'craint l'humidité'** 'keep ou store in a dry place' / *c'est une étoffe qui ne craint rien* it's a material that'll stand up to anything **4.** EXPR ▸ **ça craint** *tfam* **a)** [c'est louche] it's dodgy UK **b)** [c'est ennuyeux] it's a real pain.

❖ **craindre pour** v + prép ▸ **craindre pour qqn / qqch** to fear for sb / sthg / *je crains pour sa santé* I fear for her health / *craindre pour sa vie* to fear for ou to go in fear of one's life.

craint, e [kʀɛ̃, ɛ̃t] pp ⟶ **craindre**.

❖ **crainte** nf [anxiété] fear / *la crainte de l'échec* fear of failure ou failing / *il vivait dans la crainte d'être reconnu* he lived ou went in fear of being recognized / *n'aie aucune crainte* ou *sois sans crainte, tout se passera bien* don't worry ou never fear, everything will be all right ▸ **éveiller** ou **susciter les craintes de qqn** to alarm sb.

❖ **de crainte de** loc prép *(suivi de l'infinitif)* for fear of / *de crainte de la blesser* for fear of hurting her.

❖ **de crainte que** loc conj *(suivi du subjonctif)* for fear of, fearing that / *de crainte qu'on (ne) l'accuse* for fear of being accused, fearing that she might be accused / *il faut agir vite, de crainte que la situation (n')empire* we must act quickly, lest ou in case the situation should get worse.

craintif, ive [kʀɛ̃tif, iv] ◆ adj **1.** [facilement effarouché - personne] timid, shy ; [- animal] timid **2.** [qui reflète la peur - regard, geste] timorous, fearful. ◆ nm, f **1.** [timide] timid ou shy person **2.** [timoré] faint-hearted ou timorous person.

craintivement [kʀɛ̃tivmɑ̃] adv **1.** [timidement] timidly, shyly **2.** [avec peur] timorously, fearfully.

cramé, e [kʀame] adj *fam* [rôti] burnt, charred ; [tissu] burnt, scorched / *la tarte est complètement cramée* the tart is burnt to a cinder.

❖ **cramé** nm *fam* : *ça sent le cramé* there's a smell of burning / *ne mange pas le cramé* don't eat the burnt bits.

cramer [3] [kʀame] *fam* ◆ vi [immeuble] to be on fire ; [rôti, tissu] to burn ; [circuit électrique, prise] to burn out / *tout a cramé* everything got burnt / *il y a quelque chose qui crame dans la cuisine* there's something burning in the kitchen ▸ **faire cramer qqch** to burn sthg. ◆ vt [rôti] to burn (to a cinder), to let burn ; [vêtement] to burn, to scorch.

cramine [kʀamin] nf SUISSE *fam* (intense) cold.

cramique [kʀamik] nm BELG *brioche with raisins.*

cramoisi, e [kʀamwazi] adj [velours] crimson ; [visage] flushed, crimson ▸ **il est devenu cramoisi a)** [de honte, de timidité] he flushed crimson ou blushed **b)** [de colère] his face turned crimson ▸ **rouge cramoisi** crimson red.

❖ **cramoisi** nm crimson.

crampe [kʀɑ̃p] nf **1.** MÉD cramp / *j'ai une crampe au pied* I have cramp UK ou a cramp US in my foot ▸ **crampe d'estomac a)** [gén] stomach cramp **b)** [de faim] hunger pang ▸ **la crampe de l'écrivain** writer's cramp **2.** [pièce de serrage] cramp.

crampon [kʀɑ̃pɔ̃] nm **1.** [de chaussures - de sport] stud ; [- de montagne] crampon ; [de fer à cheval] calk **2.** BOT [de plante grimpante] tendril ; [d'algue] sucker **3.** [crochet] cramp **4.** *fam & péj* [personne] : *c'est un / une crampon* he / she sticks like a leech / *j'espère qu'elle viendra sans son crampon de mari!* I hope she won't bring along her husband, he's so clingy ! ; *(comme adj)* : *un enfant un peu crampon* a clinging child / *laisse-moi, que tu es crampon* give me some space, will you !

cramponner [3] [kʀɑ̃pɔne] vt **1.** *fam* [s'accrocher à] to cling to / *ne cramponne pas tout le temps ton père!* just leave your father alone will you !, give your father a break ! **2.** *tfam* [importuner] to pester / *tu me cramponnes avec tes questions!* stop pestering me with your questions ! **3.** TECHNOL [pièces] to cramp together.

❖ **se cramponner** vpi **1.** [s'agripper] to hold on, to hang on / *cramponne-toi bien, on démarre!* hold on tight, here we go ! ▸ **se cramponner à a)** [branche, barre] to cling (on) ou to hold on to **b)** [personne] to cling (on) to **2.** *fam* [s'acharner - malade] to cling ou to hang on ; [- étudiant] to stick with it / *il est distancé mais il se cramponne* he's outdistanced but he's clinging on ▸ **se cramponner à la vie / à un espoir** to cling to life / hope.

cran [kʀɑ̃] nm **1.** [entaille - d'une étagère, d'une crémaillère] notch ; [trou - d'une ceinture] hole, notch / *il resserra / desserra sa ceinture d'un cran* he tightened / loosened his belt one notch ▸ **baisser / monter d'un cran a)** [dans une hiérarchie] to come down / to move up a peg **b)** [voix] to fall / to rise slightly **2.** COUT [sur un ourlet] notch ; [point de repère] nick **3.** [mèche] wave **4.** TECHNOL catch ▸ **cran de sûreté** ou **sécurité** safety catch ▸ **cran d'arrêt** *fam* [couteau] flick-knife **5.** *fam* [courage] ▸ **allons, un peu de cran! a)** [sois courageux] come on, be brave ! **b)** [ne te laisse pas aller] come on, pull yourself together ! ▸ **avoir du cran** to have guts / *il a du cran* he's got guts.

❖ **à cran** loc adj *fam* uptight, edgy, on edge / *avoir les nerfs à cran* to be edgy ou uptight.

crâne [kʀan] ◆ nm **1.** ANAT skull, cranium *spéc* **2.** *fam* [tête] ▸ **avoir mal au crâne** to have a headache / *mets-toi bien ça dans le crâne!* get that into your head ! ▸ **tu as le crâne dur! a)** [têtu] you're so pigheaded ! **b)** [lent à comprendre] you're so thickskulled ! ▸ **alors, crâne d'œuf!** hey, baldy ! **3.** *arg crime* ▸ **faire un crâne** [policier] to make an arrest, to get a result. ◆ adj **1.** *litt* [courageux] bold, gallant / *très crâne, il entra dans la pièce* he swaggered into the room **2.** [bien portant] : *il n'est pas encore bien crâne* he hasn't quite recovered yet.

crânement [kʀanmɑ̃] adv *litt* [fièrement] gallantly.

crâner [3] [kʀane] vi *fam* to show off, to swank UK / *tu crânes moins maintenant!* you aren't so sure of yourself now, are you !

crânerie [kʀanʀi] nf *litt* **1.** [bravoure] gallantry **2.** [vanité] conceit.

crâneur, euse [kʀanœʀ, øz] *fam & péj* ◆ adj ▸ **être crâneur** to be a bit of a show-off. ◆ nm, f show-off, hotshot US / *faire le crâneur* to show off, to swank UK.

crânien, enne [kʀanjɛ̃, ɛn] adj cranial.

cranté, e [kʀɑ̃te] adj [ourlet] notched ; [lame de ciseaux] serrated ; [cheveux] wavy.

cranter [3] [kʀɑ̃te] vt [ourlet] to notch ; [roue] to put notches on ; [cheveux] to wave.

crapahuter [3] [kʀapayte] vi *arg mil* to plough along.

crapaud [kʀapo] nm **1.** ZOOL toad ▸ **crapaud accoucheur** midwife toad ▸ **crapaud de mer** angler-fish **2.** MINÉR flaw **3.** MUS baby grand piano **4.** [fauteuil] squat armchair.

crapaud-buffle [kʀapobyfl] (*pl* **crapauds-buffles**) nm buffalo frog.

crapaudine [kʀapɔdin] nf **1.** [de gouttière] strainer ; [de baignoire] pop-up waste hole **2.** CONSTR gudgeon.
❖ **à la crapaudine** loc adj CULIN spatchcock *(modif).*

crapette [kʀapɛt] nf *card game (played by two people).*

crapule [kʀapyl] ◆ nf **1.** [individu] crook, villain / *petite crapule!* you little rat! **2.** *litt* [pègre] ▸ **la crapule** the riff-raff. ◆ adj roguish / *une expression* / *un air crapule* a roguish phrase / look.

crapuleux, euse [kʀapylø, øz] adj **1.** [malhonnête] crooked, villainous **2.** *litt* [débauché] dissolute.

craquage [kʀakaʒ] = **cracking.**

craquant, e [kʀakɑ̃, ɑ̃t] adj **1.** [croustillant - laitue] crisp ; [- céréales] crunchy **2.** *fam* [personne] gorgeous.

craque [kʀak] nf *fam* fib, whopper / *et me raconte pas de craques!* and no lies!

craquée [kʀake] nf SUISSE *fam* ▸ **une craquée de** a load of.

craquelage [kʀaklaʒ] nm **1.** [effet] : *le craquelage d'un vernis* the cracks in a varnish **2.** [fabrication, art] crackled china manufacture.

craquelé, e [kʀakle] adj **1.** [fissuré] cracked / *j'ai la peau des mains toute craquelée* my hands are badly chapped **2.** [décoré de craquelures] crackled.
❖ **craquelé** nm ▸ **le craquelé a)** [procédé] crackling **b)** [verre] crackleware.

craquèlement [kʀakɛlmɑ̃] nm cracks, cracking.

craqueler [24] [kʀakle] vt [fendiller] to crack ; [poterie] to crackle.
❖ **se craqueler** vpi [peinture, peau] to crack ; [poterie] to crackle.

In reformed spelling (see p. 16-19), this verb is conjugated like *peler*: *il craquèlera, elle se craquèlerait.*

craquelin [kʀaklɛ̃] nm BELG *brioche with crystallised sugar.*

craquelure [kʀaklyʀ] nf **1.** [accidentelle] crack / *les craquelures du tableau* ART the craquelure on ou cracks in the painting **2.** [artificielle] crackle.

craquement [kʀakmɑ̃] nm [de bois qui casse] snap, crack ; [d'un plancher] creak ; [d'herbes sèches] crackle ; [de chaussures] squeak, creak.

craquer [3] [kʀake] ◆ vi **1.** [plancher] to creak ; [bois qui casse] to snap, to crack ; [cuir, soulier] to squeak, to creak ; [herbes sèches] to crackle ▸ **faire craquer ses doigts** to crack one's knuckles / *faire craquer une allumette* to strike a match / *les branches du chêne craquaient dans la bourrasque* the oak branches were creaking in the gale **2.** [se fendre - couture, tissu] to split ; [- sac] to split open ; [- fil, lacets] to break, to snap off ; [- banquise] to crack, to split (up) ; [- collant] to rip / *le pull a craqué aux emmanchures* the sweater split at the armholes **3.** *fam* [psychologiquement] to break down, to crack up ▸ **ses nerfs ont craqué** she had a nervous breakdown, she cracked up / *ils ont essayé de me faire craquer en fumant devant moi* they tried to break my resolve by smoking in front of me **4.** *fam* [être séduit] to go wild / *il me fait craquer* I'm wild about this guy / *j'ai craqué pour cette robe* I went wild over that dress **5.** *fam* [s'effondrer - institution, projet] to founder, to be falling apart, to be on the verge of collapse. ◆ vt **1.** [couture] to split, to tear **2.** [allumette] to strike **3.** *fam* [dépenser] to blow / *elle a craqué tout son argent au jeu* she blew all her money at the gambling tables **4.** PÉTR to crack.

craquètement [kʀakɛtmɑ̃] = **craquettement.**

craqueter [27] [kʀakte] vi **1.** [brindille, sachet en plastique] to crackle **2.** [cigogne, grue] to screech ; [cigale] to chirp.

In reformed spelling (see p. 16-19), this verb is conjugated like *acheter*: *il craquètera, elle craquèterait.*

craquettement [kʀakɛtmɑ̃] nm **1.** [de brindilles] crackling **2.** ZOOL clattering, chirping.

crash [kʀaʃ] nm **1.** [accident] crashing (to the ground) ▸ **crash test** crash test **2.** [atterrissage forcé] crash landing / *faire un crash* to crash-land.

crasher [3] [kʀaʃe] ❖ **se crasher** vpi *fam* **1.** AÉRON [s'écraser] to crash ; [atterrir accidentellement] to crash-land **2.** [conducteur, véhicule] to crash / *il s'est crashé contre un arbre* he smashed ou crashed into a tree / *il s'est crashé en voiture* he crashed his car.

craspec [kʀaspɛk] adj *tfam* filthy.

crasse [kʀas] ◆ nf **1.** [saleté] filth / *couvert de crasse* filthy, covered in filth / *il vit dans la crasse* he lives in squalor **2.** *fam* [mauvais tour] dirty ou nasty trick ▸ **faire une crasse à qqn** to play a dirty ou nasty trick on sb **3.** TECHNOL ▸ **la crasse a)** [scories] scum, dross, slag **b)** [résidus] scale **4.** MÉD ▸ **crasse sénile** senile keratosis ; VÉTÉR ▸ **crasse des porcelets** keratosis of pigs. ◆ adj *fam* [stupidité] crass ▸ **d'une ignorance crasse** abysmally ignorant, pig-ignorant.

crasseux, euse [kʀasø, øz] adj [mains, vêtements] filthy, grimy, grubby ; [maison] filthy, squalid ; [personne] filthy / *une cuisinière toute crasseuse* a stove caked with dirt.
❖ **crasseux** nm *tfam* comb.

crassier [kʀasje] nm slag heap.

cratère [kʀatɛʀ] nm ANTIQ & GÉOGR crater.

cratériforme [kʀateʀifɔʀm] adj crater-shaped.

cravache [kʀavaʃ] nf riding crop, horsewhip.
❖ **à la cravache** loc adv ruthlessly, with an iron hand.

cravacher [3] [kʀavaʃe] ◆ vt [cheval] to use the whip on ; [personne] to horsewhip. ◆ vi *fam* **1.** [en voiture] to belt along, to go at full tilt ou speed **2.** [travailler dur] to slog UK ou to plug US away.

cravate [kʀavat] nf tie, necktie US / *en costume (et) cravate* wearing a suit and a tie ▸ **cravate de chanvre** *fam* hangman's noose ▸ **s'en envoyer** ou **s'en jeter un derrière la cravate** *fam* to knock back a drink.

cravater [3] [kʀavate] vt **1.** VÊT [homme] to put a tie on **2.** [attraper par le cou] to grab by the neck ; SPORT to get in a headlock, to put a headlock on **3.** *tfam* [arrêter] : *se faire cravater* to get nabbed **4.** *tfam* [voler] to pinch, to swipe / *je me suis fait cravater mes papiers* someone's pinched ou swiped my papers.
❖ **se cravater** vp *(emploi réfléchi)* to put on a tie.

crawl [kʀol] nm crawl / *faire du* ou *nager le crawl* to do ou to swim the crawl.

crawlé [kʀole] adj ⟶ **dos.**

crawler [3] [kʀole] vi to do ou to swim the crawl.

crawleur, euse [kʀolœʀ, øz] nm, f crawl specialist *(swimmer).*

crayeux, euse [kʀɛjø, øz] adj **1.** GÉOL chalky **2.** [teint] chalk-like.

crayon [kʀɛjɔ̃] nm **1.** [pour écrire, dessiner] pencil ; [stylo] pen ▸ **crayon gras** ou **à mine grasse** soft lead pencil ▸ **crayon à** ou **de papier** lead pencil ▸ **crayon sec** ou **à mine sèche** dry lead pencil ▸ **crayon de couleur** coloured pencil, crayon ▸ **crayon à dessin** drawing pencil ▸ **crayon à lèvres** lipliner pencil ▸ **crayon noir** [à papier] (lead) pencil ▸ **crayon pour les yeux** eye ou eyeliner pencil ▸ **crayon à sourcils** eyebrow pencil ▸ **coup de crayon a)** [rature] pencil stroke **b)** [d'un artiste] drawing style / *avoir un bon coup de crayon* to be good at drawing **2.** ART [œuvre] pencil drawing, crayon-sketch ▸ **crayon lithographique** litho crayon, grease pencil US **3.** *litt* [ébauche] : *le premier crayon de son projet* the first rough outline ou draft of her project **4.** NUCL ▸ **crayon (combustible)** fuel rod ou pin **5.** OPT ▸ **crayon optique** light pen **6.** PHARM ▸ **crayon (médicamenteux)** pencil ▸ **crayon au nitrate d'argent** silver-nitrate ou caustic pencil ▸ **crayon hémostatique** styptic pencil.
❖ **crayons** nmpl *fam* [cheveux] : *se faire tailler les crayons* to get a haircut.
❖ **au crayon** ◆ loc adj [ajout, trait] pencilled. ◆ loc adv [dessiner, écrire] in pencil ▸ **écrire** / **dessiner qqch au crayon** to write / to draw sthg in pencil / *écris-le au crayon dans ton cahier* pencil it in your notebook ▸ **dessiner qqch au crayon de couleur** to crayon sthg / *faire ses yeux au crayon* to outline one's eyes with eye pencil.

crayon-feutre [kʀɛjɔ̃føtʀ] (*pl* **crayons-feutres**) nm felt-tip (pen).

crayon-lecteur [kʀɛjɔ̃lɛktœʀ] (*pl* **crayons-lecteurs**) nm electronic ou light pen.

crayonnage [kʀɛjɔnaʒ] nm **1.** [gribouillis] scribble **2.** [esquisse] pencil sketch ou drawing.

crayonné [kʀɛjɔne] nm pencil drawing.

crayonner [3] [kʀɛjɔne] vt **1.** [dessiner rapidement] to sketch (in pencil) / *il crayonna son visage sur la nappe* he made a quick pencil sketch of her face on the tablecloth **2.** [gribouiller - feuille, mur] to scribble on *(insép)* / *crayonner sur un bloc-notes* to doodle on a notepad **3.** [écrire - au crayon] to pencil ; [- rapidement] to jot down *(sép).*

crayonneur [kʀɛjɔnœʀ] nm sketch artist, cartoonist.

CRDP (abr de **centre régional de documentation pédagogique**) nm *local centre for educational resources.*

CRDS [seɛʀdeɛs] (abr de **contribution pour le remboursement de la dette sociale**) nf *tax on earnings and investments that goes towards reducing the French Social Security deficit.*

créance [kʀeɑ̃s] nf **1.** FIN & DR [dette] claim, debt ; [titre] letter of credit ▸ **créance exigible** debt due ▸ **créance hypothécaire** debt secured by a mortgage ▸ **créances douteuses** ou **irrécouvrable** bad debt **2.** *litt* [foi] credence ▸ **donner créance à a)** [ajouter foi à] to give ou to attach credence to **b)** [rendre vraisemblable] to lend credibility to.

créancier, ère [kʀeɑ̃sje, ɛʀ] nm, f creditor.

créateur, trice [kʀeatœʀ, tʀis] ◆ adj creative ▸ **imagination créatrice** creativity. ◆ nm, f designer.
❖ **Créateur** nm ▸ **le Créateur** the Creator, our Maker.

créatif, ive [kʀeatif, iv] ◆ adj [esprit] creative, imaginative, inventive / *une atmosphère créative* a creative atmosphere. ◆ nm, f [gén] creative person ; [de publicité] designer.

créatine [kʀeatin] nf creatin, creatine.

créatinine [kʀeatinin] nf creatinine.

création [kʀeasjɔ̃] nf **1.** [œuvre originale - bijou, parfum, vêtement] creation ; COMM & INDUST new product / *nos nouvelles créations* our new range **2.** THÉÂTRE [d'un rôle] creation ; [d'une pièce] first production, creation / *il y aura de nombreuses créations au festival* a lot of new plays will be performed at the festival **3.** [fait de créer - une mode, un style] creation ; [- un vêtement] designing, creating ; [- une entreprise] setting up ; [- une association] founding, creating ; [- des emplois] creating, creation ▸ **il y a eu 3 000 créations d'emplois en mai** 3,000 new jobs were created in May ▸ **il s'agit d'une création de poste** it's a newly created post **4.** BIBLE ▸ **la création** the Creation.

créationnisme [kʀeasjɔnism] nm creationism.

créationniste [kʀeasjɔnist] ◆ adj creationistic. ◆ nmf creationist.

créative [kʀeativ] f ⟶ **créatif.**

créativité [kʀeativite] nf **1.** [qualité] creativity, creativeness, creative spirit **2.** LING creativity.

créature [kʀeatyʀ] nf **1.** [personne ou bête créée] creature / *les créatures de Dieu* God's creatures **2.** [femme] ▸ **créature de rêve** gorgeous creature ; *péj* creature **3.** [personne soumise] slave, tool.

crécelle [kʀesɛl] nf rattle / *jouer de la crécelle* to play the rattle.
❖ **de crécelle** loc adj : *bruit de crécelle* grating sound ▸ **une voix de crécelle** a grating ou rasping voice.

crécerelle [kʀesʀɛl], **crècerelle*** [kʀɛsʀɛl] nf kestrel.

crèche [kʀɛʃ] nf **1.** [établissement préscolaire] crèche UK day nursery UK child-care center US ; [dans un centre sportif, un magasin] crèche UK day-care center US / *notre université est pourvue d'une crèche* there are crèche UK ou day-care US facilities in our university ▸ **crèche familiale** *crèche in the home of a registered child minder* ▸ **crèche parentale** *crèche run by parents* **2.** [de la Nativité] ▸ **crèche de Noël** Christ Child's crib UK crèche US ; *litt* [mangeoire] manger, crib **3.** *tfam* [chambre, maison] pad.

crécher [18] [kʀeʃe] vi *tfam* **1.** [habiter] to live **2.** [loger temporairement] to doss down UK to crash / *il faut qu'on trouve un endroit où crécher* we need to find

*In reformed spelling (see p. 16-19).

somewhere to doss down UK ou to crash / *je peux crécher chez toi ce soir?* can I crash at your place tonight?

In reformed spelling (see p. 16-19), this verb is conjugated like **semer**: *il crèchera, il crècherait.*

crédence [kʀedɑ̃s] nf **1.** [desserte d'église] credence (table), credenza **2.** [buffet] credenza.

crédibiliser [3] [kʀedibilize] vt to give credibility to.

crédibilité [kʀedibilite] nf credibility / *il a perdu presque toute crédibilité* his credibility (rating) is very low / *perdre sa crédibilité* to lose one's credibility.

crédible [kʀedibl] adj credible, believable / *son histoire n'est pas crédible* his story is unconvincing ou is hardly credible.

CRÉDIF, Crédif [kʀedif] (abr de **Centre de recherche et d'étude pour la diffusion du français**) npr m *official body promoting use of the French language.*

crédirentier, ère [kʀedirɑ̃tje, ɛʀ] adj *recipient of an allowance.*

crédit [kʀedi] nm **1.** BANQUE [actif] credit ; [en comptabilité] credit, credit side ▸ **porter 100 euros au crédit de qqn** to credit sb ou sb's account with 100 euros, to credit 100 euros to sb ou sb's account / *j'ai 2 890 euros à mon crédit* I am 2,890 euros in credit **2.** COMM [paiement différé, délai] credit ; [prêt] credit / *crédit sur six mois* six months' credit ▸ **faire crédit à qqn** to give sb credit, to give credit to sb / *il n'a pas voulu me faire crédit pour la table* he wouldn't let me have the table on credit / **'la maison ne fait** ou **nous ne faisons pas crédit'** 'no credit' / *accorder / obtenir un crédit* to grant / to obtain credit / *j'ai pris un crédit sur 25 ans pour la maison* I've got a 25-year mortgage on the house ▸ **la banque pratique des crédits a)** [sur un compte courant] the bank grants overdrafts **b)** [prêts] the bank grants loans ▸ **crédit à long / court terme** long-term / short-term credit ▸ **crédit gratuit / illimité** free / unlimited credit ▸ **crédit fournisseur** ou **interentreprises** supplier credit ▸ **crédit acheteur** export customer credit ▸ **crédit bancaire** bank credit ▸ **crédit en blanc** blank credit, loan without security, unsecured loan ▸ **crédit à la consommation** consumer credit ▸ **crédit croisé** BOURSE swap agreement ▸ **crédit documentaire** documentary credit ▸ **crédit à l'exportation** export credit ▸ **crédit hypothécaire** mortgage ▸ **crédit immobilier à taux variable** adjustable-rate mortgage ▸ **crédit d'impôt** tax rebate ou credit *(for bondholders)* ▸ **crédit personnalisé** individual ou personal credit arrangement ou facility ▸ **crédit public** public loan ▸ **crédit relais** ou **crédit-relais** bridging loan ▸ **crédit renouvelable** ou **revolving** revolving credit UK, revolver credit US **3.** [établissement] ▸ **crédit municipal** pawnbroker **4.** *sout* [confiance, estime] credibility, esteem ▸ **jouir d'un grand crédit auprès de qqn** to be high in sb's esteem / *connaître un grand crédit* [idée, théorie] to be widely accepted ou held / *il n'a plus aucun crédit* he's lost all credibility / *elle comptait sur son crédit pour faire accepter l'idée* she was relying on her influence to get her idea accepted ▸ **donner du crédit aux propos de qqn** to give credence to what sb says ▸ **trouver crédit auprès de qqn a)** [personne] to win sb's confidence **b)** [histoire] to find credence with ou to be believed by sb **5.** QUÉBEC UNIV credit.

❖ **crédits** nmpl [fonds] funds / *l'enseignement a besoin de plus de crédits* education needs more funding / *on s'attend à une réduction des crédits pour les bibliothèques* a reduction in funding for libraries is to be expected / *accorder des crédits* to grant ou to allocate funds ; [autorisation de dépenses] ▸ **crédits budgétaires** supplies / *voter des crédits* to vote supplies.

❖ **à crédit** ◆ loc adj ⟶ **vente.** ◆ loc adv ▸ **acheter à crédit** to buy on credit ▸ **vendre qqch à crédit** to sell sthg on credit.

❖ **à mon crédit, à son crédit** loc adv to my / her, etc., credit ▸ **c'est à mettre** ou **porter à son crédit** one must credit him with it.

❖ **de crédit** loc adj [agence, établissement] credit *(modif).*

crédit-bail [kʀedibaj] (*pl* **crédits-bails**) nm leasing.

créditer [3] [kʀedite] vt **1.** BANQUE [somme] to credit / *mon compte a été crédité de 800 euros* 800 euros were credited to my account / *les intérêts seront crédités sur votre compte à la fin de chaque mois* the interest will be credited to your account at the end of every month **2.** SPORT to credit with / *on a crédité le coureur de 10 secondes* the runner has been credited with 10 seconds **3.** *fig* ▸ **être crédité de** to be given credit ou to get the praise for / *c'est lui qui en sera crédité* he'll get (all) the credit for it.

créditeur, trice [kʀeditœʀ, tʀis] ◆ adj [solde] credit *(modif)* ▸ **avoir un compte créditeur** to have an account in credit. ◆ nm, f customer in credit, creditworthy customer.

credo (*pl* credo), **crédo*** [kʀedo] nm **1.** [principe] credo, creed ▸ **credo politique** political creed ou credo / *c'est mon credo* it's the thing I most fervently believe in **2.** RELIG ▸ **le Credo** the (Apostles') Creed.

crédule [kʀedyl] adj gullible, credulous / *que tu es crédule!* you'll believe anything!

crédulité [kʀedylite] nf gullibility, credulity.

créer [15] [kʀee] vt **1.** [inventer - personnage, style] to create ; [- machine] to invent ; [- vêtement] to create, to design ; [- mot] to invent, to coin / *c'est lui qui a créé la formule* he coined the phrase ou expression / *écharpe / bague créée par Mélodie* scarf / ring created by Mélodie **2.** THÉÂTRE [rôle] to create, to play for the first time ; [pièce] to produce for the first time **3.** [occasionner, engendrer - emploi, différences, difficultés] to create ; [- poste] to create, to establish ; [- atmosphère] to create, to bring about *(insép)* ; [- tension] to give rise to ; [- précédent] to set ▸ **créer des ennuis** ou **difficultés à qqn** to create problems for ou to cause trouble to sb / *il ne nous a créé que des ennuis* he's given us nothing but trouble / *cela crée des jalousies* it causes jealousy / *elle a créé la surprise en remportant le match* she caused a sensation by winning the match **4.** [fonder - association, mouvement] to create, to found ; [- entreprise] to set up *(sép)* ; [- État] to establish, to create.

❖ **se créer** ◆ vp *(emploi passif)* [être établi] to be set up ou created / *des associations se créent un peu partout* societies are being founded ou set up almost everywhere. ◆ vpt : *se créer une image* to create an image for o.s. / *il s'est créé un monde à lui* he's created a world of his own / *se créer une excuse* to invent an excuse for o.s. ▸ **se créer une clientèle** to build up a clientele.

crémage [kʀemaʒ] nm **1.** [du lait] creaming **2.** TEXT tinting, dying.

crémaillère [kʀemajɛʀ] nf **1.** [de cheminée] trammel (hook) **2.** AUTO & MÉCAN rack **3.** RAIL rack.

❖ **à crémaillère** loc adj ▸ **engrenage / direction à crémaillère** rack (and pinion) gearing / steering / *chemin de fer à crémaillère* rack railway.

crémant [kʀemɑ̃] ◆ adj m slightly sparkling. ◆ nm Crémant wine.

crémation [kʀemasjɔ̃] nf cremation.

crématoire [kʀematwaʀ] ◆ adj crematory. ◆ nm cremator UK, cinerator US.

crématorium [kʀematɔʀjɔm] nm crematorium UK, crematory US.

crème [kʀɛm] ◆ nf **1.** CULIN [préparation] cream ; [entremets] cream (dessert) ▸ **crème au chocolat / citron** chocolate / lemon cream ▸ **crème anglaise** custard ▸ **crème au beurre** butter cream ▸ **crème brûlée** crème brûlée ▸ **crème (au) caramel** crème caramel ▸ **crème Chantilly** sweetened chilled whipped cream ▸ **crème fraîche épaisse** double UK ou heavy US cream ▸ **crème fleurette** ≃ low-fat single cream ▸ **crème fouettée** whipped cream ▸ **crème fraîche** crème fraîche ▸ **crème glacée** ice-cream ▸ **crème du lait** top of the milk ▸ **crème fraîche liquide** single cream UK, light cream US ▸ **crème pâtissière** confectioner's custard ▸ **crème renversée** custard cream UK, cup custard US ▸ **la crème de** : *c'est la crème des maris* he's the perfect husband **2.** [potage] : *crème de brocoli* cream of broccoli soup / *crème de poireaux* cream of leek soup **3.** [boisson] ▸ **crème de cassis** crème de cassis ▸ **crème de cacao / menthe** crème de cacao / menthe **4.** [cosmétique] cream ▸ **crème (de soins) pour les mains / le visage** hand / face cream ▸ **crème antirides** anti-wrinkle cream ▸ **crème de beauté** beauty ou skin cream ▸ **crème décolorante** bleaching cream ▸ **crème dépilatoire** hair removing cream ▸ **crème hydratante** moisturizing cream ▸ **crème à raser** shaving cream. ◆ adj inv off-white, cream, cream-coloured. ◆ nm **1.** [couleur] cream (colour) **2.** *fam* [café] white coffee UK, coffee with milk ou cream / *un grand / petit crème* a large / small cup of white coffee.

❖ **à la crème** loc adj [gâteau] cream *(modif)* ▸ **framboises à la crème** raspberries and cream ▸ **escalopes à la crème** escalopes with cream sauce.

crémerie [kʀɛmʀi] nf **1.** [boutique] *shop selling cheese and other dairy products* **2.** *vieilli* [café, restaurant] café.

crémeux, euse [kʀemø, øz] adj **1.** [onctueux] creamy, unctuous, smooth **2.** [gras - fromage] soft.

crémier, ère [kʀemje, ɛʀ] nm, f dairyman (dairywoman).

crémone [kʀemɔn] nf *mechanism which pushes vertical bars into sockets at the top and bottom of a window to keep it closed.*

créneau, x [kʀeno] nm **1.** ARCHIT [creux] crenel (embrasure), crenelle ; [bloc de pierre] crenellation ▸ **les créneaux** the crenellations ou battlements ▸ **à créneaux** crenellated ▸ **monter au créneau** *fam* to step into the breach **2.** [meurtrière] slit, loophole ▸ **créneau de visée** aiming slit **3.** AUTO [espace] gap, (parking) space ▸ **faire un créneau** to reverse into a (parking) space UK, to parallel park US **4.** RADIO & TV [temps d'antenne] slot ▸ **créneau horaire / publicitaire** time / advertizing slot / *l'émission occupera le créneau 20-22 h* the programme will be slotted in between 8 pm and 10 pm ; [dans un emploi du temps] slot, gap **5.** ÉCON gap (in the market), opening ▸ **trouver un bon créneau** to find a good opening (in the market).

crénelage [kʀɛnlaʒ] nm **1.** [fait d'entailler] milling *(U)* **2.** [entailles] milled edge **3.** INFORM aliasing.

crénelé, e, crènelé*, e [kʀɛnle] adj **1.** ARCHIT crenellated **2.** BOT crenate, scalloped **3.** MÉTALL notched ; [pièce de monnaie] milled.

créneler [24] [kʀɛnle] vt **1.** ARCHIT to crenellate **2.** MÉTALL to notch ; [pièce de monnaie] to mill.

crénelure, crènelure* [kʀɛnlyʀ] nf **1.** ARCHIT crenellation **2.** MÉTALL notch.

crénom [kʀenɔ̃] interj *fam & vieilli* ▸ **crénom (de nom** ou **de Dieu)! a)** [d'impatience] for God's ou Pete's sake! **b)** [de colère] damn it! **c)** [de surprise] blimey! UK, holy cow! US

créole [kʀeɔl] adj creole.

❖ **Créole** nmf Creole.

❖ **créole** nm LING creole.

❖ **créoles** nfpl hoop earrings.

créolisation [kʀeɔlizasjɔ̃] nf Creolisation.

créolité [kʀeɔlite] nf Creole identity.

créosote [kʀeɔzɔt] nf creosote.

créosoter [3] [kʀeɔzɔte] vt to creosote.

crêpage [kʀɛpaʒ] nm **1.** [de tissu] crimping ; [de papier] cockling ou crinkling (up) **2.** [des cheveux] backcombing ▸ **crêpage de chignon** [coups] fight ou set-to *(between women)* / *attention au crêpage de chignon!* be careful the women don't come to blows!

crêpe[1] [kʀɛp] nm **1.** TEXT crepe, crêpe ▸ **crêpe de Chine** crepe de Chine ▸ **crêpe de deuil** ou **noir** black mourning crepe ▸ **porter un crêpe a)** [brassard] to wear a black armband **b)** [au revers de la veste] to wear a black ribbon **c)** [sur le chapeau] to wear a black hatband **2.** [caoutchouc] crepe rubber.

❖ **de crêpe** loc adj **1.** [funéraire] mourning / *voile de crêpe* mourning veil **2.** [chaussures, semelle] rubber *(modif).*

crêpe[2] [kʀɛp] nf CULIN pancake / *crêpe au beurre / sucre* pancake with butter / sugar / *crêpe au jambon et aux champignons* pancake filled with ham and mushrooms ▸ **crêpe dentelle** *light very thin pancake* ▸ **crêpe Suzette** crêpe suzette.

crêpelé, e [kʀɛple] adj [ondulé] frizzy ; [à l'africaine] afro.

crêpelure [kʀɛplyʀ] nf [ondulations] frizziness ; [à l'africaine] Afro hairstyle.

* In reformed spelling (see p. 16-19).

crêper [4] [kʀepe] vt **1.** [cheveux] to backcomb UK, to tease US **2.** TEXT to crimp, to crisp **3.** [papier] to cockle ou to crinkle (up).

❖ **se crêper** vpt ▸ **se crêper les cheveux** to backcomb one's hair ▸ **se crêper le chignon** *fam* to have a go at each other ou a bust-up.

crêperie [kʀɛpʀi] nf [restaurant] pancake restaurant, creperie ; [stand] pancake stall.

crépi, e [kʀepi] adj roughcast *(modif)*.

❖ **crépi** nm roughcast.

crêpier, ère [kʀepje, ɛʀ] nm, f [d'un restaurant] pancake restaurant owner ; [d'un stand] pancake maker ou seller.

❖ **crêpière** nf [poêle] pancake pan ; [plaque] griddle.

crépine [kʀepin] nf **1.** ZOOL & CULIN caul **2.** TECHNOL strainer.

crépinette [kʀepinɛt] nf CULIN flat sausage *(in a caul)*.

crépir [32] [kʀepiʀ] vt to roughcast.

crépissage [kʀepisaʒ] nm roughcasting.

crépitation [kʀepitasjɔ̃] nf MÉD ▸ **crépitation osseuse** crepitation, crepitus ▸ **crépitation pulmonaire** lung crepitation.

❖ **crépitations** nfpl [d'un feu] crackle, crackling.

crépitement [kʀepitmɑ̃] nm [d'un feu] crackle, crackling ; [d'une fusillade] rattle ; [d'une friture] splutter ; [de la pluie] pitter-patter / *les crépitements de la grêle sur les feuilles* the pattering of hail on the leaves.

crépiter [3] [kʀepite] vi **1.** [feu, coups de feu] to crackle ; [pluie] to patter ; [friture] to splutter **2.** MÉD to crepitate.

crépon [kʀepɔ̃] nm **1.** [papier] crepe paper **2.** TEXT crepon, seersucker.

CREPS, Creps [kʀɛps] (abr de **centre régional d'éducation physique et sportive**) nm *regional sports centre*.

crépu, e [kʀepy] adj [cheveux] frizzy.

crépusculaire [kʀepyskylɛʀ] adj **1.** *litt* [lueur, moment] twilight *(modif)* / *une beauté crépusculaire fig* a fading beauty **2.** ZOOL crepuscular.

crépuscule [kʀepyskyl] nm **1.** [fin du jour] twilight, dusk **2.** ASTRON [lumière - du soir] twilight ; [- du matin] dawn light **3.** MUS / **'le Crépuscule des dieux'** *Wagner* 'Götterdämmerung', 'Twilight of the Gods'.

❖ **au crépuscule de** loc prép *litt* ▸ **au crépuscule de sa vie / du siècle** in the twilight of his life / the closing years of the century.

crescendo [kʀeʃendo, kʀeʃɛ̃do] ◆ nm **1.** MUS crescendo / *faire un crescendo* to go crescendo / *ça se joue en crescendo* it must be played crescendo **2.** [montée] escalation / *pour enrayer le crescendo de la violence* to stop the rising tide ou the escalation of violence. ◆ adv crescendo ▸ **aller crescendo a)** [notes] to go crescendo **b)** [bruits, voix] to grow louder and louder **c)** [violence] to rise, to escalate **d)** [mécontentement] to reach a climax.

cresson [kʀesɔ̃] nm BOT & CULIN cress ▸ **cresson (d'eau** ou **de fontaine)** water cress ▸ **cresson alénois** garden cress ▸ **cresson des prés** lady's smock.

cressonnette [kʀesɔnɛt] nf lady's smock.

cressonnière [kʀesɔnjɛʀ] nf (water) cress bed.

crésus [kʀezys] nm Croesus, rich man.

Crésus [kʀezys] npr Croesus.

Crésyl® [kʀezil] nm disinfectant *(containing cresol)*.

crêt [kʀɛt] nm hogsback.

crétacé, e [kʀetase] adj Cretaceous.

❖ **crétacé** nm Cretaceous (period).

Crète [kʀɛt] npr f ▸ **(la) Crète** Crete.

crête [kʀɛt] nf **1.** ORNITH [d'oiseau] crest ; [de volaille] comb **2.** MIL [d'un casque] crest **3.** [d'une montagne, d'un toit] crest, ridge ; [d'un mur] crest, top ; [d'une vague] crest ▸ **crête de plage** ou **prélittorale** GÉOGR watershed **4.** ANAT ▸ **crête du tibia** ou **iliaque** edge ou crest of the shin **5.** SCI peak.

crêté, e [kʀete] adj *litt* [oiseau, casque] crested.

crête-de-coq [kʀɛtdəkɔk] (*pl* **crêtes-de-coq**) nf **1.** BOT cockscomb **2.** MÉD venereal papilloma.

crétin, e [kʀetɛ̃, in] ◆ adj moronic. ◆ nm, f **1.** [imbécile] moron, cretin **2.** *vieilli* MÉD cretin.

crétinerie [kʀetinʀi] nf **1.** [comportement] stupidity, idiocy, moronic behaviour **2.** [acte] idiotic thing (to do) ; [propos] idiotic thing (to say).

crétinisant, e [kʀetinizɑ̃, ɑ̃t] adj [abêtissant] mind-numbing, mind-numbingly stupid.

crétinisation [kʀetinizasjɔ̃] nf cretinisation.

crétiniser [3] [kʀetinize] vt [public] to turn into morons ; [personne] to turn into a moron.

crétinisme [kʀetinism] nm **1.** [caractère] stupidity, idiocy **2.** *vieilli* MÉD cretinism.

crétois, e [kʀetwa, az] adj Cretan.

❖ **Crétois, e** nm, f Cretan.

cretonne [kʀətɔn] nf cretonne.

creusement [kʀøzmɑ̃], **creusage** [kʀøzaʒ] nm [d'un trou] digging ; [d'un canal] digging, cutting ; [d'un puits] digging, sinking.

creuser [3] [kʀøze] vt **1.** [excaver - puits, mine] to dig, to sink ; [- canal] to dig, to cut ; [- tranchée] to dig, to excavate ; [- sillon] to plough ; [- passage souterrain, tunnel] to make, to bore, to dig ▸ **creuser un trou a)** [à la pelle] to dig a hole **b)** [en grattant] to scratch a hole / *creuser un terrier* to burrow / *la taupe creuse un chemin sous terre* moles make tunnels underground / *ils ont creusé une piscine dans leur jardin* they've made ou built a swimming pool in their garden / *les marches ont été creusées à même la roche* the steps have been carved out of the rock / *la carrière a été creusée à ciel ouvert* it's an opencast quarry / *la rivière a creusé son lit* the river has hollowed out its bed ▸ **creuser sa propre tombe** *fig* to dig one's own grave ▸ **ça a creusé un abîme** ou **fossé entre eux** this has opened up a gulf between them ▸ **creuser l'écart entre soi et le reste du peloton / de ses concurrents** to widen the gap between o.s. and the rest of the bunch / and one's competitors ▸ **creuser sa tombe avec ses dents** to eat o.s. into an early grave **2.** [faire un trou dans - gén] to hollow (out) ; [- avec une cuillère] to scoop (out) / *creuser la terre* to dig (a hole in) the earth **3.** [ployer] : *creuser les reins* ou *le dos* to arch one's back / *creuser la taille* to exaggerate one's waist **4.** [marquer - traits du visage] : *joues creusées par la souffrance* cheeks sunken with pain / *le visage creusé par la fatigue* his face hollow with fatigue / *le front creusé de rides* his forehead was furrowed with wrinkles **5.** *fam* [ouvrir l'appétit de] to make hungry / *la marche m'a creusé (l'estomac)* the walk gave me an appetite ou whetted my appetite ou made me feel hungry ; *(en usage absolu)* : *les émotions, ça creuse!* *hum* excitement gives you an appetite! **6.** [approfondir - idée] to look ou to go into *(insép)* ; [- problème, question] to look ou to delve into *(insép)* / *tu n'as pas assez creusé l'aspect sociologique du problème* you didn't go into enough detail about the sociological aspect of the problem ; *(en usage absolu)* : *il paraît intelligent, mais il vaut mieux ne pas creuser (trop loin)* he seems intelligent, but it might be better not to go into it too deeply **7.** COUT [décolleté] to make deeper ou lower ; [emmanchure] to make bigger.

❖ **se creuser** ◆ vp *(emploi réfléchi)* : *tu ne t'es pas beaucoup creusé pour écrire ce texte!* you didn't overtax yourself when you wrote this text! ▸ **se creuser la tête** ou **la cervelle** *fam* to rack one's brains. ◆ vpi **1.** [yeux, visage] to grow hollow ; [joues] to grow gaunt ou hollow ; [fossettes, rides] to appear / *la mer commence à se creuser* the sea's starting to swell **2.** [augmenter - écart] to grow bigger / *le fossé entre eux se creuse* the gap between them is widening.

creuset [kʀøzɛ] nm **1.** PHARM & TECHNOL crucible, melting pot ; [d'un haut-fourneau] crucible, hearth **2.** [rassemblement] melting pot, mixture / *creuset de cultures* a melting pot of cultures.

Creutzfeldt-Jakob [kʀøtsfɛltʒakɔb] npr ▸ **maladie de Creutzfeldt-Jakob** Creutzfeldt-Jakob disease.

creux, euse [kʀø, kʀøz] adj **1.** [évidé - dent, tronc] hollow ; *fig* ▸ **j'ai le ventre creux** my stomach feels hollow, I feel hungry / *je ne peux pas travailler quand j'ai le ventre* ou *l'estomac creux* I can't work on an empty stomach **2.** [concave - joues] hollow, gaunt ; [- visage] gaunt ; [- yeux] sunken, hollow / *aux joues creuses* hollow-cheeked / *aux yeux creux* hollow-eyed ▸ **un chemin creux** a sunken lane **3.** [qui résonne - voix] cavernous, hollow ; [- son] hollow **4.** *péj* [inconsistant - discours, phrases] empty, meaningless ; [- promesses] hollow, empty ; [- argumentation] weak **5.** [sans activité] ▸ **périodes creuses a)** [au travail] slack periods **b)** [dans une tarification] off-peak periods ▸ **pendant la saison creuse a)** [pour le commerce] during the slack season **b)** [pour les vacanciers] during the off-peak season ▸ **heures creuses** : *la communication / le trajet aux heures creuses ne vous coûtera que 3 €* the phone call / journey will cost you only 3 € off-peak **6.** COUT [pli] inverted.

❖ **creux** ◆ nm **1.** [trou - dans un roc] hole, cavity ; [- d'une dent, d'un tronc] hollow (part), hole, cavity / *la route est pleine de creux et de bosses* the road is bumpy ou is full of potholes / *avoir un creux (à l'estomac) fam* to feel peckish UK ou a bit hungry **2.** [concavité - d'une main, d'une épaule] hollow ; [- de l'estomac] pit / *il a bu dans le creux de ma main* it drank out of my hand ▸ **j'ai mal dans le creux du dos** ou **des reins** I've a pain in the small of my back ▸ **le creux de l'aisselle** the armpit **3.** [dépression - d'une courbe, d'une vague] trough / *il y avait des creux de dix mètres* [sur la mer] there were waves ten metres high **4.** [inactivité] slack period / *il y a un creux des ventes en janvier* business slows down ou slackens off in January / *j'ai un creux dans mon emploi du temps entre deux et quatre* I've got a gap in my timetable between two and four **5.** ART mould **6.** NAUT [d'une voile] belly. ◆ adv ▸ **sonner creux** to give ou to have a hollow sound.

❖ **au creux de** loc prép : *au creux de ses bras* (nestled) in his arms ▸ **au creux de la vague** *pr* in the trough of the wave ▸ **être au creux de la vague** *fig* [entreprise, personne] to be going through a bad patch.

crevaison [kʀəvɛzɔ̃] nf puncture UK, flat US / *avoir une crevaison* to have a puncture ou a flat tyre UK, to have a flat (tire) US.

crevant, e [kʀəvɑ̃, ɑ̃t] adj *fam* **1.** [pénible - travail] exhausting, backbreaking ; [- enfant] exhausting **2.** [drôle - personne] killing, priceless ; [- histoire, spectacle] killing, side-splitting / *elle est crevante, sa gamine* her kid's a scream ou riot.

crevard, e [kʀəvaʀ, aʀd] nm, f *tfam* [personne famélique] half-starved wretch.

crevasse [kʀəvas] nf **1.** GÉOGR [dans le sol] crevice, fissure, split ; [sur un roc] crack, crevice, fissure ; [d'un glacier] crevasse **2.** [sur les lèvres, les mains] crack, split / *j'ai des crevasses aux doigts* my fingers are badly chapped.

crevassé, e [kʀəvase] adj **1.** [sol] cracked, fissured **2.** [peau] chapped.

crevasser [3] [kʀəvase] vt **1.** [sol] to cause cracks ou fissures in **2.** [peau] to chap.

❖ **se crevasser** vpi **1.** [sol] to become cracked **2.** [peau] to become chapped.

crève [kʀɛv] nf *fam* [rhume] bad cold / *j'ai la crève* I've got a bad cold / *attraper* ou *choper la crève* to catch cold / *tu vas attraper la crève* you'll catch your death (of cold).

crevé, e [kʀəve] adj **1.** [pneu] flat, punctured ; [tympan] pierced ; [yeux] gouged-out ; [ballon] burst / *j'ai un pneu crevé* I've got a puncture UK ou flat US **2.** [mort - animal] dead **3.** [fatigué] shattered UK, bushed US.

❖ **crevé** nm COUT slash.

❖ **à crevés** loc adj [chaussure, manche] slashed.

crève-cœur (*pl* **crève-cœur** ou **crève-cœurs***) [kʀɛvkœʀ] nm : *c'est un crève-cœur de les voir* it's a heartbreaking ou heart-rending sight to see them / *c'est un crève-cœur d'entendre cela* it's heartbreaking ou heart-rending to hear this.

crève-la-faim [kʀɛvlafɛ̃] nm inv *fam* half-starved wretch.

crever [19] [kʀəve] ◆ vt **1.** [faire éclater - abcès] to burst (open) ; [- bulle, ballon, sac] to burst ; [- pneu] to puncture, to burst ; [- tympan] to puncture, to pierce / *un cri vint crever le silence* a cry pierced ou rent the silence

/ *la pierre a crevé le pare-brise* the stone put a hole in the windscreen ▸ **crever un œil à qqn a)** [agression] to gouge ou to put out sb's eye **b)** [accident] to blind sb in one eye ▸ **cela crève le cœur** it's heartbreaking ou heart-rending / *tu me crèves le cœur!* you're breaking my heart! ▸ **ça crève les yeux a)** *fam* [c'est évident] it's as plain as the nose on your face, it sticks out a mile **b)** [c'est visible] it's staring you in the face, it's plain for all to see ▸ **crever le plafond** [prix] to go through the roof ▸ **crever l'écran** [acteur] to have great presence (on the screen) **2.** *fam* [fatiguer] to wear out / *ce boulot / gosse me crève* this job / kid is wearing me out / *c'est ce rhume qui m'a crevé* that cold did me in / *ça vous crève, les transports en commun!* using public transport wears you out! / *crever sa monture* to ride one's horse to death **3.** EXPR **crever la faim** *fam* [par pauvreté] to be starving. ◆ vi **1.** [éclater -pneu] to puncture ; [-ballon, bulle, nuage] to burst ; [-abcès] to burst / *on a crevé sur la rocade fam* we had a puncture UK ou a flat US on the bypass / *faire crever du riz* CULIN to burst rice **2.** *tfam* [mourir] to snuff it UK, to kick the bucket / *qu'il crève!* to hell with him! / *aide-moi — tu peux toujours crever (la gueule ouverte)!* help me — go to hell! ▸ **faire crever qqn de faim** to starve sb to death ▸ **faire crever qqn de soif / froid** to make sb die of thirst / cold / *ils me laisseraient crever comme un chien* they'd just let me die like a dog / *on monte jusqu'au sommet — tu veux me faire crever?* let's go up to the top — do you want to kill me? **3.** [mourir -animal, végétal] to die (off) ▸ **faire crever qqch** to kill sthg (off) / *les moutons crevaient tous* the sheep were all dying.

❖ **crever de** v + prép *fam* **1.** [éprouver] ▸ **crever de faim a)** [par pauvreté] to be starving **b)** [être en appétit] to be starving ou famished ▸ **crever de soif** to be parched / *je crève de chaud!* I'm baking ou boiling! / *on crève de froid ici* it's freezing cold ou you could freeze to death here ▸ **crever d'ennui** to be bored to death / *c'est à crever de rire* it's a hoot ou scream ou riot ▸ **crever de peur / d'inquiétude** to be scared / worried to death **2.** [être plein de] ▸ **crever de jalousie** to be eaten up with jealousy ▸ **crever d'orgueil** to be puffed up ou bloated with pride / *crever de suffisance* to be puffed up ou bloated with self-importance / *je crève d'impatience de le voir* I can't wait to see him ▸ **crever d'envie de faire qqch** to be dying to do sthg / *je ne veux pas de gâteau — mais si, tu en crèves d'envie* I don't want any cake — oh yes you do, you're dying for some.

❖ **se crever** vp *(emploi réfléchi) fam* ▸ **se crever au boulot** ou **à la tâche** to work o.s. to death / *je ne me suis pas crevé à faire des études pour gagner si peu!* I didn't kill myself studying to earn such a small salary! ▸ **se crever le cul** *tfam* to bust a gut UK, to bust one's ass US.

crevette [kʀəvɛt] nf ▸ **crevette d'eau douce** (freshwater) shrimp ▸ **crevette grise** shrimp ▸ **crevette nordique** deep-water ou northern prawn ▸ **crevette rose** (common) prawn.

crevettier [kʀəvɛtje] nm **1.** [filet] shrimping net **2.** [bateau] shrimper, shrimp boat.

crevoter [3] [kʀəvɔte] vi SUISSE *fam* to vegetate.

CRF npr f abr de **Croix-Rouge française**.

cri [kʀi] nm **1.** [éclat de voix -gén] cry ; [-puissant] shout, yell ; [-perçant] shriek, scream ▸ **un petit cri aigu** a squeak ▸ **un cri perçant** a shriek ▸ **un cri rauque** a squawk ▸ **les cris des rues** street cries / *des cris lui parvenaient du jardin* he could hear somebody shouting in ou cries coming from the garden / *qu'est-ce que c'est que tous ces cris?* what is all this shouting ou noise about? ▸ **cri de douleur** cry ou scream of pain ▸ **cri de guerre** battlecry ▸ **cri de joie** cry ou shout of joy ▸ **cri d'indignation** cry ou scream of indignation ▸ **cri d'horreur** shriek ou scream of horror / *jeter* ou *pousser un cri* to cry out ▸ **pousser un cri de joie / douleur** to cry out with joy / in pain ▸ **pousser des cris a)** *pr* to cry out, to shout **b)** *fig* to make loud protests ▸ **jeter** ou **pousser des hauts cris** to raise the roof, to raise a hue and cry, to kick up a fuss ▸ **pousser des cris d'orfraie** ou **de paon a)** [hurler] to screech like a thing possessed **b)** [protester] to raise the roof / **'le Cri'** *Munch* 'The Scream' **2.** ZOOL [d'un oiseau] call ; [d'un petit oiseau] chirp ; [d'une chouette, d'un paon, d'un singe] screech ; [d'une mouette] cry ; [d'un dindon] gobble ; [d'un perroquet] squawk ; [d'un canard] quack ; [d'une oie] honk ; [d'une souris] squeak ; [d'un porc] squeal / *quel est le cri de la chouette?* what noise does the owl make? **3.** [parole] cry ▸ **cri d'amour** cry of love ▸ **cri d'avertissement** warning cry ▸ **cri de détresse** cry of distress / *jeter* ou *lancer un cri d'alarme* to warn against the danger / *défiler au cri de « des subventions! »* to march chanting "subsidies!" ▸ **cri du cœur** cri de cœur, cry from the heart.

❖ **à grands cris** loc adv ▸ **appeler qqn à grands cris** to shout for sb ▸ **demander** ou **réclamer qqch à grands cris** to cry out ou to clamour for sthg.

❖ **dernier cri** ◆ loc adj [voiture, vidéo] state-of-the-art / *il s'est acheté des chaussettes dernier cri* he bought the latest thing in socks. ◆ nm inv ▸ **c'est le dernier cri a)** [vêtement] it's the (very) latest vogue ou fashion ou thing **b)** [machine, vidéo] it's state-of-the-art.

criaillement [kʀiajmɑ̃] nm ORNITH [d'une oie] honk ; [d'un paon] screech ; [d'un faisan] cry.

❖ **criaillements** nmpl [de dispute] screeching, shrieking.

criailler [3] [kʀiaje] vi **1.** *fam* [crier sans cesse] to screech, to shriek ▸ **criailler après qqn** to shriek at sb **2.** ORNITH [faisan] to cry ; [oie] to honk ; [paon] to squawk, to screech.

criailleries [kʀiajʀi] nfpl [de dispute] screeching, shrieking.

criailleur, euse [kʀiajœʀ, øz] adj *fam* screeching, shrieking.

criant, e [kʀijɑ̃, ɑ̃t] adj [erreur] glaring ; [mauvaise foi, mensonge] blatant, glaring, rank *(adj)* ; [parti pris] blatant ; [différence, vérité] obvious, striking ; [injustice] flagrant, blatant, rank ; [preuve] striking, glaring.

criard, e [kʀijaʀ, aʀd] adj **1.** [voix] shrill, piercing / *un enfant criard* a noisy child **2.** [couleur] loud, garish ; [tenue] garish, gaudy **3.** [urgent -dettes] pressing.

crib [kʀib] nm AGR crib.

criblage [kʀiblaʒ] nm **1.** [tamisage -de sable, de grains] riddling, sifting ; [-de charbon] riddling, screening, sifting ; [-d'un minerai] screening, jigging **2.** [calibrage -de fruits, d'huîtres] grading.

crible [kʀibl] nm [pour des graines, du sable] riddle, sift ; [pour un charbon, un minerai] screen ▸ **passer au crible a)** [charbon] to riddle, to screen, to sift **b)** [grains, sable] to riddle, to sift **c)** [fruits, œufs] to grade **d)** [région] to go over with a fine-tooth comb, to comb **e)** [preuves] to sift ou to examine closely **f)** [document] to examine closely, to go over with a fine-tooth comb **g)** [candidat] to screen (for a job).

cribler [3] [kʀible] vt **1.** [tamiser -sable, grains] to riddle, to sift ; [-minerai] to screen, to jig ; [-charbon] to riddle, to screen **2.** [calibrer -fruits, œufs] to grade **3.** ▸ **cribler de** [trouer de] : *cribler qqch de trous* to riddle sthg with holes / *un tronc criblé de flèches* a trunk riddled with arrows / *la façade est criblée d'impacts de balles* the facade is riddled with bullet holes **4.** ▸ **cribler de** [assaillir de] : *cribler qqn de coups* to rain blows on sb ▸ **cribler qqn de questions** to bombard sb with questions, to fire questions at sb ▸ **cribler qqn de reproches** to heap reproaches on sb **5.** ▸ **être criblé de** [accablé de] to be covered in ▸ **être criblé de dettes** to be crippled with debt, to be up to one's eyes in debt.

cribleur [kʀiblœʀ] nm [personne] screener, sifter ; [machine] sifter, sifting machine.

cric[1] [kʀik] onomat [bruit de déchirement] rip, crack / *cric (crac)!* [tour de clé] click!

cric[2] [kʀik] nm AUTO (car) jack / *mettre une voiture sur* ou *élever une voiture avec un cric* to jack a car up ▸ **cric hydraulique / à vis** hydraulic / screw jack.

cricket [kʀikɛt] nm SPORT cricket ▸ **jouer au cricket** to play cricket.

cricri [kʀikʀi] nm **1.** *fam* [grillon] cricket **2.** [cri du grillon] chirp, chirp-chirp.

criée [kʀije] nf fish market *(where auctions take place)*.

❖ **à la criée** ◆ loc adj ⟶ **vente.** ◆ loc adv by auction / *vendre du thon à la criée* to auction off tuna.

crier [10] [kʀije] ◆ vi **1.** [gén] to cry (out) ; [d'une voix forte] to shout, to yell ; [d'une voix perçante] to scream, to screech, to shriek / *il n'a même pas crié quand on lui a fait la piqûre* he didn't even cry out when he got the injection / *ne crie pas, je ne suis pas sourd!* there's no need to shout ou yell, I'm not deaf! / *ne fais pas crier ta mère!* don't get your mother angry! / *ça crie, ta radio, baisse-la donc! fam* your radio's blaring, turn it down! ▸ **crier de douleur** to scream with ou to cry out in pain ▸ **crier de joie** to shout for joy ▸ **crier de plaisir** to cry out with pleasure ▸ **crier comme un sourd** *fam* to shout one's head off ▸ **crier comme un damné** ou **putois** ou **veau a)** *fam* [fort] to shout ou to yell at the top of one's voice **b)** [avec des sons aigus] to squeal like a stuck pig **c)** [protester] to scream blue murder ▸ **crier à** : *crier à l'injustice* to call it an injustice / *crier au génocide* to call it a genocide, to brandish the word genocide ▸ **crier au miracle** to hail it as a miracle ▸ **crier au scandale** to call it a scandal, to cry shame ▸ **crier à l'assassin** to cry blue murder ▸ **crier au loup** to cry wolf ▸ **crier au voleur** to cry (stop) thief ▸ **crier à l'aide** ou **au secours** to shout for help, to cry for help **2.** ZOOL [oiseau] to call ; [souris] to squeak ; [porc] to squeal ; [chouette, singe] to call, to screech ; [perroquet] to squawk ; [paon] to screech ; [oie] to honk **3.** [freins, pneu] to squeak, to screech ; [cuir, craie] to squeak ; [charnière] to creak. ◆ vt **1.** [dire d'une voix forte -avertissement] to shout ou to cry (out) ; [-insultes, ordres] to bawl ou to yell out *(sép)* / *il criait « arrêtez-le, arrêtez-le »* "stop him, stop him", he shouted / *elle nous cria de partir* she shouted at us to go / *quelqu'un criait « au feu! »* someone was shouting "fire!" ▸ **sans crier gare a)** [arriver] without warning **b)** [partir] without so much as a by-your-leave **2.** [faire savoir] : *crier son innocence* to proclaim ou to protest one's innocence / *crier son dégoût / horreur* to proclaim one's disgust / indignation ▸ **crier casse-cou** to point out the danger ▸ **crier famine** to complain of hunger ▸ **crier misère** [se plaindre] to complain of hardship / *ce taudis criait misère* the slum reeked of poverty ▸ **crier victoire** to crow (over one's victory) ▸ **crier contre** to complain ou to shout about *(insép)* / *ils crient contre la TVA* they're shouting about VAT ▸ **crier qqch sur les toits a)** [le rendre public] to shout ou to proclaim sthg from the rooftops **b)** [s'en vanter] to let everyone know about sthg / *ne va pas le crier sur les toits!* there's no need to publicize it! **3.** [demander] ▸ **crier vengeance** to call for revenge ▸ **crier grâce a)** *pr* to beg for mercy **b)** *fig* to cry for mercy.

❖ **crier après** v + prép *fam* **1.** [s'adresser à] to shout ou to yell at **2.** [réprimander] to scold.

crieur, euse [kʀijœʀ, øz] nm, f **1.** [vendeur] ▸ **crieur (de journaux)** newspaper seller ou vendor **2.** [dans une criée] auctioneer **3.** HIST ▸ **crieur (public)** town crier.

crime [kʀim] nm **1.** DR [infraction pénale] crime, (criminal) offence / *commettre un crime* to commit a crime ▸ **un crime contre l'État** (high) treason ou a crime against the state ▸ **crime contre l'humanité** crime against humanity ▸ **crime contre la paix** crime against peace ▸ **crime de guerre** war crime ▸ **crime de lèse-majesté** *pr* act ou crime of lèse-majesté / *il n'a pas salué le patron, crime de lèse-majesté! fig & hum* he didn't say hello to the boss, what a heinous crime! ▸ **crime contre nature** crime against nature, unnatural act ▸ **crime organisé** organized crime ▸ **crime politique** political offence **2.** [meurtre] murder ▸ **c'est le crime parfait** it's the perfect crime ▸ **l'heure du crime** the time of the murder ▸ **le motif du crime** the motive for the murder ▸ **commettre un crime** to commit a murder ▸ **crime crapuleux** heinous crime ▸ **crime d'honneur** honour crime UK, honor crime US ▸ **crime passionnel** crime passionnel, crime of passion ▸ **crime (à motif) sexuel** sex crime ou murder ▸ **l'arme du crime** the murder weapon **3.** [acte immoral] crime, act / *c'est un crime de démolir ces églises* it's a crime ou it's criminal to knock down these churches / *son seul crime est d'avoir dit tout haut ce que chacun pensait* his only crime ou fault was to say aloud what everybody was thinking / *ce n'est pas un crime!* it's not a crime! ▸ **faire à qqn un crime de qqch** *litt* to reproach sb with sthg / **'Crime et châtiment'** *Dostoïevski* 'Crime and Punishment' **4.** [criminalité] ▸ **le crime** crime / *la lutte* *contre le crime* the fight against crime ▸ **le crime ne paie pas** *prov* crime doesn't pay.

> ⚠ Le mot anglais **crime** a un sens plus large que le mot français et recouvre à la fois les sens de « crime », « meurtre », « délit » et « infraction ».

Crimée [kʀime] npr f ▸ **(la) Crimée** (the) Crimea.

criminalisation [kʀiminalizasjɔ̃] nf criminalization.

criminaliser [3] [kʀiminalize] vt to criminalize.

⁂ **se criminaliser** vpi to become criminalized.

criminaliste [kʀiminalist] nmf specialist in criminal law.

criminalistique [kʀiminalistik] nf crime-detection techniques.

criminalité [kʀiminalite] nf **1.** SOCIOL crime / *lutter contre la criminalité* to fight crime ▸ **la grande / petite criminalité** serious / petty crime **2.** *sout* [caractère criminel] criminality, criminal nature.

criminel, elle [kʀiminɛl] ◆ adj **1.** [répréhensible -action, motif] criminal ▸ **acte criminel** criminal offence, crime ▸ **une organisation criminelle** a criminal organization, a crime syndicate **2.** [relatif aux crimes -droit, enquête] criminal ; [-brigade] crime *(modif)* **3.** [condamnable -acte] criminal, reprehensible ▸ **c'est criminel de...** it's criminal to..., it's a crime to... / *avoir des pensées criminelles* to think wicked thoughts. ◆ nm, f [gén] criminal ; [meurtrier] murderer ▸ **criminel de guerre** war criminal.

⁂ **criminel** nm DR [juridiction criminelle] ▸ **le criminel** criminal law / *avocat au criminel* criminal lawyer ▸ **poursuivre qqn au criminel** to institute criminal proceedings against sb.

criminellement [kʀiminɛlmɑ̃] adv **1.** [répréhensiblement] criminally **2.** DR ▸ **poursuivre qqn criminellement** to institute criminal proceedings against sb.

criminogène [kʀiminɔʒɛn] adj : *des attitudes criminogènes* attitudes liable to encourage crime.

criminologie [kʀiminɔlɔʒi] nf criminology.

criminologique [kʀiminɔlɔʒik] adj criminological.

criminologiste [kʀiminɔlɔʒist], **criminologue** [kʀiminɔlɔg] nmf criminologist.

crin [kʀɛ̃] nm **1.** [de cheval] hair **2.** [rembourrage] horse hair **3.** BOT ▸ **crin végétal** vegetable (horse) hair.

⁂ **à tout crin, à tous crins** loc adj out-and-out, diehard / *les conservateurs à tout crin* the diehard ou dyed-in-the-wool conservatives.

⁂ **de crin, en crin** loc adj horsehair *(modif)*.

crincrin [kʀɛ̃kʀɛ̃] nm *fam* (squeaky) fiddle / *il a joué un air sur son crincrin* he scraped out a tune on his fiddle.

crinière [kʀinjɛʀ] nf **1.** ZOOL mane **2.** *fam* [chevelure] mane, mop *péj* ou *hum* **3.** [d'un casque] plume.

crinoline [kʀinɔlin] nf **1.** TEXT crinoline **2.** VÊT crinoline petticoat.

⁂ **à crinoline** loc adj [robe] crinoline *(modif)*.

crique [kʀik] nf **1.** GÉOGR creek, inlet, (small) rocky beach **2.** MÉTALL tear, split.

criquet [kʀikɛ] nm locust ▸ **criquet pèlerin** ou **migrateur** migratory locust.

crise [kʀiz] nf **1.** [période, situation difficile] crisis / *traverser une crise* to go through a crisis ou a critical time ▸ **la crise de la quarantaine** the midlife crisis ▸ **crise de confiance** crisis of confidence ▸ **crise de conscience** crisis of conscience ▸ **crise d'identité** identity crisis ▸ **crise biologique** biological crisis **2.** ÉCON & POL crisis ▸ **crise du logement / papier** housing / paper shortage ▸ **crise boursière a)** [grave] crisis ou panic on the Stock Exchange **b)** [passagère] blip on the Stock Exchange ▸ **crise économique** economic crisis ou slump, recession ▸ **crise ministérielle** cabinet crisis ▸ **crise politique** political crisis ▸ **la crise de 1929** the 1929 slump **3.** [accès] outburst, fit ▸ **crise de colère** fit of temper ▸ **crise de rage** angry outburst ▸ **crise de larmes** fit of crying ▸ **crise de désespoir** fit of despair ▸ **crise de jalousie** fit of jealousy / *quelle* ou *la crise (de rire)!* *fam* what a scream ou hoot ou riot! / *être pris d'une crise de rire* to laugh uproariously ; [de colère] (fit of) rage ▸ **piquer une crise** *fam* to throw ou to have a fit / *pas besoin de nous faire une crise pour ça! fam* no need to kick up such a fuss! ; [besoin urgent] : *pris d'une crise de rangement* feeling an urge to tidy things up **4.** MÉD ▸ **crise d'appendicite / d'arthrose** attack of appendicitis / arthritis ▸ **crise épileptique** ou **d'épilepsie** epileptic fit ▸ **crise d'apoplexie** apoplectic fit ▸ **une crise cardiaque** a heart attack ▸ **crise de foie** queasy feeling / *tu vas attraper une crise de foie à manger tous ces chocolats* *fam* you'll make yourself sick if you eat all these chocolates ▸ **crise de nerfs** fit of hysterics, attack of nerves / *elle a fait une crise de nerfs* she went into hysterics.

⁂ **en crise** loc adj ▸ **être en crise** to undergo a crisis.

criser [kʀize] vi *fam* to have a fit / *réponds-lui ou il va criser!* answer him or he'll have a fit!

crispant, e [kʀispɑ̃, ɑ̃t] adj [attente] nerve-racking ; [stupidité, personne] exasperating, irritating, infuriating ; [bruit] irritating / *arrête de me dire comment jouer, c'est crispant à la fin!* stop telling me how to play, it's getting on my nerves! / *ce que tu peux être crispante!* you are so infuriating!

crispation [kʀispasjɔ̃] nf **1.** [du visage] tension ; [des membres] contraction **2.** [tic] twitch / *le médicament peut provoquer des crispations au niveau des mains* the drug can cause the hands to twitch **3.** [anxiété] nervous tension **4.** [du cuir] shrivelling ; [du papier] cockling.

crispé, e [kʀispe] adj **1.** [contracté -sourire, rire] strained, tense ; [-personne, visage, doigts] tense **2.** *fam* [irrité] irritated, exasperated.

crisper [3] [kʀispe] vt **1.** [traits du visage] to contort, to tense ; [poings] to clench / *ne crispez pas vos doigts sur le volant* don't grip the wheel too tightly / *le visage crispé par la souffrance* his face contorted ou tense with pain **2.** *fam* [irriter] ▸ **crisper qqn** to get on sb's nerves / *ce bruit me crispe* this noise grates on my nerves **3.** [rider -cuir] to shrivel up *(sép)* ; [papier] to cockle up *(sép)*.

⁂ **se crisper** vpi **1.** [se contracter -visage] to tense (up) ; [-personne] to become tense ; [-doigts] to contract ; [-sourire] to become strained ou tense ; [-poings] to clench / *ses mains se crispèrent sur les barreaux* his hands tightened on the bars / *je me crispe dès que je suis sur des skis* I get all tensed up as soon as I put on skis / *les rapports entre les deux parties se sont crispés* *fig* tension has mounted between the two parties **2.** *fam* [s'irriter] to get annoyed.

criss [kʀis] = **kriss**.

crissement [kʀismɑ̃] nm [de pneus, de freins] squealing, screeching ; [du cuir] squeaking ; [de neige, de gravillons] crunching ; [d'étoffe, de papier] rustling ; [d'une craie, d'une scie] grating.

crisser [3] [kʀise] vi [pneus, freins] to squeal, to screech ; [cuir] to squeak ; [neige, gravillons] to crunch ; [étoffe, papier] to rustle ; [craie, scie] to grate / *la craie crissait sur le tableau* the chalk grated on the blackboard.

cristal, aux [kʀistal, o] nm **1.** MINÉR ▸ **du cristal** crystal ▸ **cristal de roche** rock crystal **2.** PHYS ▸ **cristaux de neige** ice-crystals ▸ **cristaux de sel** salt crystals ▸ **cristaux de sucre** sugar granules ou crystals ▸ **cristaux de soude** washing soda ▸ **cristaux liquides** liquid crystals **3.** [objet] piece of crystalware ou of fine glassware / *des cristaux* crystalware, fine glassware ; [d'un lustre] crystal droplets.

⁂ **de cristal** loc adj **1.** [vase] crystal *(modif)* **2.** [pur -eau] crystal-like, crystalline ; [-voix] crystal-clear, crystalline.

cristallerie [kʀistalʀi] nf **1.** [fabrication] crystal-making **2.** [usine] (crystal) glassworks **3.** [objets] : *de la cristallerie* crystalware, fine glassware.

cristallin, e [kʀistalɛ̃, in] adj **1.** *litt* [voix] crystal-clear, crystalline ; [eau] crystalline **2.** MINÉR [massif, rocher] crystalline.

⁂ **cristallin** nm ANAT crystalline lens.

cristallinien, enne [kʀistalinjɛ̃, ɛn] adj crystalline lens *(modif)*.

cristallisable [kʀistalizabl] adj crystallizable.

cristallisation [kʀistalizasjɔ̃] nf crystallization, crystallizing.

cristallisé, e [kʀistalize] adj crystallized.

cristalliser [3] [kʀistalize] vt to crystallize.

⁂ **se cristalliser** vpi to crystallize.

cristallite [kʀistalit] nf crystallite.

cristallochimie [kʀistalɔʃimi] nf crystalochemistry.

cristallochimique [kʀistalɔʃimik] adj crystalochemical.

cristallographie [kʀistalɔgʀafi] nf crystallography.

cristallographique [kʀistalɔgʀafik] adj crystallographic.

cristalloïde [kʀistalɔid] adj & nm crystalloid.

cristallomancie [kʀistalɔmɑ̃si] nf crystal-glazing.

cristallophyllien, enne [kʀistalɔfiljɛ̃, ɛn] adj crystalliferous.

cristaux [kʀisto] pl ⟶ **cristal**.

criste-marine [kʀistmaʀin] (*pl* **cristes-marines**) nf samphire.

critère [kʀitɛʀ] nm **1.** [principe] criterion / *critère moral / religieux* moral / religious criterion / *nos produits doivent remplir certains critères* our products must meet certain standards ou comply with certain criteria ▸ **critères de sélection** selection criteria / *nous n'avons pas les mêmes critères de sélection* we don't select according to the same criteria **2.** [référence] reference (point), standard / *les résultats de l'année précédente nous servent de critère* we use the results of the previous year as a reference point ou a benchmark.

critérium [kʀiteʀjɔm] nm SPORT [en cyclisme] rally ; [en natation] gala ▸ **le grand critérium, le critérium des deux ans** ÉQUIT maiden race for two-year-olds.

criticailler [3] [kʀitikaje] vt *fam & péj* [personne] to niggle at *(insép)*, to criticize ; [ouvrage, idée] to niggle about *(insép)*.

criticisme [kʀitisism] nm PHILOS critical approach.

critiquable [kʀitikabl] adj which lends itself to criticism / *une décision peu critiquable* an uncontentious decision.

critique [kʀitik] ◆ adj **1.** [qui condamne -article, personne] critical ; *péj* [personne] faultfinding / *se montrer très critique envers* ou *à l'égard de* to be very critical towards ▸ **elle est très critique** she's always finding fault, she's hypercritical ▸ **voir qqch d'un œil (très) critique** to have (great) reservations about sthg **2.** [plein de discernement -analyse, œuvre, personne] critical / *je souhaite que tu portes un regard critique sur mon texte* I'd like you to have a critical look at my text / *avoir l'esprit* ou *le sens critique* to have good judgement, to be discerning ▸ **il n'a aucun esprit** ou **sens critique** he lacks discernment **3.** [crucial -étape, période] critical, crucial ; [-opération, seuil] critical / *à un moment critique* at a critical moment **4.** [inquiétant -état de santé, situation] critical / *atteindre un stade critique* to reach a critical stage **5.** SCI critical ▸ **chemin critique** critical path. ◆ nmf [commentateur] critic, reviewer ▸ **critique d'art** art critic ▸ **critique de cinéma** film UK ou movie US critic ou reviewer ▸ **critique gastronomique** food critic ▸ **critique littéraire** book reviewer, literary critic ▸ **critique musical** music critic ▸ **critique de théâtre** drama critic. ◆ nf **1.** PRESSE review ; UNIV critique, appreciation ▸ **critique cinématographique** film review ▸ **critique littéraire** literary ou book review ▸ **critique musicale / théâtrale** music / drama review / *je ne lis jamais les critiques* I never read reviews ou what the critics write **2.** [activité] ▸ **la critique** criticism / *la critique théâtrale* drama criticism / *la critique gastronomique* food writing, food criticism / *la critique littéraire* literary criticism / *il s'est spécialisé dans la critique littéraire* he specialized in literary criticism ▸ **faire la critique de a)** PRESSE to review **b)** UNIV to write an appreciation ou a critique of / **'Critique de la raison pratique / pure'** *Kant* 'Critique of Practical / Pure Reason' **3.** [personnes] ▸ **la critique** the critics / *très bien / mal accueilli par la critique* acclaimed / panned by the critics / *l'approbation / le mépris de la critique* critical acclaim / scorn **4.** [blâme] criticism / *adresser* ou *faire une critique à un auteur* to level criticism at an author **5.** [fait de critiquer] ▸ **la critique** criticism, criticizing ▸ **faire une critique de qqch** to criticize sthg ▸ **la critique est aisée** ou **facile (mais l'art est difficile)** it's easy to be a critic (but hard to be an artist).

critiquer [3] [kʀitike] vt **1.** [blâmer -initiative, mesure, personne] to criticize, to be critical of / *tu es toujours à me critiquer!* you find fault with everything I do! / *il s'est déjà fait critiquer pour sa négligence* he has already been criticized for his negligence **2.** [analyser] to critique, to criticize.

critiqueur, euse [kʀitikœʀ, øz] nm, f *fam & péj* faultfinder ▸ **les critiqueurs** those who carp ou who find fault.

CRM (abr de **customer relations management**) nm CRM.

croassement [kʀɔasmɑ̃] nm caw, cawing.

croasser [3] [kʀɔase] vi to caw.

croate [kʀɔat] adj Croat, Croatian.

❖ **Croate** nmf Croat, Croatian.

❖ **croate** nm LING Croat, Croatian.

Croatie [kʀɔasi] npr f ▸ **(la) Croatie** Croatia.

crobard, crobar [kʀɔbaʀ] nm *fam* [croquis] sketch.

croc [kʀo] nm **1.** ZOOL [de chien] tooth, fang ; [d'ours, de loup] fang ▸ **montrer les crocs** [animal] to bare its teeth ou fangs / *la Prusse montrait les crocs fig* Prussia was showing its teeth **2.** *fam* [dent] (long) tooth ▸ **avoir les crocs** : *j'ai les crocs* I could eat a horse **3.** [crochet -de boucher] butcher's ou meat hook ; [-de marinier] hook, boathook ▸ **moustache en crocs** handlebar moustache.

croc-en-jambe [kʀɔkɑ̃ʒɑ̃b] (*pl* **crocs-en-jambe**) nm = **croche-pied**.

croche [kʀɔʃ] nf MUS quaver UK, eighth note US ▸ **double croche** semiquaver UK, sixteenth note US ▸ **triple croche** demisemiquaver UK, thirty-second note US ▸ **quadruple croche** hemidemisemiquaver UK, sixty-fourth note US.

croche-patte (*pl* croche-pattes), **crochepatte*** [kʀɔʃpat] *fam* nm ▸ **faire un croche-patte à qqn** *pr & fig* to trip sb up.

croche-pied (*pl* croche-pieds), **crochepied*** [kʀɔʃpje] nm ▸ **faire un croche-pied à qqn** *pr & fig* to trip sb up.

crocher [3] [kʀɔʃe] vt NAUT to hook.

crochet [kʀɔʃɛ] nm **1.** [attache, instrument] hook ; [pour volets] catch ▸ **crochet d'arrêt** pawl, catch ▸ **crochet d'attelage** coupling hook ▸ **crochet à bottes** boot-hook ▸ **crochet de boucher** ou **boucherie** meat-hook, butcher's hook ▸ **crochet à boutons** buttonhook **2.** [de serrurier] picklock, lock pick **3.** COUT [instrument] crochet hook ; [technique] crochet ; [ouvrage] crochet-work ▸ **faire du crochet** to crochet **4.** SPORT hook / *il l'a envoyé à terre d'un crochet à la tête* he knocked him down with a hook to the head ▸ **crochet du droit / gauche** right / left hook **5.** [détour] detour, roundabout way ▸ **faire un crochet** to make a detour, to go a roundabout way **6.** [virage brusque -d'une voie] sudden ou sharp turn ; [-d'une voiture] sudden swerve ▸ **faire un crochet a)** [rue] to bend sharply **b)** [conducteur] to swerve suddenly **7.** [concours] ▸ **crochet radiophonique** talent contest **8.** IMPR square bracket ▸ **entre crochets** in square brackets **9.** ZOOL [d'un serpent] fang ; [d'un chamois] horn ; ENTOM hook.

❖ **au crochet** ◆ loc adj [nappe, châle] crocheted. ◆ loc adv : *faire un vêtement au crochet* to crochet a garment / *terminer un vêtement au crochet* to finish a garment with a crocheted trim.

crochetage [kʀɔʃtaʒ] nm [d'une serrure] picking.

crocheter [28] [kʀɔʃte] vt [serrure] to pick ; [porte] to pick the lock on.

crocheteur [kʀɔʃtœʀ] nm picklock.

crochu, e [kʀɔʃy] adj [nez] hooked, hook (*modif*) ; [doigts, mains] claw-like.

croco [kʀoko] nm *fam* crocodile, crocodile-skin.

❖ **en croco** loc adj *fam* crocodile (*modif*).

crocodile [kʀɔkɔdil] nm **1.** ZOOL crocodile **2.** [peau] crocodile, crocodile skin **3.** RAIL alarm contact.

❖ **en crocodile** loc adj crocodile (*modif*).

crocodilien [kʀɔkɔdiljɛ̃] nm crocodilian ▸ **les crocodiliens** the Crocodilia.

crocus [kʀɔkys] nm crocus.

croire [107] [kʀwaʀ] ◆ vt **1.** [fait, histoire, personne] to believe / *tu crois son histoire?* do you believe what he says? / *je te crois sur parole* I'll take your word for it / *crois-moi, on n'a pas fini d'en entendre parler!* believe me, we haven't heard the last of this / *je te crois! iron* I believe you! / *je ne peux pas croire pareille méchanceté de ta part* I can't believe (that) you could be so nasty / *je n'en crois pas un mot* I don't believe a word of it / *je te prie de croire qu'il va entendre parler de nous!* believe me, we haven't finished with him! / *tu ne me feras pas croire que…* I refuse to believe that… / *on lui a fait croire que la réunion était annulée* they told him that the meeting had been cancelled ▸ **en croire** [se fier à] : *croyez-en ceux qui ont l'expérience* take it from those who know ▸ **à l'en croire** if he is to be believed / *si j'en crois cette lettre* if I go by what this letter says / *si vous m'en croyez* if you ask me ou want my opinion ▸ **je n'en crois pas mes yeux / oreilles** I can't believe my eyes / ears ▸ **croire dur comme fer que** *fam* to be absolutely convinced that ▸ **aller croire** : *ne va pas croire ça!* don't you believe it! / *ne va pas croire qu'il a toujours raison* don't think he's always right **2.** [penser] to believe, to think / *je croyais pouvoir venir plus tôt* I thought ou assumed I could come earlier / *à la voir on croirait sa sœur* to look at her, you'd think she was her sister ▸ **on croit rêver!** it's unbelievable! / *tu ne crois pas si bien dire* you don't know how right you are / *on l'a crue enceinte* she was believed ou thought to be pregnant / *je veux croire qu'il finira par accepter la vérité* I want to believe he'll accept the truth in the end / *elle en sait plus long que tu ne crois* she knows more than you think / *je ne suis pas celle que vous croyez* I'm not that kind of person / *il est à* ou *il faut croire que tout lui réussit* seemingly, everything comes right for him / *il faut croire que tu avais tort* it looks like you were wrong ▸ **je crois que oui** I believe ou think so ▸ **il croit que non** he doesn't think so, he thinks not ▸ **on croirait qu'il dort** he looks as if he's asleep ▸ **il faut croire** (it) looks like it, it would seem so. ◆ vi **1.** [sans analyser] to believe / *on leur apprend à réfléchir et non à croire* they're taught to think and not simply to believe what they're told **2.** RELIG to believe ▸ **il croit** he's a believer / *je ne crois plus* I've lost my faith.

❖ **croire à** v + prép **1.** [avoir confiance en] to believe in / *croire à la paix* to believe in peace / *il faut croire à l'avenir* one must have faith in the future **2.** [accepter comme réel] to believe in ▸ **croire aux fantômes** to believe in ghosts / *tu crois encore au Père Noël! fig* you're so naive! / *c'est à n'y pas croire!* you just wouldn't believe ou credit it! / *elle voulait faire croire à un accident* she wanted it to look like an accident **3.** RELIG to believe in / *croire à la vie éternelle* to believe in eternal life / *il ne croit ni à Dieu ni au diable* he's a complete heathen **4.** [dans la correspondance] : *je vous prie de croire à mes sentiments les meilleurs* yours sincerely / *croyez à mon amitié toute dévouée* yours ever.

❖ **croire en** v + prép **1.** [avoir confiance en] to believe in / *j'ai vraiment cru en lui* I really believed in him **2.** RELIG ▸ **croire en Dieu** to believe in God.

❖ **se croire** ◆ vpt [penser avoir] ▸ **il se croit tous les droits** ou **tout permis** he thinks he can get away with anything / *il se croit du génie* he thinks he's a genius. ◆ vpi **1.** [se juger] ▸ **il se croit beau / intelligent** he thinks he's handsome / intelligent / *tu te crois malin?* think you're clever, do you? / *elle se croit quelqu'un* she thinks she's something special / *où te crois-tu?* where do you think you are? **2.** *fam* EXPR ▸ **se croire sorti de la cuisse de Jupiter** to think one is God's gift (to mankind) ▸ **s'y croire** : *il s'y croit!* he really thinks a lot of himself! / *et ton nom en grosses lettres sur l'affiche, mais tu t'y crois déjà!* and your name in huge letters on the poster, you're letting your imagination run away with you!

crois v ⟶ **croître**.

croisade [kʀwazad] nf **1.** HIST crusade ▸ **les croisades** the (Holy) Crusades **2.** *fig* [campagne] campaign, crusade / *partir en croisade contre l'injustice* to go on a crusade ou to mount a campaign against injustice.

croisé, e [kʀwaze] adj **1.** [bras] folded ; [jambes] crossed / *il était debout, les bras croisés* he was standing with his arms folded / *ne reste pas là les bras croisés!* don't just stand there! ▸ **assis les jambes croisées** sitting cross-legged **2.** LITTÉR [rimes] alternate **3.** [hybride -animal, plante] crossbred **4.** VÊT [veste, veston] double-breasted **5.** ÉCON ▸ **détention** ou **participation croisée** crossholding.

❖ **croisé** nm **1.** TEXT twill **2.** HIST crusader.

❖ **croisée** nf **1.** [intersection] crossing ▸ **être à la croisée des chemins** to be at the parting of the ways **2.** ARCHIT ▸ **croisée d'ogives** intersecting ribs ▸ **croisée de** ou **du transept** transept crossing **3.** [fenêtre] casement.

croisement [kʀwazmɑ̃] nm **1.** [intersection] crossroads, junction / *au croisement de la rue et de l'avenue* at the intersection of the street and the avenue **2.** [hybridation] crossbreeding, crossing, interbreeding / *faire des croisements (de races)* to crossbreed ou to interbreed (animals) / *c'est un croisement entre un épagneul et un setter* it's a cross between a spaniel and a setter, it's a spaniel-setter crossbreed **3.** [rencontre] : *le croisement de deux voitures / navires* two cars / boats passing each other.

croiser [3] [kʀwaze] ◆ vt **1.** [mettre en croix -baguettes, fils] to cross ▸ **croiser les jambes** to cross one's legs ▸ **croiser les bras** to cross ou to fold one's arms ▸ **croiser le fer** ou **l'épée avec qqn** *pr & fig* to cross swords with sb **2.** [traverser] to cross, to intersect, to meet / *là où la route croise la voie ferrée* where the road and the railway cross, at the junction of the road and the railway ▸ **croiser la route** ou **le chemin de qqn** *fig* to come across sb / *il a croisé ma route il y a longtemps* our paths crossed a long time ago **3.** [rencontrer] to pass, to meet / *je l'ai croisé dans la rue* I passed him on the street / *je l'ai croisée en sortant de chez toi* I met her as I was leaving your place / *ses yeux ont croisé les miens* her eyes met mine **4.** [hybrider] to cross, to crossbreed, to interbreed. ◆ vi **1.** VÊT to cross over **2.** NAUT to cruise.

❖ **se croiser** ◆ vp (*emploi réciproque*) **1.** [se rencontrer] to come across ou to meet ou to pass each other / *nous nous sommes croisés chez ton frère* we saw each other briefly ou met (each other) at your brother's / *leurs regards se sont croisés* their eyes met **2.** [aller en sens opposé -trains] to pass (each other) ; [-lettres] to cross ; [-routes] to cross, to intersect ▸ **nos chemins se sont croisés, nos routes se sont croisées** our paths met. ◆ vpt ▸ **se croiser les bras a)** *pr* to fold one's arms **b)** *fig* [être oisif] to twiddle one's thumbs. ◆ vpi HIST to go off to the Crusades.

Croisette [kʀwazɛt] npr f ▸ **(le boulevard de) la Croisette** *famous boulevard running along the seafront in Cannes.*

croiseur [kʀwazœʀ] nm MIL cruiser.

croisière [kʀwazjɛʀ] nf cruise / *faire une croisière aux Bahamas* to go on a cruise to the Bahamas / *nous étions en croisière en juin* we went on a cruise in June.

croisiériste [kʀwazjeʀist] nmf tourist on a cruise.

croisillon [kʀwazijɔ̃] nm [d'une fenêtre] cross bar ; [au dos d'un meuble] strengthener.

croissait v ⟶ **croître**.

croissance [kʀwasɑ̃s] nf **1.** PHYSIOL growth / *elle est en pleine croissance* she's growing fast **2.** [développement -d'une plante] growth ; [-d'un pays] development, growth ; [-d'un marché] growth ; [-d'une entreprise] growth, expansion / *notre entreprise est en pleine croissance* our company is growing ou expanding ▸ **croissance démographique** population growth ▸ **croissance économique** economic growth ▸ **croissance interne / externe** [d'une entreprise] internal / external growth ▸ **croissance molle** soft growth ▸ **croissance négative** negative growth ▸ **croissance organique** organic growth ▸ **la croissance zéro** zero growth ▸ **facteur de croissance** growth factor .

croissant[1] [kʀwasɑ̃] nm **1.** CULIN croissant / *croissant aux amandes* almond croissant ▸ **croissant au beurre** croissant made with butter ▸ **croissant au fro-**

* In reformed spelling (see p. 16-19).

mage cheese-filled croissant ▸ **croissant ordinaire** croissant made without butter **2.** [forme incurvée] crescent / *des boucles d'oreilles en croissant* crescent-shaped earrings **3.** ASTRON crescent ▸ **croissant de lune** crescent moon **4.** HIST & GÉOGR ▸ **le Croissant fertile** the Fertile Crescent.

croissant², e [kʀwasɑ̃, ɑ̃t] adj growing, increasing / *tension croissante dans le sud du pays* increasing tension in the south of the country.

croissanterie [kʀwasɑ̃tʀi] nf croissant shop UK ou store US.

Croissant-Rouge [kʀwasɑ̃ʀuʒ] npr m ▸ **le Croissant-Rouge** the Red Crescent.

croître, croitre* [93] [kʀwatʀ] vi **1.** PHYSIOL to grow / *quelques fleurs croissent sur la berge* there are a few flowers growing on the bank **2.** [augmenter - rivière] to swell ; [- lune] to wax / *les jours ne cessent de croître* the days are growing longer / *elle sentait croître en elle une violente colère* she could feel a violent rage growing within her ▸ **ça ne fait que croître et embellir a)** it's getting better and better **b)** *iron* it's getting worse and worse ▸ **croître en** : *croître en beauté et en sagesse* to grow wiser and more beautiful ▸ **aller croissant** to be on the increase / *le bruit allait croissant* the noise kept growing ▸ **croissez et multipliez** *(allusion à la Bible)* go forth and multiply.

croix [kʀwa] nf **1.** [gibet] cross ▸ **mettre qqn sur la croix** to crucify sb / *il est mort sur la croix* he died on the cross ▸ **la (sainte) Croix** RELIG the (Holy) Cross ▸ **porter sa croix** to have one's cross to bear **2.** [objet cruciforme] cross / *une petite croix autour du cou* a small cross round his neck / *les (deux) poutres font une croix* the beams form a cross ▸ **c'est la croix et la bannière pour…** : *c'est la croix et la bannière pour le faire manger* it's an uphill struggle to get him to eat ▸ **croix de bois, croix de fer, si je mens, je vais en enfer** cross my heart (and hope to die) **3.** [emblème] cross ▸ **croix de Malte / St André** Maltese / St Andrew's cross ▸ **croix latine / grecque** Latin / Greek cross ▸ **croix en tau** ou **de St-Antoine** tau ou St Anthony's cross ▸ **croix ansée** ansate cross ▸ **croix gammée** swastika ▸ **la croix de Lorraine** the cross of Lorraine *(cross with two horizontal bars, the symbol of the Gaullist movement)* **4.** [récompense] cross, medal ; [de la Légion d'honneur] Cross of the Legion of Honour ▸ **la croix de guerre** the Military Cross **5.** [signe écrit] cross ▸ **signer d'une croix** to sign with a cross ▸ **marquer qqch d'une croix** to put a cross on sthg / *mettre une croix dans une case* to put a cross in a box ▸ **c'est un jour à marquer d'une croix blanche** it's a red-letter day ▸ **faire** ou **mettre une croix sur qqch** to forget ou to kiss goodbye to sthg / *les vacances, j'ai mis une croix dessus* I've decided I might as well forget about going on holiday / *tu peux faire une croix là-dessus* you might as well kiss it goodbye or forget it **6.** PRESSE ▸ **la Croix (l'Événement)** *Catholic daily newspaper* **7.** COUT ▸ **point de croix** cross-stitch **8.** ASTRON ▸ **Croix du Sud** Southern Cross.

❖ **en croix** ◆ loc adj ▸ **les skis en croix** with skis crossed. ◆ loc adv ▸ **placer** ou **mettre deux choses en croix** to lay two things crosswise.

Croix-Rouge [kʀwaʀuʒ] npr f ▸ **la Croix-Rouge** the Red Cross / *la Croix-Rouge française* the French Red Cross.

crolle [kʀɔl] nf BELG *fam* curl.

crollé [kʀɔle] adj BELG *fam* curly.

Cro-Magnon [kʀomaɲɔ̃] npr ▸ **l'homme de Cro-Magnon** Cro-Magnon Man.

Cromalin® [kʀɔmalɛ̃] nm IMPR Cromalin®.

crooner, crooneur* [kʀunœʀ] nm crooner.

croquant, e [kʀɔkɑ̃, ɑ̃t] adj crisp, crunchy.

❖ **croquant** nm *fam* ▸ **le croquant** the crunchy part.

croque-au-sel [kʀɔkosɛl] ❖ **à la croque-au-sel** loc adv (raw) with salt / *manger des artichauts à la croque-au-sel* to eat raw artichokes dipped in salt.

croque-madame (*pl* croque-madame), **croquemadame*** [kʀɔkmadam] nm *toasted cheese and ham sandwich with a fried egg on top.*

croquembouche [kʀɔkɑ̃buʃ] nm *tiered cake made up of choux profiteroles.*

croquemitaine, croque-mitaine [kʀɔkmitɛn] (*pl* croquemitaines *ou* croque-mitaines) nm bogeyman.

croque-monsieur (*pl* croque-monsieur), **croquemonsieur*** [kʀɔkməsjø] nm *toasted cheese and ham sandwich.*

croque-mort (*pl* croque-morts), **croquemort*** [kʀɔkmɔʀ] nm *fam* undertaker's assistant / *il a vraiment une allure de croque-mort* he has a really funereal look about him.

croquenot [kʀɔkno] nm *tfam* clodhopper, beetle-crusher.

croquer [3] [kʀɔke] ◆ vt **1.** [pomme, radis, sucre d'orge] to crunch **2.** *fam* [dépenser - héritage] to squander / *elle va croquer ta fortune* she'll squander all your money **3.** [esquisser] to sketch ; [décrire] to outline ▸ **il est (joli)** ou **mignon à croquer** *fam* he looks good enough to eat. ◆ vi to be crisp ou crunchy / *des radis qui croquent (sous la dent)* crunchy radishes.

❖ **croquer dans** v + prép to bite into.

croquet [kʀɔkɛ] nm **1.** JEUX croquet **2.** CULIN almond biscuit UK ou cookie US.

croquette [kʀɔkɛt] nf CULIN croquette ▸ **croquette de poisson** fishcake.

❖ **croquettes** nfpl [pour animal] dry food.

croqueur, euse [kʀɔkœʀ, øz] ◆ adj crisp, crunchy. ◆ nm, f devourer ▸ **croqueuse de diamants** *fam* gold-digger.

croquignolet, ette [kʀɔkiɲɔlɛ, ɛt] adj *fam* sweet, cute.

croquis [kʀɔki] nm sketch ▸ **faire un croquis de qqch** to sketch sthg / *elle est partie faire des croquis dans la vieille ville* she went to do some sketches in the old town ▸ **croquis coté** dimensional sketch.

crosne [kʀon] nm Japanese artichoke.

cross [kʀɔs], **cross-country** (*pl* cross-countrys *ou* cross-countries), **crosscountry*** (*pl* crosscountrys) [kʀɔskuntʀi] nm [à pied] cross-country running ; [à cheval] cross-country riding ▸ **faire du cross a)** [à pied] to go cross-country running **b)** [à cheval] to go cross-country riding.

crosse [kʀɔs] nf **1.** RELIG crosier, crozier **2.** SPORT [canne - de hockey] stick ; [- de golf] club ; [- du jeu de crosse] crosse **3.** QUÉBEC [jeu] lacrosse **4.** [extrémité - d'une canne] crook ; [- d'un violon] scroll **5.** ARM [d'un revolver] grip, butt ; [d'un fusil] butt ; [d'un canon] trail / *ils l'ont tué à coups de crosse* they beat him to death with their rifle butts ▸ **lever** ou **mettre la crosse en l'air a)** [se révolter] to refuse to fight **b)** [se rendre] to surrender **6.** BOT [d'une fougère] crosier **7.** ANAT [de l'aorte] arch.

crossing-over [kʀɔsiŋɔvœʀ] nm inv BIOL crossing-over.

crotale [kʀɔtal] nm rattlesnake.

croton [kʀɔtɔ̃] nm croton.

crotte [kʀɔt] nf **1.** [d'un animal] dropping ; [d'un bébé] poo *(U)* / *ton chien pourrait aller faire sa crotte ailleurs!* *fam* your dog could do its business somewhere else! ▸ **crotte (de bique)!** *fam* sugar! **2.** *fam & péj* [chose ou personne méprisée] ▸ **c'est de la crotte (de bique)** it's a load of rubbish UK ou garbage US / *il se prend pas pour de la crotte!* he really fancies himself! UK, he thinks he's God's gift! / *c'est pas de la crotte!* *tfam* it's none of your (cheap) rubbish UK ou trash US! **3.** CULIN ▸ **crotte au chocolat** chocolate **4.** [morve] ▸ **crotte de nez** bogey **5.** *fam* [par affection] : *ma petite crotte!* you little sweetie you!

crotté, e [kʀɔte] adj muddy, mucky ▸ **crotté comme un barbet** covered in mud.

crotter [3] [kʀɔte] ◆ vt [chaussures, voiture] to dirty, to muddy. ◆ vi *fam* [chien] to do its business.

crottin [kʀɔtɛ̃] nm **1.** [de cheval] dung, manure **2.** CULIN *small round goat's milk cheese.*

croulant, e [kʀulɑ̃, ɑ̃t] ◆ adj crumbling, tumbledown / *une vieille maison croulante* a tumbledown old house. ◆ nm, f *fam & péj* old fogey.

crouler [3] [kʀule] vi **1.** [tomber - édifice] to collapse, to crumble, to topple / *le mur menace de crouler* the wall is about to collapse ▸ **crouler sous** : *l'étagère croule sous le poids des livres* the shelf is sagging under the weight of the books / *arbre croulant sous les fruits* tree laden with fruit / *un baudet qui croulait sous son chargement* a donkey weighed down with its load ▸ **crouler sous le poids des ans / soucis** *fig* to be weighed down by age / worry / *la salle croula sous les applaudissements* *fig* the auditorium thundered with applause **2.** [se désintégrer - empire, société] to be on the verge of collapse, to be crumbling / *le krach boursier a fait crouler certaines entreprises* some firms collapsed ou went under as a result of the Stock Market crash.

croup [kʀup] nm croup ▸ **faux croup** false croup.

croupe [kʀup] nf **1.** ZOOL croup, rump ▸ **prendre qqn en croupe** to have sb ride pillion / *monter en croupe* to ride pillion **2.** *fam* ANAT behind **3.** [sommet - d'une colline] hilltop ; [- d'une montagne] mountain top.

croupetons [kʀuptɔ̃] ❖ **à croupetons** loc adv ▸ **être à croupetons** to crouch, to squat / *se mettre à croupetons* to squat down, to crouch (down).

croupi, e [kʀupi] adj [eau] stagnant, foul.

croupier, ère [kʀupje, ɛʀ] nm, f JEUX croupier.

croupière [kʀupjɛʀ] nf crupper ▸ **tailler des croupières à qqn** *vieilli* to put difficulties into sb's way.

CROIRE AND PENSER

There are clear meaning distinctions between these two verbs, and **croire** tends to be associated with ***to believe***, while **penser** is frequently rendered by ***to think***. Here is a brief summary of these differences (for examples, see **croire** and **penser** respectively in the dictionary).

● **croire**
- ***have as creed*** (intransitive)
- ***judge to be real or true*** (transitive)
- ***accept the word of*** (transitive)

● **penser**
- ***expect*** (transitive)
- ***conceive, design*** (transitive)
- ***ponder, reflect*** (transitive and intransitive)
- ***have capacity to reason*** (intransitive)

However, the two verbs also overlap in some of their meanings. By being aware of situations when you can use **croire** and **penser** interchangeably, you add variety to the ways in which you express yourself. As shown below, **croire** and **penser** share two areas of meaning: firstly, they can both mean ***hold as opinion*** and secondly, they can both be used when the content of the thinking is specific to the speaker and is not (yet) shared by others, for example when it is an image of something that may happen in the future, a fantasy or an intention.

● **croire or penser**
- ***hold as opinion*** (transitive)

Tu penses / crois qu'elle a déjà pris sa décision ? Do you think / believe her mind is already made up?

- ***imagine, hold*** (transitive)...

... as an image of what will happen

Je pense / crois que je ne dormirai pas cette nuit. I don't think I'll sleep tonight.

... as a fantasy

Elle pense / croit qu'elle est au-dessus de la loi. She thinks / believes she's above the law.

... as an intention

Tu penses / crois que tu vas lui offrir un DVD pour son anniversaire ? Are you thinking of giving him a DVD for his birthday?

croupion [kʀupjɔ̃] nm **1.** ORNITH rump **2.** CULIN parson's UK ou pope's US nose **3.** *fam* [fesses] bum UK butt US **4.** *(comme adjectif, avec ou sans trait d'union)* ▸ **parti croupion** POL rump of a party ▸ **Parlement Croupion** HIST Rump Parliament.

croupir [32] [kʀupiʀ] vi **1.** [eau] to stagnate, to grow foul **2.** *fig* [s'encroûter, moisir] ▸ **croupir dans un cachot** to rot in jail / *je ne vais pas croupir ici toute ma vie* I'm not going to rot here all my life ▸ **croupir dans l'ignorance** to wallow in one's ignorance.

croupissant, e [kʀupisɑ̃, ɑ̃t] adj [eau, mare] putrid, foul.

croupissement [kʀupismɑ̃] nm *litt* : *le croupissement des eaux* the fouling of the waters.

CROUS, Crous [kʀus] (abr de **Centre régional des œuvres universitaires et scolaires**) npr m *student representative body dealing with accommodation, catering, etc.*

crousille [kʀuzij] nf SUISSE piggybank.

croustade [kʀustad] nf croustade.

croustillant, e [kʀustijɑ̃, ɑ̃t] adj **1.** CULIN [biscuit, gratin] crisp, crunchy ; [baguette, pain] crusty **2.** [osé] saucy.

croustiller [3] [kʀustije] vi [biscuit, gratin] to be crisp ou crunchy ; [baguette, pain] to be crusty.

croûte, croute* [kʀut] nf **1.** [partie - du pain] crust ; [- du fromage] rind ▸ **une croûte de pain** a crust / *il ne reste que quelques croûtes péj* there's only a few (old) crusts left ; [préparation] pastry shell ▸ **croûte de vol-au-vent** vol-au-vent case **2.** *tfam* [nourriture] grub / *t'as préparé la croûte ?* is the food ready ? / *apporter sa croûte* to bring one's own grub **3.** [dépôt] layer / *croûte de rouille / saleté* layer of rust / dirt **4.** GÉOL ▸ **la croûte terrestre** the earth's crust **5.** MÉD scab ▸ **croûtes de lait** cradle cap **6.** *fam & péj* [tableau] bad painting **7.** [de cuir] hide **8.** *péj* [personne] : *quelle croûte ! fam* what a stick-in-the-mud !

croûter, crouter* [3] [kʀute] vi *tfam* to have a bite (to eat) / *tout le monde a besoin de croûter* everybody has to eat.

croûteux, euse, crouteux*, euse [kʀutø, øz] adj scabby.

croûton, crouton* [kʀutɔ̃] nm **1.** CULIN [frit] crouton ; [quignon] (crusty) end, crust **2.** *fam & péj* [personne] ▸ **vieux croûton** fossil.

crown [kʀaun] nm crown glass.

croyable [kʀwajabl] adj believable, credible / *c'est à peine croyable* it's hardly credible / *son histoire n'est pas croyable* his story is incredible ou unbelievable.

croyait v ⟶ **croire.**

croyance [kʀwajɑ̃s] nf **1.** [pensée] belief / *les croyances populaires* popular beliefs, conventional wisdom **2.** [fait de croire] faith / *la croyance en Dieu* faith ou belief in God ▸ **la croyance à** ou **en la démocratie** belief in democracy **3.** [religion] faith, religion.

croyant, e [kʀwajɑ̃, ɑ̃t] ◆ adj : *il est / n'est pas croyant* he's a believer / non-believer, he believes / he doesn't believe in God. ◆ nm, f believer.

CRS (abr de **compagnie républicaine de sécurité**) nm [policier] state security policeman / *les CRS ont chargé les manifestants* the security police charged the demonstrators / *les CRS responsables de la surveillance des plages* the security police responsible for keeping watch over the beaches.

cru¹ [kʀy] nm ŒNOL [terroir] vineyard ; [vin] vintage, wine / *les grands crus de Bourgogne* the great wines of Burgundy.

❖ **de mon cru, de son cru** loc adj : *une histoire de son cru* a story of his own invention.

❖ **du cru** loc adj : *un vin du cru* a local wine ▸ **les gens du cru** the locals.

cru², e [kʀy] pp ⟶ **croire.**

cru³, e [kʀy] adj **1.** [non cuit - denrée] raw, uncooked ; [- céramique] unfired ; [non pasteurisé] ▸ **beurre / lait cru** unpasteurized butter / milk **2.** [sans préparation - soie] raw ; [- minerai] crude ; [- bois] untreated **3.** [aveuglant - couleur] crude, harsh, glaring ; [- éclairage] harsh, blinding, glaring **4.** [net] blunt, uncompromising / *c'est la vérité toute crue* it's the pure, unadorned truth **5.** [osé] coarse, crude **6.** BELG [temps] damp and cold.

❖ **cru** ◆ nm CULIN : *le cru et le cuit* the raw and the cooked. ◆ adv **1.** [sans cuire] ▸ **manger qqch cru** to eat sthg raw ▸ **avaler** ou **manger qqn tout cru** to make mincemeat out of ou to wipe the floor with sb / *je ne vais pas t'avaler tout cru !* I'm not going to eat you ! **2.** [brutalement] ▸ **parler cru** to speak bluntly / *je vous le dis tout cru* I'm telling you it as it is.

❖ **à cru** loc adv **1.** ÉQUIT bareback **2.** ARCHIT without foundations.

crû, ue [kʀy] pp ⟶ **croître.**

cruauté [kʀyote] nf **1.** [dureté] cruelty ▸ **avec cruauté** cruelly ▸ **cruauté mentale** mental cruelty **2.** [acte] cruel act, act of cruelty **3.** *litt* [rudesse] harshness, (extreme) severity, cruelty *litt* / *la cruauté de l'hiver* the severity of the winter.

cruche [kʀyʃ] ◆ nf **1.** [récipient] jug UK pitcher US **2.** [contenu] jugful **3.** *fam & péj* [personne] nitwit, dumbbell. ◆ adj *fam & péj* dumb, stupid / *ce que tu peux être cruche !* you're so dumb !, you ninny !

cruchon [kʀyʃɔ̃] nm **1.** [récipient] small jug **2.** [contenu] small jugful.

crucial, e, aux [kʀysjal, o] adj crucial, vital.

crucifère [kʀysifɛʀ] ◆ adj cruciferous. ◆ nf crucifer ▸ **les crucifères** the Cruciferea.

crucifié, e [kʀysifje] ◆ adj crucified. ◆ nm, f **1.** [victime] crucified person **2.** RELIG ▸ **le Crucifié** Jesus Christ.

crucifiement [kʀysifimɑ̃] nm = **crucifixion.**

crucifier [9] [kʀysifje] vt **1.** [mettre en croix] ▸ **crucifier qqn** to crucify sb **2.** *litt* [humilier] to crucify.

crucifix [kʀysifi] nm crucifix.

crucifixion [kʀysifiksjɔ̃] nf crucifixion.

cruciforme [kʀysifɔʀm] adj cruciform *sout*, shaped like a cross.

cruciverbiste [kʀysivɛʀbist] nmf crossword (puzzle) enthusiast.

crudité [kʀydite] nf **1.** [d'une couleur, de la lumière] harshness **2.** [brutalité - d'une réponse] bluntness **3.** [vulgarité] coarseness, crudeness.

❖ **crudités** nfpl CULIN raw vegetables ; [sur un menu] mixed salads, assorted raw vegetables.

crue [kʀy] nf **1.** [élévation de niveau] rise in the water level / *la rivière en crue a inondé la ville* the river burst its banks and flooded the town **2.** [inondation] : *la crue des rivières au printemps* the swelling of the rivers in the spring ▸ **en période de crue** when there are floods.

cruel, elle [kʀyɛl] ◆ adj **1.** [méchant - personne] cruel ; [dur - propos] cruel, harsh **2.** [pénible - destin] cruel, harsh, bitter ; [- dilemme, choix] cruel, painful ; [- perte] cruel / *être dans un cruel embarras* to be in a painfully difficult situation / *être dans une cruelle incertitude* to be horribly uncertain. ◆ nm, f *litt* cruel man (woman).

cruellement [kʀyɛlmɑ̃] adv **1.** [méchamment] cruelly ▸ **traiter qqn cruellement** to be cruel to sb **2.** [péniblement] sorely / *j'ai cruellement ressenti son absence* I missed him sorely ▸ **faire cruellement défaut** to be sorely lacking.

cruiser [kʀuzœʀ] nm cruiser.

crumble [kʀœmbœl] nm crumble ▸ **crumble aux pommes** apple crumble.

crûment, crument* [kʀymɑ̃] adv **1.** [brutalement] bluntly / *laissez-moi vous dire crûment ce que j'en pense* let me tell you quite frankly what I think about it ▸ **pour parler crûment** to put it bluntly **2.** [grossièrement] coarsely / *s'exprimer crûment devant les enfants* to use coarse language in front of the children.

crural, e, aux [kʀyʀal, o] adj [de la cuisse] crural ▸ **arcade crurale** inguinal ligament ▸ **nerf crural** femoral nerve.

crustacé, e [kʀystase] adj crustaceous.

❖ **crustacé** nm **1.** ZOOL crustacean ▸ **les crustacés** the Crustacea, the Crustaceans **2.** CULIN ▸ **des crustacés** seafood.

crut v ⟶ **croire.**

crût v ⟶ **croître.**

cryochirurgie [kʀijɔʃiʀyʀʒi] nf cryosurgery.

cryoconservation [kʀijɔkɔ̃sɛʀvasjɔ̃] nf cryogenic preservation.

cryogénie [kʀijɔʒeni] nf cryogenics *(sg)*.

cryogénique [kʀijɔʒenik] adj cryogenic.

cryolite, cryolithe [kʀijɔlit] nf cryolite.

cryologie [kʀijɔlɔʒi] nf cryogenics.

cryothérapie [kʀijɔteʀapi] nf cryotherapy.

cryptage [kʀiptaʒ] nm **1.** [d'un message] coding **2.** TV [d'une émission de télévision] coding, scrambling.

cryptanalyse [kʀiptanaliz] nf cryptanalysis.

crypte [kʀipt] nf ARCHIT & ANAT crypt.

crypté, e [kʀipte] adj **1.** [message] encrypted, coded **2.** [émission de télévision] scrambled *(for non-subscribers)*, encrypted.

crypter [kʀipte] vt [message, données] to encrypt.

cryptocommuniste [kʀiptɔkɔmynist] adj & nmf cryptocommunist.

cryptogame [kʀiptɔgam] ◆ adj cryptogamic, cryptogamous. ◆ nmf cryptogam.

cryptogamie [kʀiptɔgami] nf cryptogamy.

cryptogamique [kʀiptɔgamik] adj cryptogamic, cryptogamous.

cryptogénétique [kʀiptɔʒenetik] adj cryptogenetic.

cryptogramme [kʀiptɔgʀam] nm cryptogram.

cryptographie [kʀiptɔgʀafi] nf cryptography.

cryptographique [kʀiptɔgʀafik] adj cryptographic.

cryptologie [kʀiptɔlɔʒi] nf encryption.

cryptomeria [kʀiptɔmeʀja] nm cryptomeria.

cs (abr écrite de **cuillère à soupe**) tbs, tbsp.

CSA (abr de **Conseil supérieur de l'audiovisuel**) npr m *French broadcasting supervisory body.*

CSCE (abr de **Conférence sur la sécurité et la coopération en Europe**) npr f CSCE.

CSEN (abr de **Confédération des syndicats de l'éducation nationale**) npr f *confederation of teachers' unions.*

CSG (abr de **contribution sociale généralisée**) nf *income-related tax contribution.*

CSP nf abr de **catégorie socio-professionnelle.**

Cte abr écrite de **comte.**

Ctesse abr écrite de **comtesse.**

Cuba [kyba] npr Cuba ▸ **à Cuba** in Cuba. ⟶ **île**

cubage [kybaʒ] nm **1.** [évaluation] cubage, cubic content **2.** [volume] cubic volume, cubature, cubage.

cubain, e [kybɛ̃, ɛn] adj Cuban.

❖ **Cubain, e** nm, f Cuban.

cube [kyb] ◆ adj cubic ▸ **centimètre cube** cubic centimetre UK ou centimeter US. ◆ nm **1.** GÉOM & MATH cube / *quel est le cube de 4 ?* what's 4 cubed ou the cube of 4 ? **2.** [objet cubique] cube / *couper de la viande en cubes* to cut meat into cubes / *la bâtisse ressemble à un gros cube de béton* the building's like a big concrete cube ou box **3.** JEUX (building) block **4.** *fam* [cylindrée] ▸ **un gros cube** [moto] a big bike.

cuber [3] [kybe] ◆ vt to determine the cubic volume of. ◆ vi **1.** [contenir] : *le réservoir cube 100 litres* the tank has a cubic capacity of 100 litres **2.** *fam* [être cher] : *tout ça finit par cuber* it all adds up.

cubilot [kybilo] nm cupola furnace.

cubique [kybik] ◆ adj **1.** [en forme de cube] cube-shaped, cube-like, cubic **2.** MATH & MINÉR cubic. ◆ nf MATH cubic.

cubisme [kybism] nm Cubism.

cubiste [kybist] ◆ adj Cubist, Cubistic. ◆ nmf Cubist.

Cubitainer® [kybitenɛʀ] nm plastic container *(for liquids)*.

cubital, e, aux [kybital, o] adj ulnar.

cubitus [kybitys] nm ulna.

*In reformed spelling (see p. 16-19).

cuboïde [kybɔid] adj cuboid.

cucul [kyky] adj inv *fam* ▸ **cucul (la praline)** silly, goofy.

cucurbitacée [kykyʀbitase] nf cucurbit ▸ **les cucurbitacées** the Cucurbitaceae.

cueillage [kœjaʒ] nm gathering.

cueillera v ⟶ **cueillir.**

cueillette [kœjɛt] nf **1.** [ramassage - de fruits] gathering, picking ; [- de fleurs] picking **2.** [récolte] crop, harvest / *as-tu fait bonne cueillette?* did you get a good crop ou collect a lot? **3.** SOCIOL gathering / *une tribu qui vit de la cueillette* a tribe of gatherers.

cueilleur, euse [kœjœʀ, øz] nm, f [de fruits] picker, gatherer ; [de fleurs] picker.

cueillir [41] [kœjiʀ] vt **1.** [récolter - fruits] to gather, to pick ; [- fleurs] to pick, to pluck **2.** [trouver] to pick up *(sép)*, to collect / *il est venu me cueillir chez moi* he came to pick me up at my place / *où es-tu allé cueillir pareille idée?* where on earth did you get that idea? **3.** *fam* [surprendre] to catch, to grab / *si tu veux sa permission, cueille-la à son arrivée* if you want to get her permission, (make sure you) catch her as she comes in ▸ **être cueilli à froid** to be caught off guard **4.** *fam* [arrêter] to nab, to collar **5.** [saisir au passage] to snatch, to grab / *cueillir un baiser* to snatch a kiss / *la serveuse cueillit un menu au passage* the waitress grabbed a menu as she walked past.

cuesta [kɥɛsta] nf cuesta.

cui-cui *(pl* **cui-cui***)*, **cuicui*** [kɥikɥi] nm tweet-tweet ▸ **faire cui-cui** to tweet, to go tweet-tweet.

cuillère, cuiller [kɥijɛʀ] nf **1.** [instrument] spoon ▸ **cuillère à café** ou **à moka** teaspoon ▸ **cuillère en bois** wooden spoon ▸ **cuillère à dessert** dessert spoon ▸ **cuillère à soupe** tablespoon ▸ **petite cuillère** teaspoon ▸ **en deux** ou **trois coups de cuillère à pot** *fam* in a jiffy, in no time at all ▸ **la cuillère de bois** SPORT the wooden spoon **2.** [contenu] spoonful / *une cuillère à café de sucre* a teaspoonful of sugar / *deux cuillères à soupe de farine* two tablespoonfuls of flour **3.** PÊCHE spoon, spoonbait **4.** ARM [d'une grenade] safety catch **5.** *tfam* [main] mitt, paw.

⟡ **à la cuillère** ◆ loc adj ▸ **pêche à la cuillère** spinning, trolling. ◆ loc adv **1.** [en mangeant] ▸ **nourrir** ou **faire manger qqn à la cuillère** to spoon-feed sb / *mange ton yaourt à la cuillère* eat your yoghurt with a spoon / *mange le reste de ta sauce à la cuillère* spoon up the rest of your gravy **2.** PÊCHE : *pêcher la truite à la cuillère* to spin ou to troll for trout.

cuillerée [kɥijəʀe] nf spoonful / *une cuillerée à café de* a teaspoonful of / *une cuillerée à soupe de* a tablespoonful of / *et une cuillerée pour maman!* a spoonful for Mummy!

cuir [kɥiʀ] nm **1.** [peau - traitée] leather ; [- brute] hide ▸ **le cuir a)** VÊT leather clothes **b)** COMM & INDUST leather goods ▸ **un cuir** *fam* a leather jacket ▸ **cuir brut** ou **cru** ou **vert** rawhide ▸ **cuir bouilli** cuir-bouilli ▸ **cuir de Russie** Russia leather **2.** [peau humaine] skin ▸ **cuir chevelu** scalp ▸ **entre cuir et chair** under the skin ▸ **tomber sur** ou **tanner le cuir à qqn** *fam* to tan sb's hide, to give sb a belting **3.** [lanière] ▸ **cuir à rasoir** strop **4.** *fam* [faute de liaison] incorrect liaison *(introducing an unwanted consonant between two words)*.

⟡ **de cuir, en cuir** loc adj leather *(modif)*.

cuirasse [kɥiʀas] nf **1.** HIST [armure] breastplate, cuirass, corselet **2.** MIL [d'un char] armour UK, armor US **3.** [carapace] cuirass.

cuirassé, e [kɥiʀase] adj [char, navire] armoured, armour-plated.

⟡ **cuirassé** nm battleship / **'le Cuirassé Potemkine'** *Eisenstein* 'The Battleship Potemkin'.

cuirasser [3] [kɥiʀase] vt **1.** MIL to armour, to armour-plate **2.** [endurcir] to harden / *son enfance difficile l'a cuirassé contre tout* his difficult childhood has made him very thick-skinned.

⟡ **se cuirasser** vpi **1.** HIST to put on a breastplate **2.** [s'endurcir] to harden o.s.

cuirassier [kɥiʀasje] nm HIST cuirassier.

cuire [98] [kɥiʀ] ◆ vt **1.** CULIN [viande, légumes] to cook ; [pain] to bake / *pain cuit au feu de bois* bread baked in a wood-fired oven **2.** [brûler - peau] to burn / *la canicule a cuit les prés* the fields are parched as a result of the heatwave. ◆ vi **1.** CULIN [aliment] to cook ▸ **cuire à feu doux** ou **petit feu** to simmer ▸ **cuire à gros bouillons** to boil hard / *il faut le temps que ça cuise!* give it time to cook! ▸ **poulet prêt à cuire** oven-ready chicken ▸ **faire cuire qqch** to cook sthg / *faire cuire à feu doux* to simmer / *faire cuire à feu vif* to cook over a high flame ▸ **faire cuire qqch au four** to bake sthg ▸ **faire trop cuire qqch** to overcook sthg / *j'ai trop fait cuire les légumes* I've overcooked the vegetables / *tu n'as pas fait assez cuire la viande* you've undercooked the meat ▸ **laisser qqn cuire dans son jus** *fam* to let sb stew in his / her own juice ▸ **va te faire cuire un œuf!** *fam* get lost! ▸ **envoyer qqn se faire cuire un œuf** *fam* : *je l'ai envoyé se faire cuire un œuf* I sent him packing **2.** *fam* [souffrir de la chaleur] : *je cuis!* I'm roasting! / *on cuit dans cette voiture!* it's boiling hot in this car! **3.** [brûler] to burn, to sting ▸ **les yeux me cuisent** my eyes are burning ou stinging **4.** *sout* ▸ **il vous en cuira** you'll regret it / *il pourrait t'en cuire* you might regret it.

⟡ **à cuire** loc adj ▸ **chocolat à cuire** cooking chocolate ▸ **pommes à cuire** cooking apples.

cuisant, e [kɥizɑ̃, ɑ̃t] adj **1.** [douleur, sensation] burning, stinging / *il ressentit une douleur cuisante à la jambe* he felt a burning pain in his leg **2.** [affront, injure] stinging, bitter.

cuiseur [kɥizœʀ] nm cooker ▸ **cuiseur (vapeur)** steam cooker ▸ **cuiseur à riz** rice cooker ▸ **cuiseur solaire** solar cooker.

cuisine [kɥizin] nf **1.** [lieu] kitchen ▸ **cuisine américaine** open-plan kitchen ▸ **cuisine roulante** field kitchen **2.** [activité] cooking, cookery UK ▸ **faire la cuisine** to cook / *elle fait très bien la cuisine* she's an excellent cook / *sais-tu faire la cuisine?* can you cook? ▸ **j'aime faire la cuisine** I enjoy cooking / *la cuisine au beurre / à l'huile* cooking with butter / oil ▸ **cuisine bourgeoise** good plain home cooking **3.** [ensemble de mets] cuisine, food, dishes / *cuisine fine et soignée* carefully prepared dishes ou food / *apprécier la cuisine chinoise* to enjoy Chinese food ▸ **cuisine allégée** ou **minceur** lean cuisine ▸ **cuisine fusion** fusion cuisine **4.** [cuisiniers] ▸ **la cuisine a)** [dans un château] the kitchen staff **b)** [à la cantine] the catering ou kitchen staff **5.** [meubles] kitchen (furniture) ▸ **cuisine intégrée** fitted kitchen ▸ **cuisine en kit** do-it-yourself kitchen units **6.** *fam & péj* [complications] complicated ou messy business ; [malversations] wheeler-dealing ▸ **la cuisine électorale** / **parlementaire** electoral / parliamentary wheeler-dealing.

⟡ **cuisines** nfpl [au restaurant] kitchen ; NAUT galley.

⟡ **de cuisine** loc adj [table, couteau] kitchen *(modif)*.

cuisiné, e [kɥizine] adj ⟶ **plat.**

cuisiner [3] [kɥizine] ◆ vt **1.** [plat, dîner] to cook / *spécialités cuisinées au vin rouge* specialities cooked in red wine / *qu'est-ce que tu nous as cuisiné pour ce soir?* what have you cooked for us tonight? **2.** *fam* [interroger - accusé, suspect] to grill / *il s'est fait cuisiner par la police* he was grilled by the police **3.** *fam* [préparer - promotion, élection] to prepare carefully. ◆ vi to cook ▸ **j'aime cuisiner** I like cooking.

cuisinette [kɥizinɛt] nf kitchenette.

cuisinier, ère [kɥizinje, ɛʀ] nm, f cook.

⟡ **cuisinière** nf stove, cooker UK ▸ **cuisinière électrique** electric cooker ▸ **cuisinière à gaz** gas cooker ou stove.

cuisiniste [kɥizinist] nmf **1.** [fabricant] kitchen manufacturer **2.** [installateur] kitchen installer.

cuisons v ⟶ **cuire.**

cuissage [kɥisaʒ] nm ⟶ **droit.**

cuissard [kɥisaʀ] nm **1.** [d'un cycliste] cycling shorts **2.** [d'une armure] cuisse, cuish.

cuissardes [kɥisaʀd] nfpl **1.** [de femme] thigh boots **2.** [de pêcheur] waders.

cuisse [kɥis] nf **1.** ANAT thigh ▸ **avoir la cuisse légère** *fam & hum* to be free with one's favours, to put it about **2.** ZOOL leg **3.** CULIN leg ▸ **cuisses de grenouille** frogs' legs ▸ **cuisse de poulet** chicken leg.

cuisseau, x [kɥiso] nm [de veau] haunch.

cuissettes [kɥisɛt] nfpl SUISSE (sports) shorts.

cuisson [kɥisɔ̃] nf **1.** CULIN [fait de cuire - le pain, les gâteaux] baking ; [- un rôti] roasting, cooking / *temps de cuisson* cooking time ; [manière de cuire] cooking technique ▸ **quelle cuisson?** [viande] how would you like your meat cooked? **2.** TECHNOL [du ciment] burning, kilning ; [de la céramique, du verre, de l'émail] firing ; [du plastique] heating.

cuissot, cuisseau* [kɥiso] nm **1.** [de gibier] haunch **2.** [d'une armure] cuisse, cuish.

cuistance [kɥistɑ̃s] nf *tfam* grub / *faire la cuistance* to make the grub.

cuistot [kɥisto] nm *fam* cook, chef.

cuistre [kɥistʀ] nm *sout* **1.** [pédant] pedant, prig **2.** [rustre] lout, boor.

cuistrerie [kɥistʀəʀi] nf pedantry, priggishness.

cuit, e [kɥi, kɥit] adj **1.** [aliment] cooked ▸ **viande bien cuite** well-done meat ▸ **viande cuite à point** medium rare meat ▸ **mal cuit** undercooked ▸ **trop cuit** overcooked ▸ **jambon cuit** cooked ham ▸ **attendre que ça tombe tout cuit (dans le bec)** to wait for things to fall into one's lap **2.** [brûlé - peau] burnt, sunburnt ; [- jardin, champ] parched **3.** *fam* [usé] worn down, threadbare / *elles sont cuites, mes bottes!* my boots have had it! / *mon embrayage est cuit* my clutch has had it **4.** *fam* [perdu] : *je suis cuit!* I'm done for!, I've had it! / *notre sortie de dimanche, c'est cuit!* we can kiss our Sunday excursion goodbye! **5.** *tfam* [ivre] loaded, plastered.

⟡ **cuit** nm **1.** CULIN ▸ **le cuit** the cooked **2.** EXPR ▸ **du tout cuit** : *c'est du tout cuit* it's as good as done (already) / *ça n'a pas été du tout cuit* it was no walkover.

⟡ **cuite** nf **1.** *tfam* [beuverie] : *(se) prendre une cuite* to get plastered / *il tenait une de ces cuites!* he'd had a skinful! **2.** [de céramiques] firing.

cuiter [3] [kɥite] ⟡ **se cuiter** vpi *tfam* to get plastered / *il s'est cuité* he had a skinful.

cuivrage [kɥivʀaʒ] nm copperplating.

cuivre [kɥivʀ] nm **1.** MÉTALL copper / *mine / bracelet de cuivre* copper mine / bracelet ▸ **cuivre jaune** brass ▸ **cuivre rouge** copper **2.** ART [planche] copperplate.

⟡ **cuivres** nmpl **1.** [casseroles] copper (pots and) pans **2.** MUS brass instruments.

cuivré, e [kɥivʀe] adj **1.** ART copperplated **2.** [rouge] copper-coloured ▸ **avoir le teint cuivré** ou **la peau cuivrée a)** [par le soleil] to be tanned **b)** [naturellement] to be swarthy ▸ **des cheveux cuivrés** auburn hair **3.** [son, voix] resonant.

cuivrer [3] [kɥivʀe] vt **1.** MÉTALL to copperplate, to coat ou to sheathe with copper **2.** [donner une teinte rougeâtre] to bronze, to tan.

cuivreux, euse [kɥivʀø, øz] adj cuprous.

cuivrique [kɥivʀik] adj cupric.

cul [ky] nm **1.** *vulg* [fesses] arse UK, ass US, bum UK / *un coup de pied au cul* a kick up the pants ou backside / *il l'a fait avancer à grands coups de pied au cul* he propelled him along with kicks up the backside ▸ **faire la bouche en cul de poule** to purse one's lips, to pout ▸ **avoir du cul** to be a jammy UK ou lucky bastard ▸ **avoir le cul bordé de nouilles** to be a jammy UK ou lucky bastard ▸ **avoir** ou **être le cul entre deux chaises** to have a foot in each camp ▸ **avoir une ambulance au cul** : *j'ai une ambulance au cul* I've got an ambulance right on my tail ▸ **foutre les flics au cul de qqn** : *on va lui foutre les flics au cul* let's get the cops on his tail ▸ **cause** ou **parle à mon cul, ma tête est malade** I don't give a shit (about what you're saying) ▸ **comme cul et chemise** as thick as thieves ▸ **cul nu** : *être* ou *aller (le) cul nu* to go around bare-arsed ▸ **cul par-dessus tête** arse over tit UK, head over heels ▸ **l'avoir dans le cul** : *tu l'as dans le cul* you're screwed / *c'est toi qui l'auras dans le cul* you'll be the one that gets screwed ▸ **se le foutre** ou **mettre au cul** : *tu peux te le foutre* ou *mettre au cul!* go (and) fuck yourself!, up yours! ▸ **le cul par terre** : *j'en suis tombé* ou *ça m'a mis le cul par terre* I was flabbergasted ou stunned ▸ **et mon**

cul, c'est du poulet? sod off! ▸ **mon cul!** my arse! ▸ **montrer son cul** to show everything one's got ▸ **plein le cul** : *en avoir plein le cul* to be totally pissed off / *plein le cul, de leurs conneries!* I've had it up to here with their stupid tricks! ▸ **pousser qqn au cul** to be on sb's back ▸ **je suis sur le cul! a)** [fatigué] I'm knackered! UK, I'm bushed! US **b)** [surpris] I can't believe it! ▸ **tirer au cul** to do sod all UK, to goldbrick US ▸ **tomber sur le cul** to fall on one's arse ▸ **(en) tomber** ou **rester sur le cul** to be flabbergasted **2.** *vulg* [sexe] sex / *il ne pense qu'au cul* he's got sex on the brain, he's a sex-maniac / *leurs histoires de cul ne m'intéressent pas* what they do in the sack is of no interest to me ▸ **un film de cul** a porn film **3.** [fond d'une bouteille] bottom ▸ **un cul de bouteille** the bottom of a bottle ▸ **faire cul sec** to down a drink in one ▸ **cul sec!** bottoms up! **4.** EXPR **gros cul** *fam* [camion] juggernaut UK, big truck US ▸ **cul béni** *tfam* religious bigot.

culasse [kylas] nf **1.** ARM breech **2.** MÉCAN cylinder head.

cul-blanc [kyblɑ̃] (*pl* **culs-blancs**) nm [traquet motteux] wheatear.

culbutage [kylbytaʒ] nm knocking over, tumbling.

culbute [kylbyt] nf **1.** [pirouette] somersault ▸ **faire des culbutes** to do somersaults **2.** [chute] fall, tumble / *il a fait la culbute dans l'escalier* he fell head over heels down the stairs **3.** *fam* COMM & FIN collapse ▸ **faire la culbute a)** [faire faillite] to go bankrupt, to collapse **b)** [revendre] to double one's investment.

culbuter [3] [kylbyte] ◆ vi [à la renverse] to tumble, to fall (over backwards) ; [en avant] to fall ou to tumble (headfirst). ◆ vt **1.** [faire tomber -personne] to knock over (*sép*) **2.** [venir à bout de -régime] to topple, to overthrow **3.** MIL ▸ **culbuter l'ennemi** to overwhelm the enemy **4.** *tfam* [femme] to lay.

culbuteur [kylbytœʀ] nm **1.** [jouet] tumbler **2.** MIN tippler, tipper **3.** AUTO rocker arm.

cul-de-basse-fosse [kydbasfos] (*pl* **culs-de-basse-fosse**) nm dungeon.

cul-de-jatte [kydʒat] (*pl* **culs-de-jatte**) nmf legless person.

cul-de-lampe [kydlɑ̃p] (*pl* **culs-de-lampe**) nm **1.** IMPR tailpiece **2.** ARCHIT [dans une église] cul-de-lampe, pendant ; [dans une maison] bracket, corbel.

cul-de-poule [kydpul] ❖ **en cul-de-poule** loc adj : *une bouche en cul-de-poule* a pouting little mouth.

cul-de-sac [kydsak] (*pl* **culs-de-sac**) nm **1.** [rue] dead end, cul-de-sac **2.** [situation] blind alley, no-win situation **3.** ANAT cul-de-sac.

culée [kyle] nf abutment pier.

culer [3] [kyle] vi NAUT to drop astern.

culinaire [kylinɛʀ] adj culinary / *mes talents culinaires* my culinary skills / *les délices culinaires de la Bourgogne* the gastronomic delights of Burgundy.

culminant, e [kylminɑ̃, ɑ̃t] adj ⟶ **point.**

culmination [kylminasjɔ̃] nf ASTRON culmination.

culminer [3] [kylmine] vi **1.** GÉOGR : *les plus hauts sommets culminent à plus de 8 000 mètres* the highest peaks are more than 8,000 metres high / *l'Everest culmine à 8 848 mètres* Everest is 8,848 metres at its highest point **2.** [être à son maximum] to reach its peak, to peak / *la fréquentation culmine en juillet-août* the number of visitors peaks in July-August **3.** ASTRON to culminate.

culot [kylo] nm **1.** *fam* [aplomb] cheek UK, nerve / *tu as un sacré culot!* you've got a nerve ou a cheek! / *il ne manque pas de culot* he's a cool customer / *tu parles d'un culot!* talk about nerve! **2.** [partie inférieure -d'une lampe] base, bottom ; [-d'une cartouche] base, cap ; [-d'une ampoule] base **3.** MÉTALL [résidu] residue, cinder, slag **4.** [d'une pipe] dottle.
❖ **au culot** loc adv *fam* ▸ **faire qqch au culot** to bluff one's way through sthg / *il faut y aller au culot* you've got to bluff your way through it.

culottage [kylɔtaʒ] nm **1.** [d'une pipe] seasoning **2.** [dépôt] sooty layer.

culotte [kylɔt] nf **1.** [sous-vêtement -de femme] (pair of) knickers UK ou panties US ; [-d'enfant] (pair of) knickers UK ou pants ▸ **petite culotte** panties ▸ **faire dans sa culotte a)** *fam* to dirty one's pants **b)** [avoir peur] to be scared stiff ▸ **on a ri à en faire pipi** *fam* ou **pisser** *tfam* **dans nos culottes** we wet ou pissed ourselves laughing **2.** [pantalon] trousers UK, pants US ; HIST breeches ▸ **culottes courtes** shorts ▸ **tu étais encore en culotte courte** ou **culottes courtes** *fig* you were still in short trousers UK ou pants US / *des peintres / explorateurs en culotte courte* ou *culottes courtes* young painters / explorers / *pour nos gastronomes en culotte courte* ou *culottes courtes* for our young gourmets ▸ **je m'en moque** ou **m'en fiche comme de ma première culotte** *fam* I don't give a damn ▸ **porter la culotte** to wear the trousers UK ou pants US ▸ **culotte de cheval a)** VÊT riding breeches, jodhpurs **b)** MÉD cellulite (*on the tops of the thighs*) ▸ **(vieille) culotte de peau** Colonel Blimp UK, (old) military type **3.** [pièce de viande] rump **4.** *tfam* JEUX & SPORT ▸ **prendre** ou **ramasser une culotte** to get trounced **5.** VÊT ▸ **une jupe-culotte** culottes.

culotté, e [kylɔte] adj *fam* [effronté] cheeky UK, sassy US / *il est drôlement culotté en affaires!* he's a businessman who takes risks!

culotter [3] [kylɔte] vt **1.** [vêtir] to put trousers UK ou pants US on **2.** [pipe] to season ; [théière] to blacken / *culotté par la suie* sooty, covered in soot / *culotté par l'âge* blackened with age.

culottier, ère [kylɔtje, ɛʀ] nm, f tailor (*who specializes in making trousers*).

culpabilisant, e [kylpabilizɑ̃, ɑ̃t] adj guilt-provoking.

culpabilisation [kylpabilizasjɔ̃] nf : *la culpabilisation des victimes* making the victims feel guilty, putting the burden of guilt on the victims.

culpabiliser [3] [kylpabilize] ◆ vt ▸ **culpabiliser qqn** to make sb feel guilty. ◆ vi to feel guilty, to blame o.s. / *je culpabilise à fond fam* I'm feeling so guilty.
❖ **se culpabiliser** vp (*emploi réfléchi*) to feel guilty, to blame o.s.

culpabilité [kylpabilite] nf **1.** PSYCHOL guilt, guilty feeling / *je ressens un certain sentiment de culpabilité à son égard* I feel rather guilty about her **2.** DR guilt.

culte [kylt] nm **1.** RELIG [religion] religion, faith ; [cérémonie] service ; [dans le protestantisme] ▸ **aller au culte** to go to church / *assister au culte* to attend church / *célébrer le culte* to worship **2.** [adoration] cult, worship / *elle a le culte du passé* she worships the past ▸ **culte du Soleil** sun-worship ▸ **lculte de la personnalité** personality cult ▸ **vouer un culte à qqn** to worship sb / *il voue à son maître un véritable culte* he worships his master **3.** (*comme adj*) cult ▸ **film culte** cult film UK ou movie US.

cul-terreux [kytɛʀø] (*pl* **culs-terreux**) nm *fam & péj* country bumpkin, redneck US.

cultivable [kyltivabl] adj [région, terre] arable, farmable.

cultivar [kyltivaʀ] nm cultivar.

cultivateur, trice [kyltivatœʀ, tʀis] nm, f farmer.
❖ **cultivateur** nm [machine] cultivator.

cultivé, e [kyltive] adj **1.** AGR cultivated / *passer dans les terres cultivées* to walk across ploughed fields **2.** [éduqué] cultured, educated, well-educated / *les gens cultivés* educated people.

cultiver [3] [kyltive] vt **1.** AGR [champ, terres] to cultivate, to farm ; [plantes] to grow **2.** [conserver obstinément -accent] to cultivate / *elle cultive le paradoxe* she cultivates a paradoxical way of thinking **3.** [entretenir -relations, savoir] to keep up / *cultive ton russe* keep up your Russian ▸ **cultiver sa mémoire** to work on one's memory ▸ **cultivez l'ambassadeur** make sure you're in with the Ambassador **4.** [protéger] to protect, to safeguard / *elle cultive son indépendance* she protects her independence.
❖ **se cultiver** ◆ vpi to educate o.s. / *elle s'est cultivée par elle-même* she's self-taught. ◆ vpt : *se cultiver l'esprit* to cultivate the mind.

cultuel, elle [kyltɥɛl] adj [association, liberté] religious.

cultural, e, aux [kyltyʀal, o] adj [activité, méthode] farming.

culturalisme [kyltyʀalism] nm cultural anthropology.

culture [kyltyʀ] nf **1.** [production -de blé, de maïs] farming ; [-d'arbres, de fleurs] growing ▸ **culture sèche** dry farming ▸ **faire de la culture commerciale** ou **de rapport** to specialize in cash crops ▸ **culture associée** companion crop ▸ **culture biologique** organic farming ▸ **culture intensive / extensive** intensive / extensive farming ▸ **légumes de culture biologique** organically grown vegetables ▸ **culture maraîchère** market gardening UK, truck farming US **2.** [terrains] arable land / *ne passe pas à travers les cultures* don't walk across fields with crops / *l'étendue des cultures renseigne sur la richesse d'un pays* the size of the fields under cultivation indicates the wealth of a country **3.** [espèce] crop / *introduire une nouvelle culture* to introduce a new crop **4.** [connaissance] ▸ **la culture** culture / *parfaire sa culture* to improve one's mind ▸ **culture d'entreprise** corporate culture ▸ **culture générale** general knowledge ▸ **avoir une bonne culture générale a)** [candidat] to be well up on general knowledge **b)** [étudiant] to have had a broadly-based education / *et maintenant, une question de culture générale* and now, a general knowledge question ▸ **culture de masse** mass culture **5.** [civilisation] culture, civilization **6.** BIOL culture / *faire une culture de cellules* to grow cells ▸ **culture cellulaire** cell culture ▸ **culture microbienne** microbe culture ▸ **culture de tissus** tissue culture **7.** *vieilli* ÉDUC ▸ **culture physique** physical education, PE / *elle fait de la culture physique tous les matins* she does exercises every morning.
❖ **de culture** loc adj AGR farming (*modif*).
❖ **en culture** loc adv [terres] under cultivation / *combien avez-vous d'hectares en culture?* how many hectares do you farm ou do you have under cultivation?

culturel, elle [kyltyʀɛl] adj cultural.

culturellement [kyltyʀɛlmɑ̃] adv culturally.

culturisme [kyltyʀism] nm bodybuilding.

culturiste [kyltyʀist] nmf bodybuilder.

culturologie [kyltyʀɔlɔʒi] nf cultural anthropology.

cumin [kymɛ̃] nm **1.** [plante] cumin **2.** [condiment] caraway.

cumul [kymyl] nm **1.** [de plusieurs activités] multiple responsibilities ou functions ; [de plusieurs salaires] concurrent drawing ▸ **faire du cumul a)** *fam* [directeur] to wear several hats **b)** [artisan] to moonlight ▸ **le cumul des mandats** ou **fonctions** POL multiple office-holding **2.** DR plurality, combination ▸ **cumul d'actions** plurality of actions ▸ **cumul d'infractions** combination of offences ▸ **cumul des peines** cumulative sentence.

cumulable [kymylabl] adj ▸ **fonctions cumulables** posts which may be held concurrently ▸ **retraites cumulables** retirement pensions which may be drawn concurrently.

cumulard, e [kymylaʀ, aʀd] nm, f *fam & péj* **1.** POL politician with several mandates **2.** [directeur] *person making money as the head of several companies* **3.** [employé] holder of several jobs.

cumulatif, ive [kymylatif, iv] adj cumulative.

cumulativement [kymylativmɑ̃] adv cumulatively.

cumuler [3] [kymyle] vt **1.** [réunir -fonctions] to hold concurrently ; [-retraites, salaires] to draw concurrently **2.** [accumuler] to pile up (*sép*) / *il cumule les erreurs depuis son arrivée* he's done nothing but make mistakes since he arrived **3.** DR to accrue ▸ **intérêts cumulés** accrued interest.

cumulet [kymylɛ] nm BELG somersault.

cumulonimbus [kymylɔnɛ̃bys] nm cumulonimbus.

cumulus [kymylys] nm **1.** MÉTÉOR cumulus **2.** [citerne] hot water tank.

cunéiforme [kyneifɔʀm] adj & nm cuneiform.

cuniculiculture [kynikylikyltyʀ], **cuniculture** [kynikyltyʀ] nf rabbit breeding.

cunnilingus [kynilɛ̃gys], **cunnilinctus** [kynilɛ̃ktys] nm cunnilingus.

cupide [kypid] adj *litt* grasping, greedy / *il regardait l'argent d'un air cupide* he was looking greedily at the money / *il est vraiment cupide* he's a money grabber.

cupidement [kypidmɑ̃] adv *litt* greedily.

cupidité [kypidite] nf *litt* greed.

Cupidon [kypidɔ̃] npr MYTH Cupid.

cuprifère [kypʀifɛʀ] adj cupriferous.

cuprique [kypʀik] adj cupric, cupreous, coppery.

cuproalliage [kypʀɔaljaʒ] nm copper alloy.

cuproaluminium [kypʀɔalyminjɔm] nm cupro-aluminium, aluminium bronze.

cuproammoniaque [kypʀɔamɔnjak] nf cuprammonium.

cupronickel [kypʀɔnikɛl] nm cupronickel.

cuproplomb [kypʀɔplɔ̃] nm copperlead.

cupule [kypyl] nf cupule.

curabilité [kyʀabilite] nf curableness, curability.

curable [kyʀabl] adj curable, which can be cured.

curaçao [kyʀaso] nm curaçao, curaçoa.

curage [kyʀaʒ] nm [d'un égout] sewage purification ; [d'un fossé] ditch cleaning.

curare [kyʀaʀ] nm curare, curari.

curarisant, e [kyʀaʀizɑ̃, ɑ̃t] adj curarizing.

❖ **curarisant** nm curarizing substance.

curarisation [kyʀaʀizasjɔ̃] nf curarization.

curatelle [kyʀatɛl] nf DR guardianship, trusteeship.

curateur, trice [kyʀatœʀ, tʀis] nm, f DR guardian, trustee.

curatif, ive [kyʀatif, iv] adj healing.

curcuma [kyʀkyma] nm curcuma.

cure [kyʀ] nf **1.** MÉD [technique, période] treatment ▸ **cure d'amaigrissement** slimming UK ou weight-loss US course, reducing treatment US ▸ **cure de désintoxication** detox / *faire une cure de désintoxication* to undergo a detox ▸ **cure de repos** rest cure ▸ **cure de sommeil** sleep therapy ▸ **cure de thalassothérapie** course of thalassotherapy ▸ **cure thermale** treatment at a spa **2.** PSYCHOL ▸ **la cure** the talking cure **3.** *fig* : *faire une cure de romans policiers* to go through a phase of reading nothing but detective novels **4.** RELIG [fonction] cure ; [paroisse] parish ; [presbytère] vicarage **5.** EXPR **n'avoir cure de...** *litt* : *il n'a cure de...* he cares nothing about...

⚠ Le mot anglais **cure** signifie généralement « remède », « guérison » et non cure au sens de traitement.

curé [kyʀe] nm (Catholic) priest / *aller à l'école chez les curés* to be educated by priests / *elle est toujours fourrée chez les curés* *fam* she's very churchy.

cure-dent(s) [kyʀdɑ̃] (*pl* **cure-dents**) nm toothpick.

curée [kyʀe] nf **1.** CHASSE quarry / *il a provoqué les médias, et ça a été la curée* *fig* he provoked the media and they were soon baying for his blood ▸ **curée chaude / froide** hot / cold quarry **2.** [ruée] (mad) scramble, rush / *à son départ ça a été la curée pour prendre sa place* people walked all over each other to get his job after he left.

cure-ongle(s) [kyʀɔ̃gl] (*pl* **cure-ongles**) nm nail cleaner.

cure-oreille [kyʀɔʀɛj] (*pl* **cure-oreilles**) nm ear pick.

cure-pipe(s) [kyʀpip] (*pl* **cure-pipes**) nm pipe cleaner.

curer [3] [kyʀe] vt to scrape clean.

❖ **se curer** vpt ▸ **se curer les ongles** to clean one's nails ▸ **se curer les dents** to pick one's teeth (clean) ▸ **se curer les oreilles** to clean (out) one's ears.

curetage [kyʀtaʒ] nm **1.** MÉD curettage **2.** CONSTR renovation *(of a historical part of a town)*.

cureter [27] [kyʀte] vt to curette.

✎ In reformed spelling (see p. 16-19), this verb is conjugated like ***acheter*** : ***il curète, elle curètera.***

cureton [kyʀtɔ̃] nm *fam & péj* priest.

curette [kyʀɛt] nf curette, curet.

Curiace [kyʀjas] npr ▸ **les Curiaces** the Curiatii.

curial, e, aux [kyʀjal, o] adj curial ▸ **maison curiale** presbytery.

curie [kyʀi] nf **1.** ANTIQ curia **2.** RELIG curia, Curia **3.** PHYS [unité] curie.

curiethérapie [kyʀiteʀapi] nf radiotherapy.

curieusement [kyʀjøzmɑ̃] adv **1.** [avec curiosité - regarder] curiously **2.** [étrangement - s'habiller] oddly, strangely / *curieusement, il n'a rien voulu dire* strangely ou funnily enough, he wouldn't say anything / *curieusement, les valises avaient disparu* oddly enough, the suitcases had disappeared.

curieux, euse [kyʀjø, øz] ◆ adj **1.** [indiscret] curious, inquisitive **2.** [étrange] curious, odd, strange ▸ **c'est un curieux personnage** he's a strange character / *il m'a répondu d'une manière curieuse* he gave me a strange answer **3.** [avide de savoir] inquiring, inquisitive ▸ **avoir un esprit curieux** to have an inquiring mind ▸ **curieux de** : *il est curieux d'entomologie* he has a keen interest in entomology ▸ **soyez curieux de tout** let your interests be wide-ranging. ◆ nm, f **1.** [badaud] bystander, onlooker / *autour d'un accident, il y a toujours des curieux* *péj* people always gather round when there's been an accident **2.** [indiscret] inquisitive person.

❖ **curieux** nm **1.** [ce qui est étrange] : *c'est là le plus curieux de l'affaire* that's what's so strange **2.** *arg crime* examining magistrate, beak UK.

❖ **en curieux** loc adv : *je suis venu en curieux* I just came to have a look.

curiosité [kyʀjozite] nf **1.** [indiscrétion] inquisitiveness, curiosity ▸ **puni de sa curiosité** punished for being overinquisitive / *mû par une curiosité malsaine* out of morbid curiosity ▸ **par (pure) curiosité** out of (sheer) curiosity, just for curiosity's sake ▸ **la curiosité est un vilain défaut** *prov* curiosity killed the cat *prov* **2.** [intérêt] curiosity / *il faut éveiller la curiosité des enfants* it's a good thing to arouse children's curiosity / *vous avez de drôles de curiosités !* you're interested in some very strange things ! **3.** [caractéristique] oddity, idiosyncrasy / *c'est une des curiosités de son caractère* it's one of the odd things about him **4.** [objet] curio, curiosity, oddity ▸ **boutique** ou **magasin de curiosités** bric-à-brac ou curiosity *vieilli* shop.

❖ **curiosités** nfpl ▸ **les curiosités de Nemours** interesting and unusual things to see in Nemours.

curiste [kyʀist] nmf *person taking the waters at a spa* / *les curistes viennent ici pour...* people come to this spa in order to...

curling [kœʀliŋ] nm SPORT curling.

curriculum vitae (*pl* **curriculum vitae** *ou* **curriculums vitae***) [kyʀikylɔmvite] nm curriculum vitae, CV, résumé US.

curry [kyʀi] = **cari**.

curseur [kyʀsœʀ] nm cursor ▸ **déplacer le curseur** **a)** *pr* to move the cursor **b)** *fig* to review one's objectives / *suite à ces remarques, il a déplacé le curseur dans le programme de production de cette année* following these remarks, he reviewed his production schedule for the coming year.

cursif, ive [kyʀsif, iv] adj [écriture] cursive ; [lecture, style] cursory.

❖ **cursive** nf cursive.

cursus [kyʀsys] nm degree course ▸ **cursus universitaire** degree course.

curviligne [kyʀviliɲ] adj curvilinear, curvilineal.

cuscute [kyskyt] nf dodder ▸ **cuscute du lin** flax dodder.

custode [kystɔd] nf AUTO rear side panel.

customisation [kœstɔmizasjɔ̃] nf customization.

customiser [3] [kystɔmize] vt to customize.

cutané, e [kytane] adj cutaneous *spéc*, skin *(modif)*.

cuti [kyti] (abr de **cuti-réaction**) nf *fam* ⟶ **virer**.

cuticule [kytikyl] nf ANAT, BOT & ZOOL cuticle.

cuti-réaction (*pl* **cuti-réactions**), **cutiréaction*** [kytiʀeaksjɔ̃] nf skin test *(for detecting TB or allergies)*.

cutter [kœtœʀ ou kytɛʀ], **cutteur*** [kœtœʀ] nm Stanley® knife.

cuvage [kyvaʒ] nm ŒNOL fermentation in vats.

cuvaison [kyvɛzɔ̃] nf = **cuvage**.

cuve [kyv] nf **1.** [réservoir] tank, cistern **2.** [pour le blanchissage, la teinture] vat **3.** ŒNOL vat, tank ▸ **cuve close** pressure tank.

cuvée [kyve] nf **1.** [contenu] tankful, vatful **2.** ŒNOL vintage ▸ **la cuvée du patron** house wine / *la cuvée 2003 était excellente* the 2003 vintage was excellent / *la dernière cuvée de Polytechnique* *hum* the latest batch of graduates from the École Polytechnique.

cuvelage [kyvlaʒ] nm tubbing.

cuveler [24] [kyvle] vt to tub.

✎ In reformed spelling (see p. 16-19), this verb is conjugated like ***peler*** : ***il cuvèle, il cuvèlera, elle cuvèlerait.***

cuver [3] [kyve] ◆ vi [vin] to ferment. ◆ vt ▸ **cuver son vin** to sleep off the booze ; *(en usage absolu)* : *laisse-le cuver en paix* leave him to sleep it off.

cuvette [kyvɛt] nf **1.** [récipient - gén] basin, bowl, washbowl ; [- des WC] pan ; [- d'un lavabo] basin **2.** GÉOGR basin.

cuvier [kyvje] nm tub *(for washing, winemaking, etc.)*.

CV ◆ nm (abr de **curriculum vitae**) CV UK, résumé US / *ça fera bien dans ton CV* it'll look good on your CV. ◆ (abr écrite de **cheval**) [puissance fiscale] *classification for scaling of car tax.*

CVS (abr de **corrigées des variations saisonnières**) adj *seasonally adjusted.*

CX nm [coefficient de pénétration dans l'air] *drag coefficient.*

cyan [sjɑ̃] nm & adj inv cyan.

cyanhydrique [sjanidʀik] adj hydrocyanic.

cyanogène [sjanɔʒɛn] nm cyanogen.

cyanophycées [sjanɔfise] nfpl blue-green algae.

cyanose [sjanoz] nf cyanosis.

cyanoser [3] [sjanoze] vt to cause cyanosis in.

cyanuration [sjanyʀasjɔ̃] nf cyanidation, cyanization.

cyanure [sjanyʀ] nm cyanide.

cyanurer [3] [sjanyʀe] vt to cyanide, to cyanize.

Cybèle [sibɛl] npr Cybele.

cybercafé [sibɛʀkafe] nm cybercafé.

cybercash [sibɛʀkaʃ] nm e-cash.

cybercitoyen, enne [sibɛʀsitwajɛ̃, ɛn] nmf Net citizen, netizen.

cybercommerce [sibɛʀkɔmɛʀs] nm e-commerce.

cybercrime [sibɛʀkʀim] nm cybercrime.

cybercriminalité [sibɛʀkʀiminalite] nf cybercrime.

cyberculture [sibɛʀkyltyʀ] nf cyberculture.

cyberentreprise [sibɛʀɑ̃tʀɔpʀiz] nf internet-based company.

cyberespace [sibɛʀɛspas] nm cyberspace.

cybermagazine [sibɛʀmagazin] nm e-zine.

cybermétrie [sibɛʀmetʀi] nf web analytics.

cybermonde [sibɛʀmɔ̃d] nm cyberworld.

cybernaute [sibɛʀnot] nm cybernaut.

cybernéticien, enne [sibɛʀnetisjɛ̃, ɛn] ◆ adj cybernetic. ◆ nm, f cyberneticist.

cybernétique [sibɛʀnetik] nf cybernetics *(sg)*.

cyberpunk [sibɛʀpœnk] nm cyberpunk.

cybersexe [sibɛʀsɛks] nm cybersex.

cybersquatter, cybersquatteur [sibɛʀskwatœʀ] nm cybersquatter.

cybersquatting [sibɛʀskwatiŋ] nm cybersquatting.

cyberterrorisme [sibɛʀtɛʀɔʀism] nm cyberterrorism.

cyborg [sibɔʀg] nm cyborg.

cyclable [siklabl] adj cycle *(modif)*.

Cyclades [siklad] npr fpl ▸ **les Cyclades** the Cyclades. ⟶ **île**

cycladique [sikladik] adj Cycladic.

cyclamate [siklamat] nm cyclamate.

cyclamen [siklamɛn] nm cyclamen.

cyclane [siklan] nm cycloalkane, cycloparaffin.

*In reformed spelling (see p. 16-19).

cycle [sikl] nm **1.** [série] cycle / *le cycle des saisons* the cycle of the seasons ▸ **cycle lunaire / solaire** ASTRON lunar / solar cycle **2.** [évolution] cycle ▸ **cycle économique** ÉCON economic cycle ▸ **cycle de vie d'un produit** product lifecycle ▸ **cycle expansion-récession** boom and bust cycle **3.** ÉDUC & UNIV cycle ▸ **il suit un cycle court / long** ≃ he'll leave school at sixteen / go on to higher education ▸ **cycle élémentaire** *the years spent at primary school between the ages of 7 and 9* ▸ **cycle moyen** *the years spent at primary school between the ages of 9 and 11* ▸ **cycle d'observation** *first two years at a "collège"* ▸ **cycle d'orientation** *final two years at a "collège"* ▸ **cycle préparatoire** *first stage of primary school education (from the age of 6)* ▸ **premier cycle a)** ÉDUC lower secondary school years UK, junior high school US **b)** UNIV first and second years UK, freshman and sophomore years US ▸ **second cycle a)** ÉDUC last three years of secondary school UK ou high school US **b)** UNIV last two years of a degree course ; ≃ final year UK ; ≃ senior year US ▸ **troisième cycle** postgraduate studies ▸ **être en troisième cycle** to be a postgraduate student / *un étudiant de troisième cycle* a postgraduate **4.** LITTÉR cycle ▸ **le cycle d'Arthur** the Arthurian cycle **5.** [véhicule] cycle ▸ **le cycle** INDUST the bicycle industry **6.** PHYSIOL ▸ **cycle menstruel** menstrual cycle ▸ **cycle œstral** oetrous cycle **7.** CHIM ▸ **le cycle de l'azote** the nitrogen cycle ▸ **le cycle du carbone** the carbon cycle.

cyclique [siklik] adj cyclic, cyclical.

cycliquement [siklikmɑ̃] adv cyclically, in cycles.

cyclisation [siklizasjɔ̃] nf cyclization.

cycliser [3] [siklize] vt to cyclize.

cyclisme [siklism] nm cycling / *il fait du cyclisme tous les dimanches* he goes cycling every Sunday ▸ **cyclisme sur piste** track cycle racing ▸ **cyclisme sur route** road cycle racing.

cycliste [siklist] ◆ adj ▸ **coureur cycliste** racing cyclist, cycler US ▸ **course cycliste** cycle race. ◆ nmf cyclist, cycler US. ◆ nm [short] (pair of) cycling shorts.

cyclo-cross, cyclocross* [siklɔkʀɔs] nm inv cyclo-cross.

cycloïdal, e, aux [siklɔidal, o] adj GÉOM cycloidal.

cycloïde [siklɔid] nf GÉOM cycloid.

cyclomoteur [siklɔmɔtœʀ] nm small motorcycle, scooter.

cyclomotoriste [siklɔmɔtɔʀist] nmf scooter rider.

cyclonal, e, aux [siklɔnal, o] adj cyclonic, cyclonical, cyclonal.

cyclone [siklon] nm [dépression] cyclone ; [typhon] cyclone, hurricane.

cyclonique [siklɔnik] adj cyclonic.

cyclope [siklɔp] nm ZOOL cyclops.

❖ **Cyclope** nm Cyclops.

cyclopéen, enne [siklɔpeɛ̃, ɛn] adj **1.** ARCHÉOL Pelasgian, Pelasgic **2.** *litt* [gigantesque] Cyclopean, titanic, colossal.

cyclo-pousse (*pl* cyclo-pousse), **cyclopousse*** [siklɔpus] nm ≃ (pedal-powered) rickshaw.

cyclopropane [siklɔpʀɔpan] nm cyclopropane.

cyclosporine [siklɔspɔʀin] nf cyclosporin-A.

cyclothymie [siklɔtimi] nf cyclothymia.

cyclothymique [siklɔtimik] adj & nmf cyclothymic, cyclothymiac.

cyclotourisme [siklɔtuʀism] nm cycle touring ▸ **faire du cyclotourisme** to go on a cycling holiday UK ou vacation US.

cyclotron [siklɔtʀɔ̃] nm cyclotron.

cygne [siɲ] nm swan ▸ **cygne mâle** cob ▸ **jeune cygne** cygnet.

❖ **Cygne** nm ASTRON ▸ **le Cygne** Cygnus, the Swan.

cylindrage [silɛ̃dʀaʒ] nm **1.** TRAV PUB rolling **2.** TEXT mangling.

cylindre [silɛ̃dʀ] nm **1.** AUTO & GÉOM cylinder / *un moteur à quatre / six cylindres* a four- / six-cylinder engine ▸ **une six cylindres** a six-cylinder car **2.** MÉCAN roller.

cylindrée [silɛ̃dʀe] nf cubic capacity, capacity displacement US ▸ **une petite cylindrée** a small ou small-engined car.

cylindrer [3] [silɛ̃dʀe] vt **1.** TRAV PUB to roll **2.** TEXT to mangle.

cylindrique [silɛ̃dʀik] adj cylindric, cylindrical.

cylindroïde [silɛ̃dʀɔid] adj cylindroid.

cymaise [simɛz] = **cimaise.**

cymbalaire [sɛ̃balɛʀ] nf ivy-leaved toadflax.

cymbale [sɛ̃bal] nf cymbal ▸ **coup de cymbales** crash of cymbals.

cymbalier, ère [sɛ̃balje, ɛʀ] nm, f = **cymbaliste.**

cymbaliste [sɛ̃balist] nmf cymbalist.

cymbalum [sɛ̃balɔm] nm cymbalo, dulcimer.

cynégétique [sineʒetik] ◆ adj hunting *(modif).* ◆ nf hunting.

cynique [sinik] ◆ adj cynical. ◆ nmf **1.** [gén] cynic **2.** PHILOS Cynic.

cyniquement [sinikmɑ̃] adv cynically.

cynisme [sinism] nm **1.** [attitude] cynicism **2.** PHILOS Cynicism.

cynocéphale [sinɔsefal] nm dog-faced baboon.

cynodrome [sinɔdʀom] nm greyhound track.

cyphoscoliose [sifoskɔljoz] nf kyphoscoliosis.

cyphose [sifoz] nf kyphosis.

cyprès [sipʀɛ] nm cypress.

cyprin [sipʀɛ̃] nm crucian.

cypriote [sipʀijɔt] adj [paysan, village] Cypriot, Cypriote ; [paysage] Cypriot, Cyprus *(modif).*

❖ **Cypriote** nmf Cypriot, Cypriote.

cyrillique [siʀilik] adj Cyrillic.

Cyrus [siʀys] npr Cyrus.

cystectomie [sistɛktɔmi] nf cystectomy.

cystéine [sistein] nf cysteine.

cystine [sistin] nf cystine.

cystique [sistik] adj cystic.

cystite [sistit] nf cystitis.

cystographie [sistɔgʀafi] nf cystography.

cystoscopie [sistɔskɔpi] nf cystoscopy.

Cythère [sitɛʀ] npr Cythera.

cytise [sitiz] nm laburnum.

cytobiologie [sitɔbjɔlɔʒi] nf cytobiology.

cytodiagnostic [sitɔdjagnɔstik] nm cytodiagnosis.

cytogénéticien, enne [sitɔʒenetisjɛ̃, ɛn] nm, f cytogeneticist.

cytogénétique [sitɔʒenetik] nf cytogenetics *(sg).*

cytologie [sitɔlɔʒi] nf cytology.

cytologique [sitɔlɔʒik] adj cytologic, cytological.

cytologiste [sitɔlɔʒist] nmf cytologist.

cytolyse [sitɔliz] nf cytolysis.

cytolytique [sitɔlitik] adj cytolytic.

cytomégalovirus [sitɔmegalɔviʀys] nm cytomegalovirus, CMV.

cytoplasme [sitɔplasm] nm cytoplasm.

cytoplasmique [sitɔplasmik] adj cytoplasmic.

cytotoxique [sitɔtɔksik] adj cytotoxic.

czar [tsaʀ] = **tsar.**

* In reformed spelling (see p. 16-19).

d, D [de] nm d, D. **Voir aussi g.**

d abr écrite de **déci**.

D abr écrite de **dépression**.

d' [d] ⟶ **de**.

da (abr écrite de **déca-**) da.

DA (abr écrite de **dinar algérien**) DA.

DAB [deabe, dab] (abr de **distributeur automatique de billets**) nm ATM.

d'abord [dabɔʀ] ⟶ **abord**.

d'ac [dak] loc adv *fam* OK / *on y va, d'ac?* we're going, OK?

Dacca, Dhaka [daka] npr GÉOGR Dhaka.

d'accord [dakɔʀ] ⟶ **accord**.

Dacron® [dakʀɔ̃] nm Terylene® UK, Dacron® US.

dactyle [daktil] nm **1.** LITTÉR dactyl, dactylic **2.** BOT cocksfoot.

dactylique [daktilik] adj dactylic.

dactylo [daktilo] nmf typist.

dactylographe [daktilɔgʀaf] nmf typist.

dactylographie [daktilɔgʀafi] nf typing, typewriting / *prendre des cours de dactylographie* to learn how to type.

dactylographier [9] [daktilɔgʀafje] vt to type (up).

dactylographique [daktilɔgʀafik] adj typing.

dactyloscopie [daktilɔskɔpi] nf fingerprinting, fingerprint identification.

dada [dada] ◆ adj Dadaist, Dadaistic. ◆ nm **1.** ART & LITTÉR Dada, Dadaism **2.** [cheval] gee-gee UK, horsie **3.** *fam* [passe-temps] hobby ; [idée] hobbyhorse / *le voilà reparti sur* ou *il a enfourché son dada* he's on his hobbyhorse again / *c'est son nouveau dada* it's his latest obsession.

dadais [dadɛ] nm oaf ▸ **grand dadais** clumsy oaf.

dadaïsme [dadaism] nm Dada, Dadaism.

dadaïste [dadaist] ◆ adj Dadaist, Dadaistic. ◆ nmf Dadaist.

Daghestan, Daguestan [dagɛstɑ̃] npr Dagestan.

dague [dag] nf **1.** ARM dagger **2.** ZOOL [du cerf] spike.

daguerréotype [dageʀeɔtip] nm daguerreotype.

daguerréotypie [dageʀeɔtipi] nf daguerreotypy.

daguet [dagɛ] nm young stag *(less than 2 years old)*.

dahlia [dalja] nm dahlia.

Dahomey [daɔmɛ] npr m ▸ **le Dahomey** Dahomey ▸ **au Dahomey** in Dahomey.

dahu [day] nm imaginary animal *(used to tease children)*.

daigner [4] [deɲe] vt ▸ **daigner faire qqch** to deign to do sthg.

daim [dɛ̃] nm **1.** ZOOL (fallow) deer ▸ **daim mâle** buck **2.** [cuir suédé] buckskin, doeskin.

❖ **de daim, en daim** loc adj suede *(modif)*.

daine [dɛn] nf doe.

dais [dɛ] nm canopy.

Dakar [dakaʀ] npr Dakar.

dakarois, e [dakaʀwa, az] adj from Dakar.

❖ **Dakarois, e** nm, f *inhabitant of or person from Dakar.*

dakin [dakɛ̃] nm Dakin's solution.

Dakota [dakɔta] npr m ▸ **le Dakota** Dakota ▸ **le Dakota du Nord / Sud** North / South Dakota.

dalaï-lama [dalailama] (*pl* **dalaï-lamas**) nm Dalai Lama.

Dalila [dalila] npr Delilah.

dallage [dalaʒ] nm [action] paving ; [surface] pavement.

dalle [dal] nf **1.** [plaque] flagstone ▸ **dalle de marbre / pierre** marble / stone slab / *recouvrir une allée de dalles* to surface a driveway with stone slabs ▸ **dalle funéraire** tombstone **2.** CONSTR slab ▸ **dalle de béton** concrete slab ▸ **dalle de recouvrement** cover slab ▸ **dalle pleine** reinforced concrete slab **3.** *fam* [faim] ▸ **avoir** ou **crever la dalle** to be starving ou famished / *je crève la dalle* I could eat a horse **4.** EXPR **avoir la dalle en pente** *fam* to be a boozer.

❖ **que dalle** loc adv *fam* damn all UK, zilch US / *on n'y voit que dalle* you can't see a damn thing / *il a fichu que dalle* he didn't do a damn thing.

daller [3] [dale] vt to pave.

dalleur [dalœʀ] nm paviour.

Dalloz [daloz] npr ▸ **les Dalloz** *series of law reference books.*

dalmate [dalmat] adj Dalmatian.

❖ **Dalmate** nmf Dalmatian.

Dalmatie [dalmasi] npr f ▸ **(la) Dalmatie** Dalmatia.

dalmatien [dalmasjɛ̃] nm ZOOL Dalmatian.

dalot [dalo] nm **1.** NAUT scupper **2.** CONSTR culvert.

daltonien, enne [daltɔnjɛ̃, ɛn] ◆ adj daltonic *spéc*, colour-blind UK, color-blind US. ◆ nm, f colour-blind UK ou color-blind US person.

daltonisme [daltɔnism] nm daltonism *spéc*, colour blindness UK, color blindness US.

dam[1] (abr écrite de **décamètre**) dam.

dam[2] [dam] nm ▸ **au grand dam de qqn a)** *litt* [à son préjudice] to the detriment of sb **b)** [à son mécontentement] to the great displeasure of sb.

damage [damaʒ] nm [de la terre] packing (down), ramming down ; [de la neige] packing down ; [d'une piste] grooming.

daman [damɑ̃] nm hyrax, dassie.

damas [dama(s)] nm **1.** TEXT damask **2.** BOT damson **3.** MÉTALL damask steel.

Damas [damas] npr Damascus.

damasquinage [damaskinaʒ] nm damascening.

damasquiner [3] [damaskine] vt to damascene.

damassé, e [damase] adj damask *(modif)*.

❖ **damassé** nm damask.

damasser [3] [damase] vt to damask.

dame [dam] ◆ nf **1.** [femme] lady / *nous parlions avec ces dames* we were talking to these ladies / *ah, ma bonne* ou *pauvre dame fam, les temps ont bien changé!* ah, my dear, times have changed! / *qu'est-ce que je vous sers, ma petite dame? fam* what would you like, love UK ou miss? ▸ **dame de charité** Lady Bountiful ▸ **dame de compagnie** lady's companion ▸ **la Dame de fer** the Iron Lady ▸ **dame patronnesse** patroness ▸ **dame pipi** *fam* lavatory attendant / **'la Dame aux camélias'** *Dumas* 'The Lady of the Camellias' **2.** *fam* [épouse] ▸ **votre dame** your missus ou old lady **3.** [titre] lady / *une grande dame* a (noble) lady ▸ **dame d'honneur** lady-in-waiting ▸ **la première dame de France** France's First Lady ▸ **faire** ou **jouer les grandes dames** *péj* to put on airs ▸ **sa dame, la dame de ses pensées** his ladylove **4.** JEUX [aux dames] king ▸ **aller à la** ou **mener un pion à dame** to crown a king ; [aux cartes et aux échecs] queen ▸ **la dame de cœur** the queen of hearts **5.** NAUT ▸ **dame de nage** rowlock UK, oarlock US **6.** CONSTR [mur] ▸ **dame de remblai** dam **7.** [outil de pavage] beetle, rammer. ◆ interj *régional* ou *vieilli* of course, well / *dame oui!* yes, indeed!

❖ **dames** nfpl ▸ **(jeu de) dames** draughts UK, checkers US.

❖ **de dames, pour dames** loc adj [vélo] ladies'.

dame-d'onze-heures [damdɔ̃zœʀ] (*pl* **dames-d'onze-heures**) nf star-of-Bethlehem, starflower.

dame-jeanne [damʒan] (*pl* **dames-jeannes**) nf demijohn.

damer [3] [dame] vt **1.** [tasser -terre] to ram down *(sép)*, to pack down *(sép)* ; [-neige] to pack down ; [-piste] to groom **2.** JEUX [pion] to crown ▸ **damer le pion à qqn** *fig* to outwit sb.

damier [damje] nm JEUX draughtboard UK, checkerboard US ▸ **un tissu à** ou **en damier** checked material.

damnable [danabl] adj *litt* RELIG damnable.

damnation [danasjɔ̃] nf **1.** RELIG damnation / **'la Damnation de Faust'** *Berlioz* 'The Damnation of Faust' **2.** *arch* [juron] ▸ **damnation!** damnation!

damné, e [dane] ◆ adj **1.** *fam & péj* [maudit] cursed, damn, damned **2.** RELIG damned. ◆ nm, f RELIG damned person ou soul ▸ **les damnés** the damned ▸ **comme un damné** like a thing possessed.

damner [3] [dane] vt RELIG to damn ▸ **faire damner qqn** *fam & fig* to drive sb round the bend.

❖ **se damner** vp *(emploi réfléchi)* to damn o.s. / *je me damnerais pour un chocolat* I'd give anything for a chocolate.

Damoclès [damɔklɛs] npr Damocles ▸ **l'épée de Damoclès** the sword of Damocles.

damoiseau, x [damwazo] nm **1.** HIST [gentilhomme] (young) squire **2.** *hum* [jeune empressé] (dashing) young blade.

damoiselle [damwazɛl] nf HIST **1.** [fille noble] damsel *(title given to an unmarried noblewoman)* **2.** [femme de damoiseau] (young) squire's wife.

dan [dan] nm dan ▸ **premier / deuxième dan** first / second dan.

danaïde [danaid] nf monarch butterfly.

Danaïdes [danaid] npr fpl ▸ **les Danaïdes** Danaides.

dancing [dɑ̃siŋ] nm dance hall.

dandinement [dɑ̃dinmɑ̃] nm [d'un canard, d'une personne] waddling / *son dandinement a fait rire tout le monde* everybody was laughing at the way he waddled about.

dandiner [3] [dɑ̃dine] ❖ **se dandiner** vpi [canard, personne] to waddle / *il est entré / sorti en se dandinant* he waddled in / out.

dandinette [dɑ̃dinɛt] nf **1.** [technique] dapping **2.** [appât] dap.

dandy [dɑ̃di] nm dandy.

dandysme [dɑ̃dism] nm dandyism.

Danemark [danmaʀk] npr m ▸ **le Danemark** Denmark ▸ **au Danemark** in Denmark.

danger [dɑ̃ʒe] nm danger / *attention danger!* danger! / *les dangers de la route* the hazards of the road ▸ **en grand danger de** in great danger of ▸ **en danger de mort** in danger of one's life / *il y a un danger d'inondation* there is a danger of flooding ▸ **pas de danger** *fam* : *il n'y a pas de danger qu'il dise oui* it's not likely he'll say yes / *moi, t'accompagner? pas de danger!* you mean I'd have to go with you? no way! ▸ **danger public** *fam* public menace.

❖ **en danger** loc adj ▸ **être en danger a)** [personne] to be in danger **b)** [paix, honneur] to be jeopardized / *la patrie est en danger* the nation is under threat / *ses jours sont en danger* there are fears for his life / *ses jours ne sont plus en danger* his condition is now stable ▸ **mettre qqn en danger** to put sb's life at risk / *mettre un projet en danger* to jeopardize a project.

❖ **sans danger** ◆ loc adj [médicament] safe / *c'est sans danger, ouvre-le* it's safe, open it. ◆ loc adv safely / *tu peux y aller sans danger* it's quite safe (to go there).

dangereusement [dɑ̃ʒʀøzmɑ̃] adv dangerously, perilously.

dangereux, euse [dɑ̃ʒʀø, øz] adj **1.** [risqué] dangerous, perilous, hazardous ▸ **zone dangereuse** danger area ou zone / **'baignade / escalade dangereuse'** danger, no swimming / no climbing **2.** [nuisible] dangerous, harmful / *les couleuvres ne sont pas dangereuses* grass snakes are harmless.

dangerosité [dɑ̃ʒʀozite] nf *litt* dangerousness.

danois, e [danwa, az] adj Danish.

❖ **Danois, e** nm, f Dane.

❖ **danois** nm **1.** LING Danish **2.** ZOOL Great Dane.

dans [dɑ̃] prép **1.** [dans le temps - gén] in ; [- insistant sur la durée] during ; [- dans le futur] in ; [- indiquant un délai] within ▸ **dans l'Antiquité** in Antiquity / *dans son enfance* in ou during her childhood, when she was a child / *c'était à la mode dans les années 50* it was fashionable in ou during the 50's / *dans un déménagement, on casse toujours quelque chose* when you move house, things always get broken / *les gaz qui se dégagent dans une réaction chimique* gases given off in a chemical reaction / *je n'ai qu'un jour de libre dans la semaine* I only have one day off during the week / *l'avion atterrit dans 25 minutes* the plane lands in 25 minutes ou minutes' time / *dans dix ans, on ne parlera plus de son livre* in ten years ou years' time, his book will be forgotten / *dans quelques minutes, la suite de notre programme* normal service will be resumed as soon as possible / *vous serez livré dans la semaine* you'll get the delivery within the week ou some time this week / *à consommer dans les cinq jours* eat within five days of purchase **2.** [dans l'espace - gén] in ; [- avec des limites] within ; [- avec mouvement] into / *ils ont cherché partout dans la maison* they looked through the whole house, they looked everywhere in the house / *dans la rue* in the street ▸ **dans le métro a)** [wagon] on the underground **b)** [couloirs] in the underground ▸ **dans le train / l'avion** on the train / the plane ▸ **monte dans la voiture** get in ou into the car ▸ **partout dans le monde** all over the world, the world over ▸ **dans le quartier** in the neighbourhood ▸ **habiter dans Paris** to live in (central) Paris ▸ **dans l'espace** in space / *je suis bien dans ces chaussures* I feel comfortable in these shoes, these shoes are comfortable / *avoir mal dans le dos* to have backache / *ils se sont couchés dans l'herbe* they lay down in ou on the grass / *elle avait des reflets d'or dans les cheveux* she had golden highlights in her hair / *j'aime être dans tes bras* I love being in your arms / *prenant sa tête dans ses mains* holding his head in his hands ▸ **dans ces murs** within these walls / *le triangle est inscrit dans le cercle* the triangle is circumscribed within the circle / *dans un rayon de 15 km* within a 15 km radius / *restez dans les limites du parc* stay within the boundaries of the estate ▸ **entrer dans une pièce** to go into a room / *passez dans la salle d'attente* go into the waiting room / *plonger dans une piscine* to dive into a swimming-pool ▸ **prendre qqn dans ses bras** to take sb in one's arms / *dans la brume / pénombre* in the mist / dark / *je ne pouvais pas l'entendre dans ce vacarme* I couldn't hear him in all that noise / *elle a une profonde tristesse dans le regard* there is a great deal of sadness in her eyes ▸ **dans Descartes** in (the works of) Descartes / *dans son dernier film* in his last film / *c'est dans le journal* it's in the paper **3.** [à partir de - prendre, boire, manger] out of, from / *j'ai pris l'argent dans le tiroir* I took the money out of ou from the drawer / *boire dans un verre* to drink out of ou from a glass / *la phrase a été prise dans mon discours* the quote was lifted from my speech **4.** [à travers] through / *passe le doigt dans l'anneau* put your finger through the ring / *ils progressaient lentement dans la neige* they were making slow progress through the snow / *un murmure a couru dans la foule* a murmur ran through the crowd **5.** [indiquant l'appartenance à un groupe] ▸ **dans l'enseignement** in ou within the teaching profession / *il est dans le commerce* he's in business / *quelqu'un dans l'assistance* someone in the audience / *être dans l'OTAN* to be a member of NATO / *il est dans mon équipe* he's on ou in my team / *dans nos rangs* within our ranks / *nous sommes dans le même club* we're in ou we belong to the same club / *ministre de la Santé dans le dernier gouvernement* Minister of Health in the last government **6.** [indiquant la manière, l'état] ▸ **dans son sommeil** in his sleep ▸ **mettre qqn dans l'embarras** to put sb in an awkward situation / *mourir dans la misère* to die in poverty / *je ne suis pas dans le secret* I haven't been let in on ou I'm not in on the secret / *dans sa hâte, elle a perdu un soulier* in her haste, she lost a shoe / *dans l'effervescence des préparatifs* in the excitement of the preparations / *il la voyait dans son délire* in his delirium he thought he could see her / *je l'ai fait dans ce but* I did it with this aim in mind ▸ **dans le but de** in order to, with the aim of ▸ **dans l'espoir de** in the hope of / *je l'aime bien dans ce rôle* I like him in this role / *une maison bâtie dans le style Régence* a house built in Regency style / *un contrat rédigé dans les formes légales* a contract drawn out ou up in legal terms / *prendre un mot dans son sens littéral* to take a word in its literal sense ou literally / *c'est quelqu'un dans ton genre* it's somebody like you **7.** [indiquant une approximation] ▸ **dans les** around / *ça coûtera dans les 40 euros* it'll cost around 40 euros / *il était dans les cinq heures du soir* it was around five pm / *il doit avoir dans les 50 ans* he must be about 50.

dansable [dɑ̃sabl] adj danceable.

dansant, e [dɑ̃sɑ̃, ɑ̃t] adj **1.** [qui danse] dancing **2.** [qui invite à danser] : *un rythme dansant* a rhythm which makes you want to (get up and) dance **3.** [où l'on danse] ▸ **soirée dansante** dance ▸ **thé dansant** tea dance.

danse [dɑ̃s] nf **1.** [activité] dance ▸ **il aime la danse** he likes dancing ▸ **danse classique** ballet ou classical dancing ▸ **danse folklorique** folk dancing ▸ **danse sur glace** ice-dancing ▸ **danse paysanne** country dancing ▸ **danse de salon** ballroom dancing ▸ **danse du ventre** belly dancing ▸ **école de danse a)** [classique] ballet school **b)** [moderne] dance school ▸ **entrer dans la danse a)** *pr* to join in the dance **b)** *fig* to join in ▸ **conduire** ou **mener la danse a)** *pr* to lead the dance **b)** *fig* to call the tune **2.** [suite de pas - dans un ballet, au bal] dance / *jouer une danse* to play a dance (tune) / *la danse des reflets sur le lac* reflections dancing on the surface of the lake / *la danse des hirondelles dans les airs* swallows swooping back and forth in the sky **3.** [agitation] : *c'est la danse des valeurs ce mois-ci à la Bourse* share values are fluctuating this month on the Stock Exchange **4.** MÉD ▸ **danse de Saint-Guy** St Vitus' dance / *tu as la danse de Saint-Guy, ou quoi? fam* can't you stop fidgeting? **5.** *tfam* [correction] hiding, thrashing, belting ▸ **flanquer une danse à qqn** to beat the living daylights out of sb **6.** ART ▸ **danse macabre** dance of death, danse macabre.

danser [3] [dɑ̃se] ◆ vi **1.** DANSE to dance / *vous dansez?* would you like to dance? / *on danse?* shall we (have a) dance? / *danser sur une corde raide* to walk a tightrope ▸ **faire danser qqn a)** [suj: cavalier] to (have a) dance with sb **b)** [suj: musicien] to play dance tunes for sb ▸ **danser devant le buffet** *fam* : *chez nous, on dansait devant le buffet* at home, the cupboard was always bare **2.** [bouger - reflet, bouchon] to move, to bob up and down ; [- mots, lignes] to swim / *tout dansait devant ses yeux* everything was swimming before his eyes / *le vent faisait danser la flamme* the flame flickered in the wind. ◆ vt to dance / *danser une valse / un tango* to (dance a) waltz / tango ▸ **danser «Casse-Noisette»** to dance ou to perform "The Nutcracker Suite".

❖ **se danser** vp *(emploi passif)* : *ballet qui se danse en costumes modernes* ballet performed in contemporary dress / *le twist ne se danse plus* nobody dances the twist any more.

danseur, euse [dɑ̃sœʀ, øz] nm, f **1.** [gén] dancer ; [de ballet] ballet dancer ▸ **danseur de claquettes** tap-dancer ▸ **danseur de corde** tightrope walker ▸ **danseur étoile** principal dancer ▸ **danseuse étoile** prima ballerina ▸ **danseuse orientale** ou **du ventre** belly dancer **2.** [cavalier] ▸ **mon danseur** my partner.

❖ **danseur** nm ▸ **danseur mondain** (male) escort.

❖ **danseuse** adj f flexible, yielding.

❖ **en danseuse** loc adv : *monter la colline en danseuse* to cycle up the hill standing on the pedals.

Dante [dɑ̃t] npr Dante.

dantesque [dɑ̃tɛsk] adj *litt* Dantean, Dantesque.

Danube [danyb] npr m ▸ **le Danube** the (River) Danube.

danubien, enne [danybjɛ̃, ɛn] adj Danubian.

DAO (abr de **dessin assisté par ordinateur**) nm CAD.

daphné [dafne] nm daphne.

daphnie [dafni] nf daphnia.

dard [daʀ] nm **1.** ENTOM [d'une abeille, d'une guêpe] sting **2.** ARM & HIST javelin.

Dardanelles [daʀdanɛl] npr fpl ▸ **le détroit des Dardanelles** the Dardanelles.

darder [3] [daʀde] vt **1.** [lancer] to shoot / *le soleil du matin dardait ses rayons sur la plage* shafts of morning sunlight fell on the beach ▸ **darder un regard furieux sur qqn** to shoot an angry look at sb **2.** [dresser] to point / *rose qui darde ses épines* rose pointing its thorns.

dare-dare, daredare* [daʀdaʀ] loc adv *fam* double-quick, on the double / *va chercher la boîte, et dare-dare!* go and get the box, and get a move on!

Dar es-Salaam [daʀɛssalam] npr Dar es-Salaam.

Darios [daʀjos], **Darius** [daʀjys] npr Darius.

darne [daʀn] nf fish steak, thick slice of fish *(cut across the body).*

darse [daʀs] nf [en Méditerranée] harbour basin.

dartois [daʀtwa] nm CULIN dartois pastry *(two puff pastry rectangles forming a sweet or savoury sandwich when filled).*

dartre [daʀtʀ] nf dartre ▸ **avoir des dartres** to have dry patches on one's skin.

dartreux, euse [daʀtʀø, øz] adj scabby, dartrous *spéc.*

dartrose [daʀtʀoz] nf dartrose.

darwinien, enne [daʀwinjɛ̃, ɛn] adj Darwinian.

darwinisme [daʀwinism] nm Darwinism.

darwiniste [daʀwinist] ◆ adj Darwinist, Darwinistic. ◆ nmf Darwinist.

DAT (abr de **digital audio tape**) nm DAT.

* In reformed spelling (see p. 16-19).

datable [databl] adj datable, dateable / *ces rochers sont facilement / difficilement datables* these rocks are easy to date / are not easily dated.

datage [dataʒ] nm ▸ **le datage de qqch** assigning a date to ou dating sthg.

DATAR, Datar [dataʀ] (abr de **Délégation interministérielle à l'aménagement du territoire et à l'attractivité régionale**) npr f *regional land development agency.*

datation [datasjɔ̃] nf dating / *il y a eu une erreur de datation du fossile* the fossil was incorrectly dated ▸ **datation au carbone 14** carbon dating.

datcha [datʃa] nf dacha.

date [dat] nf **1.** [moment précis] date / *je ne peux pas lire la date* I can't read the date ▸ **une lettre sans date** an undated letter / *nous avons fixé la date de la conférence au 13 juin* we have decided to hold the conference on June 13th / *se retrouver chaque année à date fixe* to meet on the same day every year ▸ **prenons date** let's decide on ou let's fix a date ▸ **date de départ** date of departure ▸ **date limite** [pour un projet] deadline ▸ **date limite de consommation** best before date ▸ **date limite de vente** sell-by UK ou pull US date ▸ **date de naissance** date of birth ▸ **date de péremption a)** [d'un document] expiry date **b)** [d'un aliment] sell-by date **2.** [période] date / *à la date dont tu me parles, j'étais encore aux États-Unis* at the time you're talking about, I was still in the United States / *les grandes dates de notre histoire* the most important dates in our history ▸ **faire date** : *c'est une réalisation qui fera date (dans l'histoire)* it's an achievement which will stand out (in history) ▸ **de longue date** long-standing / *une amitié de longue date* a long-standing friendship / *ils se connaissent de longue date* they've known each other for a long time / *c'est une amitié de fraîche date* they haven't been friends for very long **3.** BANQUE ▸ **date de valeur** value date.

❖ **en date** loc adv : *quelle est sa dernière conquête en date?* what is his latest conquest (to date)?

❖ **en date du** loc prép : *lettre en date du 28 juin* letter dated June 28th.

dater [3] [date] ◆ vt **1.** [inscrire la date] to date, to put a date on / *carte datée de mardi* postcard dated Tuesday **2.** [déterminer l'âge de -fossile, manuscrit, édifice] to date. ◆ vi **1.** [compter] to stand out, to be a milestone / *cet événement datera dans sa vie* this event will stand out in his life **2.** [être désuet -tenue] to look dated ou old-fashioned ; [-expression] to sound old-fashioned ; [-film] to show its age, to have aged, to be dated.

❖ **dater de** v i prép to date from, to go back to / *un livre qui date du XVII*e *siècle* a book dating back to the 17th century / *de quand date votre dernière visite?* when was your last visit? / *notre amitié ne date pas d'hier* we go ou our friendship goes back a long way / *voilà une idée qui ne date pas d'hier* this idea's been around for quite some time / *ça date d'avant notre rencontre* it happened before we met.

❖ **à dater de** loc prép : *à dater du 1*er *mars, vous ne faites plus partie du service* as of ou effective from March 1st, you are no longer on the staff.

dateur [datœʀ] ◆ adj m ⟶ **timbre.** ◆ nm date stamp ▸ **dateur automatique de billet** ticket dating machine.

datif, ive [datif, iv] adj DR ▸ **tuteur datif** guardian appointed by a court ▸ **tutelle dative** trusteeship ou guardianship ordered by a court.

❖ **datif** nm LING dative.

dation [dasjɔ̃] nf giving, conferring.

datte [dat] nf date ▸ **il n'en fiche** *fam* ou **fout** *tfam* **pas une datte** he doesn't do a damn thing.

dattier [datje] nm date palm.

daube [dob] nf **1.** CULIN stew ▸ **bœuf en daube** stewed beef **2.** SUISSE *fam* [idiot] twit.

dauber [3] [dobe] *litt* ◆ vt to jeer ou to scoff at. ◆ vi to jeer, to scoff.

dauphin [dofɛ̃] nm **1.** ZOOL dolphin **2.** [tuyau] shoe **3.** HIST ▸ **le dauphin** the dauphin **4.** [successeur] heir apparent, successor / *qui est votre dauphin?* who's in line for your job?

dauphine [dofin] nf HIST ▸ **la dauphine** the dauphine.

Dauphiné [dofine] npr m GÉOGR ▸ **le Dauphiné** the Dauphiné (region).

dauphinois, e [dofinwa, az] adj from the Dauphiné.

❖ **Dauphinois, e** nm, f *inhabitant of or person from the Dauphiné.*

daurade [doʀad] nf sea bream.

davantage [davɑ̃taʒ] adv **1.** [plus] more ▸ **donne-m'en davantage** give me some more / *tu devrais lire davantage* you should read more / *je ne t'en dirai pas davantage* I won't tell you any more / *le droit t'intéresse davantage que l'économie* law interests him more than economics / *je ne lui ferai pas davantage de reproches* I won't reproach him any more / *je voudrais davantage de cerises* I'd like (some) more cherries / *il a eu davantage de chance que les autres* he was luckier than the others **2.** [de plus en plus] : *chaque jour qui passe nous rapproche davantage* each day that goes by brings us closer together / *je t'aime chaque jour davantage* I love you more and more every day **3.** [plus longtemps] : *je n'attendrai pas davantage* I won't wait any longer.

David [david] npr BIBLE David.

davier [davje] nm forceps.

Davis [devis] npr ▸ **coupe Davis** Davis Cup.

Dawha [doa] npr ▸ **(al-)Dawha** Doha.

dB (abr écrite de **décibel**) dB.

DB (abr de **division blindée**) nf armoured UK ou armored US division.

DCA (abr de **défense contre les aéronefs**) nf AA *(anti-aircraft).*

DCRI (abr de **Direction centrale du renseignement intérieur**) nf *French intelligence service.*

DCT (abr de **diphtérie, coqueluche, tétanos**) nm *vaccine against diphtheria, tetanus and whooping cough.*

DDA (abr de **Direction départementale de l'agriculture**) npr f *local offices of the Ministry of Agriculture.*

DDASS, Ddass [das] (abr de **Direction départementale d'action sanitaire et sociale**) npr f *department of health and social security* / *un enfant de la DDASS* a state orphan.

DDD (abr de **digital digital digital**) DDD.

DDE npr f abr de **Direction départementale de l'équipement.**

DDT (abr de **dichloro-diphényl-trichloréthane**) nm DDT.

de [də] *(devant voyelle ou 'h' muet* **d'***, contraction de* **de** *avec* **le** *:* **du***, contraction de* **de** *avec* **les** *:* **des** [de] *)* ◆ prép

- **A. INDIQUANT L'ORIGINE**
- **B. DANS LE TEMPS**
- **C. INDIQUANT LA CAUSE**
- **D. INDIQUANT LE MOYEN**
- **E. INDIQUANT LA MANIÈRE**
- **F. AVEC DES NOMBRES**
- **G. INDIQUANT L'APPARTENANCE**
- **H. MARQUANT LA DÉTERMINATION**
- **I. SERVANT DE LIEN SYNTAXIQUE**

A. INDIQUANT L'ORIGINE 1. [indiquant la provenance] from / *il n'est pas d'ici* he's not from (around) here / *la voiture venait de la gauche* the car was coming from the left / *une boule s'est décrochée du sapin* a bauble fell off the Christmas tree / *vue de l'intérieur* seen from (the) inside / *il a sorti un lapin de son chapeau* he produced ou pulled a rabbit out of his hat ▸ **sortir de table** to leave the table / *c'est un cadeau de mon oncle* it's a present from my uncle **2.** [à partir de] : *de quelques fleurs des champs, elle a fait un bouquet* she made a posy out of ou from a few wild flowers / *faire un drame de rien* to make a fuss over nothing **3.** [indiquant l'auteur] by / *un roman de Mishima* a novel by Mishima / *« Amarcord » de Fellini* "Amarcord" by Fellini, Fellini's "Amarcord" **4.** [particule] ▸ **Madame de Sévigné** Madame de Sévigné / *épouser un / une de quelque chose fam* to marry a man / woman with an aristocratic sounding name.

B. DANS LE TEMPS 1. [à partir de] from / *notre amitié date de cette époque* our friendship dates from that period / *de ce jour* from that day **2.** [indiquant le moment] ▸ **de jour** during the ou by day ▸ **de nuit** during the ou by night ▸ **travailler de nuit** to work nights / *se lever de bonne heure* to get up early / *il n'a pas travaillé de l'année* he hasn't worked all year / *je ne le vois pas de la semaine* I don't see him at all during the week / *le train de 9 h 30* the 9.30 train ; [depuis] : *de longtemps, on n'avait vu cela* such a thing hadn't been seen for a long time.

C. INDIQUANT LA CAUSE ▸ **rougir de plaisir** to blush with pleasure ▸ **mourir de peur / de faim** to die of fright / of hunger ▸ **trembler de froid** to shiver with cold ▸ **pleurer de joie** to cry for joy ▸ **souffrir de rhumatismes** to suffer from rheumatism ▸ **se tordre de douleur / de rire** to be doubled up in pain / with laughter.

D. INDIQUANT LE MOYEN : *faire signe de la main* to wave / *d'un coup de fouet* with a crack of the whip / *il voit mal de l'œil gauche* he can't see properly with his left eye ▸ **se nourrir de fruits** to eat fruit / *poussez la porte du pied* push the door (open) with your foot.

E. INDIQUANT LA MANIÈRE ▸ **manger de bon appétit** to eat heartily ▸ **de toutes ses forces** with all one's strength ▸ **d'un air coupable** looking guilty, with a guilty look on his / her etc. face / *d'une démarche vigoureuse* with a purposeful stride.

F. AVEC DES NOMBRES 1. [emploi distributif] ▸ **15 euros de l'heure** 15 euros per ou an hour ▸ **7 euros du kilomètre** 7 euros per ou a kilometre **2.** [introduisant une mesure] : *un appartement de 60 m*^{2} a 60 m^2 flat / *un homme de 2 m* a man who is 2 m tall / *une femme de 30 ans* a 30-year-old woman / *un moteur de 15 chevaux* a 15 h.p. engine / *un cadeau de 300 euros* a gift worth 300 euros / *une équipe de 15 personnes* a team of 15 **3.** [indiquant une différence dans le temps, l'espace, la quantité] ▸ **distant de cinq kilomètres** five kilometres away / *ma montre retarde de 10 mn* my watch is 10 minutes slow / *ce colis est trop lourd de 100 grammes* this parcel is 100 grammes too heavy.

G. INDIQUANT L'APPARTENANCE ▸ **la maison de mes parents / Marie** my parents' / Marie's house / *le frère de Pierre* Pierre's brother ▸ **la porte du salon** the living room door / *les clefs de la voiture* the car keys / *les pays membres de l'Union européenne* the countries in the EU, EU member states / *pour les membres du club* for members of the club ou club members / *pour les joueurs du club* for the players belonging to the club / *les élèves de sa classe* the pupils in his class.

H. MARQUANT LA DÉTERMINATION 1. [indiquant la matière, la qualité, le genre, etc.] ▸ **un buffet de chêne** an oak dresser ▸ **un bonhomme de neige** a snowman ▸ **une robe de mariée** a wedding dress ▸ **une équipe de spécialistes** a team of specialists ▸ **une réaction d'horreur** a horrified reaction ▸ **une pause de publicité** a commercial break / *un livre d'un grand intérêt* a book of great interest / *des vêtements d'un goût contestable* clothes of questionable taste / *elle est d'un snob!* she is so snobbish !, she's such a snob ! **2.** [indiquant le contenu, le contenant] ▸ **l'eau de la citerne** the water in the tank ▸ **un verre d'eau** a glass of water ▸ **un pot de fleurs a)** [récipient] a flowerpot **b)** [fleurs] a pot of flowers ▸ **une bouteille de whisky a)** a bottle of whisky **b)** [récipient] a whisky bottle **3.** [dans un ensemble] : *la plupart de ses amis* most of his friends / *le plus jeune de la classe* the youngest pupil in the class / *le plus jeune des deux* the younger of the two **4.** [avec une valeur emphatique] ▸ **l'as des as** the champ ▸ **le fin du fin** the very latest thing.

I. SERVANT DE LIEN SYNTAXIQUE 1. [après un verbe] ▸ **parler de qqch** to speak about ou of sthg ▸ **douter de qqch** to doubt ou to have doubts about sthg ▸ **se sépa-**

rer de qqn to leave sb / *cessez de m'importuner* stop bothering me ▸ **se libérer du passé** to free o.s. from the past ▸ **se souvenir de qqch** to remember sthg ▸ **instruire qqn de ses intentions** to notify sb of one's plans ▸ **traiter qqn de menteur** to call sb a liar / *ce champ est entouré d'une palissade* this field is surrounded by a fence / *il a été tué d'une balle* he was killed by a bullet ou shot dead **2.** [après un substantif] ▸ **l'amour de qqch** the love of sthg ▸ **l'acquisition du langage** language acquisition ▸ **troubles de l'audition** hearing problems / *sur présentation de votre carte* on presentation of your card ▸ **la volonté de vaincre** the will to win **3.** [après un adjectif] ▸ **sûr de soi** sure of o.s. / *fier de son succès* proud of one's success / *il est facile de critiquer* it's easy to criticize **4.** [après un pronom] ▸ **rien de nouveau** nothing new ▸ **personne d'absent ?** nobody missing ? / *qui d'autre l'aurait fait ?* who else would have done it ? / *quoi de plus beau que la mer ?* what is more beautiful than the sea ? / *y a-t-il quelqu'un de blessé ?* is anybody hurt ? **5.** [devant un adjectif, participe ou adverbe] : *c'est une heure de perdue* that's an hour lost / *encore un verre de cassé !* another glass broken !, another broken glass ! / *j'ai quelques heures de libres* I have a few hours free / *restez une semaine de plus* stay (for) one more ou an extra week **6.** [introduisant un nom en apposition] ▸ **la ville de Paris** the city of Paris ▸ **le mois de janvier** the month of January ▸ **au mois de janvier** in January ▸ **cet imbécile de Pierre** that idiot Pierre **7.** [indiquant le sujet d'un ouvrage] / **'De l'art d'être mère'** 'The Art of Being a Mother' **8.** *litt* [introduisant un infinitif] : *de lire me fatigue* reading tires me / *et tous de rire* they all burst into laughter.

◆ art partitif **1.** [dans une affirmation] : *j'ai acheté de la viande* I bought (some) meat / *il me faudra du courage* I'll need (some) courage / *respirer de l'air frais* to breathe fresh air / *c'est de la provocation / de l'entêtement !* it's sheer provocation / pig-headedness ! / *j'ai bu de ce vin* I drank some of that wine / *écouter de la musique* to listen to music / *manger de la viande* to eat meat / *je ne porte que du coton* I only (ever) wear cotton, I wear nothing but cotton / *je préfère ne boire que de l'eau* I prefer to drink only water ou nothing but water ▸ **lire du Proust** to read something by Proust ou some Proust / *chanter du Fauré* to sing some Fauré ou a piece by Fauré ; [dans une interrogation] : *prends-tu du sucre dans ton café ?* do you take sugar in your coffee ? ; [dans une négation] : *il n'y a pas de place* there's no room, there isn't any room / *ils ne vendent pas de viande* they don't sell meat / *n'as-tu pas de lavande dans ton jardin ?* haven't you got any lavender in your garden ? **2.** [exprimant une comparaison] : *il y a du prophète chez lui* he's a bit like a prophet ▸ **ça c'est du Julien tout craché** ou **du pur Julien** that's Julien all over, that's typical of Julien.

◆ art déf [dans une affirmation] : *il a de bonnes idées* he has ou he's got (some) good ideas / *cela pose de grands problèmes* this poses (some) serious problems ; [dans une négation] : *je n'ai pas de bouteilles à la cave* I have no ou I haven't got any bottles in the cellar / *nous ne faisons pas de projets pour cet été* we are not making any plans for this summer.

❖ **de... à** loc corrélative **1.** [dans l'espace] from... to / *de Paris à Marseille* from Paris to Marseille / *du Nord au Midi* from (the) North to (the) South **2.** [dans le temps] from... to / *du 15 au 20 mars* from the 15th to the 20th of March / *de Noël à Pâques* from Christmas to Easter / *ouvert du lundi au vendredi* open Monday through Friday US, open (from) Monday to Friday ▸ **d'un instant à l'autre a)** [progressivement] from one minute to the next **b)** [bientôt] any minute ou time now ▸ **d'ici à demain** by tomorrow **3.** [dans une énumération] from... to / *on y trouve tout, des chaussettes aux fours à micro-ondes* they've got everything, from socks to microwave ovens **4.** [dans une évaluation] : *ça vaut de 80 à 100 euros* it's worth between 80 and 100 euros / *il y a de 4 000 à 5 000 emplois en jeu* there are between 4,000 and 5,000 jobs at stake.

❖ **de... en** loc corrélative **1.** [dans l'espace] from... to / *aller de ville en ville* to go from town to town **2.** [dans le temps] ▸ **de jour en jour** from day to day / *l'espoir s'amenuisait d'heure en heure* hope dwindled as the hours went by / *le nombre d'étudiants augmente d'année en année* the number of students is getting bigger by the year ou every year ou from one year to the next **3.** [dans une évolution] : *aller de mal en pis* to go from bad to worse / *de déduction en déduction, il avait trouvé le coupable* he'd deduced who the culprit was / *aller de déception en déception* to go from one disappointment to the next / *un musée où vous irez de surprise en surprise* a museum where many surprises await you.

DE adj abr de **diplômé d'État.**

dé [de] nm **1.** JEUX die ▸ **des dés** dice ▸ **jouer aux dés** to play dice ▸ **jeter les dés** to cast the dice ▸ **coup de dé** ou **dés** throw of the dice ▸ **jouer qqch sur un coup de dés** to gamble sthg away ▸ **les dés (en) sont jetés** the die is cast **2.** CULIN cube / *couper du lard en dés* to dice bacon **3.** COUT ▸ **dé (à coudre)** thimble / *je prendrai un dé à coudre de cognac* I'll have a tiny glass of cognac.

DEA (abr de **diplôme d'études approfondies**) nm *former postgraduate diploma.*

dead-heat [dɛdit] (*pl* **dead-heats**) nm dead heat.

deal [dil] nm *fam* [accord] deal.

dealer[1] [dilœʀ] nm *fam* pusher.

dealer[2] [dile] ◆ vt *fam* to push. ◆ vi to push drugs.

déambulateur [deɑ̃bylatœʀ] nm walking frame, Zimmer®.

déambulation [deɑ̃bylasjɔ̃] nf *litt* strolling, ambling (along).

déambulatoire [deɑ̃bylatwaʀ] nm ambulatory.

déambuler [3] [deɑ̃byle] vi to stroll, to amble (along).

deb [dɛb] nf *fam* deb, debutante.

débâcher [3] [debaʃe] vt [camion, toit] to take the canvas sheet ou the tarpaulin off.

débâcle [debakl] nf **1.** [d'une rivière] breaking up (of ice) / *nous sommes arrivés au moment de la débâcle* we arrived when the ice was starting to break up **2.** MIL rout **3.** [faillite -d'une institution, d'un système] collapse / *après la débâcle des actions Unilor* after the Unilor share collapse / *c'est la débâcle !* it's absolute chaos !

débâillonner [3] [debajɔne] vt ▸ **débâillonner qqn** to remove sb's gag / *débâillonner la presse* to end press censorship.

déballage [debalaʒ] nm **1.** [des bagages] unpacking / *le déballage de nos affaires nous a pris plusieurs heures* it took us several hours to unpack our things **2.** [éventaire] display / *je l'ai acheté au déballage du marché Saint-Pierre* I bought it on display at the Marché St Pierre **3.** *fam* [aveu] outpouring ▸ **un déballage de sentiments** an outpouring of feeling.

déballastage [debalastaʒ] nm ballast dumping.

déballer [3] [debale] vt **1.** [bagages] to unpack / *aide-moi à déballer les livres* help me (to) unpack the books **2.** [exposer -produits] to display ; *(en usage absolu)* : *il déballe le dimanche aux Puces* he has a stall on Sundays at the flea market **3.** *fam* [sentiments] to unload / *il est venu me déballer ses histoires* he came and unloaded his problems onto me.

déballonner [3] [debalɔne] ❖ **se déballonner** vpi *fam* to chicken out.

débandade [debɑ̃dad] nf **1.** [déroute] rout **2.** [panique] panic, rush / *ce fut la débandade générale* there was a mad rush.

❖ **à la débandade** loc adv : *les enfants sortent de l'école à la débandade* children are piling out of school.

débander [3] [debɑ̃de] ◆ vt **1.** MÉD [plaie] to remove ou to take the bandages off / *débander les yeux d'un prisonnier* to remove the blindfold from a prisoner's eyes **2.** TECHNOL [arc] to unbend ; [ressort] to slacken, to loosen. ◆ vi **1.** *vulg* to lose one's hard-on **2.** EXPR **sans débander** *fam* without letting up.

❖ **se débander** vpi **1.** [s'éparpiller] to scatter, to disperse **2.** TECHNOL [ressort] to recoil.

débaptiser [3] [debatize] vt [place, rue] to change the name of, to give another name to.

débarbouillage [debaʀbujaʒ] nm washing.

débarbouiller [3] [debaʀbuje] vt [enfant, visage] to wash.

❖ **se débarbouiller** vp *(emploi réfléchi) fam* to wash one's face / *débarbouille-toi avant de venir dîner* wash your face before dinner.

débarbouillette [debaʀbujɛt] nf QUÉBEC face flannel UK, washcloth US.

débarcadère [debaʀkadɛʀ] nm [de passagers] landing stage ; [de marchandises] wharf.

débardage [debaʀdaʒ] nm [de marchandises] unloading ; [de bois] unlading.

débarder [3] [debaʀde] vt to unload.

débardeur [debaʀdœʀ] nm **1.** [ouvrier] docker UK, longshoreman US **2.** VÊT [tricot] tank top ; [tee-shirt] sleeveless T-shirt.

débarqué, e [debaʀke] ◆ adj [passager] disembarked. ◆ nm, f disembarked passenger.

débarquement [debaʀkəmɑ̃] nm **1.** [déchargement -de marchandises] unloading ; [-de passagers] landing / *le débarquement des marchandises prendra plusieurs jours* it will take several days to unload the goods **2.** HIST ▸ **le (jour du) débarquement** D-day, the Normandy landings.

❖ **de débarquement** loc adj [quai] arrival *(modif)* ; [navire, troupe, fiche] landing *(modif)*.

débarquer [3] [debaʀke] ◆ vt **1.** [décharger -marchandises] to unload ; [-voyageurs] to land **2.** *fam* [limoger] to fire, to sack UK, to can US ▸ **il s'est fait débarquer** he got the sack UK ou boot. ◆ vi **1.** NAUT to disembark, to land ; MIL to land **2.** [descendre] ▸ **débarquer de** [train] to get off, to alight from / *ils nous ont fait débarquer à Rome* [de l'avion] they made us deplane in Rome **3.** *fam* [arriver] to turn ou to show up / *il a débarqué chez moi à minuit* he turned up at my place at midnight **4.** *fam* [être ignorant] : *tu débarques ou quoi ?* where have you been ? / *mets-moi au courant, je débarque* give me an update, I haven't a clue what's going on.

débarras [debaʀa] nm **1.** [dépôt] storage room **2.** EXPR **bon débarras !** *fam* good riddance !

débarrasser [3] [debaʀase] vt **1.** [nettoyer -table] to clear ; [enlever -assiette] to clear (away) / *ne débarrasse pas les verres* leave the glasses on the table ▸ **débarrasser le plancher** *fam* to clear ou to buzz off / *je serai ravi quand ils auront débarrassé le plancher* I'll be delighted to see the back of them **2.** [désencombrer] ▸ **débarrasser qqn / qqch de** : *je vais te débarrasser de ta valise* I'll take your case / *il m'a demandé de le débarrasser de sa vieille table* he asked me to take his old table off his hands / *débarrasser la ville de ses voyous* to rid the city of its hooligans, to flush the hooligans out of the city / *l'arrivée du livreur m'a débarrassé de cette bavarde* the arrival of the deliveryman gave me the opportunity to get rid of that chatterbox / *débarrasser la cave de vieilles bouteilles* to clear old bottles out of the cellar / *je fais le nettoyage maintenant pour en être débarrassé (plus tard)* I'll do the cleaning now to get it out of the way ▸ **débarrasser qqn de ses mauvaises habitudes** to rid sb of his bad habits.

❖ **se débarrasser de** vp + prép **1.** [se défaire de] to get rid of / *je me suis débarrassé de mes vieux livres* I got rid of my old books / *je n'arrive pas à me débarrasser de mon rhume* I can't get rid of this cold **2.** [éloigner -importun] to get rid of ; [-serviteur] to get rid of, to dismiss **3.** [veste, gants] to take off, to remove ; [sac à main, éventail] to put down ; *(en usage absolu)* : *débarrasse-toi, tu vas avoir trop chaud* take your coat ou jacket off, you'll be too hot.

débat [deba] nm **1.** [controverse] debate, discussion / *débat avec l'auteur* discussion with the author ▸ **débat d'idées** debate of ideas ▸ **débat télévisé** televised debate ▸ **trancher un débat** to conclude a discussion **2.** [conflit intérieur] inner turmoil ▸ **débat de conscience** moral dilemma.

❖ **débats** nmpl POL & DR proceedings.

débâtir [32] [debatiʀ] vt COUT to unpick the basting from.

débatteur [debatœʀ] nm debater.

débattre [83] [debatʀ] vt [discuter - thème, question] to discuss, to thrash out *(sép)* / *ils ont longtemps débattu le prix* they haggled at length over the price.
❖ **débattre de, débattre sur** v + prép to debate, to discuss / *il faudra débattre de ces problèmes* these problems will have to be discussed.
❖ **se débattre** vpi **1.** [s'agiter - victime] to struggle ; [- poisson] to thrash about / *se débattre contre un voleur* to struggle with a thief **2.** [lutter] : *se débattre dans les problèmes financiers* to struggle against financial difficulties / *se débattre contre l'angoisse* to wrestle ou to grapple with anxiety.
❖ **à débattre** loc adj / **'prix à débattre'** open to offers, negotiable / **'500 € à débattre'** '500 € or nearest offer' / *conditions à débattre* conditions to be negotiated.
débattue [debaty] nf SUISSE : *j'ai la débattue* my fingers are numb with cold.
débauchage [deboʃaʒ] nm **1.** [renvoi] laying off, making redundant UK **2.** [détournement] : *le débauchage des meilleurs cerveaux* luring away the best brains.
débauche [deboʃ] nf **1.** [dévergondage] debauchery ▸ **inciter qqn à la débauche** to debauch sb **2.** [profusion] ▸ **une débauche de** : *une débauche de mets rares* an abundance of rare delicacies / *une débauche d'imagination* unbridled imagination ▸ **une débauche de couleurs** a riot of colours.
❖ **de débauche** loc adj [passé, vie] dissolute.
débauché, e [deboʃe] ◆ adj [personne] debauched ; [vie] dissolute. ◆ nm, f debauched person, libertine.
débaucher [3] [deboʃe] vt **1.** [licencier] to lay off, to make redundant UK ; *(en usage absolu)* : *on débauche dans le textile* there are lay-offs in the textile industry **2.** [corrompre] to debauch **3.** *fam* [détourner] to lure ou to tempt away *(sép)* / *allez, je vous débauche! hum* I've come to drag you away! **4.** [inciter - à la grève] to incite to strike ; [- à quitter un emploi] to lure ou to tempt away *(sép)*, to poach / *débaucher les meilleurs cerveaux* to lure away ou to poach the best brains.
débecqueter [28] [debɛkte] *tfam* = **débecter.**
débecter [4], **débecqueter** [28] [debɛkte] vt *tfam* : *ça me débecte* it makes me sick ou want to puke / *t'es pas débecté!* you're a brave man, I wouldn't touch that with a bargepole UK ou a ten-foot pole US !
débile [debil] ◆ adj **1.** *fam* [inepte - livre, film, décision] stupid, daft UK, dumb US ; [- personne, raisonnement] stupid, moronic / *il est complètement débile* he's a complete idiot / *c'est débile, comment peux-tu dire ça?* how can you talk such nonsense? **2.** *litt* [faible - corps] frail, weak, feeble ; [- intelligence] deficient. ◆ nmf **1.** *fam* [ɪdɪət] moron, cretin, idiot **2.** PSYCHOL ▸ **débile léger** / **moyen** / **profond** mildly / moderately / severely retarded person ▸ **débile mental** *vieilli* retarded person.
débilisation [debilizasjɔ̃] nf (increasing) mental retardation.
débilitant, e [debilitɑ̃, ɑ̃t] adj **1.** [affaiblissant] debilitating, enervating **2.** [démoralisant] demoralizing, discouraging **3.** *fam* [abrutissant] mindnumbing / *complètement débilitant, ce boulot!* that job's about as interesting as shelling peas!
débilité [debilite] nf **1.** *fam* [caractère stupide] stupidity, silliness, inanity **2.** PSYCHOL ▸ **débilité (mentale)** (mental) retardation **3.** *litt* [faiblesse] debility.
débiliter [3] [debilite] vt *sout* **1.** [affaiblir] to debilitate, to enervate, to weaken **2.** [déprimer] to drag down *(sép)*, to dishearten, to demoralize.
débine [debin] nf *tfam* poverty / *être dans la débine* to be hard up ou broke / *c'est la débine!* times are hard!
débiner [3] [debine] vt *fam* to run down *(sép)*.
❖ **se débiner** vpi *fam* **1.** [s'enfuir] to clear out / *te débine pas, j'ai à te parler* stick around, I want to talk to you / *n'essaie pas de te débiner, je veux une réponse fig* don't try to change the subject, I want an answer **2.** [s'écrouler] to come ou to fall apart / *un vieux fauteuil qui se débine de partout* an old armchair falling apart at the seams.
débineur, euse [debinœʀ, øz] nm, f *fam* backbiter.
débirentier, ère [debiʀɑ̃tje, ɛʀ] nm, f payer of an allowance.
débit [debi] nm **1.** [d'eau, de passagers] flow ; [de vapeur] capacity ; [de gaz] output ; [de marchandises, de clients] turnover ; GÉOGR flow **2.** [élocution] (speed of) delivery / *il a un sacré débit fam* he talks nineteen to the dozen **3.** INFORM & TÉLÉC rate ▸ **débit binaire** bit rate ▸ **débit de traitement** data throughput ou speed ▸ **débit de transmission** transmission rate **4.** ÉLECTR output ▸ **débit de courant** power output, delivery rate ▸ **débit capacitif** charging capacity **5.** COMM ▸ **débit de boissons** bar ▸ **débit de tabac** tobacconist UK, tobacco store US **6.** MÉD output, rate ▸ **débit cardiaque** cardiac output ▸ **débit sanguin** circulation rate **7.** FIN debit ; [sur un relevé] debit side ▸ **débit différé** deferred debit ▸ **débit immédiat** immediate debit **8.** COMM bill / *je n'ai pas encore fait le débit (à la caisse)* I haven't rung it up yet.
❖ **au débit de** loc prép : *inscrire une somme au débit d'un compte* to charge an amount of money to sb's account / *porter une somme au débit d'un compte* to debit an account / *700 euros à votre débit* 700 euros on the debit side (of your account).
débitable [debitabl] adj **1.** [bois] good ou ready for cutting up **2.** ÉCON ▸ **compte débitable** account one may draw money from, account with open access.
débitage [debitaʒ] nm cutting up / *débitage de bois* conversion of timber.
débitant, e [debitɑ̃, ɑ̃t] nm, f ▸ **débitant de boissons** publican UK, bar owner US ▸ **débitant de tabac** tobacconist UK, tobacco dealer US.
débiter [3] [debite] vt **1.** [couper - matériau, tissu, bœuf] to cut up *(sép)* ; [- bois] to cut ou to saw up *(sép)* / *débiter du jambon en tranches* to slice ham **2.** COMM to retail, to sell (retail) / *débiter du vin* to retail wine, to be in the wine retail trade **3.** INDUST [machine, usine] to turn out *(sép)*, to produce / *je ne veux pas débiter du roman de gare fam* I don't want to churn out trashy novels *péj* ; *(en usage absolu)* : *pas de temps à perdre, il faut que ça débite! fam* no time to lose, we must churn the stuff out! *péj* **4.** [déverser - pompe] to discharge, to yield ; [- fleuve] to have a flow rate of **5.** *péj* [texte] to reel off *(sép)* ; [sermon] to deliver ; [banalité] to trot out ▸ **débiter des mensonges** to come out with a pack of lies / *débiter ses leçons par cœur* to recite one's homework parrot-fashion **6.** FIN to debit / *votre compte sera débité à la fin du mois* your account will be debited at the end of the month.
débiteur, trice [debitœʀ, tʀis] ◆ adj [colonne, compte, solde] debit *(modif)* ; [personne, société] debtor *(modif)*. ◆ nm, f **1.** FIN debtor **2.** *sout* [obligé] ▸ **être débiteur de qqn** to be indebted to sb ou in sb's debt.
débitmètre [debimɛtʀ] nm flow meter.
déblai [deblɛ] nm [dégagement] digging ou cutting (out).
❖ **déblais** nmpl [gravats] debris *(sg)*, excavated material, rubble ; [terre] (dug ou excavated) earth.
❖ **en déblai** loc adj sunken / *route en déblai* sunken road.
déblaie v ⟶ **déblayer.**
déblaiement [deblɛmɑ̃] nm **1.** [d'un terrain, d'une ruine] clearing (out) / *ils ont procédé au déblaiement de la forêt après l'accident aérien* they cleared the forest of wreckage after the plane crash **2.** MIN removing the overburden, stripping.
déblatérer [18] [deblateʀe] ❖ **déblatérer contre** v + prép *péj* to rant (and rave) about, to sound off about.
✎ In reformed spelling (see p. 16-19), this verb is conjugated like **semer** : ***il déblatèrera, elle déblatèrerait.***
déblayage [deblɛjaʒ] = **déblaiement.**
déblayer [11] [debleje] vt **1.** [dégager - neige, terre] to clear away ; [- lieu] to clear out / *déblayer la neige autour de la maison* to clear the snow from around the house / *déblayer un chantier des gravats* to clear rubble from a building site **2.** TRAV PUB to cut, to excavate, to dig **3.** *fig* [travail] to do the groundwork ou spadework on ▸ **déblayer le terrain** [se débarrasser des détails] to do the groundwork / *allez, déblaie le terrain! fam* [va-t'en] go on, clear ou shove off!
déblocage [deblɔkaʒ] nm **1.** MÉCAN [d'un écrou, d'un dispositif] unblocking, releasing ; [de freins] unjamming **2.** [réouverture - d'un tuyau] clearing, freeing, unblocking ; [- d'une route] clearing **3.** ÉCON [des salaires, des prix] unfreezing ; BANQUE [d'un compte] freeing **4.** MIN haulage.
débloquer [3] [deblɔke] ◆ vt **1.** MÉCAN [écrou, dispositif] to release, to unblock, to free ; [freins] to unjam, to release **2.** [rouvrir - rue] to clear (of obstructions) / *débloquer les discussions fig* to get the negotiations back on course ▸ **débloquer la situation a)** [après un conflit] to break the stalemate **b)** [la sortir de l'enlisement] to get things moving again **3.** ÉCON [prix, salaires] to unfreeze ; BANQUE [compte, crédit] to free, to unfreeze ; COMM [stock] to release **4.** *fam* [décontracter] : *ça m'a débloqué* it got rid of some of my inhibitions. ◆ vi *fam* **1.** [en parlant] to talk rubbish UK ou nonsense **2.** [être déraisonnable] to be nuts ou cracked ▸ **tu débloques!** you're out of your mind!
débobiner [3] [debɔbine] vt to unwind, to unreel, to uncoil.
débogage [debɔgaʒ] nm debugging.
déboguer [debɔge] vt to debug.
débogueur [debɔgœʀ] nm debugger.
déboires [debwaʀ] nmpl disappointments, setbacks, (trials and) tribulations / *s'épargner* ou *s'éviter des déboires* to spare o.s. a lot of trouble.
déboisement [debwazmɑ̃] nm deforestation, clearing (of trees).
déboiser [3] [debwaze] vt **1.** [couper les arbres de] to deforest, to clear of trees / *il faudra déboiser le terrain avant de construire* we'll have to clear the area of trees before we can start building **2.** MIN to draw the timbers of, to clear.
❖ **se déboiser** vp [pays, région] to become deforested, to lose its trees.
déboîtement, déboitement* [debwatmɑ̃] nm [luxation - de l'épaule, de la hanche] dislocation ; [- de la rotule] slipping.
déboîter, déboiter* [3] [debwate] ◆ vt **1.** [démonter - tuyau] to disconnect ; [- objet] to unfasten, to release, to uncouple ; [- porte, fenêtre] to take off its hinges **2.** MÉD to dislocate, to put out *(sép)*. ◆ vi [véhicule] to pull out.
❖ **se déboîter, se déboiter*** vpt ▸ **se déboîter le genou / l'épaule** to dislocate one's knee / shoulder.
débonder [3] [debɔ̃de] vt to unplug.
❖ **se débonder** vpi **1.** [tonneau] to overflow **2.** [personne] to pour out one's troubles, to open up.
débonnaire [debɔnɛʀ] adj [air] kindly, debonair ; [personne] good-natured, easy-going, debonair.
débonnairement [debɔnɛʀmɑ̃] adv *litt* debonairly *litt*, good-naturedly.
débordant, e [debɔʀdɑ̃, ɑ̃t] adj [extrême - affection] overflowing ; [- activité] tireless ; [- imagination] wild, unbridled, boundless ▸ **d'un enthousiasme débordant** bubbling with enthusiasm / *ressentir une joie débordante* to be bursting with joy ▸ **être débordant de** to be full of / *débordant d'éloges* / *d'énergie* full of praise / of energy ▸ **débordant de santé** / **de vie** bursting with health / with vitality / *il est débordant de tendresse envers elle* he is full of tenderness for her.
débordé, e [debɔʀde] adj **1.** [peu disponible] (very) busy **2.** [surmené] overworked.
débordement [debɔʀdəmɑ̃] nm **1.** [écoulement - d'une rivière] overflowing ; [- d'un liquide] running over, overflowing **2.** [profusion - de paroles] rush, torrent ; [- d'injures] outburst, volley ; [- de joie] outburst, explosion / *des débordements d'émotion* emotional outbursts **3.** [manœuvre] outflanking / *il y a eu débordement des syndicats par la base* the rank and file have gone further than the union intended **4.** INFORM overflow.
❖ **débordements** nmpl [agitation] wild ou uncontrolled ou extreme behaviour ; *litt* [débauche] excesses.
déborder [3] [debɔʀde] ◆ vi **1.** [rivière] to overflow ; [bouillon, lait] to boil over / *le fleuve a débordé*

* In reformed spelling (see p. 16-19).

de son lit the river has burst its banks / *l'eau a débordé du lavabo* the sink has overflowed / *j'ai fait déborder le lait* I boiled the milk over / *les pluies ont fait déborder la rivière* the rain made the river burst its banks / *son chagrin / sa joie débordait* she could no longer contain her grief / her delight ▸ **déborder de** to overflow ou to be bursting with / *déborder d'énergie* to be overflowing with energy / *déborder de joie* to be bursting with joy **2.** [récipient] to overflow, to run over ; [tiroir, sac] to be crammed, to spill over / *la casserole est pleine à déborder* the saucepan's full to the brim ou to overflowing / *laisser déborder la baignoire* to let the bath overflow ▸ **déborder de** : *train qui déborde de voyageurs* train chock-full of ou crammed with passengers / *sac qui déborde de vêtements* bag overflowing with clothes **3.** [faire saillie] to stick ou to jut out, to project / *la pile de gravats débordait sur l'allée* the heap of rubble had spilled out into the lane / *déborder en coloriant un dessin* to go over the edges while colouring in a picture **4.** NAUT to shove off. ◆ vt **1.** [dépasser] to stick ou to jut out from / *la pierre déborde le mur d'un centimètre* the stone juts out one centimetre from the wall **2.** [s'écarter de] : *vous débordez le sujet* you've gone beyond the scope of the topic ; *(en usage absolu)* : *nous débordons un peu, il est midi et deux minutes* we're going slightly over time, it's two minutes past twelve **3.** [submerger - troupe, parti, équipe] to outflank / *le syndicat est débordé par la base* the rank and file are going further than the union intended ▸ **être débordé** : *être débordé de travail* to be up to one's eyes in ou snowed under with work / *être débordé par les événements* to let things get on top of one / *je suis débordé par toutes ces nouvelles modes* I can't keep up with all these new fashions **4.** [tirer] : *déborder les draps* to untuck the sheets.

❖ **se déborder** vpi ▸ **se déborder en dormant** to come untucked ou to throw off one's covers in one's sleep.

débosseler [24] [debɔsle] vt [gén] to straighten out *(sép)* ; [en martelant] to beat ou to hammer out *(sép)* ; [en tirant] to pull back into shape ; [en poussant] to push back into shape.

In reformed spelling (see p. 16-19), this verb is conjugated like *peler*: *il débossèlera, elle débossèlerait.*

débotté [debɔte] ❖ **au débotté** loc adv *litt* ▸ **prendre qqn au débotté** to pounce on sb, to take sb unawares ▸ **répondre au débotté** to answer off the cuff.

débotter[1] [debɔte] = **débotté**.

débotter[2] [3] [debɔte] vt to remove the boots of.

❖ **se débotter** vp *(emploi réfléchi)* to take one's boots off.

débouchage [debuʃaʒ] nm [de bouteille] opening, uncorking ; [de tuyau] unblocking.

débouché [debuʃe] nm **1.** [possibilité d'emploi] career prospect **2.** [perspective de vente] outlet, avenue for products ; [marché] market **3.** [issue] end / *avoir un débouché sur la mer* to have an outlet to the sea.

❖ **au débouché de** loc prép at the end of / *au débouché du défilé dans la vallée* where the pass opens out into the valley.

déboucher [3] [debuʃe] ◆ vt **1.** [ouvrir - bouteille de bière, tube] to uncap, to take the top off, to open ; [- bouteille de vin] to uncork, to open ; [- flacon] to unstop, to remove the stopper from / *on débouche une bouteille pour fêter ça !* let's crack open a bottle to celebrate ! **2.** [débloquer - pipe, trou, gicleur] to clear, to clean out *(sép)* ; [- lavabo] to unblock, to unstop, to clear ; [- tuyau, conduit] to clear, to unclog ; [- nez] to unblock ; [- oreille] to clean out *(sép)*. ◆ vi **1.** [aboutir] ▸ **déboucher de** to emerge from, to come out of ▸ **déboucher sur** to open into, to lead to / *la rue débouche sur l'avenue* the street leads to the avenue **2.** *fig* ▸ **déboucher sur** to lead to / *des études qui ne débouchent sur rien* a course that doesn't lead anywhere ▸ **déboucher sur des résultats** to have positive results.

❖ **se déboucher** vpt ▸ **se déboucher le nez** to clear one's nose.

déboucheur [debuʃœʀ] nm **1.** [produit] drain clearing liquid **2.** [dispositif] ▸ **déboucheur à ventouse** plunger, plumber's friend US ▸ **déboucheur flexible** flexible cable *(for clearing pipes)*.

déboucler [3] [debukle] vt **1.** [détacher - ceinture] to unbuckle, to undo, to unfasten **2.** [cheveux] : *la pluie avait débouclé ses cheveux* the rain had straightened his curly hair.

déboulé [debule] nm **1.** DANSE déboulé **2.** SPORT burst of speed **3.** CHASSE breaking of cover.

❖ **au déboulé** loc adv : *tirer un animal au déboulé* to shoot an animal as it breaks cover.

débouler [3] [debule] ◆ vi **1.** [surgir] to emerge suddenly / *l'enfant a déboulé de derrière une voiture* the child shot out ou emerged suddenly from behind a parked car / *elle a déboulé du coin de la rue* she came hurtling round the corner / *ils ont déboulé dans le couloir* they charged ou hurtled into the passage **2.** CHASSE to start, to bolt **3.** [tomber] to tumble down. ◆ vt ▸ **débouler les escaliers a)** [en courant] to race ou to hurtle down the stairs **b)** [après être tombé] to tumble down the stairs.

déboulonnage [debulɔnaʒ], **déboulonnement** [debulɔnmɑ̃] nm unbolting, removal of bolts.

déboulonner [3] [debulɔne] vt **1.** TECHNOL to unbolt, to remove the bolts (from) ▸ **déboulonner une statue** to take down a statue **2.** *fam* [évincer] to oust / *se faire déboulonner* to get fired, to get the sack UK ou the boot.

débourbage [debuʀbaʒ] nm [lavage] washing, clearing (from mud).

débourber [3] [debuʀbe] vt **1.** [nettoyer - minerai, charbon] to wash, to clean, to clear (from mud) ; [- rivière] to dredge **2.** [sortir de la boue] to pull ou to drag ou to haul out of the mud.

débourbeur [debuʀbœʀ] nm clearing ou washing drum, trommel washer.

débourrage [debuʀaʒ] nm **1.** [vidage] clearing **2.** TEXT fluffing, shredding.

débourrement [debuʀmɑ̃] nm bud burst.

débourrer [3] [debuʀe] vt **1.** [trou] to clear **2.** [cheval] to break in *(sép)* **3.** TEXT to fettle, to strip.

débours [debuʀ] nm expenditures, outlay.

déboursement [debuʀsəmɑ̃] nm disbursement.

débourser [3] [debuʀse] vt to spend, to lay out *(sép)* / *je ne débourserai pas un centime* I won't pay a penny ▸ **sans rien débourser** without spending ou paying a penny / *impossible de lui faire débourser le moindre centime* he just refuses to part with any money.

déboussoler [3] [debusɔle] vt to confuse, to disorientate, to bewilder / *il est déboussolé depuis le départ de sa mère* his mother's departure has unsettled him.

debout [dəbu] adv **1.** [en parlant des personnes - en station verticale] standing up ▸ **manger debout** to eat standing up ▸ **debout !** get ou stand up ! / *il était debout sur la table* he was standing on the table / *ils l'ont mis debout* they helped him to his feet ou helped him up ▸ **se mettre debout** to stand (up), to rise / *je préfère rester debout* I'd rather stand / *je suis resté debout toute la journée* I was on my feet all day ▸ **ne restez pas debout** (please) sit down ▸ **tenez-le debout** keep him upright ou in a standing position / *ça glisse, on ne peut pas rester debout* it's so slippery it's difficult to stop falling over / *depuis l'opération elle a du mal à se tenir debout* she's been very unsteady on her feet since the operation / *bébé se tient debout* baby can stand up / *on peut se tenir debout dans sa camionnette* his van is big enough to stand up in ▸ **il ne tient plus debout a)** [fatigué] he's dead on his feet **b)** [ivre] he's legless **2.** [en parlant d'animaux] : *le poulain se tient déjà debout* the foal is already up on its feet / *le vieux chien s'est mis debout* the old dog got up ou to its feet **3.** [en parlant d'objets] upright, vertical / *mettre une échelle debout contre un mur* to stand a ladder against a wall / *mettre une chaise debout* to stand a chair up / *mettre un cercueil debout* to upend a coffin, to stand a coffin on end ; *fig* ▸ **mettre un projet debout** to set up a project / *ça ne tient pas debout* it doesn't make sense / *le raisonnement ne tient pas debout* the argument doesn't hold water ou hold up ▸ **votre idée tient debout** your idea really makes sense **4.** [éveillé] up ▸ **debout !** get up ! / *debout là-dedans !* get up, you lot ! / *être debout à 5 h* to be up at 5 o'clock / *il n'est pas encore debout* he's not up ou out of bed yet / *je reste debout très tard* I stay up very late / *rester debout toute la nuit à jouer aux cartes* to sit ou to stay up all night playing cards **5.** [en bon état] standing / *les murs sont encore debout* the walls are still standing / *la maison de mon enfance est encore debout* the house where I lived as a child is still there / *la république ne restera pas longtemps debout* the republic won't hold out for long **6.** [guéri] up on one's feet (again), up and about ; [sorti de chez soi, de l'hôpital] out and about **7.** *litt* [dignement] uprightly, honourably / *mourir (tout) debout* to die with one's boots on.

débouté, e [debute] nm, f severed plaintiff.

❖ **débouté** nm nonsuit.

déboutement [debutmɑ̃] nm nonsuiting, dismissal.

débouter [3] [debute] vt to nonsuit, to dismiss / *être débouté de sa plainte* to be nonsuited, to have one's suit dismissed.

déboutonnage [debutɔnaʒ] nm unbuttoning.

déboutonner [3] [debutɔne] vt to unbutton.

❖ **se déboutonner** vp *(emploi réfléchi)* **1.** [pour se déshabiller] to unbutton (o.s.) **2.** *fam* [parler franchement] to open up.

débraie v ⟶ **débrayer**.

débraillé, e [debʀaje] adj [allure, vêtements, personne] dishevelled UK, disheveled US, slovenly, sloppy, scruffy ; [manières] slovenly ; [conversation] unrestrained.

❖ **débraillé** nm slovenliness / *être en débraillé* to be scruffy / *traîner en débraillé fam* to slop around.

débrailler [debʀaje] ❖ **se débrailler** vp to loosen one's clothing.

débranchement [debʀɑ̃ʃmɑ̃] nm **1.** [déconnexion - d'un tuyau] disconnecting ; [- d'un appareil électrique] unplugging **2.** RAIL splitting up ▸ **débranchement en palier** flat shunting, shunting on level-tracks.

débrancher [3] [debʀɑ̃ʃe] vt **1.** [déconnecter - tuyau] to disconnect ; [- appareil électrique] to unplug **2.** RAIL [train] to split up.

débrayage [debʀɛjaʒ] nm **1.** AUTO disengaging of the clutch **2.** [grève] stoppage, walkout.

débrayer [11] [debʀeje] ◆ vt **1.** AUTO to declutch UK, to disengage the clutch of **2.** [machine] to throw out of gear, to put out of operation. ◆ vi **1.** AUTO to declutch UK, to disengage the clutch ▸ **débrayez !** put the clutch in ! **2.** [faire grève] to stop work, to come out ou to go on strike.

débridé, e [debʀide] adj unbridled, unrestrained, unfettered.

débridement [debʀidmɑ̃] nm **1.** *litt* [déchaînement] unbridling, unleashing **2.** MÉD [d'un abcès, d'une blessure] incision.

débrider [3] [debʀide] vt **1.** [cheval] to unbridle **2.** MÉD [abcès, blessure] to incise **3.** EXPR ▸ **sans débrider** nonstop, without stopping, at a stretch.

débriefer [debʀife] vt to debrief.

débriefing [debʀifiŋ] nm debrief ▸ **faire un débriefing** to debrief.

débris [debʀi] nm **1.** *(gén au pl)* [fragment - de verre] piece, splinter, shard ; [- de vaisselle] (broken) piece ou fragment ; [- de roche] crumb, debris *(sg)* ; [- de métal] scrap ; [- de végétal] piece ou crumb of vegetable matter, debris *(sg)* **2.** *(gén au pl)* [nourriture] scraps, crumbs ; *litt* [restes - d'une fortune, d'un royaume] last shreds, remnants ; [détritus] litter, rubbish UK **3.** *tfam* [vieillard] ▸ **(vieux) débris** old codger.

débrouillage [debʀujaʒ] nm **1.** [de fils] disentangling, untangling, unravelling **2.** [d'une énigme] puzzling out, unravelling, untangling.

débrouillard, e [debʀujaʀ, aʀd] ◆ adj resourceful. ◆ nm, f resourceful person.

débrouillardise [debʀujaʀdiz] nf resourcefulness.

débrouille [debʀuj] nf *fam* : *s'en sortir par la débrouille* to improvise one's way out of trouble ▸ **l'art**

de la débrouille the art of making do (with what's at hand).

débrouillement [debʀujmɑ̃] = **débrouillage.**

débrouiller [3] [debʀuje] vt **1.** [démêler - fils] to unravel, to untangle, to disentangle ; [- énigme] to puzzle out *(sép)*, to untangle, to unravel ▸ **débrouiller les affaires de qqn** to sort out sb's business affairs **2.** *fam* [enseigner les bases à] to teach the basics to ▸ **débrouiller qqn en gestion** to give sb a grounding in management.

❖ **se débrouiller** vpi **1.** [faire face aux difficultés] to manage / *débrouille-toi* you'll have to manage by yourself / *comment vas-tu te débrouiller maintenant qu'elle est partie?* how will you cope now that she's gone? / *elle se débrouille très bien dans Berlin* she really knows her way around Berlin / *tu parles espagnol? — je me débrouille* do you speak Spanish? — I get by ▸ **se débrouiller en anglais** to have a working knowledge of English / *j'ai dû me débrouiller avec le peu que j'avais* I had to make do ou manage with what little I had / *je me suis débrouillé pour avoir des places* I managed to wangle some seats ▸ **se débrouiller pour se faire inviter par qqn** to wangle an invitation out of sb ▸ **se débrouiller comme un pied** *fam* : *donne cette casserole, tu te débrouilles comme un pied* give me that pan, you're all thumbs **2.** [subsister financièrement] to make ends meet, to manage / *j'étais seule dans la vie, j'ai dû me débrouiller* I was on my own, I had to fend for myself / *on se débrouille* we get by ou manage.

débroussaillage [debʀusajaʒ], **débroussaillement** [debʀusajmɑ̃] nm **1.** [nettoyage] clearing / *le débroussaillage d'un sous-bois* clearing of the undergrowth **2.** [étude] ▸ **le débroussaillage d'un problème** the groundwork ou spadework ou preliminary work on a problem.

débroussailler [3] [debʀusaje] vt **1.** [terrain] to clear (of brambles) **2.** *fig* [travail, problème] to do the groundwork ou spadework on.

débroussailleuse [debʀusajøz] nf edge trimmer, weed eater US.

débuché [debyʃe] nm CHASSE breaking from cover.

débucher [debyʃe] ◆ nm = **débuché.** ◆ vt to start, to drive from cover. ◆ vi to break from cover.

débudgétisation [debydʒetizasjɔ̃] nf removing from the budget, debudgeting.

débudgétiser [3] [debydʒetize] vt to remove from the budget, to debudget.

débuguer [3] [debyge] vt = **déboguer.**

débureaucratiser [3] [debyʀokʀatize] vt to make less bureaucratic.

débusquement [debyskəmɑ̃] nm dislodgement.

débusquer [3] [debyske] vt **1.** CHASSE to start, to flush **2.** [découvrir] to hunt out *(sép)* / *le logiciel débusque la moindre faute d'orthographe* the software can track down the slightest spelling mistake.

début [deby] nm **1.** [commencement] beginning, start / *le début de la semaine* the beginning ou start of the week / *le début de notre amitié* the beginning ou start of our friendship / *le début d'une maladie* the beginning ou onset of an illness / *le début d'un livre* the beginning ou opening of a book ▸ **salaire de début** starting salary ▸ **un début** : *ce n'est pas mal pour un début* it's quite good for a first try ou attempt ▸ **ce n'est qu'un début** that's just the start ou beginning / *il y a un début à tout* you have to start sometime ▸ **un début de** : *ressentir un début de fatigue* to start feeling tired ▸ **un début de grippe** the first signs of flu **2.** [dans l'expression des dates] ▸ **début mars** at the beginning of ou in early March.

❖ **débuts** nmpl [dans une carrière] start ; [dans le spectacle] debut / *il a eu des débuts difficiles* it wasn't easy for him at the start / *mes débuts dans le journalisme* my first steps ou early days as a journalist ▸ **en être à ses débuts a)** [projet] to be in its early stages **b)** [personne] to have just started (out) ; [en société] debut / *faire ses débuts* to make one's debut ; [première période] beginnings / *les débuts de l'aviation* the beginnings of aviation / *le rock à ses débuts* early rock music.

❖ **au début** loc adv at first, to begin with / *au début il voulait un vélo, maintenant il veut une voiture* he started out wanting a bike, now he wants a car.

❖ **au début de** loc prép ▸ **au début du printemps / de l'année** at the beginning of spring / of the year / *j'en suis encore au début du livre* I've only just started the book / *il m'a aidé au début de ma carrière* he started me (off) in my career.

❖ **au tout début, tout au début** loc adv at the very beginning, right at the beginning.

❖ **dès le début** loc adv from the outset ou very start ou very beginning.

❖ **du début à la fin** loc adv [d'un livre, d'une histoire] from beginning to end ; [d'une course, d'un événement] from start to finish.

débutant, e [debytɑ̃, ɑ̃t] ◆ adj [dans un apprentissage] novice *(modif)* ; [dans une carrière] young / *un professeur débutant* a young teacher. ◆ nm, f [dans un apprentissage] beginner, novice ; [dans une carrière] beginner / *espagnol pour les débutants* beginner's Spanish ▸ **grand débutant** absolute beginner ▸ **se faire avoir comme un débutant** *fam* to be taken in like a real greenhorn.

❖ **débutante** nf debutante.

débuter [3] [debyte] ◆ vi **1.** [commencer] to start, to begin ▸ **débuter par** to start (off) with / *l'histoire débute par un mariage* the story starts (off) ou begins with a wedding **2.** [être inexpérimenté] to be a beginner, to begin / *elle débute dans le métier* she's new to the job **3.** [commencer à travailler] to start (out), to begin / *il a débuté comme serveur dans un restaurant* he started out as a waiter in a restaurant **4.** [artiste] to make one's debut / *il a débuté dans le rôle de Faust* he made his debut ou first appearance as Faust **5.** [en société] : *débuter (dans le monde)* to make one's debut, to come out. ◆ vt *fam* : *c'est nous qui débutons le concert* we're on first, we're opening the show.

deçà [dəsa] adv ▸ **deçà (et) delà** *litt* hither and thither.

❖ **en deçà** loc adv on this side / *ne franchissez pas la rivière, restez en deçà* don't cross the river, stay on this side.

❖ **en deçà de** loc prép **1.** [de ce côté-ci de] (on) this side of / *en deçà de la frontière* on this side of the border / *en deçà des Alpes* this side of the Alps **2.** *fig* : *en deçà d'un certain seuil* below a certain level / *rester en deçà de la vérité* to be short of the truth / *ce travail est en deçà de ses possibilités* this job doesn't exploit his potential to the full.

déca [deka] nm *fam* decaffeinated coffee, decaf.

déca- [deka] préf deca-.

décabosser [3] [dekabɔse] vt [gén] to straighten out *(sép)* ; [en martelant] to beat ou to hammer out *(sép)* ; [en tirant] to pull back into shape ; [en poussant] to push back into shape.

décachetage [dekaʃtaʒ] nm opening, unsealing.

décacheter [27] [dekaʃte] vt [ouvrir - en déchirant] to open, to tear open ; [- en rompant le cachet] to unseal, to break open.

✎ In reformed spelling (see p. 16-19), this verb is conjugated like *acheter*: *il décachètera, elle décachèterait.*

décade [dekad] nf **1.** [série de dix] decade **2.** [dix jours] period of ten days **3.** [dix ans] decade.

décadenasser [3] [dekadnase] vt to remove the padlock from, to take the padlock off.

décadence [dekadɑ̃s] nf decadence, decline, decay / *la décadence romaine* Roman decadence / *la décadence de l'Empire romain* the decline ou fall of the Roman Empire.

❖ **en décadence** ◆ loc adj declining, decaying, decadent. ◆ loc adv : *tomber* ou *entrer en décadence* to become decadent, to start to decline.

décadent, e [dekadɑ̃, ɑ̃t] ◆ adj **1.** [en déclin] decadent, declining, decaying **2.** ART & LITTÉR decadent. ◆ nm, f decadent.

❖ **décadents** nmpl ▸ **les décadents** the Decadents.

décadrage [dekadʀaʒ] nm **1.** CINÉ off-centring **2.** INFORM off-registration.

décadrer [3] [dekadʀe] vt **1.** MIN to draw the timbers of, to remove the timbering of **2.** [décentrer] ▸ **être décadré a)** INFORM [perforation] to be off-punch **b)** CINÉ to be off-cent.

décaèdre [dekaɛdʀ] ◆ adj decahedral. ◆ nm decahedron.

décaféiné, e [dekafeine] adj decaffeinated.

❖ **décaféiné** nm decaffeinated coffee.

décagonal, e, aux [dekagɔnal, o] adj decagonal.

décagone [dekagɔn] nm decagon.

décaissement [dekɛsmɑ̃] nm **1.** FIN payment, disbursement *spéc* **2.** [déballage] unpacking **3.** BOT planting out.

décaisser [4] [dekese] vt **1.** FIN to pay, to disburse *spéc* **2.** [déballer] to unpack, to take out of its container **3.** BOT to plant out *(sép)*.

décalage [dekalaʒ] nm **1.** [dans l'espace] space, interval, gap **2.** [dans le temps] interval, time-lag, lag ▸ **décalage horaire** time difference / *souffrir du décalage horaire* to have jet lag **3.** [manque de concordance] discrepancy, gap / *il y a un décalage entre la théorie et la pratique* there's a discrepancy between theory and practice **4.** AUDIO shift, displacement ▸ **décalage de fréquence** frequency shift ▸ **décalage de l'image** image displacement ▸ **décalage son-image** pull-up sound advance, sound to image stagger **5.** ASTRON ▸ **décalage spectral** spectral shift **6.** INFORM shift ▸ **introduire qqch par décalage** to shift sthg in ▸ **décalage arithmétique / logique / de la virgule** arithmetic / logical / point shift.

❖ **en décalage** loc adj **1.** [dans le temps] : *nous sommes en décalage par rapport à Bangkok* there's a time difference between here and Bangkok **2.** [sans harmonie] ▸ **être en décalage par rapport à qqn** to be on a different wavelength from sb / *on est en complet décalage* we're on completely different wavelengths.

décalaminage [dekalaminaʒ] nm **1.** [d'un moteur] decarbonization, decoking, decarburization **2.** MÉTALL descaling.

décalaminer [3] [dekalamine] vt **1.** [moteur] to decarbonize, to decoke, to decarburize **2.** MÉTALL to descale.

décalcification [dekalsifikasjɔ̃] nf decalcification, decalcifying.

décalcifier [9] [dekalsifje] vt to decalcify.

❖ **se décalcifier** vpi to become decalcified.

décalcomanie [dekalkɔmani] nf **1.** [image] transfer UK, decal US, decalcomania *spéc* / *faire des décalcomanies* to do transfers **2.** [procédé] transfer process, decal, decalcomania *spéc*.

décalé, e [dekale] adj **1.** [style, humour] off-beat, quirky / *il a un humour assez décalé* he's got quite an offbeat sense of humour / *cette notion est complètement décalée par rapport à leur discours habituel* this idea is not in line with what they usually say **2.** [personne] quirky / *être décalé par rapport à la réalité* to be out of phase with reality / *les personnages du film sont complètement décalés* the characters in the film are really quirky.

décaler [3] [dekale] vt **1.** [dans l'espace] to pull ou to shift (out of line) ▸ **décaler qqch vers l'avant / l'arrière / la gauche** to shift sthg forward / back / to the left / *les sièges sont décalés* the seats are staggered / *cette façade est légèrement décalée par rapport aux autres* this house is slightly out of line with the others **2.** [dans le temps - horaire] to shift ▸ **l'horaire a été décalé d'une heure a)** [avancé] the schedule was brought forward an hour **b)** [reculé] the schedule was brought ou moved one hour back / *essaie de faire décaler l'heure de ton départ* see if you can get your departure time changed **3.** [ôter les cales de] to unwedge.

❖ **se décaler** vpi to move (out of line) / *décalez-vous à droite* move ou step to the right / *décalez-vous d'un rang en avant / arrière* move forward / back a row.

décalitre [dekalitʀ] nm decalitre.

décalogue [dekalɔg] nm Decalogue.

décalotter [3] [dekalɔte] vt : *décalotter le pénis* to pull back the foreskin.

décalquage [dekalkaʒ] nm tracing, transferring.

décalque [dekalk] nm tracing.

décalquer [3] [dekalke] vt to trace, to transfer.

Décaméron [dekamerɔ̃] npr / **'Décaméron'** *Boccace* 'The Decameron'.

décamètre [dekamɛtr] nm decametre.

décamper [3] [dekɑ̃pe] vi to make o.s. scarce, to buzz off ▸ **décampe!** clear out!, beat it! ▸ **faire décamper qqn** to chase ou to drive sb out.

décan [dekɑ̃] nm decan.

décaniller [3] [dekanije] vi *fam* to clear out ou off, to scram / *il n'y a pas moyen de les faire décaniller* there's no budging them.

décantage [dekɑ̃taʒ] nm = **décantation.**

décantation [dekɑ̃tasjɔ̃] nf [d'un liquide] settling, clarification ; [de l'argile] washing ; [des eaux usées] clarification ; [du vin] decantation, settling.

décanter [3] [dekɑ̃te] vt **1.** [purifier - liquide] to allow to settle, to clarify ; [- argile] to wash ; [- produit chimique] to decant **2.** [éclaircir] to clarify ▸ **décanter ses idées** to think things over.

❖ **se décanter** vpi **1.** [liquide] to settle **2.** [situation] to settle down / *il faut laisser les choses se décanter* one must allow things to sort themselves out ou to settle down.

décanteur [dekɑ̃tœr] nm **1.** CHIM decantation ou decanting glass **2.** PÉTR settler **3.** [pour les eaux usées] tank ▸ **décanteur primaire** detritus pit.

décapage [dekapaʒ] nm [nettoyage - en grattant] scraping, scouring ; [- par un produit chimique] stripping, pickling ; [- par la chaleur] burning off ; [- par projection de sable] sandblasting.

décapant, e [dekapɑ̃, ɑ̃t] adj **1.** [nettoyant] ▸ **agent** ou **produit décapant** stripper **2.** [incisif - remarque] caustic, vitriolic ; [- roman, article] corrosive / *elle avait un humour décapant* she had a caustic sense of humour.

❖ **décapant** nm CONSTR stripper.

décaper [3] [dekape] vt **1.** [nettoyer - gén] to clean off *(sép)* ; [- en grattant] to scrape clean ; [- avec un produit chimique] to strip ; [- à la chaleur] to burn off *(sép)* / *décaper la peinture d'une porte* to strip the paint off a door / *décaper une façade* to sandblast the outside of a building / *décaper un parquet* to sand (down) floorboards **2.** *fam* [racler] to burn through *(insép)*, to scour *péj* / *ça décape la gorge* it burns your throat **3.** GÉOL to clear of surface soil.

décapeuse [dekapøz] nf scraper.

décapitaliser [dekapitalize] vt to reduce the capital of.

décapitation [dekapitasjɔ̃] nf beheading, decapitation.

décapiter [3] [dekapite] vt **1.** [personne] ▸ **décapiter qqn a)** [le supplicier] to behead sb, to cut sb's head off, to decapitate sb **b)** [accidentellement] to cut sb's head off, to decapitate sb **2.** [arbre, fleur] to top, to cut the top off **3.** [entreprise, gouvernement] to decapitate, to deprive of leaders.

décapode [dekapɔd] nm decapod ▸ **les décapodes** the Decapoda.

décapotable [dekapɔtabl] adj & nf convertible / *sa voiture est décapotable* her car has a folding top, she drives a convertible.

décapoter [3] [dekapɔte] vt **1.** [replier le toit de] to fold back the roof of UK, to lower the top of US **2.** [enlever le toit de] to remove the roof UK ou top US of.

décapsulage [dekapsylaʒ] nm opening.

décapsulation [dekapsylasjɔ̃] nf MÉD decortication, decapsulation.

décapsuler [3] [dekapsyle] vt to uncap, to take the top off.

décapsuleur [dekapsylœr] nm bottle opener.

décapuchonner [3] [dekapyʃɔne] vt to take the cap off.

décarbonater [3] [dekarbɔnate] vt to decarbonate.

décarboxylation [dekarbɔksilasjɔ̃] nf decarboxylation.

décarburation [dekarbyrasjɔ̃] nf decarburization.

décarburer [3] [dekarbyre] vt to decarburize.

décarcasser [3] [dekarkase] ❖ **se décarcasser** vpi *fam* to go through a lot of hassle, to sweat (blood).

décarreler [24] [dekarle] vt [sol] to take tiles up from ; [mur] to strip tiles off.

✎ In reformed spelling (see p. 16-19), this verb is conjugated like ***peler*** : ***il décarrèlera, elle décarrèlerait.***

décartellisation [dekartelizasjɔ̃] nf decartelization.

décasyllabe [dekasilab], **décasyllabique** [dekasilabik] adj decasyllabic.

❖ **décasyllabe** nm decasyllable.

décathlon [dekatlɔ̃] nm decathlon.

décathlonien, enne [dekatlɔnjɛ̃, ɛn] nm, f decathlete.

décati, e [dekati] adj *fam* [personne] decrepit ; [corps] decrepit, wasted / *un vieux tout décati* an old man gone all to seed ou pot.

décatir [32] [dekatir] vt to hot-press, to decatize UK, to decate US.

❖ **se décatir** vpi *fam* to become decrepit.

décatissage [dekatisaʒ] nm hot-pressing, decatizing UK, decating US.

décavé, e [dekave] *fam* ◆ adj [qui a perdu au jeu] cleaned out *tfam* ; [ruiné] flat broke, stony-broke UK. ◆ nm, f ruined gambler.

decca [deka] nm Decca®.

Deccan [dekɑ̃] npr Deccan.

décéder [18] [desede] vi *sout ou* DR to die, to pass away *euphém* / *il est décédé dans la nuit* he passed away during the night / *il est décédé depuis longtemps* he died a long time ago ▸ **personne décédée** deceased person ▸ **s'il vient à décéder** in the event of his death.

✎ In reformed spelling (see p. 16-19), this verb is conjugated like ***semer*** : ***il décèdera, elle décèderait.***

décelable [deslabl] adj **1.** [par analyse] detectable **2.** [par observation] discernible, detectable, perceivable.

déceler [25] [desle] vt **1.** [repérer - erreur] to detect, to spot, to discover / *déceler une fuite* to detect ou to find ou to trace a leak ▸ **déceler un don pour la musique chez qqn** to detect ou to notice an aptitude for music in sb / *je n'ai rien décelé d'anormal* I've found nothing wrong ; [percevoir] to detect, to discern, to perceive **2.** [révéler] to reveal, to betray, to give away *(sép)* / *sa voix décelait son émotion* his voice betrayed his emotion.

décélération [deselerasjɔ̃] nf deceleration, slowing down.

décélérer [18] [deselere] vi to decelerate, to slow down.

✎ In reformed spelling (see p. 16-19), this verb is conjugated like ***semer*** : ***il décélèrera, elle décélèrerait.***

décembre [desɑ̃br] nm December. **Voir aussi mars.**

décemment [desamɑ̃] adv **1.** [correctement] decently, properly / *se tenir décemment* to behave properly **2.** [suffisamment] properly / *j'espère que tu te nourris décemment* I hope you're feeding yourself properly **3.** [raisonnablement] decently / *on ne peut pas décemment lui raconter ça* we can't very well ou we can hardly tell him that.

décence [desɑ̃s] nf decency ▸ **avoir la décence de** to have the (common) decency to.

décennal, e, aux [desenal, o] adj decennial.

décennat [desena] nm decade *(of leadership)*.

décennie [deseni] nf decade, decennium.

décent, e [desɑ̃, ɑ̃t] adj **1.** [convenable] decent / *être en tenue décente* to be properly dressed / *il serait plus décent de ne rien lui dire* it would be more fitting ou proper not to tell him anything **2.** [acceptable] decent, reasonable / *avoir un salaire décent* to earn a decent ou an adequate wage ▸ **faire qqch d'une manière décente** to do sthg reasonably well / *un prix décent* a reasonable ou fair price / *un repas décent* a decent meal.

décentrage [desɑ̃traʒ] nm off-centring.

décentralisateur, trice [desɑ̃tralizatœr, tris] ◆ adj decentralization *(modif)*, decentralist. ◆ nm, f decentralist, supporter of decentralization.

décentralisation [desɑ̃tralizasjɔ̃] nf decentralization, decentralizing.

 **Décentralisation**

The shifting of a degree of administrative power from Paris to regional bodies has been a key aspect of French domestic policy. This policy led to the creation of the 26 administrative regions in 1982 which are overseen by regional councils.

décentraliser [3] [desɑ̃tralize] vt to decentralize.

décentrement [desɑ̃trəmɑ̃] nm PHOT ▸ **décentrement vertical / horizontal** vertical / horizontal movement of the lens.

décentrer [3] [desɑ̃tre] vt to bring out of centre, to move off-centre UK ou off-center US ▸ **être décentré** to be off-centre.

déception [desɛpsjɔ̃] nf disappointment / *la grande déception de sa vie* the great disappointment of his life / *quelle déception !* what a disappointment !

⚠ Le mot anglais **deception** signifie « tromperie » et non déception.

décercler [3] [desɛrkle] vt to unhoop.

décérébration [deserebrasjɔ̃] nf decerebration, pithing.

décérébrer [18] [deserebre] vt to decerebrate, to pith.

✎ In reformed spelling (see p. 16-19), this verb is conjugated like ***semer*** : ***il décérèbrera, elle décérèbrerait.***

décerner [3] [desɛrne] vt **1.** [prix, médaille] to award ; [titre, distinction] to confer on **2.** DR to issue.

décervelage [desɛrvəlaʒ] nm braining.

décerveler [24] [desɛrvəle] vt to brain.

✎ In reformed spelling (see p. 16-19), this verb is conjugated like ***peler*** : ***il décervèlera, elle décervèlerait.***

décès [desɛ] nm *sout ou* DR death.

décevant, e [desəvɑ̃, ɑ̃t] adj disappointing.

décevoir [52] [desəvwar] vt to disappoint / *elle attendait beaucoup mais elle a été très déçue* she was expecting a lot but she was very disappointed / *elle l'a beaucoup déçu* he was quite disappointed in ou with her / *tu me déçois* I'm disappointed in you / *il ne va pas être déçu ! iron* he's going to get a shock ! / *je croyais rencontrer l'homme idéal, je n'ai pas été déçue ! iron* I thought I was meeting the ideal man, what a letdown !

⚠ **Deceive** signifie « tromper » et non décevoir.

déchaîné, e, déchainé*, e [deʃene] adj [mer, vent] raging, wild ; [passions] unbridled, raging ; [personne] wild ; [public] raving, delirious ; [opinion publique] outraged ; [foule] riotous, uncontrollable / *tu es déchaîné, ce soir ! fam* you're on top form tonight !

déchaînement, déchainement* [deʃɛnmɑ̃] nm [des éléments, de la tempête] raging, fury ; [de colère, de rage] outburst / *rien ne justifie un tel déchaînement* this outburst is totally unjustified.

déchaîner, déchainer* [4] [deʃene] vt **1.** [déclencher - violence, colère] to unleash, to arouse ; [- enthousiasme] to arouse ; [- rires] to trigger off *(sép)* / *déchaîner l'hilarité générale* to set off a storm of laughter ▸ **déchaîner les passions** : *Greta Garbo a déchaîné les passions* Greta Garbo inspired many great passions / *son article a déchaîné les passions* his article caused an outcry ou aroused strong passions **2.** [mettre en colère] : *c'est ce que j'ai dit qui l'a déchaîné* it was what I said

* In reformed spelling (see p. 16-19).

that sent him wild / *il est déchaîné contre vous* he's ranting and raving against you.

❖ **se déchaîner, se déchainer*** vpi **1.** [tempête, vent] to rage **2.** [hilarité, applaudissements] to break ou to burst out ; [instincts] to be unleashed ▸ **se déchaîner contre** to rave at ou against / *la presse s'est déchaînée contre le gouvernement* the press railed at the government / *elle s'est déchaînée contre son frère* she lashed out ou let fly at her brother / *sa colère s'est déchaînée contre nous* he unleashed his anger on us.

déchanter [3] [deʃɑ̃te] vi to be disillusioned, to become disenchanted / *il croyait avoir trouvé l'amour mais il a déchanté* he thought he'd found love but the scales fell from his eyes.

décharge [deʃaʀʒ] nf **1.** ARM [tir] shot / *il y a eu trois décharges* there were three shots ▸ **prendre** ou **recevoir une décharge en pleine poitrine** to get shot in the chest **2.** ÉLECTR discharge ▸ **décharge électrique** electric ou field discharge / *prendre une décharge* *fam* to get an electric UK ou electrical US shock **3.** [écrit, quittance] discharge paper, chit / *je veux qu'on me signe une décharge* I want a signed piece of paper saying I'm not responsible **4.** [dépotoir] ▸ **décharge (publique** ou **municipale)** dump, rubbish tip UK, garbage dump US / **'décharge interdite'** 'no dumping' **5.** IMPR set-off sheet, offset sheet **6.** PHYSIOL rush ▸ **décharge d'adrénaline** rush of adrenaline.

❖ **à la décharge de** loc prép : *à sa décharge, il faut dire que...* in his defence, it has to be said that...

❖ **de décharge** loc adj **1.** GÉOGR ▸ **courant de décharge** discharge ou discharging current **2.** CONSTR [arc] relieving.

déchargement [deʃaʀʒəmɑ̃] nm **1.** [d'une arme, d'un véhicule] unloading **2.** ÉLECTRON dump.

décharger [17] [deʃaʀʒe] ◆ vt **1.** [débarrasser de sa charge -véhicule, animal] to unload ; [-personne] to unburden ▸ **je vais te décharger a)** [à un voyageur] let me take your luggage **b)** [au retour des magasins] let me take your parcels for you **2.** [enlever -marchandises] to unload, to take off *(sép)* ; [-passagers] to set down *(sép)* / *décharger la cargaison / des caisses d'un navire* to unload the cargo / crates off a ship / *décharger le sable d'un camion* to dump the sand from a truck / *le train déchargeait ses passagers* the train was setting down its passengers **3.** [soulager] to relieve, to unburden / *décharger sa conscience* to relieve ou to unburden one's conscience / *décharger son cœur* *litt* to unburden one's heart ▸ **décharger qqn de qqch** to relieve sb of sthg / *j'aimerais être déchargé de la comptabilité* I would like to be relieved of the accounting / *être déchargé de ses fonctions* to be discharged ou dismissed **4.** [disculper] to clear, to exonerate **5.** CONSTR to relieve, to discharge **6.** ARM [tirer avec] to fire, to discharge ▸ **décharger son arme sur qqn** to fire one's gun at sb ; [ôter la charge de] to unload **7.** ÉLECTR to discharge **8.** ÉLECTRON to dump **9.** [laisser libre cours à] to vent, to give vent to / *décharger sa bile* to vent one's spleen / *décharger sa colère* to give vent to one's anger ▸ **décharger sa mauvaise humeur sur qqn** to vent one's temper on sb. ◆ vi **1.** [déteindre -étoffe] to run **2.** *vulg* [éjaculer] to come.

❖ **se décharger** vpi **1.** ÉLECTR [batterie] to run down, to go flat ; [accumulateur] to run down, to lose its charge **2.** [se débarrasser] ▸ **se décharger (de qqch) sur** : *je vais essayer de me décharger de cette corvée sur quelqu'un* I'll try to hand over the chore to somebody else / *tu te décharges toujours sur les autres* you're always shifting responsibility onto other people.

déchargeur [deʃaʀʒœʀ] nm **1.** [appareil] unloader **2.** *vieilli* [personne -dans un port] stevedore, docker UK, longshoreman US ; [-aux halles] labourer.

décharné, e [deʃaʀne] adj **1.** [maigre -personne] emaciated, gaunt, wasted ; [-visage] emaciated, gaunt, haggard ; [-main] bony **2.** [aride -paysage, vallée] bare, bald.

déchaumage [deʃomaʒ] nm stubble ploughing.

déchaumer [3] [deʃome] vt to plough up the stubble of.

déchaussage [deʃosaʒ] nm baring of the roots *(by frost)*.

déchaussé, e [deʃose] adj **1.** [sans chaussures -pied] bare, shoeless, unshod ; [-personne] barefoot **2.** [branlant -dent] loose ; [-mur] laid bare **3.** [moine, nonne] discalced.

déchaussement [deʃosmɑ̃] nm [d'une dent] loosening; [d'un mur] laying bare.

déchausser [3] [deʃose] vt **1.** [personne] ▸ **déchausser qqn** to take off sb's shoes ; [retirer] ▸ **déchausser ses skis** to take off one's skis ; *(en usage absolu)* to lose one's skis **2.** HORT to bare the roots of **3.** CONSTR [mur] to lay bare.

❖ **se déchausser** ◆ vp *(emploi réfléchi)* [personne] to take off one's shoes. ◆ vpi [dent] to get loose / *avoir les dents qui se déchaussent* to have receding gums.

dèche [dɛʃ] nf *tfam* dire poverty / *je ne peux pas l'acheter, c'est la dèche!* I can't afford it, I'm skint UK ou broke ▸ **être dans la dèche** to be skint UK ou broke.

déchéance [deʃeɑ̃s] nf **1.** [avilissement] (moral) degradation / *tomber dans la déchéance* to go into (moral) decline **2.** [déclin social] lowering of social standing **3.** RELIG fall **4.** DR loss, forfeit ▸ **déchéance de l'autorité parentale** loss of parental authority **5.** POL [d'un monarque] deposition, deposing ; [d'un président] removal *(after impeachment)*.

déchet [deʃɛ] nm **1.** [portion inutilisable] : *il y avait du déchet parmi les fruits* some of the fruit was ruined / *dans un ananas il y a beaucoup de déchet* there's a lot of waste in a pineapple **2.** *péj* [personne] (miserable) wretch **3.** COMM ▸ **déchet de route** losses in transit.

❖ **déchets** nmpl **1.** [résidus] waste / *des déchets de tissu* offcuts / *des déchets de viande* meat scraps / *des déchets de nourriture* food scraps ▸ **déchets domestiques / industriels** household / industrial waste ▸ **déchets de fabrication** ou **de production** manufacturing waste ▸ **déchets propres** clean waste ▸ **déchets radioactifs / toxiques** radioactive / toxic waste ▸ **gestion des déchets** waste management **2.** PHYSIOL waste matter.

déchetterie, déchèterie* [deʃɛtʀi] nf waste collection centre *(for sorting and recycling)*, recycling centre UK ou center US.

déchiffonner [3] [deʃifɔne] vt to uncrumple, to smooth out *(sép)*, to smooth the creases out of.

déchiffrable [deʃifʀabl] adj decipherable ▸ **écriture déchiffrable** legible handwriting.

déchiffrage [deʃifʀaʒ] nm sight-reading.

déchiffrement [deʃifʀəmɑ̃] nm deciphering.

déchiffrer [3] [deʃifʀe] vt **1.** [comprendre -inscription, manuscrit] to decipher ; [-langage codé] to decipher, to decode / *je déchiffre à peine son écriture* I can barely make out her handwriting **2.** [lire] to spell out *(sép)* ; *(en usage absolu)* : *apprendre à déchiffrer* to start spelling out words **3.** MUS to sight-read **4.** [élucider -énigme] to puzzle out *(sép)*, to make sense of.

déchiffreur, euse [deʃifʀœʀ, øz] nm, f decipherer.

déchiquetage [deʃiktaʒ] nm shredding, tearing.

déchiqueté, e [deʃikte] adj **1.** [irrégulier -feuille] jagged ; [-montagne] jagged, ragged **2.** [tailladé] torn to bits, hacked about.

déchiqueter [27] [deʃikte] vt [papier, tissu] to rip (to shreds), to tear (to bits) / *le chien a déchiqueté la couverture* the dog chewed the blanket to pieces ou bits / *les corps ont été déchiquetés par l'explosion* the bodies were torn to pieces by the explosion.

✐ In reformed spelling (see p. 16-19), this verb is conjugated like *acheter* : *il déchiquètera, elle déchiquèterait.*

déchiqueteur [deʃiktœʀ] nm shredder.

déchiqueture [deʃiktyʀ] nf **1.** [partie déchiquetée] shred **2.** [entaille] tear, rip **3.** [bord irrégulier] jagged edge.

déchirant, e [deʃiʀɑ̃, ɑ̃t] adj [spectacle] heartbreaking, heartrending ; [cri] agonizing, harrowing ; [séparation] unbearably painful.

déchirement [deʃiʀmɑ̃] nm **1.** [arrachement] tearing, ripping, rending **2.** [souffrance] wrench / *le déchirement des adieux* the wrench of separation **3.** [désunion] rift / *un pays en proie à des déchirements politiques* a country torn apart by internal strife.

déchirer [3] [deʃiʀe] vt **1.** [lacérer] to tear, to rip / *attention, tu vas déchirer ton collant* mind not to rip your tights **2.** [mettre en deux morceaux] to tear / *déchirer une page en deux* to tear a page into two ; [mettre en morceaux] to tear up ou to pieces / *il s'est fait déchirer par la critique* *fig* he was torn apart ou torn to shreds by the critics **3.** [arracher] to tear off *(sép)* / *déchirer un ticket d'un carnet* to tear a ticket out from a book ▸ **déchirer le voile** to unmask the truth **4.** [ouvrir] : *déchirer une enveloppe* to tear ou to rip open an envelope **5.** [blesser] to tear (the skin ou flesh of), to gash / *le barbelé m'avait déchiré la jambe* I'd gashed my leg on the barbed wire / *un bruit qui déchire les tympans* an ear-piercing ou earsplitting noise / *une douleur qui déchire la poitrine* a stabbing pain in the chest ▸ **déchirer qqn** ou **le cœur de qqn** *litt* to break sb's heart, to make sb's heart bleed / *être déchiré par la douleur* to be racked with pain **6.** *litt* [interrompre -nuit, silence] to rend, to pierce / *un cri déchira la nuit* a scream pierced the night / *un éclair déchira le ciel* a flash of lightning rent the sky **7.** [diviser] to tear apart / *le pays est déchiré par la guerre depuis 10 ans* the country has been torn apart by war for 10 years / *des familles déchirées par la guerre* war-torn families / *je suis déchiré entre eux deux* I'm torn between the two of them.

❖ **se déchirer** ◆ vp *(emploi réciproque)* [se faire souffrir] to tear each other apart. ◆ vp *(emploi passif)* to tear / *ce tissu se déchire facilement* this material tears easily. ◆ vpi [vêtement, tissu, papier] to tear, to rip ; [membrane] to break / *mon gant s'est déchiré* my glove got torn / *les brumes matinales se déchirent au premier soleil* *litt* the morning mists dissolve as the sun comes out. ◆ vpt MÉD ▸ **se déchirer un muscle / tendon / ligament** to tear a muscle / tendon / ligament.

déchirure [deʃiʀyʀ] nf **1.** [accroc] tear, rip, split **2.** *litt* [souffrance] wrench **3.** MÉD tear ▸ **déchirure musculaire** pulled muscle **4.** [trouée] crack, opening.

déchlorurer [3] [deklɔʀyʀe] vt to dechloridize.

déchoir [71] [deʃwaʀ] ◆ vi **1.** *(aux être)* : *il est déchu de son rang* he has lost ou forfeited his social standing **2.** *(aux avoir)* *litt* [s'abaisser] to demean o.s. / *il croira déchoir en acceptant cela* he'll think he's demeaning himself if he agrees to this / *ce ne serait pas déchoir que de...* it wouldn't be demeaning to... ; [diminuer -fortune, prestige] to wane. ◆ vt [priver] ▸ **déchoir qqn d'un droit** to deprive sb of a right.

déchristianisation [dekʀistjanizasjɔ̃] nf dechristianization, dechristianizing.

déchristianiser [3] [dekʀistjanize] vt to dechristianize.

déchu, e [deʃy] ◆ pp ⟶ **déchoir.** ◆ adj [prince, roi] deposed, dethroned ; [président] deposed ; [ange, humanité] fallen.

déci [desi] nm SUISSE *decilitre of wine.*

déci- [desi] préf deci-.

décibel [desibɛl] nm decibel.

décidabilité [desidabilite] nf decidability.

décidable [desidabl] adj decidable.

décidé, e [deside] adj **1.** [résolu] resolute, determined, decided / *elle est entrée d'un pas décidé* she strode resolutely into the room **2.** [réglé] settled.

décidément [desidemɑ̃] adv definitely, clearly / *décidément, ça ne marchera jamais* obviously it'll never work out ▸ **décidément, c'est une manie** you're really making a habit of it, aren't you? / *décidément, tu exagères!* honestly, you are the limit! / *j'ai encore cassé un verre — décidément!* I've broken another glass — it's not your day, is it!

décider [3] [deside] vt **1.** [choisir] to decide (on) / *ils ont décidé la guerre* they've decided to go to war / *décider de faire* to decide ou to resolve to do / *ils ont décidé d'accepter / de ne pas accepter la proposition* they've decided in favour of / against the proposal / *ils décidèrent de se rendre plutôt que de mourir* they decided to surrender rather than die ▸ **décider que** : *il a décidé que nous irions demain* he's decided that we'll go tomorrow / *il a décidé qu'il ne prendrait pas l'avion* he's decided not to ou that he won't fly / *décider com-*

bien / quoi / comment / si to decide how much / what / how / whether ▸ **c'est décidé** it's settled / *c'est décidé, je reste* I'm staying, that's settled ; *(en usage absolu)* ▸ **c'est toi qui décides** it's your decision, it's up to you / *c'est le temps qui décidera* it will depend on the weather / *en cas de guerre, c'est la force de frappe qui décidera* if there's a war, the outcome will be decided solely by firepower **2.** [entraîner] ▸ **décider qqn à** to convince ou to persuade sb to / *ce n'est pas cela qui m'a décidé à partir* that's not what convinced ou persuaded me to go / *décide-la à rester* persuade her to stay / *la pluie m'a décidé à ne pas sortir* I decided to stay in because of the rain **3.** *sout* [régler - ordre du jour] to decide, to set ; [- point de droit] to resolve, to give a ruling on, to decide on ; *(en usage absolu)* ▸ **décider en faveur de qqn** to give a ruling in favour of sb.

❖ **décider de** v + prép **1.** [influencer] to determine / *leur intervention a décidé de la victoire* their intervention brought about the victory / *le résultat de l'enquête décidera de la poursuite de ce projet* the results of the survey will determine whether (or not) we carry on with the project **2.** [choisir - lieu, date] to choose, to determine, to decide on **3.** [juger] : *ta mère en a décidé ainsi!* your mother's decision is final! / *le sort en décida autrement* fate decreed otherwise.

❖ **se décider** ◆ vp *(emploi passif)* to be decided (on) / *les choses se sont décidées très vite* things were decided very quickly / *la couleur des tissus se décide au printemps* fabric shades are decided on ou decisions are made about fabric shades in the spring. ◆ vpi [faire son choix] to make up one's mind / *décide-toi* make up your mind / *je n'arrive pas à me décider* I'm in two minds ▸ **se décider pour** to decide on / *elle s'est décidée pour un chat siamois* she decided on a Siamese cat ▸ **se décider à** : *je me suis décidé à l'acheter* I decided ou resolved to buy it / *elle s'est décidée à déménager* she's made up her mind to move out / *je ne me décide pas à le jeter* I can't bring myself to throw it out / *la voiture s'est enfin décidée à démarrer* the car finally decided to start ; *(tournure impersonnelle)* : *il se décide à faire beau* it looks like the weather's trying to improve.

décideur, euse [desidœʀ, øz] nm, f decision-maker.

décigramme [desigʀam] nm decigramme, decigram.

décilage [desilaʒ] nm division into deciles.

décile [desil] nm decile.

décilitre [desilitʀ] nm decilitre UK deciliter US.

décimal, e, aux [desimal, o] adj decimal ▸ **fraction décimale** decimal, decimal fraction.

❖ **décimale** nf decimal place ▸ **nombre à trois décimales** number given to three decimal places.

décimalisation [desimalizasjɔ̃] nf decimalization.

décimaliser [3] [desimalize] vt to decimalize.

décimation [desimasjɔ̃] nf decimation, decimating.

décime [desim] nm **1.** ADMIN 10% increase *(in tax)* **2.** HIST [dix centimes] tenth part of a franc, ten centimes.

décimer [3] [desime] vt to decimate.

décimètre [desimɛtʀ] nm decimetre UK decimeter US.

décimétrique [desimɛtʀik] adj decimetric.

décintrage [desɛ̃tʀaʒ], **décintrement** [desɛ̃tʀəmɑ̃] nm **1.** CONSTR striking down of the centre, taking down of the centre **2.** COUT letting out.

décintrer [3] [desɛ̃tʀe] vt **1.** CONSTR to strike down ou to take down the center **2.** COUT to let out *(sép)*.

décisif, ive [desizif, iv] adj [déterminant - influence, intervention] decisive ; [- preuve] conclusive ; [- élément, coup] decisive, deciding ; [- coup] decisive / *il n'y a encore rien de décisif* there's nothing conclusive ou definite yet / *il a eu un argument décisif* what he said clinched the argument / *ça, c'est la question décisive!* that's the decider! / *à un moment décisif de ma vie* at a decisive moment ou at a watershed in my life / *de façon* ou *manière décisive* decisively, conclusively.

décision [desizjɔ̃] nf **1.** [résolution] decision / *arriver à une décision* to come to ou to reach a decision ▸ **prendre une décision** to make a decision / *je n'ai pas pris de décision là-dessus* I haven't made up my mind about it / *qui a pris cette décision?* whose decision was it? / *la décision t'appartient* the decision is yours, it's for you to decide ▸ **soumettre qqch à la décision d'un comité** to ask a committee to make a decision on sthg ▸ **décision d'achat** MARKETING purchasing decision **2.** DR ▸ **décision judiciaire** court ruling / *par décision judiciaire* by order of the court **3.** [fermeté] decision ▸ **agir avec décision** to be resolute / *avoir de la décision* to be decisive ▸ **manquer de décision** to be hesitant ou irresolute / *montrer de la décision* to show resolution ou decisiveness **4.** INFORM decision.

❖ **de décision** loc adj [organe, centre] decision-making.

décisionnaire [desizjɔnɛʀ] nmf decision-maker.

décisionnel, elle [desizjɔnɛl] adj decision-making *(modif)*.

décisoire [desizwaʀ] adj ▸ **serment décisoire** decisive oath.

déclamateur, trice [deklamatœʀ, tʀis] *péj* ◆ adj bombastic. ◆ nm, f declaimer.

déclamation [deklamasjɔ̃] nf **1.** [art de réciter] declamation **2.** [emphase] declamation, ranting.

déclamatoire [deklamatwaʀ] adj **1.** [art] declamatory **2.** *péj* [style] declamatory, bombastic.

déclamer [3] [deklame] vt to declaim.

déclarant, e [deklaʀɑ̃, ɑ̃t] ◆ adj declaratory. ◆ nm, f declarant.

déclaratif, ive [deklaʀatif, iv] adj **1.** DR declaratory **2.** GRAM declarative.

déclaration [deklaʀasjɔ̃] nf **1.** [communication] statement ; [proclamation] declaration / *faire une déclaration à la presse* to issue a statement to the press / *je ne ferai aucune déclaration!* no comment! / *je ne peux pas faire de déclaration* I can't comment ▸ **déclaration de guerre / d'indépendance** declaration of war / of independence ▸ **la Déclaration des droits de l'homme et du citoyen** the Declaration of Human Rights *(of 1791)* ▸ **déclaration de principe** declaration of principle **2.** [témoignage] statement / *faire une déclaration aux gendarmes* to make a statement to the police / *selon les déclarations du témoin* according to the witness's statement ▸ **déclaration sous serment** sworn statement, statement under oath **3.** ADMIN declaration / *faire une déclaration à la douane* to declare something at customs / *faire une déclaration à son assurance* to file a claim with one's insurance company ▸ **déclaration de perte** : *faire une déclaration de perte de passeport à la police* to report the loss of one's passport to the police ▸ **déclaration de décès** *official registration of death (submitted to the "mairie")* ▸ **déclaration d'impôts** tax return ▸ **remplir sa déclaration d'impôts** to fill in one's tax return ▸ **déclaration d'intention** statement of intent ▸ **déclaration de naissance** birth registration ▸ **déclaration de sinistre** damage claim ▸ **déclaration de succession** *official document naming the beneficiaries of a will* **4.** [aveu] declaration ▸ **faire une déclaration d'amour** ou **sa déclaration (à qqn)** to declare one's love (to sb) **5.** INFORM declaration.

Déclaration d'impôts

People in France are required to declare their taxable earnings at the beginning of the year for the previous calendar year. Thrice-yearly tax payments (**tiers provisionnels**) are based on one third of the previous year's total, the final payment being adjusted according to the actual tax owed. It is also possible to pay tax on a monthly basis. This is known as **mensualisation**.

La Déclaration des droits de l'homme et du citoyen

Adopted by the National Assembly on 26th August 1789 and placed at the beginning of the Constitution in 1791, the Declaration proclaims the inalienable natural right of all men to freedom, condemns the privileged class of the **Ancien Régime** and declares all citizens equal before the law. In 1793, the preface to the Constitution added the right to education, work and freedom of assembly to the text of 1789.

déclaratoire [deklaʀatwaʀ] adj declaratory.

déclaré, e [deklaʀe] adj [ennemi] declared, sworn ; [intention, opinion] declared / *une animosité déclarée* a declared animosity / *un fasciste déclaré* a professed ou self-confessed fascist / *un opposant déclaré* an avowed opponent.

déclarer [3] [deklaʀe] vt **1.** [proclamer] to declare, to announce, to assert / *le gouvernement a déclaré que...* the government announced ou declared that... ▸ **déclarer une séance ouverte** to declare a meeting open ▸ **déclarer forfait** a) SPORT to withdraw b) *fig* to throw in the towel ▸ **déclarer la guerre à** *pr & fig* to declare war on **2.** *(avec un adj ou une loc adj)* [juger] ▸ **déclarer qqn coupable** to find sb guilty / *on l'a déclaré incapable de gérer sa fortune* he was pronounced incapable of managing his estate **3.** [affirmer] to profess, to claim / *elle déclare agir pour le bien de tous* she professes to work for the good of everyone / *il déclare être innocent* he claims to be innocent ou protests his innocence / *il déclare être resté chez lui* he claims he stayed at home **4.** [révéler - intention] to state, to declare ▸ **déclarer son amour** ou **sa flamme à qqn** *litt* to declare one's love to sb **5.** [dire officiellement] to declare ▸ **déclarer ses revenus / employés** to declare one's income / employees / *déclarer un enfant à la mairie* to register the birth of a child ▸ **déclarer un vol** to report a theft ▸ **rien à déclarer** nothing to declare / *si vous avez quelque chose à déclarer à la douane* if you have anything to declare at the customs.

❖ **se déclarer** vpi **1.** [se manifester - incendie, épidémie] to break out ; [- fièvre, maladie] to set in **2.** [se prononcer] to take a stand / *se déclarer sur une question / un point* to take a stand on a question / a point / *elle ne veut pas se déclarer sur cette question* she refuses to state her opinion on the matter ▸ **se déclarer pour / contre l'avortement** to come out in favour UK ou favor US of / against abortion, to declare for / against abortion **3.** *(avec un adj ou une loc adj)* [se dire] to say / *il s'est déclaré coupable* he said he was guilty / *il s'est déclaré ravi* he said how pleased he was **4.** *litt* [dire son amour] to declare one's love.

déclassé, e [deklase] ◆ adj **1.** SOCIOL déclassé **2.** [hôtel, joueur] downgraded. ◆ nm, f : *c'est un déclassé* he has lost his social status ou come down in the world.

déclassement [deklasmɑ̃] nm **1.** [dans la société] fall ou drop in social standing ; [dans une hiérarchie] downgrading, loss of status **2.** [dévalorisation] depreciation **3.** [mise en désordre] putting out of order **4.** RAIL change to a lower class **5.** NAUT decommissioning.

déclasser [3] [deklase] vt **1.** [déranger] to put out of order **2.** [rétrograder] to downgrade **3.** [déprécier] to demean / *ce travail le déclassait* he was lowering ou demeaning himself in that job **4.** [changer de catégorie - hôtel] to downgrade ; RAIL to change to a lower class **5.** NAUT & NUCL to decommission.

❖ **se déclasser** vpi **1.** SOCIOL to move one step down the social scale **2.** [dans un train] to change to a lower-class compartment ; [dans un navire] to change to lower-class accommodation.

déclassifier [deklasifje] vt MIL to declassify.

déclenchement [deklɑ̃ʃmɑ̃] nm **1.** [début - d'un événement] starting point, start, trigger ; [- d'une attaque] launching **2.** ÉLECTRON triggering **3.** MÉCAN release.

déclencher [3] [deklɑ̃ʃe] vt **1.** [provoquer - attaque] to launch ; [- révolte, conflit] to trigger (off), to bring about *(sép)* ; [- grève, émeute, rires] to trigger ou to spark off *(sép)* **2.** TECHNOL [mettre en marche - mécanisme, minuterie] to trigger, to activate ; [- sonnerie, alarme] to set off *(sép)* **3.** INFORM to trigger.

❖ **se déclencher** vpi **1.** [commencer - douleur, incendie] to start **2.** [se mettre en marche - sirène, sonnerie, bombe] to go off ; [- mécanisme] to be triggered off ou released.

déclencheur [deklɑ̃ʃœʀ] nm **1.** ÉLECTR release, circuit breaker **2.** PHOT shutter release ▸ **déclencheur automatique** time release, self-timer **3.** TECHNOL release, tripping device.

déclic [deklik] nm **1.** [mécanisme] trigger, releasing mechanism **2.** [bruit] click / *se fermer avec un déclic* to click shut / *s'enclencher avec un déclic* to click into place **3.** [prise de conscience] : *il s'est produit un déclic et elle a trouvé la solution* things suddenly fell into place ou clicked and she found the answer / *pour moi, la lecture de ce livre a été le déclic* things finally fell into place for me when I read this book / *pour moi, cette aventure a été le déclic* what happened made me come to my senses.

déclin [deklɛ̃] nm **1.** [diminution] decline, waning / *le déclin de la popularité d'un acteur* the decline of an actor's popularity / *le déclin de l'influence de Rome* the waning influence of Rome / *le soleil à son déclin* the setting sun **2.** *litt* [fin] close ▸ **le déclin du jour** nightfall, dusk / *le déclin de la vie* the twilight years.

❖ **en déclin** loc adj on the decline / *les adhésions sont en déclin* membership is declining ou falling off ou on the decline / *un hebdomadaire en déclin* a weekly paper with falling readership figures.

❖ **sur le déclin** loc adj [prestige, puissance] declining, on the wane ; [malade] declining / *votre pauvre mère est sur le déclin* your poor mother is getting worse / *un acteur sur le déclin* an actor who's seen better days.

déclinable [deklinabl] adj declinable / *une gamme d'ordinateurs déclinable en plusieurs configurations* a range of computers enabling several different configurations.

déclinaison [deklinezɔ̃] nf **1.** GRAM declension **2.** ASTRON & PHYS declination ▸ **déclinaison magnétique** magnetic declination ou variation.

déclinant, e [deklinɑ̃, ɑ̃t] adj [force] declining, deteriorating ; [influence, grandeur] declining, waning, fading ; [société] declining, decaying.

déclinatoire [deklinatwaʀ] nm **1.** [boussole] surveyor's compass **2.** DR declinatory / *élever un déclinatoire* to except the jurisdiction of the court.

décliner [3] [dekline] ◆ vt **1.** GRAM to decline / *l'amour est décliné dans toutes les chansons fig* love is an ever-recurrent theme in songs **2.** [énoncer - identité] to give, to state **3.** [refuser - invitation] to decline, to refuse ; [- offre] to decline, to refuse, to reject ▸ **décliner toute responsabilité** to accept no responsibility. ◆ vi [soleil] to set ; [vieillard] to decline ; [malade] to decline, to fade ; [santé, vue] to deteriorate ; [prestige] to wane, to decline ; [jour] to draw to a close.

❖ **se décliner** vpi : *une robe qui se décline dans différentes couleurs* a dress available in different colours.

décliqueter [27] [deklikte] vt to release, to disengage.

✎ In reformed spelling (see p. 16-19), this verb is conjugated like *acheter* : *il décliquètera, elle décliquèterait.*

déclive [dekliv] ◆ adj declivitous *spéc*, downward sloping. ◆ nf ▸ **en déclive** sloping.

déclivité [deklivite] nf **1.** [descente] downward slope, declivity *spéc*, incline **2.** [inclinaison - d'une route, d'un chemin de fer] gradient.

décloisonnement [deklwazɔnmɑ̃] nm decompartmentalization, decompartmentalizing.

décloisonner [3] [deklwazɔne] vt to decompartmentalize.

déclouer [3] [deklue] vt [planche] to remove ou to pull the nails out of ; [couvercle] to prise UK ou to pry US open *(sép).*

❖ **se déclouer** vpi to fall ou to come apart.

déco [deko] (abr de **décoratif**) ◆ adj inv ⟶ **art.** ◆ nf *fam* : *je vais refaire la déco de mon appartement* I'm going to redo the interior design of my flat / *il a opté pour une déco ethnique* he chose an ethnic theme for his interior.

décochage [dekɔʃaʒ] nm MÉTALL shaking out.

décocher [3] [dekɔʃe] vt **1.** [flèche] to shoot, to fire ; [coup] to throw / *il m'a décoché un coup de pied* he kicked me / *le cheval lui a décoché une ruade* the horse lashed out ou kicked at him **2.** [regard, sourire] to dart, to flash, to shoot ; [plaisanterie, méchanceté] to fire, to shoot.

décoction [dekɔksjɔ̃] nf decoction.

décodage [dekɔdaʒ] nm **1.** [d'un texte] decoding, deciphering **2.** INFORM & TV decoding, unscrambling.

décoder [3] [dekɔde] vt **1.** [texte] to decode **2.** INFORM & TV to decode, to unscramble.

décodeur [dekɔdœʀ] ◆ adj m decoding. ◆ nm decoder.

décoffrage [dekɔfʀaʒ] nm striking of formwork, dismantling of shuttering UK.

décoffrer [3] [dekɔfʀe] vt to strike the formwork of, to dismantle the shuttering of UK.

décoiffant, e [dekwafɑ̃, ɑ̃t] adj *fam* exciting.

décoiffer [3] [dekwafe] vt **1.** [déranger la coiffure de] ▸ **décoiffer qqn** to mess up sb's hair / *elle est toute décoiffée* her hair's in a mess **2.** [ôter le chapeau de] ▸ **décoiffer qqn** to remove sb's hat **3.** EXPR ▸ **ça décoiffe** *fam* it takes your breath away.

❖ **se décoiffer** vp *(emploi réfléchi)* **1.** [déranger sa coiffure] to mess up ou US to muss up one's hair **2.** [ôter son chapeau] to remove one's hat.

décoincement [dekwɛ̃smɑ̃], **décoinçage** [dekwɛ̃saʒ] nm [déblocage - d'un objet] unjamming, freeing, loosening ; [- d'une vertèbre, d'une articulation] loosening up.

décoincer [16] [dekwɛ̃se] vt [débloquer - objet] to unjam, to free ; [- vertèbre, articulation] to loosen up *(sép).*

❖ **se décoincer** vpi **1.** [objet] to unjam, to work loose **2.** *fam* [personne] to relax, to let one's hair down.

déçoit, déçoivent v ⟶ **décevoir.**

décolérer [18] [dekɔleʀe] vi ▸ **ne pas décolérer** : *il n'a pas décoléré de la journée* he's been furious ou fuming all day / *elle ne décolère jamais* she's permanently in a temper.

✎ In reformed spelling (see p. 16-19), this verb is conjugated like *semer* : *il décolèrera, elle décolèrerait.*

décollage [dekɔlaʒ] nm **1.** AÉRON takeoff ; ASTRONAUT lift-off, blast-off ▸ **au décollage a)** AÉRON at ou on takeoff **b)** ASTRONAUT on takeoff ou lift-off **2.** [d'une enveloppe, d'un papier] unsticking **3.** ÉCON & SOCIOL takeoff.

décollation [dekɔlasjɔ̃] nf *arch* decollation.

décollé, e [dekɔle] adj ▸ **avoir les oreilles décollées** to have ears that stick out.

décollement [dekɔlmɑ̃] nm **1.** [d'un papier] unsticking **2.** MÉD ▸ **décollement de la rétine** detachment ou separation of the retina ▸ **décollement épiphysaire** epiphysial fracture.

décoller [3] [dekɔle] ◆ vi **1.** AÉRON to take off ; ASTRONAUT to take ou to lift ou to blast off **2.** [quitter le sol - skieur, motocycliste] to take off **3.** *fam* [partir] to leave / *elle ne décolle pas de la bibliothèque* she never moves from ou leaves the library / *j'ai eu du mal à le faire décoller d'ici* I had trouble getting rid of him **4.** [progresser - exportation, pays] to take off / *au troisième trimestre, il a fini par décoller* his work finally took off in the third term / *ces mesures n'ont pas réussi à faire décoller l'économie* these measures failed to restart the economy **5.** [s'échapper] to escape / *décoller du réel* ou *de la réalité* to be in another world **6.** *fam* [être distancé - sportif, élève] to fall ou to drop behind. ◆ vt **1.** [détacher - papier] to unstick, to unglue, to peel off *(sép)* / *décoller à la vapeur* to steam off / *décoller dans l'eau* to soak off ▸ **décoller une enveloppe a)** [en tirant] to open an envelope **b)** [à la vapeur] to steam open an envelope **2.** *fam* [faire partir] to tear ou to prise away *(sép)* / *on ne peut pas le décoller de la télévision* there's no prising him away from the TV **3.** *fam* [quitter] : *il ne nous a pas décollés de la journée* he followed us about all day long **4.** LOISIRS [au billard] to nudge away from the cushion.

❖ **se décoller** ◆ vp *(emploi passif)* to come off / *ça se décolle simplement en tirant dessus* just pull it and it comes off. ◆ vpi **1.** [se détacher] to come ou to peel off / *du papier peint qui se décolle* peeling wallpaper **2.** MÉD to become detached.

décolletage [dekɔltaʒ] nm **1.** VÊT cutting out of the neck ; [décolleté] low-cut neckline, décolletage **2.** AGR topping **3.** TECHNOL slicing, skiving.

décolleté, e [dekɔlte] adj **1.** VÊT low-cut, low-necked, décolleté / *robe décolletée dans le dos* dress cut low in the back **2.** [femme] décolleté, wearing a low-cut dress.

❖ **décolleté** nm **1.** VÊT low neckline ▸ **un décolleté plongeant** a plunging neckline ▸ **décolleté bateau** bateau ou boat neck ▸ **décolleté en V** V-neck ▸ **décolleté rond** round-neck **2.** [d'une femme] cleavage.

décolleter [27] [dekɔlte] vt **1.** [robe] to give a low neckline to ; [personne] to reveal the neck and shoulders of **2.** AGR to top **3.** TECHNOL to cut off *(sép).*

✎ In reformed spelling (see p. 16-19), this verb is conjugated like *acheter* : *il décollètera, elle décollèterait.*

décolleteur, euse [dekɔltœʀ, øz] nm, f lathe operator.

❖ **décolleteuse** nf **1.** AGR (beet) topper **2.** TECHNOL automatic lathe, autolathe.

décolleuse nf steam stripper.

décolonisation [dekɔlɔnizasjɔ̃] nf decolonization.

La décolonisation

In a French context, the word refers to the period in the 40s and 50s when colonies progressively became independent of French colonial rule. In 1977, the last French colony, present-day Djibouti, was declared independent.

décoloniser [3] [dekɔlɔnize] vt to decolonize.

décolorant, e [dekɔlɔʀɑ̃, ɑ̃t] adj **1.** [gén] decolorant, decolouring **2.** [pour cheveux] decolorizing *(avant nom)*, decolorant, bleaching *(avant nom).*

❖ **décolorant** nm **1.** [gén] decolorant **2.** [pour cheveux] decolorizing agent, bleaching agent.

décoloration [dekɔlɔʀasjɔ̃] nf **1.** [atténuation de la couleur] fading, discolouration **2.** [disparition de la couleur] bleaching, discolouring / *décoloration d'une plante* bleaching of a plant **3.** [des cheveux] bleach treatment / *faire une décoloration* to bleach someone's hair.

décoloré, e [dekɔlɔʀe] adj **1.** [fané] faded **2.** [blondi] bleached / *une femme décolorée* a peroxide ou bleached blonde **3.** [livide - visage, joue] ashen, pale.

décolorer [3] [dekɔlɔʀe] vt **1.** [affaiblir la couleur de] to fade **2.** [éclaircir - cheveux] to bleach / *cheveux décolorés par le soleil* hair lightened ou bleached by the sun / *elle se fait décolorer (les cheveux)* she has her hair bleached.

❖ **se décolorer** ◆ vp *(emploi réfléchi)* [personne] to bleach one's hair. ◆ vpi **1.** [tissu, papier] to fade, to lose its colour **2.** [liquide] to lose its colour.

décombres [dekɔ̃bʀ] nmpl **1.** [d'un bâtiment] debris *(sg)*, rubble, wreckage **2.** *litt* [d'une civilisation] ruins.

décommander [3] [dekɔmɑ̃de] vt [commande] to cancel ; [invitation, rendez-vous] to cancel, to call off *(sép)* ; [invité] to put off *(sép).*

❖ **se décommander** vpi to cancel (one's appointment).

décompacter [dekɔ̃pakte] vt INFORM [données] to unpack.

décompartimentaliser [dekɔ̃paʀtimɑ̃talize] vt to decompartmentalize.

décompensation [dekɔ̃pɑ̃sasjɔ̃] nf decompensation.

décompensé, e [dekɔ̃pɑ̃se] adj decompensated.

décomplexer [4] [dekɔ̃plɛkse] vt to encourage, to reassure / *ça m'a décomplexé* it made me feel more confident ou less inadequate.

décomposable [dekɔ̃pozabl] adj **1.** [corps chimique, matière] decomposable **2.** [texte, idée] analysable, that can be broken down **3.** MATH [équation] that can be factorized ; [polynôme] that can be broken up **4.** PHYS resoluble.

décomposer [3] [dekɔ̃poze] vt **1.** CHIM to decompose, to break down *(sép)* **2.** PHYS [force] to resolve ; [lumière] to disperse **3.** MATH to factorize ▸ **décomposer en facteurs premiers** to resolve into prime factors **4.** [analyser -texte, raisonnement] to break down *(sép)*, to analyse ; [-mouvement, processus] to decompose, to break up *(sép)* ; [-exercice, mélodie] to go through (step by step) *(insép)* / *décomposer un pas de danse* to go through a dance step ; GRAM [phrase] to parse **5.** [pourrir -terre, feuilles] to decompose, to rot **6.** [altérer] : *l'horreur qui décomposait ses traits* the horror reflected in his contorted features / *un visage décomposé par la peur* a face distorted with fear ▸ **être décomposé** to look stricken.

❖ **se décomposer** ◆ vp *(emploi passif)* ▸ **se décomposer en** to break down into / *le texte se décompose en trois parties* the text can be broken down ou divided into three parts ; GRAM [phrase] to be parsed ; MATH to be factorized. ◆ vpi **1.** [pourrir] to decompose, to decay, to rot **2.** [s'altérer -visage] to become distorted / *soudain son visage s'est décomposé* his face suddenly fell.

décomposeur [dekɔ̃pozœʀ] nm decomposer.

décomposition [dekɔ̃pozisjɔ̃] nf **1.** CHIM decomposition, breaking down **2.** PHYS [de la lumière] dispersion ; [d'une force] resolution **3.** MATH factorization ▸ **décomposition en facteurs premiers** prime factorization ▸ **décomposition en éléments simples** expansion into partial fractions **4.** [analyse] analysis, breaking down / *faire la décomposition d'un planning / d'une tâche* to break down a schedule / a task ; GRAM parsing / *faire la décomposition d'une phrase* to parse a sentence **5.** INFORM breakdown **6.** [pourrissement -de la matière organique] decomposition, decay, rot ; [-de la société] decline, decay, decadence ▸ **en (état de) décomposition a)** [cadavre] decomposing, decaying, rotting **b)** [société] declining, decaying **7.** [altération -des traits] contortion.

décompresser [4] [dekɔ̃pʀese] vi **1.** [plongeur] to undergo decompression **2.** *fam* [se détendre] to relax, to unwind **3.** INFORM to unzip, to decompress.

décompresseur [dekɔ̃pʀesœʀ] nm **1.** PHYS decompression device **2.** AUTO & MÉCAN decompressor.

décompression [dekɔ̃pʀesjɔ̃] nf **1.** MÉD & TECHNOL decompression ▸ **décompression cardiaque** cardiac decompression **2.** *fam* [détente] unwinding, relaxing **3.** AUTO & MÉCAN decompression.

décomprimer [3] [dekɔ̃pʀime] vt to decompress.

décompte [dekɔ̃t] nm **1.** [calcul] working out, reckoning, calculation / *faire le décompte des intérêts* to work out ou to calculate the interest / *faire le décompte des voix* to count the votes / *faire le décompte des points* to add ou to reckon up the score **2.** [déduction] deduction / *je vous fais le décompte des deux fromages* I'll take the two cheeses off (your bill).

décompter [3] [dekɔ̃te] ◆ vt **1.** [déduire] to deduct **2.** [dénombrer] to count. ◆ vi to strike the wrong time.

déconcentration [dekɔ̃sɑ̃tʀasjɔ̃] nf **1.** ADMIN devolution **2.** ÉCON [décentralisation] decentralization, dispersion **3.** [dilution] dilution **4.** [manque d'attention] lack of concentration.

déconcentrer [3] [dekɔ̃sɑ̃tʀe] vt **1.** [transférer -pouvoir] to devolve **2.** [distraire] ▸ **déconcentrer qqn** to distract sb's attention / *le bruit l'a déconcentré* the noise distracted his attention **3.** CHIM [diluer] : *déconcentrer une solution* to dilute a solution.

❖ **se déconcentrer** vpi to lose (one's) concentration.

déconcertant, e [dekɔ̃sɛʀtɑ̃, ɑ̃t] adj disconcerting, off-putting.

déconcerter [3] [dekɔ̃sɛʀte] vt to disconcert.

déconditionnement [dekɔ̃disjɔnmɑ̃] nm deconditioning.

déconditionner [3] [dekɔ̃disjɔne] vt to decondition.

déconfit, e [dekɔ̃fi, it] adj crestfallen.

déconfiture [dekɔ̃fityʀ] nf **1.** [échec] collapse, defeat, rout / *tomber en déconfiture litt* ou *hum* to collapse **2.** DR insolvency.

décongélation [dekɔ̃ʒelasjɔ̃] nf defrosting, thawing.

décongeler [25] [dekɔ̃ʒle] vt to defrost, to thaw.

décongestif, ive [dekɔ̃ʒɛstif, iv] adj decongestant.

décongestion [dekɔ̃ʒɛstjɔ̃] nf decongestion.

décongestionnant, e [dekɔ̃ʒɛstjɔnɑ̃, ɑ̃t] adj MÉD decongestant.

❖ **décongestionnant** nm [médicament] decongestant.

décongestionnement [dekɔ̃ʒɛstjɔnmɑ̃] nm decongestion.

décongestionner [3] [dekɔ̃ʒɛstjɔne] vt **1.** [dégager -route] to relieve congestion in, to ease the traffic load in **2.** MÉD to decongest, to relieve congestion in ou the congestion of.

déconnade [dekɔnad] nf *tfam* : *elle adore la franche déconnade* she loves having a laugh / *on a passé une soirée de déconnade* we had a real laugh that evening.

déconnecter [4] [dekɔnɛkte] vt **1.** [débrancher -tuyau, fil électrique] to disconnect **2.** *fam & fig* to disconnect, to cut off *(sép)* / *il est totalement déconnecté de la réalité* he's totally cut off from reality.

❖ **se déconnecter** vp INFORM to log off.

déconner [3] [dekɔne] vi *tfam* **1.** [dire des bêtises] to talk rubbish UK, to bullshit / *arrête de déconner* don't talk rubbish ou nonsense **2.** [s'amuser] to horse ou to fool around **3.** [faire des bêtises] to mess around / *déconne pas !* stop messing about ! **4.** [mal fonctionner] to be on the blink.

déconneur, euse [dekɔnœʀ, øz] nm, f *tfam* clown.

déconnexion [dekɔnɛksjɔ̃] nf disconnection ; INFORM logging off.

déconseiller [4] [dekɔ̃seje] vt to advise against ▸ **c'est déconseillé** it's not (to be) recommended, it's to be avoided / **'baignade déconseillée'** 'bathing not recommended'.

déconsidération [dekɔ̃sideʀasjɔ̃] nf *litt* discredit.

déconsidérer [18] [dekɔ̃sideʀe] vt to discredit / *ces révélations l'ont déconsidéré* these revelations have cast a slur on ou have discredited him / *il est complètement déconsidéré* he is utterly discredited, he has lost all credibility.

❖ **se déconsidérer** vp *(emploi réfléchi)* to discredit o.s., to bring discredit upon o.s., to lose one's credibility.

✎ In reformed spelling (see p. 16-19), this verb is conjugated like *semer* : *il déconsidèrera, elle déconsidèrerait.*

déconsigner [3] [dekɔ̃siɲe] vt **1.** [bagage] to collect from the left-luggage office UK ou checkroom US **2.** [bouteille, emballage] to return the deposit on **3.** MIL to release from confinement to barracks.

déconstruction [dekɔ̃stʀyksjɔ̃] nf LITTÉR & PHILOS deconstruction.

déconstruire [98] [dekɔ̃stʀɥiʀ] vt LITTÉR & PHILOS to deconstruct.

décontamination [dekɔ̃taminasjɔ̃] nf decontamination ▸ **décontamination d'un site nucléaire** decontaminating a nuclear site.

décontaminer [3] [dekɔ̃tamine] vt to decontaminate.

décontenancer [16] [dekɔ̃tnɑ̃se] vt to disconcert, to discountenance *sout.*

❖ **se décontenancer** vpi to lose one's composure.

décontractant, e [dekɔ̃tʀaktɑ̃, ɑ̃t] adj relaxing.

décontracté, e [dekɔ̃tʀakte] adj **1.** [détendu -muscle, corps] relaxed ; [-caractère] easy-going, relaxed ; [-attitude] relaxed, composed, unworried ; [-style, vêtements] casual **2.** *péj* [désinvolte] casual, off-hand.

décontracter [3] [dekɔ̃tʀakte] vt [muscle] to relax, to unclench / *elle sait décontracter les nouveaux venus* she knows how to put newcomers at ease.

❖ **se décontracter** vpi to relax.

décontraction [dekɔ̃tʀaksjɔ̃] nf **1.** [relâchement, détente] relaxation, relaxing **2.** [aisance] coolness, collectedness.

déconventionner [3] [dekɔ̃vɑ̃sjɔne] vt to allow to opt out *(of the National Health system).*

déconvenue [dekɔ̃vny] nf disappointment.

décor [dekɔʀ] nm **1.** [décoration -d'un lieu] interior decoration, decor ; [-d'un objet] pattern, design **2.** [environs] setting / *la maison était située dans un décor magnifique* the house stood in magnificent scenery ou surroundings **3.** CINÉ, THÉÂTRE & TV set, scenery, setting / *décor de cinéma* film UK ou movie US set / *décor de théâtre* stage set ▸ **tourné en décors naturels** shot on location / *le décor est planté, le roman peut commencer fig* the scene is set, the novel can start ; [toile peinte] backdrop, backcloth **4.** [apparence] façade, pretence / *tout ceci n'est qu'un décor* this is all a façade.

❖ **dans le(s) décor(s)** loc adv *fam* ▸ **aller** ou **entrer** ou **valser dans le décor** [voiture, automobiliste] to go off the road / *envoyer dans le décor* [voiture, automobiliste] to force off the road / *d'un coup de poing, elle l'a envoyé dans le décor* she sent him flying against the wall with a punch.

décorateur, trice [dekɔʀatœʀ, tʀis] nm, f **1.** [d'intérieur] interior decorator ou designer ▸ **décorateur (de vitrines)** shopfitter **2.** THÉÂTRE [créateur] set designer ou decorator ; [peintre] set painter.

décoratif, ive [dekɔʀatif, iv] adj decorative, ornamental.

décoration [dekɔʀasjɔ̃] nf **1.** [ornement] decoration *(U)* **2.** [technique] decoration, decorating **3.** [médaille] medal, decoration.

décorder [3] [dekɔʀde] vt **1.** [détortiller] to untwist, to unravel **2.** [enlever la corde de] to untie, to take the string off.

❖ **se décorder** vpi to unrope.

décoré, e [dekɔʀe] ◆ adj [qui a reçu une distinction] decorated ; [qui porte un insigne] wearing one's medals. ◆ nm, f *person who has been awarded a decoration.*

décorer [3] [dekɔʀe] vt **1.** [orner -intérieur, vase, assiette] to decorate ; [-table, arbre] to decorate, to adorn / *une table décorée de fleurs* a table adorned with flowers / *une tente décorée de drapeaux* a marquee decked out with flags **2.** [personne] to decorate / *être décoré de la Légion d'honneur* to be awarded the Legion of Honour / *il mérite d'être décoré* he deserves a medal.

décorner [3] [dekɔʀne] vt **1.** [animal] to dehorn **2.** [page] to smooth out *(sép).*

décorticage [dekɔʀtikaʒ] nm **1.** [d'une crevette] peeling, shelling ; [du grain] hulling, husking ; [d'une noix] shelling **2.** [analyse] dissection, thorough analysis.

décortication [dekɔʀtikasjɔ̃] nf **1.** HORT decortication, barbing **2.** MÉD decortication.

décortiquer [3] [dekɔʀtike] vt **1.** [éplucher -crevette] to peel, to shell ; [-grain] to hull, to husk ; [-noix, amande] to shell / *riz non décortiqué* rice in the husk **2.** HORT [arbre] to decorticate, to bark **3.** [analyser] to dissect, to analyse UK ou analyze US / *apprendre à décortiquer un texte* to learn to take a text to pieces ou to dissect a text **4.** MÉD to decorticate.

décorum [dekɔʀɔm] nm **1.** [bienséance] decorum, propriety **2.** [protocole] etiquette, ceremonial.

décote [dekɔt] nf **1.** [réduction d'impôt] tax relief **2.** BOURSE below par rating.

découcher [3] [dekuʃe] vi to stay out all night / *elle a découché* she stayed out all night, she didn't sleep at home last night.

découdre [86] [dekudʀ] ◆ vt [vêtement, couture] to undo, to unpick ; [point] to take out *(sép)* ; [bouton] to take ou to cut off *(sép)* / *mon bouton est décousu* my button has come off. ◆ vi ▸ **en découdre** to fight ▸ **vouloir en découdre** to be spoiling for a fight ▸ **en découdre avec qqn** to cross swords with sb.

❖ **se découdre** vpi [vêtement] to come unstitched ; [bouton] to come off.

découler [3] [dekule] ❖ **découler de** v + prép to follow from / *… et tous les avantages qui en découlent*

...and all the ensuing benefits ; *(tournure impersonnelle)* : *il découle de cette idée que...* it follows from this idea that... / *il n'en découle pas forcément que vous ayez raison* it doesn't necessarily follow that you are right.

découpage [dekupaʒ] nm **1.** [partage -d'un tissu, d'un gâteau] cutting (up) ; [-d'une volaille, d'une viande] carving ; [-en tranches] slicing (up) **2.** [image -à découper] figure *(for cutting out)* ; [-découpée] cut-out (picture) / *faire des découpages dans un illustré* to cut things out of a comic **3.** CINÉ shooting script **4.** INFORM ▸ **découpage du temps** time slicing **5.** POL ▸ **découpage électoral** division into constituencies UK ou districts US, apportionment US / *refaire le découpage électoral* to review constituency boundaries UK to redistrict US **6.** TECHNOL blanking, cutting.

découpe [dekup] nf **1.** COUT piece of appliqué work **2.** [de la viande] (type of) cut **3.** [tronçonnage] cutting (up) / *faire la découpe* to cut to length.

découpé, e [dekupe] adj **1.** [irrégulier -côte] indented, ragged ; [-montagne] rugged, craggy, jagged ; [-feuille d'arbre] incised, serrate **2.** [en morceaux] cut.

découper [3] [dekupe] vt **1.** [détacher -image] to cut out *(sép)* / *découper des articles dans le journal* to take cuttings out of the newspaper **2.** [partager -gâteau, papier, tissu] to cut up *(sép)* ; [-viande, volaille] to carve / *il a découpé le gâteau en parts égales* he cut the cake into equal parts ▸ **couteau à découper** carving knife **3.** [disséquer -texte, film] to dissect ; [-phrase] to parse **4.** [échancrer] : *le temps a découpé la côte* over the years, the coast has become deeply indented.

❖ **se découper** vp *(emploi passif)* : *ce poulet se découpe tout seul* this chicken practically carves itself.

❖ **se découper sur** vp + prép to be outlined against.

découpeur, euse [dekupœʀ, øz] nm, f cutting machine operator.

❖ **découpeuse** nf cutting machine.

découplage [dekuplaʒ] nm **1.** ÉLECTRON decoupling **2.** ÉLECTR uncoupling.

découplé, e [dekuple] adj ▸ **bien découplé** well-built, strapping.

découpler [3] [dekuple] vt **1.** CHASSE & ÉLECTR to uncouple **2.** ÉLECTRON to decouple.

découpoir [dekupwaʀ] nm punch, cutting press.

découpure [dekupyʀ] nf **1.** [découpe] workmanship **2.** [bord -d'une dentelle, d'une guirlande] edge ; [-d'une côte] indentations.

❖ **découpures** nfpl [de papier] clippings, shavings, shreds ; [de tissu] cuttings, offcuts.

décourageant, e [dekuʀaʒɑ̃, ɑ̃t] adj **1.** [nouvelle, situation] discouraging, disheartening, depressing **2.** [personne] hopeless.

découragement [dekuʀaʒmɑ̃] nm discouragement, despondency, despondence ▸ **le découragement m'a envahi** I felt utterly discouraged ou dispirited.

décourager [17] [dekuʀaʒe] vt **1.** [abattre] to discourage, to dishearten ▸ **décourager qqn de faire qqch** to discourage sb from doing sthg / *avoir l'air découragé* to look discouraged ou dispirited / *ne te laisse pas décourager* don't be discouraged **2.** [refuser -familiarité] to discourage.

❖ **se décourager** vpi to get discouraged, to lose heart / *ne te décourage pas* don't give up.

découronnement [dekuʀɔnmɑ̃] nm dethronement, deposal.

découronner [3] [dekuʀɔne] vt **1.** [roi] to dethrone, to depose **2.** *litt* [ôter le sommet de] to cut the top off.

décours [dekuʀ] nm **1.** ASTRON wane **2.** MÉD regression.

décousait v ⟶ **découdre.**

décousu, e [dekuzy] ◆ pp ⟶ **découdre.** ◆ adj **1.** COUT [défait -vêtement] undone, unstitched ; [-ourlet] undone **2.** [incohérent -discours] incoherent, disjointed ; [-conversation] desultory, disjointed ; [-style] disjointed, rambling ; [-idées] disjointed, disconnected, random / *de manière décousue* disjointedly.

découvert, e [dekuvɛʀ, ɛʀt] ◆ pp ⟶ **découvrir.** ◆ adj [terrain, allée, voiture] open ; [tête, partie du corps] bare, uncovered.

❖ **découvert** nm **1.** COMPTA deficit **2.** BANQUE overdraft ▸ **avoir un découvert de** to be overdrawn by **3.** BOURSE short (account).

❖ **à découvert** ◆ loc adj **1.** FIN [sans garantie] uncovered, unsecured **2.** BOURSE without cover ▸ **être à découvert** to be caught short ▸ **vente à découvert** short sale **3.** BANQUE overdrawn ▸ **être à découvert** to be overdrawn, to have an overdraft. ◆ loc adv **1.** [sans dissimuler] openly / *agir à découvert* to act openly **2.** [sans protection] without cover / *cuire à découvert* to cook without a lid ▸ **sortir à découvert** to break cover / *la marée laisse ces rochers à découvert* the tide leaves these rocks exposed.

découverte [dekuvɛʀt] nf **1.** [détection] discovery, discovering / *faire la découverte d'un gisement de pétrole* to strike oil / *faire la découverte d'un vieux livre au grenier* to unearth an old book in the attic ; [chose détectée] discovery, find / *faire une découverte macabre* to make a macabre discovery **2.** [prise de conscience] discovery, discovering / *la découverte du monde extérieur par le petit enfant* a small child's discovery of the world **3.** [personne de talent] discovery, find / *ce jeune auteur est la découverte de l'année* this young writer is the year's big discovery **4.** THÉÂTRE & TV backcloth **5.** MIN cutting.

❖ **à la découverte de** loc prép **1.** [en explorant] on a tour of / *allez à la découverte du Londres de Sherlock Holmes* discover London in the footsteps of Sherlock Holmes / *ils sont partis à la découverte de la forêt amazonienne* they went exploring in the Amazon rain forest **2.** [à la recherche de] in search of / *aller à la découverte d'un trésor* to go in search of a treasure.

découverture [dekuvɛʀtyʀ] nf unroofing, stripping (of the roof).

découvreur, euse [dekuvʀœʀ, øz] nm, f discoverer.

découvrir [34] [dekuvʀiʀ] vt **1.** [dénicher] to discover, to find ▸ **découvrir qqch au fond d'un coffre** to find sthg in the bottom of a trunk / *découvrir des armes dans une cache* to unearth a cache of weapons / *on a découvert l'arme du crime* the murder weapon has been found ▸ **découvrir du pétrole** / **de l'or** to strike oil / gold / *j'ai découvert les lettres par accident* I came across the letters by accident ▸ **découvrir l'Amérique** to discover America / *il m'a fait découvrir beaucoup de choses* he showed me so many things / *elle m'a fait découvrir la région* she took me around the area **2.** [solution -en réfléchissant] to discover, to work out *(sép)* ; [-subitement] to hit on ou upon *(insép)* / *soudain j'ai découvert la signification de son silence* suddenly I discovered why he had been keeping silent **3.** [détecter] to discover, to detect ▸ **découvrir qqch à qqn** : *on lui a découvert une tumeur* they found he had a tumour **4.** [surprendre -voleur, intrus] to discover ; [-secret, complot] to discover, to uncover / *et si l'on vous découvrait?* what if you were found out? / *on a découvert un passager clandestin* a stowaway has been found / *j'ai découvert que c'était faux* I found out (that) it wasn't true ▸ **découvrir le pot aux roses** to discover the truth / *c'est par hasard que j'ai découvert le pot aux roses* it was by chance that I found out what was going on **5.** [faire connaître] to uncover, to disclose, to reveal / *découvrir ses projets* to reveal ou to disclose one's plans ▸ **découvrir son jeu** to show one's hand **6.** [apercevoir] to see / *du balcon on découvre la mer* from the balcony one has a view of the sea / *le rideau levé, on découvrit une scène obscure* the raised curtain revealed a darkened stage / *découvrir un ami dans la foule* to catch sight of ou to spot a friend in a crowd / *découvrir des phoques sur les rochers* to sight ou to spot seals on a rock **7.** [ôter ce qui couvre -fauteuil] to uncover ; [-statue] to uncover, to unveil ; [-casserole] to uncover, to take the lid off / *il fait chaud dans la chambre, va découvrir le bébé* it's hot in the bedroom, take the covers off the baby **8.** [exposer -flanc, frontière] to expose **9.** [mettre à nu -épaule, cuisse] to uncover, to bare, to expose ; [-mur, pierre] to uncover, to expose / *ils ont découvert le tombeau des rois* they have uncovered the tomb of the kings / *il découvrit son bras* he bared ou exposed his arm / *sa robe lui découvrait le dos* her dress revealed her back.

❖ **se découvrir** ◆ vp *(emploi réfléchi)* **1.** [se déshabiller] to dress less warmly, to take a layer ou some layers off ; [au lit] to throw off one's bedclothes **2.** [ôter son chapeau] to take off one's hat **3.** [se connaître] to (come to) understand o.s. / *on se découvre avec l'âge* one comes to know o.s. with age **4.** [s'exposer] to expose o.s. to attack / *un boxeur ne doit pas se découvrir* a boxer mustn't lower his guard. ◆ vp *(emploi passif)* to emerge, to be discovered / *des scandales, il s'en découvre tous les jours* scandals come to light ou are discovered every day. ◆ vp *(emploi réciproque)* to discover each other. ◆ vpt ▸ **se découvrir qqch** [se trouver qqch] : *je me suis découvert une grosseur à l'aine* I discovered I had a lump in my groin / *elle s'est découvert des amis partout* she discovered she had friends everywhere / *il s'est découvert un don pour la cuisine* he found he had a gift for cooking. ◆ vpi ▸ **ça se découvre** it's clearing up / *les cimes se découvrent* the mist is lifting off the mountain tops.

❖ **se découvrir à** vp + prép *litt* [se confier] to confide in, to open up to / *il ne se découvre à personne* he doesn't confide in anyone.

décrassage [dekʀasaʒ] nm **1.** AUTO & INDUST scrubbing, cleaning out, cleanup / *faire le décrassage du carburateur* to clean out ou to decoke the carburettor / *faire le décrassage d'une tête de lecture* to clean a tape head **2.** [du corps] scrubbing ; [de l'esprit] training, sharpening up.

décrasser [3] [dekʀase] vt **1.** [nettoyer -peigne, tête de lecture] to clean ; [-poêle, casserole] to scour, to clean out *(sép)* ; [-linge] to scrub ; [-enfant] to scrub (down), to clean up *(sép)* **2.** *fam* [dégrossir] to give a basic grounding, to teach the basics **3.** AUTO & INDUST to clean out *(sép)*, to decoke **4.** *fam* [remettre en forme] to get back into shape, to tone up / *un peu d'exercice vous décrassera* some exercise will get you back into shape again.

❖ **se décrasser** vp *(emploi réfléchi)* [se laver] to clean up, to give o.s. a good scrub / *décrasse-toi les mains* give your hands a scrub ; [se dérouiller] to get some exercise.

décrédibiliser [3] [dekʀedibilize] vt to discredit, to deprive of credibility, to take away the credibility of.

décrêpage [dekʀepaʒ] nm straightening ou combing (out).

décrêper [4] [dekʀepe] vt to straighten (out).

décrépir [32] [dekʀepiʀ] vt to strip the roughcast off.

❖ **se décrépir** vpi ▸ **la façade se décrépit** the roughcast is coming off the front of the house.

décrépissage [dekʀepisaʒ] nm stripping of roughcast.

décrépit, e [dekʀepi, it] adj decrepit.

décrépitude [dekʀepityd] nf **1.** [décadence] decay ▸ **tomber en décrépitude a)** [civilisation] to decline, to decay **b)** [institution] to become obsolete **2.** [mauvais état] decrepitude, decrepit state.

decrescendo, décrescendo* [dekʀeʃɛndo] ◆ nm decrescendo. ◆ adv ▸ **jouer decrescendo** to decrescendo ▸ **aller decrescendo** *fig* to wane.

décret [dekʀɛ] nm **1.** DR decree, edict / *promulguer un décret* to issue a decree ▸ **décret d'application** *presidential decree affecting the application of a law* ▸ **décret ministériel** *order to carry out legislation given by the Prime Minister* **2.** RELIG decree.

❖ **décrets** nmpl *litt* : *les décrets du destin / de la Providence* what fate / Providence has decreed / *les décrets de la mode* the dictates of fashion.

❖ **par décret** loc adv ▸ **gouverner par décret** to rule by decree.

décréter [18] [dekʀete] vt **1.** [ordonner -nomination, mobilisation] to order ; [-mesure] to decree, to enact **2.** [décider] ▸ **décréter que** to decree that / *le patron a décrété qu'on ne changerait rien* the boss decreed ou ordained that nothing would change / *elle a décrété qu'elle n'irait pas se coucher* she said categorically that she wasn't going to bed / *elle a décrété qu'elle n'aimait pas les glaces* she claims not to like ice-cream / *quand il*

*In reformed spelling (see p. 16-19).

a décrété quelque chose, il ne change pas d'avis when he's made up his mind about something, he doesn't change it.

✐ In reformed spelling (see p. 16-19), this verb is conjugated like *semer*: ***il décrètera, elle décrèterait.***

décrier [10] [dekʀije] vt [collègues, entourage] to disparage ; [livre, œuvre, théorie] to criticize, to censure, to decry *sout.*

décriminaliser [3] [dekʀiminalize] vt to decriminalize.

décrire [99] [dekʀiʀ] vt **1.** [représenter] to describe, to portray / *elle a très bien décrit son amie* she portrayed ou described her friend very accurately / *l'histoire décrit une passion* the story depicts ou describes a passion / *son exposé décrit bien la situation* his account gives a good picture of the situation **2.** [former -cercle, ellipse] to describe, to draw ; [-trajectoire] to follow, to describe / *décrire des cercles dans le ciel* to fly in circles ▸ **décrire des cercles dans l'eau a)** [nageur] to swim in circles **b)** [bateau] to go in circles **c)** [ride] to make circles ▸ **décrire des méandres** to follow a winding course, to meander (along) / *la route décrit une courbe* the road curves ou bends.

> Notez que le verbe **describe** n'est jamais suivi immédiatement d'un complément d'objet indirect :
>
> **Décris-moi ta nouvelle maison.** *Describe your new house [to me].*
>
> **Pouvez-vous nous décrire la personne ?** *Can you describe the person [to us]?*
>
> Dans l'usage, « **to us** », « **to me** », etc., sont le plus souvent omis.

décrispation [dekʀispasjɔ̃] nf thaw, thawing / *la décrispation entre les deux pays* the easing of tension between the two countries.

décrisper [3] [dekʀispe] vt **1.** [muscle] to relax **2.** [relations] to thaw ; [ambiance] to ease / *pour décrisper la situation* to ease the situation.

❖ **se décrisper** vpi to relax, to unwind.

décrit, e [dekʀi, it] pp ⟶ **décrire.**

décrivait v ⟶ **décrire.**

décrochage [dekʀɔʃaʒ] nm **1.** [enlèvement -d'un rideau, d'un tableau] unhooking, taking down ; [-d'un wagon] uncoupling **2.** ÉLECTR pulling out of synchronism **3.** MIL disengagement **4.** AÉRON stall **5.** ASTRONAUT leaving orbit **6.** RADIO break in transmission **7.** *fam* [désengagement] : *le décrochage par rapport à la réalité* being out of touch with reality.

décrochement [dekʀɔʃmɑ̃] nm **1.** [fait de se décrocher] slipping **2.** ARCHIT [retrait] recess ▸ **faire un décrochement a)** [bâtiment] to form an angle **b)** [mur] to form ou to have a recess **3.** GÉOL thrust fault **4.** MÉD ▸ **décrochement de la mâchoire** dislocation of the jaw.

décrocher [3] [dekʀɔʃe] ◆ vt **1.** [dépendre] to unhook, to take down *(sép)* / *décrocher un peignoir* to take a bathrobe off the hook ou peg / *il a décroché ses gants de boxe fig* he went back to boxing ou into the ring again ▸ **décrocher la lune** to do the impossible / *ne me demande pas de (te) décrocher la lune* don't ask me to do the impossible ▸ **décrocher la timbale** *fam* ou **le coquetier**, *fam* ou **le cocotier**, *fam* ou **le pompon** *fam* to hit the jackpot **2.** [enlever -chaîne, laisse] to take off *(sép)* ; [-wagon] to uncouple / *décrocher le fermoir d'un collier* to undo (the clasp of) a necklace **3.** TÉLÉC ▸ **décrocher le téléphone a)** [le couper] to take the phone off the hook **b)** [pour répondre] to pick up the phone / *elle a décroché au bout de dix sonneries* she picked up the receiver ou telephone after ten rings / *tu décroches?* could you answer ou get it? **4.** *fam* [obtenir] to land, to get / *décrocher une grosse commande* to land a big order / *elle a décroché le boulot du siècle* she got ou landed herself a plum job **5.** FIN : *décrocher le dollar de l'or* to take the dollar off the gold standard. ◆ vi **1.** *fam* [abandonner] to opt out / *les étudiants qui décrochent* students who drop out **2.** *fam* [se déconcentrer] to switch off ▸ **j'ai complètement décroché a)** [cessé de comprendre] I was completely lost **b)** [cessé d'écouter] I stopped paying any attention, I switched off completely **3.** [être distancé] to drop ou to fall behind / *j'ai décroché du reste du groupe* I fell behind ou I couldn't keep up with the rest of the group **4.** *fam* [se désintoxiquer] to kick the habit / *décrocher de l'héroïne* to come off ou to kick heroin **5.** AÉRON to stall **6.** FIN : *le dollar décroche face à l'euro* the dollar dropped below the euro.

❖ **se décrocher** ◆ vpi ▸ **le tableau s'est décroché** the painting came unhooked. ◆ vpt : *il s'est décroché la mâchoire* he dislocated his jaw.

décrocheur, euse [dekʀɔʃœʀ, øz] nm, f QUÉBEC (high school) dropout.

décrochez-moi-ça [dekʀɔʃemwasa] nm inv *fam & vieilli* secondhand clothes shop UK ou store US.

décrois v ⟶ **décroître.**

décroisement [dekʀwazmɑ̃] nm [de fibres] uncrossing.

décroiser [3] [dekʀwaze] vt : *décroiser les jambes / les bras* to uncross one's legs / one's arms.

décroissait v ⟶ **décroître.**

décroissance [dekʀwasɑ̃s] nf **1.** [diminution] decrease, fall, decline / *une décroissance rapide de la natalité* a sharp decline in the birth rate **2.** ÉCON negative growth **3.** NUCL ▸ **décroissance radioactive** radioactive decay.

décroissant, e [dekʀwasɑ̃, ɑ̃t] adj **1.** MATH decreasing **2.** LING falling **3.** ASTRON waning, decreasing, decrescent.

décroissement [dekʀwasmɑ̃] nm *litt* decrease, decline.

décroître, décroitre* [94] [dekʀwatʀ] vi **1.** [diminuer -nombre, intensité, force] to decrease, to diminish ; [-eaux] to subside, to go down ; [-fièvre] to abate, to subside, to decrease ; [-bruit] to die down, to lessen, to decrease ; [-son] to fade, to die down ; [-vent] to let up, to die down ; [-intérêt, productivité] to decline, to drop off ; [-vitesse] to slacken off, to drop ; [-taux d'écoute] to drop ; [-lumière] to grow fainter, to grow dimmer, to fade ; [-influence] to decline, to wane / *le nombre des divorces a décru* the number of divorces has decreased / *les jours décroissent* the days are drawing in ou getting shorter / *il voyait leurs silhouettes décroître à l'horizon* he could see their silhouettes getting smaller and smaller on the horizon ▸ **aller en décroissant** to be on the decrease / *le son va en décroissant* the sound is gradually fading **2.** ASTRON to wane.

décrottage [dekʀɔtaʒ] nm scrubbing.

décrotter [3] [dekʀɔte] vt **1.** [nettoyer] to scrape the mud off **2.** *fam* [dégrossir] to refine, to take the rough edges off / *elle n'arrivera jamais à le décrotter* she'll never get him to change.

décrottoir [dekʀɔtwaʀ] nm [pour chaussures] (boot) scraper.

décru, e [dekʀy] pp ⟶ **décroître.**

❖ **décrue** nf decrease ou dropping of the water level ▸ **attendre la décrue a)** [lors d'une inondation] to wait for the flood to subside **b)** [lors d'une crue] to wait for the water level to go down ou to drop ou to fall.

décryptage [dekʀiptaʒ], **décryptement** [dekʀiptəmɑ̃] nm **1.** [décodage] deciphering, decipherment, decoding **2.** [éclaircissement] elucidation, working out.

décrypter [3] [dekʀipte] vt **1.** [décoder -message, texte ancien] to decode, to decipher **2.** [éclaircir] to elucidate, to work out *(sép).*

déçu, e [desy] ◆ pp ⟶ **décevoir.** ◆ adj **1.** [personne] disappointed **2.** [amour] disappointed, thwarted ; [espoir] disappointed. ◆ nm, f : *les déçus du libéralisme* people disappointed in liberalism.

décubitus [dekybitys] nm decubitus.

décuivrer [3] [dekɥivʀe] vt to remove copper plating from.

de cujus [dekyʒys] nm ▸ **le de cujus a)** [qui a fait un testament] the testator **b)** [sans testament] the deceased.

déculasser [3] [dekylase] vt to debreech.

déculottée [dekylɔte] nf *tfam* thrashing, clobbering, hammering / *prendre une déculottée* to get thrashed ou clobbered ou hammered.

déculotter [3] [dekylɔte] vt ▸ **déculotter qqn a)** [lui enlever sa culotte] to take sb's pants UK ou underpants US off **b)** [lui enlever son pantalon] to take sb's trousers UK ou pants US off.

❖ **se déculotter** ◆ vp *(emploi réfléchi)* [enlever -sa culotte] to take one's pants UK ou underpants US down ; [-son pantalon] to drop one's trousers UK ou pants US. ◆ vpi **1.** *fam* [se montrer lâche] to lose one's nerve ou bottle UK **2.** *tfam* [avouer] to squeal.

déculpabilisation [dekylpabilizasjɔ̃] nf : *la déculpabilisation de la sexualité* removing the guilt attached to sexuality.

déculpabiliser [3] [dekylpabilize] vt ▸ **déculpabiliser qqn** to stop sb feeling guilty / *je suis déculpabilisée* I no longer feel guilty.

❖ **se déculpabiliser** vp *(emploi réfléchi)* to get rid of one's guilt.

déculturation [dekyltyʀasjɔ̃] nf loss of cultural identity.

décuple [dekypl] nm ▸ **le décuple de trois** ten times three / *le décuple de ton salaire* ten times your salary.

❖ **au décuple** loc adv tenfold.

décuplement [dekypləmɑ̃] nm **1.** [d'une somme, d'un chiffre] tenfold increase **2.** [augmentation] : *ceci permettra le décuplement de nos chances de succès* this will greatly increase our chances of success.

décupler [3] [dekyple] ◆ vt **1.** [rendre dix fois plus grand] to increase tenfold **2.** [augmenter] to increase greatly / *la rage décuple les forces* rage greatly increases one's strength. ◆ vi to increase tenfold.

déçut v ⟶ **décevoir.**

décuvage [dekyvaʒ] nm racking.

décuvaison [dekyvɛzɔ̃] nf = **décuvage.**

décuver [3] [dekyve] vt to rack.

dédaignable [dedɛɲabl] adj ▸ **ce n'est pas dédaignable** it's not to be scoffed at.

dédaigner [4] [dedeɲe] vt **1.** [mépriser -personne] to look down on *(sép)*, to despise, to scorn ; [-compliment, richesse] to despise, to disdain **2.** [refuser -honneurs, argent] to despise, to disdain, to spurn / *une augmentation, ce n'est pas à dédaigner* a salary increase is not to be sniffed at / *ne dédaignant pas la bonne chère* not being averse to good food **3.** [ignorer -injure, difficulté] to ignore, to disregard.

❖ **dédaigner de** v + prép *litt* : *elle a dédaigné de parler* she didn't deign to speak / *il n'a pas dédaigné de goûter à ma cuisine* he was not averse to tasting my cooking / *dédaignant de visiter le château* not deigning to visit the castle.

dédaigneusement [dedɛɲøzmɑ̃] adv contemptuously, disdainfully.

dédaigneux, euse [dedɛɲø, øz] ◆ adj **1.** [méprisant -sourire, moue, remarque] contemptuous, scornful, disdainful / *d'un ton dédaigneux* contemptuously, scornfully, disdainfully **2.** *sout* ▸ **dédaigneux de** [indifférent à] disdainful ou contemptuous of / *je n'ai jamais été dédaigneux de l'argent* I've never been one to spurn ou to despise money. ◆ nm, f disdainful ou scornful ou contemptuous person ▸ **les dédaigneux** those who scoff.

dédain [dedɛ̃] nm contempt, scorn, disdain ▸ **avec dédain** contemptuously, scornfully, disdainfully.

❖ **de dédain** loc adj scornful, contemptuous, disdainful.

dédale [dedal] nm maze / *un vrai dédale, ces greniers!* these attics are like a rabbit warren ! / *dans le dédale des rues* in the maze of streets / *dans le dédale des lois* in the maze of the law.

Dédale [dedal] npr Daedalus.

dedans [dədɑ̃] ◆ adv [reprenant 'dans' + substantif] inside, in it / them, etc. ; [par opposition à 'dehors'] inside, indoors ; [à partir de -prendre, boire, manger] out of, from / *tu m'attendras dehors ou dedans?* will you wait for me outside or inside ou indoors? / *rentrons,*

* In reformed spelling (see p. 16-19).

il fait meilleur dedans let's go in, it's warmer inside / *de dedans, on ne voit rien* you can't see anything from inside / *une cabane, allons nous cacher dedans* there's a hut, let's go and hide inside ou in it / *prends les draps dans l'armoire, ils sont sûrement dedans* take the sheets from the cupboard, I'm sure they're in there / *donne-moi mon sac, la lettre est dedans* give me my bag, the letter is inside ou in it / *il y a de l'anis dedans* there's aniseed in it / *quand j'achète des chaussures, je veux me sentir bien dedans* when I buy shoes, I want to feel comfortable in them / *quelle belle eau, cela donne envie de plonger dedans* what lovely water, it makes you feel like diving into it ou in / *le tiroir était ouvert, j'ai pris l'argent dedans* the drawer was open, I took the money out of ou from it / *ce verre est sale, ne bois pas dedans* this glass is dirty, don't drink out of ou from it / *il faut élargir l'ourlet et passer l'élastique dedans* you must widen the hem and run the elastic band through it / *on n'apprécie pas le luxe quand on vit dedans* you don't appreciate luxury when you've got it ▸ **en plein dedans** *fam* : *ne me parle pas de comptes, je suis en plein dedans* don't talk to me about the accounts, I'm right in the middle of them ou up to my eyeballs in them / *tu veux du mystère? on est en plein dedans* you want mystery? we're surrounded by it ▸ **mettre** ou **ficher qqn dedans a)** *fam* [le tromper] to confuse ou to muddle sb **b)** [en prison] to put sb inside ▸ **je me suis fichu dedans** *fam* I got it wrong ▸ **tomber en plein dedans** to fall right into it / *le piège, il est tombé en plein dedans* he fell right into the trap. ◆ nm inside.

❖ **en dedans** loc adv : *c'est creux en dedans* it's hollow inside / *marcher les pieds en dedans* to be pigeon-toed.

❖ **en dedans de** loc prép : *en dedans d'elle-même, elle regrette son geste* deep down ou inwardly, she regrets what she did.

dédicace [dedikas] nf **1.** [formule manuscrite - d'un ami] (signed) dedication ; [- d'une personnalité] autograph, (signed) dedication **2.** [formule imprimée] dedication **3.** RADIO dedication **4.** RELIG [consécration] dedication, consecration ; [fête] *celebration of the consecration of a place of worship.*

dédicacer [16] [dedikase] vt **1.** [ouvrage, photo] ▸ **dédicacer un livre à qqn** to autograph ou to sign a book for sb / *la valeur des livres dédicacés* the value of books signed by the author **2.** RADIO to dedicate.

dédicataire [dedikatɛʀ] nmf dedicatee / *son dédicataire* the person it's dedicated to.

dédicatoire [dedikatwaʀ] adj dedicatory, dedicative / *formule* ou *inscription dédicatoire* dedication.

dédié, e [dedje] adj INFORM dedicated ▸ **ordinateur dédié** dedicated computer.

dédier [9] [dedje] vt **1.** [livre, symphonie] to dedicate **2.** *litt* [vouer] : *dédiant toutes ses pensées à son art* dedicating ou devoting all her thoughts to her art / *sans jamais lui dédier une pensée* with never (so much as) a thought for her.

dédifférenciation [dedifeʀɑ̃sjasjɔ̃] nf **1.** [dans un processus] dedifferentiation **2.** BIOL dedifferentiation.

dédifférencier [9] [dedifeʀɑ̃sje] ❖ **se dédifférencier** vpi to undergo dedifferentiation.

dédire [103] [dediʀ] ❖ **se dédire** vpi **1.** [se rétracter - délibérément] to recant, to retract **2.** [manquer - à sa promesse] to go back on ou to fail to keep one's word ; [- à son engagement] to fail to honour one's commitment ▸ **se dédire de a)** [promesse] to go back on, to fail to keep **b)** [engagement] to fail to honour.

dédit [dedi] nm **1.** *sout* [rétractation] retraction ; [désengagement] failure to keep one's word / *un engagement qui ne tolère aucun dédit* a binding commitment, a commitment which must be honoured **2.** DR [modalité] default ; [somme] forfeit, penalty.

dédite [dedit] nf SUISSE = **dédit**.

dédommagement [dedɔmaʒmɑ̃] nm compensation / *demander* ou *réclamer un dédommagement* to claim compensation / *voilà un piètre dédommagement de mes efforts* it's hardly compensation for all the effort I put in.

❖ **en dédommagement** loc adv as compensation / *il nous a offert une bouteille de champagne en dédommagement* he gave us a bottle of champagne by way of ou as compensation.

❖ **en dédommagement de** loc prép as a ou in compensation for, to make up for / *tenez, en dédommagement de votre dérangement* please take this for your trouble.

dédommager [17] [dedɔmaʒe] vt **1.** [pour une perte] to compensate, to give compensation to / *les paysans n'ont pas été dédommagés* the peasants have received no compensation ▸ **dédommager qqn d'une perte** to compensate sb for a loss, to make good sb's loss / *fais-toi dédommager pour le dérangement* claim compensation for the inconvenience / *j'ai réussi à me faire dédommager* [en argent] I managed to get reimbursed **2.** [pour un désagrément] to compensate / *cela te dédommagera d'avoir attendu* this'll make up for your having had to wait / *le succès l'a dédommagé de tous ses efforts* success compensated ou made up for all his effort.

dédorer [3] [dedɔʀe] vt to remove the gilt from ▸ **cadre dédoré** tarnished frame ▸ **aristocratie dédorée** *fig* faded aristocracy.

dédouanage [dedwanaʒ], **dédouanement** [dedwanmɑ̃] nm [action] clearing through customs ; [résultat] customs clearance.

dédouaner [3] [dedwane] vt **1.** ADMIN [marchandise] to clear through customs **2.** [personne] to clear (the name of).

❖ **se dédouaner** vp *(emploi réfléchi)* to make up for one's past misdeeds / *ne crois pas te dédouaner en me signant des chèques* don't think you can get round me by signing cheques.

dédoublage [dedublaʒ] nm diluting.

dédoublement [dedubləmɑ̃] nm **1.** [d'un groupe, d'une image] splitting ou dividing in two **2.** PSYCHOL ▸ **dédoublement de la personnalité** dual personality / *souffrir d'un dédoublement de la personnalité* to suffer from a split ou dual personality **3.** TRANSP putting on an extra train.

dédoubler [3] [deduble] vt **1.** [diviser - groupe] to split ou to divide in two ; [- brin de laine] to separate into strands **2.** TRANSP ▸ **dédoubler un train** to put on ou to run an extra train **3.** COUT to remove the lining of **4.** JOAILL to split lengthwise.

❖ **se dédoubler** vpi **1.** PSYCHOL : *sa personnalité se dédouble* he suffers from a split ou dual personality / *je cuisine, viens ici, je ne peux pas me dédoubler! hum* I'm cooking, come here, I can't be everywhere at once! **2.** [se diviser - convoi, image] to be split ou divided in two ; [- ongle] to split.

dédramatiser [3] [dedʀamatize] vt [situation] to make less dramatic.

déductibilité [dedyktibilite] nf **1.** [d'une hypothèse] deducibility **2.** MATH deductibility.

déductible [dedyktibl] adj deductible ▸ **non déductible** nondeductible ▸ **frais déductibles des revenus** expenditure deductible against tax.

déductif, ive [dedyktif, iv] adj deductive.

déduction [dedyksjɔ̃] nf **1.** [d'une somme] deduction ▸ **déduction faite de** after deduction of, after deducting **2.** [conclusion] conclusion, inference ▸ **tirer des déductions de** to derive conclusions from **3.** [enchaînement d'idées] deduction ▸ **faire une déduction** to go through a process of deduction / *avoir une grande puissance de déduction* to have great powers of deduction.

❖ **par déduction** loc adv by deduction, through a process of deduction.

déduire [98] [dedɥiʀ] vt **1.** [frais, paiement] to deduct, to take off *(sép)* **2.** [conclure] to deduce, to infer.

déesse [deɛs] nf **1.** MYTH & RELIG goddess ▸ **la déesse aux cent bouches** ou **voix** *litt* Fame **2.** [femme] stunningly beautiful woman.

❖ **de déesse** loc adj [allure, port] majestic.

DEFA, Defa [defa] (abr de **diplôme d'État relatif aux fonctions d'animation**) nm *diploma for senior youth leaders.*

de facto [defakto] loc adv de facto.

défaillance [defajɑ̃s] nf **1.** [évanouissement] blackout ; [malaise] feeling of faintness ▸ **avoir une défaillance a)** [s'évanouir] to faint, to have a blackout **b)** [être proche de l'évanouissement] to feel faint / *des défaillances dues à la chaleur* weak spells caused by the heat **2.** [faiblesse] weakness / *avouer dans un moment de défaillance* to confess in a moment of weakness **3.** [lacune] lapse, slip / *une défaillance de mémoire* a memory lapse / *une seule défaillance et vous êtes renvoyé* one single mistake and you're fired / *j'ai eu une défaillance à l'oral* I didn't do myself justice at the oral / *les défaillances du syndicat* the union's failings / *les défaillances du rapport* the weak spots in the report **4.** [mauvais fonctionnement] failure, fault / *en cas de défaillance du système* in case of a failure in the system / *le moteur a régulièrement des défaillances* the engine is always breaking down **5.** MÉD ▸ **défaillance cardiaque** / **rénale** heart / kidney failure **6.** DR default **7.** [faillite] collapse.

❖ **sans défaillance** loc adj [mémoire] faultless ; [attention, vigilance] unflinching.

défaillant, e [defajɑ̃, ɑ̃t] adj **1.** [près de s'évanouir] : *des spectateurs défaillants* spectators about to faint ou on the verge of fainting **2.** [faible - santé] declining, failing ; [- cœur, poumon] weak, failing ; [- force, mémoire] failing ; [- détermination] weakening, faltering ; [- voix] faltering **3.** [qui ne remplit pas son rôle - appareil] malfunctioning / *une télévision défaillante* a malfunctioning TV set / *dû à l'organisation défaillante du concert* due to the poor organization of the concert **4.** DR defaulting ▸ **témoin défaillant au tribunal** witness who fails to appear in court.

défaillir [47] [defajiʀ] vi *litt* **1.** [être près de s'évanouir] to be about to faint ou on the verge of fainting / *en entendant ce nom, il défaillit* on hearing this name he nearly fainted ou swooned *litt* **2.** [s'amollir] ▸ **défaillir de** to swoon ou to go weak at the knees with / *défaillir de plaisir* to swoon with pleasure **3.** [forces, mémoire] to fail ; [détermination] to weaken, to falter, to flinch.

défaire [109] [defɛʀ] vt **1.** [détacher - nœud] to untie, to unfasten ; [- fermeture] to undo, to unfasten ; [- cravate] to undo, to untie / *défaire les lacets d'une botte* to unlace a boot ▸ **défaire ses cheveux** to let one's hair down *pr* ▸ **avec les cheveux défaits a)** [pas encore arrangés] with her hair undone, with tousled hair **b)** [que l'on a dérangés] with her hair messed up **2.** [découdre - ourlet] to undo, to unpick / *défaire le bâti d'un ourlet* to unpick a hem **3.** [démonter - décor de théâtre] to take down *(sép)*, to dismantle ; [- maquette] to take apart *(sép)*, to disassemble ; [- tente] to take down *(sép)* **4.** [déballer - paquet] to open, to unwrap ▸ **défaire ses valises** to unpack **5.** [mettre en désordre] ▸ **défaire le lit a)** [pour changer les draps] to strip the bed **b)** [en jouant] to rumple the bedclothes ▸ **le lit défait** [pas encore fait] the unmade bed / *le lit n'a pas été défait* the bed hasn't been slept in **6.** [détruire] : *faire et défaire des gouvernements* to make and break governments **7.** *litt* [délivrer] ▸ **défaire qqn de** to rid sb of / *défaites-nous de ces sots!* deliver ou save us from these fools! **8.** *litt* [armée] to defeat.

❖ **se défaire** vpi **1.** [se détacher - nœud] to come loose ou undone ; [- coiffure, paquet] to come undone ; [- tricot] to fray, to come undone, to unravel **2.** [être détruit - gouvernement, amitié] to break ; [- destinée] to come apart **3.** [se décomposer] ▸ **son visage se défit a)** [de chagrin] he looked distraught **b)** [de déception] his face fell.

❖ **se défaire de** vp + prép *sout* [employé, dettes, meuble] to get rid of, to rid o.s. of *sout* ; [idée] to put out of one's mind ; [habitude] to break / *il ne veut pas se défaire de son vieux chien* he won't get rid of his old dog.

défait, e [defɛ, ɛt] adj **1.** [accablé] ▸ **être défait** to be broken **2.** [décomposé] : *il se tenait là, le visage défait* he stood there, looking distraught.

défaite [defɛt] nf MIL, POL & SPORT defeat.

défaites v ⟶ **défaire**.

défaitisme [defetism] nm **1.** MIL defeatism **2.** [pessimisme] defeatism, negative attitude.

défaitiste [defetist] ◆ adj defeatist. ◆ nmf **1.** MIL defeatist **2.** [pessimiste] defeatist.

défalcation [defalkasjɔ̃] nf deduction / *défalcation faite des frais* after deduction of expenses.

défalquer [3] [defalke] vt to deduct.

défasse v ⟶ **défaire.**

défatigant, e [defatigɑ̃, ɑ̃t] adj relaxing, soothing.

❖ **défatigant** nm muscle relaxant.

défatiguer [3] [defatige] vt to refresh, to relax.

défaufiler [3] [defofile] vt to remove the tacking from.

défausser [3] [defose] vt to straighten out *(sép)* again.

❖ **se défausser** vpi to discard an unwanted card.

défaut [defo] nm **1.** [imperfection - d'un visage, de la peau] blemish, imperfection ; [- d'un tissu, d'un appareil] defect, flaw ; [- d'un diamant, d'une porcelaine] flaw ; [- d'un projet] drawback, snag / *il y a un défaut de fonctionnement* it doesn't work ou work properly / *le défaut de* ou *avec* fam *ton attitude, c'est que...* the trouble with your attitude is that... / *ce roman / jardin a le grand défaut de manquer de couleur* the big problem with this novel / garden is (that) it lacks colour ▸ **défaut d'élocution** ou **de prononciation** speech defect ou impediment ▸ **défaut de fabrication** manufacturing defect ▸ **il y a comme un défaut!** *fam & hum* there's something wrong somewhere ! / *une télévision sans son, il y a comme un défaut!* fam a television with no sound, there's something funny going on there ! **2.** [tache morale] fault, failing / *son plus gros défaut, c'est qu'il est égoïste* his biggest fault is that he's selfish **3.** [manque] ▸ **défaut de** lack ou want of / *défaut de mémoire* memory lapse ▸ **défaut d'attention** lapse in concentration / *défaut de sagesse* lack ou want of wisdom ▸ **faire défaut** to be lacking ▸ **l'argent faisant défaut a)** [il y a peu d'argent] money being short **b)** [il n'y a pas d'argent] there being no money / *ses forces lui ont fait défaut* his strength failed him / *le temps me fait défaut* I don't have the time / *l'imagination est loin de lui faire défaut* he is far from lacking (in) imagination / *notre fournisseur nous a fait défaut* our supplier let us down **4.** [bord, lisière] : *au défaut des côtes* under the ribcage ▸ **le défaut de la cuirasse** ou **de l'armure** the chink in one's ou the armour **5.** DR default ▸ **faire défaut** to default ▸ **défaut de paiement** default in payment, non-payment **6.** PHYS ▸ **défaut de masse** mass defect **7.** INFORM default setting.

❖ **à défaut** loc adv if not, failing that / *des roses ou, à défaut, des tulipes* roses or, failing that, tulips.

❖ **à défaut de** loc prép for lack ou for want of / *un voyage reposant à défaut d'être intéressant* a restful if not interesting trip.

❖ **en défaut** loc adv **1.** [en faute] ▸ **être en défaut** to be at fault / *son pouvoir de réflexion est en défaut* his ability to think is at fault ▸ **prendre qqn en défaut** to catch sb out, to fault sb / *on ne le prend pas en défaut* you can't fault him **2.** CHASSE : *mettre les chiens en défaut* to set the hounds on the wrong scent.

❖ **par défaut** loc adv **1.** [sans agir] by default / *avoir un poste par défaut* to get a job by default **2.** MATH ▸ **calculé par défaut** (worked out) to the nearest decimal point **3.** DR by default **4.** INFORM by default.

❖ **sans défaut** loc adj flawless.

défaveur [defavœʀ] nf discredit, disfavour UK, disfavor US / *c'est tombé en défaveur* it's gone out of favour UK ou favor US ou fashion / *cela a tourné à ma défaveur* it worked against me in the end.

défavorable [defavɔʀabl] adj unfavourable UK, unfavorable US ▸ **voir qqch d'un œil défavorable** to view sthg unfavourably / *en cas d'avis défavorable du jury* should the jury return an unfavourable verdict.

défavorablement [defavɔʀabləmɑ̃] adv unfavourably UK, unfavorably US.

défavorisé, e [defavɔʀize] adj ▸ **régions défavorisées** depressed areas ▸ **classes défavorisées** underprivileged social classes.

défavoriser [3] [defavɔʀize] vt [dans un partage] to treat unfairly ; [dans un examen, une compétition] to put at a disadvantage.

défécation [defekasjɔ̃] nf **1.** PHYSIOL defecation **2.** CHIM defecation, purification.

défectif, ive [defɛktif, iv] adj GRAM defective.

défection [defɛksjɔ̃] nf **1.** [fait de quitter] abandonment, abandoning / *après la défection de son père* after his father walked out **2.** [désistement - d'un allié, d'un partisan] withdrawal of support, defection ; [- d'un touriste, d'un client] cancellation / *cet été, nous avons eu beaucoup de défections* many tourists stayed away this summer ▸ **faire défection a)** [allié] to withdraw support **b)** [invité] to fail to appear.

défectueusement [defɛktɥøzmɑ̃] adv in a faulty manner.

défectueux, euse [defɛktɥø, øz] adj [appareil, produit] faulty, defective, substandard ; [loi] defective.

défectuosité [defɛktɥozite] nf **1.** [mauvaise qualité] substandard quality, defectiveness **2.** [malfaçon] imperfection, defect, fault.

défendable [defɑ̃dabl] adj **1.** MIL defensible **2.** [justifiable - position] defensible ; [- comportement] justifiable ; [- idée] tenable, defensible / *des théories qui ne sont pas défendables* indefensible theories.

défendeur, eresse [defɑ̃dœʀ, dʀɛs] nm, f defendant.

défendre [73] [defɑ̃dʀ] vt **1.** [interdire] to forbid / *défendre l'accès au jardin* to forbid access to the garden ▸ **défendre à qqn de faire qqch** to forbid sb to do sthg / *je te défends d'approcher / de parler* I forbid you to come nearer / to speak ▸ **défendre qqch à qqn** : *elle lui défend les bonbons* she doesn't allow him to eat sweets / *l'alcool lui est défendu* he's not allowed to drink alcohol ▸ **être défendu** to be forbidden ▸ **c'est défendu** it's not allowed, it's forbidden **2.** MIL [pays, population] to defend ; [forteresse] to defend, to hold / *ville mal défendue* badly defended town ▸ **défendre chèrement sa vie** to fight for dear life **3.** [donner son appui à - ami] to defend, to protect, to stand up for ; [- idée, cause] to defend, to champion, to support ▸ **défendre son honneur** to defend one's honour / *défendre ses couleurs / son titre* to defend ou to fight for one's colours / title / *défendre l'intérêt national* to defend ou to safeguard the national interest / *je défends mon point de vue* I'm defending ou standing up for my point of view **4.** [préserver] ▸ **défendre qqn contre** ou **de qqch** to protect sb from ou against sthg **5.** DR to defend.

❖ **se défendre** ◆ vp *(emploi réfléchi)* **1.** [en luttant - physiquement] to defend o.s. ; [- verbalement] to stand up for ou to defend o.s. ▸ **se défendre jusqu'au bout** to fight to the last **2.** [se protéger] ▸ **se défendre de** ou **contre** to protect o.s. from ou against. ◆ vp *(emploi passif)* [être plausible] to make sense / *cela se défend* that makes sense / *il dit que c'est trop long et cela se défend* he says it's too long and he has a point ou it's a fair point. ◆ vpi *fam* [être compétent] to get by / *elle n'est pas la meilleure mais elle se défend* she's not the best but she gets by / *il se défend bien en maths* he's quite good at maths / *il ne se défend pas trop bien avec les femmes* he doesn't have much success with women / *pour un débutant il ne se défend pas mal!* he's not bad for a beginner !

❖ **se défendre de** vp + prép **1.** [s'interdire de] : *se défendant de penser du mal d'elle* refusing to think ill of her ; [s'empêcher de] to refrain from **2.** [nier] : *se défendre de toute compromission* to deny being compromised / *se défendant d'avoir dit cela* denying having said that / *il se défend de vouloir la quitter* he won't admit that he wants to leave her.

> ⚠ Attention, **to defend** ne peut être employé pour traduire défendre au sens d'« interdire ».

défends [defɑ̃] = **défens.**

défendu, e [defɑ̃dy] pp ⟶ **défendre.**

défenestration [defənɛstʀasjɔ̃] nf defenestration.

défenestrer [3] [defənɛstʀe] vt to defenestrate, to throw out of the window.

❖ **se défenestrer** vp *(emploi réfléchi)* to jump out of the window.

défens [defɑ̃] ❖ **en défens** loc adj *to which access is forbidden to grazing animals.*

défense [defɑ̃s] nf **1.** [interdiction] prohibition / *malgré la défense de sa mère* despite his mother having forbidden it / *mais défense expresse d'en parler!* but you're strictly forbidden to talk about it ! / **'défense d'entrer'** 'no admittance ou entry' / **'danger, défense d'entrer'** 'danger, keep out' / **'défense d'afficher'** 'stick UK ou post no bills' / **'défense de fumer'** 'no smoking' / **'défense de déposer des ordures'** 'no dumping' **2.** [protection] defence UK, defense US / *la défense de la langue française* the defence of the French language / *pour la défense des institutions* in order to defend ou to safeguard institutions ; [moyen de protection] defence UK, defense US / *ne pas avoir de défense* to be unable to defend o.s. / *sans défense contre le désespoir* defenceless in the face of despair **3.** [dans un débat] defence UK, defense US ▸ **prendre la défense de qqn / qqch** to stand up for ou to defend sb / sthg **4.** MIL defence UK, defense US ▸ **la défense nationale** national defence / *un problème concernant la défense nationale* a problem of national defence ▸ **défense opérationnelle du territoire** home defence ▸ **défense passive** civil defence ▸ **un secret défense** a military secret **5.** PHYSIOL & PSYCHOL defence UK, defense US / *les défenses de l'organisme* the body's defences / *impossible de discuter, il est toujours en position de défense* there's no talking to him, he's always on the defensive **6.** DR defence UK, defense US / *présenter la défense* to put the case for the defence **7.** SPORT ▸ **la défense** the defence UK, the defense US ▸ **jouer la défense** to play a defensive game **8.** ZOOL tusk **9.** NAUT fender.

❖ **défenses** nfpl MIL defences UK, defenses US.

❖ **de défense** loc adj **1.** MIL ⟶ **ligne 2.** defence UK, defense US *(modif).*

❖ **pour ma défense, pour sa défense** loc adv in my / his, etc., defence UK ou defense US / *je dirai pour ma défense que...* I will say in my (own) defence that...

❖ **sans défense** loc adj **1.** [animal, bébé] defenceless UK, defenseless US, helpless **2.** MIL undefended.

❖ **Défense** npr f ▸ **la Défense** *business district west of Paris.*

défenseur [defɑ̃sœʀ] nm **1.** [partisan - de la foi] defender / *les défenseurs de ces idées* advocates ou supporters of these ideas / *défenseur de l'art pour l'art* advocate of art for art's sake ▸ **jouer les défenseurs de la veuve et de l'orphelin** ou **des faibles et des opprimés** *hum* to play at protecting the weak and the oppressed **2.** DR counsel for the defence UK, defense attorney US / *l'accusé et son défenseur* the accused and his counsel **3.** SPORT defender / *défenseur droit / gauche* HOCKEY right / left defence UK ou defense US.

défensif, ive [defɑ̃sif, iv] adj [armes, mesures] defensive.

❖ **défensive** nf ▸ **la défensive** the defensive / *être* ou *se tenir sur la défensive* to be (on the) defensive / *ne sois pas toujours sur la défensive* don't be so defensive.

défensivement [defɑ̃sivmɑ̃] adv defensively.

déféquer [18] [defeke] vi to defecate.

✐ In reformed spelling (see p. 16-19), this verb is conjugated like *semer*: *il défèquera, elle défèquerait.*

défera v ⟶ **défaire.**

déférence [defeʀɑ̃s] nf respect, deference ▸ **avec déférence** deferentially.

déférent, e [defeʀɑ̃, ɑ̃t] adj **1.** [employé, attitude, discours] deferential, respectful **2.** ANAT ▸ **canal déférent** vas deferens.

❖ **déférent** nm ANAT vas deferens.

déférer [18] [defeʀe] vt [affaire] to refer to a court ; [accusé] to bring before a court ▸ **déférer qqn à la justice** to hand sb over to the law / *déférer un officier en conseil de guerre* to bring an officer before a court-martial / *il a été déféré au parquet* he was sent to appear before the public prosecutor.

❖ **déférer à** v + prép to defer to.

✐ In reformed spelling (see p. 16-19), this verb is conjugated like *semer*: *il défèrera, elle défèrerait.*

déferlant, e [defɛʀlɑ̃, ɑ̃t] adj [vague] breaking.
❖ **déferlante** nf **1.** [vague] breaker **2.** [invasion] tidal wave / *la grande déferlante du tourisme estival* the tidal wave of summer tourists.

déferlement [defɛʀləmɑ̃] nm **1.** [de vagues] breaking **2.** [invasion] ▸ **déferlement de a)** [soudain] flood of **b)** [continu] stream of / *on s'attend à un déferlement de visiteurs* crowds of visitors are expected **3.** [accès] ▸ **un déferlement d'émotion** a surge ou wave of emotion / *un déferlement de colère dans le parti* a wave of anger sweeping the party.

déferler [3] [defɛʀle] ◆ vi **1.** [vague] to break ▸ **une vague de violence / racisme déferla sur le pays** *fig* a wave of violence / racism spread through the country **2.** [se répandre] to rush into / *déferlant dans le parc* streaming into the park / *ils déferlaient dans la rue* they flooded into the streets / *la famille déferlait chez elle* her whole family turned up at her door **3.** [fuser - émotion, applaudissements] to erupt. ◆ vt NAUT to unfurl, to stream.

déferrage [defɛʀaʒ] nm [d'un cheval] unshoeing.

déferrement [defɛʀmɑ̃] nm [d'un cheval] unshoeing ; [d'un coffre] removing iron plates from.

déferrer [4] [defeʀe] vt [cheval] to unshoe ; [coffre] to remove iron plates from.

défervescence [defɛʀvesɑ̃s] nf abatement of fever, defervescence.

défeuillaison [defœjɛzɔ̃] nf defoliation, falling of leaves / *à la défeuillaison* when the leaves fall, when the trees lose their leaves.

défeuiller [5] [defœje] vt *litt* to strip of leaves ▸ **paysage défeuillé** leafless scenery.
❖ **se défeuiller** vpi *litt* to shed its leaves, to defoliate.

défi [defi] nm **1.** [appel provocateur] challenge ▸ **jeter** ou **lancer un défi à qqn** to throw down the gauntlet to sb, to challenge sb ▸ **relever un défi** to take up the gauntlet ou a challenge ; [attitude provocatrice] defiance / *refuser par défi* to refuse out of defiance **2.** [remise en question] ▸ **un défi à** a challenge to / *c'est un défi à ma position de chef de famille* it's a challenge to my position as head of the family / *c'est un défi au bon sens* it defies common sense.
❖ **au défi** loc adv ▸ **mettre qqn au défi (de faire)** to challenge sb (to do) / *je mets quiconque au défi de comprendre leur formulaire* I challenge anybody to understand their form.
❖ **de défi** loc adj [attitude, air] defiant.

défiance [defjɑ̃s] nf **1.** [méfiance] mistrust, distrust ▸ **avec défiance** defiantly / *parler sans défiance* to speak unsuspectingly **2.** [désapprobation] ▸ **vote de défiance** vote of no confidence.

défiant, e [defjɑ̃, ɑ̃t] adj [enfant, air] mistrustful, distrustful.

défibrage [defibʀaʒ] nm **1.** [de canne à sucre] grinding **2.** [du bois] pulping.

défibrer [3] [defibʀe] vt **1.** [canne à sucre] to grind **2.** [bois] to pulp.

défibrillateur [defibʀijatœʀ] nm defibrillator.

défibrillation [defibʀijasjɔ̃] nf defibrillation.

déficeler [24] [defisle] vt [paquet] to untie, to take the string off ; [rôti] to remove the string from, to take the string off.

✐ In reformed spelling (see p. 16-19), this verb is conjugated like *peler*: *il déficèle, elle déficèlera.*

déficience [defisjɑ̃s] nf **1.** MÉD deficiency **2.** PSYCHOL ▸ **déficience mentale** mental retardation.

déficient, e [defisjɑ̃, ɑ̃t] adj **1.** MÉD deficient **2.** [insuffisant - théorie] weak, feeble.

déficit [defisit] nm **1.** ÉCON & FIN deficit / *société en déficit* company in deficit ▸ **déficit budgétaire** budget deficit ▸ **déficit commercial** trade deficit ou gap ▸ **déficit de la balance des paiements** balance of payments deficit ▸ **déficit d'exploitation** operating deficit ▸ **déficit public** government deficit **2.** MÉD ▸ **déficit immunitaire** immunodeficiency ▸ **déficit intellectuel** PSYCHOL mental retardation **3.** [manque] gap, lack.

déficitaire [defisitɛʀ] adj **1.** ÉCON & FIN in deficit ▸ **être déficitaire** to be in deficit **2.** [insuffisant - production, récolte] poor.

défier [9] [defje] vt **1.** [dans un duel, un jeu] to challenge ▸ **défier qqn du regard** to give sb a challenging look / *je te défie de trouver moins cher* I defy you to find a better price / *il m'a défié au tennis* he challenged me to a game of tennis **2.** [affronter - danger] to defy, to brave / *défiant les lois de l'équilibre* defying the laws of gravity ▸ **prix / qualité défiant toute concurrence** absolutely unbeatable prices / quality.
❖ **se défier de** vp + prép *litt* to mistrust, to distrust / *elle se défie d'elle-même* she doesn't trust herself.

défigurer [3] [defigyʀe] vt **1.** [personne] to disfigure / *l'accident / la maladie l'a défiguré* the accident / illness has disfigured him / *défiguré par les larmes / la colère* his face disfigured by tears / distorted with anger **2.** [ville, environnement] to blight, to ruin / *la tour défigure la place* the tower block ruins the square **3.** [caricaturer - vérité, faits] to distort / *défigurant les intentions de l'auteur* distorting the author's intentions.

défilé [defile] nm **1.** [procession - pour une fête] procession ; [- de militaires] march, parade ; [- de manifestants] march ▸ **défilé aérien** flypast ▸ **un défilé de mode** a fashion show **2.** [multitude - d'invités, de pensées] stream ; [- de souvenirs] string ; [- d'images] succession **3.** GÉOGR defile, narrow pass.

défilement [defilmɑ̃] nm [d'un film, d'une bande] unwinding ; [d'un texte sur écran] scrolling.

défiler [3] [defile] ◆ vi **1.** [marcher en file - militaires] to march, to parade ; [- pour manifester] to march / *défiler dans la rue* to march through the streets ▸ **défiler devant... a)** [gén] to file past **b)** [troupes, manifestants] to march past / *les élèves défilaient devant la statue* the pupils filed past the statue ▸ **les mannequins défilaient** the models were parading up and down the catwalk **2.** [être nombreux] : *les journalistes ont défilé au ministère toute la journée* the journalists were in and out of the ministry all day / *ses amis ont défilé à son chevet* his friends came to his bedside one after the other / *les petites amies défilent* he has one girlfriend after another **3.** [se dérouler - bande magnétique] to unwind ; [- texte informatique] to scroll ; [- souvenirs, publicité] to stream past ▸ **faire défiler** [données sur écran] to scroll ▸ **les pâturages défilaient sans fin a)** the fields rolled past endlessly **b)** [rapidement] the fields flashed by / *toute ma vie a défilé dans ma tête* my whole life flashed before my eyes. ◆ vt **1.** [perles] to unthread ; [collier] to unstring **2.** MIL to put under cover, to defilade **3.** TEXT to shred.
❖ **se défiler** vpi *fam* **1.** [fuir] to slip away **2.** [esquiver une responsabilité] : *n'essaie pas de te défiler* don't try to get out of it / *il s'est défilé* he got ou wriggled out of it.

défini, e [defini] adj **1.** [qui a une définition] defined ; [précis] precise / *une utilisation bien définie* a well-defined usage ▸ **mal défini** ill-defined **2.** GRAM ▸ **article défini** definite article ▸ **passé défini** preterite.
❖ **défini** nm ▸ **le défini** that which is defined.

définir [32] [definiʀ] vt **1.** [donner la définition de] to define / *on définit le dauphin comme un mammifère* the dolphin is defined as a mammal **2.** [décrire - sensation] to define, to describe ; [- personne] to describe, to portray **3.** [circonscrire - objectif, politique, condition] to define / *notre mode de travail reste à définir* our method of working has still to be defined / *je définirais mon rôle comme étant celui d'un négociateur* I'd define ou describe my role as that of a negotiator.

définissable [definisabl] adj definable.

définitif, ive [definitif, iv] adj **1.** [irrévocable - décision] final ; [- acceptation] definitive / *leur séparation est définitive* they're splitting up for good / *rien de définitif* nothing definite / *c'est non et c'est définitif!* it's no and that's that ! ▸ **à titre définitif** permanently / **'soldes avant fermeture définitive'** 'closing-down sale' **2.** [qui fait autorité - œuvre] definitive ; [- argument] conclusive / *il a écrit un article définitif sur le matérialisme* he's written the definitive article on materialism.
❖ **définitif** nm : *à ce stade de ma vie, je veux du définitif* at my time of life I want something more permanent.
❖ **en définitive** loc adv **1.** [somme toute] finally, when all's said and done, in the final analysis / *elle n'est pas malheureuse, en définitive* when all is said and done, she's not unhappy **2.** [après tout] after all / *en définitive, je ne crois pas que je le lui dirai* I don't think I'll tell him after all.

définition [definisjɔ̃] nf **1.** [d'une idée, d'un mot] definition **2.** LOGIQUE definition **3.** [de mots croisés] clue **4.** PHOT & TÉLÉC definition ▸ **la haute définition** high definition ▸ **à haute définition** high-definition *(modif).*
❖ **par définition** loc adv by definition / *pour elle, les hommes sont égoïstes, par définition* as far as she is concerned, men are, by definition, selfish.

définitionnel, elle [definisjɔnɛl] adj [relatif à une définition] definitional ; [qui est une définition] definitional.

définitivement [definitivmɑ̃] adv for good.

> ⚠ **Definitely** a le sens de « sans aucun doute » et ne peut être employé pour traduire définitivement.

défiscalisation [defiskalizasjɔ̃] nf tax exemption.

défiscaliser [3] [defiskalize] vt to exempt from tax.

défit v ⟶ **défaire.**

déflagrant, e [deflagʀɑ̃, ɑ̃t] adj deflagrating.

déflagration [deflagʀasjɔ̃] nf **1.** [explosion] explosion ; [combustion] deflagration **2.** [conflit] clash / *une déflagration mondiale* a worldwide conflict.

déflagrer [3] [deflagʀe] vi to deflagrate.

déflation [deflasjɔ̃] nf FIN & GÉOL deflation.

déflationniste [deflasjɔnist] ◆ adj [principe] deflationist ; [mesure] deflationary. ◆ nmf deflationist.

déflecteur [deflɛktœʀ] nm **1.** AUTO quarter-light UK, vent US **2.** NAUT & PHYS deflector.

défleurir [32] [deflœʀiʀ] *litt* ◆ vt [rose] to deadhead, to take the heads off, to top ; [arbre] to remove the blossom from ; [paysage] to remove the flowers from. ◆ vi [arbre] to shed its blossom ; [paysage] to lose its flowers.

déflexion [deflɛksjɔ̃] nf **1.** PHYSIOL deflection ; [en obstétrique] disengagement, extension **2.** PHYS deflection **3.** AÉRON [vers le haut] upwash ; [vers le bas] downwash.

déflocage [deflɔkaʒ] nm CONSTR asbestos removal, insulation removal.

défloquer [deflɔke] vt [bâtiment] to remove asbestos from.

défloraison [deflɔʀɛzɔ̃] nf *litt* falling of blossoms.

défloration [deflɔʀasjɔ̃] nf defloration.

déflorer [3] [deflɔʀe] vt **1.** [fille] to deflower **2.** *litt* [sujet] to corrupt, to spoil.

défluent [deflyɑ̃] nm distributary.

défoliant [defɔljɑ̃] nm defoliant.

défoliation [defɔljasjɔ̃] nf defoliation.

défolier [9] [defɔlje] vt to defoliate.

défonçage [defɔ̃saʒ] nm **1.** [destruction - d'une porte] breaking down ; [- d'un mur] smashing down ; [- d'un tonneau, d'une caisse] smashing open **2.** AGR deep ploughing UK ou plowing US.

défonce [defɔ̃s] nf *tfam* high / *son seul plaisir, c'est la défonce* his only pleasure in life is getting high / *défonce aux solvants* glue-sniffing / *défonce à l'acide* dropping acid / *défonce aux amphétamines* taking speed, speeding.

défoncé, e [defɔ̃se] adj **1.** [cabossé - lit, sofa] battered ; [- chemin] rutted **2.** *tfam* [drogué] stoned, high / *des mecs défoncés* guys on drugs / *ils étaient complètement défoncés* they were stoned out of their minds.

défoncement [defɔ̃smɑ̃] = **défonçage.**

défoncer [16] [defɔ̃se] vt **1.** [démolir - porte] to smash in *(sép)*, to knock down *(sép)* ; [- mur] to smash ou to knock down *(sép)*, to demolish ; [- lit] to break ou to smash (up) ; [- chaussée] to break up *(sép)* ; [- caisse, tonneau] to smash ou to stave in *(sép)* / *défoncer qqch à coups de pied* to kick sthg in / *le choc lui a défoncé* *trois côtes* the impact cracked three of her ribs / *les chars ont défoncé la route* the tanks have broken up the road surface / *il a eu le crâne défoncé* his skull was smashed **2.** *tfam* [suj : drogue] ▸ **défoncer qqn** to get sb high / *moi, c'est le café qui me défonce hum* I get my kicks from coffee **3.** AGR to deep-plough.

❖ **se défoncer** vpi **1.** *fam* [se démener - au travail] to work flat out ; [- en se distrayant] to have a wild time / *je me suis défoncé pour finir le manuscrit* I bust a gut to get the manuscript finished / *il s'est défoncé sur scène hier soir* he gave it all he had on stage last night **2.** *tfam* [se droguer] to get high / *elle se défonce tous les soirs* she gets stoned out of her mind every night / *il se défonce à l'héroïne / à la colle* he does heroin / glue / *moi, je me défonce au café hum* coffee's MY drug.

défonceuse [defɔ̃søz] nf **1.** AGR breaker plough **2.** TRAV PUB ripper, rooter.

défont v ⟶ **défaire.**

déforcer [16] [defɔʀse] vt BELG to weaken, to make weaker.

déforestation [defɔʀɛstasjɔ̃] nf deforestation / *faire de la déforestation* to deforest.

déformable [defɔʀmabl] adj [gén] deformable ; MÉTALL ductile.

déformant, e [defɔʀmɑ̃, ɑ̃t] adj distorting.

déformation [defɔʀmasjɔ̃] nf **1.** [changement de forme - gén] putting out of shape ; [- par torsion] bending out of shape ; [- en frappant] knocking out of shape ; [- par la chaleur] warping **2.** [travestissement - d'une pensée, de la réalité] distortion, misrepresentation ; [- d'une image] distortion, warping ▸ **déformation professionnelle** : *elle pose toujours des questions, c'est une déformation professionnelle* she's always asking questions because she's used to doing it in her job / *ne fais pas attention, c'est de la déformation professionnelle! hum* don't worry, it's just my job!

déformer [3] [defɔʀme] vt **1.** [changer la forme de - planche] to warp ; [- barre] to bend (out of shape) ; [- pare-chocs] to knock out of shape, to buckle ; [- chaussure, pantalon] to put out of shape, to ruin the shape of ▸ **chapeau déformé** hat that's gone out of ou lost its shape **2.** [transformer - corps] to deform ; [- visage, voix] to distort / *les mains déformées par les rhumatismes* hands deformed by rheumatism / *traits déformés par la haine* features contorted with hatred **3.** [changer le comportement de] : *déformé par 10 ans de journalisme* marked by 10 years as a journalist / *l'enseignement l'a déformé* he's taken on all the mannerisms of the typical teacher **4.** [fausser - réalité, pensée] to distort, to misrepresent ; [- image] to distort ; [- goût] to warp ; [- paroles] to misquote ▸ **vous déformez la réalité / vérité** you're twisting the facts / truth.

❖ **se déformer** vpi [vêtement] to become shapeless, to go out of ou to lose its shape ; [planche] to become warped ; [barre] to become bent / *le pull ne s'est pas déformé* the sweater kept its shape ou didn't go out of shape.

défoulement [defulmɑ̃] nm release / *danser est un bon défoulement* dancing is a good way of unwinding / *crier par défoulement* to shout to release one's pent-up emotions.

défouler [3] [defule] ❖ **se défouler** vpi to let steam off, to unwind / *rien de tel que le sport pour se défouler* there's nothing like sport for letting off steam.

défouloir [defulwaʀ] nm *fam* way of letting off steam / *sortir en boîte, c'est son défouloir* going out clubbing is his way of letting off steam.

défourner [3] [defuʀne] vt [pain] to take out (of the oven) ; [poterie] to take out (of the kiln).

défragmentation [defʀagmɑ̃tasjɔ̃] nf defragmentation.

défragmenter [3] [defʀagmɑ̃te] vt INFORM to defragment, to defrag *fam*.

défraîchi, e [defʀeʃi] adj : *des articles défraîchis* shopsoiled articles / *les fleurs sont défraîchies* the flowers are past their best / *des idées un peu défraîchies fig* rather stale ideas.

défraîchir, défraichir* [32] [defʀeʃiʀ] vt [rideau] to give a worn look to ; [couleur] to fade.

❖ **se défraîchir, se défraichir*** vpi [rideau, couleur] to fade ; [pantalon] to become worn.

défraiement [defʀɛmɑ̃] nm [indemnisation] expenses.

défrayer [11] [defʀeje] vt **1.** [indemniser] ▸ **défrayer qqn de** to meet sb's expenses for **2.** EXPR ▸ **défrayer la chronique** to be the talk of the town, to be widely talked about ▸ **défrayer la conversation** to be the main topic of conversation.

défrichage [defʀiʃaʒ] nm **1.** [d'un terrain] clearing **2.** [approche] : *le défrichage d'un texte du programme* a first look at a book on the syllabus.

défriche [defʀiʃ] nf clearing, clear patch.

défrichement [defʀiʃmɑ̃] = **défrichage.**

défricher [3] [defʀiʃe] vt **1.** [nettoyer - terrain] to clear / *défricher le terrain avant de négocier fig* to clear the way for negotiations **2.** [préparer - texte] to have a first look at ; [- enquête] to do the spadework for / *mon assistant a défriché votre dossier* my assistant did some preliminary work on your file.

défricheur, euse [defʀiʃœʀ, øz] nm, f : *les premiers défricheurs* the people ou settlers who first cleared the land.

défriper [3] [defʀipe] vt to smooth out *(sép)*, to take the creases out of.

défriser [3] [defʀize] vt **1.** [cheveux, moustache] to straighten out *(sép)*, to take the curl ou curls out of / *se faire défriser (les cheveux)* to have one's hair straightened **2.** *fam* [contrarier] to bug / *ça me défrise, ce genre d'attitude!* that sort of attitude really bugs me ou gets to me!

défroisser [3] [defʀwase] vt to smooth out *(sép)*, to take the creases out of.

❖ **se défroisser** vpi to lose its creases.

défroncer [16] [defʀɔ̃se] vt **1.** COUT to take the gathers from **2.** [détendre] : *défroncer les sourcils* to stop frowning.

défroque [defʀɔk] nf **1.** [vêtement] (old) rags / *on lui passait les défroques de son frère* he used to get his brother's cast-offs **2.** [d'un religieux] effects.

défroqué, e [defʀɔke] adj defrocked, unfrocked.

❖ **défroqué** nm [prêtre] defrocked priest ; [moine] defrocked monk.

défroquer [3] [defʀɔke] vi to be defrocked ou unfrocked.

❖ **se défroquer** vp to give up the cloth, to renounce one's vows.

défruiter [3] [defʀɥite] vt [huile d'olive] to remove the fruity flavour from.

défunt, e [defœ̃, œ̃t] *litt* ◆ adj **1.** [décédé - parent, mari] late / *son défunt cousin* her late cousin **2.** [terminé - royauté] defunct ; [- espoir, amour] lost, extinguished. ◆ nm, f deceased person ▸ **le défunt** the deceased ▸ **prière pour les défunts** prayer for the dead.

dégagé, e [degaʒe] adj **1.** [vue] open ; [pièce, passage] cleared / *une allée dégagée* a treeless drive **2.** [épaules] bare / *bien dégagé sur les oreilles, s'il vous plaît* [chez le coiffeur] nice and short over the ears please / *je la préfère avec le front dégagé* I prefer her with her hair back **3.** [désinvolte - air, ton] casual / *dit-elle d'un air dégagé* she said casually ou trying to look casual **4.** MÉTÉOR clear, cloudless.

❖ **dégagé** nm DANSE dégagé.

dégagement [degaʒmɑ̃] nm **1.** [émanation - d'odeur] emanation ; [- de chaleur] release, emission, emanation ▸ **un dégagement de gaz a)** [accidentel] a gas leak **b)** [volontaire] a release of gas **2.** [espace - dans une maison] passage, hall ; [- dans une ville] open space ; [- dans un bois] clearing / *un dégagement d'un mètre entre le pont et le véhicule* one metre headroom between the bridge and the vehicle **3.** [déblaiement] opening out, digging out / *le dégagement du temple par les archéologues* excavation of the temple by the archaeologists **4.** MIL & POL disengagement **5.** [au mont-de-piété] redeeming *(from pawn)* **6.** SPORT [d'un ballon] clearance **7.** ESCRIME disengagement **8.** MÉD crowning.

dégager [17] [degaʒe] vt **1.** [sortir] to free / *il a essayé de dégager sa main de la mienne* he tried to pull his hand away ou to free his hand from mine / *il a fallu deux heures pour le dégager de la voiture* it took two hours to free him from the car / *ils l'ont dégagée au chalumeau* they cut her out with a blowtorch / *dégager un prisonnier de ses chaînes* to unshackle ou to unfetter a prisoner **2.** [enlever - arbres tombés, ordures] to remove, to clear / *dégager les branches de la route* to clear the branches off the road, to clear the road of branches **3.** [désencombrer - couloir, table, salle] to clear (out) ; [- sinus] to clear, to unblock ; [- poitrine, gorge] to clear ; [- ouverture, chemin] to open / *une coupe qui dégage la nuque* a hairstyle cut very short at the back / *la robe dégage les épaules* the dress leaves the shoulders bare / *dégagez la piste! fam & fig* (get) out of the way! **4.** FIN [crédit] to release ▸ **dégager des bénéfices** to make a profit **5.** [libérer] ▸ **dégager sa parole** to go back on one's word ▸ **dégager sa responsabilité** to deny responsibility ▸ **dégager qqn de sa promesse** to release ou to free sb from their promise ▸ **dégager qqn de ses dettes** to cancel sb's debt / *il était dégagé des obligations militaires* he had completed his military service **6.** [émettre - odeur] to give off *(insép)*, to emit ; [- gaz] to release, to emit **7.** [manifester - quiétude] to radiate / *la bibliothèque dégageait une impression de sérénité* the library had an atmosphere of great calm **8.** [extraire - règle, principe] to draw ; [- vérité] to draw, to bring out *(sép)*, to extract / *dégager la beauté d'un poème* to bring out the beauty of ou in a poem **9.** [du crédit municipal] to redeem *(from pawn)* **10.** ESCRIME to disengage **11.** SPORT [ballon] to clear ; *(en usage absolu)* ▸ **dégager en touche** to put ou kick the ball into touch **12.** DANSE to perform a dégagé **13.** *(en usage absolu) fam* [partir] ▸ **dégage!** clear off!, get lost!

❖ **se dégager** ◆ vp *(emploi passif)* [conclusion] to be drawn ; [vérité] to emerge, to come out / *il se dégage du rapport que les torts sont partagés* it appears from the report that both sides are to blame. ◆ vp *(emploi réfléchi)* **1.** [s'extraire] ▸ **se dégager d'un piège** to free o.s. from a trap / *se dégager d'une étreinte* to extricate o.s. from an embrace / *le chien s'est dégagé de sa laisse* the dog's slipped its lead / *se dégager du peloton* to leave the bunch behind **2.** [se libérer - d'un engagement] : *j'étais invité mais je vais me dégager* I was invited but I'll get out of it / *il s'est dégagé en prétextant une indisposition* he cried off on the grounds of being unwell / *se dégager d'une affaire / d'une association* to drop out of a deal / an association / *se dégager d'une obligation* to free o.s. from an obligation / *se dégager de sa promesse* to break one's word. ◆ vpi **1.** [se déplacer] to move ou to step aside, to step back, to move out of the way / *elle s'est dégagée pour me laisser passer* she moved to one side ou out of the way to let me get through **2.** [se vider - route] to clear ; [- ciel] to clear ; [- sinus] to become unblocked, to clear **3.** [émaner - odeur, gaz, fumée] to emanate, to be given off ; [se manifester - quiétude] to emanate, to radiate / *la tendresse qui se dégageait de sa lettre m'émut* the love which permeated her letter moved me.

dégaine [degɛn] nf *fam* [démarche] (peculiar) gait ; [aspect ridicule] (gawky) look / *tu parles d'une dégaine!* just look at that!

dégainer [4] [degene] vt **1.** ARM [épée] to unsheathe, to draw ; [revolver] to draw ; *(en usage absolu)* : *avant que le gangster ait pu dégainer* before the gangster could draw his gun **2.** TECHNOL to unsheathe.

déganter [3] [degɑ̃te] ❖ **se déganter** vp *(emploi réfléchi)* to take off ou to remove one's glove ou gloves.

dégarni, e [degaʀni] adj **1.** [arbre, rayon, mur] bare / *le placard est bien dégarni* the cupboard's rather empty ou bare **2.** [personne, crâne] balding / *il a le front dégarni* he has a receding hairline.

dégarnir [32] [degaʀniʀ] vt **1.** [ôter les objets de - salon] to empty ; [- collection] to deplete / *j'ai complètement dégarni le mur* I've taken everything off the wall / *les devantures sont dégarnies de leurs mannequins* the dummies have been removed from the window displays / *l'autel est dégarni de ses bougies* the altar has been

* In reformed spelling (see p. 16-19).

stripped of its candles **2.** [ôter l'argent de - portefeuille] to empty, to deplete ; [- compte en banque] to drain, to draw heavily on **3.** [ôter les cheveux de - crâne] to cause to go bald / *un peu dégarni par les années* balding slightly with age **4.** [ôter les feuilles de] to strip of its leaves / *l'hiver a dégarni les arbres* winter has stripped the trees of their leaves / *la rose, dégarnie de ses piquants* the rose, bereft *litt* ou stripped of its thorns / *le parc, dégarni de ses cyprès* the park, stripped of its cypresses.

❖ **se dégarnir** vpi **1.** [se vider - boîte, collection, rayonnage] to become depleted ; [- groupe] to become depleted, to thin out **2.** [devenir chauve] to go bald, to start losing one's hair / *il commence à se dégarnir sur le dessus (du crâne)* he's going thin on top / *son front se dégarnit* his hairline is receding / *son crâne se dégarnit* he's losing hair ou thinning on top **3.** [arbre] to lose its leaves ; [forêt] to become depleted ou thinner.

dégasolinage [degazɔlinaʒ] nm ▸ **dégasolinage (d'un gaz)** recovery of crude oil (from a gas).

dégasoliner [3] [degazɔline] vt [gaz] to recover crude oil from.

dégât [dega] nm damage *(U)* / *il y a du dégât* ou *des dégâts* there's some damage / *il n'y a pas de dégâts?* *fam* [après un accident] no harm done? / *si tu le perds, il y aura du dégât* *fam* if you lose it, there'll be some trouble / *faire des dégâts* to cause damage / *les chenilles ont fait des dégâts* / *de gros dégâts dans le verger* the caterpillars have caused some damage / wreaked havoc in the orchard ▸ **dégâts des eaux** water damage ▸ **assuré contre les dégâts des eaux** insured against water damage ▸ **dégâts matériels** structural damage.

dégauchir [32] [degoʃiʀ] vt **1.** [redresser] to straighten out *(sép)* **2.** MENUIS to plane.

dégauchissage [degoʃisaʒ] nm **1.** [redressement] straightening **2.** MENUIS planing.

dégazage [degazaʒ] nm **1.** MÉTALL (gas) extraction **2.** [d'un pétrolier, d'une mine de charbon] degassing.

dégazer [3] [degaze] ◆ vt MÉTALL to extract gas from. ◆ vi [pétrolier] to degas.

dégazolinage [degazɔlinaʒ] = **dégasolinage**.

dégazoliner [degazɔline] = **dégasoliner**.

dégazonner [3] [degazɔne] vt to unturf, to take the turf up from.

dégel [deʒɛl] nm **1.** MÉTÉOR thaw ▸ **au dégel** when the thaw comes **2.** [après un conflit] thaw / *une période de dégel* POL a period of detente.

dégelée [deʒle] nf *fam* thrashing.

dégeler [25] [deʒle] ◆ vt **1.** [décongeler] to defrost **2.** [réchauffer - sol, étang] to thaw (out) ; [- tuyau] to unfreeze **3.** *fam* [mettre à l'aise] to thaw (out), to relax / *je n'arrive pas à dégeler mon collègue* I can't get my colleague to loosen up / *elle sait dégeler un auditoire* she knows how to warm up an audience **4.** [améliorer - relations diplomatiques] to thaw **5.** FIN [crédits] to unfreeze. ◆ vi **1.** [se réchauffer - banquise, étang] to thaw **2.** [décongeler] to defrost.

❖ **se dégeler** vpi **1.** [se décongeler] to defrost **2.** [se réchauffer - sol, étang] to thaw (out) **3.** *fam* [être moins timide] to thaw (out), to relax / *dégèle-toi un peu!* come on, relax ou let your hair down! **4.** [s'améliorer - relations] to improve / *les relations entre les deux pays se dégèlent* there is a thaw in relations between the two countries.

dégénératif, ive [deʒeneʀatif, iv] adj degenerative.

dégénéré, e [deʒeneʀe] adj & nm, f degenerate.

dégénérer [18] [deʒeneʀe] vi **1.** [perdre ses qualités - race, plante] to degenerate / *ses gags ont beaucoup dégénéré* his jokes have really gone downhill **2.** [s'aggraver - situation] to worsen, to deteriorate ; [- discussion] to get out of hand ; MÉD [tumeur] to become malignant / *l'infection a dégénéré* the infection became severe **3.** [se changer] ▸ **dégénérer en** to degenerate into / *sa bronchite a dégénéré en pneumonie* his bronchitis developed into pneumonia.

In reformed spelling (see p. 16-19), this verb is conjugated like **semer**: ***il dégénèrera, elle dégénèrerait.***

dégénérescence [deʒeneʀesɑ̃s] nf **1.** BIOL degeneration **2.** *litt* [déclin] degeneration, becoming degenerate ▸ **dégénérescence morale** degeneration of moral standards.

dégermer [3] [deʒɛʀme] vt to remove the germ from, to degerm.

dégingandé, e [deʒɛ̃gɑ̃de] adj gangling, lanky.

dégivrage [deʒivʀaʒ] nm [d'un congélateur] defrosting ; [d'une surface, d'un avion] de-icing / *le dégivrage des vitres d'une voiture* de-icing the windows of a car.

dégivrer [3] [deʒivʀe] vt [congélateur] to defrost ; [surface] to de-ice / *dégivrer les vitres d'une voiture* to de-ice the windows of a car.

dégivreur [deʒivʀœʀ] nm **1.** [d'un réfrigérateur] defroster **2.** AÉRON & AUTO de-icer.

déglaçage [deglasaʒ] nm **1.** CULIN deglazing **2.** [d'un bassin] melting of the ice, thawing **3.** [du papier] removal of gloss.

déglacement [deglasmɑ̃] nm melting of the ice, thawing.

déglacer [16] [deglase] vt **1.** CULIN [poêle] to deglaze / *déglacez au vin blanc* deglaze the pan with white wine **2.** [papier] to remove the gloss from **3.** [étang] to remove the ice from, to melt the ice on.

déglaciation [deglasjasjɔ̃] nf retreating of glaciers, deglaciation.

déglinguer [3] [deglɛ̃ge] vt *fam* **1.** [mécanisme] to break, to bust / *un vélo tout déglingué* a bike which is coming apart ou falling to pieces **2.** [santé] to wreck / *la fugue de son fils l'a déglingué* his son running away from home just broke him.

❖ **se déglinguer** vpi *fam* **1.** [ne plus fonctionner] to be bust ; [mal fonctionner] to go on the blink ; [se détacher] to come ou to work loose **2.** [santé] to get worse ; [poumons, reins] to go to pieces / *je me déglingue* *hum* I'm falling to pieces.

déglutir [32] [deglytiʀ] vi to swallow, to gulp.

déglutition [deglytisjɔ̃] nf **1.** [de salive] swallowing, deglutition *spéc* **2.** [d'aliments] swallowing, deglutition *spéc*.

dégobiller [3] [degɔbije] *fam* ◆ vt to throw up *(sép)*. ◆ vi to throw up.

dégoiser [3] [degwaze] *fam & péj* ◆ vt to spout, to come out with / *qu'est-ce que tu dégoises?* what are you (going) on about? ◆ vi to blather.

dégommage [degɔmaʒ] nm **1.** [d'un timbre] removing the gum from **2.** *fam* [renvoi] sacking UK, firing ; [destitution] unseating.

dégommer [3] [degɔme] vt **1.** [timbre] to remove the gum off ou from **2.** *fam* [renvoyer] to sack UK, to can US, to fire ; [destituer] to unseat.

dégonflage [degɔ̃flaʒ] nm **1.** [d'un ballon, d'une bouée, d'un pneu] letting air out of / *ajuster la pression par dégonflage* to adjust the pressure by letting air out **2.** *fam* [lâcheté] chickening ou bottling UK out / *c'est du dégonflage de ta part!* you're chickening out!

dégonflé, e [degɔ̃fle] ◆ adj **1.** [ballon] deflated ; [pneu] flat **2.** *fam* [lâche] chicken *fam (modif).* ◆ nm, f *fam* chicken.

dégonflement [degɔ̃fləmɑ̃] nm **1.** [d'un pneu, d'une bouée, d'un ballon] deflation / *pour compenser le dégonflement du pneu* in order to compensate for the amount of air that's been let out of the tyre **2.** MÉD : *dégonflement d'un doigt / pied* reduction of the swelling in a finger / foot.

dégonfler [3] [degɔ̃fle] vt **1.** [ballon, bouée, pneu] to deflate, to let air out of **2.** MÉD [jambes, doigt] to bring down ou to reduce the swelling in **3.** [démystifier - prétention, mythe] to deflate, to debunk.

❖ **se dégonfler** vpi **1.** [ballon] to go down, to deflate **2.** MÉD [jambes, doigt] to become less swollen / *ma cheville se dégonfle* the swelling in my ankle's going down **3.** *fam* [perdre courage] to chicken ou to bottle UK out.

dégorgement [degɔʀʒəmɑ̃] nm **1.** [fait de déverser] disgorging **2.** [décharge - d'égout] discharging, overflow **3.** ŒNOL *removing of the sediment from a champagne bottle.*

dégorgeoir [degɔʀʒwaʀ] nm **1.** [d'un tuyau] overflow pipe ou duct **2.** [à huîtres] disgorger **3.** [d'un forgeron] fuller, creaser **4.** PÊCHE disgorger.

dégorger [17] [degɔʀʒe] ◆ vt **1.** [déverser] to disgorge **2.** [débloquer - conduit] to unblock **3.** PÊCHE to disgorge **4.** TEXT to clean, to cleanse **5.** ŒNOL to remove the sediment from *(a bottle)* **6.** [vomir] to vomit. ◆ vi **1.** TEXT to bleed **2.** CULIN [ris de veau, cervelle] to soak *(in cold water)* ; [concombre] to drain *(having been sprinkled with salt)* ▸ **faire dégorger a)** [ris de veau, cervelle] to (leave to) soak **b)** [concombre] to drain of water *(by sprinkling with salt)* **c)** [escargot] to clean *(by salting and starvation)*.

dégoter [3], **dégotter** [3] [degɔte] vt *fam* [objet rare] to unearth ; [idée originale] to hit on *(insép)* / *où tu l'as dégoté, ce type?* where on earth did you find this guy?

❖ **se dégoter** vp *fam* ▸ **se dégoter qqch** to find / *je me suis dégoté une superbe chemise dans un petit magasin* I found myself a beautiful shirt in a little shop / *il s'est dégoté un boulot tranquille et bien payé* he landed himself a cushy job.

dégoulinade [degulinad] nf [coulée] trickle, drip.

dégoulinant, e [degulinɑ̃, ɑ̃t] adj dripping / *les mains toutes dégoulinantes* with dripping wet hands ▸ **être dégoulinant** [après la pluie] to be dripping wet.

dégoulinement [degulinmɑ̃] nm [en traînées] trickling ; [goutte à goutte] dripping.

dégouliner [3] [deguline] vi [peinture, sauce] to drip ; [larmes, sang] to trickle down / *son maquillage dégoulinait* her make-up was running / *ça dégouline partout sur la moquette* it's dripping all over the carpet.

dégoupiller [3] [degupije] vt ARM to take the pin out of.

dégourdi, e [deguʀdi] *fam* ◆ adj ▸ **être dégourdi** to be smart ou on the ball / *il n'est pas très dégourdi* he's a bit slow on the uptake. ◆ nm, f : *c'est un petit dégourdi!* there are no flies on him!

dégourdir [32] [deguʀdiʀ] vt **1.** [ranimer - membres] to bring the circulation back to **2.** [réchauffer - liquide] to warm up *(sép)* **3.** *fam* [rendre moins timide] ▸ **dégourdir qqn** to teach sb a thing or two, to wise sb up.

❖ **se dégourdir** ◆ vpt [remuer] ▸ **se dégourdir les jambes** to stretch one's legs / *se dégourdir les doigts avant de jouer du piano* to warm up before playing the piano. ◆ vpi *fam* [devenir moins timide] to learn a thing or two, to wise up.

dégourdissement [deguʀdismɑ̃] nm [d'un membre - ankylosé] bringing circulation back ; [- gelé] warming up.

dégoût, dégout* [degu] nm **1.** [aversion] disgust, distaste ▸ **éprouver du dégoût pour qqch / qqn** to have an aversion to sthg / sb **2.** [lassitude] weariness / *par dégoût de la vie* through world-weariness.

dégoûtant, e, dégoutant*, e [degutɑ̃, ɑ̃t] ◆ adj [sale] disgusting, disgustingly dirty ; [salace - film, remarque] disgusting, dirty ▸ **c'est dégoûtant!** [injuste] it's disgusting ou awful! ◆ nm, f **1.** [personne sale] : *petit dégoûtant!* you little pig! **2.** [vicieux] : *vieux dégoûtant!* you dirty old man! **3.** *fam* [personne injuste] : *quelle dégoûtante!* that wretched woman! *tfam* / *quel dégoûtant!* the swine!

dégoûtation, dégoutation* [degutasjɔ̃] nf *fam* ▸ **quelle dégoûtation! a)** [chose] how disgusting! **b)** [situation] what a disgusting state of affairs!

dégoûté, e, dégouté*, e [degute] ◆ adj **1.** [écœuré] repulsed, disgusted ▸ **prendre des airs dégoûtés** to put on a look of disgust, to wrinkle one's nose / *elle m'a regardé d'un air dégoûté* she gave me a look of utter disgust / *il n'est pas dégoûté!* *hum* he's not very fussy! **2.** [indigné] outraged, revolted, disgusted. ◆ nm, f ▸ **faire le dégoûté** to be fussy, to make a fuss / *ne fais pas trop la dégoûtée, tu n'as pas d'autres propositions* you've had no other offers, so don't turn your nose up at it.

dégoûter, dégouter* [3] [degute] vt **1.** [écœurer] to disgust, to repel, to be repugnant to / *son contact le dégoûta* his touch repulsed him, he found his touch repulsive **2.** [indigner] to disgust, to outrage, to be (morally) repugnant to / *les égoïstes comme toi me dégoûtent* selfish people like you disgust me / *tu me dégoûtes avec ton cynisme!* you're so cynical you make me sick! **3.** [lasser] to put off / *il gagne toujours, c'est à vous dégoûter!* he always wins, it's enough to make you sick! ▸ **la vie le dégoûtait** he was weary of life ou sick of living ▸ **dégoûter qqn de qqch** to put sb off sthg / *cela m'a dégoûté de la viande* that put me off meat / *c'est à vous dégoûter d'être serviable* it's enough to put you (right) off being helpful.

❖ **se dégoûter, se dégouter*** vp *(emploi réfléchi)* : *je me dégoûte!* I disgust myself!

❖ **se dégoûter de, se dégouter de*** vp + prép ▸ **se dégoûter de qqn / qqch** to get sick of sb / sthg / *tu vas te dégoûter des gâteaux* you're going to put yourself right off cakes.

dégouttant, e [degutɑ̃, ɑ̃t] adj dripping / *toute dégouttante de pluie* dripping wet / *les mains dégouttantes de sang* hands dripping with blood.

dégoutter [3] [degute] vi to drip / *son front dégoutte de sueur* his forehead is dripping with sweat, sweat is dripping off his forehead.

dégradable [degʀadabl] adj degradable.

dégradant, e [degʀadɑ̃, ɑ̃t] adj degrading.

dégradation [degʀadasjɔ̃] nf **1.** [destruction - d'un objet] wear and tear ; [- d'un bâtiment] dilapidation / *les objets subissent la dégradation du temps* objects suffer wear and tear with time **2.** [détérioration - de rapports, d'une situation] deterioration, worsening ; [- de l'environnement] degradation **3.** [avilissement] degradation ▸ **dégradation morale** moral degradation **4.** CHIM degradation **5.** PHYS ▸ **dégradation de l'énergie** dissipation of energy **6.** INFORM ▸ **dégradation de données** corruption of data **7.** [d'une couleur] toning down, gradation ; [de la lumière] gradation **8.** [d'un officier] ≃ dishonourable discharge ▸ **dégradation civique** loss of civil rights.

dégradé [degʀade] nm **1.** [technique] shading off ; [résultat] gradation ▸ **un dégradé de verts** greens shading off into each other **2.** [d'une coiffure] layered style.

❖ **en dégradé** loc adj : *tons en dégradé* colours UK ou colors US shading off (into one another).

dégrader [3] [degʀade] vt **1.** [abîmer] to damage ▸ **quartier dégradé** run-down district **2.** [envenimer - rapports humains] to damage, to cause to deteriorate **3.** [avilir] to degrade **4.** [couleurs] to shade (into one another) ; [lumières] to reduce gradually **5.** [cheveux] to layer **6.** MIL ▸ **dégrader un officier** to strip an officer of his rank.

❖ **se dégrader** vpi [meuble, bâtiment] to deteriorate ; [relation] to deteriorate ; [santé] to decline ; [langage] to deteriorate, to become debased ; [temps] to get worse.

dégrafer [3] [degʀafe] vt [papiers] to unstaple ; [col, robe] to undo, to unfasten ; [ceinture] to undo ; [bracelet] to unclasp, to unhook / *tu veux que je te dégrafe?* fam shall I undo your dress?

❖ **se dégrafer** ◆ vp *(emploi passif)* [robe] to undo. ◆ vp *(emploi réfléchi)* [ôter sa robe] to undo ou to unfasten one's dress ; [ôter son corset] to undo ou to unfasten one's corset. ◆ vpi [jupe] to come undone ; [papiers] to come unstapled ; [collier] to come unhooked.

dégraissage [degʀɛsaʒ] nm **1.** [nettoyage] removal of grease marks **2.** *fam* [diminution du personnel] shedding staff **3.** *fam* [élimination du surplus] trimming / *faire du dégraissage sur un manuscrit* to trim a manuscript down **4.** CULIN [d'un bouillon] skimming off the fat ; [d'une viande] trimming off the fat.

dégraissant, e [degʀɛsɑ̃, ɑ̃t] adj [détachant] grease-removing.

❖ **dégraissant** nm [détachant] grease remover.

dégraisser [4] [degʀese] vt **1.** [ôter les taches de] to remove grease marks from **2.** *fam* [entreprise] to make cutbacks in ; [personnel] to cut back *(sép)*, to shed ; *(en usage absolu)* ▸ **il va falloir dégraisser** there will have to be cutbacks in staff **3.** *fam* [dissertation, manuscrit] to pare down *(sép)*, to trim down *(sép)* **4.** CULIN [sauce] to skim the fat off ; [viande] to cut ou to trim the fat off.

degré [dəgʀe] nm **1.** [échelon - d'une hiérarchie] degree, grade ; [- d'un développement] stage / *d'accord, il faut sévir, mais il y a des degrés* of course, you should be strict but there are degrees of strictness / *à un degré avancé de* at an advanced stage of ▸ **le premier / second degré** ÉDUC primary / secondary education ▸ **second degré** : *une remarque à prendre au second degré* a remark not to be taken at face value **2.** [point] degree / *un tel degré de dévouement* such a degree of devotion / *compréhensif jusqu'à un certain degré* understanding up to a point ou to a degree / *intelligent au plus haut degré* of the highest intelligence / *courageux au plus haut degré* most courageous **3.** [unité] degree / *du gin à 47,5 degrés* 83° proof gin, 47,5 degree gin *(on the Gay-Lussac scale)* ▸ **degré alcoolique** ou **d'alcool** alcohol content ▸ **degré Baumé / Celsius / Fahrenheit** degree Baumé / Celsius / Fahrenheit **4.** ASTRON, GÉOM & MATH degree ▸ **équation du premier / second degré** equation of the first / second degree **5.** GRAM degree **6.** MUS degree ▸ **degré conjoint** conjoint ou conjunct degree ▸ **degré disjoint** disjunct degree **7.** [de parenté] degree ▸ **cousin au premier degré** first cousin **8.** *(surtout au pl)* [d'un escalier] step ; [d'une échelle] rung.

❖ **par degrés** loc adv by ou in degrees, gradually.

dégréer [15] [degʀee] vt to unrig.

dégressif, ive [degʀesif, iv] adj [tarif] on a sliding scale ; [impôt] on a sliding scale according to income.

dégressivité [degʀesivite] nf degression.

dégrèvement [degʀɛvmɑ̃] nm FIN ▸ **dégrèvement fiscal a)** [d'une entreprise] tax relief **b)** [d'un produit] reduction of tax ou duty.

dégrever [19] [degʀəve] vt **1.** FIN [contribuable, entreprise] to grant tax relief to ; [produit] to reduce the tax ou duty on **2.** DR to lift a mortgage.

dégriffé, e [degʀife] adj reduced *(and with the designer label removed)* ▸ **robe dégriffée** *designer dress with the label removed sold at a reduced price.*

❖ **dégriffé** nm reduced (and unlabelled) designer item.

dégringolade [degʀɛ̃gɔlad] nf **1.** [chute] tumbling (down) **2.** [baisse - des prix] slump ; [- des cours] collapse ; [- d'une réputation] plunge / *l'industrie est en pleine dégringolade* the industry is in the middle of a slump / *il était si admiré, quelle dégringolade!* he was so admired, what a comedown!

dégringoler [3] [degʀɛ̃gɔle] ◆ vi **1.** [chuter] to tumble down ; [bruyamment] to crash down **2.** [baisser - prix] to slump, to tumble ; [- réputation] to plunge / *ça a fait dégringoler les prix* it sent prices plummeting **3.** [pleuvoir] : *ça dégringole!* it's tipping it down! ◆ vt ▸ **dégringoler l'escalier a)** [courir] to run ou to race down the stairs **b)** [tomber] to tumble down the stairs.

dégrippant [degʀipɑ̃] nm penetrating grease.

dégripper [3] [degʀipe] vt to release *(parts which are stuck)*.

dégrisement [degʀizmɑ̃] nm [désillusion] sobering up, coming back down to earth ; [après l'ivresse] sobering up.

dégriser [3] [degʀize] vt [désillusionner] to bring back down to earth, to sober up *(sép)* ; [après l'ivresse] to sober up *(sép)* / *le lendemain, dégrisé, il réfléchit* the next day, having sobered up, he started to think.

❖ **se dégriser** vpi to sober up.

dégrossir [32] [degʀosiʀ] vt **1.** [apprenti, débutant] to polish, to smooth the rough edges of / *des jeunes gens mal dégrossis* uncouth young men / *son séjour la dégrossira un peu* her stay will smooth off some of her rough edges **2.** [théorie, question] to do the groundwork on ; [texte du programme] to have a first look at **3.** [bloc de pierre, de bois] to rough-hew.

dégrossissage [degʀosisaʒ], **dégrossissement** [degʀosismɑ̃] nm **1.** [d'une personne] polishing, smoothing the rough edges of **2.** [d'une théorie, d'une question] sorting out, doing the spadework on / *faire le dégrossissage d'un projet* to do a first rough sketch for a project **3.** [d'un bloc de pierre, de bois] rough-hewing.

dégrossisseur [degʀɔsisœʀ] nm MÉTALL roughing roll.

dégrouiller [3] [degʀuje] ❖ **se dégrouiller** vpi *tfam* to get a move on, to hurry up ▸ **dégrouillez-vous!** hurry up!, get a move on!

dégroupement [degʀupmɑ̃] nm [d'une classe] dividing ou splitting (up) ; [d'objets] splitting (up).

dégrouper [3] [degʀupe] vt [classe] to divide ou to split (up) ; [objets] to split (up).

déguenillé, e [degənije] ◆ adj ragged, tattered ▸ **tout déguenillé** in rags, in tatters. ◆ nm, f ragamuffin.

déguerpir [32] [degɛʀpiʀ] vi to run away, to decamp / *faire déguerpir un intrus* to drive away an intruder.

dégueu [degø] adj inv *tfam* yucky / *c'est pas dégueu!* it's pretty good! / *trois millions, pas dégueu!* three million, that's a (pretty) tidy sum!

dégueulasse [degœlas] ◆ adj *tfam* **1.** [sale] disgusting, filthy, yucky **2.** [injuste] disgusting, lousy **3.** [vicieux] disgusting, filthy **4.** [sans valeur] lousy, crappy / *c'est pas dégueulasse comme cadeau* it's a pretty nice present, it's not a bad present. ◆ nmf *tfam* **1.** [personne sale] filthy pig **2.** [pervers] : *un gros dégueulasse* a filthy lecher **3.** [personne immorale - homme] swine ; [- femme] bitch.

dégueulasser [3] [degœlase] vt *tfam* to muck UK ou to louse US up *(sép)*.

dégueulasserie [degœlasʀi] nf *tfam* **1.** [crasse] filth ; [chose sale] filthy thing **2.** [injustice] : *c'est de la dégueulasserie* it's rotten ou disgusting! / *ils l'ont exécuté, une dégueulasserie de plus!* they've executed him, yet another atrocity!

dégueuler [5] [degœle] ◆ vi *tfam* to throw up, to puke. ◆ vt *tfam* to throw up *(sép)*, to puke up *(sép)*.

dégueulis [degœli] nm *tfam* puke.

déguiller [3] [degije] SUISSE ◆ vt [arbre] to fell. ◆ vi to tumble.

déguisé, e [degize] adj **1.** [pour une fête] in fancy dress ; [pour duper] in disguise, disguised **2.** *péj* [mal habillé] ridiculously dressed **3.** [changé - voix] disguised **4.** [caché - intention] disguised, masked, veiled ; [- agressivité] veiled.

déguisement [degizmɑ̃] nm **1.** [pour une fête] fancy dress, costume ; [pour duper] disguise **2.** [d'une voix] disguising.

déguiser [3] [degize] vt **1.** [pour une fête] to dress up *(sép)* ▸ **déguisé en** : *déguisé en pirate* dressed (up) as a pirate, wearing a pirate costume ; [pour duper] to disguise **2.** [mal habiller] to dress ridiculously / *ne lui mets pas tous ces rubans, tu la déguises* don't put all those ribbons on her, you'll make her look ridiculous **3.** [changer - voix] to disguise **4.** [cacher - intention, vérité] to disguise, to mask, to veil ; [- honte] to conceal.

❖ **se déguiser** vp *(emploi réfléchi)* [pour une fête] to dress up ; [pour duper] to put on a disguise, to disguise o.s. ▸ **se déguiser en courant d'air** *fam* to vanish, to do a disappearing act.

dégurgiter [3] [degyʀʒite] vt **1.** [aliment] to bring (back) up *(sép)* **2.** [leçon] to regurgitate, to repeat parrot fashion.

dégustateur, trice [degystatœʀ, tʀis] nm, f taster.

dégustation [degystasjɔ̃] nf **1.** [par un convive] tasting *(U)* ; [par un dégustateur] tasting, sampling **2.** [dans une cave] (free) tasting / *dégustation (de vins)* wine-tasting **3.** [à un étalage, dans un restaurant] tasting *(U)* / **'dégustation de fruits de mer à toute heure'** 'seafood served all day'.

déguster [3] [degyste] ◆ vt **1.** [manger, boire - suj : convive] to taste ; [- suj : dégustateur professionnel] to taste, to sample / *venez déguster nos spécialités* come and taste ou try our specialities **2.** [écouter, lire, regarder] to savour. ◆ vi *fam* [recevoir des coups] to get a bashing ; [être mal traité] to have a rough time ; [souffrir] to be in agony, to go through hell / *ils dégustent, les parents d'adolescents!* parents of teenagers go through hell! / *attends qu'il rentre, tu vas déguster!* just wait till he gets home, you'll really catch it!

déhaler [3] [deale] vt NAUT to haul out.

❖ **se déhaler** vpi NAUT to haul itself out.

* In reformed spelling (see p. 16-19).

déhanché, e [deɑ̃ʃe] adj **1.** [balancé] swaying **2.** [boiteux] limping.

déhanchement [deɑ̃ʃmɑ̃] nm **1.** [démarche -séduisante] swaying walk ; [-claudicante] limp, lop-sided walk **2.** [posture] *standing with one's weight on one leg.*

déhancher [3] [deɑ̃ʃe] ❖ **se déhancher** vpi **1.** [en marchant] to sway (one's hips) **2.** [sans bouger] to stand with one's weight on one leg.

déharnacher [3] [deaʀnaʃe] vt to unharness.

déhiscent, e [deisɑ̃, ɑ̃t] adj dehiscent.

dehors[1] [dəɔʀ] ◆ nm **1.** [surface extérieure d'une boîte, d'un bâtiment] outside **2.** [plein air] outside / *odeur venue du dehors* smell coming from outside / *les bruits du dehors* the noises from outside **3.** [étranger] : *menace venue du dehors* threat from abroad **4.** SPORT [en patinage] outside edge / *faire un dehors* to go on one's outside edge. ◆ nmpl [apparences] appearances ▸ **sous des dehors égoïstes** beneath a selfish exterior.

dehors[2] [dəɔʀ] adv [à l'extérieur] outside ; [en plein air] outside, outdoors, out of doors ; [hors de chez soi] out ▸ **manger dehors** to eat outside ▸ **dormir dehors** to sleep outdoors ou in the open / *il est bronzé parce qu'il passe son temps dehors* he's brown because he spends all his time outside ou outdoors ou out of doors / *on ne voit rien de dehors* you can't see anything from the outside / *passe par dehors pour aller dans la cuisine* go round the outside to get to the kitchen / *elle est toujours dehors* she's always out (and about) / *j'étais dehors toute la matinée* I was out all morning ▸ **mettre qqch dehors** to put sthg out ▸ **mettre qqn dehors a)** *fam* to kick sb out **b)** [renvoyer] to sack sb / *si tu recommences je te fous dehors* *tfam* do it again and you're out (on your ear) / *ils ont mis 500 ouvriers dehors* they sacked 500 workers.

❖ **en dehors** loc adv **1.** [à l'extérieur] outside **2.** [vers l'extérieur] : *avoir* ou *marcher les pieds en dehors* to walk with one's feet turned out.

❖ **en dehors de** loc prép **1.** [excepté] apart from / *en dehors de toi* apart from you / *en dehors de ce que j'ai vu* apart from what I have seen **2.** [à l'écart de] : *une petite auberge en dehors des grands axes* a small inn off the beaten track / *il se tient toujours en dehors des discussions* he always keeps out of discussions / *reste en dehors de leur dispute* don't get involved in ou stay out of their quarrel **3.** [au-delà de] outside (of), beyond / *c'est en dehors de ses capacités* it's beyond his capabilities.

déhouiller [3] [deuje] vt to extract coal from.

déhoussable [deusabl] adj with loose ou removable covers, with a loose ou removable cover.

déicide [deisid] ◆ adj deicidal. ◆ nmf deicide. ◆ nm deicide.

déictique [deiktik] adj & nm deictic.

déification [deifikasjɔ̃] nf deification.

déifier [9] [deifje] vt to deify, to turn into a god.

déisme [deism] nm deism.

déiste [deist] ◆ adj deistic, deistical. ◆ nmf deist.

déité [deite] nf deity, god.

déjà [deʒa] adv **1.** [dès maintenant, dès lors] already / *déjà là !* here already ! / *j'ai fini — déjà !* I've finished — already ! / *cela fait trois ans déjà* it's been three years already / *est-ce qu'il est déjà parti ?* has he already left ? / *il doit être déjà loin* he must be far away by now / *il savait déjà lire à l'âge de 4 ans* he already knew how to read at the age of 4 / *enfant, il aimait déjà les fleurs* even as a child he liked flowers / *quand nous rentrerons, il fera déjà nuit* when we get back it will already be dark / *on serait déjà riches !* we would be rich by now ! **2.** [précédemment] : *je vous l'ai déjà dit* I've told you already / *tu lui en as déjà parlé ?* have you already spoken to him about it ? / *tu l'as déjà vu sur scène ?* have you ever seen him on stage ? / *il l'a déjà vue quelque part* he's seen her somewhere before **3.** [emploi expressif] : *il est d'accord sur le principe, c'est déjà beaucoup* he's agreed on the principle, that's something / *déjà qu'il est en mauvaise santé* he's in poor health as it is / *elle est déjà assez riche* she's rich enough as it is / *ce n'est déjà pas si mal* you could do worse ▸ **c'est déjà quelque chose** it's better than nothing / *donne 5 euros, ce sera déjà ça* give 5 euros, that'll be a start / *on a perdu une valise, mais ni l'argent ni les passeports, c'est déjà ça !* we lost a case, but not our money or passports, which is something at least ! / *il faut déjà qu'il ait son examen* he needs to pass his exam first, before he does anything else he has to pass his exam / *mange déjà ta soupe* eat your soup first ou for a start **4.** *fam* [pour réitérer une question] again / *tu as payé combien déjà ?* how much did you pay again ? / *elle s'appelle comment déjà ?* what did you say her name was ?, what's she called again ? / *le sucre est où déjà ?* where is the sugar again ?

déjanté, e [deʒɑ̃te] adj *fam* : *il est complètement déjanté* he's off his trolley UK *tfam* ou out of his tree.

déjanter [3] [deʒɑ̃te] vt [pneu] to remove from its rim, to take the rim off.

déjauger [17] [deʒoʒe] vi [navire, hydravion] to hydroplane.

déjà-vu [deʒavy] nm inv **1.** [banalité] commonplace / *c'est du déjà-vu comme idée* that idea's a bit banal **2.** [sensation] ▸ **(sensation** ou **impression de) déjà-vu** (feeling of) déjà vu.

déjection [deʒɛksjɔ̃] nf **1.** PHYSIOL [action] evacuation **2.** GÉOL [d'un volcan] ▸ **des déjections** ejecta.

❖ **déjections** nfpl PHYSIOL faeces, dejecta *spéc.*

déjeté, e [deʒte] adj **1.** *fam* [diminué physiquement] worn, worn-down / *elle n'est pas déjetée ! hum* she's pretty well preserved ! **2.** [dévié -mur, corps] lop-sided, crooked ; [-colonne vertébrale] twisted **3.** BELG *fam* [en désordre] messy ; [déformé] deformed.

déjeter [27] [deʒte] vt to cause to become lop-sided.

déjeuner[1] [5] [deʒœne] vi **1.** [le midi] to (have) lunch / *invite-le à déjeuner* invite him for ou to lunch ▸ **j'ai déjeuné d'une salade** I had a salad for lunch / *j'ai fait déjeuner les enfants plus tôt* I gave the children an early lunch **2.** *régional* [le matin] to have breakfast.

déjeuner[2] [deʒœne] nm **1.** [repas de la mi-journée] lunch, luncheon *sout* ▸ **prendre son déjeuner** to have lunch / *un déjeuner d'affaires* a business lunch **2.** *régional* [repas du matin] breakfast **3.** [tasse et soucoupe] (large) breakfast cup and saucer **4.** EXPR **déjeuner de soleil** short-lived feeling, flash in the pan.

déjouer [6] [deʒwe] vt [vigilance] to evade, to elude ; [complot, machination] to thwart, to foil ; [plan] to thwart, to frustrate ; [feinte] to outsmart.

déjuger [17] [deʒyʒe] ❖ **se déjuger** vpi *sout* [changer d'avis] to go back on ou to reverse one's decision.

de jure [deʒyʀe] loc adv de jure.

delà [dəla] adv ⟶ **deçà.**

délabré, e [delabʀe] adj **1.** [en ruine -maison, mur] dilapidated, crumbling **2.** [qui n'est plus florissant -santé, réputation] ruined.

délabrement [delabʀəmɑ̃] nm **1.** [d'un bâtiment] disrepair, ruin, dilapidation **2.** [d'un esprit, d'un corps] deterioration / *les patients étaient dans un état de délabrement total* the patients were in a state of total neglect **3.** [d'une réputation] ruin ; [d'une fortune] depletion.

délabrer [3] [delabʀe] vt **1.** [bâtiment, meuble] to ruin **2.** [santé] to ruin ; [organe] to damage **3.** [réputation] to ruin.

❖ **se délabrer** vpi [bâtiment] to go to ruins ; [meuble] to become rickety, to fall apart ; [entreprise] to collapse.

délacer [16] [delase] vt [soulier, botte] to undo (the laces of) ; [corset] to unlace.

❖ **se délacer** ◆ vp *(emploi réfléchi)* [ôter ses souliers] to undo ou to unlace one's shoes ; [ôter ses bottes] to undo ou to unlace one's boots ; [ôter son corset] to unlace one's corset ; [ôter sa robe] to unlace one's dress. ◆ vpi [soulier] to become undone ; [corset] to become unlaced.

délai [delɛ] nm **1.** [répit] extension (of time) / *demande un délai pour trouver l'argent* ask for more time to find the money ▸ **donner** ou **accorder un délai (supplémentaire) à qqn** to give ou grant sb an extension ▸ **délai de réflexion a)** [avant réponse] time to think **b)** [avant de signer un contrat] cooling-off period / *laissez-moi un délai de réflexion* give me time to think **2.** [temps fixé] time limit / *quel est le délai à respecter ?* what is the deadline ? / *tu donnes des délais trop longs aux sous-traitants* you give the sub-contractors too much delivery time ▸ **délai de livraison** delivery time ▸ **délai de mise sur le marché** time to market ▸ **délai de paiement** repayment period ▸ **délai de recouvrement** break-even period **3.** [période d'attente] waiting period / *il faut un délai de trois jours avant que votre compte soit crédité* the cheque will be credited to your account after a period of three working days **4.** DR ▸ **délai de carence** *period during which benefit is not paid* ▸ **délai de congé** (period covered by a) dismissal notice ▸ **délai de grâce** period of grace / *un délai de grâce de 10 jours* 10 days' grace.

❖ **à bref délai** loc adv shortly, soon.

❖ **dans les délais** loc adv within the (prescribed ou allotted) time limit, on time.

❖ **dans les meilleurs délais, dans les plus brefs délais** loc adv in the shortest possible time, as soon as possible / *j'y serai dans les plus brefs délais* I'll be there very shortly.

❖ **dans un délai de** loc prép within (a period of) / *livrable dans un délai de 30 jours* allow 30 days for delivery.

❖ **sans délai** loc adv without delay, immediately, forthwith.

> ⚠ **Delay** signifie « retard » ; il est rarement employé pour traduire le mot délai.

délai-congé [delɛkɔ̃ʒe] (*pl* **délais-congés**) nm DR term ou period of notice.

délaie v ⟶ **délayer.**

délainage [delɛnaʒ] nm fellmongering, fellmongery.

délainer [4] [delene] vt to remove wool from.

délaissé, e [delese] adj [époux] deserted ; [ami] forsaken, neglected ; [parc] neglected.

délaissement [delɛsmɑ̃] nm **1.** *sout* [abandon -par un époux] desertion ; [-par un ami] neglecting **2.** *sout* [désengagement -d'une activité] neglecting, dropping **3.** DR [d'un bien] relinquishment ; [d'un droit] relinquishment, renunciation.

délaisser [4] [delese] vt **1.** [quitter -époux] to desert ; [-ami] to neglect **2.** [ne plus exercer -temporairement] to neglect ; [-définitivement] to give up *(sép)* **3.** DR to relinquish.

délassant, e [delasɑ̃, ɑ̃t] adj [bain, lotion] relaxing, refreshing, soothing ; [film] relaxing.

délassement [delasmɑ̃] nm **1.** [passe-temps] way of relaxing **2.** [état] relaxation, rest.

délasser [3] [delase] vt [physiquement] to relax, to refresh, to soothe ; [mentalement] to relax, to soothe.

❖ **se délasser** vpi to relax.

délateur, trice [delatœʀ, tʀis] nm, f *sout & péj* informer *péj.*

délation [delasjɔ̃] nf *sout* denouncing, informing / *mais ce serait de la délation !* but that would be tantamount to denunciation !

délavage [delavaʒ] nm **1.** [d'un tissu] fading ; [d'une aquarelle] toning down **2.** [de terres] soaking, waterlogging.

délavé, e [delave] adj [tissu] faded ; [aquarelle] toned down ; [terres] waterlogged.

délaver [delave] vt [couleur] to fade.

Delaware [dəlawaʀ] npr m ▸ **le Delaware** Delaware.

délayage [delɛjaʒ] nm **1.** [mélange -de farine, de poudre] mixing **2.** *fig & péj* [d'un exposé] toning down ; [d'une idée] watering down / *faire du délayage* to waffle UK, to spout off US.

délayer [11] [deleje] vt **1.** [diluer -poudre] to mix **2.** *péj* [une idée, un discours] to pad ou to spin out *(sép)* ; [un exposé] to thin ou to water down *(sép).*

Delco® [dɛlko] nm AUTO distributor.

délectable [delɛktabl] adj *litt* delectable, delightful.

délectation [delɛktasjɔ̃] nf *litt* delight, delectation *litt.*

délecter [4] [delɛkte] ❖ **se délecter** vpi *litt* ▸ **se délecter à qqch / à faire qqch** to take great delight in sthg / in doing sthg / *je me délecte à la regarder* I find her delightful to watch.

délégataire [delegatɛʀ] nmf delegatee.

délégateur, trice [delegatœʀ, tʀis] nm, f delegator.

délégation [delegasjɔ̃] nf **1.** [groupe envoyé] delegation / *envoyé en délégation* sent as a delegation **2.** [commission] commission **3.** [fait de mandater] delegation ▸ **agir par délégation pour qqn** to act on the authority of ou as a proxy for sb ▸ **délégation judiciaire** *delegation of powers to the commissaire de police by the Public Prosecutor's Department* ▸ **délégation de pouvoirs** delegation of powers ▸ **délégation de vote** proxy voting **4.** [dans des noms d'organismes] delegation **5.** RELIG ▸ **délégation apostolique** apostolic delegation.

délégué, e [delege] nm, f delegate ▸ **délégué apostolique** apostolic delegate ▸ **délégué de classe** *pupil elected to represent his or her class at "conseils de classe"* ; ≃ class rep ▸ **délégué des parents** parents' representative ▸ **délégué du personnel** staff representative ▸ **délégué syndical** union representative, shop steward.

déléguer [18] [delege] vt **1.** [envoyer - groupe, personne] to delegate / *j'ai délégué mon oncle pour voter à ma place* I have asked my uncle to cast my vote **2.** [transmettre - pouvoir] to delegate ; *(en usage absolu)* ▸ **il faut savoir déléguer** you must learn to delegate.

✐ In reformed spelling (see p. 16-19), this verb is conjugated like *semer*: *il délèguera, elle délèguerait.*

délestage [delɛstaʒ] nm **1.** AÉRON & NAUT unballasting **2.** TRANSP relief / *itinéraire de délestage* relief route / *opération de délestage* scheme for relieving congestion **3.** ÉLECTR selective power cut.

délester [3] [delɛste] vt **1.** *fam* [voler] ▸ **délester qqn de** *hum* to relieve sb of **2.** [décharger] ▸ **délester qqn d'une valise / d'une obligation** to relieve sb of a suitcase / of an obligation **3.** AÉRON & NAUT to unballast **4.** TRANSP to relieve traffic congestion on, to set up a diversion on **5.** ÉLECTR [secteur] to cut off power from, to black out *(sép).*

❖ **se délester de** vp + prép to get rid of.

délétère [deletɛʀ] adj **1.** [gaz] noxious, deleterious *sout* **2.** *sout* [doctrine, pouvoir] deleterious *sout*, obnoxious.

délétion [delesjɔ̃] nf BIOL deletion.

Delhi [deli] npr Delhi.

délibérant, e [delibeʀɑ̃, ɑ̃t] adj [assemblée] deliberative.

délibératif, ive [delibeʀatif, iv] adj [fonction] deliberative.

délibération [delibeʀasjɔ̃] nf **1.** [discussion] deliberation / *le projet sera mis en délibération* the project will be debated ▸ **après délibération du jury** after due deliberation by the jury **2.** [réflexion] deliberation, thinking ▸ **après (mûre) délibération** after careful consideration.

❖ **délibérations** nfpl [décisions] resolutions, decisions.

délibératoire [delibeʀatwaʀ] adj deliberative.

délibéré, e [delibeʀe] adj **1.** [intentionné] deliberate, wilful **2.** [décidé] resolute, determined, thought-out.

❖ **délibéré** nm deliberation of the court ▸ **mettre en délibéré** to adjourn for further deliberation.

délibérément [delibeʀemɑ̃] adv **1.** [intentionnellement] deliberately, intentionally, wilfully **2.** [après réflexion] after thinking it over (long and hard), after due consideration.

délibérer [18] [delibeʀe] vi **1.** [discuter] to deliberate ▸ **le jury ayant délibéré** after due deliberation by the jury ▸ **délibérer de** to deliberate **2.** *litt* [réfléchir] to ponder, to deliberate.

✐ In reformed spelling (see p. 16-19), this verb is conjugated like *semer*: *il délibèrera, elle délibèrerait.*

délicat, e [delika, at] ◆ adj **1.** [fragile - tissu] delicate ; [- peau] sensitive ; [- santé] delicate, frail ; [- intestin, estomac] sensitive, delicate ; [- enfant, plante] fragile **2.** [sensible - palais] discerning **3.** [subtil - forme, aquarelle, nuance, travail] delicate, fine ; [- doigts, traits] delicate, dainty ; [- mets] dainty, delicate ; [- saveur, odeur] delicate / *il posa le vase d'un geste délicat* he put the vase down delicately ou gently / *le délicat doigté du pianiste* the pianist's delicate ou light touch **4.** [difficile - situation] delicate, awkward, tricky ; [- opération chirurgicale, problème] difficult, tricky ; [- question] delicate, sensitive ▸ **c'est délicat** it's rather delicate ou awkward / *c'est délicat, je n'aurais pas voulu que cela se sache* it's tricky, I'd have preferred it to have remained a secret **5.** [courtois] thoughtful, considerate / *c'est un geste délicat que de téléphoner avant d'y aller* it's a considerate gesture to phone before going / *peu délicat avec ses parents* not very considerate towards his parents **6.** [difficile à contenter] fussy, particular / *être délicat sur un point d'honneur* to be particular about a point of honour / *être délicat sur la nourriture* to be fussy about one's food **7.** [scrupuleux - conscience, procédé] scrupulous / *elle est peu délicate en affaires* she's rather unscrupulous when it comes to business. ◆ nm, f ▸ **faire le délicat a)** to be fussy **b)** [devant le sang, la malhonnêteté] to be squeamish / *ne fais pas le délicat, tu en as entendu bien d'autres!* don't act so shocked, you've heard worse than that in your life! / *quel petit délicat!* what a sensitive soul!

délicatement [delikatmɑ̃] adv **1.** [sans brusquerie - poser, toucher] delicately, gently ; [- travailler, orner] delicately, daintily **2.** [agréablement et subtilement - peindre, écrire] delicately, finely ; [- parfumer] delicately, subtly **3.** [avec tact] delicately, tactfully.

délicatesse [delikatɛs] nf **1.** [subtilité - d'une saveur, d'un coloris] delicacy, subtlety ; [- d'une dentelle, d'un geste, d'un visage] delicacy, fineness, daintiness ; [- d'un travail artisanal] delicacy ; [- d'une mélodie] subtlety / *avoir une grande délicatesse de goût* to have very refined tastes **2.** [fragilité - d'un tissu] delicate texture, fragility **3.** [honnêteté] scrupulousness, punctiliousness / *agir en affaires avec une grande délicatesse* to be scrupulously honest in business **4.** [tact] delicacy, tact, tactfulness / *il n'en a rien dit, par délicatesse* he kept quiet out of tact, he tactfully said nothing / *quelle délicatesse!* how tactful! **5.** [difficulté - d'une situation, d'une opération] delicacy, sensitiveness, trickiness.

❖ **délicatesses** nfpl *litt* [gestes aimables] kind attentions / *elle a eu des délicatesses à notre égard* she showed consideration towards us.

délice [delis] nm **1.** [source de plaisir] delight ▸ **c'est un délice a)** [mets, odeur] it's delicious **b)** [d'être au soleil, de nager] it's sheer delight **2.** [ravissement] delight, (great) pleasure / *ses paroles la remplissaient de délice* his words filled her with delight.

❖ **délices** nfpl *sout* [plaisirs] delights, pleasures / *les délices de la campagne* the delights of the countryside ▸ **faire les délices de qqn** to delight sb, to give sb great pleasure ▸ **faire ses délices de qqch** to take delight in sthg, to enjoy sthg greatly.

❖ **avec délice(s)** loc adv with great pleasure, with delight.

délicieusement [delisjøzmɑ̃] adv **1.** [agréablement] deliciously, delightfully, exquisitely / *elle était délicieusement parfumée* her perfume was delightful ou divine **2.** [en intensif] : *son repas était délicieusement bon* his meal was absolutely delicious / *elle était délicieusement bien dans ses bras* she was wonderfully happy in his arms / *il peint délicieusement bien* he paints delightfully well.

délicieux, euse [delisjø, øz] adj **1.** [qui procure du plaisir - repas, parfum, sensation] delicious ; [- lieu, promenade, chapeau] lovely, delightful **2.** [qui charme - femme, geste] lovely, delightful / *votre sœur est délicieuse!* your sister's a delight (to be with)!

délictuel, elle [deliktɥɛl], **délictueux, euse** [deliktɥø, øz] adj *sout* criminal.

délié, e [delje] adj **1.** [sans épaisseur - écriture] fine ; [- cou] slender / *avoir la silhouette déliée* to be slender **2.** [agile - esprit] sharp ; [- doigt] nimble, agile / *avoir la langue déliée* to be chatty.

❖ **délié** nm upstroke.

délier [9] [delje] vt **1.** [dénouer - ruban, mains] to untie ; [- gerbe, bouquet] to undo **2.** [rendre agile] ▸ **un exercice pour délier les jambes / les doigts** an exercise to loosen the leg muscles / the fingers / *pour lui délier la langue* to make him talk **3.** [délivrer] ▸ **délier qqn de** [promesse, engagement] to free ou to release sb from **4.** RELIG to absolve.

❖ **se délier** ◆ vpi [langue] to loosen / *après quelques verres, les langues se délient* a few drinks help to loosen people's tongues. ◆ vpt [s'exercer] : *se délier les jambes / les doigts* to relax one's leg muscles / one's fingers.

❖ **se délier de** vp + prép to release o.s. from / *se délier d'une obligation* to free o.s. from an obligation.

délimitation [delimitasjɔ̃] nf **1.** [fait de circonscrire - un terrain] demarcation, delimitation ; [- un sujet, un rôle] defining, delineating, delimitation **2.** [limites] delimitation.

délimiter [3] [delimite] vt [espace, frontière] to demarcate, to delimit, to circumscribe ; [sujet] to define, to delimit.

délinquance [delɛ̃kɑ̃s] nf ▸ **la délinquance** criminality ▸ **la délinquance juvénile** juvenile delinquency ▸ **la petite délinquance** petty crime.

délinquant, e [delɛ̃kɑ̃, ɑ̃t] ◆ adj delinquent. ◆ nm, f offender ▸ **jeune délinquant, délinquant juvénile** juvenile delinquent ▸ **délinquant primaire** first offender.

déliquescence [delikesɑ̃s] nf **1.** CHIM deliquescence **2.** [déclin] gradual decay, creeping rot.

❖ **en déliquescence** ◆ loc adj declining, decaying. ◆ loc adv : *tomber en déliquescence* to be on the decline, to fall into decline.

déliquescent, e [delikesɑ̃, ɑ̃t] adj **1.** CHIM deliquescent **2.** [déclinant] declining, decaying, decrepit.

délirant, e [deliʀɑ̃, ɑ̃t] adj **1.** [malade] delirious ▸ **fièvre délirante** delirious fever **2.** *fam* [insensé - accueil, foule] frenzied, tumultuous ; [- imagination] frenzied, wild ; [- luxe, prix] unbelievable, incredible / *c'est délirant de travailler dans de telles conditions* working in such conditions is sheer madness ou lunacy.

délire [deliʀ] nm **1.** MÉD delirium, delirious state / *avoir le délire* to be delirious ou raving ▸ **délire de grandeur** PSYCHOL delusions of grandeur ▸ **délire de persécution** persecution mania **2.** [incohérences] : *un délire d'ivrogne* a drunkard's ravings **3.** *fam* EXPR ▸ **c'est le** ou **du délire** : *partout où il se produit, c'est le* ou *du délire* wherever he performs, audiences go wild ou crazy / *sa nouvelle collection, c'est du délire total* his new collection is out of this world / *demander aux gens de payer 50 % en plus, c'est du délire!* asking people to pay 50% over the odds is stark staring madness! / *ce n'est plus de la mise en scène, c'est du délire!* it's no longer stage production, it's sheer madness!

❖ **en délire** loc adj delirious, ecstatic / *des supporters en délire* delirious ou frenzied supporters.

délirer [3] [deliʀe] vi [malade] to be delirious, to rave ▸ **tu délires!** *fig* you're out of your mind!

delirium tremens (*pl* **delirium tremens**), **délirium trémens*** (*pl* **déliriums trémens***) [deliʀjɔmtʀemɛ̃s] nm delirium tremens / *avoir une crise de delirium tremens* to have an attack of delirium tremens.

délit [deli] nm **1.** DR [infraction] crime, offence UK, offense US, misdemeanor US ▸ **délit d'adultère** adultery ▸ **délit civil** tort ▸ **délit de faciès** : *il s'est fait arrêter pour délit de faciès* they arrested him because of the colour of his skin ▸ **délit de fuite** failure to stop after causing a road accident / *être incarcéré pour délit d'opinion* to be put in prison because of one's beliefs ▸ **délit de haine** hate crime ▸ **délit de presse** published provocation to commit an offence **2.** BOURSE ▸ **délit d'initié** insider trading ou dealing.

déliter [3] [delite] vt MIN to split.

❖ **se déliter** vpi **1.** GÉOL to exfoliate **2.** *litt* [se désagréger] to crumble.

délitescence [delitesɑ̃s] nf MÉD delitescence.

délitescent, e [delitesɑ̃, ɑ̃t] adj efflorescent.

délivrance [delivʀɑ̃s] nf **1.** *litt* [libération - d'une ville] liberation, deliverance ; [- d'un captif] release **2.** [soulagement] relief / *attendre la délivrance euphém* to await death as a release from pain **3.** [d'un visa, d'un

* In reformed spelling (see p.16-19).

certificat] issue / *délivrance d'un brevet* issue of a patent **4.** MÉD expulsion ou birth of the afterbirth.

délivrer [3] [delivʀe] vt **1.** [libérer - prisonnier] to release, to (set) free / *délivrer le peuple* to set the people free **2.** [soulager] to relieve / *se sentir délivré* to feel relieved / *ainsi délivré de ses incertitudes, il décida de…* thus freed from doubt, he decided to… / *rien ne pouvait la délivrer de la jalousie* *litt* nothing could release her from jealousy ▸ **délivre-nous du mal** BIBLE deliver us from evil **3.** [visa, titre] to issue ; [ordonnance, autorisation] to give, to issue **4.** [faire parvenir - paquet, courrier] to deliver ; [- signal] to put out *(sép)*.

délocalisation [delɔkalizasjɔ̃] nf relocation.

délocaliser [3] [delɔkalize] vt to relocate.

❖ **se délocaliser** vp to relocate.

déloger [17] [delɔʒe] ◆ vt **1.** [congédier - locataire] to throw ou to turn out *(sép)*, to oust / *après trois ans, comment déloger les locataires?* after three years, how do you get the tenants out? **2.** [débusquer - lapin] to start. ◆ vi **1.** [décamper] to move out (hurriedly) / *allez, déloge!* *fam* [pousse-toi] come on, move (out of the way)! / *il finira bien par déloger* he'll clear off eventually ▸ **faire déloger qqn** to throw sb out, to get sb to move **2.** BELG [découcher] to sleep out / *il a délogé hier* he didn't come home last night.

Délos [delos] npr Delos ▸ **à Délos** on Delos.

déloyal, e, aux [delwajal, o] adj **1.** [infidèle - ami] disloyal, unfaithful, untrue *litt* **2.** [malhonnête - concurrence] unfair ; [- méthode] dishonest, underhand ; [- coup] foul, below-the-belt.

déloyalement [delwajalmɑ̃] adv disloyally, unfairly, in an underhand manner.

déloyauté [delwajote] nf **1.** [caractère perfide] disloyalty, treacherousness **2.** [action] disloyal act, betrayal ▸ **commettre une déloyauté envers qqn** to play sb false, to be disloyal to sb / *les petites déloyautés finissent par tuer l'amour* petty betrayals eventually spell the death of love.

Delphes [dɛlf] npr Delphi.

delphinium [dɛlfinjɔm] nm delphinium.

delphinologie [dɛlfinɔlɔʒi] nf (scientific) study of dolphins.

delta [dɛlta] nm **1.** (*pl* **delta** *ou* **deltas***) [lettre] delta ▸ **en delta** delta-shaped **2.** (*pl* **deltas**) GÉOGR ▸ **delta (littoral)** delta ▸ **le delta du Nil** the Nile Delta **3.** (*pl* **deltas**) [différence] difference.

deltaïque [dɛltaik] adj deltaic *sout*, delta *(modif)*.

deltaplane [dɛltaplan] nm **1.** [véhicule] hang-glider **2.** [activité] hang-gliding / *faire du deltaplane* to go hang-gliding.

deltoïde [dɛltɔid] adj & nm ANAT deltoid.

déluge [delyʒ] nm **1.** [averse] downpour, deluge **2.** BIBLE ▸ **le Déluge** the Flood ▸ **ça remonte au déluge** *fam* it's ancient history / *ne remonte pas au déluge* [en racontant une histoire] give us the short version! ▸ **après moi le déluge!** *(allusion à Mme de Pompadour)* what happens when I'm gone is none of my concern! **3.** [abondance - de paroles, de larmes, de plaintes] flood, deluge ; [- de coups] shower / *je reçois un déluge de publicités par la poste* I'm inundated with junk mail / *le standard est submergé par un déluge d'appels* the switchboard is deluged with calls.

déluré, e [delyʀe] ◆ adj **1.** [malin - enfant, air] quick, sharp, resourceful **2.** *péj* [effronté - fille] forward, brazen. ◆ nm, f : *un petit déluré* a smart kid / *une petite délurée* a brazen little thing.

délurer [3] [delyʀe] vt **1.** *litt* [éveiller] to awaken to the world around **2.** [dévergonder] ▸ **délurer qqn** to open sb's eyes.

❖ **se délurer** vpi **1.** [devenir éveillé] to wake up *fig*, to become aware **2.** [se dévergonder] to become knowing / *vers 14 ans, ils se délurent* when they're about 14 they start learning the ways of the world.

délustrage [delystʀaʒ] nm TEXT taking the lustre ou gloss off.

délustrer [3] [delystʀe] vt TEXT to take the lustre ou gloss off.

démagnétisation [demaɲetizasjɔ̃] nf **1.** [d'une bande, d'une carte] demagnetization **2.** NAUT degaussing.

démagnétiser [3] [demaɲetize] vt **1.** [carte] to demagnetize **2.** NAUT to degauss.

❖ **se démagnétiser** vpi to become demagnetized.

démago [demago] adj & nmf *fam* **abr de démagogue.**

démagogie [demagɔʒi] nf demagogy, demagoguery.

démagogique [demagɔʒik] adj demagogic, demagogical.

démagogue [demagɔg] ◆ adj demagogic *sout*, rabble-rousing / *ils sont très démagogues* they're real rabble-rousers. ◆ nmf demagogue.

démaillage [demajaʒ] nm **1.** [d'un tricot] undoing, unravelling **2.** NAUT unlinking.

démailler [3] [demaje] vt **1.** [défaire - tricot] to undo, to unravel ; [- chaîne] to unlink **2.** PÊCHE to take out of the net.

❖ **se démailler** vpi [tricot] to unravel, to fray, to come undone.

démailloter [3] [demajɔte] vt [bébé] to take the nappy UK ou diaper US off, to change ; [doigt blessé] to take the bandage off ; [momie] to unwrap.

demain [dəmɛ̃] adv **1.** [lendemain] tomorrow / *demain matin / après-midi* tomorrow morning / afternoon / *demain soir* tomorrow evening ou night ▸ **à partir de demain** as from tomorrow, from tomorrow on, starting tomorrow / *pendant la journée de demain* tomorrow / *les journaux de demain* tomorrow's papers / *c'est demain le grand jour* tomorrow's the big day / *demain en huit* a week tomorrow, tomorrow week UK / *demain en quinze* two weeks tomorrow ▸ **salut, à demain!** bye, see you tomorrow! / *avance, sinon on y sera encore demain!* *fam* come on, let's not stay here all night! ▸ **demain il fera jour** tomorrow is another day ▸ **demain on rase** ou **rasera gratis** *hum* tomorrow never comes *loc* ▸ **ce n'est pas demain la veille** it's not going to happen overnight ou in a hurry / *ce n'est pas demain la veille que le système changera* the system's not going to change overnight ▸ **ne pas être pour demain** : *l'égalité des salaires n'est pas pour demain* equal pay isn't just around the corner **2.** [à l'avenir] in the future / *et si demain ils nous déclaraient la guerre?* what if in the future ou at some future point they were to declare war on us?

❖ **de demain** loc adj [futur] : *les architectes / écoles de demain* the architects / schools of tomorrow.

démanché, e [demɑ̃ʃe] adj [outil] handleless, with no handle.

❖ **démanché** nm MUS shift.

démanchement [demɑ̃ʃmɑ̃] nm **1.** [d'un membre] dislocation **2.** [d'un outil] removal of the handle.

démancher [3] [demɑ̃ʃe] vt [couteau, marteau] to remove the handle of ; [lame] to work out of its handle.

❖ **se démancher** vpi **1.** [balai] to lose its handle, to work loose in the handle **2.** *fam* [se démener] ▸ **se démancher pour obtenir qqch** to move heaven and earth ou to bust a gut to get sthg.

demande [dəmɑ̃d] nf **1.** [requête] request / *demande d'argent* request for money / *adresser toute demande de renseignements à…* send all inquiries to… ▸ **accéder à / refuser une demande** to grant / to turn down a request ▸ **demande (en mariage)** (marriage) proposal ▸ **faire sa demande en mariage (auprès de qqn)** to propose (to sb) ▸ **demande de rançon** ransom demand **2.** ADMIN & ÉCON application ▸ **faire une demande de bourse / visa** to apply for a scholarship / visa ▸ **demande d'indemnité** claim for compensation / *remplir une demande* to fill in an application (form) ▸ **demande d'emploi** job application / **'demandes d'emploi'** 'situations wanted' **3.** ÉCON demand / *il y a une forte demande de traducteurs* translators are in great demand, translators are very much sought after ▸ **demande excédentaire** excess demand ▸ **la demande des consommateurs** consumer demand ▸ **la demande du marché** market demand **4.** DR ▸ **demande en justice** petition ▸ **demande en renvoi** request for transfer of a case (to another court) **5.** [expression d'un besoin] need / *la demande doit venir du patient lui-même* the patient must express a need / *donne-lui de la tendresse, car il y a une demande de sa part* be loving to him, he's in need of it.

❖ **à la demande** loc adj & loc adv on demand.

❖ **à la demande générale** loc adv by popular request.

> ⚠ **Demand** signifie « exigence », « revendication ». C'est **request** qu'il faut employer pour traduire une demande au sens large.

demandé, e [dəmɑ̃de] adj sought-after, in demand / *le modèle B est très demandé* model B is in great demand, demand for model B is high.

demander [3] [dəmɑ̃de] vt **1.** [solliciter - rendez-vous, conseil, addition] to ask for *(insép)*, to request ; [- emploi, visa] to apply for / *demander un congé* to ask for leave / *le cuisinier a demandé son samedi* the cook has asked to have Saturday off / *qu'as-tu demandé pour Noël?* what did you ask for for Christmas? / *demander l'aumône* ou *la charité* to ask for charity, to beg for alms / *je ne demande pas la charité* *fig* I'm not asking for any favours ▸ **demander le divorce** to petition ou to file for divorce ▸ **demander la main de qqn** to ask for sb's hand (in marriage) ▸ **demander qqn en mariage** to propose to sb ▸ **demander grâce** to ask ou to beg for mercy ▸ **demander pardon** to apologize ▸ **je te demande pardon** I'm sorry / *il m'a demandé pardon de sa conduite* he apologized to me for his behaviour / *je vous demande pardon, mais c'est ma place* I beg your pardon, but this is my seat / *je vous demande pardon?* (I beg your) pardon? ▸ **demander qqch à qqn** : *demander une faveur* ou *un service à qqn* to ask sb a favour / *demander un délai à son éditeur* to ask one's publisher for more time ▸ **demander audience à qqn** to request an audience with sb / *je ne t'ai jamais demandé quoi que ce soit* I never asked you for anything ▸ **demander à qqn de faire** : *il m'a demandé de lui prêter ma voiture* he asked me to lend him my car / *ne me demande pas de m'en réjouir* don't ask ou expect me to be pleased about it ; *(en usage absolu)* ▸ **il suffisait de demander** you only had to ou all you had to do was ask **2.** [exiger - indemnité, dommages] to claim, to demand ; [- rançon] to demand, to ask for / *nous demandons de meilleures conditions de travail* we want ou we're asking for better working conditions / *demander l'impossible* to ask for the impossible ▸ **demander justice** to demand justice ou fair treatment ▸ **demander qqch à qqn** to ask sthg of sb / *je ne peux pas faire ce que vous me demandez* I can't do what you're asking of me / *que demande un citoyen à l'État?* what does a citizen ask of the State? / *il ne demandait pas beaucoup à la vie* he didn't ask much of life ▸ **en demander** : *il ne faut pas trop m'en demander / lui en demander* you mustn't ask too much of me / him, you shouldn't expect too much of me / him / *il en demande 75 euros* he wants ou he's asking 75 euros for it ▸ **demander que** : *tout ce que je demande, c'est qu'on me laisse seul* all I want ou ask is to be left alone ▸ **qui ne demande rien n'a rien** if you don't ask, you don't get ▸ **je ne demande que ça** ou **pas mieux!** I'd be only too pleased! / *elle ne demande pas mieux que de t'héberger* she'll be only too pleased to put you up ▸ **que demande le peuple?** *fam* : *tu es riche et célèbre, que demande le peuple?* you're rich and famous, what more do you want? ▸ **partir sans demander son compte** ou **son reste** to leave without further ado ou without so much as a by-your-leave *hum* **3.** [réclamer la présence de - gén] to want ; [- médecin] to send for *(insép)*, to call (for) ; [- prêtre] to ask for *(insép)* ▸ **on te demande au téléphone / aux urgences** you're wanted on the telephone / in casualty / *il y a une demoiselle qui vous demande* there's a young lady wanting to see you ; [au téléphone] ▸ **qui demandez-vous?** who would you like to speak to? / *demandez-moi le siège à Paris / M. Blanc* get me the head office in Paris / Mr Blanc **4.** [chercher à savoir] to ask ▸ **demander qqch à qqn** : *demander l'heure à qqn* to ask sb the time ▸ **demander son che-**

min à qqn to ask sb for directions / *je lui ai demandé la raison de son départ* I asked her why she (had) left / *il y a des choses qu'il vaut mieux ne pas demander* some things are better left unasked, there are some things one had better not ask ▸ **demander des nouvelles de qqn** to ask after sb / *j'ai demandé de tes nouvelles à Marie* I asked for news of you from Marie, I asked Marie about you / *demande-lui comment il s'appelle et d'où il vient* ask him what his name is and where he comes from / *je lui demanderai s'il peut t'aider* I'll ask him whether he can help you / *on ne t'a rien demandé (à toi)!* nobody asked YOU, nobody asked for YOUR opinion! ; *(en usage absolu)* : *demandez à votre agent de voyages* ask your travel agent ▸ **je ne te demande pas l'heure qu'il est** *fam*, **est-ce que je t'ai demandé si ta grand-mère fait du vélo?** *tfam* mind your own business!, who asked your opinion? ▸ **je vous le demande** ou **je vous demande un peu!** *fam* : *à quoi sert la police, je vous le demande* ou *je vous demande un peu!* what are the police for, I ask you? / *il avait tout peint en noir, je te demande un peu! fam* he'd painted everything black, can you believe it! **5.** [faire venir - ambulance, taxi] to send for *(sép)*, to call (for) **6.** [chercher à recruter - vendeur, ingénieur] to want, to require / **'on demande un livreur'** 'delivery boy wanted ou required' / *on demande beaucoup de secrétaires* there's a great demand for secretaries, secretaries are in great demand **7.** [nécessiter] to need, to require, to call for *(insép)* / *cela demande une patience que je n'ai pas* this requires ou needs the kind of patience I don't have / *cela demande une explication* this calls for an explanation ▸ **ça demande réflexion** it needs thinking about, it needs some thought / *cette plante demande un arrosage quotidien* this plant needs to be watered every day / *une manipulation qui demande une grande précision* an experiment that calls for the utmost precision / *ce livre a demandé beaucoup de recherches* the writing of this book required much research.

❖ **demander à** v + prép to ask to / *je n'ai pas demandé à naître* I never asked to be born / *il demande à voir le chef de rayon* he wants to see the department supervisor / *je demande à voir! fam* I'll believe it when I see it! ▸ **ne demander qu'à...** : *je ne demande qu'à vous embaucher / aider* I'm more than willing to hire / help you / *ce pauvre petit ne demande qu'à vivre* this poor little mite's only asking for a chance to live.

❖ **demander après** v + prép *fam* ▸ **ils ont demandé après toi a)** [ils t'ont réclamé] they asked for you **b)** [pour avoir de tes nouvelles] they asked how you were ou after you.

❖ **se demander** ◆ vp *(emploi passif)* : *cela ne se demande pas!* need you ask! *iron.* ◆ vpi to wonder, to ask o.s. / *je me demande où j'ai bien pu le mettre* I wonder where I can have possibly put it / *on est en droit de se demander pourquoi / comment / si...* one may rightfully ask o.s. why / how / whether...

> ⚠ Le verbe anglais **to demand** signifie « exiger », « réclamer » et non simplement demander.

> Notez les différentes constructions du verbe demander :
>
> • demander qqch (au sens de « solliciter ») = **ask for sthg.**
>
> **J'ai demandé un verre de vin rouge.** *I asked for a glass of red wine.*
>
> **Thomas demande une guitare pour Noël.** *Thomas has asked for a guitar for Christmas.*
>
> Attention à la présence de la préposition **for** en anglais.
>
> Notez cependant l'emploi de **ask the way, ask the time** (sans for) :
>
> **Demande-lui le chemin.** *Ask him the way.*
>
> **Je peux vous demander l'heure ?** *Can I ask you the time, please?*
>
> • demander (qqch) à qqn = **ask sb (for sthg).**
>
> **Je vais demander son avis à Luc.** *I'll ask Luc for some advice.*
>
> • demander à qqn de faire qqch = **ask sb to do sthg.**
>
> **Elle a demandé à Marc de venir l'aider.** *She asked Marc to come and help her.*
>
> Notez l'absence de préposition en anglais avant le COI.
>
> • demander à faire qqch = **ask to do sthg.**
>
> **Il a demandé à voir le directeur.** *He asked to see the manager.*

demandeur[1], eresse [dəmɑ̃dœʀ, d(ə)ʀɛs] nm, f plaintiff, complainant ▸ **demandeur en appel** appellant.

demandeur[2], euse [dəmɑ̃dœʀ, øz] ◆ nm, f ADMIN ▸ **demandeur d'asile** asylum seeker, asylee US ▸ **demandeur d'emploi** job seeker / *je suis demandeur d'emploi* I'm looking for a job / *mesures pour les demandeurs d'emploi* measures for those seeking work ou employment. ◆ adj : *les Français sont très demandeurs de ce produit* there is an enormous demand for this product in France.

démangeaison [demɑ̃ʒɛzɔ̃] nf **1.** [irritation] itch / *j'ai des démangeaisons partout* I'm itching all over ▸ **donner des démangeaisons à qqn** to make sb itch / *où ressentez-vous cette démangeaison?* where does it ou do you itch? **2.** *fam* [envie] itch.

démanger [17] [demɑ̃ʒe] vt to itch, to be itching / *ce pull me démange* that pullover makes me itch ▸ **la langue le** ou **lui démangeait** *fam & fig* he was itching ou dying to say something / *ça la* ou *lui démangeait de dire la vérité* she was itching ou dying to tell the truth.

démantèlement [demɑ̃tɛlmɑ̃] nm **1.** [démolition] demolition, pulling ou taking to pieces **2.** [d'un réseau, d'une secte] breaking up, dismantling.

démanteler [25] [demɑ̃tle] vt **1.** [démolir - rempart] to demolish, to tear down *(sép)* **2.** [désorganiser - réseau, secte] to break up *(sép)* ; [- entreprise, service] to dismantle.

démantibuler [3] [demɑ̃tibyle] vt to demolish, to take to bits ou pieces.

❖ **se démantibuler** vpi *fam* [se rompre] to fall apart, to come to pieces.

démaquillage [demakijaʒ] nm make-up removal / *le démaquillage dure deux heures* it takes two hours to remove ou to take off the make-up / *gel / lotion pour le démaquillage des yeux* eye make-up removing gel / lotion.

démaquillant, e [demakijɑ̃, ɑ̃t] adj ▸ **crème / lotion démaquillante** cleansing cream / lotion.

❖ **démaquillant** nm cleanser, make-up remover / *démaquillant pour les yeux* eye make-up remover.

démaquiller [3] [demakije] vt to remove the make-up from.

❖ **se démaquiller** vp *(emploi réfléchi)* to remove ou to take off one's make-up / *se démaquiller les yeux* to remove one's eye make-up.

démarcatif, ive [demaʀkatif, iv] adj demarcating.

démarcation [demaʀkasjɔ̃] nf **1.** [limite] demarcation, dividing line **2.** [fait de démarquer] boundary-defining, demarcating.

démarchage [demaʀʃaʒ] nm COMM door-to-door selling / *faire du démarchage à domicile* to do door-to-door selling / **'démarchage interdit'** 'no hawkers' ▸ **démarchage électoral** POL canvassing.

démarche [demaʀʃ] nf **1.** [allure] gait, walk / *avoir une démarche gracieuse* to have a graceful gait, to walk gracefully **2.** [initiative] step, move / *faire toutes les démarches nécessaires* to take all the necessary steps / *faire une démarche auprès d'un organisme* to approach an organisation ▸ **démarches administratives / juridiques** administrative / legal procedures **3.** [approche - d'un problème] approach / *démarche intellectuelle / philosophique* intellectual / philosophical approach / *trois démarches différentes à partir d'un même sujet* three different ways of approaching ou tackling the same subject.

démarcher [3] [demaʀʃe] vt [client, entreprise] to visit.

démarcheur, euse [demaʀʃœʀ, øz] nm, f COMM door-to-door salesman (saleswoman).

démarier [demaʀje] vt HORT to thin out.

démarquage [demaʀkaʒ] nm **1.** COMM markdown, marking down **2.** [fait d'ôter la marque] : *le démarquage des vêtements* [pour les vendre moins cher] removing the designer labels from clothes **3.** [plagiat] copying, plagiarizing / *la pièce n'est qu'un habile démarquage* the play is nothing but a clever copy **4.** SPORT : *le démarquage d'un joueur* escaping from a marker.

démarque [demaʀk] nf **1.** COMM marking down, markdown ▸ **démarque inconnue** pilfering, shrinkage *(losses through shoplifting and pilfering)* **2.** SPORT freeing.

démarquer [3] [demaʀke] ◆ vt **1.** [enlever la marque de] ▸ **démarquer des vêtements** to remove the designer labels from clothes **2.** COMM to mark down *(sép)* **3.** SPORT to free **4.** [plagier] to copy, to plagiarize. ◆ vi [cheval] to lose mark of mouth.

❖ **se démarquer** vp *(emploi réfléchi)* SPORT to shake off one's marker.

❖ **se démarquer de** vp + prép to distinguish o.s. ou to be different from.

démarrage [demaʀaʒ] nm **1.** AUTO & MÉCAN [mouvement] moving off ▸ **démarrage en trombe** shooting off ; [mise en marche] starting / *le démarrage de la voiture* starting the car ▸ **démarrage en côte** hill-start **2.** [commencement] start / *le démarrage d'une campagne publicitaire* the start of an advertising campaign **3.** SPORT kick **4.** NAUT casting off, unmooring.

démarrer [3] [demaʀe] ◆ vt *fam* to start / *on a démarré cette affaire avec très peu d'argent* we started this business with very little money. ◆ vi **1.** AUTO & MÉCAN [se mettre à fonctionner] to start (up) ; [s'éloigner] to move off / *je n'arrive pas à faire démarrer la voiture* I can't get the car started **2.** [débuter] to start / *le feuilleton démarre le 18 mars* the series starts on March 18th ▸ **faire démarrer un projet** to get a project off the ground **3.** [dans une progression - économie] to take off, to get off the ground / *les ventes ont bien démarré* sales have got off to a good start / *l'association a mis du temps à démarrer* the association got off to a slow start **4.** SPORT [coureur] to put on a spurt, to pull away **5.** NAUT to cast off, to unmoor **6.** *fam* [s'en aller] to shift UK, to budge / *je ne démarrerai pas d'ici tant que tu ne m'auras pas dit la vérité* I'm not moving ou budging from here until you've told me the truth.

démarreur [demaʀœʀ] nm starter ▸ **démarreur automatique** self-starter.

démasquer [3] [demaske] vt **1.** [ôter le masque de] to unmask **2.** [confondre - traître, menteur] to unmask, to expose / *se faire démasquer* to be unmasked **3.** [dévoiler - hypocrisie] to unmask, to reveal **4.** EXPR ▸ **démasquer ses batteries a)** *pr* to unmask one's guns **b)** *fig* to show one's hand.

❖ **se démasquer** vp *(emploi réfléchi)* **1.** [ôter son masque] to take off one's mask, to unmask o.s. **2.** *fig* to throw off ou to drop one's mask.

démastiquer [3] [demastike] vt to remove the putty from.

dématage [demataʒ] nm dismasting.

démâter [3] [demate] ◆ vt to dismast. ◆ vi to lose its mast ou masts, to be dismasted.

dématérialisation [dematerjalizasjɔ̃] nf **1.** [gén, BOURSE & ART] dematerialization **2.** INFORM digitalization.

dématérialiser [dematerjalize] vt to dematerialize.

démazouter [3] [demazute] vt to remove fuel oil from.

démêlage [demɛlaʒ] nm [des cheveux] disentangling, untangling.

démêlant, e [demɛlɑ̃, ɑ̃t] adj [baume] conditioning.

❖ **démêlant** nm hair conditioner.

démêlé [demele] nm [querelle] quarrel ▸ **démêlés** problems, trouble ▸ **avoir des démêlés avec qqn** to have a bit of trouble ou a few problems with sb / *elle a eu des démêlés avec l'administration* she's had some trouble ou problems with the authorities.

démêlement [demɛlmɑ̃] = **démêlage.**

démêler [4] [demele] vt **1.** [cheveux] to untangle, to disentangle, to comb out *(sép)* ; [nœud, filet] to disentangle, to untangle **2.** [éclaircir - mystère, affaire] to clear up *(sép)*, to disentangle, to see through *(insép)* ▸ **démêler les intentions de qqn** to fathom (out) sb's intentions / *démêler la vérité du mensonge* ou *le vrai du faux* to disentangle truth from falsehood, to sift out the truth from the lies **3.** EXPR **avoir quelque chose à démêler avec qqn** *litt* to have a bone to pick with sb.
❖ **se démêler** vp *(emploi passif)* [cheveux] to comb out, to be disentangled / *ses cheveux se démêlent tout seuls* his hair combs out beautifully.
❖ **se démêler de** vp + prép *vieilli* to extricate o.s. from / *se démêler de ses affaires de famille* to extricate o.s. from one's family problems.

démêloir [demɛlwaʀ] nm large-toothed comb.

démembrement [demɑ̃bʀəmɑ̃] nm **1.** [partage] dismemberment, breaking up, carving up **2.** DR ▸ **démembrement de la propriété** division of inherited property *(between heirs)*.

démembrer [3] [demɑ̃bʀe] vt **1.** [dépecer - carcasse] to dismember **2.** [désorganiser - association] to carve ou to split up *(sép)*, to dismantle.

déménagement [demenaʒmɑ̃] nm **1.** [changement de domicile] move / *c'est mon quatrième déménagement* it's my fourth move, it's the fourth time I've moved (house) UK / *on les a aidés à faire leur déménagement* we helped them move house UK ou to move ▸ **camion de déménagement** removal UK ou moving US van ▸ **entreprise de déménagement** removal company ou firm UK, mover US **2.** [déplacement des meubles] : *le déménagement du salon est fini* we've finished moving the furniture out of the living room **3.** [mobilier] furniture / *le déménagement est arrivé* the furniture has arrived.

déménager [17] [demenaʒe] ◆ vt [salon] to move the furniture out of, to empty of its furniture ; [piano, meubles] to move / *j'ai tout déménagé dans ma chambre* I moved everything into my bedroom. ◆ vi **1.** [changer de maison] to move, to move (house) UK / *il déménage, tu veux reprendre son appartement?* he's moving out, do you want to rent his flat? **2.** [changer de lieu] to move **3.** *fam* [partir] to clear off / *il est dans mon bureau? je vais le faire déménager vite fait!* in my office, is he? I'll have him out of there in no time! **4.** *fam* [déraisonner] to be off one's nut ou rocker **5.** *fam* [faire de l'effet] : *t'as vu la blonde? elle déménage!* did you see that blonde? she's a knockout! / *un rock qui déménage* a mind-blowing rock number.

déménageur [demenaʒœʀ] nm **1.** [ouvrier] removal man UK, (furniture) mover US ; [entrepreneur] furniture remover UK, mover US **2.** *fam* [homme] great hulk (of a man) / *ses gardes du corps, c'est des vrais déménageurs!* his bodyguards are built like barn doors!

déménageuse [demenaʒøz] nf SUISSE removal UK ou moving US van.

démence [demɑ̃s] nf **1.** [gén] insanity, madness **2.** MÉD dementia ▸ **démence précoce** dementia praecox ▸ **démence présénile** presenile dementia **3.** *fam* [conduite déraisonnable] : *c'est de la démence!* it's madness!

démener [19] [demne] ❖ **se démener** vpi **1.** [s'agiter] to thrash about, to struggle ▸ **se démener comme un beau diable** to thrash about, to struggle violently **2.** [faire des efforts] ▸ **se démener pour** to exert o.s. ou to go out of one's way (in order) to / *il faut se démener pour trouver un emploi* you have to put yourself out if you want to find a job / *je me suis démenée pour le retrouver* I went to great lengths to find him.

démens v ⟶ **démentir.**

dément, e [demɑ̃, ɑ̃t] ◆ adj **1.** [gén] mad, insane **2.** MÉD demented **3.** *fam* [remarquable] fantastic, terrific, ace **4.** *fam & péj* [inacceptable] incredible, unbelievable / *c'est dément, tout ce qu'on lui demande de faire!* the amount she's being asked to do is sheer lunacy! ◆ nm, f MÉD dementia sufferer, demented person.

démenti [demɑ̃ti] nm denial / *publier un démenti* to print a denial / *opposer un démenti formel à une rumeur* to deny a rumour categorically / *le témoignage reste sans démenti* the testimony remains uncontradicted.

démentiel, elle [demɑ̃sjɛl] adj **1.** PSYCHOL insane **2.** MÉD dementia *(modif)* **3.** [excessif, extravagant] insane *fig.*

démentir [37] [demɑ̃tiʀ] vt **1.** [contredire - témoin] to contradict **2.** [nier - nouvelle, rumeur] to deny, to refute / *les autorités démentent avoir envoyé des troupes* the authorities deny having sent troops / *son regard démentait ses paroles* the look in his eyes belied his words.
❖ **se démentir** vpi : *son amitié pour moi ne s'est jamais démentie* his friendship has been unfailing / *des méthodes dont l'efficacité ne s'est jamais démentie* methods that have proved consistently efficient.

démerdard, e [demɛʀdaʀ, aʀd] ◆ adj *tfam* : *toi qui es démerdard, trouve-nous des places pour demain soir* you always seem to be able to wangle this kind of thing, find us some seats for tomorrow night / *il est démerdard, il s'en sortira* he's always got some trick up his sleeve, he'll make it / *il n'est pas démerdard pour deux sous* he hasn't got a clue. ◆ nm, f *tfam* ▸ **c'est un sacré démerdard a)** [il est ingénieux] he's a shrewd customer ou a clever bugger UK **b)** [il sait se tirer d'un mauvais pas] he can always wriggle his way out of a tricky situation.

démerder [3] [demɛʀde] ❖ **se démerder** vpi *tfam* to get by, to manage / *il se démerde pas mal pour un débutant* he's not bad for a beginner / *t'inquiète pas, je me démerderai* don't worry, I'll manage somehow / *tu devras te démerder sans moi* you'll have to get along without me / *et moi, comment je vais me démerder?* and how the hell am I supposed to cope?

démérite [demeʀit] nm *litt* fault, flaw, demerit *litt* / *il n'y a aucun démérite à avoir agi ainsi* there's nothing wrong in having acted this way.

démériter [3] [demeʀite] vi *sout* [s'abaisser] ▸ **démériter aux yeux de qqn** to come down in sb's esteem / *il n'a jamais démérité* he has never proved unworthy of the trust placed in him / *il n'a démérité en rien* he has incurred no blame, he has in no way demeaned himself.

démesure [deməzyʀ] nf [d'un personnage] excessiveness, immoderation ; [d'une passion, d'une idée] outrageousness / *donner dans la démesure* to (tend to) be excessive / *la démesure absurde de ses projets* the absurdity of his grandiose projects.

démesuré, e [deməzyʀe] adj **1.** [énorme - empire] vast, enormous / *d'une longueur démesurée* interminable **2.** [exagéré - orgueil] immoderate, inordinate ; [- appétit] huge, gross / *cette affaire a pris une importance démesurée* this affair has been blown up out of all proportion.

démesurément [deməzyʀemɑ̃] adv excessively, immoderately, inordinately / *la plante avait poussé démesurément* the plant had grown inordinately tall / *des yeux démesurément ouverts* eyes as round as saucers.

démet v ⟶ **démettre.**

Déméter [demetɛʀ] npr Demeter.

Démétrios [demetʀijos] npr Demetrius.

démettre [84] [demɛtʀ] vt **1.** MÉD [os, bras] to dislocate, to put out of joint **2.** [destituer] to dismiss ▸ **démettre qqn de ses fonctions** to dismiss sb from his duties.
❖ **se démettre** ◆ vpt ▸ **se démettre le poignet** to dislocate one's wrist, to put one's wrist out of joint. ◆ vpi to resign, to hand in one's resignation ▸ **se démettre de son poste a)** [directeur] to resign one's post ou from one's job **b)** [député, président] to resign from office.

démeubler [5] [demøble] vt to remove the furniture from / *la pièce est un peu démeublée* the room looks rather bare.

demeurant [dəmœʀɑ̃] ❖ **au demeurant** loc adv [du reste] for all that, notwithstanding / *photographe de talent et très joli garçon au demeurant* a talented photographer and very good-looking with it.

demeure [dəmœʀ] nf **1.** [maison] residence **2.** *sout* [domicile] dwelling-place, abode **3.** DR delay ▸ **mettre qqn en demeure de payer** to give sb notice to pay ▸ **mettre qqn en demeure de témoigner / de s'exécuter** to order sb to testify / to comply.
❖ **à demeure** loc adv : *il s'est installé chez elle à demeure* he moved in with her permanently ou for good.

demeuré, e [dəmœʀe] ◆ adj half-witted, backward. ◆ nm, f half-wit.

demeurer [5] [dəmœʀe] vi **1.** *(aux être)* [rester - dans tel état] to remain / *demeurer silencieux / inconnu* to remain silent / unknown ▸ **en demeurer là** : *l'affaire en est demeurée là* the matter rested there / *il vaut mieux en demeurer là pour aujourd'hui* we'd better leave it at that for today **2.** *(aux être)* [subsister] to remain, to be left / *peu de traces demeurent* there are few traces left ▸ **demeurer à qqn** [rester sa propriété] to be left to sb / *cette épée nous est demeurée de notre père* this sword was left to us by our father **3.** *(aux avoir) sout* [habiter] to live, to stay / *où demeuriez-vous alors?* where were you living then? / *il demeure toujours à la même adresse* he's still living at the same address.

demi, e [dəmi] ◆ adj inv *(devant le nom, avec trait d'union)* **1.** [moitié de] half ▸ **une demi-pomme** half an apple ▸ **plusieurs demi-pommes** several halves of apple / *une demi-livre de pommes* a half-pound of ou half a pound of apples **2.** [incomplet] : *cela n'a été qu'un demi-succès* it wasn't a complete ou it was only a partial success. ◆ nm, f [moitié] half / *j'achète un pain? — non, un demi* shall I buy a loaf? — no, just (a) half.
❖ **demi** nm **1.** [bière] ▸ **demi (de bière)** ≃ half UK ; ≃ half-pint UK / *prends deux demis* get two half-pints ou two halves **2.** RUGBY ▸ **demi de mêlée** scrum half ▸ **demi d'ouverture** fly ou stand-off half **3.** SUISSE [vin] *half a litre of wine.*
❖ **demie** nf ▸ **la demie** half past / *à la demie de chaque heure* every hour on the half hour, at half past every hour / *on va attendre la demie* we'll wait till half past / *à la demie de 4 h* at half past 4 / *je te rappelle à la demie* I'll call you back at half past.
❖ **à demi** loc adv **1.** *(avec un adjectif)* : *à demi mort* half-dead / *être à demi convaincu* to be half-convinced / *bûche à demi consumée* half-burnt log **2.** *(avec un verbe)* : *ouvrir la porte à demi* to half-open the door / *faire les choses à demi* to do things by halves.
❖ **et demi, et demie** loc adj **1.** [dans une mesure] and a half ▸ **quinze mètres et demi** fifteen and a half metres / *ça dure deux heures et demie* it lasts two and a half hours / *boire une bouteille et demie* to drink a bottle and a half **2.** [en annonçant l'heure] : *à trois heures et demie* at three thirty, at half past three.

demiard [dəmjaʀ] nm QUÉBEC [vin] *quarter of a pint of wine.*

demi-botte [dəmibɔt] (*pl* **demi-bottes**) nf ankle-boot.

demi-bouteille [dəmibutɛj] (*pl* **demi-bouteilles**) nf half-bottle, half a bottle.

demi-brigade [dəmibʀigad] (*pl* **demi-brigades**) nf [bataillons] *group of two or three battalions led by a colonel.*

demi-canton [dəmikɑ̃tɔ̃] (*pl* **demi-cantons**) nm SUISSE *state of the Swiss confederation which is one half of a divided canton.*

demi-centre [dəmisɑ̃tʀ] (*pl* **demi-centres**) nm SPORT centre-half.

demi-cercle [dəmisɛʀkl] (*pl* **demi-cercles**) nm half-circle, semicircle.
❖ **en demi-cercle** loc adv in a semicircle.

demi-circulaire [dəmisiʀkylɛʀ] (*pl* **demi-circulaires**) adj [canal] semicircular.

demi-colonne [dəmikɔlɔn] (*pl* **demi-colonnes**) nf demi-column, semi-column.

demi-deuil [dəmidœj] (*pl* **demi-deuils**) nm VÊT half-mourning.
❖ **à la demi-deuil** loc adj CULIN *coated in a white sauce and garnished with truffles.*

demi-dieu [dəmidjø] (*pl* **demi-dieux**) nm demigod.

demi-douzaine [dəmiduzɛn] (*pl* **demi-douzaines**) nf **1.** [six] half-dozen, half-a-dozen / *deux demi-douzaines* two half-dozens ▸ **une demi-douzaine de tomates** a half-dozen ou half-a-dozen tomatoes **2.** *fam* [environ six] : *une demi-douzaine de gens attendaient* half-a-dozen people were waiting.

demi-droite [dəmidʀwat] (*pl* **demi-droites**) nf half-line, half-ray.

demi-écrémé, e [dəmiekʀeme] adj semi-skimmed.

demi-figure [dəmifigyʀ] (*pl* **demi-figures**) nf half-length (portrait).

demi-fin, e [dəmifɛ̃, in] (*mpl* **demi-fins**, *fpl* **demi-fines**) adj COMM ▸ **petits pois demi-fins** garden peas ▸ **haricots demi-fins** green beans.

demi-finale [dəmifinal] (*pl* **demi-finales**) nf semi-final / *les demi-finales femmes / hommes* the women's / men's semifinals.

demi-finaliste [dəmifinalist] (*pl* **demi-finalistes**) nmf semifinalist.

demi-fond [dəmifɔ̃] nm inv **1.** [activité] middle-distance running / *faire du demi-fond* to do middle-distance running **2.** [course] middle-distance race.

demi-frère [dəmifʀɛʀ] (*pl* **demi-frères**) nm half-brother.

demi-gros [dəmigʀo] nm inv wholesale *(dealing in retail quantities)*.

demi-heure [dəmijœʀ] (*pl* **demi-heures**) nf half-hour ▸ **une demi-heure** half an hour / *il y en a un toutes les demi-heures* there's one every half-hour / *laisser mijoter une demi-heure* allow to simmer for half an hour.

demi-jour [dəmiʒuʀ] (*pl* **demi-jours**) nm [clarté] half-light ; [crépuscule] twilight, dusk.

demi-journée [dəmiʒuʀne] (*pl* **demi-journées**) nf half-day, half-a-day ▸ **une demi-journée de travail** half a day's work, a half-day's work / *travailler trois demi-journées par semaine* to work three half-days a week / *je lui dois sa demi-journée* I owe her half-a-day's pay ou for half-a-day's work.

démilitarisation [demilitaʀizasjɔ̃] nf demilitarization.

démilitariser [3] [demilitaʀize] vt to demilitarize.

demi-litre [dəmilitʀ] (*pl* **demi-litres**) nm half-litre UK, half-liter US, half a litre UK ou liter US / *un demi-litre de lait, s'il vous plaît* half a litre of milk please.

demi-longueur [dəmilɔ̃gœʀ] (*pl* **demi-longueurs**) nf half-length, half a length / *une demi-longueur d'avance* a half-length's lead / *gagner d'une demi-longueur* to win by half-a-length.

demi-lune [dəmilyn] (*pl* **demi-lunes**) nf **1.** [ouvrage fortifié] demi-lune, half-moon **2.** [place urbaine] crescent.

❖ **en demi-lune** loc adj half-moon *(modif)*, half-moon-shaped.

demi-mal [dəmimal] (*pl* **demi-maux** [-mo]) nm : *il n'y a que demi-mal* there's no great harm done.

demi-mesure [dəmiməzyʀ] (*pl* **demi-mesures**) nf **1.** [compromis] half measure ▸ **elle ne connaît pas les demi-mesures** ou **ne fait pas de** *fam* **demi-mesures** she doesn't do things by halves **2.** COUT semifinished tailoring **3.** [moitié d'une mesure] half measure.

demi-mondaine [dəmimɔ̃dɛn] (*pl* **demi-mondaines**) nf *arch* demimondaine.

demi-monde [dəmimɔ̃d] (*pl* **demi-mondes**) nm demimonde.

demi-mot [dəmimo] ❖ **à demi-mot** loc adv ▸ **il comprend à demi-mot** he doesn't need to have things spelled out for him / *on se comprend à demi-mot* we know how each other's mind works.

déminage [deminaʒ] nm [sur la terre] mine clearance ; [en mer] mine sweeping.

déminer [3] [demine] vt to clear of mines.

déminéralisation [demineʀalizasjɔ̃] nf **1.** [de l'eau] demineralization **2.** PHYSIOL mineral deficiency.

déminéraliser [3] [demineʀalize] vt **1.** [eau] to demineralize **2.** PHYSIOL to deprive of minerals.

❖ **se déminéraliser** vpi [malade] to become deficient in essential minerals.

démineur [deminœʀ] ◆ adj m bomb-disposal *(modif)*. ◆ nm bomb-disposal expert, member of a bomb-disposal unit.

demi-pause [dəmipoz] (*pl* **demi-pauses**) nf minim UK ou half-note US rest.

demi-pension [dəmipɑ̃sjɔ̃] (*pl* **demi-pensions**) nf [à l'hôtel] half-board ▸ **être en demi-pension** ÉDUC to have school lunches ou dinners.

demi-pensionnaire [dəmipɑ̃sjɔnɛʀ] (*pl* **demi-pensionnaires**) nmf pupil who has school dinners.

demi-pièce [dəmipjɛs] (*pl* **demi-pièces**) nf (110 litre) wine keg.

demi-place [dəmiplas] (*pl* **demi-places**) nf **1.** [au spectacle] half-price ticket ou seat **2.** TRANSP half-fare.

demi-pointe [dəmipwɛ̃t] (*pl* **demi-pointes**) nf [position] demi-pointe ; [chausson] ballet shoe.

demi-portion [dəmipɔʀsjɔ̃] (*pl* **demi-portions**) nf **1.** [moitié de portion] half-helping **2.** *fam & hum* [personne] half-pint, pipsqueak.

demi-queue [dəmikø] (*pl* **demi-queues**) adj & nm ▸ **un (piano) demi-queue** a baby grand (piano).

demi-relief [dəmiʀəljɛf] (*pl* **demi-reliefs**) nm mezzo-relievo.

démis, e [demi, iz] pp ⟶ **démettre**.

demi-saison [dəmisɛzɔ̃] (*pl* **demi-saisons**) nf [printemps] spring ; [automne] autumn, fall US / *un temps de demi-saison* the sort of mild weather you get in spring or autumn.

demi-sel [dəmisɛl] nm inv **1.** [beurre] slightly salted butter **2.** [fromage] Demi-sel *(slightly salted cream cheese)* **3.** *arg crime* [souteneur] small-time pimp ; [voyou] small-time gangster.

demi-siècle [dəmisjɛkl] (*pl* **demi-siècles**) nm half-century.

demi-sœur [dəmisœʀ] (*pl* **demi-sœurs**) nf half-sister.

demi-solde [dəmisɔld] (*pl* **demi-soldes**) nf MIL half-pay.

demi-sommeil [dəmisɔmɛj] (*pl* **demi-sommeils**) nm half-sleep, doze, drowsiness / *dans mon demi-sommeil, j'ai entendu…* while I was half asleep, I heard…

❖ **en demi-sommeil** loc adj half-asleep / *entreprise / marché en demi-sommeil* sluggish business / market.

demi-soupir [dəmisupiʀ] (*pl* **demi-soupirs**) nm quaver UK ou eighth note US rest.

démission [demisjɔ̃] nf **1.** [départ] resignation / *donner sa démission* to hand in ou to tender *sout* one's resignation, to resign **2.** [irresponsabilité] abdication of responsibility / *la démission face au terrorisme* the abdication of responsibility in the face of terrorism / *à cause de la démission des parents* because of the refusal of parents to shoulder their responsibilities.

démissionnaire [demisjɔnɛʀ] ◆ adj resigning, outgoing. ◆ nmf person resigning ▸ **les démissionnaires** those who have resigned.

démissionner [3] [demisjɔne] ◆ vi **1.** [quitter son emploi] to resign, to hand in one's resignation ou notice / *qu'est-ce qui t'a fait démissionner?* what made you resign? ▸ **démissionner de** : *démissionner de son poste de directeur* to resign (one's position) as manager **2.** [refuser les responsabilités] to fail to shoulder one's responsibilities ▸ **démissionner devant qqn** to give in to sb ▸ **démissionner devant qqch** to give in when faced with sthg / *c'est trop difficile, je démissionne* it's too hard, I give up. ◆ vt *fam* [renvoyer] ▸ **démissionner qqn** to talk sb into resigning / *ils l'ont démissionné?* did he resign or was he fired?

démit v ⟶ **démettre**.

demi-tarif [dəmitaʀif] (*pl* **demi-tarifs**) nm [billet] half-price ticket ; [carte] half-price card ; [abonnement] half-price subscription / *abonnement à demi-tarif* half-price subscription / *voyager à demi-tarif* to travel at half-fare / **'enfants demi-tarif'** 'children half price'.

demi-teinte [dəmitɛ̃t] (*pl* **demi-teintes**) nf halftone.

❖ **en demi-teinte** loc adj **1.** PHOT halftone **2.** [subtil] subtle, delicate / *sa musique / personnalité en demi-teinte* her subtle music / personality.

demi-ton [dəmitɔ̃] (*pl* **demi-tons**) nm semitone UK, half tone US, half step US ▸ **demi-ton diatonique / chromatique** diatonic / chromatic semitone UK ou half step US.

demi-tour [dəmituʀ] (*pl* **demi-tours**) nm **1.** [pivotement] about-face, about-turn / *faire un demi-tour* [gén & MIL] to about-face, to about-turn ▸ **demi-tour, droite!** MIL (right) about face! **2.** AUTO U-turn / *faire un demi-tour* to do ou to pull a U-turn ▸ **faire demi-tour a)** [piéton] to retrace one's steps **b)** [conducteur] to turn back.

démiurge [demjyʀʒ] nm demiurge, creator.

demi-vérité [dəmiveʀite] (*pl* **demi-vérités**) nf half-truth.

demi-vie [dəmivi] (*pl* **demi-vies**) nf BIOL & PHYS half-life.

demi-volée [dəmivɔle] (*pl* **demi-volées**) nf half-volley.

démo (abr de **démonstration**) nf *fam* demo.

démobilisable [demɔbilizabl] adj eligible for demobilization.

démobilisateur, trice [demɔbilizatœʀ, tʀis] adj [démotivant] demobilizing / *vous avez mené une campagne démobilisatrice* your would-be supporters got bored with your campaign.

démobilisation [demɔbilizasjɔ̃] nf **1.** MIL demobilization / *à la démobilisation* when demobilization time came **2.** [démotivation] growing apathy / *on constate une démobilisation de l'opinion publique sur ces questions* public opinion has become apathetic about ou has turned away from these issues.

démobiliser [3] [demɔbilize] vt **1.** MIL to demobilize **2.** [démotiver] to cause to lose interest, to demotivate.

démocrate [demɔkʀat] ◆ adj **1.** [gén] democratic **2.** [dans des noms de partis] Democratic. ◆ nmf **1.** [gén] democrat **2.** [aux États-Unis] Democrat.

démocrate-chrétien, enne [demɔkʀatkʀetjɛ̃, ɛn] (*mpl* **démocrates-chrétiens**, *fpl* **démocrates-chrétiennes**) adj & nm, f Christian Democrat.

démocratie [demɔkʀasi] nf **1.** [système] democracy ▸ **démocratie directe / représentative** direct / representative democracy ▸ **démocratie populaire** people's democracy **2.** [pays] democracy, democratic country / *vivre en démocratie* to live in a democracy / *on est en démocratie, non? fam* this is a free country, as far as I know!

démocratique [demɔkʀatik] adj **1.** POL democratic **2.** [respectueux des désirs de tous] democratic / *tu as pris une décision pas très démocratique* your decision was biased / *notre groupe est très démocratique* in our group, everyone gets a chance to have their say.

démocratiquement [demɔkʀatikmɑ̃] adv democratically.

démocratisation [demɔkʀatizasjɔ̃] nf **1.** POL democratization, making more democratic **2.** [mise à la portée de tous] ▸ **la démocratisation du ski** putting skiing holidays within everyone's reach.

démocratiser [3] [demɔkʀatize] vt **1.** POL to democratize, to make more democratic **2.** [rendre accessible] to bring within everyone's reach / *démocratiser les voyages à l'étranger* to put foreign travel within everyone's reach.

❖ **se démocratiser** vpi **1.** POL to become more democratic **2.** [devenir accessible] to become available to anyone.

Démocrite [demɔkʀit] npr Democritus.

démodé, e [demɔde] adj [style, technique] old-fashioned, outdated, out-of-date ; [parents] old-fashioned.

démoder [3] [demɔde] ❖ **se démoder** vpi to go out of fashion ou vogue, to become old-fashioned / *le long ne se démode pas* long skirts will never go out of fashion.

démodulateur [demɔdylatœʀ] nm demodulator.

démodulation [demɔdylasjɔ̃] nf demodulation.

démoduler [3] [demɔdyle] vt to demodulate.

démographe [demɔgʀaf] nmf demographer, demographist.

démographie [demɔgʀafi] nf [science] demography ; [croissance de la population] population growth.

démographique [demɔgʀafik] adj demographic, population *(modif)* ▸ **poussée / explosion démographique** population increase / explosion.

demoiselle [dəmwazɛl] nf **1.** [jeune femme] young lady ▸ **demoiselle d'honneur** bridesmaid ▸ **demoiselle de compagnie** lady's companion / **'les Demoiselles d'Avignon'** *Picasso* 'Les Demoiselles d'Avignon' **2.** *vieilli* [célibataire] maiden lady / *j'ai une tante qui est encore demoiselle* I have an aunt who is still unmarried **3.** *régional* [fille] ▸ **votre demoiselle** your daughter **4.** ZOOL dragonfly **5.** GÉOL ▸ **demoiselle (coiffée)** chimney-rock **6.** [outil] rammer.

démolir [32] [demɔliʀ] vt **1.** [détruire - immeuble, mur] to demolish, to pull ou to tear down *(sép)* ; [- jouet, voiture] to wreck, to smash up *(sép)* **2.** [anéantir - argument, théorie] to demolish ; [- projet] to ruin, to play havoc with ; [- réputation, autorité] to shatter, to destroy / *l'alcool lui a démoli la santé* alcohol ruined ou wrecked his health **3.** *fam* [anéantir - auteur, roman] to pan / *la presse peut démolir un homme politique* the press can break a politician **4.** *fam* [battre] to thrash, to beat up *(sép)* ▸ **démolir le portrait à qqn** to beat ou to smash sb's face in **5.** *fam* [épuiser - physiquement] to do in *(sép)* ; [- moralement] to shatter / *le déménagement m'a démoli* the move has left me shattered UK ou bushed US / *la mort de son père l'a démolie* she was shattered by her father's death.

❖ **se démolir** vpt ▸ **se démolir la santé** to ruin one's health ▸ **se démolir la santé à faire qqch** *fam* to kill o.s. ou to bust a gut doing sthg / *te démolis pas la santé à les chercher* don't wear yourself out looking for them.

démolissage [demɔlisaʒ] nm [critique] panning.

démolisseur [demɔlisœʀ] nm **1.** [ouvrier] demolition worker, wrecker US **2.** [entrepreneur] demolition contractor **3.** [détracteur] destructive critic.

démolition [demɔlisjɔ̃] nf demolition, pulling ou tearing down.

❖ **de démolition** loc adj : *chantier / entreprise de démolition* demolition site / contractors / *une campagne de démolition systématique* *fig* a systematic campaign of destruction.

❖ **en démolition** loc adj being demolished, under demolition.

démon [demɔ̃] nm **1.** RELIG ▸ **le démon** the Devil / *être possédé du démon* to be possessed by the devil ▸ **comme un démon** like a thing possessed **2.** MYTH daemon, daimon ▸ **son démon intérieur a)** *fig* [mauvais] the evil ou demon within (him) **b)** [bon] the good spirit within (him) **3.** [tentation] demon / *le démon de la curiosité / du jeu* the demon of curiosity / gambling ▸ **le démon de midi** *lust affecting a man in mid-life* **4.** [enfant turbulent] ▸ **(petit) démon** (little) devil ou demon.

démonétisation [demɔnetizasjɔ̃] nf **1.** FIN demonetization, demonetarization **2.** [discrédit] discrediting, bringing into disrepute.

démonétiser [3] [demɔnetize] vt **1.** FIN to demonetize, to demonetarize **2.** [discréditer] to discredit, to bring into disrepute.

démoniaque [demɔnjak] ◆ adj [ruse, rire] demonic *sout*, diabolical, fiendish. ◆ nmf person possessed by the devil.

démonisme [demɔnism] nm demonism *sout*, belief in demons.

démonologie [demɔnɔlɔʒi] nf demonology.

démonstrateur, trice [demɔ̃stʀatœʀ, tʀis] nm, f COMM demonstrator, salesperson *(in charge of demonstrations)*.

démonstratif, ive [demɔ̃stʀatif, iv] adj **1.** [expressif] demonstrative, expressive, effusive ▸ **peu démonstratif** reserved, undemonstrative **2.** [convaincant] demonstrative, conclusive **3.** GRAM demonstrative.

❖ **démonstratif** nm [pronom] demonstrative pronoun ; [adjectif] demonstrative adjective.

démonstration [demɔ̃stʀasjɔ̃] nf **1.** LOGIQUE & MATH [preuve] demonstration, proof ; [ensemble de formules] demonstration / *la démonstration n'est plus à faire* *fig* it has been proved beyond all doubt ▸ **démonstration par l'absurde** reductio ad absurdum **2.** COMM demonstration / *faire la démonstration d'un aspirateur* to demonstrate a vacuum cleaner **3.** [prestation] display, demonstration ▸ **démonstration aérienne** air display / *faire une démonstration aérienne* to put on an air display / *faire une démonstration de karaté* to give a karate demonstration **4.** [fait de manifester] demonstration, show / *faire une démonstration de force* to display one's strength / *faire la démonstration de son talent* to show one's talent / *voici la démonstration de sa duplicité* this shows his duplicity.

❖ **démonstrations** nfpl [effusions] (great) show of feeling, gushing ; [crises] outbursts / *démonstrations de tendresse / joie / colère* show of tenderness / joy / anger ▸ **faire de grandes démonstrations d'amitié à qqn** to put on a great show of friendship for sb / *toutes ces démonstrations ne te mèneront nulle part* these outbursts will get you nowhere.

démonstrativement [demɔ̃stʀativmɑ̃] adv demonstratively, conclusively.

démontable [demɔ̃tabl] adj which can be dismantled ou taken to pieces.

démontage [demɔ̃taʒ] nm dismantling, taking to pieces / *pour faciliter le démontage* to make it easier to dismantle.

démonté, e [demɔ̃te] adj [mer] raging, stormy / *par une mer démontée* in heavy seas.

démonte-pneu [demɔ̃tpnø] (*pl* **démonte-pneus**) nm tyre lever UK, tire iron US.

démonter [3] [demɔ̃te] vt **1.** [désassembler - bibliothèque, machine] to dismantle, to take down *(sép)* ; [- moteur] to strip down *(sép)*, to dismantle ; [- fusil, pendule] to dismantle, to take to pieces, to take apart *(sép)* ; [- manche de vêtement, pièce rapportée] to take off *(sép)* **2.** [détacher - pneu, store, persienne] to remove, to take off *(sép)* ; [- rideau] to take down *(sép)* **3.** [décontenancer] to take aback *(sép)* / *ma question l'a démontée* she was taken aback ou flummoxed by my question / *ne te laisse pas démonter par son ironie* don't be flustered by his ironic remarks **4.** ÉQUIT to unseat, to unhorse.

❖ **se démonter** ◆ vp *(emploi passif)* to be taken to pieces, to be dismantled / *ça se démonte facilement* it can be easily dismantled. ◆ vpi [se troubler] to lose countenance, to get flustered.

démontrabilité [demɔ̃tʀabilite] nf demonstrability.

démontrable [demɔ̃tʀabl] adj demonstrable, provable / *c'est facilement démontrable* it's easy to prove.

démontrer [3] [demɔ̃tʀe] vt **1.** MATH to prove / *démontrez que c'est une bijection* prove ou demonstrate that it's a bijection ▸ **démontrer qqch par A plus B** to prove sthg conclusively / *je ne peux pas te le démontrer par A plus B* I can't quote you chapter and verse **2.** [montrer par raisonnement] to prove, to demonstrate ▸ **démontrer son erreur à qqn** to prove to sb that he / she's wrong, to prove sb wrong **3.** [révéler] to show, to reveal, to indicate / *un geste qui démontre notre bonne volonté* a gesture that shows ou demonstrates our goodwill.

démoralisant, e [demɔʀalizɑ̃, ɑ̃t] adj [remarque, nouvelle] demoralizing, disheartening, depressing / *elle est démoralisante !* she's depressing !

démoralisateur, trice [demɔʀalizatœʀ, tʀis] adj demoralizing.

démoralisation [demɔʀalizasjɔ̃] nf demoralization / *ne nous laissons pas gagner par la démoralisation !* let's not become disheartened ou demoralized !

démoralisé, e [demɔʀalize] adj demoralized, down / *il était complètement démoralisé* he was completely demoralized, he's really down.

démoraliser [3] [demɔʀalize] vt to demoralize, to dishearten / *il ne faut pas te laisser démoraliser* you mustn't let it get you down.

❖ **se démoraliser** vpi to become demoralized, to lose heart.

démordre [76] [demɔʀdʀ]

❖ **démordre de** vp + prép ▸ **ne pas démordre de** to stick to, to stand by / *il ne démord pas de son idée* he won't budge from his position / *rien ne m'en fera démordre* I'll stick to my guns come what may ▸ **elle n'en démord pas** she won't have it any other way.

Démosthène [demɔstɛn] npr Demosthenes.

démotique [demɔtik] adj **1.** [écriture] demotic **2.** [grec] modern.

démotivant, e [demɔtivɑ̃, ɑ̃t] adj demotivating, disheartening, dispiriting / *c'est plutôt démotivant !* it's not exactly encouraging !

démotivation [demɔtivasjɔ̃] nf demotivation, loss of motivation.

démotiver [3] [demɔtive] vt to demotivate, to discourage / *les salaires les ont démotivés* the salary levels have discouraged ou demotivated them.

démoulage [demulaʒ] nm [d'une statuette] removal from the mould ; [d'un gâteau] turning out.

démouler [3] [demule] vt [statuette] to remove from the mould UK ou mold US ; [gâteau] to turn out *(sép)* ; [tarte] to remove from its tin.

démoustication [demustikasjɔ̃] nf clearing of mosquitoes.

démoustiquer [3] [demustike] vt to rid of mosquitoes.

démultiplicateur [demyltiplikatœʀ] nm reduction system.

démultiplication [demyltiplikasjɔ̃] nf ▸ **(rapport de) démultiplication** reduction ratio.

démultiplier [10] [demyltiplije] vt **1.** MÉCAN to reduce, to gear down *(sép)* **2.** *fam* [multiplier] to increase / *démultiplier les pouvoirs de décision* to reinforce the executive through increased powers.

démuni, e [demyni] adj **1.** [pauvre] destitute **2.** [sans défense] powerless, resourceless.

démunir [32] [demyniʀ] vt to deprive ▸ **démunir qqn de qqch** to deprive ou to divest sb of sthg.

❖ **se démunir de** vp + prép to part with, to give up.

démuseler [24] [demyzle] vt [animal] to unmuzzle, to remove the muzzle from / *démuseler la presse* to lift restrictions on the freedom of the press.

In reformed spelling (see p. 16-19), this verb is conjugated like **peler** : ***il démusèlera, elle démusèlerait***.

démystifiant, e [demistifjɑ̃, ɑ̃t] adj **1.** [qui détrompe] eye-opening **2.** [qui rend moins mystérieux] demystifying.

démystificateur, trice [demistifikatœʀ, tʀis] ◆ adj **1.** [qui détrompe] eye-opening **2.** [qui rend moins mystérieux] demystifying. ◆ nm, f demystifier.

démystification [demistifikasjɔ̃] nf **1.** [d'une dupe] opening the eyes of **2.** [d'un mystère, d'un phénomène] demystification.

démystifier [9] [demistifje] vt **1.** [détromper] to open the eyes of **2.** [rendre plus clair] to explain, to demystify.

démythification [demitifikasjɔ̃] nf demythologization, making less mythical ou into less of a myth.

démythifier [9] [demitifje] vt to demythologize, to make less mythical ou into less of a myth.

dénantir [32] [denɑ̃tiʀ] vt DR to deprive of securities.

dénasaliser [3] [denazalise] vt to denasalize.

dénatalité [denatalite] nf fall ou drop in the birth rate.

dénationalisation [denasjɔnalizasjɔ̃] nf denationalization, denationalizing.

dénationaliser [3] [denasjɔnalize] vt to denationalize.

dénaturaliser [3] [denatyʀalize] vt to denaturalize.

dénaturant, e [denatyʀɑ̃, ɑ̃t] adj adulterating.

❖ **dénaturant** nm denaturant.

dénaturation [denatyʀasjɔ̃] nf denaturation.

dénaturé, e [denatyʀe] adj **1.** [alcool] denatured **2.** [pervers - goût] unnatural, perverted / *quelle mère dénaturée je fais !* what a bad mother I am !

dénaturer [3] [denatyʀe] vt **1.** [modifier - alcool] to adulterate, to denature ; [- saveur] to alter, to adulterate **2.** [fausser - propos, faits, intention] to distort, to misrepresent, to twist / *vous dénaturez mes propos!* you're twisting my words ou putting words into my mouth ! / *c'est dénaturer nos efforts!* it's making a mockery of our efforts !

dénazification [denazifikasjɔ̃] nf denazification.

dénazifier [9] [denazifje] vt to denazify.

dendrite [dɑ̃dʀit] nf ANAT & GÉOL dendrite.

dendritique [dɑ̃dʀitik] adj dendritic, dendritical.

dénébuler [3] [denebyle], **dénébuliser** [3] [denebylize] vt to clear of fog, to dispel the fog over.

dénégation [denegasjɔ̃] nf **1.** [contestation] denial / *convaincu de son innocence par des dénégations énergiques* persuaded of his innocence by his energetic denials **2.** PSYCHOL denial.

❖ **de dénégation** loc adj [geste, attitude] denying, of denial / *en signe de dénégation* as a sign of disagreement.

déneigement [denɛʒmɑ̃] nm snow clearing / *le déneigement des cols* clearing the cols of snow.

déneiger [23] [deneʒe] vt to clear of snow, to clear snow from.

déneigeuse [deneʒøz] nf snowblower.

dengue [dɑ̃g] nf dengue, breakbone fever.

déni [deni] nm **1.** DR denial ▸ **déni de justice** denial of justice **2.** PSYCHOL ▸ **déni de réalité** denial.

déniaiser [4] [denjeze] vt **1.** [dépuceler] ▸ **déniaiser qqn** to take away sb's innocence / *j'ai été déniaisé à 15 ans* I lost my innocence when I was fifteen **2.** [rendre moins naïf] to open the eyes of.

❖ **se déniaiser** vpi [devenir moins naïf] to learn the ways of the world.

dénicher [3] [deniʃe] ◆ vt **1.** *fam* [trouver - collier, trésor] find, to unearth ; [- informations] to dig up ou out *(sép)* ; [- chanteur, cabaret] to discover, to spot ▸ **dénicher de jeunes acteurs** to scout for young actors / *j'ai déniché un chouette petit restaurant* I've found a great little restaurant / *elle a l'art de dénicher des antiquités intéressantes* she has a talent for hunting out interesting antiques **2.** [oiseau] to remove from the nest. ◆ vi [oiseau] to leave the nest, to fly away.

dénicheur, euse [deniʃœʀ, øz] nm, f **1.** [d'oiseaux] bird's nester **2.** [découvreur] ▸ **dénicheur de talents** talent scout ou spotter / *dénicheur de bibelots rares* curio-hunter.

dénicotiniser [3] [denikɔtinize] vt to denicotinize.

dénicotiniseur [denikɔtinizœʀ] nm cigarette filter.

denier [dənje] nm **1.** HIST [monnaie - romaine] denarius ; [- française] denier / *je l'ai payé de mes deniers* I paid for it out of my own pocket / *j'en suis de mes deniers* I had to pay with my own money ▸ **le denier du culte** contribution to parish costs ▸ **le denier de Saint-Pierre** *annual diocesan gift made to the Pope (since 1849)* ▸ **les deniers publics** ou **de l'État** public money **2.** TEXT denier / *bas de 20 deniers* 20-denier stockings.

dénier [9] [denje] vt **1.** [rejeter - responsabilité] to deny, to disclaim **2.** [refuser] to deny, to refuse ▸ **dénier qqch à qqn** to deny ou to refuse sb sthg.

dénigrement [denigʀəmɑ̃] nm denigration, disparagement / *le mot ne s'emploie que par dénigrement* the word is only used disparagingly.

❖ **de dénigrement** loc adj : *esprit / paroles de dénigrement* disparaging spirit / remarks ▸ **campagne de dénigrement** smear campaign.

dénigrer [3] [denigʀe] vt to disparage, to denigrate, to run down *(sép)*.

❖ **se dénigrer** vp *(emploi réfléchi)* to do o.s. down.

dénigreur, euse [denigʀœʀ, øz] nm, f disparager ▸ **les dénigreurs** those who are always finding fault.

denim [dənim] nm denim.

dénitrification [denitʀifikasjɔ̃] nf denitrification.

dénitrifier [9] [denitʀifje] vt to denitrify.

dénivelé [denivle] nm difference in level ou height.

dénivelée [denivle] nf = **dénivelé**.

déniveler [24] [denivle] vt to make uneven.

✎ In reformed spelling (see p. 16-19), this verb is conjugated like *peler*: *il dénivèlera, elle dénivèlerait.*

dénivellation [denivɛ(l)lasjɔ̃], **dénivèlation*** [denivelasjɔ̃] nf **1.** [action] making uneven, putting out of level **2.** [pente] slope / *les dénivellations de la route* the dips in the road.

dénivelle [denivɛl] v ⟶ **déniveler**.

dénivellement [denivɛlmɑ̃] nm = **dénivellation**.

dénombrable [denɔ̃bʀabl] adj countable ▸ **non dénombrable** uncountable.

dénombrement [denɔ̃bʀəmɑ̃] nm counting (out), count / *le dénombrement des animaux* counting the animals / *faire un dénombrement de la population* to do a population count.

dénombrer [3] [denɔ̃bʀe] vt to count (out) / *on dénombre 130 morts à ce jour* at the latest count there were 130 dead / *dénombrer les habitants d'une ville* to count the population of a town.

dénominateur [denɔminatœʀ] nm MATH denominator ▸ **dénominateur commun** common denominator ▸ **plus grand dénominateur commun** highest common denominator ▸ **avoir comme** ou **en dénominateur commun** to have as a common denominator ▸ **avoir un dénominateur commun** [personnes] to have something in common, to share (some) common ground.

dénominatif [denɔminatif] nm GRAM denominative.

dénomination [denɔminasjɔ̃] nf **1.** [fait de nommer] naming, denomination *sout* **2.** [nom] designation, denomination, name ▸ **dénomination sociale** company name.

dénommé, e [denɔme] adj : *le dénommé Joubert* the man called Joubert / *une dénommée Madame Barda* a certain ou one Mrs Barda.

dénommer [3] [denɔme] vt **1.** [donner un nom à] to name, to call **2.** DR to name.

dénoncer [16] [denɔ̃se] vt **1.** [complice, fraudeur] to denounce, to inform on *(insép)* ; [camarade de classe] to tell on *(insép)* ▸ **dénoncer qqn aux autorités** to denounce sb ou to give sb away to the authorities **2.** [condamner - pratiques, dangers, abus] to denounce, to condemn / *tous les jours, nous dénonçons ces atrocités* every day we condemn these atrocities **3.** [annuler - armistice, traité] to renege on *(insép)* ; [- contrat] to terminate **4.** *sout* [dénoter] to indicate, to betray / *son silence dénonçait sa culpabilité* his silence betrayed his guilt.

❖ **se dénoncer** vp *(emploi réfléchi)* to give o.s. up.

dénonciateur, trice [denɔ̃sjatœʀ, tʀis] ◆ adj denunciatory ▸ **lettre dénonciatrice** letter of denunciation. ◆ nm, f informer.

dénonciation [denɔ̃sjasjɔ̃] nf **1.** [accusation] denunciation / *arrêté sur la dénonciation de son frère* arrested on the strength of his brother's denunciation ▸ **dénonciation calomnieuse** false accusation **2.** [révélation - d'une injustice] exposure, denouncing, castigating **3.** [rupture - d'un traité] denunciation, reneging on ; [- d'un contrat] termination.

dénotation [denɔtasjɔ̃] nf LING & PHILOS denotation / *cela fait partie de la dénotation du terme* it's part of the core meaning ou the denotation of the word.

dénoter [3] [denɔte] vt **1.** LING & PHILOS to denote **2.** [être signe de] to denote, to indicate.

dénouement [denumɑ̃] nm [d'un film, d'une histoire, d'une pièce] dénouement ; [d'une crise, d'une affaire] outcome, conclusion ▸ **un heureux dénouement** a happy ending, a favourable outcome.

dénouer [6] [denwe] vt **1.** [défaire - ficelle, lacet] to undo, to untie, to unknot ; [- cheveux] to let down *(sép)*, to loosen **2.** [résoudre - intrigue] to unravel, to untangle.

❖ **se dénouer** ◆ vpi **1.** [cheveux] to come loose ou undone ; [lacet] to come undone ou untied **2.** [crise] to end, to be resolved. ◆ vpt : *se dénouer les cheveux* to let down one's hair *pr.*

dénoyautage [denwajotaʒ] nm stoning UK, pitting US.

dénoyauter [3] [denwajote] vt to stone UK, to pit US.

dénoyauteur [denwajotœʀ] nm stoner UK, pitter US.

dénoyer [13] [denwaje] vt MIN to unwater.

denrée [dɑ̃ʀe] nf commodity ▸ **denrées de première nécessité** staple foods, staples ▸ **denrées alimentaires** foodstuffs ▸ **denrées périssables** perishable goods, perishables ▸ **une denrée rare** a scarce commodity / *c'est une denrée rare que la générosité* generosity is hard to come by.

dense [dɑ̃s] adj **1.** [épais - brouillard, végétation] thick, dense **2.** [serré - foule] thick, tightly packed ; [- circulation] heavy ▸ **population peu dense** sparse population **3.** [concis - style] compact, condensed **4.** PHYS dense **5.** MATH dense.

densément [dɑ̃semɑ̃] adv [cultivé] thickly, densely ; [peuplé] densely ; [écrit] tightly, tautly.

densification [dɑ̃sifikasjɔ̃] nf [du brouillard, de la foule] thickening / *la densification de la population sur le littoral* the increasing concentration of population along the coast.

densifier [9] [dɑ̃sifje] vt to make denser, to increase the density of.

densimètre [dɑ̃simɛtʀ] nm densimeter.

densimétrie [dɑ̃simetʀi] nf densimetry.

densimétrique [dɑ̃simetʀik] adj densimetric.

densité [dɑ̃site] nf **1.** PHYS density ▸ **densité de charge / courant** ÉLECTR charge / current density **2.** [du brouillard, de la foule] denseness, thickness / *selon la densité de la circulation* depending on how heavy the traffic is ▸ **densité de population** population density ▸ **pays à faible / forte densité de population** sparsely / densely populated country **3.** MATH ▸ **densité de probabilité** probability density **4.** PHOT density **5.** INFORM ▸ **densité d'enregistrement** packing ou recording ou data density.

densitométrie [dɑ̃sitɔmetʀi] nf densimetry, densitometry ▸ **densitométrie osseuse** MÉD bone densimetry ou densitometry.

dent [dɑ̃] nf **1.** ANAT tooth ▸ **faire** ou **percer ses dents** to cut one's teeth, to teethe / *faire une dent* to cut a (new) tooth / *avoir les dents en avant* to have buck teeth ▸ **dents du bas / haut** lower / upper teeth ▸ **dents de devant / du fond** front / back teeth ▸ **dent barrée** impacted tooth ▸ **dent de lait** baby ou milk UK tooth ▸ **dent permanente** permanent ou second tooth ▸ **dent à pivot** post ▸ **dent de sagesse** wisdom tooth ▸ **fausses dents** false teeth ▸ **avoir la dent** *fam* to be ravenous ou starving ▸ **avoir** ou **garder une dent contre qqn** *fam* to have a grudge against sb, to bear sb a grudge ▸ **avoir la dent dure pour qqn** to be scathing about ou very hard on sb ▸ **avoir les dents longues** to fix one's sights high ▸ **être sur les dents a)** *fam* [occupé] to be frantically busy **b)** [anxieux] to be stressed out / *la police est sur les dents* the police are on red alert ▸ **il n'y a pas de quoi remplir une dent creuse** *fam* this wouldn't keep a sparrow alive ▸ **montrer les dents** *pr & fig* to show one's teeth ▸ **parler entre ses dents** to mutter ▸ **répondre entre ses dents** to mutter an answer ▸ **se casser les dents sur qqch** *fig* to break one's teeth on sthg ▸ **se faire les dents** to cut one's teeth / *l'escalade du mont Blanc, c'était juste pour se faire les dents* climbing Mont Blanc was just for starters / *le jeune ténor s'est fait les dents sur « la Bohème »* the young tenor cut his teeth on "La Bohème" ▸ **se mettre qqch sous la dent** to find sthg to eat / *on n'avait rien à se mettre sous la dent* we didn't have a thing to eat ▸ **tout ce qui tombe sous la dent...** : *tout ce qui lui tombe sous la dent* anything he can get his teeth into ▸ **sourire toutes dents dehors** to give a beaming smile ▸ **'les Dents de la mer'** *Spielberg* 'Jaws' **2.** [de roue, d'engrenage] cog ; [de courroie] tooth **3.** [pointe - d'une scie, d'un peigne] tooth ; [- d'une fourchette, d'une herse] tooth, prong / *à deux dents* two-pronged / *à trois dents* three-pronged **4.** BOT serration **5.** GÉOGR jag **6.** ÉLECTRON ▸ **dents de scie** sawtooth waveform.

❖ **à belles dents** loc adv ▸ **déchirer qqch à belles dents** to tear into sthg ▸ **mordre dans** ou **croquer** ou **manger qqch à belles dents** *pr* to eat one's way through sthg ▸ **mordre dans** ou **croquer la vie à belles dents** *fig* to live (one's) life to the full.

❖ **en dents de scie** loc adj [couteau] serrated / *évo-*

* In reformed spelling (see p. 16-19).

lution en dents de scie uneven development / *elle a eu une scolarité en dents de scie* her education was a very uneven business.

dentaire [dɑ̃tɛʀ] ◆ adj [hygiène] oral, dental ; [cabinet, études, école] dental. ◆ nf **1.** *fam* ENS dental school ▸ **faire dentaire** to study dentistry **2.** BOT toothwort.

dental, e, aux [dɑ̃tal, o] adj PHON dental.

❖ **dentale** ◆ nf dental (consonant). ◆ nm ZOOL dentalium.

dent-de-lion [dɑ̃dəljɔ̃] (*pl* **dents-de-lion**) nf dandelion.

denté, e [dɑ̃te] adj [courroie] toothed ; [feuille] serrate, dentate.

❖ **denté** nm ZOOL dentex.

dentelé, e [dɑ̃tle] adj [contour] jagged, indented ; [feuille] dentate, serrate.

denteler [24] [dɑ̃tle] vt to indent the edge of, to give a jagged outline to / *machine / ciseaux à denteler* pinking machine / shears.

In reformed spelling (see p. 16-19), this verb is conjugated like *peler*: *il dentèlera, elle dentèlerait.*

dentelle [dɑ̃tɛl] ◆ nf **1.** [tissu] lace, lacework / *faire de la dentelle* to do lacework / *des gants de* ou *en dentelle* lace gloves ▸ **dentelle à l'aiguille** ou **au point** lace, needlepoint ▸ **dentelle de Chantilly** Chantilly lace ▸ **dentelle au fuseau** pillow lace ▸ **dentelle de papier** lacy paper ▸ **dentelle au point** point lace, needlepoint ▸ **ne pas faire dans la dentelle** *fam* : *il ne fait pas dans la dentelle* he doesn't go in for subtleties **2.** [morceau de tissu] piece of lacework. ◆ adj inv **1.** VÊT ▸ **bas dentelle** lace stocking **2.** CULIN ▸ **crêpes dentelle** paper-thin pancakes.

❖ **de dentelle, en dentelle** loc adj lace *(modif).*

dentellier, ère, dentelier*, ère [dɑ̃təlje, ɛʀ] nm, f lacemaker, laceworker.

dentelure [dɑ̃tlyʀ] nf **1.** [découpe] serration, jagged edge **2.** ARCHIT denticulation **3.** [d'un timbre] perforations.

denticule [dɑ̃tikyl] nm ZOOL denticle.

❖ **denticules** nmpl ARCHIT row of dentils.

denticulé, e [dɑ̃tikyle] adj ARCHIT & BOT denticulate.

dentier [dɑ̃tje] nm denture, dentures, dental plate.

dentifrice [dɑ̃tifʀis] ◆ adj ▸ **eau dentifrice** mouthwash ▸ **pâte dentifrice** toothpaste ▸ **poudre dentifrice** tooth powder. ◆ nm toothpaste ▸ **dentifrice au fluor** ou **fluoré** fluoride toothpaste.

dentine [dɑ̃tin] nf dentin, dentine.

dentiste [dɑ̃tist] nmf dentist.

dentisterie [dɑ̃tistəʀi] nf dentistry.

dentition [dɑ̃tisjɔ̃] nf **1.** [dents] teeth, dentition *spéc* ▸ **avoir une bonne dentition** to have good teeth ▸ **dentition adulte** ou **définitive** adult teeth, secondary dentition *spéc* ▸ **dentition lactéale** ou **de lait** baby teeth, primary dentition *spéc* **2.** [poussée] tooth growth.

denture [dɑ̃tyʀ] nf **1.** ANAT & ZOOL set of teeth, dentition *spéc* **2.** TECHNOL teeth, cogs.

dénucléarisation [denykleaʀizasjɔ̃] nf denuclearization.

dénucléariser [3] [denykleaʀize] vt [région] to denuclearize.

dénudation [denydasjɔ̃] nf **1.** MÉD stripping **2.** *litt* baring, laying bare.

dénudé, e [denyde] adj [dos, corps] bare, unclothed ; [crâne] bald ; [terrain] bare, bald ; [fil électrique] bare.

dénuder [3] [denyde] vt [dos, épaules] to leave bare ; [sol, câble, os, veine] to strip.

❖ **se dénuder** vpi **1.** [se déshabiller] to strip (off) **2.** [se dégarnir - crâne] to be balding ; [- arbre] to become bare ; [- fil électrique] to show through.

dénué, e [denɥe] adj ▸ **dénué de** lacking in, devoid of ▸ **dénué d'intérêt** utterly uninteresting, devoid of interest / *dénué de bon sens* devoid of common sense ▸ **dénué d'humanité** inhuman, devoid of human feeling ▸ **dénué d'ambiguïté** unambiguous / *dénué de sincérité* lacking in ou devoid of sincerity ▸ **être dénué de tout** to be destitute.

dénuement [denymɑ̃] nm destitution / *être dans le dénuement le plus complet* to be utterly destitute.

dénutri, e [denytʀi] ◆ adj malnourished. ◆ nm, f *person suffering from malnutrition.*

dénutrition [denytʀisjɔ̃] nf malnutrition.

déodorant [deɔdɔʀɑ̃] ◆ adj m deodorant *(modif).* ◆ nm deodorant.

déontologie [deɔ̃tɔlɔʒi] nf professional code of ethics, deontology / *la déontologie médicale* the medical code of ethics.

déontologique [deɔ̃tɔlɔʒik] adj ethical, deontological.

dép. 1. abr écrite de **départ 2.** abr écrite de **département.**

dépaillage [depajaʒ] nm removal of the straw seating.

dépailler [3] [depaje] vt to remove the straw seating from.

dépannage [depanaʒ] nm **1.** [réparation] fixing, repairing, repair job ▸ **SOS dépannages** emergency breakdown service ▸ **faire un dépannage** to fix a breakdown **2.** *fam* [aide] helping out / *merci pour le dépannage* thanks for helping (me) out.

❖ **de dépannage** loc adj ▸ **voiture de dépannage** breakdown lorry UK, tow truck US / *service de dépannage* breakdown service.

❖ **en dépannage** loc adv *fam* : *prête-moi 10 euros en dépannage* lend me 10 euros just to tide me over / *j'ai pris une intérimaire en dépannage* I hired a temp to help us out.

dépanner [3] [depane] vt **1.** [réparer - voiture, mécanisme] to repair, to fix ▸ **dépanner qqn sur le bord de la route** *fam* to help sb who's broken down on the side of the road ; *(en usage absolu)* : *nous dépannons 24 heures sur 24* we have a 24-hour breakdown service **2.** *fam* [aider] to help out *(sép)*, to tide over *(sép)* / *elle m'a dépanné en me prêtant sa voiture* she helped me out by lending me her car / *est-ce que 20 euros pourraient te dépanner?* would 20 euros help you out ou tide you over ?

dépanneur, euse [depanœʀ, øz] nm, f [d'appareils] repairman (repairwoman) ; [de véhicules] breakdown mechanic.

❖ **dépanneur** nm QUÉBEC ≃ corner shop UK ; ≃ convenience store US.

❖ **dépanneuse** nf breakdown truck UK, breakdown lorry UK, tow truck US, wrecker US.

dépaquetage [depaktaʒ] nm unpacking, unwrapping.

dépaqueter [depakte] vt to unpack.

In reformed spelling (see p. 16-19), this verb is conjugated like *acheter*: *il dépaquètera, elle dépaquèterait.*

déparaffinage [depaʀafinaʒ] nm paraffin extraction.

dépareillé, e [depaʀeje] adj **1.** [mal assorti - serviettes, chaussettes] odd / *mes draps sont tous dépareillés* none of my sheets match ▸ **articles dépareillés** oddments **2.** [incomplet - service, collection] incomplete **3.** [isolé] : *un volume dépareillé d'une collection* a single volume (that used to be part) of a collection.

dépareiller [4] [depaʀeje] vt **1.** [désassortir] : *dépareiller des draps* to put unmatched ou non matching sheets together **2.** [ôter des éléments à] to leave gaps in.

déparer [3] [depaʀe] vt [paysage] to disfigure, to spoil, to be a blight on ; [visage] to disfigure / *les fenêtres déparent la façade* the windows detract from the beauty of ou spoil the façade / *un compact qui ne dépare pas ma collection* a compact disc well worthy of my collection / *le petit chapeau ne dépare pas du tout l'ensemble* the little hat goes very nicely with the rest.

déparier [depaʀje] = **désapparier.**

dépars v ⟶ **départir.**

départ [depaʀ] nm **1.** TRANSP departure / *le départ du train est à 7 h* the train leaves at 7 a.m. / *le départ est dans une heure* we're leaving in an hour / **'départs grandes lignes'** 'main-line departures' / **'départs banlieue'** 'suburban ou local departures' ▸ **hall des départs** **a)** RAIL (departure) concourse **b)** AÉRON & NAUT departure lounge **2.** [fait de quitter un lieu] going / *on en a parlé après son départ* we discussed it after he went ▸ **les grands départs** *the mass exodus of people from Paris and other major cities at the beginning of the holiday period, especially in August* ▸ **le grand départ a)** *pr* the big move **b)** *fig* the passage into the great beyond ▸ **être sur le départ** to be ready to go **3.** [d'une course] start / *donner le départ d'une course* to start a race, to give the signal to start a race ▸ **douze chevaux / voitures / coureurs ont pris le départ (de la course)** there were twelve starters ▸ **départ arrêté / lancé / décalé** standing / flying / staggered start ▸ **prendre un bon / mauvais départ** *pr & fig* to get off to a good / bad start / *prendre un nouveau départ dans la vie* to make a fresh start in life, to turn over a new leaf **4.** [de son travail] departure ; [démission] resignation / *au départ du directeur* when the manager left ou quit (the firm) / *départ en préretraite* early retirement ▸ **départ volontaire** voluntary redundancy **5.** [origine] start, beginning ▸ **au départ** at first, to begin with / *au départ, je ne voulais pas qu'il le sache* at first ou to begin with, I didn't want him to know **6.** COMM ▸ **prix départ usine** factory price, ex works price UK **7.** *sout* [distinction] distinction, separation, differentiation ▸ **faire le départ entre** to draw a distinction between, to distinguish between / *une thèse où le départ n'a pas été bien fait entre causes et conséquences* a thesis which makes no attempt to distinguish ou to differentiate between causes and effects.

❖ **au départ de** loc prép : *visites au départ des Tuileries* tours departing from the Tuileries / *au départ du Caire, tout allait encore bien entre eux* when they left Cairo, everything was still fine between them.

❖ **de départ** loc adj **1.** [gare, quai, heure] departure *(modif)* **2.** [initial] : *l'idée de départ* the initial ou original idea ▸ **prix de départ** [dans une enchère] upset ou asking price / *salaire de départ* initial ou starting salary.

départager [17] [depaʀtaʒe] vt **1.** [séparer - ex-æquo] to decide between / *départager l'un de l'autre* to decide between one and the other **2.** ADMIN & POL to settle the voting, to give the casting vote.

département [depaʀtəmɑ̃] nm **1.** [du territoire français] département, department ▸ **les départements d'outre-mer** French overseas departments **2.** [service] department, service, division / *le département du contentieux* the legal department **3.** [ministère] department, ministry ▸ **département ministériel** ministry ▸ **le Département d'État** the State Department, the Department of State **4.** SUISSE *administrative authority in a Swiss canton.*

 **Département**

One of the three main administrative divisions in France. There are a hundred in all. Each is run by a **conseil général**, which has its headquarters in the principal town of the **département.**

Départements are numbered in alphabetical order (with a few exceptions in Île-de-France and overseas). The number is often used to refer to the department, particularly for the Paris area, and it is not uncommon to hear people say **j'habite dans le 91**, meaning **j'habite dans l'Essonne.**

départemental, e, aux [depaʀtəmɑ̃tal, o] adj **1.** [des départements français] of the département, departmental **2.** [dans une entreprise, une organisation] departmental, sectional **3.** [ministériel] ministerial.

❖ **départementale** nf [route] secondary road ; ≃ B-road UK.

départementalisation [depaʀtəmɑ̃talizasjɔ̃] nf ADMIN conferring the statute of département on.

départementaliser [3] [depaʀtəmɑ̃talize] vt **1.** [territoire] to confer the statute of département on, to make into a département **2.** [budget, responsabilité] to devolve to the départements.

départir [32] [depaʀtiʀ] vt *litt* to assign, to apportion ▸ **départir une tâche à qqn** to assign ou to apportion a task to sb.

❖ **se départir de** vp + prép to depart from, to abandon, to lose / *sans se départir de sa bonne humeur* without losing his good humour / *elle ne se départit pas de son calme* she remained unruffled / *il s'est départi de ses sarcasmes habituels* he abandoned his usual sarcasm.

départiteur [depaʀtitœʀ] nm DR ▸ **(juge) départiteur** arbitrator.

dépassant [depasɑ̃] nm COUT piece of edging.

dépassé, e [depase] adj [mentalité, technique] outdated, old-fashioned / *c'est dépassé tout ça!* all that's old hat! / *tu es dépassé, mon pauvre!* you're behind the times, my friend!

dépassement [depasmɑ̃] nm **1.** AUTO overtaking UK, passing US ▸ **dépassement sans visibilité** overtaking blind UK **2.** [excès] exceeding, excess ▸ **dépassement de coûts** cost overrun ▸ **dépassement de crédit** FIN overspending / *dépassement d'horaire de 15 minutes* overrun of 15 minutes ▸ **dépassement budgétaire** ou **de budget** FIN overspend ▸ **être en dépassement budgétaire** to be over budget **3.** [surpassement] ▸ **dépassement (de soi-même)** surpassing o.s., transcending one's own capabilities **4.** ADMIN *charging, by a medical practitioner, of more than the standard fee recognized by the social services.*

dépasser [3] [depase] ◆ vt **1.** [doubler -voiture] to pass, to overtake UK ; [-coureur] to outrun, to outdistance / *se faire dépasser* [en voiture] to be overtaken **2.** [aller au-delà de -hôtel, panneau] to pass, to go ou to get past ; [-piste d'atterrissage] to overshoot / *attention de ne pas dépasser le tournant!* be careful you don't miss the turn-off! **3.** [être plus grand que] to stand ou to be taller than / *notre immeuble dépasse les autres* our building stands higher ou is taller than the others / *elle me dépasse d'une tête* she's a head taller than me **4.** [déborder sur] to go over ou beyond / *ne dépasse pas la ligne tracée par la maîtresse* don't go over the line drawn by the teacher / *il a dépassé son temps de parole* he talked longer than had been agreed, he went over time / *votre renommée dépasse les frontières* your fame has spread abroad **5.** [suivi d'une quantité, d'un chiffre] to exceed, to go beyond / **'ne pas dépasser la dose prescrite'** 'do not exceed the stated dose' / *montants dépassant 100 euros* amounts in excess of ou exceeding 100 euros / *les socialistes nous dépassent en nombre* the socialists outnumber us, we're outnumbered by the socialists / *l'exposé ne doit pas dépasser 20 minutes* the talk must not last longer than ou exceed 20 minutes / *dépasser le budget de 15 millions* to go 15 million over budget / *l'addition dépasse rarement 30 euros* the bill's seldom more than ou seldom goes over 30 euros / *je n'ai pas dépassé 60 km/h* I did not exceed ou I stayed below 60 km/h / *elle a dépassé la trentaine* she's turned thirty, she's over thirty / *ça dépasse mes moyens* it's beyond my means, it's more than I can afford **6.** [surpasser -adversaire] to surpass, to do better than, to be ahead of / *elle veut dépasser sa sœur aînée* she wants to do better than her elder sister ▸ **dépasser l'attente de qqn** to surpass ou to exceed sb's expectations / *cela dépasse tout ce que j'avais pu espérer* this is beyond all my hopes ou my wildest dreams ▸ **dépasser qqn / qqch en** : *dépasser qqn / qqch en drôlerie / stupidité* to be funnier / more stupid than sb / sthg / *ça dépasse tout ce que j'ai vu en vulgarité* for sheer vulgarity, it beats everything I've ever seen / *elle nous dépassait tous en musique* she was a far better musician than any of us **7.** [outrepasser -ordres, droits] to go beyond, to overstep ▸ **cela dépasse l'entendement** it is beyond comprehension / *la tâche dépasse mes forces* the task is beyond me / *les mots ont dépassé ma pensée* I got carried away and said something I didn't mean ▸ **dépasser les bornes** ou **les limites** ou **la mesure** ou **la dose** *fam* to go too far, to overstep the mark / *cette fois, ça dépasse les bornes* ou *la mesure* ou *la dose fam* this time it's gone too far **8.** [dérouter] : *être dépassé par les événements* to be overtaken ou swamped by events / *une telle ignorance me dépasse* such ignorance defeats me / *les échecs, ça me dépasse!* chess is (quite) beyond me! **9.** [surmonter] ▸ **avoir dépassé un stade / une phase** to have gone beyond a stage / a phase. ◆ vi **1.** AUTO to pass, to overtake UK / **'interdiction de dépasser'** 'no overtaking UK', 'no passing US' **2.** [étagère, balcon, corniche] to jut out, to protrude / *notre perron dépasse par rapport aux autres* our front steps stick out further than the others **3.** [chemisier, doublure] to be hanging out ou untucked / *ton jupon dépasse!* your slip's showing! ▸ **dépasser de** to be sticking out ou protruding *sout* from (under) / *pas une mèche ne dépassait de son chignon* her chignon was impeccable ou hadn't a hair out of place / *un revolver dépassait de son sac* a gun was sticking out of her bag ▸ **la doublure dépasse de** ou **sous la robe** the lining shows below the dress.

❖ **se dépasser** ◆ vp *(emploi réciproque)* to pass one another / *les voitures cherchent toutes à se dépasser* the cars are all jostling for position. ◆ vpi [se surpasser] to surpass ou to excel o.s.

dépassionner [3] [depasjɔne] vt [débat] to take the heat out of, to calm ou to cool down.

dépatouiller [3] [depatuje] ❖ **se dépatouiller** vpi *fam* to manage to get by / *se dépatouiller d'une situation* to get out of ou to wriggle one's way out of a situation / *qu'il se* ou *s'en dépatouille tout seul!* he can get out of this one by himself!

dépavage [depavaʒ] nm : *le dépavage des rues* removing the cobblestones from the streets.

dépaver [3] [depave] vt to remove the cobblestones from.

dépaysant, e [depeizɑ̃, ɑ̃t] adj : *un voyage dépaysant* a trip that gives you a complete change of scene.

dépaysement [depeizmɑ̃] nm **1.** [changement de cadre] change of scene ou scenery / *un petit dépaysement ne te ferait pas de mal* you could do with a change of scene / *à Moscou, on a une extraordinaire impression de dépaysement* when you're in Moscow everything feels totally unfamiliar **2.** [malaise] feeling of unfamiliarity / *les enfants n'aiment pas le dépaysement* children don't like changes in environment.

dépayser [3] [depeize] vt **1.** [changer de cadre] to give a change of scenery ou surroundings to ▸ **laissez-vous dépayser** treat yourself to a change of scene ou scenery **2.** [désorienter] to disorientate ▸ **se sentir dépaysé** to feel like a stranger / *on fait tout pour que le touriste ne soit pas dépaysé* we do everything possible to make the tourist feel at home.

dépeçage [depəsaʒ], **dépècement** [depɛsmɑ̃] nm **1.** [d'un animal de boucherie] cutting ou carving up **2.** [d'un pays] dismembering, carving up.

dépecer [29] [depəse] vt **1.** [démembrer -proie] to tear limb from limb ; [-volaille] to cut up *(sép)* **2.** [détruire -empire] to dismember, to carve up *(sép)*.

dépêche [depɛʃ] nf **1.** ADMIN dispatch ▸ **dépêche diplomatique** diplomatic dispatch **2.** TÉLÉC ▸ **dépêche (télégraphique)** telegram, wire ▸ **envoyer une dépêche à qqn** to wire ou to telegraph sb **3.** [nouvelle] news item *(sent through an agency)* / *une dépêche vient de nous arriver* a news item ou some news has just reached us.

dépêcher [4] [depeʃe] vt *sout* [enquêteur] to send, to dispatch.

❖ **se dépêcher** vpi to hurry (up) / *pas besoin de se dépêcher* (there's) no need to hurry / *mais dépêche-toi donc!* come on, hurry up! ▸ **se dépêcher de faire qqch** to hurry ou to hasten *sout* to do sthg / *dépêche-toi de finir cette lettre* hurry up and finish that letter / *on s'est dépêchés de rentrer* we hurried home, we went back home in a hurry.

dépeignait v **1.** ⟶ **dépeindre 2.** ⟶ **dépeigner.**

dépeigner [4] [depeɲe] vt ▸ **dépeigner qqn** to mess up ou to muss ou to ruffle sb's hair / *elle est toujours dépeignée* her hair's always untidy ou dishevelled.

dépeindre [81] [depɛ̃dʀ] vt to depict, to portray.

dépenaillé, e [depənaje] adj [vêtement, rideau] scruffy, ragged, tattered / *un mendiant tout dépenaillé* a beggar in rags.

dépénalisation [depenalizasjɔ̃] nf ▸ **la dépénalisation d'un acte** decriminalizing an act.

dépénaliser [3] [depenalize] vt to decriminalize.

dépendance [depɑ̃dɑ̃s] nf **1.** [subordination] dependence ▸ **être dans** ou **sous la dépendance de qqn** to be subordinate to sb ▸ **vivre dans la dépendance** to be dependent, to lead a dependent life / *nous devrions diminuer notre dépendance économique / énergétique par rapport au nucléaire* we should reduce our dependence on the nuclear industry for our economic / energy needs ; [d'un drogué] addiction **2.** [annexe] outhouse, outbuilding **3.** [territoire] dependency **4.** LING dependence.

dépendant, e [depɑ̃dɑ̃, ɑ̃t] adj **1.** [subordonné] dependent ▸ **être dépendant de qqn / qqch** to be dependent on sb / sthg **2.** [drogué] dependent.

dépendeur [depɑ̃dœʀ] nm EXPR ▸ **un (grand) dépendeur d'andouilles** *fam* a lazy good-for-nothing.

dépendre [73] [depɑ̃dʀ] vt [décrocher -tableau, tapisserie] to take down *(sép)*.

❖ **dépendre de** v + prép **1.** [suj: employé, service] to be answerable to / *il dépend du chef de service* he's answerable ou he reports to the departmental head / *nous dépendons du ministère* we're answerable to the Ministry **2.** [suj: propriété, domaine, territoire] to be a dependency of, to belong to / *le parc dépend du château* the park is part of the castle property **3.** [financièrement] to depend on ou upon, to be dependent on ▸ **dépendre (financièrement) de qqn** to be financially dependent on ou upon sb / *je ne dépends que de moi-même* I'm my own boss / *dépendre d'un pays pour le pétrole* to be dependent on a country for one's oil supply **4.** [suj: décision, choix, résultat] to depend on / *ça dépend de la couleur que tu veux* it depends on what shade you want / *notre avenir en dépend* our future depends ou rests on it / *notre mariage dépend de sa décision* our marriage depends ou hangs on his decision / *ça ne dépend pas que de moi* it's not entirely up to me ; *(en usage absolu)* ▸ **ça dépend!** it (all) depends! ; *(tournure impersonnelle)* : *il dépend de toi que ce projet aboutisse* whether this project succeeds depends on ou is up to you / *il dépend de toi de rester ou de partir* it's up to you whether you stay or not.

dépens [depɑ̃] nmpl DR costs.

❖ **aux dépens de** loc prép at the expense of ▸ **rire aux dépens de qqn** to laugh at sb's expense / *s'amuser aux dépens de sa santé* to have a good time at the expense of one's health / *je l'ai appris à mes dépens* I learnt it to my cost.

dépense [depɑ̃s] nf **1.** [frais] expense, expenditure / *occasionner de grosses dépenses* to mean a lot of expense ou a big outlay / *je ne peux pas me permettre cette dépense* I can't afford to lay out ou to spend so much money ▸ **faire des dépenses** to spend (money) ▸ **dépenses de consommation** consumer spending ▸ **dépenses engagées** incurred expenditure ou expenses ▸ **dépenses d'entretien** maintenance (costs) ▸ **dépenses d'exploitation** working ou operating costs ▸ **dépenses de fonctionnement** current expenses ▸ **dépenses d'infrastructure** social overhead capital ▸ **dépenses d'investissement** ou **d'équipement** capital spending ou expenditure ▸ **dépenses du ménage** household expenses ▸ **dépenses publiques** public ou government spending ▸ **dépenses de santé** [de l'État] health expenditure ▸ **dépenses sociales** spending on social services ▸ **dépenses et recettes** ÉCON & FIN expenditure and income **2.** [fait de dépenser] spending ▸ **pousser qqn à la dépense** to push ou to encourage sb to spend (money) ▸ **faire la dépense de qqch** to lay out ou to spend money on sthg ▸ **regarder à la dépense** to watch what one spends, to watch every penny / *ne regardez pas à la dépense* spare no expense **3.** [consommation] consumption ▸ **dépense physique** physical exertion / *dépense de temps* expenditure of time / *c'est une dépense de temps inutile* it's a waste of time ▸ **dépense de carburant** fuel consumption.

dépenser [3] [depɑ̃se] vt **1.** [argent] to spend / *à quoi dépenses-tu ton argent?* what do you spend your money on? / *dépenser son salaire en cadeaux* to spend one's salary on gifts / *les enfants me font dépenser beaucoup d'argent* I spend a lot because of the children / *voilà de l'argent bien* ou *utilement dépensé* it's money well spent ▸ **mal dépensé** wasted ; *(en usage absolu)* ▸ **dépenser sans compter** to spend (money) lavishly ou without counting the cost **2.** [consommer - mazout] to use **3.** [employer - temps] to spend ; [- énergie] to expend.

❖ **se dépenser** vpi **1.** [se défouler] to let off steam / *il se dépense beaucoup physiquement* he uses up a lot of energy / *elle a besoin de se dépenser* she needs an outlet for her (pent-up) energy **2.** [se démener] to expend a lot of energy, to work hard / *tu t'es beaucoup dépensé pour cette soirée* you've worked hard for (the success of) this party / *se dépenser en efforts inutiles* to waste one's energies in useless efforts ▸ **se dépenser sans compter pour qqch** to put all one's energies into sthg, to give sthg one's all.

dépensier, ère [depɑ̃sje, ɛʀ] ◆ adj extravagant / *j'ai toujours été dépensier* I've always been a big spender, money has always slipped through my fingers. ◆ nm, f spendthrift ▸ **un grand dépensier** a big spender.

déperdition [depɛʀdisjɔ̃] nf **1.** [de chaleur, de matière] loss **2.** *litt* [de volonté, d'enthousiasme] fading, waning.

dépérir [32] [depeʀiʀ] vi [malade] to fade ou to waste away ; [de tristesse] to pine away ; [plante] to wilt, to wither ; [industrie] to decline.

dépérissement [depeʀismɑ̃] nm **1.** [affaiblissement] fading ou wasting ou pining away ; [déclin] decline **2.** DR ▸ **dépérissement de preuves** loss of validity of evidence.

déperlant, e [depɛʀlɑ̃, ɑ̃t] adj water-repellent.

dépersonnalisation [depɛʀsɔnalizasjɔ̃] nf [gén & PSYCHOL] depersonalization.

dépersonnaliser [3] [depɛʀsɔnalize] vt [gén & PSYCHOL] to depersonalize.

❖ **se dépersonnaliser** vpi [individu] to become depersonalized, to lose one's personality ; [lieu, œuvre] to become anonymous.

dépêtrer [4] [depetʀe] vt ▸ **dépêtrer qqn / qqch de** to extricate sb / sthg from ▸ **dépêtrer qqn d'une situation** to extricate sb from ou to get sb out of a situation.

❖ **se dépêtrer de** vp + prép **1.** [de filets, de pièges] to free o.s. from / *le bouvreuil n'arrivait pas à se dépêtrer du filet* the bullfinch couldn't free itself from ou find its way out of the net **2.** [d'un gêneur] to shake off *(sép)* ; [d'une situation] to get out of / *il nous a dit tant de mensonges qu'il ne peut plus s'en dépêtrer* he's told us so many lies that he can no longer extricate himself from them / *j'ai tant de dettes que je ne peux plus m'en dépêtrer* I have so many debts I don't even know how to start paying them off.

dépeuplement [depœpləmɑ̃] nm **1.** SOCIOL depopulation **2.** [désertion] ▸ **le dépeuplement de la forêt a)** [déboisement] clearing ou thinning (out) the forest **b)** [absence d'animaux] the disappearance of animal life from the forest ▸ **le dépeuplement des rivières a)** [volontaire] destocking the rivers **b)** [par la pollution] the destruction of the fish stocks of the rivers.

dépeupler [5] [depœple] vt **1.** SOCIOL to depopulate **2.** [volontairement - étang] to empty (of fish), to destock ; [- forêt] to clear (of trees), to thin out the trees of / *dépeupler l'étang / la forêt* [involontairement] to kill off the fish stocks in the pond / trees in the forest.

❖ **se dépeupler** vpi **1.** SOCIOL to become depopulated **2.** [rivière] to lose its stock ; [forêt] to thin out.

déphasage [defazaʒ] nm **1.** ÉLECTR phase difference **2.** PSYCHOL loss of contact with reality, feeling of disconnectedness.

déphasé, e [defaze] adj **1.** ÉLECTR out-of-phase **2.** [désorienté] disorientated / *être déphasé par rapport à la réalité* to be out of touch with reality / *il est complètement déphasé* he is completely disorientated.

déphaser [3] [defaze] vt **1.** ÉLECTR to cause a phase difference in **2.** [désorienter] : *son séjour prolongé à l'hôpital l'a déphasé* his long stay in hospital made him lose touch with reality.

déphaseur [defazœʀ] nm phase splitter.

déphosphoration [defɔsfɔʀasjɔ̃] nf dephosphoration.

déphosphorer [3] [defɔsfɔʀe] vt to dephosphorate.

dépiauter [3] [depjote] vt *fam* **1.** [enlever la peau de - lapin, poisson] to skin, to take the skin off ; [- fruit] to peel **2.** [mettre en morceaux] to pull to pieces, to dissect **3.** [analyser] : *dépiauter un texte* to dissect a text.

dépigmentation [depigmɑ̃tasjɔ̃] nf depigmentation, loss of pigmentation.

dépilation [depilasjɔ̃] nf **1.** MÉD hair loss **2.** [épilation] hair removal, removal of (unwanted) hair.

dépilatoire [depilatwaʀ] ◆ adj depilatory. ◆ nm depilatory ou hair-removing cream.

dépiler [3] [depile] vt **1.** MÉD to cause hair loss to **2.** [cuirs, peaux] to grain **3.** MIN to remove pit-props from.

dépiquer [3] [depike] vt **1.** [repiquer] to transplant **2.** [égrener - blé] to thresh ; [- riz] to hull **3.** COUT to unstitch, to unpick.

dépistage [depistaʒ] nm **1.** MÉD screening ▸ **dépistage précoce** early screening ▸ **le dépistage du cancer** screening for cancer ▸ **le dépistage du sida** AIDS testing **2.** [recherche] detection, unearthing / *l'auteur se livre à un travail de dépistage sur des documents historiques* the author has done some detective work on historical documents **3.** CHASSE tracking down.

dépister [3] [depiste] vt **1.** [criminel] to track down *(sép)* ; [source, ruse] to detect, to unearth **2.** MÉD to screen for / *des techniques pour dépister le cancer* cancer screening techniques **3.** CHASSE [lièvre] to track down *(sép)* ; [chien] to put off the scent **4.** [perdre - poursuivant] to throw off *(sép)*.

dépit [depi] nm pique ▸ **faire qqch par dépit** to do sthg in a fit of pique ou out of spite ▸ **ressentir du dépit contre qqn** to be annoyed with sb / *j'en ai conçu un peu de dépit* I was a little piqued ou vexed at it / *j'en aurais pleuré de dépit* I was so vexed I could have cried ▸ **dépit amoureux** heartache, unrequited love ▸ **faire qqch par dépit amoureux** to do sthg out of unrequited love / *se marier par dépit amoureux* to marry on the rebound.

❖ **en dépit de** loc prép despite, in spite of ▸ **faire qqch en dépit du bon sens a)** [sans logique] to do sthg with no regard for common sense **b)** [n'importe comment] to do sthg any old how.

dépité, e [depite] adj (greatly) vexed, piqued.

dépiter [3] [depite] vt to pique, to vex / *son refus m'a profondément dépité* I was greatly vexed ou piqued at his refusal.

déplacé, e [deplase] adj **1.** [malvenu - démarche, remarque, rire] inappropriate / *sa présence était déplacée* his presence was uncalled-for **2.** [de mauvais goût - plaisanterie] indelicate, shocking **3.** SOCIOL displaced.

déplacement [deplasmɑ̃] nm **1.** [mouvement] moving, shifting / *le déplacement du piano n'a pas été facile* moving the piano wasn't easy / *le déplacement de l'aiguille sur le cadran* the movement of the hands around the clock face / *le déplacement à gauche de l'électorat* the swing to the left by the electorate ▸ **déplacement d'air** displacement of air **2.** [sortie] moving about ; [voyage d'affaires] (business) trip / *Josie me remplace pendant mes déplacements* Josie steps in for me when I'm away on business / *le docteur m'a interdit tout déplacement* the doctor said I mustn't move about / *merci d'avoir fait le déplacement* thanks for coming all this way / *joli panorama, ça vaut le déplacement!* *fam* what a lovely view, it's definitely worth going out of your way to see it ! / *la soirée ne valait pas le déplacement* the party wasn't worth going to **3.** [mutation - d'un employé] transfer ▸ **déplacement d'office** transfer **4.** NAUT displacement / *navire de 15 000 tonnes de déplacement* ship with a 15,000-ton displacement **5.** MÉD ▸ **déplacement d'organe** organ displacement ▸ **déplacement de vertèbre** slipped disc, slipped disk US **6.** PSYCHOL displacement **7.** CHIM displacement.

❖ **de déplacement** loc adj **1.** TRANSP ▸ **moyen de déplacement** means ou mode of transport **2.** PSYCHOL displacement *(modif)*.

❖ **en déplacement** loc adv away / *Bordeaux est en déplacement à Marseille* SPORT Bordeaux are playing away against Marseille / *la directrice est en déplacement* the manager's away (on business) ▸ **envoyer qqn en déplacement** to send sb away on a business trip.

déplacer [16] [deplase] vt **1.** [objet, pion, voiture] to move, to shift / *déplace-le vers la droite* move ou shift it to the right ▸ **déplacer de l'air** *fam & hum* [en parlant] to talk big ou a lot of hot air / *la délégation déplaçait beaucoup d'air* the delegation looked as though it was taking itself very seriously indeed **2.** [élève, passager] to move ; [population] to displace **3.** [infléchir] : *déplacer la discussion* to shift the emphasis of the discussion / *ne déplacez pas le problème* ou *la question* don't change the question **4.** MÉD [os] to displace, to put out of joint ; [vertèbre] to slip **5.** [muter - fonctionnaire] to transfer ▸ **déplacer qqn par mesure disciplinaire** to transfer sb for disciplinary reasons **6.** [faire venir - médecin, dépanneur] to send for / *ils ont déplacé l'ambulance pour cela ?* did they really get the ambulance out for that? / *son concert a déplacé des foules* crowds flocked to his concert / *on avait déplacé des sommités* experts had been summoned **7.** [dans le temps - festival, rendez-vous] to change, to shift, to move ▸ **déplacer une date a)** [l'avancer] to move a date forward **b)** [la reculer] to put back a date **8.** NAUT to have a displacement of **9.** MIL : *déplacer le tir* to shift fire **10.** POL : *déplacer des voix (en faveur de)* to shift votes (towards).

❖ **se déplacer** ◆ vpi **1.** [masse d'air, nuages] to move, to be displaced *spéc* ; [aiguille d'horloge] to move **2.** [marcher] to move about ou around, to get about ou around / *se déplacer à l'aide de béquilles* to get about on crutches / *ne pas se déplacer pendant le spectacle* do not move around during the show / *avec notre messagerie, faites vos courses sans vous déplacer* do your shopping from home with our Teletext service ▸ **cela ne vaut pas / vaut le coup de se déplacer** *fam* it's not worth / it's worth the trip **3.** [voyager] to travel, to get about / *je me déplace beaucoup pour mon travail* I travel a lot in my job, my job involves a lot of travelling. ◆ vpt ▸ **se déplacer une vertèbre** to slip a disc ou disk US.

déplafonnement [deplafɔnmɑ̃] nm ▸ **déplafonnement des cotisations** removal of the upper limit for contributions.

déplafonner [3] [deplafɔne] vt to raise the ceiling, to remove the upper limit for.

déplaire [110] [deplɛʀ] ❖ **déplaire à** v + prép **1.** [rebuter] to put off *(sép)* / *son attitude m'a (souverainement) déplu* his attitude put me off (completely), I didn't like his attitude (at all) / *il m'a tout de suite déplu* I took an instant dislike to him / *je lui déplais tant que ça ?* does he dislike me as much as that ? / *un café ? voilà qui ne me déplairait pas* ou *ne serait pas pour me déplaire* a coffee ? I wouldn't say no ! / *il m'a parlé franchement, ce qui n'a pas été pour me déplaire* he was frank with me, which I liked / *il ne lui déplairait pas de vivre à la campagne* he wouldn't object to living in the country **2.** [contrarier] to annoy, to offend / *ce que je vais dire risque de vous déplaire* I'm afraid you may not like what I'm going to say ▸ **ne vous (en) déplaise** *litt* ou *hum* whether you like it or not / *n'en déplaise à Votre Majesté* may it please your Majesty / *n'en déplaise aux libéraux* whatever the liberals may say. ❖ **se déplaire** ◆ vp *(emploi réciproque)* [ne pas se plaire l'un à l'autre] to dislike each other ou one another. ◆ vpi [être mal à l'aise] to be unhappy ou dissatisfied / *ils se sont déplu chez leur tante* they disliked staying with their aunt, they were unhappy at their aunt's / *je ne me suis pas déplu ici* I quite enjoyed ou liked it here.

déplaisant, e [deplɛzɑ̃, ɑ̃t] adj **1.** [goût, odeur, atmosphère] unpleasant, nasty / *une déplaisante odeur de gaz* an unpleasant smell of gas **2.** [personne, comportement] unpleasant, offensive / *une remarque déplaisante* an offensive ou unpleasant remark / *cette surveillance est assez déplaisante* being watched like this is rather unpleasant.

déplaisir [deplezir] nm **1.** *litt* [tristesse] unhappiness **2.** [mécontentement] displeasure, disapproval / *elle me verrait sans déplaisir accepter* she'd be quite pleased if I accepted / *je fais les corvées ménagères sans déplaisir* I don't mind doing the housework / *ils constatèrent sa présence avec un vif déplaisir* they were most displeased to see him ▸ **à mon / son grand déplaisir** much to my / his chagrin / *on ne lui a pas permis de donner son avis, à son grand déplaisir* he was most put out that he wasn't allowed to give his opinion, to his chagrin he was not asked for his opinion.

déplaisons v ⟶ **déplaire.**

déplantage [deplɑ̃taʒ] nm : *le déplantage des arbustes* taking up ou removing ou uprooting the shrubs / *le déplantage de la forêt* clearing the forest.

déplantation [deplɑ̃tasjɔ̃] nf = **déplantage.**

déplanter [3] [deplɑ̃te] vt [arbuste] to uproot, to take up *(sép)* ; [jardin] to clear (of plants), to remove the plants from ; [piquet] to dig out *(sép)*, to remove.

déplantoir [deplɑ̃twar] nm hand-fork.

déplâtrage [deplatraʒ] nm **1.** CONSTR removal of the plaster / *le déplâtrage d'un mur* stripping the plaster off a wall **2.** MÉD removal of the plaster cast.

déplâtrer [3] [deplatre] vt **1.** CONSTR to strip of plaster, to remove the plaster from **2.** MÉD to take out of a plaster cast ▸ **se faire déplâtrer** : *on le déplâtre demain* his plaster cast comes off tomorrow.

déplétion [deplesjɔ̃] nf CHIM & PHYSIOL depletion.

dépliage [deplijaʒ] nm unfolding, spreading out.

dépliant, e [deplijɑ̃, ɑ̃t] adj extendable, extensible.

❖ **dépliant** nm **1.** [brochure] brochure, leaflet ▸ **dépliant publicitaire** advertising leaflet ▸ **dépliant touristique** travel brochure **2.** IMPR foldout.

déplier [10] [deplije] vt **1.** [journal, lettre] to open out ou up *(sép)*, to unfold / *déplier la pièce de tissu* to spread the cloth out / *dépliant ses dentelles devant les clientes* spreading his pieces of lace before the customers ; [bras, jambes] to stretch / *déplier bras et jambes avant de se lever* to stretch one's arms and legs before getting up / *les rangées étaient si serrées que je ne pouvais déplier mes jambes* the rows of seats were so close (together) that I couldn't stretch my legs **2.** [mètre pliant, canapé] to open out.

❖ **se déplier** vp *(emploi passif)* **1.** [document] to unfold, to open out / *les cartes routières ne se déplient pas facilement* roadmaps aren't very easy to unfold **2.** [canapé, mètre pliant] to open out / *un canapé qui se déplie* a foldaway sofa-bed.

déplissage [deplisaʒ] nm **1.** [d'un tissu plissé] unpleating **2.** [défroissage] smoothing out.

déplisser [3] [deplise] vt **1.** [enlever les plis de] to unpleat / *déplisser une jupe* to take the pleats out of a skirt **2.** [défriper] to smooth out *(sép)* / *déplisser une écharpe au fer* to iron the creases out of a scarf.

❖ **se déplisser** vpi to come unpleated, to lose its pleats.

déploie v ⟶ **déployer.**

déploiement [deplwamɑ̃] nm **1.** [des ailes d'un oiseau] spreading out, unfolding ; NAUT unfurling **2.** MIL deployment / *un grand déploiement* ou *tout un déploiement de police* a large deployment of police ▸ **déploiement en éventail** fan-shaped deployment ▸ **déploiement en tirailleurs** deployment in extended order **3.** [manifestation] ▸ **déploiement de** show ou demonstration ou display of / *un brillant déploiement d'érudition* a brilliant display ou show of erudition / *un grand déploiement de force* a great show of strength ▸ **un déploiement d'affection a)** a display of affection **b)** *péj* a gush of affection.

déplombage [deplɔ̃baʒ] nm **1.** [d'une dent] removing the filling from **2.** [ouverture] removal of the seal ou seals / *la douane a procédé au déplombage des wagons* the customs officials proceeded to remove the seals from the trucks.

déplomber [3] [deplɔ̃be] vt **1.** [dent] to remove the filling from **2.** [ouvrir] to take the seals off, to remove the seals from **3.** INFORM to break through the protection of, to hack into *(insép)*.

déplorable [deplɔrabl] adj **1.** [regrettable] deplorable, regrettable, lamentable **2.** [mauvais - résultat] appalling ; [- plaisanterie] awful, terrible, appalling / *elle s'habille avec un goût déplorable* she dresses with appallingly bad taste.

déplorablement [deplɔrabləmɑ̃] adv deplorably, lamentably.

déploration [deplɔrasjɔ̃] nf **1.** MUS lament **2.** ART ▸ **Déploration du Christ** Pietà.

déplorer [3] [deplɔre] vt **1.** *sout* [regretter] to object to, to regret, to deplore / *nous déplorons cet incident* we regret this incident / *je déplore que vous n'ayez pas compris* I find it regrettable that you didn't understand / *on déplore que l'auteur n'ait pas eu plus souvent recours à l'autocensure* it is to be regretted that the author did not exercise self-censorship more often **2.** [constater] : *nous n'avons eu que peu de dégâts à déplorer* fortunately, we suffered only slight damage / *on ne déplore que deux blessés légers* fortunately, only two people were slightly injured / *on déplore la mort d'une petite fille dans l'accident* sadly, a little girl was killed in the accident **3.** *litt* [pleurer sur] to lament ou to mourn for ▸ **déplorer le départ de qqn** to mourn sb's departure / *déplorer la mort d'un ami* to grieve over the death of a friend.

déployer [13] [deplwaje] vt **1.** [déplier] to spread out *(sép)*, to unfold, to unroll ▸ **déployer les voiles** NAUT to unfurl ou to extend the sails **2.** [faire montre de] to display, to exhibit / *déployer un luxe impressionnant* to indulge in a great display of luxury / *elle a déployé toute son éloquence* she brought all her eloquence to bear / *il m'a fallu déployer des trésors de persuasion auprès d'elle* I had to work very hard at persuading her **3.** MIL to deploy.

❖ **se déployer** vpi **1.** NAUT to unfurl **2.** [foule] to extend, to stretch out **3.** MIL to be deployed.

déplu [deply] pp ⟶ **déplaire.**

déplumé, e [deplyme] adj **1.** [sans plumes] moulting / *des tourterelles déplumées* turtledoves that have lost their feathers **2.** *fam* [chauve] bald, balding / *nounours tout déplumé* balding teddy-bear.

déplumer [3] [deplyme] ❖ **se déplumer** vpi **1.** [perdre ses plumes] to lose ou to drop its feathers / *un vieux chapeau qui se déplume* an old hat that's losing its feathers **2.** *fam* [devenir chauve] : *il* ou *son crâne se déplume* he's going bald ou thinning on top.

déplut v ⟶ **déplaire.**

dépoétiser [3] [depɔetize] vt to depoetize, to deprive of its poetic character.

dépointer [3] [depwɛ̃te] vt **1.** ARM to move ou to point away from the target **2.** TV to point away from its best reception position.

❖ **se dépointer** vpi **1.** ARM to move away from the ou off target **2.** TV to move away from its best reception position.

dépoitraillé, e [depwatraje] adj *fam & péj* bare-chested ▸ **tout dépoitraillé** with his shirt open almost down to his navel.

dépolarisant, e [depɔlarizɑ̃, ɑ̃t] adj depolarizing.

❖ **dépolarisant** nm depolarizer.

dépolarisation [depɔlarizasjɔ̃] nf depolarization.

dépolariser [3] [depɔlarize] vt to depolarize.

dépoli, e [depɔli] adj frosted, ground.

❖ **dépoli** nm **1.** [verre] ground glass **2.** PHOT focusing screen.

dépolir [32] [depɔlir] vt to grind.

❖ **se dépolir** vpi to lose its shine, to become tarnished.

dépolissage [depɔlisaʒ] nm [du verre] grinding.

dépolitisation [depɔlitizasjɔ̃] nf [d'une personne, d'un thème] depoliticization.

dépolitiser [3] [depɔlitize] vt to depoliticize / *faut-il dépolitiser le sport?* should politics be kept out of sport?

dépolluant, e [depɔlɥɑ̃, ɑ̃t] adj depolluting, anti-pollutant.

❖ **dépolluant** nm depollutant, anti-pollutant.

dépolluer [7] [depɔlɥe] vt to cleanse, to clean up *(sép)* / *dépolluer les plages* to clean up the beaches.

dépollution [depɔlysjɔ̃] nf cleaning up, decontamination ▸ **dépollution de l'eau** water purification.

dépolymérisation [depɔlimerizasjɔ̃] nf depolymerization.

dépolymériser [depɔlimerize] vt to depolymerize.

déponent, e [depɔnɑ̃, ɑ̃t] adj deponent.

❖ **déponent** nm deponent verb.

dépopulation [depɔpylasjɔ̃] nf depopulation.

déport [depɔr] nm **1.** TÉLÉC radar data, transmission **2.** BOURSE & FIN backwardation.

déportation [depɔrtasjɔ̃] nf **1.** HIST [exil] transportation, deportation **2.** [en camp] deportation, internment / *pendant mes années de déportation* during my years in a concentration camp.

déporté, e [depɔrte] nm, f **1.** [prisonnier] deportee, internee ; [en camp de concentration] concentration camp prisoner **2.** HIST convict.

déportement [depɔrtəmɑ̃] nm [embardée] swerve, swerving.

❖ **déportements** nmpl *litt* misbehaviour, misconduct.

déporter [3] [depɔrte] vt **1.** [exiler] to deport, to send to a concentration camp **2.** [déplacer] : *la voiture a été déportée sur la gauche* the car swerved to the left.

❖ **se déporter** vpi [doucement] to move aside ; [brusquement] to swerve ▸ **se déporter vers la droite / gauche** to veer (off) to the right / left.

déposant, e [depozɑ̃, ɑ̃t] nm, f **1.** BANQUE depositor **2.** DR deponent, witness **3.** [d'un brevet, d'une marque] applicant.

dépose [depoz] nf taking out ou down / *dépose gratuite de vos anciens appareils* your old appliances removed free of charge.

déposer [3] [depoze] ◆ vt **1.** [poser] to lay ou to put down *(sép)* / *déposer un bébé dans un landau* to lay a baby down in a pram / *déposer un bébé dans une poussette* to put ou to sit a baby in a push-chair **2.** [laisser - gerbe] to lay ; [- objet livré] to leave, to drop off *(sép)* ; [- valise] to leave / *quelqu'un a déposé une lettre pour vous* somebody left a letter for you **3.** [décharger - matériel] to unload, to set down *(sép)* / *le car a déposé le matériel près de la plage* the coach unloaded the equipment near the beach **4.** [conduire en voiture] to drop (off) / *je te dépose?* can I drop you off?, can I give you a lift? **5.** [argent, valeurs] to deposit / *déposer de l'argent en banque* to deposit money with a bank / *déposer de l'argent sur son compte* to pay money into one's account, to deposit money in one's account / *déposer des titres en garde* to deposit securities in safe custody **6.** ADMIN ▸ **déposer son bilan** to file for bankruptcy, to go into (voluntary) liquidation ▸ **déposer un brevet** to file a patent application, to apply for a patent ▸ **déposer sa candidature** to apply ▸ **déposer une plainte** to lodge a complaint / *déposer un projet de loi* to introduce ou to table a bill **7.** [destituer - roi] to depose **8.** *litt* [donner] ▸ **déposer un baiser sur le front de qqn** to kiss sb's forehead gently **9.** [démonter - radiateur, étagère] to remove, to take out ou down *(sép)*. ◆ vi **1.** DR to give evidence, to testify **2.** CHIM to form a deposit, to scale **3.** ŒNOL to settle, to form a sediment.

❖ **se déposer** vpi to settle.

dépositaire [depozitɛr] nmf **1.** DR depositary, trustee / *être le dépositaire d'une lettre* to hold a letter in trust / *il n'est que le dépositaire de la fortune de son frère* he is merely the trustee of his brother's fortune **2.** COMM agent ▸ **dépositaire exclusif** sole agent ▸ **dépositaire d'une marque** agent for a brand ▸ **dépositaire de journaux** newsagent **3.** *litt* [confident] repository ▸ **faire de qqn le dépositaire d'un secret** to entrust sb with a secret.

déposition [depozisjɔ̃] nf **1.** [témoignage] deposition, evidence, statement ▸ **faire une déposition** to testify ▸ **recevoir une déposition** to take a statement

2. [destitution - d'un roi] deposition 3. ART ▸ **Déposition (de Croix)** Deposition.

déposséder [18] [depɔsede] vt to dispossess / *sa famille a été dépossédée* his family was stripped of all its possessions ▸ **déposséder qqn de** to deprive sb of.

In reformed spelling (see p. 16-19), this verb is conjugated like *semer*: *il dépossèdera, elle dépossèderait.*

dépossession [depɔsesjɔ̃] nf deprivation, dispossessing.

dépôt [depo] nm 1. [remise - d'un rapport] handing in, submission ; [- d'un paquet, d'un télégramme] handing in 2. ADMIN [inscription] application, filing ; [enregistrement] filing, registration ▸ **dépôt d'une liste électorale** presentation of a list of candidates ▸ **dépôt de bilan** petition in bankruptcy ▸ **dépôt de brevet** patent registration ▸ **dépôt légal** copyright deposit *(in France, copies of published or recorded documents have to be deposited at the Bibliothèque nationale de France)* ▸ **numéro de dépôt légal** book number ▸ **dépôt d'une marque** registration of a trademark ▸ **dépôt d'une plainte** lodging of a complaint ▸ **dépôt d'un projet de loi** introduction ou tabling of a Bill 3. FIN [démarche] depositing ; [somme] deposit ▸ **dépôt à terme / vue** open-access / restricted-access deposit ▸ **dépôt de garantie** deposit *(usually equivalent to two months' rent and refundable at end of lease)* 4. GÉOL deposit ; [couche] layer ; [sédiment] deposit, sediment ▸ **dépôt calcaire** ou **de tartre** layer of scale ou fur ▸ **dépôt alluvial / de cendres / de carbone** alluvial / ash / carbon deposit ▸ **dépôt glaciaire** glacial drift ▸ **dépôt marin** silt / *dépôt de poussière* layer of dust 5. ŒNOL sediment 6. MÉTALL depositing, deposition ▸ **dépôt de cuivre** copperfoiling ▸ **dépôt électrolytique** electrodeposition ▸ **dépôt métallique** sputtering 7. [entrepôt] store, warehouse / *dépôt des machines* engine house ▸ **dépôt de charbon** coal depot ▸ **dépôt de matériel** storage yard ▸ **dépôt mortuaire** mortuary ▸ **dépôt d'ordures** rubbish dump ou tip UK garbage dump US 8. MIL depot ▸ **dépôt de munitions** ammunition dump ▸ **dépôt de vivres** supply dump, commissary US 9. TRANSP depot, station 10. [boutique] retail outlet ▸ **dépôt de pain** *shop that sells bread (but which is not a bakery)* / *l'épicier fait dépôt de pain* the grocer sells bread 11. [prison] (police) cells *(in Paris)* ▸ **au dépôt** in the cells ▸ **écroué au dépôt** committed to the cells.

❖ **en dépôt** loc adv FIN in trust, in safe custody ▸ **confier qqch en dépôt à qqn** to entrust sb with sthg ▸ **avoir en dépôt** to have on bond ▸ **mettre en dépôt** to bond.

dépotage [depɔtaʒ] nm 1. HORT transplanting 2. CHIM decanting 3. [vidage] discharging, dumping.

dépotement [depɔtmɑ̃] nm = **dépotage**.

dépoter [3] [depɔte] vt 1. HORT to plant out *(sép)*, to transplant 2. [transvaser] to decant 3. [vider] to discharge, to empty.

dépotoir [depɔtwaʀ] nm 1. [décharge] rubbish dump UK garbage dump US ; [usine] disposal plant, sewage works UK sewage plant US 2. *péj* [lieu sale] pigsty / *ta chambre est un vrai dépotoir* your bedroom's a complete pigsty / *il faut empêcher la Manche de devenir un dépotoir* we must prevent the Channel becoming an open sewer 3. *fam* [débarras] dumping ground / *l'enseignement technique ne doit pas devenir un dépotoir* vocational schools must not be used as dumping grounds.

dépôt-vente [depovɑ̃t] (*pl* **dépôts-ventes**) nm second-hand shop ▸ **mettre qqch en dépôt-vente** to put sthg on sale or return.

dépouille [depuj] nf 1. [cadavre] ▸ **dépouille (mortelle)** (mortal) remains / *les dépouilles des victimes ont été rapatriées hier* the bodies of the victims were repatriated yesterday 2. [peau - d'un mammifère] hide, skin ; [- d'un reptile] slough 3. MÉCAN clearance 4. MÉTALL draft, draw.

❖ **dépouilles** nfpl [trophée] booty, plunder, spoils.

dépouillé, e [depuje] adj 1. [sans peau] skinned ; [sans feuilles] bare, leafless 2. [sans ornement] plain, simple, uncluttered ▸ **un style dépouillé** a concise ou terse style 3. [dénué] ▸ **dépouillé de** lacking in 4. ŒNOL colourless.

dépouillement [depujmɑ̃] nm 1. [analyse] breakdown, collection and analysis ▸ **dépouillement des données** data reduction ▸ **dépouillement d'un scrutin** tally ou counting of the votes 2. [ouverture] ▸ **dépouillement du courrier** opening of the mail 3. [simplicité - d'un décor] bareness, soberness 4. [concision] conciseness, terseness 5. [dénuement] dispossession, destitution.

dépouiller [3] [depuje] vt 1. [lapin] to skin 2. [câble] to strip / *la bise a dépouillé les arbres de leurs feuilles* the north wind has stripped the trees bare ou of their leaves 3. [voler] to deprive, to dispossess, to despoil *litt* ▸ **dépouiller qqn de** to deprive sb of / *ils m'ont dépouillé de tout ce que j'avais sur moi* they stripped me of ou took everything I had on me / *il s'est fait dépouiller de tous ses biens* he was robbed of everything he had 4. [lire - journal, courrier, inventaire] to go through *(insép)* ; [analyser - questionnaire, réponses] to analyse, to study, to scrutinize ; [- données] to process ▸ **dépouiller le scrutin** POL to count the votes 5. *sout* [quitter] to cast aside *(sép)*, to strip off *(sép)* / *dépouiller ses vêtements* to throw ou to strip off one's clothes / *les reptiles dépouillent leur peau* ZOOL reptiles slough off ou shed their skin.

❖ **se dépouiller** vpi 1. [arbre, végétation] : *les arbres se dépouillent peu à peu* the trees are gradually losing ou shedding their leaves 2. ZOOL to slough off its skin.

❖ **se dépouiller de** vp + prép 1. [se défaire de] : *se dépouiller de ses vêtements* to strip off / *se dépouiller de tous ses biens* to give away all one's property 2. *litt* [se départir de] to cast off *(sép)* / *il ne s'est pas dépouillé un seul instant de son arrogance* he didn't depart from his arrogant attitude for a single moment.

dépourvu, e [depuʀvy] adj 1. [misérable] destitute 2. [manquant] ▸ **dépourvu de** devoid of, lacking in / *c'est dépourvu de tout intérêt* it is of ou holds no interest at all / *chambre dépourvue de confort* room lacking in comfort ▸ **totalement dépourvu de scrupules** totally unscrupulous / *sa remarque n'était pas entièrement dépourvue de bon sens* his remark was not entirely devoid of common sense / *un décor monotone dépourvu d'arbres* a drab treeless landscape.

❖ **au dépourvu** loc adv ▸ **prendre qqn au dépourvu** to catch sb off guard ou unawares / *ils ont été pris au dépourvu par cette information* the news caught them unawares.

dépoussiérage [depusjeʀaʒ] nm dust removal, dusting.

dépoussiérant, e [depusjeʀɑ̃, ɑ̃t] adj dust-removing ▸ **filtre dépoussiérant** dust filter.

❖ **dépoussiérant** nm dust remover.

dépoussiérer [18] [depusjeʀe] vt 1. [nettoyer] to dust (off) 2. [rajeunir] to rejuvenate, to give a new lease of life to.

In reformed spelling (see p. 16-19), this verb is conjugated like *semer*: *il dépoussièrera, elle dépoussièrerait*

dépoussiéreur [depusjeʀœʀ] nm ▸ **dépoussiéreur électrostatique** electrostatic dust precipitator.

dépravation [depʀavasjɔ̃] nf depravity, perversion, perverseness.

dépravé, e [depʀave] ◆ adj immoral, depraved, perverted. ◆ nm, f degenerate, pervert.

dépraver [3] [depʀave] vt 1. [corrompre] to deprave, to corrupt, to pervert 2. *litt* [altérer - goût, jugement] to corrupt, to spoil.

❖ **se dépraver** vpi to become depraved ou perverted.

dépréciateur, trice [depʀesjatœʀ, tʀis] ◆ adj disparaging, deprecatory, depreciative. ◆ nm, f depreciator, disparager.

dépréciatif, ive [depʀesjatif, iv] adj derogatory, disparaging.

dépréciation [depʀesjasjɔ̃] nf depreciation, drop ou fall in value / *la dépréciation des propriétés foncières* the drop in property values.

déprécier [9] [depʀesje] vt 1. FIN to depreciate, to cause to drop in value 2. [dénigrer] to run down *(sép)*, to belittle, to disparage.

❖ **se déprécier** ◆ vp *(emploi réfléchi)* [se déconsidérer] to belittle ou to disparage o.s., to run o.s. down. ◆ vpi FIN to depreciate.

déprédateur, trice [depʀedatœʀ, tʀis] ◆ adj depredatory *sout*, plundering. ◆ nm, f [pilleur] depredator *sout*, plunderer ; [escroc] swindler, embezzler.

déprédation [depʀedasjɔ̃] nf 1. [dégâts] (wilful) damage ▸ **commettre des déprédations sur qqch** to cause wilful damage to sthg 2. [détournement] ▸ **déprédation de biens** misappropriation of property / *déprédation des finances publiques* embezzlement of public funds.

déprendre [79] [depʀɑ̃dʀ] ❖ **se déprendre de** vp + prép *litt* to give up / *il lui a été difficile de se déprendre de sa façon de vivre* he found it difficult to give up his old way of life ▸ **se déprendre de qqn** to fall out of love with sb.

dépressif, ive [depʀesif, iv] adj [personne] depressive, easily depressed out ; [caractère] depressive / *avoir des tendances dépressives* to be depressive.

dépression [depʀesjɔ̃] nf 1. MÉD & PSYCHOL depression, depressiveness ▸ **dépression nerveuse** nervous breakdown / *tu ne vas pas nous faire une dépression* you're not going to get depressed, are you? / *avoir* ou *faire fam une dépression (nerveuse)* to have a nervous breakdown 2. GÉOGR depression 3. [absence de pression] vacuum ; [différence de pression] suction 4. MÉTÉOR cyclone, barometric depression, low 5. ÉCON depression, slump.

dépressionnaire [depʀesjɔnɛʀ] adj 1. ÉCON slump *(modif)* / *le marché a des tendances dépressionnaires* the market's sliding towards a slump 2. MÉTÉOR low pressure *(modif)*.

dépressurisation [depʀesyʀizasjɔ̃] nf depressurization.

dépressuriser [3] [depʀesyʀize] vt to depressurize.

déprimant, e [depʀimɑ̃, ɑ̃t] adj [démoralisant] depressing, disheartening, demoralizing.

❖ **déprimant** nm MIN wetting agent.

déprime [depʀim] nf *fam* ▸ **faire une déprime** to be depressed / *tu ne vas pas nous faire une déprime pour si peu?* you're not going to get depressed for such a small thing? / *il est en pleine déprime* he's really down at the moment.

déprimé, e [depʀime] adj 1. [abattu] dejected, depressed / *je suis plutôt déprimé aujourd'hui* I feel rather down today 2. [aplati] depressed, flattened.

déprimer [3] [depʀime] ◆ vt 1. [abattre] to depress, to demoralize 2. [enfoncer] to push in *(sép)*, to press down *(sép)* / *le choc a déprimé l'aile avant* the front wing was dented in the crash. ◆ vi *fam* to be depressed.

de profundis [depʀɔfundis] nm inv RELIG de profundis.

déprogrammation [depʀɔgʀamasjɔ̃] nf RADIO & TV withdrawal ou removal of a programme (from a schedule).

déprogrammer [3] [depʀɔgʀame] vt 1. RADIO & TV to withdraw ou to remove from the schedule 2. *fam* [déconditionner] to debrief.

DEPS (abr de **dernier entré premier sorti**) LIFO.

dépucelage [depyslaʒ] nm [d'une fille] defloration, deflowering ; [d'un garçon] loss of virginity.

dépuceler [24] [depysle] vt to deflower / *c'est elle qui l'a dépucelé* he lost his virginity to her / *se faire dépuceler* to lose one's virginity.

In reformed spelling (see p. 16-19), this verb is conjugated like *peler*: *il dépucèlera, elle dépucèlerait.*

depuis [dəpɥi] ◆ prép 1. [à partir d'une date ou d'un moment précis] since / *il est là depuis hier* he has been here since yesterday ▸ **depuis le 10 mars** since March 10th ▸ **depuis le début** from the very beginning, right from the beginning / *je ne l'ai / l'avais pas vu depuis son mariage* I haven't / hadn't seen him since his marriage / *ils ne se sont jamais reparlé depuis leur dispute* they haven't spoken to each other again since their argument / *depuis son accident, il boite* he walks with a limp since his accident / *il nous suit depuis Tours* he's been following us since (we left) Tours / *je ne fais du* *golf que depuis cette année* I only started to play golf this year **2.** [exprimant une durée] for ▸ **depuis 10 ans** for 10 years / *il est parti depuis plus d'un mois* he's been gone now for over a month / *je ne l'avais pas vu depuis un an quand je l'ai rencontré* I hadn't seen him for a year when I met him / *il n'est pas en forme depuis quelques jours* he hasn't been on form for the last few days / *depuis longtemps* for a long time ▸ **depuis quelque temps** of late / *il ne joue plus depuis quelque temps* he hasn't been playing of late ou lately, he hasn't played for some time ▸ **depuis peu** recently, not long ago / *la piscine n'est ouverte que depuis peu* the pool opened only recently ▸ **depuis toujours** always / *les hommes font la guerre depuis toujours* men have always waged war / *nous répétons la pièce depuis trois mois* we've been rehearsing the play for three months / *depuis combien de temps le connais-tu?* how long have you known him for? ▸ **depuis le temps** : *et tu ne sais toujours pas t'en servir depuis le temps!* and you still don't know how to use it after all this time! / *il me l'a rendu hier — depuis le temps!* he gave it back to me yesterday — it took him long enough ou and not before time! **3.** [dans l'espace, un ordre, une hiérarchie] from / *il lui a fait signe depuis sa fenêtre* he waved to him from his window / *depuis le sommet, le village paraissait si petit* from the top of the hill, the village seemed so small / *des matelas depuis 90 euros* mattresses from 90 euros (upwards) / *toutes les tailles depuis le deux ans* all sizes from two years upwards. ◆ adv : *je ne l'ai rencontré qu'une fois, je ne l'ai jamais revu depuis* I only met him once and I've not seen him again since (then) / *trois lettres en janvier et rien depuis* three letters in January and nothing since (then).

❖ **depuis... jusqu'à** loc corrélative **1.** [dans le temps] from... to / *depuis le début jusqu'à la fin* from the beginning to the end / *depuis 12 h jusqu'à 20 h* from 12 to ou till 8 p.m. **2.** [dans l'espace, un ordre, une hiérarchie] from... to / *remonter un fleuve depuis son embouchure jusqu'à sa source* to follow a river from its mouth to its source / *depuis le premier jusqu'au dernier* from the first to the last / *ils vendent de tout, depuis les parapluies jusqu'aux sandwiches* they sell everything, from umbrellas to sandwiches.

❖ **depuis le temps que** loc conj : *depuis le temps que tu me le promets...* you've been promising me that for such a long time... / *depuis le temps que tu le connais, tu pourrais lui demander* considering how long you've known him you could easily ask him / *depuis le temps que tu voulais y aller!* you've been wanting to go there for ages now!

❖ **depuis lors** loc adv *sout* since then / *il n'est pas retourné au village depuis lors* he hasn't been back to the village since then ▸ **depuis lors, plus rien** since then, nothing more.

❖ **depuis quand** loc adv **1.** [pour interroger sur la durée] how long / *depuis quand m'attends-tu?* how long have you been waiting for me? / *depuis quand travaillait-il pour vous?* how long had he been working for you? **2.** [exprimant l'indignation, l'ironie] since when / *depuis quand est-ce que tu me donnes des ordres?* since when do you give me orders? / *j'ai arrêté de fumer — ah oui, depuis quand?* I've stopped smoking — since when?

❖ **depuis que** loc conj since / *je ne l'ai pas revu depuis qu'il s'est marié* I haven't seen him since he got married / *je veux être danseuse depuis que j'ai cinq ans* I've wanted to be a dancer (ever) since I was five / *depuis que j'ai arrêté de fumer, je me sens mieux* I feel better since I stopped smoking.

dépuratif, ive [depyʀatif, iv] adj cleansing, depurative.

❖ **dépuratif** nm depurative.

dépurer [3] [depyʀe] vt **1.** MÉD to clear, to depurate **2.** CHIM to purify.

députation [depytasjɔ̃] nf **1.** [envoi] deputation, mandating **2.** [groupe] delegation, deputation **3.** POL office of Deputy, membership of the Assemblée nationale / *se présenter à la députation* to stand for the position of Deputy.

député, e [depyte] nm, f **1.** [représentant] delegate, representative **2.** POL [en France] deputy ; [en Grande-Bretagne] member of Parliament, woman MP ; [aux États-Unis] Congressman (Congresswoman), representative ▸ **député européen** Euro-MP ▸ **député-maire** *deputy who is also a mayor.*

députer [3] [depyte] vt *sout* to send, to delegate ▸ **députer qqn auprès d'un ministre** to send sb (as delegate) ou to delegate sb to speak to the Minister.

déqualification [dekalifikasjɔ̃] nf deskilling.

déqualifier [9] [dekalifje] vt to deskill.

der [dɛʀ] nf inv ▸ **la der des der** the war to end all wars.

déracinable [deʀasinabl] adj eradicable, easy to suppress ou to uproot.

déraciné, e [deʀasine] ◆ adj BOT OU *fig* uprooted / *ils se sentent déracinés* they feel cut off from their roots. ◆ nm, f person without roots ▸ **les déracinés** people without roots.

déracinement [deʀasinmɑ̃] nm **1.** BOT uprooting **2.** [extirpation] eradication, suppression / *le déracinement des préjugés* eradicating prejudice **3.** [exil] uprooting (from one's environment) / *ce fut pour eux un déracinement complet* it was a complete change of environment for them.

déraciner [3] [deʀasine] vt **1.** BOT to uproot ▸ **déraciner qqn** *fig* to uproot sb, to deprive sb of his roots **2.** [détruire - vice, racisme] to root out *(sép)* / *ces habitudes sont difficiles à déraciner* these habits die hard.

déraillement [deʀajmɑ̃] nm **1.** RAIL derailment / *il y a eu un déraillement à Foissy* a train came off the track ou was derailed at Foissy **2.** [d'un disque] groove jumping.

dérailler [3] [deʀaje] vi **1.** RAIL to go off ou to leave the rails ▸ **faire dérailler un train** to derail a train **2.** *fam* [fonctionner mal] to be on the blink / *elle déraille, cette radio!* this radio's on the blink! / *faire dérailler les négociations* to derail the talks **3.** *fam* [déraisonner] to go off the rails ; [se tromper] to talk through one's hat / *tu dérailles complètement!* you're talking utter nonsense!

dérailleur [deʀajœʀ] nm derailleur (gear).

déraison [deʀɛzɔ̃] nf *litt* foolishness, folly.

déraisonnable [deʀɛzɔnabl] adj foolish, senseless / *une attente / attitude déraisonnable* irrational expectation / behaviour / *il serait déraisonnable de partir si tard* it wouldn't be wise to leave so late.

déraisonnablement [deʀɛzɔnabləmɑ̃] adv foolishly, senselessly, unwisely.

déraisonner [3] [deʀɛzɔne] vi **1.** [dire des sottises] to talk nonsense **2.** [divaguer] to rave.

déramer [3] [deʀame] vt to fan, to riffle.

dérangé, e [deʀɑ̃ʒe] adj **1.** *fam* [bizarre] crazy, old / *t'es pas un peu dérangé?* have you gone out of your mind? / *il a l'esprit un peu dérangé* his mind is going **2.** [malade] upset / *il a l'estomac* ou *il est dérangé* he's got an upset stomach **3.** [en désordre - coiffure] dishevelled, messed-up ; [- tenue] untidy / *en rentrant j'ai trouvé le salon / tiroir dérangé* when I got home I found the living room / drawer in a mess.

dérangeant, e [deʀɑ̃ʒɑ̃, ɑ̃t] adj **1.** [qui fait réfléchir] thought-provoking **2.** [qui crée un malaise] distressing, upsetting, worrying.

dérangement [deʀɑ̃ʒmɑ̃] nm **1.** [désordre] disarrangement, disorder **2.** [gêne] trouble, inconvenience / *je peux le recevoir sans grand dérangement* it won't be any trouble for me to put him up **3.** MÉD disturbance, upset ▸ **dérangement de l'esprit** insanity, mental derangement ▸ **dérangement gastrique** ou **intestinal** ou **de l'intestin** stomach upset **4.** [déplacement] trip ▸ **cela m'épargnera le dérangement** it'll save me having to go / *cela ne vaut pas / vaut le dérangement* it isn't / it's worth the trip.

❖ **en dérangement** loc adj [appareil, téléphone] out of order, faulty / *le circuit est en dérangement* there's a fault in the circuit / **'en dérangement'** 'out of order'.

déranger [17] [deʀɑ̃ʒe] ◆ vt **1.** [mettre en désordre] to mix ou to muddle up *(sép)*, to make a mess of / *ne dérange pas mes papiers!* don't get my papers mixed up ou in a muddle! / *rien n'a été dérangé* nothing was touched ▸ **déranger la coiffure de qqn** to mess up sb's hair **2.** [gêner] to bother, to disturb / **'ne pas déranger'** 'do not disturb' / *si cela ne vous dérange pas* if you don't mind ▸ **est-ce que cela vous dérange si ou que...?** do you mind if...? / *ça ne te dérange pas de poster ma lettre?* would you mind posting my letter for me? / *et alors, ça te dérange? fam* so, what's it to you? / *ça te dérangerait d'être poli? fam* would it be too much trouble for you to be polite? **3.** [interrompre] to interrupt, to intrude upon / *allô, Marie, je te dérange?* hello Marie, is this a good time to call? ▸ **désolé de vous déranger** sorry to disturb you **4.** [perturber - projets] to interfere with, to upset / *ça lui a dérangé l'esprit* she was badly shaken up by it **5.** [estomac] to upset. ◆ vi ▸ **ses livres dérangent** his books are challenging.

❖ **se déranger** vpi **1.** [venir] to come ; [sortir] to go out / *il a refusé de se déranger* he wouldn't come (out) / *je refuse de me déranger* I refuse to go / *s'est-elle dérangée pour la réunion?* did she put in an appearance at the meeting? / *ce coup de fil m'a évité de me déranger* that phone call saved me a useless journey / *grâce à l'ordinateur, faites vos courses sans vous déranger* thanks to the computer, you can shop without leaving home ▸ **se déranger pour rien** to have a wasted journey **2.** [se pousser] to move (aside) / *ne te dérange pas, je passe très bien* stay where you are, I can get through **3.** [se donner du mal] to put o.s. out / *ne te dérange pas* (please) don't put yourself out / *ne vous dérangez pas, je reviendrai* please don't go to any trouble, I'll come back later.

dérapage [deʀapaʒ] nm **1.** SPORT [en ski] side-slipping / *faire du dérapage* to sideslip ; [en moto] skidding **2.** AÉRON & AUTO skid ▸ **dérapage contrôlé** controlled skid **3.** [dérive] (uncontrolled) drifting / *le dérapage des prix* the uncontrolled increase in prices / *le dérapage de l'économie* the downward spiral of the economy **4.** [erreur] mistake, slip-up.

déraper [3] [deʀape] vi **1.** [gén] to skid **2.** [au ski] to sideslip **3.** AÉRON to skid sideways **4.** *fig* to go wrong / *ça a complètement dérapé* it went completely wrong / *dommage que son article dérape à deux pages de la fin* it's a pity her article starts to go off at a tangent two pages before the end / *la conversation a vite dérapé sur la politique* the conversation soon got round to politics.

dératé, e [deʀate] nm, f ▸ **courir comme un dératé** to run like lightning.

dératisation [deʀatizasjɔ̃] nf rodent control.

dératiser [3] [deʀatize] vt to clear of rats ou rodents.

derby [dɛʀbi] *(pl* **derbys** *ou* **derbies)** nm **1.** ÉQUIT derby ▸ **le derby d'Epsom** the Derby **2.** [match] local derby **3.** [chaussure] derby shoe.

déréalisation [deʀealizasjɔ̃] nf loss of the sense of reality.

déréaliser [3] [deʀealize] vt to remove the sense of reality from.

derechef [dəʀəʃɛf] adv *hum* once again, one more time.

déréglage [deʀeglaʒ] nm [gén] malfunction ; RADIO & TV detuning.

dérèglement [deʀɛgləmɑ̃] nm [dérangement] disturbance, trouble / *dérèglement des saisons* upsetting of the seasons.

❖ **dérèglements** nmpl [écarts] dissoluteness, debauchery.

déréglementation [deʀegləmɑ̃tasjɔ̃], **dérèglementation*** [deʀɛgləmɑ̃tasjɔ̃] nf deregulation.

déréglementer [deʀegləmɑ̃te], **dérèglementer*** [deʀɛgləmɑ̃te] [3] vt to deregulate.

dérégler [18] [deʀegle] vt **1.** MÉCAN [mécanisme] to disturb, to put out *(sép)* ; [carburateur] to put ou to throw out of tuning ▸ **le compteur est déréglé** the meter's not working properly / *l'orage a déréglé la pendule électrique* the storm has sent the electric clock hay-

* In reformed spelling (see p. 16-19).

DEPUIS (QUE)

Depuis has two main meanings. One is to do with space, or time visualised in terms of space (Il a dormi depuis Calais jusqu'à Paris. He slept from Calais to Paris.). This usage is unproblematic and you will find examples of it at the entry **depuis** (*prép*). The other meaning is entirely related to time, and the difficulty with **depuis** in such contexts is the choice of tense.

DEPUIS (QUE) IN AFFIRMATIVE CONTEXTS

❶ In the present

When using **depuis** or **depuis que** in affirmative contexts in the present, the important thing to remember is that the tense required is different in French and in English. Look at the tenses in bold in these examples and their translations:

Depuis cinq ans, Henri **participe** à des séminaires. Henri **has been taking part** in seminars for the past five years.

Depuis qu'il **a** son diplôme, Henri participe à des séminaires. Henri has been taking part in seminars since he **got** his diploma.

If a situation which started in the past is still going on at the time of speaking (here Henri's habit of going to seminars), the verb in the clause followed or preceded by **depuis (que)** is in the present tense.

Additionally, you should use **depuis** when you are referring to a specific point in time, such as a date or an event.

Je vis en Espagne depuis 2007. I have been living in Spain since 2007.

Ma mère se sent seule depuis (qu'elle a pris) sa retraite. My mother has been feeling lonely since she retired.

❷ In the past

First look at the tenses in bold in this example and its translation:

Renaud **était** généraliste depuis trois ans quand il a décidé de se spécialiser en dermatologie. Renaud **had been** a GP for three years when he decided to become a dermatologist.

As the example shows, when **depuis** refers to a situation which started in the past and was still continuing at a point in the past when something happened, the verb describing this situation is in the imperfect.

Depuis que je consultais un psy, je rêvais de mon père. Since I'd been consulting a therapist, I had dreams about my father.

As this example shows, when **depuis que** refers to a situation which started in the past, was still continuing at a point in the past (here: consulting the therapist) and was having an impact on the main action (here: dreaming about the father), the verb describing this situation is once again in the imperfect.

DEPUIS (QUE) IN NEGATIVE CONTEXTS

With **ne... plus** (*no... longer*) there is the idea that a previously continuing action now no longer continues. When talking from the point of view of the present, you can select the present tense, as in affirmative sentences, but the perfect is also allowed.

Je ne fais plus de vélo depuis un mois / mon accident. I haven't ridden a bike for a month / since my accident.

Je n'ai plus reçu de lettre d'eux depuis vingt ans. I haven't had a letter from them for twenty years.

Je n'ai plus reçu de lettre d'eux depuis qu'ils se sont installés en Estonie. I haven't had a letter from them since they settled in Estonia.

Je ne fais plus de vélo depuis que j'ai une voiture. I haven't ridden a bike since I've had a car.

If you are talking from the point of view of the past, about a previously continuing action which was no longer continuing when something happened, use the imperfect.

Elle ne faisait plus de vélo depuis dix ans quand on lui demanda de poser pour une photo avec le vainqueur du Tour. She hadn't ridden a bike for ten years when she was invited to pose for a photograph with the winner of the Tour.

In contrast with **ne... plus**, which contains within itself the idea of an interrupted enduring action, the negative construction **ne... pas** conveys no meaning of duration. When it appears in sentences with **depuis que**, this idea of duration is carried by the verb, which is in the perfect.

Je n'ai pas vu Nadine depuis 2003 / vingt ans. I haven't seen Nadine since 2003 / for twenty years.

Je n'ai pas vu Nadine depuis qu'elle s'est mariée. I haven't seen Nadine since she got married.

You will find more information about negations and expressions of time by consulting box at **ne**: '**ne... pas**' and '**ne... plus**' with expressions of time.

wire **2.** [perturber] to unsettle, to upset / *dérégler son sommeil* to disturb one's sleep pattern / *dérégler son appétit* to upset one's appetite.

❖ **se dérégler** vpi MÉCAN to go wrong, to start malfunctioning / *le carburateur s'est déréglé* the carburettor's out, the idling needs adjusting / *ma fixation s'est déréglée* my binding's come loose.

✐ In reformed spelling (see p. 16-19), this verb is conjugated like *semer*: ***il dérèglera, elle dérèglerait.***

dérégulation [deʀegylasjɔ̃] nf deregulation.

déréguler [3] [deʀegyle] vt to deregulate.

déréliction [deʀeliksjɔ̃] nf RELIG dereliction *(of man by God).*

déremboursement [deʀɑ̃buʀsəmɑ̃] nm [des médicaments] *cutting back on the reimbursement of medicines by the French Social Security system.*

dérembourser [deʀɑ̃buʀse] vt [les médicaments] to no longer reimburse (the cost of).

déresponsabilisation [deʀɛspɔ̃sabilizasjɔ̃] nf : *on constate une déresponsabilisation des parents* parents clearly have less of a sense of responsibility.

déresponsabiliser [3] [deʀspɔ̃sabilize] vt ▸ **déresponsabiliser qqn a)** [le priver de responsabilité] to deprive sb of responsibility **b)** [dans une entreprise] to give sb a less responsible job.

dérider [3] [deʀide] vt **1.** [détendre] to cheer up *(sép)* / *je n'ai pas réussi à le dérider* I couldn't get a smile out of him / *ça l'a déridé* it brought a smile to his lips, that cheered him up a bit **2.** [déplisser] to unwrinkle.

❖ **se dérider** vpi to brighten, to cheer up.

dérision [deʀizjɔ̃] nf **1.** [moquerie] derision, mockery ▸ **avec dérision** mockingly, derisively ▸ **tourner qqn / qqch en dérision** to scoff at sb / sthg / *ne tourne pas sa tentative en dérision* don't mock his effort ▸ **sur le ton de la dérision** mockingly, derisively **2.** [ironie] irony / *quelle dérision!* how ironic!

dérisoire [deʀizwaʀ] adj **1.** [risible] ridiculous, laughable **2.** [piètre -salaire, prix] derisory, ridiculous **3.** [sans effet] inadequate, trifling, pathetic.

dérisoirement [deʀizwaʀmɑ̃] adv ridiculously, preposterously.

dérivable [deʀivabl] adj MATH derivable.

dérivatif, ive [deʀivatif, iv] adj **1.** [activité, occupation] derivative **2.** LING derivating.

❖ **dérivatif** nm distraction / *le travail sert de dérivatif à son chagrin* work is an outlet for his grief.

dérivation [deʀivasjɔ̃] nf **1.** [d'un cours d'eau] diversion **2.** ÉLECTR shunt, branch circuit **3.** CHIM, LING & MATH derivation ▸ **dérivation régressive** LING back formation **4.** NAUT drift **5.** MÉD diversion ▸ **dérivation gastrique** gastric bypass.

❖ **de dérivation** loc adj **1.** [détourné] ▸ **canal de dérivation** headrace ▸ **conduite de dérivation** by-pass **2.** ÉLECTR dividing.

dérive [deʀiv] nf **1.** [dérapage] drifting, drift ▸ **la dérive de l'économie** the downward spiral of the economy / *sa dérive vers l'alcoolisme* his drifting ou slipping into alcoholism ▸ **aller à la dérive a)** *pr* to drift, to go adrift **b)** *fig* to go downhill **2.** NAUT [déplacement] drift, drifting off course ; [quille] centreboard UK, centerboard US, keel ▸ **partir à la dérive** to drift **3.** AÉRON [trajectoire] drift, drifting off course ; [empennage] fin, stabilizer ▸ **dérive d'empennage** tailfin ▸ **dérive de queue** vertical fin ▸ **dérive ventrale** lower vertical fin **4.** [d'un cerf-volant] keel **5.** ARM deflection **6.** GÉOGR ▸ **dérive des continents** continental drift ▸ **dérive des vents d'ouest** west wind drift ▸ **dérive latérale** leeway.

❖ **en pleine dérive** loc adj on the decline / *ayant eu son heure de gloire, le chanteur est en pleine dérive* after a successful spell, the singer's popularity is fading fast.

dérivé, e [deʀive] adj **1.** LING & MATH derived **2.** ÉLECTR diverted, shunt ▸ **circuit dérivé** branch circuit.

❖ **dérivé** nm **1.** CHIM derivative **2.** LING derivation **3.** [sous-produit] by-product.

❖ **dérivée** nf MATH derivative.

dériver [3] [deʀive] ◆ vi NAUT to drift, to be adrift. ◆ vt **1.** [détourner -rivière] to divert UK ou to detour US (the course of) **2.** ÉLECTR to shunt **3.** CHIM & MATH to derive.

❖ **dériver de** v + prép **1.** [être issu de] to derive ou to come from **2.** CHIM to be produced from **3.** LING to stem ou to derive from / *mots français qui dérivent du latin* French words derived from Latin.

dériveur [deʀivœʀ] nm [bateau] sailing dinghy *(with a centreboard).*

dermabrasion [dɛʀmabʀasjɔ̃] nf dermabrasion.

dermatite [dɛʀmatit] = **dermite.**

dermato [dɛʀmato] nmf *fam* dermatologist, skin-specialist.

dermatologie [dɛʀmatɔlɔʒi] nf dermatology.

dermatologique [dɛʀmatɔlɔʒik] adj dermatological, skin *(modif)*.

dermatologiste [dɛʀmatɔlɔʒist], **dermatologue** [dɛʀmatɔlɔg] nmf dermatologist, skin-specialist.

dermatophyte [dɛʀmatɔfit] nm dermatophyte.

dermatoplastie [dɛʀmatɔplasti] nf dermatoplasty.

dermatose [dɛʀmatoz] nf dermatosis, skin disease ▸ **dermatose professionnelle** industrial dermatosis.

derme [dɛʀm] nm dermis.

dermique [dɛʀmik] adj dermic, dermal.

dermite [dɛʀmit] nf dermitis, dermatitis.

dermographisme [dɛʀmɔgʀafism] nm dermatography.

dernier, ère [dɛʀnje, dɛʀnjɛʀ] *(devant nm commençant par voyelle ou 'h' muet* [dɛʀnjɛʀ] *)*

◆ adj

- A. DANS LE TEMPS
- B. DANS L'ESPACE
- C. DANS UN CLASSEMENT
- D. EN INTENSIF

A. DANS LE TEMPS **1.** *(avant nom)* [qui vient après tous les autres - avion, bus, personne] last ; [- détail, préparatif] final / *la dernière femme à être condamnée à mort* the last woman to be sentenced to death / *un dernier mot / point !* one final word / point ! / *le dernier jour des soldes* the last day of the sales / *le dernier lundi d'avril* the last Monday in April / *il vient de terminer ses derniers examens* [en fin de cycle d'études] he's just taken his final exams ou finals ▸ **le dernier enchérisseur** the highest bidder ▸ **un Warhol dernière période** a late Warhol / *les dernières années de sa vie* the last years of his life ▸ **jusqu'à son dernier jour** to his dying day, until the day he died / *ce furent ses dernières paroles* these were his dying ou last words / *ses dernières pensées sont allées vers sa fille* her last thoughts were for her daughter ▸ **ses dernières volontés** his last wishes ▸ **dernier arrivant** ou **arrivé** ou **venu** latecomer / *les derniers arrivés s'assoient au fond, s'il vous plaît !* latecomers, please sit at the back ! / *je résume pour les derniers arrivés* ou *arrivants* I'll sum up for those of you who've just got here ▸ **sa dernière demeure** her final resting place ▸ **la dernière édition** the late edition ▸ **la dernière séance** the last ou late performance ▸ **avoir le dernier mot** : *il faut toujours qu'il ait le dernier mot* he always has to have the last word ▸ **rendre les derniers devoirs** ou **honneurs** ou **un dernier hommage à qqn** to pay a final tribute ou one's last respects to sb **2.** *(avant nom)* [arrêté, ultime] final ▸ **c'est mon dernier prix a)** [vendeur] it's the lowest I'll go **b)** [acheteur] that's my final offer / *c'est le dernier avertissement !* it's your last ou final warning ! / *Napoléon fut le dernier conquérant* Napoleon was the last conqueror / *dans un dernier sursaut de rage* in a final burst of rage ▸ **en dernière analyse** in the final ou last analysis, when all's said and done **3.** [précédent] last, previous / *la nuit dernière* last night ▸ **lundi dernier** last Monday ▸ **l'été dernier** last summer / *mon dernier emploi* my last ou previous job / *la dernière fois, la fois dernière* last time / *où ont eu lieu les derniers jeux Olympiques ?* where did the previous ou last Olympic Games take place ? ▸ **ces dix dernières années** these last ten years **4.** *(avant nom)* [le plus récent] last, latest / *achète-moi la dernière biographie de Proust* get me the latest biography of Proust ▸ **à la dernière minute, à la dernière seconde, au dernier moment** : *une décision prise à la dernière seconde* a last-minute decision / *je ferai mes valises au dernier moment* I'll pack at the last minute ou possible moment / *une nouvelle de dernière minute* a late newsflash ▸ **on nous apprend / ils apprirent en dernière minute que...** we've just heard this minute / at the last minute they heard that... ▸ **ces derniers temps** lately, of late ▸ **les derniers temps de** the last stages ou days of, the end of / *pendant les derniers temps de son mandat* towards the end of his mandate / *tu connais la dernière nouvelle ?* have you heard the latest ? / *aux dernières nouvelles, le mariage aurait été annulé* according to the latest news, the wedding's been cancelled / *aux dernières nouvelles, elle était en Alaska* she was last heard of in Alaska ▸ **de dernière heure** [changement] last-minute / *une information de dernière heure* a late newsflash.

B. DANS L'ESPACE **1.** [du bas - étagère] bottom / *les chaussettes sont dans le dernier tiroir* the socks are in the bottom drawer **2.** [du haut] top ▸ **au dernier étage** on the top floor **3.** [du bout] last / *un siège au dernier rang* a seat in the back (row) / *sur la photo, c'est la dernière personne à droite* in the picture, he's the last person on the right.

C. DANS UN CLASSEMENT **1.** [dans une série] last / *la dernière lettre de l'alphabet* the last letter of the alphabet / *suite à la dernière page* continued on the back page / *quelqu'un vient d'acheter le dernier billet* someone's just bought the last ticket **2.** [le plus mauvais] last, bottom / *en dernière position* in last position, last / *en dernière position du championnat* (at the) bottom of the league (table) / *le dernier élève de la classe* the pupil at the bottom of the class / *je suis dernier à l'examen* I came last ou bottom UK in the exam ▸ **arriver bon dernier** to come in last **3.** [le meilleur] top, highest / *le dernier échelon* the highest level.

D. EN INTENSIF **1.** *(avant nom)* [extrême, sens positif] ▸ **de la dernière importance** of paramount ou of the utmost importance ▸ **du dernier chic** extremely smart / *se battre avec la dernière énergie* to fight with the utmost vigour / *nos fauteuils sont du dernier confort* our armchairs are the ultimate in comfort / *atteindre le dernier degré de la perfection* to attain the summit of perfection **2.** *(avant nom)* [extrême, sens négatif] : *être du dernier égoïsme* to be extraordinarily selfish / *un acte de la dernière lâcheté* the most cowardly of acts ▸ **traiter qqn avec le dernier mépris** to treat sb with the greatest contempt / *c'est de la dernière effronterie / impolitesse* it's extremely cheeky / rude / *du dernier mauvais goût* in appalling bad taste / *c'est la dernière chose à faire* it's the last thing one should do / *il est la dernière personne à qui je penserais* he's the last person I'd have thought of ! / *un couteau électrique ! c'est bien le dernier appareil que j'achèterais !* an electric knife ! I can't imagine I'd ever want one of them ! / *c'est le dernier métier qu'on puisse imaginer* it's the lowest job you could imagine / *se livrer aux derniers excès* to indulge in the most abominable excesses ▸ **faire subir les derniers outrages à une femme** *euphém* to violate a woman.

◆ nm, f **1.** [dans le temps] last ou final one / *je suis partie la dernière* I left last, I was the last one to leave / *je suis arrivé dans les derniers* I was among the last ou final ones to arrive / *le dernier à l'avoir vue en vie* the last person to see her alive ; [dans une famille] youngest ▸ **le dernier** the youngest ou last (boy) ▸ **la dernière** the youngest ou last (girl) ▸ **ses deux derniers** his two youngest (children) ▸ **le petit dernier** the youngest son / *la petite dernière* the youngest daughter / **'le Dernier des Mohicans'** *Cooper* 'the Last of the Mohicans' **2.** [dans l'espace - celui du haut] top one ; [- celui du bas] last ou bottom one ; [- celui du bout] last one / *son dossier est le dernier de la pile* her file is at the bottom of the pile / *où es-tu sur la photo ? — je suis le dernier sur la gauche* where are you in the picture ? — I'm the last one on the left **3.** [dans une hiérarchie - le pire] : *j'étais toujours le dernier en classe* I was always (at the) bottom of the class / *tu arrives le dernier avec 34 points* you come last with 34 points / *elle est la dernière à qui je le dirais* she's the last person I'd tell ▸ **le dernier des derniers** *fam* the lowest of the low / *tu es le dernier des imbéciles* *fam* you're a complete idiot / *le dernier des lâches n'aurait pas fait ça* even the worst coward wouldn't have done that / *tu es le dernier des menteurs !* you're the most terrible liar ! / *je serais vraiment le dernier des idiots !* I'd be a complete fool ! / *c'est le dernier des maris* he's a terrible husband ; [dans une série] last one / *allez, on en prend un dernier !* [verre] let's have a last one (for the road) ! / *ils les ont tués jusqu'au dernier* every single one of them was killed **4.** [dans une narration] ▸ **ce dernier, cette dernière a)** [de deux] the latter **b)** [de plusieurs] this last, the last-mentioned / *il attendait la réponse de Luc, mais ce dernier se taisait* he was waiting for Luc's answer but the latter kept quiet / *Myriam, Annie et Joëlle étaient parties et on avait retrouvé la voiture de cette dernière sur une plage* Myriam, Annie and Joëlle had gone away and Joëlle's car had been found on a beach.

❖ **dernier** nm **1.** [étage] top floor **2.** [dans une charade] ▸ **mon dernier est / a...** my last is / has...

❖ **dernière** nf **1.** THÉÂTRE last performance **2.** *fam* [nouvelle] : *tu connais la dernière ?* have you heard the latest ? / *je te raconte la dernière de Fred* let me tell you about Fred's latest.

❖ **au dernier degré, au dernier point** loc adv extremely, to the highest ou last degree / *j'étais excédé au dernier point* I was utterly furious / *méticuleux au dernier point* meticulous to the last degree / *c'est un alcoolique au dernier degré* he's a complete alcoholic / *drogué au dernier degré* drugged to the eyeballs.

❖ **au dernier degré de** loc prép in the utmost / *au dernier degré de la misère* in the utmost poverty / *au dernier degré du désespoir* in the depths of despair.

❖ **dernier délai, dernier carat** *fam* loc adv at the latest.

❖ **en dernier** loc adv last ▸ **entrer en dernier** to go in last, to be the last one to go in / *son nom a été mentionné en dernier* his name was mentioned last ou was the last one to be mentioned / *en dernier, je mangerais bien une glace* I wouldn't mind an ice cream to finish / *ajoute le sel en dernier* add the salt last ou at the end.

dernièrement [dɛʀnjɛʀmɑ̃] adv lately, not long ago, (quite) recently.

dernier-né, dernière-née [dɛʀnjene, dɛʀnjɛʀne] *(mpl* **derniers-nés***, fpl* **dernières-nées***)* nm, f **1.** [benjamin] last-born (child), youngest child **2.** COMM : *le dernier-né de notre gamme d'ordinateurs* the latest addition to our range of computers.

dérobade [deʀɔbad] nf **1.** *sout* [fuite] avoidance, evasion / *il a pris mon silence pour une dérobade* when I said nothing, he thought I was trying to avoid answering **2.** ÉQUIT jib, refusal.

dérobé, e [deʀɔbe] adj *sout* **1.** [caché] hidden, concealed, secret ▸ **couloir / escalier dérobé** secret corridor / staircase **2.** [volé] stolen, purloined *litt.*

❖ **à la dérobée** loc adv secretly, on the sly, furtively ▸ **regarder qqn à la dérobée** to steal a glance at sb / *il la surveillait à la dérobée* he was watching her furtively / *ils sont sortis à la dérobée* they stole out of the room.

dérober [3] [deʀɔbe] vt *sout* **1.** [voler] to steal ▸ **dérober qqch à qqn** to steal sthg from sb / *on lui a dérobé son argent* he has been robbed of his money ▸ **dérober un baiser (à qqn)** *litt* to steal a kiss (from sb) **2.** [cacher] ▸ **dérober qqch à la vue** to hide ou to conceal sthg from view.

❖ **se dérober** vpi **1.** [éluder la difficulté] to shy away / *elle se dérobe toujours* she always shies away / *n'essaie pas de te dérober* don't try to be evasive **2.** ÉQUIT to jib, to refuse / *se dérober devant l'obstacle* to refuse at the jump **3.** [s'effondrer] to collapse, to give way / *ses jambes se sont dérobées sous lui* his legs gave way under him / *le sol s'est dérobé brusquement* the ground suddenly caved in.

❖ **se dérober à** vp + prép to avoid, to evade / *se dérober aux regards* to conceal o.s., to hide / *se dérober à ses obligations* to evade ou to shirk one's responsibilities.

dérochage [deʀɔʃaʒ] nm TECHNOL [décapage] pickling.

dérochement [deʀɔʃmɑ̃] nm TRAV PUB removal of rocks.

dérocher [3] [deʀɔʃe] ◆ vt **1.** CHIM to pickle, to strip **2.** TRAV PUB to clear of rocks. ◆ vi [alpiniste] to fall (from a rock face).

dérogation [deʀɔgasjɔ̃] nf (special) dispensation ou exemption / *consentir une dérogation* to grant an exemption / *dérogation aux usages* departure from custom / *par dérogation à la réglementation* notwithstanding the rules / *sauf dérogation explicite* unless otherwise specified.

dérogatoire [deʀɔgatwaʀ] adj dispensatory.

ADJECTIVES OF TIME WITH DIFFERENT MEANINGS ACCORDING TO THEIR POSITION

● **Dernier** and **prochain** change their meaning according to their position, before or after the noun.

• **Dernier**

Il a fait beau la semaine dernière. The weather was good last week.
Il a fait beau la dernière semaine. The weather was good during the last week. *[It is assumed that this was the final week of a holiday.]*

• **Prochain**

Dimanche prochain, je vais la voir à l'hôpital. Next Sunday I will visit her in hospital.
J'irai la voir à l'hôpital un prochain dimanche. I will visit her in hospital one of these coming Sundays.

● **Nouveau**, **ancien**, **jeune** and **vieux** normally come before the noun, with some exceptions.

• **Nouveau**

In most of its usages, **nouveau** comes before the noun:
Elle est bien, ta nouvelle cravate ! Your new tie is nice!

In some set phrases, it comes after the noun:
pommes de terre nouvelles = new potatoes
vin nouveau = this year's vintage
ville nouvelle = new town
[This implies the 'newbuilt' towns of the 60s and 70s. Contrast this with On arriva ce soir-là dans une nouvelle ville. That night we reached another town.*]*

• **Ancien**

In most of its usages, **ancien** means ***old*** and comes before the noun. When it means ***antique*** it comes after the noun:
Il habite dans une ancienne usine. He lives in a converted factory.
Il collectionne des objets anciens. He collects antiques.
Mon frère habite dans mon ancien appartement. My brother lives in my old flat.
C'est une maison très ancienne. It's a very old house.

• **Jeune**

In the majority of its uses, **jeune** has the general meaning of ***young*** and is placed before the noun:
Il y avait un jeune policier qui n'avait pas l'air sûr de lui. There was a young policeman who didn't look very confident.

In idiomatic phrases, **jeune** is also normally found before the noun:
des jeunes gens = young people *[general meaning]*; young men *[idiomatic meaning]*
un jeune premier / une jeune première = a leading man / woman *[in the theatre or cinema]*
un jeune loup = a young Turk
des jeunes mariés = newlyweds

When **jeune** is placed after the noun, this implies an emphasis on the youth of the person or newness of the thing mentioned:
C'était un homme jeune, grand et brun. He was a man in his youth, tall and dark.
*[The implication is that the man is not clearly a **'young man'**,* un jeune homme, *but overall he is younger rather than older.]*
C'est une technique chirurgicale jeune, qui n'a pas encore été appliquée dans notre clinique. It's a new surgical procedure which hasn't yet been used in our hospital.

• **Vieux**

Like **nouveau**, **vieux** mostly comes before the noun:
Donne-moi un vieux chiffon. Give me an old rag.

But in some set phrases it is placed after the noun:
un vin vieux = a wine that has been aged
un or vieux = an old gold colour

déroger [17] [deʀɔʒe] vi *sout* to demean o.s. / *en se mêlant à nous, il croirait déroger* he thinks it's beneath him to associate with people like us.
❖ **déroger à** v + prép **1.** [manquer à] to depart from / *déroger à la loi / ses principes* to depart from the law / one's principles / *sans déroger à ses habitudes* without departing from one's usual practices **2.** HIST : *déroger à son rang* to lose caste *(after working at a demeaning occupation).*

dérouillée [deʀuje] nf *tfam* belting, thrashing / *je vais lui mettre une dérouillée !* I'll give him what for !

dérouiller [3] [deʀuje] ◆ vt **1.** [enlever la rouille sur] to remove the rust from **2.** [assouplir - doigts, esprit] to loosen up *(sép)* ; [- jambes] to stretch. ◆ vi *fam* **1.** [être battu] to get it / *tu vas dérouiller !* you're for it ou going to get it ! **2.** [souffrir] to be in agony / *qu'est-ce que j'ai dérouillé avec mon entorse !* when I sprained my ankle, it was sheer hell !
❖ **se dérouiller** vpt : *se dérouiller les doigts* to loosen up one's fingers / *se dérouiller les jambes* to stretch one's legs / *se dérouiller l'esprit* to exercise one's mind.

déroulage [deʀulaʒ] nm **1.** [déroulement] unrolling, unwinding **2.** MENUIS [procédé] veneering-cutting ; [industrie] veneer-making.

déroulant, e [deʀulɑ̃, ɑ̃t] adj ▸ **menu déroulant** INFORM pull-down menu.

déroulement [deʀulmɑ̃] nm **1.** [débobinage] unreeling, unwinding **2.** [cours - d'une cérémonie, d'un discours] course / *le déroulement des événements* the course ou sequence of events.

dérouler [3] [deʀule] vt **1.** [débobiner - câble] to unroll, to unwind, to uncoil ; [- tapis, rouleau] to unroll ▸ **dérouler le tapis rouge pour qqn** *fig* to roll out the red carpet for sb **2.** MENUIS to cut ou to plane veneer from.
❖ **se dérouler** vpi **1.** [se déployer - câble, bande] to unwind, to uncoil, to unroll / *le paysage se déroule sous nos yeux* the landscape unfolds before our eyes **2.** [avoir lieu] to take place, to be going on / *les spectacles qui se déroulent en ce moment* the shows currently running / *les deux opérations se déroulent en même temps* the two operations are concurrent / *les épreuves se sont déroulées conformément au règlement* the exams were conducted in accordance with the rules **3.** [progresser] to develop, to progress / *sa carrière se déroule exactement comme prévu* her career's going ou progressing according to plan.

dérouleur [deʀulœʀ] nm **1.** [de papier, de bande] tape winder ▸ **dérouleur de bande magnétique** tape unit, magnetic tape drive ▸ **dérouleur de film magnétique** magnetic film handler **2.** [de cuisine] kitchen roll dispenser.

dérouleuse [deʀuløz] nf **1.** [à bois] unwinding machine **2.** ÉLECTR cable-drum.

déroutage [deʀutaʒ] nm rerouting.

déroutant, e [deʀutɑ̃, ɑ̃t] adj perplexing, disconcerting, puzzling.

déroute [deʀut] nf **1.** MIL retreat, rout ▸ **être en pleine déroute** to be in full flight ▸ **mettre qqn en déroute** to disconcert sb / *l'armée a été aisément mise en déroute* the army was easily routed / *le loup a mis le troupeau en déroute* the wolf scattered the flock **2.** [débâcle] ruin / *l'entreprise est en pleine déroute* the firm's collapsing.

déroutement [deʀutmɑ̃] = **déroutage.**

dérouter [3] [deʀute] vt **1.** [changer l'itinéraire de] to reroute, to divert UK, to detour US **2.** [étonner] to disconcert, to perplex ▸ **la question l'a dérouté** the question threw him off balance **3.** CHASSE to throw off the track.

derrick [deʀik] nm derrick.

derrière [dɛʀjɛʀ] ◆ prép **1.** [en arrière de] behind / *ça s'est passé derrière chez moi* it happened behind my house / *derrière la colline, il y a une forêt* on the other side of the hill ou beyond the hill there is a forest / *il y a un chien derrière la grille* there's a dog (on) the other side of the gate / *reste au coin, les mains derrière la tête* remain standing in the corner with your hands behind your head / *regarde derrière toi !* look behind you ! ; *fig* : *il a l'impression que ses plus belles années sont derrière lui* he feels his best years are behind him / *avec une telle expérience derrière elle, elle n'aura pas de mal à retrouver un emploi* with that kind of experience behind her she'll have no trouble finding a job ▸ **être derrière qqn** [le soutenir] to support sb / *il sait que le public est derrière lui* he knows that the public supports him ou is behind him / *ne sois pas toujours derrière moi !* [à me surveiller] stop watching everything I do all the time ! ▸ **derrière le dos de qqn** : *je sais bien ce qu'elle dit derrière mon dos* I'm quite aware of what she says behind my back **2.** [à la suite de - dans un classement] behind / *un motard roulait derrière le convoi* a policeman was riding behind the convoy / *passe derrière moi, tu sentiras moins le vent* get behind me, you won't feel the wind so much / *l'un derrière l'autre* one behind the other / *le Kenyan est en première place, avec loin derrière lui le Jamaïcain* the Kenyan is in first place with the Jamaican a long way behind / *il a rapidement laissé ses camarades loin derrière lui* he soon left his classmates far behind / *leur équipe est passée derrière nous au classement* their team has dropped behind us in the league / *les Italiens sont derrière nous en matière d'électronique* as far as electronics is concerned, the Italians are lagging behind us **3.** [sous] beneath, under / *derrière son indifférence apparente* beneath his apparent indifference / *qu'y a-t-il derrière tout ça ?* what's the key to all this ?, what's behind all this ?, what's all this really about ? ◆ adv **1.** [en arrière] behind, the other side / *tu vois le bureau de poste ? la bibliothèque est juste derrière* do you see the post office ? the library's just behind it / *regarde derrière avant de tourner* look behind before you turn off / *passe derrière, tu verras mieux* come through, you'll get a better view / *restez derrière et suivez notre voiture* stay behind and follow our car **2.** [du côté arrière] at the back ▸ **ça se boutonne derrière** it buttons up at the back / *tes cheveux sont trop longs derrière* your hair's too long at the back ; [sur la face arrière] on the back / *écris le nom de l'expéditeur derrière* write the sender's name on the back **3.** [dans le fond] at the rear ou back ▸ **le jardin est derrière** the garden is at the rear ou back (of the house) / *mettez les plus grands de la classe derrière* put the tallest pupils at the rear ou back ◗ **installe-toi derrière** [dans une voiture] sit in the back / *hé, taisez-vous derrière!* hey, be quiet there in the back! **4.** *fig* behind ◗ **elle est loin derrière** she's a long way behind. ◆ nm **1.** [d'un objet, d'un espace] back **2.** *fam* [fesses] bottom, posterior *hum* / *pousse ton derrière!* shift your backside! / *avoir le derrière à l'air* to be bare-bottomed ◗ **coup de pied au derrière** kick up the backside ou US in the pants ◗ **être** ou **rester** ou **tomber le derrière par terre** to be stunned ou flabbergasted **3.** ZOOL rump / *le chien assis sur son derrière* the dog sitting on its haunches.

❖ **de derrière** ◆ loc adj [dent, jardin, roue, etc.] back *(modif)* ◗ **la porte de derrière** the back door / *voici une vue de derrière* here's a rear view. ◆ loc prép **1.** [par l'arrière de] from behind / *il est arrivé de derrière la maison* he arrived from behind the house **2.** EXPR **de derrière les fagots** very special / *une bouteille de derrière les fagots* a very special wine.

❖ **par derrière** ◆ loc adv from behind / *il est passé par derrière* [la maison] he went round the back ◗ **dire du mal de qqn par derrière** to criticize sb behind his / her back. ◆ loc prép from behind / *je suis passé par derrière la maison* I went round the back of the house.

derviche [dɛrviʃ] nm dervish ◗ **derviche tourneur** whirling dervish.

des [de] ◆ dét *(art indéf)* ⟶ **un.** ◆ prép ⟶ **de.**

dès [dɛ] prép **1.** [dans le temps] from / *dès son arrivée, j'ai compris que quelque chose n'allait pas* from the moment ou as soon as he arrived, I realised that there was something wrong / *dès son retour, il faudra y penser* as soon as he comes back, we'll have to think about it ◗ **dès le début** from the (very) beginning ◗ **dès la première fois** right from the start / *dès les premiers jours d'avril* from early April onwards ◗ **prêt dès 8 h** ready by 8 o'clock ◗ **dès le quinzième siècle** as far back as the fifteenth century ◗ **dès Noël** from Christmas onwards / *je vais le faire dès aujourd'hui* I'm going to do it this very day ◗ **dès maintenant** from now on / *vous pouvez réserver vos places dès maintenant* booking is now open / *pouvez-vous commencer dès maintenant?* can you start straight away? / *il y pensait dès avant sa retraite* he was thinking of it even before he retired **2.** [dans un ordre, une hiérarchie] : *dès le troisième échelon, on paie plus d'impôts* when you get to grade three ou from grade three upwards you pay more taxes / *dès la sixième, on apprend l'anglais* English is studied from the first year onwards ◗ **dès la seconde année** from the second year onwards ◗ **dès sa nomination** as soon as he was appointed / *dès l'entrée en vigueur de la loi* as soon as the law comes into force / *dès le deuxième verre, il ne savait plus ce qu'il disait* after his second glass he started talking nonsense **3.** [dans l'espace] ◗ **dès le seuil** on reaching the doorstep / *dès la frontière* on reaching the border / *dès la sortie du village commence la forêt* the woods lie just beyond the village.

❖ **dès lors** loc adv **1.** [à partir de là] from then on, since (then) / *il a quitté la ville; dès lors, on n'a plus entendu parler de lui* he left the town and he's never been heard of since **2.** [en conséquence] consequently, therefore / *tu es d'accord avec lui: dès lors, je n'ai plus rien à dire* you agree with him: in which case ou consequently I have nothing more to say.

❖ **dès lors que** loc conj **1.** [étant donné que] as, since ; [du moment où] from the moment (that) / *dès lors qu'il a renoncé à ce poste, il ne peut prétendre à une augmentation* given that ou since ou as he refused that job, he can't expect a rise / *dès lors qu'il a été déclaré coupable, rien ne saurait le sauver* from the moment he was found guilty, nothing could possibly save him **2.** [dès que] as soon as / *dès lors que la loi entre en vigueur, il faut s'y conformer* as soon as the law comes into force, it must be respected.

❖ **dès que** loc conj **1.** [aussitôt que] as soon as / *dès que possible* as soon as possible / *dès que tu pourras* as soon as you can / *nous partirons dès que tout le monde sera prêt* we'll go once ou (just) as soon as everybody's ready **2.** [chaque fois que] whenever / *dès qu'il peut, il part en vacances* whenever he can, he goes off on holiday.

désabonner [3] [dezabɔne] vt to cancel the subscription of.

❖ **se désabonner** vp *(emploi réfléchi)* to stop subscribing, to cancel ou to withdraw ou to discontinue one's subscription / *se désabonner à une revue* to stop taking a magazine.

désabusé, e [dezabyze] adj **1.** [déçu] disillusioned, disenchanted **2.** [amer] embittered.

désabuser [3] [dezabyze] vt to disabuse / *je la croyais honnête mais l'enquête m'a désabusé* I thought she was honest but the inquiry opened my eyes.

désacclimater [dezaklimate] vt to disacclimatize.

désaccord [dezakɔr] nm **1.** [litige] conflict, disagreement, dissension *(U)* / *s'il y a désaccord* if there's any disagreement **2.** [contraste] discrepancy, disharmony *litt.*

❖ **en désaccord** loc adj : *les parties en désaccord* the dissenting parties / *ils sont en désaccord en ce qui concerne l'éducation de leurs enfants* they disagree about their children's education ◗ **être en désaccord avec qqn sur qqch** to be in conflict with sb over sthg / *sa conduite est en désaccord avec ses principes* his behaviour is not consistent with his principles.

désaccorder [3] [dezakɔrde] vt MUS to detune ◗ **le piano est désaccordé** the piano's out of tune.

❖ **se désaccorder** vpi MUS to go out of tune.

désaccoupler [3] [dezakuple] vt to uncouple.

désaccoutumance [dezakutymɑ̃s] nf **1.** [perte d'une habitude] loss of a habit **2.** MÉD & PSYCHOL end of a dependency ◗ **la désaccoutumance du tabac** breaking tobacco dependency.

désaccoutumer [3] [dezakutyme] vt **1.** [déshabituer] to disaccustom, to cause to lose a habit **2.** MÉD & PSYCHOL ◗ **désaccoutumer qqn** to end sb's dependency.

❖ **se désaccoutumer de** vp + prép **1.** [se déshabituer] : *se désaccoutumer de faire* to get out of the habit of doing **2.** MÉD & PSYCHOL to lose one's dependency on ◗ **se désaccoutumer du tabac** to kick the tobacco habit.

désacralisation [desakralizasjɔ̃] nf deconsecration.

désacraliser [3] [desakralize] vt to remove the sacred character from ; *fig* to demythologize.

désactivation [dezaktivasjɔ̃] nf deactivation.

désactiver [3] [dezaktive] vt **1.** CHIM to deactivate, to make ineffective **2.** NUCL to decontaminate.

désadaptation [dezadaptasjɔ̃] nf loss of adaptability.

désadapté, e [dezadapte] ◆ adj : *un malade désadapté* a patient who's lost the ability to adapt ou to adjust (to normal life). ◆ nm, f misfit ◗ **les désadaptés** those who can't adapt ou adjust (to normal life) any more.

désaffectation [dezafɛktasjɔ̃] nf **1.** MIL transfer **2.** [d'une église] deconsecration, secularization, secularizing ; [d'une gare] closing down, putting out of use ou commission.

désaffecté, e [dezafɛkte] adj [église] deconsecrated, secularized ; [gare, entrepôt] disused.

désaffecter [4] [dezafɛkte] vt [église] to deconsecrate, to secularize ; [entrepôt] to close down, to put out of use ou commission / *il a désaffecté son garage pour en faire un atelier* he turned his garage into a workshop.

désaffection [dezafɛksjɔ̃] nf disaffection, loss of interest ◗ **manifester une certaine désaffection pour qqch** to lose interest in ou to turn one's back on sthg / *expliquer la désaffection du public à l'égard de la religion* to explain why people turn their backs on religion.

désagréable [dezagreabl] adj **1.** [déplaisant] disagreeable, unpleasant / *des souvenirs désagréables* unpleasant memories / *désagréable à voir* unsightly / *une odeur désagréable* a nasty smell / *ce n'est pas désagréable* it's rather pleasant ou nice / *ce petit vent n'est pas désagréable* this gentle breeze is (very) welcome **2.** [peu sociable] bad-tempered, rude / *elle est désagréable avec tout le monde* she's rude to everybody.

désagréablement [dezagreabləmɑ̃] adv unpleasantly, offensively / *un bruit qui résonne désagréablement aux oreilles* a noise that grates on the ears.

désagrégation [dezagregasjɔ̃] nf **1.** [d'un tissu, d'un béton] disintegration **2.** GÉOL weathering **3.** [d'une équipe] break-up, breaking ou splitting up, disbanding.

désagréger [22] [dezagreʒe] vt **1.** [effriter] to break up *(sép)*, to cause to disintegrate ou to crumble **2.** [désunir - équipe] to break up *(sép)*, to disband.

❖ **se désagréger** vpi **1.** [s'effriter] to powder ; GÉOL to be weathered **2.** [groupe, équipe] to break up, to disband / *le club s'est désagrégé* the club disbanded.

✐ In reformed spelling (see p. 16-19), this verb is conjugated like ***semer***: ***il désagrègera, elle désagrègerait.***

désagrément [dezagremɑ̃] nm trouble *(U)*, inconvenience *(U)* ◗ **causer des désagréments à qqn** to cause trouble for sb, to inconvenience sb / *les voyages impliquent parfois quelques désagréments* travelling sometimes involves inconvenience.

désaimantation [dezɛmɑ̃tasjɔ̃] nf demagnetization, demagnetizing.

désaimanter [3] [dezɛmɑ̃te] vt to demagnetize.

désaisonnaliser [desɛzɔnalize] vt [activité] to make less seasonal.

désaliénation [dezaljenasjɔ̃] nf release from alienation.

désaliéner [18] [dezaljene] vt to free from alienation.

✐ In reformed spelling (see p. 16-19), this verb is conjugated like ***semer***: ***il désaliènera, elle désaliènerait.***

désalinisation, dessalinisation [desalinizasjɔ̃] nf desalination.

désalpe [dezalp] nf SUISSE transhumance *(from the high pastures).*

désalper [3] [dezalpe] vi SUISSE *to come down from the high pastures.*

désaltérant, e [dezalterɑ̃, ɑ̃t] adj refreshing, thirst-quenching.

désaltérer [18] [dezaltere] vt to refresh, to quench the thirst of.

❖ **se désaltérer** vpi to quench ou to slake one's thirst.

✐ In reformed spelling (see p. 16-19), this verb is conjugated like ***semer***: ***il désaltèrera, elle désaltèrerait.***

désambiguïsation, désambigüisation* [dezɑ̃bigɥizasjɔ̃] nf disambiguation.

désambiguïser, désambigüiser* [3] [dezɑ̃bigɥize] vt to disambiguate.

désamiantage [dezamjɑ̃taʒ] nm removal of asbestos / *le désamiantage des bâtiments a duré deux ans* it took two years to remove the asbestos from the buildings.

désamianter [dezamjɑ̃te] vt to remove the asbestos from.

désamidonner [3] [dezamidɔne] vt to remove the starch from.

désamorçage [dezamɔrsaʒ] nm **1.** ARM [d'une bombe] defusing ; [d'une arme] unpriming **2.** ÉLECTR running down, de-energization **3.** MÉCAN air-binding.

désamorcer [16] [dezamɔrse] vt **1.** ARM [grenade] to defuse ; [arme] to unprime **2.** ÉLECTR to run down *(sép)*, to de-energize **3.** MÉCAN ◗ **désamorcer une pompe** to draw off the water from a pump **4.** [contrecarrer] to defuse, to forestall, to inhibit / *des mesures d'urgence pour désamorcer la grève* emergency measures to defuse the strike.

désamour [dezamur] nm [gén] disenchantment / *leur désamour vis-à-vis de l'équipe* their disenchantment with the team ; [dans un couple] : *elle l'a quitté par désamour* she left him because she didn't love him any more ou because she'd fallen out of love with him.

désapparier [9] [dezaparje] vt **1.** [gants, chaussettes] to split (up) **2.** [bœufs] to uncouple.

désappointé, e [dezapwɛ̃te] adj *sout* disappointed, frustrated.

désappointement [dezapwɛ̃tmɑ̃] nm *litt* disappointment, dissatisfaction.

* In reformed spelling (see p. 16-19).

désappointer [3] [dezapwɛ̃te] vt *sout* to disappoint.

désapprendre [79] [dezapʀɑ̃dʀ] vt to forget, to unlearn ▸ **il a désappris l'italien** he can't speak Italian any more / *ce n'est pas facile de désapprendre à mentir* it's not easy to get out of the habit of lying / *l'enfant avait désappris à sourire* the child no longer knew how to smile ▸ **désapprendre de faire qqch** *litt* to lose the habit of doing sthg.

désapprobateur, trice [dezapʀɔbatœʀ, tʀis] adj censorious *sout*, disapproving ▸ **d'un air désapprobateur** with a look of disapproval / *d'un ton désapprobateur* disapprovingly.

désapprobation [dezapʀɔbasjɔ̃] nf disapproval / *exprimer ouvertement sa désapprobation* to disapprove openly.

désapprouver [3] [dezapʀuve] vt **1.** [condamner] to disapprove of / *un mariage civil? sachez que je désapprouve!* a registry office UK ou civil US wedding? let me say that I thoroughly disapprove ou I do not approve! **2.** [s'opposer à -projet, idée] to object to, to reject / *la commission désapprouvera cette solution* this solution will be unacceptable to the committee / *nous désapprouvons le concept de discrimination* we strongly oppose the notion of discrimination.

désapprovisionner [3] [dezapʀɔvizjɔne] vt **1.** [magasin, placard] to drain of stocks, to empty of supplies **2.** BANQUE : *désapprovisionner son compte* to remove funds from ou to empty one's account **3.** ARM to unload, to empty.

désarçonner [3] [dezaʀsɔne] vt **1.** ÉQUIT to unseat, to unhorse / *il a été désarçonné plusieurs fois* he was unhorsed several times **2.** [déconcerter] to throw, to put off one's stride / *son intervention a désarçonné l'orateur* his remark threw the speaker off balance.

désargenté, e [dezaʀʒɑ̃te] adj *fam* penniless ▸ **une famille désargentée** a family fallen on hard times / *je suis plutôt désargenté ces jours-ci* I'm a bit short (of money) at the moment.

désargenter [3] [dezaʀʒɑ̃te] vt **1.** MIN to desilver **2.** [bijou, couvert] to wear off the silver plate of **3.** *fam* [priver d'argent] to deprive of cash.

❖ **se désargenter** vpi to wear bare of silver / *les couteaux se sont désargentés* the knives have lost their silver plating.

désarmant, e [dezaʀmɑ̃, ɑ̃t] adj **1.** [touchant] disarming / *un sourire désarmant* a disarming smile / *elle est désarmante de gentillesse* she is disarmingly sweet **2.** [confondant] amazing, breathtaking / *une telle ignorance est désarmante* such ignorance is breathtaking.

désarmé, e [dezaʀme] adj **1.** ARM uncocked **2.** NAUT laid up **3.** [surpris] dumbfounded **4.** [privé de moyens] : *être désarmé devant la vie / les mauvaises influences* to be ill-equipped to cope with life / to deal with bad influences.

désarmement [dezaʀməmɑ̃] nm **1.** MIL & POL disarmament **2.** ARM uncocking **3.** NAUT laying-up, release.

désarmer [3] [dezaʀme] ◆ vt **1.** MIL & POL to disarm **2.** ARM to uncock **3.** [attendrir] to disarm ▸ **être désarmé par la bonne volonté de qqn** to find sb's willingness disarming / *ce genre de remarque vous désarme* this kind of remark takes the wind out of your sails **4.** NAUT to lay up *(sép)*, to put out of commission. ◆ vi **1.** MIL to disarm **2.** EXPR ▸ **il ne désarme pas** he won't give in, he keeps battling on / *sa haine ne désarme pas* her hatred is unrelenting / *les journaux ne désarmeront pas* the press stories will go on and on.

désarrimage [dezaʀimaʒ] nm **1.** NAUT shifting ou slipping *(of cargo)* **2.** [sur un véhicule] ▸ **à cause du désarrimage de la cargaison a)** [accidentel] because the load came off **b)** [volontaire] because the load was unstrapped ou unfastened.

désarrimer [3] [dezaʀime] vt **1.** NAUT to cause (the cargo) to move about **2.** [sur un véhicule] to unrope.

❖ **se désarrimer** vpi **1.** NAUT to come loose **2.** [sur un véhicule] to come off ou loose.

désarroi [dezaʀwa] nm dismay, (utter) confusion / *être dans le désarroi le plus profond* to be utterly dismayed, to be in utter confusion.

désarticulation [dezaʀtikylasjɔ̃] nf **1.** [torsion] disarticulation, dislocation, disjointing **2.** ÉCON disarticulation.

désarticulé, e [dezaʀtikyle] adj dislocated, out of joint.

désarticuler [3] [dezaʀtikyle] vt to disjoint, to dislocate.

❖ **se désarticuler** ◆ vpi [se contorsionner] to twist ou to contort o.s. ◆ vpt [par accident] ▸ **se désarticuler un doigt / le genou** to put a finger / one's knee out of joint.

désasphaltage [desasfaltaʒ] nm de-asphalting.

désasphalter [desasfalte] vt to de-asphalt.

désassembler [3] [dezasɑ̃ble] vt to dismantle, to take apart *(sép)*, to take to pieces, to disassemble.

désassimilation [dezasimilasjɔ̃] nf dissimilation, catabolism.

désassimiler [3] [dezasimile] vt to catabolize.

désassorti, e [dezasɔʀti] adj **1.** [mal accordé] ill-matched / *ils sont parfaitement désassortis* they're completely ill-matched **2.** [dépareillé] odd / *je ne trouve que des gants désassortis* I can only find odd gloves / *le service à thé est désassorti* the tea set is incomplete.

désassortiment [dezasɔʀtimɑ̃] nm **1.** [d'un magasin] running down the stock of **2.** [d'un service] putting together odds and ends of ; [de gants, de chaussettes] splitting up.

désastre [dezastʀ] nm **1.** [calamité] calamity, catastrophe, disaster / *ils ne purent que constater l'ampleur du désastre* they could only record the extent of the damage **2.** [échec] disaster, failure / *le gâteau d'anniversaire fut un désastre* the birthday cake was a complete failure / *sa coiffure est un vrai désastre!* her hair's a disaster!

désastreusement [dezastʀøzmɑ̃] adv disastrously, catastrophically.

désastreux, euse [dezastʀø, øz] adj **1.** [catastrophique] calamitous, disastrous, catastrophic / *des conditions de vie désastreuses* wretched living conditions **2.** [résultat, effet] disastrous, awful, terrible / *des résultats désastreux en physique* appalling results in physics / *cela a eu un effet désastreux sur la suite de sa carrière* it had a disastrous effect on his later career / *le spectacle / pique-nique a été désastreux* the show / picnic was a complete disaster.

désatellisation [desatelizasjɔ̃] nf [d'un pays] emerging out of satellite status.

désatelliser [3] [desatelize] vt [pays] to free from dependence, to release from satellite status.

désaturer [desatyʀe] vt to desaturate.

désavantage [dezavɑ̃taʒ] nm **1.** [inconvénient] disadvantage, drawback ▸ **avoir tous les désavantages de qqch** to get the worst ou brunt of sthg **2.** [infériorité] disadvantage, handicap.

❖ **au désavantage de** loc prép : *c'est à ton désavantage* it's not to your advantage / *se montrer à son désavantage* to show o.s. in an unfavourable light ▸ **tourner au désavantage de qqn** to go against sb, to turn out to be a handicap for sb.

désavantager [17] [dezavɑ̃taʒe] vt [défavoriser] to (put at a) disadvantage, to penalize / *désavantager un concurrent* to put a competitor at a disadvantage / *l'animal est désavantagé par son poids* the animal is handicapped by its weight / *il est désavantagé par son jeune âge* he is handicapped by his youth, his youth is against him / *elle est désavantagée simplement parce que c'est une femme* she's at a disadvantage simply because she is a woman.

désavantageusement [dezavɑ̃taʒøzmɑ̃] adv disadvantageously.

désavantageux, euse [dezavɑ̃taʒø, øz] adj detrimental, disadvantageous, unfavourable UK, unfavorable US / *vendre à des conditions moins désavantageuses* to sell at a better price / *c'est désavantageux pour les petites entreprises* this works against the interests of small businesses.

désaveu, x [dezavø] nm **1.** [reniement] disavowal, retraction ▸ **contraindre qqn au désaveu** to force sb to retract **2.** [condamnation] repudiation / *il n'a pas supporté ce désaveu public* he couldn't stand the idea of being condemned in public **3.** DR ▸ **désaveu de paternité** repudiation of paternity **4.** PSYCHOL denial.

désavouer [6] [dezavwe] vt **1.** [renier -propos] to disavow, to repudiate ; [-dette] to repudiate / *désavouer sa promesse* to go back on one's word, to break one's promise **2.** [refuser de reconnaître -représentant, candidat] to challenge the authority ou legitimacy of / *elle avait un si bon accent qu'un autochtone ne l'aurait pas désavouée* her accent was so good that she could have passed for a native **3.** DR to disclaim, to repudiate.

❖ **se désavouer** vpi to retract.

désaxé, e [dezakse] ◆ adj **1.** MÉCAN out of alignment ▸ **cylindre désaxé** offset cylinder ▸ **rotor désaxé** unbalanced rotor ▸ **roue désaxée** dished wheel **2.** [dérangé] mentally deranged, unbalanced, unhinged. ◆ nm, f (dangerous) lunatic, psychopath.

désaxer [3] [dezakse] vt **1.** MÉCAN to offset, to throw out of alignment **2.** [perturber] to unhinge / *ils ont été désaxés par la guerre* the war unhinged them ou left them psychologically disturbed.

Descartes [dekaʀt] npr Descartes.

descellement [deselmɑ̃] nm ▸ **à cause du descellement des dalles a)** [accidentel] because the flagstones have worked loose **b)** [volontaire] because the flagstones have been loosened.

desceller [4] [desele] vt **1.** [ouvrir] to unseal, to take the seal off **2.** [détacher] to loosen / *les briques sont descellées* the bricks have worked loose ou are loose.

❖ **se desceller** vpi to work loose.

descendance [desɑ̃dɑ̃s] nf **1.** DR descent, lineage **2.** [progéniture] descendants.

descendant, e [desɑ̃dɑ̃, ɑ̃t] ◆ adj down *(avant nom)*, downward, descending ▸ **escalator descendant** down escalator ▸ **mouvement descendant** downward movement. ◆ nm, f **1.** [dans une famille] descendant **2.** [partisan] follower ▸ **un descendant des pointillistes** a latter-day pointillist.

❖ **descendant** nm ASTROL descendant.

descendeur, euse [desɑ̃dœʀ, øz] nm, f [skieur] downhill skier, downhiller ▸ **descendeur en rappel** [alpiniste] abseiler.

❖ **descendeur** nm descender.

descendre [73] [desɑ̃dʀ]

◆ vi *(aux être)*

A. ALLER VERS LE BAS
B. ÊTRE EN PENTE
C. ALLER JUSQU'À

A. ALLER VERS LE BAS 1. [personne, mécanisme, avion -vu d'en haut] to go down ; [-vu d'en bas] to come down ; [oiseau] to fly ou to swoop down / *descendre à la cave* to go down to the cellar / *j'ai rencontré la concierge en descendant* I met the caretaker on my way down / *aide-moi à descendre* help me down / *ils descendront par la face nord* they'll climb down ou make their descent via the North face / *je descends toujours par l'escalier* I always go down by the stairs ou take the stairs down / *dès qu'ils ont 15 ans, ils descendent dans la mine* as soon as they're 15 they go down the mine / *les plongeurs descendent jusqu'à 60 mètres* the divers go down to depths of 60 metres / *quand les saumons descendent vers la mer* when the salmon go ou swim downriver to the sea / *notre équipe est descendue à la huitième place* our team moved down ou dropped to eighth place / *le premier coureur à descendre au-dessous de dix secondes au 100 mètres* the first runner to break ten seconds for the 100 metres / *l'ascenseur ne descend pas plus bas* the lift doesn't go down any further / *la pièce de monnaie ne voulait pas descendre (dans la fente)* the coin wouldn't go down (the slot) / *le store ne veut pas descendre* the blind won't come down / *le yo-yo monte et descend* the yo-yo's going up and down / *son chapeau lui descendait jusqu'aux yeux* his hat came down over his eyes / *mes chaussettes descendent* my socks are falling down ou slipping down ▸ **faire descendre** : *fais descendre la malade* help the patient down / *ils ont fait descendre les passagers sur les rails* they made the passengers get down onto the tracks / *ils nous ont fait descendre du train* they made us get off the train / *qu'il soit prêt ou non, fais-le descendre* get him to come down, whether he's ready or not / *cette défaite fait descendre notre équipe à la septième place* this defeat means that our team will move down ou drop to seventh place / *je vais faire descendre l'ascenseur* I'll call the lift / *c'est ce mécanisme qui fait descendre la plate-forme* this mechanism brings the platform down ou lowers the platform ▸ **descendre de qqch a)** [échafaudage, échelle] to come ou to climb down from, to get down from **b)** [arbre] to climb ou to come down out of **c)** [balançoire] to get off / *les marins descendent de la mâture* the seamen climb down the rigging / *descends de cette échelle!* get down from that ladder! / *descends de là, tu vas tomber* get down from there or you'll fall ▸ **descendre dans la rue** [manifester] to take to the streets **2.** [air froid, brouillard] to come down ; [soleil] to go down ▸ **la nuit** ou **le soir descend** night is closing in ou falling / *on sent la fraîcheur du soir descendre* you can feel the cool of the evening coming down **3.** [se rendre - dans un lieu d'altitude inférieure, dans le Sud, à la campagne] to go down / *je descends au marché* I'm going to the market ▸ **descendre en ville** to go into town, to go downtown US / *je suis descendu à Bordeaux en voiture* I drove down to Bordeaux / *ils sont descendus en auto-stop* they hitched down / *les voiliers descendront le long de la côte atlantique* the yachts will sail south along the Atlantic coast / *les réfugiés continuent à descendre vers le sud* the refugees are still travelling south / *samedi, je descends chez mes parents* I'll go down to my parents' on Saturday **4.** [poser pied à terre - d'un véhicule] to get off, to alight *sout* / **'ne pas descendre avant l'arrêt complet du train'** 'please do not attempt to alight until the train has come to a complete standstill' ▸ **descendre à terre** to go ashore ▸ **descendre de bateau** to get off a boat, to land ▸ **descendre de voiture** to get out of a car / *il descendait de l'avion* he was getting off ou out of the plane / *descendre de cheval* to get off a horse, to dismount / *descendre de vélo* to get off one's bike / *descends vite!* [d'une voiture, d'un train] get ou jump out, quick! / *à quelle station descendez-vous?* where do you get off? / *aider une vieille dame à descendre* to help an old lady off **5.** [faire irruption] : *la police est descendue chez elle / dans son bar* the police raided her place / her bar **6.** [se loger] to stay / *descendre dans un hôtel* to put up at ou to stay at a hotel / *nous descendons toujours à l'Hôtel de la Gare* we always stay at the Hôtel de la Gare **7.** *fam* [repas, boisson] to go ou to slip down / *ton petit vin rouge descend bien* your red wine goes down very easily / *les saucisses ne descendent pas* the sausages won't go down / *bois un café pour faire descendre tout ça* have a coffee to wash it all down ▸ **ça descend** : *avec lui, ça descend!* **a)** [il boit] he really knocks it back! **b)** [il mange] he can really tuck it away! **8.** DANSE & THÉÂTRE to go downstage.

B. ÊTRE EN PENTE [suivre une pente - rivière] to flow down ; [- route] to go down ou downwards UK ou downward US ; [- toit] to slope down / *le sentier descendait parmi les oliviers* the path threaded its way down through the olive grove / *un chemin qui descend* a downward path, a path that slopes down / *le jardin descend en pente douce jusqu'à la plage* the garden slopes gently down to the beach ▸ **descendre en pente raide** [route, terrain, toit] to drop sharply / *la route descend brusquement* the road suddenly dips.

C. ALLER JUSQU'À 1. ▸ **descendre à** ou **jusqu'à a)** [cheveux, vêtement] to come down to **b)** [puits] to go down to ▸ **des robes qui descendent jusqu'au genou** / **jusqu'aux chevilles** knee-length / ankle-length dresses / *la jupe doit descendre jusqu'au-dessous du genou* the skirt must cover the knee / *cet automne, les robes descendront jusqu'au genou* this autumn, hemlines are coming down to the knee / *le puits descend jusqu'à 150 mètres* the well is 150 metres deep ou goes down to 150 metres **2.** [baisser - marée, mer] to go out *(insép)*, to ebb ; [- prix] to go down, to fall / *les eaux sont enfin descendues* the floods have subsided at last / *le mercure descend dans le baromètre* the mercury's dropping in the barometer / *la température est descendue au-dessous de zéro* the temperature has dropped ou fallen below zero / *les températures ne descendent jamais au-dessous de 10 °C* temperatures never fall below 10°C ▸ **le thermomètre descend** *fam* the weather's ou it's getting colder / *ses notes n'arrêtent pas de descendre depuis mars* his marks have been getting worse since March / *les taux d'intérêt sont descendus brusquement* interest rates fell sharply ou dropped suddenly / *la baguette est descendue à 1 euro* the baguette has gone down to 1 euro / *l'essence est descendue au-dessous de 1,4 euro* the price of petrol has fallen below the 1.4 euro mark ▸ **faire descendre** [inflation, prix] to bring ou to push down *(sép)* / *j'ai essayé de lui faire descendre son prix* I tried to get him to lower his price / *faire descendre la fièvre* to bring down sb's temperature / *ça a fait descendre les prix* it brought prices down **3.** [s'abaisser moralement] to stoop / *je ne descendrai jamais jusqu'à la supplier* I'll never stoop to begging her ▸ **descendre dans l'estime de qqn** to go down in sb's estimation **4.** MUS to go ou to drop down / *descendre d'une octave* to go down ou to drop an octave / *les altos descendent très bas dans la deuxième mesure* the altos go down very low in the second bar.

◆ vt *(aux avoir)* **1.** [parcourir - escalier, montagne] to go down *(insép)* / *descendre une pente* to go down a hill / *elle a descendu toute la pente sur le dos* she went ou slid all the way down the slope on her back / *descendre le courant* [détritus, arbre] to float downstream ▸ **descendre un fleuve a)** [en nageant] to swim downstream **b)** [en bateau] to sail down a river / *ils ont descendu le Mississippi en radeau* they went down the Mississippi on a raft / *il a descendu tout le terrain balle au pied* FOOT he ran the length of the field with the ball **2.** [placer plus bas - tableau] to lower ; [- store] to pull down *(sép)*, to lower / *il faudrait descendre le cadre de deux centimètres* the frame should be taken down two centimetres **3.** [porter vers le bas - colis] to take down *(sép)*, to get down *(sép)* ; [- porter vers soi] to bring down *(sép)* / *aide-moi à descendre la valise du filet* help me take ou lift ou get the suitcase (down) from the rack / *descendez les chaises en bas de la pelouse* carry the chairs down to the far end of the lawn / *tu pourrais me descendre une veste, s'il te plaît?* could you bring me down a jacket please? / *d'abord, il faut descendre l'équipement dans le puits* first, the equipment has to be lowered into the shaft / *ils ont descendu le sauveteur au bout d'une corde* they lowered the rescuer on the end of a rope **4.** [amener en voiture] to take ou to drive down *(sép)* **5.** *fam* [abattre - gangster] to gun ou to shoot down *(sép)* ; [- avion] to bring ou to shoot down *(sép)* ▸ **se faire descendre** to get shot / *tu aurais pu te faire descendre!* you could have got shot! **6.** *fam* [critiquer] to pan, to slate / *il s'est fait descendre par le jury* he was slated by the jury **7.** *fam* [boire - bouteille] to down, to knock back *(sép)* / *il a descendu quelques bières* he knocked back a few beers **8.** MUS : *descendre la gamme* to go down the scale.

❖ **descendre de** v + prép [être issu de] to be descended from / *l'homme descend du singe* man is descended from the apes / *le prince descendait des Habsbourg* the prince was descended from the Habsburgs.

descente [desɑ̃t] nf **1.** [pente] slope, hill / **'descente dangereuse'** 'steep gradient' / *courir / déraper dans la descente* to run / to skid down / *on ira vite, il n'y a que des descentes* we'll do it in no time, it's all downhill **2.** [progression] going down ; [chute] drop, fall **3.** [sortie d'un véhicule] getting off, alighting / **'station en courbe, attention à la descente'** RAIL 'mind the gap' ▸ **à sa descente d'avion** as he disembarked ou got off the aircraft / *à sa descente du bateau* as he landed ou disembarked **4.** NAUT companionway ▸ **échelle de descente** companion ladder ▸ **écoutille de descente** hatchway **5.** MIN ▸ **descente de mine** descending shaft **6.** SKI downhill race ; ALPINISME ▸ **descente en rappel** abseiling **7.** AÉRON descent ▸ **descente en piqué** dive ▸ **descente en spirale** spinning dive, spiral descent ▸ **descente en vol plané** glide, gliding fall **8.** MÉD ▸ **descente d'organe** ou **d'organes** prolapse **9.** CONSTR ▸ **descente d'antenne** downlead ▸ **descente de gouttière** rainwater pipe, downpipe ▸ **descente de paratonnerre** down inductor ▸ **puits de descente** snow chute **10.** [contrôle] inspection ; [attaque] raid / *descente sur les lieux* inspection (on site) ▸ **faire une descente a)** ADMIN to carry out a (surprise) inspection **b)** MIL to mount a raid, *fam* to make an unexpected visit ▸ **faire une descente sur qqch** *fig & hum* to raid / *il a encore fait une descente sur le chocolat!* he's been raiding ou he's been at the chocolate again! ▸ **descente de police** police raid **11.** RELIG & ART ▸ **descente de Croix** deposition ▸ **descente aux enfers** *pr & fig* decent into hell **12.** EXPR **avoir une bonne descente** *fam* **a)** [boire beaucoup] to be able to take one's drink **b)** [manger beaucoup] to be a big eater.

❖ **descente de lit** nf [tapis] bedside rug.

déscolarisation [deskɔlarizasjɔ̃] nf taking out of the school system.

déscolariser [3] [deskɔlarize] vt to take out of the school system.

descripteur, trice [dɛskriptœr, tris] nm, f describer.

❖ **descripteur** nm INFORM descriptor.

descriptible [dɛskriptibl] adj describable / *sa joie n'était pas descriptible* his joy was beyond description ou words.

descriptif, ive [dɛskriptif, iv] adj **1.** [présentation, texte] descriptive ▸ **devis descriptif** specification **2.** ART, LING & LITTÉR descriptive **3.** GÉOM solid.

❖ **descriptif** nm [d'un appartement] description ; [de travaux] specification.

description [dɛskripsjɔ̃] nf **1.** [fait de décrire] description ▸ **faire la description de qqch** to describe sthg ▸ **description de poste** job description **2.** ART & LITTÉR description, descriptive passage **3.** LING descriptive analysis ou study.

déséchouer [6] [dezeʃwe] vt to set afloat, to float off *(sép)*.

❖ **se déséchouer** vpi to get afloat.

désectorisation [desɛktɔrizasjɔ̃] nf [de l'école, d'un département] removal of catchment area boundaries.

désectoriser [desɛktɔrize] vt [l'école, un département] to remove catchment area boundaries from.

déségrégation [desegregasjɔ̃] nf desegregation.

désembourber [3] [dezɑ̃burbe] vt to pull ou to get out of the mud.

désembourgeoiser [3] [dezɑ̃burʒwaze] vt to free from bourgeois habits.

❖ **se désembourgeoiser** vpi to lose one's bourgeois mentality.

désembouteiller [4] [dezɑ̃buteje] vt **1.** AUTO to unblock / *désembouteiller les grandes villes* to ease the traffic in the big cities **2.** TÉLÉC : *désembouteiller le standard* to remove the overload from ou to unjam the exchange.

désembrouiller [3] [dezɑ̃bruje] vt to disentangle, to unmesh, to make less complicated.

désembuage [dezɑ̃bɥaʒ] nm demisting.

désembuer [7] [dezɑ̃bɥe] vt to demist.

désemparé, e [dezɑ̃pare] adj **1.** [perdu] ▸ **être désemparé** to be lost / *sans argent dans cette ville étrangère, il était complètement désemparé* in a foreign town with no money, he had no idea what to do **2.** AÉRON & NAUT crippled.

désemparer [3] [dezɑ̃pare] vi ▸ **sans désemparer** without a pause ou break / *lire des heures sans désemparer* to read for hours on end.

désemplir [32] [dezɑ̃plir] vi : *leur maison ne désemplit pas* their house is always full.

désencadrer [3] [dezɑ̃kadre] vt **1.** [ôter du cadre] to take out of its frame **2.** ÉCON ▸ **désencadrer le crédit** to ease credit restrictions ou controls.

désenchaîner, désenchainer* [4] [dezɑ̃ʃene] vt to unchain, to take out of ou to free from chains.

désenchanté, e [dezɑ̃ʃɑ̃te] ◆ adj disenchanted, disillusioned. ◆ nm, f disenchanted ou disaffected person ▸ **les désenchantés du socialisme** those who have become disenchanted with socialism.

* In reformed spelling (see p.16-19).

désenchantement [dezɑ̃ʃɑ̃tmɑ̃] nm disillusionment, disenchantment, disillusion.

désenchanter [3] [dezɑ̃ʃɑ̃te] vt **1.** *litt* [désensorceler] to release ou to free from a spell **2.** [décevoir] to disillusion, to disappoint.

désenclavement [dezɑ̃klavmɑ̃] nm opening to outside influences.

désenclaver [3] [dezɑ̃klave] vt to open to the outside world.

désenclencher [dezɑ̃klɑ̃ʃe] vt [mécanisme] to disengage.

désencombrement [dezɑ̃kɔ̃bʀəmɑ̃] nm clearing, unblocking.

désencombrer [3] [dezɑ̃kɔ̃bʀe] vt to clear, to unblock.

désencrasser [3] [dezɑ̃kʀase] vt [ustensile, four] to clean out ; [moteur] to decarbonize, to decoke.

désendettement [dezɑ̃dɛtmɑ̃] nm clearing of debts, debt-clearing.

désendetter [4] [dezɑ̃dete] vt ▸ **désendetter qqn** to free sb of ou to release sb from debt.

❖ **se désendetter** vp *(emploi réfléchi)* to get out of debt, to clear one's debts.

désenfiler [3] [dezɑ̃file] ❖ **se désenfiler** vpi to come unthreaded.

désenflammer [3] [dezɑ̃flame] vt to reduce the inflammation in.

❖ **se désenflammer** vpi to become less inflamed.

désenfler [3] [dezɑ̃fle] ◆ vt to bring down *(sép)* ou to reduce the swelling of. ◆ vi to become less swollen / *ma cheville désenfle* the swelling in my ankle's going down / *la pommade a fait désenfler ma cheville* the cream made my swollen ankle go down ou eased the swelling in my ankle.

désenfumer [3] [dezɑ̃fyme] vt to clear of smoke.

désengagement [dezɑ̃gaʒmɑ̃] nm disengagement, backing out.

désengager [17] [dezɑ̃gaʒe] vt to free ou to release from (a) commitment.

❖ **se désengager** vp *(emploi réfléchi)* **1.** [se dépolitiser] to give up one's political commitment **2.** [se décommander] to back out of a commitment.

désengorger [17] [dezɑ̃gɔʀʒe] vt [tuyau, rue] to unblock, to clear ▸ **désengorger le marché** ÉCON to reduce the overload on the market.

désengrener [19] [dezɑ̃gʀəne] vt to disengage, to ungear.

❖ **se désengrener** vpi to become disengaged.

désenivrer [3] [dezɑ̃nivʀe] vt to sober up *(sép)*.

❖ **se désenivrer** vpi to sober up.

désennuyer [14] [dezɑ̃nɥije] vt *sout* to dispel the boredom of.

❖ **se désennuyer** vpi *sout* to dispel one's boredom.

désenrayer [11] [dezɑ̃ʀeje] vt to unjam.

❖ **se désenrayer** vpi to come unstuck.

désensablement [dezɑ̃sabləmɑ̃] nm dredging (of sand).

désensabler [3] [dezɑ̃sable] vt **1.** [extraire] to get out of ou to extract from the sand **2.** [nettoyer] to free ou to clear of sand.

❖ **se désensabler** vpi [chenal] to become clear of sand.

désensibilisation [desɑ̃sibilizasjɔ̃] nf MÉD & PHOT desensitizing, desensitization.

désensibiliser [3] [desɑ̃sibilize] vt **1.** MÉD & PHOT to desensitize **2.** [désintéresser] ▸ **désensibiliser qqn de qqch** to make sb less interested in sthg.

désensorceler [24] [dezɑ̃sɔʀsəle] vt to free ou to release from a spell.

✎ In reformed spelling (see p. 16-19), this verb is conjugated like *peler*: *il désensorcèlera, elle désensorcèlerait.*

désentortiller [3] [dezɑ̃tɔʀtije] vt **1.** [détordre] to untwist **2.** [démêler] to disentangle, to sort out *(sép)*.

désentraver [3] [dezɑ̃tʀave] vt to unchain.

désenvaser [3] [dezɑ̃vaze] vt **1.** [extraire] to get out of ou to extract from the mud **2.** [nettoyer] to clear (of mud).

désenvelopper [3] [dezɑ̃vlɔpe] vt to unwrap, to remove the wrappings from.

désenvenimer [3] [dezɑ̃vnime] vt **1.** MÉD to cleanse of venom, to take the venom out of **2.** [apaiser - querelle, discussion] to take the sting out of / *..., dit-elle pour désenvenimer le débat* ... she said, pouring oil on troubled waters.

désépaissir [32] [dezepesiʀ] vt [sauce] to thin (down), to dilute ; [cheveux] to thin (out).

déséquilibre [dezekilibʀ] nm **1.** [inégalité] imbalance / *il y a un déséquilibre dans les programmes de la chaîne* the channel's schedule is unbalanced ; ÉCON disequilibrium, imbalance ▸ **déséquilibre de la balance commerciale** unfavourable trade balance **2.** [perte d'équilibre] loss of balance **3.** PSYCHOL ▸ **déséquilibre mental** ou **psychique** derangement **4.** PHYSIOL imbalance.

❖ **en déséquilibre** loc adj [mal posé] off balance ; [branlant] unsteady, wobbly.

déséquilibré, e [dezekilibʀe] ◆ adj [personne, esprit] unbalanced, deranged. ◆ nm, f maladjusted person.

déséquilibrer [3] [dezekilibʀe] vt **1.** [faire perdre l'équilibre à] to throw off balance ; [faire tomber] to tip over / *le vent l'a déséquilibré* the wind blew him off balance **2.** [déstabiliser - système, économie] to throw off balance, to destabilize **3.** [faire déraisonner] ▸ **déséquilibrer qqn** to disturb the balance of sb's mind.

désert, e [dezɛʀ, ɛʀt] adj [abandonné] deserted, empty ; [inhabité] desolate, uninhabited / *l'endroit était désert* the place was deserted, there was nobody around.

❖ **désert** nm **1.** GÉOGR desert **2.** [lieu inhabité] desert, wilderness, wasteland / *c'est le désert ici!* it's deserted here! ▸ **un désert de béton** a concrete desert ▸ **crier** ou **parler** ou **prêcher dans le désert** : *il crie* ou *parle* ou *prêche dans le désert* his words fall on deaf ears **3.** *litt* [monotonie] vacuity / *le désert de ma vie* my vacuous ou empty life.

Déserts

le désert d'Atacama	the Atacama Desert
le désert de Gobi	the Gobi Desert
le désert du Kalahari	the Kalahari Desert
le désert de Libye	the Libyan Desert
le désert du Namib	the Namib Desert
le désert de Nubie	the Nubian Desert
le désert du Sahara	the Sahara Desert

déserter [3] [dezɛʀte] ◆ vi MIL to desert. ◆ vt **1.** [quitter sans permission] to desert / *pour avoir déserté son poste* for having deserted his post **2.** [abandonner - parti, cause] to abandon, to give up on *(insép)* **3.** [suj: touristes, clients] to desert **4.** *litt* [amant, ami] to abandon, to forsake *litt.*

déserteur [dezɛʀtœʀ] nm deserter.

désertification [dezɛʀtifikasjɔ̃] nf GÉOGR desertification.

désertifier [9] [dezɛʀtifje] ❖ **se désertifier** vpi to turn into a desert.

désertion [dezɛʀsjɔ̃] nf **1.** MIL desertion **2.** [fait de quitter] : *la désertion des campagnes* the rural exodus **3.** [d'une cause, d'un parti] deserting, abandoning.

désertique [dezɛʀtik] adj [du désert] desert *(modif)* ; [sans végétation] infertile.

désescalade [dezɛskalad] nf de-escalation.

désespérance [dezɛspeʀɑ̃s] nf *litt* despair.

désespérant, e [dezɛspeʀɑ̃, ɑ̃t] adj **1.** [navrant] hopeless / *d'une paresse désespérante* hopelessly lazy / *il ne sait toujours pas compter, c'est désespérant!* he still can't count, it's hopeless! / *toujours pas de lettre, c'est désespérant!* still no letter, it's enough to drive you to despair! **2.** [très mauvais - temps] appalling, dreadful / *ses menus sont désespérants!* his menus are dreadful! **3.** [douloureux] appalling, distressing, terrible / *le spectacle désespérant des enfants qui ont faim* the heartbreaking sight of starving children.

désespéré, e [dezɛspeʀe] ◆ adj **1.** [au désespoir] desperate, despairing **2.** [extrême - tentative] desperate, reckless ; [- mesure, situation] desperate **3.** [sans espoir] hopeless ▸ **c'est un cas désespéré a)** [incorrigible] it's a hopeless case **b)** [gravement malade] the patient is critical / *être dans un état désespéré* [malade] to be in a critical condition **4.** [très déçu] deeply ou horribly disappointed. ◆ nm, f **1.** [personne sans espoir] desperate person **2.** [suicidé] suicide.

désespérément [dezɛspeʀemɑ̃] adv **1.** [avec désespoir] desperately / *on entendait appeler désespérément à l'aide* desperate cries for help could be heard **2.** [extrêmement] hopelessly, desperately / *ce train est désespérément lent* this train is desperately slow / *je suis désespérément seul* I'm desperately ou horribly lonely.

désespérer [18] [dezɛspeʀe] ◆ vi to despair, to give up hope / *il ne faut jamais désespérer!* never say die! *hum*, you should never give up hope! ◆ vt **1.** [exaspérer] to drive to despair ▸ **tu me désespères!** what am I going to do with you? **2.** [décourager] to drive ou to reduce to despair / *elle en a désespéré plus d'un* she'd driven more than one (suitor) to despair.

❖ **désespérer de** v + prép ▸ **désespérer de qqch** to have lost faith in sthg / *je désespère de ses capacités* I no longer believe he's capable of anything ▸ **désespérer de faire qqch** to despair of doing sthg / *ils désespéraient d'atteindre la côte* they despaired of reaching the shore / *je ne désespère pas d'obtenir le poste* I still think I may get ou I haven't yet given up on the idea of getting the job.

❖ **se désespérer** vpi to (be in) despair.

✎ In reformed spelling (see p. 16-19), this verb is conjugated like *semer*: *il désespèrera, elle désespèrerait.*

désespoir [dezɛspwaʀ] nm despair ▸ **faire le désespoir de qqn** to drive ou to reduce sb to despair / *à mon grand désespoir, il n'a pu venir* to my despair, he was unable to come ▸ **avec désespoir** despairingly, in despair / *cette sauce est mon désespoir* I despair of ever being able to make this sauce.

❖ **au désespoir** ◆ loc adj ▸ **être au désespoir** [être désespéré] to be desperate, to have lost all hope / *je suis au désespoir de ne pouvoir vous aider* I'm deeply ou desperately sorry that I am unable to help you. ◆ loc adv ▸ **mettre qqn au désespoir** to drive ou to reduce sb to despair / *tu me mets au désespoir* I despair of you.

❖ **en désespoir de cause** loc adv in desperation, as a last resort / *en désespoir de cause, elle essaya sa propre clef* as a last resort she tried her own key.

désétatiser [3] [dezetatize] vt to remove from state control.

désexciter [3] [dezɛksite] vt ÉLECTR to de-energize.

désexualiser [desɛksyalize] vt to desex.

déshabillage [dezabijaʒ] nm **1.** [d'une personne] undressing / *une cabine pour le* ou *de déshabillage* a cubicle (for undressing) **2.** [dégarnissage - d'une pièce] emptying (of ornaments) ; [- d'un fauteuil] stripping of upholstery.

déshabillé [dezabije] nm négligé.

déshabiller [3] [dezabije] vt **1.** [dévêtir] ▸ **déshabiller qqn** to undress sb, to take sb's clothes off ▸ **déshabiller qqn du regard** to undress sb with one's eyes ▸ **c'est déshabiller (saint) Pierre pour habiller (saint) Paul** it's robbing Peter to pay Paul **2.** [vider - pièce] to empty (of ornaments) ; [dégarnir - fauteuil] to strip the upholstery from.

❖ **se déshabiller** vp *(emploi réfléchi)* **1.** [se dénuder] to strip (off), to take one's clothes off **2.** [ôter un vêtement] : *déshabille-toi* take off your coat.

déshabituer [7] [dezabitɥe] vt ▸ **déshabituer qqn du tabac** to make sb give up (using) tobacco ▸ **déshabituer qqn de faire qqch** to break sb of the habit of doing sthg.

❖ **se déshabituer de** vp + prép : *il s'est déshabitué de l'alcool* he got out of the habit of drinking.

désherbage [dezɛʀbaʒ] nm weeding.

désherbant, e [dezɛʀbɑ̃, ɑ̃t] adj weed-killing *(avant nom).*

❖ **désherbant** nm weedkiller.

désherber [3] [dezɛʀbe] vt to weed.

déshérence [dezeʀɑ̃s] nf escheat.

❖ **en déshérence** ◆ loc adj [succession] escheated. ◆ loc adv ▸ **tomber en déshérence** to escheat.

déshérité, e [dezeʀite] ◆ adj **1.** [pauvre] underprivileged, deprived **2.** [région] poor *(lacking natural advantages)* **3.** [privé d'héritage] disinherited. ◆ nm, f deprived person ▸ **les déshérités** the destitute.

déshéritement [dezeʀitmɑ̃] nm disinheritance.

déshériter [3] [dezeʀite] vt **1.** [priver d'héritage] to cut out of one's will, to disinherit / *si tu continues, je te déshérite! hum* carry on like this and I'll cut you off without a penny! **2.** [défavoriser] : *il se croit déshérité* he feels hard done by.

déshonnête [dezɔnɛt] adj *litt* immodest, improper, indecent.

déshonneur [dezɔnœʀ] nm **1.** [perte de l'honneur] disgrace, dishonour UK, dishonor US / *vivre dans le déshonneur* to live in dishonour **2.** [honte] disgrace / *il n'y a aucun déshonneur à travailler de ses mains* there's no disgrace in working with one's hands / *c'est le déshonneur de sa famille* he's a disgrace to his family.

déshonorant, e [dezɔnɔʀɑ̃, ɑ̃t] adj **1.** [qui prive de l'honneur] dishonourable UK, dishonorable US, disgraceful **2.** [humiliant] degrading, shameful / *cela n'a rien de déshonorant* there's nothing shameful about it.

déshonorer [3] [dezɔnɔʀe] vt **1.** [nuire à l'honneur de] to dishonour, to bring shame upon, to bring into disrepute / *cette attitude déshonore la profession tout entière* such behaviour brings the whole profession into disrepute / *il a déshonoré le nom de ses ancêtres* he has dishonoured the family name **2.** *litt* [abuser de - femme, jeune fille] to ruin **3.** *litt* [lieu, monument] to spoil ou to ruin the look of.

❖ **se déshonorer** vp *(emploi réfléchi)* to bring disgrace upon o.s.

déshuiler [3] [dezɥile] vt to de-oil, to remove oil from.

déshuileur [dezɥilœʀ] nm oil-separator.

déshumanisation [dezymanizasjɔ̃] nf dehumanization.

déshumanisé, e [dezymanize] adj **1.** [lieu] impersonal ; [personne, ton] coldhearted, unsympathetic **2.** [fabrication, travail] automated.

déshumaniser [3] [dezymanize] vt to dehumanize.

❖ **se déshumaniser** vpi to become dehumanized.

déshumidificateur [dezymidifikatœʀ] nm dehumidifier.

déshumidification [dezymidifikasjɔ̃] nf dehumidification.

déshumidifier [9] [dezymidifje] vt to dehumidify.

déshydratant, e [dezidʀatɑ̃, ɑ̃t] adj demoisturizing.

❖ **déshydratant** nm desiccant.

déshydratation [dezidʀatasjɔ̃] nf **1.** PHYSIOL dehydration / *évitez la déshydratation* avoid dehydration ou becoming dehydrated / *être dans un état de déshydratation* to be dehydrated ; [de la peau] loss of moisture, dehydration **2.** TECHNOL dehydration, dewatering ▸ **déshydratation des boues** sludge dewatering **3.** CHIM dehydration.

déshydraté, e [dezidʀate] adj **1.** PHYSIOL dehydrated **2.** [aliment] desiccated, dehydrated.

déshydrater [3] [dezidʀate] vt **1.** PHYSIOL to dehydrate ; [peau] to dehydrate, to dry (out) **2.** TECHNOL to dehydrate, to dewater **3.** [aliment] to dehydrate, to desiccate **4.** CHIM to dehydrate.

❖ **se déshydrater** vpi [personne] to become dehydrated ; [peau] to lose moisture, to become dehydrated.

déshydrogénation [dezidʀɔʒenasjɔ̃] nf dehydrogenation, dehydrogenization.

déshydrogéner [18] [dezidʀɔʒene] vt to dehydrogenate, to dehydrogenize.

✐ In reformed spelling (see p. 16-19), this verb is conjugated like *semer*: *il déshydrogènera, elle déshydrogènerait.*

désidérabilité [dezideʀabilite] nf ÉCON desirability, use-value.

desiderata *(pl desiderata)*, **désidérata*** [dezideʀata] nm *sout* requirements, wishes / *les desiderata du personnel* the wishes of the staff / *le menu est-il conforme à tes desiderata? hum* does the menu meet with your requirements?

design [dizajn] nm [création] design ▸ **design industriel** industrial design ; *(comme adj inv)* designer *(modif)* ▸ **mobilier design** designer furniture.

désignation [deziɲasjɔ̃] nf **1.** DR ▸ **désignation du défendeur / requérant** name of the defendant / plaintiff **2.** [nomination] appointment, nomination / *désignation de nouveaux membres d'une commission* appointment of new members of a committee.

désigné, e [deziɲe] adj ▸ **tout désigné** : *c'est le porte-parole tout désigné des élèves* he's the ideal spokesperson for the students ▸ **être tout désigné pour faire qqch** to be the right person to do sthg / *elle est toute désignée pour succéder à son oncle* she's the most suitable choice as her uncle's successor.

designer [dizajnœʀ] nmf designer.

désigner [3] [deziɲe] vt **1.** [montrer] to indicate, to point at ou to *(sép)*, to show ▸ **désigner qqn du doigt** to point at sb **2.** [choisir] to choose, to single out *(sép)* ▸ **désigner qqn comme héritier** to name sb as one's heir **3.** [nommer - expert, président] to appoint ; [- représentant] to nominate ; [élire] to elect ▸ **désigner qqn pour un poste** to appoint sb to a post / *le président de séance a été désigné à la majorité des voix* the chairperson was elected by a majority of votes **4.** [s'appliquer à] to designate, to refer to / *le mot «félin» désigne de nombreux animaux* the word "feline" refers to many animals **5.** ADMIN [répertorier] to list, to set out *(sép)* / *les conditions désignées à l'annexe II* specifications set out in Annex II **6.** [exposer] ▸ **désigner qqn à** : *un geste qui vous désignera à sa fureur* a gesture which will surely unleash his fury on you.

❖ **se désigner** vpi [se proposer] to volunteer / *se désigner pour une mission* to volunteer for a mission.

❖ **se désigner à** vp + prép : *se désigner à l'attention générale* to draw attention to o.s.

désigneur, euse [deziɲœʀ, øz] nm, f designer.

désillusion [dezilyzjɔ̃] nf disappointment, disillusionment, disillusion / *connaître des désillusions* to be disillusioned ou disenchanted.

désillusionnement [dezilyzjɔnmɑ̃] nm becoming disillusioned.

désillusionner [3] [dezilyzjɔne] vt to disillusion, to undeceive ▸ **être désillusionné** to be disenchanted ou disillusioned.

désincarcération [dezɛ̃kaʀseʀasjɔ̃] nf **1.** [d'un prisonnier] : *la désincarcération des détenus* the freeing of the prisoners **2.** [d'un véhicule accidenté] : *sa désincarcération a pris une heure* it took an hour to free him.

désincarnation [dezɛ̃kaʀnasjɔ̃] nf disembodiment.

désincarné, e [dezɛ̃kaʀne] adj **1.** [sans corps] disembodied **2.** [irréel] insubstantial, unreal.

désincrustant, e [dezɛ̃kʀystɑ̃, ɑ̃t] adj **1.** [pour la peau] cleansing **2.** [détartrant] descaling.

❖ **désincrustant** nm **1.** [pour la peau] cleanser **2.** [détartrant] scale solvent.

désincrustation [dezɛ̃kʀystasjɔ̃] nf **1.** [de la peau] cleansing **2.** [détartrage] descaling.

désincruster [3] [dezɛ̃kʀyste] vt **1.** [peau] to cleanse **2.** [détartrer] to scale off *(sép).*

désindexer [4] [dezɛ̃dɛkse] vt to stop indexation of / *ces pensions ont été désindexées* these retirement schemes are no longer index-linked.

désindustrialisation [dezɛ̃dystʀijalizasjɔ̃] nf deindustrialization.

désindustrialiser [dezɛ̃dystʀijalize] vt to deindustrialize.

désinence [dezinɑ̃s] nf **1.** GRAM inflection, ending **2.** BOT terminal growing.

désinfectant, e [dezɛ̃fɛktɑ̃, ɑ̃t] adj disinfecting *(avant nom).*

❖ **désinfectant** nm disinfectant.

désinfecter [4] [dezɛ̃fɛkte] vt to disinfect.

désinfection [dezɛ̃fɛksjɔ̃] nf disinfection, disinfecting.

désinflation [dezɛ̃flasjɔ̃] nf deflation, disinflation.

désinflationniste [dezɛ̃flasjɔnist] adj deflationary, deflationist.

désinformation [dezɛ̃fɔʀmasjɔ̃] nf disinformation.

désinformer [3] [dezɛ̃fɔʀme] vt to disinform.

désinhiber [dezinibe] vt ▸ **désinhiber qqn** to free sb from their inhibitions.

désinsectisation [dezɛ̃sɛktizasjɔ̃] nf insect control.

désinsectiser [3] [dezɛ̃sɛktize] vt to rid of insects.

désinsertion [dezɛ̃sɛʀsjɔ̃] nf ▸ **désinsertion sociale** dropping out.

désinstallation [dezɛ̃stalasjɔ̃] nf INFORM uninstalling, deinstalling.

désinstaller [3] [dezɛ̃stale] vt INFORM to uninstall, to deinstall.

désintégration [dezɛ̃tegʀasjɔ̃] nf **1.** [d'un matériau, d'un groupe] disintegration, breaking-up, splitting **2.** NUCL disintegration ▸ **désintégration radioactive** radioactive decay.

désintégrer [18] [dezɛ̃tegʀe] vt **1.** [matériau] to crumble, to disintegrate ; [groupe, famille] to break up *(sép)*, to split (up) *(sép)* **2.** NUCL to disintegrate.

❖ **se désintégrer** vpi **1.** [exploser] to disintegrate **2.** [groupe, famille, théorie] to disintegrate, to collapse **3.** *hum* [disparaître] to vanish into thin air.

✐ In reformed spelling (see p. 16-19), this verb is conjugated like *semer*: *il désintègrera, elle désintègrerait.*

désintéressé, e [dezɛ̃teʀese] adj **1.** [conseil, jugement] disinterested, objective, unprejudiced **2.** [personne] selfless, unselfish.

désintéressement [dezɛ̃teʀɛsmɑ̃] nm **1.** [impartialité] disinterestedness, impartiality, absence of bias **2.** [générosité] selflessness **3.** [désintérêt] ▸ **désintéressement pour** lack of interest in, indifference to **4.** FIN buying out.

désintéresser [4] [dezɛ̃teʀese] vt [créancier] to pay off *(sép)* ; [actionnaire] to buy out *(sép).*

❖ **se désintéresser de** vp + prép ▸ **se désintéresser de qqch a)** [ignorer] to be uninterested in sthg **b)** [perdre son intérêt pour] to lose interest in sthg.

désintérêt [dezɛ̃teʀɛ] nm indifference, lack of interest ▸ **manifester du désintérêt pour** to show indifference to ou no interest in.

désintoxication [dezɛ̃tɔksikasjɔ̃] nf **1.** MÉD detoxification **2.** [contre-propagande] counteracting.

désintoxiquer [3] [dezɛ̃tɔksike] vt **1.** MÉD to detoxify ▸ **se faire désintoxiquer** to be weaned off drugs **2.** [informer] to counteract.

❖ **se désintoxiquer** vpi [drogué] to kick the habit ; [alcoolique] to dry out.

désinvestir [32] [dezɛ̃vɛstiʀ] ◆ vt **1.** ÉCON to disinvest in / *l'entreprise désinvestit le secteur de l'électronique* the company is disinvesting in electronics **2.** MIL : *désinvestir une ville* to raise the blockade of a town. ◆ vi to become less involved.

❖ **se désinvestir** [perdre sa motivation] to lose interest.

désinvestissement [dezɛ̃vɛstismɑ̃] nm **1.** ÉCON disinvestment **2.** PSYCHOL loss of interest.

désinvolte [dezɛ̃vɔlt] adj **1.** [sans embarras] casual, nonchalant / *de façon un peu désinvolte* rather casually **2.** *péj* [trop libre] offhand.

désinvolture [dezɛ̃vɔltyʀ] nf [légèreté] casualness ; *péj* [sans-gêne] off-handedness ▸ **avec désinvolture** offhandedly / *elle le traite avec désinvolture* she's rather offhand with him.

désir [deziʀ] nm **1.** [aspiration] want, wish, desire / *il a le désir de plaire* he wishes to please / *ses désirs ont été satisfaits* his wishes have been met / *j'ai toujours eu le désir d'écrire* I've always wanted ou had a desire

* In reformed spelling (see p. 16-19).

to write **/** *tu prends tes désirs pour des réalités!* wishful thinking! ; [souhait exprimé] wish **▸ selon le désir de qqn** following sb's wishes **/** *il sera fait selon votre désir* it shall be done as you wish **▸ à l'encontre des désirs de qqn** against sb's wishes **2.** [motivation] desire, drive **▸ désir d'enfant** PSYCHOL wish to reproduce **▸ désir de mort** death wish **3.** [appétit sexuel] desire **▸ rempli de désir a)** [personne] consumed with desire **b)** [regard] lustful.

Voir encadré à l'article conditionnel.

désirabilité [deziʀabilite] nf desirability.

désirable [deziʀabl] adj **1.** [souhaitable] desirable **/** *il a toutes les qualités désirables* he has all the qualities one could wish for **▸ peu désirable** undesirable **2.** [séduisant] desirable, (sexually) exciting.

désirer [3] [deziʀe] vt **1.** [aspirer à -paix, bonheur] to wish for **▸ désirer ardemment** to crave ou to long for **/** *je ne désire pas leur perte* I do not wish to ruin them **/** *je n'ai plus rien à désirer* I have nothing left to wish for **/** *il a tout ce qu'il peut désirer* he has everything he could wish for ; *(en usage absolu)* : *tu ne peux désirer mieux* you couldn't wish for anything better ; *(suivi d'un infinitif)* : *elle a toujours désiré posséder un piano* she's always wanted to own a piano **/** *je désirerais savoir si...* I would like to know if... **▸ désirer vivement rencontrer qqn** to be eager to meet sb **▸ se faire désirer** : *ton père se fait désirer!* where could your father have got to? **/** *fais-toi désirer* let them wait for you **/** *cette bière se fait désirer!* how long's that beer going to take? **▸ laisser à désirer** to leave something to be desired, to fail to come up to expectations **▸ laisser beaucoup à désirer** to leave a lot to be desired **2.** [vouloir] **▸ désirer faire** to want ou to wish to do **/** *désirez-vous ouvrir un compte?* do you want ou wish to open an account? **/** *je désire faire une déposition* I would like to make a statement **/** *les enfants désirent rester avec leur père* the children would prefer to stay with their father **/** *il ne désirait pas vous faire de la peine* he didn't mean to hurt you **▸ désirer que** : *je désire que tu restes* I want ou wish *sout* you to stay **3.** [dans un achat, une prestation de service] **▸ vous désirez?** can I help you? **/** *quelle couleur désirez-vous?* which colour would you like? **/** *où désirez-vous aller?* where would you like to go? **4.** [sexuellement] to desire **/** *désirez-vous toujours votre mari?* do you still find your husband (sexually) attractive?

désireux, euse [deziʀø, øz] adj **▸ désireux de faire** inclined ou willing to do **/** *très désireux de faire* eager to do **/** *assez peu désireux de le suivre* reluctant to follow him **/** *il était apparemment peu désireux de poursuivre la discussion* apparently, he was not willing to continue the discussion.

désistement [dezistəmɑ̃] nm **1.** POL withdrawal, standing down **2.** DR [d'une poursuite] withdrawal ; [d'une demande] waiver.

désister [3] [deziste] ❖ **se désister** vpi **1.** POL to stand down, to withdraw **2.** DR **▸ se désister d'une poursuite** to withdraw a suit **▸ se désister d'une demande** to waive a claim.

désobéir [32] [dezɔbeiʀ] ◆ vi **1.** [être désobéissant] to be disobedient **2.** [enfreindre un ordre] to disobey **▸ désobéir à** to disobey, to fail to obey **/** *désobéir aux ordres / à ses parents* to disobey orders / one's parents **/** *tu m'as désobéi!* you disobeyed me!, you didn't do as you were told! **▸ désobéir aux lois** to break the law **▸ désobéir à un code** to disregard a code. ◆ vt *(au passif uniquement)* : *elle n'accepte pas d'être désobéie* she will not stand for disobedience.

désobéissance [dezɔbeisɑ̃s] nf **1.** [manque de discipline] disobedience, rebelliousness **2.** [action] act of disobedience.

désobéissant, e [dezɔbeisɑ̃, ɑ̃t] adj [enfant] disobedient, rebellious ; [chien] disobedient.

désobligeamment [dezɔbliʒamɑ̃] adv disagreeably, unpleasantly.

désobligeance [dezɔbliʒɑ̃s] nf disagreeableness.

désobligeant, e [dezɔbliʒɑ̃, ɑ̃t] adj [désagréable -personne] disagreeable, unkind ; [-propos] unkind.

désobliger [17] [dezɔbliʒe] vt *sout* to offend, to hurt, to upset **/** *vous le désobligeriez en ne venant pas à son dîner* you'd offend him by not coming to his dinner party **▸ sans vouloir vous désobliger** no offence (meant).

désobstruction [dezɔpstʀyksjɔ̃] nf removal ou clearing of obstructions.

désobstruer [3] [dezɔpstʀye] vt **1.** [tuyau] to clear **2.** MÉD to remove an obstruction from.

désodé, e [desɔde] adj sodium-free, salt-free.

désodorisant, e [dezɔdɔʀizɑ̃, ɑ̃t] adj deodorizing *(avant nom)*.

❖ **désodorisant** nm deodorizer, air-freshener.

désodoriser [3] [dezɔdɔʀize] vt to deodorize.

désœuvré, e [dezœvʀe] adj **▸ être désœuvré** to have nothing to do **/** *désœuvré, il errait dans le parc* having nothing (better) to do, he would roam about the park.

désœuvrement [dezœvʀəmɑ̃] nm idleness **/** *ils ne le font que par désœuvrement* they only do it because they have nothing better to do.

désolant, e [dezɔlɑ̃, ɑ̃t] adj **1.** [triste -spectacle] wretched, pitiful, awful **2.** [contrariant] annoying, irritating **/** *il n'a rien fait, c'est désolant!* he didn't do anything, it's so annoying!

désolation [dezɔlasjɔ̃] nf **1.** [chagrin] desolation, grief **/** *être plongé dans la désolation* to be disconsolate **/** *après son départ, ce fut la désolation* when she'd gone, gloom descended **2.** [cause de chagrin] : *cet enfant est ma désolation* I despair of this child **3.** *litt* [d'un lieu, d'un paysage] desolation, desolateness, bleakness **▸ un paysage de désolation** a desolate landscape.

désolé, e [dezɔle] adj **1.** [contrit] apologetic, contrite **/** *à sa mine désolée, j'ai compris qu'il l'avait cassé* when I saw him looking so apologetic, I gathered he'd broken it ; [pour s'excuser] sorry **▸ je suis vraiment désolé** I am awfully ou really sorry **/** *désolé de vous déranger* sorry to disturb you **/** *il est désolé de ne pas vous avoir vu* he's sorry he missed you **/** *désolé, j'étais là avant vous!* *iron* excuse me ou sorry, (but) I was here before you! **/** *ah, je suis désolé, ces deux notions ne sont pas identiques* excuse me ou I'm sorry, but these two concepts are not the same **2.** *litt* [triste] disconsolate, sorrowful **3.** *litt* [aride] desolate, bleak.

désoler [3] [dezɔle] vt **1.** [attrister] to distress, to sadden **/** *l'état de la maison le désole* he's distressed about the state of the house **2.** [irriter] : *tu me désoles!* I despair!

❖ **se désoler** vpi to be sorry **/** *ne te désole pas pour une petite tache* there's no need to be sorry about a little stain **▸ se désoler de qqch** to be disconsolate ou in despair about ou over sthg **/** *le chœur se désole de la mort du roi Laïos* the chorus shows its sorrow at the death of King Laïos **/** *ses parents se désolent de la voir si malheureuse* it grieves her parents to see her so unhappy.

désolidariser [3] [desɔlidaʀize] ❖ **se désolidariser de** vp + prép to dissociate o.s. from.

désoperculer [dezɔpɛʀkyle] vt [rayon de miel] to uncap.

désopilant, e [dezɔpilɑ̃, ɑ̃t] adj hilarious, hysterically funny.

désordonné, e [dezɔʀdɔne] adj **1.** [désorganisé -dossier, esprit] confused, untidy **2.** [personne] disorderly **3.** [lieu] untidy, messy **4.** [irrégulier] helter-skelter *(modif)* **/** *courir de façon désordonnée* to run helter-skelter ou pell-mell **/** *le chien faisait des bonds désordonnés* the dog was leaping about all over the place **5.** *litt* [immoral] disorderly, disordered.

désordre [dezɔʀdʀ] ◆ nm **1.** [fouillis] mess **/** *quel désordre là-dedans!* what a mess ou it's chaos in there! **/** *mettre le désordre dans une pièce* to mess up a room **2.** [manque d'organisation] muddle, confusion, disarray **/** *désordre des idées* confused ideas **3.** [agitation] disorder, disturbance **/** *semer le désordre* to cause a disturbance, to wreak havoc **/** *lorsque le chat sauta, ce fut un beau désordre parmi les poules* when the cat jumped, the hens went into a panic **▸ désordre sur la voie publique** DR disorderly conduct **4.** *litt* [immoralité] dissoluteness, dissipation **/** *vivre dans le désordre* to live a dissolute life **5.** JEUX : *gagner le tiercé dans le désordre* to win a place bet in the wrong order. ◆ adj messy, untidy **/** *que tu es désordre!* you're so untidy!

❖ **désordres** nmpl **1.** [émeutes] riots **/** *des désordres ont éclaté* riots have ou rioting has broken out **2.** *litt* [débauche] dissolute ou disorderly behaviour **/** *se livrer à des désordres* to lead a disorderly life.

❖ **en désordre** ◆ loc adj [lieu] messy, untidy ; [cheveux] unkempt, dishevelled **/** *une chambre en désordre* an untidy room **/** *mon bureau était tout en désordre* my desk was in a terrible mess. ◆ loc adv **▸ mettre en désordre** to mess ou to muddle up **/** *il a mis mes dossiers en désordre* he got my files all muddled up.

désorganisateur, trice [dezɔʀganizatœʀ, tʀis] ◆ adj disorganizing, disruptive. ◆ nm, f disorganizer.

désorganisation [dezɔʀganizasjɔ̃] nf disorganization, disruption.

désorganisé, e [dezɔʀganize] adj disorganized.

désorganiser [3] [dezɔʀganize] vt [service] to disorganize, to disrupt ; [fiches] to disrupt the order of.

désorientation [dezɔʀjɑ̃tasjɔ̃] nf **1.** [perplexité] disorientation, confusion **2.** PSYCHOL **▸ désorientation spatiale / temporelle** spatial / temporal disorientation.

désorienté, e [dezɔʀjɑ̃te] adj **1.** [perplexe] confused, disoriented **2.** [égaré] lost.

désorienter [3] [dezɔʀjɑ̃te] vt **1.** [faire s'égarer] to cause to become disoriented, to disorientate **2.** [déconcerter] to confuse, to throw into confusion ou disarray, to disorientate **3.** MIL & OPT to disorientate.

désormais [dezɔʀmɛ] adv [à partir de maintenant] from now on, henceforth *sout* ; [dans le passé] from that moment on, from then on, from that time (on) **/** *je ferai attention désormais* I'll pay attention from now on **/** *désormais nous étions amis* from then on we were friends.

désossé, e [dezɔse] adj [gigot, jambon] off the bone.

désossement [dezɔsmɑ̃] nm boning.

désosser [3] [dezɔse] vt **1.** [viande] to bone **2.** *fam* [étudier] to go over with a fine tooth comb **3.** *fam* [démonter] to take to bits.

❖ **se désosser** vpi [se désarticuler] to contort o.s.

désoxydant [dezɔksidɑ̃] nm deoxidizer.

désoxydation [dezɔksidasjɔ̃] nf deoxidation, deactivation.

désoxyder [3] [dezɔkside] vt to deoxidize, to deactivate **▸ acier désoxydé** killed steel.

désoxygénation [dezɔksiʒenasjɔ̃] nf deoxygenation.

désoxyribonucléique [dezɔksiʀibɔnykleik] adj BIOL **▸ acide désoxyribonucléique** deoxyribonucleic acid.

desperado, despérado* [dɛspeʀado] nm desperado.

despote [dɛspɔt] nm **1.** POL despot, tyrant **2.** [personne autoritaire] tyrant, bully.

despotique [dɛspɔtik] adj **1.** POL despotic, tyrannical, dictatorial **2.** [autoritaire] despotic, domineering, bullying.

despotiquement [dɛspɔtikmɑ̃] adv POL & *fig* despotically, tyrannically, dictatorially.

despotisme [dɛspɔtism] nm **1.** POL despotism **▸ despotisme éclairé** HIST enlightened despotism **2.** [autorité] tyranny, bullying.

desquamation [dɛskwamasjɔ̃] nf **1.** [de la peau] desquamation *spéc*, flaking ; [des écailles] scaling off **2.** GÉOL **▸ desquamation en écailles** exfoliation.

desquamer [3] [dɛskwame] vi [peau] to flake, to desquamate *spéc* ; [écailles] to scale off.

❖ **se desquamer** vpi [peau] to flake (off), to desquamate *spéc* ; [écailles] to scale off.

desquelles fpl ⟶ **lequel.**

desquels [dekɛl] pron mpl & dét mpl ⟶ **lequel.**

DESS (abr de **diplôme d'études supérieures spécialisées**) nm *former postgraduate diploma.*

dessablage [desablaʒ], **dessablement** [desabləmɑ̃] nm **1.** [filtrage] sand-trapping **2.** TECHNOL removal of sand.

dessabler [3] [desable] vt [allée] to remove sand from ; [eau, chenal] to remove silt from.

dessaisir [32] [desezir] vt DR ▸ **dessaisir qqn de** to deny sb jurisdiction over.
❖ **se dessaisir de** vp + prép **1.** [se départir de] to part with, to relinquish **2.** DR ▸ **se dessaisir d'une affaire** to decline (to exercise) jurisdiction over a case.

dessaisissement [desezismã] nm relinquishment.

dessalage [desalaʒ], **dessalement** [desalmã] nm **1.** CHIM desalination **2.** CULIN removal of salt.

dessaler [3] [desale] ◆ vt **1.** [ôter le sel de] to desalinate, to remove the salt from ▸ **dessaler du poisson** to freshen fish **2.** *fam* [dégourdir] to wise up *(sép)*, to educate in the ways of the world. ◆ vi NAUT to overturn, to capsize.
❖ **se dessaler** vpi *fam* to get wise, to wise up / *il s'est drôlement dessalé depuis qu'il travaille!* he's learnt a thing or two since he started working!

dessalinisation [desalinizasjɔ̃] nf = **désalinisation.**

dessangler [3] [desɑ̃gle] vt [cheval] to ungirth.

dessaouler [desule] = **dessoûler.**

Desse abr écrite de **duchesse.**

desséchant, e [deseʃɑ̃, ɑ̃t] adj **1.** [asséchant] drying, withering / *un vent desséchant* a searing wind **2.** [activité, études] soul-destroying **3.** CHIM desiccating.

desséché, e [deseʃe] adj **1.** [pétale, feuille] withered, dried ; [cheveux, peau] dry ; [gorge] parched **2.** [décharné] emaciated, wasted **3.** [cœur, personne] hardened / *un vieux solitaire desséché* a hardened old recluse.

dessèchement [desɛʃmɑ̃] nm **1.** [perte d'humidité] drying up **2.** [procédé] desiccation, drying (out) **3.** [stérilité - du cœur] hardening ; [- de la créativité] drying up.

dessécher [18] [deseʃe] vt **1.** [peau, cheveux] to dry out *(sép)* ; [pétale, feuille] to wither / *trop de soleil dessèche la peau* too much sun dries the skin / *la bouche desséchée par la peur* mouth dry ou parched with fear **2.** [amaigrir] to emaciate, to waste / *son corps desséché par la maladie* his body wasted by illness **3.** [endurcir] ▸ **dessécher le cœur de qqn** to harden sb's heart.
❖ **se dessécher** vpi **1.** [peau, cheveux] to go dry **2.** [cœur] to harden.

In reformed spelling (see p. 16-19), this verb is conjugated like **semer**: ***il dessèchera, elle dessècherait.***

dessein [desɛ̃] nm *litt* intention, goal, purpose / *son dessein est de prendre ma place* his intention is to ou he has determined to take my place ▸ **former** ou **avoir le dessein de faire qqch** to determine to do sthg.
❖ **à dessein** loc adv deliberately, purposely.
❖ **dans le dessein de** loc prép in order ou with a view to.

desseller [4] [desele] vt to unsaddle.

desserrage [deseraʒ], **desserrement** [desɛrmɑ̃] nm **1.** [processus] loosening, slackening **2.** [résultat] looseness.

desserrer [4] [desere] vt **1.** [vis, cravate, ceinture] to loosen **2.** [relâcher - étreinte, bras] to relax ; [dents] to unclench ▸ **il n'a pas desserré les dents** ou **lèvres** *fig* he didn't utter a word, he never opened his mouth **3.** [frein] to release.
❖ **se desserrer** vpi **1.** [se dévisser] to come loose **2.** [se relâcher - étreinte] to relax.

dessers [desɛr], **dessert** [desɛr] v ⟶ **desservir.**

dessert [desɛr] nm dessert, pudding UK, sweet UK / *veux-tu un dessert?* will you have some dessert? ▸ **au dessert** at the end of the meal.

desserte [desɛrt] nf **1.** [meuble] sideboard ; [table roulante] tea-trolley UK, tea wagon US **2.** TRANSP (transport) service UK, (transportation) service US ▸ **desserte aérienne** air service / *l'hiver, la desserte est supprimée* the service doesn't run in winter / *la desserte du village est très mal assurée* the village is poorly served by public transport.

dessertir [32] [desɛrtir] vt to unset.
❖ **se dessertir** vpi to come unset.

dessertissage [desɛrtisaʒ] nm unsetting.

desservir [38] [desɛrvir] vt **1.** [débarrasser] to clear (away) ; *(en usage absolu)* ▸ **puis-je desservir?** may I clear the table? **2.** [désavantager] to be detrimental ou harmful to, to go against ▸ **son intervention m'a desservi** he did me a disservice by intervening **3.** TRANSP to serve / *le village est mal desservi* public transport to the village is poor / *l'hôpital est desservi cinq fois par jour* there is a bus (service) to the hospital five times a day / *ce train dessert les stations suivantes* this train stops at the following stations **4.** RELIG [paroisse] to serve **5.** [donner accès à] to lead to / *une allée dessert la maison* a drive leads up to the house / *un couloir dessert les chambres* a corridor leads off to the bedrooms.

dessication [desikasjɔ̃] nf = **dessiccation.**

dessiccateur [desikatœr] nm desiccator.

dessiccation [desikasjɔ̃] nf [gén] desiccation, drying ; [du bois] drying.

dessiller, déciller* [3] [desije] vt *litt* ▸ **dessiller les yeux de** ou **à qqn** to cause the scales to fall from sb's eyes, to open sb's eyes.
❖ **se dessiller, se déciller*** vpi *litt* ▸ **mes yeux se dessillent** the scales have fallen from my eyes.

dessin [desɛ̃] nm **1.** [croquis] drawing / *les dessins de Michel-Ange* Michelangelo's drawings / *des dessins d'enfants* children's drawings ▸ **dessin humoristique** ou **de presse** cartoon *(in a newspaper)* ▸ **dessin animé** cartoon ▸ **dessin au fusain** charcoal drawing ▸ **dessin à main levée** free hand drawing ▸ **dessin de mode** fashion drawing ▸ **dessin à la plume** pen and ink drawing ▸ **dessin publicitaire** advertisement drawing ▸ **dessin au trait** outline drawing ▸ **faire un dessin** *fam* : *tu veux peut-être aussi que je te fasse un dessin?* do you want me to spell it out for you? / *pas besoin d'un* ou *de faire un dessin, elle a compris!* you don't have to spell it out for her, she's got the message! **2.** [art] ▸ **le dessin** drawing / *apprendre le dessin* to learn (how) to draw **3.** [technique] : *la vigueur de son dessin* the firmness of her drawing technique **4.** TECHNOL ▸ **dessin industriel** draughtsmanship UK, draftsmanship US, industrial design ▸ **dessin coté** dimensioned drawing ▸ **dessin assisté par ordinateur** computer-aided design **5.** [forme, ligne] line, outline / *pour donner à vos sourcils un dessin parfait* to give your eyebrows the perfect shape **6.** [ornement] design, pattern / *un tissu à dessins géométriques* a fabric with geometric patterns.
❖ **de dessin** loc adj ▸ **cours** / **école de dessin** art class / school.

dessinateur, trice [desinatœr, tris] nm, f **1.** [technicien] ▸ **dessinateur (industriel)** draughtsman (draughtswoman) UK, draftsman (draftswoman) US **2.** [concepteur] designer **3.** ART *artist who specializes in drawing* / *il est meilleur dessinateur que peintre* he draws better than he paints ▸ **dessinateur de bandes dessinées** cartoonist ▸ **dessinateur d'études** design draughtsman ▸ **dessinateur humoristique** cartoonist.

dessinateur-cartographe [desinatœrkartɔgraf] (*pl* **dessinateurs-cartographes**) nm cartographer.

dessiné, e [desine] adj ▸ **bien dessiné** well-formed, well-defined.

dessiner [3] [desine] vt **1.** ART to draw ▸ **dessiner qqch sur le vif** to draw sthg from life ; *(en usage absolu)* ▸ **il dessine bien** he's good at drawing ▸ **dessiner à la plume** / **au crayon** / **au fusain** to draw in pen and ink / in pencil / in charcoal **2.** [former] to delineate / *menton* / *visage bien dessiné* firmly delineated chin / face / *bouche finement dessinée* finely drawn ou chiselled mouth **3.** TECHNOL [meuble, robe, bâtiment] to design ; [paysage, jardin] to landscape **4.** [souligner] to show up the shape of.
❖ **se dessiner** vpi **1.** [devenir visible] to stand out / *un sourire se dessina sur ses lèvres* a smile formed on his lips / *les douces collines du Perche se dessinent au lointain* the gentle slopes of the Perche hills stand out in the far distance **2.** [apparaître - solution] to emerge / *certaines tendances se dessinent* certain tendencies are beginning to emerge.

dessoler [3] [desɔle] vt AGR : *dessoler un champ* to change the rotation of crops in a field.

dessouder [3] [desude] vt **1.** TECHNOL to unsolder **2.** *arg crime* [tuer] to do in *(sép)*, to waste.
❖ **se dessouder** vpi to become unsoldered.

dessoudure [desudyr] nf unsoldering.

dessoûler, dessouler* [3] [desule] ◆ vt to sober up *(sép)* / *tu es dessoûlé maintenant?* are you sober now? ◆ vi to sober up / *il ne dessoûle pas de la journée* he's drunk all day.

dessous [dəsu] ◆ adv underneath / *les prix sont marqués dessous* the prices are marked underneath ▸ **mets-toi dessous** get under it / *il porte une chemise, et rien dessous* he's wearing a shirt, with nothing underneath. ◆ nm [d'un meuble, d'un objet] bottom ; [d'une feuille] underneath / *le dessous de l'assiette est sale* the bottom of the plate is dirty ▸ **les gens du dessous** the people downstairs, the downstairs neighbours ▸ **les dessous de la politique** / **de la finance** the hidden agenda in politics / in finance ▸ **le dessous des cartes** ou **du jeu** the hidden agenda ▸ **avoir le dessous** to come off worst, to get the worst of it ▸ **être dans le trente-sixième dessous** to be down in the dumps. ◆ nmpl [sous-vêtements] underwear / *des dessous coquins* sexy underwear.
❖ **de dessous** loc prép from under, from underneath / *enlève ça de dessous la table* pick that up from under ou underneath the table.
❖ **en dessous** loc adv underneath / *la feuille est verte en dessous* the leaf is green underneath / *les gens qui habitent en dessous, les gens d'en dessous fam* the people downstairs, the people in the flat UK ou apartment US below ▸ **agir en dessous** to act in an underhand way ▸ **rire en dessous** to laugh up one's sleeve ▸ **regarder qqn par en dessous** to steal a glance at sb.
❖ **en dessous de** loc prép below / *en dessous de zéro* below zero / *vous êtes très en dessous de la vérité* you're very far from the truth.

dessous-de-bouteille [dəsudbutɛj] nm inv coaster *(for a bottle)*.

dessous-de-bras [dəsudbra] nm inv dress shield.

dessous-de-plat [dəsudpla] nm inv table mat *(to protect the table from hot dishes)*, hot pad US.

dessous-de-table [dəsudtabl] nm inv *péj* bribe.

dessous-de-verre [dəsudvɛr] nm inv coaster.

dessuinter [3] [desɥɛ̃te] vt TEXT to scour.

dessus [dəsy] ◆ adv [placer, monter] on top ; [marcher, écrire] on it / them, etc. ; [passer, sauter] over it / them, etc. / *écrivez l'adresse dessus* write the address on it / *monte dessus, tu verras mieux* get on top (of it), you'll get a better view ▸ **assieds-toi dessus** sit on it ▸ **ils lui ont tiré** / **tapé dessus** they shot at him / hit him ▸ **ne compte pas trop dessus** don't count on it too much ▸ **je suis dessus depuis un moment a)** [affaire, travail] I've been (working) on it for a while **b)** [appartement] I've been looking into it for a while ▸ **ça nous est tombé dessus à l'improviste** it was like a bolt out of the blue ▸ **il a fallu que ça me tombe dessus!** it had to be me! ▸ **qu'est-ce qui va encore me tomber dessus?** what next? ◆ nm **1.** [d'un objet, de la tête, du pied] top ; [de la main] back / *prends la nappe du dessus, elle est repassée* take the tablecloth on the top, it's been ironed ▸ **avoir** / **prendre le dessus** to have / to get the upper hand / *après 15 minutes de jeu, l'équipe marseillaise a nettement pris le dessus sur ses adversaires* after 15 minutes of play the Marseille team gained a definite advantage over their opponents ▸ **reprendre le dessus** [gagner] to get back on top (of the situation), to regain the upper hand ▸ **elle a bien repris le dessus a)** [après une maladie] she was soon back on her feet again **b)** [après une dépression] she got over it quite well ▸ **le dessus du panier a)** [personnes] the cream, the elite **b)** [choses] the top of the pile ou heap **2.** [étage supérieur] ▸ **les voisins du dessus** the people upstairs, the upstairs neighbours ▸ **l'appartement du dessus** the flat above.
❖ **de dessus** loc prép : *enlève ça de dessus la table!* take it off the table!
❖ **en dessus** loc adv on top.

dessus-de-cheminée [dəsydʃəmine] nm inv mantleshelf runner.

* In reformed spelling (see p. 16-19).

dessus-de-lit [dəsydli] nm inv bedspread.

dessus-de-porte [dəsydpɔʀt] nm inv ART overdoor.

dessus-de-table [dəsydtabl] nm inv table runner.

déstabilisant, e [destabilizɑ̃, ɑ̃t], **déstabilisateur, trice** [destabilizatœʀ, tʀis] adj [conflit, politique] destabilizing.

déstabilisation [destabilizasjɔ̃] nf destabilization.

déstabiliser [3] [destabilize] vt [pays, régime] to destabilize.

déstalinisation [destalinizasjɔ̃] nf destalinization.

déstaliniser [3] [destalinize] vt to destalinize.

destin [dɛstɛ̃] nm **1.** [sort] fate, destiny / *le destin a voulu que...* fate decreed that... ▸ **un coup du destin** a blow from fate **2.** [vie personnelle] life, destiny, fate / *il a eu un destin tragique* his destiny was tragic / *maître de son destin* master of his (own) fate **3.** [évolution] destiny, fate / *son roman a connu un destin imprévu* her novel had an unexpected fate / *leur union devait avoir un destin malheureux* their marriage was fated (to be unhappy).

destinataire [dɛstinatɛʀ] nmf **1.** [d'une lettre] addressee ; [de produits] consignee **2.** LING listener.

destination [dɛstinasjɔ̃] nf **1.** [lieu] destination ▸ **arriver à destination** to reach one's destination **2.** [emploi] purpose, use / *quelle destination lui donneras-tu?* what do you plan to use it for? / *détourné de sa destination primitive* diverted from its original purpose / *la destination de ce projet est de faire...* the project is intended ou meant to do...

❖ **à destination de** loc prép ▸ **avion / vol à destination de Nice** plane / flight to Nice / *les voyageurs à destination de Paris* passengers for Paris, passengers travelling to Paris / *le train de 15 h 30 à destination de Bordeaux* the three thirty train to Bordeaux.

destinée [dɛstine] nf **1.** [sort] ▸ **la destinée** fate ▸ **la destinée de qqn / qqch** the fate in store for sb / sthg **2.** [vie] destiny / *il tient ma destinée entre ses mains* he holds my destiny in his hands.

❖ **destinées** nfpl *sout* : *les dieux qui président à nos destinées* the gods who decide our fate (on earth) ▸ **hautes destinées** : *promis à de hautes destinées* destined for great things / *de hautes destinées l'attendaient* she was destined to achieve great things.

destiner [3] [dɛstine] vt **1.** [adresser] ▸ **destiner qqch à qqn** to intend sthg for sb / *cette remarque ne t'est pas destinée* this remark isn't meant ou intended for you / *voici le courrier qui lui est destiné* here is his mail ou the mail for him ▸ **festival destiné aux enfants** children's festival **2.** [promettre] ▸ **destiner qqn à** to destine sb for / *rien ne / tout me destinait au violon* nothing / everything led me to become a violinist / *nous étions destinés l'un à l'autre* we were meant for each other / *on la destine à quelque gros industriel* her family wants to marry her off to some rich industrialist / *il était destiné à mourir jeune* he was fated to die young / *il était destiné à régner* he was destined to reign / *son idée était destinée à l'échec dès le départ* his idea was bound to fail ou doomed (to failure) from the very start **3.** [affecter] ▸ **destiner qqch à** to set sthg aside for ▸ **destiner des fonds à** to allocate funds to, to set aside ou to earmark funds for / *somme destinée à l'achat d'un microscope* sum set aside to buy a microscope.

❖ **se destiner à** vp + prép ▸ **se destiner au journalisme** to want to become a journalist.

destituable [dɛstitɥabl] adj [fonctionnaire] dismissible ; [roi] deposable ▸ **il n'est pas destituable a)** [fonctionnaire] he cannot be dismissed (from his post) **b)** [officier] he cannot be stripped of his rank.

destituer [7] [dɛstitɥe] vt [fonctionnaire] to relieve from duties, to dismiss ; [roi] to depose ; [officier] to demote.

destitution [dɛstitysjɔ̃] nf [d'un fonctionnaire] dismissal ; [d'un roi] deposition, deposal ; [d'un officier] demotion.

déstockage [destɔkaʒ] nm COMM destocking ▸ **déstockage massif** clearance sale.

déstocker [3] [destɔke] ◆ vt to take out of stock. ◆ vi to reduce stocks.

déstresser [destʀɛse] vi & vt to relax.

destrier [dɛstʀije] nm *arch* charger, steed.

destroy [dɛstʀɔj] adj *fam* [personne] wasted / *il a un look destroy* he looks completely wasted ou a complete wreck.

destroyer [dɛstʀwaje, dɛstʀɔjœʀ] nm MIL destroyer.

destructeur, trice [dɛstʀyktœʀ, tʀis] ◆ adj destructive ▸ **caractère destructeur** destructiveness. ◆ nm, f destroyer.

destructible [dɛstʀyktibl] adj destructible ▸ **facilement destructible** easy to destroy ▸ **difficilement destructible** virtually indestructible.

destructif, ive [dɛstʀyktif, iv] adj [action, croyance] destructive.

destruction [dɛstʀyksjɔ̃] nf **1.** [fait d'anéantir] destroying, destruction / *la destruction des récoltes* the destruction of the crops / *après la destruction de la ville par le feu / les bombardements* after the town had been gutted by fire / destroyed by bombing **2.** [dégâts] damage / *les destructions causées par la tornade* the damage caused by the tornado.

déstructuration [destʀyktyʀasjɔ̃] nf destructuring.

déstructuré, e [destʀyktyʀe] adj [vêtement] destructured.

déstructurer [3] [destʀyktyʀe] vt to remove the structure from.

❖ **se déstructurer** vpi to lose (its) structure, to become destructured.

désuet, ète [dezɥɛ, ɛt] adj [mot, vêtement] outdated, old-fashioned, out-of-date ; [technique] outmoded, obsolete / *une chambre au charme désuet* a room with old-fashioned charm.

désuétude [dezɥetyd] nf obsolescence ▸ **tomber en désuétude a)** [mot] to fall into disuse, to become obsolete **b)** [technique, pratique] to become obsolete.

désulfiter [3] [desylfite] vt [moût, vin] to desulphurize.

désulfuration [desylfyʀasjɔ̃] nf desulphurization.

désulfurer [3] [desylfyʀe] vt to desulphurize.

désuni, e [dezyni] adj **1.** [brouillé -famille, ménage] disunited, divided **2.** ÉQUIT off his stride.

désunion [dezynjɔ̃] nf division, dissension *(U).*

désunir [32] [dezyniʀ] vt **1.** [brouiller -famille] to split, to divide / *ils sont désunis* they don't get on with each other any more **2.** [disjoindre] : *désunir les éléments d'un ensemble* to separate the elements of a set (from each other), to split up a set.

❖ **se désunir** vpi [athlète] to lose one's stride.

désurchauffe [desyʀʃof] nf desuperheating.

désurchauffer [3] [desyʀʃofe] vt to desuperheat.

désynchroniser [3] [desɛ̃kʀɔnize] vt to put out of synchronization ▸ **être désynchronisé** [film] to be out of synch.

désyndicalisation [desɛ̃dikalizasjɔ̃] nf declining level of unionization.

détachable [detaʃabl] adj [feuillet, capuchon] removable, detachable ▸ **facilement détachable** easily detachable.

détachage [detaʃaʒ] nm [nettoyage] cleaning, dry-cleaning.

détachant, e [detaʃɑ̃, ɑ̃t] adj [produit] stain-removing.

❖ **détachant** nm stain remover.

détaché, e [detaʃe] adj **1.** [ruban] untied **2.** [air, mine] detached, casual, offhand **3.** ADMIN ▸ **fonctionnaire détaché** civil servant on secondment UK ou on a temporary assignment US **4.** MUS detached.

détachement [detaʃmɑ̃] nm **1.** [désintéressement] detachment / *prendre un air de détachement* to look detached ou casual / *il montrait un certain détachement vis-à-vis des biens de ce monde* he was quite indifferent to earthly riches **2.** [troupe] detachment ▸ **détachement précurseur** advance party **3.** ADMIN secondment UK, temporary assignment US.

❖ **en détachement** loc adv on secondment UK, on a temporary assignment US ▸ **en détachement auprès de** seconded to UK, on a temporary assignment with US.

détacher [3] [detaʃe] vt **1.** [libérer] to untie / *détacher un animal* to untie an animal / *détacher ses cheveux* to untie one's hair, to let one's hair down / *détacher les mains d'un prisonnier* to untie a prisoner's hands ▸ **détacher une guirlande** to take down a garland ▸ **détacher une caravane** to unhitch ou to unhook a caravan / *la barque a été détachée par des voyous* the boat was detached from its moorings by vandals **2.** [séparer] ▸ **détacher une photo d'une lettre a)** [enlever le trombone] to unclip a picture from a letter **b)** [enlever l'agrafe] to unstaple a picture from a letter / *détacher une recette d'un magazine / un timbre d'un carnet* to tear a recipe out of a magazine / a stamp out of a book ; *(en usage absolu)* ▸ **détacher suivant le pointillé** tear (off) along the dotted line **3.** [défaire -ceinture] to unfasten ; [-col] to unfasten, to loosen **4.** [détourner] ▸ **détacher ses yeux** ou **son regard de qqn** to take one's eyes off sb / *détacher son attention d'une lecture* to stop paying attention to one's reading ; [affectivement] ▸ **détacher qqn de** to take sb away from ▸ **être détaché de** to be detached from ou indifferent to / *il est détaché des biens de ce monde* he has renounced all worldly goods **5.** ADMIN to send on secondment UK ou on temporary assignment US / *je vais être détaché auprès du ministre* I will be sent on secondment to the Ministry / *il faut détacher quelqu'un de votre département pour m'aider* you must second UK ou assign somebody from your department to help me / *il a été détaché à Paris* he's on secondment UK ou temporary assignment US in Paris **6.** [faire ressortir] to separate (out) ▸ **détachez bien chaque mot / note** make sure every word / note stands out (clearly) **7.** [nettoyer] to clean / *j'ai donné ton costume à détacher* I took your suit to the cleaner's.

❖ **se détacher** ◆ vp *(emploi réfléchi)* [se libérer] to untie ou to free o.s. / *les prisonniers ont réussi à se détacher* the prisoners managed to untie themselves. ◆ vpi **1.** [sandale, lacet] to come undone ; [étiquette] to come off ; [page] to come loose **2.** SPORT [se séparer -du peloton] to break away **3.** [se profiler] to stand out / *le mont Blanc se détache à l'horizon* Mont Blanc stands out against the horizon.

❖ **se détacher de** vp + prép **1.** [se décrocher de] to come off **2.** [s'éloigner de] : *il a eu du mal à se détacher d'elle* he found it hard to leave her behind / *puis je me suis détachée de ma famille / de l'art figuratif* later, I grew away from my family / from figurative art.

❖ **à détacher** loc adj : *fiche / recette à détacher* tear-off card / recipe.

détacheur [detaʃœʀ] nm [produit] stain remover.

détail [detaj] nm **1.** [exposé précis] breakdown, detailed account, itemization ▸ **faire le détail** : *faire le détail de qqch* to break sthg down, to itemize sthg / *faites-moi le détail de ce qui s'est passé* tell me in detail what happened / *il n'a pas fait le détail!* *fam* he was a bit heavy-handed! / *ici, on ne fait pas le détail!* *fam* we make no distinctions here! **2.** [élément -d'un récit, d'une information] detail, particular / *les détails croustillants de l'histoire* the juicy bits of the story ▸ **donner des détails sur qqch** to go into more detail about sthg, to enlarge on sthg ▸ **je te passe les détails a)** [ennuyeux] I won't bore you with the detail ou details **b)** [horribles] I'll spare you the (gory) details / *jusque dans les moindres détails* down to the smallest detail / *soigner les détails* to pay attention to detail / *pour plus de détails, écrivez à...* for further details, write to... ; [point sans importance] detail, minor point / *je trouve l'article longuet mais ce n'est qu'un détail* I think the article's a bit long, but that's a mere detail / *c'est un détail de l'Histoire* it is a mere footnote of history / *ne nous arrêtons pas à ces détails* let's not worry about these minor details **3.** ART detail / *Clemenceau, détail d'un portrait par Manet* Clemenceau, a detail from a portrait by Manet **4.** COMM retail **5.** [petite partie -d'un meuble, d'un édifice] detail / *il a été vendu plus cher à cause du détail Art nouveau* it was sold for a higher price because of the Art nouveau detail.

❖ **au détail** ◆ loc adj [vente] retail *(modif).* ◆ loc adv ▸ **vendre qqch au détail** to sell sthg retail, to retail sthg / *vous vendez les œufs au détail?* do you sell eggs separately?

❖ **de détail** loc adj **1.** [mineur] : *faire quelques remarques de détail* to make a few minor comments **2.** COMM retail *(modif)*.

❖ **en détail** loc adv in detail / *raconter une histoire en détail* to tell a story in detail.

détaillant, e [detajɑ̃, ɑ̃t] nm, f retailer.

détaillé, e [detaje] adj [récit] detailed ; [facture] itemized.

détailler [3] [detaje] vt **1.** COMM to sell retail / *nous détaillons cet ensemble pull, jupe et pantalon* we sell the sweater, skirt and trousers separately ▸ **nous ne le détaillons pas a)** [service à vaisselle] we don't sell it separately **b)** [fromage, gâteau] we only sell it whole **2.** [dévisager] to scrutinize, to examine ▸ **détailler qqn de la tête aux pieds** to look sb over from head to foot, to look sb up and down ▸ **détailler qqn effrontément** to stare insolently at sb **3.** [énumérer - faits, facture] to itemize, to detail.

détaler [3] [detale] vi [animal] to bolt ; [personne] to decamp, to cut and run US / *les gamins ont détalé comme des lapins* the kids scattered like rabbits / *s'il a détalé !* you couldn't see him for dust !

détartrage [detaʀtʀaʒ] nm [des dents] scaling ; [d'une bouilloire] descaling / *se faire faire un détartrage (des dents)* to have one's teeth cleaned.

détartrant, e [detaʀtʀɑ̃, ɑ̃t] adj [produit, substance] descaling.

❖ **détartrant** nm descaling agent.

détartrer [3] [detaʀtʀe] vt [dents] to scale ; [bouilloire] to descale.

détaxation [detaksasjɔ̃] nf ▸ **la détaxation des magnétoscopes a)** [réduction] the reduction of duty ou tax on videorecorders **b)** [suppression] the lifting of duty ou tax off videorecorders.

détaxe [detaks] nf **1.** [levée] ▸ **la détaxe des tabacs a)** [réduction] the reduction of duty ou tax on tobacco **b)** [suppression] the lifting of tax ou duty on tobacco **2.** [remboursement] : *cela m'a fait 80 euros de détaxe* the reduction of duty charges saved me 80 euros.

détaxer [3] [detakse] vt ▸ **détaxer l'alcool a)** [en diminuant la taxe] to reduce the duty ou tax on alcohol **b)** [en supprimant la taxe] to lift the duty ou tax on alcohol.

détectable [detɛktabl] adj detectable / *le signal est à peine détectable* the signal is almost undetectable.

détecter [4] [detɛkte] vt to detect, to spot.

détecteur [detɛktœʀ] nm detector ▸ **détecteur de faux billets** forged banknote detector ▸ **détecteur de fumée** smoke detector, smoke alarm ▸ **détecteur de grisou** firedamp detector ▸ **détecteur d'incendie** fire detector ▸ **détecteur de mensonges** lie detector ▸ **détecteur de mines** mine detector ▸ **détecteur de particules** particle detector.

détection [detɛksjɔ̃] nf [gén] detection, detecting, spotting.

détective [detɛktiv] nm detective / *jouer les détectives* to play detective ▸ **détective privé** private detective ou investigator.

déteindre [81] [detɛ̃dʀ] ◆ vi **1.** [se décolorer] to run / *déteindre au lavage* to run in the wash / *le noir va déteindre sur le rouge* the black will run into the red **2.** *fam* [humeur, influence] : *on dirait que la mauvaise humeur, ça déteint !* bad temper is catching, it seems ! ▸ **déteindre sur qqn** to rub off on sb, to influence sb / *sa gentillesse a déteint sur tout le monde* her kindness has rubbed off on everybody. ◆ vt [linge] to discolour UK to discolor US ; [tenture, tapisserie] to fade.

dételage [detlaʒ] nm [d'un cheval] unharnessing, unhitching ; [d'un bœuf] unyoking ; [d'une voiture] unhitching ; [d'un train] uncoupling.

dételer [24] [detle] ◆ vt **1.** [cheval] to unharness, to unhitch ; [bœuf] to unyoke / *dételer les chevaux de la carriole* to unhitch the horses from the cart **2.** [caravane, voiture] to unhitch ; [wagon] to uncouple. ◆ vi *fam* [s'arrêter] to ease off ▸ **on dételle !** time for a break !, let's call it a day !

❖ **sans dételer** loc adv *fam* without a break, non-stop.

✎ In reformed spelling (see p. 16-19), this verb is conjugated like *peler* : ***il détèle, elle détèlera.***

détendeur [detɑ̃dœʀ] nm pressure reducing valve.

détendre [73] [detɑ̃dʀ] vt **1.** [relâcher - corde] to ease, to loosen, to slacken ; [- ressort] to release **2.** [décontracter] to relax / *la musique me détend* music relaxes me / *il a réussi à détendre l'atmosphère avec quelques plaisanteries* he made things more relaxed by telling a few jokes **3.** [gaz] to depressurize.

❖ **se détendre** vpi **1.** [corde, courroie] to ease, to slacken **2.** [se décontracter] to relax ▸ **détends-toi !** relax ! / *j'ai besoin de me détendre après une journée au bureau* I need to unwind ou relax after a day at the office **3.** [s'améliorer - ambiance] to become more relaxed **4.** [gaz] to be reduced in pressure.

détendu, e [detɑ̃dy] adj **1.** [calme] relaxed **2.** [corde, courroie] slack.

détenir [40] [detniʀ] vt **1.** [posséder - record] to hold, to be the holder of ; [- actions] to hold ; [- document, bijou de famille] to hold, to have (in one's possession) ; [- secret] to hold ▸ **détenir un monopole** to have a monopoly **2.** DR [emprisonner] to detain ▸ **détenir qqn préventivement** to hold sb on remand.

détente [detɑ̃t] nf **1.** [relaxation] relaxation ▸ **j'ai besoin de détente** I need to relax / *une heure de détente après une journée d'école* an hour's relaxation ou break after a day at school / *quelques moments de détente* a few moments' relaxation **2.** POL ▸ **la détente** détente **3.** [d'une horloge] catch ; [d'un ressort] release mechanism **4.** ARM trigger **5.** SPORT spring / *avoir de la détente, avoir une belle détente* to have a powerful spring **6.** [d'un gaz] expansion.

détenteur, trice [detɑ̃tœʀ, tʀis] nm, f holder / *être le détenteur d'un record* to hold a record ▸ **détenteur d'actions** shareholder ▸ **le détenteur du titre** the titleholder.

détention [detɑ̃sjɔ̃] nf **1.** [emprisonnement] detention ▸ **être maintenu en détention** to be detained ▸ **détention criminelle** imprisonment ▸ **en détention préventive** ou **provisoire** in detention awaiting trial, on remand ▸ **mettre qqn en détention préventive** to remand sb in custody **2.** [possession] possession ▸ **arrêté pour détention d'armes** arrested for illegal possession of arms.

détenu, e [detny] ◆ pp ⟶ **détenir.** ◆ adj [accusé, prisonnier] imprisoned. ◆ nm, f prisoner / *les détenus manifestent* the prison inmates are demonstrating.

détergent, e [detɛʀʒɑ̃, ɑ̃t] adj detergent *(modif)*.

❖ **détergent** nm [gén] detergent ; [en poudre] washing powder ; [liquide] liquid detergent.

déterger [17] [detɛʀʒe] vt to clean.

détérioration [deteʀjɔʀasjɔ̃] nf [de la santé, des relations] worsening, deterioration ; [des locaux] deterioration.

détériorer [3] [deteʀjɔʀe] vt to cause to deteriorate, to damage, to harm.

❖ **se détériorer** vpi [temps, climat social] to deteriorate, to worsen.

déterminable [detɛʀminabl] adj determinable / *c'est facilement / difficilement déterminable* it's easy / difficult to determine.

déterminant, e [detɛʀminɑ̃, ɑ̃t] adj deciding, determining / *le prix a été l'élément déterminant* the price was the deciding factor.

❖ **déterminant** nm **1.** MATH determinant **2.** LING determiner.

déterminatif, ive [detɛʀminatif, iv] adj determining.

❖ **déterminatif** nm determining adjective, determiner.

détermination [detɛʀminasjɔ̃] nf **1.** [ténacité] determination, resoluteness **2.** [résolution] determination, decision / *agir avec détermination* to show determination **3.** [de causes, de termes] determining, establishing / *la détermination des causes de l'accident sera difficile* it will be difficult to determine the cause of the accident **4.** LING & PHILOS determination **5.** BIOL determination, determining ▸ **détermination des sexes** sex determination ▸ **détermination du groupe sanguin** blood typing.

déterminé, e [detɛʀmine] adj **1.** [défini] determined, defined, circumscribed / *non encore déterminé* to be specified (later) / *il n'a pas d'opinion déterminée à ce sujet* he doesn't really have a strong opinion on the matter / *dans un but bien déterminé* for a definite reason / *à un prix bien déterminé* at a set price **2.** [décidé] determined, resolute / *avoir l'air déterminé* to look determined **3.** LING & PHILOS determined.

❖ **déterminé** nm LING determinatum, determinandum.

déterminer [3] [detɛʀmine] vt **1.** [définir] to ascertain, to determine / *déterminer les causes d'un accident / les mobiles d'un crime* to determine the cause of an accident / the motives for a crime **2.** [inciter] to incite, to encourage ▸ **déterminer qqn à faire qqch** to encourage sb to do sthg / *est-ce lui qui vous a déterminé à agir ainsi ?* did you act in this way because of him ? **3.** [causer] to determine / *qu'est-ce qui détermine l'achat ?* what determines whether somebody will buy or not ? **4.** LING & PHILOS to determine **5.** BIOL [sexe] to determine ; [groupe sanguin] to type.

❖ **se déterminer** vpi to decide, to make a decision, to make up one's mind ▸ **se déterminer à** to make up one's mind to.

déterminisme [detɛʀminism] nm determinism.

déterministe [detɛʀminist] ◆ adj determinist, deterministic. ◆ nmf determinist.

déterrage [deteʀaʒ] nm **1.** [exhumation] digging up, unearthing **2.** AGR lifting *(a of ploughshare)* **3.** CHASSE unearthing / *déterrage du blaireau* badger-baiting.

déterré, e [deteʀe] nm, f ▸ **avoir l'air d'un déterré** ou **une mine de déterré** ou **une tête de déterré** to look deathly pale.

déterrement [detɛʀmɑ̃] nm [exhumation] digging up, disinterment.

déterrer [4] [deteʀe] vt **1.** [os, trésor] to dig up *(sép)*, to unearth **2.** [exhumer - cadavre] to dig up *(sép)*, to disinter **3.** [dénicher - secret, texte] to dig out *(sép)*, to unearth.

détersif, ive [detɛʀsif, iv] = **détergent.**

détersion [detɛʀsjɔ̃] nf cleansing.

détestable [detɛstabl] adj dreadful, detestable, foul.

détestablement [detɛstabləmɑ̃] adv appallingly, dreadfully.

détester [3] [detɛste] vt **1.** [personne] to hate, to detest, to loathe / *il me déteste cordialement* he passionately dislikes me / *il va se faire détester* he's going to make himself really unpopular, people are really going to hate him **2.** [viande, jazz, politique, etc.] to hate, to detest, to loathe / *il déteste devoir se lever tôt* he hates having to get up early / *je déteste qu'on me mente* I hate ou I can't stand being lied to / *je ne déteste pas une soirée tranquille à la maison* I'm quite partial to a quiet evening at home / *il ne déteste pas les sucreries* he's rather fond of sweets / *je ne détesterais pas dîner au restaurant ce soir* I wouldn't mind eating out tonight / *il m'a fait détester les maths* he put me off maths completely.

déthéiné, e [deteine] adj decaffeinated.

détient, détint v ⟶ **détenir.**

détonant, e [detɔnɑ̃, ɑ̃t] adj detonating.

détonateur [detɔnatœʀ] nm **1.** ARM detonator **2.** *fig* [déclencheur] detonator, trigger ▸ **servir de détonateur à qqch** to trigger off sthg.

détonation [detɔnasjɔ̃] nf **1.** [coup de feu - gén] shot ; [- d'un canon] boom, roar **2.** AUTO backfiring.

détoner [3] [detɔne] vi to detonate.

détonner [3] [detɔne] vi **1.** MUS to be out of tune ou off key **2.** [contraster - couleurs, styles] to clash ; [- personne] / *j'ai peur de détonner parmi ces gens-là* I'm afraid of being out of place among these people.

détordre [76] [detɔʀdʀ] vt [câble, corde, linge] to untwist.

détortiller [3] [detɔrtije] vt [câble, corde, linge] to untwist / *détortiller un bonbon* to unwrap a sweet.

détour [detur] nm **1.** [tournant] bend, curve, turn ; [méandre] wind, meander / *la route fait de nombreux détours jusqu'au bout / jusqu'en bas / jusqu'en haut de la vallée* the road winds all the way through / down / up the valley / *faire un brusque détour* to make a sharp turn **2.** [crochet] detour, diversion / *faire un détour par un village* to make a detour through a village / *elle nous a fait faire un détour pour venir ici* she brought us a roundabout way / *faisons un petit détour par la psychanalyse fig* let's go off at a tangent for a minute and talk about psychoanalysis ▸ **valoir le détour** [restaurant, paysage] to be worth the detour / *sa cousine vaut le détour! fam* it's well worth it if only to meet his cousin! **3.** [faux-fuyant] roundabout way / *un discours plein de détours* a roundabout ou circumlocutory *sout* way of speaking.

❖ **au détour de** loc prép **1.** [en cheminant le long de] : *au détour du chemin* as you follow the path **2.** [en consultant, en écoutant] : *au détour de votre livre / œuvre, on devine vos préoccupations* leafing through your book / glancing through your work, one gets an idea of your main concerns / *au détour de la conversation* in the course of the conversation.

❖ **sans détour** loc adv [parler, répondre] straightforwardly, without beating about the bush.

détourage [deturaʒ] nm cut-out.

détourer [deture] vt to cut out.

détourné, e [deturne] adj **1.** [route, voie] roundabout *(avant nom)*, circuitous *sout* **2.** [façon, moyen] indirect, roundabout, circuitous *sout* ▸ **par des moyens détournés** in a roundabout way ▸ **apprendre qqch de façon détournée** to learn sthg indirectly / *agir de façon détournée* to behave deviously.

détournement [deturnəmɑ̃] nm **1.** [dérivation -d'une rivière] diverting, diversion **2.** AÉRON ▸ **détournement d'avion** hijacking / *faire un détournement d'avion* to hijack a plane **3.** FIN misappropriation ▸ **détournement d'actif** embezzlement ▸ **détournement de fonds** embezzlement **4.** DR ▸ **détournement de mineur** corruption of a minor ▸ **détournement de pouvoir** abuse of power *(especially by a local government body)*.

détourner [3] [deturne] vt **1.** TRANSP [circulation] to redirect, to divert, to detour US, to reroute ; [fleuve] to divert / *il a fallu détourner le convoi par le village* the convoy had to be re-routed through the village **2.** [avion, autocar] to hijack **3.** [éloigner -coup] to parry ; [-arme] to turn aside ou away *(sép)* ▸ **détourner les yeux** ou **le regard** to avert one's eyes, to look away / *détourner la tête* to turn one's head away ▸ **détourner l'attention de qqn** to divert sb's attention / *détourner les soupçons* to divert suspicion (away from o.s.) ▸ **détourner les soupçons sur qqn** to divert suspicion toward sb **4.** [déformer -paroles, texte] to distort, to twist / *il sait comment détourner le sens du contrat à son profit* he knows how to make the wording of the contract work to his advantage **5.** [détacher] to take away *(sép)* ▸ **détourner qqn de son devoir** to divert sb from his / her duty ▸ **détourner qqn du droit chemin** to lead sb astray **6.** [extorquer] to misappropriate / *détourner des fonds* to embezzle ou to misappropriate funds **7.** DR [mineur] to corrupt.

❖ **se détourner** vpi [tourner la tête] to turn (one's head), to look away.

❖ **se détourner de** vp + prép to turn away from / *se détourner de Dieu* to turn away from God / *ne te détourne pas de moi* don't turn away from me / *se détourner de ses études* to turn away from one's studies / *en grandissant, je me suis détourné de la natation* I got tired of swimming as I grew older.

détoxication [detɔksikasjɔ̃] nf detoxication, detoxification.

détoxiquer [3] [detɔksike] vt to detoxicate, to detoxify.

détracteur, trice [detraktœr, tris] ◆ adj disparaging, detractory. ◆ nm, f disparager, detractor / *tous ses détracteurs* all his critics ou those who have attacked him.

détraqué, e [detrake] ◆ adj **1.** [cassé] broken / *ma montre / la télé est détraquée* my watch / the telly doesn't work properly anymore **2.** *fam* [dérangé] ▸ **le temps est détraqué** the weather's gone haywire / *ma santé est détraquée* my health is wrecked / *elle a les nerfs complètement détraqués* she's a nervous wreck **3.** *fam* [désaxé] crazy, psychotic / *il est complètement détraqué* he's totally cracked. ◆ nm, f *fam* maniac, psychopath ▸ **détraqué sexuel** sex maniac.

détraquement [detrakmɑ̃] nm ▸ **depuis le détraquement de ma montre a)** [elle fonctionne mal] since my watch started going wrong **b)** [elle est cassée] since my watch stopped working.

détraquer [3] [detrake] vt **1.** [appareil] to damage **2.** *fam* [déranger] : *toutes ces études lui ont détraqué le cerveau hum* all that studying has addled his brain.

❖ **se détraquer** ◆ vpi [mal fonctionner] to go wrong ; [cesser de fonctionner] to break down. ◆ vpt *fam* : *se détraquer le foie / le système* to ruin one's liver / health.

détrempe [detrɑ̃p] nf **1.** MÉTALL softening, annealing **2.** [produit -à base de lait, d'eau] distemper ; [-à base d'œuf] tempera ; [œuvre] distemper painting / *peindre un tableau à la* ou *en détrempe* to distemper a painting.

détremper [3] [detrɑ̃pe] vt **1.** MÉTALL to soften, to anneal **2.** [cuir] to soak, to soften **3.** [mouiller -chiffon, papier] to soak (through) ; [-chaux] to slake ; [-mortier] to mix with water **4.** ART to distemper.

détresse [detrɛs] nf **1.** [désespoir] distress, anxiety / *pousser un cri de détresse* to cry out in distress **2.** [pauvreté] distress / *les familles dans la détresse* families in dire need ou straits / *tomber dans une grande détresse* to fall on hard times, to encounter hardship.

❖ **en détresse** loc adj [navire, avion] in distress.

détricoter [3] [detrikɔte] vt to unknit, to unravel.

détriment [detrimɑ̃] nm *litt* detriment.

❖ **au détriment de** loc prép to the detriment of, at the cost of.

détritique [detritik] adj [sol, terrain] detrital.

détritivore [detritivɔr] adj [insecte] detritivorous *spéc*, waste-eating.

détritus [detrity(s)] nm piece of rubbish UK ou garbage US ▸ **des détritus** refuse.

Detroit [detrwa] npr Detroit.

détroit [detrwa] nm **1.** GÉOGR strait ▸ **les Détroits** the Dardanelles and the Bosphorus **2.** ANAT strait ▸ **détroit inférieur / supérieur du bassin** pelvic outlet / inlet.

Détroits

le détroit de Béring	the Bering Strait
le détroit du Bosphore	the Strait of the Bosphorus
le détroit de Cook	the Cook Strait
le détroit des Dardanelles	the Dardanelles
le détroit de Gibraltar	the Strait of Gibraltar
le détroit d'Hormuz	the Strait of Hormuz
ou d'Ormuz	ou Ormuz
le détroit de Magellan	the Strait of Magellan
le détroit de Malacca	the Strait of Malacca
le détroit de Messine	the Strait of Messina
le détroit de Tatarie	Tatar Strait

détromper [3] [detrɔ̃pe] vt to disabuse ▸ **détromper qqn** to put ou to set sb right.

❖ **se détromper** vpi ▸ **détrompez-vous!** don't be so sure! / *si tu crois qu'il va venir, détrompe-toi!* if you think he's coming, you'd better think again!

détrôner [3] [detrone] vt [roi] to dethrone, to depose ; [personne, produit] to oust, to push into second position / *les compacts vont-ils détrôner les cassettes?* will cassettes be ousted by CDs? ▸ **se faire détrôner a)** *pr* to be dethroned **b)** *fig* to be ousted.

détrousser [3] [detruse] vt *litt* to rob.

détrousseur [detrusœr] nm ▸ **détrousseur de grands chemins** *litt* highwayman.

détruire [98] [detrɥir] vt **1.** [démolir, casser] to destroy / *le village a été détruit* the village was destroyed ou razed to the ground / *les deux véhicules sont détruits* both cars are write-offs / *détruisez cette lettre* destroy this letter / *l'enfant construit un château, puis le détruit* the child builds a castle, then demolishes it / *ma vie est détruite* my life is in ruins ▸ **détruire par le feu a)** [maison] to burn down **b)** [objet, documents] to burn **2.** [éliminer -population, parasites] to destroy, to wipe out *(sép)* ; [tuer -ennemi] to kill ; [-animal malade, chien errant] to destroy **3.** [porter préjudice à -santé, carrière] to ruin, to destroy, to wreck / *tu as détruit la confiance que j'avais en toi* you have destroyed the trust I had in you / *tous ses espoirs ont été détruits en un instant* all her hopes were shattered in an instant / *ils cherchent à détruire la paix* they want to destroy peace.

❖ **se détruire** vp *(emploi réfléchi) vieilli* to do away with o.s.

dette [dɛt] nf **1.** [d'argent] debt ▸ **avoir une dette** to have run up a debt ▸ **avoir des dettes** to be in debt / *avoir de plus en plus de dettes* to get deeper and deeper into debt ▸ **avoir des dettes vis-à-vis de qqn** to be in debt to sb ▸ **être couvert** ou **criblé** ou **perdu de dettes** to be up to one's eyes UK ou ears US in debt / *faire des dettes* to get ou to run into debt / *je n'ai plus de dettes* I've cleared my debts ▸ **dette consolidée** FIN consolidated debt ▸ **dette de l'État** ou **publique** national debt ▸ **dette extérieure** external ou foreign debt ▸ **dette d'exploitation** FIN accounts payable ▸ **dette financière nette** FIN net financial debt ▸ **dette flottante** floating debt ▸ **dette d'honneur** debt of honour ▸ **dette de jeu** gambling debt ▸ **dette négociable** FIN assignable debt ▸ **dette passive** FIN liability debt ▸ **qui paie ses dettes s'enrichit** *prov* he who pays his debts will prosper **2.** [obligation morale] debt / *régler sa dette envers la société* to pay one's debt to society ▸ **avoir une dette de reconnaissance envers qqn** to be in sb's debt, to owe sb a debt of gratitude.

détumescence [detymesɑ̃s] nf detumescence.

DEUG [dœg] (abr de **diplôme d'études universitaires générales**) nm *former university diploma taken after 2 years.*

deuil [dœj] nm **1.** [chagrin] grief, mourning ▸ **faire son deuil de** *fam* : *j'en ai fait mon deuil* I've resigned myself to not having it / *ta nouvelle voiture, tu peux en faire ton deuil* you might as well kiss your new car goodbye **2.** [décès] bereavement / *il y a eu un deuil dans la famille* there was a bereavement ou death in the family **3.** [tenue conventionnelle] mourning ▸ **porter / prendre le deuil (de qqn)** to be in / to go into mourning (for sb) **4.** [période] mourning / *son deuil n'aura pas duré longtemps* he didn't mourn for very long / *il l'a rencontrée pendant son deuil* he met her when he was still in mourning **5.** [convoi] funeral procession / *conduire* ou *mener le deuil* to be the chief mourner.

❖ **de deuil** loc adj [vêtement] mourning *(modif)* / *brassard de deuil* black armband.

❖ **en deuil** loc adj bereaved ▸ **une femme en deuil** a woman in mourning / *la Bretagne est en deuil fig* the whole of Brittany is in mourning.

❖ **en deuil de** loc prép ▸ **être en deuil de qqn** to mourn for sb.

deus ex machina [deysɛksmakina] nm inv deus ex machina.

deusio [døzjo] adv *fam* secondly, second.

DEUST [dœst] (abr de **diplôme d'études universitaires scientifiques et techniques**) nm *university diploma taken after 2 years of science courses.*

deutérium [døterjɔm] nm deuterium.

deutéron [døterɔ̃] = **deuton.**

Deutéronome [døterɔnɔm] npr m Deuteronomy.

deuton [døtɔ̃] nm deuteron.

deux [dø] ◆ dét **1.** two ▸ **eux / nous deux** both of them / us ▸ **des deux côtés** on both sides / *deux fois plus de livres* twice as many books / *deux fois moins de livres* half as many books / *j'ai deux mots à te dire* I want a word with you ▸ **deux ou trois** a couple, one or two ▸ **deux ou trois livres / personnes** a couple of books / people, one or two books / people / *écris-moi deux ou trois lignes de temps en temps* drop me a line from time to time / *une personne à deux visages* a two-faced individual ▸ **à deux pas** close by, not far away ▸ **à deux pas de** close by, not far away from ▸ **être à deux doigts de** to come very close to doing ▸ **pris entre deux feux a)** MIL exposed to crossfire **b)** *fig* caught in the crossfire ▸ **nager entre deux eaux** *fig* to sit on the fence ▸ **voir qqn entre deux portes** : *je l'ai vu entre deux portes* I only saw him briefly ▸ **deux sous de…** : *il n'a pas deux sous de jugeote* he hasn't got a scrap of common sense ▸ **en deux temps trois mouvements** *fam* in no time at all, in a jiffy ▸ **de mes deux** *vulg* sodding UK, frigging, fucking / *t'as vu ce chauffard de mes deux!* did you see that stupid sod driving that car? ▸ **pour lui il y a deux poids (et) deux mesures** he has double standards ▸ **deux avis valent mieux qu'un** two heads are better than one ▸ **deux précautions valent mieux qu'une** *prov* better safe than sorry ▸ **de deux maux, il faut choisir le moindre** one must choose the lesser of two evils **2.** [dans des séries] two, second ▸ **à la page deux** on page two ▸ **au chapitre deux** in chapter two, in the second chapter ▸ **le deux novembre** on November (the) second, on the second of November ▸ **Henri II** Henry the Second. ◆ nm **1.** [gén] two ▸ **venez, tous les deux** come along, both of you ▸ **à nous deux!** right, let's get on with it! ▸ **ça fait deux!** *fam* : *lui et le dessin, ça fait deux!* he can't draw to save his life! / *elle et la propreté, ça fait deux!* *fam* she doesn't know the meaning of the word "clean"! ▸ **les deux font la paire** they're two of a kind ▸ **en moins de deux** in no time at all, in the twinkling of an eye **2.** JEUX ▸ **le deux de trèfle** the two of clubs. **Voir aussi cinq.**

❖ **à deux** loc adv [vivre] as a couple ; [travailler] in pairs / *il faudra s'y mettre à deux* it'll take two of us.

❖ **deux à deux** loc adv in twos ou pairs.

❖ **deux par deux** loc adv in twos ou pairs / *les enfants, mettez-vous deux par deux* children, get into twos ou pairs.

deuxième [døzjɛm] ◆ adj num second ▸ **le Deuxième Bureau** POL the intelligence service / **'le Deuxième Sexe'** *Simone de Beauvoir* 'The Second Sex'. ◆ nmf second / *elle est la deuxième sur la liste* she's second on the list. **Voir aussi cinquième.**

deuxièmement [døzjɛmmɑ̃] adv secondly, in second place.

deux-mâts [døma] nm two-master.

deux-pièces [døpjɛs] nm **1.** [maillot de bain] two-piece **2.** [costume] two-piece **3.** [appartement] two-room flat UK ou apartment US.

deux-points [døpwɛ̃] nm IMPR colon.

deux-ponts [døpɔ̃] nm AÉRON double-decker.

deux-roues [døʀu] nm two-wheeled vehicle.

deux-temps [døtɑ̃] nm two-stroke.

deuzio [døzjo] adv *fam* secondly, second.

dévaler [3] [devale] ◆ vt [en courant] to run ou to race ou to hurtle down ; [en roulant] to tumble down. ◆ vi **1.** [personne] to hurry ou to hurtle down ; [torrent] to gush down ; [animal] to run down **2.** [s'abaisser - terrain] to fall ou to slope away **3.** [rouler] to tumble ou to bump down / *le chariot a dévalé tout seul* the trolley ran off on its own.

dévaliser [3] [devalize] vt **1.** [voler - banque, diligence] to rob / *il s'est fait dévaliser* he was robbed **2.** *fam* [vider] to raid / *ils ont dévalisé le garde-manger* they raided the larder / *tous les marchands de glaces ont été dévalisés* all the ice-cream vendors have sold out.

dévaloir [devalwaʀ] nm SUISSE **1.** [à la montagne] *path through a mountain forest for transporting logs* **2.** [vide-ordures] rubbish UK ou garbage US chute.

dévalorisant, e [devalɔʀizɑ̃, ɑ̃t] adj **1.** FIN depreciating **2.** [humiliant] humbling, humiliating.

dévalorisation [devalɔʀizasjɔ̃] nf **1.** FIN depreciation **2.** [perte de prestige] devaluing, loss of prestige / *la dévalorisation d'une profession / d'un diplôme* the loss of prestige of a profession / of a qualification.

dévaloriser [3] [devalɔʀize] vt **1.** [discréditer - personne, talent] to depreciate, to devalue **2.** COMM to cause a drop in the commercial value of **3.** FIN to devalue.

❖ **se dévaloriser** ◆ vp *(emploi réfléchi)* [se discréditer] to lose credibility ▸ **se dévaloriser aux yeux de qqn** to lose credibility with sb. ◆ vpi FIN to become devalued.

dévaluation [devalɥasjɔ̃] nf devaluation, devaluing.

dévaluer [7] [devalɥe] vt **1.** FIN to devalue **2.** [déprécier] to devalue / *il l'a fait pour te dévaluer à tes propres yeux* he did it to make you feel cheap.

❖ **se dévaluer** vpi to drop in value.

devancement [dəvɑ̃smɑ̃] nm ▸ **devancement d'appel** enlistment before call-up.

devancer [16] [dəvɑ̃se] vt **1.** [dans l'espace - coureur, peloton] to get ahead of, to outdistance / *je la devançais de quelques mètres* I was a few metres ahead of her / *sur ce marché, nous ne sommes plus devancés que par les Japonais* *fig* now only the Japanese are ahead of us in this market **2.** [dans le temps] to arrive ahead of / *elle m'avait devancé de deux jours* she had arrived two days before me / *devancer son siècle* ou *époque* to be ahead of one's time ▸ **devancer l'appel a)** MIL to enlist before call-up **b)** *fig* to jump the gun **3.** [agir avant - personne] : *tu m'as devancé, c'est ce que je voulais lui offrir / lui dire* you beat me to it, that's just what I wanted to give her / to say to her / *il s'est fait devancer par les autres* the others got there before him **4.** FIN : *devancer la date d'un paiement* to make a payment before it falls due.

devancier, ère [dəvɑ̃sje, ɛʀ] nm, f **1.** [précurseur] precursor, forerunner **2.** [qui précède] predecessor.

devant [dəvɑ̃] ◆ v ⟶ **devoir.** ◆ prép **1.** [en face de] in front of ; [avec mouvement] past / *il s'est garé devant la maison* he parked in front of the house / *ça s'est passé juste devant chez moi* it happened just in front of my house / *il a déposé le paquet devant la porte* he left the parcel outside the door / *tricoter devant la télévision* to knit in front of the TV ou while watching TV / *toujours devant la télé!* always glued to the TV! / *il faut mettre un zéro devant le code* you have to put a zero in front of ou before the code / *elle est passée devant moi sans me voir* she walked right past (me) without seeing me / *la voiture est passée / un lièvre a détalé devant moi* the car drove / a hare bolted past me **2.** [en avant de] in front of ; [en avance sur] ahead of / *il marchait devant nous* he was walking in front of us / *nous passerons devant lui pour lui montrer le chemin* we'll go ahead of him to show him the way / *passe devant moi, tu verras mieux* go in front of me, you'll get a better view / *l'ère de la communication est devant nous* the age of communication lies ahead of ou before us / *ils sont devant nous en matière d'électronique* their electronics industry's ahead of ours / *leur équipe est passée devant nous au classement* their team is now ahead of us in the league ▸ **devant soi** : *aller droit devant soi* **a)** to go straight on ou ahead **b)** *fig* to carry on regardless / *j'ai une heure devant moi* I have an hour to spare / *elle avait une belle carrière devant elle* she had a promising career ahead of her / *avoir quelques économies devant soi* to have some savings put by **3.** [en présence de] ▸ **pleurer devant tout le monde a)** [devant les gens présents] to cry in front of everyone **b)** [en public] to cry in public / *il vaudrait mieux ne pas en parler devant lui* it would be better not to mention it in front of him ▸ **devant témoins** in front of ou in the presence of witnesses / *ils comparaîtront devant le tribunal demain* they will appear in court tomorrow / *porter une affaire devant la justice* to bring a case before the courts ou to court ▸ **je jure devant Dieu…** I swear to God… **4.** [face à] in the face of, faced with ; [étant donné] given / *nos troupes ont reculé devant leur puissance de feu* our troops withdrew in the face of their (superior) fire power / *devant l'hostilité croissante de l'opinion, ils ont renoncé* faced with mounting public opposition, they gave up / *son attitude devant le malheur* his attitude in the face of *litt* ou to disaster / *devant des preuves accablantes* in the face of overwhelming evidence ▸ **devant son hésitation…** as he was ou seeing that he was reluctant…, given his reluctance… / *devant la gravité de cette affaire* given the serious nature of this matter ▸ **égaux devant la loi** equal before the law. ◆ adv **1.** [à l'avant] : *mettez les plus petits de la classe devant* put the shortest pupils at the ou in front ▸ **installe-toi devant** sit in the front (of the car) ▸ **ça se boutonne devant** it buttons up at the front / *tes cheveux sont trop longs devant* your hair's too long at the front / *écris le nom du destinataire devant* write the addressee's name on the front / *faites passer la pétition devant* pass the petition forward ▸ **devant derrière** back to front, the wrong way round / *tu as mis ton pull devant derrière* you've put your jumper on back to front ou the wrong way round **2.** [en face] ▸ **tu es juste devant** it's right in front of you / *tu peux te garer juste devant* you can park (right) in front / *je suis passé devant sans faire attention* I went past without paying attention **3.** [en tête] ▸ **elle est loin devant** she's a long way ahead / *passe devant, tu verras mieux* come ou go through you'll get a better view ▸ **marche devant** walk in front / *pars devant, je te rattraperai* go ahead I'll catch you up. ◆ nm [gén] front ; NAUT bow, bows, fore / *avec cuisine sur le devant (de l'immeuble)* with a kitchen at the front (of the building) / *la figure B indique le devant* figure B shows the front / *la jupe est plus longue sur le devant* the skirt is longer at the front / *sur le devant de la scène* *fig* in the lime light ▸ **prendre les devants** to make the first move, to be the first to act.

❖ **de devant** ◆ loc adj [dent, porte] front. ◆ loc-prép : *va-t'en de devant la fenêtre* move away from the window / *va-t'en de devant la télé* don't stand in front of the TV.

devanture [dəvɑ̃tyʀ] nf **1.** [vitrine] shop window UK, store window US **2.** [étalage] (window) display **3.** [façade] frontage, shopfront UK, storefront US.

❖ **en devanture** loc adv in the window / *nous l'avons en devanture* it's in the window.

dévastateur, trice [devastatœʀ, tʀis] ◆ adj devastating / *de manière dévastatrice* devastatingly. ◆ nm, f wrecker.

dévastation [devastasjɔ̃] nf devastation, havoc.

dévaster [3] [devaste] vt **1.** [pays, ville] to devastate, to lay waste ; [récolte] to ruin, to destroy / *des villages dévastés* destroyed villages **2.** *litt* [cœur] to ravage / *l'âme dévastée par ces morts successives* devastated by this succession of bereavements / *la souffrance a dévasté son visage* her looks have been ravaged by suffering.

déveine [devɛn] nf bad luck / *avec ma déveine habituelle* with my (usual) luck.

développable [devlɔpabl] adj MATH developable.

développante [devlɔpɑ̃t] nf MATH involute.

développé [devlɔpe] nm **1.** DANSE developpé **2.** SPORT press.

développée [devlɔpe] nf MATH evolute.

développement [devlɔpmɑ̃] nm **1.** [fait de grandir] development / *le développement normal de l'enfant / du chêne* a child's / an oak's normal development ; [fait de progresser] development, growth / *pour aider au développement du sens des responsabilités chez les jeunes* in order to foster a sense of responsibility in the young **2.** ÉCON : *le développement* development / *une région en plein développement* a fast-developing area / *le développement de nouveaux produits* new product development ▸ **développement durable** ÉCOL sustainable development **3.** PSYCHOL ▸ **développement personnel** self-help **4.** [exposé] exposition / *faire un développement sur le sujet de* to develop the theme of / *entrer dans des développements superflus* to go into unnecessary detail ; MUS development (section) **5.** [perfectionnement] developing / *nous leur avons confié le développement du prototype* we asked them to develop the prototype for us / *payé 1 800 € pour le développement du scénario* paid 1,800 € for script development **6.** PHOT [traitement complet] processing, developing / *une heure pour le développement des photos* one hour to process the pictures ; [étape du traitement] developing / *faire ressortir des contrastes au développement* to bring out contrasts during developing ▸ **appareil photo à développement instantané** instant camera **7.** MÉCAN gear / *vélo avec un développement de six mètres* bicycle with a six metre gear **8.** MATH development **9.** [déploiement - d'une banderole] unrolling.

développements nmpl [prolongements - d'une affaire] developments / *à la lumière des récents développements* in the light of recent developments.

développer [3] [devlɔpe] vt **1.** [faire croître - faculté] to develop ; [- usine, secteur] to develop, to expand ; [- pays, économie] to develop ▸ **pour développer les muscles** for muscle development / *un jeu qui développe l'intelligence* a game which develops the player's intelligence **2.** [exposer - argument, plan] to develop, to enlarge on **3.** [symptôme, complexe, maladie] to develop **4.** PHOT [traiter] to process ; [révéler] to develop / *faire développer une pellicule* to have a film processed / *faire développer des photos* to have some photos developed **5.** MATH to develop **6.** MÉCAN : *un vélo qui développe cinq mètres* a bicycle with a five metre gear **7.** [déballer - coupon] to unfold, to open out *(sép)* ; [- paquet] to unwrap ; [- banderole] to unroll.

se développer vpi **1.** [croître - enfant, plante] to develop, to grow ; [- usine, secteur] to develop, to expand ; [- pays, économie] to develop, to become developed / *les usines Viaut cherchent à se développer* Viaut wish to expand / *une région qui se développe* a developing area / *ça se développe beaucoup dans la région* the region is developing quickly / *il s'est beaucoup développé sur le plan physique* he has grown quite a lot / *elle n'est pas très développée pour son âge* she's physically underdeveloped for her age **2.** [apparaître - membrane, moisissure] to form, to develop **3.** [se déployer - armée] to be deployed ; [- cortège] to spread out ; [- argument] to develop, to unfold ; [- récit] to develop, to progress, to unfold **4.** [se diversifier - technique, science] to improve, to develop **5.** [s'aggraver - maladie] to develop.

développeur [devlɔpœʀ] nm [INFORM - entreprise] software development ou design company ; [- personne] software developer ou designer ▸ **développeur de sites Web** web developer.

devenir[1] [dəvniʀ] nm *litt* **1.** [évolution] evolution **2.** [avenir] future / *quel est le devenir de l'homme ?* what is the future of mankind ?

en devenir loc adj *litt* [société, œuvre] evolving, changing ▸ **en perpétuel devenir** constantly changing, ever-changing.

devenir[2] [40] [dəvniʀ] vi **1.** [acquérir telle qualité] to become ▸ **devenir professeur** to become a teacher ▸ **devenir la femme de qqn** to become sb's wife / *tu es devenue une femme* you're a woman now ▸ **devenir réalité** to become a reality ▸ **devenir vieux** to get ou to grow old ▸ **devenir rouge / bleu** to go red / blue / *l'animal peut devenir dangereux lorsqu'il est menacé* the animal can be dangerous when threatened ▸ **devenir chèvre** *fam* [s'énerver] to blow one's top ▸ **à (vous faire) devenir dingue** *fam*, **à (vous faire) devenir fou, à (vous faire) devenir chèvre** *fam* enough to drive you round the bend ou to make you scream **2.** [avoir tel sort] : *que sont devenus tes amis de jeunesse ?* what happened to the friends of your youth ? / *que sont devenues tes belles intentions ?* what has become of your good intentions ? / *et moi, qu'est-ce que je vais devenir ?* what's to become of me ? / *et moi, qu'est-ce que je deviens dans tout ça ?* and where do I fit into all this ? / *je ne sais pas ce que je deviendrais sans toi* I don't know what I'd do without you / *qu'est-ce que tu es devenu, il y a une heure qu'on t'attend !* where have you been ou what have you been doing, we've been waiting for you for an hour ! **3.** *fam* [pour demander des nouvelles] ▸ **que devenez-vous ?** how are you getting on ? / *et lui, qu'est-ce qu'il devient ?* what about him ?, what's he up to these days ? **4.** *(tournure impersonnelle)* : *il devient difficile de...* it's getting difficult to... / *il devient inutile de...* it's now pointless to...

déverbal [devɛʀbal] nm deverbal.

dévergondage [devɛʀgɔ̃daʒ] nm licentiousness, licentious ou immoral behaviour.

dévergondé, e [devɛʀgɔ̃de] ◆ adj licentious, shameless. ◆ nm, f shameless person / *quel dévergondé !* he's a wild one !

dévergonder [3] [devɛʀgɔ̃de] vt to corrupt, to pervert, to lead into a life of licentiousness / *j'ai décidé de te dévergonder, tu ne vas pas travailler aujourd'hui* *hum* I've decided to lead you astray, you're staying off work today.

se dévergonder vpi to adopt a dissolute life style, to lead a life of licentiousness / *dis donc, tu te dévergondes !* *hum* you're letting your hair down !

dévernir [32] [devɛʀniʀ] vt to strip the enamel off.

déverrouillage [devɛʀujaʒ] nm **1.** ARM & INFORM unlocking **2.** [d'une porte] unbolting.

déverrouiller [3] [devɛʀuje] vt **1.** ARM & INFORM to unlock **2.** [porte] to unbolt.

dévers [devɛʀ] nm **1.** TRAV PUB banking **2.** RAIL bank, banking, camber.

déversement [devɛʀsəmɑ̃] nm **1.** [écoulement] flowing **2.** [déchargement - d'eaux usées] pouring, discharging ; [- de passagers] offloading, discharging ; [- d'ordures] dumping, tipping UK.

déverser [3] [devɛʀse] vt **1.** [répandre - liquide] to pour, to discharge / *le canal déverse ses eaux dans un bassin* the canal discharges its water into a pool **2.** [décharger] to discharge / *les paysans ont déversé des tonnes de fruits sur la chaussée* the farmers dumped tons of fruit on the road **3.** [exprimer - chagrin, rage, plainte] to vent, to let ou to pour out / *déverser des flots de larmes* to be in floods of tears ▸ **déverser des flots d'injures** to come out with a stream of abuse.

se déverser vpi **1.** [couler] to flow / *se déverser dans la mer* to flow into the sea **2.** [tomber] : *le chargement s'est déversé sur la route* the load tipped over ou spilled onto the road.

déversoir [devɛʀswaʀ] nm [d'un barrage] spillway, wasteweir UK.

dévêtir [44] [devetiʀ] vt to undress / *dévêts-le* take his clothes off, undress him.

se dévêtir vp *(emploi réfléchi)* to undress o.s., to get undressed, to take one's clothes off.

déviance [devjɑ̃s] nf deviance, deviancy.

déviant, e [devjɑ̃, ɑ̃t] adj & nm, f deviant.

déviateur [devjatœʀ] nm **1.** ÉLECTRON deflector **2.** AÉRON ▸ **déviateur de jet** thrust spoiler.

déviation [devjasjɔ̃] nf **1.** TRANSP detour, diversion UK / **'déviation à 500 mètres'** 'diversion in 500 metres' **2.** [écart] swerving, deviating / *il ne se permet aucune déviation par rapport à la ligne du parti* he will not deviate from ou be deflected away from the party line **3.** MÉD ▸ **déviation de la colonne vertébrale** curvature of the spine **4.** ÉLECTRON deflection **5.** NAUT [d'un compas] deviation **6.** ARM & MIN deviation.

déviationnisme [devjasjɔnism] nm deviationism.

déviationniste [devjasjɔnist] adj & nmf deviationist.

dévidage [devidaʒ] nm **1.** [de la soie] unwinding, uncoiling **2.** [mise en écheveau] reeling, spooling.

dévider [3] [devide] vt **1.** TEXT to wind up, to reel, to spool (up) **2.** [dérouler - bobine] to unwind ; [- câble, corde] to uncoil / *dévider son rosaire* to say the rosary.

dévidoir [devidwaʀ] nm **1.** TEXT reel, spool **2.** [de tuyau d'incendie] reel.

devient v ⟶ **devenir.**

dévier [9] [devje] ◆ vi **1.** [s'écarter] to swerve, to veer / *le bus a brusquement dévié sur la droite / gauche* the bus suddenly veered off to the right / left / *planeur dévié par le vent* glider blown off course ou deflected by the wind / *le vent a fait dévier la voiture* the wind blew the car off course ▸ **dévier de** to move away, to swerve from / *nous n'irons pas, cela nous ferait dévier de notre chemin* we won't go, it would mean making a detour **2.** [dans un débat, un projet] to diverge, to deviate ▸ **faire dévier la conversation** to change the subject / *l'association ne doit pas dévier par rapport à son but premier* the association must not be diverted from its original purpose ou must pursue its original goal unswervingly ▸ **dévier de** to move away from, to stray off **3.** [se pervertir] : *la conversation dévie (sur un sujet scabreux)* the conversation is becoming a bit risqué. ◆ vt **1.** [balle, projectile] to deflect, to turn away ou aside *(sép)* ; [coup] to parry ; [circulation] to divert, to detour US to redirect, to reroute / *les appels sont déviés vers le standard* calls are diverted ou rerouted to the switchboard **2.** PHYS to refract **3.** [distraire - attention] to divert.

devin, devineresse [dəvɛ̃, dəvinʀɛs] nm, f soothsayer / *il n'est pas devin !* he's not a mind-reader ! / *(il n'y a) pas besoin d'être devin pour comprendre* you don't need to be a genius to understand.

devinable [dəvinabl] adj **1.** [énigme] solvable ; [secret] guessable **2.** [prévisible - avenir] foreseeable.

deviner [3] [dəvine] vt **1.** [imaginer] to guess, to work out *(sép)*, to figure (out) *(sép)* / *devine qui est là !* guess who's here ! / *je n'ai fait que deviner* it was sheer guesswork / *à toi de deviner la suite* I'll leave it to you to figure out what happened next **2.** [découvrir - énigme, mystère] : *il a tout de suite deviné ses intentions* he saw through her right away / *il devine toujours ce que je pense* he reads me like a book / *tu ne devineras jamais ce qui m'est arrivé* you'll never guess what happened to me / *je n'arrive pas à deviner où il veut en venir* I can't work out what he's driving at ▸ **deviner que** : *j'ai deviné qu'il y avait quelque chose de bizarre* I guessed there was something strange **3.** [prédire - avenir] to foresee, to foretell **4.** [apercevoir] : *on devinait son soutien-gorge sous son chemisier* her bra showed through slightly under her blouse **5.** *litt* [percer à jour] ▸ **deviner qqn** to see through sb.

se deviner vp *(emploi passif)* **1.** [être aperçu] to be made out / *sa tête se devine derrière le rideau* you can just make out her head behind the curtain / *la propriété se devine derrière les hauts murs* the property can just be made out behind the high walls **2.** [transparaître - sentiment] to show (through) / *sa détresse se devine derrière son extérieur enjoué* her distress can be seen through her apparent jollity / *son attachement se devine à de petits détails* his love shows through in the little things he does.

devineresse [dəvinʀɛs] f ⟶ **devin.**

devinette [dəvinɛt] nf riddle ▸ **poser une devinette (à qqn)** to ask (sb) a riddle ▸ **jouer aux devinettes a)** *pr* to play (at) riddles **b)** *fig* to speak in riddles.

devint v ⟶ **devenir.**

déviriliser [3] [deviʀilize] vt [homme] to unman.

devis [dəvi] nm ▸ **devis (estimatif)** estimate, quotation ▸ **faire** ou **établir un devis** to draw up an estimate / *il a fait un devis de 12 000 €* he quoted 12,000 € (in his estimate) ▸ **sur devis** on the basis of an estimate.

dévisager [17] [devizaʒe] vt to stare (persistently) at / *on ne dévisage pas les gens* it's rude to stare.

devise [dəviz] nf **1.** HÉRALD device **2.** [maxime] motto / *laisser faire les autres, c'est sa devise !* let the others do the work, that's his motto ! / *la devise de notre maison* our company motto **3.** FIN currency ▸ **acheter des devises** to buy foreign currency ▸ **devise forte / faible** hard / soft currency ▸ **devise flottante** floating currency.

deviser [3] [dəvize] ◆ vi *litt* to converse *litt*, to talk. ◆ vt SUISSE ▸ **deviser qqn** to give sb an estimate.

dévissage [devisaʒ] nm unscrewing.

dévisser [3] [devise] ◆ vt **1.** [desserrer - écrou, vis] to loosen ; [détacher] to undo, to unscrew, to screw off *(sép)* / *dévissez le bouchon* unscrew the top off the bottle **2.** [tordre - bras, cou] to twist. ◆ vi [en montagne] to fall ou to come off ; *fig* : *l'action X dévisse à la Bourse en ce moment* shares in X have taken a tumble.

se dévisser ◆ vp *(emploi passif)* [se détacher] to unscrew, to undo / *le bouchon se dévisse facilement* the top twists off the bottle easily. ◆ vpt : *se dévisser le cou / la tête* to screw one's neck / one's head round.

de visu [devizy] loc adv : *je l'ai constaté de visu* I saw it for myself ou with my own eyes.

dévitalisation [devitalizasjɔ̃] nf removal of a nerve *(from a tooth)*.

dévitaliser [3] [devitalize] vt to remove the nerve from, to devitalize *spéc* / *se faire dévitaliser une dent* to have a tooth devitalized.

dévitrifier [9] [devitʀifje] vt to devitrify.

dévoie v ⟶ **dévoyer**.

dévoilement [devwalmɑ̃] nm **1.** [d'une statue, d'un visage] unveiling **2.** [d'un secret, d'intentions] disclosing, revealing.

dévoiler [3] [devwale] vt **1.** [dénuder -visage, épaule, statue] to unveil, to uncover / *dévoiler ses charmes* euphém to reveal all **2.** [exprimer -intention, sentiment] to disclose, to reveal, to unveil / *il a dévoilé ses pensées les plus secrètes* he laid bare his innermost thoughts ▸ **dévoiler ses batteries** to reveal one's true intentions.

❖ **se dévoiler** ◆ vp *(emploi réfléchi)* [ôter son voile] to unveil one's face ou o.s. ◆ vpi [se manifester] to be disclosed ou revealed, to show up, to come to light / *son hypocrisie se dévoile peu à peu* his hypocrisy is gradually coming to light.

devoir[1] [dəvwaʀ] nm **1.** ÉDUC assignment, exercise / *devoir de chimie* chemistry assignment ou exercise ▸ **devoir de français** French essay ▸ **faire ses devoirs** to do one's homework ▸ **devoir sur table** (written) class test ▸ **devoirs de vacances** holiday UK ou vacation US homework **2.** [impératifs moraux] duty ▸ **le devoir m'appelle** duty calls / *je ne l'ai prévenu que par devoir* I warned him only because I thought it was my duty **3.** [tâche à accomplir] duty, obligation / *les devoirs d'une mère* a mother's duties / *faire* ou *accomplir* ou *remplir son devoir* to carry out ou to do one's duty / *merci — je n'ai fait que mon devoir* thank you — I only did my duty ▸ **avoir le devoir de** to have the duty to / *vous avez le devoir de le signaler* it's your duty to ou you must report it ▸ **se faire un devoir de faire qqch** to make it one's duty to do sthg ▸ **se mettre en devoir de faire qqch** to set about (doing) sthg / *je me suis mis en devoir de l'éclairer* I set about enlightening him ▸ **devoir conjugal** conjugal duties ▸ **devoir de diligence** duty of care ▸ **devoir de mémoire** duty of memory ▸ **devoir de secours** duty of assistance.

❖ **devoirs** nmpl ▸ **rendre les derniers devoirs à qqn** to pay sb a final homage ou tribute ▸ **rendre ses devoirs à qqn** to pay one's respects to sb.

❖ **de devoir** loc adj : *homme* / *femme de devoir* man / woman with a (strong) sense of duty.

❖ **du devoir de** loc prép : *il est du devoir de tout citoyen de voter* it is the duty of every citizen to vote / *j'ai cru de mon devoir de l'aider* I felt duty-bound to help him / *je l'ai rendu, comme il était de mon devoir* I gave it back, as it was my duty to do ou as was my duty.

devoir[2] [53] [dəvwaʀ] ◆ v aux **1.** [exprime l'obligation] ▸ **il doit** he has to, he needs to, he must / *je dois partir à midi* I must go at 12 / *dois-je être plus clair?* do I need ou have to be more explicit? / *je dois admettre que…* I must admit that… / *si vous deviez donner une définition du bonheur, quelle serait-elle?* if you had to give a definition of happiness, what would it be? ▸ **il ne doit pas** he must not, he mustn't / *on ne doit pas fumer* smoking is forbidden ou is not allowed / *tu ne dois pas le punir* you mustn't punish him **2.** [dans des conseils, des suggestions] ▸ **il devrait** he ought to, he should / *tu ne devrais pas boire* you shouldn't drink **3.** [indique une prévision, une intention] : *il doit m'en donner demain* he's due to ou he should give me some tomorrow / *c'est une pièce que l'on doit voir depuis un an!* it's a play we've supposedly been going to see ou we've been planning to see for a year! ; [dans le passé] : *il devait venir mais je ne l'ai pas vu* he was supposed to come ou to have come but I didn't see him **4.** [exprime une probabilité] ▸ **il / cela doit** he / it must, he's / it's got to ▸ **il doit savoir** he's bound to ou he must know / *mais si, tu dois connaître son frère, un petit gros* but you must know ou I'm sure you know her brother, a short fat man ▸ **il doit être fatigué** he must be tired, he's probably tired / *tu dois t'ennuyer tout seul!* you must get bored on your own!, don't you get bored on your own? / *si, les confitures doivent être sur l'étagère* yes, the pots of jam must be ou have got to be on the shelf / *il n'y a qu'une explication, elle a dû garder les clefs* there's only one explanation, she must have kept the keys / *il ne devait pas beaucoup l'aimer pour écrire cela* he can't have really loved her to write this / *il doit y avoir* ou *cela doit faire un an que je ne l'ai pas vu* it must be a year since I (last) saw him / *une offre qui devrait les intéresser* an offer which should interest them **5.** [exprime l'inévitable] : *nous devons tous mourir un jour* we all have to die one day / *il devait mourir à 20 ans* he was to die when he was twenty / *la maison où elle devait écrire «Claudine»* the house where she was to write "Claudine" ; [exprime une norme] : *un bon chanteur doit savoir chanter en direct* a good singer should be able to sing live / *le four ne devrait pas faire ce bruit* the oven isn't supposed to ou shouldn't make that noise **6.** sout ▸ **dût-il faire** should he have litt ou even if he had to do / *je l'aiderai, dussé-je aller en prison* / *y passer ma vie* I'll help him, even if it means going to prison / devoting my life to it. ◆ vt **1.** [avoir comme dette] to owe ▸ **devoir qqch à qqn** to owe sb sthg, to owe sthg to sb / *tu me dois 20 euros* you owe me 20 euros / *devoir de l'argent* to owe money, to have debts / *je te dois l'essence* I owe you for the petrol / *j'ai perdu, je te dois le repas* I lost, I'll buy the meal for you ▸ **combien vous dois-je?** how much do I owe you? / *je ne demande que ce qui m'est dû* I'm only asking for my due / *ainsi, je ne te dois plus rien* that way, I've cleared my debt with you ou I don't owe you anything now **2.** [être moralement obligé de fournir] ▸ **devoir qqch à qqn** to owe sb sthg / *je te dois des excuses* / *une explication* I owe you an apology / explanation / *je vous dois cet aveu* I've got this to confess to you, I owe you this confession / *je te dois bien ça* that's the least I can do for you ▸ **traiter qqn avec le respect qu'on lui doit** to treat sb with due respect / *selon les honneurs dus à sa fonction* with such pomp as befits her office **3.** [être redevable de] ▸ **devoir qqch à qqn** to owe sb sthg, to owe sthg to sb / *je lui dois tout* / *beaucoup* I owe him everything / a lot / *je vous dois la vie* I owe you my life / *c'est à Guimard que l'on doit cette découverte* we have Guimard to thank ou we're indebted to Guimard for this discovery / *on lui doit un remarquable «Christ en croix»* he's the creator of a remarkable "Christ on the Cross" / *c'est à lui que je dois d'avoir trouvé du travail* it's thanks to him that I found a job / *le son doit sa qualité à des enceintes très performantes* the good quality of the sound is due to excellent speakers / *sa victoire ne doit rien au hasard* her victory has nothing to do with luck.

❖ **se devoir** vp *(emploi réciproque)* [avoir comme obligation mutuelle] : *les époux se doivent fidélité* spouses ou husbands and wives must be faithful to each other.

❖ **se devoir à** vp + prép : *il se doit aux siens* he must spend time with his family / *tu te dois à ta musique* you must dedicate yourself to your music / *je me dois à mon public* I must attend to my fans.

❖ **se devoir de** vp + prép to have it as one's duty to / *tu es grand, tu te dois de donner l'exemple* you're a big boy now, it's your duty to show a good example.

Devoir qqch à qqn

Owe sthg to sb ou owe sb sthg.

Notez la construction à double complément qui en anglais peut prendre deux formes dont le sens est le même :

• une structure identique à celle du français :
verbe + COD + préposition + COI
owe sthg to sb

• une structure qui diffère de celle du français, sans préposition, et dans laquelle l'ordre des compléments est inversé :
verbe + COI + COD
owe sb sthg

Il doit encore beaucoup d'argent à son associé. *He still owes a lot of money to his business partner* ou *He still owes his business partner a lot of money.*

dévoisé, e [devwaze] adj LING devoiced.

dévoisement [devwazmɑ̃] nm LING devoicing *(U)*.

dévolu, e [devɔly] adj **1.** DR ▸ **dévolu à** devolving on ou upon **2.** [destiné] : *argent dévolu à cet usage* money allocated to that purpose.

❖ **dévolu** nm EXPR ▸ **jeter son dévolu sur a)** [chose] to go for, to choose **b)** [personne] to set one's cap at.

dévolution [devɔlysjɔ̃] nf devolution.

dévonien, enne [devɔnjɛ̃, ɛn] adj Devonian.

❖ **dévonien** nm ▸ **le dévonien** the Devonian.

dévorant, e [devɔʀɑ̃, ɑ̃t] adj **1.** [faim] gnawing ; [soif] burning **2.** [amour, passion] consuming, all-consuming, burning, powerful / *éprouver une jalousie dévorante* to be consumed ou devoured by jealousy **3.** litt [feu] all-consuming.

dévorer [3] [devɔʀe] vt **1.** [manger -suj: animal, personne] to devour / *dévorer son repas à belles dents* to eat heartily / *les sauterelles dévorent les récoltes* the locusts eat away at the crops ; *(en usage absolu)* ▸ **il dévore!** he eats like a horse! ; fig ▸ **dévoré par les moustiques** eaten alive ou bitten to death by mosquitoes / *une voiture qui dévore les kilomètres* a car which eats up the miles ▸ **dévorer qqn / qqch des yeux** ou **du regard** to stare hungrily ou to gaze greedily at sb / sthg ▸ **dévorer qqn de baisers** to smother sb with kisses **2.** [lire] to devour, to read avidly / *j'ai dévoré tout Tolstoï* I read my way avidly through (the whole of) Tolstoy / *depuis le scandale, il dévore les journaux* since the scandal he reads the papers avidly **3.** [consommer] to use (up) / *dans mon métier, je dévore du papier* / *de la pellicule* in my job I use (up) huge quantities of paper / of film / *mon salaire est en grande partie dévoré par les impôts* my salary is swallowed up to a large extent by tax / *ne te laisse pas dévorer par ton travail* don't let your work monopolize your time **4.** [tenailler] to devour / *l'ambition le dévore* he's eaten ou devoured by ambition / *être dévoré par l'envie* / *la curiosité* / *les remords* to be eaten up with envy / curiosity / remorse / *elle n'est pas dévorée par les scrupules* she isn't hampered by scruples.

dévoreur, euse [devɔʀœʀ, øz] nm, f fam ▸ **dévoreur de** : *ma voiture est une dévoreuse d'essence* my car guzzles petrol / *c'est une dévoreuse de romans* she's an avid reader of novels.

dévot, e [devo, ɔt] ◆ adj devout. ◆ nm, f **1.** [qui croit] staunch believer **2.** péj [bigot] sanctimonious individual ▸ **faux dévot** péj pharisee.

dévotement [devɔtmɑ̃] adv devoutly, religiously.

dévotion [devosjɔ̃] nf **1.** RELIG devoutness, religiousness, piety ▸ **fausse dévotion** péj false piety / *dévotion à la Sainte Vierge* devotion to the Blessed Virgin ▸ **avec dévotion a)** [gén] devotedly **b)** RELIG devoutly **2.** litt [attachement] devotion / *il voue une véritable dévotion à sa mère* he worships his mother ▸ **être à la dévotion de qqn** to be devoted to sb.

❖ **dévotions** nfpl [prières] devotions / *faire ses dévotions* to perform one's devotions.

dévoué, e [devwe] adj **1.** [fidèle] devoted, faithful / *être dévoué à ses amis* to be devoted to one's friends / *nous vous remercions de votre appui dévoué* we thank you for your staunch support **2.** sout [dans des formules de politesse] : *votre dévoué serviteur* your humble servant / *je vous prie de croire à mes sentiments les plus dévoués* Yours sincerely ou US truly.

dévouement [devumɑ̃] nm **1.** [abnégation] dedication, devotedness, devotion ▸ **soigner qqn avec dévouement** to look after sb devotedly / *avoir l'esprit de dévouement* to be self-sacrificing **2.** [loyauté] devotion / *son dévouement à la cause* his devotion to the cause.

dévouer [6] [devwe] vt litt ▸ **dévouer qqch à** to dedicate ou to devote sthg to / *dévouer sa vie à ses parents* / *à l'aide aux pays du tiers-monde* to dedicate one's life to one's parents / to assisting Third World countries.

❖ **se dévouer** vpi [proposer ses services] : *allez, dévoue-toi pour une fois!* come on, make a sacrifice for once! / *qui va se dévouer pour faire le ménage?* who's going to volunteer to clean up? / *finir la tarte? bon, je me dévoue!* hum you want me to finish up the tart? oh well, if I must!

❖ **se dévouer à** vp + prép [se consacrer à] to dedicate o.s. to.

dévoyé, e [devwaje] ◆ adj perverted, corrupted. ◆ nm, f corrupt individual.

dévoyer [13] [devwaje] vt *litt* to lead astray.
❖ **se dévoyer** vpi to go astray.

dextérité [dɛksterite] nf dexterity, deftness ▸ **avec dextérité** dexterously, deftly, skilfully UK, skillfully US.

dextralité [dɛkstralite] nf dextrality.

dextrine [dɛkstrin] nf dextrin.

dextrose [dɛkstroz] nm dextrose.

dey [dɛ] nm HIST [à Alger] ruler, dey ; [à Tripoli, à Tunis] governor, dey.

dézinguer [dezɛ̃ge] vt *tfam* **1.** [critiquer] to shoot down in flames **2.** [tuer, se débarrasser de] to get rid of / *il s'est fait dézinguer* he was got rid of.

dézipper [3] [dezipe] vt INFORM to unzip.

dg (abr écrite de **décigramme**) dg.

DG (abr de **directeur général**) nm GM, CEO US.

DGA nf **1.** abr de **Délégation générale pour l'armement 2.** abr de **directeur général adjoint**.

DGE (abr de **dotation globale d'équipement**) nf *state contribution to local government capital budget.*

DGF (abr de **dotation globale de fonctionnement**) nf *state contribution to local government revenue budget.*

DGI (abr de **Direction générale des impôts**) npr f *central tax office.*

DGSE (abr de **Direction générale de la sécurité extérieure**) npr f *the arm of the French Defence Ministry in charge of international intelligence* ; ≃ MI6 UK ; ≃ CIA US.

DH (abr écrite de **dirham**) DH.

Dhaka [daka] = **Dacca**.

dharma [darma] nm dharma.

DHEA (abr de **déhydroépiandrostérone**) BIOL & PHARM DHEA.

DI nf abr de **division d'infanterie**.

dia [dja] interj *signal to a horse to turn left.*

diabète [djabɛt] nm diabetes ▸ **diabète insipide** diabetes insipidus ▸ **diabète insulinodépendant** insulin dependant diabetes ▸ **diabète sucré** diabetes mellitus.

diabétique [djabetik] adj & nmf diabetic.

diabétologie [djabetɔlɔʒi] nf diabetes research / *un spécialiste en diabétologie* a diabetes specialist.

diabétologue [djabetɔlɔg] nmf diabetes specialist.

diable [djabl] ◆ nm **1.** RELIG devil ▸ **le diable** the Devil ▸ **aller au diable** to go to hell ▸ **envoyer qqn au diable** to send sb packing / *envoie-les au diable* tell them they can go to blazes ▸ **au diable...** : *au diable les soucis!* to hell with worry ! / *au diable les convenances!* to hell with propriety ! ▸ **au diable l'avarice!** hang the expense ! ▸ **avoir le diable au corps** *fam* : *ce gamin a le diable au corps* this child's a real handful ▸ **comme un beau diable a)** [courir, sauter] like the (very) devil, like a thing possessed **b)** [hurler] like a stuck pig ▸ **comme un diable dans un bénitier** like a cat on a hot tin roof ▸ **comme s'il avait le diable à ses trousses** [courir, partir] like greased lightning, as if his life depended on it ▸ **faire le diable à quatre a)** [faire du bruit] to make a din **b)** [se démener] to raise hell and high water ▸ **habiter au diable vauvert** ou **vert** to live miles away ▸ **tirer le diable par la queue** to live from hand to mouth ▸ **c'est le diable qui bat sa femme et marie sa fille** *prov* it's rainy and sunny at the same time ▸ **ce serait bien le diable s'il refusait!** I'd be very surprised if he refused ! ▸ **ce n'est pourtant pas le diable!** it's really not that difficult ! ▸ **c'est bien le diable si je ne récupère pas mon argent!** I'll be damned if I don't get my money back ! ▸ **le diable soit de...** *arch* : *le diable soit de ces gens-là / tes principes* the devil take these people / your principles ▸ **(que) le diable m'emporte si je mens!** the devil take me if I'm lying ! / *ils sont venus me réclamer de l'argent, le diable les emporte!* *arch* they came to ask me for money, damn them ! **2.** [enfant] (little) devil ; [homme] ▸ **un bon diable** a good sort ▸ **un grand diable** a great tall fellow ▸ **un mauvais diable** a bad sort ▸ **un pauvre diable** a wretched man, a poor wretch **3.** [chariot] trolley **4.** [jouet] jack-in-the-box **5.** [casserole] earthenware (cooking) pot **6.** ZOOL ▸ **diable (de Tasmanie)** Tasmanian devil. ◆ adj **1.** [espiègle] : *que tu es diable!* stop being such a little devil ! **2.** CULIN [sauce] devilled. ◆ adv : *qui / que / comment diable?* who / what / how the devil ?, who / what / how on earth ? / *pourquoi diable est-il allé si loin?* why the devil ou on earth did he go so far ? ◆ interj heck, my goodness, goodness me / *diable, voilà une histoire bien compliquée!* goodness me, what a complicated story !
❖ **à la diable** loc adv **1.** [vite et mal] : *un repas préparé à la diable* a meal thrown together quickly / *elle est sortie coiffée à la diable* she went out, after hastily running a comb through her hair **2.** CULIN ▸ **œuf à la diable** devilled eggs.
❖ **diable de** loc adj : *ce diable de rhumatisme!* this damned rheumatism ! / *son diable de frère* her damned brother.
❖ **du diable, de tous les diables** loc adj : *faire un boucan de tous les diables* *fam* to kick up a hell of a racket / *il a eu un mal de tous les diables pour finir à temps* he had a devil of a job to finish in time.
❖ **en diable** loc adv *sout* devilishly / *difficile en diable* devilishly ou fiendishly difficult ▸ **jolie en diable** pretty as a picture / *retors en diable* sly as a fox.

diablement [djabləmɑ̃] adv *fam & vieilli* damned / *c'est diablement bon!* it's damn ou damned good ! / *cette pièce est diablement longue!* this play's interminable ! / *il était diablement intéressé* he was awfully keen.

diablerie [djabləri] nf **1.** [farce] piece of mischief, trick / *avec leurs petits cousins, ce ne sont que diableries* they get up to all sorts of mischief with their little cousins **2.** [sortilège] piece of devilry **3.** ART & THÉÂTRE *scene featuring devils.*

diablesse [djablɛs] nf **1.** RELIG she-devil **2.** [femme méchante] witch **3.** [fillette] : *petite diablesse!* you little devil !

diablotin [djablɔtɛ̃] nm **1.** MYTH small ou little devil **2.** [enfant] imp **3.** [pétard] cracker.

diabolique [djabɔlik] adj diabolic, diabolical, devilish / *il a agi de façon diabolique* he acted diabolically.

diaboliquement [djabɔlikmɑ̃] adv diabolically, devilishly.

diabolisation [djabɔlizasjɔ̃] nf diabolizing.

diaboliser [djabɔlize] vt to diabolize.

diabolo [djabɔlo] nm **1.** [jouet] diabolo **2.** CULIN ▸ **diabolo menthe** *lemon soda with mint syrup.*

diacétylmorphine [diasetilmɔrfin] nf diacetylmorphine.

diachronie [djakrɔni] nf diachrony.

diachronique [djakrɔnik] adj diachronic.

diacide [diasid] nm diacid.

diaclase [djaklaz] nf GÉOL diaclase, joint.

diaconal, e, aux [djakɔnal, o] adj diaconal.

diaconat [djakɔna] nm diaconate.

diaconesse [djakɔnɛs] nf deaconess.

diacre [djakr] nm deacon.

diacritique [djakritik] adj & nm diacritic ▸ **(signe) diacritique** diacritic.

diadème [djadɛm] nm diadem.

diagenèse [djaʒənɛz] nf diagenesis.

diagnostic [djagnɔstik] nm **1.** MÉD diagnosis ▸ **diagnostic biologique** biological diagnosis ▸ **diagnostic clinique** clinical diagnosis ▸ **diagnostic prénatal** antenatal diagnosis **2.** [d'expert] analysis ▸ **diagnostic de performance énergétique** energy performance analysis.

diagnostique [djagnɔstik] adj diagnostic.

diagnostiquer [3] [djagnɔstike] vt to diagnose / *on lui a diagnostiqué un diabète* he's been diagnosed as suffering from diabetes.

diagonal, e, aux [djagɔnal, o] adj diagonal.
❖ **diagonale** nf diagonal (line).
❖ **en diagonale** loc adv **1.** [en biais] diagonally **2.** [vite] ▸ **lire** ou **parcourir un livre en diagonale** to skim through a book.

diagonalement [djagɔnalmɑ̃] adv diagonally.

diagramme [djagram] nm **1.** [graphique] graph ▸ **diagramme à bâtons** bar chart ou graph ▸ **diagramme en arbre** tree diagram ▸ **diagramme en secteurs** pie chart **2.** [croquis] diagram.

diagraphie [djagrafi] nf PÉTR logging.

dialcool [dialkɔl] nm dihydric alcohol.

dialectal, e, aux [djalɛktal, o] adj dialectal.

dialecte [djalɛkt] nm dialect.

dialecticien, enne [djalɛktisjɛ̃, ɛn] nm, f dialectician.

dialectique [djalɛktik] ◆ adj dialectic, dialectical. ◆ nf dialectic, dialectics *(aussi au sg).*

dialectiquement [djalɛktikmɑ̃] adv dialectically.

dialectologie [djalɛktɔlɔʒi] nf dialectology.

dialectologue [djalɛktɔlɔg] nmf dialectologist.

dialogue [djalɔg] nm **1.** [discussion] dialogue UK, dialog US / *le dialogue Nord-Sud* dialogue between North and South / *entre eux, c'était un véritable dialogue de sourds* they were not on the same wavelength at all **2.** CINÉ & THÉÂTRE dialogue / *écrire les dialogues d'un film* to write the dialogue for a film / *le dialogue est de Flore Thiais* dialogue by Flore Thiais ▸ **les dialogues de Platon** PHILOS Plato's dialogues **3.** INFORM ▸ **dialogue homme-machine** interactive use (of a computer) ▸ **dialogue en direct** Internet relay chat, IRC.

dialoguer [3] [djalɔge] ◆ vi **1.** [converser] to converse **2.** [négocier] to have ou to hold talks / *les syndicats vont de nouveau dialoguer avec le ministre* the unions are to resume talks ou their dialogue with the minister **3.** INFORM ▸ **dialoguer avec un ordinateur** to interact with a computer. ◆ vt [film, scénario] to write the dialogue for.

dialoguiste [djalɔgist] nmf dialogue writer.

dialyse [djaliz] nf dialysis / *se faire faire une dialyse* to undergo dialysis ▸ **être sous dialyse** to be on dialysis.

dialysé, e [djalize] nm, f dialysis patient.

dialyser [3] [djalize] vt to dialyse.

dialyseur [djalizœr] nm dialyser.

diamagnétique [djamaɲetik] adj diamagnetic.

diamagnétisme [djamaɲetism] nm diamagnetism.

diamant [djamɑ̃] nm diamond ▸ **diamant jaune / noir / rose** yellow / black / pink diamond.

diamantaire [djamɑ̃tɛr] nmf **1.** [vendeur] diamond merchant **2.** [tailleur] diamond cutter.

diamantifère [djamɑ̃tifɛr] adj diamantiferous.

diamétral, e, aux [djametral, o] adj diametral, diametric, diametrical.

diamétralement [djametralmɑ̃] adv diametrically ▸ **diamétralement opposé** diametrically opposed.

diamètre [djamɛtr] nm diameter / *le fût fait 30 cm de diamètre* the barrel is 30 cm across ou in diameter / *couper le cercle dans son diamètre* cut the circle across.

diams [djams] nmpl *fam* ice, diamonds.

Diane [djan] npr MYTH Diana / **'Diane chasseresse'** *Houdon* 'Diana the Huntress'.

diantre [djɑ̃tr] *arch* ◆ interj ye gods *aussi hum.* ◆ adv : *qui diantre a dit cela?* who the deuce ou the devil said that ? / *que diantre!* what the devil ?

diapason [djapazɔ̃] nm [instrument] tuning fork ; [registre] range, diapason.
❖ **au diapason** loc adv in tune ; *fig* : *il n'est plus au diapason* he's out of touch ▸ **se mettre au diapason (de qqn)** to fall ou to step into line (with sb).

diaphane [djafan] adj diaphanous.

diaphonie [djafɔni] nf diaphony.

diaphragmatique [djafragmatik] adj [artère, veine] diaphragmatic.

diaphragme [djafragm] nm **1.** ANAT & TECHNOL diaphragm **2.** MÉD diaphragm *spéc*, (Dutch) cap **3.** PHOT stop, diaphragm.

diaphragmer [3] [djafragme] vt & vi PHOT to stop down / *diaphragmez à 11* stop down to 11, use stop number 11.

diaphyse [djafiz] nf diaphysis.

diapo [djapo] nf *fam* slide.

diaporama [djapoʀama] nm slide show.
diapositive [djapozitiv] nf PHOT slide.
diapré, e [djapʀe] adj *litt* mottled.
diaprer [3] [djapʀe] vt *litt* to mottle.
diaprure [djapʀyʀ] nf *litt* shimmering ou iridescent colours / *la diaprure de ses ailes* the rainbow colours of its wings.
diarrhée [djaʀe] nf diarrhoea UK, diarrhea US / *avoir la diarrhée* to have diarrhoea.
diarrhéique [djaʀeik] adj diarrhoeal, diarrhoeic.
diarthrose [djaʀtʀoz] nf diarthrosis.
diaspora [djaspɔʀa] nf diaspora / *la diaspora arménienne* the Armenian diaspora, Armenian communities throughout the world ▸ **la Diaspora** the Diaspora.
diastase [djastaz] nf diastase.
diastole [djastɔl] nf diastole.
diathèse [djatɛz] nf MÉD diathesis, predisposition.
diatomée [djatɔme] nf diatom.
diatonique [djatɔnik] adj diatonic.
diatoniquement [djatɔnikmɑ̃] adv diatonically.
diatonisme [djatɔnism] nm diatonicism.
diatribe [djatʀib] nf diatribe *sout*, (vicious) attack.
diazépam [djazepam] nm diazepam.
dicastère [dikastɛʀ] nm SUISSE *administrative division in the Swiss local government system.*
dicétone [disetɔn] nf diketone.
dichotomie [dikɔtɔmi] nf dichotomy.
dichotomique [dikɔtɔmik] adj dichotomous.
dico [diko] nm *fam* dictionary.
dicotylédone [dikɔtiledɔn] ◆ adj dicotyledonous. ◆ nf dicotyledon ▸ **les dicotylédones** Dicotyledonae.
Dictaphone® [diktafɔn] nm Dictaphone®.
dictateur [diktatœʀ] nm dictator / **'le Dictateur'** *Chaplin* 'The Great Dictator'.
dictatorial, e, aux [diktatɔʀjal, o] adj dictatorial.
dictature [diktatyʀ] nf dictatorship / *la dictature du prolétariat* the dictatorship of the proletariat / *la dictature de la mode* the edicts of fashion.
dictée [dikte] nf **1.** [à des élèves] dictation ▸ **dictée musicale** musical dictation **2.** [à une secrétaire, un assistant] dictating / *j'ai écrit le rapport sous sa dictée* he dictated the report to me / *la dictée de son courrier lui a pris plus d'une heure* it took him over an hour to dictate his letters.
dicter [3] [dikte] vt **1.** ÉDUC to read out as dictation **2.** [courrier, lettre, résumé] to dictate **3.** [imposer -choix] to dictate, to impose, to force ; [-condition] to dictate / *on lui a dicté ses réponses* his replies had been dictated to him.
diction [diksjɔ̃] nf diction ▸ **avoir une diction parfaite** to speak with total clarity.
❖ **de diction** loc adj speech *(modif).*
dictionnaire [diksjɔnɛʀ] nm **1.** [livre] dictionary / *dictionnaire de la musique / des beaux-arts* dictionary of music / of art ▸ **dictionnaire bilingue** bilingual dictionary ▸ **dictionnaire électronique** electronic dictionary ▸ **dictionnaire encyclopédique / de langue** encyclopedic / language dictionary ▸ **dictionnaire étymologique** etymological dictionary **2.** INFORM dictionary.
dicton [diktɔ̃] nm dictum *sout*, (popular) saying / *comme dit le dicton* as they say, as the saying goes.
didacticiel [didaktisjɛl] nm piece of educational software, teachware US.
didactique [didaktik] ◆ adj **1.** [de l'enseignement] didactic **2.** [instructif] didactic, educational **3.** PSYCHOL ▸ **analyse didactique** training analysis. ◆ nf didactics *(sg).*
didactiquement [didaktikmɑ̃] adv didactically.
didactisme [didaktism] nm didacticism.
didactyle [didaktil] adj didactyl, didactylous.
Didon [didɔ̃] npr Dido / **'Didon et Énée'** *Purcell* 'Dido and Aeneas'.
dièdre [djɛdʀ] nm **1.** GÉOM dihedron **2.** [en montagne] corner, dièdre.
dieffenbachia [difɛnbakja] nm diffenbachia.

diélectrique [djelɛktʀik] adj & nm dielectric.
Diên Biên Phu [djɛnbjɛnfu] npr Dien Bien Phu.
diencéphale [diɑ̃sefal] nm diencephalon.
diencéphalique [diɑ̃sefalik] adj diencephalic.
diérèse [djeʀɛz] nf LING & LITTÉR diaeresis, dieresis.
diergol [djɛʀgɔl] nm diergol.
dièse [djɛz] ◆ adj ▸ **la dièse** A sharp. ◆ nm sharp ▸ **double dièse** double sharp ; [symbole] hash UK, pound sign US / *appuyez sur la touche dièse* press the hash key UK ou pound key US.
diesel, diésel* [djezɛl] nm **1.** [moteur] diesel engine ou motor **2.** [véhicule] diesel **3.** [combustible] diesel (oil).
diesel-électrique (*pl* diesels-électriques), **diésel-électrique*** (*pl* diésels-électriques) [djezɛlelɛktʀik] adj & nm diesel-electric.
diéser [djeze] vt MUS to sharpen, to make sharp.
✐ In reformed spelling (see p. 16-19), this verb is conjugated like *semer*: *il dièsera, elle dièserait.*
diète [djɛt] nf **1.** [régime] diet **2.** [absence de nourriture] fasting *(for health reasons)* **3.** HIST diet.
❖ **à la diète** loc adv **1.** [au régime] on a diet **2.** [sans nourriture] ▸ **mettre qqn à la diète** to prescribe a fast for sb.
diététicien, enne [djetetisjɛ̃, ɛn] nm, f dietician, dietitian, nutrition specialist.
diététique [djetetik] ◆ adj [aliment] health *(modif)* ; [boutique] health food *(modif).* ◆ nf nutrition science, dietetics *(sg) spéc* ▸ **conseils de diététique** nutritional advice.
dieu, x [djø] nm **1.** [divinité] god / *le dieu de la Guerre / l'Amour* the god of war / love / *une vie sans dieu* a godless life / *il y a un dieu pour les ivrognes!* there must be a god who looks after drunks! ▸ **comme un dieu** divinely, like a god ▸ **jurer ses grands dieux** to swear to God / *il a juré ses grands dieux qu'il n'en savait rien* he swore to God ou to heaven that he didn't know about it **2.** [héros] god, idol ▸ **les dieux du stade** the gods ou idols of sport **3.** [objet de vénération] god / *l'argent / l'art est son dieu* money / art is his god, he idolizes money / art / *le dieu dollar* the (great) god dollar, the almighty dollar.
❖ **Dieu** npr **1.** [gén] God / *le Dieu vivant* the living God / *Dieu le père* God the father / *il se prend pour Dieu le père péj* he thinks he's God (Himself) / *vivre en Dieu* to live with God ▸ **le bon Dieu** the good Lord ▸ **c'est le bon Dieu qui t'a puni** you got your just deserts (for being bad) ▸ **recevoir le bon Dieu** to receive the Holy Sacrament ▸ **apporter le bon Dieu à un malade** to bring the Holy Sacrament to a sick person ▸ **tous les jours** ou **chaque jour que (le bon) Dieu fait** every blessed day ▸ **il n'y a pas de bon Dieu!** there's no justice! ▸ **on lui donnerait le bon Dieu sans confession** he looks as if butter wouldn't melt in his mouth ▸ **comme le bon Dieu l'a fait** in his birthday suit ▸ **il vaut mieux s'adresser à Dieu qu'à ses saints** it's better to talk to the organ-grinder than the monkey ▸ **comme Dieu en France** *vieilli* [vivre] exceedingly well, comfortably ▸ **si Dieu le veut** God willing ▸ **si Dieu me prête vie** if I'm still alive (by then) **2.** [dans des exclamations] ▸ **Dieu me damne (si...)!** *litt* may God strike me dead (if...)! ▸ **Dieu m'en garde!** God forbid! ▸ **Dieu m'est témoin** *litt* as God is my witness ▸ **Dieu me pardonne!** *litt* (may) God forgive me! ▸ **Dieu nous protège** god ou Lord protect us ▸ **Dieu veuille que tout se passe bien!** *litt* God willing, all will be well ▸ **Dieu vous bénisse / entende!** *litt* may God bless / hear you! ▸ **Dieu vous garde** *litt* God be with you / *c'est pas* ou *c'est-y Dieu possible!* *fam* it just can't be (true)! ▸ **Dieu sait** God ou (the) Lord knows / *Dieu sait combien il l'a aimée!* God knows he loved her! / *Dieu sait si je l'ai aidé!* God knows I helped him! / *Dieu sait où je l'ai mis!* God only knows where I put it! / *et il est parti à l'étranger, Dieu sait où, chercher du travail* he's gone abroad, God knows where, to look for work ▸ **Dieu seul le sait!** God (only) knows! ▸ **Dieu soit loué!** praise the Lord!, thank God! ▸ **à Dieu va** ou **vat!** *litt* it's in God's hands!, in God's hands be it! ▸ **à Dieu ne plaise!** *litt* God forbid! ▸ **bon Dieu!** *fam* for God's sake!, for Pete's sake! ▸ **bon Dieu de...** *fam* blasted..., blessed... / *ce bon Dieu de cabot a encore réveillé le gosse!* that blasted dog's woken up the kid again! ▸ **bon Dieu de bon Dieu!** for crying out loud! ▸ **Dieu ait son âme!** *litt* God rest his soul! ▸ **Dieu le veuille!** *litt* God willing! ▸ **Dieu merci!** thank God ou the Lord! ▸ **grand Dieu!** good God ou Lord! ▸ **grands dieux!** good heavens ou gracious! ▸ **mon Dieu!** my God!, my goodness!, good Lord! ▸ **mon Dieu** [dans des prières] Lord, God ▸ **mon Dieu, aidez-moi!** help me, Lord! ▸ **vingt dieux!** *hum* struth!
❖ **des dieux** loc adj [festin] sumptuous, princely ; [plaisir] divine, exquisite.

Si [Dieu] n'existait pas, il faudrait l'inventer

Voltaire used this famous phrase in *l'Épître à l'auteur du livre des Trois Imposteurs* (1769) and also in his correspondence. In modern usage, **Dieu** is replaced by another name or word to fit the context, and the expression emphasises (sometimes ironically) the irreplaceable nature of a person or thing:

Radio Infos, la radio qui est si nécessaire aux lève-tôt qu'il faudrait l'inventer si elle n'existait pas ! *Radio Infos, the station that early birds rely on so much who knows what they'd do if it didn't exist!*

Quand je t'entends dire des trucs pareils, je me dis que si tu n'existais pas il faudrait t'inventer ! *When I hear you say things like that I think "where on earth would we be without you"!*

diffamant, e [difamɑ̃, ɑ̃t] adj [texte] defamatory, libellous ; [geste, parole] slanderous / *des propos diffamants* slander.
diffamateur, trice [difamatœʀ, tʀis] ◆ adj [texte] defamatory, libellous ; [geste, parole] slanderous. ◆ nm, f slanderer, defamer *litt.*
diffamation [difamasjɔ̃] nf **1.** [accusation -gén] defamation ; [-par un texte] libelling ; [-par des discours] slandering **2.** [texte] libel ; [geste, parole] slander.
❖ **de diffamation** loc adj [campagne] smear *(modif).*
❖ **en diffamation** loc adj ▸ **procès en diffamation** libel suit ▸ **intenter un procès en diffamation à qqn a)** [pour un texte injurieux] to bring an action for libel against sb **b)** [pour des paroles injurieuses] to bring an action for slander against sb.
diffamatoire [difamatwaʀ] adj [texte] defamatory, libellous ; [geste, parole] slanderous / *parler / agir de façon diffamatoire* to speak / to act slanderously.
diffamer [3] [difame] vt [par écrit] to defame, to libel ; [oralement] to slander.
différé, e [difeʀe] adj **1.** [paiement, rendez-vous, réponse] deferred, postponed **2.** RADIO & TV prerecorded.
❖ **en différé** loc adj RADIO & TV prerecorded.
différemment [difeʀamɑ̃] adv differently / *il agit différemment des autres* he's not behaving like the others, he's behaving differently from the others.
différence [difeʀɑ̃s] nf **1.** [distinction] difference, dissimilarity / *il y a une différence entre A et B* there's a difference between A and B, A and B are different, A is different from B ▸ **faire la différence entre** to make the distinction between, to distinguish between / *les électeurs indécis feront la différence* the don't-knows will tip the balance / *je ne fais aucune différence entre eux deux* I make no distinction between the two of them / *c'est ce qui fait toute la différence!* that's what makes all the difference! / *intéressé ou désintéressé? il y a une différence!* uninterested or disinterested? it's not the same thing at all ou there's quite a difference between the two! / *ça fait une sacrée différence!* *fam*

* In reformed spelling (see p. 16-19).

there's a big difference ! / *il s'est excusé — cela ne fait aucune différence* he apologized — it doesn't make any ou it makes no difference / *faire des différences entre ses enfants* to treat one's children differently from each other / *toute la différence est là* it makes all the difference **2.** [écart] difference ▸ **différence d'âge** age difference ou gap / *différence de caractère* difference in characters / *différence de taille* difference in size / *il y a une grande différence de température entre le jour et la nuit* there's a big difference between night-time and day-time temperatures / *il y a deux ans de différence entre eux* there are two years between them **3.** [particularité - culturelle, sexuelle] ▸ **revendiquer sa différence** to be proud to be different **4.** MATH [d'une soustraction] result ; [ensemble] difference / *je paierai la différence* I'll make up ou pay the difference **5.** PHILOS difference.

❖ **à la différence de** loc prép unlike.

❖ **à cette différence (près) que, à la différence que** loc conj except that / *j'ai accepté son offre à cette différence près que, cette fois, je sais ce qui m'attend* I accepted his offer but this time I know what to expect.

différenciateur, trice [difeʀɑ̃sjatœʀ, tʀis] adj differentiating.

différenciation [difeʀɑ̃sjasjɔ̃] nf **1.** [distinction & ÉCON] differentiation **2.** BIOL ▸ **différenciation des sexes** sex determination.

différencié, e [difeʀɑ̃sje] adj differentiated.

différencier [9] [difeʀɑ̃sje] vt **1.** [distinguer] to distinguish, to differentiate ▸ **différencier A et B** to differentiate between A and B ▸ **rien ne les différencie** it's impossible to tell them apart / *ce qui nous différencie des animaux* that which sets us apart from animals **2.** BIOL to differentiate.

❖ **se différencier** vpi **1.** [se distinguer] to be different, to differ / *ils se différencient (l'un de l'autre) par leur manière de parler* they're different from one another by the way they speak / *pour se différencier de ses camarades, elle porte un blouson en cuir* to be different from her classmates, she wears a leather jacket **2.** BIOL to differentiate.

différend [difeʀɑ̃] nm disagreement, dispute ▸ **avoir un différend avec qqn** to be in dispute with sb.

différent, e [difeʀɑ̃, ɑ̃t] ◆ adj **1.** [distinct] different ▸ **différent de** unlike, different from UK ou than US / *très différente de sa sœur* very unlike her sister ▸ **ils sont très différents** they're very unlike each other ou different / *il n'est pas désagréable, il est timide, c'est différent* he isn't unpleasant, he's shy, there's a difference **2.** [original] different / *un week-end un peu différent* a weekend with a difference / *nous avons voulu faire un film différent* we wanted to make a different kind of film. ◆ dét *(adj indéf, devant un nom au pl)* different, various / *différentes personnes ont protesté* various people complained / *elle a écrit sous différents noms* she wrote under various names / *elle est venue à différentes reprises* she came on several different occasions / *les différents sujets que nous avons débattus* the various subjects we discussed.

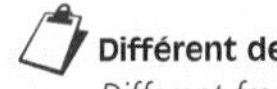
Différent de

Different from ou *different than* US.

Il a des opinions politiques très différentes de celles de son frère. *His political opinions are very different from his brother's* ou *His political opinions are very different than his brother's* US.

Attention, on ne dit pas «different of». La forme «different to», souvent employée à l'oral en anglais britannique, est également à éviter car il s'agit d'un usage critiqué.

différentiateur [difeʀɑ̃sjatœʀ] nm differentiator.

différentiation [difeʀɑ̃sjasjɔ̃] nf MATH differentiation.

différentiel, elle [difeʀɑ̃sjɛl] adj differential.

❖ **différentiel** nm **1.** [pourcentage] differential **2.** AUTO differential (gear).

❖ **différentielle** nf MATH differential.

différentier [9] [difeʀɑ̃sje] vt MATH to differentiate.

différer [18] [difeʀe] ◆ vt [repousser - rendez-vous, réponse, réunion] to defer, to postpone / *différer le paiement d'une dette* to put off ou to delay paying a debt. ◆ vi **1.** [se différencier] to differ, to vary / *les coutumes diffèrent d'un endroit à un autre* customs vary from one place to another / *les traitements diffèrent du tout au tout* treatments vary quite drastically **2.** [s'opposer - dans un débat] to differ, to be at variance / *ils diffèrent sur ce point* they differ on this point.

In reformed spelling (see p. 16-19), this verb is conjugated like ***semer***: ***il diffèrera, elle diffèrerait.***

difficile [difisil] ◆ adj **1.** [route, montée] difficult, hard, tough / *la noire est la piste la plus difficile* the toughest ou most difficult ski run is the black one **2.** [tâche] difficult, hard / *ce sera un livre difficile à vendre* this book will be hard to sell / *rien n'est plus difficile à faire* there's nothing more difficult to do / *ce n'est pourtant pas difficile !* it's not that difficult ! / *ce n'est pas difficile, je ne lui confierai plus rien !* it's quite simple, I won't confide in him again ! / *il est difficile de dire si...* it's hard to say whether... / *il s'en sortira ? — difficile à dire* will he manage ? — it's hard to say **3.** [douloureux] difficult, hard, tough / *il traverse une période difficile* he's going through a bad ou tough time / *il m'est difficile de lui parler de son père* it's difficult ou hard for me to talk to him about his father **4.** [personne - d'un tempérament pénible] difficult, demanding ; [- pointilleuse] particular, awkward, fussy ▸ **un enfant difficile** a demanding child / *être difficile (sur la nourriture)* to be fussy about one's food / *elle est très difficile sur le choix de ses amis* she's very particular about her friends / *il est si difficile à satisfaire !* he's so hard to please ! **5.** [moralement] difficult, tricky ; [financièrement] difficult, tough / *la génétique pose des questions difficiles* genetics raises difficult ou tricky questions ▸ **connaître des années / moments difficiles** [financièrement] to go through years / a time of penury **6.** [impénétrable - œuvre, auteur] difficult, abstruse. ◆ nmf fusspot, fussbudget / *ne fais pas le difficile !* don't be so awkward ou fussy ! ◆ nm : *le difficile dans cette affaire est de plaire à tous* the difficult part of this business is knowing how to please everyone.

difficilement [difisilmɑ̃] adv with difficulty ▸ **il s'endort difficilement** he has a hard time getting to sleep / *je peux difficilement accepter* I find it difficult ou it's difficult for me to accept.

difficulté [difikylte] nf **1.** [caractère ardu] difficulty / *nous ne nous cachons pas la difficulté de l'entreprise* we're aware of the difficulty of the task ▸ **exercices d'une difficulté croissante** increasingly difficult exercises / *chercher la difficulté* to look for problems ; [gêne] difficulty ▸ **avoir de la difficulté à faire qqch** to find it difficult to do sthg / *avoir de la difficulté à marcher* to have difficulty walking, to walk with difficulty **2.** [problème] problem, difficulty / *il abandonne dès qu'il rencontre une difficulté* he gives up as soon as he comes up against a problem / *il a des difficultés en maths* he has difficulty in maths ▸ **faire des difficultés** to create problems, to make a fuss / *il a fait toutes sortes de difficultés* he put up all sorts of arguments (against it) / *je ne ferai pas de difficultés* I won't stand in the way ▸ **avoir des difficultés avec qqn** to have difficulties ou problems with sb ; [ennui - financier] ▸ **avoir des difficultés financières** to be in financial difficulties ou straits **3.** [point difficile] difficulty / *les difficultés du français* the difficulties of the French language / *les difficultés de ce requiem* the difficult passages in this requiem **4.** [impénétrabilité - d'une œuvre, d'un auteur] difficult ou abstruse nature.

❖ **en difficulté** loc adj & loc adv [nageur] in difficulties ; [navire, avion] in distress ▸ **un enfant en difficulté a)** [scolairement] a child with learning difficulties **b)** [psychologiquement] a child with behavioural problems ▸ **un couple en difficulté a)** [sur le plan affectif] a couple who are having problems **b)** [financièrement] a couple with money problems ▸ **mettre qqn en difficulté** to put sb in a difficult ou an awkward situation / *la crise a mis plusieurs banques en difficulté* the crisis put several banks in a difficult position.

❖ **sans difficulté** loc adv easily, with no difficulty.

difficultueux, euse [difikyltɥø, øz] adj *litt* difficult.

diffluence [diflyɑ̃s] nf fork *(of a river)*.

difforme [difɔʀm] adj deformed, misshapen.

difformité [difɔʀmite] nf deformity, misshapenness.

diffracter [3] [difʀakte] vt to diffract.

diffraction [difʀaksjɔ̃] nf diffraction.

diffus, e [dify, yz] adj [gén & BOT] diffuse.

diffusément [difyzemɑ̃] adv diffusely.

diffuser [3] [difyze] vt **1.** [répandre - chaleur, lumière] to spread, to diffuse, to disseminate *sout* / *la lumière diffusée par une petite lampe de chevet* the (soft) light coming from a small bedside lamp **2.** AUDIO, RADIO, TV & INTERNET to broadcast ▸ **émission diffusée en direct / différé** live / prerecorded broadcast ▸ **diffuser sur Internet** to webcast **3.** [propager - nouvelle, rumeur] to spread **4.** [distribuer - tracts] to hand out *(sép)*, to distribute / *des affiches antitabac ont été diffusées dans les cabinets médicaux* anti-smoking posters have been distributed ou circulated to doctors' surgeries ; [dans l'édition] to distribute, to sell.

❖ **se diffuser** vpi [information, racontar] to spread.

diffuseur [difyzœʀ] nm **1.** COMM distributing agent, distributor **2.** ACOUST, ÉLECTR & MÉCAN diffuser **3.** [de parfum] *decorative object containing scent used as an air freshener* **4.** [conduit] diffuser.

diffusion [difyzjɔ̃] nf **1.** ACOUST diffusion, diffusivity **2.** PHYS [d'une particule] diffusion **3.** OPT diffusion **4.** MÉD spreading **5.** AUDIO, RADIO, TV & INTERNET broadcasting ▸ **diffusion hertzienne** ou **terrestre** terrestrial television ▸ **diffusion numérique** digital broadcasting **6.** [propagation - du savoir, d'une théorie] spreading **7.** [distribution - de tracts] distribution, distributing ; [- de livres] distribution, selling **8.** [exemplaires vendus] number of copies sold, circulation.

❖ **en deuxième diffusion, en seconde diffusion** loc adj TV repeated, repeat *(modif)*.

digastrique [digastʀik] adj digastric.

digérable [diʒeʀabl] adj digestible.

digérer [18] [diʒeʀe] vt **1.** PHYSIOL to digest / *je ne digère pas le lait* milk doesn't agree with me, I can't digest milk ; *(en usage absolu)* ▸ **je digère mal** my digestion isn't very good, I have poor digestion ▸ **prendre qqch pour digérer** to take sthg to help one's digestion / *bois une tisane, ça te fera digérer* have some herbal tea, it'll help your food go down **2.** [assimiler - connaissances, lecture] to digest, to assimilate / *des notions de psychologie mal digérées* half-understood ideas on psychology **3.** *fam* [supporter] to stomach, to take / *je n'ai pas digéré le coup qu'il m'a fait* I'm not about to forgive him for what he did to me / *je n'ai jamais pu digérer le mensonge* I've never been able to stomach lies.

In reformed spelling (see p. 16-19), this verb is conjugated like ***semer***: ***il digèrera, elle digèrerait.***

digest [diʒɛst, dajdʒɛst] nm digest.

digeste [diʒɛst] adj : *un aliment digeste* an easily digested foodstuff.

digestibilité [diʒɛstibilite] nf digestibility.

digestible [diʒɛstibl] adj digestible.

digestif, ive [diʒɛstif, iv] adj digestive.

❖ **digestif** nm [alcool] digestif.

digestion [diʒɛstjɔ̃] nf digestion / *avoir une digestion lente* to digest one's food slowly / *ne te baigne pas pendant la digestion* don't go swimming right after a meal.

digicode [diʒikɔd] nm door code *(for entrance to a building)*.

digit [diʒit] nm digit.

digital, e, aux [diʒital, o] adj **1.** ANAT digital **2.** [numérique] digital.

digitale [diʒital] nf foxglove, digitalis.

digitaline [diʒitalin] nf digitalin.

digitaliser [3] [diʒitalize] vt to digitalize, to digitize.

digité, e [diʒite] adj digitate, digitated.

digitigrade [diʒitigʀad] adj & nm digitigrade.

digitoplastie [diʒitɔplasti] nf finger graft.

digne [diɲ] adj **1.** [noble] dignified / *d'un air très digne* in a dignified manner / *rester digne dans la douleur* to carry one's grief with dignity **2.** ▸ **digne de** [qui mérite] worthy ou deserving of / *un détail digne de votre attention* a detail worthy of your attention / *elle est digne du premier prix* she deserves first prize / *toute amie digne de ce nom aurait accepté* a true friend would have accepted / *je n'ai pas eu de vacances dignes de ce nom depuis une éternité* I haven't had any holidays as such for ages ▸ **digne de confiance** trustworthy ▸ **digne de foi** credible ▸ **digne d'être mentionné** worth mentioning / *une pièce digne d'être vue* a play worth seeing **3.** ▸ **digne de** [en conformité avec] worthy of / *ce n'est pas digne de toi* it's unworthy of you / *il me faut une tenue digne de cette occasion* I need an outfit worthy of this occasion / *il est le digne fils de son père aussi hum* like father like son *prov.*

dignement [diɲmɑ̃] adv **1.** [noblement] with dignity, in a dignified manner / *il s'en est allé dignement* he left with dignity **2.** *litt* [justement] ▸ **dignement récompensé** justly rewarded.

dignitaire [diɲitɛʀ] nm dignitary.

dignité [diɲite] nf **1.** [noblesse] dignity ; [maintien] poise / *manquer de dignité* to lack dignity, to be undignified **2.** [respect] dignity / *une atteinte à la dignité de l'homme* an affront to human dignity **3.** [fonction] dignity **4.** [honneur] honour.

digramme [digʀam] nm LING digraph.

digraphie [digʀafi] nf double-entry bookkeeping.

digression [digʀesjɔ̃] nf digression / *tomber* ou *se perdre dans des digressions* to digress (endlessly).

digue [dig] nf **1.** [mur] dyke, seawall ; [talus] embankment / *digue de retenue* flood barrier **2.** *fig* [protection] safety valve, barrier.

diktat, dictat* [diktat] nm diktat.

dilapidateur, trice [dilapidatœʀ, tʀis] ◆ adj spendthrift, wasteful. ◆ nm, f squanderer, spendthrift / *dilapidateur de fonds publics* embezzler of public funds.

dilapidation [dilapidasjɔ̃] nf wasting, frittering away, squandering / *dilapidation de fonds publics* embezzlement of public funds.

dilapider [3] [dilapide] vt [gén] to waste, to fritter away *(sép)*, to squander ; [fonds publics] to embezzle.

dilatabilité [dilatabilite] nf dilatability.

dilatable [dilatabl] adj dilatable.

dilatant, e [dilatɑ̃, ɑ̃t] adj dilative.

dilatateur, trice [dilatatœʀ, tʀis] adj dilatator *(modif)*, dilator *(modif)*.

❖ **dilatateur** nm dilatator, dilator.

dilatation [dilatasjɔ̃] nf **1.** PHYS expansion **2.** [des narines, des pupilles] dilation ; [de l'estomac] distension ; [du col de l'utérus] dilation, opening **3.** *litt* [du cœur, de l'âme] filling.

dilater [3] [dilate] vt **1.** PHYS to cause to expand **2.** [remplir d'air - tuyau, pneu] to inflate, to blow up *(sép)* **3.** [élargir - narine, pupille, veine] to dilate ; [- col de l'utérus] to dilate, to open ; [- poumons] to expand ▸ **cette bonne nouvelle lui dilata le cœur** this good news filled his heart with joy ▸ **dilater la rate à qqn** *fam* to have sb in stitches.

❖ **se dilater** ◆ vpi **1.** PHYS to expand **2.** [être gonflé - tuyau, pneu] to blow up, to inflate **3.** [être élargi - narine, pupille, veine] to dilate ; [- col de l'utérus] to dilate, to open ; [- poumons] to expand. ◆ vpt : *se dilater les poumons* to fill one's lungs ▸ **se dilater la rate** *fam* to die laughing.

dilatoire [dilatwaʀ] adj delaying, dilatory *sout*, procrastinating *sout* ▸ **user de moyens dilatoires** to play for time ▸ **donner une réponse dilatoire** to answer evasively *(so as to play for time)*.

dilatomètre [dilatɔmɛtʀ] nm dilatometer.

dilection [dilɛksjɔ̃] nf *litt* (tender) love.

dilemme [dilɛm] nm dilemma / *être devant un dilemme* to face a dilemma / *être aux prises avec un dilemme* to be (caught) on the horns of a dilemma.

dilettante [diletɑ̃t] ◆ nmf dilettante, dabbler. ◆ adj dilettantish, amateurish.

❖ **en dilettante** loc adv : *il fait de la peinture en dilettante* he dabbles in painting.

dilettantisme [diletɑ̃tism] nm **1.** [attitude dilettante] dilettantism **2.** [amateurisme] amateurishness.

diligemment [diliʒamɑ̃] adv *litt* **1.** [soigneusement] scrupulously, conscientiously **2.** [rapidement] promptly, speedily, hastily.

diligence [diliʒɑ̃s] nf **1.** [véhicule] stagecoach **2.** *litt* haste, dispatch *litt* ▸ **avec diligence** hastily, promptly, with dispatch *litt* ▸ **faire diligence** to make haste.

❖ **à la diligence de** loc prép DR at the request ou behest of.

diligent, e [diliʒɑ̃, ɑ̃t] adj *litt* **1.** [actif] prompt, speedy, active **2.** [assidu - soins] constant, assiduous ; [- élève] diligent ; [- employé] conscientious, scrupulous.

diligenter [3] [diliʒɑ̃te] vt *litt* ADMIN to hasten, to expedite.

diluant [dilɥɑ̃] nm diluent.

diluer [7] [dilɥe] vt **1.** [allonger - d'eau] to dilute, to water down *(sép)* ; [- d'un liquide] to dilute **2.** [délayer] to thin down *(sép)* **3.** *péj* [discours, exposé] to pad ou to stretch out *(sép)* ; [idée, argument] to dilute.

❖ **se diluer** vp *pr & fig* to be diluted.

dilution [dilysjɔ̃] nf **1.** [mélange de liquides] dilution, diluting ; [ajout d'eau] dilution, watering down **2.** [désépaississement] thinning down **3.** [dissolution - d'un comprimé] dissolving **4.** *péj* [d'un discours] padding ou stretching out.

diluvien, enne [dilyvjɛ̃, ɛn] adj **1.** BIBLE diluvial, diluvian **2.** [pluie] torrential.

dimanche [dimɑ̃ʃ] nm Sunday ▸ **le dimanche de Pâques** Easter Sunday ▸ **le dimanche des Rameaux** Palm Sunday / **'Un dimanche après-midi à la Grande Jatte'** *Seurat* 'Sunday Afternoon on the Island of La Grande Jatte'. **Voir aussi mardi.**

❖ **du dimanche** loc adj **1.** [journal] Sunday **2.** *fam & péj* [amateur] ▸ **chauffeur du dimanche** Sunday driver.

dîme, dime* [dim] nf tithe / *payer une dîme* to (pay a) tithe ▸ **prélever une dîme (sur qqch) a)** *pr* to levy a tithe (on sthg) **b)** *fig* to take one's cut (of sthg).

dimension [dimɑ̃sjɔ̃] nf **1.** [mesure] dimension, measurement ▸ **prendre les dimensions de qqch** to measure sthg (up) / *prendre les dimensions d'un événement* to get the measure of an event **2.** [taille] size, dimension / *une pièce de petite / grande dimension* a small-size(d) / large-size(d) room **3.** [importance] dimension / *cela donne une nouvelle dimension au problème* this gives a new dimension to the problem / *une erreur de cette dimension* an error of this magnitude / *lorsque l'information prend les dimensions d'une tragédie* when news assumes tragic proportions / *un groupe de dimension internationale* a group of international standing **4.** MATH & PHYS dimension ▸ **la troisième / quatrième dimension** the third / fourth dimension.

❖ **à deux dimensions** loc adj two-dimensional.

❖ **à la dimension de** loc prép corresponding ou proportionate to / *un salaire à la dimension du travail requis* wages proportionate to ou commensurate with *sout* the work involved.

❖ **à trois dimensions** loc adj three-dimensional.

dimensionnel, elle [dimɑ̃sjɔnɛl] adj dimensional.

dimensionner [3] [dimɑ̃sjɔne] vt to lay out *(sép)* / *un appartement bien dimensionné* a well laid-out apartment.

diminué, e [diminɥe] adj **1.** [affaibli] ▸ **il est très diminué a)** [physiquement] his health is failing **b)** [mentalement] he's losing his faculties **2.** MUS diminished **3.** ARCHIT tapering **4.** [rang de tricot] decreased.

diminuendo [diminɥɛndo, diminɥɑ̃do] adv & nm MUS diminuendo.

diminuer [7] [diminɥe] ◆ vt **1.** [réduire - prix, impôts, frais, ration] to reduce, to cut ; [- longueur] to shorten ; [- taille, effectifs, volume, vitesse, consommation] to reduce ▸ **diminuer le chauffage a)** [pour qu'il fasse moins chaud] to turn down the heating **b)** [pour économiser l'énergie] to cut down on the heating ; [atténuer - douleurs, souffrance] to alleviate, to lessen **2.** [affaiblir - personne] : *la maladie l'a beaucoup diminué* his illness has affected him very badly / *sortir diminué d'une attaque* to suffer from the aftereffects of an attack **3.** [humilier - personne] to belittle, to cut down to size / *elle sort diminuée de cette affaire* her reputation has been badly damaged by this business ; [déprécier - qualité] : *cela ne diminue en rien votre mérite* this doesn't detract from ou lessen your merit at all **4.** [en tricot] to decrease **5.** MUS to diminish **6.** *fam* [employé] to cut the pay of. ◆ vi **1.** [pression] to fall, to drop ; [volume] to decrease ; [prix] to fall, to come down ; [chômage, accidents, criminalité] to decrease, to be on the decrease ou wane / *le beurre a diminué* *fam* the price of butter's gone down **2.** [s'affaiblir - forces] to ebb away, to wane, to lessen ; [- peur] to lessen ; [- intérêt, attention] to drop, to lessen, to dwindle ▸ **son appétit a diminué** he's lost some of his appetite **3.** [raccourcir] ▸ **les jours diminuent** the days are getting shorter ou drawing in.

> ⚠ Attention, **diminish** est d'un usage beaucoup plus restreint que diminuer et ne doit pas être employé systématiquement pour traduire ce verbe. Voir l'article pour des traductions plus naturelles.

diminutif, ive [diminytif, iv] adj LING diminutive.

❖ **diminutif** nm **1.** [nom] diminutive / *Greg est le diminutif de Gregory* Greg is short for Gregory **2.** LING diminutive.

diminution [diminysjɔ̃] nf **1.** [réduction - de prix, d'impôts, des frais, des rations] reduction, cutting ; [- de longueur] shortening ; [- de taille] reduction, shortening ; [- de volume] decrease, decreasing ; [- de pression] fall ; [- de vitesse, de consommation, des effectifs] reduction ; [- du chômage, de la violence] drop, decrease ▸ **une diminution des effectifs** a reduction in the number of staff **2.** [affaiblissement - d'une douleur] alleviation ; [- des forces] waning, lessening ; [- de l'intérêt, de l'attention] drop, lessening ; [- de l'appétit] decrease **3.** MUS diminution **4.** ARCHIT taper **5.** [en tricot] decrease / *faire une diminution* to decrease.

dimorphe [dimɔʀf] adj dimorphic, dimorphous.

dimorphisme [dimɔʀfism] nm dimorphism ▸ **dimorphisme sexuel** sexual dimorphism.

DIN, Din [din] DIN.

DIN (abr écrite de **dinar**) Din.

dinanderie [dinɑ̃dʀi] nf **1.** [technique] sheet metal craft **2.** [objets] *objects made from sheet metal.*

dinandier [dinɑ̃dje] nm *person who makes or sells "dinanderie".*

dinar [dinaʀ] nm dinar.

dînatoire, dinatoire* [dinatwaʀ] adj ▸ **buffet dînatoire** buffet-dinner ▸ **goûter dînatoire** early supper, (high) tea UK.

dinde [dɛ̃d] nf **1.** ORNITH turkey (hen) **2.** CULIN turkey **3.** [sotte] : *quelle petite dinde!* what a stupid little goose !

dindon [dɛ̃dɔ̃] nm **1.** ORNITH turkey (cock) **2.** [sot] fool ▸ **être le dindon de la farce a)** [dupe] to be taken for a ride **b)** [victime de railleries] to end up a laughing stock.

dindonneau, x [dɛ̃dɔno] nm poult, young turkey.

dîner[1], diner* [dine] nm **1.** [repas du soir] dinner ▸ **dîner dansant** dinner dance **2.** BELG & SUISSE *régional ou vieilli* [déjeuner] lunch.

dîner[2], diner* [3] [dine] vi **1.** [faire le repas du soir] to dine, to have dinner ▸ **dînons au restaurant** let's eat out, let's go out for dinner / *avoir des amis à dîner* to have friends to dinner ou round for dinner / *nous avons dîné d'un simple potage* we just had soup for dinner / *j'ai fait dîner les enfants plus tôt* I gave the children an early dinner **2.** BELG & SUISSE *régional ou vieilli* [déjeuner] to have lunch.

dîner-spectacle (*pl* **dîners-spectacles**), **diner-spectacle*** (*pl* **diners-spectacles**) [dinespɛktakl] nm cabaret dinner / *aller au dîner-spectacle* to dine at a cabaret.

* In reformed spelling (see p. 16-19).

dînette, dinette* [dinɛt] nf **1.** [jouet] toy ou doll's tea set ▸ **jouer à la dînette** to play (at) tea-parties **2.** *fam* [repas] light ou quick meal.

dîneur, euse, dineur*, euse [dinœʀ, øz] nm, f diner.

ding [diŋ] onomat ding / *ding dong!* ding-dong!

dinghy (*pl* dinghys ou dinghies), **dinghie*** [diŋgi] nm dinghy.

dingo [dɛ̃go] ◆ adj *fam* nuts, cracked / *il est complètement dingo* he's completely nuts, he's got a screw loose. ◆ nmf *fam* nutcase, loony, wack US. ◆ nm [chien] dingo.

dingue [dɛ̃g] *fam* ◆ adj **1.** [fou] nuts, crazy, screwy US / *elle est vraiment dingue de rouler aussi vite* she's got to be nuts to drive so fast / *il a signé, faut être dingue!* he signed, how crazy can you get! **2.** [incroyable - prix, histoire] crazy, mad / *c'est dingue ce qu'il peut faire chaud ici* it's hot as hell here. ◆ nmf nutcase, nutter, screwball US / *il conduit comme un vrai dingue* he drives like a complete maniac / *c'est une maison de dingues!* this place is a real loony bin! / *c'est un dingue de motos* he's a motorbike freak.

dinguer [3] [dɛ̃ge] vi *fam & vieilli* : *les assiettes dinguaient dans la cuisine!* plates were flying all over the kitchen! / *il m'a attrapé, j'ai dingué* he grabbed me and I went flying.

dinosaure [dinozɔʀ] nm ZOOL & *fig* dinosaur.

diocésain, e [djɔsezɛ̃, ɛn] adj & nm, f diocesan.

diocèse [djɔsɛz] nm diocese.

diode [djɔd] nf diode.

Diogène [djɔʒɛn] npr Diogenes.

dionysiaque [djɔnizjak] adj Dionysiac, Dionysian.

Dionysos [djɔnizos] npr Dionysus, Dionysos.

dioptre [djɔptʀ] nm dioptre *(surface)*.

dioptrie [djɔptʀi] nf dioptre UK, diopter US *(unit)*.

dioptrique [djɔptʀik] ◆ adj dioptric. ◆ nf dioptrics *(sg)*.

diorama [djɔʀama] nm diorama.

dioxine [diɔksin] nf dioxin.

dioxyde [diɔksid] nm dioxide ▸ **dioxyde de carbone** carbon dioxide.

dioxygène [diɔksiʒɛn] nm CHIM dioxygen.

diphasé, e [difaze] adj diphase, diphasic, two-phase *(avant nom)*.

diphénol [difenɔl] nm diphenol.

diphényle [difenil] nm diphenyl, biphenyl.

diphtérie [difteʀi] nf diphtheria.

diphtérique [difteʀik] ◆ adj diphtherial, diphtheric, diphtheritic. ◆ nmf diphtheria sufferer.

diphtongaison [diftɔ̃gɛzɔ̃] nf diphthongization.

diphtongue [diftɔ̃g] nf diphthong.

diphtonguer [3] [diftɔ̃ge] vt to diphthongize, to make into a diphthong.

diplodocus [diplɔdɔkys] nm ZOOL diplodocus.

diplômant, e [diplomɑ̃, ɑ̃t] adj [cursus, formation] that leads to a qualification.

diplomate [diplɔmat] ◆ adj diplomatic. ◆ nmf POL & *fig* diplomat. ◆ nm CULIN diplomat pudding.

diplomatie [diplɔmasi] nf **1.** POL [relations, représentation] diplomacy ▸ **la diplomatie** [corps] the diplomatic corps ou service **2.** [tact] diplomacy, tact ▸ **avec diplomatie** diplomatically, tactfully.

diplomatique [diplɔmatik] ◆ adj **1.** POL diplomatic **2.** [adroit] diplomatic, tactful, courteous ▸ **faire un mensonge diplomatique** to tell a white lie ▸ **avoir une maladie diplomatique** to pretend to be indisposed. ◆ nf diplomatics *(U)*.

diplomatiquement [diplɔmatikmɑ̃] adv **1.** POL diplomatically **2.** [adroitement] diplomatically, courteously, tactfully.

diplôme [diplom] nm **1.** [titre] diploma, qualification / *un diplôme d'ingénieur* an engineering diploma ▸ **elle a des diplômes** she's highly qualified ▸ **diplôme d'études approfondies** = DEA ▸ **diplôme d'études supérieures spécialisées** = DESS ▸ **diplôme d'études universitaires générales** = DEUG ▸ **diplôme universitaire de technologie** = DUT ▸ **diplôme d'études universitaires scientifiques et techniques** = DEUST **2.** [examen] exam / *il a raté son diplôme de programmeur* he failed his computer programming exam **3.** HIST diploma.

diplômé, e [diplome] ◆ adj qualified ▸ **il est diplômé d'HEC** he has an HEC degree. ◆ nm, f holder of a qualification / *embaucher des diplômés* to take on people with qualifications.

diplômer [diplome] vt to award a diploma to, to confer a diploma (up) on.

diplopie [diplɔpi] nf double vision, diplopia *spéc.*

dipolaire [dipɔlɛʀ] adj dipolar, dipole.

dipôle [dipol] nm dipole.

dipsomanie [dipsɔmani] nf dipsomania.

diptère [diptɛʀ] ◆ adj **1.** ARCHIT dipteral **2.** ZOOL dipteran, dipterous. ◆ nm dipteran, dipteron ▸ **les diptères** the Diptera.

diptyque [diptik] nm **1.** ART diptych **2.** [œuvre] *literary or artistic work in two parts.*

dircom [diʀkɔm] (abr de **directeur** ou **directrice de la communication**) nmf *fam* PR manager.

dire¹ [diʀ] nm DR [mémoire] statement.

❖ **dires** nmpl statement ▸ **confirmer les dires de qqn** to confirm what sb says / *d'après* ou *selon les dires de son père* according to his father ou to what his father said / *selon les dires de son professeur, il était bon élève* according to his teacher, he was good at school.

❖ **au dire de** loc prép : *au dire de son professeur* according to his teacher ou to what his teacher says / *au dire de la mère, il a fallu trois hommes pour le tenir* according to the mother, it took three men to restrain him.

dire² [102] [diʀ]

◆ vt

A. ARTICULER, PRONONCER
B. EXPRIMER
C. PENSER, CROIRE
D. INDIQUER
E. RAPPELER, FAIRE ENVIE

A. ARTICULER, PRONONCER **1.** [énoncer] to say / *dis «ah»!* say "ah"! ▸ **dites «je le jure»** say "I swear by Almighty God" / *quel nom dis-tu? Castagnel?* what name did you say ou what's the name again? Castagnel? / *il n'arrive pas à dire ce mot* he cannot pronounce that word / *une poupée qui dit «oui»* a doll which says "yes" / *«je t'attendais», dit-elle* "I was waiting for you", she said / *vous avez dit «démocratie»?* "democracy", did you say? / *je te dis zut! fam* get lost! ▸ **je te dis merde! a)** *tfam* [pour porter bonheur] break a leg! **b)** [pour insulter] get lost! / *comment dit-on «pain» en breton?* how do you say "bread" in Breton?, what's the Breton for "bread"? / *je ne dirais pas qu'il est distant, je dirais plutôt effarouché* I wouldn't say he's haughty, rather that he's been frightened off / *je n'ai pas dit «oublier», j'ai dit «pardonner»* I said "forgive", not "forget" / *une honte, que dis-je, une infamie!, une honte, pour ne pas dire une infamie!* a shame, not to say an infamy! ▸ **qui dit… dit…** : *en ce temps-là, qui disait vol disait galère* in those days, theft meant the gallows / *qui dit fatigue dit inattention et qui dit inattention dit accident* when you're tired you're less vigilant and therefore more likely to have an accident / *si (l')on peut dire* in a way, so to speak ▸ **disons-le** let's not mince words / *c'est, disons le mot, une trahison* it's a betrayal, let's not mince words / *je me sens humilié, disons-le* I must admit ou confess I feel humiliated, to be honest ou frank (about it), I feel humiliated ▸ **dire non** to say no, to refuse / *dire non au nucléaire* to say no to nuclear energy / *tu veux un gin? — je ne dis pas non* would you like a gin? — I wouldn't say no / *si on lui proposait le poste, il ne dirait pas non* if he was offered the job, he wouldn't say no ou wouldn't refuse ▸ **dire oui a)** [gén] to say yes **b)** [à une proposition] to accept **c)** [au mariage] to say I do / *l'impôt sur les grandes fortunes, moi je dis oui!* I'm all in favour of a supertax on the rich! / *dire bonjour de la main* to wave (hello) / *dire oui de la tête* to nod / *dire non de la tête* to shake one's head ▸ **il faut le dire vite** *fam* : *obéissant? il faut le dire vite* obedient? I'm not so sure about that ▸ **c'est vite dit** : *malhonnêteté, c'est vite dit* dishonesty, that's a bit hasty / *déménager, c'est vite dit! fam* move? that's easier said than done ▸ **c'est celui qui (le) dit qui y est** ou **qui l'est!** *fam* : *menteur! — c'est celui qui le dit qui l'est* liar! — you're the liar! **2.** [réciter - prière, table de multiplication] to say ; [- texte] to say, to recite, to read ; [- rôle] to speak ▸ **dire la / une messe** to say mass / a mass / *dire son chapelet* to say the rosary, to tell one's beads ▸ **dire des vers** to recite verse, to give a recitation ; *(en usage absolu)* : *nul n'a oublié à quel point elle disait juste* nobody can forget how accurate her rendering was.

B. EXPRIMER **1.** [oralement] to say / *que dis-tu là?* what did you say?, what was that you said? / *tu ne sais pas ce que tu dis* you don't know what you're talking about / *elle dit tout ce qui lui passe par la tête* she says anything that comes into her head / *en physique, je ne comprends pas ce que dit le professeur* I can't understand what the physics teacher says ou is talking about / *dis quelque chose!* say something! / *c'est juste pour dire quelque chose* it was just for the sake of saying something / *qu'est-ce que tu veux que je dise?* what do you expect me to say? / *j'ai l'habitude de dire ce que je pense* I always speak my mind ou say what I think / *bon, bon, je n'ai rien dit!* OK, sorry I spoke! / *pourquoi ne m'as-tu rien dit de tout cela?* why didn't you speak to me ou tell me about any of this? ▸ **dis-moi où il est** tell me where he is / *ne me dis pas que c'est brûlé!* don't tell me it's burnt! / *il me dit comme ça, «t'as pas le droit» fam* so he says to me "you can't do that" / *je suis un raté? tu sais ce qu'il te dit, le raté? fam* so I'm a loser, am I? well, do you want to hear what this loser's got to say to you? ▸ **je te l'ai dit une fois, je ne te le redirai pas** ou **je ne te le dirai pas deux fois** I've told you before and I won't tell you again / *combien de fois faut-il que je te le dise?* how many times do I have to tell you? ▸ **faire dire** : *impossible de lui faire dire l'âge de sa sœur* he won't say ou give his sister's age / *impossible de lui faire dire la vérité* he just refuses to tell the truth / *ne me fais pas dire ce que je n'ai pas dit!* don't put words into my mouth! ▸ **laisser qqn dire qqch** to let sb say sthg / *laissez-moi dire ceci* let me say this ▸ **laissez-la dire!** let her speak! ▸ **pouvoir dire** : *je peux dire que tu m'as fait peur!* you certainly frightened me! / *j'ai failli faire tout rater! — ça, tu peux le dire!* I nearly messed everything up — you can say that again! ; *(en usage absolu)* : *c'est idiot — dis toujours* it's silly — say it anyway / *j'ai une surprise — dis vite!* I have a surprise — let's hear it ou do tell! ▸ **comment dire** ou **dirais-je?** how shall I put it ou say? ▸ **bien dit!** well said! ▸ **dis** *fam* : *tu te fiches de moi, dis!* you're pulling my leg, aren't you? / *je peux y aller, dis?* can I go, please? / *c'est beau — eh dis, j'y ai mis le prix!* that's beautiful — so it should be, I paid enough for it! ▸ **dites** : *vous lui parlerez de moi, dites?* you will talk to her about me, won't you? ▸ **dis donc** ou **dis-moi** *fam* : *dis donc* ou *dis-moi, faut pas se gêner!* hey, do you mind? / *merde! tfam — dis donc, sois poli!* shit! — hey, (mind your) language! / *dis donc, t'as pas une gomme? fam* hey, have you got a rubber? / *tu es bien habillé, ce soir, dis donc!* my word, aren't you smart tonight! / *ah dis donc, la belle moto!* wow, get a load of that bike! / *tu me le sers, dis* ou *dis-moi, ce café? fam* am I getting that coffee or not? ▸ **dites donc** ou **dites-moi** : *dites donc, pour demain, on y va en voiture?* by the way, are we driving there tomorrow? / *il y a eu 60 morts — ben dites donc! fam* 60 people were killed — good God! / *dites donc* ou *dites-moi Martin, vous n'étiez pas là à 9 h!* by the way Martin, you weren't here at 9, were you? ▸ **disons** : *il nous faut, disons, deux secrétaires* we need, (let's) say, two secretaries / *j'ai, disons, de bonnes raisons de ne pas te croire* let's say I've got good reasons not to believe you / *il a, disons, la cinquantaine bien sonnée* let's say he's on the wrong side of fifty ▸ **ce disant** with these words, so saying ▸ **ce qui est dit est dit** there's no going back on what's been said (before) ▸ **c'est dire si…** : *c'est dire si je l'aimais!* so you see how much I loved her! / *c'est (te / vous) dire s'il est riche!* that gives you an idea how wealthy he is! ▸ **c'est tout dire** : *il ne m'a même pas* *répondu, c'est tout dire* he never even answered me, that says it all ▸ **pour tout dire** in fact, to be honest ▸ **je ne te / vous le fais pas dire** how right you are, I couldn't have put it better myself / *je ne te le fais pas dire* you said it !, my sentiments exactly ! / *de l'escroquerie, je ne vous le fais pas dire* a swindle, you said it ! ou as you so rightly say ! ▸ **il va sans dire que…** needless to say (that)… ▸ **ça va sans dire** it goes without saying ▸ **ça va sans dire mais ça va encore mieux en le disant** *fam* it doesn't hurt to overstate it ▸ **ce n'est pas pour dire, mais…** *fam* : *ce n'est pas pour dire, mais à sa place j'aurais réussi* though I say it myself, if I'd been him I'd have succeeded / *ce n'est pas pour dire mais c'est bruyant fam* I don't mean to complain but it's noisy / *ce n'est pas pour dire mais elle se débrouille bien fam* she's doing well, you've got to give her that, give her her due, she's doing well ▸ **ce que j'avais pas dit là** *fam* : *alors j'ai parlé de racisme, ce que j'avais pas dit là !* then I mentioned racism and that really set the cat among the pigeons ! ▸ **enfin (moi), ce que j'en dis…** : *il en est incapable, enfin moi, ce que j'en dis…* he's not capable of it, at least that's what I'd say… ▸ **je ne dis pas** *fam* maybe / *je ne dis pas, mais…* that's as maybe but… ▸ **je ne te dis que ça** : *il a un petit manoir, je ne te dis que ça !* he owns a lovely little country house, what (more) can I say ! / *voici une confiture maison, je ne te dis que ça* here's some homemade jam that's out of this world ▸ **je te dis pas** *fam* : *il y avait un monde, je te dis pas !* you wouldn't have believed the crowds ! / *je te dis pas la pagaille qu'il y avait !* you should've seen the chaos ! **2.** [symboliquement] to express, to tell of / *je voudrais dire mon espoir* I'd like to express my hope / *un journal où elle dit son dégoût de la vie* a diary in which she tells of her disgust for life / *comment dire mon amour ?* how can I express my love ? / *toute cette haine que je n'avais jamais dite* all my unexpressed hatred / *une lettre où il me disait sa surprise* a letter telling me how surprised he was / *un sculpteur qui n'a plus rien / qui a encore beaucoup à dire* a sculptor who has nothing left to say / who still has a lot left to say ▸ **vouloir dire** [signifier] to mean / *un haussement d'épaules dans ce cas-là, ça dit bien ce que ça veut dire* in a situation like that, a shrug (of the shoulders) speaks volumes ▸ **est-ce à dire que… ?** *sout* does this mean that… ? ▸ **qu'est-ce à dire ?** *arch* : *vous partez, madame, qu'est-ce à dire ?* Madam, what mean you by leaving ? **3.** [écrire] to say / *dans sa lettre, elle dit que…* in her letter she says that… **4.** [annoncer -nom, prix] to give / *cela t'a coûté combien ? — dis un prix !* how much did it cost you ? — have a guess ! ▸ **dites un** ou **votre prix, je l'achète** name your price ▸ **faire dire** : *le général vous fait dire qu'il vous attend* the general has sent me to tell you he's waiting for you / *on m'a fait dire qu'elle était sortie* I was told she'd gone out ▸ **faire dire à qqn de venir** to send for sb / *je lui ai fait dire qu'on se passerait de lui* I let him know that we'd manage without him **5.** [prédire] to foretell, to tell / *tu verras ce que je te dis !* you just wait and see if I'm right ! / *qui aurait dit que je l'épouserais ?* who would have said that I'd marry him ? / *je te l'avais bien dit* I told you so ▸ **tu vas le regretter, moi je** *fam* ou **c'est moi qui** *fam* **te le dis !** you'll be sorry for this, let me tell you ou mark my words ! **6.** [ordonner] to tell / *il m'a dit d'arrêter* he told me to stop ; [conseiller] to tell / *tu me dis d'oublier, mais…* you tell me I must forget, but… ▸ **on ne me le dira pas** ou **je ne me le ferai pas dire deux fois** I don't need to be told twice / *il ne se l'est pas fait dire deux fois* he didn't have to be told twice **7.** [objecter] to say, to object / *sa mère ne lui dit jamais rien* her mother never tells her off / *toi, on ne peut jamais rien te dire !* you can't take the slightest criticism ! / *quand on lui a fait le vaccin, il n'a rien dit* when they gave him the injection he never said a word / *mais, me direz-vous, il n'est pas majeur* but, you will object ou I hear you say, he's not of age ▸ **avoir** ou **trouver qqch à dire** : *as-tu quelque chose à dire sur la façon dont j'élève nos enfants ?* have you got any objections to ou anything to say about the way I bring up our children ? / *j'aurais des choses à dire sur l'organisation du service* I have a few things to say ou some comments to make about the organization of the department / *c'est tout ce que tu as trouvé à dire ?* is that the best you could come up with ? ▸ **n'avoir rien à dire** : *Pierre n'est pas d'accord — il n'a rien à dire* Pierre doesn't agree — he's in no position to make any objections ▸ **ne rien trouver à dire** : *il n'a rien trouvé à dire sur la qualité* he had no criticisms to make about the quality / *elle est maligne, il n'y a pas à* ou *on ne peut pas dire (le contraire) fam* she's shrewd, there's no denying it ou and no mistake **8.** [affirmer] to say, to state / *le diriez-vous à la barre des témoins ?* would you swear to it ? / *si c'est vous qui le dites, si vous le dites, du moment que vous le dites* if you say so / *puisque je vous le dis !* I'm telling you !, you can take it from me ! ▸ **dire que** to say ou to state that / *elle dit que ce n'est pas vrai* she says it's not true / *moi je dis que c'est la seule solution* I say it's the only solution / *c'est le bon train ? — je te dis que oui !* is it the right train ? — yes it is ! ou I'm telling you it is ! / *il va neiger — la météo a dit que non* it looks like it's going to snow — the weather forecast said it wouldn't / *je n'ai jamais dit que j'étais spécialiste !* I never claimed to be ou said I was an expert ! / *tu étais content, ne me dis pas le contraire !* you were pleased, don't deny it ou don't tell me you weren't ! / *on dit qu'il a un autre fils* rumour has it that ou it's rumoured that ou it's said that he has another son / *loin des yeux, loin du cœur, dit-on* out of sight, out of mind, so the saying goes ou so they say / *je ne les laisserai pas dire que mon fils est un fainéant* I won't allow them to ou let them say that my son's an idler ▸ **on le disait lâche** he was said ou alleged ou reputed to be a coward / *qui (me) dit que tu n'es pas un espion ?* how can I tell ou who's to say (that) you're not a spy ? ▸ **on dit ça** *fam* : *je m'en moque — on dit ça* I don't care — that's what you say ou that's what they all say ▸ **ça ne coûtera pas grand-chose — que tu dis !** *fam* it won't cost much — that's what you think ou say ! / *elle trouvera bien une place — qu'elle dit fam* she'll find a job, no problem — that's what she thinks ! ▸ **on dira ce qu'on voudra, mais…** : *on dira ce qu'on voudra, mais l'amour ça passe avant tout* whatever people say, love comes before everything else / *on ne dira jamais assez l'importance d'un régime alimentaire équilibré* I cannot emphasize enough the importance of a balanced diet **9.** [prétendre] to claim, to allege / *elle disait ne pas savoir qui le lui avait donné* she claimed ou alleged that she didn't know who'd given it to her ; [dans des jeux d'enfants] : *on dirait qu'on serait des rois* let's pretend we're kings **10.** [admettre] to say, to admit / *tu ne m'aimes plus, dis-le* you don't love me any more, say ou admit it ▸ **devoir dire** : *je dois dire qu'elle est jolie* I must say ou admit she's pretty / *il a beaucoup travaillé, on doit le dire* it's got to be said that he's worked hard ▸ **il faut dire que** : *il faut bien dire qu'il n'est plus tout jeune* he's not young any more, let's face it / *il faut dire qu'elle a des excuses* (to) give her her due, there are mitigating circumstances ▸ **disons que…** let's say (that)… **11.** [décider] : *il est dit que…* fate has decreed that… / *il ne sera pas dit que…* let it not be said that… ▸ **rien n'est dit a)** [décidé] nothing's been decided yet **b)** [prévisible] nothing's for certain (yet) ▸ **tout est dit a)** [il n'y a plus à discuter] the matter is closed **b)** [l'avenir est arrêté] the die is cast / *tout n'est pas encore dit* nothing's final yet ▸ **aussitôt dit, aussitôt fait** no sooner said than done ; *(en usage absolu)* ▸ **j'ai dit !** *hum* I have spoken ! ▸ **à vous de dire !** JEUX your call !

C. PENSER, CROIRE **1.** [penser] to say, to think / *que disent les médecins ?* what do the doctors say ? ▸ **dire de** : *que dis-tu de ma perruque ?* what do you think of ou how do you like my wig ? / *que dire de ce geste ?* what is one to make of this gesture ? / *et comme dessert ? — que dirais-tu d'une mousse au chocolat ?* and to follow ? — what would you say to ou how about a chocolate mousse ? ▸ **dire que…** to think that… / *dire qu'elle était si jolie étant petite !* to think that she was so pretty as a child ! **2.** [croire] ▸ **on dirait** [introduit une comparaison, une impression] : *si livide qu'on eût dit un fantôme* so pale he looked like a ghost / *quand il parle, on dirait son père* he sounds just like his father ▸ **on dirait du thé a)** [au goût] it tastes like tea **b)** [à l'odeur] it smells like tea **c)** [d'apparence] it looks like tea / *on dirait de la laine* [au toucher] it feels like wool / *on dirait que je te fais peur* you behave as if ou as though you were scared of me ; [exprime une probabilité] : *on dirait sa fille, au premier rang* it looks like her daughter there in the front row / *on dirait qu'ils vont passer avec 3 % de marge* it looks like they'll get through with a 3% lead.

D. INDIQUER **1.** [indiquer -suj: instrument] to say ; [-suj: attitude, regard] to say, to show / *que dit le baromètre ?* what does the barometer say ? / *l'horloge de l'école disait 5 h* it was five o'clock according to the ou by the school clock / *ses yeux disaient sa détresse* you could see ou read the distress in his eyes / *un geste qui disait sa peur* a gesture that betrayed his fear / *sa réponse te dira tout sur elle* her answer will tell you all you need to know about her / *à la voir, quelque chose me dit qu'elle va nous laisser en plan fam* something about her tells me that she'll leave us in the lurch ▸ **mon intuition** ou **quelque chose me dit qu'il reviendra** I have a feeling (that) he'll be back / *que dit ton épaule ? fam* how's your shoulder doing ? / *ça dit quoi, ce rosbif ? fam* how's that joint of beef doing ? **2.** [stipuler par écrit] to say / *que dit la Bible / le dictionnaire à ce sujet ?* what does the Bible / dictionary say about this ? / *écoute ce que dit mon horoscope* listen to what my horoscope says / *la loi ne dit rien sur la vente de ces produits* the law says nothing about the sale of these products.

E. RAPPELER, FAIRE ENVIE **1.** [faire penser à] ▸ **dire quelque chose** : *son visage me dit quelque chose* I've seen her face before, her face seems familiar / *ce nom vous dit-il quelque chose ?* have you come across ou heard the name before ? / *Lambert, cela ne vous dit rien ?* Lambert, does that mean anything to you ? ▸ **cela ne me dit rien de bon** ou **qui vaille** I'm not sure I like (the look of) it **2.** [tenter] : *ta proposition me dit de plus en plus* your suggestion's growing on me / *tu viens ? — ça ne me dit rien* are you coming ? — I'm not in the mood ou I don't feel like it / *la viande ne me dit rien du tout en ce moment* I'm off meat at the moment / *j'ai tellement attendu que maintenant ça ne me dit plus grand-chose* I waited so long that now I've lost interest in it / *ça te dirait d'aller à Bali ?* (how) would you like a trip to Bali ? / *ça te dirait d'aller jouer au tennis ?* are you in the mood for a game of tennis ?

❖ **se dire** ◆ vp *(emploi réciproque)* [échanger -secrets, paroles] to tell each other ou one another / *nous n'avons plus rien à nous dire* we've got nothing left to say to each other / *ils se disaient des injures / des mots doux* they were exchanging insults / sweet nothings ▸ **nous nous disions tout** we had no secrets from each other ▸ **qu'on se le dise** *arch* let this be known / *je n'emmène personne au cirque si ce bruit continue, qu'on se le dise ! hum* I'm not taking anyone to the circus if this noise doesn't stop, believe you me ! ◆ vp *(emploi passif)* **1.** [être formulé] : *comment se dit « bonsoir » en japonais ?* how do you say "goodnight" in Japanese ?, what's the Japanese for "goodnight" ? / *il est vraiment hideux — peut-être, mais ça ne se dit pas* he's really hideous — maybe, but it's not the sort of thing you say / *cela ne se dit pas à table / devant les enfants* such things shouldn't be said at the table / in front of the children ▸ **se dit de** [pour définir un terme] (is) said of, (is) used for, describes / *se dit d'une personne affaiblie par la maladie* said of a person weakened by ill-health **2.** [être en usage] to be in use, to be accepted usage / *cela se dit encore par ici* it's still in use ou they still say it around here / *cela ne se dit plus guère* it's not really accepted usage now ou used anymore. ◆ vpt [penser] to think (to o.s.), to say to o.s. / *maintenant, je me dis que j'aurais dû accepter* now I think I should have accepted / *il est malin, que je me dis fam* he's cunning, I thought to myself / *je me suis dit comme ça que je risquais rien d'essayer fam* I thought ou said to myself there was no harm in giving it a go / *dis-toi bien que tu n'auras rien !* you can be sure you won't get a thing ! / *dis-toi bien que je ne serai pas toujours là pour t'aider* you must realize that ou get it into your head that I won't always be here to help you. ◆ vpi [estimer être] to say / *il se dit flatté de l'intérêt que je lui porte* he says he's ou he claims to be flattered by my interest in him ; [se présenter comme] to say, to claim / *elle se dit mannequin* she claims to be ou she says she's a model / *ils se disent attachés à la démocratie* they claim to ou (that) they care about democracy.

direct, e [diʀɛkt] adj **1.** [sans détour - voie, route, chemin] direct, straight **2.** TRANSP direct, without a change / *c'est direct en métro jusqu'à Pigalle* the metro goes direct to Pigalle / *un vol direct Paris-New York* a direct ou nonstop flight from Paris to New York / *c'est un train direct jusqu'à Genève* the train is nonstop to Geneva **3.** [franc - question] direct ; [- langage] straightforward ; [- personne] frank, straightforward **4.** [sans intermédiaire - cause, conséquence] immediate ; [- supérieur, descendant] direct / *un rapport direct entre deux événements* a direct connection between two events / *mettez-vous en relation directe avec Bradel* get in touch with Bradel himself **5.** ASTRON, GRAM & MÉCAN direct **6.** LOGIQUE positive **7.** MATH direct.

❖ **direct** nm **1.** SPORT straight punch / *un direct du gauche* a straight left **2.** RAIL through ou nonstop train **3.** TV live / *il préfère le direct au playback* he prefers performing live to lipsynching.

❖ **directe** nf [ascension] direct route.

❖ **en direct** loc adj & loc adv live.

directement [diʀɛktəmɑ̃] adv **1.** [tout droit] straight / *rentre directement à la maison* go straight home / *va directement au lit* go straight to bed / *la route mène directement à Deauville* the road goes straight to Deauville **2.** [franchement] : *entrer directement dans le sujet* to broach a subject immediately ▸ **allez directement au fait** come straight to the point **3.** [inévitablement] straight, inevitably / *cela vous mènera directement à la faillite* this will lead you inevitably to bankruptcy **4.** [sans intermédiaire] direct ▸ **adresse-toi directement au patron** go straight to the boss ▸ **vendre directement au public** to sell direct to the public / *j'achète le lait directement à la ferme* I buy the milk direct from the farm / *il descend directement des du Mail* he's a direct descendant of the du Mail family **5.** [personnellement] ▸ **adressez-moi directement votre courrier** address your correspondence directly to me / *cela ne vous concerne pas directement* this doesn't affect you personally ou directly / *je me sens directement visé* I feel singled out ou personally targeted.

directeur, trice [diʀɛktœʀ, tʀis] ◆ adj **1.** [principal - force] controlling, driving ; [- principe] guiding ; [- idée, ligne] main, guiding **2.** AUTO [roue] front *(modif).* ◆ nm, f **1.** [dans une grande entreprise] manager (manageress), director ; [dans une petite entreprise] manager (manageress) ▸ **directeur administratif et financier** chief financial officer, CFO ▸ **directeur d'agence** [dans une banque] bank manager ▸ **directeur artistique** creative ou artistic director ▸ **directeur de cabinet** principal private secretary ▸ **directeur clientèle** customer service manager ▸ **directeur commercial** sales manager ▸ **directeur financier / régional / du personnel** financial / regional / personnel manager ▸ **directeur général** managing director UK, chief executive officer US ▸ **directeur général adjoint** assistant general manager ▸ **directeur de prison** prison governor UK ou warden US ▸ **directeur des ressources humaines** human resources manager **2.** ÉDUC ▸ **directeur d'école** head teacher UK, headmaster UK, principal US ▸ **directrice d'école** head teacher UK, headmistress UK, (lady) principal US **3.** UNIV [d'un département] head of department ▸ **directeur de thèse** (thesis) supervisor **4.** CINÉ, THÉÂTRE & TV director ▸ **directeur artistique** artistic director ▸ **directeur de la photo** director of photography ▸ **directeur de scène** stage director ▸ **directeur du son** sound director.

❖ **directeur** nm **1.** HIST Director **2.** RELIG ▸ **directeur spirituel** ou **de conscience** spiritual advisor.

❖ **directrice** nf MATH directrix.

directif, ive [diʀɛktif, iv] adj **1.** [entretien, méthode] directive / *il est très directif* he likes telling people what to do ▸ **management directif** directive management **2.** [antenne, micro] directional.

❖ **directive** nf ADMIN, MIL & POL directive.

❖ **directives** nfpl orders, instructions.

direction [diʀɛksjɔ̃] nf **1.** [fonction de chef - d'une entreprise] management, managing ; [- d'un orchestre] conducting, direction US ; [- d'un journal] editorship ; [- d'une équipe sportive] captaining ▸ **prendre la direction de a)** [société, usine] to take over the running ou management of **b)** [journal] to take over the editorship of ▸ **se voir confier la direction d'une société / d'un journal / d'un lycée** to be appointed manager of a firm / chief editor of a newspaper / head of a school / *orchestre (placé) sous la direction de* orchestra conducted by **2.** [organisation - de travaux] supervision ; [- d'un débat] chairing, conducting ; [- de la circulation, des opérations] directing **3.** [maîtrise, cadres] ▸ **la direction** the management / *la direction refuse toute discussion avec les syndicats* (the) management refuses to talk to the unions ▸ **direction centrale** ADMIN *headquarters of a branch of the civil service* **4.** [bureau] manager's office **5.** [sens] direction, way ▸ **dans la même direction** the same way, in the same direction / *dans la direction opposée* in the opposite direction / *il est parti dans la direction de la gare* he went towards the station / *il a lancé la balle dans ma direction* he threw the ball towards me / *vous êtes dans la bonne direction* you're going the right way / *engagé dans une mauvaise direction* heading the wrong way / *vous allez dans quelle direction?* which way are you going?, where are you heading for? ▸ **prenez la direction Nation** [dans le métro] take the Nation line / **'toutes directions'** 'all routes' ▸ **partir dans toutes les directions a)** [coureurs, ballons] to scatter **b)** [pétards] to go off in all directions **c)** [conversation] to wander / *la discussion a pris une tout autre direction* the discussion took a different turn ou shifted to another subject **6.** CINÉ, THÉÂTRE & TV ▸ **direction (d'acteurs)** directing, direction **7.** AUTO & MÉCAN steering / *la direction du vélo est faussée* the bicycle's handlebars are out of true ▸ **direction assistée** power steering **8.** ADMIN ▸ **Direction centrale du renseignement intérieur** *French intelligence service* ▸ **Direction départementale de l'équipement** *local government body responsible for public works* ▸ **Direction régionale de l'environnement** *local government body in charge of environmental issues.*

❖ **de direction** loc adj [équipe] managerial.

❖ **en direction de** loc prép in the direction of, towards / *embouteillages en direction de Paris* holdups for Paris-bound traffic ▸ **les trains / avions / vols en direction de Marseille** trains / planes / flights to Marseille ▸ **jeter un regard en direction de qqn** to cast a glance at ou towards sb / *il a tiré en direction des policiers* he fired at the policemen.

directionnel, elle [diʀɛksjɔnɛl] adj directional.

directive [diʀɛktiv] f ⟶ **directif.**

directivisme [diʀɛktivism] nm *péj* authoritarianism.

directivité [diʀɛktivite] nf **1.** [d'une politique] authoritative nature **2.** ÉLECTRON directivity.

directo [diʀɛkto] adv *fam* straight, right / *ça va directo à la poubelle* it's going straight in the bin.

directoire [diʀɛktwaʀ] nm ADMIN & COMM directorate *(sg ou pl)*, board of directors.

❖ **Directoire** npr m ▸ **le Directoire** the (French) Directory ▸ **meuble Directoire** piece of Directoire furniture ▸ **style Directoire** Directoire style.

directorat [diʀɛktɔʀa] nm **1.** ADMIN, ÉDUC & THÉÂTRE directorate, directorship **2.** COMM managership.

directorial, e, aux [diʀɛktɔʀjal, o] adj **1.** [fonction, pouvoir] managerial, executive, directorial ▸ **le bureau directorial** the executive suite ou manager's office **2.** SUISSE ▸ **régime directorial** *(in Switzerland) political system in which government is carried out by a seven member body elected by Parliament* **3.** HIST Directory *(modif)*, of the Directory.

DIREN [diʀɛn] nf **abr de Direction régionale de l'environnement.**

dirham [diʀam] nm dirham.

dirigeable [diʀiʒabl] ◆ adj dirigible. ◆ nm airship, dirigible.

dirigeant, e [diʀiʒɑ̃, ɑ̃t] ◆ adj ruling. ◆ nm, f POL [d'un parti] leader ; [d'un pays] ruler, leader ▸ **dirigeant syndical** union leader.

❖ **dirigeants** nmpl COMM ▸ **dirigeants sociaux** managerial staff.

diriger [17] [diʀiʒe] vt **1.** [être à la tête de - usine, entreprise] to run, to manage ; [- personnel, équipe] to manage ; [- service, département] to be in charge of, to be head of ; [- école] to be head of ; [- orchestre] to conduct, to direct US ; [- journal] to edit ; [- pays] to run ; [- parti, mouvement] to lead / *une firme bien dirigée* a well-managed ou well-run firm / *mal diriger une société* to mismanage a company ; *(en usage absolu)* ▸ **savoir diriger** to be a (good) manager **2.** [superviser - travaux] to supervise, to oversee ; [- débat] to conduct ; [- thèse, recherches] to supervise ; [- circulation] to direct ; [- opérations] to direct, to oversee / *ceux qui veulent diriger les consciences* those who would influence other people's moral choices **3.** CINÉ, THÉÂTRE & TV to direct **4.** [piloter - voiture] to steer ; [- bateau] to navigate, to steer ; [- avion] to fly, to pilot ; [- cheval] to drive ; [guider - aveugle] to guide ; [- dans une démarche] to direct, to steer ▸ **diriger qqn vers la sortie** to direct sb to the exit / *on vous a mal dirigé* you were misdirected / *diriger les troupes vers le front* to move the troops up to the front / *un véhicule difficile à diriger sur route verglacée* a vehicle which is hard to handle on an icy road / *diriger un étranger dans le dédale administratif* to guide ou to help a foreigner through the red tape / *elle a été mal dirigée dans son choix de carrière* she had poor career guidance ▸ **diriger qqn sur** ou **vers** : *diriger un élève vers un cursus littéraire* to guide ou to steer a student towards an arts course / *l'appât du gain dirige tous ses actes fig* the lure of gain motivates everything he does **5.** [acheminer - marchandises] to send / *diriger des colis sur* ou *vers la Belgique* to send parcels to Belgium / *je fais diriger mes appels sur mon autre numéro* I have my calls redirected ou rerouted to my other number **6.** [orienter - pensée] to direct ▸ **diriger son regard vers qqn** to look in the direction of sb / *tous les yeux étaient dirigés sur elle* everyone was staring at her / *diriger la conversation sur un autre sujet* to steer the conversation on to ou to switch the conversation to a new subject ▸ **diriger ses espoirs vers qqn** to pin one's hopes on ou to vest one's hopes in sb ▸ **diriger ses pas vers** *pr & fig* to head for **7.** [adresser hostilement] to level, to direct ▸ **diriger des accusations contre qqn** to level accusations at sb / *leurs moqueries étaient dirigées contre lui* he was the butt of their jokes **8.** [braquer] : *il dirigea son télescope sur la lune* he trained his telescope on the moon / *une antenne dirigée vers la tour Eiffel* an aerial trained on the Eiffel tower / *lorsque la flèche est dirigée vers la droite* when the arrow points to the right ; ARM [tir] to aim / *diriger un canon vers* ou *sur une cible* to aim ou to level ou to point a cannon at a target ▸ **diriger une arme sur qqn** to aim a weapon at ou to train a weapon on sb.

❖ **se diriger** vpi **1.** [aller] ▸ **se diriger sur** ou **vers** [frontière] to head ou to make for, to go towards UK ou toward US, to head towards UK ou toward US / *se diriger vers la sortie* to make one's way to the exit / *les voitures se dirigent vers la ligne d'arrivée* the cars are heading for the finish / *les pourparlers se dirigent vers un compromis fig* the discussions are moving towards a compromise / *nous nous dirigeons vers le conflit armé fig* we're headed for armed conflict **2.** [trouver son chemin] to find one's way / *l'avion a réussi à se diriger dans la tempête* the plane found its way through the storm / *un animal qui sait se diriger dans le noir* an animal which can find its way in the dark / *savoir se diriger dans une ville* to be able to find one's way round a city / *on apprend aux élèves à se diriger dans leurs études* pupils are taught to take charge of their own studies.

dirigisme [diʀiʒism] nm state control, state intervention.

dirigiste [diʀiʒist] ◆ adj interventionist. ◆ nmf partisan of state control.

dirlo [diʀlo] nmf *arg scol* head, principal.

disait v ⟶ **dire.**

discal, e, aux [diskal, o] adj discal.

discarthrose [diskaʀtʀoz] nf intervertebral disc arthritis.

discernable [disɛʀnabl] adj discernible, discernable, perceptible.

discernement [disɛʀnəmɑ̃] nm **1.** [intelligence] (good) judgement, discernment *sout* / *il a agi avec discernement* he showed (good) judgement in what he did **2.** *sout* [discrimination] distinguishing, discrimination, discriminating / *il est difficile de faire le discernement entre ce qui est juste et ce qui ne l'est pas* it's difficult to distinguish between what is just and what is unjust.

discerner [3] [disɛʀne] vt **1.** [voir] to discern, to distinguish, to make out *(insép)* / *on discernait à peine les contours* you could just make out the outline **2.** [deviner] to discern, to perceive, to detect / *j'ai cru discerner une certaine colère dans sa voix* I thought I could detect a hint of anger in his voice ▸ **discerner les motivations de qqn** to see through sb **3.** [différencier] ▸ **discerner qqch de qqch** : *discerner le bien du mal* to distinguish (between) right and wrong, to tell right from wrong.

disciple [disipl] nm **1.** RELIG & ÉDUC disciple **2.** [partisan] follower, disciple.

disciplinable [disiplinabl] adj disciplinable, liable to be disciplined.

disciplinaire [disiplinɛʀ] adj disciplinary.

disciplinairement [disiplinɛʀmɑ̃] adv through the code of discipline.

discipline [disiplin] nf **1.** [règlement] discipline **2.** [obéissance] discipline ▸ **avoir de la discipline** to be disciplined / *il sait faire régner la discipline dans sa classe* he maintains strict discipline in his classes / *faire grève par discipline syndicale* to join an official strike ▸ **discipline alimentaire** observance of one's diet ▸ **discipline de vote** voting discipline **3.** ÉDUC & UNIV [matière] subject, discipline **4.** HIST discipline, whip, scourge.

discipliné, e [disipline] adj **1.** [personne] obedient, disciplined **2.** [cheveux] neat (and tidy), well-groomed.

discipliner [3] [disipline] vt **1.** [faire obéir -élèves, classe] to discipline, to (bring under) control **2.** [maîtriser -instincts] to control, to master ; [-pensée] to discipline, to train **3.** [endiguer -rivière] to control **4.** [coiffer -cheveux] to groom.

❖ **se discipliner** vp *(emploi réfléchi)* to discipline o.s.

disc-jockey [diskʒɔkɛ] *(pl* **disc-jockeys***)* nmf disc jockey.

disco [disko] ◆ adj disco ▸ **musique disco** disco (music). ◆ nm [musique] disco (music) ; [danse, chanson] disco number. ◆ nf *fam & vieilli* [discothèque] disco.

discobole [diskɔbɔl] nm ANTIQ discobolus, discobolos / **'le Discobole'** *Myron* 'Discobolus', 'The Discus Thrower'.

discographie [diskɔgʀafi] nf discography / *avoir une importante discographie* to have made many recordings, to have recorded many pieces.

discographique [diskɔgʀafik] adj : *l'industrie discographique française* the French record industry / *l'œuvre discographique de Gainsbourg* the records Gainsbourg made.

discoïde [diskɔid] adj discoid, discoidal.

discontinu, e [diskɔ̃tiny] adj **1.** [ligne] broken ; [effort] discontinuous, intermittent ▸ **le bruit est discontinu** the noise occurs on and off **2.** LING & MATH discontinuous.

❖ **discontinu** nm ▸ **le discontinu** that which is discontinuous.

❖ **discontinue** nf [consonne] stop (consonant).

discontinuer [7] [diskɔ̃tinɥe] vt & vi *litt* to stop, to cease.

❖ **sans discontinuer** loc adv nonstop, continuously / *il peut parler des heures sans discontinuer* he can talk for hours nonstop ou on end.

discontinuité [diskɔ̃tinɥite] nf [gén & MATH] discontinuity.

disconvenir [40] [diskɔ̃vniʀ] ❖ **disconvenir de** v + prép *sout* : *je ne disconviens pas de son utilité* I don't deny its being useful ou its usefulness / *vous avez raison, je n'en disconviens pas* I don't deny that you're right.

discopathie [diskɔpati] nf lesion of an intervertebral disc.

discophile [diskɔfil] nmf record-collector, discophile *spéc.*

discordance [diskɔʀdɑ̃s] nf **1.** MUS discord, discordance, disharmony **2.** [disharmonie -de couleurs, de sentiments] lack of harmony, clash ; [-entre des personnes, idées] clash, conflict, disagreement **3.** [écart] contradiction, inconsistency / *il existe certaines discordances entre les deux récits* the two stories contain several inconsistencies **4.** GÉOL discordance, discordancy, unconformability **5.** PSYCHOL dissociation.

discordant, e [diskɔʀdɑ̃, ɑ̃t] adj **1.** MUS discordant ; [criard] harsh, grating **2.** [opposé -styles, couleurs, avis, diagnostics] clashing / *ils ont présenté des témoignages discordants* their testimonies were at variance with each other **3.** GÉOL discordant, unconformable.

discorde [diskɔʀd] nf discord, dissension, dissention.

discothèque [diskɔtɛk] nf **1.** [collection] record collection **2.** [meuble] record case ou holder **3.** [établissement de prêt] record ou music library **4.** [boîte de nuit] disco, night club.

discount [disk(a)unt] ◆ nm **1.** [rabais] discount / *un discount de 20 %* (a) 20% discount, 20% off **2.** [technique] discount selling. ◆ adj inv discount *(modif)* / *des épiceries / prix discount* discount groceries / prices.

discounter¹ [3] [disk(a)unte] vt & vi to sell at a discount.

discounter² [disk(a)untœʀ] nm discount dealer.

discoureur, euse [diskuʀœʀ, øz] nm, f *péj* speechifier / *méfie-toi, c'est un grand discoureur* watch out, he loves the sound of his own voice.

discourir [45] [diskuʀiʀ] vi **1.** *litt* [bavarder] to talk **2.** *péj* [disserter] to speechify / *discourir à perte de vue sur l'avenir* to talk endlessly about the future.

discours [diskuʀ] nm **1.** [allocution] speech, address / *faire un discours* to make a speech ▸ **discours de bienvenue** welcoming speech ou address ▸ **discours d'inauguration** inaugural lecture ou address ou speech ▸ **discours-programme** keynote speech ▸ **discours de réception** acceptance speech ▸ **discours du trône** POL inaugural speech *(of a sovereign before a Parliamentary session)*, King's Speech, Queen's Speech ▸ **le discours sur l'État de l'Union** the State of the Union Speech / **'Discours de la méthode'** *Descartes* 'Discourse on Method' **2.** *péj* [bavardage] chatter / *se perdre en longs discours* to talk ou to chatter endlessly / *tous ces (beaux) discours ne servent à rien* all this fine talk doesn't get us anywhere / *rien de concret, que des discours!* nothing concrete, just (a lot of) words! **3.** LING [langage réalisé] speech ; [unité supérieure à la phrase] discourse ▸ **discours direct** GRAM direct speech ▸ **discours indirect** GRAM reported ou indirect speech **4.** LOGIQUE discourse **5.** [expression d'une opinion] discourse ▸ **le discours des jeunes** the sorts of things young people say / *tenir un discours de droite* to talk like a right-winger.

discourtois, e [diskuʀtwa, az] adj discourteous, impolite.

discourtoisement [diskuʀtwazmɑ̃] adv discourteously, impolitely.

discourtoisie [diskuʀtwazi] nf discourtesy.

discouru [diskuʀy] pp ⟶ **discourir.**

discrédit [diskʀedi] nm discredit, disrepute / *le discrédit attaché à cette entreprise* this firm's discredited reputation ▸ **jeter le discrédit sur qqn / qqch** to discredit sb / sthg / *tomber dans le discrédit* to fall into disrepute.

discréditer [3] [diskʀedite] vt to discredit, to bring into disrepute.

❖ **se discréditer** ◆ vp *(emploi réfléchi)* [personne] to bring discredit upon o.s. / *se discréditer auprès du public* to lose one's good name. ◆ vpi [idée, pratique] to become discredited.

discret, ète [diskʀɛ, ɛt] adj **1.** [réservé -personne, attitude] reserved, discreet / *de manière discrète* discreetly **2.** [délicat -personne] tactful, discreet, diplomatic / *de manière discrète* tactfully, discreetly **3.** [qui sait garder un secret] discreet / *sois sans inquiétude, je serai discret* don't worry, I'll be discreet **4.** [dissimulé] ▸ **sous emballage discret** in a plain wrapper **5.** [neutre -toilette, style] plain, sober, understated ; [-couleur] subtle ; [-lumière] subdued, soft ; [-parfum] subtle ; [-maquillage] light, subtle **6.** [isolé -lieu] quiet, secluded / *ils ont choisi une auberge discrète* they chose an inn where they could have some privacy **7.** MATH discrete.

discrètement [diskʀɛtmɑ̃] adv **1.** [sans être remarqué] quietly, discreetly, unobtrusively ▸ **entrer / sortir discrètement** to slip in / out (unobtrusively) / *je lui en parlerai discrètement* I'll have a quiet word with him **2.** [se maquiller, se parfumer] discreetly, lightly, subtly ; [s'habiller] discreetly, quietly, soberly.

discrétion [diskʀesjɔ̃] nf **1.** [réserve] discretion, tact, tactfulness ▸ **manquer de discrétion** to be tactless **2.** [modestie] unobtrusiveness, self-effacement **3.** [sobriété -d'un maquillage] lightness, subtlety ; [-d'une toilette] soberness / *s'habiller avec discrétion* to dress soberly ou quietly **4.** [silence] discretion / *comptez sur ma discrétion* you can count on my discretion / **'discrétion assurée'** 'write in confidence'.

❖ **à discrétion** loc adv : *vous pouvez manger à discrétion* you can eat as much as you like.

❖ **à la discrétion de** loc prép at the discretion of / *pourboire à la discrétion du client* gratuities at the discretion of the customer.

discrétionnaire [diskʀesjɔnɛʀ] adj discretionary.

discriminant, e [diskʀiminɑ̃, ɑ̃t] adj distinguishing, discriminating.

❖ **discriminant** nm discriminant.

discrimination [diskʀiminasjɔ̃] nf **1.** [ségrégation] ▸ **discrimination raciale** racial discrimination **2.** *litt* [distinction] discrimination, distinction / *opérer la discrimination entre deux choses* to distinguish between two things.

discriminatoire [diskʀiminatwaʀ] adj discriminatory.

discriminer [3] [diskʀimine] vt to distinguish.

disculper [3] [diskylpe] vt ▸ **disculper qqn de qqch** to exonerate sb from sthg.

❖ **se disculper** vp *(emploi réfléchi)* : *pour se disculper il invoqua l'ignorance* to vindicate ou to exonerate himself, he pleaded ignorance ▸ **se disculper de qqch** to exonerate o.s. from sthg.

discursif, ive [diskyʀsif, iv] adj **1.** [raisonné] discursive **2.** LING discourse *(modif)*.

discussion [diskysjɔ̃] nf **1.** [négociation] talk, discussion / *avec lui la discussion est impossible* he's incapable of compromise ; [querelle] quarrel, argument ▸ **pas de discussion!** no arguing!, don't argue! **2.** [débat] debate, discussion / *ils sont en pleine discussion* they're in the middle of a debate / *la question de l'avortement donne matière* ou *est sujet à discussion* the issue of abortion lends itself to debate **3.** [conversation] discussion, conversation / *dans la discussion, il m'a dit que...* during our conversation, he told me that...

discutable [diskytabl] adj [fait, théorie, décision] debatable, questionable ; [sincérité, authenticité] questionable, doubtful ; [goût] dubious.

discutailler [3] [diskytaje] vi *fam & péj* to quibble.

discutailleur, euse [diskytajœʀ, øz] adj *fam & péj* : *il est très discutailleur* he's a real quibbler.

discuté, e [diskyte] adj **1.** [débattu] debated, discussed ▸ **très discuté** hotly debated **2.** [contesté -nomination] controversial, disputed / *une œuvre à l'authenticité discutée* a work of art whose authenticity is the subject of controversy ou is disputed.

discuter [3] [diskyte] ◆ vt **1.** [débattre -projet de loi] to debate, to discuss ; [-sujet, question] to discuss, to argue, to consider ▸ **discuter le coup** *fam* to have a chat **2.** [contester -ordres] to question, to dispute ; [-véracité] to debate, to question ; [-prix] to haggle over / *un penalty qu'on discute encore* a penalty which they're still arguing about ; *(en usage absolu)* : *cesse de discuter, avance!* don't argue ou no arguing, move on! ▸ **tu discutes?** no ifs and buts! UK, no ifs ands or buts! US / *inutile de discuter, je ne céderai pas* it's no use arguing, I'm not going to give in. ◆ vi **1.** [parler] to talk, to have a discussion ▸ **discuter de** to talk about *(insép)*, to discuss / *nous en avons longuement discuté* we've had a long discussion about it / *discuter de choses et d'autres* to talk about this and that ▸ **discuter du sexe des anges** to discuss futilities **2.** [négocier] to negotiate.

❖ **se discuter** vp *(emploi passif)* **1.** [sujet, question] to be debated / *le projet de loi se discute actuellement à l'Assemblée* the bill is being debated ou is under discussion in the Assembly **2.** [point de vue] ▸ **ça se discute** *fam* that's debatable.

dise v ⟶ **dire.**

disert, e [dizɛʀ, ɛʀt] adj *litt* articulate, eloquent, fluent.

disertement [dizɛʀtəmɑ̃] adv *litt* articulately, eloquently, fluently.

disette [dizɛt] nf **1.** [pénurie - gén] shortage, dearth ; [- de nourriture] scarcity of food, food shortage **2.** *litt* [manque] ▸ **disette d'argent** want ou lack of money.

diseur, euse [dizœʀ, øz] nm, f ▸ **diseur de bonne aventure** fortune-teller ▸ **diseur de bons mots** wit ▸ **fin diseur** fine talker ▸ **les grands diseurs ne sont pas les grands faiseurs** *prov* those who talk most aren't necessarily those who get things done.

disgrâce [disgʀɑs] nf **1.** *sout* [défaveur] disgrace, disfavour / *la disgrâce d'un homme politique* a politician's disgrace ▸ **tomber en disgrâce** to fall into disfavour, to fall from grace **2.** *litt* [manque de grâce] inelegance, awkwardness.

disgracié, e [disgʀasje] adj **1.** [laid] ungraceful, ugly **2.** [en disgrâce] disgraced.

disgracier [9] [disgʀasje] vt *litt* to disgrace.

disgracieux, euse [disgʀasjø, øz] adj **1.** [laid - visage] ugly, unattractive ; [- geste] awkward, ungainly ; [- comportement] uncouth ; [- personne] unattractive, unappealing ; [- objet] unsightly **2.** *litt* [discourtois] ungracious, discourteous.

disjoindre [82] [disʒwɛ̃dʀ] vt **1.** [planches] to break up *(sép)* / *disjoindre les pierres d'un mur* to break up a stone wall **2.** [causes, problèmes] to separate, to consider separately / *il faudrait disjoindre ces deux questions* these two questions should be considered separately.

❖ **se disjoindre** vpi to come apart.

disjoint, e [disʒwɛ̃, ɛ̃t] adj **1.** [planches] loose **2.** MATH disjoint **3.** MUS disjunct.

disjoncter [3] [disʒɔ̃kte] vi to short-circuit / *ça a fait disjoncter tout le circuit* it blew the whole circuit ; *fig* : *il disjoncte complètement fam* he's losing his marbles.

disjoncteur [disʒɔ̃ktœʀ] nm circuit breaker, cutout (switch).

disjonctif, ive [disʒɔ̃ktif, iv] adj disjunctive.

❖ **disjonctif** nm disjunctive.

disjonction [disʒɔ̃ksjɔ̃] nf BIOL disjunction.

dislocation [dislɔkasjɔ̃] nf **1.** [d'une caisse] breaking up ; [d'un empire] dismantling ; [d'un parti] breaking up, disintegration ; [d'une manifestation] breaking up, dispersal **2.** MÉD & PHYS dislocation **3.** [contorsion] contorsion **4.** GÉOL fault.

disloquer [3] [dislɔke] vt **1.** [caisse] to take to pieces, to break up *(sép)* ; [poupée] to pull apart *(sép)* ; [corps] to mangle **2.** [faire éclater - empire] to dismantle ; [- parti] to break up *(sép)* **3.** MÉD to dislocate.

❖ **se disloquer** vpi **1.** [meuble] to come ou to fall apart, to fall to pieces **2.** [fédération] to disintegrate, to break up *(sép)* ; [empire] to break up **3.** [se disperser - manifestation] to disperse, to break up **4.** MÉD to be dislocated **5.** [se contorsionner] to contort o.s.

disparaître, disparaitre* [91] [dispaʀɛtʀ] vi **1.** [se dissiper - peur, joie] to evaporate, to fade, to disappear ; [- douleur, problème, odeur] to disappear ; [- bruit] to stop, to subside ; [- brouillard] to clear, to vanish ▸ **faire disparaître qqch a)** [gén] to remove sthg **b)** [supprimer] to get rid of sthg / *ce médicament a fait disparaître ma migraine* the medicine got rid of my migraine / *fais-moi disparaître cette horreur!* get that revolting thing out of my sight! / *il a fait disparaître tous mes doutes* he dispelled all my doubts ; COMM / **'tout doit disparaître'** 'everything must go' **2.** [devenir invisible - soleil, lune] to disappear ; [- côte, bateau] to vanish, to disappear / *les rues ont disparu sous la neige* the roads have disappeared under the snow / *le soleil disparut à l'horizon* the sun disappeared below the horizon / *elle a disparu dans la foule* she vanished into the crowd / *disparais de ma vue!* get out of my sight! **3.** [être inexplicablement absent] to disappear, to vanish / *le temps que j'arrive, la clef / ma sœur avait disparu* by the time I got there, the key / my sister had disappeared / *son mari a disparu (sans laisser d'adresse)* her husband has absconded ▸ **faire disparaître qqn / qqch** to conceal sb / sthg ▸ **disparaître de la circulation** ou **dans la nature** *fam* to vanish into thin air **4.** [ne plus exister - espèce, race] to die out, to become extinct ; [- langue, coutume] to die out, to disappear ; [mourir] to pass away, to die ▸ **faire disparaître qqn** *euphém* to eliminate sb, to have sb removed ▸ **disparaître en mer** to be lost at sea.

disparate [dispaʀat] ◆ adj **1.** [hétérogène - objets, éléments] disparate, dissimilar **2.** [mal accordé - mobilier] ill-assorted, non-matching ; [- couple] ill-assorted, ill-matched / *deux chaises disparates* two chairs that don't match. ◆ nm ou nf *litt* ▸ **le disparate** the ill-assorted character ou nature.

disparité [dispaʀite] nf disparity / *une disparité entre deux éléments* a disparity between two elements ▸ **disparité de** [sommes d'argent] disparity in.

disparition [dispaʀisjɔ̃] nf **1.** [du brouillard] lifting, clearing ; [du soleil] sinking, setting ; [d'une côte, d'un bateau] vanishing ; [de la peur, du bruit] fading away ; [du doute] disappearance / *frotter jusqu'à disparition des taches* rub until the stains disappear / *à prendre jusqu'à disparition de la douleur* to be taken until (the) pain disappears ou stops **2.** [absence - d'une personne, d'un porte-monnaie] disappearance / *depuis la disparition du bébé* since the baby went missing ou disappeared **3.** [extinction - d'une espèce] extinction ; [- d'une langue, d'une culture] dying out, disappearance **4.** [mort] death, disappearance / *après sa disparition* after his death.

disparu, e [dispaʀy] ◆ pp ⟶ **disparaître.** ◆ adj **1.** [mort] dead ▸ **porté disparu a)** [soldat] missing (in action) **b)** [marin] lost at sea **c)** [passager, victime] missing believed dead **2.** [langue] dead ; [coutume, culture] vanished, dead ; [ère, époque] bygone. ◆ nm, f **1.** [défunt] dead person ▸ **les disparus** the dead / *les disparus en mer* [marins] men lost at sea **2.** [personne introuvable] missing person.

dispatcher [3] [dispatʃe] vt to dispatch, to send around *(sép)*.

dispatching [dispatʃiŋ] nm [du courrier] routing.

dispendieusement [dispɑ̃djøzmɑ̃] adv *litt* extravagantly, expensively.

dispendieux, euse [dispɑ̃djø, øz] adj *litt* expensive, costly.

dispensable [dispɑ̃sabl] adj DR liable to be exempted.

dispensaire [dispɑ̃sɛʀ] nm community clinic UK free clinic US.

dispensateur, trice [dispɑ̃satœʀ, tʀis] nm, f dispenser.

dispense [dispɑ̃s] nf **1.** [exemption] exemption / *dispense d'oral* exemption from an oral exam **2.** [certificat] exemption certificate **3.** [autorisation spéciale] ▸ **dispense d'âge** *special permission for people under or over the age limit* **4.** DR ▸ **dispense de peine** dismissal of charges **5.** RELIG dispensation.

dispenser [3] [dispɑ̃se] vt **1.** [exempter] ▸ **dispenser qqn de qqch** to exempt sb from sthg / *se faire dispenser de gymnastique* to be excused (from) gym / *je vous dispense de me rendre un rapport cette fois* I'll excuse you from writing me a report this time ▸ **dispenser qqn de faire** to exempt sb from doing / *cela ne te dispense pas de payer* this doesn't exempt you from paying / *je te dispense de tes sarcasmes* spare me your sarcasm **2.** RELIG ▸ **dispenser qqn de qqch** to release sb from sthg **3.** [donner - charité] to dispense, to administer ; [- parole] to utter / *dispenser des soins aux malades* to provide patients with medical care.

❖ **se dispenser de** vp + prép [obligation] to get out of / *je me dispenserais bien de cette corvée!* I could do without this chore! / *peut-on se dispenser de venir à la répétition?* is it possible to skip the rehearsal?

dispersant, e [dispɛʀsɑ̃, ɑ̃t] adj dispersive.

❖ **dispersant** nm dispersant.

dispersé, e [dispɛʀse] adj **1.** [famille, peuple] scattered ; [habitations] scattered, spread out **2.** *fig* : *élève trop dispersé* [sur bulletin de notes] should pay more attention in class / *dans mon ancien poste, j'étais trop dispersé* in my old job, I had too many different things to do **3.** PHYS disperse *(modif)*.

disperser [3] [dispɛʀse] vt **1.** [répandre - cendres, graines] to scatter **2.** [brume, brouillard] to disperse, to lift **3.** [efforts] to dissipate ; [attention] to divide **4.** [foule, manifestants] to disperse, to break up *(sép)*, to scatter ; [collection] to break up, to scatter **5.** [troupes] to spread out *(sép)*.

❖ **se disperser** vpi **1.** [brume, brouillard] to lift, to disperse **2.** [manifestation, foule] to disperse, to break up **3.** [dans son travail] to tackle too many things at once / *la production s'est (trop) dispersée* the firm has overdiversified.

dispersif, ive [dispɛʀsif, iv] adj dispersive.

dispersion [dispɛʀsjɔ̃] nf **1.** [de cendres, de débris] scattering **2.** [de la brume] dispersal, lifting **3.** [de troupes, de policiers] spreading out **4.** [d'une foule, de manifestants] dispersal **5.** [des forces, de l'énergie] waste ; [de l'attention] dividing of attention / *une trop grande dispersion de la production* overdiversification in manufacturing **6.** CHIM & PHYS dispersion **7.** ÉLECTR ▸ **dispersion magnétique** magnetic leak ou leakage **8.** ARM ▸ **dispersion du tir** dispersion **9.** [en statistiques] dispersion.

disponibilité [dispɔnibilite] nf **1.** [d'une fourniture, d'un service] availability / *j'aimerais réserver, quelles sont les disponibilités en juin?* I'd like to book, what's availability like in June? **2.** [liberté] availability *(for an occupation)* / *pour élever des enfants, il faut avoir une grande disponibilité* to bring up children you need to have a lot of time to devote to them ▸ **disponibilité d'esprit** open-mindedness, receptiveness ▸ **avoir une grande disponibilité d'esprit** to be very open-minded **3.** ADMIN ▸ **mise en disponibilité** (extended) leave / *professeur en disponibilité* teacher on (extended) leave / *se mettre en disponibilité* to take (extended) leave **4.** DR [de bien] (owner's) free disposal of property.

❖ **disponibilités** nfpl available funds, liquid assets.

disponible [dispɔnibl] ◆ adj **1.** [utilisable - article, service] available ▸ **revenu disponible** disposable income ▸ **non disponible** unavailable **2.** [libre - personnel, employé] free, available **3.** [ouvert - personne] receptive, open-minded / *mon père a toujours été quelqu'un de disponible* my father has always been ready to listen **4.** ADMIN on (extended) leave. ◆ nmf ADMIN civil servant on (extended) leave of absence. ◆ nm COMM stock items.

dispos, e [dispo, oz] adj in good form ou shape.

disposant, e [dispozɑ̃, ɑ̃t] nm, f benefactor (benefactress).

disposé, e [dispoze] adj **1.** [arrangé] : *bien / mal disposé* well- / poorly-laid out **2.** [personne] : *bien / mal disposé* in a good / bad mood ▸ **être bien / mal disposé à l'égard de qqn** to be well-disposed / ill-disposed towards UK ou toward US sb.

disposer [3] [dispoze] ◆ vt **1.** [arranger - verres, assiettes] to lay, to set ; [- fleurs] to arrange ; [- meubles] to place, to arrange / *disposer des convives autour d'une table* to seat guests at a table / *disposer des sentinelles autour du camp* to position sentries around the camp / *j'ai disposé la chambre autrement* I've changed the layout of the bedroom **2.** [inciter] ▸ **disposer qqn à** to incline sb to ou towards / *l'isolement me disposait à l'écriture* being on my own induced me to write / *l'heure ne dispose pas aux confidences* this is not a suitable time for sharing secrets **3.** [préparer] ▸ **disposer qqn à** to prepare sb for / *ses études ne le disposent pas à la recherche* his course of studies does not prepare him for research ou to do research ▸ **être disposé à faire qqch** to feel disposed ou to be willing to do sthg ▸ **être peu disposé à faire qqch** to be disinclined to do sthg. ◆ vi [partir] ▸ **vous pouvez disposer** you may leave ou go.

❖ **disposer de** v + prép **1.** [avoir] to have (at one's disposal ou available) / *nous disposons de trente hommes pour cette mission* we have thirty men (available ou

*In reformed spelling (see p. 16-19).

at our disposal) for this mission / *je ne dispose que de très peu d'argent liquide* I don't have much cash (available) **2.** [utiliser] to use / *puis-je disposer de votre téléphone?* may I use your phone? / *disposez de moi comme il vous plaira* I am at your service / *croyez-vous pouvoir disposer de moi?* do you think you can just use me? **3.** DR ▸ **disposer de ses biens** to dispose of one's property.

❖ **se disposer à** vp + prép to prepare to / *je me disposais à partir* I was preparing to leave.

⚠ Attention, **to dispose of** signifie « se débarrasser de » et non disposer de.

dispositif [dispozitif] nm **1.** [appareil, mécanisme] machine, device ▸ **dispositif antibuée** demister UK, defogger US ▸ **dispositif d'alarme / de sûreté** alarm / safety device **2.** [mesures] plan, measure / *un important dispositif policier se sera mis en place* there will be a large police presence **3.** MIL plan **4.** CINÉ, THÉÂTRE & TV ▸ **dispositif scénique** set **5.** DR [jugement] sentence ; [acte, traité] purview.

disposition [dispozisjɔ̃] nf **1.** [arrangement -de couverts] layout ; [-de fleurs, de livres, de meubles] arrangement / *la disposition du terrain* the lie of the land / *la disposition des pièces dans notre maison* the layout of the rooms in our house / *la disposition de la vitrine* the window display **2.** [fait d'arranger -des couverts] laying out, setting ; [-des meubles] laying out, arranging ; [-des fleurs] arranging **3.** [tendance -d'une personne] tendency / *avoir une disposition à la négligence / à grossir* to have a tendency to carelessness / to put on weight **4.** [aptitude] aptitude, ability, talent ▸ **avoir une disposition pour** to have a talent for **5.** DR clause, stipulation ▸ **les dispositions testamentaires de...** the last will and testament of... ; [jouissance] disposal / *avoir la disposition de ses biens* to be free to dispose of one's property **6.** ADMIN ▸ **mise à la disposition** secondment UK, temporary transfer US.

❖ **dispositions** nfpl **1.** [humeur] mood / *être dans de bonnes / mauvaises dispositions* to be in a good / bad mood / *attends qu'il soit dans* ou *revenu à de meilleures dispositions* wait until he's in a better mood ▸ **être dans de bonnes dispositions pour faire qqch** to be in the right mood to do ou for doing sthg ▸ **être dans de bonnes / mauvaises dispositions à l'égard de qqn** to be well-disposed / ill-disposed towards sb **2.** [mesures] measures ▸ **prendre des dispositions a)** [précautions, arrangements] to make arrangements, to take steps **b)** [préparatifs] to make preparations.

❖ **à la disposition de** loc prép at the disposal of ▸ **mettre** ou **tenir qqch à la disposition de qqn** to place sthg at sb's disposal, to make sthg available to sb / *se tenir à la disposition de* to make o.s. available for / *je suis à votre disposition* I am at your service ▸ **je suis** ou **me tiens à votre entière disposition pour tout autre renseignement** should you require further information, please feel free to contact me.

disproportion [disprɔpɔrsjɔ̃] nf disproportion / *disproportion de salaire entre deux personnes* discrepancy between two people's salaries.

disproportionné, e [disprɔpɔrsjɔne] adj **1.** [inégal] disproportionate ▸ **disproportionné à** out of (all) proportion to / *un prix disproportionné avec* ou *à la qualité* a price out of (all) proportion to the quality / *tu utilises des moyens disproportionnés au but recherché* the means you're using are out of all proportion to the end **2.** [démesuré -cou, jambes] long ; [-mains, yeux] large / *avoir des jambes disproportionnées* to have abnormally long legs.

dispute [dispyt] nf quarrel, argument.

⚠ Le mot anglais **dispute** signifie « discussion », « débat » ou « conflit ». Il ne doit pas être employé pour traduire le mot français dispute.

disputer [3] [dispyte] vt **1.** [participer à -match, tournoi] to play ; [-combat] to fight ▸ **disputer le terrain a)** MIL to dispute every inch of ground **b)** *fig* to fight tooth and nail **2.** [tenter de prendre] ▸ **disputer qqch à qqn** to fight with sb over sthg ▸ **disputer la première place à qqn** to contend ou to vie with sb for first place **3.** *fam* [réprimander] to scold, to tell off *(sép)* / *tu vas te faire disputer!* you're in for it! **4.** *litt* [contester] to deny / *je ne vous dispute pas le succès de votre opération* I don't deny the success of your operation **5.** EXPR ▸ **le disputer en... à qqn** *litt* : *nul ne le lui disputait en courage* nobody could rival his courage.

❖ **disputer de** v + prép *litt* to debate, to discuss.

❖ **se disputer** ◆ vp *(emploi passif)* [avoir lieu] to take place / *le tournoi se disputera demain* the tournament will take place ou will be played tomorrow. ◆ vp *(emploi réciproque)* [se quereller] to quarrel, to argue, to fight / *arrêtez de vous disputer!* stop fighting ou arguing! ◆ vpt ▸ **se disputer qqch** to fight over sthg / *ils se disputent le même poste* they are fighting over the same job.

❖ **se disputer avec** vp + prép to have an argument ou a row with / *je me suis disputé avec Anne pour une question d'argent* I had an argument ou a row with Anne about money.

disquaire [diskɛr] nmf **1.** [commerçant] record dealer / *tu trouveras ça chez un disquaire* you'll find this in a record shop **2.** [vendeur] record salesman (saleswoman).

disqualification [diskalifikasjɔ̃] nf disqualification / *risquer la disqualification* to risk being disqualified.

disqualifier [9] [diskalifje] vt **1.** SPORT to disqualify / *l'équipe s'est fait disqualifier* the team was disqualified **2.** *litt* [discréditer] to discredit, to bring discredit on.

❖ **se disqualifier** vp *(emploi réfléchi)* to lose credibility.

disque [disk] nm **1.** [cercle plat] disc, disk US ▸ **disque de stationnement** parking disc **2.** ANAT, ASTRON & MATH disc, disk US / *le disque de la lune* the disc of the moon **3.** SPORT discus **4.** AUTO ▸ **disque d'embrayage** clutch plate **5.** AUDIO record, disc, disk US ▸ **disque compact** compact disc, compact disk US ▸ **disque vidéo** videodisc, videodisk US **6.** INFORM disk ▸ **disque analyseur / magnétique** scanner / magnetic disk ▸ **disque de démarrage** boot disk ▸ **disque dur** hard disk ▸ **disque optique compact** CD-Rom ▸ **disque optique numérique** digital optical disk ▸ **disque souple, minidisque** floppy disk.

disquette [diskɛt] nf floppy disk, diskette.

disruptif, ive [disryptif, iv] adj ÉLECTR disruptive.

disruption [disrypsjɔ̃] nf ÉLECTR disruption.

dissection [disɛksjɔ̃] nf **1.** MÉD dissection **2.** [analyse] (close ou minute) analysis, dissection / *une dissection du texte permet de voir que...* close analysis of the text allows one to see that...

dissemblable [disɑ̃blabl] adj different, dissimilar.

dissemblance [disɑ̃blɑ̃s] nf *sout* dissimilarity, difference.

dissémination [diseminasjɔ̃] nf [de graines] scattering ; [de troupes] scattering, spreading, dispersion ; [de maisons, des habitants] scattering.

disséminer [3] [disemine] vt [graines] to scatter / *quelques maisons disséminées* a few scattered houses / *sa famille est disséminée dans le monde* her family is scattered all over the world.

❖ **se disséminer** vpi [graines] to scatter ; [personnes] to spread (out).

dissension [disɑ̃sjɔ̃] nf disagreement, difference of opinion / *il y a des dissensions* opinions differ.

dissentiment [disɑ̃timɑ̃] nm *litt* disagreement.

disséquer [18] [diseke] vt **1.** MÉD to dissect **2.** [analyser] to dissect, to carry out a close ou minute analysis of.

✎ In reformed spelling (see p. 16-19), this verb is conjugated like ***semer***: ***il dissèquera, elle dissèquerait.***

dissert' [disɛrt] (abr de **dissertation**) nf *arg scol* essay.

dissertation [disɛrtasjɔ̃] nf **1.** ÉDUC & UNIV essay **2.** *péj* [discours] (long and boring) speech / *on a eu droit à une dissertation sur la politesse* we were treated to a lecture on politeness.

disserter [3] [disɛrte] vi **1.** ▸ **disserter sur** ÉDUC & UNIV to write an essay on **2.** *fig & péj* to hold forth on ou about.

dissidence [disidɑ̃s] nf **1.** [rébellion] dissidence ▸ **un mouvement de dissidence** a rebel movement **2.** [dissidents] dissidents, rebels **3.** [scission] scission.

dissident, e [disidɑ̃, ɑ̃t] ◆ adj **1.** [rebelle] dissident *(avant nom)*, rebel *(avant nom)* ▸ **un groupe dissident** a splinter ou breakaway group **2.** RELIG dissenting. ◆ nm, f **1.** [rebelle] dissident, rebel **2.** RELIG dissenter, nonconformist.

dissimilitude [disimilityd] nf dissimilarity.

dissimulateur, trice [disimylatœr, tris] ◆ adj dissembling. ◆ nm, f dissembler.

dissimulation [disimylasjɔ̃] nf **1.** [fait de cacher] concealment **2.** [hypocrisie] deceit, dissimulation, hypocrisy ; [sournoiserie] dissembling, secretiveness **3.** DR ▸ **dissimulation d'actif** (unlawful) concealment of assets.

dissimulé, e [disimyle] adj **1.** [invisible -haine, jalousie] concealed ▸ **non dissimulé** open **2.** *péj* [fourbe] deceitful, hypocritical.

dissimuler [3] [disimyle] vt **1.** [cacher à la vue] to hide (from sight) / *des arbres dissimulaient la maison* the house was hidden by trees **2.** [ne pas révéler -identité] to conceal ; [-sentiments, difficultés] to hide, to conceal, to cover up *(sép)* ; [-fait] to conceal, to disguise / *n'essaie pas de me dissimuler les faits* don't try to conceal the facts from me / *dissimuler le fait que...* to hide the fact that... / *je ne vous dissimulerai pas que...* I won't hide from you (the fact) that... **3.** DR [revenus, bénéfices] to conceal.

❖ **se dissimuler** ◆ vp *(emploi réfléchi)* [se cacher] to hide ou to conceal o.s. / *se dissimuler derrière un rideau* to hide (o.s.) behind a curtain. ◆ vpt ▸ **se dissimuler qqch** to hide sthg from o.s. / *ne nous dissimulons pas la difficulté de l'entreprise* let us not delude ourselves as to the difficulties involved in the venture.

dissipateur, trice [disipatœr, tris] *litt* ◆ adj wasteful, spendthrift. ◆ nm, f squanderer, spendthrift.

dissipation [disipasjɔ̃] nf **1.** [de nuages] dispersal, clearing ; [du brouillard] lifting ; [de craintes] dispelling **2.** [d'un héritage] wasting, squandering **3.** *litt* [débauche] dissipation **4.** [indiscipline] lack of discipline, misbehaviour UK, misbehavior US.

dissipé, e [disipe] adj **1.** [indiscipliné -classe] unruly, rowdy, undisciplined ▸ **élève dissipé** [sur bulletin de notes] this pupil doesn't pay enough attention in class **2.** [débauché] dissolute.

dissiper [3] [disipe] vt **1.** [nuages, brouillard, fumée] to disperse ; [malentendu] to clear up *(sép)* ; [crainte, inquiétude] to dispel **2.** [dilapider -héritage, patrimoine] to dissipate, to squander **3.** [distraire] to distract, to divert.

❖ **se dissiper** vpi **1.** [orage] to blow over ; [nuages] to clear away, to disperse ; [brouillard] to lift, to clear ; [fumée] to disperse **2.** [craintes] to disappear, to vanish ; [migraine, douleur] to go, to disappear **3.** [s'agiter -enfant] to misbehave, to be undisciplined ou unruly / *se dissipe en classe* [sur bulletin de notes] pays little attention in class.

dissociabilité [disɔsjabilite] nf **1.** [de questions, de chapitres] separableness, separability **2.** PHYS dissociability.

dissociable [disɔsjabl] adj **1.** [questions, chapitres] separable **2.** PHYS dissociable.

dissociation [disɔsjasjɔ̃] nf **1.** [de questions, de chapitres, d'une famille] separation **2.** PHYS dissociation.

dissocier [9] [disɔsje] vt **1.** [questions, chapitres] to separate ; [famille] to break up *(sép)* / *il doit apprendre à dissocier ses désirs de ses besoins* he must learn to distinguish between his desires and his needs **2.** CHIM to dissociate.

❖ **se dissocier** vp *(emploi réciproque)* to break up, to split / *je tiens à me dissocier de cette action* I am eager to dissociate myself from what they're doing.

dissolu, e [disɔly] adj *litt* dissolute.

dissolubilité [disɔlybilite] nf [d'une matière] solubility.

dissoluble [disɔlybl] adj [substance] soluble.

dissolution [disɔlysjɔ̃] nf **1.** [d'un produit, d'un comprimé] dissolving / *remuer jusqu'à dissolution du sucre* stir until the sugar has dissolved **2.** [d'une société] dissolution ; [d'un groupe] splitting, breaking up **3.** DR [d'un mariage, d'une association] dissolution ; POL [d'un parlement] dissolution **4.** [pour pneus] rubber solution **5.** *litt* [débauche] dissoluteness, debauchery.

dissolvait v ⟶ **dissoudre.**

dissolvant, e [disɔlvɑ̃, ɑ̃t] adj **1.** [substance] solvent **2.** *litt* [climat] enervating.

❖ **dissolvant** nm **1.** [détachant] solvent **2.** [de vernis à ongles] ▸ **dissolvant (gras)** nail polish remover.

dissonance [disɔnɑ̃s] nf **1.** [cacophonie] dissonance, discord **2.** *litt* [de couleurs, d'idées] discord *litt*, clash, mismatch **3.** PSYCHOL ▸ **dissonance cognitive** cognitive dissonance **4.** MUS dissonance.

dissonant, e [disɔnɑ̃, ɑ̃t] adj **1.** [sons, cris] dissonant, discordant, jarring ; *litt* [couleurs] discordant *litt*, clashing **2.** MUS discordant.

dissoner [3] [disɔne] vi *litt* to be discordant *litt*, to clash.

dissoudre [87] [disudʀ] vt **1.** [diluer - sel, sucre, comprimé] to dissolve / *faites dissoudre le comprimé* dissolve the tablet **2.** [désunir - assemblée, mariage] to dissolve ; [- parti] to break up *(sép)*, to dissolve ; [- association] to dissolve, to break up *(sép)*, to bring to an end.

❖ **se dissoudre** vpi **1.** [sel, sucre, comprimé] to dissolve **2.** [groupement] to break up, to come to an end.

dissuader [3] [disɥade] vt ▸ **dissuader qqn de (faire) qqch** to dissuade sb from (doing) sthg / *je l'ai dissuadé d'acheter une voiture* I dissuaded him from ou talked him out of buying a car.

dissuasif, ive [disɥazif, iv] adj **1.** [qui décourage] dissuasive, discouraging, off-putting UK **2.** MIL deterrent.

dissuasion [disɥazjɔ̃] nf dissuasion.

❖ **de dissuasion** loc adj [puissance] dissuasive.

dissyllabe [disilab], **dissyllabique** [disilabik] adj disyllabic.

❖ **dissyllabe** nm disyllable.

dissymétrie [disimetʀi] nf dissymmetry.

dissymétrique [disimetʀik] adj dissymmetrical.

distance [distɑ̃s] nf **1.** [intervalle - dans l'espace] distance / *la distance est grande entre Moscou et Londres* Moscow is a long way from London / *la distance entre Pau et Tarbes* ou *de Pau à Tarbes* the distance between Pau and Tarbes ou from Pau to Tarbes / *on les entend à une distance de 100 mètres* you can hear them (from) 100 metres away ou at a distance of 100 metres / *nous habitons à une grande distance de la ville* we live far (away) from the city / *il a mis une distance respectueuse entre lui et le fisc* *hum* he made sure he stayed well out of reach of the taxman ▸ **garder ses distances** to stay aloof, to remain distant ▸ **prendre ses distances a)** SPORT to space out **b)** MIL to spread out in ou to form open order ▸ **prendre ses distances envers** ou **à l'égard de qqn** to hold o.s. aloof ou to keep one's distance from sb **2.** [parcours] distance / *la jument est excellente sur cette distance* the mare is particularly suited to that distance ▸ **tenir la distance** *pr & fig* to go the distance, to stay the course **3.** [intervalle - dans le temps] : *ils sont nés à deux mois de distance* they were born within two months of each other / *il l'a revue à deux mois de distance* he saw her again two months later **4.** [écart, différence] gap, gulf, great difference / *ce malentendu a mis une certaine distance entre nous* we've become rather distant from each other since that misunderstanding / *la distance qui existe entre la théorie et la pratique* the gulf between theory and practice **5.** GÉOM distance **6.** OPT ▸ **distance focale** focal length.

❖ **à distance** loc adv **1.** [dans l'espace] at a distance, from a distance, from afar / *cette chaîne peut se commander à distance* this stereo has a remote control ▸ **tenir qqn à distance** to keep sb at a distance ou at arm's length / *se tenir à distance (de)* to keep one's distance (from) **2.** [dans le temps] with time.

❖ **de distance en distance** loc adv at intervals, in places.

distancer [16] [distɑ̃se] vt SPORT to outdistance, to leave behind ; *fig* to outdistance, to outstrip ▸ **se laisser distancer a)** SPORT to fall behind **b)** *fig* to be left behind / *se faire distancer économiquement* to lag behind economically.

distanciation [distɑ̃sjasjɔ̃] nf **1.** [gén] detachment **2.** THÉÂTRE ▸ **l'effet de distanciation** the alienation effect.

distancier [9] [distɑ̃sje] ❖ **se distancier de** vp + prép ▸ **se distancier de qqch / qqn** to distance o.s. from sthg / sb.

distant, e [distɑ̃, ɑ̃t] adj **1.** [dans l'espace] far away, distant ▸ **être distant de qqch** to be far ou some distance from sthg / *les deux écoles sont distantes de 5 kilomètres* the (two) schools are 5 kilometres away from each other **2.** [dans le temps] distant / *à une époque assez distante* a long time ago, in the distant past **3.** [personne] aloof, distant ; [air, sourire] remote, distant ; [rapports] distant, cool.

distendre [73] [distɑ̃dʀ] vt **1.** [étirer - ressort] to stretch, to overstretch ; [- peau] to stretch, to distend *spéc* ; [- muscle] to strain **2.** [rendre moins intime - liens] to loosen.

❖ **se distendre** vpi **1.** [s'étirer - peau, ventre] to stretch, to become distended *spéc* **2.** [devenir moins intime - liens] to loosen.

distension [distɑ̃sjɔ̃] nf [étirage - de l'intestin, de l'estomac] distension ; [- d'un muscle] straining ; [- d'un ressort] slackening (off).

distillat [distila] nm distillate.

distillateur [distilatœʀ] nm [personne] distiller.

distillation [distilasjɔ̃] nf distillation, distilling.

distiller [3] [distile] vt **1.** [alcool, pétrole, eau] to distil UK, to distill US **2.** *litt* [suc, venin] to secrete **3.** *litt* [ennui, tristesse] to exude.

distillerie [distilʀi] nf **1.** [usine, atelier] distillery **2.** [activité] distilling.

distinct, e [distɛ̃, ɛ̃kt] adj **1.** [clair, net] distinct, clear **2.** [différent] distinct, different / *un résultat distinct du précédent* a result different from the previous one.

distinctement [distɛ̃ktəmɑ̃] adv distinctly, clearly.

distinctif, ive [distɛ̃ktif, iv] adj **1.** [qui sépare] distinctive, distinguishing **2.** LING distinctive.

distinction [distɛ̃ksjɔ̃] nf **1.** [différence] distinction / *faire une distinction entre deux choses* to make ou to draw a distinction between two things **2.** [élégance, raffinement] refinement, distinction.

❖ **distinctions** nfpl [honneurs] honour.

❖ **sans distinction** loc adv indiscriminately, without exception / *il a renvoyé tout le monde sans distinction* he fired everybody without exception.

❖ **sans distinction de** loc prép irrespective of.

distingué, e [distɛ̃ge] adj **1.** [élégant - personne] distinguished ; [- manières, air] refined, elegant, distinguished / *ça ne fait pas très distingué* it's not very elegant **2.** [brillant, éminent] distinguished, eminent **3.** [dans une lettre] : *veuillez croire en l'assurance de mes sentiments distingués* yours faithfully ou sincerely.

distinguer [3] [distɛ̃ge] vt **1.** [voir] to distinguish, to make out *(sép)* / *on distingue à peine leur contour* you can hardly distinguish their outline ; *(en usage absolu)* : *on distingue mal dans le noir* it's hard to see in the dark **2.** [entendre] to hear, to distinguish, to make out *(sép)* / *je ne distingue pas les aigus* I can't make out ou hear high notes **3.** [percevoir] : *je commence à distinguer ses mobiles* I'm beginning to understand his motives / *j'ai cru distinguer une certaine colère dans sa voix* I thought I detected a note of anger in his voice **4.** [différencier] to distinguish / *distinguer le vrai du faux* to distinguish truth from falsehood / *distinguer des jumeaux* to tell twins apart / *il est facile à distinguer de son jumeau* he's easy to tell from his twin brother / *je n'arrive pas à les distinguer* I can't tell which is which, I can't tell them apart / *je n'arrive pas à distinguer ces deux arbres* I can't tell the difference between these two trees / *comment distinguer le diamant du zircon ?* how can you tell the difference between diamond and zircon ? / *la parole distingue l'homme de l'animal* speech distinguishes man from other animals / *sa voix la distingue des autres choristes* her voice distinguishes her ou marks her out from the other choristers **5.** [honorer] to single out (for reward), to honour.

❖ **se distinguer** ◆ vp *(emploi passif)* **1.** [être vu] to be seen ou distinguished **2.** [différer] ▸ **se distinguer par** : *ces vins se distinguent par leur robe* you can tell these wines are different because of their colour. ◆ vpi **1.** [se faire remarquer] to distinguish o.s. / *son fils s'est distingué en musique* his son has distinguished himself ou done particularly well in music / *tu t'es particulièrement distinguée pour le repas de Noël* your Christmas dinner was particularly good **2.** [devenir célèbre] to become famous / *elle devait se distinguer sur la scène de l'opéra* she was to become a famous opera singer.

❖ **se distinguer de** vp + prép **1.** [différer de] : *le safran se distingue du curcuma par l'odeur* you can tell the difference between saffron and turmeric by their smell **2.** [être supérieur à] : *il se distingue de tous les autres poètes* he stands out from all other poets.

distinguo [distɛ̃go] nm distinction.

distique [distik] nm distich.

distomatose [distɔmatoz] nf distomiasis.

distordre [76] [distɔʀdʀ] vt to twist.

❖ **se distordre** vpi to twist, to distort.

distorsion [distɔʀsjɔ̃] nf **1.** [déformation] distortion **2.** [déséquilibre] imbalance.

distraction [distʀaksjɔ̃] nf **1.** [caractère étourdi] absent-mindedness ▸ **par distraction** inadvertently ; [acte] lapse in concentration ▸ **excusez ma distraction** forgive me, I wasn't concentrating **2.** [détente] : *il lui faut de la distraction* he needs to have his mind taken off things ; [activité] source of entertainment / *ma principale distraction est la musique* my main source of entertainment is music / *il n'y a pas assez de distractions le soir* there's not enough to do at night.

distraire [112] [distʀɛʀ] vt **1.** [déranger] to distract / *il cherche à distraire ses camarades* he's trying to distract his classmates / *tu te laisses trop facilement distraire* you're too easily distracted **2.** [amuser] to entertain, to divert **3.** [détourner] ▸ **distraire qqn de** : *distraire un ami de ses soucis* to take a friend's mind off his worries.

❖ **se distraire** vpi **1.** [s'amuser] to have fun, to enjoy o.s. **2.** [se détendre] to relax, to take a break.

❖ **se distraire de** vp + prép : *elle ne parvient pas à se distraire de son malheur* she can't take her mind off her grief.

distrait, e [distʀɛ, ɛt] ◆ adj [gén] absent-minded ; [élève] inattentive / *excusez-moi, j'étais distrait* sorry, I wasn't paying attention ▸ **d'un air distrait** abstractedly, absent-mindedly ▸ **avoir l'air distrait** to look preoccupied. ◆ nm, f absent-minded person / *j'ai oublié ma montre, quel distrait !* I forgot my watch, how absent-minded of me !

distraitement [distʀɛtmɑ̃] adv absent-mindedly, abstractedly.

distrayait v ⟶ **distraire.**

distrayant, e [distʀɛjɑ̃, ɑ̃t] adj amusing, entertaining.

distribuable [distʀibɥabl] adj distributable / *secours distribuable en nature* aid available only in kind.

distribué, e [distʀibɥe] adj **1.** [appartement] : *bien / mal distribué* well / poorly laid-out **2.** [données, information] distributed.

distribuer [7] [distʀibɥe] vt **1.** [donner - feuilles, cadeaux, bonbons] to distribute, to give ou to hand out *(sép)* ; [- cartes] to deal ; [- courrier] to deliver ; [- vivres] to dispense, to share out *(sép)*, to distribute ; [- argent] to apportion, to distribute, to share out *(sép)* / *mon père n'hésitait pas à distribuer les coups* *fam* my father had no misgivings about handing out punishment / *machine à distribuer les billets / boissons* ticket / drinks machine **2.** [attribuer - rôles] to allocate, to assign ; [- tâches, travail] to allot, to assign **3.** [répartir] to distribute, to divide (out) / *distribuer les joueurs sur le terrain* to position the players on the field / *la richesse est mal distribuée à travers le monde* wealth is unevenly distributed throughout the world **4.** [approvisionner] to supply / *un réseau qui distribue le courant* a network that supplies ou provides power / *l'eau est distribuée dans tous les villages* water is supplied ou carried to all the villages **5.** CINÉ & THÉÂTRE [rôle] to cast ; CINÉ [film] to distribute **6.** COMM & IMPR to distribute.

distributaire [distʀibytɛʀ] ◆ adj distributional. ◆ nmf recipient *(in a distribution)*.

distributeur, trice [distʀibytœʀ, tʀis] nm, f distributor.

❖ **distributeur** nm **1.** [non payant] dispenser ▸ **distributeur de savon / gobelets** soap / cup dispenser ▸ **distributeur automatique de billets** cash dispenser ou machine, cashpoint, automatic teller machine, ATM ; [payant] ▸ **distributeur (automatique)** vending ou slot machine ▸ **distributeur de cigarettes / de timbres** cigarette / stamp machine **2.** AUTO & ÉLECTR distributor **3.** AGR ▸ **distributeur d'engrais** muckspreader **4.** COMM [vendeur] distributor ; [grande surface] retailer ▸ **distributeur agréé** authorized dealer ▸ **distributeur au détail** retailer ▸ **distributeur en gros** wholesaler.

distributif, ive [distʀibytif, iv] adj distributive.

distribution [distʀibysjɔ̃] nf **1.** [remise - de vêtements, de cadeaux] distribution, giving ou handing out ; [- de cartes] dealing ; [- de secours] dispensing, distributing ; [- de tâches, du travail] allotment, assignment ; [- du courrier] delivery / *assurer la distribution du courrier* to deliver the mail ▸ **la distribution des prix** ÉDUC prize-giving day **2.** [répartition dans l'espace - de pièces] layout ; [- de joueurs] positioning **3.** [approvisionnement] supply / *distribution d'eau / de gaz* water / gas supply **4.** BOT & SOCIOL [classement] distribution **5.** CINÉ & THÉÂTRE [des rôles] cast ▸ **une brillante distribution** an all-star cast / *c'est elle qui s'occupe de la distribution* she's the one in charge of casting / *distribution par ordre d'entrée en scène* characters in order of appearance ; CINÉ [des films] distribution **6.** COMM distribution ; [par des grandes surfaces] retail ▸ **la grande distribution** supermarkets and hypermarkets **7.** ÉCON, DR & MATH distribution **8.** AUTO timing **9.** LING (distributional) context.

distributionnel, elle [distʀibysjɔnɛl] adj distributional.

distributivité [distʀibytivite] nf distributiveness.

district [distʀikt] nm **1.** [région] district, region **2.** [d'une ville] district **3.** SUISSE *administrative subdivision of a canton.*

dit, e [di, dit] ◆ pp ⟶ **dire.** ◆ adj **1.** [surnommé] (also) known as / *Louis XIV, dit le Roi-Soleil* Louis XIV, (also) known as the Sun King / *Jeanne Dollé, dite la Chatte* Jeanne Dollé, alias the Cat **2.** [fixé] appointed, indicated ▸ **à l'heure dite** at the appointed time, at the time indicated ▸ **le jour dit** on the agreed ou appointed day.

❖ **dit** nm PSYCHOL : *le dit et le non-dit* the spoken and the unspoken.

dites v ⟶ **dire.**

dithyrambe [ditiʀɑ̃b] nm **1.** ANTIQ dithyramb **2.** [panégyrique] panegyric, eulogy.

dithyrambique [ditiʀɑ̃bik] adj eulogistic, laudatory / *un article dithyrambique sur son exposition* an article praising her exhibition to the skies.

dito [dito] adv ditto.

DIU [deiy] (abr de **dispositif intra-utérin**) nm MÉD IUD.

diurèse [djyʀɛz] nf diuresis.

diurétique [djyʀetik] adj & nm diuretic.

diurne [djyʀn] adj diurnal.

diva [diva] nf diva, (female) opera singer.

divagations [divagasjɔ̃] nfpl ramblings, meanderings.

divaguer [3] [divage] vi **1.** [malade] to ramble, to be delirious / *la soif le fait divaguer* he's delirious with thirst **2.** *fam & péj* [déraisonner] to be off one's head.

divalent, e [divalɑ̃, ɑ̃t] adj divalent.

divan [divɑ̃] nm **1.** [meuble] divan, couch **2.** HIST ▸ **le divan** the divan **3.** LITTÉR divan.

divergence [divɛʀʒɑ̃s] nf **1.** [différence] ▸ **divergence (d'idées** ou **de vues)** difference of opinion **2.** OPT & PHYS divergence.

divergent, e [divɛʀʒɑ̃, ɑ̃t] adj **1.** [opinions, interprétations, intérêts] divergent, differing **2.** OPT & PHYS divergent.

diverger [17] [divɛʀʒe] vi **1.** [intérêts, opinions] to differ, to diverge ▸ **diverger de** to diverge ou to depart from **2.** OPT & PHYS to diverge ▸ **diverger de** to diverge from.

divers, e [divɛʀ, ɛʀs] ◆ dét *(adj indéf)* [plusieurs] various, several / *en diverses occasions* on several ou various occasions / *une personnalité aux divers aspects* a multi-faceted personality ▸ **à usages divers** multipurpose *(avant nom)*. ◆ adj **1.** [variés - éléments, musiques, activités] diverse, varied / *nous avons abordé les sujets les plus divers* we talked about a wide range of topics / *les candidats viennent des horizons les plus divers* the candidates come from a wide variety of backgrounds ▸ **pour diverses raisons** for a variety of reasons ▸ **classique, jazz, divers** [chez un disquaire] classical, jazz, miscellaneous / *j'ai enregistré divers morceaux de jazz sur ce CD* I put a mixture of jazz music on this CD ▸ **articles divers** COMM miscellaneous items **2.** [dissemblables - formes, goûts, motifs] different, various **3.** *sout* [multiple - sujet] complex ; [- paysage] varied, changing / *l'homme est divers* man is a multi-faceted being.

diversement [divɛʀsəmɑ̃] adv **1.** [différemment] in different ways **2.** [de façon variée] in diverse ou various ways.

diversification [divɛʀsifikasjɔ̃] nf diversification / *une trop grande diversification* overdiversification.

diversifier [9] [divɛʀsifje] vt **1.** [production, tâches] to diversify **2.** [varier] to make more varied / *dans sa deuxième période, l'artiste diversifie sa palette* in his second period, the artist uses a greater variety of colours.

❖ **se diversifier** vpi [entreprise, économie, centres d'intérêt] to diversify.

diversion [divɛʀsjɔ̃] nf **1.** *sout* [dérivatif] diversion, distraction ▸ **faire diversion** to create a distraction / *pour faire diversion à l'ennui* to alleviate boredom ▸ **faire diversion à la douleur de qqn** to take sb's mind off his / her suffering **2.** MIL diversion.

diversité [divɛʀsite] nf [variété] diversity, variety / *un paysage étonnant dans sa diversité* an amazingly varied landscape ; [pluralité - de formes, d'opinions, de goûts] diversity.

diverticule [divɛʀtikyl] nm diverticulum.

diverticulose [divɛʀtikyloz] nf diverticulitis.

divertir [32] [divɛʀtiʀ] vt **1.** [amuser - suj: clown, spectacle, lecture] to entertain, to amuse / *le jeu divertit en instruisant* the game is entertaining as well as educational **2.** DR to divert, to misappropriate **3.** *litt* [éloigner] ▸ **divertir qqn de** to turn sb away ou to distract sb from.

❖ **se divertir** vpi **1.** [se distraire] to amuse ou to entertain o.s. / *que faire pour se divertir ici ?* what do you do for entertainment around here ? **2.** [s'amuser] to enjoy o.s., to have fun / *nous nous sommes beaucoup divertis à « Cyrano »* we enjoyed "Cyrano" very much.

❖ **se divertir de** vp + prép ▸ **se divertir de qqn** to make fun of sb / *elle semblait se divertir de mon embarras* she seemed to find my confusion amusing.

divertissant, e [divɛʀtisɑ̃, ɑ̃t] adj amusing, entertaining.

divertissement [divɛʀtismɑ̃] nm **1.** [jeu, passe-temps] distraction ; [spectacle] entertainment **2.** [amusement] entertaining, distraction / *pour le divertissement de la Cour* to amuse ou to entertain the Court **3.** MUS [intermède] divertissement ; [divertimento] divertimento ; DANSE divertissement **4.** DR [de fonds] misappropriation.

dividende [dividɑ̃d] nm FIN & MATH dividend / *toucher* ou *recevoir un dividende* to receive ou to get a dividend ▸ **sans dividende** ex-dividend.

divin, e [divɛ̃, in] adj **1.** RELIG divine / *le divin Auguste* ANTIQ the Divine Augustus ▸ **le divin enfant** the Holy Child ▸ **le divin Sauveur** the Holy ou Heavenly Saviour / **'la Divine Comédie'** *Dante* 'The Divine Comedy' **2.** [parfait - beauté, corps, repas, voix] divine, heavenly, exquisite / *des fraises au champagne, c'est divin* strawberries with champagne are simply divine.

divinateur, trice [divinatœʀ, tʀis] ◆ adj divining, clairvoyant ▸ **puissance divinatrice** power of divination ▸ **science divinatrice** divination. ◆ nm, f diviner.

divination [divinasjɔ̃] nf divination, divining.

divinatoire [divinatwaʀ] adj divinatory.

divinement [divinmɑ̃] adv divinely, exquisitely.

divinisation [divinizasjɔ̃] nf deification, deifying.

diviniser [3] [divinize] vt to deify.

divinité [divinite] nf **1.** [dieu] deity, divinity **2.** [qualité] divinity, divine nature.

divisé, e [divize] adj **1.** [en désaccord - opinion, juges, parti] divided ▸ **être divisé sur** to be divided on (the question of) **2.** [fragmenté] divided.

diviser [3] [divize] vt **1.** [fragmenter - territoire] to divide up *(sép)*, to partition ; [- somme, travail] to divide up *(sép)* ; [- cellule, molécule] to divide, to split **2.** MATH to divide / *diviser 9 par 3* to divide 9 by 3 / *9 divisé par 3 égale 3* 9 divided by 3 makes 3 / *les bénéfices ont été divisés en 8* the profits were divided into 8 parts / *la classe est divisée en 3 groupes* the class is divided up into 3 groups / *diviser un domaine entre des héritiers* to divide up an estate between heirs **3.** [opposer] to divide, to set against each other / *les dissensions qui nous divisent* the disagreements that divide us / *l'association est divisée en deux sur le problème de l'intégration* the association is split down the middle on the problem of integration ▸ **c'est diviser pour (mieux) régner** it's (a case of) divide and rule.

❖ **se diviser** ◆ vp *(emploi passif)* MATH to be divisible. ◆ vpi **1.** [cellule] to divide ou to split (up) ; [branche, voie] to divide, to fork ▸ **se diviser en** to be divided into / *le texte se divise en cinq parties* the text is divided into five parts **2.** [opposition, parti] to split.

diviseur [divizœʀ] nm MATH divisor ▸ **plus grand commun diviseur** highest common factor.

divisibilité [divizibilite] nf divisibility.

divisible [divizibl] adj divisible / *8 n'est pas divisible par 3* 8 cannot be divided ou is not divisible by 3.

division [divizjɔ̃] nf **1.** MATH division ▸ **faire une division** to do a division ▸ **division à un chiffre** simple division ▸ **division à plusieurs chiffres** long division **2.** [fragmentation - d'un territoire] splitting, division, partition ▸ **la division du travail** ÉCON the division of labour UK ou labor US ▸ **division cellulaire** BIOL cell division ; PHYS splitting **3.** [désaccord] division, rift / *le problème de la défense nationale crée des divisions au sein du parti* the party is divided over the defence issue **4.** FOOT division / *la première division du championnat* the first league division / *un club de première / deuxième / troisième division* a first / second / third division club ▸ **division d'honneur** ≃ fourth division / *en deuxième division, X bat Y* in league division two, X beat Y ; BASE-BALL league / *première / deuxième division* major / minor league **5.** MIL & NAUT division ▸ **division blindée** armoured UK ou armored US division **6.** ADMIN division **7.** [graduation] gradation.

divisionnaire [divizjɔnɛʀ] ◆ adj ADMIN [service] divisional. ◆ nm **1.** MIL major general **2.** [commissaire] ≃ chief superintendent UK ; ≃ police chief US.

divorce [divɔʀs] nm **1.** DR divorce ▸ **demander le divorce** to ask ou to petition for a divorce ▸ **obtenir le divorce d'avec qqn** to get a divorce from sb ▸ **divorce par consentement mutuel** divorce by mutual consent, no-fault divorce US **2.** *sout* [divergence] gulf.

divorcé, e [divɔʀse] ◆ adj divorced. ◆ nm, f divorcee.

divorcer [16] [divɔʀse] vi DR to get a divorce, to get divorced / *elle a déjà divorcé une fois* she has already been divorced (once) before ▸ **divorcer de qqn** ou **d'avec qqn** to get divorced from ou to divorce sb.

divulgateur, trice [divylgatœʀ, tʀis] nm, f divulger.

divulgation [divylgasjɔ̃] nf divulgation, disclosure.

divulguer [3] [divylge] vt to divulge, to disclose, to reveal.

dix [dis *(devant consonne* [di], *devant voyelle ou «h» muet* [diz])] ◆ dét ten / *il ne sait rien faire de ses dix doigts* he can't do anything with his hands ▸ **les dix commandements** BIBLE the Ten Commandments / **'les Dix Commandements'** *C.B. De Mille* 'The Ten Commandments'. ◆ nm ten. **Voir aussi cinq.**

dix-huit [dizɥit] dét & nm inv eighteen. **Voir aussi cinq.**

dix-huitième [dizɥitjɛm] adj num & nmf eighteenth. **Voir aussi cinquième.**

dixie(land) [diksi(lɑ̃d)] nm dixie, trad jazz.

dixième [dizjɛm] adj num & nmf tenth. **Voir aussi cinquième.**

dixièmement [dizjɛmmɑ̃] adv in tenth place. **Voir aussi cinquièmement.**

dix-neuf [diznœf] ([diznœv] *devant an, heure et homme)* dét & nm inv nineteen. **Voir aussi cinq.**

dix-neuvième [diznœvjɛm] adj num & nmf nineteenth. **Voir aussi cinquième.**

dix-sept [dis(s)ɛt] dét & nm inv seventeen. **Voir aussi cinq.**

dix-septième [dis(s)ɛtjɛm] adj num & nmf seventeenth. **Voir aussi cinquième.**

dizain [dizɛ̃] nm ten-line poem.

dizaine [dizɛn] nf **1.** [dix] ten **2.** [environ dix] about ou around ten, ten or so / *une dizaine de bagues* around ou about ten rings.

dizygote [dizigɔt] ◆ adj dizygotic. ◆ nmf false twin.

DJ [didʒi, didʒe] (abr de **disc-jockey**) nm DJ.

djaïn, e [dʒain], **jaïn, e** [(d)ʒain] adj & nm, f Jain.

Djakarta [dʒakaʀta] npr Djakarta, Jakarta.

djebel, djébel* [dʒebɛl] nm [en Afrique du Nord] jebel mountain.

Djedda [dʒɛda] npr Jedda, Jidda.

djellaba [dʒɛlaba] nf djellaba.

Djerba [dʒɛʀba] npr Djerba.

Djibouti [dʒibuti] npr **1.** [État] Djibouti ▸ **à Djibouti** in Djibouti **2.** [ville] Djibouti City.

djiboutien, enne [dʒibusjɛ̃, ɛn] adj Djiboutian.
❖ **Djiboutien, enne** nm, f Djiboutian.

djihad [dʒiad] nm jihad.

djihadisme [dʒiadism] nm jihadism.

djihadiste [dʒiadist] adj & nmf jihadist.

djinn [dʒin] nm jinn.

dm (abr écrite de **décimètre**) dm.

DM (abr écrite de **Deutsche Mark**) DM.

Dniepr [dnjɛpʀ] npr m ▸ **le Dniepr** the (River) Dnieper.

d° (abr écrite de **dito**) do.

do [do] nm inv C ; [chanté] doh UK, do US. **Voir aussi fa.**

doberman [dɔbɛʀman] nm Doberman (pinscher).

doc [dɔk] (abr de **documentation**) nf *fam* literature, brochures / *pouvez-vous me donner de la doc sur cet ordinateur?* could you give me some literature about this computer?

doc. (abr écrite de **document**) doc.

DOC [dɔk] nm abr de **disque optique compact.**

docile [dɔsil] adj [animal] docile, tractable *sout* ; [enfant, nature] docile, obedient ; [cheveux] manageable.

docilement [dɔsilmɑ̃] adv docilely, obediently.

docilité [dɔsilite] nf [d'un animal, d'une personne] docility ▸ **avec docilité** docilely.

dock [dɔk] nm **1.** [bassin] dock ▸ **dock de carénage / flottant** dry / floating dock **2.** [bâtiments, chantier] ▸ **les docks** the docks, the dockyard ▸ **entrer aux docks** [bateau] to dock ▸ **les docks de Londres** London's Docklands **3.** [entrepôt] warehouse.

docker [dɔkɛʀ] nm docker UK, longshoreman US, stevedore US.

docte [dɔkt] adj *litt* learned, erudite.

doctement [dɔktəmɑ̃] adv knowledgeably.

docteur, e [dɔktœʀ] nm, f **1.** [médecin] ▸ **le docteur Jacqueline R.** Dr Jacqueline R. ▸ **dites-moi, docteur** tell me, Doctor ▸ **docteur en médecine** doctor (of medicine) / **'Docteur Jekyll et Mister Hyde'** *Stevenson* 'Dr. Jekyll and Mr. Hyde' / **'le Docteur Jivago'** *Pasternak* 'Doctor Zhivago' **2.** UNIV Doctor ▸ **quand je serai docteur** when I get my doctorate ▸ **docteur en histoire / physique** PhD in history / physics ▸ **Vuibert, docteur ès lettres** Vuibert, PhD **3.** RELIG ▸ **docteur de l'Église** Doctor of the Church.

doctoral, e, aux [dɔktɔʀal, o] adj **1.** [pédant] pedantic **2.** UNIV doctoral.

doctoralement [dɔktɔʀalmɑ̃] adv pedantically.

doctorant, e [dɔktɔʀɑ̃, ɑ̃t] nm, f doctoral student.

doctorat [dɔktɔʀa] nm doctorate ▸ **doctorat en droit / chimie** PhD in law / chemistry ▸ **doctorat d'État** doctorate *(leading to high-level research)* ▸ **doctorat de troisième cycle** doctorate *(awarded by a specific university)*, PhD.

doctoresse [dɔktɔʀɛs] nf *vieilli* (woman) doctor.

doctrinaire [dɔktʀinɛʀ] ◆ adj doctrinaire, dogmatic. ◆ nmf doctrinaire.

doctrinal, e, aux [dɔktʀinal, o] adj doctrinal.

doctrine [dɔktʀin] nf doctrine.

docudrame [dɔkydʀam] nm docudrama.

document [dɔkymɑ̃] nm **1.** INFORM file **2.** [d'un service de documentation] document **3.** [de travail] document, paper / *des documents sont tombés de sa valise* documents ou papers fell out of her case **4.** [témoignage] document ▸ **document sonore** piece of sound archive **5.** DR document, paper ▸ **documents de transport** transport documents.

documentaire [dɔkymɑ̃tɛʀ] ◆ adj **1.** [qui témoigne -livre] documentary **2.** [de documentation] document *(modif)*. ◆ nm CINÉ & TV documentary.

documentaliste [dɔkymɑ̃talist] nmf **1.** [gén] archivist **2.** ÉDUC (school) librarian.

documentariste [dɔkymɑ̃taʀist] nmf documentary maker.

documentation [dɔkymɑ̃tasjɔ̃] nf **1.** [publicités] literature ; [instructions] instructions, specifications / *voulez-vous recevoir notre documentation?* would you like us to send you our brochure? / *se référer à la documentation* please refer to the instructions **2.** [informations] (written) evidence ▸ **réunir une documentation sur qqch** to gather evidence on sthg **3.** [opération] documentation **4.** [service] ▸ **la documentation** the research department.

documenté, e [dɔkymɑ̃te] adj ▸ **bien** ou **très documenté a)** [reportage, thèse] well-documented **b)** [personne] well-informed.

documenter [3] [dɔkymɑ̃te] vt [thèse] to document ; [avocat] to supply ou to provide with documents, to document.
❖ **se documenter** vpi to inform o.s. ▸ **se documenter sur** to gather information ou material about / *mais tu sais tout! — je me suis documenté!* how come you know everything? — I've done my homework!

dodécaèdre [dɔdekaɛdʀ] nm dodecahedron.

dodécagone [dɔdekagɔn] nm dodecagon.

Dodécanèse [dɔdekanɛz] npr m ▸ **le Dodécanèse** the Dodecanese.

dodécaphonique [dɔdekafɔnik] adj dodecaphonic.

dodécaphonisme [dɔdekafɔnism] nm dodecaphonism.

dodécaphoniste [dɔdekafɔnist] nmf dodecaphonist.

dodécasyllabe [dɔdekasilab] nm dodecasyllable.

dodelinement [dɔdəlinmɑ̃] nm nodding / *d'un dodelinement de la tête* with a nod.

dodeliner [3] [dɔdəline] ❖ **dodeliner de** v + prép : *dodeliner de la tête* to nod gently.

dodo [dodo] nm **1.** *langage enfantin* [sommeil] sleep, beddy-byes ▸ **faire dodo** to go beddy-byes ou bybyes ; [lit] bed / *va au dodo* (time to) go to beddy-byes **2.** ORNITH dodo.

dodu, e [dɔdy] adj [oie] plump ; [personne, visage] plump, fleshy, chubby ; [bébé] chubby.

doge [dɔʒ] nm doge.

dogmatique [dɔgmatik] ◆ adj dogmatic. ◆ nmf dogmatic person. ◆ nf dogmatics *(U)*.

dogmatiquement [dɔgmatikmɑ̃] adv dogmatically.

dogmatiser [3] [dɔgmatize] vi to pontificate, to dogmatize.

dogmatisme [dɔgmatism] nm dogmatism.

dogme [dɔgm] nm dogma / *le libéralisme, c'est bien, mais n'en faisons pas un dogme* liberalism is a good thing but let's not stick to it too rigidly.

dogue [dɔg] nm mastiff ▸ **dogue allemand / anglais** German / English mastiff.

Doha [dɔa] = **Dawha.**

doigt [dwa] nm **1.** ANAT finger, digit *spéc* / *des doigts fins / boudinés* slender / podgy fingers / *faire courir ses doigts sur un clavier* to run one's fingers up and down a keyboard / *le doigt sur la bouche* with one's finger on one's lips ▸ **lever le doigt** to put one's hand up / *manger avec ses doigts* to eat with one's fingers ▸ **mettre ses doigts dans** ou **se mettre les doigts dans le nez** to pick one's nose ▸ **mettre son doigt dans l'œil de qqn** to poke sb in the eye ▸ **le doigt de Dieu** the hand of God ▸ **doigt de pied** toe ▸ **les doigts de pied en éventail** *fam* ou **en bouquet de violettes** *fam* with one's feet up ▸ **doigts de fée** : *couturière aux doigts de fée* very talented seamstress / *les doigts de fée qui ont réalisé cette figurine* the delicate fingers which created this figurine / *les doigts de fée qui ont pansé ma blessure* the gentle hands which dressed my wound ▸ **petit doigt** little finger ▸ **ils sont comme les (deux) doigts de la main** they're like brothers, they're as thick as thieves ▸ **glisser** ou **filer entre les doigts de qqn** to slip through sb's fingers ▸ **mettre le doigt dans l'engrenage** to get involved / *une fois le doigt dans l'engrenage, comment refuser?* once you've got involved, how can you say no? ▸ **se fourrer** *fam* ou **se mettre** *fam* ou **se foutre** *tfam* **le doigt dans l'œil (jusqu'au coude)** to be barking up the wrong tree ▸ **mener** ou **faire marcher qqn au doigt et à l'œil** to have sb toe the line, to rule sb with a rod of iron ▸ **obéir au doigt et à l'œil** : *il lui obéit au doigt et à l'œil* she rules him with a rod of iron ▸ **les doigts dans le nez** *fam* : *tu pourrais le faire? — les doigts dans le nez!* could you do it? — standing on my head! ▸ **gagner les doigts dans le nez** to win hands down ▸ **mettre le doigt sur** ou **toucher du doigt** to identify precisely / *tu as mis le doigt dessus!* that's precisely it!, you've put your finger on it! / *là, nous touchons du doigt le problème principal* now we're getting to the crux of the problem / *il faut lui faire toucher le problème du doigt* he has to have the problem spelt out for him ▸ **c'est mon petit doigt qui me l'a dit** a little bird told me ▸ **il ne bougera** ou **lèvera pas le petit doigt pour faire…** he won't lift a finger to do... ▸ **le petit doigt sur la couture du pantalon** standing to attention **2.** [mesure] little bit / *raccourcir une jupe de deux doigts* to take a skirt up a little bit ▸ **servez-m'en un doigt** just pour me out a drop.
❖ **à un doigt de, à deux doigts de** loc prép close to, within an inch / *à deux doigts de mourir* ou *de la mort* within an inch of death ou dying / *j'ai été à deux doigts de le renvoyer* I came very close to ou I was within inches of firing him.

doigté [dwate] nm **1.** MUS [annotation, position] fingering ; [technique] fingering technique **2.** [adresse] dexterity / *pour ouvrir un coffre-fort, il faut beaucoup de doigté* to open a safe you need a very fine touch **3.** [tact] tact, diplomacy ▸ **ne pas avoir de / avoir du doigté** to be tactless / tactful.

doigter [3] [dwate] vt MUS to finger.

doigtier [dwatje] nm fingerstall.

doit [dwa] v ⟶ **devoir.**

doit [dwa] nm FIN debit ▸ **doit et avoir** debit and credit.

doive v ⟶ **devoir.**

dojo [dɔʒo] nm dojo.

dol [dɔl] nm DR fraud.

Dolby® [dɔlbi] nm Dolby® / *en Dolby stéréo* in Dolby stereo.

dolce vita [dɔltʃevita] nf dolce vita.

doléances [dɔleɑ̃s] nfpl complaints, grievances.

* In reformed spelling (see p. 16-19).

dolent, e [dɔlɑ̃, ɑ̃t] adj **1.** *litt* [plaintif - personne] doleful, mournful ; [- voix] plaintive, mournful **2.** *péj* [sans énergie - personne] sluggish, lethargic **3.** *litt* [douloureux - corps] painful, sore.

dolichocéphale [dɔlikɔsefal] adj dolichocephalic.

doline [dɔlin] nf doline, dolina.

dollar [dɔlaʀ] nm **1.** [en Amérique du Nord] dollar **2.** [en UE] ▸ **dollar vert** green dollar.

dollarisation [dɔlaʀizasjɔ̃] nf dollarization.

dolman [dɔlmɑ̃] nm VÊT dolman.

dolmen [dɔlmɛn] nm dolmen.

dolomite [dɔlɔmit] nf dolomite.

Dolomites [dɔlɔmit] npr fpl ▸ **les Dolomites** the Dolomites.

dolomitique [dɔlɔmitik] adj dolomitic.

dom [dɔm] nm **1.** RELIG Dom **2.** [au Portugal] Dom.

DOM [dɔm] (abr de **département d'outre-mer**) nm *French overseas département.*

domaine [dɔmɛn] nm **1.** [propriété] estate, (piece of) property / *entretenir les arbres du domaine* to look after the trees on the estate / *vous êtes ici sur mon domaine* you're on my land ou property / *mis en bouteille au domaine* [dans le Bordelais] chateau-bottled ▸ **le domaine royal a)** ≃ Crown lands ou property **b)** HIST [en France] the property of the Kings of France ▸ **domaine skiable** area developed for skiing *(within a commune or across several communes)* ▸ **domaine vinicole** domaine **2.** [lieu préféré] domain / *étant enfant, le grenier était mon domaine* when I was a child, the attic was my domain ou kingdom **3.** DR ▸ **le Domaine** State property ▸ **domaine privé** private ownership ▸ **domaine public** public ownership (of rights) ▸ **être dans le domaine public** to be out of copyright ▸ **tomber dans le domaine public** to come into the public domain **4.** [secteur d'activité] field, domain, area / *le domaine musical / scientifique* the musical / scientific field / *dans le domaine de la prévention, il y a encore beaucoup à faire* as far as preventive action is concerned, there's still a lot to do ▸ **dans tous les domaines** in every field ou domain / *dans tous les domaines de la recherche* in all research areas ; [compétence, spécialité] field / *c'est du domaine du service commercial* that's for the marketing department to deal with / *l'art oriental, c'est son domaine* she's a specialist in oriental art ▸ **l'électricité, c'est mon domaine** I know quite a bit about electricity **5.** [d'un dictionnaire] field ; [indication] field label **6.** MATH domain.

❖ **Domaines** nmpl ADMIN : *cet étang appartient aux Domaines* this pond is State property.

domanial, e, aux [dɔmanjal, o] adj **1.** [de l'État] national, state *(modif)* **2.** [privé] belonging to a private estate.

dôme [dom] nm **1.** [en Italie - cathédrale] cathedral ; [- église] church **2.** ARCHIT dome, cupola *spéc* **3.** *litt* [voûte] vault, canopy **4.** GÉOL dome.

domestication [dɔmɛstikasjɔ̃] nf [d'un animal, d'une plante] domestication ; [d'une énergie] harnessing.

domesticité [dɔmɛstisite] nf ▸ **la domesticité** [dans une maison] the (domestic ou household) staff / *avoir une nombreuse domesticité* to have a large staff ou many servants.

domestique [dɔmɛstik] ◆ adj **1.** [familial - problème, vie] family *(modif)* ; [- lieu] household *(modif)* **2.** [du ménage - affaires, devoirs, tâches] household *(modif)*, domestic ▸ **les travaux domestiques** household work, domestic chores ▸ **personnel domestique** domestic staff, (domestic) servants **3.** ÉCON [économie, marché] domestic, home *(modif)* **4.** [animal] domesticated ▸ **les animaux domestiques** pets. ◆ nmf domestic, servant ▸ **les domestiques** domestic staff, (domestic) servants, domestics / *il nous prend pour ses domestiques* he thinks we're his servants.

domestiquer [3] [dɔmɛstike] vt [animal] to domesticate ; [plante] to turn into a cultivated variety ; [énergie] to harness.

domicile [dɔmisil] nm **1.** [lieu de résidence] home, place of residence *sout* ; ADMIN & DR domicile *sout* ; [adresse] (home) address / *le chéquier sera renvoyé à votre domicile* the chequebook will be sent to your home address / *nos représentants se rendent à votre domicile* our representatives make house calls ▸ **être sans domicile** [sans foyer] to be homeless ▸ **sans domicile fixe** of no fixed abode ou address ▸ **domicile fiscal / légal** address for tax / legal purposes ▸ **domicile conjugal** marital home ▸ **domicile permanent** permanent place of residence **2.** [d'une entreprise] registered address.

❖ **à domicile** ◆ loc adj ▸ **soins à domicile** domiciliary care, home treatment ▸ **vente à domicile** door-to-door selling. ◆ loc adv [chez soi] at home ▸ **travailler à domicile** to work from home ▸ **nous livrons à domicile** we deliver to your home.

domiciliaire [dɔmisiljɛʀ] adj [visite] home *(modif)*, domiciliary *sout.*

domiciliataire [dɔmisiljatɛʀ] nmf BANQUE paying agent.

domiciliation [dɔmisiljasjɔ̃] nf [d'une société] registered address ▸ **domiciliation (bancaire)** domiciliation.

domicilié, e [dɔmisilje] adj : *être fiscalement domicilié dans un pays* to be liable to pay tax in a country ▸ **domicilié à Tokyo / en Suède** domiciled in Tokyo / in Sweden.

domicilier [9] [dɔmisilje] vt **1.** ADMIN to domicile / *je me suis fait domicilier chez mon frère* I gave my brother's place as an accommodation address **2.** BANQUE & COMM to domicile.

dominance [dɔminɑ̃s] nf **1.** BIOL & PHYSIOL dominance, dominant nature **2.** ZOOL dominant behaviour.

dominant, e [dɔminɑ̃, ɑ̃t] adj **1.** [principal - facteur, thème, trait de caractère] dominant, main ; [- espèce] dominant ; [- couleur] dominant, main, predominant ; [- intérêt] main, chief ; [- idéologie] prevailing ; [- position] commanding **2.** BIOL [caractère, gène] dominant **3.** MÉTÉOR [vent] dominant, prevailing.

❖ **dominante** nf **1.** [aspect prépondérant] dominant ou chief ou main characteristic **2.** [teinte] predominant colour UK ou color US / *la dominante bleue des vitraux* the dominant blue colour of the stained glass windows / *j'ai choisi une tapisserie à dominante jaune* I chose mainly yellow wallpaper **3.** MUS dominant ▸ **cinquième / septième de dominante** dominant fifth / seventh **4.** UNIV main subject UK, major US / *cursus à dominante linguistique* course with linguistics as the main subject / *suivre une licence à dominante sociologique* to take a degree specialising in sociology, to major in sociology US.

dominateur, trice [dɔminatœʀ, tʀis] ◆ adj **1.** [puissant - esprit, force, nation] dominating ; [- passion] ruling **2.** [autoritaire - personne] domineering, overbearing ; [- ton] imperious **3.** ZOOL dominant. ◆ nm, f **1.** POL ruler **2.** [personne autoritaire] tyrant, despot.

domination [dɔminasjɔ̃] nf **1.** [politique, militaire] domination, dominion, rule / *maintenir une île sous sa domination* to have control over an island / *territoires sous domination allemande* territories under German domination ou rule **2.** [prépondérance - d'un facteur] preponderance, domination **3.** [ascendant personnel, influence] domination, influence / *il exerçait sur eux une étrange domination* he had a strange hold over them ▸ **subir la domination de qqn** to be dominated by sb **4.** [contrôle - de sentiments] control / *domination de soi-même* self-control.

dominer [3] [dɔmine] vt **1.** POL [nation, peuple] to dominate, to rule **2.** [contrôler - marché] to control, to dominate / *ils ont dominé le match* they had the best of ou they controlled the match **3.** [influencer - personne] to dominate / *il la domine* he dominates her / *elle domine complètement son patron* she's got her boss under her thumb **4.** [surclasser] to outclass / *il s'est fait dominer pendant les premiers rounds* his opponent had the upper hand during the early rounds / *ils se sont fait dominer en mêlée* they were weaker in the scrums / *elle domine toutes les autres danseuses* she outclasses the other dancers **5.** [colère] to control ; [complexe, dégoût, échec, timidité] to overcome ; [passion] to master, to control ; [matière, question] to master ▸ **elle domine son sujet** she has a thorough knowledge ou grasp of her subject ▸ **dominer la situation** to be in control of the situation **6.** [prédominer dans - œuvre, style, débat] to predominate in, to dominate / *sa voix dominait le brouhaha de la salle* his voice rose above the noise of the room / *le thème qui domine la campagne électorale* the main theme in ou the theme which dominates the electoral campaign ; *(en usage absolu)* [couleur, intérêt] to predominate, to be predominant ; [caractéristique] to dominate, to be dominant ; [idéologie, opinion] to prevail / *les femmes dominent dans l'enseignement* women outnumber men in teaching **7.** [surplomber] to overlook, to dominate / *de la tour, on domine tout le village* from the tower, you overlook the whole valley ▸ **dominer qqn de la tête et des épaules a)** *pr* to be taller than sb by a head **b)** *fig* to tower above sb, to be head and shoulders above sb.

❖ **se dominer** vp *(emploi réfléchi)* to control o.s. / *fou de rage, il ne se dominait plus* he was so angry, he could no longer control himself / *ne pas savoir se dominer* to have no self-control.

dominicain¹, e [dɔminikɛ̃, ɛn] adj & nm, f RELIG Dominican.

dominicain², e [dɔminikɛ̃, ɛn] adj [de Saint-Domingue] Dominican.

❖ **Dominicain, e** nm, f Dominican.

dominical, e, aux [dɔminikal, o] adj Sunday *(modif)*, dominical *sout.*

dominion [dɔminjɔ̃] nm dominion.

Dominique [dɔminik] ◆ npr ▸ **saint Dominique** Saint Dominic. ◆ npr f ▸ **la Dominique** Dominica / *à la Dominique* in Dominica.

domino [dɔmino] nm **1.** JEUX & VÊT domino ▸ **jouer aux dominos** to play dominoes **2.** ÉLECTR connecting block.

Domitien [dɔmisjɛ̃] npr Domitian.

Dom Juan [dɔ̃ʒyɑ̃] npr Don Juan.

dommage [dɔmaʒ] nm **1.** DR [préjudice] harm, injury ▸ **causer un dommage à qqn** to cause ou to do sb harm ▸ **dommage corporel** physical injury ▸ **dommages de guerre** war damage ▸ **dommages et intérêts** ou **dommages-intérêts** damages **2.** *(gén au pl)* [dégât matériel] ▸ **dommage matériel, dommages matériels** (material) damage / *le dommage n'était pas bien grand* there wasn't much harm done ▸ **causer des dommages à** to cause damage to / *en cas de dommages sur le véhicule* in case of damage to the vehicle **3.** [expression d'un regret] ▸ **(c'est) dommage!** what a shame ou pity ! / *c'est bien dommage* it's a great shame ou pity / *c'est vraiment dommage de devoir abattre ce chêne* it's a real shame to have to cut down this oak / *ça ne m'intéresse pas ! — dommage !* I'm not interested ! — pity ! / *dommage que tu n'aies pas pu venir !* what a pity ou shame you couldn't come ! / *je ne peux pas venir — dommage pour toi !* I can't come — too bad (for you) ! / *le plus dommage, c'est que...* *fam* the worst of it is that...

dommageable [dɔmaʒabl] adj detrimental, damaging ▸ **dommageable à** detrimental to, damaging to.

domotique [dɔmɔtik] nf home automation.

domptable [dɔ̃tabl] adj tameable / *facilement / difficilement domptable* easy / difficult to tame.

domptage [dɔ̃taʒ] nm taming.

dompter [3] [dɔ̃te] vt **1.** [animal] to tame **2.** *litt* [révoltés] to quash ; [peuple] to subjugate **3.** [énergie, vent, torrent] to master ; [rébellion] to break, to put down *(sép).*

dompteur, euse [dɔ̃tœʀ, øz] nm, f tamer, liontamer.

DOM-TOM [dɔmtɔm] (abr de **départements et territoires d'outre-mer**) npr mpl *French overseas départements and territories.*

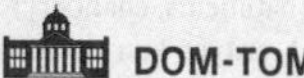
DOM-TOM

This is the abbreviation that is still commonly used for French overseas possessions, although the **départements d'outre-mer** are now officially called **DROM (départements et Régions d'outre-mer)** and the **territoires d'outre-mer** are now officially called **COM (collectivités d'outre-mer)**.

Guadeloupe, Martinique, Guyane and La Réunion have **département** status, and their inhabitants are French citizens. The **collectivités** include two islands in the French West Indies (Saint-Barthélemy and the French part of Saint-Martin), Wallis and Futuna, French Polynesia, New Caledonia and French territories at the Poles. The territories are independent, though supervised by a French government representative.

don [dɔ̃] nm **1.** [aptitude naturelle] talent, gift ▸ **dons artistiques** artistic gifts ou talents / *c'est un don chez elle* it's a talent ou a gift she has / *avoir le don de voyance* to be clairvoyant / *il a le don de guérir les brûlures* he has the gift of healing burns / *elle a le don de trouver des vêtements pas chers* she has a flair for finding cheap clothes / *mes initiatives ont le don de la contrarier* I seem to have a knack for upsetting her / *tu as le don d'envenimer les situations!* you have a knack for stirring up trouble! / *elle a un don pour la danse* she has a talent for dancing, she's a gifted dancer **2.** [cadeau] gift, donation ▸ **faire don de qqch** to give sthg as a present ou gift / *la collection dont elle m'a fait don* the collection she gave me as a present / *ceux qui ont fait don de leur vie pour leur pays* those who have laid down ou sacrificed their lives for their country ▸ **le don de soi** ou **de sa personne** self-denial, self-sacrifice ▸ **don en argent** cash donation ▸ **don en nature** donation in kind **3.** DR donation ▸ **faire don d'un bien à qqn** to donate a piece of property to sb **4.** MÉD donation, donating ▸ **faire don d'un organe** to donate an organ ▸ **encourager les dons d'organes** to promote organ donation **5.** [en Espagne] Don.

Don [dɔ̃] npr m ▸ **le Don** the (River) Don.

DON [dɔn] nm abr de **disque optique numérique**.

Donald [dɔnald] npr [personnage] Donald Duck.

donataire [dɔnatɛʀ] nmf donee, recipient.

donateur, trice [dɔnatœʀ, tʀis] nm, f donor.

donation [dɔnasjɔ̃] nf [gén] donation, disposition ; [d'argent] donation / *faire une donation à un musée* to make a donation to a museum ▸ **donation entre vifs** donation inter vivos.

donation-partage [dɔnasjɔ̃paʀtaʒ] (*pl* **donations-partages**) nf settlement *(laying out division of wealth between family members in the event of death)*.

donc [dɔ̃k] conj **1.** [par conséquent] so, therefore / *je n'en sais rien, inutile donc de me le demander* I don't know anything about it, so there's no use asking me / *elle est tombée malade et elle a donc annulé son voyage* she fell ill, so she cancelled her trip / *nous devrions donc aboutir à un accord* we should therefore reach an agreement / *il faudra donc envisager une autre solution* we should therefore think of another solution **2.** [indiquant une transition] so ▸ **nous disions donc que...** so, we were saying that... / *donc, vous n'avez rien entendu?* so, you didn't hear anything? **3.** [indiquant la surprise] so ▸ **c'était donc toi!** so it was you! / *c'est donc pour ça!* so that's why! / *voilà donc pourquoi il n'est pas venu!* so that's why he didn't come then! **4.** [renforçant une interrogation, une assertion, une injonction] : *mais qu'y a-t-il donc?* what's the matter, then? / *mais pourquoi ris-tu donc?* what are you laughing at ou about / *que voulez-vous donc?* what do you want, then? / *fermez donc la porte!* shut the door, will you! / *viens donc avec nous!* come on, come with us! / *allons donc, vous vous trompez* come on (now), you're mistaken / *allons donc, je ne te crois pas!* come off it, I don't believe you! / *comment donc est-ce possible?* how can that be possible? / *eh ben dis donc!* well, really! / *essaie donc!* go on, try! / *essaie donc pour voir! iron* just (you) try it!, go on then! ▸ **tiens donc!** well, well, well! ▸ **ben, voyons donc!** **a)** [évidemment] naturally!, what else! **b)** [ne vous gênez pas] don't mind me! / *dites donc, pour qui vous vous prenez?* look here, who do you think you are? / *dis donc, à propos, tu l'as vue hier soir?* oh, by the way, did you see her yesterday evening? ▸ **tais-toi donc!** just shut up, will you? / *range donc tes affaires!* why don't you put your things away?

dondon [dɔ̃dɔ̃] nf *fam & péj* : *une grosse dondon* a big fat lump.

donf [dɔ̃f] ❖ **à donf** loc adv *(verlan de à fond)* : *il écoute ce morceau en boucle à donf* he listens to that song over and over again at full blast / *en ce moment elle est à donf dans le rap* she's seriously into rap at the moment / *tu kiffes? — à donf!* you like it — I LOVE it.

donjon [dɔ̃ʒɔ̃] nm keep, donjon.

⚠ **Dungeon** signifie le plus souvent « cachot » et non donjon.

don Juan [dɔ̃ʒɥɑ̃] (*pl* **dons Juans**) nm **1.** [séducteur] Don Juan, lady's man **2.** MUS & LITTÉR / **'Don Juan'** *Mozart* 'Don Giovanni' ▸ **'Don Juan'** *Byron* 'Don Juan' ▸ **'Don Juan'** *Pouchkine* 'The Stone Guest'.

donjuanesque [dɔ̃ʒɥanɛsk] adj [attitude, manières] of a Don Juan.

donjuanisme [dɔ̃ʒɥanism] nm philandering, donjuanism.

donne [dɔn] nf CARTES deal / *à moi la donne* it's my (turn to) deal ▸ **il y a eu fausse** ou **mauvaise donne** there was a misdeal.

donné, e [dɔne] adj **1.** [heure, lieu] fixed, given / *sur un parcours donné* on a given ou certain route ▸ **à une distance donnée** at a certain distance / *il doit improviser sur un thème donné* he must improvise on a given theme **2.** [particulier, spécifique] : *sur ce point donné* on this particular point / *à cet instant donné* at this (very) moment ▸ **à un moment donné** at one point **3.** [bon marché] ▸ **c'est donné!** it's dirt cheap! ▸ **c'est pas donné!** it's hardly what you'd call cheap!

❖ **donné** nm PHILOS given.

❖ **donnée** nf **1.** INFORM, MATH & SCI piece of data, datum *sout* ▸ **données** data / *fichier / saisie / transmission de données* data file / capture / transmission / *en données corrigées des variations saisonnières* ÉCON with adjustments for seasonal variations, seasonally adjusted **2.** [information] piece of information ▸ **données** facts, information / *je ne connais pas toutes les données du problème* I don't have all the information about this question.

donner [3] [dɔne]

 vt

A. CÉDER, ACCORDER
B. CONFÉRER
C. PROVOQUER, ABOUTIR À
D. EXPRIMER, COMMUNIQUER

A. CÉDER, ACCORDER **1.** [offrir] to give ; [se débarrasser de] to give away *(sép)* ; [distribuer] to give out *(sép)* ▸ **donner qqch à qqn** to give sthg to sb, to give sb sthg / *donner sa vie / son sang pour la patrie* to give (up) one's life / to shed blood for one's country ▸ **donner qqch à qqn pour son anniversaire** to give sb sthg (as a present) for his / her birthday ▸ **donner qqch en cadeau à qqn** to make sb a present of sthg ▸ **donner qqch en souvenir à qqn** to give ou to leave sb sthg as a souvenir / *il est joli, ce tableau! — je te le donne* what a lovely picture! — please have it / *à ce prix-là, ma petite dame, je vous le donne!* at that price, dear, I'm giving it away! / *c'était donné, l'examen, cette année! fam* the exam was a piece of cake this year! / *dis donc, on te l'a donné, ton permis de conduire! hum* how on earth did you pass your driving test! ▸ **donner sa place à qqn dans le train** to give up one's seat to sb on the train / *donner des timbres contre des disques* to swap stamps for records / *donner à boire à un enfant* to give a child a drink ou something to drink ▸ **donner à manger aux enfants** / **chevaux** to feed the children / horses ; *(en usage absolu)* to give / *tu as donné à la quête?* did you give anything to the collection? / *donner aux pauvres* to give to the poor ▸ **donner de son temps** to give up one's time ▸ **donner de sa personne** to give of o.s. ▸ **j'ai déjà donné!** *fam* I've been there ou through that already! **2.** DR [léguer] to leave ; [faire don public de -argent, œuvre d'art, organe] to donate, to give / *donner une collection à la ville* to donate a collection to the town **3.** [accorder -subvention] to give, to hand out *(sép)* ; [-faveur, interview, liberté] to give, to grant ; [-prix, récompense] to give, to award ▸ **donner sa fille en mariage à qqn** to marry one's daughter to sb ▸ **donner la permission à qqn de faire qqch** to allow sb to do sthg, to give sb permission to do sthg ▸ **donner rendez-vous à qqn a)** ADMIN to make an appointment with sb **b)** [ami, amant] to make a date with sb ▸ **donner à qqn l'occasion de faire qqch** to give sb the opportunity to do sthg ou of doing sthg ▸ **donner son soutien à qqn** to give one's support to sb, to support sb ▸ **donner son accord à qqn** to give sb one's consent ; *(tournure impersonnelle)* : *il m'a été donné de voir l'original* I was privileged to see the original / *il n'est pas donné à tout le monde de...* not everybody is fortunate enough to... **4.** [laisser -délai] to give, to leave / *ça me donne cinq jours pour le finir* that gives ou leaves me five days to finish it / *il m'a donné trois heures / jusqu'en janvier pour le faire* he gave me three hours / until January to do it **5.** [confier] to give, to hand, to pass / *donne-moi ta lettre, je vais la poster* let me have ou give me your letter, I'll post it ▸ **donner une tâche à qqn** to entrust sb with a job / *donner son manteau au teinturier* to take one's coat to the dry cleaner's / *elle m'a donné sa valise à porter* she gave me her suitcase to carry ▸ **donner qqch à faire** [à un professionnel] to have sthg done / *donner ses enfants à garder* to have one's children looked after / *donner son manteau à nettoyer* to have one's coat cleaned **6.** [remettre -gén] to give ; [-devoir] to give, to hand in *(sép)* / *donne la balle, Rex, donne!* come on Rex, let go (of the ball)! / *donnez vos papiers* hand over your papers **7.** [vendre - suj: commerçant] to give ▸ **donnez-moi un beau rôti** I'd like a nice joint / *des pêches, combien je vous en donne? fam* how many peaches would you like? **8.** [payer] to give / *je lui donne 12 € de l'heure* I give ou pay her 12 € an hour / *et la table, combien m'en donnez-vous?* how much ou what will you give me for the table? / *combien t'en a-t-on donné?* how much did you get for it? / *je vous en donne 100 €* I'll give you 100 € for it / *je donnerais cher pour le savoir* I'd give a lot to know that / *je donnerais n'importe quoi pour le retrouver* I'd give anything to find it again **9.** [administrer -médicament, sacrement] to give, to administer *sout* ; [-bain] to give ▸ **donner 15 ans de prison à qqn** to give sb a 15-year prison sentence ▸ **donner une punition à qqn** to punish sb / **'ne pas donner aux enfants de moins de trois ans'** 'not suitable for ou not to be given to children under three' **10.** [appliquer -coup, baiser] to give ▸ **donner une claque à qqn** to give sb a clout round the ear ▸ **donner une fessée à qqn** to smack sb's bottom, to spank sb ▸ **donner un coup à qqn** to hit sb ▸ **donner un coup de pied / poing à qqn** to kick / to punch sb ▸ **donner un coup de rabot / râteau / pinceau à qqch** to go over sthg with a plane / rake / paintbrush **11.** [passer, transmettre] to give, to pass on *(sép)* / *donnez-moi le sel* pass ou hand me the salt ▸ **donner son rhume à qqn** to give sb one's cold, to pass one's cold on to sb / *son père lui a donné le goût du théâtre* she got her liking for the theatre from her father **12.** [organiser -dîner, bal] to give, to throw / *l'association donnera un goûter* the association will give a tea-party **13.** EXPR ▸ **je vous le donne en cent** ou **mille** *fam* you'll never guess in a month of Sundays ou in a million years.

B. CONFÉRER **1.** [assigner] to give ▸ **donner un nom à qqn** to give sb a name, to name sb ▸ **donner un titre à qqn** to confer a title on sb / *je donne peu d'importance à ces choses* I attach little importance to these things / *on donne au verbe la valeur d'un substantif* the verb is given noun status **2.** [attribuer] : *on ne lui donnerait pas son âge* he doesn't look his age / *on lui donne facilement son âge* he looks his age / *quel âge me donnez-vous?* how old would you say I am? **3.** [prédire] to give ▸ **je ne lui donne pas trois mois a)** [à vivre] I give her less than three months to live **b)** [avant d'échouer] I'll give it three months at the most.

C. PROVOQUER, ABOUTIR À **1.** [suj: champ] to yield ; [suj: arbre fruitier] to give, to produce / *la graine donne une nouvelle plante* the seed produces a new plant / *le vieux noyer donne encore des kilos de noix* the old walnut tree still gives ou produces masses of nuts / *les sources d'énergie qui donnent de l'électricité* the energy sources which produce electricity **2.** [susciter, provoquer - courage, énergie, espoir] to give ; [- migraine] to give, to cause ; [- sensation] to give, to create ; [- impression] to give, to produce ▸ **donner des forces à qqn** to give sb strength / *cela m'a donné une belle frayeur* it gave me a real fright ▸ **donner du souci à qqn** to worry sb / *les enfants donnent du travail* children are a lot of work / *la promenade m'a donné de l'appétit* the walk has given me an appetite ▸ **donner des boutons à qqn** to make sb come out in spots / *faire la vaisselle me donne des boutons fig* I'm allergic to washing-up / *la maladie peut donner des complications* the illness may have complications / *ça donne la diarrhée* it gives you ou causes diarrhoea / *le poisson, ça donne de la mémoire* fish is good for your memory / *les tilleuls donnent de l'ombre* the lime trees give shade ▸ **donner chaud / froid / faim / soif à qqn** to make sb hot / cold / hungry / thirsty ▸ **donner mal au cœur à qqn** to make sb (feel) sick ou nauseous **3.** [conférer - prestige] to confer, to give ; [- aspect, charme] to give, to lend / *le procédé donne au tissu l'aspect du velours* this process gives the material a velvety look / *le grand air t'a donné des couleurs* the fresh air has brought colour to your cheeks / *ton maquillage te donne bonne mine* your make-up makes you look well / *donner de l'ampleur à une veste* to let a jacket out / *pour donner meilleur goût à la sauce* to improve the taste of the sauce / *pour donner de la vitalité à vos cheveux* to give bounce to your hair / *pour donner plus de mystère à l'histoire* to make the story more mysterious **4.** [aboutir à - résultats] to give, to yield ; [- effet] to result in / *en ajoutant les impôts, cela donne la somme suivante* when you add (in) ou on the tax, it comes to the following amount / *j'espère que vos efforts donneront des résultats* I hope your efforts will give ou yield results / *le deuxième tour a donné la majorité aux écologistes* the second ballot resulted in a majority for the green party / *la combinaison de l'acide et du gaz donne un polymère* a polymer is obtained from combining the acid with the gas ▸ **donner quelque chose** : *et ta candidature, ça donne quelque chose?* have you had anything about your application? ▸ **ne rien donner** : *les recherches n'ont rien donné* the search was fruitless ▸ **ne pas donner grand-chose** : *la robe ne donne pas grand-chose comme cela, essaie avec une ceinture* the dress doesn't look much like that, try it with a belt ▸ **qu'est-ce que ça donne?** : *j'ai ajouté du vin à la sauce — qu'est-ce que ça donne?* I've added some wine to the sauce — what is it like now? / *et la fac, qu'est-ce que ça donne?* how's college going? / *et ton épaule, qu'est-ce que ça donne?* how's your shoulder doing?

D. EXPRIMER, COMMUNIQUER **1.** [présenter, fournir - garantie, preuve, précision] to give, to provide ; [- explication] to give ; [- argument] to put forward *(sép)* ; [- ordre, consigne] to give ▸ **donner un conseil à qqn** to give sb a piece of advice, to advise sb / *donner une réponse* to give ou to provide an answer / *donner son avis* to give one's opinion / *ceux qui ont donné la combinaison gagnante...* those who gave the winning numbers... ▸ **donner ses sources** to quote one's sources / *donner une certaine image de son pays* to show one's country in a particular light ▸ **donner à entendre** ou **comprendre que** to let it be understood that / *ces faits nous ont été donnés comme vrais* we were led to believe that these facts were true ▸ **donner qqch pour certain** to give sthg as a certainty / *on le donnait pour riche* he was said ou thought to be rich / *dans le village, on la donnait pour une sorcière* in the village, she was rumoured to be a witch **2.** [dire] to give / *donner son nom* to give one's name / *donnez la date de la bataille de Crécy* give the date of the battle of Crécy / *qui peut me donner la racine carrée de 196* who can give ou tell me the square root of 196?, who can tell me what the square root of 196 is? ▸ **donner des nouvelles à qqn** to give sb news ▸ **donner des nouvelles de qqn** to give news of sb ▸ **donnez-moi de ses nouvelles** tell me how he is ▸ **je te le donne pour ce que ça vaut** *fam* that's what I was told, anyway **3.** [indiquer - suj: instrument] to give, to indicate, to show / *l'altimètre donne l'altitude* an altimeter gives ou shows the altitude **4.** *fam* [dénoncer] to give away *(sép)*, to rat on, to shop UK **5.** [rendre public - causerie, cours] to give ; [- œuvre, spectacle] to put on ▸ **l'année où j'ai donné « Giselle » a)** [dit par le metteur en scène] the year I put on "Giselle" **b)** [dit par la danseuse] the year I played ou performed "Giselle" / *elle donnera au printemps une édition critique de Proust* she has a critical edition of Proust coming out in the spring / *qu'est-ce qu'on donne au Rex?* what's on at the Rex? / *ce soir, on donne « Médée » sur la deuxième chaîne* "Medea" is on channel two tonight.

◆ vi **1.** [produire - arbre] to bear fruit, to yield ; [- potager, verger, terre] to yield / *le cerisier ne donnera pas avant deux ans* the cherry tree won't bear ou have any fruit for a couple of years / *la vigne a bien / mal donné cette année* the vineyard had a good / bad yield this year / *dis donc, elle donne, ta chaîne hi-fi! fam* that's a mean sound system you've got there! ▸ **donner à plein a)** [radio] to be on full blast, to be blaring (out) **b)** [campagne de publicité, soirée] to be in full swing / *le soleil donne à plein* the sun is beating down **2.** CARTES to deal ▸ **à toi de donner** your deal **3.** [attaquer] to charge / *la police va donner* the police are about to charge ▸ **faire donner la garde / troupe** to send in the guards / troops.

❖ **donner dans** v + prép **1.** [tomber dans] to fall into, *fig* to have a tendency towards UK ou toward US ▸ **donner dans une embuscade** to be ambushed / *sans donner dans le mélodrame* without becoming too melodramatic / *votre essai donne trop souvent dans le lyrisme* your essay lapses too frequently into lyricism / *on peut s'en réjouir, mais ne donnons pas dans l'excès d'optimisme* we may feel pleased about it, but let's not be over-optimistic **2.** [se cogner contre] : *l'enfant est allé donner dans la fenêtre* the child crashed into the window **3.** [déboucher sur] to give out onto / *la porte donnait dans un couloir* the door opened ou gave out onto a corridor / *l'escalier donne dans une petite cour* the staircase gives out onto ou leads to ou leads into a small courtyard.

❖ **donner de** v + prép **1.** [cogner avec] : *donner du coude / de la tête contre une porte* to bump one's elbow / one's head against a door **2.** [utiliser] : *donner du cor* to sound the horn / *donner de l'éperon à son cheval* to spur one's horse ▸ **donner de la voix** to raise one's voice ▸ **donner de la tête** [animal] to shake its head ▸ **ne plus savoir où donner de la tête** *fig* to be run off one's feet **3.** NAUT ▸ **donner de la bande** to list **4.** EXPR ▸ **donner du « ... » à qqn** : *elle lui donne du « monsieur »* she calls him "Sir".

❖ **donner sur** v + prép **1.** [se cogner contre] : *la barque alla donner sur le rocher* the boat crashed into the rock / *donner sur les écueils* to strike the rocks **2.** [être orienté vers] ▸ **la chambre donne sur le jardin / la mer** the room overlooks the garden / the sea / *chambre donnant sur la mer* room with a sea view.

❖ **se donner** ◆ vp *(emploi passif)* [film, pièce] to be on / *sa pièce se donne à l'Odéon* his play is being staged ou is on at the Odéon. ◆ vpi **1.** [employer son énergie] : *monte sur scène et donne-toi à fond* get on the stage and give it all you've got ▸ **se donner à** : *se donner à une cause* to devote o.s. ou one's life to a cause / *elle s'est donnée à fond* ou *complètement dans son entreprise* she put all her effort into her business **2.** *sout* [sexuellement] ▸ **se donner à qqn** to give o.s. to sb. ◆ vpt **1.** [donner à soi-même] : *se donner un coup de marteau sur les doigts* to hit one's fingers with a hammer ▸ **se donner les moyens de faire qqch** to give o.s. the means to do sthg ▸ **se donner du bon temps a)** [gén] to have fun **b)** *euphém* to give o.s. a good time ; [s'accorder - délai] to give ou to allow o.s. / *je me suis donné six mois pour finir ma thèse* I've given ou allowed myself six months to finish my thesis / *donne-toi un peu de repos* allow yourself to rest for a while **2.** [échanger] to give one another ou each other / *se donner un baiser* to give each other a kiss, to kiss ▸ **se donner des coups** to exchange blows / *ils se sont donné leurs impressions* they swapped views **3.** [se doter de] to give o.s. / *se donner un chef* to give o.s. a leader / *la capitale vient de se donner un second opéra* the capital has been given a second opera house **4.** [prétendre avoir] : *il se donne trente ans* he claims to be thirty **5.** EXPR ▸ **s'en donner à cœur joie** ou **s'en donner** : *les enfants s'en sont donné au square* the children had the time of their lives in the park / *avec les crêpes, ils s'en sont donné à cœur joie* they really tucked into their pancakes.

❖ **se donner pour** vp + prép to pass o.s. off as, to claim to be / *elle se donne pour l'amie du ministre* she claims to be the minister's friend.

❖ **donnant donnant** loc adv that's fair, fair's fair / *je te prête mon costume si tu me passes ta voiture, c'est donnant donnant* I'll lend you my suit if you lend me your car, you can't say fairer than that / *d'accord, mais c'est donnant donnant* OK, but I want something in return.

Donner qqch à qqn
Give sthg to sb ou *give sb sthg.*

Notez la construction à double complément qui en anglais peut prendre deux formes dont le sens est le même :

• une structure identique à celle du français :
verbe + COD + préposition + COI
give sthg to sb

• une structure qui diffère de celle du français, sans préposition, et dans laquelle l'ordre des compléments est inversé :
verbe + COI + COD
give sb sthg

Elle a donné tous ses tableaux à ses petits-enfants. *She gave all her paintings to her grandchildren* ou *She gave her grandchildren all her paintings.*

Donne ton adresse à François. *Give your address to François* ou *Give François your address.*

donneur, euse [dɔnœʀ, øz] nm, f **1.** MÉD donor ▸ **donneur d'organe / de sang** organ / blood donor ▸ **donneur universel** universal blood donor **2.** JEUX dealer **3.** ▸ **donneur de leçons** : *je ne veux pas me transformer en donneur de leçons, mais...* I don't want to lecture you, but... **4.** *fam* [délateur] squealer, informer.

❖ **donneur** nm **1.** ÉCON & FIN ▸ **donneur d'aval** backer, referee ▸ **donneur d'ordres** principal **2.** CHIM donor **3.** MÉD ▸ **donneur de sperme** sperm donor.

don Quichotte [dɔ̃kiʃɔt] npr LITTÉR / **'Don Quichotte de la Manche'** *Cervantès* 'Don Quixote'.

❖ **don Quichotte** (*pl* **dons Quichottes**), **donquichotte*** (*pl* **donquichottes***) nm [redresseur de torts] : *se poser en don Quichotte* to adopt a quixotic stance.

donquichottisme [dɔ̃kiʃɔtism] nm quixotic attitudes.

dont [dɔ̃] pron rel **1.** [exprimant le complément du nom - personne] whose ; [- chose] whose, of which *sout* / *le club dont je suis membre* the club to which I belong ou of which I'm a member *sout*, the club I belong to / *un projet dont vous pouvez voir les grandes lignes* a plan whose general outline you can see, a plan, the general outline of which you can see *sout* / *un buffet dont le bois est vermoulu* a sideboard with woodworm / *cette femme, dont le charme les avait captivés* this woman whose charm had captivated them / *l'hôtel dont nous avons apprécié la tranquillité* the hotel whose quietness we appreciated, the hotel of which we appreciated the quietness *sout* **2.** [exprimant la partie d'un tout - personnes] of whom ; [- choses] of which / *il y a 95 candidats, dont 33 Canadiens* there are 95 candidates, of whom 33 ou 33 of whom are Canadians / *des livres dont la plupart ne valent rien* books, most of which are worthless / *deux personnes ont téléphoné, dont ton frère* two people phoned, including your brother / *les invités étaient arrivés, dont nos amis marseillais* the guests had arrived, amongst whom where ou including our friends from Marseille **3.** [exprimant le complément de l'adjectif] : *le service dont vous êtes responsable* the service for which you are responsible / *c'est la seule photo dont je sois fier* it's the only photograph I'm

* In reformed spelling (see p. 16-19).

proud of ou of which I'm proud **4.** [exprimant l'objet indirect] : *celui dont je vous ai parlé* the one I spoke to you about / *ce dont nous avons discuté* what we talked about / *explique-moi ce dont il s'agit* tell me what it is about / *une corvée dont je me passerais bien* a chore (which) I could well do without / *il n'y a rien là dont on puisse se féliciter* there's nothing to be pleased about / *une affaire dont il s'occupe* a matter which he is dealing with / *les vacances dont tu rêves* the holidays which you dream of ou about **5.** [exprimant le complément du verbe - indiquant la provenance, l'agent, la manière, etc.] : *le mal dont il souffre* the illness which he suffers from / *une personne dont on ne sait rien* a person nobody knows anything about / *cette femme dont je sais qu'elle n'a pas d'enfants* that woman who I know doesn't have any children / *la famille dont je viens* the family (which) I come from / *le nectar dont les abeilles tirent le miel* the nectar from which bees make honey, the nectar which bees make honey from / *les amis dont il est entouré* the friends he is surrounded by / *les cadeaux dont il a été comblé* the many presents (which) he received / *la façon dont elle s'y prend* the way (in which) she goes about it / *la manière dont il joue* the way (in which) he plays, his way of playing.

donzelle [dɔ̃zɛl] nf *fam & hum* young lady ou thing.

dopage [dɔpaʒ] nm drug use *(in sport)*.

dopamine [dɔpamin] nf dopamine.

dopant, e [dɔpɑ̃, ɑ̃t] adj stimulant *(modif)*.
❖ **dopant** nm drug *(used as stimulant in competitions)*.

dope [dɔp] nf *tfam* dope.

doper [3] [dɔpe] vt **1.** [droguer] to dope *(in a competition)* ▸ **doper l'économie** to stimulate the economy artificially ▸ **doper les ventes** to boost sales **2.** CHIM to dope.
❖ **se doper** vp *(emploi réfléchi)* to take drugs *(in a competition)*.

doping [dɔpiŋ] = **dopage**.

Doppler [dɔplɛr] npr ▸ **effet Doppler** Doppler effect.

dorade [dɔrad] = **daurade**.

doré, e [dɔre] adj **1.** [bouton, robinetterie] gilt, gilded ▸ **doré à la feuille** gilded with gold leaf ▸ **doré sur tranche** [livre] gilt-edged, with gilded edges **2.** [chevelure, lumière] golden ; [peau] golden brown / *ses cheveux étaient d'un blond doré* he had golden hair ; [gâteau, viande] browned, golden brown **3.** [idéal - jours, rêves] golden **4.** [dans des noms d'animaux] golden.
❖ **doré** nm **1.** [dorure] gilt **2.** QUÉBEC ZOOL yellow ou wall-eyed pike.
❖ **dorée** nf ZOOL John Dory, dory.

dorénavant [dɔrenavɑ̃] adv [à partir de maintenant] from now on, henceforth *sout*, henceforward *sout* ; [dans le passé] from then on / *dorénavant, j'essaierai d'être moins distrait* from now on I'll try to be less absent-minded / *il décida que dorénavant elle serait son assistante* he decided that from then on she would be his assistant.

dorer [3] [dɔre] ◆ vt **1.** [couvrir d'or] to gild / *dorer un cadre à la feuille* to gild a frame with gold leaf ▸ **faire dorer qqch** to have sthg gilded ▸ **dorer la pilule à qqn** *fam* to sugar the pill for sb **2.** [brunir - peau] to give a golden colour to, to tan ; [- blés, poires] to turn gold ; [- paysage] to shed a golden light on / *le couchant dorait les roseaux* the setting sun tipped the reeds with gold **3.** CULIN ▸ **dorer une pâte à l'œuf / au lait** to glaze pastry with egg yolk / with milk. ◆ vi CULIN to turn golden ▸ **faire dorer la viande** brown the meat ▸ **faites dorer les oignons** cook ou fry the onions until golden / *faites dorer la tarte* bake the pie until golden / *faites dorer les pommes de terre au four* put the potatoes in the oven to brown / *se faire dorer au soleil* to sunbathe.
❖ **se dorer** vp *(emploi réfléchi)* [touriste] to sunbathe / *se dorer les jambes au soleil* to get one's legs nice and brown in the sun ▸ **se dorer la pilule a)** *fam* [bronzer] to lie in the sun getting o.s. cooked to a turn *hum* **b)** [ne rien faire] to do sweet FA UK ou zilch US.

doreur, euse [dɔrœr, øz] nm, f gilder.

dorien, enne [dɔrjɛ̃, ɛn] adj **1.** HIST & MUS Dorian **2.** LING Doric.
❖ **Dorien, enne** nm, f Dorian.
❖ **dorien** nm LING Doric.

dorique [dɔrik] ◆ adj [ordre] Doric / *une colonne d'ordre dorique* a Doric column. ◆ nm ▸ **le dorique** the Doric order.

dorloter [3] [dɔrlɔte] vt to pamper, to cosset / *il adore se faire dorloter* he loves being looked after.
❖ **se dorloter** vp *(emploi réfléchi)* to pamper o.s.

dormance [dɔrmɑ̃s] nf dormancy.

dormant, e [dɔrmɑ̃, ɑ̃t] adj **1.** [eau] still **2.** *litt* [passion, sensualité] dormant **3.** BIOL dormant, latent **4.** CONSTR [bâti, châssis] fixed **5.** DR & FIN dead.
❖ **dormant** nm **1.** CONSTR [bâti] fixed frame, casing *(U)* ; [vitre] fixed **2.** NAUT standing end.

dormeur, euse [dɔrmœr, øz] ◆ adj [poupée, poupon] sleeping. ◆ nm, f sleeper ▸ **c'est un grand** ou **gros dormeur** he likes his sleep.
❖ **dormeur** nm [crabe] (common ou edible) crab.
❖ **dormeuse** nf [boucle d'oreille] stud earring.

dormir [36] [dɔrmir] vi **1.** PHYSIOL to sleep ; [à un moment précis] to be asleep, to be sleeping / *tu as bien dormi?* did you sleep well? ▸ **dors bien!** sleep tight! / *j'ai dormi tout l'après-midi* I was asleep ou I slept all afternoon / *il dort tard le dimanche* he sleeps in on Sundays / *on dort mal dans ce lit* you can't get a good night's sleep in this bed / *tu as pu dormir dans le train?* did you manage to get some sleep on the train? ▸ **parler en dormant** to talk in one's sleep / *je n'ai pas dormi de la nuit* I didn't sleep a wink all night ▸ **la situation m'inquiète, je n'en dors pas** ou **plus (la nuit)** the situation worries me, I'm losing sleep over it / *prends ce comprimé, ça te fera dormir* take this, it'll help you sleep / *le thé m'empêche de dormir* tea keeps me awake / *ma jambe m'empêche de dormir* my leg keeps me awake, I can't sleep because of my leg / *ce n'est pas cette histoire de pots-de-vin qui va m'empêcher de dormir!* I don't intend to lose any sleep over that corruption business! ▸ **avoir envie de dormir** to feel sleepy ▸ **dormir d'un sommeil léger a)** [habituellement] to be a light sleeper **b)** [à tel moment] to be dozing ▸ **dormir d'un sommeil profond** ou **lourd** ou **de plomb a)** [habituellement] to be a heavy sleeper **b)** [à tel moment] to be fast asleep, to be sound asleep, to be in a deep sleep ▸ **dormir à poings fermés** to be fast asleep, to be sleeping like a baby ▸ **dormir comme un ange a)** [bébé] to be sound asleep **b)** [adulte] to sleep like a baby ▸ **dormir comme une bûche** ou **un loir** ou **une marmotte** ou **une souche** ou **un sabot** to sleep like a log / *il est là haut, et dort comme une marmotte* he's upstairs, sound asleep ou dead to the world ▸ **dormir debout** : *tu dors debout* you can't (even) keep awake, you're dead on your feet ▸ **une histoire à dormir debout** : *elle a raconté au juge une histoire à dormir debout* she told the judge a pack of lies ▸ **dormir du sommeil du juste** to sleep the sleep of the just ▸ **dormir sur ses deux oreilles** : *tu peux dormir sur tes deux oreilles* there's no reason for you to worry, you can sleep soundly in your bed at night ▸ **ne dormir que d'un œil** : *je ne dors que d'un œil* **a)** [je dors mal] I can hardly sleep, I hardly get a wink of sleep **b)** [je reste vigilant] I sleep with one eye open ▸ **qui dort dîne** *prov* he who sleeps forgets his hunger **2.** [être sans activité - secteur] to be dormant ou asleep ; [- volcan] to be dormant ; [- économies personnelles] to lie idle ; [- économie nationale] to be stagnant / *ils ont laissé dormir le projet* they left the project on the back burner **3.** [être inattentif] ▸ **dépêche-toi, tu dors!** come on, wake up! / *ce n'est pas le moment de dormir!* now's the time for action!

dormitif, ive [dɔrmitif, iv] adj **1.** *arch* [qui fait dormir] sleep-inducing, soporific **2.** *hum* [ennuyeux] soporific.

dorsal, e, aux [dɔrsal, o] adj **1.** ANAT & ZOOL dorsal, back *(modif)* / *la face dorsale de la main* the back of the hand **2.** PHON dorsal.
❖ **dorsal** nm ANAT ▸ **grand dorsal, long dorsal** latissimus dorsi.
❖ **dorsale** nf **1.** PHON dorsal consonant **2.** ZOOL dorsal fin **3.** GÉOL [élévation] ridge ; [montagne] mountain range **4.** MÉTÉOR ▸ **dorsal barométrique** ridge of high pressure.

dorsalgie [dɔrsalʒi] nf backpain.

dort v ⟶ **dormir**.

dortoir [dɔrtwar] nm dormitory / *les dortoirs de la caserne* the sleeping quarters of the barracks ▸ **cité** ou **ville dortoir** dormitory town.

dorure [dɔryr] nf **1.** [en or] gilt ; [artificielle] gold-effect finish / *un bureau couvert de dorures* a desk covered in gilding **2.** [processus] gilding ▸ **dorure à la feuille / à la poudre** gold leaf / powder gilding ▸ **dorure sur tranches** [reliure] edge-gilding.

doryphore [dɔrifɔr] nm Colorado ou potato beetle.

dos [do] nm **1.** ANAT back / *le bas de son dos* the small of her back / *avoir le dos rond* to be hunched up ou round-shouldered / *avoir le dos voûté* to have a stoop / *j'ai mal au dos* my back hurts, I've got (a) backache / *j'avais le soleil dans le dos* the sun was behind me ou on my back / *quand vous aurez l'église dans le dos, tournez à droite* you've passed the church, turn right / *être sur le dos* to be (lying) on one's back / *mets-toi sur le dos* lie on your back ▸ **tourner le dos à qqn a)** [assis] to sit with one's back to sb **b)** [debout] to stand with one's back to sb **c)** [l'éviter] to turn one's back on sb / *je ne l'ai vu que de dos* I only saw him from behind ou the back / *j'étais dos à la fenêtre* I had my back to the window / *où est la gare? — vous lui tournez le dos* where is the station? — you're going away from it / *dès que j'ai le dos tourné, il fait des bêtises* as soon as my back is turned, he gets into mischief ▸ **avoir bon dos** : *comme d'habitude, j'ai bon dos!* as usual, I get the blame! / *il a bon dos, le mauvais temps!* (why not) blame the bad weather! *iron* ▸ **avoir le dos large** : *j'ai le dos large mais il ne faut pas exagérer!* I can take a lot ou I may be resilient, but there are limits! ▸ **avoir qqch sur le dos** *fam* : *ce gosse n'a rien sur le dos!* that kid's not dressed warmly enough! / *elle a pas mal de dettes sur le dos* she's up to her ears ou eyes in debt / *c'est moi qui ai tous les préparatifs sur le dos* I've been saddled with all the preparations ▸ **être toujours derrière le dos de qqn** : *il est toujours derrière mon dos* he's always breathing down my neck ▸ **faire qqch dans** ou **derrière le dos de qqn** to do sthg behind sb's back ▸ **être tombé sur le dos et se casser le nez** *fam* to be damned unlucky, to have rotten luck ▸ **être sur le dos de** *fam* : *tu es toujours sur le dos de ce gosse, laisse-le un peu!* you're always nagging that kid, leave him alone! ▸ **avoir qqn sur le dos** : *vous aurez les syndicats sur le dos* the unions will be breathing down your necks ▸ **faire le gros dos a)** [chat] to arch its back **b)** *fig* to lie low ▸ **faire qqch sur le dos de** : *ils ont bâti leur empire sur le dos des indigènes* they built their empire at the expense of the natives ▸ **l'avoir dans le dos** *tfam* : *il l'a dans le dos!* he's been had ou done! / *fais gaffe, tu vas l'avoir dans le dos!* watch out or you'll get done! ▸ **avoir qqn à dos** : *il les avait tous à dos* they were all after him ▸ **se mettre qqn à dos** to put sb's back up / *je ne veux pas l'avoir* ou *me le mettre à dos* I don't want him to turn against me ou to get his back up ▸ **mettre qqch sur le dos de qqn** *fam* [crime, erreur] to pin sthg on sb / *ils lui ont tout mis sur le dos!* they blamed ou pinned everything on him / *c'est les flics qui m'ont mis ça sur le dos* I was set up by the cops! ▸ **se mettre sur le dos** : *il s'est mis toute la responsabilité sur le dos* he shouldered the responsibility for the whole business ▸ **n'avoir rien / pas grand-chose à se mettre sur le dos** : *je n'ai rien / pas grand-chose à me mettre sur le dos* I have got nothing / virtually nothing to wear ▸ **tirer dans le dos de qqn** to shoot ou to stab sb in the back *fig* ▸ **tomber sur le dos de qqn** *fam* : *si le fisc lui tombe sur le dos, ça va lui coûter cher!* if the taxman gets hold of ou catches him, it'll cost him! ▸ **avoir le dos au mur** to have one's back to the wall **2.** [d'une fourchette, d'un habit] back ; [d'un couteau] blunt edge ; [d'un livre] spine / *corsage décolleté dans le dos* low-backed blouse ▸ **ne pas y être allé avec le dos de la cuillère** : *il n'y est pas allé avec le dos de la cuillère!* **a)** *fam* [dans une action] he didn't go in for half-measures! **b)** [dans une discussion] he didn't mince words! **3.** SPORT ▸ **dos crawlé** back crawl / *tu* *vas jusqu'à la bouée en dos crawlé?* are you going to back-crawl to the buoy?

❖ **à dos de** loc prép on the back of ▶ **aller à dos d'âne / d'éléphant** to ride (on) a donkey / an elephant / *le matériel est transporté à dos de lamas / d'hommes* the equipment is carried by llamas / men.

❖ **au dos** loc adv [d'une feuille] on the other side ou the back, overleaf.

❖ **au dos de** loc prép [d'une feuille] on the back of / *signer au dos d'un chèque* to endorse a cheque.

❖ **dos à dos** loc adv with their backs to one another ▶ **mettez-vous dos à dos** *pr* stand back to back ou with your backs to one another ▶ **mettre** ou **renvoyer deux personnes dos à dos** *fig* to refuse to get involved in an argument between two people.

DOS, Dos [dɔs] (abr de **Disc Operating System**) nm DOS.

dosable [dozabl] adj which can be measured (out).

dosage [dozaʒ] nm **1.** [détermination] measurement of ou measuring a quantity ▶ **faire un dosage** to determine a quantity / *les dosages d'albumine montrent que...* the measured quantities of albumin show that... **2.** [dose précise de médicaments] (prescribed) dose **3.** [mélange] : *le dosage de ce cocktail est...* the (correct) proportions for this cocktail are... **4.** [équilibre] balance / *il y a dans ses meubles un savant dosage d'esthétisme et de fonctionnel* his furniture successfully combines aestheticism and functionalism **5.** ŒNOL sweetening ou dosing (of Champagne).

dos-d'âne [dodan] nm inv sleeping policeman UK speed bump US ▶ **pont en dos-d'âne** humpback bridge.

dose [doz] nf **1.** PHARM dose ; MÉD dose, dosage / *une forte dose de ce médicament peut être mortelle* in large doses, this drug can be fatal / *prendre une forte dose* ou *une dose massive de sédatifs* to take an overdose of sedatives / **'respecter les doses prescrites'** 'do not exceed the prescribed dose' **2.** COMM [quantité prédéterminée - gén] dose, measure ; [- en sachet] sachet / *mesurez trois doses de lait en poudre* take three measures of powdered milk / *une dose de désherbant pour 10 doses d'eau* one part weedkiller to 10 parts water / *réduisez la dose de lessive si votre eau n'est pas calcaire* reduce the amount of washing powder if the water in your area is soft **3.** [quantité - d'un aliment, d'un composant] amount, quantity / *je ne connais pas les doses pour la vinaigrette* I don't know the right proportions ou quantities to use when making vinaigrette ▶ **dose de** : *ses documentaires ont tous une petite dose d'humour* there's a touch of humour in all his documentaries / *il a une dose de paresse peu commune* he's uncommonly lazy ▶ **avec une petite dose de bon sens / volonté** with a modicum of common sense / willpower ▶ **il faut une sacrée dose de bêtise / naïveté pour le croire** you have to be pretty stupid / naive to believe him / *j'ai eu ma dose de problèmes!* *fam* I've had my (fair) share of problems! / *du moment qu'il a sa dose journalière de télévision, il est content* as long as he gets his daily dose of television, he's happy **4.** NUCL ▶ **dose absorbée** dose, dosage **5.** EXPR **avoir sa dose** *fam* : *il a sa dose* he's had a bellyful ou as much as he can stand ▶ **en avoir sa dose** *fam* : *sa mère, j'en ai eu ma dose!* I've seen quite enough of his mother! / *les problèmes, j'en ai ma dose!* *fam* don't talk to me about problems! ▶ **en avoir une bonne dose** *fam* : *il en a une bonne dose* he's as thick as two short planks UK he's as dumb as they come US ▶ **ce type, la dose qu'il se trimballe!** *tfam* that guy's an absolute moron!

❖ **à faible dose** loc adv in small doses ou quantities.

❖ **à forte dose** loc adv in large quantities ou amounts.

❖ **à haute dose** loc adv in large doses ou quantities / *travailler à haute dose* *fam* to work like a dog / *irradié à haute dose* having received a large level of radiation.

❖ **à petite dose, à petites doses** loc adv in small doses ou quantities / *j'aime bien le sport / ma sœur, mais à petites doses* I like sport / my sister, but (only) in small doses.

doser [3] [doze] vt **1.** [médicament] to measure a dose of ; [composant, ingrédient] to measure out *(sép)* **2.** [équilibrer - cocktail, vinaigrette] to use the correct proportions for / *comment doses-tu ta vinaigrette?* what proportions do you use for your vinaigrette? / *sa collection de printemps dose admirablement fantaisie et rigueur* his spring collection is a wonderful combination of fantasy and severity **3.** [utiliser avec mesure] : *doser ses forces* ou *son effort* to pace o.s. / *il faut savoir doser ses critiques* you have to know how far you can go in your criticism **4.** MÉD [albumine] to determine the quantity of.

dosette [dozɛt] nf sachet.

doseur [dozœʀ] nm measure ; *(comme adj)* ▶ **bouchon doseur** measuring cap ▶ **gobelet doseur** measuring cup.

dosimètre [dozimɛtʀ] nm dosimeter.

dossard [dosaʀ] nm SPORT number *(worn by a competitor)* / *portant le dossard numéro 3* wearing number 3.

dossier [dosje] nm **1.** [d'une chaise, d'un canapé] back **2.** [documents] file, dossier ▶ **avoir un dossier sur qqn** to keep a file on sb, to keep sb on file / *constituer* ou *établir un dossier sur un suspect* to build up a file on a suspect / *il faudrait constituer* ou *établir un dossier sur les mammifères* we should put together a file on mammals / *les élèves doivent faire un dossier sur un sujet de leur choix* the pupils must do a project on the subject of their choice ▶ **il connaît** ou **possède son dossier** he knows what he's talking about ; DR [d'un prévenu] record ; [d'une affaire] case ; ADMIN [d'un cas social] case file ▶ **ouvrir / fermer un dossier** to open / to close a case file ▶ **dossier de candidature** application ▶ **dossier d'inscription** UNIV registration forms ▶ **dossier médical** medical file ou records ▶ **dossier scolaire** ÉDUC school record UK student file US **3.** PRESSE, RADIO & TV : *numéro spécial avec un dossier sur le Brésil* special issue with an extended report on Brazil ▶ **dossier de presse** press pack **4.** [chemise cartonnée] folder, file.

Dostoïevski [dɔstɔjɛfski] npr Dostoevski, Dostoyevsky.

dot [dɔt] nf [d'une mariée] dowry ; [d'une religieuse] (spiritual) dowry.

❖ **en dot** loc adv as dowry ▶ **apporter qqch en dot** to bring sthg as one's dowry, to bring a dowry of sthg / *il lui avait laissé une ferme en dot* he'd left her a farmhouse as part of her dowry.

dotal, e, aux [dɔtal, o] adj dotal.

dotation [dɔtasjɔ̃] nf **1.** [fonds versés - à un particulier, une collectivité] endowment ; [- à un service public] grant, funds **2.** [revenus - du président] (personal) allowance, emolument ; [- d'un souverain] civil list **3.** [attribution - de matériel] equipment / *la somme est réservée pour la dotation du service en ordinateurs* the sum has been earmarked for providing ou equipping the department with computers ▶ **dotation en personnel** QUÉBEC allocation of posts *(in the public service)*.

doter [3] [dɔte] vt **1.** [équiper] ▶ **doter qqch de** to provide ou to equip sthg with / *machine dotée de mémoire* machine equipped with a memory **2.** [gratifier] ▶ **la nature l'avait dotée d'une beauté / d'une volonté exceptionnelle** nature had endowed her with exceptional beauty / with an exceptionally strong will / *pays doté d'une puissante industrie* country with a strong industrial base / *quand on est doté d'une bonne santé* when you enjoy good health **3.** [donner une dot à] to give a dowry to / *ses filles sont richement dotées* his daughters have large dowries **4.** [financer - particulier, collectivité] to endow ; [- service public] to fund.

❖ **se doter de** vp + prép to acquire.

douaire [dwɛʀ] nm dower.

douairière [dwɛʀjɛʀ] nf **1.** [veuve] dowager (lady) **2.** *péj* [femme] rich old woman.

Douala [dwala] npr Douala.

douane [dwan] nf **1.** [à la frontière] ▶ **poste de douane** customs ▶ **passer à la douane** to go through customs / *il a été arrêté à la douane* he was stopped by customs officers ou when going through customs **2.** [administration] ▶ **la douane, les douanes, le service des douanes a)** [gén] the Customs (service) **b)** [en Grande-Bretagne] Customs and Excise (department) ▶ **entreposer qqch en douane** to put sthg in ou into bond ▶ **inspecteur des douanes** customs officer ▶ **zone sous douane** area subject to customs authority **3.** [taxe] ▶ **(droits de) douane** customs duty ou dues ▶ **exempté de douane** duty-free, non-dutiable / *s'acquitter des droits de douane* to clear customs.

douanier, ère [dwanje, ɛʀ] ◆ adj [tarif, visite] customs *(modif)*. ◆ nm, f customs officer.

douar [dwaʀ] nm douar.

doublage [dublaʒ] nm **1.** CINÉ [d'un film] dubbing ; [d'un acteur] : *il n'y a pas de doublage pour les cascades* there's no stand-in for the stunts **2.** [habillage d'un coffre] lining **3.** COUT lining.

double [dubl] ◆ adj **1.** [deux fois plus grand - mesure, production] double / *les profits seront doubles cette année* profits will be double ou will have doubled this year / *un double whisky* a double whisky ▶ **chambre / lit double** double room / bed ▶ **disquette double densité / double face** double-density / double-sided disk ▶ **double menton** double chin **2.** [à deux éléments identiques] double ▶ **contrat en double exemplaire** contract in duplicate ▶ **double deux / cinq** JEUX double two / five ▶ **double allumage** dual ignition ▶ **en double aveugle** double-blind ▶ **double commande** dual controls ▶ **à double commande** AUTO dual-control ▶ **faire un double débrayage** to double-declutch UK to double-clutch US ▶ **double faute** TENNIS double fault ▶ **faire une double faute** to serve a double fault, to double-fault ▶ **en double file** : *stationner en double file* to double-park / *je suis en double file* I'm double-parked ▶ **à double fond** [mallette] double-bottomed, false-bottomed ▶ **double liaison** double bond ▶ **double nœud** double knot ▶ **double page** double page spread ▶ **double vitrage** double glazing / *faire poser un double vitrage à une fenêtre* to double-glaze a window ▶ **faire double emploi** to be redundant ▶ **faire double emploi avec qqch** to replicate sthg **3.** [à éléments différents - avantage, objectif] double, twofold ; [- fonction, personnalité, tarification] dual / *le préjudice est double* the damage is of two kinds ou is twofold ▶ **double contrainte** double bind ▶ **double imposition** double taxation ▶ **double jeu** *fig* double-dealing ▶ **jouer** ou **mener (un) double jeu** to play a double game ▶ **à double effet** double acting ▶ **à double emploi** ou **usage** dual-purpose *(avant nom)* ▶ **avoir la double nationalité** to have dual nationality ▶ **mener une double vie** to lead a double life **4.** BOT ▶ **lilas double** double lilac. ◆ nm **1.** [en quantité] : *six est le double de trois* six is twice three ou two times three ▶ **coûter le double de** to cost twice as much as / *j'ai payé le double* I paid double that price ou twice as much / *je croyais que ça coûtait 50 € — c'est plus du double* I thought it was 50 € — it's more than twice that ou double that price / *les huîtres à 45 € la bourriche, ça les met au double par rapport à l'an dernier!* *fam* oysters at 45 € a basket, they've doubled (in price) since last year! **2.** [exemplaire - d'un document] copy ; [- d'un timbre de collection] duplicate, double / *tu as un double de la clé?* have you got a spare ou duplicate key? / *je garde des doubles de toute ma correspondance* I keep copies of all the letters I send ▶ **faire un double** [d'un document] to make a copy / *j'ai fait faire un double de la clé* I had a duplicate key made **3.** [sosie] double, doppelgänger **4.** SPORT ▶ **jouer un double** to play (a) doubles (match) / *c'est un bon joueur de double* he's a good doubles player ▶ **double messieurs / dames / mixte** men's / women's / mixed doubles. ◆ adv [compter] twice as much, double ; [voir] double.

❖ **à double sens** ◆ loc adj : *un mot à double sens* a double-entendre / *une phrase à double sens* a double-entendre. ◆ loc adv : *on peut prendre la remarque à double sens* you can interpret ou take that remark two ways.

❖ **à double tour** loc adv ▶ **fermer à double tour** to double lock ▶ **enfermer qqn à double tour** to lock sb up.

❖ **à double tranchant** loc adj [couteau, action] double-edged, two-edged / *c'est un argument à double tranchant* the argument cuts both ways.

❖ **en double** loc adv : *les draps sont pliés en double* the sheets are folded double ou doubled over ▶ **mettre en double a)** [obj: corde] to double over *(sép)* **b)** [obj: couverture] to double over, to fold double / *j'ai une photo en double* I've got two of the same photograph ▸ **jouer en double** SPORT to play (a) doubles (match).

doublé, e [duble] adj **1.** COUT lined ▸ **non doublé** unlined **2.** CINÉ dubbed.

❖ **doublé** nm **1.** CHASSE right and left ▸ **faire un doublé** to shoot a right and left **2.** [succès] double / *vainqueur du 100 et du 200 m, c'est un beau doublé* he's won both the 100 and 200 m races, that's a nice double **3.** MUS turn **4.** JOAILL rolled gold.

double-clic [dubləklik] (*pl* **doubles-clics**) nm INFORM double-click.

double-cliquer [3] [dubləklike] vi INFORM ▸ **double-cliquer (sur)** to double-click (on) / *double-cliquer sur l'image* to double-click on the picture.

double-crème [dubləkʀɛm] (*pl* **doubles-crèmes**) nm ≃ cream cheese.

double-croche [dubləkʀɔʃ] (*pl* **doubles-croches**) nf semi-quaver UK, sixteenth note US.

double-décimètre [dubldesimɛtʀ] nm ruler.

doublement[1] [dubləmɑ̃] nm **1.** [augmentation - d'un prix, d'une production] doubling *(U)*, twofold increase / *ils demandent le doublement de leur prime* they want their bonus to be doubled **2.** AUTO overtaking UK, passing **3.** [d'une couverture, d'un papier, d'un tissu] doubling, folding ; [d'un fil] doubling **4.** [d'une consonne] doubling.

doublement[2] [dubləmɑ̃] adv doubly / *c'est doublement ironique* there's a double irony there / *je suis doublement déçu / surpris* I'm doubly disappointed / surprised.

doubler [3] [duble] ◆ vt **1.** [dépasser - coureur, véhicule] to overtake UK, to pass / *je me suis fait doubler par un cycliste* I was overtaken by a cyclist **2.** [porter au double - bénéfices, personnel, quantité] to double ▸ **doubler l'allure** ou **le pas** to quicken one's pace ▸ **doubler la mise a)** JEUX to double the stake **b)** *fig* to raise the stakes **3.** [garnir d'une doublure - coffret, jupe, tenture] to line / *doubler un manteau de velours* to line a coat with velvet **4.** CINÉ [voix] to dub ; [acteur] to stand in for, to double / *il se fait doubler pour les cascades* he's got a stand-in for his stunts **5.** [mettre en double - corde, fil] to double ; [- couverture] to fold (in half), to double (over) / *les enfants, doublez les rangs* children, walk in twos / *doubler la route de Ligny à Verseil* to build a road parallel to the Ligny-Verseil road **6.** *fam* [trahir] ▸ **doubler qqn a)** [le voler] to pull a fast one on sb *(and get something that was rightly his)* **b)** [le devancer] to pip sb at the post UK, to beat sb out US **7.** CHASSE : *doubler ses voies* to double back **8.** MUS [parties] to split / *là, Verdi a doublé les altos* at that point, Verdi split the alto (into two semi-choruses) **9.** NAUT [cap] to double, to round / *doubler le cap de la trentaine fig* to turn thirty / *l'inflation a doublé le cap des 5 %* inflation has broken the 5% barrier **10.** ÉDUC to repeat / *il a doublé sa troisième* he had to do his fourth year again. ◆ vi **1.** [bénéfices, poids, quantité] to double, to increase twofold **2.** TENNIS to double bounce.

❖ **se doubler de** vp + prép to be coupled with / *une mauvaise foi qui se double d'agressivité* bad faith coupled with aggressiveness.

double-rideau [dubləʀido] (*pl* **doubles-rideaux**) nm double curtains.

doublet [dublɛ] nm **1.** JOAILL, LING & PHYS doublet **2.** OPT doublet (lens).

doubleur, euse [dublœʀ, øz] nm, f BELG *pupil repeating a year* / *c'est un doubleur* he's been put back a year.

doublon [dublɔ̃] nm **1.** [pièce] doubloon **2.** IMPR doublet.

doublonner [3] [dublɔne] ❖ **doublonner avec** v + prép to duplicate.

doublure [dublyʀ] nf **1.** [garniture] lining *(U)* **2.** CINÉ stand-in ; THÉÂTRE understudy **3.** MÉTALL flaw, defect, scaling.

douce-amère [dusamɛʀ] (*pl* **douces-amères**) nf BOT woody nightshade, bittersweet.

douceâtre, douçâtre* [dusatʀ] adj [odeur, goût, saveur] sweetish ; [sourire, ton, voix] sugary.

doucement [dusmɑ̃] adv **1.** [avec délicatesse, sans brusquerie - caresser, poser, prendre] gently ; [- manier] gently, with care ; [- démarrer] smoothly ▸ **doucement!** gently !, careful ! / *doucement avec les verres!* careful ou go gently with the glasses ! ▸ **doucement avec le champagne / poivre!** (go) easy on the champagne / pepper ! / *il m'a poussé, et pas doucement encore!* he gave me a real push ! / *vas-y doucement, il est encore petit* go easy on ou with him, he's only a child **2.** [lentement - marcher, progresser, rouler] slowly **3.** [graduellement - augmenter, s'élever] gently, gradually / *le champ descend doucement jusqu'à une rivière* the field slopes gently down to a river **4.** [sans bruit - chantonner] softly / *parle plus doucement, il dort* lower your voice ou keep your voice down, he's sleeping / *mets la radio, mais doucement* put the radio on, but quietly **5.** *fam* [discrètement] : *ça me fait doucement rigoler, son projet de créer une entreprise* his idea of setting up a company is a bit of a joke **6.** [pour calmer, contrôler] : *doucement, doucement, vous n'allez pas vous battre, tout de même!* calm down, you don't want a fight, do you ? / *doucement, je n'ai jamais dit ça!* hold on, I never said that ! ▸ **doucement les basses!** *tfam* hey, hold on ! **7.** *fam* [moyennement] so-so / *comment va ton commerce? — doucement* what about your business ? — so-so ou it's just about keeping afloat.

doucereux, euse [dusʀø, øz] adj [goût, liqueur] sweetish ; *péj* sickly sweet ; [voix, ton, paroles] sugary, honeyed ; [manières, personne] suave, smooth.

doucette [dusɛt] nf corn salad, lamb's lettuce.

doucettement [dusɛtmɑ̃] adv *fam* [marcher, progresser] slowly / *ton grand-oncle va bien? — tout doucettement* how is your great-uncle ? — a bit frail but he's fine.

douceur [dusœʀ] nf **1.** [toucher - d'une étoffe, d'une brosse] softness ; [- des cheveux, de la peau] softness, smoothness / *vos mains conserveront ainsi toute leur douceur* your hands will remain smooth ou soft ; [goût - d'un vin] sweetness ; [- d'un fromage] mildness **2.** [délicatesse - de caresses, de mouvements, de manières] gentleness ; [- d'une voix] softness ▸ **manipuler qqch avec douceur** to handle sthg gently ▸ **parler avec douceur** to speak softly ▸ **prendre qqn par la douceur** to use the soft approach with sb ▸ **la douceur de vivre** the gentle pleasures of life **3.** [bonté - d'une personne] sweetness, gentleness ; [- d'un regard, d'un sourire] gentleness **4.** [d'un relief] softness / *la douceur de ses traits* his soft features **5.** TECHNOL [d'une eau] softness **6.** MÉTÉOR mildness / *surpris par la douceur du soir* surprised by the mildness of the evening **7.** [friandise] sweet.

❖ **douceurs** nfpl **1.** [agréments] pleasures / *les douceurs de la vie* the pleasures of life, the pleasant things in life **2.** [propos agréables] sweet words / *les deux conducteurs échangeaient des douceurs iron* the two drivers were swapping insults.

❖ **en douceur** ◆ loc adj [décollage, démarrage] smooth. ◆ loc adv [sans brusquerie - gén] gently ; [- démarrer, s'arrêter] smoothly / *réveille-moi en douceur la prochaine fois* next time, wake me up gently.

douche [duʃ] nf **1.** [jet d'eau] shower / *prendre une douche* to have ou to take a shower / *il est sous la douche* he's in the shower ▸ **douche écossaise** *pr* hot and cold shower *(taken successively)* / *ce mélangeur ne marche pas, c'est la douche écossaise!* that mixer tap's not working, you get scalded one minute and frozen the next ! / *c'est la douche écossaise avec lui!* he blows hot and cold ! **2.** [bac, cabine] shower unit ▸ **les douches** the showers **3.** *fam* [averse] : *recevoir* ou *prendre une bonne douche* to get drenched ou soaked **4.** *fam* [choc, surprise] shock ; [déception] let-down, anticlimax / *ça m'a fait l'effet d'une douche (froide)* it came as a shock to me / *lui qui croyait être nommé directeur, quelle douche* he thought he was going to be appointed manager, what a let-down for him ! **5.** *fam* [reproches] telling-off, dressing-down.

doucher [3] [duʃe] vt **1.** [laver] to shower, to give a shower to / *je me suis fait doucher fam* [par la pluie] I got drenched ou soaked **2.** *fam* [décevoir] to let down **3.** *fam* [réprimander] ▸ **doucher qqn** to tell sb off, to give sb a good telling-off.

❖ **se doucher** vp *(emploi réfléchi)* to have ou to take a shower.

douchette [duʃɛt] nf **1.** shower rose **2.** bar-code reader ou scanner *(for bulky items)*.

doudou [dudu] nm security blanket.

doudoune [dudun] nf (thick) quilted jacket ou anorak.

doué, e [dwe] adj **1.** [acteur, musicien] gifted, talented ▸ **être doué en dessin** to have a gift for ou to be good at drawing / *il est doué dans tous les sports* he's an all-round sportsman ▸ **être doué pour tout** to be an all-rounder / *tu es vraiment doué pour envenimer les situations!* you've got a real knack for stirring things up ! / *je n'arrive pas à brancher le tuyau — tu n'es pas doué! fam* I can't connect the hose — you're hopeless ! **2.** [doté] ▸ **doué de a)** [obj: intelligence, raison] endowed with **b)** [obj: mémoire] gifted ou blessed ou endowed with.

douer [6] [dwe] vt ▸ **douer qqn de** to endow sb with / *la nature l'a doué de...* nature has endowed ou blessed him with...

douille [duj] nf **1.** [de cuisine] piping nozzle **2.** ARM (cartridge) case **3.** [d'une ampoule] (lamp) socket **4.** [de cylindre] casing.

douiller [3] [duje] vi *tfam* to cough up, to fork out / *la nourriture est super, mais ça douille* the food is great but it costs a packet ou an arm and a leg !

douillet, ette [dujɛ, ɛt] adj **1.** [très sensible à la douleur] oversensitive ; [qui a peur de la douleur] afraid of getting hurt / *que tu es douillet! péj* don't be so soft ! **2.** [confortable - vêtement, lit] (nice and) cosy UK ou cozy US, snug.

❖ **douillette** nf **1.** [robe de chambre] quilted dressing gown **2.** [de prêtre] quilted overcoat.

douillettement [dujɛtmɑ̃] adv cosily, snugly / *vous êtes douillettement installé ici!* you're nice and cosy here !

douleur [dulœʀ] nf **1.** [physique] pain / *je ne supporte pas la douleur* I can't stand pain / *vous ne sentirez aucune douleur* you won't feel any pain / *une douleur fulgurante / sourde* a searing / dull pain ▸ **douleurs abdominales** stomachache ▸ **douleurs rhumatismales** rheumatic pains / *j'ai une douleur à la cuisse* my thigh hurts, my thigh's sore, I've got a pain in my thigh / *quand mes vieilles douleurs se réveillent* when my old pains ou aches and pains return **2.** [psychologique] grief, sorrow, pain / *à notre grande douleur, il s'est éteint hier* to our great sorrow, he passed on yesterday / *j'ai eu la grande douleur de perdre ma femme il y a deux ans* I suffered the grief of losing my wife two years ago / *nous avons la douleur de vous faire part du décès de...* it is with great ou deep sorrow (and regret) that we have to announce the death of... / *nous avons eu la douleur d'apprendre que...* it was with great sorrow that we learned that... ▸ **les grandes douleurs sont muettes** great sorrow is often silent.

douloureusement [duluʀøzmɑ̃] adv **1.** [physiquement] painfully **2.** [moralement] painfully, grievously / *la disparition de sa sœur l'a douloureusement frappée* her sister's death was a great grief for her / *douloureusement touché par le départ de sa femme* wounded ou deeply hurt by his wife's leaving him.

douloureux, euse [duluʀø, øz] adj **1.** [brûlure, coup, coupure] painful ; [articulation, membre] painful, sore / *mes jambes sont très douloureuses le soir* my legs are very sore ou hurt a lot at night **2.** [humiliation, souvenirs] painful ; [circonstances, sujet, période] painful, distressing ; [nouvelle] grievous, painful, distressing ; [poème, regard] sorrowful.

❖ **douloureuse** nf *fam & hum* [au restaurant] bill, check US ; [facture] bill / *on va bientôt recevoir la douloureuse* we'll soon get the bad news.

doum [dum] nm doum palm, doom palm.

doute [dut] nm **1.** [soupçon] doubt ▸ **avoir des doutes sur** ou **quant à** ou **au sujet de qqch** to have (one's) doubts ou misgivings about sthg / *je n'ai pas le moindre doute là-dessus* I haven't the slightest doubt about it / *il n'y a aucun doute (possible), c'est lui* it's him, (there's) no doubt about it / *sa responsabilité ne fait pratiquement aucun doute* there's little doubt (about

* In reformed spelling (see p. 16-19).

the fact) that she's responsible / *il n'y a aucun doute que c'est lui le coupable* there's no doubt that he is the culprit / *sa victoire ne faisait aucun doute* there was no doubt about her being the winner, her victory was certain / *il aura l'oscar, ça ne fait aucun doute* he'll get the Oscar, there's no doubt about that / *de gros doutes pèsent sur lui* heavy suspicion hangs over him / *il y a des doutes quant à l'identité du peintre* there is some doubt as to the identity of the painter **2.** [perplexité, incertitude] doubt, uncertainty ; PHILOS doubt / *il ne connaît pas le doute* he never has any doubts / *le doute persiste sur ses motifs* there's still some doubt about his motives ▸ **jeter le doute sur** to cast ou to throw doubt on ▸ **tu as semé** ou **mis le doute dans mon esprit** you've made me doubtful ▸ **doute de soi** self-doubt.

❖ **dans le doute** loc adv : *être dans le doute* to be doubtful ou uncertain / *je suis toujours dans le doute quant à sa sincérité* I'm still in doubt ou doubtful ou uncertain about his honesty ▸ **laisser qqn dans le doute** [suj : personne, circonstances] to leave sb in a state of uncertainty ▸ **dans le doute, abstiens-toi** when in doubt do nothing.

❖ **en doute** loc adv ▸ **mettre en doute a)** [suj : personne] to question, to challenge **b)** [suj : circonstances, témoignage] to cast doubt on / *je ne mets pas votre sincérité en doute* I don't question your sincerity / *mettez-vous ma parole en doute ?* do you doubt my word ?

❖ **sans doute** loc adv **1.** [probablement] most probably, no doubt / *sans doute vous êtes-vous déjà rencontrés* you've probably met before / *comme elle te l'a sans doute appris* as she has no doubt told you / *sans doute aurait-il préféré cela* no doubt he would have preferred that **2.** [assurément] ▸ **sans aucun** ou **nul doute** without (a) doubt, undoubtedly, indubitably *sout* **3.** [certes] : *tu me l'avais promis — sans doute, mais…* you'd promised me — that's true ou I know, but…

douter [3] [dute] ❖ **douter de** v + prép **1.** [ne pas croire à -succès, victoire] to be doubtful of ; [-fait, éventualité] to doubt ▸ **douter de l'existence** / **la véracité de qqch** to doubt the existence / truth of sthg / *je n'ai jamais douté de ton talent* I never doubted your talent / *on peut douter de la sécurité du système* the safety of the system is open to doubt / *tu viendras ? — j'en doute fort* will you come ? — I very much doubt it / *elle ne doute de rien* she has no doubt about anything / *je doute que le projet voie le jour* I have (my) doubts about the future of the project, I doubt whether the project will ever be realized ; *(en usage absolu)* : *j'étais prête à me marier, mais maintenant je doute* I was going to get married, but now I've got doubts **2.** [traiter avec défiance -ami, motivation] to have doubts about / *elle semble douter de mes sentiments* she seems to doubt my feelings ▸ **douter de la parole de qqn** to doubt sb's word ▸ **douter de soi a)** [habituellement] to have doubts about ou to lack confidence in o.s. **b)** [à un moment] to have doubts about o.s. / *tu doutes trop de toi* you don't have enough confidence in yourself / *ça m'a fait douter de moi* it made me feel I could be wrong **3.** RELIG to have doubts about. ❖ **se douter de** vp + prép [s'attendre à] to know, to suspect ▸ **j'aurais dû m'en douter** I should have known / *je me doutais un peu de sa réaction* I half expected him to react the way he did, his reaction didn't surprise me / *je me doutais un peu de son état d'esprit* I'd suspected ou guessed the state of mind he was in / *comme tu t'en doutes sûrement* as you've probably guessed / *il a eu très peur — je m'en doute* he got quite a fright — I can (well) imagine that / *il faudra que tu viennes me chercher — je m'en doute !* [irritation] you'll have to come and fetch me — well, yes, I expected that ! / *j'ai raté le train — vu l'heure, on s'en serait douté !* I missed my train — given the time, that's pretty obvious ! ▸ **se douter de qqch** [soupçonner qqch] to suspect sthg / *son mari ne s'est douté de rien pendant des années* her husband suspected nothing for years ▸ **se douter que** : *je ne me serais jamais douté que c'était possible* I'd never have thought it (was) possible / *je lui ai proposé de travailler pour moi, tout en me doutant bien qu'il refuserait* I suggested he work for me, but I knew he wouldn't accept / *j'étais loin de me douter que…* little did I know that… / *tu te doutes bien que je te l'aurais dit si je l'avais su !* you know very well that I would have told you if I'd known !

douteux, euse [dutø, øz] adj **1.** [non certain, non assuré -authenticité, fait] doubtful, uncertain, questionable ; [-avenir, issue, origine, etc.] doubtful, uncertain ; [-signature] doubtful / *il est douteux que…* it's doubtful whether… / *il n'est pas douteux que…* there's no doubt that… **2.** *péj* [inspirant la méfiance -individu] dubious-looking ; [-comportement, manœuvres, passé, etc.] dubious, questionable / *d'une manière douteuse* dubiously ▸ **le portrait** / **sa plaisanterie était d'un goût douteux** the portrait / her joke was in dubious taste **3.** [sale, dangereux] dubious ▸ **du linge douteux** clothes that are none too clean / *jetez toujours une viande douteuse* always throw away any meat you're not sure of / *l'installation électrique est douteuse* the wiring's none too safe.

douve [duv] nf **1.** ÉQUIT water jump **2.** [d'un château] moat **3.** [d'un fût] stave **4.** ZOOL fluke ▸ **douve du foie** liver fluke.

Douvres [duvʀ] npr Dover.

doux, douce [du, dus] ◆ adj **1.** [au toucher -cheveux, peau, vêtements] soft, smooth / *le doux contact de la soie* the soft touch of silk ; [-brosse à dents] soft **2.** [au goût -vin] sweet ; [-fromage] mild **3.** [détergent, savon, shampooing] mild ; [énergie, technique] alternative ; [drogue] soft ▸ **médecines douces** alternative medicine **4.** [sans brusquerie -geste, caresse, personne] gentle ; [-pression] soft, gentle ; [-balancement, pente] gentle ; [-accélération] smooth ; [-véhicule] smooth-running / *il a eu une mort douce* he died peacefully **5.** [bon, gentil -personne, sourire, tempérament, etc.] gentle ▸ **doux comme un agneau** meek as a lamb **6.** [modéré -châtiment] mild ; [-reproche] mild, gentle ; [-éclairage, teinte] soft, subdued ; [-chaleur, campagne, forme] gentle **7.** MÉTÉOR [air, climat] mild ; [chaleur, vent] gentle **8.** [harmonieux -intonation, mélodie, voix] soft, sweet, gentle / *quel doux prénom !* what a sweet-sounding name ! **9.** [plaisant -rêves, souvenir] sweet, pleasant ; [-paix, succès] sweet / *ton amour m'était alors si doux litt* how sweet it was, being loved by you then / *que ces mots sont doux à entendre !* how sweet it is to hear these words ! **10.** PHON soft. ◆ nm, f [par affection] ▸ **ma douce** my sweet.

❖ **doux** adv **1.** [tiède] ▸ **il fait doux** it's mild out **2.** EXPR **tout doux ! a)** [sans brusquerie] gently (now) ! **b)** [pour calmer] calm down !, easy now ! / *vas-y tout doux avec elle* be careful with her.

❖ **douce** nf *vieilli & hum* ▸ **sa douce** [sa fiancée] his beloved.

❖ **en douce** loc adv *fam* [dire, donner, partir, etc.] on the quiet, sneakily.

doux-amer, douce-amère [duzamɛʀ, dusamɛʀ] (*mpl* **doux-amers**, *fpl* **douces-amères**) adj bittersweet.

douzain [duzɛ̃] nm LITTÉR twelve-line poem.

douzaine [duzɛn] nf **1.** [douze] dozen **2.** [environ douze] ▸ **une douzaine de** a dozen, around twelve / *une douzaine d'escargots* a dozen snails ▸ **une douzaine de pages** about ou roughly twelve pages.

❖ **à la douzaine** loc adv [acheter, vendre] by the dozen / *il y en a à la douzaine* they are two a penny UK, they're a dime a dozen US / *des chanteurs comme lui, il y en a à la douzaine ! fam* singers like him are two a penny !, you'll find dozens of singers like him !

douze [duz] dét & nm inv twelve. **Voir aussi cinq.**

douzième [duzjɛm] adj num & nmf twelfth. **Voir aussi cinquième.**

douzièmement [duzjɛmmɑ̃] adv in twelfth place. **Voir aussi cinquièmement.**

Dow Jones [dodʒɔns] nm ▸ **(indice) Dow Jones** Dow Jones (index).

doyen, enne [dwajɛ̃, ɛn] nm, f **1.** [d'un club, d'une communauté] most senior member ; [d'un pays] eldest ou oldest citizen ; [d'une profession] doyen (doyenne) ▸ **doyen (d'âge)** oldest person **2.** UNIV dean.

❖ **doyen** nm RELIG dean.

doyenné [dwajene] nm **1.** [district, demeure] deanery **2.** [fonction] deanship.

DP nm abr de **délégué du personnel**.

DPE (abr de **diagnostic de performance énergétique**) EPA.

DPLG (abr de **diplômé par le gouvernement**) adj *certificate for architects, engineers, etc.*

DQ (abr écrite de **dernier quartier de lune**) *last quarter.*

dr (abr écrite de **droite**) R, r.

DR (abr écrite de **drachme**) Dr.

Dr (abr écrite de **docteur**) Dr.

dracena, dracæna [dʀasena] nm dracaena.

drache [dʀaʃ] nf BELG shower.

dracher [3] [dʀaʃe] vi BELG to pour with rain.

drachme [dʀakm] nf drachma.

draconien, enne [dʀakɔnjɛ̃, ɛn] adj [mesure] drastic, draconian, stringent ; [règlement] harsh, draconian ; [régime] strict.

dragage [dʀagaʒ] nm [pour prélèvement] dragging, dredging ; [pour nettoyage] dredging ▸ **dragage de mines** minesweeping.

dragée [dʀaʒe] nf **1.** [confiserie] sugared almond ; PHARM (sugar-coated) pill ▸ **tenir la dragée haute à qqn** [dans une discussion, un match] to hold out on sb **2.** [balle] lead shot **3.** AGR dredge.

> **Dragée**
> A small paper cone or box filled with sugared almonds is a traditional gift for guests at christenings and weddings in France.

dragéifié, e [dʀaʒeifje] adj sugared, sugar-coated.

dragon [dʀagɔ̃] nm **1.** MYTH dragon **2.** ÉCON tiger ▸ **les dragons asiatiques** the Asian tiger economies **3.** [gardien] dragon ▸ **dragon de vertu** *hum* paragon of virtue **4.** *vieilli* [mégère] dragon **5.** ARM & HIST dragoon **6.** ZOOL ▸ **dragon de Komodo** Komodo dragon.

dragonnade [dʀagɔnad] nf dragonnade *(raid on Protestants under Louis XIV).*

dragonne [dʀagɔn] nf [d'un bâton de ski, d'une cravache] wrist-strap, wrist-loop ; [d'une épée] swordknot.

dragster [dʀagstɛʀ] nm dragster.

drague [dʀag] nf **1.** TRAV PUB dredge ▸ **drague flottante** ou **hydrographique** dredger ▸ **drague à godets** bucket dredger **2.** PÊCHE dragnet **3.** *fam* [flirt] : *pour la drague, il est doué !* he's always on the pull UK ou on the make US / *la drague sur Internet* picking people up via Internet, cruising the chatlines / *lieu de drague homo* gay cruising area.

draguer [3] [dʀage] ◆ vt **1.** [nettoyer -fleuve, canal, port] to dredge **2.** [retirer -mine] to sweep ; [-ancre] to drag (anchor) **3.** *fam* [fille, garçon] to chat up *(sép)* UK, to sweet-talk US, to try to pick up *(sép)* ; [en voiture] to cruise / *je me suis fait draguer par le serveur* the waiter chatted me up UK ou was giving me a line US / *elle n'arrête pas de draguer les mecs* she's always chasing after the boys. ◆ vi to be on the pull UK ou on the make US / *draguer en voiture* to cruise.

dragueur, euse [dʀagœʀ, øz] nm, f *fam* : *c'est un dragueur* he's always on the pull UK ou on the make US / *sa sœur est une sacrée dragueuse* her sister's always chasing after boys.

❖ **dragueur** nm **1.** [navire] dredger ▸ **dragueur de mines** minesweeper **2.** [matelot] dredgerman **3.** PÊCHE dragnet fisherman.

draille [dʀaj] nf [en Provence] wide path *(for cattle on the move).*

drain [dʀɛ̃] nm ÉLECTRON, MÉD & TRAV PUB drain.

drainage [dʀɛnaʒ] nm **1.** [d'une plaie, d'un sol] drainage **2.** [de capital, de ressources] tapping **3.** [massage] ▸ **drainage lymphatique** lymphatic draining.

draine [dʀɛn] nf mistle thrush.

drainer [4] [dʀene] vt **1.** [assécher] to drain **2.** [rassembler -capital, ressources] to tap **3.** [canaliser -foule] to channel / *drainer la circulation vers une voie de dégagement* to channel the traffic towards a relief road **4.** GÉOGR : *la Seine draine les eaux de toute cette région* the waterways throughout the area flow towards ou drain into the Seine.

draisienne [dʀɛzjɛn] nf dandy horse.

draisine [dʀɛzin] nf RAIL track motorcar UK, gangcar US, handcar US.

drakkar [dʀakaʀ] nm NAUT & HIST drakkar.

Dralon® [dʀalɔ̃] nm Dralon.

dramatique [dʀamatik] ◆ adj **1.** THÉÂTRE [musique, œuvre] dramatic **2.** [grave - conséquences, issue, période, situation] horrendous, appalling / *elle ne comprend rien aux équations, c'est dramatique!* she hasn't got a clue about equations, it's pretty appalling! / *j'ai raté mon permis de conduire — ce n'est pas dramatique!* I've failed my driving test — it's not the end of the world! **3.** [tragique - dénouement, événement] dramatic / *il y a plusieurs moments dramatiques dans le film* there are several dramatic moments in the film. ◆ nf TV television play ou drama ; RADIO radio play ou drama.

dramatiquement [dʀamatikmɑ̃] adv tragically / *encore un bal du samedi soir qui se termine dramatiquement* yet another Saturday night dance with a tragic ending.

dramatisation [dʀamatizasjɔ̃] nf dramatization.

dramatiser [3] [dʀamatize] vt **1.** [exagérer - histoire] to dramatize ▸ **ne dramatise pas!** don't make a drama out of it! **2.** THÉÂTRE [œuvre] to dramatize, to turn into a play.

dramaturge [dʀamatyʀʒ] nmf playwright, dramatist.

dramaturgie [dʀamatyʀʒi] nf **1.** [art] dramatic art, drama **2.** [traité] treatise on dramatic art.

drame [dʀam] nm **1.** THÉÂTRE [œuvre] drama ; [genre] drama ▸ **drame bourgeois** bourgeois drama **2.** RADIO & TV drama, play **3.** [événement] drama / *il l'a renversé, mais ce n'est pas un drame* he spilt it but it's not the end of the world ▸ **faire un drame de qqch** to make a drama out of sthg / *j'étais en retard, il en a fait tout un drame* I was late, he made such a fuss about it / *le drame, c'est que personne ne le croit* the sad thing is that nobody believes him / *je lui ai emprunté son appareil photo, le drame!* I borrowed his camera, he made such a fuss! ▸ **tourner** ou **virer au drame** : *l'excursion a tourné* ou *viré au drame* the trip ended tragically / *drame de la jalousie hier à Lyon* jealousy caused a tragedy yesterday in Lyon.

drap [dʀa] nm **1.** [pour lit] ▸ **drap (de lit)** (bed) sheet ▸ **des draps** sheets, bedlinen ▸ **drap de dessus / dessous** top / bottom sheet ▸ **drap funéraire** ou **mortuaire** pall ▸ **dans de beaux** ou **vilains draps** : *se retrouver* ou *se trouver dans de beaux draps* to find o.s. up the creek (without a paddle) ▸ **nous voilà dans de beaux** ou **vilains draps!** we're in a fine mess! / *tu me laisses* ou *mets dans de beaux draps!* you've landed me in a fine mess! **2.** [serviette] ▸ **drap de bain** bathtowel ▸ **drap de plage** beach towel **3.** TEXT woollen UK ou woolen US cloth ▸ **drap fin** broadcloth ▸ **gros drap** coarse woollen cloth.

drapé [dʀape] nm [plis, tombé] : *la jupe a un beau drapé* the skirt hangs beautifully.

drapeau, x [dʀapo] nm **1.** [pièce d'étoffe] flag ; MIL flag, colours UK, colors US / *saluer le drapeau* to salute the colours ▸ **le drapeau blanc** the white flag, the flag of truce ▸ **le drapeau britannique** the British flag, the Union Jack ▸ **le drapeau rouge** the red flag ▸ **le drapeau tricolore** the French flag, the tricolour UK ou tricolor US (flag) ▸ **combattre / se ranger sous le drapeau de qqn** to fight under / to rally round sb's flag ▸ **mettre son drapeau dans sa poche** *fig* to hide one's political opinions **2.** [patrie] : *pour le drapeau* ou *l'honneur du drapeau* *aussi hum* ≃ for King and country UK ; ≃ for the red, white and blue US **3.** AÉRON : *mettre en drapeau* [hélice] to feather **4.** INFORM (flag) marker **5.** GOLF pin.

❖ **sous les drapeaux** loc adv ▸ **être sous les drapeaux a)** [au service militaire] to be doing one's military service **b)** [en service actif] to serve in one's country's armed forces.

drapement [dʀapmɑ̃] nm draping.

draper [3] [dʀape] vt **1.** [couvrir - meuble] to drape, to cover with a sheet **2.** [arranger - châle, rideaux] to drape.

❖ **se draper** vp *(emploi réfléchi)* : *se draper dans un châle* to drape ou to wrap o.s. in a shawl / *se draper dans sa dignité* to stand on one's dignity / *se draper dans sa vertu* to cloak o.s. in virtue.

draperie [dʀapʀi] nf **1.** [tissu disposé en grands plis] drapery, hanging **2.** [industrie] cloth trade ; [fabrique] cloth manufacture **3.** ART drapery.

drap-housse [dʀaus] (*pl* **draps-housses**) nm fitted sheet.

drapier, ère [dʀapje, ɛʀ] ◆ adj ▸ **marchand drapier** draper UK, clothier US ▸ **ouvrier drapier** cloth worker. ◆ nm, f [fabricant] cloth manufacturer ; [vendeur] draper UK, clothier US.

drastique [dʀastik] adj **1.** [mesure] harsh, drastic ; [règlement] strict **2.** PHARM drastic.

drave [dʀav] nf QUÉBEC drive *(of floating logs)*.

draver [dʀave] vt QUÉBEC to drive, to raft.

draveur [dʀavœʀ] nm QUÉBEC driver, raftsman.

dravidien, enne [dʀavidjɛ̃, ɛn] adj Dravidian.

❖ **dravidien** nm Dravidian.

drawback [dʀobak] nm COMM drawback.

Dresde [dʀɛzd] npr Dresden.

dressage [dʀɛsaʒ] nm [d'un fauve] taming *(U)* ; [d'un cheval sauvage] breaking in *(U)* ; [d'un chien de cirque, de garde] training *(U)* ; [d'un cheval de parade] dressage.

dressé, e [dʀese] adj **1.** [oreille, queue] (standing) erect **2.** [chien] trained.

dresser [4] [dʀese] vt **1.** [ériger - mât, pilier] to put up *(sép)*, to raise, to erect ; [- statue] to put up *(sép)*, to erect ; [- tente, auvent] to pitch, to put up *(sép)* / *dresser une échelle contre un mur* to put up ou to set up a ladder against a wall **2.** [construire - barricade, échafaudage] to put up *(sép)*, to erect ; [- muret] to erect, to build ▸ **dresser des obstacles devant qqn** to put obstacles in sb's way, to raise difficulties for sb **3.** [installer - autel] to set up *(sép)* ▸ **dresser un camp** to set up camp ▸ **dresser le couvert** ou **la table** to lay ou to set the table ▸ **dresser un buffet** to set out a buffet ▸ **dresser ses batteries** to lay one's plans **4.** [lever - bâton] to raise, to lift ; [- menton] to stick out ; [- tête] to raise, to lift ▸ **dresser les oreilles** [suj : chien] to prick up ou to cock its ears ▸ **dresser l'oreille** [suj : personne] to prick up one's ears / *le chat dresse la queue* the cat sticks up its tail **5.** [dompter - fauve] to tame ; [- cheval sauvage] to break in *(sép)* ; [- cheval de cirque, chien de garde] to train / *dresser un chien à attaquer* to train a dog to attack **6.** *fam* [mater - soldat] to drill, to lick into shape / *ce gamin aurait besoin d'être dressé!* that kid needs to be taught his place! / *je vais le dresser, moi!* I'll make him toe the line! **7.** [établir - liste, inventaire] to draw up *(sép)*, to make out *(sép)* ; [- bilan] to draw up, to prepare / *dresser le bilan d'une situation* to take stock of a situation ▸ **dresser (une) contravention** to give a ticket *(for a driving offence)* **8.** [opposer] ▸ **dresser qqn contre qqn / qqch** to set sb against sb / sthg **9.** MENUIS to dress.

❖ **se dresser** vpi **1.** [se mettre debout] to stand up, to rise / *se dresser sur la pointe des pieds* to stand on tiptoe / *l'ours se dressa sur ses pattes de derrière* the bear rose ou reared ou stood up on its hind legs / *se dresser sur son séant* to sit up straight **2.** [oreille de chien] to prick up / *à ce nom, ses oreilles se sont dressées* [chien] when he heard that name, he pricked up his ears ▸ **un film à faire se dresser les cheveux sur la tête** ou **à vous faire dresser les cheveux sur la tête** a hair-raising film ▸ **c'est à vous faire dresser les cheveux sur la tête!** it makes your hair stand on end! **3.** [être vertical - montagne, tour] to stand, to rise ; [dominer] to tower / *avec son clocher se dressant fièrement* with its belltower standing proudly / *un paravent se dresse entre le salon et la chambre* a screen stands between the lounge and the bedroom **4.** [surgir - obstacles] to rise, to stand ; [- objet] / *on vit soudain se dresser les miradors* the watchtowers loomed up suddenly.

❖ **se dresser contre** vp + prép to rise up ou to rebel against.

dresseur, euse [dʀɛsœʀ, øz] nm, f [de fauves] tamer ; [de chiens de cirque, de garde] trainer ; [de chevaux sauvages] horsebreaker.

dressing [dʀɛsiŋ] nm dressing room *(near a bedroom)*.

dressoir [dʀɛswaʀ] nm sideboard.

drève [dʀɛv] nf BELG tree-lined avenue.

Dreyfus [dʀɛfys] npr ▸ **l'Affaire Dreyfus** the Dreyfus Affair.

L'Affaire Dreyfus

Captain Alfred Dreyfus was wrongly convicted of passing military secrets to the Germans in 1894. His innocence was gradually established, notably by Zola's letter **J'accuse** published in **l'Aurore**. The affair, exacerbated by the fact that Dreyfus was Jewish, crystallized the opposition between left- and right-wing parties. The nation was divided between **dreyfusards**, calling for justice and favouring reformist and socialist trends, and the anti-Semitic, pro-army **antidreyfusards**. The Dreyfus affair marked the emergence of **l'intellectuel engagé**, the politically comitted intellectual, in France.

dreyfusard, e [dʀɛfyzaʀ, aʀd] nm, f Dreyfus supporter.

DRH ◆ nf (abr de **direction des ressources humaines**) *personnel department.* ◆ nm (abr de **directeur des ressources humaines**) *personnel manager.*

dribble [dʀibl] nm SPORT dribble / *faire un dribble* to dribble.

dribbler [3] [dʀible] vi SPORT to dribble.

drill [dʀil] nm ZOOL drill.

drille [dʀij] nm ⟶ **joyeux.**

dring [dʀiŋ] interj ding, ding-a-ling.

dringuelle [dʀɛ̃gɛl] nf BELG *fam* tip.

drink [dʀiŋk] nm *fam* drink.

drisse [dʀis] nf halyard.

drive [dʀajv] nm INFORM & SPORT drive.

driver[1] [dʀajvœʀ] nm **1.** ÉQUIT & GOLF driver **2.** INFORM driver.

driver[2] [3] [dʀajve] vt SPORT to drive.

drogue [dʀɔg] nf **1.** [narcotique] drug *(U)* / *le jeu était devenu une drogue pour lui* gambling had become a drug for him / *le travail est ma drogue* I'm a workaholic / *la télévision est une drogue pour eux* they're television addicts ▸ **drogue douce / dure** soft / hard drug **2.** [usage] ▸ **la drogue** drug-taking, drugs / *la drogue est un fléau* drugs are a scourge of society **3.** CHIM & PHARM drug *(U)*.

drogué, e [dʀɔge] nm, f drug addict / *c'est une droguée du café* *fam* she's addicted to coffee / *les drogués du travail* *fam* workaholics.

droguer [3] [dʀɔge] vt **1.** [toxicomane] to drug **2.** [malade] to dose with drugs / *on m'a complètement drogué pendant deux semaines* I was given massive doses of drugs for two weeks **3.** [boisson] to drug, to lace with a drug ; [repas] to put a drug in.

❖ **se droguer** vpi to take drugs, to be on drugs / *je ne me drogue pas* I don't take drugs.

droguerie [dʀɔgʀi] nf **1.** [boutique] hardware shop UK ou store US **2.** [activité] hardware trade.

droguiste [dʀɔgist] nmf keeper of a hardware shop UK ou store US.

droit[1] [dʀwa] nm **1.** DR ▸ **le droit** [lois, discipline] law ▸ **faire son droit** to study law ▸ **étudiant en droit** law student / *en droit, ça s'appelle « contrefaçon »* the legal term for that is "infringement" / *avoir le droit pour soi* to have right ou the law on one's side ▸ **droit civil / commercial / constitutionnel** civil / commercial / constitutional law ▸ **droit commun** ou **coutumier** common law ▸ **droit écrit** statute law ▸ **droit international** international law ▸ **droit pénal** criminal law ▸ **droit privé / public** private / public law ▸ **point de droit** point of law **2.** [prérogative particulière] right ▸ **connaître / défendre ses droits** to know / to defend one's rights / *nos droits en tant que consommateurs* our rights as consumers ▸ **avoir des droits sur qqch** to have rights to sthg / *tu n'as aucun droit sur moi* you have no power over me ▸ **avoir droit de vie et de mort sur qqn** to have the power of life and death over sb ▸ **droit d'aînesse** primogeniture ▸ **droit d'asile** right of asylum ▸ **droit d'association** right of (free) association ▸ **droit de chasse** hunting rights ▸ **droits civiques** civil rights ▸ **droit à la couronne** entitlement to the crown ▸ **droit de cuissage** HIST droit de seigneur / *dans cette entreprise, le droit de cuissage est monnaie courante* sexual harassment is very common in this company ▸ **droit divin** divine right ▸ **de droit divin** by divine right ▸ **droit de grâce** right of reprieve ▸ **droit de grève** right to strike ▸ **les droits de l'homme** human rights ▸ **droit d'initiative** right of initiative ▸ **droit de passage** right of way UK ou easement US ▸ **le droit des peuples à disposer d'eux-mêmes** the right of peoples to self-determination ▸ **droit de préemption** pre-emptive right ▸ **droit d'usage** right of user ▸ **droit de visite** right of access ▸ **droit de voirie** *tax paid by businesses who wish to place displays, signs, etc. on the public highway* ▸ **le droit de vote** (the) franchise, the right to vote ▸ **avoir droit de cité** [idéologie] to be established, to have currency ▸ **avoir tous les droits** *fam* : *ce gosse a tous les droits dans la maison* that kid lords it over the whole household ▸ **se croire tous les droits** *fam* : *ils se croient tous les droits, ces gens-là!* these people think they can do what they like! **3.** [autorisation sociale ou morale] right / *j'ai ouvert ton courrier — de quel droit?* I opened your mail — who gave you permission? / *de quel droit l'a-t-il lue?* what gave him the right to read it?, what right had he to read it? ▸ **donner droit à** : *le billet donne droit à une consommation gratuite* the ticket entitles you to one free drink / *son rang lui donne droit à des privilèges particuliers* his rank entitles him to certain privileges ▸ **donner le droit à qqn de faire qqch** to give sb the right to ou to entitle sb to do sthg / *être en droit de faire* to be entitled ou to have the right to do / *je suis en droit d'obtenir des explications* I'm entitled to an explanation / *faire droit à une demande* to accede to *sout* ou to grant a request ▸ **reprendre ses droits** [idée, habitude, nature] to reassert itself / *après Noël, la politique reprend ses droits* after the Christmas break, politics returns to centre stage ▸ **avoir droit à a)** [explications] to be entitled to **b)** [bourse, indemnité] to be entitled to, to be eligible for **c)** [reconnaissance, respect] to deserve / *je n'ai pas droit à une retraite* I'm not entitled to a pension / *et moi, je n'y ai pas droit, au gâteau?* *fam* don't I get any cake then? / *on a encore eu droit à ses souvenirs de guerre!* we were regaled with his war memories as usual! / *on va avoir droit à une bonne saucée!* *fam* we'll get well and truly soaked! ▸ **avoir droit de regard sur a)** [comptabilité, dossier] to have the right to examine ou to inspect **b)** [activités] to have the right to control ▸ **avoir le droit de faire a)** [gén] to be allowed ou to have the right to do **b)** [officiellement] to have the right ou to be entitled to do / *tu n'as pas le droit de parler ainsi!* you've no right to talk like that! / *tu as le droit de te taire* *hum* you can shut up / *j'ai bien le droit de me reposer!* I'm entitled to some rest, aren't I? / *tu n'as pas le droit! — je le prends!* you can't do that! — who says I can't! ▸ **le droit à la différence** the right to be different ▸ **droit de réponse** right of reply **4.** [impôt, taxe] duty, tax / *payer des droits sur les alcools* to pay duty on alcohol ▸ **exempt de droits** duty-free ▸ **soumis à des droits** dutiable ▸ **droit au bail** *tax on rented accommodation (usually included in the rent)* ▸ **droits de douane** customs duties ▸ **droits de succession** death duties ▸ **droit de timbre** stamp duty **5.** [frais] fee ▸ **droit d'enregistrement** registration fee *(for legal documents)* ▸ **droit d'entrée** entrance fee ▸ **droits d'inscription** registration fee ou fees **6.** EXPR **à qui de droit** to whom it may concern ▸ **dans mon / son (bon) droit** within my / his rights / *il est tout à fait dans son bon droit d'exiger...* he's well within his rights to demand... ▸ **de (plein) droit** by rights, as a right / *c'est de plein droit qu'il l'a repris* he took it back by right, he had every right to take it back ▸ **membre de plein droit** ex officio member.

❖ **droits** nmpl ▸ **droits (d'auteur) a)** [prérogative] rights, copyright **b)** [somme] royalties ▸ **droits exclusifs** exclusive rights ▸ **droits cinématographiques** film UK ou movie US rights ▸ **droits de traduction** translation copyright ▸ **tous droits (de reproduction) réservés** copyright ou all rights reserved / *tous droits réservés pour le Canada* all rights reserved for Canada.

droit², e [dʀwa, dʀwat] adj **1.** [rectiligne - allée, bâton, nez] straight / *après le village, la route redevient droite* after the village, the road straightens out again / *ta raie n'est pas droite* your parting isn't straight ou is crooked ▸ **le droit chemin** the straight and narrow (path) ▸ **rentrer dans le droit chemin** to mend one's ways ▸ **rester dans le droit chemin** to keep to the straight and narrow (path) **2.** [vertical, non penché - mur] upright, straight, plumb *spéc* ; [- dossier, poteau] upright, straight / *restez le dos bien droit* keep your back straight ▸ **être** ou **se tenir droit a)** [assis] to sit up straight **b)** [debout] to stand up straight ▸ **droit comme un cierge** ou **un i** ou **un piquet** (as) stiff as a poker ou a ramrod ou a post **3.** [d'aplomb] straight / *tiens le plat droit* hold the dish straight ou level ou flat ▸ **mettre droit** [casquette, cadre] to set straight, to put straight, to straighten **4.** [loyal - personne] upright, honest **5.** [sensé - raisonnement] sound, sane **6.** VÊT ▸ **manteau / veston droit** single-breasted coat / jacket ▸ **col droit** stand-up collar ▸ **jupe droite** straight skirt **7.** ANAT ▸ **muscle droit** musculus rectus.

❖ **droit** adv [écrire] in a straight line ; [couper, rouler] straight *(adv)* / *après le carrefour, c'est toujours tout droit* after the crossroads, keep going straight on ou ahead / *il s'est dirigé droit vers moi* he walked straight towards me ▸ **aller droit à** : *j'irai droit au but* I'll come straight to the point, I won't beat about the bush / *il est allé droit à l'essentiel* ou *au fait* he went straight to the point / *aller droit à la catastrophe* / *l'échec* to be heading straight for disaster / a failure / *aller droit à la ruine* to be on the road to ruin / *ça m'est allé droit au cœur* it went straight to my heart.

❖ **droite** nf GÉOM straight line.

droit³, e [dʀwa, dʀwat] adj [ailier, jambe, œil] right ▸ **le côté droit** the right-hand side.

❖ **droit** nm right / *crochet du droit* right hook / *direct du droit* straight right.

❖ **droite** nf **1.** [côté droit] ▸ **la droite** the right (side), the right-hand side / *à la droite de Dieu* ou *du Père* on God's right hand ▸ **tenir sa droite** AUTO to keep to the right / *de droite et de gauche* from all quarters ou sides **2.** POL ▸ **la droite** the right wing.

❖ **à droite** loc adv **1.** [du côté droit] : *conduire à droite* to drive on the right-hand side ▸ **tourne à droite** turn right / *le poster est trop à droite* the poster's too far to the right / *à droite et à gauche* *fig* here and there, hither and thither *litt ou hum*, all over the place **2.** MIL ▸ **à droite, droite!** right wheel! / *à droite, alignement!* right, dress! **3.** POL ▸ **être à droite** to be right-wing ou on the right / *être très à droite* to be very right-wing ou on the far right.

❖ **à droite de** loc prép to ou on the right of.

❖ **de droite** loc adj **1.** [du côté droit] : *la porte de droite* the door on the right, the right-hand door **2.** POL ▸ **les gens de droite** rightwingers, people on the right ▸ **l'électorat de droite** right-wing electorate / *être de droite* to be right-wing.

droitement [dʀwatmɑ̃] adv uprightly, honestly.

droit-fil [dʀwafil] (*pl* **droits-fils**) nm **1.** COUT straight grain **2.** *fig* ▸ **dans le droit-fil de** in line ou keeping with / *sa déclaration était dans le droit-fil de sa campagne* his statement was in keeping ou in line with the drift of his campaign.

droitier, ère [dʀwatje, ɛʀ] ◆ adj right-handed. ◆ nm, f right-handed person, right-hander.

droitisation [dʀwatisasjɔ̃] nf movement to the right / *on a assisté ces dernières années à une droitisation de l'électorat* the electorate has been moving to the right in recent years.

droitisme [dʀwatism] nm rightism, right-wingness.

droitiste [dʀwatist] adj & nmf POL rightist.

droiture [dʀwatyʀ] nf [d'une personne] uprightness, honesty ; [d'intentions, de motifs] uprightness.

drolatique [dʀɔlatik] adj funny.

drôle [dʀol] ◆ adj **1.** [amusant - personne, film, situation, etc.] comical, funny, amusing / *sa sœur est très drôle* her sister's very funny ou good fun / *tu te crois drôle!* you think you're funny! / *le plus drôle c'est que...* the funny thing is that... / *très drôle!* *iron* very funny ou droll ou amusing! / *ça n'a rien de drôle* it's not funny ▸ **ce n'est pas drôle! a)** [pas amusant] it's not funny!, I don't find that funny ou amusing! **b)** [pénible] it's no joke! / *ce n'est pas toujours drôle au bureau!* life at the office isn't always a barrel of laughs! / *la grand-mère n'est pas toujours drôle* grandma isn't always easy! / *tu aurais dû le laisser faire — tu es drôle, il se serait fait mal!* *fam* you should have let him — are you kidding? he'd have hurt himself! **2.** [étrange] strange, funny, peculiar / *c'est drôle, il était ici il y a un instant* that's strange ou funny ou peculiar, he was here a minute ago ▸ **(tout) / toute drôle** *fam* : *ça me fait (tout) drôle de revenir ici* it feels really strange to be back ▸ **se sentir (tout) drôle** to feel (really) weird / *je me suis sentie (toute) drôle* I came over all funny ▸ **drôle de** : *en voilà une drôle d'idée!* what a strange ou funny ou weird idea! / *il a une drôle de façon d'exprimer sa gratitude!* he's got a funny way of showing gratitude! / *ça fait un drôle de bruit* it makes a strange ou funny noise ▸ **drôles de mœurs!** strange ou peculiar customs! / *drôles de gens!* what peculiar ou strange people! / *tu en fais une drôle de tête!* you look as if something's wrong! ▸ **avoir un drôle d'air** to look strange ou funny ▸ **la drôle de guerre** HIST the phoney war **3.** [en intensif] ▸ **drôle de** *fam* : *il a de drôles de problèmes en ce moment* he hasn't half got some problems at the moment / *il faut un drôle de courage pour faire ça!* you need a hell of a lot of courage to do that! / *j'ai eu une drôle de grippe!* I had a bad case of flu / *ça a de drôles d'avantages!* it's got terrific ou fantastic advantages! ◆ nm **1.** *litt* [voyou] rascal, rogue ; [enfant déluré] little rascal ou rogue **2.** *arch & régional* [enfant] child.

❖ **drôles** nfpl *fam* [histoires] ▸ **il en a entendu / raconté de drôles!** he heard / told some very weird stories!

drôlement [dʀolmɑ̃] adv **1.** *fam* [vraiment] ▸ **drôlement ennuyeux** awfully ou terribly boring ▸ **ça sent drôlement bon** it smells really great / *il fait drôlement chaud ici!* it's awfully hot in here! ▸ **j'ai eu drôlement peur** I had quite a fright / *je m'étais drôlement trompée sur son compte* I was really mistaken about him / *tu l'as drôlement abîmée, la voiture* you didn't do that car an awful lot of good / *je me suis drôlement fait mal* I really hurt myself **2.** [bizarrement - regarder, parler] in a strange ou funny ou peculiar way **3.** [de façon amusante] amusingly, comically.

drôlerie [dʀolʀi] nf **1.** [d'une personne, d'un spectacle, d'une remarque] drollness, funniness, comicalness, humour UK, humor US **2.** [acte] funny ou amusing ou comical thing (to do) ; [remarque] funny ou amusing ou comical thing (to say).

drôlesse [dʀolɛs] nf *vieilli* **1.** [femme] (brazen) hussy **2.** *fam* [fillette] little minx.

DROM [dʀɔm] nm abr de **Département et Région d'outre-mer.**

dromadaire [dʀɔmadɛʀ] nm dromedary.

drome [dʀɔm] nm gear spar.

Drôme [dʀom] npr f [département] ▸ **la Drôme** Drôme.

drone [dʀɔn] nm MIL drone.

drop [dʀɔp], **drop-goal** [dʀɔpgol] (*pl* **drop-goals**) nm drop goal.

drosera [dʀozeʀa] nm sundew.

drosophile [dʀozɔfil] nf drosophila.

drosser [3] [dʀɔse] vt NAUT to drive.

Drouot [dʀuo] npr ⟶ **hôtel.**

dru, e [dʀy] adj [cheveux, végétation] dense, thick ; [pluie] heavy.

❖ **dru** adv [croître, pousser] densely, thickly ; [pleuvoir] heavily / *les mauvaises herbes ont poussé dru* there has been a thick growth of weeds / *la pluie tombe dru* it's raining heavily / *les coups pleuvaient dru fig* blows rained down (on all sides).

drugstore [drœgstɔr] nm small shopping centre UK ou mall US.

druide [drɥid] nm druid.

druidique [drɥidik] adj druidic, druidical.

druidisme [drɥidism] nm druidism.

drumlin [drœmlin] nm drumlin.

drupe [dryp] nf drupe.

druze [dryz] adj Druzean, Druzian.

❖ **Druze** nmf Druze ▸ **les Druzes** the Druze.

dry [draj] ◆ adj inv [apéritif, champagne] dry. ◆ nm inv dry Martini.

dryade [drijad] nf **1.** MYTH dryad **2.** BOT dryas, mountain avens.

dryopithèque [drijɔpitɛk] nm dryopithecine.

DS [dees] nf [voiture] *now legendary futuristic car produced by Citroën in the 1950s.*

dsl (abr écrite de **désolé**) TEXTO Sry.

DST (abr de **Direction de la surveillance du territoire**) npr f *former French internal state security department* ; ≃ MI5 UK ; ≃ CIA US.

DT (abr de **diphtérie, tétanos**) nm *vaccine against diphtheria and tetanus.*

DT-Coq. [detekɔk] (abr de **diphtérie, tétanos, coqueluche**) nm *vaccine against diphtheria, tetanus and whooping cough.*

DTD (abr de **document type definition**) nf DTD.

DTP (abr de **diphtérie, tétanos, polio**) nm *vaccine against diphtheria, tetanus and polio.*

DTTAB (abr de **diphtérie, tétanos, tiphoïde A et B**) nm *vaccine against diphtheria, tetanus and typhoid.*

DTU (abr écrite de **dinar tunisien**) D.

DTV (abr de **digital television**) nf DTV.

du [dy] ⟶ **de.**

dû, due [dy] ◆ pp ⟶ **devoir.** ◆ adj [à payer] owed / *quelle est la somme due?* what's the sum owed ou due?

❖ **dû** nm due / *je ne fais que lui réclamer mon dû* I'm only asking for what he owes me.

❖ **en bonne et due forme** loc adv DR in due form.

❖ **jusqu'à due concurrence de** loc prép up to (a limit of) / *jusqu'à due concurrence de 300 euros* up to 300 euros.

dual, e, aux [dɥal, o] adj dual.

dualiser [dɥalize] ❖ **se dualiser** vp to split.

dualisme [dɥalism] nm dualism.

dualiste [dɥalist] ◆ adj dualistic. ◆ nmf dualist.

dualité [dɥalite] nf duality.

Dubai, Dubayy [dybaj] npr Dubai.

dubitatif, ive [dybitatif, iv] adj dubious, sceptical.

dubitativement [dybitativmɑ̃] adv sceptically.

Dublin [dyblɛ̃] npr Dublin.

dublinois, e [dyblinwa, az] adj from Dublin.

❖ **Dublinois, e** nm, f Dubliner.

Dubout [dybu] npr : *truc à la Dubout* ≃ Heath Robinson contraption.

duc [dyk] nm **1.** [titre] duke **2.** ZOOL horned owl.

ducal, e, aux [dykal, o] adj ducal / *un titre ducal* a duke's title.

ducasse [dykas] nf *régional* fair *(in Northern France).*

ducat [dyka] nm ducat.

duché [dyʃe] nm duchy, dukedom.

duchesse [dyʃɛs] nf **1.** [titre] duchess ▸ **faire la duchesse** *péj* to play the fine lady **2.** [poire] duchess pear **3.** [meuble] duchesse.

ductile [dyktil] adj ductile.

ductilité [dyktilite] nf ductility.

dudit [dydi] (*pl* **desdits**) adj : *la justice dudit pays* the justice system of the aforesaid country.

Duduche [dydyʃ] npr ▸ **le grand Duduche** *cartoon character created by Cabu representing an awkward, idealistic adolescent.*

due-diligence [dydiliʒɑ̃s] nf FIN due diligence.

duègne [dɥɛɲ] nf duenna.

duel [dɥɛl] nm **1.** [entre deux personnes] duel / *se battre en duel avec un rival* to fight a duel ou to duel with a rival / *pistolet de duel* duelling pistol **2.** [conflit - entre États, organisations] battle / *un duel entre la droite et la gauche* a battle between right and left ▸ **duel d'artillerie** artillery battle **3.** [compétition] ▸ **duel oratoire** verbal battle **4.** LING dual.

duelliste [dɥelist] nmf duellist.

duettiste [dɥetist] nmf duettist.

duffle-coat (*pl* **duffle-coats**), **duffel-coat** (*pl* **duffel-coats**) [dœfœlkot] nm duffel coat.

dugong [dygɔ̃(g)] nm dugong.

dulcinée [dylsine] nf *hum* ladylove, dulcinea *litt.*

Dulcinée [dylsine] npr Dulcinea.

dum-dum (*pl* **dum-dum**), **dumdum*** [dumdum] adj ⟶ **balle.**

dûment, dument* [dymɑ̃] adv duly ▸ **dûment chapitré** told off in no uncertain terms.

dumping [dœmpiŋ] nm ÉCON dumping ▸ **faire du dumping** to dump (goods).

dundee [dœndi] nm ketch.

dune [dyn] nf dune.

dunette [dynɛt] nf poop.

Dunkerque [dœ̃kɛrk] npr Dunkirk.

duo [dyo] nm **1.** [spectacle - chanté] duet ; [- instrumental] duet, duo ▸ **chanter en duo** to sing a duet ▸ **un duo comique** a (comic) double-act **2.** [dialogue] exchange **3.** MÉTALL two-high rolling mill.

duodécimal, e, aux [dɥɔdesimal, o] adj duodecimal.

duodénal, e, aux [dɥɔdenal, o] adj duodenal.

duodénite [dɥɔdenit] nf duodenitis.

duodénum [dɥɔdenɔm] nm duodenum.

duopole [dɥɔpɔl] nm duopoly.

dupe [dyp] ◆ nf dupe ▸ **prendre qqn pour dupe** to dupe sb, to take sb for a ride ▸ **jeu de dupes** fool's game. ◆ adj : *elle a été dupe de ses promesses* she was fooled by his promises / *elle ment, mais je ne suis pas dupe* she's lying but it doesn't fool me.

duper [3] [dype] vt *litt* to dupe, to fool.

❖ **se duper** vp *(emploi réfléchi)* to fool o.s.

duperie [dypri] nf dupery.

dupeur, euse [dypœr, øz] nm, f *litt* duper.

duplex [dyplɛks] nm **1.** ▸ **(appartement en) duplex** split-level flat UK ; ≃ maisonette UK duplex (apartment) US **2.** TÉLÉC duplex ▸ **(émission en) duplex** linkup.

duplexage [dyplɛksaʒ] nm setting up a linkup.

duplexer [4] [dyplɛkse] vt to set up a linkup.

duplicata [dyplikata] nm duplicate.

duplicateur [dyplikatœr] nm duplicator ▸ **duplicateur à alcool** spirit duplicator.

duplication [dyplikasjɔ̃] nf **1.** [fait de copier] duplication, duplicating *(U)* **2.** AUDIO linking up **3.** BIOL doubling.

duplicité [dyplisite] nf duplicity, falseness, hypocrisy.

dupliquer [3] [dyplike] vt [document] to duplicate.

duquel [dykɛl] ⟶ **lequel.**

dur, e [dyr] ◆ adj **1.** [ferme - viande] tough ; [- muscle] firm, hard ; [- lit, mine de crayon] hard ▸ **bois dur** hardwood ▸ **dur comme du bois** ou **le marbre** ou **le roc** rock-hard **2.** [difficile] hard, difficult / *la route est dure à monter* it's a hard road to climb / *c'est plutôt dur à digérer, ton histoire! fam* your story's rather hard to take! / *il est parfois dur d'accepter la vérité* accepting the truth can be hard ou difficult / *le plus dur dans l'histoire, c'est de comprendre ce qui s'est passé* the hardest part of the whole business is understanding what really happened **3.** [pénible à supporter - climat] harsh / *les conditions de vie sont de plus en plus dures* life gets harder and harder / *nous avons eu de durs moments* we've been through some hard times / *le plus dur est passé maintenant* the worst is over now ▸ **les temps sont durs** these are hard times ▸ **plus dure sera la chute** *allusion* BIBLE (the higher they come) the harder they fall ▸ **dur dur** *fam : pas de congé? / plus de café? dur dur!* no time off? / no coffee left? that's a blow! **4.** [cruel] : *il m'est dur de t'entendre parler ainsi* it's hard for me to hear you talk like this / *dis donc, tu es dure!* don't be so nasty! / *ne sois pas dur avec lui* don't be nasty to ou tough on him **5.** [rude, froid] harsh ▸ **d'une voix dure** in a harsh voice / *des couleurs dures* harsh colours / *des yeux d'un bleu très dur* steely blue eyes **6.** [endurci] tough / *elle est dure, elle ne se plaint jamais* she's tough, she never complains ▸ **dur à** : *il est dur à la douleur* he's tough, he can bear a lot of (physical) pain ▸ **il est dur au travail** ou **à l'ouvrage** he's a hard worker ▸ **avoir le cœur dur** to have a heart of stone, to be hardhearted ▸ **être dur à cuire** *fam : il est dur à cuire* he's a hard nut to crack ▸ **dur à la détente** *fam* tight-fisted ▸ **être dur d'oreille** ou **de la feuille** *fam* to be hard of hearing **7.** [intransigeant] hard / *la droite / gauche dure* the hard right / left **8.** PHON & PHYS hard **9.** MÉTALL ▸ **fer dur** chilled iron. ◆ nm, f *fam* **1.** [personne sans faiblesse] toughie, tough nut UK ou cookie US / *un dur en affaires* a hard-nosed businessman ▸ **c'est un dur à cuire** he's a hard nut to crack **2.** [voyou] tough guy, toughie ▸ **un dur de dur** a real tough nut UK ou tough guy **3.** POL hard-liner, hawk ▸ **les durs du parti** the hard core in the party.

❖ **dur** ◆ nm [train] train. ◆ adv **1.** [avec force] hard / *il a tapé* ou *frappé dur* he hit hard / *il travaille dur sur son nouveau projet* he's working hard ou he's hard at work on his new project ▸ **croire** ou **penser dur comme fer que** to be firm in the belief that / *il croit dur comme fer qu'elle va revenir* he believes doggedly ou he's adamant that she'll come back **2.** [avec intensité] : *le soleil tape dur aujourd'hui* the sun is beating down today.

❖ **dures** nfpl *fam* [histoires, moments] ▸ **il lui en a fait voir de dures** he gave her a hard time ▸ **il nous en a dit de dures** he told us some really nasty things.

❖ **à la dure** loc adv : *élever ses enfants à la dure* to bring up one's children the hard way / *ils ont toujours vécu à la dure* they always had a tough life.

❖ **en dur** loc adj ▸ **construction / maison en dur** building / house built with non-temporary materials.

❖ **sur la dure** loc adv ▸ **coucher sur la dure** to sleep on the ground.

durabilité [dyrabilite] nf **1.** [qualité] durableness, durability **2.** ÉCOL sustainability.

durable [dyrabl] adj **1.** [permanent] enduring, lasting, long-lasting / *faire œuvre durable* to create a work of lasting significance ▸ **agriculture durable** sustainable agriculture **2.** ÉCON ▸ **biens durables** durable goods, durables.

durablement [dyrabləmɑ̃] adv durably, enduringly, for a long time / *le beau temps devrait persister durablement dans notre pays* fine weather should persist over the country.

dural, e, aux [dyral, o] adj dural, durematral.

Duralumin® [dyralymɛ̃] nm Duralumin.

durant [dyrɑ̃] prép **1.** *(avant nom)* [au cours de] during, in the course of / *il est né durant la nuit* he was born during ou in the middle of the night / **'fermé durant les travaux'** 'closed for alterations' **2.** *(après le nom)* [insistant sur la durée] for / *il peut parler des heures durant* he can speak for hours (on end) ▸ **toute sa vie durant** his whole life through, throughout his whole life.

durassien, enne [dyrasjɛ̃, ɛn] adj *adjective formed from the name of the writer Marguerite Duras.*

duratif, ive [dyratif, iv] adj LING durative.

❖ **duratif** nm LING durative.

durcir [32] [dyrsir] ◆ vt **1.** [rendre plus dur] to harden, to make firmer ; *fig* to harden, to toughen / *cette coupe de cheveux lui durcit le visage* that haircut makes her look severe / *la colère durcissait son regard* his eyes were set in anger ▸ **durcir ses positions** to take a tougher stand **2.** [limiter] : *durcir les conditions du crédit au consommateur* to make it harder for consumers to obtain credit. ◆ vi [sol, plâtre] to harden, to go hard.

*In reformed spelling (see p. 16-19).

⇔ se durcir vpi [personne] to harden o.s. ; [cœur] to become hard.

durcissement [dyʀsismɑ̃] nm **1.** [raffermissement - du sol, du plâtre] hardening **2.** [renforcement] ▸ **le durcissement de l'opposition** the tougher stance taken by the opposition **3.** MIL stiffening (of enemy resistance).

durcisseur [dyʀsisœʀ] nm hardener / *durcisseur pour ongles* nail hardener.

durée [dyʀe] nf **1.** [période] duration, length ▸ **pendant la durée de** during, for the duration of / *vente promotionnelle pour une durée limitée* special sale for a limited period / *la durée hebdomadaire du travail est de 35 heures* the statutory working week is 35 hours ▸ **disque longue durée** long playing record ▸ **durée de conservation** ≃ sell-by date **2.** [persistance] lasting quality **3.** MUS, PHON & LITTÉR length **4.** PSYCHOL perceived (passage of) time / *vivre un traumatisme dans la durée* to experience a trauma through time.

⇔ de courte durée loc adj short-lived.

⇔ de longue durée loc adj [chômeur, chômage] long-term.

durement [dyʀmɑ̃] adv **1.** [violemment - frapper] hard / *je suis tombé durement* I had a hard fall, I fell really hard **2.** [avec sévérité] harshly, severely / *elle a élevé ses enfants durement* she brought up her children strictly **3.** [douloureusement] : *durement éprouvé par la mort de* deeply distressed by the death of / *son absence est durement ressentie* she's sorely missed **4.** [méchamment - répondre] harshly.

dure-mère [dyʀmɛʀ] (*pl* **dures-mères**) nf dura mater.

Durendal [dyʀɑ̃dal] npr *the holy and unbreakable sword of Roland in the medieval epic "la Chanson de Roland".*

durer [3] [dyʀe] vi **1.** [événement, tremblement de terre] to last, to go ou to carry on / *la situation n'a que trop duré* the situation has gone on far too long / *ça va encore durer longtemps cette histoire?* this has gone on long enough! / *il pleure quand sa mère le quitte mais cela ne dure pas* he cries when his mother leaves him but it doesn't last ou he doesn't carry on for long / *ça a duré toute la journée* it lasted all day / *ça durera ce que ça durera!* *fam* it might last and then it might not! / *il a essayé de faire durer la réunion* he tried to make the meeting last ▸ **ça ne peut plus durer!** it can't go on like this! ▸ **ça fait longtemps que ça dure** it's been going on for a long time **2.** [rester, persister] to last / *ce soleil ne va pas durer* this sunshine won't last long ▸ **faire durer** : *faire durer les provisions* to stretch supplies, to make supplies last ▸ **faire durer le plaisir** to spin things out **3.** [moteur, appareil] to last ; [œuvre] to last, to endure *sout* / *mon manteau m'a duré 10 ans* *fam* my coat lasted me 10 years, I got 10 years' wear out of my coat / *voici une nouvelle montre, essaie de la faire durer* here's a new watch, try to make it last **4.** [peser] : *le temps me dure* time is lying heavy (on my hands) ou hangs heavily on me **5.** [vivre] to last / *il ne durera plus longtemps* he won't last ou live much longer.

Dürer [dyʀɛʀ] npr : *Albrecht* ou *Albert Dürer* Albrecht Dürer.

dureté [dyʀte] nf **1.** [du sol, du plâtre] hardness, firmness **2.** [du climat, de conditions] harshness **3.** [d'un maître, d'une règle] severity, harshness ; [d'une grève] bitterness, harshness ▸ **traiter qqn avec dureté** to be harsh to ou tough on sb **4.** [d'une teinte, d'une voix, d'une lumière] harshness **5.** CHIM [de l'eau] hardness **6.** PHYS hardness.

durillon [dyʀijɔ̃] nm callus.

Durit®, durite* [dyʀit] nf flexible pipe ▸ **Durit de radiateur** radiator hose ▸ **péter une Durit** *fam* to go off the rails.

Düsseldorf [dysɛldɔʀf] npr Düsseldorf.

dut v ⟶ **devoir**.

DUT (abr de **diplôme universitaire de technologie**) nm *diploma taken after two years at an institute of technology.*

duvet [dyvɛ] nm **1.** [poils] down, downy hairs **2.** [plumes] down / *un oreiller en duvet* a down pillow **3.** [sac de couchage] sleeping bag ; [couette] duvet, quilt **4.** BELG & SUISSE eiderdown.

duveté, e [dyvte] adj downy.

duveter [27] [dyvte] **⇔ se duveter** vpi to go ou to become downy, to get covered in down.

✎ In reformed spelling (see p. 16-19), this verb is conjugated like *acheter* : *il se duvète, elle se duvètera.*

duveteux, euse [dyvtø, øz] adj downy.

DVD (abr de **digital video disc** ou **digital versatile disc**) nm inv DVD.

DVD-ROM [devedeʀɔm] (abr de **digital video disc-read only memory** ou **digital versatile disc-read only memory**) nm DVD-ROM.

DVI (abr de **digital video interface**) nf DVI.

DVR (abr de **digital video recorder**) nm DVR.

dyade [djad] nf dyad, diad.

dyadique [djadik] adj dyadic.

dyarchie [djaʀʃi] nf dyarchy, diarchy.

dyke [dik] nm GÉOL dyke.

dynamique [dinamik] ◆ adj **1.** [énergique] dynamic, energetic **2.** [non statique] dynamic. ◆ nf **1.** MUS & SCI dynamics *(sg)* **2.** [mouvement] dynamics *(sg)*, dynamic / *la dynamique révolutionnaire* the revolutionary dynamic **3.** PSYCHOL ▸ **dynamique de groupe** group dynamics.

dynamiquement [dinamikmɑ̃] adv dynamically.

dynamisant, e [dinamizɑ̃, ɑ̃t] adj stimulating.

dynamisation [dinamizasjɔ̃] nf [excitation] : *responsable de la dynamisation de l'équipe* responsible for injecting enthusiasm into the team.

dynamiser [3] [dinamize] vt [équipe] to make more dynamic, to inject enthusiasm into ; [économie, entreprise] to stimulate.

dynamisme [dinamism] nm **1.** [entrain] energy, enthusiasm **2.** PHILOS dynamism.

dynamitage [dinamitaʒ] nm blowing up ou blasting (with dynamite).

dynamite [dinamit] nf dynamite / *c'est de la dynamite!* *fam & fig* it's dynamite!

dynamiter [3] [dinamite] vt **1.** [détruire à l'explosif] to blow up ou to blast (with dynamite) **2.** [abolir - préjugé] to do away with, to sweep away.

dynamiteur, euse [dinamitœʀ, øz] nm, f **1.** [à l'explosif] dynamiter, dynamite expert **2.** [démystificateur] destroyer of received ideas.

dynamo [dinamo] nf dynamo, generator.

dynamoélectrique [dinamɔelɛktʀik] adj dynamo-electric, dynamoelectrical.

dynamogène [dinamɔʒɛn], **dynamogénique** [dinamɔʒenik] adj dynamogenic.

dynamomètre [dinamɔmɛtʀ] nm dynamometer.

dynamométrique [dinamɔmetʀik] adj dynamometric, dynamometrical.

dynaste [dinast] nm **1.** ANTIQ dynast **2.** ENTOM dynastes.

dynastie [dinasti] nf **1.** [de rois] dynasty **2.** [famille] ▸ **la dynastie des Bach / Bruegel** the line of famous Bachs / Bruegels.

dynastique [dinastik] adj dynastic, dynastical.

dyne [din] nf dyne.

dyscalculie [diskalkyli] nf acalculia.

dysenterie [disɑ̃tʀi] nf dysentery.

dysentérique [disɑ̃teʀik] ◆ adj dysenteric. ◆ nmf dysentery sufferer.

dysfonctionnel, elle [disfɔksjɔnɛl] adj dysfunctional.

dysfonctionnement [disfɔ̃ksjɔnmɑ̃] nm malfunction, malfunctioning / *un dysfonctionnement du système informatique est à l'origine du retard des vols* the flight delays are due to a computer malfunction / *on constate de nombreux dysfonctionnements dans la gestion de l'entreprise* there are many things wrong with the way the company is managed.

dysfonctionner [disfɔ̃ksjɔne] vi [personne, groupe] to become dysfunctional ; [machine, système] to go wrong.

dysgraphie [disgʀafi] nf disgraphia.

dysharmonie [dizaʀmɔni] nf disharmony, discord.

dyslalie [dislali] nf dyslalia.

dyslexie [dislɛksi] nf dyslexia.

dyslexique [dislɛksik] adj & nmf dyslexic.

dysménorrhée [dismenɔʀe] nf dysmenorrhoea UK, dysmenorrhea US.

dysmorphie [dismɔʀfi], **dysmorphose** [dismɔʀfoz] nf dysmorphia, deformity.

dysorthographie [disɔʀtɔgʀafi] nf difficulty in spelling.

dyspepsie [dispɛpsi] nf dyspepsia.

dyspepsique [dispɛpsik], **dyspeptique** [dispɛptik] adj & nmf dyspeptic.

dysphagie [disfaʒi] nf dysphagia.

dysphasie [disfazi] nf dysphasia.

dysphonie [disfɔni] nf dysphonia.

dyspnée [dispne] nf dyspnoea.

dyssocial, e, aux [disɔsjal, o] adj anti-social.

dystrophie [distʀɔfi] nf dystrophy / *dystrophie musculaire progressive* muscular dystrophy.

dystrophique [distʀɔfik] adj dystrophic.

dytique [ditik] nm water beetle, dytiscid *spéc* ▸ **les dytiques** the Dytiscidae.

* In reformed spelling (see p. 16-19).

e, E [ø] nm **1.** [lettre] e, E ▸ **e ouvert / fermé** open / close e ▸ **e muet** silent e ▸ **e dans l'o** e and o joined together **2.** MATH & PHYS e. **Voir aussi g.**

E (abr écrite de **est**) E.

EAO (abr de **enseignement assisté par ordinateur**) nm CAL.

eau, x [o] nf **1.** [liquide incolore] water / *les fougères ont besoin d'eau* ferns need water ▸ **se mettre à l'eau** [pour se baigner] to go in the water (for a swim) ▸ **des légumes / melons pleins d'eau** watery vegetables / melons ▸ **prendre l'eau** [chaussure, tente] to leak, to be leaky, to be leaking / *dans l'eau de votre bain* in your bathwater / *dans l'eau savonneuse* in soapy water ▸ **eau déminéralisée / distillée** demineralized / distilled water ▸ **eau calcaire** ou **dure** hard water ▸ **eau bénite** holy water ▸ **eau courante** running water ▸ **avoir l'eau courante** to have running water ▸ **eau douce** fresh water ▸ **d'eau douce** freshwater, river *(modif)* ▸ **eau de jouvence** waters of youth ▸ **eau de mer** seawater ▸ **eau de pluie** rainwater ▸ **eau de source** spring water ▸ **eau de vaisselle** dish ou washing-up water ▸ **eau vive** (fresh) running water ▸ **jeu d'eau** ou **d'eaux** fountains ▸ **comme l'eau et le feu** as different as chalk and cheese UK ou as night and day US ▸ **ça doit valoir 15 000 euros, enfin, c'est dans ces eaux-là!** *fam* it costs around 15,000 euros more or less ▸ **amener de l'eau au moulin de qqn** *fam* : *cela amène de l'eau à son moulin* it's (all) grist to his mill ▸ **apporter de l'eau au moulin de qqn** : *tu apportes de l'eau à mon moulin* you're adding weight to my argument ▸ **il est passé / il passera beaucoup d'eau sous les ponts** a lot of water has gone / will flow under the bridge ▸ **il y a de l'eau dans le gaz** *fam* there's trouble brewing ▸ **porter de l'eau à la rivière** to bring ou to carry coals to Newcastle ▸ **il ne trouverait pas d'eau à la rivière** ou **au lac** ou **à la mer** he can't find anything even if it's staring him in the face ▸ **j'en ai l'eau à la bouche** my mouth is watering ▸ **ça me fait venir** ou **ça me met l'eau à la bouche** it makes my mouth water **2.** [boisson] water ▸ **se mettre à l'eau** to go on the wagon ▸ **eau plate** still water ▸ **eau gazeuse** soda ou fizzy water ▸ **eau minérale** mineral water ▸ **eau du robinet** tap water ▸ **eau de Seltz** soda water ▸ **eau de source** spring water ▸ **point d'eau a)** [pour les animaux] watering hole **b)** [dans un village] standpipe ▸ **mettre de l'eau dans son vin** to climb down, to back off **3.** CULIN water ▸ **eau de cuisson** cooking water / *conservez l'eau des légumes* keep the water in which the vegetables have cooked ▸ **eau de fleur d'oranger** orange flower water ▸ **eau sucrée** sugar water ▸ **finir** ou **partir** ou **tourner** ou **s'en aller en eau de boudin** *fam* to peter ou to fizzle out **4.** PHARM [parfum] ▸ **eau de Cologne** (eau de) Cologne ▸ **eau dentifrice** mouthwash ▸ **eau de parfum** perfume ▸ **eau de rose** rose water ▸ **eau de toilette** toilet water **5.** CHIM ▸ **eau écarlate** stain-remover ▸ **eau de Javel** bleach, Clorox® US / *nettoyer une tache à l'eau de Javel* to bleach a stain out ▸ **eau lourde** heavy water ▸ **eau oxygénée** hydrogen peroxide **6.** [limpidité - d'un diamant] water / *de la plus belle eau* *pr & fig* of the first water / *dans l'eau claire de ses yeux* ou *de son regard* *litt* in her limpid eyes, in the pools of her eyes **7.** NAUT ▸ **faire de l'eau** [s'approvisionner] to take on water ▸ **faire eau** [avoir une fuite] to take on water / *faire eau de toutes parts* *fig* to go under.

❖ **eaux** nfpl **1.** [masse] water ▸ **les eaux se retirent a)** [mer] the tide's going out **b)** [inondation] the (flood) water's subsiding ▸ **eaux d'égouts** sewage ▸ **eaux grasses a)** ÉCOL swill **b)** [pour les porcs] slops ▸ **eaux ménagères** waste water ▸ **eaux usées** sewage ▸ **hautes / basses eaux** GÉOGR high / low water ▸ **grandes eaux** : *les grandes eaux de Versailles* the fountains of Versailles / *on a eu droit aux grandes eaux (de Versailles)* *fam & fig* she turned on the waterworks **2.** NAUT [zone] waters ▸ **eaux internationales / territoriales** international / territorial waters ▸ **eaux côtières** inshore waters ▸ **dans les eaux de** in the wake of **3.** [d'une accouchée] waters **4.** [thermes] : *les eaux de Brouckke sont bonnes pour le foie* the waters at Brouckke are good for liver ailments / *prendre les eaux* to take the waters, to stay at a spa *(for one's health)*.

❖ **à grande eau** loc adv ▸ **laver à grande eau a)** [au jet] to hose down **b)** [dans un évier, une bassine] to wash in a lot of water ▸ **rincer à grande eau** to rinse (out) thoroughly ou in a lot of water.

❖ **à l'eau** ◆ loc adj **1.** CULIN boiled **2.** [perdu] : *mon week-end est à l'eau* bang goes my weekend. ◆ loc adv **1.** CULIN ▸ **cuire à l'eau a)** [légumes] to boil **b)** [fruits] to poach **2.** EXPR ▸ **se jeter** ou **se lancer à l'eau** to take the plunge ▸ **tomber à l'eau** to fall through.

❖ **à l'eau de rose** loc adj *péj* sentimental / *des histoires à l'eau de rose* sentimental stories.

❖ **de la même eau** loc adj *péj* of the same ilk.

❖ **en eau** loc adj sweating profusely / *ils étaient en eau* the sweat was pouring off them.

❖ **en eau profonde** loc adv NAUT in deep (sea) waters.

EAU (abr de **Émirats arabes unis**) nmpl UAE.

eau-de-vie [odvi] (*pl* **eaux-de-vie**) nf eau de vie.

eau-forte [ofɔʀt] (*pl* **eaux-fortes**) nf **1.** CHIM aqua fortis **2.** ART etching.

eaux-vannes [ovan] nfpl effluent.

ébahi, e [ebai] adj flabbergasted, stunned / *prendre un air ébahi* to look flabbergasted ou stunned.

ébahir [32] [ebaiʀ] vt to astound, to dumbfound, to stun.

❖ **s'ébahir de** vp + prép to marvel ou to wonder at.

ébahissement [ebaismɑ̃] nm amazement, astonishment.

ébarber [3] [ebaʀbe] vt **1.** MÉTALL to burr, to edge, to trim **2.** [feuilles de papier] to trim **3.** AGR to clip, to trim **4.** CULIN [poisson] to trim.

ébat v ⟶ **ébattre.**

ébats [eba] nmpl frolics, frolicking ▸ **ébats amoureux** lovemaking.

ébattre [83] [ebatʀ] ❖ **s'ébattre** vpi to frolic.

ébaubi, e [ebobi] adj *hum* dumbfounded, flabbergasted, stunned.

ébauchage [eboʃaʒ] nm **1.** [façonnement] drafting, outlining **2.** MÉTALL roughing out.

ébauche [eboʃ] nf **1.** [première forme - d'un dessin] rough sketch ou draft ; [- d'un plan] outline ▸ **projet à l'état d'ébauche** project in its early stages / *çà et là, des ébauches de barricades se dressaient* there were makeshift barricades here and there **2.** [fait de préparer - un dessin] roughing ou sketching out ; [- un plan] outlining / *j'ai travaillé trois mois à l'ébauche de mon scénario* I spent three months on the drafting of my scenario **3.** [début] ▸ **l'ébauche de** : *l'ébauche d'un sourire* the beginning of a ou an incipient smile / *il eut l'ébauche d'un geste vers elle puis se ravisa* he started moving towards her then stopped ▸ **une ébauche de réconciliation** the first steps towards reconciliation.

ébaucher [3] [eboʃe] vt **1.** [esquisser - dessin, portrait] to rough ou to sketch out ; [- plan] to outline / *c'est un portrait qu'il a juste ébauché* it's a portrait he just began working on / *des formes vagues à peine ébauchées* a few indistinct shapes **2.** [commencer] to begin, to start / *ébaucher des négociations / une réconciliation* to start the process of negotiation / reconciliation ▸ **elle ébaucha un vague sourire / geste** she made as if to smile / to move ▸ **ébaucher un salut a)** [de la tête] to nod vaguely **b)** [de la main] to wave vaguely **3.** JOAILL to begin to cut **4.** CONSTR & INDUST to rough-hew.

❖ **s'ébaucher** vpi to (take) form, to start up / *la relation qui s'ébauche entre eux* their fledgling relationship.

ébaucheur [eboʃœʀ] nm rougher.

ébauchoir [eboʃwaʀ] nm **1.** MÉTALL roughing chisel **2.** [de charron, de potier] chisel ; MENUIS cutting chisel.

ébénacée [ebenase] nf member of the Ebenaceae.

ébène [ebɛn] nf ebony / *une table en ébène* an ebony table ▸ **noir d'ébène** ebony black.

ébénier [ebenje] nm ebony (tree) ▸ **faux ébénier** laburnum.

ébéniste [ebenist] nm cabinetmaker.

ébénisterie [ebenistəʀi] nf **1.** [métier] cabinetmaking **2.** [placage] veneer / *une table en ébénisterie* a veneered table.

éberlué, e [ebɛʀlɥe] adj dumbfounded, flabbergasted, stunned.

éblouir [32] [ebluiʀ] vt **1.** [aveugler] to dazzle / *les phares de la voiture m'ont ébloui* I was dazzled by the (glare of the) car's headlights **2.** [impressionner] to dazzle, to stun / *elle l'a ébloui dès leur première rencontre* she dazzled him right from their first meeting / *nous avons été éblouis par son talent* we were dazzled by her talent.

éblouissant, e [ebluisɑ̃, ɑ̃t] adj **1.** [aveuglant - couleur, lumière] dazzling **2.** [impressionnant - femme, performance] dazzling, stunning ▸ **éblouissant de** : *un* *violoniste éblouissant de talent* a stunningly talented violinist / *mise en scène éblouissante d'ingéniosité* stunningly ingenious staging.

éblouissement [ebluismɑ̃] nm **1.** [fait d'être aveuglé] being dazzled **2.** [vertige] dizziness ▸ **j'ai été pris d'éblouissements** I felt dizzy ou faint / *avoir un éblouissement* to have a dizzy spell / *il a eu un éblouissement et s'est écroulé* he fell in a faint **3.** [enchantement] dazzlement, bedazzlement.

Ebola [ebɔla] npr MÉD ▸ **le virus Ebola** the Ebola virus.

ébonite [ebɔnit] nf ebonite, vulcanite.

e-book [ibuk] (*pl* **e-books**) nm e-book.

éborgnement [ebɔʀɲəmɑ̃] nm blinding (in one eye).

éborgner [3] [ebɔʀɲe] vt to blind in one eye / *attention, tu vas m'éborgner !* hey, watch my eyes!

❖ **s'éborgner** vp *(emploi réfléchi)* to put one's eye out.

éboueur [ebwœʀ] nm dustman UK, garbage collector US.

ébouillantage [ebujɑ̃taʒ] nm scalding.

ébouillanter [3] [ebujɑ̃te] vt to scald.

❖ **s'ébouillanter** vp *(emploi réfléchi)* to scald o.s. / *s'ébouillanter la main / le pied* to scald one's hand / foot.

éboulement [ebulmɑ̃] nm **1.** [chute] crumbling, subsiding, collapsing ▸ **un éboulement de terrain** a landslide **2.** [éboulis - de terre] mass of fallen earth ; [- de rochers] mass of fallen rocks, rock slide ; [- en montagne] scree.

ébouler [3] [ebule] vt to break ou to bring down *(sép)* / *la mer a éboulé les digues* the sea has broken down the dykes ▸ **un vieux mur éboulé** a crumbling old wall.

❖ **s'ébouler** vpi [petit à petit] to crumble, to subside ; [brutalement] to collapse, to cave in ▸ **le terrain s'est éboulé** there has been a landslide.

éboulis [ebuli] nm [de terre] mass of fallen earth ; [de rochers] mass of fallen rocks, rock slide ; [en montagne] scree.

ébourgeonnement [ebuʀʒɔnmɑ̃], **ébourgeonnage** [ebuʀʒɔnaʒ] nm disbudding.

ébourgeonner [3] [ebuʀʒɔne] vt to disbud.

ébouriffage [ebuʀifaʒ] nm ruffling, tousling.

ébouriffant, e [ebuʀifɑ̃, ɑ̃t] adj breathtaking, staggering, stunning.

ébouriffé, e [ebuʀife] adj tousled, dishevelled / *je suis tout ébouriffé* my hair is all dishevelled.

ébouriffer [3] [ebuʀife] vt **1.** [décoiffer] to ruffle, to tousle **2.** *fam* [ébahir] to amaze, to dumbfound, to stun.

ébouter [3] [ebute] vt to take the end off.

ébranchage [ebʀɑ̃ʃaʒ], **ébranchement** [ebʀɑ̃ʃmɑ̃] nm lopping.

ébrancher [3] [ebʀɑ̃ʃe] vt to lop the branches off.

ébranlement [ebʀɑ̃lmɑ̃] nm **1.** [départ - d'un cortège] moving ou setting off **2.** [tremblement - d'une vitre] tremor, shaking / *l'ébranlement de l'immeuble causé par l'explosion* the vibrations of the building caused by the explosion / *causer l'ébranlement du cabinet fig* to shake the Cabinet **3.** [choc] shock.

ébranler [3] [ebʀɑ̃le] vt **1.** [faire trembler] to shake, to rattle **2.** [affaiblir] to shake, to weaken / *le scandale a ébranlé le gouvernement* the government was shaken by the scandal ▸ **ébranler la résolution de qqn** to shake sb's resolve ▸ **ébranler la confiance de qqn** to shake ou to undermine sb's confidence ▸ **ébranler la foi de qqn** to shake sb's faith ▸ **ébranler les nerfs de qqn** to make sb very nervous **3.** [atteindre moralement] to shake / *ta gentillesse a fini par l'ébranler* your kindness finally touched him / *très ébranlé par la mort de son fils* shattered by the death of his son.

❖ **s'ébranler** vpi [cortège, train] to move ou to set off, to pull away.

ébrasement [ebʀazmɑ̃] nm [d'une embrasure, d'un portail] splay, splaying.

ébraser [3] [ebʀaze] vt to splay.

ébrasure [ebʀazyʀ] nf = **ébrasement.**

ébréché, e [ebʀeʃe] adj chipped / *une assiette ébréchée* a chipped plate.

ébrèchement [ebʀɛʃmɑ̃] nm **1.** [d'une assiette] chipping ; [d'un couteau] nicking, notching **2.** [d'une fortune] depleting.

ébrécher [18] [ebʀeʃe] vt **1.** [assiette, vase] to chip ; [couteau, lame] to nick, to notch **2.** [fortune, héritage] to make a hole in, to deplete.

❖ **s'ébrécher** vpi to chip.

✎ In reformed spelling (see p. 16-19), this verb is conjugated like **semer** : *il ébrèchera, elle s'ébrècherait.*

ébréchure [ebʀeʃyʀ] nf [sur un plat] chip ; [sur une lame] nick, notch.

ébriété [ebʀijete] nf *sout* intoxication ▸ **être en état d'ébriété** to be under the influence (of drink).

ébrouement [ebʀumɑ̃] nm snort, snorting *(U) (of an animal).*

ébrouer [3] [ebʀue] ❖ **s'ébrouer** vpi **1.** [cheval] to snort **2.** [personne, chien] to shake o.s.

ébruitement [ebʀɥitmɑ̃] nm disclosing, spreading.

ébruiter [3] [ebʀɥite] vt to disclose, to spread.

❖ **s'ébruiter** vpi to spread.

ébulliomètre [ebyljɔmɛtʀ] nm ebullioscope.

ébulliométrie [ebyljɔmetʀi] nf ebullioscopy.

ébullioscope [ebyljɔskɔp] = **ébulliomètre.**

ébullioscopie [ebyljɔskɔpi] = **ébulliométrie.**

ébullition [ebylisjɔ̃] nf boiling ▸ **pendant l'ébullition** while the liquid is boiling ▸ **point d'ébullition** boiling point.

❖ **à ébullition** loc adv ▸ **porter de l'eau / du lait à ébullition** to bring water / milk to the boil / *arriver à ébullition* to come to the boil.

❖ **en ébullition** loc adj [liquide] boiling ; *fig* in turmoil / *il a le cerveau en ébullition fam* he's bubbling over with excitement / *tout le pays est en ébullition depuis qu'ils l'ont arrêté* the whole country has been in turmoil since they arrested him.

éburné, e [ebyʀne], **éburnéen, enne** [ebyʀneɛ̃, ɛn] adj **1.** [de l'ivoire] ivory *(modif)* **2.** MÉD eburnean, eburneous ▸ **substance éburnée** dentine.

EBV (abr de **Epstein-Barr virus**) nm EBV.

écaillage [ekajaʒ] nm **1.** [du poisson] scaling ; [des huîtres] opening **2.** [d'une peinture] flaking ou peeling ou scaling off ; [d'un vernis] chipping off.

écaille [ekaj] nf **1.** ZOOL [de poisson, de serpent] scale ; [matière] tortoiseshell ▸ **les écailles finiront par lui tomber des yeux** the scales will fall from his eyes **2.** [fragment - gén] chip ; [- de peinture] flake **3.** ENTOM tortoiseshell **4.** BOT scale **5.** CONSTR scalloped moulding.

❖ **en écaille** loc adj tortoiseshell *(modif).*

écaillé, e [ekaje] adj [plâtre, vernis] chipped, flaking off ; [peinture] peeling.

écailler[1] [3] [ekaje] vt **1.** CULIN [poisson] to scale ; [huître] to open **2.** [plâtre, vernis] to cause to flake off ou to chip.

❖ **s'écailler** vpi [vernis, plâtre] to flake off ; [peinture] to peel off.

écailler[2], ère [ekaje, ɛʀ] nm, f [vendeur] oyster seller ; [dans un restaurant] *person who opens oysters and prepares seafood platters at a restaurant.*

écailleux, euse [ekajø, øz] adj **1.** [poisson] scaly **2.** [ardoise, schiste] flaky.

écaillure [ekajyʀ] nf [d'un mur] chipped patch.

écale [ekal] nf husk.

écaler [3] [ekale] vt [noisette, noix] to husk.

écarlate [ekaʀlat] adj scarlet.

écarquiller [3] [ekaʀkije] vt ▸ **écarquiller les yeux** to open one's eyes wide, to stare (wide-eyed) / *les yeux écarquillés par la peur* eyes wide with fear.

écart [ekaʀ] nm **1.** [variation] difference, discrepancy / *écart de poids / température* difference in weight / temperature ▸ **écart salarial** wage differential ▸ **écart de prix** price differential ▸ **écart technologique** technology gap ▸ **écart type** standard deviation **2.** [intervalle] gap, distance / *un écart de huit ans les sépare, il y a huit ans d'écart entre eux* there's an eight-year gap between them / *réduire* ou *resserrer l'écart entre* to close ou to narrow the gap between **3.** [déviation] swerving / *écart par rapport à la norme* deviation from the norm ▸ **faire un écart a)** [cheval] to shy **b)** [voiture, vélo] to swerve / *il a fait un écart pour éviter d'être aspergé de boue* he jumped aside to avoid being splashed with mud / *j'ai fait un petit écart aujourd'hui : j'ai mangé deux gâteaux* I broke my diet today : I ate two cakes **4.** [excès] ▸ **écart de conduite** misdemeanour *(U)* UK, misdemeanor *(U)* US, misbehaviour *(U)* UK, misbehavior *(U)* US ▸ **écarts de jeunesse** youthful indiscretions ▸ **écarts de langage** strong language **5.** JEUX discard **6.** DANSE & SPORT ▸ **faire le grand écart a)** to do the splits **b)** *fig* to do a balancing act **7.** COMPTA margin ; [en statistiques] deviation **8.** [hameau] hamlet.

❖ **à l'écart** loc adv **1.** [de côté] aside / *je mets mes sentiments personnels à l'écart dans cette histoire* in this business, I'm setting my personal feelings aside ▸ **mettre qqn à l'écart** to put sb on the sidelines ▸ **prendre qqn à l'écart** to take sb aside ou to one side / to draw sb aside ou to one side ▸ **tenir qqn à l'écart a)** [éloigné] to hold ou keep sb back **b)** [empêcher de participer] to keep sb out of things ▸ **rester** ou **se tenir à l'écart a)** [éloigné] to stand apart **b)** [ne pas participer] to stay on the sidelines ou in the background, to keep out of things **2.** [loin des habitations] ▸ **vivre à l'écart** to live in a remote spot.

❖ **à l'écart de** loc prép : *nous sommes un peu à l'écart du village* we live a little way away from the village / *il essaie de la tenir à l'écart de tous ses problèmes* he's trying not to involve her in all his problems / *se tenir à l'écart de la vie politique* to keep out of politics.

écarté, e [ekaʀte] adj **1.** [isolé] isolated, remote **2.** [loin l'un de l'autre] : *mettez-vous debout les jambes écartées* stand up with your legs wide apart ▸ **gardez les bras écartés** keep your arms outspread ▸ **avoir les dents écartées** to be gap-toothed ▸ **avoir les yeux écartés** to have widely-spaced eyes.

❖ **écarté** nm JEUX écarté.

écartèlement [ekaʀtɛlmɑ̃] nm [torture] quartering, tearing apart.

écarteler [25] [ekaʀtəle] vt **1.** [torturer] to quarter, to tear apart *(sép)* **2.** [partager] to tear apart *(sép)* / *écartelé entre le devoir et l'amour* torn between duty and love.

écartement [ekaʀtəmɑ̃] nm **1.** RAIL ▸ **écartement (des rails** ou **de voie)** gauge **2.** AUTO ▸ **écartement des essieux** wheelbase ▸ **écartement des roues** tracking **3.** [fait d'ouvrir] spreading (open), opening **4.** [évincement - d'un directeur] dismissing, removing.

écarter [3] [ekaʀte] vt **1.** [séparer - objets] to move apart *(sép)* ; [- personnes] to separate / *écarter les pinces d'un crabe* to prise open a crab's pincers ▸ **écarter les rideaux a)** [le matin] to open the curtains **b)** [pour observer] to move the curtain aside / *ils écartèrent la foule pour passer* they pushed their way through the crowd ; [en parlant de parties du corps] ▸ **écarter les bras** to open ou to spread one's arms / *écarter les jambes / doigts / orteils* to spread one's legs / fingers / toes **2.** [éloigner] to move away ou aside *(sép)*, to pull away ou aside *(sép)* / *écarte les enfants au cas où ils se brûleraient* pull the children away in case they burn themselves / *écarte plus la table du mur* move the table further away from the wall **3.** [détourner] to divert / *cette route vous écarte un peu* that road takes you a little bit out of your way **4.** [refuser - idée] to dismiss, to set aside *(sép)*, to rule out *(sép)* / *j'ai écarté ta solution* I ruled out your solution / *il écarte systématiquement toute idée de compromis* he refuses to countenance any suggestion of compromise **5.** [tenir à distance] ▸ **écarter qqn de** [succession, conseil d'administration] to keep sb out of ▸ **écarter qqn du pouvoir a)** [aspirant] to cut sb off from the road to power **b)** [homme d'État] to manoeuvre sb out of power / *être écarté du processus de décision* to be kept away from the decision-making **6.** JEUX to discard.

❖ **s'écarter** vpi to move away ou out of the way, to step ou to draw aside ▸ **écarte-toi!** move ou get out of the way! ▸ **s'écarter de sa trajectoire a)** [fusée] to deviate from its trajectory **b)** [pilote] to deviate from one's course ▸ **s'écarter du droit chemin** to go off the straight and narrow (path) ▸ **s'écarter du sujet** to stray ou to wander from the subject / *ils se sont beaucoup écartés de l'idée initiale* they've strayed a long way away from the initial idea.

écarteur [ekaʀtœʀ] nm MÉD retractor.

ecchymose [ekimoz] nf bruise, ecchymosis *spéc*.

ecclésial, e, aux [eklezjal, o] adj ecclesial ▸ **biens ecclésiaux** church property.

Ecclésiaste [eklezjast] nm ▸ **(le livre de) l'Ecclésiaste** Ecclesiastes.

ecclésiastique [eklezjastik] ◆ adj [devoir] ecclesiastic, ecclesiastical ; [habitude] priestly, priestlike. ◆ nm priest, ecclesiastic.

ecclésiologie [eklezjɔlɔʒi] nf ecclesiology.

écervelé, e [esɛʀvəle] ◆ adj scatterbrained. ◆ nm, f scatterbrain.

ECG (abr de **électrocardiogramme**) nm ECG.

échafaud [eʃafo] nm scaffold / *cela l'a mené à l'échafaud* this brought him to the scaffold ▸ **monter sur l'échafaud** to be executed.

échafaudage [eʃafodaʒ] nm **1.** CONSTR scaffolding ▸ **matériel d'échafaudage** scaffolding **2.** [pile] heap, pile, stack / *un échafaudage de livres* a pile ou stack of books **3.** [élaboration - de systèmes] elaboration, construction.

échafauder [3] [eʃafode] ◆ vt **1.** [entasser] to stack ou to heap ou to pile (up) **2.** [construire - systèmes, théories] to build up, to construct ▸ **échafauder des projets** to make plans. ◆ vi CONSTR to put up scaffolding, to scaffold.

échalas [eʃala] nm **1.** [perche] pole, stake ▸ **être droit** ou **raide comme un échalas** to be as stiff as a poker ou ramrod **2.** *fam* [personne] beanpole / *c'est un grand échalas* he's a real beanpole.

échalasser [3] [eʃalase] vt [haricot, vigne] to stake (up).

échalier [eʃalje] nm **1.** [clôture] gate **2.** [échelle] stile.

échalote [eʃalɔt] nf shallot.

échancré, e [eʃɑ̃kʀe] adj **1.** VÊT low-necked / *une robe très échancrée sur le devant* a dress with a plunging neckline **2.** BOT serrated **3.** GÉOGR [côte, littoral] indented, jagged.

échancrer [3] [eʃɑ̃kʀe] vt **1.** COUT to cut a low neckline in **2.** [entailler] to indent.

échancrure [eʃɑ̃kʀyʀ] nf **1.** VÊT low neckline / *échancrure en pointe* ou *en V dans le dos* V neckline in the back **2.** BOT serration **3.** GÉOGR indentation.

échange [eʃɑ̃ʒ] nm **1.** [troc] swap, exchange / *faire un échange* to swap, to do a swap / *ils ont fait l'échange de leurs bicyclettes* they swapped bicycles / *on fait l'échange?* do you want to swap?, do you want to do a swap? ▸ **échange de fichiers** file sharing ▸ **logiciel d'échange de fichiers** file-sharing software ▸ **échange de prisonniers** exchange of prisoners ▸ **échange de quotas d'émissions** ÉCOL emission trading ▸ **échange standard** replacement *(of a spare part)* **2.** ÉCON trade / *le volume des échanges entre deux pays* the volume of trade between two countries ▸ **échanges internationaux** international trade **3.** [aller et retour] exchange / *avoir un échange de vues* to exchange opinions / *un long échange de correspondance* a long exchange of letters ▸ **échanges culturels** cultural exchanges / *il y a eu un bref échange d'insultes / de coups entre les deux hommes* there was a brief exchange of insults / blows between the two men / *il y a eu plusieurs échanges de coups de feu* there were exchanges of gunfire ▸ **c'est un échange de bons procédés** one good turn deserves another, exchange of favours UK ou favors US **4.** [visite] ▸ **échange (linguistique)** (language) exchange **5.** JEUX ▸ **faire (un) échange** [aux échecs] to exchange pieces **6.** SPORT ▸ **échange de balles a)** [avant un match] knocking up **b)** [pendant le match] rally / *quel bel échange!* what a beautiful rally! **7.** BIOL ▸ **échanges gazeux** gaseous interchange **8.** DR exchange.

❖ **en échange** loc adv in exchange, in return.

❖ **en échange de** loc prép in exchange ou return for.

échangeabilité [eʃɑ̃ʒabilite] nf exchangeability.

échangeable [eʃɑ̃ʒabl] adj exchangeable / *nos articles sont échangeables sur présentation d'un ticket de caisse* articles may be exchanged on production of a receipt.

échanger [17] [eʃɑ̃ʒe] vt **1.** [troquer] to exchange, to swap / *échanger un stylo contre* ou *pour un briquet* to exchange ou to swap a pen for a lighter **2.** [se donner mutuellement] to exchange / *ils ont échangé des lettres* there was an exchange of letters between them ▸ **échanger un regard / sourire** to exchange glances / smiles ▸ **échanger des coups avec qqn** to exchange blows with sb ▸ **échanger quelques mots avec qqn** to exchange a few words with sb **3.** SPORT ▸ **échanger des balles** [avant le match] to knock up.

❖ **s'échanger** ◆ vp *(emploi passif)* [être troqué] to be swapped ; BOURSE to trade / *le dollar s'échange aujourd'hui à 0,74 euro* today the dollar is trading at 0.74 euro. ◆ vp *(emploi réciproque)* : *s'échanger des disques* to swap records with each other.

échangeur [eʃɑ̃ʒœʀ] nm **1.** TRANSP [carrefour] interchange ; [donnant accès à l'autoroute] feeder ▸ **un échangeur à niveaux multiples** a multiple interchange **2.** PHYS ▸ **échangeur (de chaleur)** heat exchanger **3.** CHIM ▸ **échangeur d'ions** ion exchanger.

échangisme [eʃɑ̃ʒism] nm [sexuel] partner swapping.

échangiste [eʃɑ̃ʒist] ◆ adj partner-swapping. ◆ nmf **1.** DR exchanger **2.** [sexuellement] partner-swapper, swinger.

échanson [eʃɑ̃sɔ̃] nm HIST cupbearer ; *hum* wine waiter.

échantillon [eʃɑ̃tijɔ̃] nm **1.** COMM & SCI sample, specimen ▸ **échantillon gratuit** free sample ▸ **échantillon type** representative sample **2.** [cas typique] example, sample / *voici un échantillon de son savoir-faire* here is an example of his know-how / *un échantillon de la poésie française du XVIe siècle* a fine example of 16th-century French poetry **3.** [de population] cross-section.

échantillonnage [eʃɑ̃tijɔnaʒ] nm **1.** [action] sampling, selecting **2.** [de parfum] selection ; [de papier peint, de moquette] sample book **3.** NAUT scantling **4.** INFORM & TÉLÉC sampling ▸ **échantillonnage aléatoire** random sampling.

échantillonner [3] [eʃɑ̃tijɔne] vt **1.** COMM & SCI to sample **2.** [population] to take a cross-section of.

échantillonneur [eʃɑ̃tijɔnœʀ] nm MUS sampler.

échappatoire [eʃapatwaʀ] nf loophole, way out / *ne cherche pas d'échappatoire, réponds-moi!* don't hedge, answer me! / *je n'ai pas d'échappatoire possible* I can't get out of it.

échappé, e [eʃape] nm, f *competitor who has broken away* / *les échappés du peloton* runners breaking away from the rest of the field.

❖ **échappée** nf **1.** SPORT breakaway **2.** [espace ouvert à la vue] vista, view **3.** [dans un escalier] headroom **4.** [passage] space, gap / *l'échappée d'un garage* garage entrance **5.** [instant] : *une brève échappée de soleil* a brief sunny spell.

❖ **par échappées** loc adv every now and then, in fits and starts.

échappement [eʃapmɑ̃] nm **1.** [de gaz] exhaust ▸ **échappement libre** cutout **2.** [d'horloge] escapement **3.** [d'un escalier] headroom.

échapper [3] [eʃape] ◆ vt EXPR ▸ **l'échapper belle** to have a narrow escape / *ouf, on l'a échappé belle!* phew, that was close! ◆ vi **1.** [s'enfuir] ▸ **faire échapper a)** [animal] to let out **b)** [détenu] to help to escape ▸ **laisser échapper** to let loose / *il a laissé échapper le chien* he let the dog loose **2.** [secret, paroles] ▸ **pas un mot n'échappa de ses lèvres** ou **sa bouche** he didn't utter a single word ▸ **laisser échapper** to let slip **3.** [glisser] to slip / *le vase lui a échappé des mains* the vase slipped out of her hands **4.** [erreur, occasion] ▸ **laisser échapper** : *j'ai pu laisser échapper quelques fautes* I may have overlooked a few mistakes ▸ **laisser échapper une occasion** to miss an opportunity.

❖ **échapper à** v + prép **1.** [se soustraire à] to avoid, to evade / *échapper de justesse à une amende* to narrowly avoid being fined ou having to pay a fine ▸ **échapper à ses obligations** to evade one's duties / *il va être difficile d'échapper à ses calembours* it will be difficult to get away from his puns **2.** [éviter] to escape from, to get away from / *il n'a pas pu échapper à ses ennemis* he couldn't escape from his enemies / *elle sent que sa fille lui échappe* she can feel (that) her daughter's drifting away from her **3.** [être dispensé de] ▸ **échapper à l'impôt a)** [officiellement] to be exempt from taxation **b)** [en trichant] to evade income tax **4.** [être oublié par] ▸ **rien ne lui échappe** she doesn't miss a thing / *rien n'échappe à son regard* she sees everything ▸ **ce détail m'a échappé** that detail escaped me / *quelques erreurs ont pu m'échapper* I may have overlooked a few mistakes / *son nom m'échappe* his name escapes me ou has slipped my mind / *je me souviens de l'air mais les paroles m'échappent* I remember the tune but I forget the lyrics ; *(tournure impersonnelle)* : *il ne m'a pas échappé qu'il avait l'air ravi* it was obvious to me that he looked delighted / *il ne vous aura pas échappé que…* it will not have escaped your attention that… **5.** [être enlevé à] : *la victoire lui a échappé* victory eluded him / *la fortune de leur tante leur a échappé* they couldn't get their hands on their aunt's money **6.** [être prononcé par] : *si des paroles désagréables m'ont échappé, je te prie de m'excuser* if I let slip an unpleasant remark, I apologize / *la phrase lui aura échappé* the remark must have slipped out.

❖ **s'échapper** vpi **1.** [s'enfuir] to escape, to get away / *s'échapper d'un camp* to escape from a camp / *le chat s'est échappé* the cat ran away ou escaped **2.** [se rendre disponible] to get away / *quand les enfants étaient petits, nous ne pouvions pas nous échapper facilement* when the children were small it was difficult for us to get away / *je ne pourrai pas m'échapper avant midi* I won't be able to get away before noon **3.** [jaillir] to escape, to leak ▸ **s'échapper de** : *la lave s'échappe du volcan* lava is coming out of the volcano / *des mèches s'échappaient de son foulard* wisps of hair poked out from underneath her scarf **4.** [disparaître] to disappear, to vanish / *sa dernière chance s'est échappée* his last chance slipped away ou disappeared **5.** SPORT [coureur] to break ou to draw away.

écharde [eʃaʀd] nf splinter.

écharner [3] [eʃaʀne] vt to flesh.

écharpe [eʃaʀp] nf **1.** VÊT scarf ; [d'un député, d'un maire] sash ▸ **l'écharpe tricolore** *sash worn by French mayors at civic functions* **2.** [pansement] sling.

❖ **en écharpe** loc adv **1.** : *avoir le bras en écharpe* to have one's arm in a sling **2.** EXPR ▸ **prendre en écharpe** to hit sideways on.

écharper [3] [eʃaʀpe] vt to tear to pieces / *il s'est fait écharper par sa femme quand il est rentré* his wife really laid into him when he got home.

échasse [eʃas] nf **1.** [bâton] stilt ▸ **marcher** ou **être monté sur des échasses** *fam* to have long legs **2.** ZOOL stilt.

échassier [eʃasje] nm wader, wading bird.

échaudage [eʃodaʒ] nm **1.** [brûlure] scalding **2.** AGR shrivelling, withering.

échauder [3] [eʃode] vt **1.** [ébouillanter - volaille] to scald ; [- vaisselle] to run boiling water over ; [- théière] to warm **2.** [décevoir] : *l'expérience de l'année dernière m'a échaudé* my experience last year taught me a lesson / *il a déjà été échaudé une fois* he's had his fingers burned once already.

échauffant, e [eʃofɑ̃, ɑ̃t] adj *vieilli* constipating.

échauffement [eʃofmɑ̃] nm **1.** [réchauffement - du sol, d'une planète] warming (up) **2.** SPORT [processus] warming-up ; [exercices, période] warm-up **3.** [excitation] over-excitement **4.** MÉCAN overheating **5.** AGR fermenting.

échauffer [3] [eʃofe] vt **1.** [chauffer] to heat (up), to warm up *(sép)* **2.** [exciter] to heat, to fire, to stimulate ▸ **les esprits sont échauffés** feelings are running high ▸ **échauffer la bile** ou **les oreilles à qqn** *fam* : *il m'échauffe la bile* ou *les oreilles* he really gets my goat ou on my nerves **3.** MÉCAN to overheat ; [fermenter] to cause fermentation **4.** SPORT to warm up *(sép).*

❖ **s'échauffer** vpi **1.** SPORT to warm up **2.** [s'exciter] to become heated / *laisser son imagination s'échauffer* to let one's imagination run wild ou riot / *il s'échauffe pour un rien* he blows ou flares up at the slightest provocation.

échauffourée [eʃofuʀe] nf clash, skirmish.

échauguette [eʃogɛt] nf HIST watchtower.

échéance [eʃeɑ̃s] nf **1.** [date - de paiement] date of payment ; [- de maturité] date of maturity ; [- de péremption] expiry date ▸ **venir à échéance** to fall due / *payable à quinze jours d'échéance* payable at two weeks' date **2.** [somme d'argent] financial commitment **3.** [moment] term / *nous sommes à trois mois de l'échéance électorale* there are three months to go before the date set for the election / *un mois avant l'échéance de l'examen* one month before the exam (is due to take place).

❖ **à brève échéance, à courte échéance** ◆ loc adj short-term. ◆ loc adv in the short run.

❖ **à longue échéance** ◆ loc adj long-term. ◆ loc adv in the long run.

échéancier [eʃeɑ̃sje] nm **1.** [livre] bill book UK, tickler US **2.** [délais] ▸ **échéancier (de paiement)** payment schedule.

échéant, e [eʃeɑ̃, ɑ̃t] adj ⟶ **cas.**

échec [eʃɛk] nm **1.** [revers] failure / *après l'échec de la conférence au sommet* after the failure of the summit conference / *la réunion s'est soldée par un échec* nothing came out of the meeting ▸ **faire échec à** to foil, to prevent / *faire échec à un coup d'État* to foil ou to defeat a coup ▸ **l'échec scolaire** underperforming at school **2.** [défaite] defeat / *son échec au championnat* his defeat in the championship **3.** JEUX ▸ **échec (au roi) !** check ! ▸ **échec et mat !** checkmate ! ▸ **faire échec** to check ▸ **faire échec et mat** to checkmate.

❖ **échecs** nmpl chess *(U)* ▸ **jouer aux échecs** to play chess.

❖ **en échec** loc adv ▸ **mettre / tenir qqn en échec** to put / to hold sb in check / *il a tenu toutes les polices d'Europe en échec* he thwarted the entire European police network.

échelle [eʃɛl] nf **1.** [outil] ladder / *monter dans l'échelle sociale fig* to climb the social ladder ▸ **échelle coulissante** extension ladder ▸ **échelle de corde** rope ladder ▸ **échelle double** (high) stepladder ▸ **échelle d'incendie** fireman's ladder ▸ **échelle de meunier** straight wooden staircase ▸ **échelle à poissons** fish ladder ▸ **faire la courte échelle à qqn** to give sb a leg up ▸ **monter à l'échelle** to be taken in ▸ **il n'y a plus qu'à tirer l'échelle** *fam* we might as well just give up / *après lui, il n'y a plus qu'à tirer l'échelle* he leaves all the rest standing **2.** [mesure] scale / *une carte à l'échelle 1/10 000* a map on a scale of 1/10,000 / *réduire l'échelle d'un dessin* to scale a drawing down **3.** GÉOL scale ▸ **échelle de Beaufort** Beaufort scale ▸ **sur l'échelle de Richter** on the Richter scale **4.** [dimension] scale / *des événements à l'échelle mondiale* world events ▸ **à l'échelle nationale** nationwide / *des villes à l'échelle humaine* cities (built) on a human scale **5.** DR & ADMIN scale ▸ **échelle des valeurs** scale of values ▸ **échelle (mobile) des salaires** ou **traitements** (sliding) salary scale **6.** MUS scale ▸ **échelle diatonique / chromatique** diatonic / chromatic scale **7.** ART ▸ **échelle des couleurs** range of colours **8.** NAUT ▸ **échelle de coupée** accommodation ladder **9.** HIST ▸ **les Échelles du Levant** the Ports of the Levant **10.** SUISSE side *(of a farm trailer).*

❖ **à grande échelle** ◆ loc adj **1.** [dessin] large-scale **2.** [projet] ambitious. ◆ loc adv on a large scale.

❖ **à l'échelle** loc adv : *la façade n'est pas à l'échelle* the façade isn't (drawn) to scale / *dessiner une carte à l'échelle* to draw a map to scale.

❖ **à l'échelle de** loc prép at the level ou on a scale of / *à l'échelle de la région / planète* on a regional / world(-wide) scale.

échelon [eʃlɔ̃] nm **1.** [barreau] rung **2.** ADMIN grade / *grimper d'un échelon* to go up one step ou grade ▸ **changer d'échelon** to change grade / *grimper les échelons de la hiérarchie* to make one's way up the ladder **3.** [niveau] level ▸ **à l'échelon local** at local level **4.** MIL echelon.

❖ **à l'échelon de** loc prép at the level of / *à l'échelon du ministère* at Ministry level.

échelonnement [eʃlɔnmɑ̃] nm **1.** [dans l'espace] spreading out, placing at regular intervals **2.** [dans le temps - d'un paiement] spreading (out) ; [- de congés] staggering **3.** [graduation - de difficultés] grading.

échelonner [3] [eʃlɔne] vt **1.** [dans l'espace - arbres, poteaux] to space out *(sép)*, to place at regular intervals **2.** [dans le temps - livraisons, remboursements, publication] to spread (out), to stagger, to schedule at regular intervals ▸ **paiements échelonnés** payments in instalments, staggered payments / *faire échelonner une dette* to arrange to pay back a debt in instalments **3.** [graduer - difficultés, problèmes] to grade, to place on a sliding scale **4.** MIL to echelon.

❖ **s'échelonner sur** vp + prép [suj : projet, travaux] to be spread out over.

écheniller [3] [eʃnije] vt to clear of caterpillars, to pick caterpillars off.

écheveau, x [eʃvo] nm **1.** TEXT hank, skein **2.** [labyrinthe de rues] maze **3.** [embrouillamini] tangle ▸ **démêler l'écheveau d'une intrigue** to untangle a plot.

échevelé, e [eʃəvle] adj **1.** [ébouriffé] dishevelled UK, disheveled US, tousled **2.** [effréné] frantic, wild, unbridled / *une danse échevelée* a wild dance.

écheveler [24] [eʃəvle] vt *litt* to tousle the hair of.

In reformed spelling (see p. 16-19), this verb is conjugated like *peler* : *il échevèle, elle échevèlera.*

échevin [eʃvɛ̃] nm **1.** HIST deputy mayor of a town **2.** BELG deputy burgmaster ou burgomaster.

échevinat [eʃəvina] nm BELG *office of the "échevin".*

échidné [ekidne] nm spiny anteater, echidna *spéc.*

échine [eʃin] nf **1.** ANAT & ZOOL backbone, spine ▸ **courber** ou **plier l'échine devant qqn** to submit to sb ▸ **avoir l'échine souple** to be obsequious ou subservient **2.** CULIN chine **3.** ARCHIT echinus.

échiner [3] [eʃine] ❖ **s'échiner à** vp + prép ▸ **s'échiner à faire qqch** to wear o.s. out doing sthg.

échinocactus [ekinɔkaktys] nm hedgehog cactus, echinocactus *spéc.*

échinocoque [ekinɔkɔk] nm echinococcus.

échinoderme [ekinɔdɛʀm] nm echinoderm ▸ **les échinodermes** Echinodermata.

échiquéen, enne [eʃikeɛ̃, ɛn] adj chess *(modif).*

échiquier [eʃikje] nm **1.** JEUX chessboard ▸ **le rôle que nous jouons sur l'échiquier européen / mondial** *fig* the part we play on the European / world scene **2.** POL ▸ **l'Échiquier** the (British) Exchequer.

❖ **en échiquier** loc adv in a check pattern.

écho [eko] nm **1.** ACOUST echo / *il y a de l'écho* there is an echo ▸ **écho multiple** reverberations ▸ **écho simple** echo ▸ **échos parasites** clutter **2.** *fig* : *j'en ai eu des échos* I heard something about it / *sa proposition n'a pas trouvé d'écho* his offer wasn't taken into consideration / *un écho des préoccupations de l'époque* one of the (major) preoccupations of the age / *se faire l'écho d'une information* to spread a piece of news / *aucun journal ne s'en est fait l'écho* the story was not picked up by any newspaper **3.** TV ghosting / *à cause des arbres, nous avons de l'écho* we get ghosting because of the trees **4.** [rubrique de journal] gossip column.

❖ **à tous les échos** loc adv in all directions.

échocardiogramme [ekokaʀdjɔgʀam] nm echocardiogram.

échoencéphalogramme [ekoɑ̃sefalɔgʀam] nm echoencephalogram.

échographie [ekogʀafi] nf (ultrasound) scan / *se faire faire une échographie* to have a scan ou an ultrasound scan.

échographier [9] [ekogʀafje] vt to scan *(with an ultrasound scan).*

échographiste [ekogʀafist] nmf MÉD ultrasound technician.

échoir [70] [eʃwaʀ] vi FIN to fall due / *intérêts à échoir* accruing interest, interest falling due / *la banque a fait échoir le terme du remboursement plus tôt que prévu* the bank called in the loan earlier than expected.

❖ **échoir à** v + prép *sout* ▸ **échoir à qqn** to fall to sb / *le sort qui lui est échu n'est guère enviable* one can hardly envy his lot ; *(tournure impersonnelle)* : *c'est à moi qu'il échoit d'annoncer la mauvaise nouvelle* it falls to me to announce the bad news.

écholocation [ekolɔkasjɔ̃] nf echolocation.

échoppe [eʃɔp] nf **1.** [outil] burin **2.** *vieilli* shop UK, store US.

échosondeur [ekɔsɔ̃dœʀ] nm echo sounder.

échotier, ère [ekɔtje, ɛʀ] nm, f [journaliste] gossip columnist.

échotomographie [ekotɔmɔgʀafi] nf (ultrasound) scan.

échouage [eʃwaʒ], **échouement** [eʃumɑ̃] nm [d'un navire] grounding, running aground.

échouer [6] [eʃwe] ◆ vi **1.** [rater - projet, tentative] to fail, to fall through / *ils ont échoué dans leur tentative de coup d'État* their attempted coup failed ▸ **échouer à un examen** to fail an exam ▸ **faire échouer** to foil, to frustrate **2.** *fam* [finir] to end ou to wind up / *un tableau de valeur échoué dans un grenier* a valuable painting that has ended up in an attic / *ils ont échoué dans un bar vers minuit* they ended ou wound up in a bar around midnight **3.** NAUT to ground, to run aground. ◆ vt NAUT [accidentellement] to ground, to run aground ; [volontairement] to beach.

❖ **s'échouer** vpi NAUT to run aground ▸ **bateau échoué** boat aground / *quelques caisses échouées sur la plage* a few boxes washed up ou stranded on the beach.

échu, e [eʃy] ◆ pp ⟶ **échoir.** ◆ adj : *payer un loyer à terme échu* to pay at the end of the rental term.

écimage [esimaʒ] nm pollarding.

écimer [3] [esime] vt to pollard.

éclaboussement [eklabusmɑ̃] nm splashing, spattering.

éclabousser [3] [eklabuse] vt **1.** [asperger] to splash, to spatter ▸ **éclaboussé de** : *éclaboussé de boue* mud-spattered / *les cheveux éclaboussés de peinture* hair spotted with paint **2.** [nuire à la réputation de] ▸ **éclabousser qqn** to malign sb, to tarnish sb's reputation / *le scandale a éclaboussé certains de ses collègues* the scandal tarnished ou sullied the reputation of some of his colleagues **3.** *litt* [impressionner] ▸ **éclabousser qqn de son luxe / sa richesse** to flaunt one's luxurious lifestyle / one's wealth in sb's face.

éclaboussure [eklabusyʀ] nf **1.** [tache - de boue, de peinture] splash, spatter ▸ **des éclaboussures de sang** bloodstains **2.** [retombée] smear / *atteint par les éclaboussures d'un scandale financier* implicated in a financial scandal.

éclair [eklɛʀ] nm **1.** MÉTÉOR flash of lightning ▸ **éclairs** lightning / *éclairs en zigzag* forked lightning ▸ **ses yeux jetaient** ou **lançaient des éclairs** *fig* her eyes were flashing / *un éclair de colère passa dans ses yeux* anger flashed ou blazed in his eyes ▸ **comme un éclair** : *entrer / sortir / traverser comme un éclair* to dart in / out / across / *le peloton est passé comme un éclair* the pack of cyclists flashed past ▸ **prompt** ou **rapide** ou **vif comme l'éclair** (as) quick as a flash ▸ **avec la rapidité** ou **vitesse de l'éclair** (as) quick as a flash **2.** [lueur - d'un coup de feu, d'un flash] flash / *la lame jetait des éclairs dans la pénombre* the blade flashed ou glinted in the shadows **3.** [bref instant] ▸ **un éclair de** a flash ou spark of / *dans un éclair de lucidité* in a flash of lucidity ▸ **un éclair de génie** a flash of inspiration **4.** CULIN éclair ▸ **éclair au chocolat** chocolate éclair **5.** *(comme adj)* lightning *(modif)* ▸ **grève éclair** lightning strike ▸ **visite éclair** lightning ou flying visit.

❖ **en un éclair** loc adv in a flash ou a trice ou an instant / *tout lui est revenu à la mémoire en un éclair* everything came back to her in a flash.

éclairage [eklɛʀaʒ] nm **1.** [illumination artificielle] lighting / *à l'époque, l'éclairage était assuré par des torches* in those days people used torches for lighting ▸ **éclairage indirect** indirect ou concealed lighting ▸ **éclairage public** street lighting **2.** [intensité de lumière] light / *l'éclairage est faible au premier étage* the first floor is badly lit **3.** [installation] ▸ **l'éclairage** ou **les éclairages** the lighting / *les éclairages sont de Y. Dumais* lighting effects by Y. Dumais ▸ **éclairage aux projecteurs** floodlighting **4.** ART use of light ; PHOT light **5.** [aspect] light, perspective / *sans cet éclairage historique, le problème ne peut pas être analysé* without this historical perspective the problem cannot be analysed / *vu sous cet éclairage* seen in this light ▸ **apporter à qqch un éclairage nouveau** to throw new light on sthg **6.** MIL scouting expedition.

éclairagisme [eklɛʀaʒism] nm lighting engineering.

éclairagiste [eklɛʀaʒist] nmf **1.** CINÉ, THÉÂTRE & TV lighting engineer **2.** COMM dealer in lights and lamps.

éclairant, e [eklɛʀɑ̃, ɑ̃t] adj **1.** [lumineux] lighting **2.** [édifiant - commentaire, conclusion] enlightening.

éclaircie [eklɛʀsi] nf **1.** MÉTÉOR sunny spell, bright interval **2.** [amélioration] improvement **3.** [de forêt] clearing.

éclaircir [32] [eklɛʀsiʀ] vt **1.** [rendre moins sombre] to make lighter / *ce papier peint éclaircit la pièce* this wallpaper brightens up the room ou makes the room feel lighter ▸ **éclaircir ses cheveux a)** to make one's hair (look) lighter **b)** [par mèches] to put highlights in one's hair **2.** [rendre plus audible] : *des pastilles pour éclaircir la voix ou gorge* lozenges to clear the throat **3.** CULIN [sauce, soupe] to thin (down), to dilute **4.** [forêt] to thin (out) **5.** [élucider - affaire, mystère] to clear up ; [- situation] to clarify.

❖ **s'éclaircir** ◆ vpi **1.** MÉTÉOR to clear (up), to brighten up / *le ciel s'est éclairci* the sky's cleared ou brightened up ▸ **ça s'éclaircit** *fam* it's brightening up **2.** [pâlir - cheveux] to go lighter ou paler ou blonder **3.** [se raréfier] to thin (out) ▸ **ses cheveux s'éclaircissent** his hair's getting thinner, he's going bald **4.** [être clarifié - mystère] to be solved ; [- situation] to become clearer. ◆ vpt ▸ **s'éclaircir la voix** ou **gorge** to clear one's throat.

éclaircissage [eklɛʀsisaʒ] nm [de forêt] thinning.

éclaircissant, e [eklɛʀsisɑ̃, ɑ̃t] adj [lotion, shampooing] lightening, highlighting.

éclaircissement [eklɛʀsismɑ̃] nm **1.** [d'une peinture] lightening **2.** [explication] explanation ▸ **demander des éclaircissements** to ask for further information ou an explanation / *je voudrais des éclaircissements sur ce point* I would like some further clarification on this point.

éclaire [eklɛʀ] nf **1.** BOT greater celandine **2.** NAUT hatchway.

éclairé, e [ekleʀe] adj **1.** [lumineux] : *une pièce bien / mal éclairée* a well- / badly-lit room **2.** [intelligent] enlightened.

éclairement [eklɛʀmɑ̃] nm **1.** *litt* lighting, shining **2.** PHYS illumination.

éclairer [4] [ekleʀe] ◆ vt **1.** [chemin, lieu] to light (up) / *les phares éclairent la route* the road is lit by beacons / *une bougie éclairait la pièce* the room was lit by a candle / *éclairer une cuisine au néon* to use fluorescent lighting in a kitchen / *éclairer un stade avec des projecteurs* to floodlight a stadium / *marchez derrière moi, je vais vous éclairer* walk behind me, I'll light the way for you **2.** [égayer] to brighten on to light up *(sép)*, to illuminate / *ses derniers instants ont été éclairés par la présence de ses enfants* his last moments were brightened up by the presence of his children / *le visage éclairé par un sourire* his face lit up by a smile / *un foulard rose éclairait sa robe sombre* a pink scarf brightened up her dark dress **3.** [rendre compréhensible] to clarify, to throw light on / *ces notes éclairent la pensée de l'auteur* these notes throw some light on the author's ideas **4.** [informer] to enlighten / *j'ai besoin qu'on m'éclaire sur ce point* I need sb to explain this point to me ou to enlighten me on this point ▸ **éclairer la lanterne de qqn** to put sb in the picture **5.** MIL to scout out. ◆ vi : *la lampe n'éclaire plus* the lamp's gone out ▸ **cette ampoule éclaire bien / mal** this bulb throws out a lot of / doesn't throw out much light.

❖ **s'éclairer** ◆ vp *(emploi réfléchi)* : *s'éclairer au gaz* to have gaslight / *s'éclairer à l'électricité* to have electric lighting / *s'éclairer à la bougie* to use candlelight / *tiens, prends ma lampe électrique pour t'éclairer* here, take my flashlight to light your way. ◆ vpi **1.** [s'allumer] to be lit / *les fenêtres s'éclairent une à une* the windows light up one by one **2.** [visage, regard] to brighten up ou to light up **3.** [se résoudre] to get clearer ▸ **enfin, tout s'éclaire !** it's all clear (to me) now !

éclaireur, euse [eklɛʀœʀ, øz] nm, f [scout] boy scout (girl scout) ▸ **les Éclaireurs de France** the (French) Scout Association.

❖ **éclaireur** nm MIL scout.

❖ **en éclaireur** loc adv ▸ **envoyer qqn en éclaireur** to send sb scouting / *partir en éclaireur* to go (off) and scout around / *parti en éclaireur chercher un restaurant* scouting around for a restaurant.

éclampsie [eklɑ̃psi] nf eclampsia.

éclat [ekla] nm **1.** [fragment - de verre, de métal] splinter, shard ; [- de bois] splinter, sliver ▸ **des éclats d'obus** shrapnel **2.** [bruit] burst ▸ **éclat de rire** burst ou roar of laughter ▸ **on entendait des éclats de voix** loud voices could be heard **3.** [scandale] scandal / *faire un éclat en public* to cause a public scandal ou embarrassment **4.** [de la lumière, du jour] brightness ; [du soleil, de projecteur] glare ▸ **l'éclat d'un diamant** the sparkle of a diamond / *le soleil d'hiver brillait d'un éclat très doux* the winter sun shone with a pale light **5.** [du regard, d'un sourire, d'une couleur] brightness ; [du teint] radiance, bloom ▸ **sans éclat** dull ▸ **perdre son éclat** [peinture, couleur] to dull / *elle a perdu tout son éclat* she has lost all her sparkle **6.** [splendeur] splendour UK, splendor US, glamour UK, glamor US, glitter / *l'éclat de son intelligence* his brilliant mind / *l'éclat d'un festival* the glamour ou glitter of a festival ▸ **donner de l'éclat à** to make glamorous **7.** ASTRON ▸ **éclat absolu / apparent** true / apparent luminosity.

éclatant, e [eklatɑ̃, ɑ̃t] adj **1.** [soleil, couleur] dazzling, brilliant ; [miroir, surface] sparkling ; [dents] gleaming / *draps d'une blancheur éclatante* ou *éclatants de blancheur* dazzling white sheets ▸ **aux couleurs éclatantes** [tissus] brightly coloured ▸ **écharpe d'un rouge éclatant** bright red scarf ▸ **un sourire éclatant** a dazzling smile **2.** [excellent - santé, teint] radiant, glowing ▸ **éclatant de** : *éclatante de beauté* radiantly beautiful **3.** [spectaculaire - revanche] spectacular ; [- triomphe, victoire] resounding / *ce fut une victoire éclatante* it was a resounding victory **4.** [bruyant] loud, resounding / *on entendait son rire éclatant* his booming ou hearty laugh could be heard.

éclaté, e [eklate] adj *fam* [hilare] : *on était éclatés (de rire)* we could have died laughing.

❖ **éclaté** nm split diagram.

éclatement [eklatmɑ̃] nm **1.** [déflagration - d'une bombe] explosion ; [- d'un pneu, d'un fruit] bursting **2.** [rupture - d'un parti] breakup.

éclater [3] [eklate] vi **1.** [exploser] to explode, to blow up, to burst / *le plat a éclaté lorsque je l'ai plongé dans l'eau bouillante* the dish shattered when I plunged it into the boiling water / *j'ai l'impression que ma tête / mon cœur / ma poitrine va éclater* I feel as if my head / heart / chest is going to burst / *mon pneu a éclaté* my tyre burst **2.** [se fractionner] to split, to break up / *notre département a éclaté en plusieurs services* our department was broken up into several subdivisions **3.** [retentir] ▸ **l'orage a enfin éclaté** the thunderstorm finally broke / *un coup de tonnerre a soudain éclaté* there was a sudden thunderclap ▸ **des applaudissements éclatèrent** there was a burst of applause / *des coups de feu ont éclaté* shots rang out ▸ **éclater de** : *éclater de rire* to burst out laughing ▸ **éclater en** : *éclater en larmes / sanglots* to burst into tears / sobs / *éclater en reproches* to let out a stream of reproaches **4.** [se déclencher - guerre, scandale] to break out **5.** [apparaître] to stand out / *son talent éclate à chaque page* her talent stands out on each page **6.** [de colère] to explode / *j'ai cru qu'il allait éclater* I thought he was going to explode / « *mais enfin !* », *éclata-t-il* "for goodness sake !", he burst out ou exploded **7.** [être célèbre] to be an instant success.

❖ **s'éclater** vpi *fam* to have a whale of a time ou a ball / *il s'éclate en faisant de la photo* he gets his kicks from photography / *on s'est éclatés hier soir au Palace* we had a fabulous time last night at the Palace.

éclateur [eklatœʀ] nm discharger.

éclectique [eklɛktik] ◆ adj [distraction, goût, opinion] eclectic, varied. ◆ nmf eclectic, person with eclectic tastes.

éclectisme [eklɛktism] nm eclecticism.

éclipse [eklips] nf **1.** ASTRON eclipse ▸ **éclipse de Soleil / Lune** solar / lunar eclipse ▸ **éclipse annulaire / totale / partielle** annular / total / partial eclipse **2.** [éloignement] eclipse, decline / *revenir sur scène après une éclipse de plusieurs années* to return to the stage after an absence of several years **3.** MÉD blackout.

❖ **à éclipses** loc adj ▸ **phare / feu à éclipses** intermittent beacon / light / *une carrière à éclipses fig* a career progressing in fits and starts.

éclipser [3] [eklipse] vt **1.** ASTRON to eclipse **2.** [surclasser] to eclipse, to overshadow, to outshine / *éclipsé sur le marché des ordinateurs par...* overshadowed ou outclassed on the computer market by...

❖ **s'éclipser** vpi *fam* to slip away ou out, to sneak off.

écliptique [ekliptik] nm ASTRON ecliptic.

éclisse [eklis] nf **1.** MÉD splint **2.** RAIL fishplate **3.** MUS rib **4.** [claie à fromages] cheese tray.

éclopé, e [eklɔpe] ◆ adj lame, limping. ◆ nm, f person with a limp / *les éclopés avaient du mal à suivre le convoi* the walking wounded had difficulty keeping up with the convoy / *les éclopés de l'amour hum* the victims of love.

éclore [113] [eklɔʀ] vi *(aux être ou avoir)* **1.** [œuf, poussin] to hatch (out) / *les œufs ont éclos ce matin* the eggs hatched out this morning ; *litt* [fleur] to open out / *des roses fraîches écloses* newly-opened roses / *la chaleur fait éclore les fleurs* the warm weather brings the flowers into bloom **2.** *litt* [apparaître - jour, amour] to dawn ; [- doute] to be born.

éclosion [eklozjɔ̃] nf **1.** [d'un œuf] hatching ▸ **jusqu'à leur éclosion** until they hatch ; *litt* [d'une fleur] opening (out) **2.** *litt* [d'un amour] dawning.

éclusage [eklyzaʒ] nm [d'un bateau, d'une péniche] locking, sluicing.

écluse [eklyz] nf lock ▸ **une porte d'écluse** a lock ou sluice gate ▸ **lâcher** ou **ouvrir les écluses** to turn on the waterworks.

éclusée [eklyze] nf lockage water.

écluser [3] [eklyze] ◆ vt **1.** NAUT [canal, voie d'eau] to lock ; [bateau, péniche] to lock, to sluice **2.** *tfam* [boire] to down, to knock back / *il avait déjà éclusé trois cognacs fam* he'd already downed three brandies. ◆ vi *tfam* to booze, to knock back the booze / *qu'est-ce qu'il écluse !* he can certainly knock it back !

éclusier, ère [eklyzje, ɛʀ] nm, f lockkeeper.

écobilan [ekɔbilɑ̃] nm life cycle analysis.

écobuage [ekɔbɥaʒ] nm burn-beating.

écocitoyen, enne [ekɔsitwajɛ̃, ɛn] adj eco-responsible / *ayez des gestes écocitoyens* behave like eco-citizens.

écocitoyenneté [ekɔsitwajɛnte] nf eco-citizenship.

écodéveloppement [ekɔdevlɔpmɑ̃] nm ecodevelopment.

écœurant, e [ekœʀɑ̃, ɑ̃t] adj **1.** [nauséeux] nauseating, cloying, sickly / *la seule vue de ce gâteau est écœurante* just looking at that cake ou the mere sight of that cake makes me feel sick **2.** [indigne] disgusting / *j'ai* *trouvé son comportement écœurant* his behaviour sickened me, I found his behaviour disgusting **3.** *fam* [démoralisant] sickening, disheartening / *elle réussit tout, c'est écœurant* she's good at everything, it's sickening ou it makes you sick.

écœurement [ekœʀmɑ̃] nm **1.** [nausée] nausea / *manger des chocolats jusqu'à écœurement* to make o.s. sick eating chocolates **2.** [aversion] disgust, aversion, distaste **3.** *fam* [découragement] discouragement / *quand les résultats ont été annoncés, ça a été l'écœurement général* everybody was pretty disheartened when they heard the results.

écœurer [5] [ekœʀe] vt **1.** [donner la nausée] to sicken / *la vue de ce gâteau m'écœure* looking at that cake makes me feel sick ▸ **à vous écœurer** nauseating **2.** [inspirer le mépris à] to disgust, to sicken / *sa mauvaise foi m'écœure* I'm disgusted by his bad faith **3.** *fam* [décourager] to dishearten, to discourage.

écoguerrier [ekɔɡɛʀje] nm eco-warrior.

écolabel [ekɔlabɛl] nm eco-label.

écolage [ekɔlaʒ] nm SUISSE school fees.

école [ekɔl] nf **1.** [établissement] school ▸ **aller à l'école** to go to school ▸ **école confessionnelle** confessional school ▸ **école communale** local primary UK ou grade US school ▸ **école coranique** koranic school ▸ **école élémentaire** *vieilli* primary school ▸ **école hôtelière** catering school, hotel management school ▸ **école maternelle** nursery school ▸ **école militaire** military academy ▸ **école primaire** primary school UK grade school US ▸ **école secondaire** secondary school UK high school US ▸ **école privée** private school ▸ **école publique** state school UK public school US ▸ **bateau école** training ship ▸ **voiture école** driving-school car ▸ **faire l'école buissonnière** to play truant UK ou hooky US ▸ **il peut retourner à l'école** ou **on ferait bien de le renvoyer à l'école** he doesn't know anything, he's still got a thing or two to learn **2.** [cours] school / *l'école recommencera le 9 septembre* school will reopen on September 9th / *l'école est obligatoire jusqu'à 16 ans* school is compulsory up to the age of 16 / *pas de chewing-gum pendant l'école* chewing-gum must not be consumed during school hours **3.** [système] ▸ **l'école laïque** secular education ▸ **l'école libre** sectarian education ▸ **l'école obligatoire** compulsory schooling **4.** [établissement supérieur] ▸ **école de commerce** business school ▸ **grande école** *competitive-entrance higher education establishment* ▸ **l'École de l'air** *training college for the French air force, at Salon-de-Provence* ▸ **École (centrale) des arts et manufactures** ou **École centrale** *prestigious engineering school* ▸ **École (nationale) des chartes** *grande école for archivists and librarians* ▸ **École nationale d'administration** = **ENA** ▸ **l'École nationale d'ingénieurs** *one of five prestigious engineering schools in France* ▸ **École nationale de la magistrature** *grande école for the judiciary* ▸ **l'École nationale vétérinaire** *one of four top veterinary colleges* ▸ **l'École navale** *naval officer training college at Lanvéoc-Poulmic in Brittany* ▸ **École normale** HIST teacher training college UK teachers college US ▸ **École normale d'instituteurs** *former primary teachers' training college* ▸ **École normale supérieure** *prestigious "grande école" for teachers and researchers* **5.** [lieu spécialisé] school ▸ **école de l'air** flying school ▸ **école de conduite** driving school ▸ **école de danse** ballet school ▸ **école navale** naval college ▸ **école de ski** skiing school ▸ **école de voile** sailing school **6.** [pédagogie] ▸ **l'école active** the active method of teaching **7.** [disciples] school / *l'école de Pythagore* the Pythagorean school / *l'école française du Louvre* the French collections at the Louvre ▸ **il est de la vieille école** he's one of the old school ou guard ▸ **faire école** to attract a following / *il a fait école* he attracted a following / *une hypothèse qui fera école* a hypothesis bound to gain wide currency **8.** *fig* ▸ **une école de courage** a lesson in courage ▸ **être à bonne école** to learn a lot / *avec lui, j'ai été à bonne école* he taught me a lot ▸ **être à rude école** to learn the hard way **9.** ÉQUIT ▸ **basse école** basse école ▸ **haute école** haute école.

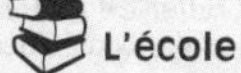

L'école laïque

The separation of Church and State, which reflects the republican ideal and became law in 1905, is an important aspect of French culture. Since that date state education has been independent of the Church, and explicitly excludes religious instruction and religious ceremony.

écolier, ère [ekɔlje, ɛʀ] nm, f **1.** ÉDUC [garçon] schoolboy ; [fille] schoolgirl **2.** [novice] beginner.

écolo [ekɔlo] *fam* ◆ adj green. ◆ nmf environmentalist.

écologie [ekɔlɔʒi] nf ecology.

écologique [ekɔlɔʒik] adj [gén] ecological ; [politique, parti] green.

écologiquement [ekɔlɔʒikmɑ̃] adv ecologically.

écologisme [ekɔlɔʒism] nm ecology.

écologiste [ekɔlɔʒist] nmf **1.** [expert] ecologist, environmentalist **2.** [partisan] ecologist, green.

écologue [ekɔlɔɡ] nmf [expert] ecologist, environmentalist.

écomusée [ekɔmyze] nm ecomuseum.

éconduire [98] [ekɔ̃dɥiʀ] vt [importun, vendeur] to get rid of ; [soupirant] to jilt, to reject.

économat [ekɔnɔma] nm **1.** [service - dans un collège, un hôpital] bursarship ; [- dans un club] stewardship **2.** [bureau - dans un collège, un hôpital] bursar's office ; [- dans un club] steward's office **3.** [coopérative] staff co-op.

économe [ekɔnɔm] ◆ adj **1.** [avec l'argent] thrifty ▸ **être économe** to be careful with money **2.** [parcimonieux] ▸ **économe de** economical ou sparing with ▸ **être économe de ses paroles / gestes** to be sparing with one's words / gestures / *être économe de son temps* to give of one's time sparingly / *être économe de ses moyens* to use the means at one's disposal sparingly. ◆ nmf [d'une institution, d'un hôpital] bursar ; [d'un club, d'un collège] steward. ◆ nm [couteau] (vegetable) peeler.

économètre [ekɔnɔmɛtʀ] nmf econometrist, econometrician.

économétricien, enne [ekɔnɔmetʀisjɛ̃, ɛn] nm, f econometrist, econometrician.

économétrie [ekɔnɔmetʀi] nf econometrics *(sg)*.

économétrique [ekɔnɔmetʀik] adj econometric.

économie [ekɔnɔmi] nf **1.** [système] economy ▸ **économie dirigée** ou **planifiée** planned economy ▸ **économie libérale / socialiste** free-market / socialist economy ▸ **économie de marché** market economy, market-driven economy ▸ **économie en ligne** e-economy ▸ **économie mixte** mixed economy ▸ **économie parallèle** ou **souterraine** black economy ▸ **économie de subsistance** subsistence economy **2.** [discipline] economics ▸ **économie (politique)** economics ▸ **économie d'entreprise** business economics **3.** [épargne] economy, thrift / *par économie, il y va à pied* he walks to save money ▸ **une économie de** : *nous avons fait une économie de deux euros par livre* we saved two euros on each book / *nous avons réalisé une économie d'un euro par pièce produite* we made a saving of ou we saved one euro on each item produced ▸ **les économies d'énergie** energy conservation ▸ **faire des économies d'énergie** to conserve ou to save energy ▸ **ce sera une économie de temps / d'argent** it'll save time / money / *avec une grande économie de moyens* with very limited means ▸ **faire l'économie de** to save / *je ferai l'économie d'un voyage* it'll save me a trip ▸ **une économie** ou **des économies de bouts de chandelles** *péj* cheeseparing **4.** [structure] : *nous n'approuvons pas l'économie générale du projet* we do not approve of the structure of the project.

❖ **économies** nfpl savings ▸ **faire des économies** to save money ▸ **elle a quelques économies** she has some savings ▸ **économies d'échelle** economies of scale ▸ **il n'y a pas de petites économies** *prov* take care of the pennies and the pounds will take care of themselves *prov*.

économique [ekɔnɔmik] ◆ adj **1.** ÉCON economic ▸ **géographie économique** economic geography **2.** [peu coûteux] economical, cheap, inexpensive ▸ **classe économique** economy class ▸ **taille économique** economy size. ◆ nm ▸ **l'économique** the economic situation.

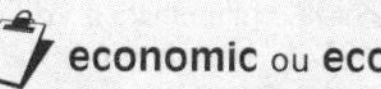

economic ou **economical ?**

Economic désigne tout ce qui se rapporte à l'économie, tandis que **economical** signifie « peu onéreux ».

économiquement [ekɔnɔmikmɑ̃] adv **1.** [frugalement] frugally **2.** ÉCON economically, from an economic point of view ▸ **les économiquement faibles** the lower-income groups.

économiser [3] [ekɔnɔmize] ◆ vt **1.** [épargner - argent, temps] to save **2.** [ménager - force] to save ; [- ressources] to husband **3.** [énergie, électricité, denrée] to save, to conserve. ◆ vi to save money, to economize / *je n'arrive pas à économiser* I just can't manage to save any money ▸ **économiser sur l'habillement** to cut down on buying clothes, to spend less on clothes.

économiseur [ekɔnɔmizœʀ] nm ▸ **économiseur d'écran** screen saver.

économisme [ekɔnɔmism] nm economism.

économiste [ekɔnɔmist] nmf economist.

écoparticipation [ekɔpaʀtisipasjɔ̃] nf eco-participation.

écope [ekɔp] nf bailer.

écoper [3] [ekɔpe] ◆ vt [barque, bateau] to bail out. ◆ vi *fam* [recevoir une sanction, une réprimande] to take the rap / *c'est lui qui a écopé* he was the one who took the rap.

❖ **écoper de** v + prép *fam* to cop UK to get / *il a écopé de cinq ans de prison* he got five years inside.

écoproduit [ekɔpʀɔdɥi] nm green product.

écorce [ekɔʀs] nf **1.** [d'un arbre] bark ; [d'un fruit] peel **2.** GÉOGR ▸ **l'écorce terrestre** the earth's crust **3.** [extérieur] exterior, outward appearance.

écorcer [16] [ekɔʀse] vt [arbre] to bark ; [fruit] to peel ; [riz] to husk.

écorché, e [ekɔʀʃe] nm, f ▸ **c'est un écorché vif** he's hypersensitive / *c'est une écorchée vive* she's hypersensitive / *une sensibilité d'écorché vif* hypersensitivity.

❖ **écorché** nm **1.** ART écorché **2.** [dessin] cutaway.

écorchement [ekɔʀʃəmɑ̃] nm [d'un animal] skinning.

écorcher [3] [ekɔʀʃe] vt **1.** [animal] to skin **2.** [torturer] to flay ▸ **écorcher vif** to flay alive ▸ **il crie comme si on l'écorchait vif** he's squealing like a stuck pig / *se faire écorcher vif fig* to be skinned alive **3.** [blesser] to scratch, to graze / *elle a eu les mains écorchées par les épines* her hands were scratched by the thorns ▸ **ça t'écorcherait la bouche de dire merci / demander pardon ?** *fam* it wouldn't actually hurt to say thank you / sorry, would it ? ▸ **écorcher les oreilles à qqn** to grate on sb's ears / *la musique lui écorchait les oreilles* the music grated on his ears / *ce langage lui écorchait les oreilles* he found these words offensive **4.** [mal prononcer - mot] to mispronounce / *il écorche toujours mon nom* he always mispronounces my name **5.** *fam* [escroquer] to fleece, to swindle.

❖ **s'écorcher** vp *(emploi réfléchi)* to scrape ou to scratch o.s. / *je me suis écorché le pied* I scraped ou scratched my foot.

écorcheur [ekɔʀʃœʀ] nm **1.** [d'animaux] flayer, skinner **2.** *fam* [escroc] swindler, crook.

écorchure [ekɔʀʃyʀ] nf scratch, graze / *se faire une écorchure* to scratch o.s.

écorecharge [ekɔʀəʃaʀʒ] nf eco-refill.

écorner [3] [ekɔʀne] vt **1.** [endommager - cadre, meuble] to chip a corner off ; [- livre, page] to fold down the corner of, to dog-ear / *un livre tout écorné* a dog-eared book **2.** [fortune, héritage] to make a dent in.

écornifleur, euse [ekɔʀniflœʀ, øz] nm, f *vieilli* scrounger.

écornure [ekɔʀnyʀ] nf [fragment] chip / *la table est pleine d'écornures* the table is chipped all over.

écosphère [ekɔsfɛʀ] nf ecosphere.

écossais, e [ekɔsɛ, ɛz] adj **1.** GÉOGR [coutume, lande] Scottish ▸ **whisky écossais** Scotch (whisky) **2.** TEXT tartan.

❖ **Écossais, e** nm, f Scot, Scotsman (Scotswoman) ▸ **les Écossais** Scottish people, the Scots.

❖ **écossais** nm **1.** LING Scots Gaelic **2.** TEXT tartan.

Écosse [ekɔs] npr f ▸ **(l')Écosse** Scotland.

écosser [3] [ekɔse] vt [petits pois] to shell, to pod ; [fèves] to shell.

écosystème [ekɔsistɛm] nm ecosystem.

écot [eko] nm share / *payer chacun son écot* to pay one's share.

écotaxe [ekɔtaks] nf green tax.

écoterrorisme [ekɔtɛʀɔʀism] nm ecoterrorism.

écotourisme [ekɔtuʀism] nm eco-tourism.

écotype [ekɔtip] nm ecotype.

écoulement [ekulmɑ̃] nm **1.** [déversement] flowing out, outflow ▸ **système d'écoulement des eaux** drainage system **2.** MÉD discharge **3.** [mouvement - de la foule] dispersal **4.** [passage] ▸ **l'écoulement du temps** the passing of time **5.** [vente] selling, distributing.

écouler [3] [ekule] vt **1.** [vendre] to sell ▸ **écouler entièrement son stock** to clear one's stock **2.** [se débarrasser de - fausse monnaie, bijoux volés] to dispose ou to get rid of.

❖ **s'écouler** vpi **1.** [se déverser - liquide] to flow (out) ; [- foule] to pour out / *l'eau s'écoule peu à peu* the water trickles out / *laisser s'écouler l'eau du bain* to let the water out (of the bath) **2.** [passer - année, temps] to go by, to pass (by) **3.** [se vendre] to sell.

écoumène [ekumɛn] nm GÉOGR ecumene.

écourté, e [ekuʀte] adj [chien] bobtailed.

écourter [3] [ekuʀte] vt **1.** [rendre plus court] to shorten, to cut short / *nous avons dû écourter notre visite* we had to cut our visit short **2.** VÉTÉR to dock.

écoutant, e [ekutɑ̃, ekutɑ̃t] nm, f helpline volunteer, trained listener.

écoute [ekut] nf **1.** RADIO listening ▸ **écoute permanente** monitoring ▸ **heure** ou **période de grande écoute a)** RADIO peak listening time **b)** TV peak viewing time, prime time / *aux heures de grande écoute* RADIO & TV in prime time / *émission programmée à une heure de grande écoute* prime-time programme **2.** [détection] listening (in) ▸ **écoute clandestine** wiretapping ▸ **écoute sous-marine** sonar ▸ **écoutes (téléphoniques)** phone tapping ▸ **mettre** ou **placer qqn sur écoutes** to tap sb's phone ▸ **être sur écoutes** : *elle est sur écoutes* her phone's been tapped ▸ **poste d'écoute** listening post ▸ **table d'écoute** wiretapping set **3.** [attention] ability to listen ▸ **avoir une bonne écoute** to be good at listening ou a good listener **4.** NAUT sheet ▸ **point d'écoute** clew.

❖ **à l'écoute de** loc prép **1.** RADIO ▸ **rester à l'écoute** to stay tuned / *restez à l'écoute de nos programmes de nuit* stay tuned to our late night programmes **2.** [attentif à] ▸ **être à l'écoute de** [opinion publique, revendications] to listen to / *il est toujours à l'écoute (des autres)* he's always ready to listen (to others) / *il est important d'être à l'écoute de son corps* you should listen to what your body is telling you / *être à l'écoute de l'actualité* to be well up on current affairs.

❖ **aux écoutes** loc adv : *être aux écoutes* to be tuned in to what's going on.

écouter [3] [ekute] vt **1.** [entendre - chanson, discours, émission] to listen to *(insép)* / *c'est un des jeux les plus écoutés en France* it's one of the most popular radio games in France / *je vais te faire écouter un truc génial* I'm going to play you something really great / *écoute ça !* check this out ! ▸ **écouter la messe** to hear Mass ▸ **n'écouter que d'une oreille** : *je n'écoutais que d'une oreille* I was only half listening ▸ **écouter de toutes ses oreilles** to be all ears ▸ **écouter aux portes** to eavesdrop ; [à l'impératif, à valeur d'insistance] : *écoutez, nous n'allons pas nous disputer !* listen ou look, let's not quarrel ! / *écoute, ça suffit maintenant !* listen ou look here, that's enough now ! / *écoute, c'est simple, il suffit de lui demander* listen, it's very simple, all we have to do is ask her **2.** [porter attention] to listen to / *écoutez-moi avant de vous décider* listen to what I have to say before you make up your mind ; *(en usage absolu)* ▸ **il sait écouter** he's a good listener / *il n'a même pas voulu écouter* he wouldn't even listen **3.** [obéir à] to listen to / *il faut écouter ses parents* you must do as your parents tell you / *tu vas finir par m'écouter, oui ?* WILL you do as I say ? ▸ **n'écoutant que sa colère / sa douleur / son cœur** guided by his anger / pain / heart alone / *écouter la voix de la sagesse* to listen to the voice of reason.

❖ **s'écouter** ◆ vp *(emploi passif)* : *c'est le genre de musique qui s'écoute dans le recueillement* this is the kind of music one should listen to with reverence. ◆ vp *(emploi réfléchi)* ▸ **il s'écoute trop** he's a bit of a hypochondriac / *si je m'écoutais, je le mettrais dehors* if I had any sense, I'd throw him out ▸ **s'écouter parler** to love the sound of one's own voice.

écouteur [ekutœʀ] nm **1.** TÉLÉC earpiece ▸ **prendre l'écouteur** to listen in on the earpiece **2.** AUDIO earphone.

écoutille [ekutij] nf hatch, hatchway.

écouvillon [ekuvijɔ̃] nm **1.** ARM & MÉD swab **2.** [goupillon] bottlebrush.

écovolontariat [ekɔvɔlɔ̃taʀja] nm ecovolunteer work.

écrabouillage [ekʀabujaʒ], **écrabouillement** [ekʀabujmɑ̃] nm *fam* crushing, squashing.

écrabouiller [3] [ekʀabuje] vt *fam* to crush, to squash / *tu m'as écrabouillé le pied !* you've crushed my foot ! / *le gâteau a été complètement écrabouillé* the cake was completely squashed / *se faire écrabouiller* to get squashed.

écran [ekʀɑ̃] nm **1.** [d'une console, d'un ordinateur] screen ▸ **écran cathodique** cathode screen ▸ **écran à cristaux liquides** ou **LCD** liquid crystal ou LCD display ▸ **écran de contrôle** monitor (screen) ▸ **écran graphique** graphic screen ▸ **écran (à) plasma** plasma screen ▸ **écran plat** flat screen ▸ **téléviseur à écran plat** flat-screen TV ▸ **écran tactile** touch-sensitive screen ▸ **écran de visualisation** (visual) display screen **2.** CINÉ cinema screen ▸ **à l'écran** ou **sur les écrans, cette semaine** what's on this week at the cinema ou movies US / *porter un roman à l'écran* to adapt a novel for the screen ▸ **vedettes de l'écran** movie stars, stars of the big screen ▸ **le grand écran** the big screen, the cinema UK **3.** TV ▸ **le petit écran** television / *les programmes du petit écran pour ce soir* what's on television tonight **4.** [protection] screen, shield / *il se fit un écran de sa main* he shielded his eyes with his hand ▸ **écran de fumée** *pr & fig* smoke screen ▸ **faire écran à** : *les nombreuses citations font écran à la clarté de l'article* the numerous quotations make the article difficult to understand ▸ **écran acoustique** ou **antibruit** noise-reduction screen ▸ **écran pare-fumée** smoke deflector ▸ **écran de protection** shield ▸ **écran solaire** sun screen ▸ **crème écran total** total protection sun cream ou block **5.** ART silk screen **6.** RADIO & TV ▸ **écran (publicitaire)** advertising slot.

écrasant, e [ekʀazɑ̃, ɑ̃t] adj **1.** [insupportable - gén] crushing, overwhelming ; [- chaleur] unbearable ; [- responsabilité] weighty, burdensome **2.** [charge de travail, proportion] overwhelming / *une majorité écrasante en faveur de* an overwhelming majority in favour of.

écrasé, e [ekʀaze] adj squashed.

écrasement [ekʀazmɑ̃] nm **1.** [de fruits, de graines] squashing, crushing, pulping ; [de pommes de terre] mashing **2.** [anéantissement - d'une révolte] crushing.

écraser [3] [ekʀaze] ◆ vt **1.** [appuyer sur] to crush ▸ **écraser l'accélérateur** ou **le champignon** *fam* to step on it, to step on the gas US ▸ **écraser le frein** to slam on the brake ▸ **écraser les prix** to slash prices **2.** [fruit, pomme de terre] to mash ▸ **écraser un moustique** to swat a mosquito ▸ **écraser une cigarette** to stub a cigarette out **3.** [piéton, chat] to run over / *il s'est fait écraser* he was run over **4.** [faire mal à] to crush, to squash ▸ **tu m'écrases les pieds** you're treading on my feet **5.** [accabler] to crush ▸ **écraser de** : *écraser un pays d'impôts* to overburden a country with taxes / *être écrasé de fatigue* to be overcome by fatigue **6.** [rendre plus petit] to dwarf / *le monument écrase les immeubles alentour* the monument dwarfs the surrounding buildings **7.** [anéantir] to crush / *se faire écraser par l'équipe adverse* to get crushed by the opposing team **8.** [dominer] to outdo ▸ **essayer d'écraser qqn** to try and beat sb at his own game / *il écrase tout le monde de son luxe* he flaunts his luxurious lifestyle everywhere. ◆ vi *tfam* **1.** [se taire] : *écrase, tu veux bien !* shut up, will you ! **2.** EXPR **en écraser** to sleep like a log.

❖ **s'écraser** ◆ vp *(emploi passif)* to be crushed / *les tomates s'écrasent facilement* tomatoes are easy to crush. ◆ vpi **1.** [fruit, légume] to get crushed ou mashed ou squashed / *les fraises se sont écrasées dans mon sac* the strawberries got squashed inside my bag **2.** [tomber - aviateur, avion] to crash ; [- alpiniste] to crash to the ground / *l'avion s'est écrasé au sol* the plane crashed ▸ **s'écraser contre un mur** to crash against a wall **3.** *fam* [se presser] to be ou to get crushed / *les gens s'écrasent pour entrer* there's a great crush to get in **4.** *tfam* [se taire] to shut up, to pipe down ▸ **il vaut mieux s'écraser** better keep quiet ou mum / *toi, tu t'écrases !* just shut up, will you !

écraseur, euse [ekʀazœʀ, øz] nm, f *fam* road hog.

écrémage [ekʀemaʒ] nm **1.** CULIN skimming, creaming **2.** *fig* [dans une organisation, un budget] creaming off **3.** MÉTALL & PÉTR skimming.

écrémer [18] [ekʀeme] vt **1.** CULIN to skim **2.** MÉTALL & PÉTR to skim **3.** [sélectionner] to cream off *(sép)* / *écrémer une collection* to cream off the best pieces from a collection.

In reformed spelling (see p. 16-19), this verb is conjugated like *semer*: *il écrèmera, elle écrèmerait.*

écrémeuse [ekʀemøz] nf [mécanique] skimmer ; [centrifugeuse] cream separator.

écrêtement [ekʀɛtmɑ̃] nm [nivelage] levelling / *l'écrêtement des salaires* the levelling out of salaries.

écrevisse [ekʀəvis] nf crayfish, crawfish US ▸ **avancer** ou **marcher comme une écrevisse** to take one step forward and two steps back ▸ **rouge comme une écrevisse** (as) red as a beetroot UK ou beet US.

écrier [10] [ekʀije] ❖ **s'écrier** vpi to cry ou to shout (out), to exclaim ▸ **« j'arrive », s'écria-t-elle** "I'm coming", she cried.

écrin [ekʀɛ̃] nm [gén] box, case ; [à bijoux] casket.

écrire [99] [ekʀiʀ] vt **1.** [tracer - caractère, mot] to write / *écrire un t à la place d'un d* to write a t instead of a d ; *(en usage absolu)* : *mon crayon écrit mal* my pen doesn't write properly ▸ **tu écris mal** [illisiblement] your handwriting is bad / *les enfants écrivaient dans le sable avec un bâton* the children were writing in the sand with a stick ▸ **écrire comme un chat** to scrawl **2.** [rédiger - lettre, livre] to write ; [- chèque, ordonnance] to write (out) ▸ **écrire une lettre à la machine / sur un traitement de texte** to type a letter on a typewriter / a word processor / *je veux que cela soit écrit dans le contrat* I want it written into the agreement ▸ **c'est écrit noir sur blanc** ou **en toutes lettres** *fig* it's written (down) in black and white ; *(en usage absolu)* : *écrire pour demander des renseignements* to write in ou off for information ▸ **elle écrit bien / mal** [du point de vue du style] she's a good / bad writer ▸ **c'était écrit** it was bound to happen / *il était écrit qu'ils se retrouveraient* they were bound ou fated to find each other again ▸ **ce qui est écrit est écrit** *allusion* BIBLE what is written is written **3.** [noter] to write down / *écrire ses dépenses dans la marge* to write down one's expenses in the margin / *écris ce qu'il te dicte* write down what he dictates to you ; *(en usage absolu)* ▸ **écrire sous la dictée** to take a dictation / *elle a écrit sous ma dictée* she took down what I dictated **4.** [épeler] to spell / *tu écris ça comment ?* how do you spell it ? / *tu as mal écrit le mot « apéritif »* you spelled the word "apéritif" wrong.

◆◇ **s'écrire** ◆ vp *(emploi passif)* [s'épeler] to be spelled ▸ **ça s'écrit comment?** how do you spell it? ◆ vp *(emploi réciproque)* [échanger des lettres] to write to each other.

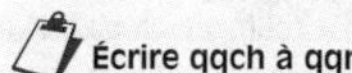

Écrire qqch à qqn

Write sthg to sb ou *write sb sthg.*

Notez la construction à double complément qui en anglais peut prendre deux formes dont le sens est le même :

• une structure identique à celle du français :
verbe + COD + préposition + COI
write sthg to sb

• une structure qui diffère de celle du français, sans préposition, et dans laquelle l'ordre des compléments est inversé :
verbe + COI + COD
write sb sthg

Elle a écrit une très belle lettre d'adieu à ses collègues. *She wrote a lovely farewell letter to her colleagues* ou *She wrote her colleagues a lovely farewell letter.*

écrit, e [ekri, it] adj written / *bien écrit* well-written / *mal écrit* poorly-written / *une feuille écrite des deux côtés* a piece of paper with writing on both sides / *épreuves écrites d'un examen* written part of an examination.
◆◇ **écrit** nm **1.** [document] document **2.** [œuvre] written work / *ses écrits le prouvent* the proof of it is in her written works **3.** ENS [examen] written examination ou papers ; [partie] written part (of the examination).
◆◇ **par écrit** loc adv in writing / *confirmez-le nous par écrit* confirm it to us in writing, give us written confirmation ▸ **mettre qqch par écrit** to put sthg down in writing.

écriteau, x [ekrito] nm board, notice, sign.

écritoire [ekritwar] nf **1.** [coffret] writing case **2.** [en Afrique] writing implement.

écriture [ekrityr] nf **1.** [calligraphie] writing ▸ **faire une page d'écriture a)** [gén] to do a one-page handwriting exercise **b)** [punition] to do lines ; [tracé] handwriting, writing / *avoir une écriture élégante* to have elegant handwriting, to write (in) an elegant hand *sout* **2.** [système] writing ▸ **écriture chiffrée** coded writing ▸ **écriture idéographique** ideographic writing **3.** [type de caractère] script / *écriture droite / en italique* upright / italic script ▸ **écriture prédictive** TÉLÉC predictive text **4.** [style] writing / *un roman d'une écriture recherchée* a novel written in a mannered style ; [création] writing / *il a trouvé son salut dans l'écriture* he found his salvation in writing ▸ **écriture automatique** LITTÉR automatic writing **5.** FIN entry ▸ **passer une écriture** to make an entry **6.** DR written document **7.** RELIG ▸ **l'écriture sainte, les Écritures** the Scriptures.
◆◇ **écritures** nfpl COMM accounts, entries ▸ **tenir les écritures** to do the bookkeeping ▸ **jeu d'écritures** dummy entry ▸ **par un jeu d'écritures** by some creative accounting.

écrivailler [3] [ekrivaje] vi *péj* to scribble.

écrivailleur, euse [ekrivajœr, øz] nm, f *péj* [gén] scribbler ; [journaliste] hack.

écrivaillon [ekrivajɔ̃] nm *péj* [gén] scribbler ; [journaliste] hack.

écrivain, e [ekrivɛ̃, ɛn] nm, f writer / *elle est écrivaine* she's a writer ▸ **écrivain public** public letter writer.

écrivait v ⟶ **écrire.**

écrivassier, ère [ekrivasje, ɛr] nm, f *péj* scribbler.

écrou [ekru] nm **1.** MÉCAN nut ▸ **écrou à ailettes** wing nut **2.** DR committal.

écrouelles [ekruɛl] nfpl *arch* scrofula, king's evil.

écrouer [3] [ekrue] vt to imprison, to jail.

écrouir [32] [ekruir] vt to cold hammer, to work harden.

écroulement [ekrulmɑ̃] nm [d'un édifice, d'une théorie] collapse.

écrouler [3] [ekrule] ◆◇ **s'écrouler** vpi **1.** [tomber - mur] to fall (down), to collapse ; [- plafond, voûte] to cave in **2.** [être anéanti - empire, monnaie] to collapse / *tous ses espoirs se sont écroulés* all her hopes vanished **3.** [défaillir - personne] to collapse / *le témoin s'est écroulé devant le juge* the witness broke down in front of the judge / *j'ai cru que j'allais m'écrouler quand on me l'a annoncé* I thought I was going to pass out when they told me ▸ **s'écrouler de sommeil / fatigue** to be overcome by sleep / weariness **4.** *fam* EXPR **s'écrouler (de rire)** to kill o.s. laughing ▸ **être écroulé** : *j'étais écroulé en l'écoutant* I nearly died laughing just listening to him / *ils étaient écroulés* they were killing themselves laughing.

écroûter, écrouter* [3] [ekrute] vt AGR to fallow.

écru, e [ekry] adj **1.** TEXT raw **2.** [couleur] ecru.

ecsta [ɛksta] (abr de **ecstasy**) nm ecstasy, E.

ecstasy [ɛkstazi] nm ecstasy *(drug)*.

ecthyma [ɛktima] nm ecthyma.

ectoblaste [ɛktɔblast] nm ectoblast, ectoderm.

ectoblastique [ɛktɔblastik] adj ectoblastic, ectodermal, ectodermic.

ectoderme [ɛktɔdɛrm] = **ectoblaste.**

ectodermique [ɛktɔdɛrmik] = **ectoblastique.**

ectoparasite [ɛktɔparazit] ◆ adj ectoparasitic. ◆ nm ectoparasite.

ectopie [ɛktɔpi] nf ectopia, ectopy.

ectoplasme [ɛktɔplasm] nm **1.** [du corps du médium] ectoplasm **2.** *fam & péj* lightweight **3.** BIOL ectoplasm.

écu [eky] nm **1.** HIST shield **2.** [ancienne monnaie] crown.

ÉCU, écu [eky] (abr de **European Currency Unit**) nm HIST ECU, ecu ▸ **ÉCU dur** hard ECU.

écubier [ekybje] nm hawsehole.

écueil [ekœj] nm **1.** NAUT reef **2.** *litt* [difficulté] pitfall, danger, hazard.

écuelle [ekɥɛl] nf bowl / *une écuelle de soupe* a bowlful of soup.

éculé, e [ekyle] adj **1.** [botte, chaussure] down at heel, worn down at the heel **2.** [plaisanterie] hackneyed, well-worn.

écumage [ekymaʒ] nm **1.** CULIN skimming **2.** [pillage - gén] scouring ; [- d'une région] plundering.

écumant, e [ekymɑ̃, ɑ̃t] adj *litt* foamy, frothy / *écumant de rage* spitting with rage, foaming at the mouth (with rage).

écume [ekym] nf **1.** [de la bière] foam, froth ; [de la mer] foam, spume / *ôter l'écume des confitures* to remove the scum from jam ▸ **ôter l'écume du bouillon** to skim broth **2.** MINÉR ▸ **écume de mer** meerschaum **3.** *litt* [de la société] scum, dross **4.** MÉTALL dross.

écumer [3] [ekyme] ◆ vi [cheval] to lather / *écumer (de rage* ou *colère)* to be foaming at the mouth (with rage), to foam with anger. ◆ vt **1.** CULIN [confiture] to remove the scum from ; [bouillon] to skim **2.** MÉTALL to scum **3.** [piller] to plunder ; *fig* to go through ▸ **écumer les mers** to scour the seas / *j'ai écumé tout le quartier pour trouver une boulangerie* I scoured the whole area to find a bakery / *en écumant les bibliothèques on devrait trouver cet ouvrage* if we go through the libraries systematically we should find this work.

écumeur [ekymœr] nm **1.** HIST ▸ **écumeur des mers** pirate **2.** [escroc] plunderer.

écumeux, euse [ekymø, øz] adj *litt* foamy, frothy, spumy *litt.*

écumoire [ekymwar] nf skimmer, skimming ladle.

écureuil [ekyrœj] nm squirrel ▸ **l'Écureuil** *nickname for the Caisse d'épargne (whose logo is a squirrel).*

écurie [ekyri] nf **1.** [local à chevaux, mulets, ânes] stable / *mettre à l'écurie* to stable ▸ **les écuries d'Augias** the Augean stables ▸ **sentir l'écurie** to be in the home straight **2.** *fam* [endroit sale] pigsty **3.** [chevaux] stable / *portant la casaque de l'écurie Sarmantes* riding in the colours of the Sarmantes stable ; SPORT stable, team **4.** [dans une maison d'édition] (writing) team **5.** SUISSE *régional* cowshed.

écusson [ekysɔ̃] nm **1.** [écu] badge **2.** HIST escutcheon, coat of arms **3.** HORT bud **4.** [des insectes] scutellum.

écussonner [3] [ekysɔne] vt **1.** HORT to bud **2.** COUT to sew a badge onto.

écuyer, ère [ekɥije, ɛr] nm, f **1.** [acrobate de cirque] circus rider **2.** [cavalier] rider.
◆◇ **écuyer** nm **1.** HIST [d'un chevalier] squire ; [d'un souverain] (royal) equerry **2.** [professeur d'équitation] riding teacher.

eczéma, exéma* [ɛgzema] nm eczema.

eczémateux, euse, exémateux*, euse [ɛgzematø, øz] adj eczema *(modif)*, eczematous *spéc.*

éd. (abr écrite de **édition**) ed., edit.

édam [edam] nm Edam (cheese).

edelweiss, édelweiss* [edɛlvɛs ou edɛlvajs] nm edelweiss.

éden [edɛn] nm **1.** BIBLE ▸ **l'Éden** (the Garden of) Eden **2.** *litt* ▸ **un éden** an earthly paradise.

édénique [edenik] adj Edenic.

édenté, e [edɑ̃te] adj [vieillard, peigne, sourire] toothless.
◆◇ **édenté** nm ZOOL edentate ▸ **les édentés** the Edentata.

édenter [3] [edɑ̃te] vt to break the teeth of.

EDF (abr de **Électricité de France**) npr *French national electricity company.*

édicter [3] [edikte] vt [loi] to decree, to enact.

édicule [edikyl] nm **1.** [petit édifice] small edifice **2.** [toilettes] public lavatory ; [abri] shelter.

édifiant, e [edifjɑ̃, ɑ̃t] adj **1.** [lecture] instructive, improving, edifying **2.** *hum* [révélateur] edifying, instructive.

édification [edifikasjɔ̃] nf **1.** [construction] erection, construction **2.** [instruction] edification, enlightenment / *pour l'édification des masses* for the edification of the masses.

édifice [edifis] nm **1.** CONSTR building ▸ **édifice public** public building **2.** [structure] structure, system ▸ **l'édifice des lois** the legal system, the structure of the law ▸ **l'édifice social** the social fabric **3.** [assemblage] heap, mound, pile / *l'édifice de sa chevelure* her elaborately piled-up hairstyle.

édifier [9] [edifje] vt **1.** [construire - temple] to build, to construct, to erect ▸ **faire édifier qqch** to have sthg built **2.** [rassembler - fortune] to build up *(sép)*, to accumulate ; [- théorie] to construct, to develop **3.** [instruire] to edify, to enlighten / *vous voilà édifiés sur ses intentions* now you know what his (true) intentions are.

édile [edil] nm **1.** ANTIQ aedile, edile **2.** *aussi hum* [magistrat municipal] town councillor, local worthy ou dignitary (on the town council).

Édimbourg [edɛ̃bur] npr Edinburgh.

édimbourgeois, e [edɛ̃burʒwa, az] adj from Edinburgh.
◆◇ **Édimbourgeois, e** nm, f *inhabitant of or person from Edinburgh.*

édit [edi] nm edict, decree ▸ **l'édit de Nantes** the Edict of Nantes.

édit. abr écrite de **éditeur.**

éditer [3] [edite] vt **1.** COMM [roman, poésie] to publish ; [disque] to produce, to release ; [meuble, robe] to produce, to present **2.** INFORM to edit.

éditeur, trice [editœr, tris] ◆ adj publishing ▸ **société éditrice** publishing company. ◆ nm, f publisher, editor ▸ **éditeur de disques** record producer / *éditeur de logiciels* software producer.

* In reformed spelling (see p. 16-19).

❖ **éditeur** nm INFORM ▸ **éditeur de textes** text editor.

⚠ **Editor** ne doit pas être employé pour traduire éditeur au sens d'une personne ou d'une entreprise qui publie.

édition [edisjɔ̃] nf **1.** [activité, profession] publishing / *le monde de l'édition* the publishing world / *travailler dans l'édition* to be in publishing ou in the publishing business **2.** [livre] edition / *une édition critique de « Hamlet »* a critical edition of "Hamlet" ▸ **édition augmentée** enlarged edition ▸ **édition originale** first edition ▸ **édition de poche** paperback edition, pocket book US / *« Nana » dans l'édition de poche* the paperback edition ou version of "Nana" ▸ **édition revue et corrigée** revised edition **3.** [disque - classique] edition, release ; [- de rock] release **4.** [de journaux] edition / *l'édition du matin / soir* the morning / evening edition ▸ **édition spéciale a)** [de journal] special edition **b)** [de revue] special issue ▸ **c'est la deuxième** ou **troisième édition!** *fam & hum : tu me l'as déjà dit, c'est la deuxième* ou *troisième édition!* that's the second ou third time you've told me that! **5.** TV ▸ **édition du journal télévisé** (television) news bulletin / *dans la dernière édition de notre journal* in our late news bulletin ▸ **édition spéciale en direct de Budapest** special report live from Budapest **6.** INFORM editing ▸ **édition électronique** electronic publishing.

⚠ Le mot anglais **edition** désigne un ouvrage publié. Il ne peut être employé pour traduire édition lorsqu'on veut parler de l'activité ou de la profession.

édito [edito] nm *fam* editorial.

éditorial, e, aux [editɔʀjal, o] adj editorial.

❖ **éditorial** nm [de journal] editorial, leader UK.

éditorialiste [editɔʀjalist] nmf leader UK ou editorial writer.

Édouard [edwaʀ] npr [roi] Edward / *Édouard le Confesseur* Edward the Confessor.

édouardien, enne [edwaʀdjɛ̃, ɛn] adj Edwardian.

édredon [edʀədɔ̃] nm eiderdown UK, comforter US, quilt.

éducable [edykabl] adj teachable.

éducateur, trice [edykatœʀ, tʀis] ◆ adj educational, educative. ◆ nm, f teacher, youth leader ▸ **éducateur spécialisé** teacher for special needs.

éducatif, ive [edykatif, iv] adj educational ▸ **le système éducatif** the education system.

éducation [edykasjɔ̃] nf **1.** [instruction] education ▸ **il n'a aucune éducation musicale a)** [technique] he has no musical training **b)** [connaissances générales] he has no musical education / *avoir reçu une bonne éducation* to be well-educated / *je veux qu'elle reçoive une bonne éducation* I want her to receive a good education ▸ **éducation du consommateur** consumer education ▸ **l'Éducation nationale** the (French) Education Department ▸ **éducation permanente** continuing education ▸ **éducation physique (et sportive)** physical education, PE ▸ **éducation professionnelle** professional training ▸ **éducation sexuelle** sex education ▸ **éducation spécialisée** special education ▸ **éducation surveillée** education in community homes UK ou reform schools US **2.** [d'un enfant] upbringing ; [bonnes manières] good manners ▸ **manque d'éducation** bad manners ▸ **avoir de l'éducation** to be well-bred ou well-mannered ▸ **manquer d'éducation** to be ill-bred ou ill-mannered / *il faut lui refaire toute son éducation, à ce garçon* this boy needs to be taught good manners / *comment, tu ne connais pas, c'est toute une éducation à refaire!* *hum* what do you mean you've never heard of it, where on earth have you been?

éducationnel, elle [edykasjɔnɛl] adj educational.

édulcorant, e [edylkɔʀɑ̃, ɑ̃t] adj sweetening.

❖ **édulcorant** nm sweetener, sweetening agent ▸ **édulcorant de synthèse** artificial sweetener.

édulcoration [edylkɔʀasjɔ̃] nf **1.** [sucrage] sweetening **2.** *litt* [modération] softening, weakening, watering down.

édulcorer [3] [edylkɔʀe] vt **1.** [sucrer] to sweeten **2.** *litt* [modérer - propos, compte rendu] to soften, to water down *(sép)* ; [- texte] to bowdlerize.

éduquer [3] [edyke] vt **1.** [instruire - élève, masses] to teach, to educate **2.** [exercer - réflexe, volonté] to train ▸ **éduquer le goût de qqn** to shape ou to influence sb's taste ▸ **éduquer l'œil / l'oreille de qqn** to train sb's eye / ear **3.** [élever - enfant] to bring up *(sép)*, to raise / *être bien éduqué* to be well brought up ou well-bred ou well-mannered / *être mal éduqué* to be badly brought up ou ill-bred ou ill-mannered.

EEE (abr de **Espace économique européen**) nm EEA.

EEG (abr de **électroencéphalogramme**) nm EEG.

éfaufiler [3] [efofile] vt to unravel.

effaçable [efasabl] adj erasable.

effacé, e [efase] adj **1.** [couleur] faded, discoloured **2.** [personne] self-effacing, retiring **3.** [épaules] sloping ; [poitrine] flat.

effacement [efasmɑ̃] nm **1.** [annulation - d'une faute] erasing ; [oubli - d'un cauchemar, d'un souvenir] erasing, blotting out, obliteration **2.** [modestie] ▸ **effacement de soi** self-effacement **3.** LING deletion **4.** AUDIO erasing, wiping out.

effacer [16] [efase] vt **1.** [ôter - tache, graffiti] to erase, to remove, to clean off *(sép)* ; [- mot] to rub out UK *(sép)*, to erase US ; [nettoyer - ardoise] to clean, to wipe / *effacez avec un chiffon humide* wipe off with a damp cloth **2.** AUDIO & INFORM to erase, to wipe off *(sép)* / *effacer une page d'un écran* to clear a screen of a page, to wipe a page off a screen **3.** [occulter - rêve, image] to erase ; [- bêtise] to erase, to obliterate ▸ **on efface tout et on recommence a)** [on se pardonne] let bygones be bygones, let's wipe the slate clean **b)** [on reprend] let's go back to square one, let's start afresh **4.** [éclipser - adversaire] to eclipse, to outshine.

❖ **s'effacer** ◆ vp *(emploi passif) : le crayon à papier s'efface très facilement* pencil rubs out easily ou is easily erased. ◆ vpi **1.** [encre, lettres] to fade, to wear away ; [couleur] to fade **2.** [s'écarter] to move ou to step aside ▸ **s'effacer pour laisser passer qqn** to step out of sb's way ▸ **s'effacer pour laisser entrer qqn** to step aside (in order) to let sb in / *il a dû s'effacer au profit de son frère* he had to step aside in favour of his brother **3.** [disparaître - souvenir, impression] to fade, to be erased.

effaceur [efasœʀ] nm ▸ **effaceur (d'encre)** ink rubber UK ou eraser US.

effarant, e [efaʀɑ̃, ɑ̃t] adj [cynisme, luxe] outrageous, unbelievable ; [étourderie, maigreur] unbelievable, stunning.

effaré, e [efaʀe] adj **1.** [effrayé] alarmed **2.** [troublé] bewildered, bemused / *elle le regarda d'un air effaré* she looked at him with a bewildered air.

effarement [efaʀmɑ̃] nm **1.** [peur] alarm **2.** [trouble] bewilderment, bemusement.

effarer [3] [efaʀe] vt **1.** [effrayer] to alarm **2.** [troubler] to bewilder, to bemuse.

effarouchement [efaʀuʃmɑ̃] nm frightening off ou away, scaring off ou away.

effaroucher [3] [efaʀuʃe] vt [intimider] to frighten away ou off, to scare away ou off / *il s'approcha doucement pour ne pas effaroucher le cheval* he approached quietly so as not to frighten the horse.

❖ **s'effaroucher** vpi [prendre peur] to take fright ▸ **s'effaroucher de** to shy at, to take fright at.

effecteur [efɛktœʀ] nm effector.

effectif, ive [efɛktif, iv] adj **1.** [réel - travail, gain, participation] real, actual, effective / *l'armistice est devenu effectif ce matin* the armistice became effective ou took effect this morning ; FIN effective **2.** [méthode, raisonnement] effective.

❖ **effectif** nm [d'un lycée] size, (total) number of pupils ; [d'une armée] strength ; [d'un parti] size, strength / *réduction de l'effectif des classes* reduction in the number of pupils per class / *nos effectifs sont au complet* we are at full strength ▸ **réduire ses effectifs** to de-man, to downsize / *le parti a augmenté ses effectifs de 10 %* the party has increased its membership by 10% / *70 % de l'effectif est féminin* women account for 70% of the workforce.

❖ **effectifs** nmpl MIL numbers, strength.

effectivement [efɛktivmɑ̃] adv **1.** [efficacement] effectively, efficiently **2.** [véritablement] actually, really / *cela s'est effectivement produit* that actually ou really happened / *c'est effectivement le cas* this is actually the case **3.** [en effet] actually / *je suis effectivement sorti dans l'après-midi* I DID actually go out in the afternoon / *j'ai dit cela, effectivement* I did indeed say so / *on pourrait effectivement penser que...* one may actually ou indeed think that...

Voir encadré à l'article **effet**.

⚠ **Effectively** signifie « efficacement » et non effectivement.

effectivité [efɛktivite] nf **1.** [efficacité] effectiveness, efficiency, efficaciousness *sout* **2.** [d'une méthode, d'un raisonnement] effectiveness.

effectuer [7] [efɛktɥe] vt [expérience, essai] to carry out *(sép)*, to perform ; [trajet, traversée] to make, to complete ; [saut, pirouette] to make, to execute ; [service militaire] to do ; [retouche, enquête, opération] to carry out *(sép)*.

❖ **s'effectuer** vpi [avoir lieu] to take place / *l'aller-retour s'effectue en une journée* the return trip UK ou round trip US can be made in one day / *les inscriptions s'effectueront à 15 h* registration will take place ou will be at 3 p.m.

efféminé, e [efemine] adj effeminate.

❖ **efféminé** nm [garçon] effeminate boy ; [homme] effeminate man.

efféminer [3] [efemine] vt *litt* to make effeminate.

efférent, e [efeʀɑ̃, ɑ̃t] adj efferent.

effervescence [efɛʀvesɑ̃s] nf **1.** CHIM effervescence **2.** [agitation] agitation, turmoil.

❖ **en effervescence** loc adj bubbling ou buzzing with excitement / *les enfants étaient en effervescence* the children were terribly excited.

effervescent, e [efɛʀvesɑ̃, ɑ̃t] adj **1.** CHIM effervescent **2.** [excité] agitated.

effet [efɛ] nm **1.** [résultat] effect, result, outcome / *c'est un effet de la pesanteur* it's a result of gravity / *c'est bien l'effet du hasard si...* it's really quite by chance that... ▸ **avoir un effet** : *cela n'a pas eu l'effet escompté* it didn't have the desired ou intended effect ▸ **avoir pour effet de** : *ton insistance n'aura pour effet que de l'agacer* the only thing you'll achieve ou do by insisting is (to) annoy him ▸ **faire un effet** : *le whisky lui fait toujours cet effet* whisky always has ou produces this effect on him / *attends que le médicament fasse son effet* wait for the medicine to take effect / *tes somnifères ne m'ont fait aucun effet* your sleeping pills didn't work on me ou didn't have any effect on me ▸ **être sans effet** : *le produit est sans effet sur les taches de fruit* the product does not work on fruit stains ▸ **rester** ou **demeurer sans effet** to have no effect, to be ineffective / *notre pétition est restée* ou *demeurée sans effet* our petition had no effect ou was ineffective / *mettre à effet* to bring into effect, to put into operation ▸ **prendre effet** : *prendre effet à partir de* to take effect ou to come into operation as of ▸ **effet d'annonce** : *créer un effet d'annonce* to create hype ▸ **effet placebo** placebo effect ▸ **effet retard** delayed action ▸ **effet en retour** blacklash ▸ **effet secondaire** MÉD side-effect ▸ **relation de cause à effet** cause and effect relationship **2.** [impression] impression ▸ **faire beaucoup d'effet / peu d'effet** to be impressive / unimpressive / *la nouvelle fit peu d'effet sur les employés* the staff were not very impressed by the news, the news didn't make much of an impression on the staff ▸ **faire bon / mauvais / meilleur effet** : *son discours a fait (très) bon / mauvais effet sur l'auditoire* the audience was (most) favourably impressed / extremely unimpressed by his speech / *une jupe fera meilleur effet qu'un pantalon* a skirt will make a better impression than a pair of trousers ▸ **faire l'effet de** : *il me fait l'effet d'un jeune homme sérieux* he strikes me as (being) a reliable young man / *elle me fait l'effet d'un personnage de bande dessinée* she reminds me of a cartoon character ▸ **faire un effet** fam : *je t'assure que ça fera un effet bœuf* I bet you it will make a terrific impression ▸ **faire** ou **produire son petit effet** fam to cause a bit of a stir / *c'est tout l'effet que ça te fait?* fam you don't seem to be too impressed / *quel effet cela t'a-t-il fait de le revoir?* how did seeing him again affect you? / *ça m'a fait un sale effet* it gave me a nasty turn **3.** [procédé] effect ▸ **effet de contraste / d'optique** contrasting / visual effect ▸ **effet (de) domino** domino effect ▸ **effet de halo** halo effect ▸ **effet de style** stylistic effect ▸ **effet de perspective** 3-D ou 3-dimensional effect ▸ **rechercher l'effet** to strive for effect ▸ **manquer** ou **rater son effet a)** [magicien] to spoil one's effect **b)** [plaisanterie] to fall flat, to misfire / *créer un effet de surprise* to create a surprise effect / *ça m'a coupé tous mes effets* it stole my thunder / *faire des effets de voix* to make dramatic use of one's voice / *un avocat qui fait des effets de manches* a barrister who makes dramatic gestures ▸ **effet de lumière** THÉÂTRE lighting effect ▸ **effets scéniques** THÉÂTRE stage effects ▸ **effets spéciaux** CINÉ special effects **4.** FIN & COMM ▸ **effet escomptable / négociable** discountable / negotiable bill ▸ **effets à payer / recevoir** notes payable / receivable ▸ **effet de commerce** bill of exchange ▸ **effet à courte échéance** short ou short-dated bill ▸ **effet à longue échéance** long ou long-dated bill ▸ **effet au porteur** bill payable to bearer ▸ **effet à vue** sight bill, demand bill ou draft ▸ **effets publics** government securities **5.** SCI effect ▸ **effet Doppler / Compton / Joule** Doppler / Compton / Joule-Thompson effect ▸ **effet de serre** greenhouse effect **6.** SPORT spin / *donner de l'effet à une balle* to put a spin on a ball.

❖ **effets** nmpl [affaires] things ; [vêtements] clothes ▸ **effets personnels** personal effects ou belongings.

❖ **à cet effet** loc adv to that effect ou end ou purpose.

❖ **en effet** loc adv **1.** [effectivement] : *en effet, tu avais raison* you were right after all / *oui, je m'en souviens en effet* yes, I do remember / *c'est ce que je me suis en effet demandé* that's just what I wondered / *c'est en effet la meilleure solution* it's actually ou in fact the best solution / *on peut en effet interpréter l'événement de cette façon* it is indeed possible to interpret what happened in that way **2.** [introduisant une explication] : *je ne pense pas qu'il vienne ; en effet il est extrêmement pris ces derniers temps* I don't think he'll come, he's really very busy these days / *il n'a pas pu venir ; en effet, il était malade* he was unable to come since he was ill **3.** [dans une réponse] : *drôle d'idée! — en effet!* what a funny idea! — indeed ou isn't it! / *y avez-vous songé? — en effet!* have you thought about it? — yes ou indeed I have!

Voir encadré page suivante.

❖ **sous l'effet de** loc prép : *être sous l'effet d'un calmant / de l'alcool* to be under the effect of a tranquillizer / the influence of alcohol / *j'ai dit des choses regrettables sous l'effet de la colère* anger made me say things which I later regretted.

effeuillage [efœjaʒ] nm **1.** HORT thinning out of leaves **2.** fam [déshabillage] strip-tease.

effeuillaison [efœjɛzɔ̃] nf shedding of leaves.

effeuillement [efœjmɑ̃] nm shedding of leaves.

effeuiller [5] [efœje] vt [arbre] to thin out (the leaves of) ; [fleurs] to pull the petals off ▸ **effeuiller la marguerite a)** [fille] to play "he loves me, he loves me not" **b)** [garçon] to play "she loves me, she loves me not".

❖ **s'effeuiller** vpi [arbre] to shed ou to lose its leaves ; [fleur] to shed ou to lose its petals.

effeuilleuse [efœjøz] nf fam **1.** [strip-teaseuse] stripper **2.** SUISSE [ouvrière] *woman employed to strip vines of unwanted shoots.*

efficace [efikas] adj **1.** [utile - politique, intervention] effective, efficient, efficacious sout **2.** [actif - employé] efficient ; [- médicament] effective, efficacious sout **3.** ÉLECTR ▸ **watt efficace** true watt.

efficacement [efikasmɑ̃] adv effectively, efficiently, efficaciously sout.

efficacité [efikasite] nf effectiveness, efficiency, efficaciousness sout ▸ **manque d'efficacité** inefficiency ▸ **manquer d'efficacité** to be inefficient.

efficience [efisjɑ̃s] nf sout efficiency.

efficient, e [efisjɑ̃, ɑ̃t] adj sout efficient.

effigie [efiʒi] nf effigy.

❖ **à l'effigie de** loc prép bearing the effigy of, in the image of.

❖ **en effigie** loc adv in effigy.

effilage [efilaʒ] nm **1.** TEXT fraying **2.** [des haricots] stringing **3.** [des cheveux] feathering.

effilé, e [efile] adj **1.** [mince - doigt] slender, tapering ; [- main] slender ; [- carrosserie] streamlined ; [- cheveux] thinned ▸ **amandes effilées** CULIN split almonds **2.** [effiloché] frayed.

❖ **effilé** nm COUT fringe.

effilement [efilmɑ̃] nm litt fraying.

effiler [3] [efile] vt **1.** [tissu] to fray, to unravel **2.** [allonger - ligne, forme] to streamline / *effiler sa moustache* to trim one's moustache into a point **3.** [cheveux] to thin.

❖ **s'effiler** vpi **1.** [s'effilocher] to fray, to unravel **2.** [s'allonger] to taper (off).

effilochage [efilɔʃaʒ] nm fraying.

effilocher [3] [efilɔʃe] vt to fray, to unravel.

❖ **s'effilocher** vpi to fray, to unravel.

effilocheuse [efilɔʃøz] nf fraying machine.

effilochure [efilɔʃyʀ], **effilure** [efilyʀ] nf loose thread.

efflanqué, e [eflɑ̃ke] adj [animal] raw-boned ; [homme] lanky, tall and skinny.

effleurage [eflœʀaʒ] nm **1.** [du cuir] buffing (of leather) **2.** [massage] gentle massage.

effleurement [eflœʀmɑ̃] nm **1.** [contact] light touch **2.** [caresse] light touch, gentle stroke ou caress.

effleurer [5] [eflœʀe] vt **1.** [frôler - cime, eau] to skim, to graze ; [- peau, bras] to touch lightly, to brush (against) / *il m'a effleuré en passant* he brushed past me / *la balle n'a fait qu'effleurer sa joue* the bullet only grazed his cheek / *ses doigts effleuraient le clavier* his fingers ran lightly over the keyboard **2.** [aborder - sujet] to touch on ou upon *(insép)* / *ça ne m'a même pas effleuré* it didn't even occur to me ou cross my mind **3.** [cuir] to buff.

effloraison [eflɔʀɛzɔ̃] nf early flowering ou blooming.

efflorescence [eflɔʀesɑ̃s] nf **1.** BOT & CHIM efflorescence **2.** litt blooming, flowering.

efflorescent, e [eflɔʀesɑ̃, ɑ̃t] adj BOT & CHIM efflorescent.

effluent, e [eflyɑ̃, ɑ̃t] adj effluent.

❖ **effluent** nm [eaux - de ruissellement] drainage water ; [- usées] (untreated) effluent ▸ **effluent radioactif** effluent.

effluve [eflyv] nm **1.** [odeur] ▸ **effluves a)** [bonnes odeurs] fragrance, exhalations **b)** [mauvaises odeurs] effluvia, miasma **2.** PHYS ▸ **effluve électrique** discharge.

effondrement [efɔ̃dʀəmɑ̃] nm **1.** [chute - d'un toit, d'un pont] collapse, collapsing, falling down ; [- d'une voûte, d'un plafond] falling ou caving in **2.** [anéantissement - des prix, du dollar] collapse, slump ; [- d'un empire] collapse **3.** [abattement] dejection / *être dans un état d'effondrement complet* to be in a state of utter dejection.

effondrer [3] [efɔ̃dʀe] vt **1.** AGR to subsoil **2.** fig ▸ **être effondré** : *après la mort de sa femme, il était effondré* he was prostrate with grief after his wife's death.

❖ **s'effondrer** vpi **1.** [tomber - mur] to fall (down), to collapse ; [- plafond, voûte] to collapse, to fall ou to cave in **2.** [être anéanti - monnaie] to collapse, to plummet, to slump ; [- empire] to collapse, to crumble, to fall apart ; [- rêve, projet] to collapse, to fall through ; [- raisonnement] to collapse **3.** [défaillir] to collapse, to slump / *s'effondrer dans un fauteuil* to slump ou to sink into an armchair.

efforcer [16] [efɔʀse] ❖ **s'efforcer** vpi ▸ **s'efforcer de** : *s'efforcer de faire qqch* to endeavour to do sthg / *s'efforcer de maigrir* to try hard ou to do one's best to lose weight / *s'efforcer de sourire* to force o.s. to smile ▸ **s'efforcer à** : *s'efforcer à l'amabilité* to try one's best to be polite / *s'efforcer à la clarté* to try to be as clear as possible.

effort [efɔʀ] nm **1.** [dépense d'énergie] effort / *effort physique / intellectuel* physical / intellectual effort ▸ **avec effort** with an effort ▸ **sans effort** effortlessly / *encore un (petit) effort!* one more try! / *fournir un gros effort* to make a great deal of effort / *il a fourni un gros effort au dernier trimestre* he worked very hard ou he put in a great deal of work in the last term / *demander un effort trop important à son organisme* to over-strain o.s. physically ▸ **tu aurais pu faire l'effort d'écrire / de comprendre** you could (at least) have tried to write / to understand ▸ **faire un effort** to make an effort / *chacun doit faire un petit effort* everybody must do their share / *faire un effort sur soi-même pour rester poli* to force o.s. to remain polite ▸ **faire un effort d'imagination** to try to use one's imagination / *faire un (gros) effort de mémoire* to try hard to remember / *faire un effort d'adaptation / de concentration* to try hard to adapt / to concentrate ▸ **faire tous ses efforts pour obtenir qqch** to do one's utmost ou all one can to obtain sthg ▸ **il est partisan du moindre effort** he doesn't do any more than he has to **2.** MÉCAN & TECHNOL stress, strain ▸ **effort de cisaillement / torsion** shearing / torsional stress ▸ **effort de rupture** breaking strain ▸ **effort de traction** traction.

effraction [efʀaksjɔ̃] nf DR breaking and entering, housebreaking / *entrer par effraction dans une maison* to break into a house.

effraie[1] [efʀɛ] v ⟶ **effrayer.**

effraie[2] [efʀɛ] nf ▸ **(chouette) effraie** barn owl.

effranger [17] [efʀɑ̃ʒe] vt to fray into a fringe.

❖ **s'effranger** vpi to fray / *la veste s'effrange aux bords* the coat is fraying at the edges.

effrayant, e [efʀɛjɑ̃, ɑ̃t] adj **1.** [qui fait peur] frightening, fearsome sout **2.** [extrême - chaleur, charge de travail] frightful, appalling / *c'est effrayant ce qu'il peut être lent!* fam it's frightening how slow he can be!

effrayer [11] [efʀeje] vt **1.** [faire peur à] to frighten, to scare **2.** [décourager] to put ou to frighten off *(sép)* / *l'énormité de la tâche ne m'effrayait pas* the magnitude of the task didn't put me off / *sa petite phrase a effrayé les électeurs* his well-publicized remark frightened off the voters.

❖ **s'effrayer** vpi **1.** [avoir peur] to become frightened, to take fright sout ▸ **s'effrayer de qqch** to be frightened of sthg **2.** [s'alarmer] to become alarmed.

effréné, e [efʀene] adj [poursuite, recherche] wild, frantic ; [orgueil, curiosité, luxe] unbridled, unrestrained ; [vie, rythme] frantic, hectic.

effritement [efʀitmɑ̃] nm **1.** [dégradation] crumbling away **2.** [affaiblissement] disintegration, erosion.

effriter [3] [efʀite] vt to cause to crumble.

❖ **s'effriter** vpi **1.** [se fragmenter - roche, bas-relief] to crumble away, to be eroded **2.** [diminuer - majorité, popularité] to crumble, to be eroded ; [- valeurs, cours] to decline (in value).

effroi [efʀwa] nm terror, dread ▸ **inspirer de l'effroi à qqn** to fill sb with terror / *regard plein d'effroi* frightened look / *un spectacle qui inspire l'effroi* an awe-inspiring sight.

TRADUIRE EN EFFET ET EFFECTIVEMENT

Quand *en effet* et *effectivement*…

❶ … confirment une information précédemment donnée :

On peut les traduire par :

- **(and) indeed** *[plus soutenu]*
- **and (actually) yes** *[plus familier]*

On nous avait promis un film exceptionnel. Effectivement / en effet, il l'est !

We were promised an outstanding film, and it is indeed outstanding!

J'ai comparé les prix et effectivement / en effet, c'est moins cher à côté.

I compared prices and actually yes, it's cheaper next door.

❷ … signalent l'accord de la personne qui répond :

On peut les traduire par **yes** ou **that's right** ou **indeed** (plus soutenu) lorsque la question est ***affirmative***, ou par **no** ou **no indeed** (plus soutenu) quand elle est ***négative***.

— Vous avez appelé la police à 16 h 13 ? — En effet.

— You called the police at 4.13 pm? — I did indeed. *[soutenu]*

— You called the police at 4.13 pm? — Yes, I did / That's right.

— Tu n'étais pas là hier ? — En effet. Je n'étais pas bien.

— You weren't in yesterday? — No, I wasn't. I was ill.

❸ … fournissent un lien explicatif imprécis :

On peut s'abstenir de les traduire.

Les utilisateurs de téléphones portables ne pouvaient pas regarder de vidéos en ligne. Mais les choses ont bien changé ! En effet, notre système permet maintenant une bien meilleure résolution à l'écran.

It was impossible for mobile phone users to watch videos on line, but all that's changed. Our system now allows much higher screen resolution.

❹ … signalent l'admiration (ou, par ironie, l'amusement, le scepticisme, etc.) de la personne qui répond :

Toutes sortes d'exclamations peuvent servir à la traduction dans ce contexte : **I see!, Wow!, Goodness!** etc. Bien s'attacher à adapter le choix de l'exclamation selon le ton de l'original (langage jeune, moins jeune, parodique, etc.).

— Il a mangé les cinq croissants ! — Ah, en effet !

— He ate all five croissants! — Goodness!

Consulter également les entrées « ***en effet*** » et « ***effectivement*** » où vous trouverez les traductions de ces termes pour les usages qui les différencient l'un de l'autre.

effronté, e [efʀɔ̃te] ◆ adj [enfant, manières, réponse] impudent, cheeky UK ; [menteur, mensonge] shameless, barefaced, brazen. ◆ nm, f **1.** [enfant] impudent ou cheeky child / *petite effrontée!* you cheeky UK ou sassy US little girl! **2.** [adulte] impudent fellow (brazen hussy).

effrontément [efʀɔ̃temɑ̃] adv impudently, cheekily UK ▸ **mentir effrontément** to lie shamelessly ou barefacedly ou brazenly.

effronterie [efʀɔ̃tʀi] nf [d'un enfant, d'une attitude] insolence, impudence, cheek UK ; [d'un mensonge] shamelessness, brazenness / *il a eu l'effronterie de me répondre* he had the nerve to ou he was impudent enough to answer me back.

effroyable [efʀwajabl] adj **1.** [épouvantable] frightening, appalling, horrifying **2.** [extrême -maigreur, misère] dreadful, frightful.

effroyablement [efʀwajabləmɑ̃] adv awfully, terribly ▸ **s'ennuyer effroyablement** to be bored to death / *c'est effroyablement compliqué* it's awfully ou terribly complicated.

effusif, ive [efyzif, iv] adj GÉOL effusive.

effusion [efyzjɔ̃] nf effusion, outpouring, outburst ▸ **effusion de sang** bloodshed / *sans effusion de sang* without any bloodshed ▸ **effusions de joie / tendresse** demonstrations of joy / affection ▸ **remercier qqn avec effusion** to thank sb effusively.

égaie v ⟶ égayer.

égaiement [egemɑ̃] nm cheering up, enlivenment, brightening up.

égailler [3] [egaje] ❖ **s'égailler** vpi to disperse, to scatter.

égal, e, aux [egal, o] ◆ adj **1.** [identique] equal ▸ **partager qqch en parts égales** to divide sthg up into equal parts / *deux mannequins de taille égale* two models of the same height / *à travail égal salaire égal* equal pay for equal work / *à prix égal, tu peux trouver mieux* for the same price, you can find something better ▸ **des exercices d'égale difficulté** equally difficult exercises, exercises of equal difficulty / *à égale distance de A et de B* equidistant from A and B, an equal distance from A and B / *la partie n'est pas égale entre les deux joueurs* the players are unevenly matched ▸ **toutes choses égales d'ailleurs** all (other) things being equal ▸ **faire jeu égal a)** pr to have an equal score, to be evenly matched (in the game) **b)** fig to be neck and neck ▸ **égal à lui-même / soi-même** : *être* ou *rester égal à soi-même* to remain true to form, to be still one's old self / *égal à lui-même, il n'a pas dit un mot* typically, he didn't say a word **2.** MATH : *3 est égal à 2 plus 1* 3 is equal to 2 plus 1 **3.** [régulier -terrain] even, level ; [-souffle, pouls] even, regular ; [-pas] even, regular, steady ; [-climat] equable, unchanging ▸ **être de caractère égal** ou **d'humeur égale** to be even-tempered **4.** EXPR **ça m'est (complètement) égal a)** [ça m'est indifférent] I don't care either way **b)** [ça ne m'intéresse pas] I don't care at all, I couldn't care less ▸ **tout lui est égal** he doesn't feel strongly about anything / *tout lui est égal désormais* he doesn't care about anything now / *en train ou en avion, ça m'est égal* I don't care whether we go by train or plane ▸ **c'est égal** *sout* all the same / *c'est égal, tu aurais pu téléphoner* all the same, you could have phoned. ◆ nm, f [personne] equal ▸ **nos égaux** our equals / *la femme est l'égale de l'homme* woman is equal to man / *il n'a pas son égal pour animer une fête* he's second to none when it comes to livening up a party / *son arrogance n'a d'égale que sa sottise* *sout* his arrogance is only equalled by his foolishness.

❖ **à l'égal de** loc prép *litt* : *je l'aimais à l'égal d'un fils* I loved him like a son.

❖ **d'égal à égal** loc adv [s'entretenir] on equal terms ; [traiter] as an equal.

❖ **sans égal** loc adj matchless, unequalled UK, unequaled US, unrivalled UK, unrivaled US.

égalable [egalabl] adj ▸ **un exploit difficilement égalable** a feat difficult to match.

également [egalmɑ̃] adv **1.** [autant] equally / *je crains également le froid et la chaleur* I dislike the cold as much as the heat **2.** [aussi] also, too, as well / *je l'ai vu également* I saw him as well ou too / *elle m'a également dit que…* she also told me that…

égaler [3] [egale] vt **1.** [avoir la même valeur que] to equal, to match / *égaler le record mondial* to equal the world record / *la renommée de la fille égale celle de la mère* the daughter's renown equals ou matches that of her mother **2.** MATH : *3 fois 2 égale 6* 3 times 2 equals 6 ▸ **si X égale Y** let X equal Y **3.** *arch* [comparer] to rank / *égaler Milton à Shakespeare* to rank Milton with Shakespeare **4.** [niveler] to level (out), to make flat.

égalisateur, trice [egalizatœʀ, tʀis] adj equalizing, levelling.

égalisation [egalizasjɔ̃] nf **1.** [nivellement -des salaires, d'un terrain] levelling **2.** SPORT ▸ **le but de l'égalisation** the equalizer UK, the tying goal US / *5 minutes après l'égalisation* 5 minutes after the equalizer had been scored.

égaliser [3] [egalize] ◆ vt [sentier] to level (out) ; [frange] to trim ; [conditions, chances] to make equal, to balance (out) / *se faire égaliser les cheveux* to have one's hair trimmed. ◆ vi SPORT to equalize UK, to tie US.

❖ **s'égaliser** vpi to become more equal, to balance out.

égaliseur [egalizœʀ] nm ▸ **égaliseur graphique** graphic equalizer.

égalitaire [egalitɛʀ] adj egalitarian.

égalitarisme [egalitaʀism] nm egalitarianism.

égalitariste [egalitaʀist] adj egalitarian.

égalité [egalite] nf **1.** ÉCON & SOCIOL equality ▸ **égalité des salaires / droits** equal pay / rights ▸ **politique / principe d'égalité des chances** equal opportunities policy / principle / *l'égalité des citoyens devant la loi* the equality of citizens before the law **2.** MATH equality ▸ **(signe d') égalité** equal ou equals sign **3.** GÉOM ▸ **égalité de deux triangles** isomorphism of two triangles **4.** TENNIS deuce ; FOOT draw, tie **5.** [uniformité -du pouls] regularity ; [-du sol] evenness, levelness ; [-du tempérament] evenness / *être d'une grande égalité d'humeur* to be very even-tempered.

❖ **à égalité** loc adv TENNIS at deuce ; [dans des jeux d'équipe] in a draw ou tie / *ils ont fini le match à égalité* they tied / *ils sont à égalité avec Riom* they're lying equal with Riom.

égard [egaʀ] nm [point de vue] ▸ **à bien des égards** in many respects ▸ **à cet / aucun égard** in this / no respect.

❖ **égards** nmpl [marques de respect] consideration ▸ **être plein d'égards** ou **avoir beaucoup d'égards pour qqn** to show great consideration for ou to be very considerate towards sb ▸ **manquer d'égards envers qqn** to show a lack of consideration for ou to be inconsiderate towards sb.

❖ **à l'égard de** loc prép **1.** [envers] towards UK, toward US ▸ **être dur / tendre à l'égard de qqn** to be hard on / gentle with sb / *ils ont fait une exception à mon égard* they made an exception for me ou in my case **2.** [à l'encontre de] against ▸ **prendre des sanctions à l'égard de qqn** to impose sanctions against ou to apply sanctions to sb **3.** [quant à] with regard to / *elle émet des résistances à l'égard de ce projet* she's putting up some resistance with regard to the project.

❖ **à tous égards** loc adv in all respects ou every respect.

❖ **eu égard à** loc prép *sout* in view of, considering.

❖ **par égard pour** loc prép out of consideration ou respect for.

❖ **sans égard pour** loc prép with no respect ou consideration for, without regard for.

égaré, e [egaʀe] adj **1.** [perdu - dossier, touriste] lost ; [- chat] lost, stray **2.** [affolé - esprit] distraught ; [- regard] wild, distraught / *avoir l'air égaré* to look distraught / *avoir le regard égaré* to be wild-eyed.

égarement [egaʀmɑ̃] nm **1.** [folie] distraction, distractedness / *dans son égarement, il a oublié de...* he was so distraught he forgot to... ▸ **dans un moment d'égarement** in a moment of panic ou confusion **2.** [perte] loss.

❖ **égarements** nmpl *litt* : *les égarements de la passion* the follies of passion / *revenir de ses égarements* to see the error of one's ways.

égarer [3] [egaʀe] vt **1.** [perdre - bagage, stylo] to lose, to mislay **2.** [tromper - opinion, lecteur] to mislead, to deceive ; [- jeunesse] to lead astray / *un électorat égaré par des promesses fallacieuses* voters misled by fraudulent promises **3.** *litt* [affoler] to make distraught, to drive to distraction / *la douleur vous égare* you're distraught with pain / *il était égaré par la colère* anger made him lose his head.

❖ **s'égarer** vpi **1.** [se perdre - promeneur] to lose one's way, to get lost ; [- dossier, clef] to get lost ou mislaid / *s'égarer dans des considérations secondaires* to get bogged down in minor considerations / *s'égarer hors du droit chemin* to go off the straight and narrow **2.** [sortir du sujet] to wander / *à partir de là, le débat / l'auteur s'égare* from then on, the discussion / author wanders off the point / *ne nous égarons pas !* let's not wander off the point !, let's stick to the subject ! **3.** *litt* [s'oublier] to lose one's self-control, to forget o.s. / *quelle grossièreté, vous vous égarez !* how coarse, you're forgetting yourself !

égayer [11] [egeje] vt [convives] to cheer up *(sép)* ; [chambre, robe, vie] to brighten up *(sép)* ; [ambiance, récit] to brighten up *(sép)*, to liven up *(sép)*, to enliven.

❖ **s'égayer** vpi *sout* ▸ **s'égayer aux dépens de qqn** to have fun at sb's expense.

Égée [eʒe] npr ▸ **la mer Égée** the Aegean Sea.

égéen, enne [eʒeɛ̃, ɛn] adj ANTIQ Aegean.

égérie [eʒeʀi] nf **1.** [inspiratrice] muse / *elle est l'égérie du groupe* she's the driving force of the group **2.** ANTIQ ▸ **Égérie** Egeria.

égide [eʒid] nf MYTH aegis.

❖ **sous l'égide de** loc prép *sout* under the aegis of ▸ **prendre qqn sous son égide** to take sb under one's wing.

Égine [eʒin] npr Aegina.

églantier [eglɑ̃tje] nm wild ou dog rose (bush) ▸ **églantier odorant** sweetbrier.

églantine [eglɑ̃tin] nf wild ou dog rose.

églefin [egləfɛ̃] nm haddock.

Église [egliz] nf ▸ **l'Église** the Church ▸ **l'Église anglicane** the Church of England, the Anglican Church ▸ **l'Église catholique** the (Roman) Catholic Church ▸ **l'Église orthodoxe** the Orthodox Church ▸ **l'Église protestante** the Protestant Church ▸ **l'Église réformée** the Reformed Church ▸ **l'Église réformée de France** *the largest Protestant church in France* ▸ **l'Église militante / triomphante** the Church militant / triumphant.

❖ **d'Église** loc adj ▸ **homme d'Église** clergyman ▸ **gens d'Église** priests, clergymen.

église [egliz] nf [édifice] church ▸ **aller à l'église** [pratiquer] to go to church, to be a churchgoer / *se marier à l'église* to be married in church, to have a church wedding / *on ne la voit pas souvent à l'église* she doesn't often come to ou attend church.

églogue [eglɔg] nf LITTÉR eclogue.

ego, égo* [ego] nm ego.

égocentrique [egɔsɑ̃tʀik] ◆ adj egocentric, self-centred UK, self-centered US. ◆ nmf egocentric ou self-centred UK ou self-centered US person.

égocentrisme [egɔsɑ̃tʀism] nm egocentricity, self-centredness UK, self-centeredness US.

égoïne [egɔin] nf handsaw.

égoïsme [egɔism] nm selfishness.

égoïste [egɔist] ◆ adj selfish. ◆ nmf selfish man (woman).

égoïstement [egɔistəmɑ̃] adv selfishly.

égorgement [egɔʀʒəmɑ̃] nm cutting ou slitting the throat.

égorger [17] [egɔʀʒe] vt to cut ou to slit the throat of.

❖ **s'égorger** vp [s'entre-tuer] to kill each other / *empêchez-les de se battre, ils vont s'égorger !* stop them fighting, they'll kill each other !

égorgeur [egɔʀʒœʀ] nm cutthroat.

égosiller [3] [egɔzije] ❖ **s'égosiller** vpi **1.** [crier] to shout o.s. hoarse **2.** [chanter fort] to sing at the top of one's voice.

égotisme [egɔtism] nm egotism.

égotiste [egɔtist] ◆ adj egotistic, egotistical. ◆ nmf egotist.

égout [egu] nm sewer ▸ **les égouts** the sewers ▸ **égout collecteur** main sewer.

égoutier [egutje] nm sewer worker.

égouttage [egutaʒ], **égouttement** [egutmɑ̃] nm [du linge] leaving to drip-dry ; [de légumes, de la vaisselle] draining / *égouttage des légumes dans une passoire* straining vegetables in a sieve.

égoutter [3] [egute] ◆ vt [linge] to leave to drip ; [vaisselle] to drain / *égoutter des légumes dans une passoire* to strain vegetables in a sieve. ◆ vi [vaisselle] to drain ; [linge] to drip / *mettre les verres à égoutter* to put the glasses to drain ou to drip ▸ **faire égoutter les haricots** to strain the beans.

❖ **s'égoutter** vpi [linge] to drip ; [légumes, vaisselle] to drain.

égouttoir [egutwaʀ] nm **1.** [passoire] strainer, colander **2.** [pour la vaisselle] draining rack ou board, drainer.

égoutture [egutyʀ] nf drop, dribble / *les égouttures du linge* the water dripping off the washing.

égrainage [egʀɛnaʒ] = **égrenage**.

égrainer [4] [egʀene] = **égrener**.

égrapper [3] [egʀape] vt to stem.

égratigner [3] [egʀatiɲe] vt **1.** [jambe, carrosserie] to scratch, to scrape ; [peau] to graze **2.** *fam* [critiquer] to have a dig ou a go at / *ils l'ont bien égratigné dans l'« Écho »* they had a good go at him in the "Écho" / *il s'est fait égratigner par la presse à propos de sa dernière déclaration* the papers had a real go at him about his latest statement.

❖ **s'égratigner** vp *(emploi réfléchi)* ▸ **s'égratigner le genou** to scrape ou to scratch ou to skin one's knee.

égratignure [egʀatiɲyʀ] nf **1.** [écorchure] scratch, scrape, graze / *il s'en est sorti sans une égratignure* he escaped without a scratch **2.** [rayure] scratch / *faire une égratignure à un panneau peint* to scratch a painted panel / *une fine égratignure le long de l'aile avant* a thin scratch along the front wing.

égrenage [egʀənaʒ] nm **1.** [des fruits] stripping **2.** AGR [du maïs] shelling ; [des graines fourragères] threshing.

égrener [19] [egʀəne] vt **1.** [blé] to shell ; [pois] to shell, to pod ; [coton] to gin ; [ôter de sa tige - fruits] to take off the stalk / *des groseilles égrenées* redcurrants off the stalk **2.** [faire défiler] : *égrener son chapelet* to tell one's beads, to say one's rosary / *pendule qui égrène les heures* clock marking out the hours / *égrener un chapelet d'injures* to let out a stream of abuse.

❖ **s'égrener** vpi **1.** [grains de raisin] to drop off the bunch ; [grains de blé] to drop off the stalk **2.** [se disperser - famille, foule] to scatter ou to disperse slowly, to trickle away **3.** *litt* [heures] to tick by ; [notes] to be heard one by one.

égreneuse [egʀənøz] nf AGR [de blé] threshing machine ; [de coton] gin.

égrillard, e [egʀijaʀ, aʀd] adj [histoire] bawdy, ribald ; [personne] ribald.

égriser [3] [egʀize] vt MINÉR to grind.

égruger [17] [egʀyʒe] vt to pound, to grind.

égueulé, e [egœle] adj cracked ou broken (at the neck).

Égypte [eʒipt] npr f ▸ **(l')Égypte** Egypt ▸ **(la) Basse-Égypte** Lower Egypt ▸ **(la) Haute-Égypte** Upper Egypt.

égyptien, enne [eʒipsjɛ̃, ɛn] adj Egyptian.

❖ **Égyptien, enne** nm, f Egyptian.

❖ **égyptien** nm LING Egyptian.

égyptologie [eʒiptɔlɔʒi] nf Egyptology.

égyptologue [eʒiptɔlɔg] nmf Egyptologist.

eh [e] interj hey / *eh vous, là-bas !* hey you, over there ! / *eh là ! attention !* hey, watch out ! / *eh, eh ! j'en connais un qui a fait une bêtise* who's done something silly then, eh ? / *eh quoi, on n'a plus le droit de se reposer ?* so can't we even have a rest any more ?

❖ **eh bien** loc adv **1.** [au début d'une histoire] well, right **2.** [en interpellant] hey / *eh bien, que faites-vous là-bas ?* hey, what are you up to, over there ? **3.** [pour exprimer la surprise] well, well / *eh bien, te voilà riche maintenant* well, well, you're a rich man now.

❖ **eh non** loc adv well no / *eh non, je ne le lui ai jamais dit de son vivant* well no, I never told him when he was alive / *eh non, justement ce jour-là je ne peux pas* no, that's the one day I can't do it.

❖ **eh oui** loc adv well(, actually,) yes / *c'est fini ? — eh oui !* is it over ? — I'm afraid so !

éhonté, e [eɔ̃te] adj [menteur, tricheur] barefaced, brazen, shameless ; [mensonge, hypocrisie] brazen, shameless.

eider [ɛdɛʀ] nm eider (duck).

eidétique [ɛjdetik] adj eidetic.

Eiffel [efɛl] npr ▸ **la tour Eiffel** the Eiffel Tower.

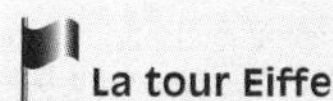

La tour Eiffel

Paris's most famous landmark was constructed out of steel on the Champ-de-Mars by Gustave Eiffel for the 1889 World Fair. At 320 m high, for half a century it was the tallest man-made structure in the world. It is also used as a radio and television transmitter.

einsteinien, enne [ɛnstɛnjɛ̃, ɛn] adj Einsteinian.

einsteinium [ɛnstɛnjɔm] nm einsteinium.

Eire [ɛʀ] npr f ▸ **(l')Eire** Eire.

éjaculateur, trice [eʒakylatœʀ, tʀis] adj ejaculatory.

❖ **éjaculateur** nm ▸ **éjaculateur précoce** man who suffers from premature ejaculation.

éjaculation [eʒakylasjɔ̃] nf ejaculation ▸ **éjaculation nocturne** nocturnal emission, wet dream ▸ **éjaculation précoce** premature ejaculation.

éjaculatoire [eʒakylatwaʀ] adj ejaculatory.

éjaculer [3] [eʒakyle] vt & vi to ejaculate.

éjectable [eʒɛktabl] adj ⟶ **siège**.

éjecter [4] [eʒɛkte] vt **1.** ARM to eject **2.** AÉRON & AUTO to eject **3.** *fam* [renvoyer] to kick ou to chuck ou to boot out / *il s'est fait éjecter de l'équipe* he was kicked out of the team / *se faire éjecter d'une boîte de nuit* to get kicked ou chucked ou booted out of a night club.

❖ **s'éjecter** vp *(emploi réfléchi)* AÉRON to eject.

éjecteur [eʒɛktœʀ] nm **1.** ARM & MÉCAN ejector **2.** INDUST [d'un réservoir] outlet works.

éjection [eʒɛksjɔ̃] nf **1.** AÉRON, ARM & AUTO ejection **2.** *fam* [expulsion] kicking ou chucking ou booting out.

éjointer [3] [eʒwɛ̃te] vt to clip the wing of.

élaboration [elabɔʀasjɔ̃] nf **1.** [d'une théorie, d'une idée] working out / *l'élaboration d'un projet de loi* drawing up a bill **2.** PHYSIOL elaboration **3.** MÉTALL working-off **4.** PSYCHOL ▸ **élaboration psychique** working out repressed emotions.

élaboré, e [elabɔʀe] adj **1.** [complexe - dessin] elaborate, intricate, ornate ; [perfectionné - système] elaborate,

* In reformed spelling (see p. 16-19).

sophisticated ; [détaillé - carte, schéma] elaborate, detailed **2.** BOT [sève] elaborated.

élaborer [3] [elabɔʀe] vt **1.** [préparer - plan, système] to develop, to design, to work out *(sép)* **2.** PHYSIOL to elaborate.

❖ **s'élaborer** vpi [système, théorie] to develop.

elæis [eleis] nm oil palm.

élagage [elagaʒ] nm pruning.

élaguer [3] [elage] vt **1.** HORT to prune **2.** [rendre concis - texte, film] to prune, to cut down *(sép)* **3.** [ôter - phrase, scène] to edit out *(sép)*, to cut.

élagueur [elagœʀ] nm tree-trimmer.

élan [elɑ̃] nm **1.** [dans une course] run-up, impetus ▸ **prendre son élan** to take a run-up ▸ **saut avec / sans élan** running / standing jump **2.** [énergie] momentum ▸ **prendre de l'élan** to gather speed ou momentum / *prendre de l'élan avant de doubler un véhicule* to get up speed before overtaking a vehicle ▸ **être emporté par son propre élan** *pr & fig* to be carried along by one's own momentum / *emporté par son élan, il a tout raconté à sa mère* he got carried away and told his mother everything **3.** [impulsion] impulse, impetus / *donner de l'élan à une campagne* to give an impetus to ou to provide an impetus for a campaign **4.** [effusion] outburst, surge, rush / *élans de tendresse* surges ou rushes of affection ▸ **élan de l'imagination** flight of fancy / *avoir des élans d'énergie* to have sudden fits ou surges ou bursts of activity ▸ **élan de générosité** generous impulse / *avoir des élans* to have a surge of feeling / *contenir les élans du cœur* to check the impulses of one's heart ▸ **l'élan créateur** creative drive / *l'élan patriotique / nationaliste* patriotic / nationalistic fervour ▸ **avec élan** eagerly, keenly, enthusiastically **5.** GOLF swing **6.** PHILOS ▸ **l'élan vital** the life force **7.** ZOOL elk, moose US.

élancé, e [elɑ̃se] adj slim, slender / *à la taille élancée* slim-waisted ▸ **à la silhouette élancée** willowy.

élancement [elɑ̃smɑ̃] nm sharp ou shooting ou stabbing pain / *avoir des élancements dans la cuisse* to have a shooting ou sharp pain in the thigh / *j'ai un élancement au côté* I've got a sharp ou shooting pain in my side.

élancer [16] [elɑ̃se] vi ▸ **mon bras m'élance** I've got a shooting pain in my arm.

❖ **s'élancer** vpi **1.** [courir] to rush ou to dash forward ▸ **s'élancer à la poursuite de qqn** to dash after sb ▸ **s'élancer au secours de qqn** to rush to sb's aid, to rush to help sb / *s'élancer dans la rue* to dash ou to rush into the street ▸ **s'élancer vers qqn** to dash ou to rush towards sb **2.** SPORT to take a run-up **3.** [se dresser - tour, flèche] to soar upwards.

élargir [32] [elaʀʒiʀ] ◆ vt **1.** [rendre moins étroit - veste] to let out *(sép)* ; [- chaussure] to stretch, to widen ; [- route] to widen / *le miroir élargit la pièce* the mirror makes the room look wider **2.** [débat] to broaden ou widen the scope of / *élargir le cercle de ses relations* to broaden ou to widen the circle of one's acquaintances / *élargir son horizon* to broaden ou to widen one's outlook **3.** [renforcer] : *le gouvernement cherche à élargir sa majorité* the government is seeking to increase its majority **4.** DR [libérer - détenu] to free, to release. ◆ vi *fam* to get broader, to get bigger *(across the shoulders)*.

❖ **s'élargir** vpi **1.** [être moins étroit - sentier, rivière] to widen, to get wider, to broaden (out) ; [- sourire] to widen **2.** [se relâcher - vêtement] to stretch / *le col de l'utérus s'élargit* the neck of the womb opens ou stretches **3.** [horizon, débat] to broaden out, to widen / *le cercle de mes amis s'est élargi* my circle of friends has broadened ou grown wider.

élargissement [elaʀʒismɑ̃] nm **1.** [agrandissement - d'une route] widening **2.** [extension - d'un débat] broadening, widening **3.** *sout* [libération] freeing, release.

élasthanne [elastan] nm Spandex®.

élasticimétrie [elastisimetʀi] nf elastometry.

élasticité [elastisite] nf **1.** [extensibilité] stretchiness, stretch, elasticity / *la ceinture a perdu toute son élasticité* there's no stretch left in the waistband **2.** ANAT elasticity **3.** [souplesse - d'un geste] suppleness ; [- d'un pas] springiness **4.** *fam & péj* [laxisme - d'une conscience, d'un règlement] accommodating nature **5.** [variabilité] flexibility / *l'élasticité de l'offre / de la demande* the elasticity of supply / of demand.

élastine [elastin] nf elastin.

élastique [elastik] ◆ adj **1.** [ceinture, cuir, tissu] stretchy, elastic ; [badine] supple **2.** [agile - démarche] springy, buoyant / *elle a un corps élastique* she's got a supple body **3.** *fam & péj* [peu rigoureux - conscience, règlement] accommodating, elastic **4.** [variable - horaire] flexible ; [- demande, offre] elastic **5.** ANAT [tissu] elastic. ◆ nm **1.** [bracelet] elastic band **2.** [ruban] ▸ **de l'élastique** elastic.

élastomère [elastɔmɛʀ] nm elastomer.

Elbe [ɛlb] ◆ npr f [fleuve] ▸ **l'Elbe** the (River) Elbe. ◆ npr ▸ **l'île d'Elbe** Elba.

elbot [ɛlbo] nm BELG halibut.

eldorado [ɛldɔʀado] nm Eldorado.

Eldorado [ɛldɔʀado] npr m ▸ **l'Eldorado** Eldorado.

e-learning [ilœʀniŋ] nm e-learning.

électeur, trice [elɛktœʀ, tʀis] nm, f **1.** POL voter ▸ **les électeurs** the voters, the electorate / *les maires et leurs électeurs* the mayors and those who elected them ▸ **grands électeurs** *body electing members of the (French) Senate* **2.** HIST Elector / *le Grand Électeur* the Great Elector.

électif, ive [elɛktif, iv] adj **1.** POL elective **2.** [douleur, traitement] specific.

élection [elɛksjɔ̃] nf **1.** [procédure] election, polls / *les élections ont lieu aujourd'hui* it's election ou polling day today / *procéder à une élection* to hold an election ▸ **jour des élections** election ou polling day ▸ **se présenter aux élections** to stand in the elections UK, to run for office ou as a candidate US ▸ **élections cantonales** *elections held every three years to elect half the members of the Conseil général* ▸ **élections législatives** general elections *(held every five years)* ▸ **élections municipales** local ou council UK elections *(held every six years)* ▸ **élection partielle** by-election UK, off-year election US ▸ **élection présidentielle** presidential election ▸ **élections régionales** *elections held every six years to elect members of the Conseil régional* ▸ **élections sénatoriales** *elections held every three years to elect one third of the members of the Sénat* **2.** [nomination] election / *son élection à la présidence* her election as president ou to the presidency **3.** *litt* [choix] choice **4.** DR ▸ **élection de domicile** choice of domicile.

❖ **d'élection** loc adj [choisi - patrie, famille] of one's own choice ou choosing, chosen.

Élections

All French citizens aged eighteen or over are entitled to vote in elections, after they have registered on the electoral rolls. Elections usually take place on a Sunday and polling stations are often set up in local schools. Voters go to a booth and put their voting slip in an envelope which is placed in the ballot box (**l'urne**) supervised by an **assesseur**, who then utters the words **a voté** !

électivité [elɛktivite] nf electivity.

électoral, e, aux [elɛktɔʀal, o] adj [liste] electoral ; [succès] electoral, election *(modif)* ; [campagne] election *(modif)* ▸ **en période électorale** at election time / *nous avons le soutien électoral des syndicats* we can rely on the union vote.

électoralisme [elɛktɔʀalism] nm *péj* electioneering.

électoraliste [elɛktɔʀalist] adj *péj* [promesse, programme] vote-catching.

électorat [elɛktɔʀa] nm **1.** [électeurs] electorate ▸ **l'importance de l'électorat féminin / noir** the importance of the women's / the black vote ▸ **électorat flottant** floating voters **2.** HIST electorate.

Électre [elɛktʀ] npr Electra.

électricien, enne [elɛktʀisjɛ̃, ɛn] nm, f **1.** [artisan] electrician **2.** [commerçant] electrical goods dealer.

électricité [elɛktʀisite] nf **1.** INDUST, SCI & TECHNOL electricity ▸ **électricité statique** static (electricity) **2.** [installation domestique] wiring / *faire installer l'électricité dans une maison* to have a house wired / *refaire l'électricité dans une maison* to rewire a house / *nous n'avons pas l'électricité dans notre maison de campagne* there's no electricity in our country cottage ▸ **allumer l'électricité** [au compteur] to switch on (at) the mains **3.** [consommation] electricity (bill) / *payer son électricité* to pay one's electricity bill / *combien dépenses-tu d'électricité ?* how much is your electricity bill ? **4.** *fam* [tension] tension, electricity / *il y a de l'électricité dans l'air !* there's a storm brewing !

électrification [elɛktʀifikasjɔ̃] nf **1.** [d'une ligne de chemin de fer] electrification, electrifying **2.** [d'une région] : *l'électrification des campagnes reculées* bringing electricity to remote villages.

électrifier [9] [elɛktʀifje] vt **1.** [ligne de chemin de fer] to electrify **2.** [région] to bring electricity to.

électrique [elɛktʀik] adj **1.** TECHNOL [moteur, radiateur, guitare] electric ; [appareil, équipement] electric, electrical ; [système, énergie] electrical ▸ **atmosphère électrique** *fig* highly-charged atmosphere ▸ **chaise électrique** electric chair **2.** [par l'électricité statique] static / *elle a les cheveux électriques fam* her hair is full of static **3.** [couleur] ▸ **bleu électrique** electric-blue.

électriquement [elɛktʀikmɑ̃] adv electrically ▸ **commandé électriquement** working off electricity.

électrisable [elɛktʀizabl] adj electrifiable, chargeable.

électrisant, e [elɛktʀizɑ̃, ɑ̃t] adj **1.** TECHNOL electrifying **2.** [exaltant] electrifying, exciting.

électrisation [elɛktʀizasjɔ̃] nf electrifying, charging.

électriser [3] [elɛktʀize] vt **1.** TECHNOL to electrify, to charge **2.** *fam* [stimuler] to electrify, to rouse / *de voir cela, ça les a électrisés* this sight electrified them.

électro [elɛktʀo] nf inv electro.

électroacoustique [elɛktʀɔakustik] ◆ adj electroacoustic, electroacoustical. ◆ nf electroacoustics *(sg)*.

électroaffinité [elɛktʀɔafinite] nf electron affinity.

électroaimant [elɛktʀɔɛmɑ̃] nm electromagnet.

électrocapillarité [elɛktʀɔkapilaʀite] nf electrocapillarity.

électrocardiogramme [elɛktʀɔkaʀdjɔgʀam] nm electrocardiogram.

électrocardiographe [elɛktʀɔkaʀdjɔgʀaf] nm electrocardiograph.

électrocardiographie [elɛktʀɔkaʀdjɔgʀafi] nf electrocardiography.

électrocautère [elɛktʀɔkotɛʀ] nm electrocautery, galvanocautery.

électrochimie [elɛktʀɔʃimi] nf electrochemistry.

électrochimique [elɛktʀɔʃimik] adj electrochemical.

électrochoc [elɛktʀɔʃɔk] nm electric shock *(for therapeutic purposes)* ▸ **(traitement par) électrochocs** electroconvulsive ou electroshock therapy ▸ **faire des électrochocs à qqn** to give sb electroconvulsive therapy.

électrocinétique [elɛktʀɔsinetik] nf electrokinetics *(sg)*.

électrocoagulation [elɛktʀɔkɔagylasjɔ̃] nf electrocoagulation.

électrocopie [elɛktʀɔkɔpi] nf xerography.

électrocuter [3] [elɛktʀɔkyte] vt to electrocute.

❖ **s'électrocuter** vp *(emploi réfléchi)* to electrocute o.s., to be electrocuted / *attention, on peut s'électrocuter* careful, you could get a fatal (electric) shock / *il a failli s'électrocuter* he got a very bad electric shock.

électrocution [elɛktʀɔkysjɔ̃] nf electrocution / *vous risquez l'électrocution* you're at risk ou in danger of being electrocuted.

électrode [elɛktʀɔd] nf electrode.

électrodéposition [elɛktʀɔdepozisjɔ̃] nf electrodeposition.

électrodiagnostic [elɛktʀɔdjagnɔstik] nm electrodiagnosis.

électrodialyse [elɛktʀɔdjaliz] nf electrodialysis.

électrodynamique [elɛktʀɔdinamik] ◆ adj electrodynamic. ◆ nf electrodynamics *(sg)*.

électrodynamomètre [elɛktʀɔdinamɔmɛtʀ] nm electrodynamometer.

électroencéphalogramme [elɛktʀɔɑ̃sefalɔgʀam] nm electroencephalogram.

électroencéphalographie [elɛktʀɔɑ̃sefalɔgʀafi] nf electroencephalography.

électroformage [elɛktʀɔfɔʀmaʒ] nm electroforming.

électrogène [elɛktʀɔʒɛn] adj **1.** ZOOL electric **2.** ÉLECTR electricity-generating.

électroluminescence [elɛktʀɔlyminesɑ̃s] nf electroluminescence.

électroluminescent, e [elɛktʀɔlyminesɑ̃, ɑ̃t] adj electroluminescent.

électrolysable [elɛktʀɔlizabl] adj susceptible to electrolysis.

électrolyse [elɛktʀɔliz] nf electrolysis.

électrolyser [3] [elɛktʀɔlize] vt to electrolyse.

électrolyseur [elɛktʀɔlizœʀ] nm electrolyser.

électrolyte [elɛktʀɔlit] nm electrolyte.

électrolytique [elɛktʀɔlitik] adj electrolytic.

électromagnétique [elɛktʀɔmaɲetik] adj electromagnetic.

électromagnétisme [elɛktʀɔmaɲetism] nm electromagnetism.

électromécanicien, enne [elɛktʀɔmekanisjɛ̃, ɛn] nm, f electrical engineer.

électromécanique [elɛktʀɔmekanik] ◆ adj electromechanical. ◆ nf electromechanical engineering.

électroménager [elɛktʀɔmenaʒe] ◆ adj (domestic ou household) electrical. ◆ nm ▸ **l'électroménager a)** [appareils] domestic ou household electrical appliances **b)** [activité] the domestic ou household electrical appliance industry ▸ **le petit électroménager** small household appliances.

électroménagiste [elɛktʀɔmenaʒist] nmf dealer in household ou domestic electrical appliances.

électrométallurgie [elɛktʀɔmetalyʀʒi] nf electrometallurgy.

électrométallurgique [elɛktʀɔmetalyʀʒik] adj electrometallurgical.

électromètre [elɛktʀɔmɛtʀ] nm electrometer.

électrométrie [elɛktʀɔmetʀi] nf electrometry.

électromoteur, trice [elɛktʀɔmɔtœʀ, tʀis] adj electromotive.

❖ **électromoteur** nm electric motor.

électromyogramme [elɛktʀɔmjɔgʀam] nm electromyogram.

électromyographie [elɛktʀɔmjɔgʀafi] nf electromyography.

électron [elɛktʀɔ̃] nm electron ▸ **électron libre / lié** free / bound electron ▸ **électron négatif** negatron ▸ **électron positif** positron ▸ **canon à électrons** electron tube.

électronégatif, ive [elɛktʀɔnegatif, iv] adj electronegative.

électronégativité [elɛktʀɔnegativite] nf electronegativity.

électronicien, enne [elɛktʀɔnisjɛ̃, ɛn] nm, f electronics engineer.

électronique [elɛktʀɔnik] ◆ adj **1.** INDUST & TECHNOL [équipement] electronic ; [microscope] electron *(modif)* ; [industrie] electronics *(modif)* **2.** [de l'électron] electron *(modif)* **3.** MUS electronic. ◆ nf electronics *(sg)* / *l'électronique grand public* the consumer electronics industry.

électroniquement [elɛktʀɔnikmɑ̃] adv electronically.

électronucléaire [elɛktʀɔnykleɛʀ] ◆ adj [centrale] nuclear. ◆ nm nuclear energy production.

électronvolt [elɛktʀɔ̃vɔlt] nm electronvolt.

électro-osmose [elɛktʀoɔsmoz] nf electro-osmosis, electroendosmosis.

électrophone [elɛktʀɔfɔn] nm record player.

électrophorèse [elɛktʀɔfɔʀɛz] nf electrophoresis.

électrophysiologie [elɛktʀɔfizjɔlɔʒi] nf electrophysiology.

électrophysiologique [elɛktʀɔfizjɔlɔʒik] adj electrophysiological.

électroponcture [elɛktʀɔpɔ̃ktyʀ] nf electropuncture.

électroportatif, ive [elɛktʀɔpɔʀtatif, iv] adj ▸ **matériel électroportatif** portable electrical equipment.

électropositif, ive [elɛktʀɔpozitif, iv] adj electropositive.

électropositivité [elɛktʀɔpɔzitivite] nf electropositivity.

électroradiologie [elɛktʀɔʀadjɔlɔʒi] nf electroradiology.

électroradiologiste [elɛktʀɔʀadjɔlɔʒist] nmf electroradiologist.

électroscope [elɛktʀɔskɔp] nm electroscope.

électrostatique [elɛktʀɔstatik] ◆ adj electrostatic. ◆ nf electrostatics *(sg)*.

électrotechnicien, enne [elɛktʀɔtɛknisjɛ̃, ɛn] nm, f electrotechnician.

électrotechnique [elɛktʀɔtɛknik] nf electrotechnics *(sg)*.

électrothérapie [elɛktʀɔteʀapi] nf electrotherapy.

électrothermie [elɛktʀɔtɛʀmi] nf electrothermics *(sg)*.

électrovalence [elɛktʀɔvalɑ̃s] nf electrovalency.

électrovalve [elɛktʀɔvalv] nf electromagnetic valve.

électrovanne [elɛktʀɔvan] nf electromagnetic sluice gate.

élégamment [elegamɑ̃] adv [s'habiller] elegantly, smartly ; [écrire, parler] stylishly, elegantly.

élégance [elegɑ̃s] nf **1.** [chic] elegance, smartness / *s'habiller avec élégance* to dress elegantly ou smartly **2.** [délicatesse - d'un geste, d'un procédé] elegance ▸ **savoir perdre avec élégance** to be a good ou graceful loser **3.** [harmonie] grace, elegance, harmoniousness / *d'une grande élégance dans les proportions* very harmoniously proportioned **4.** [d'un style littéraire] elegance ; [tournure] elegant ou well-turned phrase / *style plein d'élégances* péj over-ornate style.

élégant, e [elegɑ̃, ɑ̃t] ◆ adj **1.** [chic - personne, mobilier] elegant, smart, stylish / *se faire élégant* to smarten o.s. up **2.** [courtois - procédé, excuse] handsome, graceful **3.** [harmonieux - architecture, proportions] elegant, harmonious, graceful ; [- démonstration] elegant, neat / *une façon élégante de résoudre un problème mathématique* a neat solution to a mathematical problem. ◆ nm, f [homme] dandy ; [femme] elegant ou smart woman / *vouloir faire l'élégant* to try to look fashionable.

élégiaque [eleʒjak] adj **1.** LITTÉR elegiac **2.** litt [mélancolique] melancholy *(adj)*.

élégie [eleʒi] nf **1.** ANTIQ elegy **2.** [poème, œuvre] elegy, lament.

élément [elemɑ̃] nm **1.** [partie - d'un parfum, d'une œuvre] component, ingredient, constituent **2.** [donnée] element, factor, fact / *le seul élément à prendre en considération* the only factor to be considered ▸ **éléments d'information** facts, information / *il n'y a aucun élément nouveau* there are no new developments / *j'apporte un élément nouveau au dossier* I have new material to add to the file **3.** [personne] element / *des éléments étrangers se sont infiltrés dans le mouvement* foreign elements have infiltrated the movement ▸ **éléments indésirables** undesirables / *les éléments les plus conservateurs du parti* the party's most conservative elements / *c'est un des meilleurs éléments de mon service* he's one of the best people in my department / *il y a de bons éléments dans ma classe* there are some good students in my class **4.** CHIM element ▸ **l'élément oxygène** the element oxygen ▸ **élément radioactif** radioactive element **5.** ÉLECTR [de pile, d'accumulateur] cell / *batterie de cinq éléments* five-cell battery ; [de bouilloire, de radiateur] element **6.** [de mobilier] ▸ **élément (de cuisine)** kitchen unit / *acheter une cuisine par éléments* to buy kitchen units ▸ **éléments de rangement** storage units **7.** [milieu] element ▸ **l'élément liquide** water ▸ **les quatre éléments** the four elements / *lutter contre les éléments (naturels)* to struggle against the elements ▸ **être dans son élément** to be in one's element ▸ **se sentir dans son élément** : *je ne me sens pas dans mon élément ici* I don't feel at home ou I feel like a fish out of water here **8.** MIL unit ▸ **éléments blindés / motorisés** armoured UK ou armored US / motorized units ▸ **élément de tir** MIL piece of firing ou range data.

❖ **éléments** nmpl [notions] elements, basic principles / *j'en suis resté aux premiers éléments de latin* I've never had more than an elementary knowledge of Latin ; [comme titre] / **'Éléments de géométrie'** 'Elementary Geometry'.

élémentaire [elemɑ̃tɛʀ] adj **1.** [facile - exercice] elementary / *c'est élémentaire !* it's elementary ! **2.** [fondamental - notion, principe] basic, elementary / *la plus élémentaire politesse aurait dû l'empêcher de partir* basic good manners ou common courtesy should have prevented him from leaving **3.** NUCL elementary **4.** CHIM elemental **5.** ÉDUC primary.

Éléonore [eleɔnɔʀ] npr ▸ **Éléonore d'Aquitaine** Eleanor of Aquitaine.

éléphant [elefɑ̃] nm elephant / *il a une démarche d'éléphant* hum & péj he walks like an elephant ▸ **éléphant femelle** cow elephant ▸ **éléphant d'Asie / d'Afrique** Indian / African elephant ▸ **comme un éléphant dans un magasin de porcelaine** like a bull in a china shop ▸ **les éléphants du parti** POL *the old guard of the Socialist party.*

❖ **éléphant de mer** nm sea elephant, elephant seal.

éléphanteau, x [elefɑ̃to] nm baby ou young elephant.

éléphantesque [elefɑ̃tɛsk] adj gigantic, mammoth *(modif)*.

éléphantiasique [elefɑ̃tjazik] adj elephantiasic.

éléphantiasis [elefɑ̃tjazis] nm elephantiasis.

éléphantin, e [elefɑ̃tɛ̃, in] adj litt elephantine.

élevage [ɛlvaʒ] nm **1.** [activité] animal husbandry, breeding ou rearing *(of animals)* ▸ **faire de l'élevage** to breed animals ▸ **élevage de poulets** ou **volaille a)** [intensif] battery-farming of chickens **b)** [extensif] rearing free-range chickens, free-range chicken-farming ▸ **élevage des abeilles** beekeeping ▸ **élevage intensif / en batterie** battery farming ▸ **élevage des bovins** cattle-rearing ▸ **élevage des chevaux** horse-breeding ▸ **élevage des huîtres** oyster-farming ▸ **élevage industriel** factory farming ▸ **élevage des lapins** rabbit-breeding ▸ **élevage des moutons** sheep-farming **2.** [entreprise] farm ▸ **un élevage de vers à soie / de visons** a silkworm / mink farm.

❖ **d'élevage** loc adj **1.** [poulet] battery-reared **2.** [région] ▸ **pays d'élevage a)** [bovin] cattle-rearing country **b)** [ovin] sheep-farming country.

élévateur, trice [elevatœʀ, tʀis] adj **1.** ANAT elevator *(modif)* ▸ **muscle élévateur** elevator **2.** TECHNOL [appareil, matériel] lifting.

❖ **élévateur** nm **1.** ANAT elevator **2.** [en manutention] lift UK, elevator US, hoist.

élévation [elevasjɔ̃] nf **1.** [augmentation] rise / *élévation du niveau de vie* rise in the standard of living / *élévation des températures* rise in temperatures **2.** MATH : *élévation d'un nombre au carré* squaring of a number / *élévation d'un nombre à une puissance* raising a number to a power **3.** ARCHIT [construction] erection, putting up ; [plan] elevation **4.** [promotion] raising / *l'élévation à la dignité de...* being elevated to the rank of... **5.** [noblesse - de style, des sentiments] elevation, nobility / *élévation d'âme* ou *d'esprit* high-mindedness **6.** ARM elevation / *donner à un canon 30° d'élévation* to fire a gun at an elevation of 30° **7.** RELIG ▸ **l'Élévation (de l'hostie)** [moment, geste] the Elevation *(of the Host)*.

élévatoire [elevatwaʀ] adj lifting, hoisting, elevator *(modif)*.

élève [elɛv] nmf **1.** ÉDUC [enfant] pupil ; [adolescent] student ▸ **élève pilote** trainee pilot ▸ **élève professeur** student ou trainee teacher **2.** [disciple] disciple, pupil **3.** MIL cadet ▸ **élève officier** officer cadet *(in the Merchant Navy)* ▸ **élève officier de réserve** military cadet **4.** AGR young stock animal **5.** HORT seedling.

élevé, e [elve] adj **1.** [fort - prix, niveau de vie] high / *le nombre élevé des victimes / guérisons* the high number of victims / of patients cured ▸ **taux peu élevé** low rate **2.** [étage] high ; [arbre] tall, lofty *litt* / *les branches les plus élevées* the highest ou top branches / *de la position élevée où j'étais, je voyais trois comtés* from my lofty observation point I could see three counties **3.** [important - position] high, high-ranking ; [- rang, condition] high, elevated **4.** *litt* [noble - inspiration, style] elevated, noble, lofty / *un sens élevé du devoir* a strong sense of duty / *avoir une âme élevée* to be high-minded **5.** [éduqué] ▸ **bien élevé** well-mannered, well-bred, well brought-up ▸ **mal élevé** bad-mannered, ill-mannered, rude / *c'est très mal élevé de répondre* it's very rude ou it's bad manners to answer back ; [grandi] : *avec des enfants élevés, je dispose de plus de liberté* now that my children are grown-up, I have more freedom.

élever [19] [elve] vt **1.** [éduquer - enfant] to bring up *(sép)*, to raise / *nous avons été élevés ensemble* we were brought up ou raised together / *j'ai été élevé dans le catholicisme* I was brought up a Catholic ▸ **élever qqn dans du coton** to overprotect sb, to mollycoddle sb **2.** [nourrir - bétail] to breed, to raise ; [- moutons, chiens] to breed ; [- abeilles] to keep **3.** [hisser - fardeau] to raise, to lift (up) *(sép)* **4.** [ériger - statue, chapiteau] to erect, to raise, to put up *(sép)* **5.** [augmenter - prix, niveau, volume] to raise ▸ **élever la voix** ou **le ton** to raise one's voice **6.** [manifester - objection, protestation] to raise ; [- critique] to make **7.** [promouvoir] to elevate, to raise ▸ **élever qqn au grade d'officier** to promote ou to raise sb to (the rank of) officer **8.** [ennoblir] to elevate, to uplift / *une lecture qui élève l'esprit* an elevating ou uplifting read ▸ **élever le débat** to raise the tone of the debate **9.** [vin] to mature ▸ **élevé en fût(s) de chêne** matured in oak casks **10.** GÉOM ▸ **élever une perpendiculaire** to raise a perpendicular ; MATH ▸ **élever un nombre au carré / cube** to square / to cube a number / *élever un nombre à la puissance 3* to raise a number to the power of 3.

❖ **s'élever** vpi **1.** [augmenter - taux, niveau] to rise, to go up / *la température s'est élevée de 10 degrés* the temperature has risen by ou has gone up 10 degrees **2.** [se manifester] : *on entend s'élever des voix* you can hear voices being raised ▸ **s'élever contre a)** [protester contre] to protest against **b)** [s'opposer à] to oppose **3.** [monter - oiseau] to soar, to fly ou to go up, to ascend ; [- cerf-volant] to go up, to soar **4.** [être dressé - falaise, tour] to rise ; [- mur, barricades] to stand / *là où s'élève maintenant l'école* where the school now stands **5.** *fig* [moralement, socialement] to rise ▸ **s'élever au-dessus de** [jalousies, passions, préjugés] to rise above / *s'élever au-dessus de sa condition* to rise above one's condition ▸ **s'élever dans l'échelle sociale** to work one's way up ou to climb the social ladder / *s'élever à la force du poignet* to work one's way up unaided / *votre âme s'élèvera par des prières constantes* your soul will be elevated by constant prayer.

❖ **s'élever à** vp + prép [facture, bénéfices, pertes] to total, to add up to, to amount to / *le bilan s'élève à 10 morts et 12 blessés* the number of casualties is 10 dead and 12 injured.

éleveur, euse [elvœʀ, øz] nm, f stockbreeder ▸ **éleveur de bétail** cattle breeder ou farmer, cattle rancher US / *éleveur de chiens* dog breeder / *éleveur de moutons / volaille* sheep / chicken farmer.

❖ **éleveuse** nf ▸ **éleveur à poussins** brooder.

elfe [ɛlf] nm elf.

élider [3] [elide] vt to elide *spéc*, to drop.

❖ **s'élider** vp *(passif)* to elide *spéc*, to be dropped, to disappear.

Élie [eli] npr BIBLE Elijah.

éligibilité [eliʒibilite] nf POL eligibility.

éligible [eliʒibl] adj POL eligible.

élimé, e [elime] adj worn, threadbare / *un pantalon élimé aux genoux* trousers worn ou threadbare at the knees.

élimer [3] [elime] vt to wear thin.

❖ **s'élimer** vpi to wear thin, to become threadbare.

éliminateur, trice [eliminatœʀ, tʀis] adj **1.** [qui exclut] eliminative, eliminatory, eradicating **2.** PHYSIOL eliminative.

élimination [eliminasjɔ̃] nf **1.** PHYSIOL eliminating, voiding, expelling **2.** [exclusion] elimination, eliminating, excluding / *procéder par élimination* to use a process of elimination.

éliminatoire [eliminatwaʀ] ◆ adj [note, épreuve] eliminatory ; [condition, vote] disqualifying. ◆ nf *(souvent au pl)* SPORT preliminary heat.

éliminer [3] [elimine] vt **1.** [se débarrasser de] to remove, to get rid of ; PHYSIOL [déchets, urine] to eliminate / *éliminer les kilos en trop* to get rid of excess weight / *pour éliminer le tartre* to remove tartar ; *(en usage absolu)* : *il faut boire pour éliminer* you have to drink to clean out your system **2.** SPORT to eliminate, to knock out *(sép)* / *se faire éliminer* to be eliminated **3.** [rejeter - hypothèse, possibilité] to eliminate, to dismiss, to rule out *(sép)* ▸ **éliminer qqch de** to exclude sthg from / *éliminer un nom d'une liste* to strike ou to cross a name off a list ▸ **éliminer qqn d'un comité** to throw sb off a committee **4.** [tuer] to eliminate, to liquidate **5.** MATH to eliminate.

élingue [elɛ̃g] nf sling *(of a crane)*.

élinguer [3] [elɛ̃ge] vt to sling.

élire [106] [eliʀ] vt **1.** POL to elect / *être élu à une assemblée* to be elected to an assembly / *élire un nouveau président* to elect ou to vote in a new president / *ils l'ont élu membre de leur comité* they co-opted him onto their committee / *se faire élire* to be elected **2.** *litt* [choisir] to elect *litt*, to choose ▸ **élire qqn pour confident** to choose sb as one's confidant **3.** EXPR ▸ **élire domicile à** to take up residence ou to make one's home in.

Élisabeth [elizabɛt] npr ▸ **la reine Élisabeth** Queen Elizabeth ▸ **sainte Élisabeth** Saint Elizabeth.

élisabéthain, e [elizabetɛ̃, ɛn] adj Elizabethan.

élisait v ⟶ **élire.**

Élisée [elize] npr BIBLE Elisha.

élision [elizjɔ̃] nf elision / *il y a élision du « e »* the "e" elides.

élitaire [elitɛʀ] adj elite *(modif)*.

élite [elit] nf **1.** [groupe] elite ▸ **une élite** an elite ▸ **l'élite de** the elite ou cream of / *l'élite de la haute couture* top fashion designers **2.** SUISSE military obligation.

❖ **d'élite** loc adj elite *(modif)*, top *(avant nom)*.

élitisme [elitism] nm elitism.

élitiste [elitist] adj & nmf elitist.

élixir [eliksiʀ] nm **1.** MYTH & PHARM elixir / *élixir d'amour / de longue vie* elixir of love / life ▸ **élixir parégorique** paregoric (elixir) **2.** *arch* [quintessence] quintessence, substance.

elle [ɛl] *(pl* **elles***)* pron pers f **1.** [sujet d'un verbe - personne] she ; [- animal, chose] it ; [- animal de compagnie] she ▸ **elles** they / *Sophie est arrivée, elle déjeune avec nous* Sophie has just arrived, she's eating with us ▸ **viendra-t-elle?** will she come? **2.** [emphatique - dans une interrogation] : *ta mère est-elle rentrée?* has your mother come back? ▸ **Sophie a-t-elle appelé?** has Sophie called? **3.** [emphatique - avec 'qui' et 'que'] : *c'est elle qui me l'a dit* she's the one who told me, it was she who told me / *ce sont elles qui ont voulu partir* they were the ones who wanted to leave, it was they who wanted to leave / *c'est elle que je ne supporte pas* she's the one I can't stand, it's her I can't stand **4.** [complément - personne] her ; [- animal, chose] it ; [- animal de compagnie] her / *dites-le-lui à elle* tell it to her, tell her it / *il n'aime qu'elle* he loves only her / *nous sommes contents d'elle* we are pleased with her.

Voir encadré à l'article lui.

ellébore [elebɔʀ] = **hellébore.**

elle-même [ɛlmɛm] pron pers [désignant - une personne] herself ; [- une chose] itself / *elles-mêmes* themselves.

elles [ɛl] fpl ⟶ **elle.**

ellipse [elips] nf **1.** MATH ellipse **2.** LING ellipsis / *parler par ellipses* [allusivement] to hint at things, to express o.s. elliptically.

ellipsoïdal, e, aux [elipsɔidal, o] adj ellipsoidal.

ellipsoïde [elipsɔid] nm ellipsoid.

elliptique [eliptik] adj **1.** MATH elliptic, elliptical **2.** LING elliptical.

elliptiquement [eliptikmɑ̃] adv elliptically.

élocution [elɔkysjɔ̃] nf [débit] delivery ; [diction] diction, elocution / *avoir une élocution claire* to have clear diction.

élodée [elɔde] nf BOT water thyme, elodea *spéc*.

éloge [elɔʒ] nm **1.** [compliment] praise ▸ **couvrir qqn d'éloges** to shower sb with praise ▸ **décerner un très bel éloge à qqn** to give sb an accolade ▸ **digne d'éloges** praiseworthy ▸ **faire l'éloge de** to speak highly of ou in praise of / *faire son propre éloge* to sing one's own praises, to blow one's own trumpet UK ou horn US **2.** *litt* [panégyrique] eulogy ▸ **faire l'éloge d'un écrivain** to eulogize a writer ▸ **éloge funèbre** funeral oration ▸ **prononcer l'éloge funèbre de qqn** to deliver a funeral oration in praise of sb.

❖ **à l'éloge de** loc prép (much) to the credit of / *elle a refusé, c'est tout à son éloge* she said no, (much) to her credit.

élogieusement [elɔʒjøzmɑ̃] adv highly, favourably / *il a décrit élogieusement leur demeure* he was full of praise for their house.

élogieux, euse [elɔʒjø, øz] adj laudatory, complimentary, eulogistic / *il a été très élogieux sur ton compte* he spoke very highly ou most favourably of you / *parler en termes élogieux de* to speak very highly of, to be full of praise for.

éloigné, e [elwaɲe] adj **1.** [loin de tout - province, village] distant, remote, faraway **2.** [distant] : *les deux villes sont éloignées de 50 kilomètres* the two towns are 50 kilometres apart / *maintenant que tout danger est éloigné* now that there is no further risk, now that the danger is past / *le point le plus éloigné* the furthest ou furthermost point ▸ **éloigné de** [à telle distance de] : *ce n'est pas très éloigné de l'aéroport* it's not very far (away) from the airport / *rien ne me tiendra éloigné de toi* nothing will keep me away from you / *se tenir éloigné du feu* to keep away from the fire / *se tenir éloigné de la politique* to keep away from ou to steer clear of politics / *rien n'est plus éloigné de mes pensées* nothing could be ou nothing is further from my thoughts / *je n'étais pas éloigné de croire que l'affaire réussirait* sout I almost believed that the deal would come off **3.** [dans le temps] distant, remote, far-off / *tout cela me semble si éloigné maintenant* all this seems so distant ou far away now / *dans un passé / avenir pas si éloigné que ça* in the not-too-distant past / future **4.** [par la parenté] distant ▸ **nous sommes parents éloignés** we're distantly related / *nous sommes cousins éloignés* we're distant cousins ou cousins several times removed **5.** [différent] ▸ **éloigné de** far removed ou very different from / *c'est assez éloigné de ce que j'ai fait jusqu'à maintenant* it's quite different from what I've been doing up to now.

éloignement [elwaɲmɑ̃] nm **1.** [distance dans l'espace] distance, remoteness / *l'éloignement fait paraître la maison minuscule* distance makes the house look tiny / *l'éloignement du village ne facilite pas l'organisation des secours* the remoteness of the village makes rescue work more difficult **2.** [retrait] : *l'éloignement* *de la vie politique m'a fait réfléchir* being away from politics made me do some thinking **3.** [mise à distance] taking away, removing, removal / *le tribunal a ordonné l'éloignement de mes enfants* the court has ordered that my children be taken away from me.

éloigner [3] [elwaɲe] vt **1.** [mettre loin] to move ou to take away *(sép)* / *éloigner sa chaise de la table* to move one's chair away from the table / *ils disent avoir éloigné l'enfant pour son propre bien* they say they took the child away for his own good / *les verres concaves éloignent les objets* concave mirrors make objects look distant / *ça nous éloignerait du sujet* that would take us away from the point **2.** [séparer] ▸ **éloigner qqn de** to take sb away from / *mon travail m'a éloigné de ma famille* my work's kept me away from my family / *elle a tout fait pour l'éloigner de moi* she tried everything to take him away from me ▸ **éloigner qqn du pouvoir** to keep sb out of power / *il a éloigné tous ses amis par son snobisme* his snobbish ways have alienated all his friends **3.** [repousser - insectes, mauvaises odeurs] to keep off *(sép)*, to keep at bay **4.** [dissiper - idée, souvenir] to banish, to dismiss ; [- danger] to ward off *(sép)* ▸ **éloigner les soupçons de qqn** to avert suspicion from sb **5.** [reporter - échéance] to postpone, to put off *(sép)*.

❖ **s'éloigner** vpi **1.** [partir - tempête, nuages] to pass, to go away ; [- véhicule] to move away ; [- personne] to go away / *les bruits de pas s'éloignèrent* the footsteps grew fainter / *s'éloigner à la hâte / à coups de rame* to hurry / to row away / *ne vous éloignez pas trop, les enfants* don't go too far (away), children / *éloignez-vous du bord de la falaise* move away ou get back from the edge of the cliff / *éloignez-vous de cette ville quelque temps* leave this town for a while ▸ **s'éloigner du sujet** to wander away from ou off the point **2.** [s'estomper - souvenir, rêve] to grow more distant ou remote ; [- crainte] to go away ; [- danger] to pass **3.** [s'isoler] to move ou to grow away / *s'éloigner du monde des affaires* to move away from ou to abandon one's involvement with the world of business ▸ **s'éloigner de la réalité** to lose touch with reality **4.** [affectivement] : *il la sentait qui s'éloignait de lui* he could feel that she was growing away from him ou becoming more and more distant / *il s'est lentement éloigné de nous* he slowly drifted ou grew away from us / *peu à peu ils se sont éloignés l'un de l'autre* they gradually drifted apart **5.** [dans le temps] : *plus on s'éloigne de cette période...* the more distant that period becomes...

élongation [elɔ̃gasjɔ̃] nf **1.** MÉD [d'un muscle] strained ou pulled muscle ; [d'un ligament] pulled ligament ▸ **se faire une élongation a)** [d'un muscle] to strain ou to pull a muscle **b)** [d'un ligament] to pull a ligament / *je souffre d'une élongation à la jambe* [muscle] I've strained ou pulled a muscle in my leg **2.** PHYS displacement **3.** ASTRON elongation.

éloquemment [elɔkamɑ̃] adv **1.** [en parlant bien] eloquently **2.** [avec expressivité] eloquently, expressively **3.** [avec persuasion] eloquently, persuasively.

éloquence [elɔkɑ̃s] nf **1.** [art de parler] eloquence, fine oratory **2.** [expressivité] eloquence, expressiveness ▸ **avec éloquence** eloquently **3.** [persuasion] persuasiveness, eloquence.

éloquent, e [elɔkɑ̃, ɑ̃t] adj **1.** [parlant bien] eloquent ▸ **il est très éloquent** he's a fine speaker **2.** [convaincant - paroles] eloquent, persuasive ; [- chiffres, réaction] eloquent / *un discours éloquent* an eloquent speech **3.** [expressif] eloquent, expressive / *le geste était très éloquent* the gesture said it all ▸ **ces images sont éloquentes** these pictures speak volumes ou for themselves.

Eltsine [ɛltsin] npr ▸ **Boris Eltsine** Boris Yeltsin.

élu, e [ely] ◆ pp ⟶ **élire.** ◆ adj **1.** RELIG chosen **2.** POL elected. ◆ nm, f **1.** POL [député] elected representative ; [conseiller] elected representative, councillor ▸ **les élus locaux** local councillors **2.** *hum* [bien-aimé] : *qui est l'heureux élu ?* who's the lucky man ? ▸ **l'élu de mon / ton cœur** my / your beloved **3.** RELIG ▸ **les élus** the chosen ones, the elect.

élucidation [elysidasjɔ̃] nf elucidation, clarification.

élucider [3] [elyside] vt [mystère] to elucidate, to explain, to clear up *(sép)* ; [problème, texte] to elucidate, to clarify.

élucubrations [elykybrasjɔ̃] nfpl *péj* ravings, rantings.

éluder [3] [elyde] vt to elude, to evade.

élusif, ive [elyzif, iv] adj elusive.

élut v ⟶ **élire.**

éluvial, e, aux [elyvjal, o] adj eluvial.

éluvion [elyvjɔ̃] nf eluvium.

Élysée [elize] npr m **1.** MYTH Elysium **2.** POL ▸ **(le palais de) l'Élysée** the Élysée Palace *(the official residence of the French President)*.

 **L'Élysée**

This eighteenth-century palace near the Champs-Élysées in Paris is the official residence of the French President. The name is often used to refer to the presidency itself.

élyséen, enne [elizeɛ̃, ɛn] adj **1.** MYTH Elysian **2.** POL from the Élysée Palace, presidential.

élytre [elitʀ] nm elytron, elytrum.

émaciation [emasjasjɔ̃] nf emaciation / *l'émaciation de leur corps* the emaciation ou the wasted state of their bodies.

émacié, e [emasje] adj emaciated, wasted.

émacier [9] [emasje] vt to emaciate.

❖ **s'émacier** vpi to become emaciated ou wasted.

e-mail [imel] nm email (message).

émail [emaj] *(pl* **émails** *ou* **émaux***)* nm **1.** *(pl* **émaux** [emo]) [matière] enamel **2.** *(pl* **émaux** [emo]) [objet] piece of enamelware ou enamelwork **3.** *(pl* **émails***)* ANAT enamel.

❖ **émaux** nmpl coloured enamels / *faire des émaux* to do enamel work.

❖ **d'émail, en émail** loc adj enamel *(modif)*, enamelled UK enameled US.

émaillage [emajaʒ] nm [en décoration] enamelling.

émailler [3] [emaje] vt **1.** [en décoration] to enamel **2.** [parsemer] to dot, to scatter, to speckle / *le pré est émaillé de coquelicots, les coquelicots émaillent le pré* the field is scattered ou dotted ou speckled with poppies / *émailler un discours de citations* to pepper ou to sprinkle a speech with quotations / *une lettre émaillée de fautes* a letter riddled with mistakes ▸ **un ciel émaillé d'étoiles** a star-studded sky.

émailleur, euse [emajœʀ, øz] nm, f enamel worker.

émanation [emanasjɔ̃] nf [expression] expression / *l'émanation de la volonté populaire* the expression of the people's will / *ce journal est une émanation du pouvoir* this paper is a mouthpiece for the government.

❖ **émanations** nfpl [vapeurs] smells, emanations ▸ **des émanations de gaz** a smell of gas ▸ **émanations pestilentielles** miasmas, foul emanations ▸ **émanations volcaniques** volatiles ▸ **émanations toxiques** toxic fumes.

émancipateur, trice [emɑ̃sipatœʀ, tʀis] ◆ adj emancipatory, liberating. ◆ nm, f emancipator, liberator.

émancipation [emɑ̃sipasjɔ̃] nf **1.** [libération - gén] emancipation ; [- de la femme] emancipation, liberation **2.** DR emancipation.

émancipé, e [emɑ̃sipe] ◆ adj [peuple] emancipated ; [femme] emancipated, liberated. ◆ nm, f [sans préjugés] free spirit.

émanciper [3] [emɑ̃sipe] vt **1.** [libérer - gén] to emancipate ; [- femmes] to emancipate, to liberate ▸ **émanciper qqn de** to liberate ou to free sb from **2.** DR to emancipate.

❖ **s'émanciper** vpi **1.** [se libérer - gén] to become emancipated ; [- femme] to become emancipated ou liberated ▸ **s'émanciper de** to become free from / *sa peinture s'est émancipée de tout académisme* her painting has freed itself from any hint of academicism **2.** *péj* [devenir trop libre] to become rather free in one's ways.

émaner [3] [emane] ❖ **émaner de** v + prép [suj : odeur, lumière] to emanate *sout* ou to come from ; [suj : demande, mandat] to come from, to be issued by ; [suj : autorité, pouvoir] to issue from / *le doux parfum qui émane du chèvrefeuille* the sweet fragrance coming ou emanating *sout* from the honeysuckle / *il émanait d'elle un charme mélancolique* she had an aura of melancholy charm.

émargement [emaʀʒəmɑ̃] nm **1.** [fait de signer] signing ▸ **émargement d'un contrat** initialling a contract **2.** [signature] signature.

émarger [17] [emaʀʒe] vt **1.** [signer] to sign ; [annoter] to annotate **2.** [réduire la marge de] to trim.

❖ **émarger à** v + prép : *émarger au budget de l'État* to be paid out of state funds.

émasculation [emaskylasjɔ̃] nf **1.** [castration] emasculation, emasculating **2.** *litt* [affaiblissement - gén] emasculation *litt* weakening ; [- d'une œuvre] bowdlerization / *l'émasculation d'une politique* taking all the teeth out of a policy.

émasculer [3] [emaskyle] vt **1.** [castrer] to emasculate **2.** *litt* [affaiblir - politique, directive] to weaken ; [- œuvre] to bowdlerize.

émaux [emo] pl ⟶ **émail.**

emballage [ɑ̃balaʒ] nm **1.** [gén] packaging ; [papier] wrapper ; [matière] wrapping ou packing materials ▸ **emballage consigné / perdu** returnable / non-returnable packing ▸ **glaces en emballage consigné** ice-cream sold in returnable containers ▸ **emballage bulle** blister pack ▸ **emballage recyclable** recyclable container **2.** [processus] packing ou wrapping (up) **3.** *fam* SPORT final sprint.

❖ **d'emballage** loc adj [papier] packing, wrapping ▸ **toile d'emballage** canvas wrapper.

emballant, e [ɑ̃balɑ̃, ɑ̃t] adj *fam* inspiring, thrilling, exciting / *une proposition emballante* an attractive ou exciting proposition / *pas très emballant* not very exciting.

emballé, e [ɑ̃bale] adj : *il était complètement emballé par l'idée* he was completely bowled over by the idea.

emballement [ɑ̃balmɑ̃] nm **1.** [d'un cheval] bolting ; [d'un moteur] racing / *l'emballement des cours à la Bourse* the Stock-Exchange boom **2.** [enthousiasme] sudden passion, flight ou burst of enthusiasm / *son emballement soudain pour le jazz* her sudden craze for jazz **3.** [emportement] : *il a des emballements* he gets worked up very easily ▸ **dans un moment d'emballement** without thinking.

emballer [3] [ɑ̃bale] vt **1.** [empaqueter - marchandises] to pack (up) ; [- cadeau] to wrap (up) **2.** [moteur] to race **3.** *fam* [enthousiasmer - projet, livre] to grab, to thrill (to bits) / *ça n'a pas l'air de l'emballer* he doesn't seem to think much of the idea **4.** *tfam* [arrêter - truand] to pull ou to run in *(sép)*, to nick UK to bust US **5.** *tfam* [séduire] to chat up, to pull UK.

❖ **s'emballer** vpi **1.** [cheval] to bolt ; [moteur] to race ; [cours, taux] to take off **2.** *fam* [s'enthousiasmer] to get carried away / *ne t'emballe pas trop vite !* don't get carried away ! ▸ **s'emballer pour qqch** to get excited about sthg **3.** [s'emporter] to flare ou to blow up.

emballeur, euse [ɑ̃balœʀ, øz] nm, f packer.

embarbouiller [3] [ɑ̃baʀbuje] vt *fam* to confuse, to muddle, to befuddle.

❖ **s'embarbouiller** vpi *fam* to get mixed ou muddled up.

embarcadère [ɑ̃baʀkadɛʀ] nm landing stage, pier.

embarcation [ɑ̃baʀkasjɔ̃] nf (small) boat ou craft.

embardée [ɑ̃baʀde] nf [d'une voiture] swerve, lurch ; [d'un bateau] yaw, lurch ▸ **faire une embardée a)** [voiture] to swerve, to lurch **b)** [bateau] to yaw, to lurch.

embargo [ɑ̃baʀgo] nm **1.** NAUT embargo / *mettre l'embargo sur un navire* to lay ou to put an embargo on a ship, to embargo a ship **2.** ÉCON embargo ▸ **mettre un embargo sur** to enforce an embargo on, to embargo / *lever l'embargo sur les ventes d'armes* to lift ou to raise the embargo on arms sales.

embarqué, e [ɑ̃baʀke] adj [équipement automobile] in-car.

embarquement [ɑ̃baʀkəmɑ̃] nm **1.** [de marchandises] loading **2.** [des passagers - d'un navire] embarkation, boarding ; [- d'un avion] boarding ▸ **embarquement immédiat porte 16** now boarding at gate 16.

embarquer [3] [ɑ̃baʀke] ◆ vt **1.** TRANSP [matériel, troupeau] to load ; [passagers] to embark, to take on board **2.** *fam* [emporter - voiture, chien] to cart off ou away *(sép)* / *m'embarque pas mon blouson!* don't walk ou waltz off with my jacket! **3.** *fam* [voler] to pinch, to filch, to nick UK / *les voleurs avaient tout embarqué dans le salon* the burglars had walked off with everything there was in the living room **4.** *fam* [arrêter - gang, manifestant] to pull in / *se faire embarquer par les flics* to get pulled in by the police **5.** *fam* [entraîner] to lug ou to take off *(sép)* / *ils m'ont embarqué au match* they lugged ou dragged me off to the match / *c'est eux qui l'ont embarqué dans cette affaire* they're the ones who got him involved ou mixed up in this business / *c'est un chemin non carrossable, où nous embarques-tu?* it's a non-metalled road, where are you taking us (off) to? **6.** *fam* [commencer] : *la réunion est bien / mal embarquée* the meeting's got off to a flying / lousy start **7.** NAUT ▸ **embarquer de l'eau** to take in ou to ship water. ◆ vi **1.** [aller à bord] to board, to go aboard ou on board **2.** [partir en bateau] to embark / *nous embarquons demain pour Rio* we're embarking ou sailing for Rio tomorrow **3.** NAUT : *l'eau embarquait dans les cales* the holds were taking in ou shipping water.

❖ **s'embarquer** vpi [aller à bord] to embark, to go on board, to board / *s'embarquer pour une croisière* to embark on a cruise.

❖ **s'embarquer dans** vp + prép to embark on ou upon, to begin, to undertake / *s'embarquer dans une aventure financière* to embark on ou to launch o.s. into a business venture / *dans quelle histoire me suis-je embarqué!* what sort of a mess have I got myself into! / *je ne savais pas dans quoi je m'embarquais en acceptant* I didn't know what I was walking into ou getting mixed up in when I said yes.

embarras [ɑ̃baʀa] nm **1.** [malaise] embarrassment, confusion / *à mon grand embarras, il m'a embrassé* to my great embarrassment, he kissed me **2.** [souci] ▸ **l'embarras, les embarras** trouble / *tout l'embarras que tu me causes* all the trouble you give me / *avoir des embarras financiers* ou *d'argent* to be in financial difficulties, to have money problems ▸ **être dans l'embarras** [dans la pauvreté] to be short of money **3.** [cause de souci] nuisance, cause of annoyance ▸ **être un embarras pour qqn** to be a nuisance to sb **4.** [position délicate] predicament, awkward position ou situation ▸ **être dans l'embarras a)** [mal à l'aise] to be in a predicament ou in an awkward position **b)** [face à un dilemme] to be in ou caught on the horns of a dilemma ▸ **mettre dans l'embarras** : *ma question l'a mis dans l'embarras* my question put him on the spot ▸ **tirer qqn d'embarras** : *tirer un ami d'embarras* to help a friend out of a predicament / *pour le tirer d'embarras, je suis allé sonner à la porte* to rescue him from an awkward situation ou to get him out of his predicament, I went and rang the bell ▸ **l'embarras du choix** an embarrassment of riches ▸ **avoir l'embarras du choix** ou **n'avoir que l'embarras du choix** : *on les a en dix teintes, vous avez l'embarras du choix* ou *vous n'avez que l'embarras du choix* they come in ten different shades, you're spoilt for choice / *on n'a pas l'embarras du choix, il faut accepter* we don't have much of a choice, we have to accept **5.** *péj* [simagrées] ▸ **faire des embarras** to make a fuss **6.** MÉD ▸ **embarras gastrique** upset stomach, stomach upset **7.** *vieilli* : *les embarras de la circulation* traffic congestion / *les embarras de Paris* street congestion in Paris.

embarrassant, e [ɑ̃baʀasɑ̃, ɑ̃t] adj **1.** [gênant - silence, situation] embarrassing, awkward **2.** [difficile - problème, question] awkward, thorny, tricky **3.** [encombrant - colis, vêtement] cumbersome.

embarrassé, e [ɑ̃baʀase] adj **1.** [gêné - personne] embarrassed ; [- sourire, regard] embarrassed, uneasy / *avoir l'air embarrassé* to look embarrassed ou awkward **2.** [confus - explication] confused, muddled **3.** [encombré] : *avoir les mains embarrassées* to have one's hands full **4.** [pauvre] short (of money) / *je me trouve plutôt embarrassé en ce moment* I'm a bit short (of money) at the moment **5.** MÉD ▸ **avoir l'estomac embarrassé** to have an upset stomach.

embarrasser [3] [ɑ̃baʀase] vt **1.** [mettre mal à l'aise] to embarrass / *ça m'embarrasse de lui demander son âge* I'm embarrassed to ask her how old she is / *elle n'a dit cela que pour m'embarrasser* she only said that to embarrass me ou to make me feel ill at ease **2.** [rendre perplexe] : *ce qui m'embarrasse le plus c'est l'organisation du budget* what I find most awkward is how to organize the budget / *être embarrassé pour trouver le mot juste* to be at a loss for the right word / *je serais bien embarrassé de dire qui a raison* I'd be hard put ou at a loss to decide who was right **3.** [encombrer] to clutter up *(sép)*, to obstruct / *des colis embarrassaient le couloir* packages were cluttering up ou obstructing the corridor / *laisse ta valise ici, elle va t'embarrasser* leave your suitcase here, it'll get in your way / *si je t'embarrasse, dis-le moi* please tell me if I'm in your way **4.** MÉD ▸ **embarrasser l'estomac** to cause a stomach upset.

❖ **s'embarrasser dans** vp + prép : *s'embarrasser dans sa traîne* to trip over one's train ▸ **s'embarrasser dans ses mensonges / explications** to get tangled up in one's lies / explanations.

❖ **s'embarrasser de** vp + prép **1.** [s'encombrer de] to burden o.s. with ▸ **s'embarrasser de qqch / qqn** to burden o.s. with sthg / sb **2.** [s'inquiéter de] to trouble o.s. with / *pour réussir dans ce métier, il ne faut pas s'embarrasser de scrupules* you mustn't trouble ou burden yourself with scruples if you want to succeed in this job / *sans s'embarrasser de présentations* without bothering with the (usual) introductions.

embase [ɑ̃baz] nf MENUIS base.

embastiller [3] [ɑ̃bastije] vt *hum* to imprison, to incarcerate *sout*.

embauchage [ɑ̃boʃaʒ] nm hiring.

embauche [ɑ̃boʃ] nf hiring / *il n'y a pas d'embauche (chez eux)* they're not hiring anyone, there are no vacancies / *quelle est la situation de l'embauche?* are companies taking on ou hiring staff?

embaucher [3] [ɑ̃boʃe] vt to take on *(sép)*, to hire.

embauchoir [ɑ̃boʃwaʀ] nm shoetree.

embaumement [ɑ̃bommɑ̃] nm embalming.

embaumer [3] [ɑ̃bome] ◆ vt **1.** [parfumer - air] to make fragrant / *la lavande embaumait la salle* the scent of lavender filled the room **2.** [sentir parfum] to be fragrant with the scent of ; [- odeur de cuisine] to be fragrant with the aroma of **3.** [momifier] to embalm. ◆ vi [femme] to be fragrant ; [mets] to fill the air with a pleasant smell ou a delicious aroma ; [fleur, plante] to fill the air with a lovely fragrance ou a delicate scent.

embaumeur, euse [ɑ̃bomœʀ, øz] nm, f embalmer.

embellie [ɑ̃beli] nf **1.** MÉTÉOR [de soleil] bright interval ; [du vent] lull **2.** [amélioration] : *une embellie dans sa vie* a happier period in her life / *une embellie dans leurs rapports* an improvement in their relationship.

embellir [32] [ɑ̃beliʀ] ◆ vt **1.** [enjoliver - rue] to make prettier ; [- pièce] to decorate, to adorn / *embellir une femme* to make a woman prettier ou more beautiful / *la maturité l'a embellie* she's grown more beautiful with age **2.** [exagérer - histoire] to embellish, to embroider on *(insép)*, to add frills to ▸ **embellir la réalité** to make things seem more attractive than they really are. ◆ vi *(aux avoir ou être)* to grow prettier ou more beautiful.

embellissement [ɑ̃belismɑ̃] nm **1.** [fait d'améliorer] embellishment, embellishing **2.** [apport - à un décor] embellishment ; [- à une histoire] embellishment, frill / *il y a beaucoup d'embellissements dans son récit* there's a lot of poetic licence in his story.

emberlificoter [3] [ɑ̃bɛʀlifikɔte] vt *fam* **1.** [tromper - personne] to soft-soap, to sweet-talk **2.** [compliquer] to muddle up *(sép)* / *quelle histoire emberlificotée!* what a muddle ou mix-up of a story! **3.** [empêtrer] to tangle up *(sép)*.

❖ **s'emberlificoter** vpt ▸ **s'emberlificoter les pieds dans** to get (one's feet) tangled up in.

❖ **s'emberlificoter dans** vp + prép *fam* **1.** [tissu, câbles] to get tangled up in **2.** [récit, calcul] to get muddled ou mixed up with.

emberlificoteur, euse [ɑ̃bɛʀlifikɔtœʀ, øz] *fam* ◆ adj soft-soaping, sweet-talking. ◆ nm, f sweet-talker.

embêtant, e [ɑ̃bɛtɑ̃, ɑ̃t] adj *fam* **1.** [lassant - travail] tiresome, boring **2.** [importun - enfant] annoying / *tu es embêtant avec tes questions* you're a nuisance with all these questions **3.** [gênant] tricky, awkward / *c'est embêtant d'inviter son ex-femme?* would it be awkward to invite his ex-wife ou if we invited his ex-wife?

embêtement [ɑ̃bɛtmɑ̃] nm *fam* problem, hassle ▸ **embêtements** trouble ▸ **avoir des embêtements** : *va les voir au commissariat, sinon tu peux avoir des embêtements* go and see them at the police station or you could get into trouble / *en ce moment, je n'ai que des embêtements* it's just one damn thing after another at the moment.

embêter [4] [ɑ̃bete] vt *fam* **1.** [importuner] to annoy, to bother / *n'embête pas ce pauvre animal* stop tormenting ou annoying that poor creature / *je leur renverrai le papier, rien que pour les embêter* I'll send them back the form, just to annoy them! ▸ **se faire embêter par qqn** to be hassled by sb **2.** [lasser] to bore **3.** [mettre mal à l'aise] to bother, to annoy / *cela m'embête d'avoir oublié* it annoys ou bothers me that I forgot.

❖ **s'embêter** vpi *fam* **1.** [s'ennuyer] to be bored / *s'embêter à mourir* to be bored to death ou tears / *s'embêter ferme* ou *à cent sous de l'heure* to be bored stiff ou to tears **2.** EXPR ▸ **il s'embête pas! a)** [il est sans scrupules] he's got a nerve! **b)** [il est riche] he does pretty well for himself!

❖ **s'embêter à** vp + prép : *je ne vais pas m'embêter à les éplucher* I'm not going to bother peeling them / *et moi qui me suis embêtée à le refaire!* to think I went to (all) the trouble of doing it again!

emblavage [ɑ̃blavaʒ] nm sowing with cereal crop.

emblaver [3] [ɑ̃blave] vt to sow (with cereal crop).

emblavure [ɑ̃blavyʀ] nf field sown with cereal crop.

emblée [ɑ̃ble] ❖ **d'emblée** loc adv straightaway, right away.

emblématique [ɑ̃blematik] adj emblematic.

emblème [ɑ̃blɛm] nm **1.** [blason] emblem **2.** [insigne] emblem, symbol / *les emblèmes de la profession* the insignia of the trade.

embobeliner [ɑ̃bɔbline], **embobiner** [3] [ɑ̃bɔbine] vt *fam* **1.** [tromper] to take in *(sép)*, to hoodwink / *je ne me laisserai pas embobiner par leurs promesses* I won't be taken in by their promises / *il t'a bien embobiné!* he really took you for a ride! **2.** [manipuler] to get round *(insép)* / *il sait t'embobeliner* he knows how to twist you round his little finger ou to get round you ▸ **je l'ai embobiné** I've got him where I want him / *tu ne m'embobineras pas avec toutes ces belles paroles* you won't sweet-talk me into it.

embobiner [ɑ̃bɔbine] vt **1.** [enrouler] to wind onto a bobbin **2.** = **embobeliner**.

emboîtable, emboitable* [ɑ̃bwatabl] adj : *cubes / tuyaux emboîtables* cubes / pipes fitting into each other ▸ **des tables emboîtables** a nest of tables.

emboîtage, emboitage* [ɑ̃bwataʒ] nm **1.** [rangement en boîte] packing (into boxes) **2.** [étui] case, casing.

emboîtement, emboitement* [ɑ̃bwatmɑ̃] nm : *l'emboîtement de deux tuyaux / os* the interlocking of two pipes / bones / *à l'emboîtement des deux pièces* at the join between the two parts, where the two parts fit into each other.

emboîter, emboiter* [3] [ɑ̃bwate] vt **1.** [ajuster - tuyaux] to fit together ; [- poupées russes] to fit into each other **2.** EXPR ▸ **emboîter le pas à qqn a)** *pr* to follow close behind sb **b)** *fig* to follow sb, to follow sb's lead.

* In reformed spelling (see p. 16-19).

❖ **s'emboîter, s'emboiter*** vpi to fit together ou into each other ▸ **des tables / poupées qui s'emboîtent les unes dans les autres** a nest of tables / dolls.

emboîture, emboiture* [ɑ̃bwatyʀ] nf fit, joint.

embolie [ɑ̃bɔli] nf embolism ▸ **embolie cérébrale** cerebral embolism ▸ **embolie gazeuse** air embolism ▸ **embolie pulmonaire** pulmonary embolism.

embonpoint [ɑ̃bɔ̃pwɛ̃] nm stoutness, portliness ▸ **prendre de l'embonpoint** to flesh out, to become stout, to put on weight.

embouche [ɑ̃buʃ] nf **1.** [engraissement] fattening up **2.** [pré] grazing.

embouché, e [ɑ̃buʃe] adj ▸ **mal embouché** *fam* [grossier] foulmouthed.

emboucher [3] [ɑ̃buʃe] vt **1.** MUS to put to one's mouth ▸ **emboucher la trompette** to trumpet **2.** ÉQUIT : *emboucher un cheval* to put the bit in a horse's mouth.

embouchure [ɑ̃buʃyʀ] nf **1.** GÉOGR mouth **2.** MUS mouthpiece, embouchure **3.** ÉQUIT mouthpiece.

embourber [3] [ɑ̃buʀbe] vt [enliser] to stick.

❖ **s'embourber** vpi [dans la boue] to get bogged down ou stuck in the mud / *s'embourber dans ses mensonges / contradictions* to get bogged down in one's lies / contradictions.

embourgeoisement [ɑ̃buʀʒwazmɑ̃] nm [d'un groupe] becoming (more) bourgeois / *l'embourgeoisement des vieux quartiers rénovés* the gentrification of renovated inner city areas.

embourgeoiser [3] [ɑ̃buʀʒwaze] ❖ **s'embourgeoiser** vpi **1.** POL to become (more) bourgeois **2.** *péj* [gén] to become fonder and fonder of one's creature comforts ; [jeune couple] to settle down to a comfortable married life.

embout [ɑ̃bu] nm **1.** [d'un parapluie] tip, ferrule **2.** [bout - d'un tuyau] nozzle ; [- d'une seringue] adapter.

embouteillage [ɑ̃butɛjaʒ] nm **1.** AUTO traffic jam ; [à un carrefour] gridlock US / *il y a de gros embouteillages* traffic is (jammed) solid / *un monstrueux embouteillage au carrefour* a huge snarl-up at the crossroads **2.** *fam* TÉLÉC logjam (of calls) / *il y a un embouteillage sur la ligne* the line is jammed with calls.

embouteiller [4] [ɑ̃buteje] vt **1.** [mettre en bouteilles] to bottle **2.** AUTO to jam (up) *(sép)* / *les routes sont embouteillées* the roads are congested ou jammed / *embouteiller un carrefour* to gridlock a junction US.

emboutir [32] [ɑ̃butiʀ] vt **1.** [heurter] to crash into *(insép)* / *je me suis fait emboutir par un bus* I was hit by a bus / *l'aile est toute emboutie* the wing's all dented **2.** MÉTALL to stamp.

emboutissage [ɑ̃butisaʒ] nm stamping.

emboutisseur, euse [ɑ̃butisœʀ, øz] nm, f stamper.

❖ **emboutisseuse** nf stamper, stamping machine.

embraie v ⟶ **embrayer.**

embranchement [ɑ̃bʀɑ̃ʃmɑ̃] nm **1.** [carrefour - routier] fork ; [- ferroviaire] junction **2.** [voie annexe - routière] side road ; [- ferroviaire] branch line **3.** [d'égout] junction **4.** [dans un arbre] : *un nid dans l'embranchement* a nest built where the trunk branches out **5.** ZOOL & BOT phylum.

embrancher [3] [ɑ̃bʀɑ̃ʃe] ❖ **s'embrancher** vpi ▸ **s'embrancher (sur)** to join (up with).

embrasement [ɑ̃bʀazmɑ̃] nm *litt* **1.** [incendie] blaze **2.** [rougeoiement] ▸ **l'embrasement du couchant** the blaze of the setting sun **3.** [exaltation - de l'âme] kindling ; [- de l'imagination] firing.

embraser [3] [ɑ̃bʀaze] vt *litt* **1.** [incendier] to set ablaze ou on fire, to set fire to / *la soif qui lui embrasait la gorge fig* the thirst burning his throat **2.** [illuminer] to set ablaze ou aglow / *le soleil levant embrasait le ciel* the rising sun set the sky aglow **3.** [rendre brûlant] to make burning hot / *le soleil de midi embrasait la route* the road was burning hot under the midday sun **4.** [exalter - imagination] to fire ; [- âme] to kindle, to set aflame / *ces projets d'aventure l'embrasaient* this talk of adventure fired his imagination.

❖ **s'embraser** vpi *litt* **1.** [prendre feu] to catch fire, to blaze ou to flare up **2.** [s'illuminer] to be set ablaze **3.** [devenir brûlant] to become burning hot **4.** [s'exalter - âme, imagination] to be set on fire, to be kindled ; [- opprimés] to rise up ▸ **les esprits s'embrasaient a)** [par enthousiasme] imaginations were fired **b)** [par colère] passions were running high.

embrassade [ɑ̃bʀasad] nf ▸ **une embrassade** a hug and a kiss / *des embrassades* hugging and kissing, hugs and kisses.

embrasse [ɑ̃bʀas] nf tieback.

embrassée [ɑ̃bʀase] adj f ⟶ **rime.**

embrassements [ɑ̃bʀasmɑ̃] nmpl hugging and kissing, hugs and kisses.

embrasser [3] [ɑ̃bʀase] vt **1.** [donner un baiser à] to kiss / *l'embrassant sur le front* kissing her (on the) forehead ▸ **embrasser qqn sur la bouche** to kiss sb on the lips / *embrasse Mamie, on s'en va!* kiss Granny goodbye ! / *elle l'embrassait avant qu'il ne s'endorme* she used to kiss him goodnight / *vous embrasserez vos parents pour moi* (kind) regards to your parents / *embrasse Lucie pour moi!* give Lucie a big kiss ou hug for me ! ▸ **je t'embrasse a)** [dans une lettre] with love **b)** [au téléphone] kiss kiss ! **2.** *litt* [serrer dans ses bras] to embrace, to hug / *qui trop embrasse, mal étreint prov* he who grasps at too much loses all **3.** [adopter - idée, foi] to embrace, to take up *(sép)* ; [- carrière] to take up **4.** [saisir] ▸ **embrasser du regard** to behold *litt* / *embrasser d'un seul coup d'œil* to take in at a single glance **5.** [comprendre] to grasp / *embrasser les données complexes d'un problème* to grasp the complex elements of a problem **6.** [englober] to encompass, to embrace.

❖ **s'embrasser** vp *(emploi réciproque)* to kiss (one another).

embrasure [ɑ̃bʀazyʀ] nf **1.** [de porte] door-frame ; [de fenêtre] window-frame ▸ **se tenir dans l'embrasure d'une porte / fenêtre** to be framed in a doorway / window **2.** ARCHIT embrasure.

embrayage [ɑ̃bʀɛjaʒ] nm **1.** [mécanisme] clutch **2.** [pédale] clutch (pedal) **3.** [fait d'embrayer] putting in the clutch ▸ **voiture à embrayage automatique** automatic car.

embrayer [11] [ɑ̃bʀeje] ◆ vt AUTO to put in the clutch of. ◆ vi **1.** AUTO to put in ou to engage the clutch ▸ **embraye!** clutch in! **2.** *fam* [commencer] to get cracking, to go into action ▸ **embrayer sur** to get straight into.

embrigadement [ɑ̃bʀigadmɑ̃] nm **1.** MIL [dans une brigade] brigading ; [enrôlement forcé] being dragooned into the army ou pressed into service **2.** *péj* [adhésion forcée] press-ganging.

embrigader [3] [ɑ̃bʀigade] vt **1.** MIL [dans une brigade] to brigade ; [de force] to dragoon into the army, to press into service **2.** *péj* [faire adhérer] to press-gang / *je ne veux pas être embrigadé dans leur mouvement* I won't let myself be press-ganged into joining their movement.

embringuer [3] [ɑ̃bʀɛ̃ge] vt *fam* ▸ **embringuer qqn dans** to drag sb into.

embrocation [ɑ̃bʀɔkasjɔ̃] nf embrocation.

embrochement [ɑ̃bʀɔʃmɑ̃] nm CULIN putting on a spit.

embrocher [3] [ɑ̃bʀɔʃe] vt **1.** CULIN to spit, to spit-roast **2.** *fam* [transpercer] ▸ **embrocher qqn avec qqch** to run sthg through sb.

embrouillage [ɑ̃bʀujaʒ] = **embrouillement.**

embrouillamini [ɑ̃bʀujamini] nm (hopeless) muddle ou mix-up.

embrouille [ɑ̃bʀuj] nf *fam* ▸ **des embrouilles** shenanigans, funny business.

embrouillé, e [ɑ̃bʀuje] adj **1.** [fils, câbles] tangled up, entangled, snarled up **2.** [situation] muddled, confusing ▸ **avoir les idées embrouillées** to have muddled ideas, to be confused.

embrouillement [ɑ̃bʀujmɑ̃] nm : *tous ces incidents ont contribué à l'embrouillement de la situation* all these incidents helped confuse the situation.

embrouiller [ɑ̃bʀuje] vt **1.** [emmêler] to tangle up / *j'ai embrouillé les fils* I got the wires tangled up ; *fig* ▸ **embrouiller qqn** to muddle sb, to confuse sb **2.** [compliquer] to complicate / *embrouiller la situation* ou *les choses* to confuse matters.

❖ **s'embrouiller** vpi to get muddled (up), to get confused.

embroussaillé, e [ɑ̃bʀusaje] adj [jardin] overgrown ; [cheveux] bushy ; [barbe] bushy, shaggy.

embruiné, e [ɑ̃bʀɥine] adj covered in (a fine) drizzle.

embrumer [3] [ɑ̃bʀyme] vt **1.** MÉTÉOR to cover in mist / *la ligne embrumée des cimes* the misty mountain tops **2.** *litt & fig* to cloud / *le sommeil lui embrumait encore les yeux* his eyes were still heavy ou blurred with sleep / *intelligence embrumée par la boisson* mind clouded with drink.

❖ **s'embrumer** vpi **1.** MÉTÉOR to mist over **2.** [esprit, intelligence] to become clouded.

embruns [ɑ̃bʀœ̃] nmpl ▸ **les embruns** the sea spray ou spume.

embryogenèse [ɑ̃bʀijɔʒənɛz] nf embryogenesis.

embryogénie [ɑ̃bʀijɔʒeni] nf embryogeny.

embryogénique [ɑ̃bʀijɔʒenik] adj embryogenic.

embryologie [ɑ̃bʀijɔlɔʒi] nf embryology.

embryologique [ɑ̃bʀijɔlɔʒik] adj embryologic, embryological.

embryologiste [ɑ̃bʀijɔlɔʒist] nmf embryologist.

embryon [ɑ̃bʀijɔ̃] nm **1.** BIOL & BOT embryo **2.** *fig* [commencement] embryo, beginning / *un embryon de projet* an embryonic project.

embryonnaire [ɑ̃bʀijɔnɛʀ] adj **1.** BIOL & BOT embryonic **2.** *fig* [non développé] embryonic, incipient / *idée encore à l'état embryonnaire* idea still at the embryonic stage.

embryopathie [ɑ̃bʀijɔpati] nf embryopathy.

embryoscopie [ɑ̃bʀijɔskɔpi] nf embryoscopy.

embûche, embuche* [ɑ̃byʃ] nf **1.** [difficulté] pitfall, hazard **2.** [piège] trap ▸ **examen semé d'embûches** exam paper full of trick questions.

embuer [7] [ɑ̃bɥe] vt to mist (up ou over) / *des lunettes embuées* misted-up spectacles / *les yeux embués de larmes* eyes misty with tears.

❖ **s'embuer** vpi to steam up.

embuscade [ɑ̃byskad] nf ambush ▸ **se tenir en embuscade** to lie in ambush ▸ **tomber dans une embuscade** *pr & fig* to be caught in an ambush ▸ **tendre une embuscade à qqn** *pr & fig* to set up an ambush for sb.

embusqué, e [ɑ̃byske] nm, f *péj* MIL : *les embusqués de l'arrière* the troops that keep behind the lines.

embusquer [3] [ɑ̃byske] ❖ **s'embusquer** vpi **1.** [pour attaquer] to lie in ambush **2.** *péj* [pendant la guerre] to avoid active service.

éméché, e [emeʃe] adj tipsy / *être (légèrement) éméché* to be tipsy.

émécher [18] [emeʃe] vt to make tipsy.

✐ In reformed spelling (see p. 16-19), this verb is conjugated like *semer*: *il émèchera, elle émècherait.*

émeraude [emʀod] ◆ nf emerald. ◆ adj inv emerald *(modif)*, emerald-green.

❖ **Émeraude** npr ▸ **la côte d'Émeraude** *part of the Northern French coast, near Saint-Malo.*

émergé, e [emɛʀʒe] adj : *les terres émergées* the land above water level / *la partie émergée de l'iceberg* the visible part of the iceberg.

émergement [emɛʀʒəmɑ̃] nm emergence.

émergence [emɛʀʒɑ̃s] nf **1.** [apparition - d'une idée] (sudden) appearance ou emergence **2.** GÉOGR [d'une source] source **3.** OPT ▸ **point d'émergence** point of emergence.

émergent, e [emɛʀʒɑ̃, ɑ̃t] adj **1.** *sout* [idée] emerging, developing **2.** OPT emergent.

* In reformed spelling (see p. 16-19).

émerger [17] [emɛʀʒe] vi **1.** *fam* [d'une occupation, du sommeil] to emerge ▸ **émerger de** to emerge from, to come out of **2.** [soleil] to rise, to come up **3.** [dépasser] ▸ **émerger de** [eau] to float (up) to the top of, to emerge from ▸ **une bonne copie / un bon élève qui émerge du lot** a paper / pupil standing out from the rest.

émeri [ɛmʀi] nm emery.

éméritat [emeʀita] nm BELG emeritus professorship.

émérite [emeʀit] adj **1.** [éminent] (highly experienced and) skilled, expert *(avant nom)* **2.** ▸ **professeur émérite** emeritus professor.

émersion [emɛʀsjɔ̃] nf **1.** [apparition] emersion, surfacing **2.** ASTRON emersion.

émerveillement [emɛʀvɛjmɑ̃] nm **1.** [émotion] wonder, wonderment *litt* / *il découvrait la mer avec émerveillement* he discovered the sea with wonder **2.** [chose merveilleuse] wonder / *le jardin ce matin, c'est un émerveillement* the garden is a wonder to behold this morning.

émerveiller [4] [emɛʀveje] vt to fill with wonder ou wonderment *litt* / *elle fixait la poupée d'un regard émerveillé* she gazed at the doll in wonder.

❖ **s'émerveiller** vpi to be filled with wonder, to marvel / *il s'émerveillait d'un rien* he marvelled at the smallest thing.

émet v ⟶ **émettre**.

émétique [emetik] adj & nm emetic.

émetteur, trice [emetœʀ, tʀis] ◆ adj **1.** RADIO transmitting **2.** FIN issuing. ◆ nm, f **1.** FIN drawer **2.** LING speaker.

❖ **émetteur** nm RADIO [appareil] transmitter ; [élément] emitter.

émetteur-récepteur [emetœʀʀesɛptœʀ] (*pl* **émetteurs-récepteurs**) nm transmitter-receiver, transceiver.

émettre [84] [emɛtʀ] ◆ vt **1.** [produire - rayon, son] to emit, to give out *(sép)* ; [- odeur] to give off *(sép)*, to produce **2.** [exprimer - hypothèse, opinion] to venture, to put forward, to volunteer ; [- doute, réserve] to express **3.** FIN [billet] to issue ; [emprunt] to float **4.** RADIO & TV to broadcast, to transmit ; [onde, signal] to send out. ◆ vi : *émettre sur grandes ondes* to broadcast on long wave.

émeu [emø] nm emu.

émeut v ⟶ **émouvoir**.

émeute [emøt] nf riot / *il y a eu des émeutes* there has been rioting / *tourner à l'émeute* to turn into a riot.

émeutier, ère [emøtje, ɛʀ] nm, f rioter.

émeuvent v ⟶ **émouvoir**.

émiettement [emjɛtmɑ̃] nm **1.** [d'un gâteau] crumbling (away), being reduced to crumbs **2.** [dispersion - des efforts] frittering away, dissipating ; [- du pouvoir] fragmentation.

émietter [4] [emjete] vt **1.** [mettre en miettes - gâteau] to crumble, to break up *(sép)* (into crumbs) **2.** [morceler - propriété] to break up *(sép)* **3.** *litt* [gaspiller - efforts] to fritter away *(sép)*, to disperse, to dissipate.

❖ **s'émietter** vpi [pain] to crumble ; [pouvoir] to ebb ; [fortune] to gradually disappear, to be frittered away.

émigrant, e [emigʀɑ̃, ɑ̃t] nm, f emigrant.

émigration [emigʀasjɔ̃] nf emigration, emigrating *(U)*.

émigré, e [emigʀe] ◆ adj migrant. ◆ nm, f emigrant ; HIST emigré.

émigrer [3] [emigʀe] vi **1.** [s'expatrier] to emigrate **2.** ZOOL to migrate.

Émilie-Romagne [emiliʀɔmaɲ] npr f ▸ **(l')Émilie-Romagne** Emilia-Romagna.

émincé [emɛ̃se] nm émincé ▸ **émincé de veau** émincé of veal, veal cut into slivers *(and served in a sauce)*.

émincer [16] [emɛ̃se] vt CULIN to slice thinly, to cut into thin strips.

éminemment [eminamɑ̃] adv eminently.

éminence [eminɑ̃s] nf **1.** GÉOGR hill, hillock, knoll **2.** ANAT protuberance **3.** EXPR **éminence grise** éminence grise / *c'est l'éminence grise du patron* he's the power behind the boss.

Éminence [eminɑ̃s] nf **1.** [titre] : *Son Éminence le cardinal Giobba* His Eminence Cardinal Giobba **2.** [cardinal] cardinal, Eminence.

éminent, e [eminɑ̃, ɑ̃t] adj eminent, prominent, noted / *mon éminent collègue sout* my learned colleague.

émir [emiʀ] nm emir, amir.

émirat [emiʀa] nm emirate ▸ **les Émirats arabes unis** the United Arab Emirates.

émirien, enne [emiʀjɛ̃, ɛn] adj from the United Arab Emirates.

❖ **Émirien, enne** nm, f *inhabitant of or person from the United Arab Emirates.*

émis, e [emi, iz] pp ⟶ **émettre**.

émissaire [emisɛʀ] nm [envoyé] emissary, envoy.

émission [emisjɔ̃] nf **1.** PHYS [de son, de lumière, de signaux] emission ▸ **émission de particules** particle emission **2.** RADIO & TV [transmission de sons, d'images] transmission, broadcasting ; [programme] programme UK, program US ▸ **émission en direct / en différé** live / recorded broadcast / *l'émission de nos programmes sera interrompue à 22 heures* transmission of our programmes will be interrupted at 10 pm **3.** FIN [de monnaie, d'emprunt] issuing / *émission d'actions gratuites* bonus issue / *émission premier jour* first day cover **4.** [de sons articulés] : *émission de voix* utterance **5.** PHYSIOL emission.

emmagasinage [ɑ̃magazinaʒ] nm COMM [dans une arrière-boutique] storage ; [dans un entrepôt] warehousing.

emmagasiner [3] [ɑ̃magazine] vt **1.** COMM [marchandises - dans une arrière-boutique] to store ; [- dans un entrepôt] to warehouse **2.** [accumuler - connaissances] to store up *(sép)*, to accumulate ; [- provisions] to stock up on, to stockpile ▸ **emmagasiner la chaleur** to keep in the heat.

emmaillotement [ɑ̃majɔtmɑ̃] nm [d'un bébé] swaddling ; [d'un membre] wrapping up.

emmailloter [3] [ɑ̃majɔte] vt [bébé] to swaddle ; [membre] to wrap up *(sép)*.

emmanché, e [ɑ̃mɑ̃ʃe] nm, f *vulg* jerk, dickhead.

emmanchement [ɑ̃mɑ̃ʃmɑ̃] nm : *l'emmanchement d'un outil* fitting a handle on a tool.

emmancher [3] [ɑ̃mɑ̃ʃe] vt [ajuster - tête de râteau, lame] to fit into a handle.

❖ **s'emmancher** vpi *fam* [commencer] ▸ **s'emmancher bien / mal** to be off to a good / bad start / *l'affaire était mal emmanchée* the business got off to a bad start.

emmanchure [ɑ̃mɑ̃ʃyʀ] nf armhole.

Emmaüs [emays] npr Emmaus ▸ **Emmaüs International** *charity organization to help the poor and homeless.*

emmêlement [ɑ̃mɛlmɑ̃] nm tangle, snarl *péj.*

emmêler [4] [ɑ̃mele] vt **1.** [mêler - cheveux, fils, brins de laine] to entangle, to tangle (up), to get into a tangle ▸ **complètement emmêlé** all tangled up **2.** [rendre confus, confondre] to mix up *(sép)* ▸ **j'emmêle les dates** I'm getting the dates confused / *des explications emmêlées* confused ou muddled explanations / *une situation emmêlée* a complicated situation.

❖ **s'emmêler** ◆ vpi **1.** [être mêlé] to be tangled ou knotted ou snarled up **2.** [être confus - faits, dates] to get mixed up. ◆ vpt ▸ **s'emmêler les pieds dans** to get one's feet caught in ▸ **s'emmêler les pieds** ou **pédales** ou **pinceaux** ou **crayons dans qqch** *fam & fig* to get sthg all muddled up.

emménagement [ɑ̃menaʒmɑ̃] nm moving in.

emménager [17] [ɑ̃menaʒe] vi to move in.

emmener [19] [ɑ̃mne] vt **1.** [inviter à aller] to take along *(sép)* / *je t'emmène en montagne* I'll take you (with me) to the mountains ▸ **emmener qqn dîner** to take sb out to dinner **2.** [forcer à aller] to take away *(sép)* **3.** [accompagner] ▸ **emmener qqn à la gare a)** to take sb to the station **b)** [en voiture] to give sb a lift to ou to drop sb off at the station **4.** *fam* [emporter] to take (away) / *emmène la fourchette à la cuisine* take the fork into the kitchen **5.** SPORT [sprint, peloton] to lead.

Voir encadré à l'article amener.

emment(h)al [emɛ̃tal] nm Emmenthal, Emmental.

emmerdant, e [ɑ̃mɛʀdɑ̃, ɑ̃t] adj *tfam* **1.** [importun] : *il est emmerdant* he's a pain (in the neck) / *il est pas emmerdant* he's not too much of a pain **2.** [gênant] bloody UK ou damn awkward / *c'est emmerdant d'avoir à laisser la porte ouverte* having to leave the door open is a real pain ou a bloody nuisance **3.** [ennuyeux] bloody UK ou godawful US boring / *je ne l'ai pas lu jusqu'au bout, c'était trop emmerdant* I didn't read it to the end, it was too bloody boring (by half).

emmerde [ɑ̃mɛʀd] nf *tfam* hassle ▸ **avoir des emmerdes** : *en ce moment j'ai que des emmerdes* it's just one frigging hassle after another at the moment ▸ **faire des emmerdes à qqn** to make trouble ou to cause hassle for sb.

emmerdement [ɑ̃mɛʀdəmɑ̃] nm *tfam* hassle / *en ce moment j'ai que des emmerdements* it's just one frigging hassle after another at the moment / *être dans les emmerdements jusqu'au cou* to be up the creek.

emmerder [3] [ɑ̃mɛʀde] vt *tfam* **1.** [gêner] to bug / *elle va m'emmerder longtemps?* when is she going to stop hassling me? ▸ **m'emmerde pas** stop bugging me / *plus j'y pense, plus ça m'emmerde* the more I think about it, the more it bugs me / *d'y aller, ça m'emmerde!* it's a bloody UK ou goddam US nuisance having to go! ▸ **se faire emmerder par qqn** to be hassled by sb **2.** *(comme exclamation)* : *je t'emmerde!* sod UK ou screw US you! / *je l'emmerde!* screw him! US, he can sod off! UK

❖ **s'emmerder** vpi *tfam* **1.** [s'ennuyer] to be bored stiff ou rigid / *on s'emmerde (à cent sous de l'heure) ici!* it's so bloody boring here! **2.** EXPR **il s'emmerde pas!** **a)** [il est sans scrupules] he's got a (bloody) nerve! **b)** [il est riche] he does pretty well for himself!

❖ **s'emmerder à** vp + prép *tfam* : *s'emmerder à faire* to be bothered doing / *je vais pas m'emmerder à les éplucher* I can't be bothered ou fagged UK to peel them / *et moi qui me suis emmerdé à tout recopier!* to think I went to the trouble of copying the whole bloody thing out!

emmerdeur, euse [ɑ̃mɛʀdœʀ, øz] nm, f *tfam* bloody UK ou damn pain, pain in the arse UK ou ass US.

emmétrope [ɑ̃metʀɔp] ◆ adj emmetropic. ◆ nmf emmetrope.

emmieller [4] [ɑ̃mjele] vt *fam & euphém* to bother, to bug ▸ **ça l'emmielle** he finds it a bit of a pain.

emmitoufler [3] [ɑ̃mitufle] vt to wrap up (well) *(sép)*.

❖ **s'emmitoufler** vp *(emploi réfléchi)* to wrap up well / *s'emmitoufler dans une cape* to wrap o.s. up in a cape.

emmurer [3] [ɑ̃myʀe] vt **1.** [enfermer] to wall up ou in *(sép)* **2.** *fig & litt* [isoler] to immure.

❖ **s'emmurer dans** vp + prép *litt* : *s'emmurer dans le silence* to retreat into silence.

émoi [emwa] nm *litt* [émotion] agitation ; [tumulte] commotion / *elle était tout en émoi* she was all in a fluster / *la population est en émoi* there's great agitation among the population.

émollient, e [emɔljɑ̃, ɑ̃t] adj emollient.

❖ **émollient** nm emollient.

émoluments [emɔlymɑ̃] nmpl [d'un employé] salary, wages ; [d'un notaire] fees.

émonctoire [emɔ̃ktwaʀ] nm emunctory.

émondage [emɔ̃daʒ] nm [d'arbuste, de buisson] pruning ; [d'arbre] trimming (the top of).

émonder [3] [emɔ̃de] vt [arbuste, buisson] to prune ; [arbre] to trim (the top of).

émondeur, euse [emɔ̃dœʀ, øz] nm pruner.

émondoir [emɔ̃dwaʀ] nm pruning hook.

émoticon [emotikɔ̃] nm INFORM emoticon, smiley.

émotif, ive [emɔtif, iv] ◆ adj [personne] emotional, sentimental ; [trouble, choc] psychological. ◆ nm, f : *c'est un grand émotif* he's very emotional.

émotion [emosjɔ̃] nf **1.** [sensation] feeling / *une émotion indicible* indescribable feelings, a feeling that can't be put into words ▸ **émotions fortes** strong feelings / *quelle émotion de l'avoir revu!* seeing him again was quite a shock! / *ils se sont quittés avec émotion* they had an emotional parting ▸ **sans émotion** without emotion **2.** [affectivité] emotion, emotionality ▸ **chargé d'émotion** emotional, charged with emotion / *l'émotion n'est pas bonne conseillère* do not be guided by emotion ou your emotions / *se laisser gagner par l'émotion* to become emotional **3.** [qualité - d'une œuvre] emotion / *l'émotion qui se dégage de ces lignes / cet oratorio* the emotion emanating from these lines / this oratorio.

❖ **émotions** nfpl *fam* ▸ **des émotions** a (nasty) fright / *j'ai eu des émotions* I got a fright ▸ **donner des émotions à qqn** to give sb a (nasty) turn ou a fright.

émotionnable [emosjɔnabl] adj emotional.

émotionnant, e [emosjɔnɑ̃, ɑ̃t] adj *fam* impressive.

émotionnel, elle [emosjɔnel] adj [réaction] psychological.

émotionner [3] [emosjɔne] vt *fam* [émouvoir] to upset, to shake up *(sép)*.

❖ **s'émotionner** vpi *fam* [s'émouvoir] : *il s'émotionne pour un rien* he gets worked up about the slightest little thing.

émotivité [emɔtivite] nf emotionalism.

émotter [3] [emɔte] vt [champ] to break up into clods (of earth).

émoulu, e [emuly] adj ⟶ **frais.**

émoussé, e [emuse] adj blunt.

émousser [3] [emuse] vt **1.** [rasoir, épée] to blunt, to take the edge off **2.** [affaiblir - appétit, goût, peine] to dull, to take the edge off ; [- curiosité] to temper.

❖ **s'émousser** vpi **1.** [couteau] to become blunt, to lose its edge **2.** [faiblir - appétit, peine] to dull ; [- curiosité] to become tempered.

émoustillant, e [emustijɑ̃, ɑ̃t] adj **1.** exhilarating **2.** [sexuellement] titillating.

émoustiller [3] [emustije] vt **1.** [animer] to excite, to exhilarate / *le champagne les avait tous émoustillés* they'd all got merry on champagne **2.** [sexuellement] to turn on *(sép)*.

émouvant, e [emuvɑ̃, ɑ̃t] adj moving, touching / *de façon émouvante* movingly ▸ **un moment émouvant** an emotional moment.

émouvoir [55] [emuvwaʀ] vt **1.** [attendrir] to touch, to move / *ému jusqu'aux larmes* moved to tears **2.** [perturber] to disturb, to unsettle / *il est parti, cela ne semble pas t'émouvoir* he's left, but you don't seem to be bothered (by it) / *nullement ému par ces accusations* quite undisturbed ou unperturbed by these accusations ▸ **se laisser émouvoir** to let o.s. be affected **3.** *litt* [sexuellement] to arouse, to excite.

❖ **s'émouvoir** vpi **1.** [s'attendrir] to be touched ou moved / *s'émouvoir à la vue de* to be affected by the sight of **2.** [être perturbé] to be disturbed ou perturbed **3.** *litt* [sexuellement] to be aroused ou excited.

❖ **s'émouvoir de** vp + prép to pay attention to / *le gouvernement s'en est ému* it came to the notice ou attention of the government.

empaillage [ɑ̃pajaʒ] nm **1.** [d'un animal] stuffing **2.** [d'une chaise] bottoming (with straw) **3.** HORT covering with straw.

empaillé, e [ɑ̃paje] nm, f *fam & péj* fat lump.

empailler [3] [ɑ̃paje] vt **1.** [animal] to stuff / *ils ont fait empailler leur chien* they had their dog stuffed **2.** [chaise] to bottom with straw **3.** HORT to cover with straw.

empailleur, euse [ɑ̃pajœʀ, øz] nm, f **1.** [d'animaux] taxidermist **2.** [de chaises] chair caner.

empalement [ɑ̃palmɑ̃] nm impalement.

empaler [3] [ɑ̃pale] vt **1.** [supplicier] to impale **2.** [embrocher] to put on a spit.

❖ **s'empaler** vpi : *s'empaler sur une fourche / un pieu* to impale o.s. on a pitchfork / stake.

empan [ɑ̃pɑ̃] nm (hand) span.

empanacher [3] [ɑ̃panaʃe] vt to plume, to deck out *(sép)* ou to decorate with plumes ▸ **casque empanaché** plumed helmet.

empannage [ɑ̃panaʒ] nm NAUT wearing.

empanner [3] [ɑ̃pane] vt NAUT to wear.

empaquetage [ɑ̃paktaʒ] nm **1.** COMM [action] packing, packaging ; [emballage] packaging **2.** [confection d'un paquet-cadeau] wrapping up ; [enveloppe] wrapping.

empaqueter [27] [ɑ̃pakte] vt **1.** COMM to pack, to package **2.** [envelopper] to wrap up *(sép)*.

✐ In reformed spelling (see p. 16-19), this verb is conjugated like *acheter*: *il empaquètera, elle empaquèterait.*

emparer [3] [ɑ̃paʀe] ❖ **s'emparer de** vp + prép **1.** [avec la main - gén] to grab (hold of), to grasp, to seize ; [- vivement] to snatch **2.** [prendre de force - territoire] to take over *(sép)*, to seize ; [- véhicule] to commandeer / *la grande industrie s'est emparée des médias* big business has taken over the media / *s'emparer de la conversation* to monopolize the conversation **3.** [tirer parti de - prétexte, idée] to seize (hold of) **4.** [envahir] : *la colère s'est emparée d'elle* anger swept over her ▸ **l'émotion s'est emparée d'elle** she was seized by a strong emotion ▸ **le doute s'est emparé de moi** ou **mon esprit** I became a prey to ou my mind was seized with doubt.

empâté, e [ɑ̃pate] adj [langue, voix] slurred.

empâtement [ɑ̃patmɑ̃] nm **1.** [obésité] fattening out ; [épaississement - des traits] coarsening ; [- de la taille] thickening **2.** ART impasto.

empâter [3] [ɑ̃pate] vt **1.** [bouffir] to make podgier / *l'âge ne l'a pas empâtée* she hasn't put on any weight with age / *les grossesses successives lui ont empâté la taille* she's grown fatter round the waist with each pregnancy **2.** [rendre pâteux] : *le vin lui a empâté la langue* his speech has become slurred from drinking wine **3.** ART impaste.

❖ **s'empâter** vpi to put on weight / *sa taille / figure s'est empâtée* he's grown fatter round the waist / fatter in the face.

empathie [ɑ̃pati] nf *sout* empathy.

empathique [ɑ̃patik] adj empath(et)ic.

empattement [ɑ̃patmɑ̃] nm **1.** CONSTR [de planches] tenoning ; [d'un mur] footing ; [d'une grue] base plate **2.** [d'un arbre, d'une branche] (wide) base **3.** AUTO wheelbase **4.** IMPR serif.

empaumer [3] [ɑ̃pome] vt *fam* to con.

empêché, e [ɑ̃peʃe] adj ▸ **il a été empêché a)** [par un problème] he hit a snag **b)** [il n'est pas venu] he couldn't make it **c)** [il a été retenu] he was held up.

empêchement [ɑ̃pɛʃmɑ̃] nm **1.** [obstacle] snag, hitch, holdup ▸ **voir un empêchement à qqch** to find a reason to prevent sthg from going ahead ▸ **si tu as un empêchement, téléphone a)** [si tu as un problème] if you hit a snag, phone **b)** [si tu ne viens pas] if you can't make it, phone **c)** [si tu es retenu] if you're held up, phone **2.** DR ▸ **empêchement à mariage** impediment to a marriage.

empêcher [4] [ɑ̃peʃe] ◆ vt **1.** [ne pas laisser] ▸ **empêcher qqn de faire qqch** to prevent sb (from) ou to keep sb from ou to stop sb (from) doing sthg / *il m'a empêché de partir* he prevented me from leaving / *pousse-toi, tu m'empêches de voir!* move over, I can't see! / *un dispositif qui empêche l'eau de déborder* a device to stop the water overflowing ▸ **empêcher qqn d'entrer / de sortir / d'approcher** to keep sb out / in / away ▸ **empêcher que qqn / qqch (ne) fasse** to stop sb / sthg from doing, to prevent sb / sthg from doing ▸ **empêcher qqn de dormir** *pr* : *le café m'empêche de dormir* coffee keeps me awake / *ce n'est pas ça qui va l'empêcher de dormir!* *fig* he's not going to lose any sleep over that! **2.** [pour renforcer une suggestion] to stop, to prevent ▸ **cela ne t'empêche pas** ou **rien ne t'empêche de l'acheter à crédit** you could always buy it in instalments / *qu'est-ce qui nous empêche de le faire?* what's to prevent us (from) doing it?, what's to stop us? / *qu'est-ce qui vous empêche d'écrire à ses parents?* why don't you write to his parents? **3.** [prévenir - mariage, famine] to prevent, to stop / *pour empêcher l'hémorragie* to prevent a haemorrhage / *empêcher l'extension d'un conflit* to stop a conflict spreading / *cela n'empêche pas les sentiments!* you've got to have some feeling ou heart! ▸ **ça n'empêche pas** ou **rien!** *fam* it makes no difference! **4.** [retenir] ▸ **être empêché de faire** : *empêché de venir, il n'a pas pu voter* he couldn't vote, as he was (unavoidably) detained. ◆ v impers ▸ **il n'empêche que** nevertheless / *il n'empêche qu'elle ne l'a jamais compris* the fact remains that she's never understood him / *il n'empêche que tu es encore en retard* maybe, but you're late again all the same.

❖ **s'empêcher de** vp + prép ▸ **s'empêcher de faire** to refrain from ou to stop o.s. doing / *je ne peux pas m'empêcher de penser qu'il a raison* I can't help thinking he's right / *il n'a pas pu s'empêcher de le dire* he just had to say it / *elle ne peut pas s'empêcher de se ronger les ongles* she can't stop (herself) biting her nails.

❖ **n'empêche** loc adv *fam* all the same, though / *il a été assez gentil, n'empêche!* he was kind though! / *n'empêche, tu aurais pu (me) prévenir!* all the same ou even so, you could have let me know!

❖ **n'empêche que** loc conj *fam* : *on ne m'a pas écouté, n'empêche que j'avais raison!* they didn't listen to me, even though I was right!

empêcheur, euse [ɑ̃pɛʃœʀ, øz] nm, f ▸ **un empêcheur de danser** ou **tourner en rond** *fam* a spoilsport.

Empédocle [ɑ̃pedɔkl] npr Empedocles.

empeigne [ɑ̃pɛɲ] nf upper *(of a shoe)*.

empennage [ɑ̃pɛnaʒ] nm **1.** AÉRON empennage **2.** ARM [d'un obus, d'une bombe] tail fins ; [d'une arbalète] feathers.

empenne [ɑ̃pɛn] nf [d'une flèche, d'une arbalète] feathers.

empenné, e [ɑ̃pene] adj feathered.

empereur [ɑ̃pʀœʀ] nm emperor ▸ **l'Empereur** HIST Napoleon (Bonaparte ou the First).

emperler [3] [ɑ̃pɛʀle] vt **1.** *litt* [couvrir] : *la sueur emperlait son front* his forehead glistened with beads of sweat / *pétales emperlés de rosée* petals covered with pearls of dew **2.** COUT to bead.

empesage [ɑ̃pəzaʒ] nm starching.

empesé, e [ɑ̃pəze] adj **1.** [tissu] starched **2.** [discours, style] starchy.

empeser [19] [ɑ̃pəze] vt to starch.

empester [3] [ɑ̃pɛste] ◆ vt [pièce] to stink out *(sép)* UK, to make stink ; [parfum] to stink of. ◆ vi to stink.

empêtré, e [ɑ̃petʀe] adj [air] awkward, self-conscious.

empêtrer [4] [ɑ̃petʀe] vt **1.** [entortiller - personne] to trap, to entangle ; [- jambes, chevilles] to trap, to catch / *empêtrée dans sa grosse veste* hampered by her bulky jacket / *empêtré dans ses couvertures* all tangled up in his blankets **2.** [embarrasser] to bog down *(sép)* ▸ **être empêtré dans ses explications** to be bogged down ou muddled up in one's explanations / *être empêtré dans ses mensonges* to be caught in the web of ou trapped in one's own lies.

❖ **s'empêtrer** vpi **1.** [s'entortiller] to become tangled up ou entangled / *elle s'est empêtrée dans la corde* she got tangled up in the rope **2.** [s'enferrer] ▸ **s'empêtrer dans** [mensonges, explications] to get bogged down ou tied up in.

emphase [ɑ̃faz] nf **1.** *péj* [grandiloquence] pomposity, bombast ▸ **un discours plein d'emphase** a pompous speech ▸ **avec emphase** pompously, bombastically **2.** LING emphasis.

emphatique [ɑ̃fatik] adj **1.** *péj* [grandiloquent] pompous, bombastic **2.** LING emphatic.

emphatiquement [ɑ̃fatikmɑ̃] adv pompously, bombastically.

emphysémateux, euse [ɑ̃fizematø, øz] ◆ adj emphysematous. ◆ nm, f person suffering from emphysema.

emphysème [ɑ̃fizɛm] nm emphysema.

emphytéose [ɑ̃fiteoz] nf right to a long lease.

emphytéotique [ɑ̃fiteɔtik] adj ▸ **bail emphytéotique** long lease.

empiècement [ɑ̃pjɛsmɑ̃] nm TEXT yoke.

empierrement [ɑ̃pjɛʀmɑ̃] nm **1.** [couche de pierres] gravel, road metal UK ; [action] : *procéder à l'empierrement d'une route* to metal UK ou to gravel US a road **2.** [pour le drainage] lining with stones.

empierrer [4] [ɑ̃pjeʀe] vt **1.** [route] to gravel, to metal UK **2.** [pour le drainage] to line with stones.

empiétement, empiètement* [ɑ̃pjɛtmɑ̃] nm encroachment, encroaching *(U)*.

empiéter [18] [ɑ̃pjete] ❖ **empiéter sur** v + prép **1.** [dans l'espace, le temps] to encroach on ou upon *(insép)*, to overlap with *(insép)* **2.** [droit, liberté] to encroach on ou upon *(insép)*, to cut ou to eat into *(insép)* / *mon travail empiète de plus en plus sur mes loisirs* my work encroaches more and more upon my leisure time **3.** [usurper - liberté, pouvoir] to encroach on ou upon *(insép)*, to eat away at *(insép)* / *empiétant peu à peu sur nos privilèges* gradually eating away at our privileges.
In reformed spelling (see p. 16-19), this verb is conjugated like **semer**: *il empiètera, elle empièterait.*

empiffrer [3] [ɑ̃pifʀe] ❖ **s'empiffrer** vpi *fam* to stuff o.s. / *s'empiffrer de gâteaux* to stuff o.s. with cakes.

empilable [ɑ̃pilabl] adj stackable.

empilage [ɑ̃pilaʒ] nm [de boîtes] piling ou stacking up ; [de chaises] stacking up.

empilement [ɑ̃pilmɑ̃] nm [ordonné] stack ; [désordonné] heap, pile, mound.

empiler [3] [ɑ̃pile] vt **1.** [mettre en tas] to pile ou to heap up *(sép)* ; [ranger en hauteur] to stack (up) **2.** [thésauriser] to amass (large quantities of) **3.** *fam* [tromper] to con, to rook.
❖ **s'empiler** ◆ vp *(emploi passif)* to be stacked up ▸ **ces chaises s'empilent** the chairs are stackable. ◆ vpi [s'entasser] to pile up ▸ **s'empiler dans** [entrer nombreux dans] to pile ou to pack into.

empileur, euse [ɑ̃pilœʀ, øz] nm, f **1.** *tfam* [escroc] trickster, conman, crook **2.** [ouvrier] stacker.

empire [ɑ̃piʀ] nm **1.** [régime, territoire] empire ▸ **je ne m'en séparerais pas pour (tout) un empire!** I wouldn't be without it for the world! ▸ **l'empire d'Occident** the Western Empire ▸ **l'empire d'Orient a)** [romain] the Eastern (Roman) Empire **b)** [byzantin] the Byzantine Empire ▸ **l'empire du Soleil levant** the Land of the Rising Sun **2.** MYTH & RELIG ▸ **l'empire céleste** the kingdom of heaven ▸ **l'empire des ténèbres** hell **3.** [groupe d'états] empire **4.** COMM & INDUST empire **5.** *litt* [domination] : *l'empire des mers* the control of the seas **6.** *sout* [influence] influence ▸ **avoir de l'empire sur qqn** to have a hold on ou over sb ▸ **prendre de l'empire sur qqn** to gain influence over sb.
❖ **sous l'empire de** loc prép *sout* **1.** [poussé par] ▸ **sous l'empire de l'alcool** under the influence of alcohol / *sous l'empire de la jalousie* in the grip of jealousy / *sous l'empire du désir* possessed ou consumed by desire **2.** [soumis à] : *sous l'empire d'un mari brutal* under the sway of a brutal husband.

Empire [ɑ̃piʀ] npr m ▸ **l'Empire, le premier Empire** the (Napoleonic) Empire ▸ **sous l'Empire** during the Napoleonic era ▸ **noblesse d'Empire** nobility created by Napoleon (Bonaparte) ▸ **le second Empire** the Second Empire ; *(comme adj inv)* ▸ **meubles Empire** Empire furniture, furniture in the French Empire style.

empirer [3] [ɑ̃piʀe] ◆ vi [santé] to become worse, to worsen, to deteriorate ; [mauvais caractère] to become worse ; [problème, situation] to get worse. ◆ vt to make worse, to cause to deteriorate.

empirique [ɑ̃piʀik] adj **1.** PHILOS & SCI empirical **2.** *péj* [non rigoureux] empirical, purely practical.

empiriquement [ɑ̃piʀikmɑ̃] adv **1.** PHILOS & SCI empirically **2.** *péj* [sans rigueur] empirically, without a basis in theory.

empirisme [ɑ̃piʀism] nm **1.** PHILOS & SCI empiricism **2.** *péj* [pragmatisme] empiricism, charlatanry.

empiriste [ɑ̃piʀist] adj & nmf empiricist.

emplacement [ɑ̃plasmɑ̃] nm **1.** [position - d'un édifice, d'un monument] site, location ; [- d'une démarcation] position, place ▸ **emplacement publicitaire** advertising space **2.** [pour véhicule] parking space.

emplâtre [ɑ̃platʀ] nm **1.** PHARM plaster **2.** *fam* [aliment] : *un véritable emplâtre, leur purée!* their mashed potatoes go down like a lead weight! **3.** *fam* [personne] clot UK, dort US.

emplette [ɑ̃plɛt] nf **1.** [fait d'acheter] ▸ **faire ses / des emplettes** to do one's / some shopping ▸ **faire l'emplette de** to purchase **2.** [objet acheté] purchase.

emplir [32] [ɑ̃pliʀ] vt *sout* [récipient] to fill (up) *(sép)* ; [salle] to fill.
❖ **s'emplir** vpi to fill up ▸ **s'emplir de** to fill up with ▸ **s'emplir d'air** to inflate, to fill with air.

emploi [ɑ̃plwa] nm **1.** [travail] job ▸ **il est sans emploi** he is unemployed ou out of a job ▸ **emploi saisonnier** seasonal job **2.** [fait d'employer] employing / *l'emploi de spécialistes coûte cher* employing experts is expensive **3.** ÉCON ▸ **l'emploi** employment ▸ **le marché de l'emploi** the labour market ▸ **la situation de l'emploi** the job ou employment situation **4.** [au spectacle] part / *limitée à des emplois de soubrette* restricted to playing chambermaids / *son emploi, c'est les ingénues* she's typecast as an ingénue, she (always) plays ingénue parts ▸ **danser / jouer à contre-emploi** to be miscast / *cet emploi de mari comblé te va mal fig* you're not playing the happy husband very convincingly ▸ **avoir le physique** ou **la tête de l'emploi** to look the part **5.** [utilisation] use / *il n'en a pas l'emploi* he has no use for it ▸ **d'un emploi facile** easy to use / *faire mauvais emploi de son argent* to misuse one's money **6.** ÉDUC ▸ **emploi du temps a)** [de l'année] timetable UK, schedule US **b)** [d'une journée, des vacances] timetable UK, schedule US / *un emploi du temps chargé* a busy timetable ou schedule / *quel est mon emploi du temps aujourd'hui?* what's my schedule for today? **7.** [cas d'utilisation - d'un objet] use ; [- d'une expression] use, usage / *les divers emplois d'un verbe* the different uses of a verb **8.** [en comptabilité] entry.

emploie v ⟶ **employer.**

employable [ɑ̃plwajabl] adj [personne] employable ; [objet] usable.

employé, e [ɑ̃plwaje] nm, f employee / *généreux avec leurs employés* generous with their staff ou their employees ▸ **employé de banque** bank clerk ▸ **employé de bureau** office worker ▸ **employés communaux** local authority employees ▸ **employé du gaz** : *j'attends un employé du gaz* I'm expecting someone from the gas board UK ou company US ▸ **employé de maison** servant ▸ **employés de maison** domestic staff ▸ **employé des postes** postal worker.

employer [13] [ɑ̃plwaje] vt **1.** [professionnellement] to employ / *nous employons 200 personnes* we employ 200 people, we have 200 people on our staff, we employ a staff of 200 / *la ganterie emploie 300 personnes dans la région* the glove trade provides jobs for ou employs 300 local people ▸ **employer qqn à faire qqch** [l'assigner à une tâche] to use sb to do sthg **2.** [manier - instrument, machine] to use **3.** [mettre en œuvre - méthode, ruse] to employ, to use ▸ **employer la force** to use force ▸ **employer beaucoup d'énergie à faire qqch** to expend a lot of energy doing sthg ▸ **employer son énergie à faire qqch** to devote ou to apply one's energy to doing sthg ▸ **de l'argent bien employé** money well spent, money put to good use ▸ **des fonds mal employés** misused funds / *tu vas y employer toutes tes réserves* you will use up all your reserves doing it **4.** [expression] to use / *mal employer un mot* to misuse a word, to use a word incorrectly **5.** [temps, journée] to spend ▸ **bien employer son temps** to make good use of one's time ▸ **mal employer son temps** to misuse one's time, to use one's time badly, to waste one's time **6.** COMPTA to enter.
❖ **s'employer** ◆ vp *(emploi passif)* **1.** [mot] to be used / *ce verbe ne s'emploie plus* that verb is no longer in common usage **2.** [outil, machine] to be used. ◆ vpi *vieilli* [s'activer] : *s'employer pour* ou *en faveur de* to exert o.s. on behalf of.
❖ **s'employer à** vp + prép [se consacrer à] to devote ou to apply o.s. to ▸ **je m'y emploie** I'm working on it.

employeur, euse [ɑ̃plwajœʀ, øz] nm, f employer.

emplumer [3] [ɑ̃plyme] vt to decorate with feathers.

empocher [3] [ɑ̃pɔʃe] vt **1.** [mettre dans sa poche] to pocket **2.** [s'approprier] to snap up *(sép)*.

empoignade [ɑ̃pwaɲad] nf **1.** [coups] brawl, set-to **2.** [querelle] row, set-to.

empoigne [ɑ̃pwaɲ] nf ⟶ **foire.**

empoigner [3] [ɑ̃pwaɲe] vt **1.** [avec les mains] to grab, to grasp **2.** [émouvoir] to grip.
❖ **s'empoigner** vp *(emploi réciproque)* to set to / *ils se sont tous empoignés* there was a general mêlée ou free-for-all.

empois [ɑ̃pwa] nm starch.

empoisonnant, e [ɑ̃pwazɔnɑ̃, ɑ̃t] adj *fam* **1.** [exaspérant] annoying / *ce que tu peux être empoisonnant!* you can be so annoying ou you're such a pain sometimes! **2.** [ennuyeux] tedious, boring.

empoisonnement [ɑ̃pwazɔnmɑ̃] nm PHYSIOL poisoning / *empoisonnement par le plomb* lead poisoning.

empoisonner [3] [ɑ̃pwazɔne] vt **1.** [tuer] to poison **2.** ÉCOL to contaminate, to poison **3.** [mettre du poison sur - flèche] to poison **4.** [dégrader - rapports] to poison, to taint, to blight ; [- esprit] to poison ▸ **empoisonner l'existence à qqn** to make sb's life a misery **5.** [importuner] to bother / *tu m'empoisonnes avec tes questions!* you're being a real nuisance with your questions!
❖ **s'empoisonner** vpi **1.** PHYSIOL to get food poisoning **2.** *fam* [s'ennuyer] to be bored stiff.
❖ **s'empoisonner à** vp + prép [se donner du mal pour] : *je ne vais pas m'empoisonner à coller toutes ces enveloppes!* I can't be bothered to seal all those envelopes! / *on va s'empoisonner à peindre deux couches?* is it worth (going to) the trouble ou bother of painting two coats?

empoisonneur, euse [ɑ̃pwazɔnœʀ, øz] nm, f **1.** *fam* [importun - qui lasse] nuisance, bore ; [- qui gêne] nuisance, pain (in the neck) **2.** [assassin] poisoner.

empoissonnement [ɑ̃pwasɔnmɑ̃] nm **1.** [action] stocking with fish **2.** [état] stock of fish.

empoissonner [3] [ɑ̃pwasɔne] vt to stock with fish.

emport [ɑ̃pɔʀ] nm AÉRON ▸ **capacité d'emport** maximum payload.

emporté, e [ɑ̃pɔʀte] ◆ adj [coléreux - homme] quick-tempered ; [- ton] angry. ◆ nm, f quick-tempered person.

emportement [ɑ̃pɔʀtəmɑ̃] nm **1.** [colère] anger *(U)* ; [accès de colère] fit of anger ▸ **avec emportement** angrily **2.** *litt* [passion] transport ▸ **aimer qqn avec emportement** to love sb passionately.

emporte-pièce [ɑ̃pɔʀtəpjɛs] (*pl* **emporte-pièces**) nm TECHNOL punch.
❖ **à l'emporte-pièce** loc adj incisive.

emporter [3] [ɑ̃pɔʀte] vt **1.** [prendre avec soi] to take / *n'oubliez pas d'emporter vos pilules* don't forget to take your tablets (with you) / *en randonnée, je n'emporte que le strict minimum* I only ever carry the lightest possible load on a hike / *je n'emporterai que ta promesse fig* I will bring away ou take with me nothing but your promise ▸ **emporter un secret dans la** ou **sa tombe** to take ou to carry a secret to the grave ▸ **ne pas l'emporter au paradis** : *il ne l'emportera pas au paradis!* he's not getting away with that! **2.** [transporter - stylo, parapluie, chaton] to take ; [- bureau, piano, blessé] to carry (off ou away) / *emporte tout ça au grenier / à la cave* take these things (up) to the attic / (down) to the cellar / *emporter un malade sur un brancard* to carry off a sick person on a stretcher / *l'avion qui nous em-*

* In reformed spelling (see p. 16-19).

porte vers le soleil the plane taking ou carrying us off to sunny climes **3.** [retirer - livre, stylo] to take (away), to remove ; [- malle, piano] to carry away *(sép)*, to remove / *qui a emporté la clef?* who removed the key? / *la mer emporte le varech* the wrack is carried ou swept away by the sea / *feuilles emportées par le vent* leaves carried ou swept along by the wind / **'Autant en emporte le vent'** *Mitchell* 'Gone with the Wind' **4.** [voler] to take, to go off with / *ils ont tout emporté!* they took everything! **5.** [endommager] to tear off / *l'ouragan a emporté les toits des maisons* the hurricane blew the roofs off the houses / *il a eu le bras emporté par l'explosion* he lost an arm in the explosion, the explosion blew his arm off / *cette sauce emporte la bouche* this sauce takes the roof of your mouth off **6.** [émouvoir - suj : amour, haine] to carry (along) *(sép)* ; [- suj : élan] to carry away *(sép)* / *il s'est laissé emporter par son imagination* he let his imagination run away with him **7.** [tuer - suj : maladie] : *il a été emporté par un cancer* he died of cancer **8.** [gagner - victoire] to win, to carry off *(sép)* ▸ **emporter la décision** to win ou to carry the day ▸ **emporter l'adhésion de qqn** to win sb's support ▸ **emporter tous les suffrages a)** POL to get all the votes **b)** *fig* to win general approval ▸ **emporter le morceau** *fam* to have the upper hand ▸ **l'emporter a)** [argument] to win ou to carry the day **b)** [attitude, méthode] to prevail / *la raison a fini par l'emporter* reason finally triumphed ou prevailed ▸ **le plus fort l'emportera a)** [boxeurs] the stronger man will win **b)** [concurrents] the best competitor will come out on top ou carry the day ▸ **l'emporter en** : *Cendrillon l'emportait en beauté (sur les autres)* Cinderella's beauty far outshone the others ▸ **l'emporter sur** to win ou to prevail over **9.** MIL [place] to take.

❖ **s'emporter** vpi **1.** [personne] to lose one's temper, to flare up **2.** [cheval] to bolt.

❖ **à emporter** loc adj to take away UK to take out US, to go US ▸ **nous faisons des plats à emporter** we have a takeaway UK ou takeout US service.

Voir encadré à l'article amener.

empotage [ɑ̃pɔtaʒ] nm HORT potting.

empoté, e [ɑ̃pɔte] *fam* ◆ adj clumsy, awkward. ◆ nm, f clumsy oaf.

empotement [ɑ̃pɔtmɑ̃] = **empotage.**

empoter [3] [ɑ̃pɔte] vt HORT to pot.

empourprer [3] [ɑ̃puʀpʀe] vt *litt* **1.** [horizon] to (tinge with) crimson **2.** [de honte, de plaisir] to make flush (bright crimson).

❖ **s'empourprer** vpi *litt* **1.** [horizon] to turn crimson **2.** [joues, personne] to flush (bright crimson).

empoussiérer [18] [ɑ̃pusjeʀe] vt to cover with dust, to make dusty.

✐ In reformed spelling (see p. 16-19), this verb is conjugated like *semer* : *il empoussièrera, elle empoussièrerait.*

empreindre [81] [ɑ̃pʀɛ̃dʀ] vt *litt* [pensée] to mark, to stamp ; [cœur, comportement] to mark ▸ **empreint de** : *empreint d'un amour véritable* marked by true love / *ses manières sont empreintes de bonté* her ways are full of kindness / *d'un ton empreint de gravité* in a grave tone of voice / *empreint de danger* fraught with danger.

❖ **s'empreindre** vp *(emploi réfléchi) litt* ▸ **s'empreindre de qqch** to be tinged with sthg.

empreinte [ɑ̃pʀɛ̃t] nf **1.** [du pas humain] footprint ; [du gibier] track ▸ **empreintes (digitales)** fingerprints / *les empreintes du cambrioleur* the burglar's fingerprints **2.** [d'un sceau] imprint ; [sur une médaille] stamp / *(frappé) à l'empreinte du roi* stamped with the king's head **3.** [d'une serrure] impression ▸ **prendre l'empreinte de** to take the impression of **4.** [influence] mark, stamp **5.** PSYCHOL imprint **6.** [d'une dent] impression **7.** GÉOL imprint **8.** BIOL ▸ **empreinte génétique** genetic fingerprint **9.** ÉCOL ▸ **empreinte écologique** ecological footprint ▸ **empreinte carbone** carbon footprint.

empressé, e [ɑ̃pʀese] ◆ adj [fiancé] thoughtful, attentive ; [serveuse, garde-malade] attentive ; *péj* overzealous. ◆ nm, f ▸ **faire l'empressé auprès de qqn** to fawn over sb.

empressement [ɑ̃pʀɛsmɑ̃] nm **1.** [zèle] assiduousness, attentiveness ▸ **montrer de l'empressement** to be eager to please **2.** [hâte] enthusiasm, eagerness, keenness / *il est allé les chercher avec empressement* / *sans (aucun) empressement* he went off to get them enthusiastically / (very) reluctantly / *son empressement à se déclarer coupable éveilla les soupçons* suspicions were aroused by the fact that he was so eager to admit his guilt.

empresser [4] [ɑ̃pʀese] ❖ **s'empresser** vpi ▸ **s'empresser autour** ou **auprès de qqn a)** [s'activer] to bustle around sb **b)** [être très attentif] to surround sb with attentions, to attend to sb's needs / *les hommes s'empressent autour d'elle* she always has men hovering around her. ❖ **s'empresser de** vp + prép ▸ **s'empresser de faire qqch** to hasten to do sthg / *il s'est empressé de mettre l'argent dans sa poche* he hastily put the money in his pocket.

emprise [ɑ̃pʀiz] nf **1.** [intellectuelle, morale] hold / *l'emprise du désir* the ascendancy of desire / *sous l'emprise de la peur* in the grip of fear ▸ **être sous l'emprise de qqn** to be under sb's thumb **2.** ADMIN & DR expropriation.

emprisonnement [ɑ̃pʀizɔnmɑ̃] nm imprisonment / *condamné à 5 ans d'emprisonnement* sentenced to 5 years in prison, given a 5-year sentence ▸ **emprisonnement à perpétuité** life imprisonment.

emprisonner [3] [ɑ̃pʀizɔne] vt **1.** [incarcérer - malfaiteur] to imprison, to put in jail, to put in prison **2.** [immobiliser] to trap / *le cou emprisonné dans une minerve* his neck tightly held in ou constricted by a surgical collar **3.** [psychologiquement] ▸ **emprisonner dans** : *emprisonner qqn dans une morale* to put sb in a moral straitjacket / *emprisonné dans des habitudes dont il ne peut pas se défaire* trapped in habits he is unable to break.

emprunt [ɑ̃pʀœ̃] nm **1.** FIN [procédé] borrowing ; [argent] loan ▸ **faire un emprunt** to borrow money, to take out a loan / *faire un emprunt de 5 000 euros* to raise a loan of ou to borrow 5,000 euros / *emprunt à 11 %* loan at 11% / *il faudra recourir à un emprunt* we'll have to borrow ▸ **emprunt d'État** / **public** national / public loan ▸ **emprunt obligataire** bond loan **2.** [d'un vélo, d'un outil] borrowing **3.** LING [processus] borrowing ; [mot] loan (word) **4.** [fait d'imiter] borrowing ; [élément imité] borrowing.

❖ **d'emprunt** loc adj [nom] assumed.

emprunté, e [ɑ̃pʀœ̃te] adj **1.** [peu naturel - façon] awkward ; [- personne] awkward, self-conscious **2.** *litt* [factice - gloire] usurped ; [- sentiments] feigned / *un air de bonté emprunté* a feigned air of goodness.

emprunter [3] [ɑ̃pʀœ̃te] vt **1.** FIN to borrow **2.** [outil, robe] to borrow **3.** [nom] to assume **4.** [imiter - élément de style] to borrow, to take / *des coiffures empruntées aux punks* hairstyles borrowed from punk / *pour emprunter le style des publicitaires, nous dirons...* borrowing from advertizing style, one might say... **5.** [route] to take ; [circuit] to follow / *vous êtes priés d'emprunter le souterrain* you are requested to use the underpass **6.** LING to borrow ▸ **mot emprunté** loan (word) ▸ **mot emprunté à l'anglais** word borrowed ou loan from English.

emprunteur, euse [ɑ̃pʀœ̃tœʀ, øz] nm, f borrower.

empuantir [32] [ɑ̃pɥɑ̃tiʀ] vt [salle] to stink out *(sép)* UK to make stink ; [air] to fill with a foul smell.

empuantissement [ɑ̃pɥɑ̃tismɑ̃] nm [d'une salle] filling with a foul smell ; [de l'air] infecting with a foul smell.

ému, e [emy] ◆ pp ⟶ **émouvoir.** ◆ adj [de gratitude, de joie, par une musique, par la pitié] moved ; [de tristesse] affected ; [d'inquiétude] agitated ; [d'amour] excited ▸ **ému jusqu'aux larmes** moved to tears ▸ **parler d'une voix émue** to speak with (a voice full of) emotion / *lis-le d'une façon plus émue* read it with more feeling ▸ **trop ému pour parler** too overcome by emotion to be able to speak / *je garde d'elle un souvenir ému* I have fond memories of her.

émulateur [emylatœʀ] nm emulator.

émulation [emylasjɔ̃] nf **1.** [compétition] emulation **2.** INFORM emulation.

émule [emyl] nmf emulator / *le dictateur et ses émules* the dictator and his followers.

émulsif, ive [emylsif, iv] adj emulsive.

❖ **émulsif** nm emulsifier.

émulsifiable [emylsifjabl] adj emulsifiable.

émulsifiant, e [emylsifiɑ̃, ɑ̃t] = **émulsif.**

émulsion [emylsjɔ̃] nf CHIM, CULIN & PHOT emulsion.

émulsionnant, e [emylsjɔnɑ̃, ɑ̃t] = **émulsif.**

émulsionner [3] [emylsjɔne] vt **1.** [produit] to emulsify **2.** PHOT to coat with emulsion.

émut v ⟶ **émouvoir.**

en [ɑ̃]

◆ prép

- **A. DANS LE TEMPS**
- **B. DANS L'ESPACE**
- **C. DANS UN DOMAINE**
- **D. INDIQUE LA COMPOSITION**
- **E. INDIQUE LA FAÇON, LE MOYEN**
- **F. AVEC LE GÉRONDIF**
- **G. DANS DES TOURNURES VERBALES**

A. DANS LE TEMPS [indiquant - le moment] in ; [- la durée] in, during ▸ **en 2008** in 2008 ▸ **en été** in summer ▸ **en avril** in April ▸ **en soirée** in the evening / *je l'ai fait en 10 minutes* I did it in 10 minutes / *en deux heures c'était fini* it was over in two hours / *en 40 ans de carrière...* in my 40 years in the job... / *il a plu une fois en trois mois* it rained once in three months / *je n'ai pas le temps en semaine* I have no time ou I don't have the time during the week.

B. DANS L'ESPACE 1. [indiquant - la situation] in ; [- la direction] to / *habiter en montagne* / *en Turquie* to live in the mountains / in Turkey / *habiter en Arles* / *en Avignon* to live in Arles / in Avignon ▸ **se promener en forêt** / **en ville** to walk in the forest / around the town / *faire une croisière en Méditerranée* to go on a cruise around the Mediterranean ▸ **aller en Espagne** to go to Spain ▸ **partir en mer** to go to sea ▸ **partir en forêt** to go off into the forest **2.** *fig* : *en moi-même, j'avais toujours cet espoir* deep down ou in my heart of hearts, I still had that hope ▸ **trouver en soi la force de faire qqch** to find in o.s. the strength to do sthg / *en mon âme et conscience...* in all honesty... / *ce que j'apprécie en lui* what I like about him.

C. DANS UN DOMAINE 1. ▸ **bon en latin** / **physique** good at Latin / physics / *j'ai eu 18 sur 20 en chimie* I got 18 out of 20 in chemistry / *je ne m'y connais pas en peinture* I don't know much about painting / *il fait de la recherche en agronomie* he's doing research in agronomy ▸ **en cela** ou **ce en quoi il n'a pas tort** and I have to say he's right ou not wrong there / *elle est intraitable en affaires* she's very tough in business matters ou when it comes to business ▸ **malheureux en amour** unlucky in love / *je suis fidèle en amitié* I'm a faithful friend ▸ **expert en la matière** an expert on ou in the subject **2.** BELG : *je n'en peux rien* I can't help it.

D. INDIQUE LA COMPOSITION ▸ **chaise en bois** / **fer** wooden / iron chair / *table en marbre* marble table / *jupe en velours* / *coton* velvet / cotton skirt / *c'est en quoi? fam* what's it made of?

E. INDIQUE LA FAÇON, LE MOYEN 1. [marquant l'état, la forme, la manière] ▸ **être en colère** / **en rage** to be angry / in a rage / *être en forme* to be on (good) form / *être en sueur* to be covered in ou with sweat / *être en transe* to be in a trance / *en vacances* on holiday UK ou vacation US / *le pays est en guerre* the country is at war / *les arbres sont en fleurs* the trees are in blossom ▸ **se conduire en gentleman** to behave like a gentleman / *mourir en héros* to die like a hero / *en véritable ami, il m'a prévenu* good friend that he is ou being a true friend, he warned me / *en gage de ma bonne foi* as a token of my goodwill / *je suis venu en ami* I came as a

EN

Given the different prepositions that may be used to express **en** in English (*in*, *on*, *with*, *as*, *from*, *into*, *through*, *by*, etc.), it seems as though **en** has no clear overall meaning. Here, we have grouped its usages to give you a feel for the broad semantic categories of **en**: space, time and a person's appearance or the shape that something can take, as well as the way that something can be done (cause or means). For uses of **en** as a pronoun, we recommend that you study the entry **en** (pronoun). **En** also frequently precedes nouns to form idiomatic phrases (e.g.: **en** fête, **en** beauté, **en** vie, **en** deuil, etc.), so it is worth checking those nouns for further examples and translations.

EN WITH NOUNS

❶ En is used to talk about physical or metaphorical space

- Being inside boundaries or crossing them (usually *in* / *into*):

Qu'est-ce qu'il fait en Antarctique / en France / en Bretagne ? What's he doing in Antarctica / in France / in Brittany?

Tu viens avec moi en ville ? Are you coming into town with me?

- Being in a spatial arrangement or configuration (usually *in*):

Allez, mettez-vous en rangs par deux ! Come on, line up in pairs!

Votre hébergement se fera en dortoir. You will be accommodated in dormitories.

La couronne est ornée de rubis en étoile. The crown is set with rubies in the shape of a star.

Many examples of **en** introducing a shape or configuration are also given at the entry **mise**.

- Talking about domains and activities (usually *in*):

Vous êtes en sciences de l'éducation ou en linguistique ? Do you work in Education or in Linguistics?

En politique, il faut savoir patienter. In politics you need patience.

On demande des jeunes en hôtellerie. They need young people in the hotel business.

En biologie on a Dupuis. Dupuis takes us for Biology.

Note also the use of **bon** / **mauvais** and similar adjectives with **en** to talk about things you are good or bad at:
Il est bon en anglais mais nul en maths. He's good at English but useless at maths.

- Talking about where things are in shops:

Vous le trouverez en vitrine / en rayon / en magasin / en grande surface / en tête de gondole. You can find it in the window / on the shelf / in the shop / in a supermarket / on display near the checkout.

❷ En is used with words expressing time

- To denote an unspecified point during a named period of time:

en décembre / juin in December / June

en fin de journée towards the end of the day

en semaine during the week

en période de crise / de guerre froide during a crisis / the Cold War

en ce temps-là at that time

- To denote a duration:

En vingt ans de mariage, pas une dispute ! Not one row in twenty years of married life!

Il gagne en trois jours ce que je gagne en un an. He earns in three days what I earn in a year.

Note also the idiomatic phrases **en huit** and **en quinze**:
lundi / vendredi en huit a week on Monday / Friday
aujourd'hui en quinze a fortnight from today

❸ En is used to talk about appearance or shape

- To describe what something is made of:

des planches en chêne oak boards

Il est en quoi, ce sac ? — Il est en cuir, Madame. What's this bag made of? — It's leather, Madam.

Nos économies sont en euros / en stock-options / en diamants. Our savings are in euros / in stock options / in diamonds.

L'analgésique, vous le voulez en cachet ou en poudre ? Do you want the painkiller in tablet or in powder form?

- To talk about what someone is wearing:

Sa femme était en noir. His wife was wearing black.

Je ne me mets jamais en short. I never wear shorts.

Une femme en bottes de cuir attendait devant la gare. A woman in leather boots was waiting outside the station.

- To express how something / someone appears when compared to something / someone else:

Vous avez le même châle en bleu ? Do you have that same shawl in blue?

Je cherche les mêmes sandales mais en taille enfant. I'm looking for the identical sandals but in a child's size.

Étienne, c'est son oncle en moins mince. Étienne is just like his uncle except not so slim.

Pour la fête, je te verrais bien en Cendrillon. For the party, I can just see you as Cinderella.

On l'a accueilli en héros. He was given a hero's welcome.

- To talk about languages, codes and currencies / measurements:

Je ne comprends rien. Il parle en quoi ? I don't understand. Which language is he speaking?

Réécrivez cette mesure en croches. Rewrite this bar in quavers (*or* put this bar into quavers).

La page est en HTML. The page is in HTML.

Pourriez-vous me donner le prix en euros / me dire la distance en kilomètres ? Can you give me the price in euros / tell me how far it is in kilometres?

EN WITH VERBS

❶ En is used to express the fact that two actions are taking place at the same time

Elles se sont éloignées en chuchotant. They walked away, whispering.

Il a rangé sa chambre en ronchonnant. He tidied up his room with a lot of grumbling.

Il a suivi le couloir en boitant. He limped down the corridor.

Elle est entrée en sautillant. She skipped in.

Versez la pâte à crêpe en remuant la poêle pour l'étaler. Pour in the pancake batter, shaking the frying pan to spread it evenly.

❷ En can express the cause of something or the means by which an action is carried out

Elle s'y oppose, en disant que ça coûte trop cher. She's against it, arguing that it's too costly.

En y repensant, je me demande comment elle l'a su. Thinking about it again, I wonder how she found out.

Peut-on éviter le rhume en mangeant des oranges ? Can you avoid getting a cold by eating oranges?

friend / *je l'ai eu en cadeau* I was given it as a present / *il m'a envoyé ces fleurs en remerciement* he sent me these flowers to say thank you ▸ **peint en bleu** painted blue / *je la préfère en vert* I prefer it in green / *un policier en uniforme* a policeman in uniform / *on ne te voit pas souvent en robe* you don't wear dresses very often, it's not often we see you in a dress / *il était en pyjama* he was in his pyjamas, he had his pyjamas on ▸ **couper qqch en deux** to cut sthg in two ou in half / *on nous a répartis en deux groupes* we were divided into two groups / *ils étaient disposés en cercle* they were in a circle ▸ **en (forme de) losange** diamond-shaped ▸ **il est en réunion** he's in a meeting / *j'ai passé Noël en famille* I spent Christmas with my family ▸ **discuter qqch en comité** to discuss sthg in committee ▸ **faire qqch en cachette** / **en vitesse** / **en douceur** to do sthg secretly / quickly / smoothly / *faire une photo en noir et blanc* to take a black and white picture ou photo ▸ **c'est vendu en sachets** it's sold in sachets ▸ **du sucre en morceaux** sugar cubes ▸ **du lait en poudre** powdered milk ▸ **un château en ruines** a ruined castle ▸ **une rue en pente** a street on a slope ou a hill **2.** [introduisant une mesure] in / *je veux le résultat en dollars* I want the result in dollars / *je vous ai donné l'équivalent de 570 euros en livres* I've given you the equivalent of 570 euros in pounds / *un tissu en 140 de large* 140 cm wide material / *auriez-vous la même robe en 38?* do you have the same dress in a 38? / *la chanson est en sol* the song's in (the key of) G **3.** [indiquant une transformation] into / *convertir des marks en yens* to convert marks into yen / *l'eau se change en glace* water turns into ice ▸ **se déguiser en fille** to dress up as a girl / *la citrouille se transforma en carrosse* the pumpkin turned into a coach / *son chagrin s'est mué en amertume* his grief turned into bitterness **4.** [marquant le moyen] ▸ **j'y vais en bateau** I'm going by boat / *ils ont fait le tour de l'île en voilier* they sailed round the island (in a yacht) / *elle est venue en taxi* she came in a ou by taxi ▸ **en voiture** / **train** by car / train ▸ **avoir peur en avion** to be scared of flying / *ils ont descendu le fleuve en canoë* they canoed down the river ▸ **payer en liquide** to pay cash.

F. AVEC LE GÉRONDIF **1.** [indiquant la simultanéité] : *il est tombé en courant* he fell while running / *il chantait tout en dansant* he was singing and dancing at the same time / *nous en parlerons en prenant un café* we'll talk about it over a cup of coffee / *en buvant et en mangeant, on a passé un bon moment* we had a good time, eating and drinking / *c'est en le voyant que j'ai compris* when I saw him I understood / *rien qu'en le voyant, elle se met en colère* she gets angry just seeing him, the mere sight of him makes her angry / *tout en marchant, elles tentaient de trouver une réponse* while walking ou as they walked, they tried to find an answer **2.** [indiquant la concession, l'opposition] : *tout en se plaignant, il a fini par faire ce qu'on lui demandait* although he complained about it ou for all his complaining, in the end he did what was asked of him / *en étant plus conciliant, il ne changeait toujours pas d'avis* whilst ou although he was more conciliatory, he still wouldn't change his mind **3.** [indiquant la cause, le moyen, la manière] : *en ne voulant jamais la croire, tu l'as blessée* you hurt her by never believing her ▸ **il marche en boitant** he walks with a limp / *il est parti en courant* he ran off / *retapez en changeant toutes les majuscules* type it out again and change all the capitals / *faites pénétrer la pommade en massant doucement* rub the cream in gently / *en s'entraînant tous les jours on fait des progrès* you can make progress by training every day / *ce n'est pas en criant que l'on résoudra le problème* shouting won't solve the problem / *vous y arriverez en persévérant* through perseverance you will succeed **4.** [introduisant une condition, une supposition] if / *en travaillant avec plus de méthode, tu réussirais* if you worked more methodically, you would succeed / *en prenant un cas concret, on voit que...* if we take a concrete example, we can see that... ▸ **en supposant que...** supposing that... / *bon, en admettant que vous ayez raison...* OK, supposing you're right...

G. DANS DES TOURNURES VERBALES in ▸ **croire en Dieu** to believe in God ▸ **croire en qqn** / **qqch** to believe in sb / sthg ▸ **espérer en qqch** to put one's hope in sthg.

◆ pron

A. COMPLÉMENT DU VERBE
B. COMPLÉMENT DU NOM
C. COMPLÉMENT DE L'ADJECTIF
D. DANS DES LOCUTIONS VERBALES

A. COMPLÉMENT DU VERBE **1.** [indiquant le lieu] : *il faudra que tu ailles à la poste — j'en viens* you'll have to go to the post office — I've just got back from ou just been there / *il partit à la guerre et n'en revint pas* he went off to war and never came back / *il est toujours là-bas, il n'en a pas bougé* he's still there, he hasn't moved **2.** [indiquant la cause, l'agent] ▸ **on en meurt** you can die of ou from it ▸ **je n'en dors plus** it's keeping me awake at nights / *il en a beaucoup souffert* he has suffered a lot because of it / *elle était tellement fatiguée qu'elle en pleurait* she was so tired (that) she was crying ▸ **j'en suis étonné** that surprises me / *mes enfants la connaissent et elle en est très aimée* my children know her and love her very much ou and she's very much loved by them **3.** [complément d'objet] ▸ **voilà des fraises** / **du lait, donne-lui-en** here are some strawberries / here's some milk, give him some / *passe-moi du sucre — il n'en reste plus* give me some sugar — there's none left ▸ **si tu n'aimes pas la viande** / **les olives, n'en mange pas** if you don't like meat / olives, don't eat any / *et du vin, tu n'en bois jamais?* what about wine? don't you ever drink any? / *tous les invités ne sont pas arrivés, il en manque deux* all the guests haven't arrived yet, two are missing / *j'ai ces deux cassettes — je voudrais en écouter une* I've got these two tapes — I'd like to listen to one of them ▸ **j'en ai vu plusieurs** / **certains** I saw several / some of them / *tu en as acheté beaucoup* you've bought a lot (of it / of them) ▸ **on en a trop entendu a)** [des mensonges] we've heard too many of them **b)** [d'un secret] we've heard too much of it / *tu n'en as pas dit assez* you haven't said enough **4.** [avec une valeur emphatique] : *elle en a, de l'argent!* she's got plenty of money, she has! / *tu en as de la chance!* you really are lucky, you are! / *j'en ai chanté des chansons!* I've sung lots of songs, I have! **5.** [complément d'objet indirect] about it ▸ **parlez-m'en** tell me about it / *nous en reparlerons plus tard* we'll talk about it again later / *ne vous en souciez plus* don't worry about it any more / *j'en aviserai le directeur* I'll inform the manager about it **6.** [comme attribut] : *les volontaires? — j'en suis!* any volunteers? — me! ▸ **c'en est** that's what it is.

B. COMPLÉMENT DU NOM : *j'en garde un bon souvenir* I have good memories of it / *j'aime beaucoup cette chanson — tu en connais les paroles?* I like this song a lot — do you know the lyrics ou words? / *écoute ces voix et admires-en la beauté* listen to these voices and admire their beauty / *vous pouvez lui faire confiance, je m'en porte garant* you can trust him, take it from me ou take my word for it.

C. COMPLÉMENT DE L'ADJECTIF : *sa maison en est pleine* his house is full of it / them ▸ **j'en suis très satisfait** I'm very satisfied with it / them / *tu en es sûr?* are you sure (of that)? ▸ **elle en est convaincue** she's convinced of it / *elle n'en est pas fière* she's not proud of it.

D. DANS DES LOCUTIONS VERBALES : *il en va de même pour lui* the same goes for him ▸ **s'en prendre à qqn** to blame ou to attack sb ▸ **s'en tenir à** to limit o.s. to, to content o.s. with / *si l'on en croit les journaux* if we are to believe the newspapers, if the newspapers are to be believed.

EN nf abr de **Éducation nationale**.

ENA, Ena [ena] (abr de **École nationale d'administration**) npr f *prestigious grande école training future government officials.*

enamouré, e [ɑ̃namuʀe] adj infatuated.

enamourer [3] [ɑ̃namuʀe] ❖ **s'enamourer de** vp + prép *litt* to become enamoured UK ou enamored US of.

énarchie [enaʀʃi] nf *old-boy network of graduates of the ENA.*

énarque [enaʀk] nmf *student or former student of the ENA.*

en-avant [ɑ̃navɑ̃] nm inv forward pass.

en-but [ɑ̃byt] nm inv in-goal.

encablure [ɑ̃kablyʀ] nf cable, 195 metres ; *fig* ▸ **à une encablure de** a stone's throw away from ▸ **à deux encablures de** not very far from.

encadré [ɑ̃kadʀe] nm IMPR box.

encadrement [ɑ̃kadʀəmɑ̃] nm **1.** [mise sous cadre] framing ; [cadre] frame **2.** [embrasure - d'une porte] door frame ; [- d'une fenêtre] window frame / *il apparut dans l'encadrement de la porte* he appeared (framed) in the doorway **3.** [responsabilité - de formation] training ; [- de surveillance] supervision ; [- d'organisation] backing ; [personnel] ▸ **l'encadrement a)** [pour former] the training staff **b)** [pour surveiller] the supervisory staff **4.** ÉCON ▸ **encadrement des prix** price controls ▸ **encadrement des crédits** credit control.

encadrer [3] [ɑ̃kadʀe] vt **1.** [dans un cadre] to (put into a) frame / *son frère, alors, il est à encadrer!* his brother's really priceless! **2.** [border] to frame, to surround / *un dessin encadré de bleu* a drawing with a blue border / *le visage encadré de boucles* her face framed with curls **3.** [flanquer] to flank / *deux potiches encadraient la cheminée* two large vases stood on either side of ou flanked the fireplace **4.** [surveiller, organiser] to lead, to organize, to supervise / *les guides qui encadrent l'expédition* the guides leading the expedition / *les scouts sont bien encadrés* the scout pack has responsible leaders **5.** *fam* [percuter] to smash ou to slam into *(insép)* / *je me suis fait encadrer au carrefour* someone smashed into me at the crossroads **6.** *fam* [supporter - personne] to stand / *je ne peux pas l'encadrer* I can't stand (the sight of) him.

encadreur, euse [ɑ̃kadʀœʀ, øz] nm, f picture framer.

encager [17] [ɑ̃kaʒe] vt to cage, to put in a cage.

encagoulé, e [ɑ̃kagule] adj hooded, wearing a hood ou balaclava.

encaissable [ɑ̃kɛsabl] adj cashable.

encaissage [ɑ̃kɛsaʒ] nm boxing, packing.

encaisse [ɑ̃kɛs] nf cash in hand, cash balance ▸ **encaisse métallique** gold and silver reserves.

encaissé, e [ɑ̃kese] adj [vallée] deep, steep-sided.

encaissement [ɑ̃kɛsmɑ̃] nm **1.** [d'une vallée] steep-sidedness **2.** FIN [d'argent] cashing in, receipt ; [d'un chèque] cashing **3.** [de marchandises] boxing, packing **4.** HORT tubbing, planting in tubs.

encaisser [4] [ɑ̃kese] vt **1.** FIN [argent] to receive ; [chèque] to cash **2.** *fam* [gifle, injure, échec] to take / *encaisser un coup* SPORT to take a blow / *il n'a pas encaissé que tu lui mentes / ce que tu lui as dit* he just can't stomach the fact that you lied to him / what you told him ; *(en usage absolu)* : *ne dis rien, encaisse!* take it, don't say anything! / *il faut pouvoir encaisser* you have to be able to take a few hard knocks **3.** *fam* [tolérer] : *je ne peux pas l'encaisser* I can't stand him **4.** [empaqueter] to box, to pack in boxes **5.** [planter - arbuste] to plant (out) in a box ou tub.

encaisseur, euse [ɑ̃kɛsœʀ, øz] nm, f debt collector.

encalminé, e [ɑ̃kalmine] adj NAUT becalmed.

encan [ɑ̃kɑ̃] nm ▸ **vente à l'encan** auction ▸ **mettre qqch à l'encan** *fig & litt* to sell sthg to the highest bidder.

encanaillement [ɑ̃kanajmɑ̃] nm [d'une personne] mixing with the riff-raff ; [du langage, d'un comportement] increasing coarseness.

encanailler [3] [ɑ̃kanaje] ❖ **s'encanailler** vpi **1.** [par snobisme] to mix with the riff-raff, to slum it *hum* / *la mode s'encanaille* the "canaille" look is in **2.** [se dégrader] to go to the dogs.

encapuchonner [3] [ɑ̃kapyʃɔne] vt **1.** [personne, tête] to put a hood on / *la tête encapuchonnée* hooded ▸ **enfants encapuchonnés** children with their hoods on **2.** [stylo] to put the cap on.

encart [ɑ̃kaʀ] nm insert, inset ▸ **encart publicitaire** advertising insert.

encarter [3] [ɑ̃kaʀte] vt **1.** IMPR to insert, to inset **2.** TEXT to card **3.** POL ▸ **être encarté (à un parti / un syndicat)** to be a card-carrying member (of a party / a union).

en-cas, encas [ɑ̃ka] nm inv snack, something to eat / *j'ai un petit en-cas dans mon sac* I have (a little) something to eat in my bag.

encaserner [3] [ɑ̃kazɛʀne] vt to barrack.

encastrable [ɑ̃kastʀabl] adj built-in.

encastrement [ɑ̃kastʀəmɑ̃] nm **1.** [d'un placard -action] building in, recessing ; [placard, étagères] built-in fitting **2.** [d'un interrupteur -action] flushing in ; [interrupteur] flush fitting.

encastrer [3] [ɑ̃kastʀe] vt **1.** [placard] to build in *(sép)*, to slot in *(sép)* ; [interrupteur] to recess, to fit flush ; [coffre-fort] to recess ▸ **four encastré** built-in oven **2.** [dans un boîtier, un mécanisme] to fit.

❖ **s'encastrer** vp **1.** [mécanisme, pierre] to fit / *la pièce s'encastre parfaitement dans le boîtier* the component fits perfectly into the casing **2.** [voiture] : *la voiture est venue s'encastrer sous le camion* the car jammed itself under the lorry.

encaustiquage [ɑ̃kɔstikaʒ] nm polishing, waxing.

encaustique [ɑ̃kɔstik] nf polish, wax.

encaustiquer [3] [ɑ̃kɔstike] vt to polish, to wax.

encaver [3] [ɑ̃kave] vt to cellar.

enceindre [81] [ɑ̃sɛ̃dʀ] vt *litt* : *enceindre la ville de murs* to encircle ou to surround the city with walls.

enceinte[1] [ɑ̃sɛ̃t] nf **1.** [mur] ▸ **(mur d')enceinte** surrounding wall **2.** [ceinture] enclosure, fence / *protégé par une enceinte de fossés* closed in by a circular moat **3.** ACOUST speaker.

❖ **dans l'enceinte de** loc prép within (the boundary of) / *dans l'enceinte du parc* within ou inside the park ▸ **dans l'enceinte du tribunal** within the courtroom.

enceinte[2] [ɑ̃sɛ̃t] adj f [femme] pregnant / *enceinte de son premier enfant* expecting her first child ▸ **enceinte de trois mois** three months pregnant / *elle est enceinte de ses œuvres* she's pregnant by him.

Encelade [ɑ̃səlad] npr MYTH Enceladus.

encens [ɑ̃sɑ̃] nm **1.** [résine] incense ▸ **bâtonnet d'encens** incense stick, joss stick **2.** *fig & litt* sycophancy, flattery.

encensement [ɑ̃sɑ̃smɑ̃] nm **1.** [d'un écrivain] praising to the skies **2.** RELIG incensing.

encenser [3] [ɑ̃sɑ̃se] vt **1.** RELIG to incense **2.** [louer -mérites] to praise to the skies ; [-écrivain] to praise to the skies, to shower praise upon.

encensoir [ɑ̃sɑ̃swaʀ] nm **1.** RELIG censer **2.** EXPR **un coup d'encensoir** *fam* a piece of sycophancy ▸ **savoir manier l'encensoir** *fam* to be a skilful flatterer.

encépagement [ɑ̃sepaʒmɑ̃] nm stock of vines *(in a vineyard)*.

encéphale [ɑ̃sefal] nm encephalon.

encéphalique [ɑ̃sefalik] adj encephalic.

encéphalite [ɑ̃sefalit] nf encephalitis.

encéphalogramme [ɑ̃sefalɔgʀam] nm encephalogram.

encéphalographie [ɑ̃sefalɔgʀafi] nf encephalography.

encéphalomyélite [ɑ̃sefalɔmjelit] nf encephalomyelitis.

encéphalopathie [ɑ̃sefalɔpati] nf encephelopathy ▸ **encéphalopathie spongiforme bovine** bovine spongiform encephalopathy.

encerclement [ɑ̃sɛʀkləmɑ̃] nm **1.** [fait d'être entouré] being hemmed in ou surrounded **2.** [fait d'entourer] surrounding.

encercler [3] [ɑ̃sɛʀkle] vt **1.** [marquer] to ring, to draw a ring round, to encircle ▸ **encerclé d'un trait rouge** circled in red **2.** [entourer] to surround, to encircle, to form a circle around / *la barrière qui encercle la propriété* the fence encircling the property **3.** [cerner] to surround, to encircle, to hem in *(sép)* / *village encerclé par des soldats* village surrounded by troops.

enchaîné, enchainé* [ɑ̃ʃene] nm dissolve.

enchaînement, enchainement* [ɑ̃ʃɛnmɑ̃] nm **1.** [série] sequence, series *(sg)* / *raconte-moi l'enchaînement des événements* tell me what the sequence of events was / *un enchaînement de circonstances favorables* a series of favourable circumstances **2.** [lien] (logical) link ▸ **faire un enchaînement a)** [dans un raisonnement] to link up two ideas **b)** [dans un exposé] to link up two items **3.** [structure] structure, logical sequence / *les idées sont bonnes mais l'enchaînement n'est pas assez apparent* the ideas are good but it's not apparent how they follow on from each other UK ou how they are connected **4.** DANSE enchaînement, linked-up steps **5.** SPORT linked-up movements / *un bel enchaînement à la poutre* a fluid sequence of movements on the beam ▸ **faire un enchaînement** to perform a sequence **6.** MUS ▸ **enchaînement des accords** chord progression.

enchaîner, enchainer* [4] [ɑ̃ʃene] ◆ vt **1.** [lier -personne] to put in chains, to chain ▸ **enchaîner à** to chain (up) to / *chien enchaîné à un arbre* dog chained up to a tree **2.** [attacher ensemble -prisonniers] to chain (up) together *(sép)* ; [-maillons] to link (up) *(sép)* **3.** [asservir -média] to trammel, to shackle ; [-personne] to enslave ; [-libertés] to put in chains ou shackles **4.** [relier -idées, mots] to link (up), to link ou to string together / *vos arguments ne sont pas bien enchaînés* your arguments aren't presented in logical sequence ou don't follow on from each other UK **5.** [dans une conversation] : *« c'est faux », enchaîna-t-elle* "it's not true", she went on **6.** DANSE to link ; SPORT [mouvements] to run together ou into each other, to link up (together) / *la séquence est bien / mal enchaînée* the sequence flows naturally / feels jerky. ◆ vi **1.** [poursuivre] to move ou to follow on / *enchaîne avec les diapositives* follow on with the slides ▸ **enchaîner sur** : *elle a enchaîné sur les élections* she went on to talk about the election **2.** RADIO & TV to link up two items of news ▸ **enchaînons** let's go on to the next item **3.** CINÉ to fade / *enchaîner sur une scène* to fade into a scene.

❖ **s'enchaîner, s'enchainer*** vpi [idées] to follow on (from one another) UK, to be connected ; [images, épisodes] to form a (logical) sequence ; [événements] to be linked together ▸ **tes paragraphes s'enchaînent mal** your paragraphs don't hang together well ou are a bit disjointed.

enchanté, e [ɑ̃ʃɑ̃te] adj **1.** [magique] enchanted **2.** [ravi] delighted, pleased ▸ **enchanté!** pleased to meet you ! / *je suis (vraiment) enchanté de vous rencontrer* I am (really) delighted ou (very) pleased to meet you / *je serais enchanté de...* I'd be delighted ou very pleased to... / *mon fils sera enchanté de vous raccompagner* my son will be delighted to ou will gladly see you home / *enchanté de faire votre connaissance!* how do you do !, pleased to meet you !

enchantement [ɑ̃ʃɑ̃tmɑ̃] nm **1.** [en magie] (magic) spell, enchantment ▸ **comme par enchantement** as if by magic **2.** [merveille] delight, enchantment / *la soirée fut un véritable enchantement* the evening was absolutely delightful ou enchanting.

enchanter [3] [ɑ̃ʃɑ̃te] vt **1.** [faire plaisir à] to enchant, to charm, to delight / *elle nous a enchantés par son humour* we were charmed ou delighted by her sense of humour ▸ **cela ne l'enchante pas (beaucoup)** ou **guère** he's none too pleased ou happy (at having to do it) / *cela ne m'enchante pas (beaucoup) de devoir y aller en voiture* I can't say I'm happy ou thrilled at having to drive there **2.** [par la magie] to bewitch, to cast a spell on.

enchanteur, eresse [ɑ̃ʃɑ̃tœʀ, t(ə)ʀɛs] adj enchanting, bewitching, magical.

❖ **enchanteur** nm **1.** [magicien] enchanter, sorcerer **2.** [séducteur] charmer.

❖ **enchanteresse** nf **1.** [magicienne] enchantress, witch **2.** [séductrice] charmer, enchantress.

enchâssement [ɑ̃ʃasmɑ̃] nm JOAILL setting.

enchâsser [3] [ɑ̃ʃase] vt **1.** JOAILL to set **2.** [insérer -mot] to insert.

enchausser [3] [ɑ̃ʃose] vt to earth (up).

enchemiser [3] [ɑ̃ʃmize] vt **1.** ARM to jacket **2.** [tuyau] to lag.

enchère [ɑ̃ʃɛʀ] nf **1.** [vente] auction ▸ **vendre aux enchères** to sell by auction ▸ **mettre aux enchères** to put up for auction **2.** [offre d'achat] bid ▸ **faire une enchère** to bid, to make a bid ▸ **faire monter les enchères a)** *pr* to raise the bidding **b)** *fig* to raise the stakes **3.** JEUX bid.

enchérir [32] [ɑ̃ʃeʀiʀ] vi *litt* [devenir cher] to become dearer ou more expensive, to go up in price.

❖ **enchérir sur** v + prép **1.** [dans une enchère] ▸ **enchérir sur une offre** to make a higher bid / *enchérir sur une somme* to go over and above an amount ▸ **enchérir sur qqn** to bid higher than sb **2.** *litt* [aller au-delà de] to go (over and) beyond / *enchérir sur son devoir* to go beyond the call of duty.

enchérissement [ɑ̃ʃeʀismɑ̃] nm *litt* ▸ **l'enchérissement de** the rise in the price of.

enchérisseur, euse [ɑ̃ʃeʀisœʀ, øz] nm, f bidder.

enchevaucher [3] [ɑ̃ʃəvoʃe] vt CONSTR to overlap.

enchevêtrement [ɑ̃ʃəvɛtʀəmɑ̃] nm **1.** [objets emmêlés] tangle, tangled mass / *un enchevêtrement de branches* tangled branches, a tangle of branches / *dans un enchevêtrement de draps et de couvertures* in a tangle of sheets and blankets **2.** [confusion] tangle, tangled state, confusion.

enchevêtrer [4] [ɑ̃ʃəvɛtʀe] vt **1.** [mêler -fils, branchages] to tangle (up), to entangle **2.** [embrouiller -histoire] to confuse, to muddle / *une intrigue enchevêtrée* a complicated ou muddled plot.

❖ **s'enchevêtrer** vpi **1.** [être emmêlé -fils] to become entangled, to get into a tangle ; [-branchages] to become entangled **2.** [être confus -idées, événements] to become confused ou muddled.

enchifrené, e [ɑ̃ʃifʀəne] adj *vieilli* [nez] blocked / *une voix enchifrenée* a voice thick with catarrh.

enclave [ɑ̃klav] nf **1.** [lieu] enclave / *une enclave de maisons isolées parmi les lotissements* an enclave of detached houses surrounded by housing developments **2.** [groupe, unité] enclave / *notre petite enclave culturelle perpétue les traditions de notre pays d'origine* within our little group of expatriates, we uphold our native country's traditions **3.** GÉOL inclusion, xenolith.

enclavement [ɑ̃klavmɑ̃] nm [d'une nation] setting up as an enclave ; [d'un jardin] enclosing, hemming in.

enclaver [3] [ɑ̃klave] vt **1.** [entourer -terrain] to enclose, to hem in *(sép)* **2.** [insérer] ▸ **enclaver entre** to insert between **3.** [placer l'un dans l'autre] to fit into each other, to interlock.

enclenchement [ɑ̃klɑ̃ʃmɑ̃] nm **1.** [action] engaging ; [résultat] engagement / *avant l'enclenchement du loquet* before the catch engages **2.** [dispositif] interlock.

enclencher [3] [ɑ̃klɑ̃ʃe] vt **1.** MÉCAN to engage **2.** [commencer -démarche, procédure] to set in motion, to get under way, to set off *(sép)*.

❖ **s'enclencher** vpi **1.** MÉCAN to engage **2.** [démarche, procédure] to get under way, to get started.

enclin, e [ɑ̃klɛ̃, in] adj ▸ **enclin à qqch / à faire qqch** inclined to sthg / to do sthg / *peu enclin au bavardage* not very talkative / *peu enclin à partager ses secrets* reluctant to share his secrets.

encliquetage [ɑ̃kliktaʒ] nm ratchet mechanism.

encliqueter [27] [ɑ̃klikte] vt to ratchet.

In reformed spelling (see p. 16-19), this verb is conjugated like *acheter*: *il encliquète, elle encliquètera.*

enclore [113] [ɑ̃klɔʀ] vt to enclose ▸ **enclos de** : *enclos d'une haie* hedged in / *enclos d'un mur* walled in.

enclos [ɑ̃klo] nm **1.** [terrain] enclosed plot of land ; [à moutons] pen, fold ; [à chevaux] paddock **2.** [muret] wall **3.** [grillage] (wire) fence.

enclosons v ⟶ **enclore.**

enclouer [3] [ɑ̃klue] vt **1.** [cheval] to prick *(a horse when shoeing)* **2.** MÉD to pin together *(sép)*.

enclume [ɑ̃klym] nf **1.** [du forgeron] anvil ; [du couvreur] (slater's) iron ; [du cordonnier] last ▸ **entre l'en-**

* In reformed spelling (see p. 16-19).

clume et le marteau between the devil and the deep blue sea **2.** ANAT anvil.

encoche [ɑ̃kɔʃ] nf **1.** [entaille] notch **2.** [d'une flèche] nock **3.** [d'un livre] thumb index ▸ **avec encoches** thumb-indexed, with thumb index.

encocher [3] [ɑ̃kɔʃe] vt **1.** [faire une entaille à] to notch **2.** [flèche] to nock.

encodage [ɑ̃kɔdaʒ] nm encoding.

encoder [3] [ɑ̃kɔde] vt to encode.

encodeur, euse [ɑ̃kɔdœʀ, øz] nm, f encoder.

encoignure [ɑ̃kwaɲyʀ, ɑ̃kɔɲyʀ] nf **1.** [angle] corner **2.** [table] corner table ; [placard] corner cupboard ; [siège] corner chair.

encollage [ɑ̃kɔlaʒ] nm pasting, sizing.

encoller [3] [ɑ̃kɔle] vt to paste, to size.

encolleuse [ɑ̃kɔløz] nf sizing machine.

encolure [ɑ̃kɔlyʀ] nf **1.** ANAT, VÊT & ZOOL neck **2.** ÉQUIT neck / *à une encolure du vainqueur* a neck behind the winner.

encombrant, e [ɑ̃kɔ̃bʀɑ̃, ɑ̃t] adj **1.** [volumineux] bulky, cumbersome / *j'ai dû m'en débarrasser, c'était trop encombrant* I had to get rid of it, it was taking up too much space ou it was getting in the way **2.** [importun] inhibiting, awkward / *le jeune couple trouvait la petite sœur encombrante* the young couple felt the little sister was in the way.

encombre [ɑ̃kɔ̃bʀ] ❖ **sans encombre** loc adv safely, without mishap / *tu es rentré sans encombre?* did you get home safely? / *s'ils parviennent à revenir sans encombre* if nothing untoward happens to them on their way back.

encombré, e [ɑ̃kɔ̃bʀe] adj **1.** [route] ▸ **l'autoroute est très encombrée** traffic on the motorway is very heavy, there is very heavy traffic on the motorway **2.** [plein d'objets] ▸ **avoir les mains encombrées** to have one's hands full ▸ **un salon encombré** a cluttered living room **3.** [bronches] congested.

encombrement [ɑ̃kɔ̃bʀəmɑ̃] nm **1.** [embouteillage] traffic jam **2.** [fait d'obstruer] jamming, blocking ▸ **par suite de l'encombrement des lignes téléphoniques / de l'espace aérien** because the telephone lines are overloaded / the air space is overcrowded **3.** [entassement] clutter, cluttered state **4.** [dimension] size ▸ **meuble de faible encombrement** small ou compact piece of furniture **5.** MÉD ▸ **encombrement des voies respiratoires** congestion of the respiratory system.

encombrer [3] [ɑ̃kɔ̃bʀe] vt **1.** [remplir] to clutter (up), to fill ou to clog up *(sép)* ▸ **encombrer qqch de** to clutter sthg (up) with / *j'ai la mémoire encombrée de dates* my memory's cluttered up with ou chock-full of dates **2.** [obstruer - couloir] to block (up) ; [- route] to block ou to clog up *(sép)* ; [- circulation] to hold up *(sép)* / *une ville très encombrée* a congested city, a city choked with traffic **3.** [saturer] : *les logiciels encombrent le marché* there's a surplus ou glut of software packages on the market ▸ **une profession encombrée** an overcrowded profession **4.** [charger - d'un objet lourd] to load (down), to encumber ▸ **encombrer qqn de** to load sb down with **5.** [suj: objet gênant] : *tiens, je te donne ce vase, il m'encombre* here, have this vase, I don't know what to do with it / *que faire de ces sacs qui nous encombrent?* what shall we do with these bags that are in the way? **6.** [gêner] to burden, to encumber / *son enfant l'encombre* her child's a burden to her / *je ne veux pas vous encombrer quand je serai vieux* I don't want to be a burden to you when I'm old ▸ **encombré de** : *encombré d'une famille nombreuse* encumbered ou burdened with a large family **7.** TÉLÉC to overload, to jam.

❖ **s'encombrer** ◆ vpi [avoir trop de bagages, de vêtements] to be loaded ou weighed down / *laisse ta valise là si tu ne veux pas t'encombrer* leave your case there if you don't want to be weighed down ▸ **s'encombrer de** *fig* to be overburdened with / *je ne m'encombre pas de biens matériels* I don't allow myself to become encumbered with material possessions / *il ne s'encombre pas de scrupules* he's not exactly overburdened with scruples / *ne nous encombrons pas de diplomatie* let's not be overly diplomatic. ◆ vpt ▸ **s'encombrer l'esprit de** to fill one's mind ou to cram one's head with ▸ **s'encombrer la mémoire de** to fill ou to load one's memory with.

encontre [ɑ̃kɔ̃tʀ] ❖ **à l'encontre** loc adv *sout* in opposition / *je n'ai rien à dire à l'encontre* I have no objections. ❖ **à l'encontre de** loc prép *sout* ▸ **aller à l'encontre de** to go against, to run counter to / *cette décision va à l'encontre du but recherché* this decision is self-defeating ou counterproductive / *ceci va à l'encontre de toutes nos espérances* this goes against all our hopes.

encorbellement [ɑ̃kɔʀbɛlmɑ̃] nm corbelled construction / *balcon en encorbellement* corbelled UK ou corbeled US balcony.

encorder [3] [ɑ̃kɔʀde] vt to rope up *(sép)*.

❖ **s'encorder** vpi to rope up (together).

encore [ɑ̃kɔʀ] adv **1.** [toujours] still / *il travaillait encore à minuit* he was still working at midnight / *la banque sera encore ouverte à 19 h* the bank will still be open at 7 p.m. / *tu es encore là?* so you're still here?, are you still here? / *j'ai encore faim* I'm still hungry / *ils en sont encore à taper tout à la machine* they're still using typewriters **2.** [pas plus tard que] only / *ce matin encore, il était d'accord* only this morning he was in agreement / *hier encore, je lui ai parlé* I spoke to him only yesterday **3.** [dans des phrases négatives] ▸ **pas encore** not yet / *je n'ai pas encore fini* I haven't finished yet ▸ **encore rien** still nothing, nothing yet / *je n'ai encore rien écrit* I haven't written anything (down) yet, I still haven't written anything (down) / *vous n'avez encore rien vu!* you haven't seen anything yet! / *je n'avais encore jamais vu ça!* I'd never seen anything like it before! **4.** [de nouveau] : *il est encore venu la voir* he came to see her again ▸ **tu manges encore!** you're not eating again, are you! ▸ **encore toi!** (not) you again! / *je me suis coupé — encore!* I've cut myself — not again! / *encore une fois, c'est non!* the answer's still no! / *si tu fais ça encore une fois...* if you do that again ou one more time ou once more... / *encore de la glace?* some more ou a little more ice-cream? / *je te sers encore un verre?* will you have another drink? / *encore une panne!* not another breakdown! ▸ **qui encore?** who else? ▸ **quoi encore? a)** [dans une énumération] what else? **b)** *fam* [ton irrité] now what? / *qu'est-ce qu'il y a encore?* what is it this time? ▸ **et puis quoi encore? a)** [dans une émunération] what else? **b)** *iron* will that be all? **c)** [marquant l'incrédulité] whatever next? / *elle est bien élevée, charmante, mais encore?* she's well brought-up and charming, and (apart from that)? / *encore un qui ne sait pas ce qu'il veut!* another one who doesn't know what he wants! **5.** [davantage] ▸ **il va grandir encore** he's still got a bit more growing to do ▸ **réduisez-le encore** reduce it even more / *il faudra encore travailler cette scène* that scene still needs more work on it ; [devant un comparatif] : *il est encore plus gentil que je n'imaginais* he is even nicer than I'd imagined (he'd be) / *ses affaires vont encore mieux que l'an dernier* his business is even more successful than it was last year, his business is going even better than it did last year / *elle travaille encore plus qu'avant* she works even harder than before ▸ **encore autant** as much again ▸ **encore pire** even ou still worse **6.** [introduisant une restriction] : *il ne suffit pas d'être beau, il faut encore* ou *encore faut-il être intelligent* it's not enough to be good-looking, you need to be intelligent too / *c'est bien beau d'avoir des projets, encore faut-il les réaliser* it's all very well having plans, but the important thing is to put them into practice ▸ **si encore il** ou **encore s'il était franc, on lui pardonnerait** if only ou if at least he was honest you could forgive him / *si encore tu conduisais, on pourrait se relayer au volant* if only you could drive, we could take turns at the wheel ▸ **et encore!** : *je t'en donne 100 euros, et encore!* I'll give you 100 euros for it, if that! / *et encore, on ne sait pas tout!* and even then we don't know the half of it! ▸ **encore heureux!** thank goodness for that! ▸ **encore une chance** : *encore une chance qu'il n'ait pas été là!* thank goodness ou it's lucky he wasn't there!

❖ **encore que** loc conj : *j'aimerais y aller, encore qu'il soit tard* I'd like to go even though it's late / *on a assez d'argent, encore que, avec l'assurance à payer...* we've enough money, although with the insurance still to be paid... ▸ **encore que...!** but then again...!

> ## PAS ENCORE
>
> **Pas encore** can look towards the future or towards a repetition of what has happened in the past. The context usually helps you guess which is which.
>
> ### ● Towards the future
>
> Comment ça, elle n'est pas encore là ? What do you mean she's not here yet?
>
> Il n'était pas encore assez mûr pour comprendre ces choses-là. He wasn't mature enough at that point to understand those things.
>
> ### ● A repetition of what has happened in the past
>
> Ce n'est tout de même pas encore lui qui va gagner ! Surely he's not going to win again!
>
> Tu n'as pas encore perdu tes clés, j'espère ? I hope you haven't lost your keys again.

encorner [3] [ɑ̃kɔʀne] vt to gore / *se faire encorner* to be gored.

encornet [ɑ̃kɔʀnɛ] nm squid.

encoubler [3] [ɑ̃kuble] ❖ **s'encoubler** vpi SUISSE to trip over.

encourageant, e [ɑ̃kuʀaʒɑ̃, ɑ̃t] adj [paroles] encouraging ; [succès, résultat] encouraging, promising.

encouragement [ɑ̃kuʀaʒmɑ̃] nm encouragement, support ▸ **encouragements fiscaux** tax incentives / *quelques mots d'encouragement* a few encouraging words ou words of encouragement.

encourager [ɑ̃kuʀaʒe] vt **1.** [inciter] to encourage ▸ **encourager qqn du geste** to wave to sb in encouragement ▸ **encourager qqn de la voix** to cheer sb (on) ▸ **encourager qqn à faire qqch** to encourage sb to do sthg **2.** [favoriser] to stimulate / *un prix fondé pour encourager l'initiative* an award set up to stimulate ou to foster the spirit of enterprise.

❖ **s'encourager** ◆ vp *(emploi réfléchi)* to spur o.s. on. ◆ vp *(emploi réciproque)* to cheer each other on.

encourir [45] [ɑ̃kuʀiʀ] vt [dédain, reproche, critique] to incur, to bring upon o.s. ▸ **faire encourir des risques à qqn** to put sb at risk.

encours [ɑ̃kuʀ] nm ▸ **encours (de crédit)** outstanding debt.

encrage [ɑ̃kʀaʒ] nm inking.

encrassé, e [ɑ̃kʀase] adj [mécanisme] clogged.

encrassement [ɑ̃kʀasmɑ̃] nm [d'un filtre] clogging (up) ; [d'un tuyau] clogging (up), fouling (up) ; [d'une arme] fouling (up).

encrasser [3] [ɑ̃kʀase] vt **1.** [obstruer - filtre] to clog up *(sép)* ; [- tuyau] to clog ou to foul up *(sép)* ; [- arme] to foul up *(sép)* **2.** [salir] to dirty, to muck up *(sép)*.

❖ **s'encrasser** vpi **1.** [s'obstruer - filtre] to become clogged (up) ; [- tuyau] to become clogged (up), to become fouled up ; [- arme] to become fouled up **2.** [se salir] to get dirty.

encre [ɑ̃kʀ] nf **1.** [pour écrire] ink / *écrire à l'encre* to write in ink ▸ **encre de Chine** Indian UK ou India US ink ▸ **encre indélébile** indelible ink ▸ **encre sympathique** invisible ink **2.** [style] : *écrire de sa plus belle encre* to write in one's best style **3.** ZOOL ink / *calmars à l'encre* squid in its ink.

encrer [3] [ɑ̃kʀe] vt to ink.

encreur [ɑ̃kʀœʀ] adj m inking.

encrier [ɑ̃kʀije] nm [pot] inkpot ; [accessoire de bureau] inkstand ; [récipient encastré] inkwell.

encroûté, e, encrouté*, e [ɑ̃kʀute] *fam* ◆ adj ▸ **être encroûté a)** [dans ses préjugés] to be a fuddy-duddy ou stick-in-the-mud **b)** [dans sa routine] to be stuck in a rut. ◆ nm, f **1.** [personne ayant des préjugés] :

* In reformed spelling (see p. 16-19).

un vieil encroûté an old fuddy-duddy ou stick-in-the-mud **2.** [personne routinière] : *mener une vie d'encroûté* to be in a rut.

encroûtement, encroutement* [ɑ̃kʀutmɑ̃] nm **1.** *fam* [d'une personne] rut, mundane routine / *comment le sortir de son encroûtement?* how can you get him out of his rut? **2.** [d'une paroi] becoming encrusted, encrusting **3.** [d'une plaie] scabbing.

encroûter, encrouter* [3] [ɑ̃kʀute] vt **1.** [couvrir - de terre, de sang] to encrust ; [- de calcaire] to fur up *(sép)* **2.** [rendre routinier] to get stuck in a rut **3.** *fam* [abêtir] to turn into a vegetable.

❖ **s'encroûter, s'encrouter*** vpi **1.** [s'encrasser - vêtement] to become encrusted ; [- bouilloire] to scale ou to fur up **2.** *fam* [devenir routinier] to be in a rut ▸ **s'encroûter dans** : *il s'encroûte dans ses habitudes* he's got into a rut / *il s'encroûte dans son métier* he's really in a rut in that job.

enculé, e [ɑ̃kyle] nm, f *vulg* bastard, arsehole UK, asshole US / *quelle bande d'enculés!* what a load of wankers! UK ou shits! US / *tous des enculés!* they're all bastards!

enculer [3] [ɑ̃kyle] vt *vulg* to bugger, to fuck / *je t'encule!, va te faire enculer!* fuck off! ▸ **enculer les mouches** to nit-pick.

encuvage [ɑ̃kyvaʒ] nm vatting.

encuver [3] [ɑ̃kyve] vt to vat.

encyclique [ɑ̃siklik] adj & nf encyclical.

encyclopédie [ɑ̃siklɔpedi] nf encyclopedia.

encyclopédique [ɑ̃siklɔpedik] adj **1.** [d'une encyclopédie] encyclopedic **2.** [connaissances] exhaustive, extensive, encyclopedic.

encyclopédisme [ɑ̃siklɔpedism] nm quest for all-round knowledge.

encyclopédiste [ɑ̃siklɔpedist] nmf **1.** [auteur] encyclopedist **2.** HIST ▸ **les encyclopédistes** ou **Encyclopédistes** Diderot's Encyclopedists, the contributors to the Encyclopédie.

endéans [ɑ̃deɑ̃] prép BELG within.

en-dehors [ɑ̃dəɔʀ] nm turning out *(U)*.

endémicité [ɑ̃demisite] nf endemicity, endemic nature.

endémie [ɑ̃demi] nf endemic disease.

endémique [ɑ̃demik] adj [gén & MÉD] endemic ▸ **endémique en Malaisie / dans notre société** endemic to Malaysia / our society.

endettement [ɑ̃dɛtmɑ̃] nm indebtedness ▸ **endettement extérieur** foreign debt.

endetter [4] [ɑ̃dete] vt **1.** FIN to get into debt / *il est lourdement endetté* he's heavily in debt **2.** *fig* ▸ **être endetté envers qqn** to be indebted to sb.

❖ **s'endetter** vpi to get ou to run into debt / *ne vous endettez pas davantage* don't get any further into debt / *je me suis endetté de 10 000 euros* I got 10,000 euros in debt.

endeuiller [5] [ɑ̃dœje] vt **1.** [famille, personne] to plunge into mourning **2.** [réception, course] to cast a tragic shadow over **3.** *litt* [tableau, paysage] to give a dismal aspect to.

endiablé, e [ɑ̃djable] adj **1.** [danse, musique, poursuite] wild, frenzied / *se lancer dans une ronde endiablée* to begin to dance wildly ou frenziedly in a circle **2.** [enfant] boisterous, unruly.

endiguement [ɑ̃digmɑ̃] nm **1.** [d'un cours d'eau] dyking (up) **2.** [d'émotions, d'un développement] holding back ; [du chômage, de dettes] checking, curbing.

endiguer [3] [ɑ̃dige] vt **1.** [cours d'eau] to dyke (up) **2.** [émotion, développement] to hold back *(sép)*, to check ; [chômage, excès] to curb.

endimanché, e [ɑ̃dimɑ̃ʃe] adj in one's Sunday best.

endive [ɑ̃div] nf chicory UK, (French) endive US.

endoblaste [ɑ̃dɔblast] nm endoblast.

endoblastique [ɑ̃dɔblastik] adj endoblastic.

endocarde [ɑ̃dɔkaʀd] nm endocardium.

endocardite [ɑ̃dɔkaʀdit] nf endocarditis.

endocarpe [ɑ̃dɔkaʀp] nm endocarp.

endocrine [ɑ̃dɔkʀin] adj endocrine.

endocrinien, enne [ɑ̃dɔkʀinjɛ̃, ɛn] adj endocrinal, endocrinous.

endocrinologie [ɑ̃dɔkʀinɔlɔʒi] nf endocrinology.

endocrinologue [ɑ̃dɔkʀinɔlɔg], **endocrinologiste** [ɑ̃dɔkʀinɔlɔʒist] nmf endocrinologist.

endoctrinement [ɑ̃dɔktʀinmɑ̃] nm indoctrination.

endoctriner [3] [ɑ̃dɔktʀine] vt to indoctrinate.

endoderme [ɑ̃dɔdɛʀm] = **endoblaste.**

endogame [ɑ̃dɔgam] ◆ adj endogamous. ◆ nmf endogamous man (woman).

endogamie [ɑ̃dɔgami] nf endogamy.

endogène [ɑ̃dɔʒɛn] adj BIOL & GÉOL endogenous.

endolori, e [ɑ̃dɔlɔʀi] adj painful, aching ▸ **le corps tout endolori** aching all over / *mon pied était endolori* my foot hurt ou was aching ▸ **épaule endolorie** painful ou aching shoulder.

endolorir [32] [ɑ̃dɔlɔʀiʀ] vt to make painful.

endolorissement [ɑ̃dɔlɔʀismɑ̃] nm **1.** [action] hurting **2.** [douleur] ache, aching.

endomètre [ɑ̃dɔmɛtʀ] nm endometrium.

endométriose [ɑ̃dɔmetʀioz] nf endometriosis.

endométrite [ɑ̃dɔmetʀit] nf endometritis.

endommagement [ɑ̃dɔmaʒmɑ̃] nm damaging.

endommager [17] [ɑ̃dɔmaʒe] vt [bâtiment] to damage ; [environnement, récolte] to damage, to harm.

endomorphe [ɑ̃dɔmɔʀf] adj endomorphic.

endomorphine [ɑ̃dɔmɔʀfin] nf endomorphin.

endomorphisme [ɑ̃dɔmɔʀfism] nm endomorphism.

endoparasite [ɑ̃dɔpaʀazit] ◆ adj endoparasitic. ◆ nm endoparasite.

endoplasme [ɑ̃dɔplasm] nm endoplasm.

endoréique [ɑ̃dɔʀeik] adj endorheic.

endoréisme [ɑ̃dɔʀeism] nm endorheic.

endormant, e [ɑ̃dɔʀmɑ̃, ɑ̃t] adj **1.** [professeur, film] boring **2.** [massage, tisane] sleep-inducing.

endormeur, euse [ɑ̃dɔʀmœʀ, øz] nm, f *litt* beguiler, enticer ▸ **les endormeurs** those who lull you into a sense of false security.

endormi, e [ɑ̃dɔʀmi] ◆ adj **1.** [sommeillant] sleeping / *il est endormi* he's asleep ou sleeping / *à moitié endormi* half asleep **2.** [apathique] sluggish, lethargic **3.** [calme - ville] sleepy, drowsy **4.** [faible - désir] dormant ; [- vigilance] lulled **5.** [ankylosé] : *une jambe endormie* a leg which has gone to sleep. ◆ nm, f [personne apathique] do-nothing, ne'er-do-well.

asleep ou sleeping ?

On peut utiliser indifféremment **asleep** ou **sleeping** pour traduire endormi, mais attention, **asleep** s'emploie toujours comme attribut, alors que **sleeping** peut s'employer comme épithète ("a sleeping child" mais jamais "an asleep child").

endormir [36] [ɑ̃dɔʀmiʀ] vt **1.** [d'un sommeil naturel] to put ou to send to sleep ; [avec douceur] to lull to sleep **2.** [anesthésier] to anaesthetize, anesthetize US, to put to sleep **3.** [ennuyer] to send to sleep, to bore **4.** [tromper - électeurs, public] to lull into a false sense of security **5.** [affaiblir - douleur] to deaden ; [- scrupules] to allay ▸ **endormir la vigilance de qqn** to get sb to drop his guard.

❖ **s'endormir** vpi **1.** [d'un sommeil naturel] to drop off ou to go to sleep, to fall asleep **2.** [sous anesthésie] to go to sleep **3.** [mourir] to pass away ou on **4.** [se relâcher] to let up, to slacken off / *ne nous endormons pas, on joue dans deux jours!* this is no time to slacken off, we're playing in two days time! ▸ **s'endormir sur ses lauriers** to rest on one's laurels **5.** [devenir calme - maisonnée, pays] to grow calm **6.** [s'affaiblir - douleur] to subside, to die down ; [- scrupules] to be allayed ; [- vigilance] to slacken.

endormissement [ɑ̃dɔʀmismɑ̃] nm : *au moment de l'endormissement* when falling asleep ▸ **qui aide à l'endormissement** sleep-inducing.

endorphine [ɑ̃dɔʀfin] nf endorphin.

endort v ⟶ **endormir.**

endos [ɑ̃do] = **endossement.**

endoscope [ɑ̃dɔskɔp] nm endoscope.

endoscopie [ɑ̃dɔskɔpi] nf endoscopy.

endoscopique [ɑ̃dɔskɔpik] adj endoscopic.

endosmose [ɑ̃dɔsmoz] nf endosmosis.

endosperme [ɑ̃dɔspɛʀm] nm endosperm.

endosquelette [ɑ̃dɔskəlɛt] nm endoskeleton.

endossable [ɑ̃dɔsabl] adj endorsable.

endossataire [ɑ̃dosatɛʀ] nmf endorsee.

endossement [ɑ̃dosmɑ̃] nm BANQUE & FIN endorsement.

endosser [3] [ɑ̃dose] vt **1.** [revêtir] to put ou to slip on *(sép)*, to don *sout* **2.** [assumer] to assume ▸ **endosser la responsabilité de qqch** to shoulder ou to assume the responsibility for sthg / *endosser les conséquences d'une erreur* to accept ou to assume the consequences of a mistake / *il lui a fait endosser la responsabilité de l'accident* he made him take responsibility for the accident **3.** BANQUE & FIN to endorse ▸ **endosser un chèque** to endorse a cheque UK ou check US **4.** [livre] to back.

endosseur [ɑ̃dosœʀ] nm endorser.

endothélial, e, aux [ɑ̃dɔteljal, o] adj endothelial.

endothélium [ɑ̃dɔteljɔm] nm endothelium.

endothermique [ɑ̃dɔtɛʀmik] adj endothermic, endothermal.

endotoxine [ɑ̃dɔtɔksin] nf endotoxin.

endroit [ɑ̃dʀwa] nm **1.** [emplacement] place / *à l'endroit de sa chute* where he fell / *à quel endroit tu l'as mis?* where ou whereabouts did you put it? / *ce n'est pas au bon endroit* it's not in the right place / *il est assis au même endroit depuis une heure* he's been sitting in the same place ou spot for the last hour / *j'ai besoin d'un endroit pour ranger mes affaires* I need a place ou space to store my things ▸ **l'endroit de la réunion** the place for ou the venue of the meeting / *si tu ne peux pas le mettre à cet endroit, mets-le ailleurs* if you can't put it there, put it somewhere else **2.** [localité] place, spot / *il y a de belles églises à cet endroit* there are some beautiful churches in this area / *un endroit tranquille* a quiet place ou spot ▸ **l'endroit** the locality, the area / *les gens de l'endroit sont très accueillants* the local people ou locals are very friendly **3.** [partie - du corps, d'un objet] place ; [- d'une œuvre, d'une histoire] place, point / *cela fait mal à quel endroit?* where does it hurt? / *en plusieurs endroits* in several places / *c'est l'endroit le plus drôle du livre* it's the funniest part ou passage in the book / *on va reprendre au même endroit* we'll start again at the same point / *tout le monde pleure au même endroit* everybody cries at the same point ▸ **toucher qqn à un endroit sensible a)** *pr* to touch a sore spot **b)** *fig* to touch a nerve **4.** [d'un vêtement] right side **5.** *euphém* ▸ **petit endroit** smallest room in the house ▸ **aller au petit endroit** to go and spend a penny UK, to go powder one's nose US **6.** GÉOGR south-facing slope.

❖ **à l'endroit** loc adv **1.** [le bon côté en haut] right side up **2.** [le bon côté à l'extérieur] right side out **3.** [le bon côté devant] right side round / *remettre son pull à l'endroit* to put one's pullover on again the right way round **4.** TRICOT [dans les explications] ▸ **deux mailles à l'endroit** two plain, knit two ▸ **un rang à l'endroit** knit one row.

❖ **à l'endroit de** loc prép *litt* [personne] towards ; [événement, objet] regarding, with regard to, in regard to.

❖ **par endroits** loc adv in places, here and there / *il y a de l'herbe par endroits* there's some grass here and there ou in places.

enduire [98] [ɑ̃dɥiʀ] vt **1.** [recouvrir] to coat ou to spread ou to cover with *(sép)* ▸ **enduire de** : *enduire* *de beurre le fond d'un plat* to smear the bottom of a dish with butter ▸ **enduire qqch de colle** to apply glue to sthg / *il enduisait ses jambes de crème solaire* he was smoothing ou rubbing suntan oil on his legs / *enduit d'une substance collante* smeared ou coated with sticky matter **2.** CONSTR ▸ **enduire un mur** to plaster a wall over, to face a wall *(with finishing plaster)*.

enduit [ɑ̃dɥi] nm **1.** [revêtement] coat, coating, facing ▸ **enduit au ciment** cement rendering **2.** [plâtre] plaster ▸ **enduit de lissage / de rebouchage** finishing / sealing plaster ▸ **enduit étanche** sealant **3.** MÉD coating *(on the tongue, the stomach)*.

endurable [ɑ̃dyʀabl] adj endurable, bearable.

endurance [ɑ̃dyʀɑ̃s] nf **1.** [d'une personne] endurance, stamina **2.** [d'une matière, d'une machine] endurance, resilience ▸ **endurance à la flexion** bending endurance, stress fatigue limit **3.** SPORT endurance.

endurant, e [ɑ̃dyʀɑ̃, ɑ̃t] adj resistant, tough.

endurci, e [ɑ̃dyʀsi] adj **1.** [invétéré] hardened, inveterate ▸ **célibataire endurci** confirmed bachelor **2.** [insensible - âme, caractère] hardened ▸ **des cœurs endurcis** hard-hearted people.

endurcir [32] [ɑ̃dyʀsiʀ] vt **1.** [rendre résistant - corps, personne] to harden, to toughen ▸ **être endurci à** to be hardened to, to be inured to **2.** [rendre insensible] to harden.

❖ **s'endurcir** vpi **1.** [devenir résistant] to harden o.s., to become tougher / *je me suis endurci avec l'âge* age has made me tougher ou has toughened me ▸ **s'endurcir à** to become hardened ou inured to **2.** [devenir insensible] to harden one's heart.

endurcissement [ɑ̃dyʀsismɑ̃] nm **1.** [endurance] hardening, toughening **2.** [insensibilité] : *son endurcissement au fil des années* his increasing hard-heartedness over the years / *l'endurcissement du cœur* the hardening of the heart.

endurer [3] [ɑ̃dyʀe] vt to endure, to bear, to stand / *comment peut-il endurer qu'on lui parle ainsi?* how can he tolerate being spoken to in that way? / *il a dû endurer beaucoup d'épreuves* he had to put up with ou to suffer a lot of trials and tribulations / *je n'endure plus vos critiques vieilli* I can't put up with ou endure ou tolerate you criticizing me anymore / *le bourreau faisait endurer à ses victimes des supplices épouvantables* the executioner subjected his victims to horrific torture.

enduro [ɑ̃dyʀo] nm cross-country motorcycle race.

Énée [ene] npr Aeneas.

Énéide [eneid] nf / **'l'Énéide'** *Virgile* 'The Aeneid'.

énéolithique [eneɔlitik] ◆ adj Aeneolithic. ◆ nm Aeneolithic (period).

énergétique [enɛʀʒetik] ◆ adj **1.** ÉCOL & ÉCON energy *(modif)* **2.** [boisson, aliment] energy-giving ; [besoins, apport] energy *(modif)*. ◆ nf energetics *(sg)*.

énergétiquement [enɛʀʒetikmɑ̃] adv in energy terms / *des logements énergétiquement performants ou efficaces* energy-efficient housing.

énergie [enɛʀʒi] nf **1.** [dynamisme] energy, stamina, drive ▸ **parler avec énergie** to speak vigorously / *se mettre au travail avec énergie* to start work energetically / *avoir de l'énergie* to have a lot of energy ▸ **donner de l'énergie à qqn** to invigorate ou to energize sb / *être sans ou manquer d'énergie* to have no energy, to lack energy / *mettre toute son énergie à* to put all one's energy ou energies into **2.** [force] energy, vigour, strength / *il faudrait dépenser trop d'énergie* it would be too much of an effort ▸ **avec l'énergie du désespoir** with the strength born of despair **3.** SCI & TECHNOL energy, power ▸ **énergie atomique** atomic energy ▸ **énergie calorifique** calorific energy ▸ **les énergie douces** alternative energy ▸ **énergie électrique / solaire** electrical / solar energy ▸ **les énergies fossiles** fossil fuels ▸ **énergie potentielle / cinétique** potential / kinetic energy ▸ **énergie éolienne** wind power ▸ **énergie hydraulique** water power ▸ **énergie nucléaire** nuclear power ou energy ▸ **les énergies nouvelles** new sources of energy ▸ **énergie propre** clean energy ▸ **énergie renouvelable** renewable energy ▸ **énergie thermique** thermal energy ▸ **énergie verte** green energy ▸ **énergie vitale** vital energy ou force ▸ **source d'énergie** source of energy **4.** PSYCHOL ▸ **énergie psychique** psychic energy.

❖ **énergies** nfpl : *rassembler les énergies d'un pays* to mobilize the people of a country / *nous aurons besoin de toutes les énergies* we'll need all the help we can get.

énergique [enɛʀʒik] adj **1.** [fort - mouvement, intervention] energetic, vigorous ; [- mesure] energetic, drastic, extreme ; [- paroles] emphatic ; [- traitement] strong, powerful **2.** [dynamique - personne, caractère] energetic, forceful, active ; [- visage] determined-looking.

énergiquement [enɛʀʒikmɑ̃] adv [bouger, agir] energetically, vigorously ; [parler, refuser] energetically, emphatically.

énergisant, e [enɛʀʒizɑ̃, ɑ̃t] adj energizing, energy-giving.

❖ **énergisant** nm energizer.

énergumène [enɛʀgymɛn] nmf energumen *litt*, wild-eyed fanatic ou zealot.

énervant, e [enɛʀvɑ̃, ɑ̃t] adj irritating, annoying, trying.

énervation [enɛʀvasjɔ̃] nf **1.** MÉD denervation **2.** *vieilli* [affaiblissement] enervation.

énervé, e [enɛʀve] adj **1.** [irrité] irritated, annoyed **2.** [tendu] edgy / *il est souvent énervé* he's often edgy ou on edge **3.** [agité] agitated, restless.

énervement [enɛʀvəmɑ̃] nm **1.** [agacement] irritation, annoyance / *notre départ s'est fait dans l'énervement général* everyone was getting irritated with everyone else when we left **2.** [tension] edginess **3.** [agitation] restlessness.

énerver [3] [enɛʀve] vt **1.** [irriter] to annoy, to irritate / *ça m'énerve quand il dit des idioties* it gets on my nerves when he says stupid things ▸ **son attitude m'énerve** I find his behaviour annoying ou irritating ▸ **cette musique m'énerve** this music is getting on my nerves **2.** [agiter] to make restless, to excite, to overexcite / *n'énerve pas le petit avant son coucher* don't excite the little one before he goes to bed.

❖ **s'énerver** vpi **1.** [être irrité] to get worked up ou annoyed ou irritated **2.** [être excité] to get worked up ou excited ou overexcited / *il ne faut pas laisser les enfants s'énerver avant de se coucher* the children mustn't get worked up ou excited before going to bed.

enfaîter, enfaiter* [4] [ɑ̃fete] vt to top with ridge tiles.

enfance [ɑ̃fɑ̃s] nf **1.** [période de la vie - gén] childhood ; [- d'un garçon] boyhood ; [- d'une fille] girlhood / *dès sa plus tendre enfance* from a very tender age / *dans sa première enfance* in his infancy / *dès son enfance* from an early age ▸ **retomber en enfance** to regress / *il retombe en enfance* he's in his second childhood ▸ **la petite enfance** infancy, babyhood, early childhood ▸ **l'enfance de l'humanité** the infancy of humanity **2.** [enfants] children / *l'enfance délinquante / malheureuse* delinquant / unhappy children **3.** [commencement] infancy, start, early stage ▸ **c'est l'enfance de l'art** it's child's play.

❖ **d'enfance** loc adj childhood *(modif)*.

enfant [ɑ̃fɑ̃] ◆ adj **1.** [jeune] : *il était encore enfant quand il comprit* he was still a child when he understood **2.** [naïf] childlike / *je suis resté très enfant* I'm still a child at heart. ◆ nmf **1.** [jeune - gén] child ; [- garçon] little boy ; [- fille] little girl ▸ **un enfant à naître** an unborn child ou baby ▸ **faire l'enfant** to act like a child / *ne fais pas l'enfant!* act your age!, don't be such a baby!, grow up! / *il n'y a plus d'enfants!* children are so precocious these days! ▸ **prendre qqn pour un enfant** to treat sb like a child ▸ **enfant bleu** blue baby ▸ **enfant de chœur** *pr* choirboy, altarboy ▸ **comme un enfant de chœur** *fig* like an angel ou a cherub ▸ **ce n'est pas un enfant de chœur** *fig* he's no angel ▸ **prendre qqn pour un enfant de chœur** to think sb is still wet behind the ears ▸ **enfant gâté** spoilt child ▸ **l'enfant Jésus** Baby Jesus ▸ **enfant naturel / légitime** illegitimate / legitimate child ▸ **enfant prodige** child prodigy ▸ **enfant sauvage** [vivant à l'état sauvage] wolf child ▸ **enfant terrible** enfant terrible ▸ **enfant trouvé** foundling ▸ **grand enfant** overgrown child, big kid *fam* / *ce sont de grands enfants* they're very naive ▸ **petit enfant** infant, little child, small child / *laissez venir à moi les petits enfants* BIBLE suffer the little children to come unto me ▸ **dormir comme un enfant** to sleep like a baby ▸ **comme l'enfant qui vient de naître** (as) innocent as a new-born babe **2.** [descendant] child ▸ **faire un enfant** to have a child / *faire un enfant à une femme* to have a child with a woman ▸ **avoir de jeunes enfants / de grands enfants** to have a young family / grown-up children ▸ **ils n'ont pas d'enfants** they're childless / *un couple sans enfants* a childless couple ▸ **être en mal d'enfant** to be longing for a child ▸ **décédé sans enfants** DR having died without issue ▸ **un enfant de la crise / des années 80** a child of the depression / of the 80s / *la chorale, c'est son enfant* the choir is his brainchild, he was the one who set up the choir ▸ **enfant de l'amour** love child ▸ **enfant de la balle** : *je suis un enfant de la balle* **a)** [théâtre] I was born into the theatre **b)** [cirque] I was born under the big top ▸ **enfant de Marie** RELIG child of Mary ▸ **ce n'est pas une enfant de Marie** *fig* she's no saint ▸ **enfant du pays a)** [homme] son of the soil **b)** [femme] daughter of the soil ▸ **l'enfant prodigue** the prodigal son ▸ **enfant de troupe** *child reared by the army* **3.** [en appellatif] child ▸ **mon enfant** my child ▸ **belle enfant** dear girl ou child / *alors, les enfants, encore un peu de champagne? fam* a bit more champagne, guys ou folks? / *bon, les enfants, on y va? fam* come on you lot, let's go! ; [comme insulte] ▸ **enfant de** *vulg* : *enfant de putain* ou *de salaud* son of a bitch.

❖ **bon enfant** loc adj inv good-natured / *tenez, je suis bon enfant, je ne vous fais pas payer les intérêts* look, I'll be good to you, I won't charge you any interest / *d'un ton bon enfant* good-naturedly.

❖ **d'enfant** loc adj **1.** [des enfants - dessin, imagination] child's **2.** [puéril] childlike, childish *péj*, babyish *péj*.

enfant-bulle [ɑ̃fɑ̃byl] nm MÉD *child who has to stay in a sterile tent.*

enfantement [ɑ̃fɑ̃tmɑ̃] nm *litt* **1.** [création] birth, bringing forth **2.** [accouchement] childbirth.

enfanter [3] [ɑ̃fɑ̃te] vt *litt* **1.** [produire] to give birth to, to create, to bring forth *(sép) litt* / *les héros que notre pays a enfantés* the heroes that our country has brought forth **2.** [suj: mère] to give birth to / *tu enfanteras dans la douleur* BIBLE in sorrow thou shalt bring forth children.

enfantillage [ɑ̃fɑ̃tijaʒ] nm **1.** [action, parole] piece of childishness ▸ **arrête ces enfantillages!** don't be so childish!, do grow up! **2.** [chose sans importance] trifle, trifling matter.

enfantin, e [ɑ̃fɑ̃tɛ̃, in] adj **1.** [de l'enfance] childlike ▸ **voix enfantine** child's ou childlike voice ; [adulte] childlike ▸ **avoir un sourire enfantin a)** [homme] to have a boyish smile **b)** [femme] to have a girlish smile **2.** [simple] easy ▸ **c'est enfantin** there's nothing to it, it's child's play **3.** [puéril] childish, infantile, puerile.

enfariné, e [ɑ̃faʀine] adj covered with white powder ▸ **il est arrivé à 4 h, la gueule enfarinée** ou **le bec enfariné** he breezed in at 4 as if nothing was the matter.

enfariner [3] [ɑ̃faʀine] vt to cover with flour.

enfer [ɑ̃fɛʀ] nm **1.** RELIG hell ▸ **enfer et damnation!** *hum* (hell and) damnation!, heck! ▸ **l'enfer est pavé de bonnes intentions** *prov* the road to hell is paved with good intentions *loc* **2.** [lieu, situation désagréable] hell / *sa vie est un véritable enfer* his life is absolute hell ▸ **l'enfer de la guerre** the inferno of war **3.** [d'une bibliothèque] *section where books forbidden to the public are stored.*

❖ **enfers** nmpl MYTH ▸ **les enfers** the underworld ▸ **descente aux enfers** descent into hell.

❖ **d'enfer** loc adj **1.** [très mauvais - vie] hellish ; [- bruit] deafening ; [- feu] blazing, raging ▸ **jouer un jeu d'enfer** to play high stakes **2.** [très bien] great / *il est d'enfer ton blouson!* what a brilliant ou wicked jacket!

enfermement [ɑ̃fɛʀməmɑ̃] nm **1.** [action d'enfermer] shutting ou locking up **2.** [fait d'être enfermé] seclusion.

enfermer [3] [ɑ̃fɛʀme] vt **1.** [mettre dans un lieu clos - personne, animal] to shut up ou in *(sép)* / *la nuit, on*

* In reformed spelling (see p. 16-19).

enferme le chien at night we shut the dog up ou in / *enfermer un enfant dans un placard* to lock a child in a closet ▸ **il s'est fait enfermer** [chez lui] he got locked in **2.** [emprisonner - criminel] to lock up ou away *(sép)*, to put under lock and key ; [- fou] to lock up ▸ **enfermer qqn dans une cellule** to shut sb up in a cell ▸ **ce type-là, il faudrait l'enfermer! a)** *fam* [dangereux] that guy ought to be locked up! **b)** [fou] that guy needs his head examined! ▸ **faire enfermer qqn** to have sb locked away ▸ **il s'est fait enfermer** [dans un asile] he was put away **3.** [ranger] to put ou to shut away *(sép)* ; [en verrouillant] to lock up ou away *(sép)* **4.** [confiner] to confine, to coop up *(sép)* / *enfermé dans une petite pièce toute la journée* cooped up in a small room all day / *je me sens enfermé* I feel cooped up / *ne restez pas enfermés, voilà le soleil!* don't stay indoors, the sun's come out! ▸ **enfermer qqn dans** : *enfermer qqn dans un dilemme* to put sb in a dilemma ▸ **enfermer qqn dans un rôle** *pr & fig* to typecast sb / *être enfermé dans ses contradictions* to remain trapped ou bound by one's own contradictions **5.** [entourer] to enclose / *les murailles enferment la ville* the walls enclose the town **6.** [contenir - allusion, menace] to contain / *un triangle enfermé dans un cercle* a triangle circumscribed by ou in a circle **7.** [maintenir - dans des règles] to confine, to restrict / *enfermer la poésie dans des règles strictes* to confine poetry within strict rules **8.** SPORT to hem in *(sép)*.

❖ **s'enfermer** vp *(emploi réfléchi)* **1.** [se cloîtrer - dans un couvent] to shut o.s. up ou away **2.** [verrouiller sa porte] to shut o.s. up ou in, to lock o.s. in ▸ **s'enfermer dehors** to lock ou to shut o.s. out **3.** [s'isoler] to shut o.s. away / *elle s'enferme à la bibliothèque toute la journée* she spends all day in the library ▸ **s'enfermer dans le silence** to retreat into silence ▸ **s'enfermer dans ses contradictions** to become caught up in one's own contradictions ▸ **s'enfermer dans un rôle** to stick to a role.

enferrer [4] [ɑ̃feʀe] vt [avec une lame] to run through *(sép)*, to transfix.

❖ **s'enferrer** vpi **1.** [s'enfoncer] to make matters worse ▸ **s'enferrer dans ses explications** to get tangled ou muddled up in one's explanations ▸ **s'enferrer dans ses mensonges** to be caught ou trapped in the mesh of one's lies / *tais-toi, tu t'enferres* don't say any more, you're only making matters worse for yourself **2.** [s'embrocher] to spike ou to spear o.s. **3.** PÊCHE [poisson] to hook itself.

enfiévrer [18] [ɑ̃fjevʀe] vt to fire, to stir up *(sép)* / *enfiévrer les esprits* to stir people up ▸ **enfiévrer l'imagination** to fire the imagination ▸ **une atmosphère enfiévrée** a feverish atmosphere.

❖ **s'enfiévrer** vpi to get excited / *s'enfiévrer pour une idée nouvelle* to get very excited over a new idea.

✐ In reformed spelling (see p. 16-19), this verb is conjugated like *semer*: *il enfièvrera, elle s'enfièvrerait.*

enfilade [ɑ̃filad] nf **1.** [rangée] row, line / *une enfilade de peupliers* a row of poplars **2.** MIL enfilade.

❖ **en enfilade** ◆ loc adj ▸ **des pièces en enfilade** a suite of adjoining rooms / *le salon et la salle à manger sont en enfilade* the living room opens into ou adjoins the dining room / *la chambre et la salle de bains sont en enfilade* the bedroom has an en suite bathroom ▸ **maisons en enfilade a)** [toutes mitoyennes] a row of terraced houses UK ou townhouses US, a terrace UK **b)** [mitoyennes deux à deux] a row of semi-detached houses **c)** [isolées] a row of houses. ◆ loc adv : *prendre en enfilade* MIL to enfilade / *prendre les rues en enfilade* to follow along in a straight line from one street to the next.

enfilage [ɑ̃filaʒ] nm threading.

enfiler [3] [ɑ̃file] vt **1.** [faire passer] : *enfiler un élastique dans un ourlet* to thread a piece of elastic through a hem **2.** [disposer - sur un fil] to thread ou to string (on) *(sép)* ; [- sur une tige] to slip on *(sép)* / *enfiler une aiguille* to thread a needle / *elle enfila ses bagues* she slipped her rings on / *enfiler des tomates sur une brochette* to put tomatoes onto a skewer, to skewer tomatoes ▸ **enfiler des perles** *fam* to waste one's time with trifles **3.** [mettre - vêtement] to pull ou to slip on *(sép)*, to slip into *(sép)* / *enfiler ses gants* to put ou to pull one's gloves on / *enfiler son collant* to slip on one's tights **4.** [suivre] to take, to use ▸ **enfiler un long couloir a)** [à pied] to walk down a long passage **b)** [en vélo] to ride down a long passage / *la voiture a enfilé la rue jusqu'au carrefour* the car drove up the street to the crossroads **5.** *fam* [débiter] to string (together), to spout / *elle n'a fait qu'enfiler des banalités* she did nothing but spout one cliché after another **6.** *vulg* [sexuellement] to screw.

❖ **s'enfiler** ◆ vpi ▸ **s'enfiler dans** to go into / *s'enfiler sous un porche* to disappear into a doorway. ◆ vpt *fam* **1.** [avaler - boisson] to knock back, to put away ; [- nourriture] to guzzle, to gobble up *(sép)*, to put away *(sép)* **2.** [faire - corvée] to get through *(insép)*.

enfin [ɑ̃fɛ̃] adv **1.** [finalement] at last / *les voilà! — ah, enfin!* here they are! — ah, at last! / *vous voilà enfin* here ou there you are at last! / *il est enfin prêt!* he's ready at last! / *enfin! depuis le temps!* and not before!, and about time too! ▸ **enfin seuls!** alone at last! / *un accord a été enfin conclu* an agreement has at last been reached ▸ **enfin bref...** [à la fin d'une phrase] anyway... / *il ne s'est pas excusé, comme d'habitude, enfin bref...* as usual he didn't apologize, but anyway / *enfin bref, je n'ai pas envie d'y aller* well, basically, I don't want to go **2.** [en dernier lieu] finally / *enfin, j'aimerais vous remercier de votre hospitalité* finally, I would like to thank you for your hospitality / *je vais en Suisse, en Allemagne et enfin en Grèce* I'll go to Switzerland, Germany and finally to Greece **3.** [en un mot] in short, in brief, in a word / *il est brutal, instable, enfin c'est un homme dangereux* he's violent, unstable, in short ou in a word (he's) a dangerous man **4.** [cependant] still, however, after all / *ce sera difficile, enfin, on peut essayer* it'll be difficult, still we can try / *elle est triste, mais enfin, elle s'en remettra* she's sad, but still, she'll get over it / *oui mais enfin, c'est peut-être vrai* after all it might well be true **5.** [avec une valeur restrictive] well, at least / *elle est jolie, enfin, à mon avis* she's pretty, (or) at least I think she is / *c'est très joli, enfin ce n'est pas mal* it's very pretty, well ou at least, it's not bad / *il était malade, enfin c'est ce qu'il dit* he was sick, at least that's what he says **6.** [emploi expressif] : *enfin! c'est la vie!* oh well, such is life! / *ce n'est pas la même chose, enfin!* oh come on, it's not the same thing at all! / *enfin, qu'est-ce qui t'a pris?* what on earth possessed you? ▸ **enfin, reprends-toi!** come on, pull yourself together! / *enfin qu'est-ce qu'il y a?* what on earth is the matter? / *c'est son droit, enfin!* it's his right, after all! / *tu ne peux pas faire ça, enfin!* you can't DO that!

enflammé, e [ɑ̃flame] adj **1.** [allumette, torche] lighted, burning ; [bûche] burning **2.** *litt* [visage] burning ; [regard] fiery / *elle est entrée, le visage tout enflammé* she came in, her face burning **3.** [passionné - discours, déclaration] impassioned, fiery ; [- nature] fiery, hot-blooded **4.** MÉD inflamed.

enflammer [3] [ɑ̃flame] vt **1.** [mettre le feu à - bois] to light, to kindle, to ignite ; [- branchages] to ignite ; [- allumette] to light, to strike ; [- papier] to ignite, to set on fire, to set alight **2.** *litt* [rougir] to flush / *la fièvre enflammait ses joues* his cheeks were burning ou flushed with fever **3.** [exalter - imagination, passion] to kindle, to fire ; [- foule] to inflame **4.** MÉD to inflame.

❖ **s'enflammer** vpi **1.** [prendre feu - forêt] to go up in flames, to catch fire, to ignite ; [- bois] to burst into flame, to light **2.** *litt* [rougir - visage, ciel] to flush / *le ciel s'enflammait au soleil levant* the rising sun set the sky ablaze / *son visage s'enflamma de colère* his face was flushed with anger **3.** [s'intensifier - passion] to flare up **4.** [s'enthousiasmer] to be fired with enthusiasm.

enflé, e [ɑ̃fle] ◆ adj [cheville, joue] swollen ; *fig* [style] bombastic, pompous. ◆ nm, f *tfam* fathead, jerk.

enfler [3] [ɑ̃fle] ◆ vt **1.** [gonfler - forme] to cause to swell, to make swell ; [- voix] to make louder, to raise **2.** [majorer - calcul, budget] to inflate **3.** *litt* [exagérer - difficulté, prestige] to overestimate. ◆ vi [augmenter de volume - cheville] to swell (up) ; [- voix] to boom (out).

❖ **s'enfler** vpi [voix] to boom (out) ; [voile] to billow ou to swell ou to fill out.

enflure [ɑ̃flyʀ] nf **1.** [partie gonflée] swelling **2.** [emphase] bombast, turgidity, pompousness / *il donne dans l'enflure* he tends to be pompous **3.** *tfam* [personne détestable] jerk.

enfoiré, e [ɑ̃fwaʀe] nm, f *tfam* bastard.

enfoncé, e [ɑ̃fɔ̃se] adj [yeux] sunken, deep-set.

enfoncement [ɑ̃fɔ̃smɑ̃] nm **1.** [destruction - d'un mur] breaking down ; [- d'une porte] breaking down, bashing in **2.** [fait de faire pénétrer] driving in **3.** [profondeur] (penetration) depth **4.** [cavité] depression, hollow **5.** MÉD fracture ▸ **enfoncement de la boîte crânienne** skull fracture ▸ **enfoncement du thorax** flail chest **6.** NAUT difference of draught UK ou draft US.

enfoncer [16] [ɑ̃fɔ̃se] ◆ vt **1.** [faire pénétrer - piquet, aiguille] to push in *(sép)* ; [- vis] to drive ou to screw in *(sép)* ; [- clou] to drive ou to hammer in *(sép)* ; [- épingle, punaise] to push ou to stick in *(sép)* ; [- couteau] to stick ou to thrust in *(sép)* / *il a enfoncé le pieu d'un seul coup* he drove ou stuck the stake home in one / *elle lui a enfoncé un revolver dans le dos* she thrust ou jabbed a gun into his back ▸ **il faut enfoncer le clou** it's important to ram the point home **2.** [faire descendre] to push ou to ram (on) / *il enfonça son chapeau jusqu'aux oreilles* he rammed his hat onto his head **3.** [briser - côte, carrosserie] to stave in *(sép)*, to crush ; [- porte] to break down *(sép)*, to bash in *(sép)*, to force open *(sép)* ; [- barrière, mur] to smash, to break down *(sép)* / *la voiture a enfoncé la barrière* the car crashed through the fence ▸ **enfoncer une porte ouverte** ou **des portes ouvertes** to labour UK ou to labor US the point **4.** [vaincre - armée, troupe] to rout, to crush / *enfoncer un front* to break through a frontline / *enfoncer un adversaire fam* to crush an opponent **5.** [condamner] ▸ **enfoncer qqn** : *son témoignage n'a fait que l'enfoncer* he just dug himself into a deeper hole with that statement. ◆ vi to sink / *enfoncer dans la neige* to sink into the snow.

❖ **s'enfoncer** ◆ vpi **1.** [dans l'eau, la boue, la terre] to sink (in) / *le navire s'enfonçait lentement* the boat was slowly going down ou sinking / *ils s'enfoncèrent dans la neige jusqu'aux genoux* they sank knee-deep into the snow / *s'enfoncer dans un marécage* to sink ou to be sucked into a bog / *s'enfoncer jusqu'aux genoux* to sink up to one's knees / *les vis s'enfoncent facilement dans le bois* screws go ou bore easily through wood **2.** [se lover] ▸ **s'enfoncer dans** to sink into / *s'enfoncer dans un fauteuil* to sink into an armchair / *s'enfoncer sous une couette* to burrow ou to snuggle under a quilt ; *péj* : *s'enfoncer dans son chagrin* to bury o.s. in one's grief **3.** [s'engager] ▸ **s'enfoncer dans** to penetrate ou to go into / *le chemin s'enfonce dans la forêt* the path runs into the forest / *plus on s'enfonce dans la forêt plus le silence est profond* the further you walk into the forest the quieter it becomes / *ils s'enfoncèrent dans la nuit* they disappeared into the night **4.** [s'affaisser - plancher, terrain] to give way, to cave in **5.** [aggraver son cas] to get into deep ou deeper waters, to make matters worse / *plus tu t'excuses, plus tu t'enfonces* you're only making matters worse (for yourself) by apologizing so much. ◆ vpt : *s'enfoncer une épine dans le doigt* to get a thorn (stuck) in one's finger / *s'enfoncer une idée dans la tête fam* to get an idea into one's head / *je ne reviendrai pas, enfonce-toi bien ça dans la tête!* and I won't be back, just get that into your thick head!

enfonceur, euse [ɑ̃fɔ̃sœʀ, øz] nm, f ▸ **c'est un enfonceur de portes ouvertes** he's a great one for stating the obvious.

enfouir [32] [ɑ̃fwiʀ] vt **1.** [mettre sous terre - os, trésor] to bury **2.** [blottir] to nestle / *elle a enfoui sa tête dans l'oreiller* she buried her head in the pillow **3.** [cacher] to stuff, to bury / *la lettre était enfouie sous une pile de dossiers* the letter was buried under a pile of files.

❖ **s'enfouir** vpi **1.** [s'enterrer] to bury o.s. / *s'enfouir dans le sable* to bury o.s. in the sand **2.** [se blottir] to burrow / *s'enfouir dans un terrier / sous les couvertures* to burrow in a hole / under the blankets.

enfouissement [ɑ̃fwismɑ̃] nm burying.

enfourchement [ɑ̃fuʀʃəmɑ̃] nm forked mortise and tenon joint.

enfourcher [3] [ɑ̃fuʀʃe] vt [vélo, cheval] to mount, to get on *(insép)* ; [chaise] to straddle ▸ **enfourcher son cheval de bataille** ou **son dada** to get on one's hobby-horse.

enfournage [ɑ̃fuʀnaʒ], **enfournement** [ɑ̃fuʀnəmɑ̃] nm **1.** TECHNOL [de la céramique] setting **2.** [mise dans un four] putting into the oven.

enfourner [3] [ɑ̃fuʀne] vt **1.** [mettre dans un four] to put into an oven ▸ **enfourner des briques** to feed a kiln (with bricks) **2.** *fam* [entasser] to shove ou to cram ou to push (in) / *enfourner du linge dans une machine à laver* to cram laundry into a washing machine **3.** *fam* [manger] to put away *(sép)*, to wolf down *(sép)* / *elle a enfourné une pizza entière* she put away a whole pizza.
❖ **s'enfourner** vpt *fam* ▸ **s'enfourner qqch** [le manger] to wolf sthg down ▸ **s'enfourner qqch dans la bouche** to cram ou to stuff sthg into one's mouth / *il se l'est enfourné dans le bec* he shoved it into his mouth.
❖ **s'enfourner dans** vp + prép [entrer dans] to rush ou to pile into / *l'équipe s'enfourna dans le car* the team piled into the bus.

enfreindre [81] [ɑ̃fʀɛ̃dʀ] vt to infringe ▸ **enfreindre la loi** to break ou to infringe the law ▸ **enfreindre le règlement** to fail to comply with ou to break the rules.

enfuir [35] [ɑ̃fɥiʀ] ❖ **s'enfuir** vpi to run away, to flee / *ils se sont enfuis avec l'argent* they ran away ou they ran off ou they made off with the money ▸ **s'enfuir avec qqn a)** [pour échapper à des sanctions] to run away ou off with sb **b)** [pour se marier] to elope with sb ▸ **s'enfuir de prison** to break out of ou to escape from jail ▸ **s'enfuir de chez soi** to run away from home ▸ **s'enfuir d'un pays** to flee a country / *il s'est enfui en Suisse* he fled to Switzerland.

enfumage [ɑ̃fymaʒ] nm [d'un animal, d'un insecte] smoking out.

enfumé, e [ɑ̃fyme] adj [pièce] smoky, smoke-filled ; [paroi] sooty.

enfumer [3] [ɑ̃fyme] vt **1.** [abeille, renard] to smoke out *(sép)* **2.** [pièce] to fill with smoke ; [paroi] to soot up *(insép)*.

enfutailler [ɑ̃fytaje], **enfûter, enfuter*** [ɑ̃fyte] [3] vt to barrel, to cask.

enfuyait v ⟶ **enfuir**.

engagé, e [ɑ̃gaʒe] ◆ adj **1.** [artiste, littérature] political, politically committed, engagé *sout* **2.** ARCHIT engaged **3.** [inscrit] : *les concurrents engagés dans la course* the competitors who are signed up to take part in the race. ◆ nm, f MIL volunteer.

engageant, e [ɑ̃gaʒɑ̃, ɑ̃t] adj [manières, sourire] engaging, winning ; [regard] inviting ; [perspective] attractive, inviting / *un restaurant bien peu engageant* a less than inviting restaurant.

engagement [ɑ̃gaʒmɑ̃] nm **1.** [promesse] commitment, undertaking, engagement *sout* ▸ **contracter un engagement** to enter into a commitment / *faire honneur à / manquer à ses engagements* to honour / to fail to honour one's commitments ▸ **passer un engagement avec qqn** to come to an agreement with sb ▸ **prendre l'engagement de** to undertake ou to agree to ▸ **respecter ses engagements envers qqn** to fulfil UK ou to fulfill US one's commitments ou obligations towards sb ▸ **sans engagement de date** date subject to change ▸ **sans engagement de votre part a)** with no obligation on your part **b)** [dans une publicité] no obligation to buy **2.** [dette] (financial) commitment, liability / *faire face à ses engagements* to meet one's commitments **3.** [embauche] appointment, hiring / *engagement à l'essai* appointment for a trial period ; CINÉ & THÉÂTRE job / *acteur sans engagement* out of work actor **4.** [début] beginning, start / *l'engagement des négociations* the start ou opening of the negotiations / *l'engagement des travaux* the start ou beginning of the work **5.** MIL [combat] engagement, action, clash ; [mise en action] ▸ **engagement d'une troupe** committing troops to action ; [recrutement] enlistment **6.** [prise de position] commitment / *c'est de cette époque que date son engagement* he started getting involved politically from that point on, his political commitment dates from that time **7.** [mise en gage] pawning **8.** MÉD engagement / *l'engagement de la tête* engagement of the head **9.** SPORT [participation] entry / *son engagement dans le tournoi* his entry into ou entering the competition ; FOOT kickoff.

engager [17] [ɑ̃gaʒe] vt **1.** [insérer - clef] to insert, to put in *(sép)* ; [- CD, disquette] to insert, to put ou to slot in *(sép)* / *engager une vitesse* to put a car into gear ; [faire pénétrer] : *engager une péniche dans une écluse* to move a barge into a lock **2.** [lier] to bind, to commit / *voilà ce que je pense, mais ça n'engage que moi* that's how I see it, but it's my own view ▸ **ce sont des conclusions qui n'engagent que vous / l'auteur** these are your own / the author's own conclusions ▸ **engager qqn à qqch** : *cela ne t'engage à rien* it doesn't commit you to anything **3.** [mettre en jeu - énergie, ressources] to invest, to commit ; [- fonds] to put in *(sép)* ▸ **engager sa parole** to give one's word (of) honour UK ou honor US ▸ **engager sa responsabilité** to accept responsibility **4.** [entraîner] to involve / *le gouvernement hésite à engager le pays dans le conflit* the government is hesitant about involving the country in the conflict **5.** [inciter] ▸ **engager qqn à** : *je vous engage à la prudence / modération* I advise you to be prudent / moderate ▸ **engager qqn à faire qqch** to advise sb to do sthg **6.** [commencer] to open, to start, to begin ▸ **engager la conversation avec qqn** to engage sb in conversation, to strike up a conversation with sb ▸ **engager le débat** to start the discussion / *les négociations ont été engagées mardi* the talks got under way on Tuesday ▸ **l'affaire est mal engagée** the whole thing is off to a bad start ▸ **engager le match a)** FOOT to kick off **b)** RUGBY to begin **7.** [embaucher] to take on *(sép)*, to hire **8.** MIL [envoyer] to commit to military action ; [recruter] to enlist **9.** [mettre en gage] to pawn.
❖ **s'engager** vpi **1.** [commencer - négociations, procédure, tournoi] to start, to begin / *une conversation s'est engagée entre les voyageurs* the passengers struck up a conversation **2.** [prendre position] to take a stand / *elles n'ont pas peur de s'engager* they're not afraid of taking a stand / *s'engager contre la peine de mort* to campaign against ou to take a stand against the death penalty **3.** MIL to enlist / *s'engager avant l'appel* to volunteer before conscription **4.** [auprès d'un employeur] to hire o.s. out / *s'engager comme jeune fille au pair* to get a job as an au pair.
❖ **s'engager à** vp + prép ▸ **s'engager à faire qqch** [promettre] to commit o.s. to doing sthg, to undertake to do sthg / *tu sais à quoi tu t'engages?* do you know what you're letting yourself in for?
❖ **s'engager dans** vp + prép **1.** [avancer dans - suj : véhicule, piéton] to go ou to move into / *la voiture s'est engagée dans une rue étroite* the car drove ou turned into a narrow street ▸ **s'engager dans un carrefour** to pull ou to draw out into a crossroads **2.** [entreprendre] to enter into, to begin / *s'engager dans des pourparlers difficiles* to embark on ou to begin difficult negotiations / *le pays s'est engagé dans la lutte armée* the country has committed itself to ou has entered into armed struggle **3.** SPORT ▸ **s'engager dans une course / compétition** to enter a race / an event.

engainant, e [ɑ̃gɛnɑ̃, ɑ̃t] adj sheathing.

engainer [4] [ɑ̃gene] vt to sheathe.

engazonnement [ɑ̃gazɔnmɑ̃] nm [par plaques] turfing ; [par semis] grassing.

engazonner [3] [ɑ̃gazɔne] vt [par plaques] to turf ; [par semis] to grass.

engeance [ɑ̃ʒɑ̃s] nf *péj* scum, trash US / *ils feraient n'importe quoi pour se procurer de l'argent, quelle (sale) engeance!* they'd do anything for money, what scum!

engelure [ɑ̃ʒlyʀ] nf chilblain.

engendrement [ɑ̃ʒɑ̃dʀəmɑ̃] nm begetting ; BIBLE fathering.

engendrer [3] [ɑ̃ʒɑ̃dʀe] vt **1.** [procréer] to beget ; BIBLE to father / *les fils qu'il a engendrés* the sons he fathered / *les fils qu'elle a engendrés* the sons she bore / *les fils qu'ils ont engendrés* the sons they brought into the world **2.** [provoquer - sentiment, situation] to generate, to create, to breed *péj* / *il n'engendre pas la mélancolie hum* he's great fun **3.** LING & MATH to generate.

engerber [3] [ɑ̃ʒɛʀbe] vt AGR to sheaf.

engin [ɑ̃ʒɛ̃] nm **1.** [appareil] machine, appliance ▸ **engin agricole** piece of farm machinery ▸ **engins de levage** lifting gears ▸ **engin de levage électrique** electric hoist ▸ **engin de manutention** conveyor, handling equipment ▸ **engin de nivelage** planer UK, leveler US ▸ **engin de terrassement** earthmover **2.** ASTRONAUT ▸ **engin spatial** spacecraft **3.** MIL weaponry ▸ **engin blindé** armoured vehicle UK, armored vehicle US **4.** *fam* [chose] contraption, thingamabob, thingamajig **5.** *tfam* [pénis] tool.

engineering [ɛnʒiniʀiŋ] nm ▸ **l'engineering** engineering.

englober [3] [ɑ̃glɔbe] vt **1.** [réunir] to encompass / *son livre englobe tout ce qui est connu sur le sujet* her book encompasses ou covers the whole range of knowledge on the subject **2.** [inclure] to include / *englober un texte dans un recueil* to include a piece in an anthology.

engloutir [32] [ɑ̃glutiʀ] vt **1.** [faire disparaître] to swallow up *(sép)*, to engulf / *une île engloutie par la mer* an island swallowed up by the sea **2.** [manger] to gobble up *(sép)*, to gulp ou to wolf down *(sép)* / *il engloutit des quantités incroyables de chocolat* he puts away an incredible amount of chocolate / *ils ont englouti le gâteau en un rien de temps* they demolished the cake in no time **3.** [dépenser] to squander / *les travaux ont englouti tout mon argent* the work swallowed up all my money / *il a englouti son capital dans son agence* he sank all his capital into his agency / *ils ont englouti des sommes énormes dans la maison* they sank vast amounts of money into the house.
❖ **s'engloutir** vpi [vaisseau] to be swallowed up ou engulfed, to sink.

engloutissement [ɑ̃glutismɑ̃] nm **1.** [d'un navire, d'une ville] swallowing up, engulfment **2.** [d'une fortune] squandering.

engluement [ɑ̃glymɑ̃], **engluage** [ɑ̃glyaʒ] nm liming, birdliming.

engluer [3] [ɑ̃glye] vt **1.** CHASSE [oiseau, branche] to lime, to birdlime **2.** [rendre collant] to make sticky / *des doigts englués de colle* fingers sticky with glue.
❖ **s'engluer** vpi **1.** [se couvrir de glu] to become gluey **2.** *fig* ▸ **s'engluer dans qqch** to get bogged down in sthg / *s'engluer dans une vie médiocre* to become bogged down in a life of mediocrity.

engober [3] [ɑ̃gɔbe] vt to coat with slip.

engoncer [16] [ɑ̃gɔ̃se] vt to cramp, to restrict / *être engoncé dans ses vêtements* to be restricted by one's clothes / *tu as l'air (d'être) engoncé dans ce manteau* that coat looks too tight for you.

engorgement [ɑ̃gɔʀʒəmɑ̃] nm **1.** [d'un tuyau] flooding ; [d'un sol] saturation ▸ **l'engorgement des grandes villes** congestion in the big cities ▸ **l'engorgement du marché automobile** saturation in the car industry, the glut of cars on the market **2.** MÉD ▸ **engorgement mammaire** engorgement.

engorger [17] [ɑ̃gɔʀʒe] vt [canalisation] to flood ; [route] to congest, to jam ; [organe] to engorge ; [sol] to saturate ; [marché] to saturate, to glut.
❖ **s'engorger** vpi **1.** [tuyau] to become blocked, to get blocked **2.** [route] to get congested.

engouement [ɑ̃gumɑ̃] nm **1.** [pour une activité, un type d'objet] keen interest / *un engouement pour le jazz* a keen interest in jazz / *d'où te vient cet engouement soudain pour la politique?* how come you're so smitten with politics all of a sudden? **2.** [élan amoureux] infatuation ▸ **avoir un engouement pour** to be infatuated with.

engouer [6] [ɑ̃gwe] ❖ **s'engouer de, s'engouer pour** vp + prép [activité, objet] to have a craze ou a sudden passion for ; [personne] to become infatuated with.

* In reformed spelling (see p. 16-19).

engouffrement [ɑ̃gufʀəmɑ̃] nm **1.** [consommation - de nourriture] wolfing, cramming ; [- d'argent] sinking, squandering **2.** [entrée - du vent] rushing ou sweeping ou blowing in ; [- de la foule] rushing in ; [- de la mer] surging ou rushing in.

engouffrer [3] [ɑ̃gufʀe] vt **1.** [avaler] to wolf ou to shovel (down), to cram (in) **2.** [entasser] to cram ou to stuff (in) **3.** [dépenser] to swallow up *(sép)* / *ils ont engouffré des sommes énormes dans la maison* they sank vast amounts of money into the house.
❖ **s'engouffrer** vpi [foule] to rush, to crush ; [personne] to rush, to dive ; [mer] to surge, to rush ; [vent] to blow, to sweep, to rush ▸ **s'engouffrer dans un taxi a)** [seul] to dive into a taxi **b)** [à plusieurs] to pile into a taxi.

engoulevent [ɑ̃gulvɑ̃] nm nightjar ▸ **engoulevent d'Amérique** nighthawk, bullbat.

engourdi, e [ɑ̃guʀdi] adj **1.** [doigt, membre] numb, numbed ▸ **j'ai les doigts engourdis** my fingers have gone numb / *à force d'être resté dans cette position, j'ai la jambe engourdie* I have been sitting like this so long that my leg has gone to sleep **2.** [esprit, imagination] slow, lethargic.

engourdir [32] [ɑ̃guʀdiʀ] vt **1.** [insensibiliser - doigt, membre] to numb, to make numb ; [- sens] to deaden / *être engourdi par le froid* to be numb with cold / *la chaleur a engourdi les élèves* the heat made the pupils drowsy ou sluggish / *mes gencives étaient engourdies par la piqûre* my gums had gone numb with the anaesthetic **2.** [ralentir - esprit, faculté] to blunt, to dull / *la fatigue lui engourdissait l'esprit* he was so tired he couldn't think straight.
❖ **s'engourdir** vpi to go numb / *mes doigts commençaient à s'engourdir* my fingers were starting to go numb.

engourdissant, e [ɑ̃guʀdisɑ̃, ɑ̃t] adj [froid] numbing ; [chaleur] oppressive.

engourdissement [ɑ̃guʀdismɑ̃] nm **1.** [insensibilité physique] numbness **2.** [affaiblissement - des facultés] blunting, blurring **3.** [torpeur] drowsiness, sleepiness.

engrais [ɑ̃gʀɛ] nm fertilizer ▸ **engrais chimique** artificial fertilizer ▸ **engrais verts** ou **végétaux** green ou vegetable manure / *mettre une bête à l'engrais* to fatten (up) an animal.

engraissement [ɑ̃gʀɛsmɑ̃], **engraissage** [ɑ̃gʀɛsaʒ] nm fattening (up).

engraisser [4] [ɑ̃gʀese] ◆ vt AGR [bétail] to fatten up *(sép)* / *engraisser une oie* to fatten a goose ; [terre] to feed. ◆ vi to grow fat ou fatter, to put on weight / *ta fille a besoin d'engraisser un peu hum* your daughter needs fattening up ou feeding up a bit.
❖ **s'engraisser** vpi to get fat / *il s'engraisse sur le dos de ses employés fig* he lines his pockets by underpaying his employees.

engraisseur, euse [ɑ̃gʀɛsœʀ, øz] nm, f fat stockman (stockwoman).

engrangement [ɑ̃gʀɑ̃ʒmɑ̃] nm **1.** AGR gathering in, storing **2.** [de documents] storing, collecting.

engranger [17] [ɑ̃gʀɑ̃ʒe] vt **1.** AGR to gather, to get in *(sép)* **2.** [documents] to store (up), to collect.

engraver [3] [ɑ̃gʀave] vt **1.** *litt* [ensabler] to ground, to run aground **2.** [couvrir de graviers] to gravel (over) **3.** CONSTR to notch *(a piece of roofing lead)*.

engrenage [ɑ̃gʀənaʒ] nm **1.** MÉCAN gear ▸ **les engrenages d'une machine** the wheelwork ou train of gears ou gearing of a machine ▸ **engrenage à chevrons** herringbone ou double-helical gear ▸ **engrenage conique** bevel gear pair **2.** *fig* trap ▸ **être pris dans l'engrenage** to be caught in a trap / *être pris dans l'engrenage du jeu* to be trapped in the vicious circle of gambling.

engrènement [ɑ̃gʀɛnmɑ̃] nm meshing.

engrener [19] [ɑ̃gʀəne] ◆ vt **1.** MÉCAN to gear, to mesh **2.** AGR to feed with grain, to fill with grain. ◆ vi to gear, to mesh.
❖ **s'engrener** vpi to gear, to mesh, to be in mesh.

engrosser [3] [ɑ̃gʀose] vt *tfam* to knock up *(sép)* / *se faire engrosser* to get oneself pregnant.

engueulade [ɑ̃gœlad] nf *tfam* **1.** [réprimande] rollicking UK, bawling out US ▸ **lettre d'engueulade** angry letter / *recevoir une engueulade* to get a rollicking UK ou bawled out US **2.** [querelle] slanging match UK, run-in US ▸ **avoir une engueulade avec qqn** to have a slanging match UK ou a run-in US with sb.

engueuler [5] [ɑ̃gœle] vt *tfam* ▸ **engueuler qqn** to give sb a rollicking UK, to bawl sb out US / *ce n'est pas la peine de m'engueuler* there's no need to have a go at me ▸ **je vais l'engueuler** I'm going to give him what for ▸ **se faire engueuler** to get a rollicking UK, to get chewed out US.
❖ **s'engueuler** *tfam* ◆ vp *(emploi réciproque)* : *on ne va tout de même pas s'engueuler pour ça* we're not going to fight over this, are we? ◆ vpi ▸ **s'engueuler avec qqn** to have a row with sb.

enguirlander [3] [ɑ̃giʀlɑ̃de] vt **1.** [décorer] to garland, to deck with garlands **2.** *fam* [réprimander] to tick off *(sép)* UK, to chew out *(sép)* US / *se faire enguirlander* to get a ticking-off UK ou a chewing-out US.

enhardir [32] [ɑ̃aʀdiʀ] vt to embolden, to make bolder, to encourage.
❖ **s'enhardir** vpi : *l'enfant s'enhardit et entra dans la pièce* the child plucked up courage and went into the room / *je me suis enhardi à lui demander son nom* I plucked up the courage to ask him his name.

enharmonie [ɑ̃naʀmɔni] nf enharmony.

enharmonique [ɑ̃naʀmɔnik] adj enharmonic.

enharnacher [3] [ɑ̃aʀnaʃe] vt ÉQUIT to harness.

enherber [3] [ɑ̃nɛʀbe] vt to grass (over).

ENI [eni] npr f **1.** abr de **École normale d'instituteurs 2.** abr de **École nationale d'ingénieurs.**

énième [enjɛm] adj umpteenth, nth ▸ **pour la énième fois** for the umpteenth time.

énigmatique [enigmatik] adj enigmatic / *d'un air énigmatique* enigmatically.

énigmatiquement [enigmatikmɑ̃] adv enigmatically.

énigme [enigm] nf **1.** [mystère] riddle, enigma, puzzle / *les enquêteurs tentent de résoudre l'énigme de sa disparition* the police are trying to solve the riddle of his disappearance **2.** [devinette] riddle / *le Sphinx parle par énigmes* the Sphinx talks in riddles.

enivrant, e [ɑ̃nivʀɑ̃, ɑ̃t] adj **1.** [qui rend ivre] intoxicating **2.** [exaltant] heady, exhilarating / *ce furent des moments enivrants* those were heady days.

enivrement [ɑ̃nivʀəmɑ̃] nm elation, exhilaration.

enivrer [3] [ɑ̃nivʀe] vt **1.** [soûler - suj: vin] to make drunk, to intoxicate **2.** [exalter] to intoxicate, to exhilarate, to elate / *le succès l'enivrait* he was intoxicated by his success.
❖ **s'enivrer** vpi to get drunk ▸ **s'enivrer de** *fig* to become intoxicated with.

enjambée [ɑ̃ʒɑ̃be] nf stride / *avancer à grandes enjambées dans la rue* to stride along the street ▸ **faire de grandes enjambées** to take long steps ou strides / *il a franchi le ruisseau en une enjambée* he crossed the stream in one stride.

enjambement [ɑ̃ʒɑ̃bmɑ̃] nm **1.** LITTÉR enjambment **2.** BIOL crossing-over.

enjamber [3] [ɑ̃ʒɑ̃be] vt [muret, rebord] to step over *(insép)* ; [fossé] to stride across ou over *(insép)* ; [tronc d'arbre] to stride ou to step over *(insép)* / *le pont enjambe le Gard* the bridge spans the river Gard.

enjeu [ɑ̃ʒø] nm **1.** [dans un jeu] stake, stakes **2.** [défi] challenge / *l'enjeu d'une guerre* the stakes of war / *c'est un enjeu de taille pour l'entreprise* it's a major challenge for the company / *c'est un enjeu important* the stakes are high / *quel est l'enjeu de cet accord?* what's at stake in this agreement? / *il n'y a pas vraiment d'enjeu dans cette élection* there's not much at stake in this election ▸ **mesurer l'enjeu** to be aware of what is at stake.

enjoindre [82] [ɑ̃ʒwɛ̃dʀ] vt *litt* ▸ **enjoindre à qqn de faire qqch** to enjoin sb to do sthg.

enjôlement [ɑ̃ʒolmɑ̃] nm wheedling, cajoling.

enjôler [3] [ɑ̃ʒole] vt to cajole, to wheedle / *il a réussi à m'enjôler* he managed to cajole me (into accepting) / *se faire enjôler* to be taken in.

enjôleur, euse [ɑ̃ʒolœʀ, øz] ◆ adj cajoling, wheedling / *un sourire enjôleur* a wheedling smile. ◆ nm, f cajoler, wheedler.

enjolivement [ɑ̃ʒɔlivmɑ̃] nm embellishment, embellishing.

enjoliver [3] [ɑ̃ʒɔlive] vt **1.** [décorer - vêtement] to embellish, to adorn ▸ **enjolivé de** adorned with **2.** [travestir - histoire, récit, vérité] to embellish, to embroider ▸ **enjoliver les faits** to embroider the facts.

enjoliveur [ɑ̃ʒɔlivœʀ] nm hubcap.

enjolivure [ɑ̃ʒɔlivyʀ] nf embellishment, ornament.

enjoué, e [ɑ̃ʒwe] adj [personne, caractère] cheerful, jolly, genial ; [remarque, ton] playful, cheerful, jolly.

enjouement [ɑ̃ʒumɑ̃] nm cheerfulness, playfulness.

enjuguer [3] [ɑ̃ʒyge] vt to yoke.

enkysté, e [ɑ̃kiste] adj encysted.

enkystement [ɑ̃kistəmɑ̃] nm encystment, encystation.

enkyster [3] [ɑ̃kiste] ❖ **s'enkyster** vpi to encyst, to turn into a cyst.

enlacement [ɑ̃lasmɑ̃] nm **1.** [entrecroisement] intertwining, interlacing, entwinement **2.** [embrassement] (lovers') embrace.

enlacer [16] [ɑ̃lase] vt **1.** [étreindre] to clasp ▸ **enlacer qqn** to embrace sb (tenderly) ▸ **elle l'enlaça** she put her arms around him ▸ **ils étaient tendrement enlacés** they were locked in a tender embrace **2.** [mêler] to interweave, to intertwine, to interlace / *enlacer des brins de laine* to weave ou to braid yarns of wool ▸ **initiales enlacées** interwoven initials / *les doigts enlacés* fingers entwined.
❖ **s'enlacer** vp *(emploi réciproque)* [amoureux] to embrace, to hug.

enlaidir [32] [ɑ̃lediʀ] ◆ vt to make ugly ▸ **enlaidir le paysage** to be a blot on the landscape ou an eyesore / *une cicatrice lui enlaidissait le visage* a scar on his face spoilt his looks. ◆ vi to become ugly / *il a enlaidi avec l'âge* he's lost his (good) looks ou become ugly with age.
❖ **s'enlaidir** vpi to make o.s. (look) ugly.

enlaidissement [ɑ̃ledismɑ̃] nm : *les nouvelles constructions ont contribué à l'enlaidissement du quartier* the area has been disfigured partly by the new buildings.

enlevé, e [ɑ̃lve] adj [style, rythme] lively, spirited ▸ **ses dialogues sont enlevés** he writes quickfire dialogues / *une caricature enlevée* a rapidly drawn caricature.

enlèvement [ɑ̃lɛvmɑ̃] nm **1.** [rapt] abduction, kidnapping ▸ **l'enlèvement des Sabines** the rape of the Sabine women **2.** [fait d'ôter] removal, taking away / *l'enlèvement d'une tache* / *d'un organe* the removal of a stain / of an organ **3.** [ramassage] : *l'enlèvement des ordures a lieu le mardi* rubbish is collected on Tuesdays.

enlever [19] [ɑ̃lve] vt **1.** [ôter - couvercle, housse, vêtement] to remove, to take off *(sép)* ; [- étagère] to remove, to take down *(sép)* / *enlève ton manteau, mets-toi à l'aise* take your coat off and make yourself comfortable ▸ **enlever les pépins** to take the pips out / *ne mets pas ta voiture là, elle va être enlevée* don't park your car here, it'll get towed away ou removed / *ils ont enlevé le reste des meubles ce matin* they took away ou collected what was left of the furniture this morning ▸ **enlevez, c'est pesé!** that's it! **2.** [arracher] to remove, to pull out / *enlever les mauvaises herbes* to pull out the weeds / *enlever les pissenlits d'une plate-bande* to weed the dandelions out of a flower bed / *enlever un clou avec des tenailles* to prise UK ou to pry US a nail out with a pair of pliers **3.** [faire disparaître] to remove ▸ **enlever une tache a)** [gén] to remove a stain **b)** [en lavant] to wash out a stain **c)** [en frottant] to rub out a stain **d)** [à l'eau de Javel] to bleach out a stain / *enlever les plis* *d'une chemise* to take the creases out of a shirt ▸ **enlever qqch au burin** to chip ou to chisel sthg off / *enlever un passage d'un texte* to remove a passage from ou to cut a passage out of a text **4.** DENT & MÉD : *se faire enlever une dent* to have a tooth pulled out ou extracted / *se faire enlever un grain de beauté* to have a mole removed **5.** [soustraire] ▸ **enlever qqch à qqn** to take sthg away from sb, to deprive sb of sthg / *ça lui a enlevé le goût des mathématiques* it put him off mathematics / *ça m'enlève mes scrupules* it dispels ou allays *sout* my misgivings / *j'ai peur qu'on ne m'enlève la garde de mon enfant* I'm afraid they'll take my child away from me / *ne m'enlevez pas tous mes espoirs* don't deprive ou rob me of all hope **6.** [obtenir - récompense] to carry off *(sép)*, to win / *il a enlevé la victoire* he ran away with the victory ▸ **enlever un marché** to get ou to secure a deal **7.** [soulever] to lift / *enlever 10 kilos sans effort* to lift 10 kilos easily / *le ballon les a enlevés haut dans les airs* the balloon took ou lifted them high up into the air **8.** *litt* [faire mourir] to carry off *(sép)* / *c'est un cancer qui nous l'a enlevé* cancer took him from us **9.** MIL to carry, to seize **10.** [exécuter vite - sonate, chanson] to dash off *(sép)* **11.** [kidnapper] to abduct, to kidnap, to snatch / *il a été enlevé à son domicile* he was snatched from his home / *il l'a enlevée pour l'épouser* he ran off with her to get married ▸ **se faire enlever** to be kidnapped.

❖ **s'enlever** ◆ vp *(emploi passif)* **1.** [vêtement, étiquette] to come off ; [écharde] to come out ▸ **le costume s'enlève par le haut / par le bas** you slip the costume off over your head / step out of the costume ▸ **ça s'enlève en arrachant / décollant** it tears / peels off / *comment ça s'enlève?* how do you take it off? **2.** [s'effacer - tache] to come out ou off / *le vernis ne s'enlève pas* the varnish won't come off. ◆ vpi *fam* : *enlève-toi de là!* get out of there! ◆ vpt : *s'enlever une écharde du doigt* to pull a splinter out of one's finger / *s'enlever une épine du pied fig* to get rid of a niggling problem.

enliasser [3] [ɑ̃ljase] vt to bundle (up), to tie into a bundle.

enlisement [ɑ̃lizmɑ̃] nm **1.** [enfoncement] sinking **2.** [stagnation] stagnation / *le manque de coopération a entraîné l'enlisement des pourparlers* due to a lack of cooperation, the talks have reached a stalemate.

enliser [3] [ɑ̃lize] vt : *enliser un bateau dans la vase* to get a boat stuck in the mud / *enliser ses roues* to get one's wheels stuck.

❖ **s'enliser** vpi **1.** [s'embourber] to get bogged down ou stuck, to sink / *s'enliser dans des sables mouvants* to sink ou to get sucked (down) into quicksand **2.** *fig* to get bogged down / *s'enliser dans la routine* to get ou to be bogged down in routine.

enluminer [3] [ɑ̃lymine] vt to illuminate.

enlumineur, euse [ɑ̃lyminœʀ, øz] nm, f illuminator.

enluminure [ɑ̃lyminyʀ] nf illumination.

ENM npr f abr de **École nationale de la magistrature.**

enneigé, e [ɑ̃neʒe] adj [champ, paysage] snow-covered ; [pic] snow-capped / *la campagne est enneigée* the countryside's covered in snow ▸ **les routes sont enneigées** the roads are snowed up.

enneigement [ɑ̃nɛʒmɑ̃] nm snow cover ▸ **l'enneigement annuel** yearly ou annual snowfall / *il y a un bon enneigement cette année* there's a lot of snow this year ▸ **bulletin d'enneigement** snow report.

enneiger [23] [ɑ̃neʒe] vt to cover with ou in snow.

ennemi, e [ɛnmi] ◆ adj **1.** MIL enemy *(modif)*, hostile **2.** [inamical] hostile, unfriendly ; [adverse] ▸ **familles / nations ennemies** feuding families / nations **3.** ▸ **ennemi de** [opposé à] : *être ennemi du changement* to be opposed ou averse to change. ◆ nm, f **1.** MIL enemy, foe *litt* ▸ **passer à l'ennemi** to go over to the enemy **2.** [individu hostile] enemy / *on ne lui connaissait aucun ennemi* she had no known enemy ▸ **se faire des ennemis** to make enemies ▸ **se faire un ennemi de qqn** to make an enemy of sb ▸ **ennemi mortel** mortal enemy ▸ **ennemi public (numéro un)** public enemy (number one) **3.** [antagoniste] ▸ **l'ennemi de** : *le bien est l'ennemi du mal* good is the enemy of evil.

ennoblir [32] [ɑ̃nɔbliʀ] vt [personne] to ennoble ; [caractère, esprit] to ennoble, to elevate ; [physique] to lend dignity to.

ennoblissement [ɑ̃nɔblismɑ̃] nm **1.** [élévation] ennoblement, ennobling **2.** TEXT finishing, processing.

ennuager [17] [ɑ̃nɥaʒe] vt *litt* to cloud ▸ **ciel ennuagé** cloudy sky.

❖ **s'ennuager** vp to cloud over.

ennui [ɑ̃nɥi] nm **1.** [problème] problem, difficulty ▸ **des ennuis** trouble, troubles, problems ▸ **attirer des ennuis à qqn** to get sb into trouble ▸ **avoir des ennuis** : *avoir de gros ennuis* to be in bad trouble / *tu vas avoir des ennuis* you're going to get into trouble / *avoir des ennuis avec la police* to be in trouble with the police ▸ **des ennuis de** : *avoir des ennuis d'argent* to have money problems / *avoir des ennuis de voiture* to have problems with one's car / *avoir des ennuis de moteur* to have engine trouble / *avoir des ennuis de santé* to have health problems ▸ **faire des ennuis à qqn** to get sb into trouble ▸ **l'ennui** : *c'est ça l'ennui!* that's the hitch ou trouble! ▸ **l'ennui c'est que...** the trouble is that... / *l'ennui, c'est qu'il ne peut pas venir* the problem ou trouble is he can't come ▸ **un ennui ne vient jamais seul** *prov* it never rains but it pours *prov* **2.** [lassitude] boredom ▸ **à mourir d'ennui** deadly boring / *c'était à mourir d'ennui* it was dreadfully ou deadly boring **3.** *litt* [mélancolie] ennui.

ennuyer [14] [ɑ̃nɥije] vt **1.** [contrarier] to worry, to bother / *ce contretemps m'ennuie beaucoup* this complication worries me a great deal / *avoir l'air ennuyé* to look bothered ou worried / *ça m'ennuie de les laisser seuls* I don't like to leave them alone / *ça m'ennuie de te le dire mais...* I'm sorry to have to say this to you but... / *cela m'ennuierait d'être en retard* I'd hate to be late **2.** [déranger] to bother, to trouble / *si cela ne vous ennuie pas* if you don't mind / *je ne voudrais pas vous ennuyer mais...* I don't like to bother ou trouble you but... / *sa sœur l'ennuie tout le temps* his sister keeps bothering him **3.** [agacer] to annoy / *tu l'ennuies avec tes questions* you're annoying him with your questions **4.** [lasser] to bore / *les jeux de cartes m'ennuient* I find card games boring.

❖ **s'ennuyer** vpi to be bored / *elle s'ennuie toute seule* she gets bored on her own / *avec lui on ne s'ennuie pas! hum* he's great fun! / *au moins on ne s'ennuie pas ici! hum* at least you can't say it's boring here! ▸ **s'ennuyer comme un rat mort** *fam* to be bored to death.

❖ **s'ennuyer de** vp + prép ▸ **s'ennuyer de qqn / qqch** to miss sb / sthg.

ennuyeux, euse [ɑ̃nɥijø, øz] adj **1.** [lassant - travail, conférencier, collègue] boring, dull ▸ **ennuyeux à mourir** ou **à périr** ou **comme la pluie** ou **comme la mort** (as) dull as ditchwater UK ou dishwater US, deadly boring **2.** [fâcheux] annoying, tiresome ▸ **c'est ennuyeux qu'il ne puisse pas venir a)** [regrettable] it's a pity (that) he can't come **b)** [contrariant] it's annoying ou a nuisance that he can't come.

énoncé [enɔ̃se] nm **1.** [libellé - d'un sujet de débat] terms ; [- d'une question d'examen, d'un problème d'arithmétique] wording **2.** [lecture] reading, declaration ▸ **à l'énoncé des faits** when the facts were stated ▸ **écouter l'énoncé du jugement** to listen to the verdict being read out **3.** LING utterance.

énoncer [16] [enɔ̃se] vt [formuler] to formulate, to enunciate *sout*, to express / *cela peut être énoncé plus simplement* it can be formulated ou expressed ou put in simpler terms.

énonciatif, ive [enɔ̃sjatif, iv] adj enunciative.

énonciation [enɔ̃sjasjɔ̃] nf **1.** [exposition] statement, stating **2.** LING enunciation.

enorgueillir [32] [ɑ̃nɔʀgœjiʀ] vt *litt* to make proud.

❖ **s'enorgueillir de** vp + prép to be proud of / *il s'enorgueillit du succès de son livre* he is proud of the success of his book.

énorme [enɔʀm] adj **1.** [gros] enormous, huge **2.** [important] huge, enormous, vast / *une somme énorme* a huge ou vast amount of money / *ça fait une différence énorme* that makes all the difference / *20 euros, ce n'est pas énorme* 20 euros isn't such a huge amount / *elle n'a pas dit non, c'est déjà énorme!* she didn't say no, that's a great step forward! **3.** [exagéré - mensonge] outrageous / *il a inventé une histoire énorme pour expliquer son absence* he made up a (totally) outrageous story to account for his absence.

énormément [enɔʀmemɑ̃] adv enormously, hugely / *le spectacle m'a énormément plu* I liked the show very much indeed ▸ **s'amuser énormément** to enjoy o.s. immensely ou tremendously ▸ **énormément de** [argent, bruit] an enormous ou a huge ou a tremendous amount of / *il y avait énormément de monde dans le train* the train was extremely crowded / *ils ont mis énormément de temps à comprendre* it took them ages to understand.

énormité [enɔʀmite] nf **1.** [ampleur - d'une difficulté] enormity ; [- d'une tâche, d'une somme, d'une population] enormity, size **2.** [extravagance] outrageousness, enormity / *l'énormité de son crime* the enormity of his crime **3.** [propos] piece of utter ou outrageous nonsense / *vous dites des énormités* what you're saying is totally outrageous.

enquérir [39] [ɑ̃keʀiʀ] ❖ **s'enquérir de** vp + prép *sout* to inquire about ou after ▸ **s'enquérir de la santé de qqn** to inquire ou to ask after sb's health.

enquête [ɑ̃kɛt] nf **1.** [investigation] investigation, inquiry ▸ **faire** ou **mener sa petite enquête** to make discreet inquiries / *il a fait l'objet d'une enquête* he was the subject of an investigation / *elle est chargée de l'enquête* she's in charge of the investigation / *mener une enquête sur un meurtre* to investigate a murder ▸ **ouvrir / conduire une enquête** to open / to conduct an investigation ▸ **enquête judiciaire (suite à un décès)** inquest ▸ **enquête officielle** official ou public inquiry ▸ **enquête d'utilité publique** public inquiry **2.** [étude] survey, investigation ▸ **faire une enquête** to conduct a survey / *notre enquête a porté sur l'alcoolisme* the topic of our survey was alcoholism **3.** PRESSE (investigative) report, exposé.

enquêté, e [ɑ̃kete] nm, f interviewee.

enquêter [4] [ɑ̃kete] vi to investigate ▸ **c'est elle qui enquête** she's in charge of the investigation ▸ **enquêter sur un meurtre** to inquire into ou to investigate a murder.

enquêteur, euse *ou* **trice** [ɑ̃kɛtœʀ, øz, tʀis] nm, f **1.** [de police] officer in charge of investigations, investigator **2.** [de sondage] pollster **3.** [sociologue] researcher.

enquiert v ⟶ **enquérir.**

enquiquinant, e [ɑ̃kikinɑ̃, ɑ̃t] adj *fam* irritating / *des voisins enquiquinants* awkward neighbours / *elle est enquiquinante à toujours se plaindre* the way she complains all the time is a real pain.

enquiquinement [ɑ̃kikinmɑ̃] nm *fam* : *des enquiquinements* hassle / *je n'ai eu que des enquiquinements avec cette voiture* I've had nothing but hassle with this car.

enquiquiner [3] [ɑ̃kikine] vt *fam* **1.** [ennuyer] to bore (stiff) **2.** [irriter] to bug ▸ **il m'enquiquine** he bugs me / *je les enquiquine!* to hell with them! **3.** [importuner] : *se faire enquiquiner* to be hassled.

❖ **s'enquiquiner** vpi *fam* [s'ennuyer] to be bored (stiff).

❖ **s'enquiquiner à** vp + prép *fam* : *je ne vais pas m'enquiquiner à tout recopier* I can't be fagged UK ou bothered to copy it out again.

enquiquineur, euse [ɑ̃kikinœʀ, øz] nm, f *fam* pain, drag, nuisance.

enquis, e [ɑ̃ki, iz] pp ⟶ **enquérir.**

enraciné, e [ɑ̃ʀasine] adj ▸ **bien enraciné a)** [idée] firmly implanted ou entrenched **b)** [habitude] deeply ingrained **c)** [croyance] deep-seated, deep-rooted.

enracinement [ɑ̃ʀasinmɑ̃] nm **1.** BOT rooting **2.** *fig* [d'une opinion, d'une coutume] deep-rootedness.

enraciner [3] [ɑ̃ʀasine] vt **1.** BOT to root **2.** [fixer - dans un lieu, une culture] to root / *se sentir profondé-*

ment enraciné dans une culture to feel deeply rooted in a culture **3.** [fixer dans l'esprit] to fix, to implant.

❖ **s'enraciner** vpi **1.** BOT to root, to take root **2.** [se fixer] to take root, to become firmly fixed / *s'enraciner profondément dans une culture / l'esprit* to become deeply rooted in a culture / the mind.

enragé, e [ɑ̃raʒe] ◆ adj **1.** MÉD rabid **2.** [furieux] enraged, livid. ◆ nm, f **1.** HIST [pendant la Révolution française] enragé ; [en 1968] militant student **2.** [passionné] ▸ **un enragé de** : *un enragé de football / ski / musique* a football / skiing / music fanatic.

enrageant, e [ɑ̃raʒɑ̃, ɑ̃t] adj *fam* maddening, infuriating.

enrager [17] [ɑ̃raʒe] vi [être en colère] to be furious ou infuriated / *j'enrage de m'être laissé prendre* I'm enraged ou furious at having been caught ▸ **faire enrager qqn a)** [l'irriter] to annoy sb **b)** [le taquiner] to tease sb mercilessly.

enraie v ⟶ **enrayer**.

enraiement [ɑ̃rɛmɑ̃], **enrayement** [ɑ̃rɛjmɑ̃] nm stopping, checking / *l'enraiement d'une épidémie* checking the progress of an epidemic.

enrayage [ɑ̃rɛjaʒ] nm **1.** ARM jamming **2.** MÉCAN blocking.

enrayer [11] [ɑ̃reje] vt **1.** ARM to jam **2.** MÉCAN to block **3.** [empêcher la progression de -processus] to check, to stop, to call a halt to ▸ **enrayer la crise** to halt the economic recession ▸ **enrayer l'inflation** to check ou to control ou to curb inflation ▸ **l'épidémie est enrayée** the epidemic has been halted.

❖ **s'enrayer** vpi to jam.

enrégimenter [3] [ɑ̃reʒimɑ̃te] vt **1.** [dans l'armée] to enlist ; [dans un groupe] to enrol UK, to enroll US **2.** to press-gang / *je déteste être enrégimenté !* I hate being regimented ! ▸ **enrégimenter qqn dans qqch** to press-gang sb into sthg.

enregistrable [ɑ̃rəʒistrabl] adj **1.** ADMIN & DR receivable **2.** AUDIO recordable.

enregistrement [ɑ̃rəʒistrəmɑ̃] nm **1.** COMM [fait d'inscrire] booking ; [entrée] booking, entry **2.** TRANSP [à l'aéroport] check-in ; [à la gare] registration ▸ **procéder à l'enregistrement de ses bagages a)** [à l'aéroport] to check one's luggage in **b)** [à la gare] to register one's luggage **3.** AUDIO recording ▸ **enregistrement audio / vidéo / sur cassette** audio / video / cassette recording ▸ **enregistrement magnétique** tape recording ▸ **enregistrement numérique** digital recording **4.** DR [fait de déclarer] registration, registering ; [entrée] entry **5.** INFORM [informations] record ; [duplication] recording ; [consignation] logging **6.** [diagramme] trace.

❖ **d'enregistrement** loc adj **1.** COMM registration *(modif)* **2.** INFORM [clé, tête, structure] format *(modif)* ; [densité, support] recording *(modif)* ; [unité] logging *(modif)*.

enregistrer [3] [ɑ̃rəʒistre] vt **1.** [inscrire -opération, transaction, acte] to enter, to record ; [-déclaration] to register, to file ; [-note, mention] to log ; [-commande] to book (in) / *enregistrer un jugement* to enrol UK ou to enroll US *sout* ou to enter a judgement **2.** [constater] to record, to note / *l'entreprise a enregistré un bénéfice de…* the company showed a profit of… / *on enregistre une baisse du dollar* the dollar has fallen in value **3.** INFORM / **'enregistrer sous'** 'save as' / *j'ai dû enregistrer le fichier sur ma clé* I had to save the file on my USB stick ; AUDIO [cassette audio, disque] to record, to tape ; [cassette vidéo] to record, to video, to video-tape ▸ **musique enregistrée** taped ou recorded music ; [pour commercialiser -disque, émission, dialogue] to record ; *(en usage absolu)* : *ils sont en train d'enregistrer* they're doing ou making a recording **4.** [afficher] to register, to record, to show ▸ **l'appareil n'a rien enregistré** nothing registered on the apparatus, the apparatus did not register anything **5.** [retenir] to take in *(sép)* ▸ **d'accord, c'est enregistré** all right, I've got that / *je n'ai rien enregistré de ce que j'ai lu* I haven't taken in any of what I read ; *(en usage absolu)* : *je lui ai dit mais il n'a pas enregistré* I told him but it didn't register ou he didn't take it in / *je ne dis rien mais j'enregistre* I don't say anything but I take it all in **6.** TRANSP [à l'aéroport] to check in *(sép)* ; [à la gare] to register.

enregistreur, euse [ɑ̃rəʒistrœr, øz] adj recording *(modif)*.

❖ **enregistreur** nm recorder, recording device ▸ **enregistreur de vol** flight recorder.

enrhumé, e [ɑ̃ryme] adj ▸ **être enrhumé** to have a cold.

enrhumer [3] [ɑ̃ryme] ❖ **s'enrhumer** vpi to catch cold, to get a cold.

enrichi, e [ɑ̃riʃi] adj **1.** *péj* [personne] nouveau riche **2.** [amélioré] enriched.

enrichir [32] [ɑ̃riʃir] vt **1.** [rendre riche] to enrich, to make rich ou richer **2.** [améliorer -savon, minerai, culture] to enrich ; [-esprit] to enrich, to improve ▸ **cette expérience m'a enrichi** I'm all the richer for that experience.

❖ **s'enrichir** ◆ vpi **1.** [devenir riche] to grow rich ou richer, to become rich ou richer **2.** [se développer -collection] to increase, to develop ; [-esprit] to be enriched, to grow. ◆ vpt ▸ **s'enrichir l'esprit** to improve one's mind.

enrichissant, e [ɑ̃riʃisɑ̃, ɑ̃t] adj [rencontre] enriching ; [travail] rewarding ; [lecture] enriching, improving.

enrichissement [ɑ̃riʃismɑ̃] nm **1.** [thésaurisation] becoming rich ou richer **2.** [amélioration -d'un minerai, d'un sol, de l'esprit] improvement, improving **3.** NUCL enrichment.

enrobage [ɑ̃rɔbaʒ] nm [d'un aliment] coating.

enrobé, e [ɑ̃rɔbe] adj [personne] plump, chubby.

❖ **enrobé** nm [revêtement] surfacing.

❖ **enrobés** nmpl coated materials ▸ **enrobés à froid / chaud** cold / hot mix.

enrobement [ɑ̃rɔbmɑ̃] = **enrobage**.

enrober [3] [ɑ̃rɔbe] vt **1.** [enduire] to coat ▸ **enrober qqch de** to coat sthg with / *enrober de chocolat* to coat with chocolate **2.** [adoucir] to wrap ou to dress up *(sép)* / *il a enrobé son reproche de mots affectueux* he wrapped his criticism in kind words.

enrochement [ɑ̃rɔʃmɑ̃] nm [gén] breakwater (made of loose boulders) ; TRAV PUB riprap.

enrôlé [ɑ̃role] nm enlisted private.

enrôlement [ɑ̃rolmɑ̃] nm **1.** MIL enlistment **2.** ADMIN & DR enrolment.

enrôler [3] [ɑ̃role] vt **1.** MIL to enrol UK, to enroll US, to enlist / *il s'est fait enrôler dans l'armée à seize ans* he was enlisted at the age of sixteen / *fig je vois que tu t'es fait enrôler pour faire la vaisselle* I see you've been roped into doing the washing up **2.** *fig* ▸ **enrôler qqn dans** to recruit sb into ▸ **enrôler qqn dans un parti / groupe** to recruit sb into a party / group **3.** ADMIN & DR to enrol UK, to enroll US, to record.

❖ **s'enrôler** vpi to enrol UK, to enroll US, to enlist, to sign up.

enroué, e [ɑ̃rwe] adj ▸ **je suis enroué** I'm hoarse / *d'une voix enrouée* hoarsely.

enrouement [ɑ̃rumɑ̃] nm hoarseness.

enrouer [6] [ɑ̃rwe] ❖ **s'enrouer** vpi [de froid] to get hoarse ; [en forçant sa voix] to make o.s. hoarse ▸ **je me suis enroué à force de crier / chanter** I shouted / sang myself hoarse.

enroulable [ɑ̃rulabl] adj windable.

enroulement [ɑ̃rulmɑ̃] nm **1.** [mise en rouleau] rolling up, winding on / *pour assurer l'enroulement correct du papier* to ensure that the paper winds on properly **2.** [volute] whorl, scroll **3.** ÉLECTR [bobinage] winding ; [bobine] coil.

enrouler [3] [ɑ̃rule] vt **1.** [mettre en rouleau -corde] to wind, to coil (up) ; [-ressort] to coil ; [-papier, tapis] to roll up *(sép)* / *lierre enroulé autour d'un arbre* ivy twined ou wound round a tree **2.** [envelopper] ▸ **enrouler dans** to roll ou to wrap in / *enrouler un corps dans un drap* to wrap a body in a sheet.

❖ **s'enrouler** ◆ vp *(emploi réfléchi)* : *s'enrouler dans une couverture* to wrap o.s. up in a blanket. ◆ vpi [corde, fil] to be wound ou to wind (up) ; [serpent] to coil (itself) / *le papier s'enroule autour de ce cylindre* the paper winds round this cylinder.

enrouleur, euse [ɑ̃rulœr, øz] adj winding, coiling.

❖ **enrouleur** nm **1.** [tambour] drum, reel **2.** [galet] idle pulley, idler, roller ▸ **enrouleur de ceinture automatique** automatic seat belt winder, inertia reel.

❖ **à enrouleur** loc adj self-winding.

enrubanner [3] [ɑ̃rybane] vt to decorate ou to adorn with ribbons.

ENS npr f abr de **École normale supérieure.**

ENSA [ɛnsa] (abr de **École nationale supérieure agronomique**) nf *one of five competitive-entry agricultural engineering schools.*

ensablement [ɑ̃sabləmɑ̃] nm [d'un bateau] running aground ; [d'un tuyau] choking (up) with sand ; [d'une route] sanding over ; [d'un port] silting up / *il y a risque d'ensablement* there is a risk of getting stuck in the sand.

ensabler [3] [ɑ̃sable] vt **1.** [couvrir de sable] ▸ **être ensablé a)** [port, estuaire] to be silted up **b)** [route, piste] to be covered in sand (drifts) **2.** [enliser] : *une voiture ensablée* a car stuck in the sand.

❖ **s'ensabler** vpi **1.** [chenal] to silt up **2.** [véhicule] to get stuck in the sand **3.** [poisson] to bury itself in the sand.

ensachage [ɑ̃saʃaʒ] nm bagging (up), sacking, packaging.

ensacher [3] [ɑ̃saʃe] vt to bag, to sack.

ENSAD, Ensad [ɛnsad] (abr de **École nationale supérieure des arts décoratifs**) npr f *grande école for applied arts.*

ENSAM, Ensam [ɛnsam] (abr de **École nationale supérieure des arts et métiers**) npr f *grande école for engineering.*

ensanglanter [3] [ɑ̃sɑ̃glɑ̃te] vt **1.** [tacher] to bloody ▸ **un mouchoir ensanglanté** a bloodstained handkerchief / *il entra, le visage ensanglanté* he came in with his face covered in blood **2.** [lieu, époque] to bathe in blood / *les crimes qui ont ensanglanté la ville* the crimes which have bathed the town in blood.

ENSBA (abr de **École nationale supérieure des beaux-arts**) nf *leading art school in Paris.*

enseignant, e [ɑ̃sɛɲɑ̃, ɑ̃t] ◆ adj ⟶ **corps.** ◆ nm, f teacher.

enseigne [ɑ̃sɛɲ] ◆ nm **1.** MIL ▸ **enseigne de vaisseau 1re classe** sub-lieutenant UK, lieutenant junior grade US ▸ **enseigne de vaisseau 2e classe** midshipman UK, ensign US **2.** HIST [porte-drapeau] ensign. ◆ nf **1.** [panneau] sign ▸ **enseigne lumineuse** ou **au néon** neon sign **2.** *litt* [étendard] ensign.

❖ **à telle(s) enseigne(s) que** loc conj so much so that.

enseignement [ɑ̃sɛɲmɑ̃] nm **1.** [instruction] education ▸ **enseignement assisté par ordinateur** computer-assisted learning ▸ **enseignement pour adultes** adult education ▸ **enseignement par correspondance** correspondence courses **2.** [méthodes d'instruction] teaching (methods) / *son enseignement prend en compte la vie familiale de l'enfant* his teaching methods take the child's family background into account / *l'enseignement des langues est excellent dans mon collège* languages are taught very well at my school **3.** [système scolaire] ▸ **enseignement primaire / supérieur** primary / higher education ▸ **enseignement privé** private education ▸ **enseignement professionnel** vocational education ▸ **enseignement programmé** programmed learning ▸ **enseignement public** state education ou schools ▸ **l'enseignement du second degré** secondary education ▸ **enseignement technique** technical education **4.** [profession] ▸ **l'enseignement** teaching, the teaching profession ▸ **entrer dans l'enseignement** to go into teaching ▸ **travailler dans l'enseignement** to work in education ou the teaching profession **5.** [leçon] lesson, teaching ▸ **tirer un enseignement de qqch** to learn (a lesson) from sthg / *quel enseignement en avez-vous tiré?* what did you learn from it? ▸ **les enseignements d'un maître** the teachings of a master.

enseigner [4] [ɑ̃seɲe] vt to teach ▸ **enseigner qqch à qqn** to teach sb sthg ou sthg to sb ; *(en usage absolu)* : *elle enseigne depuis trois ans* she's been teaching for three years.

ensellement [ɑ̃sɛlmɑ̃] nm saddle.

ensellure [ɑ̃selyʀ] nf hollow-back, lordosis *spéc.*

ensemble[1] [ɑ̃sɑ̃bl] nm **1.** [collection - d'objets] set, collection ; [- d'idées] set, series ; [- de données, d'informations, de textes] set, body, collection / *la table et la chaise forment un ensemble* the table and chair are part of the same set ▸ **un ensemble de conditions** a set of conditions **2.** [totalité] whole / *la question dans son ensemble* the question as a whole / *il faudrait réunir ses écrits en un ensemble cohérent* we should collect his writings together in a coherent whole ▸ **l'ensemble de** : *l'ensemble des joueurs* all the players / *l'ensemble des réponses montre que…* the answers taken as a whole show that… / *il s'est adressé à l'ensemble des employés* he spoke to all the staff ou the whole staff **3.** [simultanéité] unity / *évoluer avec ensemble* to move simultaneously ou in unison ▸ **manquer d'ensemble** to lack unity / *ils ont protesté dans un ensemble parfait* they protested unanimously **4.** [groupe] group / *ensemble de chanteurs* group of singers ▸ **ensemble instrumental** (instrumental) ensemble ▸ **ensemble vocal** vocal group **5.** [d'immeubles] ▸ **grand ensemble** housing scheme UK ou project US **6.** VÊT suit, outfit ▸ **ensemble de plage** beach outfit ▸ **ensemble pantalon** trouser suit **7.** MATH set ▸ **ensemble fermé** closed set ▸ **ensemble vide** empty set.

❖ **dans l'ensemble** loc adv on the whole, by and large, in the main / *dans l'ensemble tout va bien* on the whole ou by and large ou in the main everything's fine / *dans l'ensemble les prix montent* on the whole ou overall, prices are rising.

❖ **d'ensemble** loc adj **1.** [général] overall, general ▸ **mesures d'ensemble** comprehensive ou global measures ▸ **vue d'ensemble** overall ou general view **2.** MUS : *faire de la musique d'ensemble* to play in an ensemble.

ensemble[2] [ɑ̃sɑ̃bl] adv **1.** [l'un avec l'autre] together / *ils y sont allés ensemble* they went together / *ne vous séparez pas, restez bien ensemble* don't separate, stay together / *mettre ensemble* to put together / *elles en sont convenues ensemble* they agreed (between themselves) / *nous en avons parlé ensemble* we spoke ou we had a talk about it ▸ **aller bien ensemble a)** [vêtements, couleurs] to go well together **b)** [personnes] to be well-matched ▸ **ils vont mal ensemble a)** [vêtements] they don't match **b)** [couple] they're ill-matched ▸ **être bien / mal ensemble** to be on good / bad terms / *ils sont ensemble depuis plusieurs mois* they've been together for several months **2.** [en même temps] at once, at the same time / *ne parlez pas tous ensemble* don't all speak at once / *ils sont arrivés tous les deux ensemble* they both arrived at the same time.

ensemblier, ère [ɑ̃sɑ̃blije, ɛʀ] nm, f **1.** [décorateur] interior designer **2.** CINÉ & TV props assistant.

ensembliste [ɑ̃sɑ̃blist] adj MATH set *(modif).*

ensemencement [ɑ̃səmɑ̃smɑ̃] nm **1.** AGR seeding, sowing **2.** PÊCHE stocking **3.** BIOL seeding.

ensemencer [16] [ɑ̃səmɑ̃se] vt **1.** AGR to sow, to seed / *champ ensemencé de tournesols* field seeded ou sown with sunflowers **2.** PÊCHE to stock **3.** BIOL to culture.

enserrer [4] [ɑ̃seʀe] vt **1.** [agripper] to clutch, to grasp, to grip **2.** [être autour de - suj: col, bijou] to fit tightly around / *un bracelet lui enserrait le bras* she wore a tightly-fitting bracelet around her arm / *des fortifications enserrent la vieille ville* fortified walls form a tight circle around the old town.

ENSET, Enset [ɛnsɛt] (abr de **École nationale supérieure de l'enseignement technique**) npr f *grande école training science and technology teachers.*

ensevelir [32] [ɑ̃səvliʀ] vt **1.** *litt* [dans un linceul] to shroud, to enshroud *litt* ; [dans la tombe] to entomb **2.** [enfouir] to bury / *l'éruption a enseveli plusieurs villages* the eruption buried several villages / *elle a enseveli l'image de cette tragédie au plus profond de sa mémoire fig* she buried the image of the tragedy deep in her memory.

❖ **s'ensevelir dans** vp + prép *pr & fig* to bury o.s. in.

ensevelissement [ɑ̃səvlismɑ̃] nm **1.** *litt* [mise - dans un linceul] enshrouding ; [- au tombeau] entombment **2.** [disparition - d'une ruine, d'un souvenir] burying.

ENSI [ɛnsi] (abr de **École nationale supérieure d'ingénieurs**) nf *competitive-entry engineering institute.*

ensilage [ɑ̃silaʒ] nm **1.** [méthode] ensilage, silaging **2.** [produit] silage.

ensiler [3] [ɑ̃sile] vt to ensile, to silage.

ensileuse [ɑ̃siløz] nf silo filler.

en-soi [ɑ̃swa] nm inv : *l'en-soi* the thing in itself.

ensoleillé, e [ɑ̃sɔleje] adj sunny, sunlit ▸ **très ensoleillé** sundrenched.

ensoleillement [ɑ̃sɔlɛjmɑ̃] nm (amount of) sunshine, insolation *spéc* / *la pièce n'a pas un bon ensoleillement* the room doesn't get much sun ou sunlight ▸ **l'ensoleillement annuel** the number of days of sunshine per year.

ensoleiller [4] [ɑ̃sɔleje] vt **1.** [donner du soleil à] to bathe in ou to fill with sunlight **2.** *fig* to brighten (up) / *cet enfant ensoleillait leur existence* that child was like a ray of sunshine in their lives.

ensommeillé, e [ɑ̃sɔmeje] adj sleepy, drowsy, dozy / *les yeux tout ensommeillés* eyes heavy with sleep.

ensorcelant, e [ɑ̃sɔʀsəlɑ̃, ɑ̃t] adj bewitching, entrancing, spellbinding.

ensorceler [24] [ɑ̃sɔʀsəle] vt to bewitch, to cast a spell over ▸ **elle m'a ensorcelé** I fell under her spell.

In reformed spelling (see p. 16-19), this verb is conjugated like *peler*: *il ensorcèle, elle ensorcèlera.*

ensorceleur, euse [ɑ̃sɔʀsəlœʀ, øz] ◆ adj bewitching, entrancing, spellbinding. ◆ nm, f **1.** [sorcier] enchanter (enchantress), sorcerer (sorceress) **2.** [charmeur] charmer.

ensorcelle v ⟶ **ensorceler.**

ensorcellement, ensorcèlement* [ɑ̃sɔʀsɛlmɑ̃] nm bewitchment, enchantment / *elle ne pouvait résister à l'ensorcellement de ce pays étrange* she fell irresistibly under the spell of that strange country.

ensuit v ⟶ **ensuivre.**

ensuite [ɑ̃sɥit] adv **1.** [dans le temps - puis] then, next ; [- plus tard] later, after, afterwards / *qu'est-ce que vous prendrez ensuite?* what will you have to follow? / *et ensuite, que s'est-il passé?* and what happened next?, and then what happened? / *ils ne sont arrivés qu'ensuite* they didn't arrive until later / *ils se sont disputés, ensuite de quoi on ne l'a jamais revu* they fell out, after which we didn't see him again **2.** [dans l'espace] then, further on / *la porte d'entrée donnait sur le salon et ensuite venait la chambre* the front door opened into the living room and then came the bedroom.

ensuivre [89] [ɑ̃sɥivʀ] ❖ **s'ensuivre** vpi **1.** [en résulter] to follow, to ensue / *sa maladie et toutes les conséquences qui s'en sont suivies* his illness and all the ensuing consequences ; *(tournure impersonnelle)* ▸ **il s'ensuit que** it follows that / *il ne s'ensuit pas forcément que tu as raison* it doesn't necessarily follow that you are right **2.** *litt* [venir après] to follow (on) / *les jours qui s'ensuivirent furent calmes* the following ou subsequent days were quiet **3.** EXPR ▸ **et tout ce qui s'ensuit** and so on (and so forth).

ENT nm abr de **espace numérique de travail.**

entablement [ɑ̃tabləmɑ̃] nm ARCHIT entablature.

entacher [3] [ɑ̃taʃe] vt **1.** [souiller] to sully, to soil / *ce scandale a entaché son honneur* the scandal has sullied his reputation **2.** [marquer] to mar / *une attitude entachée d'hypocrisie* an attitude marred by hypocrisy **3.** DR ▸ **entaché de nullité** null.

entaillage [ɑ̃tajaʒ] nm notching.

entaille [ɑ̃taj] nf **1.** [encoche] notch, nick **2.** [blessure] gash, slash, cut ▸ **petite entaille** nick / *se faire une entaille au front* to gash one's forehead.

entailler [3] [ɑ̃taje] vt **1.** [fendre] to notch, to nick / *entailler un rondin à coups de hache* to make notches in a log with an axe **2.** [blesser] to gash, to slash, to cut / *la lame lui a entaillé l'arcade sourcilière* the blade slashed his face above the eye.

entame [ɑ̃tam] nf **1.** [morceau - de viande] first slice ou cut ; [- de pain] crust **2.** JEUX opening.

entamer [3] [ɑ̃tame] vt **1.** [jambon, fromage] to start ; [bouteille, conserve] to open **2.** [durée, repas] to start, to begin ; [négociation] to launch, to start, to initiate ; [poursuites] to institute, to initiate / *nous avons entamé une longue procédure* we have started ou launched a long procedure **3.** [réduire - fortune, économies] to make a dent ou hole in ; [- résistance] to lower, to deal a blow to ; [- ligne ennemie] to break through **4.** [ébranler] to shake / *rien ne peut entamer sa confiance en lui* nothing can shake ou undermine his self-confidence **5.** [user] to damage ▸ **l'acide entame le fer** acid eats into ou corrodes metal / *le coin a été entamé* the corner was damaged ou chipped **6.** [écorcher - peau] to graze **7.** JEUX to open.

entartrage [ɑ̃taʀtʀaʒ] nm **1.** [d'une chaudière, d'un tuyau] scaling, furring (up) UK **2.** [d'une dent - processus] scaling ; [- état] scale, tartar deposit.

entartré, e [ɑ̃taʀtʀe] adj [fer à repasser] scaled ; [chauffe-eau] furred.

entartrer [3] [ɑ̃taʀtʀe] vt **1.** [chaudière, tuyau] to scale, to fur (up) UK **2.** [dent] to cover with tartar ou scale.

❖ **s'entartrer** vpi **1.** [chaudière, tuyau] to scale, to fur up UK **2.** [dent] to become covered in tartar ou scale.

entassement [ɑ̃tasmɑ̃] nm **1.** [amas] heap, pile, stack ; [mise en tas] heaping ou piling up, stacking **2.** [fait de s'agglutiner] crowding / *l'entassement des voyageurs dans le wagon* the crowding of passengers into the carriage.

entasser [3] [ɑ̃tase] vt **1.** [mettre en tas] to heap ou to pile ou to stack (up) / *entasser de la terre* to heap up ou to bank up earth **2.** [accumuler - vieilleries, journaux] to pile ou to heap (up) / *elle entasse toutes ses affaires dans cette pièce* she piles up ou stores all her stuff in this room **3.** [thésauriser - fortune, argent] to pile up *(sép)*, to heap up *(sép)* **4.** [serrer] to cram ou to pack (in) / *ils vivent entassés à quatre dans une seule pièce* the four of them live in one cramped room.

❖ **s'entasser** vpi [neige, terre] to heap ou to pile up, to bank ; [vieilleries, journaux] to heap ou to pile up ; [personnes] to crowd (in) ou together, to pile in / *s'entasser dans une voiture* to pile into a car.

ente [ɑ̃t] nf [greffon] scion ; [greffe] graft.

entendement [ɑ̃tɑ̃dmɑ̃] nm comprehension, understanding ▸ **cela dépasse l'entendement** it's beyond all comprehension ou understanding.

entendeur [ɑ̃tɑ̃dœʀ] nm ▸ **à bon entendeur salut** *prov* a word to the wise is enough *prov.*

entendre [73] [ɑ̃tɑ̃dʀ] vt **1.** [percevoir par l'ouïe] to hear / *parlez plus fort, on n'entend rien* speak up, we can't hear a word (you're saying) / *silence, je ne veux pas vous entendre!* quiet, I don't want to hear a sound from you! / *tu entends ce que je te dis?* do you hear me? / *elle a dû m'entendre le lui dire* she must have overheard me telling him / *tu entends ce que tu dis?* do you know what you're saying? ▸ **j'entends pleurer à côté** I can hear someone crying next door / *tout à coup, une fanfare se fit entendre dans le village* suddenly, a brass band struck up in the village ▸ **entendre dire** to hear / *j'ai entendu dire qu'il était parti* I heard that he had left / *c'est la première fois que j'entends (dire) ça* that's the first I've heard of it / *je ne connais l'Islande que par ce que j'en ai entendu dire* I only know Iceland through what I've heard other people say about it / *on*

* In reformed spelling (see p. 16-19).

entend dire beaucoup de choses sur son compte one hears many things about him ▸ **entendre parler de** to hear about ou of / *il ne veut pas entendre parler d'informatique* he won't hear of computers / *j'ai entendu parler de leur maison* I've heard about their house / *je ne sais pas où il est, on n'entend plus parler de lui depuis un moment* I don't know where he is, he's not been heard of for quite a while / *je ne veux plus entendre parler de lui* I don't want to hear him mentioned again / *on entend beaucoup parler de lui ces temps-ci à la radio* we hear a lot about him on the radio at the moment ▸ **on n'entend parler que de lui** / **de sa pièce** he's / his play's the talk of the town / *vous n'avez pas fini d'en entendre parler!* you haven't heard the last of this! ; *(en usage absolu)* ▸ **est-ce qu'il entend?** can he hear properly? / *j'entends mal de l'oreille droite* my hearing's bad in the right ear ▸ **entendre une mouche voler** ou **entendre voler une mouche** : *on entendrait* / *on aurait entendu une mouche voler* you could hear / could have heard a pin drop ▸ **j'aurai tout entendu!** whatever next? ▸ **en entendre de belles** ou **de bonnes** ou **des vertes et des pas mûres sur le compte de qqn** *fam* : *j'en ai entendu de belles* ou *de bonnes* ou *des vertes et des pas mûres sur son compte* I've heard a thing or two about him ▸ **ce qu'il faut entendre!** ou **ce qu'il faut pas entendre!** *fam* the things some people come out with!, the things you hear! ▸ **il vaut mieux entendre ça que d'être sourd!** *fam* what a load of rubbish UK ou hogwash US ! **2.** [écouter] to hear, to listen to ▸ **aller entendre un concert** to go to a concert / *essayer de se faire entendre* to try to make o.s. heard / *il ne veut rien entendre* he won't listen ▸ **à l'entendre, à les entendre** : *à les entendre tout serait de ma faute* to hear them talk ou according to them it's all my fault ▸ **entendre raison** to see sense ▸ **faire entendre raison à qqn** to make sb listen to reason, to bring sb to his / her senses ▸ **il va m'entendre!** I'll give him hell! / *si elle me pose encore un lapin, elle va m'entendre!* if she stands me up once more, I'll give her a piece of my mind! **3.** [accepter -demande] to agree to *(insép)* ; [-vœu] to grant / *nos prières ont été entendues* our prayers were answered **4.** RELIG ▸ **entendre la messe** to attend ou to hear mass ▸ **entendre une confession** to hear ou to take a confession **5.** DR [témoin] to hear, to interview **6.** *sout* [comprendre] to understand / *entend-il la plaisanterie?* can he take a joke? / *c'est comme ça que j'entends la vie!* this is the life! / *comment entendez-vous cette remarque?* how do you interpret this remark? / *il doit être bien entendu que…* it must be properly understood that… ▸ **donner qqch à entendre** ou **laisser entendre qqch à qqn** : *elle m'a laissé* ou *donné à entendre que…* she gave me to understand that… ▸ **entendre qqch à** : *y entendez-vous quelque chose?* do you know anything about it? ; *(en usage absolu)* ▸ **j'entends bien** I (do) understand / *certes, j'entends, mais…* certainly, I do understand, but… ▸ **n'y entendre rien** ou **goutte** *vieilli* : *je n'y entends rien en politique* I don't understand a thing about politics ▸ **ne pas l'entendre de cette oreille** : *il ne l'entend pas de cette oreille* he won't have any of it **7.** [apprendre] to hear / *qu'est-ce que j'entends, tu n'as pas été sage?* what's this ou what did I hear, you didn't behave yourself? **8.** [vouloir dire] to mean ▸ **qu'entendez-vous par là?** what do you mean by that? / *un étranger, j'entends quelqu'un qui ne m'était pas connu* a stranger, I mean someone I didn't know ▸ **y entendre finesse** ou **malice** *vieilli* : *sans y entendre malice* without meaning any harm (by it) / *elle n'y entendait pas malice* she never meant ou intended any harm by it **9.** [vouloir] to want, to intend ▸ **fais comme tu l'entends** do as you wish ou please ▸ **j'entends qu'on m'obéisse** I intend to ou I mean to ou I will be obeyed / *je n'entends pas être exploité* I have no intention of being ou I won't be exploited / *il entend bien partir demain* he's determined to go tomorrow.

❖ **s'entendre** ◆ vp *(emploi passif)* **1.** [être perçu] to be heard / *cela s'entend de loin* you can hear it ou it can be heard from far off ; [être utilisé -mot, expression] to be heard / *cela s'entend encore dans la région* you can still hear it said ou used around here **2.** [être compris] to be understood / *ces chiffres s'entendent hors taxes* these figures do not include tax ▸ **(cela) s'entend** [c'est évident] obviously, it's obvious, that much is clear ▸ **après l'hiver, (cela) s'entend** when the winter is over, of course ou it goes without saying. ◆ vp *(emploi réciproque)* **1.** [pouvoir s'écouter] to hear each other ou one another **2.** [s'accorder] to agree / *s'entendre sur un prix* to agree on a price ▸ **entendons-nous bien** let's get this straight **3.** [sympathiser] to get on ▸ **ils ne s'entendent pas** they don't get on ▸ **s'entendre comme chien et chat** to fight like cat and dog ▸ **s'entendre comme larrons en foire** to be as thick as thieves. ◆ vp *(emploi réfléchi)* **1.** [percevoir sa voix] to hear o.s. / *on ne s'entend plus tellement il y a de bruit* there's so much noise, you can't hear yourself think / *tu ne t'entends pas!* you should hear yourself (talking)!, if (only) you could hear yourself! **2.** EXPR **je m'entends** : *quand je dis qu'il est grand, je m'entends, il est plus grand que moi* when I say he's tall I really mean he's taller than myself. ◆ vpi ▸ **s'y entendre** [s'y connaître] : *il s'y entend en mécanique* he's good at ou he knows (a lot) about mechanics ▸ **s'y entendre pour** to know how to / *s'y entendre pour réparer un vélo* to know how to fix a bicycle / *elle s'y entend pour tout embrouiller!* she's a great one for getting into a mess!

❖ **s'entendre avec** vp + prép **1.** [s'accorder avec] to reach an agreement with ▸ **parvenir à s'entendre avec qqn sur qqch** to come to an understanding ou to reach an agreement with sb about sthg **2.** [sympathiser avec] to get on with.

entendu, e [ɑ̃tɑ̃dy] adj **1.** [complice -air, sourire] knowing / *hocher la tête d'un air entendu* to nod knowingly **2.** [convenu] agreed ▸ **(c'est) entendu, je viendrai** all right ou very well, I'll come.

enténébrer [18] [ɑ̃tenebʀe] vt *litt* to darken, to fill with darkness.

✐ In reformed spelling (see p. 16-19), this verb is conjugated like *semer*: *il enténèbrera, elle enténèbrerait.*

entente [ɑ̃tɑ̃t] nf **1.** [harmonie] harmony / *entre eux c'est l'entente parfaite* they're in complete harmony (with each other) / *il y a une bonne entente entre eux* they're on good terms (with each other) ▸ **vivre en bonne entente** to live in harmony **2.** POL agreement, understanding / *arriver à une entente sur* to come to an understanding ou agreement over ; ÉCON agreement, accord ▸ **entente entre producteurs** agreement between producers ▸ **entente industrielle** cartel, combine **3.** HIST ▸ **l'Entente cordiale** the Entente Cordiale.

❖ **à double entente** loc adj ambiguous / *une expression à double entente* a double entendre ▸ **c'est à double entente** it's ambiguous ou a double entendre.

enter [3] [ɑ̃te] vt **1.** CONSTR to scarf **2.** HORT to graft.

entéralgie [ɑ̃teʀalʒi] nf enteralgia.

entérinement [ɑ̃teʀinmɑ̃] nm **1.** DR ratification **2.** [acceptation -d'un usage] confirmation, ratification, adoption ; [-d'un état de fait] acceptance, approval.

entériner [3] [ɑ̃teʀine] vt **1.** DR to ratify, to confirm **2.** [approuver -usage] to adopt ; [-état de fait, situation] to go along with, to assent to *sout.*

entérique [ɑ̃teʀik] adj enteric.

entérite [ɑ̃teʀit] nf enteritis.

entérobactérie [ɑ̃teʀɔbakteʀi] nf enterobacterium.

entérocolite [ɑ̃teʀɔkɔlit] nf enterocolitis.

entérocoque [ɑ̃teʀɔkɔk] nm enterococcus.

entérokinase [ɑ̃teʀɔkinaz] nf enterokinase.

entérovaccin [ɑ̃teʀɔvaksɛ̃] nm enterovaccine.

enterrement [ɑ̃tɛʀmɑ̃] nm **1.** [funérailles] funeral ▸ **cette soirée, c'était un enterrement de première classe** it was like watching paint dry, that party **2.** [ensevelissement] burial **3.** [cortège] funeral procession **4.** [abandon -d'une idée, d'une dispute] burying ; [-d'un projet] shelving, laying aside.

❖ **d'enterrement** loc adj [mine, tête] gloomy, glum ▸ **faire une tête d'enterrement** to wear a gloomy ou long expression / *ne prends pas cette mine d'enterrement!* cheer up, it may never happen!

enterrer [4] [ɑ̃teʀe] vt **1.** [ensevelir] to bury / *être enterré vivant* to be buried alive **2.** [inhumer] to bury, to inter *sout* ▸ **vous nous enterrerez tous** you'll outlive us all ▸ **enterrer sa vie de garçon** to celebrate one's last night as a bachelor, to hold a stag party **3.** [oublier -scandale] to bury, to hush (up) ; [-souvenir, passé, querelle] to bury, to forget (about) ; [-projet] to shelve, to lay aside.

❖ **s'enterrer** vp *(emploi réfléchi)* *pr* to bury o.s. ; *fig* to hide o.s. away / *aller s'enterrer en province* to hide o.s. away in the country.

entêtant, e [ɑ̃tɛtɑ̃, ɑ̃t] adj heady.

en-tête (*pl* **en-têtes**), **entête*** [ɑ̃tɛt] nm **1.** [sur du papier à lettres] letterhead, heading **2.** IMPR head, heading **3.** INFORM header.

❖ **à en-tête, à entête*** loc adj [papier, bristol] headed / *papier à en-tête de la compagnie* company notepaper.

❖ **en en-tête de, en entête de*** loc prép at the head ou top of / *mettez l'adresse en en-tête de la lettre* put the address at the top of the letter / *je veux le logo en en-tête de la feuille* I want the sheet headed with the logo.

entêté, e [ɑ̃tete] ◆ adj obstinate, stubborn. ◆ nm, f stubborn ou obstinate person.

entêtement [ɑ̃tɛtmɑ̃] nm stubbornness, obstinacy.

entêter [4] [ɑ̃tete] vt to make dizzy / *ce parfum m'entête* I find this perfume quite intoxicating.

❖ **s'entêter** vpi ▸ **s'entêter à faire** to persist in doing ▸ **s'entêter à écrire à qqn** to persist in writing to sb ▸ **elle s'entête à vouloir** / **à ne pas vouloir venir** she's set her mind on / against coming ▸ **s'entêter dans** : *s'entêter dans l'erreur* to persist in one's error.

enthousiasmant, e [ɑ̃tuzjasmɑ̃, ɑ̃t] adj exciting, thrilling.

enthousiasme [ɑ̃tuzjasm] nm enthusiasm, keenness / *être plein d'enthousiasme, déborder d'enthousiasme* to be full of ou to be bubbling with enthusiasm ▸ **avec enthousiasme** enthusiastically ▸ **parler de qqch avec enthousiasme** to enthuse over sthg.

enthousiasmer [3] [ɑ̃tuzjasme] vt to fill with enthusiasm / *cela n'avait pas l'air de l'enthousiasmer* he didn't seem very enthusiastic (about it).

❖ **s'enthousiasmer** vpi ▸ **il s'enthousiasme facilement** he's easily carried away ▸ **s'enthousiasmer pour qqn / qqch** to be enthusiastic about sb / sthg.

enthousiaste [ɑ̃tuzjast] ◆ adj enthusiastic, keen ▸ **trop enthousiaste** overenthusiastic. ◆ nmf enthusiast / *c'est un grand enthousiaste* he's very keen!

entiché, e [ɑ̃tiʃe] adj ▸ **être entiché de** to be wild about.

entichement [ɑ̃tiʃmɑ̃] nm *litt* **1.** [amour] infatuation / *son entichement pour lui n'a pas duré bien longtemps* her infatuation with him did not last very long **2.** [enthousiasme] passion / *leur entichement pour la Turquie* their passion for Turkey.

enticher [3] [ɑ̃tiʃe] ❖ **s'enticher de** vp + prép ▸ **s'enticher de qqn** [s'amouracher de qqn] to become infatuated with sb ▸ **s'enticher de qqch** [s'enthousiasmer pour qqch] to become very keen on sthg / *il s'est entiché de littérature espagnole* he's become very keen on Spanish literature.

entier, ère [ɑ̃tje, ɛʀ] adj **1.** [complet] whole, entire / *une semaine entière* a whole ou an entire week ▸ **pendant des journées** / **des heures entières** for days / hours on end / *manger un camembert entier* to eat a whole camembert ▸ **dans le monde entier** in the whole world, throughout the world / *trois chapitres entiers lui sont consacrés* three whole chapters are devoted to him ▸ **payer place entière** to pay the full price ▸ **tout entier, tout entière** : *je le voulais tout entier pour moi* I wanted him all to myself ▸ **tout entier à, tout entière à** : *être tout entier à son travail* to be completely wrapped up ou engrossed in one's work **2.** *(avant nom)* [en intensif] absolute, complete / *il a mon entière confiance* I have complete confidence in him ▸ **donner entière satisfaction à qqn** to give sb complete satisfaction **3.** *(après le verbe)* [intact] intact ▸ **le problème reste entier** the problem remains unresolved **4.** [absolu -personne] : *c'est quelqu'un de très entier* she is someone of great integrity **5.** CULIN [lait] full-cream UK, whole **6.** MATH ▸ **nombre entier** integer, whole number **7.** VÉTÉR entire.

❖ **entier** nm MATH [nombre] integer, whole number.

❖ **dans son entier** loc adv as a whole / *l'industrie automobile dans son entier* the car industry as a whole.

❖ **en entier** loc adv : *manger un gâteau en entier* to eat a whole ou an entire cake / *je l'ai lu en entier* I read all of it, I read the whole of it, I read it right through.

entièrement [ɑ̃tjɛrmɑ̃] adv entirely, completely / *le bureau a été entièrement refait* the office has been completely refitted / *la maison avait été construite entièrement en pierre de taille* the house had been made entirely of freestone ▸ **je l'ai entièrement lu** I read all of it, I read the whole of it, I read it (all) through ▸ **tu as entièrement raison** you're quite ou absolutely right / *tu n'as pas entièrement tort* there's some truth in what you say / *ce n'est pas entièrement faux* it's not completely ou entirely wrong, there's some truth in it.

entièreté [ɑ̃tjɛrte] nf entirety.

entité [ɑ̃tite] nf **1.** [abstraction] entity **2.** MÉD ▸ **entité morbide** morbid entity **3.** DR entity / *Largal est une entité juridique à part entière* Largal is a company in its own right.

entoilage [ɑ̃twalaʒ] nm **1.** [technique] mounting on ou covering with canvas **2.** [toile] canvas cover.

entoiler [3] [ɑ̃twale] vt **1.** [renforcer] to mount on canvas **2.** [recouvrir] to cover with canvas.

entôlage [ɑ̃tolaʒ] nm *tfam* fleecing *(of a prostitute's client).*

entôler [3] [ɑ̃tole] vt *tfam* to fleece.

entomologie [ɑ̃tɔmɔlɔʒi] nf entomology.

entomologique [ɑ̃tɔmɔlɔʒik] adj entomologic, entomological.

entomologiste [ɑ̃tɔmɔlɔʒist] nmf entomologist.

entomophage [ɑ̃tɔmɔfaʒ] adj entomophagous.

entomophile [ɑ̃tɔmɔfil] adj entomophilous.

entomostracé [ɑ̃tɔmɔstʀase] nm entomostracan.

entonner [3] [ɑ̃tɔne] vt **1.** [hymne, air] to strike up *(insép)*, to start singing ▸ **entonner les louanges de qqn** to start singing sb's praises **2.** [vin] to barrel.

entonnoir [ɑ̃tɔnwaʀ] nm **1.** [ustensile] funnel **2.** GÉOGR sinkhole, swallow hole **3.** [trou d'obus] shell-hole, crater **4.** EXPR **avoir un bon entonnoir** *fam* to have hollow legs.

entorse [ɑ̃tɔʀs] nf **1.** [foulure] sprain / *se faire une entorse au poignet* to sprain one's wrist **2.** [exception] infringement (of) / *faire une entorse au règlement* to bend the rules / *ce serait une entorse à mes principes* that would mean compromising my principles / *faire une entorse à son régime* to break one's diet.

entortillement [ɑ̃tɔʀtijmɑ̃], **entortillage** [ɑ̃tɔʀtijaʒ] nm twisting, winding.

entortiller [3] [ɑ̃tɔʀtije] vt **1.** [enrouler - ruban, mouchoir] to twist, to wrap / *entortiller de la ficelle autour d'un bâton* to twist ou to wrap a piece of string round a stick / *entortiller une mèche de cheveux autour de son doigt* to wind ou to twist a strand of hair round one's finger **2.** [compliquer] ▸ **être entortillé** to be convoluted **3.** *fam* [tromper] to hoodwink, to con / *il essaie de t'entortiller* he's trying to con you / *se faire entortiller* to be taken in.

❖ **s'entortiller** vpi **1.** [s'enrouler - lierre] to twist, to wind **2.** [être empêtré] to get caught ou tangled up / *s'entortiller dans ses explications* to get tangled up in one's explanations.

entourage [ɑ̃tuʀaʒ] nm [gén] circle ; [d'un roi, d'un président] entourage ▸ **entourage familial** family circle / *on dit dans l'entourage du Président que...* sources close to the President say that... / *il s'entend bien avec son entourage* he gets on well with the people around him.

entouré, e [ɑ̃tuʀe] adj **1.** [populaire] : *une actrice très entourée* an actress who is very popular ou who is the centre of attraction **2.** [par des amis] : *heureusement, elle est très entourée* fortunately, she has a lot of friends around her.

entourer [3] [ɑ̃tuʀe] vt **1.** [encercler - terrain, mets] to surround / *un châle entourait ses épaules* a shawl was wrapped around her shoulders ▸ **entourer qqch / qqn de** : *entourer un champ de barbelés* to surround a field with barbed wire, to put barbed wire around a field ▸ **entourer un mot de** ou **en rouge** to circle a word in red ▸ **entourer qqn de ses bras** to put ou to wrap one's arms around sb **2.** [environner] : *le monde qui nous entoure* the world around us ou that surrounds us **3.** [graviter autour de - suj : foule, conseillers] to surround, to be around **4.** [soutenir - malade, veuve] to rally round *(insép)* ▸ **entourer qqn de** : *entourer un ami de son affection* to surround a friend with affection.

❖ **s'entourer de** vp + prép **1.** [placer autour de soi] to surround o.s. with, to be surrounded by / *s'entourer d'objets d'art / d'excellents musiciens* to surround o.s. with works of art / with excellent musicians ; *(en usage absolu)* ▸ **savoir s'entourer** to know all the right people **2.** [vivre au sein de] ▸ **s'entourer de mystère** to shroud o.s. in mystery / *s'entourer de beaucoup de précautions* to take elaborate precautions.

entourloupe [ɑ̃tuʀlup], **entourloupette** [ɑ̃tuʀlupɛt] nf *fam* nasty ou dirty trick ▸ **faire une entourloupe à qqn** to play a dirty trick on sb.

entournure [ɑ̃tuʀnyʀ] nf armhole.

entracte [ɑ̃tʀakt] nm **1.** CINÉ & THÉÂTRE interval UK, intermission US ▸ **à** ou **pendant l'entracte** in the interval UK, during the intermission US / *un entracte de 15 minutes* a 15 minute interval UK ou intermission US **2.** [spectacle] interlude, entr'acte **3.** [pause] break, interlude.

entraide [ɑ̃tʀɛd] nf mutual aid ▸ **comité d'entraide** ADMIN support committee.

entraider [4] [ɑ̃tʀede] ❖ **s'entraider** vp *(emploi réciproque)* to help one another ou each other.

entrailles [ɑ̃tʀaj] nfpl **1.** ANAT & ZOOL entrails, guts / *être pris aux entrailles* [être ému] to be stirred to the depths of one's soul **2.** *litt* [ventre] womb **3.** [profondeur - de la terre] depths, bowels ; [- d'un piano, d'un navire] innards.

entr'aimer [4] [ɑ̃tʀeme] ❖ **s'entr'aimer, s'entraimer*** vp *(emploi réciproque) litt* to love one another ou each other.

entrain [ɑ̃tʀɛ̃] nm **1.** [fougue] spirit / *avoir beaucoup d'entrain, être plein d'entrain* to be full of life ou energy ▸ **retrouver son entrain** to cheer ou to brighten up again / *il faut y mettre un peu plus d'entrain* you need to put a little more spirit into it **2.** [animation] liveliness ▸ **musique pleine d'entrain** lively music ▸ **la fête manquait d'entrain** the party wasn't very lively.

❖ **avec entrain** loc adv with gusto, enthusiastically.

❖ **sans entrain** loc adv half-heartedly, unenthusiastically.

entraînable, entrainable* [ɑ̃tʀɛnabl] adj ▸ **facilement entraînable** easily influenced.

entraînant, e, entrainant*, e [ɑ̃tʀɛnɑ̃, ɑ̃t] adj [chanson] catchy, swinging ; [rythme] swinging, lively ; [style, éloquence] rousing, stirring.

entraînement, entrainement* [ɑ̃tʀɛnmɑ̃] nm **1.** [d'un sportif] training, coaching ; [d'un cheval] training ▸ **séance d'entraînement** training session ▸ **manquer d'entraînement** to be out of training ▸ **des centaines d'heures d'entraînement** hundreds of hours of training ▸ **se blesser à l'entraînement** to hurt o.s. while training ou during a training session **2.** [habitude] practice / *il ne faut pas de technique spéciale, juste un peu d'entraînement* there's no need for any special skills, just some practice **3.** MÉCAN drive ▸ **entraînement à chaîne / par courroie** chain / belt drive.

❖ **d'entraînement, d'entrainement*** loc adj **1.** ÉQUIT & SPORT [séance, matériel] training *(modif)* / *camp d'entraînement militaire* military training camp **2.** MÉCAN drive *(modif).*

entraîner, entrainer* [4] [ɑ̃tʀene] vt **1.** [emporter] to carry ou to sweep along *(sép)* ; *fig* to carry away *(sép)* / *le torrent entraînait tout sur son passage* the torrent swept everything along with it / *entraînés par la foule* swept along by the crowd / *les nageurs se sont fait entraîner par le courant* the swimmers were carried away by the current / *se laisser entraîner par la musique* to let o.s. be carried away by the music / *cette discussion nous entraînerait trop loin* that discussion would carry ou take us too far ; [tirer - wagons] to pull, to haul ; [actionner - bielle] to drive / *poulie entraînée par une courroie* belt-driven pulley **2.** [conduire] to drag (along) / *il m'a entraîné au fond de la salle* he dragged me (off) to the back of the room / *un étranger peut vous entraîner dans les bois* a stranger might entice you into the woods / *c'est lui qui m'a entraîné dans cette affaire* he's the one who dragged me into this mess / *il s'est fait entraîner dans cette histoire par un sale type* he got dragged into the affair by a really nasty guy / *se laisser entraîner dans une polémique* to let o.s. be dragged into a controversy / *il a entraîné son associé dans sa faillite* he dragged his partner down with him when he went bankrupt / *ce sont les grands qui les entraînent à faire des bêtises* it's the older children who encourage them to be naughty ▸ **entraîner qqn dans sa chute a)** *pr* to pull ou to drag sb down in one's fall **b)** *fig* to pull sb down with one **3.** [occasionner] to bring about *(sép)*, to lead to *(insép)*, to involve / *cela risque d'entraîner de gros frais* this is likely to involve heavy expenditure / *sa victoire entraînerait la fin de la démocratie* his victory would lead to ou mean the end of democracy **4.** ÉQUIT & SPORT [équipe, boxeur] to train, to coach ; [cheval] to train ▸ **entraîner qqn à la natation** to coach sb in swimming.

❖ **s'entraîner, s'entrainer*** vpi SPORT to train / *je m'entraîne tous les matins* I train every morning / *s'entraîner pour les* ou *en vue des jeux Olympiques* to be in training ou to train for the Olympic Games / *s'entraîner au saut à la perche* to be in training ou to train for the pole vault ▸ **s'entraîner à faire qqch a)** [gén] to teach o.s. to do sthg, to practise UK ou practice US doing sthg **b)** SPORT to train o.s. to do sthg.

entraîneur, euse, entraineur*, euse [ɑ̃tʀɛnœʀ, øz] nm, f [d'un cheval] trainer ; [d'un sportif] trainer, coach ▸ **entraîneur d'hommes** *fig* leader of men.

❖ **entraîneuse, entraineuse*** nf hostess *(in a bar).*

entrant, e [ɑ̃tʀɑ̃, ɑ̃t] ◆ adj incoming. ◆ nm, f **1.** SPORT substitute **2.** [celui qui entre] : *les entrants et les sortants* those who go in and those who come out.

entrapercevoir [52], **entr'apercevoir** [52] [ɑ̃tʀapɛʀsəvwaʀ] vt to catch a (fleeting) glimpse of.

entrave [ɑ̃tʀav] nf **1.** [obstacle] hindrance, obstacle / *entrave à la circulation* hindrance to traffic / *cette mesure est une entrave au libre-échange* this measure is an obstacle ou a hindrance to free trade **2.** [chaîne - d'esclave] chain, fetter, shackle ; [- de cheval] shackle, fetter / *mettre des entraves à un cheval* to fetter a horse.

❖ **sans entraves** loc adj unfettered.

entravé, e [ɑ̃tʀave] adj **1.** VÊT hobble *(modif)* **2.** PHON checked.

entraver [3] [ɑ̃tʀave] vt **1.** [gêner - circulation] to hold up *(sép)* **2.** [contrecarrer - initiative, projet] to hinder, to hamper, to get in the way of / *entraver une négociation* to hamper negotiations **3.** [attacher - esclave] to put in chains ; [- cheval] to fetter, to shackle **4.** *arg crime* : *j'y entrave rien* ou *que dalle* ou *que couic* I don't get this at all.

entre [ɑ̃tʀ] prép **1.** [dans l'espace] between ; [dans] in ; [à travers] through, between / *la distance entre la Terre et la Lune* the distance between the Earth and the Moon / *entre de hautes murailles* between high walls / *Lyon est à la cinquième place, entre Marseille et Bordeaux* Lyon is in fifth place, between Marseille and Bordeaux / *tenir un enfant entre ses bras* to hold a child in one's arms ▸ **tenir qqch entre ses mains** to hold sthg in one's hands ▸ **une phrase entre crochets** a sentence in square brackets / *ce sont deux moitiés de génoise avec du chocolat entre* it's two halves of sponge cake with chocolate in between / *il passa la main entre les barreaux* he put his hand through the

* In reformed spelling (see p. 16-19).

bars / *le soleil passait entre les interstices des persiennes* the sun was filtering through the slats of the shutters / *l'aiguille glissa entre ses doigts* the needle slipped through his fingers **2.** [dans le temps] between / *entre 1830 et 1914* between 1830 and 1914 / *il y a 15 ans de différence entre les deux frères* there is a 15 year difference between the two brothers / *j'ai réussi à le voir entre deux réunions* I managed to see him between two meetings / *entre le travail et le transport, je n'ai plus de temps à moi* between work and travel, I haven't any time left **3.** [indiquant un état intermédiaire] : *une couleur entre le jaune et le vert* a colour UK ou color US between yellow and green, a colour between yellow and green / *elle était entre le rire et les larmes* she didn't know whether to laugh or cry / *pris entre le désir de le frapper et celui de l'embrasser* wanting both to hit him and kiss him / *le cidre est doux ou sec ? — entre les deux* is the cider sweet or dry? — it's between the two ou in between / *c'était bien ? — entre les deux* fam was it good? — so-so **4.** [exprimant une approximation] between / *il y a entre 10 et 12 km* it's between 10 and 12 kms / *les températures oscilleront entre 10 °C et 15 °C* temperatures will range from 10°C to 15°C / *ils ont invité entre 15 et 20 personnes* they've invited 15 to 20 people **5.** [parmi] among / *choisir une solution entre plusieurs autres* to choose one solution among ou from several others ▸ **partagez le gâteau entre les enfants a)** [entre deux] share the cake between the children **b)** [entre plusieurs] share the cake among the children ▸ **certains d'entre eux** some of them ou among them / *ceux d'entre vous qui désireraient venir* those among you ou of you who'd like to come / *lequel est le plus âgé d'entre vous ?* who is the oldest amongst you? / *d'entre toutes ses sonates, c'est celle que je préfère* of all his sonatas, that's the one I like most / *tu as le choix entre trois réponses* you've got a choice of three answers ▸ **choisir entre plusieurs candidats** to choose among ou between several candidates / *je me souvenais de ce jour entre tous* I remembered that day above all others ▸ **je le reconnaîtrais entre tous a)** [personne] I'd know him anywhere **b)** [objet] I couldn't fail to recognize it ▸ **brave entre les braves** bravest of the brave **6.** [dans un groupe] : *passer une soirée entre amis* to spend an evening among friends / *parle, nous sommes entre amis* you can talk, we're among friends ou we're all friends here / *on se réunit entre anciens combattants* we've got together a gathering of veterans ▸ **nous ferons une petite fête, juste entre nous a)** [à deux] we'll have a small party, just the two of us **b)** [à plusieurs] we'll have a party, just among ourselves / *ils ont tendance à rester entre eux* they tend to keep themselves to themselves ▸ **entre nous, il n'a pas tort a)** [à deux] between you and me, he's right **b)** [à plusieurs] between us, he's right ▸ **entre vous et moi** between you and me **7.** [indiquant une relation] between / *le combat entre les deux adversaires a été sanglant* the fight between the two enemies was bloody / *les clans se battent entre eux* the clans fight (against) each other, there are fights between the clans / *qu'y a-t-il entre vous ?* what is there between you? / *il n'y a plus rien entre nous* there's nothing between us any more / *l'amitié entre ces deux hommes* the friendship between these two men / *la différence entre toi et moi* the difference between you and me / *il y a une analogie entre ces deux situations* there's an analogy between these situations.

❖ **entre autres** loc adv : *sa fille, entre autres, n'est pas venue* his daughter, for one ou among others, didn't come / *sont exposés, entre autres, des objets rares, des œuvres de jeunesse du peintre, etc.* the exhibition includes, among other things, rare objects, examples of the artist's early work, etc.

entrebâillement [ɑ̃tʀəbajmɑ̃] nm : *dans / par l'entrebâillement de la porte* in / through the half-open door.

entrebâiller [3] [ɑ̃tʀəbaje] vt [porte, fenêtre] to half-open / *laisse la porte entrebâillée* leave the door half-open ou ajar.

entrebâilleur [ɑ̃tʀəbajœʀ] nm door chain.

entrechat [ɑ̃tʀəʃa] nm **1.** DANSE entrechat **2.** *hum* [bond] leap, spring / *faire des entrechats* to leap about.

entrechoquement [ɑ̃tʀəʃɔkmɑ̃] nm [de verres] clinking ; [de cymbales] clashing ; [des dents] chattering.

entrechoquer [3] [ɑ̃tʀəʃɔke] vt to knock ou to bang together.

❖ **s'entrechoquer** vp *(emploi réciproque)* **1.** [se heurter - verres] to clink (together) ; [- épées] to clash (together) ; [- dents] to chatter **2.** [affluer - images, mots] to jostle together.

entrecolonnement [ɑ̃tʀəkɔlɔnmɑ̃] nm intercolumniation.

entrecôte [ɑ̃tʀəkot] nf entrecôte (steak) ▸ **entrecôte minute** minute steak.

entrecoupé, e [ɑ̃tʀəkupe] adj [voix] broken.

entrecouper [3] [ɑ̃tʀəkupe] vt **1.** [interrompre] : *la conversation a été entrecoupée de sonneries de téléphone* the phone kept interrupting the conversation / *une voix entrecoupée de sanglots* a voice broken by sobs **2.** [émailler] ▸ **entrecouper qqch de** to intersperse ou to pepper sthg with.

❖ **s'entrecouper** vp *(emploi réciproque)* to intersect.

entrecroisement [ɑ̃tʀəkʀwazmɑ̃] nm intertwining, intersecting.

entrecroiser [3] [ɑ̃tʀəkʀwaze] vt to intertwine.

❖ **s'entrecroiser** vp *(emploi réciproque)* to intersect.

entrecuisse [ɑ̃tʀəkɥis] nm ANAT crotch, crutch UK.

entre-déchirer [3] [ɑ̃tʀədeʃiʀ]

❖ **s'entre-déchirer, s'entredéchirer*** vp *(emploi réciproque)* *pr & fig* to tear one another to pieces.

entre-deux, entredeux* [ɑ̃tʀədø] nm inv **1.** [dans l'espace] space between, interspace **2.** [dans le temps] intervening period, period in between **3.** SPORT jump ball **4.** COUT ▸ **entre-deux de dentelle** lace insert **5.** [meuble] console table *(placed between two windows)*.

entre-deux-guerres [ɑ̃tʀədøgɛʀ] nm inv ou nf inv ▸ **l'entre-deux-guerres** the interwar period / *la mode de l'entre-deux-guerres* fashion of the interwar period.

entre-deux-mers [ɑ̃tʀədømɛʀ] nm inv [vin] Entre-Deux-Mers.

Entre-deux-Mers [ɑ̃tʀədømɛʀ] npr m GÉOGR ▸ **l'Entre-deux-Mers** the Entre-Deux-Mers area.

entre-dévorer [3] [ɑ̃tʀədevɔʀe] ❖ **s'entre-dévorer, s'entredévorer*** vp *(emploi réciproque)* *pr* to devour one another ; *fig* to tear one another to pieces.

entrée [ɑ̃tʀe] nf **1.** [arrivée] entrance, entry / *l'entrée au port du navire* the ship's entry into the port ▸ **à l'entrée en Italie** when crossing into Italy / *à son entrée, tout le monde s'est levé* everybody stood up as she walked in ou entered ▸ **faire une entrée discrète** to enter discreetly / *il a fait une entrée remarquée* he made quite an entrance, he made a dramatic entrance / *faire son entrée dans une pièce* to make one's entrance into a room / *faire son entrée dans le monde* [demoiselle] to come out, to make one's debut in society ▸ **entrée en** : *entrée en action* coming into play / *dès son entrée en fonction, il devra...* as soon as he takes up office, he will have to... / *l'entrée en guerre de la France* France's entry into ou France's joining the war ▸ **entrée en matière** [d'un livre] introduction / *l'entrée en vigueur d'une loi* the implementation of a law ▸ **date d'entrée en vigueur** commencement **2.** THÉÂTRE entrance ▸ **entrée en scène** entrance / *au moment de mon entrée en scène* as I made my entrance ou as I walked on stage ▸ **rater son entrée** to miss one's cue **3.** [adhésion] entry, admission / *l'entrée de l'Espagne dans le Marché commun* Spain's entry into the Common Market / *au moment de l'entrée à l'université* when students start university / *son entrée dans les ordres* his being ordained ou taking holy orders **4.** [accès] entry, admission / *se voir refuser l'entrée d'une discothèque* to be refused admission ou entry to a nightclub / *l'entrée est gratuite pour les enfants* there is no admission charge for children / **'entrée'** 'way in' / **'entrée libre' a)** [dans un magasin] 'no obligation to buy' **b)** [dans un musée] 'free admission' / **'entrée interdite' a)** [dans un local] 'no entry', 'keep out' **b)** [pour empêcher le passage] 'no way in', 'no access' **c)** [dans un bois] 'no trespassing' / **'entrée interdite à tout véhicule'** 'pedestrians only' / **'entrée réservée au personnel'** 'staff only' ▸ **avoir ses entrées** : *avoir ses entrées auprès de qqn* to have (privileged) access to sb / *avoir ses entrées dans un club* to be a welcome visitor to a club **5.** [voie d'accès - à un immeuble] entrance (door) ; [- à un tunnel, une grotte] entry, entrance, mouth ▸ **entrée des artistes** stage door ▸ **entrée principale** main entrance ▸ **entrée de service** service ou tradesmen's entrance **6.** [vestibule - dans un lieu public] entrance (hall), lobby ; [- dans une maison] hall, hallway **7.** LOISIRS [billet] ticket / *je te paie ton entrée* I'll pay for you ou buy your ticket ; [spectateur] spectator ; [visiteur] visitor ▸ **nombre d'entrées par salle** number of tickets sold per auditorium / *le film a fait deux millions d'entrées* two million people have seen the film / *on n'a fait que 300 entrées* we sold only 300 tickets **8.** CULIN first course, starter / *je prendrai une salade en entrée* I'll have a salad to start with ; [dans un repas de gala] entrée **9.** INFORM ▸ **entrée des données a)** [gén] inputting of data, data input **b)** [par saisie] keying in ou keyboarding of data **10.** [inscription] entry ; [dans un dictionnaire] headword, entry word US / *faire une entrée dans un registre* to enter an item into a register **11.** TECHNOL ▸ **entrée d'air** air inlet **12.** MUS entry.

❖ **entrées** nfpl COMPTA receipts, takings.

❖ **à l'entrée de** loc prép **1.** [dans l'espace] at the entrance ou on the threshold of / *à l'entrée de la grotte* at the entrance ou mouth of the cave **2.** *litt* [dans le temps] at the beginning of / *à l'entrée du printemps* at the beginning of spring / *à l'entrée de la vie* at the dawn of life.

❖ **d'entrée, d'entrée de jeu** loc adv from the outset, right from the beginning.

entrefaites [ɑ̃tʀəfɛt] nfpl ▸ **sur ces entrefaites** at that moment ou juncture.

entrefenêtre [ɑ̃tʀəfənɛtʀ] nm [pan de mur] pier *(between two windows)*.

entrefer [ɑ̃tʀəfɛʀ] nm ÉLECTR air gap.

entrefilet [ɑ̃tʀəfilɛ] nm short piece, paragraph *(in a newspaper)* / *l'affaire a eu droit à un entrefilet* there was a paragraph ou there were a few lines in the newspaper about it.

entregent [ɑ̃tʀəʒɑ̃] nm ▸ **avoir de l'entregent** to know how to handle people.

entr'égorger [17] [ɑ̃tʀegɔʀʒe]

❖ **s'entr'égorger, s'entrégorger*** vp *(emploi réciproque)* to cut one another's throats.

entrejambe [ɑ̃tʀəʒɑ̃b] nm crotch.

entrelacement [ɑ̃tʀəlasmɑ̃] nm intertwining, interlacing.

entrelacer [16] [ɑ̃tʀəlase] vt to intertwine, to interlace ▸ **initiales entrelacées** intertwined initials.

❖ **s'entrelacer** vp *(emploi réciproque)* to intertwine, to interlace.

entrelacs [ɑ̃tʀəla] nm interlacing.

entrelardé, e [ɑ̃tʀəlaʀde] adj [rôti] larded ; [tranche de poitrine] streaky.

entrelarder [3] [ɑ̃tʀəlaʀde] vt **1.** CULIN to lard **2.** [entrecouper] ▸ **entrelarder qqch de** to intersperse ou to interlard sthg with.

entremêlement [ɑ̃tʀəmɛlmɑ̃] nm intermingling *(U)*, entanglement.

entremêler [4] [ɑ̃tʀəmele] vt **1.** [mêler - rubans, fleurs] to intermingle, to mix together *(sép)* **2.** [entrecouper] ▸ **entremêler qqch de** : *paroles entremêlées de sanglots* words broken with sobs.

❖ **s'entremêler** vp *(emploi réciproque)* [fils, cheveux] to become entangled ; [idées, intrigues] to become intermingled.

entremet v ⟶ **entremettre.**

entremets [ɑ̃tʀəmɛ] nm entremets.

entremetteur, euse [ɑ̃tʀəmɛtœʀ,øz] nm, f **1.** *vieilli* [intermédiaire] mediator, go-between **2.** *péj* [dans des affaires galantes] procurer (procuress).

entremettre [84] [ɑ̃tʀəmɛtʀ] ❖ **s'entremettre** vpi [à bon escient] to intervene / *s'entremettre dans une querelle* to intervene in a quarrel / *s'entremettre entre deux délégations* to act as mediator ou to mediate between two delegations ; [à mauvais escient] to interfere.

entremise [ɑ̃tʀəmiz] nf intervention, intervening *(U)* ▸ **offrir son entremise** to offer to act as mediator.
❖ **par l'entremise de** loc prép through.

entremit v ⟶ **entremettre.**

entrepont [ɑ̃tʀəpɔ̃] nm steerage / *voyager dans l'entrepont* to travel steerage ou in steerage class.

entreposage [ɑ̃tʀəpozaʒ] nm [gén] storing, storage, warehousing *(U)*.

entreposé, e [ɑ̃tʀəpoze] adj ▸ **marchandises entreposées a)** [en entrepôt] warehoused goods **b)** [en douane] bonded goods.

entreposer [3] [ɑ̃tʀəpoze] vt **1.** [mettre en entrepôt] to store, to put in a warehouse, to warehouse **2.** [déposer] to leave / *entreposer des livres chez un ami* to leave some books with a friend.

entreposeur [ɑ̃tʀəpozœʀ] nm warehouse owner.

entrepositaire [ɑ̃tʀəpozitɛʀ] nmf [gén] storage operator.

entrepôt [ɑ̃tʀəpo] nm warehouse / *marchandises en entrepôt* warehoused goods, goods in storage ▸ **entrepôt de douane** bonded warehouse ▸ **ville d'entrepôt** entrepôt, free port.

entreprenait v ⟶ **entreprendre.**

entreprenant, e [ɑ̃tʀəpʀənɑ̃,ɑ̃t] adj **1.** [dynamique] enterprising **2.** [hardi] forward.

entreprenaute [ɑ̃tʀəpʀənot] nmf internet entrepreneur.

entreprendre [79] [ɑ̃tʀəpʀɑ̃dʀ] vt **1.** [commencer - lecture, étude] to begin, to start (on) ; [- croisière, carrière] to set out on ou upon *(insép)* ; [- projet, démarche] to undertake, to set about *(insép)* / *entreprendre la rédaction d'une thèse* to begin ou to start writing a thesis / *entreprendre des études de droit* to begin studying law, to undertake law studies **2.** [séduire - femme] to make (amorous) advances towards **3.** [interpeller - passant] to buttonhole ▸ **entreprendre qqn sur un sujet** to tackle sb about ou over a matter.

entrepreneur, euse [ɑ̃tʀəpʀənœʀ,øz] nm, f **1.** CONSTR ▸ **entrepreneur en bâtiment** ou **construction** (building) contractor, builder **2.** [chef d'entreprise] entrepreneur ▸ **petit entrepreneur** small businessman ▸ **entrepreneur de transports** haulier UK, hauler US ▸ **entrepreneur de pompes funèbres** funeral director, undertaker.

entrepreneurial, e, aux [ɑ̃tʀəpʀənœʀjal,o] adj entrepreneurial.

entrepreneuriat [ɑ̃tʀəpʀənœʀja] nm entrepreneurship.

entreprennent, entreprenons v ⟶ **entreprendre.**

entrepris, e [ɑ̃tʀəpʀi,iz] pp ⟶ **entreprendre.**
❖ **entreprise** nf **1.** [société] firm, concern, business ▸ **monter une entreprise** to set up a business ▸ **entreprise commerciale / industrielle** business / industrial concern ▸ **entreprise agricole** farm ▸ **entreprise familiale** family business ou firm ▸ **entreprise de pompes funèbres** funeral director's, undertaker's ▸ **entreprise de services** service company ▸ **entreprise de transports** transport company ▸ **entreprise de travaux publics** civil engineering firm ▸ **entreprise d'utilité publique** public utility company ▸ **junior entreprise** *company set up by students to gain experience in business* ▸ **petite / moyenne / grosse entreprise** small / medium-sized / large firm **2.** [monde des affaires] ▸ **l'entreprise** business, the business world **3.** [régime économique] enterprise *(U)* ▸ **l'entreprise publique / privée** public / private enterprise **4.** [initiative] undertaking, initiative.
❖ **entreprises** nfpl *hum* [avances] (amorous) advances.
❖ **d'entreprise** loc adj [matériel, véhicule] company *(modif)*.

entrer [ɑ̃tʀe]
◆ vi *(aux être)*

A. PÉNÉTRER
B. DÉBUTER

A. PÉNÉTRER **1.** [personne - gén] to enter ; [- vu de l'intérieur] to come in ; [- vu de l'extérieur] to go in ; [- à pied] to walk in ; [- à cheval, à bicyclette] to ride in ; [véhicule] to drive in / *toc, toc! — entrez!* knock, knock! — come in! ▸ **entrez, entrez!** do come in!, come on in! / *la cuisine est à droite en entrant* the kitchen is on the right as you come ou go in ▸ **empêche-les d'entrer** keep them out, don't let them in ▸ **entrez sans frapper** go (straight) in ▸ **il m'invita à entrer** he invited me in / *il me fit signe d'entrer* he beckoned me in / *les visiteurs sont contrôlés en entrant et en sortant* visitors are checked on the way in and out / *les voleurs sont entrés par la porte de derrière* the burglars got in by the back door / *je suis simplement entré en passant* I just popped in / *il n'a fait qu'entrer et sortir* he just popped in for a moment ▸ **entrer en gare** to pull in (to the station) ▸ **entrer au port** to come into ou to enter harbour UK ou harbor US / *qui vous a permis d'entrer chez moi?* who allowed you (to come) in? ▸ **et voici les joueurs qui entrent sur le terrain / court** here are the players coming onto the field / court ▸ **faire entrer qqn** to let sb in ▸ **faites-la entrer a)** [en lui montrant le chemin] show her in **b)** [en l'appelant] call her in ▸ **laisser entrer** [obj: personne] to let sb in ; [vent, eau] : *le vent entrait par rafales* the wind was blowing in in gusts / *par où entre l'eau?* how does the water penetrate ou get in? ▸ **laisser entrer** : *ce genre de fenêtre laisse entrer plus de lumière* this kind of window lets more light in **2.** [adhérer] ▸ **entrer à l'université** to go to university UK ou college US ▸ **elle entre à la maternelle / en troisième année** she's going to nursery school / moving up into the third year ▸ **entrer à l'hôpital** to go into hospital UK, to enter the hospital US ▸ **entrer au barreau** to become a lawyer / *quand elle est entrée au ministère de l'Agriculture* when she was appointed to the Ministry of Agriculture ▸ **entrer au service de qqn** to enter sb's service / *il a fait entrer sa fille comme attachée de presse* he got a job for his daughter as a press attaché **3.** ÉCON [devises, produits] to enter ▸ **faire entrer des marchandises a)** [gén] to get goods in **b)** [en fraude] to smuggle goods in / *pour faire entrer plus de devises étrangères* to attract more foreign currencies **4.** [tenir, trouver sa place] : *ton morceau de puzzle n'entre pas là* your piece doesn't fit in here ou doesn't belong here ▸ **je peux faire entrer un autre sac sous le siège a)** [gén] I can fit another bag under the seat **b)** [en serrant] I can squeeze another bag under the seat **5.** *fam* [connaissances, explication] to sink in / *la chimie n'entre pas du tout* I just can't get the hang of chemistry / *l'informatique, ça entre tout seul avec elle* learning about computers is very easy with her as a teacher **6.** RELIG ▸ **entrer en religion** to enter the religious life / *entrer au couvent* to enter a convent **7.** THÉÂTRE ▸ **la Reine entre** enter the Queen / *les sorcières entrent* enter the witches.

B. DÉBUTER ▸ **entrer en** : *entrer en pourparlers* to start ou to enter negotiations ▸ **entrer en correspondance avec qqn** to enter a ou to start a correspondence with sb ▸ **entrer en conversation avec qqn** to strike up a conversation with sb / *entrer en concurrence* to enter into competition / *entrer en ébullition* to reach boiling point, to begin to boil ▸ **entrer en guerre** to go to war.

◆ vt *(aux avoir)* **1.** [produits - gén] to take in *(sép)*, to bring in *(sép)*, to import ; [- en fraude] to smuggle in *(sép)* **2.** [enfoncer] to dig ▸ **elle lui entrait les ongles dans le bras a)** [volontairement] she was digging her nails into his arm **b)** [involontairement] her nails were digging into his arm **3.** [passer] : *entre la tête par ce trou-là* get your head through that hole **4.** INFORM to enter.

❖ **entrer dans** v + prép **1.** [pénétrer dans - obj: lieu] to enter, to come into, to go into ; [à pied] to walk into ▸ **entrer dans l'eau** to get into the water / *elle entra lentement dans son bain* she slowly lowered herself into the bath / *y a-t-il un autre moyen d'entrer dans cette pièce?* is there another way into this room? / *comment entre-t-on dans ce parc?* where's the way into this park? / *le premier coureur à entrer dans le stade* the first runner to enter the stadium / *ils nous ont fait entrer dans une cellule* they got us into a cell / *il ne les laisse jamais entrer dans la chambre noire* he never lets ou allows them into the black room / *un rayon de soleil entra dans la chambre* a ray of sunlight entered the room **2.** [adhérer à - obj: club, association, parti] to join, to become a member of ; [- obj: entreprise] to join ▸ **entrer dans l'Union européenne** to enter ou to join ou to become a member of the European Union / *entrer dans le monde du travail* to start work ▸ **entrer dans la magistrature** to become a magistrate, to enter the magistracy ▸ **entrer dans une famille** [par mariage] to marry into a family / *il l'a fait entrer dans la société* he got him a job with the firm **3.** [heurter - pilier, mur] to crash into, to hit ; [- voiture] to collide with **4.** [constituant] : *entrer dans la composition de* to go into / *l'eau entre pour moitié dans cette boisson* water makes up 50% of this drink **5.** [se mêler de] to enter into / *je ne veux pas entrer dans vos histoires* I don't want to have anything to do with ou to be involved in your little schemes ; [se lancer dans] : *sans entrer dans les détails* without going into details / *elle est entrée dans des explications sans fin* she launched into endless explanations **6.** [être inclus dans] : *c'est entré dans les mœurs* it's become accepted ▸ **entrer dans l'usage** [terme] to come into common use, to become part of everyday language / *elle est entrée dans la légende de son vivant* she became a living legend / *la TVA n'entre pas dans le prix* VAT isn't included in the price **7.** [s'enfoncer, pénétrer dans] : *les éperons entraient dans son poitrail* the spurs were digging into its breast / *l'écharde est entrée profondément dans sa cuisse* the splinter has gone deep into his thigh ▸ **la balle / flèche est entrée dans son bras** the bullet / arrow lodged itself in her arm ▸ **faire entrer qqch de force dans** to force sthg into / *faire entrer un clou dans une planche* [avec un marteau] to hammer a nail into a plank / *il s'évertuait à faire entrer le bouchon dans le goulot* he was striving to get the cork into ou to force the cork down the bottleneck / *faire entrer une sonde dans l'estomac* to get a sound in the stomach **8.** [tenir dans] to get in, to go in, to fit in / *tout n'entrera pas dans la valise* we won't get everything in the suitcase, everything won't fit in the suitcase / *ils ont réussi à entrer à quinze dans une 2 CV* they managed to get fifteen people in a 2 CV / *mais son pied n'entrait pas dans le soulier de verre* but the glass slipper didn't fit her / *la clé est trop grosse pour entrer dans la serrure* the key is too big to get in the keyhole ▸ **faire entrer** [en poussant] : *faire entrer des vêtements dans une valise* to press clothes in ou down in a suitcase **9.** [obj: période] to enter / *nous entrons dans une ère de changement* we're entering a time of change / *la phase de restructuration dans laquelle l'entreprise vient d'entrer* the restructuring phase which the company has just entered / *elle entre dans sa 97e année* she's entering her 97th year / *quand on entre dans l'âge adulte* when one becomes an adult **10.** [relever de - rubrique] to fall into, to come into ; [- responsabilités] to be part of / *l'achat de votre compagnie n'est jamais entré dans mes plans* buying your company has never been part of my plans / *cela n'entre pas dans mes attributions* this is not within my responsibilities / *nos réformes entrent dans le cadre d'un grand projet social* our reforms are part of a large social scheme / *j'espère ne pas entrer dans cette catégorie de personnes* I hope I don't belong to that category of people **11.** *fam* [obj: connaissances, explication] ▸ **faire entrer qqch dans la tête de qqn a)** to put sthg into sb's head **b)** [à force de répéter] to drum ou to hammer sthg into sb's head / *elle lui fait entrer de telles idées dans la tête!* she puts such wild ideas into his head! / *les professeurs leur en font entrer dans la tête!* the teachers fill their heads with all sorts of ideas! / *comment veux-tu que je fasse entrer toutes ces statistiques dans ma tête?* how do you expect me to get all these statistics into my head? / *tu ne lui feras jamais entrer dans la tête que c'est impossible* you'll never get it into his head ou convince him that it's impossible.

entresol [ɑ̃tʀəsɔl] nm mezzanine, entresol ▸ **à l'entresol** on the mezzanine, at mezzanine level.

entresolé, e [ɑ̃tʀəsɔle] adj ▸ **étage entresolé** mezzanine.

entre(-)temps, entretemps* [ɑ̃tʀətɑ̃] ◆ adv meanwhile, in the meantime. ◆ nm inv *arch* ▸ **dans l'entre-temps** in the meantime.

entretenir [40] [ɑ̃tʀətniʀ] vt **1.** [tenir en bon état -locaux, château] to maintain, to look after *(insép)*, to see to the upkeep of ; [-argenterie, lainage] to look after *(insép)* ; [-matériel, voiture, route] to maintain ; [-santé, beauté] to look after *(insép)*, to maintain ▸ **entretenir sa forme** ou **condition physique** to keep o.s. fit ou in shape **2.** [maintenir -feu] to keep going ou burning ; [-querelle, rancune] to foster, to feed ; [-enthousiasme] to foster, to keep alive *(sép)* ; [-espoirs, illusions] to cherish, to entertain ; [-fraîcheur, humidité] to maintain ▸ **entretenir une correspondance avec qqn** to keep up ou to carry on a correspondence with sb **3.** [encourager] ▸ **entretenir qqn dans** : *c'est ce qui m'a entretenu dans l'erreur* that is what kept me from seeing the mistake ▸ **entretenir qqn dans l'idée que** to keep sb believing that **4.** [payer les dépenses de -enfants] to support ; [-maîtresse] to keep, to support ; [-troupes] to keep, to maintain / *entretenu à ne rien faire* paid to do nothing ▸ **se faire entretenir par qqn** to be kept by sb **5.** ▸ **entretenir qqn de** [lui parler de] to converse with *sout* ou to speak to sb about ▸ **entretenir qqn d'un projet** to speak to sb about a project.

❖ **s'entretenir** ◆ vp *(emploi réciproque)* to have a discussion, to talk / *ils se sont longuement entretenus de...* they had a lengthy discussion about... ◆ vp *(emploi passif)* : *le synthétique s'entretient facilement* man-made fabrics are easy to look after.

❖ **s'entretenir avec** vp + prép to converse with, to speak to ▸ **s'entretenir avec qqn au téléphone** to speak to sb on the phone ▸ **s'entretenir de qqch avec qqn** to have a discussion with sb about sthg.

entretenu, e [ɑ̃tʀətny] adj **1.** [personne] kept **2.** [lieu] ▸ **maison bien entretenue a)** [où le ménage est fait] well-kept house **b)** [en bon état] house in good repair ▸ **maison mal entretenue a)** [sale et mal rangée] badly kept house **b)** [en mauvais état] house in bad repair / *jardin bien / mal entretenu* well-kept / neglected garden.

entretien [ɑ̃tʀətjɛ̃] nm **1.** [maintenance] maintenance, upkeep ▸ **sans entretien** [appareil] maintenance-free **2.** [discussion -entre employeur et candidat] interview ; [colloque] discussion ▸ **solliciter** / **accorder un entretien** to request / to grant an interview ▸ **entretien d'embauche** job interview ▸ **les entretiens de Bichat** *annual medical conference in Paris* **3.** RADIO & TV [questions] interview.

entretient, entretint v ⟶ entretenir.

entretoise [ɑ̃tʀətwaz] nf crosspiece, brace.

entretoiser [3] [ɑ̃tʀətwaze] vt to brace.

entre-tuer [7] [ɑ̃tʀətɥe] ❖ **s'entre-tuer, s'entretuer*** vp *(emploi réciproque)* to kill one another.

entreverra, entrevit v ⟶ entrevoir.

entrevoie [ɑ̃tʀəvwa] nf ▸ **l'entrevoie** the space between the tracks.

entrevoir [62] [ɑ̃tʀəvwaʀ] vt **1.** [apercevoir] to catch sight ou a glimpse of / *je n'ai fait que l'entrevoir* I only caught a glimpse of him ou saw him briefly **2.** [pressentir -solution, vie meilleure] to glimpse ; [-difficultés, issue] to foresee, to anticipate / *le directeur lui a fait entrevoir des possibilités de promotion* the director hinted at a possible promotion.

entrevue [ɑ̃tʀəvy] nf [réunion] meeting ; [tête-à-tête] interview / *après son entrevue avec le pape* after his meeting ou audience with the Pope.

entrisme [ɑ̃tʀism] nm entryism, entrism.

entropie [ɑ̃tʀɔpi] nf entropy.

entrouvert, e [ɑ̃tʀuvɛʀ, ɛʀt] adj [porte] half-open, ajar / *dormir la bouche entrouverte* to sleep with one's mouth slightly open.

entrouvrir [34] [ɑ̃tʀuvʀiʀ] vt to half-open.

❖ **s'entrouvrir** vpi [porte] to half-open ; [rideau] to draw back *(sép)* (slightly) ; [lèvres] to part.

entuber [3] [ɑ̃tybe] vt *tfam* to con, to rip off *(sép)* / *se faire entuber* to be conned, to get ripped off.

enturbanné, e [ɑ̃tyʀbane] adj turbaned.

énucléation [enykleasjɔ̃] nf **1.** [d'un œil] enucleation **2.** [d'un noyau de fruit] stoning, pitting.

énucléer [15] [enyklee] vt **1.** [œil] to enucleate **2.** [noyau] to stone, to pit.

énumératif, ive [enymeʀatif, iv] adj enumerative.

énumération [enymeʀasjɔ̃] nf **1.** [énonciation] enumeration, enumerating **2.** [liste] list, catalogue.

énumérer [18] [enymeʀe] vt to enumerate, to itemize, to list.

✎ In reformed spelling (see p. 16-19), this verb is conjugated like *semer*: *il énumèrera, elle énumèrerait.*

énuquer [3] [enyke] ❖ **s'énuquer** vpi SUISSE to break one's neck.

énurésie [enyʀezi] nf enuresis *spéc*, bedwetting.

énurétique [enyʀetik] ◆ adj enuretic *spéc*, bedwetting *(modif)*. ◆ nmf enuresis sufferer *spéc*, bedwetter.

env. abr écrite de **environ.**

envahir [32] [ɑ̃vaiʀ] vt **1.** [occuper -pays, palais] to invade, to overrun **2.** [se répandre dans] to overrun / *les touristes envahissent les plages* the beaches are overrun with tourists / *grenier envahi par les souris* attic overrun with mice / *plate-bande envahie par les mauvaises herbes* border overrun with weeds / *jardin envahi par la végétation* overgrown garden / *cette mode ne va pas tarder à envahir la France* it won't be long before this fashion sweeps France **3.** [déranger] : *se laisser envahir par les tâches quotidiennes* to let o.s. be swamped by daily duties **4.** [suj: sensation, crainte] to sweep over *(insép)*, to seize ▸ **le doute l'a envahi** he was seized with doubt.

envahissant, e [ɑ̃vaisɑ̃, ɑ̃t] adj **1.** [qui s'étend -végétation] overgrown, rampant ; [-ambition, passion] invasive **2.** [importun -voisin, ami] interfering, intrusive / *je commence à trouver ta famille un peu envahissante* I'm beginning to find your family a bit too intrusive.

envahissement [ɑ̃vaismɑ̃] nm invasion.

envahisseur [ɑ̃vaisœʀ] nm invader.

envasement [ɑ̃vazmɑ̃] nm silting up.

envaser [3] [ɑ̃vaze] vt to silt up *(sép)*.

❖ **s'envaser** vpi [canal] to silt up ; [barque] to get stuck in the mud.

enveloppant, e [ɑ̃vlɔpɑ̃, ɑ̃t] adj [voix, paroles] enticing, seductive.

enveloppe [ɑ̃vlɔp] nf **1.** [pour lettre] envelope ▸ **enveloppe timbrée** stamped addressed envelope UK, self-addressed stamped envelope US / *prière de joindre une enveloppe affranchie* please enclose stamped addressed envelope ou s.a.e. UK ▸ **enveloppe autoadhésive** self-sealing envelope ▸ **enveloppe à fenêtre** window envelope ▸ **enveloppe gommée** stick-down envelope ▸ **enveloppe de réexpédition** *special envelope used for forwarding several items at once* ▸ **enveloppe matelassée** ou **rembourrée** padded envelope, Jiffy bag® **2.** BOT [membrane] covering membrane ; [cosse] husk **3.** [revêtement -d'un pneu] cover, casing ; [-d'un tuyau] lagging *(U)*, jacket **4.** FIN [don] sum of money, gratuity ; [don illégal] bribe ; [crédits] budget / *l'enveloppe (budgétaire) du ministère de la Culture* the Arts budget / *nous disposons d'une enveloppe de 1 500 euros pour la maintenance* we have a budget of ou we've been allocated 1,500 euros for maintenance / *il a touché une enveloppe* [pot-de-vin] he got a backhander **5.** [aspect] exterior, outward appearance **6.** *litt* [corps] : *enveloppe mortelle* ou *charnelle* earthly ou mortal frame **7.** GÉOM envelope **8.** DR ▸ **enveloppe Soleau** *envelope for depositing designs, etc., at the patent office.*

❖ **sous enveloppe** loc adv ▸ **mettre** / **envoyer sous enveloppe** to put / to send in an envelope / *envoyer un magazine sous enveloppe* [pour le dissimuler] to send a magazine under plain cover.

enveloppement [ɑ̃vlɔpmɑ̃] nm **1.** [emballage] wrapping, packing *(U)* **2.** MIL encirclement, surrounding **3.** MÉD packing.

envelopper [3] [ɑ̃vlɔpe] vt **1.** [empaqueter] to wrap (up) ▸ **envelopper qqch dans un journal** to wrap up sthg in a newspaper / *le papier qui enveloppait les réglisses* the paper in which the liquorice was wrapped ▸ **je vous l'enveloppe?** *hum* is that a deal? **2.** [emmailloter] to wrap (up) / *envelopper un enfant dans une couverture* to wrap a child in a blanket ou a blanket around a child **3.** [entourer] ▸ **envelopper qqn de sa sollicitude** to lavish one's attention on sb ▸ **envelopper du regard** : *il enveloppa le paysage du regard* he took in the landscape ▸ **envelopper qqn du regard** to gaze at sb **4.** [voiler -suj: brume, obscurité] to shroud, to envelop **5.** MIL to encircle, to surround.

❖ **s'envelopper dans** vp + prép [vêtement] to wrap o.s. in.

envenimation [ɑ̃vnimasjɔ̃] nf poisoning *(from a snake or insect bite)*.

envenimement [ɑ̃vnimmɑ̃] nm worsening.

envenimer [3] [ɑ̃vnime] vt **1.** MÉD to poison, to infect **2.** [aggraver -conflit] to inflame, to fan the flames of ; [-rapports] to poison, to spoil / *tu n'as fait qu'envenimer les choses* you've only made things ou matters worse.

❖ **s'envenimer** vpi **1.** MÉD to fester, to become septic **2.** [empirer -relation] to grow more bitter ou acrimonious ; [-situation] to get worse, to worsen.

enverguer [3] [ɑ̃vɛʀge] vt to bend *(sail)*.

envergure [ɑ̃vɛʀgyʀ] nf **1.** [d'un oiseau, d'un avion] wingspan, wingspread **2.** NAUT breadth **3.** [importance -d'une manifestation, d'une œuvre] scale, scope ▸ **de petite** ou **faible envergure** small ▸ **de grande envergure** large-scale / *son entreprise a pris de l'envergure* her company has expanded **4.** [d'un savant, d'un président] calibre UK, caliber US ▸ **il manque d'envergure** he doesn't have a strong personality.

enverra v ⟶ envoyer.

envers [ɑ̃vɛʀ] ◆ prép [à l'égard de] towards UK, toward US, to / *elle est loyale envers ses amis* she's loyal to her friends ▸ **être cruel envers qqn** to be cruel to ou towards sb ▸ **ma dette envers vous** my indebtedness to you ▸ **son attitude envers moi** his attitude towards me / *traître envers sa patrie* traitor to one's country ▸ **envers et contre tout** ou **tous** in the face of ou despite all opposition / *on a maintenu notre décision, envers et contre tout* we kept to our decision, despite all opposition ou everything. ◆ nm **1.** [autre côté] ▸ **l'envers a)** [d'un papier] the other side, the back **b)** [d'une feuille d'arbre] the underside **c)** [d'une médaille, d'un tissu] the reverse side **d)** [d'une peau] the inside **2.** [mauvais côté] wrong side ▸ **l'envers du décor** ou **tableau** the other side of the coin **3.** GÉOGR cold northern slope *(of valley)*.

❖ **à l'envers** loc adv **1.** [dans le mauvais sens] ▸ **mettre à l'envers a)** [chapeau] to put on the wrong way round, to put on back to front **b)** [chaussettes] to put on inside out **c)** [portrait] to hang upside down ou the wrong way up **2.** [mal, anormalement] ▸ **tout va** ou **marche à l'envers** everything is upside down ou topsy-turvy / *tu as tout compris à l'envers* you misunderstood the whole thing ▸ **il a l'esprit** ou **la tête à l'envers** his mind is in a whirl, he doesn't know whether he's coming or going **3.** [dans l'ordre inverse] backwards, in reverse / *faire les mouvements à l'envers* to do the movements backwards.

envi [ɑ̃vi] ❖ **à l'envi** loc adv *litt* : *ils se sont déchaînés contre moi à l'envi* they vied with one another in venting their rage on me / *trois sketches féroces à l'envi* three sketches, each more corrosive than the last.

enviable [ɑ̃vjabl] adj enviable ▸ **peu enviable** unenviable.

envie [ɑ̃vi] nf **1.** [souhait, désir] desire / *contenter* ou *passer son envie* to satisfy one's desire ▸ **l'envie**

* In reformed spelling (see p. 16-19).

de qqch / de faire qqch the desire for sthg / to do sthg ▸ **avoir envie de** : *j'avais (très) envie de ce disque* I wanted that record (very much) ▸ **avoir envie de rire / pleurer** to feel like laughing / crying ▸ **avoir envie de vomir** to feel sick / *je n'ai pas envie de passer ma vie à ça* I don't want to spend the rest of my life doing that / *j'ai presque envie de ne pas y aller* I have half a mind not to go / *il avait moyennement envie de la revoir* he didn't really feel like seeing her again / *je le ferai quand j'en aurai envie* I'll do it when I feel like it ▸ **mourir** ou **crever** *fam* **d'envie de faire qqch** to be dying to do sthg ▸ **donner à qqn envie de faire...** : *ça m'a donné envie de les revoir* it made me want to see ou feel like seeing them again ▸ **avoir envie que** : *elle n'a pas envie que tu restes* she doesn't want you to stay ▸ **faire envie à qqn** : *la robe beige me fait vraiment envie* I'm really tempted by the beige dress / *un voyage au Brésil, ça ne te fait pas envie?* aren't you tempted by a trip to Brazil? ▸ **l'envie lui prend de** ou **il lui prend l'envie de faire...** he feels like ou fancies doing... ▸ **ôter** ou **faire passer à qqn l'envie de faire...** : *voilà qui lui ôtera l'envie de revenir* this'll make sure he's not tempted to come back ▸ **envie de femme enceinte** (pregnant woman's) craving **2.** [désir sexuel] desire ▸ **j'ai envie de toi** I want you **3.** [besoin] urge ▸ **être pris d'une envie (pressante** ou **naturelle)** to feel the call of nature, to be taken short UK / *ça l'a pris comme une envie de pisser tfam* he felt a sudden urge for it ou to do it **4.** [jalousie] envy ▸ **faire envie à qqn** : *sa réussite me fait envie* I envy her success, her success makes me jealous / *tant de luxe, ça (vous) fait envie* such luxury makes one ou you envious ▸ **envie du pénis** PSYCHOL penis envy **5.** ANAT [tache] birthmark ; [peau] hangnail / *des envies* hangnails.

envier [9] [ɑ̃vje] vt ▸ **envier qqch à qqn** to envy sb (for) sthg / *on lui envie sa fortune* people envy (him) his wealth / *crois-tu avoir quelque chose à lui envier?* do you feel he's got something you haven't? / *vous n'avez rien à lui envier* you have no reason to be envious of her ▸ **envier qqn d'avoir fait qqch** to envy sb for having done sthg.

envieusement [ɑ̃vjøzmɑ̃] adv enviously.

envieux, euse [ɑ̃vjø, øz] ◆ adj envious ▸ **être envieux de** to be envious of, to envy. ◆ nm, f envious person ▸ **faire des envieux** to arouse ou to excite envy.

environ [ɑ̃viʀɔ̃] adv about, around / *il y a environ six mois* about six months ago / *il était environ midi* it was around ou about 12 / *c'est à environ deux heures de vol* it's about two hours away by plane ou a two-hour flight / *ça vaut environ 200 euros* it costs around ou about 200 euros / *il habite à environ 100 m* ou *à 100 m environ d'ici* he lives about 100 m from here.

environnant, e [ɑ̃viʀɔnɑ̃, ɑ̃t] adj surrounding / *la campagne environnante* the surrounding countryside, the country round about.

environnement [ɑ̃viʀɔnmɑ̃] nm **1.** [lieux avoisinants] environment, surroundings, surrounding area / *l'environnement immédiat de l'école est agréable* the school's immediate surroundings are pleasant **2.** [milieu] background ▸ **l'environnement culturel / familial** the cultural / family background **3.** ÉCOL ▸ **l'environnement** the environment / *un produit qui respecte l'environnement* an environment-friendly product ▸ **l'environnement bâti** the built environment ▸ **défenseur de l'environnement** conservationist ▸ **pollution / politique de l'environnement** environmental pollution / policy **4.** INFORM environment.

environnemental, e, aux [ɑ̃viʀɔnmɑ̃tal, o] adj environmental.

environnementaliste [ɑ̃viʀɔnmɑ̃talist] nmf environmentalist.

environner [3] [ɑ̃viʀɔne] vt to surround, to encircle ▸ **être environné de** to be surrounded with.

❖ **s'environner de** vp + prép to surround o.s. with ▸ **s'environner d'artistes** to surround o.s. with artists.

environs [ɑ̃viʀɔ̃] nmpl surroundings, surrounding area / *les environs sont assez pittoresques* the surroundings are ou the surrounding area is quite picturesque ▸ **les environs de Paris** the area around Paris.

❖ **aux environs de** loc prép **1.** [dans l'espace] near, close to ▸ **aux environs de Nantes** in the vicinity of ou near Nantes **2.** [dans le temps] around, round about / *aux environs de Noël* around ou round about Christmas time, at Christmas or thereabouts / *aux environs de midi* around noon, at noon or thereabouts / *aux environs de 20 h* around 8 p.m.

❖ **dans les environs** loc adv in the local ou surrounding area.

❖ **dans les environs de** loc prép in the vicinity of, near / *elle habite dans les environs d'Amiens* she lives near Amiens.

envisageable [ɑ̃vizaʒabl] adj conceivable / *oui, c'est envisageable* yes, it's conceivable / *ce n'est guère envisageable à l'heure actuelle* it hardly seems possible at the present time, it's barely conceivable at present.

envisager [17] [ɑ̃vizaʒe] vt **1.** [examiner] to consider / *envisager tous les aspects d'un problème* to consider all the aspects of a problem / *laissez-moi vous faire envisager le problème autrement* let me put this problem to you in another way **2.** [prévoir] to envisage, to contemplate, to consider / *envisager des licenciements / réparations* to consider lay-offs / repairs ▸ **envisager de faire qqch** to consider ou to contemplate doing sthg / *j'envisage d'aller vivre là-bas* I'm contemplating going ou I'm thinking of going to live there.

envoi [ɑ̃vwa] nm **1.** [de marchandises, d'argent] sending ▸ **faire un envoi a)** [colis] to send a parcel UK ou package US **b)** [lettre] to send a letter ▸ **envoi contre remboursement** cash on delivery ▸ **contre envoi de** on receipt of **2.** [d'un messager, de soldats] sending in, dispatching, dispatch ▸ **décider l'envoi des troupes** to decide to send in (the) troops / *l'envoi d'un émissaire n'a pas réglé le problème* sending an emissary did not solve the problem **3.** [colis] parcel, consignment ; [lettre] letter ▸ **envoi franco de port** postage-paid consignment ▸ **envoi recommandé a)** [colis] registered parcel **b)** [lettre] registered letter ▸ **envoi recommandé avec accusé de réception a)** [colis] recorded delivery parcel UK, registered package with return receipt US **b)** [lettre] recorded delivery letter UK, registered letter with return receipt US ▸ **envoi contre remboursement** guaranteed delivery ▸ **envoi groupé** joint consignment ▸ **un envoi en nombre** a (mass) mailing **4.** INTERNET ▸ **envoi multiple** crossposting ▸ **faire un envoi multiple** to cross-post **5.** SPORT ▸ **coup d'envoi** kick-off ▸ **donner le coup d'envoi d'un match a)** [arbitre] to give the sign for the match to start **b)** [joueur] to kick off / *donner le coup d'envoi d'une campagne fig* to get a campaign off the ground **6.** LITTÉR envoi **7.** DR ▸ **envoi en possession** writ of possession.

envoie v ⟶ envoyer.

envol [ɑ̃vɔl] nm **1.** [d'un oiseau] taking flight ▸ **l'aigle prit son envol** the eagle took flight **2.** AÉRON taking off *(U)*, takeoff.

envolée [ɑ̃vɔle] nf **1.** [élan] flight / *envolée de l'imagination* flight of fancy ▸ **envolée lyrique** flight of lyricism / *il s'est lancé dans une grande envolée lyrique hum* he waxed lyrical **2.** [augmentation] sudden rise / *l'envolée du dollar* the sudden rise of the dollar / *l'envolée du marché boursier* the stock market boom.

envoler [3] [ɑ̃vɔle] ❖ **s'envoler** vpi **1.** [oiseau] to fly off ou away **2.** AÉRON [avion] to take off / *je m'envole pour Tokyo demain* I'm flying (off) to Tokyo tomorrow **3.** [passer - temps] to fly **4.** [augmenter - cours, dollar] to soar **5.** [être emporté - écharpe] to blow off ou away / *le vent a fait s'envoler tous les papiers* the wind sent all the documents flying (everywhere) **6.** [disparaître - voleur, stylo] to disappear, to vanish (into thin air) / *il n'a pourtant pas pu s'envoler, ce livre!* the book can't just have vanished into thin air!

envoûtant, e, envoutant*, e [ɑ̃vutɑ̃, ɑ̃t] adj spellbinding, bewitching, entrancing.

envoûtement, envoutement* [ɑ̃vutmɑ̃] nm bewitchment, spell.

envoûter, envouter* [3] [ɑ̃vute] vt to bewitch, to cast a spell on ▸ **être envoûté par une voix / femme** to be under the spell of a voice / woman / *elle était sûre de s'être fait envoûter* she was convinced that someone had cast ou put a spell on her.

envoûteur, euse, envouteur*, euse [ɑ̃vutœʀ, øz] nm, f sorcerer (sorceress).

envoyé, e [ɑ̃vwaje] nm, f [gén] messenger ; POL envoy ; PRESSE correspondent / *de notre envoyé spécial à Londres* from our special correspondent in London.

envoyer [30] [ɑ̃vwaje] vt **1.** [expédier - gén] to send (off) ; [- message radio] to send out *(sép)* ; [- marchandises] to send, to dispatch ; [- invitation] to send (out) ; [- vœux, condoléances] to send ; [- CV, candidature] to send (in) ; [- argent, mandat] to send, to remit ▸ **envoyer qqch par bateau** to ship sthg, to send sthg by ship / *Fred t'envoie ses amitiés* Fred sends you his regards ▸ **envoyer un (petit) mot à qqn** to drop sb a line / *tu peux te faire envoyer la documentation* you can have the information sent to you ▸ **envoyer qqch par fax** to fax sthg ▸ **envoyer des fleurs à qqn a)** *pr* to send sb flowers **b)** *fig* to give sb a pat on the back **2.** [personne] to send ▸ **envoyer un homme dans** ou **sur la Lune** to send a man to the moon / *envoyer un enfant à l'école* to send a child (off) to school / *on les envoie à la mer / chez leur tante tous les étés* we send them (off) to the seaside / to their aunt's every summer / *on m'a envoyé aux nouvelles* I've been sent to find out whether there's any news / *envoyer un criminel en prison* to send a criminal to jail ▸ **envoyer qqn dans l'autre monde** *euphém* to send sb to meet his maker / *envoyer des soldats à la mort* to send soldiers to their deaths / *envoyer ses malades à un confrère* to send ou to refer one's patients to a colleague ; *(suivi d'un infinitif)* ▸ **envoyer chercher qqn** to have sb picked up / *je l'ai envoyé la chercher à la gare* I sent him to the station to pick her up ou to fetch her ▸ **envoyer chercher un médecin** to send for a doctor ▸ **envoyer dire** : *elle ne le lui a pas envoyé dire* she told him straight ou to his face ▸ **envoyer promener** ou **balader** ou **paître** ou **bouler qqn** *fam*, **envoyer qqn au diable**, *fam*, **envoyer qqn sur les roses** *fam* to send sb packing / *je l'ai envoyé promener* I told him where to get off / *j'ai envoyé promener la famille / ma thèse* I sent my family packing / packed in my thesis ▸ **tout envoyer promener** *fam* ou **valser** *fam* : *j'avais envie de tout envoyer promener* ou *valser* I felt like chucking the whole thing in ▸ **se faire envoyer balader** : *je me suis fait envoyer balader quand je leur ai demandé des explications* they sent me packing when I asked for an explanation ▸ **envoyer dinguer qqn a)** *fam* [le repousser] to send sb sprawling **b)** [l'éconduire] to send sb packing **3.** [projeter] ▸ **envoyer qqn par terre** to knock sb to the ground / *envoyer un adversaire à terre* ou *au tapis* to knock an opponent down ou to the ground ▸ **envoyer qqn dans le décor** *fam* to send sb flying / *envoyer une voiture dans le décor fam* to send a car skidding off the road **4.** [lancer - projectile] to throw, to fling ; [- ballon] to throw ; [- balle de tennis] to send / *envoyer la balle hors du court* to send the ball out of court / *envoie-moi ma chemise* throw me my shirt ▸ **envoyer sa fumée dans les yeux de qqn** to blow smoke into sb's eyes ▸ **envoyer des baisers à qqn** to blow sb kisses **5.** [donner - coup] ▸ **envoyer des gifles** ou *fam* **baffes à qqn** to slap sb (in the face) ▸ **envoyer des coups de pied / poing à qqn** to kick / to punch sb ▸ **il le lui a envoyé dans les dents** *fam* ou **gencives** *fam* he really let him have it **6.** [hisser - pavillon] to hoist.

❖ **s'envoyer** ◆ vp *(emploi réciproque)* to send one another / *s'envoyer des lettres* to write to one another. ◆ vpt **1.** *fam* [subir - corvée] to get saddled with **2.** *fam* [consommer - bière, bouteille] to knock back *(sép)*, to down ; [- gâteau] to wolf down ; *tfam* [sexuellement] ▸ **s'envoyer qqn** to get off with sb **3.** [se donner] : *je m'enverrais des gifles* ou *fam baffes!* I could kick myself! ◆ vpi EXPR **s'envoyer en l'air** *tfam* to have it off.

Envoyer qqch à qqn
Send sthg to sb ou *send sb sthg.*

Notez la construction à double complément qui en anglais peut prendre deux formes dont le sens est le même :

* In reformed spelling (see p. 16-19).

• une structure identique à celle du français :
verbe + COD + préposition + COI
send sthg to sb

• une structure qui diffère de celle du français, sans préposition, et dans laquelle l'ordre des compléments est inversé :
verbe + COI + COD
send sb sthg

Marie envoie toujours des cartes postales à ses parents lorsqu'elle est en voyage. *Marie always sends postcards to her parents when she's travelling* ou *Marie always sends her parents postcards when she's travelling.*

envoyeur, euse [ɑ̃vwajœʀ, øz] nm, f sender.

enzymatique [ɑ̃zimatik] adj enzymatic.

enzyme [ɑ̃zim] nf ou nm enzyme.

enzymologie [ɑ̃zimɔlɔʒi] nf enzymology.

enzymopathie [ɑ̃zimɔpati] nf enzyme deficiency.

éocène [eɔsɛn] ◆ adj eocene. ◆ nm Eocene (period).

Éole [eɔl] npr Aeolus.

éolien, enne [eɔljɛ̃, ɛn] adj aeolian *spéc*, wind *(modif)*.

❖ **éolien** nm ▸ **l'éolien** wind power / *l'éolien va se développer dans les années à venir* wind power will develop over the coming years.

❖ **éolienne** nf windmill, wind pump.

Éoliennes [eɔljɛn] npr fpl ▸ **les (îles) Éoliennes** the Aeolian ou Lipari Islands. ⟶ **île**

éolithe [eɔlit] nm eolith.

éon [eɔ̃] nm PHILOS aeon UK, eon US.

EOR nm abr de **élève officier de réserve.**

éosine [eozin] nf eosin, eosine.

éosinophile [eozinɔfil] ◆ adj eosinophilic, eosinophilous. ◆ nm eosinophil, eosinophile.

éosinophilie [eɔzinɔfili] nf eosinophilia.

épagneul [epaɲœl] nm spaniel ▸ **épagneul breton** Breton spaniel.

épais, aisse [epɛ, ɛs] adj **1.** [haut - livre, strate, tranche] thick ; [- couche de neige] thick, deep / *une planche épaisse de 10 centimètres* a board 10 centimetres thick / *avoir la langue épaisse* fig to have a coated tongue **2.** [charnu - lèvres, cheville, taille] thick ; [- corps] thickset, stocky / *il n'est pas (bien) épais* fam he's thin (as a rake) **3.** [dense - fumée, sauce, toule] thick ; [- sourcil] thick, bushy **4.** [profond - silence, sommeil] deep ; [- nuit] pitch-black **5.** *péj* [non affiné - esprit, intelligence] dull, coarse.

❖ **épais** ◆ nm : *au plus épais de la foule* in the thick of the crowd / *au plus épais de la forêt* deep in the heart of the forest. ◆ adv [tartiner, semer] thick, thickly / *il n'y en avait pas épais, de la viande* fam there wasn't much meat / *il n'y en avait pas épais, du bonhomme!* fam the man was as thin as a rake!

épaisseur [epɛsœʀ] nf **1.** [d'un mur, d'un tissu, d'une strate] thickness / *un mur de 30 centimètres d'épaisseur* a wall 30 centimetres thick / *quelle en est l'épaisseur?* how thick is it? **2.** [couche] layer, thickness / *plusieurs épaisseurs de vêtements* several layers of clothes ▸ **plier un papier en quatre** / **cinq épaisseurs** to fold a piece of paper in four / five **3.** [densité - du brouillard, d'une soupe, d'un feuillage] thickness **4.** [intensité - du silence, du sommeil] depth ; [- de la nuit] darkness, depth **5.** [substance] depth / *les personnages manquent d'épaisseur* the characters lack depth.

épaissir [32] [epesiʀ] ◆ vt **1.** [sauce, enduit] to thicken (up) **2.** [grossir] to thicken / *le manque d'exercice lui a épaissi la taille* the lack of exercise has thickened his waistline / *les traits épaissis par l'alcool* his features bloated with alcohol. ◆ vi **1.** [fumée, peinture, mayonnaise] to thicken, to get thicker ▸ **faire épaissir** [sauce] to thicken **2.** [grossir - taille] to get thicker ou bigger ; [- traits du visage] to get coarser, to coarsen / *il a beaucoup épaissi* he's put on a lot of weight.

❖ **s'épaissir** vpi **1.** [fumée, crème] to thicken, to get thicker **2.** [augmenter - couche de neige] to get thicker ou deeper ; [- pile de feuilles] to get bigger **3.** [grossir - traits] to get coarse ou coarser ; [- taille] to get thicker ou bigger ; [- personne] to grow stout ou stouter **4.** *fig* [mystère, ténèbres] to deepen ▸ **le mystère s'épaissit a)** [dans un fait divers] the mystery deepens **b)** [dans un roman] the plot thickens.

épaississant, e [epesisɑ̃, ɑ̃t] adj thickening *(avant nom)*.

❖ **épaississant** nm thickening agent.

épaississement [epesismɑ̃] nm thickening.

épamprer [3] [epɑ̃pʀe] vt to thin out the leaves of.

épanchement [epɑ̃ʃmɑ̃] nm **1.** [confidences] outpouring **2.** MÉD extravasation ▸ **épanchement de synovie** housemaid's knee.

épancher [3] [epɑ̃ʃe] vt [tendresse, craintes] to pour out *(sép)* ; [colère] to vent, to give vent to ▸ **épancher sa bile sur qqn** to vent one's spleen on sb ▸ **épancher son cœur** to open one's heart, to pour out one's feelings.

❖ **s'épancher** vpi **1.** [se confier] ▸ **s'épancher auprès d'un ami** to open one's heart to ou to pour out one's feelings to a friend **2.** *litt* [couler] to pour out.

épandage [epɑ̃daʒ] nm manure spreading, manuring.

épandeur [epɑ̃dœʀ] nm manure spreader.

épandeuse [epɑ̃døz] nf gravel spreader.

épandre [74] [epɑ̃dʀ] vt to spread.

épanoui, e [epanwi] adj [rose, jeunesse] blooming ; [sourire] beaming, radiant ; [personne] radiant / *son corps épanoui* her body in its prime / *le tableau représente une maternité épanouie* the painting depicts the fulfilment of motherhood.

épanouir [32] [epanwiʀ] vt **1.** *litt* [fleur] to open (up) **2.** [détendre - visage] to light up *(sép)*.

❖ **s'épanouir** vpi **1.** [fleur] to bloom, to open **2.** [visage] to light up **3.** [personne] to blossom / *une atmosphère où les enfants s'épanouissent* an atmosphere where children can develop.

épanouissant, e [epanwisɑ̃, ɑ̃t] adj fulfilling.

épanouissement [epanwismɑ̃] nm **1.** [d'une plante] blooming, opening up **2.** [d'un visage] lighting up ; [d'un enfant, d'une personnalité] fulfilment, self-fulfilment / *elle a trouvé son épanouissement dans le mariage* she's found fulfilment in marriage, she's blossomed since she got married / *une civilisation en plein épanouissement* a civilization in full bloom.

épar [epaʀ] nm [d'une porte] cross-bar ; [d'un véhicule] shaft-bar ; NAUT spar.

épargnant, e [epaʀɲɑ̃, ɑ̃t] nm, f saver, investor ▸ **petits épargnants** small investors.

épargne [epaʀɲ] nf **1.** [économies] ▸ **l'épargne** savings **2.** [fait d'économiser] saving ▸ **encourager l'épargne** to encourage saving ▸ **épargne forcée** forced savings ▸ **épargne individuelle** personal saving ▸ **épargne salariale** employee savings.

épargne-logement [epaʀɲlɔʒmɑ̃] (*pl* **épargnes-logements**) nf ▸ **plan d'épargne-logement** home savings plan ▸ **prêt épargne-logement** home loan.

épargner [3] [epaʀɲe] ◆ vt **1.** [économiser - argent, essence, forces] to save / *épargnez l'eau!* save ou don't waste water! / *tu n'as pas épargné la chantilly!* hum you didn't skimp on the whipped cream! / *n'épargner ni sa peine ni son temps* to spare neither time nor trouble **2.** [éviter] ▸ **épargner qqch à qqn** to spare sb sthg / *tu m'as épargné un déplacement inutile* you spared ou saved me a wasted journey / *je vous épargnerai les détails* I'll spare you the details ▸ **épargner à qqn la honte** / **vue de qqch** to spare sb the shame / sight of sthg ▸ **épargne-moi tes commentaires!** spare me your comments! **3.** [ménager - vieillard, adversaire] to spare / *personne ne sera épargné* nobody ou no life will be spared / *l'incendie a épargné l'église* the church was spared by the fire. ◆ vi to save (money), to put money aside ▸ **épargner sur qqch** *péj* to save on sthg / *épargner sur les loisirs* to save on leisure activities.

❖ **s'épargner** vpt ▸ **s'épargner qqch** to save o.s. sthg.

épargne-temps [epaʀɲtɑ̃] nf inv ▸ **compte épargne-temps** *system that enables employees to "save up" paid leave and use it to bring forward their retirement date.*

éparpillement [epaʀpijmɑ̃] nm **1.** [de papiers, de graines] scattering, dispersal **2.** [de la pensée, des efforts] dissipation.

éparpiller [3] [epaʀpije] vt **1.** [disperser - lettres, graines] to scatter ; [- troupes, famille] to disperse / *éparpillés un peu partout dans le monde* scattered about the world **2.** [dissiper - attention, forces] to dissipate.

❖ **s'éparpiller** vpi **1.** [se disperser - foule, élèves] to scatter, to disperse **2.** [disperser son énergie] to dissipate one's energies.

épars, e [epaʀ, aʀs] adj scattered.

épatant, e [epatɑ̃, ɑ̃t] adj *fam & vieilli* splendid / *c'est un type épatant!* he's a splendid fellow!

épate [epat] nf *fam & péj* showing off ▸ **faire de l'épate** to show off.

épaté, e [epate] adj **1.** *fam* [étonné] amazed **2.** [aplati - nez, forme] flat, snub.

épatement [epatmɑ̃] nm **1.** *fam* [étonnement] amazement **2.** [du nez] flatness.

épater [3] [epate] vt *fam* **1.** [étonner] to amaze ▸ **ça t'épate, hein?** how about that then? **2.** *péj* [impressionner] to impress ▸ **pour épater la galerie** in order to cause a sensation ▸ **pour épater le bourgeois** in order to shock *(middle-class values)*.

❖ **s'épater** vpi [s'élargir] to spread out.

épaulard [epolaʀ] nm killer whale.

épaule [epol] nf **1.** ANAT shoulder ▸ **être large d'épaules** to be broad-shouldered ▸ **avoir les épaules tombantes** ou *fam* **en accent circonflexe** to be round-shouldered ▸ **donner un coup d'épaule à qqn** to give sb a helping hand **2.** CULIN shoulder ▸ **épaule d'agneau** shoulder of lamb.

épaulé-jeté [epoleʒəte] (*pl* **épaulés-jetés**) nm clean-and-jerk.

épaulement [epolmɑ̃] nm **1.** CONSTR retaining wall **2.** MENUIS shouldering **3.** GÉOGR escarpment.

épauler [3] [epole] vt **1.** [fusil] to raise (to the shoulder) **2.** [aider] to support, to back up *(sép)* / *il a besoin de se sentir épaulé* he needs to feel that people are supporting him ou are behind him / *j'aurais besoin de me faire épauler dans ce travail* I could do with some support ou help in this job **3.** VÊT to put shoulder pads into / *veste très épaulée* jacket with big shoulder pads.

❖ **s'épauler** vp *(emploi réciproque)* to help ou to support one another.

épaulette [epolɛt] nf **1.** MIL epaulette **2.** VÊT shoulder pad **3.** [bretelle] shoulder strap.

épave [epav] nf **1.** [débris] piece of flotsam (and jetsam) **2.** [véhicule, bateau] wreck **3.** DR [objet perdu] unclaimed object **4.** [personne] (human) wreck.

épeautre [epotʀ] nm spelt *(wheat)*.

épée [epe] nf **1.** ARM sword ▸ **l'épée de Damoclès** the sword of Damocles ▸ **c'est un coup d'épée dans l'eau** it's a waste of time ▸ **mettre l'épée dans les reins de qqn** to chivy sb **2.** [escrimeur] swordsman (swordswoman).

épeire [epɛʀ] nf garden spider, epeira *spéc*.

épéiste [epeist] nmf swordsman (swordswoman).

épeler [24] [eple] vt [nom] to spell (out) ▸ **mal épeler qqch** to misspell sthg.

❖ **s'épeler** vp *(emploi passif)* : *comment ça s'épelle?* how do you spell it?, how is it spelt?

In reformed spelling (see p. 16-19), this verb is conjugated like *peler* : *il épèle, elle épèlera.*

épellation [epelasjɔ̃] nf spelling out.

épendyme [epɑ̃dim] nm ependyma.

épépiner [3] [epepine] vt to seed, to de-seed.

éperdu, e [epɛʀdy] adj **1.** [fou - regard, cri] wild, distraught / *la quête éperdue de la vérité* the frantic quest for truth / *une fuite éperdue* a headlong flight ▸ **éperdu de** overcome with / *éperdu de bonheur* overcome with happiness / *éperdu de joie* overcome with joy, overjoyed ▸ **éperdu de douleur** frantic ou distraught with grief **2.** [intense - gratitude] boundless ; [- besoin] violent, intense.

éperdument [epɛʀdymɑ̃] adv **1.** [à la folie] madly, passionately ▸ **aimer qqn éperdument** to love sb madly, to be madly in love with sb **2.** [en intensif] ▸ **je m'en moque** ou **fiche** *fam* **éperdument** I couldn't care less ou give a damn.

éperlan [epɛʀlɑ̃] nm smelt.

éperon [epʀɔ̃] nm **1.** ÉQUIT & TRAV PUB spur **2.** BOT & GÉOGR spur ▸ **éperon rocheux** rocky spur **3.** NAUT cutwater.

éperonner [3] [epʀɔne] vt **1.** ÉQUIT to spur (on) **2.** [munir d'éperons] to put spurs on **3.** [stimuler] to spur on *(sép)* / *éperonné par la volonté de réussir* spurred on by the will to succeed **4.** NAUT to ram.

épervier [epɛʀvje] nm **1.** ORNITH sparrowhawk **2.** PÊCHE cast ou casting net.

épervière [epɛʀvjɛʀ] nf hawkweed.

éphèbe [efɛb] nm ANTIQ ephebe ▸ **(jeune) éphèbe** *fig & hum* Adonis.

éphédrine [efedʀin] nf ephedrin, ephedrine.

éphémère [efemɛʀ] ◆ adj [gloire, sentiment] short-lived, ephemeral, transient ; [mode] short-lived ; [regret] passing. ◆ nm ZOOL mayfly, dayfly, ephemera *spéc.*

éphéméride [efemeʀid] nf [calendrier] tear-off calendar.

❖ **éphémérides** nfpl ASTRON ephemeris.

Éphèse [efɛz] npr Ephesus.

Éphésien, enne [efezjɛ̃, ɛn] nm, f Ephesian.

épi [epi] nm **1.** [de fleur] spike ; [de céréale] ear ▸ **épi de maïs** corncob **2.** [de cheveux] tuft ▸ **il a un épi a)** [toujours] his hair sticks out **b)** [en ce moment] his hair's sticking up **3.** TRAV PUB breakwater **4.** ARCHIT ▸ **épi de faîtage** finial.

❖ **en épi** loc adv ▸ **voitures stationnées en épi** cars parked at an angle to the kerb.

épice [epis] nf spice.

épicé, e [epise] adj **1.** CULIN highly spiced, hot, spicy / *ce n'est pas très épicé* it's quite mild, it's not very hot **2.** [grivois - histoire] spicy.

épicéa [episea] nm spruce.

épicène [episɛn] adj epicene.

épicentre [episɑ̃tʀ] nm epicentre UK epicenter US.

épicer [16] [epise] vt **1.** CULIN to spice **2.** [corser - récit] to add spice to.

épicerie [episʀi] nf **1.** [magasin] grocery shop UK ou store US ▸ **à l'épicerie du coin** at the local grocer's ▸ **épicerie fine** delicatessen **2.** [profession] grocery trade **3.** [aliments] provisions, groceries.

épicier, ère [episje, ɛʀ] nm, f grocer.

❖ **d'épicier** loc adj *péj* [mentalité] small-town, parochial.

épicondyle [epikɔ̃dil] nm epicondyl.

épicondylite [epikɔ̃dilit] nf tennis elbow.

épicontinental, e, aux [epikɔ̃tinɑ̃tal, o] adj epicontinental.

épicrânien, enne [epikʀanjɛ̃, ɛn] adj epicranial.

Épicure [epikyʀ] npr Epicurus.

épicurien, enne [epikyʀjɛ̃, ɛn] ◆ adj **1.** PHILOS Epicurean **2.** [hédoniste] epicurean. ◆ nm, f **1.** PHILOS Epicurean **2.** [bon vivant] epicure, bon viveur.

épicurisme [epikyʀism] nm **1.** PHILOS Epicureanism **2.** [hédonisme] hedonism, epicureanism.

épicycloïdal, e, aux [episiklɔidal, o] adj epicycloidal.

épicycloïde [episiklɔid] nf epicycloid.

Épidaure [epidɔʀ] npr Epidaurus.

épidémie [epidemi] nf epidemic / *épidémie de typhus* epidemic of typhus, typhus epidemic / *c'est devenu une véritable épidémie pr & fig* it has reached epidemic proportions.

épidémiologie [epidemjɔlɔʒi] nf epidemiology.

épidémiologique [epidemjɔlɔʒik] adj epidemiological.

épidémiologiste [epidemjɔlɔʒist] nmf epidemiologist.

épidémique [epidemik] adj epidemic.

épiderme [epidɛʀm] nm skin, epidermis *spéc* ▸ **avoir l'épiderme sensible a)** *pr* to have a sensitive ou a delicate skin **b)** *fig* to be thin-skinned ou touchy.

épidermique [epidɛʀmik] adj **1.** ANAT epidermic *spéc*, epidermal *spéc*, skin *(modif)* ; [blessure] surface *(modif)* ; [greffe] skin *(modif)* **2.** [immédiat - sentiment, réaction] instant / *je ne peux pas le sentir, c'est épidermique* I don't know why, I just can't stand him.

épidermomycose [epidɛʀmɔmikoz] nf epidermomycosis.

épididyme [epididim] nm epididymis.

épididymite [epididimit] nf epididymitis.

épidote [epidɔt] nf epidote.

épidural, e, aux [epidyʀal, o] adj epidural.

épier [9] [epje] vt **1.** [espionner] to spy on *(insép)* **2.** [réaction, mouvement] to watch closely ; [bruit] to listen out for ; [occasion] to be on the look-out, to watch for *(insép).*

épierrage [epjɛʀaʒ], **épierrement** [epjɛʀmɑ̃] nm : *l'épierrage d'un champ* removing stones from a field.

épierrer [4] [epjeʀe] vt to clear of stones, to pick the stones out of.

épieu, x [epjø] nm MIL pike ; CHASSE hunting spear.

épieur, euse [epjœʀ, øz] nm, f spy.

épigastre [epigastʀ] nm epigastrium.

épigastrique [epigastʀik] adj epigastric.

épigenèse [epiʒənɛz] nf BIOL epigenesis.

épigénétique [epiʒenetik] nf epigenetics.

épigénie [epiʒeni] nf MINÉR epigenesis.

épiglotte [epiglɔt] nf epiglottis.

épigone [epigɔn] nm *litt* epigone.

épigrammatique [epigʀamatik] adj epigrammatic.

épigramme [epigʀam] ◆ nf [poème] epigram ; [mot] witticism. ◆ nm CULIN ▸ **épigramme d'agneau** épigramme of lamb *(fried or grilled in bread-crumbs).*

épigraphe [epigʀaf] nf epigraph.

épigraphie [epigʀafi] nf epigraphy.

épigraphique [epigʀafik] adj epigraphic, epigraphical.

épigraphiste [epigʀafist] nmf epigraphist, epigrapher.

épigyne [epiʒin] ◆ adj epigynous. ◆ nf epigyny.

épilateur [epilatœʀ] nm hair remover ▸ **épilateur à cire** wax hair remover ▸ **épilateur électrique** electric hair remover.

épilation [epilasjɔ̃] nf hair removal / *l'épilation des jambes* removal of hair from the legs / *l'épilation des sourcils* plucking the eyebrows / *l'épilation du visage* removal of facial hair ▸ **épilation à la cire** waxing ▸ **épilation électrique** electric hair removal ▸ **épilation au laser** ou **définitive** laser ou permanent hair remover.

épilatoire [epilatwaʀ] adj depilatory, hair-removing *(avant nom).*

épilepsie [epilɛpsi] nf epilepsy.

épileptiforme [epilɛptifɔʀm] adj epileptiform.

épileptique [epilɛptik] adj & nmf epileptic.

épileptoïde [epilɛptɔid] adj & nmf epileptoid.

épiler [3] [epile] vt [aisselles, jambes] to remove unwanted hair from ; [sourcils] to pluck / *se faire épiler les jambes* to have one's legs waxed.

❖ **s'épiler** vp *(emploi réfléchi)* to remove unwanted hair / *s'épiler les jambes à la cire* to wax one's legs.

épillet [epijɛ] nm BOT spikelet, spicule.

épilobe [epilɔb] nm willowherb.

épilogue [epilɔg] nm **1.** LITTÉR & THÉÂTRE epilogue **2.** [issue] conclusion, dénouement.

épiloguer [3] [epilɔge] vi : *c'est fini, on ne va pas épiloguer!* it's over and done with, there's no point going on about it ! ▸ **épiloguer sur qqch** to hold forth about ou to go over (and over) sthg.

Épinal [epinal] npr Epinal.

épinard [epinaʀ] nm spinach ▸ **épinards en branches** spinach leaves ▸ **épinards hachés** chopped spinach.

épine [epin] nf **1.** [de fleur] thorn, prickle ; [de hérisson] spine, prickle ▸ **couvert d'épines a)** [plante] prickly **b)** [animal] spiny ▸ **tirer** ou **ôter une épine du pied à qqn** to get sb out of a spot / *tu m'as tiré une belle épine du pied!* you've saved my life ! **2.** [buisson] thorn bush ▸ **épine blanche** hawthorn ▸ **épine noire** blackthorn.

❖ **épine dorsale** nf backbone.

épinette [epinɛt] nf **1.** MUS spinet **2.** QUÉBEC [épicéa] spruce ▸ **bière d'épinette** spruce beer.

épineurien, enne [epinøʀjɛ̃, ɛn] adj chordate.

❖ **épineurien** nm member of the Chordata.

épineux, euse [epinø, øz] ◆ adj **1.** BOT thorny, prickly **2.** [délicat - problème, contexte] thorny, tricky. ◆ nm thorn bush.

épine-vinette [epinvinɛt] (*pl* **épines-vinettes**) nf barberry.

épinglage [epɛ̃glaʒ] nm pinning (up).

épingle [epɛ̃gl] nf COUT pin ▸ **épingle anglaise** ou **à nourrice** ou **de sûreté** safety pin ▸ **épingle à chapeau** hatpin ▸ **épingle à cheveux** hairpin ▸ **épingle à linge** clothes peg UK ou pin US ▸ **épingle de cravate** tie clip, tiepin ▸ **monter qqch en épingle** to highlight sthg ▸ **tirer** ou **retirer son épingle du jeu** to pull out.

épinglé, e [epɛ̃gle] adj terry *(modif).*

❖ **épinglé** nm terry.

épingler [3] [epɛ̃gle] vt **1.** [attacher - badge, papier] to pin (on) ▸ **épingler une robe a)** [pour l'assembler] to pin a dress together **b)** [pour l'ajuster] to pin a dress up **2.** *fam* [arrêter] to nab / *se faire épingler* to get nabbed.

épinière [epinjɛʀ] adj f ⟶ **moelle.**

épinoche [epinɔʃ] nf stickleback.

épipaléolithique [epipaleɔlitik] adj post-paleolithic.

épipélagique [epipelaʒik] adj epipelagic.

épiphanie [epifani] nf **1.** [fête] ▸ **l'Épiphanie** Twelfth Night, the Epiphany **2.** [du Christ] ▸ **l'épiphanie** Epiphany.

épiphénomène [epifenɔmɛn] nm epiphenomenon.

épiphyse [epifiz] nf [os] epiphysis ; [glande] epiphysis (cerebri), pineal gland.

épiphyte [epifit] ◆ adj epiphytic, epiphytical. ◆ nm epiphyte.

épique [epik] adj **1.** LITTÉR epic **2.** [extraordinaire - discussion, scène] epic / *pour retrouver sa trace, ça a été épique!* finding out where he was was quite a saga !

Épire [epiʀ] npr Epirus.

épiscopal, e, aux [episkɔpal, o] adj episcopal.

épiscopalien, enne [episkɔpaljɛ̃, ɛn] adj & nm, f episcopalian.

épiscopalisme [episkɔpalism] nm episcopalism, episcopalianism.

épiscopat [episkɔpa] nm episcopate, episcopacy.

épiscope [episkɔp] nm **1.** OPT episcope UK opaque projector US **2.** MIL periscope *(of a tank).*

épisiotomie [epizjɔtɔmi] nf episiotomy.

épisode [epizɔd] nm **1.** [partie] episode, instalment ▸ **feuilleton en six épisodes** six-part serial **2.** [circonstance] episode / *un épisode heureux de ma vie* a happy episode in my life.

❖ **à épisodes** loc adj serialized / *sa vie est un roman à épisodes fig* her life is a real saga.

épisodique [epizɔdik] adj **1.** [ponctuel] occasional **2.** [secondaire] minor, secondary.

épisodiquement [epizɔdikmɑ̃] adv occasionally.

épisser [3] [epise] vt ÉLECTR & NAUT to splice.

épissoir [episwaʀ] nm splicing fid.

épissoire [episwaʀ] nf splicing fid.

épissure [episyʀ] nf NAUT splice.

épistasie [epistazi] nf epistasis.

épistaxis [epistaksis] nf nosebleed, epistaxis *spéc.*

épistémologie [epistemɔlɔʒi] nf epistemology.

épistémologique [epistemɔlɔʒik] adj epistemological.

épistémologiste [epistemɔlɔʒist], **épistémologue** [epistemɔlɔg] nmf epistemologist.

épistolaire [epistɔlɛʀ] adj [roman] epistolary ; [style] letter-writing *(modif)* ▸ **être en relations épistolaires avec qqn** *sout* to have a correspondence with sb.

épistolier, ère [epistɔlje, ɛʀ] nm, f *litt* letter writer.

épitaphe [epitaf] nf epitaph.

épitaxie [epitaksi] nf epitaxy, epitaxis.

épithélial, e, aux [epiteljal, o] adj epithelial.

épithélium [epiteljɔm] nm epithelium.

épithète [epitɛt] ◆ adj attributive. ◆ nf **1.** GRAM attribute **2.** [qualificatif] epithet ▸ **quelques épithètes malsonnantes** *hum* a few choice adjectives *hum.*

épitoge [epitɔʒ] nf **1.** [écharpe] sash **2.** ANTIQ cloak *(worn over the toga).*

épître, épitre* [epitʀ] nf **1.** RELIG epistle ▸ **l'Épître aux Corinthiens** the Epistle to the Corinthians ▸ **Épîtres des Apôtres** Epistles **2.** LITTÉR epistle **3.** ANTIQ epistle / *quand j'ai reçu son épître hum* when I received his missive.

épizootie [epizɔɔti] nf epizootic disease.

épizootique [epizɔɔtik] adj epizootic.

éploré, e [eplɔʀe] adj [parent, veuve] tearful, weeping ; [voix] tearful ; [visage] bathed ou covered in tears.

épluchage [eplyʃaʒ] nm **1.** [de légumes] peeling **2.** [examen] dissection, critical examination.

épluche-légumes [eplyʃlegym] nm inv potato peeler.

éplucher [3] [eplyʃe] vt **1.** [peler - pomme] to peel ; [- poireau] to clean ▸ **éplucher une laitue** to pick the best leaves out of a lettuce **2.** [analyser - texte] to dissect, to go over *(insép)* with a fine-tooth comb ; [- liste, statistiques] to go through *(insép).*

épluchette [eplyʃɛt] nf QUÉBEC corn-husking party.

éplucheur, euse [eplyʃœʀ, øz] nm, f peeler.

❖ **éplucheur** nm [couteau] potato ou vegetable peeler.

❖ **éplucheuse** nf automatic potato ou vegetable peeler.

épluchure [eplyʃyʀ] nf piece of peeling / *épluchures de pommes* apple peelings.

épointage [epwɛ̃taʒ], **épointement** [epwɛ̃tmɑ̃] nm blunting.

épointer [3] [epwɛ̃te] vt [outil, crayon] to blunt.

éponge [epɔ̃ʒ] nf **1.** ZOOL sponge **2.** [pour nettoyer] sponge ▸ **éponge métallique** scouring pad, scourer / *effacer une tache d'un coup d'éponge* to sponge a stain out ou away ▸ **jeter l'éponge** to throw in the sponge ▸ **passer l'éponge** to let bygones be bygones ▸ **passer l'éponge sur qqch** to forget all about sthg / *je passe l'éponge pour cette fois* this time, I'll overlook it ▸ **boire comme une éponge, avoir une éponge dans le gosier** ou **l'estomac** to drink like a fish **3.** BOT ▸ **éponge végétale** loofah, vegetable sponge **4.** *fam* [poumon] lung.

épongeage [epɔ̃ʒaʒ] nm mopping, sponging.

éponger [17] [epɔ̃ʒe] vt **1.** [absorber - encre, vin] to soak ou to sponge (up) / *il épongea la sueur de son front* he wiped the sweat off his forehead ▸ **éponger ses dettes** *fig* to pay off one's debts **2.** [nettoyer - table] to wipe, to sponge (down) ; [- visage] to sponge, to wipe.

❖ **s'éponger** vpt ▸ **s'éponger le front** to mop one's brow.

éponyme [epɔnim] adj eponymous.

épopée [epɔpe] nf [poème] epic (poem) ; [récit] epic (tale) ; [saga] saga.

époque [epɔk] nf **1.** [moment, date] time / *il y a un an à pareille époque* this time last year ▸ **à la même époque** at the same time, during the same period / *les savants de l'époque* the scientists of the time ou day / *ça n'existait pas à l'époque* it didn't exist at the time ou in those days ▸ **à cette époque-là** at that time, in those days / *à l'époque où j'étais étudiant* when I was a student / *les jeunes de notre époque* the young people of today ▸ **être de** ou **vivre avec son époque** to move with the times ▸ **quelle époque!** what times we live in ! / *on vit une drôle d'époque* we live in strange times **2.** [période historique] age, era, epoch ▸ **l'époque victorienne** the Victorian era ou age ▸ **la Belle Époque** the Belle Epoque **3.** [style] period ▸ **la Haute époque a)** [Moyen Âge] the Middle Ages **b)** [XVIe siècle] the High Renaissance **4.** GÉOL period **5.** ASTRON epoch.

❖ **d'époque** loc adj period *(modif)* ▸ **la pendule est d'époque** it's a period clock.

épouillage [epujaʒ] nm delousing.

épouiller [3] [epuje] vt to delouse.

époumoner [3] [epumɔne] ❖ **s'époumoner** vpi to shout o.s. hoarse / *j'avais beau m'époumoner, il n'entendait pas* even though I was yelling at the top of my voice, he still didn't hear me.

épousailles [epuzaj] nfpl *arch* nuptials.

épouse [epuz] nf wife, spouse *sout* / *voulez-vous prendre Maud Jolas pour épouse?* do you take Maud Jolas to be your lawful wedded wife ?

épousée [epuze] nf *arch ou régional* bride.

épouser [3] [epuze] vt **1.** [se marier avec] to marry ▸ **veux-tu m'épouser?** will you marry me ? / *épouser une grosse dot* ou *fortune* to marry money ou into a rich family **2.** [adopter - idées] to espouse, to embrace ; [- cause] to take up *(sép)* **3.** [suivre] : *une robe qui épouse la forme du corps* a figure-hugging ou close-fitting dress.

❖ **s'épouser** vp *(emploi réciproque)* to marry, to get married.

époussetage [epustaʒ] nm dusting (off).

épousseter [27] [epuste] vt **1.** [nettoyer] to dust **2.** [enlever - poussière] to dust ou to flick off *(sép).*

✎ In reformed spelling (see p. 16-19), this verb is conjugated like *acheter* : *il époussète, elle époussètera.*

époustouflant, e [epustuflɑ̃, ɑ̃t] adj *fam* stunning, astounding, staggering.

époustoufler [3] [epustufle] vt *fam* to stun, to astound, to flabbergast.

épouvantable [epuvɑ̃tabl] adj **1.** [très désagréable] awful, horrible, terrible / *il fait un temps épouvantable* the weather's abominable / *elle a un caractère épouvantable* she has a foul temper **2.** [effrayant] frightening, dreadful.

épouvantablement [epuvɑ̃tabləmɑ̃] adv **1.** [en intensif] frightfully, terribly, dreadfully **2.** [de façon effrayante] frighteningly, dreadfully.

épouvantail [epuvɑ̃taj] nm **1.** [pour oiseaux] scarecrow **2.** [menace] bogey, bogeyman / *agiter l'épouvantail de la drogue* to use the threat of drugs as a bogey **3.** *péj* [personne - laide] fright ; [- mal habillée] mess, sight / *elle a l'air d'un épouvantail habillée comme ça* she looks a real sight dressed like that.

épouvante [epuvɑ̃t] nf terror, dread / *être glacé d'épouvante* to be terror-struck ou terror-stricken.

❖ **d'épouvante** loc adj [film, roman] horror *(modif).*

épouvanter [3] [epuvɑ̃te] vt to terrify, to fill with terror ou dread.

époux [epu] nm husband, spouse *sout* / *voulez-vous prendre Paul Hilbert pour époux?* do you take Paul Hilbert to be your lawful wedded husband ? ▸ **les époux Bertier** Mr and Mrs Bertier ▸ **les futurs époux** the engaged couple ▸ **les jeunes époux** the newly-weds.

époxy [epɔksi] adj inv epoxy.

époxyde [epɔksid] nm epoxide.

époxydique [epɔksidik] adj epoxy.

éprendre [79] [epʀɑ̃dʀ] ❖ **s'éprendre de** vp + prép *litt* ▸ **s'éprendre de qqn** to fall for sb, to become enamoured of sb *litt.*

épreuve [epʀœv] nf **1.** [test] test ▸ **l'épreuve du temps** the test of time ▸ **épreuve de force** trial of strength **2.** [obstacle] ordeal, trial ▸ **vie remplie d'épreuves** life of hardship ; *litt* [adversité] ▸ **l'épreuve** adversity, hardship ▸ **rester digne dans l'épreuve** to retain one's dignity in the face of adversity **3.** ÉDUC & UNIV [examen] test, examination ▸ **épreuve écrite** paper, written test ▸ **épreuve orale** oral (test) ; [copie] paper, script ▸ **corriger des épreuves** to mark exam papers **4.** SPORT event ▸ **épreuves d'athlétisme** track events ▸ **épreuve éliminatoire** heat ▸ **épreuve d'endurance** heat, endurance trial ▸ **épreuve de sélection** heat ▸ **épreuve contre la montre** time trial **5.** IMPR proof ▸ **corriger** ou **revoir les épreuves d'un livre** to proofread a book ▸ **dernière** / **première épreuve** final / galley proof **6.** PHOT print ▸ **épreuves de tournage** CINÉ rushes **7.** HIST ordeal ▸ **épreuves judiciaires** trial by ordeal ▸ **l'épreuve du feu** ordeal by fire.

❖ **à l'épreuve** loc adv ▸ **mettre qqn à l'épreuve** to put sb to the test.

❖ **à l'épreuve de** loc prép proof against ▸ **à l'épreuve des balles** bulletproof ▸ **à l'épreuve du feu** fireproof.

❖ **à rude épreuve** loc adv ▸ **mettre qqch à rude épreuve** to put sthg to the test ▸ **mettre les nerfs de qqn à rude épreuve** to put sb's nerves to the test.

❖ **à toute épreuve** loc adj [mécanisme] foolproof ; [patience, bonne humeur] unfailing.

épris, e [epʀi, iz] ◆ pp ⟶ **éprendre.** ◆ adj *litt* : *j'étais très éprise à l'époque* I was very much in love at the time ▸ **être épris de qqn** to be in love with sb / *ils sont très épris (l'un de l'autre)* they're very much in love (with one another) ▸ **être épris de liberté** to be in love with freedom.

EPROM [epʀɔm] (abr de **erasable programmable read only memory**) nf inv INFORM EPROM.

éprouvant, e [epʀuvɑ̃, ɑ̃t] adj trying, testing / *un climat éprouvant* a difficult climate.

éprouvé, e [epʀuve] adj [méthode, matériel] well-tested, tried and tested, proven ; [compétence, courage] proven ; [spécialiste] proven, experienced.

éprouver [3] [epʀuve] vt **1.** [ressentir - douleur, haine] to feel, to experience / *je n'éprouve plus rien pour lui* I don't feel anything for him anymore ▸ **éprouver une grande honte** / **déception** to feel deeply ashamed / disappointed ▸ **éprouver le besoin de** to feel the need to **2.** [tester - procédé] to try ou to test (out) ; [- courage, personne] to test / *éprouver la résistance d'un matériau* to test (out) the resilience of a material ▸ **éprouver la patience de qqn** to try sb's patience, to put sb's patience to the test / *ils nous ont dit cela pour nous éprouver* they told us that to test us **3.** [subir - pertes] to suffer, to sustain **4.** [faire souffrir] to try, to test / *son divorce l'a beaucoup éprouvée* her divorce was a very trying experience for her / *une région durement éprouvée par la crise* an area that has been hard-hit by the recession / *le gel a durement* ou *fortement éprouvé les récoltes* the crops have suffered greatly ou have sustained severe damage from the frost.

éprouvette [epʀuvɛt] nf test tube ▸ **éprouvette graduée** burette.

EPS (abr de **éducation physique et sportive**) nf PE.

epsilon [ɛpsilɔn] nm epsilon.

épucer [16] [epyse] vt to rid of fleas.

épuisable [epɥizabl] adj exhaustible.

épuisant, e [epɥizɑ̃, ɑ̃t] adj exhausting.

épuisé, e [epɥize] adj **1.** [fatigué] exhausted, worn-out, tired-out **2.** COMM [article] sold-out ; [livre] out of print ; [stock] exhausted.

épuisement [epɥizmɑ̃] nm **1.** [fatigue] exhaustion ▸ **mourir d'épuisement** to die of exhaustion / *être dans un état d'épuisement total* to be completely ou utterly exhausted, to be in a state of complete ou utter exhaustion **2.** COMM & INDUST exhaustion / *exploiter une mine jusqu'à épuisement* to exhaust a mine ▸ **jusqu'à épuise-**

* In reformed spelling (see p. 16-19).

ment des stocks while stocks last / *jusqu'à épuisement des provisions* until supplies run out.

épuiser [3] [epɥize] vt **1.** [fatiguer] to exhaust, to wear ou to tire out *(sép)* / *tu m'épuises avec tes questions* you're wearing me out with your questions **2.** [exploiter - puits] to work dry *(sép)* ; [- gisement, veine] to exhaust, to work out *(sép)* ; [- sol, sujet] to exhaust **3.** [consommer - vivres, ressources] to exhaust, to use up *(sép)* ; [- stocks] to exhaust.

❖ **s'épuiser** vpi **1.** [être très réduit - provisions, munitions] to run out, to give out ; [- source] to dry up ; [- filon] to be worked out **2.** [se fatiguer - athlète] to wear o.s. out, to exhaust o.s. ; [- corps] to wear itself out, to run out of steam ▸ **s'épuiser à faire qqch** [s'évertuer à faire qqch] to wear o.s. out doing sthg / *je me suis épuisé à le lui faire comprendre* I wore myself out trying to make him understand.

épuisette [epɥizɛt] nf **1.** [filet] landing net **2.** [pelle] bailer.

épulpeur [epylpœʀ] nm pulp extractor.

épurateur [epyʀatœʀ] nm filter, purifier ▸ **épurateur d'air** air filter ▸ **épurateur d'eau** water filter.

épuration [epyʀasjɔ̃] nf **1.** [de l'eau] purification, filtering **2.** [du style] refinement, refining **3.** POL purge ▸ **l'Épuration** HIST *period after the Second World War during which collaborators were tried and punished.*

épuratoire [epyʀatwaʀ] adj TECHNOL purifying.

épure [epyʀ] nf **1.** [dessin fini] working drawing **2.** [projections] blueprint.

épurer [3] [epyʀe] vt **1.** [liquide] to filter ; [pétrole] to refine **2.** [style, langue] to refine, to make purer **3.** POL [administration] to purge.

épurge [epyʀʒ] nf euphorbia.

équarrir [32] [ekaʀiʀ] vt **1.** [bois, pierre] to square (off) **2.** [animal] to cut up *(sép)*.

équarrissage [ekaʀisaʒ] nm **1.** [du bois, de la pierre] squaring (off) **2.** [d'un animal] cutting up.

équarrisseur [ekaʀisœʀ] nm **1.** [de bois, de pierre] squarer **2.** [aux abattoirs] butcher *(at a slaughterhouse)*.

Équateur [ekwatœʀ] npr m ▸ **(la république de) l'Équateur** (the Republic of) Ecuador.

équateur [ekwatœʀ] nm equator ▸ **sous l'équateur** at the equator.

équation [ekwasjɔ̃] nf **1.** MATH equation ▸ **équation du premier** / **second degré** simple / quadratic equation ▸ **équation différentielle** differential equation ▸ **équation linéaire** linear equation **2.** ASTRON ▸ **équation du temps** equation of time **3.** CHIM ▸ **équation chimique** chemical equation **4.** PSYCHOL ▸ **équation personnelle** personal equation.

équato-guinéen, enne [ekwatɔgineɛ̃, ɛn] adj from Equatorial Guinea.

❖ **Équato-Guinéen, enne** nm, f Equatorial Guinean.

équatorial, e, aux [ekwatɔʀjal, o] adj **1.** ASTRON & GÉOGR equatorial **2.** BIOL ▸ **plaque équatoriale** equatorial plate.

❖ **équatorial** nm equatorial *(telescope)*.

équatorien, enne [ekwatɔʀjɛ̃, ɛn] adj Ecuadoran, Ecuadorian.

❖ **Équatorien, enne** nm, f Ecuadoran, Ecuadorian.

équerre [ekɛʀ] nf [instrument] set square UK, triangle US ▸ **équerre à dessin** set square UK ▸ **équerre d'arpenteur** optical square ▸ **équerre en T, double équerre** T-square ▸ **fausse équerre** bevel square.

❖ **à l'équerre, d'équerre** loc adj [mur] straight ; [pièce] square.

❖ **en équerre** loc adj at right angles.

équestre [ekɛstʀ] adj [statue, peinture] equestrian ; [exercice, centre] horseriding *(modif)* ▸ **le sport équestre** (horse) riding.

équeutage [ekøtaʒ] nm removing the stalk.

équeuter [3] [ekøte] vt [fruit] to pull the stalk off, to remove the stalk from.

équiangle [ekɥiɑ̃gl] adj equiangular.

équidé [ekide] nm member of the horse family ou of the Equidae.

équidistance [ekɥidistɑ̃s] nf equidistance.

❖ **à équidistance de** loc prép : *à équidistance de Moscou et de Prague* half-way between Moscow and Prague.

équidistant, e [ekɥidistɑ̃, ɑ̃t] adj equidistant.

équilatéral, e, aux [ekɥilateʀal, o] adj equilateral / *ça m'est équilatéral!* fam & hum I really couldn't care less!

équilibrage [ekilibʀaʒ] nm balancing, counterbalancing / *faire faire l'équilibrage des roues* AUTO to have the wheels balanced.

équilibrant, e [ekilibʀɑ̃, ɑ̃t] adj balancing *(modif)*.

équilibration [ekilibʀasjɔ̃] nf balancing, counterbalancing, equilibration *spéc.*

équilibre [ekilibʀ] nm **1.** [stabilité du corps] balance / *avoir (le sens) de l'équilibre* to have a good sense of balance ▸ **garder** / **perdre l'équilibre** to keep / to lose one's balance ▸ **faire perdre l'équilibre à qqn** to throw sb off balance *pr* **2.** [rapport de force] balance ▸ **établir un équilibre entre** to strike a balance between ▸ **rétablir l'équilibre** to restore the balance / *l'équilibre des forces* ou *du pouvoir* the balance of power / *l'équilibre de la terreur* the balance of terror ▸ **l'équilibre naturel** the balance of nature **3.** ÉCON & FIN ▸ **équilibre budgétaire** balance in the budget ▸ **équilibre économique** economic equilibrium **4.** PSYCHOL ▸ **manquer d'équilibre** to be (mentally ou emotionally) unbalanced ▸ **équilibre mental** (mental) equilibrium **5.** CHIM & PHYS equilibrium ▸ **équilibre indifférent** / **stable** PHYS unstable / stable equilibrium.

❖ **en équilibre** ◆ loc adj [plateau, pile de livres] stable. ◆ loc adv : *marcher en équilibre sur un fil* to balance on a tightrope / *le clown tenait un verre en équilibre sur son nez* the clown was balancing a glass on his nose ▸ **mettre qqch en équilibre** to balance sthg.

équilibré, e [ekilibʀe] adj **1.** PSYCHOL balanced, stable **2.** [budget] balanced ; [alimentation, emploi du temps] balanced, well-balanced ▸ **mal équilibré** unbalanced, unstable.

équilibrer [3] [ekilibʀe] vt **1.** [contrebalancer - poids, forces] to counterbalance ▸ **faire équilibrer ses roues** to have the wheels balanced **2.** [rendre stable - balance, budget] to balance ▸ **équilibrer ses comptes** to break even, to reach break-even point / *équilibrer son régime* to follow a balanced diet.

❖ **s'équilibrer** vp *(emploi réciproque)* to counterbalance each other ou one another, to even out.

équilibreur [ekilibʀœʀ] nm stabilizer.

équilibriste [ekilibʀist] nmf [acrobate] acrobat ; [funambule] tightrope walker.

équille [ekij] nf sand eel.

équimoléculaire [ekɥimɔlekylɛʀ] adj equimolecular.

équin, ine [ekɛ̃, in] adj equine.

équinoxe [ekinɔks] nm equinox ▸ **équinoxe de printemps** / **d'automne** spring / autumn ou fall US equinox.

équinoxial, e, aux [ekinɔksjal, o] adj equinoctial.

équipage [ekipaʒ] nm **1.** AÉRON & NAUT crew ▸ **membres de l'équipage** members of the crew, crew members ▸ **homme d'équipage** crew member **2.** *arch* [escorte - d'un prince] retinue, suite ▸ **aller en** ou **mener grand équipage** *hum* to live in grand style **3.** MIL [matériel] equipment.

équipe [ekip] nf **1.** [groupe - de chercheurs, de secouristes] team ▸ **travailler en équipe** to work as a team / *ils forment une équipe très soudée* they're a very close-knit team / *vous deux, vous allez faire équipe?* would you two like to work together? ▸ **faire équipe avec qqn** to team up with sb ▸ **équipe de tournage** film crew, camera crew ▸ **équipe de vente** sales team **2.** INDUST ▸ **équipe de jour** / **nuit** day / night shift ▸ **travailler en** ou **par équipes a)** [à l'usine] to work in shifts **b)** [sur un chantier] to work in gangs **3.** SPORT [gén] team ; [sur un bateau] crew ▸ **jouer en** ou **par équipes** to play in teams ▸ **l'équipe de France de rugby** / **hockey** the French rugby / hockey team ▸ **équipe d'amateurs** / **de professionnels** amateur / professional team ▸ **l'Équipe** PRESSE *daily sports newspaper* **4.** [bande] crew, gang / *on formait une joyeuse équipe* we were a happy lot.

❖ **d'équipe** loc adj **1.** [collectif] ▸ **esprit d'équipe** team ou group spirit ▸ **travail d'équipe** teamwork **2.** [sport, jeu] team *(modif)*.

équipée [ekipe] nf **1.** [aventure] escapade / *une folle équipée* a mad escapade **2.** *hum* [promenade] jaunt.

équipement [ekipmɑ̃] nm **1.** [matériel - léger] equipment, supplies ; [- lourd] equipment ▸ **renouveler l'équipement d'une usine** to refit a factory ▸ **équipement de bureau** office supplies ▸ **équipement électrique** electrical supplies ▸ **équipement électroménager** electrical appliances ▸ **équipements spéciaux a)** AUTO [pneus] snow tyres **b)** [chaînes] chains ▸ **équipement de survie** survival equipment **2.** [panoplie] kit, gear ▸ **un équipement de ski** a set of skiing equipment ou gear / *un équipement de pêche en rivière* fishing tackle ou gear **3.** [infrastructure] ▸ **équipements collectifs** public amenities ▸ **équipements publics** public facilities ▸ **équipements sportifs** / **scolaires** sports / educational facilities ▸ **l'équipement routier** / **ferroviaire du pays** the country's road / rail infrastructure ▸ **(le service de) l'Équipement** *local government department responsible for road maintenance and issuing building permits* **4.** [fait de pourvoir] : *procéder à l'équipement d'un régiment* to equip a regiment / *procéder à l'équipement d'un terrain de jeu* to equip a playing field **5.** AÉRON ▸ **équipement embarqué** ou **de bord** on-board equipment.

équipementier [ekipmɑ̃tje] nm manufacturer of components.

équiper [3] [ekipe] vt **1.** [pourvoir de matériel - armée, élève, skieur] to kit out *(sép)*, to fit out ; [- navire] to fit out *(sép)*, to commission ; [- salle] to equip, to fit out *(sép)* ; [- usine] to equip, to tool up ▸ **cuisine tout** ou **entièrement équipée** fully-equipped kitchen / *être bien équipé pour une expédition* to be all set up ou kitted out for an expedition ▸ **équiper qqch de** : *équiper une maison d'un système d'alarme* to install a burglar alarm in a house **2.** [pourvoir d'une infrastructure] : *équiper une ville d'un réseau d'égouts* to equip a town with a sewage system ▸ **équiper industriellement une région** to bring industry to a region.

❖ **s'équiper** vp *(emploi réfléchi)* to equip o.s., to kit o.s. out UK / *un micro-ondes? eh bien, on s'équipe!* a microwave? we are getting organized, aren't we! / *sa société s'est équipée en* ou *d'ordinateurs* his company has equipped itself with computers.

équipier, ère [ekipje, ɛʀ] nm, f team member ▸ **son équipier** his team mate ou fellow team member.

équipotent [ekɥipɔtɑ̃] adj m equipotent.

équipotentiel, elle [ekɥipɔtɑ̃sjɛl] adj equipotential.

équiprobable [ekɥipʀɔbabl] adj equiprobable.

équitable [ekitabl] adj **1.** [verdict, répartition] fair, equitable ; [juge] fair, fair-minded, even-handed **2.** ÉCON [coton, thé, cacao] fair-trade.

équitablement [ekitabləmɑ̃] adv fairly, equitably.

équitation [ekitasjɔ̃] nf horse-riding UK, horseback riding US, riding ▸ **faire de l'équitation** to go horse-riding / *je n'ai jamais fait d'équitation* I've never been horse-riding, I've never ridden a horse.

❖ **d'équitation** loc adj [école, professeur] riding *(modif)*.

équité [ekite] nf equity, fairness, fair-mindedness.

❖ **en toute équité** loc adv very equitably ou fairly.

équivalence [ekivalɑ̃s] nf **1.** [gén, LOGIQUE & MATH] equivalence **2.** UNIV : *faire une demande d'équivalence, demander une équivalence* to request an equivalent rating of one's qualifications / *quels sont les diplômes étrangers admis en équivalence?* which foreign diplomas are recognized?

équivalent, e [ekivalɑ̃, ɑ̃t] adj [gén & MATH] equivalent / *le prix de vente est équivalent au prix de revient* the selling price is equivalent to the cost price.

❖ **équivalent** nm [élément comparable] equivalent / *l'équivalent de 300 dollars en euros* the equivalent of

300 dollars in euros / *il n'y a pas d'équivalent anglais de ce mot* there is no English equivalent for this word ▸ **équivalent gramme** CHIM gram equivalent, equivalent weight ▸ **équivalent mécanique de la chaleur** PHYS mechanical equivalent of heat.

équivaloir [60] [ekivalwaʀ] ❖ **équivaloir à** v + prép [être égal à] to be equal ou equivalent to ; [revenir à] to amount to / *le prix de cette voiture équivaut à un an de salaire* this car costs the equivalent of a year's salary / *ça équivaut à s'avouer vaincu* it amounts to admitting defeat. ❖ **s'équivaloir** vp *(emploi réciproque)* to be equivalent.

équivoque [ekivɔk] ◆ adj **1.** [ambigu - terme, réponse] equivocal, ambiguous ; [- compliment] double-edged, back-handed / *de manière équivoque* equivocally **2.** [suspect - fréquentation, comportement] questionable, dubious ; [- personnage] shady. ◆ nf **1.** [caractère ambigu] ambiguity *(U)* ▸ **déclaration sans équivoque** unambiguous ou unequivocal statement / *un maître de l'équivoque* a master of equivocation **2.** [malentendu] misunderstanding *(C)* / *afin d'éviter toute équivoque* in order to avoid any possibility of misunderstanding / *cela pourrait prêter à équivoque* this could be misinterpreted ou misconstrued **3.** [doute] doubt / *pour lever* ou *dissiper l'équivoque sur mes intentions* so as to leave no doubt as to my intentions.

érable [eʀabl] nm maple ▸ **érable à sucre** sugar maple.

érablière [eʀablijɛʀ] nf maple grove, sugar bush US.

éradication [eʀadikasjɔ̃] nf eradication, rooting out.

éradiquer [3] [eʀadike] vt to eradicate, to root out *(sép)*.

éraflement [eʀafləmɑ̃] nm scratching.

érafler [3] [eʀafle] vt **1.** [écorcher - peau, genou] to scrape, to scratch, to graze **2.** [rayer - peinture, carrosserie] to scrape, to scratch.
❖ **s'érafler** vpt : *s'érafler les mains* to graze one's hands.

éraflure [eʀaflyʀ] nf scratch, scrape / *se faire une éraflure au coude* to scrape ou to graze one's elbow.

éraillé, e [eʀaje] adj **1.** [rauque] rasping, hoarse ▸ **avoir la voix éraillée** to be hoarse **2.** [rayé - surface] scratched **3.** [injecté] : *avoir l'œil éraillé* to have bloodshot eyes.

éraillement [eʀajmɑ̃] nm hoarseness.

érailler [3] [eʀaje] vt **1.** [surface] to scratch **2.** [voix] to make hoarse.
❖ **s'érailler** vpt : *s'érailler la voix* to make o.s. hoarse.

éraillure [eʀajyʀ] nf scratch.

Érasme [eʀasm] npr Erasmus.

ère [ɛʀ] nf **1.** [époque] era ▸ **une nouvelle ère commence** it's the beginning of a new era, a new era has begun / *270 ans avant notre ère* 270 BC / *en l'an 500 de notre ère* in the year 500 AD, in the year of our Lord 500 ▸ **l'ère chrétienne** the Christian era **2.** GÉOL era.

érecteur, trice [eʀɛktœʀ, tʀis] adj erector.

érectile [eʀɛktil] adj erectile.

érectilité [eʀɛktilite] nf erectility.

érection [eʀɛksjɔ̃] nf **1.** PHYSIOL erection / *avoir une érection* to have an erection **2.** *litt* [édification] erection, raising *(U)*.

éreintage [eʀɛ̃taʒ] nm [critique] slating UK, panning.

éreintant, e [eʀɛ̃tɑ̃, ɑ̃t] adj gruelling, backbreaking.

éreintement [eʀɛ̃tmɑ̃] nm *sout* **1.** [d'un auteur] slating UK, panning **2.** [fatigue] exhaustion.

éreinter [3] [eʀɛ̃te] vt **1.** [épuiser] to exhaust, to wear out *(sép)* ▸ **être éreinté** to be worn out **2.** [critiquer - pièce, acteur] to slate UK, to pan / *son spectacle s'est fait éreinter par tous les critiques* all the critics slated ou panned his show.
❖ **s'éreinter** vpi to wear o.s. out ▸ **s'éreinter à faire qqch** to wear o.s. out doing sthg.

éreinteur, euse [eʀɛ̃tœʀ, øz] nm, f [critique] detractor.

érémiste [eʀemist] nmf *person receiving the RMI benefit.*

érémitique [eʀemitik] adj eremitic, eremitical.

érésipèle [eʀezipɛl] = **érysipèle.**

Érévan [eʀevɑ̃] npr Yerevan.

erg [ɛʀg] nm GÉOGR & PHYS erg.

ergastoplasme [ɛʀgastɔplasm] nm ergastoplasm, endoplasmic reticulum.

ergatif [ɛʀgatif] nm ergative.

ergographe [ɛʀgɔgʀaf] nm ergograph.

ergol [ɛʀgɔl] nm ergol.

ergonome [ɛʀgɔnɔm] nmf ergonomist.

ergonomie [ɛʀgɔnɔmi] nf ergonomics *(sg)*.

ergonomique [ɛʀgɔnɔmik] adj ergonomic.

ergonomiste [ɛʀgɔnɔmist] nmf ergonomist.

ergostérol [ɛʀgɔsteʀɔl] nm ergosterol.

ergot [ɛʀgo] nm **1.** [de coq] spur ; [de chien] dewclaw ▸ **monter** ou **se dresser sur ses ergots** to get on one's high horse **2.** BOT ergot **3.** TECHNOL lug.

ergotage [ɛʀgɔtaʒ] nm quibbling.

ergotamine [ɛʀgɔtamin] nf ergotamine.

ergoté, e [ɛʀgɔte] adj [oiseau] spurred.

ergoter [3] [ɛʀgɔte] vi to quibble / *ergoter sur des détails* to quibble about details.

ergoterie [ɛʀgɔtʀi] nf = **ergotage.**

ergoteur, euse [ɛʀgɔtœʀ, øz] nm, f quibbler.

ergothérapeute [ɛʀgɔteʀapøt] nmf occupational therapist.

ergothérapie [ɛʀgɔteʀapi] nf occupational therapy.

ergotisme [ɛʀgɔtism] nm ergotism, Saint Anthony's fire.

éricacée [eʀikase] nf ericaceous plant *spéc*, heather *(C)* ▸ **les éricacées** the heathers ou Ericaceae *spéc.*

Érié [eʀje] npr ▸ **le lac Érié** Lake Erie.

ériger [17] [eʀiʒe] vt **1.** [édifier - statue, temple] to erect, to raise ▸ **ériger qqch / qqn en** *fig* [le transformer en] : *le cynisme érigé en art* cynicism raised to the status of fine art **2.** [instituer - comité, tribunal] to set up *(sép)*, to establish.
❖ **s'ériger** vpi ▸ **s'ériger en moraliste / censeur** to set o.s. up as a moralist / a censor.

Erik [eʀik] npr ▸ **Erik le Rouge** Eric the Red.

Érin [eʀin] npr f *litt* Erin.

ermitage [ɛʀmitaʒ] nm **1.** [d'un ermite] hermitage **2.** [retraite] retreat.

ermite [ɛʀmit] nm **1.** RELIG hermit **2.** [reclus] hermit, recluse / *vivre comme un ermite* ou *en ermite* to live like ou as a hermit, to lead the life of a recluse.

éroder [3] [eʀɔde] vt to erode.

érogène [eʀɔʒɛn] adj erogenous, erogenic.

Éros [eʀos] npr Eros.

éros [eʀos] nm PSYCHOL ▸ **l'éros** Eros.

érosif, ive [eʀozif, iv] adj erosive.

érosion [eʀozjɔ̃] nm **1.** GÉOGR & MÉD erosion **2.** [dégradation] erosion ▸ **érosion monétaire** erosion of the value of money.

érotique [eʀɔtik] adj erotic.

érotiquement [eʀɔtikmɑ̃] adv erotically.

érotisation [eʀɔtizasjɔ̃] nf eroticization, eroticizing.

érotiser [3] [eʀɔtize] vt to eroticize.

érotisme [eʀɔtism] nm eroticism ▸ **d'un érotisme torride a)** [film] steamy **b)** [situation] sexy, hot UK.

érotogène [eʀɔtɔʒɛn] = **érogène.**

érotologie [eʀɔtɔlɔʒi] nf erotology.

érotologique [eʀɔtɔlɔʒik] adj erotological.

érotomane [eʀɔtɔman] nmf erotomaniac.

érotomaniaque [eʀɔtɔmanjak] adj erotomaniac.

érotomanie [eʀɔtɔmani] nf erotomania.

erpétologie [ɛʀpetɔlɔʒi] nf herpetology.

erpétologique [ɛʀpetɔlɔʒik] adj herpetologic, herpetological.

erpétologiste [ɛʀpetɔlɔʒist] nmf herpetologist.

errance [ɛʀɑ̃s] nf *litt* wandering, roaming.

errant, e [ɛʀɑ̃, ɑ̃t] adj wandering, roaming / *mener une vie errante* to lead the life of a wanderer.

errata[1] [eʀata] pl ⟶ **erratum.**

errata[2] *(pl* **errata** *ou* **erratas***) [eʀata] nm [liste] list of errata.

erratique [eʀatik] adj **1.** GÉOL & MÉD erratic **2.** *sout* [variation] erratic.

erratum [eʀatɔm] *(pl* **errata** [eʀata] *ou* **erratums*** [eʀatɔm]) nm erratum.

erre [ɛʀ] nf NAUT headway.
❖ **erres** nfpl CHASSE [traces] trail.
❖ **sur son erre** loc adv *sout* : *aller sur son erre* to coast (along), to freewheel.

errements [ɛʀmɑ̃] nmpl *litt* erring ways *litt*, bad habits.

errer [4] [eʀe] vi **1.** [marcher] to roam, to wander ▸ **errer comme une âme en peine** to wander about like a lost soul **2.** [imagination] to wander, to stray ; [regard] to wander, to rove **3.** *litt* [se tromper] to err.

erreur [eʀœʀ] nf **1.** [faute] mistake, error / *il doit y avoir une erreur* there must be a ou some mistake / *il y a erreur sur la personne* you've got the wrong person, it's a case of mistaken identity ▸ **erreur!** wrong ! / *c'est lui, pas d'erreur!* that's him all right ! / *ce serait une erreur (que) de penser cela* it would be wrong ou a mistake to think that ▸ **être dans l'erreur** to be wrong ou mistaken ▸ **faire** ou **commettre une erreur** to make a mistake ou an error ▸ **faire erreur** to be wrong ou mistaken ▸ **erreur de calcul** miscalculation ▸ **erreur de plume** slip of the pen ▸ **erreur typographique** ou **d'impression** misprint, printer's error ▸ **erreur de syntaxe** INFORM syntax error ▸ **erreur de traduction** mistake in translation, mistranslation ▸ **l'erreur est humaine** to err is human ▸ **cherchez l'erreur!** spot the deliberate mistake **2.** [errement] error ▸ **des erreurs de jeunesse** youthful indiscretions / *racheter ses erreurs passées* to mend one's ways / *retomber dans les mêmes erreurs* to lapse back into the same old bad habits **3.** DR ▸ **erreur judiciaire** miscarriage of justice.
❖ **par erreur** loc adv by mistake.
❖ **sauf erreur** loc adv : *je crois, sauf erreur, qu'il est venu hier* I believe, if I'm not mistaken, that he came yesterday / *sauf erreur de ma part, ce lundi-là est férié* unless I'm (very much) mistaken, that Monday is a public holiday.
❖ **sauf erreur ou omission** loc adv COMM & DR errors and omissions excepted.

erroné, e [ɛʀɔne] adj erroneous, mistaken.

ers [ɛʀ] nm vetch.

ersatz [ɛʀzats] nm ersatz, substitute ▸ **un ersatz de café** ersatz coffee / *un ersatz d'aventure / d'amour* a substitute for adventure / for love.

erse [ɛʀs] ◆ adj Erse. ◆ nf NAUT grommet.

éructation [eʀyktasjɔ̃] nf *sout* eructation.

éructer [3] [eʀykte] ◆ vi to eruct *sout*, to belch. ◆ vt *sout* : *éructer des injures* to belch (forth) insults.

érudit, e [eʀydi, it] ◆ adj erudite, learned, scholarly. ◆ nm, f scholar, erudite ou learned person.

érudition [eʀydisjɔ̃] nf erudition, scholarship.

éruptif, ive [eʀyptif, iv] adj GÉOL & MÉD eruptive.

éruption [eʀypsjɔ̃] nf **1.** ASTRON & GÉOL eruption ▸ **entrer en éruption** to erupt ▸ **volcan en éruption** erupting volcano **2.** MÉD outbreak ▸ **éruption cutanée** rash ▸ **éruption de boutons** outbreak of spots **3.** *fig* outbreak / *éruption de colère* fit of anger, angry outburst.

érysipèle [eʀizipɛl] nm erysipelas, Saint Anthony's fire.

érythémateux, euse [eʀitematø, øz] adj erythematous.

érythème [eʀitɛm] nm erythema ▸ **érythème fessier** nappy UK ou diaper US rash.

érythrasma [eʀitʀasma] nm erythrism.

Érythrée [eʀitʀe] npr f ▸ **(l')Érythrée** Eritrea.

érythréen, enne [eʀitʀeɛ̃, ɛn] adj Eritrean.
❖ **Érythréen, enne** nm, f Eritrean.

* In reformed spelling (see p. 16-19).

érythrine [eʀitʀin] nf **1.** CHIM erythrin, erythric acid **2.** BOT Erythrina.

érythroblaste [eʀitʀɔblast] nm erythroblast.

érythroblastose [eʀitʀɔblastoz] nf erythroblastosis.

érythrocytaire [eʀitʀɔsitɛʀ] adj erythrocytic.

érythrocyte [eʀitʀɔsit] nm red blood cell, erythrocyte *spéc.*

érythromycine [eʀitʀɔmisin] nf erythromycin.

es v → **être.**

ès [ɛs] prép ▸ **licencié ès lettres** ≃ Bachelor of Arts ; ≃ BA ▸ **licencié ès sciences** ≃ Bachelor of Sciences ; ≃ BSc ▸ **docteur ès lettres** ≃ Doctor of Philosophy ; ≃ PhD.

E/S (abr écrite de **entrée/sortie**) I/O.

Ésaü [ezay] npr Esau.

ESB (abr de **encéphalopathie spongiforme bovine**) nf BSE.

esbigner [3] [ɛzbiɲe] ❖ **s'esbigner** vpi *fam & vieilli* [s'enfuir] to skedaddle, to make ou to clear off.

esbroufe [ɛzbʀuf] nf *fam* bluff ▸ **faire de l'esbroufe** to bluff.

❖ **à l'esbroufe** *fam* ◆ loc adj : *vol à l'esbroufe* pocket-picking. ◆ loc adv : *il l'a fait à l'esbroufe* he bluffed his way through it.

esbroufer [3] [ɛzbʀufe] vt *fam* to bluff.

esbroufeur, euse [ɛzbʀufœʀ, øz] nm, f *fam* smooth talker, bluffer.

escabeau, x [ɛskabo] nm **1.** [tabouret] stool **2.** [échelle] stepladder.

escabèche [ɛskabɛʃ] nf escabèche *(marinated fish).*

escabelle [ɛskabɛl] nf BELG stepladder.

escadre [ɛskadʀ] nf **1.** NAUT squadron **2.** AÉRON wing.

escadrille [ɛskadʀij] nf **1.** NAUT squadron **2.** AÉRON flight, squadron ▸ **escadrille de chasse** fighter squadron.

escadron [ɛskadʀɔ̃] nm **1.** [dans la cavalerie] squadron ; [dans l'armée blindée] squadron ; [dans la gendarmerie] company ▸ **escadron de chars** armoured squadron ▸ **escadron de la mort** POL death squad **2.** *fam & hum* [groupe] bunch, gang.

escalade [ɛskalad] nf **1.** SPORT [activité] rock climbing *(U)* ▸ **faire de l'escalade** to go rock climbing ; [ascension] climb ▸ **escalade artificielle** artificial climb **2.** [d'un mur, d'une grille] climbing *(U)*, scaling *(U)* / *nous avons dû faire de l'escalade pour arriver jusqu'à la maison* we had to scramble up to the house ; DR illegal entry **3.** [aggravation] escalation ▸ **l'escalade de la violence** the escalation of violence ▸ **l'escalade des prix** the soaring of prices.

escalader [3] [ɛskalade] vt [portail] to climb, to scale, to clamber up *(insép)* ; [montagne] to climb ; [grille] to climb over ; [muret] to scramble up *(insép).*

Escalator® [ɛskalatɔʀ] nm escalator, moving staircase.

escale [ɛskal] nf **1.** NAUT [lieu] port of call ; AÉRON stop **2.** NAUT [halte] call ; AÉRON stop, stopover ▸ **faire escale à a)** [navire] to call at, to put in at **b)** [avion] to stop over at / *l'avion a fait une escale forcée à Rio* the plane was forced to stop over at Rio ▸ **visiter une ville pendant l'escale a)** [d'un navire] to visit a town while the ship is in port **b)** [d'un avion] to visit a town during a stopover ▸ **escale technique** refuelling stop.

❖ **sans escale** loc adj nonstop, direct.

escalier [ɛskalje] nm staircase, (flight of) stairs ▸ **les escaliers** the staircase ou stairs ▸ **en bas des escaliers** downstairs ▸ **en haut des escaliers** upstairs ▸ **être dans l'escalier** ou **les escaliers** to be on the stairs ▸ **escalier mécanique** ou **roulant** escalator ▸ **escalier en colimaçon** ou **en vrille** spiral staircase ▸ **escalier dérobé** hidden staircase ▸ **escalier d'honneur** main staircase ▸ **escalier de secours** fire escape ▸ **escalier de service** backstairs, service stairs ▸ **escalier à vis** spiral staircase.

❖ **escaliers** nmpl BELG [marches] steps.

escalope [ɛskalɔp] nf escalope ▸ **escalope de veau / de poulet** veal / chicken escalope ▸ **escalope milanaise** Milanese escalope ▸ **escalope panée** escalope in breadcrumbs.

escamotable [ɛskamɔtabl] adj [train d'atterrissage] retractable ; [lit, table] collapsible, foldaway.

escamotage [ɛskamɔtaʒ] nm **1.** [disparition] conjuring ou spiriting away *(U)* **2.** [vol] filching *(U)* **3.** [action d'éluder] dodging *(U)*, evading *(U)*, skipping *(U).*

escamoter [3] [ɛskamɔte] vt **1.** [faire disparaître -mouchoir, carte] to conjure ou to spirit away *(sép)* ; [-placard, lit] to fold away *(sép)* **2.** [voler] to filch **3.** [éluder -difficultés] to evade, to skirt round *(insép)* ; [-mot, note] to skip **4.** AÉRON to retract.

escampette [ɛskɑ̃pɛt] nf → **poudre.**

escapade [ɛskapad] nf **1.** [fugue] ▸ **faire une escapade** to run off ou away **2.** [séjour] jaunt / *une escapade de deux jours à Deauville* a two-day visit ou jaunt to Deauville.

escarbille [ɛskaʀbij] nf piece of soot.

escarboucle [ɛskaʀbukl] nf carbuncle.

escarcelle [ɛskaʀsɛl] nf *arch* moneybag ▸ **100 euros vont tomber dans mon escarcelle** *hum* I'm about to have a little windfall of 100 euros.

escargot [ɛskaʀgo] nm snail ▸ **avancer comme un escargot** ou **à une allure d'escargot** to go at a snail's pace.

escargotière [ɛskaʀgɔtjɛʀ] nf **1.** [parc] snailery, snail farm **2.** [plat] snail dish.

escarmouche [ɛskaʀmuʃ] nf skirmish.

escarpe [ɛskaʀp] nf [talus] escarp.

escarpé, e [ɛskaʀpe] adj steep.

escarpement [ɛskaʀpəmɑ̃] nm **1.** [pente] steep slope **2.** GÉOL ▸ **escarpement de faille** fault scarp.

escarpin [ɛskaʀpɛ̃] nm court shoe UK, pump US.

escarpolette [ɛskaʀpɔlɛt] nf *arch* [balançoire] swing.

escarre [ɛskaʀ] nf scab.

escarrifier [9] [ɛskaʀifje] ❖ **s'escarrifier** vpi to form a scab.

Escaut [ɛsko] npr m ▸ **l'Escaut** the (River) Scheldt.

eschatologie [ɛskatɔlɔʒi] nf eschatology.

eschatologique [ɛskatɔlɔʒik] adj eschatological.

esche [ɛʃ] = **aiche.**

Eschyle [eʃil] npr Aeschylus.

escient [esjɑ̃] nm ▸ **à bon escient** advisedly, judiciously ▸ **à mauvais escient** injudiciously, unwisely.

esclaffer [3] [ɛsklafe] ❖ **s'esclaffer** vpi to burst out laughing, to guffaw.

esclandre [ɛsklɑ̃dʀ] nm scene, scandal ▸ **faire un esclandre** to make a scene.

esclavage [ɛsklavaʒ] nm **1.** SOCIOL slavery ▸ **réduire qqn en esclavage** to reduce sb to slavery, to make a slave out of sb **2.** [contrainte] slavery, bondage *litt* / *c'est un véritable esclavage!* it's slave labour! **3.** [dépendance] ▸ **vivre dans l'esclavage de** to be a slave to / *subir l'esclavage de la drogue* to be a slave to drugs.

esclavagisme [ɛsklavaʒism] nm **1.** SOCIOL slavery **2.** ENTOM helotism.

esclavagiste [ɛsklavaʒist] nmf supporter of slavery.

esclave [ɛsklav] ◆ adj **1.** SOCIOL : *un peuple esclave* an enslaved people **2.** *fig* ▸ **esclave de** [assujetti à] : *ne sois pas esclave de ses moindres désirs* don't give in to her every whim ▸ **être esclave de l'alcool / du tabac** to be a slave to drink / to tobacco / *je refuse d'être esclave du ménage / de la cuisine!* I won't be a slave to housework / a kitchen slave! ◆ nm **1.** SOCIOL slave **2.** *fig* slave / *elle en a fait son esclave* she has made him (into) her slave, she has enslaved him ▸ **l'esclave de** a slave to, the slave of / *les esclaves de la mode* fashion victims / *être l'esclave de ses passions* to be a slave to one's passions.

escogriffe [ɛskɔgʀif] nm : *un grand escogriffe* a beanpole.

escomptable [ɛskɔ̃tabl] adj discountable.

escompte [ɛskɔ̃t] nm **1.** BANQUE : *faire un escompte à 2 %* to allow a discount of 2 % **2.** COMM discount.

escompter [3] [ɛskɔ̃te] vt **1.** [espérer] ▸ **escompter qqch** to rely ou to count ou to bank on sthg / *il escompte une embauche définitive* he's relying on (getting) a permanent job / *c'est mieux que ce que j'escomptais* it's better than what I expected / *il m'a fait escompter une augmentation de salaire dans les mois à venir* he told me I could count on a rise in the next few months **2.** BANQUE to discount.

escompteur [ɛskɔ̃tœʀ] nm discounter.

escopette [ɛskɔpɛt] nf blunderbuss.

escorte [ɛskɔʀt] nf **1.** AÉRON, MIL & NAUT escort **2.** [personne, groupe] escort ▸ **servir d'escorte à qqn** to escort sb / *il arriva avec toute son escorte de photographes* he arrived escorted by a whole bunch of photographers.

❖ **d'escorte** loc adj [escadron, avion] escort *(modif).*

❖ **sous bonne escorte** loc adv ▸ **être sous bonne escorte** to be in safe hands / *reconduit sous bonne escorte jusqu'à la prison* brought back to prison under heavy escort.

escorter [3] [ɛskɔʀte] vt **1.** [ami, président, célébrité] to escort ; [femme] to escort, to be the escort of / *escortée de ses admirateurs* surrounded by her admirers **2.** AÉRON, MIL & NAUT to escort.

escorteur [ɛskɔʀtœʀ] nm escort ship.

escouade [ɛskwad] nf **1.** MIL squad **2.** [équipe -de balayeurs, de contrôleurs] squad, gang.

escourgeon [ɛskuʀʒɔ̃] nm winter barley.

ESCP (abr de **École supérieure de commerce de Paris**) nf *major business school in Paris.*

escrime [ɛskʀim] nf fencing *(U)* ▸ **faire de l'escrime** to fence.

escrimer [3] [ɛskʀime] ❖ **s'escrimer** vpi ▸ **s'escrimer à faire qqch** to strive to do sthg / *il s'escrimait à faire démarrer la voiture* he was struggling to get the car started ▸ **s'escrimer sur qqch** *fig* to plug away at sthg / *ne t'escrime pas sur cet exercice* don't rack your brains over this exercise.

escrimeur, euse [ɛskʀimœʀ, øz] nm, f fencer.

escroc [ɛskʀo] nm swindler, crook.

escroquer [3] [ɛskʀɔke] vt **1.** [voler -victime, client] to swindle, to cheat ; [-argent, milliard] to swindle ▸ **escroquer de l'argent à qqn** to swindle money out of sb, to swindle sb out of (his / her) money **2.** [extorquer] ▸ **escroquer une signature à qqn** to worm a signature out of sb.

escroquerie [ɛskʀɔkʀi] nf **1.** [pratique malhonnête] swindle / *6 € le kilo, c'est de l'escroquerie!* 6 € a kilo, it's daylight UK ou highway US robbery! **2.** DR fraud.

escudo [ɛskydo] nm escudo.

ésérine [ezeʀin] nf eserine, physostigmine.

esgourde [ɛsguʀd] nf *fam* earhole.

eskimo [ɛskimo] = **esquimau.**

Ésope [ezɔp] npr Aesop.

ésotérique [ezɔteʀik] adj esoteric.

ésotérisme [ezɔteʀism] nm esotericism.

espace[1] [ɛspas] nm **1.** [gén & ASTRON] ▸ **l'espace** space ▸ **voyager dans l'espace** to travel through space / *acquérir les notions de l'espace et du temps* to acquire notions of space and time ; LITTÉR (outer) space **2.** [place, volume] space, room / *as-tu assez d'espace?* do you have enough space ou room? ▸ **manquer d'espace** to be cramped / *la plante verte prend trop d'espace* the potted plant takes up too much space ou room ▸ **espace disque** INFORM disk space ▸ **espace mémoire** memory space ▸ **espace vital** living space ▸ **espace Web** web space **3.** [distance -physique] space, gap ; [-temporelle] gap, interval, space / *il y a un petit espace entre la cuisinière et le placard* there's a small gap between the stove and the unit / *laissez un espace d'un mètre entre les deux arbres* leave (a gap of) one metre between the two trees **4.** [lieu] space / *un espace désertique* a desert area ▸ **l'espace monétaire européen** the European monetary area, Euroland ▸ **espace naturel sensible** sensitive natural area ▸ **espace publicitaire** advertising space ▸ **espace de rangement** storage space ▸ **espaces verts** *park, public gardens and planted areas* : *il y a peu d'espaces verts dans ce quartier* there isn't much greenery in this neighbourhood **5.** GÉOM & MATH space ▸ **espace euclidien** Euclidean space **6.** PSYCHOL space ▸ **espace auditif** range of hearing ▸ **espace visuel** field of vision **7.** AÉRON ▸ **espace aérien** airspace / *dans l'espace aérien allemand* in German airspace **8.** INFORM ▸ **espace numérique de travail** digital workspace.

❖ **dans l'espace de, en l'espace de** loc prép [dans le temps] within (the space of) / *malade cinq fois en l'espace d'un mois* sick five times within (the space of) a month.

espace² [ɛspas] nf IMPR space.

espacement [ɛspasmɑ̃] nm **1.** [dans le temps] spreading ou spacing out / *l'espacement des paiements* staggering of payments **2.** [distance] space / *l'espacement entre les tables* the space between the tables **3.** IMPR [entre deux lettres] space ; [interligne] space (between the lines), spacing.

espacer [16] [ɛspase] vt **1.** [séparer - lignes, mots, arbustes] to space out *(sép)* **2.** [dans le temps] to space out / *vous devriez espacer vos rencontres* you should meet less often ou less frequently ▸ **j'ai espacé mes visites** my visits became less frequent.

❖ **s'espacer** vpi **1.** [dans le temps - visites] to become less frequent **2.** [s'écarter - gymnastes] : *espacez-vous* move further away from each other / *les caractères s'espacent sur l'écran et remplissent le cadre* the characters spread out to fill the frame.

espace-temps [ɛspastɑ̃] (*pl* **espaces-temps**) nm space-time (continuum).

espadon [ɛspadɔ̃] nm swordfish.

espadrille [ɛspadʀij] nf espadrille.

Espagne [ɛspaɲ] npr f ▸ **(l')Espagne** Spain ▸ **la guerre d'Espagne** the Spanish Civil War.

espagnol, e [ɛspaɲɔl] adj Spanish.

❖ **Espagnol, e** nm, f Spaniard ▸ **les Espagnols** the Spanish.

❖ **espagnol** nm LING Spanish.

espagnolette [ɛspaɲɔlɛt] nf window catch / *fermer une fenêtre à l'espagnolette* to leave a window on the latch ou ajar.

espalier [ɛspalje] nm **1.** HORT espalier **2.** SPORT gym ladder.

espar [ɛspaʀ] nm MIL & NAUT spar.

esparcette [ɛspaʀsɛt] nf sainfoin.

espèce [ɛspɛs] nf **1.** SCI species *(sg)* ▸ **l'espèce humaine** the human race, mankind ▸ **des espèces animales** / **végétales** animal / plant species ▸ **espèce menacée** endangered species ▸ **espèce en voie de disparition** endangered species **2.** [sorte] sort, kind / *différentes espèces d'arbres* different sorts ou kinds ou species of trees / *il y a plusieurs espèces de café* there are various sorts of coffee / *rangez ensemble les livres de même espèce* put books of the same kind together ▸ **de son espèce** like him, of his kind / *des escrocs de ton / son espèce* crooks like you / him / *des gens de leur espèce* their sort *péj*, the likes of them *péj* / *les gens de cette espèce* that sort, people of that ilk ▸ **de la pire espèce** terrible / *c'est un menteur de la pire espèce* he's the worst kind of liar, he's a terrible liar / *ça n'a aucune espèce d'importance !* that is of absolutely no importance ! ▸ **une espèce** / **l'espèce de** *péj* : *c'était une espèce de ferme* it was a sort of farm ou a farm of sorts / *l'espèce de malfrat barbu qui nous conduisait* the shady-looking fellow with a beard who was driving ▸ **espèce de** *fam & péj* : *espèce d'idiot !* you idiot ! / *espèce de snob !* what a snob you are ! **3.** DR particular ou specific case.

❖ **espèces** nfpl **1.** FIN cash ▸ **payer en espèces** to pay cash ▸ **espèces sonnantes et trébuchantes** hard cash **2.** RELIG species.

❖ **en l'espèce** loc adv in this particular case / *j'avais de bons rapports avec mes employés mais en l'espèce l'affaire a fini au tribunal* I always had good relations with my employees but in this instance, the matter finished up in court.

❖ **sous les espèces de** loc prép *litt* [sous la forme de] in the form of.

espérance [ɛspeʀɑ̃s] nf **1.** [espoir] hope, expectation **2.** [cause d'espoir] hope / *vous êtes mon unique espérance* you're my only hope **3.** SOCIOL ▸ **espérance de vie** life expectancy **4.** MATH ▸ **espérance mathématique** (mathematical) expected value **5.** RELIG hope.

❖ **espérances** nfpl **1.** [perspectives] prospects / *avoir de magnifiques espérances* to have wonderful prospects / *donner des espérances* to be promising ; [aspirations] hopes ▸ **fonder ses espérances sur qqn** to pin one's hopes on sb **2.** *euphém* [espoir d'hériter] expectations, prospects of inheritance / *j'ai des espérances du côté maternel* I have great expectations on my mother's side.

❖ **contre toute espérance** loc adv contrary to (all) ou against all expectations.

espérantiste [ɛspeʀɑ̃tist] adj & nmf Esperantist.

espéranto [ɛspeʀɑ̃to] nm Esperanto.

espérer [18] [ɛspeʀe] ◆ vt **1.** [souhaiter] to hope / *espérer le succès* to hope for success, to hope to succeed / *j'espère que vous viendrez* I hope (that) you will come / *j'espère vous revoir bientôt* I hope to see you soon / *j'espère arriver à la convaincre* I hope (that) I will be able to sway her ; *(en usage absolu)* ▸ **j'espère (bien) !** I (do ou certainly) hope so ! **2.** [escompter] to expect / *n'espère pas qu'elle te rembourse* don't expect her to pay you back / *j'en espère de grandes choses* I expect great things to come of it / *je n'en espérais pas tant de lui* I didn't expect that much of him / *le médecin leur avait fait espérer une guérison rapide* the doctor had led them to hope for a fast recovery **3.** [attendre] to expect, to wait for *(insép)* / *on ne vous espérait plus !* we'd given up on you ! ◆ vi to hope ▸ **espérer en** *sout* to have faith in / *espérer en Dieu* to have faith ou to trust in God / *il faut espérer en des temps meilleurs* we must live in hope of better times.

In reformed spelling (see p. 16-19), this verb is conjugated like **semer** : ***il espèrera, elle espèrerait***.

esperluette [ɛspɛʀlɥɛt] nf ampersand.

espiègle [ɛspjɛgl] ◆ adj [personne] impish, mischievous ; [regard, réponse] mischievous / *d'un air espiègle* mischievously. ◆ nmf (little) rascal, imp.

espièglerie [ɛspjɛgləʀi] nf **1.** [caractère] impishness, mischievousness **2.** [farce] prank, trick, piece of mischief.

espiogiciel [ɛspjɔʒisjɛl] nm INFORM : *des espiogiciels* spyware.

espion, onne [ɛspjɔ̃, ɔn] nm, f spy.

❖ **espion** nm *(comme adjectif, avec ou sans trait d'union)* spy *(modif)* ▸ **avion espion** spy plane ▸ **micro espion** bug ▸ **satellite espion** spy satellite.

espionnage [ɛspjɔnaʒ] nm **1.** [action] spying **2.** [activité] espionage ▸ **espionnage industriel** industrial espionage.

❖ **d'espionnage** loc adj [film, roman] spy *(modif)*.

espionner [3] [ɛspjɔne] vt to spy on *(insép)* ; *(en usage absolu)* : *elle est toujours là, à espionner* she's always snooping (around).

espionnite [ɛspjɔnit] nf *fam* spy mania.

esplanade [ɛsplanad] nf esplanade.

espoir [ɛspwaʀ] nm **1.** [espérance] hope ▸ **être plein d'espoir** to be very hopeful / *j'ai l'espoir de le voir revenir* I'm hopeful that he'll return ▸ **j'ai l'espoir d'une récompense** I'm hoping for a reward / *nous avons encore bon espoir* we remain confident ▸ **j'ai bon espoir qu'il va gagner** ou **de le voir gagner** I'm confident that he'll win ▸ **il n'y a plus d'espoir a)** [il va mourir] there's no hope left **b)** [nous avons perdu] we've had it **2.** [cause d'espérance] hope / *tu es mon dernier espoir* you're my last hope / *c'est un des espoirs du tennis français* he's one of France's most promising young tennis players.

❖ **dans l'espoir de** ◆ loc prép in the hope of / *dans l'espoir d'un succès immédiat* hoping for immediate success. ◆ loc conj in the hope of / *dans l'espoir de vous voir bientôt* hoping to see you soon.

❖ **sans espoir** loc adj hopeless.

esprit [ɛspʀi] nm **1.** [manière de penser] mind / *les voyages ouvrent l'esprit* travel broadens the mind ▸ **avoir l'esprit clair** to be a clear thinker ▸ **avoir l'esprit critique** to have a critical mind ▸ **avoir l'esprit étroit** / **large** to be narrow-minded / broad-minded / *avoir l'esprit lent* / *vif* to be slow-witted / quick-witted ▸ **avoir l'esprit mal tourné** *fam* to have a dirty mind ▸ **avoir un esprit positif** to have a positive outlook ▸ **esprit de** : *esprit d'analyse* analytical mind ▸ **avoir l'esprit d'analyse** to be analytical ▸ **avoir l'esprit d'aventure** to have a spirit of adventure ▸ **avoir l'esprit d'à-propos** to be quick off the mark, to have a ready wit ▸ **avoir l'esprit de contradiction** to be contrary ou argumentative ▸ **esprit de suite** consistency / *sans esprit de suite* inconsistently / *avoir l'esprit de synthèse* to be good at drawing ideas together ▸ **esprit de système** methodical mind, systematic mind ▸ **avoir l'esprit de l'escalier** to be slow off the mark **2.** [facultés, cerveau] mind, head ▸ **as-tu perdu l'esprit ?** are you out of your mind?, have you completely lost your head ? / *maintenant que j'ai fini le rapport, j'ai l'esprit libre* now I've finished the report, I can relax ▸ **où avais-je l'esprit ?** what was I thinking of ? ▸ **j'ai l'esprit ailleurs** I'm not concentrating / *il n'a pas l'esprit à ce qu'il fait* his mind is elsewhere ou isn't on what he's doing / *dites-moi ce que vous avez à l'esprit* tell me what you have in mind ▸ **ça m'a traversé l'esprit** it occurred to me, it crossed my mind / *une idée me vient à l'esprit* I've just thought of something / *dans son esprit nous devrions voter* according to him we should vote / *dans mon esprit, la chambre était peinte en bleu* in my mind's eye, I saw the bedroom painted in blue / *dans mon esprit, les enfants partaient avant nous* what I had in mind was for the children to go before us **3.** [idée] sense / *il a eu le bon esprit de ne pas téléphoner* he had the sense not to call **4.** [mentalité] spirit / *l'esprit dans lequel cela a été fait* the spirit in which it was done / *l'esprit du XVIIIe siècle* the spirit of the 18th century / *j'ai horreur des déguisements mais il faut entrer dans l'esprit de la fête* I hate dressing up, but you have to get into the party spirit / *avoir l'esprit sportif* to be fond of sport ▸ **esprit de chapelle** ou **clan** ou **clocher** ou **parti** parochial attitude ▸ **avoir l'esprit de clocher** to be parochial ▸ **esprit de caste** class consciousness ▸ **esprit de compétition** / **d'équipe** competitive / team spirit ▸ **(avoir l')esprit de corps** (to have) esprit de corps ▸ **avoir l'esprit d'entreprise** to be enterprising ▸ **avoir l'esprit de famille** to be family-minded ▸ **esprit de révolte** rebelliousness ▸ **esprit de sacrifice** spirit of sacrifice ▸ **c'est du mauvais esprit** he's / they're, etc., just trying to make trouble ▸ **faire preuve de mauvais esprit** to be a troublemaker / **'De l'esprit des lois'** *Montesquieu* 'The Spirit of Laws' **5.** [humeur] ▸ **avoir l'esprit à** : *je n'ai pas l'esprit à rire* I'm not in the mood for laughing / *ce matin-là, elle n'avait pas l'esprit à faire les comptes* that morning she was in no mood for doing any accounts **6.** [personne] mind / *c'est un esprit tatillon* he's far too fussy ▸ **c'est un mauvais esprit** he's a troublemaker ▸ **un des esprits marquants de ce siècle** one of the great minds ou leading lights of this century ▸ **esprits chagrins** *péj* faultfinders ▸ **un esprit libre** a freethinker ▸ **un bel esprit** a wit ▸ **les grands esprits se rencontrent** *hum* great minds think alike **7.** [humour] wit ▸ **avoir de l'esprit** to be witty ▸ **faire de l'esprit** to try to be witty ou funny ▸ **une femme (pleine) d'esprit** a witty woman / *une remarque pleine d'esprit* a witty remark, a witticism ▸ **avoir de l'esprit comme quatre** ou **jusqu'au bout des ongles** to be very intelligent ▸ **l'esprit court les rues** wits are two a penny UK ou a dime a dozen US **8.** RELIG spirit ▸ **l'esprit est fort mais la chair est faible** *allusion* BIBLE the spirit is willing but the flesh is weak ▸ **rendre l'esprit** *litt* to give up the ghost ; [ange] ▸ **Esprit** Spirit ▸ **Esprits célestes** Celestial ou Heavenly Spirits ▸ **Esprit malin, Esprit des ténèbres** Evil Spirit, Evil One ▸ **l'Esprit Saint** the Holy Spirit ou Ghost **9.** [fantôme] ghost, spirit / *croire aux esprits* to believe in ghosts ou spirits ▸ **esprit, es-tu là ?** is there anybody there ? ▸ **esprit frappeur** poltergeist **10.** LING breathing ▸ **esprit doux** / **rude** smooth / rough breathing **11.** CHIM [partie volatile] spirit ▸ **esprit de bois** ou **esprit-de-bois** wood spirit, methanol ▸ **esprit de sel** ou **esprit-de-sel**

spirits of salt ▸ **esprit de vin** ou **esprit-de-vin** spirits of wine, ethanol.

❖ **esprits** nmpl senses / *avoir les esprits chamboulés fam* to be nearly out of one's mind ▸ **reprendre ses esprits a)** [après un évanouissement] to regain consciousness, to come to **b)** [se ressaisir] to get a grip on o.s. / *reprends tes esprits!* get a grip on yourself!

❖ **dans un esprit de** loc prép : *dans un esprit de conciliation* in an attempt at conciliation / *dans un esprit de justice* in a spirit of justice, in an effort to be fair.

esquarre [ɛskaʀ] = **escarre**.

esquif [ɛskif] nm *litt* skiff.

esquille [ɛskij] nf [de bois] splinter ; [d'os] bone splinter.

Esquimau® [ɛskimo] nm choc-ice on a stick UK, Eskimo US.

esquimau, aude, x [ɛskimo, od] adj Eskimo.

❖ **Esquimau, aude, x** nm, f Eskimo ▸ **les Esquimaux** the Eskimos.

❖ **esquimau** nm LING Eskimo.

esquimautage [ɛskimotaʒ] nm Eskimo roll.

esquintant, e [ɛskɛ̃tɑ̃, ɑ̃t] adj *fam* killing, backbreaking.

esquinter [3] [ɛskɛ̃te] vt *fam* **1.** [endommager -chose] to ruin, to mess up ; [-voiture] to smash up, to total US CAN ; [-santé] to ruin / *la moto est complètement esquintée* the bike is a wreck / *tout l'avant est esquinté* the front is totally smashed up / *n'esquinte pas cette lampe!* don't break that lamp! / *il s'est drôlement fait esquinter* he was really badly beaten up / *sa voiture s'est fait esquinter par les manifestants* his car was smashed up by the demonstrators **2.** [épuiser -personne] to exhaust, to knock out *(sép)* / *toutes ces courses m'ont esquinté* all this shopping has knocked me out ou done me in **3.** [dénigrer -livre, film] to pan, to slam, to slate UK.

❖ **s'esquinter** vp *(emploi réfléchi) fam* **1.** [s'épuiser] to kill o.s. / *ne t'esquinte pas au travail* don't work yourself to death ou into the ground **2.** [s'abîmer] ▸ **s'esquinter la santé** to ruin one's health / *tu vas t'esquinter les yeux avec cet écran* you'll strain your eyes with that screen / *elle s'est esquinté le dos* she's done her back in.

esquisse [ɛskis] nf **1.** ART sketch **2.** [d'un projet, d'un discours, d'un roman] draft, outline **3.** [d'un sourire] hint, shadow, ghost ; [d'un geste] hint / *sans l'esquisse d'un regret* with no regrets at all, without the slightest regret.

esquisser [3] [ɛskise] vt **1.** ART to sketch **2.** [projet, histoire] to outline, to draft **3.** [geste, mouvement] to give a hint of / *il esquissa un geste d'approbation* he gave a slight nod of approval ▸ **esquisser un sourire** to give a faint ou slight smile.

❖ **s'esquisser** vpi [sourire] to appear, to flicker ; [solution, progrès] to appear.

esquive [ɛskiv] nf dodge, side step.

esquiver [3] [ɛskive] vt **1.** [éviter -coup] to dodge **2.** [se soustraire à -question] to evade, to avoid, to skirt ; [-difficulté] to skirt, to avoid, to side step ; [-démarche, obligation] to shirk, to evade.

❖ **s'esquiver** vpi to slip ou to sneak out (unnoticed).

essai [esɛ] nm **1.** [expérimentation -d'un produit, d'un appareil] test, testing, trial ; [-d'une voiture] test, testing, test-driving ▸ **faire l'essai de qqch** to try sthg (out) ▸ **essai sur route** AUTO test drive ▸ **période d'essai** trial period **2.** [tentative] attempt, try / *au deuxième essai* at the second attempt ou try / *nous avons fait plusieurs essais* we had several tries, we made several attempts / *après notre essai de vie commune* after our attempt at living together ▸ **des essais de lancement** trial launches ▸ **coup d'essai** first attempt ou try **3.** LITTÉR essay **4.** MIN assaying **5.** RUGBY try.

❖ **à l'essai** loc adv **1.** [à l'épreuve] ▸ **mettre qqn / qqch à l'essai** to put sb / sthg to the test **2.** COMM & DR ▸ **engager** ou **prendre qqn à l'essai** to appoint sb for a trial period ▸ **prendre qqch à l'essai** to take sthg on approval.

> ⚠ **Essay** signifie toujours un texte écrit. Il ne doit pas être employé pour traduire les autres sens du mot essai.

essaie v ⟶ **essayer.**

essaim [esɛ̃] nm **1.** ENTOM swarm **2.** [foule] ▸ **un essaim de a)** [supporters, admirateurs] a throng ou swarm of **b)** [adolescentes] a gaggle of *péj.*

essaimage [esɛmaʒ] nm **1.** ENTOM swarming **2.** *litt* [d'un peuple] dispersion ; [d'une firme] expansion.

essaimer [4] [eseme] vi **1.** ENTOM to swarm **2.** *litt* [se disperser -groupe] to spread, to disperse ; [-firme] to expand.

essarter [3] [esaʀte] vt to grub, to clear.

essayage [esɛjaʒ] nm COUT & VÊT [séance] fitting ; [action] trying on.

essayer [11] [eseje] vt **1.** [tenter] ▸ **essayer de faire** to try to do, to try and do / *n'essaie pas de patiner sur l'étang* don't try to ou and skate on the pond / *as-tu essayé d'arrêter de fumer?* have you tried to stop smoking? ▸ **essayer que** *fam* : *j'essaierai que la soirée soit réussie* I'll do my best to make the party a success ; *(en usage absolu)* ▸ **essaie un peu!** *fam* just you try! **2.** [utiliser pour la première fois] to try (out) *(sép)* / *essayer un (nouveau) restaurant* to try a new restaurant / *essayer une (nouvelle) marque de lessive* to try (out) a new brand of washing powder **3.** [mettre -vêtement, chaussures] to try on ▸ **faire essayer qqch à qqn** to give sb sthg to try on **4.** [expérimenter] to try, to test / *essayer un nouveau médicament* to test a new drug / *essayer un vaccin sur des animaux* to test a vaccine on animals ▸ **essayer une voiture** [pilote, client] to test-drive a car ▸ **l'essayer c'est l'adopter** *publicity slogan indicating that a product is sure to please (sometimes used ironically)* **5.** MIN to assay.

❖ **s'essayer à** vp + prép ▸ **s'essayer à (faire) qqch** to try one's hand at (doing) sthg.

> **Essayer de faire qqch**
>
> Notez l'emploi de **try and do sthg** qui a le même sens que **try to do sthg** mais qui est d'un registre plus familier :
>
> **Essaie de deviner ce qu'il y a dans mon sac.** *Try and guess what's in my bag.*
>
> **J'essaierai de lui en parler.** *I'll try and talk to him about it.*
>
> La construction **try and do sthg** ne peut pas être employée au prétérit :
>
> **J'ai essayé de lui en parler.** *I tried to talk to him about it.*

essayeur, euse [esɛjœʀ, øz] nm, f **1.** COUT fitter **2.** MIN assayer.

essayiste [esejist] nmf essayist, essay writer.

esse [ɛs] nf **1.** [crochet] (s-shaped) hook ; [cheville] linchpin **2.** [de violon] (s-shaped) sound hole.

ESSEC, Essec [esɛk] (abr de **École supérieure des sciences économiques et commerciales**) npr f *grande école for management and business studies.*

essence [esɑ̃s] nf **1.** PÉTR petrol UK, gas US, gasoline US ▸ **essence ordinaire** two-star petrol UK, regular gas US ▸ **essence sans plomb** unleaded petrol UK ou gasoline US **2.** [solvant] spirit, spirits ▸ **essence de térébenthine** spirit ou spirits of turpentine, turps **3.** CULIN essence / *essence de café* coffee essence **4.** PHARM [cosmétique] (essential) oil, essence / *essence de rose* rose oil, essence of roses **5.** CHIM quintessence **6.** BOT species / *le parc contient de nombreuses essences différentes* the park contains many different species of trees **7.** PHILOS essence **8.** *sout* [contenu fondamental] essence, gist.

❖ **par essence** loc adv *sout* essentially, in essence.

essénien, enne [esenjɛ̃, ɛn] ◆ adj Essenian, Essenic. ◆ nm, f Essene.

essentiel, elle [esɑ̃sjɛl] adj **1.** [indispensable] essential ▸ **essentiel à** : *essentiel à la vie* essential to life / *condition essentielle à la réussite du projet* condition which is essential for the success of the project **2.** [principal] main, essential / *le point essentiel du débat* the main point of the debate **3.** PHILOS essential **4.** PHARM idiopathic.

❖ **essentiel** nm **1.** [l'indispensable] ▸ **l'essentiel** the basic essentials **2.** [le plus important] : *l'essentiel c'est que tu comprennes* the most important ou the main thing is that you should understand / *l'essentiel de l'article se résume en trois mots* the bulk of the article can be summed up in three words **3.** [la plus grande partie] ▸ **l'essentiel de la conversation** most of the conversation / *elle passe l'essentiel de son temps au téléphone* she spends most of her time on the phone.

essentiellement [esɑ̃sjɛlmɑ̃] adv **1.** [par nature] in essence, essentially **2.** [principalement] mainly, essentially.

esseulé, e [esœle] adj *litt* **1.** [délaissé] forsaken **2.** [seul] forlorn, lonely.

essieu, x [esjø] nm axle, axletree.

essor [esɔʀ] nm [d'un oiseau] flight ; [d'une entreprise, d'une industrie] rise, development / *la sidérurgie connaît un nouvel essor* the steel industry has taken on a new lease of life ▸ **prendre son essor a)** [oiseau] to soar **b)** [adolescent] to fend for o.s., to become self-sufficient **c)** [économie, entreprise] to grow.

essorage [esɔʀaʒ] nm [à la machine] spinning ; [à l'essoreuse à rouleaux] mangling ; [à la main] wringing / **'pas d'essorage'** 'do not spin' / *au premier essorage, ajoutez l'assouplissant* at first cycle ou spin-dry, add fabric softener / *l'essorage de la salade* drying ou spin-drying lettuce.

essorer [3] [esɔʀe] vt **1.** [sécher] ▸ **essorer le linge a)** [à la machine] to spin-dry the laundry **b)** [à l'essoreuse à rouleaux] to put the laundry through the mangle **c)** [à la main] to wring the laundry / *essorer la salade* to dry ou to spin-dry the lettuce **2.** [terrain] to drain, to dry.

essoreuse [esɔʀøz] nf **1.** [pour le linge] ▸ **essoreuse (à tambour)** spin-drier ▸ **essoreuse (à rouleaux)** mangle **2.** [pour la salade] salad drier **3.** [pour le sucre] centrifugal separator.

essoucher [3] [esuʃe] vt to stub, to grub out *(sép).*

essoufflement [esufləmɑ̃] nm breathlessness.

essouffler [3] [esufle] vt to make breathless ▸ **être essoufflé** to be breathless ou out of breath / *ce sont les marches qui m'ont essoufflé* climbing the steps has left me breathless.

❖ **s'essouffler** vpi **1.** PHYSIOL to get breathless **2.** [s'affaiblir -moteur] to get weak ; [-production, économie] to lose momentum ; [-inspiration, écrivain] to dry up.

essuie[1] [esɥi] v ⟶ **essuyer.**

essuie[2] [esɥi] nm BELG [essuie-mains] hand towel ; [torchon] cloth, tea towel ; [serviette de bain] bath towel.

essuie-glace [esɥiglas] *(pl* **essuie-glaces)** nm windscreen UK ou windshield US wiper ▸ **essuie-glace arrière** back wiper.

essuie-mains *(pl* **essuie-mains), essuie-main*** *(pl* **essuie-mains*)** [esɥimɛ̃] nm hand towel.

essuie-meubles *(pl* **essuie-meubles), essuie-meuble*** *(pl* **essuie-meubles*)** [esɥimœbl] nm duster.

essuie-pieds *(pl* **essuie-pieds), essuie-pied*** *(pl* **essuie-pieds*)** [esɥipje] nm doormat.

essuie-tout *(pl* **essuie-tout), essuietout*** *(pl* **essuietouts*)** [esɥitu] nm kitchen paper.

essuie-verres *(pl* **essuie-verres), essuie-verre*** *(pl* **essuie-verres*)** [esɥivɛʀ] nm glass cloth, tea towel.

essuyage [esɥijaʒ] nm **1.** [séchage -de la vaisselle] wiping, drying up ; [-des mains, du sol, d'une surface] wiping, drying **2.** [nettoyage -d'un meuble] dusting (down) ; [-d'un tableau noir] wiping, cleaning ; [-d'une planche farinée, d'un mur plâtreux] wiping (down).

* In reformed spelling (see p. 16-19).

essuyer [14] [esɥije] vt **1.** [sécher - vaisselle] to wipe, to dry (up); [- sueur] to wipe, to mop up *(sép)*, to wipe (off); [- main] to dry, to wipe dry; [- surface] to wipe (down); [- sol] to wipe, to dry / *essuie tes mains* wipe your hands / *essuyer une larme* to wipe away a tear ▸ **essuyer les larmes de qqn** to dry sb's tears ▸ **essuyer les plâtres** *fam* to have to endure initial problems / *les premiers acheteurs de cette voiture ont essuyé les plâtres* the first purchasers of this car had to put up with a few teething troubles **2.** [nettoyer - surface poussiéreuse] to dust (down); [- tableau noir] to wipe (clean), to clean / *tes mains sont pleines de farine, essuie-les* wipe your hands, they're covered in flour / *essuie tes pieds sur le paillasson* wipe your feet on the doormat **3.** [subir - reproches] to endure; [- refus] to meet with *(insép)*; [- défaite, échec, pertes] to suffer; [- tempête] to weather, to bear up against / *essuyer un coup de feu* to be shot at / *essuyer le feu de l'ennemi* to come under enemy fire.

❖ **s'essuyer** vp *(emploi réfléchi)* [se sécher] to dry o.s. ▸ **s'essuyer les mains** to dry ou to wipe one's hands.

est¹ [ɛ] v ⟶ **être.**

est² [ɛst] ◆ nm inv **1.** [point cardinal] east ▸ **est nord-est** east-north-east ▸ **est sud-est** east-south-east ▸ **nous allons vers l'est** we're heading eastward ou eastwards / *une terrasse exposée à l'est* an east-facing ou east terrace / *le soleil se lève à l'est* the sun rises in the east / *la bise souffle de l'est* it's a harsh eastern wind **2.** [partie d'un pays, d'un continent] east, eastern area ou regions / *l'est de l'Italie* Eastern Italy, the east of Italy ▸ **l'Est a)** HIST & POL Eastern Europe, Eastern European countries **b)** [en France] the East (of France) / *les départements de l'Est* the departments in the east of France ▸ **l'Europe de l'Est** Eastern Europe ▸ **les pays de l'Est** the Eastern Bloc. ◆ adj inv [façade] east *(modif)*, east-facing; [secteur, banlieue] east *(modif)*, eastern / *la côte est des États-Unis* the East coast ou Eastern seaboard of the United States.

❖ **à l'est de** loc prép (to the) east of.

establishment [establiʃmɛnt] nm ▸ **l'establishment a)** [en GB] the Establishment **b)** [gén] the dominant ou influential group ou body.

estacade [ɛstakad] nf byre.

estafette [ɛstafɛt] nf MIL courier.

estafilade [ɛstafilad] nf slash, gash.

est-allemand, e [ɛstalmɑ̃, ɑ̃d] adj East German.

estaminet [ɛstaminɛ] nm estaminet *litt*, seedy café ou bar.

estampage [ɛstɑ̃paʒ] nm **1.** TECHNOL [façonnage] stamping; [empreinte] stamp **2.** *fam* [escroquerie] swindle, con.

estampe [ɛstɑ̃p] nf **1.** [image] engraving, print ▸ **et alors comme ça, il t'a invitée à aller voir ses estampes japonaises?** *hum* so he invited you up to see his etchings, did he? **2.** [outil] stamp.

estamper [3] [ɛstɑ̃pe] vt **1.** TECHNOL [façonner, marquer] to stamp **2.** *fam* [escroquer] to swindle, to con ▸ **estamper qqn de 15 euros** to con sb out of 15 euros.

estampeur [ɛstɑ̃pœʀ] nm **1.** TECHNOL stamper **2.** *fam* [escroc] swindler, con-man.

estampillage [ɛstɑ̃pijaʒ] nm [d'un document] stamping; [d'une marchandise] marking.

estampille [ɛstɑ̃pij] nf [sur un document] stamp; [sur une marchandise] mark, trademark / *dans cette famille, ils sont tous marqués de la même estampille* *fam* they're all tarred with the same brush in that family.

estampiller [3] [ɛstɑ̃pije] vt [document] to stamp; [marchandise] to mark.

est-ce que [ɛskə] *(devant voyelle ou 'h' muet est-ce qu')* adv interr **1.** *(suivi d'un verbe plein)* [au présent] ▸ **est-ce que je / tu / nous / vous...?** do I / you / we / you...? ▸ **est-ce qu'il / qu'elle...?** does he / she...? / *est-ce que vous aimez le thé?* do you like tea?; [au passé] : *est-ce que vous avez acheté la maison?* did you buy the house? / *est-ce que vous dormiez bien?* did you (use to) sleep well?; [au futur] : *est-ce que tu iras?* will you go? **2.** *(suivi d'un auxiliaire)* [au présent] : *est-ce que je suis...?* am I...? / *est-ce que tu as une enveloppe?* do you have ou have you got an envelope? / *est-ce que je dois...?* must I...? / *est-ce que tu peux...?* can you...?; [au passé] : *est-ce que tu y étais?* were you there? / *est-ce qu'il devait signer?* should he have signed?; [au futur] : *est-ce que tu seras là?* will you be there?; [au futur proche] : *est-ce que tu vas lui téléphoner?* are you going to ou will you phone her? **3.** [avec un autre adverbe interrogatif] : *quand est-ce qu'il arrive?* when does he arrive? / *qui est-ce que tu as vu?* who did you see? / *pourquoi est-ce que tu ris?* why are you laughing?

este [ɛst] = **estonien** *(nm)*.

ester¹ [ɛste] vi DR [seulement à l'infinitif] ▸ **ester en justice** to go to court.

ester² nm CHIM ester.

estérase [ɛsteʀaz] nf esterase.

estérification [ɛsteʀifikasjɔ̃] nf esterification.

estérifier [9] [ɛsteʀifje] vt to esterify.

Esther [ɛstɛʀ] npr BIBLE Esther.

esthète [ɛstɛt] nmf aesthete, esthete US / *cela ne plaira sûrement pas aux esthètes* *péj* this will offend some people's aesthetic sense.

esthéticien, enne [ɛstetisjɛ̃, ɛn] nm, f **1.** [en institut de beauté] beautician **2.** ART & PHILOS aesthetician, esthetician US.

esthétique [ɛstetik] ◆ adj **1.** ART & PHILOS aesthetic, esthetic US **2.** [joli] beautiful, lovely / *ce chantier devant la maison n'est pas très esthétique* this building site in front of the house is not exactly beautiful. ◆ nf **1.** ART & PHILOS [science] aesthetics *(sg)*, esthetics *(U)* US; [code] aesthetic, esthetic US **2.** [harmonie] beauty, harmony / *j'ai mis la lampe dans le coin uniquement pour l'esthétique* I put the lamp in the corner just for the effect **3.** INDUST ▸ **esthétique industrielle** industrial design.

esthétiquement [ɛstetikmɑ̃] adv **1.** ART & PHILOS aesthetically **2.** [harmonieusement] harmoniously, beautifully **3.** [du point de vue de la beauté] aesthetically, from an aesthetic point of view / *esthétiquement, ce n'est pas réussi* aesthetically, it's a failure.

esthétisant, e [ɛstetizɑ̃, ɑ̃t] adj *péj* mannered.

esthétisme [ɛstetism] nm aestheticism.

estimable [ɛstimabl] adj **1.** [digne de respect - personne] respectable **2.** [assez bon - ouvrage, film] decent.

estimatif, ive [ɛstimatif, iv] adj estimated.

estimation [ɛstimasjɔ̃] nf **1.** [évaluation - d'un vase] appraisal, valuation; [- de dégâts] estimation, assessment; [- d'une distance] gaging, gauging **2.** [montant] estimate, estimation / *d'après mon estimation* according to my estimate ou estimation / *nous sommes loin de l'estimation de l'expert* we're not even close to the figure produced by the expert **3.** [prévision] projection / *le score réalisé par le candidat sortant dépasse toutes les estimations* the outgoing candidate's score surpasses all the pollsters' projections.

estime [ɛstim] nf esteem, respect ▸ **avoir de l'estime pour qqn / qqch** to have a great deal of respect for sb / sthg, to hold sb / sthg in high esteem / *j'ai beaucoup d'estime pour lui / pour son travail* I have a great deal of respect for him / for his work ▸ **baisser / monter dans l'estime de qqn** to go down / up in sb's esteem / *il force l'estime par son intégrité* one cannot but respect his integrity ▸ **tenir qqn en grande** ou **haute estime** to hold sb in high esteem.

❖ **à l'estime** loc adv **1.** NAUT by dead reckoning **2.** [approximativement] roughly / *j'ai tracé les plans à l'estime* I drew the plans blind / *faire un budget à l'estime* to work out a budget roughly.

estimé, e [ɛstime] adj **1.** *sout* [respecté] : *notre estimé collègue* our esteemed colleague / *une pneumologue très estimée* a highly regarded lung specialist **2.** NAUT ⟶ **point.**

estimer [3] [ɛstime] vt **1.** [expertiser - valeur, dégâts] to appraise, to evaluate, to assess / *les dégâts ont été estimés à mille euros* the damage was estimated at a thousand euros ▸ **faire estimer un tableau** to have a painting valued **2.** [évaluer approximativement - quantité] to estimate; [- distance] to gage, to gauge / *on estime le taux d'abstention à 34 %* the abstention rate has been estimated at 34% / *pouvez-vous estimer le nombre des victimes?* would you hazard a guess as to the number of casualties? **3.** [apprécier - ami, écrivain, collègue] to regard with esteem *sout*, to esteem *sout*, to think highly of / *je l'estime trop pour ça* I respect him too for that much ▸ **estimer qqn à sa juste valeur** to judge sb correctly **4.** [juger] to think, to consider, to believe / *j'estime qu'il a eu tort* I think ou believe (that) he was wrong / *si tu estimes que tu peux le faire* if you believe you can do it / *j'estime avoir mon mot à dire* I think I have the right to offer an opinion / *elle estime que l'argent n'a pas d'importance* she considers that money is of no importance.

❖ **s'estimer** vpi *(suivi d'un adj)* ▸ **s'estimer heureux** to count o.s. lucky ▸ **s'estimer satisfait de / que** to be happy with / that.

estivage [ɛstivaʒ] nm mountain summering.

estival, e, aux [ɛstival, o] adj summer *(modif)*.

estivant, e [ɛstivɑ̃, ɑ̃t] nm, f summer tourist, holidaymaker UK, vacationer US.

estivation [ɛstivasjɔ̃] nf aestivation.

estoc [ɛstɔk] nm rapier ▸ **coup d'estoc** thrust / *frapper d'estoc et de taille* to cut and thrust.

estocade [ɛstɔkad] nf **1.** [lors d'une corrida] final sword thrust / *donner* ou *porter l'estocade à un taureau* to dispatch a bull with the "estoque de puntilla" **2.** EXPR ▸ **donner** ou **porter l'estocade à qqn** *litt* to deal the death-blow to sb.

estomac [ɛstɔma] nm **1.** ANAT stomach ▸ **j'ai mal à l'estomac** I have a stomach ache / *il a pris de l'estomac* *fam* he's developed a paunch ou potbelly ▸ **avoir l'estomac bien accroché** *fam* to have a strong stomach ▸ **rester sur l'estomac** : *ça m'est resté sur l'estomac* **a)** *fam & pr* it weighed on my stomach **b)** *fig* it stuck in my craw ▸ **avoir l'estomac dans les talons** *fam* to be famished ou ravenous ▸ **avoir un estomac d'autruche** *fam* to have a castiron stomach **2.** *fam* [hardiesse] ▸ **avoir de l'estomac** to have a cheek UK ou a nerve ▸ **manquer d'estomac** to lack guts.

❖ **à l'estomac** loc adv *fam* : *ils y sont allés à l'estomac* they bluffed their way through it / *quand on veut se faire accepter dans cette entreprise, il faut le faire à l'estomac* you need a lot of nerve if you want to get on in this company ▸ **avoir qqn à l'estomac** to intimidate sb.

estomaquer [3] [ɛstɔmake] vt *fam* to stagger, to flabbergast.

estompage [ɛstɔ̃paʒ] nm stumping, shading off.

estompe [ɛstɔ̃p] nf stump, tortillon ▸ **(dessin à l')estompe** stump drawing.

estompé, e [ɛstɔ̃pe] adj blurred / *les contours estompés des immeubles* the dim outline of buildings.

estompement [ɛsɔ̃pmɑ̃] nm fading.

estomper [3] [ɛstɔ̃pe] vt **1.** ART to stump, to shade off *(sép)* **2.** [ride] to smoothe over *(sép)*; [silhouette] to dim, to blur **3.** [souvenir, sentiment] to dim, to blur.

❖ **s'estomper** vpi **1.** [disparaître - contours] to become blurred **2.** [s'affaiblir - souvenir] to fade away; [- douleur, rancune] to diminish, to die down.

Estonie [ɛstɔni] npr f ▸ **(l')Estonie** Estonia.

estonien, enne [ɛstɔnjɛ̃, ɛn] adj Estonian.

❖ **Estonien, enne** nm, f Estonian.

❖ **estonien** nm LING Estonian.

estoquer [3] [ɛstɔke] vt [taureau] to dispatch *(with the "estoque de puntilla")*.

estouffade [ɛstufad] nf CULIN ▸ **estouffade de bœuf** ≃ beef stew.

estourbir [32] [ɛstuʀbiʀ] vt *fam & vieilli* **1.** [assommer] to knock out *(sép)*, to lay out *(sép)* **2.** [tuer] to do in.

estrade [ɛstʀad] nf [plancher] platform, rostrum, dais.

estragon [ɛstʀagɔ̃] nm tarragon.

estran [ɛstʀɑ̃] nm strand, foreshore.

estrapade [ɛstʀapad] nf strappado.

estropié, e [ɛstʀɔpje] ◆ adj crippled, maimed / *il en restera estropié* he'll be left a cripple. ◆ nm, f cripple, disabled ou maimed person.

estropier [ɛstʀɔpje] vt **1.** *pr* to cripple, to maim **2.** *fig* [en prononçant] to mispronounce ; [à l'écrit] to misspell ; [texte] to mutilate / *estropier une citation* to misquote a text.

estuaire [ɛstɥɛʀ] nm estuary.

estudiantin, e [ɛstydjɑ̃tɛ̃, in] adj *litt* student *(avant nom).*

esturgeon [ɛstyʀʒɔ̃] nm sturgeon.

et [e] conj **1.** [reliant des termes, des propositions] and / *il est beau et intelligent* he is handsome and intelligent ▸ **noir et blanc** black and white / *le père et le fils* the father and the son / *une belle et brillante jeune fille* a beautiful, clever girl / *ils jouent au tennis et au hand-ball* they play tennis and handball / *une robe courte et sans manches* a short sleeveless dress / *gentiment et avec le sourire* nicely and with a smile / *toi et moi, nous savons ce qu'il faut faire* you and I know what should be done / *2 et 2 font 4* two and two make four, two plus two makes four / *il y a mensonge et mensonge* there are lies, and then there are lies / *quand on a vingt ans et toute sa santé* when one is twenty and in excellent health / *peux-tu aller chercher le pain, et passer chez le photographe?* can you go and buy the bread and drop in at the photo shop? / *quand il pleut et qu'on s'ennuie* when it rains and you're feeling bored / *un livre ancien et qui n'est plus en librairie* an old book which is out of print / *il connaît l'anglais, et très bien* he speaks English, and very well at that **2.** [exprimant une relation de simultanéité, de succession ou de conséquence] : *il s'est levé et il a quitté la pièce* he got up and left the room / *tu viens de commencer et tu es déjà fatigué?* you've only just started and you're tired already? / *j'ai bien aimé ce film, et toi?* I really liked the film, how ou what about you? / *ils ont donné un million et ils estiment que cela suffit!* they gave a million and they think that's enough ! / *il travaille et ne réussit pas* he works but he's not successful **3.** [reliant des propositions comparatives] : *plus ça va, et plus la situation s'aggrave* as time goes on, the situation just gets worse / *moins je le vois et mieux je me porte!* the less I see him the better I feel ! / *moins il travaille et moins il a envie de travailler* the less he works the less he feels like working **4.** [avec une valeur emphatique] : *et d'un, je n'ai pas faim, et de deux, je n'aime pas ça* for one thing I'm not hungry and for another I don't like it / *j'ai dû supporter et les enfants et les parents!* I had to put up with both the parents and the children ou with the parents AND the children ! / *je l'ai dit et répété* I've said it over and over again, I've said it more than once / *c'est fini et bien fini!* that's the end of that ! ▸ **et moi alors?** (and) what about me? / *et les dix euros que je t'ai prêtés?* and (what about) the ten euros I lent you? / *et si on lui disait tout?* what if we told him everything? / *et les bagages?* what about the luggage? / *et pourquoi pas?* (and) why not? / *je n'ai pas envie d'y aller — et pourquoi?* I don't want to go — and why not? ▸ **et pourtant...** and yet ou still... ▸ **et voilà!** there you are !, there you go ! / *et moi je vous dis que je n'irai pas!* and I'm telling you that I won't go ! / *et vous osez me proposer cela!* and you dare (to) suggest that ! / *et voilà comment l'argent s'en va!* that's how money disappears ! / *et tout à coup il se mit à courir* and suddenly he started running / *et c'est ainsi que se termine mon histoire...* and that is how my story ends... / *et on a ri!* how we laughed ! ; *litt* : *et le garçon de se sauver* at this the boy ran off / *et chacun d'exprimer sa satisfaction* whereupon each expressed his satisfaction **5.** [dans les nombres composés, les horaires, les poids et les mesures] ▸ **vingt et un** twenty one ▸ **vingt et unième** twenty-first ▸ **deux heures et demie** half past two ▸ **cinq heures et quart** five fifteen, a quarter past five ▸ **deux kilos et demi** two and a half kilos.

ét. (abr écrite de **étage**) fl.

ETA (abr de **Euskadi Ta Askatasuna**) npr f ETA.

étable [etabl] nf cowshed.

établi[1], e [etabli] adj ▸ **bien établi** well-established.

établi[2] [etabli] nm workbench.

établir [32] [etabliʀ] vt **1.** [duplex, liaison téléphonique] to set up *(sép)*, to establish **2.** [implanter - usine, locaux, quartier général] to establish, to set ou to put up *(sép)* ; [- filiale] to establish / *établir son domicile à Paris* to take up residence in Paris **3.** *vieilli* [pourvoir d'une situation] to set up *(sép)* (in business) / *j'attendrai d'avoir établi mes enfants* I'll wait until my children are settled in life / *il a établi son fils comme notaire* he set up his son as a solicitor / *elle est établie comme pharmacienne* she's set up as a chemist ; [marier] to marry off *(sép)* **4.** [instaurer - règlement] to introduce, to promulgate *sout* ; [- usage] to pass ; [- pouvoir] to install, to implement ; [- ordre, relation] to establish ▸ **contester les coutumes établies** to challenge convention / *une fois le silence établi* once calm has been established ▸ **établir un précédent** to set a precedent ▸ **établir des liens d'amitié** to establish friendly relations **5.** [bâtir - réputation] to establish ; [- empire] to build / *avoir une réputation bien établie* to have a well established reputation / *établir sa réputation sur des succès* to base one's reputation upon (one's) success **6.** [prouver] ▸ **établir l'innocence de qqn** to establish sb's innocence, to vindicate sb ▸ **établir l'identité de qqn** to establish sb's identity ▸ **établir la vérité** to establish the truth / *nous cherchons à établir qu'à 18 h, notre client était chez lui avec son épouse* we are trying to establish that at 6 p.m. our client was at home with his wife **7.** [dresser - organigramme] to set out *(sép)* ; [- liste] to draw up *(sép)* ; [- devis] to provide ; [- chèque] to make out ; [- programme, prix] to fix / *établir le prix d'un article* to price an item **8.** SPORT ▸ **établir un record** to set a record.

❖ **s'établir** vpi **1.** [vivre] : *ils ont préféré s'établir en banlieue* they chose to live in the suburbs **2.** [professionnellement] to set (o.s.) up (in business) / *elle n'a pas assez d'argent pour s'établir* she doesn't have enough funds to start out on her own ▸ **s'établir à son compte** to set (o.s.) up in business, to become self-employed **3.** [être instauré] : *enfin, le silence s'établit* silence was finally restored / *une relation stable s'est établie entre nous* a stable relationship has developed between the two of us.

établissement [etablismɑ̃]

◆ nm

A. ORGANISME, ENTITÉ

B. MISE EN PLACE, INSTALLATION

C. CERTITUDE, ASSURANCE

A. ORGANISME, ENTITÉ **1.** [institution] establishment, institution ; [école] school ; [université] university ▸ **établissement hospitalier** hospital ▸ **établissement pénitentiaire** prison, penitentiary US ▸ **établissement religieux a)** [monastère] monastery **b)** [couvent] convent **c)** [collège] religious ou denominational school **d)** [séminaire] seminary ▸ **établissement scolaire** school **2.** COMM firm ▸ **les établissements Leroy** Leroy and Co / *les établissements Fourat et fils* Fourat and Sons ▸ **établissement classé** *potentially dangerous industrial premises (having to conform to strict safety regulations)* ▸ **établissement financier** financial institution ▸ **établissement d'utilité publique** public utility **3.** ADMIN ▸ **établissement public** state-owned enterprise.

B. MISE EN PLACE, INSTALLATION **1.** [construction - d'un barrage, d'une usine] building, construction **2.** [instauration - d'un empire] setting up, establishing ; [- d'un régime, d'une république] installing ; [- d'un usage] establishing **3.** [préparation - d'un devis] drawing up, preparation ; [- d'une liste] drawing up ; [- d'un organigramme] laying out, drawing up **4.** [installation] : *l'établissement des Français en Afrique* the settlement of the French in Africa **5.** *vieilli* [dans une profession] setting up / *son établissement dans la profession médicale* her setting up in medical practice ▸ **l'établissement de ses enfants dans le commerce a)** [il les a établis] his setting up his children in business **b)** [ils se sont établis] his children setting (themselves) up in business ; [par le mariage] : *l'établissement de sa fille* his marrying off his daughter.

C. CERTITUDE, ASSURANCE [preuve - de la vérité] establishment / *rien n'est possible sans l'établissement de son identité* nothing can be done if his identity cannot be established.

étage [etaʒ] nm **1.** [dans une maison] floor, storey UK, story US ; [dans un parking] level ▸ **au troisième étage a)** [maison] on the third floor UK, on the fourth floor US **b)** [aéroport] on level three ▸ **habiter au premier / dernier étage** to live on the first / top floor / *elle est dans les étages* she's upstairs somewhere / *un immeuble de cinq étages* a five-storey building, a five-storey block of flats UK, a six-story block of apartments US **2.** [division - d'une pièce montée] tier ; [- d'un buffet, d'une bibliothèque] shelf / *dans le placard, sur l'étage du haut* in the cupboard on the top shelf **3.** GÉOL stage, layer **4.** AÉRON & TECHNOL stage ▸ **étage de pression** pressure stage **5.** MIN level.

❖ **étages** nmpl **1.** [escaliers] : *grimper / monter les étages* to climb / to go upstairs ▸ **monter les étages à pied / en courant** to walk / to run up the stairs / *monter les étages quatre à quatre* to take the stairs four at a time **2.** BOT ▸ **étages de végétation** levels of vegetation.

❖ **à l'étage** loc adv upstairs, on the floor above.

❖ **de bas étage** loc adj **1.** *vieilli* [humble] humble, low-class **2.** *péj* [vulgaire - cabaret] sleazy ; [- plaisanterie] cheap.

étagement [etaʒmɑ̃] nm [de collines, de vignobles] terracing.

étager [17] [etaʒe] vt to stack, to set out ou to range in tiers.

❖ **s'étager** vpi : *les maisons s'étageaient le long de la pente* the houses rose up the slope in tiers.

étagère [etaʒɛʀ] nf [planche] shelf ; [meuble] (set of) shelves ▸ **étagère encastrée** built-in shelves ou shelving.

étai [etɛ] nm **1.** NAUT stay **2.** [poutre] stay, prop, strut.

étaie v ⟶ **étayer.**

étaiement [etɛmɑ̃] = **étayage.**

étain [etɛ̃] nm **1.** [métal blanc] tin **2.** [vaisselle] piece of pewter ware ▸ **des étains** pewter (pieces).

❖ **en étain** loc adj pewter *(modif).*

était v ⟶ **être.**

et al. [ɛtal] loc adv et al.

étal, als [etal] nm **1.** [au marché] (market) stall **2.** [de boucher] block.

étalage [etalaʒ] nm **1.** [vitrine] (display) window ; [stand] stall / *il y a un bel étalage de poisson le vendredi* there is a nice display of fish on Friday ▸ **faire un étalage a)** [vitrine] to dress a window **b)** [stand] to set up a stall **2.** *péj* [démonstration] ▸ **étalage de** : *un tel étalage de luxe suscite des jalousies* such a display ou show of wealth causes jealousy ▸ **faire étalage de** : *faire étalage de ses succès* to show off one's success / *faire étalage de son argent* to flaunt one's wealth ▸ **faire étalage de sa richesse / ses qualifications** to make sure everyone knows about one's wealth / qualifications **3.** TEXT roving (of flax).

❖ **étalages** nmpl MÉTALL bosh.

étalager [17] [etalaʒe] vt to display, to do a window display of.

étalagiste [etalaʒist] nmf window dresser.

étale [etal] ◆ adj **1.** [mer, fleuve] slack ; [navire] becalmed ; [vent] steady **2.** [circulation] slack. ◆ nm slack (water).

étalement [etalmɑ̃] nm **1.** [déploiement - de papiers, d'objets] spreading (out) ; [- de marchandises] displaying **2.** [des vacances, des horaires, des paiements] staggering, spreading out **3.** [mise à plat] spreading out.

étaler [3] [etale] vt **1.** [exposer - marchandise] to display, to lay out *(sép)* **2.** [exhiber - richesse, luxe] to flaunt, to show off *(sép)* / *étaler ses projets* to boast of one's plans / *étaler ses malheurs* to parade one's misfortunes ▸ **étaler ses connaissances** to show off one's knowledge ▸ **étaler sa vie privée** to parade one's private life **3.** [disposer à plat - tapis, tissu] to spread (out) ; [- plan, carte, journal] to open ou to spread (out) ; [- pâte à tarte] to roll out *(sép)* ▸ **étaler ses cartes** ou **son**

jeu to show one's hand **4.** [appliquer en couche - beurre, miel] to spread ; [- pommade, fond de teint] to rub ou to smooth on ; [- enduit] to apply / *une peinture facile à étaler* paint which is easy to apply **5.** [dates, paiements, rendez-vous] to spread out *(sép)* / *les entreprises essaient d'étaler les vacances de leurs employés* firms try to stagger their employees' holidays **6.** *arg scol* : *se faire étaler (à un examen)* to flunk an exam **7.** NAUT [orage] to weather out.

❖ **s'étaler** ◆ vp *(emploi passif)* [s'appliquer] to spread / *une peinture qui s'étale facilement* a paint which goes on easily. ◆ vpi **1.** [s'étendre - ville, plaine] to stretch ou to spread out **2.** [être exhibé] : *son nom s'étale à la une de tous les journaux* his name is in ou is splashed over all the papers **3.** *fam* [s'affaler] : *s'étaler dans un fauteuil / sur un canapé* to sprawl in an armchair / on a sofa **4.** *fam* [tomber] to fall (down), to take a tumble **5.** *fam & péj* [prendre trop de place] to spread o.s. out / *si tu t'étalais moins, j'aurais la place de m'asseoir* if you didn't take up so much room, I might be able to sit down.

❖ **s'étaler sur** vp + prép [suj: vacances, paiements] to be spread over / *les vacances s'étalent sur trois mois* the holiday is spread over three months / *mon crédit s'étale sur cinq ans* my credit extends over five years / *ses rendez-vous s'étalent sur toute la semaine* he has appointments the whole week.

étalon [etalɔ̃] nm **1.** ZOOL [cheval] stallion ; [âne, taureau] stud **2.** [référence] standard ▸ **étalon-or** gold standard ▸ **étalon de change or** gold exchange standard ▸ **étalon monétaire** monetary ou standard unit.

étalonnage [etalɔnaʒ], **étalonnement** [etalɔnmɑ̃] nm TECHNOL [graduation] calibration, calibrating ; [vérification] standardization, standardizing.

étalonner [3] [etalɔne] vt **1.** TECHNOL [graduer] to calibrate ; [vérifier] to standardize **2.** SCI [test] to table, to grade.

étamage [etamaʒ] nm **1.** MÉTALL tinning, tinplating **2.** [d'une glace] silvering.

étambot [etɑ̃bo] nm stern post.

étamer [3] [etame] vt **1.** MÉTALL to tin, to tin-plate **2.** [glace] to silver.

étameur [etamœʀ] nm **1.** MÉTALL tinsmith **2.** [en miroiterie] silverer.

étamine [etamin] nf **1.** BOT stamen **2.** COUT etamine, etamin ; CULIN muslin ▸ **passer qqch à** ou **par l'étamine** *vieilli* to examine sthg very closely.

étampage [etɑ̃paʒ] nm swaging.

étampe [etɑ̃p] nf **1.** MÉTALL swage **2.** [pour fer à cheval] punch.

étamper [3] [etɑ̃pe] vt **1.** MÉTALL to swage **2.** [fer à cheval] to punch.

étanche [etɑ̃ʃ] adj [chaussure, montre] waterproof ; [réservoir] watertight ; [surface] water-resistant, water-repellent ▸ **étanche à l'air** airtight ▸ **rendre étanche** to waterproof.

étanchéité [etɑ̃ʃeite] nf [d'une montre, de chaussures] waterproofness ; [d'un réservoir] watertightness ; [d'un revêtement] water-resistance / *étanchéité à l'air* airtightness.

étanchement [etɑ̃ʃmɑ̃] nm *litt* [du sang] stemming, stanching, staunching ; [de la soif] quenching, slaking ; [des larmes] stanching, staunching ; [d'une voie d'eau] stopping up.

étancher [3] [etɑ̃ʃe] vt **1.** [rendre étanche] to make waterproof **2.** [arrêter - sang] to stanch, to staunch, to stem ; [- voie d'eau] to stop up *(sép)* ▸ **étancher sa soif** to quench ou to slake one's thirst.

étançon [etɑ̃sɔ̃] nm CONSTR stanchion, strut, post.

étançonner [3] [etɑ̃sɔne] vt to stanchion, to strut, to prop up *(sép)*.

étang [etɑ̃] nm pond.

étant[1] [etɑ̃] p prés ⟶ **être.**

étant[2] [etɑ̃] nm PHILOS being.

étant donné [etɑ̃dɔne] loc prép given, considering ▸ **étant donné les circonstances** given ou in view of the circumstances.

❖ **étant donné que** loc conj since, given the fact that ▸ **étant donné qu'il pleuvait...** since ou as it was raining...

étape [etap] nf **1.** [arrêt] stop, stopover ▸ **arriver à l'étape** to reach the stopover point ▸ **faire étape en chemin** to make a stop, to stop en route / *nous avons fait étape à Lille* we stopped off ou over at Lille **2.** [distance] stage / *voyager par (petites) étapes* to travel in (easy) stages / *un voyage en deux étapes* a trip in two stages **3.** SPORT stage / *dans la prochaine étape du Tour de France* in the next stage of the Tour de France **4.** [phase] phase, stage, step / *les différentes étapes de la vie* the different stages ou phases of life / *une réforme en plusieurs étapes* a reform in several stages ▸ **par étapes** in stages / *nous allons procéder par étapes* we'll do it in stages ou step by step.

étarquer [3] [etaʀke] vt NAUT to hoist home *(sép)*.

État [eta] nm **1.** POL state ▸ **État de droit / fédéral** legitimate / federal state ▸ **l'État français** the French state ou nation ▸ **l'État d'Israël** (the state of) Israel ▸ **l'État de Washington** the State of Washington ▸ **les États membres** the member states ▸ **les États pontificaux** the Papal States ▸ **l'État-patron** the State as an employer ▸ **État policier** police state ▸ **l'État-providence** the Welfare state ▸ **un État dans l'État** a state within a state ▸ **l'État, c'est moi** *famous phrase attributed to Louis XIV proclaiming the absolute nature of the monarchy* **2.** ADMIN & ÉCON state ▸ **géré par l'État** state-run, publicly run ▸ **entreprise d'État** state-owned ou public company UK.

état [eta]

◆ nm

- **A. MANIÈRE D'ÊTRE PHYSIQUE**
- **B. MANIÈRE D'ÊTRE MORALE**
- **C. CONDITION SOCIALE**
- **D. DOCUMENT**

A. MANIÈRE D'ÊTRE PHYSIQUE **1.** [d'une personne - condition physique] state, condition ; [- apparence] state / *le malade est dans un état grave* the patient's condition is serious / *son état empire / s'améliore* her condition is worsening / improving / *tu t'es mis dans un drôle d'état !* look at the state of you ! / *quand elle le vit dans cet état pitoyable* when she saw him in such a pitiful state / *te voilà dans un triste état !* you're in a sorry ou sad state ! ▸ **être dans un état second a)** [drogué] to be high **b)** [en transe] to be in a trance ▸ **en état de** : *être en état d'ivresse* ou *d'ébriété* to be under the influence (of alcohol), to be inebriated ▸ **être en état de faire qqch** to be fit to do sthg / *être hors d'état de, ne pas être en état de* to be in no condition to ou totally unfit to / *tu n'es pas en état de conduire* you're in no condition to drive ou not in a fit state to drive ▸ **mettre qqn hors d'état de nuire a)** [préventivement] to make sb harmless **b)** [après coup] to neutralize sb ▸ **état général** general state of health ▸ **état de santé** (state of) health, condition ▸ **état de veille** waking state **2.** [d'un appartement, d'une route, d'une machine, d'un colis] condition, state ▸ **être en bon / mauvais état a)** [meuble, route, véhicule] to be in good / poor condition **b)** [bâtiment] to be in a good / bad state of repair **c)** [colis, marchandises] to be undamaged / damaged / *le mauvais état des pneus a pu causer l'accident* the bad condition of the tyres might be the cause of accident ▸ **vendu à l'état neuf** [dans petites annonces] as new / *fauteuil en excellent état* armchair in excellent condition / *voici l'état du ciel pour demain* here is the weather forecast for tomorrow ▸ **réduit à l'état de cendres / poussière** reduced to ashes / a powder ▸ **en état de marche** in working order / *quand tu seras de nouveau en état de marche* *fam & hum* when you're back on your feet again ou back in circulation ▸ **en état de rouler** AUTO roadworthy / *en état de naviguer* NAUT seaworthy / *en état de voler* AÉRON airworthy / *être hors d'état (de fonctionner)* to be out of order / *laisser une pièce en l'état* to leave a room as it is ▸ **remettre en état a)** [appartement] to renovate, to refurbish **b)** [véhicule] to repair **c)** [pièce de moteur] to recondition ▸ **maintenir qqch en état** [bâtiment, bateau, voiture] to keep sthg in good repair **3.** [situation particulière - d'un développement, d'une technique] state / *dans l'état actuel des choses* as things stand at the moment, in the present state of affairs / *dans l'état actuel de nos connaissances / de la science* in the present state of our knowledge / science ▸ **l'état de mes finances** my financial situation ▸ **quand il est encore à l'état larvaire** ou **de larve** when it's still a larva ou in a larval state / *le chat était retourné à l'état sauvage* the cat had gone back to the wild state ▸ **(en) état d'alerte / d'urgence** (in a) state of alarm / emergency ▸ **être en état d'arrestation** to be under arrest ▸ **je me suis renseigné sur l'état d'avancement des travaux** I enquired about the progress of the work ▸ **état de choses** state of things ▸ **état de fait** (established) fact ▸ **état de guerre** state of war ▸ **être en état de siège** to be under siege **4.** CHIM & PHYS : *état gazeux / liquide / solide* gaseous / liquid / solid state / *état amorphe / cristallin* amorphous / crystalline state / *état ionisé / neutre* ionized / neutral state ▸ **à l'état brut** [pétrole] crude, unrefined, raw / *c'est de la bêtise à l'état brut* it's plain stupidity ▸ **à l'état naturel** in its natural state ▸ **à l'état pur** [gemme, métal] pure / *c'est du racisme à l'état pur* it's nothing more than racism **5.** LING ▸ **verbe d'état** stative verb.

B. MANIÈRE D'ÊTRE MORALE state / *être dans un état de grande excitation* to be in a state of great excitement ou very excited / *parfois, il tombait dans un état de grand abattement* sometimes, he would fall into a state of utter dejection / *elle n'est pas dans son état normal* she's not her normal ou usual self / *qu'as-tu dit pour la mettre dans cet état ?* what did you say to put her in such a state ? ▸ **ne te mets pas dans cet état ! a)** [à une personne inquiète, déprimée] don't worry ! **b)** [à une personne énervée] don't get so worked up ! ▸ **état de conscience** state of consciousness ▸ **état d'esprit** state ou frame of mind ▸ **état limite** borderline state ▸ **être dans tous ses états a)** [d'anxiété] to be beside o.s. with anxiety **b)** [de colère] to be beside o.s. (with anger) / *son fils n'est pas rentré de l'école, elle est dans tous ses états* her son hasn't returned from school, she's in a terrible state ▸ **se mettre dans tous ses états** [en colère] to go off the deep end UK, to go off at the deep end US, to go spare UK.

C. CONDITION SOCIALE **1.** [profession] trade, profession ; [statut social] social position, standing, station ▸ **l'état militaire** the military profession / *il avait choisi l'état ecclésiastique* he had chosen to become a clergyman / *il avait étudié pour sortir de son état* he'd studied to climb the social ladder ▸ **il est cordonnier de son état** he's a shoemaker by trade **2.** ADMIN ▸ **(bureau de l')état civil** registry office **3.** HIST ▸ **les États généraux** the States ou Estates General ▸ **les états provinciaux** provincial assembly of the three orders.

D. DOCUMENT **1.** [compte rendu] account, statement ; [inventaire] inventory / *l'état des dépenses / des recettes* statement of expenses / takings / *état appréciatif* evaluation, estimation / *état comparatif / descriptif* comparative / descriptive account / *figurer sur les états d'une entreprise* to be on a company's payroll ▸ **état de frais** bill of costs ▸ **état imprimé** INFORM printed output ▸ **état des lieux** inventory (of fixtures) ▸ **dresser** ou **faire un état des lieux a)** *pr* to draw up an inventory of fixtures **b)** *fig* to take stock of the situation ▸ **état liquidatif** winding-up inventory ▸ **états de service a)** MIL service record **b)** [professionnellement] professional record **2.** EXPR **faire état de a)** [sondage, témoignages, thèse] to put forward *(sép)* **b)** [document] to refer to **c)** [fait] to mention **d)** [soucis] to mention / *les premières estimations font état de plusieurs centaines de victimes* according to the initial estimates, several hundred people have been killed / *s'il y a eu un témoin, le rapport de police devrait en faire état* if there was a witness, the police report should mention ou state this.

❖ **état d'âme** nm mood / *elle ne me fait pas part de ses états d'âme* she doesn't confide in me / *j'en ai assez de leurs états d'âme !* I'm fed up with hearing about how THEY feel ! / *je me fiche de vos états d'âme !* I don't care whether you're happy about it or not ! ▸ **avoir des états**

d'âme to suffer from angst *hum* ▸ **faire qqch sans états d'âme** to do sthg without any qualms.

❖ **état de grâce** nm RELIG state of grace ; POL honeymoon period / *être en état de grâce* to be in a state of grace / *le président est en état de grâce* the President can do no wrong.

 **Les États généraux**

A consultative assembly of representatives from the three estates of the **Ancien Régime**: clergy, nobility and the Third Estate, or commoners. It met for the last time in May 1789 in the salle du **Jeu de paume** in Versailles, where the Third Estate vowed not to disperse until they had established a constitution.

étatique [etatik] adj under state control, state-controlled.

étatisation [etatizasjɔ̃] nf **1.** [nationalisation] nationalization **2.** [dirigisme] state control.

étatiser [3] [etatize] vt to bring under state control ▸ **une firme étatisée** a state-owned company.

étatisme [etatism] nm state control.

étatiste [etatist] ◆ adj state-control *(modif).* ◆ nmf supporter of state control.

état-major [etamaʒɔʀ] (*pl* **états-majors**) nm **1.** MIL [officiers] general staff ; [locaux] headquarters **2.** [direction -d'une entreprise] management ; [-d'un parti politique] leadership / *le président et son état-major* the president and his advisers.

état-nation [etanasjɔ̃] nm nation-state.

états-unien, enne [etazynjɛ̃, ɛn] adj (North) American.

❖ **États-Unien, enne** nm, f (North) American.

États-Unis [etazyni] npr mpl ▸ **les États-Unis (d'Amérique)** the United States (of America) ▸ **aux États-Unis** in the United States.

Attention, l'expression **the United States** se comporte comme un nom singulier ; le verbe qui lui est associé est par conséquent toujours au singulier :

Les États-Unis ont décidé d'abandonner le projet. *The United States has decided to abandon the project.*

Les États-Unis sont un acteur majeur dans ce domaine. *The United States is a key player in this field.*

étau, x [eto] nm vice UK, vise US / *être pris* ou *enserré (comme) dans un étau fig* to be caught in a vice ▸ **l'étau se resserre** *fig* the noose is tightening / *avoir le cœur dans un étau fig* to feel a pang of anguish.

étau-limeur [etolimœʀ] (*pl* **étaux-limeurs**) nm shaper.

étayage [etɛjaʒ], **étayement** [etɛjmɑ̃] nm **1.** [d'un mur] propping-up, shoring-up **2.** [d'un raisonnement] support, supporting, shoring-up.

étayer [11] [eteje] vt **1.** [mur] to prop ou to shore up **2.** [raisonnement] to support, to back up ; [thèse, argument] to support.

❖ **s'étayer sur** vp + prép [s'appuyer sur] to be based on.

etc. (abr écrite de **et cetera**) etc.

et cetera, et cætera, etcétéra* [ɛtseteʀa] loc adv et cetera, and so on (and so forth).

été¹ [ete] pp ⟶ **être.**

été² [ete] nm summer / *l'été est ma saison préférée* summer ou summertime is my favourite season ▸ **été indien** Indian summer ▸ **l'été de la Saint-Martin** Saint Martin's summer.

❖ **d'été** loc adj ▸ **robe d'été** summer dress ▸ **nuit d'été** summer's night ▸ **l'heure d'été** daylight-saving time.

éteignait v ⟶ **éteindre.**

éteignoir [etɛɲwaʀ] nm **1.** [instrument] extinguisher **2.** *fam* [rabat-joie] wet blanket, spoilsport, killjoy.

éteindre [81] [etɛ̃dʀ] vt **1.** [arrêter la combustion de -cigarette, incendie] to put out *(sép),* to extinguish ; [-bougie] to put ou to blow out *(sép)* ; [-gaz, chauffage] to turn off *(sép)* **2.** ÉLECTR [phare, lampe] to turn ou to switch off *(sép)* ; [radio, télévision] to turn off / *va éteindre (dans) la chambre fam* switch off the light in the bedroom / *c'était éteint chez les voisins* the neighbours' lights were out **3.** [faire perdre son éclat à] : *le chagrin avait éteint son regard litt* her eyes had been dulled by sorrow **4.** [annuler -dette, rente] to wipe out *(sép)* **5.** *litt* [soif] to quench, to slake *litt* ; [désirs, sentiments] to kill.

❖ **s'éteindre** vpi **1.** [feu, gaz, chauffage] to go out ; [bougie] to blow out ; [cigarette] to burn out ; [volcan] to die down **2.** ÉLECTR [lampe] to go out ; [radio, télévision] to go off **3.** *litt* [se dissiper -ardeur, amour] to fade away ; [-colère] to abate, to cool down **4.** *euphém* [mourir -personne] to pass away **5.** [espèce] to die out, to become extinct.

éteint, e [etɛ̃, ɛ̃t] adj **1.** [sans éclat -regard] dull, lacklustre ; [-visage, esprit] dull ; [-couleur] faded ▸ **d'une voix éteinte** faintly / *elle est plutôt éteinte ces temps-ci* she's lost her spark recently **2.** [chaux] slaked.

étendage [etɑ̃daʒ] nm **1.** [action] hanging up ou out **2.** [corde] clothes line.

étendard [etɑ̃daʀ] nm **1.** MIL standard / *lever l'étendard de la révolte fig* to raise the standard of revolt **2.** BOT standard, vexillum *spéc.*

étendoir [etɑ̃dwaʀ] nm **1.** [corde] clothes line **2.** [lieu] drying shed.

étendre [73] [etɑ̃dʀ] vt **1.** [beurre, miel] to spread ; [pommade, fond de teint] to rub ou to smooth on **2.** [tapis, tissu] to unroll ; [plan, carte, journal] to open ou to spread (out) ; [pâte à tarte] to roll out *(sép)* ▸ **étendre ses bras / jambes** to stretch (out) one's arms / legs **3.** [faire sécher] ▸ **étendre du linge a)** [dehors] to put the washing out to dry, to hang out the washing **b)** [à l'intérieur] to hang up the washing **4.** [allonger -personne] to stretch out *(sép)* / *étendre un blessé sur une civière* to place an injured person on a stretcher / *il m'a fait étendre sur le sol* he made me lie down on the ground **5.** [élargir -pouvoir] to extend ; [-recherches] to broaden, to extend ; [-cercle d'amis] to extend, to widen / *étendre la signification d'un mot* to extend the meaning of a word / *étendre son vocabulaire* to increase ou to extend one's vocabulary ▸ **étendre qqch à** : *étendre une grève au secteur privé* to extend a strike to the private sector / *j'étendrais cette définition à toutes les espèces animales* I'd extend this definition to all species of animal **6.** [diluer -peinture] to dilute, to thin down *(sép)* ; [-sauce] to thin out ou down *(sép),* to water down *(sép)* ; [-vin] to water down *(sép)* **7.** *fam* [vaincre] to thrash / *il a déjà étendu deux champions régionaux* he's already knocked out two regional champions ▸ **se faire étendre a)** [à un match de boxe] to get knocked ou laid out **b)** [aux élections] to be trounced **c)** [à un examen] to be failed.

❖ **s'étendre** vpi **1.** [dans l'espace] to extend, to stretch / *la zone pluvieuse s'étendra du nord au sud* the rainy zone will stretch from North to South / *les banlieues s'étendaient à l'infini* the suburbs stretched out endlessly ▸ **s'étendre à** : *mes connaissances ne s'étendent pas jusque-là* my knowledge doesn't stretch that far / *son ambition s'étendait aux plus hautes sphères de la politique* his ambition extended to the highest echelons of politics / *une loi qui s'étend à toutes les circonscriptions* a law that covers all districts **2.** [dans le temps] to extend / *la période qui s'étend du XVIIᵉ au XIXᵉ siècle* the period stretching from the 17th to the 19th century / *les vacances s'étendent sur trois mois* the vacation stretches over three months **3.** [se développer -épidémie, grève] to spread ; [-cercle d'amis] to widen ; [-pouvoir] to widen, to increase, to expand ; [-culture, vocabulaire] to increase, to broaden **4.** [s'allonger -malade] to stretch out, to lie down.

❖ **s'étendre sur** vp + prép to enlarge on / *je ne m'étendrai pas davantage sur ce sujet* I won't discuss this subject at any greater length / *elle ne s'est pas étendue sur ses projets d'avenir* she didn't enlarge on her future plans.

étendu, e [etɑ̃dy] adj **1.** [vaste -territoire] big, wide, spread-out ; [-banlieue] sprawling / *un panorama étendu* a vast panorama **2.** [considérable -pouvoir, connaissances] extensive, wide-ranging / *sa culture très étendue lui permettait de briller* his vast culture allowed him to shine **3.** [étiré] ▸ **les bras étendus** with outstretched arms ▸ **les jambes étendues** with legs stretched out **4.** [dilué -vin, sauce] watered-down ; [-peinture, couleur] thinned-down.

❖ **étendue** nf **1.** [surface] area, stretch / *la forêt occupe une grande étendue dans cette région* the forest covers a huge area in this region ▸ **une étendue désertique** a stretch of desert **2.** [dimension] area / *un domaine d'une grande étendue* a large estate / *quelle est l'étendu de ce terrain ?* how large is this piece of land ? / *sur toute l'étendue du pays* throughout the country **3.** [durée] : *l'étendue d'un discours* the length of a speech / *sur une étendue de 10 ans* over a period of 10 years **4.** [ampleur] extent ▸ **pour évaluer** ou **mesurer l'étendue du désastre** to assess the extent of the disaster / *ses propos révèlent l'étendue de sa culture / de son ignorance* his remarks show the extent of his knowledge / his ignorance **5.** MUS range **6.** PHILOS extension.

éternel, elle [etɛʀnɛl] adj **1.** PHILOS & RELIG eternal **2.** [sans fin] eternal, endless / *je lui voue une reconnaissance éternelle* I'll be for ever ou eternally grateful to him / *cette situation ne sera pas éternelle* this situation won't last for ever / *je ne serai pas éternel* I won't live forever / *dans la nuit éternelle fig & litt* in the endless night **3.** *(avant nom)* [invariable] ▸ **c'est un éternel mécontent** he's perpetually discontented, he's never happy ▸ **leurs éternelles discussions politiques** their endless ou interminable political discussions / *son éternel cigare à la bouche* his inevitable cigar / *avec son éternelle petite robe noire* with her inevitable little black dress ▸ **l'éternel féminin** womankind.

❖ **Éternel** npr m ▸ **l'Éternel** the Eternal ▸ **grand voyageur / menteur devant l'Éternel** *fam* great ou inveterate traveller / liar.

éternellement [etɛʀnɛlmɑ̃] adv eternally ▸ **je l'aimerai éternellement** I will always love him, I'll love him forever / *je ne l'attendrai pas éternellement* I'm not going to wait for him for ever / *avec les cheveux éternellement ébouriffés* with his perpetually tousled hair.

éterniser [3] [etɛʀnize] vt **1.** *péj* [prolonger -discussion, crise] to drag ou to draw out *(sép)* **2.** *litt* [perpétuer -nom, mémoire] to perpetuate.

❖ **s'éterniser** vpi *péj* **1.** [durer -crise, discussion] to drag on **2.** *fam* [s'attarder] : *il est dix heures, ces gens s'éternisent !* it's ten o'clock, these people have outstayed their welcome ! / *on ne va pas s'éterniser ici* we're not going to stay here for ever / *j'espère qu'elle ne va pas s'éterniser chez moi* I hope she's not going to hang around here too long.

éternité [etɛʀnite] nf **1.** PHILOS & RELIG eternity **2.** [longue durée] eternity / *il y avait une éternité que je ne l'avais vu* I hadn't seen him for ages ou an eternity / *l'attente chez le médecin m'a paru une éternité* it seemed (like) an eternity before the doctor saw me / *la construction du stade va durer une éternité* it will take forever to build the stadium.

❖ **de toute éternité** loc adv *litt* from time immemorial.

éternuement [etɛʀnymɑ̃] nm sneeze / *être pris d'éternuements* to have a fit of sneezing.

éternuer [7] [etɛʀnɥe] vi to sneeze / *ça me fait éternuer* it makes me sneeze.

êtes v ⟶ **être.**

étêtage [etɛtaʒ], **étêtement** [etɛtmɑ̃] nm pollarding.

étêter [4] [etete] vt [arbre] to pollard ; [poisson] to cut off the head of ; [clou, épingle] to knock the head off.

* In reformed spelling (see p. 16-19).

éteule [etœl] nf stubble.

éthane [etan] nm ethane.

éthanol [etanɔl] nm ethanol.

éther [etɛʀ] nm *litt ou* CHIM ether.

éthéré, e [eteʀe] adj *litt ou* CHIM ethereal.

éthéromane [eteʀɔman] ◆ adj addicted to ether. ◆ nmf ether addict.

éthéromanie [eteʀɔmani] nf addiction to ether.

éthicien, enne [etisjɛ̃, ɛn] nm, f ethicist.

Éthiopie [etjɔpi] npr f ▸ **(l')Éthiopie** Ethiopia.

éthiopien, enne [etjɔpjɛ̃, ɛn] adj Ethiopian.

❖ **Éthiopien, enne** nm, f Ethiopian.

❖ **éthiopien** nm LING Ethiopic.

éthique [etik] ◆ adj ethic, ethical. ◆ nf **1.** PHILOS ethics *(sg)* **2.** [code moral] ethic.

ethmoïdal, e, aux [ɛtmɔidal, o] adj ethmoid, ethmoidal.

ethmoïde [ɛtmɔid] ◆ adj m ethmoid. ◆ nm ethmoid (bone).

ethnarque [ɛtnaʀk] nm ethnarch.

ethnicité [ɛtnisite] nf ethnicity.

ethnie [ɛtni] nf ethnic group.

ethnique [ɛtnik] adj ethnic.

ethniquement [ɛtnikmɑ̃] adv ethnically.

ethnobiologie [ɛtnɔbjɔlɔʒi] nf ethnobiology.

ethnocentrique [ɛtnɔsɑ̃tʀik] adj ethnocentric.

ethnocentrisme [ɛtnɔsɑ̃tʀism] nm ethnocentrism.

ethnocide [ɛtnɔsid] nm ethnocide.

ethnographe [ɛtnɔgʀaf] nmf ethnographer.

ethnographie [ɛtnɔgʀafi] nf ethnography.

ethnographique [ɛtnɔgʀafik] adj ethnographic, ethnographical.

ethnolinguistique [ɛtnɔlɛ̃gɥistik] ◆ adj ethnolinguistic. ◆ nf ethnolinguistics *(sg)*.

ethnologie [ɛtnɔlɔʒi] nf ethnology.

ethnologique [ɛtnɔlɔʒik] adj ethnologic, ethnological.

ethnologue [ɛtnɔlɔg] nmf ethnologist.

ethnomusicologie [ɛtnɔmyzikɔlɔʒi] nf ethnomusicology.

ethnonyme [ɛtnɔnim] nm LING ethnonym.

ethnopsychiatrie [ɛtnɔpsikjatʀi] nf ethnopsychiatry.

éthologie [etɔlɔʒi] nf ethology.

éthologique [etɔlɔʒik] adj ethological.

éthologiste [etɔlɔʒist], **éthologue** [etɔlɔg] nmf ethologist.

ethos [etɔs] nm ethos.

éthyle [etil] nm ethyl.

éthylène [etilɛn] nm ethylene.

éthylénique [etilenik] adj ethylenic.

éthylique [etilik] ◆ adj ethyl *(modif)*, ethylic. ◆ nmf alcoholic.

éthylisme [etilism] nm alcoholism.

éthylotest [etilɔtɛst] nm Breathalyser UK, Breathalyzer US.

étiage [etjaʒ] nm **1.** [niveau] low water level ou mark **2.** [abaissement] low water.

Étienne [etjɛn] npr ▸ **saint Étienne** Saint Stephen.

étier [etje] nm canal *(linking salt marshes with the sea, in W. France)*.

étincelage [etɛ̃slaʒ] nm **1.** TECHNOL spark erosion **2.** MÉD fulguration, surgical diathermy.

étincelant, e [etɛ̃slɑ̃, ɑ̃t] adj **1.** [brillant - diamant, étoile] sparkling, gleaming, twinkling ; [- soleil] brightly shining ; [bien lavé - vaisselle] shining, sparkling, gleaming / *la mer étincelante* the sparkling sea / *sapin de Noël étincelant* Christmas tree sparkling ou gleaming with lights ▸ **étincelant de propreté** gleaming **2.** [vif - regard, œil] twinkling ▸ **les yeux étincelants de colère** / **de haine** eyes glinting with rage / with hate **3.** [plein de brio - conversation, esprit, style] brilliant, sparkling.

étinceler [24] [etɛ̃sle] vi **1.** [diamant, étoile] to sparkle, to gleam, to twinkle ; [soleil] to shine brightly ; [vaisselle] to shine, to sparkle, to gleam ▸ **la mer étincelait** the sea was sparkling / *le sapin de Noël étincelait* the Christmas tree was glittering with lights ▸ **étinceler de propreté** to be gleaming / *étinceler de blancheur* to be gleaming white / *la lumière des spots faisait étinceler ses yeux* her eyes sparkled in the spotlights **2.** [regard, œil] to sparkle, to glitter / *ses yeux étincelaient de colère* / *jalousie* / *passion* her eyes glittered with anger / jealousy / passion / *ses yeux étincelaient de bonheur* / *fierté* her eyes were sparkling with happiness / pride **3.** [conversation, style] to sparkle, to be brilliant.

✐ In reformed spelling (see p. 16-19), this verb is conjugated like **peler**: ***il étincèle, elle étincèlera.***

étincelle [etɛ̃sɛl] nf **1.** [parcelle incandescente] spark ▸ **étincelle électrique** electric spark ▸ **faire des étincelles a)** *pr* to throw off sparks **b)** *fig* to cause a huge sensation, to be a big success / *on ne peut pas dire qu'il ait fait des étincelles pendant son mandat* *hum* he didn't exactly set the world on fire during his term of office ▸ **c'est l'étincelle qui a mis le feu aux poudres** it was this which sparked everything off **2.** [lueur] spark, sparkle ▸ **jeter des étincelles** to sparkle / *le casque poli jetait des étincelles* the highly polished helmet sparkled ▸ **ses yeux jettent des étincelles a)** [de joie] his eyes shine with joy **b)** [de colère] his eyes flash with rage **3.** [bref élan] ▸ **étincelle d'intelligence** spark of intelligence ▸ **l'étincelle du génie** the spark of genius.

étincellement, étincèlement* [etɛ̃sɛlmɑ̃] nm [d'un diamant, d'une lame] sparkle, glitter ; [de la mer] glitter.

étincellera v ⟶ étinceler.

étiolement [etjɔlmɑ̃] nm **1.** AGR & BOT bleaching, blanching, etiolation *spéc* **2.** [affaiblissement - d'une personne] decline, weakening ; [- d'un esprit] weakening.

étioler [3] [etjɔle] vt **1.** AGR & BOT to bleach, to blanch, to etiolate *spéc* **2.** [personne] to make weak ou pale ou sickly.

❖ **s'étioler** vpi **1.** AGR & BOT to blanch, to wither **2.** [s'affaiblir - personne] to decline, to fade away, to become weak ; [- esprit] to become lacklustre ou dull.

étiologie [etjɔlɔʒi] nf aetiology.

étiologique [etjɔlɔʒik] adj aetiologic, aetiological.

étique [etik] adj *litt* skinny, emaciated, scrawny.

étiquetage [etiktaʒ] nm [d'une marchandise] labelling ; [d'un colis] ticketing, labelling.

étiqueter [27] [etikte] vt **1.** [marchandise] to mark, to label ; [colis] to ticket, to label **2.** *péj* [cataloguer] to label / *j'ai été étiqueté comme écologiste* I was labelled as a green.

✐ In reformed spelling (see p. 16-19), this verb is conjugated like **acheter**: ***il étiquète, elle étiquètera.***

étiqueteur, euse [etiktœʀ, øz] nm, f labeller.

❖ **étiqueteuse** nf labelling machine.

étiquette [etikɛt] ◆ v ⟶ étiqueter. ◆ nf **1.** [marque - portant le prix] ticket ▸ **étiquette autocollante** sticky label, sticker **2.** [appartenance] label ▸ **mettre une étiquette à qqn** to label sb / *on a collé cette étiquette socialiste à notre journal* our paper has been labelled as socialist ▸ **sans étiquette politique** [candidat, journal] independent **3.** INFORM label ▸ **étiquette électronique** electronic label **4.** [protocole] ▸ **l'étiquette** etiquette ▸ **étiquette de cour** court etiquette.

étirable [etiʀabl] adj stretchable.

étirage [etiʀaʒ] nm **1.** [du verre, du métal, du fil] drawing **2.** [du tissu, des peaux] stretching.

étirement [etiʀmɑ̃] nm [des membres, du corps] stretching.

étirer [3] [etiʀe] vt **1.** [allonger - membres, cou] to stretch ; [- peloton, convoi] to stretch out *(sép)* **2.** [verre, métal] to draw (out) **3.** TEXT to stretch.

❖ **s'étirer** vpi **1.** [personne, animal] to stretch (out) **2.** [s'éterniser - journée, récit] to draw out.

Etna [ɛtna] npr m ▸ **l'Etna, le mont Etna** (Mount) Etna.

étoffe [etɔf] nf **1.** TEXT material, fabric / *acheter de l'étoffe* to buy material / *des étoffes somptueuses* rich fabrics **2.** [calibre - d'un professionnel, d'un artiste] calibre / *il est d'une autre* / *de la même étoffe* he's in a different / the same league ▸ **manquer d'étoffe** to lack calibre ▸ **avoir l'étoffe de** to have the makings of / *il a l'étoffe d'un héros* he has the makings of a hero, he's the stuff heroes are made of ▸ **avoir l'étoffe d'un chef** to be leadership material **3.** TECHNOL base-metal alloy.

❖ **étoffes** nfpl IMPR mark-up *(on materials)*.

étoffé, e [etɔfe] adj [roman, récit] full of substance, well-rounded ; [voix] deep, sonorous.

étoffer [3] [etɔfe] vt **1.** [faire grossir] to put weight on / *son séjour à la campagne l'a étoffé* his spell in the country has made him fill out a bit **2.** [développer - roman, personnage] to flesh ou to fill out *(sép)*, to give substance to.

❖ **s'étoffer** vpi to fill out, to put on weight.

étoile [etwal] nf **1.** ASTRON star ▸ **contempler** ou **observer les étoiles** to stargaze ▸ **ciel parsemé** ou **semé d'étoiles** starry sky, sky studded with stars ▸ **une nuit sans étoiles** a starless night ▸ **étoile géante** / **naine** giant / dwarf star ▸ **étoile du matin** / **soir** morning / evening star ▸ **étoile du berger** morning star ▸ **étoile double** double star ▸ **étoile filante** shooting star ▸ **étoile à neutrons** neutron star ▸ **étoile Polaire** pole star ▸ **étoile variable** variable star ▸ **carrefour en étoile** multi-lane junction ▸ **voir les étoiles en plein midi** to see stars **2.** [insigne] star ▸ **hôtel trois** / **quatre étoiles** three-star / four-star hotel / *congélateur à trois étoiles* three-star freezer / *général à quatre étoiles* four-star general ▸ **l'étoile jaune** / **rouge** the yellow / red star ▸ **l'étoile de David** the Star of David **3.** [destin] stars, fate ▸ **c'est sa bonne étoile** it's his lucky star ▸ **son étoile blanchit** ou **pâlit** her fortunes are waning, her star is fading **4.** *vieilli* [célébrité] star / *une étoile du cinéma* a movie star / *c'est une étoile montante* she's a rising star / *elle est l'étoile du spectacle* she's the star of the show **5.** DANSE prima ballerina **6.** IMPR star, asterisk **7.** [au ski] badge (of achievement) / *première* / *deuxième* / *troisième étoile* beginners / intermediate / advanced badge of proficiency *(at skiing)* / *aujourd'hui l'école de ski fait passer les étoiles* the ski school is putting its pupils through the proficiency tests today **8.** ZOOL ▸ **étoile de mer** starfish **9.** MATH asterisk **10.** [à Paris] ▸ **(place de) l'Étoile** place de l'Étoile *(in Paris)*.

❖ **à la belle étoile** loc adv [coucher, dormir] (out) in the open, outside.

étoilé, e [etwale] adj **1.** [ciel] starry, star-studded ; [nuit] starry **2.** CULIN [chef, restaurant] Michelin-starred.

étoilement [etwalmɑ̃] nm star-shaped crack.

étoiler [3] [etwale] vt **1.** *litt* [parsemer - d'étoiles] to spangle with stars ▸ **étoiler qqch de** : *les vitres étoilées de givre* the window panes glittering with frost **2.** [fêler - vitre] to craze, to crack.

❖ **s'étoiler** vpi **1.** *litt* [ciel] to become starry **2.** [vitre] to crack.

étole [etɔl] nf COUT & RELIG stole.

étonnamment [etɔnamɑ̃] adv amazingly, astonishingly.

étonnant, e [etɔnɑ̃, ɑ̃t] adj **1.** [remarquable - personne, acteur, mémoire] remarkable, astonishing ; [- roman] great, fantastic ; [- voyage] fabulous **2.** [surprenant] surprising, amazing / *c'est étonnant de sa part* it's quite amazing, coming from him / *rien d'étonnant à ce qu'il ait divorcé* no wonder he got divorced ▸ **ça n'a rien d'étonnant** it's no wonder.

étonné, e [etɔne] adj astonished, amazed / *il avait l'air étonné* he looked astonished ou amazed.

étonnement [etɔnmɑ̃] nm surprise, astonishment, amazement / *je fus frappé d'étonnement en apprenant la nouvelle* I was astonished when I heard the news / *à mon grand étonnement* to my great surprise.

étonner [3] [etɔne] vt to amaze, to surprise / *je suis étonné de ses progrès* I'm amazed at the progress he's made / *elle m'étonne par son courage* I'm astonished at her courage / *cet enfant m'étonne de plus en plus* this child never ceases to amaze me / *ce que je vais vous dire* *va probablement vous étonner* what I have to say may come as a surprise / *ça m'étonne qu'elle ne t'ait pas appelé* I'm surprised she didn't call you ▶ **plus rien ne m'étonne** nothing surprises me anymore ▶ **cela m'étonnerait** I'd be surprised / *ça ne m'étonne pas de toi!* you do surprise me! *iron* / *tu vas y aller? — tu m'étonnes!* *fam* are you going to go? — of course I am!

❖ **s'étonner** vpi to be surprised / *ne t'étonne pas si elle te quitte* don't be surprised if she leaves you / *je ne m'étonne plus de rien* nothing surprises me anymore / *je m'étonne qu'il ne soit pas venu* I'm surprised he didn't show up.

étouffant, e [etufɑ̃, ɑ̃t] adj **1.** [oppressant - lieu, climat, ambiance] stifling **2.** [indigeste - mets] stodgy, heavy.

étouffe-chrétien (*pl* **étouffe-chrétien** *ou* **étouffe-chrétiens***) [etufkretjɛ̃] nm *fam* heavy ou stodgy food ; (*comme adj*) heavy, stodgy / *c'est un peu étouffe-chrétien, sa quiche* his quiche is a bit stodgy.

étouffée [etufe] ❖ **à l'étouffée** ◆ loc adj steamed (*in a tightly shut pot*). ◆ loc adv ▶ **cuire qqch à l'étouffée** to steam sthg (*in a tightly shut steamer*).

étouffement [etufmɑ̃] nm **1.** [asphyxie] suffocation **2.** [respiration difficile] breathlessness / *avoir une sensation d'étouffement* to have a feeling of breathlessness ou suffocation ; [crise] fit of breathlessness / *il a été pris d'étouffements pendant la nuit* he had a fit of breathlessness in the night **3.** [répression - d'une révolte] quelling ; [- d'une rumeur] stifling ; [camouflage - d'un scandale] hushing-up, covering-up.

étouffer [3] [etufe] ◆ vt **1.** [asphyxier - personne, animal] ▶ **le bébé a été étouffé a)** [accident] the baby suffocated to death **b)** [meurtre] the baby was smothered ▶ **mourir étouffé** to die of suffocation, to choke to death / *ne le serre pas si fort, tu l'étouffes!* *hum* don't hug him so hard, you'll smother him! ▶ **ne pas étouffer qqn** *fam & hum* : *ce n'est pas la politesse qui l'étouffe* politeness isn't exactly his strong point / *ce ne sont pas les scrupules qui l'étouffent* *fam & hum* he's not exactly over-scrupulous / *ça t'étoufferait de dire bonjour / de ranger ta chambre?* would it kill you to say hello / to tidy your room? **2.** [oppresser - suj: famille, entourage] to smother ; [- suj: ambiance] to stifle / *le milieu familial l'étouffait* she found the family circle stifling **3.** [émouvoir fortement] ▶ **la colère / l'émotion l'étouffe** he's choking with anger / emotion **4.** [arrêter, atténuer - feu] to put out (*sép*), to smother ; [- bruit] to muffle, to deaden ; [- cris, pleurs, sentiment, rire] to stifle, to hold back (*sép*) ; [- voix] to lower ; [- révolte, rumeur] to quash ; [- scandale] to hush ou to cover up (*sép*) / *il a réussi à faire étouffer l'affaire* he managed to get the affair hushed up. ◆ vi **1.** [s'asphyxier] to suffocate, to choke / *j'ai failli étouffer en avalant de travers* I almost choked on my food ▶ **étouffer de** : *étouffer de colère / jalousie* to choke with anger / jealousy ▶ **étouffer d'indignation** to splutter with indignation **2.** [avoir chaud] to suffocate, to be gasping for air **3.** [être oppressé] to feel stifled ▶ **j'étouffe dans ce milieu** this atmosphere stifles me.

❖ **s'étouffer** vpi to choke / *une sardine et une demi-tomate, on ne risque pas de s'étouffer!* *hum* a sardine and half a tomato! there's no fear of us choking on that! / *arrête de la faire rire, tu vas la faire s'étouffer!* stop making her laugh, you'll make her choke ou she'll choke!

étouffoir [etufwar] nm **1.** [pour la braise] charcoal extinguisher **2.** MUS damper **3.** *fam* [lieu] oven / *c'est un étouffoir ici!* it's like an oven in here!

étoupe [etup] nf [lin, chanvre] tow.

étourderie [eturdəri] nf **1.** [faute] careless mistake **2.** [caractère] carelessness.

❖ **par étourderie** loc adv carelessly, without thinking.

étourdi, e [eturdi] ◆ adj [personne] careless ; [acte, réponse] thoughtless. ◆ nm, f scatterbrain.

❖ **à l'étourdie** loc adv thoughtlessly, foolishly.

étourdiment [eturdimɑ̃] adv thoughtlessly, carelessly, foolishly.

étourdir [32] [eturdir] vt **1.** [assommer] to stun, to daze / *le coup l'avait un peu étourdi* he was slightly dazed by the blow **2.** [griser - suj: vertige, sensation, alcool] to make dizzy ou light-headed ; [- suj: odeur] to overpower ▶ **le succès l'étourdissait** success had gone to his head / *cette perspective l'étourdissait* he was exhilarated at the prospect **3.** [abasourdir - suj: bruit] to deafen / *ces enfants m'étourdissent!* these children are making me dizzy (with their noise)! **4.** *litt* [calmer - douleur, chagrin] to numb, to deaden.

❖ **s'étourdir** vpi ▶ **s'étourdir dans le plaisir** to live a life of pleasure ▶ **s'étourdir de paroles** to get drunk on words.

étourdissant, e [eturdisɑ̃, ɑ̃t] adj **1.** [bruyant] deafening, ear-splitting **2.** [extraordinaire - beauté, créativité, activité] stunning / *il a fait une prestation étourdissante dans « Othello »* he was stunning in "Othello" ▶ **étourdissant de** : *il est étourdissant de beauté* he's stunningly handsome ▶ **être étourdissant d'esprit** to be very glib **3.** *litt* [grisant - adulation, passion] exciting, exhilarating.

étourdissement [eturdismɑ̃] nm **1.** [vertige] fit of giddiness ou dizziness, dizzy spell ; MÉD fainting fit, blackout / *j'ai eu un léger étourdissement dû à la chaleur* I felt slightly dizzy on account of the heat **2.** *litt* [griserie] exhilaration.

étourneau, x [eturno] nm **1.** ORNITH starling **2.** *fam* [étourdi] birdbrain.

étrange [etrɑ̃ʒ] adj [personne] strange, odd ; [chose, fait] strange, funny, odd / *quelle étrange coïncidence!* what a strange coincidence! / *chose étrange, elle a dit oui* strangely enough, she said yes.

étrangement [etrɑ̃ʒmɑ̃] adv [bizarrement] oddly, strangely / *elle était étrangement habillée* she was oddly dressed ; [inhabituellement] strangely / *il est étrangement silencieux* he's strangely silent.

étranger, ère [etrɑ̃ʒe, ɛr] ◆ adj **1.** [visiteur, langue, politique] foreign **2.** [extérieur à un groupe] outside (*adj*) ▶ **le piquet de grève était renforcé par des éléments étrangers** the picket (line) had been reinforced by outside elements ▶ **étranger à** : *je suis étranger à leur communauté* I'm not a member of ou I don't belong to their community / *des personnes étrangères au service* non-members of staff **3.** [non familier - voix, visage, région, sentiment] unknown, unfamiliar / *parmi les odeurs de la maison, il discernait un parfum étranger* he could discern ou make out an unfamiliar perfume amongst the house's usual smells **4.** ▶ **étranger à** [sans rapport avec] : *je suis complètement étranger à cette affaire* I'm in no way involved in ou I have nothing to do with this business ▶ **développement étranger au sujet** irrelevant development / *ce sont là des considérations étrangères à notre discussion* those points are irrelevant ou extraneous *sout* to our discussion **5.** *sout* ▶ **étranger à** [qui n'a pas le concept de] closed ou impervious to / *il est étranger à la pitié* he's completely lacking in compassion ▶ **étranger à** [inconnu de] unknown to / *ce sentiment / visage ne m'est pas étranger* that feeling / face is not unknown to me. ◆ nm, f **1.** ADMIN [habitant d'un autre pays] foreigner, alien / **'l'Étranger'** *Camus* 'The Stranger' **2.** [inconnu] stranger / *je suis devenu un étranger pour elle* I'm like a stranger to her now **3.** AFR [visiteur] guest (*staying at one's house for a few days*).

❖ **étranger** nm ▶ **l'étranger** foreign countries ▶ **ça vient de l'étranger** it comes from abroad.

❖ **à l'étranger** loc adv abroad.

> **stranger** ou **foreigner ?**
>
> **Stranger** signifie « inconnu », tandis que **foreigner** désigne un « habitant d'un autre pays ».

étrangeté [etrɑ̃ʒte] nf **1.** [singularité - d'un discours, d'un comportement] strangeness, oddness **2.** *litt* [remarque] funny ou strange ou odd thing ; [incident] strange ou odd fact.

étranglé, e [etrɑ̃gle] adj **1.** [rauque - voix, son] tight, strained **2.** [resserré - rue, passage] narrow.

étranglement [etrɑ̃gləmɑ̃] nm **1.** [strangulation] strangling, strangulation **2.** [étouffement, resserrement] tightening, constriction / *j'ai compris à l'étranglement de sa voix que...* the tightness in his voice told me that... **3.** [passage étroit] bottleneck / *il y a un étranglement dans la rue* the street forms a bottleneck / *grâce à l'étranglement du tuyau* owing to the narrower section of the pipe **4.** *litt* [restriction - des libertés] stifling **5.** MÉD strangulation ▶ **étranglement herniaire** strangulated hernia.

étrangler [3] [etrɑ̃gle] vt **1.** [tuer - intentionnellement] to strangle ; [- par accident] to strangle, to choke / *elle a été étranglée par son écharpe* she was strangled by her scarf **2.** [serrer] to choke, to constrict *sout* / *ce col roulé m'étrangle* this turtleneck is choking me ou is too tight around my neck / *elle avait la taille étranglée par une grosse ceinture* she had a wide belt pulled in tight around the waist **3.** [faire balbutier - suj: colère, peur] to choke **4.** [ruiner] to decimate, to squeeze out of existence / *les supermarchés ont étranglé le petit commerce* supermarkets have decimated small businesses **5.** *litt* [restreindre - libertés] to stifle.

❖ **s'étrangler** vpi **1.** [personne] to choke / *s'étrangler avec un os* to choke on a bone ▶ **s'étrangler de** : *s'étrangler de rire* to choke with laughter ▶ **s'étrangler d'indignation** to be speechless with indignation **2.** [voix] to choke **3.** [chemin, rue, vallée] to form a bottleneck, to narrow (down).

étrangleur, euse [etrɑ̃glœr, øz] nm, f strangler.

étrave [etrav] nf stem.

être¹ [2] [ɛtr]

◆ vi

A. EXISTER

B. COMME LIEN

C. DANS DES LOCUTIONS VERBALES

D. SUBSTITUT DE ALLER, PARTIR

A. EXISTER **1.** [exister] to be, to exist / *l'homme n'est pas sans le regard des autres* man only exists through others' eyes / *ne nie pas ce qui est* don't deny the facts / *parlons de ce qui est et non de ce qui a été* let's talk of what is ou of the present and not of what used to be ou the past ▶ **si Dieu est** if God exists ▶ **si cela est** if (it is) so / *mon fils n'est plus* *litt* my son is no more *litt* ou has died ou passed away / *la nounou la plus patiente qui soit* the most patient nanny that ever was ou in the world / *le plus petit ordinateur qui soit* the tiniest computer ever ▶ **être ou ne pas être** to be or not to be ▶ **on ne peut pas être et avoir été** you only live once **2.** MATH ▶ **soit une droite AB** let AB be a straight line.

B. COMME LIEN **1.** [suivi d'un attribut] to be / *le boa est un serpent* the boa is a snake ▶ **elle est professeur** she's a teacher / *le sac est trop lourd* the bag is too heavy / *être malade / déprimé* to be ill / depressed / *on est bien assis dans ce fauteuil* this armchair is comfortable / *je ne te le prêterai pas! — comment* ou *comme tu es!* *fam* I won't lend it to you! — you see what you're like! / *je suis comme je suis* I am what I am / *comment es-tu ce matin?* how are you feeling this morning? ▶ **Bruno / ce rôle est tout pour moi** Bruno / this part means everything to me / *elle n'est plus rien pour lui* she no longer matters to him / *le pain n'est plus ce qu'il était* bread isn't as good as it used to be / *elle n'est plus ce qu'elle était* she's not what she used to be ▶ **qui suis-je?** who am I? ▶ **qui était-ce?** who was it? ▶ **qui est-il exactement?** who is he, exactly? **2.** [suivi d'une préposition] ▶ **être à** [se trouver à] : *être à l'hôpital* to be in hospital / *je suis à la gare* I'm at the station / *où sommes-nous?* where are we? / *cela fait longtemps que je ne suis plus à Paris* I left Paris a long time ago / *le propriétaire? il est au troisième étage* the owner? he lives on the third floor ▶ **j'y suis, j'y reste** here I am and here I stay ▶ **je n'y suis pour personne a)** [à la maison] I'm not at home for anyone **b)** [au bureau] I won't see anybody / *je suis à vous dans un instant* I'll be with you in a moment ▶ **je suis à vous** [je vous écoute] I'm all yours / *la Sardaigne est au sud de la Corse* Sardinia is (situated) south of Corsica / *laisse la plante*

*In reformed spelling (see p. 16-19).

où elle est leave the plant where it is / *ta chemise est au lavage* your shirt is in the wash ▸ **tout le monde est à la page 15 / au chapitre 9?** is everybody at page 15 / chapter 9? / *vous êtes (bien) au 01.40.06.24.08* this is 01 40 06 24 08 / *nous ne sommes qu'au début du tournoi* the tournament has just started ▸ **être à** [appartenir à] : *ce livre est à moi* the book's mine ▸ **être à** [être occupé à] : *il est tout à son travail* he's busy with his work ▸ **être à** [être en train de] : *il est toujours à me questionner* he's always asking me questions ▸ **être contre** to be against ▸ **être de** [provenir de] to be from, to come from / *je suis de la Martinique* I come from ou was born in Martinique ▸ **être de** [dater de] : *l'église est du XVI*[e] the church is from ou dates back to the 16th century / *la lettre est du 12* the letter's dated the 12th ▸ **les œufs sont d'hier** the eggs were laid yesterday ▸ **être de** [appartenir à] to belong to, to be a member of ▸ **êtes-vous du club?** do you belong to the club?, are you a member of the club? / *Bruno est de sa famille* Bruno is a member of her family ou is a relative of hers / *le lys est de la famille des liliacées* the lily belongs to the family Liliaceae ▸ **être de** [participer à] : *je suis de mariage le mois prochain* I've got (to go to) a wedding next month / *qui est de corvée de vaisselle?* who's on washing-up duty? ▸ **être de** [se joindre à] : *acceptez-vous d'être (un) des nôtres?* would you care to join us? / *je regrette de ne pouvoir être des vôtres* I'm sorry I can't be with you ▸ **être en** [lieu] : *être en prison / en France* to be in prison / in France ▸ **être en** [matériau] : *la table est en chêne* the table is made of oak ▸ **être en** [pour exprimer l'état] : *être en bonne santé* to be in good health ▸ **être en forme** to be fit / *les dossiers qui sont en attente* the pending files ▸ **être sans** : *vous n'êtes pas sans savoir que...* I'm sure you're aware that...

C. DANS DES LOCUTIONS VERBALES **1.** ▸ **en être à** : *les joueurs en sont à deux sets partout* the players are two sets all / *j'en suis à la deuxième manche du pull* I'm doing ou knitting the second sleeve of the jumper / *le projet n'en est qu'au début* the project has only just started / *Christian, où en sommes-nous dans le match?* Christian, what's the situation in the match? / *où en es-tu avec Michel?* how is it going with Michel? / *où en es-tu dans le livre?* how far have you got into the book? / *j'en suis au moment où il découvre le trésor* I've got to the part ou the bit where he discovers the treasure ▸ **où en étais-je?** [après une interruption dans une conversation] where was I? / *où en sont les travaux?* how's the work coming along? ▸ **en être à faire qqch** : *j'en suis à me demander si...* I'm beginning to wonder if... / *tu en es encore à lui chercher des excuses! — oh non, je n'en suis plus là!* you're still trying to find excuses for him! — oh no, I'm past that! ▸ **ne plus savoir où l'on en est** : *je ne sais plus du tout où j'en suis dans tous ces calculs* I don't know where I am any more with all these calculations / *j'ai besoin de faire le point, je ne sais plus où j'en suis* I've got to take stock, I've completely lost track of everything ▸ **y être** [être prêt] : *tout le monde y est?* is everyone ready? ▸ **vas-y, j'y suis** go on, I'm ready ▸ **y être** [comprendre] : *tu te souviens bien de Marie, une petite brune! — ah, oui, j'y suis maintenant!* but you must remember Marie, a brunette! — oh yes, I'm with you now! / *je n'y suis pas du tout!* I'm lost! / *mais non, vous n'y êtes pas du tout!* you don't understand! ▸ **il est des nôtres!** he's one of us ▸ **en être** *fam*, **être de ceux-là** *fam* [être homosexuel] to be one of them **2.** [dans l'expression du temps] to be ▸ **nous sommes le 8 / jeudi** today is the 8th / Thursday ▸ **quel jour sommes-nous?** what day is it today? / *on est déjà au mois de mars* we are in March already ▸ **on était en avril** it was April ▸ **on n'est qu'en février** it's only February / *imaginez, nous sommes en 1804* imagine it's (the year) 1804 / *le mariage est en août* the wedding is in August.

D. SUBSTITUT DE ALLER, PARTIR to go / *tu y as déjà été?* have you already been there? / *elle s'en fut lui porter la lettre litt* she went to take him the letter.

◆ v impers **1.** [exister] ▸ **il est** [il y a] *(suivi d'un sg)* there is / *(suivi d'un pl)* there are / *il est une île où...* there's an island where... / *il est des romanciers qui...* there are novelists who..., some novelists... / *il est des parfums si entêtants que...* some perfumes are so heady that... / *il était une fois un prince...* once (upon a time) there was a prince... ▸ **s'il en est** : *un escroc s'il en est* a crook if ever there was one **2.** [pour exprimer l'heure] ▸ **il est 5 h** it's 5 o'clock ▸ **quelle heure est-il?** what time is it? **3.** *sout* ▸ **il en est ainsi** that's how it is / *il en est ainsi de toutes les démocraties* that's how it is in all democracies ▸ **il n'en est rien** : *on a dit que vous vouliez démissionner — il n'en est rien* it was rumoured you wanted to resign — that's not true ▸ **il n'est que de** : *il n'est que de lire les journaux pour s'en rendre compte* you only have to read the newspapers to be aware of it.

◆ v aux **1.** [sert à former les temps composés] ▸ **je suis / j'étais descendu** I came / had come down ▸ **dès qu'elle est apparue** as soon as she appeared ▸ **serais-tu resté?** would you have stayed? / *tu te serais noyé si je n'avais pas été là!* you would have drowned if I hadn't been there! ▸ **la tour s'est écroulée** the tower collapsed **2.** [sert à former le passif] : *des arbres ont été déterrés par la tempête* trees were uprooted during the storm **3.** [sert à exprimer une obligation] : *ce dossier est à préparer pour lundi* the file must be ready for Monday ▸ **cela est à prouver** we have no proof of that yet.

❖ **cela étant** loc adv [dans ces circonstances] things being what they are ; [cela dit] having said that.

être² [ɛtʀ] nm **1.** BIOL & PHILOS being ▸ **l'être** PHILOS being ▸ **des êtres venus d'ailleurs** beings ou creatures from outer space / *un rêve peuplé d'êtres étranges* a dream full of strange creatures ▸ **être humain** human being ▸ **être de raison** rational being ▸ **être vivant** living thing / *'l'Être et le Néant'* Sartre 'Being and Nothingness' **2.** RELIG ▸ **l'Être éternel** ou **infini** ou **suprême** the Supreme Being ▸ **le Grand Être** the Great I US **3.** [personne] person / *c'est un être exceptionnel / cruel* he's an exceptional / cruel person / *il était tout ému de tenir ce petit être dans ses bras* he was very moved holding the little thing in his arms ▸ **un être cher** a loved one **4.** [cœur, âme] being, heart, soul / *tout son être rejetait de telles pratiques* all his being rejected such practices / *je le crois de tout mon être* I believe it with all my heart / *au fond de son être* deep down in his heart / *il a été bouleversé jusqu'au fond de son être* he was profoundly moved.

étreindre [81] [etʀɛ̃dʀ] vt **1.** [serrer entre ses bras -ami, amant, adversaire] to hug, to clasp *litt*, to embrace **2.** *sout* [oppresser -suj: émotion, colère, peur] to seize, to grip.

❖ **s'étreindre** vp *(emploi réciproque)* [amis, amants] to hug (each other), to embrace each other ; [lutteurs] to grip each other, to have each other in a tight grip.

étreinte [etʀɛ̃t] nf **1.** [embrassement] hug, embrace **2.** [d'un boa] constriction ; [d'un lutteur] grip / *les troupes ennemies resserrent leur étreinte autour de la ville* the enemy troops are tightening their grip ou stranglehold on the city **3.** *litt* [oppression] grip, grasp.

étrenne [etʀɛn] nf EXPR **avoir l'étrenne de qqch** *litt* to have the first use of sthg.

❖ **étrennes** nfpl [cadeau] New Year's Day present / *qu'est-ce que tu veux pour tes étrennes?* what would you like as a present for New Year's Day? ; [pourboire] New Year's tip *(given to postmen, dustmen, delivery men, etc., in the weeks running up to the New Year)* ; ≃ Christmas box UK ; ≃ Christmas bonus US.

étrenner [4] [etʀene] ◆ vt [machine] to use for the first time ; [robe, chaussures] to wear for the first time. ◆ vi [souffrir] : *c'est toi qui vas étrenner!* you're going to get ou catch it!

étrésillonner [3] [etʀezijɔne] vt to brace, to strut, to prop.

étrier [etʀije] nm **1.** ÉQUIT stirrup ▸ **coup de l'étrier** stirrup cup, one for the road ▸ **tenir l'étrier à qqn a)** *pr* to help sb mount **b)** *fig* to give sb a leg up **2.** ANAT stirrup, stirrup-bone **3.** [d'escalade] étrier UK, stirrup US **4.** CONSTR stirrup.

étrille [etʀij] nf **1.** [peigne] currycomb **2.** ZOOL swimming crab.

étriller [3] [etʀije] vt **1.** [cheval] to curry, to currycomb **2.** *fam* [vaincre] to crush, to trounce **3.** *fam* [critiquer] to pan, to slate UK **4.** *fam* [escroquer] to swindle, to con **5.** *vieilli* [frapper] to trounce, to thrash.

étripage [etʀipaʒ] nm **1.** [d'un poisson] gutting ; [d'une volaille, d'un gibier] drawing, cleaning **2.** *fam* [tuerie] slaughter.

étriper [3] [etʀipe] vt **1.** [poisson] to gut ; [volaille, gibier] to draw, to clean out *(sép)* **2.** *fam* [tuer] : *je vais l'étriper, celui-là!* I'm going to kill him ou to make mincemeat of him ou to have his guts for garters!

❖ **s'étriper** vp *(emploi réciproque) fam* to tear each other to pieces / *ils allaient s'étriper* they were at each other's throats.

étriqué, e [etʀike] adj **1.** [trop petit -vêtement] skimpy **2.** [mesquin -vie, habitudes, caractère] mean, petty / *un point de vue très étriqué* a very narrow outlook.

étrivière [etʀivjɛʀ] nf stirrup leather.

étroit, e [etʀwa, at] adj **1.** [rue, bande, sentier] narrow ; [vêtement] tight **2.** [mesquin -esprit] narrow ; [-idées] limited / *être étroit d'esprit* to be narrow-minded ▸ **avoir des vues étroites** to be limited in one's vision **3.** [liens, rapport, complicité, collaboration] close **4.** [surveillance] close, strict, tight ; [acception, interprétation] narrow, strict / *un mot dans son sens le plus étroit* the strictest sense of a word.

❖ **à l'étroit** loc adv : *on est un peu à l'étroit ici* it's rather cramped in here ▸ **ils vivent** ou **sont logés à l'étroit** they haven't much living space.

étroitement [etʀwatmɑ̃] adv **1.** [strictement -respecter] strictly ; [-surveiller] closely, strictly **2.** [intimement -relier] closely ▸ **être étroitement unis** to be closely allied, to have close links **3.** [à l'étroit] : *être étroitement logé* to live in cramped conditions.

étroitesse [etʀwatɛs] nf **1.** [d'une route, d'un couloir] narrowness **2.** [mesquinerie] ▸ **étroitesse d'esprit** ou **de vues** narrow-mindedness.

étron [etʀɔ̃] nm piece of excrement.

Étrurie [etʀyʀi] npr f ▸ **(l')Étrurie** Etruria.

étrusque [etʀysk] adj Etruscan, Etrurian.

❖ **Étrusque** nmf Etruscan, Etrurian.

❖ **étrusque** nm LING Etruscan, Etrurian.

étude [etyd] nf **1.** [apprentissage] study / *l'étude des langues* the study of languages / *elle a le goût de l'étude* she has a thirst for learning **2.** [analyse, essai] study, paper / *une étude sur les mollusques* a study of ou paper on molluscs ▸ **étude de cas** case study ▸ **étude de positionnement** positioning study ▸ **étude quantitative / qualitative** quantitative / qualitative research ▸ **étude de texte** ÉDUC textual analysis **3.** [travail préparatoire] study / *ce projet est à l'étude* this project is under consideration ou being studied ▸ **étude de faisabilité** feasibility study ▸ **étude d'impact** impact study ▸ **étude de marché** market research *(U)* **4.** ÉDUC [salle] study ou UK prep room ; [période] study-time / *elle reste à l'étude le soir* she stays on to study in the evenings ▸ **pendant l'étude** during study-time **5.** DR [charge] practice ; [locaux] office **6.** MUS study, étude **7.** ART study.

❖ **études** nfpl ÉDUC & UNIV studies ▸ **faire des études** to study / *elle fait des études d'histoire* she studies history ▸ **arrêter ses études a)** [par choix] to give up studying **b)** [par rébellion] to drop out / *il a fait ses études à Bordeaux* he studied in Bordeaux ▸ **payer ses études** to pay for one's education ▸ **études supérieures** higher education.

étudiant, e [etydjɑ̃, ɑ̃t] ◆ adj student *(modif)*. ◆ nm, f [avant la licence] undergraduate, student ; [après la licence] postgraduate, student ▸ **étudiant en droit / médecine** law / medical student ▸ **étudiant de première année** first year (student).

étudié, e [etydje] adj **1.** [bien fait -plan, dessin] specially ou carefully designed ; [-discours] carefully composed ; [-tenue] carefully selected **2.** COMM [prix] reasonable **3.** [affecté -gestes] studied ▸ **avoir un comportement étudié** to have a studied manner.

étudier [9] [etydje] ◆ vt **1.** [apprendre -matière] to learn, to study ; [-leçon] to learn ; [-piano] to learn (to play), to study ; [-auteur, période] to study ▸ **étudier l'histoire a)** ÉDUC to study history **b)** UNIV to study ou UK to

read history ; [observer - insecte] to study **2.** [examiner - contrat] to study, to examine ; [- proposition] to consider, to examine ; [- liste, inventaire] to go through *(insép)*, to check over *(insép)* / *nous étudierons votre suggestion* we'll consider your suggestion / *il faut étudier toutes les éventualités* we have to look at ou to examine all possible angles ▸ **étudier le terrain** to survey the land **3.** [observer - passant, adversaire] to watch, to observe **4.** [concevoir - méthode] to devise ; [- modèle, maquette] to design / *être très étudié* to be specially designed ▸ **c'est étudié pour** *fam* that's what it's for. ◆ vi **1.** [faire ses études] to study, to be a student **2.** [travailler] to study.
❖ **s'étudier** ◆ vp *(emploi réfléchi)* **1.** [se regarder soi-même] to gaze at ou to study o.s. **2.** *péj* [s'observer avec complaisance] to admire o.s. ◆ vp *(emploi réciproque)* [se regarder l'un l'autre] to observe each other. ◆ vpi [se donner une attitude] to behave affectedly.

étui [etɥi] nm **1.** [à lunettes, à cigares, de violon] case ▸ **étui de revolver** holster **2.** ARM ▸ **étui de cartouche** cartridge case.

étuvage [etyvaʒ] nm **1.** CULIN steaming **2.** [séchage] drying, heating **3.** TECHNOL baking, stoving.

étuve [etyv] nf **1.** [sauna] steamroom / *quelle étuve* ou *c'est une vraie étuve ici!* it's steaming hot in here! ▸ **étuve sèche** dry heat bath **2.** TECHNOL [pour stériliser] sterilizer, autoclave ; [pour sécher] drier.

étuvée [etyve] = **étouffée.**

étuver [3] [etyve] vt **1.** CULIN to steam **2.** [sécher] to dry, to heat **3.** TECHNOL to bake, to stove.

étymologie [etimɔlɔʒi] nf **1.** [discipline] etymology, etymological research **2.** [origine] etymology, origin / *l'étymologie d'un terme* the etymology ou origin of a term.

étymologique [etimɔlɔʒik] adj etymological.

étymologiquement [etimɔlɔʒikmɑ̃] adv etymologically.

étymologiste [etimɔlɔʒist] nmf etymologist.

eu, e [y] pp ⟶ **avoir.**

E-U (abr de **États-Unis (d'Amérique)**) npr mpl US, USA.

Eubée [øbe] npr f ▸ **(l')Eubée** Euboea.

eucalyptol [økaliptɔl] nm eucalyptol, eucalyptole, cineole.

eucalyptus [økaliptys] nm eucalyptus.

eucaryote [økaʀjɔt] ◆ adj eucaryotic, eukaryotic. ◆ nm eucaryote, eukaryote.

eucharistie [økaʀisti] nf ▸ **l'eucharistie** the Eucharist, Holy Communion.

eucharistique [økaʀistik] adj Eucharistic.

Euclide [øklid] npr Euclid.

euclidien, enne [øklidjɛ̃, ɛn] adj Euclidean, Euclidian ▸ **non euclidien** non-Euclidean.

eudémis [ødemis] nm eudemis moth.

eudiomètre [ødjɔmɛtʀ] nm eudiometer.

eudiométrie [ødjɔmetʀi] nf eudiometry.

eudiométrique [ødjɔmetʀik] adj eudiometric, eudiometrical.

eugénique [øʒenik] ◆ adj eugenic. ◆ nf = **eugénisme.**

eugénisme [øʒenism] nm eugenics *(sg)*.

eugéniste [øʒenist] nmf eugenicist, eugenist.

euh [ø] interj er.

Euménides [ømenid] npr / **'les Euménides'** *Eschyle* 'The Eumenides'.

eunuque [ønyk] nm eunuch.

euphémique [øfemik] adj euphemistic.

euphémisme [øfemism] nm euphemism / *je dis « mauvais » mais c'est un euphémisme* I say "bad" but it's an understatement.
❖ **par euphémisme** loc adv euphemistically.

euphonie [øfɔni] nf euphony.

euphonique [øfɔnik] adj **1.** [harmonieux] euphonic, euphonious, harmonious **2.** GRAM ▸ **un « t » euphonique** a euphonic "t".

euphoniquement [øfɔnikmɑ̃] adv euphonically, harmoniously.

euphorbe [øfɔʀb] nf spurge, euphorbia *spéc.*

euphorbiacée [øfɔʀbjase] nf member of the Euphorbiaceae.

euphorie [øfɔʀi] nf euphoria.

euphorique [øfɔʀik] adj euphoric ▸ **rendre euphorique** to elate.

euphorisant, e [øfɔʀizɑ̃, ɑ̃t] adj **1.** [médicament, drogue] euphoriant **2.** [atmosphère, succès] heady.
❖ **euphorisant** nm [médicament] anti-depressant ; [drogue] euphoriant.

euphoriser [3] [øfɔʀize] vt to make euphoric.

Euphrate [øfʀat] npr m ▸ **l'Euphrate** the (River) Euphrates.

eurafricain, e [øʀafʀikɛ̃, ɛn] adj Afro-European.

eurasiatique [øʀazjatik] adj Eurasian.

Eurasie [øʀazi] npr f ▸ **(l')Eurasie** Eurasia.

eurasien, enne [øʀazjɛ̃, ɛn] adj Eurasian.
❖ **Eurasien, enne** nm, f Eurasian.

eurêka [øʀeka] interj eureka.

Euripide [øʀipid] npr Euripides.

EURL [øyɛʀɛl] (abr de **Entreprise unipersonnelle à responsabilité limitée**) nf *sole trader set up as a limited company.*

euro [øʀo] nm euro.

eurocentrisme [øʀɔsɑ̃tʀism] nm Eurocentrism.

eurochèque [øʀɔʃɛk] nm Eurocheque.

eurocommunisme [øʀɔkɔmynism] nm Eurocommunism.

eurocrate [øʀɔkʀat] nmf Eurocrat.

eurodéputé, e [øʀɔdepyte] nmf Euro-MP.

eurodevise [øʀɔdəviz] nf Eurocurrency.

eurodollar [øʀɔdɔlaʀ] nm Eurodollar.

euromarché [øʀɔmaʀʃe] nm Euromarket.

euroméditerranéen, enne (*mpl* **euroméditerranéens**, *fpl* **ennes**), **euro-méditerranéen, enne** (*mpl* **euro-méditerranéens**, *fpl* **ennes**) [øʀɔmeditɛʀaneɛ̃, ɛ̃n] adj Euro-Mediterranean.

euromissile [øʀɔmisil] nm Euromissile.

euromonnaie [øʀɔmɔnɛ] = **eurodevise.**

euro-obligation [øʀɔɔbligasjɔ̃] (*pl* **euro-obligations**) nf Eurobond.

Europe [øʀɔp] npr f **1.** GÉOGR ▸ **(l')Europe** Europe ▸ **(l')Europe centrale** Central Europe ▸ **(l')Europe continentale** mainland Europe ▸ **(l')Europe de l'Est** East ou Eastern Europe ▸ **(l')Europe du Nord** Northern Europe ▸ **(l')Europe du Sud** Southern Europe ▸ **l'Europe verte** European (Union) agriculture ▸ **ils ont parlé de l'Europe verte** they discussed agriculture in the EU ▸ **l'Europe des 27** the 27 countries of the European Union **2.** RADIO ▸ **Europe 1** *radio station broadcasting popular entertainment and general interest programmes* ▸ **Europe 2** *radio station broadcasting mainly music.*

européanisation [øʀɔpeanizasjɔ̃] nf Europeanization, Europeanizing *(U)*.

européaniser [3] [øʀɔpeanize] vt to Europeanize, to make European.

européanisme [øʀɔpeanism] nm Europeanism.

européen, enne [øʀɔpeɛ̃, ɛn] adj European.
❖ **Européen, enne** nm, f European.

euroscepticisme [øʀɔseptisism] nm Euroscepticism.

eurosceptique [øʀɔseptik] nmf Eurosceptic.

Eurostar® [øʀɔstaʀ] npr m Eurostar®.

Eurotunnel® [øʀɔtynɛl] npr m Eurotunnel®.

Eurovision [øʀɔvizjɔ̃] nf Eurovision.

Eurydice [øʀidis] npr Eurydice.

eurytherme [øʀitɛʀm] adj eurythermal, eurythermic, eurythermous.

eurythermie [øʀitɛʀmi] nf eurythermy.

eurythmie [øʀitmi] nf **1.** [harmonie] eurhythmy, eurythmy **2.** MÉD eurhythmia.

eurythmique [øʀitmik] adj eurhythmic, eurhythmical.

eusse v ⟶ **avoir.**

Eustache [østaʃ] npr Eustace.

eustatisme [østatism] nm eustasy.

eut v ⟶ **avoir.**

euthanasie [øtanazi] nf euthanasia.

euthanasier [9] [øtanazje] vt [animal] to put down, to put to sleep ; [personne] to practise UK ou practice US euthanasia on, to help to die.

euthanasique [øtanazik] adj euthanasic, euthanasia *(modif)*.

eux [ø] pron pers **1.** [sujet] they ▸ **eux l'ignorent encore** they still don't know about it / *si eux refusent, nous n'y pouvons rien* if they refuse, there's nothing we can do / *ils le savent bien, eux* they know it all right ▸ **nous sommes invités, eux pas** ou **non** we are invited but they aren't ou but not them / *ce sont eux les responsables* they are the ones ou it is they who are responsible / *eux seuls connaissent la réponse* they alone ou only they know the answer / *eux, voter? cela m'étonnerait* them? vote? I doubt it very much! / *nous sommes plus satisfaits qu'eux* we're happier than they are **2.** [après une préposition] them / *nous irons sans eux* we'll go without them / *ne t'occupe pas d'eux* don't pay any attention to them / *avec eux, on ne sait jamais* you never know with them / *comment me débarrasser d'eux?* how can I get rid of them? ; *(en fonction de pronom réfléchi)* themselves / *ils ne pensent qu'à eux* they only think of themselves **3.** [suivi d'un nombre] ▸ **eux deux** both ou the two of them / *eux quatre / cinq* the four / five of them.
Voir encadré à l'article lui.

eux-mêmes [ømɛm] pron pers themselves.

eV (abr écrite de **électron-volt**) eV.

EV (abr écrite de **en ville**) by hand.

évacuateur, trice [evakɥatœʀ, tʀis] adj evacuative, evacuation *(modif)*.
❖ **évacuateur** nm ▸ **évacuateur (des eaux)** sluice.

évacuation [evakɥasjɔ̃] nf **1.** PHYSIOL [de toxines] elimination, eliminating *(U)* ; [du pus] draining off **2.** [écoulement] draining / *depuis les gelées, l'évacuation de l'eau ne se fait plus* since the frost came, the water no longer drains away / *une conduite assure l'évacuation des eaux usées* the waste water drains out through a pipe **3.** [d'une ville, d'un lieu] evacuation **4.** [sauvetage] evacuation, evacuating ▸ **organiser l'évacuation des habitants** to evacuate the local people / *évacuation de troupes par voie aérienne* air-lifting of troops.

évacué, e [evakɥe] ◆ adj ▸ **personne évacuée** evacuee. ◆ nm, f evacuee.

évacuer [7] [evakɥe] vt **1.** PHYSIOL [toxine] to eliminate ; [excrément] to evacuate ; [pus] to drain off *(sép)* **2.** [faire s'écouler] to drain / *les eaux usées sont évacuées par cette canalisation* the waste water drains out through this channel **3.** MIL [terrain] to move off *(insép)* ; [position] to retreat from *(insép)* ; [place forte] to leave **4.** [navire, hôpital] to evacuate ▸ **évacuez la salle!** please leave the room! / *craignant une explosion ils ont fait évacuer la salle d'urgence* fearing an explosion, they had the room evacuated immediately ▸ **faire évacuer un bâtiment** to evacuate ou to clear a building **5.** [personne, population] ▸ **évacuer qqn de** to evacuate sb from / *il faut évacuer les enfants du premier étage* the children must be evacuated from the first floor.

évadé, e [evade] ◆ adj escaped. ◆ nm, f escaped prisoner, escapee / *un évadé de l'asile / de Fresnes* an escapee from the mental hospital / from Fresnes prison.

évader [3] [evade] ❖ **s'évader** vpi **1.** [s'enfuir] ▸ **s'évader de** to escape from, to break out of **2.** [pour oublier ses soucis] to escape, to get away from it all / *aller* *s'évader à la campagne* to get out of town for a break / *j'ai besoin de m'évader* I need to get away from it all.

évagination [evaʒinasjɔ̃] nf evagination.

évaluable [evalɥabl] adj appraisable, assessable ▸ **difficilement évaluable** [dégâts, montant] hard to appraise ou to evaluate.

évaluation [evalɥasjɔ̃] nf **1.** [estimation] assessment, evaluation, valuation / *faire l'évaluation d'un tableau* to estimate the value of ou to evaluate a painting **2.** [quantité évaluée] estimation.

évaluer [7] [evalɥe] vt **1.** [estimer - bijou, tableau] to appraise, to assess ▸ **faire évaluer qqch** to have sthg valued / *la propriété a été évaluée à trois millions* the estate has been valued at ou the value of the estate has been put at three million **2.** [mesurer - dégâts, volume, débit] to estimate ▸ **évaluer qqch à** to estimate ou to evaluate sthg at / *à combien évalue-t-on le nombre des victimes ?* what is the estimated number of victims? / *on évalue les dégâts à 100 000 euros* the damage has been estimated at 100,000 euros **3.** [estimer approximativement - distance] to gauge / *on évalue sa fortune à trois millions de dollars* his fortune is estimated at three million dollars **4.** [juger - qualité] to weigh up *(sép)*, to gauge, to assess / *bien évaluer la difficulté d'un projet* to make a realistic assessment of the difficulty of a project ▸ **mal évaluer les risques** to miscalculate the risks / *as-tu évalué les risques ?* have you weighed up the risks?

évanescence [evanesɑ̃s] nf *litt* evanescence.

évanescent, e [evanesɑ̃, ɑ̃t] adj *litt* evanescent.

évangélique [evɑ̃ʒelik] adj **1.** [de l'Évangile] evangelic, evangelical **2.** [protestant] Evangelical.

évangéliquement [evɑ̃ʒelikmɑ̃] adv evangelically.

évangélisateur, trice [evɑ̃ʒelizatœʀ, tʀis] ◆ adj evangelistic. ◆ nm, f evangelist.

évangélisation [evɑ̃ʒelizasjɔ̃] nf evangelization, evangelizing.

évangéliser [3] [evɑ̃ʒelize] vt to evangelize.

évangélisme [evɑ̃ʒelism] nm evangelism.

évangéliste [evɑ̃ʒelist] nm Evangelist.

évangile [evɑ̃ʒil] nm **1.** RELIG ▸ **l'Évangile** the Gospel ▸ **les Évangiles** the Gospels ▸ **l'Évangile selon saint...** the Gospel according to Saint... **2.** [credo] gospel.

évanouir [32] [evanwiʀ] ❖ **s'évanouir** vpi **1.** MÉD to faint, to pass out **2.** [disparaître - personne] to vanish (into thin air) ; [- craintes, illusions] to vanish, to disappear, to evaporate *litt* / *la chaleur l'a fait s'évanouir* she fainted in the heat ▸ **s'évanouir dans la nature** to fade into the background.

évanouissement [evanwismɑ̃] nm **1.** [syncope] fainting *(U)*, blackout ▸ **avoir un évanouissement** to (go into a) faint **2.** [disparition] disappearance, disappearing, vanishing **3.** TÉLÉC fading.

évaporateur [evapɔʀatœʀ] nm evaporator.

évaporation [evapɔʀasjɔ̃] nf evaporation.

évaporé, e [evapɔʀe] ◆ adj scatterbrained, birdbrained. ◆ nm, f birdbrain, dimwit.

évaporer [3] [evapɔʀe] vt to evaporate.

❖ **s'évaporer** vpi **1.** [liquide] to evaporate **2.** [colère, crainte] to vanish, to disappear, to evaporate *litt* **3.** *fam* [disparaître] to vanish (into thin air) / *ces lunettes n'ont pas pu s'évaporer !* these glasses can't just have vanished (into thin air)! / *je me suis retourné et hop, il s'était évaporé !* I turned round and he'd gone, just like that!

évaporite [evapɔʀit] nf evaporite.

évapotranspiration [evapɔtʀɑ̃spiʀasjɔ̃] nf evapotranspiration.

évasé, e [evaze] adj [robe] flared ; [ouverture, tuyau] splayed ; [récipient] tapered / *le verre a une jolie forme évasée* the glass has a nice curved shape / *la jupe a une jolie forme évasée* the skirt flares out nicely.

évasement [evazmɑ̃] nm [d'une ouverture, d'un tuyau] splay ; [d'un entonnoir] widening-out.

évaser [3] [evaze] vt [jupe] to flare ; [ouverture, tuyau] to splay.

❖ **s'évaser** vpi [chenal] to open out, to broaden ; [forme, vêtement] to flare ; [tuyau] to splay.

évasif, ive [evazif, iv] adj evasive, non-committal.

évasion [evazjɔ̃] nf **1.** [d'un prisonnier] escape / *tenter une évasion* to try to escape **2.** [distraction] ▸ **l'évasion** escapism / *j'ai besoin d'évasion* I need to get away from it all **3.** FIN & DR ▸ **évasion fiscale** tax avoidance **4.** ÉCON ▸ **évasion de capitaux** flight of capital.

❖ **d'évasion** loc adj escapist ▸ **cinéma d'évasion** escapist films.

⚠ Le mot anglais **evasion** signifie « dérobade ». Il ne doit pas être employé pour traduire évasion.

évasivement [evazivmɑ̃] adv evasively / *« qui sait », répondit-il évasivement* "who knows", was his vague reply ou he replied evasively.

Ève [ɛv] npr BIBLE Eve ▸ **je ne le connais ni d'Ève ni d'Adam** I don't know him from Adam ▸ **en costume** ou **en tenue d'Ève** naked, in her birthday suit *hum*, in the altogether.

évêché [eveʃe] nm **1.** [territoire] bishopric, diocese **2.** [demeure] bishop's palace ou house **3.** [ville] cathedral town.

évection [evɛksjɔ̃] nf evection.

éveil [evɛj] nm **1.** *sout* [fin du repos] awakening *(C)* **2.** [déclenchement] ▸ **l'éveil de** the awakening ou early development ou first stirrings of / *l'éveil des sens / de la sexualité* the awakening of the senses / of sexuality ▸ **l'éveil du sentiment artistique** the first stirrings ou glimmerings of a sense of aesthetics / *l'éveil du sentiment national* the awakening ou dawning ou first stirrings of national feeling / *l'éveil de la sensibilité motrice chez le nourrisson* the onset ou early development of motor sensitivity in infants ▸ **l'éveil de qqn à qqch** sb's awakening to sthg / *l'auteur raconte l'éveil à l'amour d'une toute jeune fille* the author recounts the dawning of love in a young girl's heart **3.** ENS ▸ **activité** ou **matière d'éveil** early-learning *(U)* **4.** [alerte] ▸ **donner l'éveil** to raise the alarm ▸ **donner l'éveil à qqn** to arouse sb's suspicions, to put sb on his guard / *il s'est introduit dans la salle des coffres sans donner l'éveil* he entered the strongroom without arousing anybody's suspicions.

❖ **en éveil** loc adv **1.** [sur ses gardes] ▸ **être en éveil** to be on the alert **2.** [actif] : *maintenant que ses soupçons sont en éveil* now that his suspicions have been aroused / *à quatre ans, leur curiosité est en éveil* by the time they're four, their curiosity is fully roused.

éveillé, e [eveje] adj **1.** [vif - enfant, esprit] alert, bright, sharp ; [- intelligence] sharp **2.** [en état de veille] awake ▸ **tout éveillé** wide awake ▸ **tenir qqn éveillé** to keep sb awake / *se tenir éveillé* to stay awake.

éveiller [4] [eveje] vt **1.** *litt* [tirer du sommeil] to awaken, to waken, to arouse *sout* **2.** [susciter - désir, jalousie, passion] to kindle, to arouse ; [- amour, méfiance] to arouse ; [- curiosité, soupçons] to arouse, to awaken ; [- espoir] to awaken ; [- attention, intérêt] to attract **3.** [stimuler - intelligence] to stimulate, to awaken.

❖ **s'éveiller** vpi **1.** [animal, personne] to awaken, to wake up, to waken **2.** *litt* [s'animer - campagne, village] to come to life, to wake up **3.** [se révéler - intelligence, talent] to reveal itself, to come to light **4.** [naître - curiosité, jalousie, méfiance] to be aroused ; [- amour] to dawn, to stir.

❖ **s'éveiller à** vp + prép ▸ **s'éveiller à un sentiment** [le ressentir] to wake up to ou to discover a feeling / *s'éveiller à l'amour* to discover love.

éveinage [evenaʒ] nm MÉD stripping *(U)* / *se faire faire un éveinage* to have one's veins stripped.

événement, évènement [evɛnmɑ̃] nm **1.** [fait] event, occurrence, happening *(C)* / *plus tard, les événements lui ont donné raison* what happened later ou the later events proved him right ▸ **vacances pleines d'événements** eventful holidays / *nous sommes débordés* ou *dépassés par les événements* we have been overtaken by events / *je suis complètement dépassé par les événements* this is all ou all this is too much for me **2.** POL ▸ **les événements de** : *les événements d'Algérie* the Algerian War of Independence / *les événements de mai 68* the events of May 68 **3.** [fait important] event / *quand le cirque venait au village, c'était un (grand) événement* when the circus came to our village, it was quite an event ou a big occasion / *leur rencontre est un événement historique* their meeting is a historic event ▸ **l'événement cinématographique / littéraire de cette année** the screen / literary event of this year ▸ **événement sportif** sporting event ▸ **faire** ou **créer l'événement** to be news ou a major event / *sa nomination a créé l'événement* her nomination was a major event / *sa démission fait l'événement dans tous les quotidiens* his resignation is making headlines in all the daily newspapers / *nous vous rappelons l'événement de la journée* here's the main news of the day again.

événementiel, elle, évènementiel, elle [evɛnmɑ̃sjɛl] adj ▸ **communication événementielle** events ▸ **agence de communication événementielle** events agency.

❖ **événementiel, évènementiel** nm ▸ **l'événementiel** events / *il travaille dans l'événementiel* he works in events.

évent [evɑ̃] nm **1.** ZOOL blowhole, spiracle *spéc* **2.** TECHNOL vent hole.

éventail [evɑ̃taj] nm **1.** [accessoire] fan **2.** [gamme] range, spectrum / *l'éventail de son répertoire* the range ou scope of his repertory / *éventail des salaires* salary range ou spread ▸ **l'éventail politique** the political spectrum **3.** COMM range.

❖ **en éventail** loc adj [queue] spread-out.

éventaire [evɑ̃tɛʀ] nm **1.** [étalage] stall **2.** [plateau] (street vendor's) tray.

éventé, e [evɑ̃te] adj **1.** [altéré - bière, limonade] flat, stale ; [- parfum, vin] musty, stale **2.** [connu - complot] discovered.

éventer [3] [evɑ̃te] vt **1.** [avec un éventail, un magazine] to fan **2.** [grain] to aerate ; [mine] to ventilate **3.** [révéler - secret] to disclose, to give away *(sép)* **4.** CHASSE to scent, to get the scent of.

❖ **s'éventer** ◆ vp *(emploi réfléchi)* [pour se rafraîchir] to fan o.s. / *s'éventer avec un magazine* to fan o.s. with a magazine. ◆ vp *(emploi passif)* [être divulgué - plan d'attaque, secret] to get out, to become public knowledge. ◆ vpi [s'altérer - parfum, vin] to go musty ou stale ; [- limonade, eau gazeuse] to go flat ou stale.

éventration [evɑ̃tʀasjɔ̃] nf ventral rupture.

éventrer [3] [evɑ̃tʀe] vt **1.** [personne - avec un couteau] to disembowel / *il a été éventré par le taureau* he was gored by the bull / *se faire éventrer* to be gored **2.** [canapé, outre, oreiller, sac] to rip (open) ; [boîte en carton] to tear open ; [coffret] to break open **3.** [champ] to rip open *(sép)*, to rip holes in ; [immeuble] to rip apart *(sép)*.

❖ **s'éventrer** ◆ vp *(emploi réfléchi)* to disembowel o.s. ◆ vpi [se fendre - oreiller, sac] to burst open / *la barque s'est éventrée sur un récif* the boat hit a reef, ripping a hole in its hull.

éventreur [evɑ̃tʀœʀ] nm ripper ▸ **Jack l'Éventreur** Jack the Ripper.

éventualité [evɑ̃tɥalite] nf **1.** [possibilité] possibility, contingency / *cette éventualité ne m'avait pas effleuré* this possibility hadn't occurred to me **2.** [circonstance] eventuality, possibility, contingency ▸ **pour parer** ou **être prêt à toute éventualité** to be ready for anything that might crop up / *il faut envisager toutes les éventualités* we must consider all the possibilities / *on pourrait donc me renvoyer — c'est une éventualité* so I could be fired — that's possible ou that may happen ▸ **dans cette éventualité** in such an ou in this event.

❖ **dans l'éventualité de** loc prép in the event of / *dans l'éventualité d'une guerre* should a war break out, in the event of a war.

éventuel, elle [evɑ̃tɥɛl] adj [potentiel - client] potential, prospective ; [- bénéfice] possible, potential ; [- issue, refus, remplaçant, etc.] possible / *à titre éventuel* as a possibility.

⚠ **Eventual** signifie « final », « ultime » et non éventuel.

éventuellement [evɑ̃tɥɛlmɑ̃] adv : *tu me le prêterais ? — éventuellement* would you lend it to me? — maybe ou if need be / *les entreprises qui pourraient éventuellement nous racheter* the companies which might ou could buy us out / *nous resterons le samedi et éventuellement le dimanche* we'll stay Saturday and maybe Sunday.

⚠ **Eventually** signifie « finalement », « en fin de compte » et non éventuellement.

évêque [evɛk] nm bishop ▸ **évêque suffragant** suffragan (bishop) ▸ **évêque métropolitain** archbishop.

Everest [evʀɛst] npr m ▸ **l'Everest, le mont Everest** Mount Everest.

Everglades [evœʀglad] npr mpl ▸ **les Everglades** the Everglades.

éversion [evɛʀsjɔ̃] nf MÉD eversion.

évertuer [7] [evɛʀtɥe] ❖ **s'évertuer à** vp + prép ▸ **s'évertuer à faire qqch** to strive ou to endeavour to do sthg / *je ne m'évertuerai pas à te convaincre* I won't waste energy trying to convince you.

éviction [eviksjɔ̃] nf **1.** DR eviction **2.** [expulsion] : *éviction d'un poste* removal from a position ▸ **éviction scolaire** expulsion, suspension.

évidage [evidaʒ] nm hollowing out.

évidement [evidmɑ̃] nm **1.** [d'un fruit, d'un bloc de pierre, d'un tronc] hollowing ou scooping out *(U)* **2.** MÉD scraping out.

évidemment [evidamɑ̃] adv **1.** [bien entendu] of course ; [manifestement] obviously / *bien évidemment !* of course ! / *tu me crois ? — évidemment !* do you believe me ? — of course (I do) ! **2.** [avec colère, irritation] needless to say, predictably enough / *évidemment, elle n'a rien préparé !* needless to say she hasn't prepared a thing ! / *j'ai oublié mes clés — évidemment !* [ton irrité] I've forgotten my keys — you would !

⚠ **Evidently** signifie « apparemment », « manifestement » et non évidemment.

évidence [evidɑ̃s] nf **1.** [caractère certain] obviousness / *l'évidence d'un axiome* the obviousness of an axiom **2.** [fait manifeste] obvious fact / *c'est une évidence* it's obvious / *il n'a dit que des évidences péj* he just stated the obvious **3.** [ce qui est indubitable] ▸ **l'évidence** the obvious ▸ **accepter** ou **se rendre à l'évidence** to face facts ▸ **c'est l'évidence même !** it's quite obvious ou evident ! ▸ **refuser** ou **nier l'évidence** to deny the facts ou obvious.

❖ **en évidence** loc adv [chose, personne] : *ses décorations bien en évidence sur le buffet* his medals lying conspicuously ou there for all to see on the sideboard / *j'ai laissé le message bien en évidence sur la table* I left the message on the table where it couldn't be missed ▸ **mettre en évidence a)** [exposer] to display **b)** [détail, talent] to bring out / *les chercheurs ont mis en évidence l'influence du virus* the researchers showed clearly the influence of the virus ▸ **se mettre en évidence** [se faire remarquer] to make o.s. conspicuous.

❖ **à l'évidence, de toute évidence** loc adv evidently, obviously.

⚠ Attention, le mot anglais **evidence** signifie « preuve », « témoignage » et ne peut être employé pour traduire évidence que dans des expressions telles que **in evidence** ou **against all the evidence**.

évident, e [evidɑ̃, ɑ̃t] adj **1.** [manifeste -manque, plaisir] obvious, evident ; [-choix, raison] obvious, evident, self-evident / *son mépris n'est que trop évident* his contempt is only too obvious **2.** [certain] obvious, certain ▸ **c'est évident !** of course !, obviously !, that's obvious ! / *il viendra ? — pas évident !* will he come ? — I wouldn't bet on it ! / *l'issue du match semblait évidente* it seemed fairly certain what the result of the match would be / *il a au moins quarante ans — c'est pas évident, tu sais fam* he's at least forty — don't be so sure / *il est évident que...* it's obvious ou evident that... **3.** *fam* EXPR ▸ **ce n'est pas évident a)** [ce n'est pas facile] it's not that easy **b)** [ce n'est pas sûr] I wouldn't bank on it / *ce n'est pas évident qu'il réussisse* he may well not succeed / *ce n'est pas une décision évidente à prendre* it's not such an easy decision to make.

évider [3] [evide] vt [rocher, fruit] to hollow ou to scoop out *(sép)*.

évier [evje] nm (kitchen) sink ▸ **évier à un bac** sink ▸ **évier à deux bacs** double sink.

évincement [evɛ̃smɑ̃] nm **1.** [d'un concurrent, d'un rival] ousting / *elle a obtenu leur évincement du comité* she managed to have them ousted from ou thrown off the committee **2.** DR eviction.

évincer [16] [evɛ̃se] vt **1.** [concurrent, rival] to oust, to supplant ▸ **évincer qqn d'un emploi** to oust sb from a job / *être évincé d'un comité* to be thrown off a committee / *se faire évincer* to be ousted **2.** DR to evict.

éviscération [eviseʀasjɔ̃] nf evisceration, eviscerating *(U)*.

éviscérer [18] [eviseʀe] vt to eviscerate.

✎ In reformed spelling (see p. 16-19), this verb is conjugated like ***semer*** : ***il éviscèrera, elle éviscèrerait.***

évitable [evitabl] adj [obstacle] avoidable ; [accident] preventable.

évitage [evitaʒ] nm NAUT swinging.

évitement [evitmɑ̃] nm **1.** RAIL shunting **2.** BELG TRANSP diversion.

❖ **d'évitement** loc adj **1.** RAIL ▸ **voie d'évitement** siding **2.** PSYCHOL [réaction] avoidance *(modif)*.

éviter [3] [evite] ◆ vt **1.** [ne pas subir -coup] to avoid ; [-danger] to avoid, to steer clear of ; [-corvée] to avoid, to shun / *on ne pourra éviter la guerre* war cannot be avoided / *la catastrophe a été évitée de justesse* a catastrophe was averted by a hair's breadth ▸ **éviter que** : *pour éviter que la mayonnaise (ne) tourne* to prevent the mayonnaise from ou to stop the mayonnaise curdling **2.** [ne pas heurter -ballon] to avoid, to dodge, to stay out of the way of ; [-obstacle] to avoid / *je n'ai pas pu vous éviter* I couldn't avoid you / *en essayant d'éviter le chien* trying to avoid ou to miss the dog **3.** [regard, personne] to avoid, to shun ▸ **éviter le regard de qqn** to avoid sb's eyes / *depuis notre querelle, il m'évite* since we quarrelled he's been avoiding me **4.** [lieu, situation] to avoid / *en passant par là, on évite le carrefour* that way, you miss ou avoid the junction / *elle évite la foule* she shies away from crowds **5.** [maladresse, impair] to avoid / *j'évite les coups de téléphone après minuit* I avoid phoning after midnight ▸ **évitez le franglais** try not to use franglais ▸ **éviter de faire qqch** to avoid doing sthg, to try not to do sthg / *évite de laisser tes disques par terre* try not to leave your records on the floor / *j'évite de me baisser* I avoid bending ou I try not to bend down **6.** [aliment] to avoid / *évitez les féculents* avoid starchy foods / *maintenant j'évite les œufs* I try and avoid eating eggs now **7.** [épargner] ▸ **éviter qqch à qqn** to spare sb sthg / *évitons-lui tout souci* let's keep him from worrying (about anything) ou spare him any worries / *je ne peux pas lui éviter les déceptions* I can't prevent her from experiencing disappointment / *cela lui évitera d'avoir à sortir* that'll save him having to go out. ◆ vi NAUT : *éviter sur l'ancre* to swing at anchor.

❖ **s'éviter** ◆ vp *(emploi réciproque)* to avoid each other ou one another, to stay out of each other's way. ◆ vpt ▸ **s'éviter qqch** to save ou to spare o.s. sthg / *nous nous éviterons le détour en téléphonant d'abord* we'll save ourselves the detour by phoning first / *s'éviter des tracas* to spare ou to save o.s. trouble.

✎ Notez la différence entre les constructions française et anglaise :

éviter de + infinitif

avoid + -ing

Évitez de manger trop de graisses animales.
Avoid eating too much animal fat.
J'ai évité de parler de la situation avec elle.
I avoided talking to her about the situation.

évocateur, trice [evɔkatœʀ, tʀis] adj evocative, suggestive.

évocation [evɔkasjɔ̃] nf **1.** [rappel -du passé, d'une personne, d'un paysage, etc.] evocation, recalling / *la simple évocation de cette scène la faisait pleurer* just recalling this scene made her weep / *je commencerai par une brève évocation du passé de notre collège* I shall start with a brief recapitulation of the history of our college **2.** DR evocation ▸ **droit d'évocation** right of evocation.

évolué, e [evɔlɥe] adj **1.** [civilisé -peuple, société] advanced, sophisticated **2.** [progressiste -parents] broad-minded ; [-idées] progressive **3.** [méthode, technologie] advanced, sophisticated.

évoluer [7] [evɔlɥe] vi **1.** [changer -maladie] to develop ; [-mœurs, circonstances] to change, to develop / *la position du syndicat a évolué depuis hier* the union's position has changed since yesterday / *les chiffres n'ont pas évolué* the figures haven't changed / *une maladie qui évolue lentement / rapidement* an illness which develops slowly / rapidly **2.** [progresser -pays] to develop ; [-civilisation, technique] to develop, to advance ; [-personne] to mature / *ce stage l'a fait évoluer de manière significative* the traineeship really brought him on **3.** [danseur] to perform ; [cerf-volant] to fly around ; [poisson] to swim (about) / *elle évolue sur scène avec grâce* she glides across the stage / *ils évoluent sur scène en patins à roulettes* they move around the stage on roller-skates / *les cercles dans lesquels elle évoluait fig* the circles in which she moved / *ce travail la faisait évoluer dans un milieu totalement différent* this job meant a complete change of environment for her **4.** MIL & NAUT to manoeuvre **5.** BIOL to evolve.

évolutif, ive [evɔlytif, iv] adj **1.** [poste] with career prospects / *une situation évolutive* a situation which keeps developing, a fluid situation **2.** MÉD [maladie] progressive.

évolution [evɔlysjɔ̃] nf **1.** [changement -de mœurs] change ; [-d'une institution, de la mode] evolution ; [-d'idées, d'événements] development **2.** [progrès -d'un pays] development ; [-d'une technique] development, advancement, evolution **3.** MÉD [d'une maladie] development, progression ; [d'une tumeur] growth ▸ **à évolution lente / rapide** slow / rapidly developing **4.** BIOL evolution **5.** *(souvent au pl)* SPORT linked-up dance movements ▸ **les évolutions** [d'un joueur, d'un patineur] movements ▸ **évolutions aquatiques** water ballet.

évolutionnisme [evɔlysjɔnism] nm evolutionism, evolutionary theory.

évolutionniste [evɔlysjɔnist] adj & nmf evolutionist.

évoquer [3] [evɔke] vt **1.** [remémorer -image, journée] to conjure up *(sép)*, to evoke ; [-souvenirs] to call up *(sép)*, to recall, to evoke ▸ **évoquer qqch à qqn** to remind sb of sthg / *le nom ne lui évoquait rien* the name didn't ring any bells with ou meant nothing to him **2.** [recréer -pays, atmosphère] to call to mind, to conjure up *(sép)*, to evoke / *la chanson évoque la vie des bateliers du siècle dernier* the song conjures up the life of a bargee in the last century **3.** [rappeler par ressemblance] to be reminiscent of / *un goût qui évoque un peu le romarin* a taste slightly reminiscent of rosemary / *elle m'évoque un peu ma tante* she reminds me of my aunt a little **4.** [aborder -affaire, question] to refer to *(insép)*, to mention **5.** [appeler -démon, fantôme] to call up *(sép)* **6.** DR *to transfer (a case) from an inferior to a superior court.*

ex- [ɛks] préf ex- ▸ **mon ex-mari** my ex-husband ou former husband / *l'ex-champion du monde* the ex-world ou former world champion.

ex. abr écrite de **exemple**.

ex abrupto [ɛksabʀypto] loc adv abruptly, without warning.

exacerbation [ɛgzasɛʀbasjɔ̃] nf [d'une douleur] exacerbation, aggravation ; [d'une tension] heightening.

exacerbé, e [ɛgzasɛʀbe] adj exaggerated / *il est d'une susceptibilité exacerbée* he's extremely touchy.

exacerber [3] [ɛgzasɛʀbe] vt *sout* [douleur, tension] to exacerbate *sout*, to aggravate, to sharpen ; [colère, curiosité, désir] to exacerbate, to heighten ; [mépris, remords] to deepen / *des mesures qui vont exacerber la concurrence* measures which will sharpen ou heighten competition.

❖ **s'exacerber** vpi to intensify / *sa jalousie n'a fait que s'exacerber* she has become even more jealous.

exact, e [ɛgzakt] adj **1.** [conforme à la réalité - description, information] exact, accurate ; [- copie, réplique] exact, true ; [- prédiction] correct, accurate / *c'est exact, je t'avais promis de t'y emmener* quite right ou true ou correct, I'd promised I'd take you there / *il est exact que nous n'avions pas prévu son départ* true (enough), we hadn't anticipated (that) he'd leave **2.** [précis - mesure, poids] exact, precise ; [- expression, mot] exact, right / *le lieu exact où cela s'est passé* the precise ou exact place where it happened ▸ **as-tu l'heure exacte?** have you got the right ou correct time? ▸ **au moment exact où** at the exact ou precise ou very moment when / *pour être exact, disons que...* to be accurate, let's say that... ; MATH right, correct, accurate ▸ **l'addition n'est pas exacte** the figures don't add up (properly) ou aren't right **3.** [fonctionnant avec précision - balance, montre] accurate **4.** [ponctuel] punctual, on time / *être très exact* to be always on time ou very punctual / *elle n'est jamais exacte à ses rendez-vous* she's never on time for her appointments.

exactement [ɛgzaktəmɑ̃] adv **1.** [précisément] exactly, precisely / *c'est exactement ici qu'on a retrouvé le corps* it's the exact place where the body was found / *je ne sais pas exactement où ça se trouve* I don't exactly know where it is / *ce n'est pas exactement ce que je cherchais* it's not exactly ou quite what I was looking for / *mais c'est exactement le contraire!* but it's exactly ou precisely the opposite! / *il est très exactement 2 h 13* it is 2:13 precisely **2.** [tout à fait] ▸ **exactement!** exactly!, precisely!

exacteur [ɛgzaktœʀ] nm exactor, extortionist.

exaction [ɛgzaksjɔ̃] nf exaction, extortion.

❖ **exactions** nfpl *sout* violent acts, acts of violence / *se livrer à* ou *commettre des exactions* to perpetrate ou to commit acts of violence.

exactitude [ɛgzaktityd] nf **1.** [conformité à la réalité] exactness, accuracy ▸ **l'exactitude historique** historical accuracy **2.** [expression précise - d'une mesure] exactness, precision ; [- d'une localisation] exactness / *je me souviens avec exactitude des mots de sa lettre* I can remember the precise ou exact words she used in her letter **3.** [d'un instrument de mesure] accuracy **4.** [justesse - d'une traduction, d'une réponse] exactness, correctness **5.** [ponctualité] punctuality ▸ **être d'une parfaite exactitude** to be always perfectly on time ▸ **l'exactitude est la politesse des rois** *prov* punctuality is the politeness of kings **6.** *sout* [minutie] punctiliousness, meticulousness / *faire son travail avec exactitude* to be punctilious in one's work.

ex aequo [ɛgzeko] ◆ loc adj placed equal ▸ **être ex aequo (avec)** to tie ou to be placed equal (with) / *on trouve Lille et Nantes ex aequo à la troisième place* Lille and Nantes come joint third / *elle est première ex aequo avec la joueuse suédoise* she's placed equal first with the Swedish player ▸ **premiers ex aequo, Maubert et Vuillet a)** [à un concours] the joint winners are Maubert and Vuillet **b)** ÉDUC top marks UK ou highest grades US have been awarded to Maubert and to Vuillet. ◆ nmf : *il y a deux ex aequo pour la troisième place* there's a tie for third place ▸ **séparer** ou **départager les ex aequo** to break the tie.

exagération [ɛgzaʒeʀasjɔ̃] nf **1.** [amplification] exaggeration, overstating *(U)* ▸ **tomber dans l'exagération** to exaggerate / *en l'écoutant, il faut faire la part de l'exagération* you must take what he says with a pinch of salt **2.** [écrit, parole] exaggeration, overstatement **3.** [outrance - d'un accent, d'une attitude] exaggeration.

❖ **avec exagération** loc adv exaggeratedly, excessively.

❖ **sans exagération** loc adv : *tout le village a été détruit, sans exagération* the whole village was destroyed, literally ou and that's no exaggeration.

exagéré, e [ɛgzaʒeʀe] adj **1.** [excessif - dépense, prix] excessive ; [- éloge, critique] exaggerated, overblown ; [- optimisme, prudence] excessive, exaggerated ; [- hâte, mécontentement] undue ; [- ambition, confiance en soi] excessive, overweening / *80 € par personne, c'est un peu exagéré!* 80 € per person, that's a bit much! / *il n'est pas exagéré de parler de menace* it wouldn't be an overstatement to call it a threat **2.** [outré - accent, attitude] exaggerated, overdone / *en boitant de façon exagérée* limping exaggeratedly.

exagérément [ɛgzaʒeʀemɑ̃] adv excessively, exaggeratedly ▸ **exagérément timide** over-shy ▸ **exagérément méticuleux** over-meticulous.

exagérer [18] [ɛgzaʒeʀe] ◆ vt **1.** [amplifier - importance, dangers, difficultés] to exaggerate, to overemphasize, to overstate ; [- mérites, pouvoir] to exaggerate, to overrate, to overstate ▸ **tu exagères mon influence** you're crediting me with more influence than I have ▸ **n'exagérons rien** let's not get carried away ; *(en usage absolu)* ▸ **sans exagérer** without any exaggeration / *sans exagérer, elle mesurait bien deux mètres* I'm not kidding, she was at least two metres tall **2.** [outrer - accent, attitude] to overdo, to exaggerate / *exagérer son chagrin* to put on a great show of grief / *exagérer les précautions* to be overcautious. ◆ vi : *ça fait deux heures que j'attends, il ne faut pas exagérer!* I've been waiting for two hours, that's a bit much! / *ça fait ton troisième gâteau, (là) t'exagères!* *fam* that's your third pastry, aren't you overdoing it a bit? / *j'étais là avant vous, faut pas exagérer!* *fam* I was there before you, you've got a nerve!

❖ **s'exagérer** vpt ▸ **s'exagérer qqch** to make too much of sthg ▸ **s'exagérer les mérites de qqn** to exaggerate sb's merits.

In reformed spelling (see p. 16-19), this verb is conjugated like **semer** : *il exagèrera, elle s'exagèrerait.*

exaltant, e [ɛgzaltɑ̃, ɑ̃t] adj [expérience, perspective] exciting ; [harangue] elating, stirring / *sa prestation n'est pas très exaltante!* his performance isn't particularly exciting!

exaltation [ɛgzaltasjɔ̃] nf **1.** [excitation] (intense) excitement ; [joie] elation ▸ **dans un état d'exaltation a)** [excité] excited, overexcited **b)** [euphorique] elated **2.** [célébration - d'un talent, du travail] extolling, exalting, glorification **3.** PSYCHOL [d'un malade mental] overexcitement **4.** RELIG ▸ **Exaltation de la Sainte Croix** Exaltation of the Cross.

exalté, e [ɛgzalte] ◆ adj **1.** [intense - désir, passion] inflamed **2.** [excité - personne] excited ; [- esprit] excited, inflamed ; [- imagination] wild. ◆ nm, f *péj* fanatic, hothead *péj.*

exalter [3] [ɛgzalte] vt **1.** [intensifier - désir] to excite, to kindle ; [- enthousiasme] to fire, to excite ; [- imagination] to fire, to stimulate, to stir up *(sép)* **2.** [exciter - foule, partisan] to excite ▸ **exalté à l'idée de** carried away by the idea of **3.** *litt* [faire l'éloge de - beauté, bienfaits, talent] to glorify, to extol, to exalt *litt* **4.** *litt* [élever] to exalt, to ennoble.

❖ **s'exalter** vpi to become excited.

examen [ɛgzamɛ̃] nm **1.** ÉDUC & UNIV examination, exam / *tu as eu combien à l'examen?* what did you get in the exam? ▸ **passer un examen a)** [série d'épreuves] to take an exam **b)** [écrit] to sit UK ou to write US a paper **c)** [oral] to take a viva UK ou an oral (exam) ▸ **examen blanc** mock exam UK practice test US ▸ **examen écrit** written exam ▸ **examen d'entrée** entrance exam ▸ **examen de fin d'études** final examination ▸ **examen oral** viva UK oral (exam) ▸ **examen partiel** mid-term exam ▸ **examen de passage** end-of-year ou sessional exam UK final exam US *(for admission to the year above)* **2.** MÉD [auscultation] ▸ **examen médical** (medical) examination ▸ **examen clinique** clinical examination ▸ **examen de santé** medical check-up ; [analyse] test ▸ **examens complémentaires** further tests ▸ **examen neurologique / sérologique** neurological / serological test ▸ **se faire faire un examen / des examens** to have a test / some tests done / *faire faire des examens à un patient* to send ou to refer a patient for (further) tests / *je vais chercher mes examens demain* I'll go and pick up my test results tomorrow ▸ **examen de laboratoire** test *(of blood, urine, etc.)* ▸ **examen de la vue** eye test, sight test ▸ **examen radiologique** X-rays **3.** [inspection] inspection, examination / *après examen du corps de la victime* having examined the body of the victim / *je viens faire l'examen de l'installation électrique* I've come to inspect the wiring **4.** [de documents, d'un dossier, d'un projet de loi] examination ; [d'une requête] examination, consideration ; [d'un texte] study ; [d'une comptabilité] checking inspection / *son argumentation ne résiste pas à l'examen* his arguments don't stand up to examination ou under scrutiny ▸ **examen de conscience** examination of (one's) conscience ▸ **faire son examen de conscience** [réfléchir] to do some soul-searching, to search one's conscience.

❖ **à l'examen** loc adv under consideration / *mettre une question à l'examen* to put a topic on the table for discussion.

examinateur, trice [ɛgzaminatœʀ, tʀis] nm, f examiner ▸ **les examinateurs a)** [jury] the examining panel **b)** [réunion] the board of examiners.

examiner [3] [ɛgzamine] vt **1.** [réfléchir sur - dossier, documents] to examine, to go through *(insép)* ; [- circonstances] to examine ; [- requête] to examine, to consider ; [- affaire] to investigate, to examine, to go into *(insép)* **2.** [regarder de près - meuble, signature, etc.] to examine ; [- personne] to look carefully at, to study ; [- appartement] to have a look around ▸ **examiner l'horizon** to scan the horizon ▸ **examiner minutieusement une écriture** to scrutinize ou to inspect a piece of handwriting / *la police examine les lieux du crime* the police are examining the scene of the crime ▸ **examiner qqch à la loupe a)** *pr* to look at sthg through a magnifying glass **b)** *fig* to have a very close look at, to scrutinize **3.** MÉD [lésion, malade] to examine / *tu devrais te faire examiner* you should go and see a doctor / *se faire examiner les yeux* to have one's eyes tested **4.** ÉDUC & UNIV [candidat] to examine.

❖ **s'examiner** ◆ vp *(emploi réfléchi)* to examine o.s. / *s'examiner dans un miroir* to examine o.s. ou to look (closely) at o.s. in the mirror. ◆ vp *(emploi réciproque)* to scrutinize one another ou each other ▸ **ils s'examinaient avec méfiance** they were eyeing each other up.

ex ante [ɛksɑ̃te] loc adj ex ante.

exanthématique [ɛgzɑ̃tematik] adj exanthematous, exanthematic.

exanthème [ɛgzɑ̃tɛm] nm exanthema, exanthem ▸ **exanthèmes** exanthemata, exanthemas, exanthems.

exarchat [ɛgzaʀka] nm exarchate.

exarque [ɛgzaʀk] nm exarch.

exaspérant, e [ɛgzaspeʀɑ̃, ɑ̃t] adj exasperating, infuriating.

exaspération [ɛgzaspeʀasjɔ̃] nf **1.** [colère] extreme annoyance, exasperation **2.** [d'un désir] exacerbation ; [d'une émotion] heightening ; [d'une douleur] aggravation, worsening.

exaspérer [18] [ɛgzaspeʀe] vt **1.** [irriter] to infuriate, to exasperate ▸ **être exaspéré contre qqn** to be exasperated with sb **2.** *sout* [intensifier - dépit, désir] to exacerbate ; [- douleur, tension] to aggravate.

❖ **s'exaspérer** vpi [désir, passion] to become exacerbated ; [douleur] to worsen.

In reformed spelling (see p. 16-19), this verb is conjugated like **semer** : *il exaspèrera, elle s'exaspèrerait.*

exaucement [ɛgzosmɑ̃] nm fulfilment, granting.

exaucer [16] [ɛgzose] vt **1.** [vœu] to grant, to fulfil ; [prière] to answer, to grant **2.** [personne] to grant the wish of ▸ **Dieu m'avait exaucé** God had answered or heard my prayer.

ex cathedra [ɛkskatedʀa] loc adv **1.** RELIG ex cathedra **2.** [doctement] solemnly, with authority.

excavateur, trice [ɛkskavatœʀ, tʀis] nm, f excavator, digger.

excavation [ɛkskavasjɔ̃] nf **1.** [trou - artificiel] excavation, hole ; [- naturel] hollow, cave ▸ **excavation minière** mine **2.** [creusement] excavation, excavating, hollowing out.

excaver [3] [ɛkskave] vt to excavate.

excédant, e [ɛksedɑ̃, ɑ̃t] adj exasperating, infuriating.

excédé, e [ɛksede] adj infuriated, exasperated.

excédent [ɛksedɑ̃] nm **1.** [surplus] surplus, excess / *excédent de main-d'œuvre* labour surplus / *il y a un excédent de personnel dans le service* the department is overstaffed / *excédent de bagages* excess luggage ou baggage / *vous avez un excédent de bagages* your luggage is overweight **2.** ÉCON & FIN ▸ **excédent brut d'exploitation** gross operating profit ▸ **excédent commercial** trade surplus ▸ **excédent de la balance commerciale** balance of trade surplus ▸ **excédents pétroliers** excess oil production.

❖ **en excédent** loc adj surplus *(modif)*, excess.

excédentaire [ɛksedɑ̃tɛʀ] adj [budget, balance commerciale] surplus *(modif)* ; [solde] positive ; [poids] excess / *on a stocké la récolte excédentaire* the surplus crop was stored away / *cette année, la récolte est excédentaire* this year, the crop exceeds requirements.

excéder [18] [ɛksede] vt **1.** [dépasser - poids, prix] to exceed, to be over, to be in excess of ; [- durée] to exceed, to last more than ; [- limite] to go beyond *(insép)* / *les recettes excèdent les dépenses* income is in excess of expenditure **2.** [outrepasser - pouvoirs, responsabilités] to exceed, to go beyond *(insép)*, to overstep ; [- forces, ressources] to overtax **3.** [exaspérer] to exasperate, to infuriate **4.** *litt* [épuiser] ▸ **excédé de** : *excédé de fatigue* exhausted, overtired / *excédé de travail* overworked.

✎ In reformed spelling (see p. 16-19), this verb is conjugated like **semer**: *il excèdera, elle excèderait.*

excellemment [ɛkselamɑ̃] adv *sout* excellently.

excellence [ɛkselɑ̃s] nf **1.** [qualité - d'une prestation, d'un produit] excellence **2.** [titre] ▸ **Excellence** Excellency / *Son / Votre Excellence* His / Your Excellency.

❖ **par excellence** loc adv par excellence *sout*, archetypal / *c'est le macho par excellence* he's the archetypal male chauvinist, he's the male chauvinist par excellence.

excellent, e [ɛkselɑ̃, ɑ̃t] adj **1.** [très bon - artiste, directeur, nourriture] excellent, first-rate ; [- article, devoir, note] excellent ; [- santé] excellent, perfect ; [- idée] excellent / *il est excellent en Méphisto* he's excellent as Mephisto **2.** *litt* [d'une grande bonté] ▸ **c'est un excellent homme** he's a very good man.

exceller [4] [ɛksele] vi to excel, to shine / *pose-lui des questions en botanique, c'est là qu'il excelle* ask him questions on botany, that's where he shines ▸ **exceller dans** to excel in ou at / *elle excelle dans la pâtisserie* she excels at baking, she's an excellent pastry cook ▸ **exceller en** : *je n'excelle pas en latin* Latin isn't my strong point ▸ **exceller à faire** to be particularly good at doing / *il excelle à préparer le poisson* he's an expert at (preparing) fish dishes.

excentré, e [ɛksɑ̃tʀe] adj **1.** MÉCAN thrown off centre, set over **2.** [quartier, stade] outlying ▸ **c'est très excentré** it's quite a long way out.

excentrer [3] [ɛksɑ̃tʀe] vt **1.** MÉCAN to throw off centre *(sép)*, to set over *(sép)* **2.** [bâtiment, stade] to build far from the town centre.

excentricité [ɛksɑ̃tʀisite] nf **1.** [attitude, acte] eccentricity / *qu'est-ce que c'est encore que ces excentricités?* what's all this eccentric behaviour? **2.** ASTRON & MATH eccentricity **3.** [d'un quartier] remoteness (from the town centre).

excentrique [ɛksɑ̃tʀik] ◆ adj **1.** [bizarre] eccentric **2.** MATH eccentric **3.** [quartier, habitation] outlying. ◆ nmf [personne] eccentric. ◆ nm MÉCAN eccentric.

excentriquement [ɛksɑ̃tʀikmɑ̃] adv eccentrically.

excepté¹, e [ɛksɛpte] adj *(après le nom)* ▸ **elle exceptée** except her, apart from her / *vous deux exceptés* you two aside, except ou apart from you two / *eux exceptés, personne n'en a entendu parler* no one heard about it apart from ou except them.

excepté² [ɛksɛpte] prép except, apart from / *tous les enfants ont eu les oreillons, excepté le plus petit* all the children had the mumps, except ou apart from the youngest / *il accepte tout, excepté d'avoir à me rendre des comptes* he accepts everything, except having to be accountable to me / *il y va souvent, excepté quand il n'a pas le temps* he often goes (there) except when he doesn't have the time / *je viens avec toi, excepté si tu y vas en train* I'll come with you, so long as you're not going by train ou unless you're going by train.

❖ **excepté que** loc conj except for ou apart from the fact that / *tout s'est bien passé, excepté qu'on a attendu trois heures* everything went well except for ou apart from the fact that we had to wait three hours.

excepter [4] [ɛksɛpte] vt to except / *si l'on excepte Marie, elles sont toutes là* with the exception of ou except for Marie they are all here / *toute son œuvre, sans excepter ses essais* all her work, including ou without excluding her essays.

exception [ɛksɛpsjɔ̃] nf **1.** [chose, être ou événement hors norme] exception / *la neige est une exception par ici* it rarely snows around here / *cette règle admet des exceptions* there are (some) exceptions to this rule / *ils sont tous très paresseux, à une exception / quelques exceptions près* all of them with one exception / a few exceptions are very lazy / *il n'accorde jamais d'interviews, c'était une exception* he never (normally) gives interviews, that was an exception ▸ **faire exception** to be an exception ▸ **être l'exception** to be the ou an exception / *son cas est une* ou *fait exception* her case is an exception ou is exceptional / *les collisions entre avions restent l'exception* plane collisions are still very rare ▸ **l'exception confirme la règle** the exception proves the rule ▸ **l'exception culturelle** cultural exception *(idea that cultural exports should not be treated in the same way as other goods in trade negotiations in order to protect national cultures)* **2.** [dérogation] exception ▸ **faire une exception pour qqn / qqch** to make an exception for sb / sthg ▸ **faire une exception à** to make an exception to / *nous ferons une exception à la règle* we'll bend the rules / *ce soir, je fais une petite exception à mon régime* I'll break my diet just for tonight ▸ **faire exception de** [exclure] to make an exception of, to except / *si l'on fait exception des enfants* the children excepted, if you except the children **3.** DR plea ▸ **exception péremptoire** peremptory plea ▸ **exception d'illégalité / d'incompétence** plea of illegality / incompetence ▸ **opposer une exception** to put in a demurrer ou plea.

❖ **à l'exception de, exception faite de** loc prép except, with the exception of.

❖ **d'exception** loc adj **1.** [mesure] exceptional ; [loi] emergency *(modif)* **2.** [remarquable] remarkable, exceptional ▸ **c'est un être d'exception a)** [homme] he's an exceptional man **b)** [femme] she's an exceptional woman.

❖ **sans (aucune) exception** loc adv without (any) exception / *sortez tous, sans exception!* out, every (single) one of you!

exceptionnel, elle [ɛksɛpsjɔnɛl] adj **1.** [très rare - faveur, chance, circonstances] exceptional ; [- accident, complication] exceptional, rare ; [- mesure] exceptional, special ; [unique - concert] special, one-off UK / **'ouverture exceptionnelle dimanche 22 décembre'** 'open Sunday 22nd December' **2.** [remarquable - intelligence, œuvre] exceptional ; [- personne] remarkable, exceptional **3.** POL [assemblée, conseil, mesures] special, emergency *(modif)*.

❖ **exceptionnel** nm ▸ **l'exceptionnel** the exceptional.

exceptionnellement [ɛksɛpsjɔnɛlmɑ̃] adv **1.** [beau, doué] exceptionally, extremely **2.** [contrairement à l'habitude] exceptionally / *notre magasin sera ouvert lundi exceptionnellement* next week only, our shop will be open on Monday / *exceptionnellement, le square est fermé ce soir* for one night only, the park is closed this evening.

excès [ɛksɛ] ◆ nm **1.** [surabondance] surplus, excess ▸ **excès de poids / calories** excess weight / calories ▸ **un excès de potassium / sucre dans le sang** an excess of potassium / sugar in the blood ▸ **les plantes souffrent d'un excès de chaleur / froid** plants can be damaged by excessive heat / cold / *excès de prudence / rigueur / sévérité* excessive care / rigour / harshness ▸ **excès de zèle** overzealousness / *faire de l'excès de zèle* to go beyond the call of duty / *pas d'excès de zèle!* there's no need to be overzealous! **2.** TRANSP ▸ **excès de vitesse** speeding / *faire un excès de vitesse* to exceed ou to break the speed limit **3.** [abus] ▸ **excès de langage** immoderate language / *se livrer à* ou *commettre des excès de langage* to use strong language ▸ **excès de pouvoir** DR abuse of power, action ultra vires *spéc* **4.** [manque de mesure] ▸ **tomber dans l'excès** to be extreme / *sois plus lyrique mais sans tomber dans l'excès* be more lyrical but don't overdo it ▸ **tomber dans l'excès inverse** to go to the opposite extreme ▸ **l'excès en tout est un défaut** *prov* moderation in all things *prov.* ◆ nmpl ▸ **excès (de table)** overindulgence ▸ **faire des excès** to eat and drink too much, to overindulge ; [violences] excesses ; [débauche] excesses.

❖ **à l'excès** loc adv to excess, excessively ▸ **critiquer à l'excès** to be excessive in one's criticism / *boire à l'excès* to drink to excess.

❖ **avec excès** loc adv to excess, excessively, immoderately.

❖ **sans excès** loc adv with moderation, moderately.

excessif, ive [ɛksesif, iv] adj **1.** [chaleur, sévérité, prix] excessive ; [colère] undue ; [enthousiasme, optimisme] undue, excessive / *75 €, ce n'est pas excessif* 75 € is quite a reasonable amount to pay **2.** [personne] extreme / *c'est quelqu'un de très excessif* he's given to extremes of behaviour / *elle est excessive dans ses critiques* she overdoes her criticism **3.** [grand] : *sans excessive gentillesse* without being especially pleasant.

excessivement [ɛksesivmɑ̃] adv **1.** [trop - raffiné] excessively ▸ **excessivement cher** overpriced **2.** [extrêmement] : *il fait excessivement froid* it's hideously cold.

excipient [ɛksipjɑ̃] nm excipient.

exciser [3] [ɛksize] vt to excise.

excision [ɛksizjɔ̃] nf excision, female genital mutilation.

excitabilité [ɛksitabilite] nf excitability.

excitable [ɛksitabl] adj **1.** [facilement irrité] : *il est très excitable* he gets worked up quickly ou annoyed easily **2.** BIOL excitable.

excitant, e [ɛksitɑ̃, ɑ̃t] adj **1.** [stimulant - boisson] stimulating **2.** [aguichant - femme, homme, tenue] arousing **3.** [passionnant - aventure, projet, vie] exciting, thrilling ; [- film, roman] exciting / *le match devient un peu plus excitant* the match is warming up / *ce n'est pas très excitant!* it's not very exciting!

❖ **excitant** nm stimulant.

excitation [ɛksitasjɔ̃] nf **1.** [exaltation] excitement / *en proie à une grande excitation* very excited, in a state of great excitement ▸ **dans l'excitation du moment** in the heat of the moment **2.** [stimulation - d'un sens] excitation ; [- sexuelle] sexual arousal ou excitement **3.** PHYSIOL excitation, stimulation **4.** ÉLECTR & PHYS excitation.

excité, e [ɛksite] ◆ adj **1.** [enthousiasmé] excited, thrilled / *nous étions tout excités à l'idée de la revoir* we were really excited at ou thrilled by the idea of seeing her again / *ils sont sortis du bal complètement excités* they left the dance in a state of tremendous excitement **2.** [stimulé - sens, curiosité, imagination] aroused, fired **3.** [agité - enfant, chien] excited, restless ; [- candidat] tense, excited / *les animaux sont excités, ils pressentent l'orage* the animals are restless, they can feel the storm coming **4.** [sexuellement - organe, personne] aroused. ◆ nm, f *péj* hothead ▸ **les excités du volant** dangerous drivers.

exciter [3] [ɛksite] vt **1.** [exalter] to excite, to exhilarate / *la vitesse l'excite* speed exhilarates her / *les malheurs des autres, ça l'excite! fam* other people's misfortunes turn him on ! / *n'excite pas les enfants avant le coucher* don't get the children excited before bed **2.** [rendre agité -drogue, café] to make excited, to overstimulate, to stimulate / *éviter les aliments susceptibles d'exciter le malade* avoid foods which may excite the patient **3.** [pousser] ▸ **exciter à** : *exciter qqn à la révolte* to urge sb to rebel, to incite sb to rebellion / *exciter un chien à l'attaque* to egg a dog on to attack ▸ **exciter qqn contre qqn** to work sb up against sb **4.** [attiser -admiration, envie] to provoke ; [-curiosité, intérêt, soupçons] to arouse, to stir up *(sép)* ; [-amour, jalousie] to arouse, to inflame, to kindle ▸ **exciter le rire** to cause mirth **5.** [intensifier -appétit] to whet ; [-rage] to whip up *(sép)* ; [-désir] to increase, to sharpen ; [-douleur] to intensify **6.** [sexuellement] to excite, to arouse **7.** *fam* [intéresser] to excite, to thrill, to get worked up / *cette perspective ne m'excite pas vraiment!* I can't say I'm thrilled ou wild about the idea ! **8.** *fam* [mettre en colère] to annoy, to bug / *tu commences à m'exciter!* you're beginning to bug me ! **9.** BIOL to stimulate **10.** ÉLECTR to excite.

❖ **s'exciter** vpi **1.** *fam* [se mettre en colère] to get worked up / *t'excite pas!* don't get worked up !, keep your shirt on ! **2.** *fam* [s'acharner] ▸ **s'exciter sur** : *j'ai commencé à m'exciter sur la serrure* I was losing my patience with the lock / *ne t'excite pas sur la fermeture Éclair!* go easy on the zipper ! **3.** [s'exalter] to get carried away ou excited ou overexcited / *ne t'excite pas trop, ce n'est qu'un petit rôle* don't get carried away, it's only a small part.

exclamatif, ive [ɛksklamatif, iv] adj exclamatory / *à valeur exclamative* used as an exclamation ▸ **proposition exclamative** exclamation.

exclamation [ɛksklamasjɔ̃] nf **1.** [cri] exclamation, cry / *des exclamations de joie / surprise* cries of joy / surprise ▸ **pousser une exclamation de joie / surprise** to cry out with joy / in surprise **2.** LING exclamation.

exclamer [3] [ɛksklame] ❖ **s'exclamer** vpi to exclaim, to cry out / *toi! s'était-il exclamé* you ! he had cried out ou exclaimed / *il n'y a pas de quoi s'exclamer, leur décision est connue depuis plusieurs jours* there's nothing to be surprised about, their decision has been known for several days ▸ **s'exclamer sur** : *s'exclamer sur la beauté de qqch* to cry out in admiration over the beauty of sthg / *tous s'exclamaient sur le nouveau-né* they were all admiring the new-born baby.

exclu, e [ɛkskly] ◆ adj **1.** [non compris] excluded, left out / *main-d'œuvre exclue, la facture s'élève à 83 €* the bill amounts to 83 €, labour excluded / *du 15 au 30 exclu* from the 15th to the 30th exclusive / *jusqu'à la ligne 22 exclue* up to line 21 inclusive, up to but excluding line 22 **2.** [rejeté -hypothèse, solution] ruled out, dismissed, rejected / *l'hypothèse d'un meurtre n'est pas exclue* murder hasn't been ruled out / *une victoire de la gauche n'est pas exclue* a victory for the left is not to be ruled out / *il est exclu que je m'y rende* my going there is totally out of the question / *il n'est pas exclu qu'on les retrouve* it's not impossible that they might be found **3.** [renvoyé -définitivement] expelled ; [-provisoirement] suspended. ◆ nm, f : *le grand exclu du palmarès à Cannes* the big loser in the Cannes festival.

❖ **exclus** nmpl ▸ **les exclus a)** [gén] the underprivileged **b)** [SDF] the homeless.

exclure [96] [ɛksklyʀ] vt **1.** [expulser -membre, élève] to expel ; [-étudiant] to send down UK *(sép)*, to expel ; [-sportif] to ban / *elle a été exclue du comité* she was expelled from ou thrown off the committee / *elle s'est fait exclure de l'école pour 3 jours* she's been suspended from school for 3 days / *il a été exclu de l'équipe* he has been banned from the team **2.** [écarter] to exclude / *ils l'excluaient de leurs jeux* they used to exclude him from their games / *les enfants sont exclus de la bibliothèque* the library is out of bounds to the children **3.** [mettre à part] to exclude, to leave aside ou out *(sép)* / *exclure une facture de sa note de frais* to leave out ou to exclude a bill from one's expenses / *sont exclus tous les internes* this doesn't apply to boarders / *si l'on exclut le mois de mars* March excluded / *si l'on exclut de petits incidents techniques* apart from a few minor technical hitches **4.** [être incompatible avec] to exclude, to preclude / *la chimiothérapie n'exclut pas d'autres formes de traitement* chemotherapy doesn't preclude other forms of treatment ▸ **l'un n'exclut pas l'autre** they're not mutually exclusive ▸ **exclure que** : *sa nomination exclut qu'elle vienne vous voir en octobre* her appointment will prevent her coming to see you in October **5.** [rejeter -hypothèse] to exclude, to rule out *(sép)*, to reject ▸ **exclure l'hypothèse d'un suicide** to rule out suicide / *la possibilité de subvention est à exclure* the possibility of obtaining subsidies is to be ruled out.

❖ **s'exclure** ◆ vp *(emploi réciproque)* [solutions, traitements] to exclude ou to preclude one another, to be incompatible ou mutually exclusive. ◆ vp *(emploi réfléchi)* [s'exposer au rejet] to cut o.s. off ▸ **s'exclure de** to cut o.s. off from / *l'enfant brutal s'exclut par son comportement* bullies cut themselves off from the other children because of the way they behave.

exclusif, ive [ɛksklyzif, iv] adj **1.** [droit, modèle, privilège] exclusive ; [droits de reproduction, usage] exclusive, sole ; [dépositaire, concessionnaire] sole / *avoir la jouissance exclusive de* to be the sole user ou possessor of ▸ **vente exclusive en pharmacie** sold exclusively in pharmacies ▸ **propriété exclusive de l'auteur** exclusive property of the author **2.** ▸ **exclusif de** [incompatible avec] exclusive of, incompatible with / *les services proposés ne sont pas exclusifs l'un de l'autre* the services offered are not mutually exclusive **3.** [absolu -amour, relation] exclusive / *les jumeaux ont une relation exclusive* the twins relate to nobody outside each other / *avoir un goût exclusif pour* to like only / *dans le but exclusif de* with the sole aim of **4.** [intolérant] blinkered **5.** [dossier, image, reportage] exclusive **6.** LING & MATH disjunctive / *le « ou » exclusif de l'expression « ouvert ou fermé »* the disjunctive "or" in the phrase "open or shut".

❖ **exclusive** nf *sout* [exclusion] debarment ▸ **frapper qqn / un pays d'exclusive** to debar sb / a country ▸ **jeter** ou **prononcer l'exclusive contre qqn** to debar sb / *être l'objet d'une exclusive* to be debarred.

exclusion [ɛksklyzjɔ̃] nf **1.** [renvoi] expulsion ▸ **demander l'exclusion de qqn** to ask for sb to be expelled / *son exclusion du club* his expulsion from the club / *son exclusion du comité* his expulsion ou exclusion from the committee / *son exclusion des fonctions de trésorière* her being debarred from continuing as treasurer ▸ **exclusion temporaire** suspension ▸ **pendant son exclusion** [temporaire] while he was suspended ▸ **exclusion définitive** expulsion **2.** [mise à l'écart] exclusion / *l'exclusion des femmes de la scène politique* the exclusion of women from the world of politics **3.** SOCIOL exclusion / *les victimes de l'exclusion sociale* those rejected by society **4.** MATH exclusion.

❖ **à l'exclusion de** loc prép except, apart from, with the exception of / *tous les jours à l'exclusion de jeudi* every day apart from Thursday ou Thursday excluded.

exclusive [ɛksklyziv] f ⟶ **exclusif.**

exclusivement [ɛksklyzivmɑ̃] adv **1.** [uniquement] exclusively, solely ▸ **ouvert le lundi exclusivement** open on Mondays only / *il joue exclusivement de la harpe* he only plays the harp **2.** [non inclus] : *du 1er au 10 exclusivement* from the 1st to the 10th exclusive **3.** [aimer] exclusively, in an exclusive way.

exclusivisme [ɛksklyzivism] nm exclusive character, exclusiveness.

exclusivité [ɛksklyzivite] nf **1.** COMM [droit] exclusive rights ▸ **avoir l'exclusivité de** to have the exclusive rights for / *avoir l'exclusivité d'une interview* to have (the) exclusive coverage of an interview / *l'agence a l'exclusivité des photos* the agency has exclusive rights to the pictures **2.** [objet unique] : *ce modèle est une exclusivité* this is an exclusive design ; [article] exclusive (article) ; [interview] exclusive interview **3.** CINÉ film UK ou movie US on general release **4.** [privilège exclusif] : *il n'a pas l'exclusivité du talent* he doesn't have a monopoly on talent.

❖ **en exclusivité** loc adv **1.** COMM exclusively / *chemises Verpé en exclusivité chez Flakk* Flakk, sole authorized distributor for Verpé shirts **2.** [diffusé, publié] exclusively / *en exclusivité sur notre chaîne* exclusively on our channel / *ses lettres ont été publiées en exclusivité par le magazine « Aujourd'hui »* his letters were published as an exclusive by "Aujourd'hui" magazine **3.** CINÉ ▸ **en première exclusivité** on general release.

excommunication [ɛkskɔmynikasjɔ̃] nf excommunication.

excommunié, e [ɛkskɔmynje] ◆ adj excommunicated. ◆ nm, f excommunicated person, excommunicate.

excommunier [9] [ɛkskɔmynje] vt to excommunicate / *se faire excommunier* to be excommunicated.

excoriation [ɛkskɔʀjasjɔ̃] nf *sout* excoriation *sout*, scratch.

excorier [9] [ɛkskɔʀje] vt *sout* to excoriate *sout*, to scratch.

excrément [ɛkskʀemɑ̃] nm excrement ▸ **excréments** excrement, faeces.

excrémentiel, elle [ɛkskʀemɑ̃sjɛl] adj excremental.

excréter [18] [ɛkskʀete] vt to excrete.

✐ In reformed spelling (see p. 16-19), this verb is conjugated like *semer*: *il excrètera, elle excrèterait.*

excréteur, trice [ɛkskʀetœʀ, tʀis] adj excretory.

excrétion [ɛkskʀesjɔ̃] nf PHYSIOL excretion.

❖ **excrétions** nfpl [substance] excreta.

excrétoire [ɛkskʀetwaʀ] adj excretory.

excroissance [ɛkskʀwasɑ̃s] nf **1.** MÉD growth, excrescence *spéc* **2.** *fig* excrescence *péj.*

excursion [ɛkskyʀsjɔ̃] nf **1.** [voyage -en car] excursion, trip ; [-à pied] ramble, hike ; [-à bicyclette] ride, tour ; [-en voiture] drive ▸ **faire une excursion a)** [avec un véhicule] to go on an excursion **b)** [à pied] to go on ou for a hike / *une excursion dans le pays des vins* a tour of the vineyards ▸ **excursion d'un jour** day-trip / *excursions de deux jours au pays de Galles* two-day tours ou trips to Wales **2.** [sortie -scolaire] outing, trip / *l'excursion annuelle de l'école* the annual school outing ou trip.

excursionner [3] [ɛkskyʀsjɔne] vi [faire une excursion] to go on ou for an excursion ; [faire des excursions] to go touring.

excursionniste [ɛkskyʀsjɔnist] nmf **1.** [touriste en car, bateau] holiday-maker UK, vacationer US ; [d'un jour] day-tripper **2.** [randonneur] hiker, rambler.

excusable [ɛkskyzabl] adj excusable, forgivable / *tu n'es pas excusable* you have no excuse / *allons, c'est excusable!* come on, it's understandable !

excuse [ɛkskyz] nf **1.** [motif allégué] excuse, pretext / *j'étais fatigué — ce n'est pas une excuse!* I was tired — it's no excuse ! / *il a toujours une bonne excuse pour ne pas téléphoner* he always has a good excuse for not phoning / *tu n'as aucune excuse* you have no excuse / *sa conduite est sans excuse* her behaviour is inexcusable, there's no excuse for her behaviour / *elle a donné pour excuse le manque d'argent* she used lack of money as an excuse ▸ **trouver des excuses à qqn** to find excuses for ou to excuse sb / *je ne trouve pas d'excuse à votre retard* I can see no valid reason for your being late ▸ **la belle excuse!** *iron* what an ou that's some excuse ! ▸ **faites excuse! a)** *hum* [regrets] I do apologize ! **b)** [objection] excuse me ! **2.** DR ▸ **excuse atténuante** extenuating excuse ▸ **excuse absolutoire** excuse involving acquittal ▸ **excuse légale** legal excuse.

❖ **excuses** nfpl apology ▸ **j'exige des excuses publiques** I want a public apology ▸ **faire** ou **présenter ses excuses à qqn** to offer one's apologies ou to apologize to sb / *il vous fait ses plus plates excuses* he apologizes to you most humbly / *tu me dois des excuses* you owe me an apology.

excuser [3] [ɛkskyze] vt **1.** [pardonner -conduite] to excuse, to forgive ; [-personne] to forgive / *excusez mon indiscrétion mais...* excuse my ou forgive me for being indiscreet but... ▸ **excuse-moi d'appeler si tard** forgive me ou I do apologize for phoning so late ▸ **excusez-moi**

a) [regret] forgive me, I'm sorry, I do apologize **b)** [interpellation, objection, après un hoquet] excuse me / *oh, excusez-moi, je vous ai fait mal?* oh, sorry, did I hurt you? / *excusez-moi mais je suis pressé* excuse me ou I'm sorry but I'm in a hurry ▸ **je vous prie de** ou **veuillez m'excuser** I (do) beg your pardon, I do apologize ▸ **tu es tout excusé** you are forgiven, please don't apologize ▸ **excusez du peu!** *iron* is that all? **2.** [justifier - attitude, personne] to excuse, to find excuses ou an excuse for / *tu l'excuses toujours!* you're always finding excuses for him! / *sa grossièreté ne peut être excusée* his rudeness is inexcusable, there is no excuse for his rudeness **3.** [accepter l'absence de] to excuse ▸ **se faire excuser** to ask to be excused **4.** [présenter les excuses de] ▸ **excuse-moi auprès de lui** apologize to him for me.

❖ **s'excuser** vpi **1.** [demander pardon] to apologize / *ne vous excusez pas* (please) don't apologize ▸ **tu pourrais t'excuser!** it wouldn't hurt you to say sorry! ▸ **s'excuser auprès de qqn** to apologize to sb ▸ **je m'excuse de mon retard** / **de vous interrompre** sorry for being late / for interrupting you ▸ **qui s'excuse, s'accuse** *prov* he who apologises admits his guilt **2.** [ton indigné] ▸ **je m'excuse (mais...)!** excuse me ou I'm sorry (but...)! / *je m'excuse mais je n'ai jamais dit ça!* excuse me but I never said that!

exécrable [ɛgzekʀabl] adj **1.** [mauvais - dîner, goût, spectacle] abysmal, awful, foul; [- temps] awful, rotten, wretched; [- travail] abysmal / *il est d'une humeur exécrable aujourd'hui* he's in a foul ou filthy mood today ▸ **avoir un caractère exécrable** to be foul-tempered / *elle est exécrable avec moi* she's horrible to me **2.** *sout* [crime] heinous *sout*.

exécrablement [ɛgzekʀabləmɑ̃] adv abominably, abysmally.

exécration [ɛgzekʀasjɔ̃] nf *sout* [dégoût, horreur] execration *sout* ▸ **avoir qqch en exécration** to loathe ou to abhor sthg.

exécrer [18] [ɛgzekʀe] vt *sout* to loathe, to abhor.

In reformed spelling (see p. 16-19), this verb is conjugated like **semer**: ***il exècrera, elle exècrerait.***

exécutable [ɛgzekytabl] ◆ adj **1.** possible, feasible / *ce n'est pas exécutable en trois jours* it can't possibly be done in three days **2.** INFORM executable. ◆ nm executable.

exécutant, e [ɛgzekytɑ̃, ɑ̃t] nm, f **1.** [musicien] performer **2.** *péj* [subalterne] subordinate, underling *péj* / *je ne suis qu'un simple exécutant* I only carry out orders / *il a commandité l'assassinat, mais ce n'est pas lui l'exécutant* he ordered the murder but did not carry it out.

exécuter [3] [ɛgzekyte] vt **1.** [mouvement, cabriole] to do, to execute ▸ **exécuter une manœuvre compliquée** [en voiture] to go through ou to execute a complicated manoeuvre **2.** [confectionner - maquette, statue] to make; [- tableau] to paint **3.** [interpréter - symphonie] to perform, to play; [- chorégraphie] to perform, to dance **4.** [mener à bien - consigne, ordre, mission] to carry out *(sép)*, to execute; [- projet] to carry out / *exécuter un projet jusqu'au bout* to see a project through to the end **5.** [commande] to carry out *(sép)* **6.** [tuer - condamné] to execute, to put to death; [- victime] to execute, to kill **7.** *fam* [vaincre - joueur] to slaughter, to trounce / *elle s'est fait exécuter en 2 sets 6-1/6-0* she was disposed of in straight sets 6-1/6-0 **8.** *fam* [critiquer] to slate UK, to pan **9.** DR [testament] to execute; [contrat] to fulfil the terms of; [arrêt, jugement, traité] to enforce; [débiteur] to distrain upon *(insép)* **10.** INFORM to run.

❖ **s'exécuter** vpi to comply, to do what one is told / *je lui demandai de sortir, il s'exécuta de mauvaise grâce* I asked him to go out, he did so ou complied reluctantly.

exécuteur, trice [ɛgzekytœʀ, tʀis] nm, f DR [d'un jugement] enforcer; [mandataire] ▸ **exécuteur testamentaire a)** [homme] executor **b)** [femme] executor, executrix.

❖ **exécuteur** nm ▸ **exécuteur des hautes œuvres a)** HIST executioner **b)** *hum* axeman.

exécutif, ive [ɛgzekytif, iv] adj executive ▸ **le pouvoir exécutif** the executive (branch).

❖ **exécutif** nm ▸ **l'exécutif** the executive.

exécution [ɛgzekysjɔ̃] nf **1.** [d'une maquette] execution, making; [d'un tableau] execution, painting *(U)* **2.** [d'une symphonie, d'une chorégraphie] performance, performing **3.** [d'une menace, d'une décision] carrying out; [d'un projet] execution ▸ **mettre qqch à exécution** to carry sthg out ▸ **exécution!** MIL at the double! / *va ranger ta chambre, exécution! hum* go and tidy up your bedroom, NOW ou on the double! **4.** [d'une commande] carrying out **5.** [d'un condamné] ▸ **exécution (capitale)** execution ▸ **exécution sommaire** summary execution **6.** DR [d'un jugement, d'un traité] enforcement; [d'un contrat] fulfilment; BOURSE distraint, distress.

exécutoire [ɛgzekytwaʀ] ◆ adj [jugement] enforceable ▸ **formule exécutoire** executory formula ▸ **mesure exécutoire** binding measure ▸ **titre exécutoire** writ of execution. ◆ nm writ of execution.

exégèse [ɛgzeʒɛz] nf exegesis ▸ **faire l'exégèse de** to write a critical interpretation of.

exégète [ɛgzeʒɛt] nmf exegete.

exégétique [ɛgzeʒetik] adj exegetical.

exemplaire¹ [ɛgzɑ̃plɛʀ] adj **1.** [qui donne l'exemple - conduite] exemplary, perfect; [- personne] exemplary, model / *d'une correction exemplaire* perfectly correct **2.** [qui sert d'exemple - punition] exemplary.

exemplaire² [ɛgzɑ̃plɛʀ] nm **1.** [d'un document] copy ▸ **exemplaire gratuit** presentation copy ▸ **en deux exemplaires** in duplicate ▸ **en trois exemplaires** in triplicate / *le contrat est fait en quatre exemplaires* there are four copies of the contract / *le livre a été tiré à 10 000 exemplaires* 10,000 copies of the book were published / *le journal tire à 150 000 exemplaires* the newspaper has a circulation of 150,000 **2.** [d'un coquillage, d'une plante] specimen, example.

exemplairement [ɛgzɑ̃plɛʀmɑ̃] adv exemplarily.

exemplarité [ɛgzɑ̃plaʀite] nf exemplariness, exemplarity.

exemple [ɛgzɑ̃pl] nm **1.** [d'architecture, d'un défaut, d'une qualité] example; [d'une situation] example, instance ▸ **donner qqch en** ou **comme exemple** to give sthg as an example ▸ **citer qqch en exemple** to quote sthg as an example / *un bel exemple de poterie égyptienne* a fine example of Egyptian pottery / *c'est un bel exemple de coopération* that's a fine example ou instance of cooperation **2.** [modèle] example, model / *elle est l'exemple de la parfaite secrétaire* she's a model secretary / *il est l'exemple type du yuppie* he's a typical yuppie / *c'est l'exemple même de la générosité* he's the epitome of generosity ▸ **donner l'exemple** to give ou to set the example ▸ **prendre exemple sur qqn** to take sb as a model ou an example ▸ **servir d'exemple** [personne] to be taken as an example / *que cela vous serve d'exemple* let this be a warning to you ▸ **suivre l'exemple de qqn** to follow sb's example, to take one's cue from sb / *la France a dit non et d'autres pays ont suivi son exemple* France said no and other countries followed suit / *ne suivez pas le mauvais exemple de vos prédécesseurs* don't follow the bad example set by your predecessors **3.** GRAM & LING (illustrative) example / *donnez-moi des exemples à l'impératif* give me examples in the imperative.

❖ **à l'exemple de** loc prép : *à l'exemple de son maître* following his master's example / *il couchait par terre, à l'exemple de ses soldats* he slept on the bare earth, just like his soldiers.

❖ **par exemple** loc adv **1.** [comme illustration] for example ou instance **2.** [marque la surprise] : *(ça) par exemple, c'est Pierre!* Pierre! well I never! / *ça par exemple, le verre a disparu!* well, well, well, the glass has disappeared!

❖ **pour l'exemple** loc adv ▸ **fusillé pour l'exemple** shot as an example (to others).

❖ **sans exemple** loc adj unprecedented.

exemplification [ɛgzɑ̃plifikasjɔ̃] nf exemplification, exemplifying.

exemplifier [9] [ɛgzɑ̃plifje] vt to exemplify.

exempt, e [ɛgzɑ̃, ɑ̃t] adj **1.** [dispensé] ▸ **exempt de** [d'une obligation] exempt from ▸ **exempt d'impôts** non taxable, exempt from tax ▸ **produits exempts de taxes** duty-free ou non dutiable goods ▸ **exempt de port** carriage free **2.** [dépourvu] ▸ **exempt d'erreur** faultless / *son attitude n'était pas exempte d'un certain mépris* her attitude wasn't without contempt.

exempté, e [ɛgzɑ̃te] adj : *exempté du service militaire* exempt from military service / *exempté de corvée* exempt from duty.

❖ **exempté** nm man exempt from military service.

exempter [3] [ɛgzɑ̃te] vt ▸ **exempter qqn de qqch** : *il a été exempté du service militaire* he has been exempted from doing military service / *il a réussi à se faire exempter (du service militaire)* he managed to get out of military service ▸ **exempter qqn d'impôts** to exempt sb from taxes ▸ **exempter qqn d'une obligation** to exempt sb from an obligation.

exemption [ɛgzɑ̃psjɔ̃] nf **1.** [dispense] exemption / *bénéficier de l'exemption d'une taxe* to be exempt from a tax **2.** MIL exemption from military service.

exercé, e [ɛgzɛʀse] adj [oreille, œil] trained, keen; [personne] trained, experienced.

exercer [16] [ɛgzɛʀse] vt **1.** [pratiquer - talent] to exercise; [- profession] to exercise; [- art] to practise UK, to practice US ▸ **quel métier exercez-vous?** what's your job? ▸ **exercer le métier de dentiste** / **forgeron** to work as a dentist / blacksmith ▸ **exercer la médecine** to practise medicine; *(en usage absolu)* [suj: dentiste, avocat, médecin] to be in practice, to practise ▸ **elle n'exerce plus** she doesn't practise anymore **2.** [autorité, influence] to exercise, to exert; [droit, privilège] to exercise; [sanctions] to carry out ▸ **exercer une action sur** to act on ▸ **exercer un attrait sur qqn a)** [personne] to be attractive to ou to attract sb **b)** [art, voyages] to appeal ou to be appealing to ▸ **exercer un contrôle sur** to control ▸ **exercer une influence sur** to exercise ou to exert an influence on ▸ **exercer une pression sur qqch** to press sthg, to exert pressure on sthg ▸ **exercer une pression sur qqn** to put pressure on ou to pressurize sb ▸ **exercer des sanctions contre** to carry out sanctions against ▸ **exercer des poursuites contre qqn** to bring an action against sb ▸ **exercer sa verve contre qqn** *sout* to make sb the object of one's wit **3.** [entraîner - oreille, esprit, mémoire] to exercise, to train ▸ **exercer qqn à faire qqch** to train sb to do sthg / *exercer un chien à attaquer* to train a dog to attack **4.** *litt* [mettre à l'épreuve - patience] to try (sorely).

❖ **s'exercer** vpi **1.** [s'entraîner] to practise UK, to practice US / *s'exercer au piano* to practise (playing) the piano / *s'exercer à faire des grimaces* to practise pulling faces **2.** [s'appliquer] ▸ **s'exercer sur** [force, pression] to be brought to bear on, to be exerted on / *l'attrait qui s'exerçait sur moi* the attraction I was feeling.

exercice [ɛgzɛʀsis] nm **1.** [mouvement] exercise / *c'est un excellent exercice pour les pectoraux* it's an excellent exercise for the pectoral muscles ▸ **exercices respiratoires** (deep) breathing exercises ▸ **exercices d'assouplissement** / **d'échauffement** stretching / warm-up exercises ▸ **exercices au sol** floor exercises ▸ **faire des exercices** to exercise / *faire des exercices pour les abdominaux* to do exercises for ou to exercise one's stomach muscles **2.** [activité physique] ▸ **l'exercice (physique)** (physical) exercise ▸ **faire de l'exercice** to take exercise, to exercise / *tu devrais faire plus d'exercice* you should exercise more ou take more exercise ▸ **je manque d'exercice** I don't get enough exercise **3.** ÉDUC exercise ▸ **faire un exercice** to do an exercise / *exercice de chimie* chemistry exercise / *exercices de grammaire* / *phonétique* grammar / phonetics exercises ▸ **faire faire des exercices de grammaire** / **prononciation à qqn** to give sb exercises in grammar / pronunciation ▸ **exercice de style** LITTÉR stylistic composition / *sa dernière collection est un exercice de style fig* his latest collection is an exercise in style **4.** MIL drill, exercise ▸ **exercice à la cible** target practice ▸ **exercices de tir** shooting drill ou practice ▸ **faire l'exercice** to drill **5.** [usage] ▸ **l'exercice du pouvoir** / **d'un droit** exercising power / a right / *l'exercice de responsabilités* carrying out responsibilities

▸ **l'exercice d'un métier** plying a trade / *condamné pour exercice illégal de la médecine* condemned for illegal practice of medicine / *dans l'exercice de ses fonctions* in the exercise of her duties **6.** FIN year / *les impôts pour l'exercice 2007* taxes for the 2007 fiscal ou tax year ▸ **exercice budgétaire** budgetary year ▸ **exercice financier** accounting period.

❖ **à l'exercice** loc adv MIL on parade.

❖ **en exercice** loc adj [député, juge] sitting ; [membre de comité] serving ; [avocat, médecin] practising ▸ **être en exercice** [diplomate, magistrat] to be in ou to hold office.

exerciseur [ɛgzɛʀsizœʀ] nm [gén] exercise machine ou bench ; [pour la poitrine] chest expander.

exérèse [ɛgzeʀɛz] nf ablation.

exergue [ɛgzɛʀg] nm **1.** [dans un livre] inscription ▸ **mettre qqch en exergue** : *mettre une citation en exergue à un* ou *d'un texte* to head a text with quotation, to write a quotation as an epigraph to a text / *mettre un argument en exergue* *fig* to underline ou to stress an argument **2.** [sur une médaille - espace] exergue ; [- inscription] epigraph.

exfoliant, e [ɛksfɔljɑ̃, ɑ̃t] adj exfoliative.

❖ **exfoliant** nm exfoliant.

exfoliation [ɛksfɔljasjɔ̃] nf exfoliation, exfoliating *(U)*.

exfolier [9] [ɛksfɔlje] vt to exfoliate.

exhalaison [ɛgzalɛzɔ̃] nf *sout* [odeur - agréable] fragrance ; [- désagréable] unpleasant odour UK ou odor US / *les exhalaisons fétides des égouts* the fetid fumes from the sewers.

exhalation [ɛgzalasjɔ̃] nf exhalation.

exhaler [3] [ɛgzale] vt **1.** [dégager - parfum] to exhale ; [- gaz, effluves, vapeur] to exhale, to give off *(sép)* / *les fromages qui séchaient exhalaient leur odeur sure* the drying cheeses gave off their sour smell **2.** [émettre - soupir] to breathe ; [- gémissement] to utter, to give forth *(insép)* *litt* **3.** *litt* [être empreint de] ▸ **la maison exhalait la mélancolie** / **le bonheur** the house exuded melancholy / radiated happiness **4.** [en respirant] to exhale.

exhaussement [ɛgzosmɑ̃] nm raising (up).

exhausser [3] [ɛgzose] vt [bâtiment, mur] to raise / *le bâtiment a été exhaussé de deux étages* two floors were added to the building.

exhaustif, ive [ɛgzostif, iv] adj exhaustive.

exhaustivement [ɛgzostivmɑ̃] adv exhaustively.

exhaustivité [ɛgzostivite] nf exhaustiveness.

exhiber [3] [ɛgzibe] vt **1.** [afficher - décorations, muscles] to display, to show off *(insép)* ; [- richesses] to display, to make a (great) show of ; [- savoir] to show off **2.** [au cirque, à la foire] to show, to exhibit **3.** [document officiel] to produce, to show, to present.

❖ **s'exhiber** vpi [parader] to parade (around) ; [impudiquement] to expose o.s.

exhibition [ɛgzibisjɔ̃] nf **1.** [comportement] piece of provocative behaviour / *après cette exhibition ridicule, tu n'as plus qu'à t'excuser!* apologize after making such an absurd exhibition of yourself! **2.** *péj* [étalage] display / *une exhibition de pectoraux sur la plage* a display of muscular chests on the beach **3.** [dans un concours] showing / *exhibition de chiens de race* pedigree dog show / *exhibition de bétail* cattle show ; [comme attraction] exhibiting / *exhibition d'animaux de cirque* exhibiting circus animals **4.** SPORT exhibition **5.** [présentation - de documents] presentation.

exhibitionnisme [ɛgzibisjɔnism] nm exhibitionism.

exhibitionniste [ɛgzibisjɔnist] nmf exhibitionist.

exhortation [ɛgzɔʀtasjɔ̃] nf exhortation / *la foule, excitée par ses exhortations* the crowd, excited by his exhortations ▸ **exhortation à** call for / *exhortations à la modération* calls for moderation.

exhorter [3] [ɛgzɔʀte] vt to urge ▸ **exhorter qqn à la patience** to urge ou to exhort sb to be patient ▸ **exhorter qqn à la prudence** to urge ou to exhort sb to be careful ▸ **exhorter qqn à faire qqch** to exhort ou to urge sb to do sthg.

❖ **s'exhorter à** vp + prép ▸ **s'exhorter à qqch** : *elle s'exhortait à la patience* she was exhorting herself to be patient ▸ **s'exhorter à faire qqch** to exhort o.s. to do sthg.

exhumation [ɛgzymasjɔ̃] nf **1.** [d'un cadavre] exhumation ; [d'objets enfouis] excavation, digging out **2.** *fig* [de sentiments] unearthing ; [de vieux documents] digging out ou up.

exhumer [3] [ɛgzyme] vt **1.** [déterrer - cadavre] to exhume ; [- objets enfouis] to excavate, to dig out *(sép)* **2.** [sentiments] to unearth ; [vieux documents] to dig out ou up *(sép)*, to rescue from oblivion.

exigeant, e [ɛgziʒɑ̃, ɑ̃t] adj **1.** [pointilleux - maître, professeur] demanding, exacting ; [- malade] demanding ; [- client] demanding, particular, hard to please / *je suis très exigeant sur la qualité* I'm very particular about quality / *tu es trop exigeante avec tes amis* you ask ou expect too much from your friends **2.** [revendicateur] : *ne sois pas trop exigeant, c'est ton premier emploi* don't be too demanding ou don't expect too much, it's your first job **3.** [ardu - métier] demanding, exacting.

exigence [ɛgziʒɑ̃s] nf **1.** [demande - d'un client] requirement ; [- d'un ravisseur] demand **2.** [nécessité] demand, requirement / *répondre aux exigences de qualité / sécurité* to meet quality / safety requirements / *les exigences de ma profession* the demands ou requirements of my profession / *les exigences de la morale / du savoir-vivre* the demands of morality / of mannerliness **3.** [caractère exigeant - d'un client] particularity ; [- d'un professeur, d'un parent] strictness, exactingness / *devant l'exigence de son client* faced with such a demanding customer.

❖ **exigences** nfpl [salaire] expected salary / *quelles sont vos exigences?* what salary do you expect? / *en donnant vos nom, adresse et exigences* stating your name, address and expected salary.

exiger [17] [ɛgziʒe] vt **1.** [compensation, dû] to demand, to claim **2.** [excuse] to require, to demand, to insist on *(insép)* ▸ **exiger la plus grande honnêteté de la part de qqn** to insist on scrupulous honesty from sb, to expect sb to be scrupulously honest ▸ **exiger beaucoup / trop de qqn** to expect a lot / too much from sb **3.** [déclarer obligatoire] to require / *la connaissance du russe n'est pas exigée* knowledge of Russian is not a requirement / *le port du casque est exigé* hard hats must be worn ▸ **aucun visa n'est exigé** no visa is needed **4.** [nécessiter] to require, to need / *un métier qui exige beaucoup de précision* a job requiring great accuracy / *un bateau exige beaucoup d'entretien* a boat needs ou requires a lot of maintenance / *le poste exige beaucoup de déplacements* the post involves a lot of travelling / *nous interviendrons si la situation l'exige* we'll intervene if it becomes necessary.

exigibilité [ɛgziʒibilite] nf payability.

exigible [ɛgziʒibl] adj [impôt] due (for payment), payable / *cet impôt est exigible en septembre* payment of this tax falls due in September.

exigu, exiguë *ou* **exigüe*** [ɛgzigy] adj [appartement, pièce] very small, tiny ; [couloir] very narrow / *c'est un peu exigu pour ma famille* it's a bit cramped ou small for my family.

exiguïté, exigüité* [ɛgzigɥite] nf [d'une pièce] smallness ; [d'un couloir] narrowness.

exil [ɛgzil] nm exile ▸ **pendant son exil londonien** while he was living in exile in London.

❖ **en exil** ◆ loc adj exiled. ◆ loc adv [vivre] in exile ▸ **envoyer qqn en exil** to exile sb / *je me sens en exil* I feel like an exile.

exilé, e [ɛgzile] ◆ adj exiled. ◆ nm, f exile.

exiler [3] [ɛgzile] vt to exile / *le dictateur a fait exiler tous les opposants au régime* the dictator had all the opponents of the regime sent into exile.

❖ **s'exiler** vpi **1.** [quitter son pays] to go into self-imposed exile **2.** [s'isoler] to cut o.s. off.

existant, e [ɛgzistɑ̃, ɑ̃t] adj [modèle, loi, tarif] existing, current, currently in existence.

❖ **existant** nm ▸ **l'existant** what is already there / *on ne peut pas se contenter de l'existant, il faut augmenter notre gamme* we can't content ourselves with our existing range, we must expand it / *un architecte qui travaille souvent avec l'existant* an architect who often works with existing buildings.

existence [ɛgzistɑ̃s] nf **1.** [vie] life, existence / *j'aurai travaillé toute mon existence pour rien* I'll have worked all my life ou days for nothing / *que d'existences misérables!* so many wretched lives! ; [mode de vie] lifestyle / *j'en ai assez de cette existence* I've had enough of this (kind of) life / *il faut bien s'amuser dans l'existence* you have to have some fun in life **2.** [durée - d'une constitution, d'une civilisation] lifespan, lifetime **3.** [réalité - d'un complot] existence ; [- d'une substance] presence, existence **4.** [présence - d'une personne] presence / *manifester* ou *signaler son existence* to make one's presence known.

existentialisme [ɛgzistɑ̃sjalism] nm existentialism.

existentialiste [ɛgzistɑ̃sjalist] adj & nmf existentialist.

existentiel, elle [ɛgzistɑ̃sjɛl] adj existential.

exister [3] [ɛgziste] vi **1.** [être réel] to exist, to be real / *le père Noël n'existe pas!* Father Christmas doesn't exist! / *ce personnage a bien existé, il vivait au XVIIe siècle* this character is real ou did exist, he lived in the 17th century / *le savon, ça existe!* *fam* there is such a thing as soap, you know! / *si elle n'existait pas, il faudrait l'inventer!* *hum* what would we do without her! ▸ **l'amour existe, je l'ai rencontré** love really does exist! **2.** [subsister] to exist ▸ **l'hôtel existe toujours / n'existe plus** the hotel is still there / isn't there anymore / *les vieilles pratiques religieuses qui existent toujours au village* the old religious practices still extant *sout* ou which still exist in the village / *la galanterie, ça n'existe plus* (the age of) chivalry is dead **3.** [être important] to matter / *seul son métier existe pour lui* his job's the only thing that matters to him / *il n'y a pas que l'argent qui existe!* money isn't everything (in life)! **4.** [vivre - personne] to live / *tant que j'existerai* as long as I live / *fais comme si je n'existais pas* pretend I'm not here **5.** *(tournure impersonnelle)* ▸ **il existe** *(suivi d'un sg)* there is, there's / *(suivi d'un pl)* there are / *il n'existe aucune directive à ce sujet* there are no guidelines for that / *il existe des appareils à dénoyauter les fruits* there are machines for taking stones out of fruit.

exit [ɛgzit] adv ▸ **exit le président** *fig* out goes the President.

ex-libris, exlibris* [ɛkslibʀis] nm ex-libris.

ex nihilo [ɛksniilo] adv ex nihilo.

exobiologie [ɛgzɔbjɔlɔʒi] nf exobiology.

exocet [ɛgzɔsɛt] nm ZOOL flying fish.

exocrine [ɛgzɔkʀin] adj exocrine.

exode [ɛgzɔd] nm **1.** [départ] exodus / *l'exode des Parisiens en août* the annual exodus of Parisians from the capital in August ▸ **l'exode des cerveaux** the brain drain ▸ **l'exode des capitaux** the flight of capital ▸ **l'exode rural** the drift from the land, the rural exodus ▸ **l'exode** HIST *the flight southward and westward of French civilians before the invading German army in 1940* **2.** BIBLE ▸ **l'Exode** the Exodus ▸ **(le livre de) l'Exode** (the book of) Exodus.

exogame [ɛgzɔgam] ◆ adj exogamous, exogamic. ◆ nmf exogamous subject.

exogamie [ɛgzɔgami] nf exogamy.

exogamique [ɛgzɔgamik] adj exogamous, exogamic.

exogène [ɛgzɔʒɛn] adj exogenous.

exonération [ɛgzɔneʀasjɔ̃] nf exemption, exempting *(U)* ▸ **exonération fiscale** ou **d'impôt** tax exemption.

exonérer [18] [ɛgzɔneʀe] vt **1.** [contribuable, revenus] to exempt ▸ **exonérer qqn d'impôts** to exempt sb from income tax / *exonérer des marchandises de taxes* to exempt goods from duty ▸ **marchandises exonérées** non-dutiable freight ▸ **intérêt: 12%, exonéré d'impôts** 12% interest rate, non-taxable ou free of tax **2.** *sout* [dégager] ▸ **exonérer qqn de a)** [obligation] to free sb from **b)** [responsabilité] to exonerate ou to free sb from.

In reformed spelling (see p. 16-19), this verb is conjugated like *semer*: ***il exonèrera, elle exonèrerait.***

exophtalmie [ɛgzɔftalmi] nf exophtalmus.

exophtalmique [ɛgzɔftalmik] adj exophthalmic.

* In reformed spelling (see p. 16-19).

exorbitant, e [ɛgzɔʀbitɑ̃, ɑ̃t] adj **1.** [trop cher - loyer] exorbitant, extortionate **2.** [démesuré - requête] outrageous ; [- prétention] absurd.

exorbité, e [ɛgzɔʀbite] adj bulging / *les yeux exorbités* with bulging eyes, with his eyes out on stalks *hum.*

exorcisation [ɛgzɔʀsizasjɔ̃] nf exorcizing.

exorciser [3] [ɛgzɔʀsize] vt to exorcize.

exorcisme [ɛgzɔʀsism] nm exorcism.

exorciste [ɛgzɔʀsist] nmf exorcist.

exorde [ɛgzɔʀd] nmf exordium.

exoréique [ɛgzɔʀeik] adj exoreic, exorheic.

exoréisme [ɛgzɔʀeism] nm exoreism, exorheism.

exosphère [ɛgzɔsfɛʀ] nf exosphere.

exosquelette [ɛgzɔskəlɛt] nm exoskeleton.

exotérique [ɛgzɔteʀik] adj exoteric.

exothermie [ɛgzɔtɛʀmi] nf exothermia.

exothermique [ɛgzɔtɛʀmik] adj exothermic, exothermal.

exotique [ɛgzɔtik] adj [produit, fruit, pays] exotic.

exotisme [ɛgzɔtism] nm exoticism.

exotoxine [ɛgzɔtɔksin] nf exotoxin.

expansé, e [ɛkspɑ̃se] adj [polystyrène] expanded.

expansibilité [ɛkspɑ̃sibilite] nf expansibility.

expansible [ɛkspɑ̃sibl] adj expansible, liable to expand.

expansif, ive [ɛkspɑ̃sif, iv] adj **1.** [caractère, personne] expansive, exuberant, effusive / *il n'est pas très expansif* he's never very forthcoming **2.** PHYS expansive.

expansion [ɛkspɑ̃sjɔ̃] nf **1.** ÉCON ▸ **expansion (économique)** (economic) growth ▸ **l'Expansion** PRESSE *weekly business magazine* **2.** [augmentation - d'un territoire, de l'univers] expansion, expanding *(U)* **3.** [propagation - d'une idéologie, d'une influence] spread **4.** CHIM & PHYS expansion, expanding *(U)* **5.** *litt* [épanchement] expansiveness, effusiveness / *avoir un besoin d'expansion* to need to open out (to others).
❖ **en (pleine) expansion** loc adj ÉCON expanding, booming.

expansionnisme [ɛkspɑ̃sjɔnism] nm expansionism.

expansionniste [ɛkspɑ̃sjɔnist] adj & nmf expansionist.

expansivité [ɛkspɑ̃sivite] nf expansiveness.

expatriation [ɛkspatʀijasjɔ̃] nf expatriation.

expatrié, e [ɛkspatʀije] adj & nm, f expatriate.

expatrier [10] [ɛkspatʀije] vt to expatriate.
❖ **s'expatrier** vpi to become an expatriate, to leave one's country (of origin).

expectative [ɛkspɛktativ] nf [attente - incertaine] state of uncertainty ; [- prudente] cautious wait ; [- pleine d'espoir] expectancy, expectation.
❖ **dans l'expectative** loc adv ▸ **être dans l'expectative a)** [espérer] to be in a state of expectation **b)** [être incertain] to be in a state of uncertainty.

expectorant [ɛkspɛktɔʀɑ̃] nm expectorant.

expectoration [ɛkspɛktɔʀasjɔ̃] nf expectoration.

expectorer [3] [ɛkspɛktɔʀe] vi & vt to expectorate.

expédient, e [ɛkspedjɑ̃, ɑ̃t] adj *sout* expedient.
❖ **expédient** nm **1.** [moyen] expedient / *se tirer d'une difficulté par un expédient* to find an expedient for getting out of a difficulty **2.** EXPR **user** ou **vivre d'expédients** to live by one's wits.

expédier [9] [ɛkspedje] vt **1.** [envoyer - colis, lettre] to send, to dispatch ▸ **expédier par avion** to send by air mail ▸ **expédier par bateau a)** [lettre, paquet] to send surface mail **b)** [marchandises] to send by sea, to ship ▸ **expédier par coursier** to send by courier ▸ **expédier par la poste** to send through the post UK ou mail ▸ **expédier par le train** to send by train ou rail **2.** [personne] to send off *(sép)* / *les colporteurs qui sonnent ici sont vite expédiés!* any hawkers ringing my bell soon get sent on their way! / *je vais l'expédier en colonie de vacances* I'm going to send her off to a summer camp ▸ **expédier qqn dans l'autre monde** *fam* ou **au cimetière** *fam* to send sb off to meet their maker **3.** [bâcler, finir sans soin - dissertation, lettre] to dash off *(sép)* ; [- corvée, travail] to make short work of, to dispatch / *elle a expédié le match en deux sets* she wrapped up the match in two sets **4.** [avaler vite - repas] to dispatch, to swallow ; [- verre de vin] to knock back *(sép)* **5.** DR to draw up *(sép)* **6.** EXPR **expédier les affaires courantes a)** [employé] to deal with day-to-day matters (only) **b)** [président] to be a caretaker president.

expéditeur, trice [ɛkspeditœʀ, tʀis] ◆ adj [bureau, gare, société] dispatching, forwarding. ◆ nm, f sender, forwarder.

expéditif, ive [ɛkspeditif, iv] adj **1.** [efficace et rapide - procédé] expeditious *sout,* quick ; [- personne] expeditious *sout,* prompt / *elle est plutôt expéditive!* she certainly wastes no time! **2.** *péj* [trop rapide - procès, justice] hasty.

expédition [ɛkspedisjɔ̃] nf **1.** [voyage] expedition / *expédition en Antarctique* expedition to the Antarctic / *partir en expédition* to go on an expedition / *pour traverser la capitale, quelle expédition!* *fam* it's quite an expedition to get across the capital! / *à chaque fois que l'on part en pique-nique, c'est une véritable expédition* every time we go on a picnic, it's a real expedition ; [équipe] (members of the) expedition **2.** MIL expedition **3.** [raid] ▸ **expédition punitive** punitive raid ou expedition **4.** [envoi] sending, dispatch, dispatching ▸ **expédition par bateau** [de marchandises] shipping **5.** [cargaison] ▸ **une expédition de bananes** a consignment of bananas **6.** DR (exemplified) copy.

expéditionnaire [ɛkspedisjɔnɛʀ] ◆ adj MIL expeditionary. ◆ nmf COMM forwarding agent.

expéditive [ɛkspeditiv] f ⟶ **expéditif.**

expéditivement [ɛkspeditivmɑ̃] adv **1.** [rapidement] expeditiously **2.** [à la hâte] hastily.

expérience [ɛkspeʀjɑ̃s] nf **1.** [connaissance] experience / *sa grande expérience des hommes* his long experience of men ▸ **avoir de l'expérience (en)** to have experience ou to be experienced (in) ▸ **manquer d'expérience** to be inexperienced, to lack experience / *il avait peu d'expérience en amour* he wasn't an experienced lover / *plusieurs années d'expérience en gestion seraient souhaitables* several years' experience in management ou management experience would be desirable **2.** [apprentissage] experience ▸ **ses expériences amoureuses** her love affairs / *ses premières expériences amoureuses* his first amorous experiences / *j'ai eu plusieurs expériences malheureuses avec ce mixer* I've had several bad experiences with this blender / *raconte-nous tes expériences praguoises* tell us about your experiences in Prague / *tenter une expérience de vie commune* to try living together / *faire l'expérience de la haine* to experience hatred / *je ne voudrais pas refaire l'expérience d'une opération* I wouldn't like to go through an operation again **3.** [test] experiment / *expérience de chimie* chemistry experiment / *faire des expériences (sur des rats)* to carry out experiments ou to experiment (on rats).
❖ **par expérience** loc adv from experience.
❖ **sans expérience** loc adj inexperienced / *un petit jeune sans expérience* an inexperienced youngster, a youngster still wet behind the ears.

> **experience** ou **experiment ?**
>
> Pour parler d'un « ensemble de connaissances », de « la pratique d'une activité » ou du « vécu », on emploie **experience**. Pour désigner une expérience de type scientifique, on emploie **experiment**.

expérimental, e, aux [ɛkspeʀimɑ̃tal, o] adj **1.** [avion] trial *(modif)*, experimental **2.** [méthode, sciences] experimental ▸ **à titre expérimental** experimentally, as an experiment.

expérimentalement [ɛkspeʀimɑ̃talmɑ̃] adv experimentally.

expérimentateur, trice [ɛkspeʀimɑ̃tatœʀ, tʀis] nm, f experimenter.

expérimentation [ɛkspeʀimɑ̃tasjɔ̃] nf experimentation.

expérimenté, e [ɛkspeʀimɑ̃te] adj experienced, practised.

expérimenter [3] [ɛkspeʀimɑ̃te] vt to try out *(sép)*, to test.

expert, e [ɛkspɛʀ, ɛʀt] ◆ adj **1.** [agile] expert ▸ **d'une main experte** with an expert hand / *d'une oreille experte* with a trained ear / *pour un œil expert* to the trained ou expert eye **2.** [savant] highly knowledgeable / *être expert en la matière* to be a specialist in the subject / *être expert en littérature chinoise* to be an expert on ou a specialist in Chinese literature. ◆ nm, f [connaisseur] expert, connoisseur ▸ **expert de** ou **en** expert on, specialist in.
❖ **expert** nm [chargé d'expertise] expert, specialist ; [en bâtiments] surveyor ; [en assurances] valuer ▸ **expert judiciaire** legal expert ▸ **expert maritime** surveyor ; *(comme adjectif, avec ou sans trait d'union)* ▸ **chimiste expert** expert in chemistry ▸ **médecin expert** medical expert.

expert-comptable, experte-comptable [ɛkspɛʀkɔ̃tabl] *(mpl* **experts-comptables**, *fpl* **expertes-comptables)** nm, f ≃ chartered accountant UK ; ≃ certified public accountant US.

expertement [ɛkspɛʀtəmɑ̃] adv expertly.

expertise [ɛkspɛʀtiz] nf **1.** [examen - d'un meuble, d'une voiture] (expert) appraisal ou evaluation ou valuation ▸ **faire faire une expertise** [pour assurer un bien] to have a valuation done ▸ **expertise judiciaire** DR court-ordered appraisal ▸ **expertise médicale et psychiatrique** DR expert opinion *(by a doctor)* **2.** [document] expert's ou valuer's report.

expertiser [3] [ɛkspɛʀtize] vt [véhicule] to value ; [dommages, meuble, tableau] to appraise, to assess, to value ▸ **faire expertiser une voiture a)** [gén] to have a car valued **b)** [après un accident] to have the damage on a car looked at *(for insurance purposes).*

expiable [ɛkspjabl] adj expiable.

expiateur, trice [ɛkspjatœʀ, tʀis] adj expiatory.

expiation [ɛkspjasjɔ̃] nf ▸ **expiation de** expiation of, atonement for.

expiatoire [ɛkspjatwaʀ] adj expiatory.

expier [9] [ɛkspje] vt [crime, péché] to expiate, to atone for *(insép)* ; *sout* [erreur, faute] to pay ou to atone for *(insép).*

expirant, e [ɛkspiʀɑ̃, ɑ̃t] adj [personne, entreprise] dying, expiring, moribund *sout* ; [voix] faint.

expirateur [ɛkspiʀatœʀ] adj m expiratory.

expiration [ɛkspiʀasjɔ̃] nf **1.** [d'air] breathing out / *fléchissez au moment de l'expiration* flex your knees when you breathe out **2.** [fin] expiry UK, expiration US / *le bail arrive à expiration le 30 août* the lease expires by August 30th ▸ **date d'expiration** expiry UK ou expiration US date.
❖ **à l'expiration de** loc prép ▸ **à l'expiration du bail** when the lease expires ▸ **à l'expiration du délai** at the end of the stated period.

expirer [3] [ɛkspiʀe] ◆ vi **1.** *sout* [mourir] to expire, to breathe one's last **2.** *litt* [s'évanouir - lueur, son] to expire, to die away **3.** *(aux avoir ou être)* [cesser d'être valide - abonnement, bail, délai] to expire, to end ; [- carte de crédit] to expire. ◆ vt [air] to breathe out *(sép)* ▸ **expirez!** breathe out!

explétif, ive [ɛkspletif, iv] adj expletive, expletory ▸ **le « ne » explétif** "ne" used as an expletive.
❖ **explétif** nm expletive.

explicable [ɛksplikabl] adj explainable, explicable / *c'est un phénomène difficilement explicable* it's a phenomenon which is difficult to explain ou which is not easily explained.

explicatif, ive [ɛksplikatif, iv] adj **1.** [brochure, lettre] explanatory ▸ **notice** ou **note explicative a)** [sur un emballage] instructions ou directions for use **b)** [dans un dossier] explanatory note **2.** GRAM ▸ **proposition relative explicative** non-restrictive relative clause.

explication [ɛksplikasjɔ̃] nf **1.** [éclaircissement - d'un fait, d'une situation] explanation ▸ **demander des explications à qqn** to ask sb for some explanations / *il a quitté sa femme sans explication* he walked out on his wife without any explanations ▸ **ça se passe d'explication** it's self-explanatory **2.** [motif - d'une attitude, d'un retard] explanation ▸ **donner l'explication de qqch** to give the reason for sthg, to explain sthg **3.** ÉDUC & UNIV [d'une œuvre] commentary, analysis ▸ **explication de texte** critical analysis, appreciation of a text **4.** [discussion] discussion ; [querelle] argument ▸ **avoir une explication avec qqn sur qqch a)** [discussion] to talk sthg over with sb **b)** [querelle] to have an argument with sb about sthg.

❖ **explications** nfpl [mode d'emploi] instructions ou directions (for use).

explicitation [ɛksplisitasjɔ̃] nf **1.** [d'intentions] making explicit ou plain **2.** [d'un texte] clarifying, clarification.

explicite [ɛksplisit] adj explicit / *en termes explicites* in explicit terms, plainly ▸ **suis-je assez explicite?** do I make myself plain (enough)?

explicitement [ɛksplisitmɑ̃] adv explicitly.

expliciter [3] [ɛksplisite] vt **1.** [intentions] to make explicit ou plain **2.** [phrase] to clarify, to explain.

expliquer [3] [ɛksplike] vt **1.** [faire comprendre - événement, réaction, fonctionnement, etc.] to explain ▸ **expliquer qqch à qqn** to explain sthg to sb / *cela ne se fait pas, je te l'ai expliqué mille fois!* I've explained it to ou told you time and again, it just isn't done! / *je lui ai fait expliquer clairement les termes du contrat* I asked him to be very clear on the terms of the contract / *je me suis fait expliquer la procédure* I asked ou got someone to explain the procedure to me **2.** [justifier - attitude, retard] to explain (away), to account for *(insép)* **3.** ÉDUC & UNIV [texte] to analyse, to make a critical analysis of, to comment on *(insép)*.

❖ **s'expliquer** ◆ vp *(emploi passif)* to be explained ▸ **tout s'explique!** that explains it! ◆ vp *(emploi réciproque)* : *sors, on va s'expliquer! fam* we'll talk this over outside! ◆ vpi [s'exprimer] to explain o.s., to make o.s. clear ▸ **explique-toi mieux** make yourself clearer ▸ **elle s'explique bien / mal** she expresses herself well / badly ▸ **s'expliquer clairement** to explain o.s. clearly ▸ **s'expliquer sur** [éclaircir] : *s'expliquer sur ses intentions* to make plain ou to explain one's intentions / *pouvez-vous vous expliquer sur cette omission?* can you explain why this was omitted? ◆ vpt [comprendre] to understand / *je n'arrive pas à m'expliquer son silence* I can't understand why he remains silent.

❖ **s'expliquer avec** vp + prép **1.** [avoir une discussion avec] to talk things over with **2.** [se disputer avec] to have it out with.

Notez que le verbe explain n'est jamais suivi immédiatement d'un complément d'objet indirect :

Explique-nous comment ça marche. *Explain [to us] how it works.*

Pouvez-vous m'expliquer comment cela s'est passé ? *Can you explain [to me] how it happened?*

Dans l'usage, « to us », « to me », etc., sont le plus souvent omis.

exploit [ɛksplwa] nm **1.** [acte] exploit, feat ▸ **exploit sportif** remarkable sporting achievement ▸ **exploit technique** technical feat ou exploit / *ses exploits amoureux* his amorous exploits / *il ne s'est pas vanté de ses exploits!* he didn't have much to be proud of! / *avoir réussi à la convaincre relève de l'exploit!* it's no mean achievement to have convinced her! **2.** DR ▸ **exploit (d'huissier)** writ.

exploitable [ɛksplwatabl] adj [idée, mine, terre, etc.] exploitable, workable ; [énergie] exploitable.

exploitant, e [ɛksplwatɑ̃, ɑ̃t] nm, f [d'une carrière, d'un cinéma] owner ▸ **exploitant (agricole)** farmer ▸ **petit exploitant** smallholder UK, small farmer ▸ **exploitant forestier** forestry agent.

exploitation [ɛksplwatasjɔ̃] nf **1.** [entreprise] ▸ **exploitation à ciel ouvert** open-cast mine ▸ **exploitation agricole** farm (estate) ▸ **petite exploitation agricole** smallholding UK, small farm ▸ **exploitation familiale** family holding ▸ **exploitation forestière** forestry site ▸ **exploitation minière** mine ▸ **exploitation vinicole a)** [vignes] vineyard **b)** [société] wine-producing establishment **2.** [d'un réseau ferroviaire] operating ; [d'un cinéma] running ; [d'une carrière, d'une forêt, d'une mine, d'un sol] exploitation, working ▸ **l'exploitation forestière** forestry, lumbering ▸ **mettre en exploitation** [carrière, mine, terres] to exploit, to work **3.** [utilisation - d'une idée, d'un talent] exploitation, exploiting *(U)*, utilizing *(U)* / *elle a confié à une agence de publicité l'exploitation de son idée* she let an advertising agency make use of her idea **4.** [fait d'abuser] exploitation, exploiting / *leur exploitation de la misère d'autrui* their exploitation of other people's wretchedness ; [de la main-d'œuvre] exploitation / *l'exploitation de l'homme par l'homme* man's exploitation of man / *7 euros de l'heure, c'est de l'exploitation!* 7 euros per hour, that's sheer exploitation!

❖ **d'exploitation** loc adj FIN & INFORM operating.

exploité, e [ɛksplwate] adj **1.** [ferme, carrière, sous-sol] exploited **2.** [main-d'œuvre] exploited.

exploiter [3] [ɛksplwate] vt **1.** [mettre en valeur - forêt, mine, terre, etc.] to exploit, to work ; [faire fonctionner - cinéma] to run ; [- tunnel, réseau ferroviaire] to run, to operate **2.** [tirer avantage de - talent] to exploit, to make use of ; [- thème] to exploit ; [- situation] to exploit, to make capital out of, to take advantage of **3.** *péj* [abuser de] to exploit, to take (unfair) advantage of ▸ **exploiter la naïveté de qqn** to take advantage of sb's naivety ▸ **exploiter la serviabilité de qqn** to exploit ou to take advantage of sb's helpfulness ; [main-d'œuvre] to exploit / *se faire exploiter* to be exploited.

exploiteur, euse [ɛksplwatœʀ, øz] nm, f exploiter.

explorable [ɛksplɔʀabl] adj explorable.

explorateur, trice [ɛksplɔʀatœʀ, tʀis] nm, f explorer.

exploration [ɛksplɔʀasjɔ̃] nf **1.** GÉOGR & MÉD exploration **2.** [analyse] exploration, examination.

exploratoire [ɛksplɔʀatwaʀ] adj exploratory, tentative.

explorer [3] [ɛksplɔʀe] vt **1.** [voyager dans - contrée, île] to explore **2.** MÉD [voie respiratoire, tube digestif] to explore **3.** [examiner - possibilité] to explore, to examine.

exploser [3] [ɛksploze] vi **1.** [détoner - grenade, mine, maison] to explode, to blow up ; [- dynamite, gaz] to explode ▸ **faire exploser une bombe** to set off ou to explode ou to detonate a bomb **2.** [augmenter - population] to explode ; [- prix] to shoot up, to soar **3.** [se révéler soudain - mécontentement, joie] to explode ; [- rage] to explode, to burst out ; [- rires] to burst out ; [- artiste] to burst onto the scene ▸ **exploser en** : *exploser en insultes* to burst out into abuse / *la salle explosa en applaudissements* the audience burst into thunderous applause **4.** *fam* [s'emporter] to flare up, to lose one's temper ou cool / *si tu continues, j'explose!* stop it or I'll lose my temper!

explosif, ive [ɛksplozif, iv] adj **1.** [mélange, puissance] explosive ; [obus] high-explosive **2.** [dangereux - situation, sujet] explosive, highly sensitive ; [- atmosphère] explosive, charged **3.** [fougueux - tempérament] fiery, explosive **4.** LING explosive.

❖ **explosif** nm ARM explosive.

❖ **explosive** nf LING explosive (consonant).

explosion [ɛksplozjɔ̃] nf **1.** [détonation - d'une bombe, d'une chaudière, d'une mine] explosion, blowing up ; [- d'un gaz] explosion ▸ **faire explosion a)** [bombe] to go off, to explode **b)** [obus] to explode **2.** [manifestation] ▸ **explosion d'enthousiasme / d'indignation** burst of enthusiasm / indignation ▸ **explosion de joie** outburst ou explosion of joy / *ce fut une explosion de rire dans le public* the audience burst out into peals of laughter **3.** [accroissement] ▸ **explosion démographique** population boom ou explosion / *l'explosion démographique après la guerre* the post-war baby boom.

expo [ɛkspo] nf *fam* exhibition.

exponentiel, elle [ɛkspɔnɑ̃sjɛl] adj exponential ▸ **de manière exponentielle** exponentially.

exponentiellement [ɛkspɔnɑ̃sjɛlmɑ̃] adv exponentially.

exportable [ɛkspɔʀtabl] adj exportable, which can be exported.

exportateur, trice [ɛkspɔʀtatœʀ, tʀis] ◆ adj exporting ▸ **être exportateur de** to be an exporter of, to export / *les pays exportateurs de pétrole / céréales* oil / grain exporting countries. ◆ nm, f exporter.

exportation [ɛkspɔʀtasjɔ̃] nf **1.** [sortie] export, exportation / *réservé à l'exportation* for export only **2.** [marchandises] exports.

❖ **d'exportation** loc adj export *(modif)*.

exporter [3] [ɛkspɔʀte] vt **1.** COMM & ÉCON to export **2.** [répandre à l'étranger - idées, culture] to export, to spread abroad.

exposant, e [ɛkspozɑ̃, ɑ̃t] nm, f **1.** [dans une galerie, une foire] exhibitor **2.** DR petitioner.

❖ **exposant** nm MATH exponent.

exposé, e [ɛkspoze] adj **1.** [orienté] ▸ **ce balcon est bien / mal exposé** the balcony gets a lot of sun / doesn't get much sun ▸ **jardin exposé au sud** south-facing garden, garden with a southern aspect / *la chambre est exposée au nord* the room faces north **2.** [non abrité] exposed, wind-swept / *champ très exposé* very exposed field **3.** [montré] on show, on display ▸ **objet exposé** [dans une galerie, une foire] item on show, exhibit / *les articles exposés en vitrine* the items on display in the window ▸ **une des voitures exposées** one of the cars on show **4.** [par les médias] : *le ministre est toujours très exposé* the Minister is always in the public eye ou gets a lot of media coverage.

❖ **exposé** nm **1.** [compte rendu] account, exposition *sout* ▸ **faire un exposé sur** to give an account of **2.** ÉDUC & UNIV [écrit] (written) paper ; [oral] talk, lecture ▸ **faire un exposé sur a)** [oral] to give a talk ou to read a paper on **b)** [écrit] to write a paper on **3.** DR ▸ **exposé des motifs** exposition of motives.

exposer [3] [ɛkspoze] vt **1.** [dans un magasin] to display, to put on display, to set out *(sép)* ; [dans une galerie, dans une foire] to exhibit, to show / *nous exposerons à la foire du livre* we'll be among the exhibitors at the Book Fair **2.** [soumettre] ▸ **exposer qqch à** : *exposer qqch à l'air* to expose sthg to the air ▸ **exposer qqch aux radiations** to expose ou to subject sthg to radiation ▸ **exposer qqn à** [critiques, ridicule] to lay sb open to, to expose sb to **3.** [mettre en danger - honneur, vie] to endanger, to put at risk **4.** [faire connaître - arguments, motifs] to expound, to put forward *(sép)* ; [- intentions] to set forth ou out *(sép)*, to explain ; [- revendications] to set forth, to put forward, to make known / *elle nous a exposé en détail ses projets* she explained to us in detail what her plans were **5.** LITTÉR & MUS to set out *(sép)* ; [thème] to introduce / *dialogue destiné à exposer l'action* expository dialogue **6.** PHOT to expose.

❖ **s'exposer** vp *(emploi réfléchi)* **1.** [se compromettre] to leave o.s. exposed / *il s'expose trop dans cette affaire* he's leaving himself far too exposed in this business / *s'exposer à des poursuites judiciaires* to lay o.s. open to ou to run the risk of prosecution ▸ **s'exposer à des représailles** to expose o.s. to retaliation **2.** [se placer] ▸ **s'exposer au soleil** to expose one's skin to the sun.

exposition [ɛkspozisjɔ̃] nf **1.** [d'œuvres d'art] show, exhibition ; [de produits manufacturés] exhibition, exposition ▸ **exposition de peinture / photos** painting / photo exhibition / *l'exposition en vitrine a fané les tissus* being displayed in the window has caused the fabric to fade ▸ **exposition de blanc** COMM special linen week ou event ▸ **exposition florale** flower show ▸ **l'exposition universelle** the World Fair **2.** [d'un corps] lying in state **3.** [d'arguments, de motifs] exposition, expounding *(U)* ; [d'une situation, d'une théorie] exposition **4.** LITTÉR

& MUS exposition **5.** [soumission] ▸ **exposition à** [danger, radiation, risque] exposure to ▸ **éviter l'exposition au soleil** do not stay in the sun **6.** [orientation] orientation, aspect / *exposition au sud* orientation to the south / *l'appartement a une double exposition nord-sud* the flat has north-facing and south-facing windows **7.** PHOT exposure.

❖ **d'exposition** loc adj expository, introductory.

exposition-vente [ɛkspozisjɔ̃vɑ̃t] (*pl* **expositions-ventes**) nf [gén] exhibition *(where items are for sale)*; [d'objets d'artisanat] craft fair.

ex post [ɛkspɔst] loc adj ex post facto.

expo-vente [ɛkspovɑ̃t] = **exposition-vente.**

exprès[1] [ɛkspʀɛ] adv **1.** [délibérément] on purpose, intentionally, deliberately / *c'est exprès que j'ai employé ce mot* I used this word on purpose ou intentionally ou deliberately ▸ **faire exprès** : *tu l'as vexé — je ne l'ai pas fait exprès* you've offended him — I didn't mean to ou it wasn't intentional / *elle fait exprès de me contredire* she makes a point of contradicting me, she deliberately contradicts me / *il y a du papier à l'intérieur — c'est fait exprès* there's some paper inside — it's meant to be like that **2.** [spécialement] especially, specially / *tu n'aurais pas dû venir exprès* you shouldn't have come specially.

exprès[2], expresse [ɛkspʀɛs] adj **1.** [avertissement, autorisation, ordre] express, explicit ; [recommandation] express, strict ▸ **défense expresse de fumer** smoking strictly prohibited **2.** [lettre, paquet] express UK, special delivery US *(modif).*

❖ **en exprès, par exprès** loc adv ▸ **envoyer qqch en exprès** to send sthg by express post UK ou special delivery US.

express [ɛkspʀɛs] ◆ adj inv **1.** TRANSP ⟶ **train 2.** [café] espresso. ◆ nm **1.** RAIL express ou fast train **2.** [café] espresso (coffee) **3.** PRESSE ▸ **l'Express** *weekly news magazine.*

expressément [ɛkspʀesemɑ̃] adv **1.** [catégoriquement - défendre, ordonner] expressly, categorically ; [- conseiller, prévenir] expressly **2.** [spécialement] specially, specifically / *je l'ai fait expressément pour toi* I did it specially for you.

expressif, ive [ɛkspʀesif, iv] adj **1.** [suggestif - style] expressive, vivid ; [- regard, visage] expressive, meaningful ; [- ton] expressive ▸ **sa mimique était expressive** the expression on her face said it all **2.** LING expressive.

expression [ɛkspʀesjɔ̃] nf **1.** [mot, tournure] expression, phrase, turn of phrase / *avoir une expression malheureuse* to use an unfortunate turn of phrase ▸ **passez-moi l'expression** (if you'll) pardon the expression ; [dans la correspondance] : *veuillez croire à l'expression de ma considération distinguée* yours faithfully UK ou truly US ▸ **expression familière** colloquial expression, colloquialism ▸ **expression figée** set phrase ou expression, fixed expression, idiom ▸ **expression toute faite a)** [figée] set phrase ou expression **b)** [cliché] hackneyed phrase, cliché **2.** [fait de s'exprimer] expression, expressing *(U)*, voicing *(U)* / *nous condamnons l'expression d'opinions racistes* we condemn the voicing of racist opinions / *lutter pour l'expression de ses revendications* to fight for the right to make one's demands heard **3.** [pratique de la langue] : *auteurs d'expression allemande* authors writing in German / *des enfants d'expression française* French-speaking children ▸ **expression écrite / orale** written / oral expression **4.** [extériorisation - d'un besoin, d'un sentiment] expression, self-expression ▸ **trouver son expression dans** to find (its) expression in ▸ **expression corporelle** self-expression through movement **5.** [vivacité] expression / *mets plus d'expression dans le dernier vers* put in more expression ou feeling when you read the last line / *geste / regard plein d'expression* expressive gesture / look **6.** [du visage] expression, look / *si tu avais vu ton expression!* if you'd seen the look on your face! **7.** INFORM & MATH expression.

❖ **sans expression** loc adj expressionless, poker-faced.

expressionnisme [ɛkspʀesjɔnism] nm expressionism.

expressionniste [ɛkspʀesjɔnist] adj & nmf expressionist.

expressivement [ɛkspʀesivmɑ̃] adv expressively.

expressivité [ɛkspʀesivite] nf expressivity, expressiveness / *avec beaucoup d'expressivité* very expressively.

expresso [ɛkspʀeso] nm expresso ▸ **machine à expresso** expresso maker.

exprimable [ɛkspʀimabl] adj expressible / *ma joie est difficilement exprimable* my joy is difficult to express.

exprimer [3] [ɛkspʀime] vt **1.** [dire - sentiment] to express ; [- idée, revendication] to express, to voice / *par là, elle exprime son désespoir* in this way she expresses ou voices her despair / *comment vous exprimer toute mon admiration?* how can I tell you how much I admire you? / *je tiens à vous exprimer mon regret* I want to tell you how sorry I am / *mon émotion est difficile à exprimer* my emotion is difficult to put into words ou to express **2.** [manifester - mécontentement, surprise] to express, to show / *c'est comme ça que j'exprime mes sentiments* that's how I express my feelings **3.** [pour chiffrer une quantité, une somme] to state, to express / *exprimer une quantité en kilos* to state a quantity in kilos / *exprimer une somme en marks* to state a sum in marks **4.** [extraire - jus, pus] to express *sout*, to squeeze out *(sép).*

❖ **s'exprimer** ◆ vp *(emploi passif)* [idée, sentiment] to be expressed, to express itself ; [opinion] to be heard. ◆ vpi **1.** [dire sa pensée] to express o.s. ▸ **laissez-le s'exprimer** let him have his say ou express himself ▸ **chacun doit s'exprimer** all opinions must be heard ▸ **vas-y, exprime-toi!** *hum* come on, out with it! / *je me suis exprimée sur ce sujet* I've expressed myself ou made my opinions known on the subject ▸ **s'exprimer par signes** to use sign language **2.** [choisir ses mots] to express o.s. ▸ **exprime-toi clairement** express yourself clearly, make yourself clear / *non, je me suis mal exprimé* no, I've put it badly / *si je peux m'exprimer ainsi* if I can put it that way **3.** [manifester sa personnalité] to express o.s. / *s'exprimer par la danse / musique* to express o.s. through dancing / music **4.** [se manifester - talent, sentiment] to express ou to show itself / *laisse ton cœur s'exprimer* let your heart speak / *tant de mélancolie s'exprime dans son poème* her poem expresses so much melancholy.

expropriateur, trice [ɛkspʀɔpʀijatœʀ, tʀis] adj expropriating *(avant nom).*

expropriation [ɛkspʀɔpʀijasjɔ̃] nf **1.** [d'une personne] expropriation **2.** [d'une propriété] compulsory purchase.

exproprié, e [ɛkspʀɔpʀije] adj expropriated.

exproprier [10] [ɛkspʀɔpʀije] vt **1.** [personne] to expropriate / *la municipalité a fait exproprier les occupants de l'immeuble* the local council placed a compulsory purchase order on the flats / *se faire exproprier* to have one's property expropriated, to have a compulsory purchase order placed on one's property UK **2.** [maison, terre] to expropriate, to place a compulsory purchase order on UK.

expulser [3] [ɛkspylse] vt **1.** [renvoyer - locataire] to evict, to throw out *(sép)* ; [- membre, participant] to expel ; [- immigrant] to expel, to deport ; [- joueur] to send off *(sép)* / *elle a été expulsée du terrain* she was sent off the field / *la propriétaire a fait expulser ses locataires* the owner had the tenants thrown out ▸ **se faire expulser** to be thrown out **2.** MÉD to evacuate, to expel.

expulsif, ive [ɛkspylsif, iv] adj expulsive.

expulsion [ɛkspylsjɔ̃] nf **1.** [d'un locataire] eviction ; [d'un membre de comité] expulsion ; [d'un étudiant] sending down UK, expulsion US ; [d'un immigrant] expulsion, deportation ; [d'un joueur] sending off ▸ **décider l'expulsion d'un élève a)** [définitive] to decide to expel a pupil **b)** [temporaire] to decide to suspend a pupil **2.** MÉD expulsion, evacuation.

expurgation [ɛkspyʀgasjɔ̃] nf expurgation, bowdlerization.

expurger [17] [ɛkspyʀʒe] vt to expurgate, to bowdlerize.

exquis, e [ɛkski, iz] adj **1.** [saveur, vin, gentillesse, etc.] exquisite ; [personne] delightful / *il faisait un temps exquis* the weather was balmy **2.** MÉD [douleur] exquisite.

exsangue [ɛksɑ̃g, ɛgzɑ̃g] adj **1.** *litt* [pâle - figure, lèvres] bloodless, livid **2.** [ayant perdu du sang - corps, victime] bloodless / *après la guerre, notre industrie était exsangue fig* this country's industry was bled white by the war.

exsanguino-transfusion [ɛksɑ̃ginotʀɑ̃sfuzjɔ̃] (*pl* **exsanguino-transfusions**) nf blood transfusion.

exsudat [ɛksyda] nm exudate.

exsudation [ɛksydasjɔ̃] nf exudation.

exsuder [ɛksyde] vt to exude.

extase [ɛkstaz] nf **1.** [exaltation] ecstasy, rapture / *être* ou *rester en extase devant* to be in raptures ou ecstasies over ▸ **tomber en extase devant qqch / qqn** to go into ecstasies at the sight of sthg / sb **2.** RELIG ecstasy.

extasié, e [ɛkstazje] adj enraptured, ecstatic.

extasier [9] [ɛkstazje] ❖ **s'extasier** vpi ▸ **s'extasier devant** to go into raptures ou ecstasies over.

extatique [ɛkstatik] adj **1.** [de l'extase - vision, transport] ecstatic ▸ **état extatique** ecstasy, trance **2.** [émerveillé] enraptured.

extemporané, e [ɛkstɑ̃pɔʀane] adj extemporaneous.

extenseur [ɛkstɑ̃sœʀ] ◆ adj *(m)* ANAT extensor. ◆ nm **1.** ANAT extensor **2.** [machine] chest expander.

extensibilité [ɛkstɑ̃sibilite] nf extensibility.

extensible [ɛkstɑ̃sibl] adj [organe] extensible ; [matière] tensible, extensible ; [tissu] stretch ; [liste] extendable / *mon budget n'est pas extensible* I can't stretch my budget any further, I can't make my budget go any further.

extensif, ive [ɛkstɑ̃sif, iv] adj **1.** AGR extensive **2.** PHYS [paramètre, force] extensive.

extension [ɛkstɑ̃sjɔ̃] nf **1.** [étirement - d'un élastique, d'un muscle] stretching ; [- d'une matière] extension ; MÉD traction, extension **2.** [agrandissement - d'un territoire] expansion, enlargement ; [- d'une entreprise, d'un marché, d'un réseau] expansion, extension ; [- de pouvoirs, d'un incendie, d'une infection] spreading ; [- de droits] extension ▸ **prendre de l'extension a)** [territoire] to get bigger, to expand **b)** [secteur] to grow, to develop **c)** [infection] to extend, to spread **d)** [incendie] to spread **3.** [élargissement] : *on a décidé l'extension des mesures à toute la population* it has been decided to extend the scope of the measures to include the entire population **4.** [partie ajoutée - d'un bâtiment, d'un réseau] extension **5.** INFORM extension ▸ **carte d'extension** expansion board **6.** LING & MATH extension.

❖ **en extension** loc adj **1.** [secteur] developing, expanding ; [production] increasing **2.** [muscle, ressort] stretched.

❖ **par extension** loc adv **1.** by extension / *le vocabulaire militaire sert, par extension, à décrire les manœuvres électorales* by extension, military terminology may be used to describe electoral manoeuvering **2.** LING & MATH : *définir par extension* to define by extension.

extenso [ɛkstɑ̃so] ⟶ **in extenso.**

extensomètre [ɛkstɑ̃sɔmɛtʀ] nm extensometer.

exténuant, e [ɛkstenɥɑ̃, ɑ̃t] adj exhausting.

exténuation [ɛkstenɥasjɔ̃] nf exhaustion.

exténuer [7] [ɛkstenɥe] vt to exhaust, to tire out *(sép)* ▸ **être exténué** to be worn out ou exhausted.

❖ **s'exténuer** vpi to exhaust o.s., to tire ou to wear o.s. out ▸ **s'exténuer à faire qqch** to exhaust o.s. doing sthg.

extérieur, e [ɛksteʀjœʀ] adj **1.** [escalier, bruit] outside ; [cour, poche, mur, orbite, bord] outer ; [porte] external, outer / *les bruits extérieurs la gênent* outside noises ou noises from outside distract her ▸ **avoir des**

activités extérieures a) [hors du foyer] to have interests outside the home **b)** [hors du travail] to have interests outside of work **2.** [excentré - quartier] outlying, out-of-town US **3.** [non subjectif - monde, réalité] external **4.** [étranger à la personne, la chose considérée - influence, aide] outside, external / *ce sont des considérations extérieures* these are external considerations ▸ **extérieur à** outside (of) ▸ **personnes extérieures à l'entreprise** persons not belonging to the staff / *une personnalité extérieure au cinéma* a personality outside the world of films ▸ **développement extérieur au sujet** irrelevant development **5.** [apparent] external, surface *(modif)*, outward ▸ **l'aspect extérieur a)** [d'un édifice, d'un objet] the outward appearance **b)** [d'une personne] the exterior **6.** *péj* [superficiel] superficial, surface *(modif)*, token *(modif)* / *avec une compassion tout extérieure* with token ou skin-deep compassion **7.** ÉCON & POL [dette, politique] foreign, external **8.** GÉOM exterior **9.** TÉLÉC outside.

❖ **extérieur** nm **1.** ▸ **l'extérieur** [le plein air] the outside ou outdoors ▸ **vernis pour l'extérieur** varnish for exterior use **2.** ▸ **l'extérieur** [à une personne] the outside (world) / *être tourné vers l'extérieur* to be outgoing ▸ **l'extérieur** ÉCON & POL abroad **3.** [bord] ▸ **l'extérieur de** : *l'extérieur de la chaussée* the outside (of the road) **4.** [apparence] outward appearance, exterior / *il a un extérieur jovial* he's jolly on the outside / *sous un extérieur rébarbatif* under a forbidding exterior **5.** SPORT ▸ **l'extérieur** [d'une piste, d'un circuit] the outside **6.** CINÉ location shot ▸ **extérieurs tournés à Rueil** shot on location in Rueil **7.** BELG FOOT winger.

❖ **à l'extérieur** loc adv **1.** [en plein air] outside, outdoors ▸ **manger à l'extérieur a)** [en plein air] to eat outside ou outdoors **b)** [hors de chez soi] to eat out **2.** [hors du système, du groupe] outside / *nous allons d'abord consulter à l'extérieur* we shall first seek the opinion of outside consultants **3.** SPORT [sur une piste] on the outside ; [dans une autre ville] away / *jouer à l'extérieur* to play away ▸ **match joué à l'extérieur** away match **4.** ÉCON & POL abroad **5.** TÉLÉC outside / *téléphoner à l'extérieur* to make an outside call.

❖ **à l'extérieur de** loc prép outside (of) / *à l'extérieur du parc* outside of the park / *à l'extérieur de l'Afrique* outside Africa.

❖ **de l'extérieur** loc adv **1.** [dans l'espace] from (the) outside / *vue de l'extérieur, la maison paraît petite* seen from (the) outside, the house looks small **2.** [dans un système] from the outside / *considérer un problème de l'extérieur* to look at a problem from the outside / *des gens venus de l'extérieur* outsiders.

extérieurement [ɛksterjœrmɑ̃] adv **1.** [au dehors] on the outside, externally **2.** [apparemment] outwardly.

extériorisation [ɛksterjɔrizasjɔ̃] nf **1.** [de sentiments] expression, show, display **2.** PSYCHOL exteriorization, externalization.

extérioriser [3] [ɛksterjɔrize] vt **1.** [montrer - sentiment] to express, to show ; *(en usage absolu)* : *il n'extériorise pas assez* he doesn't show his feelings enough **2.** PSYCHOL to exteriorize, to externalize.

❖ **s'extérioriser** ◆ vp *(emploi passif)* [joie, mécontentement] to be expressed, to show. ◆ vpi [personne] to show one's feelings.

extériorité [ɛksterjɔrite] nf exteriority.

exterminateur, trice [ɛkstɛrminatœr, tris] ◆ adj exterminating. ◆ nm, f exterminator.

extermination [ɛkstɛrminasjɔ̃] nf extermination.

exterminer [3] [ɛkstɛrmine] vt **1.** [tuer - peuple, race] to exterminate / *se faire exterminer* to be wiped out **2.** *hum* [vaincre - adversaire] to annihilate.

externalisation [ɛkstɛrnalizasjɔ̃] nf outsourcing.

externaliser [3] [ɛkstɛrnalize] vt to outsource.

externat [ɛkstɛrna] nm **1.** ÉDUC [école] day school ; [élèves] day pupils ; [statut] non-residency / *pour mes enfants, je préfère l'externat* I'd rather my children weren't boarders **2.** [en médecine] non-resident (medical) studentship ▸ **pendant mon externat** while I was a non-resident student UK ou an extern US ▸ **faire son externat à** to be a non-resident student ou an extern US at.

externe [ɛkstɛrn] ◆ adj **1.** [cause, facteur] external **2.** [orbite, bord] outer, external. ◆ nmf **1.** ÉDUC day-pupil, non-boarder **2.** [en médecine] non-resident (medical) student UK, extern US.

extérocepteur [ɛksterɔsɛptœr] nm exteroceptor.

extéroceptif, ive [ɛksterɔsɛptif, iv] adj exteroceptive.

extéroceptivité [ɛksterɔsɛptivite] nf exteroceptivity.

exterritorialité [ɛkstɛritɔrjalite] nf exterritoriality, extraterritoriality.

extincteur, trice [ɛkstɛ̃ktœr, tris] adj extinguishing *(avant nom)*.

❖ **extincteur** nm (fire) extinguisher.

extinction [ɛkstɛ̃ksjɔ̃] nf **1.** [arrêt - d'un incendie] extinction *sout*, extinguishment *sout*, putting out ▸ **extinction des feux** lights out **2.** [suppression - d'une dette] extinguishment ▸ **espèce animale menacée** ou **en voie d'extinction** endangered animal species **3.** [affaiblissement] : *lutter jusqu'à l'extinction de ses forces* to struggle until one has no strength left ▸ **extinction de voix** MÉD loss of voice, aphonia *spéc* ▸ **avoir une extinction de voix** to have lost one's voice **4.** CHIM [de chaux] slaking.

extirpable [ɛkstirpabl] adj **1.** [extractible - tumeur] removable ; [- plante] which can be rooted up ou pulled out **2.** [destructible - mal] eradicable.

extirpateur [ɛkstirpatœr] nm AGR harrow.

extirpation [ɛkstirpasjɔ̃] nf [extraction - d'une tumeur] removal, removing, extirpation *spéc* ; [- d'une plante] rooting up, pulling out, uprooting.

extirper [3] [ɛkstirpe] vt **1.** [ôter - tumeur] to remove, to extirpate *spéc* ; [- épine, racine] to pull out *(sép)* ; [- plante] to root up ou out *(sép)*, to uproot, to pull up *(sép)* ▸ **extirper qqn d'un fauteuil / piège** to drag sb out of an armchair / a trap ▸ **extirper qqn du lit** to drag ou to haul sb out of bed **2.** [détruire - préjugés, vice] to eradicate, to root out *(sép)*.

❖ **s'extirper** vp *(emploi réfléchi)* : *s'extirper du lit* to drag ou to haul o.s. out of bed.

extorquer [3] [ɛkstɔrke] vt [fonds] to extort ▸ **extorquer de l'argent à qqn** to extort money from sb ▸ **extorquer des aveux à qqn** to wring a confession out of sb ▸ **extorquer une signature à qqn** to force a signature out of sb / *elle s'est fait extorquer de l'argent par ses enfants* her children extorted money from her.

extorqueur, euse [ɛkstɔrkœr, øz] nm, f extortioner.

extorsion [ɛkstɔrsjɔ̃] nf extortion ▸ **extorsion de fonds** extortion of money.

extra [ɛkstra] ◆ adj inv **1.** *fam* [exceptionnel - journée, personne, spectacle] great, terrific, super **2.** COMM ▸ **beurre (de qualité) extra** best butter ▸ **poires (de qualité) extra** first class pears. ◆ nm **1.** [gâterie] (special) treat ▸ **faire** ou **s'offrir un extra** to give o.s. a treat, to treat o.s. / *et pour finir, des profiteroles — dis donc, tu as fait des extra(s) !* and finally profiteroles — goodness, you've surpassed yourself ! **2.** [frais] extra cost ou expenditure, incidental expenditure / *avec les extra(s), la semaine nous est revenue à 450 €* if you include incidental expenditure ou with the extras, the week cost us 450 € **3.** [emploi ponctuel] : *faire des extra(s) comme ouvreuse* to earn extra money by working (occasionally) as an usherette **4.** [serveur] help.

extrabudgétaire [ɛkstrabydʒetɛr] adj ▸ **des dépenses extrabudgétaires** extrabudgetary costs, costs that have not been budgeted for.

extracellulaire [ɛkstraselylɛr] adj extra-cellular.

extraconjugal, e, aux [ɛkstrakɔ̃ʒygal, o] adj extramarital.

extracteur [ɛkstraktœr] nm **1.** ARM, CHIM & MÉD extractor **2.** [de miel] extractor, centrifuge **3.** [de fluides] extractor.

extractible [ɛkstraktibl] adj extractable.

extractif, ive [ɛkstraktif, iv] adj extractive.

extraction [ɛkstraksjɔ̃] nf **1.** [origine] extraction *sout*, origin ▸ **d'extraction bourgeoise** from a bourgeois family **2.** MIN & PÉTR extraction / *extraction à ciel ouvert* open cast mining ▸ **l'extraction de la pierre** quarrying (for stone) / *l'extraction du charbon* coal extraction ou mining **3.** [d'une dent, d'une épine] pulling out, extraction **4.** CHIM & MATH extraction, extracting.

❖ **de basse extraction** loc adj of humble birth.

❖ **de haute extraction** loc adj highborn.

extrader [3] [ɛkstrade] vt to extradite.

extradition [ɛkstradisjɔ̃] nf extradition.

extrados [ɛkstrado] nm **1.** ARCHIT extrados **2.** AÉRON upper surface *(of wing)*.

extra-dry *(pl* extra-dry*)*, **extradry*** *(pl* extradrys****)* [ɛkstradraj] nm extra-dry champagne.

extrafin, e [ɛkstrafɛ̃, in] adj [haricots] extra(-)fine ; [collants] sheer ; [chocolats] superfine ▸ **de qualité extrafine** extra fine.

extrafort, e [ɛkstrafɔr, ɔrt] adj [carton] strong, stiff ; [colle] extra-strong ; [moutarde] hot.

❖ **extrafort** nm bias-binding.

extragalactique [ɛkstragalaktik] adj extragalactic.

extraire [112] [ɛkstrɛr] vt **1.** MIN & PÉTR [charbon] to extract, to mine ; [pétrole] to extract ; [pierre] to extract, to quarry **2.** [ôter - dent, écharde] to extract, to remove, to pull out *(sép)* ▸ **extraire qqch / qqn de** : *extraire une balle d'une jambe* to extract ou to remove a bullet from a leg / *extraire un ticket de sa poche* to take ou to dig a ticket out of one's pocket / *ils ont eu du mal à l'extraire de sa voiture accidentée* they had great difficulty extricating him from the wreckage of his car **3.** CHIM, CULIN & PHARM to extract ; [en pressant] to squeeze out *(sép)* ; [en écrasant] to crush out *(sép)* ; [en tordant] to wring out *(sép)* **4.** MATH to extract ▸ **extraire la racine carrée / cubique d'un nombre** to extract the square / cube root of a number **5.** [citer - passage, proverbe] ▸ **extraire de** to take ou to extract from / *c'est extrait de la Genèse* it's taken from Genesis.

❖ **s'extraire** vp *(emploi réfléchi)* ▸ **s'extraire de qqch** to climb ou to clamber out of sthg / *s'extraire d'une voiture* [rescapé d'un accident] to extricate o.s. from (the wreckage of) a car / *s'extraire d'un puits* to climb out of a well.

extrait [ɛkstrɛ] nm **1.** [morceau choisi - gén] extract ; [- de film, de livre] excerpt, extract / *un extrait de la conférence* an extract from the lecture / *un petit extrait de l'émission d'hier soir* a short sequence ou a clip from last night's programme **2.** ADMIN ▸ **extrait (d'acte) de naissance** birth certificate ▸ **extrait de baptême** baptismal certificate ▸ **extrait de casier judiciaire** extract from police records **3.** BANQUE ▸ **extrait de compte** abstract of accounts **4.** CULIN & PHARM extract, essence / *extrait de violette* essence of violets / *extrait de viande* meat extract ou essence.

extrajudiciaire [ɛkstraʒydisjɛr] adj extrajudicial.

extralégal, e, aux [ɛkstralegal, o] adj extralegal.

extralinguistique [ɛkstralɛ̃gɥistik] adj extralinguistic.

extralucide [ɛkstralysid] adj & nmf clairvoyant.

extra-muros, extramuros* [ɛkstramyros] adv & adj outside the town, out of town.

extranet [ɛkstranɛt] nm extranet.

extraordinaire [ɛkstraɔrdinɛr] adj **1.** [inhabituel - histoire] extraordinary, amazing ; [- cas, personnage, intelligence] extraordinary, exceptional ; [- talent, courage] extraordinary, exceptional, rare ; [- circonstances] extraordinary, special **2.** POL [mesures, impôt] special ; [pouvoirs] special, emergency *(modif)* ▸ **assemblée extraordinaire** special session, extraordinary meeting **3.** [remarquable - artiste, joueur, spectacle] remarkable, outstanding ; [- temps] wonderful / *le repas n'avait rien d'extraordinaire* ou *n'était pas extraordinaire* there was nothing special about the meal **4.** [étrange] extraordinary, strange / *qu'y-a-t-il d'extraordinaire à cela ?* what's so strange ou special about that ? ▸ **tu es extraordinaire ! a)** *fam* you're amazing ! **b)** *iron* you're the limit !

* In reformed spelling (see p. 16-19).

◈ **par extraordinaire** loc adv : *par extraordinaire, il était chez lui ce soir-là* he was at home that night, which was most unusual / *si par extraordinaire il arrivait que…* if by some unlikely chance it happened that… / *quand par extraordinaire il me rendait visite* on those rare occasions when he would visit me.

extraordinairement [ɛkstʀaɔʀdinɛʀmɑ̃] adv **1.** [très] extraordinarily, extremely, exceptionally **2.** [bizarrement] extraordinarily, strangely, bizarrely.

extraparlementaire [ɛkstʀapaʀləmɑ̃tɛʀ] adj extra-parliamentary.

extraplat, e [ɛkstʀapla, at] adj extraflat, very slim, slimline / *une calculatrice extraplate* a slimline calculator.

extrapolation [ɛkstʀapɔlasjɔ̃] nf [gén & SCI] extrapolation.

extrapoler [3] [ɛkstʀapɔle] vt & vi [gén & SCI] to extrapolate ▸ **extrapoler qqch d'un fait** to extrapolate sthg from a fact.

extrapyramidal, e, aux [ɛkstʀapiʀamidal, o] adj extrapyramidal.

extrascolaire [ɛkstʀaskɔlɛʀ] adj out-of-school *(modif).*

extrasensible [ɛkstʀasɑ̃sibl] adj ultrasensitive.

extrasensoriel, elle [ɛkstʀasɑ̃sɔʀjɛl] adj extrasensory.

extrasolaire [ɛkstʀasɔlɛʀ] adj extrasolar.

extrasystole [ɛkstʀasistɔl] nf MÉD extrasystole, premature beat.

extraterrestre [ɛkstʀatɛʀɛstʀ] ◆ adj extraterrestrial. ◆ nmf extraterrestrial (being ou creature).

extraterritorialité [ɛkstʀatɛʀitɔʀjalite] nf extraterritoriality.

extra-utérin, e [ɛkstʀayteʀɛ̃, in] (*mpl* **extra-utérins**, *fpl* **extra-utérines**) adj extra-uterine.

extravagance [ɛkstʀavagɑ̃s] nf **1.** [outrance - d'une attitude, d'une personne, d'une réponse] extravagance ; [- d'une demande, de dépenses] extravagance, unreasonableness ; [- d'une tenue] extravagance, eccentricity **2.** [acte] extravagance ; [parole] foolish thing (to say) ▸ **faire des extravagances** to behave extravagantly, to do eccentric things ▸ **dire des extravagances** to talk wildly / *cette promesse était une extravagance* it was an extravagant promise to make.

extravagant, e [ɛkstʀavagɑ̃, ɑ̃t] adj **1.** [déraisonnable - attitude, personne, tenue] extravagant, eccentric ; [- idée] extravagant, wild, crazy / *de manière extravagante* extravagantly / *raconter des histoires extravagantes* to tell wild stories **2.** [excessif - demande, exigence, dépenses] extravagant, unreasonable.

extravaser [3] [ɛkstʀavaze] ◈ **s'extravaser** vpi to extravasate.

extraversion [ɛkstʀavɛʀsjɔ̃] nf extraversion.

extraverti, e [ɛkstʀavɛʀti] ◆ adj extroverted. ◆ nm, f extrovert.

extrayait v ⟶ **extraire.**

extrémal, e, aux [ɛkstʀemal, o] adj extreme.

extrême [ɛkstʀɛm] ◆ adj **1.** [intense - confort, importance, soin, etc.] extreme, utmost ; [- froid] extreme, intense / *j'ai l'extrême regret de vous annoncer que…* to my deepest ou very great regret, I have to tell you that… ▸ **d'une complexité / maigreur extrême** extremely complex / skinny **2.** [radical - idée] extreme ; [- mesures] extreme, drastic / *être extrême dans ses idées* to hold extreme views **3.** [exceptionnel - cas, exemple, situation] extreme **4.** [le plus éloigné] : *la limite extrême, l'extrême limite* the furthest point / *la partie extrême* the furthest part / *la date extrême* the final date ▸ **l'extrême droite / gauche** POL the extreme right / left. ◆ nm **1.** [cas limite] extreme / *passer d'un extrême à l'autre* to go from one extreme to the other ou to another ▸ **les extrêmes se rejoignent** extremes meet ou join up **2.** SCI [terme] extreme.

◈ **à l'extrême** loc adv extremely, in the extreme / *il est méticuleux à l'extrême* he's conscientious in the extreme ▸ **porter** ou **pousser les choses à l'extrême** to take ou to carry things to extremes.

extrêmement [ɛkstʀɛmmɑ̃] adv extremely.

extrême-onction [ɛkstʀɛmɔ̃ksjɔ̃] (*pl* **extrêmes-onctions**) nf extreme unction.

Extrême-Orient [ɛkstʀɛmɔʀjɑ̃] npr m ▸ **(l')Extrême-Orient** the Far East.

extrême-oriental, e, aux [ɛkstʀɛmɔʀjɑ̃tal, o] adj Far Eastern.

extremis [ɛkstʀemis] ⟶ **in extremis.**

extrémisme [ɛkstʀemism] nm extremism.

extrémiste [ɛkstʀemist] adj & nmf extremist.

extrémité [ɛkstʀemite] nf **1.** [d'un bâtiment, d'une table, d'une jetée] end ; [d'un bâton] end, tip ; [d'un doigt, de la langue] tip ; [d'un champ] edge, end ; [d'un territoire] (furthest) boundary / *aux extrémités de l'univers* at the outermost limits ou on the edge of the universe **2.** ANAT & MATH extremity **3.** [acte radical] extreme act ▸ **pousser qqn à des extrémités** to drive sb to extremes **4.** *sout* [brutalité] act of violence / *en venir à des extrémités* to resort to violence / *il s'est porté à des extrémités regrettables* unfortunately he resorted to acts of violence **5.** *sout* [situation critique] plight, straits, extremity *sout* / *être à la dernière extrémité* to be on the point of death / *être réduit à la dernière extrémité* to be in dire straits ou in a dreadful plight.

extrinsèque [ɛkstʀɛ̃sɛk] adj extrinsic ▸ **valeur extrinsèque d'une monnaie** face value of a currency.

extruder [3] [ɛkstʀyde] vt INDUST to extrude.

extrusif, ive [ɛkstʀyzif, iv] adj extrusive.

extrusion [ɛkstʀyzjɔ̃] nf **1.** INDUST extrusion, extruding **2.** GÉOL extrusion.

exubérance [ɛgzybeʀɑ̃s] nf **1.** [entrain] exuberance, joie de vivre ▸ **avec exubérance** exuberantly **2.** *litt* [action] exuberant behaviour *(U)* **3.** [énergie, vigueur - d'une végétation, d'un style] luxuriance ; [- d'une imagination] wildness, exuberance ; [- de figures, de formes] abundance, luxuriance.

exubérant, e [ɛgzybeʀɑ̃, ɑ̃t] adj **1.** [joyeux - attitude, personne] exuberant **2.** [vigoureux - végétation, style] luxuriant ; [- imagination] wild, exuberant.

exulcération [ɛgzylseʀasjɔ̃] nf ulceration.

exultation [ɛgzyltasjɔ̃] nf *litt* exultation *litt*, rejoicing.

exulter [3] [ɛgzylte] vi to exult, to rejoice / *l'annonce de cette nouvelle la fit exulter* when she heard the news she went wild with joy ou was over the moon.

exutoire [ɛgzytwaʀ] nm **1.** [dérivatif] ▸ **un exutoire à** an outlet for **2.** [pour liquides] outlet.

ex vivo [ɛksvivo] loc adv & loc adj ex vivo.

ex-voto (*pl* **ex-voto**), **exvoto*** [ɛksvɔto] nm ex voto.

eye-liner [ajlajnœʀ] (*pl* **eye-liners**) nm eyeliner.

Ézéchiel [ezekjɛl] npr BIBLE Ezekiel.

* In reformed spelling (see p. 16-19).

f, F [ɛf] nm **1.** [lettre] f, F **2.** [appartement] ▸ **un F3** ≃ a two-bedroomed flat UK ou apartment & US ▸ **un F4** ≃ a three-bedroomed flat UK ou apartment & US. **Voir aussi g.**

F 1. (abr écrite de **franc**) F ▸ **500 F** 500 F, F 500, Ff 500 **2.** (abr écrite de **fahrenheit/farad**) F.

fa [fa] nm inv F ▸ **en fa majeur / mineur** in F major / minor ▸ **un fa bémol / dièse** an F flat / sharp / *en fa bémol / dièse* in F flat / sharp / *chantez-moi un fa* sing me an F ; [chanté] fa, fah / *chantez « ré, mi, fa »* sing "re, mi, fa ou fah".

FAB [fab] (abr de **franco à bord**) adj inv & adv FOB, fob.

fable [fabl] nf **1.** LITTÉR fable **2.** *péj* [invention] lie, invention / *c'est une fable !* it's a fairytale ! **3.** *litt* [légende] legend, tale **4.** EXPR **être la fable du village** *arch* to be the laughing stock of the village.

fabliau, x [fablijo] nm fabliau.

fablier [fablije] nm book ou collection of fables.

fabricant, e [fabʀikɑ̃, ɑ̃t] nm, f manufacturer, maker / *fabricant de voitures* car manufacturer / *fabricant de chaussures* shoemaker / *je suis fabricant de bougies* I make candles, I'm a candlemaker.

fabricateur, trice [fabʀikatœʀ, tʀis] nm, f : *fabricateur de fausse monnaie* counterfeiter / *fabricateur de calomnies* slanderer / *fabricateur de fausses nouvelles* scandalmonger.

fabrication [fabʀikasjɔ̃] nf **1.** INDUST manufacture, production ▸ **fabrication assistée par ordinateur** computer-aided manufacturing ▸ **fabrication en série** mass production **2.** [contrefaçon] counterfeiting, forging ▸ **fabrication de fausse monnaie** counterfeiting / *fabrication de faux en écritures* forging of documents **3.** [production] workmanship ▸ **fabrication soignée** quality workmanship ▸ **de fabrication maison** home-made / *c'est de ta fabrication ?* did you make it yourself ? **4.** *péj* : *la fabrication d'une vedette* the manufacturing of a star / *la fabrication d'un président* the making of a president.

❖ **de fabrication** loc adj [coûts, procédés] manufacturing *(modif)* ; [numéro] serial *(modif)*.

fabrique [fabʀik] nf **1.** INDUST factory, works, mill / *fabrique de papier* paper mill **2.** RELIG ▸ **conseil de fabrique** (parochial) church council.

❖ **de fabrique** loc adj [prix, secret] manufacturer's, trade *(modif)* ; [marque] trade *(modif)*.

fabriqué, e [fabʀike] adj **1.** ÉCON [produit] manufactured **2.** [sans spontanéité - sentiment, réaction] lacking in spontaneity.

fabriquer [3] [fabʀike] vt **1.** INDUST to make, to produce, to manufacture ; [gâteau, pull-over, guirlande] to make ▸ **fabriqué en France** made in France **2.** *fam* [faire] to do, to cook up *(sép)* / *je me demande ce qu'il peut fabriquer toute la journée dans sa chambre* I wonder what he gets up to in his room all day (long) / *qu'est-ce que tu fabriques, ces jours-ci ?* what are you up to these days ? / *ça alors, qu'est-ce que tu fabriques par ici ?* what on earth are you doing here ? / *qu'est-ce que tu as encore fabriqué avec mes clefs ?* *péj* now what have you gone and done with my keys ? / *qu'est-ce qu'il fabrique, ce bus ?* what's that bus up to ? **3.** *péj* [histoire] to concoct ; [personnalité] to build up *(sép)* ▸ **fabriquer qqch de toutes pièces** to make sthg up, to fabricate sthg / *une histoire fabriquée de toutes pièces* a made-up story / *ils ont fabriqué de toutes pièces l'histoire du contrat* the contract story was a complete fabrication.

fabulateur, trice [fabylatœʀ, tʀis] ◆ adj PSYCHOL confabulatory. ◆ nm, f fantasist.

fabulation [fabylasjɔ̃] nf fabrication.

fabuler [3] [fabyle] vi **1.** PSYCHOL to fabricate **2.** *péj* [mentir] to tell tales / *des ours ? — je crois qu'il fabule un peu* bears ? — I think he's making it up.

fabuleusement [fabyløzmɑ̃] adv fabulously, fantastically.

fabuleux, euse [fabylø, øz] adj **1.** [de légende] fabulous, legendary / *des animaux fabuleux* fabulous beasts **2.** [hors du commun] incredible, fabulous / *un destin fabuleux* an incredible fate **3.** [élevé - prix, somme] tremendous, astronomical / *pour un prix fabuleux* for an astronomical price / *elle gagne des sommes fabuleuses* she earns a tremendous amount of money.

fabuliste [fabylist] nmf fabulist, writer of fables.

fac [fak] nf *fam* : *en fac, à la fac* at university ou college.

FAC (abr de **franc d'avarie commune**) adj FGA, fga.

façade [fasad] nf **1.** ARCHIT ▸ **la façade du château** the front of the palace ▸ **façade latérale** side (aspect) ▸ **façade principale** façade, (main) frontage **2.** [paroi] front wall ou panel **3.** [apparence] outward appearance, façade ▸ **ce n'est qu'une façade** it's all show ou a façade ; *péj* [faux-semblant] cover, pretence **4.** *tfam* [visage] mug, face / *se refaire la façade* to touch up one's make-up / *se faire refaire la façade* to have a face-lift **5.** GÉOGR ▸ **la façade atlantique** the Atlantic coast.

❖ **de façade** loc adj ▸ **un optimisme de façade** apparent optimism ▸ **une générosité de façade** a show of magnanimity.

face [fas] nf **1.** [visage] face / *il a reçu le coup en pleine face* he was hit full in the face / *les muscles de la face* facial muscles / *des lésions de la face* lesions on the face ▸ **face contre terre** face down ▸ **tomber face contre terre** to fall flat on one's face ▸ **face de carême** : *arborer* ou *avoir une face de carême* to have a long face / *il est arrivé avec une face de carême* he turned up wearing a long face ou looking very down in the mouth ▸ **face de crabe** *tfam* ou **d'œuf**, *tfam* ou **de rat** *tfam* face-ache UK dog US ▸ **face de lune** round face ▸ **perdre / sauver la face** to lose / to save face ▸ **se voiler la face** *litt* to avert one's gaze **2.** [aspect] ▸ **la face des choses** the face of things ▸ **changer la face de** to alter the face of / *examiner un problème sous toutes ses faces* to consider every aspect of a problem **3.** [côté - d'une médaille] obverse ; [- d'une monnaie] head, head-side ; [- d'un disque] side ; [- d'une montagne] face / *la face B d'un disque* the B-side ou flipside of a record / *la face cachée de la lune* the dark side of the moon / *la face cachée d'un problème* *fig* the hidden side ou aspect of a problem ▸ **à double face** double-sided ▸ **face !** heads ! **4.** GÉOM & MÉCAN face, side ▸ **face de guidage** guiding face ▸ **face portante** bearing face **5.** COUT ▸ **double face** double-faced ▸ **tissu double face** double-faced fabric **6.** EXPR **faire face** to face up to things, to cope / *après l'accident, il lui a fallu faire face* after the accident, he just had to cope ▸ **faire face à a)** *pr* to stand opposite to, to face **b)** [danger] to face up to **c)** [obligations, dépense] to meet / *faire face à la mer* to face the sea / *les fenêtres font face au sud* the windows face south / *faire face aux critiques* to face one's critics.

❖ **à la face de** loc prép **1.** [devant] : *à la face de son frère* to his brother's face **2.** [publiquement] ▸ **à la face du monde** ou **de tous** openly, publicly ▸ **crier sa joie / son désespoir à la face du monde** to shout out one's joy / despair to the world at large / *à la face de Dieu* before God.

❖ **de face** loc adj face *(modif)*, facing ▸ **photo / portrait de face** ART & PHOT full-face photograph / portrait ▸ **vue de face** ARCHIT front view ou elevation ▸ **clouage de face** MÉCAN face nailing / *loge de face* THÉÂTRE box facing the stage / *place de face* TRANSP seat facing the engine.

❖ **d'en face** loc adj ▸ **ceux d'en face a)** [adversaires] the opposition **b)** [voisins] the people opposite ▸ **le garçon d'en face** the boy from across the road.

❖ **en face** loc adv [de front] : *avoir le soleil en face* to have the sun (shining) in one's face ▸ **regarder qqn en face** to look sb in the face / *regarder la mort en face* to face up to death / *regarder les choses en face* to face facts / *je lui ai dit la vérité en face* I told him the truth to his face.

❖ **en face de** loc prép : *juste en face de moi* right in front of me / *sa maison est en face de l'église* his house is opposite ou faces the church ▸ **mettre qqn en face des réalités** to force sb to face reality / *en face l'un de l'autre, l'un en face de l'autre* face to face.

❖ **face à** loc prép [dans l'espace] in front of / *face au public* in front of the audience ▸ **face à l'ennemi / aux médias** faced with the enemy / media.

❖ **face à face** loc adv face to face / *nous étions enfin face à face* at last we had come face to face ▸ **parler à qqn face à face** to speak to sb face to face ou in person ▸ **mettre qqn face à face avec** to bring sb face to face with / *que feras-tu quand tu seras face à face avec lui ?* what will you do when you're faced with ou face to face with him ?

face-à-face [fasafas] nm inv [conversation] (face-to-face) meeting ; [conflit] (one-to-one) confrontation

▸ **face-à-face télévisé** television debate *(between two politicians).*

face-à-main [fasamɛ̃] (*pl* **faces-à-main**) nm lorgnette.

facétie [fasesi] nf [plaisanterie] facetious remark, joke ; [trait d'esprit] witticism ; [farce] prank / *épargne-nous tes facéties!* spare us your jokes! / *se livrer à des facéties* to fool around.

facétieusement [fasesjøzmɑ̃] adv facetiously, humorously.

facétieux, euse [fasesjø, øz] ◆ adj facetious, humorous. ◆ nm, f joker, prankster.

facette [fasɛt] nf **1.** ENTOM & JOAILL facet **2.** [aspect] facet, aspect, side / *sa personnalité présente d'autres facettes* there are other sides to his personality.

❖ **à facettes** loc adj **1.** GÉOL & JOAILL multifaceted **2.** [personnalité, talent] multifaceted, many-sided.

facetter [4] [fasete] vt JOAILL to facet.

fâché, e [faʃe] adj **1.** [contrarié] angry, cross / *je suis fâché de l'avoir manqué* I'm really sorry I missed him ; *(à la forme négative)* ▸ **n'être pas fâché de** : *je ne serais pas fâché d'avoir une réponse* I wouldn't mind getting an answer / *ils n'étaient pas fâchés de se retrouver chez eux* they were rather pleased to be home again **2.** [brouillé] ▸ **ils sont fâchés** they're not on speaking terms **3.** *fig & hum* ▸ **être fâché avec qqch** [sans goût pour] : *je suis fâché avec les langues / les chiffres* languages / figures are not my line / *il est fâché avec le savon* he's allergic to soap.

fâcher [3] [faʃe] vt [contrarier] to annoy, to vex / *acceptez, le contraire les fâcherait* do come, they'd be offended ou they'd resent it if you didn't / *ce retard me fâche infiniment* I am extremely annoyed at this delay.

❖ **se fâcher** vpi **1.** [se brouiller] to fall out ou to quarrel (with one another) / *tes parents se sont fâchés?* did your parents quarrel? ▸ **se fâcher avec qqn** to quarrel ou to fall out with sb **2.** [se mettre en colère] to get cross ou angry, to lose one's temper / *tes parents se sont fâchés?* did your parents get angry? ▸ **se fâcher tout rouge** to blow one's top ▸ **se fâcher contre qqn** to get angry with sb.

fâcherie [faʃʀi] nf tiff / *entre eux, ce sont des fâcheries continuelles* they're always quarrelling (with each other ou one another).

fâcheusement [faʃøzmɑ̃] adv [malheureusement] unfortunately ; [désagréablement] unpleasantly / *il a été fâcheusement impressionné* he was not at all impressed.

fâcheux, euse [faʃø, øz] ◆ adj regrettable, unfortunate / *une fâcheuse habitude* an unfortunate habit / *une fâcheuse coïncidence* an unfortunate coincidence / *une formulation fâcheuse* an unfortunate ou a regrettable choice of words ▸ **c'est fâcheux!** it's rather a pity! / *il est fâcheux qu'il soit parti si tôt* it's a pity (that) he left so early / *qui a eu la fâcheuse idée de laisser cette porte ouverte?* whose stupid idea was it to leave that door open? ◆ nm, f *litt* bore.

facho [faʃo] adj & nmf *fam & péj* fascist.

facial, e, aux [fasjal, o] adj facial.

faciès [fasjɛs] nm **1.** [traits] facial aspect, features / *le faciès caractéristique de Cro-Magnon* Cro-Magnon man's typical features **2.** *péj* [visage] face / *un faciès grimaçant derrière le carreau* a grimacing face behind the windowpane **3.** BOT & GÉOL facies.

facile [fasil] ◆ adj **1.** [aisé] easy / *essaie, c'est facile comme tout!* try, it's very easy! ▸ **rien de plus facile** nothing easier / *il ne m'est pas facile d'expliquer la situation* it's not easy for me to explain the situation ▸ **facile à faire** easy to do, easily done ▸ **facile à comprendre** easily understood, easy to understand / *facile à lire* (easily) readable, easy to read / *facile à retenir* easy to remember, (easily) memorable / *c'est facile à dire (mais moins facile à faire), c'est plus facile à dire qu'à faire* easier said than done ▸ **facile d'accès** easy to reach, easily reached, readily accessible / *la gare n'est pas facile d'accès* the station isn't easy to get to ▸ **facile comme bonjour** easy as pie **2.** [spontané, naturel] : *elle a la parole / plume facile* speaking / writing comes easily to her / *avoir l'argent facile* to be very casual about money / *avoir la larme facile* to be easily moved to tears **3.** [souple - caractère] easy, easy-going / *être facile (à vivre)* to be easy-going / *tu n'as pas choisi quelqu'un de facile (à vivre)* you haven't exactly picked someone easy to live with **4.** *péj* [libertin] : *une femme facile* ou *de mœurs faciles* a woman of easy virtue. ◆ adv *fam* : *je te fais ça en deux heures facile* I can have it done for you in two hours, no problem / *d'ici à la maison, il reste trente kilomètres facile* from here to the house, there's still a good thirty kilometres.

facilement [fasilmɑ̃] adv **1.** [sans difficulté] easily, readily / *vous trouverez facilement, c'est à deux pas* you'll find it easily, it's not very far / *pas facilement accessible* not readily accessible / *elle est facilement déroutée par la critique* she's easily thrown off balance by criticism **2.** [au moins] at least / *il fait facilement trois fautes par page* he makes at least three mistakes in a page / *je gagnerais facilement le double* I would easily earn twice as much.

facilitation [fasilitasjɔ̃] nf facilitation, facilitating.

facilité [fasilite] nf **1.** [simplicité] easiness, ease / *selon le degré de facilité des exercices* depending on how easy the exercises are / *d'une grande facilité de lecture* very readable ▸ **céder à** ou **se laisser aller à** ou **choisir la facilité** *péj* to take the easy way out ou the easy option **2.** [possibilité] opportunity ▸ **avoir toute facilité** ou **toutes facilités pour faire qqch** to have every opportunity of doing sthg **3.** [aisance] gift, talent / *facilité à s'exprimer* fluency / *avoir beaucoup de facilité pour* to have a gift for ▸ **avec facilité** easily, with ease / *avec une grande facilité* with the greatest of ease / *parler avec facilité* [langue étrangère] to speak fluently / *il n'a pas la facilité de son frère* things don't come as easily to him as they do to his brother.

❖ **facilités** nfpl **1.** [capacités] ability, aptitude / *avoir des facilités* to have ability ou aptitude / *votre enfant a des facilités* your child shows some aptitude **2.** FIN facilities ▸ **facilités de caisse** overdraft facilities ▸ **facilités de crédit** credit facilities ▸ **facilités de paiement** payment facilities.

faciliter [3] [fasilite] vt to ease, to help along *(sép)*, to make easy / *ça ne va pas faciliter les choses entre eux* it won't make things easier ou smoother between them / *tu ne me facilites pas le travail!* you're not making things easy for me! / *le vent ne leur facilite pas la tâche* the wind doesn't make it any easier for them / *sa connaissance de la langue a facilité son insertion* his grasp of the language helped him to settle in (more easily) / *une influence qui a facilité ma carrière* an influence which helped my career along.

façon [fasɔ̃] nf **1.** [manière] manner, way / *la phrase peut se comprendre de plusieurs façons* the sentence can be interpreted in several ways / *je l'empêcherai de le faire — et de quelle façon?* I'll stop him doing it — how? / *demande-lui de quelle façon il compte payer* ask him how he wishes to pay / *je n'aime pas la façon dont il me parle* I don't like the way he talks ou his way of talking to me / *elle a raison, mais ce qui me dérange, c'est la façon dont elle le dit* she's right but what bothers me is the way ou manner in which she says it / *pourquoi criez-vous de telle façon?* why are you shouting like that? / *je vais lui dire ma façon de penser, moi!* I'll give him a piece of my mind! / *ça dépend de ta façon de voir les choses* it depends on your way of looking at things ou on how you lode at things / *ils n'ont pas les mêmes façons de voir* they see things differently / *d'une façon désordonnée* in a disorderly fashion ▸ **d'une façon générale** generally speaking ▸ **de façon agréable** pleasantly ▸ **de façon définitive** definitively, finally ▸ **de façon systématique** systematically ▸ **sa façon d'être** the way he is ▸ **ce n'est qu'une façon de parler** ou **dire** it's just a manner of speaking / *généreux, façon de parler, il ne m'a jamais donné un centime!* *fam* generous, that's a funny way of putting it, he never gave me a penny! **2.** [moyen] way / *il n'y a qu'une seule façon de s'y prendre* there's only one way of going about it / *pour obtenir son accord, il n'y a qu'une seule façon de s'y prendre* there's only one way to get him to agree **3.** [fabrication] making, fashioning ; [facture] craftsmanship, workmanship ; [main-d'œuvre] labour **4.** COUT & VÊT cut ▸ **de bonne façon** well-made, (beautifully) tailored **5.** *(suivi d'un nom)* [qui rappelle] : *une nappe façon grand-mère* a tablecloth like Grandma used to have / *dessin façon Dürer* a drawing reminiscent of Dürer ; [imitant] ▸ **façon marbre / bois** imitation marble / wood ▸ **un châle façon cachemire** a paisley-patterned shawl.

❖ **façons** nfpl [manières] manners, behaviour / *en voilà des façons!* manners!, what a way to behave! ▸ **avoir des façons engageantes** to be charming / *elle a des façons de petite vieille* she sometimes behaves like a little old woman ▸ **faire des façons a)** [se faire prier] to make a fuss **b)** [se pavaner] to put on airs ▸ **sans plus de façons** without further ado.

❖ **à façon** loc adj [artisan] jobbing ; [travail] contract *(modif)* / *centre de traitement* ou *travail à façon* INFORM data processing ou computer ou service bureau.

❖ **à la façon de** loc prép like, in the manner of / *à la façon des vieilles gens* like old people / *peindre à la façon des cubistes* to paint in the manner ou style of the Cubists / *elle portait le paquet sur la tête, un peu à la façon d'une Africaine* she was carrying the parcel on top of her head, much like an African woman would.

❖ **à ma façon, à sa façon** ◆ loc adj ▸ **une recette à ma / ta façon** a recipe of mine / yours / *un tour à sa façon* one of his tricks / *une invitation à leur façon* their style of invitation. ◆ loc adv : *je le ferai à ma façon* I'll do it my way ▸ **chante-le à ta façon** sing it your way ou any way you like.

❖ **de cette façon** loc adv **1.** [comme cela] (in) this way, thus, in this manner / *ouvre la boîte de cette façon* open the box this way **2.** [par conséquent] that way / *nous irons demain, de cette façon ils ne seront pas déçus* we'll go tomorrow, that way they won't be disappointed.

❖ **de façon à** loc prép so as to, in order to / *de façon à pouvoir fermer la porte* so as to be able to shut the door / *j'ai fermé la fenêtre de façon à éviter les courants d'air* I shut the window in order to prevent draughts.

❖ **de façon (à ce) que** loc conj so that / *il s'est levé de bonne heure de façon à ce que tout soit prêt* he got up early so that everything would be ready in time / *je lui ai donné un siège, de façon à ce qu'elle puisse attendre sans se fatiguer* I gave her a seat so that she could wait without getting tired.

❖ **de la belle façon** loc adv *iron* : *il s'est fait recevoir de la belle façon!* he got the sort of reception he deserves!

❖ **de la même façon** loc adv in the same way.

❖ **de la même façon que** loc conj like, as, in the same (way) as.

❖ **de ma façon, de sa façon** loc adj ▸ **une recette de ma / ta façon** a recipe of mine / yours / *un tour de sa façon* one of his tricks.

❖ **de telle façon que** loc conj so that, in such a way that / *écrivez de telle façon que le lecteur comprenne* write in such a way that the reader understands.

❖ **de toute façon, de toutes les façons** loc adv anyway, in any case.

❖ **d'une certaine façon** loc adv in a way, in a manner of speaking, so to speak.

❖ **d'une façon ou d'une autre** loc adv somehow.

❖ **sans façon(s)** ◆ loc adj [style] simple, unadorned ; [cuisine] plain ; [personne] simple. ◆ loc adv **1.** [familièrement] ▸ **elle m'a pris le bras sans façon** ou **façons** she took my arm quite naturally / *il agit sans façon* ou *façons avec ses parents* *péj* he's rather off-handed ou he behaves off-handedly with his parents **2.** [non merci] no thank you / *encore du fromage? — sans façon* ou *façons!* more cheese? — no thank you!

faconde [fakɔ̃d] nf *litt & péj* fluency, flow of words / *être doué d'une belle faconde* to be a smooth talker.

façonnage [fasɔnaʒ] nm **1.** [mise en forme] shaping, working **2.** IMPR forwarding.

façonné [fasɔne] nm TEXT figured fabric.

façonnement [fasɔnmɑ̃] = **façonnage.**

façonner [3] [fasɔne] vt **1.** [modeler - argile] to shape, to fashion ; [- métal] to shape, to work ▸ **façonner l'argile** to fashion clay **2.** *fig* [caractère] to mould, to shape **3.** [fabriquer] to manufacture, to produce, to make / *façonné à la main* handmade.

façonnier, ère [fasɔnje, ɛʀ] ◆ adj jobbing. ◆ nm, f jobbing worker.

fac-similé (*pl* fac-similés), **facsimilé*** [faksimile] nm **1.** [reproduction] facsimile **2.** TÉLÉC [technique] facsimile ; [document] facsimile, fax.

factage [faktaʒ] nm **1.** [transport] parcels cartage, carriage and delivery **2.** [frais] transport costs **3.** [distribution] (postal) delivery.

facteur¹ [faktœʀ] nm **1.** [élément] element, factor / *la courtoisie peut être un facteur de réussite* courtesy may be one of the ways to success ▸ **facteur clé de succès** key factor of success ▸ **facteur d'identification** recognition factor ▸ **le facteur humain / temps** the human / time factor ▸ **facteur de risque** risk factor ▸ **facteur vent** windchill factor **2.** MATH & SCI coefficient, factor ▸ **mettre en facteurs** to factorize ▸ **facteur aléatoire** random factor ▸ **facteur commun** common factor ▸ **facteur de sécurité** coefficient of safety, safety factor ▸ **facteur premier** prime factor ▸ **mise en facteur** factorization **3.** MÉD ▸ **facteur Rhésus** rhesus ou Rh factor / *facteur Rhésus négatif / positif* rhesus negative / positive **4.** [manutentionnaire] (transport) agent ▸ **facteur en douane** customs agent **5.** MUS instrument maker ▸ **facteur de pianos** piano maker ▸ **facteur d'orgues** organ builder.

facteur², trice [faktœʀ, tʀis] nm, f ADMIN postman UK (postwoman), mailman US (mailwoman), mail ou letter carrier US / *est-ce que le facteur est passé?* has the postman been yet?

factice [faktis] adj **1.** [imité - diamant] artificial, false ; [- marchandise de présentation] dummy *(modif)* **2.** [inauthentique] artificial, simulated, false / *une joie factice* simulated happiness.

facticement [faktismɑ̃] adv artificially, factitiously.

facticité [faktisite] nf **1.** [inauthenticité] artificiality, factitiousness **2.** PHILOS being a fact.

factieux, euse [faksjø, øz] ◆ adj seditious. ◆ nm, f rebel.

faction [faksjɔ̃] nf **1.** [groupe] faction **2.** MIL sentry ou guard duty / *être en* ou *de faction* to be on sentry ou guard duty / *mettre une sentinelle de faction devant la porte* to post a sentry in front of the door / *je suis resté en faction plusieurs heures devant sa porte* I kept watch outside his door for hours **3.** [dans une entreprise] (8-hour) shift.

factionnaire [faksjɔnɛʀ] ◆ nm MIL sentry, guard. ◆ nmf [ouvrier] shift worker.

factitif, ive [faktitif, iv] adj factitive, causative.

❖ **factitif** nm causative verb.

factoriel, elle [faktɔʀjɛl] adj factorial, factor *(modif)*.

❖ **factorielle** nf MATH factorial.

factoring [faktɔʀiŋ] nm factoring.

factorisation [faktɔʀizasjɔ̃] nf factorization, factorizing.

factoriser [faktɔʀize] vt to factorize.

factotum [faktɔtɔm] nm factotum, handyman, odd-job man UK, odd jobber US / *je ne suis pas ton factotum!* I'm not your servant!

factrice [faktʀis] f ⟶ **facteur.**

factuel, elle [faktɥɛl] adj [gén & PHILOS] factual.

facturation [faktyʀasjɔ̃] nf **1.** [action] invoicing, billing / *la facturation interviendra le 10 du mois* you will be invoiced on the 10th of each month ▸ **facturation détaillée** itemized bill ▸ **facturation séparée** INFORM unbundling **2.** [service] invoice department.

facture [faktyʀ] nf **1.** COMM invoice, bill ▸ **établir une facture** to make out an invoice ▸ **facture pro forma** ou **provisoire** pro forma invoice ▸ **fausse facture** faked ou forged invoice ▸ **payer** ou **régler une facture** to pay a bill ▸ **payer la facture** to pay the price ▸ **l'affaire des fausses factures** *scandal involving the fraudulent financing of electoral campaigns using falsified receipts* **2.** MUS [de pianos] making ; [d'orgues] building **3.** [technique] craftsmanship, workmanship.

❖ **de bonne facture** loc adj [meuble, piano] well-made, beautifully crafted ; [tableau] skilfully executed.

facturer [3] [faktyʀe] vt [article, service] ▸ **facturer qqch à qqn** to bill ou to invoice sb for sthg / *ils ne m'ont pas facturé la livraison* they didn't charge me anything me for delivery / *facturer séparément le matériel et le logiciel* INFORM to unbundle.

facturette [faktyʀɛt] nf (credit card sales) receipt, record of charge form.

facturier, ère [faktyʀje, ɛʀ] nm, f invoice clerk.

❖ **facturier** nm sales book.

❖ **facturière** nf invoicing machine.

facultatif, ive [fakyltatif, iv] adj **1.** [au choix] optional / *l'assurance est facultative* insurance is optional ▸ **épreuve facultative** optional subject **2.** [sur demande] ▸ **arrêt facultatif** request stop.

facultativement [fakyltativmɑ̃] adv optionally, as an option.

faculté [fakylte] nf **1.** [capacité] ability, capability ▸ **faculté d'adaptation** adaptability, ability to adapt / *la faculté de comprendre les enfants* the ability to understand children **2.** [fonction] ability / *les humains possèdent la faculté d'abstraire* mankind is capable of abstract thought **3.** *sout* [droit] freedom, right / *avec faculté d'achat ou de vente* with the option of purchase or sale ▸ **avoir la faculté de** to have the right to ou the option of / *vous avez la faculté de refuser le contrat* you have the right to refuse to sign the contract / *il a la faculté de rester s'il le désire* he may ou he's free to stay if he wishes to ; [autorité] power ▸ **avoir la faculté de** to be entitled to **4.** NAUT ▸ **assurances sur corps et facultés** hull and cargo insurance **5.** DR ▸ **facultés contributives** ability to pay **6.** UNIV [avant 1968] faculty ▸ **la faculté des sciences** the science faculty ; [depuis 1969] university, college / *on s'est connu à la* ou *en faculté* [étudiants] we met at university ou when we were students **7.** *hum* [médecins] ▸ **la Faculté m'interdit / lui recommande de faire du sport** my doctors forbid me / his doctors encourage him to engage in sports.

❖ **facultés** nfpl [esprit] faculties, powers / *avoir* ou *jouir de toutes ses facultés* to be of sound mind ou in full possession of one's faculties / *il n'a pas toutes ses facultés* he's not in possession of all his faculties *sout*, he's not all there / *merci de faire confiance à mes facultés!* thank you for thinking I'm clever enough to do it!

❖ **de faculté** loc adj [cours, professeur] university *(modif)* / *des souvenirs de faculté* memories of one's university ou student days.

fada [fada] *fam & régional* ◆ adj cracked, nuts. ◆ nmf [fou] : *les fadas de la moto* motorbikes freaks.

fadaise [fadɛz] nf piece of nonsense ▸ **fadaises** drivel, nonsense, rubbish.

fadasse [fadas] adj *péj* **1.** [sans goût] insipid, tasteless, bland **2.** [sans éclat] dull / *des couleurs fadasses* washed-out colours / *c'est une fille assez fadasse* she's rather dull.

fade [fad] adj **1.** [sans saveur] insipid, tasteless, bland **2.** [banal] dull, pointless, vapid *sout* / *le compliment est plutôt fade* the compliment is rather flat.

fadeur [fadœʀ] nf **1.** [insipidité] blandness, lack of flavour **2.** [banalité] blandness, vapidity *sout*.

fading [fadiŋ] nm RADIO fade.

fado [fado] nm fado.

faena [faena] nf faena.

fagot [fago] nm **1.** [branches] bundle (of wood) ▸ **sentir le fagot a)** [personne] to be a suspected heretic **b)** [opinion] to smack of heresy **2.** [en Afrique] firewood.

fagotage [fagɔtaʒ] nm **1.** *fam & péj* [habillement] ridiculous getup **2.** [du bois] bundling (up).

fagoté, e [fagɔte] adj *fam & péj* ▸ **mal fagoté** badly dressed / *comme te voilà fagotée!* what a sight you are!, look at the state of you! ▸ **fagoté comme l'as de pique** badly dressed.

fagoter [3] [fagɔte] vt **1.** [bois, branches] to bind together *(sép)*, to tie up *(sép)* in bundles **2.** *fam & péj* [habiller] : *sa mère le fagote n'importe comment* his mother dresses him like nothing on earth.

❖ **se fagoter** vp *(emploi réfléchi) fam & péj* : *t'as vu comme elle se fagote!* have you seen some of the things she wears!

fagotin [fagɔtɛ̃] nm small bundle (of firewood).

Fahrenheit [faʀɛnajt] npr ▸ **degré / échelle Fahrenheit** Fahrenheit degree / scale.

faiblard, e [fɛblaʀ, aʀd] adj *fam* **1.** [vieillard, convalescent] weak, frail **2.** [excuse] feeble, lame ; [argument] feeble **3.** [lumière] weak.

faible [fɛbl] ◆ adj **1.** [malade, vieillard] weak, frail / *se sentir faible* to feel weak ; [fonction organique] : *avoir la vue faible* to have weak ou poor eyesight / *avoir le cœur / la poitrine faible* to have a weak heart / chest / *avoir les reins faibles* to have kidney trouble ▸ **être de faible constitution** to have a weak constitution **2.** [étai, construction] weak, flimsy, fragile / *la carlingue était trop faible* the cabin was too flimsy **3.** [esprit] weak, deficient / *il n'a que de faibles moyens intellectuels* his intellectual capacities are rather weak **4.** [médiocre - étudiant, résultat] weak, poor, mediocre / *une dissertation plutôt faible* a rather weak ou poor essay / *elle est faible en travaux manuels* she's not very good at handicrafts **5.** [trop tempéré - style, argument, réforme] weak ; [- jugement] mild ; [- prétexte] feeble, flimsy / *le mot est faible!* that's an understatement! **6.** [complaisant] weak, lax ; [sans volonté] weak, spineless / *il est faible avec ses enfants* he's lax ou too lenient with his children **7.** [impuissant - nation, candidat] weak **8.** COMM & ÉCON [demande] slack ; [marge] low ; [monnaie] weak ; [revenus] low ; [ressources] scant, thin ▸ **de faibles revenus** a low income **9.** [léger - lumière] dim, faint ; [- bruit] faint ; [- brise] light ; [- odeur] faint **10.** [peu important] low, small / *une faible quantité de sucre* a small quantity of sugar ▸ **à faible débit** low-rate / *aller à faible vitesse* to proceed at low speed / *appareil de faible consommation* low-consumption appliance ▸ **de faible encombrement** compact / *à faible teneur en minerai* of low mineral content, low-grade / *à faible teneur en alcool* low in alcohol / *une faible différence entre deux ouvrages* a slight difference between two books / *avoir de faibles chances de succès* to have slight ou slender chances of succeeding / *donner une faible idée de* to give a faint idea of **11.** LING weak, unstressed. ◆ nmf weak-willed person / *c'est un faible* he's weak-willed ▸ **faible d'esprit** simpleton. ◆ nm **1.** [préférence] ▸ **avoir un faible pour qqch** to be partial to sthg ▸ **avoir un faible pour qqn** to have a soft spot for sb **2.** *litt* [point sensible] weak spot ▸ **prendre qqn par son faible** to find sb's Achilles heel.

❖ **faibles** nmpl ▸ **les faibles** the weak.

faiblement [fɛbləmɑ̃] adv **1.** [sans force] feebly, weakly / *il protestait assez faiblement* he was protesting rather feebly **2.** [légèrement] faintly / *la cloche résonnait faiblement dans le lointain* the bell was ringing faintly in the distance.

faiblesse [fɛblɛs] nf **1.** [manque de vigueur physique] weakness, frailty ▸ **ressentir une grande faiblesse** to feel very weak / *la faiblesse de sa constitution* his weak constitution **2.** [d'une construction] weakness, flimsiness, fragility ; [d'une économie, d'un système] weakness, fragility, vulnerability ; [d'une voix, d'un son] dimness, faintness ; [de la vue, de la poitrine] weakness **3.** [médiocrité - d'un élève] weakness ; [- d'une œuvre, d'un argument] feebleness, weakness / *il a des faiblesses à l'oral* his oral skills are weak ▸ **faiblesse d'esprit** feeblemindedness **4.** [insignifiance - d'une différence, d'un écart] insignificance ▸ **la faiblesse des effectifs a)** [employés] a shortage of staff **b)** [élèves] insufficient numbers **5.** *litt* [lâcheté] weakness, spinelessness / *un homme d'une grande faiblesse* a weak man ▸ **être d'une grande faiblesse envers qqn** [trop indulgent] to be overlenient with sb ▸ **être d'une faiblesse coupable envers qqn** to be inexcusably soft with sb ▸ **avoir la faiblesse de croire / dire** to be fool-

* In reformed spelling (see p. 16-19).

ish enough to believe / to say **/** *avoir un moment de faiblesse* to have a moment of weakness **/** *un moment de faiblesse et voilà une carrière politique gâchée* an entire political career ruined in a moment of weakness **/** *pour lui, l'amour filial est une faiblesse* he considers that loving one's parents is a weakness **6.** [défaut] failing, flaw, shortcoming **/** *c'est là la grande faiblesse du scénario* this is the script's major flaw **7.** [préférence] weakness, partiality ▸ **avoir une faiblesse pour** to have a weakness for, to be partial to **8.** *litt* [évanouissement] fainting fit, dizzy spell **/** *avoir une* ou *être pris de faiblesse* to feel faint.

faiblir [32] [fɛbliʀ] vi **1.** [perdre de sa force - personne, pouls] to get weaker ; [- mémoire, mécanisme] to fail ▸ **ses forces faiblissaient** he was getting weaker **/** *chez elle, c'est la mémoire qui faiblit* her memory is failing **/** *chez elle, c'est la tête qui faiblit* she's going weak in the head ▸ **le moteur / la batterie faiblit** the engine / the battery is failing **2.** [diminuer - vent, orage, bourrasque] to drop ; [- lumière] to dwindle ; [- enthousiasme, colère, intérêt] to wane, to dwindle **/** *le jour faiblit* it's getting dark ▸ **l'intérêt du public faiblit** public interest is waning **/** *le succès de la pièce ne faiblit pas* the play is still a great success **3.** [cesser d'être efficace - athlète, élève] to get weaker **/** *son style n'a pas faibli* her style is as vigorous as ever **/** *j'ai faibli en langues à la fin de l'année* my marks in modern languages got weaker towards the end of the year **4.** [plier - paroi, tige] to show signs of weakening ; [- résistance] to weaken **/** *les premiers rangs de policiers faiblissaient sous l'assaut* the front ranks of police were weakening under the assault **5.** *litt* [défaillir] to have a fainting fit.

faiblissant, e [fɛblisɑ̃, ɑ̃t] adj **1.** [vieillard, malade] weakening **2.** [lumière, vent] failing **3.** [économie, pouvoir d'achat] slackening.

faïence [fajɑ̃s] nf faience *spéc*, (glazed) earthenware ▸ **faïence de Delft** Delft, delftware ▸ **faïence fine** china.

faïencé, e [fajɑ̃se] adj [objet] made to resemble pottery ; [tableau] crackled.

faïencerie [fajɑ̃sʀi] nf **1.** [usine] pottery works **2.** [articles] (glazed) earthenware.

faïencier, ère [fajɑ̃sje, ɛʀ] nm, f potter, maker of (glazed) earthenware.

faignant, e [fɛɲɑ̃, ɑ̃t] = **feignant.**

faille¹ [faj] v ⟶ **falloir.**

faille² [faj] nf **1.** GÉOL fault **2.** [faiblesse] flaw, weakness ; [incohérence] inconsistency, flaw **/** *il y a une faille dans votre démonstration* your demonstration is flawed **3.** TEXT faille.

❖ **sans faille** loc adj [logique] faultless, flawless ; [fidélité, dévouement] unfailing, unwavering.

faillé, e [faje] adj GÉOL faulted.

failli, e [faji] adj & nm, f bankrupt.

faillibilité [fajibilite] nf fallibility.

faillible [fajibl] adj fallible.

faillir [46] [fajiʀ] vi **1.** [être sur le point de] : *j'ai failli rater la marche* I nearly missed the step **/** *pendant un moment, j'ai failli y croire* I almost believed it for a moment **/** *tu l'as attrapé? — non, mais j'ai failli!* *fam* did you catch it? — not quite! ▸ **j'ai failli attendre** *hum* so you decided to come, did you? **2.** *litt* to fail in one's duty **/** *elle a failli* *euphém* she fell.

❖ **faillir à** v + prép *sout* ▸ **faillir à une promesse** to fail to keep a promise **/** *faillir à son devoir* to fail in one's duty **/** *faillir à un engagement* to fail to honour a commitment.

❖ **sans faillir** loc adv unfailingly.

faillite [fajit] nf **1.** COMM bankruptcy, insolvency ▸ **faire faillite** to go bankrupt **2.** [échec] failure **/** *la faillite de ses espoirs* *litt* the end ou collapse of his hopes **/** *le spectacle a connu une faillite complète* the show was a total failure **/** *les faits récents montrent la faillite de cette politique* recent events demonstrate the failure of this policy **/** *le projet a fait faillite* the project flopped ou was a failure.

❖ **en faillite** ◆ loc adj bankrupt, insolvent ▸ **être en faillite** to be bankrupt. ◆ loc adv ▸ **se mettre en faillite** to file a petition for bankruptcy.

faim [fɛ̃] nf **1.** [appétit] hunger ▸ **avoir faim** to be hungry **/** *j'ai une de ces faims, je meurs de faim, je crève* *fam* *de faim* I'm famished ou starving **/** *merci, je n'ai plus faim* I've had enough, thank you ▸ **ça me donne faim** it makes me hungry **/** *il fait faim* *fam* I'm hungry ▸ **j'ai une petite faim** I'm feeling peckish ▸ **manger à sa faim** to eat one's fill ▸ **mangez à votre faim** eat as much as you like ▸ **avoir une faim de loup** to be ravenous ▸ **j'ai une faim de loup** ou **à dévorer les montagnes** I could eat a horse, I'm ravenous ▸ **rester sur sa faim a)** *pr* to be still hungry **b)** *fig* to be left unsatisfied ou frustrated ▸ **tromper sa faim** to stave off hunger ▸ **la faim chasse le loup (hors)** ou **fait sortir le loup du bois** *prov* hunger drives the wolf out of the wood **2.** [famine] ▸ **la faim** hunger, famine ▸ **souffrir de la faim** to be starving ou a victim of starvation ▸ **mourir de faim** to starve to death, to die of starvation **3.** [envie] ▸ **faim de** : *sa faim de tendresse* his yearning for tenderness **/** *avoir faim de paix* to hunger ou to yearn for peace.

faine [fɛn] nf beechnut.

fainéant, e [feneɑ̃, ɑ̃t] ◆ adj idle, lazy. ◆ nm, f idler, layabout **/** *quel fainéant!* what a layabout!

fainéanter [3] [feneɑ̃te] vi to idle about ou around **/** *il passe des heures à fainéanter* he spends hours twiddling his thumbs ou doing nothing.

fainéantise [feneɑ̃tiz] nf idleness, laziness.

faire [109] [fɛʀ]
◆ vt

A. FABRIQUER, RÉALISER
B. ACCOMPLIR, EXÉCUTER
C. AVEC IDÉE DE DÉPLACEMENT
D. AVEC IDÉE DE TRANSFORMATION
E. INDIQUE UN RÉSULTAT
F. INDIQUE UNE FORME, UNE MESURE
G. VERBE ATTRIBUTIF
H. VERBE DE SUBSTITUTION

A. FABRIQUER, RÉALISER **1.** [confectionner - objet, vêtement] to make ; [- construction] to build ; [- tableau] to paint ; [- film] to make ; [- repas, café] to make, to prepare ; [- gâteau, pain] to make, to bake ; [- vin] to make ; [- bière] to brew ; [concevoir - thèse, dissertation] to do **/** *il m'a fait une poupée avec de la paille* he's made me a doll with ou out of straw **/** *qu'as-tu fait (à manger) pour ce soir?* what have you prepared for dinner? **/** *je vais faire du café* I'm going to make some coffee **/** *c'est elle qui fait ses chansons* she writes her own songs ▸ **faire une loi** to make a law ▸ **faire un portrait a)** [le peindre] to paint a portrait **b)** [le dessiner] to draw a portrait **/** *il a fait un portrait fidèle de la situation* he gave a very accurate description of the situation ▸ **il sait tout faire** he can turn his hand to anything **/** *grand-mère est super — oui, on n'en fait plus des comme ça!* *fam* grandma's great — yes, they broke the mould when they made her! **/** *ce pays fait d'excellents athlètes* this country produces excellent athletes **/** *les deux ou trois créateurs qui font la mode parisienne* the handful of designers who are Parisian fashion **2.** [produire, vendre] : *faire de l'élevage de bétail* to breed cattle **/** *faire du blé / de la vigne* to grow wheat / grapes **/** *faire une marque / un produit* to stock a make / an article **/** *je vous fais les deux à 60 €* *fam* you can have both for 60 €, I'll take 60 € for both **3.** [obtenir, gagner - bénéfices] to make **/** *faire de l'argent* to earn ou to make money **4.** [mettre au monde] : *faire un enfant* to have a child **/** *il veut que je lui fasse un enfant* he wants me to have his child **/** *il lui a fait deux enfants* he had two children with her **/** *la chatte a fait des petits* the cat has had kittens **5.** PHYSIOL : *faire ses besoins* *euphém* to do one's business ; *(en usage absolu)* : *tu as fait ce matin?* did you go to the toilet this morning? **/** *il a fait dans sa culotte* *fam* he messed his pants.

B. ACCOMPLIR, EXÉCUTER **1.** [effectuer - mouvement, signe] to make ; [saut périlleux, roue] to do ▸ **fais-moi un bisou** *fam* / **un sourire** give me a kiss / a smile ▸ **faire des grimaces** to make ou pull faces ▸ **faire la grimace** to make a face ▸ **faire la tête** ou **la gueule** *tfam* to sulk **2.** [accomplir - choix, erreur, réforme, proposition] to make ; [- inventaire] to do ; [- discours] to deliver, to make, to give ; [- conférence] to give ; [- exercice] to do ; [- recherches] to do, to carry out *(sép)* ; [- enquête] to carry out *(sép)* ▸ **faire ses études** to study **/** *il a fait ses études à la Sorbonne* he studied at the Sorbonne **/** *tu as fait tes maths?* have you done your maths homework? **/** *faire son devoir* to do one's duty ▸ **faire une blague à qqn** to play a joke on sb **/** *faire des plaisanteries* to play tricks ▸ **faire la cuisine** to cook **/** *faire le ménage* to do the housework **/** *faire son lit* to make one's bed ▸ **la faire à qqn** *fam* [plaisanterie] : *on ne me la fait pas, à moi!* I won't be taken in! **/** *on me l'a déjà faite, celle-là* I know that one already **/** *les voyages organisés, on me l'a déjà faite une fois et on ne me la fera plus!* one package tour was quite enough for me, thank you very much! ▸ **le** ou **la faire à l'esbroufe** ou **à l'épate** ou **au bluff** *fam* to bluff one's way through **3.** [étudier - matière, œuvre] to study, to do **/** *il veut faire du droit* he wants to do law **/** *faire sa médecine* *fam* to do ou to study medicine **/** *je n'ai jamais fait de musique* I've never studied music **/** *nous faisons « Richard III » cette année* we're doing ou studying "Richard III" this year ; [suivre les cours de] ▸ **elle voulait faire l'ENA** she wanted to go to the ENA **4.** [pratiquer] ▸ **faire de la poterie** to do pottery ▸ **faire de la flûte / du violon** to play the flute / the violin ▸ **faire de la danse** [cours] to go to dance classes **/** *il voulait faire de la danse* he wanted to be a dancer ▸ **faire du théâtre** : *il a fait un peu de théâtre* he's done some acting **/** *je veux faire du théâtre* I want to be an actor ou to go on the stage **/** *faire de l'équitation / de la natation / de la voile* to go horseriding / swimming / sailing **/** *faire du basket / du tennis* to play basketball / tennis **5.** [écrire - lettre] to write ; [- contrat, testament] to write, to make **/** *fais mieux tes t* write your t's better **6.** [dire] to say ▸ **il fit oui / non de la tête** he nodded / he shook his head ▸ **« non », fit-elle** "no", she said **/** *la vache fait « meuh! »* the cow goes "moo!" **/** *que fait le hibou?* what does the owl say? **7.** [nettoyer - chambre, vitres] to clean, to do ; [- chaussures] to polish, to clean ; [tapisser, aménager - pièce, maison] to do, to decorate **8.** [action non précisée] to do **/** *que fais-tu dans la vie?* what do you do (for a living)? **/** *qu'est-ce qu'il t'a fait, ton frère?* what has your brother done to you? **/** *je ne t'ai jamais rien fait!* I've never done you any harm! **/** *que pouvais-je faire d'autre?* what else could I do? **/** *il a fort à faire* he's got lots to do **/** *tu es libre dimanche? — oui, je ne fais rien de spécial* are you free on Sunday? — yes, I'm not doing anything special **/** *tu fais quelque chose pour ton anniversaire?* are you doing anything for your birthday? **/** *elle ne veut jamais rien faire sans lui* she never wants to do anything without him **/** *je fais ce que je peux!* I do what I can! ▸ **ne faire que** : *elle ne fait que se plaindre* she does nothing but complain **/** *il ne fait que me harceler* he won't stop pestering me **/** *ils n'ont fait que chuchoter pendant tout le film* they kept whispering right through the film ▸ **avoir qqch à faire avec** : *je ne veux rien avoir à faire avec eux!* I don't want anything to do with them! ▸ **faire qqch de qqn / qqch** : *qu'ai-je fait de mes clefs?* what have I done with ou where did I put my keys? **/** *que fais-tu de mes sentiments dans tout ça?* what about my feelings? **/** *que vais-je faire de toi?* what am I going to do with you? **/** *elle fait ce qu'elle veut de lui* she can twist him round her little finger ▸ **rien à faire** : *donne-le-moi! — non, rien à faire!* give it to me! — nothing doing ou no way! **/** *rien à faire, le téléphone ne marche plus!* we're stuck, the phone doesn't work! **/** *tu lui as parlé? — oui, mais rien à faire, il ne cédera pas* did you talk to him? — yes, but it's no use, he won't give in ▸ **n'en faites rien!** *sout* : *je vais vous raccompagner — n'en faites rien!* I'll take you back — there's really no need! ▸ **faire avec** *fam* to make do **/** *je n'ai que ce stylo — il faudra faire avec!* I've only got this pen — I'll have to make do with that! **/** *j'apprécie peu sa façon de travailler mais il faut bien faire avec!* I don't

CELA (OR ÇA) FAIT... QUE + EXPRESSIONS OF ELAPSED TIME OR FREQUENCY

ELAPSED TIME

The phrases '**cela** (or more informally **ça**) **fait... que**' relate elapsed time to an event or action. The important thing to remember is which tense to use for ***a)*** the verb **faire** in the '**cela fait**' clause, and ***b)*** the verb in the clause describing the related event or action.

❶ Cela (or ça) fait... que

Situation	Tense of faire in 'cela (ça) fait... que'	Tense of the verb in the related clause	
Time has elapsed between an action / event in the past, and the present time:	**present**	**present**	
	Ça fait deux heures qu'	elle dort.	She's been asleep for two hours.
	Cela fait longtemps que	je la connais.	I've known her for a long time.

❷ Cela (or ça) fera... que

Tense sequences in the future depend on whether the action or event in column three of the table below is a lasting action / event, or one that occurred at a given point in time.

A lasting action / event is being projected into the future:	**future**	**present**	
	Cela fera un mois mardi prochain que	les employés sont en grève.	By next Tuesday the staff will have been on strike for one month.
A one-off action / event is being projected into the future:	**future**	**perfect**	
	Cela fera exactement deux semaines demain soir que	j'ai arrêté de fumer.	By tomorrow night, I will have been a non-smoker for precisely two weeks.

❸ Cela (or ça) faisait... que

Time has elapsed between an action / event in the past, and a previous action / event:	**imperfect**	**perfect**	
	Ça faisait quatre mois qu'on se connaissait	quand on s'est fiancés.	We'd known each other four months when we got engaged.

FREQUENCY

Ça fait trois fois que je te demande de mettre la table ! This is the third time I've asked you to lay the table!

Note the use of the present tense in French where in English we use the present perfect.

like the way he works but I suppose I'll just have to put up with it ! ▸ **faire sans** *fam* to (make) do without / *j'ai oublié le livre chez moi — il faudra faire sans !* I've left the book at home — we'll just have to make do without it ! ▸ **autant que faire se peut** if possible, as far as possible ▸ **n'avoir que faire de** : *je n'ai que faire de tes conseils* I don't need your advice / *mais bien sûr, tu n'as que faire de ma carrière !* but of course, my career matters very little to you ! ou you don't care about my career ! ▸ **pour ce faire** for that ▸ **ce faisant** in so doing.

C. AVEC IDÉE DE DÉPLACEMENT 1. [se déplacer à la vitesse de] : *en marchant vite, tu peux faire 10 km à l'heure* if you walk fast, you can do ou cover 10 km in an hour / *le train peut faire jusqu'à 400 km/h* the train can do 400 km/h / *vous faisiez du 120 km/h* [en voiture] you were driving at ou doing 120 km/h **2.** [couvrir - distance] : *le Concorde faisait Paris-New York en moins de quatre heures* Concorde used to go ou fly from Paris to New York in less than four hours / *il y a des cars qui font Londres-Glasgow* there's a coach service between London and Glasgow / *sur tous les trains qui font Lyon-Marseille* on all the trains which run between Lyon and Marseille **3.** [visiter - pays, ville] to do, to go to, to visit / *nous n'avons jamais fait le sud de l'Italie* we've never been to ou done the south of Italy ; [inspecter, passer au crible] : *j'ai fait tous mes tiroirs, impossible de retrouver la photo* I searched through all my drawers, but I couldn't find the picture / *je n'ai pas envie de faire tous les dossiers !* I don't feel like searching ou going through all the files ! / *j'ai fait tous les étages avant de vous trouver* I looked on every floor before I found you ▸ **j'ai fait tous les hôtels de la ville a)** [j'y suis allé] I did ou went to ou tried every hotel in town **b)** [j'ai téléphoné] I called ou did ou tried every hotel in town ▸ **faire les antiquaires** to go round the antique shops / *il fait les bars avant de rentrer chez lui* he goes to pubs before going home.

D. AVEC IDÉE DE TRANSFORMATION 1. [nommer] : *elle l'a fait baron* she gave him the title of Baron, she made him a baron / *elle l'a fait chevalier* she knighted him **2.** [transformer en] ▸ **faire qqch de qqn / qqch** : *des rats, la fée fit des laquais* the fairy changed the rats into footmen / *ce film en a fait un sex-symbol* this film turned her into a sex symbol / *ce feuilleton en a fait une* *vedette* this series made him a star / *et ta robe bleue? — j'en ai fait une jupe* what about your blue dress? — I made it into a skirt / *garde les restes, j'en ferai une soupe* keep the leftovers, I'll make a soup with them / *ils ont fait trois appartements de leur grande maison* they converted ou made their big house into three flats / *la prison en a fait un criminel* prison turned him into a criminal ou made a criminal out of him / *c'était mon idée, mais il l'a faite sienne* it was my idea, but he took it from me ou he made it his own / *quand je te ferai mienne* vieilli & hum when I make you mine / *c'était un tyran et votre livre en fait un héros!* he was a tyrant, and your book shows ou presents him as a hero! **3.** [devenir] : *« cheval » fait « chevaux » au pluriel* the plural of "cheval" is "chevaux" **4.** [servir de] : *une fois plié, le billard fait table* the billiard table, when folded, can be used ou can serve as a normal table / *un canapé qui fait lit* a convertible settee / *une carotte fera le nez du bonhomme de neige* you can make the snowman's nose with a carrot / *cette peau fera un beau tapis* this animal skin will make a nice rug / *le gymnase fait aussi salle des fêtes* the gymnasium is also used as a community hall / *c'est un hôtel qui fait restaurant* it's a hotel with a restaurant **5.** [remplir un rôle, une fonction] : *il fera un bon mari* he'll make ou be a good husband / *il fait le Père Noël dans les rues* he goes around the streets disguised as Father Christmas ; CINÉ & THÉÂTRE to play the part of, to be / *qui fait le comte?* who plays the Count? / *il ferait un parfait Othello* he'd make ou be a perfect Othello ; [imiter - personne] to imitate, to take off, to impersonate ; [- automate, animal] to imitate / *il fait très bien le hibou* he imitates the owl very well, his imitation of the owl is very good ▸ **ne fais pas l'idiot** don't be stupid ▸ **ne fais pas l'innocent** don't play the innocent, don't come the innocent with me UK ▸ **elle a fait l'étonnée** she pretended to be surprised ou feigned surprise / *il essayait de faire son intéressant* he was showing off.

E. INDIQUE UN RÉSULTAT **1.** [provoquer] : *faire de la poussière* to raise dust / *ce charbon fait beaucoup de fumée* this coal makes a lot of smoke ▸ **ça va faire une marque / une auréole** it will leave a mark / a ring / *l'accident a fait cinq morts* the accident left five dead ou claimed five lives / *cela fait tout son charme* that's where his charm lies / *ce qui fait l'intérêt de son livre* what makes his book interesting ▸ **faire de la peine à qqn** to upset sb ▸ **faire peur à qqn** to frighten sb ▸ **faire du tort à qqn** : *ces propos risquent de vous faire du tort* what you've said may well get you into trouble ▸ **faire le malheur de qqn** : *il fera votre malheur* he'll make life very difficult for you ▸ **faire le désespoir de qqn** to make sb despair ▸ **faire quelque chose à qqn** [l'émouvoir] to move sb, to affect sb / *ce n'était qu'un animal, mais ça m'a fait quelque chose quand il est mort* it was only an animal but it did something to me ou affected me when it died / *ça m'a quand même fait quelque chose de le voir si triste* it did have an effect on me when I saw that he was so sad / *la vue du sang ne me fait rien* I don't mind the sight of blood, the sight of blood doesn't bother me / *si cela ne vous fait rien* if you don't mind ▸ **faire que** : *la gravitation, force qui fait que les objets s'attirent* gravitation, the force which causes objects to be attracted towards each other / *ce qui fait que je suis arrivé en retard* which meant I was late ; [pour exprimer un souhait] : *faites qu'il ne lui arrive rien!* please don't let anything happen to him! **2.** [importer] : *qu'est-ce que cela peut faire?* what does it matter?, so what? / *qu'est-ce que cela peut te faire?* what's it to (do with) you? ▸ **cela ne fait rien** it doesn't matter, never mind / *tu ne veux pas venir? ça ne fait rien!* [tant pis pour toi] you don't want to come? suit yourself!

F. INDIQUE UNE FORME, UNE MESURE **1.** [former] : *la route fait un coude* the road bends / *le circuit fait un huit* the circuit is (in the shape of) a figure of eight / *le tas fait une pyramide* the heap looks like a pyramid **2.** [coûter] to be, to cost ▸ **ça fait combien?** how much is it? ▸ **ça fait trop cher** it's too expensive / *ça vous fait 22 euros en tout* that'll be 22 euros altogether **3.** [valoir, égaler] to be, to make / *2 et 2 font 4* 2 and 2 are 4 / *ça fait 23 en tout* that makes 23 altogether / *on a 18 euros, ça ne fait pas assez* we've got 18 euros, that's not enough **4.** [mesurer] ▸ **le bateau fait 12 m de long / 3 m de large** the boat is 12 m long / 3 m wide / *la chambre fait 8 m²* the room is 8 m² / *il doit bien faire 1,90 m* he must be 1 m 90 tall ; [taille, pointure] ▸ **je fais du 38** I take size 38 ; [peser] ▸ **je fais 56 kg** I weigh ou am 56 kg / *cela (vous) fait une bonne livre* it's a bit over the pound **5.** [indique la durée, le temps] : *ça fait deux jours qu'il n'a pas mangé* he hasn't eaten for two days / *elle a téléphoné, cela fait bien une heure* she phoned at least an hour ago / *on s'est rencontrés ça fait trois mois* fam we met three months ago, it's been three months since we met / *cela faisait dix ans que je n'avais pas joué* I hadn't played for ten years ; fam [durer - suj : vêtement, objet] to last / *ton cartable te fera encore bien cette année* your schoolbag will last ou do you this year / *cette robe m'a fait trois ans* this dress has lasted me three years / *une paire de chaussures ne me fait pas plus de six mois* I wear out a pair of shoes in six months / *le ragoût m'a bien fait trois repas* I got three meals out of that stew / *il n'a pas fait deux mois dans cette entreprise* he didn't stay in the company more than two months.

G. VERBE ATTRIBUTIF **1.** [paraître] : *la broche fait bien* ou *joli* ou *jolie sur ta robe* the brooch looks nice on your dress / *elle parle avec un léger accent, il paraît que ça fait bien!* she talks with a slight accent, it's supposed to be smart! / *j'ai un bleu sur la joue maintenant, ah ça fait bien!* iron I've got a bruise on my cheek now, that's lovely! ▸ **ça fait bizarre** it looks strange / *il me faudrait un nom qui fasse artiste* I would need a name which sounds good for an artist / *je ne vais pas lui réclamer 7 euros, ça ferait mesquin* I'm not going to ask her for 7 euros, it'd be ou look petty / *ça fait comment sur les montagnes russes?* fam what does it feel like ou what is it like on a roller coaster? ▸ **ça fait comment** ou **quoi de voir son nom sur une affiche?** what's it like to see your name on a poster? ▸ **faire son âge** to look one's age / *elle ne fait pas son âge* she doesn't look her age **2.** fam [devenir, embrasser la carrière de] to be / *je veux faire pompier* I want to be a fireman.

H. VERBE DE SUBSTITUTION : *range ta chambre — je l'ai déjà fait* go and tidy up your room — I've already done it / *vous le lui expliquerez mieux que je ne saurais le faire* you'll explain it to her better than I could / *tu lui écriras? — oui, je le ferai* will you write to him? — yes I will / *puis-je prendre cette chaise? — (mais) faites donc!* sout may I take this chair? — please do ou by all means!

◆ vi [agir] to do ▸ **fais comme chez toi** [à l'arrivée de qqn] make yourself at home / *je peux prendre une douche? — bien sûr, fais comme chez toi* can I have a shower? — of course ou by all means / *fais comme chez toi, surtout!* iron you've got a nerve!, don't mind me! iron ▸ **faites comme vous voulez** do as you please / *fais comme tu veux!* [ton irrité] suit yourself! / *je le lui ai rendu — tu as bien fait!* I gave it back to him — you did the right thing ou you did right! / *pourquoi l'as-tu acheté? — je croyais bien faire!* why did you buy it? — I thought it was a good idea! / *n'ai-je pas bien fait de lui répondre?* wasn't I right to answer him back? / *j'ai bien fait de me méfier* I was right to be suspicious / *tu ferais bien d'y réfléchir* you'd do well to ou you should ou you'd better think about it! / *pour bien faire, il faudrait réserver aujourd'hui* the best thing would be to book today, ideally we should book today / *ça commence à bien faire!* enough is enough! / *ça commence à bien faire, tes reproches!* fam I've had quite enough of your criticism!

◆ v impers **1.** MÉTÉOR ▸ **il fait chaud / froid** it's hot / cold ▸ **il faisait nuit** it was dark ▸ **il fait (du) soleil** the sun is shining / *il fait bon au soleil* it's nice and warm in the sun / *il ne faisait pas bon avoir un nom à particule à cette époque* it wasn't a good thing to have an aristocratic-sounding name then **2.** EXPR ▸ **c'en est fait de** sout : *c'en est fait de vous* you've had it, you're done for ▸ **c'est bien fait** : *c'est bien fait pour toi* it serves you right.

◆ v aux **1.** [provoquer une réaction] ▸ **tu l'as fait rougir** you made her blush / *il sait faire bouger ses oreilles* he can make his ears move, he can move his ears / *le soleil a fait jaunir le papier* the sun has made the paper turn yellow / *les oignons, ça fait pleurer* onions make you cry / *ne la fais pas pleurer!* don't make her cry! ▸ **ça me fait dormir** it puts ou sends me to sleep **2.** [forcer à] to make, to have / *fais-moi penser à le lui demander* remind me to ask him ▸ **faites-le attendre a)** [pour qu'il s'impatiente] let him wait **b)** [en lui demandant] ask him to wait ▸ **faites-le asseoir** ask him to take a seat / *il faut le faire boire beaucoup* you should give him plenty to drink / *n'essaie pas de me faire croire que…* don't try to make ou to have me believe that… / *il lui a fait avouer la vérité* he made her confess the truth / *ne me fais pas dire ce que je n'ai pas dit* don't put words into my mouth / *il me faisait faire ses dissertations* he had me write his essays for him **3.** [commander de] ▸ **faire faire qqch par qqn** to have sb do ou make sthg, to have sthg done ou made by sb / *j'ai fait laver / vérifier ma voiture* I had my car washed / checked / *elle fait repasser son linge* she has her ironing done for her / *il fait faire ses costumes sur mesure* he has his suits tailormade ▸ **se faire faire qqch** to have sthg made.

❖ **faire dans** v + prép fam : *il ne fait pas dans le détail* he doesn't bother about details / *son entreprise fait maintenant dans les produits de luxe* her company now produces luxury items / *certains cinéastes n'hésitent pas à faire dans le sordide* some film makers don't hesitate to show sordid scenes / *il fait dans le genre tragique* he makes everything sound so serious / *il fait dans le genre comique* he makes light of everything.

❖ **se faire** ◆ vp *(emploi réfléchi)* **1.** [réussir] ▸ **elle s'est faite seule** she's a self-made woman **2.** [se forcer à] ▸ **se faire pleurer / vomir** to make o.s. cry / vomit. ◆ vp *(emploi réciproque)* ▸ **se faire la guerre** to wage war on each other. ◆ vp *(emploi passif)* **1.** [être à la mode] to be fashionable, to be in fashion / *les salopettes ne se font plus* dungarees UK ou overalls US are out of fashion / *je ne sais pas ce qui se fait en ce moment* I don't know what the fashions are at the moment **2.** [être convenable] : *ça ne se fait pas de demander son âge à une femme* it's rude ou it's not done to ask a woman her age / *ça ne se fait pas!* it's not done!, you (just) don't do that! / *tu peux dire merci, ça se fait!* you're allowed to say thank you, you know! **3.** [être réalisé] : *sans argent le film ne se fera pas* without money the film will never be made / *le projet ne se fera pas sans elle* there won't be a project without her / *finalement, ça ne se fera pas* as it turns out, it's not going to happen / *les choses se font petit à petit* things evolve gradually / *la capitale où la mode se fait* the fashion capital / *je dois signer un nouveau contrat, mais je ne sais pas quand cela va se faire* I'm going to sign a new contract, but I don't know when that will be / *tu pourrais me prêter 200 €? — ça pourrait se faire* could you lend me 200 €? — that should be possible ; *(tournure impersonnelle)* : *comment se fait-il que…?* how come ou how is it that…? / *il pourrait se faire que…* it might ou may be that…, it's possible that… / *c'est ce qui se fait de mieux en papiers peints lavables* it's the best washable wallpaper available. ◆ vpi **1.** [se former] : *les couples se font et se défont* people get together and separate **2.** *(suivi d'un infinitif)* ▸ **se faire opérer** to have an operation ▸ **se faire tuer** to get killed ▸ **se faire photographier a)** [par qqn] to get ou have one's picture taken **b)** [dans un Photomaton] to have some pictures (of o.s.) done / *se faire couper les cheveux* to have one's hair cut / *il se fait faire ses vêtements chez un tailleur* he gets his clothes tailormade **3.** [devenir] to become / *elle se fit toute douce* she became very gentle / *sa voix se fit plus grave* his voice became deeper / *les mesures de sécurité se sont faites plus rigoureuses* security measures have been tightened up ou have become more stringent / *il s'est fait le porte-parole de toute une génération* he became the mouthpiece for a whole generation ▸ **Dieu s'est fait homme** God took human form / *s'il arrive à l'heure, je veux bien me faire nonne!* fam if he arrives on time, I'll eat my hat! ; *(tournure impersonnelle)* ▸ **il se fait tard** it's getting late **4.** [s'améliorer - fromage] to ripen ; [- vin] to mature / *mes chaussures me serrent — elles vont se faire* my shoes feel tight — they'll stretch. ◆ vpt **1.** [fabriquer] : *se faire un gâteau* to make ou to bake a cake (for o.s.) / *elle se fait ses vêtements* she makes her

WHEN TWO VERBS FOLLOW EACH OTHER

IF THEY HAVE THE SAME SUBJECT, THE SECOND VERB IS MOST OFTEN IN THE INFINITIVE, WITH NO PREPOSITION BETWEEN THE TWO

❶ Modal verbs devoir, pouvoir, vouloir, savoir, and falloir

Tu dois revenir demain. You must be back tomorrow.

Vous pouvez disposer ! Dismissed!

Can a clause beginning with **que** be used here as an alternative to the construction verb + verb infinitive?
No, except:

- **Falloir** may also be followed by a clause in **que**.
  Il faut débarrasser la table.
  Literally, this means that the table must be cleared, but in context it is obvious that the addressee is the person who must clear the table.
  Il faut que vous débarrassiez la table.
  This is a more pointed way of directing the addressee to do the action: you must clear the table.
- When **savoir** is followed by an infinitive, it indicates practical knowledge or know-how, whereas when it is followed by a clause in **que**, it refers to intellectual or factual knowledge. Compare:
  Je sais faire du pain. I can make bread.
  Je sais que je n'ai plus de pain. I know that I've run out of bread.

For more information on these last two verbs, see also the box on **savoir** et **connaître**.

❷ Verbs expressing how things appear to be

- **Paraître, sembler, s'avérer, se révéler**

L'animal semblait / paraissait hésiter. The animal seemed to hesitate.

La crise se révèle être plus grave que prévu. The crisis now appears deeper than was forecast.

Can a clause beginning with **que** be used here as an alternative to the construction verb + verb infinitive?
No.

❸ Some intransitive verbs involving movement

- **Aller:** Je vais chercher du vin. I'm off to get some wine.
- **Courir:** Vite, cours acheter du beurre. Quick, go and get some butter.
- **Descendre:** Elle est descendue faire ses courses. She went off [implies downstairs or down a steep street] to do her shopping.
- **Monter:** Tu montes voir grand-mère ? Will you go up to see grandma?
- **Sortir:** Elles sont sorties faire la fête. They went out partying.
- **Amener / emmener:** J'emmène Luc voir un film. I'm taking Luc to see a film.

Can a clause beginning with **que** be used here as an alternative to the construction verb + verb infinitive?
No.

❹ Verbs expressing subjective attitudes

Adorer, daigner, oser, souhaiter / préférer / aimer (mieux)

Il ose s'opposer à sa mère ! He dares to oppose his mother!

Can a clause beginning with **que** be used here as an alternative to the construction verb + verb infinitive?
No.

❺ Verbs expressing hopes, opinions, assumptions, beliefs

- **Affirmer / confirmer / dire:** Vous affirmez / confirmez / dites n'avoir jamais eu de propriété sur la Côte d'Azur ? Are you asserting / confirming / saying that you never owned property on the Riviera?
- **Avouer / reconnaître / nier:** Il a avoué / reconnu / nié être resté chez la victime cette nuit-là. He admitted / recognised / denied that he spent that night at the victim's home.
- **Espérer:** On espère réaliser ainsi des économies. That way we are hoping to make some savings.
- **Croire:** En le regardant je croyais revoir son père. Looking at him it was as if I could see his father again.
- **Penser / (s')imaginer:** Tu penses / imagines peut-être avoir gagné ? Perhaps you imagine that you've won?
- **Estimer:** J'estime avoir fait mon devoir. I consider that I did my duty.

Can a clause beginning with **que** be used as an alternative to the construction verb + verb infinitive?
Yes, with all the verbs above, when the subject of both verbs is the same, a clause in **que** can also be used, with no change in meaning.

- **Déclarer:** Il a déclaré ne rien comprendre *or* Il a déclaré qu'il ne comprenait rien. He declared that he didn't understand anything.

TWO SUCCESSIVE VERBS WITH DIFFERENT SUBJECTS CAN ALSO FOLLOW THE STRUCTURE VERB + VERB INFINITIVE

❶ The verbs faire and laisser

J'ai fait repeindre la pièce. I had the room redecorated.

Il a fait faire un muret devant la maison. He had a low wall built in front of the house.

Fais (se) dépêcher les enfants ! Get the children to hurry up!

Laisser reposer la pâte 30 minutes. Let the dough rest for 30 minutes.

Combinations of infinitives can also be created, for example:

Est-ce que les parents doivent laisser faire ? Should the parents allow this to happen?

❷ Verbs of perception

After verbs of perception such as **entendre**, **écouter**, **regarder**, **voir** or **sentir**, it is common to use an infinitive.

Je l'ai vue entrer dans la boulangerie. I saw her walk into the baker's.

Personne ne l'a entendu appeler au secours. Nobody heard him call for help.

A relative clause can be used with verbs of perception instead of an infinitive:

Je l'ai sentie trembler.

Je l'ai sentie qui tremblait.

I felt her tremble / trembling.

own clothes **2.** [effectuer sur soi] : *il se fait ses piqûres seul* he gives himself his own injections / *je me suis fait une natte* I've plaited my hair ; [se maquiller] ▸ **se faire les ongles** to do one's nails ▸ **se faire les yeux** to make up one's eyes **3.** *fam* [gagner] : *elle se fait 10 000 euros par mois* she earns 10,000 euros per month, she gets 10,000 euros every month / *il ne se fait pas grand-chose* he doesn't earn ou get much **4.** *fam* [s'accorder] ▸ **on se fait un film / un petit café?** what about going to see a film / going for a coffee? / *on s'est fait les trois musées dans la journée* we did the three museums in one day / *quand est-ce qu'on se le fait, ce match?* when are we going to have this game? **5.** *fam* [supporter] : *il faut se la faire!* she's a real pain! **6.** *arg crime* [tuer] to kill, to bump off ; [agresser] to beat up / *se faire une banque* [la voler] to rob a bank **7.** *vulg* [posséder sexuellement] to screw, to lay.

❖ **se faire à** vp + prép to get used to / *elle ne t'aime plus, il faudra que tu t'y fasses* she doesn't love you any-more, you'll have to get that into your head ou get used to it / *il s'appelle Odilon — je ne m'y ferai jamais!* his name is Odilon — I'll never get used to it!

❖ **s'en faire** vpi to worry / *si je lui en parle, elle va s'en faire* if I tell her about it she'll worry / *je ne m'en fais pas pour lui* I'm not worried about him / *ne t'en fais pas pour le dîner, je m'en occupe* don't (you) worry about the dinner, I'll see to it / *dans la vie faut pas s'en faire* *fam* you should take life easy / *elle s'en souviendra, ne t'en fais pas!* she'll remember, don't you worry! / *encore au lit? tu ne t'en fais pas!* still in bed? you're taking it easy, aren't you? / *il roule en Jaguar maintenant — il ne s'en fait pas!* he drives around in a Jaguar now — some people have all the luck! / *tu as ouvert mon courrier? faut pas t'en faire!* *fam* you've opened my mail? you've got some nerve ou don't mind me!

Faire qqch pour / à qqn
Make sthg for sb ou *make sb sthg.*

Notez la construction à double complément qui en anglais peut prendre deux formes dont le sens est le même :

- une structure identique à celle du français :
  verbe + COD + préposition + COI
  make sthg for sb

• une structure qui diffère de celle du français, sans préposition, et dans laquelle l'ordre des compléments est inversé :

verbe + COI + COD

make sb sthg

Elle a fait un superbe gâteau d'anniversaire pour Vincent. *She made a lovely birthday cake for Vincent* ou *She made Vincent à lovely birthday cake.*

Avec le tissu qu'il lui restait elle a fait une robe à Léa. *With the remaining fabric she made a dress for Léa* ou *With the remaining fabric she made Léa a dress.*

faire-part (*pl* **faire-part**), **fairepart*** [fɛʀpaʀ] nm [dans la presse] announcement ▸ **faire-part de décès** death notice ▸ **faire-part de mariage** wedding announcement ; [carte] *card sent to family or friends announcing a birth, wedding, death, etc.*

faire-valoir [fɛʀvalwaʀ] nm inv **1.** THÉÂTRE stooge, straight man / *c'est lui le faire-valoir de Robert* he acts as straight man to Robert **2.** AGR farming ▸ **exploitation** ou **terres en faire-valoir direct** owner farm.

fair-play (*pl* **fair-play**), **fairplay*** [fɛʀplɛ] ◆ nm fair play, fair-mindedness. ◆ adj fair-minded ▸ **il est fair-play a)** [joueur] he plays fair **b)** *fig* he has a sense of fair play.

faisabilité [fəzabilite] nf feasibility.

faisable [fəzabl] adj [réalisable] feasible ; [possible] possible, practicable ▸ **c'est faisable** it can be done / *ce n'est pas faisable par un enfant* no child could do it / *tu peux être là à 14 h? — c'est faisable* can you come at 2 o'clock? — I should think so.

faisait v ⟶ **faire.**

faisan [fəzɑ̃] nm **1.** ZOOL (cock) pheasant **2.** *fam & péj* crook, con-man.

faisandage [fezɑ̃daʒ] nm hanging (of meat).

faisandé, e [fəzɑ̃de] adj **1.** CULIN gamy, high **2.** [goût, littérature] decadent.

faisandeau [fəzɑ̃do] nm young pheasant.

faisander [3] [fəzɑ̃de] vt CULIN to hang.

❖ **se faisander** vpi **1.** CULIN to get high **2.** [pourrir] to rot.

faisanderie [fəzɑ̃dʀi] nf pheasant farm.

faisane [fəzan] adj f & nf ▸ **(poule) faisane** (hen) pheasant.

faisant [fəzɑ̃] p prés ⟶ **faire.**

faisceau, x [fɛso] nm **1.** [rayon] beam, ray ▸ **faisceau cathodique** cathode ray ▸ **faisceau électronique** electron beam ▸ **faisceau hertzien** radio beam ▸ **faisceau lumineux** light beam ▸ **faisceau radar** radar beam **2.** [gerbe] cluster, bundle ▸ **faisceau aimanté** bunch of magnets ▸ **faisceau de fils** wiring harness / *faisceau de ressorts* cluster springs ▸ **faisceau de preuves** *fig* accumulation of evidence **3.** MIL [pyramides d'armes] stack of arms / *former / rompre les faisceaux* to stack / to unstack arms **4.** ANAT & BOT fascicle **5.** RAIL ▸ **faisceau de voies** group of sidings **6.** ANTIQ & HIST fasces ▸ **les faisceaux consulaires** ou **des licteurs** the fasces of the consuls ou lictors.

faiseur, euse [fəzœʀ, øz] nm, f **1.** [artisan] maker ▸ **le bon faiseur** a first-class tailor / *ses costumes sortent de chez le bon faiseur* his suits are always smart and well-cut **2.** *péj* ▸ **faiseuse d'anges** back-street abortionist ▸ **faiseur d'embarras** fusspot ▸ **faiseur de miracles** miracle worker ▸ **faiseur de tours** magician ▸ **faiseur de vers** poetaster **3.** *péj* [escroc] swindler, dishonest businessman ; [hâbleur] show-off, braggart.

faisselle [fɛsɛl] nf **1.** [récipient] cheese basket **2.** [fromage] fromage frais *(packaged in its own draining basket).*

fait[1] [fɛ] nm **1.** [action] act, deed ▸ **le fait de qqn** : *l'erreur est de son fait* it was his mistake / *la générosité n'est pas son fait* it's just not her way to be generous ▸ **le fait du prince a)** DR restraint of princes **b)** POL government action ▸ **fait d'armes** feat of arms ▸ **faits de guerre** acts of war ▸ **les faits et gestes de qqn** everything sb says and does, sb's every move / *il épiait tous mes faits et gestes* he was watching my every move ▸ **hauts faits** heroic deeds ▸ **prendre qqn sur le fait** to catch sb red-handed ▸ **prendre fait et cause pour qqn** to side with sb **2.** [événement] event, fact, occurrence ▸ **fait notoire** fact of common knowledge ▸ **fait nouveau** new development / *les faits lui ont donné raison* she was proved right by events ▸ **au moment des faits** at the time ▸ **racontez-nous les faits** tell us what happened / *les faits qui lui sont reprochés* the charge laid against him ▸ **niez-vous les faits?** do you deny the charge? ▸ **de ce fait** thereby / *le contrat, de ce fait, est résilié* the contract is thereby terminated / *il est pénalisé par le seul fait de son divorce* the very fact that he's divorced puts him at a disadvantage / *par le seul fait que* (solely) because of, due (solely) to the fact that ▸ **fait (juridique)** DR fact ▸ **fait concluant** DR conclusive evidence ▸ **faits constitutifs de délit** DR factors that constitute an offence ▸ **fait exprès** : *c'est (comme) un* ou *on dirait un fait exprès* it's almost as if it was deliberate / *comme (par) un fait exprès, il n'avait pas de monnaie* funnily enough, he had no change **3.** [réalité] fact ▸ **c'est un fait** it's a (matter of) fact ▸ **le fait est là** it's a fact / *le fait est que nous étions en retard* the fact is we were late ▸ **fait accompli** fait accompli ▸ **placer** ou **mettre qqn devant le fait accompli** to present sb with a fait accompli ▸ **fait acquis** : *considérer qqch comme un fait acquis* to take sthg for granted / *c'est loin d'être* ou *ce n'est pas un fait acquis* it's not a foregone conclusion ▸ **état de fait** (inescapable) fact ▸ **le fait est!** *fam* that's right!, you've said it! / *je n'ai pas eu le temps de le faire, le fait est!* I have to admit that I didn't have enough time to do it! **4.** [sujet, question] point ▸ **aller (droit) au fait** to go straight to the point ▸ **en venir au fait** to come ou to get to the point / *venons-en au fait* let's come ou get to the point **5.** EXPR ▸ **dire son fait à qqn** to give sb a piece of one's mind / *je vais lui dire son fait, à ce goujat!* I'm going to give this lout a piece of my mind!

❖ **au fait** loc adv by the way, incidentally / *au fait, je t'ai remboursé?* incidentally ou by the way, did I pay you back? / *au fait, on pourrait peut-être y aller à pied?* by the way, couldn't we walk there?

❖ **au fait de** loc prép well aware of, fully informed about ▸ **être au fait de** to know about, to be informed about / *je ne suis pas très au fait de ce problème* I don't know much about this problem / *il est très au fait de ces questions* he's very well informed about such matters ▸ **mettre qqn au fait de la situation** to inform sb about the situation.

❖ **de fait** loc adj **1.** DR actual, de facto **2.** [en affirmation] : *il est de fait que* it is true ou a fact that / *il est de fait que je n'y avais pas pensé* it is true ou a fact that it hadn't occurred to me.

❖ **de fait, en fait** loc adv in fact, actually, as a matter of fact / *en fait, il n'est pas mon père* actually ou in fact he isn't my father / *de fait, je n'ai jamais compris ce qu'il voulait* actually ou to be honest, I never understood what he wanted.

❖ **du fait de** loc prép because of, due to, on account of.

❖ **du fait que** loc conj because (of the fact that).

❖ **en fait de** loc prép **1.** [en guise de] by way of / *en fait de nourriture, il n'y a qu'une boîte de sardines* there's only a can of sardines by way of food **2.** [au lieu de] instead of / *en fait de chien, c'était un loup* it wasn't a dog at all, it was a wolf.

fait[2], e [fɛ, fɛt] ◆ pp ⟶ **faire.** ◆ adj **1.** [formé] : *elle a la jambe bien faite* she's got shapely ou nice legs / *une femme fort bien faite* a very good-looking woman ▸ **fait au tour** shapely, well-turned / *une taille faite au tour* a well-turned waist, a shapely figure **2.** [mûr] mature, ripe ▸ **un fromage fait** a fully ripened cheese ▸ **trop fait** over-ripe **3.** [maquillé] made-up / *elle a les yeux faits* she's wearing eye make-up **4.** [prêt] ▸ **tout fait a)** [vêtement] ready-made, ready-to-wear **b)** [tournure] set, ready-made ▸ **une expression toute faite** a set phrase, a cliché ▸ **une excuse toute faite** a ready-made excuse.

faîtage, faitage* [fɛtaʒ] nm [poutre] ridgeboard, ridgepiece ; [couverture] ridge tiling.

fait divers (*pl* **faits divers**), **fait-divers** (*pl* **faits-divers**) [fɛdivɛʀ] nm **1.** [événement] news story, news item **2.** [rubrique] (news) in brief ; [page] news in brief / *ne fréquente pas ces types-là si tu ne veux pas te retrouver dans les faits divers* *fam* don't mix with those types if you don't want to end up as a crime statistic.

faîte, faite* [fɛt] nm **1.** GÉOGR crest, top **2.** [sommet] top, summit / *le faîte des arbres était couvert de neige* the tops of the trees were covered with snow **3.** CONSTR ridgepiece **4.** [summum] climax, acme *sout* / *le faîte de la gloire* the height of glory / *atteindre le faîte de sa carrière* to reach the climax of one's career.

faîteau, faiteau* [fɛto] nm ridge tile.

faites v ⟶ **faire.**

faîtier, ère, faitier*, ère [fɛtje, ɛʀ] adj SUISSE central.

faîtière, faitière* [fɛtjɛʀ] ◆ adj f **1.** ⟶ **lucarne 2.** ⟶ **tuile.** ◆ nf crest tile, ridge tile.

faitout, fait-tout *(nm inv)* [fɛtu] nm stewpot, cooking pot.

faix [fɛ] nm *litt* burden, load / *le faix des ans* the weight of (advancing) years / *ployer sous le faix* to bend beneath the load.

fakir [fakiʀ] nm **1.** RELIG fakir **2.** [magicien] conjurer.

fakirisme [fakiʀism] nm practice of a fakir.

falafel [falafɛl] nm CULIN falafel.

falaise [falɛz] nf cliff ▸ **falaise d'éboulement** secondary cliff ▸ **falaise littorale** ou **vive** sea cliff ▸ **falaise morte** ancient cliff.

falbalas [falbala] nmpl *péj* frills (and furbelows) / *une architecture sans falbalas* an unadorned style of architecture.

❖ **à falbalas** loc adj [robe, rideau] flouncy, frilly.

falconidé [falkɔnide] nm member of the falcon family ou Falconidae.

Falkland [folklɑ̃d] npr fpl ▸ **les (îles) Falkland** the Falkland Islands, the Falklands / *aux îles Falkland* in the Falkland Islands.

fallacieusement [falasjøzmɑ̃] adv deceptively, misleadingly.

fallacieux, euse [falasjø, øz] adj **1.** [trompeur] deceptive, misleading, fallacious ▸ **promesses fallacieuses** false ou deceptive promises / *l'espoir fallacieux de les rencontrer* the illusory hope of meeting them ▸ **sous un prétexte fallacieux** on some pretext **2.** [spécieux] insincere, specious ▸ **des arguments fallacieux** specious arguments.

falloir [69] [falwaʀ]

◆ v impers

A. EXPRIME LE BESOIN

B. EXPRIME L'OBLIGATION

C. EXPRIME UNE FATALITÉ

D. EXPRIME LA PROBABILITÉ

A. EXPRIME LE BESOIN **1.** [gén] : *pour ce tricot, il faut des aiguilles nº 6* to knit this jumper, you need number 6 needles / *il faut deux heures pour y aller* it takes two hours to get there / *faut-il vraiment tout ce matériel?* is all this equipment really necessary? / *il est inspecteur des impôts — il en faut!* *hum* he's a tax inspector — someone has to do it! / *on a besoin d'un gros marteau — j'ai ce qu'il faut dans la voiture* we need a big hammer — I've got one in the car / *je bois deux litres d'eau par jour — c'est ce qu'il faut* I drink two litres of water a day — that's good / *ajoutez de la moutarde, juste ce qu'il faut* add some mustard, not too much / *je crois que nous avons trouvé l'homme qu'il nous faut* [pour un poste] I think we've found the right person for the job / *c'est un homme très tendre*

* In reformed spelling (see p. 16-19).

qu'il me faut I need a man who is very loving / *ce n'est pas la femme qu'il te faut* she's not the right woman for you / *pour cette recette, il vous faut…* for this recipe, you need… / *c'est tout ce qu'il vous fallait?* [dans une boutique] anything else? / *il me faudrait deux filets de cabillaud, s'il vous plaît* I'd like two cod fillets, please / *j'ai plus d'argent qu'il n'en faut* I've got more money than I need / *j'ai plus de temps qu'il ne m'en faut* I've got time on my hands / *il ne lui en faut pas beaucoup pour se mettre en colère* it doesn't take a lot ou much to make her angry / *il te faudrait une voiture* you need a car ▸ **j'aime les bonnes choses — oui, mais point trop n'en faut!** *hum* I like good things — OK, but you shouldn't overindulge! ▸ **il t'a fait ses excuses, qu'est-ce qu'il te faut de plus?** *fam* he apologized, what more do you want? ▸ **il n'est pas très beau — qu'est-ce qu'il te faut!** *fam* he's not really good-looking — you're hard to please! / *ce n'est pas très cher — qu'est-ce qu'il te faut!* *fam* it's not very expensive — well, what do you call expensive then? ▸ **je suis satisfait de lui — il t'en faut peu!** *fam* I'm satisfied with him — you're not hard to please! ▸ **elle a ce qu'il faut où il faut** *fam* she's got what it takes ▸ **il faut ce qu'il faut!** *fam* well, you might as well do things in style! **2.** *(suivi d'une complétive au subjonctif)* : *il faudrait que nous nous réunissions plus souvent* we should have more regular meetings.

B. EXPRIME L'OBLIGATION **1.** [gén] : *je ne veux pas me faire opérer — il le faut pourtant* I don't want to have an operation — you have no choice / *je lui ai dit — le fallait-il vraiment?* I told him — was it really necessary ou did you really have to? ▸ **il ne fallait pas** *fam* [en recevant un cadeau] you shouldn't have ▸ **s'il le faut** if I / we must, if necessary / *nous irons jusque devant les tribunaux s'il le faut!* we'll take the matter to the courts if we must ou if necessary! **2.** *(suivi de l'infinitif)* ▸ **il faut m'excuser** please forgive me, you must forgive me / *il était furieux — il faut le comprendre* he was furious — that's understandable / *j'ai besoin d'aide — d'accord, que faut-il faire?* I need help — all right, what do you want me to do? / *je ne crois pas qu'il faille t'inquiéter* I don't think you should worry / *je n'ai pas envie — il faut pourtant le faire* I don't feel like it — still, it has to be done / *c'est un film qu'il faut voir (absolument)* this film's a must ▸ **il faut bien se souvenir / se dire que…** it has to be remembered / said that… / *s'il fallait faire attention à tout ce que l'on dit!* if one had to mind one's Ps and Qs all the time! / *il ne fallait pas commencer!* you shouldn't have started! / *j'ai faim — il fallait le dire!* I'm hungry — why didn't you say so? ▸ **qui faut-il croire?** who is to be believed? / *il me fallait lui mentir* *sout* I had to lie to him **3.** *(suivi d'une complétive au subjonctif)* : *il a fallu que je m'absente* I had to go out for a while / *il a bien fallu que je lui dise!* I had to tell him, didn't I? **4.** *(au conditionnel, sens affaibli)* : *il aurait fallu prévenir la police* the police should have been called / *attention, il ne faudrait pas que tu te trompes!* careful, you'd better not make any mistakes! / *ne dis rien, il ne faudrait pas que ça se sache* don't breathe a word, nobody should know about it / *il ne faudrait pas me prendre pour une idiote!* do you think I'm stupid? / *il faudrait pourtant que je m'achète une nouvelle voiture* I ought to buy a new car, really **5.** [en intensif] : *il faut le voir pour le croire!* *fam* it has to be seen to be believed! / *c'était dangereux, il fallait y aller* *fam* [ton admiratif] it was dangerous, it took courage to do it ▸ **il faut le faire** *fam* [en regardant un acrobate, un magicien] : *il faut le faire!* that's amazing! / *ce qu'il a fait, il fallait le faire!* what he did was quite something! / *trois accidents en une semaine, il faut le faire!* three accidents in a week, that must be a record! / *ne pas fermer sa voiture, faut le faire!* it takes a fool ou you've got to be completely stupid to leave your car unlocked! / *ça représente un cheval — il fallait le deviner!* it's supposed to be a horse — I'd never have known! ▸ **il fallait l'entendre!** you should have heard him! / *il fallait le voir jouer Hamlet!* you should have seen him playing Hamlet!

C. EXPRIME UNE FATALITÉ : *il a fallu que le téléphone sonne juste à ce moment-là!* the phone had to ring just then! / *je lui avais défendu, mais non, il a fallu qu'elle le fasse* I'd told her not to, but she would have to do it.

D. EXPRIME LA PROBABILITÉ : *il faut que tu aies fait mal à Rex pour qu'il t'ait mordu!* you must have hurt Rex to make him bite you! / *il fallait que le vase soit* ou *fût sout très fragile pour se casser aussi facilement* the vase must have been very fragile to break that easily.

✧ **s'en falloir** v impers ▸ **il s'en faut de** : *il s'en faut de beaucoup qu'il n'ait fini!* he's far from having finished! / *elle n'est pas de ton envergure, il s'en faut de beaucoup!* she's not in your league, far from it! / *peu s'en est fallu que je ne manque le train!* I very nearly ou almost missed the train! ▸ **il s'en est fallu de rien** ou **d'un cheveu** *fam* ou **d'un doigt** *fam* **qu'il ne fût décapité** he came within inches of having his head chopped off ▸ **tant s'en faut** far from it, not by a long way / *il n'est pas paresseux, tant s'en faut* he's far from being lazy.

Fallope [falɔp] npr ⟶ **trompe.**

fallu [faly] pp ⟶ **falloir.**

falot[1] [falo] nm lantern.

falot[2], e [falo, ɔt] adj colourless, bland, vapid *sout* / *c'est un personnage assez falot* he's rather insipid.

falsifiabilité [falsifjabilite] nf falsifiability.

falsifiable [falsifjabl] adj **1.** [signature, document] falsifiable, forgeable **2.** PHILOS which can be falsified.

falsificateur, trice [falsifikatœr, tris] nm, f falsifier, forger.

falsification [falsifikasjɔ̃] nf falsification, faking, forgery ▸ **falsification des registres** tampering with registers.

falsifier [9] [falsifje] vt [vin, lait] to adulterate ; [document, signature] to forge, to falsify / *les comptes ont été falsifiés* the accounts have been falsified / *il a falsifié les résultats* he tampered with ou falsified the results.

falzar [falzar] nm *tfam* trousers UK, pants US.

famé, e [fame] adj ⟶ **mal famé.**

famélique [famelik] adj [chat] scrawny ; [prisonnier] half-starved.

fameusement [faməzmɑ̃] adv *fam* very, really / *il est fameusement rusé!* he's really crafty! / *on s'est fameusement bien amusé* we had a really good time.

fameux, euse [famø, øz] adj **1.** [célèbre] famous, renowned, well-known ▸ **fameux entre tous** widely recognized **2.** *fam* [bon - gén] excellent, brilliant ; [- repas, mets] excellent, delicious / *ce fut une fameuse journée* it has been a memorable day / *fameux, ton gâteau* your cake is delicious / *j'ai bien une photo, mais elle n'est pas fameuse* I have got a photograph, but it's not that good / *l'image est bonne, mais la bande-son n'est pas fameuse* the picture is OK, but the soundtrack isn't brilliant **3.** [en intensif] : *c'est un fameux mystère* it's quite a mystery / *un fameux exemple de courage* an outstanding example of courage **4.** [dont on parle] famous / *et où as-tu acheté ce fameux bouquin?* where did you buy the book you were talking about? **5.** *iron* so-called / *c'est ça, ton fameux trésor?* is THAT your famous treasure? / *montre-moi ce fameux chef-d'œuvre* show me this so-called masterpiece.

familial, e, aux [familjal, o] adj **1.** [de famille] domestic, family *(modif)* / *vie / réunion familiale* family life / meeting ▸ **une atmosphère familiale** a friendly atmosphere ▸ **querelles familiales** domestic quarrels / *cet élève a des problèmes familiaux* this pupil has problems at home ▸ **maladie familiale** hereditary disease ou condition ▸ **la cuisine familiale** home cooking ▸ **quotient / revenu familial** family quotient / income **2.** COMM family-sized, economy *(modif)* ▸ **emballage familial** economy-size ou family pack.

✧ **familiale** nf estate (car) UK, station wagon US.

familiarisation [familjarizasjɔ̃] nf familiarization.

familiariser [3] [familjarize] vt ▸ **familiariser qqn avec** to make sb familiar ou to familiarize sb with, to get sb used to.

✧ **se familiariser avec** vp + prép to familiarize o.s. with ▸ **se familiariser avec une technique / langue** to master a technique / language.

familiarité [familjarite] nf **1.** [désinvolture] familiarity, casualness / *je ne tolérerai aucune familiarité dans mes rapports avec les étudiants* I will not tolerate any familiarity in my relations with the students **2.** [connaissance] ▸ **familiarité avec** familiarity with, knowledge of / *il a une grande familiarité avec l'œuvre de Proust* he has a close ou an intimate knowledge of the work of Proust / *sa familiarité avec les oiseaux d'Europe du Nord* her knowledge of the birds of Northern Europe ▸ **familiarité de** : *acquérir une certaine familiarité de l'anglais* to gain a certain knowledge of English.

✧ **familiarités** nfpl liberties, undue familiarity ▸ **s'autoriser** ou **prendre des familiarités avec qqn** to take liberties ou to be overfamiliar with sb.

familier, ère [familje, ɛr] adj **1.** [connu] familiar / *un visage familier* a familiar face ▸ **familier à** : *le problème m'est familier* I am familiar with the problem / *la maison lui était familière* he remembered the house quite clearly ▸ **ce spectacle / bruit lui était familier** it looked / sounded familiar to him **2.** [habituel] usual / *une tâche familière* a routine task / *c'est l'une de ses attitudes familières* it's one of her favourite poses / *il est préférable de les voir dans leur décor familier* you should see them in their usual surroundings ▸ **familier à** : *ce genre de travail leur est familier* they are used to this kind of work **3.** [apprivoisé] domestic, tame **4.** *péj* [cavalier] overfamiliar / *je n'aime pas leurs attitudes familières / les gens trop familiers* I don't like their offhand ways / people who are overfamiliar **5.** LING colloquial, informal.

✧ **familier** nm **1.** [ami] familiar, friend / *elle se déplace en tournée avec tous ses familiers* she tours with her regular entourage **2.** [client] habitué, regular / *les familiers de ce café* this café's regulars.

familièrement [familjɛrmɑ̃] adv **1.** [amicalement] familiarly, informally, casually **2.** [couramment] colloquially, in conversation / *la saxifrage, familièrement appelée mignonnette* saxifrage, commonly named London pride.

familistère [familistɛr] nm **1.** [coopérative] coop, cooperative **2.** HIST Fourierist cooperative.

famille [famij] nf **1.** [foyer] family / *la famille Laverne* the Laverne family, the Lavernes / *famille étendue / restreinte* extended / nuclear family ▸ **revenu par famille** income per household / *il rentre dans sa famille tous les week-ends* he goes back home every weekend ▸ **famille d'accueil** foster family ▸ **famille monoparentale** single-parent ou lone-parent family ▸ **famille nombreuse,** SUISSE **grande famille** large family ▸ **famille nucléaire** nuclear family ▸ **famille recomposée** reconstituted family, blended family **2.** [enfants] family, children / *comment va la petite famille?* *fam* how are the children? / *avec toute sa petite famille* with all her brood around her **3.** [tous les parents] family, relatives / *une grande famille de France* one of the noblest families in France / *il n'est pas de ma famille* he's no relation of mine / *ils sont de la même famille* they're related ▸ **prévenir la famille a)** to inform sb's relatives **b)** DR to inform the next of kin / *c'est une famille de danseurs* they're all dancers in their family, they're a family of dancers / *je souhaite que mes bijoux ne sortent pas de la famille* I'd like my jewels to stay in the family / *c'est ça, donne-lui ton rhume pour que ça ne sorte pas de la famille!* *hum* that's right, give him your cold, let's keep things in the family! ▸ **les 200 familles** *the wealthiest families in France* **4.** BOT, LING & ZOOL family, group ▸ **famille de langues** group of languages ▸ **famille de mots / plantes** family of words / plants ; CHIM & PHYS chain, family ▸ **famille de l'uranium** uranium series ; MATH & MUS family / *la famille des instruments à vent* the wind family **5.** [idéologie] obedience, persuasion / *de la même famille politique* of the same political persuasion / *des gens appartenant à la même famille spirituelle que nous* our brothers in spirit.

✧ **de bonne famille** loc adj from a good family.

✧ **de famille** ◆ loc adj [cercle, médecin, biens] family *(modif)*. ◆ loc adv ▸ **c'est** ou **cela tient de famille** it runs in the family, it's in the blood.

✧ **des familles** loc adj *fam* cosy, nice (little) / *une petite soirée des familles* a cosy little party / *je vais nous faire un petit gigot des familles* I'm going to cook a nice little leg of lamb for us.

❖ **en famille** loc adv **1.** [en groupe] ▸ **passer Noël en famille** to spend Christmas with one's family ou at home **2.** [en confiance] ▸ **se sentir en famille** to feel at home / *ma petite Sylvie, vous serez (comme) en famille ici!* my dear Sylvie, please consider yourself at home here!

famine [famin] nf famine, starvation / *ils souffrent de la famine* they're victims of the famine, they're starving.

fan [fan] nmf fan / *c'est un fan de jazz* he is a jazz fan / *je suis une fan de Victor Hugo!* I am one of Hugo's fervent admirers!

fana [fana] *fam* ◆ adj enthusiastic, crazy / *il est fana de sport* he is crazy about sport. ◆ nmf fan / *c'est une fana de cinéma* she loves the cinema.

fanage [fanaʒ] nm haymaking.

fanal, aux [fanal, o] nm lantern, lamp ▸ **fanal de locomotive** headlight ▸ **fanal de bord** NAUT ship's lantern, sidelight.

fanatique [fanatik] ◆ adj **1.** *péj* RELIG fanatical, bigoted, zealous **2.** [passionné] enthusiastic / *il est fanatique des jeux vidéo* he's mad about video games / *je ne suis pas fanatique de la bière* I'm not (that) keen on beer. ◆ nmf **1.** *péj* RELIG zealot **2.** [partisan] fan, fanatic.

fanatiquement [fanatikmɑ̃] adv fanatically, zealously.

fanatisation [fanatizasjɔ̃] nf fanaticization.

fanatiser [3] [fanatize] vt to fanaticize, to make fanatical ▸ **être fanatisé** to become fanatical / *suivi par une foule fanatisée* followed by a frenzied crowd.

fanatisme [fanatism] nm fanaticism.

fan-club [fanklœb] (*pl* **fans-clubs**) nm **1.** [d'un artiste] fan club **2.** *hum* admirers, supporters, fan club *fig.*

fandango [fɑ̃dɑ̃go] nm fandango.

fane [fan] nf **1.** [de légumes] top / *fanes de carotte / radis* carrot / radish tops **2.** [feuille morte] (dead ou fallen) leaf.

faner [3] [fane] ◆ vi **1.** AGR to make hay / *ils sont en train de faner* they're at the haymaking **2.** [se flétrir] to wither. ◆ vt **1.** AGR to ted, to toss **2.** [décolorer] to fade / *fané par le soleil* faded by the sun, sun-bleached / *des couleurs fanées* faded ou washed-out colours.

❖ **se faner** vpi **1.** BOT to fade, to wither **2.** [perdre son éclat] to wane, to fade / *sa beauté s'est fanée* her beauty has lost its bloom ou faded.

faneur, euse [fanœʀ, øz] nm, f haymaker, tedder.

❖ **faneuse** nf tedder, tedding-machine.

fanfare [fɑ̃faʀ] nf [air] fanfare ; [orchestre - civil] brass band ; [- militaire] military band.

❖ **en fanfare** loc adv [réveiller] noisily, brutally / *annoncer la nouvelle en fanfare* to trumpet the news.

fanfaron, onne [fɑ̃faʀɔ̃, ɔn] ◆ adj boastful, swaggering / *d'un air fanfaron* boastfully. ◆ nm, f boaster, braggart, swaggerer ▸ **faire le fanfaron** to crow / *ah, tu ne fais plus le fanfaron, maintenant?* ah, so you're not so pleased with yourself now?

fanfaronnade [fɑ̃faʀɔnad] nf **1.** [acte] bravado *(U)* ▸ **par fanfaronnade** out of (sheer) bravado **2.** [remarque] boast.

fanfaronner [3] [fɑ̃faʀɔne] vi to boast, to brag, to swagger.

fanfreluche [fɑ̃fʀəlyʃ] nf ▸ **des fanfreluches** frills (and furbelows).

fange [fɑ̃ʒ] nf *litt* mire / *vivre dans la fange* to live a life of degradation / *sortir de la fange* to climb out of the gutter.

fangeux, euse [fɑ̃ʒø, øz] adj *litt* **1.** [boueux] miry **2.** [abject] murky.

fanion [fanjɔ̃] nm flag, pennant.

fanon [fanɔ̃] nm **1.** [d'une baleine] whalebone plate **2.** [bajoue - d'un bœuf] dew-lap ; [- d'une dinde] lappet, wattle **3.** [d'un cheval] fetlock **4.** RELIG lappet (of a mitre).

fantaisie [fɑ̃tezi] nf **1.** [imagination] imagination ▸ **avoir beaucoup de fantaisie** to have a lively imagination / *donner libre cours à sa fantaisie* to give free rein to one's imagination ▸ **être plein de fantaisie** to be fanciful ▸ **manquer de fantaisie a)** [personne] to lack imagination, to be lacking in imagination **b)** [vie] to be monotonous ou uneventful ; *péj* fantasy / *vous interprétez le règlement avec beaucoup de fantaisie* you have a rather imaginative interpretation of the rules / *le récit relève de la plus haute fantaisie* the story is highly imaginative **2.** [lubie] whim / *c'est sa dernière fantaisie* it's his latest whim / *je ne sais quelle fantaisie lui a pris* I don't know what came over him / *et s'il lui prend la fantaisie de partir?* what if he should take it into his head to leave? / *satisfaire une fantaisie* to give in to a whim ▸ **se passer une fantaisie** to indulge a caprice ▸ **s'offrir une fantaisie** to give o.s. a treat, to treat o.s. / *je m'offre une petite fantaisie, un week-end à Amsterdam* I'm giving myself a little treat, a weekend in Amsterdam / *cette (petite) fantaisie va vous coûter cher* *péj* you'll regret this little extravagance / *n'en faire qu'à sa fantaisie* to do exactly as one pleases **3.** [bibelot] fancy / *un magasin de fantaisies* a novelty shop **4.** ART & LITTÉR (piece of) fantasy ; MUS fantasy, fantasia **5.** *(comme adj inv)* [simulé] imitation ▸ **kirsch fantaisie** imitation kirsch ▸ **bijou fantaisie** piece of costume jewellery UK ou jewelry US ; [peu classique] fancy / *des boutons fantaisie* fancy buttons.

❖ **de fantaisie** loc adj **1.** [à bon marché] novelty *(modif)* / *article de fantaisie* novelty **2.** [imaginaire - œuvre, récit] fantasy *(modif)*, imaginative **3.** [non officiel] : *il portait un uniforme de fantaisie* he was wearing a customized uniform.

> ⚠ Attention, **fantasy** ne peut être employé pour traduire fantaisie que dans le sens littéraire ou musical.

fantaisiste [fɑ̃tezist] ◆ adj **1.** [farfelu] eccentric, unconventional **2.** [inventé] fanciful / *un récit des plus fantaisistes* a most fanciful ou whimsical account / *c'est une explication fantaisiste* that's a fanciful explanation. ◆ nmf **1.** THÉÂTRE variety artist, sketcher **2.** *péj* [dilettante] joker, clown / *méfie-toi, c'est un fantaisiste* be careful, he's a bit of a joker.

fantasia [fɑ̃tazja] nf fantasia.

fantasmagorie [fɑ̃tasmagɔʀi] nf **1.** [féerie] phantasmagoria **2.** [effets de style] gothic effects.

fantasmagorique [fɑ̃tasmagɔʀik] adj magical, phantasmagorical *litt.*

fantasmatique [fɑ̃tasmatik] adj fantasy *(modif).*

fantasme [fɑ̃tasm] nm fantasy.

fantasmer [3] [fɑ̃tasme] vi to fantasize ▸ **fantasmer sur qqch / qqn** to fantasize about sthg / sb ▸ **faire fantasmer qqn** [sexuellement] to turn sb on / *tu me fais fantasmer avec tes récits de voyage* you make my imagination run wild talking about your trips.

fantasque [fɑ̃task] adj **1.** [capricieux] capricious, whimsical **2.** *litt* [bizarre] odd, weird.

fantassin [fɑ̃tasɛ̃] nm foot soldier, infantry man.

fantastique [fɑ̃tastik] ◆ adj **1.** [fabuleux - animal, personnage] fantastical, fabulous, fantasy *(modif)* **2.** CINÉ & LITTÉR ▸ **roman fantastique** gothic novel ▸ **cinéma fantastique** science-fiction ou fantasy films **3.** *fam* [formidable] great, brilliant / *j'ai gagné, n'est-ce pas fantastique!* I won, isn't it great ou marvellous? / *c'est un type fantastique!* he's a great guy! **4.** [étonnant] extraordinary, unbelievable / *le fantastique essor des technologies* the extraordinary progress of technology ▸ **une somme fantastique** a fantastic amount of money / *déployer un luxe fantastique* to make a display of fantastic luxury / *il a un courage fantastique* he's incredibly courageous. ◆ nm ▸ **le fantastique a)** [l'étrange] the fantastic, the supernatural **b)** [genre] the gothic (genre).

fantastiquement [fɑ̃tastikmɑ̃] adv fantastically, terrifically, amazingly.

fantoche [fɑ̃tɔʃ] nm *péj* puppet ; *(comme adj)* ▸ **un gouvernement / souverain fantoche** a puppet government / king ▸ **une armée fantoche** a non-existent army.

fantomatique [fɑ̃tɔmatik] adj phantom *(modif)*, ghostly.

fantôme [fɑ̃tom] nm **1.** [revenant] ghost, phantom, spirit / *apparaître / disparaître comme un fantôme* to appear / to disappear as if by magic **2.** *litt* [apparence] ghostly image ou shape, ghost ▸ **un fantôme de** *péj* : *un fantôme de chef* a make-believe leader, a leader in name only / *un fantôme de parti politique* a phantom political party **3.** *(comme adj)* ▸ **cabinet fantôme** shadow cabinet ▸ **société fantôme** bogus company / *des étudiants fantômes* non-existent students / *où est ce rapport fantôme?* where is this supposed report?

fanzine [fɑ̃zin] nm fanzine.

FAO ◆ nf (abr de **fabrication assistée par ordinateur**) CAM. ◆ npr f (abr de **Food and Agriculture Organization**) FAO.

faon [fɑ̃] nm fawn.

FAP (abr de **franc d'avarie particulière**) adj FPA, fpa.

FAQ [fak] (abr de **Foire aux Questions**) nf FAQ.

faquin [fakɛ̃] nm *arch* knave.

far [faʀ] nm ▸ **far (breton)** *Breton custard tart with prunes.*

farad [faʀad] nm farad.

faraday [faʀadɛ] nm faraday.

faramineux, euse [faʀaminø, øz] adj *fam* [somme, fortune] huge, tremendous / *il a un aplomb faramineux* he's got an awful nerve / *c'est faramineux ce qu'elle a pu dépenser!* the amount of money she spent was incredible!

farandole [faʀɑ̃dɔl] nf **1.** DANSE farandole **2.** [au restaurant] ▸ **et pour finir, la farandole des fromages / desserts** finally, choose from our cheese tray / dessert trolley.

faraud, e [faʀo, od] ◆ adj boastful / *te voilà bien faraude avec ta robe neuve!* you look very pleased with yourself in your new dress! / *il n'était pas si faraud pendant l'orage* he wasn't so cocky during the storm. ◆ nm, f : *faire le faraud* to show off.

farce[1] [faʀs] ◆ nf **1.** [tour] practical joke, prank, trick ▸ **faire une farce à qqn** to play a trick on sb / *quelqu'un t'a fait une farce* somebody has been pulling your leg / *la situation tournait à la farce* things were becoming farcical ▸ **une mauvaise farce** a joke gone wrong **2.** LITTÉR & THÉÂTRE farce / *la vie n'est qu'une farce* life is nothing but a farce. ◆ adj *vieilli* comical / *c'était assez farce!* it was hilarious!

❖ **farces et attrapes** nfpl assorted tricks / *magasin de farces et attrapes* joke shop.

farce[2] [faʀs] nf CULIN forcemeat, stuffing.

farceur, euse [faʀsœʀ, øz] ◆ adj mischievous / *il a l'œil farceur* he has a waggish look ▸ **ils sont farceurs** they like playing tricks. ◆ nm, f practical joker, prankster ▸ **petit farceur!** you rascal!

farci, e [faʀsi] adj CULIN stuffed.

farcir [32] [faʀsiʀ] vt **1.** CULIN to stuff **2.** *fam* [remplir] ▸ **farcir qqch avec** ou **de** to fill sthg choc-a-block with, to cram sthg with / *cesse de lui farcir le crâne avec ces sottises!* stop cramming his head full of this nonsense! ▸ **avoir la tête farcie (de qqch)** : *elle avait la tête farcie de superstitions* her head was crammed full of superstitious beliefs.

❖ **se farcir** vpt ▸ **se farcir qqn a)** *fam* [le subir] to have to put up with ou to have to take sb / *son beau-frère, faut se le farcir!* his brother-in-law is a real pain! **b)** *vulg* [sexuellement] to get off with UK ou to screw sb ▸ **se farcir qqch a)** *fam* [le subir] to have to put up with ou to have to take sthg **b)** [le boire] to knock sthg back, to down sthg **c)** [le manger] to stuff o.s. with sthg, to scoff UK ou scarf US sthg.

fard [faʀ] nm **1.** [produit] colour *(for make-up)* ▸ **fard à joues** blusher ▸ **fard à paupières** eyeshadow **2.** *vieilli* [maquillage] ▸ **le fard a)** [gén] make-up **b)** THÉÂTRE greasepaint.

❖ **sans fard** ◆ loc adj straightforward, frank. ◆ loc adv straightforwardly, frankly.

fardage [fardaʒ] nm COMM camouflage.

farde [fard] nf BELG **1.** [cahier] exercise book **2.** [chemise] folder **3.** [cartouche] carton *(of cigarettes)*.

fardeau, x [fardo] nm **1.** [poids] burden, load **2.** [contrainte] burden, millstone ▸ **être un fardeau pour qqn** to be a burden to sb ▸ **le fardeau fiscal** FIN the tax burden.

farder [3] [farde] vt **1.** [maquiller] to make up *(sép)* **2.** [cacher] to conceal, to mask ▸ **farder la réalité / ses sentiments** to disguise the truth / one's feelings **3.** COMM to camouflage.

❖ **se farder** vp *(emploi réfléchi)* to make up one's face, to put one's make-up on.

farfadet [farfadɛ] nm imp, elf, goblin.

farfelu, e [farfəly] *fam* ◆ adj crazy, strange, cranky. ◆ nm, f oddball, weirdo, crackpot.

farfouiller [3] [farfuje] *fam* ◆ vi to grope ou to rummage about / *elle farfouille dans sa valise / sous le lit* she's groping about in her suitcase / under the bed / *ils ont farfouillé dans tous les tiroirs* they've been rummaging about in all the drawers. ◆ vt [chercher] : *qu'est-ce que tu farfouilles?* what are you after?

faribole [faribɔl] nf *litt* piece of nonsense / *et autres fariboles* and all that nonsense ▸ **fariboles!** nonsense!

farine [farin] nf **1.** CULIN flour ▸ **farine d'avoine** oatmeal ▸ **farine complète** wholemeal flour UK wholewheat flour ▸ **farine de froment / seigle** wheat / rye flour ▸ **farine de maïs** cornflour ▸ **farine de manioc** cassava ▸ **farine de poisson** fish meal **2.** [poudre] powder ▸ **farine de forage** bore dust ▸ **farine de moutarde** mustard plaster.

❖ **de la même farine** loc adj of the same kind / *ce sont tous gens de la même farine* *litt* they're all alike.

fariner [3] [farine] vt to flour, to sprinkle flour over / *farinez le moule* dredge the tin with flour, flour the tin all over.

farineux, euse [farinø, øz] adj **1.** [fariné] floury, flour-covered **2.** [pâteux -poire] mealy ; [-pomme de terre] floury **3.** [au goût de farine] chalky, floury **4.** [féculent] farinaceous *spéc*, starchy.

❖ **farineux** nm starchy food / *évitez les farineux pendant quelque temps* avoid starch for a while.

farlouche [farluʃ] nf QUÉBEC *mixture of raisins and molasses used in tarts.*

Farnésine [farnezin] npr f ▸ **la Farnésine** the Villa Farnesina.

farniente [farnjɛnte, farnjɑ̃t] nm idleness, laziness / *amateur de farniente* idler.

farouche [faruʃ] adj **1.** [caractère] fierce, unflinching ; [volonté] fierce / *elle a une méfiance farouche à l'égard des religions* she is fiercely suspicious of all religion **2.** [animal] wild ▸ **un animal peu farouche** a tame animal ; [personne] shy, coy / *l'enfant est encore un peu farouche* the child is still a bit shy / *c'est une femme* ou *une fille peu farouche* *euphém & hum* she is no model of virtue **3.** [brutal] cruel, savage / *un combat farouche* a savage fight.

farouchement [faruʃmɑ̃] adv **1.** [ardemment] definitely, unquestionably / *je suis farouchement contre!* I am definitely against it! / *il est toujours farouchement décidé à ne pas bouger* he's still adamant he won't move **2.** [violemment] fiercely, savagely / *se débattre farouchement* to kick and struggle.

fart [far(t)] nm skiing wax.

fartage [fartaʒ] nm waxing *(of skis)*.

farter [3] [farte] vt to wax *(skis)*.

Far West [farwɛst] nm ▸ **le Far West** the Far West.

fascicule [fasikyl] nm **1.** [partie d'un ouvrage] instalment UK installment US part, section ▸ **publié par fascicules** published in parts **2.** [livret] booklet, manual / *le calendrier figure dans un fascicule séparé* the timetable is given in a separate booklet ▸ **fascicule de mobilisation** mobilization instructions.

fasciculé, e [fasikyle] adj BIOL & BOT fasciculate.

fascinant, e [fasinɑ̃, ɑ̃t] adj captivating, fascinating.

fascinateur, trice [fasinatœr, tris] ◆ adj fascinating. ◆ nm, f captivator.

fascination [fasinasjɔ̃] nf fascination ▸ **exercer une fascination sur** to be fascinating to.

fasciner [3] [fasine] vt **1.** [charmer -suj: spectacle] to captivate, to fascinate / *le spectacle les fascine* they're captivated by the show / *j'étais fasciné par l'adresse des marins dans les haubans* I was fascinated by the agility of the sailors up in the rigging / *elle est fascinée par ce garçon* she has been bewitched by that boy, she is under that boy's spell **2.** TRAV PUB to fascine, to corduroy US.

fascisant, e [faʃizɑ̃, ɑ̃t] adj fascist, fascistic, profascist.

fascisation [faʃizasjɔ̃] nf : *la fascisation d'une politique* the increasingly fascistic ou fascist tendencies of a policy / *on assiste à la fascisation du régime* the regime is becoming more fascist.

fasciser [3] [faʃize] vt : *fasciser un État* to take a state towards fascism / *fasciser un régime / une politique* to make a regime / policy increasingly fascistic.

fascisme [faʃism] nm **1.** [gén] fascism **2.** HIST Fascism.

fasciste [faʃist] adj & nmf **1.** [gén] fascist **2.** HIST Fascist.

fasse v ⟶ **faire.**

faste [fast] ◆ adj **1.** [favorable -année] good ; [-jour] good, lucky / *les années fastes, nous mangions de la viande tous les jours* in a good year, we would eat meat every day **2.** ANTIQ ▸ **jour faste** lawful day. ◆ nm [luxe] sumptuousness, splendour UK splendor US ▸ **avec faste** sumptuously, with pomp (and circumstance), munificently *sout* ▸ **sans faste** simply, quietly, plainly.

❖ **fastes** nmpl **1.** *litt* pomp / *les fastes de l'État* the pomp and circumstance of great state occasions **2.** ANTIQ annals.

fast-food, fastfood* [fastfud] nm fast-food restaurant.

fastidieusement [fastidjøzmɑ̃] adv boringly, dully, tediously.

fastidieux, euse [fastidjø, øz] adj boring, tiresome, tedious.

> ⚠ **Fastidious** signifie « pointilleux », « méticuleux », et non fastidieux.

fastoche [fastɔʃ] adj *fam* dead easy ▸ **c'est fastoche** it's dead easy, it's a doddle.

fastueusement [fastɥøzmɑ̃] adv sumptuously, with pomp (and circumstance), munificently *sout.*

fastueux, euse [fastɥø, øz] adj magnificent, munificent *sout*, sumptuous.

fat [fa(t)] *litt* ◆ adj m bumptious, conceited, self-satisfied / *prendre un air fat* to look smug. ◆ nm smug person.

fatal, e, als [fatal] adj **1.** [fixé par le sort] fateful ▸ **l'instant fatal** the fatal moment **2.** [désastreux] disastrous, terrible / *cette erreur vous a été fatale* this mistake proved disastrous for you **3.** [mortel -collision, blessure] fatal, mortal ▸ **coup fatal** deathblow ▸ **porter un coup fatal à a)** [frapper] to deliver a deadly ou mortal blow to **b)** *fig* to administer the coup de grâce to **4.** [inévitable] inevitable ▸ **c'était fatal** it was bound to happen, it was inevitable / *il est revenu, c'était fatal* he came back, as was bound to happen.

fatalement [fatalmɑ̃] adv inevitably ▸ **il devait fatalement perdre** he was bound to lose.

> ⚠ **Fatally** signifie « mortellement » et non fatalement.

fatalisme [fatalism] nm fatalism.

fataliste [fatalist] ◆ adj fatalist, fatalistic ▸ **il est fataliste** he's resigned to his fate. ◆ nmf fatalist.

fatalité [fatalite] nf **1.** [sort] destiny, fate / *poursuivi par la fatalité* pursued by fate ▸ **c'est la fatalité** it's bad luck / *la fatalité s'acharne contre eux* they're dogged by misfortune **2.** [circonstance fâcheuse] mischance / *je le vois chaque fois que j'y vais, c'est une fatalité!* there must be a curse on me! every time I go there, I see him!

fatidique [fatidik] adj **1.** [marqué par le destin -date, jour] fated, fateful **2.** [important] crucial, momentous / *il est arrivé au moment fatidique* he arrived at the crucial moment ▸ **c'est l'instant fatidique!** it's now or never!

fatigabilité [fatigabilite] nf fatigability.

fatigable [fatigabl] adj ▸ **facilement fatigable** easily tired ▸ **difficilement fatigable** untiring.

fatigant, e [fatigɑ̃, ɑ̃t] adj **1.** [épuisant] tiring, wearing ▸ **c'est très fatigant** it's exhausting / *la lumière vive est fatigante pour les yeux* bright light is a strain on the eyes **2.** [agaçant] tiresome, tedious, annoying / *c'est fatigant, ce bourdonnement incessant* that endless buzzing is very annoying / *ce que tu peux être fatigant!* you're a real nuisance! / *il est fatigant avec ses questions* he's tiresome with his questions.

> **tiring** ou **tiresome ?**
> Au sens d'« épuisant », fatigant se traduit par **tiring**. Si l'on veut signifier que quelqu'un ou quelque chose est ennuyeux, c'est **tiresome** qu'il faut employer.

fatigue [fatig] nf **1.** [lassitude] tiredness, weariness ▸ **tomber de fatigue** to be fit to drop ▸ **je tombe** ou **je suis mort de fatigue** I'm dead on my feet / *va le coucher, il tombe de fatigue* put him to bed, he's fit to drop **2.** [tension -physique] strain ; [-nerveuse] stress / *se remettre de la fatigue* ou *des fatigues de l'examen* to recover from the stress of the exam ▸ **fatigue musculaire** stiffness ▸ **fatigue nerveuse** nervous exhaustion ▸ **fatigue oculaire** eyestrain **3.** TECHNOL ▸ **fatigue de l'acier** metal fatigue.

fatigué, e [fatige] adj **1.** [las] tired, weary / *je suis fatigué* I'm tired ▸ **je suis très fatigué** I'm exhausted / *je suis trop fatigué pour pouvoir m'endormir* I'm too tired to go to sleep / *je suis si fatigué!* I am exhausted ou so tired! / *fatigué de rester debout / d'attendre* tired of standing / waiting **2.** [usé -vêtement] worn ; [-livre] well-thumbed / *un vieux manteau fatigué* a shabby old coat.

fatiguer [3] [fatige] ◆ vt **1.** [épuiser] to tire ou to wear out *(sép)* / *les transports en commun me fatiguent beaucoup* using public transport wears me out / *si ça ne te fatigue pas trop* *hum* if you don't mind **2.** [lasser] to annoy / *tu me fatigues avec tes critiques!* your constant criticism is getting on my nerves! / *ils nous fatiguent, à la fin, avec leurs publicités!* they're really getting on our nerves with their ads! / *tes mensonges continuels me fatiguent* you're wearing me out with your constant lying **3.** [user -machine, moteur] to put a strain on **4.** *régional* [remuer] : *fatiguer la salade* to toss the (green) salad. ◆ vi **1.** [peiner] to grow tired, to flag / *dépêche-toi, je fatigue!* hurry up, I'm getting tired! **2.** MÉCAN [faiblir] to become weakened ; [forcer] to bear a heavy strain **3.** NAUT to ride hard.

❖ **se fatiguer** ◆ vpi **1.** [s'épuiser] to get tired, to tire o.s. out / *essaie de ne pas trop te fatiguer* try not to get overtired / *les personnes âgées se fatiguent vite* old people tire ou get tired very easily ▸ **se fatiguer à** : *tu ne vas pas te fatiguer à tout nettoyer!* don't tire yourself out cleaning everything! **2.** [faire un effort] to push o.s. / *ils ne se sont pas fatigués* they didn't exactly kill themselves **3.** [faire des efforts inutiles] ▸ **ne te fatigue pas** don't waste your time / *c'était bien la peine que je me fatigue!* I don't know why I bothered! / *ne te fatigue pas, je sais tout* don't bother ou don't waste your breath, I already know everything ▸ **se fatiguer à faire qqch** [s'y appliquer] to wear o.s. out doing sthg / *je me fatigue à le lui répéter* I wear myself out telling her. ◆ vpt ▸ **se**

*In reformed spelling (see p. 16-19).

fatiguer la vue ou **les yeux** to put a strain on ou to strain one's eyes.

◆ **se fatiguer de** vp + prép to get tired of / *elle se fatiguera vite de lui* she'll soon get tired of him.

fatma [fatma] nf *péj* North African woman.

fatras [fatʀa] nm *péj* **1.** [tas] clutter, jumble / *tout un fatras de vieux papiers* a clutter of old papers **2.** [mélange] hotchpotch UK, hodgepodge US / *un fatras de connaissances* a confused mass of knowledge.

fatuité [fatɥite] nf complacency, conceit, smugness.

fatum [fatɔm] nm *litt* destiny, fate.

fatwa [fatwa] nf fatwa.

faubourg [fobuʀ] nm suburb ▸ **faubourg industriel** industrial suburb ▸ **faubourg résidentiel** residential suburb / *les faubourgs de la ville* the outskirts of the city / *dans les faubourgs de Vienne* in the suburbs of Vienna ▸ **le faubourg Saint-Antoine** *area in Paris famous for its furniture shops* ▸ **le faubourg Saint-Honoré** *area of Paris well-known for its luxury shops.*

faubourien, enne [fobuʀjɛ̃, ɛn] adj suburban ▸ **accent faubourien** working-class accent.

fauchage [foʃaʒ] nm cutting, reaping.

fauchaison [foʃɛzɔ̃] nf **1.** [moisson] cutting, reaping **2.** [moment] reaping time.

fauche [foʃ] nf **1.** *fam* [vol] thieving, (petty) theft ; [dans un magasin] shoplifting **2.** *vieilli* AGR reaping **3.** *fam* [ruine] : *c'est la fauche* I'm / he's etc. flat broke.

fauché, e [foʃe] ◆ adj **1.** *fam* [sans argent] broke, skint UK, cleaned out ▸ **fauché comme les blés** flat broke, stony broke UK **2.** AGR cut, reaped. ◆ nm, f *fam* penniless individual / *ce sont tous des fauchés* they haven't got a penny between them.

faucher [3] [foʃe] vt **1.** AGR to reap **2.** [renverser] to knock ou to mow down *(sép)* / *les cyclistes ont été fauchés par un camion* the cyclists were knocked down by a lorry, a lorry ploughed into the cyclists / *se faire faucher par une voiture* to be knocked down by a car **3.** [tuer] : *tous ces jeunes artistes fauchés à la fleur de l'âge* all these young artists struck down in the prime of life **4.** *fam* [voler] to pinch, to swipe / *qui a fauché le sel?* who's got the salt? / *je me suis encore fait faucher mon briquet!* my lighter's been pinched again!

faucheur, euse [foʃœʀ, øz] nm, f mower, reaper.

◆ **faucheur** nm = **faucheux.**

◆ **faucheuse** nf **1.** AGR mechanical reaper **2.** *litt* ▸ **la Faucheuse** the (grim) Reaper.

faucheux [foʃø] nm harvest spider, daddy-long-legs.

Fauchon [foʃɔ̃] npr *luxury food shop in Paris.*

faucille [fosij] nf sickle, reaping hook ▸ **la faucille et le marteau** the hammer and sickle.

faucon [fokɔ̃] nm **1.** ORNITH falcon, hawk ▸ **faucon pèlerin** peregrine falcon / **'le Faucon maltais'** *Hammett* 'The Maltese Falcon' **2.** POL hawk.

fauconneau [fokɔno] nm young hawk.

fauconnerie [fokɔnʀi] nf **1.** [activité] hawking **2.** [abri] hawk-house.

fauconnier, ère [fokɔnje, ɛʀ] nm, f falconer.

faudra v ⟶ **falloir.**

faufil [fofil] nm basting ou tacking thread.

faufilage [fofilaʒ] nm basting, tacking.

faufiler [3] [fofile] vt COUT to baste, to tack.

◆ **se faufiler** vpi to slip through, to edge / *se faufiler dans la foule* to weave through the crowd / *se faufiler entre les voitures* to weave one's way through the traffic / *le chat s'est faufilé hors du jardin* the cat slipped out of the garden / *les enfants essayaient de se faufiler au premier rang* the children were trying to sneak up to the front.

faune [fon] ◆ nf **1.** ZOOL fauna, animal life / *la faune et la flore* flora and fauna, wildlife **2.** *péj* [groupe] mob, bunch, crowd / *la faune prétentieuse des beaux quartiers* the snobbish residents of the fashionable districts / *on rencontre dans ce bar une faune étrange* you meet a strange crowd ou bunch in this bar. ◆ nm MYTH faun.

faunesque [fonesk] adj faunlike.

faunique [fonik] adj faunal ▸ **réserve faunique** wildlife reserve.

faussaire [fosɛʀ] nmf faker, forger, falsifier.

fausse [fos] f ⟶ **faux.**

faussement [fosmɑ̃] adv **1.** [à tort] wrongfully **2.** [en apparence] falsely, spuriously / *d'un air faussement ingénu* with a falsely innocent look, with feigned innocence / *une voix faussement inquiète* a voice simulating anxiety / *avoir un air faussement contrit* to pretend to look sorry, to assume a contrite look.

fausser [3] [fose] vt **1.** [déformer - clef, lame] to bend, to put out of true ; [détériorer - serrure] to damage **2.** [réalité, résultat, fait] to distort ; [comptes] to falsify / *fausser le sens d'une phrase* to distort the meaning of a sentence / *fausser un résultat* to distort a result / *faire une présentation qui fausse la réalité* to present a distorted vision of reality **3.** [diminuer la justesse de - esprit, raisonnement] to distort, to twist **4.** EXPR **fausser compagnie à qqn** to give sb the slip.

◆ **se fausser** vpi [voix d'orateur] to become strained ; [voix de chanteur] to lose pitch.

fausset [fosɛ] nm **1.** MUS falsetto (voice) **2.** TECHNOL spigot.

fausseté [foste] nf **1.** [inexactitude] falseness, falsity / *dénoncer la fausseté d'une assertion* to expose the fallacy of an argument **2.** [duplicité] duplicity, treachery / *un comportement empreint de fausseté* deceitful behaviour.

faustien, enne [fostjɛ̃, ɛn] adj Faustian.

faut v ⟶ **falloir.**

faute [fot] nf **1.** [erreur] error, mistake / *faire une faute* to make a mistake / *j'ai fait une faute dans ton nom* I misspelt your name / *cet exercice est rempli de fautes* this exercise is full of mistakes ▸ **faute d'accord** agreement error ▸ **faute de conduite** driving error ▸ **faute d'étourderie** ou **d'inattention** careless mistake ▸ **faute de frappe** typing error ▸ **commettre une faute de goût** to show a lack of taste ▸ **faute de grammaire** grammatical error ou mistake ▸ **faute d'impression** misprint ▸ **faute d'orthographe** spelling mistake ▸ **faute de prononciation** pronunciation mistake **2.** [manquement] misdeed, transgression / *faute envers la religion* / *la morale* transgression against religion / morality ▸ **commettre une faute** to go wrong / *il n'a commis aucune faute* he did nothing wrong / *il a expié ses fautes* he paid dearly for his sins / *pour racheter les fautes de l'humanité* to redeem mankind ▸ **faute avouée est à moitié pardonnée** *prov* a fault confessed is half redressed *prov* **3.** [responsabilité] fault / *c'est (de) ma* / *ta faute* it's my / your fault / *c'est bien sa faute s'il est toujours en retard* it's his own fault that he's always late / *tout ça, c'est ta faute!* it's all your fault! / *c'est la faute de ton frère* ou *à* *fam* *ton frère* it's your brother's fault ▸ **à qui la faute?, la faute à qui? a)** *fam* [question] who's to blame?, whose fault is it? **b)** [accusation] you're the one to blame / *la faute lui en incombe* the fault lies with him ▸ **imputer la faute à qqn** to lay the blame at sb's door / *aucune faute ne peut lui être imputée* no blame attaches to him, he deserves no blame / *la faute en revient à l'inflation* it's because of inflation ▸ **c'est la faute à pas de chance** *fam* it's just bad luck ▸ **c'est la faute à Voltaire** *(allusion à Victor Hugo)* it must be somebody else's fault **4.** ADMIN & DR offence UK, offense US ▸ **faute par abstention** affirmative negligence ▸ **faute commise dans l'exercice de fonctions officielles** instance of official misconduct ▸ **faute délictuelle** technical offence ▸ **faute disciplinaire** breach of discipline ▸ **faute grave** [motif de licenciement] serious misconduct ▸ **faute intentionnelle** deliberate transgression of duty ▸ **faute légère** minor offence ▸ **faute professionnelle** professional misconduct **5.** *vieilli* [défaut] ▸ **faire faute à qqn** to break one's promise to sb ▸ **ne pas se faire faute de** : *ne pas se faire faute de dire* / *faire qqch* to make no bones about saying / doing sthg / *ils ne se sont pas fait faute de nous prévenir* they did warn us several times / *je ne me suis pas fait faute de lui rappeler sa promesse* I insisted on his keeping his promise **6.** TENNIS fault ; FOOT foul ▸ **faute de main** handball, handling the ball ▸ **faute de pied** foot fault.

◆ **en faute** loc adv ▸ **être en faute** to be at fault ▸ **prendre qqn en faute** to catch sb out / *se sentir en faute* to feel that one is at fault.

◆ **faute de** loc prép for want of / *faute d'un plat plus grand, j'ai posé la tarte sur une assiette* I put the pie on a plate because I had no bigger dish ▸ **faute de mieux** for want of anything better ▸ **faute de quoi** otherwise / *vous devez remplir personnellement l'imprimé, faute de quoi la demande ne sera pas valable* you must fill in the form yourself or else the application will be null and void / *faute de pouvoir aller au théâtre, il a regardé la télévision* since he couldn't go to the theatre he watched television (instead) ▸ **faute de grives, on mange des merles** *prov* half a loaf is better than no bread *prov*, beggars can't be choosers *prov.*

◆ **par la faute de** loc prép because of, owing to / *j'ai perdu du temps par la faute de cet imbécile* I wasted time because of that idiot.

◆ **sans faute** ◆ loc adj faultless, offenceless ▸ **faire un parcours sans faute a)** ÉQUIT to get a clear round **b)** [coureur] to run a perfect race **c)** [dans un jeu télévisé] to get all the answers right **d)** [dans sa carrière] not to put a foot wrong. ◆ loc adv without fail / *à demain sans faute* see you tomorrow without fail ▸ **écris-moi sans faute** do write to me / *je le ferai sans faute* I'll do it without fail / *tu me donneras la clef sans faute* be sure and give me the key.

fauter [3] [fote] vi **1.** *euphém & hum* to sin, to go astray ▸ **fauter avec qqn** to be led astray by sb **2.** AFR [en orthographe] to make a spelling mistake ; [en français] to make a mistake in French.

fauteuil [fotœj] nm **1.** [meuble] armchair, chair, seat ▸ **fauteuil pivotant** ou **tournant** swivel chair ▸ **fauteuil à bascule** rocking-chair ▸ **fauteuil club** large leather armchair ▸ **fauteuil de dentiste** dentist's chair ▸ **fauteuil de jardin** garden chair ▸ **fauteuil pliant** folding chair ▸ **fauteuil roulant** wheelchair ▸ **gagner** ou **arriver dans un fauteuil** to win hands down **2.** THÉÂTRE ▸ **fauteuil de balcon** dress-circle seat ▸ **fauteuil d'orchestre** seat in the stalls UK ou the orchestra US **3.** [présidence] : *occuper le fauteuil* to be in the chair **4.** [à l'Académie française] *numbered seat occupied by a member of the Académie française.*

fauteur, trice [fotœʀ, tʀis] nm, f ▸ **fauteur de guerre** warmonger ▸ **fauteur de troubles** trouble-maker.

fautif, ive [fotif, iv] ◆ adj **1.** [défectueux - liste] incorrect ; [- citation] inaccurate **2.** [coupable] offending, responsible ▸ **se sentir fautif** to feel guilty. ◆ nm, f offender / *qui est le fautif?* who's to blame?, who's the culprit?

fautivement [fotivmɑ̃] adv erroneously, by mistake.

fauve [fov] ◆ adj **1.** [couleur] fawn-coloured, tawny **2.** [âpre - odeur] musky. ◆ nm **1.** ZOOL big cat / *j'ai envoyé les fauves jouer dans le jardin fig & hum* I sent the monsters out to play in the garden ▸ **les grands fauves** the big cats ▸ **sentir le fauve** *fam* to stink (of sweat) / *ça sent le fauve dans cette pièce* this room stinks of sweat **2.** [couleur] fawn **3.** ART Fauve, Fauvist.

fauverie [fovʀi] nf animal house *(where big cats are housed).*

fauvette [fovɛt] nf warbler.

fauvisme [fovism] nm Fauvism.

faux[1] [fo] nf AGR scythe / *couper de l'herbe à la faux* to scythe through grass.

faux[2], **fausse** [fo, fos]

◆ adj

A. NON VRAI, EXACT

B. CONTRAIRE AUX APPARENCES

A. NON VRAI, EXACT 1. [mensonger - réponse] wrong ; [- affirmation] untrue ; [- excuse, prétexte] false ; [- nouvelle, promesse, témoignage] false ▸ **condamné pour faux serment** sentenced for perjury / *elle m'a donné un faux nom et une fausse adresse* she gave me a false name and address **2.** [inexact - raisonnement] false, faulty ; [- calcul] wrong ; [- balance] faulty ▸ **t'as tout faux** *fam* you're completely wrong **3.** [non vérifié - argument] false ; [- impression] mistaken, wrong, false ; [- espoir] false / *tu te fais une fausse idée de lui* you've got the wrong idea about him ▸ **c'est un faux problème** ou **débat** this is not the issue **4.** MUS [piano, voix] out of tune.

B. CONTRAIRE AUX APPARENCES **1.** [dent, nez, barbe, poche] false ; [bijou, cuir, fourrure, marbre] imitation ; [plafond, poutre] false / *du faux Boulle* imitation Boulle furniture ▸ **faux chignon** hairpiece **2.** [falsifié - monnaie] false, counterfeit, forged ; [- carte à jouer] trick ; [- papiers, facture] forged, false ; [- testament] spurious / *une fausse pièce (de monnaie)* a forged ou fake coin / *fabriquer de la fausse monnaie* to counterfeit money ▸ **c'est un faux Renoir** it's a fake Renoir / *un trafic de faux tableaux* a traffic of forged ou fake paintings **3.** [feint - candeur, émotion] feigned **4.** [pseudo - policier] bogus ; [- intellectuel] pseudo **5.** [hypocrite - caractère, personne] false, deceitful ; [- regard] deceitful, treacherous.

❖ **faux** ◆ adv **1.** MUS [jouer, chanter] out of tune, off-key ▸ **sonner faux** [excuse] to have a hollow ou false ring / *il riait d'un rire qui sonnait faux* he had a hollow laugh ▸ **ça sonne faux** it doesn't ring true **2.** EXPR ▸ **porter à faux a)** [cloison] to be out of plumb ou true **b)** [objet] to be precariously balanced **c)** [argument, raisonnement] to be unfounded. ◆ nm **1.** DR [objet, activité] forgery ▸ **c'est un faux** [document, tableau] it's a fake ou a forgery ▸ **inculper qqn pour faux et usage de faux** to prosecute sb for forgery and use of forgeries **2.** [imitation] : *c'est du cuir? non, c'est du faux* is it leather? — no, it's imitation **3.** LOGIQUE & PHILOS ▸ **le faux** falsehood.

❖ **faux ami** nm false friend.

❖ **fausse couche** nf miscarriage / *faire une fausse couche* to have a miscarriage.

❖ **faux-cul** ◆ adj *tfam* : *il est faux-cul* he's a two-faced bastard. ◆ nm VÊT bustle. ◆ nmf *tfam* two-faced bastard (two-faced bitch).

❖ **faux départ** nm *pr & fig* false start.

❖ **faux frère** nm false friend.

❖ **faux jeton** *fam* ◆ adj inv hypocritical. ◆ nmf hypocrite.

❖ **faux pas** nm **1.** [en marchant] ▸ **faire un faux pas** to trip, to stumble **2.** [erreur] false move **3.** [maladresse] faux pas, gaffe.

faux-bord [fobɔʀ] (*pl* **faux-bords**) nm lopside.

faux-bourdon [fobuʀdɔ̃] (*pl* **faux-bourdons**) nm MUS faux-bourdon.

faux-filet [fofilɛ] (*pl* **faux-filets**) nm sirloin.

faux-fuyant [fofɥijɑ̃] (*pl* **faux-fuyants**) nm excuse, subterfuge ▸ **répondre par des faux-fuyants** to give evasive answers ▸ **user de faux-fuyants** to prevaricate.

faux-monnayeur [fomɔnɛjœʀ] (*pl* **faux-monnayeurs**) nm forger, counterfeiter.

faux-pont [fopɔ̃] (*pl* **faux-ponts**) nm orlop deck.

faux-semblant [fosɑ̃blɑ̃] (*pl* **faux-semblants**) nm : *ne vous laissez pas abuser par des faux-semblants* don't let yourself be taken in by pretence UK ou pretense US.

faux-sens [fosɑ̃s] nm inv mistranslation.

Favart [favaʀ] npr ▸ **la salle Favart** *the Opéra-Comique in Paris.*

favela, favéla* [favela] nf favela, (Brazilian) shantytown.

faveur [favœʀ] nf **1.** [plaisir] favour UK, favor US ▸ **faire une faveur à qqn** to do sb a favour / *faites-moi une faveur* do me a favour / *faites-moi la faveur de l'inviter* do me a favour and invite him / *elle ne lui fit même pas la faveur d'un sourire* she didn't even favour him with a smile / *nous ferez-vous la faveur de votre visite?* will you honour us with a visit? / *faites-moi la faveur de m'écouter quand je parle* would you mind listening when I speak? **2.** [bienveillance] favour UK, favor US / *par faveur spéciale* by special favour / *il a la faveur du président* he's in the president's good books / *elle a eu la faveur de la presse / du public* she found favour with the press / with the public **3.** [ruban] ribbon, favour UK, favor US.

❖ **faveurs** nfpl *sout* favours ▸ **accorder / refuser ses faveurs à qqn** *euphém* to give / to refuse sb one's favours / *elle lui a accordé ses faveurs* she obliged him with her favours.

❖ **à la faveur de** loc prép owing to, with the help of / *à la faveur de la nuit* under cover of darkness.

❖ **de faveur** loc adj preferential / *jours de faveur* days of grace / *prix de faveur* preferential price.

❖ **en faveur** loc adv : *être / ne pas être en faveur* to be in / out of favour ▸ **être en faveur auprès de qqn** to be in favour with sb / *cette mode a été remise en faveur* this fashion has come back into vogue.

❖ **en faveur de** loc prép **1.** [à cause de] on account of **2.** [au profit de] to the benefit of, in favour of / *en ma / votre faveur* in my / your favour / *il a abdiqué en faveur de son cousin* he abdicated in favour of his cousin ▸ **se décider en faveur de qqch** to decide in favour of sthg **3.** [favorable à] in favour of.

favorable [favɔʀabl] adj **1.** [propice] favourable UK, favorable US, right / *arriver au moment favorable* to arrive at the right moment ▸ **saisir le moment favorable** to take the opportunity / *si le temps est favorable* if the weather is favourable **2.** [bien disposé] favourable UK, favorable US / *se montrer sous un jour favorable* to show o.s. in a favourable light ▸ **préjugé favorable** bias ▸ **prêter à qqn une oreille favorable** to listen favourably to sb ▸ **regarder qqch d'un œil favorable** to be favourable to sthg ▸ **favorable à** in favour of, favourable to / *je suis plutôt favorable à son départ* I'm rather in favour of his going ▸ **je suis favorable à cette décision / à vos idées** I approve of this decision / of your ideas.

favorablement [favɔʀabləmɑ̃] adv favourably UK, favorably US ▸ **répondre favorablement** to say yes / *il a répondu favorablement à mon invitation* he accepted my invitation / *si les choses tournent favorablement* if things turn out all right.

favori, ite [favɔʀi, it] ◆ adj [mélodie, dessert] favourite UK, favorite US ; [idée, projet] favourite UK, favorite US, pet *(modif)*. ◆ nm, f **1.** SPORT favourite UK, favorite US **2.** [parmi les enfants] favourite UK, favorite US ▸ **c'est elle la favorite a)** [dans la famille] she's their darling **b)** [en classe] she's the teacher's pet.

❖ **favori** nm HIST (king's ou royal) favourite.

❖ **favorite** nf HIST ▸ **la favorite** the King's mistress.

❖ **favoris** nmpl sideboards, sideburns.

favorisé, e [favɔʀize] adj fortunate / *les pays les plus favorisés* the most favoured nations.

favoriser [3] [favɔʀize] vt **1.** [traiter avantageusement] to favour UK, to favor US, to give preferential treatment to **2.** [être avantageux pour] to favour UK, to favor US, to be to the advantage of / *le partage favorisait traditionnellement l'aîné* traditionally, the distribution of property was to the eldest son's advantage **3.** [faciliter] to further, to promote / *favoriser les intérêts de la société* to further the interests of the firm / *favoriser le développement de l'économie* to promote economic development.

favoritisme [favɔʀitism] nm favouritism UK, favoritism US.

fax [faks] (abr de **Téléfax**) nm **1.** [machine] fax (machine) **2.** [message] fax ▸ **par fax** by fax.

faxer [3] [fakse] vt to fax.

fayard [fajaʀ] nm SUISSE beech.

fayot, e [fajo, ɔt] nm, f *fam péj* [employé] toady, bootlicker ; [élève] swot UK, apple-polisher US.

❖ **fayot** nm [haricot] bean.

fayotage [fajɔtaʒ] nm *fam* bootlicking.

fayoter [3] [fajɔte] vi *fam* to lick sb's boots / *il est toujours à fayoter* he's always bootlicking.

FB (abr écrite de **franc belge**) BF.

FBI [ɛfbiaj] (abr de **Federal Bureau of Investigation**) npr m FBI.

FC (abr de **Football Club**) nm FC.

FCFA (abr écrite de **franc CFA**) *currency used in former French colonies in Africa.*

FCFP (abr écrite de **franc CFP**) *currency used in former French colonies in the Pacific.*

FCP (abr de **fonds commun de placement**) nm investment fund.

féal, e, aux [feal, o] adj *litt* faithful, trusty.

fébrifuge [febʀifyʒ] adj & nm antifebrile, antipyretic, febrifuge.

fébrile [febʀil] adj **1.** MÉD febrile ▸ **état fébrile** feverishness ▸ **un patient fébrile** a patient who's running a fever **2.** [agité] feverish, restless / *des préparatifs fébriles* feverish preparations ▸ **déployer une activité fébrile** to be in a fervent activity.

fébrilement [febʀilmɑ̃] adv **1.** [avec inquiétude] feverishly **2.** [avec hâte] hastily.

fébrilité [febʀilite] nf febrility *spéc*, feverish state, feverishness.

fécal, e, aux [fekal, o] adj faecal.

fèces [fɛs] nfpl faeces.

fécond, e [fekɔ̃, ɔ̃d] adj **1.** BIOL fecund, fertile **2.** [prolifique - terre] rich, fertile ; [- écrivain, inventeur] prolific, productive ; [- imagination] lively, powerful / *une idée féconde litt* a rich idea / *puisse votre labeur être fécond litt* may your labour bear much fruit ▸ **fécond en** *litt* : *terre féconde en fruits de toute sorte* land rich in every kind of fruit / *une journée féconde en événements* an eventful day / *un feuilleton fécond en rebondissements* a serial full of unexpected developments.

fécondabilité [fekɔ̃dabilite] nf fertility.

fécondable [fekɔ̃dabl] adj fertilizable.

fécondant, e [fekɔ̃dɑ̃, ɑ̃t] adj fertilizing.

fécondateur, trice [fekɔ̃datœʀ, tʀis] adj *litt* fertilizing.

❖ **fécondateur** nm *litt* fertilizer.

fécondation [fekɔ̃dasjɔ̃] nf **1.** BIOL [des mammifères] fertilization, impregnation ; [des ovipares] fertilization ▸ **fécondation artificielle / in vitro** artificial / in vitro fertilization **2.** BOT fertilization, fertilizing.

féconder [3] [fekɔ̃de] vt **1.** BIOL [femme, femelle] to impregnate ; [œuf] to fertilize **2.** *litt* [terre, champ] to make fertile **3.** *litt* ▸ **féconder l'esprit / l'imagination / l'intelligence de qqn** to enrich sb's mind / imagination / intelligence.

fécondité [fekɔ̃dite] nf **1.** BIOL fecundity **2.** *litt* [d'une terre, d'un jardin] fruitfulness **3.** *litt* [d'un créateur] fertility.

fécule [fekyl] nf starch ▸ **fécule (de maïs)** cornflour UK, cornstarch US ▸ **fécule de pomme de terre** potato flour.

féculent, e [fekylɑ̃, ɑ̃t] adj [aliment] starchy.

❖ **féculent** nm starchy food, starch / *évitez les féculents* avoid starch ou starchy foods.

fedayin, fédayin* [fedajin] nm fedayee ▸ **les fedayins** the Fedayeen.

fédéral, e, aux [fedeʀal, o] adj **1.** POL federal **2.** SUISSE federal *(relative to the Swiss Confederation).*

❖ **fédéraux** nmpl HIST Federalist troops.

fédéraliser [3] [fedeʀalize] vt to federalize, to turn into a federation.

fédéralisme [fedeʀalism] nm **1.** POL federalism **2.** SUISSE *political tendency defending the independence of the Swiss cantons from federal authority.*

fédéraliste [fedeʀalist] ◆ adj federalist, federalistic. ◆ nmf federalist, federal.

fédérateur, trice [fedeʀatœʀ, tʀis] ◆ adj federative, federating. ◆ nm, f unifier.

fédératif, ive [fedeʀatif, iv] adj federative.

fédération [fedeʀasjɔ̃] nf **1.** POL [gén] federation ; [au Canada] confederation ▸ **la Fédération de Russie** the Federation of Russia **2.** [groupe] federation ▸ **fédération syndicale** trade union.

fédéraux [fedeʀo] nmpl ⟶ **fédéral.**

* In reformed spelling (see p. 16-19).

fédéré, e [federe] adj federated.
◆ **fédéré** nm HIST federate.

fédérer [18] [federe] vt to federate, to form into a federation.
◆ **se fédérer** vp *(emploi réfléchi)* to federate.
In reformed spelling (see p. 16-19), this verb is conjugated like *semer*: *il fédèrera, elles se fédèreraient.*

fée [fe] nf fairy / *sa bonne fée* his good fairy, his fairy godmother ▸ **la fée Carabosse** the wicked fairy ▸ **c'est une fée du logis** she's a wonderful housewife.

feed-back [fidbak] nm inv **1.** TECHNOL feedback **2.** PHYSIOL feedback.

feeder [fidœʀ] nm feeder (pipe).

feeling [filiŋ] nm *fam* : *on va y aller au feeling* we'll play it by ear / *j'ai un bon feeling* I have a good feeling about it.

féerie [fe(e)ʀi], **féérie*** [feeʀi] nf **1.** THÉÂTRE spectacular **2.** [merveille] enchantment / *elle n'oubliera jamais la féerie de cette nuit* she'll never forget the enchantment of that night / *le feu d'artifice était une féerie de lumières* the firework display was pure enchantment ▸ **une féerie de couleurs** a riot of colour.

féerique [fe(e)ʀik], **féérique*** [feeʀik] adj **1.** MYTH fairy *(modif)*, magic, magical **2.** [beau -vue, spectacle] enchanting, magical.

feignait v ⟶ **feindre.**

feignant, e [fɛɲɑ̃, ɑ̃t] *fam* ◆ adj lazy, idle. ◆ nm, f loafer.

feindre [81] [fɛ̃dʀ] ◆ vt to feign / *feindre la joie* to feign joy / *sa colère n'était pas feinte* her anger wasn't feigned. ◆ vi [dissimuler] to dissemble *litt*, to pretend ▸ **feindre de** : *elle feint de s'intéresser à cette histoire* she pretends she's interested in this story.

feinte [fɛ̃t] nf **1.** [ruse] ruse **2.** *litt* [dissimulation] dissembling *(U)*, dissimulation, pretence ▸ **sans feinte** frankly, without pretence **3.** SPORT [à la boxe et à l'escrime] feint ; [au football, au rugby, etc.] dummy UK fake US / *il a trompé l'arrière par une feinte* he sold the fullback a dummy UK he faked out the fullback US **4.** MIL feint, sham attack.

feinter [3] [fɛ̃te] ◆ vt **1.** SPORT ▸ **feinter l'adversaire** [à la boxe et à l'escrime] to feint at the opponent ▸ **feinter la passe** [au football et au rugby] to sell a dummy UK to fake a pass US ; *(en usage absolu)* to feint **2.** *fam* [duper] to fool, to take in *(sép)* / *il t'a bien feinté!* he really took you in!, he tricked you good and proper! ▸ **feinté!** foiled again! ◆ vi to dummy UK to fake US.

feldspath [fɛldspat] nm feldspar.

feldspathique [fɛldspatik] adj feldspathic.

feldspathoïde [fɛldspatɔid] nm feldspathoid.

fêlé, e [fele] ◆ adj **1.** [voix, son] hoarse, cracked **2.** *fam* [fou] nuts / *il est complètement fêlé!, il a le cerveau fêlé!* he's completely nuts! ◆ nm, f *fam* nut, loony / *tous des fêlés!* they're all bonkers ou cracked.

fêler [4] [fele] vt *pr* to crack / *une amitié que jamais rien ne fêla fig & litt* an undying friendship.
◆ **se fêler** vpi [tasse] to crack.

félicitations [felisitasjɔ̃] nfpl congratulation, congratulations / *(toutes mes) félicitations* congratulations! ▸ **adresser** ou **faire ses félicitations à qqn** to congratulate sb ▸ **recevoir les félicitations de qqn pour qqch** to be congratulated by sb on sthg / *avec les félicitations du jury* UNIV with the examining board's utmost praise, summa cum laude.

félicité [felisite] nf *litt* bliss, felicity *sout.*

féliciter [3] [felisite] vt to congratulate ▸ **féliciter qqn de qqch** to congratulate sb on sthg / *je l'ai félicité d'avoir réussi son examen* I congratulated him on having passed his exam / *féliciter des jeunes mariés* to congratulate newly-weds / *permettez-moi de vous féliciter!* congratulations! / *je ne vous félicite pas!* you'll get no thanks from me!
◆ **se féliciter de** vp + prép **1.** [se réjouir de] ▸ **se féliciter de qqch** to be glad ou pleased about sthg / *tous se félicitaient de sa réussite* they were all pleased about his success ou (that) he succeeded **2.** [se louer de] : *je me félicite d'être resté calme* I'm pleased to say I remained calm.

félidé [felide] nm feline ▸ **les félidés** the Felidae.

félin, e [felɛ̃, in] adj **1.** ZOOL feline **2.** [regard, démarche] feline, catlike.
◆ **félin** nm cat ▸ **les félins** the cat family ▸ **grand félin** big cat.

félinité [felinite] nf *litt* felinity *sout*, cat-like quality.

fellaga, fellagha [felaga] nm fellagha *(name given by the French to Algerians fighting for independence).*

fellah [fela] nm fellah.

fellation [felasjɔ̃] nf fellatio, fellation ▸ **faire une fellation à qqn** to perform fellatio on sb.

félon, onne [felɔ̃, ɔn] adj **1.** *litt* [perfide] disloyal, treacherous, felonious *litt* **2.** HIST rebellious.
◆ **félon** nm **1.** *litt* [traître] traitor **2.** HIST felon.

félonie [felɔni] nf **1.** *litt* [traîtrise] disloyalty, treachery, act of betrayal **2.** HIST felony.

felouque [fəluk] nf felucca.

fêlure [felyʀ] nf **1.** [d'un objet] crack / *la surface de la jarre était couverte de mille petites fêlures* the surface of the jar was covered with a fine network of cracks / *il y a une fêlure dans leur amitié* cracks are beginning to show in their friendship **2.** [de la voix] crack **3.** MÉD fracture.

femelle [fəmɛl] ◆ adj **1.** ZOOL female **2.** ORNITH hen **3.** BOT & ÉLECTR female ▸ **une prise femelle** a socket. ◆ nf **1.** ZOOL female **2.** *tfam & péj* [femme] female.

Femina [femina] npr ▸ **le prix Femina** *annual literary prize whose winner is chosen by a jury of women.*

féminin, e [feminɛ̃, in] adj **1.** BIOL ▸ **la morphologie féminine** the female body **2.** [composé de femmes] : *des craintes parmi la population féminine* fears among the female population / *notre main-d'œuvre féminine* our female workers ▸ **l'équipe féminine** the women's team **3.** [considéré comme typique de la femme] ▸ **une réaction typiquement féminine** a typical female reaction ▸ **elle est très féminine** she's very feminine / *il avait une voix féminine* he had a woman's voice **4.** [qui a rapport à la femme] ▸ **mode féminine** women's fashions ▸ **revendications féminines** women's claims / *le tennis féminin* women's tennis **5.** GRAM & LITTÉR [nom, rime] feminine.
◆ **féminin** nm **1.** GRAM feminine (gender) **2.** ⟶ **éternel.**

> **feminine** ou **female ?**
> Attention, **feminine** ne doit pas être employé systématiquement pour traduire féminin. Voir l'article pour les traductions appropriées.

féminisant, e [feminizɑ̃, ɑ̃t] adj BIOL feminizing.

féminisation [feminizasjɔ̃] nf **1.** BIOL feminization, feminizing *(U)* **2.** SOCIOL ▸ **la féminisation d'une profession** / **d'un milieu** increased female participation in a profession / in a group / *depuis la féminisation de la profession* since women have entered the profession.

féminiser [3] [feminize] vt **1.** BIOL to feminize **2.** GRAM [mot] to put into the feminine gender **3.** [homme] to make effeminate **4.** SOCIOL : *il faut féminiser ces professions* more women must be encouraged to enter those professions.
◆ **se féminiser** vpi **1.** BIOL to feminize **2.** [homme] to become effeminate **3.** SOCIOL ▸ **notre profession se féminise** more and more women are entering our profession / *le métier de médecin / détective se féminise* there are more and more women doctors / detectives.

féminisme [feminism] nm **1.** [mouvement] feminism **2.** BIOL feminization.

féministe [feminist] adj & nmf feminist.

féminité [feminite] nf femininity.

femme [fam] nf **1.** [personne] woman ▸ **femme ingénieur** / **soldat** woman engineer / soldier ▸ **une femme à poigne** / **de parole** a tough / reliable woman ▸ **femme de ménage** cleaning lady, daily (woman) UK maid US ▸ **femme d'affaires** businesswoman ▸ **femme de chambre** maid, chambermaid ▸ **femme écrivain** woman writer ▸ **une femme de mauvaise vie** a scarlet ou loose woman ▸ **femme de petite vertu** woman of easy virtue ▸ **femme policier** policewoman, WPC UK ▸ **une femme enfant** a childlike woman ▸ **femme fatale** femme fatale ▸ **une femme fleur** a fragile flower of a woman **2.** [adulte] ▸ **c'est une femme maintenant** she's a woman now / *à treize ans elle fait déjà très femme* at thirteen she already looks very much a woman / *elle devient femme* she's growing up, she's becoming a woman **3.** [ensemble de personnes] ▸ **la femme** woman ▸ **les femmes** women ▸ **la libération** / **les droits de la femme** women's liberation / rights **4.** [épouse] wife ▸ **prendre qqn pour femme** to take sb as one's wife ▸ **prendre femme** *sout* to take a wife **5.** *(comme adj)* [féminine] ▸ **être très femme** to be very feminine / *je me sens très femme* I feel very much a woman ou very womanly.

femmelette [famlɛt] nf **1.** *péj* [homme] sissy / *pas de femmelettes chez nous!* we don't want any sissies around here! **2.** [femme] weak ou frail woman.

femme-objet [famɔbʒɛ] (*pl* **femmes-objets**) nf *woman seen or treated as an object.*

fémoral, e, aux [femɔʀal, o] adj femoral *spéc*, thigh *(modif).*

fémur [femyʀ] nm thigh bone, femur *spéc.*

FEN [fɛn] (abr de **Fédération de l'Éducation nationale**) npr f *teachers' trade union* ; ≃ NUT UK.

fenaison [fənɛzɔ̃] nf [récolte] haymaking ; [époque] haymaking time.

fendage [fɑ̃daʒ] nm [du bois] chopping ; [de l'ardoise] splitting.

fendant[1] [fɑ̃dɑ̃] nm **1.** ESCRIME sword thrust **2.** [raisin] Fendant grape **3.** [vin] Fendant (wine).

fendant[2], **e** [fɑ̃dɑ̃, ɑ̃t] adj *fam* hilarious, killing.

fendeur [fɑ̃dœʀ] nm *worker specializing in splitting slates or wood.*

fendillé, e [fɑ̃dije] adj [miroir] cracked ; [poterie] crazed ; [bois] split / *avoir les lèvres fendillées* to have chapped lips.

fendillement [fɑ̃dijmɑ̃] nm [d'un miroir, d'un mur, d'un tableau] cracking ; [du bois] splitting, springing ; [du verre, de l'émail, du vernis, de la porcelaine] crazing, crackling.

fendiller [3] [fɑ̃dije] vt [miroir, mur, tableau] to crack ; [bois] to split ; [émail, verre, vernis, poterie] to craze, to crackle.
◆ **se fendiller** vpi [miroir, mur, tableau] to crack ; [bois] to spring ; [verre, poterie, émail, vernis] to craze, to crackle.

fendoir [fɑ̃dwaʀ] nm chopper, cleaver.

fendre [73] [fɑ̃dʀ] vt **1.** [couper -bois, roche] to split, to cleave ; [-lèvre] to cut ou to split (open) / *fendre une bûche en deux* to split ou to chop a log down the middle ▸ **fendre le crâne à qqn** to split sb's skull (open) ▸ **ça vous fend** ou **c'est à vous fendre le cœur** it breaks your heart, it's heartbreaking, it's heartrending **2.** [fissurer -terre, sol, mur] to crack **3.** COUT [veste, jupe, robe] to make a slit in **4.** [traverser -foule] to push ou to force one's way through ▸ **fendre les flots** / **l'air** / **le vent** *litt ou hum* to cleave through the seas / the air / the breeze.
◆ **se fendre** ◆ vpi **1.** [s'ouvrir -bois] to split ; [-terre, sol, mur] to crack **2.** *fam* [se ruiner] : *tu ne t'es pas trop fendu!* this really didn't ruin ou break you, did it! ▸ **se fendre de** : *se fendre de 30 euros* to fork out ou to shell out 30 euros / *il s'est fendu d'une bouteille de vin* he forked out ou shelled out for a bottle of wine **3.** ESCRIME to lunge. ◆ vpt ▸ **se fendre qqch** : *elle s'est fendu la lèvre* she cut her lip (open) / *se fendre le crâne* to crack one's skull (open) ▸ **se fendre la gueule** *tfam* ou **pêche**, *fam* ou **pipe**, *fam* ou **poire** *fam* **a)** [rire] to split one's sides **b)** [s'amuser] to have a ball.

*In reformed spelling (see p. 16-19).

fendu, e [fɑ̃dy] adj [robe, jupe] slit ; [yeux] almond-shaped / *une bouche fendue jusqu'aux oreilles* a broad grin ou smile.

fenestrage [fənɛstʀaʒ] nm fenestration.

fenestron [fənɛstʀɔ̃] nm tail rotor.

fenêtrage [fənɛtʀaʒ] INFORM windowing.

fenêtre [fənɛtʀ] nf **1.** CONSTR window / *ouvrir / fermer la fenêtre* to open / to close the window / *regarder par la fenêtre* to look out of the window / *sauter par la fenêtre* to jump out of the window ▸ **ouvrir une fenêtre sur** *fig* to open a window on ▸ **fenêtre à battants** casement window ▸ **fenêtre à coulisse** ou **à guillotine** sash window ▸ **fenêtre à encorbellement** oriel window ▸ **fenêtre mansardée** dormer window ▸ **fenêtre à meneaux** mullioned window ▸ **fenêtre en saillie** bay window ▸ **fenêtre à tabatière** skylight ▸ **fausse fenêtre** blind window ▸ **une place côté fenêtre** : *une place côté couloir ou côté fenêtre ?* an aisle or a window seat ? ▸ **'Fenêtre sur cour'** *Hitchcock* 'Rear Window' **2.** [d'une enveloppe] window **3.** INFORM window ▸ **fenêtre active** ou **activée** active window ▸ **fenêtre de lecture-écriture** read-write slot **4.** [espace blanc] space, blank **5.** ANAT fenestra ▸ **fenêtre ovale** / **ronde** fenestra ovalis / rotunda **6.** GÉOL inlier **7.** ASTRON ▸ **fenêtre atmosphérique** weather window.

feng shui [fɛ̃gʃwi] nm inv feng shui.

fenian, e [fenjɑ̃, an] adj & nm, f Fenian.

fenil [fənil] nm hayloft.

fennec [fenɛk] nm fennec.

fenouil [fənuj] nm fennel ▸ **fenouil doux** ou **de Florence** Florentine fennel.

fente [fɑ̃t] nf **1.** [fissure - dans du bois] cleft, split ; [- dans un sol, un mur] crack, fissure ; [- dans une roche] cleft **2.** [ouverture - d'une jupe, des volets] slit ; [- dans une boîte, sur une vis] slot ; [- dans une veste] vent ; [- pour passer les bras] armhole **3.** ESCRIME lunge.

fenugrec [fənygʀɛk] nm BOT fenugreek.

féodal, e, aux [feɔdal, o] adj feudal.

❖ **féodal** nm [propriétaire] landlord ; [seigneur] feudal lord.

féodalement [feɔdalmɑ̃] adv according to feudal law.

féodalisme [feɔdalism] nm feudalism.

féodalité [feɔdalite] nf **1.** [système] feudal system **2.** *péj* [puissance] feudal power.

fer [fɛʀ] nm **1.** CHIM iron *(U)* **2.** MÉTALL iron *(U)* ▸ **fer doux** soft iron ▸ **fer forgé** wrought iron **3.** [dans les aliments] iron *(U)* **4.** [barre] (iron) bar ▸ **fer en T / U** T / U girder **5.** [lame] blade ▸ **fer de lance** *pr & fig* spearhead ▸ **tourner** ou **retourner le fer dans la plaie** to twist the knife in the wound / *par le fer et par le feu* by fire and sword **6.** [pour repassage] ▸ **fer à repasser** iron / *passer un coup de fer sur un pantalon* to give a pair of trousers UK ou pants US a quick iron / *ton pantalon a besoin d'un petit coup de fer* your trousers UK ou pants US could do with a quick iron ▸ **fer à vapeur** steam iron ▸ **fer électrique** (electric) iron **7.** [instrument] ▸ **fer à dorer** gilding iron ▸ **fer à friser** curling tongs UK ou iron US ▸ **fer à gaufrer** goffering iron ▸ **fer à marquer** brand, branding iron ▸ **fer à souder** soldering iron ▸ **fer rouge** brand **8.** [de chaussure] metal tip **9.** [de golf] iron *(C)* **10.** RAIL ▸ **le fer** rail, the railway system, the railways / *acheminer / transporter par fer* to take / to carry by rail **11.** *litt* [épée] blade.

❖ **fers** nmpl [chaînes] irons, shackles ▸ **mettre qqn aux fers** to put sb in irons.

❖ **de fer** loc adj [moral, santé] cast-iron *(modif)* ; [discipline, volonté] iron *(modif)*.

❖ **fer à cheval** nm horseshoe / *en fer à cheval* [escalier, table] horseshoe-shaped, horseshoe *(modif)*.

fera v ⟶ **faire.**

fer-blanc [fɛʀblɑ̃] (*pl* **fers-blancs**) nm tin, tinplate.

❖ **en fer-blanc** loc adj tin *(modif)* ▸ **boîte en fer-blanc** can, tin can.

ferblanterie [fɛʀblɑ̃tʀi] nf **1.** [manufacture] tinplate making **2.** [objets] tinware **3.** *péj* [décorations] medals / *ils ont sorti toute leur ferblanterie* they had all their medals on display.

ferblantier [fɛʀblɑ̃tje] nm tinsmith.

feria [feʀja] nf fair *(yearly, in Spain and Southern France)*.

férié, e [feʀje] adj ▸ **c'est un jour férié** it's a (public) holiday / *on ne travaille pas les jours fériés* we don't work on holidays / *demain, c'est férié* tomorrow's a (public) holiday.

férir [feʀiʀ] vt *litt* ▸ **sans coup férir** without any problem ou difficulty / *conquérir une région sans coup férir* to conquer a region without bloodshed.

ferler [3] [fɛʀle] vt to furl.

fermage [fɛʀmaʒ] nm **1.** [location] tenant farming **2.** [redevance] farm rent.

ferme[1] [fɛʀm] nf **1.** [maison] farmhouse ; [exploitation] farm **2.** DR ▸ **prendre ferme** to rent, to farm ▸ **donner à ferme** to let ▸ **bail à ferme** farm lease **3.** ARCHIT truss **4.** THÉÂTRE set piece.

ferme[2] [fɛʀm] ◆ adj **1.** [dur - sol] solid, firm ; [- corps, chair, fruit, muscle] firm / *une viande un peu trop ferme* slightly tough meat **2.** [stable] : *être ferme sur ses jambes* to stand steady on one's legs ou firm on one's feet **3.** [décidé - ton, pas] firm, steady / *..., dit-elle d'une voix ferme ...,* she said firmly **4.** [inébranlable - volonté, décision] firm ; [- réponse] definite / *des prix fermes et définitifs* firm ou definite prices / *un engagement ferme* a firm commitment / *il est resté ferme sur le prix* he refused to bring the price down **5.** ÉCON steady, firm / *le dollar est resté ferme* the dollar stayed firm **6.** COMM [achat, vente] firm. ◆ adv **1.** [solidement] ▸ **tenir ferme a)** [clou] to hold **b)** [personne, troupe] to stand firm, to hold on **2.** [beaucoup - travailler, boire] hard / *il boit ferme* he's a heavy ou a hard drinker **3.** [avec passion - discuter] with passion, passionately **4.** COMM ▸ **acheter / vendre ferme** to buy / to sell firm.

fermé, e [fɛʀme] adj **1.** [passage] closed, blocked / **'col fermé'** 'pass closed to traffic' **2.** [porte, récipient] closed, shut / *une porte fermée* a closed door / *j'ai laissé la porte à demi fermée* I left the door ajar ou half-open / *une boîte fermée* a box which is shut, a closed box ; [à clef] locked / *un local toujours fermé* a room that's always locked ▸ **fermé à clef** locked ▸ **fermé à double tour** double-locked **3.** [radiateur, robinet] off **4.** [bouche, œil] shut, closed (up) / *dormir la bouche fermée* to sleep with one's mouth shut **5.** [magasin, bureau, restaurant] closed / *vous restez fermé pendant Noël ?* will you be staying closed over Christmas ? / *fermé le lundi* closed on Mondays, closing day Monday **6.** CHASSE & PÊCHE closed **7.** [méfiant - visage] closed, inscrutable, impenetrable ; [- regard] impenetrable ▸ **une personnalité fermée** a secretive ou an uncommunicative personality **8.** [exclusif - milieu, ambiance] exclusive, select **9.** PHON [syllabe, voyelle] closed **10.** SPORT [jeu] tight **11.** INFORM & MATH closed.

fermement [fɛʀməmɑ̃] adv **1.** [avec force] firmly, solidly, steadily **2.** [résolument] firmly, strongly.

ferment [fɛʀmɑ̃] nm **1.** CHIM ferment, leaven ▸ **ferments lactiques** bacilli used in making yoghurt **2.** *litt* [facteur] ▸ **un ferment de** : *leur présence est un ferment de haine* their presence stirs up hatred.

fermentable [fɛʀmɑ̃tabl] = **fermentescible.**

fermentatif, ive [fɛʀmɑ̃tatif, iv] adj fermentative.

fermentation [fɛʀmɑ̃tasjɔ̃] nf **1.** CHIM fermentation, fermenting **2.** *litt* [agitation] fermentation, commotion, unrest.

❖ **en fermentation** loc adj [raisin] fermenting.

fermenté, e [fɛʀmɑ̃te] adj fermented.

fermenter [3] [fɛʀmɑ̃te] vi **1.** CHIM to ferment **2.** *litt* [sentiment] to be stirred ; [esprit] to be in a ferment.

fermentescible [fɛʀmɑ̃tesibl] adj fermentable, fermentescible.

fermer [3] [fɛʀme] ◆ vt **1.** [yeux] to shut, to close ; [poing, main] to close ; [enveloppe] to seal, to shut, to close ; [éventail] to fold, to close ; [col, jupe] to fasten, to do up *(sép)* ; [sac, valise, bocal, livre] to shut, to close ; [robinet] to turn off *(sép)* / *fermez vos cahiers* close your exercise books ▸ **fermer les rideaux** to close ou draw the curtains ▸ **ferme le tiroir** shut the drawer / *ferme très fort les yeux* screw your eyes up tight ▸ **fermer les yeux sur qqch** to turn a blind eye to sthg ▸ **ne pas fermer l'œil de la nuit** : *je n'ai pas fermé l'œil de la nuit* I didn't get a wink (of sleep) all night ▸ **fermer sa bouche** *fam* ou **sa gueule**, *tfam* ou **son bec** *fam* to shut up, to shut one's trap ▸ **la fermer** *tfam* : *je le savais mais je l'ai fermée* I knew it but I didn't let on ▸ **la ferme !** *tfam* shut up !, shut your face ! **2.** [porte] to close, to shut / *fermer une porte à clef* to lock a door / *fermer une porte à double tour* to double-lock a door / *il a fermé la porte d'un coup de pied* he kicked the door shut ▸ **il a fermé la porte d'un coup d'épaule a)** [doucement] he nudged the door shut with his shoulder **b)** [durement] he banged the door shut with his shoulder ▸ **fermer ses portes** [boutique, musée] to shut, to close ; *(en usage absolu)* ▸ **on ferme !** closing now ! **3.** [éteindre - électricité, lumière, compteur] to turn ou to switch off *(sép)* ; [- robinet] to turn off *(sép)* / *fermer l'eau dans une maison fam* to turn the water off (at the mains) in a house / *ferme la télé fam* switch the TV off **4.** [rendre inaccessible - rue, voie] to block, to bar, to obstruct **5.** [interdire - frontière, port] to close / *fermer l'entrée d'un port* to close a harbour / *fermer son pays aux réfugiés politiques* to close one's borders to political refugees / *cette filière vous fermerait toutes les carrières scientifiques* this course would prevent you from following any scientific career **6.** [faire cesser l'activité de] ▸ **fermer un restaurant / théâtre a)** [pour un congé] to close a restaurant / theatre **b)** [définitivement] to close a restaurant / theatre (down) / *ne fermez pas notre école !* don't close our school (down) ! / *la police a fait fermer l'établissement* the police had the place closed down ▸ **fermer boutique a)** [pour un congé] to shut up shop **b)** [pour cause de faillite] to stop ou to cease trading, to close down **c)** *fig* to give up **7.** [rendre insensible] ▸ **fermer qqch à** : *fermer son âme à qqch* to harden one's heart to sthg ▸ **fermer son cœur à qqn** to harden one's heart to sb ▸ **fermer son esprit à qqch** to close one's mind to sthg ▸ **fermer qqn à qqch** : *c'est elle qui m'a fermée aux études* she's the one who turned ou put me off studying **8.** [être à la fin de] ▸ **fermer la marche** to be at the back of the procession ▸ **fermer le bal** to be the last to leave the ball **9.** [délimiter] : *les montagnes qui ferment l'horizon / la vue* the mountains which shut off the horizon / block the view **10.** BANQUE & FIN [compte, portefeuille d'actions] to close **11.** SPORT ▸ **fermer le jeu** to tighten up play. ◆ vi **1.** [se verrouiller - couvercle, fenêtre, porte] to close / *le portail ferme mal* the gate is difficult to close ou won't close properly ▸ **le radiateur ferme mal** the radiator won't turn off properly **2.** [cesser son activité - temporairement] to close / *le musée / parc va fermer* the museum / park will soon close / *la banque ferme le samedi* the bank closes Saturdays ou is closed on Saturday / *la chasse au faisan fermera la semaine prochaine* the pheasant season will close next week ; [définitivement] to close down / *les usines ferment* factories are closing down.

❖ **se fermer** ◆ vp *(emploi passif)* [être attaché - col, robe, veste] to fasten, to do up. ◆ vpi **1.** [être verrouillé - porte, fenêtre] to close / *les frontières se fermaient devant lui fig* countries were closing their borders to him ▸ **se fermer à** [être inaccessible à] : *les sociétés occidentales se ferment à l'immigration* Western societies are closing their doors to immigrants / *son cœur s'est fermé à la pitié* he has become impervious to pity **2.** [se serrer, se plier - bras, fleur, huître, main] to close (up) ; [- aile] to fold ; [- bouche, œil, paupière, livre, rideau] to close ; [- blessure] to close (up), to heal / *mes yeux se ferment tout seuls* I can't keep my eyes open **3.** [être impénétrable] : *on ne peut pas lui parler, elle se ferme aussitôt* there's no talking to her, she just switches off ou freezes up.

fermeté [fɛʀməte] nf **1.** [solidité - d'un objet] solidness, firmness ; [- d'un corps] firmness **2.** [assurance - d'un geste] assurance, steadiness ; [- d'une voix] firmness **3.** [autorité] firmness ▸ **faire preuve de fermeté à l'égard de qqn** to be firm with sb ▸ **avec fermeté** firmly, resolutely, steadfastly ▸ **sans fermeté** irresolutely, waveringly / *le gouvernement agit sans fermeté aucune* the government is acting without any determination whatsoever **4.** BOURSE steadiness.

fermette [fɛʀmɛt] nf **1.** [habitation] small farm ou farmhouse **2.** CONSTR small truss.

fermeture [fɛʀmətyʀ] nf **1.** [obstruction] : *après la fermeture du puits / tunnel* once the well / tunnel is blocked off **/** *la fermeture du coffre se fera devant témoins* the safe will be locked ou sealed in the presence of witnesses **2.** [rabattement] closing **/** *la fermeture des grilles avait lieu à midi* the gates were closed at noon **/** **'ne pas gêner la fermeture des portes'** 'please do not obstruct the doors' **3.** COMM [arrêt des transactions] : *les plus belles affaires se font à la fermeture* the best bargains are struck just before closing time ou the shop closes ▸ **au moment de la fermeture a)** [du bureau] at the end of the day's work **b)** [de la banque, du magasin, du café] at closing time **/** **'fermeture annuelle'** 'closed for annual holiday' ▸ **fermeture définitive** closedown ▸ **à la fermeture** BOURSE at the close of trading ; ADMIN & FIN closing **/** *pour faciliter la fermeture d'un compte courant* to make it easier to close a current account ▸ **jour de fermeture a)** [hebdomadaire] closing day **b)** [férié] public holiday **4.** [fin - d'une session, d'un festival] close, closing ; CHASSE & PÊCHE closing **/** *demain, on fait la fermeture ensemble* *fam* we're going out on the last (official) day of shooting tomorrow **5.** VÊT ▸ **fermeture Éclair®** ou **à glissière** zip (fastener) UK, zipper US.

fermi [fɛʀmi] nm fermi.

fermier, ère [fɛʀmje, ɛʀ] adj **1.** ÉCON [compagnie, société] farm *(modif)* **2.** COMM ▸ **poulet / œuf fermier** free-range chicken / egg ▸ **lait / beurre fermier** dairy milk / butter.

❖ **fermier** nm **1.** AGR [locataire] tenant farmer ; [propriétaire, agriculteur] farmer **2.** HIST ▸ **fermier général** farmer general.

❖ **fermière** nf **1.** [épouse] farmer's wife **2.** [cultivatrice] woman farmer.

fermium [fɛʀmjɔm] nm fermium.

fermoir [fɛʀmwaʀ] nm [de collier, de sac] clasp, fastener.

féroce [feʀɔs] adj **1.** [brutal - tyran, soldat] cruel, bloodthirsty **2.** [acerbe - humour, examinateur] cruel, harsh, ferocious **/** *dans une critique féroce qui vient de paraître* in a ferocious ou savage review just out **3.** [qui tue - animal, bête] ferocious **4.** [extrême - appétit] voracious.

férocement [feʀɔsmɑ̃] adv **1.** [brutalement] cruelly **2.** [avec dureté] harshly, ferociously.

férocité [feʀɔsite] nf **1.** [brutalité] cruelty, bloodlust **2.** [intransigeance] harshness, ferociousness ▸ **avec férocité** ferociously **3.** [d'une bête] ferocity.

Féroé [feʀɔe] npr fpl ▸ **les (îles) Féroé** the Faeroes, the Faeroe Islands ▸ **aux Féroé** in the Faeroes. ⟶ **île**

ferrade [fɛʀad] nf branding *(of cattle)*.

ferrage [fɛʀaʒ] nm **1.** [d'une roue] rimming ; [d'une canne] tipping with metal **2.** [d'un cheval, d'un bœuf] shoeing **3.** PÊCHE striking.

ferraillage [fɛʀajaʒ] nm **1.** [action] framing with iron **2.** [armatures] iron framework.

ferraille [fɛʀaj] nf **1.** [débris] ▸ **de la ferraille** scrap (iron) ▸ **un bruit de ferraille** a clanking noise **2.** [rebut] ▸ **la ferraille** : *mettre une machine à la ferraille* to sell a machine for scrap **/** *bon pour la* ou *à mettre à la ferraille* ready for the scrapheap, good for scrap **3.** *fam* [monnaie] small change.

ferrailler [3] [fɛʀaje] vi **1.** ESCRIME to clash swords **2.** *fig* to clash, to cross swords **/** *le gouvernement a ferraillé avec les syndicats* the government clashed with the unions **3.** CONSTR [béton] to reinforce.

ferrailleur [fɛʀajœʀ] nm **1.** CONSTR ≃ building worker *(in charge of iron frameworks)* **2.** [commerçant] scrap merchant **3.** *arch* [duelliste] swashbuckler.

Ferrare [fɛʀaʀ] npr Ferrara.

ferré, e [fɛʀe] adj **1.** [muni de fers - cheval] shod ; [- chaussure] hobnailed ; [- roue] rimmed ; [- lacets] tagged **2.** *fam* EXPR **être ferré sur qqch** to be a genius at sthg ▸ **être ferré en qqch** to be well up on sthg **/** *elle est ferrée en chimie* she's a genius at chemistry.

ferrement [fɛʀmɑ̃] nm CONSTR iron framework.

ferrer [4] [fɛʀe] vt **1.** [garnir - roue] to rim ; [- canne] to tip with metal **2.** [cheval, bœuf] to shoe **3.** PÊCHE to strike.

ferreux, euse [fɛʀø, øz] adj ferrous.

ferricyanure [fɛʀisjanyʀ] nm ferricyanide.

ferrimagnétisme [fɛʀimaɲetism] nm ferrimagnetism.

ferrique [fɛʀik] adj ferric.

ferrite [fɛʀit] ◆ nm CHIM ferrite. ◆ nf MÉTALL ferrite.

ferroalliage [fɛʀɔaljaʒ] nm iron alloy.

ferrochrome [fɛʀɔkʀom] nm ferrochromium, ferrochrome.

ferrocyanure [fɛʀɔsjanyʀ] nm ferrocyanide.

ferroélectricité [fɛʀɔelɛktʀisite] nf ferroelectricity.

ferroélectrique [fɛʀɔelɛktʀik] adj ferroelectric.

ferromagnétique [fɛʀɔmaɲetik] adj ferromagnetic.

ferromagnétisme [fɛʀɔmaɲetism] nm ferromagnetism.

ferromanganèse [fɛʀɔmɑ̃ganɛz] nm ferromanganese.

ferromolybdène [fɛʀɔmɔlibdɛn] nm ferromolybdenum.

ferronickel [fɛʀɔnikɛl] nm ferronickel.

ferronnerie [fɛʀɔnʀi] nf **1.** [art] ▸ **ferronnerie (d'art)** wrought-iron craft **2.** [ouvrage] : *une belle ferronnerie du XVIIIe siècle* a fine piece of 18th-century wrought ironwork ou wrought-iron work **/** *des ferronneries, de la ferronnerie* wrought ironwork, wrought-iron work **3.** [atelier] ironworks *(sg ou pl)*.

❖ **de ferronnerie, en ferronnerie** loc adj wrought-iron *(modif)*.

ferronnier [fɛʀɔnje] nm ▸ **ferronnier (d'art)** wrought-iron craftsman.

ferroutage [fɛʀutaʒ] nm piggyback traffic.

ferroviaire [fɛʀɔvjɛʀ] adj [trafic, tunnel, réseau] rail *(modif)*, railway UK *(modif)*, railroad US *(modif)*.

ferrugineux, euse [fɛʀyʒinø, øz] adj ferrugineous, ferruginous.

ferrure [fɛʀyʀ] nf **1.** [garniture] metal hinge **2.** [fait de ferrer] shoeing *(U)* **3.** [fers] horseshoes.

ferry [fɛʀi] *(pl* **ferries***)* nm [pour voitures] car-ferry, ferry ; [pour voitures ou trains] ferry, ferry-boat.

ferry-boat *(pl* **ferry-boats***)*, **ferryboat*** [fɛʀibot] nm ferry-boat.

fertile [fɛʀtil] adj **1.** AGR & GÉOGR fertile, rich ▸ **fertile en** rich in **/** *région fertile en agrumes* area rich in citrus fruit **/** *pays fertile en olives* olive-rich country **2.** *fig* ▸ **fertile en** rich in **/** *une année fertile en événements* a very eventful year **3.** BIOL [femelle, femme, couple] fertile **4.** NUCL fertile.

fertilisable [fɛʀtilizabl] adj AGR fertilizable.

fertilisant, e [fɛʀtilizɑ̃, ɑ̃t] adj AGR fertilizing.

❖ **fertilisant** nm fertilizer.

fertilisation [fɛʀtilizasjɔ̃] nf AGR & BIOL fertilization, fertilizing.

fertiliser [3] [fɛʀtilize] vt AGR to fertilize.

fertilité [fɛʀtilite] nf **1.** AGR fertility, fruitfulness **2.** BIOL [d'un couple, d'une femme] fertility **3.** [d'un esprit, d'un cerveau] fertility **/** *connu pour la fertilité de son imagination* famous for his fertile imagination.

féru, e [feʀy] adj ▸ **être féru de qqch** to be keen on ou highly interested in sthg.

férule [feʀyl] nf **1.** [fouet] ferule, ferula **2.** BOT ferula **3.** EXPR **être sous la férule de qqn** to be under sb's strict authority.

fervent, e [fɛʀvɑ̃, ɑ̃t] ◆ adj fervent, ardent. ◆ nm, f devotee, enthusiast, addict **/** *les fervents du rugby* rugby enthusiasts ou fans **/** *c'est une fervente de romans policiers* she's a detective story addict.

ferveur [fɛʀvœʀ] nf fervour UK, fervor US, ardour UK, ardor US, enthusiasm ▸ **avec ferveur** with enthusiasm, fervently, enthusiastically.

Fès [fɛz] npr Fez.

fesse [fɛs] nf **1.** ANAT buttock ▸ **les fesses** the buttocks **/** *un singe assis sur ses fesses* a monkey sitting on its behind **/** *montrer ses fesses à tout le monde* to be bare-bottomed **/** *avoir mal aux fesses* to have a sore bottom **/** *avoir des belles / grosses fesses* to have a nice / fat bottom **/** *poser ses fesses quelque part* *fam* to sit down somewhere **/** *pose tes fesses!* *fam* sit yourself down! ▸ **avoir qqn aux fesses** *fam* to have sb on one's back **/** *s'il refuse, je lui mets la police aux fesses!* if he refuses, I'll have the law on him! **2.** ▸ **la fesse a)** *tfam* [le sexe] sex **b)** [la pornographie] pornography, the porn industry **/** *raconter des histoires de fesses* *fam* to tell dirty jokes **3.** HIST & NAUT tuck.

fessée [fese] nf spanking ▸ **recevoir une fessée** to get spanked ▸ **donner une fessée à qqn** to spank sb.

fesse-mathieu [fɛsmatjø] *(pl* **fesse-mathieux***)* nm *arch* skinflint, miser.

fesser [4] [fese] vt to spank.

fessier, ère [fesje, ɛʀ] adj buttocks *(modif)*, gluteal *spéc*.

❖ **fessier** nm **1.** ANAT buttocks, gluteus *spéc* **2.** *fam* [postérieur] behind, bottom, bum UK.

fessu, e [fesy] adj *fam* big-bottomed.

festif, ive [fɛstif, iv] adj *sout* festive.

festin [fɛstɛ̃] nm feast, banquet **/** *faire un festin* to have ou hold a feast.

festival, als [fɛstival] nm festival ▸ **un festival de jazz** a jazz festival ▸ **un festival de** *fig* a brilliant display of **/** *on a eu droit à un festival de calembours* we were treated to pun after pun.

festivalier, ère [fɛstivalje, ɛʀ] ◆ adj festival *(modif)*. ◆ nm, f festival-goer.

festivités [fɛstivite] nfpl festivities.

fest-noz [fɛstnoz] nm *régional traditional Breton village festival*.

festoie v ⟶ **festoyer**.

festoiement [fɛstwamɑ̃] nm feasting.

feston [fɛstɔ̃] nm **1.** ARCHIT [guirlande] festoon **2.** COUT scallop ▸ **point de feston** blanket stitch, buttonhole stitch.

festonner [3] [fɛstɔne] vt **1.** ARCHIT to festoon **2.** *litt* [orner] to adorn, to embellish **3.** COUT : *festonner un col* to trim a collar with fancy edging.

festoyer [3] [fɛstwaje] vi to feast.

feta [feta] nf feta (cheese).

fêtard, e [fɛtaʀ, aʀd] nm, f party animal.

fête [fɛt] nf **1.** [célébration - civile] holiday ; [- religieuse] feast **/** *demain c'est fête* tomorrow we have a day off ▸ **la fête de l'Assomption** (the feast of) the Assumption ▸ **fête légale** public holiday ▸ **la fête des Mères** Mother's Day, Mothering Sunday UK ▸ **fête mobile** movable feast ▸ **la fête des Morts** All Souls' Day ▸ **la fête nationale a)** [gén] the national holiday **b)** [en France] Bastille Day **c)** [aux États-Unis] Independence Day ▸ **la fête de Noël** (the celebration of) Christmas ▸ **la fête des Pères** Father's Day ▸ **la fête des Rois** Twelfth Night, Epiphany ▸ **la fête du Travail** May Day **2.** [d'un saint] saint's day, name day ▸ **souhaiter sa fête à qqn** to wish sb a happy saint's ou name day ▸ **faire sa fête à qqn** *fam* to give sb a good hiding **/** *on va lui faire sa fête!* we're going to teach him a lesson he won't forget! ▸ **ça va être ta fête!** you'll cop it UK ou catch hell US **3.** [réunion - d'amis] party **/** *on donne* ou *organise une petite fête pour son anniversaire* we're giving a party for his birthday, we're giving him a birthday party ▸ **le film est une vraie fête pour l'esprit / les sens** the film is really uplifting / a real treat for the senses ▸ **une fête de famille** a family celebration ou gathering ▸ **être de la fête** to be one of the party **/** *vous serez de la fête?* will you be

* In reformed spelling (see p. 16-19).

joining us / them ? ▸ **être à la fête** *fig* : *il n'a jamais été à pareille fête* he's never had such a good time ▸ **que la fête commence!** let the festivities begin ! **4.** [foire] fair ; [kermesse] fête, fete ; [festival] festival, show ▸ **c'est la fête au village a)** [forains de passage] there's a fair in the village **b)** [organisée par le village] the village fete is on / *(et) la fête continue!* the fun's not over yet ! / *aujourd'hui c'est la fête!* let's have fun today ! / *ce n'est pas tous les jours (la) fête!* it's not everyday you've got something to celebrate ! ▸ **faire la fête** to have a party ou (some) fun ou a good time ▸ **la fête de la bière** the beer festival ▸ **fête de charité** charity bazaar ou fair ▸ **fête foraine** [attractions] funfair UK, carnival US ▸ **la fête de l'Humanité** ou **de l'Huma** *fam annual festival organized by the Communist daily newspaper "l'Humanité"* ▸ **la fête de la Musique** *annual music festival organized on the 21st of June in the streets of large towns* ▸ **fête à Neu-Neu** *large funfair held in the Bois de Boulogne every summer* ▸ **fête patronale** *town or village festival marking the patron saint's name* **5.** EXPR **faire (la) fête à qqn** to greet sb warmly / *mon chien m'a fait (la) fête quand je suis revenu* my dog was all over me when I got back ▸ **se faire une fête de** to look forward eagerly to / *tu ne viens pas? elle qui s'en faisait une telle fête!* so you're not coming? she was so looking forward to it !

❖ **fêtes** nfpl [gén] holidays ; [de Noël et du jour de l'an] the Christmas and New Year celebrations / *les fêtes juives / catholiques* the Jewish / Catholic holidays ▸ **les fêtes de fin d'année** the Christmas holidays ▸ **fêtes galantes** ART fêtes galantes.

❖ **de fête** loc adj [air, habits] festive / *donnez un air de fête à votre table* give your table a festive appearance.

❖ **en fête** loc adj ▸ **la ville / les rues en fête** the festive town / streets / *regardez la nature en fête!* look ! what a feast of nature !

Fête
The French traditionally wish **bonne fête** to the person who has the same name as the saint commemorated on a particular day.

Fête-Dieu [fɛtdjø] (*pl* **Fêtes-Dieu**) nf ▸ **la Fête-Dieu** Corpus Christi.

fêter [4] [fete] vt **1.** [célébrer - anniversaire, événement] to celebrate / *une promotion? il faut fêter ça!* a promotion? that's worth celebrating ! **2.** [accueillir - personne] to fête, to fete / *ils l'ont fêté à son retour* they celebrated his return.

fétiche [fetiʃ] nm **1.** [objet de culte] fetish, fetich **2.** [porte-bonheur] mascot ; *(comme adj)* lucky ▸ **mon numéro fétiche** my lucky number **3.** PSYCHOL fetish.

féticheur [fetiʃœʀ] nm [prêtre] animist priest.

fétichisme [fetiʃism] nm **1.** [culte] fetishism, fetichism **2.** PSYCHOL fetishism **3.** [admiration] worship, cult / *le fétichisme des sondages électoraux* the obsession with pre-election polls.

fétichiste [fetiʃist] ◆ adj **1.** RELIG & PSYCHOL fetishistic **2.** [admiratif] worshipping. ◆ nmf RELIG & PSYCHOL fetishist, fetichist.

fétide [fetid] adj fetid.

fétidité [fetidite] nf fetidness.

fétu [fety] nm ▸ **fétu (de paille)** (wisp of) straw ▸ **comme un fétu** like a feather.

feu¹, x [fø] ◆ nm **1.** [combustion] fire ▸ **faire du** ou **un feu** to make a fire / *allumer un feu* to light a fire / *faire un bon feu* to get a good fire going / *assis autour du feu / d'un bon feu* sitting round the fire / round a roaring fire ▸ **feu de bois** (wood) fire ▸ **cuire qqch au feu de bois** to cook sthg in a wood-burning oven / *feu de braises* (glowing) embers ▸ **feu de cheminée** chimney fire / *mettre le feu à une maison* to set a house on fire ▸ **au feu!** fire ! / *il y a le feu aux rideaux!* the curtains are on fire ! ▸ **feu de camp** campfire ▸ **feu d'enfer** blazing fire ▸ **feu de joie** bonfire ▸ **feu de paille** flash in the pan ▸ **les feux de la Saint-Jean** *bonfires lit to celebrate Midsummer's Day* ▸ **le feu, l'épreuve du feu** HIST ordeal by fire ▸ **prendre feu** *pr* to catch fire / *le canapé a pris feu* the sofa caught fire ▸ **prendre feu** *fig* to get carried away, to get all worked up ▸ **avoir le feu sacré** to burn with enthusiasm ▸ **il n'y a pas le feu (au lac)!** *hum* what's the big hurry ?, where's the fire ? ▸ **ne pas faire long feu** : *elle n'a pas fait long feu dans l'entreprise* she didn't last long in the company ▸ **jouer avec le feu** to play with fire ▸ **jeter** ou **lancer feu et flammes** to be raging ou fuming ▸ **il n'y a vu que du feu** he never saw a thing, he was completely taken in ▸ **il se jetterait dans le feu pour lui / eux** he'd do anything for him / them ▸ **avoir le feu au derrière** *fam* ou **aux fesses**, *fam* ou **au cul** *vulg* **a)** [être pressé] to be in a tearing hurry **b)** [sexuellement] to be horny **2.** [brûleur] ring UK, burner US ▸ **cuisinière à trois / quatre feux** three-burner / four-burner stove ▸ **à feu doux a)** [plaque] on a gentle ou slow heat **b)** [four] in a slow oven ▸ **faire cuire à petit feu** to cook slowly ▸ **tuer** ou **faire mourir qqn à petit feu** *fig* to kill sb slowly ou by inches ▸ **à feu vif** on a fierce heat ▸ **avoir qqch sur le feu** to be (in the middle of) cooking sthg / *j'ai laissé le lait sur le feu!* I've left the milk on ! ▸ **un plat / ramequin qui va sur le feu** a fireproof dish / ramekin **3.** [briquet] ▸ **du feu** a light ▸ **avez-vous du feu?** have you got a light ? / *il n'a jamais de feu* he's never got a light **4.** [en pyrotechnie] ▸ **feu d'artifice** [spectacle] fireworks display / *son récital, un vrai feu d'artifice!* *fig* his recital was a virtuoso performance ! ▸ **des feux d'artifice** fireworks ▸ **feu de Bengale** Bengal light **5.** MIL [tir] fire, shooting ; [combats] action ▸ **ouvrir le feu (sur)** to open fire (on), to start firing (at) ▸ **cesser le feu** to cease fire ▸ **faire feu** to fire, to shoot ▸ **feu!** fire ! / *avoir vu le feu* to have seen action ▸ **aller au feu** to go into battle ou action ▸ **un feu croisé, des feux croisés** *pr* crossfire / *pris dans le feu croisé de leurs questions* *fig* caught in the crossfire of their questions ▸ **feu nourri** *pr* sustained fire / *un feu nourri de plaisanteries* *fig* a constant stream of jokes ▸ **feu roulant** *pr* constant barrage / *un feu roulant de commentaires* *fig* a running commentary ▸ **mettre le feu aux poudres a)** *pr* to spark off an explosion **b)** *fig* to spark things off / *c'est ce qui a mis le feu aux poudres* *fig* that's what sparked things off **6.** TRANSP [signal] ▸ **feu (tricolore** ou **de signalisation)** traffic lights ▸ **feu rouge / orange / vert** red / amber / green light / *à droite au troisième feu (rouge)* right at the third set of (traffic) lights ▸ **donner le feu vert à qqn / qqch** *fig* to give sb / sthg the green light ou the go-ahead **7.** AÉRON, AUTO & NAUT light ▸ **feu arrière** taillight ▸ **feux de brouillard** fog lamps ▸ **feu de position** sidelight ▸ **feu de recul** reversing light ▸ **feux de stationnement** parking lights ▸ **feux stop** brake lights ▸ **feux de croisement** dipped UK ou dimmed US headlights ▸ **feux de détresse** warning lights ▸ **feux de navigation** sailing lights ▸ **feux de route** headlights on full beam UK ou high beams US **8.** CINÉ & THÉÂTRE ▸ **les feux de la rampe** the footlights ▸ **être sous le feu des projecteurs a)** *pr* to be in front of the spotlights **b)** *fig* to be in the limelight / *il est sous les feux de l'actualité* he's very much in the news at the moment **9.** *litt* [ardeur] fire, passion, ardour **10.** *litt* [éclat, lumière] fire, light / *le feu de son regard* her fiery eyes / *les feux de la ville* the city lights ▸ **jeter des feux** to sparkle, to glitter / *les cristaux brillaient de tous leurs feux* the crystals sparkled brightly ▸ **le feu d'un diamant** the blaze ou fire of a diamond ▸ **faire feu des quatre fers** ou **pieds** to be full of zest **11.** [sensation de brûlure] burn / *le feu me monta au visage* I went ou turned red, my face ou I flushed ▸ **le feu du rasoir** razor burn **12.** *arch* [maison] house, homestead / *un hameau de dix feux* a hamlet with ten houses ou homes in it **13.** *fam* [pistolet] gun, rod US. ◆ adj inv flame *(modif)*, flame-coloured ▸ **rouge feu** flame red / *un yorkshire noir et feu* a black and tan yorkshire (terrier).

❖ **à feu et à sang** loc adv : *mettre un pays à feu et à sang* to ransack and pillage a country.

❖ **avec feu** loc adv passionately.

❖ **dans le feu de** loc prép in the heat of / *dans le feu de l'action* in the heat of the moment.

❖ **en feu** loc adj **1.** [incendié] on fire, burning / *une maison en feu* a house on fire, a burning house **2.** [brûlant] ▸ **j'ai la bouche / gorge en feu** my mouth / throat is burning / *il entra, les joues en feu* he came in, cheeks ablaze.

❖ **sans feu ni lieu** loc adv *litt* : *être sans feu ni lieu* to have nowhere to lay one's head.

❖ **tout feu tout flamme** loc adj burning with enthusiasm.

❖ **feu follet** nm will-o'-the-wisp.

feu², e [fø] adj *(inv avant l'article ou le possessif)* *sout* late ▸ **feu la reine** the late Queen ▸ **feu ma tante** my late aunt.

feuil [fœj] nm (thin) film.

feuillage [fœjaʒ] nm **1.** [sur l'arbre] foliage *spéc*, leaves ▸ **là-haut dans le feuillage a)** [d'un arbre] up there amongst the leaves **b)** [de la forêt] up in the canopy **2.** [coupé] foliage *spéc*, greenery.

feuillaison [fœjɛzɔ̃] nf **1.** [phénomène] foliation **2.** [époque] foliation period / *au moment de la feuillaison* when trees foliate.

feuillant [fœjɑ̃] nm Feuillant monk ▸ **les Feuillants** HIST *political club consisting of constitutional monarchists which held its meetings in the former Feuillants monastery in Paris from 1791 to 1792.*

feuillante [fœjɑ̃t] = **feuillantine.**

feuillantine [fœjɑ̃tin] nf **1.** CULIN feuillantine pastry, puff pastry cake **2.** RELIG Feuillant nun.

feuillard [fœjaʀ] nm **1.** [pour tonneau] hoop wood **2.** [pour emballage] strap.

feuille [fœj] nf **1.** BOT leaf ▸ **feuille d'acanthe** acanthus ▸ **feuille morte** dead ou fallen leaf ▸ **arbre à feuilles caduques / persistantes** deciduous / evergreen tree / *descendre* ou *tomber en feuille morte* to make a falling-leaf roll ▸ **'les Feuilles Mortes'** *one of the most famous French cabaret songs, by Joseph Kosma with words by Jacques Prévert* **2.** [morceau de papier] sheet / *les feuilles d'un cahier* the sheets ou leaves ou pages of a notebook ▸ **une feuille de papier** a sheet of paper, a piece of paper ▸ **feuille volante** (loose) sheet of paper **3.** PRESSE ▸ **feuille locale** local paper ▸ **feuille à sensation** gossip sheet **4.** [imprimé] form, slip ▸ **feuille de maladie** ou **de soins** *claim form for reimbursement of medical expenses* ▸ **feuille de route** ou **de déplacement** MIL travel warrant ▸ **feuille d'émargement** pay sheet ▸ **feuille d'heures** time sheet ▸ **feuille d'impôts** tax form, tax return ▸ **feuille de paie** payslip ▸ **feuille de présence** attendance sheet ▸ **feuille de température** MÉD temperature chart **5.** [plaque] leaf, sheet / *feuille de métal / d'or* metal / gold leaf **6.** INFORM sheet ▸ **feuille document / maîtresse / programme** data / master data / program sheet.

❖ **feuille de chêne** nf [laitue] oakleaf.

❖ **feuille de chou** nf **1.** PRESSE rag **2.** EXPR **avoir les oreilles en feuille de chou** *fam* : *il a les oreilles en feuille de chou* his ears stick out.

❖ **feuille de vigne** nf **1.** BOT vine leaf **2.** ART fig-leaf **3.** CULIN : *feuilles de vigne farcies* dolmades, stuffed vine leaves.

feuille-à-feuille [fœjafœj] adj inv sheet-fed.

feuillée [fœje] nf *litt* [abri] foliage bower.

❖ **feuillées** nfpl MIL latrine.

feuille-morte [fœjmɔʀt] adj inv russet, yellowish-brown.

feuilleret [fœjʀɛ] nm rabbet plane.

feuillet [fœjɛ] nm **1.** [d'un formulaire] page, leaf **2.** BIOL layer ▸ **feuillets embryonnaires** germ layers **3.** ZOOL third stomach of ruminants **4.** MENUIS thin sheet of wood.

feuilletage [fœjtaʒ] nm **1.** CULIN [action] : *le feuilletage de la pâte* rolling and folding pastry *(to produce puff pastry)* ; [pâte] puff pastry **2.** GÉOL foliation.

feuilleté, e [fœjte] adj **1.** CULIN puff *(modif)* **2.** GÉOL foliated **3.** TECHNOL laminated.

❖ **feuilleté** nm **1.** [dessert] puff pastry **2.** [hors-d'œuvre] puff pastry case / *feuilleté aux asperges* asparagus in puff pastry.

feuilleter [27] [fœjte] vt **1.** [album, magazine] to leaf ou to flip ou to flick through *(insép)*, to skim (through)

2. CULIN : *feuilleter de la pâte* to work the dough (into puff pastry) by rolling and folding it.

In reformed spelling (see p. 16-19), this verb is conjugated like *acheter* : *il feuillète, elle feuillètera.*

feuilleton [fœjtɔ̃] nm **1.** PRESSE series *(sg)*, serial **2.** TV ▸ **feuilleton (télévisé) a)** [sur plusieurs semaines] TV serial, mini-series **b)** [sur plusieurs années] soap opera **3.** LITTÉR feuilleton **4.** *fig* saga.

feuilletonesque [fœjtɔnɛsk] adj serial-like, soap-like, soap-opera-like / *ses aventures feuilletonesques avec le fisc* his saga with the tax people.

feuilletoniste [fœjtɔnist] nmf feuilletonist, serial writer.

feuillette v ⟶ **feuilleter.**

feuillu, e [fœjy] adj leafy.

❖ **feuillu** nm lobed-leaved tree.

feuillure [fœjyʀ] nf rabbet, rebate.

feulement [følmɑ̃] nm growl.

feuler [3] [føle] vi to growl.

feutrage [føtʀaʒ] nm felting / *lavez à l'eau froide pour empêcher le feutrage* wash in cold water to prevent felting.

feutre [føtʀ] nm **1.** TEXT [étoffe] felt / *de* ou *en feutre* felt **2.** [chapeau] felt hat ; ≃ fedora **3.** [stylo] felt-tip (pen) / *couvert de traces de feutre* covered in felt-tip.

feutré, e [føtʀe] adj **1.** [pull, vêtement] felted **2.** [garni de feutre - bourrelet] felt *(modif)* **3.** [silencieux - salon, atmosphère] quiet ; [- voix] muffled ▸ **marcher à pas feutrés** to creep stealthily.

feutrer [3] [føtʀe] ◆ vt **1.** TEXT to felt **2.** [garnir - selle] to pad ou to line (with felt). ◆ vi to felt, to become felted ou matted / *l'eau trop chaude fait feutrer les pulls* washing in very hot water makes jumpers lose their finish.

❖ **se feutrer** vpi to felt, to become felted ou matted.

feutrine [føtʀin] nf felt.

fève [fɛv] nf **1.** BOT bean ▸ **fève de Calabar** Calabar bean ▸ **fève tonka** tonka bean **2.** [des Rois] *lucky charm or token made of porcelain and hidden in a "galette des Rois".*

février [fevʀije] nm February. **Voir aussi mars.**

fez [fɛz] nm fez.

FF (abr écrite de **franc français**) FF.

FFA (abr de **Forces françaises en Allemagne**) npr fpl *French forces in Germany.*

FFI (abr de **Forces françaises de l'intérieur**) npr fpl *French Resistance forces during World War II.*

FFL (abr de **Forces françaises libres**) npr fpl *free French Army during World War II.*

FFR (abr de **Fédération française de rugby**) npr f *French rugby federation.*

fg abr écrite de **faubourg.**

FGA (abr de **fonds de garantie automobile**) nm *fund financed through insurance premiums to compensate victims of uninsured losses.*

FGEN (abr de **Fédération générale de l'Éducation nationale**) npr f *teachers' trade union.*

fi [fi] interj **1.** *hum* ▸ **fi!** pooh! **2.** EXPR **faire fi de a)** [mépriser] to turn one's nose up at, to spurn **b)** [ignorer] to ignore.

fiabiliser [3] [fjabilize] vt [système] ▸ **fiabiliser qqch** to safeguard sthg ; [document, label] to guarantee the accuracy of sthg.

fiabilité [fjabilite] nf [crédibilité] reliability.

fiable [fjabl] adj [crédible] reliable.

FIAC [fjak] (abr de **Foire internationale d'art contemporain**) npr f *annual international contemporary art fair in Paris.*

fiacre [fjakʀ] nm fiacre, (horse-drawn) carriage.

fiançailles [fijɑ̃saj] nfpl **1.** [promesse] engagement / *à quand tes fiançailles?* when are you getting engaged? **2.** [cérémonie] engagement party **3.** [durée] engagement (period).

fiancé, e [fijɑ̃se] nm, f fiancé (fiancée) ▸ **les fiancés** the betrothed *litt hum*, the engaged couple.

fiancer [16] [fijɑ̃se] vt to betroth *sout* / *il fiance sa fille* his daughter is getting engaged / *elle est fiancée à Paul* she's engaged to Paul, she and Paul are engaged.

❖ **se fiancer** vpi to get engaged ▸ **se fiancer avec qqn** to get engaged to sb / *ils se fiancent en mars* they are getting engaged in March.

fiasco [fjasko] nm **1.** [entreprise, tentative] fiasco, flop ; [film, ouvrage] flop ▸ **faire fiasco** to flop, to be a (total) failure **2.** [échec sexuel] failure to perform.

fiasque [fjask] nf (Italian) wine flask.

Fibranne® [fibʀan] nf staple, bonded fibre.

fibre [fibʀ] nf **1.** [du bois] fibre UK, fiber US, woodfibre / *dans le sens de la fibre* going with the grain (of the wood) **2.** OPT & TECHNOL fibre UK, fiber US ▸ **fibre de verre** fibreglass ▸ **fibre optique** fibre optics *(sg)* **3.** TEXT ▸ **une fibre textile** a fibre UK, a fiber US / *les fibres naturelles / synthétiques* naturally-occurring / man-made fibres **4.** [dans un muscle] muscle fibre ▸ **fibre nerveuse** nerve fibre UK ou fiber US **5.** [sentiment] feeling ▸ **avoir la fibre commerçante** to be a born shopkeeper / *avoir la fibre paternelle* to have strong paternal feelings ▸ **faire jouer** ou **vibrer la fibre patriotique de qqn** to play upon sb's patriotic feelings.

fibreux, euse [fibʀø, øz] adj **1.** [dur - viande] stringy, tough **2.** [à fibres - tissu, muscle] fibrous.

fibrillaire [fibʀijɛʀ] adj fibrillar.

fibrillation [fibʀijasjɔ̃] nf fibrillation, fibrillating *(U).*

fibrille [fibʀij] nf [fibre - courte] short fibre ; [- fine] thin fibre.

fibrillé [fibʀije] nm material resulting from fibrillation.

fibrine [fibʀin] nf fibrin.

fibrineux, euse [fibʀinø, øz] adj fibrinous.

fibrinogène [fibʀinɔʒɛn] nm fibrinogen.

fibrinolyse [fibʀinɔliz] nf fibrinolysis.

fibroblaste [fibʀɔblast] nm fibroblast.

Fibrociment® [fibʀɔsimɑ̃] nm fibrocement.

fibroïne [fibʀɔin] nf fibroin.

fibromateux, euse [fibʀɔmatø, øz] adj fibromatous.

fibromatose [fibʀɔmatoz] nf fibromatosis.

fibrome [fibʀom] nm [tumeur] fibroma ; [dans l'utérus] fibroid.

fibromyalgie [fibʀɔmjalʒi] nf MÉD fibromyalgia (syndrome), fibrositis.

fibromyome [fibʀɔmjom] nm fibromyoma.

fibroscope [fibʀɔskɔp] nm fibrescope.

fibroscopie [fibʀɔskɔpi] nf fibrescopy.

fibrose [fibʀoz] nf fibrosis.

fibule [fibyl] nf fibula.

ficaire [fikɛʀ] nf pilewort, lesser celandine.

ficelage [fislaʒ] nm tying up.

ficelé, e [fisle] adj ▸ **bien ficelé a)** [histoire, scénario] tight, seamless **b)** [dossier] well put together.

ficeler [24] [fisle] vt to tie up *(sép)* / *ficelé comme un saucisson fig* trussed up like a chicken.

In reformed spelling (see p. 16-19), this verb is conjugated like *peler* : *il ficèle, elle ficèlera.*

ficelle [fisɛl] nf **1.** [corde] piece of string ▸ **de la ficelle** string ▸ **la ficelle est un peu grosse** *fig* it sticks out like a sore thumb ▸ **connaître toutes les ficelles du métier** to know the ropes / *ça, c'est une des ficelles du métier* that's one of the tricks of the trade ▸ **tirer les ficelles** to pull the strings **2.** [pain] *very thin baguette* **3.** *arg mil* officer's stripe **4.** *(comme adj) vieilli* [malin] cunning.

ficellera v ⟶ **ficeler.**

ficellerie [fisɛlʀi] nf string manufacture.

fichage [fiʃaʒ] nm [mise sur fichier] filing, recording.

fiche[1] [3] [fiʃ] vt *fam* **1.** = **ficher 2.** EXPR **n'en avoir rien à fiche** : *il n'en a rien à fiche* he couldn't care less / *on n'en a rien à fiche, de leurs états d'âme!* we couldn't care less about their scruples! / *pour ce que j'en ai à fiche!* a fat lot I care! ▸ **va te** ou **allez vous faire fiche!** get lost!

❖ **se fiche** *fam* = **se ficher.**

❖ **se fiche de** *fam* = **se ficher de.**

fiche[2] [fiʃ] nf **1.** [carton] piece of (stiff) card, (index) card ▸ **fiche cuisine** recipe card **2.** [papier] sheet, slip ▸ **fiche de paie** pay slip UK, paystub US ▸ **fiche signalétique** identification slip ou sheet ▸ **fiche technique** COMM product specification **3.** [formulaire] form ▸ **mettre qqn en** ou **sur fiche** to open a file on sb / *lui, on l'a sur fiche* we've got a file on him, we've got him on file ▸ **remplir une fiche d'hôtel** to register (with a hotel), to fill in a (hotel) registration card **4.** JEUX counter **5.** INFORM ▸ **fiche suiveuse** route card **6.** CONSTR hinge ▸ **fiche de porte** door hinge **7.** ÉLECTR plug ▸ **fiche téléphonique** phone ou jack plug ▸ **fiche multiple** multiple adaptor ou adapter.

ficher[1] [3] [fiʃe] vt **1.** [enfoncer] to drive ou to stick (in) / *ficher un pieu en terre* to drive a stake into the ground / *un couteau fiché entre les omoplates* a knife stuck right between the shoulderblades **2.** [information] to file, to put on file ; [suspect] to put on file / *il est fiché* the police have got a file on him.

ficher[2] [3] [fiʃe] *(pp fichu)* vt *fam* **1.** [mettre] : *fiche-le à la porte!* throw ou kick him out! / *son patron l'a fichu à la porte* his boss fired him ou threw him out ou sacked UK him / *fiche ça dans le placard* throw ou stick it in the closet / *ils l'ont fichu en prison* they threw him in jail / *fiche-moi ça dehors!* get rid of this! / *je lui ai fichu mon poing dans la figure* I punched him in the face / *qui a fichu ce rapport ici?* who put this report here? ▸ **ficher à plat** : *ce temps me fiche à plat* this weather really wipes me out / *son départ nous a tous fichus à plat* his departure took the wind out of our sails ▸ **ficher dedans** : *c'est cette phrase qui m'a fichu dedans* it was that phrase that got me into trouble ou hot water / *ils ont essayé de nous ficher dedans* they tried to land us right in it ▸ **ficher en l'air** : *tu l'as fichue en l'air, sa lettre?* did you throw away his letter? / *ce contretemps fiche tout en l'air* this last-minute hitch really messes everything up ▸ **ficher en rogne** : *arrête, tu vas le ficher en rogne!* stop it, you're going to make him lose his temper! / *c'est le genre de remarque qui me fiche en rogne* that's the kind of remark that drives me mad ▸ **ficher par terre** : *fais attention sur ce vélo, tu vas te ficher par terre!* mind how you go on that bike or you'll fall off! / *si c'est fermé mardi, ça fiche tout par terre!* if it's closed on Tuesday, everything's ruined! **2.** [faire] to do / *qu'est-ce que tu fiches ici?* what on earth ou the heck are you doing here? / *je n'ai rien fichu aujourd'hui* I haven't done a thing today ▸ **bon sang, qu'est-ce qu'il fiche? a)** [où est-il] for God's sake, where on earth is he? **b)** [que fait-il] what the heck is he doing? **3.** [donner] ▸ **ficher qqch à qqn** : *ça me fiche le cafard* it makes me feel down ou depressed / *ça m'a fichu la chair de poule / la trouille* it gave me the creeps / the willies ▸ **fiche-moi la paix!** leave me alone! / *je t'en ficherai, moi, du champagne!* champagne? I'll give you champagne! ▸ **je te fiche mon billet que...** I'll bet my bottom dollar that...

❖ **se ficher** vpi *fam* [se mettre] : *de désespoir, elle s'est fichue à la Seine* in despair, she jumped into the Seine ▸ **ils se sont fichus dans un fossé a)** [en voiture] they drove into a ditch **b)** [pour passer inaperçus] they jumped into a ditch / *se ficher en l'air* to do o.s. in ▸ **se ficher en colère** to lose one's rag UK, to see red ▸ **se ficher dedans** to land o.s. right in it.

❖ **se ficher de** vp + prép *fam* **1.** [railler] : *elle n'arrête pas de se ficher de lui* she keeps making fun of him, she's forever pulling his leg / *tu te fiches de moi ou quoi?* are you kidding me? / *70 € pour ça? il se fiche de toi!* 70 € for this? he's trying to swindle you ou he really takes you for a sucker ▸ **ils se fichent du monde dans ce restaurant! a)** [c'est cher] this restaurant is an absolute rip-off! **b)** [le service est mauvais] they treat the customers like dirt in this restaurant! / *eh bien, tu ne t'es pas fichu de nous!* well, you've really done things in style! **2.** [être indifférent à] : *je me fiche de ce que disent les gens* I don't care what ou I don't give a damn about what people say / *ils n'ont pas aimé notre spectacle — qu'est-ce qu'on s'en fiche!* they didn't like our show — so what! ou who cares! ▸ **je m'en fiche comme de ma première chemise** ou **comme de l'an quarante** ou **complètement** I don't give a damn (about it), I couldn't care less.

fichier [fiʃje] nm **1.** [fiches] (card index) file, catalogue / *le fichier de nos clients* our file of customers / *pour enrichir mon fichier* to improve my files **2.** [meuble] filing cabinet ; [boîte] file **3.** INFORM file ▸ **fichier batch** batch file ▸ **fichier de détail** / **travail** detail / scratch file ▸ **fichier natif** native file ▸ **fichier principal** main ou master file ▸ **fichier séquentiel** sequential file.

fichtre [fiʃtʀ] interj *fam & vieilli* ▸ **fichtre!** (my) gosh!, my (my)!

fichtrement [fiʃtʀəmɑ̃] adv *fam & vieilli* darn / *tout cela est fichtrement assommant* this is just too darn boring / *je n'en sais fichtrement rien!* how the heck should I know!

fichu[1] [fiʃy] nm (large) scarf.

fichu[2], e [fiʃy] adj *fam* **1.** [perdu] ▸ **il est fichu** he's had it ▸ **ta voiture est fichue** your car's a write-off / *pour samedi soir, c'est fichu* Saturday evening's up the spout UK ou down the drain US / *si tu renverses de l'eau sur le daim, c'est fichu* if you spill water on suede, it ruins it **2.** *(avant nom)* [mauvais] lousy, rotten / *quel fichu temps!* what lousy weather! / *je suis dans un fichu état ce matin* I feel lousy this morning **3.** *(avant nom)* [important] : *ça fait une fichue différence* that makes a heck of a difference / *j'ai un fichu mal de dents* I've got one hell of a nasty toothache **4.** [capable] ▸ **fichu de** : *il n'est même pas fichu de prendre un message correctement* he can't even take a message properly / *elle est fichue de partir!* she's quite capable of leaving! **5.** ▸ **bien fichu** : *il est bien fichu* he's got a nice body / *ce système est très bien fichu* it's a very clever device ▸ **mal fichu** [de corps] : *il est mal fichu* he hasn't got a very nice body / *leur manuel est mal fichu* their handbook is lousy / *je suis mal fichu aujourd'hui* [malade] I feel lousy today.

fictif, ive [fiktif, iv] adj **1.** [imaginaire] imaginary, fictitious **2.** [faux - promesse] false **3.** FIN fictitious.

fiction [fiksjɔ̃] nf **1.** [domaine de l'imaginaire] ▸ **la fiction** fiction / *un tel concept relève de la fiction* a concept like this is sheer fiction / *elle vit dans la fiction* *péj* she's living in a dream world / *un livre de politique-fiction* a political novel **2.** [histoire] story, (piece of) fiction **3.** DR fiction *(C)* ▸ **fiction légale** ou **de droit** legal fiction.

fictionnel, elle [fiksjɔnɛl] adj fictional.

fictivement [fiktivmɑ̃] adv fictitiously / *transposons-nous fictivement au XVIIIe siècle* let's imagine we're in the 18th century.

ficus [fikys] nm ficus ▸ **ficus elastica** rubber plant.

fidèle [fidɛl] ◆ adj **1.** [constant - ami] faithful, loyal, true ; [- employé, animal] loyal, faithful ; [- conjoint] faithful ; [- client] regular ▸ **fidèle à** : *elle a été fidèle à sa parole* ou *promesse* she kept her word / *il est fidèle à la promesse qu'il nous a faite* he has kept faith with us, he has kept his promise to us / *être fidèle à une idée* to stand by ou to be true to an idea ▸ **être fidèle à un médecin** / **commerçant** to be a regular patient / customer of ▸ **être fidèle à une marque** / **un produit** to stick with a particular brand / product ▸ **fidèle à elle-même** true to herself ▸ **être fidèle au poste** to be reliable / *elle est toujours fidèle au poste* you can always rely ou depend on her **2.** [conforme - copie, description] true, exact ; [- traduction] faithful, close ; [- historien, narrateur] faithful ; [- mémoire] reliable, correct ; [- balance] reliable, accurate ▸ **fidèle à** : *livre fidèle à la réalité* book which is true to life. ◆ nmf **1.** RELIG believer ▸ **les fidèles a)** [croyants] the believers **b)** [pratiquants] the faithful **c)** [assemblée] the congregation **2.** [adepte] devotee, follower ; [client] regular / *je suis un fidèle de votre émission* I never miss one of your shows.

fidèlement [fidɛlmɑ̃] adv **1.** [régulièrement] regularly / *père venait fidèlement nous voir* father visited us regularly **2.** [loyalement] faithfully, loyally ▸ **suivre qqn fidèlement** to follow sb faithfully **3.** [conformément] exactly, faithfully / *copier fidèlement un document* to reproduce a document exactly ou faithfully.

❖ **fidèlement vôtre** loc adv yours (ever).

fidélisation [fidelizasjɔ̃] nf : *fidélisation des clients* ou *d'une clientèle* fostering of customer loyalty *(by a marketing policy)*.

fidéliser [3] [fidelize] vt : *fidéliser ses clients* ou *sa clientèle* to foster customer loyalty *(by a marketing policy)* / *fidéliser un public* to maintain a regular audience *(by a commercial policy)*.

fidélité [fidelite] nf **1.** [loyauté - d'un ami, d'un employé, d'un animal] faithfulness, loyalty ; [- d'un conjoint] faithfulness, fidelity ; [- d'un client] loyalty / *sa fidélité à sa parole* ou *promesse* his faithfulness, his keeping faith ▸ **fidélité à la marque** brand loyalty **2.** [exactitude - d'un récit, d'une description] accuracy, faithfulness ; [- de la mémoire] reliability ; [- d'un instrument] accuracy, reliability.

Fidji [fidʒi] npr fpl ▸ **les (îles) Fidji** Fiji, the Fiji Islands. ⟶ **île**

fidjien, enne [fidʒjɛ̃, ɛn] adj Fijian.

❖ **Fidjien, enne** nm, f Fijian.

fiduciaire [fidysjɛʀ] adj fiduciary.

fief [fjɛf] nm **1.** HIST fief **2.** [domaine réservé] fief, kingdom / *n'entre pas dans la cuisine, c'est son fief* don't go into the kitchen, it's her kingdom ou preserve! ▸ **un fief électoral** a politician's fief.

fieffé, e [fjefe] adj **1.** HIST enfeoffed **2.** *fam & péj* [extrême] complete, utter ▸ **un fieffé menteur** / **voleur** an arrant liar / thief ▸ **un fieffé paresseux** a real old lazybones.

fiel [fjɛl] nm **1.** [bile] gall, bile **2.** *litt* [amertume] rancour, bitterness, gall ; [méchanceté] venom / *des propos pleins de fiel* venomous words / *un sourire plein de fiel* a twisted smile.

fielleux, euse [fjɛlø, øz] adj *litt* venomous, spiteful.

fiente [fjɑ̃t] nf : *de la fiente* droppings.

fienter [3] [fjɑ̃te] vi to leave droppings.

fier[1] [9] [fje] ❖ **se fier à** vp + prép **1.** [avoir confiance en] to trust (in) / *fiez-vous à moi, je le trouverai* leave it to me ou trust me, I'll find him / *je ne me fie pas à ce qu'il dit* I don't believe a word he says ▸ **se fier aux apparences** to go by ou on appearances / *ne vous y fiez pas!* don't be fooled by it / him etc.! **2.** [compter sur] to rely on / *ne te fie pas trop à ton assistant* don't rely too much on your assistant / *se fier à sa mémoire* to rely on one's memory.

fier[2], fière [fjɛʀ] ◆ adj **1.** [satisfait] proud / *il n'y a pas de quoi être fier* it's nothing to be proud of / *l'enfant était tout fier* the child was really proud ▸ **fier de** proud of / *j'étais fier d'avoir gagné* I was proud (that) I won / *je n'étais pas fier de moi* I wasn't pleased with ou proud of myself **2.** [noble] noble, proud / *une âme fière* *litt* a noble mind / *ils sont trop fiers pour accepter de l'argent* they're too proud to take money **3.** [arrogant - personnage] proud, arrogant, haughty ; [- regard] haughty, supercilious / *il est trop fier pour nous serrer la main* he's too proud to shake hands with us / *quand il a fallu sauter, il n'était plus tellement fier* when it came to jumping, he didn't seem so sure of himself ▸ **avoir fière allure** to cut (quite) a dash ▸ **être fier comme Artaban** ou **comme un coq** to be as proud as a peacock, to be puffed up with pride **4.** *(avant nom)* *fam* [extrême] : *tu as un fier culot!* you've got some nerve! / *c'est un fier imbécile!* what an idiot! ◆ nm, f proud person ▸ **faire le fier** to put on airs and graces / *ne joue pas le fier avec moi!* it's no use putting on your airs and graces with me!

fier-à-bras [fjɛʀabʀa] *(pl* fier-à-bras *ou* fiers-à-bras) nm braggart.

fièrement [fjɛʀmɑ̃] adv proudly.

fiérot, e [fjeʀo, ɔt] *fam* ◆ adj proud / *il était tout fiérot* he was as proud as a peacock. ◆ nm, f : *faire le fiérot* to show off.

fierté [fjɛʀte] nf **1.** [dignité] pride / *par fierté, je ne lui ai pas parlé* my pride wouldn't let me talk to him / *ravaler sa fierté* to swallow one's pride / *elle n'a pas beaucoup de fierté* she hasn't much pride ou self-respect / *il a trop de fierté pour demander de l'aide* he's too proud to ask for help / *tu ne le lui as pas réclamé? — on a sa fierté!* *fam* didn't you ask him to give it back? — I do have some pride! **2.** [arrogance] arrogance, haughtiness, superciliousness **3.** [satisfaction] (source of) pride ▸ **tirer fierté** ou **une grande fierté de** to take (a) pride in, to pride o.s. on.

❖ **avec fierté** loc adv proudly.

fiesta [fjɛsta] nf *fam* (wild) party, rave-up UK, blowout US ▸ **faire la fiesta** to live it up.

fièvre [fjɛvʀ] nf **1.** MÉD fever, temperature ▸ **avoir de la fièvre** to have a temperature ou a fever / *avoir beaucoup de fièvre* to have a high temperature ou a fever / *il a 40 de fièvre* his temperature is up to 40(°C), he has a temperature of 40° / *pour faire baisser la fièvre* (in order) to get the temperature down ▸ **fièvre tierce** / **quarte** tertian / quartan fever ▸ **fièvre aphteuse** foot and mouth disease ▸ **fièvre jaune** yellow fever ▸ **fièvre de Malte** Malta fever ▸ **fièvre quinte** quintan fever ▸ **fièvre typhoïde** typhoid fever **2.** *sout* [agitation] excitement ▸ **elle parlait avec fièvre** she spoke excitedly / *préparer un examen avec fièvre* to prepare for an exam feverishly / *dans la fièvre du moment* in the heat of the moment **3.** [désir] ▸ **la fièvre de** : *avoir la fièvre de l'or* to have a passion for gold.

fiévreusement [fjevʀøzmɑ̃] adv MÉD & *fig* feverishly.

fiévreux, euse [fjevʀø, øz] adj MÉD & *fig* feverish, febrile.

FIFA [fifa] (**abr de Fédération internationale de football association**) npr f FIFA.

fifille [fifij] nf *fam* little girl.

FIFO [fifo] (**abr de First In First Out**) FIFO.

fifre [fifʀ] nm **1.** [flûte] fife **2.** [joueur] fife player.

fifrelin [fifʀəlɛ̃] nm EXPR ▸ **ne pas valoir un fifrelin** *fam* : *ça ne vaut pas un fifrelin* it isn't worth a bean ou a dime US.

fifty-fifty, fiftyfifty* [fiftififti] adv *fam* fifty-fifty, half-and-half ▸ **faisons fifty-fifty** let's go halves.

fig. abr écrite de figure.

figaro [figaʀo] nm *fam & arch* [coiffeur] barber.

Figaro [figaʀo] ◆ npr Figaro. ◆ npr m ▸ **le Figaro** PRESSE *French daily newspaper with a conservative bias.*

figé, e [fiʒe] adj set / *dans une attitude figée* motionless.

figement [fiʒmɑ̃] nm [de l'huile] congealing ; [du sang] coagulation, clotting.

figer [17] [fiʒe] ◆ vt **1.** [coaguler - huile] to congeal ; [- sang] to coagulate, to clot / *des cris à vous figer le sang* bloodcurdling screams **2.** [immobiliser - personne] to paralyse UK to paralyze US ▸ **être figé sur place** to be rooted to the spot / *la vue du tigre me figea sur place* I froze when I saw the tiger / *sa réponse m'a figé sur place* his answer struck me dumb. ◆ vi [huile] to congeal ; [sang] to coagulate, to clot.

❖ **se figer** vpi **1.** [être coagulé - huile] to congeal ; [- sang] to coagulate, to clot / *mon sang s'est figé dans mes veines* my blood froze **2.** [s'immobiliser - attitude, sourire] to stiffen ; [- personne] to freeze / *elle se figea sous l'effet de la terreur* she was rooted to the spot with fear / *se figer au garde-à-vous* to stand to attention.

fignolage [fiɲɔlaʒ] nm perfecting, touching up, polishing (up).

fignoler [3] [fiɲɔle] vt to perfect, to polish ou to touch up *(sép)* / *un travail fignolé* a polished piece of work.

fignoleur, euse [fiɲɔlœʀ, øz] ◆ adj meticulous, finicky *péj.* ◆ nm, f meticulous ou *péj* finicky worker.

figue [fig] nf fig ▸ **figue caque** kaki, (Japanese) persimmon ▸ **figue de Barbarie** prickly pear ▸ **figue des Hottentots** Hottentot ou sour fig.

*In reformed spelling (see p. 16-19).

figuier [figje] nm fig tree ▸ **figuier banian** banyan ▸ **figuier de Barbarie** prickly pear, opuntia *spéc*.

figurant, e [figyʀɑ̃, ɑ̃t] nm, f CINÉ extra ; THÉÂTRE extra, walk-on actor ; DANSE figurant ▸ **être réduit au rôle de figurant** ou **à jouer les figurants a)** [dans une réunion] to be a mere onlooker **b)** [auprès d'une personne importante] to be a stooge.

figuratif, ive [figyʀatif, iv] adj [art] figurative, representational ; [artiste] representational ; [plan] figurative.
❖ **figuratif** nm representational artist.

figuration [figyʀasjɔ̃] nf **1.** [figurants] ▸ **la figuration a)** CINÉ extras **b)** THÉÂTRE extras, walk-on actors **c)** DANSE figurants **2.** [métier] ▸ **la figuration a)** CINÉ being an ou working as an extra **b)** THÉÂTRE doing a walk-on part **c)** DANSE being a ou dancing as a figurant ▸ **faire de la figuration a)** CINÉ to work as an extra **b)** THÉÂTRE to do walk-on parts **c)** DANSE to dance as a figurant **3.** [fait de représenter] representation, figuration.

figure [figyʀ] nf **1.** [visage] face ; [mine] face, features ▸ **faire triste** ou **piètre figure** to cut a sad figure, to be a sad ou sorry sight ▸ **faire bonne figure** to look contented ▸ **faire figure de** : *il faisait figure de riche* he was looked on ou thought of as a rich man / *parmi tous ces imbéciles, il fait figure de génie!* all those idiots make him look like a genius ! ▸ **prendre figure** to take shape ▸ **ne plus avoir figure humaine** to be totally unrecognizable ou disfigured / *le canapé n'avait plus figure humaine hum* the sofa was totally worn out **2.** [personnage] figure / *une grande figure de la politique* a great political figure ▸ **c'est une figure!** he's quite a character ! **3.** NAUT & *fig* ▸ **figure de proue** figurehead **4.** [illustration] figure, illustration ; [schéma, diagramme] diagram, figure ▸ **figure géométrique** geometrical figure **5.** JEUX picture card, face card US **6.** DANSE, MUS & SPORT figure ▸ **figures imposées** compulsory figures ▸ **figures libres** freestyle **7.** LING ▸ **figure de mot** *vieilli* figure of speech ▸ **figure de rhétorique** rhetorical figure ▸ **figure de style** stylistic device.

figuré, e [figyʀe] adj LING [langage, sens] figurative.
❖ **au figuré** loc adv figuratively.

figurer [3] [figyʀe] ◆ vt **1.** [représenter] to represent, to show, to depict / *sur la carte, les villages sont figurés par des points* villages are represented by dots on the map **2.** [symboliser] to symbolize / *la balance et le glaive figurent la justice* scales and the sword symbolize ou are the symbols of justice. ◆ vi **1.** [apparaître] to appear / *votre nom ne figure pas sur la liste* your name doesn't appear ou isn't on the list / *figurer au nombre des élus* to be among the successful candidates / *son cheval figure à l'arrivée* his horse is one of the winners of the race / *j'ai oublié de faire figurer son nom sur l'affiche* I forgot to include his name on the poster **2.** CINÉ to be an extra ; THÉÂTRE to do a walk-on part.
❖ **se figurer** vpt **1.** [imaginer] to imagine / *figurez-vous une sorte de grande pièce* imagine ou picture a huge room **2.** [croire] to believe / *il se figure qu'il va gagner de l'argent* he believes ou thinks he's going to make money / *figure-toi qu'il n'a même pas appelé!* he didn't even call, can you believe it ! / *eh bien figure-toi que moi non plus, je n'ai pas le temps!* surprising though it may seem, I haven't got the time either !

figurine [figyʀin] nf figurine, statuette.

Fiji [fidʒi] = **Fidji**.

fil [fil] nm **1.** TEXT [matière - de coton, de soie] thread ; [- de laine] yarn *(U)* ; [brin - de coton, de soie] piece of thread ; [- de laine] strand / *cachemire trois / quatre fils* three-ply / four-ply cashmere ▸ **fil à bâtir / à coudre** basting / sewing thread ▸ **fil dentaire** dental floss ▸ **fil d'Écosse** lisle ▸ **fil de Nylon** nylon thread ▸ **de fil en aiguille** one thing leading to another ▸ **donner du fil à retordre à qqn** to cause sb (no end of) trouble **2.** [lin] linen ▸ **draps de fil** linen sheets **3.** [filament - de haricot] string ▸ **haricots pleins de / sans fils** stringy / stringless beans **4.** [corde - à linge] line ; [- d'équilibriste] tightrope, high wire ; [- pour marionnette] string ▸ **fil d'Ariane** MYTH Ariadne's thread ▸ **fil conducteur** ou **d'Ariane a)** [d'une enquête] (vital) lead **b)** [dans une histoire] main theme ▸ **débrouiller** ou **démêler les fils d'une intrigue** to unravel the threads ou strands of a plot ▸ **sa vie ne tient qu'à un fil** his life hangs by a thread ▸ **un fil de la Vierge** a gossamer thread / *des fils de la Vierge* gossamer (threads) ▸ **avoir un fil à la patte** to be tied down, to have one's hands tied **5.** [câble] wire / *fil de cuivre / d'acier* copper / steel wire ▸ **fil télégraphique / téléphonique** telegraph / telephone wire ▸ **fil de terre** earth UK ou ground US wire ▸ **fil à couper le beurre** cheesewire ▸ **fil électrique** wire ▸ **fil de fer** wire ▸ **fil de fer barbelé** barbed wire ▸ **clôture en fil de fer a)** [gén] wire fence **b)** [barbelé] barbed wire fence / *c'est un fil de fer, ce type!* that guy's as thin as a rake ! ▸ **fil à plomb** plumbline ▸ **fil à souder** soldering wire **6.** *fam* [téléphone] ▸ **au bout du fil** on the phone, on the line / *à l'autre bout du fil* on the other end of the line **7.** [tranchant] edge / *donner le fil à une lame* to sharpen a blade ▸ **passer qqn au fil de l'épée** to put sb to the sword ▸ **être sur le fil du rasoir** to be on a knife-edge **8.** [sens - du bois, de la viande] grain / *dans le sens contraire au fil, contre le fil* against the grain **9.** [cours - de l'eau] current, stream ; [- de la pensée, d'une discussion] thread / *perdre / reprendre le fil d'une histoire* to lose / to pick up the thread of a story ▸ **le fil des événements** the chain of events.
❖ **au fil de** loc prép **1.** [le long de] : *aller au fil de l'eau* to go with the current ou stream **2.** [au fur et à mesure de] ▸ **au fil du temps** as time goes by / *au fil des semaines* as the weeks go by, with the passing weeks / *au fil de la discussion je m'aperçus que...* as the discussion progressed I realized that...
❖ **sans fil** loc adj [télégraphie, téléphonie] wireless *(modif)* ; [rasoir, téléphone] cordless.

fil-à-fil [filafil] nm inv pepper-and-salt cloth.

filage [filaʒ] nm **1.** TEXT spinning **2.** MÉTALL drawing **3.** THÉÂTRE run-through.

filaire¹ [filɛʀ] adj telegraphic.

filaire² [filɛʀ] nf filaria.

filament [filamɑ̃] nm **1.** [fibre] filament **2.** TEXT thread **3.** ÉLECTR filament.

filamenteux, euse [filamɑ̃tø, øz] adj filamentous, filamentary.

filandière [filɑ̃djɛʀ] nf *arch* spinner.

filandre [filɑ̃dʀ] nf **1.** [fil de la Vierge] gossamer **2.** [dans un aliment] (tough) fibre.

filandreux, euse [filɑ̃dʀø, øz] adj **1.** [fibreux - viande] stringy **2.** *péj* [confus - style, discours] long-winded.

filant, e [filɑ̃, ɑ̃t] adj **1.** [qui file - liquide] free-running **2.** MÉD [pouls] (very) weak.

filariose [filaʀjoz] nf MÉD filariosis.

filasse [filas] ◆ nf tow. ◆ adj inv : *cheveux (blonds) filasse péj* dirty blond hair.

filateur [filatœʀ] nm spinning factory owner.

filature [filatyʀ] nf **1.** TEXT [opérations] spinning ; [usine] (spinning) mill **2.** [surveillance] shadowing, tailing ▸ **prendre qqn en filature** to shadow ou to tail sb.

fildeferiste [fildəfeʀist] nmf high wire acrobat.

file [fil] nf **1.** [suite - de véhicules] line, row ; [- de personnes] line ▸ **se mettre en file** to queue up UK, to line up, to stand in line ▸ **prendre la file** to join the line / *marcher en* ou *à la file* to walk in line ▸ **file d'attente** queue UK, line US ▸ **en file indienne** in single file **2.** TRANSP lane / *la file de droite* the right-hand lane / *sur deux files* in two lanes **3.** MIL file of soldiers.
❖ **à la file** loc adv in a row, one after another ou the other / *il a bu trois verres à la file* he drank three glasses in a row ou one after another.
❖ **de file** loc adv SUISSE [à la file] in a row, one after the other ou another.

filé [file] nm TEXT thread.

filer [3] [file] ◆ vt **1.** TECHNOL & TEXT to spin ▸ **filer un mauvais coton a)** *fam* [être malade] to be in bad shape **b)** [se préparer des ennuis] to be heading for trouble **2.** ENTOM to spin **3.** [dérouler - câble, amarre] to pay out *(sép)*, to release **4.** [développer - image, métaphore] to draw ou to spin out *(sép)* ; [tenir - note, son] to draw out *(sép)* **5.** JEUX [carte] to palm off *(sép)* / *filer les cartes* [au poker] to show one's hand **6.** [suivre - suj : détective] to tail, to shadow **7.** [déchirer - collant, bas] to ladder UK, to run US **8.** *fam* [donner] to give / *file-moi cinq euros* give us a fiver / *il m'a filé un coup de poing* he landed UK ou beaned US me one / *filer un coup de pied* to kick / *on m'a filé le sale boulot* they landed UK ou stuck US me with the rotten job / *je te file ma robe, je ne la mets jamais* you can have my dress, I never wear it / *attends, je te file du papier* wait, I'll let you have some paper / *elle m'a filé la grippe* she's given me the flu ▸ **filer une gifle à qqn** to smack ou to slap sb in the face / *file-moi un coup de main* give us a hand **9.** EXPR **filer le parfait amour** to live a great romance. ◆ vi **1.** [liquide] to run, to flow ; [fromage] to run **2.** [flamme, lampe] to smoke **3.** [se dérouler - câble] to run out **4.** NAUT ▸ **filer (à) 20 nœuds** to sail ou to proceed at 20 knots **5.** [collants, bas] to ladder UK, to run ; [maille] to run **6.** [passer vite - coureur, véhicule] to dash ; [- nuage] to fly (past) ; [- temps] to fly ▸ **filer à toute vitesse** [voiture] to bomb along / *il a filé dehors* he dashed out ▸ **il a filé dans sa chambre a)** [gén] he dashed ou flew into his bedroom **b)** [après une réprimande] he stormed off to his room / *elle a filé à travers le jardin* she dashed ou flew across the garden / *il faut que je file si je veux avoir mon train* I must dash if I don't want to miss my train ▸ **bon, je file!** right, I'm off ! / *sa victime lui a filé entre les doigts* his victim slipped through his hands / *l'argent lui file entre les doigts* money just slips through his fingers / *les journées filent à une vitesse!* the days are just flying by ! **7.** *fam* [disparaître - cambrioleur] to scram, to scarper UK, to skedaddle US / *quand je suis entré dans la boutique ils avaient filé!* when I went into the shop I found that they'd taken off ! / *je t'ai assez vu, file!* I've had enough of you, scram ! ou clear off ! ▸ **filer à l'anglaise** to sneak off, to take French leave **8.** *fam* [argent] to go, to disappear, to vanish / *il a eu trois millions à la mort de son père mais tout a filé!* he inherited three million when his father died but now it's all gone ! **9.** EXPR **filer doux** to behave o.s. / *avec sa tante, elle file doux!* she's as good as gold with her aunt ! / *avec moi tu as intérêt à filer doux!* just watch your step with me, that's all !

filet [filɛ] nm **1.** ANAT fibre ▸ **filet nerveux** nerve fibre ▸ **filet de la langue** frenum linguae **2.** ARCHIT fillet **3.** TECHNOL thread **4.** IMPR rule **5.** [petite quantité] ▸ **un filet de** : *un filet d'eau* a trickle of water ▸ **un filet de bave** a dribble of saliva / *un filet de sang* a trickle of blood ▸ **un filet d'air** a (light) stream of air ▸ **un filet de lumière** a (thin) shaft of light ▸ **un filet de citron / vinaigre** a dash of lemon / vinegar / *un (petit) filet de voix* a thin (reedy) voice **6.** CULIN [de viande, de poisson] fillet, filet US / *un morceau dans le filet* [de bœuf] ≃ a sirloin ou porterhouse steak / *faire des filets de sole* to fillet a sole ▸ **filet mignon** filet mignon **7.** [ouvrage à mailles] net ▸ **filet (de pêche)** (fishing) net ▸ **filet à cheveux / à papillons** hair / butterfly net ▸ **filet (à bagages)** (luggage) rack ▸ **filet dérivant** drift net ▸ **filet à provisions** string shopping bag ▸ **attirer qqn dans ses filets** *fig* to entrap ou to ensnare sb ▸ **tendre un filet a)** [pour la chasse] to set a snare **b)** *fig* to lay a trap **8.** SPORT [au football, au hockey, au tennis] net ; [d'acrobate] safety net / *envoyer la balle dans le filet* to hit the ball into the net / *envoyer le palet au fond du filet* to slam the puck into the back of the net, to net the puck ▸ **monter au filet** to come to the net ▸ **travailler sans filet a)** *pr* to perform without a safety net **b)** *fig* to take risks.

filetage [filtaʒ] nm TECHNOL **1.** [action] threading **2.** [filets] (screw) thread.

fileté [filte] nm cotton fabric.

fileter [28] [filte] vt **1.** TECHNOL to thread **2.** CULIN to fillet.

fileur, euse [filœʀ, øz] nm, f spinner.

filial, e, aux [filjal, o] adj filial.
❖ **filiale** nf subsidiary (company).

filialement [filjalmɑ̃] adv filially.

filialisation [filjalizasjɔ̃] nf division into subsidiary companies.

filialiser [3] [filjalize] vt to divide ou make into subsidiary companies.

filiation [filjasjɔ̃] nf **1.** [entre individus] line of descent, filiation *sout* ; DR filiation **2.** [entre des mots, des idées] relationship.

filière [filjɛʀ] nf **1.** [procédures] procedures, channels / *passer par la filière administrative* to go through administrative channels / *il est passé par la filière pour devenir directeur* he worked his way up to become manager **2.** [réseau -de trafiquants, de criminels] network, connection / *ils ont démantelé la filière française* they smashed the French connection ▸ **remonter une filière** to trace a network back to its ringleaders **3.** ÉDUC & UNIV ▸ **la filière technique / scientifique** technical / scientific subjects / *nous avons suivi la même filière jusqu'à 16 ans* we did the same subjects (as each other) until the age of 16 **4.** MÉTALL ▸ **filière (à machine) a)** [pour étirage] draw, drawing plate **b)** [pour tréfilage, filage] die **5.** ENTOM spinneret **6.** TEXT spinneret **7.** NAUT guardrail **8.** INDUST industry ▸ **la filière bois / électronique** the wood / electronics industry.

filiforme [filifɔʀm] adj **1.** [maigre] lanky, spindly **2.** MÉD [pouls] thready.

filigrane [filigʀan] nm **1.** [d'un papier] watermark **2.** JOAILL filigree.

❖ **en filigrane** loc adv between the lines / *lire en filigrane* to read between the lines / *le problème du racisme apparaissait en filigrane dans la discussion* the problem of racism was implicit in the discussion.

filigraner [3] [filigʀane] vt **1.** [papier] to watermark / *du papier filigrané* watermarked paper **2.** JOAILL to filigree.

filin [filɛ̃] nm rope.

filipino [filipino] nm LING Filipino.

fille [fij] nf **1.** [enfant] girl / *c'est une belle / gentille fille* she's a good-looking / nice girl / *tu es une grande fille maintenant* you're a big girl now / *c'est encore une petite fille* she's still a little girl **2.** [jeune fille] girl ; [femme] woman / *c'est une fille que j'ai connue il y a 20 ans* I met that woman 20 years ago / *une fille de la campagne* a country girl ▸ **rester fille** *vieilli* to remain single ou unmarried ▸ **fille facile** *péj* slut ▸ **fille mère** *vieilli & péj* unmarried mother **3.** [descendante] daughter / *les filles Richard ont toutes fait des études de droit* all the Richard girls ou daughters studied law / *la paresse est la fille de l'oisiveté fig* laziness is the daughter of idleness ▸ **une fille de bonne famille** a respectable girl ▸ **tu es bien la fille de ton père!** you're just like your father! **4.** [en appellatif] ▸ **ma fille** (my) girl / *ça, ma fille, je t'avais prévenue!* don't say I didn't warn you, (my) girl! **5.** *vieilli* [employée] ▸ **fille d'auberge** serving girl ▸ **fille de cuisine** kitchen maid ▸ **fille de ferme** farm girl ▸ **fille de salle** [dans les hôpitaux] ward orderly **6.** *vieilli* [prostituée] whore / *aller chez les filles* to go to a brothel, to go whoring ▸ **fille publique** ou **de joie** ou **des rues** ou **perdue** *litt* prostitute ▸ **fille à soldats** camp follower **7.** HIST ▸ **fille d'honneur** maid of honour **8.** RELIG ▸ **les filles du Carmel** the Carmelite nuns.

fillette [fijɛt] nf **1.** [enfant] little girl **2.** [bouteille] small bottle *(for wine)*.

filleul, e [fijœl] nm, f godchild, godson (goddaughter) ▸ **filleul de guerre** MIL *soldier taken care of by a woman during a war.*

film [film] nm **1.** CINÉ [pellicule] film ; [œuvre] film UK, movie US ▸ **tourner un film** to shoot a film ▸ **film doublé** dubbed film ▸ **film en noir et blanc / en couleur** black and white / colour film ▸ **film d'actualités** newsreel ▸ **film d'animation** animated film ▸ **film d'auteur** art film ▸ **film catastrophe** disaster film UK ▸ **film culte** cult film ▸ **film documentaire** documentary (film) ▸ **film d'horreur** ou **d'épouvante** horror film ▸ **film muet** silent film ▸ **film parlant** talking film, talkie *fam* ▸ **film X** X ou adults-only film ▸ **se faire un film** *fam* : *il rêve de partir vivre à l'étranger et se fait déjà un film* his dream is to live abroad and he's already fantasizing about it / *je m'étais fait tout un film sur l'opération* all sorts of things had been going through my head about the operation / *tu crois qu'il est attiré par toi mais tu te fais un film!* you think he fancies you but you're just imagining things! **2.** PHOT film **3.** [couche] film / *un film d'huile* a film of oil **4.** [pour la cuisine] ▸ **film alimentaire** clingfilm **5.** [déroulement] sequence / *le film des événements* the sequence of events / *quand elle retraçait le film de sa vie* when she looked back on her life.

filmage [filmaʒ] nm [d'un produit, d'un livre] shrink-wrapping.

filmer [3] [filme] vt [scène, événement] to film, to shoot ; [personnage] to film / *il a fait filmer toute la scène sans le dire* he got somebody to film the whole thing without telling anyone.

filmique [filmik] adj cinematic.

filmographie [filmɔgʀafi] nf filmography.

filmologie [filmɔlɔʒi] nf film UK ou cinema studies.

filmothèque [filmɔtɛk] nf microfilm collection.

filocher [3] [filɔʃe] *fam* ◆ vt [suivre] ▸ **filocher qqn** to tail sb. ◆ vi [aller vite] to scarper UK, to skedaddle US.

filoguidé, e [filɔgide] adj wire-guided.

filon [filɔ̃] nm **1.** GÉOL seam, vein / *ils ont déjà exploité ce filon fig* they have already exploited that goldmine **2.** *fam* EXPR **trouver le filon a)** [moyen] *il a trouvé le filon pour gagner de l'argent* he found an easy way to make money **b)** [situation lucrative] to strike it rich, to find the right connection US / *j'ai enfin trouvé le filon* I've found a cushy number at last, I'm on the gravy train at last US ▸ **voilà un bon filon!** that's a soft ou an easy option! ▸ **c'est un bon filon** it's a gold mine ou a money-spinner.

filonien, enne [filɔnjɛ̃, ɛn] adj **1.** MIN seam *(modif)* **2.** GÉOL veined.

filou [filu] nm **1.** [voleur] crook, rogue **2.** [ton affectueux] rascal, scamp / *oh le filou, il a caché mon livre!* the little rascal's hidden my book!

filoutage [filutaʒ] nm *fam* swindling.

filouter [3] [filute] vt *fam* **1.** [dérober] to pinch, to swipe **2.** [escroquer] to cheat, to swindle.

filouterie [filutʀi] nf DR fraud, swindle.

fils [fis] nm **1.** [enfant] son, boy / *viens là, mon fils* come here my son ou boy / *tous les fils Charley ont mal tourné fam* all the Charley boys ou sons went off the straight and narrow / *le fils de la maison* the son of the house ▸ **un fils à papa** *fam* a daddy's boy ▸ **il est bien le fils de son père!** he's just like his father! ▸ **un fils de famille** a wealthy young man ▸ **le fils prodigue** the prodigal son ▸ **fils spirituel** spiritual son / **'le Fils ingrat'** *Greuze* 'The Prodigal Son' **2.** COMM ▸ **Brunet & Fils** Brunet & Son ou Sons / *je voudrais parler à M. Picard fils* I'd like to talk to Mr Picard junior **3.** *litt* [descendant] descendant ; [natif] son / **'la patrie reconnaissante à ses fils sacrifiés'** lest we forget / *un fils du terroir* a son of the land **4.** RELIG ▸ **le Fils de l'homme** ou **de Dieu** the Son of man ou of God ▸ **mon fils** my son **5.** EXPR **être fils de ses œuvres** to be a self-made man.

filtrage [filtʀaʒ] nm [d'un liquide] filtering ; [de l'information, de personnes] screening ▸ **filtrage d'appels** call screening.

filtrant, e [filtʀɑ̃, ɑ̃t] adj [matériau, dispositif] filtering *(avant nom)* ; [crème, huile solaire] sunscreen *(modif)* ; [verre] filter *(modif)*.

filtrat [filtʀa] nm filtrate.

filtration [filtʀasjɔ̃] nf filtration, filtering.

filtre [filtʀ] nm filter ▸ **filtre à café / huile** coffee / oil filter ▸ **filtre solaire** sunscreen ▸ **filtre à air** air filter.

filtre-presse [filtʀəpʀɛs] (*pl* **filtres-presses**) nm filter press.

filtrer [3] [filtʀe] ◆ vt **1.** [liquide, air, lumière] to filter **2.** [visiteurs, informations] to screen. ◆ vi **1.** [liquide] to seep ou to filter through ; [lumière, bruit] to filter through **2.** [nouvelles] to filter through.

fin¹, e [fɛ̃, fin] adj **1.** [mince -sable, pinceau] fine ; [-cheveu, fil] fine, thin ; [-écriture] fine, small ; [-doigt, jambe, taille, main] slim, slender ; [peu épais -papier, tranche] thin ; [-collant, bas] sheer ▸ **pluie fine** drizzle ▸ **haricots verts fins** high quality green beans **2.** [délicat -visage, traits] delicate **3.** [aiguisé -pointe] sharp **4.** [de qualité -aliments, produit] high-quality, top-quality ; [-mets, repas] delicate, exquisite, refined ; [-dentelle, lingerie] delicate, fine ; [-or, pierre, vin] fine **5.** [subtil -observation, description] subtle, clever ; [-personne] perceptive, subtle ; [-esprit] sharp, keen, shrewd ; [-plaisanterie] witty / *ce n'était pas très fin de ta part* it wasn't very smart ou clever of you / *elle n'est pas très fine* she's not very bright ▸ **c'est fin!** *fam & iron* very clever! / *ne joue pas au plus fin avec moi* don't try to outwit ou to outsmart me ▸ **c'est une fine mouche** he's a sharp customer **6.** [sensible -ouïe, vue] sharp, keen, acute ; [-odorat] discriminating, sensitive **7.** *(avant nom)* [extrême] ▸ **dans le** ou **au fin fond du placard** at the very back of the closet / *au fin fond de la campagne* in the depths of the countryside, in the middle of nowhere *péj* / *le fin mot de l'histoire c'est...* the best of it is... / *on ne connaîtra jamais le fin mot de l'histoire* we'll never know what really happened ou the real story **8.** *(avant nom)* [excellent] ▸ **fin connaisseur** (great) connoisseur / *un fin connaisseur en vins* an expert on ou a (great) connoisseur of wines ▸ **un fin tireur** a crack shot ▸ **la fine équipe!** what a team! ▸ **un fin gourmet** a gourmet.

❖ **fin** adv **1.** [finement -moulu] finely ; [-taillé] sharply ▸ **c'est écrit trop fin** it's written too small ▸ **haché fin** [herbes] finely chopped **2.** [tout à fait] ▸ **être fin prêt** to be ready / *nous sommes fin prêts* we're all set, we're ready / *être fin saoul sout* to be blind drunk.

❖ **fine bouche** nf **1.** [gourmet] ▸ **c'est une fine bouche** he's a gourmet **2.** EXPR **faire la fine bouche** : *tu ne vas pas faire la fine bouche!* don't be so choosy!

❖ **fine gueule** nf *fam* gourmet.

fin² [fɛ̃] nf **1.** [terme -d'une période, d'un mandat] end ; [-d'une journée, d'un match] end, close ; [-d'une course] end, finish ; [-d'un film, d'un roman] end, ending *(C)* / *la fin de l'année / de sa vie / d'un concert* the end of the year / his life / a concert ▸ **jusqu'à la fin des temps** ou **des siècles** until the end of time / *par une fin d'après-midi de juin* late on a June afternoon ▸ **fin mai / 2009** (at the) end of May / 2009 ▸ **se battre / rester jusqu'à la fin** to fight / to stay to the very end ▸ **mener qqch à bonne fin** to pull ou to carry sthg off (successfully) ▸ **mettre fin à qqch** to put an end to sthg / *mettre fin à ses jours* to put an end to one's life, to take one's own life ▸ **prendre fin** to come to an end ▸ **tirer** ou **toucher à sa fin** to come to an end, to draw to a close ▸ **fin de citation** end of quotation ▸ **fin de semaine** weekend ▸ **en fin de semaine** at the end of the week ▸ **faire une fin** to settle down, to get married ▸ **en voir la fin** there doesn't seem to be any end to it / *tout ce travail, je n'en vois pas la fin!* I have so much work, there doesn't seem to be any end to it! / *ça y est, j'en vois la fin!* at last, I can see the light at the end of the tunnel! ▸ **avoir** ou **connaître des fins de mois difficiles** to find it hard to make ends meet (at the end of the month) **2.** [disparition] end / *la fin de la civilisation inca* the end ou death of Inca civilization / *la fin du monde* the end of the world / *ce n'est quand même pas la fin du monde!* it's not the end of the world, is it! ▸ **c'est la fin de tout** ou **des haricots!** *fam & hum* our goose is cooked! **3.** [mort] death, end ▸ **avoir une fin tragique / lente** to die a tragic / slow death / *avoir une belle fin* to have a fine end / *la fin approche* the end is near **4.** [objectif] end, purpose ▸ **à cette fin** to this end, for this purpose, with that aim in mind ▸ **à seule fin de** with the sole aim of, (simply) for the sake of, purely in order to ▸ **arriver** ou **parvenir à ses fins** to achieve one's aim ▸ **à des fins personnelles** for personal ou private use ▸ **à des fins politiques / religieuses** to political / religious ends ▸ **fin en soi** end in itself ▸ **la fin justifie les moyens** *prov*, **qui veut la fin veut les moyens** *prov* the end justifies the means *prov* **5.** DR ▸ **fin de non-recevoir** demurrer ▸ **opposer une fin de non-recevoir à qqn** *fig* to turn down sb's request bluntly **6.** COMM ▸ **fin courant** at the end of the current month ▸ **fins de série** oddments.

❖ **à la fin** loc adv **1.** [finalement] in the end, eventually **2.** *fam* [ton irrité] : *mais à la fin, où est-il?* where on earth is it? / *tu es énervant à la fin!* you're beginning to get on my nerves!

❖ **à la fin de** loc prép at the end ou close of.

❖ **à toutes fins utiles** loc adv **1.** [pour information] : *je vous signale à toutes fins utiles que...* for your information, let me point out that... **2.** [le cas échéant] just in case / *dans la boîte à gants j'avais mis à toutes fins utiles une carte de France* I had put a map of France in the glove compartment just in case.

❖ **en fin de** loc prép ▶ **en fin de soirée / match** towards UK ou toward US the end of the evening / match / *être en fin de liste* to be ou to come at the end of the list / *être en fin de course* [athlète, président] to be at the end of the road *fig* / *être en fin de droits* to come to the end of one's entitlement *(to an allowance)*.

❖ **en fin de compte** loc adv in the end, when all is said and done.

❖ **fin de race** loc adj degenerate.

❖ **fin de siècle** loc adj decadent, fin de siècle.

❖ **sans fin** ◆ loc adj **1.** [interminable] endless, interminable, never-ending **2.** TECHNOL endless. ◆ loc adv endlessly, interminably.

final, e, als *ou* **aux** [final, o] adj **1.** [qui termine] final, end *(modif)* **2.** LING & PHILOS final.

❖ **final, finale** nm DANSE & MUS finale.

❖ **finale** nf **1.** LING [syllabe] final syllable ; [voyelle] final vowel **2.** SPORT final.

finalement [finalmɑ̃] adv **1.** [à la fin] finally, eventually, in the end **2.** [tout compte fait] after all, when all is said and done.

finalisation [finalizasjɔ̃] nf finalization.

finaliser [3] [finalize] vt to finalize.

finalisme [finalism] nm finalism.

finaliste [finalist] ◆ adj **1.** SPORT ▶ **l'équipe finaliste** the team of finalists ; JEUX ▶ **candidat finaliste** finalist **2.** PHILOS finalistic. ◆ nmf JEUX, PHILOS & SPORT finalist.

finalité [finalite] nf **1.** [but] aim, purpose, end **2.** PHILOS finality.

finance [finɑ̃s] nf [profession] ▶ **la finance** (the world of) finance / *entrer dans la finance* to enter the world of finance ▶ **la haute finance** high finance.

❖ **finances** nfpl **1.** POL ▶ **les Finances** ≃ the Ministry of Finance UK ; ≃ the Treasury Department US ▶ **finances publiques** public finance **2.** *fam* [budget] : *ça dépendra de mes finances* it will depend on whether I can afford it or not / *mes finances sont à zéro* my finances have hit rock-bottom.

financement [finɑ̃smɑ̃] nm financing *(U)*, finance.

financer [16] [finɑ̃se] vt [journal, projet] to finance, to back (financially), to put up the finance for ; *(en usage absolu)* : *une fois de plus, ce sont ses parents qui vont financer* *fam* once again, his parents will fork out.

financier, ère [finɑ̃sje, ɛʀ] adj **1.** [crise, politique] financial ▶ **problèmes financiers a)** [d'un État] financial problems **b)** [d'une personne] money problems **2.** CULIN sauce financière, financière sauce *(made with sweetbreads, mushrooms, etc.)*.

❖ **financier** nm CULIN financier *(rectangular sponge finger made with almonds)*.

❖ **à la financière** loc adj à la financière, with financière sauce.

financièrement [finɑ̃sjɛʀmɑ̃] adv financially.

finasser [3] [finase] vi *fam* to scheme.

finasserie [finasʀi] nf *fam* scheming.

finaud, e [fino, od] ◆ adj cunning, shrewd, wily. ◆ nm, f : *c'est un (petit) finaud* he's a crafty ou sly one.

fine [fin] ◆ f ⟶ **fin.** ◆ nf **1.** [eau-de-vie] ≃ brandy ▶ **fine champagne** *variety of Cognac* **2.** [huître] ▶ **fines de claire** *specially fattened greenish oysters.*

finement [finmɑ̃] adv **1.** [de façon fine - hacher, dessiner] finely **2.** [subtilement] subtly, with finesse.

fines [fin] nfpl MIN fines.

finesse [finɛs] nf **1.** [délicatesse - d'un mets, d'un vin] delicacy ; [- d'une étoffe] delicacy, fineness / *un portrait d'une grande finesse d'exécution* a very delicately painted portrait / *la finesse du trait dans les dessins de Dürer* the delicate lines of ou the finesse of Dürer's drawings / *jouer Chopin avec beaucoup de finesse* to give a sensitive interpretation of Chopin **2.** [perspicacité] flair, finesse, shrewdness **3.** [subtilité] subtlety *(U)* / *une remarque pleine de finesse* a very subtle remark ▶ **finesse d'esprit** intellectual refinement ▶ **finesse de goût** refined taste **4.** [acuité] sharpness, keenness / *la finesse avec laquelle il distingue les demi-tons* his good ear for the semi-tones **5.** [minceur - de la taille] slenderness, slimness ; [- des cheveux, d'une poudre] fineness ; [- du papier, d'un fil] thinness / *la finesse de ses traits* the fineness of her features / *des draps d'une grande finesse* sheets of the finest cloth **6.** AÉRON aerodynamic efficiency **7.** NAUT sharpness.

❖ **finesses** nfpl [subtilités] subtleties, niceties / *les finesses du français* the subtleties of the French language / *les finesses de la diplomatie* diplomatic niceties.

finette [finɛt] nf brushed cotton.

fini, e [fini] adj **1.** [perdu] finished ▶ **c'est un homme fini** he's finished / *en tant que banquier, je suis fini* my banking career is finished **2.** *péj* [en intensif] complete, utter / *un imbécile fini* a complete ou an utter fool **3.** MATH & PHILOS finite **4.** [accompli, terminé] finished, accomplished.

❖ **fini** nm **1.** [perfection] finish **2.** PHILOS ▶ **le fini** that which is finite.

finir [32] [finiʀ] ◆ vt **1.** [achever - tâche, ouvrage] to finish (off) ; [- guerre, liaison] to end ; [- études] to complete ; [- période, séjour] to finish, to complete / *il a fini ses jours à Cannes* he ended his days in Cannes / *finir la soirée au poste* to wind up in a police cell (at the end of a night out) / *finissez la vaisselle d'abord* first finish the dishes, get the dishes finished first / *mon travail est fini maintenant* my work's done now / *finis ta phrase* finish what you were saying ▶ **finir de faire qqch** to finish doing sthg / *finis de faire tes devoirs* finish your homework / *j'ai presque fini de relire ma copie* I've almost finished rereading my paper ; *(en usage absolu)* : *laisse-moi finir* just let me finish / *je n'ai pas fini!* I haven't finished (what I was saying)! ▶ **c'en est fini de** *sout* : *c'en est bien fini de mes rêves!* that's the end of all my dreams! ▶ **en finir** : *finissons-en* let's get it over with / *elle a voulu en finir* [se suicider] she tried to end it all / *il faut en finir, cette situation ne peut plus durer* we must do something to put an end to this situation ▶ **en finir avec** : *il veut en finir avec la vie* he's had enough of life / *nous devons en finir avec la crise économique* we must end the slump / *j'en aurai bientôt fini avec lui* I'll be done with him soon **2.** [plat, boisson, etc.] to finish (off ou up) / *qui a fini l'eau de Cologne?* who's used up all ou finished off the Cologne? / *finis ton assiette* *fam* eat up ou finish off what's on your plate / *il a fini le gâteau / la bouteille* he finished off the cake / the bottle **3.** [en réprimande] : *vous n'avez pas fini de vous plaindre?* haven't you done enough moaning?, can't you stop moaning? / *tu n'as pas bientôt fini!* will you stop it! / *tu as fini, oui, ou c'est une claque!* stop it now or you'll get a smack! / *c'est fini, ce boucan?* stop that racket, will you! ◆ vi **1.** [arriver à son terme] to finish, to end / *la route finit au pont* the road stops at the bridge / *la réunion a fini dans les hurlements* the meeting ended in uproar / *le bal a fini sur une farandole* the ball ended with a farandole / *la leçon finit à quatre heures* the lesson finishes at four / *l'école finit en juin* school ends in June / *quand finit ton stage?* when's the end of your placement? / *son bail finit à Pâques* her lease expires ou lapses at Easter / *je finirai sur ce vers de Villon* let me end with this line from Villon ▶ **pour finir** in the end, finally / *elle a marchandé mais pour finir elle n'a pas acheté le tapis* she haggled over the price of the carpet but in the end she didn't buy it ▶ **finir par** *(suivi d'un infinitif)* : *il a fini par renoncer / réussir* he eventually ou finally gave up / succeeded / *ça finit par coûter cher* it costs a lot of money in the end / *tu finis par m'agacer* you're beginning to annoy me ▶ **fini de** *fam* : *et maintenant, fini de se croiser les bras!* and now let's see some action! / *en janvier, fini de rigoler, tu te remets au travail* come January there'll be no more messing around, you're going to have to get down to some work ▶ **n'en pas finir, n'en plus finir** : *cette journée / son discours n'en finit pas* there's no end to this day / his speech / *si on tient compte des exceptions, on ne va plus en finir!* we'll never see the end of this if we take exceptions into account! / *un grand adolescent qui n'en finit pas* *hum* a big kid ▶ **à n'en plus finir** endless, never-ending, interminable / *des plaintes à n'en plus finir* endless ou never-ending complaints ▶ **finir en queue de poisson** *fam* to fizzle out **2.** [avoir telle issue] ▶ **elle a fini juge** she ended up a judge ▶ **il a mal fini** [délinquant] he came to a bad end ▶ **un roman qui finit bien / mal** a novel with a happy / sad ending / *comment tout cela va-t-il finir?* where ou how will it all end? ▶ **ça va mal finir** no good will come of it, it will all end in disaster ▶ **tout est bien qui finit bien** *prov* all's well that ends well *prov* **3.** [mourir] to die / *finir à l'hôpital* to end one's days ou to die in hospital ▶ **finir sous un autobus** to end up under a bus.

> Notez la différence entre les constructions française et anglaise :
>
> finir de + infinitif
>
> finish + -ing
>
> **Je dois finir de ranger mon bureau avant de partir.** *I've got to finish tidying up my desk before I leave.*
>
> **As-tu fini de trier ces vieux journaux ?** *Have you finished sorting through those old newspapers?*

finish [finiʃ] *(pl* **finish** *ou* **finishs****)* nm SPORT finish / *jouer un match / une partie au finish* (to play a) match / game to the finish / *je l'ai eu au finish* *fam & fig* I got him in the end.

finissage [finisaʒ] nm finishing.

finissant, e [finisɑ̃, ɑ̃t] adj *litt* finishing ▶ **dans le jour finissant** at dusk.

finisseur, euse [finisœʀ, øz] nm, f [gén & SPORT] finisher / *on peut lui faire confiance pour le marathon, c'est un finisseur!* we can count on him in the marathon, he's a finisher!

❖ **finisseur** nm TRAV PUB finisher.

finissure [finisyʀ] nf casing-in.

Finistère [finistɛʀ] npr m ▶ **le Finistère** Finistère *(département in Brittany; chef-lieu: Quimper, code: 29)*.

finition [finisjɔ̃] nf **1.** [détail] : *la finition de l'anorak est très bien faite* the anorak's nicely finished ▶ **les finitions** the finishing touches **2.** [perfectionnement] finishing off *(U)* / *les travaux de finition prendront plusieurs jours* it will take several days to finish off the work.

finitude [finityd] nf finiteness.

finlandais, e [fɛ̃lɑ̃dɛ, ɛz] adj Finnish.

❖ **Finlandais, e** nm, f Finn.

❖ **finlandais** nm LING Finnish.

Finlande [fɛ̃lɑ̃d] npr f ▶ **(la) Finlande** Finland.

finlandisation [fɛ̃lɑ̃dizasjɔ̃] nf Finlandization.

finnois, e [finwa, az] adj Finnish.

❖ **Finnois, e** nm, f Finn.

❖ **finnois** nm LING Finnish.

finno-ougrien, enne [finougʀijɛ̃, ɛn] *(mpl* **finno-ougriens**, *fpl* **finno-ougriennes***)* adj Finno-Ugric, Finno-Ugrian.

❖ **finno-ougrien** nm LING Finno-Ugric, Finno-Ugrian.

FINUL, Finul [finyl] (abr de **Forces intérimaires des Nations unies au Liban**) npr f UNIFIL.

fiole [fjɔl] nf **1.** [bouteille] phial **2.** *tfam* [tête] mug.

fion [fjɔ̃] nm **1.** SUISSE [mot] witticism **2.** EXPR ▶ **donner le coup de fion à** *tfam* to put the finishing touch to.

fioritures [fjɔʀityʀ] nfpl **1.** [décorations] embellishments **2.** MUS fioritura.

❖ **sans fioritures** loc adj plain, unadorned.

fioul [fjul] nm fuel oil.

* In reformed spelling (see p. 16-19).

FIP [fip] (abr de **France Inter Paris**) npr *Paris radio station broadcasting continuous music and traffic information.*

firmament [firmamɑ̃] nm *litt* firmament *litt*, heavens.

firme [firm] nf firm, company.

FIS [fis] (abr de **Front islamique de salut**) npr m ▸ **le FIS** the FIS, the Islamic Salvation Front.

fisc [fisk] nm ≃ Inland UK ou Internal US Revenue / *des problèmes avec le fisc* problems with the taxman.

fiscal, e, aux [fiskal, o] adj fiscal, tax *(modif)* / *dans un but fiscal* for the purpose of revenue ▸ **pression** ou **charge fiscale** tax burden ▸ **l'administration fiscale** the tax authorities ▸ **conseiller fiscal** tax adviser.

fiscalement [fiskalmɑ̃] adv fiscally, from the point of view of taxation / *dans quel pays êtes-vous fiscalement domicilié ?* in which country do you pay tax?

fiscalisation [fiskalizasjɔ̃] nf taxing, taxation.

fiscaliser [3] [fiskalize] vt to tax.

fiscaliste [fiskalist] nmf tax specialist, tax consultant.

fiscalité [fiskalite] nf [système, législation] tax system.

fish-eye [fiʃaj] *(pl* **fish-eyes***)* nm fish-eye lens.

fissible [fisibl], **fissile** [fisil] adj MINÉR & NUCL fissile.

fission [fisjɔ̃] nf fission ▸ **fission nucléaire** nuclear fission.

fissionner [3] [fisjɔne] vt to split.

fissuration [fisyʀasjɔ̃] nf fissuring *spéc*, cracking.

fissure [fisyʀ] nf **1.** [fente] crack, fissure *spéc* **2.** MÉD fissure **3.** *fig* [défaut] fissure, crack, chink / *il y a des fissures dans son raisonnement* her argument doesn't hold water.

fissurer [3] [fisyʀe] vt [mur, paroi] to crack, to fissure *spéc*.

❖ **se fissurer** vpi to crack.

fiston [fistɔ̃] nm *fam* son.

fistulaire [fistylɛʀ] adj fistular, fistulate.

fistule [fistyl] nf fistula.

fistuleux, euse [fistylø, øz] adj fistulous.

fit v ⟶ **faire.**

fitness [fitnɛs] nm fitness.

FIV [fiv] (abr de **fécondation in vitro**) nf IVF.

FIVETE, fivete [fivɛt] (abr de **fécondation in vitro et transfert d'embryon**) nf GIFT ▸ **une FIVETE** a test-tube baby.

fixage [fiksaʒ] nm PHOT fixing.

fixateur, trice [fiksatœʀ, tʀis] adj fixative.

❖ **fixateur** nm **1.** PHOT fixer **2.** [pour les cheveux] setting lotion **3.** BIOL fixative **4.** ART fixative.

fixatif, ive [fiksatif, iv] adj fixative.

❖ **fixatif** nm fixative.

fixation [fiksasjɔ̃] nf **1.** [accrochage] fixing, fastening / *quel est le système de fixation des étagères ?* how are the shelves fixed to the wall? **2.** [établissement - d'un prix] setting ; [- d'un rendez-vous] making, fixing / *être chargé de la fixation de l'impôt* to be responsible for setting tax levels **3.** CHIM & BIOL fixation **4.** ART & PHOT fixing **5.** PSYCHOL fixation, obsession / *la fixation au père / à la mère* father / mother fixation ▸ **faire une fixation sur qqch** to be obsessed with ou by sthg / *il fait une fixation sur les examens* he's obsessed by exams **6.** [de ski] binding.

fixe [fiks] ◆ adj **1.** [invariable - repère] fixed / *prendre un médicament à heure fixe* to take (a) medicine at a set time ▸ **virgule fixe** INFORM fixed point **2.** MIL : *(à vos rangs,) fixe !* attention! **3.** [immobile - œil, regard] fixed, staring **4.** [durable - emploi] permanent, steady **5.** ÉCON, FIN & DR [droit] fixed duty *(modif)* ; [prix] set ; [revenu, salaire] fixed / *assignation à jour fixe* fixed summons. ◆ nm (fixed) ou regular salary.

fixement [fiksəmɑ̃] adv fixedly ▸ **elle le regarde fixement** she's staring at him.

fixer [3] [fikse] vt **1.** [accrocher - gén] to fix ; [- par des épingles, des punaises] to pin (on) ; [- avec de l'adhésif] to tape (on) ; [- avec un fermoir, un nœud] to fasten / *fixer un tableau au mur* to put up a painting on a wall ▸ **fixer un badge sur un vêtement a)** [avec une épingle] to pin a badge on (to) a garment **b)** [en le cousant] to sew a badge on (to) a garment **2.** [en regardant] to stare ▸ **fixer qqn du regard** to stare at sb ▸ **fixer les yeux** ou **son regard sur qqn / qqch** to stare at sb / sthg / *tout le monde avait les yeux fixés sur elle* everybody was staring at her, all eyes were on her / *il la fixe droit dans les yeux* he's staring straight into her eyes **3.** [concentrer] ▸ **fixer son attention / esprit sur qqch** to focus one's attention / mind on sthg ▸ **fixer son choix sur qqch** to decide ou to settle on sthg / *il a enfin fixé son choix sur une montre* he finally decided on a watch **4.** [définir - date, lieu] to fix, to set, to decide on *(insép)* / *fixer le prix des matières premières* to fix a price for ou the price of raw materials / *fixer le prix d'une réparation* to cost a repair job ▸ **fixer un rendez-vous à qqn** to arrange a meeting with sb / *vous fixerez votre heure* you decide on the time that suits you (best) **5.** [informer] : *cette conversation m'a fixé sur son compte* that conversation set me straight about him / *la voilà enfin fixée sur ton compte* she's finally been set straight about you ▸ **te voilà fixé !** now you know! **6.** [établir] : *fixer son domicile à Paris* to take up (permanent) residence ou to settle (down) in Paris **7.** [stabiliser] to fix ▸ **fixer la langue / l'orthographe** to standardize the language / the spelling **8.** ART, CHIM & PHOT to fix.

❖ **se fixer** ◆ vp *(emploi passif)* [s'accrocher] to be fixed ou fastened / *ça se fixe facilement sur le ski* it fastens easily onto the ski / *ça se fixe avec une courroie* you attach it with a strap, you strap it on. ◆ vpi **1.** [s'installer] to settle / *elle s'est fixée en Irlande* she settled (permanently) in Ireland **2.** [se stabiliser] to settle down / *il s'est fixé après son mariage* he settled down after he got married **3.** *arg crime* to shoot up. ◆ vpt : *il s'est fixé un but dans la vie, réussir* he has (set himself) one aim in life, to succeed / *fixons-nous trois tâches* let's set ourselves three tasks.

❖ **se fixer sur** vp + prép [choisir] to decide on / *il s'est fixé sur une cravate bleue* he decided on a blue tie.

fixette [fiksɛt] nf *fam* obsession / *elle fait une fixette sur la forme de ses oreilles* she's obsessed about the shape of her ears.

fixing [fiksiŋ] nm BOURSE fixing *(of the price of gold)*.

fixisme [fiksism] nm creationism.

fixiste [fiksist] ◆ adj creationistic. ◆ nmf creationist.

fixité [fiksite] nf [d'une disposition] fixity, unchangeableness ; [du regard] fixedness, steadiness.

fjeld [fjɛld] nm fjeld.

fjord, fiord* [fjɔʀd] nm fjord.

fl. (abr écrite de **fleuve**) R.

FL (abr écrite de **florin**) Fl, F, G.

flac [flak] interj splash.

flaccidité [flaksidite] nf flaccidity, flaccidness.

flache [flaʃ] nf **1.** [creux] pothole **2.** [flaque] puddle **3.** [sur un arbre] blaze.

flacon [flakɔ̃] nm [de parfum, de solvant] (small) bottle ; [de spiritueux] flask.

flaconnage [flakɔnaʒ] nm **1.** [fabrication] bottle making **2.** [flacons] set of flasks, (small) bottles.

fla-fla *(pl* **fla-flas***)*, **flafla*** [flafla] nm *fam & vieilli* ▸ **faire du fla-fla** to make a huge fuss.

❖ **sans fla-flas, sans flaflas*** loc adv *fam* simply, without fuss.

flagada [flagada] adj inv *fam & vieilli* pooped, washed-out.

flagellaire [flaʒɛlɛʀ] adj flagellar.

flagellant [flaʒɛlɑ̃] nm flagellant.

flagellateur, trice [flaʒɛlatœʀ, tʀis] nm, f scourger.

flagellation [flaʒɛlasjɔ̃] nf flagellation.

flagelle [flaʒɛl] nm flagellum.

flagellé, e [flaʒɛle] adj flagellate, flagellated.

❖ **flagellé** nm flagellate.

flageller [4] [flaʒɛle] vt **1.** [battre] to whip **2.** *litt* [dénoncer] to flagellate.

flageolant, e [flaʒɔlɑ̃, ɑ̃t] adj [jambe] shaking, trembling, wobbly.

flageoler [3] [flaʒɔle] vi [jambes] to shake, to tremble, to wobble ▸ **flageoler sur ses jambes** to sway to and fro.

flageolet [flaʒɔlɛ] nm **1.** BOT (flageolet) bean **2.** MUS flageolet.

flagorner [3] [flagɔʀne] vt *litt* to fawn on *(insép)*.

flagornerie [flagɔʀnəʀi] nf *litt* fawning, flattering, toadying.

flagorneur, euse [flagɔʀnœʀ, øz] nm, f *litt* flatterer, toady.

flagrant, e [flagʀɑ̃, ɑ̃t] adj **1.** [évident] blatant, obvious, flagrant ▸ **de façon flagrante** blatantly / *il apparaît de façon flagrante que...* it is blatantly obvious that... / *avec une mauvaise volonté flagrante* with obvious reluctance / *elle ne voulait pas le voir, c'était flagrant* she didn't want to see him, that much was obvious **2.** DR ▸ **flagrant délit** flagrante delicto ▸ **en flagrant délit a)** in flagrante delicto **b)** *fig* in the act, red-handed / *je t'ai pris en flagrant délit* I caught you red-handed ou in the act / *pris en flagrant délit de mensonge* caught lying / *surpris en flagrant délit de chapardage* caught stealing.

flair [flɛʀ] nm **1.** [odorat] scent **2.** [perspicacité] flair / *il a du flair* he has flair.

flairer [4] [flɛʀe] vt **1.** [humer - suj: chien] to scent, to sniff at *(insép)* ; [- suj: personne] to smell / *le chien flairait sa pâtée / le gibier* the dog sniffed (at) its food / scented the game **2.** [deviner] to sense ▸ **flairer le danger** to have a sense of impending danger / *il a flairé qu'il y avait une astuce* he could see there was a trick ▸ **flairer le vent** to see which way ou how the wind blows.

flamand, e [flamɑ̃, ɑ̃d] adj Flemish.

❖ **Flamand, e** nm, f Fleming ▸ **les Flamands** the Flemish.

❖ **flamand** nm LING Flemish.

flamant [flamɑ̃] nm flamingo ▸ **flamant rose** (pink) flamingo.

flambage [flɑ̃baʒ] nm **1.** CULIN [d'une omelette] flambéing ; [d'un poulet] singeing **2.** TEXT singeing **3.** MÉCAN buckling.

flambant, e [flɑ̃bɑ̃, ɑ̃t] adj **1.** *litt* [bois, fagot] burning, blazing ; MIN [houille] bituminous **2.** EXPR ▸ **flambant neuf** brand new.

❖ **flambant** nm MIN bituminous coal.

flambard, flambart [flɑ̃baʀ] nm *fam & vieilli* braggart.

flambé, e [flɑ̃be] adj **1.** CULIN flambéed / *des crêpes flambées* flambéed pancakes **2.** *fam* [personne] ruined ▸ **être flambé** to have gambled all one's money away.

❖ **flambée** nf **1.** [feu] blaze, fire / *faire une petite flambée* to light a small fire / *faire une bonne flambée* to get a roaring fire going **2.** *fig* [poussée] ▸ **flambée de** : *une flambée de colère* an outburst of anger ▸ **une flambée de violence** an outbreak ou a sudden wave of violence ▸ **la flambée des prix** the leap in prices.

flambeau, x [flɑ̃bo] nm **1.** [torche] torch ; [chandelier] candlestick ; *fig* torch / *nous sommes rentrés à la lumière des flambeaux* we came back by torchlight ▸ **marche** ou **retraite aux flambeaux** torchlit procession ▸ **passer** ou **transmettre le flambeau** to pass on the torch ▸ **se passer** ou **se transmettre le flambeau (de génération en génération)** to pass the tradition down (from generation to generation) **2.** *litt* [lumière] ▸ **le flambeau de** : *le flambeau du rationalisme / de la foi* the light of rationalism / faith.

flambement [flɑ̃bmɑ̃] nm MÉCAN buckling.

flamber [3] [flɑ̃be] ◆ vt **1.** CULIN [lapin, volaille] to singe ; [omelette] to flambé **2.** *fam* [dilapider] to blow, to throw away *(sép)* / *il a de l'argent à flamber* he has money to burn. ◆ vi **1.** [se consumer] to burn (brightly) **2.** [briller] to flash **3.** *fam* [augmenter - prix] to rocket, to soar ▸ **les prix ont flambé** prices have rocketed ou soared **4.** *fam* [jouer] to gamble (for big stakes) **5.** MÉCAN to buckle.

flamberge [flɑ̃bɛʀʒ] nf flamberge, flamberg / *mettre flamberge au vent litt ou hum* to step into the breach.

flambeur, euse [flɑ̃bœʀ, øz] nm, f big-time gambler.

flamboie v ⟶ **flamboyer.**

flamboiement [flɑ̃bwamɑ̃] nm [d'un incendie] blaze ; [du regard] flashing.

flamboyant, e [flɑ̃bwajɑ̃, ɑ̃t] adj **1.** [brillant - foyer] blazing, flaming ; [- regard] flashing **2.** ARCHIT flamboyant *spéc* ▸ **le gothique flamboyant** high Gothic style.
❖ **flamboyant** nm BOT flamboyant.

flamboyer [13] [flɑ̃bwaje] vi **1.** [être en flammes] to blaze ou to flare (up) / *dans l'âtre qui flamboie* in the blazing hearth **2.** [briller - œil, regard] to flash.

flamenco, ca [flamɛnko, ka] adj flamenco.
❖ **flamenco** nm flamenco.

flamiche [flamiʃ] nf leek pie ou quiche.

flamingant, e [flamɛ̃gɑ̃, ɑ̃t] ◆ adj Flemish-speaking. ◆ nm, f **1.** LING Flemish speaker **2.** POL Flemish nationalist.

flamme [flam] nf **1.** [feu] flame / *faire une flamme* to flare ou to blaze up ▸ **cracher** ou **jeter** ou **lancer des flammes a)** [dragon] to breathe fire **b)** [canon] to flare ▸ **la flamme du tombeau du Soldat inconnu** the Eternal Flame **2.** *litt* [éclat] fire / *dans la flamme de son regard* in her fiery eyes / *la flamme de son intelligence* the brilliance of her intellect **3.** [ferveur] fervour UK fervor US, fire ▸ **discours plein de flamme** impassioned speech **4.** *arch ou litt* [amour] ardour UK ardor US **5.** [fanion - d'un navire de guerre] pennant, pennon ; [- de la cavalerie] pennon **6.** [sur une lettre] slogan **7.** ÉLECTR ▸ **(ampoule) flamme** candle bulb.
❖ **flammes** nfpl ▸ **les flammes** fire ▸ **périr dans les flammes** to burn to death, to be burnt alive ▸ **les flammes éternelles** ou **de l'enfer** hell fire.
❖ **à la flamme de** loc prép by the light of / *lire une inscription à la flamme d'un briquet* to read an inscription by the light of a cigarette lighter.
❖ **avec flamme** loc adv passionately.
❖ **en flammes** ◆ loc adj burning, blazing / *un château en flammes* a blazing castle. ◆ loc adv : *l'avion est tombé en flammes* the plane went down in flames ▸ **descendre un auteur / une pièce en flammes** *fam* to pan an author / a play.

flammé, e [flame] adj [céramique] flambé.

flammèche [flamɛʃ] nf (flying) spark.

flammekueche [flam(ə)kyʃ(ə)] nm ou nf CULIN *Alsatian dish consisting of a thin pizza-like base covered with onions, bacon and cream.*

flammerole [flamʀɔl] nf will-o'-the-wisp.

flan [flɑ̃] nm **1.** CULIN (baked) egg custard / *flan à la vanille* vanilla ou vanilla-flavoured custard **2.** IMPR flong **3.** MÉTALL flan **4.** *fam* EXPR ▸ **c'est du flan!** it's a load of bunkum ou bunk! ▸ **à la flan** : *des arguments à la flan* waffle UK hooey US ▸ **en rester comme deux ronds de flan** to be flabbergasted.

flanc [flɑ̃] nm **1.** ANAT [entre les côtes et le bassin] flank ; [côté du corps] side **2.** ZOOL flank, side **3.** [côté - d'un navire] side ; [- d'une colline] side, slope **4.** MIL flank **5.** *litt* [ventre maternel] womb **6.** HÉRALD flank **7.** EXPR ▸ **tirer au flanc** to be bone-idle.
❖ **à flanc de** loc prép ▸ **à flanc de coteau** on the hillside.
❖ **sur le flanc** ◆ loc adj ▸ **être sur le flanc a)** [épuisé] to be exhausted **b)** [malade] to be laid up. ◆ loc adv [sur le côté] on one's side / *il s'est retourné et s'est mis sur le flanc* he rolled over on to his side ▸ **mettre qqn sur le flanc** to exhaust sb / *ça m'a mis sur le flanc* it really took it out of me.

flancher [3] [flɑ̃ʃe] vi **1.** [faiblir] to give out, to fail / *j'ai la mémoire qui flanche* my memory's giving out on ou failing me ▸ **son cœur a flanché** his heart gave out on him **2.** [manquer de courage] to waver / *ce n'est vraiment pas le moment de flancher* this is really no time for weakness.

flanchet [flɑ̃ʃɛ] nm flank.

Flandre [flɑ̃dʀ] npr f ▸ **(la) Flandre, (les) Flandres** Flanders ▸ **(la) Flandre-Occidentale** Western Flanders ▸ **(la) Flandre-Orientale** Eastern Flanders ▸ **en Flandre** ou **Flandres** in Flanders.

flandricisme [flɑ̃dʀisism] nm loan word from Flemish.

flandrin [flɑ̃dʀɛ̃] nm *arch* ▸ **un grand flandrin** a lanky fellow.

flanelle [flanɛl] nf TEXT flannel.

flâner [3] [flane] vi **1.** [se promener] to stroll ou to amble (along) **2.** *péj* [perdre son temps] to hang about, to lounge around, to idle / *on n'a pas le temps de flâner avant les examens* there's no time for hanging about before the exams.

flânerie [flanʀi] nf stroll, wander.

flâneur, euse [flanœʀ, øz] nm, f stroller.

flanquement [flɑ̃kmɑ̃] nm MIL flanking.

flanquer [3] [flɑ̃ke] vt **1.** *fam* [lancer] to fling, to throw, to chuck / *ne me flanque pas ton gant dans la figure!* don't chuck ou throw your glove in my face! / *elle m'a flanqué son parapluie dans les mollets* she jabbed me in the shins with her umbrella ▸ **flanquer qqn dehors** ou **à la porte a)** [l'expulser] to kick sb out **b)** [le licencier] to sack UK ou to can US sb ▸ **flanquer qqch par terre** : *il a flanqué les bouquins par terre* **a)** [volontairement] he chucked the books on the floor **b)** [par maladresse] he knocked the books onto the floor / *j'ai tellement voulu réussir et toi tu vas tout flanquer par terre fig* I wanted to succeed so badly and now you're going to mess it all up (for me) **2.** *fam* [donner] ▸ **flanquer un P-V à qqn** to give sb a ticket ▸ **flanquer une gifle à qqn** to smack ou to slap sb ▸ **flanquer un coup de poing à qqn** to punch sb ▸ **flanquer un coup de pied à qqn** to kick sb ▸ **flanquer la trouille** ou **frousse à qqn** to scare the pants off sb / *ça m'a flanqué le cafard* it really got me down **3.** [être à côté de] to flank / *deux bougeoirs flanquaient le miroir* a candle-holder stood on either side of the mirror **4.** *fam & péj* [accompagner] ▸ **être flanqué de** : *elle est arrivée, flanquée de ses deux frères* she came in with her two brothers at her side ou flanked by her two brothers **5.** MIL to flank.
❖ **se flanquer** ◆ vpi *fam* : *se flanquer par terre* to take a tumble. ◆ vpt : *ils se sont flanqué des coups* they had a scrap / *je me suis flanqué une bonne indigestion* I gave myself a right dose of indigestion ▸ **se flanquer la figure** ou **gueule** *tfam* **par terre** to fall flat on one's face.

flapi, e [flapi] adj *fam* washed-out, worn-out.

flaque [flak] nf puddle ▸ **une large flaque d'huile** a pool of oil.

flash [flaʃ] (*pl* **flashs** *ou* **flashes**) nm **1.** PHOT [éclair] flash ; [ampoule] flash bulb / *prendre une photo au flash* to take a picture using a flash ▸ **avoir un flash** *fam* to have a brainwave **2.** RADIO & TV ▸ **flash (d'informations)** newsflash **3.** CINÉ & TV [plan] flash **4.** *tfam* [d'un drogué] flash.

flashage [flaʃaʒ] nm IMPR printing to film.

flash-back (*pl* **flash-back**), **flashback*** [flaʃbak] nm flashback / *elle utilise beaucoup les flash-back dans ses romans* there are a lot of flashbacks in her novels.

Flash-Ball® [flaʃbol] nm [arme] ≃ baton gun ; [projectile] ≃ baton round.

flasher [3] [flaʃe] vi **1.** [clignoter] to flash (on and off) **2.** *fam* [craquer] : *elle me fait flasher, cette nana!* that girl really turns me on!
❖ **flasher sur** v + prép *fam* to go crazy over / *elle a vraiment flashé sur cette robe* she just went crazy over this dress.

flashy [flaʃi] adj inv flashy.

flasque[1] [flask] adj **1.** [muscle, peau] flaccid, flabby **2.** [veule] spineless / *c'est un être flasque* he has no backbone.

flasque[2] [flask] nm **1.** MÉCAN [d'une machine] flange, end-plate **2.** ARM cheek *(of gun carriage).*

flasque[3] [flask] nf [pour whisky] (hip) flask ; [à mercure] flask.

flat [flat] nm BELG (small) flat.

flatter [3] [flate] vt **1.** [encenser] to flatter / *n'essaie pas de me flatter* flattery will get you nowhere! / *tu me flattes, je ne pense pas avoir si bien réussi* you flatter me, I don't think I did that well ▸ **flatter bassement qqn** to fawn upon sb **2.** [embellir] to be flattering to / *ce portrait la flatte plutôt* this portrait of her is rather flattering **3.** [toucher] to touch, to flatter / *il sera flatté de ou par tes remarques* he will be very touched by what you said / *j'ai été flatté qu'on me confie cette responsabilité* I was very touched ou flattered to be charged with this responsibility **4.** *litt* [encourager] to encourage ▸ **flatter les caprices de qqn** to pander to sb's whims ▸ **flatter la vanité de qqn** to indulge sb's vanity **5.** [caresser - cheval, chien] to stroke **6.** [être agréable à - vue, odorat, etc.] to delight, to be pleasing to / *un vin qui flatte le palais* a (wonderfully) smooth wine.
❖ **se flatter** vpi : *sans vouloir me flatter, je crois que j'ai raison* though I say it myself, I think I'm right / *elle se flatte de savoir recevoir* she prides herself on knowing how to entertain ou on her skills as a hostess / *je me flatte que personne d'autre n'y ait pensé* I pride myself on being the only person to have thought of it, I take pride in the fact that nobody else thought of it.

flatterie [flatʀi] nf **1.** [adulation] flattery **2.** [propos] flattering remark ▸ **flatteries** sweet talk.

flatteur, euse [flatœʀ, øz] ◆ adj flattering / *sans vouloir être flatteur à ton égard, c'est vraiment du beau travail* without wishing to flatter you, you did a really nice job. ◆ nm, f flatterer.

flatteusement [flatøzmɑ̃] adv flatteringly.

flatulence [flatylɑ̃s] nf flatulence.

flatulent, e [flatylɑ̃, ɑ̃t] adj flatulent.

flatuosité [flatɥozite] nf flatus.

flavine [flavin] nf flavin.

Flavius [flavjys] npr ▸ **Flavius Josèphe** Flavius Josephus.

FLB ◆ npr m (abr de **Front de libération de la Bretagne**) *Breton liberation front.* ◆ adj inv & adv (abr de **franco long du bord**) FAS.

FLE, fle [flə] (abr de **français langue étrangère**) nm *French as a foreign language.*

fléau, x [fleo] nm **1.** [désastre] curse, plague ▸ **Attila, le fléau de Dieu** HIST Attila the Hun, the scourge of God **2.** *fam* [cause de désagréments] pain / *sa fille est un véritable fléau* his daughter is a pain ou pest / *ces téléphones portables, quel fléau!* mobiles phones are a real pain! **3.** [d'une balance] beam **4.** AGR flail **5.** ARM ▸ **fléau d'armes** flail.

fléchage [fleʃaʒ] nm marking (with arrows) / *le fléchage de l'itinéraire bis n'est pas terminé* the alternative route hasn't been completely marked out (with arrows) yet.

flèche [flɛʃ] nf **1.** ARM [projectile] arrow ▸ **partir comme une flèche** to shoot off ; [d'un canon] trail **2.** [en balistique] ▸ **flèche d'une trajectoire** highest point of a trajectory **3.** [signe] arrow / *suivez la flèche* follow the arrow ▸ **flèche lumineuse** [pour projection] pointer **4.** ARCHIT [d'un arc] broach ; [d'un clocher] spire **5.** [d'une balance] pointer **6.** MÉCAN [d'une grue] boom **7.** SPORT [au ski] *giant slalom proficiency test* **8.** AÉRON sweep-back / *avion à flèche variable* sweep-wing aircraft **9.** BOT ▸ **flèche d'eau** arrowhead **10.** GÉOGR ▸ **flèche littorale** spit **11.** [timon] shaft **12.** *litt* [raillerie] broadside, jibe / *ses flèches ne m'atteignent pas* I pay no heed to his jibes ▸ **la flèche du Parthe** the Parthian ou parting shot.
❖ **en flèche** ◆ loc adj rising / *des cinéastes en flèche* rising film-makers, film-makers on the way up.

*In reformed spelling (see p. 16-19).

◆ loc adv **1.** [spectaculairement] ▸ **monter** ou **grimper en flèche a)** *pr* to go straight up (like an arrow), to shoot up **b)** *fig* to shoot up / *les tarifs montent en flèche* prices are rocketing / *au début de sa carrière il est monté en flèche* he shot up at the beginning of his career ▸ **partir en flèche a)** *pr* to go off like an arrow, to shoot off **b)** *fig* to shoot off **2.** [atteler] : *bœufs / chevaux attelés en flèche* oxen / horses harnessed in tandem.

fléché, e [fleʃe] adj signposted ▸ **suivez la déviation fléchée** follow the detour signs.

flécher [18] [fleʃe] vt to mark with arrows, to signpost.
✐ In reformed spelling (see p. 16-19), this verb is conjugated like *semer*: *il flèchera, elle flècherait.*

fléchette [fleʃɛt] nf dart.

fléchi, e [fleʃi] adj LING inflected.

fléchir [32] [fleʃiʀ] ◆ vt **1.** [ployer] to bend, to flex ▸ **fléchissez l'avant-bras** flex your forearm ▸ **fléchir le genou devant qqn** to bow the knee to sb **2.** [apitoyer -juge, tribunal] to move to pity ▸ **se laisser fléchir** to relent. ◆ vi **1.** [se ployer] to bend / *elle sentait ses genoux fléchir sous elle* she could feel her knees giving way **2.** [baisser] to fall / *le dollar a de nouveau fléchi* the dollar has fallen again / *le chômage fléchit* unemployment is falling **3.** [céder] to weaken / *nous ne fléchirons pas devant la menace* we will not give in to threats / *leur père ne fléchissait jamais* their father was utterly inflexible.

fléchissement [fleʃismɑ̃] nm **1.** [flexion -d'une partie du corps] flexing, bending **2.** [affaiblissement -des genoux] sagging ; [-de la nuque] drooping **3.** [baisse] fall ▸ **fléchissement de la demande** drop in demand / *fléchissement de la production / natalité* fall in production / in the birthrate.

fléchisseur [fleʃisœʀ] ◆ adj m ▸ **muscle fléchisseur** flexor. ◆ nm flexor.

flegmatique [flɛgmatik] ◆ adj phlegmatic. ◆ nmf phlegmatic person.

flegmatiquement [flɛgmatikmɑ̃] adv phlegmatically.

flegme [flɛgm] nm phlegm, composure / *perdre son flegme* to lose one's composure.
❖ **avec flegme** loc adv coolly, phlegmatically.

flegmon [flɛgmɔ̃] = **phlegmon.**

flemmard, e [flemaʀ, aʀd] *fam* ◆ adj idle, lazy, workshy. ◆ nm, f idler, loafer.

flemmarder [3] [flemaʀde] vi *fam* to loaf about.

flemmardise [flemaʀdiz] nf *fam* idleness, laziness.

flemme [flɛm] nf *fam* idleness, laziness / *j'ai vraiment la flemme d'y aller* I just can't be bothered to go / *je me sens comme une grosse flemme ce matin* I feel like loafing around this morning ▸ **tirer sa flemme** to be bone-idle / *il tire une de ces flemmes aujourd'hui!* he's been loafing around all day!

flétan [fletɑ̃] nm halibut.

flétrir [32] [fletʀiʀ] vt **1.** BOT to wither, to wilt **2.** *litt* [ôter l'éclat de -couleur] to fade ; [-teint] to wither / *les soucis ont flétri sa beauté* her good looks have been worn away by worry **3.** *litt* [avilir -ambition, espoir] to sully, to corrupt, to debase / *la vie a flétri en eux tout ce qu'il y avait d'innocence* life has robbed them of their innocence **4.** *litt* [condamner] to condemn, to denounce ▸ **flétrir l'injustice** to denounce injustice.
❖ **se flétrir** vpi **1.** BOT to wither, to wilt **2.** *litt* [peau] to wither ; [couleur, beauté] to fade.

flétrissement [fletʀismɑ̃] nm *pr & fig* withering.

flétrissure [fletʀisyʀ] nf **1.** BOT wilting **2.** *litt* [altération -du teint, de la peau] withering *(U)* **3.** *litt* [déshonneur] stain / *l'ignoble flétrissure dont vous l'avez marquée* the foul stain you placed upon her honour.

fleur [flœʀ] nf **1.** BOT flower ; [d'un arbre] blossom ▸ **les fleurs du cerisier** the cherry blossom ▸ **le langage des fleurs** the language of flowers ▸ **une robe à fleurs** a flowery dress, a dress with a flower motif ▸ **fleur de lotus** lotus blossom ▸ **fleur d'oranger a)** [fleur] orange flower **b)** [essence] orange flower water ▸ **fleur de la Passion** passion flower ▸ **fraîche comme une fleur** as fresh as a daisy ▸ **jolie comme une fleur** as pretty as a picture ▸ **dites-le avec des fleurs** *(allusion à un slogan publicitaire)* say it with flowers / **'les Fleurs du mal'** *Baudelaire* 'The Flowers of Evil' **2.** *fig* ▸ **la fleur de** [le meilleur de] : *la fleur de l'âge* the prime of life ▸ **fleur de farine** fine wheat flour / *la fleur de la jeunesse* the full bloom of youth ▸ **la fine fleur de** [l'élite de] : *c'est la fine fleur de l'école* he's the pride of his school / *la fine fleur de la canaille* a prize swine **3.** BIOL ▸ **fleur de vin / vinaigre** flower of wine / vinegar **4.** HÉRALD ▸ **fleur de lis** ou **lys** fleur-de-lis **5.** *vieilli* CHIM ▸ **fleur d'arsenic** flowers of arsenic ▸ **fleur de soufre** flowers of sulphur **6.** *vieilli* [virginité] virginity / *perdre sa fleur* to lose one's virtue **7.** EXPR **arriver comme une fleur** to turn up out of the blue ▸ **c'est passé comme une fleur** it was as easy as pie ▸ **faire une fleur à qqn** *fam* to do sb an unexpected favour ou a favour ▸ **faire qqch comme une fleur** to do sthg almost without trying.
❖ **fleurs** nfpl **1.** LITTÉR ▸ **fleurs de rhétorique** flowers of rhetoric, rhetorical flourishes / *sans fleurs de rhétorique* in plain language **2.** [louanges] ▸ **couvrir qqn de fleurs** to praise sb highly ▸ **s'envoyer** ou **se jeter des fleurs a)** *fam* [mutuellement] to sing one another's praises, to pat one another on the back **b)** [à soi-même] to pat o.s. on the back.
❖ **à fleur de** loc prép on the surface of ▸ **à fleur d'eau** just above the surface (of the water) / *des yeux à fleur de tête* prominent eyes / *une sensibilité à fleur de peau* hypersensitivity.
❖ **en fleur(s)** loc adj [rose, pivoine] in flower ou bloom, blooming ; [arbre, arbuste] blossoming, in blossom.
❖ **fleur bleue** loc adj sentimental / *roman fleur bleue* sentimental novel / *il adore tout ce qui est fleur bleue* he loves anything sentimental.

fleurdelisé, e [flœʀdəlize] adj decorated with fleurs-de-lis.

fleurer [5] [flœʀe] ◆ vt *litt* to smell of / *la chambre fleure le bois de pin* the bedroom smells of pinewood / *son histoire fleure le scandale fig* his story smacks of scandal. ◆ vi ▸ **fleurer bon** to smell nice.

fleuret [flœʀɛ] nm ESCRIME foil.

fleurette [flœʀɛt] nf small flower, floweret, floret.

fleurettiste [flœʀɛtist] nmf foilsman (foilswoman).

fleuri, e [flœʀi] adj **1.** [arbre, arbuste] in bloom ou blossom ▸ **un balcon fleuri** a balcony decorated with flowers / **'Rouen, ville fleurie'** Rouen, town in bloom **2.** [orné de fleurs] flowered, flowery / *une nappe fleurie* a flowery tablecloth **3.** *litt* [teint] florid **4.** [conversation, style] flowery, overornate.

fleurir [32] [flœʀiʀ] ◆ vi **1.** BOT [rose, pivoine] to flower, to bloom ; [arbre, arbuste] to flower, to blossom / *les arbres ont entièrement fleuri* the trees are in full bloom / *des visages butés où fleurissait un rare sourire fig & litt* stubborn faces across which a smile would occasionally spread **2.** [apparaître] to burgeon / *les antennes paraboliques qui fleurissent sur tous les toits fig* the satellite dishes mushrooming ou burgeoning all over every roof **3.** [se développer -affaire, commerce] to flourish, to thrive. ◆ vt to decorate with flowers / *les villageois ont fleuri leurs maisons* the villagers have decorated their houses with flowers / *fleurir une table* to decorate a table with flowers ▸ **fleurir la tombe de qqn** to put flowers on sb's grave ▸ **fleurir qqn** to pin a flower on sb's lapel.

fleuriste [flœʀist] nmf **1.** [vendeur] florist ▸ **fleuriste artificiel** artificial flower dealer **2.** [cultivateur] flower grower.

fleuron [flœʀɔ̃] nm **1.** [ornement -de reliure] flower, fleuron ; [-en pierre] finial / *le (plus beau) fleuron de... fig* the jewel of... / *cette bouteille est le plus beau fleuron de ma cave* this is the finest bottle in my cellar / *on a volé le fleuron de sa collection d'émeraudes* the finest emerald in his collection has been stolen **2.** BOT floret.

Fleury-Mérogis [flœʀimeʀɔʒis] npr *town near Paris well-known for its prison.*

fleuve[1] [flœv] nm **1.** [rivière] river *(flowing into the sea)* ▸ **fleuve international** *river going across national borders* ▸ **fleuve côtier** coastal river ▸ **le fleuve Jaune** the Yellow River ▸ **le fleuve Zaïre** the (River) Zaïre **2.** [écoulement] ▸ **un fleuve de** : *un fleuve de boue* a river of mud, a mudslide ▸ **un fleuve de larmes** a flood of tears **3.** *(comme adjectif, avec ou sans trait d'union)* ▸ **une lettre fleuve** a very long letter.

Fleuves

le fleuve Amour	the Love River
le fleuve Bleu	the Blue River
le (fleuve) Congo	the Congo River
le fleuve Jaune	the Yellow River
le fleuve Rouge	the Red River
le (fleuve) Niger	the Niger River
le (fleuve) Sénégal	the Senegal River
le (fleuve) Zambèze	the Zambeze River

flexibiliser [1] [flɛksibilize] vt to make flexible.

flexibilité [flɛksibilite] nf **1.** [d'un matériau] pliability **2.** PSYCHOL flexible ou adaptable nature **3.** [d'un arrangement, d'un horaire] flexibility, adaptability ; [d'un dispositif] versatility.

flexible [flɛksibl] ◆ adj **1.** [pliable] pliable, flexible **2.** PSYCHOL flexible, adaptable, amenable to change **3.** [variable -arrangement, horaire] flexible ; [-dispositif] versatile ▸ **avoir des horaires flexibles** to have a flexible schedule. ◆ nm **1.** [tuyau] flexible tube **2.** MÉCAN flexible shaft.

flexion [flɛksjɔ̃] nf **1.** [d'un arc, d'un ressort] bending *(U)*, flexion **2.** [des membres] flexing *(U)* ▸ **flexion, extension!** bend, stretch! **3.** LING inflection ▸ **flexion nominale** noun inflection.

flexionnel, elle [flɛksjɔnɛl] adj [langue, langage] inflected.

flexisécurité [flɛksisekyʀite], **flexicurité** [flɛksikyʀite] nf flexicurity.

flexographie [flɛksɔgʀafi] nf flexography.

flexure [flɛksyʀ] nf flexure, fold ▸ **flexure continentale** shelf edge.

flibuste [flibyst] nf ▸ **la flibuste a)** [piraterie] freebooting **b)** [pirates] freebooters.

flibustier [flibystje] nm freebooter, buccaneer.

flic [flik] nmf *fam* cop.

flicage [flikaʒ] nm *fam & péj* surveillance / *le flicage des réseaux* network surveillance / *le patron parle de contrôle qualité, les employés parlent de flicage* the boss calls it quality control but the staff think it's just a way of keeping tabs on them.

flicaille [flikaj] nf *tfam & péj* ▸ **la flicaille** the pigs ou cops.

flic flac [flikflak] interj splash splash, splish splosh.

flingue [flɛ̃g] nm *tfam* piece, gat US.

flinguer [3] [flɛ̃ge] vt *tfam* to blow away *(sép)*, to waste.
❖ **se flinguer** vp *(emploi réfléchi) tfam* to blow one's brains out / *c'est à se flinguer, il y a de quoi se flinguer!* it's enough to drive you round the bend!

flint [flint], **flint-glass** [flintglas] *(pl* **flint-glasses***)* nm flint glass.

flippant, e [flipɑ̃, ɑ̃t] adj *tfam* [déprimant] depressing ; [inquiétant] worrying ▸ **c'était flippant** it was a real downer!

flipper[1] [flipœʀ] nm pinball machine.

flipper[2] [3] [flipe] vi *tfam* **1.** [être déprimé] to feel down / *lui raconte pas tes malheurs, tu vas le faire flipper* don't go telling him your troubles, it'll only get him down **2.** [paniquer] to flip **3.** [drogué] to have a bad trip.

fliquer [flike] vt *fam* to keep under surveillance / *son chef n'arrête pas de le fliquer* his boss is always keeping tabs on him / *on se sent fliqué en permanence avec toutes ces caméras de surveillance* all those CCTV cameras make you feel like Big Brother is watching you.

flirt [flœʀt] nm *vieilli* **1.** [relation] (little) fling / *ce n'est qu'un petit flirt entre eux* they are just having a fling **2.** [ami] boyfriend ; [amie] girlfriend / *un de ses anciens flirts* an old flame.

flirter [3] [flœʀte] vi [badiner] to flirt / *elle aime flirter* she's a flirt, she loves flirting ▸ **flirter avec qqn** *pr* to have a little fling with sb ▸ **flirter avec qqn / qqch** *fig* to flirt with sb / sthg / *il a longtemps flirté avec le socialisme* he had a long flirtation with socialism.

flirteur, euse [flœʀtœʀ, øz] ◆ adj flirting. ◆ nm, f flirt.

FLN (abr de **Front de libération nationale**) npr m *one of the main political parties in Algeria, established as a resistance movement, in 1954, at the start of the war for independence.*

FLNC (abr de **Front de libération nationale corse**) npr m *Corsican liberation front.*

FLNKS (abr de **Front de libération nationale kanak et socialiste**) npr m *Kanak independence movement in New Caledonia.*

floc [flɔk] interj splash.

flocage [flɔkaʒ] nm TEXT flocking.

floche [flɔʃ] ◆ adj flossy ▸ **fil / soie floche** floss thread / silk. ◆ nf BELG [gland] tassel.

flocon [flɔkɔ̃] nm [parcelle - de laine, de coton] flock ; [- de neige] snowflake, flake ▸ **flocons d'avoine** oatmeal ▸ **flocons de maïs** cornflakes.

floconner [3] [flɔkɔne] vi to go fluffy.

floconneux, euse [flɔkɔnø, øz] adj fluffy.

floculation [flɔkylasjɔ̃] nf flocculation, flocculating.

floculer [3] [flɔkyle] vi to flocculate.

flonflon [flɔ̃flɔ̃] nm oompah / *on entendait les flonflons du bal* music could be heard coming from the dance.

flop [flɔp] nm *fam* flop ▸ **faire un flop** to be a flop.

flopée [flɔpe] nf *fam* ▸ **une flopée de** a whole bunch of.

floraison [flɔʀɛzɔ̃] nf **1.** BOT [éclosion] blooming, blossoming, flowering ; [saison] flowering time / *quand les arbres sont en pleine floraison* when the trees are in full bloom **2.** [apparition - d'artistes, d'œuvres] ▸ **une floraison de** a boom in / *il y a actuellement une floraison de publicités pour des banques* at present there is something of a rash of advertisements for banks.

floral, e, aux [flɔʀal, o] adj [décor] floral ; [exposition] flower *(modif).*

floralies [flɔʀali] nfpl flower show.

flore [flɔʀ] nf **1.** [végétation] flora **2.** [ouvrage] flora **3.** MÉD ▸ **flore intestinale** intestinal flora.

floréal [flɔʀeal] nm *8th month in the French Revolutionary calendar (from April 21 to May 20).*

Florence [flɔʀɑ̃s] npr Florence.

florentin, e [flɔʀɑ̃tɛ̃, in] adj Florentine.

❖ **Florentin, e** nm, f Florentine.

❖ **florentin** nm Florentine *(biscuit containing almonds and candied fruit with a chocolate base).*

❖ **florentine** nf CULIN : *à la florentine* Florentine *(cooked with spinach).*

florès [flɔʀɛs] nm ▸ **faire florès** *litt* to enjoy great success, to be a huge success / *elle a fait florès dans les années vingt* she was a roaring success in ou the toast of the twenties.

floricole [flɔʀikɔl] adj flower-dwelling.

floriculture [flɔʀikyltyʀ] nf floriculture *spéc,* flower-growing.

Floride [flɔʀid] npr f ▸ **(la) Floride** Florida.

floridée [flɔʀide] nf red alga, member of the Florideae *spéc* ▸ **les floridées** the Florideae, the red algae.

florifère [flɔʀifɛʀ] adj floriferous *spéc,* flowering.

florilège [flɔʀilɛʒ] nm anthology.

florin [flɔʀɛ̃] nm florin.

florissait v ⟶ **fleurir.**

florissant, e [flɔʀisɑ̃, ɑ̃t] ◆ p prés ⟶ **fleurir.** ◆ adj [affaire, plante] thriving, flourishing ; [santé] blooming.

flot [flo] nm **1.** [de larmes, de paroles] flood ; [de boue] stream ▸ **un flot de gens** a stream of people / *un flot de cheveux blonds litt* flowing blond hair ▸ **faire couler des flots d'encre** to cause much ink to flow ▸ **déverser des flots de bile** to pour out one's gall **2.** [marée] ▸ **le flot** the incoming ou rising tide.

❖ **flots** nmpl *litt* ▸ **les flots** the waves.

❖ **à flot** loc adv **1.** NAUT : *mettre un navire à flot* to launch a ship / *remettre un bateau à flot* to refloat a boat **2.** [sorti de difficultés financières] : *je suis à flot maintenant* I'm back on an even keel now ▸ **remettre à flot** [personne, entreprise] to get back on an even keel.

❖ **à flots** loc adv in floods ou torrents / *la pluie ruisselle à flots sur les toits* the rain is running down the rooftops in torrents / *la lumière du soleil entre à flots dans la chambre* sunlight is flooding ou streaming into the bedroom / *le champagne coulait à flots* champagne flowed like water.

flottabilité [flɔtabilite] nf buoyancy.

flottable [flɔtabl] adj [bois] buoyant ; [fleuve] floatable.

flottage [flɔtaʒ] nm [du bois, du verre] floating.

flottaison [flɔtɛzɔ̃] nf **1.** [sur l'eau] buoyancy **2.** FIN floating.

flottant, e [flɔtɑ̃, ɑ̃t] adj **1.** [sur l'eau - épave, mine] floating **2.** [ondoyant - chevelure] flowing ; [- drapeau] billowing / *elle préfère les robes un peu flottantes* she prefers loose-fitting dresses **3.** [hésitant - caractère, pensée] irresolute / *le raisonnement est un peu flottant dans le dernier chapitre* the line of argument loses its way slightly in the final chapter **4.** [variable] fluctuating, variable / *les effectifs sont flottants* the numbers fluctuate ou go up and down **5.** FIN floating **6.** ANAT [côte, rein] floating.

❖ **flottant** nm VÊT pair of baggy shorts.

flottation [flɔtasjɔ̃] nf flotation.

flotte [flɔt] nf **1.** AÉRON & NAUT fleet **2.** *fam* [pluie] rain ; [eau] water / *on a eu de la flotte pendant un mois* it poured for a month / *des fraises pleines de flotte* watery strawberries.

flottement [flɔtmɑ̃] nm **1.** [incertitude] indecisiveness, wavering *(U)* / *on note un certain flottement dans ses réponses* his answers seem hesitant ou indecisive **2.** [imprécision] looseness, imprecision / *il y a du flottement dans la boîte de vitesses* the gears are a bit loose **3.** [ondoiement] flapping, fluttering **4.** [fluctuation - d'une monnaie] floating ; [- de chiffres] fluctuation / *il y a du flottement dans les effectifs* numbers fluctuate ou go up and down **5.** MIL swaying.

flotter [3] [flɔte] ◆ vi **1.** [surnager] to float / *réussir à faire flotter un modèle réduit de bateau* to keep a model boat afloat, to get a model boat to float **2.** [être en suspension] to hang / *une bonne odeur de soupe flottait dans la cuisine* the kitchen was filled with a delicious smell of soup ▸ **flotter dans l'air** [idée, rumeur] to be going around **3.** [ondoyer - banderole] to flap, to flutter ▸ **ses cheveux flottent au vent / sur ses épaules** her hair is streaming in the wind / hangs loose over her shoulders **4.** [être trop large] to flap (around) / *un short qui flottait autour de ses cuisses* a pair of shorts flapping around his thighs ; [être au large] : *elle flotte dans sa robe* she's lost in that dress, her dress is too big for her **5.** *litt* [errer] to wander, to roam / *laissez flotter votre imagination* let your imagination roam, give free rein to your imagination / *un vague sourire flottait sur ses lèvres* a faint smile crossed her lips **6.** FIN [monnaie] to float. ◆ vt [bois] to float. ◆ v impers *fam* [pleuvoir] to rain / *il a flotté toute la nuit* it bucketed down UK ou it poured all night long.

flotteur [flɔtœʀ] nm ball, float.

flottille [flɔtij] nf **1.** NAUT flotilla **2.** AÉRON squadron.

flou, e [flu] adj **1.** [imprécis - souvenir] blurred, hazy ; [- renseignements] vague **2.** CINÉ & PHOT out of focus **3.** [souple - vêtement] ample, flowing, loose-fitting ; [- coiffure] soft.

❖ **flou** ◆ nm **1.** CINÉ & PHOT blurredness, fuzziness ▸ **flou artistique** *pr* soft-focus / *il entretient un certain flou artistique fig* he's being fairly vague about it / *c'est un peu le flou artistique en ce moment* things are very much up in the air at the moment **2.** [imprécision] vagueness. ◆ adv ▸ **je vois flou** I can't focus properly.

flouer [3] [flue] vt *fam* to rook, to con / *il s'est fait flouer* he was conned.

flouse, flouze [fluz] nm *tfam* dosh UK, dough US.

flouter [flute] vt PHOT & TV to blur.

FLQ (abr écrite de **franco long du quai**) FAQ.

fluage [flyaʒ] nm MÉTALL creep, drift.

fluctuant, e [flyktyɑ̃, ɑ̃t] adj fluctuating.

fluctuation [flyktɥasjɔ̃] nf fluctuation.

fluctuer [3] [flyktɥe] vi to fluctuate / *la production de pétrole fait fluctuer les cours mondiaux* oil production affects trading prices all over the world.

fluent, e [flyɑ̃, ɑ̃t] adj **1.** MÉD bleeding **2.** *litt* [mouvant] flowing.

fluet, ette [flyɛ, ɛt] adj [personne] slender, slim ; [voix] reedy.

fluide [flɥid] ◆ adj **1.** CHIM fluid **2.** [qui coule facilement] fluid, smooth / *la circulation est fluide* there are no hold-ups (in the traffic) / *en un style fluide* in a flowing style / *en une langue fluide* fluently **3.** [fluctuant - situation] fluctuating, changeable ; [- pensée] elusive **4.** [flou - forme, blouse, robe] flowing. ◆ nm **1.** CHIM fluid **2.** [d'un médium] aura ▸ **il a du fluide** he has occult powers.

fluidifiant, e [flɥidifjɑ̃, ɑ̃t] adj MÉD expectorant.

❖ **fluidifiant** nm MÉD expectorant.

fluidification [flɥidifikasjɔ̃] nf fluidification.

fluidifier [9] [flɥidifje] vt to fluidize.

fluidique [flɥidik] ◆ adj fluidic. ◆ nf fluidics *(sg).*

fluidiser [flɥidize] vt to fluidize.

fluidité [flɥidite] nf **1.** [qualité - d'une crème, d'une sauce] smoothness, fluidity / *grâce à la fluidité de la circulation* because there were no hold-ups in the traffic **2.** [flou - d'une forme, d'un vêtement] fluid ou flowing contours **3.** ÉCON flexibility.

fluo [flyo] adj fluorescent, Day-Glo®.

fluographie [flyɔgʀafi] nf fluorography.

fluor [flyɔʀ] nm fluorine.

fluoré, e [flyɔʀe] adj fluoridated.

fluorescéine [flyɔʀesein] nf fluorescein, fluoresceine.

fluorescence [flyɔʀesɑ̃s] nf fluorescence.

fluorescent, e [flyɔʀesɑ̃, ɑ̃t] adj fluorescent.

fluorhydrique [flyɔʀidʀik] adj [acide] hydrofluoric.

fluorine [flyɔʀin] nf fluor, fluorspar, fluorite US.

fluorure [flyɔʀyʀ] nm fluoride.

fluotournage [flyɔtuʀnaʒ] nm rotary extrusion.

flush [flœʃ, flɔʃ] *(pl* **flushes**) nm JEUX flush ▸ **flush royal** royal flush.

flûte, flute* [flyt] ◆ nf **1.** [instrument] flute ▸ **flûte à bec** recorder ▸ **flûte de Pan** panpipe ▸ **flûte traversière** flute ▸ **petite flûte** piccolo / **'la Flûte enchantée'** *Mozart* 'The Magic Flute' **2.** [verre] flute (glass) **3.** [pain] *thin loaf of French bread* **4.** SUISSE *long-necked bottle.* ◆ interj *fam* drat, bother / *oh, et puis flûte, je serai mouillée* to hell with it, I'll just have to get wet !

❖ **flûtes, flutes*** nfpl *fam* [jambes] pegs UK, gams US / *jouer* ou *se tirer des flûtes* to show a clean pair of heels ou to take to one's heels.

flûté, e, fluté*, e [flyte] adj [rire, voix] reedy.

flûtiau, x, flutiau*, x [flytjo] nm tin ou penny whistle.

flûtiste, flutiste* [flytist] nmf flautist, flutist US.

* In reformed spelling (see p. 16-19).

fluvial, e, aux [flyvjal, o] adj [érosion] fluvial ; [navigation] river *(modif)*.

fluviatile [flyvjatil] adj fluviatile.

fluvio-glaciaire (*pl* **fluvio-glaciaires**), **fluvioglaciaire*** [flyvjɔglasjɛʀ] adj fluvioglacial.

fluviographe [flyvjɔgʀaf], **fluviomètre** [flyvjɔmɛtʀ] nm fluviograph, fluviometer.

fluviométrique [flyvjɔmetʀik] adj [mesure] fluviometric.

flux [fly] nm **1.** [marée] incoming tide / *le flux et le reflux* the ebb and flow / *le flux et le reflux de la foule* the ebbing and flowing of the crowd **2.** [écoulement - d'un liquide] flow ; [- du sang menstruel] menstrual flow / *un flux menstruel abondant / léger* a heavy / light flow **3.** [abondance] ▸ **un flux de** : *noyé dans un flux de paroles* carried away by a stream of words / *devant ce flux de recommandations* faced with this string of recommendations **4.** PHYS flux ▸ **flux de courant** current flow ▸ **flux électrique** electric flux ▸ **flux lumineux** luminous flux ▸ **flux magnétique** magnetic flux **5.** ÉCON ▸ **distribution à flux tendus** just-in-time distribution ▸ **travailler en flux tendus** to use just-in-time methods ou planning **6.** FIN ▸ **flux monétaire** flow of money ▸ **flux de trésorerie** cash flow ▸ **flux de trésorerie disponibles** free cash flow **7.** MÉTALL flux.

fluxion [flyksjɔ̃] nf MÉD inflammation ▸ **fluxion dentaire** gumboil, parulis *spéc* ▸ **fluxion de poitrine** *vieilli* pneumonia.

fluxmètre [flymɛtʀ] nm fluxmeter.

FM (abr de **frequency modulation**) nf FM.

Fme abr écrite de **femme.**

FMI (abr de **Fonds monétaire international**) npr m IMF.

FN npr m abr de **Front national.**

FNAC, Fnac [fnak] (abr de **Fédération nationale des achats des cadres**) npr f *chain of large stores selling hi-fi, books, etc.*

FNE (abr de **Fonds national de l'emploi**) nm *state fund providing aid to jobseekers and workers who accept lower-paid work to avoid redundancy.*

FNEF, Fnef [fnɛf] (abr de **Fédération nationale des étudiants de France**) npr f *students' union* ; ≃ NUS UK.

FNSEA (abr de **Fédération nationale des syndicats d'exploitants agricoles**) npr f *farmers' union* ; ≃ NFU UK.

fo TEXTO abr écrite de **faut.**

FO (abr de **Force ouvrière**) npr f *moderate workers' union (formed out of the split with Communist CGT in 1948).*

FOB [fɔb] (abr de **free on board**) adj inv & adv FOB.

foc [fɔk] nm jib ▸ **grand foc** main ou outer jib ▸ **petit foc** inner jib.

focal, e, aux [fɔkal, o] adj **1.** [central] : *point focal d'un raisonnement* main ou central point in an argument **2.** MATH, OPT & PHOT focal.

❖ **focale** nf OPT & PHOT focal distance ou length.

focalisation [fɔkalizasjɔ̃] nf **1.** OPT & PHYS focalization, focussing **2.** [concentration] focussing.

focaliser [3] [fɔkalize] vt **1.** OPT & PHYS to focus **2.** [concentrer] to focus.

❖ **se focaliser sur** vp + prép to be focussed ou to focus on.

fœhn, föhn [føn] nm **1.** [vent] foehn, föhn **2.** SUISSE hairdryer.

foëne [fwɛn] nf fishgig.

fœtal, e, aux [fetal, o] adj foetal UK, fetal US.

fœtoscopie [fetɔskɔpi] nf foetoscopy.

fœtus [fetys] nm foetus UK, fetus US.

fofolle [fɔfɔl] f *fam* ⟶ **foufou.**

foi [fwa] nf **1.** RELIG faith ▸ **avoir la foi** to have faith / *il faut avoir la foi pour travailler avec elle* *hum* you have to be really dedicated to work with her ▸ **faire sa profession de foi** *fig* to set out one's ideas and beliefs ▸ **avoir la foi du charbonnier a)** RELIG to have a naive belief in God **b)** *fig* to be naively trusting ▸ **n'avoir ni ou être sans foi ni loi** to fear neither God nor man ▸ **il n'y a que la foi qui sauve!** *hum* faith is a wonderful thing! **2.** [confiance] faith, trust ▸ **ajouter** ou **accorder foi à des rumeurs** to give credence to rumours ▸ **foi dans, foi en** : *il faut toujours garder foi en soi-même* you must always trust (in) yourself ▸ **avoir foi en** ou **dans qqn** to have faith in ou to trust (in) sb / *elle a une foi aveugle en lui* she trusts him blindly **3.** *litt* [parole] pledged word / *elle n'a pas respecté la foi conjugale* she has broken her marital vows ▸ **foi de** : *foi d'honnête homme!* on my word of honour! / *la robe sera prête demain, foi de couturière!* *hum* I give you my word as a seamstress that the dress will be ready tomorrow! **4.** [preuve] ▸ **faire foi** to be valid / *il n'y a qu'une pièce officielle qui fasse foi* only an official paper is valid / *les coupons doivent être envoyés avant le 1er septembre, le cachet de la poste faisant foi* the coupons must be postmarked no later than September 1st / *les bandes magnétiques ne font pas foi au tribunal* tape recordings are not admissible evidence in court **5.** EXPR **en foi de quoi** DR in witness whereof / *il avait dit qu'il viendrait, en foi de quoi j'ai préparé un petit discours* *sout* he had said he would come, on the strength of which I have prepared a little speech ▸ **ma foi!** well! / *viendrez-vous? — ma foi oui!* will you come? — why, certainly! / *c'est ma foi possible, qui sait?* it might be possible, who knows?

❖ **sous la foi de** loc prép : *sous la foi du serment* on ou under oath.

❖ **sur la foi de** loc prép ▸ **sur la foi de ses déclarations / de sa réputation** on the strength of his statement / of his reputation.

❖ **bonne foi** nf ▸ **être de bonne foi** to be sincere / *les gens de bonne foi* honest people, decent folk / *il a agi en toute bonne foi* he acted in good faith.

❖ **mauvaise foi** nf ▸ **être de mauvaise foi** to be insincere / *écoutez-le, il est de mauvaise foi!* listen to him, he himself doesn't believe what he's saying!

foie [fwa] nm **1.** ANAT liver **2.** CULIN liver ▸ **foie de broutard** calf's liver *(from an animal that has started grazing)* ▸ **foie de génisse** cow's liver ▸ **foie gras** foie gras ▸ **foie de veau** calf's liver *(from a milk-fed animal)* ▸ **foie de volaille** chicken liver.

❖ **foies** nmpl *tfam* ▸ **avoir les foies** to be scared stiff ▸ **il m'a foutu les foies** he scared the pants off me.

foie-de-bœuf [fwadəbœf] (*pl* **foies-de-bœuf**) nm beefsteak fungus.

foin [fwɛ̃] nm **1.** AGR hay / *rentrer le foin* to bring in the hay / *c'est la saison des foins* it's haymaking season / *faire les foins* to make hay ▸ **avoir du foin dans ses bottes** to have a fair bit tucked away ▸ **chercher une aiguille** ou **une épingle dans une botte** ou **une meule de foin** to look for a needle in a haystack **2.** [d'un artichaut] choke **3.** EXPR **faire du foin a)** *fam* [être bruyant] to make a din **b)** [faire un scandale] to kick up a fuss.

foin de [fwɛ̃] interj *litt* : *foin de l'argent et de la gloire!* the Devil take money and glory!

foire [fwaʀ] nf **1.** [marché] fair ▸ **foire agricole** agricultural show ▸ **foire aux bestiaux** cattle fair ou market ▸ **la foire à la ferraille et au jambon** *annual secondhand goods fair in the suburbs of Paris* **2.** [exposition] trade fair **3.** [fête foraine] funfair UK, carnival US ▸ **la foire du Trône** *large annual funfair on the outskirts of Paris* **4.** *fam* [désordre] mess / *c'est une vraie foire dans cette maison!* this house is a real dump! / *qu'est-ce que c'est que cette foire, voulez-vous bien faire vos devoirs!* will you stop messing about and get down to your homework! / *faire la foire* to live it up **5.** EXPR **foire d'empoigne** free-for-all / *c'était une vraie foire d'empoigne dans les vestiaires* there was an absolute free-for-all in the cloakroom ▸ **avoir la foire** *vulg & vieilli* to have the runs.

foire-exposition [fwaʀɛkspozisjɔ̃] (*pl* **foires-expositions**) nf trade fair.

foirer [3] [fwaʀe] vi **1.** *fam* [rater] to fall through / *tu as encore tout fait foirer* you blew it again **2.** ARM to fail **3.** [vis] to slip.

foireux, euse [fwaʀø, øz] adj **1.** *fam & péj* [mal fait] : *cette bagnole foireuse* this wreck of a car / *leur espèce de festival foireux* their washout of a festival **2.** *fam* [poltron] yellow-bellied, chicken / *quel mec foireux!* what a chicken! **3.** *vulg* [diarrhéique] shitty.

fois [fwa] nf **1.** [exprime la fréquence] ▸ **une fois** once ▸ **deux fois** twice ▸ **trois fois** three times, thrice *litt* ▸ **payez en six fois** pay in six instalments / *ça a raté tellement de fois que je n'essaie même plus* it went wrong so many times I don't even try any more / *une autre fois, il avait oublié ses gants* another time he'd left his gloves behind ▸ **une autre fois peut-être** [pour refuser une invitation] some other ou another time maybe / *que de fois te l'ai-je dit!* how many times have I told you! / *neuf fois sur dix, quatre-vingt-dix-neuf fois sur cent* nine times out of ten, ninety-nine times out of a hundred ▸ **par deux fois** *litt* twice ▸ **par trois fois** *litt* three times, thrice *litt* ▸ **pour l'énième fois** for the umpteenth time ▸ **pour une fois** for once / *allez, viens en boîte, pour une fois!* come to a club for once! / *une (bonne) fois pour toutes* once and for all ▸ **cette fois** this time / *cette fois, je gagnerai* this time, I'll win / *cette fois je vais me mettre en colère!* I'm really going to get cross this time! / *ça ira pour cette fois, mais ne recommencez pas* it's alright this once, but don't do it again / *(à) chaque fois que, toutes les fois que* every ou each time / *chaque fois que j'essaie, je rate* every time I try, I fail / *la fois suivante* ou *d'après* the time after that ▸ **deux cents euros une fois, deux fois, trois fois, adjugé, vendu!** two hundred euros, going, going, gone! ▸ **une fois n'est pas coutume** just the once won't hurt ▸ **il était une fois** : *il était une fois un roi* once upon a time there was a king **2.** [dans les comparaisons] time / *c'est trois fois plus grand* it's three times as big / *il y a dix fois moins de spectateurs que l'année dernière* there are ten times fewer spectators than last year **3.** *(comme distributif)* ▸ **deux fois par mois** twice a month ▸ **une fois par semaine** once a week / *trois fois par an, trois fois l'an* three times a year **4.** MATH times / *15 fois 34* 15 times 34 ▸ **deux** ou **trois fois rien** virtually nothing, hardly anything / *ma maladie? trois fois rien* my illness? it was nothing really **5.** EXPR **une fois** *(suivi d'un pp)* : *une fois nettoyé, il sera comme neuf* once ou after it's been cleaned, it'll be as good as new / *tu n'as qu'à venir une fois ton travail terminé* just come as soon as your work is finished / *nous aurons plus de temps une fois installés* we'll have more time when we've settled in ▸ **une fois que** : *une fois que tu auras compris, tout sera plus facile* once you've understood, you'll find everything's easier ▸ **des fois** *fam* [parfois] sometimes / *des fois, elle est plutôt bizarre* she's a bit strange sometimes / *non mais des fois!* honestly! / *dis donc, tu trouves pas que tu exagères des fois?* hey, don't you think you're pushing your luck? ▸ **des fois (que)** *fam* (just) in case / *tu n'aurais pas vu mon livre, des fois?* you wouldn't happen to have seen my book anywhere, would you? / *je préfère l'appeler, des fois qu'elle aurait oublié* I'd rather call her in case she's forgotten.

❖ **à la fois** loc adv together, at a time, at the same time / *versez la farine et le sucre à la fois* add the flour and (the) sugar at the same time / *pas tous à la fois!* one at a time!, not all at once!

❖ **(tout) à la fois** loc adv both / *il rit et pleure (tout) à la fois* he's laughing and crying at (one and) the same time / *elle est (tout) à la fois auteur et traductrice* she's both an author and a translator.

❖ **une fois** loc adv BELG indeed.

foison [fwazɔ̃] ❖ **à foison** loc adv *litt* galore, plenty / *il y a de quoi boire à foison* there's drinks galore.

foisonnant, e [fwazɔnɑ̃, ɑ̃t] adj abundant.

foisonnement [fwazɔnmɑ̃] nm **1.** [de la végétation, d'idées] abundance, proliferation **2.** CHIM & TECHNOL expansion.

foisonner [3] [fwazɔne] vi **1.** [abonder] to abound / *une œuvre où les idées foisonnent* a work rich in ideas ▸ **foisonner de** ou **en qqch** to abound in sthg, to be full of sthg / *notre littérature foisonne en jeunes auteurs de talent* our literature abounds in ou is full of talented young authors **2.** CHIM & TECHNOL to expand.

fol [fɔl] m ⟶ **fou.**

folâtre [fɔlatʀ] adj [enjoué] frisky, frolicsome / *être d'humeur folâtre* to be in a playful mood.

folâtrer [3] [fɔlatʀe] vi to frolic, to fool around.

folâtrerie [fɔlatʀəʀi] nf *litt* frolicking.

foldingue [fɔldɛ̃g] adj crazy, batty.

foliacé, e [fɔljase] adj foliaceous, foliate.

foliaire [fɔljɛʀ] adj foliar.

foliation [fɔljasjɔ̃] nf BOT & GÉOL foliation.

folichon, onne [fɔliʃɔ̃, ɔn] adj *fam* ▸ **pas folichon** not much fun / *un après-midi pas bien folichon* a pretty dull afternoon / *on ne peut pas dire que ses amis soient très folichons* his friends weren't exactly a bundle of laughs ou a laugh a minute / *elle n'est pas du genre folichon* she's a bit straightlaced.

folie [fɔli] nf **1.** MÉD [démence] madness ▸ **un accès** ou **une crise de folie** a fit of madness **2.** [déraison] madness, lunacy / *c'est pure folie* it's utter madness ou sheer folly / *elle a la folie du ski* she's mad about skiing / *elle a la folie du jeu* she's got the gambling bug ▸ **c'est de la folie** : *c'est de la folie douce que de vouloir la raisonner* it's sheer lunacy to try to reason with her / *sortir par ce temps, c'est de la folie furieuse!* it's (sheer) madness to go out in weather like this! ▸ **avoir la folie des grandeurs** to suffer from ou to have delusions of grandeur **3.** [acte déraisonnable] crazy thing to do, folly *litt* / *ce sont des folies de jeunesse* those are just the crazy things you get up to when you're young / *j'ai fait une folie en achetant ce manteau* I was crazy ou mad to buy that coat ▸ **faire des folies** [dépenser] to be extravagant **4.** HIST [maison] folly.

❖ **à la folie** loc adv passionately, to distraction ▸ **aimer qqn à la folie** to be madly in love with sb, to love sb to distraction.

folié, e [fɔlje] adj foliate.

folio [fɔljo] nm folio.

foliole [fɔljɔl] nf BOT leaflet.

foliot [fɔljo] nm foliot.

foliotage [fɔljɔtaʒ] nm foliation.

folioter [3] [fɔljɔte] vt to folio, to foliate.

folique [fɔlik] adj m ▸ **acide folique** folic acid.

folk [fɔlk] ◆ adj folk *(modif)*. ◆ nm folk music.

folklo [fɔlklo] adj inv *fam* weird / *c'est un type plutôt folklo* he's a bit of a weirdo.

folklore [fɔlklɔʀ] nm **1.** DANSE & MUS ▸ **le folklore** folklore **2.** *fam & péj* : *c'est du folklore* it's a load of nonsense.

folklorique [fɔlklɔʀik] adj **1.** DANSE & MUS folk *(modif)* **2.** *fam* [insolite, ridicule] bizarre, weird / *tu l'aurais vu avec tous ses sacs en plastique, c'était folklorique!* you should have seen him with all those plastic bags, it was just too much!

folksong [fɔlksɔ̃g] nm folk (music).

folle [fɔl] ◆ f ⟶ **fou.** ◆ nf PÊCHE wide-mesh fishing net.

follement [fɔlmɑ̃] adv **1.** [excessivement] madly ▸ **il l'aime follement** he's madly in love with her ▸ **s'amuser follement** to have a great time / *le prix en est follement élevé* the price is ridiculously high / *ce n'est pas follement gai* it's not that much fun **2.** [déraisonnablement] madly, wildly.

follet [fɔlɛ] adj m ⟶ **feu.**

folliculaire [fɔlikylɛʀ] = **folliculeux.**

follicule [fɔlikyl] nm ANAT & BOT follicle.

folliculeux, euse [fɔlikylø, øz] adj follicular.

folliculine [fɔlikylin] nf oestrone.

folliculite [fɔlikylit] nf folliculitis.

fomentation [fɔmɑ̃tasjɔ̃] nf *litt* fomenting.

fomenter [3] [fɔmɑ̃te] vt *litt* to foment *litt*, to cause.

fonçage [fɔ̃saʒ] nm MIN boring, sinking.

foncé, e [fɔ̃se] adj dark, deep.

Voir encadré à l'article couleur.

foncer [16] [fɔ̃se] ◆ vi **1.** [s'élancer] to charge ▸ **foncer contre** ou **sur son adversaire** to rush at one's adversary ▸ **foncer droit devant soi** to go straight ahead ▸ **foncer dans le tas** *fam* to charge in, to pile in **2.** *fam* [se déplacer très vite] to speed along / *les coureurs foncent vers la victoire* the runners are sprinting on to victory **3.** *fam* [se hâter] : *nous avons tous foncé pour boucler le journal* we all rushed to finish the newspaper in time / *il a toujours su foncer fig* he has always been the dynamic type ▸ **foncer dans le brouillard** to forge ahead (without worrying about the consequences) **4.** [s'assombrir - cheveu] to go darker. ◆ vt **1.** [teinte] to make darker, to darken **2.** [mettre un fond à] to (fit with a) bottom **3.** CULIN [au lard] to line with bacon fat ; [avec de la pâte] to line with pastry **4.** MIN to bore, to sink.

fonceur, euse [fɔ̃sœʀ, øz] ◆ adj *fam* dynamic. ◆ nm, f dynamic type.

foncier, ère [fɔ̃sje, ɛʀ] adj **1.** ADMIN & FIN [impôt, politique, problème] land *(modif)* ▸ **biens fonciers** (real) property, real estate ▸ **droit foncier** ground law ▸ **propriétaire foncier** landowner ▸ **propriété foncière** land ownership, ownership of land **2.** [fondamental] fundamental, basic.

❖ **foncier** nm land ou property tax.

foncièrement [fɔ̃sjɛʀmɑ̃] adv **1.** [fondamentalement] fundamentally, basically / *l'argument est foncièrement vicieux* the argument is basically flawed **2.** [totalement] deeply, profoundly / *il est foncièrement ignorant* he's profoundly ignorant.

fonction [fɔ̃ksjɔ̃] nf **1.** [emploi] office ▸ **entrer en fonction** ou **fonctions** to take up one's post ▸ **faire fonction de** to act as / *ce couteau fera fonction de tournevis* this knife will do instead of a screwdriver / *il a pour fonction d'écrire les discours du président* his job is to write the president's speeches / *il occupe de hautes fonctions* he has important responsibilities / *est-ce que cela entre dans tes fonctions?* is this part of your duties? ▸ **remplir ses fonctions** to carry out one's job ou functions / *elle remplit les fonctions d'interprète* she acts as interpreter / *se démettre de ses fonctions* to resign one's post ou from one's duties ▸ **démettre qqn de ses fonctions** to dismiss sb (from his duties) ▸ **prendre ses fonctions** to take up one's post **2.** [rôle] function / *fonctions de nutrition* nutritive functions / *c'est la première fonction de l'estomac* it's the main function of the stomach / *la pièce a pour fonction de maintenir l'équilibre de la balance* the part serves to keep the scales balanced ▸ **la fonction crée l'organe** *(allusion à Lamarck)* necessity is the mother of invention **3.** ▸ **être fonction de** [dépendre de] : *sa venue est fonction de son travail* whether he comes or not depends on his work **4.** CHIM, LING & MATH function ▸ **en fonction inverse de** in inverse ratio to.

❖ **de fonction** loc adj ▸ **appartement** ou **logement de fonction** tied accommodation UK, accommodation that goes with the job ▸ **voiture de fonction** company car.

❖ **en fonction de** loc prép according to / *payé en fonction de sa contribution au projet* paid according to one's contribution to the project.

❖ **fonction publique** nf ▸ **la fonction publique** the civil ou public service.

fonctionnaire [fɔ̃ksjɔnɛʀ] nmf civil servant ▸ **fonctionnaire municipal** local government official ▸ **haut fonctionnaire** senior civil servant ▸ **petit fonctionnaire** minor official / *avoir une mentalité de petit fonctionnaire péj* to have a petty bureaucratic mentality.

> **Fonctionnaire**
>
> This term covers a broader range of public service employees than the term "civil servant": from high-ranking members of the state administration to public-sector teachers and post-office workers.

fonctionnaliser [3] [fɔ̃ksjɔnalize] vt [ameublement, cuisine] to make more functional.

fonctionnalisme [fɔ̃ksjɔnalism] nm functionalism.

fonctionnaliste [fɔ̃ksjɔnalist] ◆ adj functionalist, functionalistic. ◆ nmf functionalist.

fonctionnalité [fɔ̃ksjɔnalite] nf functionality.

fonctionnariat [fɔ̃ksjɔnaʀja] nm employment by the state.

fonctionnarisation [fɔ̃ksjɔnaʀizasjɔ̃] nf **1.** [d'un employé] moving an employee into the public ou civil service **2.** [d'une profession] making a profession part of the public ou civil service.

fonctionnariser [3] [fɔ̃ksjɔnaʀize] vt to make part of the civil service.

fonctionnarisme [fɔ̃ksjɔnaʀism] nm *péj* officialdom, bureaucracy.

fonctionnel, elle [fɔ̃ksjɔnɛl] adj **1.** MATH, MÉD & PSYCHOL functional **2.** [adapté] practical, functional / *des meubles fonctionnels* functional furniture **3.** LING ▸ **linguistique fonctionnelle** functional linguistics ▸ **mot fonctionnel** function word.

fonctionnellement [fɔ̃ksjɔnɛlmɑ̃] adv functionally.

fonctionnement [fɔ̃ksjɔnmɑ̃] nm functioning, working / *pour assurer le bon fonctionnement de votre machine à laver* to keep your washing machine in good working order / *ça vient d'un mauvais fonctionnement de la prise* it's due to a fault in the plug.

fonctionner [3] [fɔ̃ksjɔne] vi [mécanisme, engin] to function, to work ; [métro, véhicule] to run / *le moteur fonctionne mal / bien* the engine isn't / is working properly / *mon cœur fonctionne encore bien!* my heart is still going strong! ▸ **faire fonctionner une machine** to operate a machine / *je n'arrive pas à faire fonctionner la machine à laver* I can't get the washing machine to work / *ça fonctionne avec des pièces d'un euro* it works with 1 euro coins, you need 1 euro coins to work it / *les freins n'ont pas fonctionné* the brakes failed.

fond [fɔ̃] nm **1.** [d'un récipient] bottom ; [d'un placard] back ; [extrémité] bottom, far end ; [de la gorge] back ; [d'une pièce] far end, back ; [d'un jardin] far end, bottom ▸ **sans fond** bottomless / *le fond d'un puits* the bottom of a well / *regarde bien dans le fond du placard* take a good look at the back of the cupboard / *le fond de sa gorge est un peu rouge* the back of her throat is a bit red / *au fin fond du désert* in the middle of the desert / *il y a cinq mètres de fond* [de profondeur] the water is five metres deep ou in depth ▸ **aller par le fond** to sink ▸ **envoyer par le fond** to send to the bottom, to sink / *couler par 100 m de fond* to sink to a depth of 100 m ▸ **fond de culotte** ou **de pantalon** seat (of one's pants) ▸ **le fond d'œil** MÉD the back of the eye / *faire un examen du fond d'œil* MÉD to have an ophthalmoscopy ▸ **les grands fonds marins** the depths of the ocean ▸ **à fond de cale** at rock bottom ▸ **gratter** ou **vider** ou **racler les fonds de tiroir** *fam & fig* to scrape around *(for money, food, etc.)* **2.** *fig* depths / *atteindre le fond de la misère* to reach the depths of misery / *toucher le fond (du désespoir)* to reach the depths of despair ▸ **il connaît le fond de mon cœur** / **âme** he knows what's in my heart / soul / *je vous remercie du fond du cœur* I thank you from the bottom of my heart / *il faut aller jusqu'au fond de ce mystère* we must get to the bottom of this mystery **3.** [cœur, substance] heart, core, nub / *voilà le fond du problème* here is the core ou the root of the problem / *puis-je te dire le fond de ma pensée?* can I tell you what I really think? / *le fond et la forme* LITTÉR substance and form ▸ **sur le fond** : *sur le fond, vous avez raison* you're basically right ▸ **juger sur le fond** DR to decide on the substance **4.** [tempérament] : *il a un bon fond* he's basically a good ou kind person / *elle n'a pas vraiment un mauvais fond* she's not really a bad person **5.** [arrière-plan] background / *le fond de la toile est jaune* the background is yellow / *des fleurs sur fond blanc* flowers on a white background / *sur un fond de violons* with violins in the background ▸ **fond de vérité** : *il y a un fond de vérité dans ce que vous dites* there's some truth in what you're saying ▸ **fond sonore** background music / *il y avait du jazz en fond sonore* there was jazz playing in the background ▸ **le fond de l'air est**

frais there's a chill ou nip in the air **6.** [reste] drop / *il reste un fond de café* there's a drop of coffee left / *boire* ou *vider le fond d'une coupe de champagne* to empty one's champagne glass ▸ **boire** ou **vider les fonds de bouteilles** to drink up the dregs ▸ **le fond du panier** the leftovers **7.** CULIN ▸ **fond de sauce** / **soupe** basis for a sauce / soup ▸ **fond d'artichaut** artichoke heart ▸ **fond de tarte** pastry case **8.** MIN : *travailler au fond* to work at the coal face / *descendre au fond de la mine* to go down the pit ▸ **les mineurs de fond** the men in the pits **9.** EXPR **faire fond sur** *sout* to put one's trust in.

✧ **à fond** loc adv in depth ▸ **respirer à fond** to breathe deeply / *faire le ménage à fond dans la maison* to clean the house thoroughly, to spring-clean ▸ **se donner à fond** to give one's all ▸ **se donner à fond dans** ou **à qqch** to throw o.s. completely into sthg / *s'engager à fond dans une aventure* to get deeply involved in an adventure / *pour apprendre* ou *connaître une langue à fond* in order to acquire ou to have a thorough knowledge of a language.

✧ **à fond de train** loc adv (at) full tilt.

✧ **à fond la caisse, à fond les manettes** loc adv *fam* = **à fond de train.**

✧ **au fond** loc adv basically / *au fond, c'est mieux comme ça* it's better that way, really / *au fond, on pourrait y aller en janvier* in fact, we could go in January.

✧ **au fond de** loc prép ▸ **au fond de soi-même** deep down ▸ **c'est au fond du couloir** / **de la salle** it's at the (far) end of the corridor / of the hall / *au fond de la rivière* at the bottom of the river ▸ **regarder qqn au fond des yeux** to look deeply into sb's eyes.

✧ **dans le fond** = **au fond.**

✧ **de fond** loc adj **1.** SPORT [épreuve, coureur, course] long-distance *(avant nom)* ▸ **ski de fond** cross-country skiing **2.** [analyse, remarque, texte] basic, fundamental.

✧ **de fond en comble** loc adv [nettoyer, fouiller] from top to bottom / *revoir un texte de fond en comble* *fig* to revise a text thoroughly.

✧ **fond de robe** nm slip.

✧ **fond de teint** nm (make-up) foundation.

fondamental, e, aux [fɔ̃damɑ̃tal, o] adj **1.** SCI fundamental, basic ▸ **la recherche fondamentale** basic ou fundamental research **2.** [de base] elementary, basic / *ce sont des choses fondamentales que vous devriez connaître* these are fundamental ou basic things you should know **3.** [important] fundamental, essential, crucial / *il est fondamental que nous réparions notre erreur* it's crucial ou fundamental that we should correct our mistake **4.** PHYS [niveau] fundamental **5.** MUS fundamental.

✧ **fondamentale** nf MUS fundamental.

fondamentalement [fɔ̃damɑ̃talmɑ̃] adv fundamentally / *c'est fondamentalement la même chose* it's basically the same thing ▸ **fondamentalement opposés** radically opposed.

fondamentalisme [fɔ̃damɑ̃talism] nm (religious) fundamentalism.

fondamentaliste [fɔ̃damɑ̃talist] ◆ adj fundamentalist, fundamentalistic. ◆ nmf fundamentalist.

fondant, e [fɔ̃dɑ̃, ɑ̃t] adj **1.** [glace, neige] melting, thawing **2.** [aliment] ▸ **une poire fondante** a pear that melts in the mouth ▸ **un rôti fondant** a tender roast ▸ **un bonbon** / **chocolat fondant** a sweet / chocolate that melts in the mouth.

✧ **fondant** nm **1.** CULIN [bonbon, gâteau] fondant **2.** MÉTALL flux.

fondateur, trice [fɔ̃datœʀ, tʀis] nm, f **1.** [gén] founder **2.** DR incorporator.

fondation [fɔ̃dasjɔ̃] nf **1.** [création - d'une ville, d'une société] foundation ; [- d'une bourse, d'un prix] establishment, creation **2.** [institution] foundation.

✧ **fondations** nfpl CONSTR foundations.

fondé, e [fɔ̃de] adj **1.** [argument, peur] justified / *mes craintes ne sont que trop fondées* my fears are only too justified / *un reproche non fondé* an unjustified reproach ▸ **mal fondé** ill-founded **2.** EXPR **être fondé à** [avoir des raisons de] : *je serais fondé à croire qu'il y a eu malversation* I would be justified in thinking or I would have grounds for believing that embezzlement has taken place.

✧ **fondé de pouvoir** nm proxy.

fondement [fɔ̃dmɑ̃] nm **1.** [base] foundation / *jeter les fondements d'une nouvelle politique* to lay the foundations of a new policy **2.** *hum* derrière *hum*, behind, backside **3.** PHILOS fundament.

✧ **sans fondement** loc adj [crainte, rumeur] groundless, unfounded.

fonder [3] [fɔ̃de] vt **1.** [construire - empire, parti] to found ▸ **fonder un foyer** ou **une famille** *sout* to start a family **2.** COMM to found, to set up / **'maison fondée en 1930'** 'Established 1930' **3.** [appuyer] ▸ **fonder qqch sur** to base ou to found ou to pin sthg on / *elle fondait tous ses espoirs sur son fils* she pinned all her hopes on her son **4.** [légitimer - réclamation, plainte] to justify.

✧ **se fonder sur** vp + prép **1.** [se prévaloir de] to base o.s. on / *sur quoi te fondes-tu pour affirmer pareille chose ?* what grounds do you have for such a claim? **2.** [remarque, théorie] to be based on.

fonderie [fɔ̃dʀi] nf **1.** [procédé] casting, founding **2.** [usine] smelting works **3.** [atelier] foundry.

fondeur, euse [fɔ̃dœʀ, øz] nm, f **1.** SPORT langläufer, cross-country skier **2.** [de bronze] caster ; [d'or, d'argent] smelter.

✧ **fondeuse** nf [machine] smelter.

fondre [75] [fɔ̃dʀ] ◆ vt **1.** [rendre liquide] to melt ▸ **fondre de l'or** / **de l'argent** to smelt gold / silver / *fondre des pièces* to melt coins down **2.** [fabriquer - statue, canon, cloche] to cast, to found **3.** [dissoudre] to dissolve **4.** [combiner - couleurs] to blend, to merge ; [- sociétés] to combine, to merge / *fondre deux livres en un seul* to combine two books in one ou in a single volume. ◆ vi **1.** [se liquéfier] to melt / *la glace fond au-dessus de 0 °C* ice thaws at 0°C / *faites fondre le chocolat* melt the chocolate ▸ **fondre comme cire** ou **neige au soleil** to vanish into thin air **2.** [se dissoudre] to dissolve ▸ **faire fondre du sucre** to dissolve sugar ▸ **fondre dans la bouche** to melt in the mouth **3.** [s'affaiblir - animosité, rage] to melt away, to disappear / *il sent son cœur fondre quand il voit ses enfants* he can feel his heart melting when he sees his children / *le général a vu sa division fondre en quelques heures* the general saw his entire division vanish in a few hours ▸ **fondre en larmes** to dissolve into tears **4.** *fam* [maigrir] to get thin / *il fond à vue d'œil* the weight's dropping off him / *j'ai fondu de trois kilos* I've lost three kilos.

✧ **fondre sur** v + prép to sweep ou to swoop down on.

✧ **se fondre** vpi **1.** [se liquéfier] to melt **2.** [se mêler] to merge, to mix / *les couleurs se fondent à l'arrière-plan du tableau* the colours merge into the background of the painting ▸ **se fondre dans la nuit** / **le brouillard** to disappear into the night / mist / *se fondre dans la masse* to melt ou to disappear into the crowd.

fondrière [fɔ̃dʀijɛʀ] nf **1.** [sur une route] pothole **2.** [marécage] bog, quagmire.

fonds [fɔ̃] ◆ nm **1.** [propriété] business ▸ **un fonds de commerce** a business ▸ **un fonds de boulangerie** a bakery business **2.** FIN fund ▸ **fonds d'amortissement** sinking fund ▸ **fonds commun de placement** investment fund ▸ **fonds de garantie automobile** *emergency fund to compensate victims of accidents caused by uninsured drivers* ▸ **fonds d'investissement** private equity ▸ **fonds de pension** pension fund ▸ **fonds de prévoyance** contingency fund ▸ **fonds de réserve** reserve fund ▸ **fonds de roulement** working capital ▸ **Fonds monétaire international** International Monetary Fund ▸ **Fonds national de solidarité** *support scheme for the old and needy* ▸ **fonds souverains** sovereign fund **3.** [ressources] collection / *notre bibliothèque a un fonds très riche d'ouvrages du XVIII*[e] *siècle* our library has a very rich collection of 18th-century books. ◆ nmpl **1.** FIN funds / *des fonds ont été détournés* funds were embezzled ▸ **être en fonds** to be in funds ▸ **rentrer dans ses fonds** to recoup one's costs / *mes fonds sont au plus bas* *hum* funds are low / *prêter de l'argent à fonds perdus* to loan money without security ▸ **fonds publics** public funds ▸ **fonds propres** shareholders' UK ou stockholders' US equity, common equity ▸ **fonds secrets** secret funds ▸ **collecte de fonds** financial appeal, fundraising *(U)* / *organiser un dîner pour une collecte de fonds* to organize a fund-raising dinner ▸ **mise de fonds** : *la mise de fonds initiale a été de 10 millions de livres* the venture capital ou seed money was 10 million pounds **2.** [argent] money / *je n'ai pas les fonds sur moi* I don't have the ready cash with ou on me.

fondu, e [fɔ̃dy] ◆ pp ⟶ **fondre.** ◆ adj **1.** [liquéfié] melted ; MÉTALL molten ▸ **de la neige fondue** slush ▸ **fromage fondu** cheese spread **2.** [ramolli] melted **3.** ART [teinte] blending.

✧ **fondu** nm **1.** CINÉ dissolve ▸ **les personnages apparaissent** / **disparaissent en fondu** the characters fade in / out ▸ **fondu enchaîné** fade-in fade-out ▸ **fondu en ouverture** fade-in ▸ **fondu en fermeture** fade-out ▸ **fondu sonore a)** [au début] fade-in **b)** [à la fin] fade-out **2.** ART blend.

✧ **fondue** nf CULIN ▸ **fondue bourguignonne** meat fondue ▸ **fondue de légumes** vegetable fondue ▸ **fondue savoyarde** (Swiss) cheese fondue.

fongibilité [fɔ̃ʒibilite] nf fungibility.

fongible [fɔ̃ʒibl] adj fungible.

fongicide [fɔ̃ʒisid] ◆ adj fungicidal. ◆ nm fungicide.

fongiforme [fɔ̃ʒifɔʀm] adj fungiform.

fongique [fɔ̃ʒik] adj fungal, fungous.

fongosité [fɔ̃gozite] nf MÉD fungoid growth.

fongueux, euse [fɔ̃gø, øz] adj fungous.

font v ⟶ **faire.**

fontaine [fɔ̃tɛn] nf **1.** [édifice] fountain ▸ **fontaine Wallace** *dark green ornate drinking fountain (typical of Paris)* **2.** [source] spring ▸ **la fontaine de Jouvence** the Fountain of Youth ▸ **il ne faut pas dire : fontaine je ne boirai pas de ton eau** *prov* never say never *prov.*

fontainebleau [fɔ̃tɛnblo] nm CULIN *soft cheese whipped with cream.*

fontainier [fɔ̃tenje] nm water engineer.

fontanelle [fɔ̃tanɛl] nf fontanelle.

fonte [fɔ̃t] nf **1.** MÉTALL cast iron **2.** [fusion - gén] melting ; [- du métal] smelting ; [- des neiges] thawing ▸ **à la fonte des neiges** when the snow thaws ▸ **fonte des glaces** glacial melt **3.** IMPR fount, font US **4.** AGR & HORT ▸ **fonte des semis** damping off seedlings.

fontis [fɔ̃ti] nm subsidence.

fonts [fɔ̃] nmpl ▸ **fonts (baptismaux)** (baptismal) font.

foot [fut] nm *fam* football UK, soccer / *jouer au foot* to play football.

football [futbol] nm football UK, soccer ▸ **jouer au football** to play football ▸ **football américain** American football UK, football US.

footballeur, euse [futbolœʀ, øz] nm, f footballer UK, soccer player US.

footballistique [futbalistik] ◆ adj football-related. ◆ nf ▸ **la footballistique** *everything to do with football.*

footing [futiŋ] nm ▸ **le footing** jogging / *faire un footing* to go jogging, to go for a jog.

for [fɔʀ] nm ▸ **en** ou **dans son for intérieur** in one's heart of hearts ▸ **en mon for intérieur** deep down ou inside, in my heart of hearts.

FOR (abr écrite de **forint**) F, Ft.

forage [fɔʀaʒ] nm [d'un puits de pétrole] boring, drilling ; [d'un puits, d'une mine] sinking.

forain, e [fɔʀɛ̃, ɛn] ◆ adj [boutique] fairground *(modif)* ▸ **marchand forain** stallholder. ◆ nm, f stallholder.

forban [fɔʀbɑ̃] nm **1.** [pirate] freebooter **2.** *péj* [escroc] crook.

forçage [fɔʀsaʒ] nm **1.** ARCHIT & HORT forcing **2.** ÉCOL ▸ **forçage radiatif** radiative forcing.

forçat [fɔʀsa] nm HIST [sur une galère] galley slave ; [dans un bagne] convict ▸ **travailler comme un forçat**

to work like a slave / *mener une vie de forçat* to have a hard life.

force [fɔʀs] ◆ nf **1.** [puissance - d'une tempête, d'un coup] strength, force ; [- d'un sentiment] strength ; [- d'une idée, d'un argument] strength, power ▸ **avec force** forcefully ▸ **dans toute la force du mot** ou **terme** in the strongest sense of the word ou term / *un vent (de) force 7* MÉTÉOR a force 7 wind ▸ **les forces du mal** the forces of evil / **'la force tranquille'** *slogan used by François Mitterrand in his successful election campaign of 1981* **2.** [vigueur physique] strength ▸ **avoir beaucoup de force** to be very strong / *être d'une force herculéenne* to be as strong as an ox ▸ **avoir la force de faire qqch** to have the strength to do sthg / *il sent sa force l'abandonner avec l'âge* he feels himself growing weaker with age / *il est sans force* he has no strength / *sentir ses forces décliner* to feel one's strength ebbing / *reprendre des forces* to regain one's strength / *c'est au-dessus de mes forces* it's beyond me ▸ **de toutes mes / ses forces** with all my / his strength, with all my / his might / *j'ai poussé la porte de toutes mes forces* I pushed the door with all my might / *je le veux de toutes mes forces* I want it with all my heart ▸ **être une force de la nature** to be a mighty force ▸ **être dans la force de l'âge** to be in the prime of life ▸ **les forces vives de la nation** the nation's resources **3.** [contrainte, autorité] force / *vaincre par la force* to win by (using) force / *avoir recours à la force* to resort to force / *nous ne céderons pas à la force* we will not yield to force ▸ **force exécutoire** DR legal force ▸ **avoir force exécutoire** to be enforceable ▸ **avoir force de loi** to have the force of law ▸ **force majeure** DR force majeure / *c'est un cas de force majeure* it's completely unavoidable ▸ **il y a (cas de) force majeure** there are circumstances beyond my / our, etc., control ▸ **un coup de force** POL & ÉCON a takeover by force ▸ **la force prime le droit** might is right **4.** [puissance morale] strength / *ce qui fait sa force, c'est sa conviction politique* his political commitment is his strength ; [groupe de personnes] ▸ **force de vente** sales force ▸ **force d'âme** spiritual strength ▸ **force de caractère** strength of character **5.** [niveau] : *c'est un orateur de première force* he's a first-class speaker / *elles sont de la même force en sciences* they're well-matched in science / *je ne suis pas de force à lui faire concurrence* I'm no match for him **6.** ADMIN & MIL ▸ **la force nucléaire stratégique** ou **la force de frappe** ou **la force de dissuasion de la France** France's nuclear strike capacity ▸ **Force d'action rapide** *section of the French armed forces responding immediately in emergencies* ▸ **les forces armées** the (armed) forces ▸ **force d'intervention** task force ▸ **les forces navales / aériennes** the naval / air forces ▸ **la force publique, les forces de l'ordre** the police **7.** [suprématie] strength, might / *occuper une position de force* to be in a position of strength / *force est restée à la loi* the law prevailed **8.** PHYS force ▸ **force centrifuge / centripète** centrifugal / centripetal force ▸ **force électromotrice** electromotive force ▸ **force d'inertie** force of inertia **9.** POL ▸ **Force ouvrière** *trade union* **10.** IMPR ▸ **force de corps** body size **11.** NAUT : *faire force de rames* to ply the oars / *faire force de voiles* to cram on sail **12.** EXPR **force est de** *sout* : *force est de constater que...* there is no choice but to accept that... ▸ **force m'est de...** : *force me fut d'accepter sa décision* I had no choice but to accept his decision ▸ **par la force des choses / de l'habitude** by force of circumstance / of habit. ◆ adv *litt ou hum* many / *nous avons mangé force gigots* we ate a great many legs of lamb / *je le lui ai expliqué avec force exemples* I explained it to him by giving numerous examples.

❖ **à force** loc adv *fam* : *tu vas le casser, à force!* you'll break it if you go on like that! / *à force, je suis fatigué* I'm getting tired.

❖ **à force de** loc prép by dint of / *à force de parler* by dint of talking / *à force d'explications* by dint of explanation ▸ **à force de volonté** by sheer will power.

❖ **à la force de** loc prép by the strength of / *grimper à la force des bras* to climb by the strength of one's arms / *s'élever à la force du poignet* fig to go up in the world by the sweat of one's brow.

❖ **à toute force** loc adv at all costs.

❖ **de force** loc adv by force / *il est entré de force* he forced his way in / *on les a fait sortir de force* they were made to leave.

❖ **en force** loc adv **1.** [en nombre] in force, in large numbers / *ils sont arrivés en force* they arrived in force ou in great numbers **2.** SPORT [sans souplesse] ▸ **faire qqch en force** to do sthg by brute force.

❖ **par force** loc adv : *par force nous nous sommes résignés à son départ* we were forced to accept ou we had to resign ourselves to his departure.

forcé, e [fɔʀse] adj **1.** [obligé] forced / *consentement / mariage forcé* forced consent / marriage ▸ **atterrissage forcé** emergency ou forced landing ▸ **liquidation forcée** compulsory liquidation ▸ **contraint et forcé** under duress **2.** [inévitable] inevitable / *ça n'a pas marché, c'est forcé, il était mal préparé* it didn't work out, which isn't surprising, because he wasn't properly prepared **3.** [sans spontanéité] strained ▸ **rire forcé** forced laugh ▸ **comparaison forcée** artificial comparison.

forcement [fɔʀsəmɑ̃] nm forcing.

forcément [fɔʀsemɑ̃] adv inevitably, necessarily ▸ **ça devait forcément arriver** it was bound to happen ▸ **pas forcément** not necessarily / *elle est très mince — forcément, elle ne mange rien!* she's very slim — that's hardly surprising, she never eats a thing!

forcené, e [fɔʀsəne] ◆ adj **1.** [passionné] fanatical, frenzied / *c'est un admirateur forcené de Mozart* he's an ardent fan of Mozart **2.** [violent] frenzied / *frapper des coups forcenés à la porte* to knock frenziedly at the door / *une haine forcenée* a fanatical hatred. ◆ nm, f **1.** [fou] maniac **2.** [passionné] ▸ **un forcené de** a fanatic of / *un forcené du karaté* a karate fanatic ou maniac.

forceps [fɔʀsɛps] nm forceps ▸ **accouchement au forceps** forceps delivery ▸ **au forceps** *fig* : *ils ont fait adopter la loi au forceps* the law was painfully adopted.

forcer [16] [fɔʀse] ◆ vt **1.** [obliger] to compel, to force ▸ **forcer qqn à faire qqch** : *l'ennemi a forcé l'avion à atterrir* the enemy forced the plane down / *il l'a forcée à quitter la société* he forced her out of the firm ▸ **être forcé de faire qqch** to be forced to do sthg / *je suis forcée de rester au lit* I have (no choice but) to stay in bed / *écoute, personne ne te force!* listen, nobody's forcing you! ▸ **forcer la main à qqn** to force sb's hand / *on lui a forcé la main* he was made to do it, his hand was forced **2.** [ouvrir de force - tiroir, valise] to force (open) ; [- serrure, mécanisme] to force / *forcer un coffre-fort* to force a safe open ▸ **forcer la porte de qqn** *fig* to barge ou to force one's way into sb's house ▸ **forcer le passage** to push (one's way) through **3.** [outrepasser] ▸ **forcer la dose a)** PHARM to prescribe too large a dose **b)** *fig* to go too far ▸ **forcer la note** to overdo it **4.** *arch* [violer - personne] to violate **5.** [susciter] ▸ **son courage a forcé l'admiration / le respect de tous** his courage commanded everybody's admiration / respect **6.** [influencer - destin, événements] to influence **7.** [presser] ▸ **forcer le pas** to force the pace ▸ **forcer son cheval** ÉQUIT to overtax ou to override one's horse **8.** AGR & HORT to force **9.** [pousser trop loin] ▸ **forcer sa voix** to strain one's voice ▸ **forcer sa nature** to go against one's true nature / *il n'a pas besoin de forcer sa nature pour jouer les pères autoritaires* playing the heavy father comes naturally to him / *forcer le sens d'un texte* to distort the meaning of a text **10.** CHASSE to run down. ◆ vi to force, to strain / *ne force pas, tu vas casser le mécanisme* don't force the mechanism, you'll break it / *pliez la jambe sans forcer* bend your leg very gently ou without straining.

❖ **forcer sur** v + prép to overdo / *ne forcez pas sur les abdominaux* don't do too many stomach exercises / *il force sur les somnifères* he overdoes the sleeping pills ▸ **forcer sur la bouteille** *fam* to drink too much / *il avait un peu forcé sur la bouteille* *hum* he'd had one over the eight UK *hum* ou one too many.

❖ **se forcer** vp *(emploi réfléchi)* [gén] to make an effort ; [en mangeant] to force o.s. / *se forcer à lire / travailler* to force o.s. to read / to work.

forcing [fɔʀsiŋ] nm SPORT pressure ▸ **faire le forcing** *pr* to put the pressure on ▸ **faire du forcing** *fam & fig* to use fair means and foul.

forcir [32] [fɔʀsiʀ] vi to get bigger.

forclore [fɔʀklɔʀ] vt DR to foreclose.

forclos, e [fɔʀklo, oz] ◆ pp ⟶ **forclore.** ◆ adj DR foreclosed.

forclusion [fɔʀklyzjɔ̃] nf DR foreclosure.

forer [3] [fɔʀe] vt [puits de pétrole] to bore, to drill ; [puits, mine] to sink.

foresterie [fɔʀɛstəʀi] nf forestry.

forestier, ère [fɔʀɛstje, ɛʀ] ◆ adj [chemin, code] forest *(modif).* ◆ nm, f forester.

foret [fɔʀɛ] nm drill.

forêt [fɔʀɛ] nf **1.** [arbres] forest ▸ **forêt vierge** virgin forest ▸ **l'Office national des forêts** ≃ the Forestry Commission UK ou Service & US **2.** *fig* [multitude] ▸ **une forêt de** a forest of.

forêt-galerie [fɔʀɛgalʀi] *(pl* **forêts-galeries***)* nf gallery forest.

Forêt-Noire [fɔʀɛnwaʀ] npr f ▸ **la Forêt-Noire** the Black Forest.

❖ **forêt-noire** *(pl* **forêts-noires***)* nf CULIN Black Forest gateau.

foreur [fɔʀœʀ] ◆ adj m [ingénieur, ouvrier] drilling *(modif).* ◆ nm TECHNOL driller.

foreuse [fɔʀøz] nf drill.

forfaire [109] [fɔʀfɛʀ] ❖ **forfaire à** v + prép *litt* to be false to.

forfait [fɔʀfɛ] nm **1.** [abonnement - de transport, à l'opéra] season ticket ; [- au ski] pass, ski-pass ▸ **forfait train plus hôtel** package deal including train ticket and hotel reservation **2.** FIN ▸ **être au forfait** to be taxed on estimated income **3.** COMM ▸ **payer qqn au forfait** to pay sb a flat rate ▸ **travailler au forfait** to work for a flat rate ▸ **forfait jour** *system of measuring working time, in days per year rather than hours per week* **4.** SPORT [somme] withdrawal ▸ **gagner par forfait** to win by default **5.** *litt* [crime] infamy *litt*, (heinous) crime.

forfaitaire [fɔʀfɛtɛʀ] adj inclusive ▸ **somme** ou **montant forfaitaire** lump sum ▸ **prix forfaitaires** inclusive prices ▸ **voyage à prix forfaitaire** package tour.

forfaitairement [fɔʀfɛtɛʀmɑ̃] adv : *les frais de livraison sont facturés forfaitairement* there is a flat delivery fee / *le montant de la prestation est fixé forfaitairement* there is a flat fee for this service.

forfaiture [fɔʀfetyʀ] nf **1.** DR abuse of authority **2.** HIST forfeiture.

forfait-vacances [fɔʀfɛvakɑ̃s] nm package holiday.

forfanterie [fɔʀfɑ̃tʀi] nf *litt* boastfulness.

forficule [fɔʀfikyl] nf earwig ▸ **les forficules** the Forficula.

forge [fɔʀʒ] nf **1.** [atelier] forge, smithy **2.** [fourneau] forge.

forgeable [fɔʀʒabl] adj TECHNOL forgeable.

forgeage [fɔʀʒaʒ] nm TECHNOL forging.

forger [17] [fɔʀʒe] vt **1.** TECHNOL to forge / *forger à chaud* to hot-forge ▸ **forger les chaînes de qqn** *fig & litt* to forge bonds for sb ▸ **c'est en forgeant qu'on devient forgeron** *prov* practice makes perfect *prov* **2.** [inventer - alibi] to make up *(sép)* ; [- phrase] to coin / *une histoire forgée de toutes pièces* a fabricated story **3.** [fabriquer - document, preuve] to forge **4.** [aguerrir - personnalité, caractère] to form, to forge.

❖ **se forger** vpt : *se forger une réputation* to earn o.s. a reputation ▸ **se forger un idéal** to build up an ideal for o.s. / *se forger le caractère* to build up one's character.

forgeron [fɔʀʒəʀɔ̃] nm blacksmith.

forgeur, euse [fɔʀʒœʀ, øz] nm, f *litt* [de mots, de phrases] coiner ; [de documents] forger.

forint [fɔʀint] nm [monnaie] forint.

formage [fɔʀmaʒ] nm **1.** MÉTALL forming **2.** [de plastique] moulding.

formaldéhyde [fɔʀmaldeid] nm formaldehyde.

formalisation [fɔʀmalizasjɔ̃] nf formalization.

formaliser [3] [fɔʀmalize] vt [idée, théorie] to formalize.

❖ **se formaliser de** vp + prép to take offence UK ou offense US at.

formalisme [fɔʀmalism] nm **1.** [attitude] respect for etiquette / *faire preuve de formalisme* to be a stickler for etiquette **2.** ART, PHILOS & LITTÉR formalism.

formaliste [fɔʀmalist] ◆ adj **1.** [guindé] strict about etiquette **2.** ART, LITTÉR & PHILOS formalistic. ◆ nmf **1.** [personne guindée] stickler for etiquette **2.** ART, LITTÉR & PHILOS formalist.

formalité [fɔʀmalite] nf **1.** ADMIN formality ▸ **formalités administratives** / **douanières** administrative / customs formalities **2.** [acte sans importance] ▸ **notre enquête n'est qu'une simple** ou **pure formalité** we're just making routine enquiries / *cet examen n'est qu'une formalité* this medical test is a mere formality **3.** [cérémonial] formality.

formant [fɔʀmɑ̃] nm formant.

format [fɔʀma] nm **1.** [dimension] size ▸ **photo petit format** small (format) print **2.** IMPR format ▸ **livre en format de poche** paperback (book) ▸ **format tabloïd** tabloid ▸ **papier format A4/A3** A4/A3 paper **3.** INFORM format.

formatage [fɔʀmataʒ] formatting.

formater [3] [fɔʀmate] vt INFORM to format.

formateur, trice [fɔʀmatœʀ, tʀis] adj [rôle, influence] formative / *ce stage a été très formateur* this training course was very instructive.

formatif, ive [fɔʀmatif, iv] adj : *bilan formatif* training course review / *cycle formatif* training course.

formation [fɔʀmasjɔ̃] nf **1.** [naissance] development, formation, forming / *la formation d'un volcan* / *des dunes* the forming of a volcano / of (sand) dunes **2.** [groupe] group ▸ **formation musicale a)** [classique] orchestra **b)** [moderne] band ▸ **formation politique** political group ▸ **formation syndicale** (trade) union **3.** ENS [apprentissage] training *(U)* / *il faut que nous leur donnions une formation* we must train them ; [connaissances] cultural background / *elle a une bonne formation littéraire* / *scientifique* she has a good literary / scientific background / *il n'a aucune formation musicale* he has no musical training / *architecte de formation, elle est devenue cinéaste* having trained as an architect, she turned to making films ▸ **formation continue** ou **permanente** *day release or night school education for employees provided by companies* ▸ **formation des maîtres** ou **pédagogique** teacher training UK, teacher education US ▸ **formation accélérée** intensive training ▸ **formation diplômante** ou **certifiante a)** [gén] diploma course, diploma program US **b)** [cursus universitaire] degree course, degree program US ▸ **formation interne** in-house training ▸ **formation professionnelle** vocational training ▸ **formation professionnelle pour adultes** adult education **4.** MIL [détachement, disposition] formation **5.** DANSE & SPORT formation **6.** PHYSIOL puberty / *au moment de la formation* when puberty occurs **7.** GÉOL formation **8.** LING ▸ **la formation du vocabulaire** vocabulary formation ▸ **la formation du féminin** the formation of the feminine.

> ⚠ Attention, le mot anglais **formation** ne peut être employé pour traduire formation au sens d'« apprentissage », « connaissances ».

forme [fɔʀm] nf **1.** [configuration] shape, form / *donner une forme courbe à un vase* to give a curved shape to a vase / *un dessin de forme géométrique* a geometrical pattern / *la Terre a la forme d'une sphère* the Earth is spherical / *ne plus avoir forme humaine* to be unrecognizable ▸ **mettre en forme** : *mettez vos idées en forme* give your ideas some shape / *mettre un écrit en forme* to structure a piece of writing ▸ **prendre la forme de** to take (on) the form of, to assume the shape of ▸ **prendre forme** to take shape, to shape up **2.** [état] form / *se présenter sous forme gazeuse* to come in gaseous form ou in the form of a gas / *c'est le même sentiment sous plusieurs formes* it's the same feeling expressed in several different ways / *nous voulons combattre la misère sous toutes ses formes* we want to fight poverty in all its forms **3.** [silhouette] figure, shape / *une vague forme apparut dans le brouillard* a vague figure appeared in the fog **4.** [type] form / *la forme de gouvernement qui convient au pays* the form ou type of government (best) suited to the country / *la forme monarchique* / *républicaine* the monarchical / republican form of government / *des formes de vie différentes sur d'autres planètes* different forms of life on other planets **5.** [style] form / *sacrifier à la forme* to put form above content / *une forme plus concise serait préférable* a more concise form would be preferable **6.** MUS form ▸ **forme sonate** sonata form **7.** LING form / *mettre un verbe à la forme interrogative* / *négative* to put a verb into the interrogative / in the negative (form) ▸ **la forme progressive** the progressive ▸ **les formes du futur** future tense forms **8.** DR form ▸ **respecter la forme légale** to respect legal procedures **9.** [condition physique] form ▸ **forme physique** physical fitness ▸ **être en forme** to be on form / *être au mieux* ou *sommet de sa forme, être en pleine forme* to be on top form / *être en bonne forme physique* to be fit / *avoir* ou *tenir la forme* fam to be in great shape / *je n'ai* ou *ne tiens pas la forme* I'm in poor shape / *il tient la grande forme en ce moment* he's in great form at the moment ▸ **ayez la forme, pas les formes** *(allusion à un slogan publicitaire)* be fit not fat **10.** [moule -pour chapeau] crown ; [-pour chaussure] last ; [-pour fromage] mould **11.** PSYCHOL ▸ **théorie de la forme** gestalt theory **12.** IMPR forme **13.** VÉTÉR ringbone **14.** MATH quantic.

❖ **formes** nfpl **1.** [physique] curves ▸ **avoir des formes** to have a shapely figure ▸ **avoir des formes généreuses** to be curvaceous **2.** [convention] ▸ **les formes** the conventions ou proprieties ▸ **y mettre les formes** to be tactful ▸ **elle n'a pas su y mettre les formes** she wasn't very tactful about it ▸ **respecter les formes** : *elle a toujours respecté les formes* she has always respected convention.

❖ **dans les formes** loc adv according to form.

❖ **de pure forme** loc adj purely formal.

❖ **en bonne (et due) forme** ◆ loc adj [contrat] bona fide. ◆ loc adv [établir un document] in due form, according to the proper form.

❖ **en forme de** loc prép [ressemblant à] ▸ **en forme de poisson** shaped like a fish, fish-shaped ▸ **en forme de croix** in the shape of a cross.

❖ **pour la forme** loc adv for the sake of form, as a matter of form.

❖ **sans forme** loc adj shapeless.

❖ **sous forme de, sous la forme de** loc prép in the form of, as / *un médicament qui existe sous forme de comprimés* a drug available in tablet form.

formé, e [fɔʀme] adj PHYSIOL fully-formed, fully-developed.

formel, elle [fɔʀmɛl] adj **1.** [net -ordre, refus] definite ; [-identification, preuve] positive / *je suis formel, il ne viendra pas* I'm positive he won't come / *le médecin a été formel, pas de laitages!* no milk products, the doctor was quite clear about that! **2.** [de la forme] formal / *la beauté formelle d'une nouvelle* the formal beauty of a short story **3.** [superficiel] : *leur protestation était purement formelle* their protest was purely for the sake of form **4.** PHILOS formal.

formellement [fɔʀmɛlmɑ̃] adv **1.** [nettement] categorically / *je vous le dis formellement, je refuserai de signer* I'm telling you categorically that I'll refuse to sign / *il m'a formellement interdit de fumer* he strictly forbade me to smoke **2.** [stylistiquement] formally **3.** PHILOS formally.

> ⚠ Attention, **formally** ne peut être employé pour traduire formellement au sens de « catégoriquement ».

former [3] [fɔʀme] vt **1.** [donner un contour à -lettre] to shape, to form ; [-phrase] to put together, to shape / *Dieu forma l'homme à son image* BIBLE God made man in his own image **2.** [créer -gouvernement, association] to form / *former une unité de combat* to form a combat unit ▸ **former un train** to make up a train **3.** [se constituer en] to form / *ils ont formé un cortège* / *attroupement* they formed a procession / a mob **4.** [dessiner] to form / *le nuage forme un cœur* the cloud is shaped like a heart ou is heart-shaped / *tout cela forme un amas confus dans ma mémoire* all that's just a confused blur in my memory / *les collines alentour forment une vaste cuvette* the surrounding hills form a vast basin **5.** [constituer] to form / *nous ne formions qu'un seul être* we were as one / *ils forment un couple uni* they're a united couple / *ils forment un couple étrange* they make a strange couple **6.** [faire apparaître] to make, to form / *le froid forme du givre sur les vitres* the cold makes frost form on the windowpanes **7.** *sout* [créer, faire par la pensée] ▸ **former un projet** to think up a plan / *nous avons formé le dessein de nous marier* we are planning to marry ▸ **former des vœux pour le succès de qqn** / **qqch** to wish sb / sthg success / *tous les espoirs que nous formons pour eux* all the hopes we place in them **8.** LING to form / *formez le pluriel de « marteau-piqueur »* form ou give the plural of "marteau-piqueur" / *formez le conditionnel sur le futur* form the conditional tense using the future tense as a model **9.** HORT : *former un poirier en fuseau* to train a pear tree into a cone-shape **10.** ENS & INDUST to train / *former les jeunes en entreprise* to give young people industrial training ▸ **former qqn à qqch** to train sb in sthg / *former son personnel à l'informatique* to train one's staff to use computers ▸ **formé à la gestion** trained in management (techniques) **11.** [développer -caractère, goût] to develop / *un exercice qui forme l'oreille* an exercise which trains ou develops the ear ▸ **former l'esprit de qqn** to develop sb's mind.

❖ **se former** ◆ vpi **1.** [apparaître -croûte, pellicule, peau] to form ; [-couche, dépôt] to form, to build up / *ces montagnes se sont formées à l'ère tertiaire* these mountains were formed during the Tertiary period **2.** ▸ **se former en** [se placer en] to form, to make / *se former en cortège* to form a procession / *se former en carré* to form a square **3.** [se perfectionner] to train o.s. / *elle s'est surtout formée au contact du public* she has learnt most of what she knows through dealing with the public / *se former sur le tas* to learn on the job ou as one goes along. ◆ vpt : *se former une opinion* to form an opinion.

> ⚠ Attention, **to form** ne peut être employé pour traduire former au sens d'« instruire ».

Formica® [fɔʀmika] nm Formica®.

formidable [fɔʀmidabl] adj **1.** [imposant] tremendous ; *litt* formidable / *elle a une volonté formidable, elle réussira!* she has tremendous willpower, she'll succeed! **2.** *vieilli* [invraisemblable] incredible, unbelievable / *tu n'en as jamais entendu parler, c'est formidable, ça!* it's incredible, you've never heard of it! **3.** [admirable] great, wonderful / *c'est un type formidable* he's a great guy.

formidablement [fɔʀmidabləmɑ̃] adv tremendously / *tout était formidablement bien* everything was just great / *elle sait formidablement bien s'occuper des enfants* she's great with children.

formique [fɔʀmik] adj formic.

formol [fɔʀmɔl] nm formalin.

formoler [3] [fɔʀmɔle] vt to use formalin on.

formosan, e [fɔʀmozɑ̃, an] adj Formosan.

❖ **Formosan, e** nm, f Formosan.

Formose [fɔʀmoz] npr Formosa ▸ **à Formose** in Formosa.

formulable [fɔʀmylabl] adj : *la proposition n'est pas encore formulable* the proposal can't yet be formulated / *formulable en termes de droit* expressible in legal terms.

formulaire [fɔʀmylɛʀ] nm form.

formulation [fɔʀmylasjɔ̃] nf formulation, wording / *la formulation de votre problème est incorrecte* you formulated your problem incorrectly, the way you formulated your problem is incorrect.

formule [fɔʀmyl] nf **1.** [tournure] expression, (turn of) phrase / *trouver la formule qui convient* to find the right expression ▸ **belle formule** / **formule toute faite** : *elle a terminé sa lettre par une belle formule* / *une formule toute faite* she ended her letter with a well-turned phrase / a ready-made phrase ▸ **formule consacrée** accepted expression ▸ **la formule magique** the magic words ▸ **formule de politesse** [dans une lettre] letter ending **2.** [imprimé] form **3.** CHIM & MATH formula / *la formule pour convertir les degrés Fahrenheit en degrés Celsius* the formula for converting degrees Fahrenheit into degrees Celsius **4.** PHARM formula, composition **5.** [solution] formula, trick / *ils ont (trouvé) la formule pour ne pas avoir d'ennuis* they've found a way of not having any problems **6.** [en langage publicitaire] way / *une formule économique pour vos vacances* an economical way to spend your holidays UK ou vacation US / *nous vous proposons plusieurs formules de crédit* we offer you several credit options ▸ **une nouvelle formule de spectacle** / **restaurant** a new kind of show / restaurant / *notre restaurant vous propose sa formule à 20 € ou sa carte* our restaurant offers you a set menu at 20 € or an à la carte menu **7.** AUTO formula ▸ **courir en formule 3** to compete in formula 3 races **8.** MÉD ▸ **formule dentaire** dental formula.

formuler [3] [fɔʀmyle] vt **1.** [exprimer - doctrine, revendication] to formulate, to express / *elle m'a regardé sans oser formuler sa question* she looked at me without daring to ask her question **2.** [rédiger - théorème] to formulate ; [- décret] to draw up *(sép).*

fornicateur, trice [fɔʀnikatœʀ, tʀis] nm, f *litt ou hum* fornicator.

fornication [fɔʀnikasjɔ̃] nf *litt ou hum* fornication.

forniquer [3] [fɔʀnike] vi *litt ou hum* to fornicate.

FORPRONU [fɔʀpʀɔny] (abr de **Forces de protection des Nations unies**) nf UN-profor.

fors [fɔʀ] prép *arch* except, save *arch* / *tout est perdu, fors l'honneur (allusion à François Ier)* all is lost save honour.

forsythia [fɔʀsisja] nm forsythia.

fort, e [fɔʀ, fɔʀt]

◆ adj

A. PUISSANT
B. MARQUÉ
C. HABILE

A. PUISSANT **1.** [vigoureux - personne, bras] strong, sturdy ; [- vent] strong, high ; [- courant, jet] strong ; [- secousse] hard ; [- pluies] heavy ▸ **mer forte** MÉTÉOR rough sea ▸ **fort comme un Turc** ou **un bœuf** as strong as an ox **2.** [d'une grande résistance morale] ▸ **une âme forte** a steadfast soul ▸ **rester fort dans l'adversité** to remain strong ou to stand firm in the face of adversity **3.** [autoritaire, contraignant - régime] strong-arm *(avant nom)* **4.** [puissant - syndicat, parti, économie] strong, powerful ; [- monnaie] strong, hard ; [- carton, loupe, tranquillisant] strong / *l'as est plus fort que le roi* the ace is higher than the king ▸ **colle (très) forte** (super) ou extra strong glue / *tes lunettes sont trop fortes pour moi* your glasses are too strong for me / *c'est plus fort que moi* I can't help it / *je l'ai frappé, c'était plus fort que moi* I couldn't help hitting him ▸ **fort de** : *fort de son expérience* with a wealth of experience behind him ▸ **fort de leur protection** reassured by their protection / *une équipe forte de 40 hommes* a 40-strong team ▸ **l'homme fort du parti** the strong man of the party **5.** [de grand impact - œuvre, film] powerful ; [- argument] weighty, powerful, forcible / *le moment le plus fort de la pièce* the most powerful moment in the play **6.** LING [formation, verbe] strong ; [consonne] hard.

B. MARQUÉ **1.** [épais, corpulent - jambes] big, thick ; [- personne] stout, large ; [- hanches] broad, large, wide / *avoir la taille forte* to be big around the waist / *ils ont de jolis modèles pour les femmes fortes* they've got nice outsize designs **2.** [important quantitativement - dénivellation] steep, pronounced ; [- accent] strong, pronounced, marked ; [- fièvre, taux] high ; [- hausse] large ; [- somme] large, big ; [- concentration] high ; [- bruit] loud ; [- différence] great, big / *il est prêt à payer le prix fort* he's willing to pay the full price / *au prix fort, le lave-linge vous coûterait 800 euros* if you had to pay the full price, the washing machine would cost you 800 euros / *baisse le son, c'est trop fort* turn the sound down, it's too loud **3.** [grand, intense - amour, haine] strong, intense ; [- douleur] intense, great ; [- influence] strong, big, great ; [- propension] marked / *il recherche les sensations fortes* he's after big thrills ▸ **avoir une forte volonté** to be strong-willed, to have a strong will / *elle a une forte personnalité* she's got a strong personality **4.** [café, thé, moutarde, tabac] strong ; [sauce] hot, spicy ; [odeur] strong / *ces oignons sont très forts* these onions are really strong **5.** *fam* EXPR **c'est un peu fort (de café)** that's a bit rich ▸ **c'est trop fort** : *et c'est moi qui devrais payer? alors ça c'est trop fort!* and I should pay? that's a bit much! ▸ **le plus fort, c'est que...** : *le plus fort, c'est qu'il avait raison!* the best of it is that he was right!

C. HABILE : *son frère est magicien* / *acrobate, il est très fort* her brother's a magician / an acrobat, and a very good one / *le marketing, c'est là qu'il est fort* / *que sa société est forte* marketing is his / his company's strong point / *trouver plus fort que soi* to meet one's match / *pour faire des gaffes, tu es forte!* when it comes to making blunders, you take some beating! / *pour donner des leçons, elle est très forte!* she's very good at lecturing people! ▸ **fort en** very good at / *fort en gymnastique* / *en langues* very good at gymnastics / at languages / *il est très fort à la volée* he volleys very well ▸ **encore plus fort** : *encore plus fort, il va vous dire le numéro de votre passeport!* better still, he's going to tell you what your passport number is!

❖ **fort** ◆ adv **1.** [avec vigueur - taper, tirer] hard / *pousse plus fort* push harder ; [avec intensité] : *il pleut fort fam* it's raining hard ou pouring ▸ **sentir fort** to smell ▸ **mets le gaz plus** / **moins fort** turn the gas up / down / *le gaz est trop fort* the gas is too high ▸ **y aller un peu fort** : *tu y vas un peu fort!* you're going a bit far! **2.** [bruyamment - parler] loudly, loud / *parle plus fort, on ne t'entend pas* speak up, we can't hear you ▸ **parle moins fort** lower your voice / *ne chante pas si fort* don't sing so loud ▸ **mets le son plus** / **moins fort** turn the sound up / down **3.** *sout* [très] ▸ **fort désagréable** most disagreeable ▸ **fort joli** very pretty / *c'est fort bien dit!* well said! / *fort bien, partons à midi!* very well, let's leave at noon! / *j'en suis fort aise! hum* I'm very pleased to hear it! **4.** EXPR **faire très fort** : *là, tu as fait très fort!* you've really excelled yourself! ◆ nm **1.** [physiquement, moralement] : *les forts et les faibles* the strong and the weak ; [intellectuellement] ▸ **un fort en thème** a swot **2.** [spécialité] forte / *la cuisine, ce n'est pas ton fort!* cooking isn't your forte! / *la politesse n'est pas son fort!* politeness isn't his strongest point! **3.** [forteresse] fort ▸ **le fort Chabrol** *name given to the building in the rue de Chabrol where members of the anti-Dreyfusard "Grand Occident" held out in a hopeless show of resistance against the police in 1899.*

❖ **au (plus) fort de** loc prép : *au (plus) fort de l'hiver* in the depths of winter / *au (plus) fort de l'été* in the height of summer.

Fort-de-France [fɔʀdəfʀɑ̃s] npr Fort-de-France.

forte [fɔʀte] adj & nm MUS forte.

fortement [fɔʀtəmɑ̃] adv **1.** [avec force] hard / *appuyer fortement sur les deux bords pour les coller* press both ends tight to glue them together ▸ **fortement salé** heavily salted ▸ **fortement épicé** highly spiced **2.** [avec netteté] strongly / *des traits fortement marqués* strongly marked features **3.** [beaucoup] strongly / *il désire fortement vous rencontrer* he wishes very much to meet you ▸ **être fortement tenté** to be sorely tempted ▸ **être fortement intéressé par qqch** to be most interested in sthg.

forteresse [fɔʀtəʀɛs] nf **1.** [citadelle] fortress **2.** [prison] fortress **3.** AÉRON ▸ **forteresse volante** flying fortress **4.** *fig* wall, barrier / *forteresse de préjugés* wall of prejudice.

fortiche [fɔʀtiʃ] adj *fam* : *elle est fortiche en anglais!* she's dead UK ou real US good at English!

fortifiant, e [fɔʀtifjɑ̃, ɑ̃t] adj **1.** [nourriture] fortifying ; [climat] bracing, invigorating **2.** *litt* [édifiant] uplifting.

❖ **fortifiant** nm tonic.

fortification [fɔʀtifikasjɔ̃] nf **1.** [mur] fortification, wall **2.** [action] : *la fortification d'une ville* the fortification of a town.

fortifier [9] [fɔʀtifje] vt **1.** [affermir - muscle, santé] to fortify, to strengthen ; [- amitié, volonté, opinion] to strengthen ▸ **fortifier qqn dans** : *il m'a fortifié dans ma décision* he strengthened me in my decision / *ainsi fortifié dans ses préjugés, il reprit la lecture du journal* with his prejudices thus confirmed, he went back to reading the paper **2.** [protéger] to fortify / *une ville fortifiée* a walled ou fortified town.

❖ **se fortifier** ◆ vp *(emploi passif)* : *la ville s'est fortifiée au XIIe siècle* the town was fortified ou walls were built around the town in the 12th century. ◆ vpi [muscle] to firm up, to grow stronger ; [amitié, amour] to grow stronger / *l'exercice aide le corps à se fortifier* exercise helps the body grow stronger.

Fortifs [fɔʀtif] npr mpl ▸ **les Fortifs** *the old defence works around Paris, once a favourite area for criminals.*

fortin [fɔʀtɛ̃] nm small fort.

fortiori [fɔʀsjɔʀi] ⟶ **a fortiori.**

fortissimo [fɔʀtisimo] adv & nm MUS fortissimo.

fortran [fɔʀtʀɑ̃] nm Fortran, FORTRAN.

fortuit, e [fɔʀtɥi, it] adj [événement] fortuitous ▸ **faire une rencontre fortuite** to meet somebody by chance.

fortuitement [fɔʀtɥitmɑ̃] adv fortuitously, by chance.

fortune [fɔʀtyn] nf **1.** [biens] wealth, fortune ▸ **une fortune personnelle** private wealth, a private fortune / *toute sa fortune est en biens immobiliers* her entire fortune is in property ou real estate / *ça lui a rapporté une (petite) fortune fam* it brought him a nice little sum / *c'était une fortune à l'époque* it was a lot of money at the time / *voici 10 euros, c'est toute ma fortune! hum* here's 10 euros, it's all my worldly wealth! ▸ **avoir de la fortune** to be wealthy ▸ **faire fortune** to make one's fortune **2.** *litt* [hasard] good fortune, luck ▸ **il a eu la bonne** ou **l'heureuse fortune de la connaître** he was fortunate enough to know her / *il a eu la mauvaise fortune de tomber malade* he was unlucky enough ou he had the misfortune to fall ill ▸ **bonnes fortunes** : *un homme en bonnes fortunes* a Don Juan ▸ **être en bonne fortune** *litt* to be successful *(with women)* ▸ **faire contre mauvaise fortune bon cœur** to make the best of a bad job ▸ **la fortune sourit aux audacieux** fortune favours the bold *prov* ▸ **la fortune vient en dormant** good luck comes when you least expect it ▸ **à la fortune du pot** : *inviter qqn à la fortune du pot* to invite sb to take pot luck / *viens, ce sera à la fortune du pot!* come and take pot luck! **3.** *litt* [sort] fortune / *leurs livres ont connu des fortunes très diverses* their books had varying success **4.** NAUT ▸ **fortune de mer a)** [biens] property at sea **b)** [risques] perils of the sea ▸ **voile de fortune** crossjack.

❖ **de fortune** loc adj [lit] makeshift ; [installation, réparation] temporary.

❖ **sans fortune** loc adj with no hope of an inheritance.

fortuné, e [fɔʀtyne] adj **1.** [riche] rich, wealthy **2.** *litt* [heureux] fortunate, blessed *litt.*

forum [fɔʀɔm] nm ANTIQ & ARCHIT forum ; [débat] forum ▸ **forum de discussion** INFORM newsgroup ▸ **le Forum des Halles** *shopping complex at Les Halles in Paris.*

fosse [fos] nf **1.** [cavité] pit ▸ **fosse à purin** ou **fumier** manure pit ▸ **fosse (d'aisances)** cesspool ▸ **fosse aux lions** lions' den ▸ **descendre dans la fosse aux lions** *fig* to enter the lions' den ▸ **fosse aux ours** bear pit ▸ **fosse de sable** QUÉBEC [golf] bunker, sand trap US ▸ **fosse septique** septic tank **2.** AUTO & SPORT pit **3.** MUS ▸ **fosse d'orchestre** orchestra pit **4.** [tombe] grave ▸ **fosse commune** common grave ▸ **creuser sa fosse avec ses dents** to dig one's own grave by eating badly **5.** ANAT fossa ▸ **fosses nasales** nasal fossae **6.** GÉOL trench ▸ **fosse sous-marine** ocean trench **7.** MIN pit.

fossé [fose] nm **1.** [tranchée] ditch ▸ **finir** ou **se retrouver dans le fossé** to end up in a ditch ▸ **fossé antichar** MIL antitank ditch **2.** *fig* gulf, gap ▸ **fossé culturel** culture gap / *le fossé qui nous sépare* the gulf which divides us ▸ **le fossé des générations** the generation gap **3.** GÉOL trough ▸ **fossé tectonique** ou **d'effondrement** graben.

fossette [fosɛt] nf dimple.

fossile [fosil] ◆ adj *pr* fossil *(modif)* ; *fig* fossil-like, fossilized. ◆ nm *pr & fig* fossil.

fossilifère [fosilifɛʀ] adj fossiliferous.

fossilisation [fosilizasjɔ̃] nf fossilization.

fossiliser [3] [fosilize] vt to fossilize.

❖ **se fossiliser** vpi to become fossilized.

fossoyeur [foswajœʀ] nm gravedigger / *les fossoyeurs de la révolution fig & litt* the destroyers ou gravediggers of the revolution.

fou, folle [fu, fɔl] *(devant nm commençant par voyelle ou 'h' muet* **fol** [fɔl] *)* ◆ adj **1.** [dément] insane, mad / *devenir fou* to go mad ou insane / *je ne suis pas fou tout de même, je l'ai bien vu hier* I'm not crazy ou mad you know, I really did see him yesterday / *un regard un peu fou* a somewhat crazed look ▸ **être fou de bonheur / joie / douleur** to be beside o.s. with happiness / joy / grief ▸ **être fou d'inquiétude** to be mad with worry ▸ **être fou furieux** ou **à lier** to be (stark) raving mad **2.** [déraisonnable] mad / *je ne suis pas assez fou pour y aller tout seul* I'm not mad ou crazy enough to go by myself / *ton projet est complètement fou* your plan is completely crazy ou mad / *avoir de folles pensées* to have wild thoughts ▸ **pas folle, la guêpe!** *fam* he's / she's not stupid ! ▸ **souvent femme varie, (bien) fol qui s'y fie** woman is fickle, man beware ! **3.** [hors de soi] wild, mad ▸ **rendre qqn fou** to drive ou to send sb mad / *il est encore en retard, ça me rend folle!* he's late again, it drives me wild ou mad ! **4.** [passionné] ▸ **être fou de qqn / qqch** to be mad ou wild about sb / sthg / *elle est folle de football* she's mad keen on UK ou crazy about football **5.** [intense] mad, wild / *nous avons passé une folle soirée* we had a wild evening / *entre eux, c'est l'amour fou* they're crazy about each other, they're madly in love **6.** [incontrôlé] wild / *se lancer dans une course folle* to embark on a headlong chase ▸ **camion / train fou** runaway truck / train ▸ **boussole folle** crazy compass needle ▸ **folle avoine** wild oats ▸ **avoir des mèches folles** to have wild ou straggly hair ▸ **fou rire** (uncontrollable) giggle ou giggles ▸ **avoir** ou **être pris d'un fou rire** to have a fit of the giggles **7.** *fam* [très important] tremendous / *il y avait un monde fou* there was a huge crowd ▸ **un prix fou** an extortionate price / *ça dure un temps fou* it goes on for ages / *nous avons mis un temps fou pour venir* it took us ages to get here ▸ **gagner un argent fou** to make piles ou a lot of money **8.** [incroyable] incredible / *c'est une histoire complètement folle!* it's the most incredible story ! / *c'est fou, ce qui lui est arrivé* what happened to him is incredible **9.** DR ▸ **folle enchère** irresponsible bid. ◆ nm, f **1.** [dément] madman (madwoman) ▸ **envoyer qqn chez les fous** *vieilli* to have sb locked up or put away / *vous n'avez pas vu le feu rouge, espèce de fou?* didn't you see the red light, you stupid fool ? / *tais-toi, vieille folle!* shut up, you crazy old woman ! ▸ **comme un fou a)** *pr* dementedly **b)** [intensément] like mad ou crazy **2.** [excité] lunatic, fool / *ce jeune fou va nous entraîner dans une catastrophe* that young fool will ruin us ▸ **faire le fou** to act the fool ou idiot **3.** [passionné] : *c'est un fou de moto* he's mad on ou crazy about bikes.

❖ **fou** nm **1.** JEUX bishop **2.** HIST ▸ **fou (du roi)** (court) jester ▸ **plus on est de fous plus on rit** the more the merrier *loc* **3.** ORNITH ▸ **fou (de Bassan)** gannet.

❖ **folle** nf **1.** *fam & péj* [homosexuel] queen ▸ **grande folle** raving queen **2.** EXPR ▸ **la folle du logis** *litt* vivid imagination.

fouace [fwas] = **fougasse**.

fouailler [3] [fwaje] vt *litt* to whip, to lash / *la pluie leur fouaillait le visage* the rain lashed at their faces.

foucade [fukad] nf *litt* whim, passing fancy.

foudre[1] [fudʀ] nm **1.** [tonneau] tun **2.** MYTH thunderbolt.

❖ **foudre de guerre** nm **1.** [guerrier] great warrior **2.** *fig* ▸ **ce n'est pas un foudre de guerre** *hum* he wouldn't say boo to a goose.

foudre[2] [fudʀ] nf MÉTÉOR lightning / *il est resté comme frappé par la foudre* he looked as if he had been struck by lightning ▸ **prompt** ou **rapide comme la foudre** (as) quick as lightning.

❖ **foudres** nfpl *litt* wrath, ire *litt* / *il a tout fait pour s'attirer les foudres du public* he did everything to bring down the public's wrath upon him ou to incur the public's wrath.

foudroiement [fudʀwamɑ̃] nm **1.** [fait de foudroyer] striking **2.** [fait d'être foudroyé] being struck.

foudroyage [fudʀwajaʒ] nm MIN caving.

foudroyant, e [fudʀwajɑ̃, ɑ̃t] adj **1.** [soudain] violent ▸ **une crise cardiaque foudroyante** a massive coronary ▸ **une mort foudroyante** (an) instant death **2.** [extraordinaire] striking, lightning *(modif)* / *faire des progrès foudroyants* to make lightning progress / *la pièce a connu un succès foudroyant* the play was a massive success / *à une vitesse foudroyante* with lightning speed **3.** [furieux - regard] ▸ **jeter des regards foudroyants à qqn** to look daggers at sb.

foudroyer [13] [fudʀwaje] vt **1.** MÉTÉOR to strike / *deux personnes ont été foudroyées hier pendant l'orage* two people were struck by lightning yesterday during the thunderstorm **2.** [tuer] to strike down *(sép)* / *la sentinelle a été foudroyée par une balle perdue* the sentry was struck by a stray bullet / *foudroyé par une crise cardiaque* struck down by a heart attack ▸ **foudroyer qqn du regard** ou **des yeux** *fig* to look daggers at sb **3.** [anéantir] to strike down *(sép)* / *la mort de ses parents l'a foudroyé* he was crushed by his parents' death.

fouëne [fwɛn] = **foëne**.

fouet [fwɛ] nm **1.** [instrument] whip **2.** CULIN whisk **3.** ORNITH ▸ **fouet de l'aile** wing tip.

fouettard [fwɛtaʀ] adj m ⟶ **père**.

fouetté, e [fwete] adj [crème] whipped.

❖ **fouetté** nm DANSE fouetté.

fouettement [fwɛtmɑ̃] nm [de la pluie, de la grêle] lashing ; [d'une voile] flapping.

fouette-queue [fwɛtkø] (*pl* **fouette-queues**) nm agamid.

fouetter [4] [fwete] ◆ vt **1.** [frapper] to whip, to flog / *fouetter son cheval* to whip one's horse / *l'air glacé lui fouettait le sang fig* the icy air got his circulation going ▸ **fouette, cocher!** don't spare the horses ! ▸ **il n'y a pas de quoi fouetter un chat** there's nothing to get excited about **2.** CULIN [crème] to whip ; [blanc d'œuf] to beat, to whisk **3.** [cingler - suj: pluie] to lash. ◆ vi **1.** *tfam* [empester] to reek, to stink, to pong UK / *ça fouette par ici!* there's a hell of a pong UK ou a stink in here ! **2.** *tfam* [avoir peur] to wet o.s.

foufou, fofolle [fufu, fɔfɔl] adj *fam* daft, nutty, loopy.

fougasse [fugas] nf *flat loaf traditionally cooked in woodash and sometimes flavoured with olives or anchovies.*

fougère [fuʒɛʀ] nf fern ▸ **fougère arborescente** tree fern.

fougue [fug] nf **1.** [ardeur] passion, spirit, ardour UK, ardor US ▸ **un discours rempli** ou **plein de fougue** a fiery speech / *il s'est lancé dans cette aventure avec la fougue de ses vingt ans* he threw himself into this adventure with all the ardour of his twenty years / *se battre avec fougue* to fight with spirit, to put up a spirited fight / *répondre avec fougue* to answer with brio **2.** NAUT topgallant (mast).

fougueusement [fugøzmɑ̃] adv ardently, with brio, with passion.

fougueux, euse [fugø, øz] adj [personne] ardent, fiery, impetuous ; [cheval] spirited ; [réponse, résistance] spirited, lively.

fouillage [fujaʒ] nm AGR burrowing.

fouille [fuj] nf **1.** [d'un lieu] search / *passer à la fouille* to be searched ▸ **fouille corporelle a)** [rapide] frisking **b)** [approfondie] body search **2.** AGR digging (up) **3.** MIN exploration, search / *travail en fouille* earth digging **4.** *tfam* [poche] pocket.

❖ **fouilles** nfpl ARCHÉOL dig, excavations / *participer à des fouilles* to take part in a dig.

fouillé, e [fuje] adj [enquête] thorough, wide-ranging ; [étude] detailed ; [détails] elaborate.

fouille-merde [fujmɛʀd] nmf *tfam* muckraker.

fouiller [3] [fuje] ◆ vt **1.** [explorer - tiroir] to search (through) ▸ **nous avons fouillé toute la maison / région** we searched the entire house / area / *fouille un peu tes poches, tu vas sûrement le retrouver!* have a look in your pockets, you're sure to find it ; [au cours d'une vérification] to search, to go through *(insép)* / *la police a fouillé tous les bagages* the police went through all the luggage ▸ **fouiller des voyageurs a)** [rapidement] to frisk travellers **b)** [de façon approfondie] to search travellers **2.** [creuser - suj: cochon, taupe] to dig / *fouiller la terre* to root in ou to burrow in ou to dig the earth ▸ **fouiller un site** ARCHÉOL to excavate a site **3.** [approfondir] to go deeply ou thoroughly / *il aurait fallu fouiller la question* the question should have been researched more thoroughly. ◆ vi **1.** [creuser] to dig / *c'est là qu'il vous faut fouiller* this is where you must dig **2.** [faire une recherche] ▸ **fouiller dans qqch a)** [légitimement] to go through sthg, to search sthg **b)** [par indiscrétion] to rifle through sthg *péj*, to go through sthg ▸ **fouiller dans sa mémoire** to search one's memory / *fouiller dans son esprit* to rack one's brains ▸ **fouiller dans le passé de qqn** to delve into sb's past.

❖ **se fouiller** vp *(emploi réfléchi)* ▸ **se fouiller les poches** to go through one's pockets ▸ **pouvoir (toujours) se fouiller** *fam* : *tu peux toujours te fouiller!* dream on !, nothing doing ! / *une participation? il peut se fouiller!* let him have a share in the profits ? he can whistle for it ou not likely !

fouilleur, euse [fujœʀ, øz] nm, f **1.** ARCHÉOL excavator **2.** [policier] searcher.

fouillis [fuji] ◆ nm jumble / *quel fouillis dans ta chambre!* what a dump your room is ! ▸ **un fouillis de** a mass ou a jumble of / *le jardin n'est qu'un fouillis de ronces* the garden's nothing but a mass of brambles / *se perdre dans un fouillis de détails* to get bogged down in (a mass of) details. ◆ adj messy, untidy / *ce que tu peux être fouillis!* you're so messy !

❖ **en fouillis** *fam* ◆ loc adj in a mess / *une chambre en fouillis* a messy room / *des dossiers en fouillis* muddled-up files. ◆ loc adv : *laisser un lieu en fouillis* to leave a place in a mess.

fouinard, e [fwinaʀ, aʀd] adj *fam* nosy, prying.

❖ **fouinard** nm *fam* busybody, nosy parker UK.

fouine [fwin] nf **1.** ZOOL stone marten / *avoir un visage de fouine* to be weasel-faced **2.** *fam* [fouineur] busybody, nosy parker UK / *avoir un air de fouine* to look like a right nosy parker.

fouiner [3] [fwine] vi *fam* **1.** [explorer] to go through / *fouiner au marché aux puces* to go hunting for bargains at the flea market **2.** *péj* [être indiscret] to nose about ou around / *il est toujours à fouiner dans les affaires des autres* he keeps poking his nose into other people's business.

fouineur, euse [fwinœʀ, øz] *fam* ◆ adj nosy, prying. ◆ nm, f **1.** [indiscret] busybody, nosy parker UK **2.** [chez les brocanteurs] bargain hunter.

fouir [32] [fwiʀ] vt to burrow, to dig.

fouissage [fwisaʒ] nm burrowing, digging.

fouisseur, euse [fwisœʀ, øz] adj burrowing *(avant nom)*, fossorial *spéc.*

❖ **fouisseur** nm burrower, fossorial animal *spéc.*

foulage [fulaʒ] nm **1.** [du raisin] pressing, treading ; [d'une peau] tanning ; [d'un tissu] fulling **2.** IMPR impression.

foulant, e [fulɑ̃, ɑ̃t] adj **1.** *fam* [fatigant] backbreaking, exhausting / *c'est pas foulant !* it's not exactly backbreaking work ! **2.** ⟶ **pompe.**

foulard [fulaʀ] nm **1.** VÊT scarf **2.** TEXT foulard.

foule [ful] nf **1.** [gens] crowd, mob *péj* ▸ **il y a foule** *fam* there are crowds ou masses of people / *il n'y a pas foule fam* there's hardly anyone around **2.** [masses populaires] ▸ **la foule, les foules** the masses / *un président qui plaît aux foules* a popular president **3.** [grand nombre] ▸ **une foule de** : *une foule de gens* a crowd of people ▸ **une foule d'amis** a host of friends / *j'ai une foule d'histoires à te raconter* I've got lots of stories to tell you / *il m'a donné une foule de détails* he gave me a whole mass of details.

❖ **en foule** loc adv [venir, se présenter] in huge numbers.

foulée [fule] nf stride / *avancer à longues foulées* to stride along.

❖ **dans la foulée** loc adv *fam* : *dans la foulée, j'ai fait aussi le repassage* I did the ironing while I was at it.

❖ **dans la foulée de** loc prép SPORT ▸ **rester dans la foulée de qqn** to stay close on sb's heels.

fouler [3] [fule] vt **1.** [écraser -raisin] to press, to tread ; [-céréale] to tread **2.** [marcher sur] to tread ou to walk on *(insép)* / *fouler le sol natal litt* to tread the native soil ▸ **fouler qqch aux pieds** to trample on sthg **3.** [cuir, peau] to tan **4.** TEXT to full.

❖ **se fouler** ◆ vpi *fam* [se fatiguer] to strain o.s. / *tu ne t'es pas beaucoup foulé* you didn't exactly strain ou overexert yourself, did you ? ◆ vpt ▸ **se fouler qqch** [se faire mal] : *se fouler la cheville* to sprain ou to twist one's ankle.

fouloir [fulwaʀ] nm **1.** [pour le raisin] wine press **2.** TEXT fulling mill **3.** [de tanneur] tanning drum.

foulon [fulɔ̃] nm **1.** TEXT [machine] ▸ **(moulin à) foulon** fulling mill ; [ouvrier] fuller **2.** [de tanneur] tanning drum.

foulque [fulk] nf ORNITH coot.

foultitude [fultityd] nf *fam* ▸ **une foultitude de** loads ou masses of / *avoir une foultitude de choses à faire* to have loads of things to do.

foulure [fulyʀ] nf sprain.

four [fuʀ] nm **1.** CULIN oven / *un plat allant au four* an ovenproof dish ▸ **four à catalyse** self-cleaning oven ▸ **four à chaleur tournante** fan-assisted oven ▸ **four combiné** ou **multifonctions** combi-oven ▸ **four électrique** / **à gaz** electric / gas oven ▸ **four à micro-ondes** microwave oven ▸ **four à pain** baker's oven ▸ **four à pyrolyse** self-cleaning oven ▸ **ouvrir la bouche comme un four** to open one's mouth wide ▸ **faire chaud comme dans un four** : *il fait chaud comme dans un four* it's like an oven (in here) ▸ **avoir qqch au four a)** *pr* to have sthg cooking (in the oven) **b)** *fig* to have sthg on the go UK ou in the pipeline ▸ **on ne peut pas être à la fois au four et au moulin** you can't be in two places at once **2.** TECHNOL furnace, kiln ▸ **four à céramique** pottery kiln ▸ **four à chaux** lime kiln ▸ **four à émaux** enamelling kiln ▸ **four solaire** solar furnace **3.** HIST ▸ **four crématoire** (Hitler's) gas ovens **4.** *fam* [fiasco] flop / *sa pièce a été* ou *a fait un four* his play was a flop.

fourbe [fuʀb] *litt* ◆ adj deceitful, treacherous. ◆ nmf cheat, treacherous ou false-hearted *litt* person.

fourberie [fuʀbəʀi] nf *litt* **1.** [duplicité] treacherousness **2.** [acte] treachery.

fourbi [fuʀbi] nm *fam* **1.** [ensemble hétéroclite] paraphernalia **2.** [truc] thingy.

fourbir [32] [fuʀbiʀ] vt **1.** [nettoyer] to polish (up) **2.** *litt & fig* ▸ **fourbir ses armes** to prepare for war ▸ **fourbir ses arguments** to line up one's arguments.

fourbissage [fuʀbisaʒ] nm polishing (up).

fourbu, e [fuʀby] adj **1.** [personne] exhausted / *je suis fourbu* I'm tired out ou exhausted **2.** [cheval] foundered.

fourche [fuʀʃ] nf **1.** AGR fork ▸ **fourche à foin** pitchfork, hayfork **2.** [embranchement] fork / *quitte le chemin là où il fait une fourche* leave the path where it forks **3.** [d'une bicyclette, d'un arbre] fork **4.** BELG ENS break, gap *(in one's timetable)* **5.** [de cheveux] split end **6.** ANTIQ ▸ **les Fourches Caudines** the Caudine Forks ▸ **passer sous les fourches caudines** *fig* to be humiliated **7.** HIST ▸ **les fourches patibulaires** the gallows.

fourcher [3] [fuʀʃe] vi EXPR **sa langue a fourché** he made a slip (of the tongue) / *excusez-moi, ma langue a fourché* sorry, it was a slip of the tongue.

fourchette [fuʀʃɛt] nf **1.** [pour manger] fork ▸ **fourchette à escargots** snail fork ▸ **fourchette à huîtres** oyster fork ▸ **être une bonne fourchette** to be a hearty eater ▸ **elle a un bon coup de fourchette** she's a hearty eater ▸ **la fourchette du père Adam** *hum* the fingers **2.** [écart] bracket / *une fourchette comprise entre 1 000 et 1 500 euros* prices ranging from 1,000 to 1,500 euros / *dans une fourchette de prix acceptable* within an acceptable price range ou bracket **3.** ANAT ▸ **fourchette sternale** jugular notch ▸ **fourchette vulvaire** fourchette **4.** ZOOL [du cheval] frog ; [de l'oiseau] wishbone, furcula *spéc.*

fourchu, e [fuʀʃy] adj **1.** [cheveux] ▸ **avoir les cheveux fourchus** to have split ends **2.** [tronc, route] forked **3.** [pied] cloven-hoofed ; [sabot] cloven, cleft.

fourgon [fuʀgɔ̃] nm **1.** [voiture] van ▸ **fourgon à bestiaux** cattle truck ▸ **fourgon cellulaire** police van UK, patrol ou police wagon US ▸ **fourgon de déménagement** removal UK ou moving US van ▸ **fourgon funèbre** ou **funéraire** ou **mortuaire** hearse ▸ **fourgon postal** mail van UK, mail truck US **2.** RAIL coach, waggon UK ▸ **fourgon à bagages** luggage van UK, baggage car US ▸ **fourgon postal** mail car **3.** [tige de métal] poker.

fourgonner [3] [fuʀgɔne] vi *fam* to poke ou to rummage about.

fourgonnette [fuʀgɔnɛt] nf (small) van.

fourgue [fuʀg] nm *arg crime* fence.

fourguer [3] [fuʀge] vt **1.** *arg crime* [vendre] to fence **2.** *fam & péj* [donner] ▸ **fourguer qqch à qqn** to palm off sthg on sb / *qui t'a fourgué ces vieilles nippes ?* who palmed off those old clothes on you ?

fouriérisme [fuʀjeʀism] nm Fourierism.

fourme [fuʀm] nf *hard cheese made in Central France* ▸ **fourme d'Ambert** Fourme d'Ambert (blue) cheese.

fourmi [fuʀmi] nf **1.** ENTOM ant ▸ **fourmi légionnaire** army ant ▸ **fourmi rouge** red ant ▸ **fourmi blanche** termite **2.** [personne] busy bee / *ma tante a toujours été une (vraie) fourmi* my aunt has always been a busy little bee **3.** *arg crime* [passeur] (small-time) pusher **4.** EXPR **avoir des fourmis dans les jambes** to have pins and needles in one's legs.

❖ **de fourmi** loc adj [travail] meticulous, painstaking.

fourmilier [fuʀmilje] nm ZOOL anteater.

fourmilière [fuʀmiljɛʀ] nf **1.** ENTOM anthill, antheap **2.** [lieu animé] hive of activity / *l'aéroport s'est transformé en une véritable fourmilière* the airport was bustling with activity.

fourmilion, fourmi-lion [fuʀmiljɔ̃] (*pl* **fourmilions** *ou* **fourmis-lions**) nm antlion.

fourmillement [fuʀmijmɑ̃] nm **1.** [picotement] tingle / *j'ai des fourmillements dans les doigts* I've got pins and needles in my fingers **2.** [foisonnement -de promeneurs] swarming ; [-d'idées] swarm.

fourmiller [3] [fuʀmije] vi **1.** [s'agiter] to swarm **2.** [être abondant] to abound / *un documentaire où fourmillent les révélations intéressantes* a documentary full of ou teeming with interesting revelations ▸ **fourmiller de a)** [insectes, personnes] to swarm with **b)** [fautes, idées] to be full of, to be packed with **3.** [picoter] to tingle / *j'ai les doigts qui fourmillent* I have pins and needles in my fingers.

fournaise [fuʀnɛz] nf **1.** *litt* [feu] blaze **2.** [lieu caniculaire] : *la ville est une fournaise en été* the city's like an oven in the summer.

❖ **Fournaise** npr ▸ **(le piton de) la Fournaise** *volcano on Réunion Island.*

fourneau, x [fuʀno] nm **1.** [cuisinière] stove ▸ **être aux** ou **derrière les fourneaux** to be cooking / *toujours à ses fourneaux !* always slaving over a hot stove ! **2.** MÉTALL furnace **3.** [d'une pipe] bowl **4.** [pour explosif] mine chamber.

fournée [fuʀne] nf **1.** [du boulanger] batch / *faire deux fournées de pain dans la matinée* to bake two batches of bread in the morning / *aujourd'hui nous n'avons fait qu'une fournée* today we only baked one batch **2.** *fam* [ensemble de personnes] lot / *le métro dégorge sa dernière fournée* the last lot of passengers leave the metro.

fourni, e [fuʀni] adj **1.** [touffu -cheveux] thick ; [-barbe] heavy, thick ; [-sourcils] bushy ; [-haie] luxuriant **2.** [approvisionné] ▸ **abondamment** ou **bien fourni** well supplied ou stocked.

fournier [fuʀnje] nm ORNITH ovenbird.

fournil [fuʀnil] nm bakehouse, bakery.

fourniment [fuʀnimɑ̃] nm **1.** MIL pack, equipment **2.** *fam* [attirail] gear, paraphernalia.

fournir [32] [fuʀniʀ] vt **1.** [ravitailler] to supply / *c'est eux qui me fournissent en pain* I buy (my) bread from them / *il n'y a plus de quoi fournir les troupes* there's nothing left to feed the army ▸ **fournir qqn en** to supply sb with / *fournir une entreprise en matières premières* to supply a firm with raw materials ; *(en usage absolu)* : *je ne peux plus fournir, moi ! hum* I can't cope anymore ! **2.** [procurer] to provide ▸ **fournir qqch à qqn** to provide sb with sthg / *c'est la France qui leur fournit des armes* it's France who is providing ou supplying them with weapons / *fournir du travail aux chômeurs* to provide the unemployed with work / *vous devez nous fournir un devis / une pièce d'identité* you must provide us with an estimate / some form of identification ▸ **fournir un alibi à qqn** to provide sb with an alibi / *la brochure vous fournira tous les renseignements nécessaires* the brochure will give you all the necessary information / *fournissez-moi l'argent demain* let me have the money tomorrow **3.** [produire] to produce / *ces vignes fournissent un vin de qualité moyenne* this vineyard produces a wine of average quality / *les régions du sud fournissent les agrumes et les olives* the southern regions produce citrus fruits and olives **4.** [accomplir] ▸ **fournir un effort** to make an effort **5.** JEUX ▸ **fournir la couleur demandée** to follow suit / *fournir à trèfle* to follow suit in clubs.

❖ **fournir à** v + prép ▸ **fournir aux besoins de qqn** to provide for sb's needs ▸ **fournir à la dépense** to defray the cost / *fournir aux frais* to defray expenses.

❖ **se fournir** vpi ▸ **se fournir chez qqn** to get one's supplies from sb / *je me fournis toujours chez le même boucher* I always shop at the same butcher's, I get all my meat from the same place.

fournisseur [fuʀnisœʀ] nm **1.** [établissement, marchand] supplier ▸ **fournisseurs de l'armée** army contractors / *quel est votre fournisseur habituel ?* who's your usual supplier ? / *c'est le plus gros fournisseur de papier de tout le pays* he's the biggest supplier of paper in the whole country **2.** INFORM ▸ **fournisseur d'accès Internet** Internet service provider.

fourniture [fuʀnityʀ] nf [action] supplying, providing.

❖ **fournitures** nfpl [objets] materials ▸ **fournitures scolaires** school stationery.

fourrage [fuʀaʒ] nm **1.** AGR fodder **2.** VÊT [acte] lining ; [peau] lining fur.

fourrager[1] [17] [fuʀaʒe] ❖ **fourrager dans** v + prép to rummage through *(insép).*

fourrager[2], ère [fuʀaʒe, ɛʀ] adj fodder *(modif).*

❖ **fourragère** nf **1.** MIL [décoration] fourragère **2.** [champ] field *(in which a fodder crop is grown)* **3.** [charrette] cart *(for fodder).*

fourre [fuʀ] nf SUISSE [d'un oreiller] pillowcase ; [pour un édredon] quilt cover ; [d'un disque] sleeve ; [d'un livre] jacket.

fourré[1] [fuʀe] nm [bois] thicket.

fourré[2], e [fuʀe] adj **1.** [doublé de fourrure] fur-lined / *des chaussons fourrés* lined slippers **2.** CULIN filled / *bonbons fourrés à la fraise* sweets UK ou candy US with strawberry-flavoured centres / *des dates fourrées à la pâte d'amandes* marzipan-filled dates, dates stuffed with marzipan ▸ **chocolats fourrés** chocolate creams.

fourreau, x [fuʀo] nm **1.** [d'une arme] sheath ; [d'un parapluie] cover / *remettre son épée au fourreau* to sheathe one's sword **2.** VÊT sheath dress **3.** ÉLECTR sleeve.

fourrer [3] [fuʀe] vt **1.** [doubler de fourrure] to line with fur **2.** CULIN [fruit, gâteau] to fill **3.** *fam* [mettre] to stick, to shove ▸ **fourrer qqch dans** to stuff sthg in ou into / *ne fourre pas tes affaires dans le sac, range-les* don't just shove your things into the bag, put them in neatly / *fourrer ses mains dans ses poches* to stick one's hands into one's pockets / *fourrer son doigt dans son nez* to stick one's finger up one's nose **4.** *fam* [laisser -papier, vêtement] to put, to leave ▸ **fourrer qqch quelque part** to stick ou to leave sthg somewhere / *où as-tu fourré ce dossier?* where have you put ou left that file? / *mon assistant fourre tout n'importe où* my assistant sticks things any old where **5.** *fam* [placer - personne, animal] to stick, to put / *on l'a fourré en prison* they stuck him in jail / *on m'a fourré aux archives* I've been stuck away ou dumped in the archives section ▸ **être toujours fourré dans** ou **chez** : *il est toujours fourré chez ses parents / à l'église* he's always at his parents' / in the church / *ce chat / gosse, toujours fourré dans mes jambes!* that cat / child is always under my feet!

❖ **se fourrer** *fam* ◆ vpi **1.** [se mettre] ▸ **se fourrer au lit / sous les couvertures / dans son sac de couchage** to snuggle down in bed / under the blankets / into one's sleeping bag ▸ **ne plus savoir où se fourrer** : *il ne savait plus où se fourrer* he wished the earth would open up and swallow him **2.** [s'engager] : *se fourrer dans une sale affaire* to get mixed up in a nasty business / *se fourrer dans un (vrai) guêpier* to land o.s. in real trouble. ◆ vpt : *se fourrer un doigt dans le nez* to stick one's finger up one's nose / *se fourrer une idée dans la tête* to get an idea into one's head.

fourre-tout *(pl* **fourre-tout**), **fourretout*** *(pl* **fourretouts**) [fuʀtu] nm **1.** [pièce] junk room UK, lumber room US ; [placard] junk cupboard **2.** [sac léger] holdall UK, carryall US ; [trousse] pencil case **3.** *fig* jumble, ragbag / *cette loi est un fourre-tout* this law is a real mess.

fourreur [fuʀœʀ] nm furrier.

fourrier [fuʀje] nm **1.** MIL & NAUT quartermaster **2.** *litt* ▸ **être le fourrier de** to be a harbinger of **3.** HIST & MIL [responsable de la nourriture] quartermaster ; [responsable du logement] billeting officer.

fourrière [fuʀjɛʀ] nf [pour chiens, voitures] pound ▸ **mettre une voiture en** ou **à la fourrière** to impound a car.

fourrure [fuʀyʀ] nf **1.** VÊT fur / *un manteau / une veste de fourrure* a fur coat / jacket ▸ **fourrure polaire** fleece **2.** [peau préparée] fur **3.** ZOOL fur, coat / *l'ours blanc a une épaisse fourrure* the polar bear has thick fur ou a thick coat **4.** [commerce] ▸ **la fourrure** the fur trade **5.** TECHNOL packing **6.** HÉRALD fur.

fourvoiement [fuʀvwamɑ̃] nm *litt* going astray.

fourvoyer [13] [fuʀvwaje] vt *litt* to lead astray, to mislead.

❖ **se fourvoyer** vpi to be in error, to make a mistake, to go astray / *tu te fourvoies si tu crois qu'il va y renoncer* you're making a mistake if you think he'll give it up.

❖ **se fourvoyer dans** vp + prép to get o.s. involved in / *je me suis encore fourvoyé dans une drôle d'histoire* I got myself involved in some funny business again.

fous v ⟶ **foutre.**

foutaise [futɛz] nf *tfam* crap, bull US / *tout ça, c'est de la foutaise!* that's just a load of rubbish UK ou crap! / *arrête de raconter des foutaises!* stop talking crap ou US bull.

foutoir [futwaʀ] nm *tfam* dump, tip UK / *sa chambre est un vrai foutoir* her room is a complete tip.

foutre[1] [futʀ] adv *tfam* : *je n'en sais foutre rien* I'm buggered UK ou the hell US if I know / *personne n'en sait foutre rien* fuck knows.

foutre[2] [116] [futʀ] ◆ vt *tfam* **1.** [envoyer, mettre] : *fous-le dans la valise* bung it in the case ▸ **foutre qqch par la fenêtre** to chuck sthg out of the window ▸ **foutre qqn par terre** to throw sb to the ground / *foutre une pile de livres par terre* to knock a pile of books to the ground / *foutre un rêve / un projet par terre* to wreck a dream / a project ▸ **foutre qqn dehors** to kick sb out ▸ **foutre qqn à la porte** to throw ou to chuck sb out / *il s'est fait foutre à la porte* he was chucked ou thrown out ▸ **foutre qqch en l'air** to ruin sthg, to screw sthg up ▸ **foutre sur la gueule à qqn** to bash ou to smash sb's face in **2.** [donner] to give ▸ **foutre une claque à qqn** to hit sb, to give sb a thump ▸ **foutre la trouille à qqn** to give sb the creeps ▸ **foutre le cafard à qqn** to get sb down ▸ **foutre la paix à qqn** to leave sb alone, to get out of sb's hair ▸ **foutre une raclée à qqn** *pr* to thump sb / *il m'a foutu une raclée au tennis* he gave me a hiding at tennis **3.** [faire] to do / *il ne fout rien de la journée* he doesn't do a damn ou bloody UK thing all day / *qu'est-ce que tu fous là?* what the hell are you doing here! / *qu'est-ce que tu fous, on est pressés!* what the (bloody) hell are you doing, we're in a hurry! ▸ **qu'est-ce que ça peut foutre?** what the hell difference does that make? ▸ **qu'est-ce que ça peut te / lui foutre?** what the hell does it matter to you / him? ▸ **rien à foutre** : *il en a rien à foutre* he couldn't give a damn ou a toss UK ou monkey's UK / *rien à foutre, de leur bagnole!* who cares about their damn car? **4.** EXPR **aller se faire foutre** *vulg* : *va te faire foutre* sod UK ou fuck off ▸ **ça la fout mal** it looks pretty bad ▸ **en foutre un coup** : *il va falloir en foutre un coup si on veut avoir fini demain* we'll have to get a bloody UK move on if we want to be finished by tomorrow! ▸ **foutre le camp** : *mon mec a foutu le camp* my man's buggered off (and left me) UK ou run out on me US / *fous le camp de chez moi!* get the hell out of my house! / *y'a ta barrette qui fout le camp* your hair slide's UK ou barrette's US falling out ▸ **tout fout le camp!** this place is going to the dogs! ▸ **je t'en fous** : *rembourser? je t'en fous, il ne remboursera jamais!* you think he's going to pay you back? I bet he never will! ▸ **je t'en foutrai** : *je t'en foutrai, moi, du caviar!* caviar? I'll give you bloody caviar! ◆ nm *vulg* come.

❖ **se foutre** *tfam* ◆ vpi ▸ **se foutre entre les pattes de qqn** to fall into sb's clutches / *il s'est foutu par terre* he fell flat, he came a cropper UK ▸ **se foutre dedans** to blow it / *il s'est encore foutu dedans* he blew it yet again. ◆ vpt : *il s'est foutu de la peinture sur son pantalon* he spilt paint all over his trousers ▸ **s'en foutre plein la lampe** to make a pig of o.s. ▸ **s'en foutre plein les poches** to line one's pockets.

❖ **se foutre de** vp + prép *tfam* **1.** [se moquer de] to laugh at, to make fun of / *tu te fous de moi ou quoi!* are you taking the piss? / *ils se foutent du monde!* they really take people for idiots! / *38 euros pour une heure de spectacle, ils se foutent de nous!* 38 euros for an hour-long show, what kind of morons do they take us for? **2.** [être indifférent à] not to give a damn ou a toss UK about / *je me fous de ce qu'il fera* I don't give a damn ou toss UK about what he'll do / *il se fout de l'argent* he doesn't give a damn about money.

foutrement [futʀəmɑ̃] adv *tfam* extremely, damn / *c'est foutrement bon* it's damn good / *elle sait foutrement bien qu'il ne l'épousera jamais* she knows damn well he'll never marry her.

foutriquet [futʀikɛ] nm *fam, péj & vieilli* nobody.

foutu, e [futy] *tfam* ◆ pp ⟶ **foutre.** ◆ adj **1.** [abîmé] buggered UK, screwed-up US ; [gâché] ruined ▸ **une voiture foutue** a write-off / *encore un collant foutu!* another pair of tights ruined! / *des vacances foutues à cause de la grève* holidays ruined on account of the strike **2.** *(avant nom)* [considérable] bloody UK, damned / *tu as eu une foutue chance* you were damned lucky / *il lui a fallu une foutue volonté pour rester* he needed a hell of a lot of willpower to stay **3.** *(avant nom)* [détestable] bloody UK, god-awful ▸ **quel foutu caractère!** what a nasty individual! / *quel foutu temps!* what bloody awful weather! **4.** EXPR **bien foutu** : *cette machine est bien foutue* what a clever machine / *elle est plutôt bien foutue, sa pièce* his play is pretty good / *une fille très bien foutue* a girl with a great figure ▸ **mal foutu a)** [de corps] he's got an ugly body **b)** [malade] he feels awful ▸ **foutu de** [en mesure de] : *pas foutu de planter un clou dans un mur!* can't even be bothered to hammer a nail into a wall! / *je ne suis pas foutu de le lire en entier* I just can't be bothered to read the whole thing / *il est foutu de réussir* he just might succeed.

fox [fɔks] = **fox-terrier.**

fox-hound [fɔksaund] *(pl* **fox-hounds**) nm foxhound.

fox-terrier [fɔkstɛʀje] *(pl* **fox-terriers**) nm fox terrier.

fox-trot *(pl* **fox-trot**), **foxtrot*** [fɔkstʀɔt] nm fox-trot.

foyer [fwaje] nm **1.** [chez soi] home ▸ **rentrer dans** ou **regagner ses foyers** to return home ▸ **renvoyer qqn dans ses foyers** to send sb home ▸ **foyer conjugal** family home ▸ **femme au foyer** housewife ▸ **être mère au foyer** to be a housewife and mother ▸ **être père au foyer** : *il est père au foyer* he keeps house and looks after the children, he's a house husband **2.** [résidence collective] hall / *foyer pour le troisième âge* retirement home ▸ **foyer d'étudiants** (students') hall of residence ▸ **foyer d'immigrés** immigrant workers' hostel **3.** [lieu de réunion -gén] hall ; [-pour le public d'un théâtre] foyer ▸ **foyer des artistes** greenroom ▸ **foyer socio-éducatif** ≃ community centre UK ou center & US **4.** [âtre] hearth **5.** [dans une machine] firebox **6.** [centre] centre UK, center US / *le foyer d'agitation* the centre of the disturbance ▸ **un foyer d'incendie** a fire / *le foyer de la rébellion* the centre of the rebellion **7.** MÉD ▸ **foyer infectieux** ou **d'infection** source of infection ▸ **foyer tuberculeux** tubercle **8.** OPT & PHYS focus, focal point / *des lunettes à double foyer* bifocals ▸ **lentilles à foyer variable** variable focus lenses **9.** GÉOM focus **10.** ADMIN ▸ **foyer fiscal** household.

FP (abr de **franchise postale**) PP.

FPA nf abr de **formation professionnelle pour adultes.**

FPLP (abr de **Front populaire de libération de la Palestine**) npr m PFLP.

frac [fʀak] nm tailcoat ▸ **en frac** wearing tails.

fracas [fʀaka] nm [bruit] crash, roar / *le fracas des vagues contre la falaise* the crashing of the waves against the cliff / *le fracas de la circulation sur l'avenue* the roar of the traffic on the avenue.

❖ **à grand fracas** loc adv **1.** [bruyamment] with a great deal of crashing and banging **2.** [spectaculairement] with a lot of fuss.

fracassant, e [fʀakasɑ̃, ɑ̃t] adj **1.** [assourdissant] deafening, thunderous / *la porte s'ouvrit avec un bruit fracassant* the door opened with a deafening bang **2.** [qui fait de l'effet] sensational, staggering / *faire une déclaration fracassante* to make a sensational statement.

Fracasse [fʀakas] npr ▸ **le Capitaine Fracasse** *swashbuckling hero created by Théophile Gautier.*

fracassement [fʀakasmɑ̃] nm [d'une voiture] smashing.

fracasser [3] [fʀakase] vt to smash ▸ **fracasser qqch en mille morceaux** to smash sthg into pieces / *fracas-*

* In reformed spelling (see p. 16-19).

ser une porte [volontairement] to smash a door in, to break a door down.
❖ **se fracasser** ◆ vpi to smash / *se fracasser contre* ou *sur* to smash into. ◆ vpt : *il s'est fracassé le crâne en tombant* he cracked his head when he fell.

fractal, e, aux [fraktal, o] adj fractal.
❖ **fractale** nf fractal.

fraction [fraksjɔ̃] nf **1.** MATH fraction **2.** [partie] fraction, part / *une large fraction de la population* a large proportion of the population ▸ **une fraction de seconde** a fraction of a second **3.** RELIG breaking of the bread **4.** SUISSE *parliamentary committee.*

fractionnaire [fraksjɔnɛr] adj MATH fractional.

fractionné, e [fraksjɔne] adj CHIM [mélange] fractionated.

fractionnel, elle [fraksjɔnɛl] adj divisive.

fractionnement [fraksjɔnmɑ̃] nm **1.** CHIM fractionation **2.** [morcellement] splitting ou dividing up.

fractionner [3] [fraksjɔne] vt **1.** [diviser] to divide, to split up *(sép)* / *vous pouvez fractionner le remboursement* you may pay in instalments / *la propriété a été fractionnée entre les héritiers* the estate was divided up between the heirs **2.** CHIM to fractionate.
❖ **se fractionner** vpi to split (up).

fractionnisme [fraksjɔnism] nm factionalism.

fractionniste [fraksjɔnist] ◆ adj POL splitting, wrecking. ◆ nmf POL splitter, wrecker.

fracturation [fraktyʀasjɔ̃] nf GÉOL fracturing.

fracture [fraktyʀ] nf **1.** MÉD fracture ▸ **fracture du crâne** fractured skull / *il a eu une fracture du crâne* his skull was fractured ▸ **fracture fermée** closed ou simple fracture ▸ **fracture multiple** compound fracture ▸ **fracture ouverte** open fracture **2.** *vieilli* [effraction] breaking open *(U)* / *y a-t-il eu fracture du coffre ?* was the safe broken open ou broken into? **3.** GÉOL fracture **4.** SOCIOL ▸ **la fracture sociale** social inequalities.

fracturer [3] [fraktyʀe] vt **1.** [briser] to break open *(sép)* / *fracturer un coffre-fort à l'explosif* to blow a safe **2.** PÉTR to fracture.
❖ **se fracturer** vpt : *je me suis fracturé le bras / poignet* I fractured my arm / wrist.

fragile [fraʒil] adj **1.** [peu solide] fragile / **'attention, fragile'** 'fragile', 'handle with care' ▸ **j'ai les cheveux fragiles** my hair is easily damaged / *c'est une pendule très fragile* it's a very delicate clock **2.** [constitution] frail / *un enfant fragile* a frail child / *il est de santé fragile* his health is rather delicate / *il a l'estomac très fragile* he has a delicate stomach **3.** [personnalité] delicate / *une adolescente fragile qui est souvent déprimée* a delicate adolescent who is often depressed **4.** [équilibre] fragile, frail / *un bonheur fragile* a frail happiness.

fragilisation [fraʒilizasjɔ̃] nf **1.** PSYCHOL weakening **2.** MÉTALL embrittling.

fragiliser [3] [fraʒilize] vt **1.** PSYCHOL to weaken / *la mort de son père l'a beaucoup fragilisé* his father's death left him very weak **2.** MÉTALL to embrittle.

fragilité [fraʒilite] nf **1.** [d'une horloge, d'une construction] fragility, weakness / *l'effondrement de l'immeuble est dû à la fragilité des fondations* the building collapsed because of weak foundations **2.** [d'un organe, d'un malade] weakness **3.** [d'un sentiment, d'une conviction, d'une victoire] fragility, frailty.

fragment [fragmɑ̃] nm **1.** [débris] chip, fragment, piece ▸ **des fragments de verre** bits of shattered glass, shards of glass **2.** [morceau - d'une œuvre en partie perdue] fragment ; [- d'un air, d'une conversation] snatch / *il nous a lu quelques fragments de son dernier roman* he read a few extracts of his last novel for us / *seuls ont survécu des fragments de l'inscription* only fragments of the inscription have survived / *des fragments d'une symphonie de Mahler provenaient d'une maison voisine* snatches of a Mahler symphony could be heard coming from a nearby house ▸ **fragment de vérité** shred of truth.

fragmentaire [fragmɑ̃tɛʀ] adj fragmentary, sketchy, incomplete.

fragmentairement [fragmɑ̃tɛʀmɑ̃] adv sketchily.

fragmentation [fragmɑ̃tasjɔ̃] nf [fractionnement] division, splitting up.

fragmenter [3] [fragmɑ̃te] vt to divide, to split (up) / *le film a été fragmenté en deux épisodes pour la télévision* the film was divided ou split into two parts for television.
❖ **se fragmenter** vpi to fragment, to split.

fragrance [fragrɑ̃s] nf *litt* fragrance.

fragrant, e [fragrɑ̃, ɑ̃t] adj *litt* fragrant.

frai [frɛ] nm **1.** [œufs] spawn **2.** [poissons] fry **3.** [période] spawning season.

fraîche, fraiche* [frɛʃ] f ⟶ **frais.**

fraîchement, fraichement* [frɛʃmɑ̃] adv **1.** [nouvellement] freshly, newly ▸ **fraîchement repeint** freshly ou newly painted ▸ **fraîchement coupé** [herbe] new-mown **2.** [froidement] coolly / *il nous a reçus plutôt fraîchement* he greeted us rather coolly **3.** EXPR ▸ **ça va plutôt fraîchement aujourd'hui** *fam* it's a bit chilly today.

fraîcheur, fraicheur* [frɛʃœʀ] nf **1.** [température] coolness / *dans la fraîcheur du petit jour* in the cool of early dawn / *la fraîcheur de la maison est agréable en été* the coolness of the house is pleasant in summer **2.** [bonne qualité] freshness / *pour conserver la fraîcheur de vos légumes* to keep your vegetables fresh **3.** [intensité - des couleurs] freshness, brightness / *les coloris des rideaux ont gardé toute leur fraîcheur* the curtains have retained their fresh ou crisp colours / *la robe n'est plus de la première fraîcheur fam* the dress isn't exactly brand new **4.** [éclat] freshness / *dans toute la fraîcheur de ses vingt ans* with all the freshness of his youth **5.** [indifférence] coolness / *la fraîcheur de son accueil nous a surpris* his cool reception was a surprise to us.

fraîchir, fraichir* [32] [frɛʃiʀ] vi **1.** [se refroidir] to get cooler / *les jours fraîchissent, il faut vous couvrir* the weather is getting cooler, you'd better put on warm clothing **2.** NAUT [vent] to freshen, to get stronger.

fraie v ⟶ **frayer.**

frais[1] [frɛ] nmpl **1.** [dépenses] expenditure, expense, costs / *cela lui a occasionné des frais* it cost him a certain amount (of money) ▸ **les frais du ménage** a family's everyday expenditure ▸ **faire des frais** to pay out a lot of money / *faire des frais de toilette* to spend money on clothes / *à frais communs* sharing the expense ▸ **à grands frais** with much expense, (very) expensively ▸ **à moindre frais** cheaper ▸ **à peu de frais** cheaply ▸ **frais de déplacement** ou **de mission** ou **de voyage** travelling expenses ▸ **frais d'entretien** maintenance costs ▸ **frais d'exploitation** operating costs ▸ **frais de garde** childminding costs ▸ **frais de gestion** running costs ▸ **frais d'habillement** clothing expenses ▸ **frais de mission** expenses *(for a business trip)* ▸ **frais de recouvrement** collection fees ▸ **frais de représentation** entertainment allowance ▸ **frais de production** production costs ▸ **frais professionnels** professional expenses ▸ **tous frais payés** all expenses paid ▸ **en être pour ses frais** to waste one's time ▸ **faire les frais de qqch** to pay the price for sthg ▸ **faire les frais de la conversation** to be the centre of the conversation ▸ **rentrer dans ses frais** to break even, to recoup one's expenses ▸ **il en a été pour ses frais a)** *pr* he didn't even break even **b)** *fig* he was let down ▸ **se mettre en frais** to spend money / *tu ne t'es pas mis en frais* you didn't exactly splash out UK ou put yourself out of pocket US ▸ **aux frais de la princesse** *fam* : *hôtel cinq étoiles, restaurants de luxe, tout ça aux frais de la princesse* five-star hotel, smart restaurants, all on expenses **2.** COMPTA outgoings ▸ **frais bancaires** bank charges ▸ **frais divers** miscellaneous costs ▸ **frais d'envoi** ou **d'expédition** postage ▸ **frais financiers** interest charges ▸ **frais généraux** overheads UK, overhead US ▸ **frais réels** allowable expenses ▸ **frais variables** variable costs ▸ **faux frais** incidental costs **3.** DR ▸ **frais (de justice)** (legal) costs / *être condamné aux frais* to be ordered to pay costs **4.** ADMIN fees ▸ **frais de dossier** administrative charges ▸ **frais d'inscription** registration fee, membership fee ▸ **frais de scolarité** school fees.

frais[2], **fraîche** ou **fraiche*** [frɛ, frɛʃ] ◆ adj **1.** [un peu froid] cool, fresh / *l'air est frais ce soir* it's chilly tonight **2.** [rafraîchissant] cooled, chilled ▸ **des boissons fraîches** cold drinks **3.** [récent - œuf, huître] fresh ; [- encre, peinture] wet / *œufs frais de ce matin* eggs newly laid this morning / *il y avait des fleurs fraîches sur la table* there were freshly cut flowers on the table / *des huîtres pas fraîches* oysters which are no longer fresh / *j'ai reçu des nouvelles fraîches* I've got some recent news / *la blessure* ou *la plaie est encore fraîche* the wound is still fresh ▸ **de fraîche date** recent, new **4.** [agréable] fresh, sweet / *un frais parfum de lavande* a sweet smell of lavender / *avoir la bouche* ou *l'haleine fraîche* to have sweet breath **5.** [reposé] fresh / *envoyer des troupes fraîches sur le front* to send fresh troops to the front / *je ne me sens pas trop frais ce matin fam* I don't feel too good ou well this morning ▸ **être frais comme un gardon** to be on top form ▸ **frais et dispos, frais comme une rose** as fresh as a daisy **6.** [éclatant] fresh / *avoir une peau jeune et fraîche* to have a young and fresh looking skin **7.** [indifférent - accueil, réception] cool **8.** *fam* [en mauvais état] ▸ **être frais** to be in the soup ▸ **me voilà frais** I'm in a mess! **9.** ÉCON ▸ **argent frais** ready cash **10.** NAUT fresh. ◆ adv *(s'accorde au féminin)* newly, freshly / *des fleurs fraîches coupées* freshly cut flowers.
❖ **frais** ◆ adv **1.** [nouvellement] newly ▸ **frais émoulu** : *frais émoulu de la faculté de droit* freshly graduated from law school **2.** [froid] : *il fait frais dans la maison* it's chilly in the house ▸ **boire frais** drink chilled ▸ **servir frais** serve cold ou chilled. ◆ nm [air frais] ▸ **le frais** the fresh air / *si on allait prendre un peu le frais à la campagne ?* how about going to the countryside for a breath of (fresh) air?
❖ **fraîche, fraiche*** nf **1.** [heure] cool (of evening) / *attendre la fraîche pour sortir* to wait for it to cool down before going out ▸ **à la fraîche** in the cool evening air **2.** *arg crime* cash.
❖ **au frais** loc adv **1.** [dans un lieu froid] in a cool place **2.** *arg crime* [en prison] in the cooler ▸ **mettre qqn au frais** to slam sb in the cooler.
❖ **de frais** loc adv : *habillé de frais* having put on fresh clothes ▸ **rasé de frais** having recently had a shave.

fraisage [frɛzaʒ] nm **1.** [usinage] milling **2.** [élargissement - d'un trou] reaming ; [- pour vis] countersinking.

fraise [frɛz] ◆ nf **1.** BOT strawberry ▸ **fraise des bois** wild strawberry ▸ **aller aux fraises** to go (off) for a roll in the hay **2.** *fam* [visage] mug **3.** [pour couper] mill, cutter **4.** [pour faire - un trou] reamer ; [- un trou de vis] countersink (bit) **5.** DENT drill **6.** ORNITH wattle **7.** CULIN [de veau] caul **8.** VÊT ruff. ◆ adj inv strawberry (pink), strawberry-coloured.
❖ **à la fraise** loc adj strawberry *(modif)*, strawberry-flavoured.

fraiser [4] [frɛze] vt [usiner] to mill ; [évaser - trou] to ream ; [- trou de vis] to countersink, to knead.

fraiseraie [frɛzʀɛ], **fraisière** [frɛzjɛʀ] nf strawberry field.

fraiseur, euse [frɛzœʀ, øz] nm, f milling machine operator.
❖ **fraiseuse** nf milling machine.

fraiseur-outilleur [frɛzœʀutijœʀ] *(pl* **fraiseurs-outilleurs***)* nm milling machine operator.

fraisier [frɛzje] nm **1.** BOT strawberry plant **2.** CULIN strawberry cream cake.

fraisière [frɛzjɛʀ] nf = **fraiseraie.**

fraisure [frɛzyʀ] nf countersink (hole).

framboise [frɑ̃bwaz] nf **1.** BOT raspberry **2.** [alcool] raspberry liqueur.

framboiser [3] [frɑ̃bwaze] vt to flavour with raspberry liqueur.

framboisier [frɑ̃bwazje] nm **1.** BOT raspberry cane **2.** [gâteau] raspberry cream cake.

franc[1] [frɑ̃] nm [monnaies] franc ▸ **ancien / nouveau franc** old / new franc ▸ **franc courant** : *exprimé en francs courants* in real terms ▸ **franc belge** Belgian franc

* In reformed spelling (see p. 16-19).

▸ **franc français** *former French currency* ▸ **franc suisse** Swiss franc ▸ **franc symbolique** nominal sum.

franc², franche [fʀɑ̃, fʀɑ̃ʃ] adj **1.** [honnête - réponse] frank, straightforward, honest ▸ **un rire franc** an open laugh / *sois franc avec moi* be honest ou frank with me / *pour être franc avec vous* to be honest with you / *il a l'air franc* he looks like an honest person, he has an honest look (about him) ▸ **être franc comme l'or** to be as honest as the day is long ▸ **jouer franc jeu** to play fair / *il n'a pas joué franc jeu* he didn't play fair, he played dirty ▸ **être franc du collier** to be straightforward **2.** [pur] strong ▸ **un rouge franc** a strong red / *un album aux couleurs franches* an album in strong colours **3.** *(avant nom) sout & péj* [parfait, extrême] utter / *un franc scélérat, une franche canaille* a downright scoundrel / *l'ambiance n'était pas à la franche gaieté* the atmosphere wasn't exactly a happy one ▸ **rencontrer une franche hostilité** to encounter outright hostility **4.** BOT : *franc de pied* ungrafted ▸ **arbre franc** cultivar ▸ **terre franche** AGR loam **5.** DR ▸ **jour franc** : *le jugement est exécutable au bout de trois jours francs* the decision of the court to be carried out within three clear days ▸ **franc d'avarie** free from average **6.** COMM & FIN free ▸ **port franc** free port ▸ **ville franche** HIST free city ▸ **zone franche** free zone.

⁂ **franc** ◆ adv ▸ **parlons franc** let's be frank / *je préfère te parler franc* I prefer to be frank with you. ◆ adj m : *franc de port (et d'emballage)* postage paid.

franc³, franque [fʀɑ̃, fʀɑ̃k] adj HIST Frankish.

⁂ **Franc, Franque** nm, f Frank.

français, e [fʀɑ̃sɛ, ɛz] adj French.

⁂ **Français, e** nm, f Frenchman (Frenchwoman) ▸ **les Français a)** [la population] French people, the French **b)** [les hommes] Frenchmen ▸ **les Françaises** French women ▸ **le Français n'aime pas…** the average Frenchman ou French person doesn't like…

⁂ **français** nm LING French ▸ **en bon français** in proper French ▸ **parler français** to speak French.

⁂ **à la française** ◆ loc adj [jardin, parquet] French, French-style. ◆ loc adv (in) the French way.

franc-bord [fʀɑ̃bɔʀ] *(pl* **francs-bords***)* nm NAUT freeboard.

franc-comtois, e [fʀɑ̃kɔ̃twa, az] *(mpl* **francs-comtois**, *fpl* **franc-comtoises***)* adj from Franche-Comté.

⁂ **Franc-Comtois, e** nm, f *inhabitant of or person from Franche-Comté.*

France [fʀɑ̃s] ◆ npr f ▸ **(la) France** France / *vivre en France* to live in France / *la France est sa patrie* France is his homeland ▸ **la France profonde** grassroots France. ◆ npr m [navire] ▸ **le France** the "France" *(former French luxury liner).*

⁂ **vieille France** loc adj inv : *être* ou *faire (très) vieille France* to be rather old-fashioned.

France 2 [fʀɑ̃sdø] npr *French state-owned television channel.*

France 3 [fʀɑ̃stʀwa] npr *French state-owned television channel.*

France-Culture [fʀɑ̃skyltyʀ] npr *radio station broadcasting mainly arts programmes.*

France-Dimanche [fʀɑ̃sdimɑ̃ʃ] npr PRESSE *popular Sunday newspaper.*

France-Info [fʀɑ̃sɛ̃fo] npr *24-hour radio news station.*

France-Inter [fʀɑ̃sɛ̃tɛʀ] npr *radio station broadcasting mainly current affairs programmes, interviews and debates.*

France-Musique [fʀɑ̃smyzik] npr *radio music station.*

Francfort [fʀɑ̃kfɔʀ] npr ▸ **Francfort (sur-le-Main)** Frankfurt (am Main).

franche [fʀɑ̃ʃ] f ⟶ **franc** *(adj).*

Franche-Comté [fʀɑ̃ʃkɔ̃te] npr f ▸ **(la) Franche-Comté** Franche-Comté.

Franche-Comté

This administrative region includes the départements of Doubs, Haute-Saône, Jura and Territoire de Belfort (capital: Besançon).

franchement [fʀɑ̃ʃmɑ̃] adv **1.** [sincèrement] frankly ▸ **parlons franchement** let's be frank / *pour vous parler franchement, je ne sais pas de quoi il s'agit* to be honest with you, I don't know what it's all about / *franchement, je ne sais que faire* I honestly don't know what to do / *écoute, franchement, tu crois vraiment qu'il le fera?* listen, do you honestly think he'll do it? **2.** [sans équivoque] clearly, definitely / *il a pris franchement parti pour son Premier ministre* he came down unequivocally on the side of his Prime Minister **3.** [résolument] boldly / *appuie franchement sur le bouton* press firmly on the button ▸ **ils y sont allés franchement a)** [dans un projet] they got right down to it **b)** [dans une conversation, une négociation] they didn't mince words **4.** [vraiment] really / *elle est devenue franchement jolie* she became really pretty ▸ **il est franchement insupportable** he's downright unbearable.

franchir [32] [fʀɑ̃ʃiʀ] vt **1.** [passer par-dessus - barrière, mur] to get over *(insép)* / *il a franchi le fossé d'un bond* he jumped over the ditch ▸ **franchir un obstacle** *fig* to get over an obstacle ▸ **franchir une difficulté** to overcome a difficulty **2.** [outrepasser - ligne, limite, date] to cross / *au moment de franchir le seuil, je m'arrêtai* I halted just as I was stepping across the threshold / *franchir le mur du son* to break through the sound barrier / *il y a certaines limites à ne pas franchir* there are certain limits which should not be overstepped ▸ **franchir un cap** *fig* to reach a milestone ou turning point ▸ **franchir le cap de la trentaine** / **cinquantaine** to turn thirty / fifty **3.** [dans le temps] to last through / *sa renommée a franchi les siècles* his reputation has lasted ou come down intact through the centuries.

franchisage [fʀɑ̃ʃizaʒ] nm franchising.

franchise [fʀɑ̃ʃiz] nf **1.** COMM & FIN [exploitation] franchise agreement ; [exonération] exemption ▸ **franchise de bagages** baggage allowance ▸ **franchise douanière** exemption from customs duties ▸ **en franchise postale** official paid **2.** [d'une assurance] excess UK, deductible US **3.** [honnêteté] frankness, straightforwardness ▸ **avec franchise** frankly, straightforwardly ▸ **en toute franchise** quite frankly, to be honest with you.

franchisé, e [fʀɑ̃ʃize] nm, f franchisee.

franchiser [fʀɑ̃ʃize] vt to franchise.

franchiseur [fʀɑ̃ʃizœʀ] nm franchisor.

franchising [fʀɑ̃ʃajziŋ] = **franchisage**.

franchissable [fʀɑ̃ʃisabl] adj : *un mur difficilement franchissable* a wall which is difficult to climb.

franchissement [fʀɑ̃ʃismɑ̃] nm [d'une barrière, d'un mur] getting over ; [d'une rivière] crossing ; [d'un obstacle, d'une difficulté] getting over, overcoming.

franchouillard, e [fʀɑ̃ʃujaʀ, aʀd] adj *fam & péj* typically French.

francien [fʀɑ̃sjɛ̃] nm *dialect spoken in Northern France during the Middle Ages, which developed into the French language.*

francilien, enne [fʀɑ̃siljɛ̃, ɛn] adj from the Île-de-France *(region around Paris).*

⁂ **Francilien, enne** nm, f *inhabitant of or person from the Île-de-France.*

francique [fʀɑ̃sik] ◆ adj Frankish. ◆ nm LING Frankish.

francisant, e [fʀɑ̃sizɑ̃, ɑ̃t] ◆ adj : *un auteur francisant* an author who writes in French / *un étudiant francisant* a student of French. ◆ nm, f (non-native) French speaker.

francisation [fʀɑ̃sizasjɔ̃] nf **1.** LING [d'un mot] gallicizing, gallicization **2.** NAUT registering as French.

franciscain, e [fʀɑ̃siskɛ̃, ɛn] adj & nmf Franciscan.

franciser [3] [fʀɑ̃size] vt **1.** LING [mot, terme] to gallicize ▸ **franciser un nom propre** to give a proper name a French spelling **2.** NAUT [navire] to register as French.

francisque [fʀɑ̃sisk] nf francisc, francesque ▸ **francisque gallique** *double-headed battleaxe (symbol of the Vichy government).*

franciste [fʀɑ̃sist] nmf specialist in French language and literature.

francité [fʀɑ̃site] nf Frenchness.

franc-jeu [fʀɑ̃ʒø] *(pl* **francs-jeux***)* nm fair play.

franc-maçon, onne [fʀɑ̃masɔ̃, ɔn] *(mpl* **francs-maçons**, *fpl* **franc-maçonnes***)* nm, f Freemason.

franc-maçonnerie [fʀɑ̃masɔnʀi] *(pl* **franc-maçonneries***)* nf [société secrète] ▸ **la franc-maçonnerie** Freemasonry.

franc-maçonnique [fʀɑ̃masɔnik] adj Masonic.

franco [fʀɑ̃ko] ◆ adj inv & adv **1.** [dans un envoi] ▸ **franco (de port)** postage paid **2.** COMM ▸ **franco à bord** = **FAB** ▸ **franco wagon** FOR. ◆ adv *fam* [franchement] ▸ **y aller franco** to go straight ou right ahead.

franco- [fʀɑ̃ko] préf Franco-.

franco-britannique [fʀɑ̃kobʀitanik] *(pl* **franco-britanniques***)* adj Franco-British.

franco-canadien, enne [fʀɑ̃kokanadjɛ̃, ɛn] *(mpl* **franco-canadiens**, *fpl* **franco-canadiennes***)* adj French Canadian.

⁂ **franco-canadien** nm LING Canadian French.

franco-français, e [fʀɑ̃kofʀɑ̃sɛ, ɛz] *(mpl* **franco-français**, *fpl* **franco-françaises***)* adj *fam & péj* typically French.

François [fʀɑ̃swa] npr Francis ▸ **saint François (d'Assise)** Saint Francis (of Assisi) ▸ **François Iᵉʳ** Francis I.

François-Joseph [fʀɑ̃swaʒɔzɛf] npr Francis Joseph, Franz Josef.

francophile [fʀɑ̃kɔfil] ◆ adj Francophil, Francophile. ◆ nmf Francophile.

francophilie [fʀɑ̃kɔfili] nf love of (all) things French.

francophobe [fʀɑ̃kɔfɔb] ◆ adj Francophobe. ◆ nmf Francophobe.

francophobie [fʀɑ̃kɔfɔbi] nf Francophobia, dislike of (all) things French.

francophone [fʀɑ̃kɔfɔn] ◆ adj Francophone, French-speaking. ◆ nmf Francophone, French speaker.

francophonie [fʀɑ̃kɔfɔni] nf ▸ **la francophonie** *French-speaking countries.*

Francophonie

This is a wide-ranging cultural and political concept involving the promotion of the French language in French-speaking communities around the world.

franc-parler [fʀɑ̃paʀle] *(pl* **francs-parlers***)* nm outspokenness ▸ **il a son franc-parler** he doesn't mince (his) words.

franc-tireur [fʀɑ̃tiʀœʀ] *(pl* **francs-tireurs***)* nm **1.** MIL franc-tireur, irregular (soldier) **2.** [indépendant] maverick.

frange [fʀɑ̃ʒ] nf **1.** [de cheveux] fringe, bangs US **2.** [de tissu] fringe **3.** [minorité] fringe ▸ **la frange des indécis** the waverers **4.** [bordure] (fringed) edge **5.** OPT ▸ **franges d'interférence** interference fringes.

⁂ **à franges** loc adj fringed.

frangeant [fʀɑ̃ʒɑ̃] adj m ⟶ **récif**.

franger [17] [fʀɑ̃ʒe] vt [vêtement, tissu] to (edge with a) fringe.

frangin [fʀɑ̃ʒɛ̃] nm *fam* brother, bro.

frangine [fʀɑ̃ʒin] nf *fam* **1.** [sœur] sister, sis **2.** [femme] chick.

frangipane [fʀɑ̃ʒipan] nf **1.** CULIN [crème, gâteau] frangipane **2.** [fruit] frangipani.

frangipanier [fʀɑ̃ʒipanje] nm frangipani (tree).

franglais [fʀɑ̃glɛ] nm Franglais.

franque [fʀɑ̃k] f ⟶ **franc.**

franquette [fʀɑ̃kɛt] nf ▸ **à la bonne franquette** *fam* simply, informally ▸ **recevoir qqn à la bonne franquette** to have sb round for a simple meal (among friends).

franquisme [fʀɑ̃kism] nm Francoism.

franquiste [fʀɑ̃kist] ◆ adj pro-Franco. ◆ nmf Franco supporter.

fransquillon [fʀɑ̃skijɔ̃] nm BELG **1.** *péj* [personne affectée] *Belgian who speaks French with an affected accent* **2.** [Flamand francophone] *French-speaking Flemish person.*

fransquillonner [3] [fʀɑ̃skijɔne] vi BELG *péj to speak French with an affected accent.*

frappant, e [fʀapɑ̃, ɑ̃t] adj [ressemblance, exemple] striking.

frappe [fʀap] nf **1.** [d'une secrétaire, d'un pianiste] touch / *donner son texte à la frappe* to give one's text (in) to be typed **2.** [copie] typed copy, typescript / *lire la première frappe* to read the top copy **3.** [d'une monnaie] minting **4.** SPORT [d'un footballeur] kick ; [d'un boxeur] punch **5.** *tfam* [voyou] hooligan, hoodlum ▸ **une petite frappe** a young hooligan **6.** MIL ▸ **frappe de précision** precision strike.

frappé, e [fʀape] adj **1.** [boisson] iced ▸ **café frappé** iced coffee ▸ **servir bien frappé** serve chilled **2.** TEXT embossed **3.** *fam* [fou] crazy / *il est un peu frappé* he's a bit touched **4.** [bien exprimé] ▸ **parole bien frappée** well-chosen word.

frappement [fʀapmɑ̃] nm knock, knocking.

frapper [3] [fʀape] ◆ vt **1.** [battre -adversaire] to hit, to strike / *je ne frappe jamais un enfant* I never hit ou smack a child / *ne me frappe pas!* don't hit me! ▸ **frapper qqn à la tête** to aim for sb's head ▸ **frappé à mort** fatally hit **2.** [donner] to hit, to strike / *frapper un grand coup* ou *un coup décisif fig* to strike a decisive blow ▸ **frapper les trois coups** *to give three knocks to announce the start of a theatrical performance* **3.** [percuter] to hit / *frapper les touches d'un clavier* to strike the keys on a keyboard ▸ **frapper la terre** ou **le sol du pied** to stamp (one's foot) / *les grêlons frappaient durement la fenêtre* hailstones were lashing the windowpane / *être frappé d'une balle au front* to be hit ou struck by a bullet in the forehead / *être frappé par la foudre* to be struck by lightning **4.** [affecter] to strike ou to bring down, to hit / *le cancer a frappé le père et le fils* cancer struck down both father and son ▸ **le deuil / mal qui nous frappe** the bereavement / pain we are suffering ; *(en usage absolu)* : *le voleur de parapluies a encore frappé! hum* the umbrella thief strikes again! **5.** [s'appliquer à -suj: loi, sanction, taxe] to hit / *un châtiment qui frappe les coupables* a punishment which falls on the guilty **6.** [surprendre] to strike / *un style qui frappe l'œil / l'oreille* a striking visual / musical style / *ce qui me frappe chez lui, c'est sa désinvolture* what strikes me about him is his offhandedness ; [impressionner] to upset, to shock / *j'ai été frappé de sa pâleur* I was shocked by his pallor ▸ **être frappé de stupeur** to be stupefied ou struck dumb **7.** ▸ **frapper qqn / qqch de** [le soumettre à] : *frapper qqn d'anathème* to put an anathema on sb ▸ **frapper qqn d'une interdiction de séjour** to ban sb / *frapper l'alcool d'un impôt spécial* to put a special tax on alcohol **8.** *litt* [entacher] ▸ **frappé de** : *attitude frappée de pédanterie* attitude tinged with pedantry **9.** [vin] to chill / *faut-il ou non frapper le champagne?* should champagne be chilled or not? **10.** ART & TEXT to emboss **11.** MÉTALL to stamp ▸ **frappé au coin de** *fig* which bears the mark ou hallmark of / *une remarque frappée au coin du bon sens* a common-sensical remark. ◆ vi **1.** [pour entrer] to knock ▸ **frapper à la porte / fenêtre** to knock on the door / window / *on a frappé* someone knocked at the door / *frapper à toutes les portes fig* to try every avenue ▸ **frapper à la bonne / mauvaise porte** *fig* to go to the right / wrong place **2.** [pour exprimer un sentiment] ▸ **frapper dans ses mains** to clap one's hands / *frapper du poing sur la table* to bang one's fist on the table ▸ **frapper du pied** to stamp one's foot **3.** [cogner] to strike / *les branches frappent contre la vitre* the branches are tapping against the windowpane ▸ **frapper dur** ou **sec** to strike hard ▸ **frapper fort a)** *pr* to hit hard **b)** *fig* to hit hard, to act decisively ▸ **frapper à la tête** to aim for the top.

❖ **se frapper** ◆ vp *(emploi réfléchi)* to hit o.s. ▸ **se frapper la poitrine** to beat one's chest ▸ **se frapper le front** to slap one's forehead. ◆ vp *(emploi réciproque)* to hit one another ou each other. ◆ vpi *fam* [s'inquiéter] to worry, to get (o.s.) worked up / *ne te frappe pas pour si peu!* don't get all worked up about such little things!

frappeur [fʀapœʀ] adj m ⟶ **esprit.**

fraser [3] [fʀaze] = **fraiser.**

frasil [fʀazil] nm QUÉBEC frazil.

frasques [fʀask] nfpl escapades, pranks ▸ **des frasques de jeunesse** youthful indiscretions.

fraternel, elle [fʀatɛʀnɛl] adj brotherly, fraternal ▸ **amour fraternel** brotherly love / *ils sont unis par des liens quasi fraternels* they're almost as close as brothers.

fraternellement [fʀatɛʀnɛlmɑ̃] adv brotherly, fraternally ▸ **agir fraternellement envers qqn** to act in a brotherly way towards sb.

fraternisation [fʀatɛʀnizasjɔ̃] nf fraternizing / *la fraternisation entre les peuples* fraternization between peoples.

fraterniser [3] [fʀatɛʀnize] vi to fraternize.

fraternité [fʀatɛʀnite] nf [lien] brotherhood, fraternity ▸ **fraternité d'armes** brotherhood of arms.

fratricide [fʀatʀisid] ◆ adj [guerre, haine] fratricidal. ◆ nmf [meurtrier] fratricide. ◆ nm [meurtre] fratricide.

fratrie [fʀatʀi] nf siblings, brothers and sisters.

fraude [fʀod] nf **1.** [tromperie] fraud ▸ **la fraude aux examens** cheating at exams **2.** DR ▸ **fraude électorale** electoral fraud, vote ou ballot rigging ▸ **fraude fiscale** tax evasion ▸ **fraude sur les produits** fraudulent trading.

❖ **en fraude** loc adv [vendre] fraudulently ▸ **entrer / sortir en fraude** to smuggle o.s. in / out ▸ **passer qqch en fraude** to smuggle sthg in.

frauder [3] [fʀode] ◆ vt [état] to defraud ▸ **frauder le fisc** to evade taxation. ◆ vi to cheat / *frauder à* ou *dans un examen* to cheat at an exam / *frauder sur le poids* to cheat on the weight, to give short measure.

fraudeur, euse [fʀodœʀ, øz] ◆ adj [attitude, tempérament] cheating. ◆ nm, f [envers le fisc] tax evader ; [à la douane] smuggler ; [à un examen] cheat ▸ **les fraudeurs seront poursuivis** those guilty of fraud will be prosecuted.

frauduleusement [fʀodyløzmɑ̃] adv fraudulently ▸ **faire entrer / sortir qqch frauduleusement** to smuggle sthg in / out.

frauduleux, euse [fʀodylø, øz] adj fraudulent.

fraxinelle [fʀaksinɛl] nf fraxinella.

frayer [11] [fʀɛje] ◆ vt [route, voie] to clear / *frayer un chemin en abattant les arbres* to clear a path by felling the trees ▸ **frayer la voie à qqch / qqn** *fig* to pave the way for sthg / sb. ◆ vi ZOOL to spawn.

❖ **frayer avec** v + prép to associate with *(sép).*

❖ **se frayer** vpt ▸ **se frayer un chemin** ou **un passage dans la foule** to force ou to push one's way through the crowd / *se frayer un chemin* ou *une route vers la gloire fig* to work one's way towards fame.

frayeur [fʀɛjœʀ] nf fright ▸ **avoir des frayeurs nocturnes** to suffer from night terrors ▸ **faire une frayeur à qqn** to give sb a fright.

freak [fʀik] nm *fam* dropout.

fredaines [fʀədɛn] nfpl escapades, pranks / *faire des fredaines* to get into ou up to mischief.

Frédéric [fʀedeʀik] npr ▸ **Frédéric le Grand** Frederick the Great.

Frédéric-Guillaume [fʀedeʀikgijom] npr Frederick William.

fredonnement [fʀədɔnmɑ̃] nm humming.

fredonner [3] [fʀədɔne] ◆ vt [air, chanson] to hum. ◆ vi to hum.

free cash flow [fʀikaʃflo] nm free cash flow.

free jazz [fʀidʒaz] nm free jazz.

free-lance [fʀilɑ̃s] *(pl* **free-lances**) ◆ adj inv freelance. ◆ nmf freelance, freelancer. ◆ nm freelancing, freelance work ▸ **travailler** ou **être en free-lance** to work on a freelance basis ou as a freelancer.

freesia, frésia* [fʀezja] nm freesia.

Freetown [fʀitawn] npr Freetown.

freezer, freezeur* [fʀizœʀ] nm freezer compartment.

frégate [fʀegat] nf **1.** ORNITH frigate bird **2.** NAUT frigate.

frein [fʀɛ̃] nm **1.** AUTO brake ▸ **actionner les freins** to brake ▸ **mettre le frein** *fam* to pull on the handbrake ▸ **frein à disque** disc brake ▸ **frein hydraulique** hydraulic brake ▸ **frein à main** handbrake ▸ **frein moteur** engine brake ▸ **frein à tambour** drum brake ▸ **coup de frein** : *donner un brusque coup de frein* to brake sharply ou suddenly / *c'est un coup de frein à l'économie fig* this will act as a brake on the economy ▸ **mettre un frein à** to block **2.** ANAT fraenum, frenum.

❖ **sans frein** loc adj unbridled.

freinage [fʀɛnaʒ] nm braking.

freiner [4] [fʀene] ◆ vt **1.** [ralentir -véhicule] to slow down *(sép)* ; [-évolution] to check **2.** [amoindrir -impatience] to curb ; [-enthousiasme] to dampen. ◆ vi [conducteur, auto] to brake ▸ **ta voiture freine bien / mal** your car brakes are good / bad.

frelatage [fʀəlataʒ] nm adulteration.

frelaté, e [fʀəlate] adj **1.** [nourriture, vin] adulterated **2.** *fig & litt* artificial / *un mode de vie frelaté* an artificial way of life.

frelater [3] [fʀəlate] vt [lait, vin] to adulterate.

frêle [fʀɛl] adj **1.** [fragile -corps, santé] frail, fragile ; [-voix] thin, reedy / *tout repose sur ses frêles épaules* everything rests on her frail shoulders **2.** [ténu -espoir] frail, flimsy.

frelon [fʀəlɔ̃] nm hornet.

freluquet [fʀəlykɛ] nm **1.** *fam* [homme chétif] pipsqueak, (little) runt **2.** *litt* [prétentieux] (young) whippersnapper.

frémir [32] [fʀemiʀ] vi **1.** [trembler] to shiver, to shudder / *je frémis encore en y pensant* thinking about it still sends shivers down my spine ▸ **frémir de colère** to quiver with anger ▸ **frémir d'impatience** to tremble with impatience / *frémir de plaisir* to quiver with pleasure **2.** *litt* [vibrer -tige, herbe] to quiver, to tremble ; [-surface d'un lac] to ripple **3.** [avant l'ébullition] to simmer.

frémissant, e [fʀemisɑ̃, ɑ̃t] adj **1.** [avant l'ébullition] simmering **2.** *litt* [feuilles] quivering, rustling ; [surface d'un lac] quivering **3.** [en émoi] quivering, trembling / *une sensibilité frémissante* a trembling sensitivity.

frémissement [fʀemismɑ̃] nm **1.** [d'indignation, de colère] quiver, shiver, shudder / *un frémissement d'impatience la parcourut* a thrill of impatience ran through her **2.** *litt* [des feuilles] rustling ; [de la surface d'un lac] rippling **3.** [avant l'ébullition] simmer, simmering.

french cancan [fʀɛnʃkɑ̃kɑ̃] *(pl* **french cancans**) nm (French) cancan.

frêne [fʀɛn] nm **1.** [arbre] ash (tree) **2.** [bois] ash.

frénésie [fʀenezi] nf frenzy ▸ **une frénésie de** : *être pris d'une frénésie de voyages* to have a strong urge to travel, to have the travel bug ▸ **avec frénésie** frantically, frenetically, wildly.

frénétique [fʀenetik] adj [agitation, hurlement] frantic ; [joie, passion] frenzied / *des applaudissements frénétiques* frenzied applause.

frénétiquement [fʀenetikmɑ̃] adv frantically, frenetically, wildly.

Fréon® [fʀeɔ̃] nm Freon®.

fréquemment [fʀekamɑ̃] adv frequently, often.

fréquence [fʀekɑ̃s] nf **1.** [périodicité] frequency / *quelle est la fréquence des trains sur cette ligne?* how many trains a day run on this line? **2.** MÉD ▸ **fréquence du pouls** fast pulse rate **3.** ACOUST frequency

* In reformed spelling (see p. 16-19).

▸ **basse / moyenne / haute fréquence** low / middle / high frequency ; TÉLÉC wavelength, (wave) band, frequency **4.** [en statistique] frequency ▸ **fréquence cumulée** cumulative frequency.

fréquencemètre [fʀekɑ̃smɛtʀ] nm frequency meter.

fréquent, e [fʀekɑ̃, ɑ̃t] adj **1.** [répété] frequent ▸ **peu fréquent** infrequent **2.** MÉD ▸ **pouls fréquent** fast pulse.

fréquentable [fʀekɑ̃tabl] adj : *sa famille n'est guère fréquentable* her family isn't exactly the kind you'd care to associate with / *c'est un endroit bien peu fréquentable* it's not the sort of place you'd like to be seen in.

fréquentatif, ive [fʀekɑ̃tatif, iv] adj LING frequentative.

fréquentation [fʀekɑ̃tasjɔ̃] nf **1.** [d'un lieu] frequenting **2.** COMM attendance **3.** [relation] acquaintance / *quelles sont ses fréquentations ?* who does he associate with ? ▸ **avoir de mauvaises fréquentations** to keep bad company / *ce garçon n'est pas une fréquentation pour toi* you shouldn't associate with this boy **4.** *litt* [lecture] ▸ **la fréquentation des bons auteurs / de la littérature italienne** reading good books / Italian literature.

fréquenté, e [fʀekɑ̃te] adj ▸ **un endroit bien / mal fréquenté** a place with a good / bad reputation / *c'est un café très fréquenté par les jeunes* it's a café that's very popular with young people ▸ **un endroit peu fréquenté** a place hardly anyone ever goes to.

fréquenter [3] [fʀekɑ̃te] vt **1.** [lieu] to frequent **2.** [personne] to see frequently, to associate with / *elle n'a jamais fréquenté sa belle-famille* she never sees her in-laws ; [courtiser] : *elle fréquente mon frère depuis un an* she's been going out with my brother for a year ; *(en usage absolu)* : *il paraît qu'elle fréquente fam & vieilli* there are rumours she's courting **3.** *litt* [lire] : *fréquenter les bons écrivains / la littérature italienne* to read good books / Italian literature.

❖ **se fréquenter** vp *(emploi réciproque)* : *ils se fréquentent depuis deux ans* they've been going out for two years / *ils se fréquentent assez peu* they don't see much of each other.

frère [fʀɛʀ] nm **1.** [dans une famille] brother / *tu es un (vrai) frère pour moi* you're like a brother to me ▸ **frère aîné / cadet** older / younger brother ▸ **frère jumeau** twin brother ▸ **frère de sang** blood brother ▸ **mon grand / petit frère a)** [de deux] my older / younger brother **b)** [de plusieurs] my oldest / youngest brother / *tu vas avoir un petit frère* you are going to have a little ou baby brother ▸ **comme des frères** : *se ressembler comme des frères* to be like two peas (in a pod) ▸ **s'aimer comme des frères** to love each other like brothers ▸ **en frères** as brothers ▸ **partager en frères** to share fairly ▸ **ce sont des frères ennemis** a friendly rivalry exists between them / **'les Frères Karamazov'** *Dostoïevski* 'The Brothers Karamazov' **2.** [compagnon] brother ▸ **salut, vieux frère!** *fam* hello, old pal ! / *j'ai un bougeoir qui a perdu son frère fam & hum* I've got one candle holder but I've lost its companion ▸ **frères d'armes** brothers in arms **3.** RELIG brother, friar / *aller à l'école chez les frères* to go to a Catholic boys' school ▸ **frères mineurs** Franciscans, Franciscan monks ▸ **frères prêcheurs** Dominican monks ou friars **4.** [au sein d'une communauté] brother **5.** *(comme adj)* [groupe, parti, pays] sister *(modif)*.

frérot [fʀeʀo] nm *fam* kid brother, little brother / *alors, frérot, ça va ?* so how's it going, little brother ou bro ?

Fresnes [fʀɛn] npr *town in the Paris suburbs with a well-known prison.*

fresque [fʀɛsk] nf **1.** ART fresco ▸ **peindre à fresque** to paint in fresco **2.** [description] panorama, detailed picture.

fresquiste [fʀɛskist] nmf fresco painter.

fressure [fʀesyʀ] nf pluck.

fret [fʀɛ] nm **1.** [chargement -d'un avion, d'un navire] cargo, freight ; [-d'un camion] load / *donner à fret* to freight / *prendre à fret* to charter ▸ **fret aérien** air freight **2.** [prix -par air, mer] freight, freightage ; [-par route] carriage.

fréter [18] [fʀete] vt [avion] to charter ; [navire] to freight ; [camionnette] to hire.

✐ In reformed spelling (see p. 16-19), this verb is conjugated like *semer* : *il frètera, elle frèterait.*

fréteur [fʀetœʀ] nm freighter.

frétillant, e [fʀetijɑ̃, ɑ̃t] adj [ver, poisson] wriggling ; [queue] wagging / *tout frétillant d'impatience fig* quivering with impatience.

frétillement [fʀetijmɑ̃] nm [de la queue] wagging ; [de vers, de poissons] wriggling.

frétiller [3] [fʀetije] vi [ver, poisson] to wriggle ; [queue] to wag ▸ **il frétille d'impatience** *fig* he's quivering with impatience.

fretin [fʀətɛ̃] nm fry.

fretter [4] [fʀete] vt to hoop ▸ **béton fretté** hooped concrete.

freudien, enne [fʀødjɛ̃, ɛn] adj & nm, f Freudian.

freudisme [fʀødism] nm Freudianism.

freudo-marxisme [fʀødomaʀksism] (*pl* **freudo-marxismes**) nm Freudian Marxism.

freux [fʀø] nm rook.

friabilité [fʀijabilite] nf [d'une roche] friableness, friability ; [d'un biscuit] crumbliness.

friable [fʀijabl] adj [roche] crumbly, friable ; [biscuit] crumbly.

friand, e [fʀijɑ̃, ɑ̃d] adj ▸ **friand de** [sucreries] fond of / *il est très friand de chocolat* he's very fond of chocolate ▸ **être friand de compliments** to enjoy receiving compliments.

❖ **friand** nm **1.** [salé] ≃ meat pie (in puff pastry) **2.** [sucré] ≃ almond biscuit UK ou cookie & US.

friandise [fʀijɑ̃diz] nf sweetmeat, (sweet) delicacy, titbit ▸ **aimer les friandises** to have a sweet tooth.

fribourg [fʀibuʀ] nm Fribourg cheese.

Fribourg [fʀibuʀ] npr Fribourg.

Fribourg-en-Brisgau [fʀibuʀɑ̃bʀizgo] npr Freiburg.

fric [fʀik] nm *fam* cash, money / *gagner plein de fric* to make loads of money / *il est bourré de fric* he's loaded.

fricadelle [fʀikadɛl] nf BELG meatball.

fricandeau, x [fʀikɑ̃do] nm fricandeau.

fricandelle [fʀikɑ̃dɛl] BELG = **fricadelle**.

fricasse [fʀikas] nf SUISSE [grand froid] freeze.

fricassée [fʀikase] nf **1.** [ragoût] fricassee ▸ **fricassée de museaux** *fam & hum* exchange of kisses / *au moment de partir, c'est la fricassée de museaux !* just before leaving, everybody goes all kissy-kissy ! **2.** BELG ≃ eggs and bacon.

fricasser [3] [fʀikase] vt to fricassee / *faire fricasser des champignons* to fricassee mushrooms.

fricatif, ive [fʀikatif, iv] adj fricative.

fricative [fʀikativ] nf LING fricative.

fric-frac (*pl* **fric-frac**), **fricfrac*** [fʀikfʀak] nm *tfam* burglary, break-in.

friche [fʀiʃ] nf **1.** AGR piece of fallow land, fallow **2.** INDUST ▸ **friche industrielle** industrial wasteland.

❖ **en friche** loc adj **1.** AGR ▸ **terre en friche** plot of fallow land **2.** [inactif] unused / *avoir l'esprit en friche* to have intellectual capacities which go unused / *avoir des dons en friche* to have hidden talents.

frichti [fʀiʃti] nm *fam* grub UK chow US.

fricot [fʀiko] nm *fam* **1.** [ragoût] ≃ stew **2.** [cuisine] : *faire le fricot* to cook.

fricotage [fʀikɔtaʒ] nm *fam & péj* scheming.

fricoter [3] [fʀikɔte] vt *fam* **1.** [cuisiner] to stew **2.** [manigancer] to cook up / *je me demande ce qu'il fricote* I wonder what he's up to ou what he's cooking up.

❖ **fricoter avec** v + prép *fam* **1.** [sexuellement] to knock around with **2.** [être complice de] to cook something up with.

fricoteur, euse [fʀikɔtœʀ, øz] nm, f *fam* fiddler.

friction [fʀiksjɔ̃] nf **1.** [frottement] chafing **2.** [massage -gén] rub (down) ; [-du cuir chevelu] scalp massage **3.** [désaccord] friction / *il y a des frictions entre eux* they don't see eye to eye **4.** GÉOL & MÉCAN friction.

frictionnel, elle [fʀiksjɔnɛl] adj MÉCAN frictional.

frictionner [3] [fʀiksjɔne] vt to rub (down).

❖ **se frictionner** vp *(emploi réfléchi)* to rub o.s. ▸ **frictionne-toi bien** give yourself a good rub down.

Frigidaire® [fʀiʒidɛʀ] nm **1.** [portant la marque] Frigidaire® (refrigerator) **2.** [appareil quelconque] refrigerator, fridge ▸ **mettre qqch au Frigidaire** *fig* to put sthg on the back burner, to shelve sthg.

frigide [fʀiʒid] adj frigid.

frigidité [fʀiʒidite] nf frigidity.

frigo [fʀigo] nm *fam* **1.** [réfrigérateur] fridge **2.** [chambre froide] cold room.

frigorifié, e [fʀigɔʀifje] adj *fam & fig* frozen stiff.

frigorifier [9] [fʀigɔʀifje] vt to refrigerate / *la promenade m'a complètement frigorifié fam & fig* I'm frozen stiff after that walk.

frigorifique [fʀigɔʀifik] ◆ adj refrigerated. ◆ nm **1.** [établissement] cold store **2.** [appareil] refrigerator.

frigorigène [fʀigɔʀiʒɛn] adj & nm refrigerant.

frigoriste [fʀigɔʀist] nmf refrigerating engineer.

frileusement [fʀiløzmɑ̃] adv : *s'envelopper frileusement dans des couvertures* to wrap o.s. in blankets.

frileux, euse [fʀilø, øz] ◆ adj **1.** [qui a froid] sensitive to cold **2.** [prudent] timid, unadventurous. ◆ nm, f *person who is sensitive to cold.*

frilosité [fʀilɔzite] nf [d'une personne] sensitivity to the cold / *la frilosité de la Bourse* the nervousness of the stock market.

frimaire [fʀimɛʀ] nm *3rd month in the French Revolutionary calendar (from Nov 22 to Dec 21).*

frimas [fʀima] nm *litt* hoarfrost.

frime [fʀim] nf *fam* put-on / *c'est de la frime !* it's just a put-on ! ▸ **pour la frime** for show ou effect / *ses larmes, c'est pour la frime* he's crying crocodile tears.

frimer [3] [fʀime] vi *fam* to show off, to put on an act.

frimeur, euse [fʀimœʀ, øz] *fam* ◆ adj [attitude, ton] showy. ◆ nm, f show-off.

frimousse [fʀimus] nf (sweet) little face.

fringale [fʀɛ̃gal] nf *fam* **1.** [faim] hunger / *j'ai une de ces fringales !* I'm starving ! **2.** [désir] ▸ **une fringale de** a craving for.

fringant, e [fʀɛ̃gɑ̃, ɑ̃t] adj **1.** [personne] dashing ▸ **encore fringant** (still) spry / *je ne me sens pas trop fringant aujourd'hui* I don't feel too good ou well today **2.** [cheval] frisky, spirited.

fringuer [3] [fʀɛ̃ge] vt *fam* to dress.

❖ **se fringuer** vp *(emploi réfléchi) fam* **1.** [s'habiller] to dress o.s. / *fringue-toi, on y va !* get some clothes on (you), we're off ! / *être bien / mal fringué* to be well / badly dressed / *elle est fringuée n'importe comment !* she's got no dress sense ! **2.** [s'habiller bien] to do ou to get o.s. up.

fringues [fʀɛ̃g] nfpl *fam* gear, clobber UK, threads US.

fripe [fʀip] nf : *la fripe, les fripes* secondhand clothes.

friper [3] [fʀipe] vt **1.** [chiffonner] to crumple ou to crease (up) / *son pantalon était tout fripé aux genoux* his trousers were all creased around the knee **2.** [rider] : *avoir un visage tout fripé* to have crease-marks all over one's face.

❖ **se friper** vpi to crumple, to get crumpled.

friperie [fʀipʀi] nf **1.** [boutique] secondhand clothes shop UK ou store US **2.** [vêtements] secondhand clothes.

fripier, ère [fʀipje, ɛʀ] nm, f secondhand clothes dealer.

fripon, onne [fʀipɔ̃, ɔn] ◆ adj [enfant] mischievous, roguish ; [sourire] roguish. ◆ nm, f rogue / *tu n'es qu'un petit fripon !* you little rogue ou scamp !

friponnerie [fʀipɔnʀi] nf *vieilli* prank.

fripouille [fʀipuj] nf **1.** *péj* [scélérat] rascal, rogue **2.** [ton affectueux] : *(petite) fripouille !* you little rogue !

fripouillerie [fʀipujʀi] nf roguishness.

friqué, e [fʀike] adj *fam* [personne] loaded ; [quartier] rich / *ils sont très friqués* they're rolling in it.

friquet [fʀikɛ] nm tree sparrow.

frire [115] [fʀiʀ] ◆ vt CULIN to fry ; [en friteuse, dans un bain d'huile] to deep-fry ▸ **poisson frit** fried fish ▸ **être frit** *fam* : *il est frit* he's had it, his goose is cooked. ◆ vi to fry / *faire frire des poissons* to fry fish.

frisant, e [fʀizɑ̃, ɑ̃t] adj [lumière] oblique.

Frisbee® [fʀizbi] nm Frisbee®.

frise [fʀiz] nf **1.** ARCHIT & ART frieze **2.** THÉÂTRE border.

Frise [fʀiz] npr f ▸ **(la) Frise** Friesland.

frisé, e [fʀize] adj **1.** [barbe, cheveux] curly ; [personne] curly-haired ▸ **être frisé comme un mouton** to have curly ou frizzy hair **2.** [chicorée] curly.

❖ **frisée** nf [chicorée] curly endive ▸ **frisée aux lardons** *curly endive salad with fried bacon pieces.*

friselis [fʀizli] nm *litt* [des feuilles] rustling ; [de l'eau] quivering.

friser [3] [fʀize] ◆ vt **1.** [barbe, cheveux] to curl / *se faire friser (les cheveux)* to have one's hair curled **2.** [effleurer] to graze, to skim / *le ballon a frisé la vitre* the ball skimmed past the window **3.** [être proche de] : *elle doit friser la quarantaine* she must be getting on for forty / *nous avons frisé la catastrophe* we came within an inch of disaster. ◆ vi to have curly hair ▸ **friser naturellement** to have naturally curly hair.

frisette [fʀizɛt] nf **1.** [de cheveux] small curl / *avoir des frisettes* to have curly hair **2.** MENUIS narrow plank / *faire poser de la frisette sur un mur* to panel a wall.

frison, onne [fʀizɔ̃, ɔn] adj Friesian, Frisian.

❖ **Frison, onne** nm, f Frisian.

❖ **frison** nm LING Friesian, Frisian.

❖ **frisonne** nf [vache] ▸ **frisonne (pie noir)** Friesian UK, Holstein US.

frisottant, e, frisotant*, e [fʀizɔtɑ̃, ɑ̃t] adj [cheveux] frizzy.

frisotter, frisoter* [3] [fʀizɔte] ◆ vt to frizz. ◆ vi to be frizzy / *la pluie fait frisotter mes cheveux* the rain makes my hair go all frizzy.

frisottis, frisotis* [fʀizɔti] = **frisette.**

frisquet, ette [fʀiskɛ, ɛt] adj *fam* [temps, vent] chilly / *il fait plutôt frisquet aujourd'hui* it's rather chilly ou there's a nip in the air today.

frisson [fʀisɔ̃] nm **1.** [de froid, de fièvre] shiver ; [de peur] shudder / *ton livre m'a donné des frissons* your book gave me the shivers ▸ **être pris** ou **saisi de frissons** to get the shivers **2.** *litt* [bruissement - de l'eau] ripple ; [- des feuilles] ripple.

frissonnant, e [fʀisɔnɑ̃, ɑ̃t] adj **1.** [eau] simmering **2.** [personne] shivering / *être frissonnant de froid / fièvre* to shiver with cold / a high temperature.

frissonnement [fʀisɔnmɑ̃] nm **1.** [de froid, de fièvre] shiver ; [de peur] shudder / *un frissonnement lui parcourut le corps* a shiver ran through her body **2.** *litt* [de la surface d'un étang] ripple, rippling *(U)* ; [des feuilles] rustling *(U)*.

frissonner [3] [fʀisɔne] vi **1.** [de froid, de fièvre] to shiver ; [de peur] to shudder ; [de joie] to quiver ▸ **elle frissonnait de bonheur** she was trembling with happiness / *ça me fait frissonner rien que d'y penser* the very thought of it gives me the creeps **2.** *litt* [feuilles] to rustle ; [surface d'un étang] to ripple.

frisure [fʀizyʀ] nf curls / *elle a une frisure légère* her hair is slightly curly.

frit, e [fʀi, fʀit] ◆ pp ⟶ **frire.** ◆ adj fried.

frite [fʀit] nf **1.** CULIN chip UK, French fry US ▸ **des frites** chips UK, French fries US **2.** EXPR ▸ **avoir la frite** *fam* to be on top form.

friter ❖ **se friter** vp *fam* : *il s'est frité avec son collègue* he fell out with a colleague.

friterie [fʀitʀi] nf [restaurant] ≃ fast-food restaurant ; [ambulante] chip van UK, French fry vendor US.

friteuse [fʀitøz] nf deep fryer, chip pan UK ▸ **friteuse électrique** electric fryer.

fritillaire [fʀitilɛʀ] nf fritillary ▸ **les fritillaires** the Fritillaria.

frittage [fʀitaʒ] nm **1.** MÉTALL fritting **2.** [vitrification] fritting.

fritte [fʀit] nf frit.

fritter [3] [fʀite] vt to frit.

friture [fʀityʀ] nf **1.** [aliments frits] fried food ; [poissons] fried fish ▸ **acheter de la friture** to buy (small) fish for frying **2.** CULIN [cuisson] frying ; [matière grasse] deep fat **3.** ACOUST static / *il y a de la friture* we're getting some interference **4.** BELG [friterie] ≃ chip van UK, French fry vendor US.

fritz [fʀits] nm *tfam, vieilli & injur offensive term used with reference to Germans* ; ≃ Kraut.

frivole [fʀivɔl] adj [personne] frivolous, shallow ; [sujet] frivolous.

frivolement [fʀivɔlmɑ̃] adv frivolously.

frivolité [fʀivɔlite] nf **1.** [légèreté] frivolity, frivolousness ; [manque de sérieux - d'un projet, d'une œuvre] triviality **2.** [vétille] trifle / *perdre son temps à des frivolités* to waste time in frivolous pursuits ou frivolities.

❖ **frivolités** nfpl *vieilli* fancy goods, novelties.

froc [fʀɔk] nm **1.** *fam* [pantalon] trousers UK, pants US ▸ **faire dans son froc** *vulg* to be scared shitless **2.** RELIG [habit] habit, frock ▸ **jeter son froc aux orties** to leave holy orders.

froebélien, enne [fʀøbeljɛ̃, ɛn] nm, f BELG primary school teacher.

froid, e [fʀwa, fʀwad] adj **1.** [boisson, temps, moteur] cold / *un vent froid* a cold wind / *un jour d'hiver froid et sec* a crisp winter day / *par un matin très froid* on a raw morning / *maintenant, les radiateurs sont froids* now the radiators have gone cold **2.** [indifférent - personne] cold, insensitive, unfeeling ; [- tempérament] cold ; [- accueil] cold, chilly ; [- réponse] cold, cool ; [- attitude] cold, unfriendly ▸ **ton / regard froid** hostile tone / stare / *devant ce spectacle, il est resté froid* he was unmoved by the sight ▸ **ça me laisse froid** it leaves me cold ▸ **style froid** bloodless ou cold style ▸ **colère froide** cold fury ▸ **froid comme le marbre** as cold as marble **3.** [triste] cold, bleak / *des murs froids et nus* cold bare walls **4.** [couleur] cold, cool **5.** [ancien] cold, dead / *la piste est froide* the scent is cold, the trail's gone dead.

❖ **froid** ◆ nm **1.** [température] ▸ **le froid a)** [climat] cold weather, the cold **b)** [air] the cold (air) ▸ **par ce froid** in this cold / *les plantes qui supportent le froid* plants that can endure the cold ▸ **conserver qqch au froid** to store sthg in a cold place ▸ **coup de froid** cold spell ou snap ▸ **il fait un froid de canard** ou **sibérien** it's freezing ou bitterly cold **2.** [sensation] ▸ **avoir froid** to be ou to feel cold ▸ **j'ai froid aux mains** my hands are cold ▸ **attraper** ou **prendre froid** to get ou to catch a cold ▸ **je meurs de froid** I'm freezing (cold) ▸ **avoir froid dans le dos** to feel one's blood run cold ▸ **donner froid dans le dos à qqn** : *ça me donne froid dans le dos* it makes my blood run cold, it sends shivers down my spine ▸ **faire froid dans le dos** : *une histoire qui fait froid dans le dos* a chilling ou creepy story ▸ **ne pas avoir froid aux yeux** : *il n'a pas froid aux yeux* he's bold ou plucky **3.** [malaise] : *il y a un froid entre eux* things have gone cool between them ▸ **cela a jeté un froid** it cast a chill over the proceedings ▸ **être en froid avec qqn** to be on bad terms with sb. ◆ adv ▸ **il fait froid dehors** it's cold out / *en janvier, il fait froid* the weather's cold in January ▸ **boire froid** [habituellement] to drink cold drinks ▸ **remuez et buvez froid** stir and chill before drinking ▸ **manger froid** [habituellement] to have one's food cold / *assaisonnez et mangez froid* season and leave to cool before eating.

❖ **à froid** ◆ loc adj ⟶ **opération.** ◆ loc adv **1.** [sans émotion] calmly, dispassionately / *je te dis cela à froid, mais j'ai pleuré quand je l'ai appris* I'm telling you this calmly but I cried when I first heard it **2.** [sans préparation] : *je ne peux pas répondre à froid* I can't answer off the top of my head ▸ **prendre qqn à froid** to catch sb unawares ou off guard **3.** MÉTALL cold ▸ **laminer à froid** to cold roll **4.** MÉD ▸ **intervenir** ou **opérer à froid** to operate between attacks.

froidement [fʀwadmɑ̃] adv **1.** [avec réserve] coldly, coolly ▸ **recevoir qqn froidement** to give sb a cool reception **2.** [lucidement] dispassionately ▸ **raisonner froidement** to use cold logic **3.** [avec indifférence] cold-bloodedly ▸ **abattre qqn froidement** to shoot down sb in cold blood **4.** EXPR ▸ **ça va froidement !** *fam* I'm fine but a bit chilly !

froideur [fʀwadœʀ] nf **1.** [indifférence méprisante] coldness, cold indifference **2.** [manque de sensualité] coldness **3.** *litt* [au toucher] feel / *son front avait la froideur du marbre* his forehead was cold as marble.

❖ **avec froideur** loc adv coldly, indifferently ▸ **accueillir qqn avec froideur** to give sb a chilly welcome.

froidure [fʀwadyʀ] nf **1.** *litt* [temps] intense cold ; [saison] cold season ou weather **2.** MÉD frostbite.

froissable [fʀwasabl] adj creasable / *robe trop froissable* dress that creases (too) easily.

froissé, e [fʀwase] adj **1.** [chemise, tissu] creased **2.** [personne] hurt.

froissement [fʀwasmɑ̃] nm **1.** [plis - d'un papier, d'une étoffe] crumpling, creasing **2.** [bruit] rustling, rustle **3.** *litt* [vexation] hurt feelings **4.** MÉD straining *(U)*.

froisser [3] [fʀwase] vt **1.** [friper - tissu] to crease, to crumple ; [- papier] to crumple, to crease **2.** [carrosserie] to dent **3.** [blesser - orgueil] to ruffle, to bruise ; [- personne] to offend **4.** MÉD to strain.

❖ **se froisser** ◆ vpi **1.** [vêtement] to crush, to crease **2.** [personne] to take offence UK ou offense US, to be offended. ◆ vpt ▸ **se froisser un muscle** to strain a muscle.

froissure [fʀwasyʀ] nf crease, rumple, wrinkle.

frôlement [fʀolmɑ̃] nm **1.** [frottement] brush, light touch / *j'ai senti le frôlement du chat contre ma jambe* I felt the cat brushing ou rubbing against my leg **2.** [bruit] rustle, swish, rustling sound.

frôler [3] [fʀole] vt **1.** [effleurer] to brush, to touch lightly, to graze / *l'avion a frôlé les arbres* the plane skimmed ou grazed the treetops / *il m'a frôlé la joue du doigt* he stroked my cheek lightly / *la branche lui a frôlé les cheveux* the branch brushed against his hair **2.** [passer très près de] to come close to touching **3.** [échapper à] to come within a hair's breadth ou an ace of, to escape narrowly / *frôler la mort* to come within a hair's breadth of death ou dying / *frôler la catastrophe* to come within a hair's breadth of disaster / *mon métier m'a fait frôler la mort plusieurs fois* I've diced with death more than once because of my job.

❖ **se frôler** vp *(emploi réciproque)* to brush against ou to jostle each other / *les passants se frôlent* passers-by brush against ou jostle each other.

frôleur, euse [fʀolœʀ, øz] adj [geste] stroking.

❖ **frôleur** nm pervert *(who likes to rub up against women in crowds).*

fromage [fʀɔmaʒ] nm **1.** [laitage] cheese ▸ **un fromage** a cheese ▸ **du fromage** cheese ▸ **prenez du fromage** have some cheese ▸ **plusieurs sortes de fromages** several kinds of cheese ▸ **fromage de vache / brebis / chèvre** cow's / sheep's / goat's milk cheese ▸ **fromage blanc** fromage frais ▸ **fromage blanc battu** smooth fromage frais ▸ **fromage frais** ≃ cream cheese ▸ **fromage à pâte molle** soft cheese ▸ **fromage à pâte pressée** hard cheese ▸ **fromage à tartiner** cheese spread ▸ **en faire tout un fromage** *fam* to kick up a (huge) fuss, to make a mountain out of a molehill ▸ **fromage de tête** brawn UK, headcheese US **2.** *fam* [sinécure] cushy job ou number.

❖ **au fromage** loc adj [omelette, soufflé] cheese *(modif).*

fromageon [fʀɔmaʒɔ̃] nm goat's milk cheese *(from the South of France).*

fromager, ère [fʀɔmaʒe, ɛʀ] ◆ adj cheese *(modif).* ◆ nm, f **1.** [commerçant] cheesemonger UK,

* In reformed spelling (see p. 16-19).

cheese seller US **2.** [fabricant] cheese maker, dairyman (dairywoman).

❖ **fromager** nm **1.** [récipient] cheese mould **2.** BOT kapok, silk-cotton tree, ceiba *spéc*.

fromagerie [fRɔmaʒRi] nf **1.** [boutique] cheese shop UK ou store US **2.** [fabrique] dairy.

froment [fRɔmɑ̃] nm wheat.

frometon [fRɔmtɔ̃] nm *fam* cheese.

fronce [fRɔ̃s] nf [de tissu] gather / *faire des fronces à un tissu* to gather a piece of material.

❖ **à fronces** loc adj gathered.

froncement [fRɔ̃smɑ̃] nm ▸ **froncement de sourcils** frown.

froncer [16] [fRɔ̃se] vt **1.** COUT to gather **2.** [rider] ▸ **froncer les sourcils** to knit one's brow, to frown ▸ **froncer le nez** to wrinkle one's nose / *sa remarque lui fit froncer les sourcils* his remark brought a frown to his face ou made him frown.

frondaison [fRɔ̃dɛzɔ̃] nf **1.** [feuillage] foliage, leaves **2.** [époque] foliation.

fronde [fRɔ̃d] nf **1.** ARM sling **2.** [lance-pierres] catapult UK, slingshot US **3.** *litt* [révolte] rebellion, revolt ▸ **la Fronde** HIST the Fronde rebellion **4.** BOT frond.

fronder [3] [fRɔ̃de] vt *litt* to revolt against.

frondeur, euse [fRɔ̃dœR, øz] ◆ adj insubordinate, rebellious. ◆ nm, f **1.** HIST member of the Fronde, Frondeur **2.** [rebelle] rebel, troublemaker.

front [fRɔ̃] nm **1.** ANAT forehead, brow ▸ **baisser le front** *pr* to lower one's head ▸ **baisser** ou **courber le front** *fig* to submit ▸ **relever le front** to regain confidence ▸ **le front haut** proudly, with one's head held high ▸ **avoir le front d'airain** *litt* to be cruel **2.** [d'une montagne] face ; [d'un monument] frontage, façade ▸ **front de mer** seafront / *villa sur le front de mer* villa on the seafront ou facing the sea **3.** [audace] : *avoir le front de faire* to have the audacity ou impudence to do **4.** POL front ▸ **le Front populaire** the Popular Front / *le Front national* the National Front ▸ **front uni** united front ▸ **faire front** to form a united front, to close ranks ▸ **faire front devant l'adversaire** to present a united front to the enemy ▸ **faire front commun contre qqn** / **qqch** to make common cause against sb / sthg / *je ne suis pas sûr qu'il puisse faire front seul* I'm not sure he'll be able to cope alone **5.** MIL [zone] front ▸ **ils ont été envoyés au front** ou **sur le front** they were sent to the front ; [ligne] front line **6.** MIN [gén] face ; [dans une houillère] coalface ▸ **front de taille** working face **7.** MÉTÉOR front ▸ **front froid** / **chaud** cold / warm front.

❖ **de front** loc adv **1.** [attaquer] head-on / *aborder une difficulté de front* to tackle a problem head-on **2.** [en vis-à-vis] head-on ▸ **se heurter de front a)** [véhicules] to collide head-on **b)** [adversaires] to come into direct confrontation **3.** [côte à côte] abreast / *on ne peut pas passer de front* you can't get through side by side / *nous marchions de front* we were walking next to one another / *rouler à trois voitures de front* to drive three (cars) abreast **4.** [en même temps] at the same time, at a time / *faire marcher deux affaires de front* to run two businesses at once ou at a time.

Le Front populaire

The coalition of socialists, radicals and communists who came to power in 1936 under Léon Blum. Within a remarkably short period it established the forty-hour week and holidays with pay for commerce and industry, and passed a range of laws relating to the rights of trade unions.

frontal, e, aux [fRɔ̃tal, o] adj **1.** ANAT & GÉOM frontal **2.** [conflit, attaque] head-on.

❖ **frontal** nm ANAT frontal bone.

frontalier, ère [fRɔ̃talje, ɛR] ◆ adj border *(modif)*. ◆ nm, f cross-border commuter.

frontalité [fRɔ̃talite] nf ART frontality.

frontière [fRɔ̃tjɛR] nf **1.** POL border / *au-delà de la frontière* over the border / *dans nos frontières* within our borders ▸ **poste** / **ville** / **zone frontière** border post / town / area **2.** [démarcation] boundary / *la frontière entre la veille et le sommeil* the borderline between sleeping and waking ▸ **frontière naturelle** / **linguistique** natural / linguistic boundary **3.** [limite] frontier / *reculer les frontières de l'inconnu* to roll back the frontiers of the unknown / *son imagination n'a pas de frontière* he has a boundless imagination **4.** MATH ▸ **(point) frontière** frontier.

frontignan [fRɔ̃tiɲɑ̃] nm Frontignan (wine).

frontispice [fRɔ̃tispis] nm [titre, illustration] frontispiece.

frontiste [fRɔ̃tist] adj & nmf **1.** [membre du Parti frontiste] Frontist **2.** [membre du Front national] member of the Front National.

fronton [fRɔ̃tɔ̃] nm **1.** ARCHIT pediment **2.** SPORT [mur] fronton ; [court] pelota court.

frottage [fRɔtaʒ] nm [frottement] rubbing, scrubbing.

frottement [fRɔtmɑ̃] nm **1.** [friction] rubbing *(U)*, friction / *le frottement a fait un trou à ma chaussette* I've worn a hole in my sock **2.** [bruit] rubbing ou scraping noise **3.** MÉD friction murmur ▸ **frottement à deux temps** to and fro sound ▸ **frottement pleural** pleural rub.

❖ **frottements** nmpl [mésentente] dispute, disagreement / *il y a des frottements entre eux* there is some friction between them.

frotter [3] [fRɔte] ◆ vt **1.** [pour nettoyer] to rub, to scrub / *frotter une tache avec une brosse* / *avec du savon* to scrub a stain with a brush / with soap ▸ **frotter une casserole** to scour a saucepan / *frotter ses chaussures pour enlever la boue* to scrape the mud off one's shoes **2.** [pour enduire] to rub ▸ **frotter une table** to polish a table / *frotter d'ail des croûtons* to rub croûtons with garlic ▸ **frotter la manche à qqn** BELG *fam* to soft-soap sb **3.** [mettre en contact] : *frotter deux pierres l'une contre l'autre* to rub ou to scrape two stones together ▸ **frotter une allumette** to strike a match / *frotter un mur avec sa main* to rub one's hand against a wall **4.** [frictionner] to rub ▸ **frotter le dos de qqn** to give sb's back a rub, to rub sb's back. ◆ vi to scrape, to rub / *il y a quelque chose qui frotte sous la voiture* there's something under the car making a scraping noise / *le frein de mon vélo frotte* the brakes on my bike keep sticking.

❖ **se frotter** vp *(emploi réfléchi)* [se frictionner] to rub o.s. (down) / *se frotter avec une serviette* to rub o.s. (down) ou to give o.s. a rub-down with a towel / *se frotter les yeux* to rub one's eyes ▸ **se frotter les mains a)** *pr* to rub one's hands (together) **b)** *fig* to rub one's hands.

❖ **se frotter à** vp + prép **1.** [effleurer] ▸ **se frotter à** ou **contre** to rub (up) against / *le chat se frotte contre ma jambe* the cat rubs (up) against my leg / *ne te frotte pas à lui quand il est en colère fig* steer clear of him when he's angry ▸ **s'y frotter** : *ne vous y frottez pas, c'est trop dangereux* don't interfere ou meddle, it's too dangerous ▸ **qui s'y frotte s'y pique** if you meddle you'll get your fingers burnt **2.** [se confronter à] to face / *elle a dû très vite se frotter au monde des affaires* she soon had to face the business world **3.** [fréquenter] to rub shoulders with / *depuis le temps que je me frotte aux artistes, je les connais !* I've been around artists for long enough to know what they're like !

frotteur, euse [fRɔtœR, øz] adj rubbing.

❖ **frotteur** nm **1.** ÉLECTR brush spring, wiper ▸ **frotteur de contact** contact finger **2.** RAIL carbon sliding, slip contact **3.** *fam* [frôleur] pervert *(who likes to rub up against women in crowds)*.

frottis [fRɔti] nm **1.** MÉD smear ▸ **frottis vaginal** cervical smear (test) UK, Pap smear US / *se faire faire un frottis (vaginal)* to have a smear test ou a cervical smear **2.** ART scumbling.

frottoir [fRɔtwaR] nm rough strip *(on a box of matches)*.

froufrou, frou-frou *(pl* frous-frous*)* [fRufRu] nm [bruit] swish, rustle, froufrou.

❖ **froufrous, frous-frous** nmpl VÊT frills (and furbelows).

froufroutant, e [fRufRutɑ̃, ɑ̃t] adj **1.** [bruissant] rustling, swishing **2.** [à volants - robe, jupe] frilly, flouncy.

froufroutement [fRufRutmɑ̃] nm rustle, swish.

froufrouter [3] [fRufRute] vi to rustle, to swish.

froussard, e [fRusaR, aRd] *fam* ◆ adj cowardly, chicken, yellow-bellied. ◆ nm, f coward, chicken, yellow-belly.

frousse [fRus] nf *fam* fright ▸ **avoir la frousse** to be scared / *elle ne veut plus se présenter à l'examen, elle a la frousse* she won't take the exam, she's got cold feet ▸ **donner** ou **flanquer la frousse à qqn** to put the wind up UK ou to scare sb, to give sb the willies / *ça m'a donné* ou *flanqué la frousse* it scared the pants off me.

fructidor [fRyktidɔR] nm *12th month in the French Revolutionary calendar (from August 18/19 to September 17/18)*.

fructifère [fRyktifɛR] adj fruit-bearing, fructiferous *spéc*.

fructification [fRyktifikasjɔ̃] nf **1.** [processus] fructification **2.** [période] fruitage.

fructifier [9] [fRyktifje] vi **1.** AGR to be productive ; BOT to bear fruit, to fructify *sout* **2.** ÉCON to yield a profit / *faire fructifier son capital* to make one's capital yield a profit **3.** [produire des résultats] to bear fruit, to be productive ou fruitful / *une idée qui fructifie* an idea that bears fruit.

fructose [fRyktoz] nm fructose, fruit sugar.

fructueusement [fRyktɥøzmɑ̃] adv [avantageusement] fruitfully, productively, successfully.

fructueux, euse [fRyktɥø, øz] adj **1.** [fécond] fruitful, productive / *vos recherches ont-elles été fructueuses ?* were your investigations fruitful ou successful ? / *tout ce travail n'a pas été très fructueux* all this work yielded very few results **2.** [profitable] profitable / *une opération fructueuse* a profitable deal.

frugal, e, aux [fRygal, o] adj **1.** [simple] frugal ▸ **un repas frugal** a frugal ou plain meal **2.** [qui mange peu] frugal.

frugalement [fRygalmɑ̃] adv frugally.

frugalité [fRygalite] nf frugality.

frugivore [fRyʒivɔR] ◆ adj fruit-eating, frugivorous *spéc*. ◆ nmf fruit-eater, frugivore *spéc*.

fruit [fRɥi] nm **1.** BOT ▸ **un fruit** : *après ton fromage, veux-tu un fruit ?* would you like some fruit ou a piece of fruit after your cheese ? ▸ **des fruits** fruit / *des arbres chargés de fruits* trees heavy with fruit ▸ **il reste trois fruits** there are three pieces of fruit left ▸ **manger des fruits** to eat fruit / *la tomate est un fruit* the tomato is a (type of) fruit ▸ **fruits des bois** fruits of the forest ▸ **fruit défendu** forbidden fruit ▸ **fruit de la passion** passion fruit ▸ **un fruit sec a)** *pr* a piece of dried fruit **b)** *fig* a failure ▸ **un fruit vert** *fig* an immature young girl ▸ **fruits confits** candied ou crystallized fruit ▸ **fruits déguisés** *prunes, dates, etc., stuffed with almond paste* ▸ **fruits jumeaux** double fruits ▸ **fruits rafraîchis** (chilled) fruit salad ▸ **c'est au fruit qu'on connaît l'arbre** *prov* the tree is known by its fruit **2.** CULIN ▸ **fruits de mer** seafood **3.** [résultat] fruit / *le fruit de son travail* the fruit ou result of his labours / *le fruit de leur amour* the fruit of their love / *le fruit de ses entrailles litt* the fruit of her womb / *cela a porté ses fruits* it bore fruit / *les fruits de la Terre* the fruits ou bounty of the Earth ▸ **avec fruit** *litt* fruitfully, profitably **4.** DR ▸ **fruits civils** ou **naturels** emblements **5.** CONSTR batter / *avoir du fruit* to batter.

fruité, e [fRɥite] adj fruity / *ce vin est très fruité* this wine is very fruity.

fruiterie [fRɥitRi] nf **1.** [boutique] fruit store US, fruiterer's (shop) UK **2.** [dépôt] storeroom (for fruit).

fruitier, ère [fRɥitje, ɛR] ◆ adj fruit *(modif)*. ◆ nm, f fruiterer, greengrocer UK, fruit seller US.

❖ **fruitier** nm **1.** [verger] orchard **2.** [arbre] fruit tree **3.** [local] storeroom (for fruit).

❖ **fruitière** nf cooperative cheese dairy.

frusques [frysk] nfpl *fam* togs, gear / *prends tes frusques et file!* take your things ou gear and get out!

fruste [fryst] adj **1.** [grossier - personne] uncouth, rough **2.** [sans élégance - style] unpolished, crude, rough **3.** MÉD mild.

frustrant, e [frystrɑ̃, ɑ̃t] adj frustrating.

frustration [frystrasjɔ̃] nf frustration.

frustré, e [frystre] ◆ adj frustrated. ◆ nm, f frustrated person / **'les Frustrés'** *cartoon characters created by Claire Bretécher in the late 70's & 80's, representing modern middle-class intellectuals.*

frustrer [3] [frystre] vt **1.** [décevoir] to frustrate, to thwart / *être frustré dans ses espoirs* to be thwarted in one's hopes **2.** [priver] ▸ **frustrer qqn de** to rob sb of / *ils ont été frustrés de la victoire* they were robbed of their victory **3.** PSYCHOL to frustrate / *il a été frustré par son échec* he was frustrated by his failure **4.** DR ▸ **frustrer qqn de** to defraud sb of.

frutescent, e [frytesɑ̃, ɑ̃t] adj frutescent, fruticose.

FS (abr de **franc suisse**) SFr.

FSE nm abr de **foyer socio-éducatif.**

FTP (abr de **Francs-tireurs et partisans**) nmpl *Communist resistance during World War II.*

fuchsia [fyʃja] nm fuchsia.

fuchsine [fyksin] nf fuchsine, fuchsin, magenta.

fucus [fykys] nm wrack, fucus *spéc* ▸ **fucus vésiculeux** bladderwrack.

fuégien, enne [fɥeʒjɛ̃, ɛn] adj from Tierra del Fuego.
❖ **Fuégien, enne** nm, f *inhabitant of or person from Tierra del Fuego.*

fuel [fjul], **fuel-oil** [fjulɔjl] (*pl* **fuel-oils**) nm (fuel ou heating) oil ▸ **fuel domestique** domestic heating oil.

fufute [fyfyt] adj *fam* bright, smart / *il n'est pas très fufute* he's a bit thick, he's not very bright.

fugace [fygas] adj [beauté] transient, evanescent, ephemeral ; [impression, souvenir, pensée] transient, fleeting.

fugacité [fygasite] nf transience, fleetingness.

fugitif, ive [fyʒitif, iv] ◆ adj **1.** [en fuite] runaway, fugitive **2.** [fugace - vision, idée] fleeting, transient ; [- bonheur] short-lived ; [- souvenir] elusive. ◆ nm, f runaway, fugitive.

fugitivement [fyʒitivmɑ̃] adv fleetingly, briefly.

fugue [fyg] nf **1.** MUS fugue **2.** [fuite] ▸ **faire une fugue a)** [de chez soi] to run away from home **b)** [d'une pension] to run away from boarding school **c)** [pour se marier] to elope.

fugué, e [fyge] adj fugato.

fuguer [1] [fyge] vi to run away, to do a bunk UK.

fugueur, euse [fygœr, øz] ◆ adj ▸ **être fugueur** to keep running away / *c'était un enfant fugueur* as a child, he used to run away repeatedly. ◆ nm, f runaway.

Führer [fyrœr] npr m ▸ **le Führer** the Führer.

fuir [35] [fɥir] ◆ vi **1.** [s'enfuir] to run away, to flee / *les animaux fuyaient à notre approche* the animals fled ou ran away as we came near ▸ **faire fuir qqn** to frighten sb away, to put sb to flight ▸ **fuir à toutes jambes** to run for dear ou one's life ▸ **fuir devant le danger** to flee in the face of danger ▸ **laid à faire fuir** as ugly as sin / *son agressivité fait fuir tout le monde* he puts everyone off by being so aggressive **2.** [s'éloigner] to vanish, to recede / *des lignes qui fuient vers l'horizon* lines that converge towards the horizon / *le paysage fuyait par la vitre du train* the landscape flashed past the window of the train **3.** *litt* [passer] to fly, to slip away / *le temps fuit* time flies **4.** [se dérober] to run away ▸ **fuir devant ses responsabilités** to shirk ou to evade one's responsibilities **5.** [se répandre - eau] to leak ; [- gaz] to leak, to escape ▸ **fuir à petites gouttes** to seep ou to ooze (through) **6.** [perdre son contenu - tonneau, stylo] to leak, to be leaky / *un tuyau qui fuit* a leaky pipe. ◆ vt **1.** [abandonner] to flee (from) / *elle a fui le pays* she fled the country **2.** [éviter] to avoid, to shun / *il me fuit* he's avoiding me ▸ **fuir les gens** to avoid contact with other people ▸ **fuir le regard de qqn** to avoid looking sb in the eye ▸ **fuir le danger** to keep away from ou to avoid danger **3.** [se soustraire à, s'éloigner de] to shirk, to evade / *fuir la tentation* to flee from ou to avoid temptation **4.** [résister à] to elude ▸ **le sommeil le fuyait** he couldn't sleep, sleep would not come to him.

fuite [fɥit] nf **1.** [départ] escape, flight ▸ **prendre la fuite** [prisonnier] to run away, to (make one's) escape / *le chauffard a pris la fuite* it was a hit-and-run accident ▸ **être en fuite** to be on the run ▸ **mettre qqn / un animal en fuite** to put sb / an animal to flight ▸ **fuite en avant** : *l'action du gouvernement est considérée par certains comme une fuite en avant* some people accuse the government of rushing ahead without properly addressing the problem ▸ **la fuite des cerveaux** the brain drain ▸ **la Fuite à Varennes** *the attempt by Louis XVI and Marie-Antoinette to escape from France in 1791, which was stopped at Varennes* **2.** FIN ▸ **fuite de capitaux** flight of capital (abroad) ▸ **fuite devant l'impôt** tax evasion **3.** [écoulement - de liquide] leak, leakage ; [- de gaz] leak ; [- de courant] escape **4.** [d'un pneu] puncture ; [d'une canalisation, d'un récipient] leak / *boucher une fuite dans une bouée* to stop a rubber ring leaking / *as-tu trouvé la fuite?* did you find the leak? **5.** [indiscrétion] leak **6.** ART ▸ **point de fuite** vanishing point.

Fuji-Yama [fuʒijama] npr m ▸ **le (mont) Fuji-Yama** the Fujiyama, Mount Fuji.

fulgurance [fylgyrɑ̃s] nf *litt* piercing ou blinding quality.

fulgurant, e [fylgyrɑ̃, ɑ̃t] adj **1.** [rapide - réponse] lightning *(modif)* ; [- idée] sudden ; [- carrière] dazzling / *j'ai eu une idée fulgurante* an idea flashed ou shot through my mind **2.** [intense - douleur] shooting, fulgurating *spéc* ; [- lumière] blinding, dazzling, fulgurant *sout* **3.** *litt* [éclatant - éclair] flashing ; [- regard] blazing, flashing ; [- beauté] dazzling.

fulguration [fylgyrasjɔ̃] nf **1.** MÉTÉOR heat lightning **2.** MÉD fulguration.

fulgurer [3] [fylgyre] vi *litt* to flash, to blaze.

fuligineux, euse [fyliʒinø, øz] adj **1.** [qui produit de la suie] fuliginous *spéc*, sooty, smoky **2.** *fig & litt* fuliginous.

full [ful] nm JEUX full house.

fulminant, e [fylminɑ̃, ɑ̃t] adj **1.** *litt* [menaçant - regard] furious, enraged, irate ; [- lettre] venomous, vituperative *sout* **2.** CHIM fulminating.

fulminate [fylminat] nm fulminate.

fulmination [fylminasjɔ̃] nf **1.** RELIG fulmination **2.** *litt* [colère] ire, wrath.

fulminer [3] [fylmine] ◆ vi *litt* to fulminate, to rail / *fulminer contre le gouvernement* to fulminate ou to rail against the government. ◆ vt **1.** *litt* [proférer] to thunder, to roar, to utter ▸ **fulminer des menaces à l'égard de qqn** to thunder ou to roar threats at sb **2.** RELIG to fulminate.

fulminique [fylminik] adj fulminic.

fumable [fymabl] adj smokable.

fumage [fymaʒ] nm **1.** CULIN smoking, curing **2.** AGR manuring, dunging.

fumaison [fymɛzɔ̃] nf = **fumage.**

fumant, e [fymɑ̃, ɑ̃t] adj **1.** [cheminée, feu] smoking, smoky ; [cendres, décombres] smouldering **2.** [liquide, nourriture] steaming / *assis autour de la soupe fumante* sitting around a steaming bowl of soup **3.** [furieux] fuming ▸ **être fumant de colère** to flare up with anger **4.** *fam* [remarquable] brilliant ▸ **un coup fumant** a masterstroke **5.** CHIM fuming.

fumasse [fymas] adj *fam* furious, mad US / *elle était fumasse!* she was furious!

fumé, e [fyme] adj smoked.
❖ **fumé** nm [aliment] smoked food / *évitez de consommer du fumé* avoid smoked foods.

fume-cigare [fymsigar] (*pl* **fume-cigare** *ou* **fume-cigares***) nm cigar holder.

fume-cigarette [fymsigarɛt] (*pl* **fume-cigarette** *ou* **fume-cigarettes***) nm cigarette holder.

fumée [fyme] nf **1.** [de combustion] smoke ▸ **partir** ou **s'en aller en fumée** to go up in smoke ▸ **il n'y a pas de fumée sans feu** *prov* there's no smoke without fire **2.** [vapeur] steam.
❖ **fumées** nfpl *litt* stupor / *dans les fumées de l'ivresse* ou *du vin* in a drunken stupor.

fumer [3] [fyme] ◆ vt **1.** [tabac] to smoke ▸ **fumer la pipe** to smoke a pipe / *fumer cigarette sur cigarette* to chain-smoke / *je vais en fumer une dehors fam* I'm going outside for a smoke / *c'est lui qui m'a fait fumer ma première cigarette* it was he who first introduced me to ou started me smoking ▸ **fumer comme un pompier** ou **un sapeur** to smoke like a chimney ▸ **fumer la moquette** *fam* : *tu as refusé, non, mais tu as fumé la moquette ou quoi!* you said no? What are you on? **2.** CULIN to smoke **3.** AGR to manure, to dung, to fatten. ◆ vi **1.** [feu, cheminée] to smoke, to give off smoke ; [cendres, décombres] to smoke, to smoulder ▸ **cheminée qui fume** smoky chimney **2.** [liquide, nourriture] to steam, to give off steam / *vois la bonne soupe qui fume* look at the lovely steaming bowl of soup / *on voyait fumer les flancs des chevaux* you could see the steam coming ou rising off the horses' flanks **3.** CHIM to fume, to give off fumes **4.** *fam* [être furieux] to fume, to be mad US.

fumerie [fymri] nf opium den.

fumerolle, fumerole* [fymrɔl] nf fumarole.

fumet [fyme] nm **1.** [odeur - d'un plat] (pleasant) smell, aroma ; [- d'un vin] bouquet **2.** CULIN stock, fumet **3.** CHASSE scent.

fumette [fymɛt] nf *fam* smoking marijuana / *se faire une fumette* to get stoned.

fumeur, euse [fymœr, øz] nm, f **1.** [adepte du tabac] smoker / *un gros fumeur* a heavy smoker ▸ **les fumeurs** smokers, people who smoke ▸ **compartiment fumeurs** smoking compartment ou car US **2.** INDUST curer.

fumeux, euse [fymø, øz] adj **1.** [confus] hazy, woolly UK ou wooly US ▸ **idée fumeuse** vague ou nebulous idea ▸ **il a l'esprit fumeux** his ideas are a bit woolly, he's woolly-minded **2.** [bougie, lampe] smoky.

fumier [fymje] nm **1.** AGR manure **2.** *tfam* [personne] bastard / *espèce de fumier!* you bastard!

fumigateur [fymigatœr] nm **1.** AGR fumigator **2.** MÉD inhaler.

fumigation [fymigasjɔ̃] nf **1.** [pour un local] fumigation / *faire des fumigations de désinfectant* to fumigate with disinfectant **2.** AGR & MÉD fumigation.

fumigène [fymiʒɛn] ◆ adj smoke *(modif).* ◆ nm smoke generator.

fumiste [fymist] ◆ nm **1.** [installateur] heating specialist **2.** [ramoneur] chimney sweep. ◆ adj *péj* lackadaisical. ◆ nmf *péj* shirker ▸ **c'est un fumiste** he doesn't exactly kill himself working.

fumisterie [fymistəri] nf **1.** *fam & péj* humbug, sham, farce / *une vaste fumisterie* an absolute farce **2.** [métier - d'installateur] boiler installation ou fitting ; [- de ramoneur] chimney sweeping.

fumivore [fymivɔr] ◆ adj [appareil] smoke extracting ; [combustion] smokeless. ◆ nm smoke extractor.

fumoir [fymwar] nm **1.** [pour fumeurs] smoking room, smoke room UK **2.** [pour aliments] smokehouse.

fumure [fymyr] nf **1.** [engrais] manure, fertilizer **2.** [fertilisation] manuring, fertilizing.

fun [fœn] = **funboard.**

funambule [fynɑ̃byl] nmf tightrope walker, funambulist *sout.*

funboard [fœnbɔrd] nm funboard.

Funchal [funʃal] npr Funchal.

funèbre [fynɛbr] adj **1.** [relatif aux funérailles] funeral *(modif)* ▸ **cérémonie funèbre** funeral service ▸ **chant funèbre** dirge ▸ **veillée funèbre** deathwatch, wake **2.** [lugubre] gloomy, lugubrious, funereal.

funérailles [fyneraj] ◆ nfpl funeral. ◆ interj *fam & régional* ▸ **funérailles!** heavens!, blimey! UK

funéraire [fynerɛr] adj funeral *(modif)*, funerary *spéc* ▸ **urne / chambre funéraire** funerary urn / chamber.

* In reformed spelling (see p. 16-19).

funérarium [fyneRaRjɔm] nm funeral parlour, funeral home US.

funeste [fynɛst] adj **1.** [désastreux] disastrous, catastrophic ▸ **erreur funeste** fatal ou disastrous ou catastrophic error / *le jour funeste où je l'ai rencontré* that fateful ou ill-fated day when I met him / *l'ignorance est souvent funeste* ignorance is often dangerous ou harmful ▸ **suites funestes** tragic ou disastrous ou dire consequences ▸ **être funeste à qqn** to have terrible consequences for sb **2.** *litt* [triste] lugubrious / *un récit funeste* a sad tale **3.** *litt* [mortel] fatal, lethal.

funestement [fynɛstəmɑ̃] adv *litt* disastrously, catastrophically.

funiculaire [fynikylɛR] ◆ adj funicular. ◆ nm funicular (railway).

funk [fœnk] nm ▸ **le funk** funk.

funky [fœ̃nki] nm jazz funk.

FUNU, Funu [fyny] (abr de **Force d'urgence des Nations unies**) npr f UNEF.

furanne [fyRan] nm furan.

furax [fyRaks] adj inv *fam* livid, hopping mad.

furet [fyRɛ] nm **1.** ZOOL ferret / *aller à la chasse au furet* to go ferreting **2.** *vieilli* [curieux] snoop **3.** JEUX pass the slipper.

furetage [fyRtaʒ] nm **1.** [recherche] ferreting (around ou about), nosing (around ou about) **2.** CHASSE ferreting.

fur et à mesure [fyReamzyR]

❖ **au fur et à mesure** loc adv gradually / *donnez-les-moi au fur et à mesure* give them to me gradually ou as we go along / *il s'adaptera au fur et à mesure* he'll get used to it in time / *je préfère faire mon travail au fur et à mesure plutôt que de le laisser s'accumuler* I prefer to do my work as and when it comes rather than letting it pile up. ❖ **au fur et à mesure de** loc prép as / *au fur et à mesure de l'avance des travaux* as work proceeds / *au fur et à mesure des besoins* as needed / *je vous les enverrai au fur et à mesure de leur disponibilité* I'll send them to you as and when they are available. ❖ **au fur et à mesure que** loc conj as / *au fur et à mesure que le temps passe, l'angoisse augmente* as time goes by, anxiety grows / *l'eau s'écoule au fur et à mesure que je remplis l'évier* the water drains away as (soon as) I fill up the sink / *les oiseaux mangent les cerises au fur et à mesure qu'elles mûrissent* the birds eat the cherries as (soon as ou fast as) they get ripe.

fureter [28] [fyRte] vi **1.** [fouiller] to ferret (around ou about), to snoop (around ou about) ▸ **fureter dans le sac de qqn** to ferret around in sb's bag / *je suis allé fureter dans sa chambre* I had a snoop around his room / *les journalistes ont fureté dans mon passé* journalists pried into my past **2.** CHASSE to ferret.

fureteur, euse [fyRtœR, øz] ◆ adj *péj* prying. ◆ nm, f **1.** *péj* [indiscret] snooper **2.** [fouilleur] : *elle a trouvé des merveilles au grenier / à la brocante, c'est une fureteuse* she found some real treasures in the attic / junk-shop, she loves poking around.

fureur [fyRœR] nf **1.** [colère] rage, fury / *accès de fureur* fit of anger ou rage ▸ **fureur noire** blind anger ou rage / *se mettre dans une fureur noire* to fly into a rage / *quand sa fureur s'est calmée* when his anger had died down **2.** [passion] passion / *la fureur du jeu* a mania ou passion for gambling ▸ **la fureur de vivre** a lust for life ▸ **faire fureur** to be all the rage **3.** *litt* [violence] rage, fury, wrath *litt* / *la fureur des flots* the wrath of the sea.

❖ **avec fureur** loc adv **1.** [colériquement] furiously **2.** [passionnément] passionately.

❖ **en fureur** ◆ loc adj furious, enraged. ◆ loc adv : *entrer en fureur* to fly into a rage ou fury ▸ **mettre qqn en fureur** to send sb wild with rage, to enrage sb.

furibard, e [fyRibaR, aRd] adj *fam* hopping mad, livid.

furibond, e [fyRibɔ̃, ɔ̃d] adj furious ▸ **être furibond contre qqn** to be furious with sb.

furie [fyRi] nf **1.** [colère] fury, rage **2.** [mégère] fury / *elle s'est jetée sur lui comme une furie* she flew at him like a fury **3.** MYTH ▸ **Furie** Fury.

❖ **avec furie** loc adv **1.** [avec colère] furiously, angrily **2.** [ardemment] ardently, passionately, furiously / *elle écrivait avec furie* she wrote furiously **3.** [violemment] furiously, wildly, savagely.

❖ **en furie** loc adj furious, enraged / *les éléments en furie litt* the raging elements.

furieusement [fyRjøzmɑ̃] adv **1.** [avec colère] furiously, angrily **2.** [violemment] furiously, wildly, savagely **3.** [extrêmement] hugely, tremendously, extremely ▸ **avoir furieusement envie de** to have a tremendous urge to.

furieux, euse [fyRjø, øz] ◆ adj **1.** [enragé -personne] furious, (very) angry ; [-geste, cri] furious / *cela me rend furieux* it makes me furious ▸ **d'un air furieux** looking like thunder ▸ **être furieux contre qqn** to be furious with sb / *je suis furieuse contre moi-même* I'm furious with myself ▸ **furieux de** : *être furieux de son échec* to be enraged ou infuriated at one's failure / *il est furieux d'apprendre que tout a été fait sans lui* he's furious to hear that it's all been done without him / *il est furieux d'avoir attendu* he's furious at having been kept waiting **2.** *litt* [violent] raging, wild ▸ **tempête furieuse** raging storm / *les flots furieux* the raging seas **3.** *litt* [passionné] furious / *une haine furieuse* a furious ou wild hatred **4.** [extrême] tremendous / *avoir une furieuse envie de dormir* to have an overwhelming desire to go to sleep. ◆ nm, f madman (madwoman), maniac.

furoncle [fyRɔ̃kl] nm boil, furuncle *spéc.*

furonculeux, euse [fyRɔ̃kylø, øz] ◆ adj furuncular, furunculous. ◆ nm, f furunculosis sufferer.

furonculose [fyRɔ̃kyloz] nf furunculosis.

furtif, ive [fyRtif, iv] adj **1.** [comportement] furtive ; [geste, action] furtive, surreptitious, stealthy ; [regard] furtive, sly ; [sourire] quiet, secret ; [larme] hidden **2.** MIL anti-radar.

furtivement [fyRtivmɑ̃] adv stealthily, surreptitiously, furtively.

furtivité [fyRtivite] nf MIL furtiveness.

fusain [fyzɛ̃] nm **1.** BOT spindle (tree) **2.** ART [crayon] piece of charcoal ; [dessin] charcoal.

❖ **au fusain** ◆ loc adj charcoal *(modif).* ◆ loc adv [dessiner, illustrer] in charcoal.

fusainiste [fyzɛnist] nmf charcoal artist ou sketcher.

fusant, e [fyzɑ̃, ɑ̃t] adj [qui ne détonne pas] fusing ▸ **obus fusant** ARM time shell.

❖ **fusant** nm time shell.

fuseau, x [fyzo] nm **1.** [bobine] spindle ▸ **dentelle / ouvrage aux fuseaux** bobbin lace / needlework **2.** VÊT stirrup pants **3.** GÉOM lune **4.** BIOL spindle.

❖ **en fuseau** ◆ loc adj tapered, spindle-shaped. ◆ loc adv ▸ **tailler qqch en fuseau** to taper sthg.

❖ **fuseau horaire** nm time zone ▸ **changer de fuseau horaire** to go into a different time zone.

fusée [fyze] nf **1.** ASTRONAUT rocket ▸ **fusée à étages multiples** multiple-stage rocket ▸ **fusée à trois étages** three-stage rocket ▸ **fusée orbitale** orbital rocket ▸ **partir comme une fusée** to be off like a shot, to shoot off **2.** [signal] rocket ▸ **fusée de détresse** flare ▸ **fusée éclairante** flare ▸ **fusée de signalisation** signal (sky) rocket **3.** ARM rocket, missile ▸ **fusée antiengin** antimissile missile ; [détonateur] fuse **4.** MÉD sinus *(of boil)* **5.** [de roue] stub axle **6.** [en horlogerie] fusee, fuzee **7.** HÉRALD fusil.

fusée-détonateur [fyzedetɔnatœR] (*pl* **fusées-détonateurs**) nf fuse.

fusée-sonde [fyzesɔ̃d] (*pl* **fusées-sondes**) nf probe, sounding rocket.

fuselage [fyzlaʒ] nm fuselage.

fuselé, e [fyzle] adj **1.** [doigt] slender, tapered, tapering ; [jambe] slender ; [muscle] well-shaped ; [colonne] tapered, tapering, spindle-shaped **2.** HÉRALD fusilly.

fuseler [24] [fyzle] vt **1.** [former en fuseau] to taper **2.** AÉRON, AUTO & NAUT to streamline.

✐ In reformed spelling (see p. 16-19), this verb is conjugated like *peler* : *il fusèle, elle fusèlera.*

fuser [3] [fyze] vi **1.** [jaillir -vapeur] to gush ou to spurt (out) ; [-liquide] to jet ou to gush ou to spurt (out) ; [-lumière] to stream out ; [-étincelle] to fly / *un projectile a fusé dans l'espace* a missile shot through the air **2.** [retentir -rire, voix] to burst out **3.** [bougie] to melt ; [poudre] to burn slowly ; [sels] to crackle.

fusette [fyzɛt] nf reel, spool.

fusibilité [fyzibilite] nf fusibility.

fusible [fyzibl] ◆ adj **1.** [qui peut fondre] fusible, meltable **2.** [à point de fusion bas] fusible. ◆ nm fuse ▸ **un fusible a grillé** a fuse blew / *où sont les fusibles?* where is the fuse box? ▸ **fusible à cartouche** cartridge fuse.

fusiforme [fyzifɔRm] adj spindle-shaped, fusiform *spéc.*

fusil [fyzi] nm **1.** ARM gun, rifle ▸ **fusil automatique / semi-automatique** automatic / semiautomatic rifle ▸ **fusil à canon scié** sawn-off shotgun ▸ **fusil de chasse** shotgun ▸ **fusil à deux coups** double-barrelled gun ▸ **fusil à lunette** rifle with telescopic sight ▸ **fusil à pompe** pump-action rifle ▸ **fusil à répétition** repeating rifle ▸ **fusil sous-marin** speargun **2.** [tireur] ▸ **un bon fusil** a good shot **3.** [affiloir] ▸ **fusil (à aiguiser)** steel.

fusilier [fyzilje] nm rifleman, fusilier UK ▸ **fusilier marin** marine.

fusillade [fyzijad] nf **1.** [bruit] shooting *(U)*, gunfire ▸ **j'ai entendu une fusillade** I heard a volley of shots **2.** [combat] gunfight, gun battle **3.** [exécution] shooting.

fusiller [3] [fyzije] vt **1.** [exécuter] to shoot ▸ **fusiller qqn du regard** to look daggers ou to glare at sb **2.** *fam* [détruire] to destroy, to wreck / *il a loupé le virage et fusillé sa bagnole* he missed the turn and wrote his car off UK ou totaled his car US **3.** *fam* [dépenser] to blow.

fusilleur [fyzijœR] nm executioner.

fusil-mitrailleur [fyzimitRajœR] (*pl* **fusils-mitrailleurs**) nm light machine gun.

fusiniste [fyzinist] = **fusainiste.**

fusion [fyzjɔ̃] nf **1.** MÉTALL fusion, melting **2.** MIN smelting **3.** [dissolution -du sucre, de la glace] melting **4.** NUCL ▸ **fusion (nucléaire)** fusion ▸ **fusion du cœur** nuclear meltdown **5.** [union -d'idées, de sentiments] fusion ; [-de groupes] fusion, merging ; [-de peuples, de cultures] fusion, merging **6.** ÉCON merger, merging **7.** INFORM merge, merging.

❖ **en fusion** ◆ loc adj molten. ◆ loc adv : *mettre deux éléments en fusion* to fuse two elements (together).

fusion-acquisition [fyzjɔ̃akizisjɔ̃] (*pl* **fusions-acquisitions**) nf merger and acquisition.

fusionnel, elle [fyzjɔnɛl] adj [couple] inseparable, intense ; [relation] intense.

fusionnement [fyzjɔnmɑ̃] nm **1.** ÉCON amalgamation, merger **2.** [rassemblement -de groupes, de cultures] merging, fusion.

fusionner [3] [fyzjɔne] ◆ vt to merge. ◆ vi **1.** ÉCON to amalgamate, to merge **2.** INFORM to merge.

fusse v ⟶ **être.**

fustanelle [fystanɛl] nf fustanella.

fustigation [fystigasjɔ̃] nf *litt* **1.** [correction] thrashing, beating **2.** [critique -d'une personne] censure ; [-d'un vice] castigation, censure.

fustiger [17] [fystiʒe] vt *litt* **1.** [battre] to thrash **2.** [critiquer -personne, attitude] to censure, to criticize harshly ; [-vice] to castigate *sout.*

fut v ⟶ **être.**

fût, fut* [fy] nm **1.** [d'un arbre] bole **2.** [tonneau] cask **3.** [partie -d'une vis, d'un poteau] shaft ; [-d'une colonne] shaft, body **4.** [d'un canon] stock **5.** [d'un tambour] barrel, body.

futaie [fytɛ] nf forest, (piece of) timberland US ▸ **haute** ou **vieille futaie** established ou mature forest.

futaille [fytaj] nf cask, barrel.

futaine [fytɛn] nf fustian.

futal [fytal], **fute** [fyt] nm *fam* trousers, pants US.

futé, e [fyte] ◆ adj sharp, smart, clever / *ça, c'est futé! aussi iron* that was clever! / *il n'est pas très futé* he's not very bright. ◆ nm, f sharp person / *c'est une futée* she's very sharp ou shrewd / *hé, petit futé, comment tu l'enlèves maintenant?* hey, smarty-pants, now how are you going to get it off again?

fute-fute [fytfyt] adj = **fufute**.

futile [fytil] adj **1.** [frivole - raison] frivolous, trifling ; [- occupation, lecture, personne] frivolous **2.** [sans valeur - vie] pointless, futile / *il serait futile d'essayer* it would be futile ou pointless to attempt it.

futilement [fytilmɑ̃] adv pointlessly.

futilité [fytilite] nf [caractère futile] triviality / *il perd son temps à des futilités* he wastes his time in trivial pursuits / *ils ne se racontaient que des futilités* their conversation consisted of nothing but trivialities.

futon [fytɔ̃] nm futon.

futur, e [fytyʀ] ◆ adj **1.** [à venir - difficulté, joie] future *(modif)* ▸ **les futurs emplois** the jobs to come ▸ **les générations futures** future ou coming generations ▸ **la vie future** RELIG the afterlife **2.** *(avant nom)* ▸ **future mère** mother-to-be ▸ **mon futur époux** my future husband / *mes futurs collègues* my future colleagues ▸ **un futur client** a prospective client / *un futur mathématicien* a future ou budding mathematician. ◆ nm, f *hum* intended *hum*, husband-to-be (wife-to-be).

❖ **futur** nm **1.** [avenir] ▸ **le futur** the future ▸ **le futur proche** the immediate future **2.** GRAM future (tense) ▸ **futur antérieur** future perfect.

futurisme [fytyʀism] nm futurism.

REMEMBER THE FUTURE!

When talking about an action or event that has not yet taken place, remember that the future is needed after conjunctions like **quand, dès que, une fois que** and **après que**.

● **Examples with the simple future**

Dès que les invités arriveront, tu leur montreras leur chambre.
As soon as the guests arrive, you will show them their room.
On ouvrira le parasol quand on prendra le café dehors.

We'll put the sunshade up when we have coffee outside.

● **Examples using the compound future**

Je t'appellerai une fois que je serai sorti de l'aéroport. I'll call you once I'm out of the airport building.

Après qu'elle aura signé, elle ne pourra plus changer d'avis. After she has signed (*or* After signing), she won't be able to change her mind.

● The future is also used in narratives to indicate actions that have already taken place in the past:

Assassiné en 1647, il ne laissera aucun héritier. He was assassinated in 1647 and had no heir.

Après cet échec, elle ne se découragera pas et enverra de nouveau des poèmes chez des éditeurs. After this setback she did not lose heart and continued sending poems to publishers.

futuriste [fytyʀist] ◆ adj **1.** [d'anticipation] futuristic **2.** ART & LITTÉR futurist. ◆ nmf futurist.

futurologie [fytyʀɔlɔʒi] nf futurology.

futurologue [fytyʀɔlɔg] nmf futurologist.

Futuroscope [fytyʀɔskɔp] npr m ▸ **le Futuroscope** *futuristic theme park near Poitiers.*

fuyait v ⟶ **fuir**.

fuyant, e [fɥijɑ̃, ɑ̃t] adj **1.** [insaisissable - caractère] elusive ; [- regard] shifty, elusive / *avoir le regard fuyant* to have shifty eyes, to be shifty-eyed **2.** [menton, front] receding / *un homme au menton fuyant* a weak-chinned man **3.** ART vanishing ▸ **ligne fuyante** converging line **4.** *litt* [fugitif] fleeting, transient.

❖ **fuyant** nm vanishing perspective.

fuyard, e [fɥijaʀ, aʀd] nm, f runaway, fugitive.

❖ **fuyard** nm MIL retreating soldier.

FV (abr écrite de **fréquence vocale**) VF.

g, G [ʒe] nm **1.** [lettre] g, G ▸ **G majuscule** capital G ▸ **g minuscule** small g / *ça commence par un g* it begins with g ▸ **G comme Georges** G for George / *ça s'écrit avec deux g* it's spelt with a double g ou two g's **2.** (abr écrite de **gramme**) g **3.** (abr écrite de **gauss**) G **4.** (abr écrite de **giga**) G **5.** PHYS [accélération de l'apesanteur] g **6.** PSYCHOL ▸ **facteur g** g factor.

g. (abr écrite de **gauche**) L, l.

G TEXTO abr écrite de **j'ai.**

G7 nm ▸ **le G7** G7 *(the seven most industrialised countries).*

G8 nm ▸ **le G8** G8 *(the eight most industrialised countries).*

G20 nm ▸ **le G20** G20.

GAB [gab] (abr de **guichet automatique de banque**) nm ATM US ; ≃ Minibank UK.

gabardine [gabaʀdin] nf **1.** [tissu] gabardine, gaberdine **2.** [vêtement] gabardine (coat).

gabariage [gabaʀjaʒ] nm NAUT templating.

gabarit [gabaʀi] nm **1.** [dimension] size / *de gabarit réglementaire* regulation size / **'hors gabarit'** 'heavy vehicles' **2.** *fam* [carrure] size, build / *il a un gabarit impressionnant* he is very heavily built ▸ **c'est un tout petit gabarit a)** he / she is very slightly built **b)** [stature] he's a bit on the short side **3.** *fam & fig* calibre ▸ **il a / n'a pas le gabarit** he is / isn't up to it / *ils sont bien du même gabarit* it's six of one and half a dozen of the other **4.** TECHNOL [pour mesure] gauge ; [maquette] template ▸ **gabarit de chargement** RAIL loading gauge ▸ **gabarit de mise en page** IMPR (filmsetting) grid.

gabegie [gabʒi] nf ▸ **la gabegie administrative** bureaucratic waste.

gabelle [gabɛl] nf HIST salt tax *(in France).*

gabelou [gablu] nm **1.** *péj & hum* customs officer **2.** HIST salt-tax collector *(in France).*

gabier [gabje] nm **1.** NAUT deckhand **2.** HIST topman.

gabion [gabjɔ̃] nm **1.** TRAV PUB gabion **2.** CHASSE hide UK, blind US.

gâble, gable [gabl] nm (Gothic) gable.

Gabon [gabɔ̃] npr m ▸ **le Gabon** Gabon ▸ **au Gabon** in Gabon.

gabonais, e [gabɔnɛ, ɛz] adj Gabonese.
❖ **Gabonais, e** nm, f Gabonese ▸ **les Gabonais** the Gabonese.

Gaborone [gabɔʀɔn] npr Gaborone.

gâchage [gaʃaʒ] nm **1.** CONSTR mixing **2.** [gaspillage] waste.

gâche [gaʃ] nf **1.** [de maçon] trowel **2.** [de verrou] keeper, strike ; [de crémone] (espagnolette) plate ▸ **gâche automatique** remote control lock.

gâcher [3] [gaʃe] vt **1.** [gaspiller - argent, talent, temps] to waste / *c'est de la nourriture gâchée* it's a waste of food / *il n'est pas très bon photographe, il aime surtout gâcher de la pellicule* he's not very good at taking photos, he's just snap-happy **2.** [abîmer] to spoil, to ruin / *il m'a gâché mon dessin!* fam he messed up ou spoiled my drawing! / *ne dis rien, tu risques de tout gâcher!* keep quiet or you might spoil ou ruin everything! / *ne va pas me gâcher le plaisir* fam don't go spoiling ou ruining it for me ▸ **gâcher le métier** to spoil it for the others *(by undercutting prices or working for lower wages)* **3.** CONSTR [plâtre, ciment] to mix.

gâchette [gaʃɛt] nf **1.** [d'arme à feu] trigger / *appuyez sur la gâchette* pull the trigger ▸ **avoir la gâchette facile / rapide** to be trigger-happy / quick on the draw **2.** [tireur] : *la meilleure gâchette de l'Ouest* the fastest gun in the West **3.** ÉLECTRON [de semi-conducteur] gate ; [de tube] grid (electrode).

gâcheur, euse [gaʃœʀ, øz] ◆ adj wasteful. ◆ nm, f [gaspilleur] wasteful person, wastrel *sout* ; [bâcleur] bungler, botcher.
❖ **gâcheur** nm CONSTR plasterer's mate UK, plasterer's helper US.

gâchis [gaʃi] nm **1.** [gaspillage] waste / *tout ce pain jeté, quel gâchis!* what a waste of all that bread! / *sa vie est un véritable gâchis* her life has been completely wasted **2.** [désordre] mess / *faire du gâchis* to make a mess ▸ **gâchis politique** political muddle.

gadget [gadʒɛt] nm **1.** [appareil] gadget / *une cuisine pleine de gadgets* a kitchen full of gadgets **2.** [idée, projet] gimmick **3.** *(comme adjectif, avec ou sans trait d'union)* : *une mesure gadget* a gimmicky measure ▸ **une réforme gadget** a token reform.

gadgétisation [gadʒetizasjɔ̃] nf : *la gadgétisation croissante de la vie moderne* the increasing use of gadgetry in modern life.

gadgétisé, e [gadʒetize] adj gadgety.

gadgétiser [gadʒetize] vt to fill with gadgets.

gadidé [gadide] nm ZOOL gadid.

gadin [gadɛ̃] nm *tfam* ▸ **prendre** ou **ramasser un gadin** to come a cropper UK, to fall flat on one's face.

gadoue [gadu] nf **1.** *fam* [boue] mud, muck **2.** AGR treated sewage.

gadouille [gaduj] nf *tfam* sludge.

gad'zart [gadzaʀ] nm *fam student of the École des Arts et Métiers.*

gaélique [gaelik] ◆ adj Gaelic. ◆ nm LING Gaelic ▸ **gaélique d'Écosse** Scots Gaelic ▸ **gaélique d'Irlande** Irish.

gaffe [gaf] nf **1.** *fam* [bêtise - en paroles] gaffe ; [- en actions] blunder, boob UK, goof US / *tu as fait une gaffe en le lui racontant* you put your foot in it ou you dropped a clanger UK ou you goofed US when you told her that **2.** NAUT boat-hook, hook **3.** PÊCHE gaff **4.** *fam* EXPR **faire gaffe** [faire attention] to be careful / *fais gaffe, c'est chaud!* watch out ou careful, it's hot!

gaffer [3] [gafe] ◆ vi **1.** *fam* [en parlant] to drop a clanger UK, to make a gaffe ; [en agissant] to put one's foot in it, to boob UK, to goof US **2.** *tfam* [surveiller] : *va gaffer au coin de la rue* go and keep a look out at the corner of the street. ◆ vt **1.** *tfam* [regarder] : *gaffe un peu ça!* get a load of this! / *gaffez si les flics s'amènent pas* keep an eye open for the cops **2.** PÊCHE to gaff.
❖ **se gaffer** vpi SUISSE *fam* to watch out.

gaffeur, euse [gafœʀ, øz] nm, f *fam* blunderer / *son gaffeur de frère* his blundering idiot of a brother / *c'est une gaffeuse née* she's always putting her foot in it.

gag [gag] nm gag, joke / *du coup j'ai laissé mes clefs à l'intérieur, c'est le gag!* now I've gone and locked myself out, what a farce this is! ▸ **gag à répétition** CINÉ running gag.

gaga [gaga] *fam* ◆ adj senile, gaga / *il est complètement gaga, le vieux* he's a senile old fool. ◆ nmf : *quel vieux gaga!* what a doddering old fool!

Gagarine [gagaʀin] npr ▸ **Iouri Gagarine** Yuri Gagarin.

gage [gaʒ] nm **1.** [caution] security, collateral *(U)* ; [au mont-de-piété] pledge ▸ **laisser qqch en gage** to leave sthg as security ▸ **mettre qqch en gage** to pawn ou US to hock sthg **2.** *fig* [garantie] guarantee / *sa compétence sera le gage d'une bonne gestion* his competence will guarantee ou secure good management **3.** [témoignage] proof, token ▸ **en gage de** as proof of / *en gage de mon amour* as proof ou a pledge of my love / *en gage de ma bonne volonté* as a token of my goodwill / *son premier film est le gage d'un grand talent* his first film gives proof ou shows evidence of great talent **4.** JEUX forfeit.
❖ **gages** nmpl *vieilli* [salaire] wages, pay ▸ **être aux gages de qqn** to be in sb's employ (as a servant) / *il est aux gages de la mafia* he's on the mafia payroll ou in the pay of the mafia.

gagé, e [gaʒe] adj **1.** [objet] pledged, pawned **2.** [emprunt] secured ▸ **gagé sur l'or** backed by gold.

gager [17] [gaʒe] vt **1.** FIN [emprunt] to secure, to guarantee **2.** *litt* [parier] to wager / *gageons qu'il l'épousera* I wager he'll marry her.

gageur, euse [gaʒœʀ, øz] nm, f COMM & DR pledger, pawner.

gageure, gageüre* [gaʒyʀ] nf *sout* challenge / *c'est une gageure de vouloir la raisonner* trying to reason with her is quite a challenge / *pour le gouvernement, c'est une gageure* the government is attempting the impossible / *soutenir la gageure* to take up the challenge.

gagiste [gaʒist] nmf DR pledgee, pawnee.

gagman [gagman] *(pl* **gagmen** [-mɛn]) nm gag writer, gag-man.

gagnable [gaɲabl] adj winnable / *le match est encore gagnable* the match can still be won.

gagnant, e [gaɲɑ̃, ɑ̃t] ◆ adj [ticket, coupon] winning *(avant nom)* ▶ **il est donné gagnant** he is favourite ou has been tipped to win / *il fallait jouer Fleur de Lys gagnant* you should have backed Fleur de Lys to win ▶ **coup gagnant** TENNIS winner *(shot)* ▶ **partir gagnant** *fig* : *elle part gagnante* all the odds are in her favour ▶ **jouer gagnant** *fig* to hold all the trump cards. ◆ nm, f winner / *c'est toi le grand gagnant de l'histoire* you've come out on top, you've got the best of the bargain ▶ **c'est une situation gagnant-gagnant** it's a win-win situation.

gagne [gaɲ] nf *fam* SPORT winning edge ▶ **jouer la gagne** to play to win.

gagne-pain [gaɲpɛ̃] (*pl* **gagne-pain** *ou* **gagne-pains***) nm livelihood / *ces traductions sont son gagne-pain* these translations are his livelihood ▶ **c'est mon seul gagne-pain** it's my only means of existence.

gagne-petit (*pl* **gagne-petit**), **gagnepetit*** [gaɲpəti] nmf **1.** [qui gagne peu] ▶ **les gagne-petit** the low paid / *ce sont des gagne-petit* they work for a pittance **2.** *péj* [qui manque d'ambition] small-time operator, small-timer.

gagner [3] [gaɲe] ◆ vt **1.** [partie, match, élection, prix] to win / *si elle gagne son procès* if she wins her (court) case / *ce n'est pas gagné d'avance* it's a bit early to start talking about success ▶ **c'est gagné!** *iron* now you've got what you asked for! ▶ **gagner le gros lot** *pr & fig* to win ou to hit the jackpot ▶ **à tous les coups l'on** ou **on gagne!** everyone's a winner! ▶ **c'est un pari gagné d'avance** it's in the bag **2.** [argent - comme rémunération] to earn, to make ; [- comme récompense] to earn ; [- dans une transaction] to make a profit of, to make / *combien gagne-t-elle par mois?* how much does she earn a month? ▶ **gagner gros** *fam* to earn ou to make big money / *il a gagné gros avec son dernier bouquin* he made a bomb UK ou a packet on his last book / *il ne gagne presque rien* he earns next to nothing / *elle a gagné 120 euros sur la vente du tableau* she made 120 euros on the sale of the painting / *gagner une fortune à la loterie* to win a fortune on the lottery / *allez, prends, tu l'as bien gagné!* go on, take it, you've earned it! ▶ **gagner des mille et des cents** to earn a fortune ▶ **gagner sa vie** ou **son pain** ou **son bifteck** *fam* ou **sa croûte** *fam* to earn a living ou one's daily bread ▶ **eh bien, j'ai gagné ma journée!** *fam & iron* I should have stayed in bed today! **3.** [avantage] to gain / *il y a tout à gagner à faire cette démarche* there's everything to gain ou to be gained from making this move / *et si j'accepte, qu'est-ce que j'y gagne?* and if I accept, what do I get out of it? / *qu'est-ce que tu gagnes à tout changer?* what's the point of changing everything? ▶ **il y a gagné un bras cassé** / **une réputation de menteur** all he got out of it was a broken arm / a reputation for being a liar ▶ **c'est toujours ça de gagné** that's something, anyway! **4.** [économiser] to save / *gagner de la place* to save space / *en enlevant la porte on gagne 10 cm* if you take the door off you gain an extra 10 cm ▶ **gagner du temps** **a)** [en allant très vite] to save time **b)** [en atermoyant] to play for time **5.** ÉCON to gain / *l'indice a gagné deux points* the index has gone up by ou has gained two points **6.** [conquérir - ami] to win ; [- partisan] to win over *(sép)* ▶ **gagner l'amitié** / **l'appui de qqn** to win sb's friendship / support ▶ **gagner qqn à une cause** to win sb over (to a cause) **7.** [suj: sentiment, sensation] to overcome / *je sentais la panique me gagner* I could feel panic coming ou creeping over me ; [suj: épidémie, feu, nuages] to spread to / *le cancer gagne l'autre poumon* the cancer is spreading to the other lung / *s'ils se laissent gagner par le froid, ils sont perdus* if they allow the cold to take a grip of ou to get to them, they are finished / *j'ai fini par me laisser gagner par son enthousiasme* I ended up being infected by her enthusiasm ▶ **gagner du terrain** *pr & fig* to gain ground **8.** [rejoindre] to reach, to get to / *nous gagnerons Paris* / *le refuge avant la nuit* we will reach Paris / the refuge before nightfall ▶ **il gagna la sortie** he made his way to the exit / *le ferry gagna le port* / *le large* the ferry reached port / got out into the open sea. ◆ vi **1.** [l'emporter] to win / *on a gagné (par) 3 buts à 2* we won (by) 3 goals to 2, we won 3-2 / *gagner aux points* to win on points / *gagner aux courses* to win at the races / *gagner aux échecs* to win at chess ▶ **gagner aux élections** to win the election / *tu as gagné, on fera ce que tu demandes* you win, we'll do as you say / *à ce petit jeu, ce n'est pas toi qui gagneras* you're not going to beat me at that little game **2.** [avancer - incendie, érosion] to gain ground ▶ **gagner sur** to gain ou to advance on / *ses concurrents gagnent sur lui* his competitors are gaining on him / *la mer gagne sur la côte* the sea is eating away at the coastline ▶ **gagner en** to increase ou to gain in / *gagner en longueur* to increase in length, to grow longer / *notre production gagne en qualité* the quality of our product is improving.

❖ **gagner à** v + prép : *elle gagne à être connue* once you get to know her a bit she grows on you / *vin qui gagne à vieillir* wine for laying down ou which improves with age / *ils gagneraient à ce que nul ne l'apprenne* it would be to their advantage if nobody found out ▶ **gagner au change, y gagner** : *accepte, tu y gagnes* ou *tu gagnes au change* say yes, it's to your advantage.

❖ **se gagner** ◆ vp *(emploi passif)* : *l'argent ne se gagne pas si facilement* it isn't so easy to make money. ◆ vpt to win, to earn ▶ **se gagner l'estime de qqn** to win sb's esteem ▶ **se gagner le respect de qqn** to earn sb's respect / *se gagner un adepte* to win over a follower.

gagneur, euse [gaɲœʀ, øz] nm, f winner, go-getter / *c'est un gagneur né* he's a born winner.

❖ **gagneuse** nf *tfam* [prostituée] pro.

gai, e [gɛ] ◆ adj **1.** [mine, décor, personnalité] cheerful, happy ; [musique] cheerful, jolly ; [couleur] bright, cheerful / *tu es bien gai ce matin!* you're cheerful this morning! / *sa vie n'a pas toujours été très gaie* his life hasn't always been much fun ou a happy one / *cette couleur rend la pièce plus gaie* this colour makes the room look more cheerful / *encore une panne! ça n'est vraiment pas gai!* another breakdown! that's (just) great! / *il pleut encore, c'est gai!* *iron* great, it's raining again! ▶ **gai comme un pinson** happy as a lark ou a sandboy UK **2.** [un peu ivre] merry, tipsy **3.** LITTÉR / **'le Gai Savoir'** *Nietzsche* 'The Gay Science' **4.** [homosexuel] = **gay**. ◆ nm, f = **gay**.

gaiement, gaîment* [gemɑ̃] adv **1.** [avec joie] cheerfully, cheerily **2.** [avec enthousiasme] cheerfully, heartily ▶ **allons-y gaiement** let's get on with it!

gaieté, gaîté* [gete] nf **1.** [bonne humeur] cheerfulness, gaiety / *elle a retrouvé sa gaieté* she's cheered up again / *tu n'es pas d'une gaieté folle ce matin* you're not exactly a bundle of fun this morning / *un accès de gaieté* a burst of merriment **2.** [d'une couleur] brightness, gaiety.

❖ **gaietés, gaîtés*** nfpl *iron* : *les gaietés du métro aux heures de pointe* the delights of the underground in the rush hour.

❖ **de gaieté de cœur, de gaîté de cœur*** loc adv willingly, gladly / *je ne l'ai pas fait de gaieté de cœur!* it's not something I enjoyed doing!

Gaillac [gajak] nm Gaillac *(wine from SW France)*.

gaillard, e [gajaʀ, aʀd] ◆ adj **1.** [grivois] bawdy, lewd **2.** [vigoureux] lusty ▶ **il est encore gaillard** he is still sprightly ou lively. ◆ nm, f [personne forte] ▶ **c'est un sacré gaillard!** **a)** [homme viril] he's a lusty ou red-blooded fellow! **b)** [costaud] he's a great strapping lad! ▶ **c'est une (rude) gaillarde** she's no shrinking violet / *c'est une grande gaillarde* she's a big strapping girl ou lass UK.

❖ **gaillard** nm **1.** *fam* [avec menace] : *toi mon gaillard, tu n'as pas intérêt à bouger!* you'd better not move, mate! UK ou buddy! US ; [avec amitié] : *c'est un gaillard qui promet* he's a promising lad UK ou boy **2.** NAUT ▶ **gaillard d'avant** forecastle, fo'c'sle.

❖ **gaillarde** nf DANSE & MUS galliard.

gaillardement [gajaʀdəmɑ̃] adv **1.** [gaiement] : *elle accepte* / *supporte tout ça gaillardement* she accepts / bears it all cheerfully **2.** [vaillamment] valiantly, gamely / *on se mit en marche gaillardement* we set off boldly ou in good spirits / *elle va gaillardement sur ses 70 ans* she'll soon be a sprightly 70.

gaillardise [gajaʀdiz] nf *litt* bawdiness.

gaillet [gajɛ] nm BOT bedstraw.

gaillette [gajɛt] nf (large) lump of coal.

gaîment [gemɑ̃] *arch* = **gaiement**.

gain [gɛ̃] nm **1.** [succès] winning ▶ **gain de cause** : *elle a eu* ou *obtenu gain de cause* **a)** [dans un procès] she won the case **b)** *fig* it was agreed that she was in the right **2.** [économie] saving / *un gain de place* / *temps* a saving of space / time ▶ **cela permet un (énorme) gain de place** / **temps** it saves (a lot of) space / time **3.** [progrès] benefit / *un gain de 30 sièges aux élections* a gain of 30 seats in the elections **4.** [bénéfice financier] profit, gain / *faire des gains importants à la Bourse* to make a big profit on the stock exchange ; [rémunération] earnings ▶ **gains illicites** illicit earnings / *l'amour du gain* the love of gain **5.** ÉLECTRON gain ▶ **commande automatique de gain** automatic gain control.

gainage [gɛnaʒ] nm **1.** [des abdominaux] tightening **2.** [de câbles électriques, de cheminées] sheathing.

gaine [gɛn] nf **1.** [étui - de poignard] sheath ; [- de parapluie] cover **2.** ANAT & BOT sheath **3.** ARM priming tube **4.** ART [piédestal] plinth **5.** CONSTR [conduit vertical] shaft, duct ; [de climatisation] duct ▶ **gaine d'aération** ou **de ventilation** ventilation shaft ▶ **gaine d'ascenseur** lift shaft UK, elevator shaft US **6.** ÉLECTRON jacket **7.** NAUT tabling **8.** NUCL can **9.** VÊT girdle.

gaine-culotte [gɛnkylɔt] (*pl* **gaines-culottes**) nf panty girdle.

gainer [4] [gene] vt [câble] to sheathe, to encase ; [cylindre, tuyau] to lag / *le corps gainé de vinyle bleu* her body sheathed in blue vinyl / *flacon gainé de cuir* leather-cased flask.

gainier [genje] nm BOT Judas tree.

gaîté [gete] *arch* = **gaieté**.

Gaius [gajys] npr Gaius.

gal, als [gal] nm PHYS gal.

Gal (abr écrite de **Général**) Gen.

gala [gala] nm gala / *gala de charité* charity gala.

❖ **de gala** loc adj gala *(modif)*.

galactique [galaktik] adj galactic.

galactogène [galaktɔʒɛn] adj & nm galactagogue, galactogenetic.

galactose [galaktoz] nm galactose.

galamment [galamɑ̃] adv gallantly / *que c'est galamment dit!* there speaks a ou spoken like a true gentleman!

galandage [galɑ̃daʒ] nm brick-on-edge partition.

galangal [galɑ̃gal] nm galangal.

galant, e [galɑ̃, ɑ̃t] adj **1.** [courtois] gallant, gentlemanly ▶ **un homme galant** a gentleman / *sois galant, porte-lui son paquet* be a gentleman and carry her parcel for her ▶ **un galant homme** *sout* an honourable man, a gentleman **2.** *litt* [amoureux] ▶ **un rendez-vous galant** a date, a rendezvous, a lover's tryst *vieilli* ▶ **en galante compagnie** in the company of the opposite sex ▶ **une femme galante** a woman of easy virtue **3.** AFR [chic, à la mode] trendy.

❖ **galant** nm *vieilli* suitor, admirer.

galanterie [galɑ̃tʀi] nf **1.** [courtoisie] courteousness, gallantry, chivalry / *la galanterie se perd!* the age of chivalry is dead! **2.** [compliment] gallant remark, gallantry.

galantine [galɑ̃tin] nf galantine.

Galápagos [galapagos] npr fpl ▶ **les (îles) Galápagos** the Galapagos islands.

galapiat [galapja] nm *fam & vieilli* [polisson] rapscallion *arch*, rascal ; [vaurien] good-for-nothing.

Galatée [galate] npr MYTH Galatea.

galaxie [galaksi] nf galaxy ▶ **la Galaxie** the Galaxy.

galbe [galb] nm curve / *des jambes d'un galbe parfait* shapely legs.

galbé, e [galbe] adj **1.** [commode, poterie] curved, with a curved outline / *les pieds galbés d'une commode* the curved legs of a chest of drawers **2.** [mollet - de femme] shapely ; [- de sportif] muscular.

*In reformed spelling (see p. 16-19).

galber [galbe] vt to shape into a curve.

gale [gal] nf **1.** MÉD scabies ▸ **la gale du ciment** bricklayer's itch ▸ **embrasse-le, il n'a pas la gale!** *fam* give him a kiss, you won't catch anything! ▸ **mauvais** ou **méchant comme la gale** wicked as sin **2.** *fam* [personne odieuse] rat, nasty piece of work UK **3.** VÉTÉR [du chien, du chat] mange ; [du mouton] scab **4.** BOT scab.

galée [gale] nf IMPR galley.

galéjade [galeʒad] nf *régional* tall story.

galéjer [18] [galeʒe] vi *régional* to spin a yarn / *tu galèjes!* a likely story!

✎ In reformed spelling (see p. 16-19), this verb is conjugated like **semer**: **il galèjera, elle galèjerait.**

galène [galɛn] nf galena, galenite.

galénique [galenik] adj galenical ▸ **médicament galénique** galenical.

galère [galɛʀ] ◆ nf **1.** [navire] galley / *condamné* ou *envoyé aux galères* sent to the galleys **2.** *fam* [situation pénible] hassle ▸ **c'est la galère pour obtenir des places de théâtre** it's a real hassle getting theatre tickets ▸ **vivre à Los Angeles sans voiture, c'est une vraie galère** life in Los Angeles without a car is a real hassle ▸ **mais qu'allais-tu faire dans cette galère?** *(allusion à Molière)* why on earth did you have to get mixed up in this? ◆ adj *fam* : *il est vraiment galère, ce mec* he's nothing but trouble ▸ **c'est un peu galère** it's a bit of a hassle.

galérer [18] [galeʀe] vi *fam* [avoir du mal] : *on a galéré 2 heures dans la banlieue* we wasted two whole hours driving around the suburbs / *j'ai galéré toute la journée pour m'inscrire* I've been running around (like mad) all day sorting out my enrolment / *elle a vraiment galéré avant d'être connue* she had a hard time of it before she made it.

✎ In reformed spelling (see p. 16-19), this verb is conjugated like **semer**: **il galèrera, elle galèrerait.**

galerie [galʀi] nf **1.** [local - d'expositions, de ventes] (art) gallery, private gallery ▸ **galerie d'art** ou **de peinture** ou **de tableaux** art gallery **2.** [salle d'apparat] hall, gallery ▸ **la galerie des Glaces** the Hall of Mirrors **3.** [passage couvert] gallery ; [arcade] arcade ▸ **galerie marchande** ou **commerciale** shopping arcade UK, shopping mall US **4.** THÉÂTRE ▸ **la galerie** the gallery, the balcony ▸ **les deuxièmes galeries a)** [qui ne sont pas les plus hautes] the dress circle **b)** [les plus hautes] the upper circle ▸ **jouer pour la galerie** to play to the gallery ▸ **tout ce qu'il fait, c'est pour la galerie** everything he does is to show off ou is calculated to impress ▸ **amuser la galerie** to play for laughs **5.** [souterrain - de taupe] tunnel ; [- de termites] gallery **6.** MIN gallery, level **7.** AUTO roof rack.

galérien [galeʀjɛ̃] nm galley slave ▸ **travailler comme un galérien** to work like a (galley) slave ou a horse ou a Trojan ▸ **on mène une vie de galérien ici!** it's like working on a chain gang here!

galeriste [galʀist] nmf gallery owner.

galet [galɛ] nm **1.** [caillou] pebble / *sur les galets* on the shingle ou the pebble beach **2.** [roue] roller ; MÉCAN roller ▸ **galet de guidage** jockey wheel **3.** ARM ▸ **galet porteur** track-supporting roller **4.** ARCHÉOL ▸ **galet aménagé** pebble tool.

galetage [galtaʒ] nm TECHNOL rolling.

galetas [galta] nm **1.** *litt* [logement] hovel **2.** SUISSE *régional* [grenier] attic, garret.

galeter [27] [galte] vt TECHNOL to roll.

galette [galɛt] nf **1.** [crêpe - épaisse] pancake, griddle cake ; [- de froment, de sarrasin] pancake ; [pain azyme] matzo bread ; [biscuit] shortbread ▸ **galette de maïs** corn bread *(U)* / *galette de pommes de terre* potato pancake ▸ **la galette des Rois** *pastry traditionally eaten on Twelfth Night (in France)* **2.** *tfam* [argent] dough US, dosh UK / *ils se sont tirés avec la galette* they did a disappearing act with the dough / *elle a de la galette* she's rolling in it.

galeux, euse [galø, øz] ◆ adj **1.** [qui a la gale] mangy **2.** [dégoûtant - façade, bâtisse] scruffy, dingy ; [- quartier] squalid, seedy. ◆ nm, f *(gén au m)* *péj* : *on y trouve réunis tous les galeux de la terre* all the scum of the earth is there.

Galice [galis] npr f ▸ **(la) Galice** Galicia.

Galicie [galisi] npr f ▸ **(la) Galicie** Galicia ▸ **Galicie occidentale / orientale** Polish / Russian Galicia.

galicien, enne [galisjɛ̃, ɛn] adj [de Galice, de Galicie] Galician.

❖ **Galicien, enne** nm, f [de Galice, de Galicie] Galician.

❖ **galicien** nm LING [de Galice] Galician.

Galilée [galile] ◆ npr f GÉOGR ▸ **(la) Galilée** Galilee. ◆ npr HIST Galileo.

galiléen, enne [galileɛ̃, ɛn] adj GÉOGR & SCI Galilean.

❖ **Galiléen, enne** nm, f Galilean.

❖ **Galiléen** nm ▸ **le Galiléen** the Galilean.

galimatias [galimatja] nm gibberish *(U)*, gobbledegook *(U)*, nonsense *(U)*.

galion [galjɔ̃] nm galleon.

galipette [galipɛt] nf forward roll, somersault / *les enfants dévalaient la colline en faisant des galipettes* the children were tearing down the hill doing somersaults.

galipot [galipo] nm **1.** [résine] galipot, white resin **2.** NAUT blacking.

galle [gal] nf BOT gall.

Galles [gal] npr ▸ **le pays de Galles** Wales ▸ **au pays de Galles** in Wales.

gallican, e [galikɑ̃, an] adj Gallican.

❖ **Gallican, e** nm, f Gallican.

gallicanisme [galikanism] nm Gallicanism.

gallicisme [galisism] nm LING [calque du français] gallicism ; [emprunt au français] French idiom, gallicism.

Galliera [galjeʀa] npr ▸ **le palais Galliera** *palace housing the Paris museum of fashion and costume.*

gallinacé, e [galinase] adj ZOOL gallinaceous, gallinacean.

❖ **gallinacé** nm gallinacean ▸ **les gallinacés** the chicken family, the Gallinaceae *spéc.*

gallique [galik] adj ▸ **acide gallique** gallic acid.

gallium [galjɔm] nm gallium.

gallois, e [galwa, az] adj Welsh.

❖ **Gallois, e** nm, f Welshman (Welshwoman) ▸ **les Gallois** the Welsh.

❖ **gallois** nm LING Welsh.

gallon [galɔ̃] nm gallon / *un gallon aux 30 miles* 30 miles to the ou per gallon ▸ **le gallon américain** the US gallon ▸ **le gallon impérial** the imperial ou British gallon.

gallo-romain, e [galoʀɔmɛ̃, ɛn] *(mpl* **gallo-romains**, *fpl* **gallo-romaines**) adj Gallo-Roman.

❖ **Gallo-Romain, e** nm, f Gallo-Roman.

galoche [galɔʃ] nf **1.** [chaussure] wooden-soled shoe, clog *(with leather uppers)* **2.** NAUT snatch block.

galon [galɔ̃] nm **1.** TEXT [ruban] braid *(U)*, trimming *(U)* / *un galon doré* a piece of gold braid **2.** MIL [insigne] stripe / *il a mis du temps pour gagner ses galons d'officier* it took him a long time to earn his stripes ▸ **prendre du galon** to take a step up the ladder, to get a promotion.

galonné [galɔne] nm *arg mil* officer, brass hat UK ▸ **les galonnés** the top brass.

galonner [3] [galɔne] vt to braid, to trim (with braid) / *col galonné de velours* velvet-trimmed collar.

galop [galo] nm **1.** ÉQUIT gallop ▸ **prendre le galop** to break into a gallop ▸ **galop d'essai a)** *pr* warm-up gallop **b)** *fig* dry run **2.** DANSE galop **3.** MÉD ▸ **bruit de galop** gallop ou cantering rhythm.

❖ **au galop** loc adv at a gallop / *mettre sa monture au galop* to put one's horse into a gallop ▸ **il a descendu la colline au galop** he galloped down the hill ▸ **et au galop!** : *va m'acheter le journal, et au galop!* go and buy me the newspaper, and be quick about it! ▸ **au triple galop** *fig* at top speed.

galopade [galɔpad] nf **1.** [course] (mad) rush / *on est arrivés à l'heure, mais après quelle galopade!* we got there on time, but it was a real scramble ou dash! **2.** ÉQUIT lope.

galopant, e [galɔpɑ̃, ɑ̃t] adj [consommation, inflation] galloping ; [urbanisation] uncontrolled, unplanned.

galoper [3] [galɔpe] vi **1.** ÉQUIT to gallop / *il faudrait faire galoper un peu la jument* the mare needs a good gallop **2.** [aller trop vite - idées, images] to race ; [- enfants] to charge / *ne galopez pas dans les escaliers!* don't charge up and down the stairs! ▸ **galoper après qqn / qqch** *fam* to chase (around) after sb / sthg.

galopeur [galɔpœʀ] nm ÉQUIT galloper.

galopin [galɔpɛ̃] nm *fam* (street) urchin, scamp / *espèce de petit galopin!* you little devil!, you little brat!

galoubet [galubɛ] nm MUS three-holed fipple flute.

galuchat [galyʃa] nm (shark) shagreen.

galure [galyʀ], **galurin** [galyʀɛ̃] nm *tfam* hat.

galvanique [galvanik] adj **1.** MÉD galvanic ▸ **courant galvanique** galvanic current **2.** MÉTALL electroplating *(modif).*

galvanisation [galvanizasjɔ̃] nf **1.** MÉD galvanization **2.** MÉTALL galvanization.

galvaniser [3] [galvanize] vt **1.** MÉD to galvanize **2.** MÉTALL to electroplate, to galvanize, to zinc-plate **3.** [stimuler] to galvanize ou to spur into action ▸ **galvaniser les foules** to whip up ou to provoke the crowds ▸ **ça l'a galvanisé a)** [après une catastrophe] it galvanized ou spurred him into action **b)** [après une bonne nouvelle] it lifted his spirits.

galvanisme [galvanism] nm MÉD galvanism.

galvanomètre [galvanɔmɛtʀ] nm galvanometer.

galvanoplastie [galvanɔplasti] nf electroplating, electrodeposition.

galvanoplastique [galvanɔplastik] adj electroplating *(modif)*, galvanoplastic *spéc.*

galvaudé, e [galvode] adj [mot] hackneyed, commonplace, clichéd ; [plaisanterie] corny.

galvauder [3] [galvode] vt **1.** [réputation] to sully, to tarnish **2.** [don, qualité] to prostitute / *un vrai musicien ne galvaude pas son talent pour de l'argent* a true musician won't prostitute his talent for the sake of money **3.** [mot, sens] to debase / *le mot a été galvaudé* the word has become clichéd ou hackneyed through overuse.

❖ **se galvauder** vpi to demean ou to lower o.s.

gamay [gamɛ] nm [cépage] Gamay (grape) ; [vin] Gamay (wine).

gamba [gɑ̃ba] *(pl* **gambas** [gɑ̃bas]) nf *type of large Mediterranean prawn.*

gambade [gɑ̃bad] nf [cabriole] leap, caper ▸ **faire des gambades a)** [chien] to frisk about **b)** [enfant] to skip about.

gambader [3] [gɑ̃bade] vi to gambol, to leap ou to caper about / *les enfants gambadaient de joie autour de l'arbre de Noël* the children were gleefully capering around the Christmas tree.

gambe [gɑ̃b] nf ⟶ **viole.**

gamberge [gɑ̃bɛʀʒ] nf *tfam* ▸ **il est en pleine gamberge a)** [il combine quelque chose] he's plotting something **b)** [il rêvasse] he's daydreaming.

gamberger [17] [gɑ̃bɛʀʒe] *tfam* ◆ vi [penser] to think ▸ **j'ai gambergé a)** [j'ai réfléchi] I've been mulling things over **b)** [je me suis inquiété] I've been brooding / *ça m'a fait gamberger, cette histoire* this business really made me think. ◆ vt [combiner] : *je me demande ce qu'il gamberge* I wonder what he's up to / *ne t'en fais pas, j'ai tout bien gambergé* don't worry, I've got it all figured out ou sewn up.

gambette [gɑ̃bɛt] nf **1.** *fam* [jambe] leg, pin UK, gam US ▸ **jouer** ou **tricoter des gambettes** to go off like a shot, to leg it **2.** ORNITH redshank.

Gambie [gɑ̃bi] npr f **1.** [pays] ▸ **(la) Gambie** the Gambia **2.** [fleuve] ▸ **la Gambie, le fleuve Gambie** the Gambia (River).

gambien, enne [gɑ̃bjɛ̃, ɛn] adj Gambian.
✣ **Gambien, enne** nm, f Gambian.

gambiller [3] [gɑ̃bije] vi *fam & vieilli* to jig about, to dance.

gambit [gɑ̃bit] nm JEUX gambit ▸ **gambit du roi / de la reine** king's / queen's gambit.

gamelle [gamɛl] nf **1.** [récipient - d'un soldat] mess tin UK ou kit US ; [- d'un ouvrier] lunch box UK ou pail US / *passe-moi ta gamelle fam* [assiette] give me your plate **2.** [d'un chien] bowl **3.** MIL & NAUT mess ▸ **la gamelle des officiers** the officers' mess **4.** *fam* CINÉ spot, spotlight **5.** EXPR ramasser ou **prendre une gamelle** *tfam* to fall flat on one's face, to come a cropper UK.

gamète [gamɛt] nm gamete ▸ **gamète femelle** female gamete ▸ **gamète mâle** male gamete.

gamétocyte [gametɔsit] nm gametocyte.

gamétogenèse [gametɔʒənɛz] nf gametogenesis.

gamin, e [gamɛ̃, in] ◆ nm, f kid. ◆ adj [puéril] childish ; [espiègle] childlike, impish, playful.

gaminerie [gaminʀi] nf [acte] childish ou silly prank ; [comportement] childishness, infantile behaviour ▸ **ses gamineries m'exaspéraient** his childish ways were driving me mad / *ce ne sont que des gamineries* this is just childish, this is all very infantile.

gamma [gama] nm gamma.

gammaglobuline [gamaglɔbylin] nf gamma globulin.

gammagraphie [gamagʀafi] nf gammaradiography.

gamme [gam] nf **1.** MUS scale, gamut *spéc* ▸ **gammes chromatiques** chromatic scales ▸ **faire ses gammes a)** *pr* to play one's scales **b)** *fig* to go through the basics, to learn the ropes **2.** [de produits] range ; [de sentiments] gamut / *une nouvelle gamme de produits de beauté* a new range of beauty products / *une gamme de beiges, du plus clair au plus foncé* all shades of beige, from the lightest to the darkest / *le film joue sur toute la gamme des sentiments humains* the film runs the (whole) gamut of human feelings **3.** COMM ▸ **bas / haut de gamme** : *produits bas / haut de gamme* down-market / up-market products / *un téléviseur haut de gamme* an up-market ou a top-of-the-range TV.

gammée [game] adj f ⟶ **croix.**

gamopétale [gamɔpetal] ◆ adj gamopetalous. ◆ nf ▸ **les gamopétales** the Gamopetalae.

gamosépale [gamɔsepal] adj gamosepalous.

ganache [ganaʃ] nf **1.** *péj : une (vieille) ganache* an old codger **2.** [du cheval] lower jaw, cheek.

Gand [gɑ̃] npr Ghent.

gandin [gɑ̃dɛ̃] nm *sout* [dandy] dandy, fop.

gandoura [gɑ̃duʀa] nf gandoura.

gang [gɑ̃g] nm gang.

ganga [gɑ̃ga] nm sandgrouse.

Gange [gɑ̃ʒ] npr m ▸ **le Gange** the (River) Ganges.

gangétique [gɑ̃ʒetik] adj Gangetic.

ganglion [gɑ̃glijɔ̃] nm MÉD ganglion ▸ **ganglion lymphatique** lymph gland.

ganglionnaire [gɑ̃glijɔnɛʀ] adj ganglionic, ganglial ▸ **neurone ganglionnaire** ganglioneuron.

ganglioplégique [gɑ̃glijɔpleʒik] ◆ adj ganglioplegic. ◆ nm ganglion-blocking agent.

gangrène [gɑ̃gʀɛn] nf **1.** MÉD gangrene ▸ **gangrène sèche / humide / gazeuse** dry / moist / gas gangrene **2.** [corruption] scourge, canker / *la gangrène du terrorisme* the scourge of terrorism.

gangrener [19] [gɑ̃gʀəne] vt **1.** MÉD to cause to become gangrenous, to gangrene **2.** [corrompre] to corrupt, to rot.
✣ **se gangrener** vpi to become gangrenous / *la jambe risque de se gangrener* the leg may become gangrenous ou may get gangrene.

✎ In reformed spelling (see p. 16-19), this verbe can be written *gangréner* and is conjugated like *semer*: *il gangrène, elle gangrènera.*

gangreneux, euse [gɑ̃gʀənø, øz ou gɑ̃gʀenø, øz], **gangréneux*, euse** [gɑ̃gʀenø, øz] adj gangrenous.

gangster [gɑ̃gstɛʀ] nm **1.** [bandit] gangster / *un film de gangsters* a gangster film **2.** [escroc] cheat, swindler.

gangstérisme [gɑ̃gsteʀism] nm gangsterism.

gangue [gɑ̃g] nf **1.** MIN [d'une pierre précieuse, d'un minerai] gangue **2.** [couche] coating / *recouvert d'une gangue de glace* coated with ice **3.** *fig : ils sont enfermés dans une gangue de préjugés* they are hidebound with prejudice.

ganse [gɑ̃s] nf COUT braid ou twine binding.

ganser [3] [gɑ̃se] vt [robe, tissu] to braid, to trim ; [chapeau] to trim / *des canotiers gansés de velours* velvet-trimmed boaters / *ganser une couture* to pipe a seam.

gant [gɑ̃] nm [accessoire] glove ▸ **gant de boxe / d'escrime** boxing / fencing glove ▸ **gant de crin** massage glove ▸ **gant de fauconnier** falconer's gauntlet ▸ **gant de motard** motorcycle glove ▸ **gant de toilette** flannel UK, washcloth US, facecloth US ▸ **gants de ménage** rubber gloves, washing-up gloves UK ▸ **ça te / lui va comme un gant** it fits you / him like a glove ▸ **se donner les gants de qqch** to claim credit for sthg ▸ **mettre** ou **prendre des gants avec qqn** to handle sb with kid gloves / *pour lui annoncer la nouvelle je te conseille de prendre des gants* I'd advise you to break the news to him very gently ▸ **jeter le gant (à qqn)** to throw down the gauntlet (to sb) ▸ **relever** ou **ramasser le gant** to take up the gauntlet, to accept the challenge.

gantelet [gɑ̃tlɛ] nm **1.** HIST & SPORT gauntlet **2.** INDUST gauntlet, hand leather.

ganter [3] [gɑ̃te] ◆ vt to glove / *ses mains étaient gantées de dentelle noire* her hands were gloved in black lace, she was wearing black lace gloves. ◆ vi : *vous gantez du combien?* what size gloves do you take?
✣ **se ganter** vp *(emploi réfléchi)* [mettre ses gants] to put on ou to slip on one's gloves.

ganterie [gɑ̃tʀi] nf **1.** [industrie] glove-making industry ; [fabrique] glove factory **2.** [boutique] glove shop UK ou store US, glover's ; [négoce] ▸ **la ganterie** the glove trade.

gantier, ère [gɑ̃tje, ɛʀ] nm, f glover.

gantois, e [gɑ̃twa, az] adj from Ghent.
✣ **Gantois, e** nm, f *inhabitant of or person from Ghent.*

GAO (abr de **gestion assistée par ordinateur**) nf CAM, computer-aided management.

gap [gap] nm ÉCON gap.

garage [gaʀaʒ] nm **1.** [de voitures] garage ; [de bateaux] boathouse ; [de vélos] shed ; [d'avions] shed, hangar ; [de bus] garage, depot / *la voiture est au garage* the car is in the garage **2.** [atelier] garage, car repair shop US / *ma voiture est au garage* my car is at the garage **3.** RAIL siding.

garagiste [gaʀaʒist] nmf [propriétaire] garage owner ; [gérant] garage manager ; [mécanicien] (garage) mechanic.

garance [gaʀɑ̃s] ◆ nf **1.** BOT madder **2.** [teinture] madder (dye). ◆ adj inv [rouge] ruby red / *les uniformes* ou *pantalons garance* French uniforms *(in use until the 14-18 War).*

garant, e [gaʀɑ̃, ɑ̃t] ◆ adj **1.** DR ▸ **être garant d'une dette** to stand guarantor ou surety for a debt **2.** [responsable] ▸ **être / se porter garant de** to vouch ou to answer for / *elle viendra, je m'en porte garant* she'll come, I can vouch for that / *les pays garants d'un traité* countries acting as guarantors of a treaty / *désormais, vous serez garante de ses faits et gestes* from now on, you'll be answerable ou responsible for his conduct. ◆ nm, f **1.** [personne] : *tu es la garante de notre réussite* thanks to you, we are assured of success **2.** [responsable] guarantor / *les membres du GATT sont les garants de la liberté des échanges* the members of GATT are the guarantors of free trade.
✣ **garant** nm **1.** DR [personne] guarantor ; [somme, bien, document] surety, security ▸ **être le garant de qqn** to stand surety for sb **2.** [garantie] guarantee, warranty / *la réputation d'un commerçant est le meilleur garant de son honnêteté* a tradesman's reputation is the best guarantee of his honesty **3.** NAUT (tackle) fall.

garanti [gaʀɑ̃ti] nm DR guarantee.

garantie [gaʀɑ̃ti] nf **1.** COMM [assurance] guarantee / *j'ai acheté une voiture d'occasion avec six mois de garantie* I've bought a second-hand car with a six-month guarantee ou warranty ▸ **garantie décennale** *ten-year guarantee on newly-built property* ▸ **garantie de parfait achèvement** *one-year guarantee on new property by which the builder must carry out repairs due to construction faults* ▸ **garantie des vices** guarantee against hidden defects ou faults ▸ **contrat de garantie** guarantee ▸ **rupture de garantie** breach of warranty **2.** DR [obligation] guarantee ▸ **garantie de paiement** guarantee of payment **3.** [gage] guarantee ▸ **demander des garanties à qqn** to ask sb for guarantees / *il me faut des garanties sérieuses* I need some reliable guarantees ▸ **c'est sans garantie!** I'm not promising ou guaranteeing anything! **4.** POL ▸ **garantie individuelle, garanties individuelles** guarantee of individual liberties.
✣ **sous garantie** loc adj under guarantee / *un appareil sous garantie* an appliance under guarantee.

garantique [gaʀɑ̃tik] nf [technique] computer security technology ; [théorie] data protection.

garantir [32] [gaʀɑ̃tiʀ] vt **1.** [veiller sur] to guarantee, to safeguard / *la Constitution garantit les libertés civiques* the Constitution guarantees ou safeguards civil liberties **2.** [assurer - appareil] to guarantee / *cet appareil est garanti deux ans* this appliance is guaranteed for two years ou has a two-year guarantee / *l'antiquaire me l'a garanti d'époque* the antique dealer assured me ou guaranteed me it's a period piece / *le pull est garanti 100% coton* the sweater is guaranteed 100% cotton **3.** [promettre] to guarantee, to assure / *suis mes conseils et je te garantis le succès* take my advice and I guarantee you'll succeed ou I guarantee you success / *il m'a garanti que ça serait livré demain* he assured me that it would be delivered tomorrow / *je ne te garantis pas le soleil* I can't guarantee ou promise you any sun / *je te garantis que tu le regretteras!* I can assure you you'll regret it! **4.** [protéger] ▸ **garantir qqn de** to protect sb from **5.** DR ▸ **garantir qqn contre** to cover sb against / *mon assurance me garantit contre l'incendie* my insurance covers me against fire, I'm covered against fire **6.** FIN [paiement] to guarantee ; [emprunt] to guarantee, to back ; [créance] to secure.

garbure [gaʀbyʀ] nf *Béarnaise vegetable broth (with goose).*

garce [gaʀs] nf *tfam* **1.** *péj* bitch ▸ **sale garce** you rotten bitch! / *j'en ai marre de cette garce de vie!* I'm fed up with this shitty life! **2.** *vieilli* [prostituée] tart UK, whore US.

garcette [gaʀsɛt] nf NAUT gasket.

garçon [gaʀsɔ̃] ◆ nm **1.** [enfant] boy / *école de / vestiaire des garçons* boys' school / cloakroom / *nous avons un garçon et une fille* we've got a boy and a girl ▸ **grand garçon** : *un grand garçon comme toi, ça ne pleure pas* big boys like you don't cry ▸ **petit garçon** little boy ▸ **garçon manqué** tomboy **2.** [homme] boy / *elle sort trop avec les garçons* she goes out too much with boys / *c'est un garçon qui connaît très bien l'entreprise* that chap knows the company very well ▸ **garçon d'honneur** best man ▸ **bon** ou **brave garçon** : *c'est un bon ou brave garçon* he's a good sort ▸ **joli garçon** : *il est plutôt joli garçon* he's quite good-looking ▸ **mauvais garçon** : *c'est un mauvais garçon* he's a bad lot UK, he's bad news **3.** [célibataire] bachelor **4.** [employé] ▸ **garçon de bureau / courses** office / errand boy ▸ **garçon boucher** butcher's boy ou assistant ▸ **garçon coiffeur** junior *(in a hairdressing salon)* UK, hairdresser's assistant US ▸ **garçon d'écurie** stable-boy ▸ **garçon de ferme** farm hand **5.** [serveur] ▸ **garçon (de café** ou **de salle)** waiter / *garçon, une*

* In reformed spelling (see p. 16-19).

bière, s'il vous plaît! waiter, one beer please! **6.** *fam* [en appellatif] ▸ **attention, mon garçon!** watch it, sonny! ◆ adj m **1.** [célibataire] unmarried / *il est resté garçon* he remained unmarried ou single ou a bachelor **2.** [qui a une apparence masculine] boyish / *ça fait très garçon, cette coiffure* that haircut looks very boyish.

garçonne [garsɔn] nf HIST : *les garçonnes des années vingt* the flappers.

❖ **à la garçonne** loc adv : *coiffée à la garçonne* with an Eton crop / *habillée à la garçonne* dressed like a (twenties) flapper.

garçonnet [garsɔnɛ] nm **1.** [petit garçon] (little) boy.

garçonnier, ère [garsɔnje, ɛr] adj boyish / *des manières garçonnières* boyish ways.

❖ **garçonnière** nf bachelor pad, bachelor flat UK ou apartment US.

garde¹ [gard]
◆ nf

A. SURVEILLANCE, PROTECTION
B. VIGILANCE
C. ARMES

A. SURVEILLANCE, PROTECTION 1. [surveillance - d'un bien, d'un lieu] : *je te confie la garde du manuscrit* I am entrusting you with the manuscript, I am leaving the manuscript in your safekeeping ou care ▸ **assurer la garde d'un immeuble a)** [police] to guard a building **b)** [concierge] to look after a building, to be caretaker UK ou janitor US of a building / *ils dressent des chiens pour la garde* they train guard dogs ▸ **faire bonne garde** : *on te prête la maison pour le week-end, mais fais bonne garde* we'll let you use our house for the weekend, but look after it carefully / *affecté à la garde du palais présidentiel* on guard duty at the presidential palace ▸ **monter la garde** to stand guard **2.** [protection - d'un enfant, d'un animal] care / *je confierai la garde des enfants à ma tante* I will leave the children in the care of my aunt / *puis-je te confier la garde de mon chien pendant deux jours?* would you take care of ou look after my dog for two days? **3.** MÉD [service de surveillance] : *interne qui fait des gardes* locum UK, locum tenens UK, intern on duty US ▸ **garde de nuit** night duty **4.** DR custody / *la garde des enfants fut confiée à la mère* the mother was given custody of the children, the children were left in the custody of their mother ▸ **garde à vue** police custody / *placé en garde à vue* put into police custody ▸ **droit de garde** (right of) custody ▸ **garde alternée** shared custody ▸ **garde partagée** [avec nourrice à domicile] shared childcare.

B. VIGILANCE SPORT guard / *tenir la garde haute* to keep one's guard up / *fermer / ouvrir sa garde* to close / to open one's guard ▸ **baisser sa garde** to drop one's guard ▸ **ne pas baisser sa garde (devant qqn)** to remain on one's guard ▸ **n'avoir garde de faire** *sout* : *je n'aurai garde de vous contredire* I'll take good care not to contradict you ▸ **prendre garde** : *prends garde!* watch out! ▸ **prendre garde à** : *prenez garde à la marche* mind UK ou watch US the step ▸ **prendre garde de** : *prenez garde de ne rien oublier* make sure ou take care you don't leave anything behind ▸ **prendre garde (à ce) que** *sout* : *je prendrai garde à ce qu'il ne parle pas* I shall ensure ou make sure he doesn't talk / *prends garde qu'on ne te voie pas* make sure nobody sees you.

C. ARMES 1. [escorte, milice] guard ▸ **garde (d'honneur)** guard of honour ▸ **garde mobile** (State) security police ▸ **garde rapprochée** close guard ▸ **la Garde impériale** the Imperial Guard ▸ **la Garde républicaine** the Republican Guard *(on duty at French state occasions)* ▸ **garde nationale** HIST national guard *(civil militia, 1789-1871)* ▸ **la vieille garde** the old guard *(of a political party)* **2.** [soldats en faction] guard ▸ **garde montante / descendante** relief / old guard **3.** [d'une arme blanche] hilt ▸ **jusqu'à la garde** *fig* up to the hilt / *il s'est enferré dans ses mensonges jusqu'à la garde* he got completely tangled up in his own lies.

❖ **gardes** nfpl guard *(civil militia, 1789-1871)* ▸ **être / se tenir sur ses gardes** to be / to stay on one's guard.

❖ **de garde** loc adj **1.** ⟶ **chien 2.** [qui se conserve] ▸ **fromage de (bonne) garde** cheese that keeps well ▸ **vin de garde** wine for keeping ou laying down **3.** MÉD duty *(modif)* ▸ **médecin de garde** duty doctor, doctor on duty / *elle est de garde trois nuits par semaine* she's on duty three nights a week / *je suis de garde demain soir* I'm on night duty tomorrow.

❖ **en garde** loc adv **1.** MIL & SPORT on (your) guard! ▸ **mettez-vous en garde** take your guard **2.** [sous surveillance] : *ils prennent des animaux en garde l'été* they board pets during the summer **3.** DR in care UK, in custody US / *le juge a placé les enfants en garde* the judge had the children put into care UK, the judge made the children wards of court **4.** EXPR ▸ **mettre qqn en garde** to warn sb / *je l'avais mise en garde contre les dangers du tabac* I had warned her against the dangers of smoking.

❖ **sous bonne garde** loc adv : *le stade est sous bonne garde* the stadium is under (heavy) guard / *ton argent est sous bonne garde* your money is in safe hands.

garde² [gard] ◆ nmf [personne] ▸ **garde d'enfants** baby-sitter, childminder UK / *la garde des enfants est une jeune Allemande* the childminder UK ou baby-sitter is a young German girl ▸ **garde des Sceaux** (French) Minister of Justice ; ≃ Lord Chancellor UK ; ≃ Attorney General US. ◆ nm **1.** [surveillant] warden ▸ **garde du corps** bodyguard ▸ **garde forestier** forest warden UK, forest ranger US ▸ **garde maritime** coastguard ▸ **garde mobile** member of the (State) security police ▸ **garde de nuit** night watchman ▸ **garde républicain** Republican guardsman *(on duty at French state occasions)* **2.** [soldat - en faction] guard ; [- en service d'honneur] guardsman ▸ **garde rouge** Red Guard. ◆ nf MÉD nurse.

Garde [gard] npr ⟶ **lac.**

garde-à-vous [gardavu] nm inv : *des soldats au garde-à-vous* soldiers standing at ou to attention / *garde-à-vous, fixe!* attention!, 'shun! / *se mettre au garde-à-vous* to stand to attention.

garde-barrière [gardəbarjɛr] (*pl* **gardes-barrière** *ou* **gardes-barrières** *ou* **garde-barrières***) nmf signalman (at a level crossing UK ou a grade crossing US).

garde-bœuf [gardəbœf] (*pl* **garde-bœuf** *ou* **garde-bœufs** [-bø]) nm cattle egret.

garde-boue [gardəbu] (*pl* **garde-boue** *ou* **garde-boues***) nm mudguard.

garde-cendre(s) [gardəsɑ̃dr] (*pl* **garde-cendres**) nm [devant un foyer] fender.

garde-chasse [gardəʃas] (*pl* **gardes-chasse** *ou* **gardes-chasses** *ou* **garde-chasses***) nm gamekeeper.

garde-chiourme [gardəʃjurm] (*pl* **gardes-chiourme** *ou* **gardes-chiourmes** *ou* **garde-chiourmes***) nm **1.** HIST prison warder UK ou guard US *(in charge of a gang of convicts)* **2.** *péj* [surveillant brutal] martinet, disciplinarian.

garde-corps [gardəkɔr] nm inv **1.** [balustrade] railing, handrail ; [parapet] parapet **2.** NAUT [le long d'une vergue] lifeline ; [sur le pont] manrope.

garde-côte(s)¹ [gardəkot] (*pl* **garde-côtes**) nm [bateau] coastguard ship.

garde-côte(s)² [gardəkot] (*pl* **gardes-côtes** *ou* **garde-côtes***) nm [personne] coastguard.

garde-feu [gardəfø] (*pl* **garde-feu** *ou* **garde-feux**) nm fireguard, fire screen.

garde-fou [gardəfu] (*pl* **garde-fous**) nm **1.** [barrière] railing, guardrail ; [talus] (raised) bank **2.** *fig* [défense] ▸ **servir de garde-fou contre** to safeguard against.

garde-frontière(s) [gardəfrɔ̃tjɛr] (*pl* **gardes-frontières**) nm border guard.

garde-magasin [gardmagazɛ̃] (*pl* **gardes-magasin** *ou* **gardes-magasins** *ou* **garde-magasins***) nm warehouseman ; MIL storekeeper, quartermaster.

garde-malade [gardəmalad] (*pl* **gardes-malade** *ou* **gardes-malades** *ou* **garde-malades***) nmf nurse.

garde-manger [gardəmɑ̃ʒe] (*pl* **garde-manger** *ou* **garde-mangers***) nm [placard] meat safe ; [réserve] pantry, larder.

garde-meuble(s) [gardəmœbl] (*pl* **garde-meubles**) nm furniture depository UK ou storehouse ▸ **mettre qqch au garde-meubles** to put sthg in storage.

Gardénal® [gardenal] nm phenobarbitone UK, phenobarbital US.

gardénia [gardenja] nm gardenia.

garden-party, garden-partie* [gardɛnparti] (*pl* **garden-partys** *ou* **garden-parties**) nf garden party.

garde-pêche [gardəpɛʃ] ◆ nm (*pl* **gardes-pêche** *ou* **garde-pêches***) water bailiff UK, fish warden US. ◆ nm inv [en mer] fisheries protection vessel ; [sur rivière] bailiff's boat UK, fish warden's boat US.

garder [3] [garde]
◆ vt

A. SURVEILLER, PROTÉGER
B. RESTER
C. MAINTENIR, PRÉSERVER

A. SURVEILLER, PROTÉGER 1. [veiller sur - personne, animal] to look after *(insép)* ; [- boutique] to keep an eye on, to mind / *il a fallu trouver quelqu'un pour garder le bébé* we had to find someone to look after the baby / *il doit faire garder les enfants le soir* he has to get somebody to look after the children in the evening ▸ **elle garde des enfants** she does some childminding UK ou baby-sitting / *les moutons sont gardés par des chiens* the sheep are guarded by dogs / *pourriez-vous garder mes affaires un instant?* would you mind keeping an eye on my things for a minute? / *elle m'a demandé de garder la boutique* she asked me to keep an eye on ou to mind the shop for her ▸ **on n'a pas gardé les cochons ensemble!** *fam* don't be so familiar! **2.** [surveiller - personne, lieu] to guard / *le stade était gardé par des hommes en armes* the stadium was guarded by armed men / *un cyprès garde l'entrée du cimetière* a cypress stands guard at the entrance to the cemetery **3.** *litt* [prémunir] ▸ **garder qqn de qqch** to protect ou to save sb from sthg / *cette sage parole m'a gardé de bien des erreurs* this sound advice has kept ou saved me from many a mistake **4.** DR ▸ **garder qqn à vue** to keep ou to hold sb in custody.

B. RESTER 1. [suj: malade] ▸ **garder le lit** to be confined to bed, to be laid up / *elle garde la chambre* she is confined to her room ou staying in her room **2.** MIL ▸ **garder les arrêts** to remain under arrest.

C. MAINTENIR, PRÉSERVER 1. [conserver - aliment] to keep / *on peut garder ce gâteau plusieurs mois* you can keep this cake ou this cake will keep for several months / **'garder à l'abri de la chaleur et de la lumière'** 'store in a cool dark place' **2.** [ne pas se dessaisir de] to keep / *j'ai gardé toutes ses lettres* I kept all his letters / *garde-le, un jour il aura de la valeur* hold onto it ou keep it, one day it will be valuable **3.** [conserver sur soi] to keep on *(sép)* / *puis-je garder mon chapeau / manteau?* may I keep my hat / coat on? **4.** [conserver en dépôt] to keep / *la voisine garde mon courrier pendant mon absence* my neighbour keeps my mail for me when I'm away **5.** [réserver] to save, to keep / *je t'ai gardé du poulet* I've saved you some chicken, I've kept some chicken for you / *ne te fatigue pas trop, il faut garder des forces pour ce soir* don't overtire yourself, save some of your energy for tonight / *garde-moi une place pour le cas où j'arriverais en retard* keep a seat for me in case I'm late / *attends que je termine mon histoire, j'ai gardé le meilleur pour la fin* wait for me to finish my story, I've kept the best bit until last ▸ **garder une poire pour la soif** to keep something for a rainy day **6.** [retenir - personne] to keep / *tu es pressé, je ne te garderai pas longtemps* as you're in a hurry I won't keep you long ▸ **garder qqn à dîner** to have sb stay for dinner / *il a gardé sa secrétaire* he kept his secretary on / *il a gardé le même dentiste toute sa vie* he kept the same dentist all his life / *on les a gardés au commissariat* they were held at the police station / *va-t-elle garder le bébé?* [femme enceinte] is she going to keep the baby? **7.** [ne pas révéler] to keep ▸ **garder un secret** to keep a secret ▸ **garder le secret sur qqch** to keep sthg secret / *tu ferais bien de garder ça pour toi* you'd better keep that to yourself **8.** [avoir à l'esprit] : *elle garde de son enfance une image heureuse* she has happy memories of her childhood / *je n'ai pas gardé de très bons souvenirs de cette époque* my memories of that time are not very happy ones ▸ **garder qqch présent à l'esprit** to bear ou to keep sthg in mind **9.** [maintenir - attitude, sentiment] to keep ▸ **garder l'anonymat** to remain anonymous ▸ **garder son calme** to keep calm ou cool ▸ **garder rancune à qqn de qqch** to bear ou to harbour a grudge against sb for sthg ▸ **garder son sérieux** to keep a straight face ▸ **garder le silence** to keep silent ▸ **garder la tête froide** to keep one's head ou a cool head / *garder les yeux baissés* to keep one's eyes lowered **10.** *sout* [observer, respecter - règle, loi] : *garder le jeûne* to observe a fast ▸ **garder ses distances** to keep one's distance **11.** [ne pas perdre - qualité] : *le mot garde encore toute sa valeur* the word still retains its full meaning.

❖ **se garder** ◆ vp *(emploi passif)* [aliment] to keep / *les framboises ne se gardent pas (longtemps)* raspberries do not keep (long) / *ça se garde une semaine au congélateur* it will keep for a week in the freezer / *des denrées qui se gardent six mois* foodstuffs with a shelf life of six months ou that will keep for six months. ◆ vp *(emploi réfléchi)* : *les enfants sont grands, ils se gardent tout seuls maintenant* the children are old enough to be left without a baby-sitter now.

❖ **se garder de** vp + prép *sout* **1.** [éviter de] : *je me garderai bien de lui en parler* I'll be very careful not to talk to him about it / *garde-toi bien de le vexer* be very careful not to offend him **2.** [se méfier de] : *il faut se garder des gens trop expansifs* one should beware ou be wary of over-effusive people / *gardons-nous de nos tendances égoïstes* let us try to curb our selfish tendencies.

garderie [gaʀdəʀi] nf **1.** [de quartier] day nursery UK, day-care center US ; [liée à une entreprise] crèche UK, baby-sitting services US **2.** [étendue de bois] (forest ranger's) beat.

garde-rivière [gaʀdəʀivjɛʀ] (*pl* **gardes-rivière** *ou* **gardes-rivières** *ou* **garde-rivières***) nm riverkeeper, river patrolman, waterways board official UK.

garde-robe [gaʀdəʀɔb] (*pl* **garde-robes**) nf **1.** [vêtements] wardrobe ▸ **garde-robe d'hiver** winter wardrobe / *il serait temps que je renouvelle ma garde-robe* it's high time I bought myself some new clothes **2.** [penderie] wardrobe.

garde-temps [gaʀdətɑ̃] nm inv timekeeper.

gardeur, euse [gaʀdœʀ, øz] nm, f *litt* ▸ **gardeur d'oies** gooseherd / *gardeur de vaches* cowherd.

garde-voie [gaʀdəvwa] (*pl* **gardes-voie** *ou* **gardes-voies** *ou* **garde-voies***) nm (railway line) patrolman UK ou (railroad track) patrolman US.

gardian [gaʀdjɑ̃] nm herdsman *(in the Camargue)*.

gardien, enne [gaʀdjɛ̃, ɛn] nm, f **1.** [surveillant - d'une usine, d'une société] (security) guard ; [- d'un cimetière] caretaker ; [- d'un domaine] warden ; [- d'un zoo] keeper ▸ **gardien d'immeuble** caretaker UK, porter UK, janitor US ▸ **gardien de musée** museum attendant ▸ **gardien de nuit** night watchman ▸ **gardien de parking** car park UK ou parking lot US attendant ▸ **gardien de phare** lighthouse keeper ▸ **gardien de prison** prison warder UK, prison guard US ▸ **gardien de square** park attendant **2.** *fig* [protecteur] guardian, custodian / *le gardien de nos libertés / de la tradition / du patrimoine* the guardian of our freedom / of tradition / of our heritage.

❖ **gardien** nm ▸ **gardien de but** goalkeeper ▸ **gardien de la paix** police officer.

❖ **gardienne** nf ▸ **gardienne d'enfants** nursery help ou helper UK, day-care assistant US.

gardiennage [gaʀdjenaʒ] nm : *assurer le gardiennage d'un entrepôt* to be in charge of security in a warehouse ▸ **société de gardiennage** security firm / *assurer le gardiennage d'une résidence* to be the caretaker ou porter in a block of flats UK, to be the doorman ou janitor in an apartment block US.

gardienne [gaʀdjɛn] f ⟶ **gardien.**

gardon [gaʀdɔ̃] nm ZOOL roach.

gare [gaʀ] ◆ nf **1.** RAIL [installations et voies] station ; [hall] (station) concourse ; [bâtiments] station building ou buildings / *de quelle gare part le train pour Calais?* which station does the train to Calais leave from? / *le train de 14 h 30 à destination de Paris va entrer en gare voie 10* the train now arriving at platform 10 is the two-thirty to Paris ▸ **gare frontière** / **maritime** border / harbour UK ou harbor US station ▸ **gare de passage** / **transbordement** through / transshipment station ▸ **gare de passagers** / **marchandises** passenger / goods station ▸ **gare routière a)** [d'autobus] coach UK ou bus US station **b)** [de camions] haulage depot ▸ **gare de triage** marshalling yard UK, switchyard US ▸ **romans de gare** cheap ou trashy novels **2.** [garage à bateaux] (river) basin ; [d'un canal] passing place. ◆ interj : *gare à toi!, gare à tes fesses! fam* you just watch it! / *gare à vous si vous rentrez après minuit!* if you come home after midnight, there'll be trouble!, you'd better be in by midnight, or else! / *gare à tes doigts avec ce couteau* watch your fingers with that knife ▸ **gare dessous!** look out ou watch out down below!

garenne [gaʀɛn] ◆ nf [lieu boisé] (rabbit) warren. ◆ nm ZOOL wild rabbit.

garer [3] [gaʀe] vt **1.** [véhicule] to park / *j'ai garé la voiture pas trop loin d'ici* I've parked the car not too far from here / *bien / mal garé* parked legally / illegally ▸ **garé en double file** double-parked **2.** TRANSP [canot] to dock, to berth ; [avion léger - dans un hangar] to put away *(sép)* ; [- sur la piste] to park **3.** RAIL to shunt, to move into a siding, to switch US.

❖ **se garer** vpi **1.** [en voiture] to park ▸ **trouver à se garer** to find a parking place ou space **2.** [s'écarter] ▸ **gare-toi!** get out of the way!

❖ **se garer de** vp + prép [éviter] : *se garer d'un danger* to steer clear of a danger / *garez-vous de ces gens-là* give those people a wide berth, steer clear of those people.

gargantua [gaʀgɑ̃tɥa] nm : *un (véritable) gargantua* a glutton.

Gargantua [gaʀgɑ̃tɥa] npr *the giant in Rabelais' novel of the same name (1534)* / **'Vie inestimable du grand) Gargantua'** *Rabelais* 'Gargantua and Pantagruel'.

gargantuesque [gaʀgɑ̃tɥɛsk] adj gargantuan.

gargariser [3] [gaʀgaʀize] ❖ **se gargariser** vpi to gargle. ❖ **se gargariser de** vp + prép to delight in *(insép)* / *il se gargarise volontiers de mots à la mode / de noms célèbres* he delights in trotting out fashionable words / in dropping famous names.

gargarisme [gaʀgaʀism] nm [rinçage] gargling ; [produit] mouthwash / *faire des gargarismes* to gargle.

gargote [gaʀgɔt] nf *péj* cheap restaurant.

gargotier, ère [gaʀgɔtje, ɛʀ] nm, f **1.** [propriétaire] : *demande au gargotier* ask the guy who runs this cheap joint **2.** *péj* [mauvais cuisinier] bad cook.

gargouille [gaʀguj] nf **1.** [de gouttière] waterspout **2.** ARCHIT gargoyle.

gargouillement [gaʀgujmɑ̃] nm **1.** [d'une fontaine] gurgling **2.** [de l'estomac] rumbling / *j'ai des gargouillements dans le ventre* my stomach is rumbling.

gargouiller [3] [gaʀguje] vi **1.** [liquide] to gurgle **2.** [estomac] to rumble.

gargouillis [gaʀguji] = **gargouillement.**

gargoulette [gaʀgulɛt] nf **1.** [cruche] goglet **2.** *tfam & vieilli* [gosier] throat, gullet, craw.

gargousse [gaʀgus] nf cartridge bag.

gariguette [gaʀigɛt] nf *variety of strawberry.*

garnement [gaʀnəmɑ̃] nm brat, rascal / *le vilain garnement, il s'est encore enfui* that little rascal has run away again.

garni, e [gaʀni] adj **1.** CULIN [plat du jour, viande] with vegetables **2.** *vieilli* [chambre, logement, hôtel] furnished.

❖ **garni** nm *vieilli* furnished rooms ou accommodation.

Garnier [gaʀnje] npr ▸ **le palais Garnier** *the old Paris Opera House.*

garnir [32] [gaʀniʀ] vt **1.** [décorer] : *ils ont garni la table de fleurs et de bougies* they decorated the table with flowers and candles / *il faudrait quelques bibelots pour garnir les étagères* the shelves would look much nicer with a few ornaments (on them) / *l'arbre sera garni de cheveux d'ange* the tree will be hung ou decorated with Christmas floss / *revers garnis de vison* mink-trimmed lapels **2.** [remplir] : *nous vendons la corbeille garnie de fruits* the basket is sold (complete) with an assortment of fruit / *la trousse de toilette est vendue entièrement garnie* the sponge bag UK ou toilet case US comes complete with toiletries / *il est bien garni, ton frigo!* your fridge is very well stocked! **3.** [équiper] : *les semelles sont garnies de pointes d'acier* the soles are steel-tipped ; AUTO & RAIL [aménager - intérieur d'un véhicule] to fit **4.** [de tissu - siège] to cover, to upholster ; [- vêtement, coffret] to line / *elle a garni la robe d'une doublure en satin* she lined the dress with satin / *je vais garnir les tiroirs de papier de soie* I'll line the drawers with tissue paper **5.** CULIN [remplir] to fill ; [pour accompagner] : *toutes nos viandes sont garnies de pommes sautées* all our meat dishes come with ou are served with sautéed potatoes **6.** [remplir du nécessaire] to fill (up) / *garnir la chaudière pour la nuit* to stoke ou to fill (up) the boiler for the night.

❖ **se garnir** vpi **1.** [se remplir] to fill up / *le théâtre se garnissait de personnalités connues* the theatre was filling up with celebrities **2.** [se couvrir] : *les murs du nouveau musée se garnissent peu à peu* the walls of the new museum are gradually becoming lined with exhibits.

garnison [gaʀnizɔ̃] nf garrison / *le régiment est en garnison à Nancy* the regiment is garrisoned ou stationed in Nancy.

❖ **de garnison** loc adj garrison *(modif)*.

garnissage [gaʀnisaʒ] nm **1.** [d'un chapeau] trim **2.** AUTO [intérieur d'un véhicule] (interior) trim **3.** MÉTALL ▸ **garnissage acide** / **basique** acid / basic lining **4.** TECHNOL [d'une chaudière] lining *(U)*.

garniture [gaʀnityʀ] nf **1.** [ensemble] (matching) set / *une garniture de boutons* a set of buttons ▸ **garniture de foyer** ou **de feu** set of fire irons ▸ **une garniture de bureau** a set of desk accessories ▸ **garniture de cheminée** (set of) mantelpiece ornaments ▸ **une garniture de lit** a matching set of sheets and pillow-cases **2.** [ornementation] : *avec une garniture de dentelle* trimmed with lace / *la garniture d'une automobile* the interior trim ou the upholstery of a car **3.** [protection] ▸ **garniture de frein** / **d'embrayage** brake / clutch lining ▸ **garniture de porte** door liner **4.** CULIN [d'un feuilleté] filling ; [accompagnement - décoratif] garnish ; [- de légumes] garnish, fixings *(pl)* US / *que servez-vous comme garniture avec le poisson?* what does the fish come with?, what is the fish served with? / *c'est servi sans garniture* it is served without vegetables ou on its own / **'tout changement de garniture entraîne un supplément'** 'extra charge for change of vegetables'.

❖ **garnitures** nfpl [d'une serrure] wards.

Garonne [gaʀɔn] npr f ▸ **la Garonne** the (river) Garonne.

garrigue [gaʀig] nf scrubland, garigue / *ça sent bon la garrigue* it smells of Provence.

garrot [gaʀo] nm **1.** MÉD tourniquet ▸ **mettre un garrot** to apply a tourniquet **2.** [supplice] garrotte **3.** [de scie] toggle **4.** ZOOL withers.

garrotter, garroter* [3] [gaʀɔte] vt **1.** [attacher] to tie up *(sép)*, to bind **2.** *fig* [priver de liberté] to stifle, to muzzle / *tous les partis d'opposition ont été garrottés* the opposition parties have all been stifled ou muzzled **3.** [supplicier] to garrotte.

gars [ga] nm *fam* **1.** [garçon, fils] boy, lad UK / *qu'est-ce qui ne va pas, mon petit gars?* what's the matter, kid ou sonny? **2.** [jeune homme] boy, lad UK, guy US / *allons-y, les gars* let's go, boys / *c'est un gars bizarre* he's a weird bloke UK ou guy US / *salut, les gars* hi, lads! UK, hi, guys! US

* In reformed spelling (see p. 16-19).

Gascogne [gaskɔɲ] npr f ▸ **(la) Gascogne** Gascony ▸ **le golfe de Gascogne** the Bay of Biscay.

gascon, onne [gaskɔ̃, ɔn] adj Gascon.

❖ **Gascon, onne** nm, f Gascon ▸ **une offre de Gascon** an empty promise.

❖ **gascon** nm LING Gascon (variety).

gasconnade [gaskɔnad] nf *litt* [vantardise] : *des gasconnades* bragging / *raconter des gasconnades* to brag.

gas-oil (*pl* gas-oils), **gasoil** [gazɔjl, gazwal] = **gazole.**

gaspacho [gaspatʃo] nm = **gazpacho.**

Gaspar(d) [gaspaʀ] npr BIBLE Caspar.

gaspillage [gaspijaʒ] nm waste / *un gaspillage de temps et d'argent* a waste of time and money / *évitez le gaspillage de nourriture | d'électricité* don't waste food / electricity.

gaspiller [3] [gaspije] vt [denrée, temps, talent] to waste ; [économies] to squander / *en une semaine ils gaspillèrent les économies d'une année* they threw away ou squandered a year's savings in one week / *il a gaspillé son talent* he has squandered his talent / *elle me fait gaspiller mon temps et mon argent* she wastes both my time and my money.

gaspilleur, euse [gaspijœʀ, øz] ◆ adj wasteful / *il est incroyablement gaspilleur* he's unbelievably wasteful ou extravagant. ◆ nm, f squanderer, spendthrift.

gastéropode [gasteʀɔpɔd] = **gastropode.**

Gaston Lagaf' [gastɔ̃lagaf] npr *clumsy youth in a strip cartoon of the same title.*

gastralgie [gastʀalʒi] nf stomach pains, gastralgia *spéc.*

gastralgique [gastʀalʒik] adj gastralgic.

gastrectomie [gastʀɛktɔmi] nf gastrectomy.

gastrique [gastʀik] adj gastric, stomach *(modif)* ▸ **embarras / lésion gastrique** stomach trouble / lesion.

gastrite [gastʀit] nf gastritis.

gastro-duodénal, e, aux, gastroduodénal*, e, aux [gastʀɔdyɔdenal, o] adj ANAT gastroduodenal.

gastro-entérite (*pl* gastro-entérites), **gastroentérite*** [gastʀoɑ̃teʀit] nf gastroenteritis *(U).*

gastro-entérologie, gastroentérologie* [gastʀoɑ̃teʀɔlɔʒi] nf gastroenterology.

gastro-entérologue (*pl* gastro-entérologues), **gastroentérologue*** [gastʀoɑ̃teʀɔlɔg] nmf gastroenterologist.

gastrofibroscopie [gastʀofibʀɔskɔpi] nf gastric endoscopy.

gastro-intestinal, e, aux [gastʀoɛ̃tɛstinal, o] adj gastrointestinal.

gastronome [gastʀɔnɔm] nmf gastronome, gourmet.

gastronomie [gastʀɔnɔmi] nf gastronomy / *ça ne va pas être de la haute gastronomie, je fais un poulet rôti* don't expect anything fancy, I'm only doing roast chicken.

gastronomique [gastʀɔnɔmik] adj gastronomic, gastronomical ▸ **buffet gastronomique** gourmet buffet.

gastropode [gastʀɔpɔd] nm gastropod, gasteropod ▸ **les gastropodes** the snail family, Gastropoda *spéc.*

gastroscope [gastʀɔskɔp] nm gastroscope.

gastroscopie [gastʀɔskɔpi] nf gastroscopy.

gastrotomie [gastʀɔtɔmi] nf gastrotomy.

gâteau, x [gato] nm **1.** CULIN [pâtisserie] cake ; [biscuit] biscuit UK cookie US / *donne-moi une petite part | tranche de gâteau* give me a small piece / slice of cake ▸ **gâteau d'anniversaire** birthday cake ▸ **gâteau apéritif** savoury biscuit UK cracker US *(to eat with drinks)* ▸ **gâteau marbré** marble cake ▸ **gâteau aux noix** walnut cake ▸ **gâteau de riz / de semoule** ≃ rice / semolina pudding ▸ **gâteau de Savoie** sponge cake ▸ **gâteau sec** (sweet) biscuit UK ou cookie US ▸ **ça n'est pas du gâteau** *fam* it isn't as easy as it looks ▸ **c'est du gâteau** *fam* it's a piece of cake ou a walkover **2.** SUISSE tart **3.** [masse pressée] cake ▸ **gâteau de miel** ou **de cire** honeycomb.

❖ **gâteau** adj inv *fam* ▸ **c'est un papa gâteau** he's a soft touch with his children / *j'ai eu un tonton gâteau* I had an uncle who spoilt me rotten.

gâter [3] [gate] vt **1.** [combler - ami, enfant] to spoil / *j'aime bien les gâter à Noël* I like to spoil them at Christmas / *j'ai été gâtée aujourd'hui, j'ai eu trois offres d'emploi* today was my lucky day, I had three job offers / *du champagne! vous nous avez gâtés!* champagne! you shouldn't have! / *tu n'es qu'une enfant gâtée!* a spoilt brat, that's what you are! / *quel beau temps, nous sommes vraiment gâtés* we're really lucky with the weather / *nous sommes gâtés avec cette pluie!* *iron* lovely weather for ducks! ▸ **ne pas être gâté** *fam* : *tu as vu ce qu'il y a à la télé ce soir, on n'est pas gâtés!* have you seen what's on TV tonight, great, isn't it? *iron* / *il n'est pas gâté par la nature* nature wasn't very kind to him **2.** [abîmer] to spoil / *l'humidité gâte les fruits* moisture makes fruit go bad ou spoils fruit / *la sauce a bouilli, ça l'a gâtée* the sauce boiled, that's what spoiled it / *la pluie a gâté la récolte* the rain has spoiled ou ruined the harvest / *elle a beaucoup de dents gâtées* she's got a lot of bad teeth **3.** [gâcher] to spoil / *il est beau et riche, ce qui ne gâte rien* he's good-looking and wealthy, which does him no harm.

❖ **se gâter** vpi **1.** [pourrir - viande, poisson, lait] to go off UK ou bad ; [- fruit] to go bad **2.** [se carier - dent] to decay, to go rotten **3.** [se détériorer - situation] to go wrong / *nos relations ont commencé à se gâter* our relationship is starting to go wrong ou sour / *voilà ses potes, attention ça va se gâter* *fam* here come his mates, things are going to get nasty / *regarde le ciel, le temps se gâte* look at the sky, it's starting to cloud over ou the weather's changing for the worse.

gâterie [gatʀi] nf **1.** [cadeau] treat, present / *laisse-moi t'offrir une petite gâterie* let me treat you to a little something, let me buy you a little treat **2.** [friandise] treat, titbit.

gâte-sauce [gatsos] (*pl* **gâte-sauce** *ou* **gâte-sauces**) nm kitchen help ; *péj* bad cook.

gâteux, euse [gatø, øz] ◆ adj **1.** [sénile] doddering, doddery / *un vieillard gâteux* an old dodderer **2.** *fam* [stupide] gaga / *le bébé les rend tous gâteux* they are all completely besotted by the baby, they all go gaga over the baby. ◆ nm, f : *un vieux gâteux* *péj* a silly ou doddering old fool.

gâtifier [9] [gatifje] vi *fam* **1.** [devenir gâteux] to go soft in the head **2.** [bêtifier] : *autour du bébé, tout le monde gâtifie* everyone goes gaga over the baby.

gâtion [gatjɔ̃] nm SUISSE *fam* spoilt brat.

gâtisme [gatism] nm MÉD senility / *il se répète, c'est du gâtisme!* *péj* he is repeating himself, he must be going senile!

GATT, Gatt [gat] (abr de **General Agreement on Tariffs and Trade**) npr m GATT.

gauche [goʃ] ◆ adj **1.** [dans l'espace] left / *la partie gauche du tableau est endommagée* the left ou left-hand side of the painting is damaged ▸ **il est ailier gauche** he plays on the left wing **2.** [maladroit - adolescent] awkward, gawky ; [- démarche] ungainly ; [- manières] awkward, gauche ; [- geste, mouvement] awkward, clumsy ▸ **qu'il est gauche!** he's all fingers and thumbs! UK he's all thumbs! US / *ses excuses étaient encore plus gauches que sa gaffe* his apologies were even clumsier ou more awkward than his blunder **3.** CONSTR warped **4.** MATH ▸ **courbe gauche** skew curve. ◆ nm **1.** SPORT [pied gauche] : *marquer un but du gauche* to score a goal with one's left (foot) ; [poing gauche] : *il a un gauche imparable* he has an unstoppable left **2.** CONSTR warping. ◆ nf **1.** [côté gauche] ▸ **la gauche** the left ou left-hand side / *il confond sa droite et sa gauche* he mixes up (his) right and left / *la page de gauche* the left-hand page / *il y a deux ascenseurs, prenez celui de gauche* there are two lifts, take the one on your ou on the left / *l'église est à gauche de l'hôtel* the church is to the left of the hotel / *la deuxième rue sur votre gauche* the second street on your left / *l'arabe s'écrit de droite à gauche* Arabic is written from right to left **2.** POL left / *quand la gauche est arrivée au pouvoir* when the left came to power / *à droite comme à gauche, on condamne les essais nucléaires* right and left both condemn nuclear testing ▸ **elle vote à gauche** she votes (for the) left ▸ **la gauche caviar** champagne Socialism.

❖ **à gauche** ◆ interj **1.** MIL ▸ **à gauche, gauche!** left (turn)! **2.** NAUT : *à gauche!* left! ▸ **à gauche toute!** hard to port! / *à gauche tout doucement!* left hand down and slow! ◆ loc adv **1.** [sur le côté gauche] on the left ▸ **tournez à gauche** turn left **2.** EXPR ▸ **mettre de l'argent à gauche** *fam* to put ou to tuck some money away.

❖ **de gauche** loc adj left-wing / *idées / parti de gauche* left-wing ideas / party / *être de gauche* to be left-wing ou a left-winger.

❖ **jusqu'à la gauche** loc adv *fam* : *on s'est fait arnaquer jusqu'à la gauche* we got completely ripped off, they cheated us good and proper / *il est compromis jusqu'à la gauche dans cette affaire* he's involved right up to the hilt in this business.

gauchement [goʃmɑ̃] adv clumsily.

gaucher, ère [goʃe, ɛʀ] ◆ adj left-handed / *il n'est pas gaucher!* he is (rather) good with his hands! ◆ nm, f [gén] left-hander ; [boxeur] southpaw.

gaucherie [goʃʀi] nf **1.** [attitude] clumsiness / *ils ont fait preuve d'une gaucherie inhabituelle dans cette affaire* they have handled this case with unusual clumsiness **2.** [acte, geste] awkwardness *(U)* ; [expression] tactless ou insensitive statement / *des gaucheries typiques d'un garçon de 15 ans* awkwardness typical of a 15-year-old boy / *bon exposé, malgré quelques gaucheries* a good essay, despite some clumsy turns of phrase **3.** MÉD [prévalence manuelle] left-handedness.

gauchir [32] [goʃiʀ] ◆ vt **1.** CONSTR to warp, to buckle **2.** [altérer] to distort / *les préjugés gauchissent la réalité* prejudice distorts reality / *il accuse les journalistes d'avoir gauchi ses propos* he accuses the journalists of distorting ou misrepresenting his words. ◆ vi to warp.

❖ **se gauchir** vpi to warp.

gauchisant, e [goʃizɑ̃, ɑ̃t] ◆ adj POL ▸ **être gauchisant** to have left-wing tendencies. ◆ nm, f POL : *c'est un gauchisant* he's on the left, he's got left-wing tendencies.

gauchisme [goʃism] nm POL [gén] leftism ; [depuis 1968] New Leftism.

gauchissement [goʃismɑ̃] nm **1.** CONSTR warping **2.** *fig* distortion, misrepresentation.

gauchiste [goʃist] ◆ adj [gén & POL] left ; [depuis 1968] (New) Leftist. ◆ nmf [gén & POL] leftist ; [depuis 1968] (New) Leftist.

gaucho[1] [goʃo] nm [gardien de troupeaux] gaucho.

gaucho[2] [goʃo] adj inv & nmf *fam & péj* POL lefty, pinko.

gaudriole [godʀijɔl] nf *fam* **1.** [plaisanterie] bawdy joke **2.** [sexe] : *il ne pense qu'à la gaudriole* he's got a one-track mind.

gaufrage [gofʀaʒ] nm **1.** [relief - sur du cuir, du métal] embossing ; [- sur une étoffe] diapering **2.** [plissage d'un tissu] goffering **3.** IMPR goffering.

gaufre [gofʀ] nf **1.** CULIN waffle **2.** [de cire] honeycomb.

gaufrer [3] [gofʀe] vt **1.** [imprimer un relief sur - cuir, métal, papier] to emboss, to boss ; [- étoffe] to diaper **2.** [plisser - tissu] to goffer ; [- cheveux] to crimp / *elle s'est fait gaufrer les cheveux* she had her hair crimped.

gaufrerie [gofʀəʀi] nf QUÉBEC waffle.

gaufrette [gofʀɛt] nf wafer.

gaufreur, euse [gofʀœʀ, øz] nm, f **1.** [de cuir, de métaux] embosser **2.** [de tissu] gofferer.

❖ **gaufreuse** nf embossing press.

gaufrier [gofʀije] nm waffle iron.

gaufroir [gofʀwaʀ] nm goffer.

gaufrure [gofʀyʀ] nf goffering, embossed design.

gaulage [golaʒ] nm beating ▸ **le gaulage des noix** *beating walnuts down from trees.*

gaule [gol] nf **1.** [perche] pole **2.** PÊCHE fishing rod.

Gaule [gol] npr f ▸ **la Gaule** Gaul.

gauler [3] [gole] vt **1.** [arbre] to beat ; [fruit] to beat down *(sép)* (from the tree) **2.** EXPR **se faire gauler** *tfam* to be nicked UK ou busted US.

gaullien, enne [goljɛ̃, ɛn] adj of de Gaulle, de Gaulle's ▸ **l'éloquence gaullienne** de Gaulle's eloquence.

gaullisme [golism] nm Gaullism.

gaulliste [golist] adj & nmf Gaullist.

gaulois, e [golwa, az] adj **1.** HIST Gallic, Gaulish **2.** [grivois] bawdy ▸ **plaisanterie gauloise** bawdy joke ▸ **l'humour gaulois** bawdy humour.

❖ **Gaulois, e** nm, f Gaul.

❖ **gaulois** nm LING Gaulish.

❖ **gauloise** nf [cigarette] Gauloise.

gauloiserie [golwazʀi] nf **1.** [plaisanterie] bawdy joke ; [remarque] bawdy remark **2.** [attitude] bawdiness.

Gault et Millau [goemijo] nm ▸ **le Gault et Millau** *annual guide to hotels and restaurants.*

gauss [gos] nm PHYS gauss.

gausser [3] [gose] ❖ **se gausser** vpi *litt* to mock / *gaussez-vous donc, braves gens!* well may you mock, good people! / *vous vous gaussez!* you jest!

gavage [gavaʒ] nm **1.** AGR force-feeding, gavage / *le gavage des oies pour Noël* the fattening (up) of geese for Christmas **2.** MÉD tube-feeding.

gave [gav] nm (mountain) stream *(in SW France).*

Gaveau [gavo] npr ▸ **la salle Gaveau** *concert hall in Paris.*

gaver [3] [gave] vt **1.** AGR to force-feed **2.** [bourrer] : *on l'a gavé d'antibiotiques* he has been stuffed with antibiotics / *la télévision nous gave de publicités* we get an overdose of commercials on television.

❖ **se gaver de** vp + prép to fill ou to stuff o.s. up with / *ils se sont gavés de fraises* they stuffed themselves with strawberries / *cet été je me suis gavé de romans policiers* *fig* this summer I indulged myself with detective stories.

gaveur, euse [gavœʀ, øz] nm, f [personne] force-feeder.

gaveuse [gavøz] nf **1.** [machine] automatic force-feeder **2.** [personne] ⟶ **gaveur.**

gavial, als [gavjal] nm gavial.

gavotte [gavɔt] nf DANSE & MUS gavotte.

gavroche [gavʀɔʃ] ◆ adj [air, expression] mischievous, impish. ◆ nm : *un vrai petit gavroche* a typical Parisian urchin *(from a character in Victor Hugo's "les Misérables").*

gay [gɛ] adj & nmf gay / *il / elle est gay* he's / she's gay.

gaz [gaz] ◆ nm inv **1.** [pour le chauffage, l'éclairage] gas / *avoir le gaz* to have gas, to be on gas UK / *il n'y a pas le gaz ici* we don't have gas in this place / *employé du gaz* gasman ▸ **gaz de ville** town gas ▸ **Gaz de France** *the French gas board* **2.** CHIM gas ▸ **gaz asphyxiant / hilarant / lacrymogène** asphyxiating / laughing / tear gas ▸ **gaz inerte / rare** inert / rare gas ▸ **gaz carbonique** carbon dioxide ▸ **gaz de combat** MIL poison gas ▸ **gaz à effet de serre** greenhouse effect gas ▸ **gaz innervant** nerve gas ▸ **gaz naturel** natural gas ▸ **gaz parfait** ideal gas ▸ **gaz propulseur** propellant ▸ **gaz toxique** toxic gas **3.** MÉD [pour anesthésie] gas. ◆ nmpl **1.** PHYSIOL ▸ **avoir des gaz** to have wind UK ou gas US **2.** [carburant] ▸ **gaz brûlés** ou **d'échappement** exhaust fumes ▸ **gaz d'admission** air-fuel mixture ▸ **gaz naturel pour véhicules** natural gas for vehicles ▸ **gaz de pétrole liquéfié** liquid petroleum gas ▸ **mettre les gaz** *fam* to put one's foot down UK, to step on the gas US ▸ **on roulait (à) pleins gaz** *fam* we were going flat out ou at full speed.

Gaza [gaza] npr Gaza ▸ **la bande de Gaza** the Gaza Strip.

gazage [gazaʒ] = **flambage.**

gaze [gaz] nf **1.** TEXT gauze ▸ **gaze métallique** wire gauze **2.** MÉD gauze ▸ **gaze stérilisée** aseptic gauze.

gazé, e [gaze] ◆ adj gassed. ◆ nm, f (poison) gas victim.

gazéification [gazeifikasjɔ̃] nf **1.** CHIM gasification **2.** MIN ▸ **gazéification souterraine** underground gasification ▸ **gazéification du charbon** (ex situ) coal distillation **3.** [de l'eau] aeration ; [avec du gaz carbonique] carbonation.

gazéifier [9] [gazeifje] vt **1.** CHIM to gasify **2.** [eau] to aerate ; [avec du gaz carbonique] to carbonate.

gazelle [gazɛl] nf gazelle.

gazer [3] [gaze] ◆ vt **1.** [asphyxier] to gas ▸ **il a été gazé a)** [dans une chambre à gaz] he died in a gas chamber **b)** [sur le champ de bataille] he was a victim of poison gas **2.** TEXT to singe. ◆ vi *fam* **1.** [aller bien] ▸ **alors, ça gaze? — ça gaze!** how's things? ou how's it going? — great! / *ça ne gaze pas du tout en ce moment* things aren't too great at the moment **2.** [foncer] : *allez, gaze!* step on it!, get a move on!

gazetier, ère [gaztje, ɛʀ] nm, f **1.** *arch* gazette proprietor, gazetteer **2.** *péj* hack.

gazette [gazɛt] nf **1.** *arch* [journal] gazette, newspaper ▸ **la Gazette de Lausanne** PRESSE *Swiss daily newspaper* **2.** *fam & vieilli* [bavard] : *son mari est une vraie gazette!* her husband knows everybody's business ou all the latest gossip!

gazeux, euse [gazø, øz] adj **1.** CHIM gaseous **2.** [boisson] fizzy, sparkling ; [eau] sparkling, carbonated, fizzy ▸ **eau gazeuse naturelle** naturally carbonated water **3.** MÉD gas *(modif).*

gazier, ère [gazje, ɛʀ] adj gas *(modif).*

❖ **gazier** nm **1.** [employé du gaz] gasman **2.** *tfam* [individu] guy, bloke UK, dude US.

gazinière [gazinjɛʀ] nf gas stove, gas cooker UK.

gazoduc [gazɔdyk] nm gas pipeline.

gazogène [gazɔʒɛn] nm [appareil] gas producer ▸ **gaz de gazogène** producer gas.

gazole [gazɔl] nm **1.** [pour moteur Diesel] diesel (oil), derv UK **2.** [combustible] ▸ **gazole de chauffe** (domestic) fuel oil.

gazoline [gazɔlin] nf gasoline, gasolene.

gazomètre [gazɔmɛtʀ] nm gasholder, gasometer.

gazométrie [gazɔmetʀi] nf gasometry.

gazon [gazɔ̃] nm **1.** [herbe] : *du gazon* turf **2.** [pelouse] lawn ▸ **gazon anglais** well-kept lawn, smooth lawn.

gazonnage [gazɔnaʒ] = **gazonnement.**

gazonnant, e [gazɔnɑ̃, ɑ̃t] adj tufty, grassy.

gazonnement [gazɔnmɑ̃], **gazonnage** [gazɔnaʒ] nm grassing over.

gazonner [3] [gazɔne] vt to turf, to grass (over).

gazouillant, e [gazujɑ̃, ɑ̃t] adj **1.** [oiseau] chirping, warbling **2.** [bébé] babbling, gurgling.

gazouillement [gazujmɑ̃] nm **1.** [d'oiseau] chirping *(U)*, warbling *(U)* **2.** [d'un bébé] babbling *(U)*, gurgling *(U)* **3.** *litt* [de l'eau] babbling / *on n'entendait que le gazouillement d'une fontaine* all that could be heard was the gurgling ou babbling of a fountain.

gazouiller [3] [gazuje] vi **1.** [oiseau] to chirp, to warble **2.** [bébé] to babble, to gurgle **3.** *litt* [ruisseau, eau] to babble, to murmur, to gurgle.

gazouilleur, euse [gazujœʀ, øz] adj **1.** [oiseau] chirping, warbling **2.** [bébé] babbling, gurgling.

gazouillis [gazuji] = **gazouillement.**

gazpacho, gaspacho [gaspatʃo] nm gazpacho.

GB, G-B (abr écrite de **Grande-Bretagne**) npr f GB.

gd abr écrite de **grand.**

Gdansk [gdɑ̃sk] npr Gdansk.

GDF npr abr de **Gaz de France.**

geai [ʒɛ] nm jay.

géant, e [ʒeɑ̃, ɑ̃t] ◆ adj **1.** [énorme] giant ▸ **une ville géante** a gigantic town / *un écran géant* a giant screen ▸ **une clameur géante** an almighty clamour **2.** ASTRON giant **3.** *fam* [formidable] ▸ **c'est géant!** it's wicked ou brill! ◆ nm, f **1.** [personne, chose de grande taille] giant / *le chêne, géant de la forêt* *litt* the oak, giant of the forest ▸ **à pas de géant** : *le projet avance à pas de géant* the project is coming on UK ou moving along US in leaps and bounds **2.** *fig* : *les géants de la littérature classique* the giants ou great names of classical literature / *le géant du cyclisme français* the star of French cycling / *ils ont couronné un géant* they have given the award to one of the all-time greats / *c'est un des géants de l'électronique* ÉCON it's one of the giants of the electronics industry **3.** MYTH giant.

gecko [ʒeko] nm gecko.

geek [gik] nmf geek.

géhenne [ʒeɛn] nf BIBLE Gehenna.

Geiger [ʒeʒɛʀ] npr ▸ **compteur (de) Geiger** Geiger counter.

geignait v ⟶ **geindre.**

geignard, e [ʒɛɲaʀ, aʀd] *fam* ◆ adj [personne, voix] whining, whingeing UK, whiny US / *et moi? dit-il d'une voix geignarde* what about me? he whined. ◆ nm, f [enfant] crybaby ; [adulte] moaner, whinger UK, bellyacher US.

geignement [ʒɛɲəmɑ̃] nm moaning *(U)*, groaning *(U).*

geindre [81] [ʒɛ̃dʀ] vi **1.** [gémir] to groan, to moan **2.** *fam* [pour des riens] to whine, to gripe **3.** *litt* [vent] to moan.

geisha [gɛʃa] nf geisha (girl).

gel [ʒɛl] nm **1.** MÉTÉOR frost / *persistance du gel sur toute la moitié ouest* it will stay frosty in the west **2.** [suspension] : *le gel des opérations militaires* the suspension of military operations **3.** ÉCON freezing ▸ **le gel des salaires** the wage freeze / *ce n'est pas le gel des prix qui nous aidera* freezing prices won't help us **4.** CHIM gel ▸ **gel coiffant** hair gel.

gélatine [ʒelatin] nf **1.** CULIN gelatine ▸ **gélatine de poisson** isinglass, fish glue **2.** PHOT : *une plaque enduite de gélatine* a gelatine-coated plate **3.** [explosif] ▸ **gélatine explosive** blasting gelatine.

gélatiné, e [ʒelatine] adj PHOT ▸ **papier gélatiné** gelatine paper ▸ **plaque gélatinée** gelatinized plate.

gélatineux, euse [ʒelatinø, øz] adj **1.** [contenant de la gélatine] gelatinous ▸ **substance gélatineuse** gelatinous substance ▸ **solution gélatineuse** gelatine solution **2.** [flasque] gelatinous, jellylike, flaccid.

gélatino-bromure *(pl* **gélatino-bromures***)*, **gélatinobromure*** [ʒelatinɔbʀɔmyʀ] nm gelatinobromide ▸ **papier au gélatino-bromure** PHOT bromide paper.

gélatino-chlorure *(pl* **gélatino-chlorures***)*, **gélatinochlorure*** [ʒelatinɔklɔʀyʀ] nm gelatino-chloride.

gelé, e [ʒəle] adj **1.** AGR & MÉTÉOR [sol] frozen ; [pousse, bourgeon] frostbitten, frozen ; [arbre] frozen **2.** *fig* [glacé] frozen / *des draps gelés* ice-cold sheets ▸ **être gelé jusqu'aux os** to be frozen to the bone, to be frozen stiff **3.** MÉD frostbitten / *il a eu les orteils gelés* his toes were frostbitten, he got frostbite in his toes **4.** ÉCON & FIN frozen **5.** [hostile] icy, stone-cold.

❖ **gelée** nf **1.** MÉTÉOR frost ▸ **gelée blanche** white frost, hoarfrost **2.** CULIN jelly ▸ **gelée de groseilles** redcurrant jelly ou preserve.

❖ **en gelée** loc adj in jelly / *volaille en gelée* chicken in aspic ou jelly.

❖ **gelée royale** nf royal jelly.

geler [25] [ʒəle] ◆ vt **1.** [transformer en glace - eau, sol] to freeze / *le froid a gelé la rivière* the cold has frozen the river (over) **2.** [bloquer - tuyau, serrure] to freeze up *(sép)* **3.** [détruire - plante, tissu organique] to freeze / *le froid a gelé les premières fleurs* the cold has frozen ou nipped the first flowers **4.** [transir - visage] to chill, to numb ; [- membres] to freeze **5.** [paralyser - négociations] to halt ; [- projet] to halt, to block ; [- capitaux, sa-

* In reformed spelling (see p. 16-19).

laires, prix] to freeze / *tous les crédits sont gelés jusqu'à nouvel ordre* all funding has been frozen until further notice. ◆ vi **1.** [eau, liquide] to freeze ; [lac] to freeze over **2.** [tuyau, serrure] to freeze up **3.** [pousses, légumes] to freeze, to be nipped by the frost **4.** [personne] to freeze ▸ **je gèle** I'm frozen (stiff) / *ferme la porte, on gèle ici* shut the door, it's freezing in here. ◆ v impers ▸ **il gèle** it's freezing / *il a gelé cette nuit* it was below freezing ou zero last night ▸ **il a gelé blanc** there's been a frost ▸ **geler à pierre fendre** : *il gèle à pierre fendre* it is freezing hard.

⟡ **se geler** ◆ vpi [personne] : *je me suis gelé là-bas* I got (absolutely) frozen down there. ◆ vpt ▸ **on se les gèle** *tfam* it's damned cold, it's brass monkey weather UK.

gélif, ive [ʒelif, iv] adj **1.** GÉOL susceptible to frost heave **2.** AGR [champ] susceptible to spring frosts ; [sol] susceptible to frost heave ; [arbre] frost-cleft.

gélifiant, e [ʒelifjɑ̃, ɑ̃t] adj gelling.

⟡ **gélifiant** nm gelling agent.

gélification [ʒelifikasjɔ̃] nf BOT & CHIM gelation, gelling.

gélifier [9] [ʒelifje] vt **1.** CHIM to gel **2.** CULIN to make into a jelly, to jellify.

gélinotte [ʒelinɔt], **gelinotte** [ʒəlinɔt] nf hazel grouse, hazel hen.

gélive [ʒeliv] f ⟶ **gélif.**

gélose [ʒeloz] nf agar.

gélule [ʒelyl] nf PHARM capsule.

gelure [ʒəlyʀ] nf frostbite *(U).*

Gémeaux [ʒemo] npr mpl **1.** ASTRON Gemini **2.** ASTROL Gemini ▸ **les Gémeaux** Gemini ▸ **elle est Gémeaux** she's (a) Gemini.

gémellaire [ʒemelɛʀ] adj twin *(modif)*, gemellary *spéc* ▸ **grossesse gémellaire** twin pregnancy.

gémellipare [ʒemelipaʀ] adj gemelliparous.

gémelliparité [ʒemelipaʀite] nf twin pregnancy.

gémellité [ʒemelite] nf : *le taux de gémellité varie selon les pays* the number of twin births varies from country to country.

gémination [ʒeminasjɔ̃] nf LING & MÉD gemination.

géminé, e [ʒemine] adj **1.** [double] twin *(modif)*, geminate *spéc* ▸ **arcades géminées** ARCHIT twin ou dual arcades ▸ **fenêtres géminées** paired ou gemel windows **2.** LING ▸ **consonne géminée** geminate consonant.

⟡ **géminée** nf LING geminate.

géminer [3] [ʒemine] vt **1.** [gén] to geminate, to twin **2.** LING to geminate.

gémir [32] [ʒemiʀ] vi **1.** [blessé, malade] to moan, to groan **2.** [vent] to moan, to wail ; [parquet, gonds] to creak **3.** [se plaindre] to moan, to whine **4.** *litt* [souffrir] : *gémir dans les fers* to languish in irons.

gémissant, e [ʒemisɑ̃, ɑ̃t] adj [blessé, malade] moaning, groaning ; *fig* : *les accents gémissants d'un violon* the wailing strains of a violin / *les accents gémissants de la bise* the moaning of the north wind.

gémissement [ʒemismɑ̃] nm **1.** [gén] moan, groan / *pousser un gémissement* to (utter a) groan / *le gémissement du vent* the moaning ou wailing of the wind ▸ **gémissements** [plaintes] whimpering, whining **2.** [de la tourterelle] cooing *(U).*

gemmage [ʒɛmaʒ] nm tapping (of a pine-tree).

gemmail, aux [ʒɛmaj, o] nm ARCHIT non-leaded stained glass (window).

gemmation [ʒɛmasjɔ̃] nf gemmation.

gemme [ʒɛm] ◆ nf **1.** [pierre précieuse] gem **2.** [résine] (pine) resin. ◆ adj ⟶ **sel.**

gemmer [4] [ʒeme] vt [arbre] to tap *(pine trees).*

gemmifère [ʒɛmifɛʀ] adj gemmate.

gemmologie [ʒɛmɔlɔʒi] nf gemology, gemmology.

gemmologue [ʒɛmɔlɔg], **gemmologiste** [ʒɛmɔlɔʒist] nmf gemmologist.

gemmule [ʒɛmyl] nf gemmule.

gémonies [ʒemɔni] nfpl **1.** ANTIQ the Gemonies **2.** EXPR **traîner** ou **vouer qqn aux gémonies** to pillory sb ▸ **traîner** ou **vouer qqch aux gémonies** to hold sthg up to public ridicule.

gênant, e [ʒɛnɑ̃, ɑ̃t] adj **1.** [encombrant] in the way / *enlève ce fauteuil, il est gênant* move that armchair, it's in the way **2.** [ennuyeux] annoying / *les bus sont en grève? c'est gênant, ça* so the buses are on strike? what a nuisance ou how annoying / *c'est gênant qu'elle ne soit pas là* it's annoying ou it's a bit of a nuisance that she's not here ▸ **ce n'est pas gênant** it doesn't matter / *est-ce que c'est gênant?* does it matter? **3.** [embarrassant] awkward, embarrassing / *c'est gênant d'y aller sans avoir été invité* I feel a bit awkward ou uncomfortable about going there without an invitation.

gencive [ʒɑ̃siv] nf ANAT gum / *j'ai les gencives enflées* my gums are swollen / *prendre un coup dans les gencives fam* to get socked in the jaw, to get a kick in the teeth ▸ **envoyer** ou **flanquer dans les gencives qqch à qqn** *fam* : *elle lui a envoyé* ou *flanqué dans les gencives le détail de ce qu'elle lui reprochait* she told him to his face everything she didn't like about him.

gendarme [ʒɑ̃daʀm] nmf [policier] gendarme, policeman, policewoman, police officer ▸ **jouer au gendarme et au voleur** ou **aux gendarmes et aux voleurs** to play cops and robbers.

⟡ **gendarme** nm **1.** *fam* [personne autoritaire] ▸ **faire le gendarme** to lay down the law / *leur mère est un vrai gendarme* their mother's a real ou UK right battle-axe **2.** *fam* [hareng] smoked herring **3.** [saucisse] *dry, flat sausage* **4.** [pointe rocheuse] gendarme.

gendarmer [3] [ʒɑ̃daʀme] ⟡ **se gendarmer** vpi ▸ **se gendarmer (contre) a)** [protester] to kick up a fuss (about) **b)** [s'indigner] to get on one's high horse (about).

gendarmerie [ʒɑ̃daʀməʀi] nf **1.** [corporation] gendarmerie, police force ▸ **gendarmerie mobile** riot police **2.** [bureaux] gendarmerie, police station ; [caserne] police ou gendarmerie barracks.

 **Gendarmerie**

In France, while the police are especially present in larger towns, the **gendarmerie** patrols the road network, small towns and the countryside. The **gendarmes** fulfil the same role as police officers, ensuring law and order and recording declarations of theft.

gendre [ʒɑ̃dʀ] nm son-in-law.

gène [ʒɛn] nm gene.

gêne [ʒɛn] nf **1.** [matérielle] : *je resterais bien un jour de plus si ça ne vous cause aucune gêne* I would like to stay for another day if it doesn't put you to any trouble ou if that's no bother / *sa présence parmi nous est une gêne* his being here with us is a bit awkward **2.** [morale] embarrassment / *j'éprouvais une grande gêne à lui annoncer qu'il était renvoyé* I felt deeply embarrassed having to tell him that he was dismissed / *il a accepté l'argent avec une certaine gêne* he was uncomfortable about taking the money / *il a accepté l'argent sans la moindre gêne* he took the money without the slightest qualm ▸ **un moment de gêne** an awkward moment / *il y a une certaine gêne dans leurs relations* relations between them are rather strained / **'nous vous prions de nous excuser pour la gêne occasionnée'** 'we apologize for the inconvenience caused' ▸ **où il y a de la gêne, il n'y a pas de plaisir a)** there's no need to stand on ceremony **b)** [ton indigné] don't mind me *iron* **3.** [physique] difficulty, discomfort ▸ **éprouver** ou **avoir de la gêne à faire qqch** to find it difficult to do sthg **4.** [pauvreté] ▸ **être dans la gêne** to be in need / *sa mort nous a mis dans la gêne* his death has left us in financial straits.

⟡ **sans gêne** loc adj inconsiderate.

gêné, e [ʒene] adj **1.** [personne, sourire] embarrassed / *pourquoi prends-tu cet air gêné?* why are you looking so embarrassed? / *il n'est pas gêné, lui! fam* he's got a nerve ou UK a cheek! **2.** [serré] ill at ease, uncomfortable / *il se sentait gêné dans son nouvel uniforme* he felt uncomfortable in his new uniform ▸ **être gêné aux entournures** [mal à l'aise] to feel ill at ease ou self-conscious **3.** [financièrement] : *les personnes momentanément gênées peuvent demander une avance* people with temporary financial difficulties can ask for an advance.

généalogie [ʒenealɔʒi] nf **1.** [ascendance] ancestry / *faire* ou *dresser sa généalogie* to trace one's ancestry ou family tree **2.** [science] genealogy.

généalogique [ʒenealɔʒik] adj genealogical.

généalogiste [ʒenealɔʒist] nmf genealogist.

génépi [ʒenepi], **genépi** [ʒənepi] nm **1.** BOT wormwood **2.** [liqueur] genipi *(absinthe liqueur).*

gêner [4] [ʒene] vt **1.** [incommoder -suj: chose] to bother / *j'ai une poussière dans l'œil qui me gêne* there's a speck of dust in my eye that's bothering me / *est-ce que la fumée vous gêne?* does the smoke bother you? / *la lanière de mes sandales me gêne quand je marche* the straps on my sandals are uncomfortable when I walk / *mes lunettes me gênent pour mettre mon casque* my glasses get in the way when I put my helmet on / *j'ai oublié mes lunettes, ça me gêne pour lire* I've left my glasses behind and I'm finding it difficult to read **2.** [encombrer] to be in the way of / *enlève cette boîte de là, elle gêne (le passage)* move that box, it's in the way / *ne bougez pas, vous ne me gênez pas du tout* don't move, you're not in my ou the way at all ; *(en usage absolu)* : *c'est le placard qui gêne pour ouvrir la porte* the door won't open because of the cupboard **3.** [empêcher] : *la neige gênait la visibilité* visibility was hindered ou impaired by the snow / *ce camion gêne la circulation* that lorry is holding up the traffic / *je suis gêné dans mon métier par mes lacunes en mathématiques* the gaps in my knowledge of mathematics are a handicap ou a drawback in my line of business **4.** [importuner -suj: personne] to put out *(sép)*, to bother, to inconvenience / *ça ne le gênerait pas que j'arrive après minuit?* would it bother him ou put him out if I arrived after midnight? / *ça vous gêne si j'ouvre la fenêtre?* do you mind if I open the window? / *ça ne me gêne pas de le lui dire* I don't mind telling him (about it) / *oui pourquoi, ça te gêne? fam* yes why, what's it to you ou got any objections? ; *(en usage absolu)* : *ça ne gêne pas que tu viennes, il y a de la place* it'll be no bother ou trouble at all if you come, there's enough room **5.** [intimider] to embarrass / *les plaisanteries de son ami la gênaient* her friend's jokes embarrassed her ou made her feel uncomfortable **6.** [mettre en difficulté financière] : *en ce moment, cela me gênerait un peu de vous prêter cet argent* I can't really afford to lend you the money at the moment.

⟡ **se gêner** ◆ vp *(emploi réciproque)* : *la chambre est trop petite, on se gêne les uns les autres* the room is too small, we're in each other's way. ◆ vpi **1.** *fam* : *je vais me gêner, tiens!* just watch me! / *tu aurais tort de te gêner!* why should you worry ou care? ▸ **ne pas se gêner** : *continuez votre repas, ne vous gênez pas pour moi* go on with your meal, don't mind me / *vous avez pris ma place, surtout ne vous gênez pas! iron* go on, take my seat, don't mind me! / *il y en a qui ne se gênent pas!* some people have got a nerve! **2.** SUISSE to be shy.

général, e, aux [ʒeneʀal, o] adj **1.** [d'ensemble] general / *les caractéristiques générales du texte* the general features of the text / *la situation générale* the general ou overall situation ▸ **le phénomène est général** the phenomenon is widespread, it's a general phenomenon / *le sens général d'un mot* the general ou broad meaning of a word / *l'état général du malade est stationnaire* the patient's overall condition remains unchanged **2.** [imprécis] general / *il s'en est tenu à des remarques générales* he confined himself to generalities ou to some general remarks **3.** [collectif] general, common ▸ **le bien général** the common good ▸ **à la surprise / l'indignation générale** to everybody's surprise / indignation **4.** [total] general ▸ **amnistie générale** general amnesty **5.** ADMIN & POL [assemblée, direction] general /

il a été nommé directeur général he's been appointed managing director **6.** [discipline, science] general ▸ **linguistique générale** general linguistics.

❖ **général, e, aux** nm, f MIL general ▸ **général en chef** commander in chief ▸ **général d'armée** general ▸ **général de brigade** brigadier UK, brigadier general US ▸ **général de corps d'armée** lieutenant general ▸ **général de division** major general ▸ **général de brigade aérienne** air commodore UK, brigadier general US ▸ **général de division aérienne** air vice-marshal UK, major general US ▸ **général de corps aérien** air marshal UK, lieutenant general US ▸ **général d'armée aérienne** air chief marshal UK, general US.

❖ **général, aux** nm **1.** RELIG general **2.** *(toujours au sg)* general / *aller du général au particulier* to move from the general to the particular.

❖ **générale** nf **1.** THÉÂTRE (final) dress rehearsal **2.** MIL alarm call / *battre* ou *sonner la générale* to sound the alarm **3.** [épouse du général] general's wife.

❖ **en général** loc adv **1.** [habituellement] generally / *en général il me prévient quand il rentre tard* he generally ou usually lets me know if he's going to be late (home) **2.** [globalement] : *on parlait de l'amour en général* we were talking about love in general / *tu parles en général ou (tu parles) de nous?* are you talking generally ou in general terms or (are you talking) about us? / *est-ce que vous êtes d'accord avec ses propos? — en général, non!* do you agree with what he says? — generally speaking, no!

généralat [ʒeneʀala] nm RELIG generalate.

généralement [ʒeneʀalmɑ̃] adv **1.** [habituellement] generally, usually / *les magasins sont généralement fermés le dimanche* (the) shops are generally closed on Sundays **2.** [globalement] generally ▸ **généralement parlant** generally speaking ▸ **on croit généralement que…** there is a widespread belief that…, it is widely believed that…

généralisable [ʒeneʀalizabl] adj : *l'expérience / la théorie est intéressante, mais est-elle généralisable?* it's an interesting experiment / theory, but can it be generalized ou applied more generally?

généralisateur, trice [ʒeneʀalizatœʀ, tʀis] adj : *c'est un livre trop généralisateur* the book generalizes too much ou indulges in too many generalizations.

généralisation [ʒeneʀalizasjɔ̃] nf **1.** [propos, idée] generalization **2.** [extension] generalization ▸ **nous assistons à la généralisation du conflit / de la maladie** the conflict / the disease is spreading.

généralisé, e [ʒeneʀalize] adj [cancer] general ; [conflit, crise] widespread, generalized.

généraliser [3] [ʒeneʀalize] vt **1.** [répandre] ▸ **cette méthode / interdiction a été généralisée** this method / ban now applies to everybody / *cette mesure a été généralisée en 1969* this measure was extended across the board in 1969 **2.** [globaliser] to generalize / *tu n'as pas le droit de généraliser* you have no right to generalize / *ne généralise pas ton cas personnel* don't generalize from your own experience.

❖ **se généraliser** vpi [crise, famine] to become widespread / *l'usage de la carte de crédit s'est généralisé* credit cards are now in general use.

généralissime [ʒeneʀalisim] nm generalissimo.

généraliste [ʒeneʀalist] ◆ adj : *une chaîne de télévision généraliste* a general-interest TV channel / *le caractère généraliste de l'entreprise* the diversity of the company's activities. ◆ nmf MÉD general practitioner, GP.

généralité [ʒeneʀalite] nf **1.** [universalité] generality **2.** [majorité] : *dans la généralité des cas* in most cases.

❖ **généralités** nfpl [points généraux] general remarks ; [banalités] generalities.

générateur, trice [ʒeneʀatœʀ, tʀis] adj **1.** [créateur] : *la nouvelle politique salariale sera génératrice d'emplois* the new wages policy will create jobs ou generate employment ▸ **une industrie génératrice d'emplois** a job-creating industry / *un fanatisme générateur de violence* a fanaticism that breeds violence **2.** MATH : *ligne génératrice d'une surface* line which generates a surface.

❖ **générateur** nm **1.** ÉLECTR ▸ **générateur d'électricité** electricity generator ▸ **générateur de vapeur** steam generator **2.** NUCL ▸ **générateur isotopique** radioisotopic (power) generator **3.** INFORM ▸ **générateur de programmes** (program) generator ▸ **générateur automatique de programmes** report program generator ▸ **générateur de système expert** generic expert system tool ▸ **générateur de caractères** character generator.

❖ **génératrice** nf **1.** ÉLECTR generator **2.** MATH generatrix.

génératif, ive [ʒeneʀatif, iv] adj generative.

génération [ʒeneʀasjɔ̃] nf **1.** BIOL generation / *les organes de la génération* the reproductive organs ▸ **génération spontanée** spontaneous generation **2.** [groupe d'âge] generation / *les jeunes de ma génération* young people my age ou of my generation ▸ **la génération montante** the new generation / *quatre générations vivent sous le même toit* four generations live under the same roof / *des immigrés de la seconde génération* second-generation immigrants ▸ **la génération perdue** *fig* the lost generation / *entre le grand-père et le petit-fils il y a deux générations* there are two generations between the grandfather and the grandson / *il y a environ trois générations par siècle* there are approximately three generations per century **3.** [d'une technique] generation / *les lecteurs de disques compacts de la quatrième génération* fourth-generation compact disc ou CD players / *génération de langage / machine / système* language / computer / system generation **4.** POL ▸ **Génération Écologie** *one of the two green parties in France.*

générationnel, elle [ʒeneʀasjɔnɛl] adj generational ▸ **marketing générationnel** generational marketing ▸ **le dialogue générationnel** intergenerational dialogue ▸ **le fossé générationnel** the generation gap.

générative [ʒeneʀativ] f ⟶ **génératif**.

génératrice [ʒeneʀatʀis] f ⟶ **générateur**.

générer [18] [ʒeneʀe] vt to generate.

✐ In reformed spelling (see p. 16-19), this verb is conjugated like **semer**: *il génèrera, elle génèrerait.*

généreusement [ʒeneʀøzmɑ̃] adv **1.** [avec libéralité] generously ▸ **généreusement rétribué** generously rewarded **2.** [avec noblesse] generously / *il a généreusement offert de nous aider* he generously offered to help us **3.** [en grande quantité] : *se servir à manger généreusement* to help o.s. to a generous portion / *se verser généreusement à boire* to pour o.s. a good measure.

généreux, euse [ʒeneʀø, øz] adj **1.** [prodigue] generous / *il a été très généreux* he gave very generously, he was very generous / *laisser un pourboire généreux* to leave a generous ou handsome tip **2.** [noble - geste, tempérament] noble / *des sentiments généreux* unselfish ou noble sentiments **3.** [fertile - terre] generous, fertile **4.** [abondant - portion] generous ; [- repas] lavish **5.** [plantureux] ▸ **aux formes généreuses** curvacious / *une femme à la poitrine généreuse* a woman with an ample bosom **6.** ŒNOL [riche - en alcool] high in alcohol ; [- en saveur] full-bodied.

générique [ʒeneʀik] ◆ adj generic. ◆ nm **1.** CINÉ & TV credits / *au générique de notre émission ce soir* and tonight we have for you, and tonight's programme includes ▸ **générique de début / fin** opening / final credits **2.** [indicatif musical] signature tune.

générosité [ʒeneʀozite] nf **1.** [largesse] generosity **2.** [bonté] generosity, kindness / *je l'ai fait dans un élan de générosité* I did it in a sudden fit of kindness / *tu fais ça par (pure) générosité?* are you doing this out of the kindness of your heart? **3.** [d'un vin] full body ; [des formes] opulence.

❖ **générosités** nfpl [cadeaux] gifts, liberalities *sout.*

Gênes [ʒɛn] npr Genoa.

genèse [ʒənɛz] nf **1.** [élaboration] genesis / *la genèse d'un livre* the genesis ou origin of a book ▸ **faire la genèse de qqch** to trace the evolution of sthg **2.** BIBLE ▸ **la Genèse** (the Book of) Genesis.

génésique [ʒenezik] adj generative.

genet [ʒənɛ] nm ZOOL jennet *(horse).*

genêt [ʒənɛ] nm BOT broom *(U).*

généticien, enne [ʒenetisjɛ̃, ɛn] nm, f geneticist.

génétique [ʒenetik] ◆ adj genetic. ◆ nf genetics *(sg).*

génétiquement [ʒenetikmɑ̃] adv genetically.

genette [ʒənɛt] nf genet, genette.

gêneur, euse [ʒɛnœʀ, øz] nm, f : *il ne cesse de m'appeler, quel gêneur!* he keeps phoning me, what a nuisance (he is)!

Genève [ʒənɛv] npr Geneva ▸ **le lac de Genève** Lake Geneva.

Geneviève [ʒənvjɛv] npr ▸ **sainte Geneviève** Saint Genevieve.

genevois, e [ʒənvwa, az] adj Genevan, Genevese.

❖ **Genevois, e** nm, f Genevan, Genevese ▸ **les Genevois** the Genevans, the Genevese.

genévrier [ʒənevʀije] nm juniper.

Gengis Khan [ʒɛ̃ʒiskɑ̃] npr Genghis Khan.

génial, e, aux [ʒenjal, o] adj **1.** [qui a du génie] of genius / *Mozart était un compositeur génial* Mozart was a composer of genius **2.** [ingénieux] brilliant / *ce fut une invention géniale* it was a brilliant invention **3.** *fam* [sensationnel] brilliant, great, fantastic / *un film génial* a great ou brilliant ou fantastic film / *je n'ai pas trouvé cette exposition géniale* I didn't think much of that exhibition ▸ **pas génial** not exactly brilliant / *tu as vu le film hier soir? pas génial, hein?* did you see the film last night? no great shakes ou not up to much, was it? / *tu as gagné aux courses? mais c'est génial!* you've won on the horses? that's great ou fantastic ou brilliant! / *elle est géniale, ta copine* your girlfriend is great ou fantastic ▸ **génial!** brilliant ou great!

génialement [ʒenjalmɑ̃] adv with genius, masterfully, brilliantly.

génie [ʒeni] nm **1.** [don] genius ▸ **avoir du génie** to be a genius / *elle a le génie des affaires* she has a genius for business / *tu as vraiment le génie pour te mettre dans des situations impossibles!* you have a real gift for ou the knack of always getting into difficult situations! **2.** [personne] genius / *c'est loin d'être un génie* he's no genius / *à 15 ans, c'était déjà un génie de l'électronique* at 15 he was already an electronics wizard **3.** [essence] genius / *le génie de la langue française* the genius ou spirit of the French language / *le génie d'un peuple* the genius of a people / **'Génie du christianisme'** *Chateaubriand* 'The Genius of Christianity' **4.** LITTÉR & MYTH [magicien] genie ; [esprit] spirit / *génie des airs* spirit of the air ▸ **être le bon / mauvais génie de qqn** to be a good / bad influence on sb **5.** TECHNOL ▸ **le Génie** engineering / *les officiers du Génie* ≃ the Royal Engineers UK ; ≃ the (Army) Corps of Engineers US ▸ **génie atomique / chimique / civil / génétique** nuclear / chemical / civil / genetic engineering ▸ **génie maritime / militaire** marine / military engineering ▸ **génie logiciel** systems engineering ▸ **génie rural** agricultural engineering.

❖ **de génie** loc adj [musicien, inventeur] of genius ; [idée] brilliant.

genièvre [ʒənjɛvʀ] nm **1.** BOT [arbuste] juniper ; [fruit] juniper berry / *grain de genièvre* juniper berry **2.** [eau-de-vie] geneva.

génique [ʒenik] adj genic.

génisse [ʒenis] nf heifer.

génital, e, aux [ʒenital, o] adj ANAT & PSYCHOL genital.

géniteur, trice [ʒenitœʀ, tʀis] nm, f *hum* progenitor.

❖ **géniteur** nm ZOOL sire.

génitif [ʒenitif] nm GRAM genitive (case).

génito-urinaire [ʒenitoyʀinɛʀ] (*pl* **génito-urinaires**) adj genito-urinary.

génocidaire [ʒenɔsidɛʀ] ◆ adj genocidal. ◆ nmf perpetrator of genocide / *le procès de plusieurs géno-*

cidaires Khmers s'ouvre demain the trial of several Khmer genocide suspects opens tomorrow.

génocide [ʒenɔsid] nm genocide.

génois, e [ʒenwa, az] adj Genoese, Genovese.

✣ **Génois, e** nm, f Genoese, Genovese ▸ **les Génois** the Genoese, the Genovese.

✣ **génois** nm **1.** LING Genoese ou Genovese (dialect) **2.** NAUT Genoa (jib).

✣ **génoise** nf CULIN sponge cake / *une génoise fourrée aux abricots* an apricot sponge (cake).

génome [ʒenom] nm genome.

génomique [ʒenɔmik] nf genomics.

génothérapie [ʒenɔteʀapi] nf MÉD gene therapy.

génotype [ʒenɔtip] nm genotype.

genou, x [ʒənu] nm **1.** ANAT knee / *on était dans la neige jusqu'aux genoux* we were knee-deep ou up to our knees in snow / *cette année les jupes s'arrêtent au genou* knee-length skirts are the fashion this year / *mon jean est troué aux genoux* my jeans have got holes at ou in the knees / *mettre un genou à terre* to go down on one knee / *assis sur les genoux de sa mère* sitting on his mother's lap ou knee ▸ **plier** ou **fléchir** ou **ployer le genou devant qqn** to bow down ou to kneel before sb ▸ **faire du genou à qqn** to play footsie with sb ▸ **être sur les genoux** to be exhausted ▸ **être aux genoux de qqn** to be at sb's feet **2.** TECHNOL [joint] ball-and-socket joint **3.** COUT knee pad.

✣ **à genoux** loc adv **1.** [sur le sol] : *elle lavait le sol à genoux* she was cleaning the floor on her hands and knees ▸ **mets-toi à genoux** get down on your knees, kneel down **2.** *fig* ▸ **être à genoux devant qqn a)** [lui être soumis] to be on one's knees before sb **b)** [être en adoration devant lui] to worship sb / *le public français est à genoux devant lui* French audiences worship him ▸ **c'est à tomber** ou **se mettre à genoux tellement c'est beau** it's so beautiful it bowls you over / *je ne vais pas me mettre à genoux devant lui* [le supplier] I'm not going to go down on my knees to him / *je te le demande à genoux* I beg of you.

genouillé, e [ʒənuje] adj ANAT ▸ **corps genouillé** geniculate body.

genouillère [ʒənujɛʀ] nf **1.** [protection] knee pad **2.** [bandage] knee bandage ou support **3.** ARM knee piece, genouillère.

genre [ʒɑ̃ʀ] nm **1.** [sorte, espèce] kind, sort, type / *on y trouve des livres de tous les genres* all sorts ou kinds ou types of books are found there / *quel genre de femme est-elle?* what kind of woman is she? / *ce n'est pas le genre à renoncer* she's not the sort to give up ou who gives up / *partir sans payer, ce n'est pas son genre* it's not like him to leave without paying / *dans le genre vulgaire on ne fait pas mieux!* beat that for vulgarity! / *il a exigé qu'on lui rembourse le dessert, tu vois le genre!* he had the dessert deducted from the bill, you know the sort! ▸ **un genre de** [une sorte de] a kind ou sort of / *elle m'a répondu quelque chose du genre «je ne suis pas ta bonne»* she answered something along the lines of "I'm not here to wait on you" **2.** [comportement, manières] type, style / *le genre intellectuel* the intellectual type / *c'est le genre star* she's the film star type ▸ **genre de vie** lifestyle / *avoir un drôle de genre* to be an odd sort ▸ **avoir bon** / **mauvais genre** : *leurs enfants ont vraiment bon genre* their children really know how to behave ▸ **il a mauvais genre** he's a bit vulgar / *il est romantique, tout à fait mon genre!* he's a romantic, just my type! ▸ **faire du genre, se donner un genre** to put on airs, to give o.s. airs **3.** BIOL genus ▸ **le genre humain** mankind, the human race **4.** ART genre ▸ **le grand genre** historical painting ▸ **peinture de genre** genre painting **5.** GRAM gender **6.** LITTÉR genre / *le genre policier* the detective genre, detective stories ▸ **le genre romanesque** the novel.

✣ **dans son genre** loc adv [à sa façon] in his / her (own) way / *c'est un artiste dans son genre* he's an artist in his (own) way.

✣ **en son genre** loc adv [dans sa catégorie] : *elle est unique en son genre* she's in a class of her own.

✣ **en tout genre, en tous genres** loc adv of all kinds / *fournitures de bureau en tout genre* office equipment of all kinds ▸ **travaux en tous genres** all kinds of work undertaken.

gens[1] [ʒɛ̃s] (*pl* **gentes** [ʒɛ̃tɛs]) nf [groupe de familles] gens / *la gens Cornelia* the gens Cornelia.

gens[2] [ʒɑ̃] nmpl ou nfpl **1.** *(adjectif au féminin si placé avant; adjectif au masculin si placé après)* [personnes] people ▸ **les vieilles gens** old people, old folk / *les gens sont de plus en plus pressés* people are in more and more of a hurry / *que diront les gens?* what will people say? ▸ **beaucoup de gens** many people, a lot of people / *il y a des gens qui demandent à vous voir* there are some people who want to see you ▸ **gens de la campagne** country folk ou people ▸ **les gens d'ici** people from around here, the locals ▸ **les gens du monde** society people ▸ **des gens simples** ordinary folk ou people / *les gens de la ville* townspeople, townsfolk ▸ **petites gens** people of limited means / *les bonnes gens murmurent que...* people are saying ou whispering that... **2.** [corporation] : *comme disent les gens du métier* as the experts ou the professionals say ▸ **les gens d'Église** clergymen, the clergy, the cloth ▸ **gens d'épée** soldiers *(of the aristocracy)* ▸ **gens de lettres** men and women of letters ▸ **gens de maison** servants, domestic staff ▸ **gens de mer** seafarers ▸ **les gens de robe** *litt* the legal profession ▸ **gens du spectacle** stage ou showbusiness people ▸ **les gens du voyage a)** [artistes] travelling players ou performers **b)** [gitans] travellers.

gent [ʒɑ̃] nf *hum* [espèce] ▸ **la gent ailée** *sout* our feathered friends ▸ **la gent masculine** / **féminine** the male / female sex.

gentamicine [ʒɑ̃tamisin] nf gentimicin.

gentiane [ʒɑ̃sjan] nf **1.** [plante] gentian **2.** [liqueur] gentian bitters.

gentil, ille [ʒɑ̃ti, ij] adj **1.** [serviable] kind / *ils sont gentils avec moi* they're kind ou nice to me / *sois gentil, apporte-moi mes lunettes* do me a favour and get my glasses for me / *vous serez gentil de me prévenir de leur arrivée* be kind enough to let me know when they are arriving / *merci, c'est gentil* thanks, that's very kind of you **2.** [aimable] nice, sweet / *je l'aime bien, il est gentil* I like him, he's nice / *ils ont écrit sur moi des choses gentilles* they wrote some very nice things about me / *elle a pris mon idée sans me le dire, ce n'est pas très gentil* she stole my idea without telling me, that's not very nice (of her) ▸ **être gentil comme un cœur** : *il est gentil comme un cœur* he's an absolute angel **3.** [joli] nice, pretty, cute / *un gentil petit minois* a cute little face / *c'est gentil par ici* it's nice ou pleasant around here **4.** [exprimant l'impatience] ▸ **c'est bien gentil mais...** that's all very well but... / *c'est bien gentil tout ça mais si on parlait affaires?* that's all very well but what about getting down to business? / *tu es bien gentil mais quand est-ce que je vais récupérer mon argent?* that's all very well but when do I get my money back? **5.** [obéissant] good / *il a été gentil?* was he good? / *si tu es gentil / gentille* if you're a good boy / girl / *en voilà un gentil garçon!* there's a good boy! **6.** *(avant nom)* [considérable] ▸ **une gentille somme** a tidy ou fair sum.

✣ **gentil** nm [non-juif] Gentile ▸ **les gentils** the Gentiles.

gentilé [ʒɑ̃tile] nm gentilic.

gentilhomme [ʒɑ̃tijɔm] (*pl* **gentilshommes** [ʒɑ̃tizɔm]) nm **1.** HIST nobleman, gentleman / *gentilhomme de la garde* gentleman-at-arms ▸ **gentilhomme campagnard** (country) squire, country gentleman **2.** *litt* [gentleman] gentleman / *il se conduit toujours en gentilhomme* he always behaves like a gentleman.

gentilhommière [ʒɑ̃tijɔmjɛʀ] nf country seat, manor house.

gentillesse [ʒɑ̃tijɛs] nf **1.** [d'une personne] kindness *(U)* / *j'étais touché par la gentillesse de leur accueil* I was moved by their kind welcome **2.** [dans des formules de politesse] : *ayez la gentillesse de me prévenir à l'avance* be so kind as to let me know beforehand **3.** [parole] kind word / *il lui chuchotait des gentillesses à l'oreille* he whispered kind words ou sweet nothings in her ear ▸ **échanger des gentillesses** *iron* to exchange insults **4.** [acte] act of kindness / *elle est toujours prête à toutes les gentillesses* she's always ready to help people out.

gentillet, ette [ʒɑ̃tijɛ, ɛt] adj **1.** [mignon] : *il est gentillet, leur appartement* they've got a lovely little flat UK ou apartment US **2.** *péj* : *c'est un film gentillet, sans plus* it's a pleasant enough film, but that's about it.

gentiment [ʒɑ̃timɑ̃] adv **1.** [aimablement] kindly / *ils nous ont gentiment proposé de nous raccompagner* they kindly offered to drive us home / *les retardataires se sont fait gentiment taper sur les doigts* the latecomers got a rap on the knuckles **2.** [sagement] : *on discutait gentiment quand...* we were chatting away nicely ou quietly chatting away when... **3.** SUISSE [sans précipitation] : *fais-le gentiment, tu as tout le temps* take your time, there's no hurry.

gentleman [dʒɛntləman] (*pl* **gentlemen** [-mɛn]) nm gentleman / *en parfait gentleman* like a true gentleman.

gentleman-farmer [dʒɛntləmanfaʀmœʀ] (*pl* **gentlemen-farmers**) nm gentleman farmer.

gentleman's agreement [dʒɛntləmɛnsagʀimənt] (*pl* **gentlemen's agreements**) nm DR gentleman's agreement.

génuflexion [ʒenyflɛksjɔ̃] nf genuflection / *faire une génuflexion* to genuflect.

géo [ʒeo] nf *arg scol* geography.

géocentrique [ʒeɔsɑ̃tʀik] adj geocentric.

géochimie [ʒeɔʃimi] nf geochemistry.

géochimique [ʒeɔʃimik] adj geochemical.

géochimiste [ʒeɔʃimist] nmf geochemist.

géochronologie [ʒeɔkʀɔnɔlɔʒi] nf geochronology.

géode [ʒeɔd] nf **1.** GÉOL & MÉD geode **2.** [à Paris] ▸ **la Géode** the Géode *(the spherical building housing a cinema at the Cité des sciences et de l'industrie in Paris).*

géodésie [ʒeɔdezi] nf geodesy, geodetics *(sg).*

géodésien [ʒeɔdezjɛ̃] nm geodesist.

géodésique [ʒeɔdezik] ◆ adj **1.** MATH geodesic ▸ **point géodésique** triangulation point **2.** GÉOGR geodetic. ◆ nf **1.** MATH geodesic (line) **2.** GÉOGR geodesic (line).

géodynamique [ʒeɔdinamik] ◆ adj geodynamic. ◆ nf geodynamics *(sg).*

géoglyphe [ʒeɔglif] nm ARCHÉOL geoglyph.

géographe [ʒeɔgʀaf] nmf geographer.

géographie [ʒeɔgʀafi] nf **1.** [science] geography ▸ **géographie humaine** / **physique** / **politique** human / physical / political geography **2.** [livre] geography book.

géographique [ʒeɔgʀafik] adj geographic, geographical.

géographiquement [ʒeɔgʀafikmɑ̃] adv geographically.

géoïde [ʒeɔid] nm geoid.

geôle [ʒol] nf *litt* jail, gaol UK.

geôlier, ère [ʒolje, ɛʀ] nm, f *litt* jailer, gaoler UK / *les lois ne doivent pas être les geôlières de la liberté fig* the law must not fetter liberty.

géolocalisation [ʒeɔlɔkalizasjɔ̃] nf geolocalization.

géologie [ʒeɔlɔʒi] nf geology.

géologique [ʒeɔlɔʒik] adj geologic, geological.

géologiquement [ʒeɔlɔʒikmɑ̃] adv geologically.

géologue [ʒeɔlɔg] nmf geologist.

géomagnétique [ʒeɔmaɲetik] adj geomagnetic.

géomagnétisme [ʒeɔmaɲetism] nm geomagnetism.

géomancie [ʒeɔmɑ̃si] nf geomancy.

géométral, e, aux [ʒeɔmetʀal, o] adj flat, plane.

✣ **géométral, aux** nm flat projection.

géomètre [ʒeɔmɛtʀ] ◆ nmf **1.** MATH geometer, geometrician **2.** [arpenteur] land surveyor. ◆ nm ENTOM [chenille] measuring worm, looper ; [papillon] geometrid ou geometer moth.

géométrie [ʒeɔmetʀi] nf **1.** MATH geometry ▸ **géométrie euclidienne / non euclidienne** Euclidean / non-Euclidean geometry ▸ **géométrie plane / dans l'espace** plane / solid geometry **2.** [livre] geometry book.

❖ **à géométrie variable** loc adj **1.** [avion] swing-wing *(modif)* **2.** *fig* [susceptible d'évoluer] variable-geometry.

géométrique [ʒeɔmetʀik] adj **1.** MATH geometric, geometrical ▸ **progression / suite géométrique** geometric progression / series **2.** ART geometric ▸ **abstraction géométrique** geometrical abstraction ▸ **ornementation géométrique** geometric decorative style.

géométriquement [ʒeɔmetʀikmɑ̃] adv geometrically.

géomorphologie [ʒeɔmɔʀfɔlɔʒi] nf geomorphology.

géomorphologique [ʒeɔmɔʀfɔlɔʒik] adj geomorphological.

géophage [ʒeɔfaʒ] ◆ adj geophagous. ◆ nmf geophagist.

géophone [ʒeɔfɔn] nm geophone.

géophysicien, enne [ʒeɔfizisjɛ̃, ɛn] nm, f geophysicist.

géophysique [ʒeɔfizik] ◆ adj geophysical. ◆ nf geophysics *(sg).*

géopoliticien, enne [ʒeopɔlitisjɛ̃, ɛn] nm, f geopolitician.

géopolitique [ʒeɔpɔlitik] ◆ adj geopolitical. ◆ nf geopolitics *(sg).*

Georges [ʒɔʀʒ] npr ▸ **saint Georges** Saint George.

Géorgie [ʒeɔʀʒi] npr f ▸ **(la) Géorgie** Georgia.

georgien, enne [ʒɔʀʒjɛ̃, ɛn] adj ARCHIT Georgian.

géorgien, enne [ʒeɔʀʒjɛ̃, ɛn] adj GÉOGR Georgian.

❖ **Géorgien, enne** nm, f Georgian.

❖ **géorgien** nm LING Georgian.

géorgique [ʒeɔʀʒik] adj LITTÉR georgic.

géosphère [ʒeɔsfɛʀ] nf geosphere.

géostationnaire [ʒeɔstasjɔnɛʀ] adj ▸ **satellite géostationnaire** geostationary satellite.

géostatistique [ʒeɔstatistik] nf geostatistics *(sg).*

géostratégie [ʒeɔstʀateʒi] nf geostrategy.

géostratégique [ʒeɔstʀateʒik] adj geostrategical.

géosynchrone [ʒeɔsɛ̃kʀon] adj geosynchronous.

géosynclinal, aux [ʒeɔsɛ̃klinal, o] nm geosyncline.

géotechnicien, enne [ʒeɔtɛknisjɛ̃, ɛn] nm, f geotechnician.

géotechnique [ʒeɔtɛknik] ◆ adj geotechnical. ◆ nf geotechnics *(sg).*

géotextile [ʒeɔtɛkstil] nm geotextile.

géothermie [ʒeɔtɛʀmi] nf geothermal science, geothermics *(sg).*

géothermique [ʒeɔtɛʀmik] adj geothermic, geothermal.

géothermomètre [ʒeɔtɛʀmɔmɛtʀ] nm geothermometer.

géotropisme [ʒeɔtʀɔpism] nm BOT geotropism.

gérable [ʒeʀabl] adj manageable / *un problème / une situation difficilement gérable* a problem / a situation which is difficult to deal with ou to manage.

gérance [ʒeʀɑ̃s] nf management ▸ **assurer la gérance de** to be (the) manager of, to manage / *prendre / reprendre un fonds en gérance* to take on / to take over the management of a business / *mettre un fonds en gérance* to appoint a manager to a business ▸ **durant sa gérance** under his management, while he was manager ▸ **gérance libre** tenant management.

géraniacées [ʒeʀanjase] nfpl Geraniaceae.

géranium [ʒeʀanjɔm] nm geranium.

gérant, e [ʒeʀɑ̃, ɑ̃t] nm, f manager (manageress) / *elle est gérante d'hôtel* she's a hotel manageress ▸ **gérant d'immeubles** managing agent *(for an apartment block)* ▸ **gérant de société** managing director *(of a company)* ▸ **gérant de magasin** store manager.

gerbage [ʒɛʀbaʒ] nm **1.** AGR binding **2.** [de palettes] stacking ▸ **gerbage interdit** do not stack.

gerbe [ʒɛʀb] nf **1.** [de blé] sheaf ; [de fleurs] wreath / *lier le blé en gerbes* to sheave the corn, to bind the corn into sheaves **2.** [de feu d'artifice] spray, gerbe *spéc* **3.** [jaillissement - d'eau] spray ; [- d'étincelles] shower / *une gerbe de flammes* a blaze, a burst of flame / *la voiture faisait jaillir des gerbes d'eau sur son passage* the car sent up a spray of water as it went by **4.** ASTRON & PHYS shower.

gerber [3] [ʒɛʀbe] ◆ vt **1.** [blé] to bind, to sheave, to bind into sheaves **2.** [fûts, paquets] to pile (up) *(sép),* to stack (up) *(sép).* ◆ vi **1.** *tfam* [vomir] to throw up, to puke / *ça me fait gerber* it makes me want to throw up ou puke **2.** [feu d'artifice] to shower, to fan out.

gerbera, gerbéra* [ʒɛʀbeʀa] nm gerbera.

gerbeur [ʒɛʀbœʀ] nm stacker, stacking machine.

gerbier [ʒɛʀbje] nm stack, rick.

gerbille [ʒɛʀbij] nf gerbil.

gerboise [ʒɛʀbwaz] nf jerboa.

gerce [ʒɛʀs] nf **1.** MÉTALL crack **2.** [dans le bois] crack, flaw.

gercer [16] [ʒɛʀse] ◆ vi **1.** [peau, mains, lèvres] to chap, to crack / *chaque hiver, j'ai les mains qui gercent* every winter I get chapped hands **2.** [bois, métal, enduit] to crack. ◆ vt to chap, to crack.

❖ **se gercer** vpi [peau, mains, lèvres] to chap, to get chapped, to crack ; [terre] to crack.

gerçure [ʒɛʀsyʀ] nf **1.** [des mains, des lèvres] crack, chapping *(U)* ▸ **j'ai des gerçures aux mains / lèvres** I've got chapped hands / lips **2.** TECHNOL [d'un métal, d'un enduit] hairline crack ; [d'un diamant, du bois] flaw ; [d'un tronc] shake.

géré, e [ʒeʀe] adj **1.** [affaire, entreprise] ▸ **bien géré** well managed ▸ **mal géré** poorly managed **2.** INFORM ▸ **géré par ordinateur** computer-assisted, computer-controlled ▸ **géré par le système** system-maintained.

gérer [18] [ʒeʀe] vt **1.** [budget, fortune] to administer, to manage / *elle a bien géré ses comptes* she managed her accounts well ▸ **mal gérer qqch** to mismanage sthg ▸ **gérer une tutelle** to administer the estate of a ward / *ils se contentent de gérer la crise fig* they're (quite) happy to sit out the crisis **2.** [entreprise, hôtel, magasin] to manage, to run ; [stock, production] to control **3.** [ménage] to administer ; [temps] to organize **4.** INFORM to manage / *gérer des données / un fichier* to manage data / a file.

✎ **In reformed spelling (see p. 16-19), this verb is conjugated like semer: *il gèrera, elle gèrerait.***

gerfaut [ʒɛʀfo] nm gerfalcon, gyrfalcon.

gériatre [ʒeʀjatʀ] nmf geriatrician, geriatrist.

gériatrie [ʒeʀjatʀi] nf geriatrics *(sg).*

gériatrique [ʒeʀjatʀik] adj geriatric.

germain, e [ʒɛʀmɛ̃, ɛn] ◆ adj **1.** [ayant un grand-parent commun] ▸ **cousine germaine** first cousin **2.** [du même père et de la même mère] ▸ **frère germain** full brother ▸ **sœur germaine** full sister **3.** [d'Allemagne] Germanic, German. ◆ nm, f ▸ **cousin issu de germain** second cousin.

❖ **Germain, e** nm, f German ▸ **les Germains** the Germans.

Germanie [ʒɛʀmani] npr f HIST ▸ **(la) Germanie** Germania.

germanique [ʒɛʀmanik] ◆ adj **1.** HIST Germanic **2.** [allemand] Germanic ▸ **à consonance germanique** German-sounding. ◆ nm LING Germanic ; HIST & LING Germanic, Proto-Germanic.

germanisant, e [ʒɛʀmanizɑ̃, ɑ̃t] nm, f Germanist.

germanisation [ʒɛʀmanizasjɔ̃] nf Germanization.

germaniser [3] [ʒɛʀmanize] vt to Germanize.

germanisme [ʒɛʀmanism] nm Germanism.

germaniste [ʒɛʀmanist] nmf Germanist.

germanium [ʒɛʀmanjɔm] nm germanium.

germanophile [ʒɛʀmanɔfil] ◆ adj German-loving, Germanophile. ◆ nmf Germanophile.

germanophilie [ʒɛʀmanɔfili] nf love of Germany, Germanophilia.

germanophobe [ʒɛʀmanɔfɔb] ◆ adj German-hating, Germanophobic. ◆ nmf Germanophobe.

germanophobie [ʒɛʀmanɔfɔbi] nf hatred towards Germany, Germanophobia.

germanophone [ʒɛʀmanɔfɔn] ◆ adj German-speaking. ◆ nmf German speaker ▸ **les germanophones** German-speaking people ou peoples.

germe [ʒɛʀm] nm **1.** ANAT, BIOL & MÉD germ ▸ **germe dentaire** tooth bud **2.** [pousse] : *germe de pomme de terre* potato sprout ▸ **germe de blé** wheat germ ▸ **germes de soja** (soya) bean sprouts **3.** [origine] ▸ **le germe d'une idée** the germ of an idea / *les germes de la révolution* the seeds of revolution.

❖ **en germe** loc adv : *la théorie était déjà présente en germe dans leur premier manifeste* the theory was already there in embryonic form in their first manifesto.

germé, e [ʒɛʀme] adj [pomme de terre] sprouting ; [blé] germinated.

germer [3] [ʒɛʀme] vi **1.** AGR & HORT [graine] to germinate ; [bulbe, tubercule] to shoot, to sprout / *faire germer du blé* to germinate corn **2.** [idées] to germinate / *l'idée de révolte a mis du temps à germer* the idea of revolt took some time to germinate ou to develop / *le concept a d'abord germé dans l'esprit des urbanistes* the notion first took shape in the minds of town planners.

germicide [ʒɛʀmisid] ◆ adj germicidal. ◆ nm germicide.

germinal, e, aux [ʒɛʀminal, o] adj germinal ▸ **cellule germinale** reproductive ou germ cell ▸ **lignée germinale** germ line ou track.

❖ **germinal** nm Germinal *(7th month of the French Revolutionary calendar from March 22 to April 20).*

germinatif, ive [ʒɛʀminatif, iv] adj **1.** [du germe] germinative **2.** [du germen - pouvoir] germinal ; [- cellule, plasma] germ *(modif).*

germination [ʒɛʀminasjɔ̃] nf BIOL germination.

germoir [ʒɛʀmwaʀ] nm **1.** [pot] seed tray **2.** [bâtiment] germination area.

germon [ʒɛʀmɔ̃] nm albacore.

gérondif [ʒeʀɔ̃dif] nm [en latin] gerundive ; [en français] gerund.

Gérone [ʒeʀɔn] npr Gerona.

gérontocratie [ʒeʀɔ̃tɔkʀasi] nf gerontocracy.

gérontologie [ʒeʀɔ̃tɔlɔʒi] nf gerontology.

gérontologue [ʒeʀɔ̃tɔlɔg] nmf gerontologist.

gérontophilie [ʒeʀɔ̃tɔfili] nf gerontophilia.

Gers [ʒɛʀs] npr m [département] ▸ **le Gers** Gers.

gésier [ʒezje] nm gizzard.

gésine [ʒezin] nf *litt & vieilli* ▸ **en gésine** in labour ou childbirth.

gésir [49] [ʒeziʀ] vi **1.** [être étendu] to lie, to be lying / *de nombreux blessés gisent encore parmi les décombres* many of the injured are still lying among the ruins / *elle gisait là, comme endormie* there she lay (dead), as if asleep **2.** [être épars] to lie / *ce qui restait de la statue gisait sur le sol* what was left of the statue was lying on the ground **3.** *litt* [résider] : *c'est là que gît la difficulté* therein lies the difficulty ▸ **c'est là que gît le lièvre** that's the crux of the matter, there's the rub.

gesse [ʒɛs] nf vetch ▸ **gesse odorante** sweet pea ▸ **gesse des prés** meadow vetchling.

Gestalt [gɛʃtalt] nf PSYCHOL Gestalt.

gestaltisme [gɛstaltism] nm PSYCHOL Gestalt (psychology).

gestalt-thérapie [geʃtaltteʀapi] *(pl* **gestalt-thérapies)** nf PSYCHOL Gestalt therapy.

* In reformed spelling (see p. 16-19).

Gestapo [gɛstapo] npr f ▸ **la Gestapo** the Gestapo.

gestation [ʒɛstasjɔ̃] nf **1.** BIOL gestation / *la gestation n'est que de 21 jours* gestation takes only 21 days / *période de gestation* gestation period **2.** *fig* [d'une œuvre] gestation (period).
❖ **en gestation** loc adj **1.** BIOL [fœtus] gestating **2.** *fig* ▸ **un roman en gestation** a novel in preparation.

geste [ʒɛst] ◆ nm **1.** [mouvement] movement ; [signe] gesture / *ses gestes étaient d'une grande précision* his movements were very precise / *faire des gestes en parlant* to speak with one's hands / *faire un geste de la main* to wave / *à grand renfort de gestes, elle appela le maître d'hôtel* she waved the headwaiter over / *d'un geste, elle le pria de sortir* she motioned to him (that she wanted him) to go out / *avoir un geste de surprise* to start, to look startled / *avoir un geste de recul* to recoil / *il a eu un geste de désespoir* he did something desperate / *elle eut un geste de dégoût* she recoiled in disgust ▸ **faire un geste approbateur** to nod one's assent ou approval / *d'un geste de la main, il refusa le whisky* he waved aside the glass of whisky ▸ **congédier qqn d'un geste** to dismiss sb with a wave of the hand ▸ **avoir un geste malheureux** to make a clumsy gesture ou movement ▸ **encourager qqn de la voix et du geste** to cheer sb on / *sans un geste* without moving / *pas un geste ou je tire!* don't move or I'll shoot! ▸ **faites** ou **ayez le geste qui sauve** learn how to give first aid ▸ **il épie mes moindres gestes** ou **tous mes gestes** he watches my every move **2.** [action] gesture / *un geste politique / diplomatique* a political / diplomatic gesture ▸ **faire un beau geste** to make a noble gesture / *un geste lâche* a cowardly act ou deed / *allez, fais un geste!* come on, do something! / *vous n'avez qu'un geste à faire* you only have to say the word / *il a eu un geste touchant, il m'a apporté des fleurs* a rather touching thing he did was to bring me some flowers / *le tri sélectif est un geste citoyen* sorting household waste is good citizenship. ◆ nf LITTÉR gest, geste.

gesticulant, e [ʒɛstikylɑ̃, ɑ̃t] adj gesticulating.

gesticulation [ʒɛstikylasjɔ̃] nf gesticulation / *cesse tes gesticulations!* stop gesticulating, stop waving your arms about!

gesticuler [3] [ʒɛstikyle] vi to gesticulate, to wave one's arms about.

gestion [ʒɛstjɔ̃] nf **1.** [d'une entreprise, de biens, de carrière, du temps, du stress] management / *chargé de la gestion de l'hôtel* in charge of running ou managing the hotel / *par une mauvaise gestion* through bad management, through mismanagement ▸ **gestion administrative** office management ▸ **gestion d'affaires** (day-to-day) running of affairs ou business ▸ **gestion assistée par ordinateur** computer-aided management ▸ **gestion du changement** change management ▸ **gestion des connaissances** knowledge management ▸ **gestion des coûts** cost management ▸ **gestion prévisionnelle** forward planning ▸ **gestion de la production** production management ▸ **gestion de la relation client(s)** customer relations management ▸ **gestion de stock** inventory ou stock control ▸ **techniques de gestion** management techniques ou methods **2.** INFORM management ▸ **gestion de fichiers** file management ▸ **gestion intégrée** integrated management ▸ **gestion des performances** performance monitoring ou tuning ▸ **gestion des droits numériques** digital rights management ▸ **système de gestion de base de données** database management system.

gestionnaire [ʒɛstjɔnɛʀ] ◆ adj administrative, managing, management *(modif)*. ◆ nmf **1.** ADMIN administrator **2.** COMM & INDUST manager, administrator. ◆ nm INFORM manager ▸ **gestionnaire de base de données** database administrator ▸ **gestionnaire de fichiers** file manager ▸ **gestionnaire de tâches** task scheduler.

gestualité [ʒɛstɥalite] nf = **gestuelle**.

gestuel, elle [ʒɛstɥɛl] adj gestural ▸ **langage gestuel** gestural language.
❖ **gestuelle** nf **1.** [gén] non-verbal communication **2.** DANSE & THÉÂTRE gesture.

Gethsémani [ʒɛtsemani] npr Gethsemane.

geyser [ʒezɛʀ] nm geyser.

Ghana [gana] npr m ▸ **le Ghana** Ghana.

ghanéen, enne [ganeɛ̃, ɛn] adj Ghanaian, Ghanian.
❖ **Ghanéen, enne** nm, f Ghanaian, Ghanian.

ghetto [gɛto] nm ghetto.

ghettoïsation [gɛtoizasjɔ̃] nf ghettoisation.

ghettoïser [gɛtɔize] vt [quartier] to make into a ghetto ; [population] to marginalize.

Ght abr écrite de **j'ai acheté**.

GI [dʒiaj] nm inv GI.

GIA (abr de **Groupe islamique armé**) nm GIA.

gibbeux, euse [ʒibø, øz] adj **1.** *litt* ou ASTRON gibbous **2.** [animal] humpbacked.

gibbon [ʒibɔ̃] nm gibbon.

gibbosité [ʒibozite] nf *litt* ou ANAT hump, gibbosity *spéc.*

gibecière [ʒibsjɛʀ] nf **1.** CHASSE gamebag **2.** *vieilli* [d'un écolier] satchel.

gibelet [ʒiblɛ] nm auger.

gibelin, e [ʒiblɛ̃, in] adj & nm, f Ghibelline.

gibelotte [ʒiblɔt] nf rabbit stew *(made with white wine).*
❖ **en gibelotte** loc adj stewed in white wine.

giberne [ʒibɛʀn] nf cartridge pouch.

gibet [ʒibɛ] nm **1.** [potence] gibbet, gallows **2.** RELIG ▸ **le gibet** the Rood.

gibier [ʒibje] nm **1.** [animaux] game *(U)* ▸ **gros / petit gibier** big / small game ▸ **gibier d'eau** waterfowl ▸ **gibier à plume** game birds ou fowl *(U)* ▸ **gibier à poil** game animals **2.** CULIN [viande] game / *il aime le gibier faisandé* he likes well-hung game ▸ **pâté de gibier** game pâté **3.** *fam* [personne] quarry, prey ▸ **ces types-là, c'est du gros gibier** these guys are in the big-time ▸ **un gibier de potence** a gallows bird.

giboulée [ʒibule] nf shower ▸ **giboulées de mars** April showers.

giboyeux, euse [ʒibwajø, øz] adj abounding ou rich in game, well stocked with game.

Gibraltar [ʒibʀaltaʀ] npr Gibraltar ▸ **à Gibraltar** in Gibraltar / *le détroit de Gibraltar* the strait of Gibraltar.

gibus [ʒibys] nm opera ou crush hat.

GIC ◆ nm abr de **grand invalide civil**. ◆ npr m abr de **Groupe interministériel de contrôle**.

giclée [ʒikle] nf **1.** [de liquide] jet, spurt, squirt **2.** *tfam* [coup de feu] burst (of machine-gun fire).

giclement [ʒikləmɑ̃] nm spurting *(U)*, squirting *(U)*.

gicler [3] [ʒikle] vi [liquide] to spurt, to squirt / *arrête de faire gicler de l'eau!* stop splashing ou squirting water!

gicleur [ʒiklœʀ] nm AUTO (carburettor) jet ▸ **gicleur de pompe** pump nozzle ▸ **gicleur de ralenti** idling jet.

GIE nm abr de **groupement d'intérêt économique**.

gifle [ʒifl] nf **1.** [coup] slap (in the face) ▸ **donner une gifle à qqn** to slap sb's face, to box sb's ears / *une fameuse gifle* a real smack in the face **2.** [humiliation] (burning) insult, slap in the face.

gifler [3] [ʒifle] vt **1.** [suj: personne] ▸ **gifler qqn** to slap sb's face ou sb in the face / *elle le gifla à toute volée* she caught him an almighty slap in the face **2.** [suj: pluie, vent] to lash / *la bourrasque lui giflait le visage* the wind lashed his face **3.** [humilier] to humiliate / *ses paroles m'avaient giflé* his words had humiliated ou mortified me.

GIG (abr de **grand invalide de guerre**) nm *war invalid.*

gigantesque [ʒigɑ̃tɛsk] adj **1.** [animal, plante, ville] gigantic, giant *(modif)* **2.** [projet] gigantic, giant *(modif)* ; [erreur] huge, gigantic.

gigantisme [ʒigɑ̃tism] nm **1.** ANAT, BOT & ZOOL gigantism, giantism **2.** *fig* gigantic size / *une ville atteinte de gigantisme* a city that has grown to enormous proportions.

gigaoctet [ʒigaɔktɛ] nm INFORM gigabyte.

GIGN (abr de **Groupe d'intervention de la gendarmerie nationale**) npr m *special crack force of the gendarmerie* ; ≃ SAS UK ; ≃ SWAT US.

gigogne [ʒigɔɲ] adj **1.** ⟶ **lit 2.** ⟶ **poupée 3.** ⟶ **table.**

gigolo [ʒigɔlo] nm *fam* gigolo.

Gigondas [ʒigɔ̃das] nm Gigondas *(wine from SE France).*

gigot [ʒigo] nm CULIN leg ▸ **gigot (d'agneau)** leg of lamb ▸ **gigot de chevreuil** haunch of venison.

gigotement [ʒigɔtmɑ̃] nm wriggling *(U)*, fidgeting *(U)*.

gigoter [3] [ʒigɔte] vi [bébé] to wriggle (about) ; [enfant] to fidget.

gigue [ʒig] nf **1.** DANSE gigue, jig / *danser la gigue fig* to wriggle about, to jig up and down **2.** MUS gigue **3.** *fam* [jambe] leg **4.** *fam* [personne] ▸ **une grande gigue** a beanpole **5.** CULIN : *gigue de chevreuil* haunch of venison.

gilet [ʒilɛ] nm **1.** [vêtement -taillé] waistcoat UK, vest US ; [-tricoté] cardigan **2.** [sous-vêtement] vest UK, undershirt US **3.** [protection] ▸ **gilet pare-balles** bulletproof vest ▸ **gilet de sauvetage** life jacket.

giletier, ère [ʒiltje, ɛʀ] nm, f waistcoat maker UK, vest maker US.
❖ **giletière** nf fob (chain).

gimmick [gimik] nm *fam* gimmick.

gin [dʒin] nm gin.

gingembre [ʒɛ̃ʒɑ̃bʀ] nm ginger.

gingival, e, aux [ʒɛ̃ʒival, o] adj gingival *spéc*, gum *(modif)*.

gingivite [ʒɛ̃ʒivit] nf gum disease, gingivitis *spéc.*

ginkgo(-biloba) [ʒinkɔ(bilɔba)] nm gingko.

gin-rami [dʒinʀami] *(pl* **gin-ramis**), **gin-rummy** [dʒinʀœmi] *(pl* **gin-rummys**) nm gin rummy.

ginseng [ʒinsɑ̃g] nm ginseng.

gin-tonic [dʒintɔnik] *(pl* **gin-tonics**) nm gin and tonic.

giorno ⟶ **a giorno.**

GIR (abr de **groupes d'intervention régionaux**) nmpl *regional police corps.*

girafe [ʒiʀaf] nf **1.** ZOOL giraffe **2.** *fam* [personne] beanpole **3.** *fam* CINÉ, RADIO & TV boom.

girafeau, x [ʒiʀafo], **girafon** [ʒiʀafɔ̃] nm baby giraffe.

girandole [ʒiʀɑ̃dɔl] nf girandole.

girasol [ʒiʀasɔl] nm girasol, girasole.

giration [ʒiʀasjɔ̃] nf gyration.

giratoire [ʒiʀatwaʀ] adj gyrating, gyratory ▸ **sens giratoire** roundabout UK, traffic circle US.

giraviation [ʒiʀavjasjɔ̃] nf rotary-wing aviation.

giravion [ʒiʀavjɔ̃] nm gyroplane, rotorcraft.

girl [gœʀl] nf chorus ou show girl.

girofle [ʒiʀɔfl] nm clove.

giroflée [ʒiʀɔfle] nf **1.** BOT gillyflower **2.** *fam & fig* ▸ **une giroflée à cinq feuilles** [une gifle] a stinging slap.

giroflier [ʒiʀɔflije] nm clove (tree).

girolle, girole* [ʒiʀɔl] nf chanterelle.

giron [ʒiʀɔ̃] nm **1.** [d'une personne] lap / *dans le giron de sa mère* in his mother's lap **2.** *litt* [communauté] bosom ▸ **le giron familial** the family fold / *accepté dans le giron de l'Église* accepted into the fold ou the bosom of the Church **3.** [d'une marche] tread **4.** HÉRALD giron, gyron.

girond, e [ʒiʀɔ̃, ɔ̃d] adj *fam & vieilli* plump, buxom, well-padded / *une femme plutôt gironde* a buxom ou plump woman.

Gironde [ʒiʀɔ̃d] npr f **1.** GÉOGR ▶ **la Gironde a)** [fleuve] the Gironde **b)** [estuaire] the Gironde estuary **2.** HIST ▶ **la Gironde** the Girondist party.

girondin, e [ʒiʀɔ̃dɛ̃, in] adj **1.** GÉOGR from the Gironde **2.** HIST Girondist.

❖ **Girondin, e** nm, f **1.** GÉOGR *inhabitant of or person from the Gironde* **2.** HIST Girondist **3.** SPORT ▶ **les Girondins (de Bordeaux)** *the Bordeaux football team.*

girouette [ʒiʀwɛt] nf **1.** [sur un toit] weathercock, weather vane **2.** NAUT (mast) telltale **3.** *fam* [personne] weathercock / *c'est une vraie girouette!* he keeps changing his mind!, he's a real weathercock!

gis, gisait v ⟶ **gésir.**

gisant, e [ʒizɑ̃, ɑ̃t] adj *litt* [corps] lifeless, motionless.

❖ **gisant** nm ART recumbent figure ou statue.

giscardien, enne [ʒiskaʀdjɛ̃, ɛn] ◆ adj of Giscard d'Estaing. ◆ nm, f *supporter of Valéry Giscard d'Estaing.*

gisement [ʒizmɑ̃] nm **1.** GÉOL & MIN deposit ▶ **gisement aurifère** ou **d'or** goldfield ▶ **gisement crayeux** chalk deposit ▶ **gisement houiller a)** [filon] coal deposit ou measures **b)** [bassin] coalfield ▶ **gisement de pétrole** ou **pétrolifère** oilfield **2.** AÉRON & NAUT bearing / *relever / tracer un gisement* to take / to plot a bearing.

gît, git* v ⟶ **gésir.**

gitan, e [ʒitɑ̃, an] adj Gypsy *(modif).*

❖ **Gitan, e** nm, f Gypsy.

❖ **gitane** nf Gitane (cigarette).

gîte, gite* [ʒit] ◆ nm **1.** [foyer] home / *retrouver son gîte* to get back home / *le gîte et le couvert* room and board ▶ **gîte d'étape** [pour randonneurs] halt ▶ **gîte rural** gîte **2.** CHASSE [de gibier] lair ; [de lièvre] form **3.** [viande] shin UK ou shank US (of beef) ▶ **gîte à la noix** topside UK, round US **4.** MIN bed, deposit. ◆ nf NAUT list / *donner de la gîte* to list.

gîte-gîte (*pl* **gîtes-gîtes**), **gitegite*** [ʒitʒit] nm shin UK ou shank US (of beef).

gîter, giter* [3] [ʒite] vi **1.** *sout* [voyageur] to stay / *chez qui allons-nous gîter ce soir?* where are we going to stay tonight? **2.** [lapin] to couch ; [oiseau] to perch **3.** NAUT to list.

giton [ʒitɔ̃] nm *litt* catamite.

givrage [ʒivʀaʒ] nm **1.** AÉRON icing / *à 9 000 mètres, on risque le givrage* at 9,000 metres icing may occur **2.** [sur un verre] frosting.

givrant, e [ʒivʀɑ̃, ɑ̃t] adj ▶ **brouillard givrant** freezing fog.

givre [ʒivʀ] nm **1.** [glace] frost ▶ **couvert de givre** frosted over **2.** JOAILL white fleck.

givré, e [ʒivʀe] adj **1.** [arbre] covered with frost ; [serrure] iced up / *les ailes de l'avion étaient givrées* the plane's wings were iced up **2.** [verre] frosted *(with sugar)* **3.** CULIN ▶ **orange givrée** orange sorbet UK ou sherbet US *(served inside the fruit)* **4.** *fam* [fou] screwy, nuts, crazy, round the twist UK / *il est complètement givré!* he's completely nuts ou off his head!

givrer [3] [ʒivʀe] vt **1.** [avec du sucre] to frost **2.** [couvrir de givre] to cover with frost.

❖ **se givrer** vpi [se couvrir de givre] to frost ou to ice up.

givrure [ʒivʀyʀ] nf white fleck *(in a gem).*

Gizeh [giʒɛ] npr (El) Gîza.

glabelle [glabɛl] nf glabella.

glabre [glabʀ] adj **1.** [imberbe] smooth-chinned ; [rasé] clean-shaven ▶ **le visage glabre** with a smooth face **2.** BOT glabrous, hairless.

glaçage [glasaʒ] nm **1.** [d'un tissu, du cuir, du papier, de photos] glazing ; INDUST [polissage] surfacing, burnishing **2.** CULIN [d'un gâteau] icing, frosting US ; [de bonbons] sugar coating ; [de légumes, d'un poisson, d'une viande] glazing.

glaçant, e [glasɑ̃, ɑ̃t] adj [regard, attitude] cold, frosty.

glace [glas] nf **1.** [eau gelée] ice ▶ **glace de fond** bottom ice ▶ **rompre** ou **briser la glace** to break the ice / *une fois la glace rompue, elle s'est révélée charmante* once we'd broken the ice she turned out to be charming **2.** [crème glacée] ice cream, ice UK ; [sucette] ice lolly UK, popsicle US ; [cône] ice cream (cone) ▶ **glace à la vanille / à l'abricot** vanilla / apricot ice cream / *glace à l'eau* water ice UK, sherbet US / *glace à la crème* dairy ice-cream UK, iced-milk icecream US **3.** CULIN icing ▶ **glace royale** royal icing ; [de viande] glaze **4.** [miroir] mirror ▶ **une glace sans tain** a two-way mirror **5.** [vitre -d'un véhicule, d'une boutique] window **6.** TECHNOL sheet of plate glass ▶ **glace flottée** float glass **7.** JOAILL (white) fleck ou flaw **8.** INDUST ▶ **glace sèche** ou **carbonique** dry ice.

❖ **glaces** nfpl [du pôle] ice fields ; [sur un fleuve] ice sheets ; [en mer] ice floes, drift ice / *le navire est pris dans les glaces* the ship is icebound.

❖ **de glace** loc adj [accueil, visage, regard] icy, frosty ▶ **être** ou **rester de glace** to remain unmoved / *tu as un cœur de glace* you've got a heart of stone.

glacé, e [glase] adj **1.** [transformé en glace] frozen **2.** [lieu] freezing ou icy (cold) / *les plages glacées du nord* the icy cold beaches of the north **3.** [personne] frozen, freezing cold / *j'ai les pieds glacé* my feet are frozen **4.** [hostile] frosty, icy / *d'une politesse glacée* with icy politeness **5.** CULIN [dessert, soufflé, café] iced ; [petit-four] glacé ; [oignon, viande, poisson] glazed **6.** [brillant -photo] glossy ; [-papier] glazed ; [-cuir, soie] glazed, glacé.

❖ **glacé** nm glaze, gloss.

glacer [16] [glase] vt **1.** [transformer en glace] to freeze **2.** [refroidir -bouteille] to chill **3.** [transir] ▶ **le vent me glace** the wind is icy / *un froid qui vous glace jusqu'aux os* weather that chills you to the bone **4.** *fig* [pétrifier] ▶ **son regard me glace** the look in his eye turns me cold / *ça m'a glacé le sang (dans les veines)* it made my blood run cold / *un hurlement à vous glacer le sang* a blood-curdling scream / *ce souvenir me glace encore le cœur* the memory still sends shivers down my spine **5.** CULIN [petit-four, oignon, poisson, etc.] to glaze ; [gâteau] to ice, to frost US **6.** INDUST & TECHNOL to glaze, to glacé.

❖ **se glacer** vpi : *leur sang se glaça dans leurs veines* their blood ran cold.

glacerie [glasʀi] nf **1.** [fabrication] ice-cream making **2.** [commerce] ice-cream trade.

glaceuse [glasøz] nf glazing machine, print drier.

glaciaire [glasjɛʀ] ◆ adj glacial. ◆ nm ▶ **le glaciaire** the Ice Age, the glacial period ou epoch.

glacial, e, als *ou* **aux** [glasjal, o] adj **1.** [climat] icy, freezing ; [vent] bitter, freezing ; [pluie] freezing (cold) **2.** [sourire] frosty ; [abord, personne] cold / *elle est vraiment glaciale* she's really cold ou a real iceberg.

❖ **glacial** adv : *il fait glacial* it's freezing cold.

Glacial [glasjal] adj *vieilli* ▶ **l'océan Glacial Arctique / Antarctique** the (Arctic / Antarctic) polar sea.

glacialement [glasjalmɑ̃] adv *sout* icily.

glaciation [glasjasjɔ̃] nf glaciation ▶ **pendant la glaciation** during the Ice Age.

glacier [glasje] nm **1.** GÉOL glacier ▶ **glacier de vallée** valley ou Alpine glacier ▶ **glacier continental** continental ice sheet **2.** [confiseur] ice cream man ou salesman.

glacière [glasjɛʀ] nf **1.** [local] cold room **2.** [armoire] refrigerated cabinet ; [récipient] cool box / *mon bureau est une glacière!* *fig* my office is like a fridge ou an icebox!

glaciérisme [glasjeʀism] nm ice climbing.

glaciologie [glasjɔlɔʒi] nf glaciology.

glaciologue [glasjɔlɔg] nmf glaciologist.

glacis [glasi] nm **1.** HIST ▶ **le glacis soviétique** the Soviet buffer zone **2.** CONSTR ▶ **glacis d'écoulement** weathering **3.** ART glaze, scumble **4.** MIL glacis **5.** GÉOGR glacis ▶ **glacis d'érosion** pediment.

glaçon [glasɔ̃] nm **1.** GÉOGR & MÉTÉOR [sur un fleuve] block of ice, ice floe ; [sur un étang] patch of ice ; [en mer] ice floe / *j'ai le nez comme un glaçon* *fam* my nose is like a block of ice ou is frozen **2.** [pour boisson] ice cube / *sucer un glaçon* to suck an ice cube ▶ **voulez-vous un glaçon?** would you like some ice? ▶ **servi avec des glaçons** served with ice ou on the rocks **3.** *fig* : *cette fille est un glaçon* that girl's a real cold fish.

glaçure [glasyʀ] nf glaze ▶ **glaçure plombifère** lead glaze.

gladiateur [gladjatœʀ] nm gladiator.

glaïeul [glajœl] nm gladiolus ▶ **des glaïeuls** gladioli.

glaire [glɛʀ] nf **1.** PHYSIOL mucus ▶ **glaire cervicale** cervical mucus **2.** [d'œuf] white **3.** [pour le cuir] glair.

glairer [4] [glɛʀe] vt to glair.

glaireux, euse [glɛʀø, øz] adj glairy, glaireous.

glaise [glɛz] ◆ nf clay. ◆ adj f ▶ **terre glaise** (potter's) clay.

glaiseux, euse [glɛzø, øz] adj clayey, clay *(modif).*

glaisière [glɛzjɛʀ] nf clay pit.

glaive [glɛv] nm glaive *arch*, broadsword ▶ **le glaive de la Justice** *litt* the sword of Justice.

glamour [glamuʀ] ◆ adj inv glamorous. ◆ nm glamour.

glanage [glanaʒ] nm ▶ **le glanage** gleaning, gathering.

gland [glɑ̃] nm **1.** [du chêne] acorn **2.** COUT tassel / *orné de glands* tasselled **3.** ANAT glans **4.** *tfam* [imbécile] prat UK, jerk US.

glande [glɑ̃d] nf **1.** ANAT gland ▶ **glandes endocrines / exocrines** endocrine / exocrine glands ▶ **glande lacrymale** tear gland ▶ **glande salivaire** salivary gland **2.** [ganglion] (neck) gland **3.** EXPR ▶ **foutre les glandes à qqn** *tfam* to scare the hell out of sb.

glandée [glɑ̃de] nf acorn crop ou harvest / *mener les cochons à la glandée* to take the pigs to forage for acorns.

glander [3] [glɑ̃de] vi *tfam* **1.** [ne rien faire] to loaf about / *il a glandé pendant toute l'année* he's done nothing but loaf about all year **2.** [attendre] to hang around / *ça fait trois heures que je glande* I've been hanging around for three hours **3.** EXPR ▶ **n'en avoir rien à glander** : *j'en ai rien à glander* I don't give a damn.

glandeur, euse [glɑ̃dœʀ, øz] nm, f *tfam* layabout.

glandouiller [glɑ̃duje] *tfam* = **glander.**

glandulaire [glɑ̃dylɛʀ], **glanduleux, euse** [glɑ̃dylø, øz] adj glandular.

glane [glan] nf **1.** [ramassage] ▶ **la glane** gleaning / *faire la glane* to glean **2.** [tresse] ▶ **glane d'oignons** string of onions.

glaner [3] [glane] vt **1.** [ramasser -épis] to glean ; [-bois] to gather ; [-fruits] to gather, to pick up *(sép)* / *glaner du petit bois* to gather sticks **2.** *fig* [renseignements, détails] to glean, to gather / *il y a toujours quelque chose à glaner dans ses cours* there is always something to be got out of ou gleaned from his classes.

glaneur, euse [glanœʀ, øz] nm, f gleaner.

glanure [glanyʀ] nf *arch* gleanings.

glapir [32] [glapiʀ] ◆ vi **1.** [renard] to bark ; [chiot] to yelp, to yap **2.** [personne] to yelp, to squeal. ◆ vt to shriek.

glapissement [glapismɑ̃] nm **1.** [du chien] yelp ; [du renard] bark **2.** [d'une personne] : *les enfants surexcités poussaient des glapissements* the overexcited children were squealing.

glas [gla] nm knell / *on sonne le glas pour notre cousine* the bell is tolling ou they are tolling the knell for our cousin / *cette nouvelle sonne le glas de toutes ses espérances* *fig* this news sounds the death knell for all his hopes / **'Pour qui sonne le glas'** *Hemingway* 'For Whom The Bell Tolls'.

glasnost [glasnɔst] nf glasnost.

glatir [32] [glatiʀ] vi [aigle] to scream.

glaucome [glokom] nm glaucoma.

glauconie [glokɔni], **glauconite** [glokɔnit] nf glauconite, green earth.

glauque [glok] adj **1.** *sout* [verdâtre] bluish-green, glaucous *litt* **2.** *fam* [lugubre] dreary.

glaviot [glavjo] nm *tfam* gob of spit.

* In reformed spelling (see p. 16-19).

glèbe [glɛb] nf **1.** *litt* [sol cultivé] glebe *litt*, soil **2.** [domaine] feudal land, glebe *litt*.

glissade [glisad] nf **1.** [jeu] sliding *(U)* / *pas de glissades sur la rampe* no sliding down the bannister **2.** DANSE glissade **3.** AÉRON ▸ **glissade sur l'aile** sideslip **4.** [glissoire] slide.

glissage [glisaʒ] nm ▸ **le glissage du bois** *sliding timber down a mountainside*.

glissant, e [glisɑ̃, ɑ̃t] adj **1.** [sol] slippery ▸ **être sur une pente glissante / sur un terrain glissant** to be on a slippery slope / on slippery ground **2.** [coulissant] sliding **3.** MATH ▸ **vecteur glissant** sliding vector.

glisse [glis] nf [d'un ski] friction coefficient ▸ **sports de glisse** *generic term referring to sports such as skiing, surfing, windsurfing, etc.*

glissement [glismɑ̃] nm **1.** [déplacement] sliding *(U)* / *pour favoriser le glissement des skis / de la porte* to help the skis glide faster / the door slide more smoothly **2.** [évolution] shift / *la politique du gouvernement a connu un net glissement à droite* there's been a marked shift to the right in government policy **3.** LING ▸ **glissement de sens** shift in meaning **4.** GÉOL ▸ **glissement de terrain** landslide, landslip **5.** ÉCON : *une progression annuelle de 4 % en glissement* a yearly 4% slide.

glisser [3] [glise] ◆ vi **1.** [déraper -personne] to slip ; [-voiture] to skid / *mon pied a glissé* my foot slipped / *attention, ça glisse par terre* watch out, it's slippery underfoot ou the ground's slippery **2.** [s'échapper accidentellement] to slip / *ça m'a glissé des mains* it slipped out of my hands **3.** [tomber] to slide / *elle fit glisser sa robe* she stepped out of her dress / *il se laissa glisser à terre* he slid to the ground **4.** [avancer sans heurt -skieur, patineur] to glide along ; [-péniche, ski] to glide **5.** [passer] : *son regard glissa de la fenêtre à mon fauteuil* his eyes drifted from the window to my chair / *glissons sur ce sujet !* let's say no more about it ▸ **sur toi, tout glisse comme l'eau sur les plumes d'un canard** it's like water off a duck's back with you **6.** *fig* [s'orienter] ▸ **glisser à** ou **vers** to shift to ou towards / *une partie de l'électorat a glissé à gauche* part of the electorate has shifted ou moved to the left / *le sens du mot a glissé vers autre chose* the meaning of the word has shifted towards something else / *il glisse vers le mélodrame* he is slipping into melodrama / *ce parti glisse vers le fascisme* this party is moving ou edging towards fascism **7.** DANSE to glissade. ◆ vt **1.** [introduire] to slip / *glisser une lettre sous la porte* to slip a letter under the door ; [dire furtivement] : *j'ai glissé ton nom dans la conversation* I managed to slip ou to drop your name into the conversation **2.** [confier] ▸ **glisser un petit mot / une lettre à qqn** to slip sb a note / a letter ▸ **glisser qqch à l'oreille de qqn** to whisper sthg in sb's ear **3.** EXPR ▸ **glisser un œil dans une pièce** to peep ou to peek into a room / *les enfants devraient dormir, glisse un œil* the children should be asleep, have a (quick) look ou just have a peep.

❖ **se glisser** vpi **1.** [se faufiler] : *se glisser au premier rang* [rapidement] to slip into the front row / *se glisser jusqu'à sa place* [en se cachant] to slip into one's seat ▸ **glisse-toi là** [sans prendre de place] squeeze (yourself) in there **2.** [erreur] : *des fautes ont pu se glisser dans l'article* some mistakes may have slipped ou crept into the article **3.** [sentiment] : *le doute s'est peu à peu glissé en lui* little by little doubt crept into his mind.

glisseur [glisœʀ] nm MATH sliding vector.

glissière [glisjɛʀ] nf **1.** TECHNOL slide, runner ▸ **à glissière** sliding / *porte à glissière* sliding door **2.** TRAV PUB ▸ **glissière de sécurité** crash barrier.

glissoir [gliswaʀ] nm timber chute.

glissoire [gliswaʀ] nf slide *(on ice)*.

global, e, aux [glɔbal, o] adj [résultat, vision] overall, global / *as-tu une idée globale du coût ?* have you got a rough idea of the cost ? / *une vue globale* an overall view ; [somme] total ▸ **revenu global** total income.

⚠ Attention, l'adjectif anglais **global** n'a pas les mêmes emplois que l'adjectif français. Voir article.

globalement [glɔbalmɑ̃] adv all in all, overall / *les résultats sont globalement positifs* all in all ou overall, the results are positive / *globalement, l'entreprise se porte bien* all in all ou by and large, the company is doing well.

globalisant, e [glɔbalizɑ̃, ɑ̃t], **globalisateur, trice** [glɔbalizatœʀ, tʀis] adj increasingly globalized / *les identités se perdent dans un monde globalisant* identities are lost in an increasingly globalized world.

globalisation [glɔbalizasjɔ̃] nf [d'un marché, d'un conflit] globalization.

globaliser [3] [glɔbalize] vt [réunir] : *le syndicat a globalisé ses revendications* the union is putting forward its demands en bloc.

globalisme [glɔbalism] nm globalism.

globalité [glɔbalite] nf [ensemble] : *envisageons le processus dans sa globalité* let's view the process as a whole / *si l'on envisage les problèmes dans leur globalité* if we look at all the problems together.

globe [glɔb] nm **1.** [sphère] globe ▸ **le globe** [la Terre] the globe, the world / *sur toute la surface du globe* all over the globe / *une région déshéritée du globe* a poor part of the world ▸ **globe céleste** celestial globe ▸ **le globe terrestre** the terrestrial globe **2.** [d'une lampe] (glass) globe **3.** [pour protéger] glass dome / *c'est une idée géniale, il faut la mettre sous globe !* *fig* that's a brilliant idea, we must make a note of it and keep it safe ! **4.** ANAT globe ▸ **globe oculaire** eye.

globe-trotter [glɔbtʀɔtœʀ] *(pl* **globe-trotters**) nmf globe-trotter.

globe-trotteur, euse *(mpl* **globe-trotteurs**, *fpl* **globe-trotteuses**), **globetrotteur*, euse** [glɔbtʀɔtœʀ, øz] nm, f globe-trotter.

globine [glɔbin] nf globin.

globulaire [glɔbylɛʀ] adj **1.** [sphérique] globular, globe-shaped **2.** BIOL & PHYSIOL corpuscular.

globule [glɔbyl] nm **1.** BIOL & PHYSIOL corpuscle ▸ **globule blanc** white corpuscle, white blood cell ▸ **globule polaire** polar body ▸ **globule rouge** red corpuscle, red blood cell **2.** PHARM (spherical) capsule.

globuleux, euse [glɔbylø, øz] adj **1.** [forme] globular, globulous **2.** [œil] protruding, bulging.

globuline [glɔbylin] nf globulin.

glockenspiel [glɔkənʃpil] nm MUS glockenspiel.

gloire [glwaʀ] nf **1.** [renom] fame ▸ **connaître la gloire** to find fame ▸ **gloire éphémère** short-lived fame ▸ **au faîte** ou **sommet de sa gloire** at the height ou pinnacle of his fame / *ne t'attends pas à être payé, on fait ça pour la gloire* don't expect payment, we're doing it for love / *cette salle est la gloire du musée du Louvre* this gallery is the (crowning) glory of the Louvre museum **2.** [mérite] glory, credit / *toute la gloire vous en revient* the credit is all yours ▸ **se faire gloire de** to boast about ▸ **c'est pas la gloire** *fam* it's not exactly brilliant **3.** [éloge] praise / *écrit à la gloire de...* written in praise of... ▸ **rendre gloire au courage de qqn** to praise sb's courage / *gloire à Dieu* praise be to ou glory to God **4.** [personne] celebrity **5.** ART [auréole] aureole ; [ciel décoré] glory **6.** RELIG glory / *la gloire éternelle* eternal glory / *le séjour de gloire* the Kingdom of Glory.

gloria [glɔʀja] nm inv Gloria.

gloriette [glɔʀjɛt] nf [pavillon] gazebo.

glorieusement [glɔʀjøzmɑ̃] adv gloriously.

glorieux, euse [glɔʀjø, øz] adj **1.** [remarquable] glorious / *il a eu une mort glorieuse* he died a glorious death / *un glorieux général* a glorious *sout* ou triumphant general / *une page peu glorieuse de notre histoire* an event in our history we can be less than proud of ▸ **ce n'est pas glorieux** *fam & fig* it's not exactly brilliant **2.** *litt* [fier] : *glorieux de sa victoire* priding himself on his victory / *être glorieux de sa naissance* to be proud of one's birth **3.** RELIG glorious.

❖ **Glorieuse** nf HIST ▸ **les Trente Glorieuses** *the thirty years following the Second World War, now seen as a period of great economic and social progress* ▸ **les Trois Glorieuses** *the three-day Revolution in 1830 (27, 28 and 29 July).*

glorificateur, trice [glɔʀifikatœʀ, tʀis] *sout* ◆ adj glorifying. ◆ nm, f glorifier.

glorification [glɔʀifikasjɔ̃] nf *sout* glorification.

glorifier [9] [glɔʀifje] vt [exploit, qualité, héros] to glorify, to praise ; [Dieu] to glorify.

❖ **se glorifier de** vp + prép ▸ **se glorifier de qqch** to glory in sthg ▸ **se glorifier d'avoir fait qqch** to boast of having done sthg.

gloriole [glɔʀjɔl] nf vainglory ▸ **faire qqch par gloriole** to do sthg to show off ou for show.

glose [gloz] nf gloss.

❖ **gloses** nfpl *vieilli* [commérages] gossip *(U)* ▸ **faire des gloses sur qqn** to gossip about sb.

gloser [3] [gloze] vt [annoter] to annotate, to gloss.

❖ **gloser sur** v + prép **1.** [discourir sur] ▸ **gloser sur qqch** to ramble on about sthg **2.** [jaser sur] ▸ **gloser sur qqch / qqn** to gossip about sthg / sb.

gloss [glɔs] nm lipgloss.

glossaire [glɔsɛʀ] nm glossary, vocabulary.

glossolalie [glɔsɔlali] nf glossolalia.

glottal, e, aux [glɔtal, o] adj glottal.

glotte [glɔt] nf ANAT glottis ▸ **coup de glotte** LING glottal stop.

glottique [glɔtik] adj glottal, glottic.

glouglou [gluglu] nm **1.** *fam* [d'une fontaine] gurgle, gurgling ; [d'une bouteille] glug-glug ▸ **faire glouglou a)** [fontaine] to gurgle **b)** [bouteille] to go glug-glug **2.** [du dindon] gobbling.

glouglouter [3] [gluglute] vi **1.** *fam* [fontaine] to gurgle ; [bouteille] to go glug-glug **2.** [dindon] to gobble.

gloussement [glusmɑ̃] nm **1.** [d'une personne] chuckle ▸ **gloussements** giggling **2.** [d'une poule] clucking.

glousser [3] [gluse] vi **1.** [personne] to chuckle **2.** [poule] to cluck.

glouton, onne [glutɔ̃, ɔn] ◆ adj greedy, gluttonous / *que ce bébé est glouton !* what a greedy baby ! ◆ nm, f glutton.

❖ **glouton** nm ZOOL wolverine, glutton.

gloutonnement [glutɔnmɑ̃] adv greedily, gluttonously / *il dévora gloutonnement son déjeuner* he devoured his lunch greedily.

gloutonnerie [glutɔnʀi] nf gluttony.

glu [gly] nf **1.** [substance visqueuse] birdlime / *prendre des oiseaux à la glu* to lime birds **2.** *fam* [personne] : *c'est une vraie glu* she sticks to you like glue.

gluant, e [glyɑ̃, ɑ̃t] adj sticky, slimy ▸ **riz gluant** glutinous rice.

gluau [glyo] nm lime twig.

glucagon [glykagɔ̃] nm glucagon.

glucide [glysid] nm carbohydrate.

glucidique [glysidik] adj carbohydrate *(modif)*.

glucinium [glysinjɔm] *vieilli* = **béryllium**.

glucocorticoïde [glykɔkɔʀtikɔid] nm glucocorticoid.

glucomètre [glykɔmɛtʀ] nm saccharimeter, saccharometer.

gluconique [glykɔnik] adj ▸ **acide gluconique** gluconic acid.

glucosamine [glykozamin] nf PHARM glucosamine.

glucose [glykoz] nm glucose.

glucoserie [glykozʀi] nf **1.** [usine] glucose factory **2.** [industrie] glucose industry.

glucoside [glykozid] nm glucoside.

glutamate [glytamat] nm glutamate ▸ **glutamate de sodium** monosodium glutamate.

gluten [glytɛn] nm gluten ▸ **sans gluten** gluten-free.

glutineux, euse [glytinø, øz] adj glutinous.

glycémie [glisemi] nf blood-sugar level, glycaemia UK ou glycemia US *spéc.*

glycéride [gliseʀid] nm glyceride.

glycérie [gliseʀi] nf glyceria, sweet grass.

glycérine [gliseʀin] nf glycerin, glycerine.

glycériner [3] [gliseʀine] vt to treat with glycerine.

glycérique [gliseʀik] adj glyceric.

glycérol [gliseʀɔl] nm glycerol.

glycérophtalique [gliseʀɔftalik] adj glycerophtalic.

glycine [glisin] nf **1.** BOT wisteria **2.** CHIM glycine, glycocoll.

glycocolle [glikɔkɔl] nm = **glycine.**

glycogène [glikɔʒɛn] nm glycogen.

glycogenèse [glikɔʒənɛz] nf glycogenesis.

glycogénique [glikɔʒenik] adj glycogenetic.

glycol [glikɔl] nm glycol.

glycolique [glikɔlik] adj glycolic.

glycolyse [glikɔliz] nf glycolysis.

glycoprotéine [glikɔpʀɔtein] nf glycoprotein.

glycorégulation [glikɔʀegylasjɔ̃] nf glycoregulation.

glycosurie [glikɔzyʀi] nf glycosuria.

glyphe [glif] nm ARCHIT & ARCHÉOL glyph.

glyptique [gliptik] nf glyptics *(sg).*

GMT (abr de **Greenwich Mean Time**) GMT.

gnangnan [ɲɑ̃ɲɑ̃] *fam* ◆ adj inv *péj* **1.** [personne] dopey **2.** [œuvre, style] : *j'ai vu le film, que c'était gnangnan!* I saw the film, it was so soppy! ◆ nmf wimp.

gnaule [ɲol] *tfam* = **gnole.**

gneiss [gnɛs] nm gneiss.

gniole [ɲol] *tfam* = **gnole.**

GNL (abr de **gaz naturel liquéfié**) nm LNG.

gnocchi [ɲɔki] *(pl* **gnocchi** *ou* **gnocchis**) nm gnocchi.

gnognot(t)e [ɲɔɲɔt] nf *fam* ▸ **c'est de la gnognotte a)** [c'est facile] that's ou it's a cinch **b)** [c'est sans valeur] that's ou it's rubbish UK ou garbage US / *c'est pas de la gnognotte* it's the real McCoy.

gnole, gnôle [ɲol] nf *tfam* hard stuff, hooch US.

gnome [gnom] nm **1.** [génie] gnome **2.** *sout* [nabot] dwarf, gnome.

gnomique [gnɔmik] adj gnomic.

gnomon [gnɔmɔ̃] nm gnomon.

gnomonique [gnɔmɔnik] nf gnomonics *(sg).*

gnon [ɲɔ̃] nm *fam* **1.** [coup] thump / *elle lui a flanqué un sacré gnon* she gave him a real thump **2.** [enflure] bruise.

gnose [gnoz] nf gnosis.

gnosticisme [gnɔstisism] nm Gnosticism.

gnostique [gnɔstik] adj & nmf Gnostic.

gnou [gnu] nm wildebeest, gnu.

gnouf [ɲuf] nm *arg crime* ▸ **au gnouf** in the nick UK ou slammer US.

G.N.V., gnv (abr de **gaz naturel (pour) véhicules**) nm natural gas for vehicles.

go [go] nm inv go ▸ **le jeu de go** go.
❖ **tout de go** loc adv *fam* [dire, annoncer, etc.] straight out / *ne le lui annonce pas tout de go* don't tell him straight out / *il est entré tout de go* he went straight in.

GO ◆ nfpl (abr de **grandes ondes**) LW. ◆ nm (abr de **gentil organisateur**) group leader *(at Club Méditerranée).*

goal [gol] nm [gardien] goalkeeper.

goal-average [golavʀɛdʒ] *(pl* **goal-averages**) nm goal difference.

gobelet [gɔblɛ] nm **1.** [timbale] tumbler, beaker ▸ **gobelet jetable a)** [en papier] paper cup **b)** [en plastique] plastic cup **2.** JEUX shaker.

Gobelins [gɔblɛ̃] npr mpl ▸ **la manufacture des Gobelins** *the factory in Paris where Gobelin tapestry is made.*

gobe-mouches [gɔbmuʃ] nm inv **1.** ORNITH flycatcher **2.** *fam & vieilli* [naïf] gull.

gober [3] [gɔbe] vt **1.** [avaler - huître] to swallow ; [-œuf] to suck ; [-insecte] to catch (and eat) **2.** *fam* [croire] to swallow / *alors, elle a gobé ton histoire?* so, did she swallow ou buy it? / *ils ont tout gobé!* they swallowed it (all), hook, line and sinker! **3.** *fam* [supporter] ▸ **je n'ai jamais pu la gober!** I never could stand ou stick UK her! **4.** EXPR ▸ **gober les mouches** *fam : ne reste pas là à gober les mouches!* don't just stand there gawping!, don't just stand there like a lemon! UK ou lump! US
❖ **se gober** vpi *fam* to think a lot of o.s. / *qu'est-ce qu'il se gobe, celui-là!* he really thinks he's something special!

goberger [17] [gɔbɛʀʒe] ❖ **se goberger** vpi *fam* **1.** [festoyer] to have a ball, to whoop it up **2.** [se prélasser] to laze (about).

Gobi [gɔbi] npr ▸ **le désert de Gobi** the Gobi Desert.

gobie [gɔbi] nm goby.

godailler [gɔdaje] = **goder.**

godasse [gɔdas] nf *fam* shoe.

godelureau, x [gɔdlyʀo] nm *fam & hum* (young) Romeo, ladies' man.

godemiché [gɔdmiʃe] nm dildo.

godendart [gɔdɑ̃daʀ] nm QUÉBEC two-handed saw.

goder [3] [gɔde] vi COUT to pucker, to be puckered.

godet [gɔdɛ] nm **1.** [petit récipient] jar ; [verre] tumbler / *un godet en étain* a pewter mug / *on va boire un godet? fam* let's have a drink ou jar UK **2.** [pour peinture] pot **3.** [d'une pipe] bowl **4.** [nacelle - d'une noria] scoop ; [-d'une roue à eau, en manutention] bucket **5.** COUT [à ondulation] flare ; [à découpe] gore ; [défaut] pucker, ruck.

GODF (abr de **Grand Orient de France**) npr m *principal masonic lodge of France.*

godiche [gɔdiʃ] *fam* ◆ adj [maladroit] oafish ; [niais] silly, dumb US / *ce qu'il peut être godiche!* he's such an oaf! ◆ nf [maladroite] clumsy thing ; [niaise] silly thing.

godichon, onne [gɔdiʃɔ̃, ɔn] *fam* = **godiche** *(adj).*

godille [gɔdij] nf **1.** [rame] (stern-mounted) scull ▸ **avancer à la godille** to scull **2.** [à ski] wedeln.

godiller [3] [gɔdije] vi **1.** NAUT to scull **2.** [au ski] to wedeln.

godillot [gɔdijo] nm **1.** [chaussure] clodhopper **2.** *fam* [personne] party-liner, yes-man.

godiveau, x [gɔdivo] nm veal forcemeat *(U).*

goéland [gɔelɑ̃] nm seagull ▸ **goéland argenté** / **cendré** herring / common gull ▸ **goéland marin** great black-backed gull.

goélette [gɔelɛt] nf schooner.

goémon [gɔemɔ̃] nm wrack.

goglu [gɔgly] nm QUÉBEC bobolink.

gogo [gogo] nm *fam* sucker / *c'est pour les gogos, leur publicité* you'd have to be a real sucker to fall for their advert.
❖ **à gogo** loc adv *fam* galore / *il y avait des frites à gogo* there were chips galore.

goguenard, e [gɔgnaʀ, aʀd] adj mocking, jeering / *un œil goguenard* a mocking look.

goguenardise [gɔgnaʀdiz] nf *sout* mocking, jeering ▸ **regarder qqn avec goguenardise** to eye sb mockingly.

goguenots [gɔgno] *fam*, **gogues** [gɔg] *tfam* nmpl loo UK, john US.

goguette [gɔgɛt] ❖ **en goguette** loc adj merry, a little tiddly / *des commerciaux en goguette* some salesmen having a boozy get-together.

goï [gɔj] = **goy.**

goïm [gɔjim] pl ⟶ **goy.**

goinfre [gwɛ̃fʀ] nmf *fam* pig / *manger comme un goinfre* to eat like a pig.

goinfrer [3] [gwɛ̃fʀe] ❖ **se goinfrer** vpi *fam* to pig ou to stuff o.s. ▸ **se goinfrer de qqch** to stuff o.s. with sthg.

goinfrerie [gwɛ̃fʀəʀi] nf *fam* piggyness / *arrête de manger, c'est de la goinfrerie* stop eating, you're just being a pig ou making a pig of yourself.

goitre [gwatʀ] nm goitre.

goitreux, euse [gwatʀø, øz] ◆ adj goitrous. ◆ nm, f *person with a goitre.*

Golan [gɔlɑ̃] npr m ▸ **le (plateau du) Golan** the Golan Heights.

Goldberg [gɔldbɛʀg] npr / **'les Variations Goldberg'** *Bach* 'The Goldberg Variations'.

golden [gɔldɛn] nf Golden Delicious.

golem [gɔlɛm] nm golem.

golf [gɔlf] nm **1.** SPORT ▸ **le golf** golf **2.** [terrain] (golf) links, golf course ▸ **golf miniature** miniature golf, mini-golf.

golfe [gɔlf] nm gulf.

Golfes

le golfe d'Aden	the Gulf of Aden
le golfe Arabique	the Arabian Gulf
le golfe du Bengale	the Bay of Bengal
le golfe de Botnie	the Gulf of Bothnia
le golfe de Californie	the Gulf of California
le golfe de Corinthe	the Gulf of Corinth
le golfe de Gascogne	the Bay of Biscay
le golfe du Lion	the Gulf of Lions
le golfe du Mexique	the Gulf of Mexico
le golfe du Morbihan	the Morbihan Gulf
le golfe Persique	the Persian Gulf
le golfe de Thaïlande	the Gulf of Siam

Golfe [gɔlf] npr m ▸ **le Golfe** the Gulf / *les États / la Guerre du Golfe* the Gulf States / War.

golfeur, euse [gɔlfœʀ, øz] nm, f golfer.

Golgi [gɔlgi] npr : *appareil de Golgi* MÉD Golgi body ou apparatus.

Golgotha [gɔlgɔta] npr m ▸ **le Golgotha** Golgotha.

Goliath [gɔljat] npr BIBLE Goliath.

Gomina® [gɔmina] nf brilliantine ; ≃ Brylcreem®.

gominer [3] [gɔmine] ❖ **se gominer** vp *(emploi réfléchi)* to put Brylcreem® ou hair cream on.

gommage [gɔmaʒ] nm **1.** [effacement] erasing **2.** [de la peau] exfoliation / *se faire faire un gommage* to have one's skin deep-cleansed **3.** [encollage] gumming.

gommant, e [gɔmɑ̃, ɑ̃t] adj exfoliating.

gomme [gɔm] nf **1.** [pour effacer] rubber UK, eraser ▸ **gomme à encre** ink rubber ou eraser **2.** [substance] gum ▸ **gomme adragante** tragacanth ▸ **gomme arabique** gum arabic **3.** MÉD gumma **4.** [friandise] gum ▸ **gomme à mâcher** chewing-gum, bubble-gum **5.** *fam* EXPR ▸ **à la gomme** lousy / *des conseils à la gomme* lousy advice / *son installation électrique à la gomme* his lousy ou crummy wiring ▸ **mettre (toute) la gomme a)** [en voiture] to step on it **b)** [au travail] to pull out all the stops.

gommé, e [gɔme] adj [papier] gummed.

gomme-gutte [gɔmgyt] *(pl* **gommes-guttes**) nf gamboge.

gomme-laque [gɔmlak] *(pl* **gommes-laques**) nf lac.

gommer [3] [gɔme] vt **1.** [avec une gomme] to rub out UK *(sép)*, to erase **2.** [faire disparaître] to chase away *(sép)*, to erase **3.** [estomper] : *gommer les contours* to soften the outline / *le reportage a gommé les moments* *les plus pénibles* fig the report played down ou glossed over the toughest moments **4.** [encoller] to gum.

gomme-résine [gɔmʀezin] (pl **gommes-résines**) nf gum resin.

gommette [gɔmɛt] nf (small) sticker.

gommeux, euse [gɔmø, øz] adj **1.** BOT gum-yielding, gummiferous spéc **2.** MÉD gummatous.
❖ **gommeux** nm vieilli young fop.
❖ **gommeuse** nf gumming machine.

gommier [gɔmje] nm gum tree, gummiferous tree spéc.

Gomorrhe [gɔmɔʀ] npr ⟶ **Sodome.**

gon [gɔ̃] nm GÉOM grade.

gonade [gɔnad] nf gonad.

gonadique [gɔnadik] adj gonadal.

gonadostimuline [gɔnadɔstimylin] = **gonadotrophine.**

gonadotrope [gɔnadɔtʀɔp] adj gonadotropic, gonadotrophic.

gonadotrophine [gɔnadɔtʀɔfin] nf gonadotropin, gonadotrophin.

Goncourt [gɔ̃kuʀ] npr ▸ **le prix Goncourt** *prestigious annual literary prize awarded by the Académie Goncourt.*

gond [gɔ̃] nm hinge / *mettre une porte sur ses gonds* to hang a door ▸ **sortir de ses gonds** to blow one's top, to fly off the handle.

gondolage [gɔ̃dɔlaʒ] nm [du bois] warping ; [d'une tôle] buckling ; [du papier] cockling.

gondolant, e [gɔ̃dɔlɑ̃, ɑ̃t] adj tfam & vieilli hysterical, side-splitting.

gondole [gɔ̃dɔl] nf COMM & NAUT gondola ▸ **tête de gondole** COMM gondola head.

gondolement [gɔ̃dɔlmɑ̃] = **gondolage.**

gondoler [3] [gɔ̃dɔle] ◆ vi [bois] to warp, to get warped ; [tôle] to buckle. ◆ vt to wrinkle, to crinkle / *l'humidité a gondolé le papier* the damp has wrinkled ou crinkled the paper ▸ **un disque gondolé** a warped record.
❖ **se gondoler** vpi **1.** [se déformer - bois] to warp ; [- papier] to wrinkle ; [- tôle] to buckle **2.** tfam [rire] to fall about (laughing) / *ils se sont tous gondolés quand je leur ai dit* when I told them they all fell about (laughing) ou they were all in stitches.

gondolier, ère [gɔ̃dɔlje, ɛʀ] nm, f COMM merchandise assistant.
❖ **gondolier** nm [batelier] gondolier.

gonfalon [gɔ̃falɔ̃], **gonfanon** [gɔ̃fanɔ̃] nm HIST gonfalon.

gonflable [gɔ̃flabl] adj [canot] inflatable ; [ballon, poupée] blow-up.

gonflage [gɔ̃flaʒ] nm **1.** [d'un pneu] inflating ; [d'un ballon] blowing up / *vérifie le gonflage des pneus* check the tyre pressure **2.** CINÉ enlargement.

gonflant, e [gɔ̃flɑ̃, ɑ̃t] adj **1.** [bouffant - jupon] full ; [- manche] puffed **2.** tfam [irritant] : *c'est gonflant!* what a drag!
❖ **gonflant** nm [d'un tissu, d'une chevelure] volume.

gonfle [gɔ̃fl] nf SUISSE [congère] snowdrift.

gonflé, e [gɔ̃fle] adj **1.** [enflé] swollen, puffed up / *enfants faméliques au ventre gonflé* starving children with distended ou swollen stomachs ▸ **gonflé comme une outre** full to bursting (point) **2.** fam EXPR **être gonflé** : *t'es gonflé!* **a)** [effronté] you've got a nerve ou some cheek! **b)** [courageux] you've got guts! ▸ **être gonflé à bloc a)** [en pleine forme] to be full of beans **b)** [plein d'ardeur] to be itching ou raring to go.

gonflement [gɔ̃fləmɑ̃] nm **1.** [grosseur] swelling **2.** [augmentation - des prix] inflation ; [- des statistiques] exaggeration ; [- des impôts] excessive increase **3.** AUTO blowing up, inflating.

gonfler [3] [gɔ̃fle] ◆ vt **1.** [remplir d'un gaz - bouée, pneu] to inflate, to blow up (sép) ; [- poumons] to fill ▸ **avoir le cœur gonflé de peine / de chagrin / de joie** to be heartbroken / grief-stricken / overjoyed **2.** [faire grossir - voiles] to fill / *gonfle tes muscles* flex your muscles / *un abcès lui gonflait la joue* his cheek was swollen with an abscess / *la brise gonflait sa jupe* her skirt was billowing in the breeze / *la fonte des neiges gonfle les torrents* the thaw swells the torrents ou makes the torrents swell ▸ **les yeux gonflés de sommeil / de larmes** eyes swollen with sleep / with tears **3.** [augmenter - prix, devis] to inflate, to push up (sép) ; [- frais, statistiques] to exaggerate, to inflate ; [- importance, impact] to exaggerate, to blow out of all proportion ; [- moteur] to soup up **4.** CINÉ to blow up (sép), to enlarge **5.** tfam [irriter] ▸ **gonfler qqn** to get on sb's nerves ou UK wick / *il commence à me gonfler* he's starting to get on my nerves ou on my wick UK. ◆ vi **1.** CULIN [pâte] to rise ; [riz] to swell (up) **2.** [enfler] to be puffed up ou bloated ▸ **le bois a gonflé** the wood has warped / *la bière fait gonfler l'estomac* beer bloats the stomach.
❖ **se gonfler** ◆ vp (emploi passif) : *ce matelas se gonfle à l'aide d'une pompe* this air bed can be blown up with a pump. ◆ vpi **1.** [voile] to swell ; [éponge] to swell up **2.** [se remplir de gaz] to inflate **3.** fig : *son cœur se gonfle d'allégresse* her heart is bursting with joy.

gonflette [gɔ̃flɛt] nf fam & péj ▸ **faire de la gonflette** to pump iron.

gonfleur [gɔ̃flœʀ] nm (air) pump.

gong [gɔ̃g] nm **1.** MUS gong **2.** SPORT bell.

goniomètre [gɔnjɔmɛtʀ] nm goniometer.

gonococcie [gɔnɔkɔksi] nf gonococcal infection.

gonocoque [gɔnɔkɔk] nm gonococcus.

gonorrhée [gɔnɔʀe] nf gonorrhoea.

gonze [gɔ̃z] nm tfam guy, bloke UK.

gonzesse [gɔ̃zɛs] nf tfam **1.** [femme] bird UK, chick US **2.** [homme] sissy, pantywaist US.

goodwill [gudwil] nm FIN goodwill.

gopura [gɔpuʀa] nm gopura.

gord [gɔʀ] nm kiddle, stake net.

gordien [gɔʀdjɛ̃] adj m ⟶ **nœud.**

gore [gɔʀ] ◆ adj (pl **gore** ou **gores***) gory. ◆ nm ▸ **le gore** gore / *il aime le gore* he likes gore.

goret [gɔʀɛ] nm **1.** [porcelet] piglet **2.** fam [personne] : *petit goret!* you grubby little pig!

Gore-Tex® [gɔʀtɛks] nm Gore-Tex®.

gorge [gɔʀʒ] nf **1.** [gosier] throat / *avoir mal à la gorge* to have a sore throat / *j'ai la gorge sèche* my throat is dry ou parched ▸ **rester en travers de la gorge a)** pr *l'arête m'est restée en travers de la gorge* the bone got stuck in my throat **b)** fig *son refus m'est resté en travers de la gorge* his refusal stuck in my throat ▸ **avoir la gorge nouée** ou **serrée** to have a lump in one's throat ▸ **l'odeur / la fumée vous prenait à la gorge** the smell / smoke made you gag ▸ **crier à pleine gorge** ou **à gorge déployée** to shout at the top of one's voice ▸ **rire à gorge déployée** to roar with laughter ▸ **enfoncer** ou **faire rentrer à qqn ses mots dans la gorge** : *on lui enfoncera* ou *lui fera rentrer ses mots dans la gorge* we'll make him eat his words ▸ **prendre qqn à la gorge** pr to grab ou to take sb by the throat / *pris à la gorge, ils ont dû emprunter* fig they had a gun to their heads, so they had to borrow money ▸ **tenir qqn à la gorge a)** pr to hold sb by the throat **b)** fig to have a stranglehold on sb ▸ **faire rendre gorge à qqn** to force sb to pay ou to cough up ▸ **faire des gorges chaudes de qqn / qqch** to have a good laugh about sb / sthg / *quand ils sauront, ils vont en faire des gorges chaudes* when they find out, they'll have a good laugh about it **2.** litt [seins] bosom **3.** GÉOGR gorge **4.** ARCHIT groove, glyph, channel **5.** CONSTR [d'une cheminée] throat ; [d'une fenêtre] groove **6.** MÉCAN [d'une poulie] groove, score ; [d'une serrure] tumbler ▸ **roue** ou **poulie à gorge** sheave.

gorge-de-pigeon [gɔʀʒdəpiʒɔ̃] adj inv dove-coloured.

gorgée [gɔʀʒe] nf mouthful ▸ **à petites gorgées** in little sips ▸ **à grandes gorgées** in great gulps ▸ **d'une seule gorgée** in one gulp.

gorger [17] [gɔʀʒe] vt : *gorger un enfant de sucreries* to stuff a child full of sweets ▸ **des champs gorgés d'eau** waterlogged fields.
❖ **se gorger de** vp + prép **1.** [se remplir de] : *au moment de la mousson, les rizières se gorgent d'eau* during the monsoon the rice paddies fill to overflowing with water **2.** [manger avec excès] : *se gorger de fruits* to gorge o.s. with fruit.

gorgone [gɔʀgɔn] nf **1.** litt [femme] gorgon, virago **2.** ZOOL gorgonian.

Gorgones [gɔʀgɔn] npr fpl ▸ **les Gorgones** the Gorgons.

gorgonzola [gɔʀgɔ̃zɔla] nm Gorgonzola (cheese).

gorille [gɔʀij] nm **1.** ZOOL gorilla **2.** fam [garde] bodyguard, gorilla.

Gorki [gɔʀki] npr ▸ **Maxime Gorki** Maxim Gorky.

gosette [gozɛt] nf BELG *fruit-filled pastry.*

gosier [gozje] nm [gorge] throat, gullet ▸ **j'ai le gosier sec** fam I could do with a drink, I'm parched ▸ **rester en travers du gosier** fam : *ça m'est resté en travers du gosier* it really stuck in my throat.

gospel [gɔspɛl] nm gospel (music).

gosse [gɔs] nmf fam **1.** [enfant] kid ▸ **sale gosse!** you brat! / *c'est un / une brave gosse* he's / she's a nice kid / *c'est une gosse de la rue* she grew up in the street / *gosse de riches* rich kid **2.** [fils, fille] kid / *ses trois gosses* her three kids **3.** [jeune] ▸ **il est beau gosse** he's a good-looking chap ▸ **belle gosse** good-looking girl.

Göteborg [gøtəbɔʀg] npr Gothenburg, Göteborg.

Gotha [gɔta] nm [aristocratie] aristocracy ; [élite] elite ▸ **le Gotha de l'édition** the leading lights of the publishing world / *tout le Gotha de la mode était là* (all) the big names in fashion were there.

gothique [gɔtik] ◆ adj **1.** ART & HIST Gothic ▸ **écriture gothique** Gothic script **2.** LITTÉR Gothic **3.** [mouvement] gothic, goth. ◆ nm **1.** ART ▸ **le gothique** the Gothic style **2.** LITTÉR ▸ **le gothique** Gothic. ◆ nf Gothic (type).

Goths [go] npr mpl ▸ **les Goths** the Goths.

gotique [gɔtik] nm LING Gothic.

gouache [gwaʃ] nf gouache / *peindre à la gouache* to paint in ou with gouache / *quelques belles gouaches* some beautiful gouaches.

gouaille [gwaj] nf vieilli cheeky humour UK, sassy humor US / *elle répliqua avec une gouaille bien parisienne* she replied with typical Parisian humour.

gouailler [3] [gwaje] vi vieilli to mock cheekily.

gouaillerie [gwajʀi] nf vieilli mocking ou cheeky remark.

gouailleur, euse [gwajœʀ, øz] adj vieilli mocking, cheeky.

gouape [gwap] nf fam & vieilli hoodlum, hood tfam.

gouda [guda] nm Gouda (cheese) ▸ **vieux gouda** mature Gouda.

goudron [gudʀɔ̃] nm tar ▸ **goudron bitumineux** bitumen ▸ **goudron de bois / houille** wood / coal tar.
❖ **goudrons** nmpl (cigarette) tar.

goudronnage [gudʀɔnaʒ] nm tarring, surfacing.

goudronné, e [gudʀɔne] adj ▸ **papier goudronné** tar-lined paper ▸ **route goudronnée** tarred road.

goudronner [3] [gudʀɔne] vt **1.** [route] to tar, to surface (with tar) **2.** [bateau] to pay.

goudronneur [gudʀɔnœʀ] nm [ouvrier] tar sprayer ou spreader.

goudronneux, euse [gudʀɔnø, øz] adj tarry.
❖ **goudronneuse** nf [machine] tar tank ou spreader.

gouffre [gufʀ] nm GÉOL [dû à l'effondrement] trough fault (valley) ; [dû à un fleuve] swallow hole ; [abîme] chasm, abyss, pit / *un gouffre béant* a yawning ou gaping chasm / *cette affaire sera un gouffre financier* this business will just swallow up money, we'll have to keep on pouring money into this business / *être au bord du*

*In reformed spelling (see p. 16-19).

gouffre to be on the edge of the abyss / *tombé dans le gouffre de l'oubli litt* fallen into the depths of oblivion.

gouge [guʒ] nf **1.** [ciseau à bois] gouge ; [pour évider] hollow chisel **2.** [de cordonnier] paring gouge.

gougère [guʒɛʀ] nf gougère *(choux pastry filled with Gruyère cheese)*.

gougnafier [guɲafje] nm *fam & vieilli* good-for-nothing ▸ **faire qqch comme un gougnafier** to make a pig's ear of sthg UK, to foul sthg up.

gouille [guj] nf SUISSE pond.

gouine [gwin] nf *tfam & péj* dyke.

goujat [guʒa] nm *sout* boor.

goujaterie [guʒatʀi] nf *sout* boorishness, uncouthness ▸ **quelle goujaterie !** how uncouth !

goujon [guʒɔ̃] nm **1.** ZOOL gudgeon **2.** CONSTR [de bois] dowel ; [de métal] gudgeon **3.** MÉCAN [de poulie] pin.

goujonner [3] [guʒɔne] vt **1.** CONSTR [bois] to dowel ; [métal] to bolt **2.** MÉCAN to bolt (with gudgeons).

goulache [gulaʃ] nm goulash.

goulafre [gulafʀ] BELG ◆ adj greedy. ◆ nmf greedy person.

goulag [gulag] nm Gulag.

goulasch [gulaʃ] = **goulache.**

goule [gul] nf ghoul.

goulée [gule] nf **1.** [de liquide] gulp / *vider son verre à grandes goulées* to gulp down one's drink **2.** [d'air] : *prendre une goulée d'air* to take in a lungful of air.

goulet [gulɛ] nm **1.** [rétrécissement] narrowing / *la rue fait un goulet* the road narrows ▸ **goulet d'étranglement** bottleneck **2.** GÉOL gully, (narrow) gorge **3.** [chenal] channel.

goulette [gulɛt] nf TRAV PUB race, conduit.

gouleyant, e [gulejɑ̃, ɑ̃t] adj ŒNOL lively.

goulot [gulo] nm **1.** [de bouteille] neck ▸ **boire au goulot** to drink straight from the bottle **2.** *fig* ▸ **goulot d'étranglement** bottleneck.

goulotte [gulɔt] nf [conduit] conduit ; [rigole] channel.

goulu, e [guly] ◆ adj greedy, gluttonous. ◆ nm, f glutton.

goulûment, goulument* [gulymɑ̃] adv greedily ▸ **manger goulûment** to eat greedily, to gobble (down) one's food.

goupil [gupi] nm *arch* fox.

goupille [gupij] nf (joining) pin, cotter (pin) ▸ **goupille fendue** split pin.

goupiller [3] [gupije] vt **1.** TECHNOL to pin, to (fix with a) cotter **2.** *fam* [combiner] to set up *(sép)* / *ils avaient tout goupillé d'avance !* they had it all set up ou worked out ! / *je voudrais bien savoir ce qu'elle est en train de goupiller* I'd really like to know what she's up to / *elle avait bien goupillé son coup* she'd set it up neatly ou planned it just right.

❖ **se goupiller** vpi *fam* [se dérouler] to turn out / *ça dépend comment les choses vont se goupiller* it depends how things turn ou work out / *ça s'est bien / mal goupillé* things turned out well / badly.

goupillon [gupijɔ̃] nm **1.** [brosse] bottle-brush **2.** RELIG aspersorium.

gourance [guʀɑ̃s], **gourante** [guʀɑ̃t] nf *tfam* boob UK, goof US.

gourbi [guʀbi] nm **1.** *fam* [taudis] slum **2.** [en Afrique du Nord] gourbi, shack.

gourd, e [guʀ, guʀd] adj [engourdi] numb, stiff / *j'ai les doigts gourds* my fingers are numb ou stiff (with cold).

gourde [guʀd] ◆ adj *fam* dopey, thick. ◆ nf **1.** [récipient - en peau] leather flask, wineskin ; [- en métal ou plastique] bottle, flask **2.** [courge] gourd **3.** *fam* [personne] blockhead, twit / *c'est une vraie gourde !* he's a real blockhead ou twit !

gourdin [guʀdɛ̃] nm cudgel.

gourer [3] [guʀe] ❖ **se gourer** vpi *fam* [se tromper] : *je me suis gouré d'adresse* I made a slip-up with the address / *je me suis gouré dans les horaires* I got the times mixed up / *tu t'es complètement gouré !* you've got it completely round your neck !

gourgandine [guʀgɑ̃din] nf *vieilli & péj* hussy.

gourmand, e [guʀmɑ̃, ɑ̃d] ◆ adj **1.** [personne] greedy ▸ **gourmand de chocolat** fond of chocolate ; [gastronomique] : *notre page gourmande* our food ou gastronomy page / *les petites recettes gourmandes de Julie* Julie's special ou tasty recipes **2.** [bouche] greedy ; [lèvres] eager ; [regard] greedy, eager **3.** [État, fisc] greedy **4.** HORT ▸ **branche gourmande** sucker. ◆ nm, f gourmand, person who loves his / her food / *c'est vrai, je suis une gourmande* I must admit I am rather fond of my food.

❖ **gourmand** nm BOT sucker.

gourmander [3] [guʀmɑ̃de] vt *sout* to rebuke, to castigate, to upbraid.

gourmandise [guʀmɑ̃diz] nf **1.** [caractère] greediness, greed **2.** [sucrerie] delicacy.

gourme [guʀm] nf **1.** [du cheval] strangles *(sg)*, equine distemper **2.** EXPR ▸ **jeter sa gourme** *fam & vieilli* to sow one's wild oats.

gourmé, e [guʀme] adj *litt* stiff, starched.

gourmet [guʀmɛ] nm gourmet, epicure.

gourmette [guʀmɛt] nf **1.** JOAILL (chain) bracelet **2.** [pour cheval] curb (chain).

gourou [guʀu] nm **1.** RELIG guru **2.** *fig* guru, mentor.

gousse [gus] nf [de haricot] pod, husk ; [de petit pois] pod ; [d'ail] clove ; [de vanille] bean, pod.

gousset [gusɛ] nm **1.** COUT [de gilet] waistcoat pocket ; [de pantalon] fob pocket **2.** CONSTR [traverse] support ; [plaque] gusset, plate.

goût, gout* [gu] nm **1.** [sens] taste ▸ **perdre le goût** to lose one's sense of taste **2.** [saveur] taste / *avoir un drôle de goût* to taste funny / *ça a un goût très épicé* it tastes very hot ▸ **ça a un goût de miel / moutarde** it tastes of honey / mustard / *ce vin a un goût de bouchon* this wine is corked / *ça n'a aucun goût* it's tasteless, it's got no taste / *avec ce rhume, je ne trouve aucun goût à la nourriture* I can't taste my food (properly) because of this cold / *ajoutez du sucre selon votre goût* add sugar to taste ▸ **faire passer à qqn le goût de...** : *je vais lui faire passer le goût du pain* I'm going to do away with him, I'm going to bump him off / *je vais lui faire passer le goût du mensonge* I'm going to put a stop to his lying once and for all **3.** [préférence] taste ▸ **un goût marqué** ou **particulier pour...** a great liking ou fondness for... / *avoir des goûts de luxe* to have expensive tastes ▸ **prendre goût à qqch** to develop a taste for sthg ▸ **c'est (une) affaire** ou **question de goût** it's a matter of taste / *à chacun son goût, chacun son goût* each to his own ▸ **tous les goûts sont dans la nature** it takes all sorts (to make a world) ▸ **des goûts et des couleurs on ne discute pas** *prov* there's no accounting for taste **4.** [intérêt] taste, liking / *il faut leur donner le goût des maths* we've got to give them a taste ou a liking for maths ▸ **ne plus avoir goût à qqch** to have lost one's taste for sthg ▸ **faire qqch par goût** to do sthg out of ou by inclination / *je ne le fais pas par goût* I don't do it from choice **5.** [jugement esthétique] taste ▸ **les gens de goût** people of taste / *elle a bon / mauvais goût* she has good / bad taste / *elle n'a aucun goût* she has no taste / *une décoration de bon goût* a tasteful decoration ▸ **il serait de bon goût de nous retirer** ou **que nous nous retirions** it would be proper to take our leave / *il a eu le (bon) goût de se taire* he had the sense to remain silent / *cette plaisanterie est d'un goût douteux* that joke is in poor ou doubtful taste / *une remarque de mauvais goût* a remark in poor ou bad taste **6.** [mode] : *c'était le goût de l'époque* it was the style of the time / *c'est le goût du jour* it is the current fashion / *être au goût du jour* to be in line with current tastes ▸ **remettre qqch au goût du jour** to update sthg / *un opéra dans le goût de Verdi* an opera in the style of Verdi ▸ **dans ce goût-là** : *c'était une fourrure en renard, ou quelque chose dans ce goût-là* it was a fox fur, or something of the sort.

❖ **à mon goût, à son goût,**
à mon gout, à son gout* loc adj & loc adv to my / his, etc., liking / *le décor est tout à fait à mon goût* the decor is exactly to my liking / *à mon / son goût, on est trop lents* we're not going fast enough for my / his liking.

goûter¹, gouter* [3] [gute] ◆ vt **1.** [aliment, boisson] to taste, to try / *voulez-vous goûter ma sauce ?* would you like to taste ou try my sauce ? ▸ **fais-moi goûter** let me have a taste, give me a taste / *ils m'ont fait goûter les spécialités de la région* they had me try the local delicacies **2.** *sout* [apprécier] to savour, to enjoy / *goûtons ensemble le calme du soir* let's savour ou enjoy the peace of the evening together / *elle n'a pas goûté l'humour de leurs commentaires* she didn't appreciate their witticisms **3.** BELG [avoir un goût de] to taste / *ce fruit goûte le pourri* this fruit tastes rotten. ◆ vi **1.** [prendre une collation] to have an afternoon snack, to have tea UK / *venez goûter, les enfants !* come and have your snack, children ! / *il goûte toujours d'une pomme et d'un verre de lait* he always has an apple and a glass of milk for his afternoon snack **2.** BELG [avoir bon goût] to taste nice.

❖ **goûter à, gouter à*** v + prép **1.** [manger] : *tu ne dois pas goûter au gâteau avant le dessert* you mustn't take any cake before the dessert / *goûtez donc à ces biscuits* do try some of these biscuits **2.** [faire l'expérience de] to have a taste of / *maintenant qu'elle a goûté à la célébrité* now that she's tasted ou had a taste of fame.

❖ **goûter de, gouter de*** v + prép **1.** [plat] to taste, to try / *puis-je goûter un peu de ce fromage ?* may I taste ou try some of this cheese ? **2.** [faire l'expérience de] to have a taste of / *depuis qu'elle a goûté du piano, c'est une passionnée* since she's had a taste of piano playing, she's become an enthusiast / *il a goûté de la prison* he has had a taste of prison life.

goûter², gouter* [gute] nm [collation] *afternoon snack for children, typically consisting of bread, butter, chocolate, and a drink* ; [fête] children's party / *invité à un goûter d'anniversaire* invited to a (children's) birthday party.

goûteur, euse, gouteur*, euse [gutœʀ, øz] nm, f taster.

goûteux, euse, gouteux*, euse [gutø, øz] adj tasty.

goutte [gut] nf **1.** [d'eau, de lait, de sang] drop ; [de sueur] drop, bead ; [de pluie] drop (of rain), raindrop / *il est tombé une goutte (ou deux)* there was a drop (or two) of rain ▸ **goutte de rosée** dewdrop ▸ **boire qqch jusqu'à la dernière goutte** to drink every last drop of sthg ▸ **avoir la goutte au nez** to have a runny nose ▸ **être une goutte d'eau dans la mer** : *c'est une goutte d'eau dans la mer* it's a drop in the ocean ▸ **être la goutte d'eau qui fait déborder le vase** : *c'est la goutte d'eau qui fait déborder le vase* it's the straw that broke the camel's back **2.** [petite quantité] ▸ **une goutte de** a (tiny) drop of / *une goutte de vin ?* a drop of wine ? **3.** MÉD [maladie] gout **4.** ARCHIT drop, gutta **5.** *fam* [eau-de-vie] ▸ **la goutte** the hard stuff.

❖ **gouttes** nfpl PHARM ▸ **gouttes pour le nez / les oreilles / les yeux** nose / ear / eye drops.

❖ **goutte à goutte** loc adv drop by drop ▸ **tomber goutte à goutte** to drip / *ils laissent filtrer les informations goutte à goutte fig* they are letting the news filter out bit by bit.

❖ **ne... goutte** loc adv *arch* ▸ **je n'y comprends** ou **entends goutte** I can't understand a thing ▸ **je n'y vois goutte** I can't see a thing.

goutte-à-goutte [gutagut] nm inv MÉD (intravenous) drip UK, IV US / *ils lui ont mis un goutte-à-goutte* they've put him on a drip.

Goutte d'Or [gutdɔʀ] npr ▸ **la Goutte d'Or** *working-class area of Paris with a large immigrant population.*

gouttelette [gutlɛt] nf droplet.

goutter [3] [gute] vi to drip.

* In reformed spelling (see p. 16-19).

goutteux, euse [gutø, øz] ◆ adj gouty. ◆ nm, f gout-sufferer.

gouttière [gutjɛʀ] nf **1.** CONSTR gutter ▸ **gouttière verticale** drainpipe **2.** MÉD (plaster) cast.

gouvernable [guvɛʀnabl] adj governable / *ce pays n'est pas gouvernable* it's impossible to govern this country, this country is ungovernable.

gouvernail, s [guvɛʀnaj] nm **1.** NAUT rudder ▸ **gouvernail automatique** / **compensé** automatic / balanced rudder ▸ **gouvernail de profondeur** (submarine) hydroplane **2.** *fig* ▸ **être au** ou **tenir le gouvernail** to call the tune.

gouvernance [guvɛʀnɑ̃s] nf ▸ **gouvernance d'entreprise** corporate governance.

gouvernant, e [guvɛʀnɑ̃, ɑ̃t] ◆ adj ruling / *les classes gouvernantes* the ruling classes. ◆ nm, f man (woman) in power / *il n'a pas une âme de gouvernant* he was not born for government ▸ **les gouvernants** the people in power, the Government.

❖ **gouvernante** nf **1.** [préceptrice] governess **2.** [dame de compagnie] housekeeper.

gouverne [guvɛʀn] nf **1.** *sout* [instruction] ▸ **pour ma / ta gouverne** for my / your information / *sache pour ta gouverne que je ne mens pas* for your information, please remember that I don't lie **2.** NAUT steering ▸ **aviron de gouverne** stern ou steering oar **3.** AÉRON control surface ▸ **gouverne de profondeur** elevator ▸ **gouverne de direction** (tail) rudder.

gouvernement [guvɛʀnəmɑ̃] nm **1.** [régime] government / *gouvernement démocratique* / *monarchique* democratic / monarchic government / *sous le gouvernement socialiste* under the Socialist government ▸ **gouvernement de coalition** coalition government ▸ **gouvernement fantoche** puppet government / *il est au gouvernement depuis 15 ans* he has been in government ou in power for 15 years **2.** [ensemble des ministres] Government / *le Premier ministre a formé son gouvernement* the Prime Minister has formed his government ou cabinet / *le gouvernement a démissionné* the Government has resigned.

gouvernemental, e, aux [guvɛʀnəmɑ̃tal, o] adj [parti] ruling, governing ; [presse] pro-government ; [politique, décision, crise] government *(modif)* ▸ **des dispositions gouvernementales** measures taken by the government ▸ **l'équipe gouvernementale** the Government ou Cabinet UK ou Administration US.

gouverner [3] [guvɛʀne] ◆ vt **1.** POL to rule, to govern / *le pays n'était plus gouverné* the country no longer had a government ; *(en usage absolu)* ▸ **gouverner c'est prévoir** *(allusion à Thiers)* to govern is to foresee **2.** *litt* [maîtriser] to govern, to control / *gouverner ses passions* to control one's passions / *ne nous laissons pas gouverner par la haine* let us not be governed ou ruled by hatred **3.** NAUT to steer **4.** GRAM to govern **5.** SUISSE [soigner - bétail] to look after, to tend. ◆ vi NAUT to steer / *gouverner à la lame* / *à tribord* to steer by the sea / to starboard / *gouverner de l'arrière* to steer aft.

❖ **se gouverner** vp *(emploi réfléchi)* to govern o.s. / *le droit des peuples à se gouverner eux-mêmes* the right of peoples to self-government.

gouvernés [guvɛʀne] nmpl ▸ **les gouvernés** those who are governed.

gouverneur, e [guvɛʀnœʀ] nm, f ADMIN & POL governor / *le Gouverneur de la Banque de France* the Governor of the Bank of France ▸ **Gouverneur général** QUÉBEC Governor general.

goy [gɔj] (*pl* **goyim** *ou* **goïm** [gɔjim]) ◆ adj goyish. ◆ nmf goy ▸ **les goyim** goyim, goys.

goyave [gɔjav] nf guava.

goyavier [gɔjavje] nm guava (tree).

goyim [gɔjim] pl ⟶ **goy**.

GPL (abr de **gaz de pétrole liquéfié**) nm LPG.

GPRS (abr de **General Packet Radio Service**) nm GPRS.

GPS (abr de **global positioning system**) nm GPS.

GQG (abr de **grand quartier général**) nm GHQ.

gr abr écrite de **grade**.

GR nm abr de **(sentier de) grande randonnée**.

Graal [gʀal] npr m ▸ **le Graal** the (Holy) Grail.

grabat [gʀaba] nm *sout* pallet, litter.

grabataire [gʀabatɛʀ] ◆ adj bedridden. ◆ nmf (bedridden) invalid ▸ **les grabataires** the bedridden.

grabuge [gʀabyʒ] nm *fam* : *il y avait du grabuge* there was a bit of a rumpus / *ça va faire du grabuge* that's going to cause havoc / *il y a eu du grabuge?* was there any trouble ou bother UK ?

grâce [gʀas] ◆ nf **1.** [beauté - d'un paysage] charm ; [- d'une personne] grace ▸ **avec grâce** gracefully ▸ **plein de grâce** graceful ▸ **sans grâce** graceless / *la vue n'est pas sans grâce* the view is not without charm **2.** [volonté] ▸ **de bonne grâce** with good grace, willingly ▸ **avoir la bonne grâce de dire / faire** to have the grace to say / to do / *de mauvaise grâce* with bad grace ▸ **vous auriez mauvaise grâce à** ou **de vous plaindre** it would be ungracious of you to complain **3.** [faveur] favour UK, favor US / *je te le demande comme une grâce* I'm asking you this as a favour ▸ **être en grâce auprès de qqn** to be in favour with sb ▸ **rentrer en grâce auprès de qqn** to come back into sb's favour / *fais-moi la grâce de m'écouter* do me the favour of listening to me / *nous ferez-vous la grâce de signer votre dessin?* would you do us the honour of signing your drawing? ▸ **trouver grâce aux yeux de qqn** to find favour with sb / *rien* / *personne ne trouve grâce à ses yeux* nothing / nobody finds favour in his eyes / *c'est (toute) la grâce que je vous souhaite* that is what I would wish for you **4.** [sursis - de peine] pardon ; [- dans un délai] grace ▸ **accorder sa grâce à qqn** to pardon sb ▸ **crier** ou **demander grâce** to beg for mercy ▸ **faire grâce à qqn (de qqch)** : *je te fais grâce des centimes* I'll let you off the centimes / *je te fais grâce du récit complet* I'll spare you the full story / *une semaine* / *un mois de grâce* one week's / month's grace ▸ **grâce amnistiante** free pardon ▸ **grâce présidentielle** presidential pardon **5.** RELIG grace ▸ **la grâce divine** divine grace / *avoir la grâce* to be inspired / *par la grâce de Dieu* by the grace of God ▸ **à la grâce de Dieu a)** [advienne que pourra] come what may **b)** [n'importe comment] any old way ; [pour exprimer la reconnaissance] ▸ **grâce à Dieu!** thanks be to God ! / *rendre grâce* ou *grâces à Dieu* to give thanks to God **6.** [titre] ▸ **Sa Grâce** His / Her Grace ▸ **Votre Grâce** Your Grace. ◆ interj *arch* mercy / *ah, grâce!* have mercy ! ▸ **de grâce!** for God's ou pity's sake !

❖ **grâces** nfpl **1.** [faveurs] ▸ **rechercher les bonnes grâces de qqn** to curry favour with sb, to seek sb's favour ▸ **être / entrer dans les bonnes grâces de qqn** to be / to get in favour with sb ; [manières] ▸ **faire des grâces à qqn** to make up to sb ▸ **faire des grâces** to put on airs (and graces) **2.** RELIG ▸ **dire les grâces** to give thanks (after eating).

❖ **grâce à** loc prép thanks to.

Grâces [gʀas] npr fpl ▸ **les trois Grâces** the three Graces.

graciable [gʀasjabl] adj pardonable.

gracier [9] [gʀasje] vt to reprieve.

gracieusement [gʀasjøzmɑ̃] adv **1.** [joliment] gracefully **2.** [aimablement] graciously, kindly / *il m'a accueilli le plus gracieusement du monde* he greeted me very amiably **3.** [gratuitement] free (of charge), gratis.

gracieuseté [gʀasjøzte] nf **1.** *sout* [parole aimable] pleasantry **2.** *vieilli* [cadeau] gratuity.

gracieux, euse [gʀasjø, øz] adj **1.** [joli] charming, graceful / *qu'il est gracieux, ce bébé!* what a charming baby ! **2.** [aimable] affable, amiable, gracious / *sa lettre était écrite sur le ton le plus gracieux* her letter was most amiable **3.** [gratuit] free (of charge).

gracile [gʀasil] adj *litt* slender.

gracilité [gʀasilite] nf *litt* slenderness, slimness.

Gracques [gʀak] npr mpl ▸ **les Gracques** the Gracchi.

gradation [gʀadasjɔ̃] nf **1.** [progression] : *il y a une gradation dans nos exercices* we grade our exercises / *avec une gradation lente* gradually, by degrees ▸ **gradation ascendante** / **descendante** gradual increase / decrease **2.** [étape] stage / *procédons par gradations* let's proceed step by step ou gradually.

grade [gʀad] nm **1.** [rang] rank / *il a le grade de capitaine* his rank is captain ▸ **avancer** ou **monter en grade** to be promoted ▸ **en prendre pour son grade** *fam* to get it in the neck UK, to get hauled over the coals **2.** [niveau] ▸ **grade universitaire** degree **3.** GÉOM (centesimal) grade **4.** CHIM grade.

gradé, e [gʀade] ◆ adj ▸ **militaire gradé** non-commissioned officer, NCO. ◆ nm, f non-commissioned officer, NCO ▸ **tous les gradés** all ranks.

gradient [gʀadjɑ̃] nm **1.** MÉTÉOR gradient ▸ **gradient thermique** temperature gradient **2.** MATH : *gradient d'une fonction* gradient of a function **3.** ÉLECTR ▸ **gradient de potentiel** voltage gradient.

gradin [gʀadɛ̃] nm **1.** [dans un amphithéâtre] tier, (stepped) row of seats ; [dans un stade] ▸ **les gradins** the terraces **2.** GÉOGR step, terrace ▸ **à gradins** stepped **3.** AGR terrace ▸ **à gradins** terraced / *les vergers s'élèvent en gradins* the orchards rise in terraces **4.** [d'un autel] gradin, gradine.

graduat [gʀadɥa] nm BELG [diplôme] technical diploma *(just below university level).*

graduateur [gʀadɥatœʀ] nm graduator.

graduation [gʀadɥasjɔ̃] nf **1.** [repère] mark / *verser le liquide jusqu'à la deuxième graduation* pour the liquid up to the second mark **2.** [échelle de mesure] scale / *la graduation va jusqu'à 20* the scale goes up to 20 **3.** [processus] graduating.

gradué, e [gʀadɥe] ◆ adj **1.** [à graduations] graduated **2.** [progressif] graded ▸ **exercices gradués** graded exercises. ◆ nm, f BELG graduate *(having passed the "graduat").*

graduel, elle [gʀadɥɛl] adj gradual, progressive.

❖ **graduel** nm gradual.

graduellement [gʀadɥɛlmɑ̃] adv gradually.

graduer [7] [gʀadɥe] vt **1.** [augmenter] to increase gradually / *il faut graduer la difficulté des tests* the tests should become gradually more difficult **2.** [diviser] to graduate.

graff [gʀaf] (abr de **graffiti**) nm (piece of) graffiti.

graffeur, euse [gʀafœ, gʀaføz] nm, f graffiti artist, graffitist.

graffiteur, euse [gʀafitœʀ, øz] nm, f graffiti artist.

graffiti [gʀafiti] (*pl* **graffiti** *ou* **graffitis**) nm **1.** [inscription] graffiti ▸ **un graffiti** a piece of graffiti ▸ **des graffitis** graffiti *(U)* **2.** ARCHÉOL graffito.

grafigner [gʀafiɲe] vt QUÉBEC to scratch.

grailler [3] [gʀaje] ◆ vi **1.** [corneille] to caw **2.** [personne] to speak hoarsely ou throatily **3.** *tfam* [manger] to eat, to nosh UK, to chow down US / *venez grailler!* grub's up ! UK, come chow down ! US ◆ vt *tfam* to eat / *il n'y a plus rien à grailler* there's no grub left.

graillon [gʀajɔ̃] nm **1.** *fam* [friture] ▸ **une odeur de graillon** a smell of grease **2.** *tfam* [crachat] gob (of spit).

graillonner [3] [gʀajɔne] vi **1.** [sentir la friture] to smell of greasy food **2.** *fam* [cracher en toussant] to hawk (up) *tfam*, to gob UK *tfam*.

grain [gʀɛ̃] nm **1.** [de sel, de sable] grain, particle ; [de riz] grain ; [de poussière] speck ; *fig* : *un grain de cruauté* a touch of cruelty / *un grain de lucidité* a grain ou flicker of understanding ▸ **un grain de folie** a touch of madness / *il n'a pas un grain de bon sens* he hasn't got an ounce ou a grain of common sense ▸ **avoir un grain** *fam* : *elle a un grain* she's got a screw loose *tfam* ▸ **mettre son grain de sel** *fam* to stick one's oar in **2.** [céréales] ▸ **le grain, les grains** (cereal) grain ▸ **alcool** ou **eau-de-vie de grain** grain alcohol **3.** [d'un fruit, d'une plante] ▸ **grain de café a)** [avant torréfaction] coffee berry **b)** [après torréfaction] coffee bean ▸ **grain de cassis** / **groseille** blackcurrant / redcurrant (berry)

▸ **grain de poivre** peppercorn ▸ **grain de raisin** grape **4.** [perle] bead / *un collier à grains d'ambre* an amber necklace **5.** [aspect - de la peau] grain, texture ; [- du bois, du papier] grain ▸ **à gros grain** coarse-grained / *à petit grain* close-grained, fine-grained / *aller / travailler dans le sens du grain* to go / to work with the grain **6.** MÉTÉOR squall ▸ **grain en ligne** line squall **7.** PHOT grain / *la photo a du grain* the photo is ou looks grainy.

❖ **en grains** loc adj [café, poivre] whole / *moulu ou en grains?* ground or not?, ground or whole?

❖ **grain de beauté** nm beauty spot, mole.

grainage [gʀɛnaʒ] = **grenage.**

graine [gʀɛn] nf **1.** [semence] seed ▸ **graine de lin** linseed ▸ **graines (pour oiseaux)** birdseed *(U)* ▸ **monter en graine a)** *pr* to go to seed **b)** *fig* to shoot up / *il est monté en graine* he's really shot up ▸ **c'est de la mauvaise graine, ce garçon-là!** that boy is bad news! ▸ **son frère, c'est de la graine de voyou!** his brother has the makings of a hooligan! ▸ **en prendre de la graine** *fam* : *ton frère a réussi tous ses examens, prends-en de la graine* your brother has passed all his exams, take a leaf out of his book **2.** [du ver à soie] silkworm eggs, graine.

grainer [4] [gʀɛne] ◆ vi AGR to seed. ◆ vt **1.** [réduire en grain] to granulate, to grain **2.** [rendre grenu] to grain.

graineterie [gʀɛntʀi], **grainèterie*** [gʀɛnɛtʀi] nf **1.** [commerce] seed trade **2.** [magasin] seed merchant's.

grainetier, ère [gʀɛntje, ɛʀ] ◆ adj : *le commerce grainetier* the seed trade. ◆ nm, f [marchand - de graines] seed merchant ; [- de grain] corn chandler.

graissage [gʀɛsaʒ] nm AUTO & MÉCAN [avec de l'huile] oiling, lubrication ; [avec de la graisse] greasing, lubrication / *faire faire un graissage* to have one's car lubricated.

graisse [gʀɛs] nf **1.** [corps gras] fat ▸ **régime pauvre en graisses** low-fat diet / *évitez les graisses* cut down on fat / *prendre de la graisse* *fam* to put on weight / *faire de la graisse* *fam* to get fat / *il a de la graisse en trop!* he's too fat! ▸ **graisse animale / végétale** animal / vegetable fat ▸ **graisse de baleine / phoque** whale / seal blubber ▸ **graisse à chaussures** dubbin, dubbing ▸ **graisse de porc** lard ▸ **graisse de rognon** suet ▸ **à la graisse d'oie** *fam* : *il lui a raconté des boniments à la graisse d'oie!* he told her a load of tall stories! **2.** MÉCAN grease **3.** ŒNOL ropiness **4.** IMPR thickness, boldness.

graisser [4] [gʀɛse] ◆ vt **1.** [enduire - moteur] to lubricate ; [- pièce, mécanisme] to grease, to oil ; [- fusil] to grease ; [- chaussures] to dub ; [- moule] to grease / *une crème qui ne graisse pas les mains* a non-greasy cream ▸ **graisser la patte à qqn** to grease sb's palm / *il a graissé la patte aux témoins* he bribed the witnesses **2.** [tacher] to grease, to soil with grease. ◆ vi **1.** [devenir gras] : *ses cheveux graissent très vite* his hair gets greasy very quickly **2.** ŒNOL to become ropy.

❖ **se graisser** vpt : *se graisser les mains avec une crème* to rub cream into one's hands.

graisseur[1], euse [gʀɛsœʀ, øz] adj greasing, lubricating.

❖ **graisseur** nm **1.** [gén] lubricator, oiler **2.** AUTO grease nipple.

graisseux[2], euse [gʀɛsø, øz] adj **1.** [cheveux, col] greasy **2.** [tumeur] fatty.

Gram [gʀam] nm inv SCI Gram ▸ **Gram positif** Gram-positive ▸ **Gram négatif** Gram-negative.

graminée [gʀamine], **graminacée** [gʀaminase] nf grass ▸ **les graminées** (the) grasses, the gramineae *spéc.*

grammage [gʀamaʒ] nm grammage.

grammaire [gʀamɛʀ] nf **1.** [règles] grammar ▸ **la grammaire** grammar ▸ **règle de grammaire** grammatical rule, rule of grammar ▸ **grammaire générative** generative grammar ▸ **grammaire normative** normative grammar **2.** [livre] grammar (book) **3.** *fig* ▸ **la grammaire du cinéma / dessin** the grammar of cinema / drawing.

grammairien, enne [gʀamɛʀjɛ̃, ɛn] nm, f grammarian.

grammatical, e, aux [gʀamatikal, o] adj **1.** [de grammaire] grammatical ▸ **loi grammaticale** law of grammar ▸ **exercice grammatical** grammar exercise ▸ **catégorie grammaticale** part of speech **2.** [correct] grammatical ▸ **non grammatical** ungrammatical.

grammaticalement [gʀamatikalmɑ̃] adv grammatically.

grammaticalisation [gʀamatikalizasjɔ̃] nf grammaticalization.

grammaticaliser [3] [gʀamatikalize] vt to grammaticalize.

grammaticalité [gʀamatikalite] nf LING grammaticality.

gramme [gʀam] nm gramme / *elle n'a pas un gramme de graisse* she hasn't got an ounce of fat (on her) / *je n'ai pas pris un gramme pendant les fêtes!* I didn't put on an ounce over the Christmas holidays! ▸ **pas un gramme de bon sens / de compassion** *fig* not an ounce of common sense / of compassion.

grand, e [gʀɑ̃, gʀɑ̃d] *(devant nm commençant par voyelle ou 'h' muet* [gʀɑ̃t] *)*

◆ adj

A. ASPECT QUANTITATIF
B. ASPECT QUALITATIF
C. EN INTENSIF

A. ASPECT QUANTITATIF **1.** [de taille élevée - adulte] tall ; [- enfant] tall, big / *une grande femme maigre* a tall thin woman / *il est maintenant aussi grand que son frère* he's now as big as his brother **2.** [de grandes dimensions - objet, salle, ville] big, large ; [- distance] long / *un grand cercle* a big circle / *une grande pendule* a big clock / *il te faudrait un grand couteau* you'll need a big ou long knife ▸ **grand A/B/C** capital A/B/C / *une grande tour* a high ou tall tower / *la grande pyramide de Kheops* the Great Pyramid of Cheops / *un grand désert* a big desert / *dans toutes les grandes villes* in all the big ou major towns / *un grand fleuve* a long ou big river / *c'est un instrument plus grand que le violon* it's a bigger or larger instrument than the violin / *l'univers est plus grand qu'on ne peut l'imaginer* the universe is bigger than ou more vast than one can possibly imagine / *une statue plus grande que nature* a large-scale statue / *de grandes jambes* long legs / *un grand front* a prominent forehead / *avoir de grands pieds* to have big ou large feet / *ses grands yeux bleus* her big blue eyes ▸ **marcher à grands pas** to walk with great ou long strides / *ouvrir la bouche toute grande* to open one's mouth wide **3.** [d'un certain âge - être humain] big / *tu es un grand garçon maintenant* you're a big boy now ▸ **être assez grand pour faire qqch** to be old ou big enough to do sthg / *tu es assez grand pour comprendre* you're old enough to understand ; [aîné - frère, sœur] big ; [au terme de sa croissance - personne] grown-up ; [- animal] fully grown, adult ▸ **quand je serai grand** when I'm grown-up ou big / *elle a de grands enfants* she has grown-up children **4.** [qui dure longtemps] long ▸ **pendant un grand moment** for quite some time / *une grande explication* a long explanation / *une grande période de beau temps* a long ou lengthy spell of good weather **5.** [intense, considérable] great / *un grand cri* a loud cry / *un grand remue-ménage / vacarme* a great commotion / noise / *les risques sont grands* there are considerable risks / *un grand mouvement de protestation* a great ou big ou widespread protest movement ▸ **de grande diffusion** widely-distributed ▸ **une grande fortune** great wealth, a large fortune / *faire de grands frais* to go to great expense / *ils ont marié leur fille à grands frais* they married off their daughter at great ou vast expense / *il y avait une grande affluence à la poste* there was a great ou an enormous crush at the post office ▸ **rincer à grande eau** to rinse thoroughly ▸ **les grands froids** intense cold ▸ **pendant les grandes chaleurs** in high summer, in ou at the height of summer / *un grand vent soufflait du nord* a strong wind was blowing from the north / *nous avons fait un grand feu* we made a big fire / *un grand incendie* a major ou great fire ▸ **grande consommation** : *ce sont des articles de grande consommation* they are everyday consumer articles ▸ **(à l'époque des) grandes marées** (at) spring tide **6.** [pour qualifier une mesure] large, great ▸ **la grande majorité de** the great ou vast majority of / *son grand âge explique cette erreur* this mistake can be put down to her being so old / *des arbres d'une grande hauteur* very tall trees / *ils plongent à une grande profondeur* they dive very deep ou to a great depth / *un grand nombre de passagers* a large number of passengers **7.** [entier] : *une grande cuillerée de sucre* a heaped spoonful of sugar ▸ **elle m'a fait attendre une grande heure / semaine** she made me wait a good hour / a good week **8.** BOT great, greater ▸ **grande chélidoine** greater celandine ▸ **grand plantain** greater plantain **9.** GÉOGR ▸ **le Grand Lac Salé** the Great Salt Lake ▸ **les Grands Lacs** the Great Lakes ▸ **les Grandes Plaines** the Great Plains **10.** GÉOM ▸ **grand axe** major axis ▸ **grand cercle** great circle **11.** ZOOL ▸ **les grands animaux** (the) larger animals ▸ **grands chiens** big dogs.

B. ASPECT QUALITATIF **1.** [important] great, major / *de grands progrès* great progress ou strides / *les grands thèmes de son œuvre* the major themes in his work / *les grands problèmes de notre temps* the main ou major ou key issues of our time **2.** [acharné, invétéré] great, keen / *un grand amateur de livres rares* a great ou keen collector of rare books ▸ **c'est une grande cruciverbiste a)** [assidue] she loves doing crosswords **b)** [douée] she is very good at (doing) crosswords ▸ **c'est un grand travailleur** he's a hard worker, he's hard-working / *tu n'es qu'une grande menteuse* you're just a big liar ▸ **c'est une grande timide** she's really shy / *ce sont de grands amis* they're great ou very good friends ▸ **un grand buveur** a heavy drinker ▸ **grands fumeurs** heavy smokers ▸ **les grands blessés / brûlés / invalides** the seriously wounded / burned / disabled ▸ **les grands handicapés** the severely handicapped **3.** [puissant, influent - banque] top ; [- industriel] top, leading, major ; [- propriétaire, famille] important ; [- personnage] great **4.** [dans une hiérarchie] : *les grands dignitaires du régime* the leading ou important dignitaries of the regime ▸ **grand écuyer** Master of the (Royal) Horse ▸ **le grand rabbin (de France)** the Chief Rabbi (of France) ▸ **les grands corps de l'État** the major public bodies **5.** [noble] : *de grande naissance* of high ou noble birth / *avoir grand air* ou *grande allure* to carry o.s. well, to be imposing **6.** [généreux] ▸ **c'est un grand cœur** his heart is in the right place / *il a un grand cœur* he's big-hearted, he has a big heart ▸ **une grande âme** a noble soul **7.** [exagéré] big ▸ **de grands gestes** extravagant gestures / *de grandes promesses* big promises ▸ **grands mots** high-sounding words, high-flown language ▸ **grandes phrases** high-flown phrases **8.** [fameux, reconnu] great ▸ **un grand homme** a great man / *un grand journaliste* a great ou top journalist / *un des plus grands spécialistes* one of the greatest ou top experts / *un grand esprit / talent* a great mind / talent / *il a accompli de grandes choses* he has accomplished great things / *un disque des grands airs de Verdi* a record of great Verdi arias / *une grande œuvre d'art* a great work of art / *son dernier essai est un grand texte* his latest essay is a brilliant piece of writing ▸ **les grands textes classiques** the classics / *il ne descend que dans les grands hôtels* he only stays in the best hotels ou the most luxurious hotels / *le grand film de la soirée* tonight's big feature ou film ▸ **le grand jour** the big day / *les grandes dates de l'histoire de France* the great ou most significant dates in French history ▸ **un grand nom** a great name / *un grand nom de la peinture contemporaine* one of today's great painters ▸ **les grands couturiers** the top fashion designers **9.** HIST ▸ **la Grande Armée** the Grande Armée ▸ **la Grande Catherine** Catherine the Great ▸ **le Grand Mogol** the Great Mogul ▸ **le Grand Turc** the Grand Turk **10.** [omnipotent, suprême] great / *Dieu est grand* God is great.

C. EN INTENSIF : *avec une (très) grande facilité* with (the greatest of) ease ▸ **sans grand enthousiasme / intérêt** without much enthusiasm / interest / *sa grande fierté,*

* In reformed spelling (see p. 16-19).

c'est son jardin he's very proud of ou he takes great pride in his garden / *quel grand bonheur de t'avoir parmi nous!* how happy we all are to have you with us! ▸ **c'était un grand moment** it was a great moment / *il était dans un grand état de fatigue* he was extremely tired / *un grand merci à ta sœur* lots of thanks to ou a big thank you to your sister ▸ **le grand amour** : *c'est le grand amour!* it's true love! / *Robert fut son grand amour* Robert was the love of her life / *tu aurais grand avantage à la prévenir* you'd be well advised to warn her / *cette cuisine a grand besoin d'être nettoyée* this kitchen really needs ou is in dire need of a clean ▸ **faire grand bien** : *ça m'a fait le plus grand bien* it did me a power of ou the world of good / *il en a pensé le plus grand bien* he thought most highly of it / *grand bien lui fasse!* much good may it do her! ▸ **faire grand cas de** to set great store by / *toute la famille au grand complet* the whole family, every single member of the family ▸ **à sa grande honte** to his great shame / *jamais, au grand jamais je n'accepterai* never in a million years will I accept / *il n'y a pas grand mal à demander des précisions* there's no harm in asking for further details / *il n'y a pas grand mal* there's no great harm done / *il est parti de grand matin* he left at the crack of dawn / *il n'y avait pas grand monde à son concert* there weren't many people at his concert / *pour notre plus grand plaisir* to our (great) delight ▸ **prendre grand soin de** to take great care of ▸ **à sa grande surprise** much to his surprise, to his great surprise / *il est grand temps que tu le lises* it's high time you read it.

◆ nm, f **1.** [enfant - d'un certain âge] ▸ **l'école des grands** primary school ; [en appellatif] ▸ **merci mon grand!** thanks, son! / *allons, ma grande, ne pleure pas!* come on now, love, don't cry! ▸ **comme un grand** : *je me débrouillerai tout seul, comme un grand / toute seule, comme une grande* I'll manage on my own, like a big boy / a big girl **2.** [adulte - gén] grown-up, adult / *un jeu pour petits et grands* a game for young and old (alike) ; [en appellatif] : *alors, ma grande, tu as pu te reposer un peu?* well dear, did you manage to get some rest? ; [personne de grande taille] : *pour la photo, les grands se mettront derrière* for the photo, tall people ou the taller people will stand at the back.

❖ **grand** ◆ adv **1.** VÊT ▸ **chausser grand** : *c'est un modèle qui chausse grand* this is a large-fitting shoe ▸ **tailler grand** : *ça devrait vous aller, ça taille grand* it should fit you, it's cut large **2.** [largement] ▸ **grand ouvert** wide-open / *elle dort la fenêtre grand* ou *grande ouverte* she sleeps with the window wide open ou open wide / *il avait maintenant les yeux grand* ou *grands ouverts* now he had his eyes wide open **3.** ART ▸ **représenter qqch plus grand que nature** to enlarge sthg **4.** EXPR **voir grand** [avoir de vastes projets] to think big / *ils ont vu trop grand* they bit off more than they could chew / *elle voit grand pour son fils* she's got great hopes for her son / *deux rôtis! tu as vu grand!* two roasts! you don't do things by halves! ◆ nm **1.** PHILOS → **infiniment 2.** [entrepreneur, industriel] : *un grand de la mode* a leading light in the fashion business ▸ **les grands de l'automobile** the major ou leading car manufacturers **3.** HIST ▸ **Grand d'Espagne** (Spanish) grandee ou Grandee.

❖ **grands** nmpl ÉCON & POL ▸ **les grands** [les puissants] the rich (and powerful) / *les grands de ce monde* the people in (positions of) power ou in high places / *les deux Grands* POL the two superpowers.

❖ **en grand** loc adv **1.** [complètement] on a large scale / *il faut aérer la maison en grand* the house needs a thorough ou good airing ▸ **il a fait les choses en grand** *fig* he really did things properly **2.** NAUT : *gouverner en grand* to make a heading / *navire en grand sur un bord* ship listing heavily to one side.

❖ **grande école** nf *competitive-entrance higher education establishment.*

❖ **grand ensemble** nm housing scheme UK, housing project US.

❖ **grande surface** nf hypermarket.

Grande école

The **grandes écoles** are relatively small and highly respected higher education establishments. Admission is usually only possible after two years of intensive preparatory studies and a competitive entrance examination. Most have close links with industry. The **grandes écoles** include **l'École des hautes études commerciales or HEC** (management and business), **l'École polytechnique** or **l'X** (engineering) and **l'École normale supérieure** (teacher training and research).

grand-angle [grɑ̃tɑ̃gl] (*pl* **grands-angles** [grɑ̃zɑ̃gl]), **grand-angulaire** [grɑ̃tɑ̃gylɛr] (*pl* **grands-angulaires** [grɑ̃zɑ̃gylɛr]) nm wide-angle lens.

Grand Canyon [grɑ̃kanjɔn] npr ▸ **le Grand Canyon** the Grand Canyon.

grand-chose [grɑ̃ʃoz] pron indéf ▸ **pas grand-chose** not much / *ce que je te demande, ce n'est pas grand-chose* I'm not asking you for much / *je n'y comprends pas grand-chose* I don't understand much of it ▸ **plus grand-chose** not much (left) / *il ne me reste plus grand-chose à dire* there's not much more (left) to say / *il n'y a plus grand-chose à manger* there's not much left to eat.

grand-croix [grɑ̃krwa] (*pl* **grands-croix**) ◆ nf inv Grand Cross *(in various orders including the Légion d'honneur)*. ◆ nmf holder ou Knight of the Grand Cross.

grand-duc [grɑ̃dyk] (*pl* **grands-ducs**) nm **1.** [titre] grand duke **2.** [oiseau] eagle owl.

grand-ducal, e, aux [grɑ̃dykal, o] adj **1.** [du grand-duc] grand-ducal **2.** [du grand-duché] of the grand duchy.

grand-duché [grɑ̃dyʃe] (*pl* **grands-duchés**) nm grand duchy.

Grande-Bretagne [grɑ̃dbrətaɲ] npr f ▸ **(la) Grande-Bretagne** (Great) Britain.

grande-duchesse [grɑ̃ddyʃɛs] (*pl* **grandes-duchesses**) nf grand duchess.

grandelet, ette [grɑ̃dlɛ, ɛt] adj *fam* quite tall.

grandement [grɑ̃dmɑ̃] adv **1.** [largement] absolutely / *si c'est là votre opinion, vous vous trompez grandement!* if that is what you believe, you are very much mistaken! / *vous avez grandement raison / tort* you are quite right / wrong / *nous avons grandement le temps* we have ample time **2.** [beaucoup] a great deal, greatly / *il m'a grandement aidée* he helped me a great deal, he's been a great help to me ▸ **être grandement reconnaissant à qqn de qqch** to be truly grateful to sb for sthg **3.** [généreusement] : *vous avez fait les choses grandement!* you've done things in great style! / *ils ne seront pas grandement logés* their accommodation will be nothing grand ou special.

grandesse [grɑ̃dɛs] nf grandeeship.

grandeur [grɑ̃dœr] nf **1.** [taille] size / *dimensions données en vraie grandeur* full-size measurement ▸ **(en) grandeur nature** life-size **2.** [noblesse] greatness / *la grandeur de son sacrifice* the greatness ou the beauty of his sacrifice / *la grandeur humaine* the greatness of man ▸ **avec grandeur** nobly ▸ **grandeur d'âme** magnanimity **3.** [splendeur] greatness, splendour / *grandeur et décadence de Byzance* rise and fall of Byzantium / *elle nous toisait du haut de sa grandeur* she looked down on us scornfully **4.** *arch* RELIG ▸ **Votre Grandeur** Your Grace **5.** ASTRON magnitude **6.** MATH & SCI : *chiffres de la même grandeur* figures of the same magnitude ▸ **grandeur de sortie** output ▸ **grandeurs énergétiques** energy consumption and supply.

grand-guignol [grɑ̃giɲɔl] nm ▸ **c'est du grand-guignol** it's all blood and thunder.

grand-guignolesque [grɑ̃giɲɔlɛsk] (*pl* **grand-guignolesques**) adj blood-and-thunder.

grandiloquence [grɑ̃dilɔkɑ̃s] nf grandiloquence, pomposity *péj*.

grandiloquent, e [grɑ̃dilɔkɑ̃, ɑ̃t] adj grandiloquent, pompous *péj*.

grandiose [grɑ̃djoz] adj grandiose.

grandir [32] [grɑ̃dir] ◆ vi **1.** [devenir grand] to grow / *ton fils a beaucoup grandi* your son has grown a lot / *cet enfant n'arrête pas de grandir* that child is shooting up / *sa fille a grandi de cinq centimètres* her daughter is five centimetres taller (than when I last saw her) / *je te trouve grandie* you've grown ou you look taller since I last saw you / *un enfant qui aurait grandi trop vite* a lanky child / *un arbre qui aurait grandi trop vite* a spindly tree / *la soupe, ça fait grandir* soup makes you big and strong **2.** [mûrir] to grow up / *j'ai compris en grandissant* I understood as I grew up ou older **3.** [s'intensifier - bruit] to increase, to grow louder ; [- influence] to increase / *une inquiétude qui grandit* a growing ou an increasing feeling of unease **4.** [s'étendre - ville] to spread **5.** *fig* ▸ **grandir en force / sagesse / beauté** to get stronger / wiser / more beautiful, to grow in strength / wisdom / beauty / *il a grandi dans mon estime* he has gone up in my esteem. ◆ vt **1.** [faire paraître plus grand] : *ces talons hauts la grandissent encore* these high-heeled shoes make her (look) even taller **2.** [exagérer l'importance de] to exaggerate, to overstate **3.** [ennoblir] : *notre profession sort grandie de cette longue lutte* our profession emerges from this long struggle with greater prestige / *ils n'en sortent pas vraiment grandis* they don't come out of it terribly well, it hasn't done much for their reputation.

❖ **se grandir** ◆ vp *(emploi réfléchi)* [vouloir paraître - plus grand] to make o.s. (look) taller ; [- plus important] to show o.s. in the best possible light. ◆ vpi [s'élever en dignité] : *elle s'est grandie en ne révélant rien* she has improved her reputation ou people's opinion of her by disclosing nothing.

grandissant, e [grɑ̃disɑ̃, ɑ̃t] adj [effectifs, douleur, renommée] growing, increasing ; [vacarme] growing ; [pénombre] deepening.

grandissement [grɑ̃dismɑ̃] nm OPT magnification.

grandissime [grɑ̃disim] adj *hum* extraordinary, marvellous.

grand-livre [grɑ̃livr] (*pl* **grands-livres**) nm ledger / *le grand-livre (de la dette publique)* the French National Debt.

grand-maman [grɑ̃mamɑ̃] (*pl* **grand-mamans** *ou* **grands-mamans**) nf granny, grandma.

grand-mère [grɑ̃mɛr] (*pl* **grand-mères** *ou* **grands-mères**) nf **1.** [aïeule] grandmother **2.** *fam* [vieille femme] old woman *péj*, little old lady.

grand-messe [grɑ̃mɛs] (*pl* **grand-messes** *ou* **grands-messes**) nf **1.** RELIG High Mass **2.** *fig* ▸ **la grand-messe du parti** the party jamboree.

grand-oncle [grɑ̃tɔ̃kl] (*pl* **grands-oncles** [grɑ̃zɔ̃kl]) nm great-uncle.

grand-papa [grɑ̃papa] (*pl* **grands-papas**) nm grandpa, gran(d)dad ▸ **le commerce / tourisme de grand-papa** *fam & fig* old-fashioned ways of doing business / of holidaying.

grand-peine [grɑ̃pɛn] ❖ **à grand-peine** loc adv with great difficulty.

grand-père [grɑ̃pɛr] (*pl* **grands-pères**) nm **1.** [parent] grandfather **2.** *fam* [vieil homme] gran(d)dad, old-timer.

grand-route [grɑ̃rut] (*pl* **grand-routes**) nf main road.

grand-rue [grɑ̃ry] (*pl* **grand-rues**) nf high ou main street UK, mainstreet US.

grands-parents [grɑ̃parɑ̃] nmpl grandparents.

grand-tante [grɑ̃tɑ̃t] (*pl* **grand-tantes** *ou* **grands-tantes**) nf great-aunt.

grand-voile [grɑ̃vwal] (*pl* **grand-voiles** *ou* **grands-voiles**) nf mainsail.

grange [grɑ̃ʒ] nf barn.

grangée [gʀɑ̃ʒe] nf barnful.

granit(e) [granit] nm GÉOL granite ▸ **de granite a)** [indestructible] granitelike, made of granite **b)** [insensible] of stone.

granité, e [granite] adj granitelike.
❖ **granité** nm **1.** [sorbet] granita **2.** TEXT pebble-weave fabric ou cloth.

graniteux, euse [granitø, øz] adj granitic.

granitique [granitik] adj granitic, granite *(modif).*

granivore [granivɔʀ] ◆ adj seed-eating, granivorous *spéc.* ◆ nmf seedeater, granivore *spéc.*

granny-smith [granismis] nf inv Granny Smith *(apple).*

granulaire [granylɛʀ] adj granular, granulous.

granulat [granyla] nm aggregate.

granulation [granylasjɔ̃] nf **1.** [gén] graining, granulation **2.** MÉD granulation **3.** ASTRON ▸ **granulation solaire** granulation of the sun, photospheric granulation **4.** PHOT grain, graininess.

granule [granyl] ◆ nm **1.** [particule] (small) grain, granule ; [pour animaux] pellet **2.** PHARM (small) tablet, pill. ◆ nf ASTRON granule.

granulé, e [granyle] adj [surface] granular ; [présentation] granulated.
❖ **granulé** nm granule.

granuler [3] [granyle] vt to granulate.

granuleux, euse [granylø, øz] adj **1.** [aspect] granular, grainy **2.** MÉD granular.

granulocyte [granylɔsit] nm granulocyte.

granulome [granylom] nm granuloma.

granulométrie [granylɔmetʀi] nf granulometry.

grape-fruit *(pl* **grape-fruits), grapefruit** [grɛpfʀut] nm grapefruit.

graphe [graf] nm **1.** MATH graph **2.** INFORM graph ▸ **graphe complet / non orienté** complete / indirected graph.

graphème [ɛgʀafm] nm grapheme.

grapheur [grafœʀ] nm INFORM grapher.

graphie [grafi] nf written form.

graphique [grafik] ◆ adj **1.** [relatif au dessin] graphic **2.** [relatif à l'écriture] written **3.** INFORM ▸ **informatique graphique** computer graphics **4.** SCI graphical. ◆ nm **1.** MATH [courbe] graph ; [tracé] diagram, chart ▸ **graphique à bandes** bar chart ▸ **graphique circulaire** pie chart ▸ **graphique d'évolution** flowchart **2.** [de température] chart. ◆ nf graphics *(sg).*

graphiquement [grafikmɑ̃] adv graphically.

graphisme [grafism] nm **1.** [écriture] handwriting / *un graphisme exubérant* elaborate handwriting **2.** [dessin] ▸ **un graphisme vigoureux** a vigorously executed drawing ▸ **le graphisme de Dürer** Dürer's draughtsmanship.

graphiste [grafist] nmf graphic artist, artworker.

graphite [grafit] nm graphite ▸ **lubrifiant au graphite** graphite lubricant.

graphiter [3] [grafite] vt **1.** [transformer] to graphitize **2.** [enduire] to graphitize.

graphiteux, euse [grafitø, øz], **graphitique** [grafitik] adj graphitic.

graphitisation [grafitizasjɔ̃] nf **1.** CHIM grafitization **2.** MÉTALL graphitization (treatment).

graphologie [grafɔlɔʒi] nf graphology.

graphologique [grafɔlɔʒik] adj graphological.

graphologue [grafɔlɔg] nmf graphologist.

graphomètre [grafɔmɛtʀ] nm graphometer.

grappa [grapa] nf grappa.

grappe [grap] nf [de fleurs, de fruit] ▸ **grappe de glycine** wisteria flowerhead ▸ **grappe de raisins** bunch of grapes ▸ **grappes humaines** *fig* clusters of people.
❖ **en grappe(s)** loc adv [tomber - fleurs] in bunches.

grappiller [3] [grapije] ◆ vi **1.** *litt* [après la vendange] *to gather grapes left after the harvest* **2.** [faire de petits profits] to be on the take ou the fiddle UK / *il est bien le seul à ne pas grappiller* he's the only one who's not on the take. ◆ vt **1.** *litt* [cerises, prunes] to pick ; [brindilles] to gather ; [fleurs] to pick, to gather **2.** *fam* [argent] to fiddle UK, to chisel US **3.** *fam* [temps] : *elle grappille tous les jours une demi-heure sur l'horaire* she sneaks off half an hour early every day **4.** *fam* [informations] to pick up *(sép)* / *on n'a pu grappiller que quelques détails insignifiants* we could only pick up a few minor clues.

grappilleur, euse [grapijœʀ, øz] nm, f [profiteur] fiddler UK, chiseler US.

grappillon [grapijɔ̃] nm small bunch ou cluster.

grappin [grapɛ̃] nm **1.** NAUT [ancre] grapnel ; [d'abordage] grappling iron **2.** [de levage] grab **3.** [pour grimper] grappler, climbing iron **4.** *fam* EXPR **mettre le grappin sur qqn** : *une fois qu'il t'a mis le grappin dessus...* once he's got his hands on you... / *il m'a mis le grappin dessus à la sortie* he grabbed me on the way out / *attends que je lui mette le grappin dessus!* wait till I get my hands on him !

gras, grasse [gra, gras] adj **1.** CULIN fatty / *ne mettez pas trop de matière grasse* do not add too much fat ▸ **fromage gras** full-fat cheese ▸ **bouillon gras** fatty stock / *évitez la cuisine grasse* avoid fatty foods **2.** [dodu] fat, plump / *il est très gras* he's very fat / *elle est plutôt grasse* she's rather plump ou fat ▸ **être gras comme une caille** ou **un chanoine** ou **un cochon** ou **un moine, être gras à lard** to be as round as a barrel **3.** [huileux] greasy, oily ; [taché] greasy **4.** [peau, cheveux] greasy **5.** [terre, boue] sticky, slimy **6.** [pavé] slippery **7.** [voix, rire] throaty **8.** [vulgaire] crude, coarse **9.** *litt* [abondant - récompense] generous ; [- pâturage] rich / *l'herbe grasse était douce sous le pied* the thick grass was soft underfoot ▸ **ce n'est pas gras** *fam* **a)** [peu de chose] that's not much **b)** [profit médiocre] it's not a fortune **10.** [épais - gén] thick ; [- trait] bold ; [- caractère] bold, bold-faced ▸ **en gras** IMPR in bold (type) **11.** MÉD [toux] phlegmy **12.** CHIM fatty ▸ **série grasse** acyl group **13.** RELIG ▸ **jours gras** meat days **14.** ŒNOL [vin] ropy **15.** EXPR **faire la grasse matinée** to stay in bed (very) late, to have a long lie-in UK.
❖ **gras** ◆ nm **1.** [d'une viande] fat ▸ **le gras de jambon** ham fat ▸ **au gras** CULIN cooked with meat stock **2.** [du corps] fleshy part / *le gras de la jambe* the calf **3.** [substance] grease / *j'ai les doigts pleins de gras* my fingers are covered in grease / *des taches de gras* greasy stains. ◆ adv **1.** [dans l'alimentation] ▸ **il mange trop gras** he eats too much fatty food **2.** RELIG ▸ **faire gras** to eat meat **3.** [en grasseyant] ▸ **parler gras** to speak coarsely ou gutturally **4.** *fam* [beaucoup] : *il n'y a pas gras à manger* there's not much to eat.

gras-double [gradubl] *(pl* **gras-doubles)** nm CULIN (ox) tripe.

grassement [grasmɑ̃] adv **1.** [largement] handsomely ▸ **grassement payé** ou **rémunéré** generously ou handsomely paid / *il vit grassement de ses terres* *litt* he makes a handsome living from the land he owns **2.** [vulgairement] coarsely, crudely ▸ **plaisanter grassement** to make coarse ou crude jokes.

grasseyant, e [grasɛjɑ̃, ɑ̃t] adj : *avoir un parler / rire grasseyant* to speak / to laugh from the back of one's throat.

grasseyement [grasɛjmɑ̃] nm ▸ **le grasseyement des Parisiens a)** *the Parisian way of pronouncing Rs from the back of the throat* **b)** LING the uvular Parisian R.

grasseyer [12] [grasɛje] ◆ vi to pronounce one's Rs from the back of the throat, to use Parisian Rs. ◆ vt : *un R grasseyé* LING a uvular R.

grassouillet, ette [grasujɛ, ɛt] adj podgy UK, pudgy US.

gratifiant, e [gratifjɑ̃, ɑ̃t] adj gratifying, rewarding.

gratification [gratifikasjɔ̃] nf **1.** [pourboire] tip ; [prime] bonus / *gratification de fin d'année* Christmas bonus **2.** [satisfaction] gratification.

gratifier [9] [gratifje] vt **1.** [satisfaire] : *sa réussite a beaucoup gratifié ses parents* his success was very gratifying for his parents **2.** *iron* ▸ **gratifier qqn de qqch** : *elle m'a gratifié d'un sourire* she favoured me with a smile / *je ne vois pas pourquoi tu devrais nous gratifier de ta mauvaise humeur!* I can't see what we've done to deserve your bad temper !

gratin [gratɛ̃] nm **1.** CULIN [plat - recouvert de fromage] gratin *(dish with a topping of toasted cheese)* ; [- recouvert de chapelure] *dish with a crispy topping* ▸ **gratin dauphinois** *sliced potatoes baked with cream and browned on top* ; [croûte - de fromage] cheese topping ; [- de chapelure] crispy topping **2.** *fam* [élite] ▸ **le gratin** the upper crust ▸ **tout le gratin parisien** everybody who's anybody in Paris.

gratiné, e [gratine] adj **1.** CULIN [doré] browned ; [cuit au gratin] (cooked) au gratin **2.** *fam* [difficile] : *c'était un sujet d'examen gratiné!* it was a pretty tough exam question ! ; [intense] : *elle va avoir droit à un savon gratiné!* she's in for a real telling-off !
❖ **gratinée** nf French onion soup.

gratiner [3] [gratine] ◆ vt [cuire en gratin] to cook au gratin ; [dorer] to brown / *faire gratiner avant de servir* brown under the grill before serving. ◆ vi to brown / *ça n'a pas tout à fait fini de gratiner* the top is not quite brown yet.

gratis [gratis] *fam* ◆ adv free (of charge) / *il a fait la réparation gratis* he repaired it for nothing. ◆ adj free / *un spectacle gratis* a free show.

gratitude [gratityd] nf gratitude, gratefulness.

gratos [gratɔs] adj & adv *fam* free.

grattage [grataʒ] nm scraping / *au grattage on s'aperçoit que la couche de peinture était très mince* when you scrape off the paint you can see that it was put on very thinly.

gratte [grat] nf *fam* **1.** [profit] : *faire de la gratte* to make a bit on the side **2.** [guitare] guitar.

gratte-ciel [gratsjɛl] *(pl* **gratte-ciel** *ou* **gratte-ciels*)** nm sky-scraper.

gratte-cul [gratky] *(pl* **gratte-cul** *ou* **gratte-culs*)** nm *fam* rosehip.

gratte-dos [gratdo] nm inv back-scratcher.

grattement [gratmɑ̃] nm scratching / *elle entendit un léger grattement à la porte* she heard a gentle scratching at the door.

gratte-papier [gratpapje] *(pl* **gratte-papier** *ou* **gratte-papiers*)** nm *fam & péj* penpusher.

gratte-pieds *(pl* **gratte-pieds), gratte-pied*** *(pl* **gratte-pieds)** [gratpje] nm shoe scraper, metal doormat.

gratter [3] [grate] ◆ vt **1.** [avec des griffes, des ongles, une plume] to scratch ; [avec un sabot] to paw / *elle grattait doucement la tête de son chat* she was gently scratching ou tickling her cat's head **2.** [frotter - allumette] to strike ; [- métal oxydé] to scrape, to rub ; [- couche de saleté] to scrape ou to rub off *(sép)* / *gratter une vieille peinture / du vieux papier peint* to scrape off old paint / old wallpaper / *gratter un mur à la brosse métallique* to wire-brush a wall **3.** [effacer] to scratch out *(sép)* **4.** [irriter] ▸ **une chemise / un pull-over qui gratte (la peau)** a shirt / sweater which makes one itch ▸ **ça (me) gratte** *fam* it's itchy / *un gros rouge qui gratte la gorge* *fam* a rough red wine which catches in the throat **5.** *fam* [grappiller] to fiddle UK to chisel US **6.** *fam* [devancer] to overtake / *on s'est fait gratter par la concurrence* we were overtaken by our competitors **7.** *fam* [jouer de] ▸ **gratter du violon** to scrape away at the violin. ◆ vi **1.** [plume] to scratch / *prête-moi une plume, la mienne gratte* lend me a pen, mine keeps scratching (the paper) **2.** [faire du bruit] : *ces vieux disques grattent beaucoup* these old records are very scratchy ou crackly **3.** [tissu, laine, pull] to itch, to be itchy **4.** *fam* [travailler] to work, to do odd jobs / *il gratte quelques heures par semaine chez un avocat* he does a few hours a week at a solicitor's office.
❖ **se gratter** vp *(emploi réfléchi)* to scratch (o.s.), to have a scratch / *se gratter la tête / le bras* to scratch one's head / arm ▸ **pouvoir se gratter** *tfam* : *tu peux toujours te gratter!* you'll be lucky !

*In reformed spelling (see p. 16-19).

gratteron [gʀatʀɔ̃] nm goose grass.

gratteur [gʀatœʀ] nm TECHNOL reclaiming scraper ▸ **gratteur de sable** sand scraper.

grattoir [gʀatwaʀ] nm **1.** [de bureau] erasing-knife **2.** [de graveur] scraper **3.** [allumettes] striking surface **4.** ARCHÉOL grattoir.

grattons [gʀatɔ̃] nmpl *crisp-fried leftovers, duck, goose or pork, eaten cold.*

grattouiller [gʀatuje] vt *fam* : *ça me grattouille* it itches.

grattouillis [gʀatuji] nm *fam* [démangeaison] itch.

gratuiciel [gʀatɥisjɛl] nm INFORM freeware.

gratuit, e [gʀatɥi, it] ◆ adj **1.** [non payant] free / **'entrée gratuite'** 'free admission' ▸ **c'est gratuit** it's free, there's no charge **2.** [sans fondement] unwarranted / *tu fais là une supposition tout à fait gratuite* your assumption is absolutely unwarranted **3.** [absurde - violence] gratuitous ; [- cruauté] wanton, gratuitous **4.** [désintéressé] ▸ **aide gratuite** free help / *il est rare que les éloges soient gratuits* praise is rarely disinterested. ◆ nm [magazine] free magazine.

gratuité [gʀatɥite] nf **1.** [accès non payant] ▸ **nous voulons la gratuité de l'enseignement / des livres scolaires** we want free education / schoolbooks **2.** [absence de motif - d'une accusation, d'un acte violent] gratuitousness / *la gratuité d'un tel acte* the gratuitousness of such an act **3.** [désintéressement] disinterestedness / *la gratuité de ses éloges* the disinterestedness ou the disinterested nature of his praise.

gratuitement [gʀatɥitmɑ̃] adv **1.** [sans payer] free (of charge) / *pour deux disques achetés, ils en donnent un gratuitement* if you buy two records, they give you one free **2.** [sans motif] gratuitously, for no reason / *vous l'agressez gratuitement, elle ne vous a rien fait!* you're attacking her for no reason, she hasn't done you any harm! / *ils ont tout saccagé gratuitement* they destroyed everything just for the sake of it.

grau [gʀo] nm *régional* **1.** [chenal] channel *(linking a lake or a river to the sea in Languedoc)* **2.** [estuaire] estuary *(in Languedoc).*

gravatier [gʀavatje] nm rubble carter.

gravats [gʀava] nmpl **1.** [décombres] rubble **2.** [de plâtre] (screening) oversize.

grave [gʀav] ◆ adj **1.** [sérieux - motif, problème, maladie, accident] serious ; [- opération] serious, major ▸ **une faute grave a)** [gén] a grave error **b)** [motif de licenciement] serious misconduct ▸ **l'heure est grave** this is a critical moment / *ce n'est pas grave!* never mind!, it doesn't matter! ▸ **c'est grave!** it's serious! / *elle a eu une grave maladie* she's been seriously ill ▸ **c'est grave, docteur?** is it serious, doctor? **2.** *(après le nom)* [solennel] grave, solemn / *il la dévisageait, l'air grave* he stared at her gravely / *votre ami est toujours tellement grave!* your friend is always so solemn ou serious! **3.** ACOUST & MUS [note] low ; [voix] deep **4.** [accent] grave **5.** *fam* [stupide] : *il est grave ce mec* this guy's just too much / *non mais t'es grave, toi!* what are you like? ◆ adv *fam* [beaucoup] : *elle délire grave!* she's gone completely crazy / *je le kiffe grave* I'm completely crazy about him / *je suis grave à la bourre* I'm really late. ◆ nm MUS ▸ **le grave** the low register / *les graves et les aigus* low and high notes, the low and high registers. ◆ nf TRAV PUB aggregate.

❖ **graves** ◆ nm [vin] Graves (wine). ◆ nmpl ACOUST bass. ◆ nfpl [terrain] gravel beach ou strand.

graveleux, euse [gʀavlø, øz] adj **1.** [grivois] smutty **2.** GÉOGR gravelly **3.** [fruit] gritty.

gravelle [gʀavɛl] nf *arch* MÉD gravel.

gravement [gʀavmɑ̃] adv **1.** [solennellement] gravely, solemnly **2.** [en intensif] ▸ **gravement handicapé** severely handicapped ▸ **gravement malade** seriously ill ▸ **tu t'es gravement trompé** you've made a serious ou big mistake / *vous êtes gravement coupable de l'avoir laissé sortir seul* the burden of guilt lies with you for having let him go out alone.

graver [3] [gʀave] vt **1.** [tracer - sur métal, sur pierre] to carve, to engrave ; [- sur bois] to carve **2.** *fig* ▸ **à jamais gravé (en lettres d'or) dans mon esprit / mon souvenir** indelibly printed on my mind / memory / *la souffrance était gravée sur son visage* suffering was written on his face **3.** ART to engrave ▸ **graver à l'eau-forte** to etch **4.** [disque] to cut / *le dernier album qu'ils ont gravé n'a pas marché* the last album they made wasn't a success.

graveur, euse [gʀavœʀ, øz] nm, f [personne] engraver, carver ▸ **graveur sur bois** wood engraver ou cutter ▸ **graveur à l'eau-forte** etcher.

❖ **graveur** nm ▸ **graveur de CD** CD burner ▸ **graveur de DVD** DVD burner ou writer.

gravide [gʀavid] adj MÉD pregnant, gravid *spéc* ▸ **truie gravide** sow in pig.

gravidique [gʀavidik] adj gravid.

gravidité [gʀavidite] nf MÉD gravidness, gravidity.

gravier [gʀavje] nm **1.** GÉOL grit, gravel **2.** [petits cailloux] gravel / *couvrir une allée de gravier* to gravel a path / *allée de gravier* gravel path.

gravière [gʀavjɛʀ] nf gravel pit.

gravifique [gʀavifik] adj PHYS ▸ **l'attraction gravifique** the force of gravity.

gravillon [gʀavijɔ̃] nm **1.** [caillou] piece of gravel ou grit **2.** [revêtement] grit, fine gravel / **'gravillons'** 'loose chippings'.

gravillonnage [gʀavijɔnaʒ] nm gritting.

gravillonner [3] [gʀavijɔne] vt to grit.

gravimètre [gʀavimɛtʀ] nm gravimeter.

gravimétrie [gʀavimetʀi] nf gravimetry.

gravimétrique [gʀavimetʀik] adj gravimetric, gravimetrical.

gravir [32] [gʀaviʀ] vt **1.** *sout* [grimper] to climb / *gravir une montagne / un escalier* to climb up a mountain / a staircase / *il gravit les marches d'un pas lourd* he trudged up the steps **2.** [dans une hiérarchie] : *il faut gravir (tous) les échelons* you must go up through the ranks / *quand elle aura gravi tous les échelons* once she's got to the top / *disons qu'il m'a fait gravir les échelons plus rapidement* let's just say he helped me to make my way up more quickly.

gravisphère [gʀavisfɛʀ] nf gravisphere.

gravissime [gʀavisim] adj very serious.

gravitation [gʀavitasjɔ̃] nf PHYS gravitation.

gravitationnel, elle [gʀavitasjɔnɛl] adj gravitational.

gravité [gʀavite] nf **1.** [sérieux, dignité] seriousness, solemnity / *son visage exprimait une profonde gravité* she looked very solemn ou serious / *l'enfant la dévisagea avec gravité* the child stared at her solemnly **2.** [importance] seriousness, gravity / *tu ne perçois pas la gravité du problème* you don't realize the seriousness ou gravity of the problem **3.** [caractère alarmant] seriousness ; [d'une blessure] severity / *un accident sans gravité s'est produit en gare d'Orléans* there was a minor accident at the station in Orléans ▸ **une maladie sans gravité** a minor ailment **4.** [pesanteur] gravity **5.** MUS lowness.

graviter [3] [gʀavite] vi **1.** ASTRON ▸ **graviter autour de** to revolve ou to orbit around **2.** *sout* [évoluer] : *il a toujours gravité dans les sphères gouvernementales* he has always moved in government circles.

gravure [gʀavyʀ] nf **1.** [tracé en creux] ▸ **gravure sur bois a)** [procédé] woodcutting **b)** [objet] woodcut ▸ **gravure sur pierre** stone carving ▸ **gravure sur verre** glass engraving **2.** IMPR [processus] engraving, imprinting ▸ **gravure sur cuivre a)** [procédé] copperplating **b)** [plaque] copperplate ▸ **gravure directe** hand cutting ▸ **gravure à l'eau-forte** etching ; [image] engraving, etching ▸ **une gravure de Dürer** an engraving by Dürer ▸ **gravure de mode** fashion plate ▸ **habillé** ou **vêtu comme une gravure de mode** dressed like a model in a fashion magazine **3.** [d'un disque] cutting ▸ **gravure directe** direct cut ▸ **disque à gravure universelle** ou **compatible** stereo compatible record.

gray [gʀɛ] nm PHYS gray.

gré [gʀe] nm **1.** [goût, convenance] : *prenez n'importe quelle chaise, à votre gré* sit down wherever you wish ou please / *la chambre est-elle votre à gré? sout* is the room to your liking? / *il est trop jeune à mon gré* he's too young for my liking **2.** [volonté, accord] : *elle a toujours agi à son gré* she has always done as she pleased ▸ **je suis venue de mon plein** ou **propre gré** I came of my own free will / *il la suivit de bon gré* he followed her willingly ou of his own accord / *on l'a fait signer contre son gré* they made her sign against her will ▸ **bon gré mal gré** : *bon gré mal gré il faudra que tu m'écoutes* whether you like it or not you'll have to listen to me ▸ **de gré ou de force** : *ramenez-le de gré ou de force!* bring him back by fair means or foul! **3.** *sout* [gratitude] ▸ **savoir gré à qqn de qqch** to be grateful to sb for sthg / *je vous saurais gré de bien vouloir me faire parvenir...* I would be grateful if you would kindly send me... / *on vous saura mauvais gré d'avoir dit la vérité* you'll get little reward ou people won't thank you for having spoken the truth.

❖ **au gré de** loc prép : *le bail est renouvelable au gré du locataire* the lease is renewable at the tenant's request ▸ **au gré des flots** *sout* at the mercy of the waves / *se laisser aller au gré du courant* to let o.s. drift along with the current / *ballotté au gré des événements* tossed about ou buffeted by events.

❖ **de gré à gré** loc adv DR by mutual agreement.

grèbe [gʀɛb] nm grebe ▸ **grèbe huppé / à cou noir** great crested / black-necked grebe.

grec, grecque [gʀɛk] adj Greek ▸ **profil grec** Grecian profile.

❖ **Grec, Grecque** nm, f Greek.

❖ **grec** nm LING Greek / *le grec ancien* ancient Greek / *le grec moderne* modern ou demotic Greek.

❖ **à la grecque** loc adj [champignons, oignons] (cooked) à la grecque *(in olive oil and spices).*

Grèce [gʀɛs] npr f ▸ **(la) Grèce** Greece ▸ **la Grèce antique** Ancient Greece.

gréciser [3] [gʀesize] vt [mot] to give a Greek turn to.

Greco [gʀeko] npr ▸ **le Greco** El Greco ▸ **un tableau du Greco** a painting by El Greco.

gréco-bouddhique [gʀekobudik] (*pl* **gréco-bouddhiques**) adj ART greco-buddhist.

gréco-latin, e [gʀekɔlatɛ̃, in] (*mpl* **gréco-latins,** *fpl* **gréco-latines**) adj Greco-Latin.

gréco-romain, e [gʀekʀɔmɛ̃, ɛn] (*mpl* **gréco-romains,** *fpl* **gréco-romaines**) adj Greco-Roman.

grecque [gʀɛk] ◆ adj ⟶ **grec.** ◆ nf **1.** ⟶ **grec 2.** ARCHIT (Greek) fret **3.** IMPR [scie] book binder's saw.

grecquer [4] [gʀeke] vt to saw the back of *(a book).*

gredin, e [gʀədɛ̃, in] nm, f rascal, rogue.

gredinerie [gʀədinʀi] nf *litt* **1.** [caractère] roguishness **2.** [acte] roguish act.

gréement [gʀemɑ̃] nm [voilure] rigging, rig ; [processus] rigging / *gréement courant / dormant* running / standing rigging.

green [gʀin] nm GOLF green.

Greenwich [gʀinwitʃ] npr Greenwich ▸ **le méridien de Greenwich** the Greenwich Meridian.

gréer [15] [gʀee] vt [navire] to rig.

gréeur [gʀeœʀ] nm rigger.

greffage [gʀɛfaʒ] nm HORT grafting.

greffe [gʀɛf] ◆ nm DR clerk's office, clerk of the court's office ▸ **greffe du tribunal de commerce** commercial court. ◆ nf **1.** HORT [processus] grafting ; [pousse] graft / *greffe en couronne / écusson / fente* crown / shield / cleft grafting **2.** MÉD [organe, moelle osseuse] transplant ; [os] graft ▸ **greffe du cœur** heart transplant ▸ **greffe de peau** skin graft ▸ **greffe du rein** kidney transplant ▸ **la greffe n'a pas pris** *pr & fig* the graft didn't take.

greffé, e [gʀɛfe] nm, f transplant patient ▸ **les greffés du cœur** heart-transplant patients.

greffer [4] [gʀɛfe] vt **1.** HORT to graft / *greffer sur franc / sauvageon* to graft onto a hybrid / stock **2.** MÉD [os, peau] to graft ; [organe, moelle osseuse] to transplant / *on lui a greffé une cornée* he had a cornea transplant, he was given a new cornea / *se faire greffer un rein* to have a kidney transplant.

❖ **se greffer sur** vp + prép : *le problème de la santé vient se greffer sur celui du logement* the problem of the health service has now come on top of the housing problem / *puis d'autres problèmes sont venus se greffer là-dessus* then additional problems came along ou arose.

greffeur [gʀɛfœʀ] nm HORT grafter.

greffier [gʀɛfje] nm **1.** DR clerk (of the court), registrar **2.** *fam* [chat] puss, pussy.

greffoir [gʀɛfwaʀ] nm grafting knife.

greffon [gʀɛfɔ̃] nm **1.** HORT graft, scion *spéc* **2.** MÉD [tissu] graft ; [organe] transplant.

grégaire [gʀegɛʀ] adj gregarious ▸ **l'instinct grégaire** the herd instinct.

grégarisme [gʀegaʀism] nm gregariousness, herd instinct.

grège [gʀɛʒ] ◆ adj [soie] raw, unbleached, undyed. ◆ adj inv [couleur] dove-coloured. ◆ nm greyish-beige, beigey-grey.

grégeois [gʀeʒwa] adj m ▸ **feu grégeois** Greek fire.

Grégoire [gʀegwaʀ] npr ▸ **Grégoire de Tours** Gregory of Tours ▸ **Grégoire le Grand** Gregory the Great.

grégorien, enne [gʀegɔʀjɛ̃, ɛn] adj Gregorian.

❖ **grégorien** nm Gregorian chant.

grêle [gʀɛl] ◆ adj **1.** [mince et long] spindly, thin **2.** [aigu - voix] reedy. ◆ nf **1.** MÉTÉOR hail / *la récolte a été détruite par la grêle* the harvest was ruined by hail / *il est tombé de la grêle hier* it hailed yesterday ▸ **une averse de grêle** a hailstorm **2.** *fig* ▸ **une grêle de coups** a shower of blows / *une grêle de flèches* a hail ou shower of arrows / *une grêle d'insultes* a volley of insults.

grêlé, e [gʀele] adj [peau, visage] pockmarked, pitted.

grêler [4] [gʀele] ◆ v impers ▸ **il grêle** it's hailing. ◆ vt : *l'orage a grêlé les vignes* the vines suffered hail damage in the storm.

grêleux, euse [gʀelø, øz] adj : *le temps est souvent grêleux en mars* it often hails in March.

grelin [gʀəlɛ̃] nm hawser.

grêlon [gʀɛlɔ̃] nm hailstone.

grelot [gʀəlo] nm **1.** [clochette] (small sleigh ou jingle) bell **2.** *fam* [téléphone] : *passe-moi un coup de grelot* give me a buzz ou a tinkle UK **3.** EXPR **avoir les grelots** *tfam* to have the heebie-jeebies.

grelottant, e, grelotant*, e [gʀəlɔtɑ̃, ɑ̃t] adj **1.** [tremblant] shivering ▸ **grelottant de froid** shivering with cold ▸ **tout grelottant** shivering all over **2.** [chevrotant] trembling **3.** *sout* [sonnant] jingling, tinkling.

grelottement, grelotement* [gʀəlɔtmɑ̃] nm **1.** [tremblement] shivering **2.** *sout* [sonnerie] jingling.

grelotter, greloter* [3] [gʀəlɔte] vi **1.** [avoir froid] : *ferme la fenêtre, on grelotte* shut the window, it's freezing in here **2.** [trembler] ▸ **grelotter de froid** to shiver ou to tremble with cold ▸ **grelotter de peur** to shake with fear ▸ **grelotter de fièvre** to shiver with fever **3.** *sout* [cloche] to jingle.

greluche [gʀəlyʃ] nf *tfam & péj* bird UK, chick US.

grenache [gʀənaʃ] nm **1.** [cépage] grenache plant ou vine **2.** [vin] grenache (wine).

grenade [gʀənad] nf **1.** ARM grenade ▸ **grenade d'exercice** training grenade ▸ **grenade fumigène / incendiaire / lacrymogène** smoke / incendiary / teargas grenade ▸ **grenade à fusil / main** rifle / hand grenade ▸ **grenade sous-marine** depth charge **2.** [écusson militaire] grenade ornament **3.** BOT pomegranate.

Grenade [gʀənad] ◆ npr f [île] ▸ **la Grenade** Grenada ▸ **à la Grenade** in Grenada. ◆ npr [ville d'Espagne] Granada.

grenadier [gʀənadje] nm **1.** MIL grenadier **2.** BOT pomegranate tree.

grenadille [gʀənadij] nf granadilla.

grenadin[1] [gʀənadɛ̃] nm **1.** CULIN grenadine (of veal) **2.** BOT grenadin.

grenadin[2], e [gʀənadɛ̃, in] adj [de la Grenade] Grenadian.

❖ **Grenadin, e** nm, f Grenadian.

grenadine[3] [gʀənadin] nf [sirop] grenadine *(bright red fruit syrup used in making drinks)* ▸ **une grenadine** [boisson] a (glass of) grenadine.

grenage [gʀənaʒ] nm **1.** [d'une surface] graining **2.** [d'une substance] graining, granulation.

grenaillage [gʀənajaʒ] nm shotblasting, steel grit blasting.

grenaille [gʀənaj] nf **1.** MÉTALL shot, steel grit ▸ **en grenaille** grained, granulated **2.** [plomb de chasse] shot / *grenaille de plomb* lead shot.

grenailler [3] [gʀənaje] vt to granulate.

grenat [gʀəna] ◆ nm [pierre, couleur] garnet. ◆ adj inv garnet, garnet-coloured.

greneler [24] [gʀɛnle] vt to grain.

In reformed spelling (see p. 16-19), this verb is conjugated like *peler*: ***il grenèle, elle grenèlera.***

Grenelle [gʀənɛl] npr ⟶ **accord.**

grenier [gʀənje] nm **1.** [combles] attic ▸ **grenier aménagé** converted loft **2.** [à grain] loft ▸ **grenier à foin** hayloft / *le grenier à blé de la France fig* the granary of France.

Grenoble [ɡʀənɔbl] npr Grenoble.

grenoblois, e [gʀənɔblwa, az] adj from Grenoble.

❖ **Grenoblois, e** nm, f *inhabitant of or person from Grenoble.*

grenouillage [gʀənujaʒ] nm *fam* jiggery-pokery, skullduggery / *il y a du grenouillage ou des grenouillages là-dessous* there's some funny business going on there.

grenouille [gʀənuj] nf **1.** ZOOL frog ▸ **grenouille verte / rousse** edible / common frog ▸ **c'est une vraie grenouille de bénitier** *fam* she's very churchy **2.** *fam* [cagnotte] kitty, cash-box ▸ **manger** ou **faire sauter la grenouille** to make off with the kitty.

grenouiller [3] [gʀənuje] vi *fam* to plot, to scheme, to connive.

grenouillère [gʀənujɛʀ] nf **1.** VÊT sleepsuit, sleeping-suit **2.** [lieu] frog pond.

grenouillette [gʀənujɛt] nf **1.** MÉD ranula **2.** BOT water crowfoot.

grenu, e [gʀəny] adj **1.** [surface] grainy, grained **2.** GÉOL granulose.

grès [gʀɛ] nm **1.** GÉOL sandstone **2.** [vaisselle] ▸ **grès (cérame)** stoneware / *des assiettes en grès* stoneware plates.

grésage [gʀezaʒ] nm polishing (with sandstone).

gréser [18] [gʀeze] vt to polish (with sandstone).

In reformed spelling (see p. 16-19), this verb is conjugated like *semer*: ***il grèsera, elle grèserait.***

gréseux, euse [gʀezø, øz] adj sandstone *(modif).*

grésil [gʀezil] nm fine hail.

grésillement [gʀezijmɑ̃] nm **1.** [de l'huile] sizzling ; [du téléphone] crackling / *il y a des grésillements sur la ligne* there's some interference on the line, the line's crackling **2.** [cri du grillon] chirping.

grésiller [3] [gʀezije] ◆ v impers ▸ **il grésille** it's hailing. ◆ vi **1.** [huile] to sizzle ; [feu, téléphone] to crackle ▸ **ça grésille** it's all crackly **2.** [grillon] to chirp.

grésoir [gʀezwaʀ] nm (sandstone) smoother.

gressin [gʀesɛ̃] nm grissino ▸ **des gressins** grissini.

GRETA, Greta [gʀeta] (abr de **groupements d'établissements pour la formation continue**) npr m *state body organizing adult training programmes.*

greubons [gʀøbɔ̃] nmpl SUISSE *leftover fat from cooked meat, fried and used as an accompaniment to some Swiss dishes.*

grève [ɛgʀv] nf **1.** [cessation d'une activité] strike ▸ **être en grève** to be on strike ▸ **faire grève** to strike ▸ **se mettre en grève** to go on strike ▸ **grève d'avertissement** warning strike ▸ **grève bouchon** disruptive strike ▸ **grève de la faim** hunger strike ▸ **grève générale** general strike ▸ **grève partielle** partial ou localized strike ▸ **grève perlée** go-slow UK, slowdown US ▸ **grève sauvage** ou **illégale** wildcat strike ▸ **grève de solidarité** sympathy strike / *ils font une grève de solidarité* they've come out in sympathy ▸ **grève surprise** lightning strike ▸ **grève sur le tas** sit-down strike ▸ **grève tournante** staggered strike ▸ **grève du zèle** work-to-rule **2.** *litt* [plage] shore, strand *litt* ; [rive] bank, strand *litt.*

grever [19] [gʀəve] vt **1.** *sout* [économie] to put a strain on / *l'inflation a grevé le pouvoir d'achat* inflation has restricted ou put a squeeze on purchasing power / *les vacances ont grevé mon budget* the holidays have put a severe strain on my finances **2.** DR : *sa propriété est grevée d'hypothèques* he's mortgaged up to the hilt.

Grévin [gʀevɛ̃] npr ▸ **le musée Grévin** *wax museum in Paris.*

Grevisse [gʀevis] npr ▸ **le Grevisse** *reference book on the correct use of the French language.*

gréviste [gʀevist] ◆ nmf striker, striking worker ▸ **gréviste de la faim** hunger striker. ◆ adj striking / *les étudiants grévistes* the striking students.

GRH (abr de **gestion des ressources humaines**) nf *personnel management.*

gribiche [gʀibiʃ] ◆ adj ▸ **sauce gribiche** *flavoured mayonnaise with chopped hard boiled egg and capers.* ◆ nf SUISSE [femme acariâtre] shrew.

gribouillage [gʀibujaʒ] nm **1.** [dessin] doodle / *faire des gribouillages* to doodle **2.** [écriture illisible] scrawl, scribble.

gribouiller [3] [gʀibuje] ◆ vt to scribble. ◆ vi to doodle, to scribble.

gribouilleur, euse [gʀibujœʀ, øz] nm, f scribbler.

gribouillis [gʀibuji] = **gribouillage.**

grief [gʀijɛf] nm *litt* grievance / *mes griefs sont nombreux* I have numerous grievances ▸ **faire grief à qqn de qqch** to hold sthg against sb / *on lui a fait grief d'avoir épousé un banquier* they resented her marrying a banker.

grièvement [gʀijɛvmɑ̃] adv [blessé] severely, seriously / *grièvement brûlé / touché* severely burnt / wounded / *quinze blessés dont trois grièvement* fifteen wounded, three of them seriously.

griffe [gʀif] nf **1.** ZOOL claw ▸ **il fait ses griffes** it's sharpening its claws ▸ **rentrer / sortir ses griffes** to draw into / show one's claws ▸ **arracher qqn des griffes de qqn** : *il faut l'arracher des griffes de sa mère* he needs to be rescued from his mother's clutches ▸ **donner un coup de griffe à qqn** *pr* to scratch ou to claw sb ▸ **montrer ses griffes** : *le voilà qui montre ses griffes* now he's showing his teeth ▸ **recevoir des coups de griffes** *fig* : *elle a reçu de nombreux coups de griffes* she was the victim of quite a bit of back-biting ▸ **tomber dans les griffes de qqn** to fall into sb's clutches **2.** [d'un couturier] label, signature / *une grande griffe* a famous (designer) label ; [d'un auteur] stamp / *cet article porte la griffe de monsieur Dubois* this article is written in Mr Dubois's unmistakable style **3.** BOT [de l'asperge] crown ; [du lierre] tendril **4.** JOAILL claw **5.** BELG scratch.

griffé, e [gʀife] adj [vêtement] designer *(modif).*

griffer [3] [gʀife] vt **1.** [suj: personne, animal] to scratch / *Marie m'a griffé* Marie scratched me **2.** [suj: couturier] to put one's label on.

❖ **se griffer** vp *(emploi réfléchi)* to scratch o.s. / *je me suis griffé au rosier* I scratched myself on the rosebush.

griffon [gʀifɔ̃] nm **1.** MYTH griffin **2.** [chien] griffon **3.** ORNITH griffon (vulture).

griffonnage [gʀifɔnaʒ] nm **1.** [écrit] scribbling **2.** [dessin] rough sketch.

* In reformed spelling (see p. 16-19).

griffonner [3] [gʀifɔne] ◆ vt **1.** [noter - adresse] to scribble (down) ; [- plan] to sketch roughly, to do a quick sketch of **2.** [mal écrire] to scribble. ◆ vi to scribble / *les pages étaient toutes griffonnées au crayon noir* the pages were all scribbled over in black pencil.

griffonneur, euse [gʀifɔnœʀ, øz] nm, f **1.** [écrivant mal] scribbler **2.** [dessinant mal] scrawler.

griffu, e [gʀify] adj clawed.

griffure [gʀifyʀ] nf [d'une personne, d'une ronce] scratch ; [d'un animal] scratch, claw mark.

grigner [3] [gʀiɲe] vi to crease, to wrinkle.

grignotage [gʀiɲɔtaʒ] nm **1.** [entre les repas] snacking **2.** [destruction] wearing away, erosion / *le grignotage des voix par l'opposition* the gradual loss of votes to the opposition / *le grignotage de nos droits* the gradual whittling away of our rights.

grignotement [gʀiɲɔtmɑ̃] nm nibbling, gnawing.

grignoter [3] [gʀiɲɔte] ◆ vt **1.** [ronger] to nibble (at ou on) **2.** *fig* [amoindrir] to erode **3.** [acquérir] to acquire gradually / *ils ont réussi à grignoter pas mal d'avantages* they gradually managed to win quite a few advantages / *la jument est en train de grignoter du terrain sur ses adversaires* the mare is gaining on ou gradually catching up with the other horses. ◆ vi to nibble / *ne grignotez pas entre les repas* don't eat between meals.

grignoteuse [gʀiɲɔtøz] nf nibbling machine.

grigou [gʀigu] nm skinflint / *quel vieux grigou!* what an old skinflint ou Scrooge !

gri-gri (*pl* **gris-gris**), **grigri** [gʀigʀi] nm grigri.

gril [gʀil] nm CULIN grill, broiler US / *faire cuire du poisson sur le gril* to grill fish, to broil fish US ▸ **être sur le gril** *fig* to be on tenterhooks, to be like a cat on hot bricks UK ou a hot tin roof US.

grill [gʀil] nm [restaurant] grill-room, grill.

grillade [gʀijad] nf grill, grilled meat / *achète des grillades* get some meat for grilling / *leurs grillades sont renommées* their grills have quite a reputation.

grillage [gʀijaʒ] nm **1.** [matériau] wire netting ou mesh **2.** [clôture] wire fence ou fencing **3.** [d'une fenêtre] wire screen **4.** CULIN roasting **5.** TEXT singeing.

grillager [17] [gʀijaʒe] vt **1.** [fenêtre] to put wire mesh ou netting on **2.** [terrain] to surround with a wire fence.

grille [gʀij] nf **1.** [porte] (iron) gate ; [barrière] railing ; [d'une fenêtre] bars **2.** [d'un égout, d'un foyer] grate ; [d'un parloir, d'un comptoir, d'un radiateur] grill, grille **3.** [programme] schedule ▸ **grille des programmes** programme UK ou program US listings (*pl*) / *voici notre nouvelle grille pour l'été* here's our new summer schedule **4.** JEUX : *une grille de mots croisés* a crossword grid ou puzzle ▸ **la grille du Loto** Loto card **5.** TRAV PUB (frame) grate **6.** DR & ÉCON ▸ **grille des salaires** payscale ▸ **grille indiciaire** [de la fonction publique] wage index.

grillé, e [gʀije] adj **1.** [amandes, noisettes] roasted ; [viande] grilled UK, broiled US ▸ **une tartine grillée** a piece of toast **2.** *fam* [personne] : *il est grillé* his cover's blown.

grille-écran [gʀijekʀɑ̃] (*pl* **grilles-écrans**) nf ÉLECTRON control electrode grid.

grille-pain [gʀijpɛ̃] (*pl* **grille-pain** *ou* **grille-pains***) nm toaster.

griller [3] [gʀije] ◆ vt **1.** CULIN [pain] to toast ; [cacahuète, café] to roast ; [poisson, viande] to grill, to broil US **2.** [cultures, végétation] ▸ **grillé par la chaleur** scorched by the heat ▸ **grillé par le froid** killed by the cold **3.** *fam* [ampoule, fusible] to blow ; [moteur] to burn out **4.** TEXT to singe **5.** *fam* [dépasser] : *le bus a grillé mon arrêt* the bus went right past my stop ▸ **griller un feu rouge** to go through a red light ▸ **griller quelques étapes** to jump a few stages ▸ **griller qqn (à l'arrivée)** to pip sb at the post UK, to beat out sb US **6.** *fam* [fumer] : *griller une cigarette, en griller une* to have a smoke **7.** *fam* [compromettre] : *il nous a grillés auprès du patron* he's really landed us in it with the boss **8.** [fermer d'une grille] to put bars on / *les fenêtres de la chapelle ont été grillées* they have put bars on the chapel windows. ◆ vi **1.** CULIN ▸ **faire griller du pain** to toast some bread ▸ **faire griller du café** to roast coffee beans / *faire griller de la viande* to grill meat, to broil meat US **2.** *fam* [avoir trop chaud] to roast, to boil / *ouvre la fenêtre, on grille ici* open the window, it's boiling in here ; [brûler] : *la ferme a entièrement grillé* the farmhouse was burnt to the ground **3.** *fig* : *griller de curiosité* to be consumed with curiosity ▸ **je grille (d'envie ou d'impatience) de la rencontrer** I'm itching ou dying to meet her.

❖ **se griller** ◆ vp (*emploi réfléchi*) [se démasquer] : *il s'est grillé en disant cela* he gave himself away by saying that. ◆ vpt : *se griller les orteils devant la cheminée* to toast one's feet in front of the fire / *on s'en grille une?* how about a (quick) smoke ?

grilloir [gʀijwaʀ] nm grill, broiler US.

grillon [gʀijɔ̃] nm cricket.

grill-room [gʀilʀum] nm = **grill.**

grimaçant, e [gʀimasɑ̃, ɑ̃t] adj [sourire] painful ; [bouche] twisted ; [visage] contorted ; [clown, gargouille] grimacing.

grimace [gʀimas] nf **1.** [expression - amusante] funny face ; [- douloureuse] grimace ▸ **faire une grimace a)** [pour faire rire] to make a funny face **b)** [de douleur] to wince **c)** [de peur] to grimace / *une grimace de dégoût* a disgusted look ▸ **faire la grimace** to make a face **2.** [vêtement] pucker / *faire une grimace* to pucker.

❖ **grimaces** nfpl *litt* [manières] airs.

grimacer [16] [gʀimase] ◆ vi **1.** [de douleur] to grimace, to wince ; [de dégoût] to make a face / *il grimaça en goûtant l'anchois* he screwed up his face when he tasted the anchovy **2.** [pour faire rire] to make a funny face **3.** VÊT [robe] to pucker. ◆ vt : *malgré la douleur, elle grimaça un sourire* she forced a smile in spite of the pain.

grimacier, ère [gʀimasje, ɛʀ] adj **1.** [grotesque] grimacing **2.** *litt* [maniéré] affected.

grimage [gʀimaʒ] nm make-up (*of a clown*).

grimer [3] [gʀime] vt to make up (*sép*) / *grimé en vieillard / chat* made up as an old man / a cat.

❖ **se grimer** vp (*emploi réfléchi*) ▸ **se grimer en** to make o.s. up as.

grimoire [gʀimwaʀ] nm **1.** [livre de sorcellerie] book of magic spells **2.** *sout* [écrit illisible] illegible scrawl ou scribble.

grimpant, e [gʀɛ̃pɑ̃, ɑ̃t] adj [arbuste] climbing ; [fraisier] creeping.

❖ **grimpant** nm *arg crime* trousers UK, pants US.

grimpe [gʀɛ̃p] nf *fam* [escalade] climbing.

grimpée [gʀɛ̃pe] nf [pente, montée] stiff ou steep climb.

grimper [3] [gʀɛ̃pe] ◆ vi **1.** [personne, animal, plante] to climb ▸ **grimper à une échelle / un mur** to climb up a ladder / wall ▸ **grimper à un arbre a)** to climb (up) a tree **b)** [en s'aidant des jambes] to shin up a tree / *grimper sur une table* to climb on (to) a table / *grimpe dans la voiture* get into the car / *grimpe dans ton lit / sur le tabouret* climb into bed / (up) on the stool / *le lierre grimpe le long du mur* the ivy climbs up the wall ▸ **grimper aux rideaux** *fam* to hit the roof **2.** [s'élever en pente raide] to climb / *la route grimpe beaucoup à cet endroit* the road climbs steeply here ▸ **ça grimpe!** it's steep ! / *ça grimpe à cet endroit-là* there's a steep climb at that point **3.** [température, inflation] to soar / *la température a grimpé à 35 °C* the temperature rocketed ou soared to 35°C. ◆ vt [escalier, pente] to climb (up) (*insép*) / *il grimpe l'escalier difficilement* he has difficulty climbing the stairs. ◆ nm SPORT rope-climbing / *l'épreuve de grimper aura lieu le matin* the rope-climbing event will be held in the morning.

grimpereau, x [gʀɛ̃pʀo] nm tree-creeper.

grimpette [gʀɛ̃pɛt] nf *fam* steep ou stiff climb.

grimpeur, euse [gʀɛ̃pœʀ, øz] ◆ adj ORNITH scansorial. ◆ nm, f **1.** SPORT climber **2.** ORNITH ▸ **les grimpeurs** scansorial birds.

grimpion [gʀɛ̃pjɔ̃] nm SUISSE *fam* : *quel grimpion, celui-là!* he's so arrogant !

grinçant, e [gʀɛ̃sɑ̃, ɑ̃t] adj **1.** [porte, parquet] squeaking, creaking **2.** [voix, musique] grating **3.** [humour] sardonic.

grincement [gʀɛ̃smɑ̃] nm [bruit] grating, creaking / *dans un grincement de freins* with a squeal of brakes ▸ **il y a eu des grincements de dents** *fig* there was much gnashing of teeth.

grincer [16] [gʀɛ̃se] vi **1.** [bois] to creak ; [frein] to squeal ; [métal] to grate ; [ressort] to squeak / *la girouette grinçait au vent* the weather vane was creaking in the wind **2.** [personne] ▸ **grincer des dents** *pr* to gnash one's teeth / *le bruit de la craie sur le tableau me fait grincer des dents* *fig* the noise the chalk makes on the board sets my teeth on edge.

grinche [gʀɛ̃ʃ] adj SUISSE grumpy, grouchy.

grincheux, euse [gʀɛ̃ʃø, øz] ◆ adj grumpy, grouchy / *être d'une humeur grincheuse* to be grumpy ou in a grumpy mood. ◆ nm, f grumbler / *un vieux grincheux* an old grouch ou moaner.

gringalet [gʀɛ̃galɛ] nm [enfant] puny child ; [adulte] puny man ▸ **Gringalet** LITTÉR *name of Gawain's horse in Chrétien de Troyes' "Légende du roi Arthur".*

gringe [gʀɛ̃ʒ] = **grinche.**

gringue [gʀɛ̃g] nm *tfam* ▸ **faire du gringue (à qqn)** to sweet-talk (sb), to chat (sb) up UK.

griot, otte [gʀijo, ɔt] nm, f griot (*in Africa, a travelling poet and musician*).

griotte [gʀijɔt] nf **1.** BOT morello (cherry) **2.** [marbre] (griotte) marble.

griottier [gʀijɔtje] nm morello cherry tree.

grip [gʀip] nm SPORT grip.

grippage [gʀipaʒ] nm MÉCAN jamming, seizing (up) / *pour éviter le grippage du piston* to stop the piston from seizing up ou jamming.

grippal, e, aux [gʀipal, o] adj flu (*modif*), influenzal *spéc* ▸ **état grippal** influenza, flu.

grippe [gʀip] nf MÉD flu, influenza *spéc* ▸ **avoir la grippe** to have (the) flu / *ce n'est qu'une petite grippe* it's just a touch of flu ▸ **grippe A H1N1** H1N1 A influenza ▸ **grippe aviaire** bird flu, avian influenza ▸ **grippe asiatique** Asian flu ▸ **grippe intestinale** gastric flu ▸ **grippe porcine** swine influenza ▸ **prendre qqn / qqch en grippe** to take a (strong) dislike to sb / sthg.

grippé, e [gʀipe] adj **1.** MÉD ▸ **être grippé** to have (the) flu / *elle est un peu grippée* she's got a touch of the flu **2.** MÉCAN seized (up), jammed.

gripper [3] [gʀipe] ◆ vt to block, to jam / *la grève a grippé les rouages de l'administration* the strike has blocked the workings of the administration. ◆ vi to jam, to seize up / *les rouages de l'État commencent à gripper* *fig* the wheels of state are beginning to seize up.

❖ **se gripper** vpi to jam, to seize up.

grippe-sou [gʀipsu] (*pl* **grippe-sou** *ou* **grippe-sous**) *fam* ◆ nm skinflint / *un vieux grippe-sou* an old Scrooge. ◆ adj inv money-grabbing.

gris, e [gʀi, gʀiz] adj **1.** [couleur] grey UK, gray US ▸ **gris acier / anthracite / ardoise / argent / fer / perle** steel / charcoal / slate / silver / iron / pearl grey ▸ **gris bleu / vert** bluish / greenish grey / *une robe gris foncé* a dark grey dress ▸ **gris pommelé** dapple-grey ▸ **gris souris** mouse-colour ▸ **avoir les cheveux gris** to have grey hair, to be grey-haired / *il est déjà tout gris* he's grey-haired ou he's gone grey already **2.** MÉTÉOR overcast / *ciel gris sur tout le pays* skies will be grey ou overcast over the whole country / *nous sommes partis par un matin gris* we left on a dull (grey) morning **3.** [terne] dull, grey UK, gray US / *son existence a été plutôt grise et monotone* her life was dull and dreary / *en apprenant la nouvelle, il a fait grise mine* his face fell when he heard the news **4.** *fam* [ivre] tipsy **5.** ŒNOL ▸ **vin gris** rosé (wine).

❖ **gris** ◆ adv : *il a fait gris toute la journée* it's been grey ou dull all day. ◆ nm **1.** [couleur] grey UK, gray US / *porter du gris* to wear grey **2.** [tabac] *French caporal tobacco in grey packet* ; ≃ shag **3.** [cheval] grey UK ou gray US (horse).

grisaille [grizaj] nf **1.** [morosité] dullness, greyness UK, grayness US **2.** MÉTÉOR dull weather / *encore de la grisaille pour aujourd'hui* today will again be dull (and overcast) **3.** ART grisaille ▸ **une marine en grisaille** a seascape in shades of grey.

grisailler [3] [grizaje] ◆ vt to paint in grisaille. ◆ vi to turn ou to become grey UK ou gray US.

grisant, e [grizɑ̃, ɑ̃t] adj **1.** [enivrant] intoxicating, heady **2.** [excitant] exhilarating.

grisâtre [grizɑtʀ] adj greyish UK, grayish US.

grisbi [grizbi] nm *arg crime* dough, cash.

grise [griz] f ⟶ **gris.**

grisé [grize] nm grey tint, grey UK ou gray US shading.

griser [3] [grize] vt **1.** [colorer] to tint **2.** [enivrer] to intoxicate **3.** [étourdir, exciter] to intoxicate, to fascinate / *grisé par son sourire* fascinated by her smile / *grisé par la vitesse* intoxicated by speed / *le luxe ambiant l'a grisé* the luxuriousness of the place went to his head.

❖ **se griser** ◆ vp *(emploi réfléchi)* to get drunk. ◆ vpi ▸ **se griser de** to get drunk on.

griserie [grizri] nf **1.** [ivresse] intoxication **2.** [exaltation] : *se laisser porter par la griserie du succès* to let success go to one's head.

griset [grizɛ] nm ZOOL black sea bream.

grisette [grizɛt] nf *vieilli* grisette.

grisoller [3] [grizɔle] vi [alouette] to sing.

grison, onne [grizɔ̃, ɔn] adj from the Graubünden, of the Graubünden.

❖ **Grison, onne** nm, f *inhabitant of or person from the Graubünden.*

grisonnant, e [grizɔnɑ̃, ɑ̃t] adj greying UK, graying US / *elle est grisonnante, elle a les cheveux grisonnants* she's going grey / *avoir les tempes grisonnantes* to be greying at the temples.

grisonnement [grizɔnmɑ̃] nm greying.

grisonner [3] [grizɔne] vi [barbe, cheveux] to be going grey, to turn grey UK ou gray US ▸ **elle grisonne** she's going grey.

Grisons [grizɔ̃] npr mpl ▸ **les Grisons** the Graubünden ▸ **viande des Grisons** *thinly sliced dried beef, traditionally served with raclette.*

grisou [grizu] nm firedamp ▸ **coup de grisou** firedamp explosion.

grisoumètre [grizumɛtʀ] nm firedamp indicator.

grisouteux, euse [grizutø, øz] adj : *une mine grisouteuse* a mine full of firedamp.

grive [griv] nf thrush.

grivelé, e [grivle] adj speckled.

griveler [24] [grivle] vi *to eat a meal or to stay at a hotel and deliberately leave without paying.*

grivèlerie [grivɛlri] nf *offence of leaving a restaurant or a hotel without having paid.*

griveton [grivtɔ̃] nm *arg mil* ≃ squaddy UK ; ≃ GI US.

grivois, e [grivwa, az] adj risqué, bawdy.

grivoiserie [grivwazri] nf **1.** [caractère] bawdiness **2.** [histoire] bawdy story.

grizzli, grizzly [grizli] nm grizzly (bear).

grœnendael [grɔnɛndal] nm Groenendael (sheepdog).

Groenland [grɔɛnlɑ̃d] npr m ▸ **le Groenland** Greenland ▸ **au Groenland** in Greenland.

groenlandais, e [ɛgrɔɛnlɑ̃dɛ, ɛz] adj from Greenland, Greenland *(modif).*

❖ **Groenlandais, e** nm, f Greenlander.

grog [grɔg] nm hot toddy ▸ **grog au rhum** rum toddy.

groggy [grɔgi] adj inv **1.** [boxeur] groggy **2.** *fam* [abruti] stunned, dazed.

grognard [grɔɲar] nm HIST *soldier of Napoleon's Old Guard.*

grognasse [grɔɲas] nf *tfam* old bag, old bat.

grognasser [3] [grɔɲase] vi *fam* to grumble, to whinge UK.

grogne [grɔɲ] nf dissatisfaction, discontent.

grognement [grɔɲmɑ̃] nm **1.** [d'une personne] grunt, growl / *pousser des grognements* to grunt, to growl / *on verra, dit-elle dans un grognement* we'll see, she growled ou grunted **2.** [d'un cochon] grunt, grunting *(U)* ; [d'un chien] growl, growling *(U).*

grogner [3] [grɔɲe] ◆ vi **1.** [personne] to grumble, to grouse / *ça ne sert à rien de grogner après fam* ou *contre ton patron* it's no use grumbling ou moaning about your boss **2.** [cochon] to grunt ; [chien] to growl. ◆ vt [réponse, phrase] to grunt (out).

grognon, onne [grɔɲɔ̃, ɔn] adj *fam* grumpy, crotchety / *un air grognon* a surly look / *ce matin, elle est grognon* ou *grognonne* she's grumpy this morning.

❖ **grognon** nmf *fam* grumbler, moaner / *c'est une vraie grognon* she's such a moaner.

grognonner [grɔɲɔne] *fam* = **grognasser.**

groin [grwɛ̃] nm **1.** [d'un porc] snout **2.** *fam* [visage laid] mug.

grol(l)e [grɔl] nf *tfam* shoe / *mets des grolles* put something on your feet.

grommeler [24] [grɔmle] ◆ vi **1.** [personne] to grumble, to mumble **2.** [sanglier] to snort. ◆ vt to mutter.

✎ In reformed spelling (see p. 16-19), this verb is conjugated like *peler*: *il grommèle, elle grommèlera.*

grommellement, grommèlement* [grɔmɛlmɑ̃] nm **1.** [du sanglier] snorting **2.** [d'une personne] muttering / *quelques grommellements indistincts* a few vague mutters ou mutterings.

grommellera v ⟶ **grommeler.**

grondant, e [grɔ̃dɑ̃, ɑ̃t] adj rumbling / *une foule grondante* a crowd muttering discontentedly.

grondement [grɔ̃dmɑ̃] nm **1.** [du tonnerre, du métro] rumbling / *le grondement de la foule se fit de plus en plus fort* the angry murmur of the crowd grew louder and louder **2.** [d'un chien] growling.

gronder [3] [grɔ̃de] ◆ vi **1.** [rivière, tonnerre, métro] to rumble **2.** [chien] to growl **3.** *litt* [révolte] to be brewing. ◆ vt [réprimander] to scold, to tell off *(insép)* ▸ **se faire gronder** to get told off.

gronderie [grɔ̃dri] nf scolding, telling-off.

grondeur, euse [grɔ̃dœr, øz] adj [personne, voix] scolding, grumbling / *d'un ton grondeur* in a tone of reproof.

grondin [grɔ̃dɛ̃] nm gurnard.

Groningue [grɔnɛ̃g] npr Groningen.

groom [grum] nm [employé d'hôtel] bellboy, bellhop US.

gros, grosse [gro, gros] *(devant nm commençant par voyelle ou 'h' muet* [groz] *)* ◆ adj **1.** [grand] large, big ; [épais, solide] big, thick / *une grosse boîte de haricots* a large big can of beans / *le paquet est / n'est pas (très) gros* the parcel is / isn't (very) big ▸ **un gros crayon** a (big) thick pencil / *prends-le par le gros bout* pick it up by the thick ou thicker end ▸ **de grosses chaussures** heavy shoes ▸ **gros drap** coarse linen ▸ **de grosses lèvres** thick lips ▸ **une grosse limace** a big fat slug ▸ **un gros pull** a thick ou heavy jumper ▸ **gros trait de crayon** thick pencil mark ▸ **une grosse tranche** a thick slice ▸ **un bon gros sandwich** *fam* a nice big sandwich **2.** [corpulent] big, fat / *un homme grand et gros* a tall fat man / *une grosse dame* a big ou fat lady ▸ **de grosses jambes** fat ou stout legs **3.** [en intensif] ▸ **un gros appétit / mangeur** a big ou hearty appetite / eater ▸ **gros bêta!** you great ninny! ▸ **un gros bisou** *fam* a big kiss ▸ **un gros bruit** a loud ou big noise ▸ **un gros buveur** a heavy drinker ▸ **par les grosses chaleurs** in the hot season ▸ **un gros kilo** a good kilo ▸ **un gros sanglot** a big ou heavy sob ▸ **un gros soupir** a big ou heavy sigh **4.** [abondant] heavy / *une grosse averse* a heavy shower / *de grosses pluies / chutes de neige* heavy rainfall / snowfall / *son usine a de gros effectifs* his factory employs large numbers of people ou has a large workforce **5.** [important] big / *le gros avantage des supermarchés* the big ou major advantage of supermarkets / *un gros consommateur de pétrole* a major oil consumer ▸ **de gros dégâts** extensive ou widespread damage / *une grosse entreprise* a large ou big company / *une grosse erreur* a big ou serious mistake ▸ **de gros frais** heavy expenses ▸ **avoir de gros moyens** to have a large income ou considerable resources ▸ **de gros progrès** considerable progress, a lot of progress ▸ **de gros profits** big ou fat profits ▸ **une grosse somme** a large sum of money / *il y a de gros travaux à faire dans cette maison* that house needs a lot (of work) done to it ▸ **une grosse angine** a (very) sore throat ▸ **un gros rhume** a bad ou heavy cold / *un gros choc psychologique* a serious psychological shock ▸ **de gros ennuis** serious trouble, lots of trouble ▸ **grosse besogne** heavy work / *une grosse journée (de travail)* a hard day's work ▸ **de grosses pertes** heavy losses ▸ **gros œuvre** structural work, carcass *spéc* **6.** [prospère] big ▸ **un gros commerçant** a major retailer / *un gros producteur d'Hollywood* a big Hollywood producer ▸ **les gros actionnaires** the major shareholders **7.** [rude] ▸ **une grosse voix** a rough ou gruff voice ▸ **un gros rire** coarse laughter ▸ **l'astuce / la supercherie était un peu grosse** the trick / the hoax was a bit obvious ▸ **grosse blague** crude joke ; [exagéré] : *j'ai trouvé ça un peu gros!* I thought it was a bit much! / *un gros drame* a big tragedy ou catastrophe / *ne lui dis pas, sinon ça va faire une grosse histoire* don't tell him or you'll never hear the end of it / *tout de suite, les grosses menaces! fam* so it's threats already, is it? **8.** MÉTÉOR ▸ **par gros temps / grosse mer** in heavy weather / seas ▸ **gros vent** gale **9.** *sout* [rempli] ▸ **gros de** : *un ciel gros d'orage* stormy skies ▸ **yeux gros de larmes** eyes moist with tears / *un cœur gros de tendresse* a heart full of tenderness / *un regard gros de menaces* a threatening look / *un choix gros de conséquences* a choice fraught with implications. ◆ nm, f fat person ▸ **les gros** fat people / *un petit gros* a fat little man / *ça va, mon gros? fam* all right, son ou old boy?

❖ **gros** ◆ nm **1.** [majorité] ▸ **le gros de** : *le gros de la classe a du mal à suivre* most of the class has trouble keeping up / *le gros des étudiants* most of the students / *le gros du débat sera télévisé* the main part of the debate will be televised / *le gros de l'hiver est passé* the worst of the winter is over ▸ **le gros du chargement** the bulk of the cargo **2.** COMM ▸ **le gros** the wholesale business **3.** *fam* [riche] rich person ▸ **les gros** the rich. ◆ adv ▸ **couper gros** to cut in thick slices ▸ **écrire gros** to write big ▸ **coûter / gagner gros** to cost / to win a lot (of money) / *ça va vous coûter gros pr & fig* it'll cost you dear ▸ **jouer gros** *pr* to play for high stakes ▸ **jouer** ou **miser** ou **risquer gros** *fig* to take ou to run a big risk, to stick one's neck out ▸ **elle donnerait gros pour savoir** she'd give her right arm ou a lot to find out.

❖ **grosse** ◆ nf **1.** DR engrossment **2.** COMM gross. ◆ adj f *vieilli* [enceinte] pregnant.

❖ **de gros** loc adj [commerce, prix] wholesale.

❖ **en gros** ◆ loc adj bulk *(modif)* ▸ **vente en gros** wholesaling. ◆ loc adv **1.** [approximativement] roughly / *je sais en gros de quoi il s'agit* I know roughly what it's about / *voilà, en gros, ce dont il s'agit* that's the long and the short of it **2.** [en lettres capitales] ▸ **c'est imprimé en gros** it's printed in big letters **3.** COMM wholesale ▸ **acheter en gros** to buy wholesale.

❖ **gros bonnet** nm *fam* bigwig, big shot / *tous les gros bonnets de la finance* all the financial bigwigs.

❖ **grosse légume** nf *fam* [personne influente] bigwig, big shot ; [officier] brass (hat) / *les grosses légumes du régiment* the top brass (of the regiment).

gros-bec [grobɛk] *(pl* **gros-becs)** nm hawfinch.

groseille [grozɛj] ◆ nf ▸ **groseille rouge** redcurrant / *sirop de groseille* redcurrant syrup ▸ **groseille blan-**

* In reformed spelling (see p. 16-19).

che white currant ▸ **groseille à maquereau** gooseberry. ◆ adj inv light red.

groseillier [gʀozeje] nm currant bush ▸ **groseillier rouge** redcurrant bush ▸ **groseillier blanc** white currant bush ▸ **groseillier à maquereau** gooseberry bush.

gros-grain [gʀogʀɛ̃] (*pl* **gros-grains**) nm grosgrain.

Gros-Jean [gʀoʒɑ̃] nm inv ▸ **se retrouver** ou **être Gros-Jean comme devant** to feel deflated *(by failure)*.

gros-plant [gʀoplɑ̃] (*pl* **gros-plants**) nm Grosplant (wine).

gros-porteur [gʀopɔʀtœʀ] (*pl* **gros-porteurs**) nm jumbo, jumbo jet.

grosse [gʀos] f ⟶ **gros**.

grossesse [gʀosɛs] nf pregnancy ▸ **pendant ma grossesse** when I was pregnant ▸ **grossesse extra-utérine** ectopic pregnancy ▸ **grossesse nerveuse** phantom pregnancy.

grosseur [gʀosœʀ] nf **1.** [taille] size / *de la grosseur d'une noix* the size of a walnut / *des grêlons de la grosseur de mon poing* hailstones as big as ou the size of my fist **2.** *sout* [obésité] weight, fatness **3.** MÉD lump.

grossier, ère [gʀosje, ɛʀ] adj **1.** [impoli] rude, crude / *il est vraiment grossier* he's so rude ou impolite / *... et il est devenu grossier* ... and then he started getting abusive ; [vulgaire] vulgar, uncouth ▸ **(quel) grossier personnage!** what a rude ou vulgar individual! **2.** [peu raffiné] coarse, rough / *de la toile grossière* coarse linen / *des traits grossiers* coarse features **3.** [approximatif] rough, crude *péj* ▸ **c'est du travail grossier** it's shoddy work / *un dessin grossier* a rough sketch / *je n'ai qu'une idée grossière de l'endroit où il se trouve* I've only got a rough idea (of) where he is **4.** [flagrant - erreur] gross, stupid ; [- manœuvre, procédé] unsubtle / *les ficelles de l'intrigue sont vraiment grossières* the plot is really obvious.

grossièrement [gʀosjɛʀmɑ̃] adv **1.** [approximativement] roughly (speaking) / *j'ai évalué grossièrement les frais* I made a rough estimate of the costs / *voilà, grossièrement, comment je vois les choses* roughly (speaking), that's how I see things **2.** [sans délicatesse] roughly / *un visage grossièrement dessiné* a face that has been roughly sketched **3.** [injurieusement] rudely ▸ **elle m'a parlé grossièrement** she was rude to me ▸ **insulter qqn grossièrement** to be insultingly rude to sb **4.** [beaucoup] : *tu te méprends grossièrement* you're grossly ou wildly mistaken.

grossièreté [gʀosjɛʀte] nf **1.** [impolitesse] coarseness, rudeness / *il est d'une incroyable grossièreté* he is incredibly rude **2.** [manque de finesse - d'une personne] coarseness ; [d'une chose] crudeness, coarseness / *la grossièreté de ses traits* the coarseness of his features **3.** [gros mot] coarse remark / *je me suis retenu pour ne pas lui dire des grossièretés* I had to bite my tongue to avoid swearing at him ; [obscénité] rude joke / *il aime raconter des grossièretés* he likes telling rude jokes / *allons, pas de grossièretés!* come on now, keep it clean!

grossir [32] [gʀosiʀ] ◆ vi **1.** [prendre du poids] to put on weight / *elle a beaucoup grossi* she's put on a lot of weight / *j'ai grossi d'un kilo* I've put on a kilo ▸ **ça fait grossir** it's fattening **2.** [augmenter en taille - tumeur, entreprise, somme, troupeau] to grow, to get bigger ; [- vague, nuages] to get bigger ; [- effectifs] to increase ; [- rumeur] to grow / *la foule grossissait sans cesse* the crowd was constantly getting bigger ou growing ▸ **les bourgeons** / **ruisseaux grossissent** the buds / streams are swelling ▸ **le bruit grossit** the noise is getting louder / *le malaise qui règne dans le groupe grossit* there is a growing sense of unease within the group. ◆ vt **1.** [faire paraître gros] : *ta robe te grossit* your dress makes you look fatter **2.** [augmenter] to raise, to swell / *des pluies diluviennes ont grossi la rivière* the river has been swollen by torrential rain / *grossir le nombre* / *les rangs des manifestants* to join the growing numbers of demonstrators, to swell the ranks of the demonstrators / *grossir sa voix pour se faire entendre* to raise one's voice ou to speak up in order to make o.s. heard **3.** [exagérer] to exaggerate, to overexaggerate / *les journaux ont grossi les conséquences de la grève* the newspapers exaggerated ou magnified the consequences of the strike ▸ **on a grossi l'affaire** the affair was blown up out of all proportion **4.** [à la loupe] to magnify, to enlarge.

grossissant, e [gʀosisɑ̃, ɑ̃t] adj **1.** [verre] magnifying **2.** *litt* [qui s'accroît] growing, swelling.

grossissement [gʀosismɑ̃] nm **1.** [d'une tumeur] swelling, growth **2.** [avec une loupe] magnifying **3.** [exagération] exaggeration.

grossiste [gʀosist] nmf wholesaler.

grosso modo [gʀosomodo] loc adv roughly, more or less / *laisse-moi t'expliquer l'histoire grosso modo* let me give you a rough idea of the story.

grotesque [gʀɔtɛsk] ◆ adj **1.** [burlesque] ridiculous **2.** [absurde] ridiculous, ludicrous / *ne sois pas grotesque!* don't be absurd ou ridiculous! / *son livre est d'un grotesque!* his book is ludicrous! ◆ nm **1.** ART & LITTÉR ▸ **le grotesque** the grotesque **2.** [absurdité] ludicrousness, preposterousness.

❖ **grotesques** nfpl ART grotesques.

grotte [gʀɔt] nf **1.** GÉOL cave / **'la Grotte de Fingal'** *Mendelssohn* 'Fingal's Cave' **2.** ARCHIT grotto.

grouillant, e [gʀujɑ̃, ɑ̃t] adj swarming, teeming / *les rues grouillantes de monde* the streets swarming ou teeming with people / *il y avait une foule grouillante sur la place* the square was teeming with people.

grouillement [gʀujmɑ̃] nm ▸ **un grouillement d'insectes** a swarm of insects ▸ **un grouillement de vers** a wriggling mass of worms / *le grouillement de la foule* the bustling ou milling ou seething crowd.

grouiller [3] [gʀuje] vi **1.** [clients, touristes] to mill ou to swarm about / *la foule grouille sur les boulevards* the boulevards are bustling with people ; [asticots] : *les vers grouillent sur la viande* the meat is crawling with maggots **2.** ▸ **grouiller de** [être plein de] to be swarming ou crawling with / *les rues grouillent de monde* the streets are swarming with people / *la pomme grouillait de vers* the apple was crawling with worms / *ce texte grouille de termes techniques* *fig* this text is crammed with technical terms ; *(tournure impersonnelle)* : *ça grouille de vie dans tous les nids* all the nests are teeming with life / *il y grouille une foule de jeunes artistes* the place is swarming with young artists **3.** *tfam* [se dépêcher] : *allez, grouillez, ça commence dans cinq minutes* come on, get cracking ou get a move on, it starts in five minutes.

❖ **se grouiller** vpi *fam* to get a move on / *grouille-toi, on est en retard* get a move on, we're late.

grouillot [gʀujo] nm *fam* errand boy.

groupage [gʀupaʒ] nm **1.** COMM bulking ▸ **le groupage des commandes** bulk ordering **2.** MÉD (blood) grouping.

groupe [gʀup] nm **1.** [de gens, d'objets] group / *ils sont venus par groupes de quatre ou cinq* they came in groups of four or five ou in fours and fives ▸ **groupe armé** armed group ▸ **groupe hospitalier** / **scolaire** hospital / school complex ▸ **groupe de combat** section ▸ **groupe de discussion** discussion group ▸ **groupe familial** family group ▸ **groupe parlementaire** parliamentary group ▸ **groupe de pression** pressure group ▸ **groupe de rock** rock band ou group ▸ **groupe de travail** working group ou party ▸ **le groupe de l'Abbaye** *group of artists and writers, including Georges Duhamel and Charles Vildrac, who moved to live and work in Créteil (Paris suburbs) in 1906* **2.** ÉCON group / *les grands groupes de l'édition* the big publishing groups ▸ **groupe financier** financial group ▸ **groupe industriel** industrial group ▸ **groupe de presse** press consortium ou group **3.** ART group **4.** ÉLECTR set ▸ **groupe électrogène** generator **5.** LING ▸ **groupe consonantique** consonant cluster ▸ **groupe de mots** word group ▸ **groupe du verbe** ou **verbal** verbal group ▸ **groupe du nom** ou **nominal** nominal group **6.** MATH group **7.** MÉD & BIOL ▸ **groupe sanguin** blood group ▸ **groupe tissulaire** tissue type **8.** MIL group **9.** BOT & ZOOL [classification] group.

❖ **de groupe** loc adj group *(modif)* ▸ **billet de groupe** group ticket ▸ **psychologie** / **psychothérapie de groupe** group psychology / therapy.

❖ **en groupe** loc adv in a group.

groupé, e [gʀupe] adj **1.** COMM ⟶ **achat 2.** INFORM blocked **3.** SPORT ⟶ **saut.**

groupement [gʀupmɑ̃] nm **1.** [association] group ▸ **groupement d'achat (commercial)** bulk-buying group ▸ **groupement de défense des consommateurs** consumers' association ▸ **groupement d'intérêt économique** intercompany management syndicate ▸ **groupement politique** political group ▸ **groupement professionnel** professional organization **2.** [rassemblement] : *on a procédé au groupement des commandes* all the orders have been grouped together.

grouper [3] [gʀupe] vt **1.** [réunir - personnes] to group together *(sép)* ; [- ressources] to pool / *groupons nos forces* let's pool our resources / *les dépendances groupées autour du corps de ferme* the outbuildings clustered around the main farm building **2.** [classer] to put ou to group together *(sép)* / *on peut grouper ces articles sous la même rubrique* we can put all these articles together under the same heading **3.** COMM [paquets] to bulk **4.** MÉD to determine the blood group of **5.** SPORT : *groupez les genoux sous le menton* bring your knees up to your chin.

❖ **se grouper** vpi **1.** [dans un lieu] to gather / *la foule s'est groupée sous le balcon* the crowd gathered under the balcony **2.** [dans une association] to join together / *nous devons nous grouper pour mieux défendre nos droits* we must band ou join together to protect our rights / *se grouper autour d'un chef* to join forces under one leader.

groupie [gʀupi] nmf **1.** [d'un chanteur] groupie **2.** [inconditionnel] avid follower, groupie.

groupusculaire [gʀupyskylɛʀ] adj : *une organisation* / *un mouvement groupusculaire* a small organisation / movement / *la culture groupusculaire* the culture of small groups.

groupuscule [gʀupyskyl] nm *péj* POL small group / *les groupuscules gauchistes* tiny ultra-left (splinter) groups.

grouse [gʀuz] nf (red) grouse.

gruau [gʀyo] nm groats ▸ **farine de gruau** fine wheat flour.

grue [gʀy] nf **1.** TECHNOL crane ▸ **grue automotrice** motor-driven crane ▸ **grue flottante** floating crane / *grue de levage* wrecking crane / *grue à portique* gantry crane **2.** CINÉ & TV crane **3.** ORNITH crane **4.** *tfam & vieilli* [prostituée] tart UK hooker US **5.** *fam & vieilli* [femme stupide] silly goose.

gruger [17] [gʀyʒe] ◆ vt **1.** *litt* [tromper] to deceive, to swindle / *se faire gruger* to get swindled **2.** TECHNOL to shape the edges of. ◆ vi *fam* **1.** [dans une file] to queue-jump ; [dans les transports en commun] to travel without a ticket, to fare-dodge UK **2.** [à un examen] to cheat.

grume [gʀym] nf trunk, log ▸ **bois en grume** unhewn ou undressed wood.

grumeau, x [gʀymo] nm lump ▸ **plein de grumeaux** lumpy ▸ **sans grumeaux** smooth.

grumeler [24] [gʀymle] ❖ **se grumeler** vpi [sauce] to go lumpy.

✐ In reformed spelling (see p. 16-19), this verb is conjugated like **peler**: ***il se grumèle, elle se grumèlera.***

grumeleux, euse [gʀymlø, øz] adj **1.** [sauce] lumpy **2.** [peau] uneven ; [surface] granular **3.** [fruit] gritty.

grumelle v ⟶ **grumeler.**

grumelure [gʀymlyʀ] nf MÉTALL pipe (fault).

grumier [gʀymje] nm timber lorry.

grunge [gʀʌnʒ] adj grunge.

gruppetto [gʀupɛto] (*pl* **gruppetti** [-ti]) nm gruppetto, turn.

grutier [gʀytje] nm crane driver ou operator.

gruyère [gʀyjɛʀ] nm ▸ **gruyère, fromage de Gruyère** Gruyere (cheese).

GSM (abr de **Global System for Mobile Communication**) nm TÉLÉC GSM ▸ **réseau GSM** GSM network.

guacamole [gwakamol(e)] nm guacamole.

Guadeloupe [gwadlup] npr f ▸ **la Guadeloupe** Guadeloupe / *à la* ou *en Guadeloupe* in Guadeloupe.

guadeloupéen, enne [gwadlupeɛ̃, ɛn] adj Guadeloupean.

❖ **Guadeloupéen, enne** nm, f Guadeloupean.

Guangzhou [gwangʒu] npr Guangzhou.

guano [gwano] nm guano.

guarani [gwaʀani] nm LING Guarani.

Guatemala [gwatemala] npr m ▸ **le Guatemala** Guatemala ▸ **au Guatemala** in Guatemala.

guatémaltèque [gwatemaltɛk] adj Guatemalan.

❖ **Guatémaltèque** nmf Guatemalan.

Gud, GUD [gyd] (abr de **Groupe union défense**) npr m *extreme right-wing student group.*

gué [ge] ◆ nm [passage] ford / *passer un ruisseau à gué* to ford a stream / *là, on peut passer à gué* there's a ford there, we can cross there. ◆ interj *arch* : *oh gué!* hey nonny no!

guéable [geabl] adj fordable.

guéguerre [gegɛʀ] nf *fam* (little) war, squabble / *se faire la guéguerre* to squabble, to bicker / *la guéguerre entre les chefs de service* the squabbling ou bickering between the heads of department.

guelfe [gɛlf] ◆ adj Guelphic, Guelfic. ◆ nm Guelph, Guelf.

guenilles [gənij] nfpl rags (and tatters) / *être vêtu de guenilles* to wear old rags.

guenon [gənɔ̃] nf **1.** ZOOL female monkey, she-monkey **2.** *tfam & péj* [femme] dog.

guépard [gepaʀ] nm cheetah / **'le Guépard'** *Visconti* 'The Leopard'.

guêpe [gɛp] nf **1.** ZOOL wasp **2.** *vieilli* [femme rusée] ▸ **c'est une fine guêpe** she's very sharp.

guêpier [gepje] nm **1.** [nid de guêpes] wasp's nest **2.** [situation périlleuse] sticky situation ▸ **il s'est fourré** ou **mis dans un beau guêpier** he got himself into a sticky situation **3.** ORNITH bee eater.

guêpière [gepjɛʀ] nf basque.

guère [gɛʀ] adv *sout* **1.** [employé avec 'ne'] ▸ **il n'est guère aimable** he's not very nice / *je ne suis guère contente de vous* I'm not terribly pleased with you ▸ **je n'aime guère cela** I don't much like that, I don't like that much / *elle n'y voit plus guère* she can hardly see anymore / *il n'a guère apprécié votre remarque* he didn't appreciate your remark much / *il n'est guère plus aimable qu'elle* he's not much nicer than she is / *il n'y a guère de monde* there's hardly anyone / *je n'ai guère de temps libre* I don't have much ou I hardly have any free time / *ça ne durera guère longtemps* it won't last very long / *le beau temps ne dura guère* the fine weather lasted hardly any time at all ou didn't last very long / *il ne vient guère nous voir* he hardly ever comes to see us / *il n'y a plus guère de noyers dans la région* there are hardly ou scarcely any walnut trees left in this area / *il n'a guère plus de vingt ans* he is barely ou scarcely twenty years old / *il ne nous reste guère que deux heures à attendre* we have barely two hours left to wait / *je ne suis plus guère qu'à une heure de Paris* I'm only an hour away from Paris / *il n'y a guère que moi qui m'en soucie* I'm practically the only one who cares about it / *il ne se déplace plus guère qu'avec une canne* he can hardly walk without a stick anymore **2.** [dans une réponse] : *aimez-vous l'art abstrait? guère* do you like abstract art? — not really / *comment allez-vous? — guère mieux* how are you? — not much better ou hardly any better.

guéret [gerɛ] nm [non ensemencé] fallow land ; [non labouré] balk / *dans les guérets* in the fallows.

guéridon [geʀidɔ̃] nm [table] occasional table.

guérilla [geʀija] nf **1.** [guerre] guerrilla warfare ▸ **guérilla urbaine** urban guerrilla warfare / *la guérilla parlementaire de l'opposition* the guerrilla tactics employed by the opposition in parliament **2.** [soldats] group of guerrillas, guerrilla unit.

guérillero, guérilléro* [geʀijeʀo] nm guerrilla.

guérir [32] [geʀiʀ] ◆ vt **1.** MÉD [malade, maladie] to cure ; [blessure] to heal / *guérir un malade de son cancer* to cure a patient of his cancer **2.** *fig* : *il saura guérir ta timidité* he'll know how to cure ou to help you get rid of your shyness / *je vais le guérir de cette manie* I'll cure him of that habit / *le temps seul guérit les grands chagrins* only time can heal deep grief. ◆ vi **1.** MÉD [convalescent] to recover, to be cured / *elle est guérie de sa rougeole* she's cured of ou recovered from her measles / *ma mère est guérie* my mother's better ou recovered ; [blessure] to heal, to mend / *son épaule guérit lentement* his shoulder is healing ou mending slowly **2.** *fig* : *il est guéri de sa timidité* he is cured of ou he has got over his shyness / *l'amour, il en est guéri!* you won't catch him falling in love again! / *elle est guérie de l'amour* she's got over being in love.

❖ **se guérir** ◆ vp *(emploi réfléchi)* to cure o.s. / *il s'est guéri grâce à l'homéopathie* he cured himself thanks to homeopathy. ◆ vpi **1.** [maladie] : *est-ce que ça se guérit facilement?* is it easy to cure? **2.** [personne] : *il ne s'est jamais guéri de sa jalousie* he never got over his jealousy.

guérison [geʀizɔ̃] nf **1.** MÉD [d'un patient] recovery ; [d'une blessure] healing / *il est maintenant en voie de guérison* he's now on the road to recovery **2.** *fig* : *la guérison sera lente après une telle déception* it'll take a long time to get over such a disappointment.

guérissable [geʀisabl] adj **1.** MÉD [patient, mal] curable **2.** *fig* : *son chagrin n'est pas guérissable* there is no cure for his sorrow.

guérisseur, euse [geʀisœʀ, øz] nm, f healer ; *péj* quack.

guérite [geʀit] nf **1.** [sur un chantier] site office **2.** MIL sentry box.

Guernesey [gɛʀnəzɛ] npr Guernsey ▸ **à Guernesey** on Guernsey. ⟶ **île**

guernesiais, e [gɛʀnəzjɛ, ɛz] adj from Guernsey, Guernsey *(modif).*

❖ **Guernesiais, e** nm, f *inhabitant of or person from Guernsey.*

guerre [gɛʀ] nf **1.** [conflit] war ▸ **en temps de guerre** in wartime ▸ **être en guerre (contre)** to be at war (with) ▸ **des pays en guerre** countries at war, warring countries ▸ **entrer en guerre (contre)** to go to war (with) ▸ **déclarer la guerre (à)** to declare war (against ou on) / *maintenant, entre Jeanne et moi c'est la guerre* Jeanne and I are at each others' throats all the time now ▸ **guerre atomique** / **nucléaire** atomic / nuclear war ▸ **la guerre de Cent Ans** the Hundred Years War ▸ **guerre civile** civil war ▸ **la guerre de Corée** the Korean War ▸ **la guerre de Crimée** the Crimean War ▸ **guerre d'embuscade** guerrilla war ▸ **la guerre des étoiles** Star Wars ▸ **la guerre franco-allemande** the Franco-Prussian War ▸ **la guerre froide** the Cold War ▸ **guerre des gangs** gang warfare ▸ **la guerre du Kippour** the Yom Kippur War ▸ **guerre mondiale** world war ▸ **guerre des nerfs** war of nerves ▸ **guerre à outrance** all-out war ▸ **guerre ouverte** open war ▸ **la guerre presse-bouton** push-button warfare ▸ **guerre des prix** price war ▸ **guerre de religion** war of religion ▸ **guerre sainte** Holy War ▸ **la guerre de Sécession** the American Civil War ▸ **la guerre des sexes** the battle of the sexes ▸ **la guerre des Six Jours** the Six-Day War ▸ **la guerre de 70** the Franco-Prussian War ▸ **guerre totale** total war ▸ **la guerre de Troie** the Trojan War ▸ **guerre d'usure** war of attrition ▸ **la Grande Guerre** ou **la Première Guerre (mondiale)** ou **la guerre de 14** the Great War, the First World War, World War I ▸ **la Seconde Guerre mondiale** ou **la guerre de 40** World War II, the Second World War ▸ **avoir fait la guerre** *fam* : *mes chaussures* / *gants ont fait la guerre* my shoes / gloves have been in the wars ▸ **faire la guerre (à) a)** *pr* to wage war (against) **b)** *fig* to battle (with) / *il a fait la guerre en Europe* he was in the war in Europe / *je fais la guerre aux moustiques* / *fumeurs* I've declared war on mosquitoes / smokers / *elle lui fait la guerre pour qu'il mange plus lentement* she's always (nagging) on at him to eat more slowly ▸ **partir en guerre (contre) a)** *pr* to go to war (against) **b)** *fig* to launch an attack (on) ▸ **à la guerre comme à la guerre** *fam* well, you just have to make the best of things ▸ **c'est de bonne guerre** all's fair in love and war *prov* ▸ **de guerre lasse** : *de guerre lasse je l'ai laissé sortir* in the end I let him go out just to have some peace (and quiet) / **'la Guerre des étoiles'** *Lucas* 'Star Wars' / **'Guerre et Paix'** *Tolstoï* 'War and Peace' **2.** [technique] warfare ▸ **guerre biologique** / **chimique** biological / chemical warfare ▸ **guerre bactériologique** germ warfare ▸ **guerre éclair** blitzkrieg ▸ **guerre économique** economic warfare ▸ **guerre électronique** electronic warfare ▸ **guerre des ondes** radio propaganda warfare ▸ **guerre psychologique** psychological warfare ▸ **guerre de tranchées** trench warfare.

guerrier, ère [gɛʀje, ɛʀ] ◆ adj [peuple] warlike ▸ **un chant guerrier** a battle song ou chant. ◆ nm, f warrior.

guerroyer [13] [gɛʀwaje] vi *sout* to (wage) war.

guet [gɛ] nm watch ▸ **faire le guet** to be on the lookout.

guet-apens [gɛtapɑ̃] *(pl* **guets-apens** [gɛtapɑ̃]) nm ambush, trap ▸ **tendre un guet-apens à qqn** to set a trap ou an ambush for sb / *tomber dans un guet-apens* to fall into a trap, to be ambushed / *c'était un guet-apens* it was a trap.

guète [gɛt] = **guette.**

guêtre [gɛtʀ] nf **1.** [bande de cuir] gaiter **2.** [en tricot] leggings.

guette [gɛt] nf HIST **1.** [tourelle] watchtower **2.** [trompette] alarum (trumpet).

guetter [4] [gete] vt **1.** [surveiller] to watch / *il guette chacun de ses mouvements* he studies her every move ; *(en usage absolu)* : *tu vas guetter pendant qu'on entre* you keep watch while we go in **2.** *fig* [menacer] : *la mort le guette* death is lying in wait for him ▸ **l'embonpoint te guette** you need to watch your weight ▸ **l'infarctus la guette** she's liable to have a heart attack / *les ennuis la guettent* there's trouble in store for her **3.** [attendre] to watch out for *(insép)* / *le chat guette la souris* the cat is watching for the mouse ▸ **il guette le facteur** he is on the lookout for the postman / *guetter l'occasion propice* to watch out for the right opportunity.

guetteur [getœʀ] nm **1.** MIL lookout ; HIST watch, watchman **2.** [gén] lookout.

gueulante [gœlɑ̃t] nf *tfam* ▸ **pousser une gueulante** to raise the roof.

gueulard, e [gœlaʀ, aʀd] *tfam* ◆ adj **1.** [personne] loud, loudmouthed ; [radio, chanson] noisy, bawling **2.** [couleur] loud. ◆ nm, f [adulte] loudmouth ; [bébé] bawler.

❖ **gueulard** nm MÉTALL (blast furnace) throat ou shaft.

gueule [gœl] nf **1.** *tfam* [bouche] gob UK, yap US ▸ **un whisky** / **curry qui emporte la gueule** a whisky / curry that takes the roof off your mouth ▸ **s'en mettre plein la gueule** to make a pig of o.s. ▸ **se soûler la gueule** to get plastered ou pissed UK ou juiced US ▸ **pousser un coup de gueule** to yell out ▸ **c'est une grande gueule** ou **un fort en gueule** he's a big mouth ou a loudmouth, he's always shooting his mouth off ▸ **(ferme) ta gueule!** shut your mouth ou trap ou gob UK ! ▸ **vos gueules!** shut up (you lot)! **2.** *tfam* [visage] mug, face ▸ **quelle sale gueule (il a)! a)** [il est laid] what an ugly mug he's got! **b)** [il est malade] he looks terrible! / *il va faire une sale gueule quand il saura la vérité* he's going to be mad ou livid when he finds out the truth / *bien fait pour ta sale gueule!* (it) serves you damn well right! / *je te pète la gueule!* I'll smash your face in! / *j'en ai pris plein la gueule* I got a right mouthful / *t'aurais vu sa gueule!* you should have seen his face! / *avoir* ou *faire une drôle de gueule* to look funny ou weird / *elle*

* In reformed spelling (see p. 16-19).

a fait une de ces gueules en trouvant la porte fermée! you should have seen her face when she saw the door was shut! ▸ **gueule cassée** WW1 veteran *(with bad facial injuries)* ▸ **gueule noire** miner ▸ **gueule de raie** fish face ▸ **faire la gueule** : *il nous fait la gueule depuis notre arrivée* he's been in a huff ou in a bad mood with us ever since we arrived **3.** *fam* [apparence] : *cette pizza a une sale gueule* that pizza looks disgusting **4.** *tfam* [charme] : *elle n'est pas belle, mais elle a de la gueule* she's not beautiful but she's got something about her / *il a de la gueule, ce type* that guy's really got something / *leur maison a vraiment de la gueule* their house really has got style **5.** [d'un animal] mouth ▸ **se jeter dans la gueule du loup** to throw o.s. into the lion's mouth ou jaws **6.** [d'un canon] muzzle ; [d'un four] mouth.

❖ **gueule de bois** nf *fam* hangover.

gueule-de-loup [gœldəlu] (*pl* **gueules-de-loup**) nf BOT snapdragon.

gueulement [gœlmɑ̃] nm *tfam* bawl, yell / *pousser des gueulements* to yell, to bawl.

gueuler [5] [gœle] *fam* ◆ vi **1.** [personne - de colère] to shout ; [- de douleur] to yell out / *arrête de gueuler, on va t'aider* stop shouting, we're going to help you / *quand il a su ça, il a gueulé* when he found out he blew his top ou he hit the roof / *faudrait gueuler!* we should kick up a fuss! ▸ **gueuler sur qqn** to shout at sb ▸ **gueuler comme un putois** to shout one's head off **2.** [radio, haut-parleur] to blare out *(insép)* / *faire gueuler sa radio* to turn the radio up full blast **3.** [chien] to howl. ◆ vt to bellow out *(sép)*, to bawl out *(sép)*.

gueules [gœl] nm HÉRALD gules.

gueuleton [gœltɔ̃] nm *tfam* [repas] nosh-up UK, blowout.

gueuletonner [3] [gœltɔne] vi *fam* to have a blow-out, to have a nosh-up UK.

gueuse [gøz] ◆ f ⟶ **gueux.** ◆ nf [bière] = **gueuze.**

gueuserie [gøzʀi] nf *arch* ou *litt* **1.** [état] beggary **2.** [action] foul deed.

gueux, gueuse [gø, gøz] nm, f *arch* ou *litt* beggar ▸ **les gueux** the wretched.

❖ **gueuse** nf **1.** MÉTALL pig (mould) **2.** *arch ou litt* harlot, painted lady **3.** HIST ▸ **la Gueuse** *name given to the French Republic by Royalists during the Third Republic.*

gueuze [gøz] nf gueuze (beer).

gugusse [gygys] nm *fam* clown, twit UK ▸ **faire le gugusse** to fool around / *quel gugusse!* what a nitwit!

gui [gi] nm **1.** BOT mistletoe **2.** NAUT boom.

guibolle, guibole* [gibɔl] nf *tfam* pin UK, gam US / *j'en ai plein les guibolles* my legs have had it.

guiche [giʃ] nf [mèche de cheveux] kiss curl UK, spit curl US.

guichet [giʃɛ] nm **1.** [d'une banque] counter ; [d'un théâtre] ticket office ; [d'une poste] counter, window / *allez au guichet nº 2 pour les renseignements* go to window ou position nº 2 for information / **'guichet fermé'** 'position closed' ▸ **guichet automatique** auto-bank, cash dispenser ▸ **jouer à guichets fermés** to play to packed houses **2.** [porte] hatch, wicket **3.** [judas] judas ; [d'un confessionnal] shutter.

guichetier, ère [giʃtje, ɛʀ] nm, f counter clerk.

guidage [gidaʒ] nm guiding ▸ **système de guidage** guiding system ▸ **guidage de missile** missile guidance ou tracking.

guidance [gidɑ̃s] nf : *centre de guidance* guidance centre.

guide [gid] ◆ nmf **1.** SPORT ▸ **guide (de haute montagne)** mountain guide **2.** [pour touristes] (tour) guide. ◆ nm **1.** [personne] guide, leader **2.** [principe] guiding principle **3.** [livre] guidebook ▸ **Guide Bleu®** *detailed tourist guide* ▸ **guide de conversation** phrase-book ▸ **guide touristique** guidebook ▸ **Guide Vert®** Michelin guide **4.** TÉLÉC ▸ **guide d'ondes** (wave) guide ▸ **guide d'ondes optiques** fibre optics system **5.** BELG [indicateur de chemin de fer] railway timetable ; [annuaire] telephone book. ◆ nf **1.** [scout] girl guide UK, girl scout US **2.** [rêne] rein.

guide-âne [gidan] (*pl* **guide-ânes**) nm *vieilli* (basic) handbook.

guide-bande [gidbɑ̃d] (*pl* **guide-bandes**) nm tape guide.

guide-fil [gidfil] (*pl* **guide-fils**) nm **1.** TEXT thread guide **2.** [de planche à repasser] cord loop ou guide.

guide-lame [gidlam] nm inv **1.** [d'une faucheuse] blade guide **2.** [d'une scie à ruban] fence.

guider [3] [gide] vt **1.** [diriger] to guide / *le chien guide l'aveugle* the dog is guiding the blind man / *guider un avion par radar* to guide an aircraft by radar **2.** [conseiller] to guide / *guidée par son expérience* guided by her experience / *seul le profit le guide* he is guided only by profit / *nous sommes là pour vous guider dans vos recherches* we're here to help you find what you're looking for ▸ **j'ai besoin d'être guidé** I need some guidance.

❖ **se guider** vpi : *il s'est guidé sur le soleil* he used the sun as a guide / *il s'est guidé sur l'exemple de son maître* he modelled himself on his master.

guidon [gidɔ̃] nm **1.** [d'un vélo] handlebars **2.** MIL & NAUT guidon **3.** ARM foresight.

guignard, e [giɲaʀ, aʀd] adj *fam* [malchanceux] unlucky, jinxed.

guigne [giɲ] nf **1.** BOT sweet cherry / *il se soucie de son avenir comme d'une guigne* he doesn't care two hoots about his future **2.** *fam* [malchance] bad luck / *il porte la guigne à toute sa famille* he's the bane of his family ▸ **avoir la guigne** to be jinxed, to have rotten luck.

guigner [3] [giɲe] vt to sneak a look at / *il guigne l'argent de son oncle depuis des années fig* he has had his eye on his uncle's money for years.

guignier [giɲje] nm gean.

guignol [giɲɔl] nm **1.** [pantin] (glove) puppet ; [théâtre] puppet theatre ; [spectacle] Punch and Judy show / *on va au guignol* we're off to see Punch and Judy **2.** *fam & fig* ▸ **faire le guignol** to clown around / *ce nouveau ministre est un guignol* that new minister is a (real) clown.

❖ **Guignol** npr (Mister) Punch ▸ **les Guignols (de l'info)** *satirical television programme with puppets representing political figures and well-known personalities.*

Guignolet [giɲɔlɛ] nm *liqueur made from cherries.*

guilde [gild] nf guild.

guili-guili (*pl* guili-guili), **guiliguili*** [giligili] nm *langage enfantin* tickle ▸ **faire guili-guili** to tickle.

guillaume [gijom] nm MENUIS rabbet plane.

Guillaume [gijom] npr ▸ **Guillaume le Conquérant** William the Conqueror ▸ **Guillaume d'Orange** William of Orange ▸ **Guillaume le Roux** William Rufus ▸ **Guillaume Tell** William Tell.

guilledou [gijdu] nm ⟶ **courir.**

guillemet [gijmɛ] nm quotation mark, inverted comma UK ▸ **ouvrir / fermer les guillemets** to open / to close (the) inverted commas ▸ **entre guillemets** in inverted commas UK, in quotation marks, in quotes / *tu connais son sens de la « justice », entre guillemets* you know his so-called sense of justice.

guilleret, ette [gijʀɛ, ɛt] adj jolly, cheerful / *d'un air guilleret* jauntily.

guillon [gijɔ̃] nm SUISSE spigot.

guillotine [gijɔtin] nf guillotine.

guillotiné, e [gijɔtine] ◆ adj guillotined. ◆ nm, f guillotined person.

guillotiner [3] [gijɔtine] vt to guillotine.

guimauve [gimov] nf **1.** BOT & CULIN marshmallow **2.** *fig & péj* : *ses chansons, c'est de la guimauve* his songs are all soppy ou schmaltzy.

guimbarde [gɛ̃baʀd] nf **1.** *fam* [voiture] (old) banger UK, jalopy US **2.** MUS jew's-harp.

Guimet [gimɛ] npr ▸ **le musée Guimet** *museum of Far Eastern art in Paris.*

guimpe [gɛ̃p] nf **1.** [chemisier] chemisette **2.** [d'une religieuse] wimple.

guincher [3] [gɛ̃ʃe] vi *fam & vieilli* to dance.

guindage [gɛ̃daʒ] nm lifting, hoisting.

guindaille [gɛ̃daj] nf BELG *fam student party.*

guindant [gɛ̃dɑ̃] nm NAUT hoist.

guindé, e [gɛ̃de] adj [personne] stiff, starchy ; [discours] stilted / *d'un air guindé* starchily, stiffly / *prendre un ton guindé* to speak in a stilted manner.

guinder [3] [gɛ̃de] vt **1.** [personne] : *son costume le guinde* he looks very stiff and starchy in that suit **2.** TECHNOL to hoist.

guinderesse [gɛ̃dʀɛs] nf mast ou top rope.

guinée [gine] nf [monnaie] guinea.

Guinée [gine] npr f ▸ **(la) Guinée** Guinea ▸ **(la) Guinée-Bissau** Guinea-Bissau ▸ **(la) Guinée-Équatoriale** Equatorial Guinea.

guinéen, enne [gineɛ̃, ɛn] adj Guinean.

❖ **Guinéen, enne** nm, f Guinean.

guingois [gɛ̃gwa] ❖ **de guingois** ◆ loc adj ▸ **l'affiche est de guingois** the poster is lop-sided. ◆ loc adv [de travers] ▸ **marcher de guingois** to walk lop-sidedly / *aller de guingois* to go haywire.

guinguette [gɛ̃gɛt] nf *open-air café or restaurant with dance floor.*

guipage [gipaʒ] nm **1.** TEXT covering **2.** ÉLECTR insulating, binding.

guiper [3] [gipe] vt **1.** TEXT to cover *(with silk, cotton, etc.)* **2.** ÉLECTR to insulate with material.

guipure [gipyʀ] nf **1.** TEXT guipure (lace) **2.** *litt* [givre] tracery.

guirlande [giʀlɑ̃d] nf **1.** [de fleurs] garland / *des guirlandes de chèvrefeuille* garlands of honeysuckle **2.** [de papier] paper garland ▸ **guirlande de Noël** (length of) tinsel **3.** [de lumières] ▸ **guirlande électrique a)** [de Noël] Christmas tree lights, fairy lights **b)** [pour une fête] fairy lights **4.** *sout* [de personnes] string / *une guirlande de danseurs* a string ou chain of dancers.

guise [giz] ❖ **à ma guise, à ta guise** loc adv as I / you, etc., please ▸ **il n'en fait qu'à sa guise** he just does as he pleases ou likes. ❖ **en guise de** loc prép by way of / *en guise de dîner, nous n'avons eu qu'un peu de soupe* for dinner, we just had a little soup.

guitare [gitaʀ] nf guitar / *avec Christophe Banti à la guitare* with Christophe Banti on guitar ▸ **guitare basse / électrique** bass / electric guitar ▸ **guitare hawaïenne / sèche** Hawaiian / acoustic guitar.

guitariste [gitaʀist] nmf guitar player, guitarist.

guitoune [gitun] nf *fam* tent.

Guizèh [gizɛ] = **Gizeh.**

Gulf Stream [gœlfstʀim] npr m ▸ **le Gulf Stream** the Gulf Stream.

guppy [gypi] nm guppy.

guru [guʀu] = **gourou.**

gus(se) [gys] nm *fam* guy, bloke UK.

gustatif, ive [gystatif, iv] adj gustatory, gustative.

gustation [gystasjɔ̃] nf tasting, gustation *spéc.*

Gustave [gystav] npr [roi] Gustav ▸ **Gustave Adolphe** Gustavus Adolphus.

gutta-percha [gytapɛʀka] (*pl* **guttas-perchas**) nf gutta-percha.

guttural, e, aux [gytyʀal, o] adj **1.** [ton] guttural ; [voix] guttural, throaty **2.** PHON guttural.

❖ **gutturale** nf PHON guttural.

Guyana [gɥijana] npr f ou npr m ▸ **(la** ou **le) Guyana** Guyana.

guyanais, e [gɥijanɛ, ɛz] adj **1.** [région, département] Guianese, Guianian **2.** [république] Guyanan, Guyanese.

❖ **Guyanais, e** nm, f **1.** [région, département] Guianese, Guianian ▸ **les Guyanais** the Guianese, the Guianians **2.** [république] Guyanan, Guyanese ▸ **les Guyanais** the Guyanans, the Guyanese.

Guyane [gɥijan] npr f ▸ **la Guyane, les Guyanes** Guiana, the Guianas / *(la) Guyane française* French Guiana / *(la) Guyane hollandaise* Dutch Guiana.

Guyenne [gɥiɛn] npr f ▸ **la Guyenne** Guyenne, Guienne.

guyot [gɥijo] ◆ nm GÉOL guyot. ◆ nf BOT guyot pear.

gym [ʒim] nf [à l'école] PE ; [pour adultes] gym / *aller à la gym* to go to gym class / *faire de la gym* to do exercises.

gymkhana [ʒimkana] nm **1.** SPORT rally ▸ **gymkhana motocycliste** scramble UK, motorcycle rally **2.** *fam & fig* obstacle course.

gymnase [ʒimnaz] nm **1.** [salle] gym, gymnasium **2.** SUISSE [lycée] secondary school UK, high school US.

gymnasial [ʒimnazjal] adj SUISSE secondary school *(modif)* UK, high school *(modif)* US.

gymnaste [ʒimnast] nmf gymnast.

gymnastique [ʒimnastik] nf **1.** SPORT physical education, gymnastics *(sg)* / *professeur de gymnastique* gymnastics ou PE teacher ▸ **faire de la gymnastique** to do exercises ▸ **gymnastique aquatique** aquaerobics ▸ **gymnastique artistique** artistic gymnastics ▸ **gymnastique corrective** remedial gymnastics ▸ **gymnastique rythmique** eurhythmics *(sg)* ▸ **au pas (de) gymnastique** at a jog trot **2.** *fig* gymnastics *(sg)* / *gymnastique mentale* ou *intellectuelle* mental gymnastics / *ça a été toute une gymnastique pour obtenir des billets* getting tickets was a real hassle.

gymnique [ʒimnik] adj gymnastic.

gymnosperme [ʒimnɔspɛʀm] nf gymnosperm.

gymnote [ʒimnɔt] nm electric eel, gymnotus *spéc.*

gynécée [ʒinese] nm gynaeceum *spéc,* group of women.

gynéco [ʒineko] (**abr de gynécologue**) nmf *fam* gynaecologist UK, gynecologist US.

gynécologie [ʒinekɔlɔʒi] nf gynaecologist UK, gynecologist US.

gynécologique [ʒinekɔlɔʒik] adj gynaecological UK, gynecological US.

gynécologue [ʒinekɔlɔg] nmf gynaecologist UK, gynecologist US.

gypaète [ʒipaɛt] nm lammergeier, bearded vulture.

gypse [ʒips] nm gypsum.

gypseux, euse [ʒipsø, øz] adj gypseous.

gypsophile [ʒipsɔfil] nf gypsophila.

gyrocompas [ʒiʀɔkɔ̃pa] nm gyrocompass.

gyromagnétique [ʒiʀɔmaɲetik] adj gyromagnetic.

gyromètre [ʒiʀɔmɛtʀ] nm gyrometer.

gyrophare [ʒiʀɔfaʀ] nm rotating light ou beacon.

gyroscope [ʒiʀɔskɔp] nm gyroscope.

gyroscopique [ʒiʀɔskɔpik] adj gyroscopic.

gyrostat [ʒiʀɔsta] nm gyrostat, gyrostabilizer.

h, H [aʃ] nm h, H ▸ **h aspiré** / **muet** aspirate / silent h.

h 1. (abr écrite de **heure**) hr **2.** (abr écrite de **hecto**) h.

H abr écrite de **homme**.

ha[1] (abr écrite de **hectare**) ha.

ha[2] ['a] interj **1.** [surprise] : *ha, vous partez déjà ?* what, (are you) leaving already ? ; [ironie, suspicion] : *ha, ha, je t'y prends !* aha ! caught you ! **2.** [rire] : *ha, ha, que c'est drôle !* ha-ha, very funny !

hab. abr écrite de **habitant**.

habeas corpus [abeaskɔʀpys] nm ▸ **l'habeas corpus** habeas corpus.

habile [abil] adj **1.** [adroit] skilful UK, skillful US / *il est très habile aux échecs* he's very good at chess / *être habile de ses mains* to be good ou clever with one's hands ▸ **il n'est pas encore bien habile de ses mains a)** [bébé] his manual skills are still not (fully) developed **b)** [accidenté] he still hasn't (fully) recovered his manual skills / *habile dans son travail* good at his work **2.** [intelligent, fin - personne] clever, bright ; [- ouvrage] clever / *sa présentation des faits est très habile* his presentation of the facts is very clever **3.** [rusé] clever, cunning / *la réponse est habile* it's a clever answer / *une manœuvre habile* a clever move / *il est habile à se décharger de ses responsabilités* he is good ou very clever at offloading his responsibilities **4.** DR ▸ **habile à tester** fit to make out one's will ▸ **habile à succéder** entitled to inherit.

habilement [abilmɑ̃] adv [travailler] skilfully UK, skillfully US ; [répondre] cleverly / *elle a négocié habilement* she negotiated skilfully / *les négociations ont été habilement menées* the negotiations were conducted with skill / *elle a habilement tiré son épingle du jeu* she cleverly ou skilfully managed to wriggle out of it.

habileté [abilte] nf **1.** [dextérité] skill, dexterity *sout* / *un orfèvre d'une grande habileté* a very skilful goldsmith, a goldsmith of great skill **2.** [ingéniosité] cleverness, smartness / *son habileté en affaires est bien connue* his business sense ou flair is well-known / *il lui fallut mettre toute son habileté au service de cette démarche* she had to use all her artfulness to do this.

habilitation [abilitasjɔ̃] nf **1.** DR capacitation **2.** UNIV accreditation, habilitation *sout*.

habilité, e [abilite] adj DR ▸ **habilité à** fit to / *toute personne habilitée à signer* any person who is entitled to sign / *je suis habilité à parler en son nom* I'm legally entitled ou empowered to speak in her name.

❖ **habilité** nf DR fitness, entitlement.

habiliter [3] [abilite] vt **1.** DR to entitle, to empower **2.** UNIV to accredit, to authorize, to habilitate *sout*.

habillable [abijabl] adj **1.** [personne] : *il est difficilement habillable* it's difficult to find clothes to fit him **2.** [meuble] : *ce lave-linge est habillable* the washing machine may be panelled as part of a fitted kitchen.

habillage [abijaʒ] nm **1.** [revêtement - d'une machine] casing ; [- d'un produit] packaging ; [- d'un ordinateur] cabinetry ; [AUTO - d'un siège] covering ; [- d'un plafond] lining ; [- d'un intérieur] trim **2.** CULIN dressing / *l'habillage d'un poulet* cleaning and trussing a chicken **3.** [d'un acteur] dressing.

habillé, e [abije] adj [vêtements] smart, dressy ▸ **dîner habillé** dinner in evening dress.

habillement [abijmɑ̃] nm **1.** [vêtements] clothes, clothing ; [action d'habiller] dressing, clothing ▸ **magasin d'habillement** clothes shop UK, clothing store US / *il a de grosses dépenses d'habillement* his clothing expenses are very high **2.** COMM clothing trade UK, garment industry US.

habiller [3] [abije] vt **1.** [vêtir] to dress / *elle a habillé sa fille d'une salopette rouge* she dressed her daughter in a pair of red dungarees / *toujours habillé de* ou *en vert* always dressed in green / *il est mal habillé* [sans goût] he's badly dressed / *le roi se faisait habiller par ses valets* the king was dressed by his manservants ▸ **habiller qqn pour l'hiver** *fig* to tear sb to pieces / *heureusement qu'il n'était pas au dîner car les autres convives l'ont habillé pour l'hiver !* thank goodness he wasn't at the dinner because the other guests spent the evening tearing him to pieces **2.** [équiper - famille, groupe] to clothe ; [- skieur, écolier] to kit out *(sép)* ▸ **j'habille toute la famille** I make clothes for all the family / *la somme devrait suffire à habiller toute la famille* the money should be enough to keep the entire family in clothes ; [suj: couturier, tailleur] to design clothes for / *elle est habillée par un grand couturier* she gets her clothes from a top designer **3.** [déguiser] ▸ **habiller qqn en** to dress sb up as / *elle a habillé sa fille en Zorro* she dressed her daughter up as Zorro **4.** [décorer, recouvrir] to cover / *habiller un mur de toile de jute* to cover a wall with hessian **5.** [au marketing] to package (and present) **6.** CULIN [volaille] to clean and truss.

❖ **s'habiller** vp *(emploi réfléchi)* **1.** [se vêtir] to get dressed, to dress / *habille-toi vite !* hurry up and get dressed ! / *il s'habille tout seul maintenant* he's able to dress himself now / *tu devrais t'habiller plus jeune* you should wear younger clothes ▸ **tu t'habilles mal** you have no dress sense / *je n'aime pas la façon dont elle s'habille* I don't like her taste in clothes ou the way she dresses ▸ **habille-toi chaudement** wrap up well ou warm / *il s'intéresse à la façon dont je m'habille* he notices what I wear / *il s'habille chez un jeune couturier* he buys his clothes from a young fashion designer ▸ **s'habiller sur mesure** to have one's clothes made ou tailor-made ▸ **s'habiller en** [se déguiser en] to dress up as / *s'habiller en page* to dress up as a pageboy **2.** [se parer] to dress up / *j'aime m'habiller pour sortir le soir* I like dressing up to go out in the evening / *s'habiller pour le dîner* to dress for dinner.

habilleur, euse [abijœʀ, øz] nm, f CINÉ, THÉÂTRE & TV dresser.

habit [abi] nm **1.** [déguisement] costume, outfit / *un habit de fée* / *sorcière* a fairy / witch outfit ▸ **habit d'arlequin** Harlequin suit ou costume **2.** [vêtement de cérémonie] tails ▸ **en habit** wearing tails / *se mettre en habit* to wear tails ▸ **habit de cour** court dress ▸ **l'habit de lumière** the bullfighter's outfit ▸ **l'habit vert** *regalia worn by members of the Académie française* ▸ **porter l'habit vert** to be a member of the Académie française **3.** RELIG habit ▸ **l'habit ecclésiastique** ecclesiastical dress ▸ **prendre l'habit a)** [femme] to take the veil **b)** [homme] to go into holy orders ▸ **quitter l'habit** to leave orders ▸ **l'habit ne fait pas le moine** *prov* you can't judge a book by its cover *prov*.

❖ **habits** nmpl clothes ▸ **mettre ses habits du dimanche** to put on one's Sunday best.

habitabilité [abitabilite] nf **1.** [d'un véhicule] capacity **2.** [d'un lieu] habitability.

habitable [abitabl] adj : *la maison est tout à fait habitable* the house is perfectly fit to live in.

habitacle [abitakl] nm **1.** AÉRON cockpit **2.** AUTO passenger compartment **3.** *litt* BIBLE abode, dwelling **4.** NAUT binnacle.

habitant, e [abitɑ̃, ɑ̃t] nm, f **1.** [d'une ville, d'un pays] inhabitant ; [d'un immeuble] occupant ; [d'un quartier] inhabitant, resident / *une ville de 1 000 habitants* a town of 1,000 inhabitants / *nous avons dormi chez l'habitant* we stayed with a family **2.** *(gén au pl)* *litt* [animal] denizen / *les habitants des bois* / *de l'onde* / *des airs* the denizens of the forest / of the deep / of the air **3.** *(gén au pl)* *sout* [être humain] dweller / *les habitants des cavernes* cave-dwellers / *les habitants de la terre* earthlings **4.** QUÉBEC farmer.

habitat [abita] nm **1.** BOT & ZOOL habitat **2.** ANTHR & SOCIOL settlement ▸ **habitat dispersé** open settlement ▸ **amélioration de l'habitat** home improvement.

habitation [abitasjɔ̃] nf **1.** [immeuble] house, building ▸ **groupe d'habitations** housing estate UK ou development US ▸ **habitation à loyer modéré** = **HLM 2.** [domicile] residence ▸ **habitation principale** main residence **3.** [action d'habiter] living / *les conditions d'habitation sont très difficiles* living ou housing conditions are very hard.

habité, e [abite] adj [maison] occupied ; [planète] inhabited ▸ **engin spatial habité** manned spacecraft.

habiter [3] [abite] ◆ vt **1.** [maison, ville, quartier] to live in ; [ferme] to live on / *qui habite au* ou *le numéro 22 ?* who lives at number 22 ? **2.** *fig & sout* to inhabit, to be ou to dwell in ▸ **les craintes** / **démons qui l'habitent** the fears / demons within him **3.** *sout* [animaux] to inhabit / *les oiseaux qui habitent nos forêts* the birds which inhabit our forests. ◆ vi to live / *habiter à l'hôtel* to live ou to stay in a hotel / *habiter chez des amis* to be staying with friends / *vous habitez chez vos parents ?* do you live at home ? / *où habite-t-elle ?* where does she live ?

habituation [abitɥasjɔ̃] nf BIOL & PSYCHOL habituation.

habitude [abityd] nf **1.** [manière d'agir] habit ▸ **avoir l'habitude de** : *j'ai l'habitude de me coucher tôt* I normally ou usually go to bed early / *je n'ai pas l'habitude d'attendre !* I am not in the habit of being kept waiting ! / *elle a l'habitude de la conduite sur circuit* she's used to race track driving ▸ **prendre l'habitude de faire qqch** to get into the habit of doing sthg / *ce sont de bonnes* / *mauvaises habitudes* those are good / bad habits / *elle a ses petites habitudes* she's got her own (little) ways ou habits / *ce n'est pas dans mes habitudes d'insister ainsi* I don't usually insist on things like that ▸ **à** ou **selon** ou **suivant son habitude** as is his wont, as usual / *tu n'as* *rien préparé, comme à ton habitude!* you didn't get a thing ready, as usual ou as always! ▸ **l'habitude est une seconde nature** *prov* habits are just like instincts **2.** [usage] custom / *c'est l'habitude chez nous* it's a custom with us ou our custom.

❖ **d'habitude** loc adv usually / *d'habitude, je suis d'accord avec elle* I usually ou generally agree with her ▸ **comme d'habitude** as usual.

❖ **par habitude** loc adv out of habit / *oh pardon, j'ai fait ça par habitude!* sorry, I did it automatically ou out of sheer habit!

habitué, e [abitɥe] nm, f regular / *ça va déplaire aux habitués* the regulars won't like it.

habituel, elle [abitɥɛl] adj **1.** [traditionnel] usual, regular / *le public habituel des concerts de jazz était là* the usual ou regular jazz audience was there / *il nous reçut avec sa ponctualité habituelle* he received us with his usual punctuality **2.** [ordinaire, courant] usual / *au sens habituel du terme* in the everyday sense of the term.

habituellement [abitɥɛlmɑ̃] adv usually, normally / *habituellement il se lève à 8 h* he usually ou generally gets up at 8.

habituer [7] [abitɥe] vt to accustom ▸ **habituer qqn à qqch** to get sb used to sthg, to accustom sb to sthg / *il faut habituer les enfants à manger un peu de tout* one should get children used to eating a little bit of everything / *on l'a habitué à se taire* he's been taught to keep quiet / *il est habitué* [il a l'habitude] he's used to it / *c'est facile quand on est habitué* it's easy once you're used to it ou once you get used to it.

❖ **s'habituer à** vp + prép to get ou to grow ou to become used to / *elle a fini par s'habituer à notre petite ville* she eventually got used to our little town / *je ne pourrai jamais m'y habituer* I'll never get used to it.

habitus [abitys] nm MÉD habitus.

hâblerie ['ablǝʀi] nf *sout* [parole] boast / *ce n'était qu'une hâblerie de sa part* he was only bragging.

hâbleur, euse ['ablœʀ, øz] *sout* ◆ adj boastful. ◆ nm, f boaster, braggart.

Habsbourg ['abzbuʀ] npr Hapsburg, Habsburg.

hach* ['aʃ] = **hasch.**

hachage ['aʃaʒ] nm [gén] chopping (up) ; [de la viande] mincing UK, grinding US.

hache ['aʃ] nf **1.** [instrument tranchant] axe, ax US / *abattre un arbre à la hache* to chop a tree down ▸ **hache d'armes** battleaxe *pr* ▸ **hache à main** hatchet ▸ **hache du bourreau** executioner's axe ▸ **hache de guerre** tomahawk ▸ **enterrer la hache de guerre** *pr & fig* to bury the hatchet ▸ **déterrer la hache de guerre** *pr & fig* to be on the warpath (again) ▸ **hache de silex** ARCHÉOL flint axe **2.** *fig* ▸ **fait ou taillé à coups de hache a)** [ouvrage] rough-hewn, crudely worked **b)** [visage] rough-hewn, rugged.

❖ **à la hache** : *une agression à la hache* an axe attack / *un tueur à la hache* an axe murderer / *ils ont restructuré l'entreprise à la hache* they've made swingeing staff cuts as part of their restructuring plan.

haché, e ['aʃe] adj **1.** CULIN [légume, amandes] chopped ; [viande] minced UK, ground US **2.** [style, tirade] jerky / *son débit était trop haché* his delivery was too jerky.

❖ **haché** nm mince UK, ground meat US.

hache-légumes (*pl* **hache-légumes**), **hache-légume*** (*pl* **hache-légumes**) ['aʃlegym] nm vegetable chopper.

hacher [3] ['aʃe] vt **1.** [légumes, fines herbes] to chop (up) ▸ **hacher de la viande** to mince UK ou to grind US meat / *le persil doit être haché menu* the parsley should be chopped finely ▸ **hacher menu (comme chair à pâté)** : *je vais le hacher menu comme chair à pâté* I'll make mincemeat (out) of him ▸ **se faire hacher (menu ou en morceaux)** : *il se ferait hacher plutôt que de reconnaître ses torts* he'd die (screaming) rather than admit he was wrong / *elle se ferait hacher pour ses enfants* she would go through hell and high water for her children **2.** [mettre en pièces, lacérer] to cut to pieces / *la grêle a haché la vigne* the hail ripped the vines to pieces / *les mitraillettes ennemies ont haché le bataillon* the enemy submachine guns mowed ou cut down the battalion **3.** [saccader] to break up *(insép)* / *il hachait toutes ses phrases, je n'y comprenais rien* all his sentences were so broken up ou jerky, I didn't understand a thing.

hachereau, x ['aʃʀo] nm = **hachette.**

hachette ['aʃɛt] nf [outil] hatchet.

hache-viande ['aʃvjɑ̃d] (*pl* **hache-viande** *ou* **hache-viandes***) nm mincer UK ou grinder US.

hachich* ['aʃiʃ] = **haschisch.**

hachis ['aʃi] nm [de viande] mince UK, ground meat US ; [pour farce] (meat) stuffing, forcemeat ; [de légumes] chopped vegetables ▸ **un hachis de porc** minced pork UK, ground pork US ▸ **hachis Parmentier** CULIN hachis Parmentier *(dish similar to shepherd's pie).*

hachisch, hachich* ['aʃiʃ] = **haschisch.**

hachoir ['aʃwaʀ] nm **1.** [couteau] chopping knife, chopper **2.** [planche] chopping board UK, cutting board US ; [machine] (meat) mincer UK ou grinder US.

hachure ['aʃyʀ] nf **1.** [en cartographie et dessin industriel] hachure **2.** [dessin, gravure] hatching *(U).*

hachurer [3] ['aʃyʀe] vt **1.** TECHNOL to hachure **2.** [dessin, gravure] to hatch.

hacienda [asjɛnda] nf hacienda.

hacker [akœʀ] nm INFORM hacker.

HAD [aʃade] (abr de **Hospitalisation à domicile**) nm MÉD homecare *(for seriously ill patients).*

hadal, e, aux [adal, o] adj hadal.

haddock ['adɔk] nm smoked haddock.

Hadès [adɛs] npr Hades.

hadith [adit] nmpl RELIG hadith.

hadj(dj) ['adʒ] nm Hajj.

Hadrien [adʀijɛ̃] npr Hadrian.

hadron [adʀɔ̃] nm PHYS hadron.

Haendel ['ɛndɛl] npr Handel.

hagard, e ['agaʀ, aʀd] adj wild, crazed / *il me regardait avec des yeux hagards* he was looking at me with wild ou staring eyes ▸ **avoir l'air hagard** to look crazed, to have a wild look in one's eyes.

haggis ['agis] nm haggis.

hagiographe [aʒjɔgʀaf] nmf hagiographer.

hagiographie [aʒjɔgʀafi] nf **1.** RELIG hagiography **2.** *fig* flattering biography.

hagiographique [aʒjɔgʀafik] adj hagiographic, hagiographical.

Hague ['ag] npr ▸ **la Hague** la Hague.

> **La Hague**
>
> Note that **la Hague** is a peninsula in Normandy well-known for its nuclear waste processing plants; it is not to be confused with **La Haye** (= The Hague, in the Netherlands).

haï, e ['ai] pp ⟶ **haïr.**

haie ['ɛ] nf **1.** HORT hedge ▸ **haie morte** paling ou dead hedge ▸ **haie vive** quickset hedge **2.** SPORT hurdle / *courir le 400 mètres haies* to run the 400 metres UK ou meters US hurdles ; ÉQUIT fence ▸ **cheval de haies** hurdler, hurdle ▸ **course de haies** hurdles race **3.** [file de gens] line, row / *les spectateurs ont fait une haie pour laisser passer les coureurs* the spectators all drew back to let the runners go through ▸ **haie d'honneur** guard of honour UK ou honor US.

Haïfa, Haiffa ['ajfa] npr Haifa.

haïk ['aik] nm haick, haik.

haïku [ajku] nm haiku.

haillonneux, euse ['ajɔnø, øz] adj *litt* **1.** [vêtement] in rags / *des vêtements haillonneux* rags, torn and tattered clothes **2.** [personne] ragged / *un vieil homme haillonneux* a ragged old man.

haillons ['ajɔ̃] nmpl rags, torn and tattered clothes / *être vêtu de haillons* to be dressed in rags / *être en haillons* to be in rags.

Hainaut ['ɛno] npr m ▸ **le Hainaut** Hainaut.

haine ['ɛn] nf hatred, hate / *sa haine de la guerre* his hatred of war ▸ **être plein de haine envers qqn** to be full of hatred ou filled with hatred for sb ▸ **prendre qqn / qqch en haine** to take an immense dislike to sb / sthg ▸ **sans haine** without hatred, with no hatred ▸ **avoir la haine** *fam* to be full of hatred.

❖ **par haine de** loc prép out of hatred for.

haineusement ['ɛnøzmɑ̃] adv with hatred / *il la regarda haineusement* he looked at her with hatred.

haineux, euse ['ɛnø, øz] adj full of hatred ou hate.

hainuyer, ère ['ɛnɥije, ɛʀ] adj from Hainaut.

❖ **Hainuyer, ère** nm, f *inhabitant of or person from Hainaut.*

Haiphong ['ajfɔ̃g] npr Haiphong.

haïr [33] ['aiʀ] vt **1.** [personne] to hate / *il me hait de lui avoir menti* he hates me for having lied to him **2.** [attitude, comportement] to hate, to detest ▸ **haïr l'hypocrisie** to hate ou to detest hypocrisy.

❖ **se haïr** vp : *ils se haïssent depuis toujours* they've always hated each other / *je me hais d'avoir pu agir de cette façon* I hate myself for behaving like that.

haïssable ['aisabl] adj *sout* [préjugé, attitude, personne] hateful, loathsome, detestable.

haïssait v ⟶ **haïr.**

Haïti [aiti] npr Haiti ▸ **à Haïti** in Haiti.

haïtien, enne [aisjɛ̃, ɛn] adj Haitian.

❖ **Haïtien, enne** nm, f Haitian.

haka [aka] nm haka.

halage ['alaʒ] nm [traction] hauling ; [remorquage] warping, towing.

halal [alal] (*pl* **halal** *ou* **halals***) adj halal.

hâle ['al] nm suntan, tan.

hâlé, e ['ale] adj suntanned, tanned UK, tan US.

haleine [alɛn] nf **1.** [mouvement de respiration] breath, breathing ▸ **hors d'haleine** out of breath ▸ **reprendre haleine** to get one's breath back ▸ **tenir qqn en haleine** to keep sb in suspense ou on tenterhooks ▸ **courir à perdre haleine** to run until one is out of breath **2.** [air expiré] breath / *avoir mauvaise haleine* to have bad breath / *elle a l'haleine fraîche* her breath smells sweet.

❖ **de longue haleine** loc adj long-term / *des recherches de longue haleine* long-term research.

haler [3] ['ale] vt **1.** [tirer] to haul ; [remorquer] to warp, to tow **2.** NAUT : *haler bas une voile* to let a sail down.

hâler [3] ['ale] vt **1.** [peau, corps] to tan **2.** TEXT to sundry.

haletant, e ['altɑ̃, ɑ̃t] adj [chien] panting / *sa respiration haletante l'empêche de parler* he's so out of breath he can't talk / *il est entré, tout haletant* he came in, all out of breath / *son père était haletant de fureur* his father was choking with anger.

halètement ['alɛtmɑ̃] nm **1.** [respiration saccadée] panting *(U)* **2.** *sout* [rythme saccadé] : *le halètement de la locomotive* the puffing of the locomotive.

haleter [28] ['alte] vi **1.** [chien] to pant ; [asthmatique] to gasp for breath ; [pendant l'accouchement] to breathe hard, to pant ▸ **haleter d'émotion** to be breathless with emotion / *haleter de colère* to choke with anger **2.** *sout* [faire un bruit saccadé] to sputter / *la locomotive haletait* the locomotive was puffing.

haleur, euse ['alœʀ, øz] nm, f [personne] tower, hauler.

❖ **haleur** nm [remorqueur] tug.

half-track ['aftʀak] (*pl* **half-tracks**) nm half-track (vehicle).

halieutique [aljøtik] ◆ adj halieutic(al). ◆ nf halieutics.

hall ['ol] nm **1.** [d'un hôtel] hall, lobby, foyer ; [d'une banque] lobby, hall ▸ **hall de gare** concourse / *je t'attendrai dans le hall de la gare* I'll wait for you inside the station ▸ **hall d'exposition** exhibition hall **2.** INDUST ▸ **hall de montage** assembly area.

hallali [alali] nm ▸ **l'hallali** [sonnerie] the mort.

halle ['al] nf **1.** [édifice] (covered) market / *halle au blé* corn exchange / *le marché sous la halle* the covered market / *elle fait ses courses aux halles* she goes to the central food market to do her shopping **2.** ▸ **les Halles** *the Paris food market until 1968 (now a shopping centre).*

* In reformed spelling (see p. 16-19).

hallebarde ['albaʀd] nf **1.** ARM halberd, halbert **2.** EXPR **pleuvoir** ou **tomber des hallebardes** *fam* : *il pleut* ou *il tombe des hallebardes* it's raining cats and dogs.

hallebardier ['albaʀdje] nm halberdier.

hallier ['alje] nm thicket, (brush) covert.

Halloween [alɔwin] npr Halloween.

hallucinant, e [alysinɑ̃, ɑ̃t] adj **1.** [frappant] staggering, incredible **2.** [qui rend fou] hallucinatory.

hallucination [alysinasjɔ̃] nf hallucination ▸ **avoir des hallucinations** to hallucinate / *j'ai des hallucinations (ou quoi)!* *fam* I must be seeing things! ▸ **une hallucination collective** a collective hallucination.

hallucinatoire [alysinatwaʀ] adj hallucinatory.

halluciné, e [alysine] ◆ adj [regard] wild-eyed, crazed. ◆ nm, f visionary, lunatic *péj* / *comme un halluciné* like a madman.

halluciner [3] [alysine] ◆ vi **1.** PSYCHOL to hallucinate, to suffer from ou to have hallucinations **2.** *fam & fig* : *mais j'hallucine ou quoi?* I don't believe this! ◆ vt *litt* ▸ **halluciner qqn** to make sb hallucinate / *halluciné par le manque de sommeil* seeing double through lack of sleep.

hallucinogène [alysinɔʒɛn] ◆ adj hallucinogenic. ◆ nm hallucinogen.

hallucinose [alysinoz] nf hallucinosis.

halo ['alo] nm **1.** ASTRON halo, corona **2.** PHOT halo **3.** *litt* aureole, halo / *un halo de lumière / de gloire* a halo of light / of glory.

halogénation [alɔʒenasjɔ̃] nf halogenation.

halogène [alɔʒɛn] ◆ adj halogenous. ◆ nm **1.** CHIM halogen **2.** [éclairage] ▸ **(lampe à) halogène** halogen lamp.

halogéné, e [alɔʒene] adj halogenated.

halogénure [alɔʒenyʀ] nm halide.

halopéridol [alɔpeʀidɔl] nm haloperidol.

halophile [alɔfil] adj BOT halophytic.

halophyte [alɔfit] nf BOT halophyte.

halothane [alɔtan] nm halothane.

halte ['alt] ◆ nf **1.** [arrêt] stop, break ▸ **faire halte** to halt, to stop ▸ **faire une halte** to have a break, to pause / *nous disons halte à la guerre* we are calling for a halt ou an end to the war **2.** [répit] pause, break / *le gouvernement a décidé une halte dans le programme spatial* the government decided to call a temporary halt to the space programme **3.** [lieu] stopping ou resting place ; RAIL halt UK. ◆ interj stop ; MIL halt / *halte à la pollution!* no more pollution! / *halte, qui va là?* halt, who goes there? / *halte-là, ne t'emballe pas trop* hold on, don't get carried away.

halte-garderie ['altəgaʀdəʀi] (*pl* **haltes-garderies**) nf ≃ day nursery.

haltère [altɛʀ] nm **1.** [avec des sphères] dumbbell ; [avec des disques] barbell ▸ **faire des haltères** to do weight-lifting **2.** ANTIQ halterer.

haltérophile [alteʀɔfil] nmf weight-lifter.

haltérophilie [alteʀɔfili] nf weight-lifting.

halva [alva] nm halva.

hamac ['amak] nm hammock.

hamamélis [amamelis] nm witch hazel *(U)*.

Hambourg ['ɑ̃buʀ] npr Hamburg.

hambourgeois, e ['ɑ̃buʀʒwa, az] adj from Hamburg.

❖ **Hambourgeois, e** nm, f *inhabitant of or person from Hamburg.*

hamburger ['ɑ̃bœʀgœʀ] nm hamburger.

hameau, x ['amo] nm hamlet.

hameçon [amsɔ̃] nm (fish) hook.

hammam ['amam] nm Turkish ou steam bath, hammam.

hammerless [amɛʀlɛs] nm hammerless rifle.

hampe ['ɑ̃p] nf **1.** [d'un drapeau] pole **2.** ARM & PÊCHE shaft **3.** [d'une lettre - vers le haut] upstroke ; [- vers le bas] downstroke **4.** [d'un pinceau] handle **5.** BOT ▸ **hampe florale** scape **6.** [du bœuf] flank ; [du cerf] breast.

hamster ['amstɛʀ] nm hamster.

han ['ɑ̃] nm inv oof / *pousser des han* to grunt (with effort).

hanap ['anap] nm hanap *arch*, goblet.

hanche ['ɑ̃ʃ] nf **1.** ANAT hip / *avoir des hanches larges / étroites* to have wide / narrow hips, to be wide- / narrow-hipped / *mettre les mains* ou *les poings sur les hanches* to put one's hands on one's hips **2.** ZOOL haunch, hindquarter **3.** ENTOM coxa.

hanchement ['ɑ̃ʃmɑ̃] nm **1.** *litt* jutting (out) of the hip **2.** ART slouch.

hancher [3] ['ɑ̃ʃe] ❖ **se hancher** vpi *litt* to stick out one's hip.

handball ['ɑ̃dbal] nm handball.

handballeur, euse ['ɑ̃dbalœʀ, øz] nm, f handball player.

handicap ['ɑ̃dikap] nm **1.** [gén & SPORT] handicap / *son poids est un grand handicap* her weight is a great handicap **2.** *(comme adjectif, avec ou sans trait d'union)* handicap *(modif)*.

handicapant, e ['ɑ̃dikapɑ̃, ɑ̃t] adj : *c'est (très) handicapant* it's a (great) handicap.

handicapé, e ['ɑ̃dikape] ◆ adj handicapped / *enfants handicapés mentaux* mentally handicapped children. ◆ nm, f handicapped ou disabled person ▸ **les handicapés** the disabled ▸ **un handicapé moteur** a spastic ▸ **handicapé mental** mentally handicapped person ▸ **handicapé physique** physically handicapped person.

handicaper [3] ['ɑ̃dikape] vt to handicap / *il sera handicapé par son poids* his weight will be a handicap / *ça l'a handicapé dans sa carrière* it was a handicap to his career.

handicapeur ['ɑ̃dikapœʀ] nm (official) handicapper.

handisport ['ɑ̃dispɔʀ] adj ▸ **activité handisport** sport for the disabled.

hangar ['ɑ̃gaʀ] nm [gén] shed ; [pour avions] (aircraft) hangar ▸ **hangar à bateaux** boathouse / *un hangar à charbon* a coal shed.

hanneton ['antɔ̃] nm cockchafer, maybug.

Hannibal [anibal] npr Hannibal.

Hanoi [anɔj] npr Hanoi.

Hanoukka [anuka] nf Hanukkah, Hanukka.

Hanovre ['anɔvʀ] npr Hanover.

hanovrien, enne ['anɔvʀijɛ̃, ɛn] adj Hanoverian.

❖ **Hanovrien, enne** nm, f Hanoverian.

Hanse ['ɑ̃s] npr f ▸ **(la) Hanse** Hanse.

hanséatique ['ɑ̃seatik] adj Hanseatic.

hantavirus [ɑ̃taviʀys] nm BIOL hantavirus.

hanté, e ['ɑ̃te] adj [maison, forêt] haunted.

hanter [3] ['ɑ̃te] vt to haunt / *ce souvenir le hante* he's haunted by the memory / *hanté par de vieux souvenirs* haunted ou obsessed by old memories.

hantise ['ɑ̃tiz] nf obsession, obsessive fear / *avoir la hantise de la mort* to be haunted ou obsessed by the fear of death / *sa hantise d'un accident l'empêche de conduire* his obsessive fear of accidents stops him from driving / *chez lui, c'est une hantise* he's obsessed by it, it's an obsession with him.

hapax [apaks] nm nonce word, hapax (legomenon) *spéc.*

haploïde [aplɔid] adj haploid.

happement ['apmɑ̃] nm snapping *(with the mouth)*.

happening ['apniŋ] nm [spectacle] happening.

happer [3] ['ape] vt **1.** [avec le bec ou la bouche] to snap up ; [avec la main ou la patte] to snatch, to grab **2.** [accrocher violemment] to strike ou to hit violently ▸ **être happé par un train / une voiture** to be mown down ou hit by a train / car.

happy end ['apiɛnd] (*pl* **happy ends**) nm happy ending.

happy few ['apifju] nmpl happy few / *une soirée réservée à quelques happy few* a reception for a few selected guests.

haptène [aptɛn] nm hepten, heptene.

haptonomie [aptɔnɔmi] nf haptonomy.

haquet ['akɛ] nm narrow dray.

hara-kiri (*pl* **hara-kiris**), **harakiri*** ['aʀakiʀi] nm hara-kiri ▸ **(se) faire hara-kiri** to commit hara-kiri ; ▸ **Hara-Kiri** PRESSE *former monthly satirical magazine.*

harangue ['aʀɑ̃g] nf **1.** [discours solennel] harangue **2.** *péj* [sermon] sermon.

haranguer [3] ['aʀɑ̃ge] vt to harangue.

harangueur, euse [aʀɑ̃gœʀ, øz] nm, f mob orator.

Harare ['aʀaʀ] npr Harare.

haras ['aʀa] nm stud farm.

harassant, e ['aʀasɑ̃, ɑ̃t] adj exhausting, wearing.

harassé, e ['aʀase] adj exhausted, worn out / *avoir l'air harassé* to look exhausted.

harassement ['aʀasmɑ̃] nm *litt* exhaustion, fatigue.

harasser [3] ['aʀase] vt to exhaust, to wear out *(sép)*.

harcelant, e ['aʀsəlɑ̃, ɑ̃t] adj **1.** [obsédant] haunting **2.** [importun] harassing, pestering.

harcèlement ['aʀsɛlmɑ̃] nm harassing, pestering ▸ **harcèlement sexuel** sexual harassment.

harceler [25] ['aʀsəle] vt to harass ▸ **harceler qqn de questions** to plague ou to pester sb with questions / *cesse de me harceler!* stop pestering ou bothering me! ▸ **harceler l'ennemi** to harass ou to harry the enemy.

harceleur, euse [aʀsəlœʀ, øz] nm, f [verbalement] bully ; [sexuellement] sex pest ; [qui suit sa victime obsessionnellement] stalker / *harceleur téléphonique* phone pest.

hard ['aʀd] *fam* **1.** = **hard-core 2.** = **hard-rock.**

hard-core ['aʀdkɔʀ] ◆ adj inv hard-core / *un film hard-core* a hard-core (porn) movie. ◆ nm inv [genre] hard-core porn.

harde ['aʀd] nf **1.** [d'animaux sauvages] herd **2.** CHASSE [lien] leash ; [chiens liés] set (of coupled hounds).

hardes ['aʀd] nfpl *litt & péj* rags, tatters.

hardeur, euse [aʀdœʀ, øz] nm, f porn actor, porn actress.

hardi, e ['aʀdi] adj **1.** [intrépide] bold, daring / *nos hardis explorateurs* our bold ou intrepid explorers / *l'hypothèse est un peu hardie* *fig* the supposition is a bit rash ou hasty **2.** [licencieux] daring, bold / *on a censuré les passages les plus hardis* the most daring ou the most risqué ou the raciest parts were cut out.

❖ **hardi** interj *arch* ▸ **hardi, les gars!** go to it, boys!

hardiesse ['aʀdjɛs] nf **1.** [intrépidité] boldness, daring, audacity *sout* ▸ **avoir la hardiesse de faire qqch** to be forward ou daring enough to do sthg / *auriez-vous la hardiesse de réclamer un pourcentage?* would you have the audacity to ask for a commission? **2.** [acte, parole] ▸ **hardiesse de langage** bold turn of phrase ▸ **des hardiesses de langage a)** [propos crus] bold language **b)** [effets de style] daring stylistic effects **3.** [indécence] boldness, raciness / *la hardiesse de certaines scènes peut choquer* you may find the explicitness of some of the scenes offensive.

hardiment ['aʀdimɑ̃] adv boldly, daringly, fearlessly.

hard-rock ['aʀdʀɔk] (*pl* **hard-rocks**), **hard** ['aʀd] nm MUS hard rock, heavy metal.

hard-top ['aʀdtɔp] (*pl* **hard-tops**) nm hardtop (roof).

hardware ['aʀdwɛʀ] nm INFORM hardware.

harem ['aʀɛm] nm harem.

hareng ['aʀɑ̃] nm **1.** CULIN & ZOOL herring ▸ **hareng fumé** kipper ▸ **hareng saur** smoked herring, kipper **2.** *tfam* [souteneur] pimp.

harengaison ['aʀɑ̃gɛzɔ̃] nf **1.** [pêche] herring fishing **2.** [saison] herring season.

harengère ['aʀɑ̃ʒɛʀ] nf **1.** [marchande] fishwife, fishwoman **2.** *fam & vieilli* [femme querelleuse et grossière] fishwife, harridan *sout.*

harenguet ['aʀɑ̃gɛ] nm ZOOL sprat.

harenguier ['aʀɑ̃gje] nm **1.** [bateau] herring boat **2.** [pêcheur] herring fisherman.

harfang [aʀfɑ̃] nm ORNITH snowy owl.

hargne ['aʀɲ] nf aggressiveness ▸ **avec hargne** aggressively, cantankerously.

hargneusement ['aʀɲøzmɑ̃] adv aggressively, cantankerously.

hargneux, euse ['aʀɲø, øz] adj **1.** [caractère] aggressive, quarrelsome / *une femme hargneuse* a shrew, an ill-tempered woman / *un vieil homme hargneux* a cantankerous old man **2.** [ton] scathing, caustic / *des paroles hargneuses* scathing remarks **3.** [combatif] aggressive / *il est hargneux dans les sprints* he's an aggressive sprinter **4.** [animal] vicious.

haricot ['ariko] nm **1.** [légume] bean ▸ **haricot beurre** *yellow variety of string bean* ▸ **haricot blanc** white (haricot) bean ▸ **haricot flageolet** flageolet ▸ **haricot de Lima** Lima bean ▸ **haricot mange-tout** runner ou string bean ▸ **haricot noir** black bean ▸ **haricot rouge** red ou kidney bean ▸ **haricot vert** French UK ou green US ou string bean ▸ **haricots fins / extrafins** high-quality / superfine French UK ou green US beans ▸ **haricots à écosser** shell beans **2.** CULIN [ragoût] ▸ **haricot de mouton** mutton haricot ou stew **3.** MÉD [cuvette] kidney tray ou dish.

✧ **haricots** nmpl *fam* ▸ **des haricots** not a thing, zilch US *tfam* / *cette affaire m'a rapporté des haricots* I hardly made a penny UK ou cent US out of that business.

haridelle ['aridɛl] nf **1.** [cheval] jade, nag **2.** *fam* [femme] beanpole.

harissa ['arisa] nf harissa (sauce).

harki ['arki] nm *Algerian who fought for the French during the Franco-Algerian War and who was subsequently given French nationality.*

harmattan [armatɑ̃] nm harmattan.

harmonica [armɔnika] nm harmonica, mouth organ ▸ **harmonica de verres** glass harmonica.

harmoniciste [armɔnisist] nmf harmonica player, mouth organ player.

harmonie [armɔni] nf **1.** [élégance] harmony ▸ **l'harmonie du corps humain** the beauty of the human body **2.** [entente] harmony / *il régnait dans leur couple une grande harmonie* the couple lived together in great harmony **3.** MUS [accords] harmony ; [instruments à vent et percussions] wind section (with percussion) ; [fanfare] brass band **4.** LING ▸ **harmonie vocalique** vowel harmony ▸ **harmonie consonantique** consonant drift **5.** LITTÉR ▸ **harmonie imitative** onomatopoeia.

✧ **en harmonie** ◆ loc adv in harmony, harmoniously / *en parfaite harmonie* in perfect harmony. ◆ loc adj in harmony / *le tapis n'est pas en harmonie avec les meubles* the carpet doesn't go with ou match the furniture / *quand les sentiments de l'un sont en harmonie avec ceux de l'autre* when two people feel the same way.

harmonieusement [armɔnjøzmɑ̃] adv harmoniously, in harmony.

harmonieux, euse [armɔnjø, øz] adj **1.** [mélodieux - son, instrument] harmonious ; [- voix] harmonious, tuneful, melodious **2.** [équilibré] harmonious, balanced / *des teintes harmonieuses* well-matched colours / *un visage harmonieux* well-balanced features / *un couple harmonieux* a well-matched ou happy couple.

harmonique [armɔnik] ◆ adj ACOUST, MATH & MUS harmonic ▸ **analyse / moyenne harmonique** harmonic analysis / mean ▸ **série / progression harmonique** harmonic series / progression ▸ **son harmonique** harmonic. ◆ nm **1.** ACOUST & MUS harmonic **2.** PHYS harmonic, overtone.

harmoniquement [armɔnikmɑ̃] adv MUS harmonically.

harmonisation [armɔnizasjɔ̃] nf **1.** [mise en accord] harmonization / *réclamer l'harmonisation des salaires du public et du privé* to demand that public sector salaries be brought into parity ou line with those in the private sector **2.** MUS harmonizing **3.** LING ▸ **harmonisation vocalique** vowel harmony.

harmoniser [3] [armɔnize] vt MUS to harmonize ; [styles, couleurs] to match / *harmoniser les théories en présence* to reconcile the various opposing theories / *harmoniser les salaires du public et du privé* to bring public and private sector salaries into line / *harmoniser les rideaux avec la moquette* to match the curtains with the carpet, to match up the curtains and the carpet.

✧ **s'harmoniser** vpi ▸ **s'harmoniser avec** to harmonize with / *ces couleurs s'harmonisent bien entre elles* these colours go together well.

harmoniste [armɔnist] nmf **1.** [spécialiste de l'harmonie] harmonist **2.** TECHNOL tuner.

harmonium [armɔnjɔm] nm harmonium.

harnachement ['arnaʃmɑ̃] nm **1.** [équipement] harness ; [action] harnessing **2.** *hum* [accoutrement] outfit, get-up ; [attirail] paraphernalia.

harnacher [3] ['arnaʃe] vt **1.** [cheval] to harness **2.** *hum* [accoutrer] to deck ou to rig out *(sép)* ; [équiper] to kit out *(sép)*.

✧ **se harnacher** vp *(emploi réfléchi)* [s'équiper] to get kitted out / *ils s'étaient harnachés de cordes et de piolets pour l'ascension* they were kitted out with ropes and ice axes for the climb.

harnais ['arnɛ] nm **1.** [d'un cheval] harness **2.** [sangles] ▸ **harnais (de sécurité)** (safety) harness ▸ **mettre le harnais (de sécurité) à qqn** to strap sb in **3.** TECHNOL backgear ▸ **harnais d'engrenage** (back) gear train **4.** TEXT healds, harness.

harnois ['arnwa] nm *litt* ▸ **blanchi sous le harnois** gone grey in the saddle.

haro ['aro] nm ▸ **crier haro sur qqn** to raise a hue and cry against sb ▸ **on a crié haro sur le baudet** there was a hue and cry.

Harold [arɔld] npr Harold.

harpagon [arpagɔ̃] nm *litt* Scrooge, skinflint *(from the main character in Molière's "l'Avare").*

harpe ['arp] nf **1.** MUS harp ▸ **harpe éolienne** wind ou aeolian harp **2.** ZOOL [mollusque] harp (shell) **3.** CONSTR [pierre en saillie] toothing (stone).

harpie ['arpi] nf **1.** [mégère] shrew, harpy **2.** HÉRALD harpy **3.** ORNITH harpy eagle.

Harpie ['arpi] npr MYTH Harpy.

harpiste ['arpist] nmf harpist.

harpon ['arpɔ̃] nm **1.** PÊCHE harpoon **2.** CONSTR (wall) staple **3.** ARCHÉOL harping iron, harpoon.

harponnage ['arpɔnaʒ], **harponnement** ['arpɔnmɑ̃] nm **1.** PÊCHE harpooning **2.** CONSTR stapling.

harponner [3] ['arpɔne] vt **1.** PÊCHE to harpoon **2.** *fam* [accaparer] to grab, to buttonhole, to corner / *harponne-le à la sortie de la réunion* grab him when he comes out of the meeting **3.** *fam* [arrêter] to nab, to collar / *les flics l'ont harponné à la sortie du club* the cops collared him outside the club / *je me suis fait harponner par un collègue juste avant de partir* I got collared ou caught by a colleague just as I was about to leave.

harponneur ['arpɔnœr] nm harpooner.

hasard ['azar] nm **1.** [providence] chance, fate / *s'il gagne, c'est le hasard* if he wins it's luck ou it's by chance ▸ **s'en remettre au hasard** to leave it to chance, to trust to luck / *ne rien laisser au hasard* to leave nothing to chance / *le hasard a voulu que je sois à l'étranger* as luck would have it I was abroad / *le hasard fait bien les choses* there are some lucky coincidences / *le hasard faisant bien les choses, ils se retrouvèrent quelques années plus tard* as chance would have it, they met again some years later **2.** [incident imprévu] ▸ **quel heureux hasard !** what a stroke of luck ou piece of good fortune ! ▸ **un hasard malheureux** a piece of bad luck **3.** [coïncidence] ▸ **quel heureux hasard !** what a fantastic coincidence ! / *c'est un (pur) hasard que vous m'ayez trouvé chez moi à cette heure-ci* it's sheer luck that you've found me in at this time of day / *par un curieux hasard, il était né le même jour* by a strange coincidence he was born on the same day / *par quel hasard étiez-vous là ce jour-là ?* how come you happened to be there that day ? / *par le plus grand des hasards* by the most extraordinary ou incredible coincidence / *par le plus grand des hasards, elle était là aussi* by the most amazing twist of fate, she was there too / *tu n'aurais pas, par le plus grand des hasards, vu mes lunettes ?* you wouldn't by any chance have happened to see my glasses, would you ? **4.** JEUX ▸ **jeu de hasard** game of chance / *l'amour est un jeu de hasard fig* love is like a game of chance **5.** STAT chance ▸ **échantillonnage / nombres au hasard** random sampling / numbers.

✧ **hasards** nmpl **1.** [aléas] : *les hasards de la vie* life's ups and downs, life's vicissitudes *sout* **2.** *litt* [périls] hazards, dangers / *les hasards de la guerre* the hazards ou dangers of war.

✧ **à tout hasard** loc adv on the off chance, just in case.

✧ **au hasard** loc adv at random / *j'ai ouvert le livre au hasard* I opened the book at random ▸ **aller** ou **marcher au hasard a)** [par indifférence] to walk aimlessly **b)** [par plaisir] to go where one's fancy takes one ▸ **tirez une carte au hasard** pick a card(, any card).

✧ **au hasard de** loc prép : *toute sa vie, elle a pris des notes au hasard de ses lectures* throughout her life, she took notes of things she happened to come across in her reading / *je me suis fait des amis au hasard de mes voyages* I made friends with people I happened to meet on my travels.

✧ **de hasard** loc adj chance *(avant nom)* / *une rencontre de hasard* a chance meeting / *des amours de hasard* brief encounters.

✧ **par hasard** loc adv by chance ou accident / *je l'ai appris par hasard* I heard about it completely by chance / *si par hasard vous la voyez* if by any chance you should see her, should you happen to see her / *je suis entré par hasard et je l'ai pris la main dans le sac* I went in quite by chance and caught him red-handed / *tu ne l'as pas vu, par hasard ?* you haven't seen it by any chance, have you ? ▸ **comme par hasard !** *iron* that's a surprise, surprise, surprise ! / *comme par hasard, elle n'a rien entendu* surprisingly enough, she didn't hear a thing !

⚠ **Hazard** signifie « risque », « danger » et non hasard.

hasardé, e ['azarde] = **hasardeux.**

hasarder [3] ['azarde] vt [opinion, démarche] to hazard, to venture, to risk / *hasarder un orteil dans l'eau glacée* to cautiously dip one toe into the icy water / *je me permettrai de hasarder une question* I'll venture a question, I'll take the liberty of asking a question / *les soldats hasardent leur vie à la guerre* soldiers risk their lives ou put their lives at stake at war.

✧ **se hasarder** vpi **1.** *arch* [s'exposer au danger] to venture forth **2.** [s'aventurer] to venture / *il se hasarda dans l'obscurité* he ventured into the darkness ▸ **se hasarder à** : *la nouvelle élève se hasarda à répondre* the new student plucked up courage to answer / *je ne m'y hasarderais pas* I wouldn't risk it ou chance it.

hasardeux, euse ['azardø, øz] adj **1.** [douteux] dubious / *l'issue en est hasardeuse* the outcome of all this is uncertain **2.** [dangereux] hazardous, dangerous / *une affaire hasardeuse* a risky business.

has been ['azbin] nmf has been.

hasch, hach* ['aʃ] nm *fam* hash.

haschisch, haschich, hachisch, hachich* ['aʃiʃ] nm hashish.

hase [az] nf ZOOL doe hare.

hassidique [asidik] adj Hassidic.

hassidisme ['asidism] nm Hassidism.

hâte ['at] nf **1.** [précipitation] haste, hurry, rush / *dans sa hâte, il a oublié ses clés* he was in such a hurry ou rush (that) he left his keys behind ▸ **avec hâte** hastily, hurriedly ▸ **sans hâte** at a leisurely pace, without hurrying / *sans grande hâte* with no great haste, unhurriedly **2.** ▸ **avoir hâte de** [être impatient de] : *avoir hâte de faire qqch* to be looking forward to doing sthg ▸ **j'ai hâte que vous veniez / Noël arrive** I can't wait for you to come / Christmas to come round / *pourquoi avez-vous hâte de partir ?* why are you in (such) a hurry ou rush to leave ? / *il n'a qu'une hâte, c'est d'avoir un petit-fils* he's dying to have a grandson.

✧ **à la hâte** loc adv hurriedly, hastily, in a rush ▸ **faire qqch à la hâte** to do sthg hastily.

✧ **en hâte, en grande hâte, en toute hâte** loc adv hurriedly, in (great) haste / *envoyez votre réponse en toute hâte à l'adresse suivante* send your reply without delay ou rush your reply to the following address.

hâter [3] ['ate] vt **1.** [accélérer] to speed up, to hasten *sout* ▸ **hâter le pas** to quicken one's pace *sout*, to walk quicker **2.** *sout* [avancer - date] to bring forward ; [- naissance, mort, mariage] to precipitate / *je dois hâter mon départ* I must go sooner than I thought.

✧ **se hâter** vpi *sout* to hurry (up), to hasten *sout*, to make haste *sout* / *les travailleurs se hâtaient vers les gares* the workers were hurrying towards the stations ▸ **hâtez-vous de me répondre** answer me posthaste *sout* / *elle s'est hâtée de répandre la nouvelle* she hastened to spread the news ▸ **hâte-toi lentement** more haste, less speed *prov.*

* In reformed spelling (see p. 16-19).

hâtif, ive ['atif, iv] adj **1.** [rapide - travail, repas] hurried, rushed ; [- décision] hasty, rash **2.** [précoce - croissance] early.

hâtivement ['ativmɑ̃] adv hastily, hurriedly, in a rush / *le livre a été écrit un peu hâtivement* the book was written in somewhat of a rush.

hauban ['obɑ̃] nm **1.** AÉRON & NAUT shroud **2.** TECHNOL stay.

haubanage ['obanaʒ] nm **1.** NAUT staying **2.** AÉRON shrouds.

haubaner [3] ['obane] vt NAUT [mât] to stay (with shrouds).

haubert ['obɛʀ] nm hauberk, shirt of mail.

hausse ['os] nf **1.** [augmentation] rise, increase / *on constate une hausse de la température / des prix* a rise ou an increase in temperature / prices can be observed / *la hausse du coût de la vie* the rise in the cost of living **2.** [élévation] rise **3.** ARM back-sight **4.** [d'une ruche] superhive.

❖ **à la hausse** loc adv **1.** [au maximum] : *réviser le budget à la hausse* to increase the budget **2.** BOURSE ▸ **jouer à la hausse** to speculate on the rising market ou on the bull market / *pousser à la hausse* to bull / *vendre à la hausse* to sell in a rising market, to contrary sell *spéc* ▸ **le marché est à la hausse** there is an upward trend in the market.

❖ **en hausse** loc adj increasing, rising / *être en hausse* to be on the increase, to be rising / *des prix en hausse* rising prices / *les vols de voitures sont en hausse de 30 % sur l'année dernière* car thefts are up 30% on last year.

haussement ['osmɑ̃] nm ▸ **avec un haussement d'épaules** with a shrug (of his shoulders) / *avec un haussement de sourcils* with raised eyebrows.

hausser [3] ['ose] vt **1.** ÉCON to raise, to increase, to put up *(sép)* / *le prix a été haussé de 10 %* the price has been increased ou has gone up by 10% / *hausser ses prétentions* to aim higher **2.** CONSTR & TRAV PUB to raise / *l'immeuble a été haussé d'un étage* the building was made higher by adding another floor ▸ **hausser qqn au niveau de** *fig* to raise sb up to the level of **3.** [partie du corps] ▸ **hausser les épaules** to shrug (one's shoulders) ▸ **hausser le sourcil** to raise one's eyebrows **4.** [intensifier] ▸ **hausser la voix** ou **le ton** to raise one's voice.

❖ **se hausser** vpi **1.** [se hisser] to reach up / *se hausser sur la pointe des pieds* to stand on tiptoe **2.** [atteindre un degré supérieur] ▸ **se hausser à** to attain, to reach / *elle est parvenue à se hausser au niveau de la classe* she managed to reach the level of the other students in her class.

haussier, ère ['osje, ɛʀ] ◆ adj BOURSE ▸ **un marché haussier** a rising ou bull market. ◆ nm, f BOURSE bull.

Haussmann [osman] npr ▸ **un immeuble Haussmann** *a building designed by Baron Haussmann.*

Haussmann

Georges Eugène Haussmann (1809-1891) was responsible during the Second Empire for redesigning the centre of Paris, demolishing whole areas of old housing and creating the wide boulevards of the present-day city.

haussmannien, enne [osmanjɛ̃, ɛn] adj *relating to the period of urban transformation in Paris led by Baron Haussmann in the mid-nineteenth century.*

haut, e ['o, 'ot] *(devant nm commençant par voyelle ou 'h' muet* ['ot] *)* adj **1.** [de grande dimension] high, tall / *les hautes colonnes du temple* the lofty ou towering columns of the temple / *un homme de haute taille* a tall man / *les pièces sont hautes de plafond* the rooms have high ceilings ; BOT [tige, tronc] tall ; [qui a poussé] high / *j'aime les fleurs hautes* I like long-stemmed ou tall flowers / *les roseaux sont hauts* the reeds are high **2.** [d'une certaine dimension] ▸ **haut de** : *la maison est haute de trois mètres* the house is three metres high **3.** [situé en hauteur] high / *le soleil est haut dans le ciel* the sun is high (up) in the sky / *un véhicule haut sur roues* a vehicle with a high (wheelbase) clearance / *une robe à taille haute* a high-waisted dress ▸ **sur les hautes branches** on the top ou topmost branches / *la partie haute de l'arbre* the top of the tree ▸ **le haut Nil** the upper (reaches of the) Nile **4.** [extrême, intense] high / *c'est de la plus haute importance* it's of the utmost ou greatest importance ▸ **à haut risque** high-risk ▸ **à haute température** high-temperature / *c'était du plus haut comique* it was high farce / *c'était de la plus haute fantaisie* it was most fanciful ▸ **haut débit** INFORM & TÉLÉC broadband ▸ **haute fréquence** high frequency ▸ **de haute précision** high-precision ▸ **haute technologie** high technology **5.** [dans une hiérarchie] high, top *(avant nom)* ▸ **de haut niveau** top-level, high-level / *des officiers de haut niveau* high-ranking officers / *des gens de haut niveau* high-fliers ▸ **de hauts dignitaires** eminent dignitaries ▸ **les hautes parties contractantes** DR the sovereign contracting parties ▸ **la haute coiffure** haute coiffure, designer hairdressing ▸ **la haute cuisine** haute cuisine ▸ **de hautes études commerciales / militaires** advanced business / military studies ▸ **les hauts fonctionnaires** top ou top-ranking civil servants ▸ **les hauts salaires** the highest ou top salaries ▸ **politique des hauts salaires** high-income policy **6.** [dans une échelle de valeurs] high / *d'une haute intelligence* highly intelligent ▸ **tenir qqn / qqch en haute estime** to hold sb / sthg in high esteem **7.** BOURSE & COMM high / *la livre est à son niveau le plus haut* the pound is at its highest level ou has reached a high **8.** MUS & PHON high ▸ **une note / voyelle haute** a high note / vowel **9.** HIST ▸ **le haut Moyen Âge** the Early Middle Ages ▸ **le haut allemand** LING (Old) High German **10.** *litt* [noble] lofty, high-minded / *cette haute pensée / âme* this exalted thought / soul.

❖ **haut** ◆ adv **1.** [dans l'espace] high / *haut dans les airs* high (up) in the air / *levez haut la jambe* raise your leg (up) high ou high up / *plus haut, les genoux !* higher up with those knees ! / *l'aigle monte haut dans le ciel* the eagle soars (high up) in the sky **2.** [dans le temps] far (back) ; [dans un livre] ▸ **voir plus haut** see above / *comme il est dit plus haut* as mentioned above / *l'exemple cité plus haut* the example given above **3.** [fort, avec puissance] ▸ **(tout) haut** aloud ▸ **parlez plus haut** speak up, speak louder ▸ **dites-le haut et clair** ou **bien haut** tell (it to) everyone, say it out loud **4.** MUS high ▸ **tu prends la deuxième mesure un peu trop haut a)** [chanteur] you're singing the second bar a bit sharp ou high **b)** [musicien] you're playing the second bar a bit sharp ou high **5.** [dans une hiérarchie] high ▸ **être haut placé** to be highly placed, to hold high office ▸ **des amis haut placés** friends in high places / *nous l'avons toujours placé très haut dans notre estime* *fig* we've always held him in high regard **6.** BOURSE & COMM high / *les enchères sont montées très haut* the bidding went sky high ou hit the roof / *le prix de la réparation risque de monter très haut* the cost of the repairs could be enormous. ◆ nm **1.** [partie supérieure] top ; [sur une caisse, un emballage] / **'haut'** '(this way ou side) up' **2.** VÊT [gén] top ; [de robe] bodice **3.** [hauteur] : *un mur d'un mètre de haut* a one metre (high) wall ▸ **de son haut** : *regarder qqn de (tout) son haut* to look down on sb ▸ **tomber de tout son haut a)** [chuter] to fall headlong **b)** [être déçu] to come down (to earth) with a bump **c)** [être surpris] to be flabbergasted.

❖ **hauts** nmpl **1.** [dans des noms de lieux] heights / **'les Hauts de Hurlevent'** *Emily Brontë* 'Wuthering Heights' **2.** NAUT [partie émergée] topsider ; [du gréement] top ou higher rigging **3.** EXPR **avoir** ou **connaître des hauts et des bas** to have one's ups and downs.

❖ **haute** nf *fam* ▸ **la haute** the upper crust / *les gens de la haute* upper crust people.

❖ **de haut** loc adv **1.** [avec détachement] casually, unconcernedly ▸ **prendre** ou **regarder** ou **voir les choses de haut** to look at things with an air of detachment **2.** [avec mépris] ▸ **prendre qqch de haut** to be high and mighty about sthg ▸ **regarder qqn de haut** to look down on sb ▸ **traiter qqn de haut** to treat sb high-handedly **3.** EXPR **tomber de haut a)** [être surpris] to be flabbergasted **b)** [être déçu] to come down (to earth) with a bump.

❖ **de haut en bas** loc adv **1.** [sans mouvement] from top to bottom **2.** [avec mouvement, vers le bas] from top to bottom, downwards **3.** [avec mépris] ▸ **regarder** ou **considérer qqn de haut en bas** to look sb up and down.

❖ **d'en haut** loc adv **1.** [depuis la partie élevée] from above / *d'en haut on voit la mer* you can see the sea from up there **2.** *fig* [du pouvoir] from on high / *le bon exemple doit venir d'en haut* people in positions of authority must give the lead / *la directive est venue d'en haut* the directive came from the top ou from on high ▸ **la France d'en haut** the upper echelons of French society.

❖ **du haut** loc adj ▸ **les gens du haut a)** [de la partie haute du village] the people up the top end (of the village) **b)** [des étages supérieurs] the people upstairs / *les fenêtres du haut* the upstairs windows / *les chambres du haut* the upstairs bedrooms.

❖ **du haut de** loc prép **1.** [depuis la partie élevée de - échelle, colline] from the top of **2.** *fig* : *il nous regarde du haut de sa grandeur* he looks down his nose at us.

❖ **en haut** loc adv **1.** [à l'étage supérieur] upstairs **2.** [dans la partie élevée] at the top / *regarde dans le placard, les verres sont en haut* look in the cupboard, the glasses are at the top / *nous sommes passés par en haut* [par la route du haut] we came along the high road **3.** [en l'air] up in the sky.

❖ **en haut de** loc prép at the top of / *grimper en haut d'un arbre* to climb (up) to the top of a tree / *tout en haut d'une colline* high up on a hill / *regarde en haut de l'armoire* look on top of the wardrobe.

hautain, e ['otɛ̃, ɛn] adj haughty / *d'une façon hautaine* haughtily.

hautbois ['obwa] nm **1.** [instrument] oboe **2.** [instrumentiste] oboe (player).

hautboïste ['obɔist] nmf oboist, oboe (player).

haut-commissaire ['okɔmisɛʀ] *(pl* **hauts-commissaires***)* nmf high commissioner.

haut-commissariat ['okɔmisaʀja] *(pl* **hauts-commissariats***)* nm **1.** [fonction] high commissionership **2.** [bureaux] high commission.

haut-de-chausse(s) ['odʃos] *(pl* **hauts-de-chausse** *ou* **hauts-de-chausses***)* nm knee-breeches, breeches, trunk-hose.

haut-de-forme ['odfɔʀm] *(pl* **hauts-de-forme***)* nm top hat.

haute-contre *(pl* **hautes-contre***)*, **hautecontre*** ['otkɔ̃tʀ] ◆ nf [voix] countertenor (voice). ◆ nm [chanteur] countertenor.

haute-fidélité *(pl* **hautes-fidélités***)*, **hautefidélité*** ['otfidelite] nf **1.** [technique] high fidelity, hi-fi **2.** *(comme adj)* high-fidelity *(avant nom)*, hi-fi.

hautement ['otmɑ̃] adv **1.** *sout* [fortement] highly, extremely / *c'est hautement improbable* it's highly unlikely / *ce qu'elle dit est hautement sujet à caution* you should be extremely wary of what she says **2.** [ouvertement] openly.

Haute-Normandie ['otnɔʀmɑ̃di] npr f ▸ **la Haute-Normandie** Haute-Normandie.

 **Haute-Normandie**

This administrative region includes the **départements** of Eure and Seine-Maritime (capital: Rouen).

hauteur ['otœʀ] nf **1.** [mesure verticale] height / *quelle est la hauteur du mur ?* how high is the wall ? / *il est tombé de toute sa hauteur* he fell headlong ▸ **de faible hauteur** low / *la pièce fait trois mètres de hauteur (sous plafond)* the ceiling height in the room is three metres ; CONSTR height ▸ **hauteur sous clef** rise ▸ **hauteur d'appui** leaning height ; COUT length ; GÉOM ▸ **la hauteur d'un triangle** the perpendicular height of a triangle **2.** [altitude] height, altitude ▸ **prendre de la hauteur** to gain altitude ou height / *une occupation qui sied à la hauteur de son rang* a post in keeping with his high rank / *n'étant plus mandaté, je me permets de voir les choses avec (une certaine) hauteur* as I'm no longer in office, I can afford to look upon things with a certain detachment **3.** MUS & PHON height, pitch / *deux notes / voyelles de la même hauteur* two equally pitched notes / vowels **4.** *sout* [noblesse] nobility / *rien n'égala la hauteur de vues* ou *de pensées de ce monarque* nothing could equal the loftiness of this monarch's ideas **5.** [arrogance] haughtiness, arrogance / *un refus plein de hauteur* a haughty refusal **6.** SPORT ▸ **la hauteur** the high jump / *recordman du monde de hauteur* world record holder for the men's high jump **7.** ARM & NUCL ▸ **hauteur d'éclatement** height of burst **8.** ASTRON ▸ **hauteur d'un astre** height of a star.

❖ **hauteurs** nfpl heights / *il y a de la neige sur les hauteurs* there's snow on the higher slopes / *l'aigle s'envola vers les hauteurs* the eagle soared high up (into the sky ou air) ▸ **les hauteurs de Montmartre** the top of Montmartre.

❖ **à hauteur de** loc prép [jusqu'à] ▸ **à hauteur des yeux** at eye level ▸ **à hauteur d'homme** about six feet off the ground / *vous serez remboursé à hauteur de 600 euros* you'll be reimbursed up to 600 euros.

❖ **à la hauteur** loc adj *fam* : *tu ne t'es pas montré à la hauteur* you weren't up to it ou equal to the task / *elle a été (tout à fait) à la hauteur* she coped beautifully.

❖ **à la hauteur de** loc prép **1.** [à côté de] : *arrivé à sa hauteur, je m'aperçus qu'il parlait tout seul* when I was ou drew level with him, I noticed he was talking to himself / *elle habite à la hauteur de l'église* she lives near the church ou up by the church / *arrivés à la hauteur du cap* when we were in line with ou when we were off the cape / *il y a des embouteillages à la hauteur de l'échangeur de Rocquencourt* there are traffic jams at the Rocquencourt interchange **2.** [digne de] worthy of / *une carrière à la hauteur de ses ambitions* a career commensurate with her ambitions / *être à la hauteur d'une situation* to be equal to ou up to a situation.

❖ **en hauteur** loc adv **1.** [debout] upright / *mettez-le en hauteur* put it on its end **2.** [dans un endroit élevé] : *range ces cartons en hauteur* put these boxes up out of the way / *ça ne vous ennuie pas d'habiter en hauteur?* doesn't living high up bother you?

Haute-Volta ['otvɔlta] npr f ▸ **(la) Haute-Volta** Upper Volta.

haut-fond ['ofɔ̃] (*pl* **hauts-fonds**) nm shallow, shoal.

haut-fourneau ['ofuʀno] (*pl* **hauts-fourneaux**) nm blast furnace.

Haut-Karabakh ['okaʀabak] npr m Nagorno-Karabakh.

haut-le-cœur ['olkœʀ] nm inv **1.** [nausée] ▸ **avoir un** ou **des haut-le-cœur** to retch **2.** *fig* : *une attitude aussi lâche me donne des haut-le-cœur* such cowardly behaviour makes me (feel) sick.

haut-le-corps ['olkɔʀ] nm inv start, jump ▸ **avoir un haut-le-corps** to start, to jump.

haut-parleur (*pl* **haut-parleurs**), **hautparleur*** ['opaʀlœʀ] nm loudspeaker, speaker ▸ **haut-parleur d'aigus** tweeter.

haut-relief ['oʀəljɛf] (*pl* **hauts-reliefs**) nm high relief.

hauturier, ère ['otyʀje, ɛʀ] adj deep-sea ▸ **navigation hauturière** ocean navigation.

havage ['avaʒ] nm MIN cutting, hewing.

havanais, e ['avanɛ, ɛz] adj from Havana.

❖ **Havanais, e** nm, f *inhabitant of or person from Havana.*

❖ **havanaise** nf habanera.

havane ['avan] ◆ nm **1.** [tabac] Havana **2.** [cigare] Havana. ◆ adj inv tobacco-coloured UK, tobacco-colored US.

Havane ['avan] npr f ▸ **La Havane** Havana.

hâve ['av] adj *sout* haggard.

haveneau, x ['avno], **havenet** ['avnɛ] nm shrimping net.

haveur ['avœʀ] nm MIN hewer, coal-cutter, cutter.

haveuse ['avøz] nf MIN cutting machine, cutter.

havrais, e ['avʀɛ, ɛz] adj from Le Havre.

❖ **Havrais, e** nm, f *inhabitant of or person from Le Havre.*

havre ['avʀ] nm *litt* haven, harbour ▸ **havre de paix** haven of peace.

Havre ['avʀ] npr m ▸ **Le Havre** Le Havre ▸ **au Havre** in Le Havre.

havresac ['avʀəsak] nm [de campeur] haversack, knapsack ; [de militaire] haversack, kitbag.

hawaïen [awajɛ̃] = **hawaiien.**

Hawaii [awaj] npr Hawaii ▸ **à Hawaii** in Hawaii.

hawaiien, enne [awajɛ̃, ɛn] adj Hawaiian.

❖ **Hawaiien, enne** nm, f Hawaiian.

❖ **hawaiien** nm LING Hawaiian.

Haydn [ajdən] npr Haydn.

Haye ['ɛ] npr f ▸ **La Haye** The Hague.

hayon ['ajɔ̃] nm **1.** AUTO tailgate ▸ **véhicule à hayon arrière** hatchback (car) **2.** TECHNOL ▸ **hayon élévateur** (fork) lift.

HB, hdb abr écrite de **heures de bureau.**

HCR (abr de **Haut-Commissariat des Nations unies pour les réfugiés**) nm UNHCR.

hé ['e] interj **1.** [pour interpeller quelqu'un] hey / *hé, vous, là!* hey! you! / *hé! arrêtez!* hey! ou oi! stop it! **2.** [d'étonnement] hey, well (well, well) / *héhé, quelle surprise!* well (well, well), what a surprise! / *hé, la voilà qui arrive!* hey, here she comes!

heaume ['om] nm HÉRALD & HIST helm, helmet.

heavy metal [ɛvimetal] nm inv MUS heavy metal.

hebdo [ɛbdo] nm *fam* PRESSE weekly.

hebdomadaire [ɛbdɔmadɛʀ] adj & nm weekly / *un feuilleton / salaire hebdomadaire* a weekly serial / wage.

hebdomadairement [ɛbdɔmadɛʀmɑ̃] adv weekly, once a week.

hébéphrène [ebefʀɛn] adj & nmf hebephreniac.

hébéphrénie [ebefʀeni] nf hebephrenia.

hébéphrénique [ebefʀenik] adj hebephrenic.

hébergement [ebɛʀʒəmɑ̃] nm **1.** [lieu] accommodation UK, accommodations *(pl)* US **2.** [action] lodging ▸ **l'hébergement est en chalet** chalet accommodation is provided **3.** INTERNET [d'un site Web] hosting.

héberger [17] [ebɛʀʒe] vt **1.** [pour une certaine durée] to lodge, to accommodate ; [à l'improviste] to put up *(sép)* ; [réfugié, vagabond] to take in *(sép)*, to shelter ; [criminel] to harbour, to shelter / *notre bâtiment hébergera le secrétariat pendant les travaux* the secretarial offices will be housed in our building during the alterations **2.** INTERNET to host.

hébergeur [ebɛʀʒœʀ] nm INTERNET ▸ **hébergeur (Web)** web host.

hébété, e [ebete] ◆ adj dazed, in a daze / *il avait un air hébété* he looked dazed. ◆ nm, f : *il était là comme un hébété* he stood there looking stunned.

hébétement [ebɛtmɑ̃] nm stupor / *son hébétement est dû à l'alcool* he's in a drunken stupor.

hébéter [18] [ebete] vt to daze ▸ **hébété par l'alcool / la drogue** in a drunken / drug-induced stupor.

✐ In reformed spelling (see p. 16-19), this verb is conjugated like **semer**: ***il hébètera, elle hébèterait.***

hébétude [ebetyd] nf **1.** *litt* stupor, stupefaction *litt* **2.** PSYCHOL hebetude.

heboïdophrénie [ebɔidɔfʀeni] nf heboidophrenia.

hébraïque [ebʀaik] adj Hebraic, Hebrew *(modif).*

hébraïsant, e [ebʀaizɑ̃, ɑ̃t] nm, f Hebraist, Hebrew scholar.

hébraïsme [ebʀaism] nm Hebraism.

hébraïste [ebʀaist] = **hébraïsant.**

hébreu, x [ebʀø] adj m Hebrew.

❖ **Hébreux** nmpl ▸ **les Hébreux** the Hebrews.

❖ **hébreu** nm **1.** LING Hebrew **2.** EXPR ▸ **être de l'hébreu** *fam* : *pour moi, c'est de l'hébreu* I can't make head or tail of it, it's all Greek to me.

Hébrides [ebʀid] npr fpl ▸ **les (îles) Hébrides** the Hebrides ▸ **aux Hébrides** in the Hebrides.

Hébron ['ebʀɔ̃] npr Hebron.

HEC (abr de **Hautes études commerciales**) npr *grande école for management and business studies.*

hécatombe [ekatɔ̃b] nf **1.** [carnage] slaughter, massacre / *l'hécatombe annuelle des blessés de la route* the carnage that occurs every year on the roads **2.** *fig* : *les jeux Olympiques ont été une véritable hécatombe pour leurs athlètes* the Olympics have been disastrous for their athletes **3.** ANTIQ hecatomb.

hectare [ɛktaʀ] nm hectare.

hectique [ɛktik] adj ▸ **fièvre hectique** hectic fever.

hecto [ɛkto] nm *fam* **1.** abr de **hectogramme 2.** abr de **hectolitre.**

hectogramme [ɛktɔgʀam] nm hectogram, hectogramme UK.

hectolitre [ɛktɔlitʀ] nm hectolitre UK, hectoliter US ▸ **un hectolitre** a hundred litres, a hectolitre.

hectomètre [ɛktɔmɛtʀ] nm hectometre ▸ **un hectomètre** a hundred metres, a hectometre.

hectométrique [ɛktɔmetʀik] adj hectometre.

hectopascal [ɛktɔpaskal] (*pl* **hectopascals**) nm hectopascal.

Hector [ɛktɔʀ] npr Hector.

hectowatt [ɛktɔwat] nm hectowatt ▸ **un hectowatt** a hundred watts, a hectowatt.

hedge fund [ɛdʒfund] nm FIN hedge fund.

hédonisme [edɔnism] nm hedonism.

hédoniste [edɔnist] ◆ adj hedonist, hedonistic. ◆ nmf hedonist.

hédonistique [edɔnistik] adj hedonistic.

hégélianisme [egeljanism] nm Hegelianism.

hégélien, enne [egeljɛ̃, ɛn] adj & nm, f Hegelian.

hégémonie [eʒemɔni] nf hegemony.

hégémonique [eʒemɔnik] adj hegemonic.

hégémonisme [eʒemɔnism] nm hegemonic tendencies.

hégire [eʒiʀ] nf ▸ **l'hégire** the Hegira ou Hejira.

Heimlich [ɛmliʃ] npr ▸ **manœuvre de Heimlich** Heimlich manoeuvre.

hein ['ɛ̃] interj *fam* **1.** [quoi] ▸ **hein?** eh?, what? **2.** [n'est-ce pas] eh / *c'est drôle, hein!* funny, eh ou isn't it! / *tu aurais dû m'écouter, hein?* you should have followed my advice, shouldn't you? **3.** [exprimant la colère] OK, right / *on se calme, hein!* cool it, will you!, that's enough, OK? / *tu te tais, hein!* just shut up, OK?

hélas ['elas] interj unfortunately, unhappily, alas *litt* / *hélas, je ne pourrai pas venir* unfortunately ou I'm afraid I won't be able to come.

Hélène [elɛn] npr ▸ **Hélène de Troie** Helen of Troy.

héler [18] ['ele] vt to call out to *(insép)*, to hail / *héler un taxi / porteur* to hail a cab / porter.

✐ In reformed spelling (see p. 16-19), this verb is conjugated like **semer**: ***il hèlera, elle hèlerait.***

hélianthe [eljɑ̃t] nm sunflower, helianthus *spéc.*

hélianthème [eljɑ̃tɛm] nm helianthemum *spéc*, rockrose.

hélianthine [eljɑ̃tin] nf methyl orange.

héliaque [eljak] adj heliacal.

hélice [elis] nf **1.** MÉCAN & NAUT propeller, screw, screw-propeller ▸ **hélice d'avion** air screw, aircraft propeller ▸ **hélice bipale** two-blade propeller **2.** ARCHIT & MATH helix.

héliciculteur, trice [elisikyltœʀ, tʀis] nm, f snail breeder.

héliciculture [elisikyltyʀ] nf snail breeding.

hélico [eliko] nm *fam* AÉRON chopper.

hélicoïdal, e, aux [elikɔidal, o] adj **1.** [en forme de vrille] helical, spiral ▸ **escalier hélicoïdal** spiral staircase **2.** MATH & MÉCAN helicoid, helicoidal.

hélicoïde [elikɔid] nm helicoid.

hélicon [elikɔ̃] nm helicon.

hélicoptère [elikɔptɛʀ] nm helicopter.

héligare [eligaʀ] nf heliport.

hélio [eljo] (abr de **héliogravure**) nf *fam* heliogravure.

héliocentrique [eljɔsɑ̃tʀik] adj heliocentric.

héliodore [eljɔdɔʀ] nm heliodor.

héliographe [eljɔgʀaf] nm heliograph.

héliographie [eljɔgʀafi] nf heliography.

héliograveur, euse [eljɔgʀavœʀ, øz] nm, f photo-engraver.

héliogravure [eljɔgʀavyʀ] nf photogravure, heliogravure.

héliomarin, e [eljɔmaʀɛ̃, in] adj [cure] involving sunshine and sea air therapy ; [établissement] offering heliotherapy.

hélion [eljɔ̃] nm helion, helium nucleus.

Hélios [eljos] npr Helios.

* In reformed spelling (see p. 16-19).

héliostat [eljɔsta] nm heliostat.
héliosynchrone [eljɔsɛ̃kʀon] adj heliosynchronous.
héliothérapie [eljɔteʀapi] nf heliotherapy.
héliotrope [eljɔtʀɔp] nm BOT & MINÉR heliotrope.
héliport [elipɔʀ] nm heliport.
héliportage [elipɔʀtaʒ] nm helicopter transportation.
héliporté, e [elipɔʀte] adj **1.** [transporté par hélicoptère] helicoptered ▸ **troupes héliportées** airborne troops *(brought in by helicopter)* **2.** [exécuté par hélicoptère] ▸ **une opération héliportée** a helicopter mission.
hélitransporté, e [elitʀɑ̃spɔʀte] adj transported by helicopter, helicoptered.
hélitreuillage [elitʀœjaʒ] nm helicopter rescue.
hélitreuiller [5] [elitʀœje] vt to winch up *(sép) (into a helicopter in flight)*.
hélium [eljɔm] nm helium.
hélix [eliks] nm ANAT & ZOOL helix.
hellébore [elebɔʀ] nm hellebore.
hellène [elɛn] adj Hellenic.
❖ **Hellène** nmf Hellene.
hellénique [elenik] adj Hellenic.
hellénisant, e [elenizɑ̃, ɑ̃t] nm, f Hellenist.
hellénisation [elenizasjɔ̃] nf hellenization.
helléniser [3] [elenize] vt to hellenize.
hellénisme [elenism] nm **1.** [civilisation] Hellenism **2.** LING Hellenism, Graecism.
helléniste [elenist] = **hellénisant.**
hellénistique [elenistik] adj Hellenistic.
hello ['ɛlo] interj hello.
helminthe [ɛlmɛ̃t] nm helminth.
helminthiase [ɛlmɛ̃tjaz] nf helminthiasis.
Héloïse [elɔiz] npr ▸ **Héloïse et Abélard** Heloïse and Abelard.
Helsinki ['ɛlsiŋki] npr Helsinki.
helsinkien, enne [ɛlsinkjɛ̃, ɛn] adj Helsinkian.
❖ **Helsinkien, enne** nm, f Helsinkian.
helvète [ɛlvɛt] adj Helvetian, Swiss.
❖ **Helvète** nmf Helvetian, Swiss.
Helvétie [ɛlvesi] npr f HIST ▸ **(l')Helvétie** Helvetia.
helvétique [ɛlvetik] adj Swiss, Helvetian.
helvétisme [ɛlvetism] nm LING *characteristic word or expression used by French-speaking Swiss.*
hem ['ɛm] interj **1.** [exprimant -le doute] hum, ahem, mmm ; [-une hésitation] hum, er **2.** [pour attirer l'attention] ahem.
hématie [emasi] nf erythrocyte.
hématine [ematin] nf haeme, haemetin.
hématique [ematik] adj haematic.
hématite [ematit] nf haematite.
hématocrite [ematɔkʀit] nm MÉD hematocrit ▸ **taux d'hématocrite** hematocrit level.
hématologie [ematɔlɔʒi] nf haematology UK, hematology US.
hématologique [ematɔlɔʒik] adj haematological UK, hematological US.
hématologiste [ematɔlɔʒist], **hématologue** [ematɔlɔg] nmf haematologist UK, hematologist US.
hématome [ematom] nm bruise, haematoma UK *spéc*, hematoma US *spéc.*
hématophage [ematɔfaʒ] adj bloodsucking.
hématopoïèse [ematɔpɔjɛz] nf hematopoiesis.
hématose [ematoz] nf haematosis UK, hematosis US.
hématozoaire [ematozɔɛʀ] nm haematozoon UK, hematozoon US.
hématurie [ematyʀi] nf haematuria UK, hematuria US.
héméralope [emeʀalɔp] adj & nmf hemeralopic.
héméralopie [emeʀalɔpi] nf night blindness, nyctalopia *spéc.*
hémianopsie [emianɔpsi] nf hemianopia.
hémicrânie [emikʀani] nf hemicrania (migraine).
hémicycle [emisikl] nm **1.** [espace en demi-cercle] semicircle / *l'abside de l'église est un hémicycle* the apse of the church is semicircular **2.** [salle garnie de gradins] semicircular amphitheatre ▸ **l'hémicycle a)** POL [salle] the benches ou chamber of the French National Assembly **b)** [Assemblée] the French National Assembly.
hémioxyde [emjɔksid] nm ▸ **hémioxyde d'azote** dinitrogen oxide.
hémiplégie [emipleʒi] nf hemiplegia.
hémiplégique [emipleʒik] adj & nmf hemiplegic.
hémisphère [emisfɛʀ] nm GÉOGR & ANAT hemisphere ▸ **l'hémisphère Nord / Sud** the Northern / Southern hemisphere.
hémisphérique [emisfeʀik] adj hemispheric, hemispherical.
hémistiche [emistiʃ] nm hemistich.
hémitropie [emitʀɔpi] nf hemitropism, hemitropy.
hémochromatose [emɔkʀomatoz] nf haemochromatosis UK, hemochromatosis US, bronze diabetes.
hémoculture [emɔkyltyʀ] nf blood culture.
hémodialyse [emɔdjaliz] nf haemodialysis UK, hemodialysis US.
hémodynamique [emɔdinamik] nf haemodynamics *(sg)* UK, hemodynamics *(sg)* US.
hémoglobine [emɔglɔbin] nf **1.** BIOL haemoglobin UK, hemoglobin US **2.** *fam* [sang] gore, blood and guts.
hémoglobinopathie [emɔglɔbinɔpati] nf haemoglobinopathy UK, hemoglobinopathy US.
hémoglobinurie [emɔglɔbinyʀi] nf haemoglobinuria UK, hemoglobinuria US.
hémogramme [emɔgʀam] nm haemogram UK, hemogram US.
hémolyse [emɔliz] nf haemolysis UK, hemolysis US.
hémolytique [emɔlitik] adj haemolytic UK, hemolytic US.
hémopathie [emɔpati] nf blood disease.
hémophile [emɔfil] ◆ nmf haemophiliac UK, hemophiliac US. ◆ adj haemophilic UK, hemophilic US.
hémophilie [emɔfili] nf haemophilia UK, hemophilia US.
hémoptysie [emɔptizi] nf haemoptysis UK, hemoptysis US.
hémorragie [emɔʀaʒi] nf **1.** MÉD haemorrhage UK, hemorrhage US, bleeding *(U)* ▸ **hémorragie cérébrale** cerebral haemorrhage ▸ **hémorragie interne / externe** internal / external haemorrhage ▸ **faire une hémorragie** to haemorrhage **2.** *fig* [perte] drain / *les universités connaissent une véritable hémorragie depuis la crise* the universities have been drained of their manpower since the beginning of the crisis ▸ **l'hémorragie des cerveaux** the brain drain ▸ **l'hémorragie des capitaux** the drain ou haemorrhage of capital.
hémorragique [emɔʀaʒik] adj haemorrhagic UK, hemorrhagic US.
hémorroïdaire [emɔʀɔidɛʀ] ◆ adj haemorrhoidal ; [malade] suffering from haemorrhoids. ◆ nmf haemorrhoids sufferer.
hémorroïdal, e, aux [emɔʀɔidal, o] adj haemorrhoidal.
hémorroïdes [emɔʀɔid] nfpl haemorrhoids UK, hemorrhoids US / *avoir des hémorroïdes* to suffer from haemorrhoids, to have piles.
hémostase [emɔstaz] nf haemostasis UK, hemostasis US.
hémostatique [emɔstatik] adj & nm haemostatic UK, hemostatic US.
hémovigilance [emɔviʒilɑ̃s] nf haemovigilance, blood safety monitoring.
hendécagonal, e, aux [ɛ̃dekagɔnal, o] adj hendecagonal.
hendécagone [ɛ̃dekagɔn] nm hendecagon.
hendécasyllabe [ɛ̃dekasilab] ◆ adj hendecasyllabic. ◆ nm hendecasyllable.
henné ['ene] nm henna / *les cheveux teints au henné* hennaed hair.
hennin ['enɛ̃] nm hennin.
hennir [32] ['eniʀ] vi **1.** [cheval] to neigh, to whinny **2.** [personne] to bray.
hennissant, e ['enisɑ̃, ɑ̃t] adj **1.** [cheval] neighing **2.** [rire] braying.
hennissement ['enismɑ̃] nm **1.** [d'un cheval] neigh, whinny **2.** [d'une personne] braying *(U).*
hennuyer ['ɛnɥije] = **hainuyer.**
Henri [ɑ̃ʀi] npr [roi de France] Henri ; [roi d'Angleterre] Henry.
henry [ɑ̃ʀi] nm ÉLECTR henry.
hep ['ɛp] interj hey / *hep ! taxi !* hey ! taxi !
héparine [epaʀin] nf heparin.
hépatalgie [epatalʒi] nf hepatalgia.
hépatique [epatik] ◆ adj hepatic, liver *(modif).* ◆ nmf *person suffering from liver ailments.* ◆ nf BOT liverwort, hepatic.
hépatisation [epatizasjɔ̃] nf hepatization.
hépatite [epatit] nf hepatitis ▸ **hépatite A / B / C** hepatitis A / B / C ▸ **hépatite virale** viral hepatitis.
hépatologie [epatɔlɔʒi] nf hepatology.
hépatomégalie [epatɔmegali] nf hepatomegalia, hepatomegaly.
hépatonéphrite [epatɔnefʀit] nf hepatonephritis.
hépatopancréas [epatɔpɑ̃kʀeas] nm hepatopancreas.
Héphaïstos [efaistos] npr Hephaestus.
heptaèdre [ɛptaɛdʀ] nm heptahedron.
heptaédrique [ɛptaedʀik] adj heptahedral.
heptagonal, e, aux [ɛptagɔnal, o] adj heptagonal.
heptagone [ɛptagɔn] nm heptagon.
heptane [ɛptan] nm heptane.
heptathlon [ɛptatlɔ̃] nm heptathlon.
Héra [eʀa] npr Hera.
Héraclès [eʀaklɛs] npr Heracles.
Héraclite [eʀaklit] npr Heraclitus.
Héraklion [eʀaklijɔ̃] npr Heraklion.
héraldique [eʀaldik] ◆ adj heraldic. ◆ nf heraldry.
héraldiste [eʀaldist] nmf heraldry specialist, heraldist.
héraut ['eʀo] nm **1.** HIST herald ▸ **héraut d'armes** officer ou herald of arms **2.** *fig & litt* herald, messenger.
herbacé, e [ɛʀbase] adj herbaceous.
herbage [ɛʀbaʒ] nm [prairie] grazing land, pasture (land).
❖ **herbages** nmpl PÊCHE coral fishing nets.
herbager[1] [17] [ɛʀbaʒe] vt to (put out to) graze / *herbager du bétail* to graze cattle.
herbager[2], **ère** [ɛʀbaʒe, ɛʀ] nm, f grazier.
herbe [ɛʀb] nf **1.** [plante, gazon] grass / *laisser un champ en herbe* to leave a field under grass ▸ **herbe au chantre** sisymbrium, hedge mustard ▸ **herbe à chats** catmint, catnip ▸ **herbes folles** wild grass ▸ **herbes marines** seaweed ▸ **hautes herbes** tall grass ▸ **une mauvaise herbe** a weed ▸ **de la mauvaise herbe** weeds / *je connais ce type, c'est de la mauvaise herbe* *fam & fig* I know this guy, he's no good ▸ **comme de la mauvaise herbe** like wildfire ▸ **couper** ou **faucher l'herbe sous le pied à qqn** to cut the ground ou to pull the rug from under sb's feet ▸ **l'herbe du voisin est toujours plus verte** *prov* the grass is always greener on the other side of the fence **2.** *fam* [marihuana] grass.
❖ **herbes** nfpl ▸ **herbes aromatiques** aromatic herbs ▸ **herbes potagères** pot herbs ▸ **herbes de Provence** herbes de Provence ▸ **fines herbes** CULIN herbs, fines herbes ▸ **herbes (médicinales)** PHARM medicinal herbs.
❖ **en herbe** loc adj BOT green ; *fig* in the making / *c'est un musicien en herbe* he has the makings of a musician, he's a budding musician.
herbe-aux-chats [ɛʀbɔʃa] (*pl* **herbes-aux-chats**) nf catnip.
herbeux, euse [ɛʀbø, øz] adj grassy.
herbicide [ɛʀbisid] ◆ adj herbicidal. ◆ nm weedkiller, herbicide *spéc.*
herbier [ɛʀbje] nm **1.** [collection] dried flower collection, herbarium *spéc* **2.** GÉOGR aquatic plant habitat.
herbivore [ɛʀbivɔʀ] ◆ adj herbivorous. ◆ nm herbivore.
herborisation [ɛʀbɔʀizasjɔ̃] nf botanizing, plant-collecting.
herboriser [3] [ɛʀbɔʀize] vi to botanize, to collect plants.

herboriste [ɛʀbɔʀist] nmf herbalist, herb doctor.

herboristerie [ɛʀbɔʀistəʀi] nf herbalist's (shop).

herbu, e [ɛʀby] adj grassy.

hercule [ɛʀkyl] nm **1.** [homme fort] Hercules **2.** LOISIRS ▸ **hercule (de foire)** strong man.

Hercule [ɛʀkyl] npr MYTH Hercules.

herculéen, enne [ɛʀkyleɛ̃, ɛn] adj [tâche] Herculean ; [force] Herculean, superhuman.

hercynien, enne [ɛʀsinjɛ̃, ɛn] adj Hercynian.

herd-book [ˈɛʀdbuk] (*pl* **herd-books**) nm herd book.

hère [ˈɛʀ] nm **1.** *litt* ▸ **un pauvre hère** a poor wretch **2.** ZOOL (yearling) stag.

héréditaire [eʀeditɛʀ] adj **1.** DR hereditary **2.** BIOL inherited, hereditary / *il est toujours grincheux, c'est héréditaire!* *hum* he's always moaning, it's congenital!, he was born moaning!

héréditairement [eʀeditɛʀmɑ̃] adv hereditarily, through heredity.

hérédité [eʀedite] nf **1.** BIOL heredity ▸ **elle a une hérédité chargée** ou **une lourde hérédité** her family history has a lot to answer for / *c'est l'hérédité qui veut ça!* *hum* it's in the blood! **2.** DR ▸ **action en pétition d'hérédité** *claim to succeed to an estate held by a third party.*

hérésiarque [eʀezjaʀk] nmf heresiarch.

hérésie [eʀezi] nf **1.** [erreur] sacrilege, heresy / *une table Régence dans la cuisine, c'est de l'hérésie!* a Regency table in the kitchen, that's (a) sacrilege! **2.** RELIG heresy.

hérétique [eʀetik] ◆ adj heretical. ◆ nmf heretic.

hérissé, e [ˈeʀise] adj **1.** [cheveux, poils - naturellement raides] bristly ; [- dressés de peur] bristling, standing on end / *un chien à l'échine hérissée* a dog with its hackles up **2.** [parsemé] ▸ **hérissé de** full of, stuffed with / *un texte hérissé de difficultés* a text bristling with ou full of difficult points **3.** BOT spiny.

hérisser [3] [ˈeʀise] vt **1.** [dresser] : *le chat hérissait ses poils* the cat's fur was bristling / *le chien hérissait ses poils* the dog's hackles were rising ou up / *le perroquet hérissait ses plumes* the parrot was ruffling its feathers / *les cheveux hérissés par le vent* his hair sticking up with the wind **2.** [irriter] ▸ **cette question le hérisse** ou **lui hérisse le poil** that question gets his back up ou really makes his hackles rise.

❖ **se hérisser** vpi **1.** [se dresser - pelage] to bristle ; [- cheveux] to stand on end **2.** [dresser son pelage] : *le chat se hérisse* the cat's coat is bristling / *le chien se hérisse* the dog's hackles are up **3.** [s'irriter] to bristle ▸ **elle se hérisse facilement** she's easily ruffled.

hérisson [ˈeʀisɔ̃] nm **1.** ZOOL hedgehog ▸ **hérisson de mer** sea urchin **2.** *fam* [personne] : *c'est un vrai hérisson* he's really prickly **3.** MIL cheval-de-frise ▸ **défense en hérisson** hedgehog **4.** CONSTR [pointes] spiked wall strip ; [fondation] placed foundation (stone) **5.** TRAV PUB cobblestone road foundation **6.** [égouttoir] bottle drainer **7.** [brosse] flue brush, chimney sweep's brush **8.** AGR [d'un épandeur] beater **9.** TEXT urchin.

hérissonne [ˈeʀisɔn] adj f ▸ **chenille hérissonne** furry ou hairy caterpillar.

héritabilité [eʀitabilite] nf heritability.

héritage [eʀitaʒ] nm **1.** DR [destiné à - une personne] inheritance ; [- une institution] bequest ▸ **faire un héritage** to inherit ▸ **faire un gros héritage** to come into a fortune / *elle m'a laissé ses bijoux en héritage* she left me her jewels ▸ **avoir eu qqch en héritage** to have inherited sthg / *sa part de l'héritage* her part of the inheritance / *mon oncle / cousin à héritage* my rich uncle / cousin **2.** *fig* heritage, legacy / *notre héritage culturel* our cultural heritage / *nos problèmes sont l'héritage de la décennie précédente* our problems are the legacy of the previous decade.

hériter [3] [eʀite] ◆ vi to inherit ▸ **hériter de qqch** [recevoir en legs] to inherit sthg / *hériter d'un château* to inherit a château / *nous héritons d'une longue tradition humaniste* *fig* we are the inheritors of a long-standing tradition of humanism / *comment as-tu hérité de cette toile?* how did you come into possession of ou come by ou acquire this canvas? / *j'ai hérité de son vieux pantalon* I was given her old trousers / *j'espère que le bébé n'héritera pas de ton sale caractère!* I hope the baby won't inherit your foul temper! ◆ vt **1.** [bien matériel] to inherit ; *(en usage absolu)* ▸ **hériter de qqn** to inherit from sb / *elle a hérité de sa mère* she received an inheritance ou a legacy from her mother **2.** [trait physique ou moral] ▸ **hériter qqch de qqn** : *elle a hérité sa bonne humeur de sa famille paternelle* she inherited her even temper from her father's side of the family.

héritier, ère [eʀitje, ɛʀ] nm, f **1.** DR heir (heiress) ▸ **l'héritier d'une fortune / d'une grosse entreprise** the heir to a fortune / to a big firm / *l'unique* ou *le seul héritier* the sole heir ▸ **l'héritier apparent / présomptif** the heir apparent / presumptive ▸ **l'héritier naturel** the heir-at-law ▸ **héritier testamentaire** devisee, legatee **2.** *fam* [enfant] heir ; [fils] son and heir ; [fille] daughter **3.** [disciple] heir, follower.

hermaphrodisme [ɛʀmafʀɔdism] nm hermaphroditism.

hermaphrodite [ɛʀmafʀɔdit] ◆ adj hermaphrodite, hermaphroditic. ◆ nmf hermaphrodite.

herméneutique [ɛʀmenøtik] ◆ adj hermeneutic, hermeneutical. ◆ nf hermeneutics *(U)*.

Hermès [ɛʀmɛs] npr Hermes.

herméticité [ɛʀmetisite] nf [à l'eau] watertightness ; [à l'air] airtightness.

hermétique [ɛʀmetik] adj **1.** [étanche - gén] hermetically sealed, hermetic *sout* ; [- à l'eau] watertight ; [- à l'air] airtight **2.** [doctrine] Hermetic **3.** [incompréhensible] abstruse **4.** [impénétrable - visage] inscrutable, impenetrable / *son expression était parfaitement hermétique* his face was totally expressionless **5.** [insensible] ▸ **être hermétique à** to be unreceptive ou impervious to / *je suis complètement hermétique à l'art moderne* modern art is a closed book to me.

hermétiquement [ɛʀmetikmɑ̃] adv hermetically / *fermer un bocal hermétiquement* to hermetically seal a jar.

hermétisme [ɛʀmetism] nm **1.** [doctrine] alchemy **2.** *sout* [caractère incompréhensible] abstruseness, recondite ness *sout*.

hermétiste [ɛʀmetist] nmf alchemist.

hermine [ɛʀmin] nf **1.** ZOOL [brune] stoat ; [blanche] ermine **2.** [fourrure] ermine *(U)* ; [sur une robe de magistrat] ermine **3.** HÉRALD ermine.

herminette [ɛʀminɛt] nf [hache] adze.

herniaire [ˈɛʀnjɛʀ] adj hernial.

hernie [ˈɛʀni] nf **1.** MÉD hernia, rupture ▸ **hernie discale** slipped disc ou disk US ▸ **hernie étranglée / hiatale** strangulated / hiatus hernia **2.** [d'un pneu] bulge.

hernié, e [ˈɛʀnje] adj herniated.

hernieux, euse [ˈɛʀnjø, øz] ◆ adj **1.** [organe] herniated **2.** [malade] suffering from a hernia. ◆ nm, f hernia sufferer.

Hérode [eʀɔd] npr Herod ▸ **vieux comme Hérode** as old as Methuselah ou the hills.

Hérodiade [eʀɔdjad] npr Herodias.

Hérodote [eʀɔdɔt] npr Herodotus.

héroï-comique (*pl* **héroï-comiques**), **héroïcomique*** [eʀɔikɔmik] adj mock-heroic.

héroïne [eʀɔin] nf **1.** [drogue] heroin **2.** [femme] ⟶ **héros**.

héroïnomane [eʀɔinɔman] nmf heroin addict.

héroïnomanie [eʀɔinɔmani] nf heroin addiction.

héroïque [eʀɔik] adj **1.** [courageux] heroic / *je lui ai opposé un refus héroïque* *hum* I heroically refused his offer **2.** LITTÉR heroic **3.** [mémorable] : *l'époque héroïque des machines volantes* the pioneering ou great days of the flying machines ▸ **les temps héroïques, l'âge héroïque** ANTIQ the heroic age.

héroïquement [eʀɔikmɑ̃] adv heroically.

héroïsme [eʀɔism] nm heroism / *épouser un homme comme ça, mais c'est de l'héroïsme!* *hum* marrying a man like that is nothing short of heroic!

héron [ˈeʀɔ̃] nm heron ▸ **héron cendré** (grey ou common) heron.

héros, héroïne [ˈeʀo, eʀɔin] nm, f hero (heroine) / *les héros de Dickens* Dickens' heroes (and heroines) / *il est mort en héros* he died a hero's death ou like a hero / *tu ne t'es pas comporté en héros* you weren't exactly heroic.

❖ **héros** nm ANTIQ : *les dieux et les héros grecs* the gods and heroes of Greece.

herpès [ɛʀpɛs] nm herpes *(U)* / *avoir de l'herpès à la bouche* to have a cold sore (on one's mouth) ▸ **herpès buccal** oral herpes ▸ **herpès génital** genital herpes.

herpétique [ɛʀpetik] adj herpetic *spéc*, herpes *(modif)*.

herpétologie [ɛʀpetɔlɔʒi] = **erpétologie**.

herpétologique [ɛʀpetɔlɔʒik] = **erpétologique**.

herpétologiste [ɛʀpetɔlɔʒist] = **erpétologiste**.

hersage [ˈɛʀsaʒ] nm AGR harrowing.

herse [ˈɛʀs] nf **1.** AGR harrow ▸ **herse roulante** revolving harrow **2.** [d'un château] portcullis ; [pour barrer la route] cheval-de-frise **3.** THÉÂTRE batten **4.** RELIG candleholder.

herser [3] [ˈɛʀse] vt AGR to harrow.

herseuse [ˈɛʀsøz] nf harrow.

hertz [ˈɛʀts] nm hertz.

hertzien, enne [ˈɛʀtsjɛ̃, ɛn] adj Hertzian.

Hésiode [ezjɔd] npr Hesiod.

hésitant, e [ezitɑ̃, ɑ̃t] adj **1.** [indécis] hesitant / *je suis encore un peu hésitant* I haven't quite made up my mind yet / *les réponses sont encore un peu hésitantes* the answers are still rather hesitant **2.** [peu assuré] hesitant, faltering / *une voix hésitante* a faltering voice.

hésitation [ezitasjɔ̃] nf **1.** [atermoiement] hesitation ▸ **après quelques minutes d'hésitation** after hesitating for a few minutes ou a few minutes' hesitation / *après moult hésitation* after much hesitation ▸ **pas d'hésitation, vas-y!** no dithering, off you go! **2.** [arrêt] pause ▸ **marquer** ou **avoir une hésitation** to pause, to hesitate **3.** [doute] doubt / *pas d'hésitation, c'est lui!* it's him, no doubt about it ou without a doubt! / *il lui confia ses hésitations* he confided his doubts ou misgivings to her.

❖ **sans hésitation** loc adv unhesitatingly, without hesitation / *c'est sans hésitation que je lui ai menti* I had no hesitation in lying to him / *je préfère le ciné à la télé, sans hésitation* I prefer cinema to television any day.

hésiter [3] [ezite] vi **1.** [être dans l'incertitude] to hesitate ▸ **sans hésiter** without hesitating ou hesitation / *il n'y a pas à hésiter* why wait? / *elle hésite encore sur la pointure* she's still not sure about the size / *l'enfant hésitait entre le rire et les larmes* the child didn't know whether to laugh or cry / *j'ai longtemps hésité avant de prendre ma décision* I hesitated for a long time before making up my mind **2.** [être réticent] ▸ **hésiter à** to hesitate to / *n'hésitez pas à m'appeler* don't hesitate to call me ▸ **j'hésite à lui dire** I'm not sure whether to tell him / *il hésite à s'engager dans la marine* he's unsure ou hesitant about joining the Navy **3.** [marquer un temps d'arrêt] to pause, to falter / *son pas hésita un instant dans l'escalier* his footsteps paused for a moment on the stairs / *il a hésité en prononçant le nom* he faltered ou stumbled over the name.

Hespérides [ɛspeʀid] npr fpl **1.** [nymphes] ▸ **les Hespérides** the Hesperides **2.** [îles] ▸ **les Hespérides** the Hesperides, the Islands of the Blessed.

Hesse [ˈɛs] npr f ▸ **(la) Hesse** Hesse.

hétaïre [etaiʀ] nf **1.** ANTIQ hetaera, hetaira **2.** *litt* courtesan.

hétéro [eteʀo] adj & nmf *fam* hetero, straight.

hétérochromosome [eteʀɔkʀomozom] nm sex chromosome.

hétéroclite [eteʀɔklit] adj disparate / *il y avait là toutes sortes d'objets hétéroclites* there was a strange collection ou assortment of disparate objects / *tout le mobilier est hétéroclite* none of the furniture matches.

hétérocycle [eteʀɔsikl] nm heterocycle.

hétérocyclique [eteʀɔsiklik] adj heterocyclic.

hétérodoxe [eteʀɔdɔks] ◆ adj **1.** RELIG heterodox **2.** *sout* [non conformiste] heterodox *sout*, unorthodox. ◆ nmf : *les hétérodoxes ne sont pas très bien vus dans ce pays* unorthodox believers are frowned upon in this country.

hétérodoxie [eteʀɔdɔksi] nf heterodoxy.

hétérodyne [eteʀɔdin] nf heterodyne (generator).

hétérogamétique [eteʀɔgametik] adj heterogametic.

* In reformed spelling (see p. 16-19).

hétérogamie [eteʀɔgami] nf **1.** BIOL heterogamy **2.** SOCIOL : *l'hétérogamie est fréquente* mixed marriages are common.

hétérogène [eteʀɔʒɛn] adj **1.** [mêlé] heterogeneous *sout*, mixed **2.** CHIM heterogeneous.

hétérogénéité [eteʀɔʒeneite] nf heterogeneousness, heterogeneity.

hétérogreffe [eteʀɔgʀɛf] nf [de tissu] heterograft ; [d'organe] heterotransplant.

hétéromorphe [eteʀɔmɔʀf] adj heteromorphic, heteromorphous.

hétéromorphie [eteʀɔmɔʀfi] nf heteromorphism.

hétéromorphisme [eteʀɔmɔʀfism] nm = **hétéromorphie.**

hétéronome [eteʀɔnɔm] adj heteronomous.

hétéronomie [eteʀɔnɔmi] nf heteronomy.

hétéroprotéine [eteʀɔpʀɔtein] nf conjugated protein.

hétérosexualité [eteʀɔsɛksyalite] nf heterosexuality.

hétérosexuel, elle [eteʀɔsɛksyɛl] adj & nm, f heterosexual.

hétérotrophe [eteʀɔtʀɔf] ◆ adj heterotrophic. ◆ nm heterotroph.

hétérotrophie [eteʀɔtʀɔfi] nf heterotrophism.

hétérozygote [eteʀɔzigɔt] ◆ adj heterozygous. ◆ nmf heterozygote.

hêtraie [ˈɛtʀɛ] nf beech grove.

hêtre [ˈɛtʀ] nm **1.** BOT beech (tree) **2.** MENUIS beech (wood).

heu [ˈø] interj **1.** [exprime le doute] h'm, um, er **2.** [exprime l'hésitation] er, um / *heu, heu, je ne sais pas* er, er, I don't know.

heur [œʀ] nm *sout* good fortune / *je n'ai pas eu l'heur de lui plaire* I did not have the good fortune to please him.

heure [œʀ] nf **1.** [unité de temps] hour ▸ **une heure d'horloge** an hour by the clock, a whole hour / *j'attends depuis une bonne* ou *grande heure* I've been waiting for a good hour / *revenez dans une petite heure* be back in less than ou in under an hour / *les heures passent vite / sont longues* the hours fly past / drag by / *à 45 km à l'heure* at 45 km an ou per hour ▸ **24 heures sur 24** round-the-clock, 24 hours a day / *pharmacie ouverte 24 heures sur 24* all-night ou 24-hour chemist ▸ **d'heure en heure** by the hour **2.** [durée d'un trajet] hour ▸ **à deux heures (de voiture** ou **de route) de chez moi** two hours' (drive) from my home ▸ **il y a trois heures de marche / vol** it's a three hour walk / flight **3.** [unité de travail ou de salaire] hour / *un travail (payé) à l'heure* a job paid by the hour ▸ **dix euros de l'heure** ten euros an ou per hour / *une heure de travail* an hour's work, an hour of work / *le coût de trente heures de travail* the cost of thirty man-hours ou thirty hours of work / *sans compter les heures de main-d'œuvre* excluding labour (costs) ▸ **une heure de chimie** ÉDUC a chemistry period ou class ▸ **une heure supplémentaire** an ou one hour's overtime ▸ **des heures supplémentaires** overtime *(U)* **4.** [point précis de la journée] time ▸ **15 h heure locale** 3 p.m. local time / *elle est passée sur le coup de huit heures fam* she dropped in at about eight ▸ **à la même heure** at the same time ▸ **c'est l'heure! a)** [de partir] it's time (to go) ! **b)** [de rendre sa copie] time's up ! ▸ **l'heure, c'est l'heure** on time is on time ▸ **quand c'est l'heure, c'est l'heure!** *fam* when you've got to go, you've got to go ! ▸ **avant l'heure** before time / *avant l'heure, c'est pas l'heure, après l'heure c'est plus l'heure* there's a right time for every thing ▸ **quelle heure est-il?** what time is it ?, what's the time ? ▸ **vous avez l'heure?** do you have the time ? ▸ **quelle heure avez-vous?** what time do you make it ? / *tu as vu l'heure (qu'il est)?* have you any idea what time it is ? ▸ **il ne sait pas encore lire l'heure** he can't tell the time yet ▸ **il y a une heure pour tout, chaque chose à son heure** there's a time (and a place) for everything ▸ **il n'y a pas d'heure pour les braves!** when a man's got to go, a man's got to go ! / *il n'a pas d'heure, avec lui il n'y a pas d'heure fam* [il n'est pas ponctuel] he just turns up when it suits him / *il n'est pas la même heure à Rome qu'à Tokyo* it's not the same time ou the time's not the same in Rome and in Tokyo ▸ **l'heure d'été** British Summer Time UK daylight (saving) time US ▸ **passer à l'heure d'été / d'hiver** to put the clocks forward / back ▸ **l'heure de Greenwich** Greenwich Mean Time, GMT ▸ **l'heure H** zero hour **5.** [moment] time ▸ **à une heure avancée** at a late hour ▸ **à une heure indue** at some ungodly ou godforsaken hour / *ce doit être ma tante qui appelle, c'est son heure* that must be my aunt, this is her usual time for calling ▸ **ton heure sera la mienne** (you) choose ou name a time ▸ **elle est romancière à ses heures** she writes the odd novel (now and again) ▸ **l'heure d'aller au lit** bedtime ▸ **l'heure du déjeuner** lunchtime ▸ **l'heure du dîner** dinnertime ▸ **l'heure du repas** mealtime ▸ **l'heure du thé** teatime ▸ **les heures de grande écoute** prime time, peak viewing time ▸ **les heures de pointe** [où il y a foule] peak time, the rush hour ▸ **heure limite d'enregistrement** latest check-in time ▸ **heures de réception** office / surgery UK hours ▸ **heures d'ouverture / de fermeture** opening / closing times ▸ **pendant les heures d'ouverture a)** COMM when the shops are open, during (normal) opening hours **b)** ADMIN during (normal) office ou working hours ▸ **les heures d'affluence** the rush hour ▸ **heures de bureau** office hours ▸ **les heures creuses a)** [sans foule] off-peak period **b)** [sans clients] slack period ▸ **heure de table** *vieilli* lunch break ▸ **à l'heure qu'il est** *fam*, **à l'heure actuelle** : *ils ont dû atterrir à l'heure qu'il est* they must have landed by now / *à l'heure qu'il est* ou *à l'heure actuelle, je ne sais pas si les otages ont été libérés* at this (point in) time I don't know whether the hostages have been freed **6.** [période d'une vie] hour ▸ **son heure de gloire** his moment of glory ▸ **l'heure est grave** things are serious ▸ **l'heure est à l'action** now is the time for action ▸ **c'est sa dernière heure** his time is near / *dis-toi que ce n'était pas ton heure* don't worry, your time will come ▸ **l'heure de vérité** the moment of truth **7.** INFORM ▸ **heures machine** computer time **8.** ASTRON hour.

❖ **heures** nfpl RELIG hours ▸ **heures canoniales** canonical hours ▸ **livre d'heures** Book of Hours.

❖ **à la bonne heure** loc adv good / *elle est reçue, à la bonne heure!* so she passed, good ou marvellous ! / *tu as perdu tes clés, à la bonne heure! iron* you've lost your keys !, marvellous !

❖ **à l'heure** ◆ loc adj **1.** [personne] on time / *être à l'heure* to be on time **2.** [montre] : *la montre est à l'heure* the watch is keeping good time. ◆ loc adv ▸ **mettre sa montre / une pendule à l'heure** to set one's watch / a clock right ▸ **le Japon à l'heure anglaise** the Japanese go British.

❖ **à l'heure de** loc prép in the era ou age of / *nous vivons à l'heure de la robotique* we're living in the age of robots.

❖ **de bonne heure** loc adv [tôt] early ; [en avance] in good time / *de très bonne heure* very early.

❖ **pour l'heure** loc adv for now ou the time being ou the moment.

❖ **sur l'heure** loc adv *litt* straightaway, at once.

❖ **tout à l'heure** loc adv **1.** [dans un moment] later, in a (short ou little) while / *je passerai la voir tout à l'heure* I'll go and see her a bit later on ou in a little while / *à tout à l'heure!* see you later ! **2.** [il y a un moment] earlier (today) / *je l'ai vu tout à l'heure* I've just seen him.

> Notez qu'on dit plus couramment what time...? que at what time...?
> **À quelle heure sors-tu du bureau ?** *What time do you leave the office?*
> **À quelle heure veux-tu partir ?** *What time do you want to leave?*

heure-homme [œʀɔm] nf man-hour.

heureusement [œʀøzmɑ̃] adv **1.** [par chance] fortunately, luckily / *il les a invités à l'improviste, heureusement j'avais fait des courses* he asked them to dinner without warning me, fortunately, I'd done some shopping / *je le surveillais, et heureusement!* I was keeping an eye on him, and just as well ou and a good thing too ! / *il a freiné à temps — oh, heureusement!* he braked in time — thank God ou goodness for that ! / *il m'a remboursé et s'est même excusé — eh bien, heureusement!* he paid me back and even apologized — I should hope ou think so too ! ▸ **heureusement que** : *la soirée fut une catastrophe, heureusement que tu n'es pas venu* the party was a total flop, (it's a) good thing you didn't come **2.** *sout* [avec succès] successfully / *le débat fut heureusement mené* the debate went off smoothly / *des textures heureusement assorties* well-matched textures **3.** [favorablement] well / *le procès s'est terminé heureusement* the trial ended satisfactorily **4.** [dans le bonheur] happily ▸ **vivre heureusement** to live happily.

heureux, euse [œʀø, øz] ◆ adj **1.** [qui éprouve du bonheur] happy ▸ **rendre qqn heureux** to make sb happy / *elle a tout pour être heureuse* she has everything going for her ▸ **heureux en ménage** happily married ▸ **heureux (celui) qui...** *sout* happy is he who... ▸ **ils vécurent heureux et eurent beaucoup d'enfants** they lived happily ever after **2.** [satisfait] happy, glad ▸ **être heureux de** to be happy with / *je suis heureuse de cette conclusion* I'm happy ou pleased it ended like this / *il était trop heureux de partir* he was only too glad to leave ▸ **heureux de te revoir** glad ou pleased to see you again / *(très) heureux de faire votre connaissance* pleased ou nice to meet you **3.** [chanceux] lucky, fortunate / *il est heureux que...* it's fortunate ou it's a good thing that... ▸ **l'heureux élu** the lucky man *(to be married or recently married)* ▸ **l'heureuse élue** the lucky girl *(to be married or recently married)* ▸ **l'heureux gagnant** the lucky winner ▸ **heureux au jeu, malheureux en amour** *prov* lucky at cards, unlucky in love **4.** [bon] good ▸ **un heureux événement** *euphém* a happy event ▸ **heureux anniversaire!** happy birthday ! / *bonne et heureuse année!* happy new year ! **5.** [réussi] good, happy, felicitous *sout ou hum* ▸ **c'est un choix heureux** it's well-chosen / *ce n'est pas très heureux comme prénom pour une fille* it's a rather unfortunate name for a girl. ◆ nm, f happy man (woman) ▸ **faire des heureux** to make some people happy / *le changement ne fera pas que des heureux* the change won't suit everybody ou be to everybody's liking.

heuristique [øʀistik] adj & nf heuristic.

heurt [ˈœʀ] nm **1.** [choc - léger] bump, knock, collision ; [- violent] crash, collision **2.** *sout* [contraste] clash / *le heurt de deux caractères* the clash of two personalities **3.** [conflit] clash, conflict / *il y a eu des heurts entre le président et le secrétaire* the chairman and the secretary crossed swords / *le concert / débat s'est déroulé sans heurts* the concert / debate went off smoothly.

heurté, e [ˈœʀte] adj **1.** [couleurs, sons] clashing **2.** [style] jerky, abrupt **3.** [mouvement] halting, jerky.

heurter [3] [ˈœʀte] vt **1.** [cogner] to strike, to hit, to knock / *en descendant du train, je l'ai heurté avec mon sac* I caught him with my bag ou I bumped into him with my bag as I got off the train / *l'hélice l'a heurté de plein fouet* he was hit with the full force of the propeller / *son front a violemment heurté le carrelage* she banged her forehead on the tiled floor **2.** [aller à l'encontre de] to run counter to *sout*, to go against / *son discours risque de heurter l'opinion publique* his speech is likely to go against public opinion / *ce sont des idées qui heurtent ma conception de la justice* those are ideas which offend my sense of justice **3.** [choquer] to shock, to offend / *sa grossièreté m'a toujours heurtée* I've always been shocked by his rudeness ▸ **heurter la sensibilité de qqn** to hurt sb's feelings.

❖ **heurter à** v + prép *litt* [porte] to knock at.

❖ **heurter contre** v + prép to bump into / *dans le noir j'ai heurté contre le mur de la cave* in the dark I bumped into the cellar wall / *le voilier a heurté contre un récif* the sailing boat struck a reef.

❖ **se heurter** vp *(emploi réciproque)* **1.** [passants, véhicules] to collide, to bump ou to run into each other / *les deux voitures se sont heurtées* the two cars collided (with each other) **2.** [être en désaccord] to clash (with each other) / *nous nous sommes heurtés à la dernière réunion* we crossed swords ou clashed at the last meeting.

❖ **se heurter à** vp + prép [rencontrer] to come up against / *l'entreprise va se heurter à de gros problèmes économiques* the company is going to come up against severe economic difficulties / *il s'est heurté à un refus catégorique* he met with a categorical refusal.

❖ **se heurter contre** vp + prép [se cogner à] to bump into.

heurtoir [ˈœʀtwaʀ] nm **1.** [de porte] (door) knocker **2.** MÉCAN stop, stopper **3.** [dans une écluse] striking plate **4.** RAIL buffer.

hévéa [evea] nm hevea.
hexachlorure [ɛgzaklɔʀyʀ] nm hexachloride.
hexacorde [ɛgzakɔʀd] nm hexachord.
hexadécimal, e, aux [ɛgzadesimal, o] adj hexadecimal.
hexaèdre [ɛgzaɛdʀ] ◆ adj hexahedral. ◆ nm hexahedron.
hexaédrique [ɛgzaedʀik] adj hexahedral.
hexafluorure [ɛgzaflyɔʀyʀ] nm hexafluoride.
hexagonal, e, aux [ɛgzagɔnal, o] adj **1.** GÉOM & SCI hexagonal **2.** *fig* [français] French ; *péj* chauvinistically French.
hexagone [ɛgzagɔn] nm **1.** GÉOM hexagon **2.** *fig* ▸ **l'Hexagone** [la France] (metropolitan) France.
hexamètre [ɛgzamɛtʀ] ◆ adj hexametric, hexametrical. ◆ nm hexameter.
hexamidine [ɛgzamidin] nf *powerful bactericidal antiseptic.*
hexapode [ɛgzapɔd] adj & nm hexapod.
HF (abr écrite de **hautes fréquences**) HF.
hi ['i] interj ▸ **hihi** ha ha / *hi, hi, que c'est drôle!* ha ha, that's funny!
hiatal, e, aux [jatal, o] adj hiatal.
hiatus [jatys] nm **1.** [interruption] break, hiatus *sout*, gap **2.** LING hiatus **3.** MÉD hiatus ▸ **hiatus œsophagien** hiatus œsophageus ▸ **hiatus de Winslow** foramen of Winslow, epiploic foramen.
hibernal, e, aux [ibɛʀnal, o] adj **1.** BOT hibernal ▸ **germination hibernale** hibernal germination **2.** ZOOL winter *(modif)* ▸ **pendant leur sommeil hibernal** during their hibernation ou their winter sleep.
hibernant, e [ibɛʀnɑ̃, ɑ̃t] adj hibernating.
hibernation [ibɛʀnasjɔ̃] nf **1.** ZOOL hibernation / *l'industrie textile est en état d'hibernation fig* the textile industry is in the doldrums **2.** MÉD ▸ **hibernation artificielle** induced hypothermia.
❖ **en hibernation** loc adj *fig* in mothballs / *mettre un projet en hibernation* to shelve ou to mothball a project.
hiberner [3] [ibɛʀne] vi to hibernate.
hibiscus [ibiskys] nm hibiscus.
hibou, x ['ibu] nm owl.
hic ['ik] nm inv *fam* snag ▸ **c'est bien là** ou **voilà le hic** there's the rub, that's the trouble / *il y a un hic quelque part* there's a snag ou catch somewhere.
hic et nunc [ikɛtnɔ̃k] loc adv here and now.
hickory ['ikɔʀi] nm hickory.
hidalgo [idalgo] nm hidalgo.
hideur ['idœʀ] nf *litt* hideousness.
hideusement ['idøzmɑ̃] adv hideously.
hideux, euse ['idø, øz] adj hideous.
hidjab [idʒab] nm hidjab, hijab.
hier [ijɛʀ] adv **1.** [désignant le jour précédent] yesterday ▸ **hier matin** yesterday morning / *hier (au) soir* yesterday evening ▸ **le journal d'hier** yesterday's paper / *j'y ai consacré la journée / l'après-midi d'hier* I spent all (day) yesterday / all yesterday afternoon doing it / *je m'en souviens comme si c'était hier* I remember it as if it were yesterday **2.** [désignant un passé récent] : *la technologie d'hier* outdated ou outmoded technology / *hier encore on ignorait tout de cette maladie* until very recently, this disease was totally unknown / *ça ne date pas d'hier* that's nothing new.
hiérarchie ['jeʀaʀʃi] nf **1.** [structure] hierarchy / *la hiérarchie des salaires* the wage ladder **2.** *fam* [supérieurs] ▸ **la hiérarchie** the top brass **3.** INFORM ▸ **hiérarchie de mémoire** memory hierarchy, hierarchical memory structure.
hiérarchique ['jeʀaʀʃik] adj hierarchic, hierarchical ▸ **passer par la voie** ou **le canal hiérarchique** to go through official channels.
hiérarchiquement ['jeʀaʀʃikmɑ̃] adv hierarchically ▸ **dépendre hiérarchiquement de qqn** to report to sb.
hiérarchisation ['jeʀaʀʃizasjɔ̃] nf [action] establishment of a hierarchy ; [structure] hierarchical structure.
hiérarchisé, e ['jeʀaʀʃize] adj [gén & INFORM] hierarchical.

hiérarchiser [3] ['jeʀaʀʃize] vt **1.** ADMIN to organize along hierarchical lines / *hiérarchiser les salaires* to introduce wage differentials **2.** [classer - données] to structure, to classify ; [- besoins] to grade ou to assess according to importance.
hiérarque ['jeʀaʀk] nm hierarch.
hiératique [jeʀatik] adj hieratic.
hiératiquement [jeʀatikmɑ̃] adv *litt* hieratically.
hiératisme [jeʀatism] nm *litt* hieratic character.
hiéroglyphe ['jeʀɔglif] nm hieroglyph.
❖ **hiéroglyphes** nmpl *hum* [écriture illisible] hieroglyphics.
hiéroglyphique ['jeʀɔglifik] adj **1.** ARCHÉOL hieroglyphic, hieroglyphical **2.** [illisible] scrawled, illegible.
hi-fi (*pl* **hi-fi**), **hifi*** ['ifi] nf hi-fi.
high-tech ['ajtɛk] nm inv & adj inv high tech.
hi-han, hihan* ['iɑ̃] onomat & nm inv hee-haw.
hi-hi ['i'i] interj **1.** [rire - gén] tee-hee ; [- méchant] snigger snigger **2.** [pleurs] boo-hoo.
hilaire ['ilɛʀ] adj hilar.
hilarant, e [ilaʀɑ̃, ɑ̃t] adj hilarious.
hilare [ilaʀ] adj laughing, smiling, joyful / *un visage hilare* a laughing ou merry face.
hilarité [ilaʀite] nf hilarity, mirth, gaiety.
hilote [ilɔt] = **ilote**.
hilotisme [ilɔtism] = **ilotisme**.
Himalaya [imalaja] npr m ▸ **l'Himalaya** the Himalayas.
himalayen, enne [imalajɛ̃, ɛn] adj Himalayan.
hindi ['indi] nm LING Hindi.
hindou, e [ɛ̃du] adj hindu.
❖ **Hindou, e** nm, f Hindu.
hindouisme [ɛ̃duism] nm Hinduism.
hindouiste [ɛ̃duist] adj Hindu.
Hindoustan [ɛ̃dustɑ̃] npr m ▸ **(l')Hindoustan** Hindostan, Hindustan.
hindoustani [ɛ̃dustani] nm LING Hindustani.
hinterland [intɛʀlɑ̃d] nm GÉOGR hinterland.
hip ['ip] interj : *hip, hip, hip, hourra!* hip, hip, hooray!
hip-hop [ipɔp] adj inv & nm inv hip-hop.
Hipparque [ipaʀk] npr Hipparchus.
hippie ['ipi] adj & nmf hippie, hippy.
hippique [ipik] adj horse *(modif)* ▸ **concours hippique** horse trials ou show ▸ **course hippique** horse race ou racing ▸ **sport hippique** equestrian sports.
hippisme [ipism] nm equestrian sports, equestrianism *sout*, horse riding UK, horseback riding US.
hippocampe [ipɔkɑ̃p] nm **1.** ZOOL sea horse **2.** ANAT hippocampus (major).
Hippocrate [ipɔkʀat] npr Hippocrates ▸ **le serment d'Hippocrate** the Hippocratic oath.
hippocratique [ipɔkʀatik] adj Hippocratic.
hippocratisme [ipɔkʀatism] nm **1.** [doctrine] hippocratism **2.** MÉD ▸ **hippocratisme digital** hippocratic fingers.
hippodrome [ipɔdʀom] nm **1.** [champ de courses] racecourse **2.** ANTIQ hippodrome.
hippogriffe [ipɔgʀif] nm hippogriff, hippogryph.
hippologie [ipɔlɔʒi] nf *scientific study of horses.*
hippologique [ipɔlɔʒik] adj equestrian.
Hippolyte [ipɔlit] npr MYTH Hippolytus.
hippomobile [ipɔmɔbil] adj horsedrawn.
hippophagie [ipɔfaʒi] nf : *l'hippophagie n'est pas très répandue en Angleterre* horsemeat is only rarely eaten in England.
hippophagique [ipɔfaʒik] adj ▸ **boucherie hippophagique** horsemeat butcher's.
hippopotame [ipɔpɔtam] nm **1.** ZOOL hippopotamus **2.** *fam* [personne] elephant / *c'est un vrai hippopotame!* what an elephant!
hippopotamesque [ipɔpɔtamɛsk] adj *fam* hippo-like.
hippotechnie [ipɔtɛkni] nf horse breeding and training.
hippurique [ipyʀik] adj hippuric.
hippy ['ipi] = **hippie**.

hirondelle [iʀɔ̃dɛl] nf **1.** ORNITH swallow ▸ **hirondelle de cheminée** (barn) swallow ▸ **hirondelle de fenêtre** house martin ▸ **hirondelle de mer** tern ▸ **une hirondelle ne fait pas le printemps** *prov* one swallow doesn't make a summer *prov* **2.** ZOOL [grondin] grey gurnard **3.** *fam & vieilli* [policier] bobby UK, cop US.
Hiroshima [iʀɔʃima] npr Hiroshima.
hirsute [iʀsyt] adj **1.** [échevelé] bushy-haired ; [touffu - sourcils] bushy ; [- barbe, cheveux] unkempt **2.** BIOL hirsute, hairy.
hirsutisme [iʀsytism] nm hirsutism.
Hispaniola [ispanjɔla] npr Hispaniola.
hispanique [ispanik] adj **1.** [gén] Hispanic **2.** [aux États-Unis] Spanish-American.
❖ **Hispanique** nmf [aux États-Unis] Spanish American.
hispanisant, e [ispanizɑ̃, ɑ̃t] nm, f Hispanicist.
hispaniser [ispanize] vt to Hispanicize.
hispanisme [ispanism] nm Hispanism, Hispanicism.
hispaniste [ispanist] = **hispanisant**.
hispano-américain, e [ispanɔameʀikɛ̃, ɛn] (*mpl* **hispano-américains**, *fpl* **hispano-américaines**) adj Spanish-American.
❖ **Hispano-Américain, e** nm, f Spanish American.
hispano-arabe [ispanɔaʀab] (*pl* **hispano-arabes**) adj Hispano-Moorish.
hispano-mauresque (*pl* **hispano-mauresques**), **hispano-moresque** (*pl* **hispano-moresques**) [ispanɔmɔʀɛsk] = **hispano-arabe**.
hispanophone [ispanɔfɔn] ◆ adj Spanish-speaking. ◆ nmf Spanish speaker.
hispide [ispid] adj hispid.
hisse ['is] interj ▸ **ho hisse!** heave!, heave-ho!
hisser [3] ['ise] vt **1.** [lever - drapeau] to run up *(sép)* ; [- voile] to hoist ; [- ancre] to raise ; [- épave] to raise, to haul up *(sép)* ; [soulever - personne] to lift up *(sép)* ▸ **hisser qqn sur ses épaules** to lift sb onto one's shoulders **2.** *fig* ▸ **hisser qqn / qqch à** : *hisser qqn au poste de directeur* to raise sb to the position of manager / *hisser une petite entreprise au rang des meilleures* to push a small company to the top.
❖ **se hisser** vpi **1.** [s'élever] to hoist o.s. / *se hisser sur la pointe des pieds* to stand up on tiptoe / *se hisser sur une balançoire* to heave ou to hoist o.s. (up) onto a swing **2.** *fig* : *elle s'est hissée au poste d'adjointe de direction* she worked her way up to the position of assistant manager / *l'équipe s'est hissée en deuxième division* the team clawed its way into the second division.
histamine [istamin] nf histamine.
histaminique [istaminik] adj histamine *(modif)*, histaminic.
histiocytaire [istjɔsitɛʀ] adj histiocytic, histiocyte *(modif)*.
histiocyte [istjɔsit] nm histiocyte.
histochimie [istɔʃimi] nf histochemistry.
histocompatibilité [istɔkɔ̃patibilite] nf histocompatibility.
histogenèse [istɔʒɔnɛz] nf histogenesis.
histogramme [istɔgʀam] nm histogram.
histoire [istwaʀ] nf **1.** [passé] history ▸ **un lieu chargé d'histoire** a place steeped in history / *les hommes et les femmes qui ont fait l'histoire* the men and women who have made history / *l'histoire d'une croyance* the history of a belief **2.** [mémoire, postérité] history / *ces faits appartiennent à l'histoire* these facts are history ▸ **rester dans l'histoire** to go down in history ou in the history books / *l'histoire dira si nous avons eu raison* history will tell whether we were right **3.** [période précise] history / *l'histoire et la préhistoire* history and prehistory **4.** [discipline] ▸ **l'Histoire avec un grand H** History with a capital H / *l'histoire de l'art / la littérature* art / literary history ▸ **l'histoire ancienne / du Moyen Âge** Ancient / Medieval History / *tout ça, c'est de l'histoire ancienne fig* that's all ancient history ▸ **l'histoire contemporaine** contemporary history ▸ **histoire événementielle** factual history ▸ **histoire naturelle** *vieilli* BIOL natural history ▸ **l'Histoire sainte** Biblical history ▸ **licence d'histoire** ≃ History degree UK ; ≃ BA in History ▸ **pour la petite histoire** for the record / *je te le dis pour la petite*

* In reformed spelling (see p. 16-19).

histoire I'm (only) telling you so you'll know / *sais-tu, pour la petite histoire, qu'il est né au Pérou ?* do you know that he was born in Peru, by the way ? **5.** [récit, écrit] story / *elle a écrit une histoire du village* she wrote a history of the village / *je leur raconte une histoire tous les soirs* every night I tell them a story / *écrire des histoires pour enfants* to write children's stories / *l'histoire de la pièce* the plot ou story of the play / *l'histoire de la chanson* the story of the song ▸ **c'est une histoire vraie** it's a true story / *nous avons vécu ensemble une belle histoire d'amour* we had a wonderful romance ▸ **attends, je ne t'ai pas encore dit le plus beau** ou **le meilleur de l'histoire !** wait, the best part ou bit is still to come ! ▸ **une histoire drôle** a joke, a funny story ▸ **histoire à dormir debout** *fam* cock and bull story, tall story / **'Histoires extraordinaires'** *Poe* 'Tales of the Grotesque and Arabesque' **6.** [mensonge] : *tout ça, c'est des histoires fam* that's a load of (stuff and) nonsense, that's all hooey ou baloney US ▸ **raconter des histoires** to tell tall stories / *allez, tu me racontes des histoires !* come on, you're pulling my leg ! / *ne me raconte pas d'histoires, je t'ai vu* don't tell me any stories, I saw you **7.** *fam* [complications] trouble, fuss ▸ **faire des histoires** to make a fuss / *il n'a pas fait d'histoires pour accepter le chèque ?* did he make any fuss about accepting the cheque ? / *ça va faire toute une histoire* there'll be hell to pay / *ça a été toute une histoire* it was quite a business ou a to-do / *pour faire venir l'électricien, ça a été toute une histoire* we had the devil's own job getting the electrician to come / *c'est toute une histoire tous les matins pour la coiffer* what a palaver ou struggle doing her hair every morning / *elle en a fait (toute) une histoire* she kicked up a (huge) fuss about it / *sans faire d'histoire* ou *d'histoires* without (making) a fuss / *vous allez me suivre au poste et pas d'histoire* ou *d'histoires !* you're coming with me to the station and I don't want any trouble (from you) ! **8.** [ennuis] trouble ▸ **faire des histoires (à qqn)** to cause ou to make trouble (for sb) / *si tu ne veux pas avoir d'histoires* if you want to keep ou to stay out of trouble / *tu vas nous attirer* ou *nous faire avoir des histoires* you'll get us into trouble / *je ne veux pas d'histoires dans mon hôtel, moi ! fam* I'm having no monkey business in my hotel ! / *taisez-vous toutes les trois, j'en ai assez de vos histoires !* shut up you three, I've had enough of you going on like that ! **9.** [question, problème] : *pourquoi démissionne-t-elle ? — oh, une histoire de contrat* why is she resigning ? — oh, something to do with her contract / *se fâcher pour une histoire d'argent* to fall out over a question of money / *il m'arrive une sale histoire* something terrible's happened (to me) / *ne pensons plus à cette histoire* let's forget the whole thing ou business / *qu'est-ce que c'est que cette histoire ?* what's this I hear ?, what's all this about ? / *c'est toujours la même histoire* it's always the same (old) story / *c'est une (toute) autre histoire* that's quite a different matter **10.** *fam* EXPR **histoire de** [afin de] just to / *on va leur téléphoner, histoire de voir s'ils sont là* let's ring them up, just to see if they're there / *histoire de dire quelque chose* for the sake of saying something.

❖ **à histoires** loc adj : *c'est une femme à histoires* she's nothing but trouble.

❖ **sans histoires** loc adj [gens] ordinary ; [voyage] uneventful, trouble-free.

histologie [istɔlɔʒi] nf histology.

histologique [istɔlɔʒik] adj histologic, histological.

histolyse [istɔliz] nf histolysis.

histoplasmose [istɔplasmoz] nf histoplasmosis.

historicisme [istɔʀisism] nm historicism.

historiciste [istɔʀisist] adj & nmf historicist.

historicité [istɔʀisite] nf historicity.

historié, e [istɔʀje] adj **1.** [manuscrit] storiated, historiated **2.** ARCHIT historied.

historien, enne [istɔʀjɛ̃, ɛn] nm, f **1.** [spécialiste] historian / *se faire l'historien d'un village* / *d'une institution* to tell the story of a village / an institution **2.** [étudiant] history student.

historier [9] [istɔʀje] vt [décorer] to decorate, to embellish.

historiette [istɔʀjɛt] nf anecdote.

historiographe [istɔʀjɔgʀaf] nm historiographer.

historiographie [istɔʀjɔgʀafi] nf historiography.

historique [istɔʀik] ◆ adj **1.** [relatif à l'histoire - méthode, roman] historical ; [- fait, personnage] historical **2.** [célèbre] historic / *une émission* / *poignée de main historique* a historic programme / handshake ▸ **la parole** ou **le mot historique de Pu Yi** Pu Yi's famous remark **3.** [mémorable] historic / *c'est un moment* / *match historique* this is a historic moment / match / *nous avons atteint le cours historique de 42 dollars l'once* we've reached the record ou unprecedented level of 42 dollars an ounce. ◆ nm background history, (historical) review / *faire l'historique des jeux Olympiques* to trace the (past) history of the Olympic Games.

historiquement [istɔʀikmɑ̃] adv historically / *le fait n'est pas historiquement prouvé* it's not a historically proven fact.

historisme [istɔʀism] nm historicism.

histrion [istʀijɔ̃] nm **1.** ANTIQ histrion **2.** HIST [jongleur] wandering minstrel, troubadour **3.** *sout & péj* mountebank / *un histrion politique* a political charlatan.

histrionique [istʀijɔnik] adj **1.** *litt* thespian **2.** PSYCHOL histrionic.

histrionisme [istʀijɔnism] nm histrionism.

hit ['it] nm [succès] hit song.

hitlérien, enne [itleʀjɛ̃, ɛn] ◆ adj Hitlerian, Hitlerite. ◆ nm, f Hitlerite.

hitlérisme [itleʀism] nm Hitlerism.

hit-parade ['itpaʀad] (*pl* **hit-parades**) nm **1.** MUS charts / *ils sont premiers au hit-parade* they're (at the) top of ou they're number one in the charts **2.** *fig* [classement] : *placé au hit-parade des hommes politiques* among the top ou leading politicians.

hittite ['itit] adj Hittite.

❖ **Hittite** nmf ▸ **les Hittites** the Hittites.

❖ **hittite** nm LING Hittite.

HIV (abr de **human immunodeficiency virus**) nm HIV / *être atteint du virus HIV* to be HIV-positive.

hiver [ivɛʀ] nm **1.** [saison] winter / *en hiver* ou *l'hiver, on rentre les géraniums* we bring in the geraniums in (the) winter ▸ **l'hiver dernier** last winter ▸ **l'hiver prochain** next winter / *l'hiver fut précoce* / *tardif* winter came early / late ▸ **tout l'hiver** all winter long, all through the winter ▸ **au cœur de l'hiver** in the middle of winter, in midwinter ▸ **elle ne passera pas l'hiver** *fam* she won't make it through the winter ▸ **hiver nucléaire** nuclear winter ▸ **hiver polaire** polar winter **2.** *fig & litt* : *à l'hiver de sa vie* in the twilight ou evening of his life.

❖ **d'hiver** loc adj [ciel, paysage] wintry ; [quartiers, vêtements, fruits] winter *(modif)* / *le palais d'hiver* the Winter Palace.

hivernage [ivɛʀnaʒ] nm **1.** AGR [activité] winter feeding, wintering ; [fourrage] winter fodder **2.** MÉTÉOR winter season *(in tropical regions)* **3.** NAUT wintering **4.** [des abeilles] wintering.

hivernal, e, aux [ivɛʀnal, o] adj [propre à l'hiver] winter *(modif)* ; [qui rappelle l'hiver] wintry / *journées* / *températures hivernales* winter days / temperatures / *un temps hivernal* wintry weather / *un ciel hivernal* a wintry sky.

❖ **hivernale** nf winter ascent.

hivernant, e [ivɛʀnɑ̃, ɑ̃t] ◆ adj wintering. ◆ nm, f winter tourist.

hiverner [3] [ivɛʀne] ◆ vi [passer l'hiver] to winter. ◆ vt AGR to winter.

hl (abr écrite de **hectolitre**) hl.

HLM (abr de **habitation à loyer modéré**) nm ou nf *low rent, state-owned housing* ; ≃ council house / flat UK ; ≃ public housing unit US.

hm (abr écrite de **hectomètre**) hm.

ho ['o] interj **1.** [de surprise] oh **2.** [pour interpeller] hey.

HO (abr de **hors œuvre**) adj labour not included.

hobby ['ɔbi] (*pl* **hobbys** *ou* **hobbies**) nm hobby.

hobereau, x ['ɔbʀo] nm **1.** HIST [gentilhomme] squireling **2.** ORNITH hobby.

hochement ['ɔʃmɑ̃] nm ▸ **hochement de tête a)** [approbateur] nod **b)** [désapprobateur] shake of the head / *accepter d'un hochement de tête* to accept with a nod / *refuser d'un hochement de tête* to refuse with a shake of the head.

hochepot ['ɔʃpo] nm ▸ **hochepot (à la flamande)** (Flemish) hotchpotch *(stew of meat and vegetables)*.

hochequeue [ɔʃkø] nm wagtail.

hocher [3] ['ɔʃe] vt ▸ **hocher la tête a)** [pour accepter] to nod **b)** [pour refuser] to shake one's head / *elle hocha la tête en signe d'acquiescement* she nodded in agreement / *elle hocha la tête en signe de refus* she refused with a shake of the head.

hochet ['ɔʃɛ] nm **1.** [jouet] rattle **2.** *fig & litt* gewgaw.

Hô Chi Minh-Ville ['oʃiminvil] npr Ho Chi Minh City.

hockey ['ɔkɛ] nm hockey ▸ **hockey sur glace** ice hockey UK, hockey US ▸ **hockey sur gazon** hockey UK, field hockey US.

hockeyeur, euse ['ɔkɛjœʀ, øz] nm, f hockey player.

Hodgkin ['ɔdʒkin] npr ▸ **maladie de Hodgkin** Hodgkin's disease.

Hoggar ['ɔgaʀ] npr m ▸ **le Hoggar** the Hoggar / *dans le Hoggar* in the Hoggar Mountains.

hoirie [waʀi] nf **1.** ▸ **avancement d'hoirie** advancement *(of an inheritance)* **2.** SUISSE [héritage] joint legacy ; [ensemble des héritiers] ▸ **l'hoirie** the legatees.

Hokkaido ['ɔkaido] npr Hokkaido.

holà ['ɔla] ◆ interj hey, whoa / *holà ! attention !* hey ou whoa, be careful ! ◆ nm ▸ **mettre le holà à qqch** to put a stop to sthg / *il se remet à boire trop, il faut que j'y mette le holà* he's drinking too much again, I must put a stop to it ou put my foot down.

holding ['ɔldiŋ] nm ou nf ▸ **holding (financier)** holding company.

hold-up (*pl* **hold-up**), **holdup*** ['ɔldœp] nm raid, hold-up / *un hold-up à la banque* / *poste* a bank / post office raid.

holisme ['ɔlism] nm holism.

holiste [ɔlist], **holistique** [ɔlistik] adj holistic.

❖ **holiste** nmf holist.

hollandais, e ['ɔlɑ̃dɛ, ɛz] adj Dutch.

❖ **Hollandais, e** nm, f Dutchman (Dutchwoman) ▸ **les Hollandais** the Dutch.

❖ **hollandais** nm LING Dutch.

❖ **hollandaise** nf **1.** CULIN hollandaise (sauce) **2.** [vache] Friesian.

hollande ['ɔlɑ̃d] ◆ nm **1.** CULIN Dutch cheese *(Edam or Gouda)* **2.** [papier] Dutch paper. ◆ nf **1.** CULIN Dutch potato **2.** TEXT holland **3.** [porcelaine] Dutch porcelain.

Hollande ['ɔlɑ̃d] npr f ▸ **(la) Hollande** Holland ▸ **en Hollande** in Holland.

hollywoodien, enne ['ɔliwudjɛ̃, ɛn] adj [de Hollywood] Hollywood *(modif)* ; [évoquant Hollywood] Hollywood-like / *un luxe hollywoodien* Hollywood-style ou ostentatious luxury.

holocauste [ɔlɔkost] nm **1.** HIST ▸ **l'holocauste, l'Holocauste** the Holocaust **2.** [massacre] holocaust, mass murder **3.** RELIG burnt offering / *offrir un animal en holocauste* to offer an animal in sacrifice.

holocène [ɔlɔsɛn] nm GÉOL ▸ **l'holocène** the Holocene (period).

holocristallin, e [ɔlɔkʀistalɛ̃, in] adj holocrystalline.

hologramme [ɔlɔgʀam] nm hologram.

holographe [ɔlɔgʀaf] nm holograph.

holographie [ɔlɔgʀafi] nf holography.

holographique [ɔlɔgʀafik] adj holographic.

holophrastique [ɔlɔfʀastik] adj holophrastic.

holoprotéine [ɔlɔpʀɔtein] nf simple protein.

holothurie [ɔlɔtyʀi] nf sea slug, holothurian *spéc.*

holster [ɔlstɛʀ] nm holster.

homard ['ɔmaʀ] nm lobster ▸ **homard à la nage** CULIN lobster cooked in court-bouillon.

home ['om] nm **1.** [centre d'accueil] ▸ **home d'enfants** residential leisure centre (for children), holiday centre UK ou vacation center US for children **2.** *vieilli* [chez-soi] home / *ici c'est mon home* here is where I feel at home.

home cinéma [omsinema] (*pl* **home cinémas**) nm home cinema.

home-jacking [omdʒakiŋ] (*pl* **home-jackings**) nm home-jacking.

homélie [ɔmeli] nf **1.** RELIG homily **2.** *sout* [sermon] lecture, sermon / *suivit une longue homélie sur les dangers du tabac* there then followed a long lecture on the dangers of smoking.

homéomorphe [ɔmeɔmɔʀf] adj homoeomorphic, homoeomorphous.

homéomorphisme [ɔmeɔmɔʀfism] nm homoeomorphism.

homéopathe [ɔmeɔpat] ◆ nmf homoeopath, homoeopathist. ◆ adj ▸ **médecin homéopathe** homoeopathic doctor.

homéopathie [ɔmeɔpati] nf homoeopathy.

homéopathique [ɔmeɔpatik] adj homoeopathic.

homéostasie [ɔmeɔstazi] nf homeostasis.

homéostat [ɔmeɔsta] nm homeostat.

homéostatique [ɔmeɔstatik] adj homeostatic.

homéotherme [ɔmeɔtɛʀm] ◆ adj homoiothermic *spéc*, homothermal *spéc*, warm-blooded. ◆ nm homoiotherm *spéc*, warm-blooded organism.

Homère [ɔmɛʀ] npr Homer.

homérique [ɔmeʀik] adj **1.** LITTÉR Homeric **2.** [phénoménal] Homeric.

home-trainer [ˈomtʀɛnœʀ] (*pl* **home-trainers**) nm exercise bicycle.

homicide [ɔmisid] ◆ adj *litt* homicidal. ◆ nmf *litt* [personne] homicide. ◆ nm **1.** [acte] killing *(U)* **2.** DR homicide ▸ **homicide involontaire** ou **par imprudence** involuntary manslaughter ou homicide ▸ **homicide volontaire** murder.

hominidé [ɔminide] nm hominid ▸ **les hominidés** the Hominidae.

hominien [ɔminjɛ̃] nm ANTHR hominoid.

hominisation [ɔminizasjɔ̃] nf hominization.

hommage [ɔmaʒ] nm **1.** [marque de respect] tribute, homage *sout* ▸ **recevoir l'hommage de qqn** to receive sb's tribute ▸ **rendre hommage à qqn / qqch** to pay homage *sout* ou (a) tribute to sb / sthg / *ce soir nous rendons hommage à Édith Piaf* tonight we pay tribute to Edith Piaf / *il faut rendre hommage à sa perspicacité* you have to admire his clear-sightedness **2.** [don] ▸ **hommage de l'éditeur** complimentary copy **3.** HIST homage.

❖ **hommages** nmpl *sout* : *être sensible aux hommages* to appreciate receiving compliments / *(je vous présente) mes hommages, Madame* my respects, Madam ▸ **veuillez agréer, Madame, mes hommages respectueux** ou **mes respectueux hommages** yours faithfully UK, yours truly US.

❖ **en hommage à** loc prép in tribute ou homage *sout* to.

hommasse [ɔmas] adj *péj* mannish, masculine.

homme [ɔm] nm **1.** [individu de sexe masculin] man / *l'homme a une espérance de vie plus courte que celle de la femme* men have a shorter life expectancy than women / *alors, t'es un homme (ou un lâche)?* what are you, a man or a mouse? / *sors si t'es un homme!* step outside if you're a man! / *la guerre en a fait un homme* the war made a man out of him ▸ **être homme à** : *il est homme à démissionner si besoin est* he's the sort (of man ou person) who'll resign if necessary / *je ne suis pas homme à croire les gens sur parole* I'm not the sort of man who blindly believes what I'm told ▸ **trouver son homme** [pour un travail] to find one's man / *si vous voulez quelqu'un de tenace, Lambert est votre homme* if you want somebody who'll stick at it, then Lambert's just the person / *une double page sur l'homme du jour* a two-page spread on the man of the moment / *c'est lui qui est l'homme fort de l'alliance* he is the kingpin in the partnership / *une discussion d'homme à homme* a man-to-man talk ; *(comme adj)* : *je n'ai que des professeurs hommes* all my teachers are male ou men ▸ **homme d'action** man of action ▸ **homme d'affaires** businessman ▸ **homme d'Église** man of the Church ou cloth ▸ **homme d'État** statesman ▸ **homme à femmes** lady's ou ladies' man, womanizer *péj* ▸ **homme au foyer** househusband ▸ **homme de loi** lawyer ▸ **homme de main** henchman ▸ **homme de métier** craftsman ▸ **c'est un parfait homme du monde** he's a real gentleman ▸ **homme de paille** man of straw ▸ **homme de peine** labourer ▸ **homme de plume** man of letters, writer ▸ **homme de science** scientist, man of science ▸ **homme à tout faire** jack-of-all-trades ▸ **les hommes du Président** the President's men ▸ **un magazine pour hommes** a men's magazine ▸ **comme un seul homme** as one man ▸ **un homme averti en vaut deux** *prov* forewarned is forearmed *prov* ▸ **les hommes naissent libres et égaux en droits** *(Déclaration des droits de l'homme et du citoyen)* ≃ all men are born equal ▸ **le musée de l'Homme** *the Paris Museum of Mankind, in the Palais de Chaillot* **2.** [être humain] man / *un homme sur la Lune* a man on the Moon ▸ **l'homme** man, mankind, humankind / *l'homme est-il plus sujet aux maladies que l'animal?* is man ou are humans more prone to disease than animals? / *l'homme descend du singe* human beings are ou man is descended from the apes ▸ **les hommes** man, mankind, human beings ▸ **l'homme des cavernes** caveman ▸ **depuis l'homme de Cro-Magnon** since Cro-Magnon man ▸ **l'homme de Neandertal** Neanderthal man ▸ **l'homme propose, Dieu dispose** *prov* man proposes, God disposes *prov* ▸ **l'homme de la rue** the man in the street **3.** *fam* [amant, époux] ▸ **mon / son homme** my / her man / *elles laissent leurs hommes à la maison* they leave their men at home / *où est mon petit homme?* [fils] where's my little man? ▸ **elle a rencontré l'homme de sa vie** she's met the love of her life ▸ **l'homme idéal** Mr Right **4.** NAUT [marin] ▸ **homme de barre** helmsman ▸ **homme d'équipage** crew member, crewman ▸ **homme de quart** man ou sailor on watch ▸ **homme de vigie** lookout ▸ **un homme à la mer!** man overboard! **5.** MIL : *les officiers et leurs hommes* the officers and their men ▸ **homme de troupe** private **6.** HIST ▸ **homme d'armes** man-at-arms ▸ **homme lige** liege (man) **7.** AÉRON crewman, crew member **8.** BOT ▸ **homme pendu** man orchid.

homme-grenouille [ɔmgʀənuj] (*pl* **hommes-grenouilles**) nm frogman, diver.

homme-orchestre [ɔmɔʀkɛstʀ] (*pl* **hommes-orchestres**) nm **1.** MUS one-man band **2.** *fig* jack-of-all-trades.

homme-sandwich [ɔmsɑ̃dwitʃ] (*pl* **hommes-sandwichs**) nm sandwich man.

hommos [ɔmɔs] nm = **houmous.**

homo [ɔmo] adj & nmf *fam* [homosexuel] gay.

homocentre [ɔmɔsɑ̃tʀ] nm common centre.

homocentrique [ɔmɔsɑ̃tʀik] adj homocentric.

homochromie [ɔmɔkʀɔmi] nf cryptic coloration.

homocinétique [ɔmɔsinetik] adj ▸ **joint homocinétique** Hooke's joint.

homocyclique [ɔmɔsiklik] adj homocyclic.

homofocal, e, aux [ɔmɔfɔkal, o] adj **1.** OPT homofocal **2.** MATH confocal.

homogamétique [ɔmɔgametik] adj homogametic.

homogène [ɔmɔʒɛn] adj **1.** [substance, liquide] homogeneous / *ayant obtenu une pâte bien homogène* when you have a nice smooth mixture **2.** [gouvernement, classe] uniform, consistent, coherent **3.** CHIM & MATH homogeneous.

homogénéisateur, trice [ɔmɔʒeneizatœʀ, tʀis] ◆ adj homogenizing. ◆ nm, f homogenizer.

homogénéisation [ɔmɔʒeneizasjɔ̃] nf **1.** [d'une substance] homogenization **2.** *fig* [uniformisation] standardization / *on constate une homogénéisation des modes de paiement* payment methods are being standardized.

homogénéisé, e [ɔmɔʒeneize] adj homogenized.

homogénéiser [3] [ɔmɔʒeneize] vt [substance, liquide] ▸ **homogénéiser qqch** to homogenize sthg, to make sthg homogeneous.

homogénéité [ɔmɔʒeneite] nf **1.** [d'une substance] homogeneity, homogeneousness **2.** [d'une œuvre, d'une équipe] coherence, unity.

homographe [ɔmɔgʀaf] ◆ adj homographic. ◆ nm homograph.

homographie [ɔmɔgʀafi] nf homography.

homographique [ɔmɔgʀafik] adj homographic.

homogreffe [ɔmɔgʀɛf] nf [de tissu] homograft ; [d'organe] homotransplant.

homologation [ɔmɔlɔgasjɔ̃] nf **1.** [de conformité] accreditation **2.** DR [entérinement] ratification, approval **3.** SPORT ratification / *l'homologation d'un record* the ratification of a record.

homologie [ɔmɔlɔʒi] nf MATH & SCI homology.

homologue [ɔmɔlɔg] ◆ adj **1.** [équivalent] homologous, homologic, homological / *amiral est le grade homologue de général* an Admiral is equal in rank to a General **2.** BIOL & MÉD homologous **3.** MATH homologous, homologic, homological. ◆ nmf [personne] counterpart, opposite number. ◆ nm CHIM homologue.

homologuer [3] [ɔmɔlɔge] vt **1.** [déclarer conforme] to approve, to accredit ▸ **prix homologué** authorized price **2.** DR [entériner] to sanction, to ratify **3.** SPORT to ratify.

homomorphisme [ɔmɔmɔʀfism] nm **1.** CHIM homomorphism, homomorphy **2.** MATH homomorphism.

homoncule [ɔmɔ̃kyl] = **homuncule.**

homonyme [ɔmɔnim] ◆ adj homonymous. ◆ nmf [personne, ville] namesake. ◆ nm LING homonym.

homonymie [ɔmɔnimi] nf homonymy.

homonymique [ɔmɔnimik] adj homonymic.

homoparental, e, aux [ɔmɔpaʀɑ̃tal, o] adj relating to gay parenting, homoparental.

homoparentalité [ɔmɔpaʀɑ̃talite] nf gay parenting.

homophobe [ɔmɔfɔb] adj homophobe.

homophobie [ɔmɔfɔbi] nf homophobia.

homophone [ɔmɔfɔn] ◆ adj **1.** LING homophonous **2.** MUS homophonic. ◆ nm LING homophone.

homophonie [ɔmɔfɔni] nf LING & MUS homophony.

homoptère [ɔmɔptɛʀ] nm homopteran ▸ **les homoptères** the Homoptera.

homosexualité [ɔmɔsɛksɥalite] nf homosexuality.

homosexuel, elle [ɔmɔsɛksɥɛl] adj & nm, f homosexual, gay.

homosphère [ɔmɔsfɛʀ] nf homosphere.

homothétie [ɔmɔtesi] nf homothetic transformation.

homothétique [ɔmɔtetik] adj homothetic.

homozygote [ɔmɔzigɔt] ◆ adj homozygous. ◆ nmf homozygote.

homuncule [ɔmɔ̃kyl] nm **1.** [en alchimie] homunculus **2.** *fam & vieilli* [petit homme] squirt.

Honduras [ˈɔ̃dyʀas] npr m ▸ **le Honduras** Honduras ▸ **au Honduras** in Honduras ▸ **(le) Honduras britannique** British Honduras.

hondurien, enne [ˈɔ̃dyʀjɛ̃, ɛn] adj Honduran.

❖ **Hondurien, enne** nm, f Honduran.

Hongkong, Hong Kong [ˈɔ̃gkɔ̃g] npr Hong Kong.

hongre [ˈɔ̃gʀ] ◆ adj m gelded. ◆ nm gelding.

Hongrie [ˈɔ̃gʀi] npr f ▸ **(la) Hongrie** Hungary.

hongrois, e [ˈɔ̃gʀwa, az] adj Hungarian.

❖ **Hongrois, e** nm, f Hungarian.

❖ **hongrois** nm LING Hungarian, Magyar.

honnête [ɔnɛt] adj **1.** [scrupuleux -vendeur, associé] honest / *le procédé n'est pas très honnête mais j'ai besoin d'argent* it's not a very honest thing to do but I need the money **2.** [franc] honest ▸ **soyons honnêtes** let's be honest / *il faut être honnête, elle n'a aucune chance de réussir* let's face it ou we might as well face facts, she hasn't got a hope of succeeding **3.** [acceptable -prix] fair, reasonable ; [-résultat] decent, reasonable ; [-repas] decent / *12 sur 20, c'est honnête* 12 out of 20, that's not bad **4.** [respectable] honest, respectable, decent / *des gens honnêtes* respectable people ▸ **un honnête homme** *litt* ≃ a gentleman.

honnêtement [ɔnɛtmɑ̃] adv **1.** [sincèrement] honestly, frankly, sincerely ▸ **répondez honnêtement** answer honestly, give an honest answer / *honnêtement, je ne la connais pas!* honestly, I don't know her! / *non mais, honnêtement, tu la crois?* come on now, be honest, do you believe her? **2.** [décemment] fairly, decently / *je connais cet endroit, on y mange honnêtement* I know that place, the food they serve is quite decent / *elle a terminé honnêtement son année scolaire* she finished the year with reasonable marks **3.** [de façon morale] honestly ▸ **vivre honnêtement** to live ou to lead an honest life / *c'est de l'argent honnêtement gagné* it's money honestly earned / *il a relaté les faits honnêtement* he told the story honestly ou candidly.

honnêteté [ɔnɛtte] nf **1.** [franchise] honesty, candour ▸ **avec honnêteté** honestly, candidly / *il a reconnu son erreur avec honnêteté* he admitted honestly that he was wrong **2.** [intégrité -d'une conduite] honesty, decency ; [-d'une personne] integrity, decency.

❖ **en toute honnêteté** loc adv **1.** [avec sincérité] in all honesty, frankly ▸ **répondez en toute honnêteté** give an honest answer **2.** [pour être honnête] to tell the truth, to be perfectly honest.

honneur [ɔnœʀ] nm **1.** [dignité] honour UK, honor US / *mon honneur est en jeu* my honour is at stake ▸ **l'honneur est sauf** my / his etc. honour is saved ou intact / *c'est une question d'honneur* it's a matter of honour ▸ **mettre un point d'honneur à** ou **se faire un point d'honneur de faire qqch** to make a point of honour of doing sthg ▸ **venger l'honneur de qqn** to avenge sb's honour / *je finirai la partie pour l'honneur* I'll play to the end (even though I've lost) ▸ **se faire honneur de** to pride o.s. on ou upon **2.** [mérite] : *c'est tout à son honneur* it's entirely to his credit / *l'honneur vous en revient* the credit is yours / *être l'honneur de sa nation* to be a credit ou an honour to one's country ▸ **faire honneur à qqn** to do sb credit / *ces sentiments ne lui font pas honneur* these feelings do him no credit **3.** [marque de respect] honour / *vous me faites trop d'honneur* you're being too kind (to me) / *c'est lui faire trop d'honneur* he doesn't deserve such respect ▸ **à vous l'honneur!** after you! ▸ **honneur aux dames!** ladies first! ; *sout* [dans des formules de politesse] privilege, honour / *c'est un honneur pour moi de vous présenter...* it's a great privilege for me to introduce to you... / *j'ai l'honneur de solliciter votre aide* I would be most grateful for your assistance / *nous avons l'honneur de vous informer que...* we have the pleasure of informing you that... / *faites-nous l'honneur de venir nous voir* would you honour us with a visit? / *faites-moi l'honneur de m'accorder cette danse* may I have the honour of this dance? / *à qui ai-je l'honneur?* to whom do I have the honour (of speaking)? **4.** [titre] ▸ **Votre / Son Honneur** Your / His Honour **5.** EXPR **faire honneur à qqch** : *faire honneur à ses engagements / sa signature* to honour one's commitments / signature / *ils ont fait honneur à ma cuisine / mon gigot* they did justice to my cooking / leg of lamb.

❖ **honneurs** nmpl **1.** [cérémonie] honours UK, honors US / *les honneurs dus à son rang* the honours due to his rank ▸ **honneurs funèbres** last honours ▸ **enterré avec les honneurs militaires** buried with (full) military honours ▸ **rendre les honneurs à qqn** to pay sb one's last respects ▸ **les honneurs de la guerre** MIL the honours of war ▸ **avec les honneurs de la guerre** *fig* honourably **2.** [distinction] ▸ **briguer** ou **rechercher les honneurs** to seek public recognition / *avoir les honneurs de la première page* to get a write-up on the front page ▸ **faire à qqn les honneurs de qqch** to show sb round sthg / *permettez que je vous fasse les honneurs de la cave* do let me show you round the cellar **3.** CARTES honours.

❖ **à l'honneur** loc adj ▸ **être à l'honneur** to have the place of honour / *ce soir, c'est vous qui êtes à l'honneur* tonight is in your honour / *les organisateurs de l'exposition ont voulu que la sculpture soit à l'honneur* the exhibition organizers wanted sculpture to take pride of place.

❖ **d'honneur** loc adj [invité, place, tour] of honour ; [membre, président] honorary ; [cour, escalier] main.

❖ **en honneur** loc adj in favour ▸ **mettre qqch en honneur** to bring sthg into favour.

❖ **en l'honneur de** loc prép in honour of / *en l'honneur de notre ami Maurice* in honour of our friend Maurice ▸ **une fête en mon / son honneur** a party for me / him ▸ **en quel honneur?** *fam* why, for goodness' sake? / *ce regard noir, c'est en quel honneur? fam & hum* what's that frown in aid of? UK, what's that frown for?

❖ **sur l'honneur** loc adv upon ou on one's honour / *jurer sur l'honneur* to swear on one's honour.

honnir [32] ['ɔniʀ] vt *litt* to despise / *un dictateur honni* a hated dictator / *honni soit qui mal y pense* honi soit qui mal y pense, shame be to him who thinks evil of it.

Honolulu [ɔnɔlyly] npr Honolulu.

honorabilité [ɔnɔʀabilite] nf respectability.

honorable [ɔnɔʀabl] adj **1.** [digne de respect] respectable, honourable UK, honorable US / *les citoyens honorables* respectable ou upright citizens / *ses motifs ne sont pas des plus honorables* his intentions are less than honourable **2.** *hum* [avant le nom] : *mon honorable collègue* my esteemed colleague / *j'en appelle à l'honorable compagnie fam* I appeal to this honourable company **3.** [satisfaisant] fair, decent / *son bulletin scolaire est tout à fait honorable / est honorable sans plus* her school report is quite satisfactory / is just satisfactory.

honorablement [ɔnɔʀabləmɑ̃] adv **1.** [de façon respectable] decently, honourably UK, honorably US ▸ **honorablement connu** known and respected **2.** [de façon satisfaisante] creditably, honourably ▸ **gagner honorablement sa vie** to earn an honest living.

honoraire [ɔnɔʀɛʀ] adj **1.** [conservant son ancien titre] ▸ **professeur honoraire** professor emeritus **2.** [ayant le titre mais non les fonctions] honorary.

honoraires [ɔnɔʀɛʀ] nmpl fee, fees / *il demande des honoraires raisonnables* he charges reasonable fees ou a reasonable fee.

honorariat [ɔnɔʀaʀja] nm [titre] honorary title / *obtenir* ou *recevoir l'honorariat* to become an honorary member.

honoré, e [ɔnɔʀe] adj **1.** [honorable] : *mes chers et honorés confrères* most honourable and esteemed colleagues **2.** [lors de présentations] ▸ **très honoré!** I'm (greatly) honoured!

❖ **honorée** nf COMM ▸ **par votre honorée du 20 avril** by your letter of the 20th April.

honorer [3] [ɔnɔʀe] vt **1.** [rendre hommage à] to honour UK, to honor US / *honorons nos héros disparus* let us pay tribute to our dead heroes / *elle ne nous a même pas honorés d'un regard hum* she never even honoured us with a glance **2.** [respecter, estimer] to honour UK, to honor US / *nous honorons tous l'homme qui a pris cette décision* the man who made that decision is held in great esteem by us all / *tu honoreras ton père et ta mère* BIBLE thou shalt honour thy father and thy mother **3.** [contribuer à la réputation de] to honour UK, to honor US, to be a credit ou an honour to ▸ **votre sincérité vous honore** your sincerity does you credit **4.** [gratifier] to honour UK, to honor US ▸ **votre présence m'honore** you honour me with your presence / *nous vous prions d'honorer de votre présence le vernissage de l'exposition intitulée...* we would be delighted if you would honour us with your presence at the opening of the exhibition entitled... **5.** [payer] ▸ **honorer un chèque** to honour a cheque **6.** RELIG ▸ **honorer Dieu** to honour ou to praise God.

❖ **s'honorer de** vp + prép to be proud of, to take pride in, to pride o.s. upon / *je m'honore de votre amitié* ou *d'être votre ami* I'm honoured ou proud to be your friend.

honorifique [ɔnɔʀifik] adj honorary UK, ceremonial US ▸ **c'est un poste honorifique** it's an honorary position.

honoris causa ['ɔnɔʀiskoza] loc adj ▸ **être docteur honoris causa** to be the holder of an honorary doctorate.

honte ['ɔ̃t] nf **1.** [sentiment d'humiliation] shame ▸ **avoir honte (de qqn / qqch)** to be ou to feel ashamed (of sb / sthg) / *vous devriez avoir honte!* you should be ashamed! ▸ **n'as-tu pas honte?** aren't you ashamed? / *j'ai honte d'arriver les mains vides* I feel ou I'm ashamed at arriving empty-handed ▸ **faire honte à qqn** to make sb (feel) ashamed, to shame sb *sout* ▸ **il fait honte à son père a)** [il lui est un sujet de mécontentement] his father is ashamed of him **b)** [il lui donne un sentiment d'infériorité] he puts his father to shame / *ne me fais pas honte devant nos invités* please don't show me up in front of our guests ▸ **toute honte bue** : *trois ans plus tard, toute honte bue, il recommençait son trafic* three years later, totally lacking in any sense of shame, he started up his little racket again **2.** [indignité, scandale] disgrace, (object of) shame / *être la honte de sa famille* to be a disgrace to one's family / *la société laisse faire, c'est une honte!* it's outrageous ou it's a crying shame that society just lets it happen! **3.** [déshonneur] shame, shamefulness / *essuyer* ou *subir la honte d'un refus* to suffer the shame of a rebuff / *à ma grande honte* to my shame ▸ **honte à celui / celle qui...** shame on him / her who... / *il n'y a pas de honte à être au chômage* being unemployed is nothing to be ashamed of **4.** *régional* [peur] fear / *tu as honte de venir me dire bonjour?* are you afraid to come and say hello? **5.** [pudeur] ▸ **fausse honte** bashfulness / *n'ayez pas de fausse honte à parler au médecin* don't feel bashful ou self-conscious about talking to the doctor.

❖ **sans honte** loc adv shamelessly, without shame, unashamedly / *vous pouvez parler sans honte* you may talk quite openly.

honteusement ['ɔ̃tøzmɑ̃] adv **1.** [avec gêne] shamefully, ashamedly / *elle cacha honteusement son visage dans ses mains* she hid her face in shame **2.** [scandaleusement] shamefully, disgracefully / *on les exploite honteusement* they are disgracefully ou scandalously exploited.

honteux, euse ['ɔ̃tø, øz] adj **1.** [déshonorant] shameful, disgraceful / *de honteux secrets* shameful secrets / *un passé honteux* a shameful past, an inglorious past *sout* ▸ **maladie honteuse** venereal disease **2.** [scandaleux - exploitation, politique] disgraceful, outrageous, shocking / *des loyers aussi élevés, c'est honteux* such high rents are a disgrace / *c'est honteux de lui prendre le peu qu'elle a* it's disgraceful ou a disgrace to take from her the little she has / *ils continuent leur honteux trafic de stupéfiants* they keep up their vile drug trafficking **3.** [qui a des remords] ashamed / *je suis honteux de ce que j'ai fait* I'm ashamed of what I did **4.** [qui cache ses opinions] closet *(modif)*.

hooligan ['uligan] = **houligan.**

hooliganisme, houliganisme [uliganism] nm hooliganism.

hop ['ɔp] interj ▸ **allez, hop!** [à un enfant] come on, upsadaisy! / *et* ou *allez hop, on s'en va!* (right,) off we go!

hôpital, aux [ɔpital, o] nm **1.** [établissement] hospital ▸ **hôpital de campagne** field hospital ▸ **hôpital de jour** day hospital UK, outpatient clinic US ▸ **hôpital psychiatrique** psychiatric hospital ▸ **c'est l'hôpital qui se moque de la Charité** *prov* it's the pot calling the kettle black *prov* **2.** *(comme adjectif, avec ou sans trait d'union)* hospital *(modif)* ▸ **navire hôpital** hospital ship.

hoquet ['ɔkɛ] nm **1.** [spasme] hiccup, hiccough ▸ **avoir le hoquet** to have the hiccups / *mon hoquet m'a repris* my hiccups have come back again / *dans un hoquet de dégoût* with a gasp of disgust **2.** [d'un appareil] chug, gasp.

hoqueter [27] ['ɔkte] vi **1.** [personne] to hiccup, to have (the) hiccups **2.** [appareil] to judder / *le moteur hoqueta puis s'arrêta* the engine juddered to a halt.

In reformed spelling (see p. 16-19), this verb is conjugated like *acheter* : ***il hoquète, elle hoquètera.***

Horace [ɔʀas] npr [poète] Horace.

❖ **Horaces** npr mpl [frères romains] ▸ **les Horaces** the Horatii.

horaire [ɔʀɛʀ] ◆ adj hourly. ◆ nm **1.** [de travail] schedule, timetable UK ▸ **j'ai un horaire réduit** I work shorter hours ▸ **nos horaires sont chargés** we work a busy ou heavy schedule ou a lot of hours / *nous n'avons pas les mêmes horaires* we don't work the same hours ▸ **je n'ai pas d'horaire** I don't have any particular schedule ▸ **horaire individualisé** ou **souple** ou **à la carte** flexible working hours, flexitime UK / *nous avons un horaire à la carte* we work flexitime UK, we have flexible working hours **2.** [de train, d'avion] schedule, timetable UK ▸ **horaires d'avion** flight schedule / *je ne connais pas l'horaire des trains* I don't know the train times.

horde ['ɔʀd] nf horde / *des hordes de gens affamés assaillaient les trains* hordes ou throngs of hungry people mobbed the trains.

horion ['ɔʀjɔ̃] nm *litt* blow, punch / *les horions pleuvaient de partout* fists were flying.

horizon [ɔʀizɔ̃] nm **1.** [ligne] horizon ▸ **à l'horizon** *pr & fig* on the horizon / *le soleil disparaît à l'horizon* the sun is disappearing below the horizon / *le ciel se dégage à l'horizon* the sky ou the weather is clearing on the horizon / *on voit encore le bateau à l'horizon* the ship is still visible on the horizon ▸ **rien à l'horizon** *pr & fig* nothing in sight ou view / *pas le moindre petit boulot à l'horizon fam* no job anywhere to be had **2.** [paysage] horizon, view, vista / *un horizon de toits et de coupoles* a skyline of rooftops and domes ▸ **changer d'horizon** to have a change of scene ou scenery **3.** [domaine d'activité] horizon / *élargir ses horizons* to broaden one's horizons **4.** [perspectives d'avenir] : *notre horizon est janvier 2015* our objective is ou we are working towards January 2015 / *les prévisions à l'horizon 2012* the forecast for 2012 ▸ **ouvrir des horizons** to open up new horizons ou prospects ▸ **horizon économique / politique** ÉCON economic / political prospects **5.** ASTRON (celestial) horizon **6.** GÉOL horizon ▸ **horizon A / B / C**

A / B / C horizon **7.** AÉRON ▸ **horizon artificiel** artificial horizon **8.** ART ▸ **ligne / plan d'horizon** horizon line / plane.

horizontal, e, aux [ɔrizɔ̃tal, o] adj horizontal ▸ **mettez-vous en position horizontale** lie down (flat) ▸ **le un horizontal** [aux mots croisés] one across.

❖ **horizontale** nf horizontal.

❖ **à l'horizontale** loc adv horizontally, in a horizontal position ▸ **placer qqch à l'horizontale** to lay sthg down (flat).

horizontalement [ɔrizɔ̃talmɑ̃] adv horizontally ▸ **pose l'échelle horizontalement** lay the ladder down flat / *horizontalement: un, en six lettres, oiseau* one across, six letters, bird.

horizontalité [ɔrizɔ̃talite] nf horizontalness, horizontality.

horloge [ɔrlɔʒ] nf **1.** [pendule] clock ▸ **horloge atomique** atomic clock ▸ **horloge interne** ou **biologique** body ou biological clock ▸ **horloge normande** grandfather ou longcase UK clock ▸ **horloge parlante** speaking clock UK, time (telephone) service US ▸ **horloge pointeuse** time clock **2.** ZOOL ▸ **horloge de la mort** deathwatch beetle.

horloger, ère [ɔrlɔʒe, ɛr] ◆ adj clock-making / *la production horlogère* clock and watch making. ◆ nm, f watchmaker, clockmaker ▸ **horloger bijoutier** jeweller.

horlogerie [ɔrlɔʒri] nf **1.** [technique, métier] clock (and watch) ou timepiece making ▸ **pièce d'horlogerie a)** [interne] clock component **b)** [horloge] timepiece **2.** [boutique] watchmaker's, clockmaker's ▸ **horlogerie (bijouterie)** jewellery shop UK, jewelry store US.

hormis ['ɔrmi] prép *litt* save (for) / *le stade était vide, hormis quelques rares spectateurs* the stadium was empty, save for ou apart from a handful of spectators.

❖ **hormis que** loc conj *litt* except ou save that.

hormonal, e, aux [ɔrmɔnal, o] adj [gén] hormonal ; [traitement, crème] hormone *(modif)*.

hormone [ɔrmɔn] nf hormone ▸ **hormone de croissance / sexuelle** growth / sex hormone.

hormonothérapie [ɔrmɔnɔterapi] nf MÉD hormone therapy ; [pour femmes ménopausées] hormone replacement therapy.

Hormuz [ɔrmuz] npr ▸ **le détroit d'Hormuz** the strait of Hormuz.

Horn ['ɔrn] npr ▸ **le cap Horn** Cape Horn.

hornblende ['ɔrnblɛ̃d] nf hornblende.

horodaté, e [ɔrɔdate] adj stamped *(with the date and time)* ▸ **stationnement horodaté** pay and display parking zone.

horodateur, trice [ɔrɔdatœr, tris] adj time-stamping.

❖ **horodateur** nm [administratif] time-stamp ; [de parking] ticket machine.

horokilométrique [ɔrɔkilɔmetrik] adj ▸ **rendement horokilométrique** time-distance ratio.

horoscope [ɔrɔskɔp] nm horoscope.

horreur [ɔrœr] nf **1.** [effroi] horror / *saisi* ou *rempli d'horreur* horror-stricken, filled with horror / *hurler / reculer d'horreur* to cry out / to shrink away in horror ▸ **avoir qqch en horreur** [dégoût] to have a horror of ou to loathe sthg ▸ **avoir qqn en horreur** to loathe sb ▸ **avoir horreur de** to loathe, to hate ▸ **j'ai horreur des araignées** I hate ou I'm terrified of spiders / *elle a horreur des huîtres* she hates ou can't stand oysters / *j'ai horreur qu'on me dérange* I hate ou I can't stand being disturbed ▸ **faire horreur à qqn** to horrify ou to terrify sb, to fill sb with horror / *rien que l'idée de manger des escargots me fait horreur* the very idea of eating snails fills me with horror ou disgust ▸ **film d'horreur** horror film **2.** [cruauté] horror, ghastliness / *l'horreur des images était insoutenable* the pictures were unbearably horrific / *il décrit la guerre des tranchées dans toute son horreur* he describes trench warfare in all its horror **3.** *fam* [chose ou personne laide] ▸ **c'est une horreur a)** [personne] he's / she's repulsive **b)** [objet] it's hideous / *jette-moi toutes ces vieilles horreurs* throw away all these horrible old things **4.** [dans des exclamations] ▸ **oh, quelle horreur!** that's awful ou terrible ! / *quelle horreur, cette odeur!* what a disgusting ou vile smell ! / *une goutte de bière sur mon tapis neuf, l'horreur!* *hum* a drop of beer on my new carpet, oh, no !

❖ **horreurs** nfpl **1.** [crimes] horrors / *les horreurs de la guerre* the horrors of war / *les horreurs dont il est responsable* the horrible ou dreadful deeds he is responsible for **2.** [calomnies] : *on m'a raconté des horreurs sur lui* I've heard horrible things about him.

horrible [ɔribl] adj **1.** [effroyable - cauchemar] horrible, dreadful ; [- mutilation, accident] horrible, horrific ; [- crime] horrible, ghastly ; [- cri] horrible, frightful / *ce fut une guerre particulièrement horrible* it was a particularly horrific war **2.** [laid - personne] horrible, hideous, repulsive ; [- vêtement] ghastly, frightful ; [- décor, style] horrible, hideous, ghastly / *une espèce d'horrible chapeau* a really ghastly hat **3.** [méchant] horrible, nasty, horrid ▸ **être horrible avec qqn** to be nasty ou horrible to sb ▸ **raconter des histoires horribles sur qqn** to say horrible ou nasty things about sb **4.** [infect] horrible, disgusting, frightful / *la nourriture était horrible* the food was disgusting **5.** [temps] terrible ; [douleur] terrible, awful / *un vacarme horrible* a horrible noise / *des douleurs horribles* terrible ou awful pain.

horriblement [ɔribləmɑ̃] adv **1.** [en intensif] horribly, terribly, awfully / *nous étions horriblement déçus* we were terribly disappointed / *je suis horriblement confus* I'm terribly sorry ▸ **faire qqch horriblement mal** to do sthg very badly indeed ▸ **horriblement mal habillé** appallingly dressed / *ça fait horriblement mal* it hurts terribly **2.** [atrocement] horribly.

horrifiant, e [ɔrifjɑ̃, ɑ̃t] adj horrifying, terrifying.

horrifier [9] [ɔrifje] vt ▸ **horrifier qqn** to horrify sb, to fill sb with horror ▸ **être horrifié par** to be horrified at / *elle recula, horrifiée* she shrank back in horror.

horrifique [ɔrifik] adj *litt* horrific, horrendous, horrifying.

horripilant, e [ɔripilɑ̃, ɑ̃t] adj *fam* infuriating, exasperating, irritating / *ne fais pas grincer ta craie, c'est horripilant* don't grate your chalk on the board, it sets my teeth on edge / *il est horripilant, avec sa manie de jeter les journaux!* he gets on my nerves, always throwing out the papers !

horripilation [ɔripilasjɔ̃] nf **1.** MÉD horripilation *spéc*, gooseflesh, goose pimples ou bumps **2.** *fam* [exaspération] exasperation, irritation.

horripiler [3] [ɔripile] vt **1.** *fam* [exaspérer] to exasperate / *ses petites manies m'horripilaient* his annoying little habits were getting on my nerves / *ne te balance pas sur ta chaise, ça m'horripile* don't rock your chair, it's driving me mad **2.** MÉD to horripilate *spéc*.

hors ['ɔr] prép **1.** *litt* [hormis] except (for), save (for) *sout* / *personne hors les initiés* no one save ou but the initiated **2.** EXPR ▸ **hors antenne** off the air ▸ **hors barème** off-scale, unquoted ▸ **hors cadre** ADMIN seconded, on secondment ▸ **hors catégorie** outstanding, exceptional ▸ **hors circuit** : *mettre une lampe hors circuit* to disconnect a lamp ▸ **être hors circuit** *fig* to be out of circulation ▸ **hors commerce** not for sale to the general public ▸ **hors concours** : *il est hors concours* **a)** [exclu] he's been disqualified **b)** *fig* he is in a class of his own / *le film a été présenté hors concours* the film was presented out of competition ▸ **être hors course** to be out of touch ▸ **hors jeu** SPORT : *il est hors jeu* he's offside ▸ **hors la loi** : *mettre qqn hors la loi* to declare sb an outlaw, to outlaw sb ▸ **se mettre hors la loi** to place o.s. outside the law ▸ **hors les murs** [festival] out of town ▸ **hors normes** non-standard ▸ **hors pair** exceptional, outstanding / *une cuisinière hors pair* an exceptional ou outstanding cook ▸ **hors saison** off-season ▸ **louer hors saison** to rent in the off-season ▸ **hors série a)** [remarquable] outstanding, exceptional **b)** [personnalisé] custom built, customized ▸ **numéro hors série** [publication] special issue ▸ **hors service** out of order ▸ **hors sujet** irrelevant, off the subject ▸ **hors taxe** ou **taxes a)** excluding tax **b)** [à la douane] duty-free ▸ **planche hors texte** plate ▸ **hors tout** overall.

❖ **hors de** loc prép **1.** [dans l'espace - à l'extérieur de] out of, outside ; [- loin de] away from / *hors de la ville* out of town, outside the town / *hors de son monde / de ses habitudes* away from his surroundings / his routine ▸ **hors de ma vue** out of my sight ▸ **hors d'ici!** *sout* get out of here ! **2.** [dans le temps] ▸ **hors de saison** out of season ▸ **hors du temps** timeless / *elle est* ou *elle vit hors de son temps* she lives in a different age **3.** EXPR ▸ **mettre qqch hors d'action** to disable sthg ▸ **hors de portée (de) a)** [trop loin] out of reach ou range (of) **b)** *fig* out of reach (of) ▸ **être hors d'affaire** to have come ou pulled through ▸ **être hors de combat a)** SPORT to be knocked out ou hors de combat *sout* **b)** *fig* to be out of the game ou running ▸ **mettre qqn hors de combat** to disable sb ▸ **hors du commun** outstanding, exceptional ▸ **hors de danger** : *ici, vous êtes hors de danger* you're safe ou out of harm's reach here / *la victime n'est pas encore hors de danger* the victim isn't out of danger yet ▸ **il est hors de doute que** it's beyond doubt that ▸ **être hors d'état de nuire** : *il est hors d'état de nuire* **a)** he's been rendered harmless **b)** *euphém* [tué] he's been taken care of ▸ **hors de prix** prohibitively ou ruinously expensive ▸ **hors de propos** inopportune, untimely ▸ **hors de question** : *c'est hors de question* it's out of the question ▸ **hors de soi** : *il était hors de lui* he was beside himself / *elle m'a mis hors de moi* she infuriated me, she made me furious UK ou mad US ▸ **hors d'usage** out of service ▸ **hors de l'Église, point de salut** there is no salvation outside the Church.

hors-bord ['ɔrbɔr] (*pl* **hors-bord** *ou* **hors-bords***) nm **1.** [moteur] outboard motor **2.** [bateau] speedboat, outboard.

hors-cote ['ɔrkɔt] ◆ adj inv BOURSE unlisted. ◆ nm inv [marché] unlisted securities market.

hors-d'œuvre ['ɔrdœvr] nm inv **1.** CULIN starter, hors d'œuvre *sout* ▸ **hors-d'œuvre variés** (assorted) cold meats and salads **2.** *fig* : *et ce n'était qu'un hors-d'œuvre* and that was just the beginning.

horse-guard ['ɔrsgard] (*pl* **horse-guards**) nm Horse Guard.

horse power ['ɔrspɔwœr] nm inv horsepower.

hors-jeu ['ɔrʒø] (*pl* **hors-jeu** *ou* **hors-jeux***) ◆ adj offside / *le joueur est hors-jeu* the player is offside. ◆ nm offside / *hors-jeu de position* offside *(where the player is not interfering with play)*.

hors-la-loi ['ɔrlalwa] nmf inv outlaw.

hors-piste(s) ['ɔrpist] ◆ nm ▸ **faire du hors-pistes** to ski off piste. ◆ adj ▸ **le ski hors-pistes** off-piste skiing.

hors-série [ɔrseri] ◆ adj inv [magazine] special. ◆ nm (*pl* **hors-séries**) special issue ou edition.

hors-sol [ɔrsɔl] (*pl* **hors-sol** *ou* **hors-sols***) adj [culture] non-soil ; [piscine] above-ground, raised ▸ **élevage hors-sol** battery farming.

hors-texte ['ɔrtɛkst] (*pl* **hors-texte** *ou* **hors-textes***) nm IMPR plate.

hortensia [ɔrtɑ̃sja] nm hydrangea.

horticole [ɔrtikɔl] adj horticultural.

horticulteur, trice [ɔrtikyltœr, tris] nm, f horticulturist.

horticulture [ɔrtikyltyr] nf horticulture.

hosanna [ozana] nm hosanna.

hospice [ɔspis] nm **1.** [asile] ▸ **hospice (de vieillards)** (old people's) home **2.** RELIG hospice.

hospitalier, ère [ɔspitalje, ɛr] ◆ adj **1.** ADMIN [frais, service, personnel] hospital *(modif)* ▸ **en milieu hospitalier** in a hospital environment ▸ **établissement hospitalier** hospital **2.** [personne, peuple, demeure] hospitable, welcoming ; *sout* [rivage, île] inviting **3.** RELIG [frère, sœur, ordre] Hospitaller. ◆ nm, f member of hospital staff ▸ **les hospitaliers** hospital staff ou workers.

❖ **hospitalier** nm Knight Hospitaller.

hospitalisation [ɔspitalizasjɔ̃] nf hospitalization / *son état nécessite une hospitalisation immédiate* in her state, she should be admitted to hospital immediately ▸ **pendant mon hospitalisation** while I was in hospital ▸ **hospitalisation à domicile** home care.

hospitalisé, e [ɔspitalize] nm, f hospital patient.

hospitaliser [3] [ɔspitalize] vt to hospitalize ▸ **se faire hospitaliser** to be admitted ou taken to hospital / *le médecin veut le faire hospitaliser* the doctor wants to send him ou to have him admitted to hospital ou to hospitalize him / *elle est hospitalisée à la Salpêtrière* she's in hospital at la Salpêtrière.

hospitalisme [ɔspitalism] nm separation anxiety.

hospitalité [ɔspitalite] nf **1.** [hébergement] hospitality ▸ **offrir / donner l'hospitalité à qqn** to offer / to give sb hospitality **2.** [cordialité] : *nous vous remercions de votre hospitalité* [après un séjour, un repas] thank you for making us (feel) welcome **3.** [asile] : *donner l'hospitalité*

* In reformed spelling (see p. 16-19).

à des réfugiés politiques to give shelter to ou to take in political refugees.

hospitalo-universitaire [ɔspitaloyniversitɛʀ] (*pl* **hospitalo-universitaires**) adj ▸ **centre hospitalo-universitaire** teaching ou university hospital ▸ **enseignement hospitalo-universitaire** clinical teaching.

hostellerie [ɔstɛlʀi] nf *arch* inn, hostelry.

hostie [ɔsti] nf RELIG host.

hostile [ɔstil] adj **1.** [inamical] hostile, unfriendly / *un regard hostile* a hostile look / *cette nature / ce rivage hostile litt* this hostile ou unfriendly environment / shore **2.** [opposé] hostile ▸ **être hostile à qqn** to be hostile to ou opposed to ou against sb **3.** ÉCOL hostile.

hostilement [ɔstilmɑ̃] adv hostilely, with hostility.

hostilité [ɔstilite] nf hostility ▸ **manifester de l'hostilité envers qqn / qqch** to show hostility to ou towards sb / sthg.

❖ **hostilités** nfpl MIL ▸ **les hostilités** hostilities / *reprendre les hostilités* to reopen ou to resume hostilities.

hosto [ɔsto] nm *fam* [hôpital] hospital.

hot ['ɔt] ◆ adj inv [jazz] hot. ◆ nm inv hot jazz.

hot dog (*pl* **hot dogs**), **hotdog*** ['ɔtdɔg] nm hot dog.

hôte, hôtesse [ot, otɛs] nm, f *sout* [personne qui reçoit] host (hostess) ▸ **notre hôte** our host.

❖ **hôte** nm **1.** [invité] guest ; [client dans un hôtel] patron, guest ▸ **un hôte de marque** an important guest ▸ **hôte payant** paying guest **2.** *litt* [habitant] : *les hôtes des bois / lacs* the denizens of the woodlands / lakes **3.** BIOL host **4.** INFORM host (computer).

❖ **hôtesse** nf [responsable de l'accueil - dans un hôtel] receptionist ; [- dans une exposition] hostess ▸ **hôtesse d'accueil** receptionist ▸ **demande à l'hôtesse** ask at reception ▸ **hôtesse de l'air** air hostess UK, stewardess.

hôtel [otɛl] nm **1.** [proposant des chambres] hotel / *hôtel tout confort* hotel with all mod cons / *hôtel de tourisme* basic ou tourist hotel / *on ne trouve pas d'hôtels dans la région à cette saison* there is no hotel accommodation available in the area at this time of year / *on n'est pas dans un hôtel ici ! fam* this isn't a hotel you know ! ▸ **hôtel de passe** *hotel used for prostitution* **2.** [dans des noms d'hôtels particuliers et de bâtiments publics] ▸ **l'hôtel de Brienne** *building in Paris where the French Ministry of Defence is situated* ▸ **l'hôtel Drouot** *sale rooms in Paris where auctions are held* ▸ **l'hôtel des Invalides** *building constructed by Louis XIV for wounded soldiers, now housing a military museum ; the tomb of Napoleon I lies under the dome* ▸ **l'hôtel de la Monnaie** *the former French Mint* ; ≃ the Mint UK ; ≃ the (Federal) Mint US ▸ **l'hôtel de Sens** *historic building, now a museum, in the Marais district of Paris, a fine example of late medieval architecture famous for its associations with Marguerite de Valois* ▸ **hôtels de Soubise et de Rohan** *eighteenth-century houses in the Marais district of Paris, home of the national archives since 1808.*

❖ **hôtel particulier** nm (private) mansion, town house.

❖ **hôtel des ventes** nm sale room ou rooms, auction room ou rooms.

❖ **hôtel de ville** nm town UK ou city US hall.

 **L'hôtel de la Monnaie**

Legal tender is no longer minted at the **hôtel de la Monnaie** in Paris, although medals are still made there. Money is now minted at Pessac near Bordeaux.

hôtel-Dieu [otɛldjø] (*pl* **hôtels-Dieu**) nm general hospital.

hôtelier, ère [otəlje, ɛʀ] ◆ adj [relatif à l'hôtellerie] hotel *(modif)* / *la qualité de l'accueil hôtelier* the standards of hotel accommodation ▸ **personnel hôtelier** hotel staff ▸ **gestion hôtelière** hotel management ▸ **l'infrastructure hôtelière** hotel facilities. ◆ nm, f COMM & LOISIRS hotelier, hotel manager ou owner.

❖ **hôtelier** nm RELIG hospitaller.

hôtellerie [otɛlʀi] nf **1.** COMM & LOISIRS hotel trade ou business ou industry ▸ **hôtellerie de plein air** the camping and caravanning business **2.** RELIG hospice.

hôtel-restaurant [otɛlʀɛstɔʀɑ̃] (*pl* **hôtels-restaurants**) nm hotel and restaurant.

hôtesse [otɛs] f ⟶ **hôte.**

hot money ['ɔtmɔnɛ] nf inv hot money.

hotte ['ɔt] nf **1.** [de cheminée, de laboratoire] hood ▸ **hotte aspirante** ou **filtrante** [de cuisine] extractor hood **2.** [de vendangeur] basket / *la hotte du père Noël* Father Christmas's sack.

hottentot, e [ɔtɑ̃to, ɔt] adj Hottentot.

❖ **Hottentot, e** nm, f Hottentot ▸ **les Hottentots** the Hottentot(s).

hou ['u] interj [pour effrayer] boo ; [pour faire honte] shame.

houblon ['ublɔ̃] nm BOT hop (plant) ; [de bière] hops.

houblonnage ['ublɔnaʒ] nm hopping.

houblonner [3] ['ublɔne] vt to hop.

houblonnier, ère ['ublɔnje, ɛʀ] ◆ adj [région] hop-growing ; [industrie] hop *(modif)*. ◆ nm, f hop grower.

❖ **houblonnière** nf hop field ou garden.

houe ['u] nf **1.** HORT hoe ; AGR (drag) hoe ▸ **houe rotative** rotary (motor) hoe **2.** CONSTR pestle.

houille ['uj] nf **1.** MIN coal ▸ **houille flambante** bituminous coal ▸ **houille maigre / grasse** lean / bituminous coal **2.** ÉLECTR ▸ **houille rouge / d'or** geothermal / solar energy ▸ **houille blanche** hydroelectric power *(from waterfalls)* ▸ **houille bleue** wave and tidal power ▸ **houille incolore** wind power ▸ **houille verte** hydroelectric power *(from rivers)*.

houiller, ère ['uje, ɛʀ] adj [bassin, production] coal *(modif)* ; [sol, roche] coal-bearing, carboniferous *spéc.*

❖ **houiller** nm [en Europe] Upper Carboniferous ; [aux États-Unis] Pennsylvanian.

❖ **houillère** nf coalmine.

houle ['ul] nf [mouvement de la mer] swell / *grosse* ou *grande houle* heavy swell / *il y a de la houle* the sea's rough.

houlette ['ulɛt] nf **1.** [d'un berger] crook **2.** HORT trowel.

❖ **sous la houlette de** loc prép under the leadership ou direction ou aegis *sout* of.

houleux, euse ['ulø, øz] adj **1.** [mer] rough, choppy **2.** [débat, réunion] stormy.

houligan ['uligan] nm (football) hooligan.

houliganisme [uliganism] = **hooliganisme.**

houmous [umus] nm houmous, hummus.

houp ['up] = **hop.**

houppe ['up] nf **1.** [à maquillage] powder puff **2.** [de cheveux] tuft (of hair) **3.** [décorative] tassel **4.** ORNITH tuft.

houppelande ['uplɑ̃d] nf mantle.

houppette ['upɛt] nf powder puff.

hourra ['uʀa] ◆ interj hurrah, hooray. ◆ nm cheer (of joy) / *pousser des hourras* to cheer.

house [(a)ws], **house music** [awsmjusik] nf ▸ **la house (music)** house music.

house-boat [awsbot] (*pl* **house-boats**) nm house-boat.

houspiller [3] ['uspije] vt to tell off *(sép)* / *se faire houspiller* to get told off.

housse ['us] nf **1.** [de coussin] cover ; [de meubles - pour protéger] dustsheet ; [- pour décorer] cover UK, slipcover US ; [de vêtements] suit sack ▸ **housse de couette** duvet UK ou comforter US cover ▸ **housse (de protection)** cover ▸ **housse de rangement** cover **2.** TECHNOL rough casting.

housser [3] ['use] vt to put a (dust) cover on, to cover (up).

houx ['u] nm holly ▸ **petit houx** butcher's broom.

hovercraft [ɔvœʀkʀaft] nm hovercraft.

hoverport [ɔvœʀpɔʀ] nm hoverport.

HP ◆ abr écrite de **haut-parleur.** ◆ nm abr de **hôpital psychiatrique.**

HPA (abr de **heure probable d'arrivée**) nf ETA.

HPD (abr de **heure probable de départ**) nf ETD.

HS (abr de **hors service**) adj *fam* [appareil] out of order ; [personne] shattered / *la télé est complètement HS* the telly's on the blink.

HT ◆ adj (abr de **hors taxe**) *not including tax* ▸ **50 € HT** ≃ 50 € plus VAT. ◆ nf (abr de **haute tension**) HT.

HTML (abr de **Hypertext Mark-up Language**) nm HTML.

Huang He [waŋe], **Huang-Ho** [waŋo] npr m Huang-Ho.

huard, huart ['yaʀ] nm QUÉBEC ORNITH (black-throated) diver UK ou loon US.

hub [œb] nm AÉRON & INFORM hub.

hublot ['yblo] nm [de bateau] porthole ; [d'avion] window ; [de machine à laver] (glass) door ▸ **mes hublots** *fam* my specs.

huche ['yʃ] nf chest ▸ **huche à pain** bread bin UK, bread box US.

Hudson [ytsɔn] ◆ npr m ▸ **l'Hudson** the Hudson River. ◆ npr ⟶ **baie.**

hue ['y] interj gee up / *allez hue, cocotte !* gee up !, giddy up !

❖ **à hue et à dia** loc adv ▸ **tirer à hue et à dia** to pull ou to tug in opposite directions (at once).

Hué ['ɥe] npr Hué.

huée ['ɥe] nf CHASSE hallooing, halloos.

❖ **huées** nfpl boos, booing *(U)* / *il quitta la scène sous les huées* he was booed ou hissed off stage.

huer [7] ['ɥe] ◆ vt **1.** [par dérision] to boo **2.** CHASSE to halloo. ◆ vi [hibou] to hoot ; [héron] to croak.

huguenot, e ['ygno, ɔt] adj & nm, f Huguenot.

Hugues [yg] npr ▸ **Hugues Capet** Hugues Capet.

huilage ['ɥilaʒ] nm oiling, lubrication.

huile [ɥil] nf **1.** CULIN oil ▸ **faire frire qqch à l'huile** to fry sthg in oil ▸ **à l'huile** : *pommes à l'huile* potatoes (done) in an oil dressing ▸ **huile d'arachide / de coco / de colza / d'olive / de maïs / de noix / de tournesol** groundnut UK ou peanut US / coconut / rapeseed ou colza / olive / corn / walnut / sunflower oil ▸ **huile pour assaisonnement** salad oil ▸ **huile de cuisson** cooking oil ▸ **huile de cade** oil of cade ▸ **huile de table** (salad) oil ▸ **huile végétale** vegetable oil ▸ **huile vierge** unrefined ou virgin oil ▸ **jeter** ou **mettre** ou **verser de l'huile sur le feu** to add fuel to the flames **2.** [pour chauffer, pour lubrifier] oil ▸ **huile de chauffage** QUÉBEC domestic fuel ▸ **huile de coude** *fam* elbow grease ▸ **huile minérale** mineral oil ▸ **huile (pour) moteur** engine oil ▸ **huile de vidange** waste (lubricating) oil ▸ **mettre de l'huile dans les rouages de** to oil the wheels of **3.** PHARM ▸ **huile d'amandes douces / amères** sweet / bitter almond oil ▸ **huile de bain** bath oil ▸ **huile pour le corps** body oil ▸ **huile pour bébés** baby oil ▸ **huile essentielle** ou **volatile** essential oil ▸ **huile de lin / ricin** linseed / castor oil ▸ **huile solaire** suntan oil ▸ **huile de vaseline** ou **paraffine** paraffin oil UK ▸ **huile de foie de morue** cod-liver oil **4.** RELIG ▸ **les saintes huiles** the holy oils **5.** ART [œuvre] oil (painting) **6.** *fam* [personne importante] bigwig, VIP, big shot / *les huiles du régiment* the regimental (top) brass ou big shots.

❖ **d'huile** loc adj [mer] glassy ▸ **la mer était d'huile** the sea was like glass ou a mill pond.

huilé, e [ɥile] adj **1.** [enduit d'huile] oiled **2.** [qui fonctionne] ▸ **bien huilé** well-oiled.

huiler [3] [ɥile] vt to oil, to lubricate.

huilerie [ɥilʀi] nf [fabrique] oil works ou factory.

huileux, euse [ɥilø, øz] adj **1.** [substance] oily **2.** [cheveux, doigts] oily, greasy.

huilier, ère [ɥilje, ɛʀ] adj oil *(modif)*.

❖ **huilier** nm **1.** [ustensile de table] oil and vinegar set ; [avec moutardier] cruet (stand), condiment set **2.** [fabricant] oil manufacturer.

huis [ɥi] nm *litt* door.

huis clos ['ɥiklo] nm ▸ **demander le huis clos** to ask for proceedings to be held in camera / **'Huis clos'** Sartre 'In Camera'.

❖ **à huis clos** loc adv : *le procès se déroulera à huis clos* the trial will be held in camera / *avoir une discussion à huis clos* to have a discussion behind closed doors.

huisserie [ɥisʀi] nf [de porte] (door) frame ; [de fenêtre] (window) frame.

huissier, ère [ɥisje, ɛʀ] nm, f **1.** [gardien, appariteur] usher **2.** DR ▸ **huissier (de justice)** ≃ bailiff.

huit [ˈɥit] *(devant consonne* [ˈɥi] *)* ◆ dét eight ▸ **huit jours** [une semaine] a week ▸ **donner ses huit jours à qqn** to give sb their notice. ◆ nm inv **1.** [nombre] eight / *nous avons rendez-vous le huit (mars)* we are meeting on the eighth (of March) ▸ **aujourd'hui en huit** this time next week ▸ **jeudi en huit** a week on UK ou from US Thursday / **'Huit et demi'** *Fellini* 'Eight and a Half' **2.** [dessin] figure of eight **3.** SPORT [en patinage] figure of eight ; [en aviron] ▸ **huit (barré)** eight **4.** LOISIRS ▸ **le grand huit** rollercoaster *(in figure of eight)*. **Voir aussi cinq.**

huitain [ˈɥitɛ̃] nm LITTÉR octave.

huitaine [ˈɥitɛn] nf ▸ **une huitaine** about eight, eight or so ▸ **une huitaine (de jours)** about a week, a week or so ▸ **sous huitaine** within a week ▸ **remis à huitaine** postponed for a week.

huitante [ˈɥitɑ̃t] adj num card inv SUISSE eighty.

huitième [ˈɥitjɛm] ◆ adj num ord eighth ▸ **le huitième art** television ▸ **la huitième merveille du monde** the eighth wonder of the world. ◆ nmf : *il est arrivé huitième* he finished eighth. ◆ nm eighth ▸ **les huitièmes de finale** SPORT the round before the quarterfinals. ◆ nf ENS *vieilli* ≃ Year 5 *(at junior school)* UK ; ≃ fourth grade US. **Voir aussi cinquième.**

huitièmement [ˈɥitjɛmmɑ̃] adv eighthly.

huître, huitre* [ɥitʀ] nf **1.** ZOOL oyster ▸ **huître de Marennes** Marennes oyster ▸ **huître perlière** pearl oyster ▸ **huître plate** flat ou native oyster ▸ **huître portugaise** Portuguese oyster **2.** *fam & vieilli* [personne stupide] twit.

huîtrier, ère, huitrier*, ère [ɥitʀije, ɛʀ] adj oyster *(modif)*.

❖ **huîtrier, huitrier*** nm ORNITH oystercatcher.

❖ **huîtrière, huitrière*** nf [banc] oyster bed ; [parc] oyster farm ou bed.

hulotte [ˈylɔt] nf tawny ou brown owl.

hululement [ˈylylmɑ̃] nm hooting.

hululer [3] [ˈylyle] vi to hoot.

hum [ˈœm] interj **1.** [marquant le doute] er, um, h'mm **2.** [pour signaler sa présence] ahem.

humain, e [ymɛ̃, ɛn] adj **1.** [propre à l'homme - corps, race, condition] human / *il cherche à se venger, c'est humain* he's looking for revenge, it's only human / *nous faire travailler par cette chaleur, ce n'est pas humain* forcing us to work in this heat is inhuman / *une ville nouvelle aux dimensions humaines* a new town planned with people in mind ou on a human scale **2.** [bienveillant] humane ▸ **il est très humain** he's very understanding ▸ **être humain avec qqn** to act humanely towards sb, to treat sb humanely.

❖ **humain** nm **1.** [être] ▸ **un humain** a human (being) ▸ **les humains** mankind, humans, human beings **2.** *litt* ▸ **l'humain a)** [nature] human nature **b)** [facteur] the human element ou factor / *perdre le sens de l'humain* to lose one's sense of humanity.

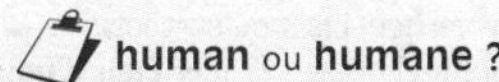

human ou **humane** ?

Ce qui se rapporte à l'être humain se traduit par **human**. Au sens de « bon », « compréhensif », humain se traduit par **humane**.

humainement [ymɛnmɑ̃] adv **1.** [avec bienveillance] humanely ▸ **traiter qqn humainement** to treat sb humanely **2.** [par l'homme] humanly / *faire tout ce qui est humainement possible* to do everything that is humanly possible.

humanisation [ymanizasjɔ̃] nf humanization / *aujourd'hui, on vise à une humanisation des rapports dans l'entreprise* today, the aim is to make relationships in the company more human.

humaniser [3] [ymanize] vt [environnement] to humanize, to adapt to human needs ; [personne] to make more human.

❖ **s'humaniser** vpi to become more human / *l'environnement industriel s'est humanisé* the industrial environment has a more human face.

humanisme [ymanism] nm humanism.

humaniste [ymanist] ◆ adj humanist, humanistic. ◆ nmf humanist.

humanitaire [ymanitɛʀ] adj humanitarian.

humanitarisme [ymanitaʀism] nm humanitarianism.

humanitariste [ymanitaʀist] adj & nmf humanitarian.

humanité [ymanite] nf **1.** [êtres] ▸ **l'humanité** humanity, mankind, humankind **2.** [compassion] humanity, humaneness ▸ **traiter qqn avec humanité** to treat sb humanely **3.** PRESSE ▸ **l'Humanité** *French daily newspaper representing the views of the French Communist Party.*

❖ **humanités** nfpl **1.** BELG *the three years leading to the baccalauréat examination in Belgium* **2.** UNIV ▸ **les humanités** *vieilli* the classics.

humanoïde [ymanɔid] adj & nmf humanoid.

humble [œ̃bl] adj **1.** [effacé - personne] humble, meek / *d'un ton humble* humbly, meekly **2.** [par déférence] humble / *veuillez accepter mes humbles excuses* please accept my most humble apologies ▸ **à mon humble avis** in my humble opinion **3.** [pauvre, simple - demeure, origine] humble ; [- employé] humble, lowly, obscure.

❖ **humbles** nmpl *litt* ▸ **les humbles** those of humble extraction *sout.*

humblement [œ̃bləmɑ̃] adv **1.** humbly / *je vous ferai humblement remarquer que…* may I humbly point out that… ? **2.** [sans richesse] humbly ▸ **vivre humblement** to live modestly ou humbly.

humecter [4] [ymɛkte] vt [linge] to dampen ; [visage - avec un liquide] to moisten ; [- avec un linge mouillé] to dampen / *la sueur humectait son front* his forehead was damp with perspiration.

❖ **s'humecter** vpt ▸ **s'humecter les lèvres** to moisten one's lips ▸ **s'humecter le gosier** *fam* to wet one's whistle.

humecteur [ymɛktœʀ] nm [de papier, d'étoffe] dampener.

humer [3] [ˈyme] vt [sentir] to smell ; [inspirer] to inhale, to breathe in *(sép)*.

huméral, e, aux [ymeʀal, o] adj humeral.

humérus [ymeʀys] nm humerus.

humeur [ymœʀ] nf **1.** [état d'esprit] mood / *la bonne humeur régnait dans la maison* the whole household was in a good mood ▸ **être d'humeur à faire qqch** to be in the mood to do sthg ou for doing sthg / *je ne suis pas d'humeur à écouter ses commérages* I am not in the mood to listen to ou I am in no mood for listening to his gossip ▸ **selon l'humeur du jour** it depends (on) how the mood takes me / you / him etc. ▸ **être d'humeur changeante** to be moody ▸ **être de bonne / mauvaise humeur** to be in a good / bad mood ▸ **être d'une humeur de dogue** to be like a bear with a sore head ▸ **être d'une humeur noire** to be in a foul mood **2.** [caractère] temper / *être d'humeur chagrine* to be bad-tempered ou sullen / *être d'humeur égale / inégale* to be even-tempered / moody **3.** *litt* [acrimonie] bad temper, ill humour / *montrer de l'humeur* to show ill temper / *répondre avec humeur* to answer testily ou moodily ▸ **accès / mouvement d'humeur** outburst / fit of temper **4.** [caprice] : *il a ses humeurs* he has his whims **5.** MÉD ▸ **humeur aqueuse / vitrée** aqueous / vitreous humour.

❖ **humeurs** nfpl *arch* humours.

humide [ymid] adj [linge, mur] damp ; [éponge] damp, moist ; [cave] damp, dank ; [chaussée] wet ; [chaleur, air, climat] humid, moist ; [terre] moist / *j'ai les mains humides* my hands are wet / *la terre doit toujours être un peu humide* always keep the soil slightly moist ▸ **temps chaud et humide** muggy weather / *les yeux humides de larmes* eyes moist with tears.

humidificateur [ymidifikatœʀ] nm humidifier.

humidification [ymidifikasjɔ̃] nf **1.** [de l'air] humidification *spéc*, humidifying, moisturizing **2.** [du linge] dampening, moistening.

humidifier [9] [ymidifje] vt **1.** [air] to humidify, to moisturize **2.** [linge] to dampen, to moisten.

humidité [ymidite] nf **1.** [de l'air chaud] humidity, moisture ; [de l'air froid, d'une terre] dampness ; [d'une cave] dampness, dankness / *il y a des taches d'humidité au plafond* there are damp patches on the ceiling / *la pièce sent l'humidité* the room smells (of) damp **2.** PHYS ▸ **humidité absolue / relative** absolute / relative humidity.

humification [ymifikasjɔ̃] nf humification.

humiliant, e [ymiljɑ̃, ɑ̃t] adj humiliating ▸ **critique humiliante** galling ou mortifying criticism.

humiliation [ymiljasjɔ̃] nf humiliation ▸ **infliger une humiliation à qqn** to humiliate sb / *subir les pires humiliations* to suffer the deepest humiliation.

humilié, e [ymilje] ◆ adj humiliated. ◆ nm, f humiliated person ▸ **les humiliés** the humiliated, the humbled.

humilier [9] [ymilje] vt to humiliate, to shame.

❖ **s'humilier** vp *(emploi réfléchi)* ▸ **s'humilier devant qqn / qqch** to humble o.s. before sb / sthg.

humilité [ymilite] nf **1.** [d'une personne] humility, humbleness, modesty ▸ **avec humilité** humbly **2.** *litt* [d'une tâche] humbleness, lowliness.

❖ **en toute humilité** loc adv *sout* in all humility.

humoral, e, aux [ymɔʀal, o] adj humoral.

humoriste [ymɔʀist] nmf humorist.

humoristique [ymɔʀistik] adj [récit, ton] humorous.

humour [ymuʀ] nm humour UK, humor US ▸ **avec humour** humorously ▸ **sans humour** humourless ▸ **plein d'humour** humorous / *il n'y a aucun humour dans le scénario* the script is totally humourless ▸ **avoir de l'humour** ou **le sens de l'humour** to have a sense of humour ▸ **humour noir** black humour.

humus [ymys] nm humus.

Hun [ˈœ̃] nmf Hun ▸ **les Huns** (the) Hun.

Hunan [ˈynan] npr Hunan.

hune [ˈyn] nf NAUT top.

hunier [ˈynje] nm topsail.

hunter [ˈœntœʀ] nm ÉQUIT hunter.

huppe [ˈyp] nf ORNITH **1.** [oiseau] hoopoe **2.** [plumes] crest ; [chez certains pigeons] tuft, tufts.

huppé, e [ˈype] adj **1.** *fam* [personne, restaurant, soirée] posh UK, smart / *les gens huppés* the upper crust **2.** ORNITH crested.

hurdler [ˈœʀdlœʀ] nm hurdler.

hure [yʀ] nf **1.** [tête] boar's head **2.** [charcuterie] brawn.

hurlant, e [ˈyʀlɑ̃, ɑ̃t] adj **1.** [foule] yelling, howling **2.** [couleur - voyante] garish ; [- qui jure] clashing.

hurlement [ˈyʀləmɑ̃] nm **1.** [humain] yell, roar / *des hurlements de joie* whoops of joy / *des hurlements d'indignation* howls of indignation / *pourquoi tous ces hurlements ?* what is all this shouting about? **2.** [d'un chien, d'un loup] howl **3.** *litt* [de la tempête] roar ; [du vent] howling, screaming ; [d'une sirène] howl.

hurler [3] [ˈyʀle] ◆ vi **1.** [crier] to yell, to scream ▸ **hurler de douleur** to howl with pain / *hurler de joie* to whoop ou to shout with joy / *hurler de rage* to howl with rage / *ça me fait hurler d'entendre ça !* it makes me so mad to hear things like that ! / *il me fait hurler de rire ! fam* he creases me up ! **2.** [parler fort] to shout, to bellow / *avec lui il faut hurler, sinon il n'entend pas* you have to shout or he won't hear you **3.** [singe] to howl, to shriek ; [chien, loup, sirène] to howl ▸ **hurler à la mort** to bay at the moon ▸ **hurler avec les loups** to follow the pack **4.** [jurer - couleur] to clash. ◆ vt **1.** [ordre] to bawl out *(sép)*, to yell out *(sép)* **2.** [douleur, indignation, réponse] to howl out *(sép)*.

hurleur, euse [ˈyʀlœʀ, øz] ◆ adj **1.** [personne] howling, bawling, yelling **2.** ZOOL ▸ **singe hurleur** howler monkey. ◆ nm, f howler, bawler.

❖ **hurleur** nm howler (monkey).

hurluberlu, e [yʀlybɛʀly] nm, f *fam* crank, weirdo.

huron, onne [ˈyʀɔ̃, ɔn] adj Huron.

❖ **Huron, onne** nm, f Huron.

❖ **huron** nm LING Huron.

❖ **Huron** npr ▸ **le lac Huron** Lake Huron.

hurrah [ˈuʀa] = **hourra.**

husky [œski] *(pl* **huskies**) nm husky.

hussard [ˈysaʀ] nm hussar.

hussarde [ˈysaʀd] nf ▸ **à la hussarde** roughly, brutally.

hutte [ˈyt] nf hut, cabin.

* In reformed spelling (see p. 16-19).

hyacinthe [jasɛ̃t] nf **1.** BOT hyacinth **2.** MINÉR hyacinth, jacinth.
hyaloplasme [jalɔplasm] nm BIOL hyaloplasm.
hybridation [ibridasjɔ̃] nf hybridization.
hybride [ibrid] ◆ adj **1.** BOT, ZOOL & LING hybrid **2.** [mêlé] hybrid, mixed / *une solution un peu hybride* a rather hybrid solution / *une architecture hybride* a patchwork of architectural styles **3.** AUTO hybrid ▶ **moteur hybride** hybrid engine ▶ **voiture hybride** hybrid car. ◆ nm hybrid.
hybrider [3] [ibride] vt to hybridize.
hybridisme [ibridism] nm hybridism.
hybridité [ibridite] nf hybridity.
hydarthrose [idartroz] nf hydrarthrosis.
hydatide [idatid] nf hydatid (larva).
hydatique [idatik] adj hydatid.
hydrant [idrɑ̃] nm SUISSE fire hydrant.
hydratable [idratabl] adj hydratable.
hydratant, e [idratɑ̃, ɑ̃t] adj **1.** [crème, lotion] moisturizing **2.** CHIM hydrating.
❖ **hydratant** nm moisturizer.
hydratation [idratasjɔ̃] nf **1.** [de la peau] moisturizing **2.** CHIM hydration.
hydrate [idrat] nm hydrate / *hydrate de carbone* carbohydrate.
hydrater [3] [idrate] vt **1.** [peau] to moisturize **2.** CHIM to hydrate.
❖ **s'hydrater** vpi **1.** [peau] to become moisturized **2.** CHIM to become hydrated, to hydrate.
hydraulicien, enne [idrolisjɛ̃, ɛn] nm, f hydraulic engineer.
hydraulique [idrolik] ◆ adj hydraulic. ◆ nf hydraulics *(sg)*.
hydravion [idravjɔ̃] nm seaplane, hydroplane, float plane US.
hydrazine [idrazin] nf hydrazine.
hydre [idr] nf **1.** ZOOL hydra **2.** *litt* ▶ **l'hydre de l'anarchie** the hydra of anarchy.
Hydre [idr] npr f MYTH ▶ **l'Hydre de Lerne** the Lernean Hydra.
hydrique [idrik] adj hydric.
hydrobase [idrɔbaz] nf seaplane ou hydroplane base.
hydrocarbonate [idrɔkarbɔnat] nm hydrocarbonate.
hydrocarboné, e [idrɔkarbɔne] adj hydrocarbonaceous.
hydrocarbure [idrɔkarbyr] nm hydrocarbon.
hydrocéphale [idrɔsefal] ◆ adj hydrocephalic, hydrocephalous. ◆ nmf hydrocephalic.
hydrocéphalie [idrɔsefali] nf hydrocephalus, hydrocephaly.
hydrocortisone [idrɔkɔrtizɔn] nf hydrocortisone.
hydrocuté, e [idrɔkyte] nm, f drowned person *(after syncope induced by cold water)*.
hydrocution [idrɔkysjɔ̃] nf drowning *(after syncope induced by cold water)*.
hydrodésulfuration [idrɔdesylfyrasjɔ̃] nf hydrodesulphurization.
hydrodynamique [idrɔdinamik] ◆ adj hydrodynamic. ◆ nf hydrodynamics *(sg)*.
hydroélectricité [idrɔelɛktrisite] nf hydroelectricity.
hydroélectrique [idrɔelɛktrik] adj hydroelectric.
hydrofoil [idrɔfɔjl] nm hydrofoil.
hydrofugation [idrɔfygasjɔ̃] nf waterproofing.
hydrofuge [idrɔfyʒ] ◆ adj waterproof, water-repellent. ◆ nm water-repellent.
hydrofuger [17] [idrɔfyʒe] vt to waterproof.
hydrogel [idrɔʒɛl] nm hydrogel.
hydrogénation [idrɔʒenasjɔ̃] nf hydrogenation.
hydrogène [idrɔʒɛn] nm **1.** [élément] hydrogen ▶ **hydrogène lourd** heavy hydrogen, deuterium **2.** *(comme adj)* hydrogen *(modif)*.
hydrogéné, e [idrɔʒene] adj hydrogenated.
hydrogéner [8] [idrɔʒene] vt to hydrogenate.
In reformed spelling (see p. 16-19), this verb is conjugated like *semer*: *il hydrogènera, elle hydrogènerait.*
hydrogéologie [idrɔʒeɔlɔʒi] nf hydrogeology.
hydroglisseur [idrɔglisœr] nm hydroplane (boat).
hydrographe [idrɔgraf] nmf hydrographer.
hydrographie [idrɔgrafi] nf hydrography.
hydrographique [idrɔgrafik] adj hydrographic, hydrographical.
hydrolase [idrɔlaz] nf hydrolase.
hydrolithe [idrɔlit] nf hydrolith.
hydrologie [idrɔlɔʒi] nf hydrology.
hydrologique [idrɔlɔʒik] adj hydrologic, hydrological.
hydrologiste [idrɔlɔʒist], **hydrologue** [idrɔlɔg] nmf hydrologist.
hydrolysable [idrɔlizabl] adj hydrolysable.
hydrolyse [idrɔliz] nf hydrolysis.
hydrolyser [3] [idrɔlize] vt to hydrolyse.
hydromécanique [idrɔmekanik] ◆ adj hydromechanic, hydromechanical. ◆ nf hydromechanics *(sg)*.
hydromel [idrɔmɛl] nm [non fermenté] hydromel *arch* ; [fermenté] mead.
hydrométallurgie [idrɔmetalyrʒi] nf hydrometallurgy.
hydromètre [idrɔmɛtr] ◆ nm [pour densité] hydrometer ; [de réservoir] depth gauge. ◆ nf ENTOM water measurer.
hydrométrie [idrɔmetri] nf hydrometry.
hydrominéral, e, aux [idrɔmineral, o] adj mineral water *(modif)*.
hydronéphrose [idrɔnefroz] nf hydronephrosis.
hydrophile [idrɔfil] ◆ adj CHIM hydrophilic. ◆ nm ENTOM scavenger beetle.
hydrophobe [idrɔfɔb] adj CHIM & TEXT hydrophobic.
hydrophobie [idrɔfɔbi] nf **1.** MÉD hydrophobia **2.** CHIM hydrophobic property.
hydrophone [idrɔfɔn] nm hydrophone.
hydropneumatique [idrɔpnømatik] adj hydropneumatic.
hydroponique [idrɔpɔnik] adj hydroponic.
hydroptère [idrɔptɛr] nm hydrofoil.
hydrosilicate [idrɔsilikat] nm hydrated silicate.
hydrosol [idrɔsɔl] nm hydrosol.
hydrosoluble [idrɔsɔlybl] adj water-soluble.
hydrosphère [idrɔsfɛr] nf hydrosphere.
hydrostatique [idrɔstatik] ◆ adj hydrostatic. ◆ nf hydrostatics *(sg)*.
hydrothérapie [idrɔterapi] nf **1.** [cure] hydrotherapy **2.** [science] hydrotherapeutics *(sg)*.
hydrothérapique [idrɔterapik] adj hydrotherapeutic, hydrotherapy *(modif)*.
hydrothermal, e, aux [idrɔtɛrmal, o] adj hydrothermal.
hydrotraitement [idrɔtrɛtmɑ̃] nm hydrotreating.
hydroxyde [idrɔksid] nm hydroxide.
hydrure [idryr] nm hydride.
hyène [jɛn] nf ZOOL hyena, hyaena ▶ **hyène brune** brown hyena ▶ **hyène tachetée** spotted hyena.
Hygiaphone® [iʒjafɔn] nm speaking grill.
hygiène [iʒjɛn] nf **1.** [principes] hygiene ▶ **pour l'hygiène des pieds / du cuir chevelu** to keep feet / the scalp clean ou in good condition / *il n'a aucune hygiène* he doesn't bother about personal hygiene ▶ **hygiène alimentaire / corporelle** food / personal hygiene ▶ **hygiène dentaire** dental hygiene ▶ **hygiène mentale / publique** mental / public health ▶ **avoir une bonne hygiène de vie** to live healthily **2.** [science] hygienics *(sg)*, hygiene **3.** DR ▶ **hygiène et sécurité du travail** industrial hygiene and safety.
hygiénique [iʒjenik] adj hygienic / *ce n'est pas hygiénique* it's unhygienic / *un mode de vie hygiénique* a healthy life style ▶ **une promenade hygiénique** a constitutional.
hygiéniquement [iʒjenikmɑ̃] adv hygienically.
hygiéniste [iʒjenist] nmf hygienist, hygeist, hygieist.
hygromètre [igrɔmɛtr] nm hygrometer.
hygrométrie [igrɔmetri] nf hygrometry.
hygrométrique [igrɔmetrik] adj hygrometric.
hygrophile [igrɔfil] adj hygrophilous ▶ **plantes hygrophiles** hygrophiles.
hygroscope [igrɔskɔp] nm hygroscope.
hygrostat [igrɔsta] nm hygrostat.
hymen [imɛn] nm **1.** ANAT hymen **2.** *litt* (bonds of) marriage.
hyménée [imene] nm *litt* (ties ou bonds of) marriage.
hyménoptère [imenɔptɛr] ◆ adj hymenopterous. ◆ nm hymenopteran, hymenopteron ▶ **les hyménoptères** the Hymenoptera.
hymne [imn] nm **1.** LITTÉR & RELIG hymn ▶ **hymne national** national anthem **2.** *litt* [glorification] hymn / *un hymne à l'amour* a hymn ou paean *litt* to love.
hyoïde [jɔid] ◆ adj [os] hyoid. ◆ nm hyoid (bone).
hyoïdien, enne [jɔidjɛ̃, ɛn] adj hyoidean, hyoidal.
hype [ajp] ◆ adj inv [quartier, créateur] trendy. ◆ nf ▶ **la hype a)** [dernière mode] the new hip thing **b)** [personnes] the hip crowd, the fashionistas.
hyper [ipɛr] nm *fam* = **hypermarché**.
hyper- [ipɛr] préf **1.** SCI hyper- **2.** [en intensif] ▶ **techniques hyper-spécialisées** highly specialized techniques ▶ **elle est hyper-riche / hyper-sympa** *fam* she's dead rich / dead nice / *c'est hyper-facile / hyper-compliqué fam* it's dead easy / dead complicated.
hyperacidité [ipɛrasidite] nf hyperacidity.
hyperactif, ive [ipɛraktif, iv] adj hyperactive.
hyperactivité [ipɛraktivite] nf hyperactivity.
hyperazotémie [ipɛrazɔtemi] nf uraemia.
hyperbare [ipɛrbar] adj hyperbaric.
hyperbole [ipɛrbɔl] nf **1.** [figure de style] hyperbole **2.** GÉOM hyperbola.
hyperbolique [ipɛrbɔlik] adj **1.** [expression, compliments] hyperbolic **2.** GÉOM hyperbolic.
hyperboréen, enne [ipɛrbɔreɛ̃, ɛn] adj *litt* hyperborean.
hypercalcémie [ipɛrkalsemi] nf hypercalcaemia.
hypercalorique [ipɛrkalɔrik] adj hypercalorific.
hyperchlorhydrie [ipɛrklɔridri] nf hyperchlorydria.
hypercholestérolémie [ipɛrkɔlɛsterɔlemi] nf hypercholesteraemia, hypercholesterolaemia.
hypercorrection [ipɛrkɔrɛksjɔ̃] nf hypercorrection.
hyperémotivité [ipɛremɔtivite] nf hyperemotivity, hyperemotionality.
hyperespace [ipɛrɛspas] nm hyperspace.
hyperesthésie [ipɛrɛstezi] nf MÉD hyperesthesia.
hyperfocal, e, aux [ipɛrfɔkal, o] adj hyperfocal.
hyperfolliculinie [ipɛrfɔlikylini] nf folliculin excess.
hyperfonctionnement [ipɛrfɔ̃ksjɔnmɑ̃] nm hyperfunctioning *(U)*.
hyperfréquence [ipɛrfrekɑ̃s] nf ultrahigh frequency.
hyperglycémiant, e [ipɛrglisemjɑ̃, ɑ̃t] adj hyperglycaemic UK, hyperglycemic US.
hyperglycémie [ipɛrglisemi] nf hyperglycaemia UK, hyperglycemia US.
hyperinflation [ipɛrɛ̃flasjɔ̃] nf hyperinflation.
hyperlien [ipɛrljɛ̃] nm hyperlink.
hyperlipémie [ipɛrlipemi], **hyperlipidémie** [ipɛrlipidemi] nf hyperlipaemia UK, hyperlipemia US.
hypermarché [ipɛrmarʃe] nm hypermarket.
hypermédia [ipɛrmedja] nm INFORM hypermedia.
hypermétrope [ipɛrmetrɔp] ◆ adj longsighted UK, farsighted US, hypermetropic *spéc*. ◆ nmf longsighted UK ou farsighted US ou hypermetropic *spéc* person.
hypermétropie [ipɛrmetrɔpi] nf farsightedness, longsightedness, hypermetropia *spéc*.
hypermnésie [ipɛrmnezi] nf hypermnesia.
hypernerveux, euse [ipɛrnɛrvø, øz] ◆ adj overexcitable. ◆ nm, f overexcitable person.
hypernervosité [ipɛrnɛrvozite] nf overexcitability, hyperexcitability *spéc*.
hyperonyme [ipɛrɔnim] nm hyperonym, superordinate (term).

hyperplan [ipɛʀplɑ̃] nm hyperplane.
hyperplasie [ipɛʀplazi] nf hyperplasia.
hyperpuissance [ipɛʀpɥisɑ̃s] nf hyperpower.
hyperréalisme [ipɛʀʀealism] nm hyperrealism.
hyperréaliste [ipɛʀialist] adj hyperrealistic.
hypersécrétion [ipɛʀsekʀesjɔ̃] nf hypersecretion.
hypersensibilité [ipɛʀsɑ̃sibilite] nf hypersensitivity, hypersensitiveness.
hypersensible [ipɛʀsɑ̃sibl] ◆ adj hypersensitive. ◆ nmf hypersensitive (person).
hypersomniaque [ipɛʀsɔmniak] ◆ adj hypersomniac. ◆ nmf hypersomnia sufferer.
hypersomnie [ipɛʀsɔmni] nf hypersomnia.
hypersonique [ipɛʀsɔnik] adj hypersonic.
hyperstatique [ipɛʀstatik] adj hyperstatic.
hypersustentateur [ipɛʀsystɑ̃tatœʀ] ◆ adj m AÉRON high-lift. ◆ nm high-lift device.
hypersustentation [ipɛʀsystɑ̃tasjɔ̃] nf high-lift capability.
hypertendu, e [ipɛʀtɑ̃dy] ◆ adj suffering from hypertension *spéc* ou high blood pressure. ◆ nm, f hypertensive.
hypertension [ipɛʀtɑ̃sjɔ̃] nf ▸ **hypertension (artérielle)** high blood pressure, hypertension *spéc.*
hypertexte [ipɛʀtɛkst] nm hypertext.
hyperthermie [ipɛʀtɛʀmi] nf hyperthermia.
hyperthyroïdie [ipɛʀtiʀɔidi] nf hyperthyroidism *spéc* / *faire de l'hyperthyroïdie* to have an overactive thyroid.
hyperthyroïdien, enne [ipɛʀtiʀɔidjɛ̃, ɛn] ◆ adj hyperthyroid. ◆ nm, f hyperthyroid sufferer.
hypertonie [ipɛʀtɔni] nf **1.** CHIM hypertonicity **2.** MÉD hypertonicity, hypertonia.
hypertonique [ipɛʀtɔnik] adj [symptôme] hypertonic ; [patient] suffering from hypertonicity.
hypertrophie [ipɛʀtʀɔfi] nf **1.** MÉD hypertrophia, hypertrophy **2.** *fig* exaggeration / *une hypertrophie de l'amour-propre* an inflated sense of self-importance.
hypertrophié, e [ipɛʀtʀɔfje] adj hypertrophied *spéc*, abnormally enlarged.
hypertrophier [9] [ipɛʀtʀɔfje] vt to enlarge abnormally, to hypertrophy *spéc.*
❖ **s'hypertrophier** vpi to become abnormally large, to hypertrophy *spéc.*
hypertrophique [ipɛʀtʀɔfik] adj abnormally enlarged, hypertrophic *spéc.*
hyperventilation [ipɛʀvɑ̃tilasjɔ̃] nf MÉD hyperventilation.
hypervitaminose [ipɛʀvitaminoz] nf hypervitaminosis.
hypnoïde [ipnɔid] adj hypnoid, hypnoidal.
hypnologie [ipnɔlɔʒi] nf hypnology.
hypnose [ipnoz] nf hypnosis ▸ **sous hypnose** under hypnosis.
hypnotique [ipnɔtik] ◆ adj MÉD hypnotic. ◆ nm hypnotic (drug).
hypnotiser [3] [ipnɔtize] vt **1.** MÉD to hypnotize **2.** [fasciner] to fascinate.
❖ **s'hypnotiser sur** vp + prép to become obsessed with.
hypnotiseur, euse [ipnɔtizœʀ, øz] nm, f hypnotist.
hypnotisme [ipnɔtism] nm hypnotism.
hypoacousie [ipɔakuzi] nf hypoacusis.
hypoallergénique [ipɔalɛʀʒenik] = **hypoallergique** *(adj).*
hypoallergique [ipɔalɛʀʒik] adj & nm hypoallergenic.
hypocalcémie [ipɔkalsemi] nf hypocalcaemia.
hypocalorique [ipɔkalɔʀik] adj [régime] low-calorie.
hypocentre [ipɔsɑ̃tʀ] nm hypocentre.
hypochloreux [ipɔklɔʀø] adj m hypochlorous.
hypochlorhydrie [ipɔklɔʀidʀi] nf hypochlorhydria.
hypochlorite [ipɔklɔʀit] nm hypochlorite.
hypochrome [ipɔkʀom] adj hypochromic.
hypocondriaque [ipɔkɔ̃dʀijak] ◆ adj hypochondriac, hypochondriacal. ◆ nmf hypochondriac.
hypocondrie [ipɔkɔ̃dʀi] nf hypochondria.
hypocrisie [ipɔkʀizi] nf **1.** [attitude] hypocrisy **2.** [action] hypocritical act ▸ **assez d'hypocrisies** let's stop this pretence.
hypocrite [ipɔkʀit] ◆ adj **1.** [sournois - personne] hypocritical, insincere **2.** [mensonger - attitude, regard] hypocritical ; [- promesse] hollow. ◆ nmf hypocrite.
hypocritement [ipɔkʀitmɑ̃] adv hypocritically.
hypoderme [ipɔdɛʀm] nm PHYSIOL hypodermis.
hypodermique [ipɔdɛʀmik] adj hypodermic.
hypodermose [ipɔdɛʀmoz] nf hypodermosis.
hypoesthésie [ipɔɛstezi] nf hypoaesthesia.
hypogastre [ipɔgastʀ] nm hypogastrium.
hypogastrique [ipɔgastʀik] adj hypogastric.
hypogé, e [ipɔʒe] adj hypogeal, hypogeous.
hypogée [ipɔʒe] nm ARCHÉOL hypogeum.
hypoglosse [ipɔglɔs] adj hypoglossal.
hypoglycémiant, e [ipɔglisemjɑ̃, ɑ̃t] adj hypoglycaemic UK, hypoglycemic US.
❖ **hypoglycémiant** nm hypoglycaemic UK, hypoglycemic US.
hypoglycémie [ipɔglisemi] nf hypoglycaemia UK, hypoglycemia US.
hypokhâgne [ipɔkaɲ] nf *arg scol 1st year of a two-year Arts course, preparing for entrance to the École normale supérieure.*
hyponyme [ipɔnim] nm hyponym.
hypophosphoreux [ipɔfɔsfɔʀø] adj m hypophosphorous.
hypophysaire [ipɔfizɛʀ] adj hypophyseal.
hypophyse [ipɔfiz] nf hypophysis, pituitary gland.
hypoplasie [ipɔplazi] nf hypoplasia.
hyposécrétion [ipɔsekʀesjɔ̃] nf hyposecretion.
hyposodé, e [ipɔsɔde] adj MÉD [régime] low sodium.
hypostase [ipɔstaz] nf hypostasis.
hypostyle [ipɔstil] adj ARCHÉOL hypostyle.
hyposulfite [ipɔsylfit] nm hyposulphite.
hyposulfureux [ipɔsylfyʀø] adj m hyposulphurous.
hypotaupe [ipɔtop] nf *arg scol first year of advanced mathematics or physics prior to the competitive examination for the École normale supérieure.*
hypotendu, e [ipɔtɑ̃dy] ◆ adj hypotensive. ◆ nm, f hypotensive (person).
hypotenseur [ipɔtɑ̃sœʀ] nm hypotensive (drug).
hypotensif, ive [ipɔtɑ̃sif, iv] adj hypotensive.
hypotension [ipɔtɑ̃sjɔ̃] nf low blood pressure, hypotension *spéc.*
hypoténuse [ipɔtenyz] nf hypotenuse.
hypothalamique [ipɔtalamik] adj hypothalamic.
hypothalamus [ipɔtalamys] nm hypothalamus.
hypothécable [ipɔtekabl] adj mortgageable.
hypothécaire [ipɔtekɛʀ] adj mortgage *(modif).*
hypothèque [ipɔtɛk] nf **1.** DR mortgage ▸ **prendre une hypothèque** to take out a mortgage ▸ **lever une hypothèque** to raise a mortgage ▸ **hypothèque légale** legal mortgage **2.** *fig* ▸ **prendre une hypothèque sur l'avenir** to count one's chickens before they're hatched ▸ **lever l'hypothèque** to remove the stumbling block ou the obstacle.
hypothéquer [18] [ipɔteke] vt **1.** [propriété] to mortgage **2.** *fig* ▸ **hypothéquer son avenir** to mortgage one's future.
✎ In reformed spelling (see p. 16-19), this verb is conjugated like **semer**: ***il hypothèquera, elle hypothèquerait.***
hypothermie [ipɔtɛʀmi] nf hypothermia.
hypothèse [ipɔtɛz] nf **1.** [supposition] hypothesis, assumption / *dans la meilleure des hypothèses* at best / *dans l'hypothèse où il refuserait, que feriez-vous ?* supposing he refuses, what would you do ? / *dans l'hypothèse d'un tremblement de terre* in the event of an earthquake / *ce n'est pas une simple hypothèse d'école* it's not just a speculative hypothesis ▸ **hypothèse de travail** working hypothesis **2.** LOGIQUE hypothesis.
❖ **en toute hypothèse** loc adv in any event, whatever the case.
hypothético-déductif, ive (*mpl* **hypothético-déductifs**, *fpl* **hypothético-déductives**), **hypothéticodéductif*, ive** [ipɔtetikodedyktif, iv] adj hypothetico-deductive.
hypothétique [ipɔtetik] adj **1.** [supposé] hypothetical, assumed **2.** [peu probable] hypothetical, unlikely, dubious ▸ **c'est très hypothétique** it's extremely doubtful **3.** LOGIQUE hypothetical.
hypothétiquement [ipɔtetikmɑ̃] adv hypothetically.
hypothyroïdie [ipɔtiʀɔidi] nf hypothyroidism *spéc* / *faire de l'hypothyroïdie* to have an underactive thyroid.
hypotonie [ipɔtɔni] nf **1.** CHIM hypotonicity **2.** MÉD hypotonia.
hypotonique [ipɔtɔnik] ◆ adj [muscle] hypotonic ; [personne] suffering from hypotonicity. ◆ nmf person in a hypotonic condition.
hypotrophie [ipɔtʀɔfi] nf underdevelopment, hypotrophy.
hypoventilation [ipɔvɑ̃tilasjɔ̃] nf MÉD hypoventilation.
hypovitaminose [ipɔvitaminoz] nf hypovitaminosis.
hypsométrie [ipsɔmetʀi] nf hypsometry ; [représentation des altitudes] hypsography.
hypsométrique [ipsɔmetʀik] adj hypsometric, hypsometrical.
hystérectomie [istɛʀɛktɔmi] nf hysterectomy.
hystérésis [isteʀezis] nf hysteresis.
hystérie [isteʀi] nf hysteria ▸ **hystérie collective** mass hysteria.
hystériforme [isteʀifɔʀm] adj hysteroid.
hystérique [isteʀik] ◆ adj hysterical. ◆ nmf hysteric.
hystérographie [isteʀɔgʀafi] nf hysterography, uterography.
hystérosalpingographie [isteʀɔsalpɛ̃gɔgʀafi] nf hysterosalpingography, uterosalpingography.
hystéroscopie [isteʀɔskɔpi] nf hysteroscopy.
hystérotomie [isteʀɔtɔmi] nf hysterotomy.
Hz (abr écrite de **hertz**) Hz.

* In reformed spelling (see p. 16-19).

i, I [i] nm i ▸ **mettre les points sur les i** *fig* to dot the i's and cross the t's. **Voir aussi g.**

IA (abr de **intelligence artificielle**) nf AI.

IAC (abr de **insémination artificielle entre conjoints**) nf AIH.

IAD (abr de **insémination artificielle par donneur extérieur**) nf AID.

iambe [jɑ̃b] nm iamb, iambus.

❖ **iambes** nmpl [pièce satirique] iambic.

iambique [jɑ̃bik] adj iambic.

IAO (abr de **ingénierie assistée par ordinateur**) nf CAE.

ibère [ibɛʀ] adj Iberian.

❖ **Ibère** nmf Iberian.

Ibérie [ibeʀi] npr f ▸ **(l')Ibérie** Iberia.

ibérique [ibeʀik] adj Iberian.

ibid. (abr écrite de **ibidem**) ibid.

ibidem [ibidɛm] adv ibidem.

ibis [ibis] nm ibis ▸ **ibis rouge** / **sacré** scarlet / sacred ibis.

Icare [ikaʀ] npr Icarus.

icarien, enne [ikaʀjɛ̃, ɛn] adj ▸ **jeux icariens** trapeze acrobatics.

ICBM (abr de **Intercontinental Ballistic Missile**) nm inv ICBM.

iceberg [ajsbɛʀg] nm **1.** GÉOGR iceberg **2.** *fig* : *la partie immergée de l'iceberg* the hidden aspects of the problem.

icelle [isɛl] *arch* ◆ pron dém f [personne] she ; [objet] it. ◆ adj dém f this.

icelui [isəlɥi] (*pl* **iceux** [isø]) *arch* ◆ pron dém m [personne] he ; [objet] it. ◆ adj dém m this.

ichtyocolle [iktjɔkɔl] nf isinglass, fish glue.

ichtyol [iktjɔl] nm ichthammol.

ichtyologie [iktjɔlɔʒi] nf ichthyology.

ichtyologique [iktjɔlɔʒik] adj [science] ichthyological ; [traité] ichthyology *(modif)* / *étude ichtyologique du Saint-Laurent* study of the fish life of the Saint Lawrence River.

ichtyologiste [iktjɔlɔʒist] nmf ichthyologist.

ichtyophage [iktjɔfaʒ] adj ichthyophagous.

ichtyosaure [iktjɔsɔʀ] nm ichtyosaurus.

ichtyose [iktjoz] nf fish skin disease, ichthyosis *spéc.*

ici [isi] adv **1.** [dans ce lieu, à cet endroit] here ; [dans un écrit, un discours] here, at this point ▸ **posez-le ici** put it here / *il fait beau ici* the weather's nice here ▸ **vous ici!** what are you doing here? ▸ **ici et là** here and there / *vous êtes ici chez vous* make yourself at home / *pour toute demande, s'adresser ici* please enquire within / *c'est ici que j'ai mal* this is where it hurts / *c'est ici que ça s'est passé* this is the place where it happened / *viens, d'ici on voit mieux* come on, you can see better from here / *il y a 11 km d'ici au village* it's 11 km from here to the village ▸ **c'est à cinq minutes / 15 km d'ici** it's five minutes / 15 km from here / *c'est loin / près d'ici* it's a long way from here / near here ▸ **les gens d'ici** the locals, the people from around here / *je ne suis pas d'ici* I'm a stranger here, I'm not from around here / *Descartes écrit ici que...* Descartes writes here that... / *je voudrais souligner ici l'importance de cette décision* here ou at this point I would like to emphasize the importance of this decision **2.** [dans le temps] : *d'ici (à) lundi, on a le temps* we've got time between now and Monday / *d'ici demain ce sera terminé* it will be finished by tomorrow ▸ **d'ici peu** before (very) long / *d'ici là, tout peut arriver!* in the meantime ou until then ou between now and then anything can happen! / *vous serez guéri d'ici là* you'll be better by then / *d'ici à ce qu'il se décide* *fam* by the time he makes up his mind / *d'ici à ce qu'il change d'avis, il n'y a pas loin!* it won't be long before he changes his mind again! ▸ **je vois ça d'ici** I can just see that! / *je vois d'ici la pagaille!* *fam* I can (just) imagine the mess! **3.** [au téléphone, à la radio] ▸ **allô, ici Paul** hello, (it's) Paul here ou Paul speaking ▸ **ici France Culture** this is ou you are listening to France Culture.

❖ **par ici** loc adv **1.** [dans cette direction] this way / *venez par ici* come this way / *tourne-toi par ici* turn round this way / *par ici la visite guidée* this way for the guided tour / *elle est passée par ici avant d'aller à la gare* she stopped off here on her way to the station / *par ici la monnaie!* *fam & hum* come on now, cough up! **2.** [dans les environs] around here / *j'habitais par ici autrefois* I used to live around here.

ici-bas [isiba] adv here below, on earth ▸ **d'ici-bas** in this life ou world.

Ici-Paris [isipaʀi] npr PRESSE *popular Sunday newspaper.*

icône [ikon] nf icon.

iconifier [9] [ikɔnifje] vt INFORM to iconize.

iconique [ikɔnik] adj iconic.

iconiser [3] [ikɔnize] vt INFORM to iconize.

iconoclasme [ikɔnɔklasm] nm iconoclasm.

iconoclaste [ikɔnɔklast] ◆ adj iconoclastic. ◆ nmf iconoclast.

iconographe [ikɔnɔgʀaf] nmf iconographer.

iconographie [ikɔnɔgʀafi] nf **1.** [étude théorique] iconography **2.** [illustrations] artwork.

iconographique [ikɔnɔgʀafik] adj iconographical.

iconologie [ikɔnɔlɔʒi] nf iconology.

iconologique [ikɔnɔlɔʒik] adj iconological.

iconoscope [ikɔnɔskɔp] nm iconoscope.

iconostase [ikɔnɔstaz] nf iconostasis.

iconothèque [ikɔnɔtɛk] nf **1.** [dans un musée] iconography department *(of a museum)* **2.** [dans une bibliothèque] photo ou picture library.

ictère [iktɛʀ] nm icterus *spéc*, jaundice.

ictérique [ikteʀik] ◆ adj icteric. ◆ nmf icterus *spéc* ou jaundice sufferer.

ictus [iktys] nm MÉD & LITTÉR ictus.

id. (abr écrite de **idem**) id.

Idaho [idao] npr m ▸ **l'Idaho** Idaho.

idéal, e, als *ou* **aux** [ideal, o] adj **1.** [demeure, société, solution] ideal, best, perfect / *ce n'est pas le comédien idéal pour le rôle de Falstaff* he's not the ideal actor for playing Falstaff **2.** [pureté, bonheur] absolute **3.** MATH ideal.

❖ **idéal, als** *ou* **aux** nm **1.** [modèle parfait] ideal **2.** [valeurs] ideal, ideals / *tous ces jeunes sans idéal* ou *qui n'ont pas d'idéal!* all these young people with no ideal in life! **3.** [solution parfaite] : *camper quand il pleut, ce n'est pas l'idéal!* when it's raining, camping isn't exactly ideal! ▸ **l'idéal serait de** / **que...** the ideal ou best solution would be to / if... ▸ **dans l'idéal** ideally **4.** MATH ideal.

idéalement [idealmɑ̃] adv ideally / *idéalement situé à proximité de la plage* ideally situated ou situated in an ideal position close to the beach / *les Vierges de Raphaël sont idéalement belles* Raphael's Virgins are the very embodiment of beauty.

idéalisateur, trice [idealizatœʀ, tʀis] adj : *il est idéalisateur* he is an idealizer, he idealizes things.

idéalisation [idealizasjɔ̃] nf idealization.

idéaliser [3] [idealize] vt to idealize.

idéalisme [idealism] nm [gén & PHILOS] idealism.

idéaliste [idealist] ◆ adj **1.** [gén] idealistic **2.** PHILOS idealist. ◆ nmf idealist.

idéalité [idealite] nf ideality.

idéation [ideasjɔ̃] nf ideation.

idée [ide] nf **1.** [pensée] idea, thought / *j'ai jeté quelques idées sur le papier* I've jotted down a few ideas / *c'est une idée de génie!* that's a brilliant idea! / *je ne peux pas supporter l'idée qu'il est malheureux* I can't bear the idea ou thought of him being unhappy ▸ **se faire à l'idée** to get used to the idea ▸ **j'ai idée que...** *fam* I've got the feeling that... / *rien qu'à l'idée de la revoir, je tremble* the mere thought ou the very idea of seeing her again makes me nervous / *heureusement qu'il a eu l'idée d'éteindre le gaz* luckily he thought of turning the gas off ou it occurred to him to turn the gas off ▸ **je me faisais une autre idée de la Tunisie** / **de sa femme** I had imagined Tunisia / his wife to be different / *il a eu la bonne idée de ne pas venir* *hum* he was quite right not to come / *moi, t'en vouloir? en voilà une idée!* me, hold it against you? where did you get that idea (from)? ▸ **se faire des idées** to imagine things / *s'il croit obtenir le rôle, il se fait des idées* if he thinks he's going to get the part, he's deceiving himself ▸ **se faire des idées sur qqn** to have the wrong idea about sb ▸ **donner des idées à qqn** to give sb ideas ou to put ideas in ou into sb's head / *l'idée, c'est de se débarrasser de ses cartes le plus vite possible* the idea ou aim (of the game) is to get rid of one's cards as quickly as possible ▸ **avoir une idée derrière la tête** to be up to sthg ▸ **avoir des idées noires** to be down in the dumps, to have the blues ▸ **une certaine idée de…** : *une certaine idée de la France* a certain idea of France **2.** [inspiration, création] idea / *qui a eu l'idée du barbecue?* whose idea was it to have ou who suggested having a barbecue? / **'d'après une idée originale de'** 'based on an (original) idea by' / *je tiens l'idée d'un spectacle* I've got an idea for a show ; [imagination] ideas, imagination ▸ **avoir de l'idée** to be quite inventive / *aie un peu d'idée!* *fam* try and use your head ou imagination a bit! / *pas mal ce dessin, il y a de l'idée* *fam* not bad this drawing, it's got something **3.** [gré, convenance] ▸ **fais à ton idée** do as you see fit ou as you please / *elle n'en fait toujours qu'à son idée* she always does just what she wants / *à ton idée, je raccourcis la robe?* what do you think, should I shorten the dress? **4.** *(toujours au sg)* [esprit] : *avoir dans l'idée que…* to have an idea that…, to think that… / *avais-tu dans l'idée d'acheter des actions?* were you thinking of buying shares? / *tu la connais, quand elle a dans l'idée de faire quelque chose!* you know her, when she's got it into her head to do something ou when she's set her mind on doing something! / *t'est-il jamais venu à l'idée que…?* has it never occurred to you ou entered your head that…? / *il ne me viendrait jamais à l'idée de le frapper* it would never cross my mind to hit him / *on va au concert ce soir? ça m'était complètement sorti de l'idée* *fam* we're going to the concert tonight? it had gone clean ou right out of my mind **5.** [point de vue] : *avoir des idées bien arrêtées sur* to have set ideas ou definite views about / *je préfère me faire moi-même une idée de la situation* I'd rather assess the situation for myself ▸ **changer d'idée** to change one's mind ▸ **idée fausse** false idea, misapprehension ▸ **idée fixe** idée fixe *sout*, obsession / *c'est une idée fixe chez toi!* it's an obsession with you! / *elle a une idée fixe* she's got a fixed idea ou an idée fixe *sout* ▸ **idée reçue** commonplace, received idea *sout*, idée reçue *sout* ▸ **idées préconçues** preconceived ideas, preconceptions ▸ **avoir les idées larges / étroites** to be broad- / narrow-minded ▸ **avoir une haute idée de qqn / qqch** to have a high opinion of sb / sthg, to think highly of sb / sthg **6.** [aperçu, impression] idea / *donnez-moi une idée du prix que ça va coûter / du temps que ça va prendre* give me a rough idea ou some idea of the price / of the time it will take ▸ **tu n'as pas idée de son entêtement!** you have no idea ou you can't imagine how stubborn he is! ▸ **je n'en ai pas la moindre idée** I haven't the slightest ou faintest idea ▸ **une vague** ou **une petite idée** an inkling ▸ **aucune idée!** I haven't got a clue!, no idea! **7.** *(en composition, avec ou sans trait d'union)* [suggestion] ▸ **idée-cadeau** gift idea ▸ **idée-recette** recipe idea.

idée-force [idefɔʀs] (*pl* **idées-forces**) nf [point principal] crux, nub, mainstay ; [point fort] strong point.

idem [idɛm] adv idem, ditto.

identifiable [idɑ̃tifjabl] adj identifiable ▸ **difficilement identifiable** difficult to identify / *aisément identifiable à son plumage bleuté* easily identified by its bluish feathers.

identifiant [idɑ̃tifjɑ̃] nm INFORM user name, login name.

identificateur [idɑ̃tifikatœʀ] nm INFORM identifier.

identification [idɑ̃tifikasjɔ̃] nf **1.** [reconnaissance] identification ▸ **identification d'appel** caller identification, caller ID ▸ **identification par radiofréquence** radio frequency identification **2.** [assimilation] identification ▸ **identification à** identification with / *son identification à son père est complète* he completely identifies with his father ▸ **identification projective** PSYCHOL projective identification **3.** [d'un cadavre] identification ; [d'un tableau] identification, attribution.

identifier [9] [idɑ̃tifje] vt **1.** [reconnaître] to identify / *il a été identifié comme étant le voleur* he was identified as the robber / *le tableau n'a jamais été identifié* the painting was never attributed ou identified **2.** [assimiler] ▸ **identifier qqn / qqch à** to identify sb / sthg with.
❖ **s'identifier à** vp + prép ▸ **s'identifier à qqn / qqch** to identify o.s. with sb / sthg / *elle s'est complètement identifiée à son personnage* she's got right into the part / *je ne m'identifie à aucun parti* I don't identify myself with any particular party.

identifieur [idɑ̃tifjœʀ] = **identificateur.**

identique [idɑ̃tik] adj identical ▸ **identique à qqn / qqch** identical to sb / sthg / *le village est resté identique* the village has stayed much the same / *elle reste identique à elle-même* she's still the same as she always ou ever was.

identiquement [idɑ̃tikmɑ̃] adv identically.

identitaire [idɑ̃titɛʀ] adj ▸ **crise identitaire** identity crisis ▸ **repli identitaire** exaggerated sense of identity, recourse to identity politics ▸ **démarche / revendication identitaire** assertion of (one's) identity ▸ **discours identitaire** discourse of identity ▸ **tentation identitaire** (attractions of) identity politics.

identité [idɑ̃tite] nf **1.** [personnalité, état civil] identity ▸ **sous une fausse identité** under an assumed name / *établir son identité* to prove one's identity / *elle est encore à la recherche de sa véritable identité* she's still trying to find ou to discover her true identity / *l'identité des victimes n'a pas été révélée* the names of the victims haven't been released ▸ **identité culturelle** cultural identity ▸ **contrôle** ou **vérification d'identité** (police) identity check **2.** [similitude] identity, similarity / *l'identité d'humeur entre eux* the similarity in their characters **3.** LOGIQUE, MATH & PSYCHOL identity **4.** DR ▸ **Identité judiciaire** ≃ Criminal Record Office.

idéogramme [ideɔgʀam] nm ideogram.

idéographie [ideɔgʀafi] nf ideography.

idéographique [ideɔgʀafik] adj ideographic, ideographical.

idéologie [ideɔlɔʒi] nf ideology ▸ **l'idéologie dominante** the dominant ideology / **'l'Idéologie allemande'** *Marx* 'The German Ideology'.

idéologique [ideɔlɔʒik] adj ideological.

idéologisation [ideɔlɔʒizasjɔ̃] nf ideologization.

idéologue [ideɔlɔg] nmf ideologist.

idéomoteur, trice [ideɔmɔtœʀ, tʀis] adj ideomotor.

ides [id] nfpl ides ▸ **les ides de mars** the ides of March.

IDH, idh (abr de **indice de développement humain**) nm HDI.

IDHEC [idɛk] (abr de **Institut des hautes études cinématographiques**) npr m *former French film school.*

idiolecte [idjɔlɛkt] nm idiolect.

idiomatique [idjɔmatik] adj idiomatic ▸ **une expression** ou **une tournure idiomatique** an idiom, an idiomatic expression.

idiome [idjom] nm LING idiom.

idiopathique [idjɔpatik] adj idiopathic.

idiosyncrasie [idjɔsɛ̃kʀazi] nf idiosyncrasy.

idiot, e [idjo, ɔt] ◆ adj **1.** [stupide -individu, réponse] idiotic, stupid ; [-sourire] idiotic ; [-accident, mort] stupid ▸ **un ricanement idiot** a silly ou foolish snigger / *ça n'est pas idiot du tout, ton système* that's quite a smart system you've got / *ce serait vraiment idiot de ne pas en profiter* it would be foolish ou stupid not to take advantage of it **2.** *vieilli* MÉD idiotic. ◆ nm, f **1.** [imbécile] idiot ▸ **arrête de faire l'idiot! a)** [de faire le pitre] stop fooling around ou about! **b)** [à un enfant] stop being stupid! **c)** [à un simulateur] stop acting stupid! / *ne fais pas l'idiot, range ton couteau!* don't be stupid, put your knife away! / *tu me prends pour un idiot?* what kind of fool do you take me for? **2.** *vieilli* MÉD idiot ▸ **l'idiot du village** the village idiot / **'l'Idiot'** *Dostoïevski* 'The Idiot'.

idiotement [idjɔtmɑ̃] adv idiotically, stupidly ▸ **ricaner idiotement** to snigger like an idiot.

idiotie [idjɔsi] nf **1.** [caractère] idiocy, stupidity **2.** [acte, parole] stupid thing / *arrête de dire des idioties* stop talking nonsense / *il y en a des idioties à la télé!* they show such a lot of nonsense on TV! / *aïe! j'ai fait une idiotie!* oh dear, I've done something stupid! **3.** *vieilli* MÉD idiocy.

idiotisme [idjɔtism] nm idiom, idiomatic phrase, idiomatic expression.

idoine [idwan] adj *litt* appropriate / *jusqu'à ce que nous trouvions la solution idoine* until we find the appropriate solution.

idolâtre [idɔlatʀ] ◆ adj **1.** RELIG idolatrous **2.** [fanatique] adulatory / *un public idolâtre* an idolizing ou adulatory public. ◆ nmf **1.** RELIG idolater (idolatress) **2.** [fanatique] devotee.

idolâtrer [3] [idɔlatʀe] vt **1.** RELIG to idolize **2.** [adorer] to idolize.

idolâtrie [idɔlatʀi] nf **1.** RELIG idolatry, idol worshipping **2.** [fanatisme] : *il l'aime jusqu'à l'idolâtrie* he idolizes her.

idolâtrique [idɔlatʀik] adj idolatrous.

idole [idɔl] nf **1.** RELIG idol / *les idoles des temples païens* the idols in pagan temples **2.** [personne] idol / *mon frère était mon idole* I used to idolize my brother.

Idoménée [idɔmene] npr MYTH Idomeneus.

IDS (abr de **initiative de défense stratégique**) nf SDI.

idylle [idil] nf **1.** [poème] idyll **2.** [amourette] romantic idyll.

idyllique [idilik] adj **1.** LITTÉR idyllic **2.** [amour, couple, paysage] idyllic, perfect ▸ **se faire une idée idyllique de qqch** to have an idealized view of sthg.

Iéna [jena] npr Jena.

Ienisseï [jenisei] npr m ▸ **l'Ienisseï** the (River) Yenisei.

IEP (abr de **Institut d'études politiques**) nm *official name of Sciences Po ('grande école' for political science).*

if [if] nm **1.** BOT yew (tree) **2.** MENUIS yew **3.** ŒNOL ▸ **if (à bouteilles)** (bottle draining) rack.

IFOP, Ifop [ifɔp] (abr de **Institut français d'opinion publique**) npr m *French market research institute.*

Ifremer [ifʀəmɛʀ] (abr de **Institut français de recherche pour l'exploitation de la mer**) npr m *French research establishment for marine resources.*

IGEN (abr de **Inspecteur général de l'Éducation nationale**) nm *high-ranking education inspector.*

IGF nm abr de **impôt sur les grandes fortunes.**

IGH (abr de **immeuble de grande hauteur**) nm *very high building.*

igloo, iglou [iglu] nm igloo.

IGN (abr de **Institut géographique national**) npr m *French national geographical institute* ; ≃ Ordnance Survey UK ; ≃ US Geological Survey US.

 **IGN**

Created in 1940, this state agency is responsible for the official map of France. It keeps a geographical database and publishes large scale maps. It is organized into regional offices and sponsors a school which trains 200 students a year.

Ignace [iɲas] npr ▸ **Ignace de Loyola** Ignatius Loyola.

igname [iɲam] nf yam.

ignare [iɲaʀ] ◆ adj ignorant, uncultivated. ◆ nmf ignoramus.

igné, e [igne] adj **1.** PHYS heat-engendered ; CHIM pyrogenic ; GÉOL igneous **2.** *litt* [en feu] fiery, burning, flaming.

ignifugation [ignifygasjɔ̃ ou iɲifygasjɔ̃] nf fireproofing.

ignifuge [ignifyʒ ou iɲifyʒ], **ignifugeant, e** [ignifyʒɑ̃, ɑ̃t ou iɲifyʒɑ̃, ɑ̃t] adj fire-retardant.
❖ **ignifuge** [ignifyʒ], **ignifugeant** nm fire-retardant material.

ignifugeant, e [ignifyʒɑ̃, ɑ̃t ou iɲifyʒɑ̃, ɑ̃t] adj = **ignifuge.**

ignifuger [17] [ignifyʒe] vt to fireproof.

ignition [ignisjɔ̃] nf PHYS ignition.

ignoble [iɲɔbl] adj **1.** [vil -individu] low, base ; [-crime] infamous, heinous ; [-accusation] shameful ; [-conduite] unspeakable, disgraceful, shabby **2.** *fam* [bâtisse] hideous ; [nourriture] revolting, vile ; [logement] squalid ▸ **d'ignobles taudis** squalid hovels.

ignoblement [iɲɔbləmɑ̃] adv vilely, disgracefully.

ignominie [iɲɔmini] nf **1.** [caractère vil] ignominy, infamy ; [déshonneur] ignominy, (public) disgrace ou dishonour / *se couvrir d'ignominie* to disgrace o.s. **2.** [action] ignominy, disgraceful act ▸ **commettre une ignominie** to behave ignominiously ou disgracefully ; [parole] ignominy ▸ **dire des ignominies** to say disgraceful ou hateful things.

ignominieusement [iɲɔminjøzmɑ̃] adv *litt* ignominiously, disgracefully.

ignominieux, euse [iɲɔminjø, øz] adj *litt* ignominious.

ignorance [iɲɔʀɑ̃s] nf ignorance ▸ **être dans l'ignorance de qqch** to be unaware of sthg ▸ **tenir qqn dans l'ignorance de qqch** to keep sb in ignorance of sthg / *j'avoue mon ignorance en géologie* I must confess my ignorance of geology ▸ **d'une ignorance crasse** *fam* pig ignorant ▸ **pécher par ignorance** to err through ignorance.

ignorant, e [iɲɔʀɑ̃, ɑ̃t] ◆ adj **1.** [inculte] ignorant, uncultivated **2.** [incompétent] ▸ **ignorant en** ignorant about / *il est ignorant en informatique* he doesn't know anything about computers **3.** [pas au courant] ▸ **ignorant de** ignorant ou unaware of. ◆ nm, f ignoramus ▸ **ne fais pas l'ignorant** don't pretend you don't know.

ignoré, e [iɲɔʀe] adj **1.** [cause, événement] unknown ▸ **être ignoré de qqn** to be unknown to sb **2.** [artiste] unrecognized.

ignorer [3] [iɲɔʀe] vt **1.** [cause, événement, etc.] to be unaware of ▸ **j'ignore son adresse / où il est / quand elle revient** I don't know her address / where he is / when she's coming back / *il ignorait tout de son passé / d'elle* he knew nothing about her past / her / *j'ignorais qu'il était malade* I was unaware that he was ill / *nous n'ignorons pas les difficultés qu'elle rencontre* we are not unaware of her difficulties **2.** [personne, regard] to ignore, to take no notice of ; [avertissement, panneau] to ignore, to take no heed of ; [ordre, prière] to ignore / *ignore-le* ignore him **3.** *sout* [faim, pauvreté] to have had no experience of / *nous ignorons la faim* we don't know what it is to be hungry ▸ **il ignore la peur** he knows no fear, he doesn't know the meaning of fear.
❖ **s'ignorer** ◆ vp *(emploi réciproque)* to ignore each other. ◆ vpi : *c'est un comédien qui s'ignore* he is unaware of his talent as an actor, he's an actor without knowing it.

> ⚠ Attention, **to ignore** ne peut être employé pour traduire ignorer au sens de « ne pas savoir ».

IGP [iʒepe] (abr de **Indication géographique protégée**) nm PGI.

IGPN (abr de **Inspection générale de la police nationale**) npr f *police disciplinary body* ; ≃ Police Committee UK.

IGS (abr de **Inspection générale des services**) npr f *police disciplinary body for Paris* ; ≃ Metropolitan Police Commission UK.

Iguaçu [igwasu] npr ▸ **les chutes d'Iguaçu** the Iguaçu Falls.

iguane [igwan] nm iguana.

iguanodon [igwanɔdɔ̃] nm iguanodon.

il [il] (*pl* **ils**) pron pers m **1.** [sujet d'un verbe - homme] he ; [- animal, chose] it ; [- animal de compagnie] he ▸ **ils** they / *ils ont augmenté l'essence / les impôts* they've put petrol / taxes up ▸ **viendra-t-il ?** will he come ? **2.** [sujet d'un verbe impersonnel] ▸ **il pleut** it's raining / *il faut que tu viennes* you must come / *il me faut du pain* I need some bread ▸ **il faut patienter** you / we have to wait ; [dans des tournures impersonnelles] : *il commence à se faire tard* it's getting late ▸ **il manque deux élèves** two pupils are missing / *il suffit de patienter* all you / we have to do is wait **3.** [emphatique - dans une interrogation] : *ton père est-il rentré ?* has your father come back ? ▸ **Paul a-t-il appelé ?** has Paul called ?
Voir encadré page suivante.

ilang-ilang [ilɑ̃ilɑ̃] = **ylang-ylang.**

île, ile* [il] nf **1.** GÉOGR island, isle *litt* ▸ **une petite île** an islet ▸ **les habitants de l'île** the islanders / *vivre sur* ou *dans une île* to live on an island / *aller sur une île* to go to an island / *aborder une île* to land on an island ▸ **l'île de la Cité** *island on the Seine in Paris where Notre-Dame stands* ▸ **île déserte** desert island ▸ **l'île de Beauté** Corsica ▸ **les îles de la mer Égée** the Aegean ou Greek Islands / **'l'Île au trésor'** *Stevenson* 'Treasure Island' **2.** *litt* ou *vieilli* [colonie] ▸ **les Îles** the Caribbean (Islands), the West Indies **3.** CULIN ▸ **île flottante** floating island.

les îles Aléoutiennes	the Aleutian Islands
les îles Anglo-Normandes	the Channel Islands
les îles Australes	the Tubuai **ou** Austral Islands
les îles Baléares	the Balearic Islands
les îles Borromées	the Borromean Islands
les îles Britanniques	the British Isles
les îles Canaries	the Canary Islands
les îles du Cap-Vert	the Cape Verde Islands
les îles Carolines	the Caroline Islands
l'île Christmas	Christmas Island
les îles Comores	the Comoros
l'île d'Elbe	Elba
les îles Éoliennes	the Aeolian Islands
les îles Falkland	the Falkland Islands, the Falklands
les îles Féroé	the Faeroes
les îles Fidji	the Fiji Islands
les îles Galàpagos	the Galapagos Islands
les îles grecques	the Greek Islands
les îles Hébrides	the Hebrides
les îles Ioniennes	the Ionian Islands
les îles Kouriles	the Kuril **ou** Kurile Islands
les îles Maldives	the Maldives
les îles Malouines	the Falkland Islands, the Falklands
l'île de Man	the Isle of Man
les îles Mariannes	the Mariana Islands
les îles Marquises	the Marquesas Islands
les îles Marshall	the Marshall Islands
l'île Maurice	Mauritius
les îles Moluques	the Molucca Islands, the Moluccas
l'île de Pâques	Easter Island
l'île du Prince-Édouard	Prince Edward Island
l'île de la Réunion	Réunion Island
les îles Salomon	the Solomon Islands
l'île de Sein	the Ile de Sein
les îles Shetland	the Shetland Islands, the Shetlands
les îles de la Sonde	the Sunda Islands
les îles Sorlingues	the Scilly Islands
les îles Sous-le-Vent	**a)** [aux Antilles] the Netherlands (and Venezuelan) Antilles **b)** [en Polynésie] the Leeward Islands, the Western Society Islands
l'île de la Tortue	Turtle Island
l'île de la Trinité	Trinidad
les îles Turks et Caicos	the Turks and Caicos Islands
l'île Vancouver	Vancouver Island
les îles Vierges	the Virgin Islands
l'île de Wight	the Isle of Wight

Île-de-France [ildəfʀɑ̃s] npr f ▸ **l'Île-de-France** the Île-de-France ▸ **en Île-de-France** in the Île-de-France region.

 **Île-de-France**

> This administrative region includes the **départements** of Essonne, Hauts-de-Seine, Paris, Seine-et-Marne, Seine-St-Denis, Val-de-Marne, Val-d'Oise, Yvelines.

iléo-cæcal, e, aux, iléocæcal*, e, aux [ileɔsekal, o] adj ileocæcal.

iléon [ileɔ̃] nm ileum.

îlet, ilet* [ile] nm [aux Antilles] island.

iléus [ileys] nm ileus.

Iliade [iljad] npr f / **'l'Iliade'** *Homère* 'The Iliad'.

iliaque [iljak] adj iliac ▸ **artère iliaque** iliac artery ▸ **fosses iliaques** iliac fossae ▸ **os iliaque** hip bone.

îlien, enne, ilien*, enne [iljɛ̃, ɛn] nm, f islander *(especially from the islands off Brittany)*.

ilion [iljɔ̃] nm pelvic bone, ilium *spéc*.

illégal, e, aux [ilegal, o] adj [contre la loi] illegal, unlawful ; [sans autorisation] illicit / *de façon illégale* illegally / *c'est maintenant illégal* it's now illegal, it's now against the law ▸ **détention illégale** unlawful detention.

illégalement [ilegalmɑ̃] adv illegally, unlawfully.

illégalité [ilegalite] nf **1.** [caractère] illegality, unlawfulness ▸ **être dans l'illégalité** to be in breach of the law ▸ **vivre dans l'illégalité** to live outside the law, to be an outlaw **2.** [délit] illegal ou unlawful act.

illégitime [ileʒitim] adj **1.** DR [enfant, acte] illegitimate **2.** [requête, prétention] illegitimate ; [frayeur] groundless.

illégitimement [ileʒitimmɑ̃] adv **1.** DR illegitimately, unlawfully **2.** [injustement] unwarrantedly, unjustifiably.

illégitimité [ileʒitimite] nf **1.** DR [d'un enfant, d'un acte] illegitimacy **2.** [injustice] unwarrantedness, unfoundedness.

illettré, e [iletʀe] ◆ adj **1.** [analphabète] illiterate **2.** [ignorant] uncultivated, uneducated. ◆ nm, f **1.** [analphabète] illiterate **2.** [ignorant] uncultivated ou uneducated person.

illettrisme [iletʀism] nm illiteracy.

illicite [ilisit] adj illicit ▸ **pratiques / gains illicites** unlawful activities / gains.

illicitement [ilisitmɑ̃] adv illicitly.

illico [iliko] adv ▸ **illico (presto)** right away, pronto.

illimité, e [ilimite] adj **1.** [en abondance - ressources, espace] unlimited ; [- patience, bonté] boundless, limitless **2.** [non défini - durée] unlimited, indefinite / *en congé illimité* on indefinite leave **3.** MATH unrestricted ; GÉOM unbounded **4.** INFORM ▸ **accès illimité** unrestricted access.

Illinois [ilinwa] npr m ▸ **l'Illinois** Illinois.

illisibilité [ilizibilite] nf illegibility.

illisible [ilizibl] adj **1.** [écriture] illegible, unreadable **2.** [écrivain, roman] unreadable.

illisiblement [ilizibləmɑ̃] adv illegibly.

illogique [ilɔʒik] adj illogical / *de façon illogique* illogically.

illogiquement [ilɔʒikmɑ̃] adv illogically.

illogisme [ilɔʒism] nm illogicality, absurdity.

illumination [ilyminasjɔ̃] nf **1.** [d'un monument] floodlighting **2.** [lumière] illumination, lighting (up) **3.** [idée] flash of inspiration ou understanding ; [révélation] illumination.
❖ **illuminations** nfpl illuminations, lights / *les illuminations de Noël* the Christmas lights.

illuminé, e [ilymine] ◆ adj [monument] lit up, floodlit, illuminated ; [rue] lit up, illuminated. ◆ nm, f **1.** [visionnaire] visionary, illuminate *arch* ▸ **les Illuminés** HIST the Illuminati **2.** *péj* [fou] lunatic.

illuminer [3] [ilymine] vt **1.** [ciel - suj : étoiles, éclairs] to light up *(sép)* ; [monument] to floodlight ; [pièce] to light / *cet événement a illuminé sa vie fig* this event has

* In reformed spelling (see p. 16-19).

IL IN IMPERSONAL CONSTRUCTIONS

There are numerous expressions which have an impersonal meaning and the pronoun **il** as their (invariable) subject. Perhaps the most familiar one is **il y a** (there is). Another familiar group is the series of verbs describing the weather:

il pleut it's raining

il neige it's snowing

il grêle there's a hailstorm

Il fait froid / beau / humide aujourd'hui. It's cold / nice out / wet today.

Many other structures with impersonal **il** reflect a judgement or a choice, and when using them you have to decide whether to opt for putting the verb that follows into the subjunctive or the indicative, as shown below.

WITH THE SUBJUNCTIVE

Here is an example of a construction followed by a verb in the subjunctive.

Il est essentiel que l'enfant soit placé dans une famille d'accueil. The child must be placed in foster care.

Here are some more:

il est étonnant / juste / important / naturel / impossible / utile / préférable / possible / nécessaire que…

il convient / importe / se peut / vaut mieux que…

And the following three, which are dealt with in more detail below:

il suffit que

il s'agit que

il faut que

Both affirmative and negative sentences follow this rule for using the subjunctive. But things are different with the next series of examples.

WITH A CHOICE BETWEEN THE SUBJUNCTIVE AND THE INDICATIVE

Some impersonal constructions, such as **il semble que** or **il se peut que**, can be followed by either the subjunctive (to express some degree of doubt) or the indicative (to express a high degree of probability). Compare ***a*** and ***b*** below, where ***a*** implies a high degree of possibility, which is reduced to 'doubt' when the sentence is in the negative, thus triggering the use of a subjunctive verb. On the other hand ***b*** expresses doubt in the affirmative, and that doubt is confirmed in the negative.

- *a:*
  - [affirmative]
    Il semble que le gouvernement **est** [indicative] prêt à négocier.
    It seems that the government is prepared to negotiate.
  - [negative]
    Il ne semble pas que le gouvernement **soit** [subjunctive] prêt à négocier.
    The government doesn't seem to be ready to negotiate.
- *b:*
  - [affirmative]
    Il semble que le gouvernement **soit** [subjunctive] prêt à négocier.
    It would appear that the government might be prepared to negotiate.
  - [negative]
    Il ne semble pas que le gouvernement **soit** [subjunctive] prêt à négocier.
    The government does not seem prepared to negotiate.

WITH THE INDICATIVE ONLY

The expression **il se trouve que** cannot be used in the negative and is thus always followed by the indicative.

Il se trouve que j'ai un an de plus que lui. I happen to be one year older than him.

IL FAUT, IL S'AGIT, IL SUFFIT QUE

There are three ways in which these constructions can be used.

	WITH NOUN	WITH INFINITIVE	WITH 'QUE' AND SUBJUNCTIVE
IL FAUT	Il faut un peu plus de sucre.	Il fallait toujours porter une blouse.	Il faut que tu te dépêches.
	It needs a bit more sugar.	You had to wear an overall at all times.	You need to hurry up.
IL S'AGIT	[+ de] On ne peut pas dire qu'il s'agit vraiment d'une crise.	[+ de] Il s'agit de dépenser le budget avant la fin de l'année.	Il s'agira que vous preniez l'initiative au bon moment.
	You can't really call this a crisis.	The aim is to spend the budget before year end.	The important thing will be for you to take the initiative at the right time.
IL SUFFIT	[+ de] Il suffit d'un clic pour commander.	[+ de] Il suffisait de prévenir le patron et on pouvait partir tôt.	Il suffirait qu'une fenêtre soit restée ouverte pour que l'assurance ne paie plus.
	All you need is one click to place your order.	All you needed was to tell the boss and you could go home early.	It would only need for a window to have been left open and the insurance would refuse to pay.

Note: because '**s'agit**' always takes the impersonal '**il**' as its subject, you need to construct your sentence differently if you want to specifically say what something is about.

Il s'agit, dans ce film, d'une professeure de piano. The film is about a piano teacher.

IL EXISTE, IL MANQUE

These two expressions are always followed by a noun. The verb remains in the singular even if the noun that follows is in the plural.

Il existe une autre interprétation des faits. There is a different way of interpreting the facts.

Il manque des documents dans votre bureau. Some documents are missing from your office.

In contrast with '**il s'agit**' above, there is an alternative way of putting these two examples:

Une autre interprétation des faits existe.

Des documents manquent dans votre bureau.

'IL EST' IN IMPERSONAL CONSTRUCTIONS WITH ADJECTIVE + QUE

A verb in the indicative follows '**il est** + ***adjective*** + **que**' if the sentence is affirmative. If it is negative, the verb is in the subjunctive. Compare ***a*** and ***b*** below:

- ***a:*** Il est certain qu'il **voudra** participer à la cérémonie. It is certain that he will insist on taking part in the ceremony.
- ***b:*** Il n'est pas certain qu'il **veuille** participer à la cérémonie. It is not certain that he wants to take part in the ceremony.

The other point to remember about this construction is that, contrary to its slightly less formal equivalent '**c'est**', it cannot stand alone and always requires a complement introduced by '**que**'. Compare the mini-dialogues ***c*** and ***d*** below, both meaning '***I won't go! — Obviously, your absence will be noticed.***'

- ***c:*** Je n'irai pas ! — Il est évident que ton absence sera remarquée.
- ***d:*** Je n'irai pas ! — Ton absence sera remarquée, c'est évident.

lit up her life **2.** [visage, regard] to light up *(sép)* / *un sourire illumina son visage* a smile lit up her face.

❖ **s'illuminer** vpi **1.** *sout* [ciel, regard, visage] to light up ▸ **illuminer de** to light up with **2.** [vitrine] to be lit up ; [guirlande] to light up.

illuminisme [ilyminism] nm illuminism.

illusion [ilyzjɔ̃] nf **1.** [idée fausse] illusion / *ne lui donne pas d'illusions* don't give him (any) false ideas / *perdre ses illusions* to lose one's illusions ▸ **faire perdre ses illusions à qqn** to disillusion sb ▸ **se faire des illusions** to delude o.s. / *je ne me fais pas d'illusions là-dessus* I have no illusions ou I'm not deluding myself about it / *si tu crois qu'elle va revenir, tu te fais des illusions* if you imagine she's going to come back you're deluding yourself / *se bercer d'illusions* to delude o.s., to harbour illusions **2.** [erreur de perception] illusion, trick / *c'est une illusion due à la lumière* it's a trick of the light / *le miroir donne une illusion de profondeur* the mirror gives an illusion of depth ▸ **en donnant** ou **créant une illusion de stabilité** with an outward show of stability / *Mirax, le roi de l'illusion !* [de la magie] Mirax, the great illusionist ! ▸ **faire illusion** : *c'est un vieux manteau mais il fait illusion* it's an old coat but you wouldn't think so to look at it ▸ **son aisance fait illusion** his apparent ease is deceptive ▸ **illusion d'optique** optical illusion.

illusionner [3] [ilyzjɔne] vt to delude.

❖ **s'illusionner** vpi to delude ou to deceive o.s. / *tu t'illusionnes sur ses intentions* you're deluding yourself ou you're mistaken about his intentions / *ne t'illusionne pas sur sa détermination* make no mistakes about his firmness.

illusionnisme [ilyzjɔnism] nm **1.** ART illusionism **2.** [prestidigitation] conjuring tricks ; [truquage] illusionism.

illusionniste [ilyzjɔnist] nmf conjurer, illusionist.

illusoire [ilyzwaʀ] adj [promesse] deceptive, illusory ; [bonheur, victoire] illusory, fanciful / *il serait illusoire de croire que...* it would be wrong ou mistaken to believe that...

illusoirement [ilyzwaʀmɑ̃] adv illusorily, deceptively.

illustrateur, trice [ilystʀatœʀ, tʀis] nm, f illustrator.

illustratif, ive [ilystʀatif, iv] adj illustrative.

illustration [ilystʀasjɔ̃] nf **1.** [image, activité] illustration ; [ensemble d'images] illustrations / *l'illustration de cette édition est somptueuse* this book is lavishly illustrated **2.** *fig* [démonstration] illustration ; [exemple] illustration, example.

illustre [ilystʀ] adj illustrious / *une ville au passé illustre* a town with an illustrious ou a glorious past ▸ **l'illustre compagnie** *sout* the Académie française ▸ **illustre inconnu, illustre inconnue** *hum* : *quel est cet illustre inconnu ?* who is this famous person I've never heard of !

illustré, e [ilystʀe] adj illustrated.

❖ **illustré** nm pictorial, illustrated magazine.

illustrer [3] [ilystʀe] vt **1.** [livre] to illustrate **2.** [définition, théorie] to illustrate **3.** *litt* [rendre prestigieux] to lend distinction to / *Molière a illustré la langue française* Molière contributed to the greatness of the French language.

❖ **s'illustrer** vpi to become renowned ou famous / *elle s'est illustrée par son interprétation de Carmen* she won fame through her performance of Carmen / *les Français se sont illustrés en natation* the French distinguished themselves at swimming.

illustrissime [ilystʀisim] adj *hum* most illustrious.

illuviation [ilyvjasjɔ̃] nf illuviation.

ILM (abr de **immeuble à loyer moyen**) nm *apartment building with low-rent accommodation (more expensive than an HLM).*

îlot, ilot* [ilo] nm **1.** GÉOGR small island, islet **2.** [espace] island / *un îlot de verdure* an island of greenery / *dans l'îlot de calme où je travaille* in the island ou oasis of peace where I work ▸ **îlot de résistance** pocket of resistance **3.** [pâté de maisons] block ; [pour surveillance policière] patrol area, beat **4.** [sur une route] ▸ **îlot directionnel** traffic ou lane divider **5.** [dans un magasin] (island) display unit **6.** NAUT island.

îlotage, ilotage* [ilɔtaʒ] nm **1.** [d'un quartier] community policing, policing on the beat **2.** ÉLECTR grid sectioning.

ilote [ilɔt] nm **1.** ANTIQ Helot **2.** *fig & litt* helot.

îlotier, ère, ilotier*, ère [ilɔtje, ɛʀ] nm, f community police officer, police officer on the beat.

ilotisme [ilɔtism] nm *pr & fig* helotism.

ils [il] pl ⟶ **il.**

IMA [ima] npr m abr de **Institut du monde arabe.**

image [imaʒ] nf **1.** [représentation] picture ▸ **livre d'images** picture book / *l'image fournie par le satellite* the satellite picture ▸ **l'image de** *fig* the picture of ▸ **elle était l'image du malheur** / **de la bonne santé** *fig* she was the very picture of tragedy / health ▸ **image de la mère** / **du père** mother / father figure ▸ **image d'Épinal** *popular 19th-century print showing idealized scenes of French and foreign life, well-known characters or heroic events* / *c'est une véritable image d'Épinal fig* it's a very stereotyped image ▸ **image pieuse** holy image **2.** [réflexion] image, reflection ; PHYS image ▸ **image réelle** / **virtuelle** real / virtual image **3.** TV image ; CINÉ frame / *25 images par seconde* 25 frames per second ▸ **image d'archives** library picture ▸ **l'image est floue** [télévision] the picture is fuzzy / *il n'y a plus d'image* there's nothing on screen / *certaines scènes du roman sont difficiles à mettre en images* some scenes from the novel are difficult to adapt for the screen **4.** LITTÉR image / *les images de Hugo* Hugo's imagery / *ce n'est qu'une image* it's just an image **5.** [idée] image, picture / *quelle image te fais-tu de lui ?* how do you picture him ? ▸ **donner une fausse image de qqch** to misrepresent sthg, to give a false impression of sthg ▸ **son image me hante** *litt* his face haunts me ▸ **image mentale** PSYCHOL mental image **6.** MATH image **7.** INFORM [imprimée] hard copy ; [sur l'écran] image ▸ **image cliquable** clickable image (map) ▸ **image mémoire** dump / *prendre une image mémoire* to take a hard copy, to dump ▸ **image de synthèse** computer-generated image ou picture.

❖ **à l'image de** loc prép : *Dieu créa l'homme à son image* God created man in his own image / *cet enfant est tout à fait à l'image de sa mère* this child is the very image of his mother / *ce jardin est à l'image de son propriétaire* this garden is the reflection of its owner.

❖ **image de marque** nf [d'un produit] brand image ; [d'une entreprise] corporate image ; [d'une personnalité, d'une institution] (public) image.

imagé, e [imaʒe] adj full of imagery / *elle a un langage très imagé* she uses colourful imagery ▸ **parler de façon imagée** to use picturesque speech.

imagerie [imaʒʀi] nf **1.** [ensemble d'images] prints, pictures ▸ **l'imagerie napoléonienne** the imagery of the Napoleonic era **2.** [commerce] coloured print trade ; [fabrication] printing **3.** MÉTÉOR satellite photography **4.** MÉD ▸ **imagerie médicale** medical imaging ▸ **imagerie par résonance magnétique** / **par ultrasons** magnetic resonance / ultrasound imaging **5.** INFORM imagery.

imagier, ère [imaʒje, ɛʀ] nm, f **1.** [dessinateur] drawer ou painter *(of popular pictures)* ; [imprimeur] printer *(of popular pictures)* ; [vendeur] print seller **2.** HIST [sculpteur] sculptor *(of human figures or animals).*

❖ **imagier®** nm [livre] picture book.

imaginable [imaʒinabl] adj imaginable, conceivable / *ce n'est pas imaginable d'être aussi têtu !* it's unbelievable how stubborn you can be ! ▸ **c'est difficilement imaginable** it's hard to imagine / *ce n'est plus imaginable à notre époque* it's just unthinkable nowadays.

imaginaire [imaʒinɛʀ] ◆ adj **1.** [fictif -pays, personnage] imaginary **2.** MATH imaginary. ◆ nm imagination ▸ **le domaine de l'imaginaire** the realm of fancy ▸ **l'imaginaire collectif** PSYCHOL the collective imagination.

imaginatif, ive [imaʒinatif, iv] adj imaginative, fanciful.

imagination [imaʒinasjɔ̃] nf **1.** [faculté] imagination / *tu as l'imagination fertile* you have a fertile ou good imagination / *son récit frappe l'imagination* his story strikes the imagination / *les derniers événements dépassent l'imagination* the latest incidents defy the imagination / *elle lui parlait en imagination* she imagined herself talking to him / *c'est de l'imagination pure et simple* it's sheer ou pure imagination / *essaie d'avoir un peu d'imagination* try to use your imagination / *avoir beaucoup d'imagination* to have a lot of imagination, to be very imaginative **2.** [chimère] : *ce sont de pures imaginations* that's pure fancy / *imaginations que tout cela !* those are just imaginings !

imaginer [3] [imaʒine] vt **1.** [concevoir] to imagine / *c'est l'homme le plus gentil qu'on puisse imaginer* he is the kindest man imaginable / *la maison est plus grande que je l'imaginais* the house is bigger than I imagined it (to be) / *tu imagines sa tête quand je lui ai dit ça !* you can imagine ou picture his face when I told him that ! / *on imagine facilement qu'elle n'était pas ravie* as you can imagine, she wasn't very pleased / *on imagine mal la suite* it's hard to imagine what happened next / *tu n'imagines tout de même pas que je vais céder ?* you don't really think ou imagine I'm going to give in, do you ? **2.** [supposer] to imagine, to suppose / *imaginons qu'il refuse* supposing he refuses / *tu veux de l'argent, j'imagine !* you want some money, I suppose ! **3.** [inventer -personnage] to create, to imagine ; [-gadget, mécanisme] to devise, to think up *(sép).*

❖ **s'imaginer** ◆ vp *(emploi réfléchi)* to imagine o.s. / *elle s'imagine déjà danseuse étoile !* she already imagines ou pictures herself as a prima ballerina ! / *j'ai du mal à m'imaginer grand-mère* I have a hard job picturing ou seeing myself as a grandmother. ◆ vpt [se représenter] to imagine, to picture / *imaginez-vous un petit chalet blotti dans la montagne* picture, if you will, a little chalet nestling in the mountains ▸ **s'imaginer que** to imagine ou to think that / *si tu t'imagines que je vais démissionner, tu te trompes* if you think that I'm going to resign, you're mistaken / *tu t'imagines bien que je n'ai pas vraiment apprécié* as you can imagine, I wasn't too pleased / *si je m'imaginais te rencontrer ici !* fancy meeting you here !

imago [imago] ◆ nm ENTOM imago. ◆ nf PSYCHOL imago.

imam [imam] nm imam.

imamat [imama] nm imamate.

imbattable [ɛ̃batabl] adj unbeatable.

imbécile [ɛ̃besil] ◆ adj **1.** [niais] stupid **2.** *vieilli* MÉD imbecilic. ◆ nmf **1.** [niais] idiot, fool ▸ **ne fais pas l'imbécile a)** [ne fais pas le pitre] stop fooling about ou around **b)** [ne simule pas] stop acting stupid ou dumb / *le premier imbécile venu peut comprendre ça fam* any (old) fool can understand that ▸ **espèce d'imbécile heureux !** *fam* you twit ou stupid idiot ! **2.** *vieilli* MÉD imbecile.

imbécillité, imbécilité* [ɛ̃besilite] nf **1.** [caractère] stupidity, idiocy **2.** [parole] nonsense *(U)* / *n'écoute pas ces imbécillités* don't listen to this nonsense ! / *qu'est-ce qu'il t'a dit ? — une imbécillité* what did he say to you ? — something stupid ou dumb ; [acte] stupid behaviour *(U)* / *avec ses imbécillités il va finir par se faire prendre* his foolish behaviour is going to land him in trouble one of these days **3.** *vieilli* MÉD imbecility.

imberbe [ɛ̃bɛʀb] adj beardless.

imbibé, e [ɛ̃bibe] adj *fam* sozzled UK, soused US.

imbiber [3] [ɛ̃bibe] vt to soak / *imbibez les biscuits de kirsch* soak the biscuits in kirsch / *imbiber une éponge d'eau* to soak a sponge with water / *la terre est imbibée d'eau* the earth is completely waterlogged.

❖ **s'imbiber** vpi **1.** [s'imprégner] to become soaked ▸ **s'imbiber de a)** [suj : gâteau] to become soaked with ou in **b)** [suj : terre] to become saturated with **2.** *fam* [boire] to booze.

imbibition [ɛ̃bibisjɔ̃] nf **1.** [action] soaking ; [absorption] absorption, absorbing **2.** PHYS imbibition.

imbitable, imbittable [ɛ̃bitabl] adj *tfam* impossible to understand.

imbrication [ɛ̃bʀikasjɔ̃] nf **1.** [d'écailles, de pièces, de tuiles] imbrication *spéc*, overlapping **2.** [de considéra-

* In reformed spelling (see p. 16-19).

tions, d'hypothèses] interweaving, overlapping **3.** INFORM interleaving, nesting.

imbriqué, e [ɛ̃bʀike] adj **1.** [écailles, pièces] imbricated ; [cercles] overlapping **2.** [questions] overlapping, interlinked.

imbriquer [3] [ɛ̃bʀike] vt [pièces] to fit into ou over each other ; [tuiles] to overlap / *il faut imbriquer les différents morceaux les uns dans les autres* the different pieces have to be fitted into each other.

❖ **s'imbriquer** vpi **1.** CONSTR [pièces] to fit into ou over each other ; [tuiles, feuilles, écailles] to overlap, to imbricate *spéc* **2.** [être lié] to be interlinked ou closely linked / *des questions pratiques sont venues s'imbriquer dans les considérations esthétiques* practical problems began to interfere with the purely aesthetic considerations / *le scénariste a fait s'imbriquer les vies de tous les personnages* the screenwriter linked the lives of all his characters together.

imbroglio [ɛ̃bʀɔljo] nm imbroglio.

imbrûlé, e, imbrulé*, e [ɛ̃bʀyle] adj unburnt, non combusted.

❖ **imbrûlés, imbrulés*** nmpl unburnt residue.

imbu, e [ɛ̃by] adj ▸ **être imbu de sa personne** ou **de soi-même** to be full of o.s., to be full of a sense of one's own importance *sout* / *être imbu de préjugés* to be imbued with *sout* ou steeped in prejudice.

imbuvable [ɛ̃byvabl] adj **1.** [boisson] undrinkable **2.** *fam* [individu] unbearable.

IMC, imc (abr de **indice de masse corporelle**) nm BMI.

IMG (abr de **interruption médicale de grossesse**) nf medical abortion.

imitable [imitabl] adj imitable ▸ **difficilement imitable** hard to imitate.

imitateur, trice [imitatœʀ, tʀis] ◆ nm, f imitator ; [de personnalités connues] impersonator, mimic ; [de cris d'animaux] imitator, mimic. ◆ adj [moutonnier] imitating, mimicking.

imitatif, ive [imitatif, iv] adj imitative, mimicking.

imitation [imitasjɔ̃] nf **1.** [parodie] imitation, impersonation / *elle a un talent d'imitation* she's a talented mimic **2.** ART imitation, copy ; LITTÉR imitation **3.** [matière artificielle] imitation ▸ **imitation marbre** imitation marble / *ce n'est pas du liège, c'est de l'imitation* it's not genuine cork, it's only imitation / *des bijoux en imitation or* imitation gold jewels **4.** MUS & PSYCHOL imitation.

❖ **à l'imitation de** loc prép in imitation of.

imiter [3] [imite] vt **1.** [copier - bruit, personne] to imitate ; [- mouvements, façon de parler] to imitate, to mimic / *Jacques imite très bien ses collègues* Jacques does a good imitation of his colleagues ▸ **imiter la signature de qqn a)** to imitate sb's signature **b)** [à des fins criminelles] to forge sb's signature **2.** [suivre l'exemple de] to imitate, to copy / *si elle démissionne, d'autres l'imiteront* if she resigns, others will do the same ou follow suit ou do likewise **3.** [ressembler à] to look like / *c'est une matière qui imite le liège* it's imitation cork / *un style imité du Berlin des années 30* a style modelled on Berlin in the thirties.

immaculé, e [imakyle] adj *sout* [blanc, neige] immaculate ; [réputation] immaculate, unsullied, spotless ▸ **une nappe immaculée** an immaculately ou spotlessly clean cloth ▸ **l'Immaculée Conception** RELIG the Immaculate Conception.

immanence [imanɑ̃s] nf immanence.

immanent, e [imanɑ̃, ɑ̃t] adj immanent.

immangeable [ɛ̃mɑ̃ʒabl] adj uneatable, inedible.

immanquable [ɛ̃mɑ̃kabl] adj **1.** [inévitable] inevitable **2.** [infaillible] sure, reliable, infallible.

immanquablement [ɛ̃mɑ̃kabləmɑ̃] adv definitely, certainly.

immatérialité [imateʀjalite] nf immateriality.

immatériel, elle [imateʀjɛl] adj **1.** PHILOS immaterial **2.** *litt* [léger] ethereal **3.** COMM intangible.

* In reformed spelling (see p. 16-19).

immatriculation [imatʀikylasjɔ̃] nf registration ▸ **numéro d'immatriculation** registration number UK, license number US.

 **Immatriculation**

A new vehicle registration system was introduced in France in 2009. The new number consists of a series of seven characters: 2 letters, three numbers, and 2 letters, separated by dashes (e.g. AA - 123 - AA). The number of the **département** (which used to form the last two figures of the registration number) continues to be shown on the number plate, but it now appears on the right hand side, along with the logo of the **Région**. However, this local reference no longer relates to the owner's home address, and car owners can choose the **département** they want to appear on the plate for personal reasons.

immatriculer [3] [imatʀikyle] vt ▸ **(faire) immatriculer** to register / *car immatriculé 75* coach with the registration UK ou license US number ending in 75 ▸ **car immatriculé à Paris** coach with a Paris registration UK ou license US number / *je ne suis plus immatriculé 92 fam* my registration UK ou license US number no longer ends in 92.

immaturation [imatyʀasjɔ̃] nf PSYCHOL immatureness.

immature [imatyʀ] adj immature.

immaturité [imatyʀite] nf **1.** immaturity **2.** [d'un fruit] unripeness.

immédiat, e [imedja, at] adj **1.** [avenir] immediate ; [réponse] immediate, instantaneous ; [effet] immediate, direct ; [soulagement] immediate, instant ▸ **sa mort fut immédiate** he died instantly **2.** [voisins] immediate, next-door *(avant nom)* ; [environs] immediate ▸ **dans mon voisinage immédiat** in close proximity to ou very near where I live ▸ **supérieur immédiat** direct superior **3.** SCI & PHILOS immediate.

❖ **dans l'immédiat** loc adv for the time being, for the moment, for now / *nous n'effectuerons pas de changement dans l'immédiat* we will introduce no immediate changes.

immédiatement [imedjatmɑ̃] adv **1.** [dans le temps] immediately, at once, forthwith *sout hum* / *viens ici immédiatement !* come here at once ! / *la nouvelle disposition prend effet immédiatement* the new measure comes into immediate effect ou into effect immediately **2.** [dans l'espace] directly, immediately / *tournez à gauche immédiatement après le prochain feu* turn left straight UK ou immediately after the next traffic lights.

immédiateté [imedjatte] nf **1.** *sout* [instantanéité] immediacy, immediateness **2.** PHILOS immediacy.

immémorial, e, aux [imemɔʀjal, o] adj age-old, immemorial / *de temps immémorial* from time immemorial / *remonter à des temps immémoriaux* to date from time immemorial.

immense [imɑ̃s] adj [forêt, bâtiment, plaine] vast, huge ; [talent] immense, towering ; [soulagement, impact] immense, great, tremendous ; [sacrifice, dévotion] immense, boundless.

immensément [imɑ̃semɑ̃] adv immensely, hugely.

immensité [imɑ̃site] nf **1.** [d'un lieu] immensity, vastness ; [de la mer] immensity ▸ **dans l'immensité** *litt* in infinity, in infinite space **2.** [d'une tâche, d'un problème] enormity ; [d'un talent, d'un chagrin] immensity.

immergé, e [imɛʀʒe] adj **1.** [au-dessous de l'eau] submerged / *la majeure partie d'un iceberg est immergée* the bulk of an iceberg is underwater / *l'épave est immergée par 500 m de fond* the wreck is lying 500 m underwater ou under 500 m of water ▸ **plante immergée** aquatic plant ▸ **terres immergées** submerged areas of land **2.** *fig* ▸ **l'économie immergée** the underground economy.

immerger [17] [imɛʀʒe] vt [oléoduc, bombes] to lay under water, to submerge ; [produits radioactifs] to dump ou to deposit at sea ; [cadavre] to bury at sea.

❖ **s'immerger** vpi [sous-marin] to dive, to submerge.

immérité, e [imeʀite] adj undeserved, unmerited.

immersion [imɛʀsjɔ̃] nf **1.** [d'un sous-marin] diving, submersion ; [d'un oléoduc, de bombes] underwater laying, submersion ; [de déchets] dumping at sea ; [d'un cadavre] burying at sea **2.** ASTRON & RELIG immersion.

immettable [ɛ̃metabl] adj [abîmé] no longer fit to wear ; [indécent] unwearable.

immeuble [imœbl] ◆ adj DR immovable, real ▸ **biens immeubles** immovables, real estate. ◆ nm **1.** CONSTR [gén] building ▸ **immeuble de bureaux** office block UK ou building ▸ **immeuble commercial** rented office block UK ou building ▸ **immeuble d'habitation** residential building, block of flats UK, apartment building US ▸ **immeuble miroir** ARCHIT building glazed with reflective glass ▸ **immeuble de rapport** investment property ▸ **immeuble à usage locatif** [résidentiel] block of rented flats UK, rental apartment building US **2.** DR real estate.

immigrant, e [imigʀɑ̃, ɑ̃t] adj & nm, f immigrant.

immigration [imigʀasjɔ̃] nf immigration.

immigré, e [imigʀe] ◆ adj immigrant ▸ **travailleur immigré** immigrant worker, guest worker. ◆ nm, f immigrant.

immigrer [3] [imigʀe] vi to immigrate ▸ **immigrer en France / aux États-Unis** to immigrate to France / to the (United) States.

imminence [iminɑ̃s] nf imminence.

imminent, e [iminɑ̃, ɑ̃t] adj imminent, impending ▸ **c'est imminent** it's imminent, it won't be long (now) / *sa décision est imminente* he's about to make a decision.

immiscer [16] [imise] ❖ **s'immiscer dans** vp + prép **1.** [intervenir dans] ▸ **s'immiscer dans une affaire** to interfere with ou in a matter / *elle s'immisce toujours dans la conversation* she's always interrupting **2.** DR : *s'immiscer dans une succession* to enter into ou to assume a succession.

immixtion [imiksjɔ̃] nf **1.** interference, interfering **2.** DR assumption.

immobile [imɔbil] adj **1.** [mer, surface] still, calm ; [nuit, air] still ; [feuillage, animal, personne] still, motionless ; [visage] immobile / *gardez votre bras immobile* keep your arm still **2.** *litt* [temps] immobile.

immobilier, ère [imɔbilje, ɛʀ] adj COMM & DR [marché, opération] property *(modif)* ; [action] real ; [fortune] real estate *(modif)* ▸ **biens immobiliers** immovables, real estate US ▸ **crédit immobilier** mortgage ▸ **société immobilière** property ou real estate US company.

❖ **immobilier** nm ▸ **l'immobilier** COMM the property ou real estate US business, realty.

immobilisation [imɔbilizasjɔ̃] nf **1.** [d'un adversaire, de forces armées] immobilization / *le manque à gagner dû à l'immobilisation des machines* losses through downtime **2.** FIN [de capitaux] tying up **3.** DR conversion *(of personalty into realty)* **4.** SPORT hold **5.** MÉD immobilization.

❖ **immobilisations** nfpl fixed assets.

immobiliser [3] [imɔbilize] vt **1.** [membre] to strap up *(sép)*, to immobilize ; [adversaire, forces armées] to immobilize ; [balancier] to stop ; [circulation] to bring to a standstill ou to a halt / *les véhicules sont immobilisés à la sortie du tunnel* the vehicles have been brought to a standstill at the tunnel exit ▸ **être immobilisé** [personne] to be laid up / *il est resté immobilisé au lit pendant cinq semaines* he was laid up in bed for five weeks **2.** FIN [des capitaux] to tie up *(sép)*, to immobilize **3.** DR to convert *(personalty into realty)*.

❖ **s'immobiliser** vpi [personne] to stand still ou stock-still ; [véhicule] to come to a halt, to pull up / *la libellule s'immobilisa sur la fleur* the dragonfly came to rest ou settled on the flower.

immobilisme [imɔbilism] nm [gén] opposition to change ; POL immobilism.

immobiliste [imɔbilist] ◆ adj conservative, immobilist *spéc* / *la politique immobiliste du gouvernement* the government's conservative policies. ◆ nmf conservative, upholder of the status quo.

immobilité [imɔbilite] nf [d'un lac, d'une personne] stillness, motionlessness ; [d'un regard] immobility, steadiness / *je suis contraint à l'immobilité totale* I've been confined to bed.

immodéré, e [imɔdeʀe] adj immoderate, inordinate.

immodérément [imɔdeʀemɑ̃] adv immoderately, excessively.

immodeste [imɔdɛst] adj *sout* immodest.

immodestie [imɔdɛsti] nf *litt* immodesty.

immolateur [imɔlatœʀ] nm *litt* immolator.

immolation [imɔlasjɔ̃] nf *sout* immolation.

immoler [3] [imɔle] vt **1.** RELIG [sacrifier] to immolate ▸ **immoler qqn à** to sacrifice sb to **2.** *litt* [exterminer] to kill **3.** *fig & litt* [renoncer à] to sacrifice.

❖ **s'immoler** vp *(emploi réfléchi) litt* to sacrifice o.s. / *il s'immola par le feu* he set fire to himself.

immonde [imɔ̃d] adj **1.** RELIG [impur] unclean, impure **2.** [sale] foul, filthy, obnoxious **3.** [ignoble - crime, pensées, propos] sordid, vile, base ; [- individu] vile, base, obnoxious.

immondices [imɔ̃dis] nfpl refuse, rubbish UK, trash US.

immoral, e, aux [imɔʀal, o] adj immoral.

immoralement [imɔʀalmɑ̃] adv immorally.

immoralisme [imɔʀalism] nm immoralism.

immoraliste [imɔʀalist] adj & nmf immoralist.

immoralité [imɔʀalite] nf immorality.

immortalisation [im(m)ɔʀtalizasjɔ̃] nf immortalization.

immortaliser [3] [imɔʀtalize] vt to immortalize.

immortalité [imɔʀtalite] nf immortality / *son œuvre lui a assuré l'immortalité* her work won her everlasting fame ou immortality.

immortel, elle [imɔʀtɛl] ◆ adj [dieu] immortal ; [bonheur, gloire] immortal, everlasting, eternal. ◆ nm, f **1.** MYTH Immortal **2.** *fam* [académicien] ▸ **les Immortels** *the members of the Académie française.*

❖ **immortelle** nf BOT everlasting (flower), immortelle.

immotivé, e [imɔtive] adj **1.** [attaque, décision, demande] unmotivated ; [peur, allégation] groundless **2.** LING unmotivated.

immuabilité [imɥabilite] = **immutabilité.**

immuable [imɥabl] adj [principes, vérités, amour] immutable *sout*, unchanging ; [sourire] unchanging, fixed ; [politesse] eternal, unfailing ; [opinion] unwavering, unchanging.

immuablement [imɥabləmɑ̃] adv eternally, perpetually, immutably *sout* / *ville immuablement brumeuse* perpetually foggy town.

immun, e [imœ̃, yn] adj MÉD immune.

immunisant, e [imynizɑ̃, ɑ̃t] adj immunizing.

immunisation [imynizasjɔ̃] nf immunization.

immuniser [3] [imynize] vt MÉD to immunize ▸ **immuniser qqn contre qqch** to immunize sb against sthg / *depuis le temps qu'elle me critique, je suis immunisé!* she's been criticizing me for so long, I'm immune to it now! / *son échec l'a immunisé contre l'aventurisme politique* his failure has cured him of political adventurism.

immunitaire [imynitɛʀ] adj immune ▸ **réaction immunitaire** immune reaction ▸ **système immunitaire** immune system.

immunité [imynite] nf **1.** DR immunity ▸ **immunité diplomatique** diplomatic immunity ▸ **immunité parlementaire** parliamentary privilege **2.** MÉD immunity ▸ **acquérir une immunité (à)** to become immune (to) ou immunized (against).

immunocompétent, e [imynɔkɔ̃petɑ̃, ɑ̃t] adj immunocompetent.

immunodéficience [imynɔdefisjɑ̃s] nf immunodeficiency.

immunodéficitaire [imynɔdefisitɛʀ] adj immunodeficient.

immunodépresseur [imynɔdepʀesœʀ] nm immunosuppressive.

immunodépressif, ive [imynɔdepʀesif, iv] adj immunosuppressive.

immunodépression [im(m)ynɔdepʀesjɔ̃] nf immunodepression.

immunodéprimé, e [imynodepʀime] adj immunodepressed.

immunofluorescence [im(m)ynɔflyɔʀesɑ̃s] nf immunofluorescence.

immunogène [imynɔʒɛn] adj immunogenic.

immunoglobuline [imynɔglɔbylin] nf immunoglobulin.

immunologie [imynɔlɔʒi] nf immunology.

immunologique [imynɔlɔʒik] adj immunological.

immunostimulant, e [im(m)ynɔstimylɑ̃, ɑ̃t] adj PHARM immunostimulant.

❖ **immunostimulant** nm PHARM immunostimulant.

immunosuppresseur [imynɔsypʀesœʀ] nm immunosuppressive.

immunosuppression [imynɔsypʀesjɔ̃] nf immunosuppression.

immunothérapie [imynɔteʀapi] nf immunotherapy.

immutabilité [imytabilite] nf immutability.

impact [ɛ̃pakt] nm **1.** [choc - de corps] impact, collision ; [- de projectiles] impact ▸ **au moment de l'impact** on impact ▸ **point d'impact** point of impact **2.** [influence, effet - de mesures] impact, effect ; [- d'un mouvement, d'un artiste] impact, influence / *les sondages ont-ils un grand impact sur le résultat des élections?* do opinion polls have a major impact on election results? ▸ **étude d'impact** ÉCOL environmental impact assessment.

impair, e [ɛ̃pɛʀ] adj **1.** [chiffre] odd, uneven / *les jours impairs* odd ou odd-numbered days / *les années impaires* odd ou odd-numbered years ▸ **le côté impair** [dans la rue] the uneven numbers **2.** LITTÉR [vers] irregular *(having an odd number of syllables)* **3.** ANAT single, azygous *spéc* **4.** RAIL [voie, train] down.

❖ **impair** [ɛ̃pɛʀ] nm **1.** [bévue] blunder / *faire* ou *commettre un impair* to (make a) blunder **2.** JEUX ▸ **l'impair a)** odd numbers **b)** [à la roulette] impair.

impala [impala] nm impala.

impalpable [ɛ̃palpabl] adj impalpable, intangible.

impaludation [ɛ̃palydasjɔ̃] nf malarial infection ▸ **impaludation thérapeutique** malaria therapy.

impaludé, e [ɛ̃palyde] adj ▸ **région impaludée** malaria-infested ou malarious region.

impaluder [3] [ɛ̃palyde] vt to give malaria therapy to.

imparable [ɛ̃paʀabl] adj **1.** [coup, ballon] unstoppable **2.** [argument] unanswerable ; [logique] irrefutable.

impardonnable [ɛ̃paʀdɔnabl] adj [erreur, oubli] unforgivable, inexcusable / *tu es impardonnable d'avoir oublié son anniversaire* it's unforgivable of ou inexcusable for you to have forgotten her birthday.

imparfait, e [ɛ̃paʀfɛ, ɛt] adj **1.** [incomplet] imperfect, partial / *une connaissance imparfaite du problème* imperfect ou insufficient knowledge of the problem ▸ **guérison imparfaite** incomplete recovery **2.** [personne] imperfect / *l'homme est une créature imparfaite* Man is an imperfect creature **3.** [inexact] inaccurate / *une image imparfaite de la réalité* an inaccurate picture of reality.

❖ **imparfait** nm LING : *l'imparfait* the imperfect (tense) / *l'imparfait du subjonctif* the imperfect subjunctive / *à l'imparfait* in the imperfect.

imparfaitement [ɛ̃paʀfɛtmɑ̃] adv imperfectly.

imparipenné, e [ɛ̃paʀipɛne] adj imparipinnate.

imparisyllabique [ɛ̃paʀisilabik] ◆ adj imparisyllabic. ◆ nm [nom] imparisyllabic noun ; [adjectif] imparisyllabic adjective.

imparité [ɛ̃paʀite] nf imparity, oddness.

impartageable [ɛ̃paʀtaʒabl] adj [expérience] which cannot be shared ; [domaine] indivisible.

impartial, e, aux [ɛ̃paʀsjal, o] adj impartial, unprejudiced, unbiased.

impartialement [ɛ̃paʀsjalmɑ̃] adv impartially, without prejudice ou bias.

impartialité [ɛ̃paʀsjalite] nf impartiality, fairness ▸ **juger avec impartialité** to judge impartially.

impartir [32] [ɛ̃paʀtiʀ] vt **1.** [temps] ▸ **impartir un délai à qqn** to grant sb an extension / *le temps qui vous était imparti est écoulé* you have used up the time allotted to you **2.** *litt* [pouvoir] : *en vertu des pouvoirs qui me sont impartis* by virtue of the powers (that are) vested in me.

impartition [ɛ̃paʀtisjɔ̃] nf ÉCON subcontracting.

impasse [ɛ̃pas] nf **1.** [rue] dead end, cul-de-sac / **'impasse'** 'no through road' **2.** [situation] impasse, blind alley / *nous sommes dans l'impasse* we have reached an impasse ou a stalemate / *il faut absolument faire sortir les négociations de l'impasse* we must break the deadlock in the negotiations ▸ **impasse budgétaire** FIN budget deficit **3.** *arg scol* : *j'ai fait une impasse sur la Seconde Guerre mondiale* I missed out UK ou skipped (over) US World War II in my revision **4.** JEUX finesse / *faire une impasse* to (make a) finesse / *j'ai fait l'impasse au roi* I finessed against the king.

impassibilité [ɛ̃pasibilite] nf impassiveness, impassivity, composure / *être d'une grande impassibilité* to show great composure.

impassible [ɛ̃pasibl] adj impassive, imperturbable.

impassiblement [ɛ̃pasibləmɑ̃] adv impassively, imperturbably.

impatiemment [ɛ̃pasjamɑ̃] adv impatiently / *nous attendons impatiemment le résultat* we eagerly await the result.

impatience [ɛ̃pasjɑ̃s] nf impatience ▸ **avec impatience** impatiently, with impatience ▸ **sans impatience** patiently / *quelques signes d'impatience* some signs of impatience.

impatiens [ɛ̃pasjɑ̃s] nf = **impatiente.**

impatient, e [ɛ̃pasjɑ̃, ɑ̃t] adj [personne, geste] impatient / *impatient de commencer* impatient to start / *êtes-vous impatient de rentrer?* are you anxious ou eager to get home?

❖ **impatiente** nf BOT impatiens *spéc*, balsam, busy lizzie UK.

impatienter [3] [ɛ̃pasjɑ̃te] vt to annoy, to irritate / *son entêtement a fini par m'impatienter* his stubbornness made me lose my patience in the end, I finally lost patience with his stubbornness.

❖ **s'impatienter** vpi [dans une attente] to grow ou to become impatient ; [dans une discussion] to lose one's patience ▸ **s'impatienter de qqch** to get impatient with sthg ▸ **s'impatienter contre qqn** to get impatient with sb ; *(en usage absolu)* ▸ **j'ai fini par m'impatienter** I lost patience in the end.

impatroniser [3] [ɛ̃patʀɔnize] ❖ **s'impatroniser** vpi *litt* to impose one's authority.

impavide [ɛ̃pavid] adj *litt* impassive, unruffled, composed.

impayable [ɛ̃pɛjabl] adj *fam* priceless / *il est vraiment impayable!* he's priceless ou a scream!

impayé, e [ɛ̃pɛje] adj [facture] unpaid ; [dette] outstanding / *tous les effets impayés le 8 mai* all bills not settled by May 8th.

❖ **impayé** nm [somme] unpaid ou dishonoured bill / **'les impayés'** 'payments outstanding'.

impeachment [impitʃmɛnt] nm impeachment *(of a senior American official).*

impec [ɛ̃pɛk] adj *fam* perfect.

impeccable [ɛ̃pekabl] adj **1.** [propre et net - intérieur, vêtement] spotless, impeccable ; [- coiffure, ongles] impeccable / *et que les escaliers soient impeccables!* and I don't want to see a speck of dirt on the stairs! **2.** [parfait - manières, travail] impeccable, flawless, perfect / *il parle un espagnol impeccable* he speaks impeccable ou perfect Spanish / *10 heures, ça te va? — oui, impeccable!* *fam* would 10 o'clock suit you? — yes, great ou perfect! **3.** RELIG impeccable.

impeccablement [ɛ̃pekabləmɑ̃] adv impeccably / *elle parle impeccablement russe* she speaks impeccable ou perfect Russian.

impécunieux, euse [ɛ̃pekynjø, øz] adj *litt* impecunious, penurious.

impécuniosité [ɛ̃pekynjozite] nf impecuniosity *litt*, penury.

impédance [ɛ̃pedɑ̃s] nf impedance ▸ **impédance acoustique** sound ou acoustic impedance ▸ **impédance du vide** ou **de l'espace** (intrinsic) impedance in the vacuum.

impedimenta [ɛ̃pedimɛ̃ta] nmpl *litt* ou MIL impedimenta.

impénétrabilité [ɛ̃penetʀabilite] nf impenetrability.

impénétrable [ɛ̃penetʀabl] adj impenetrable.

impénitence [ɛ̃penitɑ̃s] nf RELIG impenitence, impenitent state.

impénitent, e [ɛ̃penitɑ̃, ɑ̃t] adj **1.** RELIG impenitent, unrepentant **2.** [buveur, fumeur] inveterate.

impensable [ɛ̃pɑ̃sabl] adj [inconcevable] unthinkable, inconceivable ; [incroyable] unbelievable / *ç'aurait été impensable il y a dix ans* it would have been unthinkable ten years ago.

impenses [ɛ̃pɑ̃s] nfpl expenses.

imper [ɛ̃pɛʀ] nm raincoat, mac UK.

impératif, ive [ɛ̃peʀatif, iv] adj **1.** [qui s'impose - mesure, intervention] imperative, urgent, vital ; [- besoin, date] imperative / *il est impératif de…* it is imperative ou essential to… **2.** [de commandement - appel, geste, voix] imperative, peremptory **3.** LING imperative.

❖ **impératif** nm **1.** *(souvent au pl)* [exigence] requirement, necessity / *les impératifs de la mode* the dictates of fashion ▸ **les impératifs du direct** *fam* the constraints of live broadcasting ▸ **l'impératif catégorique** PHILOS the (categorical) imperative **2.** LING ▸ **l'impératif** the imperative (mood) / *verbe à l'impératif* imperative verb, verb in the imperative.

impérativement [ɛ̃peʀativmɑ̃] adv : *il faut que je termine impérativement pour ce soir* it's essential that I should finish tonight.

impératrice [ɛ̃peʀatʀis] nf empress.

imperceptibilité [ɛ̃pɛʀsɛptibilite] nf imperceptibility.

imperceptible [ɛ̃pɛʀsɛptibl] adj imperceptible / *de manière imperceptible* imperceptibly / *imperceptible à l'œil nu* imperceptible to the naked eye.

imperceptiblement [ɛ̃pɛʀsɛptibləmɑ̃] adv imperceptibly.

imperdable [ɛ̃pɛʀdabl] ◆ adj : *ce match est imperdable!* this is a match you can't lose! ◆ nf SUISSE safety pin.

imperfectible [ɛ̃pɛʀfɛktibl] adj non-perfectible.

imperfectif, ive [ɛ̃pɛʀfɛktif, iv] adj imperfective.

❖ **imperfectif** nm ▸ **l'imperfectif** the imperfective.

imperfection [ɛ̃pɛʀfɛksjɔ̃] nf **1.** [défaut - d'un tissu, d'un cuir] imperfection, defect ; [- d'une personne] imperfection, shortcoming ; [- d'un style, d'une œuvre] imperfection, weakness ; [- d'un système] shortcoming / *toutes les petites imperfections de la peau* all the small blemishes on the skin **2.** [état] imperfection.

imperforation [ɛ̃pɛʀfɔʀasjɔ̃] nf imperforation.

impérial, e, aux [ɛ̃peʀjal, o] adj **1.** HIST & POL imperial **2.** *fig* [allure, manières] imperial, majestic **3.** COMM imperial, of superior quality.

❖ **impériale** nf **1.** [étage] top deck ▸ **bus / rame à impériale** double-decker bus / train **2.** [dais] crown ; [de lit] (domed) tester **3.** JEUX royal flush **4.** [barbe] imperial.

impérialement [ɛ̃peʀjalmɑ̃] adv imperially, majestically.

impérialisme [ɛ̃peʀjalism] nm imperialism.

impérialiste [ɛ̃peʀjalist] adj & nmf imperialist.

impérieusement [ɛ̃peʀjøzmɑ̃] adv **1.** [impérativement] absolutely **2.** [autoritairement] imperiously, peremptorily.

impérieux, euse [ɛ̃peʀjø, øz] adj **1.** [irrésistible - désir] urgent, compelling, pressing / *un besoin impérieux* a pressing need **2.** [de commandement - appel, personne, voix] imperious, peremptory ▸ **d'un ton impérieux** in a commanding tone.

impérissable [ɛ̃peʀisabl] adj *sout* [vérité] eternal, imperishable *sout* ; [splendeur] undying ; [souvenir] enduring ▸ **garder un souvenir impérissable de qqch** to have an enduring memory of sthg / *le souvenir impérissable de cet été-là* the enduring ou abiding memory of that summer.

impéritie [ɛ̃peʀisi] nf *sout* incompetence.

imperméabilisant, e [ɛ̃pɛʀmeabilizɑ̃, ɑ̃t] adj waterproofing.

❖ **imperméabilisant** nm waterproofing (substance).

imperméabilisation [ɛ̃pɛʀmeabilizasjɔ̃] nf waterproofing.

imperméabiliser [3] [ɛ̃pɛʀmeabilize] vt to (make) waterproof ou rainproof.

imperméabilité [ɛ̃pɛʀmeabilite] nf **1.** GÉOL, TEXT & VÊT impermeability **2.** *sout* [incompréhension] imperviousness.

imperméable [ɛ̃pɛʀmeabl] ◆ adj **1.** GÉOL impermeable **2.** [combinaison de plongée] waterproof ; [enduit intérieur] waterproof, water-resistant *spéc* ; [vêtement, chaussure, enduit extérieur] waterproof, rainproof **3.** *sout* [insensible] ▸ **être imperméable à** to be impervious to. ◆ nm [vêtement] raincoat.

impersonnalité [ɛ̃pɛʀsɔnalite] nf impersonality.

impersonnel, elle [ɛ̃pɛʀsɔnɛl] adj **1.** [atmosphère, décor, ton] impersonal, cold / *de manière impersonnelle* impersonally **2.** [approche, texte] impersonal **3.** LING impersonal.

impersonnellement [ɛ̃pɛʀsɔnɛlmɑ̃] adv impersonally.

impertinence [ɛ̃pɛʀtinɑ̃s] nf **1.** [caractère] impertinence, impudence, effrontery **2.** [parole] impertinence, impertinent remark **3.** *sout* [manque d'à-propos] irrelevance, inappropriateness.

impertinent, e [ɛ̃pɛʀtinɑ̃, ɑ̃t] ◆ adj **1.** [impudent] impertinent, impudent **2.** *sout* [question, remarque] irrelevant. ◆ nm, f impertinent person.

imperturbabilité [ɛ̃pɛʀtyʀbabilite] nf imperturbability.

imperturbable [ɛ̃pɛʀtyʀbabl] adj imperturbable.

imperturbablement [ɛ̃pɛʀtyʀbabləmɑ̃] adv imperturbably.

impesanteur [ɛ̃pəzɑ̃tœʀ] = **apesanteur**.

impétigineux, euse [ɛ̃petiʒinø, øz] adj impetiginous.

impétigo [ɛ̃petigo] nm impetigo.

impétrant, e [ɛ̃petʀɑ̃, ɑ̃t] nm, f recipient.

impétueusement [ɛ̃petɥøzmɑ̃] adv impetuously.

impétueux, euse [ɛ̃petɥø, øz] adj **1.** [personne] impetuous, rash, impulsive ; [tempérament] fiery, impetuous **2.** *litt* [flot, rythme] impetuous, wild.

impétuosité [ɛ̃petɥozite] nf **1.** [d'une personne, d'un tempérament] impetuousness, impetuosity, foolhardiness **2.** *litt* [des flots, d'un rythme] impetuosity, impetuousness.

impie [ɛ̃pi] *sout* ◆ adj impious / *des paroles impies* blasphemy. ◆ nmf impious ou ungodly person.

impiété [ɛ̃pjete] nf **1.** [caractère] impiety, ungodliness **2.** [parole, acte] impiety.

impitoyable [ɛ̃pitwajabl] adj [juge, adversaire] merciless, pitiless ; [haine, combat] merciless, relentless.

impitoyablement [ɛ̃pitwajabləmɑ̃] adv mercilessly, ruthlessly, pitilessly.

implacable [ɛ̃plakabl] adj **1.** [acharné, inflexible] implacable *sout* / *une haine implacable* implacable hatred **2.** *litt* [inéluctable] relentless, implacable *sout* / *avec une logique implacable* with relentless logic.

implacablement [ɛ̃plakabləmɑ̃] adv implacably, mercilessly, relentlessly.

implant [ɛ̃plɑ̃] nm implant ▸ **implant capillaire** hair graft ▸ **implant dentaire** (dental) implant.

implantable [ɛ̃plɑ̃tabl] adj MÉD implantable.

implantation [ɛ̃plɑ̃tasjɔ̃] nf **1.** [établissement] establishment, setting up / *l'implantation d'une usine a permis la création de cent emplois* the setting up of a factory has led to the creation of one hundred jobs **2.** [des cheveux] hairline **3.** MÉD (lateral) implantation ; [en odontologie] implant **4.** ÉLECTRON implantation ▸ **implantation ionique** ion implantation.

implanté, e [ɛ̃plɑ̃te] adj : *une tradition bien implantée* a well-established tradition / *une croyance / habitude bien implantée* an ingrained belief / habit / *notre société est implantée dans 10 pays* our company operates in 10 countries.

implanter [3] [ɛ̃plɑ̃te] vt **1.** [bâtiment] to locate ; [entreprise] to set up, to establish, to locate ; [idées] to implant ; [coutumes, mode] to introduce ; [parti politique] to establish / *implanter un produit sur le marché* to establish a product on the market **2.** MÉD to implant **3.** CONSTR [tracer] to stake out *(sép)*.

❖ **s'implanter** vpi [entreprise, ville] to be set up ou located ou established ; [peuple] to settle.

implantologie [ɛ̃plɑ̃tɔlɔʒi] nf implant dentistry.

implémentation [ɛ̃plemɑ̃tasjɔ̃] nf INFORM implementation.

implémenter [ɛ̃plemɑ̃te] vt INFORM to implement.

implication [ɛ̃plikasjɔ̃] nf **1.** [participation] involvement, implication **2.** PHILOS & MATH implication.

❖ **implications** nfpl implications, consequences.

implicite [ɛ̃plisit] adj **1.** [tacite] implicit **2.** INFORM [option, valeur] default *(modif)*.

implicitement [ɛ̃plisitmɑ̃] adv **1.** [tacitement] implicitly **2.** INFORM : *toutes les variables prennent implicitement la valeur 0* all the variables have the default value 0.

impliquer [3] [ɛ̃plike] vt **1.** [compromettre] to implicate, to involve ▸ **impliquer qqn dans qqch** to implicate sb in sthg ▸ **être impliqué dans qqch** to be involved in sthg / *les personnes impliquées* the people involved **2.** [supposer - suj: terme, phrase] to imply **3.** [entraîner - dépenses, remaniements] to imply, to involve, to entail **4.** MATH ▸ **p implique q** if p then q.

❖ **s'impliquer dans** vp + prép ▸ **s'impliquer dans qqch** to get (o.s.) involved in sthg.

imply ou **implicate ?**

Attention à ne pas confondre **to imply**, qui signifie impliquer au sens de « supposer », « entraîner », et **to implicate** qui a le sens de « compromettre ».

implorant, e [ɛ̃plɔʀɑ̃, ɑ̃t] adj *sout* [voix, regard, geste] imploring, beseeching / *d'un ton implorant* imploringly, beseechingly.

imploration [ɛ̃plɔʀasjɔ̃] nf *sout* entreaty.

implorer [3] [ɛ̃plɔʀe] vt **1.** [solliciter] to implore, to beseech ▸ **implorer le pardon de qqn** to beg sb's forgiveness **2.** *sout* [supplier] ▸ **implorer qqn de faire qqch** to implore ou to beg sb to do sthg.

imploser [3] [ɛ̃ploze] vi to implode.

implosif, ive [ɛ̃plozif, iv] adj PHON implosive.

❖ **implosive** nf implosive.

implosion [ɛ̃plozjɔ̃] nf PHON & PHYS implosion.

implosive [ɛ̃ploziv] f ⟶ **implosif**.

impolarisable [ɛ̃pɔlaʀizabl] adj unpolarizable.

impoli, e [ɛ̃pɔli] ◆ adj impolite, rude, uncivil ▸ **être impoli envers qqn** to be impolite ou rude to sb. ◆ nm, f impolite ou ill-mannered person.

impoliment [ɛ̃pɔlimɑ̃] adv impolitely, rudely.

impolitesse [ɛ̃pɔlitɛs] nf **1.** [caractère] impoliteness, rudeness ▸ **quelle impolitesse!** how rude! / *il est d'une impolitesse!* he's so rude! **2.** [acte, parole] impolite thing / *commettre une impolitesse* to do something rude ou impolite.

impolitique [ɛ̃pɔlitik] adj *sout* impolitic *sout*, unwise.

impondérabilité [ɛ̃pɔ̃deʀabilite] nf imponderability.

impondérable [ɛ̃pɔ̃deʀabl] ◆ adj imponderable. ◆ nm *(gén au pl)* unknown quantity, imponderable.

impopulaire [ɛ̃pɔpylɛʀ] adj [mesure, dirigeant] unpopular.

impopularité [ɛ̃pɔpylaʀite] nf unpopularity.

import [ɛ̃pɔʀ] nm BELG [montant] amount / *une facture d'un import de 3 000 euros* a bill for 3,000 euros.

importable [ɛ̃pɔʀtabl] adj **1.** ÉCON importable **2.** [habit] unwearable.

importance [ɛ̃pɔʀtɑ̃s] nf **1.** [qualitative - d'une décision, d'un discours, d'une personne] importance, significance ▸ **avoir de l'importance** to be of importance, to matter / *tout ceci a de l'importance* all this is of importance / *tout ceci n'a plus d'importance* none of this matters any longer ▸ **sans importance a)** [personne] unimportant, insignificant **b)** [fait] of no importance, irrelevant **c)** [somme] insignificant, trifling / *la date est sans importance* the date is irrelevant ou is of no importance / *que disais-tu ? — c'est sans importance* what were you saying ? — it's of no importance ou it doesn't matter ▸ **accorder** ou **attacher trop d'importance à qqch** to attach too much importance ou significance to sthg / *et alors, quelle importance ?* so, what does it matter ? ▸ **se donner de l'importance** to act important **2.** [quantitative - d'un effectif, d'une agglomération] size ; [- de dégâts, de pertes] extent ▸ **prendre de l'importance** to expand / *notre coopérative prend de plus en plus d'importance* our cooperative is expanding ou is getting bigger and bigger ▸ **une entreprise d'importance moyenne** a medium-sized business.

❖ **d'importance** ◆ loc adj important. ◆ loc adv *litt* soundly, thoroughly / *il s'est fait rosser d'importance* he was soundly thrashed.

important, e [ɛ̃pɔʀtɑ̃, ɑ̃t] ◆ adj **1.** [qualitativement - découverte, témoignage, rencontre, personnalité] important ; [- date, changement] important, significant ; [- conséquence] important, serious, far-reaching ; [- position] important, high ▸ **peu important a)** [petit] small **b)** [insignifiant] unimportant / *j'ai quelque chose de très important à te dire* I've got something very important ou of great importance to tell you / *il est important que tu viennes* it's important (that) you come / *ta carrière n'est-elle pas importante pour toi ?* isn't your career important to you ? / *c'est important pour moi de connaître la vérité* finding out the truth matters ou is important to me **2.** [quantitativement - collection, effectif] sizeable, large ; [- augmentation, proportion] substantial, significant, large ; [- somme] substantial, considerable, sizeable ; [- retard] considerable ; [- dégâts] considerable, extensive **3.** [présomptueux] ▸ **prendre** ou **se donner des airs importants** to act important, to give o.s. airs. ◆ nm, f [personne] ▸ **faire l'important** to act important.

❖ **important** nm ▸ **l'important, c'est de...** the important thing is to..., the main thing is to...

⚠ Attention, l'adjectif anglais **important** ne peut pas être employé systématiquement pour traduire important, notamment au sens quantitatif.

importateur, trice [ɛ̃pɔʀtatœʀ, tʀis] ◆ adj importing / *les pays importateurs de pétrole* oil-importing countries. ◆ nm, f importer.

importation [ɛ̃pɔʀtasjɔ̃] nf **1.** ÉCON importation, importing ▸ **produit d'importation** imported product, import ▸ **droits** / **licence d'importation** import duties / licence **2.** [d'un mouvement, d'une invention] introduction, importation ; [d'un animal] importing.

❖ **importations** nfpl COMM imports / *nos importations dépassent nos exportations* we import more than we export.

importer [3] [ɛ̃pɔʀte] ◆ vt **1.** [marchandises, main-d'œuvre, brevets] to import ; [mode] to introduce, to import ; [animal, végétal] to import, to introduce into the country ; [idée] to import, to bring in *(sép)* / *musique importée des États-Unis* music imported from the United States **2.** INFORM to import. ◆ vi [avoir de l'importance] to matter / *son âge importe peu* his age is of little importance ou doesn't matter much ▸ **peu importe** it doesn't matter ▸ **qu'importe !** what does it matter ! / *ce qui importe avant tout c'est que tu sois heureuse* the most important thing ou what matters most is your happiness ▸ **peu m'importe !** it doesn't matter to me ! ; *(tournure impersonnelle)* ▸ **il importe de partir** / **qu'elle vienne** it is necessary to leave / for her to come.

import-export [ɛ̃pɔʀɛkspɔʀ] *(pl* **imports-exports***)* nm import-export / *il travaille dans l'import-export* he works in the import-export business.

importun, e [ɛ̃pɔʀtœ̃, yn] ◆ adj [question] importunate *sout*, untimely ; [visite, visiteur] unwelcome, importunate *sout* / *je crains d'être importun en restant* *sout* I would not wish to outstay my welcome / *les insectes importuns l'agaçaient* the troublesome insects irritated him. ◆ nm, f pest, nuisance.

importunément [ɛ̃pɔʀtynemɑ̃] adv *litt* **1.** [fâcheusement] irritatingly, importunately *sout* **2.** [mal à propos] inopportunely.

importuner [3] [ɛ̃pɔʀtyne] vt *sout* [suj: musique, insecte] to bother, to disturb, to annoy ; [suj: personne] to importune *sout*, to bother / *de crainte de les importuner avec mes problèmes* for fear of bothering them with my problems.

importunité [ɛ̃pɔʀtynite] nf *sout* [d'une question, d'une arrivée] untimeliness, importunity *sout*.

imposable [ɛ̃pozabl] adj taxable ▸ **non imposable** nontaxable.

imposant, e [ɛ̃pozɑ̃, ɑ̃t] adj imposing, impressive.

imposé, e [ɛ̃poze] ◆ adj **1.** SPORT ⟶ **figure 2.** COMM ⟶ **prix.** ◆ nm, f [contribuable] taxpayer.

❖ **imposé** nm SPORT [exercice] compulsory exercise.

❖ **imposée** nf SPORT [figure] compulsory figure.

imposer [3] [ɛ̃poze] vt **1.** [fixer - règlement, discipline] to impose, to enforce ; [- méthode, délai, corvée] to impose ▸ **imposer qqch à qqn** to force sthg on sb ▸ **imposer le silence à qqn** to impose silence on sb ▸ **imposer un effort à qqn** to force sb to make an effort / *imposer sa volonté* / *son point de vue* to impose one's will / one's ideas ▸ **imposer sa loi (à qqn)** to lay down the law (to sb) / *il a imposé son fils dans l'entreprise* he foisted his son on the company **2.** [provoquer] ▸ **imposer l'admiration** / **le respect** to command admiration / respect ▸ **cette affaire impose la prudence** / **la discrétion** this matter requires prudence / discretion **3.** [rendre célèbre] ▸ **imposer son nom a)** [personne] to make o.s. known **b)** [entreprise] to become established **4.** ÉCON to tax ▸ **imposer qqn** / **qqch** to tax sb / sthg / *imposé à 33 %* taxed at 33% **5.** IMPR to impose **6.** RELIG : *imposer les mains* to lay on hands **7.** EXPR **en imposer** to be impressive / *elle en impose par son savoir-faire* her know-how is impressive ▸ **en imposer à qqn** to impress sb ▸ **s'en laisser imposer** to let o.s. be impressed.

❖ **s'imposer** ◆ vpi **1.** [se faire accepter de force] to impose o.s. / *de peur de s'imposer* for fear of being in the way ou of imposing **2.** [se faire reconnaître] to stand out / *elle s'impose actuellement comme la meilleure cycliste* she stands out as today's top cyclist / *Bordeaux s'est imposé (par) 5 à 2* Bordeaux won 5-2 ▸ **s'imposer dans un domaine** to make a name for o.s. in a field / *elle s'impose par son talent* her talent makes her stand out **3.** [être inévitable] to be necessary ▸ **les modifications qui s'imposent** the adjustments that have to be made / *je crois qu'une lettre à leur service commercial s'impose* I think a letter to their sales department is called for / *cette dernière remarque ne s'imposait pas* that last remark was unnecessary ou uncalled for / *une coupe de champagne s'impose !* this calls for champagne ! ◆ vpt [se fixer] ▸ **s'imposer qqch** to impose sthg on o.s. / *s'imposer un effort* / *un sacrifice* to force o.s. to make an effort / a sacrifice / *s'imposer la discrétion* to make it a rule to be discreet.

imposeur [ɛ̃pozœʀ] nm IMPR form setter, imposer.

imposition [ɛ̃pozisjɔ̃] nf **1.** ÉCON [procédé] taxation ; [impôt] tax **2.** IMPR imposition **3.** RELIG ▸ **imposition des mains** laying on ou imposition *sout* of hands.

impossibilité [ɛ̃pɔsibilite] nf impossibility / *se heurter à une impossibilité* to come up against an insurmountable problem ▸ **être dans l'impossibilité de faire qqch** to be unable to do sthg / *je suis dans l'impossibilité de me déplacer* I'm unable to travel, it's impossible for me to travel.

impossible [ɛ̃pɔsibl] ◆ adj **1.** [infaisable] impossible / *ton problème est impossible à résoudre* there is no answer to your problem / *il est impossible de...* it's impossible ou not possible to... / *il m'est impossible de te répondre* it's impossible for me to give you an answer, I can't possibly answer you ▸ **désolé, cela m'est impossible** I'm sorry but I can't (possibly) / *il n'est pas impossible que je vienne aussi* I might (just) ou there's a chance I might come too ▸ **impossible n'est pas français** *prov* there's no such word as "can't" **2.** [insupportable - personne] impossible, unbearable ; [- situation, vie] impossible, intolerable **3.** *fam* [extravagant] impossible, ridiculous, incredible / *il t'arrive toujours des trucs impossibles* the weirdest ou wildest things are always happening to you ▸ **à des heures impossibles** at the most ungodly hours ▸ **un nom impossible** a preposterous name. ◆ nm ▸ **l'impossible** [l'irréalisable] the impossible / *ne me demande pas l'impossible* don't ask me to do the impossible ou to perform miracles ▸ **nous ferons l'impossible** we will do our utmost, we will move heaven and earth ▸ **à l'impossible nul n'est tenu** *prov* nobody is expected to do the impossible.

❖ **par impossible** loc adv ▸ **si par impossible** if by any (remote) chance ou by some miracle.

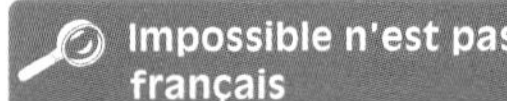

Impossible n'est pas français

Napoleon replied in a letter to one of his generals who had submitted a problem to him **ce n'est pas possible, m'écrivez-vous : cela n'est pas français**. The expression **impossible n'est pas français** has entered the language as a cliché used to emphasise the ability of a French person, or the French in general, to rise to a challenge. **Français** can be replaced by other national or regional adjectives according to context:

Certes, le contexte est difficile et les indicateurs économiques sont au plus bas, mais impossible n'est pas français et la France remportera la bataille de l'emploi. *It's true that times are hard and economic indicators are at an all-time low, but the French will show that there's no such word as "can't" in the battle against unemployment!*

En remportant le titre de Capitale européenne de la culture, la cité phocéenne a montré qu'impossible n'est pas marseillais ! *By being chosen as European Capital of Culture, Marseille has proved that it is capable of rising to any challenge!*

imposte [ɛ̃pɔst] nf **1.** [pierre en saillie] impost **2.** [d'une porte, d'une fenêtre] fanlight UK, transom US.

imposteur [ɛ̃pɔstœʀ] nm impostor.

imposture [ɛ̃pɔstyʀ] nf *litt* fraud, (piece of) trickery, deception.

impôt [ɛ̃po] nm **1.** [prélèvement] tax ▸ **l'impôt** taxation, taxes ▸ **les impôts** income tax / *payer des impôts* to pay (income) tax / *payer 300 euros d'impôt* to pay 300 euros in taxes ou (in) tax / *c'est déductible des impôts* it's tax-deductible / *écrire* / *aller aux impôts* *fam* [à l'hôtel des impôts] to write to / to go and see the tax people ▸ **financé par l'impôt** paid for out of taxes ou with the taxpayers' money ▸ **après** / **avant impôts** after / before tax ▸ **impôt sur les bénéfices** tax on profits

▸ **impôt sur le capital** capital tax ▸ **impôt sur le chiffre d'affaires** turnover ou cascade UK tax ▸ **impôt direct** / **indirect** direct / indirect tax ▸ **impôt foncier** property tax ▸ **impôt forfaitaire** basic-rate tax ▸ **impôt sur les grandes fortunes** *former wealth tax* ▸ **impôts locaux** ≃ council tax UK ; ≃ local property tax US ▸ **impôt sur les plus-values** capital gains tax ▸ **impôt progressif** graduated tax ▸ **impôt de quotité** proportional tax ▸ **impôt sur le revenu** income tax ▸ **impôt de solidarité sur la fortune** wealth tax ▸ **impôt sur les sociétés** corporation tax ▸ **impôt sur le transfert des capitaux** capital transfer tax **2.** *fig & litt* ▸ **l'impôt du sang** the duty to serve one's country.

Impôts locaux

These are taxes levied to finance local, departmental or regional government. The best-known are the **taxe d'habitation** (paid by homeowners and rent-paying tenants), the **taxe foncière** (paid by homeowners) and the **taxe professionnelle** (levied on businesses). The rate of each tax is decided at local level.

impotence [ɛ̃pɔtɑ̃s] nf loss of mobility *(through old age)*, infirmity.

impotent, e [ɛpɔtɑ̃, ɑ̃t] ◆ adj [personne] infirm ; [membre] withered. ◆ nm, f [personne] cripple.

impraticabilité [ɛ̃pʀatikabilite] nf **1.** [d'un col] impassability ; [d'un terrain de sport] unplayable condition ; [d'une route] impracticability **2.** *litt* [d'une méthode, d'une idée] impracticability.

impraticable [ɛ̃pʀatikabl] adj **1.** [col] inaccessible, impassable ; [fleuve] unnavigable ; [aérodrome] unfit for use ; [route] impassable **2.** *litt* [méthode, idée] unfeasible, unworkable, impracticable.

imprécation [ɛ̃pʀekasjɔ̃] nf *litt* imprecation *litt*, curse ▸ **proférer des imprécations à l'encontre de qqn** to call down curses upon sb's head, to inveigh against sb *litt*.

imprécatoire [ɛ̃pʀekatwaʀ] adj *sout* imprecatory *litt*, damning.

imprécis, e [ɛ̃pʀesi, iz] adj **1.** [témoignage, souvenir] imprecise, vague **2.** [appareil, instrument] imprecise, inaccurate.

imprécision [ɛ̃pʀesizjɔ̃] nf **1.** [d'un souvenir, d'un témoignage] vagueness, imprecision **2.** [d'un appareil, d'un instrument] inaccuracy, lack of precision.

imprégnation [ɛ̃pʀeɲasjɔ̃] nf **1.** [d'une matière] impregnation, saturation ; [d'un esprit] impregnation, inculcation, imbuing ▸ **imprégnation alcoolique** blood alcohol level **2.** CONSTR treating, impregnation **3.** MENUIS steeping, impregnation *spéc* **4.** MÉTALL & TRAV PUB impregnation **5.** ZOOL imprinting.

imprégner [18] [ɛ̃pʀeɲe] vt **1.** [imbiber] to soak, to impregnate ▸ **être imprégné de** to be soaked in, to be impregnated with / *un coton imprégné d'alcool* a piece of cotton wool impregnated with alcohol / *il est encore imprégné du souvenir de la guerre* *fig* his mind is still filled with memories of the war **2.** [être présent dans] to permeate, to pervade, to fill / *cette odeur imprègne toute la maison* the smell permeates ou pervades ou fills the whole house / *l'odeur du tabac imprègne ses vêtements* his clothes reek of tobacco.

❖ **s'imprégner de** vp + prép [éponge, bois] to become soaked ou impregnated with ; [air] to become permeated ou filled with ; [personne, esprit] to become immersed in ou imbued with / *ils se sont imprégnés de la culture orientale* they immersed themselves in Eastern culture.

In reformed spelling (see p. 16-19), this verb is conjugated like *semer* : *il imprègnera, elle s'imprègnerait.*

imprenable [ɛ̃pʀənabl] adj **1.** MIL [ville] impregnable ; [position] unassailable **2.** [gén] : *vue imprenable sur la baie* uninterrupted view of the bay.

impréparation [ɛ̃pʀepaʀasjɔ̃] nf unpreparedness, lack of preparation.

imprésario, impresario (*pl* **impresarii** [-ʀi]) [ɛ̃pʀesaʀjo] nm impresario.

imprescriptibilité [ɛ̃pʀɛskʀiptibilite] nf imprescriptibility, indefeasibility.

imprescriptible [ɛ̃pʀɛskʀiptibl] adj **1.** DR imprescriptible, indefeasible **2.** *sout* [éternel] eternal.

impression [ɛ̃pʀesjɔ̃] nf **1.** [effet, réaction] impression / *cela m'a fait une drôle d'impression* I found it very odd / *il me fait l'impression de savoir ce qu'il veut* he strikes me as someone who knows what he wants / *il donne l'impression de s'ennuyer* he seems to be bored ▸ **premières impressions** first impressions ▸ **faire bonne** / **mauvaise impression** to make a good / a bad impression ▸ **faire une forte** ou **grosse impression** to make quite a strong impression **2.** [sensation] feeling / *une impression de bien-être* an impression ou a feeling of well-being ▸ **avoir l'impression** [croire] : *j'ai l'impression qu'elle ne viendra plus* I have a feeling (that) she won't come / *j'ai comme l'impression qu'il mentait* *fam* I have a hunch he was lying / *j'ai l'impression d'avoir déjà vécu cette scène* I've got a strong sense of déjà vu **3.** [empreinte] impression, mark / *l'impression d'un cachet dans la cire* the impression ou imprint of a seal on wax **4.** [motif, dessin] pattern / *tissu à impressions géométriques* cloth with a geometrical pattern ou print **5.** IMPR printing / *envoyer un manuscrit à l'impression* to send a manuscript off to press ou the printer's / *le livre est à l'impression* the book is with the printer's ou in (the) press **6.** PHOT exposure **7.** [en peinture] priming, ground.

impressionnabilité [ɛ̃pʀesjɔnabilite] nf *litt* impressionability.

impressionnable [ɛ̃pʀesjɔnabl] adj **1.** [émotif] impressionable / *c'est quelqu'un de facilement impressionnable* he's very impressionable **2.** PHOT (photo) sensitive.

impressionnant, e [ɛ̃pʀesjɔnɑ̃, ɑ̃t] adj **1.** [imposant - œuvre, personnalité] impressive ; [- portail, temple] awe-inspiring ; [- exploit] impressive, stunning, sensational ; [- somme] considerable **2.** *sout* [bouleversant] disturbing, upsetting.

impressionner [3] [ɛ̃pʀesjɔne] vt **1.** [frapper] to impress ▸ **être impressionné par qqch** to be impressed by sthg / *si tu crois que tu m'impressionnes !* don't think you impress me ! / *se laisser impressionner* to let o.s. be impressed **2.** [bouleverser] to distress, to upset / *la vue du sang m'impressionne toujours* the sight of blood always upsets ou distresses me **3.** PHOT to expose.

impressionnisme [ɛ̃pʀesjɔnism] nm impressionism.

impressionniste [ɛ̃pʀesjɔnist] ◆ adj **1.** ART impressionist **2.** [subjectif] impressionistic. ◆ nmf impressionist.

imprévisibilité [ɛ̃pʀevizibilite] nf unpredictability.

imprévisible [ɛ̃pʀevizibl] adj unpredictable, unforeseeable.

imprévision [ɛ̃pʀevizjɔ̃] nf lack of foresight.

imprévoyance [ɛ̃pʀevwajɑ̃s] nf [gén] lack of foresight ; [financière] improvidence.

imprévoyant, e [ɛ̃pʀevwajɑ̃, ɑ̃t] ◆ adj [gén] lacking (in) foresight ; [financièrement] improvident. ◆ nm, f improvident person ▸ **les imprévoyants** spendthrifts.

imprévu, e [ɛ̃pʀevy] adj [inattendu] unexpected, unforeseen / *des dépenses imprévues* unforeseen expenses / *un dénouement imprévu* an unexpected ou a surprise ending / *de manière imprévue* unexpectedly.

❖ **imprévu** nm **1.** ▸ **l'imprévu** [les surprises] : *j'adore l'imprévu !* I love surprises ! **2.** [événement] unexpected event ▸ **sauf imprévu** ou **à moins d'un imprévu, je serai à l'heure** unless anything unforeseen happens ou barring accidents, I'll be on time / *prévenez-moi en cas d'imprévu* let me know if anything unforeseen should happen / *les imprévus de la vie* life's little surprises **3.** [dépense] unforeseen ou hidden expense.

imprimabilité [ɛ̃pʀimabilite] nf printability.

imprimable [ɛ̃pʀimabl] adj printable.

imprimante [ɛ̃pʀimɑ̃t] nf printer ▸ **imprimante matricielle** ou **par points** (dot) matrix printer ▸ **imprimante (ligne) par ligne** line printer ▸ **imprimante (à) laser** laser printer ▸ **imprimante à barre** / **à chaîne** / **à roues** bar / chain / wheel printer ▸ **imprimante à bulles d'encre** bubblejet printer ▸ **imprimante à jet d'encre** ink jet printer ▸ **imprimante à impact** impact printer ▸ **imprimante à marguerite** daisywheel printer ▸ **imprimante photo** photo printer.

imprimatur [ɛ̃pʀimatyʀ] (*pl* **imprimatur** *ou* **imprimaturs***) nm imprimatur.

imprimé [ɛ̃pʀime] nm **1.** [brochure, livre] printed book ou booklet / **'imprimés'** 'printed matter' **2.** [formulaire] (printed) form **3.** [étoffe] printed fabric ou material.

imprimer [3] [ɛ̃pʀime] vt **1.** IMPR [fabriquer] to print (out) *(sép)* ; [publier] to print, to publish / *imprimer en offset* to offset **2.** TEXT to print **3.** [transmettre] to transmit, to impart, to give ▸ **imprimer un mouvement à qqch** to impart ou to transmit a movement to sthg **4.** *litt* [marquer] to imprint / *des traces de pas imprimées dans la neige* footprints in the snow / *il voulait imprimer tous ces détails dans sa mémoire* he wanted to impress all these details on his memory.

❖ **s'imprimer** vpi to be printed.

imprimerie [ɛ̃pʀimʀi] nf **1.** [technique] printing **2.** [établissement] printing works *(sg)*, printer's ; [atelier] printing office ou house ; PRESSE print room / *le livre est parti à l'imprimerie* the book's gone to the printer's ▸ **imprimerie intégrée** in-house printing office ▸ **l'Imprimerie nationale** *the French government stationery office* **3.** [matériel] printing press ou machines ; [jouet] printing set **4.** [industrie] ▸ **l'imprimerie** the printing industry.

L'Imprimerie nationale

The **Imprimerie nationale** prints official state documents for the various government departments. It also offers a highly qualified printing service especially when foreign alphabets or special printing techniques are required.

imprimeur [ɛ̃pʀimœʀ] nm [industriel] printer ; [ouvrier] printer, print worker.

impro [ɛ̃pʀo] (**abr de improvisation**) nf *fam* impro.

improbabilité [ɛ̃pʀɔbabilite] nf unlikelihood, improbability.

improbable [ɛ̃pʀɔbabl] adj unlikely, improbable.

improbité [ɛ̃pʀɔbite] nf *litt* dishonesty, improbity *sout*.

improductif, ive [ɛ̃pʀɔdyktif, iv] ◆ adj unproductive. ◆ nm, f unproductive person ▸ **les improductifs** the nonproductive members of society.

improductivité [ɛ̃pʀɔdyktivite] nf unproductiveness, nonproductiveness.

impromptu, e [ɛ̃pʀɔ̃pty] adj [improvisé] impromptu, unexpected, surprise *(modif)* / *faire un discours impromptu* to give an impromptu ou off-the-cuff speech / *une visite impromptue* a surprise ou an unexpected visit.

❖ **impromptu** nm LITTÉR & MUS impromptu.

imprononçable [ɛ̃pʀɔnɔ̃sabl] adj unpronounceable.

impropre [ɛ̃pʀɔpʀ] adj **1.** [personne, produit] unsuitable, unsuited, unfit / *il est impropre à ce type de travail* he's unsuited to ou unsuitable for this kind of work ▸ **produits impropres à la consommation** products not fit ou unfit for human consumption **2.** [terme] inappropriate.

improprement [ɛ̃pʀɔpʀəmɑ̃] adv incorrectly, improperly.

impropriété [ɛ̃pʀɔpʀijete] nf **1.** [caractère] incorrectness, impropriety *sout* **2.** [terme] mistake, impropriety *sout*.

improuvable [ɛ̃pʀuvabl] adj unprovable.

improvisateur, trice [ɛ̃pʀɔvizatœʀ, tʀis] ◆ adj improvisational, improvising. ◆ nm, f improviser, improvisor.

* In reformed spelling (see p. 16-19).

improvisation [ɛ̃pʀɔvizasjɔ̃] nf **1.** [gén] improvisation, improvising **2.** MUS & THÉÂTRE improvisation ▸ **faire de l'improvisation** to improvise.

improvisé, e [ɛ̃pʀɔvize] adj [discours] improvised, extempore *sout* ; [explication] off-the-cuff, ad hoc ; [mesure, réforme] hurried, makeshift, improvised ; [décision] snap / *un repas improvisé* a makeshift meal.

improviser [3] [ɛ̃pʀɔvize] ◆ vt to improvise / *improviser un repas* to improvise a meal, to throw a meal together / *improviser un discours* to improvise a speech, to make an extempore speech ▸ **improviser une explication** to give an off-the-cuff explanation / *on l'a improvisé trésorier* they set him up as treasurer ad hoc. ◆ vi **1.** [parler spontanément] to improvise / *improviser autour d'un* ou *sur un thème* to improvise on a theme **2.** MUS to improvise.

❖ **s'improviser** ◆ vp *(emploi passif)* to be improvised / *l'orthographe, ça ne s'improvise pas* you can't just make spelling up as you go along. ◆ vpi ▸ **s'improviser journaliste** / **photographe** to act as a journalist / photographer / *on ne s'improvise pas peintre* you don't become a painter overnight ou just like that.

improviste [ɛ̃pʀɔvist] ❖ **à l'improviste** loc adv unexpectedly, without warning / *arriver à l'improviste* to turn up unexpectedly ou without warning.

imprudemment [ɛ̃pʀydamɑ̃] adv recklessly, carelessly, imprudently ▸ **conduire imprudemment** to drive recklessly ou carelessly ▸ **agir imprudemment** to act foolishly ou unwisely.

imprudence [ɛ̃pʀydɑ̃s] nf **1.** [caractère] imprudence, carelessness, foolhardiness ▸ **imprudence au volant** careless driving / *l'imprudence des skieurs hors-piste* the imprudence ou foolhardiness of off-piste skiers **2.** [acte] careless act ou action ▸ **commettre une imprudence** to do something stupid ou thoughtless ou careless / *il a commis l'imprudence d'en parler aux journalistes* he was stupid enough to talk to the press about it ▸ **pas d'imprudences!** be careful !, don't do anything silly !

❖ **par imprudence** loc adj DR ▸ **blessures par imprudence** (nonmalicious) wounding.

imprudent, e [ɛ̃pʀydɑ̃, ɑ̃t] ◆ adj **1.** [conducteur] careless ; [joueur] reckless **2.** [acte, comportement] unwise, imprudent ; [remarque] foolish, careless, unwise ; [projet] foolish, ill-considered ; [décision] rash, unwise, ill-advised. ◆ nm, f [personne] careless ou reckless person.

impubère [ɛ̃pybɛʀ] adj prepubescent, preadolescent.

impubliable [ɛ̃pyblijabl] adj unpublishable, unprintable.

impudemment [ɛ̃pydamɑ̃] adv impudently, insolently, brazenly.

impudence [ɛ̃pydɑ̃s] nf **1.** [caractère] impudence, insolence, brazenness **2.** [action] impudent act ; [remarque] impudent remark.

impudent, e [ɛ̃pydɑ̃, ɑ̃t] ◆ adj impudent, insolent, brazen. ◆ nm, f impudent person.

impudeur [ɛ̃pydœʀ] nf **1.** [immodestie] immodesty, shamelessness **2.** [impudence] brazenness, shamelessness.

impudicité [ɛ̃pydisite] nf *litt* **1.** [immodestie] immodesty, shamelessness, impudicity *sout* **2.** [caractère] indecency ; [acte, parole] indecency.

impudique [ɛ̃pydik] adj **1.** [immodeste] immodest, shameless **2.** [indécent] shameless, indecent.

impudiquement [ɛ̃pydikmɑ̃] adv **1.** [sans modestie] immodestly, shamelessly **2.** [de façon indécente] shamelessly, indecently.

impuissance [ɛ̃pɥisɑ̃s] nf **1.** [faiblesse] powerlessness, helplessness / *un sentiment d'impuissance* a feeling of helplessness ▸ **réduire qqn à l'impuissance** to render sb helpless ou powerless **2.** [incapacité] inability, powerlessness ▸ **impuissance à faire qqch** inability to do sthg **3.** MÉD & PSYCHOL impotence.

impuissant, e [ɛ̃pɥisɑ̃, ɑ̃t] adj **1.** [vain] powerless, helpless / *on est impuissant devant un tel malheur!* one is powerless in the face of such a misfortune ! ▸ **être impuissant à faire qqch** to be powerless to do sthg / *des efforts impuissants* unsuccessful ou ineffectual ou futile efforts **2.** MÉD & PSYCHOL impotent.

❖ **impuissant** nm MÉD & PSYCHOL impotent (man).

impulser [3] [ɛ̃pylse] vt **1.** [activité] to boost, to stimulate **2.** [personnes] to set in motion, to drive on *(sép)*, to spur.

impulsif, ive [ɛ̃pylsif, iv] ◆ adj impulsive. ◆ nm, f impulsive person.

impulsion [ɛ̃pylsjɔ̃] nf **1.** MÉCAN & PHYS impulse ; ÉLECTRON pulse, impulse **2.** *fig* [dynamisme] impetus, impulse / *donner une impulsion au commerce* to give an impetus to ou to boost trade / *sous l'impulsion des dirigeants syndicaux* spurred on by the union leaders **3.** [élan] impulse / *céder à une impulsion* to give in to an impulse / *sous l'impulsion de la haine* spurred on ou driven by hatred ▸ **sur** ou **sous l'impulsion du moment** on the spur of the moment **4.** ARM impulse **5.** PSYCHOL impulsion.

impulsivement [ɛ̃pylsivmɑ̃] adv impulsively.

impulsivité [ɛ̃pylsivite] nf impulsiveness.

impunément [ɛ̃pynemɑ̃] adv with impunity.

impuni, e [ɛ̃pyni] adj unpunished.

impunité [ɛ̃pynite] nf impunity ▸ **en toute impunité** with impunity.

impur, e [ɛ̃pyʀ] adj **1.** *sout* [pensée, sentiment] impure, unclean ; [air, eau] impure, foul ; [style] impure ; [race] mixed, mongrel ▸ **les esprits impurs** the demons **2.** MÉTALL impure.

impureté [ɛ̃pyʀte] nf **1.** [caractère] impurity, foulness / *l'impureté de l'air* the impurity of the air **2.** [élément] impurity / *l'eau contient de nombreuses impuretés* the water contains numerous impurities **3.** *litt* [impudicité] lewdness **4.** ÉLECTRON impure atom.

imputabilité [ɛ̃pytabilite] nf imputability.

imputable [ɛ̃pytabl] adj **1.** [attribuable] ▸ **imputable à** imputable ou ascribable ou attributable to **2.** FIN ▸ **imputable sur a)** [crédit] chargeable ou to be credited to **b)** [débit] to be debited from.

imputation [ɛ̃pytasjɔ̃] nf **1.** [accusation] charge, imputation *sout* **2.** FIN charging.

imputer [3] [ɛ̃pyte] vt **1.** [attribuer] ▸ **imputer un crime à qqn** to impute a crime to sb / *imputer ses échecs à la malchance* to put one's failures down to bad luck **2.** FIN : *imputer des frais à un budget* [déduire] to deduct expenses from a budget / *imputer une somme à un budget* to allocate a sum to a budget.

imputrescibilité [ɛ̃pytʀesibilite] nf rot-resistance.

imputrescible [ɛ̃pytʀesibl] adj rot-resistant, antirot.

in [in] adj inv *fam* in, trendy.

INA [ina] (abr de **Institut national de l'audiovisuel**) npr m *national television archive.*

inabordable [inabɔʀdabl] adj [lieu] inaccessible / *l'île* / *le port est inabordable par mauvais temps* the island / the harbour is inaccessible in bad weather ; [personne] unapproachable, inaccessible / *sa fonction le rendait inabordable* his position made him inaccessible ou unapproachable ; [prix] exorbitant ; [produit, service] exorbitantly priced.

inabouti, e [inabuti] adj unsuccessful, failed.

inabrité, e [inabʀite] adj unprotected, unsheltered.

inabrogeable [inabʀɔʒabl] adj unrepealable.

inaccentué, e [inaksɑ̃tɥe] adj [voyelle] unstressed ; [syllabe] unstressed, unaccentuated ; [pronom] atonic.

inacceptable [inaksɛptabl] adj [mesure, proposition] unacceptable ; [propos, comportement] unacceptable, intolerable, inadmissible.

inaccessibilité [inaksesibilite] nf inaccessibility.

inaccessible [inaksesibl] adj **1.** [hors d'atteinte -sommet] inaccessible, out-of-reach, unreachable ; [irréalisable -objectif, rêve] unfeasible, unrealizable ; [inabordable -personne] unapproachable, inaccessible ; [obscur -ouvrage] inaccessible, opaque **2.** [indifférent] : *être inaccessible à la pitié* to be incapable of feeling pity.

inaccompli, e [inakɔ̃pli] adj **1.** [inachevé] unaccomplished **2.** LING imperfective.

❖ **inaccompli** nm LING imperfective.

inaccomplissement [inakɔ̃plismɑ̃] nm *litt* nonfulfilment / *l'inaccomplissement d'une promesse* the nonfulfilment of a promise.

inaccordable [inakɔʀdabl] adj **1.** MUS untunable **2.** [grâce, permission] that cannot be granted ; [requête] inadmissible.

inaccoutumé, e [inakutyme] adj unusual, unaccustomed / *inaccoutumé à obéir* unused ou unaccustomed to obeying.

inachevé, e [inaʃve] adj [non terminé] unfinished, uncompleted ; [incomplet] incomplete.

inachèvement [inaʃɛvmɑ̃] nm incompletion.

inactif, ive [inaktif, iv] ◆ adj **1.** [personne -oisive] inactive, idle ; [-sans travail] non-working ▸ **rester inactif** to be idle **2.** [traitement, produit] ineffective **3.** BOURSE & COMM slack, slow **4.** OPT (optically) inactive **5.** GÉOL ▸ **volcan inactif** dormant volcano. ◆ nm, f ▸ **les inactifs** SOCIOL the non-working population, those not in active employment.

inaction [inaksjɔ̃] nf [absence d'activité] inaction ; [oisiveté] idleness, lethargy.

inactivation [inaktivasjɔ̃] nf inactivation.

inactiver [3] [inaktive] vt to inactivate.

inactivité [inaktivite] nf inactivity ▸ **une période d'inactivité** a slack period ▸ **en inactivité** ADMIN & MIL not in active service.

inactuel, elle [inaktɥɛl] adj *sout* out-of-date, outmoded, behind the times.

inadaptable [inadaptabl] adj not adaptable.

inadaptation [inadaptasjɔ̃] nf maladjustment / *inadaptation à la vie scolaire* failure to adapt to school life / *l'inadaptation du réseau routier aux besoins actuels* the inadequacy of the road system to cope with present-day traffic.

inadapté, e [inadapte] ◆ adj **1.** [enfant] with special needs, maladjusted / *enfants inadaptés au système scolaire* children who fail to adapt to the educational system ▸ **enfance inadaptée** children with special needs **2.** [outil, méthode] ▸ **inadapté à** unsuited ou not adapted to / *du matériel inadapté aux besoins actuels* equipment unsuited to ou unsuitable for today's needs. ◆ nm, f [adulte] person with social difficulties, social misfit *péj* ; [enfant] child with special needs, maladjusted child.

inadéquat, e [inadekwa, at] adj *sout* inadequate, inappropriate ▸ **inadéquat à qqch** inadequate to ou for sthg.

inadéquation [inadekwasjɔ̃] nf *sout* inadequacy, inappropriateness.

inadmissibilité [inadmisibilite] nf inadmissibility.

inadmissible [inadmisibl] adj inadmissible, intolerable, unacceptable.

inadvertance [inadvɛʀtɑ̃s] nf *sout* oversight, slip (up), inadvertence.

❖ **par inadvertance** loc adv inadvertently, by mistake.

inaffectivité [inafɛktivite] nf lack of emotional response.

inaliénabilité [inaljenabilite] nf inalienability.

inaliénable [inaljenabl] adj inalienable, unalienable.

inaltérabilité [inalteʀabilite] nf **1.** [à la lumière] fade-resistance ; [au lavage] fastness ; [d'une couleur] permanence **2.** MÉTALL stability **3.** PHOT light stability.

inaltérable [inalteʀabl] adj **1.** [métal] stable ; [couleur] permanent, fast ▸ **inaltérable à l'air** air-resistant ▸ **peinture inaltérable** non-fade paint **2.** [amitié] steadfast ; [haine] eternal ; [espoir] unfailing, steadfast ; [humeur, courage] unfailing ; [optimisme] steadfast, unshakeable / *bonne humeur inaltérable* unfailing good humour.

inaltéré, e [inalteʀe] adj **1.** [bois] unwarped **2.** [sentiment] unchanged.

inamical, e, aux [inamikal, o] adj unfriendly, inimical.

inamissible [inamisibl] adj inamissible.

inamovibilité [inamɔvibilite] nf [d'une personne] irremovability, security of tenure ou office.

inamovible [inamɔvibl] adj **1.** ADMIN [fonctionnaire] permanent, irremovable **2.** [fixé] fixed.

inanalysable [inanalizabl] adj unanalysable, inexplicable.

inanimé, e [inanime] adj **1.** [mort] lifeless ; [évanoui] unconscious **2.** LING inanimate ▸ **objets inanimés** inanimate objects.

inanité [inanite] nf futility, pointlessness.

inanition [inanisjɔ̃] nf [faim] starvation ; [épuisement] total exhaustion, inanition *spéc* ▸ **tomber / mourir d'inanition a)** *pr* to faint / to die with hunger **b)** *fig & hum* to be starving.

inapaisable [inapɛzabl] adj *litt* [soif] unquenchable ; [faim] voracious, insatiable ; [chagrin, souffrance] unappeasable.

inapaisé, e [inapeze] adj *litt* [soif] unquenched ; [faim] unsatiated ; [chagrin, souffrance] unappeased.

inaperçu, e [inapɛʀsy] adj unnoticed ▸ **passer inaperçu** to go unnoticed.

inapparent, e [inapaʀɑ̃, ɑ̃t] adj inapparent.

inappétence [inapetɑ̃s] nf **1.** *sout* [perte d'appétit] loss of appetite, inappetence *sout* **2.** *fig & litt* diminishing desire.

inapplicable [inaplikabl] adj inapplicable, not applicable.

inapplication [inaplikasjɔ̃] nf **1.** [d'une loi, d'un règlement] non-application **2.** *sout* [d'une personne] lack of application ou concentration.

inappliqué, e [inaplike] adj **1.** [loi, règlement] not applied **2.** [personne] lacking in application.

inappréciable [inapʀesjabl] adj **1.** [précieux] invaluable, priceless **2.** [difficile à évaluer] inappreciable, imperceptible.

inapprécié, e [inapʀesje] adj unappreciated, not appreciated.

inapprivoisable [inapʀivwazabl] adj untameable.

inapprivoisé, e [inapʀivwaze] adj untamed.

inapprochable [inapʀɔʃabl] adj : *il est vraiment inapprochable en ce moment* you can't say anything to him at the moment.

inapproprié, e [inapʀɔpʀije] adj inappropriate ▸ **inapproprié à qqch** inappropriate to ou unsuitable for sthg.

inapte [inapt] ◆ adj **1.** [incapable] unsuitable / *être inapte à un travail* to be unsuitable ou unfit for a job ▸ **être inapte à qqch** to be unsuitable ou unfit for sthg ▸ **être inapte à faire qqch** to be unfit to do sthg **2.** MIL ▸ **inapte (au service militaire)** unfit (for military service). ◆ nmf MIL army reject.

inaptitude [inaptityd] nf **1.** [incapacité - physique] incapacity, unfitness ; [- mentale] (mental) inaptitude ▸ **inaptitude à qqch** unfitness for sthg ▸ **inaptitude à faire qqch** unfitness for doing ou to do sthg **2.** MIL unfitness (for military service).

inarrangeable [inaʀɑ̃ʒabl] adj **1.** [dispute] irreconcilable **2.** [montre] beyond repair.

inarticulé, e [inaʀtikyle] adj inarticulate.

inassimilable [inasimilabl] adj [substance] indigestible, unassimilable *spéc* ; [connaissances] impossible to take in ; [population] which cannot become integrated.

inassimilé, e [inasimile] adj unassimilated.

inassouvi, e [inasuvi] adj *sout* **1.** [soif] unquenched ; [faim] unappeased, unsatiated **2.** [passion] unappeased, unsatiated ; [désir] unfulfilled.

inassouvissement [inasuvismɑ̃] nm *litt* : *inassouvissement d'un désir* failure to quench ou to satisfy a desire.

inattaquable [inatakabl] adj **1.** [personne] beyond reproach ou criticism ; [conduite] unimpeachable, irreproachable ; [argument, preuve] unassailable, irrefutable, unquestionable ; [forteresse, lieu] impregnable **2.** MÉTALL corrosion-resistant.

inattendu, e [inatɑ̃dy] adj [personne] unexpected ; [réflexion, événement] unexpected, unforeseen / *c'est assez inattendu de votre part* I didn't quite expect this from you.

inattentif, ive [inatɑ̃tif, iv] adj inattentive / *vous êtes trop inattentif (à)* you don't pay enough attention (to).

inattention [inatɑ̃sjɔ̃] nf lack of attention ou concentration, inattentiveness ▸ **un moment** ou **une minute d'inattention** a momentary lapse of concentration ▸ **faute** ou **erreur d'inattention** careless mistake.

inaudible [inodibl] adj **1.** [imperceptible] inaudible **2.** [insupportable] unbearable.

inaugural, e, aux [inogyʀal, o] adj [discours, cérémonie] opening *(modif)*, inaugural ; [voyage] maiden *(modif)*.

inauguration [inogyʀasjɔ̃] nf **1.** [cérémonie] inauguration **2.** [commencement] beginning, inauguration, initiation.

inaugurer [3] [inogyʀe] vt **1.** [route, monument, exposition] to inaugurate ; *fig* [système, méthode] to initiate, to launch **2.** [marquer le début de] to usher in / *le changement de gouvernement inaugurait une ère de liberté* the change of government ushered in an era of freedom.

inauthenticité [inotɑ̃tisite] nf inauthenticity.

inauthentique [inotɑ̃tik] adj inauthentic.

inavouable [inavwabl] adj unmentionable, shameful.

inavoué, e [inavwe] adj secret, unconfessed.

in-bord [inbɔʀ ou inbɔʀd] (*pl* **in-bord** *ou* **in-bords***) adj inboard.

INC (abr de **Institut national de la consommation**) npr m *consumer protection body.*

inca [ɛ̃ka] adj Inca.

❖ **Inca** ◆ nmf Inca ▸ **les Incas** the Inca, the Incas. ◆ nm [souverain] Inca.

incalculable [ɛ̃kalkylabl] adj **1.** [considérable] incalculable, countless / *des fortunes incalculables* incalculable ou untold wealth ▸ **un nombre incalculable de** a countless number of **2.** [imprévisible] incalculable / *des conséquences incalculables* incalculable ou far-reaching consequences.

incandescence [ɛ̃kɑ̃desɑ̃s] nf incandescence / *être en incandescence* to be incandescent ▸ **porté à incandescence** heated until glowing, incandescent ▸ **incandescence résiduelle** afterglow.

incandescent, e [ɛ̃kɑ̃desɑ̃, ɑ̃t] adj incandescent.

incantation [ɛ̃kɑ̃tasjɔ̃] nf incantation.

incantatoire [ɛ̃kɑ̃tatwaʀ] adj incantatory *sout* / *formule incantatoire* incantation.

incapable [ɛ̃kapabl] ◆ adj **1.** [par incompétence] incapable, incompetent, inefficient ▸ **incapable de** : *être incapable de faire qqch* to be incapable of doing sthg / *elle était incapable de répondre* she was unable to answer, she couldn't answer / *je serais bien incapable de le dire* I really wouldn't know, I really couldn't tell you **2.** [par nature] ▸ **incapable de** : *être incapable de qqch* to be incapable of sthg / *il est incapable d'un effort* he's incapable of making an effort / *être incapable d'attention* to be incapable of paying attention / *elle est incapable d'amour* she's incapable of loving ou love / *elle est incapable de méchanceté* there's no malice in her ▸ **être incapable de faire** to be incapable of doing / *elle est incapable de tricher* she's incapable of cheating **3.** DR incapable. ◆ nmf **1.** [incompétent] incompetent / *ce sont des incapables* they're all incapable ou incompetent **2.** DR person under disability.

incapacitant, e [ɛ̃kapasitɑ̃, ɑ̃t] adj incapacitating.

❖ **incapacitant** nm incapacitant.

incapacité [ɛ̃kapasite] nf **1.** [impossibilité] incapacity, inability ▸ **être dans l'incapacité de faire qqch** to be unable to do sthg / *son incapacité à se décider* his incapacity ou inability to make up his mind **2.** [incompétence] incapacity, incompetence, inefficiency **3.** MÉD disablement, disability ▸ **incapacité permanente** permanent disablement ou disability ▸ **incapacité de travail** industrial disablement **4.** DR (legal) incapacity.

incarcération [ɛ̃kaʀseʀasjɔ̃] nf imprisonment, jailing, incarceration *sout*.

incarcérer [18] [ɛ̃kaʀseʀe] vt to incarcerate *sout* ▸ **faire incarcérer qqn** to have sb put in prison / *se faire incarcérer* to be put in prison.

In reformed spelling (see p. 16-19), this verb is conjugated like *semer*: *il incarcèrera, elle incarcèrerait.*

incarnat, e [ɛ̃kaʀna, at] adj crimson.

❖ **incarnat** nm strong red, crimson.

incarnation [ɛ̃kaʀnasjɔ̃] nf **1.** MYTH & RELIG incarnation **2.** [manifestation] embodiment / *elle est l'incarnation de la bonté* she's the embodiment ou personification of goodness.

incarné, e [ɛ̃kaʀne] adj **1.** [personnifié] incarnate, personified / *le diable incarné* the devil incarnate **2.** MÉD ▸ **ongle incarné** ingrowing UK ou ingrown toenail.

incarner [3] [ɛ̃kaʀne] vt **1.** [symboliser] to embody, to personify **2.** [interpréter - personnage] to play.

❖ **s'incarner** vpi **1.** RELIG to become incarnate **2.** [se matérialiser] to be embodied / *en toi s'incarne la beauté idéale* you are the embodiment of ideal beauty **3.** MÉD : *un ongle qui s'incarne* an ingrowing UK ou ingrown toenail.

incartade [ɛ̃kaʀtad] nf **1.** [écart de conduite] misdemeanour UK, misdemeanor US, escapade / *à la moindre incartade, vous serez puni* put one foot wrong and you'll be punished **2.** [d'un cheval] swerve.

incassable [ɛ̃kasabl] adj unbreakable.

incendiaire [ɛ̃sɑ̃djɛʀ] ◆ adj **1.** ARM incendiary **2.** [propos] incendiary, inflammatory. ◆ nmf fire-raiser UK, arsonist.

incendie [ɛ̃sɑ̃di] nm **1.** [feu] fire / *maîtriser un incendie* to bring a fire ou blaze under control ▸ **incendie criminel** (act of deliberate) arson ▸ **incendie de forêt** forest fire **2.** *litt* [lumière] blaze, glow **3.** *fig* [violence] fire / *l'incendie de la révolte* the frenzy of revolt.

incendié, e [ɛ̃sɑ̃dje] ◆ adj **1.** [ville, maison] burnt (down), destroyed by fire / *les familles incendiées seront dédommagées* the families affected by the fire will be given compensation / *les bâtiments incendiés* the buildings gutted by fire **2.** *litt* [éclairé] ablaze, aglow. ◆ nm, f fire victim.

incendier [9] [ɛ̃sɑ̃dje] vt **1.** [mettre le feu à] to set fire to, to set on fire / *la forêt a été incendiée* the forest was set on fire **2.** *fam* [invectiver] ▸ **incendier qqn** to give sb hell / *tu vas te faire incendier!* you'll be in for it! **3.** *fig* [brûler] to burn / *une vodka qui incendie la gorge* a vodka that burns one's throat **4.** [esprit, imagination] to stir / *des discours destinés à incendier les esprits* inflammatory speeches **5.** *litt* [illuminer] to light up / *le soleil couchant incendiait les champs* the setting sun gave the fields a fiery glow.

incertain, e [ɛ̃sɛʀtɛ̃, ɛn] adj **1.** [peu sûr - personne] uncertain, unsure ▸ **être incertain de qqch** to be uncertain ou unsure of sthg **2.** [indéterminé - durée, date, quantité] uncertain, undetermined ; [- fait] uncertain, doubtful **3.** [aléatoire - gén] uncertain ; [- temps] unsettled **4.** [vague - contour] indistinct, vague, blurred ; [- lumière] poor **5.** [mal équilibré - démarche, appui] unsteady, uncertain, hesitant.

❖ **incertain** nm BOURSE ▸ **coter l'incertain** to quote in a foreign currency.

incertitude [ɛ̃sɛʀtityd] nf **1.** [doute, précarité] uncertainty ▸ **nous sommes dans l'incertitude** we're uncertain, we're not sure / *il est seul face à ses incertitudes* he's left alone with his doubts **2.** MATH & PHYS uncertainty.

incessamment [ɛ̃sesamɑ̃] adv shortly, soon ▸ **il doit arriver incessamment** he'll be here any minute now.

incessant, e [ɛ̃sesɑ̃, ɑ̃t] adj [effort] ceaseless, continual ; [bruit, bavardage] incessant, ceaseless, continual ; [douleur, pluie] unremitting, constant.

incessibilité [ɛ̃sesibilite] nf DR [d'un privilège] non-transferability ; [d'un droit] inalienability, indefeasibility.

incessible [ɛ̃sesibl] adj DR [privilège] non-transferable ; [droit] inalienable, indefeasible.

inceste [ɛ̃sɛst] nm incest.

* In reformed spelling (see p. 16-19).

incestueux, euse [ɛ̃sɛstɥø, øz] adj **1.** [personne, relation] incestuous **2.** [né d'un inceste] ▸ **enfant incestueux** child born of an incestuous relationship ▸ **l'enfant incestueux de** the incestuous child of.

inchangé, e [ɛ̃ʃɑ̃ʒe] adj unchanged, unaltered.

inchangeable [ɛ̃ʃɑ̃ʒabl] adj unchangeable.

inchantable [ɛ̃ʃɑ̃tabl] adj unsingable ▸ **c'est inchantable** it's unsingable, it can't be sung.

inchauffable [ɛ̃ʃofabl] adj impossible to heat.

inchavirable [ɛ̃ʃaviʀabl] adj non-capsizing, self-righting.

inchiffrable [ɛ̃ʃifʀabl] adj unquantifiable, immeasurable ▸ **les dégâts sont inchiffrables** it's impossible to put a figure on the damage.

inchoatif, ive [ɛ̃kɔatif, iv] adj inchoative, ingressive.
❖ **inchoatif** nm inchoative, ingressive.

incidemment [ɛ̃sidamɑ̃] adv [accessoirement] incidentally, in passing ; [par hasard] by chance.

incidence [ɛ̃sidɑ̃s] nf **1.** [répercussion] effect, repercussion, impact ▸ **avoir une incidence sur** to affect ▸ **incidence fiscale** ÉCON fiscal effect **2.** AÉRON & PHYS incidence.

incident[1] [ɛ̃sidɑ̃] nm **1.** [événement] incident, event ; [accrochage] incident ▸ **sans incident** safely ▸ **incident diplomatique / de frontière** diplomatic / border incident ▸ **incident technique** technical hitch ou incident ▸ **avoir un incident de parcours** to come across a hitch (on the way) / *sa démission n'est qu'un incident de parcours* his resignation is only a minor incident ▸ **l'incident est clos** the matter is (now) closed **2.** DR ▸ **incident (de procédure)** objection (on a point of law) / *soulever un incident* to raise an objection **3.** LITTÉR (little) episode.

incident[2], e [ɛ̃sidɑ̃, ɑ̃t] adj **1.** [accessoire - remarque] incidental **2.** LING interpolated, parenthetical **3.** PHYS incident **4.** DR incidental ▸ **demande incidente** accessory claim.
❖ **incidente** nf GRAM parenthetical clause.

incinérateur [ɛ̃sineʀatœʀ] nm incinerator.

incinération [ɛ̃sineʀasjɔ̃] nf [de chiffons, de papiers] incineration ; [de cadavres] cremation.

incinérer [18] [ɛ̃sineʀe] vt [linge, papier] to incinerate ; [cadavre] to cremate.
✐ In reformed spelling (see p. 16-19), this verb is conjugated like **semer**: *il incinèrera, elle incinèrerait.*

incise [ɛ̃siz] nf **1.** LING interpolated clause **2.** MUS phrase.

inciser [3] [ɛ̃size] vt **1.** MÉD to incise, to make an incision in ; [abcès] to lance **2.** HORT to incise, to cut (a notch into) ; [pour extraire la résine] to tap.

incisif, ive [ɛ̃sizif, iv] adj [ironie, remarque, ton] cutting, incisive, biting ; [regard] piercing.

incision [ɛ̃sizjɔ̃] nf **1.** MÉD cut, incision *spéc* **2.** HORT notch, incision *spéc* ▸ **incision annulaire** ringing.

incisive [ɛ̃siziv] ◆ f ⟶ **incisif.** ◆ nf incisor.

incitateur, trice [ɛ̃sitatœʀ, tʀis] ◆ adj inciting, incentive. ◆ nm, f inciter.

incitatif, ive [ɛ̃sitatif, iv] adj : *mesures incitatives* incentive measures.

incitation [ɛ̃sitasjɔ̃] nf [encouragement] incitement, encouragement / *c'est une incitation à la violence* it's incitement to ou it encourages violence ▸ **incitation fiscale** ÉCON tax incentive.

inciter [3] [ɛ̃site] vt **1.** [encourager] ▸ **inciter qqn à faire qqch** to prompt ou to encourage sb to do sthg / *son succès l'incita à continuer* his success encouraged ou prompted him to continue ▸ **inciter qqn à qqch** : *cela vous incite à la réflexion / prudence* it makes you stop and think / makes you cautious **2.** DR to incite.

incivil, e [ɛ̃sivil] adj *sout* uncivil, impolite.

incivilité [ɛ̃sivilite] nf **1.** [manque de courtoisie] rudeness, disrespect **2.** [insultes, vandalismes] antisocial behaviour UK ou behavior US.

incivique [ɛ̃sivik] ◆ adj *vieilli* lacking in civic ou public spirit, lacking in public-mindedness / *il tient des propos inciviques* what he says isn't very public-spirited. ◆ nmf BELG HIST *collaborator with the Nazis during WW II.*

incivisme [ɛ̃sivism] nm incivility.

inclassable [ɛ̃klasabl] adj unclassifiable.

inclémence [ɛ̃klemɑ̃s] nf *litt* **1.** [manque d'indulgence] mercilessness, pitilessness **2.** [rigueur - du climat] inclemency.

inclément, e [ɛ̃klemɑ̃, ɑ̃t] adj *litt* **1.** [qui manque d'indulgence] merciless, pitiless **2.** [rigoureux - climat] inclement.

inclinable [ɛ̃klinabl] adj reclining, tilting.

inclinaison [ɛ̃klinɛzɔ̃] nf **1.** [d'un plan] incline, slant ; [d'un avion] tilt, tilting ; [d'un toit, des combles, d'un pignon] pitch, slope ; [d'un navire] list, listing / *la faible / forte inclinaison du jardin* the gentle slope / the steepness of the garden / *l'inclinaison de la tour de Pise* the angle at which the Tower of Pisa leans / *l'inclinaison de la voie* RAIL & TRAV PUB the gradient, the incline **2.** [d'une partie du corps] ▸ **l'inclinaison de la tête** the tilt of the head **3.** GÉOM inclination, angle **4.** ASTRON declination ▸ **inclinaison magnétique** inclination, magnetic dip.

inclination [ɛ̃klinasjɔ̃] nf **1.** [tendance] inclination, tendency ; [goût] inclination, liking / *avoir une inclination pour la musique* to have a liking for music, to be musically inclined / *une inclination à douter* a tendency to doubt things / *suivre son inclination* to follow one's (natural) inclination **2.** [mouvement - de la tête] bow, inclination ; [- du corps] bow ; [signe d'acquiescement] nod / *d'une légère inclination de la tête* with a slight bow of the head **3.** *litt* [attirance] ▸ **avoir de l'inclination pour qqn** to have a liking for sb / *un mariage d'inclination* a love match.

incliné, e [ɛ̃kline] adj **1.** [en pente] sloping ; [penché - mur] leaning ; [- dossier, siège] reclining **2.** *sout* [enclin] : *une nature inclinée au mal* a character inclined ou disposed to evil.

incliner [3] [ɛ̃kline] vt **1.** [courber] to bend ▸ **incliner la tête** ou **le front a)** to bow ou to incline *litt* one's head **b)** [pour acquiescer ou saluer] to nod (one's head) ▸ **incliner le corps (en avant) a)** to bend forward **b)** [pour saluer] to bow ; [pencher - dossier, siège] to tilt ▸ **être incliné a)** AÉRON to tilt **b)** NAUT to list **2.** *sout* [inciter] ▸ **incliner qqn à faire** to encourage ou to prompt sb to do / *cette information m'incline à revoir mon point de vue* this news leads me ou makes me inclined to reconsider my position ▸ **incliner qqn à la rigueur** to encourage sb to be strict ▸ **ceci ne les incline pas à la clémence / au travail** this makes them disinclined to be lenient / to work.
❖ **incliner à** v + prép to tend to ou towards, to incline towards / *j'incline à penser qu'elle a tort* I tend ou I'm inclined to think she's wrong.
❖ **s'incliner** vpi **1.** [être penché - mur] to lean (over) ; [- toit, route] to slope ; [- avion] to tilt, to bank ; [- navire] to list ; [- siège] to tilt ; [se courber - personne] to bend forward ; [- personne qui salue] to bow ; [- cime d'arbre] to bend (over) **2.** *fig* [se soumettre] ▸ **s'incliner devant le talent** to bow before talent ▸ **s'incliner devant les faits** to submit to ou to accept the facts ▸ **s'incliner devant la supériorité de qqn** to yield to sb's superiority / *le Racing s'est incliné devant Toulon par 15 à 12* SPORT Racing Club lost ou went down to Toulon 15 to 12 / *leur équipe a finalement dû s'incliner* their team had to give in ou had to admit defeat eventually **3.** [se recueillir] ▸ **s'incliner devant la dépouille mortelle de qqn** to pay one's last respects to sb.

inclure [96] [ɛ̃klyʀ] vt **1.** [ajouter] to include, to add, to insert / *inclure de nouvelles données dans une liste* to include new data in a list **2.** [joindre] to enclose **3.** [comporter] to include / *le contrat inclut une nouvelle clause importante* the contract includes ou comprises an important new clause ; [impliquer] : *cet accord inclut une autre condition* the agreement includes a further condition.

inclus, e [ɛ̃kly, yz] adj **1.** [contenu] enclosed **2.** [compris] included / *le service est inclus* service is included / *vingt, les enfants inclus* twenty, including the children / *du 1er au 12 juin inclus* from June 1st to June 12th inclusive, from June 1 through June 12 US / *jusqu'à la page 32 incluse* up to and including page 32 ▸ **jusqu'au dimanche inclus** up to and including Sunday ▸ **dimanche inclus** including Sundays **3.** MATH : *l'ensemble X est inclus dans l'ensemble Z* the set X is included in the set Z ou is a subset of Z **4.** MÉD ▸ **dent incluse** impacted tooth.

inclusif, ive [ɛ̃klyzif, iv] adj inclusive ▸ **prix inclusif** all-inclusive price.

inclusion [ɛ̃klyzjɔ̃] nf **1.** [action] inclusion **2.** MÉD impaction **3.** MÉTALL inclusion.

inclusivement [ɛ̃klyzivmɑ̃] adv up to and including, through US.

incoagulable [ɛ̃kɔagylabl] adj non-coagulating.

incoercible [ɛ̃kɔɛʀsibl] adj irrepressible, uncontrollable, incoercible *sout.*

incognito [ɛ̃kɔɲito] ◆ adv incognito. ◆ nm incognito ▸ **garder l'incognito** to remain anonymous ou incognito.

incohérence [ɛ̃kɔeʀɑ̃s] nf **1.** [manque d'unité] inconsistency, incoherence **2.** [contradiction] inconsistency, contradiction, discrepancy.

incohérent, e [ɛ̃kɔeʀɑ̃, ɑ̃t] adj **1.** [confus, décousu] incoherent, inconsistent / *de manière incohérente* incoherently **2.** [disparate] divided.

incoiffable [ɛ̃kwafabl] adj [cheveux] unmanageable.

incollable [ɛ̃kɔlabl] adj **1.** CULIN ▸ **riz incollable** non-stick rice **2.** *fam* [connaisseur] unbeatable / *elle est incollable en géographie* you can't trip her up in geography.

incolore [ɛ̃kɔlɔʀ] adj **1.** [transparent - liquide] colourless UK, colorless US ; [- vernis, verre] clear ; [- cirage] neutral **2.** *fig* [terne - sourire] wan ; [- style] colourless UK, colorless US, bland, nondescript ▸ **incolore, inodore et sans saveur** deadly dull.

incomber [3] [ɛ̃kɔ̃be] ❖ **incomber à** v + prép **1.** [revenir à] : *les frais de déplacement incombent à l'entreprise* travelling expenses are to be paid by the company / *à qui en incombe la responsabilité ?* who is responsible for it ? ▸ **cette tâche vous incombe** this task is your responsibility ; *(tournure impersonnelle)* : *il vous incombe de la recevoir* it's your duty ou it's incumbent *sout* upon you to see her / *il vous incombe de le faire* the onus is on you to do it **2.** DR [être rattaché à] : *cette pièce incombe au dossier Falon* this document belongs in the Falon file.

incombustibilité [ɛ̃kɔ̃bystibilite] nf incombustibility.

incombustible [ɛ̃kɔ̃bystibl] adj non-combustible.

incommensurabilité [ɛ̃kɔmɑ̃syʀabilite] nf **1.** [immensité] immeasurableness **2.** MATH incommensurability.

incommensurable [ɛ̃kɔmɑ̃syʀabl] adj **1.** [énorme] immeasurable **2.** MATH incommensurable.

incommensurablement [ɛ̃kɔmɑ̃syʀabləmɑ̃] adv **1.** [très] immeasurably / *il est incommensurablement stupide* he's immensely ou inordinately stupid **2.** MATH incommensurably.

incommodant, e [ɛ̃kɔmɔdɑ̃, ɑ̃t] adj [chaleur] unpleasant, uncomfortable ; [bruit] irritating, irksome ; [odeur] offensive, nauseating.

incommode [ɛ̃kɔmɔd] adj **1.** [peu pratique - outil] impractical, awkward ; [- livre] unwieldy, impractical ; [- maison] inconvenient **2.** [inconfortable - position] uncomfortable, awkward ; [- fauteuil] uncomfortable.

incommoder [3] [ɛ̃kɔmɔde] vt to bother / *la chaleur commence à m'incommoder* the heat is beginning to bother me ou to make me feel uncomfortable.

incommodité [ɛ̃kɔmɔdite] nf [d'un outil] inconvenience, impracticability, unsuitability ; [d'un meuble, d'une posture, d'un trajet] uncomfortableness, discomfort.

incommunicabilité [ɛ̃kɔmynikabilite] nf incommunicability.

incommunicable [ɛ̃kɔmynikabl] adj incommunicable.

incommutabilité [ɛ̃kɔmytabilite] nf non-transferability.

incommutable [ɛ̃kɔmytabl] adj non-transferable.

incomparable [ɛ̃kɔ̃paʀabl] adj **1.** [très différent] not comparable, unique, singular / *nos deux situations sont incomparables* you can't compare our two situations **2.** [inégalable] incomparable, matchless, peerless.

incomparablement [ɛ̃kɔ̃paʀabləmɑ̃] adv incomparably / *il est incomparablement plus beau que moi* he's incomparably ou infinitely more handsome than me.

incompatibilité [ɛ̃kɔ̃patibilite] nf **1.** [opposition] incompatibility ▸ **incompatibilité d'humeur** mutual incompatibility / *il y a une totale incompatibilité entre eux* they are totally incompatible **2.** BOT, MÉD & PHARM incompatibility.

incompatible [ɛ̃kɔ̃patibl] adj incompatible / *ces deux solutions sont incompatibles* these two solutions are mutually exclusive.

incompétence [ɛ̃kɔ̃petɑ̃s] nf **1.** [incapacité] incompetence **2.** [ignorance] ignorance, lack of knowledge **3.** DR incompetence, incompetency, (legal) incapacity.

incompétent, e [ɛ̃kɔ̃petɑ̃, ɑ̃t] ◆ adj **1.** [incapable] incompetent, inefficient **2.** [ignorant] ignorant / *je suis incompétent en la matière* I'm not qualified ou competent to speak about this **3.** DR & POL incompetent. ◆ nm, f incompetent.

incomplet, ète [ɛ̃kɔ̃plɛ, ɛt] adj [fragmentaire] incomplete ; [inachevé] unfinished.

incomplètement [ɛ̃kɔ̃plɛtmɑ̃] adv incompletely, not completely.

incomplétude [ɛ̃kɔ̃pletyd] nf **1.** *litt* [inassouvissement] nonfulfilment **2.** MATH ▸ **théorème d'incomplétude** incompleteness theorem.

incompréhensibilité [ɛ̃kɔ̃pʀeɑ̃sibilite] nf incomprehensibility.

incompréhensible [ɛ̃kɔ̃pʀeɑ̃sibl] adj incomprehensible, impossible to understand ▸ **de manière incompréhensible** incomprehensibly.

incompréhensiblement [ɛ̃kɔ̃pʀeɑ̃sibləmɑ̃] adv incomprehensibly.

incompréhensif, ive [ɛ̃kɔ̃pʀeɑ̃sif, iv] adj unsympathetic, unfeeling.

incompréhension [ɛ̃kɔ̃pʀeɑ̃sjɔ̃] nf lack of understanding ou comprehension / *leur incompréhension était totale* they found it totally impossible to understand.

incompréhensive [ɛ̃kɔ̃pʀeɑ̃siv] f ⟶ **incompréhensif.**

incompressibilité [ɛ̃kɔ̃pʀesibilite] nf **1.** PHYS incompressibility **2.** [de dépenses, d'un budget] irreducibility.

incompressible [ɛ̃kɔ̃pʀesibl] adj **1.** PHYS incompressible **2.** [dépenses] which cannot be reduced ▸ **notre budget est incompressible** we can't cut down on our budget **3.** DR ▸ **peine incompressible** irreducible sentence.

incompris, e [ɛ̃kɔ̃pʀi, iz] ◆ adj **1.** [méconnu] misunderstood **2.** [énigmatique] impenetrable / *un texte qui jusqu'à ce jour était resté incompris* a text which had not been understood until today. ◆ nm, f : *je suis un éternel incompris* hum nobody ever understands me.

inconcevable [ɛ̃kɔ̃svabl] adj inconceivable, unthinkable, unimaginable / *avec un aplomb inconcevable* with an incredible ou amazing nerve.

inconcevablement [ɛ̃kɔ̃svabləmɑ̃] adv *sout* incredibly, inconceivably.

inconciliable [ɛ̃kɔ̃siljabl] adj [incompatible] incompatible, irreconcilable / *des intérêts inconciliables* incompatible interests / *des points de vue inconciliables* irreconcilable points of view ▸ **inconciliable avec qqch** incompatible with sthg.

inconditionnalité [ɛ̃kɔ̃disjɔnalite] nf unreservedness, wholeheartedness / *l'inconditionnalité de notre soutien* the unconditional nature of our support.

inconditionné, e [ɛ̃kɔ̃disjɔne] adj PHILOS unconditioned.

inconditionnel, elle [ɛ̃kɔ̃disjɔnɛl] ◆ adj **1.** [appui] unconditional, unreserved, wholehearted ; [reddition] unconditional **2.** PHILOS unconditioned. ◆ nm, f ▸ **un inconditionnel de** a fan of / *pour les inconditionnels de l'informatique* for computer buffs ou enthusiasts.

inconditionnellement [ɛ̃kɔ̃disjɔnɛlmɑ̃] adv unconditionally, unreservedly, wholeheartedly.

inconduite [ɛ̃kɔ̃dɥit] nf *sout* [dévergondage] loose living ; *litt* scandalous behaviour UK ou behavior US ; [mauvaise conduite] misconduct.

inconfort [ɛ̃kɔ̃fɔʀ] nm [d'une maison] lack of comfort ; [d'une posture] discomfort ; [d'une situation] awkwardness.

inconfortable [ɛ̃kɔ̃fɔʀtabl] adj **1.** [maison, siège] uncomfortable **2.** [situation, posture] uncomfortable, awkward.

inconfortablement [ɛ̃kɔ̃fɔʀtabləmɑ̃] adv uncomfortably.

incongelable [ɛ̃kɔ̃ʒlabl] adj which cannot be deep-frozen.

incongru, e [ɛ̃kɔ̃gʀy] adj [remarque, réponse] incongruous, out of place ; [bruit] unseemly, rude ; [personne] uncouth.

incongruité [ɛ̃kɔ̃gʀɥite] nf **1.** [caractère incongru] incongruity, incongruousness **2.** [parole] unseemly remark.

incongrûment, incongrument* [ɛ̃kɔ̃gʀymɑ̃] adv *sout* in an unseemly manner.

inconnaissable [ɛ̃kɔnɛsabl] ◆ adj unknowable. ◆ nm ▸ **l'inconnaissable** the unknowable.

inconnu, e [ɛ̃kɔny] ◆ adj **1.** [personne - dont on ignore l'existence] unknown ; [- dont on ignore l'identité] / *il est né de père inconnu* the name of his father is not known / **'inconnu à cette adresse'** 'not known at this address' **2.** [destination] unknown **3.** [étranger] unknown / *ce visage ne m'est pas inconnu* I've seen that face before ▸ **inconnu au bataillon** *fam* never heard of him **4.** [sans notoriété] unknown. ◆ nm, f **1.** [étranger] unknown person, stranger / *ne parle pas aux inconnus* don't talk to strangers **2.** [personne sans notoriété] unknown person / *une pièce jouée par des inconnus* a play with a cast of unknowns.

❖ **inconnu** nm ▸ **l'inconnu** the unknown.

❖ **inconnue** nf **1.** [élément ignoré] unknown quantity ou factor / *il y a trop d'inconnues pour que je prenne une décision* there are too many unknown factors for me to decide **2.** MATH unknown.

inconsciemment [ɛ̃kɔ̃sjamɑ̃] adv [machinalement] unconsciously, unwittingly ; [dans l'inconscient] unconsciously.

inconscience [ɛ̃kɔ̃sjɑ̃s] nf **1.** [insouciance] recklessness, thoughtlessness ; [folie] madness, craziness **2.** [perte de connaissance] unconsciousness.

inconscient, e [ɛ̃kɔ̃sjɑ̃, ɑ̃t] ◆ adj **1.** ▸ **être inconscient de qqch** [ne pas s'en rendre compte] to be unaware of sthg **2.** [insouciant] reckless, rash ; [irresponsable] thoughtless, careless **3.** [automatique] mechanical, unconscious ; PSYCHOL unconscious **4.** [évanoui] unconscious. ◆ nm, f reckless ou thoughtless ou crazy person.

❖ **inconscient** nm PSYCHOL ▸ **l'inconscient** the unconscious ▸ **l'inconscient collectif** the collective unconscious.

inconséquemment [ɛ̃kɔ̃sekamɑ̃] adv *litt* [de façon - incohérente] incoherently, inconsistently ; [- imprudente] thoughtlessly, unthinkingly, recklessly.

inconséquence [ɛ̃kɔ̃sekɑ̃s] nf [manque - de cohérence] incoherence, inconsistency ; [- de prudence] thoughtlessness, carelessness, recklessness.

inconséquent, e [ɛ̃kɔ̃sekɑ̃, ɑ̃t] adj [incohérent] incoherent, inconsistent ; [imprudent] thoughtless, unthinking, reckless.

inconsidéré, e [ɛ̃kɔ̃sideʀe] adj thoughtless, rash, foolhardy.

inconsidérément [ɛ̃kɔ̃sideʀemɑ̃] adv rashly, thoughtlessly, unwisely.

inconsistance [ɛ̃kɔ̃sistɑ̃s] nf **1.** [d'un roman, d'un argument] flimsiness, shallowness ; [d'une personne] shallowness, superficiality **2.** [de la boue, de la vase] softness ; [d'une crème] thinness, runniness ; [d'une soupe] wateriness.

inconsistant, e [ɛ̃kɔ̃sistɑ̃, ɑ̃t] adj **1.** [roman, argument] flimsy, weak, shallow ; [personne, caractère] shallow, superficial, indecisive **2.** [crème, enduit] thin, runny ; [soupe] watery.

> ⚠ **Inconsistent** signifie « incohérent », « inégal » et non inconsistant.

inconsolable [ɛ̃kɔ̃sɔlabl] adj inconsolable.

inconsolé, e [ɛ̃kɔ̃sɔle] adj [peine, chagrin] unconsoled ; [personne] disconsolate.

inconsommable [ɛ̃kɔ̃sɔmabl] adj unfit for consumption.

inconstance [ɛ̃kɔ̃stɑ̃s] nf **1.** [infidélité, variabilité] inconstancy, fickleness **2.** *litt* : *l'inconstance du succès* the fickleness of fortune.

inconstant, e [ɛ̃kɔ̃stɑ̃, ɑ̃t] ◆ adj **1.** [infidèle, d'humeur changeante] inconstant, fickle ▸ **être inconstant en amour** to be fickle **2.** *litt* [changeant - temps] changeable, unsettled. ◆ nm, f fickle person.

inconstatable [ɛ̃kɔ̃statabl] adj impossible to ascertain, unascertainable.

inconstitutionnalité [ɛ̃kɔ̃stitysjɔnalite] nf unconstitutionality.

inconstitutionnel, elle [ɛ̃kɔ̃stitysjɔnɛl] adj unconstitutional.

inconstitutionnellement [ɛ̃kɔ̃stitysjɔnɛlmɑ̃] adv unconstitutionally.

inconstructible [ɛ̃kɔ̃stʀyktibl] adj ▸ **zone inconstructible** site without development approval, permanently restricted zone US.

incontestable [ɛ̃kɔ̃tɛstabl] adj incontestable, indisputable, undeniable / *sa compétence est incontestable* her competence is indisputable ou beyond question / *il a fait un gros effort, c'est incontestable* there's no denying the fact that he put in a lot of effort.

incontestablement [ɛ̃kɔ̃tɛstabləmɑ̃] adv indisputably, undeniably, beyond any shadow of (a) doubt ▸ **incontestablement coupable** unquestionably guilty.

incontesté, e [ɛ̃kɔ̃tɛste] adj uncontested, undisputed / *c'est un expert incontesté* he's an unchallenged ou undisputed expert.

incontinence [ɛ̃kɔ̃tinɑ̃s] nf **1.** MÉD incontinence ▸ **incontinence nocturne** bed-wetting **2.** *litt* [débauche] debauchery **3.** [dans le discours] ▸ **incontinence verbale** logorrhoea, verbal diarrhoea *hum.*

incontinent, e [ɛ̃kɔ̃tinɑ̃, ɑ̃t] adj **1.** MÉD incontinent **2.** *litt* [débauché] debauched.

❖ **incontinent** adv *litt* forthwith, straightaway, directly.

incontournable [ɛ̃kɔ̃tuʀnabl] adj : *c'est un problème incontournable* this problem can't be ignored / *son œuvre est incontournable* her work cannot be overlooked.

incontrôlable [ɛ̃kɔ̃tʀolabl] adj **1.** [sentiment, colère] uncontrollable, ungovernable, wild ; [personne] out of control ▸ **l'incendie / la foule était incontrôlable** the fire / crowd was out of control **2.** [non vérifiable - affirmation] unverifiable, unconfirmable.

incontrôlé, e [ɛ̃kɔ̃tʀole] adj **1.** [bande, groupe] unrestrained, unruly, out of control ▸ **des éléments incontrôlés** unruly elements **2.** [non vérifié - nouvelle] unverified, unconfirmed.

inconvenance [ɛ̃kɔ̃vnɑ̃s] nf **1.** [caractère] impropriety, indecency / *vous avez été d'une inconvenance choquante* you behaved in a most unseemly manner **2.** [parole] impropriety, rude remark ; [acte] impropriety, rude gesture.

inconvenant, e [ɛ̃kɔ̃vnɑ̃, ɑ̃t] adj [déplacé] improper, indecorous, unseemly ; [indécent] indecent, improper / *rien d'inconvenant ne s'est passé entre eux* nothing improper ou untoward passed between them.

inconvénient [ɛ̃kɔ̃venjɑ̃] nm [désagrément] disadvantage, drawback, inconvenience ; [danger] risk / *les avantages et les inconvénients* the advantages and disavantages, the pros and cons / *je ne vois pas d'inconvénient à ce que tu y ailles* I can see nothing against your going ▸ **y voyez-vous un inconvénient? a)** [désagrément] can you see any difficulties ou drawbacks in

* In reformed spelling (see p. 16-19).

this? **b)** [objection] do you have any objection to this?, do you mind?

inconvertibilité [ɛ̃kɔ̃vɛʀtibilite] nf [d'une monnaie] inconvertibility.

inconvertible [ɛ̃kɔ̃vɛʀtibl] adj **1.** FIN inconvertible **2.** RELIG unconvertable.

incoordination [ɛ̃kɔɔʀdinasjɔ̃] nf **1.** [incohérence - de la pensée, d'un discours] lack of coordination **2.** [des mouvements] uncoordination, lack of coordination, ataxia *spéc.*

incorporable [ɛ̃kɔʀpɔʀabl] adj **1.** MIL recruitable UK, draftable US **2.** [parcelle, matériau] incorporable.

incorporation [ɛ̃kɔʀpɔʀasjɔ̃] nf **1.** MIL recruitment, conscription UK, induction US / *j'attends mon incorporation* I'm waiting to be called up **2.** PSYCHOL incorporation **3.** [d'un produit] blending, incorporating, mixing ; [d'un territoire] incorporation / *l'incorporation de Calais à l'Angleterre a eu lieu en 1347* Calais was incorporated into England in 1347.

incorporé, e [ɛ̃kɔʀpɔʀe] adj built-in, integrated / *avec cellule incorporée photoélectrique* with built-in light meter.

❖ **incorporé** nm recruit, inductee US.

incorporéité [ɛ̃kɔʀpɔʀeite] nf incorporeity.

incorporel, elle [ɛ̃kɔʀpɔʀɛl] adj **1.** [intangible] insubstantial, incorporeal **2.** DR ▸ **bien incorporel** intangible property ▸ **propriété incorporelle** incorporeal hereditaments.

incorporer [3] [ɛ̃kɔʀpɔʀe] vt **1.** [mêler] to blend, to mix / *incorporez le sucre peu à peu* gradually mix in the sugar / *incorporez le fromage râpé aux jaunes d'œufs* blend ou mix the grated cheese with the egg yolks **2.** MIL to recruit UK, to draft US, to induct US **3.** [intégrer] to incorporate, to integrate / *quand la Savoie a été incorporée à la France* when Savoy became part of France / *incorporez quelques citations dans le texte* add a few quotations to the text.

incorrect, e [ɛ̃kɔʀɛkt] adj **1.** [erroné] incorrect, wrong ▸ **l'emploi incorrect d'un mot** the improper use of a word **2.** [indécent] improper, impolite, indecent / *dans une tenue incorrecte* improperly dressed **3.** [impoli] rude, discourteous, impolite **4.** [irrégulier] underhand, irregular, unscrupulous / *c'était incorrect de leur part de ne pas nous prévenir* it was wrong of them not to warn us / *il a été très incorrect avec ses concurrents* he behaved quite unscrupulously towards his competitors.

incorrectement [ɛ̃kɔʀɛktəmɑ̃] adv wrongly, incorrectly / *mots orthographiés incorrectement* wrongly spelt words.

incorrection [ɛ̃kɔʀɛksjɔ̃] nf **1.** [caractère incorrect] impropriety, indecency **2.** [propos] impropriety, improper remark / *pas d'incorrections, s'il vous plaît* no bad language please ; [acte] improper act / *c'est une incorrection de...* it's not proper to... **3.** [emploi fautif] impropriety.

incorrigible [ɛ̃kɔʀiʒibl] adj **1.** [personne] incorrigible / *c'est un incorrigible paresseux* he's incorrigibly lazy **2.** [défaut] incorrigible.

incorrigiblement [ɛ̃kɔʀiʒibləmɑ̃] adv incorrigibly.

incorruptibilité [ɛ̃kɔʀyptibilite] nf **1.** [honnêteté] incorruptibility **2.** [inaltérabilité - d'un métal] stability ; [- d'un bois] incorruptibility, rot-resistance.

incorruptible [ɛ̃kɔʀyptibl] ◆ adj **1.** [honnête] incorruptible ▸ **on la sait incorruptible** everybody knows she wouldn't take a bribe **2.** [inaltérable - métal] stable ; [- bois] non-decaying. ◆ nmf incorruptible / *c'est un incorruptible* he's incorruptible.

incrédibilité [ɛ̃kʀedibilite] nf incredibleness, incredibility.

incrédule [ɛ̃kʀedyl] ◆ adj **1.** [sceptique] incredulous, disbelieving, sceptical UK, skeptical US / *d'un air incrédule* incredulously, in disbelief **2.** [incroyant] unbelieving. ◆ nmf **1.** [sceptique] sceptic UK, skeptic US **2.** [incroyant] nonbeliever, unbeliever.

incrédulité [ɛ̃kʀedylite] nf **1.** [doute] incredulity, scepticism UK, skepticism US, disbelief, unbelief ▸ **avec incrédulité** incredulously, in disbelief **2.** [incroyance] lack of belief, unbelief.

incréé, e [ɛ̃kʀee] adj *litt* uncreated.

incrément [ɛ̃kʀemɑ̃] nm INFORM increment.

incrémental, e, aux [ɛ̃kʀemɑ̃tal,o] adj INFORM incremental.

incrémentation [ɛ̃kʀemɑ̃tasjɔ̃] nf INFORM incrementation.

incrémenter [3] [ɛ̃kʀemɑ̃te] vt INFORM to increment.

incrémentiel, elle [ɛ̃kʀemɑ̃sjɛl] adj INFORM incremental.

increvable [ɛ̃kʀəvabl] adj **1.** [pneu, ballon] puncture-proof **2.** *fam* [personne] tireless ▸ **les gosses sont increvables** kids never seem to get tired / *à cet âge-là, j'étais increvable* at that age, I never got tired / *cette voiture est increvable* this car will last for ever.

incriminable [ɛ̃kʀiminabl] adj *litt* impeachable, condemnable.

incrimination [ɛ̃kʀiminasjɔ̃] nf incrimination, accusation.

incriminer [3] [ɛ̃kʀimine] vt **1.** [rejeter la faute sur] to put the blame on, to incriminate **2.** [accuser - décision, négligence] to (call into) question ; [- personne] to accuse / *il avait déjà été incriminé dans une affaire de drogue* he'd previously been implicated in a drugs case.

incristallisable [ɛ̃kʀistalizabl] adj uncrystallizable, non-crystallizing.

incrochetable [ɛ̃kʀɔʃtabl] adj unpickable.

incroyable [ɛ̃kʀwajabl] ◆ adj **1.** [peu vraisemblable] incredible, unbelievable / *quelle histoire incroyable!* what an incredible story! / *il est incroyable que* it's incredible ou hard to believe that **2.** [étonnant] incredible, amazing / *tu es vraiment incroyable, pourquoi ne veux-tu pas venir?* you're unbelievable, why don't you want to come? / *d'une bêtise incroyable* incredibly stupid / *c'est quand même incroyable, ce retard!* this delay is getting ridiculous! / *ils sont incroyables de suffisance* they're unbelievably self-important. ◆ nmf HIST Incroyable, dandy.

incroyablement [ɛ̃kʀwajabləmɑ̃] adv incredibly, unbelievably, amazingly.

incroyance [ɛ̃kʀwajɑ̃s] nf unbelief.

incroyant, e [ɛ̃kʀwajɑ̃,ɑ̃t] ◆ adj unbelieving. ◆ nm, f unbeliever.

incrustant, e [ɛ̃kʀystɑ̃,ɑ̃t] adj incrusting, coating.

incrustation [ɛ̃kʀystasjɔ̃] nf **1.** [décoration] inlay ; [procédé] inlaying **2.** GÉOL [action] encrusting ; [résultat] incrustation **3.** COUT insertion **4.** TV (image) inlay, cut-in **5.** [dépôt - sur une chaudière] fur, scale.

incruste [ɛ̃kʀyst] nf ▸ **taper l'incruste** *fam* to make o.s. at home / *il faut toujours qu'elle tape l'incruste quand je suis avec mes amis* she's impossible to get rid of when I'm with my friends.

incruster [3] [ɛ̃kʀyste] vt **1.** [orner] to inlay ▸ **incruster qqch de** to inlay sthg with / *un bracelet incrusté d'émeraudes* a bracelet inlaid with emeralds **2.** [recouvrir - gén] to incrust, to coat ; [- de calcaire] to fur up **3.** CONSTR [pierre] to insert.

❖ **s'incruster** vpi **1.** [se couvrir de calcaire] to become incrusted, to become covered in scale, to fur up **2.** [adhérer] to build up / *enlever le calcaire qui s'est incrusté* to remove the build-up of scale **3.** *fam* [personne] : *l'ennui, c'est que si on l'invite, il s'incruste* the problem is that if we ask him over, he'll overstay his welcome / *ne t'incruste pas* don't stick around too long.

incubateur, trice [ɛ̃kybatœʀ,tʀis] adj incubating.

❖ **incubateur** nm incubator ▸ **incubateur d'entreprises** business incubator.

incubation [ɛ̃kybasjɔ̃] nf **1.** [d'œufs] incubation **2.** [d'une maladie] incubation / *l'incubation dure trois jours* the incubation period is three days.

incube [ɛ̃kyb] nm incubus.

incuber [3] [ɛ̃kybe] vt [œuf] to incubate.

inculcation [ɛ̃kylkasjɔ̃] nf *litt* inculcation, instilling.

inculpable [ɛ̃kylpabl] adj chargeable.

inculpation [ɛ̃kylpasjɔ̃] nf indictment, charge / *être sous le coup d'une inculpation (pour)* to be indicted (for) ou on a charge (of).

inculpé, e [ɛ̃kylpe] nm, f ▸ **l'inculpé** the accused.

inculper [3] [ɛ̃kylpe] vt to charge / *inculpé de meurtre* charged with murder.

inculquer [3] [ɛ̃kylke] vt to inculcate ▸ **inculquer qqch à qqn** to inculcate sthg in sb, to instil UK ou instill US sthg in sb.

inculte [ɛ̃kylt] adj **1.** [campagne, pays] uncultivated **2.** [esprit, intelligence, personne] uneducated, uncultured, uncultivated ▸ **ils sont complètement incultes** they're totally ignorant **3.** [cheveux] unkempt, dishevelled ; [barbe] untidy.

incultivable [ɛ̃kyltivabl] adj unworkable, uncultivable ▸ **des terres incultivables** wasteland / *ces landes sont incultivables* these moors are no use for farming ou as farmland.

incultivé, e [ɛ̃kyltive] adj *litt* [région, terre] uncultivated.

inculture [ɛ̃kyltyʀ] nf [d'une personne] lack of culture ou education.

incunable [ɛ̃kynabl] ◆ adj [édition] incunabular. ◆ nm incunabulum, incunable ▸ **les incunables** the incunabula.

incurabilité [ɛ̃kyʀabilite] nf incurability, incurableness.

incurable [ɛ̃kyʀabl] ◆ adj **1.** MÉD incurable **2.** [incorrigible - personne, défaut] incurable, inveterate. ◆ nmf incurable.

incurablement [ɛ̃kyʀabləmɑ̃] adv **1.** MÉD incurably **2.** [irrémédiablement] incurably, desperately, hopelessly.

incurie [ɛ̃kyʀi] nf *sout* carelessness, negligence.

incuriosité [ɛ̃kyʀjozite] nf *litt* lack of curiosity.

incursion [ɛ̃kyʀsjɔ̃] nf **1.** [exploration] foray, incursion **2.** MIL foray, raid.

incurvation [ɛ̃kyʀvasjɔ̃] nf *sout* bending, curving, incurvation *sout.*

incurvé, e [ɛ̃kyʀve] adj curved, bent, incurved *sout.*

incurver [3] [ɛ̃kyʀve] vt to curve (inwards), to make into a curve.

❖ **s'incurver** vpi **1.** [trajectoire] to curve (inwards ou in), to bend **2.** [étagère] to sag.

indaguer [3] [ɛ̃dage] vi BELG DR to carry out an investigation.

indatable [ɛ̃databl] adj [manuscrit, ruines] undatable, undateable.

Inde [ɛ̃d] npr f ▸ **(l')Inde** India.

indéboulonnable [ɛ̃debulɔnabl] adj *hum* ▸ **il est indéboulonnable!** they'll never be able to sack him!

indébrouillable [ɛ̃debʀujabl] adj [écheveau, procès] hopelessly entangled, inextricable.

indécelable [ɛ̃deslabl] adj undetectable.

indécemment [ɛ̃desamɑ̃] adv indecently.

indécence [ɛ̃desɑ̃s] nf **1.** [manque de pudeur] indecency **2.** [propos, acte] indecency, impropriety.

indécent, e [ɛ̃desɑ̃,ɑ̃t] adj **1.** [honteux] indecent / *c'est un gaspillage presque indécent* the waste is almost obscene **2.** [licencieux] indecent, obscene.

indéchiffrable [ɛ̃deʃifʀabl] adj **1.** [code] undecipherable, indecipherable / *aucun code n'est indéchiffrable* there's no code that can't be broken ou cracked **2.** [écriture] illegible, unreadable **3.** [visage, mystère, pensée] inscrutable, impenetrable.

indéchirable [ɛ̃deʃiʀabl] adj tear-resistant.

indécidable [ɛ̃desidabl] adj LOGIQUE & MATH undecidable.

indécis, e [ɛ̃desi,iz] ◆ adj **1.** [flou] vague, indistinct / *on apercevait quelques formes indécises dans le brouillard* a few blurred shapes could be made out in the fog **2.** [incertain] undecided, unsettled / *la victoire est restée indécise jusqu'à la fin* victory was uncertain until the very end / *le temps est indécis* the weather is unsettled **3.** [hésitant] undecided, unsure, uncertain ; [irrésolu] indecisive, irresolute / *je suis indécis (sur la so-*

lution à choisir) I'm undecided (as to the best solution), I can't make up my mind (which solution is the best) / *il a toujours été indécis* he's always been indecisive, he never has been able to make up his mind. ◆ nm, f indecisive person ; [électeur] floating voter, don't-know / *le vote des indécis* the floating vote.

indécision [ɛ̃desizjɔ̃] nf [caractère irrésolu] indecisiveness ; [hésitation] indecision / *être dans l'indécision (quant à)* to be undecided ou unsure (about).

indéclinable [ɛ̃deklinabl] adj indeclinable / *le mot est indéclinable* the word does not decline.

indécodable [ɛ̃dekɔdabl] adj [message] impossible to decipher ; [mystère] impossible to solve.

indécollable [ɛ̃dekɔlabl] adj [gén] non-removable ; [revêtement] permanent.

indécomposable [ɛ̃dekɔ̃pozabl] adj [corps, ensemble] indecomposable.

indécrochable [ɛ̃dekʀɔʃabl] adj **1.** [attache, sangle] impossible to remove / *son sourire indécrochable* his immutable smile **2.** *fam* [poste, diplôme] unattainable.

indécrottable [ɛ̃dekʀɔtabl] adj *fam* hopeless / *c'est un indécrottable imbécile!* he's hopelessly stupid ! ▸ **un indécrottable réactionnaire** an out-and-out reactionary.

indéfectibilité [ɛ̃defɛktibilite] nf **1.** *sout* [d'une amitié] unfailingness, constancy **2.** RELIG indefectibility *sout.*

indéfectible [ɛ̃defɛktibl] adj [amitié, soutien] staunch, unfailing, unshakeable ; [confiance] unshakeable / *une indéfectible volonté* staunch determination / *une foi indéfectible en l'informatique* an unshakeable faith in computers / *avec une ambition indéfectible* with unwavering ou unfailing ambition.

indéfectiblement [ɛ̃defɛktibləmɑ̃] adv staunchly, unfailingly, unshakeably.

indéfendable [ɛ̃defɑ̃dabl] adj **1.** [condamnable -personne, comportement] indefensible **2.** [insoutenable -théorie, opinion] indefensible, untenable.

indéfini, e [ɛ̃defini] adj **1.** [sans limites] indefinite, unlimited / *un temps indéfini* an undetermined length of time **2.** [confus] ill-defined, vague / *un trouble indéfini l'envahit* a vague feeling of uneasiness crept over him **3.** LING indefinite.

❖ **indéfini** nm LING indefinite.

indéfiniment [ɛ̃definimɑ̃] adv indefinitely, for ever.

indéfinissable [ɛ̃definisabl] adj indefinable.

indéformable [ɛ̃defɔʀmabl] adj [chapeau, vêtement] which cannot be pulled out of shape ; [semelle] rigid.

indéfrichable [ɛ̃defʀiʃabl] adj [sol, terre] unclearable.

indéfrisable [ɛ̃defʀizabl] nf *vieilli* perm, permanent wave *vieilli.*

indéhiscent, e [ɛ̃deisɑ̃, ɑ̃t] adj BOT indehiscent.

indélébile [ɛ̃delebil] adj **1.** [ineffaçable -encre] indelible, permanent ; [-tache] indelible **2.** [indestructible -souvenir] indelible.

indélébilité [ɛ̃delebilite] nf indelibility.

indélicat, e [ɛ̃delika, at] adj **1.** [grossier] coarse, indelicate, rude **2.** [véreux] dishonest, unscrupulous.

indélicatement [ɛ̃delikatmɑ̃] adv **1.** [grossièrement] coarsely, indelicately **2.** [malhonnêtement] dishonestly, unscrupulously.

indélicatesse [ɛ̃delikatɛs] nf **1.** [des manières] indelicacy, coarseness **2.** [caractère malhonnête] dishonesty, unscrupulousness **3.** [acte malhonnête] dishonest ou unscrupulous act.

indémaillable [ɛ̃demajabl] adj [bas, collant] run-proof, ladderproof UK ; [pull, tissu] run-resistant, runproof.

indémêlable [ɛ̃demelabl] adj [cheveux] hopelessly entangled ; [intrigue] inextricable, entangled.

indemne [ɛ̃dɛmn] adj **1.** [physiquement] unhurt, unharmed / *ma sœur est sortie indemne de la collision* my sister was unhurt in the collision **2.** [moralement] unscathed / *il est sorti indemne du scandale* he emerged unscathed from the scandal.

indemnisable [ɛ̃dɛmnizabl] adj [propriétaire, réfugié] entitled to compensation, compensable US.

indemnisation [ɛ̃dɛmnizasjɔ̃] nf **1.** [argent] compensation, indemnity / *il a reçu 15 000 euros d'indemnisation* he received 15,000 euros in compensation **2.** [procédé] compensating / *l'indemnisation des sinistrés prendra plusieurs mois* it will take several months to compensate the disaster victims.

indemniser [3] [ɛ̃dɛmnize] vt **1.** [après un sinistre] to compensate, to indemnify / *ils seront tous indemnisés* they will all receive compensation / *elle a réussi à faire indemniser la famille de la victime* she managed to obtain compensation for the victim's family ▸ **se faire indemniser** to receive compensation **2.** [après une dépense] : *être indemnisé de ses frais* to have one's expenses paid for ou reimbursed / *quand je voyage, je suis indemnisé (de mes frais)* when I travel, it all goes on expenses.

indemnitaire [ɛ̃dɛmnitɛʀ] ◆ adj compensative, compensatory. ◆ nmf **1.** [recevant une allocation] recipient of an allowance **2.** [après un sinistre] person awarded compensation.

indemnité [ɛ̃dɛmnite] nf **1.** [après un sinistre] compensation ; [dommages et intérêts] damages **2.** [allocation] allowance ▸ **indemnité de chômage** unemployment benefit ▸ **indemnité journalière** *sickness or maternity benefit* ▸ **indemnité de licenciement** redundancy payment UK, severance pay ▸ **indemnité parlementaire** ≃ MP's salary UK ▸ **indemnité de rupture** severance pay ▸ **indemnité de transport** travel allowance ou expenses ▸ **indemnité viagère de départ** *severance money for retiring farmers.*

indémodable [ɛ̃demɔdabl] adj perenially fashionable.

indémontable [ɛ̃demɔ̃tabl] adj [jouet, serrure] which cannot be taken apart ou dismantled ; [étagère] fixed.

indémontrable [ɛ̃demɔ̃tʀabl] adj **1.** LOGIQUE & MATH indemonstrable **2.** [non prouvable] unprovable.

indéniable [ɛ̃denjabl] adj undeniable.

indéniablement [ɛ̃denjabləmɑ̃] adv undeniably.

indénombrable [ɛ̃denɔ̃bʀabl] adj innumerable, uncountable.

indentation [ɛ̃dɑ̃tasjɔ̃] nf indentation / *les indentations du littoral* the ragged coastline.

indépassable [ɛ̃depasabl] adj [crédit, limite] unextendable, fixed ; [coureur] unbeatable.

indépendamment [ɛ̃depɑ̃damɑ̃] adv **1.** [séparément] independently ▸ **indépendamment l'un de l'autre** independently of one another **2.** ▸ **indépendamment de** [outre, mis à part] apart from / *indépendamment de son salaire, il a des rentes* apart from his salary he has a private income.

indépendance [ɛ̃depɑ̃dɑ̃s] nf **1.** [d'un pays, d'une personne] independence ▸ **prendre son indépendance** to assume one's independence ▸ **le jour de l'Indépendance** Independence Day **2.** [absence de relation] independence.

indépendant, e [ɛ̃depɑ̃dɑ̃, ɑ̃t] ◆ adj **1.** [gén & POL] independent ▸ **pour des raisons indépendantes de notre volonté** for reasons beyond our control **2.** [distinct] : *ces deux problèmes sont indépendants l'un de l'autre* these two problems are separate ou distinct from each other ▸ **une chambre indépendante** a self-contained room / *avec salle de bains indépendante* with own ou separate bathroom **3.** LING & MATH independent. ◆ nm, f POL independent.

❖ **indépendante** nf GRAM independent clause.

❖ **en indépendant** loc adv ▸ **travailler en indépendant** to work on a freelance basis.

indépendantisme [ɛ̃depɑ̃dɑ̃tism] nm ▸ **l'indépendantisme** the independence ou separatist movement.

indépendantiste [ɛ̃depɑ̃dɑ̃tist] ◆ adj ▸ **mouvement indépendantiste** independence ou separatist movement. ◆ nmf separatist.

indéracinable [ɛ̃deʀasinabl] adj **1.** [préjugé, habitude] entrenched, ineradicable *sout* **2.** [personne] : *deux ou trois poivrots indéracinables fam* two or three drunks who couldn't be shifted.

indéréglable [ɛ̃deʀeglabl] adj [mécanisme, montre] extremely reliable.

Indes [ɛ̃d] npr fpl Indies ▸ **aux Indes** [en Inde] in India ▸ **les Indes occidentales / orientales** HIST the West / East Indies ▸ **la Compagnie des Indes orientales** HIST the East India Company.

indescriptible [ɛ̃dɛskʀiptibl] adj indescribable.

indésirable [ɛ̃deziʀabl] ◆ adj undesirable, unwanted / *une présence indésirable* an undesirable ou unwanted presence. ◆ nmf undesirable / *on nous traite comme des indésirables* we are treated as though we were not wanted.

Indes-Occidentales [ɛ̃dɔksidɑ̃tal] npr fpl the (British) West Indies.

indestructibilité [ɛ̃dɛstʀyktibilite] nf indestructibility, indestructibleness.

indestructible [ɛ̃dɛstʀyktibl] adj [bâtiment, canon] indestructible, built to last ; [amour, lien] indestructible.

indétectable [ɛ̃detɛktabl] adj undetectable.

indéterminable [ɛ̃detɛʀminabl] adj indeterminable / *sa date de naissance est indéterminable* his date of birth cannot be determined (with any certainty).

indétermination [ɛ̃detɛʀminasjɔ̃] nf **1.** [approximation] vagueness **2.** [indécision] indecision, uncertainty **3.** MATH indeterminacy **4.** PHILOS indetermination.

indéterminé, e [ɛ̃detɛʀmine] adj **1.** [non défini] indeterminate, unspecified / *à une date indéterminée* at an unspecified date / *dans une direction indéterminée* in an unknown direction / *l'origine du mot est indéterminée* the origin of the word is uncertain ou not known **2.** MATH indeterminate.

❖ **indéterminée** nf MATH indeterminate variable.

indéterminisme [ɛ̃detɛʀminism] nm indeterminism.

indétrônable [ɛ̃detʀonabl] adj invincible.

index [ɛ̃dɛks] nm **1.** [doigt] index finger, forefinger **2.** [repère] pointer **3.** [liste] index **4.** HIST ▸ **l'Index** the Index ▸ **mettre qqch à l'index** to blacklist sthg **5.** INFORM (fixed) index.

indexage [ɛ̃dɛksaʒ] nm indexing, indexation.

indexation [ɛ̃dɛksasjɔ̃] nf indexation, indexing ▸ **indexation sur le coût de la vie** cost-of-living indexation.

indexé, e [ɛ̃dɛkse] adj ÉCON [loyer, prix] indexed ; [salaire] indexed, index-linked ; INFORM [valeur] indexed.

indexer [4] [ɛ̃dɛkse] vt **1.** [gén & ÉCON] to index / *indexer les salaires sur le coût de la vie* to index salaries to the cost of living **2.** [ouvrage, mot] to index **3.** INFORM to index.

Indiana [indjana] npr m ▸ **l'Indiana** Indiana.

Indianapolis [indjanapɔlis] npr Indianapolis.

indianisme [ɛ̃djanism] nm LING [mot] Indian word ; [expression] Indian turn of phrase.

indianiste [ɛ̃djanist] nmf specialist on India.

indic [ɛ̃dik] nm *fam* (police) informer.

indicateur, trice [ɛ̃dikatœʀ, tʀis] ◆ adj indicative. ◆ nm, f [informateur] (police) informer ou spy.

❖ **indicateur** nm **1.** [plan, liste] ▸ **indicateur des rues** street guide ou directory ▸ **indicateur des chemins de fer** railway UK ou railroad US timetable **2.** [appareil] indicator, gauge ▸ **indicateur d'altitude** altimeter ▸ **indicateur de pression** pressure gauge ▸ **indicateur de vitesse** speedometer **3.** [indice] indicator, pointer ▸ **indicateur économique** economic indicator ▸ **indicateurs sociaux** social indicators ▸ **indicateur de tendance** BOURSE market indicator **4.** CHIM & LING indicator **5.** NUCL (radioactive) indicator ou tracer.

indicatif, ive [ɛ̃dikatif, iv] adj [état, signe] indicative ; GRAM [mode] indicative.

❖ **indicatif** nm **1.** GRAM indicative **2.** RADIO & TV theme ou signature tune **3.** TÉLÉC [de zone] (dialling) code ▸ **indicatif du pays** international dialling code ▸ **indicatif de zone** area code **4.** INFORM ▸ **indicatif de fichier** filename ▸ **indicatif de tri** sort key.

indication [ɛ̃dikasjɔ̃] nf **1.** [recommandation] instruction / *j'ai suivi toutes vos indications* I followed all your instructions / *les indications du mode d'emploi* the directions for use ▸ **les indications de montage** the assembly instructions ▸ **indications scéniques** stage directions **2.** [information, renseignement] information *(U)*, piece of information / *il a été arrêté sur les indications d'un complice* he was arrested on information given by an accomplice **3.** [signe] sign, indication **4.** [aperçu] indication / *c'est une excellente indication sur l'état de l'économie* it's an excellent indication of the state of the economy **5.** MÉD & PHARM : *sauf indication contraire du médecin* unless otherwise stated by the doctor ▸ **indication thérapeutique** indication **6.** COMM ▸ **indication d'origine** label of origin.

indice [ɛ̃dis] nm **1.** [symptôme -d'un changement, d'un phénomène] indication, sign ; [-d'une maladie] sign, symptom / *aucun indice ne laissait présager le drame* there was no hint of the coming tragedy / *la presse s'accorde à y voir l'indice de proches négociations* all the papers agree that this is evidence ou a sign that negotiations are imminent **2.** [d'une enquête policière] clue ; [d'une énigme] clue, hint **3.** ÉCON, OPT & PHYS index ; BOURSE index, average ▸ **indice de confiance** consumer confidence index ▸ **indice de croissance** growth index ▸ **indice du coût de la vie** cost of living index ▸ **l'indice de l'INSEE** ≃ the retail price index ▸ **indice pollinique** pollen count ▸ **indice de pollution (atmosphérique)** air quality index ▸ **indice pondéré** weighted index ▸ **indice des prix à la consommation** consumer price index ▸ **indice de refroidissement du vent** windchill factor ▸ **indice de rémunération** ou **traitement** ADMIN salary grading ▸ **indice de rentabilité** FIN present value index **4.** RADIO & TV ▸ **l'indice d'écoute** the audience rating, the ratings / *avoir un mauvais indice d'écoute* to have a low (audience) rating, to get bad ratings **5.** PHOT ▸ **indice de lumination** exposure value ou index **6.** PÉTR ▸ **indice de cétane** cetane number ▸ **indice d'octane** octane rating **7.** MATH index / *b indice 3* b subscript ou index 3 **8.** LING index.

indiciaire [ɛ̃disjɛʀ] adj **1.** ÉCON index-based **2.** ADMIN grade-related.

indicible [ɛ̃disibl] adj indescribable, unutterable *sout.*

indiciblement [ɛ̃disibləmɑ̃] adv ineffably.

indiciel, elle [ɛ̃disjɛl] adj **1.** ÉCON & MATH index *(épithète)* **2.** LING contextual, deictic.

indien, enne [ɛ̃djɛ̃, ɛn] adj Indian ▸ **l'océan Indien** the Indian Ocean.

❖ **Indien, enne** nm, f **1.** [de l'Inde] Indian **2.** [amérindien] ▸ **indien (d'Amérique)** American Indian, Native American.

❖ **indienne** nf **1.** TEXT printed (Indian) cotton UK, printed calico US **2.** [nage] overarm stroke.

indifféremment [ɛ̃difeʀamɑ̃] adv **1.** [aussi bien] : *elle joue indifféremment de la main droite ou de la main gauche* she plays equally well with her right or left hand / *la radio marche indifféremment avec piles ou sur secteur* the radio can run on batteries or be plugged into the mains **2.** [sans discrimination] indiscriminately / *il regarde toutes les émissions indifféremment* he watches television whatever is on.

indifférence [ɛ̃difeʀɑ̃s] nf [détachement -envers une situation, un sujet] indifference, lack of interest ; [-envers qqn] indifference / *son roman est paru dans la plus grande indifférence* the publication of his novel went completely unnoticed ▸ **faire qqch avec indifférence** to do sthg indifferently ou with indifference / *il me fait le coup de l'indifférence fam* he's pretending not to notice me ▸ **indifférence pour qqch** lack of concern for sthg / *son indifférence totale pour la politique* his total lack of interest in ou complete indifference to politics.

indifférenciation [ɛ̃difeʀɑ̃sjasjɔ̃] nf **1.** PHYSIOL absence of differentiation / *pendant l'indifférenciation sexuelle de l'embryon* while the embryo is still sexually undifferentiated **2.** MÉD anaplasia.

indifférencié, e [ɛ̃difeʀɑ̃sje] adj **1.** PHYSIOL [organisme] undifferentiated ; [cellule] unspecialized **2.** MÉD anaplastic.

indifférent, e [ɛ̃difeʀɑ̃, ɑ̃t] ◆ adj **1.** [insensible, détaché] indifferent ▸ **laisser indifférent** : *leur divorce me laisse indifférent* their divorce is of no interest to me ou is a matter of indifference to me / *sa mort ne laissera personne indifférent* her death will leave no one indifferent ▸ **elle me laisse indifférent** she leaves me cold / *elle ne le laisse pas indifférent* he's not blind ou indifferent to her charms / *être indifférent à la politique* to be indifferent towards politics **2.** [d'intérêt égal] indifferent, immaterial ; [dans les petites annonces] / **'âge indifférent'** 'age unimportant ou immaterial' / **'religion / race indifférente'** 'religion / race no barrier' **3.** [insignifiant] indifferent, uninteresting, of no interest ▸ **parler de choses indifférentes** to talk about this and that ▸ **ça m'est indifférent** it's (all) the same to me ou I don't care either way / *la mort ne m'est pas / m'est complètement indifférente* I do care / don't care about death / *il lui était indifférent de partir (ou non)* it didn't matter ou it was immaterial to him whether he left or not / *la suite des événements m'est indifférente* what happens next is of no concern ou interest to me. ◆ nm, f indifferent ou apathetic person / *il fait l'indifférent* ou *joue les indifférents* he's feigning indifference.

indifférentisme [ɛ̃difeʀɑ̃tism] nm indifferentism.

indifférer [18] [ɛ̃difeʀe] ❖ **indifférer à** v + prép **1.** [n'inspirer aucun intérêt à] : *il m'indiffère complètement* I'm totally indifferent to him, I couldn't care less about him ▸ **tout l'indiffère** she takes no interest in anything **2.** [être égal à] to be of no importance to / *le prix m'indiffère* the price is of no importance (to me) ▸ **ça m'indiffère** I don't mind, it's all the same to me.

✐ In reformed spelling (see p. 16-19), this verb is conjugated like **semer**: **cela l'indiffère, cela l'indiffèrerait.**

indigénat [ɛ̃diʒena] nm HIST *before 1945, special system of administration applying to the native populations of the French colonies.*

indigence [ɛ̃diʒɑ̃s] nf **1.** [matérielle] poverty, indigence *sout* / *vivre dans l'indigence* to be destitute **2.** [intellectuelle] paucity, poverty.

indigène [ɛ̃diʒɛn] ◆ adj **1.** [d'avant la colonisation -droits, pratique] native, indigenous / *les coutumes indigènes* native customs **2.** [autochtone -population] native, indigenous **3.** BOT & ZOOL indigenous, native / *la faune indigène de ces régions* the fauna indigenous to these regions. ◆ nmf **1.** [colonisé] native **2.** [autochtone] native **3.** BOT & ZOOL indigen, indigene, native.

indigénisme [ɛ̃diʒenism] nm nativism.

indigent, e [ɛ̃diʒɑ̃, ɑ̃t] ◆ adj **1.** [pauvre] destitute, poor, indigent *sout* **2.** [insuffisant] poor / *un esprit indigent* an impoverished mind. ◆ nm, f pauper ▸ **les indigents** the destitute, the poor.

indigeste [ɛ̃diʒɛst] adj **1.** [nourriture] indigestible, heavy / *je trouve la choucroute très indigeste* I find sauerkraut very heavy on the stomach **2.** [livre, compte-rendu] heavy-going.

indigestion [ɛ̃diʒɛstjɔ̃] nf **1.** MÉD indigestion *(U)* / *avoir une indigestion* to have (an attack of) indigestion / *j'ai mangé des pâtes jusqu'à l'indigestion* I went overboard on the pasta **2.** *fig* ▸ **avoir une indigestion de** to get a surfeit ou an overdose of.

indignation [ɛ̃diɲasjɔ̃] nf indignation / *protester avec indignation* to protest indignantly / *un regard d'indignation* an indignant look / *à l'indignation de tous* to the indignation of everyone present.

indigne [ɛ̃diɲ] ◆ adj **1.** ▸ **indigne de** [honneur, confiance] unworthy of / *indigne d'un tel honneur* unworthy ou undeserving of such an honour / *un mensonge / une corvée indigne de lui* a lie / chore unworthy of him / *des médisances indignes d'une sœur* malicious gossip one doesn't expect from a sister / *il est indigne de succéder à son père* he's not fit to take his father's place **2.** [choquant -action, propos] disgraceful, outrageous, shameful / *avoir une attitude indigne* to behave shamefully ou disgracefully ; [méprisable -personne] unworthy ▸ **c'est une mère indigne** she's not fit to be a mother ▸ **un fils indigne** an unworthy son **3.** DR : *être indigne d'hériter* to be judicially debarred from inheriting. ◆ nmf (judicially) disinherited person.

indigné, e [ɛ̃diɲe] adj indignant, shocked, outraged.

indignement [ɛ̃diɲəmɑ̃] adv disgracefully, shamefully.

indigner [3] [ɛ̃diɲe] vt to make indignant, to incense, to gall.

❖ **s'indigner** vpi [se révolter] to be indignant / *il y a de quoi s'indigner!* there's good reason to be indignant ! ▸ **s'indigner de** to be indignant about / *s'indigner contre l'injustice* to cry out ou to inveigh against injustice.

indignité [ɛ̃diɲite] nf **1.** [caractère indigne] unworthiness, disgracefulness **2.** [acte] shameful ou disgraceful act **3.** DR ▸ **indignité successorale** judicial debarment from succession **4.** HIST ▸ **indignité nationale** loss of citizenship rights *(for having collaborated with Germany during WW II).*

indigo [ɛ̃digo] ◆ nm indigo ▸ **indigo bleu** indigotin. ◆ adj inv indigo (blue).

indigotier [ɛ̃digɔtje] nm indigo (plant).

indiqué, e [ɛ̃dike] adj **1.** [recommandé -conduite] advisable / *dans ton état, ce n'est pas très indiqué de fumer!* in your condition, smoking isn't really advisable ou isn't really a sensible thing to do ! **2.** [approprié -personne, objet] ▸ **tout indiqué** : *un vérin serait tout indiqué* what we need is a jack / *tu es tout indiqué pour le rôle* you're exactly the right person ou the obvious choice for the part / *voilà une carrière tout indiquée pour un homme ambitieux* that's the obvious ou very career for an ambitious man ▸ **ce médicament est / n'est pas indiqué dans ce cas** this drug is appropriate / inappropriate in this case **3.** [date, jour] agreed ; [endroit] agreed, appointed ; [heure] appointed.

indique-fuites [ɛ̃dikfɥit] nm inv leak detector.

indiquer [3] [ɛ̃dike] vt **1.** [montrer d'un geste -chose, personne, lieu] to show, to point out *(sép)* ▸ **indiquer qqch de la tête** to nod towards sthg, to indicate sthg with a nod ▸ **indiquer qqch de la main** to point out ou to indicate sthg with one's hand ▸ **indiquer qqn / qqch du doigt** to point to sb / sthg ▸ **indiquer qqn / qqch du regard** to glance towards UK ou toward US sb / sthg / *il indiqua la porte avec son revolver* he pointed to the door with his gun / *elle m'avait indiqué le suspect du regard* she'd shown me the suspect by looking at him / *je ne pourrais pas t'indiquer la ville avec précision sur la carte* I couldn't pinpoint the town on the map for you ▸ **indiquer une fuite à qqn** to show sb where a leak is **2.** [musée, autoroute, plage] to show the way to ; [chemin] to indicate, to show / *pouvez-vous m'indiquer (le chemin de) la gare?* could you show me the way to ou direct me to the station ? / *il ne s'est trouvé personne pour m'indiquer où se trouvait la galerie* nobody could tell me where the gallery was ou show me the way to the gallery **3.** [suj: carte, enseigne, pancarte, statistiques] to show, to say, to indicate ; [suj: flèche, graphique] to show ; [suj: horaire] to show, to say, to give ; [suj: dictionnaire] to say, to give / *l'aiguille de la boussole indique toujours le nord* the compass needle always points North / *le cadran indique la vitesse* the speed is shown on the dial ▸ **l'horloge indique 6 h** the clock says ou shows that it's 6 o'clock / *qu'indique le devis?* what does the estimate say ?, how does the estimate read ? **4.** [noter -date, prix] to note ou to write (down) ; [-repère] to mark, to draw ▸ **indiquez votre adresse ici** write your address here / *ce n'est pas indiqué dans le contrat* it's not written ou mentioned in the contract / *il indiqua la cache d'une croix sur la carte* he marked the hiding place with a cross on the map / *indique sur la liste les achats qui sont déjà faits* tick off on ou mark on the list the items that have already been bought **5.** [conseiller -ouvrage, professionnel, restaurant] to suggest, to recommend ; [-traitement] to prescribe, to give / *tu peux m'indiquer un bon coiffeur?* can you recommend a good hairdresser ? / *une auberge qu'elle m'avait indiquée* an inn she'd told me about **6.** [dire -marche à suivre, heure] to tell / *je t'indiquerai comment faire* I'll tell you how to do it / *le réceptionniste nous a indiqué nos chambres* the receptionist told us which rooms we had been given / *je me suis fait indiquer la station de métro la plus proche* I asked someone to tell me where the nearest tube station was ; [fixer -lieu de rendez-vous, jour] to give, to name / *indique-moi où et quand, j'y serai* tell me where and when ou name the place and the time and I'll be there **7.** [être le signe de -phénomène] to point to *(insép)*, to indicate ; [-crainte, joie] to show, to betray / *des signes qui indiquent un redressement économique* signs of economic recovery / *tout indique que nous* *allons vers une crise* everything suggests that we are heading towards a crisis / *ce cri indique que l'animal va attaquer* this cry indicates ou means that the animal is going to attack **8.** ART to sketch out.

indirect, e [ɛ̃diʀɛkt] adj **1.** [approche] indirect, roundabout ; [influence] indirect / *j'ai appris la nouvelle de façon indirecte* I heard the news in an indirect way ▸ **faire allusion à qqch de façon indirecte** to refer obliquely ou indirectly to sthg / *elle m'a fait des reproches indirects* she told me off in a roundabout way **2.** DR ▸ **héritier indirect** collateral heir **3.** GRAM ▸ **complément indirect a)** [d'un verbe transitif] indirect complement **b)** [d'un verbe intransitif] prepositional complement ▸ **discours** ou **style indirect** indirect ou reported speech.

indirectement [ɛ̃diʀɛktəmɑ̃] adv indirectly / *je suis indirectement responsable* I'm indirectly responsible / *je l'ai su indirectement* I heard about it indirectly ou in a roundabout way / *nous sommes indirectement apparentés* we are indirectly related.

indiscernable [ɛ̃disɛʀnabl] adj indiscernible.

indiscipline [ɛ̃disiplin] nf [dans un groupe] lack of discipline, indiscipline ; [d'un enfant] disobedience ; [d'un soldat] insubordination ▸ **faire preuve d'indiscipline a)** [écoliers] to be undisciplined **b)** [militaires] to defy orders.

indiscipliné, e [ɛ̃disipline] adj [dans un groupe] undisciplined, unruly ; [enfant] unruly, disobedient ; [soldat] undisciplined, insubordinate ▸ **cheveux indisciplinés** unmanageable hair ▸ **mèches indisciplinées** flyaway wisps (of hair).

indiscret, ète [ɛ̃diskʀɛ, ɛt] ◆ adj **1.** [curieux - personne] inquisitive ; [- demande, question] indiscreet ; [- regard] inquisitive, prying / *sans (vouloir) être indiscret, combien est-ce que ça vous a coûté?* could I possibly ask you how much you paid for it? / *comment le lui demander sans avoir l'air indiscret?* how could I ask her without seeming indiscreet ou to pry? ▸ **loin des oreilles indiscrètes** far from ou out of reach of eavesdroppers **2.** [révélateur - propos, geste] indiscreet, telltale ; [- personne] indiscreet, garrulous / *trahi par des langues indiscrètes* given away by wagging tongues / *des témoins indiscrets en ont parlé aux journalistes* witnesses have leaked it to the press. ◆ nm, f **1.** [personne curieuse] inquisitive person **2.** [personne bavarde] indiscreet person.

indiscrètement [ɛ̃diskʀɛtmɑ̃] adv **1.** [sans tact] indiscreetly **2.** [avec curiosité] inquisitively.

indiscrétion [ɛ̃diskʀesjɔ̃] nf **1.** [d'une personne] inquisitiveness, curiosity ; [d'une question] indiscreetness, tactlessness ▸ **pardonnez mon indiscrétion** forgive me for asking / *sans indiscrétion, avez-vous des enfants?* do you mind if I ask you if you've got any children? **2.** [révélation] indiscretion / *nous savons par des indiscrétions que…* we know unofficially that…, it's been leaked that… / *commettre une indiscrétion* to commit an indiscretion, to say something one shouldn't.

indiscutable [ɛ̃diskytabl] adj indisputable, unquestionable.

indiscutablement [ɛ̃diskytabləmɑ̃] adv indisputably, unquestionably.

indiscuté, e [ɛ̃diskyte] adj undisputed / *le maître indiscuté de la cuisine japonaise* the undisputed ou uncontested master of Japanese cooking / *ses vertus curatives sont indiscutées* its curative powers are unquestioned.

indispensable [ɛ̃dispɑ̃sabl] ◆ adj [fournitures, machine] essential, indispensable ; [mesures] essential, vital, indispensable ; [précautions] essential, required, necessary ; [personne] indispensable / *mes lunettes me sont maintenant indispensables* I can't do without my glasses now / *cette entrevue est-elle vraiment indispensable?* is this interview really necessary?, do I really have to go through with this interview? / *tes réflexions n'étaient pas indispensables!* we could have done without your remarks! / *des connaissances en électricité sont indispensables* some knowledge of electricity is essential ▸ **il est indispensable de / que…** it's essential to / that… / *son fils lui est indispensable* he can't do without his son / *tu ne m'es pas indispensable, tu sais!* I can do without you, you know! / *indispensable à tous les sportifs!* essential ou a must for all sportsmen! / *ce document m'est indispensable pour continuer mes recherches* this document is absolutely vital ou essential if I am to carry on my research / *l'ordinateur est indispensable à l'édition* computers are vital in publishing ▸ **tu n'es pas / tu es indispensable au projet** the project can / can't proceed without you. ◆ nm ▸ **l'indispensable** [le nécessaire] the essentials / *n'emporte que l'indispensable* only take what you really need.

indisponibilité [ɛ̃dispɔnibilite] nf **1.** [d'une machine] downtime *spéc* ; [d'une marchandise, d'une personne] non-availability, unavailability **2.** DR inalienability.

indisponible [ɛ̃dispɔnibl] adj **1.** [marchandise, personne] not available, unavailable / *elle est indisponible actuellement, rappelez plus tard* she's not available at the moment, please call back later / *je suis indisponible jusqu'à 19 h* I'm not free until 7 o'clock **2.** DR inalienable.

indisposé, e [ɛ̃dispoze] adj **1.** [légèrement souffrant] unwell, indisposed *sout* **2.** *sout* [mal disposé] ill-disposed, hostile.

❖ **indisposée** adj f *euphém* : *je suis indisposée* it's the time of the month.

indisposer [3] [ɛ̃dispoze] vt **1.** [irriter] to annoy / *elle a l'art d'indisposer les gens* she's got a talent for rubbing people the wrong way ou putting people's backs up / *je ne sais pas pourquoi je l'indispose* I don't know why he finds me irritating ▸ **indisposer qqn contre** to set sb against **2.** [rendre malade] to upset, to make (slightly) ill, to indispose *sout*.

indisposition [ɛ̃dispozisjɔ̃] nf **1.** [malaise] discomfort, ailment, indisposition *sout* / *j'ai eu une indisposition passagère* I felt slightly off colour for a little while **2.** *euphém* [menstruation] period.

indissociable [ɛ̃disɔsjabl] adj indissociable, inseparable.

indissolubilité [ɛ̃disɔlybilite] nf indissolubility.

indissoluble [ɛ̃disɔlybl] adj [lien, union] indissoluble.

indissolublement [ɛ̃disɔlybləmɑ̃] adv [allier, unir] indissolubly.

indistinct, e [ɛ̃distɛ̃(kt), ɛ̃kt] adj [chuchotement] indistinct, faint ; [forme] indistinct, unclear, vague / *prononcer des paroles indistinctes* to mumble inaudibly.

indistinctement [ɛ̃distɛ̃ktəmɑ̃] adv **1.** [confusément - parler] indistinctly, unclearly ; [- se souvenir] indistinctly, vaguely / *les sommets m'apparaissaient indistinctement* I could just make out the mountain tops **2.** [sans distinction] indiscriminately / *recruter indistinctement hommes et femmes* to recruit people regardless of sex.

individu [ɛ̃dividy] nm **1.** [personne humaine] individual **2.** [quidam] individual, person / *deux individus ont été aperçus par le concierge* the porter saw two men ou individuals / *un drôle d'individu* a strange character / *un sinistre individu* a sinister individual **3.** BIOL, BOT & LOGIQUE individual.

individualisation [ɛ̃dividɥalizasjɔ̃] nf **1.** [d'une espèce animale, d'une langue] individualization ; [d'un système] adapting to individual requirements **2.** DR ▸ **individualisation de la peine** *sentencing depending upon the individual requirements or characteristics of the defendant.*

individualisé, e [ɛ̃dividɥalize] adj **1.** [enseignement] individualized **2.** [méthode, caractère] distinctive ; [groupe] separate, distinct.

individualiser [3] [ɛ̃dividɥalize] vt **1.** [système] to adapt to individual needs, to tailor **2.** DR ▸ **individualiser les peines** to tailor sentencing to fit offenders' needs.

❖ **s'individualiser** vpi to acquire individual characteristics.

individualisme [ɛ̃dividɥalism] nm individualism.

individualiste [ɛ̃dividɥalist] ◆ adj individualistic. ◆ nmf individualist.

individualité [ɛ̃dividɥalite] nf **1.** [caractère - unique] individuality ; [- original] originality **2.** [style] : *une forte individualité* a strong personal ou individual style.

individuation [ɛ̃dividɥasjɔ̃] nf individuation.

individuel, elle [ɛ̃dividɥɛl] ◆ adj **1.** [personnel] individual, personal / *c'est votre responsabilité individuelle* it's your personal responsibility **2.** [particulier] individual, private ▸ **chambre individuelle** (private) single room ▸ **compartiment individuel** private compartment ▸ **éclairage individuel** individual light ▸ **cas individuel** individual case ▸ **ligne individuelle** TÉLÉC private line **3.** SPORT ▸ **épreuve individuelle** individual event. ◆ nm, f SPORT [gén] individual sportsman (sportswoman) ; [athlète] individual athlete.

individuellement [ɛ̃dividɥɛlmɑ̃] adv **1.** [séparément] individually, separately, one by one / *chaque cas sera examiné individuellement* each case will be examined individually **2.** [de façon personnelle] individually, personally / *vous êtes tous individuellement responsables* you are all personally responsible.

indivis, e [ɛ̃divi, iz] adj joint, undivided.

❖ **en indivis, par indivis** loc adv DR in common / *posséder une propriété en indivis* to own a property jointly.

indivisaire [ɛ̃divizɛʀ] nmf [propriétaire] joint owner.

indivisément [ɛ̃divizemɑ̃] adv jointly.

indivisibilité [ɛ̃divizibilite] nf indivisibility.

indivisible [ɛ̃divizibl] adj indivisible.

indivision [ɛ̃divizjɔ̃] nf joint ownership ▸ **propriété / biens en indivision** jointly-owned property / goods.

indo-aryen, enne [ɛ̃doaʀjɛ̃, ɛn] (*mpl* **indo-aryens**, *fpl* **indo-aryennes**) adj Indo-Aryan.

❖ **indo-aryen** nm LING Indo-Aryan.

Indochine [ɛ̃dɔʃin] npr f ▸ **(l')Indochine** Indochina / *la guerre d'Indochine* the Indochinese War.

indochinois, e [ɛ̃dɔʃinwa, az] adj Indo-Chinese.

❖ **Indochinois, e** nm, f Indo-Chinese.

indocile [ɛ̃dɔsil] ◆ adj disobedient, recalcitrant, indocile *sout*. ◆ nmf rebel.

indocilité [ɛ̃dɔsilite] nf disobedience, recalcitrance.

indo-européen, enne [ɛ̃doœʀɔpeɛ̃, ɛn] (*mpl* **indo-européens**, *fpl* **indo-européennes**) adj Indo-European.

❖ **Indo-Européen, enne** nm, f Indo-European.

❖ **indo-européen** nm LING Indo-European.

indole [ɛ̃dɔl] nm indole.

indolemment [ɛ̃dɔlamɑ̃] adv indolently, lazily.

indolence [ɛ̃dɔlɑ̃s] nf **1.** [mollesse - dans le travail] indolence, apathy, lethargy ; [- dans l'attitude] indolence, languidness / *une pose pleine d'indolence* a languid posture **2.** MÉD benignancy.

indolent, e [ɛ̃dɔlɑ̃, ɑ̃t] adj **1.** [apathique] indolent, apathetic, lethargic **2.** [languissant] indolent, languid **3.** MÉD benign.

indolore [ɛ̃dɔlɔʀ] adj painless.

indomptable [ɛ̃dɔ̃tabl] adj **1.** [qu'on ne peut dompter] untamable, untameable **2.** *fig* [courage, volonté] indomitable, invincible.

indompté, e [ɛ̃dɔ̃te] adj **1.** [sauvage] untamed, wild ▸ **cheval indompté** unbroken horse **2.** *fig* [qui ne se soumet pas] untamed ▸ **nation indomptée** unsubjugated nation.

Indonésie [ɛ̃dɔnezi] npr f ▸ **(l')Indonésie** Indonesia.

indonésien, enne [ɛ̃dɔnezjɛ̃, ɛn] adj Indonesian.

❖ **Indonésien, enne** nm, f Indonesian.

❖ **indonésien** nm LING Indonesian.

indoor [indɔʀ] adj inv SPORT indoor.

in-douze [induz] ◆ adj inv duodecimo *(modif)*, twelvemo *(modif)*. ◆ nm inv duodecimo, twelvemo.

indu, e [ɛ̃dy] adj **1.** [inopportun] undue, excessive **2.** DR [non fondé - réclamation] unjustified, unfounded.

❖ **indu** nm DR sum not owed.

indubitable [ɛ̃dybitabl] adj undoubted, indubitable, undisputed ▸ **c'est indubitable** it's beyond doubt ou dispute.

indubitablement [ɛ̃dybitabləmɑ̃] adv undoubtedly, indubitably.

inductance [ɛ̃dyktɑ̃s] nf inductance ▸ **inductance mutuelle** mutual inductance ▸ **inductance propre** self-inductance.

inducteur, trice [ɛ̃dyktœʀ, tʀis] adj ÉLECTR inductive.

❖ **inducteur** nm ÉLECTR inductor.

inductif, ive [ɛ̃dyktif, iv] adj PHILOS & PHYS inductive.

induction [ɛ̃dyksjɔ̃] nf PHILOS & PHYS induction ▸ **procéder** ou **raisonner par induction** to employ inductive reasoning, to induce / *par induction, nous pouvons conclure que...* by induction we may conclude that...

induire [98] [ɛ̃dɥiʀ] vt **1.** [inciter] ▸ **induire qqn en erreur** to mislead sb ▸ **induire qqn en tentation** *sout* to lead sb into temptation ▸ **induire qqn à mentir** *sout* to induce sb to lie **2.** [avoir pour conséquence] to lead to **3.** ÉLECTR, PHILOS & NUCL to induce.

❖ **induit** nm ÉLECTR armature ; [rotor] rotor ▸ **réaction d'induire** armature reaction.

induit, e [ɛ̃dɥi, it] adj [résultant] resulting / *ce sont les effets induits de la décision* these are the effects of the decision.

indulgence [ɛ̃dylʒɑ̃s] nf **1.** [clémence] leniency, tolerance, indulgence *sout* / *je fais appel à votre indulgence* I'm asking you to make allowances / *elle a été d'une indulgence coupable avec ses enfants* she was far too over-indulgent with her children **2.** RELIG indulgence.

❖ **sans indulgence** ◆ loc adj [traitement, critique] severe, harsh ; [regard] stern, merciless. ◆ loc adv [traiter, critiquer] severely, harshly ; [regarder] sternly, mercilessly.

indulgent, e [ɛ̃dylʒɑ̃, ɑ̃t] adj **1.** [qui pardonne] lenient, forgiving ▸ **soyons indulgents** let's forgive and forget **2.** [sans sévérité -personne] indulgent, lenient ; [-verdict] lenient / *tu es trop indulgent avec eux* you're not firm enough with them ▸ **sois indulgent avec elle** go easy on her.

indûment, indument* [ɛ̃dymɑ̃] adv unjustifiably, without due ou just cause / *tu te l'es indûment approprié* you had no right to take it / *il réclame indûment une somme colossale* he's claiming a huge sum of money to which he is not entitled.

induration [ɛ̃dyʀasjɔ̃] nf GÉOL & MÉD induration.

induré, e [ɛ̃dyʀe] adj GÉOL & MÉD indurate.

indurer [3] [ɛ̃dyʀe] vt GÉOL & MÉD to indurate.

❖ **s'indurer** vpi GÉOL & MÉD to become indurate.

Indus [ɛ̃dys] npr m ▸ **l'Indus** the (River) Indus.

industrialisation [ɛ̃dystʀijalizasjɔ̃] nf industrialization.

industrialisé, e [ɛ̃dystʀijalize] adj [pays] industrialized ▸ **nouveaux pays industrialisés** new industrialized countries ; [agriculture] industrial.

industrialiser [3] [ɛ̃dystʀijalize] vt **1.** [doter d'industries] to industrialize **2.** [mécaniser] to mechanize, to industrialize.

❖ **s'industrialiser** vpi **1.** [se doter d'industries] to industrialize, to become industrialized **2.** [se mécaniser] to become mechanized ou industrialized.

industrialisme [ɛ̃dystʀijalism] nm industrialism.

industrie [ɛ̃dystʀi] nf **1.** [secteur de production] industry ▸ **industrie aéronautique** aviation industry ▸ **industrie alimentaire** food (processing) industry ▸ **industrie automobile** car UK ou automobile US industry ▸ **industrie chimique** chemical industry ▸ **industrie cinématographique** film industry, movie industry US ▸ **industrie extractive** ou **minière** mining industry ▸ **industrie hôtelière** hotel industry ▸ **industrie laitière** dairying ▸ **industrie légère** light industry ▸ **industrie lourde** heavy industry ▸ **industrie de luxe** luxury goods industry ▸ **industrie pharmaceutique** pharmaceutical ou drug industry ▸ **industrie de pointe** hightech industry ▸ **industrie de précision** precision tool industry ▸ **industrie sidérurgique** iron and steel industry ▸ **industrie du spectacle** entertainment business, show business ▸ **industrie textile** textile industry ▸ **industrie de transformation** processing industry **2.** [secteur commercial] industry, trade, business ▸ **l'industrie hôtelière** the hotel industry ou trade ou business ▸ **l'industrie du livre** publishing / *l'industrie du spectacle* the entertainment business / *l'industrie des loisirs* the leisure industry ▸ **l'industrie du crime** organized crime **3.** [équipements] plant, industry **4.** [entreprise] industrial concern **5.** *hum* [profession] : *elle exerçait* ou *pratiquait de nuit sa douteuse industrie* at night, she plied her dubious trade.

industriel, elle [ɛ̃dystʀijɛl] adj **1.** [procédé, secteur, zone, révolution, société] industrial ; [pays] industrial, industrialized **2.** [destiné à l'industrie -véhicule, équipement, rayonnages] industrial, heavy, heavy-duty **3.** [non artisanal] mass-produced, factory-made / *des crêpes industrielles* ready-made ou factory-made pancakes.

❖ **industriel** nm industrialist, manufacturer.

industriellement [ɛ̃dystʀijɛlmɑ̃] adv industrially ▸ **fabriqué industriellement** factory-made, mass-produced.

industrieux, euse [ɛ̃dystʀijø, øz] adj industrious.

inébranlable [inebʀɑ̃labl] adj **1.** [ferme] steadfast, unshakeable, unwavering / *ma décision est inébranlable* my decision is final ▸ **elle a été inébranlable** there was no moving her, she was adamant **2.** [solide -mur] immovable, (rock) solid.

inébranlablement [inebʀɑ̃labləmɑ̃] adv steadfastly, unshakeably, unwaveringly.

inécoutable [inekutabl] adj : *de la musique inécoutable* music which is impossible to listen to.

inécouté, e [inekute] adj ▸ **rester inécouté** to remain unheeded ou ignored.

INED, Ined [inɛd] (abr de **Institut national d'études démographiques**) npr m *national institute for demographic research.*

inédit, e [inedi, it] adj **1.** [correspondance, auteur] (hitherto) unpublished / *ce film est inédit en France* this film has never been released in France **2.** [jamais vu] new, original.

❖ **inédit** nm **1.** [œuvre] unpublished work **2.** [nouveauté] : *c'est de l'inédit pour nos trois alpinistes* it's a first for our three climbers.

inéducable [inedykabl] adj ineducable *spéc*, unteachable.

ineffable [inefabl] adj **1.** [indicible] ineffable, indescribable **2.** [amusant] hilarious.

ineffablement [inefabləmɑ̃] adv [indiciblement] ineffably, indescribably.

ineffaçable [inefasabl] adj [marque] indelible ; [souvenir, traumatisme] unforgettable, enduring.

inefficace [inefikas] adj [méthode, médicament] ineffective ; [personne] inefficient, ineffective.

inefficacement [inefikasmɑ̃] adv [vainement] inefficiently, ineffectually, ineffectively.

inefficacité [inefikasite] nf [d'une méthode] inefficacy, ineffectiveness ; [d'une personne] inefficiency, ineffectiveness / *d'une totale inefficacité* totally ineffective.

inégal, e, aux [inegal, o] adj **1.** [varié -longueurs, salaires] unequal, different ; [mal équilibré] uneven, unequal / *leurs chances sont inégales* their chances are not equal, they haven't got equal chances ▸ **le combat était inégal** the fight was one-sided **2.** [changeant -écrivain, élève, pouls] uneven, erratic ; [-humeur] changeable, uneven ▸ **la qualité est inégale** it varies in quality / *le livre est inégal* the book is uneven **3.** [rugueux] rough, uneven, bumpy.

inégalable [inegalabl] adj incomparable, matchless, peerless.

inégalé, e [inegale] adj unequalled UK, unequaled US, unmatched, unrivalled.

inégalement [inegalmɑ̃] adv **1.** [différemment] ▸ **inégalement remplis** unequally filled **2.** [irrégulièrement] unevenly.

inégalitaire [inegalitɛʀ] adj non-egalitarian, elitist.

inégalité [inegalite] nf **1.** [disparité] difference, disparity / *inégalité entre deux variables* | *nombres* difference between two variables / numbers / *l'inégalité des salaires* the difference ou disparity in wages / *inégalité de l'offre et de la demande* imbalance between supply and demand / *l'inégalité des chances* the lack of equal opportunities ▸ **combattre les inégalités sociales** to fight social injustice **2.** [qualité variable -d'une surface] roughness, unevenness ; [-d'un travail, d'une œuvre] uneven quality, unevenness ; [-du caractère] changeability / *les inégalités de terrain* the unevenness of ou the bumps in the ground / *elle a des inégalités d'humeur* she's moody **3.** MATH inequality.

inélégamment [inelegamɑ̃] adv *sout* inelegantly.

inélégance [inelegɑ̃s] nf *sout* **1.** [d'allure] inelegance, ungainliness, gracelessness ; [d'une méthode] inelegance, unwieldiness / *le procédé était d'une grande inélégance* his behaviour was most ungracious **2.** [acte, tournure] impropriety.

inélégant, e [inelegɑ̃, ɑ̃t] adj *sout* **1.** [qui manque d'élégance -allure] inelegant, ungainly ; [-manières] inelegant **2.** [indélicat] indelicate, inelegant / *ce fut très inélégant de ta part* that was very indelicate of you.

inéligibilité [ineliʒibilite] nf DR ineligibility.

inéligible [ineliʒibl] adj DR ineligible.

inéluctable [inelyktabl] adj inevitable, unavoidable, ineluctable *litt.*

inéluctablement [inelyktabləmɑ̃] adv inevitably, inescapably, unavoidably.

inemploi [inɑ̃plwa] nm unemployment.

inemployable [inɑ̃plwajabl] adj **1.** [ressources, matériaux] unusable ; [méthode] useless, unserviceable **2.** [travailleur] unemployable.

inemployé, e [inɑ̃plwaje] adj [ressources, talent] dormant, untapped ; [énergie] untapped, unused.

inénarrable [inenaʀabl] adj hilarious / *si tu avais vu le tableau, c'était inénarrable !* I wish you'd seen it, I can't tell you how funny it was !

inentamé, e [inɑ̃tame] adj [économies] intact, untouched ; [bouteille, boîte] unopened.

inenvisageable [inɑ̃vizaʒabl] adj inconceivable, unthinkable.

inéprouvé, e [inepʀuve] adj unknown.

inepte [inɛpt] adj [personne] inept, incompetent ; [réponse, raisonnement] inept, foolish ; [plan] inept, ill-considered.

ineptie [inɛpsi] nf **1.** [caractère d'absurdité] ineptitude, stupidity **2.** [acte, parole] piece of nonsense / *dire des inepties* to talk nonsense.

inépuisable [inepɥizabl] adj **1.** [réserves] inexhaustible, unlimited ; [courage] endless, unlimited **2.** [bavard] inexhaustible / *elle est inépuisable sur mes imperfections* once she gets going about my faults, there's no stopping her.

inépuisablement [inepɥizabləmɑ̃] adv inexhaustibly, endlessly.

inépuisé, e [inepɥize] adj not yet used up ou exhausted.

inéquation [inekwasjɔ̃] nf inequation *spéc*, inequality.

inéquitable [inekitabl] adj inequitable, unjust, unfair.

inertage [inɛʀtaʒ] nm inerting.

inerte [inɛʀt] adj **1.** [léthargique] inert, apathetic, lethargic **2.** [semblant mort] inert, lifeless **3.** CHIM & PHYS inert.

inerter [inɛʀte] vt to make inert.

inertie [inɛʀsi] nf **1.** [passivité] lethargy, inertia, passivity **2.** MATH, MÉD, PHOT & PHYS inertia.

inertiel, elle [inɛʀsjɛl] adj inertial.

INES (abr de **International Nuclear Event Scale**) ▸ **échelle INES** INES scale.

inescomptable [inɛskɔ̃tabl] adj FIN undiscountable.

inespéré, e [inɛspeʀe] adj unhoped-for / *c'est pour moi un bonheur inespéré* it's a pleasure I hadn't dared hope for.

inesthétique [inɛstetik] adj unsightly, unattractive.

inestimable [inɛstimabl] adj **1.** [impossible à évaluer] incalculable, inestimable / *les dégâts sont inestimables* it's impossible to work out the extent of the damage **2.** [précieux] inestimable, invaluable, priceless.

inétendu, e [inetɑ̃dy] adj *litt* unextended, exiguous.

* In reformed spelling (see p. 16-19).

inévitable [inevitabl] ◆ adj **1.** [auquel on ne peut échapper] unavoidable, inevitable / *et ce fut l'inévitable catastrophe* and then came the inevitable catastrophe ▸ **c'était inévitable!** it was bound to happen ou inevitable! **2.** *(avant nom)* [habituel] inevitable / *l'inévitable pilier de bar* the inevitable figure propping up the bar. ◆ nm ▸ **l'inévitable** the inevitable.

inévitablement [inevitabləmɑ̃] adv inevitably, predictably / *et inévitablement, elle se décommanda à la dernière minute* and predictably ou sure enough, she cancelled at the last minute.

inexact, e [inɛgza(kt), akt] adj **1.** [erroné] inexact, incorrect, inaccurate ▸ **le calcul est inexact** there's a mistake in the calculations / *une version inexacte des faits* an inaccurate version of the facts / *il serait inexact de dire…* it would be wrong ou incorrect to say… **2.** [en retard] unpunctual, late / *il est très inexact* he's always late.

inexactement [inɛgzaktəmɑ̃] adv inaccurately, incorrectly.

inexactitude [inɛgzaktityd] nf **1.** [d'un raisonnement] inaccuracy, imprecision ; [d'un récit] inaccuracy, inexactness ; [d'un calcul] inaccuracy, inexactitude **2.** [erreur] inaccuracy, error **3.** [manque de ponctualité] unpunctuality, lateness.

inexaucé, e [inɛgzose] adj [demande] unanswered ; [vœu] unfulfilled.

inexcitabilité [inɛksitabilite] nf PHYSIOL unexcitability.

inexcusable [inɛkskyzabl] adj [action] inexcusable, unforgivable ; [personne] unforgivable.

inexécutable [inɛgzekytabl] adj [plan, programme] unworkable, impractical ; [tâche] unfeasible, impossible ; [musique] unplayable ; [pas de danse] undanceable / *des ordres inexécutables* orders which are impossible to carry out ou to execute.

inexécuté, e [inɛgzekyte] adj [ordre, travaux] not (yet) carried out ou executed.

inexécution [inɛgzekysjɔ̃] nf [d'un contrat] nonfulfilment / *inexécution des travaux* failure to carry out work.

inexercé, e [inɛgzɛʀse] adj [recrue, novice] untrained, inexperienced ; [oreille, main] unpractised, untrained, untutored.

inexigibilité [inɛgziʒibilite] nf : *à cause de l'inexigibilité de la dette* as the debt cannot be exacted ou recovered.

inexigible [inɛgziʒibl] adj [dette, impôt] inexigible *sout*, unrecoverable.

inexistant, e [inɛgzistɑ̃, ɑ̃t] adj **1.** [très insuffisant] nonexistent, inadequate / *devant un public inexistant* in front of a nearly empty house ▸ **un service d'ordre inexistant** inadequate stewarding / *les structures de base sont inexistantes* the basic structures are lacking, there are hardly any basic structures **2.** [irréel - monstre, peur] imaginary.

inexistence [inɛgzistɑ̃s] nf **1.** [de Dieu] nonexistence ; [de preuves, structures] lack, absence / *l'inexistence de structures économiques* the complete lack ou absence of economic structure **2.** [manque de valeur] uselessness **3.** ADMIN & DR nullity.

inexorabilité [inɛgzɔʀabilite] nf *litt* inexorability.

inexorable [inɛgzɔʀabl] adj **1.** [inévitable] inexorable, inevitable **2.** *sout* [intransigeant] inexorable.

inexorablement [inɛgzɔʀabləmɑ̃] adv **1.** [inévitablement] inexorably, inevitably **2.** *sout* [impitoyablement] inexorably.

inexpérience [inɛkspeʀjɑ̃s] nf lack of experience.

inexpérimenté, e [inɛkspeʀimɑ̃te] adj **1.** [sans expérience] inexperienced / *un pilote inexpérimenté* an inexperienced pilot **2.** [non testé] (as yet) untested.

inexpert, e [inɛkspɛʀ, ɛʀt] adj inexpert, untrained, untutored / *confié à des mains inexpertes* placed in the hands of a novice.

inexpiable [inɛkspjabl] adj **1.** [inexcusable] inexpiable / *un crime inexpiable* an unpardonable crime **2.** *litt* [impitoyable] : *une lutte inexpiable* a merciless struggle.

inexpié, e [inɛkspje] adj unexpiated.

inexplicable [inɛksplikabl] ◆ adj [comportement] inexplicable ; [raison, crainte] inexplicable, unaccountable. ◆ nm ▸ **l'inexplicable** the inexplicable.

inexplicablement [inɛksplikabləmɑ̃] adv inexplicably, unaccountably.

inexpliqué, e [inɛksplike] adj [décision] unexplained ; [phénomène] unexplained, unsolved ; [agissements, départ] unexplained, mysterious / *une disparition restée inexpliquée jusqu'à ce jour* a disappearance that remains a mystery to this day.

inexploitable [inɛksplwatabl] adj [ressources] unexploitable ; [mine] unworkable ; [idée] impractical, unfeasible.

inexploité, e [inɛksplwate] adj [richesses] undeveloped, untapped ; [idée, talent] untapped, untried ; [technique] unexploited, untried / *laisser un don inexploité* to fail to exploit a latent talent.

inexplorable [inɛksplɔʀabl] adj *sout* unexplorable.

inexploré, e [inɛksplɔʀe] adj unexplored / *cette branche de la science est encore inexplorée* this branch of science is still unexplored.

inexplosible [inɛksplozibl] adj nonexplosive.

inexpressif, ive [inɛkspʀesif, iv] adj [visage, regard] inexpressive, expressionless, blank / *il a gardé un visage inexpressif pendant tout le match* his face remained impassive throughout the match.

inexprimable [inɛkspʀimabl] adj inexpressible, ineffable, indescribable.

inexprimé, e [inɛkspʀime] adj unspoken / *une rancœur inexprimée* unspoken resentment.

inexpugnable [inɛkspygnabl] adj *litt* [forteresse] unassailable, impregnable ; [vertu] inexpugnable.

inextensibilité [inɛkstɑ̃sibilite] nf non-stretchability, inextensibility.

inextensible [inɛkstɑ̃sibl] adj [appareil, câble] non-stretchable, inextensible ; [tissu] non-stretch.

in extenso [inɛkstɛ̃so] loc adv in full, in extenso *sout* / *recopie le paragraphe in extenso* copy out the paragraph in full ou the whole paragraph.

inextinguible [inɛkstɛ̃gibl] adj **1.** *litt* [feu] inextinguishable **2.** *sout* [soif, désir] inextinguishable, unquenchable ; [amour] undying **3.** *sout* [rire] uncontrollable.

inextirpable [inɛkstiʀpabl] adj *sout* [fléau] which cannot be eliminated ; [paresse, ignorance] deep-rooted, entrenched.

in extremis, in extrémis* [inɛkstʀemis] loc adv **1.** [de justesse] at the last minute, in the nick of time, at the eleventh hour ▸ **réussir qqch in extremis** to (only) just manage to do sthg / *vous avez réussi ? — oui, mais in extremis!* did you manage? — yes, but it was a close call! **2.** [avant la mort] in extremis *sout* / *baptiser un enfant / un adulte in extremis* to christen a child before he dies / an adult on his deathbed.

inextricable [inɛkstʀikabl] adj inextricable / *l'affaire est inextricable* the case is an inextricable tangle / *tu t'es mise dans une situation inextricable* you've got yourself into an impossible position.

inextricablement [inɛkstʀikabləmɑ̃] adv inextricably.

infaillibilité [ɛ̃fajibilite] nf [gén & RELIG] infallibility.

infaillible [ɛ̃fajibl] adj **1.** [efficace à coup sûr] infallible / *c'est un remède infaillible contre la toux* it's an infallible cure for coughs **2.** [certain] infallible, reliable, guaranteed / *c'est la marque infaillible d'une forte personnalité* it's a sure sign of a strong personality **3.** [qui ne peut se tromper] infallible / *nul n'est infaillible* no-one is infallible, everyone makes mistakes.

infailliblement [ɛ̃fajibləmɑ̃] adv **1.** [inévitablement] inevitably, without fail **2.** *litt* [sans se tromper] infallibly.

infaisable [ɛ̃fəzabl] adj [choix] impossible ▸ **c'est infaisable** [projet] it can't be done.

infalsifiable [ɛ̃falsifjabl] adj [carte d'identité] forgery-proof.

infamant, e [ɛ̃famɑ̃, ɑ̃t] adj **1.** *sout* [déshonorant - acte, crime] heinous, infamous, abominable / *tu peux réclamer ton argent, ce n'est pas infamant* you can go and ask for your money, there's no shame in that **2.** DR ⟶ **peine.**

infâme [ɛ̃fam] adj **1.** [vil - crime] despicable, loathsome, heinous ; [- criminel] vile, despicable ; [- traître] despicable **2.** [répugnant - odeur, nourriture] revolting, vile, foul ; [- endroit] disgusting, revolting / *une infâme odeur de putréfaction* a foul stench of rotting.

infamie [ɛ̃fami] nf *sout* **1.** [déshonneur] infamy, disgrace / *il a couvert sa famille d'infamie* he has brought infamy upon his family **2.** [caractère abject - d'une action, d'une personne] infamy, vileness **3.** [acte révoltant] infamy, loathsome deed / *au nom de la religion, on a souvent commis des infamies* in the name of religion many heinous crimes ou many infamies have been committed **4.** [propos] piece of (vile) slander, smear.

infant, e [ɛ̃fɑ̃, ɑ̃t] nm, f infante (infanta).

infanterie [ɛ̃fɑ̃tʀi] nf infantry ▸ **infanterie aéroportée / motorisée** airborne / motorized infantry ▸ **infanterie divisionnaire** tank division ▸ **infanterie légère** light infantry ▸ **infanterie de ligne** heavy infantry ▸ **infanterie de marine** marine corps, marines.

infanticide [ɛ̃fɑ̃tisid] ◆ nm infanticide. ◆ nmf [personne] child killer, infanticide *litt.*

infantile [ɛ̃fɑ̃til] adj **1.** MÉD & PSYCHOL child *(modif)*, infantile *spéc* **2.** *péj* [puéril] infantile, childish / *se comporter de façon infantile* to behave like a child.

infantilisant, e [ɛ̃fɑ̃tilizɑ̃, ɑ̃t] adj patronizing / *ils ont un discours infantilisant* they talk to people as if they were children.

infantilisation [ɛ̃fɑ̃tilizasjɔ̃] nf infantilization.

infantiliser [3] [ɛ̃fɑ̃tilize] vt to infantilize.

infantilisme [ɛ̃fɑ̃tilism] nm **1.** *péj* [puérilité] infantilism, immaturity / *elle a refusé! — c'est de l'infantilisme!* she said no! — how childish! **2.** MÉD & PSYCHOL infantilism.

infarctus [ɛ̃faʀktys] nm infarct ▸ **avoir un infarctus** to have a heart attack ou a coronary ▸ **infarctus médullaire** myelomalacia ▸ **infarctus du myocarde** myocardial infarction ▸ **infarctus pulmonaire** pulmonary (embolism) infarctus.

infatigable [ɛ̃fatigabl] adj **1.** [toujours dispos] tireless, untiring, indefatigable *sout* **2.** [indéfectible - énergie, courage] inexhaustible, unwavering, unflagging ; [- détermination] dogged, unflagging ; [- dévouement] unstinting, unflagging / *elle a mené une lutte infatigable contre l'injustice* she fought tirelessly against injustice.

infatigablement [ɛ̃fatigabləmɑ̃] adv tirelessly, untiringly, indefatigably *sout.*

infatuation [ɛ̃fatɥasjɔ̃] nf *sout* conceit, self-importance.

infatué, e [ɛ̃fatɥe] adj *litt* **1.** [vaniteux] self-satisfied, conceited, bumptious / *infatué de sa personne* self-important, full of o.s. **2.** [entiché] ▸ **infatué de qqn / qqch** infatuated with sb / sthg.

infatuer [7] [ɛ̃fatɥe] ❖ **s'infatuer** vpi *litt* [être content de soi] to be conceited. ❖ **s'infatuer de** vp + prép *litt* [s'enticher de] to become infatuated with.

inféconд, e [ɛ̃fekɔ̃, ɔ̃d] adj *litt* **1.** [sol, femme] infertile, barren *litt* **2.** *fig* [pensée] sterile, barren, unproductive.

infécondité [ɛ̃fekɔ̃dite] nf *litt* **1.** [d'un sol, d'une femme] infertility, infecundity *sout*, barrenness *litt* **2.** *fig* [d'une pensée] sterility, barrenness, unproductiveness.

infect, e [ɛ̃fɛkt] adj **1.** [répugnant - repas] rotten, revolting, disgusting ; [- odeur] foul, rank, putrid / *il y a une odeur infecte ici* it smells foul in here / *il est infect, leur vin* their wine's awful ou disgusting **2.** *fam* [très laid, très désagréable] foul, appalling, lousy / *c'est un type infect* he's a revolting individual / *les enfants ont été infects ce matin* the kids were terrible ou awful this morning ▸ **être infect avec qqn** to be rotten to sb.

infectant, e [ɛ̃fɛktɑ̃, ɑ̃t] adj infectious, infective.

infecter [4] [ɛ̃fɛkte] vt **1.** PHYSIOL to infect ▸ **plaie infectée** septic wound **2.** [rendre malsain] to contaminate, to pollute **3.** *litt* [empester] : *l'usine infecte toute la région* the factory pollutes the whole area.
❖ **s'infecter** vpi to become infected, to go septic.

* In reformed spelling (see p. 16-19).

infectieux, euse [ɛ̃fɛksjø, øz] adj [maladie] infectious / *un sujet infectieux* a carrier.

infectiologie [ɛ̃fɛksjɔlɔʒi] nf study of infectious diseases.

infection [ɛ̃fɛksjɔ̃] nf **1.** MÉD infection **2.** [puanteur] (foul) stench / *c'est une infection, ce marché!* this market stinks (to high heaven)!

inféodation [ɛ̃feɔdasjɔ̃] nf **1.** POL subservience, subjection **2.** HIST enfeoffment, infeudation.

inféoder [3] [ɛ̃feɔde] vt **1.** HIST to enfeoff **2.** [soumettre] to dominate.

❖ s'inféoder à vp + prép POL to become subservient ou subjected to.

inférence [ɛ̃ferɑ̃s] nf inference.

inférer [18] [ɛ̃fere] vt *sout* to infer / *que pouvons-nous en inférer?* what can we infer ou gather from this?

In reformed spelling (see p. 16-19), this verb is conjugated like **semer**: **il infèrera, elle infèrerait.**

inférieur, e [ɛ̃ferjœr] ◆ adj **1.** [du bas - étagères, membres] lower; [- lèvre, mâchoire] lower, bottom *(avant nom)* / *la partie inférieure de la colonne* the bottom ou lower part of the column; [situé en dessous] lower down, below / *c'est à l'étage inférieur* it's on the floor below ou on the next floor down / *la couche inférieure* the layer below ou beneath ▸ **être inférieur à** to be lower than ou below **2.** [moins bon - niveau] lower; [- esprit, espèce] inferior, lesser; [- qualité] inferior, poorer / *les gens d'un rang inférieur* people of a lower rank ou lower in rank ▸ **se sentir inférieur (par rapport à qqn)** to feel inferior (to sb) ▸ **inférieur à** inferior to, poorer than / *je me sens vraiment inférieure à elle* she makes me feel really inferior / *en physique il est très inférieur à sa sœur* he's not nearly as good as his sister at physics / *je préfère jouer contre quelqu'un qui ne m'est pas inférieur* I'd rather play against someone who's at least as good as I am **3.** [plus petit - chiffre, salaire] lower, smaller; [- poids, vitesse] lower; [- taille] smaller / *nous (leur) étions inférieurs en nombre* there were fewer of us (than of them) ▸ **inférieur à a)** [chiffre] lower or smaller ou less than **b)** [rendement] lower than, inferior to / *des températures inférieures à 10 °C* temperatures below 10°C ou lower than 10°C **4.** [dans une hiérarchie - le plus bas] lower ▸ **animaux / végétaux inférieurs** BOT & ZOOL lower animals / plants **5.** ASTRON inferior **6.** GÉOGR [cours, région] lower. ◆ nm, f [gén] inferior; [subalterne] inferior, subordinate, underling *péj* / *il les considère comme ses inférieurs* he regards them as his inferiors.

inférieurement [ɛ̃ferjœrmɑ̃] adv [moins bien] less well / *inférieurement entretenu / approvisionné / conçu* less well-maintained / -stocked / -designed.

infériorisation [ɛ̃ferjɔrizasjɔ̃] nf : *l'infériorisation d'un enfant* making a child feel inferior.

inférioriser [3] [ɛ̃ferjɔrize] vt **1.** [dévaloriser] ▸ **inférioriser qqn** to make sb feel inferior **2.** [minimiser] to minimise the importance of.

infériorité [ɛ̃ferjɔrite] nf **1.** [inadéquation - en grandeur, en valeur] inferiority; [- en effectif] (numerical) inferiority **2.** [handicap] weakness, inferiority, deficiency / *être en situation d'infériorité* to be in a weak position.

infernal, e, aux [ɛ̃fernal, o] adj **1.** *fam* [insupportable] infernal, hellish, diabolical / *cet enfant est infernal!* that child's a real terror! / *il faisait une chaleur infernale* the heat was infernal / *ils mettent de la musique toute la nuit, c'est infernal* they've got music on all night, it's absolute hell **2.** *litt* [de l'enfer] infernal ▸ **les puissances infernales** the infernal powers **3.** [diabolique - engrenage, logique] infernal, devilish, diabolical / *la machination infernale qui devait le conduire à la mort* the diabolical scheme which was to lead him to his death ▸ **cycle infernal** vicious circle.

infertile [ɛ̃fertil] adj *litt* **1.** [terre] infertile, barren **2.** [imagination, esprit] infertile, uncreative, sterile.

infertilité [ɛ̃fertilite] nf *litt* **1.** [de la terre, de l'imagination] infertility *sout* **2.** [d'une femme] infertility, barrenness *sout.*

infestation [ɛ̃fɛstasjɔ̃] nf **1.** [infection] infection **2.** [de parasites, de moustiques] infestation.

infester [3] [ɛ̃fɛste] vt **1.** [suj: rats] to infest, to overrun; [suj: pillards] to infest / *la région est infestée de sauterelles / moustiques* the area is infested with locusts / mosquitoes ▸ **chien infesté de puces** flea-ridden dog / *rues infestées de marchands de souvenirs* streets swarming with souvenir sellers **2.** MÉD to infest.

infeutrable [ɛ̃føtrabl] adj ▸ **ce tissu est infeutrable** this fabric won't mat ou felt.

infibulation [ɛ̃fibylasjɔ̃] nf infibulation.

infichu, e [ɛ̃fiʃy] adj *fam* incapable / *il est infichu de répondre à la moindre question* he's incapable of answering the simplest question.

infidèle [ɛ̃fidɛl] ◆ adj **1.** [gén] disloyal, unfaithful; [en amour] unfaithful, untrue *litt*; [en amitié] disloyal / *être infidèle à son seigneur* to be disloyal to one's liege / *être infidèle à sa parole* to go back on one's word **2.** [inexact - témoignage, texte] inaccurate, unreliable; [- mémoire] unreliable / *une traduction infidèle* an unfaithful ou inaccurate translation **3.** RELIG infidel. ◆ nmf RELIG infidel. ◆ nf LITTÉR ▸ **belle infidèle** *well-turned but inaccurate translation (term used in 17th-century literature).*

infidèlement [ɛ̃fidɛlmɑ̃] adv [inexactement] inaccurately, unfaithfully.

infidélité [ɛ̃fidelite] nf **1.** [inconstance] infidelity, unfaithfulness; [aventure adultère] infidelity, affair / *commettre une infidélité* to be unfaithful ▸ **faire une infidélité à qqn** to be unfaithful to sb / *j'ai fait une infidélité à mon coiffeur hum* I deserted my usual hairdresser **2.** [déloyauté] disloyalty, unfaithfulness / *son infidélité à l'idéal de notre jeunesse* his disloyalty to our youthful ideal / *l'infidélité à la parole donnée* being untrue to ou breaking one's word **3.** [caractère inexact] inaccuracy, unreliability; [erreur] inaccuracy, error / *le scénario est truffé d'infidélités à Molière* the screenplay is full of departures from Molière's original.

infiltrat [ɛ̃filtra] nm MÉD infiltrate.

infiltration [ɛ̃filtrasjɔ̃] nf **1.** MÉD injection / *se faire faire des infiltrations dans le genou* to have injections in the knee ▸ **infiltration anesthésique** infiltration anesthesia **2.** [gén & PHYSIOL] infiltration / *il y a eu une infiltration de fluide dans les tissus musculaires* there has been infiltration of fluid into the muscle tissue / *on observe des infiltrations au niveau des plinthes* there is some damp around the skirting boards / *il y a des infiltrations dans le plafond* there are leaks in the ceiling, water is leaking ou seeping through the ceiling ▸ **eaux d'infiltration** GÉOGR percolated water **3.** [d'une idée] penetration, percolation *litt*; [d'un agitateur] infiltration.

infiltrer [3] [ɛ̃filtre] vt **1.** MÉD to infiltrate *spéc*, to inject **2.** [organisation, réseau] to infiltrate.

❖ s'infiltrer vpi [air, brouillard, eau] to seep; [lumière] to filter in ▸ **s'infiltrer dans** : *quand l'eau s'infiltre dans le sable* when the water seeps (through) into the sand / *s'infiltrer dans les lieux* to get into the building / *s'infiltrer dans un réseau d'espions* to infiltrate a spy network.

infime [ɛ̃fim] adj [quantité, proportion] infinitesimal, minute, tiny; [détail] minor.

in fine [infine] loc adv ultimately.

infini, e [ɛ̃fini] adj **1.** [étendue] infinite, vast, boundless; [ressources] infinite, unlimited **2.** [extrême - générosité, patience, reconnaissance] infinite, boundless, limitless; [- charme, douceur] infinite; [- précautions] infinite, endless; [- bonheur, plaisir] infinite, immeasurable; [- difficulté, peine] immense, extreme ▸ **mettre un soin infini à faire qqch** to take infinite pains to do sthg **3.** [interminable] never-ending, interminable, endless / *j'ai dû attendre un temps infini* I had to wait interminably **4.** MATH infinite.

❖ infini nm **1.** MATH, OPT & PHOT infinity / *faire la mise au point sur l'infini* PHOT to focus to infinity / *tendre vers l'infini* MATH to tend towards infinity / *plus / moins l'infini* plus / minus infinity **2.** PHILOS ▸ **l'infini** the infinite / *l'infini de cette vaste plaine litt* the immensity of this endless plain.

❖ à l'infini loc adv **1.** [discuter, reproduire] endlessly, ad infinitum; [varier] infinitely; [s'étendre] endlessly **2.** MATH to ou towards infinity.

infiniment [ɛ̃finimɑ̃] adv **1.** [extrêmement - désolé, reconnaissant] extremely, infinitely; [- généreux] immensely, boundlessly; [- agréable, douloureux] immensely, extremely; [- long, grand] infinitely, immensely ▸ **je vous remercie infiniment** thank you so much / *c'est infiniment mieux / pire que la dernière fois* it's infinitely better / worse than last time / *elle est infiniment plus brillante* she's far ou infinitely brighter ▸ **avec infiniment de patience / de précautions** with infinite patience / care **2.** MATH infinitely ▸ **l'infiniment grand** the infinite, the infinitely great ▸ **l'infiniment petit** the infinitesimal.

infinité [ɛ̃finite] nf **1.** [très grand nombre] ▸ **une infinité de** an infinite number of / *on me posa une infinité de questions* I was asked endless ou a great many questions **2.** *litt* : *l'infinité de l'espace* the infinity of space.

infinitésimal, e, aux [ɛ̃finitezimal, o] adj infinitesimal.

infinitif, ive [ɛ̃finitif, iv] adj infinitive.

❖ infinitif nm infinitive (mood) ▸ **infinitif de narration** infinitive of narration.

❖ infinitive nf infinitive (clause).

infinitude [ɛ̃finityd] nf *litt* infinitude *sout.*

infirmatif, ive [ɛ̃firmatif, iv] adj invalidating.

infirmation [ɛ̃firmasjɔ̃] nf invalidation.

infirme [ɛ̃firm] ◆ adj disabled, crippled. ◆ nmf disabled person ▸ **les infirmes** the disabled ▸ **infirme moteur cérébral** person suffering from cerebral palsy, spastic *vieilli.*

infirmer [3] [ɛ̃firme] vt **1.** [démentir] to invalidate, to contradict **2.** DR [arrêt] to revoke; [jugement] to quash.

infirmerie [ɛ̃firməri] nf [dans une école, une entreprise] sick bay ou room; [dans une prison] infirmary; [dans une caserne] infirmary, sick bay; [sur un navire] sick bay.

infirmier, ère [ɛ̃firmje, ɛr] ◆ nm, f male nurse (nurse) / *elle fait un stage d'infirmière* she's on UK ou in US a nursing course ▸ **infirmier** ou **infirmière en chef** charge nurse UK, head nurse US ▸ **infirmier militaire** medical orderly ▸ **infirmier de nuit** night nurse ▸ **infirmière diplômée** registered nurse ▸ **infirmière diplômée d'État** Registered Nurse UK ▸ **infirmière visiteuse** district nurse. ◆ adj nursing *(modif).*

infirmité [ɛ̃firmite] nf **1.** [invalidité] disability, handicap / *la vieillesse et son cortège d'infirmités* old age and the infirmities that come with it ▸ **infirmité motrice cérébrale** cerebral palsy **2.** *litt* [faiblesse] failing, weakness / *infirmité de l'esprit* weakness of the mind.

infixe [ɛ̃fiks] nm infix.

inflammabilité [ɛ̃flamabilite] nf inflammability, flammability.

inflammable [ɛ̃flamabl] adj **1.** [combustible] inflammable, flammable ▸ **gaz inflammable** flammable gas ▸ **matériaux inflammables** inflammable materials **2.** *litt* [impétueux] inflammable / *un tempérament inflammable* a fiery temperament.

inflammation [ɛ̃flamasjɔ̃] nf MÉD inflammation / *j'ai une inflammation au genou* my knee is inflamed.

inflammatoire [ɛ̃flamatwar] adj MÉD inflammatory.

inflation [ɛ̃flasjɔ̃] nf **1.** ÉCON inflation / *des investissements à l'abri de l'inflation* inflation-proof investments ▸ **inflation par la demande / les coûts** demand-pull / cost-push inflation ▸ **inflation galopante / larvée** galloping / creeping inflation **2.** [accroissement - des effectifs] : *l'inflation du nombre des bureaucrates* the inflated ou swelling numbers of bureaucrats.

inflationniste [ɛ̃flasjɔnist] ◆ adj [tendance] inflationary; [politique] inflationist. ◆ nmf inflationist.

infléchi, e [ɛ̃fleʃi] adj **1.** [phonème] inflected **2.** ARCHIT ▸ **arc infléchi** inflected arch.

infléchir [32] [ɛ̃fleʃir] vt *sout* **1.** [courber] to bend, to inflect **2.** [influer sur] to modify, to influence / *infléchir le cours des événements* to affect ou to influence the course of events.

❖ **s'infléchir** vpi **1.** [décrire une courbe] to bend, to curve (round) / *le chemin s'infléchit à cet endroit* the path curves here ▸ **la courbe de température s'infléchit a)** [vers le bas] the temperature curve is dipping (slightly) **b)** [vers le haut] the temperature curve is climbing ou rising (slightly) **2.** *fig* [changer de but] to shift, to change course / *la politique du gouvernement s'infléchit dans le sens du protectionnisme* government policy is shifting ou veering towards protectionism.

infléchissement [ɛ̃fleʃismɑ̃] nm shift, change of course / *infléchissement d'une politique* change of emphasis ou shift in policy.

inflexibilité [ɛ̃flɛksibilite] nf **1.** [d'un matériau] inflexibility, rigidity **2.** [d'une personne] inflexibility, firmness, resoluteness.

inflexible [ɛ̃flɛksibl] adj **1.** [matériau] rigid, inflexible **2.** [personne] inflexible, rigid, unbending ▸ **il est resté inflexible** he wouldn't change his mind **3.** [loi, morale] rigid, hard-and-fast ; [règlement, discipline] strict.

inflexiblement [ɛ̃flɛksibləmɑ̃] adv *sout* inflexibly, rigidly.

inflexion [ɛ̃flɛksjɔ̃] nf **1.** [modulation - de la voix] inflection, modulation **2.** [changement de direction] shift, change of course / *on constate une inflexion de la politique vers la détente* there has been a change in policy in favour of détente **3.** LING & MATH inflection ▸ **point d'inflexion** point of inflection **4.** [inclination] : *avec une gracieuse inflexion de la tête* with a graceful nod / *une inflexion du buste* a bow.

infliger [17] [ɛ̃fliʒe] vt ▸ **infliger une punition / une défaite / des souffrances / des pertes à qqn** to inflict a punishment / a defeat / sufferings / losses on sb ▸ **infliger une amende / corvée à qqn** to impose a fine / chore on sb ▸ **infliger une humiliation à qqn** to put sb down, to humiliate sb / *tel est le châtiment infligé aux traîtres* such is the punishment meted out to traitors ▸ **infliger sa compagnie** ou **sa présence à qqn** to inflict one's company ou presence on sb.

inflorescence [ɛ̃flɔʀesɑ̃s] nf inflorescence.

influençable [ɛ̃flyɑ̃sabl] adj : *elle est beaucoup trop influençable* she's far too easily influenced ou swayed.

influence [ɛ̃flyɑ̃s] nf **1.** [marque, effet] influence / *on voit tout de suite l'influence de Kokoschka dans ses tableaux* it's easy to spot the influence of Kokoschka on ou in her paintings / *l'influence du climat sur la végétation* the influence of the climate on the vegetation / *cela n'a eu aucune influence sur ma décision* it didn't influence my decision at all, it had no bearing (at all) on my decision **2.** [emprise - d'une personne, d'une drogue, d'un sentiment] influence ▸ **avoir de l'influence sur qqn** to have influence over sb / *avoir une bonne influence sur* to be ou to have a good influence on / *avoir une grande influence sur* to have a great influence on / *j'ai beaucoup d'influence sur lui* I've got a lot of influence over him ▸ **subir l'influence de qqn** to be influenced by sb ▸ **être sous l'influence de la boisson / drogue** to be under the influence of drink / drugs / *être sous l'influence de la jalousie* to be possessed by jealousy / *il a agi sous l'influence de la colère* he acted in the grip of ou in a fit of anger **3.** PSYCHOL influence **4.** [poids social ou politique] influence ▸ **avoir de l'influence** to have influence, to be influential **5.** ÉLECTR static induction.

influencer [16] [ɛ̃flyɑ̃se] vt to influence / *ne te laisse pas influencer par la publicité* don't let advertising influence you, don't let yourself be influenced by advertising / *ses arguments m'influençaient toujours au moment du vote* her arguments always used to sway me just before a vote / *sa peinture fut très influencée par les fauves* his painting was heavily influenced by the Fauvists / *la lune influence les marées* the moon affects the tide.

influent, e [ɛ̃flyɑ̃, ɑ̃t] adj influential ▸ **c'est une personne influente** she's a person of influence ou an influential person / *les gens influents* people in positions of influence, influential people.

influer [3] [ɛ̃flye] ❖ **influer sur** v + prép to have an influence on, to influence, to affect.

influx [ɛ̃fly] nm ▸ **influx nerveux** nerve impulse.

info [ɛ̃fo] nf *fam* info *(U)* / *c'est lui qui m'a donné cette info* I got the info from him.

❖ **infos** nfpl *fam* ▸ **les infos** the news *(U)* / *je l'ai entendu aux infos* I heard it on the news.

infobulle [ɛ̃fobyl] nf INFORM tooltip.

infogérance [ɛ̃foʒeʀɑ̃s] nf outsourcing.

Infographie® [ɛ̃fogʀafi] nf computer graphics.

infographique [ɛ̃fɔgʀafik] adj computer graphics *(modif)*.

infographiste [ɛ̃fɔgʀafist] nmf computer graphics artist.

in-folio *(pl* in-folio*)*, **infolio*** [infɔljo] ◆ adj folio. ◆ nm folio ▸ **des in-folio** ou **des infolios** folios.

infondé, e [ɛ̃fɔ̃de] adj unfounded, groundless.

informateur, trice [ɛ̃fɔʀmatœʀ, tʀis] nm, f informer.

informaticien, enne [ɛ̃fɔʀmatisjɛ̃, ɛn] nm, f [dans une entreprise] data processor ; [à l'université] computer scientist ▸ **son fils est informaticien** his son works in computers.

informatif, ive [ɛ̃fɔʀmatif, iv] adj informative.

information [ɛ̃fɔʀmasjɔ̃] nf **1.** [indication] piece of information ▸ **des informations** (some) information / *on manque d'informations sur les causes de l'accident* we lack information about the cause of the accident ▸ **demander des informations sur** to ask (for information) about, to inquire about ▸ **je vais aux informations** I'll go and find out **2.** [diffusion de renseignements] information ▸ **réunion d'information** briefing session / *l'information circule mal entre les services* there's poor communication between departments / *nous demandons une meilleure information des consommateurs sur leurs droits* we want consumers to be better informed about their rights / *pour ton information, sache que...* for your (own) information you should know that... **3.** PRESSE, RADIO & TV news item, piece of news / *voici une information de dernière minute* here is some last minute news / *des informations de dernière minute semblent indiquer que le couvre-feu est intervenu* latest reports seem to indicate that there has been a ceasefire / *des informations économiques* economic news, news about the economy / *l'information financière de la journée* the day's financial news / *pour finir, je rappelle l'information la plus importante de notre journal* finally, here is our main story ou main news item once again ▸ **l'information** the news / *la liberté d'information* freedom of information / *place à l'information* priority to current affairs / *qui fait l'information ?* who decides what goes into the news? ▸ **journal d'information** quality newspaper **4.** INFORM ▸ **l'information** information ▸ **les sciences de l'information** information sciences, informatics ▸ **protection de l'information** data protection ▸ **traitement de l'information** data processing **5.** DR [instruction] ▸ **ouvrir une information** to set up a preliminary inquiry ▸ **information judiciaire** preliminary investigation ou inquiry.

❖ **informations** nfpl RADIO & TV [émission] ▸ **les informations** the news (bulletin) / *informations télévisées / radiodiffusées* television / radio news / *c'est passé aux informations* it was on the news / *je l'ai vu / entendu aux informations* I saw / heard it on the news.

> Attention ! Le mot anglais information est indénombrable. Il ne s'emploie jamais ni au pluriel ni avec l'article indéfini an :
> **Je recherche des informations sur l'histoire de cette église.** *I'm looking for information about the history of the church* ou *I'm looking for some information about the history of the church.*
> **Ces informations me seront très précieuses.** *This information will be extremely useful.*
> **Chaque information est payante.** *Each piece / item of information has to be paid for.*

informationnel, elle [ɛ̃fɔʀmasjɔnɛl] adj informational / *le contenu informationnel d'un document* the information content of a document.

informatique [ɛ̃fɔʀmatik] ◆ adj computer *(modif)* ▸ **un système informatique** a computer system. ◆ nf [science] computer science, information technology ; [traitement des données] data processing ▸ **faire de l'informatique** to work ou to be in computing ▸ **informatique documentaire** (electronic) information retrieval ▸ **informatique familiale** home ou domestic computing ▸ **informatique de gestion a)** [dans une administration] administrative data processing **b)** [dans une entreprise] business data processing, business applications ▸ **informatique grand public** mass (consumer) computing.

informatiquement [ɛ̃fɔʀmatikmɑ̃] adv by computer.

informatisable [ɛ̃fɔʀmatizabl] adj computerizable.

informatisation [ɛ̃fɔʀmatizasjɔ̃] nf computerization.

informatisé, e [ɛ̃fɔʀmatize] adj [secteur, système] computerized ; [enseignement] computer-based ; [gestion] computer-aided, computer-assisted.

informatiser [3] [ɛ̃fɔʀmatize] vt to computerize.

❖ **s'informatiser** vpi to become computerized / *la bibliothèque s'est informatisée* the library catalogue has been computerized / *depuis que je me suis informatisé* since I got a computer.

informative [ɛ̃fɔʀmativ] f ⟶ **informatif.**

informe [ɛ̃fɔʀm] adj **1.** [inesthétique - vêtement, sculpture] shapeless **2.** [qui n'a plus de forme - chaussure] shapeless, battered **3.** [sans contours nets] formless, shapeless / *une masse informe de cellules* an amorphous mass of cells **4.** [ébauché] rough, unfinished, undeveloped / *ce n'est qu'une esquisse informe* it's only a rough sketch.

informé, e [ɛ̃fɔʀme] adj well-informed, informed / *les gens bien informés* well-informed people ▸ **de source bien informée** from a well-informed ou an authoritative source / *c'est son amant — tu m'as l'air bien* ou *très informé !* he's her lover — you seem to know a lot! ▸ **nous sommes mal informés a)** [peu renseignés] we don't get enough information, we're not sufficiently informed **b)** [avec de fausses informations] we're being misinformed ▸ **se tenir informé de** to keep o.s. informed about ▸ **tenir qqn informé (de qqch)** to keep sb informed (of sthg).

❖ **informé** nm (judicial ou legal) inquiry ▸ **jusqu'à plus ample informé** pending further information.

informel, elle [ɛ̃fɔʀmɛl] adj **1.** [non officiel, décontracté] informal **2.** ART informal ▸ **art informel** art informel.

❖ **informel** nm informal artist.

informer [3] [ɛ̃fɔʀme] ◆ vt **1.** [aviser] ▸ **informer qqn de** to inform ou to tell ou to advise *sout* sb of / *si le notaire téléphone, vous voudrez bien m'en informer* if the lawyer phones, will you please let me know ou inform me / *elle a démissionné — on vient de m'en informer* she's resigned — I've just been informed of it ou told about it ▸ **informer qqn que** to inform ou to tell sb that / *l'a-t-on informé qu'il est muté ?* has he been informed ou notified of his transfer? / *nous informons Messieurs les voyageurs que...* passengers are informed that... / *j'ai fait informer son père de votre décision* I've made sure that his / her father has been informed of your decision **2.** [renseigner] to inform, to give information to / *nous sommes là pour informer le public* our job is to inform the public / *les consommateurs ne sont pas assez informés de* ou *sur leurs droits* consumers are not informed enough ou don't know enough about their rights **3.** PHILOS to inform. ◆ vi DR ▸ **informer contre qqn** to start investigations concerning sb.

❖ **s'informer** vpi ▸ **où puis-je m'informer ?** where can I get some information ou ask ou inquire? ▸ **je me suis informé auprès de mon avocat / de la mairie** I asked my lawyer / at the town hall ▸ **s'informer de** [droit, horaire, résultats] to inquire ou to ask about ▸ **s'informer de la santé de qqn** to inquire after sb's health ▸ **s'informer sur** to inform o.s. about / *je vais m'infor-*

* In reformed spelling (see p. 16-19).

mer sur la marche à suivre I'm going to find out what the procedure is.

informulé, e [ɛ̃fɔʀmyle] adj unformulated, unspoken.

inforoute [ɛ̃fɔʀut] nf information superhighway.

infortune [ɛ̃fɔʀtyn] nf *litt* **1.** [événement] misfortune / *ce jour-là fut la plus grande infortune de ma vie* that day was the greatest misfortune in my life **2.** [malheur] misfortune / *dans son infortune, elle a au moins une consolation* she has at least one consolation in the midst of her misfortune ▶ **infortune conjugale** *euphém* infidelity.

infortuné, e [ɛ̃fɔʀtyne] *litt* ◆ adj *(avant nom)* [malchanceux -gén] unfortunate, luckless ; [-mari] hapless, wretched. ◆ nm, f (unfortunate) wretch.

infoutu, e [ɛ̃futy] adj *fam* ▶ **être infoutu de faire qqch** to be incapable of doing sthg / *il est infoutu d'être à l'heure* he's incapable of being on time.

infra [ɛ̃fʀa] adv ▶ **voir infra** see below.

infraction [ɛ̃fʀaksjɔ̃] nf **1.** DR breach of the law, offence UK ou offense US / *infraction au code de la route* driving offence ▶ **être en infraction** to be in breach of the law / *je n'ai jamais été en infraction* I've never committed an ou any offence ▶ **infraction politique** ≃ offence against the state **2.** [transgression] infringement, transgression ▶ **infraction à** breach of, transgression against.

infraliminaire [ɛ̃fʀaliminɛʀ] adj subliminal.

infranchissable [ɛ̃fʀɑ̃ʃisabl] adj **1.** [col] impassable ; [rivière] which cannot be crossed **2.** [difficulté] insuperable, insurmountable.

infrangible [ɛ̃fʀɑ̃ʒibl] adj *litt* infrangible.

infrarouge [ɛ̃fʀaʀuʒ] ◆ adj infrared. ◆ nm infrared (radiation).

infrason [ɛ̃fʀasɔ̃] nm infrasound.

infrasonore [ɛ̃fʀasɔnɔʀ] adj infrasonic.

infrastructure [ɛ̃fʀastʀyktyʀ] nf **1.** [ensemble d'équipements] infrastructure / *l'infrastructure commerciale de la ville* the town's shopping facilities **2.** CONSTR substructure.

infréquentable [ɛ̃fʀekɑ̃tabl] adj : *ils sont infréquentables* they're not the sort of people you'd want to associate with / *tu es infréquentable !* you're a disgrace !

infroissable [ɛ̃fʀwasabl] adj crease-resistant.

infructueusement [ɛ̃fʀyktɥøzmɑ̃] adv fruitlessly, unsuccessfully.

infructueux, euse [ɛ̃fʀyktɥø, øz] adj fruitless.

infumable [ɛ̃fymabl] adj unsmokable.

infuse [ɛ̃fyz] adj f ⟶ **science.**

infuser [3] [ɛ̃fyze] ◆ vt **1.** [faire macérer -thé] to brew, to infuse ; [-tisane] to infuse **2.** *litt* [insuffler] ▶ **infuser qqch à qqn** to infuse ou to inject sb with sthg, to infuse ou to inject sthg into sb. ◆ vi *(aux être ou avoir)* [macérer -thé] to brew, to infuse ; [-tisane] to infuse ▶ **faire infuser** to brew ▶ **laissez infuser quelques minutes** leave to infuse for a few minutes.

Infusette® [ɛ̃fyzɛt] nf : *Infusette de thé* tea bag / *Infusette de tisane* herbal tea bag.

infusible [ɛ̃fyzibl] adj infusible.

infusion [ɛ̃fyzjɔ̃] nf **1.** [boisson] herbal tea, infusion *sout* **2.** [macération -de thé] brewing, infusion ; [-de tisane] infusion, infusing / *le thé n'a pas besoin d'être passé après infusion* the tea doesn't need straining after brewing.

ingagnable [ɛ̃gaɲabl] adj unwinnable, which can't be won.

ingambe [ɛ̃gɑ̃b] adj *litt* nimble, spry, sprightly / *il est resté ingambe jusqu'à la fin* he remained very active to the end.

ingénier [9] [ɛ̃ʒenje] ❖ **s'ingénier à** vp + prép to try hard ou to endeavour ou to strive to / *s'ingénier à trouver une solution* to work hard at finding ou to do all one can to find a solution / *s'ingénier à plaire* to strive to please / *on dirait qu'il s'ingénie à me nuire* it's as if he's going out of his way to do me down.

ingénierie [ɛ̃ʒeniʀi] nf engineering ▶ **ingénierie assistée par ordinateur** computer-assisted engineering ▶ **ingénierie des connaissances** knowledge engineering ▶ **ingénierie financière** financial engineering ▶ **ingénierie génétique** genetic engineering ▶ **ingénierie de systèmes** systems engineering.

ingénieriste [ɛ̃ʒeniʀist] nmf engineer.

ingénieur, e [ɛ̃ʒenjœʀ] nm, f engineer ▶ **ingénieur agronome** agricultural engineer ▶ **ingénieur commercial** sales engineer ▶ **ingénieur électricien** electrical engineer ▶ **ingénieur du génie civil** civil engineer ▶ **ingénieur informaticien** computer engineer ▶ **ingénieur mécanicien** mechanical engineer ▶ **ingénieur des ponts et chaussées** civil engineer ▶ **ingénieur du son** sound engineer ▶ **ingénieur système** systems engineer ▶ **ingénieur des travaux publics** construction engineer.

ingénieur-conseil [ɛ̃ʒenjœʀkɔ̃sɛj] (*pl* **ingénieurs-conseils**) nm (engineering) consultant, consulting engineer.

ingénieusement [ɛ̃ʒenjøzmɑ̃] adv ingeniously.

ingénieux, euse [ɛ̃ʒenjø, øz] adj [personne] ingenious, clever, inventive ; [plan, appareil, procédé] ingenious.

ingéniosité [ɛ̃ʒenjozite] nf ingenuity, inventiveness, cleverness.

ingénu, e [ɛ̃ʒeny] ◆ adj ingenuous, naive. ◆ nm, f ingenuous ou naive person.

❖ **ingénue** nf THÉÂTRE ingenue ou ingénue (role) / *cesse de jouer les ingénues fig* stop acting ou playing the innocent.

ingénuité [ɛ̃ʒenɥite] nf ingenuousness, naivety.

ingénument [ɛ̃ʒenymɑ̃] adv ingenuously, naively.

ingérable [ɛ̃ʒeʀabl] adj *fam* unmanageable.

ingérence [ɛ̃ʒeʀɑ̃s] nf interference ; POL interference, intervention.

ingérer [18] [ɛ̃ʒeʀe] vt to absorb, to ingest.

❖ **s'ingérer dans** vp + prép to interfere in ▶ **s'ingérer dans la vie privée de qqn** to meddle in sb's private life / *s'ingérer dans les affaires intérieures d'un autre pays* to interfere in the domestic affairs of another country.

In reformed spelling (see p. 16-19), this verb is conjugated like **semer** : *il ingèrera, elle s'ingèrerait.*

ingestion [ɛ̃ʒɛstjɔ̃] nf ingestion.

ingouvernable [ɛ̃guvɛʀnabl] adj ungovernable.

ingrat, e [ɛ̃gʀa, at] ◆ adj **1.** [sans grâce -visage] unattractive, unpleasant, coarse / *avoir un physique ingrat* to be unattractive ou graceless **2.** [tâche, travail] unrewarding, thankless ; [terre] unproductive **3.** [sans reconnaissance] ungrateful ▶ **être ingrat avec** ou **envers qqn** to be ungrateful towards sb. ◆ nm, f ungrateful person.

ingratitude [ɛ̃gʀatityd] nf **1.** [d'une personne] ingratitude, ungratefulness / *faire preuve d'ingratitude* to behave with ingratitude **2.** [d'une tâche] thanklessness.

ingrédient [ɛ̃gʀedjɑ̃] nm **1.** [dans une recette, un mélange] ingredient **2.** *fig* [élément] ingredient / *les ingrédients du bonheur* the recipe for happiness.

inguérissable [ɛ̃geʀisabl] adj MÉD incurable.

inguinal, e, aux [ɛ̃gɥinal, o] adj [canal, hernie] inguinal.

ingurgitation [ɛ̃gyʀʒitasjɔ̃] nf swallowing, ingurgitation *spéc.*

ingurgiter [3] [ɛ̃gyʀʒite] vt *fam* **1.** [avaler -aliments] to wolf ou to gulp down *(sép)* ; [-boisson] to gulp down *(sép)*, to knock back *(sép)* / *il ingurgita un gros morceau de viande* he wolfed down a huge piece of meat **2.** *fig* to take in *(sép)* / *avec tout ce qu'on leur fait ingurgiter avant l'examen !* with all the stuff they have to cram (into their heads) before the exam ! ▶ **faire ingurgiter des faits / dates à qqn** to stuff sb's head full of facts / dates.

inhabile [inabil] adj *sout* **1.** [sans aptitude] inept, unskilful / *elle n'est pas inhabile mais elle manque d'expérience* she's not inept but she lacks experience ▶ **inhabile à** unfit for **2.** [maladroit -mouvement] clumsy, awkward ; [-propos, méthode] inept, clumsy / *il traça un cercle d'une main inhabile* he clumsily drew a circle / *une déclaration inhabile* a bungling statement **3.** DR (legally) incapable / *inhabile à témoigner* incompetent to stand as a witness.

inhabileté [inabilte] nf *litt* ineptitude, ineptness, clumsiness.

inhabilité [inabilite] nf (legal) incapacity.

inhabitable [inabitabl] adj [maison, grenier] uninhabitable ; [quartier] unpleasant to live in.

inhabité, e [inabite] adj [maison, chambre] uninhabited, unoccupied ; [contrée] uninhabited / *des villages inhabités* uninhabited villages / *de vastes contrées inhabitées s'étendent vers le nord* vast empty tracts of land lie to the north.

⚠ **Inhabited** signifie « habité » et non inhabité.

inhabitué, e [inabitɥe] adj unaccustomed.

inhabituel, elle [inabitɥɛl] adj unusual, odd.

inhalateur, trice [inalatœʀ, tʀis] adj inhaling, breathing.

❖ **inhalateur** nm **1.** [pour inhalations] inhaler **2.** AÉRON oxygen mask.

inhalation [inalasjɔ̃] nf **1.** [respiration] breathing in, inhalation *spéc* **2.** [traitement] (steam) inhalation / *je (me) fais des inhalations avec ce produit* I use this product as an inhalant.

inhaler [3] [inale] vt to inhale, to breathe in *(sép).*

inharmonieux, euse [inaʀmɔnjø, øz] adj *sout* [tons] inharmonious, jarring ; [musique] inharmonious, discordant.

inhérence [ineʀɑ̃s] nf inherence.

inhérent, e [ineʀɑ̃, ɑ̃t] adj inherent ▶ **inhérent à** inherent in.

inhibant, e [inibɑ̃, ɑ̃t] adj inhibiting.

inhibé, e [inibe] ◆ adj inhibited, repressed. ◆ nm, f inhibited ou repressed person.

inhiber [3] [inibe] vt to inhibit.

inhibiteur, trice [inibitœʀ, tʀis] adj inhibitive, inhibitory.

❖ **inhibiteur** nm inhibitor.

inhibitif, ive [inibitif, iv] adj PHARM & PHYSIOL inhibitive, inhibitory.

inhibition [inibisjɔ̃] nf PHYSIOL & PSYCHOL inhibition / *le traumatisme a provoqué une inhibition de la parole chez l'enfant* the child had speech difficulties after the shock.

inhospitalier, ère [inɔspitalje, ɛʀ] adj inhospitable.

inhumain, e [inymɛ̃, ɛn] adj inhuman.

inhumainement [inymɛnmɑ̃] adv inhumanly, inhumanely.

inhumanité [inymanite] nf *litt* inhumanity.

inhumation [inymasjɔ̃] nf burial, interment *sout*, inhumation *sout* / *l'inhumation aura lieu à 14 h* the burial ou interment will take place at 2 p.m.

inhumer [3] [inyme] vt to bury, to inter.

inimaginable [inimaʒinabl] adj unimaginable / *un paysage d'une beauté inimaginable* an unbelievably beautiful landscape.

inimitable [inimitabl] adj inimitable.

inimité, e [inimite] adj which has still to be imitated, unique.

inimitié [inimitje] nf *sout* enmity, hostility ▶ **regarder qqn avec inimitié** to look at sb hostilely ▶ **inimitié contre** ou **à l'égard de** enmity towards UK ou toward US.

ininflammable [inɛ̃flamabl] adj [produit] nonflammable ; [revêtement] flame-proof.

inintelligemment [inɛ̃teliʒamɑ̃] adv *sout* unintelligently.

inintelligence [inɛ̃teliʒɑ̃s] nf *sout* **1.** [stupidité] lack of intelligence / *elle a eu l'inintelligence de photocopier la lettre* rather unintelligently, she photocopied the letter **2.** [incompréhension] incomprehension, lack of understanding / *une profonde inintelligence des difficultés* a total lack of insight into the problems.

inintelligent, e [inɛ̃teliʒɑ̃, ɑ̃t] adj *sout* unintelligent.

inintelligibilité [inɛ̃teliʒibilite] nf unintelligibility.

inintelligible [inɛ̃teliʒibl] adj unintelligible, impossible to understand.

inintelligiblement [inɛ̃teliʒibləmɑ̃] adv unintelligibly.

inintéressant, e [inɛ̃teʀesɑ̃, ɑ̃t] adj uninteresting.

ininterrompu, e [inɛ̃teʀɔ̃py] adj [série, flot] unbroken, uninterrupted ; [bruit] continuous ; [tradition] continuous, unbroken ; [effort] unremitting, steady ; [bavardage] continuous, ceaseless / *une nuit de sommeil ininterrompu* a night of unbroken sleep / *nous diffusons aujourd'hui cinq heures de musique ininterrompue* today we are broadcasting five hours of non-stop ou uninterrupted music.

inique [inik] adj *sout* iniquitous *sout*, unjust, unfair / *une loi inique* an unjust law.

iniquement [inikmɑ̃] adv *litt* iniquitously *sout*, unjustly, unfairly.

iniquité [inikite] nf *sout* iniquity *sout*, injustice / *commettre des iniquités* to commit wrongs.

initial, e, aux [inisjal, o] adj initial / *le choc initial* the initial shock / *une erreur initiale de dosage* a dosage error in the initial ou early stages ▸ **cellules initiales** BOT initial cells.

❖ **initiale** nf [première lettre] initial / *une trousse à vos initiales* a pencil-case with your initials ▸ **initiale ornée** ART ornamented initial (letter).

initialement [inisjalmɑ̃] adv initially, at first, originally.

initialisation [inisjalizasjɔ̃] nf INFORM initialization.

initialiser [3] [inisjalize] vt INFORM to initialize.

initiateur, trice [inisjatœʀ, tʀis] ◆ adj initiatory. ◆ nm, f **1.** [maître] initiator / *elle a été son initiatrice en amour / musique* it was thanks to her that he discovered love / music **2.** [novateur] pioneer / *les initiateurs de la biologie / du structuralisme* the founders of biology / of structuralism.

initiation [inisjasjɔ̃] nf **1.** [approche] initiation, introduction / *son initiation à l'amour eut lieu à l'âge de vingt ans* he was initiated into the ways of love when he was twenty / *initiation à la psychologie / au russe* introduction to psychology / to Russian **2.** CHIM & PHYS initiating, setting off **3.** ANTHR initiation.

initiatique [inisjatik] adj initiatory, initiation *(modif)*.

initiative [inisjativ] nf **1.** [esprit de décision] initiative / *avoir de l'initiative* to have initiative ou drive ▸ **manquer d'initiative** to lack initiative ▸ **faire preuve d'initiative** to show great initiative ▸ **esprit d'initiative** initiative ▸ **plein d'initiative** enterprising **2.** [idée] initiative / *l'initiative du concert est venue d'elles* the original idea for the concert came from them ▸ **à** ou **sur l'initiative de qqn** on sb's initiative / *il a été hospitalisé sur mon initiative* he was sent to hospital on my initiative / *les négociations ont été organisées à l'initiative du Brésil* the negotiations were initiated by Brazil ou organized on Brazil's initiative ▸ **prendre l'initiative de qqch** to initiate sthg, to take the initiative for sthg ▸ **initiative gouvernementale** governmental prerogative to propose legislation ▸ **initiative parlementaire** parliamentary prerogative to legislate ▸ **initiative populaire** democratic right to petition ▸ **initiative privée a)** ÉCON private initiative **b)** DR & POL initiative **3.** [action spontanée] initiative ▸ **faire qqch de sa propre initiative** to do sthg on one's own initiative / *prendre une initiative* to take an initiative ▸ **prendre des initiatives** to show initiative / *elle nous laisse prendre des initiatives* she allows us freedom of action ▸ **prendre l'initiative de faire qqch** to take the initiative in doing sthg ▸ **initiative de paix** POL peace initiative ou overture.

initiatrice [inisjatʀis] f ⟶ **initiateur.**

initié, e [inisje] ◆ adj initiated. ◆ nm, f **1.** [connaisseur] initiated person, initiate *sout* ▸ **les initiés** the initiated ▸ **pour les initiés** not for the uninitiated **2.** ANTHR initiate.

initier [9] [inisje] vt **1.** [novice] to initiate ▸ **initier qqn à qqch** to initiate sb into sthg, to introduce sb to sthg **2.** ANTHR to initiate **3.** [faire démarrer] to initiate, to get going / *initier un processus* to initiate a process.

❖ **s'initier à** vp + prép to learn the basics of, to get to know / *j'ai besoin de deux semaines pour m'initier au traitement de texte* I need two weeks to teach myself ou to learn how to use a word processor.

injectable [ɛ̃ʒɛktabl] adj injectable.

injecté, e [ɛ̃ʒɛkte] adj **1.** [rougi] ▸ **yeux injectés de sang** bloodshot eyes **2.** MÉD injected **3.** TECHNOL injection-moulded.

injecter [4] [ɛ̃ʒɛkte] vt **1.** CONSTR, GÉOL & MÉD to inject / *nous cherchons des personnes qui accepteraient de se faire injecter le virus* we're looking for people who would agree to be injected with the virus **2.** [introduire] to inject, to infuse, to instil / *il faudrait injecter quelques idées nouvelles dans ce projet* we need to inject ou to infuse a few new ideas into the project / *injecter de l'enthousiasme à une équipe* to instil enthusiasm into a team / *injecter des millions dans une affaire* to inject ou to pump millions into a business **3.** MÉCAN to inject **4.** ASTRONAUT : *injecter un engin sur orbite* to inject a spacecraft (into its orbit).

❖ **s'injecter** vpi [yeux] to become bloodshot.

injecteur, trice [ɛ̃ʒɛktœʀ, tʀis] adj injection *(modif)*.

❖ **injecteur** nm injector.

injectif, ive [ɛ̃ʒɛktif, iv] adj injective.

injection [ɛ̃ʒɛksjɔ̃] nf **1.** CONSTR, GÉOL & MÉD injection **2.** ÉCON [apport -d'argent] injection **3.** TECHNOL ⟶ **moulage 4.** MÉCAN injection ▸ **à injection** (fuel) injection *(modif)* **5.** ASTRONAUT & MATH injection.

injoignable [ɛ̃ʒwaɲabl] adj : *j'ai essayé de l'appeler toute la matinée mais il était injoignable* I tried to phone him all morning, but I couldn't get through (to him) ou get hold of him.

injonctif, ive [ɛ̃ʒɔ̃ktif, iv] adj injunctive.

injonction [ɛ̃ʒɔ̃ksjɔ̃] nf **1.** *sout* [ordre] order ▸ **sur l'injonction de qqn** at sb's behest **2.** DR injunction, (judicial) order ▸ **injonction de payer** order to pay.

injouable [ɛ̃ʒwabl] adj unplayable / *le premier acte est injouable* the first act is impossible to stage / *la sonate est injouable* the sonata is impossible to play / *la balle est injouable* the ball is unplayable.

injure [ɛ̃ʒyʀ] nf **1.** [insulte] insult, abuse *(U)* / *un chapelet d'injures* a stream of abuse ou insults / *il se mit à lâcher des injures* he started hurling abuse ▸ **accabler** ou **couvrir qqn d'injures** to heap abuse on sb ▸ **injure publique** DR ≃ slander without special damage **2.** *sout* [affront] affront, insult / *c'est une injure à la nation* it's an insult to our country / *vous me feriez injure en refusant* you would offend me by refusing / *il m'a fait l'injure de refuser mon invitation* he insulted me by refusing my invitation **3.** *litt* [dommage] ▸ **l'injure du temps** the ravages of time.

> ⚠ **Injury** signifie « blessure » et non injure.

injurier [9] [ɛ̃ʒyʀje] vt **1.** [adresser des insultes à] to insult, to abuse / *il n'arrête pas de l'injurier* he's always insulting her / *on s'est carrément fait injurier par la voisine* we came in for a real stream of abuse from our neighbour **2.** *litt* [offenser moralement] to be an insult to / *il injurie la mémoire de son père* he is an insult to his father's memory.

❖ **s'injurier** vp *(emploi réciproque)* to insult each other / *les chauffeurs de taxi se sont injuriés* the taxi drivers hurled insults at each other ou swore at one another.

> ⚠ **To injure** signifie « blesser » et non injurier.

injurieusement [ɛ̃ʒyʀjøzmɑ̃] adv abusively, insultingly.

injurieux, euse [ɛ̃ʒyʀjø, øz] adj abusive, insulting, offensive / *des propos injurieux* abusive ou offensive language ▸ **être injurieux envers qqn** to be abusive ou insulting to sb / *cela n'a rien d'injurieux!* no offence meant ou intended !

injuste [ɛ̃ʒyst] adj **1.** [décision] unjust, unfair / *une sentence injuste* an unjust sentence / *ce que vous dites est injuste* what you're saying is unfair **2.** [personne] unfair, unjust / *ne sois pas injuste!* be fair !, don't be unfair ! ▸ **être injuste envers qqn** to do sb an injustice.

injustement [ɛ̃ʒystəmɑ̃] adv **1.** [avec iniquité] unfairly, unjustly ▸ **punir injustement** to punish unjustly **2.** [sans raison] without reason / *se plaindre injustement* to complain without just cause ou for no good reason.

injustice [ɛ̃ʒystis] nf **1.** [caractère inique] injustice, unfairness ▸ **l'injustice sociale** social injustice / *c'est l'injustice du sort!* that's the luck of the draw ! **2.** [acte inique] injustice, wrong ▸ **commettre une injustice envers qqn** to do sb wrong ou an injustice ▸ **c'est une injustice!** that's unfair !

injustifiable [ɛ̃ʒystifjabl] adj unjustifiable.

injustifié, e [ɛ̃ʒystifje] adj [critique, punition] unjustified, unwarranted ; [crainte] unfounded, groundless ; [absence] unexplained.

inlandsis [inlɑ̃tsis] nm [glacier] ice sheet.

inlassable [ɛ̃lasabl] adj [infatigable -personne] indefatigable, tireless, untiring ; [-énergie] tireless / *elle est d'un dévouement inlassable* her devotion is untiring.

inlassablement [ɛ̃lasabləmɑ̃] adv indefatigably, tirelessly, untiringly / *elle répétait inlassablement le même mot* she kept repeating the same word over and over again.

inlay [inlɛ] nm (dental) inlay.

inné, e [ine] adj **1.** [don] inborn, innate **2.** PHILOS innate.

❖ **inné** nm ▸ **l'inné et l'acquis** nature and nurture.

innéité [ineite] nf innateness.

innervation [inɛʀvasjɔ̃] nf innervation.

innervé, e [inɛʀve] adj innervated.

innerver [3] [inɛʀve] vt to innervate.

innocemment [inɔsamɑ̃] adv innocently.

innocence [inɔsɑ̃s] nf **1.** [gén] innocence / *en toute innocence* in all innocence, quite innocently **2.** RELIG innocence / *en état d'innocence* in a state of innocence **3.** DR innocence ▸ **établir** ou **prouver l'innocence de qqn** to establish ou to prove sb's innocence.

innocent, e [inɔsɑ̃, ɑ̃t] ◆ adj **1.** [non responsable -inculpé, victime] innocent ▸ **déclarer qqn innocent** DR to find sb innocent ou not guilty ▸ **être innocent de qqch** to be innocent of sthg / *tant de sang innocent versé* so much innocent blood spilt **2.** [plaisanterie, question, plaisirs] innocent, harmless ; [baiser, jeune fille] innocent **3.** [candide -enfant, âge] innocent / *on est encore innocent à cet âge* they're still innocent at that age ▸ **innocent comme l'agneau** ou **l'enfant qui vient de naître** as innocent as a newborn lamb ou a babe in arms **4.** [niais] innocent, simple. ◆ nm, f **1.** [personne non coupable] innocent person **2.** [personne candide] innocent ▸ **faire l'innocent** to play ou to act the innocent / *ne joue pas l'innocent* ou *les innocents avec moi!* don't come the innocent with me ! / *tu as été un bel innocent de la croire!* you were pretty naive to believe her ! / *c'est un grand innocent!* he's a bit naive ! ▸ **aux innocents les mains pleines** the meek shall inherit the earth **3.** [niais] simpleton / *innocente, va!* you (great big) ninny ! ▸ **l'innocent du village** the village idiot.

Innocent [inɔsɑ̃] npr [pape] Innocent.

innocenter [3] [inɔsɑ̃te] vt **1.** DR [suj : jury] to clear, to find innocent ou not guilty ; [suj : témoignage, document] to prove innocent, to show to be innocent / *il réussit à faire innocenter son client* he managed to get his client cleared **2.** [excuser] to excuse ▸ **innocenter la conduite de qqn** to excuse sb's behaviour.

innocuité [inɔkɥite] nf harmlessness, inoffensiveness, innocuousness *sout*.

innombrable [inɔ̃bʀabl] adj innumerable, countless ▸ **d'innombrables mouches** huge numbers of flies / *une foule innombrable* a vast ou huge crowd.

innomé, e [inɔme] adj **1.** [sans nom] unnamed **2.** ANTIQ & DR ▸ **contrat innomé** innominate contract.

innominé, e [inɔmine] adj innominate.

innommable [inɔmabl] adj unspeakable, loathsome, nameless.

innommé, e [inɔme] = **innomé.**

innovant, e [in(n)ɔvɑ̃, ɑ̃t] adj innovative.

innovateur, trice [inɔvatœʀ, tʀis] ◆ adj innovative, innovatory. ◆ nm, f innovator.

innovation [inɔvasjɔ̃] nf **1.** [créativité] innovation **2.** [changement] innovation / *il y a eu des innovations ici depuis que tu es parti* there have been a few changes around here since you left **3.** COMM innovation ▸ **innovation technologique** technological innovation.

innover [3] [inɔve] vi to innovate / *depuis des années, les banques n'ont pas innové* the banks haven't come up with any new ideas ou haven't innovated for years ▸ **innover en (matière de)** to break new ground ou to innovate in (the field of).

Innsbruck [inzbʀyk] npr Innsbruck.

inobservable [inɔpsɛʀvabl] adj **1.** [imperceptible par la vue] unobservable **2.** [inexécutable] : *des recommandations inobservables* recommendations that cannot be observed ou carried out.

inobservance [inɔpsɛʀvɑ̃s] nf *litt* inobservance / *l'inobservance des traditions* disregard for tradition / *l'inobservance du règlement* non-compliance with the regulations.

inobservation [inɔpsɛʀvasjɔ̃] nf *litt* ou DR inobservance, breach / *inobservation d'une loi* / *d'un contrat* non-compliance with a law / with a contract.

inobservé, e [inɔpsɛʀve] adj *litt* unobserved.

inoccupation [inɔkypasjɔ̃] nf inactivity, idleness.

inoccupé, e [inɔkype] adj **1.** [vide - maison, local] unoccupied, empty **2.** [vacant - poste] unoccupied, vacant, available ; [- taxi, fauteuil] empty, free / *choisissez parmi les places* / *tables inoccupées* take one of the empty seats / tables **3.** [inactif] inactive, unoccupied, idle / *elle est longtemps restée inoccupée* for a long time she had nothing to do / *ne laisse pas les enfants inoccupés* don't leave the children with nothing to do.

in-octavo (*pl* **in-octavo**), **inoctavo*** [inɔktavo] ◆ adj octavo. ◆ nm octavo, eightvo ▸ **des in-octavo** ou **des inoctavos** octavos.

inoculable [inɔkylabl] adj inoculable.

inoculation [inɔkylasjɔ̃] nf **1.** MÉD [vaccination] inoculation ; [contamination] infection **2.** MÉTALL inoculation.

inoculer [3] [inɔkyle] vt **1.** MÉD to inoculate / *on inocule le virus à un cobaye* a guinea pig is injected with the virus / *les volontaires se font inoculer le vaccin* the volunteers are injected with the vaccine **2.** [transmettre - enthousiasme, manie] to infect, to pass on to / *elle m'a inoculé la passion du jeu* she passed on her love of gambling to me.

inodore [inɔdɔʀ] adj **1.** [sans odeur] odourless UK, odorless US ▸ **peinture inodore** odourless paint **2.** [sans intérêt] uninteresting, commonplace.

inoffensif, ive [inɔfɑ̃sif, iv] adj [personne] harmless, inoffensive ; [animal] harmless ; [remarque] innocuous.

inondable [inɔ̃dabl] adj liable to flooding.

inondation [inɔ̃dasjɔ̃] nf **1.** [d'eau] flood, flooding, inundation *sout* **2.** *fig* flood, deluge / *on assiste à une inondation du marché par des voitures étrangères* foreign cars are flooding ou inundating the market **3.** MÉD ▸ **inondation péritonéale** flooding of the peritoneal cavity.

inondé, e [inɔ̃de] ◆ adj **1.** [champ, maison, cave] flooded / *on voit qu'il a pris une douche, la salle de bains est inondée!* you can tell he's had a shower, the bathroom is swimming with water! **2.** *fig* ▸ **être inondé de réclamations** / **de mauvaises nouvelles** to be inundated with complaints / with bad news / *une pièce inondée de soleil* a room flooded with ou bathed in sunlight ▸ **être inondé de joie** to be overcome ou overwhelmed by joy. ◆ nm, f flood victim.

inonder [3] [inɔ̃de] vt **1.** [champs, maison, ville] to flood, to inundate *sout* / *tu ne peux donc pas prendre un bain sans tout inonder?* can't you have a bath without flooding the bathroom? / *j'ai été inondé par les gens du dessus* my apartment has been flooded by the people upstairs **2.** [tremper] to soak / *les larmes inondaient ses joues* her cheeks were streaming with ou bathed in tears / *les yeux inondés de pleurs* his eyes full of ou swimming with tears / *le front inondé de sueur* his forehead bathed in sweat / *elle avait inondé ses vêtements de parfum* her clothes were soaked with perfume **3.** *fig* [envahir - marché] to flood, to inundate, to swamp ; [- suj: foule] to flood into, to swarm ; [- suj: lumière] to flood ou to pour into, to bathe / *ils inondent le marché de leurs produits* they're flooding ou inundating the market with their products / *ses fans l'inondent de lettres* she is inundated with fan mail.

❖ **s'inonder de** vp + prép : *chaque matin il s'inonde d'eau de Cologne* every morning he douses himself with eau de Cologne.

inopérable [inɔpeʀabl] adj inoperable.

inopérant, e [inɔpeʀɑ̃, ɑ̃t] adj inoperative, ineffective.

inopiné, e [inɔpine] adj [inattendu] unexpected.

inopinément [inɔpinemɑ̃] adv unexpectedly.

inopportun, e [inɔpɔʀtœ̃, yn] adj ill-timed, inopportune, untimely / *sa remarque était plutôt inopportune* he timed his remark rather badly.

inopportunément [inɔpɔʀtynemɑ̃] adv *litt* inopportunely.

inopportunité [inɔpɔʀtynite] nf *litt* inopportuneness, untimeliness.

inopposabilité [inɔpozabilite] nf unenforceability.

inopposable [inɔpozabl] adj unenforceable.

inorganique [inɔʀganik] adj inorganic.

inorganisable [inɔʀganizabl] adj unorganizable.

inorganisation [inɔʀganizasjɔ̃] nf lack of organization, disorganization.

inorganisé, e [inɔʀganize] ◆ adj **1.** [désordonné] disorganized, unorganized **2.** [non syndiqué] unorganized **3.** BIOL unorganized. ◆ nm, f [travailleur non syndiqué] non-union member, unorganized worker.

inoubliable [inublijabl] adj unforgettable, never to be forgotten / *elle fut une inoubliable Antigone* she was an unforgettable Antigone.

inouï, e [inwi] adj **1.** [incroyable] incredible, amazing, unbelievable / *il a une assurance inouïe* it's incredible ou extraordinary how confident he is / *c'est inouï ce que cet enfant peut faire comme dégâts!* you wouldn't believe how much havoc that child can cause! **2.** *litt* [sans précédent - prouesse, performance] unheard of, unprecedented.

Inox® [inɔks] nm stainless steel / *couverts en Inox* stainless steel cutlery.

inoxydable [inɔksidabl] ◆ adj MÉTALL stainless ▸ **couteau inoxydable** stainless steel knife. ◆ nm stainless steel.

in partibus [inpaʀtibys] loc adj in partibus.

in petto [inpeto] loc adv *litt* privately, in petto *litt* / *je pensais in petto que…* I was thinking to myself that…

in-plano (*pl* **in-plano**), **inplano*** [inplano] ◆ adj full sheet *(modif)*, broadsheet *(modif)*. ◆ nm full sheet ▸ **des in-plano** ou **des inplanos** books printed on full sheets.

input [input] = **intrant.**

inqualifiable [ɛ̃kalifjabl] adj unspeakable / *un acte inqualifiable* an unspeakable act / *ce que tu as fait est inqualifiable* there are no words for what you've done.

in-quarto (*pl* **in-quarto**), **inquarto*** [inkwaʀto] ◆ adj quarto. ◆ nm quarto ▸ **des in-quarto** ou **des inquartos** quartos.

inquiet, ète [ɛ̃kjɛ, ɛt] ◆ adj **1.** [personne] worried, anxious, concerned ; [regard] worried, uneasy, nervous ; [attente] anxious / *je suis inquiet de l'avoir laissé seul* I'm worried ou uneasy about having left him alone / *il est toujours inquiet* he's always worried / *tu es toujours inquiète!* you're always worried!, you're such a worrier! ▸ **être inquiet de qqch** to be worried about sthg / *je suis inquiet de son silence* I'm worried about not having heard from her / *il est inquiet de la montée du racisme* he's worried about the rise of racism **2.** *litt* [activité, curiosité] restless. ◆ nm, f worrier.

inquiétant, e [ɛ̃kjetɑ̃, ɑ̃t] adj worrying, disquieting, disturbing / *la situation est inquiétante* the situation is worrying ou gives cause for concern / *la drogue provoquait des fantasmes inquiétants* the drug caused disturbing fantasies.

inquiéter [18] [ɛ̃kjete] vt **1.** [troubler - suj: personne, situation] to worry, to trouble / *son silence m'inquiète beaucoup* I find her silence quite disturbing ou worrying / *qu'est-ce qui t'inquiète?* what are you worried about?, what's worrying you? / *il n'est pas encore arrivé? tu m'inquiètes!* hasn't he arrived yet? you've got me worried now! ; *(en usage absolu)* : *ces nouvelles ont de quoi inquiéter* this news is quite disturbing ou worrying ou alarming **2.** [ennuyer, harceler] to disturb, to bother, to harass / *s'ils viennent t'inquiéter chez toi, préviens-moi* if they come to bother ou harass you at home, let me know / *le magistrat ne fut jamais inquiété par la police* the police never troubled the magistrate / *ils ont vidé les coffres sans être inquiétés* they were able to empty the safes without being disturbed ou interrupted / *il n'a jamais inquiété le champion du monde* he's never posed any threat to the world champion / *c'est la première fois que notre gardien de but est sérieusement inquiété* it's the first time that our goalkeeper has been really worried ou in real trouble.

❖ **s'inquiéter** vpi [être soucieux] to worry, to be worried / *il y a de quoi s'inquiéter* that's something to be worried about, there's real cause for concern ▸ **s'inquiéter au sujet de** ou **pour qqn** to be worried ou concerned about sb / *ne t'inquiète pas pour elle!* don't (you) worry about her! / *je m'inquiète beaucoup de le savoir seul* it worries ou troubles me a lot to know that he's alone.

❖ **s'inquiéter de** vp + prép **1.** [tenir compte de] to bother ou to worry about / *elle achète sans s'inquiéter du prix* she buys things regardless of the price ou without worrying about the price **2.** [s'occuper de] to see to sthg / *et son cadeau? — je m'en inquiéterai plus tard* what about her present? — I'll see about that ou take care of that later / *t'es-tu inquiété de réserver les places?* did you think of booking? ▸ **t'inquiète!** *fam* : *où tu vas? — t'inquiète!* where are you off to? — mind your own business! ou what's it to you? **3.** [se renseigner sur] to inquire ou to ask about.

In reformed spelling (see p. 16-19), this verb is conjugated like **semer**: *il inquiètera, elle s'inquièterait.*

inquiétude [ɛ̃kjetyd] nf worry, anxiety, concern ▸ **un sujet d'inquiétude** a cause for concern ou anxiety ▸ **n'ayez aucune inquiétude** ou **soyez sans inquiétude** rest easy, have no fear ▸ **avec inquiétude** anxiously, fretfully ▸ **avoir des inquiétudes** to be worried ou concerned.

inquisiteur, trice [ɛ̃kizitœʀ, tʀis] adj inquisitive, prying.

❖ **inquisiteur** nm inquisitor ▸ **le Grand Inquisiteur** the Inquisitor General.

inquisition [ɛ̃kizisjɔ̃] nf **1.** HIST ▸ **la (Sainte) Inquisition** the (Holy) Inquisition **2.** *sout & péj* [ingérence] inquisition.

inquisitoire [ɛ̃kizitwaʀ] adj DR inquisitorial.

inquisitorial, e, aux [ɛ̃kisitɔʀjal, o] adj **1.** *sout* [méthode] inquisitorial, high-handed **2.** HIST inquisitorial, Inquisition *(modif)*.

INR (abr de **Institut national de radiodiffusion**) npr m *Belgian broadcasting company.*

INRA, Inra [inʀa] (abr de **Institut national de la recherche agronomique**) npr m *national institute for agronomic research.*

inracontable [ɛ̃ʀakɔ̃tabl] adj [trop grivois] unrepeatable ; [trop compliqué] too complicated for words / *je me suis débattu avec le fisc, c'est inracontable!* I can't even begin to tell you what a struggle I had with the tax people!

* In reformed spelling (see p. 16-19).

inratable [ɛ̃ʀatabl] adj [recette] impossible to get wrong.

inrayable [ɛ̃ʀɛjabl] adj scratch-resistant.

insaisissabilité [ɛ̃sezisabilite] nf DR exemption from seizure.

insaisissable [ɛ̃sezisabl] adj **1.** [imprenable - terroriste, voleur] elusive **2.** [imperceptible] imperceptible, intangible / *elle distingue des détails pour moi insaisissables* she picks out details I can't even see **3.** [fuyant] unfathomable, elusive / *c'est quelqu'un d'insaisissable, tu n'auras pas de réponse nette de sa part* he's very evasive, you won't get a straight answer from him **4.** DR exempt from seizure.

insalissable [ɛ̃salisabl] adj dirtproof.

insalivation [ɛ̃salivasjɔ̃] nf insalivation.

insalubre [ɛ̃salybʀ] adj [immeuble] insalubrious ; [climat] insalubrious, unhealthy.

insalubrité [ɛ̃salybʀite] nf [d'un immeuble] insalubrity ; [du climat] insalubrity, unhealthiness.

insane [ɛ̃san] adj **1.** *litt* [insensé] nonsensical, insane **2.** PSYCHOL insane.

insanité [ɛ̃sanite] nf **1.** [folie] insanity **2.** [remarque] insane ou nonsensical remark ; [acte] insane act, insane thing to do / *proférer des insanités* to say insane things / *tu n'es pas forcé d'écouter ses insanités* you don't have to listen to his ravings.

insatiabilité [ɛ̃sasjabilite] nf insatiability.

insatiable [ɛ̃sasjabl] adj insatiable.

insatiablement [ɛ̃sasjabləmɑ̃] adv insatiably.

insatisfaction [ɛ̃satisfaksjɔ̃] nf dissatisfaction.

insatisfaisant, e [ɛ̃satisfəzɑ̃, ɑ̃t] adj unsatisfactory.

insatisfait, e [ɛ̃satisfɛ, ɛt] ◆ adj **1.** [inassouvi - curiosité, besoin] unsatisfied, frustrated **2.** [mécontent - personne] unsatisfied, dissatisfied, displeased ▸ **être insatisfait de** to be unhappy about. ◆ nm, f discontented person ▸ **les insatisfaits** the discontented ▸ **c'est un perpétuel insatisfait** he's never satisfied ou happy.

insaturé, e [ɛ̃satyʀe] adj unsaturated.

inscriptible [ɛ̃skʀiptibl] adj INFORM writable.

inscription [ɛ̃skʀipsjɔ̃] nf **1.** [ensemble de caractères] inscription, writing *(U)* / *il y avait une inscription sur le mur* there was an inscription ou something written on the wall / *des tablettes portant des inscriptions* inscribed tablets **2.** [action d'écrire] : *l'inscription d'un slogan sur un mur* daubing ou writing a slogan on a wall / *l'inscription d'une épitaphe sur une tombe* inscribing ou engraving an epitaph on a tombstone **3.** [action d'inclure] : *une question dont l'inscription à l'ordre du jour s'impose* a question which must go (down) ou be placed on the agenda / *l'inscription des dépenses au budget* the listing of expenses in the budget **4.** [formalité] ▸ **inscription à a)** [cours, concours] registration for, enrolment UK ou enrollment US in **b)** [club, parti] enrolment UK ou enrollment US in, joining (of) ▸ **inscription à l'université** university registration ou enrolment, university matriculation UK / *inscription sur les listes électorales* registration on the electoral roll UK, voter registration US / *au moment de l'inscription de votre enfant à l'école* when it's time to enrol ou to register your child for school / *j'ai demandé mon inscription sur une liste d'attente* I've asked for my name to go on ou to be added to a waiting list ▸ **dernière date pour les inscriptions a)** [à l'université] closing date for enrolment ou registration **b)** [dans un club] closing date for enrolment ▸ **dossier d'inscription** UNIV admission form ; ≃ UCCA form UK ▸ **droits d'inscription** UNIV registration fees ▸ **service des inscriptions** UNIV admissions office **5.** [personne inscrite] ▸ **il y a une trentaine d'inscriptions au club / pour le rallye** about 30 people have joined the club / entered the rally **6.** DR ▸ **inscription de faux** challenge *(to the validity of a document)* ▸ **inscription hypothécaire** mortgage registration **7.** FIN ▸ **inscription de rente** ou **sur le grand-livre** inscribed (French Treasury) bond **8.** BOURSE quotation (privilege) **9.** HIST & NAUT ▸ **l'Inscription maritime** ≃ (naval) Seamen's Register.

inscrire [99] [ɛ̃skʀiʀ] vt **1.** [écrire - chiffre, détail] to write ou to note (down) / *inscrivez votre adresse ici* write down ou enter your address here / *inscris ton nom au tableau / sur la feuille* write your name (up) on the board / (down) on the sheet / *quelqu'un avait inscrit une phrase à la peinture sur le mur* somebody had painted some words on the wall / *les données inscrites sur l'écran* the data displayed on (the) screen ; [graver] to engrave, to inscribe / *je ferai inscrire son nom sur la tombe* I'll have his name engraved ou inscribed on the tombstone / *son visage reste inscrit dans ma mémoire fig* his face remains etched in my memory **2.** [enregistrer - étudiant] to register, to enrol UK, to enroll US ; [- électeur, membre] to register / *(faire) inscrire un enfant à l'école* to register ou to enrol a child for school, to put a child's name down for school / *il faut vous (faire) inscrire à l'université avant le 15 octobre* you must register ou enrol for university before October 15th / *les étudiants inscrits à l'examen* the students entered for the exam, the students sitting the exam UK / *les étudiants inscrits en droit* the students enrolled on UK ou in US the law course / *se faire inscrire sur les listes électorales* to register as a voter, to put one's name on the electoral register / *être inscrit au registre du commerce* to be on the trade register / *je vais l'inscrire au cours de danse* I'm putting him down for the dance class / *être inscrit à un club* to be a member of a club / *j'inscris ma fille au club de tennis* I'm putting my daughter's name down to join the tennis club ▸ **inscrire qqn (pour un rendez-vous)** to put sb ou sb's name down for an appointment / *je vous inscris sur la liste d'attente* I'll put your name ou you (down) on the waiting list / *et la liste des passagers ? — il n'y est pas inscrit non plus* the passenger list ? — he's not listed there ou his name's not on it either **3.** [inclure] to list, to include ▸ **inscrire qqch au budget** to budget for sthg / *ces sommes sont inscrites au budget de la culture* these amounts are listed in the arts budget / *son style l'inscrit dans la tradition italienne* her style places ou situates her within the Italian tradition ▸ **inscrire un prix littéraire / un disque d'or à son palmarès** to add a literary prize / a gold disc to one's list of achievements / *on n'a fait qu'inscrire dans la législation une coutume solidement établie* all they have done is to write a firmly established custom into the legislation / *inscrire une question à l'ordre du jour* to put ou to place a question on the agenda / *parmi les sujets inscrits à l'ordre du jour* among the subjects on the agenda **4.** SPORT [but, essai] to score **5.** MATH to inscribe.

❖ **s'inscrire** ◆ vp *(emploi réfléchi)* ▸ **s'inscrire à a)** [club, parti, bibliothèque] to join **b)** [université] to register ou to enrol at **c)** [concours, rallye] to enter ou to put one's name down for ▸ **s'inscrire au chômage** to register as unemployed / *s'inscrire sur une liste électorale* to register to vote. ◆ vpi **1.** [apparaître] to appear, to come up / *le numéro de téléphone va s'inscrire sur vos écrans* the phone number will come up ou be displayed ou appear on your screens / *l'âge s'inscrit sur le visage fig* age leaves its mark on our faces **2.** DR ▸ **s'inscrire en faux contre** to lodge a challenge against / *s'inscrire en faux contre une politique / des allégations fig* to strongly denounce a policy / deny allegations **3.** BOURSE : *s'inscrire en hausse / baisse* to be (marked) up / down / *les valeurs industrielles s'inscrivent en baisse de 13 points à la clôture* industrial shares closed 13 points down.

❖ **s'inscrire dans** vp + prép *sout* [suj : événement, attitude] to be consistent with, to be in keeping with, to be in line with ; [suj : auteur] to belong to, to rank amongst ; [suj : œuvre] to take its place in / *cette mesure s'inscrit dans le cadre de notre campagne* this measure comes ou lies within the framework of our campaign / *son action s'inscrit tout à fait dans la politique de notre parti* his action is totally in keeping ou in line with our party's policy / *s'inscrire dans la lignée des grands metteurs en scène* to be in the tradition of the great directors / *l'architecture moderne s'inscrit bien dans le site* contemporary architecture fits in very well with the site.

inscrit, e [ɛ̃skʀi, it] ◆ adj **1.** [étudiant, membre d'un club] enrolled, registered, matriculated UK ; [chômeur] registered ; POL [candidat, électeur] registered ; [orateur] scheduled **2.** BANQUE & FIN registered ▸ **créancier inscrit** ≃ member of the Finance Houses' Association UK **3.** MATH inscribed. ◆ nm, f [sur une liste] registered person ; [à un club, à un parti] registered member ; [étudiant] registered student ; [candidat] registered candidate ; [électeur] registered elector / *au consulat, nous avons de moins en moins d'inscrits chaque année* fewer and fewer people register with the consulate each year / *les inscrits au prochain débat* POL the scheduled speakers for the next debate ▸ **inscrit maritime** NAUT registered seaman.

inscrivait v ⟶ **inscrire.**

inscrivant, e [ɛ̃skʀivɑ̃, ɑ̃t] nm, f applicant for mortgage registration.

insculper [3] [ɛ̃skylpe] vt [en orfèvrerie] to hallmark.

INSEAD [insead] (abr de **Institut européen d'administration**) npr m *European business school in Fontainebleau.*

insécabilité [ɛ̃sekabilite] nf indivisibility.

insécable [ɛ̃sekabl] adj indivisible.

insecte [ɛ̃sɛkt] nm insect.

insecticide [ɛ̃sɛktisid] ◆ adj insecticide *(modif)*, insecticidal ▸ **poudre insecticide** insecticide ou insect powder. ◆ nm insecticide.

insectifuge [ɛ̃sɛktifyʒ] nm insect repellent.

insectivore [ɛ̃sɛktivɔʀ] ◆ adj insectivorous. ◆ nm insectivore ▸ **les insectivores** the Insectivora.

insécurité [ɛ̃sekyʀite] nf **1.** [manque de sécurité] lack of safety / *l'insécurité qui règne dans les grandes villes* the collapse of law and order in big cities, the climate of fear reigning in big cities / *le gouvernement veut prendre des mesures contre l'insécurité* the government wants to introduce measures to improve public safety **2.** [précarité - de l'emploi] insecurity, precariousness ; [- de l'avenir] uncertainty **3.** [angoisse] insecurity / *un sentiment d'insécurité* a feeling of insecurity.

INSEE, Insee [inse] (abr de **Institut national de la statistique et des études économiques**) npr m *national institute of statistics and information about the economy.*

in-seize [insɛz] ◆ adj inv sextodecimo. ◆ nm inv sextodecimo, sixteenmo ▸ **des in-seize** sextodecimos.

inséminateur, trice [ɛ̃seminatœʀ, tʀis] ◆ adj inseminating. ◆ nm, f inseminator.

insémination [ɛ̃seminasjɔ̃] nf insemination ▸ **insémination artificielle** artificial insemination ▸ **insémination artificielle entre conjoints / par donneur extérieur** artificial insemination by husband / by donor.

inséminer [3] [ɛ̃semine] vt to inseminate.

insensé, e [ɛ̃sɑ̃se] ◆ adj **1.** [déraisonnable - projet, initiative] foolish, insane ; [- espoir] unrealistic, mad / *ses idées sont littéralement insensées* his ideas are literally crazy / *il est complètement insensé de penser que…* it is utterly foolish ou absurd to think that… ▸ **c'est insensé !** this is absurd ou preposterous ! **2.** [excessif] enormous, considerable / *une somme insensée* an excessive ou a ludicrous amount of money / *un travail insensé* an enormous ou unbelievable amount of work. ◆ nm, f *litt* madman (madwoman).

insensibilisation [ɛ̃sɑ̃sibilizasjɔ̃] nf local anaesthesia.

insensibiliser [3] [ɛ̃sɑ̃sibilize] vt **1.** MÉD to anaesthetize, to anesthetize US / *il m'a insensibilisé la mâchoire* he anaesthetized my jaw **2.** [endurcir] to harden / *être insensibilisé aux souffrances d'autrui* to be hardened ou to have become immune to the sufferings of others.

insensibilité [ɛ̃sɑ̃sibilite] nf **1.** [absence de réceptivité] ▸ **insensibilité à** insensitiveness ou insensitivity to / *insensibilité à la beauté / musique* lack of receptiveness to beauty / music / *insensibilité à la souffrance des autres* insensitivity to the suffering of others **2.** MÉD insensitivity, numbness.

insensible [ɛ̃sɑ̃sibl] adj **1.** [privé de sensation, de sentiment] ▸ **insensible à** insensitive to / *insensible à la douleur* insensitive to pain / *elle est insensible au froid* she's insensitive to ou she doesn't feel the cold / *elle est insensible à mes reproches* she's impervious ou immune to my reproaches / *je suis insensible à son mépris* I'm unaffected by ou impervious to his contempt / *elle demeura insensible à ses prières* she remained indifferent to ou unmoved by his pleas **2.** [imperceptible] imperceptible ▸ **progrès insensibles** imperceptible progress.

⚠ L'adjectif anglais **insensible** signifie « inconscient ». Il ne doit pas être employé pour traduire insensible.

insensiblement [ɛ̃sɑ̃sibləmɑ̃] adv imperceptibly, gradually.

inséparable [ɛ̃sepaʀabl] adj inseparable / *ces deux-là, ils sont inséparables* those two are inseparable / *le vice et le crime sont inséparables* vice and crime are inseparable ou go hand in hand.
❖ **inséparables** ◆ nmf [personnes] : *deux inséparables* a pair of inseparable friends. ◆ nmpl ZOOL ▸ **un couple d'inséparables** a pair of lovebirds.

inséparablement [ɛ̃sepaʀabləmɑ̃] adv inseparably.

insérable [ɛ̃seʀabl] adj insertable.

insérer [18] [ɛ̃seʀe] vt **1.** [ajouter - chapitre, feuille] to insert ▸ **insérer qqch dans / entre** to insert sthg into / between / *faire insérer une clause dans un contrat* to have a clause added to ou put in ou inserted into a contract **2.** [introduire - clé, lame] to insert ▸ **insérer qqch dans** to insert sthg into.
❖ **s'insérer dans** vp + prép **1.** [socialement] to become integrated into / *les jeunes ont souvent du mal à s'insérer dans le monde du travail* young people often find it difficult to find their place in ou to fit into a work environment / *être bien / mal inséré dans la société* to be well / poorly integrated into society **2.** [s'inscrire dans] to be part of / *ces mesures s'insèrent dans le cadre d'une politique globale* these measures come within ou are part of an overall policy.
✐ In reformed spelling (see p. 16-19), this verb is conjugated like **semer**: *il insèrera, elle s'insèrerait.*

INSERM, Inserm [insɛʀm] (abr de **Institut national de la santé et de la recherche médicale**) npr m *national institute for medical research.*

insert [ɛ̃sɛʀ] nm **1.** CINÉ & TV cut-in, insert **2.** TECHNOL moulding.

insertion [ɛ̃sɛʀsjɔ̃] nf **1.** [introduction] insertion, introduction / *insertion d'une page dans un livre* inserting a page into a book **2.** [intégration] integration / *l'insertion des jeunes dans le monde du travail* the integration of young people into a work environment ▸ **insertion sociale** social integration **3.** PRESSE : *tarif des insertions* advertising rates ▸ **frais d'insertion** advertising charge **4.** DR correction ▸ **insertion forcée** publication (of reply) by order of the court **5.** ANAT insertion.

insidieusement [ɛ̃sidjøzmɑ̃] adv insidiously.

insidieux, euse [ɛ̃sidjø, øz] adj **1.** [perfide - question] insidious, treacherous / *un raisonnement insidieux* a specious argument ; *litt* [personne] insidious **2.** [sournois - odeur, poison] insidious **3.** MÉD insidious.

insight [insajt] nm insight.

insigne [ɛ̃siɲ] ◆ adj *litt* [remarquable] remarkable, noteworthy ▸ **faveur insigne** signal favour / *pour les services insignes rendus à la Couronne* for outstanding services to the Crown / *mensonge / calomnie insigne* unparalleled lie / slander. ◆ nm [marque distinctive - d'un groupe] badge, emblem, symbol ; [- d'une dignité] insignia / *les insignes de la royauté* royal insignia / *l'insigne du club sur sa cravate* the club emblem on his tie.

insignifiance [ɛ̃siɲifjɑ̃s] nf insignificance, unimportance.

insignifiant, e [ɛ̃siɲifjɑ̃, ɑ̃t] adj **1.** [sans intérêt] insignificant, trivial / *nous parlions de choses insignifiantes* we were engaged in idle chatter / *des gens insignifiants* insignificant ou unimportant people **2.** [minime] insignificant, negligible ▸ **erreur insignifiante** unimportant mistake ▸ **somme insignifiante** trifling ou petty sum.

insincère [ɛ̃sɛ̃sɛʀ] adj *litt* insincere, hypocritical.

insincérité [ɛ̃sɛ̃seʀite] nf *litt* insincerity, hypocrisy.

insinuant, e [ɛ̃sinɥɑ̃, ɑ̃t] adj [personne, ton] ingratiating / *il avait un odieux sourire insinuant* he had a horrible fawning smile.

insinuation [ɛ̃sinɥasjɔ̃] nf **1.** [allusion] insinuation, innuendo / *quelles sont ces insinuations?* what are you hinting at ou insinuating ou trying to suggest? **2.** DR insinuation.

insinuer [7] [ɛ̃sinɥe] vt to insinuate / *que veut-elle insinuer?* what's she hinting at ou trying to insinuate? / *insinuez-vous que je mens?* are you insinuating ou implying that I'm lying?
❖ **s'insinuer** vpi : *elle parvient à s'insinuer partout* she gets everywhere ▸ **s'insinuer dans a)** [suj : arôme, gaz] to creep in **b)** [suj : eau] to filter ou to seep in **c)** [suj : personne] to make one's way in, to infiltrate, to penetrate / *il s'insinua dans les familles les plus riches* he insinuated himself into the wealthiest families ▸ **s'insinuer dans les bonnes grâces de qqn** to insinuate o.s. into sb's favour, to curry favour with sb ▸ **le doute / une idée diabolique s'insinua en lui** doubt / an evil thought crept into his mind.

insipide [ɛ̃sipid] adj **1.** [sans goût] insipid, tasteless ▸ **l'eau est insipide** water has no taste ou doesn't taste of anything **2.** [sans relief - personne] insipid, bland, vapid ; [- conversation, livre] insipid, uninteresting, dull.

insipidité [ɛ̃sipidite] nf *sout* **1.** [absence de goût] insipidity, insipidness, tastelessness **2.** *fig* [ennui] insipidity, insipidness, tediousness.

insistance [ɛ̃sistɑ̃s] nf [obstination] insistence / *il lui demanda avec insistance de chanter* he insisted that she should sing ▸ **regarder qqn avec insistance** to stare at sb insistently / *son insistance à refuser* his insistence on refusing.

insistant, e [ɛ̃sistɑ̃, ɑ̃t] adj **1.** [persévérant] insistent / *elle se faisait de plus en plus insistante* she was growing more and more insistent ou demanding / *les sonneries insistantes du téléphone* the insistent ringing of the telephone **2.** [fort - parfum] pervasive, intrusive.

insister [3] [ɛ̃siste] vi **1.** [persévérer] to insist / *je ne vous dirai rien, inutile d'insister!* I'm not telling you anything, so there's no point pressing me any further! / *ça ne répond pas — insistez!* there's no answer — keep trying ou try again! / *il a tellement insisté que j'ai fini par accepter* he was so insistent about it that I ended up accepting / *il était en colère, alors je n'ai pas insisté* he was angry, so I didn't push the matter (any further) ou I didn't insist / *très bien, si vous insistez!* all right, if you insist! **2.** [demander instamment] to insist / *j'insiste pour que vous m'écoutiez jusqu'au bout* I insist that you hear me out.
❖ **insister sur** v + prép **1.** [mettre l'accent sur - idée, problème] to stress, to emphasize, to underline / *on ne saurait trop insister sur cette différence* this difference cannot be overemphasized / *si j'étais toi, je n'insisterais pas trop sur le salaire* if I were you, I wouldn't lay too much emphasis on the salary / *dans notre école, nous insistons beaucoup sur la discipline* in our school, we attach great importance to ou lay great stress on discipline **2.** [s'attarder sur - anecdote] to dwell on *(insép)* ; [- tache, défaut] to pay particular attention to / *mes années d'école, sur lesquelles je n'insisterai pas* my school years which I'd rather skate over ou I'd rather not dwell on / *appliquez ce produit sur votre tapis en insistant bien sur les taches* apply the product to your carpet, paying particular attention to stains.

in situ [insity] adv in situ.

insituable [ɛ̃sitɥabl] adj impossible to situate.

insociable [ɛ̃sɔsjabl] adj [farouche] unsociable ; [asocial] antisocial.

insolation [ɛ̃sɔlasjɔ̃] nf **1.** MÉD sunstroke, insolation *spéc* **2.** MÉTÉOR sunshine, insolation *spéc* / *avoir une faible insolation* to get very little sunshine **3.** PHOT exposure (to the light).

insolemment [ɛ̃sɔlamɑ̃] adv **1.** [avec arrogance] insolently, arrogantly **2.** [avec effronterie] unashamedly.

insolence [ɛ̃sɔlɑ̃s] nf **1.** [irrespect] insolence / *il était d'une telle insolence que nous l'avons renvoyé* he was so insolent that we fired him ▸ **avec insolence** insolently **2.** [remarque] insolent remark ; [acte] insolent act / *cette fois, elle a dit une insolence qui va lui coûter cher* this time she's going to pay for her insolent remarks **3.** [orgueil] arrogance / *son silence fut pris pour l'insolence d'une aristocrate déchue* her silence was mistaken for the high-handedness ou haughtiness of a fallen aristocrat / *l'insolence de l'argent* the arrogance that comes with wealth.

insolent, e [ɛ̃sɔlɑ̃, ɑ̃t] ◆ adj **1.** [impoli] insolent **2.** [arrogant] arrogant / *l'insolente arrogance de l'argent* the overweening pride that comes with wealth **3.** [extraordinaire - luxe, succès] outrageous / *vous avez eu une chance insolente* you've been outrageously ou incredibly lucky. ◆ nm, f insolent person / *petit insolent!* you impudent ou impertinent little boy! / *petite insolente!* you impudent ou impertinent little girl!

insoler [3] [ɛ̃sɔle] vt to expose to light, to insolate *spéc.*

insolite [ɛ̃sɔlit] ◆ adj unusual, strange. ◆ nm ▸ **l'insolite** the unusual, the bizarre.

insolubiliser [3] [ɛ̃sɔlybilize] vt to make insoluble.

insolubilité [ɛ̃sɔlybilite] nf insolubility, insolubleness.

insoluble [ɛ̃sɔlybl] adj **1.** CHIM insoluble **2.** [problème] insoluble, insolvable US / *le problème est insoluble si l'on utilise de telles méthodes* the problem can't be solved with such methods ▸ **c'est une situation insoluble** there's no solution to this situation.

insolvabilité [ɛ̃sɔlvabilite] nf insolvency.

insolvable [ɛ̃sɔlvabl] adj & nmf insolvent.

insomniaque [ɛ̃sɔmnjak] adj & nmf insomniac.

insomnie [ɛ̃sɔmni] nf insomnia *(U)* ▸ **des nuits d'insomnie** sleepless nights.

insondable [ɛ̃sɔ̃dabl] adj **1.** [impénétrable - desseins, mystère] unfathomable, impenetrable ; [- regard, visage] inscrutable **2.** [très profond] unfathomable / *une crevasse insondable* a seemingly bottomless crevasse **3.** [infini] abysmal / *il est d'une bêtise insondable* he's abysmally stupid.

insonore [ɛ̃sɔnɔʀ] adj soundproof, sound-insulated *spéc.*

insonorisation [ɛ̃sɔnɔʀizasjɔ̃] nf soundproofing, (sound) insulation.

insonoriser [3] [ɛ̃sɔnɔʀize] vt to soundproof, to insulate / *studio d'enregistrement insonorisé* soundproof recording studio / *pièce mal insonorisée* inadequately soundproofed room.

insonorité [ɛ̃sɔnɔʀite] nf lack of sonority.

insortable [ɛ̃sɔʀtabl] adj : *il est vraiment insortable!* you can't take him anywhere!

insouciance [ɛ̃susjɑ̃s] nf lack of concern, carefree attitude, casualness ▸ **avec insouciance** blithely, casually ▸ **vivre dans l'insouciance** to live a carefree ou untroubled existence / *en ce qui concerne l'argent, elle est d'une totale insouciance* she's got a totally carefree attitude towards money / *son insouciance à l'égard de ses études* his lack of concern for ou his happy-go-lucky attitude towards ou his easy-going attitude towards his studies ▸ **l'insouciance de la jeunesse** the frivolity of youth.

insouciant, e [ɛ̃susjɑ̃, ɑ̃t] adj **1.** [nonchalant] carefree, unconcerned, casual / *êtes-vous toujours aussi insouciant lorsqu'il s'agit d'argent?* are you always so casual ou easy-going with money? **2.** ▸ **insouciant de** [indifférent à] : *insouciant du danger* oblivious of ou to the danger ▸ **insouciant de l'avenir** indifferent to ou unconcerned about the future / *insouciant de sa santé* unconcerned about one's health.

insoucieux, euse [ɛ̃susjø, øz] adj *litt* carefree, unconcerned / *être insoucieux du lendemain* to be unmindful ou heedless of what tomorrow may bring.

insoumis, e [ɛ̃sumi, iz] adj **1.** [indiscipliné - jeunesse, partisan] rebellious ; [- enfant] unruly, refractory *sout* **2.** [révolté - tribu] rebel, rebellious ; [- pays] unsubdued, undefeated, rebellious **3.** MIL ▸ **soldat insoumis a)** [réfractaire au service militaire] draft dodger US **b)** [déserteur] soldier absent without leave.
❖ **insoumis** nm [réfractaire au service militaire] draft dodger US ; [déserteur] soldier absent without leave.

insoumission [ɛ̃sumisjɔ̃] nf **1.** [indiscipline] rebelliousness, insubordination **2.** [révolte] rebelliousness, rebellion / *un régiment était encore en état d'insoumission* one regiment was still in open rebellion **3.** MIL [objection] draft-dodging ; [désertion] absence without leave.

insoupçonnable [ɛ̃supsɔnabl] adj above suspicion.

insoupçonné, e [ɛ̃supsɔne] adj [vérité] unsuspected ; [richesses] undreamt-of, unheard-of / *un trésor d'une valeur insoupçonnée* treasure which nobody expected to be so valuable.

insoutenable [ɛ̃sutnabl] adj **1.** [insupportable - douleur, scène, température] unbearable, unendurable ; [- lumière] blinding / **'l'Insoutenable Légèreté de l'être'** *Kundera* 'The Unbearable Lightness of Being' **2.** [impossible à soutenir - concurrence, lutte] unsustainable **3.** [indéfendable - opinion, thèse] untenable, unsustainable ; [- position] indefensible.

inspecter [4] [ɛ̃spɛkte] vt **1.** [contrôler - appartement, bagages, engin, travaux] to inspect, to examine ; [MIL - troupes] to review, to inspect ; [- école, professeur] to inspect **2.** [scruter] to inspect ▸ **inspecter qqn des pieds à la tête** to examine sb from head to foot.

inspecteur, trice [ɛ̃spɛktœʀ, tʀis] nm, f **1.** [contrôleur] inspector ▸ **inspecteur général** MIL inspector general ▸ **inspecteur (général) des Finances** ≃ general auditor *(of the Treasury with special responsibilities)* UK ; ≃ Internal Revenue agent US ▸ **inspecteur des impôts** FIN tax inspector ▸ **inspecteur des mines** inspector of mines ▸ **inspecteur du travail** factory inspector ▸ **c'est un vrai inspecteur des travaux finis!** *fig & hum* he always turns up when the work's done! ▸ **inspecteur sanitaire public** health officer UK, health inspector US **2.** [policier] inspector, detective / *un inspecteur de la brigade criminelle* a detective from the crime squad / *excusez-moi inspecteur, mais j'ai trouvé la balle* excuse me, inspector, but I've found the bullet ▸ **inspecteur de police** detective sergeant UK, lieutenant US ▸ **inspecteur principal** ≃ detective inspector **3.** ENS ▸ **inspecteur d'Académie** ≃ inspector of schools UK ; ≃ Accreditation officer US / *inspecteur de l'Éducation nationale* schools inspector **4.** *(comme adj)* DR ▸ **magistrat inspecteur** visiting magistrate.

inspection [ɛ̃spɛksjɔ̃] nf **1.** [vérification] inspection ; [surveillance] overseeing, supervising / *ils se livrèrent à une inspection de la voiture* they inspected the car / *ils se livrèrent à une inspection détaillée du véhicule* they searched the vehicle thoroughly / *les douaniers soumirent la valise / le passager à une inspection en règle* the customs officers subjected the suitcase / the passenger to a thorough search / *après inspection, le dossier se révéla être un faux* on inspection, the file turned out to be a forgery ▸ **passer une inspection a)** [l'organiser] to carry out an inspection, to inspect **b)** [la subir] to undergo an inspection, to be inspected ▸ **passer l'inspection** [être en règle] to pass (the test) / *prêt pour l'inspection!* MIL ready for inspection! **2.** ADMIN inspectorate ▸ **inspection académique** ≃ Schools Inspectorate UK ; ≃ Accreditation Agency US ▸ **inspection générale des Finances** *government department responsible for monitoring the financial affairs of state bodies* ▸ **inspection des impôts** ≃ Inland Revenue UK ; ≃ Internal Revenue Service US ▸ **inspection du travail** ≃ Health and Safety Executive UK ; ≃ Labor Board US **3.** [inspectorat] inspectorship.

inspectorat [ɛ̃spɛktɔʀa] nm [charge] inspectorate ; [durée] inspectorship / *pendant son inspectorat* while she was an inspector.

inspirant, e [ɛ̃spiʀɑ̃, ɑ̃t] adj *fam* inspiring / *je ne trouve pas ça très inspirant* I don't find it particularly inspiring.

inspirateur, trice [ɛ̃spiʀatœʀ, tʀis] ◆ adj **1.** [inspirant] inspiring **2.** ANAT inspiratory ▸ **muscles inspirateurs** inspiratory muscles. ◆ nm, f **1.** [guide] inspirer / *la religion est la principale inspiratrice de leur mouvement* religion is the main driving force behind their movement **2.** [instigateur] instigator / *l'inspirateur d'un complot* the instigator of ou the person behind a plot.

❖ **inspiratrice** nf [égérie] muse, inspiration.

inspiration [ɛ̃spiʀasjɔ̃] nf **1.** [esprit créatif] inspiration / *tirer son inspiration de, trouver son inspiration dans* to draw (one's) inspiration from / *elle a manqué d'inspiration* she lacked inspiration ou wasn't much inspired / *je n'ai pas d'inspiration ce matin* I don't feel inspired ou I don't have any inspiration this morning / *musique pleine d'inspiration* inspired music **2.** [idée, envie] inspiration, (bright) idea, brainwave UK, brainstorm US / *agir selon l'inspiration du moment* to act on the spur of the moment / *j'ai eu l'inspiration de rentrer au bon moment* I had the bright idea of coming home at the right time **3.** [influence] influence, instigation / *c'est sous son inspiration que le syndicat a été créé* the union was created at his instigation / *une architecture d'inspiration nordique* an architecture with a Scandinavian influence, a Scandinavian-inspired architecture **4.** PHYSIOL breathing in, inspiration *spéc* **5.** RELIG inspiration.

inspiratoire [ɛ̃spiʀatwaʀ] adj inspiratory.

inspiré, e [ɛ̃spiʀe] ◆ adj **1.** [artiste, air, livre] inspired **2.** [avisé] : *j'ai été bien inspiré de lui résister* I was well-advised to resist him, I did the right thing in resisting him / *tu as été bien inspiré de venir me voir aujourd'hui* you did well to come and see me today. ◆ nm, f **1.** [mystique] mystic, visionary **2.** *péj* [illuminé] crank.

inspirer [3] [ɛ̃spiʀe] ◆ vt **1.** [provoquer - décision, sentiment] to inspire ; [- remarque] to inspire, to give rise to *(insép)* ; [- conduite] to prompt ; [- complot] to instigate / *il m'inspire de la haine / du mépris* he inspires me with hatred / with contempt ▸ **inspirer confiance à qqn** to inspire confidence in sb, to inspire sb with confidence / *cette viande ne m'inspire pas confiance!* I don't much like the look of that meat! / *son état n'inspire pas d'inquiétude* his health gives no cause for concern / *cette réponse lui a été inspirée par la jalousie* his answer was inspired ou prompted ou dictated by jealousy / *le texte m'inspire plusieurs réflexions* the text inspires ou leads me to make several remarks / *sa fille lui a inspiré ses plus belles chansons* his daughter gave him the inspiration for his best songs **2.** [influencer - œuvre, personne] to inspire / *le fait historique qui l'a inspiré pour ce dessin* the historical event which inspired him to do this drawing / *le sujet de dissertation ne m'inspire guère!* the subject of the essay doesn't really fire my imagination! **3.** [aspirer - air, gaz] to breathe in *(sép)*, to inspire *spéc* / *inspirer de l'air* to breathe air. ◆ vi to breathe in, to inspire *spéc*.

❖ **s'inspirer de** vp + prép to draw one's inspiration from, to be inspired by.

instabilité [ɛ̃stabilite] nf **1.** CHIM & PHYS instability **2.** [précarité] instability, precariousness / *l'instabilité du gouvernement* the instability of the government **3.** PSYCHOL instability.

instable [ɛ̃stabl] ◆ adj **1.** [branlant] unsteady, unstable ; [glissant - terrain] unstable, shifting ▸ **être en équilibre instable** to be balanced precariously **2.** [fluctuant - situation, régime politique, prix] unstable ; [- personnalité] unsteady, unreliable ; [- population] shifting, unsettled, unstable ; [- temps] unsettled **3.** CHIM, PHYS & PSYCHOL unstable. ◆ nmf unreliable ou unsteady person ; PSYCHOL unstable person.

installateur, trice [ɛ̃stalatœʀ, tʀis] nm, f [d'appareils sanitaires] fitter ; ÉLECTR, RADIO & TV installer.

installation [ɛ̃stalasjɔ̃] nf **1.** [dispositif, équipement] installation ; [aménagement] set-up ▸ **une installation de fortune** a makeshift set-up ▸ **installation électrique** wiring ▸ **installation informatique** computer facility ▸ **installation téléphonique** telephone installation **2.** [d'un dentiste, d'un médecin] setting up (practice) ; [d'un commerçant] opening, setting up (shop) ; [d'un locataire] moving in / *je fais une fête pour célébrer mon installation* I'm having a house warming (party) **3.** [mise en service - de l'électricité, du gaz, du chauffage] installation, installing, putting in ; [- d'un appareil ménager] installation, installing ; [- d'une grue] setting up ; [- d'une antenne] installing ; [- d'une cuisine, d'un atelier, d'un laboratoire] fitting out / *qui a fait l'installation de la prise / du lave-linge?* who wired the socket / plumbed in the washing machine? / *refaire l'installation électrique (d'une maison)* to rewire (a house) **4.** INFORM [d'un programme] installation **5.** [implantation - d'une usine] setting up.

❖ **installations** nfpl [dans une usine] machinery and equipment ; [complexe, bâtiment] installations ▸ **installations portuaires** port installations.

installé, e [ɛ̃stale] adj **1.** [aisé] well-off, established / *les gens installés* the comfortably well-off **2.** [aménagé] : *un laboratoire bien / mal installé* a well / badly equipped laboratory / *elle est bien installée* she has a really nice place / *ils sont mal installés* their place isn't very comfortable.

installer [3] [ɛ̃stale] vt **1.** [mettre en service - chauffage, eau, gaz, électricité, téléphone] to install, to put in *(sép)* ; [- appareil ménager] to install ▸ **nous avons dû faire installer l'eau / le gaz / l'électricité** we had to have the water laid on / the gas put in / the house wired **2.** [mettre en place - meuble] to put in *(sép)* ; [- tente] to put up *(sép)*, to pitch ; [- barrière] to put up *(sép)*, to erect ; [- campement] to set up *(sép)* ; [- troupes] to position / *j'ai installé deux appliques au-dessus du lit* I've put in ou fixed ou installed two wall-lamps above the bed **3.** [faire asseoir, allonger] to put, to place / *n'installez pas les enfants sur la banquette avant* don't put the children in the front ▸ **installez-le sur la civière** lay him down on the stretcher / *une fois qu'il est installé devant la télévision, il n'y a plus moyen de lui parler* once he's settled himself down ou planted himself ou installed (himself) in front of the TV, there's no talking to him **4.** [pièce, logement - aménager] to fit out *(sép)* ; [- disposer] to lay out *(sép)* / *nous avons installé la salle de jeu au grenier* we've turned the attic into a playroom / *comment le dortoir est-il installé?* how is the dormitory laid out? **5.** [loger - jeune couple] to set up *(sép)* ; [- visiteur] to put up *(sép)*, to install *sout* / *les blessés furent installés dans la tour* the wounded were accommodated ou put in the tower **6.** INFORM [programme] to install **7.** [implanter] : *installer une usine à la campagne* to set up a factory in the countryside **8.** ADMIN to install ▸ **installer qqn dans ses fonctions** to install sb in his / her post.

❖ **s'installer** vpi **1.** [s'asseoir, s'allonger] : *il s'est installé à la terrasse d'un café* he sat down outside a pavement café / *installez-vous comme il faut, je reviens tout de suite* make yourself comfortable ou at home, I'll be right back / *s'installer au volant* to sit at the wheel / *s'installer dans un canapé* to settle down on a couch **2.** [s'implanter - cirque, marché] to (be) set up ; [- usine] to be set up / *quand nous nous sommes installés* when we settled in / *s'installer à la campagne* [emménager] to set up house ou to go and live ou to settle in the country / *s'installer dans une maison* to move into a house / *je m'installai dans un petit hôtel* I put up at a small hotel / *s'installer dans de nouveaux bureaux* **a)** [entreprise] to move into new offices **b)** [employés] to move into one's new offices / *si ça continue, elle va finir par s'installer chez moi!* if this goes on, she'll end up moving in (permanently)! **3.** [pour exercer - médecin, dentiste] to set up a practice ; [- commerçant] to set up shop, to open ▸ **s'installer à son compte** to set up one's own business ou on one's own / *quand je me suis installé, la clientèle était rare* when I started, there weren't many customers **4.** [se fixer - statu quo] to become established ; [- maladie] to take a hold ou a grip ; [- doute, peur] to creep in ; [- silence] to take over / *il s'est installé dans le mensonge* he's become an habitual liar, he's well used to lying / *l'idée de la mort s'installa en elle et ne la quitta plus* the thought of death took a hold on her mind and never left her again / *le pays s'installe peu à peu dans la crise* the country is gradually learning to live with the crisis.

⚠ **To install** ne doit pas être employé systématiquement pour traduire installer, comme le montre l'article.

instamment [ɛ̃stamɑ̃] adv *sout* insistently ▸ **demander instamment que** to insist that.

instance [ɛ̃stɑ̃s] nf **1.** [organisme] authority / *les instances économiques / communautaires* the economic / EU authorities / *les instances dirigeantes* the ruling body / *les plus hautes instances du parti* the leading bodies of the party / *le dossier sera traité par une instance supérieure* the file will be dealt with at a higher level ou by a higher authority **2.** DR (legal) proceedings / *introduire une instance* to start ou to institute proceedings ▸ **en première instance** on first hearing ▸ **en seconde instance** on appeal **3.** *litt* [insistance] insistence ▸ **avec instance** earnestly, with insistence **4.** PSYCHOL psychic apparatus.

❖ **instances** nfpl *sout* entreaties / *sur* ou *devant les instances de son père, il finit par accepter* in the face of his father's entreaties ou pleas, he eventually accepted.

❖ **en dernière instance** loc adv in the last analysis.

❖ **en instance** loc adj [dossier] pending, waiting to be dealt with ; DR [affaire] pending, sub judice UK ; [courrier] ready for posting.

❖ **en instance de** loc prép : *être en instance de divorce* to be waiting for a divorce ou in the middle of divorce proceedings / *prisonnier en instance de libération* prisoner waiting for ou pending release.

instant[1] [ɛ̃stɑ̃] nm **1.** [courte durée] moment, instant / *pendant un instant, j'ai cru que c'était elle* for a moment ou an instant, I thought it was her / *il s'arrêta un instant* he stopped for a moment ▸ **j'ai pensé, pendant un instant** ou **l'espace d'un instant, que...** for half a minute ou for a split second, I thought that... / *as-tu pensé un instant au danger?* didn't it cross your mind for one moment that it was dangerous? / *il ne s'est pas demandé un instant ce qui pouvait arriver* he never asked himself once what might happen / *je n'en doute pas un seul instant* I don't doubt it at all, I've never doubted it for a minute ▸ **(attendez) un instant!** just a moment!, just a second! / *je reviens dans un instant* I'll be right back, I'll be back in a minute ▸ **c'est l'affaire d'un instant** it won't take a minute / *c'est prêt en un instant* it's ready in an instant ou in no time at all **2.** [moment précis] moment ▸ **l'instant suprême** the supreme moment.

❖ **à l'instant (même)** loc adv this instant, this minute / *je suis rentré à l'instant (même)* I've just (this minute ou second) come in / *je l'apprends à l'instant (même)* I've just this moment heard about it / *nous devons partir à l'instant (même)* we must leave right now ou this instant ou this very minute *sout* / *à l'instant (même) où je m'apprêtais à partir* just as I was about to leave.

❖ **à tout instant** loc adv [continuellement] all the time ; [d'une minute à l'autre] any time (now), any minute.

❖ **dans l'instant** loc adv at this moment, instantly.

❖ **de tous les instants** loc adj constant.

❖ **dès l'instant que** loc conj [si] if ; [puisque] since ; [aussitôt que] as soon as, from the moment / *dès l'instant que tu me le promets* as long as you promise me.

❖ **par instants** loc adv at times, from time to time.

❖ **pour l'instant** loc adv for the moment, for the time being.

instant[2], e [ɛ̃stɑ̃, ɑ̃t] adj *litt* pressing, urgent, insistent.

instantané, e [ɛ̃stɑ̃tane] adj **1.** [immédiat] instantaneous / *la mort a été instantanée* death was instantaneous / *sa réponse a été instantanée* his answer was instantaneous ou immediate **2.** [soluble] ▸ **café instantané** instant coffee **3.** PHOT ▸ **cliché instantané** snapshot.

❖ **instantané** nm snap, snapshot.

instantanéité [ɛ̃stɑ̃taneite] nf *sout* immediacy.

instantanément [ɛ̃stɑ̃tanemɑ̃] adv instantaneously, instantly / *ce produit se dissout instantanément dans l'eau* this product dissolves instantly in water.

instar [ɛ̃staʀ] ❖ **à l'instar de** loc prép *sout* following (the example of) / *à l'instar de ses parents, il sera enseignant* like his parents, he's going to be a teacher.

instaurateur, trice [ɛ̃stɔʀatœʀ, tʀis] nm, f *litt* founder, establisher, creator.

instauration [ɛ̃stɔʀasjɔ̃] nf institution, foundation, establishing.

instaurer [3] [ɛ̃stɔʀe] vt to institute, to found, to establish ▸ **instaurer un régime** to set up a regime / *instaurer une nouvelle mode* to introduce ou to start a new fashion / *instaurer le couvre-feu dans une ville* to impose a curfew in a town ; *fig* [peur, confiance] to instil UK, to instill US.

instigateur, trice [ɛ̃stigatœʀ, tʀis] nm, f instigator / *il nie être l'instigateur du crime* he denies being behind the crime ou being the instigator of the crime / *l'association ainsi créée sera l'instigatrice d'une nouvelle politique* the association thus created will initiate new policy decisions.

instigation [ɛ̃stigasjɔ̃] nf instigation ▸ **à** ou **sur l'instigation de qqn** at sb's instigation.

instiguer [3] [ɛ̃stige] vt BELG to incite / *ils ont été instigués à se mettre en grève* they were incited to go on strike.

instillation [ɛ̃stilasjɔ̃] nf instillation.

instiller [3] [ɛ̃stile] vt **1.** MÉD to instil / *instiller un liquide dans l'œil* to drop ou to instil a liquid into the eye **2.** *litt* [insuffler] to instil UK, to instill US ▸ **instiller le doute dans l'esprit de qqn** to instil doubt into sb's mind.

instinct [ɛ̃stɛ̃] nm **1.** PSYCHOL & ZOOL instinct ▸ **instinct de conservation** instinct of self-preservation ▸ **instinct maternel** maternal instinct **2.** [intuition] instinct / *il eut l'instinct de parer le coup* he instinctively fended off the blow / *se fier à son instinct* to trust one's instincts ou intuition **3.** [don] instinct / *elle a l'instinct de la scène* she has a natural talent ou an instinct for the stage.

❖ **d'instinct** loc adv instinctively, by instinct.

❖ **par instinct** loc adv **1.** PSYCHOL & ZOOL instinctively, by instinct **2.** [intuitivement] instinctively.

instinctif, ive [ɛ̃stɛ̃ktif, iv] ◆ adj **1.** [irraisonné] instinctive ▸ **antipathie instinctive** instinctive dislike **2.** [machinal] : *si je vois un gâteau, je le mange, c'est instinctif!* if I see a cake, I eat it, I can't help it! **3.** [impulsif] instinctive, impulsive, spontaneous / *c'est un être instinctif* he's a creature of instinct. ◆ nm, f instinctive person.

instinctivement [ɛ̃stɛ̃ktivmɑ̃] adv instinctively.

instinctuel, elle [ɛ̃stɛ̃ktɥɛl] adj instinctual.

instit [ɛ̃stit] nmf *fam* primary school teacher.

instituer [7] [ɛ̃stitɥe] vt **1.** [instaurer, créer] to institute, to establish / *instituer un nouvel impôt* to institute a new tax / *le ministre a institué une commission d'enquête* the minister set up a commission of inquiry **2.** DR [désigner - héritier] to institute, to appoint.

❖ **s'instituer** vpi **1.** [se désigner] to set o.s. up / *il s'est institué (comme) arbitre de leur querelle* he set himself up as the arbitrator of their quarrel **2.** [s'établir] to be ou to become established / *des relations durables se sont instituées entre les deux pays* a lasting relationship was established between the two countries.

institut [ɛ̃stity] nm [établissement] institute / *institut de recherches / scientifique* research / scientific institute ▸ **institut de beauté** beauty salon ou parlour ▸ **institut capillaire** hairdressing salon ▸ **institut d'émission** BANQUE central note-issuing authority ▸ **institut médico-légal** mortuary ▸ **l'Institut catholique de Paris** *large private university in Paris* ▸ **l'Institut d'études politiques** *grande école for political sciences in Paris, commonly called "Sciences-Po"* ▸ **l'Institut du monde arabe** *Arab cultural centre and library in Paris* ▸ **institut de recherche** research institute ▸ **institut universitaire de formation des maîtres** *teacher training college* ▸ **institut universitaire de technologie** ≃ polytechnic UK ; ≃ technical school US.

❖ **Institut (de France)** npr m : *l'Institut de France* the Institut de France ; ≃ the Royal Society UK ; ≃ the National Science Foundation US.

 **L'Institut de France**

L'Institut, as it is commonly known, is a learned society which includes the five **Académies** (the **Académie française** being one of them). Its headquarters are in the building of the same name on the banks of the Seine in Paris.

instituteur, trice [ɛ̃stitytœʀ, tʀis] nm, f **1.** [de maternelle] (nursery school) teacher ; [d'école primaire] (primary school) teacher ▸ **demande à ton institutrice** ask your teacher **2.** *vieilli* [précepteur, gouvernante] tutor (governess).

institution [ɛ̃stitysjɔ̃] nf **1.** [établissement privé] institution / *institution pour les aveugles* institution ou school for the blind / *ils ont mis la vieille dame dans une institution* they put the old lady into a home ▸ **institution religieuse a)** [catholique] Catholic school **b)** [autre] denominational school **2.** [coutume] institution / *l'institution du mariage* the institution of marriage / *ici le repos dominical est une véritable institution* Sunday as a day of rest is a real institution here **3.** [mise en place] institution, establishment ; [d'une loi] introduction ; [d'une règle] laying down **4.** DR : *institution d'un héritier* appointment ou institution of an heir ▸ **institution contractuelle** conventional designation *(of an heir)* **5.** RELIG ▸ **institution d'un évêque** institution of a bishop ▸ **institution canonique** institution.

❖ **institutions** nfpl institutions ▸ **les institutions politiques** political institutions / *se battre contre les institutions (établies)* to fight the established institutions.

institutionnalisation [ɛ̃stitysjɔnalizasjɔ̃] nf institutionalization.

institutionnaliser [3] [ɛ̃stitysjɔnalize] vt to institutionalize.

institutionnalisme [ɛ̃stitysjɔnalism] nm institutionalism.

institutionnel, elle [ɛ̃stitysjɔnɛl] adj institutional.

institutrice [ɛ̃stitytʀis] f ⟶ **instituteur.**

instructeur, trice [ɛ̃stʀyktœʀ, tʀis] nm, f instructor.

❖ **instructeur** ◆ nm AÉRON (flying) instructor ; MIL instructor. ◆ adj m ▸ **sergent instructeur** drill sergeant.

instructif, ive [ɛ̃stʀyktif, iv] adj informative, instructive / *j'ai trouvé l'émission instructive* I thought the programme was informative ou instructive / *c'est très instructif d'écouter aux portes!* *hum* you learn a lot listening at keyholes!

instruction [ɛ̃stʀyksjɔ̃] nf **1.** *vieilli* [culture] (general) education / *il a une solide instruction* he has a good general level of education / *elle a beaucoup d'instruction* she's well-educated ▸ **manquer d'instruction** to be uneducated, to lack education **2.** [formation] education, teaching / *il se charge de l'instruction de ses enfants* he is taking care of his children's education himself / *l'instruction que j'ai reçue à l'école* the teaching ou education I was given at school ▸ **instruction militaire** MIL military training ▸ **instruction religieuse a)** [gén] religious education **b)** ENS religious instruction **3.** DR preliminary investigation ou inquiry *(of a case by an examining magistrate)* / *qui est chargé de l'instruction?* who's setting up the inquiry? **4.** INFORM instruction, statement ▸ **jeu d'instructions** instruction set **5.** [ordre] instruction / *donner / recevoir des instructions* to give / to receive instructions / *sur les instructions de ses supérieurs* following orders from his superiors **6.** ADMIN [circulaire] directive.

❖ **instructions** nfpl [d'un fabricant] instructions, directions ▸ **instructions de montage** instructions ou directions for assembly.

instruire [98] [ɛ̃stʀɥiʀ] ◆ vt **1.** [enseigner à] to teach, to instruct ; [former] to educate ; MIL [recrue] to train / *une émission destinée à instruire en distrayant* a programme designed to be both entertaining and educational ▸ **instruit par l'expérience** taught by experience **2.** *sout* [aviser] ▸ **instruire qqn de qqch** to inform sb of sthg, to acquaint sb with sthg / *il était à peine instruit de la situation* he was barely acquainted with the situation **3.** DR ▸ **instruire une affaire** ou **un dossier** to set up a preliminary inquiry. ◆ vi DR ▸ **instruire contre qqn** to set up a preliminary inquiry against sb.

❖ **s'instruire** ◆ vp *(emploi réfléchi)* [se cultiver] to educate o.s., to improve one's mind / *il s'est instruit tout seul* he's a self-educated man. ◆ vpi [apprendre] to learn / *on s'instruit à tout âge* it's never too late to learn.

❖ **s'instruire de** vp + prép ▸ **s'instruire de qqch** to (try to) obtain information about sthg, to find out about sthg ▸ **s'instruire de qqch auprès de qqn** to inquire of sb about sthg *sout*, to ask sb about sthg.

instruit, e [ɛ̃stʀɥi, it] adj well-educated, educated / *un homme instruit* an educated man / *les gens instruits* educated people.

instrument [ɛ̃stʀymɑ̃] nm **1.** [outil, matériel] instrument ▸ **instrument tranchant** edged ou cutting tool ▸ **naviguer aux instruments** to fly on instruments ▸ **instruments aratoires** ploughing implements ▸ **instruments de bord** instruments ▸ **instrument de mesure / d'observation** measuring / observation instrument ▸ **un instrument de torture** an instrument of torture ▸ **instrument de travail** tool / *c'est un de mes instruments de travail* it's a tool of my trade **2.** MUS ▸ **instrument (de musique)** (musical) instrument ▸ **instrument à cordes / à percussion / à vent** string / percussion / wind instrument **3.** *fig* [agent] instrument, tool / *la télévision est-elle un instrument de propagande?* is television an instrument of propaganda? ▸ **être l'instrument de qqn** to be sb's instrument ou tool ▸ **être l'instrument de** to bring about / *il fut l'instrument de leur ruine* he brought about their ruin / *il fut l'un des instruments de leur ruine* he was instrumental in their ruin **4.** DR instrument.

instrumentaire [ɛ̃stʀymɑ̃tɛʀ] adj ⟶ **témoin.**

instrumental, e, aux [ɛ̃stʀymɑ̃tal, o] adj instrumental.

❖ **instrumental** nm LING instrumental (case).

instrumentalisation [ɛ̃stʀymɑ̃talizasjɔ̃] nf manipulation.

instrumentaliser [3] [ɛ̃stʀymɑ̃talize] vt to use, to manipulate.

instrumentalisme [ɛ̃stʀymɑ̃talism] nm instrumentalism.

instrumentation [ɛ̃stʀymɑ̃tasjɔ̃] nf **1.** MUS orchestration, instrumentation **2.** TECHNOL instrumentation.

instrumenter [3] [ɛ̃stʀymɑ̃te] ◆ vi to draw up an official document. ◆ vt **1.** MUS to orchestrate, to score (for instruments) **2.** TRAV PUB to instrument.

instrumentiste [ɛ̃stʀymɑ̃tist] nmf **1.** MUS instrumentalist **2.** MÉD theatre nurse.

insu [ɛ̃sy] ❖ **à l'insu de** loc prép **1.** [sans être vu de] without the knowledge of, unbeknown ou unbeknownst to / *sortir à l'insu de ses parents* to go out without one's parents' knowing ou knowledge / *à l'insu de tout le monde, il s'était glissé dans la cuisine* he'd slipped unnoticed into the kitchen **2.** ▸ **à mon / son insu** [sans m'en/s'en apercevoir] unwittingly, without being aware of it / *lentement, presque à mon insu, je m'habituais à la pauvreté* gradually, almost without realizing it ou without my being aware of it, I was growing accustomed to poverty.

insubmersibilité [ɛ̃sybmɛʀsibilite] nf insubmersibility.

insubmersible [ɛ̃sybmɛʀsibl] adj [canot] insubmersible ; [jouet] unsinkable.

insubordination [ɛ̃sybɔʀdinasjɔ̃] nf insubordination.

insubordonné, e [ɛ̃sybɔʀdɔne] adj insubordinate.

insuccès [ɛ̃syksɛ] nm failure / *l'insuccès de la pièce* the failure of the play / *son insuccès aux élections l'a découragé* his poor performance at the polls has discouraged him.

insuffisamment [ɛ̃syfizamɑ̃] adv insufficiently, inadequately ▸ **insuffisamment nourri** underfed / *des vêtements insuffisamment rincés* clothes that haven't been thoroughly rinsed / *le chapitre sur l'Amérique latine est insuffisamment documenté* the chapter on Latin America isn't sufficiently documented.

insuffisance [ɛ̃syfizɑ̃s] nf **1.** [manque] insufficiency, deficiency / *insuffisance de ressources* lack of ou insufficient resources / *l'insuffisance de la production industrielle* the inadequacy of industrial production **2.** [point faible] weakness, deficiency / *ses insuffisances en matière de pathologie* his lack of knowledge of pathology **3.** MÉD ▸ **elle est morte d'une insuffisance cardiaque** she died from heart failure ▸ **insuffisance organique** organic insufficiency ou dysfunction ▸ **insuffisance rénale** kidney failure ou insufficiency *spéc.*

insuffisant, e [ɛ̃syfizɑ̃, ɑ̃t] adj **1.** [en quantité] insufficient / *nous avons des effectifs insuffisants* our numbers are too low, we're understaffed / *c'est insuffisant pour ouvrir un compte* it's not enough to open an account **2.** [en qualité] inadequate / *des résultats insuffisants en mathématiques* inadequate results in mathematics **3.** [inapte] incompetent / *on l'a jugé insuffisant pour ce travail* he's been deemed incompetent or unfit for this job / *la plupart de nos élèves sont insuffisants en langues* most of our pupils are poor ou weak at languages.

insufflateur [ɛ̃syflatœʀ] nm **1.** MÉD insufflator **2.** TECHNOL blower.

insufflation [ɛ̃syflasjɔ̃] nf MÉD insufflation.

insuffler [3] [ɛ̃syfle] vt **1.** MÉD & TECHNOL to insufflate / *insuffler de l'air dans un corps* to blow ou to insufflate air into a body **2.** *sout* [inspirer] ▸ **insuffler qqch à qqn** to instil sthg in sb, to infuse sb with sthg / *la terreur lui insuffla du courage* terror inspired her to be brave.

insulaire [ɛ̃sylɛʀ] ◆ adj island *(modif)*, insular / *la population insulaire* the population of the island, the island population. ◆ nmf islander.

insularité [ɛ̃sylaʀite] nf **1.** GÉOGR insularity / *leur insularité en fait des gens à part* the fact that they live on an island sets them apart **2.** *péj* [étroitesse d'esprit] insularity.

insuline [ɛ̃sylin] nf insulin.

insulinodépendant, e [ɛ̃sylinɔdepɑ̃dɑ̃, ɑ̃t] adj insulin dependent.

insulinothérapie [ɛ̃sylinɔteʀapi] nf insulin ou insulin-based treatment *(for diabetes)*.

insultant, e [ɛ̃syltɑ̃, ɑ̃t] adj insulting / *c'est insultant pour moi* it's an insult to me, I'm insulted by it.

insulte [ɛ̃sylt] nf **1.** [parole blessante] insult / *je n'ai pas relevé l'insulte* I didn't react ▸ **lancer des insultes à qqn** to throw abuse at sb **2.** *fig & sout* [atteinte, outrage] insult / *c'est une insulte à sa mémoire* it's an insult to his memory / *une insulte au bon sens* an insult to common sense.

insulté, e [ɛ̃sylte] ◆ adj insulted / *tu crois qu'elle s'est sentie insultée?* do you think she felt insulted ou offended? ◆ nm, f ▸ **l'insulté** the injured party.

insulter [ɛ̃sylte] vt to insult / *il m'a insulté* he insulted me / *se faire insulter* to be insulted ▸ **insulter la mémoire de qqn** to insult sb's memory.

insulteur, euse [ɛ̃syltœʀ, øz] nm, f insulter.

insupportable [ɛ̃sypɔʀtabl] adj **1.** [insoutenable -démangeaison, vision] unbearable, unendurable ; [-bruit] unbearable, insufferable ; [-lumière] unbearably bright ; [-situation] intolerable / *sans toi, la vie m'est insupportable* without you, life is more than I can bear ou is too hard to bear / *l'idée de tuer un animal lui est insupportable* he can't bear the idea of killing an animal **2.** [turbulent -enfant, élève] impossible, insufferable, unbearable / *tu es insupportable, si tu continues tu vas au lit!* you're being impossible, if you don't stop you're off to bed!

insupporter [3] [ɛ̃sypɔʀte] vt : *il m'insupporte!* I can't stand him!

insurgé, e [ɛ̃syʀʒe] adj insurgent *(avant nom)*.

❖ **insurgé** nm insurgent.

insurger [17] [ɛ̃syʀʒe] ❖ **s'insurger** vpi ▸ **s'insurger contre qqn** to rise up ou to rebel against sb ▸ **s'insurger contre qqch** to rebel against ou to strongly oppose sthg / *la nature humaine ne peut que s'insurger devant un tel crime* human nature cannot but rise up in protest before such a crime.

insurmontable [ɛ̃syʀmɔ̃tabl] adj **1.** [infranchissable -obstacle] insurmountable, insuperable **2.** [invincible -aversion, angoisse] uncontrollable, unconquerable.

insurpassable [ɛ̃syʀpasabl] adj unsurpassable.

insurrection [ɛ̃syʀɛksjɔ̃] nf **1.** [révolte] insurrection / *le pays était en pleine insurrection* the country was in a state of open insurrection ▸ **insurrection armée** armed insurrection **2.** *litt* [indignation] revolt, rising up.

insurrectionnel, elle [ɛ̃syʀɛksjɔnɛl] adj insurrectionary, insurrectional.

intact, e [ɛ̃takt] adj [réputation, économies] intact / *le paquet est arrivé intact* the parcel arrived in one piece ou intact / *je veux garder mon capital intact* I want to keep my capital intact, I don't want to touch my capital ▸ **le problème reste intact** the problem remains unsolved.

intaille [ɛ̃taj] nf intaglio.

intangibilité [ɛ̃tɑ̃ʒibilite] nf intangibility / *intangibilité d'une loi* inviolability of a law.

intangible [ɛ̃tɑ̃ʒibl] adj **1.** [impalpable] intangible **2.** [inviolable] inviolable, sacred, sacrosanct.

intarissable [ɛ̃taʀisabl] adj **1.** [inépuisable -source] inexhaustible, unlimited ; [-mine] inexhaustible ; [-imagination] inexhaustible, boundless, limitless **2.** [bavard] inexhaustible, unstoppable, tireless / *sur le vin, il est intarissable* if you get him talking on wine, he'll go on for ever.

intarissablement [ɛ̃taʀisabləmɑ̃] adv inexhaustibly / *il discourait intarissablement* he was going on and on.

intégrable [ɛ̃tegʀabl] adj [appareil] integrated.

intégral, e, aux [ɛ̃tegʀal, o] adj **1.** [complet] complete / *édition intégrale des poèmes de Donne* collected poems of Donne / *remboursement intégral d'une dette* full ou complete repayment of a debt / *la somme intégrale de vos dépenses s'élève à 180 euros* your expenses amount to 180 euros ▸ **paiement intégral** payment in full ▸ **texte intégral** unabridged version ▸ **version intégrale** [film] uncut version **2.** *hum* [en intensif] utter, complete / *c'est un parasite intégral* he's an utter leech.

❖ **intégrale** nf **1.** [œuvre] complete works / *l'intégrale des quatuors à cordes de Chostakovitch* the complete set of Shostakovich string quartets **2.** MATH integral.

intégralement [ɛ̃tegʀalmɑ̃] adv in full, fully, completely / *vous serez intégralement remboursé* you'll get all your money back, you'll be fully reimbursed.

intégralité [ɛ̃tegʀalite] nf whole ▸ **l'intégralité de la dette** the entire debt, the debt in full / *l'intégralité de son salaire a été payée aujourd'hui* his whole ou entire salary was paid today / *elle a résolu le problème dans son intégralité* she solved the entire problem / *la presse dans son intégralité protesta* the press protested as a body ou en bloc.

intégrant, e [ɛ̃tegʀɑ̃, ɑ̃t] adj ▸ **faire partie intégrante de qqch** to be an integral part of sthg.

intégrateur [ɛ̃tegʀatœʀ] nm integrator.

intégration [ɛ̃tegʀasjɔ̃] nf **1.** [insertion] integration ▸ **intégration raciale** racial integration **2.** [entrée dans une école, une organisation] entry **3.** MATH, PHYS & PSYCHOL integration **4.** ÉCON integration ▸ **intégration horizontale** horizontal integration ▸ **intégration verticale** vertical integration.

intègre [ɛ̃tɛgʀ] adj **1.** [honnête] honest **2.** [équitable, impartial] upright, righteous, upstanding.

intégré, e [ɛ̃tegʀe] adj **1.** [appareil] built-in **2.** [entreprise] integrated **3.** NUCL integrated **4.** INFORM integrated ▸ **traitement intégré de l'information** integrated (data) processing ▸ **avec système intégré** with in-house ou in-plant system.

intégrer [8] [ɛ̃tegʀe] ◆ vt **1.** [inclure] to integrate, to incorporate, to include ▸ **intégrer qqch à ou dans un ensemble** to integrate ou to incorporate sthg into a whole / *intégrer un nouveau paragraphe dans un chapitre* to insert a new paragraph into a chapter / *notre société intègre différents secteurs d'activité* our company takes in ou covers various areas of activity / *des activités destinées à intégrer les petits à la classe* activities designed to bring ou to integrate the younger children into the group **2.** [assimiler -enseignement, notion] to assimilate, to internalize / *j'ai complètement intégré les préceptes de mes parents* I've totally assimilated the principles my parents taught me **3.** MATH to integrate **4.** [entrer à -école] to get into, to enter ; [-entreprise] to enter ; [-club] to join ▸ **intégrer les Mines** to be admitted to the School of Mining Engineering. ◆ vi *arg scol* to get into a "grande école" / *intégrer HEC* to get into the HEC school of management.

❖ **s'intégrer** vpi **1.** [élément d'un kit] to fit ▸ **s'intégrer à** to fit into / *les pièces s'intègrent les unes aux autres* the pieces fit together **2.** [personne] to become integrated ou assimilated / *ils se sont mal intégrés à la vie du village* they never really fitted into village life.

In reformed spelling (see p. 16-19), this verb is conjugated like ***semer*** : ***il intègrera, elle s'intègrerait.***

intégrisme [ɛ̃tegʀism] nm RELIG fundamentalism.

intégriste [ɛ̃tegʀist] adj & nmf RELIG fundamentalist.

intégrité [ɛ̃tegʀite] nf **1.** [totalité] integrity / *dans son intégrité* as a whole, in its integrity ▸ **intégrité territoriale** ou **du territoire** territorial integrity **2.** [état originel] soundness, integrity *sout* / *malgré son âge, elle a conservé l'intégrité de ses facultés* despite her age, she is still of sound mind **3.** [honnêteté] integrity, uprightness, honesty.

intellect [ɛ̃telɛkt] nm intellect, understanding.

intellectualisation [ɛ̃telɛktɥalizasjɔ̃] nf intellectualization.

intellectualiser [3] [ɛ̃telɛktɥalize] vt to intellectualize.

intellectualisme [ɛ̃telɛktɥalism] nm intellectualism.

intellectualiste [ɛ̃telɛktɥalist] ◆ adj intellectualistic. ◆ nmf intellectualist.

intellectualité [ɛ̃telɛktɥalite] nf *sout* intellectuality.

intellectuel, elle [ɛ̃telɛktɥɛl] ◆ adj **1.** [mental -capacité] intellectual, mental ▸ **facultés intellectuelles** intellectual faculties ▸ **puissance intellectuelle** brainpower **2.** [abstrait] intellectual, cerebral / *c'est une approche très intellectuelle de la mise en scène* it's a very intellectual approach to directing **3.** [non manuel -travail] nonmanual. ◆ nm, f intellectual.

intellectuellement [ɛ̃telɛktɥɛlmɑ̃] adv intellectually.

intelligemment [ɛ̃teliʒamɑ̃] adv intelligently, cleverly.

intelligence [ɛ̃teliʒɑ̃s] nf **1.** [intellect, discernement] intelligence / *il n'est pas d'une grande intelligence* he's not very intelligent ou bright ou clever / *ils ont l'intelligence vive* they are sharp-witted ou quick, they have sharp minds / *elle est d'une intelligence supérieure* she's of superior ou above-average intelligence ▸ **avec intelligence** intelligently / *il a eu l'intelligence de ne pas recommencer* he was bright ou intelligent enough not to try again ; [personne] ▸ **c'est une grande intelligence** he's a great mind ou intellect **2.** *sout* [compréhension] : *pour l'intelligence de ce qui va suivre* in order to understand ou to grasp what follows / *elle a l'intelligence des affaires* she has a good understanding ou grasp of what business is all about / *mon intelligence de l'informatique est très limitée* my understanding of computing is very limited ▸ **avoir l'intelligence du cœur** to be highly intuitive **3.** [relation] ▸ **vivre en bonne / mauvaise intelligence avec qqn** to be on good / bad terms with sb **4.** INFORM ▸ **intelligence artificielle** artificial intelligence.

❖ **intelligences** nfpl contacts / *elle a des intelligences dans le milieu* she has contacts in the underworld ▸ **entretenir des intelligences avec qqn** to have secret dealings ou contacts with sb.

❖ **d'intelligence** ◆ loc adj [complice] ▸ **regard / sourire d'intelligence** knowing look / smile, look / smile of complicity. ◆ loc adv in collusion ▸ **être d'intelligence avec qqn** to be in collusion ou in league with sb ▸ **agir d'intelligence avec qqn** to act in (tacit) agreement with sb.

intelligent, e [ɛ̃teliʒɑ̃, ɑ̃t] adj **1.** [gén] intelligent, bright, clever / *enfin une analyse intelligente!* an intelligent analysis at last! / *avoir l'air intelligent* to look intelligent ▸ **c'est intelligent!** *iron* brilliant!, that was clever! **2.** INFORM intelligent ▸ **terminal intelligent** intelligent terminal.

intelligentsia [ɛ̃teliʒɛnsja, ɛ̃teligɛnsja] nf ▸ **l'intelligentsia** the intelligentsia.

intelligibilité [ɛ̃teliʒibilite] nf intelligibility, intelligibleness *sout*.

intelligible [ɛ̃teliʒibl] adj **1.** [compréhensible -explication, raisonnement] intelligible, comprehensible / *je ne sais pas si mes propos sont intelligibles* I don't know if what I'm saying makes sense to you ou if you can make sense out of what I say / *il ne s'exprime pas de façon très intelligible* he doesn't express himself very clearly ou intelligibly **2.** [audible] intelligible, clear, audible / *parler à haute et intelligible voix* to speak loudly and clearly.

intelligiblement [ɛ̃teliʒibləmɑ̃] adv **1.** [de façon compréhensible] intelligibly **2.** [de façon audible] intelligibly, clearly, audibly.

intello [ɛ̃telo] *fam & péj* ◆ adj highbrow. ◆ nmf intellectual.

intempérance [ɛ̃tɑ̃peʀɑ̃s] nf **1.** *litt* [de comportement] immoderation, intemperance *litt*, excess ▸ **ses intempérances de langage** his immoderate ou excessive ou unrestrained language **2.** [dans la vie sexuelle] debauchery, intemperance *litt* ; [dans le manger, le boire] intemperance *litt*, lack of moderation.

intempérant, e [ɛ̃tɑ̃peʀɑ̃, ɑ̃t] adj intemperate *litt*, excessive.

intempéries [ɛ̃tɑ̃peʀi] nfpl bad weather.

intempestif, ive [ɛ̃tɑ̃pɛstif, iv] adj untimely, ill-timed, inopportune / *sa remarque était intempestive* his comment was out of place.

intempestivement [ɛ̃tɑ̃pɛstivmɑ̃] adv at an untimely moment, inopportunely.

intemporalité [ɛ̃tɑ̃pɔʀalite] nf **1.** [immuabilité] timelessness **2.** [immatérialité] immateriality.

intemporel, elle [ɛ̃tɑ̃pɔʀɛl] adj **1.** [immuable] timeless **2.** [immatériel] immaterial.

intenable [ɛ̃tənabl] adj **1.** [insupportable] unbearable, intolerable / *c'est devenu intenable au bureau* it's become unbearable ou intolerable at the office **2.** [indiscipliné] uncontrollable, unruly, badly-behaved / *elle est intenable en classe* she's unruly at school **3.** [non défendable -thèse] untenable ; [-position] indefensible.

intendance [ɛ̃tɑ̃dɑ̃s] nf **1.** MIL [pour l'ensemble de l'armée de terre] Supply Corps ; [dans un régiment] quartermaster stores **2.** ÉDUC [service, bureau] (domestic) bursar's office ; [gestion] school management / *nous avons eu des problèmes d'intendance* we had supply problems.

intendant, e [ɛ̃tɑ̃dɑ̃, ɑ̃t] nm, f **1.** [administrateur] steward, bailiff **2.** UNIV bursar.

❖ **intendant** nm **1.** HIST intendant **2.** MIL ≃ Quartermaster General UK.

intense [ɛ̃tɑ̃s] adj **1.** [extrême -chaleur] intense, extreme ; [-froid] intense, extreme, severe ; [-bruit] loud, intense ; [-plaisir, désir, passion] intense, keen ; [-douleur] intense, severe, acute ; [-émotion] intense / *vivre de façon intense* to live intensely **2.** [très vif -couleur] intense, bright, strong ▸ **rouge intense** bright red **3.** [abondant, dense -circulation, bombardement] heavy.

intensément [ɛ̃tɑ̃semɑ̃] adv intensely.

intensif, ive [ɛ̃tɑ̃sif, iv] adj **1.** [soutenu] intensive ▸ **cours intensifs** crash ou intensive course **2.** LING [pronom, verbe] intensive ; [préfixe] intensifying **3.** AGR & ÉCON intensive.

❖ **intensif** nm intensifier.

intensification [ɛ̃tɑ̃sifikasjɔ̃] nf intensification.

intensifier [9] [ɛ̃tɑ̃sifje] vt to intensify, to step up *(sép)*.

❖ **s'intensifier** vpi [passion, recherche] to intensify, to become ou to grow more intense ; [douleur] to become more intense, to worsen ; [bombardements, circulation] to become heavier.

intensité [ɛ̃tɑ̃site] nf **1.** [de la chaleur, du froid] intensity ; [d'une douleur] intensity, acuteness ; [d'une couleur, d'une émotion] intensity, depth, strength ; [de la circulation] density, heaviness ; [des bombardements] severity **2.** OPT & PHYS intensity ; [d'un son] loudness / *intensité d'un champ magnétique* magnetic field strength ou intensity / *intensité d'un tremblement de terre* GÉOL earthquake magnitude ou intensity ▸ **intensité acoustique** intensity level ▸ **intensité de courant** ÉLECTR current ▸ **intensité énergétique** radiant intensity ▸ **intensité lumineuse / de rayonnement** luminous / radiant intensity ▸ **intensité lumineuse d'un télescope / microscope** light-transmitting capacity of a telescope / microscope.

intensivement [ɛ̃tɑ̃sivmɑ̃] adv intensively.

intenter [3] [ɛ̃tɑ̃te] vt ▸ **intenter une action en justice à** ou **contre qqn** to bring an action against sb ▸ **intenter un procès à** ou **contre qqn** to institute (legal) proceedings against sb *sout*, to take sb to court.

intention [ɛ̃tɑ̃sjɔ̃] nf intention / *quelles sont vos intentions?* what are your intentions?, what do you intend to do? ▸ **avoir de bonnes / mauvaises intentions** to be well- / ill- intentioned, to have good / bad intentions / *il est plein de bonnes intentions* he's full of good intentions / *elle vous a offert ces fleurs dans la meilleure intention* she gave you these flowers with the best of intentions ▸ **c'est l'intention qui compte** it's the thought that counts ▸ **avoir l'intention de faire qqch** to intend to do sthg, to have the intention of doing sthg / *elle a la ferme intention de rester ici* she's determined to stay here, she's intent on staying here ▸ **n'avoir aucune intention de faire qqch** to have no intention of doing sthg ▸ **il n'est pas** ou **il n'entre pas dans mes intentions de l'acheter maintenant** I don't intend to buy it now, I have no intention of buying it now ▸ **dans l'intention de** with the intention of, with a view to ▸ **avec intention** on purpose, intentionally ▸ **sans intention** without meaning to, unintentionally ▸ **intention d'achat** purchasing intention ▸ **intention délictueuse** DR criminal intent ▸ **sans intention de donner la mort** DR without intent to kill ▸ **sans intention de nuire** with no ill intent ▸ **intention de vote** voting intention / *les intentions de vote pour le président* those leaning towards UK ou toward US the president.

❖ **à cette intention** loc adv for that purpose, with this intention.

❖ **à l'intention de** loc prép for / *film à l'intention des enfants* film for ou aimed at children / *brochure à l'intention des consommateurs* brochure for (the information of) consumers / *collecte à l'intention des aveugles* fund-raising for ou in aid of the blind / *messe / prière à l'intention du défunt* mass / prayer for the deceased / *(avis) à l'intention de tous les bateaux* MÉTÉOR warning to all shipping.

intentionnalité [ɛ̃tɑ̃sjɔnalite] nf PHILOS intentionality.

intentionné, e [ɛ̃tɑ̃sjɔne] adj : *bien / mal intentionné* well- / ill-intentioned.

intentionnel, elle [ɛ̃tɑ̃sjɔnɛl] adj intentional, deliberate.

intentionnellement [ɛ̃tɑ̃sjɔnɛlmɑ̃] adv intentionally, deliberately.

inter [ɛ̃tɛʀ] nm **1.** *vieilli* TÉLÉC long-distance call, trunk call UK *vieilli* / *j'ai eu du mal à obtenir l'inter* I had trouble making a trunk call UK *vieilli* ou getting the long-distance operator ▸ **faire l'inter** to put in a trunk call UK *vieilli* **2.** SPORT inside-forward ▸ **inter droit / gauche** inside right / left.

inter- [ɛ̃tɛʀ] préf inter-.

interactif, ive [ɛ̃tɛʀaktif, iv] adj interactive.

interaction [ɛ̃tɛʀaksjɔ̃] nf **1.** [gén] interaction, interplay ▸ **interaction médicamenteuse** medicinal interaction **2.** PHYS interaction.

interactivité [ɛ̃tɛʀaktivite] nf INFORM interactivity.

interafricain, e [ɛ̃tɛʀafʀikɛ̃, ɛn] adj Pan-African.

interagir [32] [ɛ̃tɛʀaʒiʀ] vi to interact.

interallié, e [ɛ̃tɛʀalje] adj Allied.

interaméricain, e [ɛ̃tɛʀameʀikɛ̃, ɛn] adj Pan-American, Inter-American.

interarabe [ɛ̃tɛʀaʀab] adj Pan-Arab, Pan-Arabic.

interarmées [ɛ̃tɛʀaʀme] adj inv ▸ **opération interarmées** interservice ou joint service operation.

interarmes [ɛ̃tɛʀaʀm] adj inv ▸ **exercice interarmes** combined operation ou exercise *(within the Army)*.

interattraction [ɛ̃tɛʀatʀaksjɔ̃] nf mutual attraction.

interbancaire [ɛ̃tɛʀbɑ̃kɛʀ] adj [relations] interbank ▸ **le marché interbancaire** the money markets.

intercalaire [ɛ̃tɛʀkalɛʀ] ◆ adj **1.** [feuillet] ▸ **feuillet intercalaire** inset, insert ▸ **fiche intercalaire** divider **2.** [date] ▸ **jour / année intercalaire** intercalary day / year **3.** BOT intercalary. ◆ nm **1.** [feuillet] inset, insert **2.** [fiche] divider **3.** GÉOL intercalated bed.

intercalation [ɛ̃tɛʀkalasjɔ̃] nf **1.** [dans le calendrier] intercalation **2.** [de feuilles] insertion ; [de termes] interpolation.

intercaler [3] [ɛ̃tɛʀkale] vt **1.** IMPR to insert, to inset **2.** [insérer] to insert, to fit ou to put in *(sép)* / *des coupures de journaux intercalées dans un dossier* newspaper clippings inserted into a file / *la fédération a intercalé trois jours de repos entre les matchs* the league fitted in three rest days between the matches **3.** [dans le calendrier] to intercalate.

❖ **s'intercaler** vpi ▸ **s'intercaler entre** to come (in) ou to fit in between / *la voiture s'est intercalée entre deux ambulances* the car came ou slipped in between two ambulances.

intercéder [8] [ɛ̃tɛʀsede] vi ▸ **intercéder (auprès de qqn) en faveur de qqn** to intercede (with sb) for ou on behalf of sb.

In reformed spelling (see p. 16-19), this verb is conjugated like *semer*: *il intercèdera, elle intercèderait.*

intercellulaire [ɛ̃tɛʀselylɛʀ] adj intercellular.

intercepter [4] [ɛ̃tɛʀsɛpte] vt **1.** [arrêter - véhicule] to stop ; [- lettre, message] intercept / *intercepter un véhicule à la douane* to stop a vehicle at customs / *le fugitif a été intercepté par la police hier* the escaped prisoner was intercepted ou stopped by (the) police yesterday / *le store intercepte la lumière* the blind blocks out the light ou stops the light coming in **2.** MIL [avion] to intercept **3.** SPORT [ballon] to intercept.

intercepteur [ɛ̃tɛʀsɛptœʀ] nm MIL interceptor.

interception [ɛ̃tɛʀsɛpsjɔ̃] nf interception.

intercesseur [ɛ̃tɛʀsesœʀ] nm *litt* ou RELIG intercessor.

intercession [ɛ̃tɛʀsesjɔ̃] nf *litt* intercession.

interchangeabilité [ɛ̃tɛʀʃɑ̃ʒabilite] nf interchangeability.

interchangeable [ɛ̃tɛʀʃɑ̃ʒabl] adj interchangeable.

intercirculation [ɛ̃tɛʀsiʀkylasjɔ̃] nf intercarriage access.

interclasse [ɛ̃tɛʀklas], **intercours** [ɛ̃tɛʀkuʀ] nm break UK, recess US ▸ **à l'interclasse** at ou during the break.

interclasser [3] [ɛ̃tɛʀklase] vt INFORM to collate, to merge, to coalesce.

interclasseuse [ɛ̃tɛʀklasøz] nf collator.

interclubs [ɛ̃tɛʀklœb] adj SPORT interclub.

intercommunal, e, aux [ɛ̃tɛʀkɔmynal, o] adj intermunicipal ▸ **projet intercommunal** joint project *(between two or more French communes)* ▸ **hôpital intercommunal** ≃ County ou Regional Hospital.

intercommunautaire [ɛ̃tɛʀkɔmynotɛʀ] adj intercommunity ▸ **projet intercommunautaire** joint project *(between two or more communities)* ▸ **relations intercommunautaires** relations between EU countries.

interconfessionnel, elle [ɛ̃tɛʀkɔ̃fɛsjɔnɛl] adj interfaith.

interconnectable [ɛ̃tɛʀkɔnɛktabl] adj interconnectable.

interconnecter [4] [ɛ̃tɛʀkɔnɛkte] vt to interconnect, to interlink, to connect together.

interconnexion [ɛ̃tɛʀkɔnɛksjɔ̃] nf interconnection.

intercontinental, e, aux [ɛ̃tɛʀkɔ̃tinɑ̃tal, o] adj intercontinental / *sur les vols intercontinentaux* on intercontinental flights.

intercostal, e, aux [ɛ̃tɛʀkɔstal, o] adj intercostal.

intercours [ɛ̃tɛʀkuʀ] nm = **interclasse**.

interculturel, elle [ɛ̃tɛʀkyltyʀɛl] adj cross-cultural.

intercurrent, e [ɛ̃tɛʀkyʀɑ̃, ɑ̃t] adj MÉD intercurrent.

interdépartemental, e, aux [ɛ̃tɛʀdepaʀtəmɑ̃tal, o] adj interdepartmental ▸ **projet interdépartemental** joint project *(between two or more French départements).*

interdépendance [ɛ̃tɛʀdepɑ̃dɑ̃s] nf interdependence / *l'interdépendance des salaires et des prix* the interdependence of prices and wages.

interdépendant, e [ɛ̃tɛʀdepɑ̃dɑ̃, ɑ̃t] adj interdependent, mutually dependent.

interdiction [ɛ̃tɛʀdiksjɔ̃] nf **1.** [prohibition] ban, banning ▸ **passer outre à / lever une interdiction** to ignore / to lift a ban ▸ **malgré l'interdiction des ventes** in spite of the ban on sales ou of sales being prohibited / *l'interdiction du livre en 1953 a assuré son succès* the banning of the book in 1953 guaranteed its success / *obtenir l'interdiction du site aux touristes* to get an order forbidding tourists access to the site / *nous apprenons l'interdiction de la manifestation* we've just heard that the demonstration has been banned / *et maintenant, interdiction d'utiliser la voiture!* and now you're banned from driving the car! / *interdiction m'avait été faite d'en parler* I'd been forbidden to talk about it / *interdiction est faite aux employés de passer par la grande porte* employees are not allowed through ou are forbidden to use the main entrance ▸ **interdiction de** : *interdiction de faire demi-tour* 'no U-turn' / **'interdiction de marcher sur les pelouses'** 'keep off the grass', 'do not walk on the grass' / **'interdiction de pêcher'** 'fishing prohibited' / **'interdiction de stationner'** 'no parking' / **'interdiction de déposer des ordures'** 'no dumping' / **'interdiction (formelle** ou **absolue) de fumer'** '(strictly) no smoking', 'smoking (strictly) prohibited' **2.** [suspension - d'un fonctionnaire] suspension (from duty) ; [- d'un aviateur] grounding ; [- d'un prêtre] interdict, interdiction / *il a une interdiction de vol* he's been grounded / *frapper un prêtre d'interdiction* to place a priest under (an) interdict ou interdiction ▸ **interdiction bancaire** stopping of payment on all cheques UK ou checks US / *vous risquez une interdiction bancaire* you could have your chequebook UK ou checkbook US taken away ▸ **interdiction d'écriture** INFORM write lockout / *le document est en interdiction d'écriture* the document is write-protected ▸ **interdiction légale** DR (temporary) deprivation of legal rights ▸ **interdiction de séjour** banning order.

interdigital, e, aux [ɛ̃tɛʀdiʒital, o] adj interdigital.

interdire [103] [ɛ̃tɛʀdiʀ] vt **1.** [défendre] to forbid ▸ **interdire l'alcool / le tabac à qqn** to forbid sb to drink / to smoke ▸ **interdire à qqn de faire qqch a)** [suj: personne] to forbid sb to do sthg **b)** [suj: règlement] to prohibit sb from doing sthg / *le règlement du bureau nous interdit de fumer* office rules prohibit smoking ou prohibit us from smoking *sout* ▸ **je lui ai interdit ma porte** ou **ma maison** I will not allow her into my ou I have banned her from my home ; *(tournure impersonnelle)* ▸ **il est interdit de...** it's forbidden to... / *il m'est interdit d'en dire plus* I am not allowed ou at liberty to say any more / *il est interdit de fumer ici* smoking is forbidden ou isn't allowed here **2.** DR [prohiber - circulation, stationnement, arme à feu, médicament] to prohibit, to ban ; [- manifestation, revue] to ban / *la loi l'interdit* ou *c'est interdit par la loi* it's prohibited by law, it's illegal / *le gouvernement a fait interdire toute manifestation de rue* the government issued a ban on all street demonstrations **3.** [empêcher] to prevent, to preclude / *le mauvais temps interdit toute opération de sauvetage* bad weather is preventing any rescue operations / *sa maladie lui interdit tout effort* his illness doesn't allow him to make any physical effort **4.** [suspendre - magistrat] to suspend ; [- prêtre] to (lay under an) interdict.

❖ **s'interdire** vpt : *s'interdire l'alcool / le tabac* to abstain from drinking / smoking / *elle s'interdit tout espoir de la revoir* she denies herself all hope of seeing her again.

interdisciplinaire [ɛ̃tɛʀdisiplinɛʀ] adj interdisciplinary.

interdisciplinarité [ɛ̃tɛʀdisiplinaʀite] nf interdisciplinarity.

interdisez v ⟶ **interdire**.

interdit, e [ɛ̃tɛʀdi, it] ◆ pp ⟶ **interdire.** ◆ adj **1.** [non autorisé] / **'décharge / baignade interdite'** 'no dumping / bathing' / **'affichage interdit'** '(stick ou post) no bills' / **'zone interdite'** 'no-go area' ▸ **interdit à** : *le pont est interdit aux voyageurs* the bridge is closed to passengers / *la zone piétonne est interdite aux véhicules* vehicles are not allowed in the pedestrian area / **'interdit au public'** 'no admittance' / **'interdit aux moins de 18 ans'** CINÉ adults only, '18' UK, 'NC-17' US / **'interdit aux moins de 13 ans'** CINÉ 'PG' UK, 'PG-13' US **2.** [privé d'un droit] : *interdit de séjour en France* DR banned ou prohibited from entering France ▸ **être interdit de chéquier** to have (had) one's chequebook facilities UK ou checking privileges US withdrawn ▸ **appareil / pilote interdit de vol** grounded aircraft / pilot **3.** [frappé d'interdiction - film, revue] banned **4.** [stupéfait] dumbfounded, flabbergasted ▸ **laisser qqn interdit** to take sb aback / *elle le dévisagea, interdite* she stared at him in bewilderment / *ils étaient là, interdits, devant les ruines de leur maison* they stood speechless before the wreckage of their home. ◆ nm, f DR ▸ **interdit de séjour en Suisse** person banned from ou not allowed to enter Switzerland.

❖ **interdit** nm **1.** [de la société] (social) constraint ; [tabou] taboo / *il brave tous les interdits* he defies all social taboos ▸ **lever un interdit** to lift a restriction **2.** [condamnation] ▸ **jeter l'interdit sur** ou **contre qqn** to cast sb out, to exclude sb **3.** ANTHR prohibition **4.** RELIG interdict **5.** BANQUE ▸ **interdit bancaire** stopping of payment on all cheques UK ou checks US ▸ **être interdit bancaire** ou **de chéquier** to have one's chequebook facilities withdrawn.

interentreprises [ɛ̃tɛʀɑ̃tʀəpʀiz] adj inv intercompany.

intéressant, e [ɛ̃teʀesɑ̃, ɑ̃t] ◆ adj **1.** [conversation, œuvre, personne, visage, etc.] interesting / *elle cherche toujours à se rendre intéressante* she's always trying to attract attention, she's an attention-seeker / *il n'est vraiment pas intéressant* he's not worth bothering with ▸ **de manière intéressante** interestingly ▸ **être dans une situation intéressante** ou **dans un état intéressant** ou **dans une position intéressante** *hum & vieilli* to be in the family way **2.** [avantageux] attractive, favourable ; [lucratif] profitable, worthwhile / *c'est une affaire très intéressante* it's a very good deal / *cette carte n'est intéressante que si tu voyages beaucoup* this card is only worth having if you travel a lot / *il serait plus intéressant pour vous de changer de banque* you'd be better off banking with somebody else ▸ **pas intéressant a)** [offre, prix] not attractive, not worthwhile **b)** [activité] not worthwhile, unprofitable / *il n'est vraiment pas intéressant* he's not worth knowing. ◆ nm, f ▸ **faire l'intéressant** ou **son intéressant** *péj* to show off.

⚠ Attention, **interesting** ne doit pas être employé pour traduire intéressant au sens d'« avantageux ».

intéressé, e [ɛ̃teʀese] ◆ adj **1.** [personne] self-interested, self-seeking, calculating ; [comportement] motivated by self-interest ▸ **amour intéressé** cupboard love / *je ne suis pas du tout intéressé* I'm not doing it out of self-interest **2.** [concerné] concerned, involved ▸ **les parties intéressées a)** [gén] the people concerned ou involved **b)** DR the interested parties / *les puissances intéressées dans le conflit* the powers involved in the conflict **3.** [financièrement] : *être intéressé dans une affaire* to have a stake ou a financial interest in a business. ◆ nm, f ▸ **l'intéressé** the person concerned / *les premiers / principaux intéressés* the persons most closely concerned ou most directly affected / *elle est la première* ou *principale intéressée* she's the person principally involved ou concerned ▸ **les intéressés** the persons concerned, the interested parties *sout.*

intéressement [ɛ̃teʀɛsmɑ̃] nm profit-sharing scheme.

intéresser [4] [ɛ̃teʀese] vt **1.** [passionner - suj: activité, œuvre, professeur, etc.] to interest / *l'histoire l'intéresse beaucoup* he's very interested in history / *notre* *offre peut peut-être vous intéresser* our offer might interest you ou might be of interest to you / *le débat ne m'a pas du tout intéressé* I didn't find the debate at all interesting / *la politique les intéresse peu* they're not very interested in politics, politics doesn't interest them very much / *elle sait intéresser ses élèves* she knows how to gain her pupils' interest ou how to interest her pupils / *continue, tu m'intéresses!* go on, you're starting to interest me! / *j'ai l'impression que ma sœur l'intéresse beaucoup!* I've got the feeling that he's very interested in my sister! / *ça m'intéresserait de savoir ce qu'il en pense* I'd be interested to know what he thinks / *je revends mon ordinateur, ça t'intéresse?* I'm selling my computer, are you interested? **2.** [concerner - suj: loi, réforme] to concern, to affect / *ces mesures intéressent essentiellement les mères célibataires* these measures mainly affect single mothers / *un problème qui intéresse la sécurité du pays* a problem which is relevant to ou concerns national security **3.** ÉCON & FIN ▶ **intéresser qqn aux bénéfices** to give sb a share of the profits / *notre personnel est intéressé aux bénéfices* our staff gets a share of our profits, we operate a profit-sharing scheme / *être intéressé dans une entreprise* to have a stake ou a financial interest in a company **4.** JEUX : *jouons un euro le point, pour intéresser la partie* let's play one euro per point, to make the game more interesting.

❖ **s'intéresser à** vp + prép ▶ **s'intéresser à qqch / qqn** to be interested in sthg / sb / *elle ne s'intéresse à rien* she is not interested ou she takes no interest in anything / *à quoi vous intéressez-vous?* what are your interests (in life)? / *je m'intéresse vivement à sa carrière* I take great ou a keen interest in her career / *elle s'intéresse énormément à mon frère* she's very interested in my brother, she shows a great deal of interest in my brother / *personne ne s'intéresse à moi!* nobody cares about me!, nobody's interested in me! / *ce n'est pas facile de les faire s'intéresser à ce sujet* it's not easy getting them interested in this subject.

intérêt [ɛ̃teʀɛ] nm **1.** [attention, curiosité] interest ▶ **avoir** ou **éprouver de l'intérêt pour qqch** to be interested ou to take an interest in sthg / *je n'éprouve aucun intérêt pour le théâtre* I'm not at all interested in the theatre, the theatre doesn't interest me at all ▶ **manifester de l'intérêt pour qqn / qqch** to show an interest in sb / sthg ▶ **prendre intérêt à qqch** to take an interest in sthg / *j'ai pris (un) grand intérêt à suivre votre émission, j'ai suivi votre émission avec (un) grand intérêt* I watched your programme with great interest; [bienveillance] interest, concern ▶ **porter de l'intérêt à qqn** to take an interest in sb ▶ **témoigner de l'intérêt à qqn** to show an interest in sb, to show concern for sb **2.** [ce qui éveille l'attention] : *une architecture / ville pleine d'intérêt* architecture / a town of great interest / *son essai offre peu d'intérêt* her essay is of no great interest **3.** [utilité] point, idea / *l'intérêt d'un débat est que tout le monde participe* the point in ou the idea of having a debate is that everybody should join in / *tout l'intérêt de cette décision réside dans le gain de place réalisé* the whole point ou idea of this decision is to save space / *je ne vois pas l'intérêt de continuer cette discussion* I see no point in carrying on this discussion; [importance] importance, significance ▶ **ses observations sont du plus haut** ou **grand intérêt** his comments are of the greatest interest ou importance **4.** [avantage - d'une personne, d'une cause] interest / *elle sait où se trouve son intérêt* she knows what's in her best interests / *agir dans / contre son intérêt* to act in / against one's own interest / *il n'est pas dans ton intérêt de vendre maintenant* it's not in your interest to sell now ▶ **dans l'intérêt général** in the general interest ▶ **dans l'intérêt de tous** in the interest of everyone / *dans l'intérêt public* in the public interest / *dans l'intérêt de son travail / sa santé* in the interest of her job / her health ▶ **d'intérêt public** of public interest / *elle a tout intérêt à se taire* she'd be well-advised to remain silent / *tu as intérêt à te faire tout petit!* *fam* you'd be well-advised to ou you'd better keep your head down! / *t'as intérêt à te grouiller!* *fam* you ou you'd better get a move on! ▶ **(il) y a intérêt!** *fam* : *si elle va me rembourser? (il) y a intérêt!* will she pay me back? you bet (she will)! **5.** [égoïsme] self-interest / *il l'a fait par intérêt* he did it out of self-interest **6.** ÉCON & FIN interest ▶ **à 5% d'intérêt** 5% interest (rate) / *emprunter / prêter à intérêt* to borrow / to lend with interest / *cela rapporte des intérêts* it yields ou bears interest ▶ **intérêt légal** statutory (rate of) interest ▶ **intérêts arriérés** arrears of interest ▶ **intérêts dus / exigibles** interest due / payable ▶ **intérêts simples / composés** simple / compound interest ▶ **prêt à intérêt** loan with interest ▶ **prêt sans intérêt** interest-free loan.

❖ **intérêts** nmpl [d'une personne, d'un pays] interests / *nos intérêts économiques / vitaux* our economic / vital interests ▶ **servir les intérêts de qqn / d'une société** to serve sb's / a company's interests / *avoir des intérêts dans une société* ÉCON & FIN to have a stake ou a financial interest in a company.

❖ **sans intérêt** ◆ loc adj [exposition, album] uninteresting, of no interest, devoid of interest / *ne va pas au festival, c'est sans intérêt* don't go to the festival, it's not worth it / *que disais-tu? — c'est sans intérêt* what were you saying? — it's not important ou it doesn't matter / *c'est sans intérêt pour la suite de l'enquête* it's of no importance for ou relevance to the rest of the inquiry. ◆ loc adv uninterestedly, without interest / *je fais mon travail sans intérêt* I take no interest in my work.

interethnique [ɛ̃tɛʀɛtnik] adj interethnic.

interface [ɛ̃tɛʀfas] nf **1.** INFORM interface ▶ **interface de communication** communication interface ▶ **interface graphique** graphics interface ▶ **interface utilisateur** user interface **2.** [personne] ▶ **servir d'interface entre** to act as an interface between, to liaise between.

interférence [ɛ̃tɛʀfeʀɑ̃s] nf **1.** MÉTÉOR, RADIO & PHYS interference *(U)* / *il y a des interférences* there is interference **2.** [interaction] interaction / *il y a interférence entre l'évolution climatique et l'équilibre écologique de la région* there's an interaction between climatic changes and the ecological balance of the area.

interférent, e [ɛ̃tɛʀfeʀɑ̃, ɑ̃t] adj interfering, interference *(modif)*.

interférentiel, elle [ɛ̃tɛʀfeʀɑ̃sjɛl] adj interferential.

interférer [18] [ɛ̃tɛʀfeʀe] vi **1.** PHYS to interfere **2.** [se mêler] to interact, to combine / *les deux courants interfèrent* the two currents interact with each other **3.** [intervenir] ▶ **interférer dans la vie de qqn** to interfere ou to meddle in sb's life.

In reformed spelling (see p. 16-19), this verb is conjugated like *semer*: ***il interfèrera, elle interfèrerait.***

interféron [ɛ̃tɛʀfeʀɔ̃] nm interferon.

interfluve [ɛ̃tɛʀflyv] nm interfluve.

interfoliage [ɛ̃tɛʀfɔljaʒ] nm : *interfoliage d'un manuscrit / livre* interleaving of a manuscript / book.

interfolier [9] [ɛ̃tɛʀfɔlje] vt to interleave.

intergalactique [ɛ̃tɛʀgalaktik] adj intergalactic.

intergénérationnel, elle [ɛ̃tɛʀʒeneʀasjɔnɛl] adj intergenerational ▶ **le fossé intergénérationnel** the generation gap.

interglaciaire [ɛ̃tɛʀglasjɛʀ] adj interglacial.

intergouvernemental, e, aux [ɛ̃tɛʀguvɛʀnəmɑ̃tal, o] adj intergovernmental.

intergroupe [ɛ̃tɛʀgʀup] nm POL joint committee.

intérieur, e [ɛ̃teʀjœʀ] adj **1.** [du dedans] inside, inner, interior / *la pochette intérieure du disque* the inner sleeve of the record ▶ **l'emballage intérieur** the inside wrapping / *les peintures intérieures de la maison* the interior decoration of the house **2.** [sentiment, vie] inner / *un grand calme / bonheur intérieur* a great (feeling of) inner peace / happiness / *des voix intérieures* inner voices **3.** [national - ligne aérienne] domestic, internal; [- politique, marché] domestic / *le gouvernement est aux prises avec des difficultés intérieures* the government is battling against difficulties at home ou domestic problems ▶ **la dette intérieure** the national debt **4.** [interne] internal / *les problèmes intérieurs d'un parti* a party's internal problems **5.** GÉOGR [désert, mer] inland **6.** GÉOM interior.

❖ **intérieur** nm **1.** [d'un objet] inside, interior / *ne pas utiliser de tampon abrasif pour nettoyer l'intérieur* do not use abrasive pads to clean the inside; [d'un continent, d'un pays] ▶ **l'intérieur (des terres)** the interior / *l'intérieur de l'île* the interior of the island, the hinterland / *demain, nous irons visiter l'intérieur* tomorrow we'll visit the interior ▶ **les villages de l'intérieur** inland villages **2.** [foyer, décor] interior, home ▶ **tenir un intérieur** to housekeep, to keep house / *son intérieur est parfaitement bien tenu* his / her housekeeping is perfect / *visiter un intérieur 1900 reconstitué* to visit an early 20th century-style recreated interior ▶ **homme d'intérieur, femme d'intérieur** homebody ▶ **veste d'intérieur** indoor jacket ▶ **scène d'intérieur** interior **3.** CINÉ interior (shot) / *entièrement tourné en intérieur* with interior shots only **4.** *fam* POL ▶ **l'Intérieur** ≃ the Home Office UK ; ≃ the Department of the Interior US ▶ **l'Intérieur refusera** ≃ the Home Office people UK ou the Department of the Interior US will refuse **5.** SPORT inside-forward ▶ **intérieur droit / gauche** inside right / left.

❖ **à l'intérieur** loc adv **1.** [dedans] inside / *il y a une graine à l'intérieur* there's a seed inside **2.** [dans la maison] inside, indoors / *à l'intérieur il fait plus frais* it's cooler inside.

❖ **à l'intérieur de** loc prép **1.** [lieu] in, inside / *la pluie pénètre à l'intérieur du garage* the rain is coming into the garage / *reste à l'intérieur de la voiture* stay in ou inside the car ▶ **à l'intérieur des frontières** within ou inside the frontiers / *à l'intérieur des murs* within the walls ▶ **à l'intérieur des terres** inland **2.** [groupe] within / *à l'intérieur d'une famille / d'un petit groupe* within a family / small group.

❖ **de l'intérieur** loc adv **1.** [d'un lieu] from (the) inside / *verrouiller la portière de l'intérieur* to lock the door from (the) inside **2.** [d'un groupe] from within.

intérieurement [ɛ̃teʀjœʀmɑ̃] adv **1.** [à l'intérieur] inside, within **2.** [secrètement] inwardly / *il se félicitait intérieurement* he was congratulating himself inwardly.

intérim [ɛ̃teʀim] nm **1.** [période] interim (period) ▶ **dans l'intérim** meanwhile, in the meantime, in the interim **2.** [remplacement] ▶ **assurer l'intérim** POL to take over on a caretaker basis / *j'assure l'intérim de la secrétaire en chef* I'm deputizing ou covering for the chief secretary **3.** [emploi] temporary work ▶ **faire de l'intérim** to temp ▶ **agence d'intérim** temping agency.

❖ **par intérim** ◆ loc adj [président, trésorier] interim *(modif)*, acting *(modif)* / *secrétaire par intérim* acting secretary ▶ **gouvernement par intérim** caretaker government. ◆ loc adv in a temporary capacity, temporarily ▶ **gouverner par intérim** to govern in the interim ou for an interim period.

intérimaire [ɛ̃teʀimɛʀ] ◆ adj **1.** [assurant l'intérim - directeur, trésorier, ministre] acting; [- personnel, employé] temporary; [- gouvernement, cabinet] caretaker ▶ **secrétaire intérimaire** temporary secretary, temp **2.** [non durable - fonction] interim *(modif)*; [- commission] provisional, temporary, stopgap. ◆ nmf [cadre] deputy; [secrétaire] temp ▶ **travailler comme intérimaire** to temp, to do temping work / *elle a beaucoup travaillé comme intérimaire* she's done a lot of temping.

interindividuel, elle [ɛ̃tɛʀɛ̃dividɥɛl] adj interpersonal ▶ **psychologie interindividuelle** psychology of personal relationships.

intériorisation [ɛ̃teʀjɔʀizasjɔ̃] nf internalization, interiorization.

intérioriser [3] [ɛ̃teʀjɔʀize] vt **1.** PSYCHOL to internalize, to interiorize **2.** [garder pour soi] to internalize, to keep in *(sép)* / *elle a intériorisé sa colère* she kept her anger in, she bottled up her anger **3.** THÉÂTRE : *vous devez intérioriser le rôle* you have to internalize the part.

intériorité [ɛ̃teʀjɔʀite] nf inwardness, interiority *sout*.

interjectif, ive [ɛ̃tɛʀʒɛktif, iv] adj interjectional.

interjection [ɛ̃tɛʀʒɛksjɔ̃] nf **1.** [exclamation] interjection **2.** DR ▶ **interjection d'appel** lodging of an appeal.

interjeter [27] [ɛ̃tɛʀʒəte] vt ▸ **interjeter appel** to lodge an appeal.

interlettrage [ɛ̃tɛʀletʀaʒ] nm TYPO leading.

interlignage [ɛ̃tɛʀliɲaʒ] nm TYPO line spacing.

interligne [ɛ̃tɛʀliɲ] ◆ nm **1.** [blanc] space (between the lines) ; IMPR & INFORM line spacing ▸ **simple / double interligne** single / double spacing ▸ **interligne réglable** adjustable line space **2.** [ajout] interlineation **3.** MUS space. ◆ nf IMPR [lame] lead.

interligner [3] [ɛ̃tɛʀliɲe] vt **1.** [séparer] to space **2.** [écrire] to interline, to interlineate, to write between the lines / *interligner un mot dans le texte* to interline a word in the text.

interlock [ɛ̃tɛʀlɔk] nm **1.** [tricot] interlock **2.** [machine] interlock machine.

interlocuteur, trice [ɛ̃tɛʀlɔkytœʀ, tʀis] nm, f **1.** [gén] *person speaking or being spoken to* ; LING speaker, interlocutor *sout* ; [dans un débat] speaker / *mon interlocuteur n'avait pas compris* the man I was talking to hadn't understood **2.** [dans une négociation] negotiating partner / *nous ne considérons plus le ministre comme un interlocuteur valable* we no longer consider the minister to be an acceptable negotiating partner / *nous avions un interlocuteur de premier plan* we were dealing with a first-rate negotiator.

interlocutoire [ɛ̃tɛʀlɔkytwaʀ] ◆ adj interlocutory. ◆ nm interlocutory judgement.

interlope [ɛ̃tɛʀlɔp] adj **1.** [frauduleux] unlawful, illegal, illicit ▸ **commerce interlope** illicit trade **2.** [louche] shady, dubious / *relations* ou *amitiés interlopes* underworld connections.

interloquer [3] [ɛ̃tɛʀlɔke] vt [décontenancer] to take aback *(sép)*, to disconcert ; [stupéfier] to stun / *cette réponse l'a interloqué* the answer stunned ou nonplussed him / *elle resta interloquée* she was dumbfounded ou flabbergasted ou stunned.

interlude [ɛ̃tɛʀlyd] nm interlude.

intermède [ɛ̃tɛʀmɛd] nm **1.** MUS interlude, intermedio, intermezzo *spéc* ; THÉÂTRE interlude, interval piece / *un intermède comique* a comic interlude **2.** *fig* interlude, interval / *notre liaison ne fut qu'un agréable intermède* our affair was just a pleasant interlude.

intermédiaire [ɛ̃tɛʀmedjɛʀ] ◆ adj **1.** [moyen] intermediate, intermediary ▸ **solution intermédiaire** compromise (solution) **2.** ENS intermediate ▸ **niveau intermédiaire** intermediate level **3.** CINÉ, GÉOL & MÉTALL intermediate. ◆ nmf **1.** [médiateur] intermediary, mediator, go-between ▸ **servir d'intermédiaire** to act as an intermediary ou as a go-between **2.** COMM intermediary, middleman / *les fournisseurs et les intermédiaires* the suppliers and the middlemen **3.** BANQUE ▸ **intermédiaire agréé** authorized intermediary.

❖ **par l'intermédiaire de** loc prép [personne] through, via ▸ **par votre intermédiaire** through you / *il a appris l'anglais par l'intermédiaire de la radio* he learnt English from the radio.

❖ **sans intermédiaire** loc adv **1.** [directement] directly **2.** COMM direct, directly / *je préfère vendre sans intermédiaire* I prefer to sell direct ou directly to the customer.

intermédiation [ɛ̃tɛʀmedjasjɔ̃] nf intermediary financing.

intermétallique [ɛ̃tɛʀmetalik] adj intermetallic.

intermezzo [ɛ̃tɛʀmedzo] nm intermezzo.

interminable [ɛ̃tɛʀminabl] adj interminable, never-ending, endless / *un discours interminable* an interminable speech / *la route lui paraissait interminable* she thought the road would never end.

interminablement [ɛ̃tɛʀminabləmɑ̃] adv interminably, endlessly, without end.

interministériel, elle [ɛ̃tɛʀministeʀjɛl] adj POL interdepartmental, joint ministerial UK ▸ **Groupe interministériel de contrôle** *official body controlling the use of telephone-tapping.*

intermission [ɛ̃tɛʀmisjɔ̃] nf MÉD (period of) remission, intermission.

intermittence [ɛ̃tɛʀmitɑ̃s] nf **1.** [irrégularité] intermittence, irregularity ▸ **l'intermittence d'un signal lumineux** the irregular flashing of a light / *l'intermittence de la production* the irregularity of production **2.** MÉD intermission, remission.

❖ **par intermittence** loc adv intermittently / *travailler par intermittence* to work in fits and starts ou intermittently.

intermittent, e [ɛ̃tɛʀmitɑ̃, ɑ̃t] ◆ adj **1.** [irrégulier -tir] intermittent, sporadic ; [-travail] casual, occasional ; [-pulsation] irregular, periodic ; [-éclairage] intermittent ; [-averses] occasional **2.** MÉD ▸ **fièvre intermittente** intermittent fever ▸ **pouls intermittent** irregular pulse. ◆ nm, f ▸ **les intermittents du spectacle** *people working in the performing arts (and thus entitled to social security benefits designed for people without regular employment).*

intermodal, e, aux [ɛ̃tɛʀmɔdal, o] adj [transport] intermodal.

intermodalité [ɛ̃tɛʀmɔdalite] nf intermodality.

intermoléculaire [ɛ̃tɛʀmɔlekylɛʀ] adj intermolecular.

intermusculaire [ɛ̃tɛʀmyskylɛʀ] adj intermuscular.

internalisation [ɛ̃tɛʀnalizasjɔ̃] nf ÉCON internalization ▸ **internalisation du recrutement** recruiting in-house, in-house ou internal recruitment.

internat [ɛ̃tɛʀna] nm **1.** ÉDUC [école] boarding school ▸ **l'internat** [régime] boarding **2.** MÉD [concours] *competitive examination leading to internship* ; [stage] hospital training, time as a houseman UK, internship US.

international, e, aux [ɛ̃tɛʀnasjɔnal, o] ◆ adj **1.** [gén] international **2.** ARCHIT ▸ **style international** international style. ◆ nm, f international (player ou athlete).

❖ **internationaux** nmpl SPORT internationals / *les internationaux de France de tennis* the French Open.

Internationale [ɛ̃tɛʀnasjɔnal] npr f **1.** [chant] ▸ **l'Internationale** the Internationale **2.** [groupement] ▸ **l'Internationale** the International.

internationalement [ɛ̃tɛʀnasjɔnalmɑ̃] adv internationally ▸ **connu internationalement** world famous.

internationalisation [ɛ̃tɛʀnasjɔnalizasjɔ̃] nf internationalization.

internationaliser [3] [ɛ̃tɛʀnasjɔnalize] vt to internationalize.

❖ **s'internationaliser** vpi to take on an international dimension / *le conflit s'est internationalisé* the conflict took on an international dimension.

internationalisme [ɛ̃tɛʀnasjɔnalism] nm internationalism.

internationaliste [ɛ̃tɛʀnasjɔnalist] ◆ adj internationalist. ◆ nmf **1.** POL internationalist **2.** DR international lawyer.

internationalité [ɛ̃tɛʀnasjɔnalite] nf internationality.

internaute [ɛ̃tɛʀnot] nmf net surfer, Internet surfer, Internet user.

interne [ɛ̃tɛʀn] ◆ adj [intérieur -paroi] internal, inside ; [-face] internal ; [-raison, cause, logique] internal, inner ; [-conflit] internal ; [-personnel] in-house ; [hémorragie, organe] internal / *il a fallu radiographier le côté interne de la jambe / du pied* the inner part of the leg / foot had to be X-rayed / *le parti connaît des difficultés internes* the party is having internal problems ▸ **structure interne** internal structure ▸ **médecine interne** internal medicine ▸ **angle interne** interior angle. ◆ nmf **1.** MÉD ▸ **interne (des hôpitaux)** houseman UK, junior hospital doctor UK, intern US ▸ **interne en pharmacie** student pharmacist *(in a hospital)* **2.** ÉDUC boarder / *c'est un interne* he's at boarding school.

❖ **en interne** loc adv [dans l'entreprise] in-house, on an in-house basis.

interné, e [ɛ̃tɛʀne] ◆ adj **1.** MÉD committed, sectioned UK *spéc* **2.** [emprisonné] interned. ◆ nm, f **1.** MÉD committed ou sectioned UK *spéc* patient **2.** [prisonnier] internee.

internégatif [ɛ̃tɛʀnegatif] nm internegative.

internement [ɛ̃tɛʀnəmɑ̃] nm **1.** MÉD commitment, sectioning UK *spéc* **2.** [emprisonnement] internment ▸ **internement abusif** illegal internment ▸ **internement administratif** internment without trial.

interner [3] [ɛ̃tɛʀne] vt **1.** MÉD to commit, to section UK *spéc* **2.** POL to intern.

Internet, internet [ɛ̃tɛʀnɛt] nm ▸ **(l')Internet** (the) Internet.

interocéanique [ɛ̃tɛʀɔseanik] adj interoceanic.

interosseux, euse [ɛ̃tɛʀɔsø, øz] adj interosseous.

interpellateur, trice [ɛ̃tɛʀpelatœʀ, tʀis] nm, f **1.** POL [questionneur] questioner, interpellator *spéc* **2.** [personne qui apostrophe] *person calling out* ▸ **mon interpellateur** the person calling out to me.

interpellation [ɛ̃tɛʀpelasjɔ̃] nf **1.** [apostrophe] call, shout **2.** [par la police] (arrest for) questioning / *la police a procédé à plusieurs interpellations* several people were detained ou taken in by police for questioning **3.** POL question, interpellation *spéc.*

interpeller [26], **interpeler*** [24] [ɛ̃tɛʀpəle] vt **1.** [appeler] to call out, to hail **2.** [suj: police] to call in ou to stop for questioning **3.** [concerner] to call out *(insép)* to ▸ **ça m'interpelle quelque part** *hum* it says something to me **4.** POL to put a question to, to interpellate *sout.*

❖ **s'interpeller, s'interpeler*** vp *(emploi réciproque)* [s'appeler] to call out to ou to hail one another.

interpénétration [ɛ̃tɛʀpenetʀasjɔ̃] nf interpenetration.

interpénétrer [18] [ɛ̃tɛʀpenetʀe] ❖ **s'interpénétrer** vp *(emploi réciproque)* to interpenetrate, to penetrate mutually / *des cultures qui s'interpénètrent* intermingling cultures.

In reformed spelling (see p. 16-19), this verb is conjugated like *semer*: *ils s'interpénètreront, elles s'interpénètreraient.*

interpersonnel, elle [ɛ̃tɛʀpɛʀsɔnɛl] adj interpersonal, person-to-person.

interphase [ɛ̃tɛʀfaz] nf interphase.

Interphone® [ɛ̃tɛʀfɔn] nm [dans un bureau] intercom ; [à l'entrée d'un immeuble] entry ou security phone.

interplanétaire [ɛ̃tɛʀplanetɛʀ] adj interplanetary.

INTERPOL, Interpol [ɛ̃tɛʀpɔl] npr Interpol.

interpolation [ɛ̃tɛʀpɔlasjɔ̃] nf interpolation, insertion.

interpoler [3] [ɛ̃tɛʀpɔle] vt **1.** [texte] to insert, to fit in ou into *(sép)*, to interpolate *spéc* / *interpoler un paragraphe dans un texte* to insert a paragraph into a text / *interpoler une phrase dans un discours* to add a sentence to a speech **2.** MATH to interpolate.

interposer [3] [ɛ̃tɛʀpoze] vt to place, to insert, to interpose *sout* / *ils ont pu se contacter par personne interposée* they were able to make contact through an intermediary.

❖ **s'interposer** vpi **1.** [faire écran] ▸ **s'interposer entre** to stand between / *il s'est interposé entre la lumière et mon appareil* he stood between the light and my camera **2.** [intervenir] to intervene, to step in *(insép)*, to interpose o.s. *sout* / *il s'est interposé pour l'empêcher de me frapper* he stepped in ou intervened to stop her hitting me.

interpositif [ɛ̃tɛʀpozitif] nm interpositive.

interposition [ɛ̃tɛʀpozisjɔ̃] nf **1.** [d'un objet, de texte] interposition, interposing **2.** [intervention] interposition, intervention **3.** DR ▸ **interposition de personnes** defrauding *(by drawing up a contract)* to the advantage of a third party.

interprétable [ɛ̃tɛʀpʀetabl] adj interpretable / *c'est interprétable de deux façons* this may be interpreted ou taken in two ways.

interprétariat [ɛ̃tɛʀpʀetaʀja] nm interpreting ▸ **diplôme d'interprétariat** interpreting diploma / *faire de l'interprétariat* to work as an interpreter.

interprétatif, ive [ɛ̃tɛʀpʀetatif, iv] adj **1.** [explicatif] expository, interpretative, interpretive **2.** INFORM interpretive **3.** PSYCHOL interpretative.

*In reformed spelling (see p. 16-19).

interprétation [ɛ̃tɛʀpʀetasjɔ̃] nf **1.** [exécution - d'une œuvre musicale] interpretation, rendering, performance ; [- d'un rôle] interpretation ; [- d'un texte] reading **2.** [analyse] interpretation, analysis / *c'est une drôle d'interprétation de la situation* it's a strange way of looking at ou interpreting the situation / *il a donné une fausse interprétation de mes déclarations* he gave an incorrect interpretation of ou he misinterpreted my statements **3.** [interprétariat] interpreting ▸ **interprétation consécutive** consecutive translation ▸ **interprétation simultanée** simultaneous translation **4.** PSYCHOL ▸ **interprétation des rêves** interpretation of dreams **5.** INFORM interpretation.

interprète [ɛ̃tɛʀpʀɛt] nmf **1.** [musicien, acteur] performer, player ; [chanteur] singer ; [danseur] dancer ▸ **l'interprète de Giselle** the dancer of the title role in Giselle ▸ **les interprètes** [d'un film, d'une pièce] the cast / *une pause pour donner aux interprètes le temps de se changer* a break to allow the performers to change ▸ **l'interprète de** : *il est devenu l'interprète par excellence de Beckett* he became the foremost interpreter of Beckett's work / *l'interprète de Cyrano n'était pas à la hauteur* the actor playing Cyrano wasn't up to the part / *les interprètes de ce concerto sont…* the concerto will be played by… **2.** [traducteur] interpreter ▸ **servir d'interprète à** to act as interpreter for ▸ **interprète de conférence** conference interpreter **3.** [représentant] spokesperson, spokesman (spokeswoman) ▸ **être l'interprète de qqn auprès des autorités** to speak to the authorities on sb's behalf.

interpréter [18] [ɛ̃tɛʀpʀete] vt **1.** [exécuter, jouer] to perform, to interpret *sout* ▸ **interpréter un rôle** to play a part / *elle interprète Molière / Madame Butterfly* she plays Molière / (the part of) Madame Butterfly / *interpréter une sonate au piano* to play a sonata on the piano / *j'aime la façon dont il interprète Hamlet / le requiem* I like the way he performs Hamlet / the requiem ▸ **interpréter un air** to perform ou to sing a tune **2.** [comprendre - texte] to interpret ▸ **mal interpréter qqch** to misinterpret sthg ▸ **interpréter qqch en bien / mal** to take sthg well / the wrong way **3.** [traduire] to interpret.

❖ **s'interpréter** vp *(emploi passif)* [être compris] to be interpreted / *son refus peut s'interpréter de plusieurs façons* his refusal can be interpreted in several ways.

✐ In reformed spelling (see p. 16-19), this verb is conjugated like **semer** : ***il interprètera, elle interprèterait.***

interpréteur [ɛ̃tɛʀpʀetœʀ] nm INFORM interpreter.

interprofession [ɛ̃tɛʀpʀɔfɛsjɔ̃] nf marketing board / *interprofession de la filière bois* timber marketing board.

interprofessionnel, elle [ɛ̃tɛʀpʀɔfɛsjɔnɛl] adj interprofessional.

interracial, e, aux [ɛ̃tɛʀʀasjal, o] adj interracial.

interrégional, e, aux [ɛ̃tɛʀʀeʒjɔnal, o] adj interregional.

interrègne [ɛ̃tɛʀʀɛɲ] nm interregnum.

interrogateur, trice [ɛ̃teʀɔgatœʀ, tʀis] ◆ adj [geste, regard] questioning, inquiring, probing / *d'un air interrogateur* interrogatively, questioningly / *sur un ton interrogateur* questioningly, searchingly. ◆ nm, f ENS (oral) examiner.

interrogatif, ive [ɛ̃teʀɔgatif, iv] adj **1.** [interrogateur] questioning, inquiring / *d'un ton interrogatif* questioningly **2.** LING interrogative.

❖ **interrogatif** nm interrogative (word) ▸ **l'interrogatif** the interrogative.

❖ **interrogative** nf interrogative ou question clause.

interrogation [ɛ̃teʀɔgasjɔ̃] nf **1.** [question] question, questioning / *sur son visage se lisait une muette interrogation* there was a questioning expression on her face ; [doute] questioning, questions, doubts **2.** ÉDUC test, quiz US ▸ **interrogation écrite / orale** written / oral test **3.** LING ▸ **interrogation directe / indirecte** direct / indirect question **4.** INFORM & TÉLÉC search ▸ **système d'interrogation à distance** remote access system.

interrogativement [ɛ̃teʀɔgativmɑ̃] adv **1.** LING interrogatively **2.** [en demandant] questioningly, inquiringly.

interrogatoire [ɛ̃teʀɔgatwaʀ] nm **1.** [par la police - d'un prisonnier, d'un suspect] interrogation, questioning ▸ **faire subir à qqn un interrogatoire serré** *fam* to grill sb ▸ **faire subir à qqn un interrogatoire musclé** *fam* to work sb over *(to obtain information)* **2.** DR [dans un procès] examination, cross-examination, cross-questioning ; [par un juge d'instruction] hearing ; [procès-verbal] statement.

interrogeable [ɛ̃teʀɔʒabl] adj *fam* : *répondeur interrogeable à distance* answering machine with remote-access facility.

interroger [17] [ɛ̃teʀɔʒe] vt **1.** [questionner - ami] to ask, to question ; [- guichetier] to ask, to inquire of ; [- suspect] to question, to interrogate, to interview ▸ **interroger qqn pour savoir si** to ask sb whether, to inquire of sb whether *sout* ▸ **interroger qqn sur qqch** to ask sb questions about sthg ▸ **interroger qqn du regard** to look questioningly ou inquiringly at sb / *il y a là un monsieur qui m'a interrogé à votre sujet* there is a gentleman here inquiring about you ou asking questions about you / *ils l'ont interrogé sans ménagement* they put him through a gruelling interrogation ▸ **interroger sa mémoire / le ciel** to search one's memory / the sky ▸ **interroger sa conscience** to examine one's conscience **2.** SOCIOL to poll, to question ▸ **personne interrogée** respondent **3.** ENS [avant l'examen] to test, to quiz ; [à l'examen] to examine / *j'ai été interrogé sur la guerre de 14-18* I was asked questions on the 1914-18 war ▸ **être interrogé par écrit** to be given a written test ou exam **4.** INFORM to interrogate, to search (through) **5.** [examiner] to explore / *cette œuvre interroge la question de la mémoire* this work explores the question of memory **6.** DR to examine, to cross-examine.

❖ **s'interroger** vpi ▸ **s'interroger sur qqch** to wonder about sthg / *je ne sais pas si je vais l'acheter, je m'interroge encore* I don't know whether I'll buy it, I'm still wondering (about it) ou I haven't made up my mind yet.

interrompre [78] [ɛ̃tɛʀɔ̃pʀ] vt **1.** [perturber - conversation, études] to interrupt / *il fut interrompu par l'arrivée de son père* he was interrupted by the arrival of his father / *n'interrompez pas la conversation* don't interrupt the conversation / *ses études furent interrompues par la guerre* her studies were interrupted ou curtailed by the war / *j'en ai assez de me faire interrompre !* I'm fed up with being interrupted ! **2.** [faire une pause dans - débat] to stop, to suspend ; [- session] to interrupt, to break off ; [- voyage] to break / *l'athlète a interrompu son entraînement pendant deux mois* the athlete stopped training for two months / *interrompre ses études pendant un an* to take a year off from one's studies **3.** [définitivement] to stop / *interrompre sa lecture / son repas* to stop reading / eating / *le match a été interrompu par la pluie* rain stopped play, play was abandoned due to rain ▸ **interrompre une grossesse** to terminate a pregnancy.

❖ **s'interrompre** vpi [dans une conversation] to break off, to stop ; [dans une activité] to break off.

interrupteur, trice [ɛ̃teʀyptœʀ, tʀis] nm, f *litt* [personne] interrupter.

❖ **interrupteur** nm [dispositif] switch ▸ **interrupteur horaire / principal** time / master switch.

interruption [ɛ̃teʀypsjɔ̃] nf **1.** [arrêt définitif] breaking off / *l'interruption des négociations* the breaking off of the talks / *interruption des relations diplomatiques* breaking off ou severance *sout* of diplomatic relations ▸ **sans interruption** continuously, uninterruptedly, without stopping / **'ouvert sans interruption de 9 h à 20 h'** 'open all day 9 a.m.-8 p.m.' ▸ **interruption médicale de grossesse** medical abortion ▸ **interruption volontaire de grossesse** voluntary termination of pregnancy **2.** [pause - dans un spectacle] break / *après une brève interruption, le spectacle reprit* after a short break, the show started up again **3.** [perturbation] interruption / *des interruptions continuelles l'empêchaient de travailler* continual interruptions prevented him from working / *veuillez excuser l'interruption de nos programmes* we apologise for the break in transmission ▸ **interruption de courant** ÉLECTR power cut.

intersaison [ɛ̃tɛʀsɛzɔ̃] nf off season.

interscolaire [ɛ̃tɛʀskɔlɛʀ] adj interschools.

intersecté, e [ɛ̃tɛʀsɛkte] adj intersecting.

intersection [ɛ̃tɛʀsɛksjɔ̃] nf **1.** [de routes] intersection, crossroads, junction / *intersection avec une route secondaire* intersection with a minor road / *à l'intersection des deux routes* where the two roads intersect ou meet / *à l'intersection de plusieurs courants politiques* where several different political tendencies meet ou come together **2.** MATH [de droites, de plans] intersection ; [d'ensembles] set ; LOGIQUE set.

intersession [ɛ̃tɛʀsesjɔ̃] nf POL recess.

intersexualité [ɛ̃tɛʀsɛksɥalite] nf intersexuality.

intersidéral, e, aux [ɛ̃tɛʀsideʀal, o] adj intersidereal, interstellar ▸ **espace intersidéral** deep space.

intersigne [ɛ̃tɛʀsiɲ] nm mysterious connection.

interspécifique [ɛ̃tɛʀspesifik] adj interspecific.

interstellaire [ɛ̃tɛʀstelɛʀ] adj interstellar.

interstice [ɛ̃tɛʀstis] nm crack, chink, interstice *sout.*

interstitiel, elle [ɛ̃tɛʀstisjɛl] adj interstitial.

❖ **interstitiel** nm PHYS interstitial.

intersubjectif, ive [ɛ̃tɛʀsybʒɛktif, iv] adj intersubjective.

intersyndical, e, aux [ɛ̃tɛʀsɛ̃dikal, o] adj interunion, joint union.

❖ **intersyndicale** nf interunion committee.

intertitre [ɛ̃tɛʀtitʀ] nm **1.** PRESSE subheading **2.** CINÉ subtitle.

intertrigo [ɛ̃tɛʀtʀigo] nm intertrigo.

intertropical, e, aux [ɛ̃tɛʀtʀɔpikal, o] adj intertropical.

interuniversitaire [ɛ̃tɛʀynivɛʀsitɛʀ] adj intercollegiate.

interurbain, e [ɛ̃tɛʀyʀbɛ̃, ɛn] adj [gén] intercity, interurban ; *vieilli* TÉLÉC long-distance *(avant nom)*, trunk UK *(modif).*

❖ **interurbain** nm *vieilli* long-distance telephone service, trunk call service UK.

intervalle [ɛ̃tɛʀval] nm **1.** [durée] interval / *un intervalle de trois heures* a three-hour interval ou gap / *ils se sont retrouvés à trois mois d'intervalle* they met again after an interval of three months ▸ **par intervalles** intermittently, at intervals, now and again / *dans l'intervalle, je ferai le nécessaire* meanwhile ou in the meantime, I'll do what has to be done ▸ **dans l'intervalle, j'étais revenu** I had come back by then ou by that time **2.** [distance] interval, space ▸ **plantés à intervalles de trois mètres** ou **à trois mètres d'intervalle** planted three metres apart / *l'intervalle entre les deux maisons* the distance between the two houses **3.** [brèche] gap **4.** MATH, MIL & MUS interval ▸ **intervalle fermé / ouvert** open / closed interval.

intervenant, e [ɛ̃tɛʀvənɑ̃, ɑ̃t] ◆ adj intervening. ◆ nm, f **1.** [dans un débat, un congrès] contributor, speaker **2.** DR intervening party.

intervenir [40] [ɛ̃tɛʀvəniʀ] vi **1.** [agir] to intervene, to step in ▸ **intervenir en faveur de qqn** to intercede ou to intervene on sb's behalf ▸ **intervenir auprès de qqn pour** to intercede with sb in order to ▸ **il était temps d'intervenir** it was time to do something about it ou to act / *on a dû faire intervenir la police* the police had to be brought in ou called in **2.** MÉD to operate **3.** [prendre la parole] to speak / *vous ne devez pas intervenir dans ce débat* you mustn't speak in this debate **4.** MIL to intervene **5.** [jouer un rôle - circonstance, facteur] ▸ **intervenir dans** to influence, to affect / *le prix n'intervient pas dans mon choix* the price has no bearing on ou doesn't affect my choice **6.** [survenir - accord, décision] to be reached ; [- incident, changement] to take place ▸ **le changement / la mesure intervient au moment où…** the change / measure comes at a time when… **7.** DR to intervene.

intervention [ɛ̃tɛʀvɑ̃sjɔ̃] nf **1.** [entrée en action] intervention / *il a fallu l'intervention des pompiers* the fire brigade had to be called in ou brought in / *malgré l'intervention rapide des secours* despite swift rescue action / *grâce à votre bienveillante intervention sout* thanks to your good offices ▸ **intervention en faveur de**

qqn intervention in sb's favour UK ou favor US **2.** MIL intervention / *l'intervention des forces armées* military intervention ▸ **intervention aérienne** air strike ▸ **intervention armée** armed intervention **3.** [ingérence] interference ; POL intervention **4.** [discours] talk / *j'ai fait deux interventions* I spoke twice / *j'ai approuvé son intervention* I agreed with his contribution ou what he said **5.** MÉD ▸ **intervention (chirurgicale)** (surgical) operation, surgery *(U)* / *procéder à une intervention chirurgicale* to operate **6.** AGR & ÉCON ▸ **beurre d'intervention** subsidized butter ▸ **prix d'intervention** intervention price **7.** DR intervention.

interventionnisme [ɛ̃tɛʀvɑ̃sjɔnism] nm interventionism.

interventionniste [ɛ̃tɛʀvɑ̃sjɔnist] ◆ adj interventionist ▸ **non interventionniste** non-interventionist. ◆ nmf interventionist.

intervenu, e [ɛ̃tɛʀvəny] pp ⟶ **intervenir.**

interversion [ɛ̃tɛʀvɛʀsjɔ̃] nf inversion / *interversion de chiffres* transposition of figures / *interversion des rôles* role reversal.

intervertébral, e, aux [ɛ̃tɛʀvɛʀtebʀal, o] adj intervertebral.

intervertir [32] [ɛ̃tɛʀvɛʀtiʀ] vt to invert (the order of) / *intervertir les rôles* to reverse roles.

intervient v ⟶ **intervenir.**

interview [ɛ̃tɛʀvju] nf ou nm PRESSE interview ▸ **une interview exclusive** an exclusive (interview).

interviewé, e [ɛ̃tɛʀvjuve] ◆ adj PRESSE interviewed. ◆ nm, f PRESSE interviewee.

interviewer[1] [3] [ɛ̃tɛʀvjuve] vt PRESSE to interview.

interviewer[2] [ɛ̃tɛʀvjuvœʀ] nm PRESSE interviewer.

intervieweur, euse [ɛ̃tɛʀvjuvœʀ, øz] nm, f interviewer.

intervint v ⟶ **intervenir.**

intervocalique [ɛ̃tɛʀvɔkalik] adj intervocalic.

intestat [ɛ̃tɛsta] ◆ adj inv intestate ▸ **mourir intestat** to die intestate. ◆ nmf intestate.

intestin[1] [ɛ̃tɛstɛ̃] nm ANAT intestine, bowel, gut ▸ **les intestins** the intestines, the bowels ▸ **intestin grêle** small intestine ▸ **gros intestin** large intestine.

intestin[2], e [ɛ̃tɛstɛ̃, in] adj *sout* [interne] internal ▸ **luttes intestines** internecine struggles.

intestinal, e, aux [ɛ̃tɛstinal, o] adj intestinal ▸ **douleurs intestinales** stomach pains.

intimation [ɛ̃timasjɔ̃] nf **1.** [d'un ordre] notification **2.** DR [assignation] summons *(before a high court)* / *signifier une intimation* to issue ou to serve a summons.

intime [ɛ̃tim] ◆ adj **1.** [proche] close / *un ami intime* a close friend, an intimate *sout* / *ils sont (très) intimes* they are (very) close **2.** [privé - pensée, vie] intimate ▸ **conversation intime** private conversation, tête-à-tête ▸ **chagrin intime** personal ou intimate grief ▸ **avoir des relations intimes avec qqn** to be on intimate terms with sb ▸ **intime conviction** *notion in French law referring to a judge having no doubt in his or her mind that a person is innocent or guilty* ▸ **avoir l'intime conviction que** to have no doubt in one's mind that ▸ **univers intime** secret world **3.** *euphém* [génital] ▸ **hygiène intime** personal hygiene ▸ **parties intimes** private parts **4.** [discret] quiet, intimate ▸ **cérémonie / mariage intime** quiet ceremony / wedding ▸ **soirée intime a)** [entre deux personnes] quiet dinner **b)** [entre plusieurs] quiet get-together ▸ **restaurant intime** quiet little restaurant **5.** [profond] inner, intimate / *les recoins les plus intimes de l'âme* the innermost ou deepest recesses of the soul / *le sens intime d'un texte* the underlying ou deeper meaning of a text / *il a une connaissance intime de la langue* he has a thorough knowledge of the language, he knows the language inside out ; *(avant nom)* : *j'ai l'intime conviction qu'il ment* I am privately convinced that he's lying. ◆ nmf [ami] close friend, intimate *sout* ▸ **ses intimes** her closest friends (and relations) / *moi, c'est Madeleine, Mado pour les intimes* I'm Madeleine, Mado to my friends ou my friends call me Mado.

intimé, e [ɛ̃time] ◆ adj ▸ **partie intimée** respondent party. ◆ nm, f respondent.

intimement [ɛ̃timmɑ̃] adv [connaître] intimately / *ces deux faits sont intimement liés* these two facts are closely connected ▸ **intimement convaincu** ou **persuadé** profoundly convinced.

intimer [3] [ɛ̃time] vt **1.** [ordonner] to instruct, to order, to tell ▸ **intimer à qqn l'ordre de se taire / de rester** to tell sb to be quiet / to stay **2.** DR [en appel] to summon ; [faire savoir] to notify.

intimidable [ɛ̃timidabl] adj easily intimidated.

intimidant, e [ɛ̃timidɑ̃, ɑ̃t] adj intimidating.

intimidateur, trice [ɛ̃timidatœʀ, tʀis] adj intimidating.

intimidation [ɛ̃timidasjɔ̃] nf intimidation / *céder à des intimidations* to give in to intimidation / *ils ont usé d'intimidation pour l'obliger à céder* they used intimidation to force him into submission.

intimidé, e [ɛ̃timide] adj nervous.

intimider [3] [ɛ̃timide] vt **1.** [faire pression sur] to intimidate ▸ **vous croyez m'intimider?** do you think you scare me ? **2.** [troubler] to intimidate, to overawe / *il s'est laissé intimider par elle* he allowed her to intimidate him.

intimisme [ɛ̃timism] nm LITTÉR & ART intimism.

intimiste [ɛ̃timist] adj & nmf LITTÉR & ART intimist.

intimité [ɛ̃timite] nf **1.** [vie privée, caractère privé] privacy / *l'intimité du foyer* the privacy of one's own home ▸ **envahir l'intimité de qqn** to invade sb's privacy / *nous fêterons son succès dans l'intimité* we'll celebrate his success with just a few close friends / *ils se sont mariés dans la plus stricte intimité* they were married in the strictest privacy **2.** [familiarité] intimacy ▸ **l'intimité conjugale** the intimacy of married life ▸ **vivre dans l'intimité avec qqn** *euphém* to be on intimate terms with sb **3.** [confort] intimacy, cosiness, snugness / *dans l'intimité de la cuisine* in the warmth of the kitchen **4.** *litt* [profondeur] intimacy / *dans l'intimité de la prière* in the privacy ou intimacy of prayer / *dans l'intimité de nos âmes* in the innermost depths of our souls.

intitulé [ɛ̃tityle] nm **1.** [d'un livre] title ; [d'un chapitre] heading, title **2.** DR [d'un acte] premises ; [d'un titre] abstract (of title) ; [d'une loi] long title ▸ **intitulé de compte** account particulars.

intituler [3] [ɛ̃tityle] vt to call, to entitle / *comment a-t-il intitulé le roman?* what did he call the novel ?, what title did he give the novel ? / *un film intitulé M* a film called ou entitled M.

❖ **s'intituler** ◆ vp *(emploi réfléchi)* [personne] to give o.s. the title of, to call o.s. ◆ vpi [œuvre] to be entitled ou called.

intolérable [ɛ̃tɔleʀabl] adj **1.** [insupportable] intolerable, unbearable / *chaleur / douleur / bruit intolérable* unbearable heat / pain / noise **2.** [inadmissible] intolerable, inadmissible, unacceptable ▸ **vos retards sont intolérables** your lateness will not be tolerated / *il est intolérable que seul l'aîné y ait droit* it's unacceptable that only the older one should be entitled to it.

intolérance [ɛ̃tɔleʀɑ̃s] nf **1.** [sectarisme] intolerance / *intolérance politique / religieuse* political / religious intolerance **2.** MÉD intolerance ▸ **intolérance aux analgésiques** intolerance to painkillers / *intolérance à l'alcool* lack of tolerance to alcohol ▸ **intolérance alimentaire** allergy (to food).

intolérant, e [ɛ̃tɔleʀɑ̃, ɑ̃t] ◆ adj intolerant / *une secte intolérante* an intolerant sect / *des parents intolérants* intolerant parents. ◆ nm, f intolerant person, bigot.

intonation [ɛ̃tɔnasjɔ̃] nf **1.** [inflexion de la voix] tone, intonation **2.** LING intonation.

intouchable [ɛ̃tuʃabl] ◆ adj [qui ne peut être - touché, sanctionné] untouchable ; [- critiqué] untouchable, beyond criticism, uncriticizable. ◆ nmf [paria] untouchable.

intox [ɛ̃tɔks] nf *fam* propaganda, brainwashing / *tout ça, c'est de l'intox* all that's just propaganda.

intoxicant, e [ɛ̃tɔksikɑ̃, ɑ̃t] adj poisonous, toxic.

intoxication [ɛ̃tɔksikasjɔ̃] nf **1.** MÉD poisoning ▸ **intoxication alimentaire** food poisoning **2.** *fig* propaganda, brainwashing.

intoxiqué, e [ɛ̃tɔksike] ◆ adj **1.** MÉD poisoned / *intoxiqué par l'alcool* intoxicated, drunk / *il fume beaucoup trop, il est complètement intoxiqué!* he smokes far too much, he's become addicted ! **2.** [manipulé] indoctrinated, brainwashed. ◆ nm, f **1.** [drogué] (drug) addict **2.** [endoctriné] indoctrinated ou brainwashed person.

intoxiquer [3] [ɛ̃tɔksike] vt **1.** MÉD to poison **2.** *fig* to brainwash, to indoctrinate / *une propagande qui intoxique les esprits* propaganda which poisons the mind.

❖ **s'intoxiquer** vpi to poison o.s. / *s'intoxiquer avec de la viande / des fraises* to get food poisoning from (eating) meat / strawberries.

intra-atomique [ɛ̃tʀaatɔmik] *(pl* **intra-atomiques***)* adj intra-atomic.

intracardiaque [ɛ̃tʀakaʀdjak] adj intracardiac.

intracellulaire [ɛ̃tʀaselylɛʀ] adj intracellular.

intracérébral, e, aux [ɛ̃tʀaseʀebʀal, o] adj intracerebral.

intracommunautaire [ɛ̃tʀakɔmynotɛʀ] adj intra-European.

intracrânien, enne [ɛ̃tʀakʀanjɛ̃, ɛn] adj intracranial.

intradermique [ɛ̃tʀadɛʀmik] adj intradermal, intracutaneous.

intradermo-réaction *(pl* **intradermo-réactions***)*, **intradermoréaction*** [ɛ̃tʀadɛʀmɔʀeaksjɔ̃] nf intradermal test.

intrados [ɛ̃tʀado] nm **1.** AÉRON lower surface *(of a wing)* **2.** ARCHIT intrados.

intraduisible [ɛ̃tʀadɥizibl] adj **1.** [texte, mot] untranslatable ▸ **c'est intraduisible** it's impossible to translate, it can't be translated ▸ **le mot est intraduisible** there is no translation for the word **2.** [indicible] inexpressible, indescribable.

intraitable [ɛ̃tʀɛtabl] adj uncompromising, inflexible / *il est resté intraitable sur ce point* he remained adamant on this point.

intramoléculaire [ɛ̃tʀamɔlekylɛʀ] adj intramolecular.

intramontagnard, e [ɛ̃tʀamɔ̃taɲaʀ, aʀd] adj intramontane.

intra-muros, intramuros* [ɛ̃tʀamyʀos] ◆ loc adj inv ▸ **quartiers intra-muros** districts within the city boundaries ▸ **Vérone intra-muros** the walled city of Verona ▸ **Londres intra-muros** inner London. ◆ loc adv ▸ **habiter intra-muros** to live in the city itself.

intramusculaire [ɛ̃tʀamyskylɛʀ] adj intramuscular.

intranet [ɛ̃tʀanɛt] nm intranet.

intransférable [ɛ̃tʀɑ̃sfeʀabl] adj **1.** [blessé] untransportable / *elle est actuellement intransférable* she can't be moved at the moment **2.** [footballeur] impossible to transfer **3.** [connaissances] impossible to pass on.

intransigeance [ɛ̃tʀɑ̃ziʒɑ̃s] nf intransigence ▸ **faire preuve d'intransigeance** to be uncompromising ou intransigent *sout.*

intransigeant, e [ɛ̃tʀɑ̃ziʒɑ̃, ɑ̃t] ◆ adj uncompromising, intransigent *sout* ▸ **se montrer intransigeant envers** ou **vis-à-vis de qqn** to take a hard line ou to be uncompromising with sb / *il est intransigeant sur la discipline* he's a stickler for discipline. ◆ nm, f hardliner, uncompromising person.

intransitif, ive [ɛ̃tʀɑ̃zitif, iv] adj intransitive.

❖ **intransitif** nm intransitive (verb).

intransitivement [ɛ̃tʀɑ̃zitivmɑ̃] adv intransitively.

intransitivité [ɛ̃tʀɑ̃zitivite] nf intransitivity, intransitiveness.

intransmissibilité [ɛ̃tʀɑ̃smisibilite] nf **1.** BIOL intransmissibility **2.** DR untransferability, nontransferability, untransmissibility *spéc.*

intransmissible [ɛ̃tʀɑ̃smisibl] adj **1.** BIOL intransmissible **2.** DR untransferable, nontransferable, unassignable.

* In reformed spelling (see p. 16-19).

intransportable [ɛ̃tʀɑ̃spɔʀtabl] adj **1.** [objet] untransportable ▸ **c'est intransportable** it can't be moved ou transported **2.** [blessé] ▸ **il est intransportable** he shouldn't be moved, he's unfit to travel.

intrant [ɛ̃tʀɑ̃] nm ÉCON input.

intranucléaire [ɛ̃tʀanykleɛʀ] adj intranuclear.

intraoculaire [ɛ̃tʀaɔkylɛʀ] adj ANAT intraocular.

intra-utérin, e [ɛ̃tʀayteʀɛ̃, in] (*mpl* **intra-utérins**, *fpl* **intra-utérines**) adj intrauterine ▸ **la vie intra-utérine** life in the womb, life in utero *sout*.

intraveineux, euse [ɛ̃tʀavɛnø, øz] adj intravenous.
❖ **intraveineuse** nf intravenous injection.

intrépide [ɛ̃tʀepid] ◆ adj **1.** [courageux] intrepid, bold, fearless **2.** *sout* [persévérant] unashamed, unrepentant / *un buveur intrépide* a hardened drinker / *un bavard intrépide* a terrible chatterbox. ◆ nmf intrepid ou brave person.

intrépidement [ɛ̃tʀepidmɑ̃] adv intrepidly, boldly, fearlessly.

intrépidité [ɛ̃tʀepidite] nf **1.** [courage] intrepidness, intrepidity *sout*, boldness / *il s'était battu avec intrépidité* he had fought fearlessly **2.** *sout* [persévérance] : *mentir avec intrépidité* to lie shamelessly.

intrication [ɛ̃tʀikasjɔ̃] nf intricacy, intricateness.

intrigant, e [ɛ̃tʀigɑ̃, ɑ̃t] ◆ adj scheming, conniving. ◆ nm, f schemer, plotter, intriguer *sout*.

intrigue [ɛ̃tʀig] nf **1.** [scénario] plot ▸ **rebondissement de l'intrigue** twist in the plot ▸ **intrigue compliquée** intricate plot ▸ **intrigue policière** detective story **2.** [complot] intrigue, plot, scheme / *déjouer une intrigue* to foil a plot ▸ **nouer une intrigue contre qqn** to hatch a plot against sb ▸ **intrigues politiques** political intrigues **3.** *litt* [liaison amoureuse] (secret) love affair, intrigue *sout*.

intriguer [3] [ɛ̃tʀige] ◆ vt to intrigue, to puzzle / *son appel m'a intrigué* his call puzzled me ▸ **ça m'intrigue** that intrigues me. ◆ vi to scheme, to plot, to intrigue *sout*.

intrinsèque [ɛ̃tʀɛ̃sɛk] adj intrinsic.

intrinsèquement [ɛ̃tʀɛ̃sɛkmɑ̃] adv intrinsically.

intriqué, e [ɛ̃tʀike] adj complicated.

intriquer [ɛ̃tʀike] vt to make more complicated.
❖ **s'intriquer** vp to become entangled.

intro [ɛ̃tʀo] (abr de **introduction**) nf *fam* intro / **'passer l'intro'** [sur site Web] 'skip intro'.

introducteur, trice [ɛ̃tʀɔdyktœʀ, tʀis] nm, f **1.** [auprès de qqn] : *il a été mon introducteur auprès de Michel* he was the person who introduced me to Michel **2.** [d'une idée, d'une mode] initiator.

introductif, ive [ɛ̃tʀɔdyktif, iv] adj introductory ▸ **cours introductif** foundation course ▸ **discours introductif** opening remarks.

introduction [ɛ̃tʀɔdyksjɔ̃] nf **1.** [préambule] introduction / *une introduction à la littérature* an introduction to literature ▸ **quelques mots d'introduction** a few introductory remarks / *un cours d'introduction* an introductory lecture **2.** [contact] introduction / *j'ai besoin d'introductions* I need to be introduced to people / *après leur introduction auprès de l'attaché* after they were introduced to the attaché **3.** [importation] importing ; [adoption -d'un mot, d'un règlement] introduction ▸ **introduction en France de techniques nouvelles / de drogues dures** introducing new techniques / smuggling hard drugs into France **4.** BOURSE ▸ **introduction en Bourse** initial public offering, IPO **5.** SPORT put-in.

introduire [98] [ɛ̃tʀɔdɥiʀ] vt **1.** [insérer] to insert, to introduce / *introduire une clé dans une serrure* to put ou to insert a key into a lock / *introduire un sujet dans une conversation* to introduce a topic into a conversation **2.** [faire adopter -idée, mot] to introduce, to bring in *(sép)* ; [-règlement] to institute ; [-mode, produit] to introduce, to launch ; [illégalement] to smuggle in *(sép)*, to bring in *(sép)* / *introduire un produit sur le marché* ÉCON to bring out *(sép)* ou to launch a product onto the market ▸ **introduire clandestinement** [marchandises] to smuggle in / *introduire des armes dans un pays / en France* to smuggle ou to bring weapons into a country / into France ▸ **introduire une instance** DR to institute an action at law, to institute legal proceedings ▸ **introduire des valeurs en Bourse** BOURSE to list shares on the stock market **3.** [présenter] to introduce ▸ **introduire qqn auprès de** to introduce sb to / *il l'a introduit dans un petit cercle d'amis* he introduced him to a small circle of friends ; [faire entrer -visiteur] to show in *(sép)* / *on introduisit le visiteur dans la pièce* the visitor was let into ou shown into the room ▸ **veuillez introduire cette dame** please show the lady in / *il a été introduit auprès de la reine* he was ushered in ou shown in to see the Queen **4.** SPORT : *introduire le ballon* to put the ball in.
❖ **s'introduire dans** vp + prép **1.** [pénétrer dans -suj: clé, piston] to go ou to fit into ; [-suj: eau] to filter ou to seep into ; [-suj: cambrioleur] to break into ; *fig* [suj: date, erreur] to creep into / *le doute s'est peu à peu introduit dans mon esprit* doubt began to creep into my mind **2.** [être accepté par -suj: idée] to penetrate (into), to spread throughout, to infiltrate *péj* / *l'expression s'est introduite dans la langue* the expression entered the language **3.** [se faire admettre dans -suj: postulant] to gain admittance to ; [-suj: intrigant] to worm one's way into, to infiltrate.

introduit, e [ɛ̃tʀɔdɥi, it] adj : *il est très bien introduit dans ce milieu* he's well established in these circles.

introït [ɛ̃tʀɔit] nm introit.

introjection [ɛ̃tʀɔʒɛksjɔ̃] nf introjection.

intromission [ɛ̃tʀɔmisjɔ̃] nf intromission.

intronisation [ɛ̃tʀɔnizasjɔ̃] nf **1.** [d'un roi, d'un évêque] enthronement **2.** *fig* [mise en place] establishment / *l'intronisation du nouveau gouvernement* POL the establishment of the new government.

introniser [3] [ɛ̃tʀɔnize] vt **1.** [roi, évêque] to enthrone ▸ **il s'est fait introniser à l'âge de 60 ans a)** [roi] he came to the throne when he was 60 **b)** [évêque] he was made bishop at the age of 60 **2.** *fig* [établir] to establish / *introniser une mode* to establish a fashion.

introspectif, ive [ɛ̃tʀɔspɛktif, iv] adj introspective.

introspection [ɛ̃tʀɔspɛksjɔ̃] nf introspection.

introuvable [ɛ̃tʀuvabl] adj nowhere ou no-place US to be found ▸ **elle reste introuvable** she's still missing, her whereabouts are still unknown / *ces pendules sont introuvables aujourd'hui* you can't get hold of these clocks anywhere these days.

introversion [ɛ̃tʀɔvɛʀsjɔ̃] nf introversion.

introverti, e [ɛ̃tʀɔvɛʀti] ◆ adj introverted. ◆ nm, f introvert.

intrus, e [ɛ̃tʀy, yz] ◆ adj intruding, intrusive. ◆ nm, f intruder / *elle considère son gendre comme un intrus* she treats her son-in-law like an outsider ou an unwelcome guest.

intrusif, ive [ɛ̃tʀyzif, iv] adj intrusive.

intrusion [ɛ̃tʀyzjɔ̃] nf **1.** [ingérence] intrusion / *c'est une intrusion dans ma vie privée* it's an intrusion into ou it's a violation of my privacy / *intrusion dans les affaires d'un pays étranger* interference ou intervention in the affairs of a foreign country **2.** GÉOL intrusion.

intubation [ɛ̃tybasjɔ̃] nf intubation.

intuber [3] [ɛ̃tybe] vt to intubate.

intuitif, ive [ɛ̃tɥitif, iv] ◆ adj **1.** [perspicace] intuitive, instinctive **2.** PHILOS intuitive. ◆ nm, f intuitive person / *c'est un intuitif* he's very intuitive.

intuition [ɛ̃tɥisjɔ̃] nf **1.** [faculté] intuition / *suivre son intuition* to follow one's intuition / *j'y allais à l'intuition* *fam* I was acting intuitively ▸ **l'intuition féminine** feminine intuition **2.** [pressentiment] ▸ **avoir l'intuition d'un drame / de la mort** to sense tragedy / death / *il en a eu l'intuition* he knew it intuitively, he intuited it *sout* / *j'ai l'intuition qu'il est rentré* I have a suspicion ou an inkling ou a hunch (that) he's home.

intuitivement [ɛ̃tɥitivmɑ̃] adv intuitively, instinctively.

intumescence [ɛ̃tymesɑ̃s] nf intumescence *spéc*, swelling.

intumescent, e [ɛ̃tymesɑ̃, ɑ̃t] adj intumescent *spéc*, swelling.

inuit [inɥit] adj inv Inuit.
❖ **Inuit** nmf ▸ **les Inuits** the Inuit ou Inuits.

inusable [inyzabl] adj which will never wear out, hard-wearing / *achetez-en une paire, c'est inusable!* buy a pair, they'll last (you) forever!

inusité, e [inyzite] adj **1.** LING [mot] uncommon, not in use (any longer) / *le terme est inusité de nos jours* the word is no longer used / *les formes inusitées d'un verbe* the rare forms of a verb **2.** *sout* [inhabituel] unusual, uncommon / *un bruit inusité* an uncommon ou a strange noise.

inusuel, elle [inyzɥɛl] adj *sout* unusual, inhabitual.

in utero [inyteʀɔ] loc adj & loc adv in utero.

inutile [inytil] ◆ adj **1.** [gadget] useless ; [digression] pointless ; [effort] useless, pointless, vain / *(il est) inutile de m'interroger* there's no point in questioning me ▸ **inutile de mentir!** it's no use lying!, lying is useless! / *j'ai écrit, téléphoné, tout s'est révélé inutile* I wrote, I phoned, (but) all to no avail **2.** [superflu] needless, unnecessary ▸ **ces précautions sont inutiles** these precautions serve no purpose / *quelques précisions ne seront pas inutiles* a few explanations will come in useful / *une leçon de conduite supplémentaire ne serait pas inutile avant l'examen* an extra driving lesson wouldn't go amiss before the test / *inutile de préciser qu'il faut arriver à l'heure* I hardly need to point out that ou needless to say you have to turn up on time ▸ **inutile de demander, sers-toi** just help yourself, there's no need to ask. ◆ nmf *péj* useless person / *c'est un inutile* he's no use.

inutilement [inytilmɑ̃] adv needlessly, unnecessarily, to no purpose.

inutilisable [inytilizabl] adj unusable, useless / *après l'accident, la voiture était inutilisable* the car was a write-off after the accident.

inutilisé, e [inytilize] adj unused / *des ressources inutilisées* untapped ou unused resources / *sa jeunesse gâchée et son talent inutilisé* his youth wasted and his talent unused.

inutilité [inytilite] nf [d'un objet] uselessness ; [d'un argument] pointlessness ; [d'un effort, d'une tentative] uselessness, pointlessness ; [d'un remède] uselessness, ineffectiveness.
❖ **inutilités** nfpl [futilités] useless information *(U)*.

inv. (abr écrite de **invariable**) inv.

invagination [ɛ̃vaʒinasjɔ̃] nf invagination ▸ **invagination intestinale** intestinal intussusception.

invaginer [3] [ɛ̃vaʒine] ❖ **s'invaginer** vpi to invaginate.

invaincu, e [ɛ̃vɛ̃ky] adj [équipe] unbeaten, undefeated ; [armée] unvanquished, undefeated ; [maladie] unconquered.

invalidant, e [ɛ̃validɑ̃, ɑ̃t] adj incapacitating, disabling.

invalidation [ɛ̃validasjɔ̃] nf [d'une élection] invalidation, quashing ; [d'une décision juridique] quashing ; [d'un contrat] nullification ; [d'un élu] removal from office.

invalide [ɛ̃valid] ◆ adj **1.** [infirme] disabled **2.** DR invalid, null and void. ◆ nmf [infirme] disabled person, invalid ▸ **invalide du travail** *person disabled in an industrial accident*. ◆ nm ▸ **grand invalide civil** *officially recognized severely disabled person* ▸ **(grand) invalide de guerre** *officially recognized war invalid*.

invalider [3] [ɛ̃valide] vt [élection] to invalidate, to make invalid, to nullify ; [décision juridique] to quash ; [élu] to remove from office.

invalidité [ɛ̃validite] nf disability, disablement.

invariabilité [ɛ̃vaʀjabilite] nf invariability.

invariable [ɛ̃vaʀjabl] adj **1.** [constant] invariable, unchanging / *d'une invariable bonne humeur* invariably good-humoured / *rester invariable dans ses opinions* to remain unchanging ou unswerving in one's opinions **2.** GRAM invariable.

invariablement [ɛ̃vaʀjabləmɑ̃] adv invariably.

invariance [ɛ̃vaʀjɑ̃s] nf invariance, invariancy.

invariant, e [ɛ̃vaʀjɑ̃, ɑ̃t] adj invariant.
❖ **invariant** nm invariant.

invasif, ive [ɛ̃vazif, iv] adj MÉD invasive.

invasion [ɛ̃vazjɔ̃] nf **1.** MIL invasion ▸ **armée / troupes d'invasion** invading army / troops **2.** [arrivée massive] invasion, influx / *une invasion de rats* an invasion of rats / *l'invasion de produits étrangers sur le marché* the flooding of the market by foreign products / *une invasion de touristes dans les hôtels* an influx of tourists into the hotels **3.** MÉD ▸ **(période d')invasion** invasion.

invective [ɛ̃vɛktiv] nf invective *(U)*, insult / *il s'est répandu en invectives contre moi* he started hurling abuse at me.

invectiver [3] [ɛ̃vɛktive] vt to curse, to insult, to heap insults ou abuse upon.
❖ **invectiver contre** v + prép to curse.

invendable [ɛ̃vɑ̃dabl] adj unsaleable, unsellable / *vous m'apportez toujours des marchandises invendables* you always bring me goods that don't sell.

invendu, e [ɛ̃vɑ̃dy] adj unsold.
❖ **invendu** nm [gén] unsold article ou item ; [journal] unsold copy ▸ **les invendus** (the) unsold copies.

inventaire [ɛ̃vɑ̃tɛʀ] nm **1.** [liste] inventory / *les locataires doivent faire* ou *dresser un inventaire* (the) tenants must draw up an inventory / *nous avons fait l'inventaire avec la propriétaire* we went through the inventory with the landlady / *l'inventaire de ses biens* the inventory ou a detailed list of her possessions / *faire l'inventaire des ressources d'un pays* to assess a country's resources / *si je fais l'inventaire de mes souvenirs* *fig* if I take stock of my memories **2.** COMM [procédure] stocktaking UK ; [liste] stocklist, inventory US / *faire l'inventaire de la marchandise* to take stock of the goods ▸ **inventaire extracomptable** stocks, stock-in-trade UK, inventories US ▸ **livre d'inventaire** inventory ou stock book **3.** DR inventory / *dresser l'inventaire d'une succession* to draw up an inventory of an estate **4.** NAUT inventory.

Un inventaire à la Prévert

This expression is an allusion to the poem *Inventaire*, written by Jacques Prévert in 1946, which is a long list of disparate objects, people and animals. **Un inventaire à la Prévert** means a random collection of unrelated things, usually referred to pejoratively:

La réforme de l'impôt, les mesures antiterroristes, la loi sur la sécurité routière : comment deviner la vision du gouvernement dans cet inventaire à la Prévert ? *Tax reform, anti-terrorist measures, the road safety act – how are we supposed to see what the government's vision is in this ragbag?*

L'exposition sur le romantisme en France n'était ni chronologique ni thématique, mais plutôt un inventaire à la Prévert de documents et d'œuvres. *The exhibition on French romanticism was neither chronological nor thematic, it was more of a random hotchpotch of documents and works.*

inventer [3] [ɛ̃vɑ̃te] vt **1.** [créer - machine] to invent ; [- mot] to coin ▸ **il n'a pas inventé la poudre** ou **le fil à couper le beurre** he'll never set the world on fire **2.** [imaginer - jeu] to think ou to make up *(sép)*, to invent ; [- système] to think ou to dream up *(sép)*, to work out *(sép)*, to concoct *péj* / *je ne sais plus quoi inventer pour les amuser* I've run out of ideas trying to keep them amused / *ils ne savent plus quoi inventer!* *fam* what will they think of next! / *qu'est-ce que tu vas inventer là?* whatever gave you that idea?, where on earth did you get that idea from? **3.** [forger] to think ou to make up *(sép)*, to invent / *invente une excuse!* just make up ou invent some excuse! / *je n'invente rien!* I'm not inventing a thing! / *une histoire inventée de toutes pièces* an entirely made-up story, a complete fabrication **4.** DR [trésor] to discover, to find.
❖ **s'inventer** vp *(emploi passif)* ▸ **ça ne s'invente pas** nobody could make up a thing like that, you don't make that sort of thing up.

inventeur, trice [ɛ̃vɑ̃tœʀ, tʀis] nm, f **1.** [d'un appareil, d'un système] inventor **2.** DR [d'un trésor] finder, discoverer **3.** [de fausses nouvelles] fabricator.

inventif, ive [ɛ̃vɑ̃tif, iv] adj inventive, creative, resourceful / *les enfants sont très inventifs* children have a lot of imagination.

invention [ɛ̃vɑ̃sjɔ̃] nf **1.** SCI & TECHNOL invention / *le robot ménager, quelle formidable invention!* what a wonderful invention food processors are! / *grâce à l'invention du laser* thanks to the invention ou discovery of lasers **2.** [créativité] inventiveness, creativeness ▸ **avoir de l'invention** to be inventive ou creative ▸ **manquer d'invention** to be unimaginative ▸ **de mon / ton / son invention** invented by me / you / him / *un modèle de mon invention* a pattern I designed myself, one of my own designs **3.** [idée] invention / *leur liaison est une invention de l'auteur* their love affair was made up by the author ou is the author's own invention ; [mensonge] invention, fabrication / *c'est (de la) pure invention* it's all made up ou sheer invention ou pure fabrication / *elle n'en est pas à une invention près pour justifier ses retards* she'll make up any excuse to justify being late **4.** DR [d'un trésor] finding, discovering **5.** MUS ▸ **inventions à deux voix** two-part inventions.

inventivité [ɛ̃vɑ̃tivite] nf inventiveness.

inventoriage [ɛ̃vɑ̃tɔʀjaʒ] nm stocktaking.

inventorier [9] [ɛ̃vɑ̃tɔʀje] vt **1.** [gén] to list, to make a list of **2.** COMM to take stock of, to list (for stocktaking) **3.** DR to make an inventory of, to inventory *sout.*

invérifiable [ɛ̃veʀifjabl] adj unverifiable, uncheckable.

inversable [ɛ̃vɛʀsabl] adj that cannot be knocked over.

inverse [ɛ̃vɛʀs] ◆ adj **1.** [opposé] opposite / *les voitures qui viennent en sens inverse* cars coming the other way ou from the opposite direction ▸ **dans l'ordre inverse** in (the) reverse order, the other way round / *dans le sens inverse des aiguilles d'une montre* anticlockwise UK, counterclockwise US ▸ **être en proportion** ou **raison inverse de** to be inversely proportional ou in inverse proportion to **2.** GÉOL reversed **3.** MATH inverse. ◆ nm **1.** [contraire] ▸ **l'inverse** the opposite, the reverse / *mais l'inverse n'est pas vrai* but the reverse ou contrary isn't true / *j'aurais dû faire l'inverse* I should have done the opposite (of what I did) / *supposons l'inverse de cette théorie* let's consider the converse of this theory **2.** MATH inverse / *l'inverse d'un nombre* the inverse ou reciprocal of a number **3.** CHIM ▸ **inverse optique** optical antipode.
❖ **à l'inverse** loc adv conversely.
❖ **à l'inverse de** loc prép contrary to / *à l'inverse de mon collègue / de ce que tu crois* contrary to my colleague / to what you think.

inversé, e [ɛ̃vɛʀse] adj **1.** PHOT reverse, reversed **2.** AÉRON & GÉOGR inverted.

inversement [ɛ̃vɛʀsəmɑ̃] adv **1.** [gén] conversely / *vous pouvez l'aider, et inversement il peut vous renseigner* you can help him, and in return he can give you some information / *inversement, on pourrait conclure que...* conversely, you could conclude that... **2.** MATH inversely ▸ **inversement proportionnel à** inversely proportional to.

inverser [3] [ɛ̃vɛʀse] vt **1.** [intervertir] to reverse, to invert ▸ **inverser les rôles** to swap parts ou roles / *les rôles ont été totalement inversés* there's been a complete role reversal **2.** ÉLECTR & PHOT to reverse.

inverseur [ɛ̃vɛʀsœʀ] nm **1.** ÉLECTR reversing switch ▸ **inverseur de pôles** pole changing switch **2.** MÉCAN ▸ **inverseur (de marche)** reversing gear **3.** AÉRON ▸ **inverseur de poussée** thrust reverser.

inversible [ɛ̃vɛʀsibl] adj **1.** MATH invertible **2.** PHOT reversible.

inversion [ɛ̃vɛʀsjɔ̃] nf **1.** [changement] reversal, inversion / *inversion des rôles* role reversal **2.** LING inversion **3.** ÉLECTR reversal **4.** SCI & TECHNOL ▸ **inversion de poussée** AÉRON thrust reversal ▸ **inversion de relief** GÉOGR inverted relief ▸ **inversion de Walden** CHIM Walden inversion ▸ **pellicule par inversion** PHOT reversal film **5.** *vieilli* PSYCHOL inversion, homosexuality.

invertébré, e [ɛ̃vɛʀtebʀe] adj invertebrate.
❖ **invertébré** nm invertebrate ▸ **les invertébrés** the invertebrates ou Invertebrata *spéc.*

inverti, e [ɛ̃vɛʀti] ◆ adj CHIM ▸ **sucre inverti** invert sugar. ◆ nm, f *vieilli* [homosexuel] homosexual, invert.

invertir [32] [ɛ̃vɛʀtiʀ] vt **1.** [inverser] to reverse, to invert **2.** CHIM to invert.

investigateur, trice [ɛ̃vɛstigatœʀ, tʀis] ◆ adj **1.** [avide de savoir] inquiring, inquisitive, probing / *un esprit fin et investigateur* a sharp, inquisitive mind **2.** [scrutateur - regard] searching, scrutinizing / *son regard investigateur pesait sur moi* I could feel her searching gaze. ◆ nm, f investigator.

investigation [ɛ̃vɛstigasjɔ̃] nf investigation ▸ **journalisme d'investigation** investigative journalism ▸ **investigations a)** [policières] inquiries, investigation **b)** [scientifiques] research, investigations.

investiguer [3] [ɛ̃vɛstige] vi to investigate, to research.

investir [32] [ɛ̃vɛstiʀ] vt **1.** FIN to invest ▸ **capital investi** invested capital ; *(en usage absolu)* ▸ **investir à court / long terme** to make a short- / long-term investment / *investir dans la pierre* to invest (money) in bricks and mortar UK ou in real estate US / *il est temps que j'investisse dans l'achat d'une nouvelle cravate* *hum* it's time I invested in a new tie **2.** [engager - ressources, temps, efforts] to invest, to commit / *j'avais beaucoup investi dans notre amitié* I had put a lot into our friendship **3.** *sout* [d'un pouvoir, d'une fonction] ▸ **investir qqn de** : *investir qqn d'une dignité* to invest sb with a function ▸ **investir qqn d'un honneur** to bestow an honour upon sb ▸ **investir qqn de sa confiance** to place one's trust in sb / *par l'autorité dont je suis investi* by the authority vested in ou conferred upon me / *elle se sentait investie d'une mission* she felt she'd been entrusted with a mission **4.** [encercler - suj: armée] to surround, to besiege ; [suj: police] to block off *(sép)*, to surround.
❖ **s'investir dans** vp + prép ▸ **s'investir dans son métier** to be involved ou absorbed in one's job / *une actrice qui s'investit entièrement dans ses rôles* an actress who throws herself heart and soul into every part she plays / *je me suis énormément investie dans le projet* the project really meant a lot to me.

investissement [ɛ̃vɛstismɑ̃] nm **1.** FIN investment / *un gros investissement de départ* a big initial investment ou outlay / *ne te plains pas d'avoir appris l'arabe, c'est un investissement (pour l'avenir)* *fig* don't be sorry that you learnt Arabic, it'll stand you in good stead (in the future) **2.** [effort] investment, commitment / *un important investissement en temps* a big commitment in terms of time **3.** MIL [encerclement] surrounding, siege.
❖ **d'investissement** loc adj FIN [société, banque] investment *(modif)* ; [dépenses] capital *(modif)*.

investisseur, euse [ɛ̃vɛstisœʀ, øz] adj investing.
❖ **investisseur** nm investor ▸ **les investisseurs institutionnels** institutional investors.

investiture [ɛ̃vɛstityʀ] nf **1.** POL [d'un candidat] nomination, selection ; [d'un gouvernement] vote of confidence **2.** HIST & RELIG investiture.

invétéré, e [ɛ̃vetere] adj [habitude] ingrained, deep-rooted ; [préjugé] deeply-held, deep-seated, confirmed ; [buveur] inveterate, habitual / *un coureur invétéré* an inveterate ou incorrigible womanizer.

invincibilité [ɛ̃vɛ̃sibilite] nf invincibility, invincibleness.

invincible [ɛ̃vɛ̃sibl] adj **1.** [imbattable - héros, nation] invincible, unconquerable / *avec un courage invincible* with invincible courage **2.** [insurmontable - dégoût] insuperable, insurmountable ; [-passion] irresistible **3.** [irréfutable - argument] invincible, unbeatable.

invinciblement [ɛ̃vɛ̃sibləmɑ̃] adv invincibly, irresistibly.

inviolabilité [ɛ̃vjɔlabilite] nf **1.** [gén] inviolability **2.** POL immunity ▸ **l'inviolabilité parlementaire** Parliamentary privilege UK, congressional immunity US ▸ **inviolabilité diplomatique** diplomatic immunity **3.** DR ▸ **l'inviolabilité du domicile** inviolability of the home **4.** INFORM [de données] (data) protection.

inviolable [ɛ̃vjɔlabl] adj **1.** [droit, serment] inviolable **2.** [personne] untouchable, immune **3.** [imprenable] impregnable, inviolable *sout* / *le château est inviolable* the castle is impregnable.

inviolé, e [ɛ̃vjɔle] adj *sout* **1.** [non enfreint - loi] inviolate, unviolated **2.** [non forcé - lieu] unforced, inviolate / *un refuge inviolé* an inviolate refuge / *le sommet inviolé de la montagne* the unconquered summit of the mountain.

invisibilité [ɛ̃vizibilite] nf invisibility.

invisible [ɛ̃vizibl] adj **1.** [imperceptible] invisible ▸ **invisible à l'œil nu** invisible ou not visible to the naked eye **2.** [occulte] hidden, secret / *une menace invisible* a hidden threat **3.** [non disponible] unavailable / *tu es devenu invisible dernièrement* you've been rather elusive recently.

❖ **invisibles** nmpl ÉCON ▸ **les invisibles a)** [échanges] invisible trade **b)** [exportations] invisible exports ▸ **la balance des invisibles** the balance of invisible trade.

invisiblement [ɛ̃viziblәmɑ̃] adv invisibly.

invitant, e [ɛ̃vitɑ̃, ɑ̃t] adj ▸ **puissance invitante** host country.

invitation [ɛ̃vitasjɔ̃] nf **1.** [requête] invitation / *une invitation à un cocktail* an invitation to a cocktail party / *à* ou *sur l'invitation de nos amis* at the invitation of ou invited by our friends / *venir sans invitation* to come uninvited / *répondre à une invitation* to reply to an invitation / **'sur invitation'** 'by invitation only' ▸ **lettre d'invitation** letter of ou written invitation **2.** [incitation] invitation, provocation / *ton sac grand ouvert est une invitation au vol* leaving your bag wide open is an (open) invitation to thieves / *ce film est une invitation au voyage* this film makes you want to travel.

invite [ɛ̃vit] nf **1.** *sout* [invitation] invitation, request ▸ **répondre aux invites de qqn** to respond to sb's requests **2.** JEUX lead **3.** INFORM ▸ **invite de commande** command prompt.

invité, e [ɛ̃vite] nm, f guest ▸ **invité de marque** distinguished guest ▸ **invité d'honneur** guest of honour.

inviter [3] [ɛ̃vite] ◆ vt **1.** [ami, convive] to invite ▸ **inviter qqn à déjeuner** to invite ou to ask sb to lunch ▸ **inviter qqn chez soi** to invite sb (over) to one's house / *je ne les inviterai plus* I won't invite ou ask them (round) again / *demain nous sommes invités* we've been invited out tomorrow / *puis-je vous inviter à danser?* may I have this dance? / *on s'est fait inviter à la première par un copain* we were invited to the première by a friend / *tu ne peux pas t'arranger pour te faire inviter?* can't you swing it so that you get invited? ; *(en usage absolu)* [payer] : *allez, c'est moi qui invite! fam* it's on me! **2.** [exhorter] ▸ **inviter qqn à** : *d'un signe de la tête, il m'invita à me taire* he nodded to me to keep quiet / *je vous invite à observer une minute de silence* I invite you ou call upon you to observe a minute's silence / *j'invite tous les locataires mécontents à écrire à l'association* may I suggest that all dissatisfied tenants write to the association / *vous êtes invités à me suivre* would you be so kind as to follow me / *vous êtes invités à sortir par l'autre porte* please use the other door when leaving / *tous les passagers sont invités à descendre de voiture* would all passengers kindly alight here. ◆ vi JEUX to lead.

❖ **s'inviter** vp *(emploi réfléchi)* to invite o.s.

in vitro [invitʀo] loc adv & loc adj inv in vitro.

invivable [ɛ̃vivabl] adj **1.** [personne] impossible, unbearable, insufferable **2.** [habitation] : *cette maison est devenue invivable* this house has become impossible to live in.

in vivo [invivo] loc adv & loc adj inv in vivo.

invocateur, trice [ɛ̃vɔkatœʀ, tʀis] nm, f invoker.

invocation [ɛ̃vɔkasjɔ̃] nf invocation / *invocation aux Muses* invocation to the Muses.

❖ **sous l'invocation de** loc prép RELIG [dédié à - suj : lieu de culte] dedicated to, under the protection of.

invocatoire [ɛ̃vɔkatwaʀ] adj invocatory.

involontaire [ɛ̃vɔlɔ̃tɛʀ] adj **1.** [machinal] involuntary / *j'eus un mouvement de recul involontaire* I recoiled involuntarily ou instinctively **2.** [non délibéré] unintentional ▸ **c'était involontaire** it was unintentional, I didn't do it on purpose ▸ **une erreur involontaire** an inadvertent error **3.** [non consentant] unwilling, reluctant / *j'ai été le témoin involontaire de sa déchéance* I was the reluctant witness of his downfall **4.** ANAT & PHYSIOL involuntary **5.** DR involuntary.

involontairement [ɛ̃vɔlɔ̃tɛʀmɑ̃] adv unintentionally, unwittingly, without meaning to / *être involontairement mêlé à une affaire de contrebande* to be unwittingly involved in a smuggling operation / *si je vous ai vexé, c'est tout à fait involontairement* if I've offended you, it really wasn't intentional ou I really didn't mean to.

involuté, e [ɛ̃vɔlyte] adj involuted.

involutif, ive [ɛ̃vɔlytif, iv] adj **1.** MATH involutional **2.** MÉD involutionary.

involution [ɛ̃vɔlysjɔ̃] nf involution.

invoquer [3] [ɛ̃vɔke] vt **1.** [avoir recours à - argument, prétexte] to put forward *(sép)* / *invoquer l'article 15 du Code pénal* to refer to ou to cite Article 15 of the Penal Code ▸ **invoquer son ignorance** to plead ignorance **2.** [en appeler à - personne] to invoke, to appeal to *(insép)* ; [-dieu] to invoke ; [-aide] to call upon *(insép)*.

invraisemblable [ɛ̃vʀɛsɑ̃blabl] ◆ adj **1.** [improbable - hypothèse] unlikely, improbable, implausible **2.** [incroyable - histoire] incredible, unbelievable, amazing **3.** [bizarre - tenue] weird, incredible, extraordinary **4.** [en intensif] : *elle a un toupet invraisemblable!* she has an amazing cheek! ◆ nm ▸ **l'invraisemblable** the incredible.

invraisemblablement [ɛ̃vʀɛsɑ̃blabləmɑ̃] adv improbably, incredibly, unbelievably.

invraisemblance [ɛ̃vʀɛsɑ̃blɑ̃s] nf **1.** [caractère improbable] unlikelihood, unlikeliness, improbability **2.** [fait] improbability / *le scénario est truffé d'invraisemblances* the script is filled with implausible details.

invulnérabilité [ɛ̃vylneʀabilite] nf invulnerability.

invulnérable [ɛ̃vylneʀabl] adj **1.** [physiquement] invulnerable **2.** [moralement] invulnerable / *le temps l'a rendue invulnérable aux critiques* with the passage of time she's become invulnerable ou immune ou impervious to criticism **3.** [socialement] invulnerable / *du fait de ses relations, il est invulnérable* because of his contacts he is untouchable.

iode [jɔd] nm iodine.

iodé, e [jɔde] adj iodized, iodated.

ioder [3] [jɔde] vt to iodize, to iodate.

iodhydrique [jɔdidʀik] adj m hydriodic.

iodique [jɔdik] adj m iodic.

iodler [jɔdle] = **jodler**.

iodoforme [jɔdɔfɔʀm] nm iodoform.

iodure [jɔdyʀ] nm iodide.

ioduré, e [jɔdyʀe] adj iodized.

IOM (abr de **indice d'octane moteur**) nm MON.

ion [jɔ̃] nm ion.

ionien, enne [jɔnjɛ̃, ɛn] adj **1.** [de l'Ionie] Ionian, Ionic **2.** MUS ▸ **mode ionien** Ionian mode.

❖ **Ionien, enne** nm, f Ionian.

❖ **ionien** nm LING Ionic.

❖ **Ioniennes** ⟶ **île**.

ionique [jɔnik] adj **1.** [de l'Ionie] Ionic **2.** ÉLECTR ionic, ion *(modif)* **3.** ASTRONAUT ion *(modif)*.

ionisant, e [jɔnizɑ̃, ɑ̃t] adj ionizing.

ionisation [jɔnizasjɔ̃] nf ionization.

ioniser [3] [jɔnize] vt to ionize.

ionogramme [jɔnɔgʀam] nm ionogram.

ionosphère [jɔnɔsfɛʀ] nf ionosphere.

ionosphérique [jɔnɔsfeʀik] adj ionospheric.

IOR (abr de **indice d'octane recherche**) nm RON.

iota [jɔta] (*pl* **iota** *ou* **iotas***) nm iota / *ne changez pas votre article d'un iota* ou *un iota dans votre article* don't change a thing in your article ou your article one iota.

iouler [jule] = **jodler**.

iourte [juʀt] = **yourte**.

Iowa [ajɔwa] npr m ▸ **l'Iowa** Iowa.

IP (abr de **indice de protection**) nm SPF.

IPC (abr de **indice des prix à la consommation**) nm RPI UK, CPI US.

ipéca [ipeka], **ipécacuan(h)a** [ipekakwana] nm ipecac, ipecacuanha.

Iphigénie [ifiʒeni] npr **1.** MYTH Iphigenia **2.** MUS & LITTÉR / **'Iphigénie en Aulide** / **Tauride'** 'Iphigenia in Aulis / Tauris'.

ippon [ipɔn] nm [au judo] ippon.

IPR (abr de **inspecteur pédagogique régional**) nm *locally-based schools inspector.*

ipso facto [ipsofakto] loc adv ipso facto, by that very fact.

Ipsos [ipsos] npr *French market research institute.*

IR (abr de **infrarouge**) adj IR.

ira v ⟶ **aller**.

IRA [iʀa] (abr de **Irish Republican Army**) npr f IRA ▸ **l'IRA provisoire** the Provisional IRA.

Irak [iʀak] npr m ▸ **(l')Irak** Iraq.

irakien, enne [iʀakjɛ̃, ɛn] adj Iraqi.

❖ **Irakien, enne** nm, f Iraqi.

❖ **irakien** nm LING Iraqi.

Iráklion [iʀakljɔ̃] npr Iraklion.

Iran [iʀɑ̃] npr m ▸ **(l')Iran** Iran.

iranien, enne [iʀanjɛ̃, ɛn] adj Iranian.

❖ **Iranien, enne** nm, f Iranian.

❖ **iranien** nm LING Iranian.

Iraq [iʀak] = **Irak**.

iraquien [iʀakjɛ̃] = **irakien**.

irascibilité [iʀasibilite] nf *sout* irascibility *sout*, irritability, testiness.

irascible [iʀasibl] adj irascible *sout*, short-tempered, testy.

IRBM (abr de **intermediate range ballistic missile**) nm IRBM.

IRC (abr de **Internet Relay Chat**) nm IRC.

IRCAM [iʀkam] (abr de **Institut de recherche et coordination acoustique/musique**) npr m *music research institute in Paris.*

ire [iʀ] nf *litt* ire, wrath.

iridacée [iʀidase] nf ▸ **les iridacées** the Iridaceae *spéc*, the iris family.

iridectomie [iʀidɛktɔmi] nf iridectomy.

iridié, e [iʀidje] adj PHYS iridic.

iridium [iʀidjɔm] nm iridium.

iridologie [iʀidɔlɔʒi] nf iridology.

iris [iʀis] nm **1.** ANAT iris **2.** BOT iris, flag ▸ **iris fétide** stinking iris ▸ **iris de Florence** orris ▸ **iris des marais** yellow flag ou iris **3.** PHOT iris (diaphragm) **4.** *litt* [arc-en-ciel] iris *litt*, rainbow.

irisation [iʀizasjɔ̃] nf OPT iridescence, irization *spéc*.

irisé, e [iʀize] adj iridescent.

iriser [3] [iʀize] vt to make iridescent, to irizate *spéc*.

❖ **s'iriser** vpi to become iridescent.

irish(-)coffee [ajʀiʃkɔfi] (*pl* **irish coffees** *ou* **irish-coffees**) nm Irish coffee.

irish-terrier [ajʀiʃtɛʀje] (*pl* **irish-terriers**) nm Irish terrier.

irlandais, e [iʀlɑ̃dɛ, ɛz] adj Irish.

❖ **Irlandais, e** nm, f Irishman (Irishwoman) ▸ **les Irlandais** the Irish.

* In reformed spelling (see p. 16-19).

❖ **irlandais** nm LING Irish (Gaelic).

Irlande [iʀlɑ̃d] npr f ▸ **(l')Irlande** Ireland ▸ **(l')Irlande du Nord / Sud** Northern / Southern Ireland ▸ **la mer d'Irlande** the Irish Sea ▸ **la république d'Irlande** the Irish Republic.

IRM [iɛʀɛm] (abr de **imagerie par résonance magnétique**) nm MÉD MRI.

ironie [iʀɔni] nf irony / *l'ironie du sort a voulu que je le rencontre* as fate would have it, I bumped into him.

ironique [iʀɔnik] adj ironic, ironical ▸ **regarder qqn d'un air ironique** to look at sb quizzically.

ironiquement [iʀɔnikmɑ̃] adv ironically / *répondre ironiquement à une question* to answer a question tongue-in-cheek ou ironically.

ironiser [3] [iʀɔnize] vi to be sarcastic ▸ **ironiser sur** to be sarcastic about / *il ne cesse d'ironiser sur les intentions du parti* he keeps being sarcastic about the party's intentions.

ironiste [iʀɔnist] nmf ironist.

iroquois, e [iʀɔkwa, az] adj Iroquois, Iroquoian.

❖ **Iroquois, e** nm, f Iroquois.

❖ **iroquois** nm LING ▸ **l'iroquois** Iroquoian.

❖ **iroquoise** nf mohican (hairstyle) / *coiffé à l'iroquoise* with a mohican (hairstyle).

IRPP nm abr de **impôt sur le revenu des personnes physiques**.

irrachetable [iʀaʃtabl] adj unredeemable ; COMM unreturnable.

irracontable [iʀakɔ̃tabl] adj = **inracontable**.

irradiant, e [iʀ(ʀ)adjɑ̃, ɑ̃t] adj irradiating.

irradiation [iʀadjasjɔ̃] nf **1.** [rayonnement] radiation, irradiation **2.** [exposition - d'une personne, d'un tissu] irradiation, exposure to radiation / *il y a des risques d'irradiation* there is a risk of irradiation ou of being exposed to radiation **3.** MÉD [traitement] irradiation **4.** PHYSIOL ▸ **irradiations douloureuses** radiating pain **5.** ANAT radiation **6.** PHOT halation.

irradier [9] [iʀadje] ◆ vi **1.** PHYS to radiate / *les rayons du foyer lumineux irradient de tous côtés* light waves radiate in all directions **2.** [se propager] to spread / *la douleur irradiait dans toute la jambe* the pain spread to the whole leg **3.** *litt* [se diffuser - bonheur] to radiate / *la joie irradie autour d'elle* she radiates joy. ◆ vt **1.** [soumettre à un rayonnement] to irradiate / *se faire irradier* to be exposed to radiation **2.** *litt* [répandre - bonheur] to radiate.

irraisonné, e [iʀɛzɔne] adj unreasoned, irrational.

irrationalisme [iʀasjɔnalism] nm irrationalism.

irrationalité [iʀasjɔnalite] nf irrationality.

irrationnel, elle [iʀasjɔnɛl] adj [gén & MATH] irrational / *de façon irrationnelle* irrationally.

❖ **irrationnel** nm **1.** [gén] ▸ **l'irrationnel** the irrational **2.** MATH irrational (number).

irrattrapable [iʀatʀapabl] adj irretrievable, which cannot be put right ou made good.

irréalisable [iʀealizabl] adj [ambition] unrealizable, unachievable ; [idée] unworkable, unfeasible, impracticable / *un projet de voyage irréalisable* an unworkable travel plan.

irréalisé, e [iʀealize] adj *sout* unrealized, unachieved ▸ **un espoir irréalisé** an unrealized hope.

irréalisme [iʀealism] nm lack of realism.

irréaliste [iʀealist] ◆ adj unrealistic. ◆ nmf unrealistic person, (pipe) dreamer.

irréalité [iʀealite] nf unreality.

irrecevabilité [iʀəsəvabilite] nf **1.** *sout* [d'un argument] unacceptability **2.** DR inadmissibility.

irrecevable [iʀəsəvabl] adj **1.** [inacceptable] unacceptable **2.** DR inadmissible.

irréconciliable [iʀekɔ̃siljabl] adj [ennemis, adversaires] irreconcilable, unreconcilable / *ils sont irréconciliables* nothing can reconcile them.

irrécouvrable [iʀekuvʀabl] adj irrecoverable.

irrécupérable [iʀekypeʀabl] adj [objet] beyond repair ; [personne] irremediable, beyond redemption / *après ça, la perceuse / brouette était irrécupérable* after that the drill / wheelbarrow was beyond repair / *cet ancien détenu est malheureusement irrécupérable* this former convict is unfortunately beyond redemption.

irrécusable [iʀekyzabl] adj undeniable ▸ **des preuves irrécusables** indisputable evidence.

irrédentisme [iʀedɑ̃tism] nm POL irredentism.

irréductibilité [iʀedyktibilite] nf **1.** [ténacité] insurmountability, intractability **2.** CHIM & MATH irreducibility.

irréductible [iʀedyktibl] ◆ adj **1.** [insurmontable - conflit, différence] insurmountable, intractable, insoluble **2.** [inflexible] invincible, implacable, uncompromising / *il s'est fait quelques ennemis irréductibles* he's made himself a few implacable enemies / *derrière cette réussite, il y a la détermination irréductible d'une femme* this success is based on the invincible ou indomitable determination of a woman / *leur opposition au pouvoir en place est irréductible* their opposition to the powers that be is implacable **3.** MATH & CHIM irreducible ▸ **fraction irréductible** irreducible fraction. ◆ nmf diehard, hardliner / *les irréductibles de (la) gauche / droite* the left-wing / right-wing diehards.

irréductiblement [iʀedyktibləmɑ̃] adv implacably.

irréel, elle [iʀeɛl] adj unreal / *des paysages irréels* unreal landscapes.

❖ **irréel** nm **1.** [gén & PHILOS] ▸ **l'irréel** the unreal **2.** GRAM ▸ **irréel du présent / passé** the hypothetical present / past.

irréfléchi, e [iʀefleʃi] adj [acte, parole] thoughtless, rash, reckless ; [personne] unthinking, rash, reckless.

irréflexion [iʀeflɛksjɔ̃] nf thoughtlessness, rashness, recklessness.

irréformable [iʀefɔʀmabl] adj DR [décision] final, unchallengeable.

irréfragable [iʀefʀagabl] adj *sout* indisputable, irrefragable *sout.*

irréfutabilité [iʀefytabilite] nf irrefutability.

irréfutable [iʀefytabl] adj irrefutable.

irréfutablement [iʀ(ʀ)efytabləmɑ̃] adv irrefutably.

irréfuté, e [iʀ(ʀ)efyte] adj unrefuted.

irrégularité [iʀegylaʀite] nf **1.** [de forme, de rythme] irregularity, unevenness / *l'irrégularité de son visage* the irregularity of her features / *une irrégularité du rythme cardiaque* an irregular heartbeat ; [en qualité] unevenness, patchiness / *l'irrégularité de votre travail ne permet pas le passage dans le groupe supérieur* (the quality of) your work is too uneven ou erratic for you to move up into the next group **2.** [surface irrégulière - bosse] bump ; [- creux] hole ▸ **les irrégularités du sol / relief** the unevenness of the ground / hilliness of the area **3.** [infraction] irregularity / *une irrégularité dans son permis de séjour* something irregular in his residence permit / *il y a des irrégularités dans les comptes* there are a few irregularities ou discrepancies in the accounts.

irrégulier, ère [iʀegylje, ɛʀ] adj **1.** [dessin, rythme, surface] irregular, uneven ; [traits] irregular / *une surface irrégulière* an uneven surface / *l'expansion irrégulière de la production* the uneven ou erratic growth of production / *d'une écriture irrégulière* in uneven ou irregular handwriting / *il avait une respiration irrégulière* his breathing was erratical ou irregular / *son pouls devenait irrégulier* her pulse was becoming irregular / *je m'entraîne de façon irrégulière* I train intermittently ou sporadically / *nous avons des horaires irréguliers* we don't work regular hours **2.** [qualité, travail] uneven / *vos prestations sont irrégulières* your work is uneven ou erratic / *j'étais un étudiant irrégulier* my work was erratic when I was a student **3.** [illégal] irregular / *ils sont en situation irrégulière dans le pays* their residence papers are not in order / *des retraits de fonds irréguliers* unauthorized withdrawals **4.** MIL irregular / *les soldats des troupes irrégulières* the irregulars **5.** BOT, GÉOM & GRAM irregular.

❖ **irrégulier** nm MIL irregular (soldier).

irrégulièrement [iʀegyljɛʀmɑ̃] adv **1.** [de façon non uniforme] irregularly, unevenly **2.** [de façon illégale] irregularly, illegally **3.** [de façon inconstante] irregularly, erratically.

irréligieux, euse [iʀeliʒjø, øz] adj irreligious.

irréligion [iʀeliʒjɔ̃] nf irreligion.

irrémédiable [iʀemedjabl] ◆ adj [rupture] irreparable, irretrievable ; [dégâts] irreparable, irreversible ; [maladie] incurable, fatal ▸ **son mal est irrémédiable** his illness is irremediable *sout* ou incurable / *les conséquences pour l'environnement sont irrémédiables* the effects on the environment are irreparable ou irreversible. ◆ nm ▸ **l'irrémédiable a été commis** irreversible harm has been done.

irrémédiablement [iʀemedjabləmɑ̃] adv irremediably, irretrievably / *tout espoir de le retrouver est irrémédiablement perdu* we have definitely lost all hope of (ever) finding him.

irrémissible [iʀemisibl] adj *litt* **1.** [impardonnable] unpardonable, irremissible *sout* **2.** [inexorable] implacable, inexorable.

irrémissiblement [iʀemisibləmɑ̃] adv *litt* relentlessly, inexorably, irremissibly *sout.*

irremplaçable [iʀɑ̃plasabl] adj irreplaceable ▸ **personne n'est irremplaçable** no one is indispensable.

irréparable [iʀepaʀabl] ◆ adj **1.** [montre, voiture] unrepairable, beyond repair / *ma radio est irréparable* my radio is beyond repair **2.** [erreur] irreparable. ◆ nm ▸ **l'irréparable est arrivé** irreparable harm has been done.

irréparablement [iʀepaʀabləmɑ̃] adv [définitivement] irreparably / *sa réputation est irréparablement atteinte* his reputation has suffered an irreparable blow.

irrépréhensible [iʀepʀeɑ̃sibl] adj *litt* irreprehensible *sout,* irreproachable.

irrépressible [iʀepʀesibl] adj irrepressible.

irréprochable [iʀepʀɔʃabl] adj **1.** [personne, conduite] irreproachable / *personne n'est irréprochable* nobody's beyond ou above reproach **2.** [tenue] impeccable / *d'une propreté irréprochable* immaculate / *un travail irréprochable* an impeccable ou a faultless piece of work / *des ongles irréprochables* immaculate nails.

irréprochablement [iʀepʀɔʃabləmɑ̃] adv irreproachably, impeccably, faultlessly.

irrésistible [iʀezistibl] adj **1.** [séduisant] irresistible / *un sourire irrésistible* an irresistible smile **2.** [irrépressible - besoin] compelling, pressing ; [- envie] irresistible, uncontrollable, compelling / *elle fut prise d'une irrésistible envie de rire* she had an irresistible urge to laugh.

irrésistiblement [iʀezistibləmɑ̃] adv irresistibly / *irrésistiblement tenté par le gâteau* irresistibly tempted by the cake.

irrésolu, e [iʀezɔly] ◆ adj **1.** [personne] irresolute *sout,* indecisive, unresolved **2.** [problème] unsolved, unresolved. ◆ nm, f irresolute person, ditherer *péj.*

irrésolution [iʀezɔlysjɔ̃] nf irresoluteness, indecisiveness.

irrespect [iʀɛspɛ] nm disrespect, lack of respect / *son irrespect envers l'autorité* his disrespect of authority.

irrespectueusement [iʀɛspɛktɥøzmɑ̃] adv disrespectfully.

irrespectueux, euse [iʀɛspɛktɥø, øz] adj disrespectful, lacking in (proper) respect ▸ **irrespectueux envers qqn** disrespectful to ou towards sb.

irrespirable [iʀɛspiʀabl] adj **1.** [qu'on ne peut respirer] ▸ **à l'intérieur, l'air est irrespirable a)** [trop chaud] it's close ou stifling ou stuffy inside **b)** [toxique] the air inside is unsafe ou not fit to breathe **2.** [oppressant - ambiance] unbearable, stifling / *j'ai trouvé l'ambiance irrespirable à la maison* I found the atmosphere unbearable at home.

irresponsabilité [iʀɛspɔ̃sabilite] nf **1.** [légèreté] irresponsibility / *agir avec une totale irresponsabilité* to behave totally irresponsibly **2.** [du chef de l'État] irresponsibility *spéc,* royal prerogative UK, (head of State's) unimpeachability ▸ **irresponsabilité parlementaire** parliamentary privilege UK, congressional immunity US.

irresponsable [iʀɛspɔ̃sabl] ◆ adj **1.** [inconséquent] irresponsible / *de manière irresponsable* irresponsibly **2.** DR (legally) incapable. ◆ nmf irresponsible person.

irrétrécissable [iʀetʀesisabl] adj unshrinkable.

irrévérence [iʀeveʀɑ̃s] nf **1.** [irrespect] irreverence **2.** [remarque] irreverent remark ; [acte] irreverent act.

irrévérencieusement [iʀeveʀɑ̃sjøzmɑ̃] adv irreverently.

irrévérencieux, euse [iʀeveʀɑ̃sjø, øz] adj irreverent.

irréversibilité [iʀevɛʀsibilite] nf irreversibility.

irréversible [iʀevɛʀsibl] adj **1.** [gén] irreversible / *le processus est irréversible* the process is irreversible **2.** CHIM & PHYS irreversible.

irréversiblement [iʀevɛʀsibləmɑ̃] adv irreversibly.

irrévocabilité [iʀevɔkabilite] nf irrevocability, finality.

irrévocable [iʀevɔkabl] adj irrevocable / *la décision est irrévocable* the verdict is irrevocable ou final.

irrévocablement [iʀevɔkabləmɑ̃] adv irrevocably.

irrigable [iʀigabl] adj irrigable, suitable for irrigation.

irrigateur [iʀigatœʀ] nm AGR & MÉD irrigator.

irrigation [iʀigasjɔ̃] nf **1.** AGR & MÉD irrigation **2.** PHYSIOL : *l'irrigation des tissus par les vaisseaux sanguins* the supply of blood to the tissues by blood vessels.

irriguer [3] [iʀige] vt **1.** AGR to irrigate **2.** PHYSIOL to supply (blood to).

irritabilité [iʀitabilite] nf **1.** [irascibilité] irritability, quick temper **2.** MÉD irritability.

irritable [iʀitabl] adj **1.** [colérique] irritable, easily annoyed **2.** MÉD irritable.

irritant, e [iʀitɑ̃, ɑ̃t] adj **1.** [agaçant] irritating, annoying, aggravating **2.** MÉD irritant.
❖ **irritant** nm irritant.

irritatif, ive [iʀitatif, iv] adj irritative.

irritation [iʀitasjɔ̃] nf **1.** [agacement] irritation, annoyance ▸ **avec irritation** irritably, petulantly **2.** MÉD irritation ▸ **irritation cutanée** skin irritation.

irrité, e [iʀite] adj **1.** [exaspéré] irritated, annoyed / *d'un ton irrité* irritably, peevishly / *d'un air irrité* irritably **2.** MÉD irritated.

irriter [3] [iʀite] vt **1.** [agacer] to irritate, to annoy / *ses petites manies m'irritent* her little quirks get on my nerves **2.** MÉD to irritate **3.** *litt* [exacerber - passion, désir] to inflame, to arouse.
❖ **s'irriter** vpi **1.** [s'énerver] to get annoyed ou irritated ▸ **s'irriter contre qqn** to get annoyed with ou at sb **2.** MÉD to become irritated.

irruption [iʀypsjɔ̃] nf **1.** [entrée] breaking ou bursting ou storming in / *ils n'ont pas pu empêcher l'irruption des spectateurs sur le terrain* they were unable to stop spectators from storming ou invading the pitch UK ou field US / *l'irruption des eaux dans les cultures* the (sudden) flooding of the fields ▸ **faire irruption chez qqn** to burst in on sb ▸ **faire irruption dans** to burst ou to barge into **2.** [émergence] upsurge, sudden development / *l'irruption du fondamentalisme dans le monde* the worldwide upsurge of fundamentalism.

Isaac [izaak] npr Isaac.

isabelle [izabɛl] adj inv & nm [cheval] Isabel, Isabella.

Isaïe [izai] npr BIBLE Isaiah.

isard [izaʀ] nm izard.

isatis [izatis] nm **1.** BOT isatis **2.** ZOOL [renard] arctic ou blue fox ; [fourrure] (blue) isatis, blue fox.

isba [izba] nf isba.

ISBN (abr de **international standard book number**) nm ▸ **(numéro) ISBN** ISBN.

Iscariote [iskaʀjɔt] npr Iscariot.

ischémie [iskemi] nf ischaemia.

ischion [iskjɔ̃] nm ischium.

isentropique [izɑ̃tʀɔpik] adj isentropic.

Iseut [izø] npr Isolde.

ISF nm abr de **impôt de solidarité sur la fortune**.

Isis [izis] npr Isis.

islam [islam] nm ▸ **l'islam** [religion] Islam.

Islam [islam] nm ▸ **l'Islam** [civilisation] Islam.

Islamabad [islamabad] npr Islamabad.

islamique [islamik] adj Islamic.

islamisation [islamizasjɔ̃] nf Islamization.

islamiser [3] [islamize] vt to Islamize.

islamisme [islamism] nm Islamism.

islamiste [islamist] ◆ adj Islamic. ◆ nmf Islamic fundamentalist.

islamologie [islamɔlɔʒi] nf Islamology.

islandais, e [islɑ̃dɛ, ɛz] adj Icelandic.
❖ **Islandais, e** nm, f Icelander.
❖ **islandais** nm LING Icelandic.

Islande [islɑ̃d] npr f ▸ **(l')Islande** Iceland.

ISMH (abr de **inventaire supplémentaire des monuments historiques**) nm ▸ **château classé ISMH** *château classed as a listed building.*

ISO [izo] (abr de **International Organization for Standardization**) adj inv ▸ **norme / certification ISO** ISO standard / certification.

isobare [izɔbaʀ] ◆ adj isobaric. ◆ nm PHYS isobar. ◆ nf MÉTÉOR isobar.

isobathe [izɔbat] ◆ adj isobathic. ◆ nf isobath.

isocèle [izɔsɛl] adj isosceles ▸ **triangle isocèle** isosceles triangle.

isochromatique [izɔkʀɔmatik] adj isochromatic.

isochrone [izɔkʀon], **isochronique** [izɔkʀɔnik] adj isochronal, isochronous.
❖ **isochrone** nf isochron, isochronal line.

isodynamique [izɔdinamik] adj isodynamic.

isoédrique [izɔedʀik] adj isohedral.

isoélectrique [izɔelɛktʀik] adj isoelectric.

isogamie [izɔgami] nf isogamy.

isoglosse [izɔglɔs] ◆ adj isoglossal, isoglottic. ◆ nf isogloss.

isoïonique [izɔjɔnik] adj isoionic.

isolable [izɔlabl] adj isolable, isolatable / *un virus difficilement isolable* a virus (which is) difficult to isolate.

isolant, e [izɔlɑ̃, ɑ̃t] adj **1.** CONSTR & ÉLECTR insulating ; [insonorisant] soundproofing **2.** LING isolating.
❖ **isolant** nm insulator, insulating material ▸ **isolant thermique / électrique** thermal / electrical insulator.

isolat [izɔla] nm isolate.

isolateur, trice [izɔlatœʀ, tʀis] adj insulating.
❖ **isolateur** nm ÉLECTR & PHYS insulator.

isolation [izɔlasjɔ̃] nf **1.** CONSTR insulation ▸ **isolation thermique** heat ou thermal insulation ▸ **isolation phonique** ou **acoustique** soundproofing, sound insulation **2.** ÉLECTR insulation **3.** PSYCHOL isolation.

> ⚠ Le mot anglais **isolation** signifie avant tout « isolement ». Il ne correspond au terme français isolation que dans le domaine de la psychologie.

isolationnisme [izɔlasjɔnism] nm isolationism.

isolationniste [izɔlasjɔnist] adj & nmf isolationist.

isolé, e [izɔle] ◆ adj **1.** [unique - cas, exemple] isolated / *généraliser à partir d'un ou deux cas isolés* to generalize from one or two isolated examples / *heureusement, il s'agit d'un problème isolé* fortunately, this is an isolated problem **2.** [coupé du monde - personne] isolated ; [- hameau] isolated, cut-off, remote ; [- maison] isolated, secluded, remote ; [- forêt] remote, lonely / *quelques arbres isolés visibles à l'horizon* a few lonely trees dotted along the horizon **3.** [seul - activiste] maverick **4.** GÉOM & PHYS isolated. ◆ nm, f **1.** [personne] isolated individual **2.** POL maverick, isolated activist / *ce sont les revendications de quelques isolés* only a few isolated people are putting forward these demands.
❖ **isolé** nm MIL *soldier awaiting posting.*

isolement [izɔlmɑ̃] nm **1.** [éloignement - géographique] isolation, seclusion, remoteness ; [- affectif] isolation, loneliness ; [sanction] solitary (confinement) ; ÉCON & POL isolation **2.** BIOL & MÉD isolation / *l'isolement du virus* isolating the virus **3.** ÉLECTR insulation **4.** CONSTR [contre le bruit] insulation, soundproofing ; [contre le froid, la chaleur] insulation ▸ **isolement thermique** (thermal) insulation.

isolément [izɔlemɑ̃] adv separately, individually.

isoler [3] [izɔle] vt **1.** [séparer] to isolate, to separate off ou out *(sép)*, to keep separate / *isoler une citation de son contexte* to lift a quotation out of context, to isolate a quotation from its context **2.** [couper du monde - personne] to isolate, to leave isolated ; [- endroit] to isolate, to cut off *(sép)* / *les inondations ont isolé des dizaines de villages* dozens of villages have been cut off by the flood **3.** [distinguer] to isolate, to single ou to pick out *(sép)* / *on n'a pas pu isoler la cause de la déflagration* it was not possible to identify the cause of the explosion / *isoler un cas parmi d'autres* to pick out an isolated case **4.** CONSTR [du froid, de la chaleur] to insulate ; [du bruit] to insulate (against sound), to soundproof **5.** ÉLECTR to insulate **6.** MÉD [malade, virus] to isolate **7.** CHIM to isolate **8.** ADMIN [prisonnier] to put into ou to place in solitary confinement.
❖ **s'isoler** vp *(emploi réfléchi)* to isolate o.s., to cut o.s. off / *s'isoler pour travailler* to find somewhere private to work / *s'isoler dans son bureau* to shut o.s. (up) in one's office / *le jury s'isola pour délibérer* the jury withdrew to consider its verdict / *elles s'isolèrent* [pour voter] they went into separate booths / *pourrions-nous nous isoler un instant ?* is there somewhere we could talk privately ou in private for a moment ?

> ⚠ Attention à ne pas confondre **to isolate**, qui signifie « mettre à part », et **to insulate**, qui a le sens d'« isoler du froid, du bruit », etc.

isoloir [izɔlwaʀ] nm polling UK ou voting US booth.

isomère [izɔmɛʀ] ◆ adj isomeric. ◆ nm isomer.

isomérie [izɔmeʀi] nf isomerism.

isomérisation [izɔmeʀizasjɔ̃] nf isomerization.

isométrie [izɔmetʀi] nf isometry.

isométrique [izɔmetʀik] adj isometric.

isomorphe [izɔmɔʀf] adj **1.** CHIM isomorphic, isomorphous **2.** LING & MATH isomorphic.

isomorphisme [izɔmɔʀfism] nm isomorphism.

isoprène [izɔpʀɛn] nm isoprene.

Isorel® [izɔʀɛl] nm hardboard.

isostatique [izɔstatik] adj isostatic.

isosyllabique [izɔsilabik] adj isosyllabic.

isotherme [izɔtɛʀm] ◆ adj isothermal. ◆ nf isotherm.

isothermie [isɔtɛʀmi] nf constant temperature, isothermia *spéc.*

isotonie [izɔtɔni] nf isotonicity.

isotonique [izɔtɔnik] adj isotonic.

isotope [izɔtɔp] ◆ adj isotopic. ◆ nm isotope.

isotopique [izɔtɔpik] adj isotopic.

isotrope [izɔtʀɔp] adj isotropic, isotropous.

isotropie [izɔtʀɔpi] nf isotropy.

Ispahan [ispaɑ̃] npr Isfahan.

Israël [isʀaɛl] npr Israel.

israélien, enne [isʀaeljɛ̃, ɛn] adj Israeli.
❖ **Israélien, enne** nm, f Israeli.

israélite [isʀaelit] adj **1.** [juif] Jewish **2.** BIBLE Israelite.
❖ **Israélite** nmf **1.** [Juif] Jew (Jewess) **2.** BIBLE Israelite.

ISSN (abr de **international standard serial number**) nm ▸ **(numéro) ISSN** ISSN.

issu, e [isy] adj ▸ **être issu de** [résulter de] to stem ou to derive ou to spring from / *la révolution est issue du mécontentement populaire* the revolution stemmed from popular discontent / *être issu d'une famille pauvre / nombreuse* to be born into a poor / large family.

issue [isy] nf **1.** [sortie] exit ; [déversoir] outlet ▸ **issue de secours** emergency exit **2.** [solution] solution, way out / *trouver* ou *se ménager une issue* to find a way out ou a loophole / *il n'y a pas d'autre issue que de se rendre* there's no other solution ou we have no alternative but to surrender **3.** [fin] outcome ▸ **cet épisode a eu une issue heureuse / tragique** the incident had a happy / tragic ending.

❖ **issues** nfpl [des animaux] abattoir by-products ; [des céréales] mill offals.

❖ **à l'issue de** loc prép at the end ou close of / *à l'issue du 5e round* at the end of the 5th round.

❖ **sans issue** loc adj **1.** [sans sortie] with no way out ▸ **ruelle sans issue** dead end / **'sans issue'** 'no exit' **2.** [voué à l'échec] hopeless, doomed ; [discussions] deadlocked ▸ **une situation sans issue** a dead end *fig.*

> ⚠ Le mot anglais **issue** signifie « problème », « question » et non issue.

IST (abr de **infection sexuellement transmissible**) nf STI.

Istanbul [istɑ̃bul] npr Istanbul.

istanbuliote [istɑ̃buljɔt] adj Instanbulite.

❖ **Istanbuliote** nmf Istanbulite.

isthme [ism] nm ANAT & GÉOGR isthmus ▸ **l'isthme de Panamá** the Isthmus of Panama ▸ **l'isthme de Suez** the Isthmus of Suez.

isthmique [ismik] adj **1.** GÉOGR isthmian **2.** ANTIQ ▸ **jeux Isthmiques** Isthmian Games.

italianisant, e [italjanizɑ̃, ɑ̃t] ◆ adj [style] Italianate. ◆ nm, f **1.** UNIV Italianist, Italian scholar **2.** ART Italianizer.

italianiser [3] [italjanize] vt to Italianize.

italianisme [italjanism] nm Italianism.

Italie [itali] npr f ▸ **(l')Italie** Italy.

italien, enne [italjɛ̃, ɛn] adj Italian.

❖ **Italien, enne** nm, f Italian.

❖ **italien** nm LING Italian.

❖ **à l'italienne** loc adj **1.** CULIN [sauce] à l'italienne *(cooked with mushrooms, ham and herbs)* ; [pâtes] al dente **2.** THÉÂTRE proscenium arch *(modif)* **3.** IMPR landscape.

italique [italik] ◆ adj **1.** IMPR italic **2.** LING Italic. ◆ nm **1.** IMPR italics / *écrire un mot en italique* to write a word in italics, to italicize a word **2.** LING Italic.

item[1] [itɛm] adv COMM ditto.

item[2] [itɛm] nm LING & PSYCHOL item.

itératif, ive [iteʀatif, iv] adj **1.** [répété] repeated, reiterated, iterated *sout* **2.** INFORM & LING iterative.

itération [iteʀasjɔ̃] nf **1.** [répétition] iteration, repetition **2.** INFORM & LING iteration.

itérativement [iteʀativmɑ̃] adv iteratively, repeatedly.

Ithaque [itak] npr Ithaca.

itinéraire [itineʀɛʀ] nm **1.** [trajet] itinerary, route ▸ **itinéraire bis** diversion ▸ **itinéraire de dégagement** alternative route **2.** [carrière] career, path ▸ **itinéraire politique** political career / *quel itinéraire choisira-t-il ?* what career is he going to choose ?

itinérance [itineʀɑ̃s] nf TÉLÉC roaming.

itinérant, e [itineʀɑ̃, ɑ̃t] adj [main-d'œuvre] itinerant, travelling ; [inspecteur] peripatetic ; [comédien, exposition] travelling.

itou [itu] adv *fam & vieilli* likewise, ditto.

ITP nm abr de **ingénieur des travaux publics.**

IUFM (abr de **institut universitaire de formation des maîtres**) nm ≃ teacher training college UK ; ≃ teachers college US.

iule [jyl] nm iulus, julus.

IUP (abr de **institut universitaire professionnalisé**) nm *business school.*

IUT (abr de **institut universitaire de technologie**) nm *institute of technology offering two-year vocational courses leading to the DUT qualification.*

Ivan [ivɑ̃] npr ▸ **Ivan le Grand** Ivan the Great ▸ **Ivan le Terrible** Ivan the Terrible.

Ivanhoé [ivanoe] npr Ivanhoe.

IVG nf abr de **interruption volontaire de grossesse.**

ivoire [ivwaʀ] nm **1.** [matière] ivory *(U)* / *statuette d'ivoire* ou *en ivoire* ivory statuette **2.** [objet] (piece of) ivory **3.** BOT ▸ **ivoire végétal** vegetable ivory, ivory nut.

❖ **d'ivoire** loc adj *litt* **1.** [blanc] ivory *(modif)*, ivory-coloured **2.** [ayant l'aspect de l'ivoire] ivory-like.

ivoirien, enne [ivwaʀjɛ̃, ɛn] adj Ivorian.

❖ **Ivoirien, enne** nm, f Ivorian.

ivoirier, ère [ivwaʀje, ɛʀ] nm, f ivory sculptor.

ivoirin, e [ivwaʀɛ̃, in] adj *litt* **1.** [blanc] ivory *(modif)*, ivory-coloured **2.** [ayant l'aspect de l'ivoire] ivory-like.

ivraie [ivʀɛ] nf **1.** BOT ▸ **ivraie commune** darnel ▸ **ivraie vivace** rye grass **2.** EXPR **séparer le bon grain de l'ivraie** *allusion* BIBLE to separate the wheat from the chaff.

ivre [ivʀ] adj **1.** [saoul] drunk, intoxicated ▸ **ivre mort** blind drunk **2.** *fig* ▸ **être ivre de joie** to be deliriously happy ▸ **ivre de haine** blinded by hatred / *être ivre de colère / bonheur* to be beside o.s. with anger / happiness / *ivre de fatigue* dead tired / *être ivre de sang* to be thirsting for blood.

ivresse [ivʀɛs] nf **1.** [ébriété] drunkenness, intoxication / *il était en état d'ivresse* he was drunk ou intoxicated **2.** [excitation] ecstasy, euphoria, exhilaration / *la vitesse procure un sentiment d'ivresse* speed is exhilarating / *emporté par l'ivresse des mots* carried away by the sound of one's own voice **3.** SPORT ▸ **ivresse des profondeurs** (diver's) staggers.

ivrogne [ivʀɔɲ] nmf drunk, drunkard.

ivrognerie [ivʀɔɲʀi] nf drunkenness.

ivrognesse [ivʀɔɲɛs] nf *vieilli* drunken woman.

Izmir [izmiʀ] npr Izmir.

Izvestia [izvɛstja] npr PRESSE Izvestia.

j, J [ʒi] nm [lettre] j, J. **Voir aussi g.**

J 1. (abr écrite de **joule**) J **2.** (abr écrite de **jour**) ▸ **le jour J a)** HIST D-day **b)** [le grand jour] the big day.

j' [ʒ] ⟶ **je.**

jabot [ʒabo] nm **1.** ZOOL crop **2.** VÊT ruffle, frill.

JAC, Jac [ʒak] (abr de **Jeunesse agricole chrétienne**) npr f *Christian youth organization.*

jacaranda [ʒakaʀɑ̃da] nm jacaranda (tree).

jacasse [ʒakas] nf magpie.

jacassement [ʒakasmɑ̃] nm **1.** ZOOL chatter **2.** *péj* [bavardage] chatter, prattle.

jacasser [3] [ʒakase] vi **1.** ZOOL to chatter **2.** *péj* [bavarder] to chatter, to prattle ▸ **jacasser comme une pie** to chatter like a magpie, to jabber away.

jacasserie [ʒakasʀi] nf jabbering.

jacasseur, euse [ʒakasœʀ, øz] *péj* ◆ adj chattering, jabbering. ◆ nm, f chatterbox, jabberer.

jachère [ʒaʃɛʀ] nf **1.** [pratique] (practice of) fallowing land / *mettre la terre en jachère* to let the land lie fallow / *rester en jachère* to lie fallow / *laisser en jachère* [talent] to leave undeveloped ou untapped **2.** [champ] fallow (land).

jacinthe [ʒasɛ̃t] nf hyacinth ▸ **jacinthe sauvage** ou **des bois** bluebell, wild hyacinth.

jack [dʒak] nm **1.** TÉLÉC jack **2.** TEXT jack (lever).

jackpot [dʒakpɔt] nm **1.** [combinaison] jackpot ▸ **toucher le jackpot** *pr & fig* to hit the jackpot **2.** [machine] slot machine.

Jacob [ʒakɔb] npr Jacob.

jacobée [ʒakɔbe] nf ragwort *(U)*, jacobaea *spéc.*

jacobin, e [ʒakɔbɛ̃, in] adj **1.** HIST Jacobinic, Jacobinical, Jacobin *(modif)* **2.** POL radical, Jacobin.

❖ **Jacobin** nm HIST Jacobin.

jacobinisme [ʒakɔbinism] nm Jacobinism.

jacobite [ʒakɔbit] ◆ adj Jacobitic. ◆ nmf HIST & RELIG Jacobite.

jacquard [ʒakaʀ] nm **1.** VÊT Jacquard ou Jacquard-style sweater **2.** TEXT [machine] Jacquard loom, jacquard ; [tissu] Jacquard weave.

jacquemart [ʒakmaʀ] = **jaquemart.**

jacquerie [ʒakʀi] nf peasants' revolt, jacquerie ▸ **la Jacquerie** HIST the Jacquerie *(peasant uprising in Picardy against the nobility in May 1358).*

Jacques [ʒak] npr ▸ **saint Jacques** Saint James ; [roi d'Angleterre] James ▸ **faire le Jacques** *fam & vieilli* to play the fool.

jacquet [ʒakɛ] nm [jeu] backgammon ; [tablette] backgammon (board).

jacquier [ʒakje] = **jaquier.**

jacquot [ʒako] nm ORNITH African grey parrot.

jactance [ʒaktɑ̃s] nf **1.** *tfam* [baratin] chattering **2.** *litt* [infatuation] conceit, self-praise, vainglory *arch.*

jacter [3] [ʒakte] *tfam* ◆ vt [parler - langue] to jabber away in ▸ **jacter chinois** to jabber away in Chinese *péj.* ◆ vi [avouer] to squeal, to come clean ; [médire] : *ça va faire jacter si on nous voit ensemble* people will talk if we're seen together.

Jacuzzi® [ʒakuzi] nm Jacuzzi®.

jade [ʒad] nm **1.** [matière] jade / *bague de jade* jade ring **2.** [objet] jade (object) ou artefact.

jadéite [ʒadeit] nf jadeite.

jadis [ʒadis] ◆ adv *sout* formerly, long ago, in olden days / *il y avait jadis un prince* there was once a prince, once upon a time there was a prince / *la ville a conservé sa splendeur de jadis* the town has kept its former splendour. ◆ adj *litt* ▸ **au temps jadis** in times past, in the old days.

Jaffa [ʒafa] npr Jaffa.

jaguar [ʒagwaʀ] nm jaguar.

jaillir [32] [ʒajiʀ] vi **1.** [personne, animal] to spring ou to shoot ou to bolt out / *il jaillit de derrière le mur* he sprang ou leapt out from behind the wall / *ils jaillissaient de tous les coins de rue* they were pouring out of all the side streets **2.** [liquide, sang, source] to spurt (out), to gush (forth), to spout ; [flamme] to leap ou to shoot ou to spring up ; [larmes] to gush, to start flowing ; [rire] to burst out ou forth / *la lumière d'un projecteur jaillit dans l'obscurité* a spot-light suddenly shone out in the darkness / *des étincelles jaillissaient du moteur* sparks were flying from the engine / *une pluie de cendres jaillie du volcan* a plume of ash sent up by the volcano / *les gratte-ciel jaillissent au-dessus de la ville* *fig* skyscrapers soar ou tower above the city **3.** [se manifester - doute] to spring up, to arise (suddenly) / *une pensée jaillit dans son esprit* a thought suddenly came into his mind.

jaillissant, e [ʒajisɑ̃, ɑ̃t] adj spurting, gushing, spouting.

jaillissement [ʒajismɑ̃] nm [jet] spurting *(U)*, gushing *(U)* ▸ **un jaillissement d'idées** an outpouring of ideas.

jaïn, e [(d)ʒain], **djaïn, e** [dʒain] adj & nm, f Jain.

jaïnisme [ʒainism ou dʒainism], **djaïnisme** [dʒainism], **jinisme** [ʒinism] nm Jainism.

Jaipur [ʒaipuʀ] npr Jaipur.

jais [ʒɛ] nm MINÉR jet / *des perles de jais* jet beads ▸ **des yeux de jais** *fig* jet black eyes.

Jakarta [dʒakaʀta] = **Djakarta.**

jakartanais, e [ʒakaʀtanɛ, ɛz] adj from Jakarta.

❖ **Jakartanais, e** nm, f *inhabitant of or person from Jakarta.*

jalon [ʒalɔ̃] nm **1.** [piquet] ranging pole ou rod **2.** [référence] milestone, landmark / *quelques jalons pour vous aider à comprendre l'histoire de la Révolution* a few reference points ou milestones to help you to grasp the history of the Revolution / *cette décision est un jalon dans l'histoire des relations Est-Ouest* this decision is a landmark ou a watershed in East-West relations ▸ **planter** ou **poser des jalons** *fig* to prepare the ground, to clear the way / *ces discussions ont été les premiers jalons de la négociation* these discussions prepared the ground for the negotiation.

jalonnement [ʒalɔnmɑ̃] nm **1.** [de terrain] marking ou staking out **2.** MIL screening.

jalonner [3] [ʒalɔne] ◆ vt **1.** [terrain] to mark out ou off *(insép)* **2.** [longer] to line / *des bouées jalonnent le chenal* a line of buoys marks the channel / *de charmants petits villages jalonnent le littoral* the coastline is dotted with lovely little villages / *une carrière jalonnée de succès* a career marked by a series of successes **3.** MIL to screen. ◆ vi [poser des jalons] to mark out ou off.

jalousement [ʒaluzmɑ̃] adv **1.** [avec jalousie] jealously ▸ **regarder qqn jalousement** to watch sb jealously, to keep a jealous eye on sb **2.** [soigneusement] jealously ▸ **un secret jalousement gardé** a closely ou jealously guarded secret / *je protège jalousement mon indépendance* I jealously guard my independence.

jalouser [3] [ʒaluze] vt to be jealous of.

jalousie [ʒaluzi] nf **1.** [envie] jealousy, envy ; [possessivité] jealousy / *tourmenté par la jalousie* tormented by jealousy **2.** [store] venetian blind, jalousie.

jaloux, ouse [ʒalu, uz] ◆ adj **1.** [possessif] jealous ▸ **rendre qqn jaloux** to make sb jealous ▸ **être jaloux de qqn** to be jealous of sb ▸ **jaloux comme un tigre** horribly jealous **2.** [envieux] jealous, envious ▸ **jaloux de** jealous ou envious of / *il est jaloux des notes que tu as obtenues* he is jealous of the marks you got / *elle est jalouse de moi parce que je pars en Italie* she is jealous (of me) because I'm off to Italy **3.** *sout* ▸ **jaloux de** [attaché à] : *la France, jalouse de sa réputation en matière de vins* France, jealous of her reputation for good wine / *la profession est jalouse de ses prérogatives* the profession guards its privileges jealously **4.** *sout* [extrême] ▸ **garder qqch avec une attention jalouse** to keep a jealous watch over sthg ▸ **mettre un soin jaloux à faire qqch** to do sthg with the utmost care. ◆ nm, f jealous person ▸ **faire des jaloux** to make people jealous ou envious.

jamaïquain, e, jamaïcain, e [ʒamaikɛ̃, ɛn] adj Jamaican.

❖ **Jamaïquain, e, Jamaïcain, e** nm, f Jamaican.

Jamaïque [ʒamaik] npr f ▸ **(la) Jamaïque** Jamaica ▸ **vivre à la Jamaïque** to live in Jamaica / *nous allons à la Jamaïque* we're going to Jamaica.

jamais [ʒamɛ] adv **1.** [sens négatif] never / *il n'est jamais trop tard* it's never too late / *je n'ai jamais compris* I've never understood / *il n'a jamais su à quoi s'en tenir* he never knew where he stood / *il n'a jamais fait aussi froid* it has never been this cold / *il travaille sans jamais s'arrêter* he works without ever stopping / *vous ne le verrez plus jamais, plus jamais vous ne le verrez* you'll never (ever) see him again ▸ **comme plus jamais** ou **jamais plus vous n'en reverrez** the like of which you'll never see again / *ah non! plus jamais ça!* oh no, never again! / *jamais (une) si grande émotion* *ne m'avait envahi* never before had I been so overcome with emotion / *jamais homme ne fut plus comblé* litt there was never a happier man / *n'as-tu jamais aimé?* haven't you ever ou have you never loved? / *la maison est très calme: jamais un bruit* the house is very quiet: (there's) never a noise ▸ **presque jamais** hardly ever, almost never / *une équipe jamais vaincue* an undefeated team ▸ **un rêve jamais réalisé** an unfulfilled dream / *c'est du jamais vu!* it's never happened before!, it's totally unheard of! ▸ **c'est le moment ou jamais!** it's now or never! / *c'est le moment ou jamais d'y aller* now it's the best time to go ▸ **on ne sait jamais!** you never know!, who knows? / *tu lui pardonneras? jamais!* will you forgive him? — never!; *(en corrélation avec 'que')* : *ce n'est jamais qu'à 20 minutes à pied* it's only 20 minutes' walk / *ce n'est jamais qu'un film* it's only a film (after all) / *ce n'est jamais qu'un homme (comme vous et moi)* he's only human (after all) / *il n'a jamais fait qu'obéir aux ordres* all he did was follow orders, he was only following orders ▸ **jamais deux sans trois** everything comes in threes, if it's happened twice, it'll happen a third time ▸ **jamais de la vie!** not on your life! ▸ **jamais tu dis bonjour?** *fam* don't bother saying hello! ▸ **jamais, au grand jamais!** never in a month of Sundays! / *jamais, au grand jamais, je n'ai fait une telle promesse!* I never ever made such a promise!, I never made such a promise, never on your life! **2.** [sens positif] ever / *a-t-on jamais vu pareille splendeur?* have you ever seen such splendour? / *si j'ai jamais eu peur, c'est bien cette fois-là* if I was ever frightened, it was that time (then) / *c'est à se demander si tu as jamais appris à lire* it makes me wonder if you ever learnt to read / *je désespère de jamais y arriver* I've lost all hope of ever succeeding / *si jamais tu le rencontres, dis-lui de m'appeler* if ever you meet him, tell him to call me ▸ **si jamais vous venez** if ever you come, if you ever come / *si jamais il reste des places, tu en veux?* if by any chance there are tickets left, do you want any? ▸ **si jamais je t'y reprends!** if I ever catch you at it again! ▸ **plus / moins / pire que jamais** more / less / worse than ever / *on s'amuse plus que jamais* we're having more fun than ever, we're enjoying ourselves more than ever / *il est moins que jamais décidé à changer d'entreprise* he is less decided than ever about changing firms / *le seul / le plus beau que j'aie jamais vu* the only one / the most beautiful I have ever seen.

❖ **à jamais** loc adv *sout* for good, forever / *c'est fini à jamais* it is over ou finished for ever ou for good / *ils se sont dit adieu à jamais* they said goodbye forever / *des souvenirs à jamais envolés* memories gone for ever ▸ **à tout jamais** forever, for evermore *litt* / *il y a renoncé à tout jamais* he has given it up forever ou for evermore *litt* / *nous avons à tout jamais perdu l'espoir de le revoir* we have lost all hope of ever seeing him again.

❖ **pour jamais** loc adv *sout* forever / *adieu pour jamais* goodbye forever / *il partit pour jamais* he left forever ou never to return.

Notez la position de never dans la phrase.

• Avec un verbe autre que be conjugué, never s'insère comme suit :

sujet + [aux/modal] + never + verbe

Je n'ai jamais su si elle était sincère. *I never knew if she was sincere.*

Nous sommes amis, mais nous ne partons jamais en vacances ensemble. *We're friends but we never go on holiday together.*

Il ne doit jamais l'apprendre, c'est un secret. *He must never find out, it's a secret.*

• Avec le verbe be conjugué, never se place comme suit :

sujet + be + never

C'est très difficile de le joindre, il n'est jamais chez lui. *It's really hard to reach him, he's never at home.*

Elle n'est jamais contente, c'est pénible ! *She's never happy, it's really annoying!*

Dans un style recherché, never peut se placer en début de phrase. Le sujet et l'auxiliaire ou le modal qui suit sont alors inversés :

Il n'avait jamais imaginé que la maison serait vendue. *Never had he imagined that the house might be sold.*

Il ne devait jamais la revoir. *Never would he see her again.*

jamais-vu [ʒamɛvy] nm inv : *c'est du jamais-vu à Marseille!* it's a first for Marseille! / *c'est du jamais-vu pour la population locale* the locals have never seen anything like it / *c'est du jamais-vu sur Internet* nothing like this has been seen before on the Web.

jambage [ʒɑ̃baʒ] nm **1.** ARCHIT [pied-droit] jamb; [pilier] jamb, post / *jambage de cheminée* fireplace cheek **2.** [trait d'une lettre - vers le bas] downstroke; [- vers le haut] upstroke; [- au-dessous de la ligne] tail, descender.

jambe [ʒɑ̃b] nf **1.** ANAT leg / *avoir de grandes* ou *longues jambes* to have long legs ▸ **avoir les jambes nues** to be bare-legged / *elle est tout en jambes* she's all legs / *elle a de bonnes jambes* she's got a good (strong) pair of legs / *j'ai de mauvaises jambes maintenant* my legs aren't as good ou strong as they used to be / *il a (encore) des jambes de vingt ans* he's still very spry ▸ **jambe artificielle / de bois** artificial / wooden leg ▸ **avoir un bon jeu de jambes** SPORT : *il a un bon jeu de jambes* his footwork is good ▸ **ne plus avoir de jambes** ou **ne plus sentir ses jambes** : *je n'ai plus de* ou *je ne sens plus mes jambes* I'm totally exhausted, my legs have gone ▸ **en avoir plein les jambes** *fam* to be worn out ou dead tired ▸ **avoir les jambes en coton** : *il avait les jambes en coton* his legs were like jelly ou cotton wool ▸ **avoir les jambes en marmelade** : *en rentrant, j'avais les jambes en marmelade* my legs were killing me on the way home ▸ **être (toujours) dans les jambes de qqn** [enfant] : *il est toujours dans mes jambes* he's always under my feet ou in my way ▸ **faire une belle jambe à qqn** : *ça me / lui fait une belle jambe!* a fat lot of good that does me / him! ▸ **donner des jambes à qqn** : *la peur lui donnait des jambes* fear drove her on ▸ **prendre ses jambes à son cou** to take to one's heels ▸ **détaler** ou **s'enfuir à toutes jambes** to make a bolt for it ▸ **se mettre en jambes** to (do a) warm up ▸ **tenir la jambe à qqn** *fam* to drone on (and on) at sb ▸ **tirer dans les jambes de qqn a)** *pr* to aim (a shot) at sb's legs **b)** *fig* to create (all sorts of) problems for sb ▸ **traiter qqn par-dessus la jambe** to treat sb offhandedly ▸ **une partie de jambes en l'air** *tfam* a bit of nooky **2.** [du cheval] leg **3.** VÊT (trouser) leg **4.** [d'un compas] leg **5.** CONSTR prop ▸ **jambe de force a)** [d'une poutre] strut **b)** [d'un comble] joist stay **6.** AUTO radius rod ▸ **jambe de force** *vieilli* torque rod **7.** AÉRON ▸ **jambe de train d'atterrissage** landing gear strut.

jambette [ʒɑ̃bɛt] nf **1.** CONSTR [d'un entrait] tie-beam strut; [d'un arbalétrier] principal rafter post **2.** NAUT ▸ **jambette de pavois** bulwark stay.

jambier [ʒɑ̃bje] ◆ adj m leg *(modif).* ◆ nm **1.** ANAT leg muscle ▸ **jambier antérieur / postérieur** anterior / posterior leg muscle **2.** [à l'abattoir] gambrel.

jambière [ʒɑ̃bjɛʀ] nf **1.** [pour la danse] legwarmer **2.** [guêtre] legging, gaiter **3.** ÉQUIT pad, gaiter **4.** [pièce d'armure] greave, jambeau.

jambon [ʒɑ̃bɔ̃] nm **1.** [viande] ham ▸ **jambon blanc** ou **de Paris** boiled ou cooked ham ▸ **jambon cru** ou **de pays** raw ham ▸ **jambon de Bayonne / Parme** Bayonne / Parma ham ▸ **jambon salé / fumé** salted / smoked ham ▸ **jambon à l'os** ham off the bone ▸ **jambon d'York** boiled ham on the bone ▸ **des œufs au jambon** ≃ ham and eggs ▸ **un jambon beurre** *fam* a ham sandwich *(in buttered baguette)* ▸ **un jambon fromage** *fam* a ham and cheese sandwich *(in buttered baguette)* **2.** *tfam* [cuisse] thigh.

jambonneau [ʒɑ̃bɔno] nm **1.** [petit jambon] knuckle of ham **2.** [mollusque] fan mussel.

jamboree, jamborée* [ʒɑ̃bɔʀi] nm jamboree.

jambose [ʒɑ̃boz] nf rose apple (fruit).

jambosier [ʒɑ̃bozje] nm rose apple (tree).

James [dʒɛms] npr ⟶ **baie.**

jam-session [dʒamsɛʃœn] *(pl* **jam-sessions***)* nf jam session.

jan [ʒɑ̃] nm [table] backgammon board.

janissaire [ʒanisɛʀ] nm janissary.

jansénisme [ʒɑ̃senism] nm **1.** RELIG ▸ **le jansénisme** Jansenism **2.** *litt* [piété austère] puritanism *fig.*

janséniste [ʒɑ̃senist] ◆ adj **1.** RELIG Jansenist, Jansenistic **2.** *litt* [austère] puritanical *fig.* ◆ nmf **1.** RELIG Jansenist **2.** *litt* [moraliste] puritan *fig.*

jante [ʒɑ̃t] nf (wheel) rim ▸ **jantes en aluminium** AUTO (aluminium) alloy wheels.

janvier [ʒɑ̃vje] nm January. **Voir aussi mars.**

japon [ʒapɔ̃] nm [papier] Japanese paper; [porcelaine] Japanese porcelain.

Japon [ʒapɔ̃] npr m ▸ **le Japon** Japan / *elle vit au Japon* she lives in Japan / *ils vont au Japon* they're going to Japan.

japonais, e [ʒapɔnɛ, ɛz] adj Japanese.

❖ **Japonais, e** nm, f Japanese (person) ▸ **les Japonais** the Japanese.

❖ **japonais** nm LING Japanese.

japonaiserie [ʒapɔnɛzʀi] nf Japanese artefact.

japonisant, e [ʒapɔnizɑ̃, ɑ̃t] ◆ adj ART inspired by Japanese art. ◆ nm, f specialist in Japanese studies.

jappement [ʒapmɑ̃] nm [d'un chien] yelp, yap; [du chacal] bark.

japper [3] [ʒape] vi [chien] to yelp, to yap; [chacal] to bark.

jappeur, euse [ʒapœʀ, øz] ◆ adj yelping, yapping. ◆ nm, f yelper, yapper.

jaque [ʒak] nm BOT jackfruit.

jaquemart [ʒakmaʀ] nm clock jack.

jaquette [ʒakɛt] nf **1.** VÊT [d'homme] morning coat; [de femme] jacket **2.** [de livre] (dust) cover ou jacket, book jacket **3.** [couronne dentaire] crown **4.** TECHNOL jacket, casing.

jaquier [ʒakje] nm jackfruit (tree).

jardin [ʒaʀdɛ̃] nm **1.** [terrain clos - gén] garden; [- d'une maison] garden, yard US / *il est dans le* ou *au jardin* he's in the garden / *les jardins du château de Windsor* the grounds of Windsor Castle ▸ **jardin d'agrément** ornamental ou pleasure garden ▸ **jardin botanique** botanical garden ou gardens ▸ **jardin à la française / à l'anglaise** formal / landscape garden ▸ **jardin zoologique** ou **d'acclimatation** zoological garden ou gardens, zoo ▸ **jardin fruitier** orchard ▸ **jardin d'hiver** winter garden ▸ **jardin japonais** miniature (Japanese) garden ▸ **jardin maraîcher** market garden ▸ **jardin ouvrier** allotment ▸ **le jardin des Oliviers** BIBLE the Garden of Gethsemane ▸ **jardin paysager** landscaped garden ▸ **jardin potager** vegetable ou kitchen garden ▸ **jardin public** public garden ou gardens, park ▸ **jardin de rapport** market garden ▸ **jardin secret** : *c'est mon jardin secret* that's my little secret ▸ **jardins suspendus** hanging gardens ▸ **mobilier de jardin** garden furniture ▸ **le Jardin d'Acclimatation** *children's park and zoo in the Paris suburbs* / **'le Jardin des délices'** *Bosch* 'The Garden of Earthly Delights' ▸ **le Jardin des Plantes** [à Paris] *botanical garden in Paris with a small zoo (la Ménagerie) and Natural History Museum* **2.** *litt* [région fertile] garden / *c'est le jardin de l'Angleterre* it's the garden of England.

❖ **jardin d'enfants** nm kindergarten, playgroup ou pre-school nursery UK.

jardinage [ʒaʀdinaʒ] nm **1.** [d'un potager, de fleurs] gardening / *faire un peu de jardinage* to potter UK ou to putter US around in the garden **2.** [de forêts] selective working.

❖ **de jardinage** loc adj [outil, magasin] gardening, garden *(modif).*

jardiner [3] [ʒaʀdine] ◆ vi to garden / *elle est dehors en train de jardiner* she's out doing some gardening. ◆ vt to select, to cull.

Jardinerie® [ʒaʀdinʀi] nf garden centre.

* In reformed spelling (see p. 16-19).

jardinet [ʒaʀdinɛ] nm small garden.

jardinier, ère [ʒaʀdinje, ɛʀ] ◆ adj **1.** HORT garden *(modif)* **2.** [de forêts] selective. ◆ nm, f gardener.

❖ **jardinière** nf **1.** [sur un balcon] window box ; [pour fleurs coupées] jardiniere ; [meuble] plant holder **2.** CULIN ▶ **jardinière (de légumes)** (diced) mixed vegetables, jardiniere.

❖ **jardinière d'enfants** nf nursery-school ou kindergarten teacher, playgroup assistant UK.

jargon [ʒaʀgɔ̃] nm **1.** [langage incorrect] jargon ; [langage incompréhensible] jargon, mumbo jumbo **2.** [langue spécialisée] jargon, argot ▶ **jargon administratif** / **des journalistes** officialese / journalese / *le jargon des publicitaires* advertisers' jargon / *le jargon judiciaire* lawyers' cant.

jargonaphasie [ʒaʀgɔnafazi] nf jargon aphasia.

jargonner [3] [ʒaʀgɔne] vi **1.** [s'exprimer - en jargon] to jargonize, to talk jargon ; [- de façon incompréhensible] to jabber away **2.** [jars] to honk.

jargonneux, euse [ʒaʀgɔnø, øz] adj [rapport, discours] jargon-bound.

Jarnac [ʒaʀnak] npr ▶ **coup de Jarnac** stab in the back.

jarre [ʒaʀ] ◆ nf [vase] (earthenware) jar.

jarret [ʒaʀɛ] nm **1.** ANAT back of the knee, ham ; ZOOL hock ▶ **jarret de veau** CULIN knuckle of veal, veal shank US ▶ **avoir des jarrets d'acier** ou **du jarret** *fam* to have a good (sturdy) pair of legs **2.** CONSTR [imperfection] break of outline ; [coude] knee joint (of pipe).

jarretelle [ʒaʀtɛl] nf suspender UK, garter US.

jarretière [ʒaʀtjɛʀ] nf **1.** VÊT garter / *la jarretière de la mariée* the bride's garter *(worn on the wedding day, removed by the best man and auctioned off to the guests)* **2.** ZOOL redband fish.

jars [ʒaʀ] nm gander.

jas [ʒa] nm **1.** *régional* [bergerie] sheepfold **2.** NAUT (anchor) stock.

jaser [3] [ʒaze] vi **1.** [médire] to gossip / *ça va faire jaser dans le quartier* that'll set the neighbours' tongues wagging **2.** *fam* [avouer] to squeal, to blab / *on n'aime pas les gens qui jasent* we don't like squealers **3.** [gazouiller - pie, geai] to chatter ; [- ruisseau, bébé] to babble ; [- personne] to chatter.

jaseur, euse [ʒazœʀ, øz] ◆ nm, f [bavard] chatterbox ; [mauvaise langue] gossip, scandal-monger. ◆ adj **1.** [oiseau] chattering **2.** [personne - qui bavarde] chattering ; [- qui médit] gossiping, gossipy.

❖ **jaseur** nm ORNITH waxwing.

jasmin [ʒasmɛ̃] nm jasmine ▶ **thé au jasmin** jasmine tea ▶ **jasmin d'hiver** winter jasmine.

Jason [ʒazɔ̃] npr Jason.

jaspe [ʒasp] nm **1.** MINÉR jasper ▶ **jaspe sanguin** bloodstone **2.** GÉOL jasperoid.

jasper [3] [ʒaspe] vt **1.** [marbrer] to marble, to mottle, to speckle **2.** IMPR to marble, to jasper.

jaspiner [3] [ʒaspine] vi *tfam* to rattle on, to chatter away.

jaspure [ʒaspyʀ] nf **1.** [d'une arme] mottling *(due to quenching)* **2.** IMPR & TEXT marbling *(U)*.

JAT (abr de **juste-à-temps**) adj JIT *(just-in-time)*.

jatte [ʒat] nf [petite] bowl ; [grande] basin / *une jatte de lait* a bowl of milk.

jauge [ʒoʒ] nf **1.** [pour calibrer] gauge ▶ **jauge d'épaisseur** thickness ou feeler gauge ▶ **jauge extensométrique** stain gauge ▶ **jauge de filetage** (standard) wire gauge ▶ **jauge de profondeur** depth gauge **2.** [indicateur] gauge ▶ **jauge de pression** / **vapeur** pressure / steam gauge ▶ **jauge d'essence** AUTO petrol gauge UK, gas gauge US ▶ **jauge (de niveau) d'huile** AUTO dipstick **3.** [contenance d'un réservoir] capacity ; [tonnage d'un navire] tonnage, burden ▶ **jauge brute** / **nette** gross / net (registered) tonnage **4.** AGR trench **5.** MENUIS & PHYS gauge.

jaugeage [ʒoʒaʒ] nm gauging, measuring.

jauger [17] [ʒoʒe] ◆ vt **1.** [mesurer - fil] to gauge ; [- réservoir] to gauge (the capacity of) ; [- liquide] to gauge (the volume of) ; [- navire] to measure the tonnage ou burden of **2.** *litt* [juger - dégâts] to assess ▶ **jauger qqn** to size sb up / *comment jauger sa personnalité?* how can we assess ou judge ou determine what sort of a personality he has? / *jauger la situation* to size ou to weigh up the situation. ◆ vi NAUT ▶ **navire jaugeant 600 tonneaux** ship with a tonnage of ou measuring 600 tons.

jaunâtre [ʒonatʀ] adj [couleur] yellowish, yellowy ; [teint] yellowish, sallow, waxen.

jaune [ʒon] ◆ adj **1.** [couleur] yellow / *avoir le teint jaune* to look yellow ou sallow ou bilious ▶ **jaune canari** / **citron** canary / lemon yellow ▶ **jaune moutarde** mustard-coloured ▶ **jaune d'or** golden yellow ▶ **jaune paille** straw-coloured ▶ **jaune comme un citron** ou **un coing** (as) yellow as a lemon **2.** *péj & vieilli* [d'Asie] yellow. ◆ nmf [non gréviste] strikebreaker. ◆ nm **1.** [couleur] yellow / *elle aime s'habiller en jaune* she likes to wear yellow **2.** CULIN ▶ **jaune (d'œuf)** (egg) yolk.

❖ **Jaune** nmf *péj & vieilli* Oriental.

jaunet, ette [ʒonɛ, ɛt] adj *litt* yellowish, yellowy.

❖ **jaunet** nm ▶ **jaunet d'eau** yellow water lily.

jaunir [32] [ʒoniʀ] ◆ vt **1.** [rendre jaune] to turn yellow / *ses dents sont jaunies par le tabac* his teeth have been turned yellow by smoking **2.** [défraîchir] to yellow, to turn yellow / *le soleil a jauni les pages* the sun has made the pages go ou turn yellow. ◆ vi **1.** [devenir jaune] to turn ou to become yellow, to yellow **2.** [se défraîchir] to fade ▶ **quelques photos jaunies** a few yellowed ou faded photographs / *l'encre a jauni* the ink has faded.

jaunisse [ʒonis] nf MÉD jaundice / *le bébé a la jaunisse* the baby has jaundice ▶ **en faire une jaunisse** *fam* : *tu ne vas pas en faire une jaunisse!* there's no need to get into a state ou to get worked up about it!

jaunissement [ʒonismɑ̃] nm yellowing.

java [ʒava] nf **1.** [danse] java **2.** *fam* [fête] knees-up UK, shindig US / *faire la java* to have a (good old) knees-up.

Java [ʒava] npr Java ▶ **à Java** in Java. ⟶ **île**

javanais, e [ʒavanɛ, ɛz] adj Javanese.

❖ **Javanais, e** nm, f Javanese ▶ **les Javanais** the Javanese.

❖ **javanais** nm LING **1.** [langue indonésienne] Javanese **2.** [argot] *slang using -av- or -va- as an infix before each vowel sound* **3.** [langage incompréhensible] : *c'est du javanais fam* that's gobbledegook.

Javel [ʒavɛl] npr ▶ **eau de Javel** bleach.

javelage [ʒavlaʒ] nm laying in swaths.

javeler [24] [ʒavle] vt to lay in swaths.

✎ In reformed spelling (see p. 16-19), this verb is conjugated like *peler* : *il javèle, elle javèlera.*

javeleur, euse [ʒavlœʀ, øz] nm, f harvester.

javeline [ʒavlin] nf javelin.

javelle [ʒavɛl] nf swath / *mettre le blé en javelles* to lay wheat in swaths.

javellisation [ʒavelizasjɔ̃] nf chlorination.

javelliser [3] [ʒavelize] vt to chlorinate.

javelot [ʒavlo] nm javelin.

jazz [dʒaz] nm jazz / *musicien de jazz* jazz musician ▶ **le jazz de la Nouvelle-Orléans** New Orleans jazz ▶ **le jazz classique** traditional ou mainstream jazz.

jazz-band [dʒazbɑ̃d] *(pl* **jazz-bands***)* nm jazz band.

jazzique [dʒazik], **jazzistique** [dʒazistik] adj jazz *(modif)*.

jazzman [dʒazman] *(pl* **jazzmans** *ou* **jazzmen** [dʒazmɛn]) nm jazzman, jazz player ou musician.

jazz-rock [dʒazʀɔk] nm jazz-rock.

jazzy [dʒazi] adj inv *fam* jazzy.

J.-C. (abr écrite de **Jésus-Christ**) J.C. ▶ **en (l'an) 180 avant** / **après J.-C.** in (the year) 180 BC / AD.

JCR (abr de **Jeunesse communiste révolutionnaire**) npr f *Communist youth movement.*

je [ʒə] *(devant voyelle et 'h' muet j')* ◆ pron pers I / *j'y vais demain* I'm going there tomorrow / *puis-je me joindre à vous?* may I join you? / *puissé-je me tromper!* *sout* let us hope I am wrong! ◆ nm inv ▶ **le je a)** LING the first person **b)** PHILOS the self.

jean [dʒin] nm **1.** [tissu] ▶ **(toile de) jean** denim / *un blouson en jean* a denim jacket **2.** [pantalon] (pair of) jeans.

Jean [ʒɑ̃] npr ▶ **saint Jean** Saint John ▶ **Jean sans Terre** John Lackland.

Jean-Baptiste [ʒɑ̃batist] npr ▶ **saint Jean-Baptiste** Saint John the Baptist.

jean-foutre *(pl* **jean-foutre***)*, **jeanfoutre*** [ʒɑ̃futʀ] nm *tfam* layabout, good-for-nothing.

jean-le-blanc [ʒɑ̃ləblɑ̃] nm inv short-toed eagle.

Jeanne [ʒan] npr ▶ **Jeanne d'Arc** ou **la Pucelle** Joan of Arc ▶ **elle est coiffée à la Jeanne d'Arc** she wears her hair in a pageboy cut.

jeannette [ʒanɛt] nf **1.** [pour repasser] sleeve-board **2.** [croix] gold cross *(worn around the neck)* ; [chaîne] gold chain *(for wearing a cross)* **3.** [scout] Brownie (Guide) UK, Girl Scout US.

jeans [dʒins] = **jean**.

JEC, Jec [ʒɛk] (abr de **Jeunesse étudiante chrétienne**) npr f *Christian youth organization.*

Jeep® [dʒip] nf Jeep®.

Jéhovah [ʒeɔva] npr Jehovah / *les témoins de Jéhovah* the Jehovah's Witnesses.

jéjunum [ʒeʒynɔm] nm jejunum.

je-m'en-fichisme [ʒmɑ̃fiʃism] nm *fam* couldn't-care-less ou devil-may-care attitude.

je-m'en-fichiste [ʒmɑ̃fiʃist] *fam* ◆ adj couldn't care less *(avant nom)*, devil-may-care *(avant nom)*. ◆ nmf couldn't care less ou devil-may-care sort of person.

je-m'en-foutisme [ʒmɑ̃futism] nm *fam* couldn't-give-a-damn approach ou attitude.

je-m'en-foutiste [ʒmɑ̃futist] *fam* ◆ adj couldn't give a damn *(avant nom)*. ◆ nmf couldn't-give-a-damn sort of person.

je-ne-sais-quoi [ʒənsekwa] nm inv ▶ **un je-ne-sais-quoi** a certain je ne sais quoi, a certain something ▶ **un je-ne-sais-quoi de qqch** a hint of sthg.

jérémiades [ʒeʀemjad] nfpl [lamentations] wailing ▶ **assez de jérémiades!** stop whining ou moaning ou complaining! / *avec lui, ce ne sont que des jérémiades* all you ever get from him is moaning.

Jérémie [ʒeʀemi] npr BIBLE Jeremiah.

jerez [ɣeʀɛs] = **xérès**.

Jéricho [ʒeʀiko] npr Jericho.

jerk [dʒɛʀk] nm DANSE jerk.

jéroboam [ʒeʀɔbɔam] nm jeroboam.

Jérôme [ʒeʀom] npr ▶ **saint Jérôme** Saint Jerome.

jerrican(e), jerrycan [ʒeʀikan] nm jerrycan.

jersey [ʒɛʀzɛ] nm **1.** VÊT jersey, sweater **2.** TEXT jersey, jersey knit.

Jersey [ʒɛʀzɛ] npr Jersey ▶ **à Jersey** in ou on Jersey. ⟶ **île**

jersiais, e [ʒɛʀzjɛ, ɛz] adj from Jersey ▶ **vache jersiaise** Jersey (cow) ▶ **race jersiaise** Jersey breed.

❖ **Jersiais, e** nm, f *inhabitant of or person from Jersey.*

❖ **jersiaise** nf Jersey (cow).

Jérusalem [ʒeʀyzalɛm] npr Jerusalem ▶ **la nouvelle Jérusalem, la Jérusalem céleste** the New Jerusalem.

jésuite [ʒezɥit] ◆ adj **1.** RELIG Jesuitic, Jesuitical **2.** *péj* [hypocrite] jesuitic, jesuitical, casuistic. ◆ nmf *péj* [hypocrite] jesuit, casuist / *agir en vrai jésuite* to be as crafty as a Jesuit. ◆ nm RELIG Jesuit ▶ **les jésuites** the Jesuits.

jésuitique [ʒezɥitik] adj **1.** RELIG Jesuitic, Jesuitical **2.** *sout & péj* [hypocrite] jesuitic, jesuitical, casuistic.

jésuitiquement [ʒezɥitikmɑ̃] adv *sout* jesuitically, casuistically.

jésuitisme [ʒezɥitism] nm **1.** [système moral] Jesuitism **2.** *sout & péj* [hypocrisie] casuistry, jesuitry.

jésus [ʒezy] nm **1.** [représentation] (figure of the) infant ou baby Jesus / *mets le jésus dans la crèche* put the baby Jesus into the crib **2.** CULIN pork liver sausage *(from Franche-Comté and Switzerland)* ▸ **jésus de Lyon** ≃ pork salami **3.** IMPR ▸ **grand jésus** ≃ imperial ▸ **petit jésus** ≃ super royal **4.** *fam* [chérubin] cherub, angel / *viens, mon jésus!* come along, my (little) angel!

Jésus [ʒezy] npr Jesus / *Jésus sur la croix* Jesus on the cross ▸ **(doux) Jésus!, Jésus Marie!** sweet Jesus!, in the name of Jesus! ▸ **Compagnie** ou **Société de Jésus** Society of Jesus.

Jésus-Christ [ʒezykʀi] npr Jesus Christ ▸ **en (l'an) 180 avant / après Jésus-Christ** in (the year) 180 BC / AD.

jet[1] [dʒɛt] nm AÉRON jet (plane).

jet[2] [ʒɛ] nm **1.** [embout] nozzle ; [lance - de pompier] nozzle, fire (hose) ; [- de jardinier] (garden) hose ▸ **laver** ou **passer qqch au jet** to hose sthg down **2.** [jaillissement - de flammes, de sang] spurt, jet ; [- d'eau, de vapeur] jet, gush ; [- de gaz] gush / *un jet de salive* a jet of saliva **3.** [lancer - de cailloux] throwing *(U)* ▸ **des jets de pierres** stone-throwing ▸ **à un jet de pierre** a stone's throw away **4.** SPORT throw **5.** ASTRONAUT jet **6.** MÉTALL [veine libre] (pouring) stream ; [arête] dead head.

❖ **à jet continu** loc adv non-stop, without a break.

❖ **d'un (seul) jet** loc adv in one go / *elle nous raconta tout d'un seul jet* she told us everything in one go ou breath.

❖ **jet d'eau** nm [filet d'eau] fountain, spray ; [mécanisme] fountain ; MENUIS weather strip ; AUTO drip moulding.

jetable [ʒətabl] adj [couche, briquet, gobelet, etc.] disposable.

jeté [ʒəte] nm **1.** DANSE jeté ▸ **petit jeté** jeté ▸ **grand jeté** grand jeté **2.** SPORT jerk **3.** [maille] ▸ **jeté (simple), 1 jeté** make 1 **4.** [couverture] ▸ **jeté de lit** bedspread ▸ **jeté de table** table runner.

jetée [ʒəte] nf **1.** [en bord de mer] pier, jetty **2.** [dans une aérogare] passageway.

jeter [27] [ʒəte] ◆ vt **1.** [lancer - balle, pierre] to throw / *elle m'a jeté la balle* she threw me the ball, she threw the ball to me ▸ **jeter qqch par terre** to throw sthg down (on the ground) / *ne jetez pas de papiers par terre* don't drop litter / *il a jeté le ballon par-dessus le mur* he threw the ball over the wall / *il a jeté son hochet* he threw down his rattle / *elle lui a jeté sa lettre à la figure* she threw the letter in his face ▸ **comme on jette un os à un chien** as you would throw a dog a bone ▸ **n'en jetez plus! a)** *fam* you're making me blush!, don't overdo it! **b)** *iron* give it a rest! **2.** [avec un mouvement du corps] to throw / *l'enfant jeta ses bras autour de mon cou* the child threw ou flung his arms around my neck / *jeter la tête / les épaules en arrière* to throw one's head / one's shoulders back / *jeter la jambe en l'air* to kick one's leg up ▸ **jeter un (coup d')œil sur** ou **à qqch** to have a (quick) look at sthg, to glance at sthg / *elle jeta un œil las / soupçonneux sur le document* she glanced wearily / suspiciously at the document / *jette un œil sur les enfants pendant mon absence* keep an eye on the children while I'm out ▸ **jeter les yeux sur qqn / qqch** to glance at sb / sthg **3.** [émettre - étincelle] to throw ou to give out *(sép)* ; [- lumière] to cast, to shed ; [- ombre] to cast ; [- son] to let ou to give out *(sép)* / *jeter un cri* to let out ou to utter a cry ▸ **en jeter** *fam* : *elle en jette, ta moto!* that's some ou a neat bike you've got there! / *elle en jetait dans sa robe de satin noir!* she looked really something in her black satin dress! **4.** [dire brusquement] : *la petite phrase jetée par le ministre aux journalistes* the cryptic remark the minister threw at the press / *«venez!», me jeta-t-elle de son bureau* "come here!", she called out to me from her office / *elle leur jeta à la figure qu'ils étaient des incapables* she told them straight (to their faces) that they were incompetent ▸ **jeter des injures à la tête de qqn** to hurl ou to fling insults at sb / *il nous jeta quelques ordres secs* he barked out a few orders at us ; [écrire rapidement] to jot down *(sép)*, to scribble (down) / *elle jeta quelques remarques sur le papier et se leva* she scribbled down a few notes and stood up **5.** [mettre] to throw ▸ **jeter qqn dehors** ou **à la porte** to throw sb out ▸ **jeter qqn à terre** to throw sb down ou to the ground ▸ **jeter qqn en prison** to throw sb into jail ou prison ▸ **jeter qqn à l'eau a)** [à la piscine, sur la plage] to throw sb in ou into the water **b)** [d'un bateau] to throw sb overboard ▸ **jeter qqch par la fenêtre** to throw sthg out of the window / *il a jeté sa voiture contre un mur* he ran his car into a wall / *jeter une lettre à la boîte* to drop ou to pop a letter into the postbox / *jeter son bulletin dans l'urne* to drop ou to pop one's ballot paper into the box / *jeter un châle sur ses épaules* to throw on a shawl ▸ **jeter bas** to throw ou to cast ou to hurl down / *la statue du dictateur a été jetée bas* the dictator's statue was hurled to the ground / *ils ont jeté bas les idoles fig* they threw down their idols ▸ **se faire jeter** *fam* [expulser] to get kicked out / *ce n'est pas le moment de lui demander, tu vas te faire jeter!* now is not the time to ask him, he'll just send you away (with a flea in your ear)! **6.** [mettre au rebut - ordures, vêtements] to throw away ou out *(sép)* ▸ **jeter qqch à la poubelle** to throw sthg into the (dust) bin ▸ **jeter qqch au feu** to throw sthg into ou on the fire / *il jeta la boulette de papier dans les flammes* he threw ou tossed the crumpled piece of paper into the fire / *les lettres de réclamation sont directement jetées au panier* letters of complaint are thrown straight into the wastepaper basket / *jette l'eau dans le caniveau* pour the water (out) into the gutter / *il ne faut jamais rien jeter* waste not want not *prov* / *il n'y a rien à jeter* there's nothing to be thrown out ▸ **c'est bon à jeter** it's fit for the (dust) bin UK ou trashcan US ▸ **jeter le bébé avec l'eau du bain** to throw the baby out with the bathwater **7.** [plonger - dans un état, dans une humeur] ▸ **jeter qqn hors de lui** ou **de ses gonds** to drive sb wild ou mad ▸ **jeter qqn dans l'embarras** to throw ou to plunge sb into confusion ▸ **jeter qqn dans le désarroi / les affres de la jalousie** to plunge sb into despair / the torments of jealousy ▸ **jeter qqn dans de terribles fureurs** to drive sb into paroxysms of anger **8.** [établir - fondations] to lay ; [- passerelle] to set up ; [- pont] to throw / *jeter les fondements d'une loi / politique* to lay the foundations of a law / policy / *le traité jette les bases de l'Europe nouvelle* the treaty lays the foundations for the new Europe ; [maille] to make **9.** [répandre - doute] to cast / *cela a jeté la consternation dans la famille* it filled the whole family with dismay ▸ **jeter le discrédit sur qqn / qqch** to cast discredit on sb / sthg, to discredit sb / sthg / *jeter le doute dans les esprits* to sow ou to cast doubt in people's minds ▸ **jeter le trouble chez qqn** to disturb ou to trouble sb **10.** *fam* [expulser] : *on a essayé d'aller en boîte mais on s'est fait jeter par un videur* we tried to get into a nightclub but got thrown out by a bouncer / *il s'est fait jeter par son père* [verbalement] his father sent him packing. ◆ vi [avoir de l'allure] *fam* ▸ **ça en jette!** it looks fantastic!

❖ **se jeter** ◆ vp *(emploi passif)* : *un rasoir qui se jette* a disposable razor. ◆ vpi **1.** [sauter] to throw ou to hurl o.s., to leap / *se jeter à bas de son cheval* to leap from one's horse / *se jeter dans le vide* to throw o.s. ou to hurl o.s. into empty space / *se jeter par la fenêtre* to throw o.s. out of the window / *elle s'est jetée du haut du pont* she hurled herself ou threw herself from the top of the bridge / *un homme s'est jeté sous la rame* a man leapt ou threw himself ou hurled himself in front of the train / *je n'ai pu l'éviter, il s'est jeté sous mes roues* I couldn't avoid him, he just leapt out in front of my car / *se jeter de côté* to leap aside, to take a sideways leap ▸ **se jeter à l'eau a)** *pr* to leap into the water **b)** *fig* to take the plunge / *jette-toi à l'eau, propose-lui le mariage* go on, take the plunge and ask her to marry you **2.** [se précipiter] to rush (headlong) / *se jeter dans la foule* to plunge into the crowd ▸ **se jeter sur qqn** to set about ou to pounce on sb ▸ **ils se sont tous jetés sur moi a)** [pour me frapper] they all set about ou pounced on me **b)** [pour me questionner] they all pounced on me / *il avait tellement faim qu'il s'est jeté sur la nourriture* he was so hungry he fell on the food / *les chiens se sont jetés sur la viande* the dogs fell on the meat / *les gens se sont jetés sur le buffet* the people fell on the food / *ne vous jetez pas sur les biscuits!* don't eat the biscuits all at once! / *elle se jeta sur son lit* she threw herself on (to) her bed / *le canot s'est jeté dans les rapides* the canoe plunged into the rapids / *elle se jeta dans un taxi* she leapt into a taxi / *elles se jetèrent sous le premier porche venu* they scurried ou rushed into the nearest doorway / *vous vous êtes tous jetés sur la question B* you all went for question B **3.** ▸ **se jeter dans** [commencer] : *se jeter à corps perdu dans une aventure* to fling o.s. body and soul into an adventure **4.** [cours d'eau] to run ou to flow into / *là où la Marne se jette dans la Seine* where the river Marne flows ou runs into the Seine. ◆ vpt *tfam* EXPR **s'en jeter un (derrière la cravate)** to have a quick drink ou a quick one / *on s'en jette un dernier?* let's have one for the road!

jeteur, euse [ʒətœʀ, øz] nm, f ▸ **jeteur de sort** wizard (witch).

je t'm (abr écrite de **je t'aime**) ILU.

jeton [ʒətɔ̃] nm **1.** [pièce] token ▸ **jeton de téléphone** token for the telephone **2.** JEUX counter ; [à la roulette] chip, counter, jetton **3.** [dans une entreprise] ▸ **jeton (de présence)** director's fees / *il n'est là que pour toucher ses jetons* he's just a timeserver, all he does is draw his salary **4.** *tfam* [coup de poing] whack / *prendre un jeton* to get a whack in the face.

❖ **jetons** nmpl *tfam* ▸ **avoir les jetons** to be scared stiff ▸ **ficher les jetons à qqn** to put the wind up sb UK, to give sb the willies.

jet-set [dʒɛtsɛt], **jet-society** [dʒɛtsɔsajti] nf jet set ▸ **membre de la jet-set** jet-setter.

jet-setteur, euse [dʒɛtsɛtœʀ, øz] nm, f jet-setter.

Jet-ski® [dʒɛtski] nm jet-ski.

jet-stream [dʒɛtstʀim] *(pl* **jet-streams***)* nm jet stream.

jette v ⟶ **jeter**.

jeu, x [ʒø] nm **1.** LOISIRS game / *ce n'est qu'un jeu!* it's only a game!, it's only for fun! ▸ **c'est le jeu!** it's fair (play)! ▸ **ce n'est pas de** ou **du jeu!** that's not fair! ▸ **le jeu** [activité] play / *l'enfant s'exprime par le jeu* a child expresses himself by playing ou through play ▸ **par jeu** for fun, in play / *les chiots ne mordent que par jeu* puppies only bite in play ▸ **jeu d'adresse / de hasard** game of skill / of chance ▸ **jeu électronique / vidéo** electronic / video game ▸ **jeu radiophonique / télévisé** radio / TV quiz (game) ▸ **jeu éducatif** educational game ▸ **jeu d'entreprise** management simulation (game) ▸ **le Jeu des mille euros** *famous radio quiz* ▸ **jeu de l'oie** *board game in the form of a spiral* ▸ **jeu de plein air** outdoor game ▸ **jeu de rôle** role play ▸ **jeu de société** board game ▸ **jeu de stratégie** game of strategy ▸ **c'est un jeu d'enfant!** this is child's play! ▸ **se faire un jeu de** to make light work of / *il s'est fait un jeu de démolir tous nos arguments* it was child's play for him to destroy all our arguments **2.** [cartes] hand ▸ **avoir du jeu** ou **un bon jeu** to have a good hand / *ne pas avoir de jeu, avoir un mauvais jeu* to have a bad hand / *il avait tout le jeu* he had all the good cards / *ne montre pas ton jeu!* don't show your hand ou your cards! ▸ **étaler son jeu** to lay down one's hand ou cards ▸ **le grand jeu** [d'une cartomancienne] (complete) Major Arcana ▸ **elle nous a joué le grand jeu** she pulled out all the stops for us ▸ **avoir beau jeu (de faire qqch)** to have no trouble (doing sthg), to find it easy (to do sthg) / *il a eu beau jeu de montrer qu'elle avait tort* it was easy for him to prove her wrong ▸ **montrer** ou **dévoiler son jeu** to show one's hand ▸ **il a bien caché son jeu** he played his cards very close to his chest! *fig* **3.** [ensemble de pièces] set ▸ **jeu de 32 / 52 cartes** pack UK ou deck US of 32 / 52 cards ▸ **un jeu de dames / d'échecs / de quilles** a draughts / chess / skittles set / *un jeu de clés / tournevis* a set of keys / screwdrivers ▸ **jeu de caractères** INFORM character set ▸ **jeu d'essai** INFORM sample data ou deck ▸ **jeu d'orgue** MUS organ stop **4.** [manigances] game / *c'est un (petit) jeu dangereux!* this is a dangerous (little) game you're playing! / *qu'est-ce que c'est que ce petit jeu?* [ton irrité] what are you playing at?, what's your (little) game? ▸ **entrer dans le jeu de qqn** to play sb at their own game ▸ **faire le jeu de qqn** to play into sb's hands ▸ **être pris à son propre jeu** to be caught at one's own game ▸ **se (laisser) prendre au jeu** to get caught up ou involved in what's going on ▸ **voir clair** ou **lire dans le jeu de qqn** to see through sb's little game, to see what sb is up to / **'le Jeu de l'amour et du hasard'**

Marivaux 'The Game of Love and Chance' **5.** SPORT [activité] game ▸ **les jeux d'équipe** team games ▸ **le jeu à XIII** Rugby League ; [action] play / *le jeu s'est accéléré* the play ou the game has livened up a bit / *il y a eu du beau jeu* there was some very good play / *notre équipe a fait tout le jeu* our team had the upper hand ; [partie] game / *le jeu est très ouvert / fermé* the game is very open / tight ▸ **faire jeu égal** to be evenly matched / *il a fait jeu égal avec le champion* the champion met his match in him ; [au tennis] game ▸ **jeu Mériel!** game to Mériel ! ▸ **deux jeux partout** two games all ▸ **jeu blanc** love game / **'jeux de ballon interdits'** 'no ball games' ▸ **jeu, set et match** game, set and match **6.** [terrain] : *la balle est sortie du jeu* the ball has gone out (of play) ▸ **jeu de boules a)** [sur gazon] bowling green **b)** [de pétanque] ground *(for playing boules)* ▸ **jeu de quilles** skittle alley **7.** [style d'un sportif] game, way of playing ▸ **il a un jeu défensif / offensif** he plays a defensive / an attacking game / *elle a un jeu de fond de court* she's got a base line game / *avoir un bon jeu de jambes* to move well / *il a un bon jeu de volée* he's a good volleyer, he volleys well ; [interprétation - d'un acteur] acting ; [- d'un musicien] playing / *son jeu a mûri* her (way of) playing has developed / *la pièce exige un jeu tout en nuances* the play requires subtle acting **8.** [activité du parieur] ▸ **le jeu** gambling / *elle a tout perdu au jeu* she gambled her entire fortune away, she lost her whole fortune (at) gambling / *avoir un jeu audacieux* to be a daring gambler **9.** [effet] play ▸ **jeu d'eau** fountain ▸ **jeu de mots** play on words, pun ▸ **jeu d'ombres** play of shadows ▸ **des jeux de lumière a)** [naturels] play of light **b)** [artificiels] lighting effects **10.** [espace] ▸ **la vis a** ou **prend du jeu** the screw is loose / *il y a du jeu* there's a bit of play ou of a gap ▸ **donner du jeu à qqch** to loosen sthg up ▸ **donner** ou **laisser du jeu à qqn** *fig* to allow sb (some) freedom ou leeway / *je leur laisse un certain jeu au niveau du budget* I give them some freedom of action ou some leeway where the budget is concerned **11.** [action] play / *le jeu du piston dans le cylindre* the play of the piston inside the cylinder / *le jeu des vagues sur les rochers* the play of waves on the rocks ▸ **c'est un jeu de ton imagination / ta mémoire** it's a trick of your imagination / your memory ▸ **laisser faire le jeu de la concurrence** to allow the free play of competition / *le marché s'est agrandi grâce au jeu de forces économiques nouvelles* the market has expanded because new economic forces have come into play / *ils sont parvenus à un accord par le jeu subtil de la diplomatie* they reached an agreement through the subtle use of diplomacy / *il n'a obtenu le siège que par le jeu des alliances électorales* he won the seat only through the interplay ou working of electoral alliances **12.** LITTÉR *tragedy or comedy in verse, performed during the Middle Ages.*

❖ **jeux** nmpl **1.** [mise] ▸ **faites vos jeux(, rien ne va plus)** faites vos jeux (rien ne va plus) ▸ **les jeux sont faits a)** *pr* les jeux sont faits **b)** *fig* the die is cast, there's no going back now **2.** SPORT ▸ **les jeux (Olympiques)** the (Olympic) Games ▸ **les jeux (Olympiques) d'hiver** the Winter Olympics / *les jeux Olympiques pour handicapés* the Paralympic Games ▸ **les jeux du cirque** ANTIQ the (games of the) circus.

❖ **en jeu** ◆ loc adj **1.** [en question] at stake / *l'avenir de l'entreprise n'est pas en jeu* the company's future is not at stake ou at risk ou in jeopardy **2.** [en action] at play / *les forces en jeu sur le marché* the competing forces ou the forces at play ou the forces at work on the market **3.** [parié] at stake / *la somme en jeu* the money at stake ou which has been staked. ◆ loc adv **1.** SPORT : *mettre le ballon en jeu* FOOT to throw in the ball **2.** [en marche] : *les disjoncteurs ont été mis en jeu par le programmateur* the circuit breakers were activated by the programmer **3.** [en pariant] : *mettre une somme en jeu* to place a bet ▸ **mettre qqch en jeu** [risquer qqch] to put sthg at stake / *mettre en jeu son avenir, mettre son avenir en jeu* to put one's future at stake, to stake one's future ▸ **entrer en jeu** [intervenir] to come into play / *les institutions religieuses sont entrées en jeu pour s'opposer à l'avortement* the religious institutions entered the fray to oppose abortion.

❖ **jeu de massacre** nm Aunt Sally / *le débat s'est transformé en jeu de massacre fig* the debate turned into a demolition session.

> **Le Jeu des mille euros**
>
> This radio programme formerly called **Jeu des mille francs** was originally broadcast in the 1950s and has become a national institution. The quiz, whose top prize was originally one thousand francs, consists of a series of questions sent in by listeners.

jeudi [ʒødi] nm Thursday / *le Jeudi noir* Black Thursday *(day of the Wall Street Crash, 1929)* ▸ **le jeudi saint** Maundy Thursday. **Voir aussi mardi.**

jeun [ʒœ̃] ❖ **à jeun** ◆ loc adj ▸ **il est à jeun a)** [il n'a rien mangé] he hasn't eaten anything **b)** [il n'a rien bu] he's sober. ◆ loc adv on an empty stomach ▸ **venez à jeun** don't eat anything before you come / *trois comprimés à jeun* three tablets to be taken on an empty stomach.

jeune [ʒœn] ◆ adj **1.** [peu avancé en âge - personne, génération, population] young ▸ **mourir jeune** to die young ▸ **réussir jeune** to succeed at a young age / *il n'est plus très jeune* he's not that young any more, he's not as young as he used to be / *elles étaient toutes jeunes alors* [très jeunes] they were very young then / *ma voiture n'est plus toute jeune fam* my car's got quite a few miles on the clock now / *ils ont une clientèle jeune* their customers are young, they cater for young people ▸ **jeune arbre** sapling, young tree ▸ **jeune oiseau** fledgling, young bird ▸ **jeune chien** puppy, young dog ▸ **un jeune homme** a young man, a youth / *eh bien, jeune homme, où vous croyez-vous?* I say, young man, where do you think you are? ▸ **faire le jeune homme** to act the young man ▸ **une jeune femme** a (young) woman ▸ **un jeune garçon a)** [enfant] a boy, a youngster **b)** [adolescent] a youth, a teenager ▸ **une jeune fille** a girl, a young woman ▸ **jeune personne** young lady ▸ **de jeunes enfants** young ou small children ▸ **jeunes gens a)** [garçons] young men **b)** [garçons et filles] youngsters, young people / *être plus / moins jeune que* to be younger / older than / *je suis plus jeune que lui de deux mois* I'm younger than him by two months, I'm two months younger than him / *ma plus jeune sœur* my youngest sister ▸ **faire jeune** : *ils font jeune(s)* they look young ▸ **c'est jeune, ça ne sait pas!** *fam* he's (still) young ou wet behind the ears, he'll learn! **2.** [débutant] : *on reparlera de ce jeune metteur en scène* we haven't heard the last of this young director / **'cherchons jeune ingénieur'** 'recently qualified engineer required' / *être jeune dans le métier* to be new to the trade ou business **3.** [du début de la vie] young, early ▸ **mes jeunes années** my youth / *il a passé ses jeunes années en Provence* he spent his early years ou youth in Provence ▸ **dans notre jeune âge** *litt* in our youth, when we were young / *étant donné son jeune âge* given his youth ou how young he is / *dans mon jeune temps fam* when I was a young thing **4.** [qui a l'aspect de la jeunesse - personne] young, young-looking, youthful ; [- couleur, coiffure] young, youthful / *pour avoir l'air toujours jeune, pour rester jeune* to stay young ou young-looking ▸ **être jeune d'esprit** ou **de caractère** to be young at heart **5.** [récent - discipline, entreprise, État] new, young / *leur histoire d'amour est encore jeune* their (love) affair is still young ou hasn't matured yet ▸ **les jeunes États d'Afrique** the new ou young African States ▸ **les jeunes entreprises** young ou new companies **6.** [vin] young, green ; [fromage] young **7.** *fam* [juste] ▸ **ça fait** ou **c'est (un peu) jeune! a)** [somme d'argent] that's a bit mean! **b)** [temps] that's cutting it a bit fine! **c)** [dimensions] that's a bit on the short ou small side! **d)** [poids] that's a bit on the light side! ◆ adv [comme les jeunes] ▸ **s'habiller jeune** to wear young-looking clothes / *se coiffer jeune* to have a young-looking hairstyle. ◆ nm [garçon] young man, youngster ▸ **petit jeune** *fam* young man / *les jeunes de cette génération-là sont morts dans les tranchées* the youngsters ou young men of that generation died in the trenches. ◆ nf [fille] (young) girl ▸ **petite jeune** *fam* young girl.

❖ **jeunes** nmpl : *les jeunes* youngsters, young people, the young / *les jeunes d'aujourd'hui* today's young people, the young people of today, the young generation / *les jeunes ont préféré manger sur la terrasse* the youngsters chose to eat out on the terrace ▸ **une bande de jeunes** a bunch of kids.

Voir encadré à l'article dernier.

jeûne [ʒøn] nm **1.** [période] fast ▸ **le jeûne du Ramadan** the fasting at Ramadan **2.** [pratique] fast, fasting *(U)* / *observer une semaine de jeûne* to fast for a week / *un petit jeûne ne lui fera pas de mal* it won't do him any harm to go without food ou to fast for a while.

jeûner, jeuner* [3] [ʒøne] vi **1.** RELIG to fast **2.** [ne rien manger] to go without food.

jeunesse [ʒœnɛs] nf **1.** [juvénilité - d'une personne] youth, youthfulness ; [- d'une génération, d'une population] youthfulness, young age ; [- d'un arbre, d'un animal] young age ; [- des traits, d'un style] youthfulness / *elle m'a rendu ma jeunesse* she made me feel young again / *tous furent impressionnés par la jeunesse de l'équipe gouvernementale* they were all impressed by how young the government ministers were ▸ **j'apprécie la jeunesse d'esprit** ou **de caractère** I appreciate a youthful outlook ou frame of mind / *l'important c'est d'avoir la jeunesse du cœur* what matters is to remain young at heart **2.** [enfance - d'une personne] youth ; [- d'une science] early period, infancy ▸ **dans ma** ou **au temps de ma jeunesse** in my youth, when I was young, in my early years / *la génétique est encore dans sa jeunesse* genetics is still in its infancy ▸ **il faut que jeunesse se passe** *prov* youth will have its fling **3.** SOCIOL ▸ **la jeunesse** young people, the young ▸ **la jeunesse américaine** American youth, young Americans / *la jeunesse étudiante* young students, student youth / *la jeunesse ouvrière* young workers, working-class youth ▸ **émissions pour la jeunesse a)** TV programmes UK ou programs US for younger viewers **b)** RADIO programmes UK ou programs US for younger listeners / *alors, la jeunesse, on se dépêche! fam* come on, you youngsters ou young folk, hurry up! ▸ **la jeunesse dorée** gilded youth *sout* ▸ **si jeunesse savait, si vieillesse pouvait** *prov* if only youth could know and old age could **4.** *vieilli* [jeune fille] (young) girl / *ce n'est plus une jeunesse* she's no longer young **5.** [d'un vin] youthfulness, greenness.

❖ **jeunesses** nfpl [groupe] youth ▸ **les jeunesses hitlériennes** the Hitler Youth ▸ **les jeunesses communistes / socialistes** Young Communists / Socialists ▸ **les Jeunesses musicales de France** *association promoting music amongst the young.*

❖ **de jeunesse** loc adj : *ses amours / œuvres / péchés de jeunesse* the loves / works / sins of his youth.

jeunet, ette [ʒœnɛ, ɛt] adj *fam* youngish, rather young.

jeune-turc, jeune-turque [ʒœntyʀk] *(mpl* **jeunes-turcs**, *fpl* **jeunes-turques)** nm, f HIST & POL Young Turk.

jeûneur, euse, jeuneur*, euse [ʒønœʀ, øz] nm, f faster.

jeunisme [ʒœnism] nm discrimination in favour of young people.

jeunot, otte [ʒœno, ɔt] *fam* ◆ adj youngish, rather young / *il est un peu jeunot* he's a bit on the young side. ◆ nm, f youngster, young lad (lass).

Jézabel [ʒezabɛl] npr Jezebel.

JF, jf 1. abr écrite de **jeune fille 2.** abr écrite de **jeune femme.**

JH abr écrite de **jeune homme.**

JI nm abr de **juge d'instruction.**

jingle [dʒingœl] nm jingle.

jiu-jitsu *(pl* **jiu-jitsu), jiujitsu*** [ʒjyʒitsy] nm ju-jitsu, jiu-jitsu.

Jivaro [ʒivaʀo] nmf Jivaro ▸ **les Jivaros** the Jivaro.

JMF npr fpl abr de **Jeunesses musicales de France.**

JO ◆ nm abr de **Journal officiel.** ◆ nmpl abr de **jeux Olympiques.**

* In reformed spelling (see p. 16-19).

joaillerie [ʒɔajʀi] nf **1.** [art] ▸ **la joaillerie** jewelling / *la joaillerie du XVe siècle* the art of the jeweller in the 15th century **2.** [commerce] ▸ **la joaillerie** the jewel trade, jewellery **3.** [magasin] jeweller's shop UK, jeweler's store US **4.** [articles] ▸ **la joaillerie** jewellery.

joaillier, ère, joailler*, ère [ʒɔaje, ɛʀ] ◆ adj jewel *(modif).* ◆ nm, f jeweller UK, jeweler US.

job [dʒɔb] nm *fam* [travail - temporaire] (temporary) job ; [- permanent] job / *elle a un bon job* she has a good job.

Job [ʒɔb] npr Job / *pauvre comme Job* as poor as Job, as poor as a church mouse.

jobard, e [ʒɔbaʀ, aʀd] *fam* ◆ adj [très naïf] gullible, naive. ◆ nm, f sucker, mug UK, patsy US.

jobarderie [ʒɔbaʀdʀi], **jobardise** [ʒɔbaʀdiz] nf *fam* [crédulité] gullibility, naivety.

jobiste [ʒɔbist] nmf BELG *fam* student with a casual job.

JOC, Joc [ʒɔk] (abr de **Jeunesse ouvrière chrétienne**) npr f *Christian youth organization.*

Jocaste [ʒɔkast] npr Jocasta.

jociste [ʒɔsist] ◆ adj related to the JOC. ◆ nmf member of the JOC.

jockey [ʒɔkɛ] nmf jockey.

Joconde [ʒɔkɔ̃d] npr f / **'la Joconde'** *de Vinci* 'Mona Lisa'.

jocrisse [ʒɔkʀis] nm *vieilli* gull UK, dupe.

Jodhpur [ʒɔdpuʀ] npr Jodhpur.

jodhpurs [ʒɔdpyʀ] nmpl jodhpurs.

jodler [3] [jɔdle] vi to yodel.

jogger[1] [dʒɔgœʀ] nm ou nf [chaussure] jogging shoe, trainer.

jogger[2] [3] [dʒɔge] vi to jog.

joggeur, euse [dʒɔgœʀ, øz] nm, f jogger.

jogging [dʒɔgiŋ] nm **1.** [activité] jogging ▸ **faire son jogging matinal** to go for one's morning jog **2.** VÊT track suit *(for jogging).*

Johannesburg [ʒɔanɛsbuʀ] npr Johannesburg.

joice [ʒwas] *tfam* = **jouasse.**

joie [ʒwa] nf **1.** [bonheur] joy, delight ▸ **être fou de joie** to be wild with joy / *elle ne se sentait plus de joie* she was beside herself with joy / *pousser un cri de joie* to shout ou to whoop for joy / *sauter* ou *bondir de joie* to jump ou to leap for joy / *être au comble de la joie* to be overjoyed / *quelle a été votre plus grande joie?* what has been your greatest joy? ▸ **travailler dans la joie et la bonne humeur** to work cheerfully and good-humouredly ▸ **pour la plus grande joie de ses parents, elle a obtenu la bourse** much to the delight of her parents ou to her parent's great delight, she won the scholarship ▸ **joie de vivre** joie de vivre ▸ **déborder de joie de vivre** to be full of the joys of spring ▸ **c'est pas la joie à la maison** *fam* life at home isn't exactly a laugh-a-minute ou a bundle of laughs **2.** [plaisir] pleasure ▸ **avec joie!** with great pleasure! / *il a accepté avec joie* he was delighted to accept / *nous avons la joie d'avoir M. Dupont parmi nous* we have the pleasure of having Mr Dupont with us / *nous avons la joie de vous annoncer la naissance de Charles* we are happy to announce the birth of Charles / *je suis tout à la joie de revoir mes amis sout* I'm overjoyed at the idea of ou I'm greatly looking forward to seeing my friends again / *des films qui ont fait la joie de millions d'enfants* films which have given pleasure to ou delighted millions of children / *la petite Émilie fait la joie de sa mère* little Emily is the apple of her mother's eye ou is her mother's pride and joy ▸ **se faire une joie de** : *il se faisait une telle joie de venir à ton mariage* he was so delighted at the idea of ou so looking forward to coming to your wedding / *je me ferai une joie de lui dire ses quatre vérités hum* I shall be only too pleased to tell him a few home truths / *cette nouvelle l'a mis en joie* he is delighted by the news ▸ **fausse joie** : *tu m'as fait une fausse joie* you got me all excited for nothing / *ne me fais pas de fausse joie* don't build up my hopes.

❖ **joies** nfpl [plaisirs] joys / *les joies de la vie / retraite* the joys of life / retirement.

joignable [ʒwaɲabl] adj : *je suis joignable à ce numéro* I can be reached at this number.

joindre [82] [jwɛ̃dʀ] ◆ vt **1.** [attacher - ficelles, bâtons] to join (together), to put together ; [- câbler] to join, to connect / *joindre deux lattes, joindre une latte à une autre* to put two boards together, to join one board to another ▸ **joindre les deux bouts** to make ends meet **2.** [rapprocher] to put ou to bring together / *joindre les mains* [pour prier] to clasp one's hands, to put one's hands together **3.** [points, lieux] to link **4.** [ajouter] ▸ **joindre qqch à** to add sthg to / *joignez une photocopie à votre dossier* add a photocopy to ou put a photocopy in your file / *je joins à ce pli un chèque de 50 euros* please find enclosed a cheque for 50 euros / *ils ont renvoyé le manuscrit sans joindre la moindre explication* they sent the manuscript back without (adding) the slightest explanation / *voulez-vous joindre une carte aux fleurs?* would you like to send a card with ou to attach a card to the flowers? **5.** [associer] to combine, to link / *joindre la technique à l'efficacité* to combine technical know-how and efficiency / *les servitudes jointes à l'élargissement de notre rayon d'action* the constraints associated ou connected ou that come with an increase in the scope of our activities **6.** [contacter] to contact, to get in touch with ▸ **joindre qqn par téléphone** to get through to sb on the phone, to contact sb by phone ▸ **joindre qqn par lettre** to contact sb in writing / *où pourrai-je vous joindre?* how can I get in touch with you ou contact you? / *tu peux toujours me joindre à la maison* you can always reach ou contact me at home. ◆ vi [porte, planches, battants] : *des volets qui joignent bien / mal* shutters that close / don't close properly / *des lattes de plancher qui joignent bien* tightly fitting floorboards.

❖ **se joindre** vp *(emploi réciproque)* **1.** [se contacter - par téléphone] to get through to each other ; [- par lettre] to make contact **2.** [se nouer] : *leurs mains se sont jointes* their hands came together ou joined.

❖ **se joindre à** vp + prép [s'associer à] to join / *quelques touristes se sont joints à la foule des manifestants* a few tourists joined in with ou mingled with the crowd of demonstrators / *tu veux te joindre à nous?* would you like to come with us? / *se joindre à une conversation / partie de rami* to join in a conversation / game of rummy / *puis-je me joindre à vous pour acheter le cadeau de Pierre?* may I join in to (help) buy Pierre's present? / *Lisa se joint à moi pour vous souhaiter la bonne année* Lisa and I wish you ou Lisa joins me in wishing you a Happy New Year.

joint, e [ʒwɛ̃, ɛ̃t] adj **1.** [rapproché] : *agenouillé, les mains jointes* kneeling with his hands (clasped) together **2.** [attaché] : *planches mal / solidement jointes* loose- / tight-fitting boards.

❖ **joint** nm **1.** CONSTR & MENUIS [garniture d'étanchéité] joint ; [ligne d'assemblage] join ▸ **les joints d'un mur** the jointing ou pointing of a wall ▸ **joint de dilatation / retrait / rupture** expansion / contraction / breaking joint ▸ **joint de chantier** temporary ou makeshift joint ▸ **joint saillant** raised joint **2.** MÉCAN [ligne d'assemblage] joint ▸ **joint de cardan** universal joint ▸ **joint de culasse** AUTO (cylinder) head gasket ▸ **joint (d'étanchéité)** gasket, seal ▸ **joint tournant** revolving joint **3.** RAIL (rail) joint **4.** [de robinet] washer **5.** GÉOL joint **6.** *fam* [moyen] : *il cherche un joint pour payer moins d'impôts* he's trying to find a clever way of paying less tax ▸ **trouver le joint** to come up with a solution **7.** [intermédiaire] : *faire le joint (entre deux personnes)* to act as a go-between (between two people) **8.** *fam* [drogue] joint.

jointif, ive [ʒwɛ̃tif, iv] adj MENUIS butt-jointed.

jointoiement [ʒwɛ̃twamɑ̃] nm [action, résultat] pointing.

jointoyer [13] [ʒwɛ̃twaje] vt CONSTR to point (up) *(sép).*

jointure [ʒwɛ̃tyʀ] nf **1.** ANAT joint ▸ **jointures des doigts** knuckles ; [chez le cheval] pastern joint, fetlock **2.** [assemblage] joint ; [point de jonction] join.

joint venture [dʒɔjntvɛntʃɔʀ] nf joint venture.

jojo [ʒoʒo] *fam* ◆ adj inv [joli] : *c'est pas jojo à regarder* it's not a pretty sight. ◆ nm [enfant] : *ce gamin est un affreux jojo* that child is a little horror.

jojoba [ʒɔʒɔba] nm jojoba.

joker [ʒɔkɛʀ] nm **1.** CARTES joker **2.** INFORM wild card.

joli, e [ʒɔli] ◆ adj **1.** [voix, robe, sourire] pretty, lovely, nice ; [poème] pretty, lovely ; [voyage, mariage] lovely, nice ; [personne] attractive ▸ **très joli** [enfant, vêtement] lovely / *une très jolie femme* a very pretty woman / *ces deux bleus ensemble, ça n'est pas joli* these two blues don't look nice together / *le joli mois de mai* the merry month of May / *ce n'était pas joli à voir, ce n'était pas joli, joli fam* it wasn't a pretty ou pleasant sight / *ce n'est pas joli de mentir* it's not nice to tell lies ▸ **être joli garçon** : *il est joli garçon* he's nice-looking ou attractive ▸ **être joli comme un cœur** ou **joli à croquer** to be (as) pretty as a picture ▸ **faire le joli cœur** to flirt **2.** [considérable] : *une jolie (petite) somme, un joli (petit) pécule* a nice ou tidy ou handsome (little) sum of money / *elle s'est taillé un joli succès* she's been most ou very successful / *de très jolis résultats* very good ou fine results **3.** [usage ironique] : *elle est jolie, la politique!* what a fine ou nice thing politics is, isn't it? / *tu nous as mis dans un joli pétrin fam* you got us into a fine mess ou pickle / *joli monsieur!* what a charming individual! ▸ **tout ça c'est bien joli, mais…** that's all very well ou that's all well and good but… ◆ nm, f lovely / *viens, ma jolie!* come here, honey ou darling ou lovely!

❖ **joli** *fam* ◆ nm *iron* **1.** [action blâmable] ▸ **tu l'as cassé? c'est du joli!** you broke it? that's great! / *c'est du joli d'avoir filé!* that's nice, running away! **2.** EXPR **faire du joli** : *quand il va voir les dégâts, ça va faire du joli!* when he sees the damage, there'll be all hell to pay! ◆ adv ▸ **faire joli** to look nice ou pretty.

joliesse [ʒɔljɛs] nf *litt* prettiness, charm, grace.

joliment [ʒɔlimɑ̃] adv **1.** [élégamment] prettily, nicely ▸ **joliment dit** nicely ou neatly put / *table joliment présentée* nicely decorated table **2.** *fam* [en intensif] pretty, jolly UK / *c'est joliment compliqué* it's pretty ou awfully complicated / *elle est joliment énervée!* she's jolly UK ou darn US annoyed! **3.** *iron* [très mal] : *on s'est fait joliment accueillir!* a fine ou nice welcome we got there!

Jonas [ʒɔnas] npr Jonah, Jonas.

jonc [ʒɔ̃] nm **1.** BOT rush ▸ **jonc à balais** broom ▸ **jonc des chaisiers** bulrush ▸ **jonc marin** gorse **2.** [canne] (Malacca) cane, rattan **3.** JOAILL ▸ **jonc d'or a)** [bague] gold ring **b)** [bracelet] gold bangle ou bracelet.

joncacée [ʒɔ̃kase] nf member of the rush family ▸ **les joncacées** the Juncaceae.

jonchaie [ʒɔ̃ʃɛ] nf (area of) rushes.

jonchée [ʒɔ̃ʃe] nf *litt* : *une jonchée de pétales* a carpet of petals / *une jonchée d'herbe coupée* a swath of cut grass.

joncher [3] [ʒɔ̃ʃe] vt [couvrir] to strew / *les corps jonchaient le sol* the bodies lay strewn on the ground ▸ **jonché de détritus** littered with rubbish / *jonché de pétales* strewn with petals.

jonchère [ʒɔ̃ʃɛʀ], **joncheraie** [ʒɔ̃ʃʀɛ] = **jonchaie.**

jonchet [ʒɔ̃ʃɛ] nm spillikin / *jouer aux jonchets* to play spillikins.

jonction [ʒɔ̃ksjɔ̃] nf **1.** [réunion] joining, junction / *opérer la jonction de deux câbles* to join up two cables / *opérer la jonction de deux armées* to combine two armies / *(point de) jonction* meeting point ou junction ▸ **à la jonction** ou **au point de jonction des deux cortèges** where the two processions meet **2.** DR ▸ **jonction d'instance** joinder (of causes of action) **3.** ÉLECTRON, INFORM, RAIL & TÉLÉC junction.

jongler [3] [ʒɔ̃gle] vi **1.** [avec des balles] to juggle / *jongler avec le ballon* FOOT to juggle with the ball **2.** *fig* ▸ **jongler avec** [manier avec aisance] to juggle with / *elle aime jongler avec les mots* she likes to juggle ou to play with words / *jongler avec la loi* to juggle with the law.

jonglerie [ʒɔ̃glәʀi] nf **1.** [action] juggling ; [art] juggling, jugglery ; [tour de passe-passe] juggling trick **2.** [ruse] juggling, trickery.

* In reformed spelling (see p. 16-19).

jongleur, euse [ʒɔ̃glœʀ, øz] nm, f juggler.
❖ **jongleur** nm HIST (wandering) minstrel, jongleur.

jonque [ʒɔ̃k] nf NAUT junk.

jonquille [ʒɔ̃kij] ◆ nf (wild) daffodil, jonquil. ◆ adj inv bright ou daffodil yellow.

Jordanie [ʒɔʀdani] npr f ▸ **(la) Jordanie** Jordan.

jordanien, enne [ʒɔʀdanjɛ̃, ɛn] adj Jordanian.
❖ **Jordanien, enne** nm, f Jordanian.

Joseph [ʒozɛf] npr ▸ **saint Joseph** Saint Joseph ▸ **Joseph d'Arimathie** Joseph of Arimathia.

Joséphine [ʒozefin] npr ▸ **l'impératrice Joséphine** the Empress Josephine.

Josué [ʒozɥe] npr Joshua.

jota [xɔta] nf [lettre, danse] jota.

jouable [ʒwabl] adj **1.** MUS & THÉÂTRE playable / *sa dernière pièce n'est pas jouable* his last play can't be staged **2.** SPORT [coup] which can be played, feasible / *le coup n'est pas jouable* it's not feasible, it's impossible.

joual [ʒwal] nm QUÉBEC joual.

jouasse [ʒwas] adj *tfam* chuffed UK, tickled pink.

joubarbe [ʒubaʀb] nf houseleek.

joue [ʒu] nf **1.** ANAT cheek ▸ **joue contre joue** cheek to cheek / *ce bébé a de bonnes joues* this baby's got really chubby cheeks ▸ **se caler** ou **se remplir les joues** *tfam* to stuff o.s. **2.** CULIN ▸ **joue de bœuf** ox cheek ▸ **joue de raie** *part of the head of a skate, considered a delicacy* **3.** TECHNOL [d'une poulie] cheek ; [d'un rabot] fence.
❖ **joues** nfpl NAUT bows.
❖ **en joue** loc adv : *coucher un fusil en joue* to take aim with ou to aim a rifle ▸ **coucher** ou **mettre qqn / qqch en joue** to (take) aim at sb / sthg ▸ **tenir qqn / qqch en joue** to hold sb / sthg in one's sights ▸ **en joue!** take aim!

jouée [ʒwe] nf ARCHIT reveal.

jouer [6] [ʒwe] ◆ vi **1.** [s'amuser] to play / *elle joue dehors* she is playing outside ▸ **jouer au ballon / au train électrique / à la poupée** to play with a ball / an electric train / a doll ▸ **jouer à la guerre** to play soldiers / *jouer aux petits soldats* to play (at) soldiers ▸ **jouer à la marchande / au docteur** to play (at) shops / doctors and nurses ▸ **jouer avec qqn** to play with sb / *on ne joue pas avec un fusil!* a gun isn't a toy! / *il jouait avec sa gomme* he was playing ou fiddling with his eraser / *elle jouait avec ses cheveux* she was playing with her hair ▸ **jouer avec les sentiments de qqn** to play ou to trifle with sb's feelings ▸ **tu joues avec ta santé / vie** you're gambling with your health / life / *il a passé sa soirée à faire jouer le chien avec la balle* he spent the evening throwing the ball around for the dog ▸ **je ne joue plus a)** *pr* I'm not playing anymore **b)** *fig* I don't want to have any part of this any more ▸ **comme un chat joue avec une souris** as a cat plays with a mouse **2.** LOISIRS & SPORT to play / *jouer au golf / football / squash* to play golf / football / squash / *jouer aux cartes / au billard* to play cards / billiards ▸ **elle joue bien / mal au badminton** she's a good / poor badminton player, she's good / not very good at badminton / *on joue demain à Marseille* [à un jeu de ballon] we're playing tomorrow in Marseille / *il joue à l'avant / à l'arrière* he plays up front / in defence / *jouer ailier droit* to play on the right wing ▸ **(c'est) à toi de jouer a)** [aux cartes] (it's) your turn **b)** [aux échecs] (it's) your move **c)** *fig* now it's your move / *bien / mal jouer* to be a good / bad player, to play well / badly / *ils ont bien joué en deuxième mi-temps* there was some good play in the second half / *les gars ont joué dur fam* the lads played a tough game ▸ **jouer contre qqn / une équipe** to play (against) sb / a team ▸ **à quel jeu joues-tu?** what do you think you're playing at? ▸ **jouer au plus fin** ou **malin avec qqn** to try to outsmart sb / *ne joue pas au plus fin avec moi!* don't try to be smart ou clever with me! **3.** [parier - au casino] to gamble ; [- en Bourse] to play, to gamble ; [- aux courses] to bet / *j'ai joué dans la deuxième course* I had a bet on the second race / *j'ai joué sur le 12* I played (on) number 12 / *jouer à la roulette* to play roulette ▸ **jouer aux courses** to bet on horses ▸ **jouer au loto sportif** ≃ to do the pools UK ; ≃ to play the pools US ▸ **jouer à la Bourse** to gamble on ou to speculate on ou to play the Stock Exchange ▸ **je ne joue jamais a)** [au casino] I'm not a gambler, I never gamble **b)** [aux courses] I never bet, I'm not a betting man ▸ **il ne joue qu'à coup sûr a)** *pr* he only lays sure ou safe bets **b)** *fig* he always plays safe **4.** CINÉ & THÉÂTRE to act, to perform ▸ **jouer dans un film / une pièce** to be in a film / a play / *elle joue dans une pièce de Brecht* she's got a part in ou she's in a Brecht play / *j'ai déjà joué avec lui* I've already worked with him / *nous jouons à l'Apollo en ce moment* at the moment, we are playing at ou our play is on at the Apollo ▸ **bien / mal jouer a)** [gén] to be a good / bad actor **b)** [dans un film, une pièce] to give a good / bad performance ▸ **elle joue vraiment bien** she's a really good actress / *ce soir-là, ils ont particulièrement bien joué* they gave a particularly good ou fine performance that night **5.** MUS to play, to perform ▸ **bien / mal jouer a)** [gén] to be a good / bad musician **b)** [dans un concert] to give a good / bad performance, to play well / badly / *il a mal joué hier soir* he played badly last night / *les flûtes jouaient en sourdine* the flutes were playing softly ▸ **jouer d'un instrument** to play an instrument / *tu joues d'un instrument?* do ou can you play an instrument? / *jouer de l'accordéon / de l'orgue / du violon* to play the accordion / the organ / the violin ▸ **elle joue très bien du piano / de la clarinette** she's a very good pianist / a very good clarinet player **6.** [intervenir - facteur] to be of consequence ou of importance ; [- clause] to apply / *l'âge joue peu* age is of little consequence / *les événements récents ont joué dans leur décision* recent events have been a factor in ou have affected ou have influenced their decision / *il a fait jouer la clause 3 pour obtenir des indemnités* he had recourse to ou made use of clause 3 to obtain compensation / *faire jouer ses relations personnelles* to make use of one's connections / *il a fait jouer ses relations pour obtenir le poste* he pulled some strings to get the job ▸ **jouer pour** ou **en faveur de qqn** to work in sb's favour / *sa réputation a joué en faveur de sa promotion* her reputation had a role to play in her being promoted ▸ **jouer contre** ou **en défaveur de qqn** to work against sb / *le temps joue en notre faveur / défaveur* time is on our side / is against us / *sa jeunesse a joué en sa défaveur* the fact that he's young worked against him ou put him at a disadvantage **7.** [se déformer - bois] to warp ; [avoir du jeu] to work loose / *le bois a joué sous l'effet de l'humidité* the wood has warped with the damp / *les chevilles ont joué* the dowels have worked loose **8.** [fonctionner] : *le mécanisme de sécurité n'a pas joué* the safety mechanism didn't work ou operate ▸ **faire jouer une clé (dans une serrure) a)** [pour ouvrir la porte] to turn a key (in a lock) **b)** [pour l'essayer] to try a key (in a lock) / *fais jouer le pêne* get the bolt to slide ▸ **faire jouer un ressort** to trigger a spring **9.** [faire des effets] : *le soleil jouait sur le lac* the sunlight was playing ou dancing on the lake / *une brise légère jouait dans* ou *avec ses cheveux* a gentle breeze was playing with her hair. ◆ vt **1.** LOISIRS & SPORT [match, carte] to play ; [pièce d'échecs] to move, to play / *jouer la finale / revanche / belle* to play the final / return match / decider / *ils jouent la balle de match* it's match point / *ils ont joué le ballon à la main* they passed the ball / *jouons encore une autre partie* let's play another game / *j'ai joué cœur* I played hearts ▸ **jouer la tour / le fou** to move one's castle / one's bishop ▸ **c'était un coup facile / difficile à jouer a)** [au ballon] it was an easy / a difficult shot to play **b)** JEUX it was an obvious / a difficult move ; *fig* : *il joue un drôle de jeu* he's playing a strange ou funny (little) game / *laisse-la jouer son petit jeu, nous ne sommes pas dupes* let her play her little game, she won't fool us ▸ **bien joué! a)** CARTES & SPORT well played! **b)** JEUX good move! **c)** *fig* well done! ▸ **jouer le jeu** to play the game ▸ **rien n'est encore joué** nothing has been decided yet **2.** [au casino - somme] to stake, to wager ; [- numéro] to play (on) *(insép)* ; [au turf - somme] to bet, to stake ; [- cheval] to bet on *(insép)*, to back / *je ne joue jamais d'argent* I never play for money / *il joue d'énormes sommes* he gambles vast sums, he plays for high stakes ou big money / *j'ai joué quinze euros sur le 12* I bet ou put a fifteen euros on number 12 / *jouer 50 euros sur un cheval* to bet 50 euros on a horse ▸ **jouons les consommations!** the loser pays for the drinks! ▸ **jouer gros jeu** *pr & fig* to play for high stakes ou big money **3.** [risquer - avenir, réputation] to stake / *il joue sa vie dans cette aventure* he's putting his life in the balance / *je joue ma peau fam* I'm risking my neck **4.** [interpréter - personnage] to play (the part of), to act ; [- concerto] to play, to perform ▸ **il a très bien joué Cyrano / la fugue** he gave an excellent performance as Cyrano / of the fugue / *l'intrigue est passionnante mais c'est mal joué* the plot is gripping but the acting is poor ▸ **jouer Brecht a)** [acteur] to play Brecht, to be in a Brecht play **b)** [troupe] to play Brecht, to put on (a) Brecht (play) / *jouer du Chopin* to play (some) Chopin / *jouer un morceau à la flûte* to play a piece on a flute / *il joue toujours les jeunes premiers* he always plays the lead ou gets the leading role / *elle ne sait pas jouer la tragédie* she's not a good tragic actress ; *fig* ▸ **jouer les martyrs** to play ou to act the martyr / *ne joue pas les innocents!* don't play the innocent ou don't act innocent (with me)! ▸ **jouer la prudence** to play it safe ▸ **jouer l'étonnement / le remords** to pretend to be surprised / sorry ▸ **jouer sa partie a)** MUS to play one's part **b)** *fig* to play one's part, to do one's bit ▸ **jouer un rôle** *pr & fig* to play a part / *la lecture joue un grand rôle dans l'acquisition de l'orthographe* reading plays a large part in learning to spell **5.** [montrer - film, pièce] to put on *(sép)*, to show / *qu'est-ce qu'on joue en ce moment?* what's on at the moment? / *on ne joue rien d'intéressant* there's nothing interesting on / *la Comédie-Française joue surtout les classiques* the Comédie-Française mainly performs classical works / *la pièce a toujours été jouée en anglais* the play has always been performed in English / *on joue beaucoup Bernanos en ce moment* Bernanos is being performed a lot at the moment / *ça fait longtemps que sa pièce est jouée* her play has had a long run ou has been on for a long time **6.** *sout* [berner] to dupe, to deceive / *une fois de plus, nous avons été joués!* we've been deceived ou fooled again! / *nul n'a jamais pu le jouer* no one could ever get the better of him.
❖ **jouer de** v + prép **1.** [se servir de] to make use of, to use ▸ **jouer du couteau / marteau** to wield a knife / hammer / *elle joue de son infirmité* she plays on ou uses her handicap ▸ **jouer des jambes** ou **flûtes a)** *tfam* [s'enfuir] to take to one's heels, to scarper UK, to hightail (it) US **b)** [courir] to run like the clappers UK ou like the dickens US ▸ **jouer des poings** to use one's fists **2.** [être victime de] ▸ **jouer de malchance** ou **malheur** to be dogged by misfortune ou bad luck ▸ **décidément nous jouons de malheur** ou **malchance!** it's just one thing after another at the moment!
❖ **jouer sur** v + prép [crédulité, sentiment] to play on *(insép)* / *ils jouent sur la naïveté des gens* they play on ou exploit people's gullibility / *il nous faut jouer à plein sur le mécontentement populaire* we must capitalize on people's discontent ▸ **jouer sur les mots** to play on words / *arrête de jouer sur les mots!* stop quibbling!
❖ **se jouer** ◆ vp *(emploi passif)* **1.** [film] to be on, to be shown ; [pièce] to be on, to be performed ; [morceau de musique] to be played ou performed / *sa nouvelle trilogie se jouera à Paris en octobre prochain* her new trilogy is on in Paris next October / *ce passage se joue legato* this passage should be played legato / *bien des drames se sont joués derrière ces murs sout* these walls have witnessed many a scene **2.** SPORT to be played / *le football se joue avec deux équipes de onze joueurs* football is played with two teams of eleven players **3.** [être en jeu] to be at stake / *des sommes considérables se jouent chaque soir* huge amounts of money are played for every night. ◆ vpi **1.** [dépendre] : *mon sort va se jouer sur cette décision* my fate hangs on this decision / *l'avenir du pays se joue dans cette négociation* the fate of the country hinges ou depends on the outcome of these negotiations **2.** *sout* [produire un effet] to play / *la surface lisse du lac où se joue un rayon de lune* the still surface of the lake on which a shaft of moonlight is dancing ou playing **3.** EXPR **(comme) en se jouant** *sout* with the greatest of ease.
❖ **se jouer de** vp + prép **1.** [ignorer] to ignore ▸ **se jouer des lois / du règlement / des ordres** to pay no heed to the law / rules / orders ▸ **se jouer des obstacles** /

problèmes to make light of the difficulties / problems **2.** *litt* [duper] to deceive, to dupe, to fool.

jouet [ʒwɛ] nm **1.** [d'enfant] toy **2.** [victime] plaything **/** *il croyait être le jouet des dieux* he felt he was sport ou a plaything for the gods **/** *j'ai été le jouet de leur machination* I was a pawn in their game **/** *tu as été le jouet d'une illusion* you've been the victim of an illusion **3.** ÉQUIT curb chain.

joueur, euse [ʒwœʀ, øz] ◆ adj **1.** [chaton, chiot] playful **2.** [parieur] ▸ **être joueur** to be fond of gambling. ◆ nm, f **1.** MUS & SPORT player **/** *joueur de basket / flûte* basketball / flute player **/** *joueurs de cartes / d'échecs* card / chess players ▸ **joueur de tambour** drummer ▸ **joueur de trompette** trumpeter **/** **'les Joueurs de cartes'** *Cézanne* 'The Card Players' **2.** [pour de l'argent] gambler ▸ **être beau / mauvais joueur** to be a good / bad loser ou sport **/** *joueur à la baisse / hausse* BOURSE bear / bull (speculator).

joufflu, e [ʒufly] adj [bébé] chubby-cheeked **/** *un visage joufflu* a chubby ou moon *péj* face.

joug [ʒu] nm **1.** AGR yoke **2.** *litt* [assujettissement] yoke **/** *secouer le joug* to throw off one's yoke **3.** [d'une balance] beam.

jouir [32] [ʒwiʀ] vi **1.** *tfam* [gén] : *ça me fait jouir* I get a kick out of it **2.** *tfam* [sexuellement] to come.

❖ **jouir de** v + prép **1.** [profiter de - vie, jeunesse] to enjoy, to get pleasure out of **2.** [se réjouir de - victoire] to enjoy, to delight in *(insép)* **3.** [avoir - panorama] to command ; [- ensoleillement, droit] to enjoy, to have ; [- privilège, réputation] to enjoy, to command **/** *il ne jouit pas de toutes ses facultés* he isn't in full possession of his faculties.

jouissance [ʒwisɑ̃s] nf **1.** [plaisir] enjoyment, pleasure **/** *les jouissances de la vie* life's pleasures ; [orgasme] climax, orgasm **2.** DR [usage] use ▸ **avoir la jouissance de qqch** to have the use of sthg ▸ **entrer en jouissance de qqch** to enter ou to come into possession of sthg **/** **'à vendre avec jouissance immédiate'** 'for sale with immediate possession' **/** *avoir la (pleine) jouissance de ses droits* to enjoy one's (full) rights ▸ **jouissance légale** legal enjoyment ▸ **entrée en jouissance** coming into ou assumption of possession.

jouisseur, euse [ʒwisœʀ, øz] nm, f pleasure-seeker.

jouissif, ive [ʒwisif, iv] adj *fam* : *ce film, c'était jouissif* that film UK ou movie US was a treat! **/** *je suis allée chez le dentiste, c'était jouissif!* *iron* I went to the dentist's, it was a barrel of laughs!

joujou, x [ʒuʒu] nm [jouet] toy, plaything ▸ **faire joujou avec** *fam* to play with **/** *va faire joujou* *fam* go and play.

joujouthèque [ʒuʒutɛk] nf QUÉBEC games library.

joule [ʒul] nm joule ▸ **effet Joule** Joule effect.

jour [ʒuʀ]

◆ nm

- **A. DIVISION TEMPORELLE**
- **B. CLARTÉ**
- **C. OUVERTURE**

A. DIVISION TEMPORELLE **1.** [division du calendrier] day **/** *les jours raccourcissent / rallongent* the days are getting shorter / longer **/** *les jours de la semaine* the days of the week **/** *un mois de trente jours* a thirty-day month **/** *un jour de deuil / joie* a day of mourning / joy **/** *un jour de repos* a day of rest **/** *il me reste des jours à prendre avant la fin de l'année* I still have some (days') leave (to take) before the end of the year **/** *à dix jours de là* ten days later **/** *dans deux / quelques jours* in two / a few days' time **/** *il est resté des jours entiers sans sortir* he didn't go out for days on end **/** *il y a deux / dix jours* two / ten days ago **/** *tout le jour* all day long **/** *tous les jours* every day ▸ **jour sidéral / solaire** sidereal / solar day ▸ **jour astronomique** astronomical day ▸ **jour de semaine** weekday ▸ **un jour de travail** a working day UK, a workday ▸ **au jour le jour a)** [sans s'occuper du lendemain] from day to day **b)** [précairement] from hand to mouth ▸ **de jour en jour a)** [grandir] daily, day by day **b)** [varier] from day to day, from one day to the next **/** *je note des progrès de jour en jour* I can see there is daily progress ▸ **d'un jour à l'autre a)** [incessamment] any day (now) **b)** [de façon imprévisible] from one day to the next ▸ **jour après jour a)** [constamment] day after day **b)** [graduellement] day by day ▸ **jour par jour** day by day **/** *sa lettre fait jour par jour le récit de leur voyage* her letter gives a day-by-day account of their trip ▸ **jour pour jour** to the day **/** *cela fait deux ans jour pour jour* it's two years to the day **2.** [exprime la durée] ▸ **un bébé d'un jour** a day-old baby ▸ **un jour de** : *c'est à un jour de marche / voiture* it's one day's walk / drive away **/** *nous avons eu trois jours de pluie* we had rain for three days ou three days of rain **/** *j'en ai pour deux jours de travail* it's going to take me two days' work **/** *ça va prendre un jour de lessivage et trois jours de peinture* it'll take one day to wash down and three days to paint ▸ **il nous reste deux jours de vivres / d'eau / de munitions** we've got two days' (worth of) food / water / ammunition left **/** *emporte trois jours de ravitaillement* take enough provisions for three days ▸ **jours de planche** ou **de starie** NAUT lay days **3.** [date précise] day **/** *depuis ce jour* since that day, from that day on ou onwards ▸ **l'autre jour** the other day ▸ **le jour où** the day ou time that **/** *le jour où on a besoin de lui, il est malade!* the (one) day ou time you need him, he's ill! **/** *le jour précédent* ou *d'avant* the previous day, the day before **/** *le jour suivant* ou *d'après* the following day, the next day, the day after **/** *dès le premier jour* from the very first day ▸ **comme au premier jour** as it was in the beginning **/** *ils sont amoureux comme au premier jour* they're as much in love as when they first met **/** *le jour est loin où j'étais heureux* it's a long time since I've been happy **/** *le jour n'est pas loin où tu pourras y aller tout seul* it won't be long before you can go alone ▸ **le jour viendra où** the day will come when ▸ **un jour** one day ▸ **un jour que** one day when **/** *le jour de la rentrée* ÉDUC the first day (back) at school **/** *le jour de la sortie* ÉDUC the last day of school **/** *le vendredi, c'est le jour de Nora / du poisson* Friday is Nora's day / is the day we have fish ▸ **jour de valeur** value date ou day ▸ **le jour de l'An** New Year's Day ▸ **le jour des Cendres** Ash Wednesday ▸ **le jour du Jugement dernier** doomsday, Judgment Day ▸ **le jour des morts** All Souls' Day ▸ **le jour de la Pentecôte** Whit Sunday ▸ **le jour des Rameaux** Palm Sunday ▸ **le jour des Rois** Twelfth Night ▸ **le jour du Seigneur** the Lord's Day, the Sabbath ▸ **mon / son (grand) jour** my / her (big) day ▸ **le grand jour pour elle / lui** her / his big day ▸ **des grands jours** : *son manteau / son discours des grands jours* the coat she wears / the speech she makes on important occasions ▸ **de tous les jours** everyday *(avant nom)* **/** *mes chaussures de tous les jours* my everyday ou ordinary shoes, the shoes I wear everyday ▸ **attendre son jour** : *elle attend son jour* she's biding her time ou marking time ▸ **ce n'est pas mon jour!** it's not my day! ▸ **ce n'est (vraiment) pas le jour!, tu choisis bien ton jour!** *iron* you really picked your day! ▸ **être dans un bon jour** : *elle est dans un bon jour* she's having one of her good days ▸ **être dans un mauvais jour** : *il est dans un mauvais jour* he's having one of his off days ▸ **un beau jour** one (fine) day **/** *et un beau jour, elle disparut* then, one fine day, she vanished ▸ **un de ces jours, un jour ou l'autre** one of these days ▸ **à un de ces jours!** see you soon! ▸ **à ce jour** to this day, to date ▸ **au jour d'aujourd'hui** *fam* in this day and age.

B. CLARTÉ **1.** [lumière] daylight **/** *un faible jour éclairait la cuisine / la scène* the kitchen / the stage was lit by weak daylight ▸ **le jour baisse** it's getting dark ▸ **il fait (encore) jour** it's still light ▸ **il faisait grand jour** it was broad daylight ▸ **le jour se lève** the sun is rising ▸ **avant le jour** before dawn ou daybreak ▸ **au petit jour** at dawn ou daybreak ▸ **jour et nuit** day and night ▸ **nuit et jour** night and day **/** *je dors le jour* I sleep during the day ou in the daytime **/** *examine-le au* ou *en plein jour* look at it in the daylight ▸ **jour artificiel** artificial daylight **2.** [aspect] : *sous un certain jour* in a certain light **/** *présenter qqch / qqn sous un jour favorable* to show sthg / sb in a favourable light **/** *se présenter sous un jour positif* to come across well **/** *le marché apparaît sous un jour défavorable* the market does not look promising ▸ **apparaître sous un meilleur jour** to appear in a better light ▸ **voir qqn sous son vrai** ou **véritable jour** to see what sb's really like ▸ **se montrer sous son vrai jour!** : *enfin, il s'est montré sous son vrai jour!* he's shown his true colours at last! ▸ **voir qqch sous son vrai** ou **véritable jour** to see sthg in its true light ▸ **sous un faux jour** in a false light **/** *pendant longtemps, nous l'avons vue sous un faux jour* for a long time we didn't see her for what she really was **3.** ▸ **donner le jour à a)** [enfant] to give birth to, to bring into the world **b)** [projet] to give birth to **c)** [mode, tendance] to start ▸ **jeter un jour nouveau sur** to throw ou to cast new light on ▸ **mettre au jour** to bring to light ▸ **voir le jour a)** [bébé] to be born **b)** [journal] to come out **c)** [théorie, invention] to appear **d)** [projet] to see the light of day **/** *ces peintures n'ont jamais vu le jour* these paintings have never seen the light of day.

C. OUVERTURE **1.** [interstice - entre des planches] gap, chink ; [- dans un feuillage] gap **/** *il fallut percer un jour dans le mur de devant* an opening had to be made in the front wall **2.** ARCHIT opening ; ART light ▸ **balcon / cloison à jour** openwork balcony / partition **3.** [fenêtre] ▸ **jour de souffrance** window *(looking on to an adjacent property and subject to legal specifications)* ▸ **faux jour** interior window **4.** COUT opening *(made by drawing threads)* ▸ **des jours** openwork, drawn work ▸ **jours de Venise** Venetian stitch **5.** MIN surface installations **/** *ouvrier de jour* surface worker **6.** EXPR ▸ **se faire jour** to emerge, to become clear **/** *pour que la vérité se fasse jour* for the truth to emerge ou to come out **/** *sa personnalité a mis longtemps à se faire jour* it took a long time for his personality to come out ou to reveal itself **/** *l'idée s'est fait jour dans son esprit* the idea dawned on her.

❖ **jours** nmpl **1.** [vie] days, life **/** *il a fini ses jours dans l'opulence* he ended his days ou life a wealthy man **/** *mettre fin à ses jours* to put an end to one's life ▸ **ses jours sont comptés** his days are numbered **/** *ses jours ne sont plus en danger* we no longer fear for her life **2.** [époque] : *de la Rome antique à nos jours* from Ancient Rome to the present day ▸ **passer des jours heureux** to have a good time ▸ **les mauvais jours a)** [les moments difficiles] unhappy days, hard times **b)** [les jours où rien ne va] bad days ▸ **avoir sa tête des mauvais jours** : *il a sa tête des mauvais jours* it looks like he's in a bad mood ▸ **avoir connu des jours meilleurs** : *ce manteau a connu des jours meilleurs* this coat has seen better days ▸ **ses vieux jours** his old age **/** *pense à tes vieux jours* think of your old age ▸ **de nos jours** these days, nowadays **/** *de nos jours on n'en fait plus* they don't make them anymore nowadays ou these days ▸ **les beaux jours a)** [printemps] springtime **b)** [été] summertime **/** *ah, c'étaient les beaux jours!* [jeunesse] ah, those were the days!

❖ **à jour** ◆ loc adj [cahier, travail] kept up to date ; [rapport] up-to-date, up-to-the-minute **/** *être à jour de ses cotisations* to have paid one's subscription. ◆ loc adv up to date ▸ **tenir / mettre qqch à jour** to keep / to bring sthg up to date **/** *mettre son journal intime à jour* to update one's diary, to bring one's diary up to date **/** *mettre sa correspondance à jour* to catch up on one's letter writing **/** *ce qui presse le plus, c'est la mise à jour des registres* updating the ledgers is the most urgent task.

❖ **au grand jour** loc adv ▸ **faire qqch au grand jour** *fig* to do sthg openly ou in broad daylight **/** *l'affaire fut étalée au grand jour* the affair was brought out into the open.

❖ **de jour** ◆ loc adj [hôpital, unité] day, daytime *(modif)*. ◆ loc adv [travailler] during the day ; [conduire] in the daytime, during the day ▸ **être de jour** to be on day duty ou on days **/** *de jour comme de nuit* day and night.

❖ **du jour** loc adj [mode, tendance, préoccupation] current, contemporary ; [homme] of the moment ▸ **le journal du jour** the day's paper ▸ **un œuf du jour** a new-laid ou newly-laid ou freshly-laid egg **/** *le poisson est-il du jour?* is the fish fresh (today)?

❖ **du jour au lendemain** loc adv overnight **/** *il a changé d'avis du jour au lendemain* he changed his mind overnight.

❖ **d'un jour** loc adj short-lived, ephemeral *sout*, transient *sout*.

❖ **par jour** loc adv a day, per day / *travailler cinq heures par jour* to work five hours a day / *trois fois par jour* three times a day.

Jourdain [ʒuʀdɛ̃] ◆ npr m ▸ **le Jourdain** the (River) Jordan. ◆ npr ▸ **Monsieur Jourdain** *main character in Molière's "le Bourgeois gentilhomme" (1670), who takes lessons in his attempt to become a gentleman; best remembered for his amazed discovery that he has been speaking prose all his life.*

journal, aux [ʒuʀnal, o] nm **1.** [publication] paper, newspaper / *journal du matin / soir / dimanche* morning / evening / Sunday paper ou newspaper ▸ **c'est dans ou sur le journal** it's in the paper ▸ **journal à scandale ou à sensation** scandal sheet ▸ **journal d'annonces** advertising newspaper ▸ **journal électronique** electronic newspaper ▸ **journal d'entreprise** staff magazine, house journal ▸ **journal grand format** broadsheet ▸ **journal gratuit** free paper UK ▸ **journal interne** in-house newspaper ▸ **journal de mode** fashion magazine ▸ **le Journal du dimanche** PRESSE *tabloid Sunday newspaper* ▸ **le Journal officiel (de la République française)** *official publication listing all new laws and decrees, transcribing parliamentary debates and publishing public notices* ; ≃ Hansard UK ; ≃ Federal Register US **2.** [bureau] office, paper **3.** RADIO & TV [informations] ▸ **journal parlé / télévisé** radio / television news / *ce journal est présenté par...* the news is read UK ou presented by... / *ils l'ont dit au journal fam* they said so on the news **4.** [carnet] diary, journal ▸ **journal (intime)** private diary ▸ **tenir un journal** to keep a diary ▸ **journal de bord** NAUT log, logbook ▸ **journal de classe** BELG homework book ▸ **journal de voyage** travel diary **5.** COMM account book **6.** AGR ≃ acre.

Le Journal officiel

This bulletin diffuses information about new laws, includes parliamentary debates, and informs the public of any important government business. New companies are obliged by law to publish an announcement in the **Journal officiel**.

journalier, ère [ʒuʀnalje, ɛʀ] adj daily.
❖ **journalier** nm AGR day labourer.

journalisme [ʒuʀnalism] nm journalism ▸ **faire du journalisme** to be a journalist ▸ **journalisme d'investigation** investigative journalism / *il a 30 ans de journalisme politique derrière lui* he's been a political journalist for 30 years.

journaliste [ʒuʀnalist] nmf journalist / *assaillie par les journalistes* mobbed by reporters / *les journalistes de la rédaction* the editorial staff.

journalistique [ʒuʀnalistik] adj journalistic.

journée [ʒuʀne] nf **1.** [durée] day / *par une belle journée d'été* on a beautiful summer ou summer's day / *à quoi occupes-tu tes journées?* how do you spend your days?, what do you do during the day? / *je n'ai rien fait de la journée* I haven't done a thing all day / *en début de journée* early in the morning ou day / *en fin de journée* at the end of the day, in the early evening ▸ **bonne journée!** have a good ou US nice day! ▸ **à une journée / deux journées d'ici** one day's / two days' journey away **2.** ÉCON & INDUST ▸ **une journée de travail** a day's work / *la journée de 8 heures* the 8-hour day / *faire des journées de 12 heures* to work a 12-hour day ou 12 hours a day ▸ **faire de longues journées** to work long hours ▸ **je commence / finis ma journée à midi** I start / stop work at noon ▸ **embauché / payé à la journée** employed / paid on a daily basis / *une augmentation de la journée de salaire* an increase in daily wage ▸ **journée de travail** working day ▸ **faire des journées (chez)** [femme de ménage] to work as a daily UK ou a maid US (for) ▸ **journée d'action** day of (industrial) action ▸ **faire la journée continue a)** [entreprise] to work a continuous shift **b)** [magasin] to stay open over the lunch hour **3.** [activité organisée] day ▸ **la journée des enfants / du cinéma** children's / film day ▸ **les journées du cancer a)** [séminaire] the cancer (research) conference **b)** [campagne] cancer research (campaign) week UK / *les journées (parlementaires) du parti* POL ≃ the (Parliamentary) Party conference UK ; ≃ the party convention US ▸ **journée d'études** study day ▸ **journée portes ouvertes** open day.

journellement [ʒuʀnɛlmɑ̃] adv **1.** [chaque jour] daily, every day **2.** [fréquemment] every day.

joute [ʒut] nf **1.** HIST joust, tilt ▸ **joute aquatique ou sur l'eau** SPORT water jousting **2.** *litt* [rivalité] joust ; [dialogue] sparring match ▸ **joute littéraire / oratoire** literary / verbal contest ▸ **joute d'esprit** battle of wits.

jouter [ʒute] vi to joust.

jouteur, euse [ʒutœʀ, øz] nm, f **1.** SPORT water jouster **2.** *fig & sout* adversary, opponent.

jouvence [ʒuvɑ̃s] nf **1.** ⟶ **bain 2.** ⟶ **eau 3.** ⟶ **fontaine.**

jouvenceau, x [ʒuvɑ̃so] nm *hum* youngster, youth, stripling *hum* / *ce n'est qu'un jouvenceau* he's but a mere stripling / *je ne suis plus un jouvenceau* I'm no spring chicken.

jouvencelle [ʒuvɑ̃sɛl] nf *hum* damsel, maiden / *ce n'est qu'une jouvencelle* she's a mere slip of a lass.

jouxter [3] [ʒukste] vt to be adjacent to, to adjoin.

jovial, e, als *ou* **aux** [ʒɔvjal, o] adj [visage] jovial, jolly ; [rire] jovial, hearty ; [caractère] jovial, cheerful.

jovialement [ʒɔvjalmɑ̃] adv jovially.

jovialité [ʒɔvjalite] nf joviality, cheerfulness / *sa jovialité le rendait très populaire* his cheerful manner made him very popular.

joyau, x [ʒwajo] nm **1.** [bijou] gem, jewel / *les joyaux de la Couronne* the crown jewels **2.** *fig* [monument] gem ; [œuvre d'art] jewel / *le joyau de la marine française* the jewel ou showpiece of the French Navy / *le joyau de la poésie romantique* the jewel of Romantic poetry / *le manoir de Luré, véritable petit joyau de la Renaissance* the Manor at Luré, a real little Renaissance gem.

joyeusement [ʒwajøzmɑ̃] adv joyfully, gladly / *elle accepta joyeusement* she gladly accepted.

joyeuseté [ʒwajøzte] nf *fam* [plaisanterie] pleasantry.

joyeux, euse [ʒwajø, øz] adj joyful, joyous, merry / *une joyeuse nouvelle* glad tidings / *et elle vient avec lui? c'est joyeux! iron* so she's coming with him? that'll be nice for you! ▸ **joyeux drille** : *c'est un joyeux drille* he's a jolly fellow / **'les Joyeuses Commères de Windsor'** *Shakespeare* 'The Merry Wives of Windsor'.
❖ **joyeuses** nfpl *vulg* balls, nuts, bollocks UK.

joystick [dʒɔjstik] nm joystick.

JPEG [ʒipɛg] (abr de **Joint Photographic Experts Group**) nm JPEG / *fichier JPEG* JPEG file.

JT nm abr de **journal télévisé.**

jubé [ʒybe] nm jube, rood screen.

jubilaire [ʒybilɛʀ] ◆ adj jubilee *(modif)* ▸ **année jubilaire** jubilee year. ◆ nmf SUISSE partygoer *(at a "jubilé").*

jubilant, e [ʒybilɑ̃, ɑ̃t] adj *fam* jubilant, exultant.

jubilation [ʒybilasjɔ̃] nf jubilation, exultation ▸ **avec jubilation** jubilantly.

jubilatoire [ʒybilatwaʀ] adj exhilarating / *film jubilatoire* feelgood film.

jubilé [ʒybile] nm **1.** [célébration de 50 ans d'existence] jubilee **2.** SUISSE *celebration marking the anniversary of a club, the arrival of a member of staff in a company, etc.*

jubiler [3] [ʒybile] vi to be jubilant, to rejoice, to exult.

jucher [3] [ʒyʃe] ◆ vt to perch / *juchée sur les épaules de son père* perched on her father's shoulders / *une casquette juchée sur le crâne* a cap perched on his head ▸ **jucher qqn / qqch en haut d'un mur** to perch sb / sthg on top of a wall. ◆ vi **1.** [faisan, poule] to perch **2.** *fam* [personne] to live / *il juche au cinquième* he lives (up) on the fifth floor.
❖ **se jucher sur** vp + prép to perch (up) on.

Juda [ʒyda] npr Judah.

judaïcité [ʒydaisite] nf Jewishness.

judaïque [ʒydaik] adj Judaic, Judaical.

judaïser [3] [ʒydaize] vt to Judaize.

judaïsme [ʒydaism] nm Judaism.

judas [ʒyda] nm **1.** [ouverture] judas (hole) ▸ **judas optique** peephole **2.** [traître] Judas.

Judas [ʒyda] npr ▸ **Judas (Iscariote)** Judas (Iscariot).

Judée [ʒyde] npr f ▸ **(la) Judée** Judaea, Judea.

judéité [ʒydeite] nf Jewishness.

judéo-allemand, e [ʒydeɔalmɑ̃, ɑ̃d] *(mpl* **judéo-allemands**, *fpl* **judéo-allemandes)** adj Judaeo-German.
❖ **judéo-allemand** nm LING Judaeo-German.

judéo-chrétien, enne [ʒydeɔkʀetjɛ̃, ɛn] *(mpl* **judéo-chrétiens**, *fpl* **judéo-chrétiennes)** adj Judaeo-Christian.
❖ **Judéo-Chrétien, enne** nm, f Judaeo-Christian.

judéo-christianisme [ʒydeɔkʀistjanism] *(pl* **judéo-christianismes)** nm Judaeo-Christianity.

judéo-espagnol, e [ʒydeɔɛspaɲɔl] *(mpl* **judéo-espagnols**, *fpl* **judéo-espagnoles)** adj Judaeo-Spanish.
❖ **judéo-espagnol** nm LING Judaeo-Spanish.

judiciaire [ʒydisjɛʀ] adj judicial, judiciary.

judiciairement [ʒydisjɛʀmɑ̃] adv judicially.

judiciarisation [ʒydisjaʀizasjɔ̃] nf judicialization.

judiciariser [3] [ʒydisjaʀize] vt to settle in court, to resort to legal action over ; *péj* to drag through the courts.

judicieusement [ʒydisjøzmɑ̃] adv [décider] judiciously, shrewdly ; [agencer, organiser] cleverly.

judicieux, euse [ʒydisjø, øz] adj [personne, esprit] judicious, shrewd ; [manœuvre, proposition, décision] shrewd ; [choix] judicious ; [plan] well thought-out ▸ **peu judicieux** ill-advised.

judo [ʒydo] nm judo ▸ **au judo** in judo.

judogi [ʒydɔgi] nm judogi.

judoka [ʒydɔka] nmf judoka.

jugal, e, aux [ʒygal, o] adj jugal, zygomatic.

juge [ʒyʒ] nmf **1.** DR judge ▸ **la juge X** Judge X ▸ **Madame / Monsieur le Juge X** ≃ Mrs / Mr Justice X UK ; ≃ Judge X US / *jamais, monsieur le juge!* never, Your Honour! ▸ **les juges** ≃ the Bench / *être nommé juge* to be appointed judge ; ≃ to be raised to the Bench UK ; ≃ to be appointed to the Bench US ▸ **aller / se retrouver devant le juge** to appear / to end up in court ▸ **juge aux affaires matrimoniales** divorce court judge ▸ **juge de l'application des peines** *judge who follows up the way an individual sentence is carried out during probation and post-release periods* ▸ **juge consulaire** *judge at a "tribunal de commerce"* ▸ **juge d'enfants** children's judge, juvenile magistrate UK ▸ **juge d'instance, juge de paix** *vieilli* Justice of the Peace ▸ **juge d'instruction** ≃ examining magistrate ou justice UK ; ≃ committing magistrate US ▸ **on ne peut être à la fois juge et partie** you can't both judge and be judged **2.** [personne compétente] ▸ **j'en suis seul juge** I am sole judge (of the matter) / *je te laisse juge de la situation* I'll let you be the judge of the situation / *être bon / mauvais juge en matière de* to be a good / bad judge of **3.** SPORT judge ▸ **juge de filet / fond** net cord / foot fault judge ▸ **juge d'arrivée** finishing judge ▸ **juge de chaise** umpire ▸ **juge de ligne** linesman, lineswoman ▸ **juge de touche a)** FOOT linesman, lineswoman **b)** RUGBY linesman, lineswoman, touch judge **4.** BIBLE ▸ **le livre des Juges, les Juges** the (Book of) Judges.

jugé [ʒyʒe] ❖ **au jugé** loc adv at a guess / *au jugé, je dirais que...* at a guess, I would say that... ▸ **tirer au jugé** to fire blind.

jugeable [ʒyʒabl] adj DR judicable.

juge-arbitre [ʒyʒaʀbitʀ] *(pl* **juges-arbitres)** nm referee.

jugement [ʒyʒmɑ̃] nm **1.** DR [verdict] sentence, ruling, decision ▸ **jugement demain** the sentence will be passed tomorrow, a decision is expected tomorrow ▸ **porter un jugement prématuré sur qqch** to judge sthg too hastily ▸ **prononcer ou rendre un jugement** to pass sentence, to give a ruling ▸ **faire passer qqn en jugement** to bring sb to (stand) trial ▸ **passer en jugement** to stand trial ▸ **jugement déclaratoire** declaratory judgment ▸ **jugement par défaut** judgment in absentia ou default ▸ **jugement définitif** final judgment **2.** RELIG ▸ **le Jugement dernier** the Last Judgment, Day of Judgment ▸ **le jugement de Dieu** HIST the Ordeal **3.** [discernement] judgment, flair / *erreur de jugement* error of judgment / *faire preuve de jugement* to show sound ou good judgment / *elle a du / n'a aucun jugement (en matière de...)* she's a good / no judge (of...) **4.** [évaluation] judgment ▸ **jugement préconçu** prejudgment, preconception / *un jugement téméraire* a rash judgment ▸ **formuler un jugement sur qqch / qqn** to express an opinion about sthg / sb ▸ **porter un jugement sur qqch / qqn** to pass judgment on sthg / sb / *c'est un jugement sans appel* it's a harsh verdict ▸ **le jugement de l'histoire / la postérité** the verdict of history / posterity ▸ **jugement de valeur** value judgment.

jugeote [ʒyʒɔt] nf *fam* commonsense.

juger [17] [ʒyʒe] vt **1.** DR [accusé] to try ; [affaire] to judge, to try, to sit in judgment on ▸ **être jugé pour vol** to be tried ou to stand trial for theft ▸ **elle a été jugée coupable / non coupable** she was found guilty / not guilty / *il s'est fait juger pour atteinte à la vie privée* he had to stand trial for violation of privacy ; *(en usage absolu)* ▸ **l'histoire / la postérité jugera** history / posterity will judge **2.** [trancher] to judge, to decide ▸ **à toi de juger (si / quand...)** it's up to you to decide ou to judge (whether / when...) / *juger un différend* to arbitrate in a dispute / *juger qui a tort* to judge ou to decide who's wrong **3.** [se faire une opinion de] to judge / *vous n'avez pas le droit de me juger !* you have no right to judge me ! ▸ **juger qqch / qqn à sa juste valeur** to form a correct opinion of sthg / sb ; *(en usage absolu)* : *moi, je ne juge pas* I'm not in a position to judge, I'm not making any judgment ▸ **juger par soi-même** to judge for o.s. ▸ **il ne faut pas juger sur les apparences** don't judge from ou go by appearances **4.** [considérer] ▸ **juger qqn capable / incompétent** to consider sb capable / incompetent / *son état est jugé très préoccupant* his condition is believed to be serious / *jugé bon pour le service* declared fit to join ou fit for the army ▸ **juger qqch utile / nécessaire** to consider ou to judge sthg to be useful / necessary / *mesures jugées insuffisantes* measures deemed inadequate ▸ **juger qqn bien / mal** to have a good / poor opinion of sb / *vous me jugez mal* [à tort] you're misjudging me ▸ **juger bon de faire qqch** to think fit to do sthg / *agissez comme vous jugerez bon* do as you think fit ou appropriate.

❖ **juger de** v + prép to judge / *à en juger par son large sourire* if her broad smile is anything to go by / *autant qu'on puisse en juger* as far as one can judge / *si j'en juge par ce que j'ai lu* judging from ou by what I've read, if what I've read is anything to go by ▸ **jugez-en vous-même** judge ou see for yourself ▸ **jugez de mon indignation** imagine my indignation, imagine how indignant I felt.

❖ **se juger** ◆ vp *(emploi réfléchi)* : *elle se juge sévèrement* she has a harsh opinion of herself. ◆ vp *(emploi passif)* **1.** DR ▸ **l'affaire se jugera mardi** the case will be heard on Tuesday **2.** [se mesurer] to be judged / *le succès d'un livre se juge aux ventes* a book's success is judged by the numbers of copies sold **3.** : *les commerçants se jugent lésés* shopkeepers consider ou think themselves hard done by.

jugulaire [ʒygylɛʀ] ◆ adj ANAT jugular ▸ **glandes / veines jugulaires** jugular glands / veins. ◆ nf **1.** ANAT jugular (vein) **2.** [bride] chin strap.

juguler [3] [ʒygyle] vt **1.** [arrêter - hémorragie, maladie] to halt, to check ; [- sanglots] to suppress, to repress ; [- chômage] to curb ▸ **juguler l'inflation** to curb inflation **2.** [étouffer - révolte] to quell.

juif, ive [ʒɥif, iv] adj Jewish.

❖ **Juif, ive** nm, f Jew (Jewess) / **'le Juif errant'** *Sue* 'The Wandering Jew'.

❖ **juif** nm *fam* ▸ **le petit juif** the funny bone.

juillet [ʒɥijɛ] nm July ▸ **la monarchie de Juillet** the July Monarchy ▸ **la fête du 14 Juillet** Bastille day celebrations. **Voir aussi mars.**

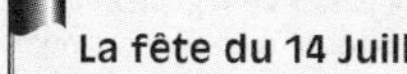

La fête du 14 Juillet

The celebrations to mark the anniversary of the storming of the Bastille begin on July 13th with outdoor public dances (**les bals du 14 Juillet**), and continue on the 14th with a military parade in the morning and a firework display in the evening.

juillettiste [ʒɥijetist] nmf *person who goes on holiday in July.*

juin [ʒɥɛ̃] nm June. **Voir aussi mars.**

juive [ʒɥiv] f ⟶ **juif.**

juiverie [ʒɥivʀi] nf **1.** [quartier juif] Jewish quarter **2.** *injur* ▸ **la juiverie** *antisemitic term used with reference to the Jewish community* ; ≃ the Jewry.

jujube [ʒyʒyb] nm jujube (fruit).

jujubier [ʒyʒybje] nm jujube (tree).

juke-box (*pl* **juke-box** *ou* **juke-boxes**), **jukebox*** [dʒukbɔks] nm jukebox.

jules [ʒyl] nm *tfam* **1.** [amant] boyfriend ; [mari] old man **2.** [souteneur] pimp.

Jules [ʒyl] npr [pape] Julius ▸ **Jules César** Julius Caesar.

julien, enne [ʒyljɛ̃, ɛn] adj [année, période] Julian.

Julien [ʒyljɛ̃] npr ▸ **Saint Julien** Saint Julian ▸ **Julien l'Apostat** Julian the Apostate.

juliénas [ʒyljenas] nm Julienas (wine).

julienne [ʒyljɛn] nf **1.** CULIN ▸ **julienne (de légumes)** (vegetable) julienne ▸ **potage à la julienne** julienne (consommé) **2.** ZOOL ling **3.** BOT dame's violet.

jumbo-jet [dʒœmbodʒɛt] (*pl* **jumbo-jets**) nm jumbo (jet).

jumeau, elle, x [ʒymo, ɛl] ◆ adj **1.** BIOL twin *(modif)* **2.** [symétrique] twin *(modif)*, identical / *les flèches jumelles de la cathédrale* the twin spires of the cathedral. ◆ nm, f **1.** BIOL twin ▸ **vrais / faux jumeaux** identical / fraternal twins **2.** [sosie] double.

❖ **jumeau, x** nm **1.** ANAT gemellus muscle **2.** CULIN neck of beef.

❖ **jumelle** nf AUTO ▸ **jumelle de ressort** (spring) shackle.

jumelage [ʒymlaʒ] nm **1.** [association] twinning **2.** RAIL paired running.

jumelé, e [ʒymle] adj **1.** [fenêtres] double ; [colonne] twin ; [villes] twin, twinned **2.** NAUT twin.

❖ **jumelé** nm first and second forecast.

jumeler [24] [ʒymle] vt **1.** [villes] to twin ▸ **être jumelé à** to be twinned with **2.** [moteurs] to combine, to couple.

✐ In reformed spelling (see p. 16-19), this verb is conjugated like *peler* : *il jumèle, elle jumèlera.*

jumelle [ʒymɛl] f ⟶ **jumeau.**

jumellerai v ⟶ **jumeler.**

jumelles [ʒymɛl] ◆ fpl ⟶ **jumeau.** ◆ nfpl **1.** OPT binoculars ▸ **jumelles de théâtre** ou **spectacle** opera glasses ▸ **jumelles de campagne** field glasses **2.** NAUT fishes, fish pieces.

jument [ʒymɑ̃] nf mare ▸ **jument poulinière** brood mare.

jumping [dʒœmpiŋ] nm ÉQUIT showjumping.

jungien, enne [juŋjɛ̃, ɛn] adj Jungian.

jungle [ʒœ̃gl] nf **1.** GÉOGR jungle **2.** *fig* jungle ▸ **la jungle des villes** the concrete jungle ▸ **la jungle des affaires** the jungle of the business world.

junior [ʒynjɔʀ] ◆ adj **1.** [fils] junior / *Douglas Fairbanks junior* Douglas Fairbanks Junior **2.** [destiné aux adolescents] junior / *les nouveaux blousons juniors* the new jackets for teenagers **3.** [débutant] junior / *les équipes juniors* the junior teams. ◆ nmf SPORT junior.

Junior-Entreprise® [ʒynjɔʀɑ̃tʀəpʀiz] (*pl* **Junior-Entreprises**) nf *system by which students, usually in business or engineering schools, can set up a company offering services relating to their school's speciality.*

junk bonds [dʒœnkbɔ̃ds] nmpl junk bonds, fallen angels.

junker [junkəʀ] nm Junker.

junkie [dʒœnki] (*pl* **junkies** [dʒœnkiz]) nmf *tfam* junkie, junky.

Junon [ʒynɔ̃] npr Juno.

junte [ʒœ̃t] nf junta.

jupe [ʒyp] nf **1.** VÊT skirt ▸ **jupe cloche / entravée / plissée** bell / hobble / pleated skirt ▸ **jupe à godets** ou **évasée** flared skirt ▸ **jupe portefeuille** wrapover ou wraparound (skirt) ▸ **il est toujours dans les** ou **accroché aux jupes de sa mère** he's tied to his mother's apron strings **2.** TECHNOL [d'un aéroglisseur] skirt, apron ; [d'un piston, d'un rouleau] skirt.

jupe-culotte [ʒypkylɔt] (*pl* **jupes-culottes**) nf (pair of) culottes.

jupette [ʒypɛt] nf short skirt.

Jupiter [ʒypitɛʀ] npr **1.** ASTRON Jupiter **2.** MYTH Jupiter, Jove.

jupon [ʒypɔ̃] nm VÊT petticoat, slip, underskirt.

juponner [1] [ʒypɔne] vt **1.** [robe] to sew a petticoat on, to fit with an underskirt **2.** [table] to cover with a long tablecloth.

Jura [ʒyʀa] npr m **1.** [en France] ▸ **le Jura** [chaîne montagneuse] the Jura (Mountains) **2.** [en Suisse] ▸ **le Jura** the Jura (canton).

jurançon [ʒyʀɑ̃sɔ̃] nm Jurançon wine *(from Southern France).*

jurassien, enne [ʒyʀasjɛ̃, ɛn] adj from the Jura.

❖ **Jurassien, enne** nm, f *inhabitant of or person from the Jura.*

jurassique [ʒyʀasik] ◆ adj Jurassic. ◆ nm ▸ **le jurassique** the Jurassic period.

juratoire [ʒyʀatwaʀ] adj ⟶ **caution.**

juré, e [ʒyʀe] ◆ adj [ennemi] sworn / *je ne recommencerai plus — (c'est) juré ?* I won't do it again — promise ? ◆ nm, f DR member of a jury, juror, juryman (jurywoman) ▸ **les jurés ont délibéré** the jury has ou have reached a decision / *elle a été convoquée comme juré* she's had to report for jury service UK ou jury duty US.

jurer [3] [ʒyʀe] ◆ vt **1.** [promettre] to swear / *je ne l'ai jamais vue, je le jure !* I've never seen her, I swear it ! ▸ **jurer allégeance / fidélité / obéissance à qqn** to swear ou to pledge allegiance / loyalty / obedience to sb / *il a juré ma perte* he has sworn ou vowed to bring about my downfall / *je te jure que c'est vrai* I swear it's true / *je jurerais que c'est vrai* I'd swear to it / *j'aurais juré que c'était elle* I could have sworn it was her ▸ **jurer de faire qqch** to swear to do sthg / *j'ai juré de garder le secret* I'm sworn to secrecy / *elle m'a fait jurer de garder le secret* she swore me to secrecy *sout* / *elle a juré de ne plus jouer / boire* she's sworn ou pledged to give up gambling / drink **2.** DR [suj: témoin] to swear / *jurez-vous de dire la vérité, toute la vérité, rien que la vérité ?* do you swear to tell the truth, the whole truth and nothing but the truth ? / *dites je le jure — je le jure* do you so swear ? — I swear ou I do ; *(en usage absolu)* ▸ **jurer sur la Bible / devant Dieu** to swear on the Bible / to God / *jurer sur l'honneur* to swear on one's honour ▸ **jurer sur la tête de qqn** to swear on one's mother's grave. ◆ vi **1.** [blasphémer] to swear, to curse ▸ **jurer après qqn / qqch** to curse ou to swear at sb / sthg ▸ **jurer comme un charretier** to swear like a trooper **2.** [détonner - couleurs, architecture] to clash, to jar / *le foulard jure avec la robe* the scarf clashes with the dress **3.** *fig* : *elle ne jure que par l'huile de foie de morue* she swears by cod-liver oil / *ils ne jurent que par leur nouvel entraîneur* they swear by their new coach.

❖ **jurer de** v + prép **1.** [affirmer] : *jurer de son innocence* to swear to one's innocence / *jurer de sa bonne foi* to swear that one is sincere ▸ **il ne faut jurer de rien** you never can tell **2.** [au conditionnel] ▸ **j'en jurerais** I'd swear to it / *c'est peut-être mon agresseur, mais je n'en jurerais pas* he might be the man who attacked me but I wouldn't swear to it.

❖ **se jurer** ◆ vp *(emploi réciproque)* : *se jurer fidélité* to swear ou to vow to be faithful to each other. ◆ vp *(emploi réfléchi)* : *se jurer de faire* to promise o.s. ou to vow to do / *se jurer que* to vow to o.s. that.

juridiction [ʒyʀidiksjɔ̃] nf **1.** [pouvoir] jurisdiction / *exercer sa juridiction* to exercise one's power / *tomber sous la juridiction de* to come under the jurisdiction of **2.** [tribunal] court (of law) ; [tribunaux] courts (of law)

* In reformed spelling (see p. 16-19).

▸ **juridiction d'instruction** / **de jugement** examining / penal courts ▸ **juridiction d'exception** special court ▸ **juridiction militaire** ≃ military courts ▸ **juridiction de premier degré** ≃ Court of first instance UK ▸ **juridiction de second degré** ≃ Court of Appeal UK ; ≃ Appellate Court US.

juridictionnel, elle [ʒyʀidiksjɔnɛl] adj jurisdictional.

juridique [ʒyʀidik] adj [vocabulaire] legal, juridical / *il a une formation juridique* he studied law ▸ **situation juridique** legal situation.

juridiquement [ʒyʀidikmɑ̃] adv legally, juridically.

juridisme [ʒyʀidism] nm legalism.

jurisconsulte [ʒyʀiskɔ̃sylt] nm jurisconsult.

jurisprudence [ʒyʀispʀydɑ̃s] nf [source de droit] case law, jurisprudence ▸ **faire jurisprudence** to set ou to create a precedent.

jurisprudentiel, elle [ʒyʀispʀydɑ̃sjɛl] adj jurisprudential.

juriste [ʒyʀist] nmf jurist, law ou legal expert ▸ **juriste d'entreprise** company lawyer.

juron [ʒyʀɔ̃] nm swearword, oath / *proférer des jurons* to swear, to curse.

jury [ʒyʀi] nm **1.** DR jury ▸ **membre du jury** juror, member of the jury / *il fait partie du jury* he sits on the jury **2.** ÉDUC board of examiners, jury **3.** ART & SPORT panel ou jury *(of judges)*.

jus [ʒy] nm **1.** [boisson] juice ▸ **jus de citron** / **tomate** lemon / tomato juice / *ces oranges rendent* ou *donnent beaucoup de jus* these oranges are very juicy ▸ **jus de fruits** fruit juice ▸ **le jus de la treille** wine **2.** CULIN juice, gravy ▸ **jus (de viande)** juice (from the meat) ▸ **cuire ou mijoter dans son jus** *tfam* to stew in one's (own) juice ▸ **c'est du jus de chaussettes, leur café** *fam* their coffee tastes like dishwater **3.** *fam* [café] coffee / *tu prends un jus?* are you having a cup (of coffee)? **4.** *fam* [courant électrique] juice / *attention, tu vas prendre le jus!* watch out, you'll get a shock! **5.** *fam* [eau] : *tout le monde au jus!* everybody in (the water)! / *ils ont mis Paul au jus* they've thrown Paul in ou into the water / *il est allé au jus* [matelot] he fell into the drink **6.** *arg mil* : *c'est 16 jours au jus* it's 16 days to demob (day) UK, it's only 16 days until I'm / we're discharged US **7.** ART glaze **8.** EXPR **être au jus** *fam* [au courant] to know.

jusant [ʒyzɑ̃] nm ebb tide.

jusqu'au-boutisme [ʒyskobutism] nm *fam* [d'un individu] hard-line attitude ; POL hard-line policy.

jusqu'au-boutiste [ʒyskobutist] *(pl* **jusqu'au-boutistes***)* *fam* ◆ nmf POL hard-liner / *c'est un jusqu'au boutiste* he's a hard liner. ◆ adj hard-line.

jusque [ʒyskə] *(devant voyelle ou 'h' muet* **jusqu'** [ʒysk], *littéraire devant voyelle* **jusques** [ʒyskəl]*)* prép **1.** *(suivi d'une prép)* [dans l'espace] : *elle m'a suivi jusque chez moi* she followed me all the way home / *les nuages s'étendront jusque vers la Bourgogne* the clouds will spread as far as Burgundy / *je suis monté jusqu'en haut de la tour* I climbed (right) up to the top of the tower / *du haut jusques en bas litt* from top to bottom ; *(suivi d'un adverbe)* ▸ **jusqu'où?** how far? / *jusqu'où iront-ils?* (just) how far will they go? ▸ **jusqu'où peut aller la bêtise** / **cruauté!** (just) how stupid / cruel can people be! ▸ **jusques et y compris** up to and including / *jusques et y compris la page 15* up to and including page 15 **2.** *(suivi d'une prép)* [dans le temps] : *j'attendrai jusque vers 11 h* I'll wait till ou until about 11 o'clock ▸ **jusqu'en avril** until ou till April ; *(suivi d'un adverbe)* ▸ **jusqu'alors** (up) until ou till then ▸ **jusque tard** until ou till late / *jusque tard dans la nuit* until ou till late at night **3.** [même, y compris] even / *il y avait du sable jusque dans les lits* there was even sand in the beds / *j'ai cherché jusque sous les meubles* I even looked underneath the furniture.

❖ **jusqu'à** loc prép **1.** [dans l'espace] : *jusqu'à Marseille* as far as Marseille / *le train va-t-il jusqu'à Nice?* does the train go all the way to Nice ou as far as Nice? / *lisez jusqu'à la page 30 incluse* read up to and including page 30 / *il a rempli les verres jusqu'au bord* he filled the glasses (right up) to the brim / *le sous-marin peut plonger jusqu'à 3 000 m de profondeur* the submarine can dive (down) to 3,000 m / *elle avait de l'eau jusqu'aux genoux* she was up to her knees in water / *il y a 300 m de chez nous jusqu'à la gare* it's 300 m from our house to the station **2.** [dans le temps] until / *la pièce dure jusqu'à quelle heure?* what time does the play finish? / *jusqu'à 15 ans* until the age of 15 / *je suis en congé jusqu'au 17 juillet inclus* I'm on holiday until July 17th (inclusive) / *jusqu'à quand peut-on s'inscrire?* when's the last (possible) date for registering? / *tu vas attendre jusqu'à quand?* how long are you going to wait? / *il ne veut pas porter de casque, jusqu'au jour où il aura un accident!* he won't wear a helmet, until he has an accident one day! / *jusqu'à preuve du contraire* as far as I know / *jusqu'à plus ample informé* pending further information, until further information is available / *de lundi jusqu'à mardi* from Monday to ou until ou till Tuesday / *de 15 h jusqu'à 18 h* from 3 p.m. to ou until ou till 6 p.m. / *j'ai jusqu'à demain pour finir mon rapport* I've got (up) until ou till tomorrow to finish my report / *jusqu'à hier* (up) until ou till yesterday / *jusqu'à aujourd'hui* ou *jusqu'aujourd'hui* (up) until ou till today ▸ **jusqu'à nouvel ordre** until further notice ▸ **jusqu'à maintenant** ou **jusqu'à présent** up to now, until now, till now **3.** [indiquant le degré] : *jusqu'à quel point peut-on lui faire confiance?* to what extent ou how far can we trust him? / *jusqu'à 60 % de réduction sur les fourrures!* up to 60% discount on furs! / *elle peut soulever jusqu'à 150 kg* she can lift up to 150 kg / *un amour maternel qui allait jusqu'à l'adoration* motherly love bordering on adoration / *sa désinvolture va jusqu'à l'insolence* he's relaxed to the point of insolence ▸ **aller jusqu'à** to go as far as / *j'irais jusqu'à dire que c'était délibéré* I would go as far as to say it was done on purpose / *j'irai jusqu'à 100 euros, pas plus* I'll go as far as 100 euros, no more / *jusqu'à concurrence de 3 000 euros* up to 3,000 euros maximum, up to (a limit of) 3,000 euros ▸ **jusqu'à la fin** : *il nous aura embêtés jusqu'à la fin!* he will have been a nuisance to us (right) to the bitter end! **4.** [même, y compris] even / *il n'est pas jusqu'aux enfants qui ne se battent* even the children are fighting / *il n'est pas jusqu'aux puits qui ne soient pollués* even wells have been polluted / *ils ont tout emporté, jusqu'aux meubles* they took everything away, even the furniture ou furniture and all / *il a mangé tous les bonbons jusqu'au dernier* he's eaten all the sweets (down to the last one), he's eaten every last ou single sweet.

❖ **jusqu'à ce que** loc conj until / *je les aiderai jusqu'à ce qu'ils soient tirés d'affaire* I'll help them until they've sorted themselves out / *tout allait bien jusqu'à ce qu'il arrive* everything was going fine until he turned up.

❖ **jusqu'au moment où** loc conj until / *je t'ai attendu jusqu'au moment où j'ai dû partir pour mon rendez-vous* I waited for you until I had to go to my meeting.

❖ **jusque-là** loc adv **1.** [dans le présent] up to now, (up) until ou till now ; [dans le passé] up to then, (up) until ou till then ▸ **jusque-là, tout va bien** so far so good / *tout s'était bien passé jusque-là* everything had gone well up until ou till ou to then **2.** [dans l'espace] : *je ne suis pas allé jusque-là pour rien* I didn't go all that way for nothing / *ils sont arrivés jusque-là et puis ils sont repartis* they got so far and then they left / *on avait de l'eau jusque-là* the water was up to here / *je n'ai pas encore lu jusque-là* I haven't got ou read that far yet ▸ **en avoir jusque-là de qqch** *fam* : *j'en ai jusque-là de tes caprices!* I've had it up to here with your whims!, I'm sick and tired of your whims! ▸ **s'en mettre jusque-là** *fam* to stuff one's face (full of food) / *on s'en est mis jusque-là!* *fam* we stuffed ourselves ou our faces!

❖ **jusqu'ici** loc adv **1.** [dans l'espace] (up) to here, as far as here ▸ **approchez-vous jusqu'ici** come as far as here / *je ne suis pas venu jusqu'ici pour rien!* I haven't come all this way ou as far as this for nothing! **2.** [dans le temps] so far, until now, up to now / *nous n'avons pas eu de nouvelles jusqu'ici* up to now ou so far we haven't had any news / *jusqu'ici, rien de grave* nothing serious so far.

justaucorps [ʒystokɔʀ] nm **1.** [de gymnaste, de danseur] leotard **2.** HIST jerkin.

juste [ʒyst] ◆ adv **1.** [avec justesse] ▸ **chanter juste** to sing in tune ▸ **deviner juste** to guess correctly ou right ▸ **tomber juste** to guess right, to hit the nail on the head / *tu as vu* ou *deviné juste!* you guessed correctly ou right! / *sa remarque a touché juste* his remark struck home **2.** [exactement] exactly, just / *il a fait juste ce qu'il fallait* he did just ou exactly what he had to / *il est 9 h juste* it's exactly 9 o'clock / *le train part à 2 h juste* the train leaves at 2 o'clock exactly / *ça fait juste 30 euros* that comes to exactly 30 euros / *la balle est passée juste à côté du poteau* the ball went just past the post / *c'est juste là* it's just there ▸ **juste à temps** [à l'heure] just in time / *tu arrives juste à temps* you've come just in time / *juste quand* ou *comme le téléphone sonnait* just as ou when the phone was ringing / *il s'est fait renvoyer? — tout juste!* so he was dismissed? — he was indeed! **3.** [à peine, seulement] just / *il vient juste d'arriver* he's just (this minute) arrived / *il est juste 9 h, vous n'allez pas partir déjà* it's only 9 o'clock, you're not going to leave already / *je voudrais juste de quoi faire une jupe* I'd like just enough to make a skirt / *c'est juste que je ne voulais pas te déranger* it's only ou just that I didn't want to disturb you ▸ **tout juste** : *j'ai tout juste le temps de prendre un café* I've just about enough ou I've just got enough time to have a cup of coffee / *j'ai tout juste eu le temps de m'abriter* I only just had (enough) time to run for cover / *c'est tout juste s'il ne m'a pas frappé* he very nearly ou all but hit me / *c'est tout juste si je m'en souviens* I can hardly ou barely remember / *c'est tout juste s'il dit bonjour* he hardly bothers to say hello, you're lucky if he says hello **4.** [en quantité insuffisante] : *un gâteau pour 8, ça fait (un peu) juste* one cake for 8 people, that won't go very far / *tu as coupé le tissu un peu juste* you've cut the material a bit on the short side. ◆ adj **1.** [équitable -partage, décision, personne] fair ▸ **être juste envers** ou **avec qqn** to be fair to sb / *elle n'a pas eu de chance, soyons justes!* she hasn't had any luck, let's be fair! / *pour être juste envers elle* in fairness to her, to be fair to her / *il ne serait que juste qu'il soit remboursé* it would only be fair ou right for him to get his money back / *c'est pas juste!* *fam* it's not fair ou right! ; *(avant nom)* [justifié -cause, récompense, punition] just ; [-requête] legitimate ; [-colère] just, legitimate **2.** *(après le nom)* [exact -calcul, compte, réponse] right / *as-tu l'heure juste?* have you got the right ou exact time? ; [dans son fonctionnement -horloge] accurate, right ; [-balance] accurate, true **3.** [précis -terme, expression] appropriate, right **4.** [serré -habit] tight ; [-chaussures] tight, small ▸ **la nappe est un peu juste en longueur** / **largeur** the tablecloth is a bit on the short / narrow side / *trois bouteilles pour sept personnes, c'est un peu juste!* three bottles for seven people, that's cutting it rather fine! / *une heure pour aller à l'aéroport, c'est trop juste* an hour to get to the airport, that's not enough / *ses notes sont trop justes pour que vous le laissiez passer* his marks are too borderline for you to pass him ; [de justesse] : *elle a réussi l'examen, mais c'était juste* she passed her exam, but it was a close thing **5.** *(après le nom)* [compétent] good / *avoir l'oreille* / *le coup d'œil juste* to have a good ear / eye ; [sensé, judicieux -raisonnement] sound ; [-objection, observation] relevant, apt / *ta remarque est tout à fait juste!* your comment is quite right! / *très juste!* quite right!, good point! / *j'ai moins d'expérience que lui — c'est juste* I'm less experienced than he is — that's true ou right ; MUS [voix, instrument] true, in tune ; [note] true, right / *le piano n'est pas juste* the piano is out of tune **6.** *(avant nom)* [approprié] ▸ **apprécier qqch à son juste prix** to appreciate the true value ou worth of sthg ▸ **apprécier qqn à sa juste valeur** to appreciate the true worth ou value of sb. ◆ nm just man ▸ **les justes** the just.

❖ **au juste** loc adv exactly / *combien sont-ils au juste?* how many (of them) are there exactly? / *qu'est-ce que ça veut dire au juste?* what does that mean exactly?

❖ **au plus juste** loc adv ▸ **calculer qqch au plus juste** to calculate sthg to the nearest penny / *le budget a été calculé au plus juste* the budget was calculated down to the last penny.

❖ **comme de juste** loc adv of course, needless to say / *comme de juste, elle avait oublié* she'd forgotten, of course / *et comme de juste, tu n'as pas d'argent!* and of course ou needless to say, you haven't got any money!

❖ **juste ciel, juste Dieu** interj good heavens, heavens (above).

juste-à-temps [ʒystatɑ̃] nm inv ÉCON just-in-time, JIT.

justement [ʒystəmɑ̃] adv **1.** [à ce moment précis] / *voilà justement Paul* talking of Paul, here he is / *j'ai justement besoin d'une secrétaire* actually ou as it happens, I need a secretary / *j'allais justement te téléphoner* I was just going to phone you **2.** [pour renforcer un énoncé] quite, just so / *il se met vite en colère — justement, ne le provoque pas!* he loses his temper very quickly — quite ou exactly ou that's right, so don't provoke him! **3.** [exactement] exactly, precisely / *j'ai justement ce qu'il vous faut* I've got exactly ou just what you need / *c'est justement pour cela que je lui en veux* that's precisely ou exactly why I'm annoyed with her **4.** [pertinemment] rightly, justly / *comme tu l'as dit si justement* as you (so) rightly said **5.** [avec justice] rightly, justly / *elle fut justement récompensée / condamnée* she was justly rewarded / condemned.

justesse [ʒystɛs] nf **1.** [d'un raisonnement, d'un jugement] soundness ; [d'une observation] appropriateness, aptness, relevance ; [d'un terme, d'un ton] appropriateness, aptness / *elle raisonne avec justesse* her reasoning is sound, she has sound reasoning **2.** MATH & MUS accuracy ; [d'un mécanisme, d'une horloge, d'une balance] accuracy, precision.

❖ **de justesse** loc adv just, barely, narrowly / *il a gagné de justesse* he won by a narrow margin ou by a hair's breadth / *j'ai eu mon permis de justesse* I only just passed my driving test / *on a eu le train de justesse* we caught the train with only moments to spare, we only just caught the train / *on a évité la collision de justesse* we very nearly had a crash.

justice [ʒystis] nf **1.** [équité] justice, fairness / *il traite ses hommes avec justice* he treats his men fairly ou justly ou with fairness ▸ **en bonne justice** in all fairness ▸ **ce n'est que justice** it's only fair / *ce n'est que justice qu'elle obtienne le rôle* it's only fair ou just that she should get the part ▸ **justice sociale** social justice **2.** DR ▸ **la justice** the law ▸ **rendre la justice** to administer ou to dispense justice / *avoir la justice pour soi* to have the law on one's side / *avoir des démêlés avec la justice* to fall foul of the law / *il fuit la justice de son pays* he's on the run from the law in his country / *il a fait des aveux à la justice* he confessed to the law ▸ **justice expéditive** ou **sommaire** summary justice ▸ **la justice militaire** military law **3.** [réparation] justice ▸ **demander justice** to ask for justice to be done ▸ **obtenir justice** to obtain justice / *nous voulons que justice soit faite!* we want justice to be done! ▸ **faire justice** [venger une faute] to take the law into one's own hands ▸ **justice est faite** justice is done ▸ **faire justice de qqch a)** [montrer que c'est nocif] to prove sthg to be bad **b)** [le réfuter] to prove sthg wrong, to give the lie to sthg ▸ **se faire justice a)** [se venger] to take the law into one's own hands **b)** [se tuer] to take one's (own) life ▸ **rendre justice à qqn** to do sb justice / *rendons-lui cette justice qu'elle a fait beaucoup d'efforts* she made a big effort, let's be fair ou let's grant her that / *la postérité rendra justice à son courage* posterity will recognize his courage ▸ **la Justice** [symbole, allégorie] Justice ▸ **justice immanente** immanent justice.

❖ **de justice** loc adj ▸ **un homme de justice** a man of the law.

❖ **en justice** loc adv DR ▸ **aller en justice** to go to court ▸ **passer en justice** to stand trial, to appear in court.

justiciable [ʒystisjabl] ◆ adj **1.** [responsable] ▸ **justiciable de** answerable for, responsible for / *pour ses électeurs, il est justiciable de sa politique* he is answerable to the electorate for his policies / *pour les héritiers, je suis justiciable de la gestion des biens* as far as the heirs are concerned, I am legally responsible for the management of the estate **2.** ▸ **justiciable de** [qui requiert] requiring / *maladie justiciable d'hydrothérapie* illness requiring ou which calls for hydrotherapy **3.** DR : *il est justiciable des tribunaux pour enfants* he is subject to ou comes under the jurisdiction of the juvenile courts. ◆ nmf person liable ou subject to trial ▸ **les justiciables** those due to be tried.

justicier, ère [ʒystisje, ɛʀ] ◆ adj **1.** [qui rend la justice] justiciary *(modif)* **2.** [qui fait justice lui-même] : *le jury a condamné le mari justicier* the jury condemned the husband who took the law into his own hands / *emporté par sa fougue justicière* carried away by his burning desire to enforce justice. ◆ nm, f [redresseur de torts] righter of wrongs / *il faut toujours qu'elle s'érige en justicière* she's always setting herself up as a righter of wrongs.

❖ **justicier** nm HIST justiciar.

justifiable [ʒystifjabl] adj justifiable / *tous vos arguments doivent être justifiables* you must be able to justify ou to substantiate every one of your arguments / *sa négligence n'est pas justifiable* his negligence is unjustifiable ou cannot be justified.

justifiant, e [ʒystifjɑ̃, ɑ̃t] adj RELIG saving *(avant le nom)*.

justificateur, trice [ʒystifikatœʀ, tʀis] adj [témoignage] justifying, justificatory.

❖ **justificateur** nm IMPR & INFORM justifier.

justificatif, ive [ʒystifikatif, iv] adj [rapport] justificatory, supporting ; [facture] justificatory / *document justificatif d'identité* written proof of one's identity.

❖ **justificatif** nm **1.** ADMIN written proof ou evidence ▸ **justificatif de domicile** proof of address ; COMPTA receipt / *à adresser à la Comptabilité avec justificatifs* to be sent to the Accounts Department with all necessary receipts **2.** PRESSE press cutting ou clipping.

justification [ʒystifikasjɔ̃] nf **1.** [motivation - d'une attitude, d'une politique] justification / *la justification de la violence* apology for ou justification of violence **2.** [excuse] justification, reason / *vos justifications ne m'intéressent pas* I'm not interested in your reasons ou excuses *péj* **3.** ADMIN (written) proof *(of expenses incurred)* ▸ **justification d'identité** proof of identity **4.** IMPR & INFORM justification ▸ **justification de tirage** IMPR limitation notice.

justifier [9] [ʒystifje] vt **1.** [motiver - conduite, mesure, dépense] to justify, to vindicate / *rien ne saurait justifier de tels propos* there's no possible justification for speaking in such terms **2.** [confirmer - crainte, théorie] to justify, to confirm, to back up *(sép)* / *il a tout fait pour justifier ses dires* he did everything to try and back up his statements **3.** [prouver - affirmation] to prove, to justify ; [- versement] to give proof ou evidence of **4.** [innocenter] to vindicate **5.** IMPR & INFORM to justify / *le paragraphe est justifié à gauche / droite* the paragraph is left- / right-justified.

❖ **justifier de** v + prép ▸ **justifier de son identité** to prove one's identity / *pouvez-vous justifier de ce diplôme?* can you provide evidence that ou can you prove that you are the holder of this qualification?

❖ **se justifier** vp *(emploi réfléchi)* to justify o.s. / *je n'ai pas à me justifier devant toi* I don't have to justify myself to you, I don't owe you any explanations ▸ **se justifier d'une accusation** to clear o.s. of an accusation, to clear one's name.

Justinien [ʒystinjɛ̃] npr Justinian.

jute [ʒyt] nm jute ▸ **de** ou **en jute** jute *(modif)*.

juter [3] [ʒyte] vi [fruit] to ooze with juice ; [viande] to give out ou to release a lot of juice / *ce sont des oranges qui jutent beaucoup* these oranges are very juicy ou are full of juice.

juteux, euse [ʒytø, øz] adj **1.** [fruit, viande] juicy **2.** *fam* [transaction] juicy / *c'est une affaire bien juteuse!* that business is a real gold mine!

❖ **juteux** nm *arg mil* adjutant.

Jütland [ʒytlɑ̃d] npr m ▸ **le Jütland** Jutland.

Juvénal [ʒyvenal] npr Juvenal.

juvénile [ʒyvenil] adj **1.** [jeune - silhouette] young, youthful ; [- ardeur, enthousiasme] youthful / *il avait toujours gardé une passion juvénile pour les motos* he'd always kept his youthful passion for motorbikes **2.** PHYSIOL juvenile **3.** GÉOL & MINÉR juvenile **4.** ENTOM ▸ **hormone juvénile** juvenile hormone.

juvénilité [ʒyvenilite] nf *litt* youthfulness, juvenility *sout*.

juxtalinéaire [ʒykstalineɛʀ] adj line-by-line, (placed) parallel.

juxtaposable [ʒykstapozabl] adj : *éléments juxtaposables* units that can be joined together horizontally / *ces meubles sont juxtaposables et superposables* these units are stackable both horizontally and vertically.

juxtaposé, e [ʒykstapoze] adj juxtaposed.

juxtaposer [3] [ʒykstapoze] vt to juxtapose, to place side by side / *juxtaposer un mot à un autre* to juxtapose two words.

juxtaposition [ʒykstapozisjɔ̃] nf juxtaposition.

Jylland [ʒilɑ̃d] = **Jütland**.

k, K [ka] nm k, K. **Voir aussi g.**

k (abr écrite de **kilo**) k.

K (abr écrite de **kilooctet**) K.

K2 npr m ▸ **le K2** K2.

K7 [kasɛt] (abr de **cassette**) nf *fam* cassette / *radio-K7* radio cassette player.

kabbale [kabal] = **cabale.**

kabbaliste [kabalist] = **cabaliste.**

kabbalistique [kabalistik] = **cabalistique.**

Kaboul [kabul] npr Kabul.

kaboulien, enne [kabuljɛ̃, ɛn] adj from Kabul.
❖ **Kaboulien, enne** nm, f *inhabitant of or person from Kabul.*

kabuki [kabuki] nm Kabuki.

Kabul [kabul] = **Kaboul.**

kabyle [kabil] adj Kabylian.
❖ **Kabyle** nmf Kabylian.
❖ **kabyle** nm LING Kabylian.

Kabylie [kabili] npr f ▸ **(la) Kabylie** Kabylia.

Kachina, katchina [katʃina] nm Kachina, Katchina ▸ **poupée Katchina** Kachina doll.

kafkaïen, enne [kafkajɛ̃, ɛn] adj Kafkaesque.

Kaiser [kajzɛʀ] npr m ▸ **le Kaiser** the Kaiser.

kakatoès [kakatɔɛs] = **cacatoès.**

kaki [kaki] ◆ adj inv [couleur] khaki. ◆ nm **1.** [couleur] khaki **2.** BOT [arbre] (Japanese) persimmon, kaki ; [fruit] persimmon, sharon fruit.

kala-azar [kalaazaʀ] nm kala-azar, visceral leishmaniasis.

kalachnikov [kalaʃnikɔf] nm kalashnikov.

Kalahari [kalaaʀi] npr m ▸ **le Kalahari** the Kalahari Desert.

kaléidoscope [kaleidɔskɔp] nm **1.** OPT kaleidoscope **2.** *fig* rapidly changing pattern.

kaléidoscopique [kaleidɔskɔpik] adj kaleidoscopic.

kali [kali] nm **1.** BOT kali, saltwort **2.** CHIM potash.

kaliémie [kaliemi] nf kaliaemia.

Kalinine [kalinin] npr Kalinin.

Kama Sutra [kamasutʀa] npr m ▸ **le Kama Sutra** the Kama Sutra.

kamikaze [kamikaz] nmf kamikaze.

Kampala [kɑ̃pala] npr Kampala.

Kampuchéa [kɑ̃putʃea] npr m ▸ **le Kampuchéa** Kampuchea.

kampuchéen, enne [kɑ̃putʃeɛ̃, ɛn] adj Kampuchean.

kamut [kamyt] nm kamut, Polish wheat.

kanak, e [kanak] = **canaque.**

Kandinsky [kɑ̃dinski] npr Kandinski.

kandjar [kɑ̃dʒaʀ] nm khandjar, khanjar.

Kandy [kandi] npr Kandy.

kangourou [kɑ̃guʀu] nm **1.** ZOOL kangaroo **2.** *(comme adj)* RAIL ▸ **technique kangourou** rail-road transport.

kanji [kɑ̃dʒi] nm inv kanji.

Kansas [kɑ̃sas] npr m ▸ **le Kansas** Kansas.

kantien, enne [kɑ̃sjɛ̃, ɛn] adj Kantian.

kantisme [kɑ̃tism] nm Kantianism.

kaolin [kaɔlɛ̃] nm kaolin.

kaolinisation [kaɔlinizasjɔ̃] nf kaolinization.

kaolinite [kaɔlinit] nf kaolinite.

kaon [kaɔ̃] nm kaon.

kapo [kapo] nm HIST kapo.

kapok [kapɔk] nm kapok.

kapokier [kapɔkje] nm ceiba (tree), kapok tree.

Kaposi [kapozi] npr ▸ **maladie / sarcome de Kaposi** MÉD Kaposi's sarcoma.

kappa [kapa] (*pl* **kappa** *ou* **kappas***) nm kappa.

Karachi [kaʀaʃi] npr Karachi.

Karakorum [kaʀakɔʀum], **Karakoram** [kaʀakɔʀam] npr m ▸ **le Karakorum** the Karakoram Range.

karakul [kaʀakyl] = **caracul.**

karaoké [kaʀaɔke] nm karaoke ▸ **faire un karaoké** to do a karaoke song.

karaté [kaʀate] nm karate.

karatéka [kaʀateka] nmf : *c'est une karatéka* she does karate.

karité [kaʀite] nm [arbre] shea (tree) ; [substance] shea / *beurre de karité* shea butter.

karma [kaʀma], **karman** [kaʀman] nm karma.

Karnak [kaʀnak] npr Karnak.

karst [kaʀst] nm karst.

karstique [kaʀstik] adj karstic.

kart [kaʀt] nm kart, go-kart / *faire du kart* to go-kart, to go karting.

karting [kaʀtiŋ] nm karting, go-karting / *faire du karting* to go-kart, to go karting.

kasher [kaʃɛʀ] adj inv kosher.

Katanga [katɑ̃ga] npr m Katanga.

Katar [kataʀ] npr m ▸ **le Katar** Katar, Qatar.

Katmandou, Kàtmàndù [katmɑ̃du] npr Katmandu, Kathmandu.

Katowice [katɔvitse] npr Katowice.

kava [kava] = **kawa.**

kawa [kawa] nm **1.** BOT kawakawa, peppertree **2.** *fam* [café] coffee.

Kawasaki [kawazaki] npr Kawasaki.

kayak [kajak] nm kayak.

kayakiste [kajakist] nmf kayaker.

kazakh, e [kazak] adj Kazakh.
❖ **Kazakh, e** nm, f Kazakh.
❖ **kazakh** nm LING Kazakh.

Kazakhstan [kazakstɑ̃] npr m ▸ **le Kazakhstan** Kazakhstan ▸ **au Kazakhstan** in Kazakhstan.

keffieh, kéfié* [kefje] nm keffiyeh, kaffiyeh.

kéfir [kefiʀ] = **képhir.**

kel1 (abr écrite de **quelqu'un**) TEXTO SUM1.

kelvin [kɛlvin] nm kelvin.

kendo [kɛndo] nm kendo.

Kentucky [kɛntyki] npr m ▸ **le Kentucky** Kentucky.

Kenya [kenja] npr m ▸ **le Kenya** Kenya ▸ **au Kenya** in Kenya.

kenyan, e [kenjɑ̃, an] adj Kenyan.
❖ **Kenyan, e** nm, f Kenyan.

kenyapithèque [kenjapitɛk] nm kenyapithecus.

képhir [kefiʀ] nm kefir, kephir.

képi [kepi] nm kepi.

kératine [keʀatin] nf keratin.

kératinisation [keʀatinizasjɔ̃] nf keratinization.

kératinisé, e [keʀatinize] adj keratinized.

kératite [keʀatit] nf keratitis.

kératoplastie [keʀatɔplasti] nf keratoplasty.

kératose [keʀatoz] nf keratosis.

kératotomie [keʀatɔtomi] nf MÉD keratotomy.

Kerguelen [kɛʀgelɛn] npr fpl ▸ **(îles) Kerguelen** Kerguelen (islands). ⟶ **île**

kermès [kɛʀmɛs] nm **1.** ENTOM kermes **2.** BOT ▸ **(chêne) kermès** Kermes oak **3.** MINÉR ▸ **kermès minéral** kermesite.

kermesse [kɛʀmɛs] nf [dans les Flandres] kermis, kirmess ; [de charité] charity fête, bazaar ▸ **kermesse paroissiale** church fête.

kérogène [keʀɔʒɛn] nm kerogen.

kérosène [keʀɔzɛn] nm kerosene, kerosine.

kerria [keʀja] nm BOT kerria, Jew's mallow.

kestudi abr écrite de **qu'est-ce que tu dis ?**

kestufé abr écrite de **qu'est-ce que tu fais ?**

ketch [kɛtʃ] nm ketch.

ketchup [kɛtʃœp] nm ketchup.

keuf [kœf] nm *(verlan de flic) tfam* cop.

keum [kœm] nm *(verlan de mec) fam* guy / *c'est mon keum* he's my boyfriend.

keynésianisme [kenezjanism] nm Keynesianism.

keynésien, enne [kenezjɛ̃, ɛn] adj Keynesian.

KF 1. abr écrite de **kilofranc** 2. abr écrite de **café**.

Kfé TEXTO abr écrite de **café**.

kg (abr écrite de **kilogramme**) kg.

KGB npr m KGB.

khâgne [kaɲ] nf *arg scol second year of a two-year Arts course preparing for entrance to the École normale supérieure.*

khâgneux, euse [kaɲø, øz] nm, f *arg scol student in "khâgne".*

khalifat [kalifa] = **califat**.

khalife [kalif] = **calife**.

khamsin [xamsin] nm khamsin.

khan, kan* [kɑ̃] nm 1. [titre] khan 2. [abri] khan.

Khania [kanja] npr Khania.

Kharkov [kaʀkɔf] npr Kharkov.

Khartoum [kaʀtum] npr Khartoum.

Khatchatourian [katʃatuʀjɑ̃] npr Khachaturian.

khédive [kediv] nm khedive.

Khéops [keɔps] npr Cheops / *la grande pyramide de Khéops* the Great Pyramid of Cheops.

khi [ki] (pl **khi** ou **khis***) nm chi.

khmer, ère [kmɛʀ] adj Khmerian.
❖ **Khmer, ère** nm, f Khmer ▸ **les Khmers** the Khmers.
❖ **khmer** nm LING Khmer.

khôl [kol] nm kohl.

Khrouchtchev [kʀutʃef] npr ▸ **Nikita Khrouchtchev** Nikita Khrushchev.

kibboutz [kibuts] (pl **kibboutz** ou **kibboutzim** [-tsim]) nm kibbutz / *travailler dans un kibboutz* to work on a kibbutz.

kick(-starter) [kik(staʀtɛʀ)] nm kick-starter, kick-start.

kid [kid] nm *fam* [gamin] kid.

kidnapper [3] [kidnape] vt [personne] to kidnap.

kidnappeur, euse [kidnapœʀ, øz] nm, f kidnapper.

kidnapping [kidnapiŋ] nm kidnapping.

Kiev [kjɛf] npr Kiev.

kif [kif] nm [haschisch] kif, kef.

kiffer, kifer [kife] vt *fam* to love.

kif-kif, kifkif* [kifkif] adj inv *fam* ▸ **c'est kif-kif (bourricot)** it's all the same, it makes no odds UK, it's six of one and half a dozen of the other.

kiki [kiki] nm *fam* 1. [cou] neck ; [gorge] throat ▸ **serrer le kiki à qqn** to throttle ou to strangle sb 2. EXPR **c'est parti, mon kiki!** here we go!

kil [kil] nm *tfam* bottle (of wine) / *un kil de rouge* a bottle of cheap red wine ou (red) plonk UK.

kilim [kilim] nm kilim.

Kilimandjaro [kilimɑ̃dʒaʀo] npr m ▸ **le (mont) Kilimandjaro** (Mount) Kilimanjaro.

kilo [kilo] (abr de **kilogramme**) nm kilo.

kilobar [kilɔbaʀ] nm kilobar.

kilocalorie [kilɔkalɔʀi] nf kilocalorie.

kilofranc [kilɔfʀɑ̃] nm *vieilli* a thousand francs.

kilogramme [kilɔgʀam] nm kilogramme.

kilohertz [kilɔɛʀts] nm kilohertz.

kilojoule [kilɔʒul] nm kilojoule.

kilométrage [kilɔmetʀaʒ] nm 1. [d'un véhicule] mileage ▸ **kilomètrage illimité** unlimited mileage 2. [d'une voie] marking out *(in kilometres)*.

kilomètre [kilɔmɛtʀ] nm 1. [distance] kilometre UK, kilometer US ▸ **avoir dix kilomètres dans les jambes** to have walked ten kilometres ▸ **kilomètres alimentaires** food miles ▸ **kilomètre zéro** *point near Notre-Dame from which distances from Paris are measured* 2. INFORM ▸ **frappe** ou **saisie au kilomètre** straight keying.

kilomètre-passager [kilɔmɛtʀpasaʒe] (pl **kilomètres-passagers**) nm passenger-kilometre.

kilométrer [18] [kilɔmetʀe] vt to mark with kilometric reference points.
✐ In reformed spelling (see p. 16-19), this verb is conjugated like *semer* : *il kilomètrera, elle kilomètrerait.*

kilométrique [kilɔmetʀik] adj : *au point kilométrique 21* at km 21 ▸ **distance kilométrique** distance in kilometres.

kilooctet [kilɔɔktɛ] (pl **kilooctets**) nm kilobyte.

kilotonne [kilɔtɔn] nf kiloton.

kilotonnique [kilɔtɔnik] adj kiloton *(modif)*.

kilovolt [kivɔlt] nm kilovolt.

kilowatt [kilɔwat] nm kilowatt.

kilowattheure [kilɔwatœʀ] nm kilowatt-hour.

kilt [kilt] nm [d'Écossais, de femme] kilt.

kimono [kimɔno] ◆ nm VÊT kimono. ◆ adj inv ▸ **manches kimono** kimono ou loose sleeves.

kinase [kinaz] nf kinase.

kiné [kine] ◆ nmf (abr de **kinésithérapeute**) *fam* physio UK, physical therapist US. ◆ nf (abr de **kinésithérapie**) physio UK, physical therapy US / *5 séances de kiné* 5 sessions of physio UK ou physical therapy US.

kinescope [kinɛskɔp] nm kinescope.

kinésie [kinezi] nf kinesis.

kinésiste [kinezist] nmf BELG physiotherapist UK, physical therapist US.

kinésithérapeute [kineziteʀapøt] nmf physiotherapist UK, physical therapist US.

kinésithérapie [kineziteʀapi] nf physiotherapy UK, physical therapy US.

kinesthésie [kinɛstezi] nf kinaesthesia.

kinesthésique [kinɛstezik] adj kinaesthetic.

king charles [kiŋʃaʀl] nm inv King Charles spaniel.

Kingstown [kiŋstaun] npr Kingstown.

kinkajou [kɛ̃kaʒu] nm kinkajou.

Kinshasa [kinʃasa] npr Kinshasa.

kiosque [kjɔsk] nm 1. [boutique] ▸ **kiosque à journaux** newspaper kiosk ou stand, news-stand ▸ **kiosque à fleurs** flower stall 2. [édifice - dans un jardin] pavilion ▸ **kiosque à musique** bandstand 3. NAUT [d'un navire] wheelhouse ; [d'un sous-marin] conning tower.

kiosquier, ère [kjɔskje, ɛʀ] nm, f newspaper seller, newsvendor ▸ **il est kiosquier** he runs a newsstand.

kip [kip] nm [monnaie] kip.

kippa [kipa] nf kippa.

Kippour [kipuʀ] nm ▸ **le Kippour** the Kippur.

kir [kiʀ] nm kir ▸ **kir royal** kir royal *(champagne with blackcurrant liqueur)*.

Kiravi® [kiʀavi] nm *inexpensive wine.*

kirghiz, e [kiʀgiz] adj Kirghiz.
❖ **Kirghiz, e** nm, f Kirghiz.
❖ **kirghiz(e)** nm LING Kirghiz.

Kirghizie [kiʀgizi] npr f ▸ **(la) Kirghizie** Kirgizia.

Kirghizistan [kiʀgizistɑ̃] npr m ▸ **le Kirghizistan** Kirgizia.

Kiribati [kiʀibati] npr Kiribati.

kirsch, kirch* [kiʀʃ] nm kirsch.

kit [kit] nm kit / *meubles en kit* kit furniture / *vendu en kit* sold in kit form ▸ **kit main(s) libre(s)** [pour mobile] hands-free kit ▸ **kit auto main(s) libre(s)** [pour mobile] car kit.

kitch [kitʃ] = **kitsch**.

kitchenette [kitʃənɛt] nf kitchenette.

kitesurf [kajtsœʀf], **kite** [kajt] nm kitesurfing.

kitsch, kitch [kitʃ] adj inv kitsch.
❖ **kitsch** (pl **kitsch** ou **kitschs***), **kitch** (pl **kitch** ou **kitchs***) nm kitsch.

kiwi [kiwi] nm 1. BOT [fruit] kiwi (fruit), Chinese gooseberry ; [arbre] kiwi tree 2. ZOOL kiwi 3. SPORT Kiwi.

Klaxon® [klaksɔn] nm horn / *donner un coup de Klaxon* to hoot (one's horn) UK, to honk (one's horn) US.

klaxonner [3] [klaksɔne] ◆ vi to honk ou to hoot UK (one's horn). ◆ vt : *il m'a klaxonné* he tooted ou hooted UK ou honked at me.

Kleenex® [klinɛks] nm (paper) tissue, paper handkerchief, Kleenex®.

kleptomane [klɛptɔman] nmf kleptomaniac.

kleptomanie [klɛptɔmani] nf kleptomania.

km (abr écrite de **kilomètre**) km.

km/h (abr écrite de **kilomètre par heure**) kmph.

knickerbockers [nikœʀbɔkœʀ], **knickers** [nikœʀ] nmpl knickerbockers UK, knickers US.

knock-down [nɔkdawn] nm inv SPORT knockdown.

knock-out (pl **knock-out**), **knockout*** [nɔkaut] ◆ nm knockout ▸ **knock-out technique** technical knockout. ◆ adj inv knocked-out, out for the count / *il l'a mis knock-out* he knocked him out.

knout [knut] nm knout.

Knud [knyd] npr Canute, Cnut.

Ko (abr écrite de **kilooctet**) Kb.

K.-O. ◆ nm inv KO. ◆ adj inv 1. SPORT KO'd ▸ **mettre qqn K.-O.** to knock sb out ▸ **être K.-O.** to be out for the count 2. *fam* [épuisé] shattered UK, all in, dead beat.

koala [kɔala] nm koala (bear).

Kobe [kɔbe] npr Kobe.

Koch [kɔk] npr ⟶ **bacille**.

kohol [kɔɔl] = **khôl**.

koi TEXTO (abr écrite de **quoi**) WOT.

koi29 TEXTO abr écrite de **quoi de neuf ?**

kola [kɔla] nm cola, Kola.

kolkhoz(e) [kɔlkoz] nm kolkhoz.

kolkhozien, enne [kɔlkozjɛ̃, ɛn] ◆ adj kolkhoz *(modif)*. ◆ nm, f kolkhoznik.

kommandantur [kɔmɑ̃dɑtuʀ] nf HIST German military command.

kopeck [kɔpɛk] nm kopeck ▸ **ça ne vaut pas un kopeck** *fam & vieilli* it's not worth a brass farthing UK ou a red cent US.

korrigan, e [kɔʀigɑ̃, an] nm, f mischievous dwarf ou goblin *(in Breton legends)* ; ≃ leprechaun.

kosovar, e [kɔsɔvaʀ] adj Kosovan.
❖ **Kosovar, e** [kɔsɔvaʀ] nm, f Kosovar.

Kosovo [kɔsɔvo] npr m ▸ **le Kosovo** Kosovo ▸ **au Kosovo** in Kosovo.

kot [kɔt] nm BELG 1. [chambre d'étudiant] bedroom *(for student)* 2. [débarras] storeroom.

kouglof [kuglɔf] nm kugelhopf *(cake)*.

kouign-amann [kwiɲaman] nm inv CULIN *Breton cake made with a large quantity of butter.*

koulak [kulak] nm kulak.

Kourou [kuʀu] npr Kourou ▸ **à Kourou** in Kourou.

* In reformed spelling (see p. 16-19).

Koweït [kɔwɛjt] npr m ▸ **le Koweït** Kuwait, Koweit ▸ **au Koweït** in Kuwait.

Koweït City [kɔwejtsiti] npr Kuwait, Koweit.

koweïtien, enne [kɔwɛjtjɛ̃, ɛn] adj Kuwaiti.
❖ **Koweïtien, enne** nm, f Kuwaiti.

krach [kʀak] nm ▸ **krach (boursier)** crash.

kraft [kʀaft] ◆ nm kraft, (strong) brown wrapping paper. ◆ adj inv ▸ **papier / pâte kraft** kraft paper / pulp.

KRD (abr écrite de couronne danoise) Kr, DKr.

Kremlin [kʀɛmlɛ̃] npr m ▸ **le Kremlin** the Kremlin.

kremlinologue [kʀɛmlinɔlɔg] nmf Kremlinologist, Kremlin watcher.

kriek [kʀik] nf BELG *beer made with cherries.*

krill [kʀil] nm krill.

kriss [kʀis] nm kris.

KRN (abr écrite de couronne norvégienne) Kr, NKr.

KRS (abr écrite de couronne suédoise) Kr, Skr.

krypton [kʀiptɔ̃] nm krypton.

ksar [ksaʀ] (*pl* ksour [ksuʀ] *ou* ksars*) nm *(North African) fortified village.*

ksi (*pl* ksi *ou* ksis*), **xi** (*pl* xi *ou* xis*) [ksi] nm xi.

Kuala Lumpur [kwalalumpuʀ] npr Kuala Lumpur.

kufique [kufik] = coufique.

Ku Klux Klan [kyklyksklɑ̃] npr m ▸ **le Ku Klux Klan** the Ku Klux Klan.

kumquat [kumkwat] nm kumquat, cumquat.

kung-fu [kuŋfu] nm inv kung fu.

kurde [kyʀd] adj Kurd.
❖ **Kurde** nmf Kurd.
❖ **kurde** nm LING Kurdish.

Kurdistan [kyʀdistɑ̃] npr m ▸ **le Kurdistan** Kurdistan ▸ **au Kurdistan** in Kurdistan.

kvas, kwas [kvas] nm kvass, kvas.

kwa TEXTO (abr écrite de quoi) WOT.

kwashiorkor [kwaʃjɔʀkɔʀ] nm kwashiorkor.

K-way® [kawɛ] nm cagoule.

kWh (abr écrite de kilowattheure) kW/hr.

kyat [kjat] nm kyat.

Kyoto [kjɔto] npr Kyoto ▸ **le protocole de Kyoto** the Kyoto Protocol.

kyrielle [kiʀjɛl] nf : *une kyrielle de bambins fam* a whole bunch of kids / *une kyrielle d'insultes* a string of insults / *une kyrielle de mensonges* a pack ou string of lies.

kyste [kist] nm cyst.

kystique [kistik] adj cystic.

Kyushu [kjuʃu] npr Kyushu.

l (abr écrite de **litre**) l.

l, L [ɛl] nm l, L ▸ **en (forme de) L** L-shaped. **Voir aussi g.**

L abr écrite de **elle.**

l' [l] ⟶ **le.**

la¹ [la] nf ⟶ **le.**

la² [la] nm inv **1.** MUS A ; [chanté] lah **2.** EXPR **donner le la** to set the tone. **Voir aussi fa.**

là [la] adv **1.** [dans l'espace - là-bas] there ; [- ici] here / *elle habite Paris maintenant, c'est là qu'elle a trouvé du travail* she lives in Paris now, that's where she found work / *il est à la poste ? qu'est-ce qu'il fait là ?* he's at the post office ? what's he doing there ? / *c'est là, je reconnais la maison* there it is (over there), I recognize the house / *à quelques kilomètres de là* a few kilometres away / *on se retrouve là où tu travailles* we'll meet at your work ▸ **déjà là ?** (are you) here already ? / *je ne peux rien faire, il est toujours là* I can't do anything, he's always around ▸ **viens là !** come here ! ▸ **être là** : *est-ce qu'il est là ?* is he in ? / *ne t'inquiète pas, je suis là pour t'aider si tu en as besoin* don't worry, I'm here to help you if you need me / *je ne suis là pour personne* if anybody asks I'm not in ou here / *je suis là pour vous répondre* it's my job to answer your questions / *allez, on n'est pas là pour bavarder* come on now, we're not here to chat **2.** [dans le temps] : *c'est là que j'ai paniqué* that's when I panicked / *attendons demain et là nous déciderons* let's wait until tomorrow and then (we'll) decide ▸ **à partir de là** from then on, from that moment on / *là, je n'ai pas le temps de lui en parler* I don't have time to tell him about it right now / *à quelque temps de là* some time after ▸ **à quelques jours** / **mois de là** a few days / months later / *c'est là où tu m'as le plus étonné* that's where you most surprised me / *il est anxieux là où il faudrait être calme* he gets worked up (just) when he should remain calm **3.** [dans cette situation] : *là, c'est la personne qu'il fallait* he's / she's just the person we needed / *vous n'avez fait là que ce qui était nécessaire* you only did what you had to, you only did what was necessary / *c'est justement là où je ne vous suis plus* that's just where you've lost me ▸ **en être là** : *nous n'en sommes pas encore là* we haven't reached that stage yet / *pour l'instant nous en sommes là* that's how things stand at the moment / *j'en étais là de mes réflexions quand le téléphone a sonné* I'd got that far with my thinking when the phone rang ▸ **en arriver là** : *comment en es-tu arrivé là ?* how did you manage to let things go so far ? ▸ **en rester là** : *je n'ai pas l'intention d'en rester là* I don't intend leaving it at that **4.** [dans cela] : *ne voyez là aucune malice de ma part* please don't take it the wrong way / *la santé, tout est là* (good) health is everything **5.** [pour renforcer] : *ce sont là mes amis* those are my friends / *c'est là mon intention* that's my intention ou what I intend to do ▸ **c'est là le problème** / **la difficulté** that's where the problem / the difficulty lies **6.** [emploi expressif] : *oui, j'ai refusé ce travail, là, tu es content ?* yes I turned down that job, now are you satisfied ? / *alors là, je ne sais pas !* well that I really don't know ! / *alors là, tu exagères !* you've got a nerve ! / *c'est une belle grippe que tu as là !* that's quite a bout of flu you've got there ! / *que me chantes-tu là ?* fam what are you on about ? / *malheureux, qu'as-tu fait là !* what have you gone and done now ? ▸ **là, là, calme-toi !** now, now ou there, there, calm down !

❖ **de-ci de-là** loc adv *litt* here and there / *elle avançait en sautillant de-ci de-là* she skipped along.

❖ **de là** loc adv **1.** [dans l'espace] : *de là je me suis dirigée vers l'église* from there I headed towards the church / *de là jusqu'à la poste il y a 500 m* it is 500 m from the post office / *de là à dire que c'est un criminel, il y a loin fig* there's a big difference between that and saying he's a criminal **2.** [marquant la conséquence] ▸ **de là son amertume** that's why he's bitter, that explains his bitterness, hence his bitterness / *on peut déduire de là que…* from that we can deduce that…

❖ **par là** loc adv **1.** [dans l'espace] ▸ **c'est par là** it's over there / *vous devriez passer par là* you should go that way **2.** *fig* : *si tu vas par là* if you take that line, in that case / *qu'entendez-vous* ou *que voulez-vous dire par là ?* what do you mean by that ? ▸ **en passer par là** : *il faut en passer par là !* there's no alternative !, it can't be helped !

-là [la] adv **1.** *(lié à un nom introduit par un adj dém)* that, those *(pl)* ▸ **cette femme-là** that woman ▸ **ce stylo-là** that pen ▸ **dans ces endroits-là** in those places / *tu fréquentes ces gens-là ? péj* are those the kind of people you go around with ? / *ne fais pas cette tête-là !* you needn't look like that ! **2.** *(lié à un pronom)* : *quel livre voulez-vous ? — celui-là* which book do you want ? — that one ▸ **celui-là, alors !** honestly, that one ! **3.** [exprimant le passé] ▸ **ce matin-là** that morning ▸ **en ce temps-là** in those days, at that time.

labanotation [labanɔtasjɔ̃] nf labanotation.

là-bas [laba] adv **1.** [en bas] down ou under there / *là-bas dans la vallée* down there in the valley **2.** [en un lieu éloigné] there / *une fois arrivés là-bas, nous nous arrangerons* we'll sort it out when we get there **3.** [endroit indiqué] over there / *je le vois là-bas* I can see him over there.

labdanum [labdanɔm], **ladanum** [ladanɔm] nm ladanum.

label [labɛl] nm **1.** [étiquette, marque] label ▸ **label d'origine** label of origin ▸ **label de qualité** / **d'exportation** quality / export label ▸ **label rouge** quality label **2.** [maison de disques] label / *son dernier disque est sorti sous un nouveau label* his latest record has been brought out under a new label.

labellisation, labelisation [labɛlizasjɔ̃] nf labelling.

labelliser, labéliser [labelize] vt [un produit] to label.

labeur [labœʀ] nm **1.** *litt* [travail pénible] toil, labour UK, labor US ; [effort] hard work / *une vie de labeur* a life of toil **2.** IMPR bookwork ▸ **imprimerie de labeur** bookwork printers'.

labial, e, aux [labjal, o] adj **1.** ANAT lip *(modif)*, labial **2.** PHON labial.

❖ **labiale** nf labial (consonant).

labialisation [labjalizasjɔ̃] nf [d'une voyelle] rounding ; [d'une consonne] labialization.

labialiser [3] [labjalize] vt [voyelle] to round ; [consonne] to labialize.

labié, e [labje] adj labiate.

❖ **labiée** nf labiate ▸ **les labiées** the Labiatae.

labile [labil] adj **1.** CHIM & PSYCHOL labile **2.** *litt* [peu stable] unstable, temperamental.

labilité [labilite] nf CHIM & PSYCHOL lability.

labiodental, e, aux [labjɔdɑ̃tal, o] adj labiodental.

❖ **labiodentale** nf labiodental (consonant).

labo [labo] nm *fam* lab ▸ **labo photo** darkroom.

laborantin, e [labɔʀɑ̃tɛ̃, in] nm, f laboratory assistant, laboratory operator US.

laboratoire [labɔʀatwaʀ] nm **1.** SCI [lieu] laboratory ; [équipe] (research) team ▸ **laboratoire d'analyses (médicales)** analytical laboratory ▸ **laboratoire expérimental** testing laboratory ▸ **laboratoire de recherche** research laboratory **2.** ÉDUC ▸ **laboratoire de langue** ou **langues** language laboratory **3.** MÉTALL heating chamber **4.** PHOT [salle] processing room ; [usine] processing works.

❖ **en laboratoire** loc adv in the laboratory, under laboratory conditions / *embryon végétal obtenu en laboratoire* plant embryo obtained in the laboratory ou under laboratory conditions.

laborieusement [labɔʀjøzmɑ̃] adv [péniblement] laboriously, with great difficulty.

laborieux, euse [labɔʀjø, øz] adj **1.** [long et difficile - procédure, tâche, manœuvre] laborious **2.** [lourd - style] heavy, laboured / *trois heures pour écrire une lettre, ce fut laborieux !* three hours to write a letter, that's slow going ! ▸ **dans un anglais laborieux** in halting English ▸ **lecture** / **récitation laborieuse** laboured reading / recitation **3.** [industrieux] hardworking, industrious ▸ **la classe laborieuse** the working ou labouring class.

labour [labuʀ] nm **1.** AGR tilling, ploughing UK, plowing US ▸ **les labours** the ploughed UK ou plowed US fields / *commencer les labours* to start ploughing **2.** HORT digging (over).

labourable [labuʀabl] adj ploughable / *des terres labourables* arable land.

labourage [labuʀaʒ] nm **1.** AGR tilling, ploughing UK, plowing US **2.** HORT digging over.

labourer [3] [labuʀe] vt **1.** AGR to plough UK, to plow US ; HORT to dig (over) **2.** [ravager] to furrow / *un terrain labouré par les obus* land churned up by artillery shells **3.** [lacérer] to dig into *(insép)*, to lacerate, to scratch / *les sangles lui labouraient les flancs* the straps were digging into its flanks.

laboureur [labuʀœʀ] nm **1.** *litt* ploughman UK, plowman US **2.** HIST husbandman ; ≃ yeoman.

labrador [labʀadɔʀ] nm **1.** MINÉR labradorite **2.** ZOOL Labrador retriever, labrador.

Labrador [labʀadɔʀ] npr m ▸ **le Labrador** Labrador.
labre [labʀ] nm **1.** [poisson] wrasse **2.** [d'arthropode, de mollusque] labrum.
labri(t) [labʀi] nm Pyrenean sheepdog.
labyrinthe [labiʀɛ̃t] nm **1.** [dédale] labyrinth, maze / *la vieille ville est un labyrinthe de ruelles étroites* the old (part of) town is a maze of narrow streets **2.** *fig* maze / *le labyrinthe des lois* the intricacies of the law **3.** ANAT labyrinth.
labyrinthique [labiʀɛ̃tik] adj labyrinthine, mazelike.
lac [lak] nm **1.** [pièce d'eau] lake ▸ **lac artificiel / de barrage** artificial / barrier lake ▸ **lac de montagne** mountain lake ▸ **la région des Lacs** the Lakes, the Lake District ▸ **c'est tombé dans le lac** *fam* it has fallen through **2.** MUS / **'le Lac des cygnes'** *Tchaïkovski* 'Swan Lake'.

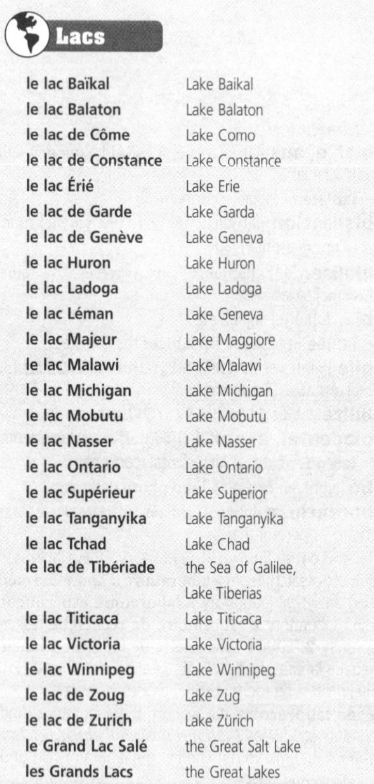

Lacs

le lac Baïkal	Lake Baikal
le lac Balaton	Lake Balaton
le lac de Côme	Lake Como
le lac de Constance	Lake Constance
le lac Érié	Lake Erie
le lac de Garde	Lake Garda
le lac de Genève	Lake Geneva
le lac Huron	Lake Huron
le lac Ladoga	Lake Ladoga
le lac Léman	Lake Geneva
le lac Majeur	Lake Maggiore
le lac Malawi	Lake Malawi
le lac Michigan	Lake Michigan
le lac Mobutu	Lake Mobutu
le lac Nasser	Lake Nasser
le lac Ontario	Lake Ontario
le lac Supérieur	Lake Superior
le lac Tanganyika	Lake Tanganyika
le lac Tchad	Lake Chad
le lac de Tibériade	the Sea of Galilee, Lake Tiberias
le lac Titicaca	Lake Titicaca
le lac Victoria	Lake Victoria
le lac Winnipeg	Lake Winnipeg
le lac de Zoug	Lake Zug
le lac de Zurich	Lake Zürich
le Grand Lac Salé	the Great Salt Lake
les Grands Lacs	the Great Lakes

laçage [lasaʒ] nm lacing-up.
Lacédémone [lasedemɔn] npr Lacedaemonia.
lacédémonien, enne [lasedemɔnjɛ̃, ɛn] adj Lacedaemonian.
❖ **Lacédémonien, enne** nm, f Lacedaemonian.
lacer [16] [lase] vt [vêtement] to lace (up) *(sép)* ; [chaussure] to lace up *(sép)*, to tie up *(sép)*.
❖ **se lacer** vp *(emploi passif)* to lace (up) / *comment cette botte se lace-t-elle?* how do you lace (up) this boot?
lacération [laseʀasjɔ̃] nf **1.** MÉD laceration, gash **2.** [fait de déchirer] ripping, tearing, slashing / *la lacération des affiches est monnaie courante en période électorale* during election time posters often get ripped ou slashed.
lacérer [18] [laseʀe] vt **1.** [affiche, rideau] to rip up *(sép)*, to tear (to shreds), to slash **2.** [blesser] to lacerate, to gash.
In reformed spelling (see p. 16-19), this verb is conjugated like *semer* : *il lacèrera, elle lacèrerait.*
lacet [lasɛ] nm **1.** [de chaussure] (shoe) lace ; [de botte] (boot) lace **2.** [piège] snare / *poser* ou *tendre des lacets* to set snares **3.** [d'une route] hairpin bend ▸ **faire des lacets** [route] to twist and turn **4.** AÉRON yaw **5.** COUT tie **6.** RAIL [mouvement] hunting.
❖ **à lacets** loc adj ▸ **chaussures à lacets** lace-ups, lace-up shoes.
❖ **en lacets** ◆ loc adj [route] winding, twisting. ◆ loc adv : *la route monte en lacets* the road winds ou twists upwards.
laceur, euse [lasœʀ, øz] nm, f net maker.
lâchage [laʃaʒ] nm **1.** [rupture] failure / *c'est dû au lâchage des freins* it's due to brake failure **2.** *fam* [abandon] : *c'est un lâchage en règle de leur part* they've really let us down.
lâche [laʃ] ◆ adj **1.** [poltron] cowardly, spineless ▸ **être lâche** to be cowardly / *se montrer lâche* to behave like a coward **2.** *(avant nom)* [méprisable] cowardly / *un lâche attentat* a cowardly ou despicable attack **3.** [non serré - nœud] loose, slack ; [- vêtement] loose, baggy **4.** [imprécis - dialogue, scénario] weak ; [- raisonnement] woolly, slipshod **5.** [sans rigueur - loi, règlement] lax, over-lenient **6.** TEXT [étoffe] loose, loosely woven ; [tricot] loose-knit. ◆ nmf coward.
lâché, e [laʃe] adj ART sloppy, careless.
lâchement [laʃmɑ̃] adv **1.** [sans courage] in a cowardly manner **2.** [sans tension] loosely, slackly.
lâcher¹ [laʃe] nm ▸ **ils ont fait un lâcher de colombes** they released a flock of doves ▸ **lâcher de ballons** balloon release.
lâcher² [3] [laʃe] ◆ vt **1.** [desserrer] to loosen, to slacken / *il a lâché sa ceinture d'un cran* he let out ou he loosened his belt a notch / *lâcher la vapeur* to let off steam ▸ **lâcher la bonde** ou **les bondes à** to give vent to ▸ **lâcher la bride à un cheval** *pr* to give a horse its head ▸ **lâcher la bride à qqn** *fig* to allow sb more freedom of movement **2.** [cesser de tenir] to let go of *(insép)* / *lâcher la pédale du frein* to take one's foot off the brake (pedal) / *elle a lâché la pile d'assiettes* she dropped the pile of plates / *il roule en lâchant le guidon* he rides with no hands / *lâche-moi!* let me go!, let go of me! / *ne lâche pas la rampe, l'escalier est glissant* don't let go of ou keep hold of the banister, the stairs are slippery / *cette idée ne m'a pas lâché* I couldn't get this idea out of my mind ▸ **elle ne le lâchait pas des yeux** ou **du regard** she didn't take her eyes off her for a moment ▸ **lâcher l'affaire** : *il n'a pas voulu lâcher l'affaire* he wouldn't let it drop ▸ **tu me lâches, oui?** *fam* get out of my sight, will you? ▸ **lâche-moi les baskets!** *fam* leave me alone!, get off my back! ▸ **lâche-moi la grappe!** *tfam* leave me alone for God's sake! ▸ **les lâcher** *fam* [dépenser son argent] : *il les lâche avec un élastique* he's a stingy ou tight-fisted git ▸ **lâcher la proie pour l'ombre** to chase rainbows ▸ **lâcher pied** *pr & fig* to give way ▸ **lâcher prise** to let go **3.** AÉRON [bombe] to drop ; [ballon] to launch **4.** [libérer - oiseau] to let loose, to release, to let go ; [- chien] to let off, to unleash ; [- animal dangereux] to set loose ; [- meute, faucon] to slip ▸ **lâcher les chiens sur qqn** to set the dogs on sb / *le prof nous a lâchés plus tôt* *fam* the teacher let us out earlier **5.** *fam* [abandonner - ami, amant] to drop ; [- emploi] to quit / *lâcher ses études* to drop out of school / *le moteur nous a lâchés le deuxième jour* the engine broke down on us on the second day **6.** [émettre] to let out, to come out with *(insép)* / *lâcher un juron* to let out an oath / *lâcher un soupir de soulagement* to let out a sigh of relief / *lâcher une sottise* to come out with a silly remark ▸ **le mot est lâché!** the word has been spoken! / *récession: le mot est lâché* recession: the "r" word has been spoken / *lâcher un pet* *fam* to fart *fam* **7.** SPORT [distancer - concurrent] to get a lead on, to leave behind *(sép)* ▸ **lâcher le peloton** to leave the rest of the field behind, to (stage a) break from the pack. ◆ vi **1.** [se casser - câble] to snap, to break, to give (way) ; [- embrayage, frein] to fail / *les freins ont lâché* the brakes failed **2.** [abandonner] : *le coureur a lâché dans la dernière montée* the runner gave up the fight in the middle of the last climb.
❖ **se lâcher** vp **1.** [se comporter librement] to let o.s. go / *allez, lâche-toi un peu!* come on, let yourself go a bit! **2.** [parler librement] to say what's on one's mind / *elle s'est lâchée et on en a appris de belles sur ses collègues!* she eventually said what she really thought and we heard some juicy stories about her colleagues!
lâcheté [laʃte] nf **1.** [manque de courage] cowardice **2.** [caractère vil] baseness, lowness ; [procédé vil] low ou dirty trick / *commettre une lâcheté* to do something despicable.
lâcheur, euse [laʃœʀ, øz] nm, f *fam* : *quel lâcheur, il n'est pas venu!* what an unreliable so-and-so, he didn't come!
lacinié, e [lasinje] adj laciniate.
lacis [lasi] nm **1.** [labyrinthe] maze, web / *un lacis de ruelles* a maze of little streets **2.** [entrelacement] lattice, network, tracery ▸ **lacis veineux** network of veins.
laconique [lakɔnik] adj [lettre, réplique] laconic *sout*, terse ; [personne] laconic / *je n'ai obtenu qu'une réponse laconique* all I got was a terse reply.
laconiquement [lakɔnikmɑ̃] adv laconically *sout*, tersely.
laconisme [lakɔnism] nm terseness, laconism *sout*.
lacrima-christi [lakʀimakʀisti] nm inv Lacryma-Christi (wine).
lacrymal, e, aux [lakʀimal, o] adj tear *(modif)*, lachrymal *spéc*, lacrimal *spéc*.
lacrymogène [lakʀimɔʒɛn] adj [gaz] tear *(modif)*, lachrymatory *spéc*, lacrymogenic *spéc* ; [grenade] tear-gas *(modif)* ; [bombe] anti-mugger, tear-gas *(modif)*.
lacrymo-nasal, e, aux [lakʀimonazal, o] adj naso-lachrymal, nasolacrimal.
lacs [la] nm [piège] snare.
lactaire [laktɛʀ] ◆ adj PHYSIOL lacteal. ◆ nm BOT milk cap.
lactalbumine [laktalbymin] nf lactalbumin.
lactarium [laktaʀjɔm] nm milk bank.
lactase [laktaz] nf lactase.
lactate [laktat] nm lactate.
lactation [laktasjɔ̃] nf lactation.
lacté, e [lakte] adj **1.** [contenant du lait] milky, lacteal *spéc* ▸ **farine lactée** milk-enriched cereal ▸ **produits lactés** milk ou milky foods **2.** *litt* [pareil au lait] milky, lacteous *litt*.
lactescence [laktɛsɑ̃s] nf lactescence.
lactescent, e [laktɛsɑ̃, ɑ̃t] adj **1.** [contenant du lait] lactescent **2.** *litt* [d'un blanc laiteux] milky-white, lacteous *litt*.
lactifère [laktifɛʀ] adj lactiferous.
lactique [laktik] adj lactic.
lactodensimètre [laktɔdɑ̃simɛtʀ] nm lactometer.
lactoflavine [laktɔflavin] nf riboflavin, vitamin B2.
lactose [laktoz] nm lactose.
lactosérum [laktɔseʀɔm] nm whey.
lacunaire [lakynɛʀ] adj **1.** [incomplet] incomplete, with gaps, lacunary *litt* / *il a des connaissances lacunaires* his knowledge is full of gaps **2.** ANAT & BOT [système] lacunar ; [tissu] lacunal.
lacune [lakyn] nf **1.** [omission] gap / *de vieux manuscrits pleins de lacunes* old manuscripts with many parts missing ou full of gaps / *les lacunes de la loi sur cette question* the gaps in the law regarding this matter / *ma mémoire a des lacunes* there are gaps in my memory / *il y a des lacunes dans cette encyclopédie* there are some omissions in this encyclopedia / *j'ai des lacunes en mathématiques* there are gaps in my knowledge of mathematics **2.** ANAT, BIOL & GÉOL lacuna.
lacuneux, euse [lakynø, øz] adj **1.** *litt* [incomplet] lacunary **2.** BOT lacunose.
lacustre [lakystʀ] adj **1.** BIOL & BOT lacustrian **2.** CONSTR ▸ **cité lacustre** lakeside pile dwellings.
lad [lad] nm stable-boy, stable-lad UK.
ladang [ladɑ̃g] nm ladang farming.
ladanum [ladanɔm] nm = **labdanum.**
là-dedans [laddɑ̃] adv **1.** [ici] in here ; [là-bas] in there / *le tiroir est sens dessus dessous, je ne trouve rien là-dedans* the drawer is in a mess, I can't find anything in here ▸ **debout là-dedans!** *fam* rise and shine! **2.** [dans ce texte] in here ; [dans ce qui est dit] : *il y a là-dedans des choses qui m'échappent* there are things that escape me in what was said / *il y a du vrai là-dedans* there's some truth in it **3.** [dans cette affaire] : *quel est son rôle là-dedans?* what part does he play in all this? **4.** EXPR ▸ **il y en a, là-dedans!** *fam & hum* you're not just a pretty face, are you!
là-dessous [ladsu] adv **1.** [sous cet objet-ci] under here ; [sous cet objet-là] under there **2.** [dans cette affaire] :

il y a quelque chose de bizarre là-dessous there's something strange ou odd about all this / *qu'est-ce qui se cache là-dessous?* what's behind all this ou behind it all?
là-dessus [ladsy] adv **1.** [sur cet objet-ci] on here ; [sur cet objet-là] on there / *ne t'appuie pas là-dessus!* don't lean on it! **2.** [à ce sujet] about this ou it / *je n'en sais pas plus que toi là-dessus* I don't know any more than you about it **3.** [sur ce] : *là-dessus je vous dis bonsoir* at this point ou with that, I'll say good night / *là-dessus, elle se tut* at which point ou whereupon, she stopped talking.
ladin [ladɛ̃] nm Ladin.
ladino [ladino] nm Ladin.
ladite [ladit] nf ⟶ **ledit**.
ladre [ladʀ] ◆ adj *litt* [avare] miserly, measly. ◆ nmf *litt* [avare] miser, skinflint. ◆ nm VÉTÉR ▸ **tache de ladre** bare patch.
ladrerie [ladʀəʀi] nf **1.** *litt* [avarice] miserliness **2.** VÉTÉR measles.
lady [lɛdi] (*pl* **ladys** *ou* **ladies** [-di:z]) nf lady / *elle se prend pour une lady* she thinks she's really something.
Lagarde et Michard [lagaʀdemiʃaʀ] npr m *series of schoolbooks each describing a period of literary history through illustrations, historical notes and extracts from literary works, known to generations of French schoolchildren.*
lagon [lagɔ̃] nm (coral reef) lagoon.
lagopède [lagɔpɛd] nm lagopus ▸ **lagopède d'Écosse** (red) grouse ▸ **lagopède des Alpes** ptarmigan.
Lagos [lagos] npr m ▸ **Lagos** Lagos.
Laguiole® [lajɔl] nm *distinctively-shaped knife.*
lagunaire [lagynɛʀ] adj lagoonal.
lagune [lagyn] nf lagoon.
là-haut [lao] adv **1.** [au-dessus] up there / *leur maison est là-haut sur la colline* their house is up there on the hill / *mais que fait-elle là-haut?* [à l'étage] what's she doing upstairs? **2.** [aux cieux] up there, (up) in Heaven, on high *sout.*
lai, e [lɛ] adj RELIG ▸ **frère lai** lay brother.
❖ **lai** nm LITTÉR lay.
❖ **laie** nf **1.** ZOOL wild sow **2.** AGR [trouée] (compartment) line ; [sentier] forest path.
laïc, laïque [laik] ◆ adj lay. ◆ nm, f layman (laywoman) ▸ **les laïcs** the laity.
❖ **laïque** ◆ adj **1.** [non clérical] secular, lay, laic *litt* ▸ **habit laïque** lay dress **2.** [indépendant du clergé] ▸ **un État laïque** a secular state ▸ **l'école laïque** secular education **3.** [empreint de laïcité] ▸ **l'esprit laïque** secularism. ◆ nf *vieilli* state ▸ **la laïque** *the state educational system (in France).*
laïcat [laika] nm laity.
laïcisation [laisizasjɔ̃] nf secularization, laicization.
laïciser [3] [laisize] vt to secularize, to laicize.
laïcisme [laisism] nm secularism.
laïciste [laisist] adj & nmf secularist.
laïcité [laisite] nf secularism / *la défense de la laïcité* defence of secular education *(in France).*
laid, e [lɛ, lɛd] adj **1.** [inesthétique - bâtisse] ugly, unsightly ; [- vêtement, tableau, décoration] ugly, unattractive, awful ; [- personne] unattractive, ugly / *en bleu, c'est très laid* it looks awful in blue ▸ **il est / c'est très laid** he's / it's hideous / *il est très laid de visage* he's got an ugly face ▸ **laid comme un pou** ou **un singe** ou **à faire fuir** (as) ugly as sin **2.** [impoli] rude, unseemly / *c'est laid de faire des grimaces aux gens* it's rude ou not nice to pull faces at people.
❖ **laid** nm [valeur esthétique] ▸ **le laid** ugliness.
laidement [lɛdmɑ̃] adv **1.** [de façon laide] unattractively **2.** *sout* [ignoblement] basely *litt*, dirtily.
laideron [lɛdʀɔ̃] nm ugly girl.
laideur [lɛdœʀ] nf **1.** [physique - d'une personne, d'une chose] ugliness / *ce nouveau bâtiment est d'une laideur!* that new building is so ugly! / *d'une laideur repoussante* repulsively ugly **2.** [chose laide] monstrosity **3.** [morale - d'un crime] heinousness ; [- d'une accusation] meanness, baseness *litt* / *il a dépeint l'hypocrisie dans toute sa laideur* he portrayed hypocrisy in all its ugliness.
laie [lɛ] nf = **lai**.

lainage [lɛnaʒ] nm **1.** TEXT [tissu] woollen UK ou woolen US fabric ou material ; [procédé] napping / *une robe de* ou *en lainage* a woollen dress **2.** [pull] woollen jumper UK, woolen sweater US **3.** [gilet] wool cardigan / *mets un lainage* put on a sweater ▸ **des lainages** woollens.
laine [lɛn] nf **1.** [poil - du mouton, de l'alpaga, etc.] wool ▸ **il se laisserait manger** ou **tondre la laine sur le dos** *fam* he'd let you take the shirt off his back **2.** TEXT wool ▸ **en laine peignée** worsted *(modif)* ▸ **laine à tricoter** knitting wool ▸ **laine vierge** new wool ▸ **laine polaire** fleece **3.** [vêtement] ▸ **(petite) laine** *fam* woolly UK, sweater **4.** [fibre] ▸ **laine d'acier** steel wool ▸ **laine de bois** wood wool ou fibre ▸ **laine de laitier / roche** slag / rock wool ▸ **laine minérale** mineral wool ▸ **laine de verre** glass wool.
❖ **de laine** loc adj wool *(modif)*, woollen / *bonnet / chaussettes de laine* woollen hat / socks / *robe de laine* wool ou woollen dress.
lainer [4] [lɛne] vt TEXT [tissu] to nap.
laineur, euse [lɛnœʀ, øz] nm, f napper.
❖ **laineuse** nf napping-machine, raising-machine.
laineux, euse [lɛnø, øz] adj **1.** TEXT woollen, woolly UK, wooly US **2.** BOT woolly UK, wooly US, piliferous *spéc.*
lainier, ère [lɛnje, ɛʀ] ◆ adj [production] wool *(modif)* ; [usine] wool-producing. ◆ nm, f **1.** [industriel] wool manufacturer **2.** [ouvrier] wool worker **3.** [commerçant] wool stapler.
laïque [laik] nf ⟶ **laïc.**
lais [lɛ] nmpl (exposed) foreshore.
laisse [lɛs] nf **1.** [lien] leash, lead UK / *tirer sur la laisse* to strain at the leash / *tenir un chien en laisse* to keep a dog on the leash ou lead ▸ **mener** ou **tenir qqn en laisse** *fig* to keep a tight rein on sb **2.** GÉOGR [partie de plage] foreshore ; [ligne] tide-mark, high-water mark ▸ **laisse de basse / haute mer** low / high tide-mark.
laissé-pour-compte, laissée-pour-compte [lesepuʀkɔ̃t] (*mpl* **laissés-pour-compte**, *fpl* **laissées-pour-compte**) nm, f [personne] social reject ou outcast / *les laissés-pour-compte de la société* the casualties ou victims of society.
❖ **laissé-pour-compte** nm COMM reject, return.
laisser [4] [lese]
◆ vt

A. ABANDONNER
B. DONNER, CRÉER
C. DANS UN ÉTAT, UNE SITUATION
D. SUIVI D'UN INFINITIF

A. ABANDONNER **1.** [ne pas prendre, renoncer à] to leave / *elle a laissé son dessert* she left her pudding (untouched), she didn't touch her pudding / *laisse quelques fruits pour eux* leave them some fruit, leave some fruit for them ▸ **à prendre ou à laisser** take it or leave it / *c'est à prendre ou à laisser* (it's) take it or leave it ▸ **il y a à prendre et à laisser a)** [il y a du bon et du mauvais] you have to pick and choose **b)** [il y a du vrai et du faux] you have to be selective ▸ **laissez toute espérance, vous qui entrez** *(allusion à Dante)* abandon hope all ye who enter here **2.** [quitter momentanément - personne, chose] to leave / *j'ai laissé mes enfants chez mon frère* I left my children at my brother's / *n'oubliez pas de laisser vos manteaux au vestiaire* don't forget to leave your coats in the cloakroom / *j'ai laissé la voiture à la maison* I left the car at home / *laisse-nous à la gare* drop us off ou leave us at the station / *laisse-nous, nous avons à parler* leave us (alone), we have things to talk about ▸ **allez, je vous laisse** I'll be off now ▸ **je vous laisse a)** [au téléphone] I must hang up ou go now **b)** [dans une lettre] that's all for now, I'll leave you now **3.** [quitter définitivement] to leave, to abandon / *il s'est expatrié, laissant sa famille, ses amis* he emigrated, leaving his family and his friends / *il a laissé femme et enfants* he abandoned his wife and children, he walked out on his wife and children ; [après sa mort - famille] to leave / *il est mort sans laisser de descendance* ou *d'héritiers* he died without leaving any heirs / *il laisse beaucoup de dettes* he has left considerable debts (behind him) / *elle a laissé une œuvre considérable* she left (behind her) a vast body of work **4.** [oublier] to leave, to forget / *j'ai laissé mon sac à la maison* I left my bag at home / *ne laissez rien dans les voitures* don't leave anything in your car / *laisser des fautes dans un texte* to leave mistakes in a text / *veillez à ne pas laisser de coquilles dans les épreuves* try not to leave any printing mistakes on the proofs **5.** [perdre - membre, personne, bien matériel] to lose / *il a laissé sa fortune dans cette aventure* he lost all his money in this affair, this affair has lost him all his money / *il y a laissé beaucoup d'argent* he lost a lot of money in it ▸ **y laisser la vie** ou **sa vie** to lose one's life ▸ **y laisser sa santé** to ruin one's health **6.** [déposer - trace, marque] to leave / *la mer a laissé des algues sur la plage* the tide left some seaweed (behind) on the beach / *laisser une marque / auréole* to leave a mark / ring / *ce vin laisse un arrière-goût désagréable* this wine has an unpleasant aftertaste / *laisser une impression* to leave ou to make an impression ▸ **il laisse un bon / un mauvais souvenir** we have good / bad memories of him / *elle laisse le souvenir d'une femme énergique* she will be remembered as an energetic woman **7.** [négliger] to leave / *laisse ton livre et viens avec moi* put down ou leave your book and come with me / *laissez la direction de Paris sur la gauche et tournez à droite* go past ou leave the road to Paris on your left and turn right / *laisse tes soucis et viens avec nous* forget your worries and come with us / *laissons les détails et occupons-nous de l'essentiel* let's leave the details aside and concentrate on the essentials **8.** *litt* ▸ **ne pas laisser de** [ne pas manquer de] : *cette déclaration ne laisse pas d'être inquiétante* one cannot but be worried by this statement / *l'intérêt qu'il me manifeste ne laisse pas de me flatter* the interest he shows in me is nothing if not flattering (to me) / *cette réponse ne laisse pas de m'étonner* I can't help but be surprised by this answer.
B. DONNER, CRÉER **1.** [accorder] to leave ▸ **laisser qqch à qqn** to leave sb sthg for sb, to leave sb sthg / *laisse-moi un peu de gâteau* leave some cake for me / *laisser un pourboire au garçon* to leave ou to give the waiter a tip / *le juge lui a laissé les enfants* the judge gave her custody of the children / *c'est tout ce que les cambrioleurs m'ont laissé* it's all the burglars left me (with) / *laissez la priorité à droite* give way to the right / *laissez le passage à l'ambulance* let the ambulance through ▸ **laisser sa place à qqn** [siège] to give up one's seat to sb / *laisse-nous un peu de place!* let us have ou leave us some room! / *laisse-lui le temps de le faire* leave ou give her time to do it / *ils m'ont laissé une semaine pour le finir* they left ou allowed me a week in which to finish it **2.** [confier] to leave ▸ **laisser des consignes à qqn** to leave instructions with sb, to leave sb with instructions / *laisser un message à la secrétaire* to leave a message with the secretary / *laissez les clés chez le gardien* drop the keys off at the caretaker's, leave the keys with the caretaker / *il m'a laissé sa voiture pendant son absence* he left me his car while he was away / *laisser sa carte* *vieilli* to leave one's card / *je lui laisse les travaux pénibles* I leave him the heavy work, I leave the heavy work to him / *tu me laisses tout le travail!* you're leaving me with all the work! ▸ **laisser qqch à faire à qqn** to leave sb to do sthg, to leave sthg for sb to do / *je vous laisse les lettres à envoyer* I'll leave you to send the letters **3.** [vendre] to let have / *je vous le laisse pour 100 euros* I'll let you have it for 100 euros **4.** [transmettre] : *après l'insurrection, il dut laisser le pouvoir à son fils* after the rebellion, he had to hand over power to his son ; [après sa mort] to leave, to bequeath *sout* / *il a laissé d'immenses propriétés à sa famille* he left his family vast estates / *elle a laissé tous ses biens à une œuvre de charité* she left ou *sout* bequeathed all her property to charity **5.** [réserver] to leave / *laissez une marge pour les corrections* leave a margin for corrections ▸ **laisser qqch pour la fin** to leave sthg till last ou till the end **6.** EXPR **laisser à penser que** [suj: chose] to make one think ou suppose that, to lead one to believe that / *cette note laisse à penser qu'elle est fâchée* this message would lead you to believe ou from this message you would think she's angry / *ta lettre laisse à penser que tu ne pourras pas venir* your letter implies that you won't be coming ▸ **je vous laisse à penser comme cela nous a fait plaisir** *aussi iron* I hardly need to tell you ou you can

just imagine how pleased we were ▸ **elle n'est pas là, cela laisse à penser** she's not here, it makes you wonder ▸ **je vous laisse à imaginer s'ils étaient surpris** I'll leave you to imagine how surprised they were.

C. DANS UN ÉTAT, UNE SITUATION 1. [faire demeurer] to leave, to keep / *laisse la fenêtre fermée / ouverte* leave the window shut / open ▸ **laisser un crime impuni** to let a crime go unpunished, to leave a crime unpunished / *ceci me laisse sceptique* I remain sceptical (about it) / *cela me laisse froid* ou *indifférent* it leaves me cold ou unmoved ▸ **laisser qqn tranquille** ou **en repos** ou **en paix** to leave sb alone ou in peace ▸ **laisser qqch tranquille** to leave sthg alone ▸ **laisser qqn dans l'ignorance de qqch** to let sb remain ignorant of sthg, to leave sb in the dark about sthg / *je ne peux pas te laisser dans cet état-là!* I can't leave you in this state! / *je ne te laisserai pas dans la misère* I won't let you want for anything / *laisser une maison à l'abandon* to let a house go to rack and ruin / *laissez le nom en blanc* leave the name blank, do not write the name in / *laisser des terres en friche* to let land lie fallow ▸ **laisser qqn / qqch sans surveillance** to leave sb / sthg unattended / *les corps ont été laissés sans sépulture* the bodies remained ou were left unburied ▸ **laisser derrière soi** *pr & fig* to leave behind / *laisser derrière soi tous ses concurrents* to leave all one's competitors behind / *il a laissé le peloton loin derrière* he left the pack well behind him / *elle laisse les autres loin derrière elle* she puts all the others to shame, she leaves all the others way behind ▸ **laisser la bride sur le cou à un cheval** *pr* to give a horse its head ▸ **laisser la bride sur le cou à qqn** *fig* to give sb free rein **2.** *(en usage absolu)* [s'abstenir d'intervenir] : *laisse, je vais le faire* leave it, I'll do it myself / *laisse, je vais me débrouiller, ça va aller* I'll be all right / *laissez, je vous en prie* please don't bother (with that) / *laisse, c'est moi qui paie* put your money away, I'll pay for this / *laisse, c'est ma tournée* no, it's my round.

D. SUIVI D'UN INFINITIF 1. [autoriser] to let, to allow, to permit ▸ **laisser qqn faire qqch** to let sb do sthg, to allow sb to do sthg / *le gardien les laisse jouer dans la cour* the caretaker lets them play ou allows them to play in the yard / *ils ne m'ont pas laissé lui parler* they didn't allow me to ou they didn't let me speak to her **2.** [ne pas empêcher de] to let, to allow ▸ **laisser qqn faire** to let sb do, to leave sb to do, to allow sb to do ▸ **laisse-le dormir** let him sleep, leave him to sleep / *laisse-moi le lui dire* let me tell her / him (about it) ▸ **laisser tomber qqch** to drop sthg ▸ **laisser voir qqch à qqn** [lettre, photo] to let sb have a look at sthg, to let sb see sthg ▸ **laisser voir** [montrer] to show, to reveal / *son décolleté laissait voir une peau satinée* her plunging neckline revealed skin like satin ▸ **laisser voir son émotion** to show one's emotion ▸ **laisser voir ses intentions** to reveal one's intentions / *ils ont laissé le prisonnier s'échapper* they let the prisoner escape ▸ **laisser condamner un innocent** to allow an innocent man to be punished / *tu me laisseras aller avec toi, dis?* let me come with you, go on! / *laisser échapper un cri de douleur* to let out a cry of pain / *elle laissa échapper un soupir* she gave a sigh ▸ **laisser sécher la colle** to leave ou to allow the glue to dry ▸ **laissez bouillir quelques secondes** let it boil for a few seconds / *elle laisse trop paraître ses sentiments* she lets her feelings show too much, she doesn't hide her feelings enough / *il ne laisse rien paraître de ses intentions* it's impossible to know what he has in mind ▸ **laisser vieillir un vin** to allow a wine to age / *ceci laisse supposer que...* this implies that..., this makes one think that... **3.** EXPR **laisser aller** *fam* [ne pas s'inquiéter] : *laisse aller, ce n'est pas grave* don't worry, it doesn't matter ▸ **laisser dire** : *laissez dire et faites ce que vous avez à faire* let them talk and do what you have to do / *bien faire et laisser dire, c'est ma devise* do what you think best and don't worry about what people say, that's my motto ▸ **laisser faire** : *on n'y peut rien, il faut laisser faire* there's nothing we can do (about it), you just have to let things take their course / *laisse faire, ça n'est pas grave!* don't worry, it doesn't matter! / *tu t'imagines que je vais laisser faire ça?* do you think I'm just going to stand by and watch while this happens? ▸ **laisser faire le temps** to let time take its course ▸ **laisser tomber** *fam* : *laisser tomber un ami* to drop a friend / *laisser tomber un petit ami* to give a boyfriend the push UK ou the dump US / *tu devrais laisser tomber, ça ne marchera jamais* you should give up ou drop it ou forget it, it'll never work / *je te dois encore 5 euros — laisser tomber* I still owe you 5 euros — forget it.

❖ **se laisser** ◆ vp *(emploi passif)* ▸ **ça se laisse regarder** [à la télévision] it's watchable / *il se laisse boire, ton petit vin* your little wine goes down nicely ou is very drinkable / *ça se laisse manger* it's rather tasty. ◆ vpi : *elle s'est laissé accuser injustement* she allowed herself to be ou she let herself be unjustly accused / *il ne s'est pas laissé accuser* he refused to let them pin the blame on him / *il refuse de se laisser photographier* he refuses to be photographed / *il s'est laissé séduire* he let himself be seduced ▸ **il s'est laissé mourir** he let himself die, he just gave up living / *ils se sont laissé surprendre par la nuit* they were caught out by nightfall ▸ **se laisser tomber sur une chaise / dans un fauteuil** to collapse onto a chair / into an armchair ▸ **se laisser aller a)** [se négliger] to let o.s. go **b)** [se détendre] to let o.s. go, to relax / *depuis la mort de sa femme, il se laisse aller* since his wife's death, he's let himself go ▸ **se laisser aller à** to go as ou so far as / *il s'est laissé aller à injurier son père* he went so far as to insult his father ▸ **se laisser dire que** to have heard (it said) that / *je me suis laissé dire qu'elle avait démissionné* I heard she'd resigned ▸ **se laisser faire** : *on l'accuse injustement et elle se laisse faire* she's unjustly accused, and she just stands by and lets it happen / *ne te laisse pas faire!* stand up for yourself!, don't let yourself be taken advantage of! / *la proposition est tentante, je crois que je vais me laisser faire* it's an attractive offer, I think I'll give in to temptation / *laisse-toi faire, ça nous fait plaisir de te l'offrir* do take it ou come on, we'd love to give it to you ▸ **se laisser vivre** *fam* to live for the moment, to take life as it comes.

> **Laisser qqch à qqn**
> *Leave sthg for / to / with sb* ou *leave sb sthg.*
>
> Notez la construction à double complément qui en anglais peut prendre deux formes dont le sens est le même :
>
> • une structure identique à celle du français :
> verbe + COD + préposition + COI
> leave sthg for / to / with sb
>
> • une structure qui diffère de celle du français, sans préposition, et dans laquelle l'ordre des compléments est inversé :
> verbe + COI + COD
> leave sb sthg
>
> **Ils laissent toujours une clé de leur appartement aux voisins.** *They always leave a key to their flat with the neighbours* ou *They always leave the neighbours a key to their flat.*
> **Il a laissé toute sa collection de timbres à ses petits-enfants.** *He left his entire stamp collection to his grandchildren* ou *He left his grandchildren his entire stamp collection.*

laisser-aller [lɛseale] nm inv : *il y a du laisser-aller dans cette maison!* things are a bit too easy-going ou slack in this house! / *il y a du laisser-aller dans sa tenue* he dresses a bit too casually, he's a bit of a sloppy dresser.

laisser-faire [lɛsefɛʀ] nm inv laissez faire, non-interventionism.

laissez-passer [lɛsepase] nm inv **1.** [autorisation] pass **2.** COMM carnet **3.** NAUT transire.

lait [lɛ] nm **1.** [des mammifères] milk / *avec ou sans lait?* black or white? UK, with or without milk? ▸ **lait caillé** curdled ou soured milk ▸ **lait concentré** ou **condensé non sucré** evaporated milk ▸ **lait concentré** ou **condensé sucré** (sweetened) condensed milk ▸ **lait demi-écrémé** semi-skimmed milk ▸ **lait écrémé** skimmed ou skim US milk ▸ **lait entier** full-cream milk UK, whole milk ▸ **lait fraise** *milk with strawberry syrup* ▸ **lait homogénéisé** homogenized milk ▸ **lait longue conservation** long-life milk ▸ **lait maternel** mother's ou breast milk ▸ **lait maternisé** baby formula milk ▸ **lait en poudre** dried ou powdered milk ▸ **lait stérilisé** sterilized milk **2.** [de certains fruits] milk ▸ **lait d'amande** almond milk ▸ **lait de coco** coconut milk ▸ **lait de soja** soya milk ▸ **lait végétal** non-dairy milk substitute **3.** [boisson préparée] ▸ **lait de palme** date palm leaf syrup ▸ **lait de poule** eggnog **4.** [pour la toilette] milk ▸ **lait démaquillant** cleansing milk **5.** CONSTR ▸ **lait de chaux** slaked lime wash.

❖ **au lait** loc adj with milk.

❖ **de lait** loc adj **1.** [ayant la même nourrice] : *ce sont des frères de lait* they had the same wet-nurse **2.** [cochon, veau] suckling **3.** [semblable au lait] milky ▸ **un teint de lait** a milk-white complexion.

laitage [lɛtaʒ] nm dairy product.

laitance [lɛtɑ̃s] nf **1.** ZOOL milt **2.** CULIN (soft) roe.

laiterie [lɛtʀi] nf **1.** [fabrique, ferme, magasin] dairy **2.** [secteur d'activité] dairy industry ou farming.

laiteux, euse [lɛtø, øz] adj **1.** [semblable au lait] milky / *un liquide laiteux* a milky ou cloudy liquid **2.** [de la couleur du lait] milk white, milky white / *un teint laiteux* a milky-white complexion.

laitier, ère [lɛtje, ɛʀ] ◆ adj **1.** [du lait] dairy *(modif)* ▸ **des produits laitiers** dairy produce **2.** [bête] milk *(modif).* ◆ nm, f **1.** [livreur] milkman (milkwoman) **2.** [éleveur] dairy farmer.

❖ **laitier** nm MÉTALL slag.

❖ **laitière** nf **1.** [ustensile] milk can UK, milk pail, milk bucket US **2.** [vache] milk ou milch ou dairy cow.

laiton [lɛtɔ̃] nm brass ▸ **un fil de laiton** a piece of brass wire.

laitonnage [lɛtɔnaʒ] nm brass plating.

laitonner [3] [lɛtɔne] vt to brass plate.

laitue [lɛty] nf lettuce ▸ **laitue pommée** round lettuce.

laïus [lajys] nm *fam* long spiel, long-winded speech / *ne me fais pas tout un laïus!* give me the short version!

laïusser [3] [lajyse] vi *fam* to ramble (on) endlessly.

laïusseur, euse [lajysœʀ, øz] *fam* ◆ adj long-winded, waffling UK. ◆ nm, f windbag, waffler UK.

laize [lɛz] nf = **lé.**

lakiste [lakist] ◆ adj of the Lake Poets. ◆ nmf Lake Poet.

lallation [lalasjɔ̃] nf lallation.

lama [lama] nm **1.** RELIG lama ▸ **le Grand lama** the Dalai Lama **2.** ZOOL llama.

lamaïque [lamaik] adj Lamaic.

lamaïsme [lamaism] nm Lamaism.

lamaïste [lamaist] adj & nmf Lamaist.

lamantin [lamɑ̃tɛ̃] nm manatee.

lamarckisme [lamaʀkism] nm Lamarckism.

lamaserie [lamazʀi] nf lamasery.

lambada [lɑ̃bada] nf lambada.

lambda [lɑ̃bda] *(pl* **lambda** *ou* **lambdas****)* nm **1.** [lettre] lambda **2.** *(comme adj) fam* ▸ **un individu lambda** your average bloke UK ou Joe US.

lambeau, x [lɑ̃bo] nm **1.** [morceau] scrap, strip, bit / *lambeaux de chair* strips of flesh **2.** MÉD flap.

❖ **en lambeaux** ◆ loc adj [déchiré] in tatters, in shreds / *le tapis est en lambeaux* the carpet is in tatters ou in shreds. ◆ loc adv : *les affiches partent* ou *tombent en lambeaux* the posters are getting really tattered.

lambi [lɑ̃bi] nm conch.

lambic(k) [lɑ̃bik] nm lambic ou lambick *(strong Belgian ale).*

lambin, e [lɑ̃bɛ̃, in] *fam* ◆ adj dawdling, slow. ◆ nm, f dawdler, slowcoach UK, slowpoke US.

lambiner [3] [lɑ̃bine] vi *fam* to dawdle / *pas le temps de lambiner* no time to dawdle ou to hang around.

lambliase [lɑ̃bljaz] nf giardiasis.

lambourde [lɑ̃buʀd] nf **1.** BOT fruit-tree shoot **2.** CONSTR [pour solives] wall plate ; [frise] (joist) backing strip.

* In reformed spelling (see p. 16-19).

lambrequin [lɑ̃bʀɔkɛ̃] nm **1.** [motif décoratif] lambrequin **2.** CONSTR (eaves) cornice **3.** [d'un lit] valance ; [d'une fenêtre] pelmet UK, lambrequin US.

❖ **lambrequins** nmpl HÉRALD mantle, mantling.

lambris [lɑ̃bʀi] nm **1.** [en bois] panelling UK, paneling US, wainscoting / *lambris de chêne* oak panelling ▸ **lambris dorés** : *sous les lambris dorés du ministère* in the gilded halls of the ministry **2.** [en marbre, en stuc] casing.

lambrissage [lɑ̃bʀisaʒ] nm panelling.

lambrisser [3] [lɑ̃bʀise] vt to panel, to wainscot / *lambrissé de chêne* oak-panelled.

lambswool [lɑ̃bswul] nm lamb's wool.

lame [lam] nf **1.** [de couteau] blade ; [de scie] web ; [de tournevis] shaft ▸ **lame de rasoir** razor blade ▸ **il a le visage en lame de couteau** he is hatchet-faced **2.** *litt* [épée] sword ▸ **une bonne** ou **fine lame** [personne] a fine swordsman **3.** AUTO [de ressort] leaf **4.** CONSTR [de store] slat ; [en bois] lath, strip ▸ **lames de parquet** floorboards **5.** GÉOL ▸ **lame mince** thin plate ou section **6.** OPT slide **7.** TEXT [de lisses] leaf **8.** [vague] wave ▸ **lame de fond** *pr & fig* ground swell / *une lame de fond électorale* a ground swell of electoral support.

lamé, e [lame] adj spangled, lamé.

❖ **lamé** nm lamé / *une robe en lamé* a spangled ou lamé dress.

lamellaire [lamɛlɛʀ] adj lamellar, lamellate.

lamelle [lamɛl] nf **1.** BOT lamella, gill **2.** CULIN [de viande] thin strip ; [de fromage, de pomme] thin slice, sliver **3.** MINÉR flake, lamella *spéc* **4.** OPT coverslip, cover glass.

❖ **en lamelles** loc adj CULIN sliced.

lamellé, e [lamɛle] adj lamellate, lamellated, lamellar.

lamellé-collé [lamɛlekɔle] (*pl* **lamellés-collés**) nm laminate.

lamellibranche [lamɛlibʀɑ̃ʃ] nm lamellibranch ▸ **les lamellibranches** the Lamellibranchia.

lamellicorne [lamɛlikɔʀn] ◆ adj lamellicorn. ◆ nm lamellicorn ▸ **les lamellicornes** the lamellicornes ou Lamellicornia.

lamelliforme [lamɛlifɔʀm] adj lamelliform.

lamellirostre [lamɛliʀɔstʀ] adj lamellirostral.

lamentable [lamɑ̃tabl] adj **1.** [désolant - accident] deplorable, frightful, lamentable ; [pitoyable - plainte, vie] pathetic, pitiful ; [- état] awful, terrible / *il est dans un état lamentable depuis la mort de sa femme* he's been in an awful ou a terrible state since his wife died **2.** [mauvais - performance, résultat] pathetic, appalling / *vous avez été lamentables !* you were useless ! ▸ **c'est lamentable !** [comportement, action] it's pathetic !

lamentablement [lamɑ̃tabləmɑ̃] adv miserably, dismally / *il a échoué lamentablement* he failed miserably ou dismally / *le pays se traîne lamentablement derrière ses voisins* the country is dragging miserably behind its neighbours.

lamentation [lamɑ̃tasjɔ̃] nf **1.** [pleurs] wailing *(U)*, lamentation **2.** [récrimination] moaning *(U)*, complaining *(U)* / *cesse tes lamentations* stop your moaning ou complaining / *se répandre en lamentations* to burst into a torrent of complaints.

❖ **lamentations** nfpl RELIG ▸ **les lamentations** the Lamentations of Jeremiah ▸ **le livre des Lamentations** the Book of Lamentations.

lamenter [3] [lamɑ̃te] ❖ **se lamenter** vpi **1.** [gémir] to moan, to whine ▸ **se lamenter sur qqch** to moan about sthg, to bemoan sthg *sout* / *il se lamente sur la dégradation des valeurs morales* he deplores ou regrets the decline in moral values / *il ne cesse de se lamenter sur son propre sort* he keeps moaning about how things are for him **2.** [pleurer] to wail.

lamento [lamɛnto] nm lament.

lamer [3] [lame] vt **1.** [aplanir] to spot-face **2.** [broder] to spangle.

lamie [lami] nf **1.** MYTH lamia **2.** ZOOL mackerel shark, porbeagle.

lamifié, e [lamifje] adj laminated.

❖ **lamifié** nm laminated wood.

laminage [laminaʒ] nm **1.** [du plastique, du métal, du verre] rolling, laminating ; [du caoutchouc, du papier] calendering **2.** *fig* [réduction] reduction.

laminaire [laminɛʀ] ◆ adj ⟶ **régime.** ◆ nf [algue] oarweed, laminarian.

laminer [3] [lamine] vt **1.** [plastique, métal, verre] to roll, to laminate ; [caoutchouc, papier] to calender **2.** [réduire - revenus] to erode ; [- effectifs] to decimate **3.** *fam* [personne] to exhaust.

lamineur, euse [laminœʀ, øz] ◆ adj laminating. ◆ nm, f mill-hand *(in a roller-mill)*.

❖ **lamineuse** nf roller *(for glass)*.

lamineux [laminø] adj m laminose, laminous ▸ **tissu lamineux** ANAT loose connective tissue.

laminoir [laminwaʀ] nm **1.** MÉTALL rolling mill ▸ **passer au laminoir** to be put through the mill ▸ **(faire) passer qqn au laminoir** *fig* to put sb through the mill **2.** [à papier] calender.

lampadaire [lɑ̃padɛʀ] nm **1.** [dans une maison] standard lamp UK, floor lamp US **2.** [dans la rue] street lamp, streetlight.

lampant, e [lɑ̃pɑ̃, ɑ̃t] adj lamp *(modif)*.

lamparo [lɑ̃paʀo] nm **1.** [lampe] (fishing) lamp **2.** [bateau] lamplight fishing boat.

lampe [lɑ̃p] nf **1.** [luminaire] lamp, light / *à la lumière de la lampe* by lamplight ▸ **lampe à arc** arc lamp ou light ▸ **lampe (d')architecte** ou **articulée** anglepoise lamp ▸ **lampe de bureau** desk lamp ▸ **lampe de chevet** bedside lamp ▸ **lampe électrique** flashlight ▸ **lampe à gaz** gaslight ▸ **lampe halogène** halogen lamp ▸ **lampe à huile** oil lamp ▸ **lampe à incandescence** incandescent lamp ▸ **lampe de lecture** reading lamp ▸ **lampe à pétrole** paraffin lamp UK, kerosene lamp US ▸ **lampe de poche** torch UK, flashlight US / *à la lumière d'une lampe de poche* by torchlight UK, by flashlight US ▸ **lampe de table** table lamp ▸ **lampe solaire** sun lamp ▸ **lampe témoin** warning light ▸ **lampe torche** flashlight **2.** [appareil] ▸ **lampe à alcool** spirit lamp ▸ **lampe à bronzer** sunlamp ▸ **lampe à souder** blowlamp UK, blowtorch US **3.** MIN ▸ **lampe de sûreté** safety lamp **4.** RADIO valve (tube).

lampée [lɑ̃pe] nf *fam* swig, gulp ▸ **boire qqch à grandes lampées** to gulp sthg down.

lamper [3] [lɑ̃pe] vt *fam* to swig, to gulp down *(sép)*.

lampe-tempête [lɑ̃ptɑ̃pɛt] nf storm lamp.

lampion [lɑ̃pjɔ̃] nm paper ou Chinese lantern ▸ **scander des slogans sur l'air des lampions** to chant slogans.

lampiste [lɑ̃pist] nm **1.** HIST light maintenance man **2.** *fam* [subalterne] underling, menial, dogsbody UK.

lampourde [lɑ̃puʀd] nf cocklebur.

lamproie [lɑ̃pʀwa] nf ZOOL lamprey ▸ **lamproie de rivière** lampern.

lampyre [lɑ̃piʀ] nm glowworm.

lance [lɑ̃s] nf **1.** ARM spear **2.** [tuyau] ▸ **lance à eau** hose, pipe ▸ **lance d'arrosage** garden hose ▸ **lance d'incendie** fire hose **3.** MÉTALL ▸ **lance à oxygène** oxygen lance.

lancé, e [lɑ̃se] adj **1.** [personne] : *le voilà lancé !* he's made it ! **2.** SPORT ▸ **départ lancé** flying start.

❖ **lancée** nf [vitesse acquise] momentum.

❖ **sur sa lancée** loc adv : *il courait et sur sa lancée, il dribbla ses deux adversaires* he ran up the field, dribbling around two attackers as he went / *sur sa lancée, il s'en prit même à son père* he even took his father to task while he was at it / *continuer sur sa lancée* to keep going.

lance-amarre [lɑ̃samaʀ] (*pl* **lance-amarres**) nm line-throwing gun.

lance-bombes (*pl* **lance-bombes**), **lance-bombe*** (*pl* **lance-bombes**) [lɑ̃sbɔ̃b] nm bomb-dropping gear.

lancée [lɑ̃se] nf ⟶ **lancé.**

lance-flammes (*pl* **lance-flammes**), **lance-flamme*** (*pl* **lance-flammes**) [lɑ̃sflam] nm flame-thrower.

lance-fusées (*pl* **lance-fusées**), **lance-fusée*** (*pl* **lance-fusées**) [lɑ̃sfyze] nm rocket launcher.

lance-grenades (*pl* **lance-grenades**), **lance-grenade*** (*pl* **lance-grenades**) [lɑ̃sgʀənad] nm grenade launcher ▸ **lance-grenades sous-marines** depth-charge launcher.

lancement [lɑ̃smɑ̃] nm **1.** ASTRONAUT & NAUT launch, launching / *nous allons procéder au lancement* we will now proceed with the launch ▸ **créneau** ou **fenêtre de lancement** firing ou launch window **2.** TRAV PUB ▸ **le lancement d'un pont** the throwing of a bridge **3.** [publicité - opération] launching ; [- cérémonie, réception] launch ▸ **le lancement d'un produit** the launching of a product ▸ **prix de lancement** launch price **4.** BELG stabbing pain.

lance-missiles (*pl* **lance-missiles**), **lance-missile*** (*pl* **lance-missiles**) [lɑ̃smisil] nm missile launcher.

lancéolé, e [lɑ̃seɔle] adj **1.** BOT lanceolate **2.** ARCHIT ▸ **arc lancéolé** lancet arch.

lance-pierres [lɑ̃spjɛʀ] nm inv **1.** [fronde] catapult UK, slingshot US **2.** *fam* EXPR ▸ **déjeuner / manger avec un lance-pierres** to gulp one's lunch / meal (down) ▸ **payer qqn avec un lance-pierres** to pay sb a pittance.

lancer[1] [lɑ̃se] nm **1.** PÊCHE casting ▸ **lancer léger / lourd** fixed / free reel casting **2.** SPORT throw ▸ **le lancer du disque** the discus ▸ **le lancer du javelot** the javelin ▸ **le lancer du poids** the shot ▸ **pratiquer le lancer du disque / javelot** to throw the discus / javelin ▸ **pratiquer le lancer du poids** to put the shot.

lancer[2] [16] [lɑ̃se]

◆ vt

A. ENVOYER, ÉMETTRE

B. FAIRE DÉBUTER, PARTIR

A. ENVOYER, ÉMETTRE **1.** [jeter] to throw / *elle m'a lancé la balle* she threw me the ball, she threw the ball to me / *lancez les bras en arrière puis en avant* throw your arms backwards then forwards / *lancer la jambe en l'air* to kick one's leg up / *ne lancez pas de pierres* don't throw stones ▸ **lancer le disque / javelot / marteau** to throw the discus / javelin / hammer ▸ **lancer le poids** to put the shot / *le volcan lance des flammes* the volcano is throwing out flames / *les diamants lançaient des feux* the diamonds flashed ou glinted / *lancer un regard haineux* to shoot ou to give a look full of hate / *ils nous lançaient des regards curieux* they looked at us curiously / *ses yeux lançaient des éclairs* her eyes flashed ▸ **lancer qqch à la figure de qqn** to throw sthg in sb's face ▸ **lancer son poing dans la figure de qqn** to smash one's fist into sb's face / *le cheval lança une ruade* the horse kicked out **2.** [à l'aide d'un instrument] to fire, to shoot ; [bombe] to drop ; ASTRONAUT to launch / *lancer des flèches avec un arc* to fire (off) ou to shoot arrows from a bow / *lancer un projectile téléguidé* to fire a remote-controlled missile / *lancer des bombes sur un objectif* to drop bombs on a target ▸ **lancer une fusée** to launch a rocket / *ils ont lancé des satellites pendant dix ans* they sent up ou launched satellites for ten years / *avec leurs sarbacanes, ils lançaient des boulettes de papier* with their peashooters they were firing ou shooting little balls of paper / *lancer des torpilles* to fire (off) torpedoes / *lancer un signal de détresse* to fire off a distress signal **3.** [émettre - cri] to let out *(insép)* ; [- accusation] to level / *lancer un cri de terreur* to let out a cry of terror / *les mouettes lançaient leurs appels aigus* the gulls were screeching ou were crying shrilly / *lancer un bon mot* to crack a joke ▸ **lancer des injures à qqn** to hurl insults at sb / *lancer des questions* to fire questions ▸ **lancer une apostrophe à qqn** to shout something rude at sb ▸ **lancer une idée** to launch an idea **4.** [diffuser - décret, consigne] to send ou to put out *(sép)*, to issue ▸ **lancer des invitations** to send ou to give out invitations ▸ **lancer un SOS / un appel à la radio** to send out an SOS / an appeal on the radio ▸ **lancer un mandat d'amener / un ultimatum** to issue a summons / an ultimatum ▸ **lancer un emprunt** to float a loan ▸ **lancer une souscription** to start a fund **5.** CONSTR to throw ▸ **lancer un pont** to throw a bridge **6.** PÊCHE to cast / *lancer sa ligne* to cast one's line.

B. FAIRE DÉBUTER, PARTIR **1.** [faire partir brusquement] : *les cavaliers lancèrent leurs chevaux* the riders set off at full speed on their horses / *ils lancèrent les chiens sur les rôdeurs* they set the dogs on the prowlers / *lancer des troupes à l'attaque* to send troops into the attack ; [mettre en train - campagne] to launch ; [- affaire] to set up ; [- idée] to float ; [- mode] to start / *lancer un mouvement de protestation* to launch a protest campaign, to get a protest campaign going **2.** [faire fonctionner - gén] to get going ou started, to start ; [INFORM - programme] to start ▸ **lancer une application** to launch an application ▸ **lancer une impression** to start printing / *lancer un balancier* to set a pendulum swinging ▸ **lancer un moteur** to rev up ou to start an engine / *une fois le moteur lancé* once the engine is running / *la voiture était lancée à toute vitesse* the car was going at full speed / *le train était lancé à 150 km/h quand...* the train was hurtling along at 150 km/h when... **3.** [faire connaître - produit] to launch / *lancer un nouveau produit sur le marché* to launch a new product on the market ▸ **lancer une mode** to start a fashion ▸ **c'est ce roman / cette émission qui l'a lancé** this novel / programme made him famous / *une fois lancé dans le cyclisme professionnel* once he'd made it in professional cycling **4.** *fam* [orienter - discussion] to get going / *une fois qu'il est lancé sur ce sujet, on ne peut plus l'arrêter* once he gets going on the subject, there's no stopping him / *si on le lance sur la course automobile, il est intarissable* once he gets going on motor racing, there's no stopping him **5.** [engager] to lead / *vous lancez le pays dans l'aventure* you're leading the country into the unknown **6.** MIL to launch / *lancer une attaque* to launch an attack / *lancer une contre-attaque* to launch a counterattack, to counterattack **7.** NAUT to launch / *lancer un navire* to launch a ship.

◆ vi [élancer - douleur] to stab / *ça me lance dans l'épaule, l'épaule me lance* I've got a sharp stabbing pain in my shoulder.

❖ **se lancer** ◆ vp *(emploi réciproque)* [balle] to throw at one another / *ils se lançaient des assiettes à la figure* they were throwing plates at each other / *elles se lançaient des injures* they were hurling insults back and forth, they were exchanging insults. ◆ vpi **1.** [se précipiter] to throw o.s. ; [courir] to rush (headlong), to dash / *ce week-end, les citadins vont se lancer sur les routes* this weekend, city dwellers will take to the roads / *se lancer à la poursuite de* to set off in pursuit of ▸ **se lancer à la recherche de qqch** to start looking for sthg ▸ **se lancer à la conquête de qqch** to set out to conquer sthg / *se lancer dans le vide* to jump ou to throw o.s. into empty space **2.** [se mettre à parler] : *se lancer sur un sujet* to get going on a topic **3.** [prendre l'initiative] : *allez, lance-toi et demande une augmentation* go on, take the plunge and ask for a rise / *le bébé s'est lancé et a traversé la pièce* the baby set off and crossed the room / *allez, lance-toi, tu verras ce n'est pas si difficile* go on, off you go, you'll soon see it's not so hard.

❖ **se lancer dans** vp + prép **1.** [s'aventurer dans - explication, aventure] to embark on / *ne te lance pas dans de grosses dépenses* don't go spending a lot of money / *se lancer dans une entreprise hasardeuse* to get o.s. involved in ou to embark on a dangerous undertaking **2.** [se mettre à pratiquer] to get involved in / *se lancer dans la politique* to take up politics / *se lancer dans la peinture* to take up painting / *la France se lance alors dans la troisième croisade* France then threw itself into the Third Crusade.

lance-roquettes *(pl* **lance-roquettes**), **lance-roquette*** *(pl* **lance-roquettes**) [lɑ̃ʀɔkɛt] nm (hand held) rocket launcher ou gun.

lance-torpilles *(pl* **lance-torpilles**) **lance-torpille*** *(pl* **lance-torpilles**) [lɑ̃stɔʀpij] nm torpedo (launching) tube.

lancette [lɑ̃sɛt] nf ARCHIT & MÉD lancet.

lanceur, euse [lɑ̃sœʀ, øz] nm, f **1.** [au baseball] pitcher ; [au cricket] bowler ▸ **lanceur de javelot** javelin thrower ▸ **lanceur de poids** shot putter **2.** [promoteur] promoter, originator / *un lanceur d'affaires* a business promoter.

❖ **lanceur** nm ASTRONAUT launch vehicle, launcher.

lanceur-d'engins [lɑ̃sœʀdɑ̃ʒɛ̃] nm inv nuclear warhead submarine, missile launcher.

lancier [lɑ̃sje] nm MIL lancer.

lancinant, e [lɑ̃sinɑ̃, ɑ̃t] adj **1.** [douleur] throbbing **2.** [obsédant - souvenir] haunting **3.** [répétitif] nerve-shattering / *une musique lancinante* pounding music.

lancinement [lɑ̃sinmɑ̃] nm throbbing pain.

lanciner [3] [lɑ̃sine] ◆ vt [obséder] to obsess, to haunt, to plague ; [tourmenter] to harass, to badger, to pester. ◆ vi to torment.

lançon [lɑ̃sɔ̃] nm sand-eel.

Land *(pl* **Länder** [lɛndœʀ]), **land*** [lɑ̃d] nm Land ▸ **les Länder allemands** the German Länder.

landais, e [lɑ̃dɛ, ɛz] adj from the Landes.

❖ **Landais, e** nm, f *inhabitant of or person from the Landes.*

landammann [lɑ̃daman] nm SUISSE president of the government of a Canton.

landau, s [lɑ̃do] nm **1.** [pour bébés] pram UK, baby carriage US **2.** [attelage] landau.

lande [lɑ̃d] nf moor ▸ **les landes bretonnes** the Brittany moors.

Länder [lɛndœʀ] nmpl ⟶ **Land.**

landerneau [lɑ̃dɛʀno] nm : *le landerneau des commissaires-priseurs* the somewhat parochial world of auctioneers.

Landes [lɑ̃d] npr fpl ▸ **les Landes** [région] the Landes.

Landru [lɑ̃dʀy] npr ▸ **l'affaire Landru** *the trial of the well-known serial killer Landru in 1921.*

langage [lɑ̃gaʒ] nm **1.** LING & PSYCHOL language / *l'acquisition du langage* language acquisition ▸ **le langage enfantin** baby talk ▸ **langage écrit** / **parlé** written / spoken language ▸ **troubles du langage** speech ou language disorders **2.** [code] language / *le langage des animaux* animal language / *le langage des abeilles* the language of bees / *le langage du corps* body language, body talk / *le langage des fleurs* the language of flowers / *le langage musical* the musical idiom / *le langage de la peinture* the idiom of painting ▸ **le langage des signes** sign language ▸ **le langage des sourds-muets** deaf and dumb language, sign language **3.** [jargon] language ▸ **le langage des juristes** legal language ▸ **langage administratif** / **technique** administrative / technical language ▸ **le langage du Net** the language of the Web **4.** [style] language ▸ **langage familier** / **populaire** colloquial / popular language ▸ **langage correct** / **incorrect** [d'après la bienséance] polite / impolite language ▸ **langage argotique** slang ▸ **langage imagé** colourful ou picturesque language ▸ **langage poétique** poetic language / *qu'est-ce que c'est que ce langage?* what kind of language is that? ▸ **le beau langage** educated speech **5.** [discours] language, talk / *tu tiens un drôle de langage depuis quelque temps* you've been coming out with ou saying some very odd things recently / *tenir un tout autre langage* to change one's tune / *parler le langage de la franchise* / *vérité* to speak frankly / truthfully / *c'est le langage de la raison* that's a sensible thing to say ▸ **tenir un double langage** to speak out of both sides of one's mouth **6.** INFORM & TÉLÉC language ▸ **langage chiffré** cipher ▸ **langage évolué** high-level language ▸ **langage machine** internal ou machine language ▸ **langage de programmation** programming language.

langagier, ère [lɑ̃gaʒje, ɛʀ] adj linguistic, language *(modif).*

lange [lɑ̃ʒ] nm [pour bébé] baby blanket.

❖ **langes** nmpl *vieilli* swaddling clothes.

❖ **dans les langes** loc adv [à ses débuts] in infancy ▸ **le cinéma était encore dans les langes** the cinema was still in its infancy.

langer [17] [lɑ̃ʒe] vt to swaddle.

langoureusement [lɑ̃guʀøzmɑ̃] adv languorously.

langoureux, euse [lɑ̃guʀø, øz] adj [alangui] languishing ; [mélancolique] languid, languorous / *un regard langoureux* a languid look.

langouste [lɑ̃gust] nf ZOOL crayfish ; CULIN (spiny) lobster.

langoustier [lɑ̃gustje] nm **1.** [bateau] lobster (fishing) boat **2.** [filet] crayfish net.

langoustine [lɑ̃gustin] nf langoustine ; ≃ Dublin bay prawn.

langres [lɑ̃gʀ] nm Langres cheese *(from Haute-Marne).*

langue [lɑ̃g]
◆ nf

A. ORGANE
B. LINGUISTIQUE
C. FORME

A. ORGANE **1.** ANAT tongue / *avoir la langue blanche* ou *chargée* to have a coated ou furred tongue ▸ **une mauvaise langue, une langue de vipère** a (malicious) gossip / *les mauvaises langues prétendent que...* some (ill-intentioned) gossips claim that... / *c'est une langue de vipère* she's got a venomous ou spiteful tongue ▸ **mauvaise langue!** that's a bit nasty of you!, that's a rather nasty thing to say! ▸ **les langues vont bon train** tongues are wagging ▸ **tirer la langue** : *tirez la langue et dites ah* put ou stick your tongue out and say aah ▸ **tirer la langue à qqn** to stick one's tongue out at sb ▸ **tirer la langue a)** *fam & fig* [avoir soif] to be gasping (for a drink) **b)** [avoir du mal] to have a hard ou rough time **c)** [être fatigué] to be worn out ▸ **avoir avalé** ou **perdu sa langue** : *as-tu avalé ou perdu ta langue?* have you lost ou (has the) cat got your tongue? ▸ **avoir la langue bien affilée** ou **bien pendue** *fam* to be a chatterbox, to have the gift of the gab ▸ **avoir la langue fourchue** to speak with a forked tongue ▸ **avoir la langue trop longue** to have a big mouth ▸ **coup de langue** lick / *donner des coups de langue* to lick ▸ **coups de langue** *fig & litt* spiteful gossip ▸ **délier** ou **dénouer la langue à qqn** to loosen sb's tongue / *le vin délie les langues* wine always gets people chatting ou loosens people's tongues ▸ **ne pas avoir sa langue dans sa poche** *fam* : *elle n'a pas la langue dans sa poche* she's never at a loss for something to say ou for words ▸ **donner sa langue au chat** to give up (guessing) ▸ **prendre langue avec qqn** *sout* to contact sb, to make contact with sb ▸ **tenir sa langue** to keep a secret / *dans les réunions, il ne sait jamais tenir sa langue* he can never keep quiet in meetings ▸ **tourner sept fois sa langue dans sa bouche avant de parler** *fam* to think twice before you open your mouth **2.** CULIN tongue ▸ **langue de bœuf** ox tongue.

B. LINGUISTIQUE **1.** [moyen de communication] language, tongue / *les ressources de la langue* the resources of the language ▸ **langue commune** common language / *décrire une langue* to describe a language / *elle connaît bien sa langue* she knows her language well / *pendant le festival, on entend parler toutes les langues* you can hear all sorts of languages during the festival / *ce métier exige la connaissance des langues* this job requires a knowledge of languages ▸ **un professeur de langues** a language teacher / *l'anglais est la langue internationale* English is the international language / *les étudiants de langue anglaise* English-speaking students ▸ **langue cible** ou **d'arrivée** target language ▸ **langue maternelle** mother tongue ▸ **langue nationale** national language ▸ **langue d'oc** langue d'oc *(language of southern France)* ▸ **langue d'oïl** langue d'oïl *(language of northern France)* ▸ **langue officielle** official language ▸ **dans la langue parlée** colloquially, in the spoken language ▸ **langue source** ou **de départ** source language ▸ **langue de travail** working language ▸ **langue véhiculaire** lingua franca ▸ **la langue vernaculaire** the vernacular ▸ **langues anciennes** ou **mortes** dead languages ▸ **langues étrangères** foreign languages ▸ **langues orientales** oriental languages ▸ **langue d'origine** original language ▸ **langues sœurs** sister languages ▸ **les langues vivantes a)** ÉDUC modern languages **b)** [utilisées de nos jours] living languages **2.** [jargon] language / *dans la langue du barreau* in legal parlance *sout*, in the language of the courts ▸ **la langue populaire** / **littéraire** popular / literary language ▸ **langue de bois** hackneyed phrases / *la langue de bois des politiciens* the clichés politicians come out with ▸ **langue savante** LING & HIST [latin] language of learning ▸ **langue vulgaire** LING & HIST [langue du peuple] vernacular ▸ **la langue verte** slang **3.** [style - d'une époque, d'un écrivain] language / *la langue de la Renaissance* Renaissance language / *la langue de James Joyce* the language of James Joyce ▸ **dans la langue de Molière** / **Shakespeare** in French / English.

C. FORME **1.** [gén] tongue / *des langues de feu léchaient le mur* tongues of fire were licking the wall

* In reformed spelling (see p. 16-19).

2. GÉOGR ▸ **une langue de terre** a strip of land, a narrow piece of land ▸ **une langue glaciaire** a spur of ice.

langue-de-bœuf [lɑ̃gdəbœf] (*pl* **langues-de-bœuf**) nf BOT beefsteak fungus.

langue-de-chat [lɑ̃gdəʃa] (*pl* **langues-de-chat**) nf langue de chat (biscuit).

langue-de-serpent [lɑ̃gdəsɛʀpɑ̃] (*pl* **langues-de-serpent**) nf BOT adder's-tongue.

Languedoc [lɑ̃gdɔk] npr m ▸ **le Languedoc** Languedoc.

languedocien, enne [lɑ̃gdɔsjɛ̃, ɛn] adj from Languedoc ou the Languedoc region.

❖ **Languedocien, enne** nm, f *inhabitant of or person from Languedoc.*

❖ **languedocien** nm [dialecte] *dialect spoken in Languedoc.*

Languedoc-Roussillon [lɑ̃gdɔkʀusijɔ̃] npr m ▸ **le Languedoc-Roussillon** Languedoc-Roussillon.

Languedoc-Roussillon

This administrative region includes the départements of Aude, Gard, Hérault, Lozère and Pyrénées-Orientales (capital: Montpellier).

languette [lɑ̃gɛt] nf **1.** [petite bande] strip / *les dossiers sont séparés par une languette de papier* the files are separated by a strip of paper ou a paper marker **2.** [de chaussure] tab, stem **3.** [de balance] pointer **4.** MUS [d'orgue] languet ; [d'instrument à anche] reed.

langueur [lɑ̃gœʀ] nf **1.** [apathie] languidness **2.** [mélancolie] languor / *un sourire plein de langueur* a languid ou languorous smile.

languide [lɑ̃gid] adj *litt* languid, languishing.

languir [32] [lɑ̃giʀ] vi **1.** *litt* [personne, animal] to languish, to pine / *la petite fille languit loin de sa mère* the little girl is pining for her mother ▸ **languir (d'amour) pour qqn** to be consumed ou languishing with love for sb / *languir en prison* to languish in prison **2.** [plante] to wilt / *le rosier languit sous le mur* the rose tree isn't doing (very) well under the wall **3.** [conversation, situation] to flag / *la conversation languissait* the conversation was flagging / *les affaires languissent* business is flagging ou slack **4.** [attendre] ▸ **faire languir qqn** to keep sb waiting / *ne nous fais pas languir!* don't keep us waiting for too long !

❖ **languir après** v + prép *fam* to languish ou to pine for.

❖ **se languir** vpi [personne] to pine / *il se languit de toi* he's pining for you / *je me languis de la Provence* I'm longing to go back to Provence.

languissamment [lɑ̃gisamɑ̃] adv *litt* languidly, languishingly.

languissant, e [lɑ̃gisɑ̃, ɑ̃t] adj **1.** *litt* [qui dépérit] failing, dwindling ▸ **santé languissante** failing health **2.** *litt* [amoureux] languishing, lovelorn, lovesick **3.** [sans vigueur] languid, listless **4.** [morne] : *le commerce est languissant* business is slack ▸ **conversation languissante** dull conversation.

lanier [lanje] nm ZOOL lanner falcon.

lanière [lanjɛʀ] nf **1.** [sangle] strap **2.** [d'un fouet] lash **3.** CULIN ▸ **découper qqch en lanières** to cut sthg into strips.

lanigère [laniʒɛʀ], **lanifère** [lanifɛʀ] adj woolly.

lanoline [lanɔlin] nf lanolin.

lansquenet [lɑ̃skənɛ] nm HIST, MIL & JEUX lansquenet.

lanterne [lɑ̃tɛʀn] nf **1.** [lampe] lantern ▸ **lanterne sourde** / **vénitienne** dark / Chinese lantern ▸ **les aristocrates à la lanterne!** HIST string the aristocrats up ! **2.** CINÉ projector **3.** CONSTR lantern **4.** PHOT ▸ **lanterne magique** magic lantern **5.** ZOOL ▸ **lanterne d'Aristote** Aristotle's lantern.

❖ **lanternes** nfpl AUTO sidelights UK, parking lights US.

❖ **lanterne rouge** nf **1.** RAIL rear ou tail light **2.** EXPR **être la lanterne rouge a)** [gén] to bring up the rear **b)** SPORT [dans une course] to come (in) last **c)** [équipe] to get the wooden spoon **d)** [à l'école] to be bottom of the class.

lanterneau, x [lɑ̃tɛʀno] nm skylight, roof light.

lanterner [3] [lɑ̃tɛʀne] vi **1.** [perdre son temps] to dawdle, to drag one's feet / *il est toujours à lanterner* he is always dawdling **2.** [attendre] ▸ **faire lanterner qqn** to keep sb hanging about ou waiting.

lanternon [lɑ̃tɛʀnɔ̃] nm lantern (tower) ou turret.

lanthane [lɑ̃tan] nm lanthanum.

lanthanide [lɑ̃tanid] nm CHIM lanthanoid, rare earth.

lao [lao] nm LING Lao, Laotian.

laogai [laɔgaj] nm laogai.

Laos [laos] npr m ▸ **le Laos** Laos ▸ **au Laos** in Laos.

laotien, enne [laɔsjɛ̃, ɛn] adj Laotian.

❖ **Laotien, enne** nm, f Laotian.

❖ **laotien** nm LING Lao, Laotian.

La Palice [lapalis] npr ▸ **une vérité de La Palice** a truism.

lapalissade [lapalisad] nf truism ▸ **c'est une lapalissade** that's self-evident, that's stating the obvious.

laparoscopie [lapaʀɔskɔpi] nf laparoscopy.

laparotomie [lapaʀɔtɔmi] nf laparotomy.

La Paz [lapaz] npr La Paz.

lapement [lapmɑ̃] nm lapping, lap.

laper [3] [lape] vt to lap (up).

lapereau, x [lapʀo] nm young rabbit.

lapiaz [lapjaz] nm = **lapié.**

lapidaire [lapidɛʀ] ◆ adj **1.** [concis] terse, lapidary *sout* ▸ **un style lapidaire** a pithy ou direct ou succinct style **2.** MINÉR lapidary ▸ **art lapidaire** lapidary art. ◆ nm **1.** [artisan] lapidary **2.** [commerçant] gem merchant.

lapidation [lapidasjɔ̃] nf stoning, lapidation *sout.*

lapider [3] [lapide] vt **1.** [tuer] to stone to death, to lapidate *sout* **2.** *litt* [critiquer] to lambast.

lapié [lapje] nm lapiés.

lapilli, lapillis* [lapili] nmpl lapilli.

lapin [lapɛ̃] nm **1.** ZOOL rabbit ▸ **lapin mâle** buck (rabbit) ▸ **lapin de chou** ou **de clapier** tame ou domestic rabbit ▸ **lapin de garenne** wild rabbit ▸ **poser un lapin à qqn** *fam* to stand sb up **2.** CULIN rabbit / *civet / pâté de lapin* rabbit stew / pâté **3.** [fourrure] rabbit (skin) UK, cony (skin) US / *un manteau en lapin* a rabbit skin coat **4.** *fam* [terme d'affection] poppet UK, honey US / *ça va, mon petit lapin?* all right, poppet UK ou honey US ?

lapine [lapin] nf doe (rabbit).

lapiner [3] [lapine] vi to litter.

lapinière [lapinjɛʀ] nf rabbit hutches.

lapis(-lazuli) [lapis(lazyli)] nm inv lapis lazuli.

La Plata [laplata] npr La Plata.

lapon, one *ou* **onne** [lapɔ̃, ɔn] adj Lapp, Lappish.

❖ **Lapon, one** *ou* **onne** nm, f Lapp, Laplander.

❖ **lapon** nm LING Lappish, Lapp.

lapone [lapɔn] nf ⟶ **lapon.**

Laponie [lapɔni] npr f ▸ **la Laponie** Lapland.

laponne [lapɔn] nf ⟶ **lapon.**

lapping [lapiŋ] nm TECHNOL lapping.

laps [laps] nm ▸ **un laps de temps** a lapse of time, a while.

lapsus [lapsys] nm **1.** [faute] ▸ **lapsus linguae** slip (of the tongue), lapsus linguae *spéc* ▸ **lapsus calami** slip of the pen **2.** PSYCHOL Freudian slip ▸ **lapsus révélateur** *hum* Freudian slip.

laquage [lakaʒ] nm **1.** TECHNOL lacquering **2.** MÉD ▸ **laquage du sang** haemolysis.

laquais [lakɛ] nm **1.** [valet] footman **2.** *litt & péj* [homme servile] lackey *péj.*

laque [lak] ◆ nf **1.** [vernis] lacquer **2.** [pour cheveux] hair spray, (hair) lacquer UK **3.** = **gomme-laque.** ◆ nm [objet] piece of lacquerwork ▸ **des laques** lacquerware, lacquerwork.

laqué, e [lake] adj **1.** ART lacquered **2.** CONSTR gloss / *cuisine laquée (en) rouge* kitchen in red gloss **3.** CULIN ⟶ **canard.**

❖ **laqué** nm [peinture] (high) gloss paint ; [enduit] varnish UK, enamel US.

laquelle [lakɛl] nf ⟶ **lequel.**

laquer [3] [lake] vt **1.** [recouvrir de laque] to lacquer **2.** [vernir] to varnish.

larbin [laʀbɛ̃] nm *tfam, pr & fig* flunkey.

larcin [laʀsɛ̃] nm *sout* **1.** [petit vol] petty theft ▸ **commettre de menus larcins** to engage in petty theft **2.** [objet volé] : *le grenier était plein de ses larcins* the attic was filled with his booty *litt* ou spoils.

lard [laʀ] nm **1.** CULIN ▸ **lard fumé** smoked bacon ▸ **lard gras, gros lard** fat bacon ▸ **lard maigre, petit lard, lard de poitrine** streaky bacon ▸ **lard salé** salt pork **2.** EXPR **faire du lard** *fam* to get fat ▸ **se demander** ou **ne pas savoir si c'est du lard ou du cochon** *fam* : *avec eux, on se demande* ou *on ne sait pas si c'est du lard ou du cochon* with that lot, you never know where you are ▸ **rentrer dans le lard à qqn** *fam* to hit out at sb ▸ **un gros lard** *tfam* a fatso, a fat slob.

larder [3] [laʀde] vt **1.** CULIN to lard **2.** [poignarder] ▸ **larder qqn de coups de couteau** to stab sb repeatedly **3.** [truffer] : *larder une lettre de citations* to pepper a letter with quotations.

lardon [laʀdɔ̃] nm **1.** CULIN lardon ▸ **frisée aux lardons** *salad of curly endive with lardons* **2.** *tfam* [enfant] kid.

lare [laʀ] ◆ adj ▸ **dieux lares** lares. ◆ nm lar, household god.

largable [laʀgabl] adj releasable ▸ **réservoir largable** releasable tank.

largage [laʀgaʒ] nm **1.** [par parachute] dropping ; [de troupes, de matériel] dispatching, dropping ▸ **point de largage** drop point **2.** [d'une bombe] dropping, releasing.

large [laʀʒ] ◆ adj **1.** [grand - gén] broad, wide ; [- plaine] big, wide ; [- rue] broad ; [- tache] large ▸ **large de 5 cm** 5 cm wide ▸ **un nez large** a broad nose / *un chapeau à larges bords* a wide-brimmed hat / *la Dordogne est large à Libourne* the Dordogne gets wider at Libourne ▸ **large d'épaules** broad-shouldered ▸ **percer une large ouverture dans qqch** to make a big hole in sthg / *un large mouvement du bras* a sweeping gesture with the arm / *peindre à larges traits* to paint with broad brushstrokes ▸ **un large sourire** a broad smile **2.** [ample - vêtement] big, baggy ; [- chaussures] wide **3.** [considérable] large / *elle a une large part de responsabilité* she must bear a large ou major share of the blame ▸ **remporter une large victoire** to win by a large margin ▸ **jouissant d'une large diffusion** widely distributed / *avoir un large vocabulaire* to have a wide ou wide-ranging vocabulary / *les journaux ont publié de larges extraits de son discours* the papers quoted extensively from his speech **4.** [général] : *prendre un mot dans son sens large* to take a word in its broadest sense **5.** [généreux] generous / *elle est large avec le personnel* she's generous with the staff / *de larges gratifications* generous bonuses **6.** [ouvert] open ▸ **avoir l'esprit large** ou **les idées larges** to be broad-minded ou open-minded **7.** [excessif] : *ton estimation était un peu large* your estimate was a bit wide of the mark. ◆ nm **1.** [dimension] width / *5 mètres de large* 5 metres UK ou meters US wide / *ici la rivière a 2 km de large* here the river is 2 km wide **2.** NAUT ▸ **le large** the open sea ▸ **respirer l'air du large** to breathe the sea air ▸ **le vent du large** offshore wind ▸ **au large** offshore, at sea ▸ **au large de Hong Kong** off Hong Kong ▸ **se tenir au large de qqch** *fig* to stand clear of sthg ▸ **gagner** ou **prendre le large** *pr* to head for the open sea ▸ **il est temps de prendre le large** *fam & fig* it's time we were off ▸ **du large!** *fam* beat it !, clear off ! ◆ adv ▸ **calculer** ou **prévoir large** to allow a good margin for error ▸ **voir large** to think big.

❖ **en large** loc adv widthways / *mets les tables en large* turn the tables widthways.

⚠ L'adjectif anglais **large** signifie « grand » et ne doit pas être employé systématiquement pour traduire large. Voir article.

largement [laʀʒəmɑ̃] adv **1.** [amplement] ▸ **gagner largement sa vie** to make a good living / *tu auras largement le temps* you'll easily have enough time, you'll have more than enough time / *elle a largement 60 ans* she's well over 60 / *il y en a largement assez* there's more than enough / *tu as assez d'argent? — largement!* have you got enough money? — yes, more than enough! / *des pouvoirs largement accrus* considerably increased powers ▸ **une opinion largement répandue** a widely held opinion / *il était largement cinq heures* it was well past five / *il vit largement au-dessus de ses moyens* he lives well above his means **2.** [généreusement] generously / *donner largement (à une collecte)* to give generously (to a collection) **3.** [de beaucoup] greatly / *la demande excède largement notre capacité* demand greatly exceeds our capacity ▸ **c'est largement sous-estimé** it's been grossly underestimated **4.** [facilement] easily / *il vaut largement son frère* he's easily as good as his brother / *je gagne largement le double* I make at least ou I easily earn twice that **5.** [en grand] : *ouvrir largement une porte* to open a door wide.

largesse [laʀʒɛs] nf [magnanimité] generosity, largesse *sout* / *il fait toujours preuve de largesse* he's always very generous ▸ **largesse d'esprit** open-mindedness, broad-mindedness.

❖ **largesses** nfpl [présents] gifts, liberalities *sout* / *il ne faisait pas de telles largesses avec tous* he didn't make such generous gifts to everybody.

❖ **avec largesse** loc adv ▸ **traiter qqn avec largesse** to be generous to sb.

largeur [laʀʒœʀ] nf **1.** [dimension] width / *quelle est la largeur de la pièce?* how wide is the room? ▸ **la route a une largeur de 5 m** ou **5 m de largeur** the road is 5 m wide ▸ **une remorque barrait la route dans** ou **sur toute sa largeur** there was a trailer blocking the entire width of the road ▸ **déchiré dans** ou **sur toute la largeur** torn all the way across ▸ **largeur hors tout** overall width **2.** *fig* broadness, breadth ▸ **largeur d'esprit** ou **de vues** broadness of mind, broad-mindedness **3.** COMM ▸ **grande largeur** double-width **4.** IMPR breadth, set, width ▸ **largeur de la colonne** width of column **5.** INFORM ▸ **largeur de la bande** bandwidth.

❖ **dans les grandes largeurs** loc adv *fam* : *ça a été un fiasco dans les grandes largeurs!* that turned out to be a fiasco with a capital F! / *on a été roulés dans les grandes largeurs!* we were well and truly taken for a ride!

❖ **en largeur** loc adv widthways, widthwise, crosswise / *la table fait 30 cm en largeur* the table is 30 cm widthways ou across.

largue [laʀg] nm NAUT reaching ▸ **petit largue** fine reach ▸ **grand largue** quartering wind.

largué, e [laʀge] adj *fam* ▸ **être largué** to be out of one's depth / *moi, en jazz, je suis largué!* as far as jazz is concerned, I haven't got a clue!

larguer [3] [laʀge] vt **1.** NAUT [voile] to slip, to let out *(sép)*, to unfurl ; [amarre] to slip ; *(en usage absolu)* ▸ **larguez!** let go! **2.** AÉRON [bombe, charge] to drop ; [réservoir] to jettison ; [fusée] to release **3.** *tfam* [abandonner -poste] to quit, to chuck (in) *(insép)*, to walk out on *(insép)* ; [-vieillerie, projet] to chuck, to bin UK ; [-amant] to dump, to jilt ; [-personne avec qui l'on vit] to walk out on ▸ **se faire larguer** to be dumped.

largueur [laʀgœʀ] nm [de matériel] dispatcher ; [de personnel] jump master.

larigot ⟶ **tire-larigot.**

larme [laʀm] nf **1.** PHYSIOL tear / *verser des larmes* to shed tears / *retenir ses larmes* to hold back one's tears ▸ **être en larmes** to be in tears / *ses yeux s'emplirent de larmes* his eyes filled with tears / *être au bord des larmes* to be on the verge of tears / *avec des larmes dans la voix* with ou in a tearful voice / *ça vous fait venir les larmes aux yeux* it brings tears to your eyes / *il y a de quoi vous arracher* ou *vous tirer des larmes* it's enough to make you burst into tears / *avoir les larmes aux yeux* to have tears in one's eyes / *il a toujours la larme à l'œil, il a la larme facile* he cries easily / *pleurer* ou *verser des larmes de joie* to cry for joy, to shed tears of joy / *il y est allé de sa (petite) larme* he shed a tear / *une grosse larme* a big tear ▸ **larmes de crocodile** crocodile tears ▸ **larmes de sang** *litt* tears of blood **2.** [petite quantité] ▸ **une larme (de)** a drop (of) / *une larme de cognac* a drop of brandy / *oh, juste une larme!* the tiniest drop, please! **3.** [d'un cerf] tear.

larme-de-Job [laʀmdəʒɔb] (*pl* **larmes-de-Job**) nf Job's tears *(sg)*.

larmier [laʀmje] nm **1.** ARCHIT dripstone, larmier **2.** ZOOL [du cerf] tear pit ; [du cheval] temple.

larmoie v ⟶ **larmoyer.**

larmoiement [laʀmwamɑ̃] nm PHYSIOL watering.

❖ **larmoiements** nmpl *litt* tears, snivelling (*U*) *péj*.

larmoyant, e [laʀmwajɑ̃, ɑ̃t] adj **1.** PHYSIOL watery **2.** *péj* [éploré] : *le récit larmoyant de ses malheurs* the sorry tale of her misfortunes / *d'une voix larmoyante, elle nous annonça...* she told us in a tearful voice... **3.** LITTÉR ▸ **comédie larmoyante** sentimental comedy.

larmoyer [13] [laʀmwaje] vi **1.** PHYSIOL [œil] to water **2.** *péj* [se lamenter] to weep, to snivel *péj*, to whimper *péj*.

larron [laʀɔ̃] nm **1.** *arch* [voleur] robber, thief **2.** BIBLE thief / *le bon larron et le mauvais larron* the penitent thief and the impenitent thief.

larsen [laʀsɛn] nm ▸ **effet larsen** feedback.

larvaire [laʀvɛʀ] adj **1.** ZOOL larval **2.** *fig* embryonic, unformed / *le projet était encore à l'état larvaire* the plan was still in its early stage ou in embryo.

larve [laʀv] nf **1.** ZOOL larva ; [ver] maggot **2.** *fam* [fainéant] lazybones **3.** *sout & péj* ▸ **larve (humaine)** worm **4.** ANTIQ spectre.

larvé, e [laʀve] adj **1.** MÉD latent, larvate *spéc* **2.** [latent] latent, concealed / *en 1964 il y avait déjà une révolte larvée* a rebellion was already brewing in 1964.

larvicide [laʀvisid] ◆ adj larvicidal. ◆ nm larvicide.

laryngé, e [laʀɛ̃ʒe] adj laryngeal.

laryngectomie [laʀɛ̃ʒɛktɔmi] nf laryngectomy.

laryngien, enne [laʀɛ̃ʒjɛ̃, ɛn] adj ANAT laryngeal.

laryngite [laʀɛ̃ʒit] nf laryngitis.

laryngologie [laʀɛ̃gɔlɔʒi] nf laryngology.

laryngologiste [laʀɛ̃gɔlɔʒist], **laryngologue** [laʀɛ̃gɔlɔg] nmf throat specialist, laryngologist *spéc*.

laryngoscope [laʀɛ̃gɔskɔp] nm laryngoscope.

laryngoscopie [laʀɛ̃gɔskɔpi] nf laryngoscopy.

laryngotomie [laʀɛ̃gɔtɔmi] nf laryngotomy.

larynx [laʀɛ̃ks] nm voice-box, larynx *spéc*.

las [las] interj *litt* alas.

las, lasse [la, las] adj **1.** *litt* [fatigué] weary / *je me sens las après cette marche* I feel quite weary after that walk **2.** [découragé, écœuré] weary ▸ **être las de qqch** to be weary of sthg.

lasagne [lazaɲ] (*pl* **lasagne** *ou* **lasagnes**) nf lasagna *(U)*.

lascar [laskaʀ] nm *fam* **1.** [individu rusé] rogue / *celui-là, c'est un drôle de lascar!* he's a shady character! ▸ **tu vas le regretter, mon lascar! a)** [homme] you'll be sorry, buster ou pal! **b)** [enfant] you'll be sorry, you little rascal! **2.** [individu quelconque] character, customer / *qui c'est ce lascar?* who's that character? / *un grand lascar* a big chap.

lascif, ive [lasif, iv] adj **1.** [sensuel] lascivious, sensual **2.** [lubrique] lustful, lewd.

lascivement [lasivmɑ̃] adv lustfully.

lascivité [lasivite], **lasciveté** [lasivte] nf **1.** [sensualité] wantonness, lasciviousness **2.** [lubricité] lust, lewdness.

laser [lazɛʀ] nm laser ▸ **traitement au laser** laser treatment ▸ **enregistrement laser a)** [procédé] laser recording **b)** [disque] laser disc ▸ **faisceau laser** laser beam.

Las Palmas [laspalmas] npr Las Palmas.

Lassa [lasa] npr ▸ **fièvre de Lassa** Lassa fever.

lassant, e [lasɑ̃, ɑ̃t] adj tedious / *tu es lassant à la fin!* you're beginning to irritate me!

lasse [las] nf ⟶ **las.**

lasser [3] [lase] vt **1.** *sout* [exténuer] to weary / *lassée par ce long voyage* weary after that long journey ▸ **être lassé de qqch** to be weary of sthg **2.** *sout* [importuner] to bore, to tire, to weary *sout* / *tu me lasses avec tes problèmes* I'm tired of hearing about your problems / *parlons d'autre chose, ne lassons pas nos invités* let's talk about something else, let's not bore our guests **3.** [décourager] to tax, to exhaust, to fatigue *sout* ▸ **lasser l'attention de l'auditoire** to overtax the audience's attention ▸ **lasser la patience de qqn** to try sb's patience ; *(en usage absolu)* : *ses jérémiades finissent par lasser* his moaning gets a bit trying after a while.

❖ **se lasser** vpi to get tired, to (grow) weary *sout* ▸ **se lasser de qqn / de faire qqch** to get tired of sb / of doing sthg / *je ne me lasse jamais de te voir / de tes visites* I never tire of seeing you / get tired of your visits / *elle se lassera vite de lui* she'll soon get tired of him / *je ne me lasse pas d'écouter du Mozart* I never get tired of listening to Mozart ▸ **sans se lasser** tirelessly / *ça va quelques jours, après on se lasse!* it's OK for a few days and then it gets boring!

lassitude [lasityd] nf **1.** [fatigue] tiredness, weariness, lassitude *litt* **2.** [découragement] weariness / *être pris d'une immense lassitude* to be overcome by weariness.

lasso [laso] nm lasso, lariat US / *attraper une bête au lasso* to lasso an animal.

Lastex® [lastɛks] nm Lastex®.

lasure [lazyʀ] nf wood stain.

lasurer [3] [lazyʀe] vt to stain.

Las Vegas [lasvegas] npr Las Vegas.

lat. (abr écrite de **latitude**) lat.

latanier [latanje] nm latania.

latence [latɑ̃s] nf latency / *période de latence* latency period.

latent, e [latɑ̃, ɑ̃t] adj latent ▸ **à l'état latent** in the making.

latéral, e, aux [lateʀal, o] adj **1.** [sur le côté] lateral, side *(modif)* / *porte / rue / sortie latérale* side door / street / exit **2.** [annexe] minor ▸ **canal latéral** minor canal **3.** TÉLÉC ▸ **bande latérale** sideband.

❖ **latérale** nf lateral.

latéralement [lateʀalmɑ̃] adv sideways, laterally / *se déplacer latéralement* to move sideways ou crabwise / *la lumière de la bougie l'éclairait latéralement* the light from the candle fell on him from the side.

latéralisation [lateʀalizasjɔ̃] nf lateralization.

latéralisé, e [lateʀalize] adj lateralized.

latéralité [lateʀalite] nf laterality.

latere ⟶ **a latere.**

latérite [lateʀit] nf laterite.

latéritique [lateʀitik] adj lateritic.

latex [latɛks] nm latex.

latifundiste [latifɔ̃dist] nm latifundista.

latifundium [latifɔ̃djɔm] (*pl* **latifundia** [-dja]) nm latifundium.

latin, e [latɛ̃, in] adj **1.** ANTIQ Latin ▸ **le monde latin** the Latin world **2.** LING [appartenant au latin] Latin ; [issu du latin] Romance *(modif)* ▸ **les langues latines** the Romance ou Latin languages **3.** SOCIOL Latin / *les peuples latins* the Latin races / *le tempérament latin* the Latin ou Mediterranean temperament **4.** RELIG Latin ▸ **l'Église latine** the Latin Church **5.** [à Paris] ▸ **le Quartier Latin** the Latin Quarter *(area on the Left Bank of the Seine traditionally associated with students and artists)*.

❖ **Latin, e** nm, f Latin ▸ **les Latins** the Latin people, the Latins.

❖ **latin** nm LING Latin ▸ **bas latin** low Latin ▸ **latin de cuisine** dog Latin.

latinisant, e [latinizɑ̃, ɑ̃t] adj latinizing / *pour ceux qui sont latinisants* for those who know Latin, for the Latin scholars.

latinisation [latinizasjɔ̃] nf latinization.

latiniser [3] [latinize] vt to latinize.

latinisme [latinism] nm **1.** [idiotisme du latin] Latinism **2.** [emprunt au latin] Latin phrase.

latiniste [latinist] nmf Latin scholar, Latinist.

latinité [latinite] nf **1.** [caractère] Latinity **2.** [civilisation] Latin world.

latino [latino] adj & nmf Latino.

latino-américain, e [latinoameʀikɛ̃, ɛn] (*mpl* **latino-américains**, *fpl* **latino-américaines**) adj Latin American.

❖ **Latino-Américain, e** nm, f Latin American.

latitude [latityd] nf **1.** [liberté] latitude, scope / *j'ai toute latitude pour mener mon enquête* I have full scope ou a free hand to conduct my enquiry / *une certaine latitude pour agir* some freedom of movement **2.** ASTRON & GÉOGR latitude / *cette ville est à 70 ° de latitude Nord* this city is situated at latitude 70° North / *par 70 ° de latitude Nord* in latitude 70° North ▸ **basses / hautes latitudes** low / high latitudes **3.** [région, climat] ▸ **sous d'autres latitudes** in other parts of the world.

latitudinaire [latitydinɛʀ] adj & nmf latitudinarian.

Latium [lasjɔm] npr m ▸ **le Latium** Latium.

lato sensu [latosɛ̃sy] loc adv loosely ou broadly speaking.

latrines [latʀin] nfpl latrine.

lats [lats] nm [monnaie] lats.

lattage [lataʒ] nm **1.** [action] lathing, battening **2.** [lattis] lathwork.

latte [lat] nf **1.** CONSTR lath ; [pour chevronnage] roof batten ▸ **latte de plancher** floorboard **2.** *tfam* [pied] foot ; [chaussure] shoe / *prendre un coup de latte* to get kicked **3.** BELG [règle plate] ruler.

latter [3] [late] vt CONSTR to lath, to batten.

lattis [lati] nm CONSTR lathwork *(U)*.

laudanum [lodanɔm] nm laudanum.

laudateur, trice [lodatœʀ, tʀis] nm, f *litt* laudator.

laudatif, ive [lodatif, iv] adj laudatory, laudative.

laudes [lod] nfpl lauds.

lauré, e [lɔʀe] adj *litt* laureate *(modif)*.

lauréat, e [lɔʀea, at] ◆ adj prizewinning. ◆ nm, f prizewinner, laureate / *lauréat du prix Nobel* Nobel prizewinner / *lauréat du prix Goncourt* winner of the prix Goncourt / **'le Lauréat'** *Nichols* 'The Graduate'.

Laurent [lɔʀɑ̃] npr HIST ▸ **Laurent le Magnifique** Lorenzo the Magnificent.

laurentien, enne [lɔʀɑ̃sjɛ̃, ɛn] adj & nm, f Laurentian.

laurier [lɔʀje] nm **1.** BOT (bay) laurel, (sweet) bay **2.** CULIN : *mettre du laurier dans une sauce* to flavour a sauce with bay leaves ▸ **feuille de laurier** bay leaf.

❖ **lauriers** nmpl [gloire] laurels ▸ **il est revenu couvert de lauriers** he came home covered in glory.

laurier-cerise [lɔʀjesəʀiz] *(pl* **lauriers-cerises***)* nm cherry-laurel.

laurier-rose [lɔʀjeʀoz] *(pl* **lauriers-roses***)* nm rose bay, oleander.

laurier-sauce [lɔʀjesos] *(pl* **lauriers-sauce***)* nm bay tree.

laurier-tin [lɔʀjetɛ̃] *(pl* **lauriers-tins***)* nm laurustinus.

Lausanne [lozan] npr Lausanne.

lausannois, e [lozanwa, az] adj from Lausanne.

❖ **Lausannois, e** nm, f *inhabitant of or person from Lausanne.*

LAV (abr de **lymphadenopathy associated virus**) nm LAV.

lavable [lavabl] adj washable ▸ **lavable en machine** machine-washable.

lavabo [lavabo] nm **1.** [évier] washbasin UK, washbowl US **2.** RELIG lavabo.

❖ **lavabos** nmpl [toilettes] toilets UK, washroom US.

lavage [lavaʒ] nm **1.** [nettoyage - du linge] washing *(U)* ; [- d'une surface] scrubbing *(U)* / *faites deux lavages séparés pour la laine et le coton* wash wool and cotton separately / *son jean a besoin d'un bon lavage* his jeans need a good wash / *le carrelage a besoin d'un bon lavage* the tiles need a good scrub ▸ **lavage à grande eau** sluicing / **'lavage en machine'** 'machine wash' / **'lavage à la main'** 'hand wash (only)' ▸ **lavage au poids** washing by weight / **'instructions de lavage'** 'washing instructions' **2.** MÉD lavage ▸ **lavage d'estomac** pumping out (of) the stomach ▸ **faire un lavage d'estomac à qqn** to pump out sb's stomach **3.** MÉTALL & TEXT washing.

❖ **au lavage** loc adv in the wash / *tes chemises sont au lavage* your shirts are in the wash / *la tache est partie / n'est pas partie au lavage* the stain came out / didn't come out in the wash.

❖ **lavage de cerveau** nm brainwashing / *subir un lavage de cerveau* to be brainwashed ▸ **faire un lavage de cerveau à qqn** to brainwash sb.

lavallière [lavaljɛʀ] nf *necktie with a large bow.*

lavande [lavɑ̃d] nf BOT lavender.

lavandière [lavɑ̃djɛʀ] nf **1.** *litt* [blanchisseuse] washerwoman **2.** ORNITH (white) wagtail.

lavandin [lavɑ̃dɛ̃] nm hybrid lavender.

lavasse [lavas] *péj* ◆ adj [sans éclat] watery. ◆ nf *fam* [café, soupe] dishwater.

lave [lav] nf lava.

❖ **de lave** loc adj lava *(modif)*.

lavé, e [lave] adj **1.** [délayé - couleur] faded, washed out / *un bleu un peu lavé* a slightly washed-out blue **2.** ART ▸ **dessin lavé** wash drawing.

lave-auto [lavɔto] nm QUÉBEC car wash.

lave-dos [lavdo] nm inv back-scrubber.

lave-glace [lavglas] *(pl* **lave-glaces***)* nm windscreen washer UK, windshield washer US.

lave-linge [lavlɛ̃ʒ] *(pl* **lave-linge** *ou* **lave-linges****)* nm washing machine, washer / *lave-linge à chargement frontal* front-loading washing machine.

lave-mains *(pl* **lave-mains***)*, **lave-main*** *(pl* **lave-mains***)* [lavmɛ̃] nm wash-hand basin UK, small washbowl US.

lavement [lavmɑ̃] nm **1.** MÉD enema **2.** BIBLE : *le lavement des pieds* the washing of the Apostles' feet.

lave-pont [lavpɔ̃] *(pl* **lave-ponts***)* nm scrubbing brush, (floor) scrubber.

laver [3] [lave] vt **1.** [vêtement, tissu] to wash ; [tache] to wash out ou off *(sép)* ; [surface] to wash down *(sép)* ; [vaisselle] to wash up UK, to do the washing up UK, to wash US ; [avec une brosse] to scrub ▸ **laver à grande eau** to swill out ou down *(sép)* / *la voiture a besoin d'être lavée* the car needs washing ou a wash / **'laver en machine'** 'machine wash' / **'laver à la main'** 'hand wash (only)' ▸ **il vaut mieux laver son linge sale en famille** it's better not to wash one's dirty linen in public **2.** [faire la toilette de] to wash ▸ **laver la tête** ou **les cheveux à qqn** to wash sb's hair ▸ **laver la tête à qqn** *fam & fig* to give sb what for ou a good dressing down **3.** [expier - péché] to wash away *(sép)* ; [dégager] to clear / *laver sa conscience* to clear one's conscience ▸ **laver qqn d'une accusation** to clear sb's name of an accusation ▸ **laver qqn d'une faute** to forgive sb an offence / *être lavé de tout soupçon* to be clear of all suspicion / *laver un affront dans le sang* to avenge an insult (by fighting) **4.** ART [dessin] to wash ; [couleur] to dilute, to wash **5.** MÉD [plaie] to bathe, to cleanse ; [estomac] to wash ou to pump out *(sép)* **6.** [minerai] to wash.

❖ **se laver** ◆ vp *(emploi réfléchi)* to (have a) wash UK, to wash up US / *lave-toi tout seul, comme un grand* you're old enough to wash yourself ▸ **se laver la figure / les mains** to wash one's face / hands ▸ **se laver les dents** to clean ou to brush one's teeth ▸ **se laver les mains de qqch** : *je m'en lave les mains* I wash my hands of the entire matter. ◆ vp *(emploi passif)* : *ça se lave très bien* it's very easy to wash, it washes very well.

❖ **se laver de** vp + prép : *se laver d'un soupçon* to clear o.s. of suspicion / *se laver de ses péchés* to cleanse o.s. of one's sins.

laverie [lavʀi] nf **1.** [blanchisserie] ▸ **laverie (automatique)** self-service laundry, launderette UK, Laundromat® US **2.** MIN washing plant.

lave-tête [lavtɛt] *(pl* **lave-tête** *ou* **lave-têtes****)* nm shampoo basin.

lavette [lavɛt] nf **1.** [chiffon] dishcloth ; [brosse] washing-up brush UK, dish mop US **2.** *fam* [personne] drip **3.** BELG & SUISSE [gant de toilette] face flannel UK, washcloth US **4.** BELG [éponge] cleaning cloth.

laveur, euse [lavœʀ, øz] nm, f [de vaisselle] washer, dishwasher ; [de linge] washerman (washerwoman) ; [de voiture] car washer ▸ **laveur de carreaux** ou **vitres** window cleaner.

❖ **laveur** nm **1.** AGR drum washer **2.** TECHNOL washer **3.** ZOOL ⟶ **raton.**

lave-vaisselle [lavvesɛl] *(pl* **lave-vaisselle** *ou* **lave-vaisselles****)* nm dishwasher.

lave-vitre [lavvitʀ] nm AUTO windscreen UK ou windshield US washer.

lavis [lavi] nm **1.** [technique] washing *(U)* **2.** [dessin] wash drawing.

lavoir [lavwaʀ] nm **1.** [lieu public] washhouse **2.** MIN washing plant.

lavure [lavyʀ] nf slops, dishwater.

Lawrence [lɔʀɑ̃s] npr ▸ **Lawrence d'Arabie** Lawrence of Arabia.

laxatif, ive [laksatif, iv] adj laxative.

❖ **laxatif** nm laxative.

laxisme [laksism] nm **1.** [tolérance excessive] laxity, permissiveness / *il a fait preuve de laxisme à l'égard de sa fille* he was lax with his daughter **2.** RELIG laxism.

laxiste [laksist] ◆ adj **1.** [trop tolérant] soft, lax **2.** RELIG laxist. ◆ nmf **1.** [gén] over-lenient person **2.** RELIG laxist.

layer [11] [leje] vt **1.** [forêt] to cut a path into **2.** CONSTR to bush-hammer.

layette [lɛjɛt] nf baby clothes layette ▸ **bleu / rose layette** baby blue / pink.

layon [lɛjɔ̃] nm AGR [division] (compartment) line ; [sentier] forest path.

Lazare [lazaʀ] npr Lazarus.

lazaret [lazaʀɛ] nm [lieu d'isolement] lazaretto, lazaret.

lazariste [lazaʀist] nm Lazarist.

lazulite [lazylit] nf lazulite.

lazurite [lazyʀit] nf MINÉR lazurite.

lazzi [ladzi] *(pl* **lazzi** *ou* **lazzis***)* nm jeer, gibe.

LBO (abr de **leveraged buyout**) nm LBO.

LCD (abr de **liquid cristal display**) nm LCD.

le, la [lə, la] *(pl* **les** [le]*)* *(devant voyelle ou 'h' muet l')* ◆ dét *(art déf)* **1.** [avec un nom commun] the / *le Soleil, la Lune et les étoiles* the sun, the moon and the stars / *ouvre la fenêtre* open the window / *le chemin le plus court* the shortest route / *l'arbre qui est derrière la maison* the tree behind the house ▸ **l'été de la sécheresse** the summer there was a drought / *l'idée qu'il allait partir…* the idea that he was going to leave… / *la salade du chef* the chef's salad **2.** [dans le temps] : *le sixième jour* the sixth day / *la troisième fois* the third time / *pendant les vacances* during the holidays ▸ **l'été dernier** last summer ▸ **l'été 1976** the summer of 1976 ; [devant une date] ▸ **le premier juillet** the first of July ▸ **le 15 janvier 2010** 15 January, 2010 ▸ **il est passé nous voir le 15 août a)** he came to see us on the 15th of August ou on August the 15th **b)** [par écrit] he came to see us on August 15 **3.** [dans les fractions] a, an ▸ **le quart / tiers de** a quarter / third of ▸ **la moitié de** (a) half of **4.** [avec un sens distributif] ▸ **j'y vais le soir** I go there in the evening / *elle vient deux fois la semaine* she comes twice a week ▸ **un euro cinquante le kilo** 1.50 euro a ou per kilo ▸ **le docteur reçoit le lundi et le vendredi** ou **les lundis et vendredis** the doctor sees patients on Monday and Friday ou Mondays and Fridays **5.** [avec valeur d'adjectif démonstratif] ▸ **l'affaire est grave** the matter is serious, it's a serious matter / *on sait que le problème est difficile* we know that it's a difficult problem **6.** [avec une valeur expressive] what an ou a / *la belle moto !* what a beautiful bike ! ▸ **l'idiot !** what an idiot !, (the) idiot ! / *vise un peu la tenue !* *fam* look at that get-up ! / *alors, les amis, comment ça va ?* well, folks, how are you ? **7.** [avec valeur d'adjectif possessif] : *le chapeau sur la tête* with her / his, etc., hat on ▸ **se laver les mains** to wash one's hands / *il est parti le livre sous le bras* he went off with the book under his arm **8.** [avec une valeur oppositive] : *le sel et le poivre* salt and pepper / *le père et le fils* father and son / *l'envers et l'endroit* the wrong (side) and the right side **9.** [avec une valeur généralisante] : *les hommes et les femmes* men and women ▸ **tous les hommes** all men / *la femme est l'égale de l'homme* woman is man's equal ▸ **les jeunes** young people / *le cheval, comme d'autres mammifères…* the horse ou horses, like other mammals… / *le cauchemar chez l'enfant de 6 à 10 ans* nightmares in children between 6 and 10 years old / *l'important dans tout ça* the important thing (in all this) / *les petits et les grands* small people and tall people ▸ **ne fais pas l'idiot** don't be an idiot **10.** [marquant l'approxi-

* In reformed spelling (see p. 16-19).

mation] : *ça vaut dans les 15 euros* it's worth around 15 euros ▸ **vers les 4 h** about ou around 4 o'clock / *sur les 2 h* at about 2 o'clock / *il va sur la quarantaine* he's getting on for forty **11.** [avec un nom propre] the / *nous sommes invités chez les Durand* we are invited to the Durands' (house) / *les Bourbons* the Bourbons / *les Stuarts* the Stuarts / *la Marie, le Jean, l'Antoine* *fam & régional* Marie, Jean, Antoine / *ce n'est plus la Sophie que nous avons connue* she's no longer the Sophie (that) we used to know ▸ **la Callas** Callas ▸ **le Racine des Plaideurs** the Racine of ou who wrote Les Plaideurs ▸ **le Descartes / Sophocle du XXe siècle** the Descartes / Sophocles of the 20th century ▸ **les Raphaël des Offices** the Raphaels in the Uffizi. ◆ pron pers **1.** [complément d'objet - homme] him ; [- femme, nation, bateau] her ; [- chose, animal] it ; [- bébé, animal domestique] him, her, it / *l'addition ? je l'ai payée* the bill? I've paid it / *ce bordeaux, je l'ai déjà goûté* I've already tasted this ou that Bordeaux / *Jean est malade, je vais l'appeler* Jean is ill, I'm going to call him / *il l'a probablement oublié, ton livre* he's probably forgotten your book ou that book of yours / *combien de fois on l'a vu, ce garçon ?* how many times have we seen that boy? **2.** [représentant une proposition] : *elle est partie hier soir, du moins je l'ai entendu dire* she left last night, at least that's what I've heard / *il m'a insulté mais, crois-moi, il ne le refera pas* he insulted me but, believe me, he won't do it again / *elle a été récompensée comme elle le mérite* she got her just deserts ▸ **allez, dis-le-lui** go on, tell him (about it) / *puisque je te le disais que ce n'était pas possible !* but I TOLD you it was impossible ! **3.** [comme attribut] : *êtes-vous satisfaite ? — je le suis* are you satisfied ? — I am / *pour être timide, ça, il l'est !* boy, is he shy !, talk about shy !

lé [le] nm **1.** [d'un tissu, d'un papier peint] width **2.** [d'une jupe] gore.

LEA (abr de **langues étrangères appliquées**) *applied modern languages.*

leader [lidœʀ] nm **1.** [chef] leader / *le leader du parti socialiste* the leader of the socialist party **2.** COMM & ÉCON [entreprise] top ou leading firm ; *(comme adj)* : *c'est le produit leader de la gamme* it's the leading product in the range / *l'entreprise est leader sur ce marché* the company is market leader **3.** PRESSE leader, leading article **4.** SPORT : *le leader du championnat de France* the team at the top of the French league.

leadership [lidœʀʃip] nm [fonction de leader] leadership ; [position dominante] leading position / *la société a perdu son leadership technologique* the company has lost its technological leadership.

leasing [liziŋ] nm leasing.

❖ **en leasing** loc adv on lease, as part of a leasing contract.

léchage [leʃaʒ] nm **1.** [gén] licking **2.** *fam* [fignolage] finishing touches.

lèche [lɛʃ] nf *tfam* bootlicking ▸ **faire de la lèche à qqn** to suck up to sb.

léché, e [leʃe] adj *fam* ▸ **du travail léché** a highly polished piece of work / *un roman policier bien léché* a neat little detective novel.

lèche-bottes (*pl* **lèche-bottes**), **lèche-botte*** (*pl* **lèche-bottes**) [lɛʃbɔt] nmf *fam* bootlicker.

lèche-cul [lɛʃky] (*pl* **lèche-cul** *ou* **lèche-culs***) nmf *vulg* arse-licker UK, ass-kisser US.

lèchefrite [lɛʃfʀit] nf dripping pan UK, broiler pan US.

lécher [18] [leʃe] vt **1.** [passer la langue sur] to lick / *lécher ses plaies* to lick one's wounds ▸ **lécher les bottes à qqn** *fam* to lick sb's boots ▸ **lécher le cul à qqn** *vulg* to lick sb's arse UK ou ass US **2.** [confiture, miel] to lick up *(sép)* ; [lait, crème] to lap up *(sép)* / *l'enfant lécha la cuillère* the child licked the spoon clean **3.** *fam* [perfectionner] to polish up *(sép)* / *le réalisateur a trop léché les images au détriment du scénario* the director spent too much time on the camera work and not enough on the script **4.** [effleurer - suj : feu] to lick at / *les flammes léchaient déjà le mur* the flames were already licking at the wall.

❖ **se lécher** vp *(emploi réfléchi)* to lick o.s. / *le chiot se léchait les pattes* the puppy was licking its paws / *se lécher les doigts* to lick one's fingers ▸ **c'est à s'en lécher les doigts** ou **les babines !** it's scrumptious !, it's really yummy !

✐ In reformed spelling (see p. 16-19), this verb is conjugated like **semer** : **il lèchera, elle lècherait.**

lécheur, euse [leʃœʀ, øz] nm, f *fam & péj* bootlicker, groveller.

❖ **lécheur** adj m suctorial.

lèche-vitrines (*pl* **lèche-vitrines**), **lèche-vitrine*** (*pl* **lèche-vitrines**) [lɛʃvitʀin] nm window-shopping ▸ **faire du lèche-vitrine(s)** to go window-shopping.

lécithine [lesitin] nf lecithin.

leçon [ləsɔ̃] nf **1.** ÉDUC [cours] lesson / *donner / prendre des leçons de français* to give / to take French lessons / *il faut que je prépare ma leçon de géographie pour demain* I've got to prepare for tomorrow's geography lesson / *prenez la leçon sur la digestion à la page 50* turn to the lesson on digestion on page 50 / *la couture en 15 leçons* needlework in 15 (easy) lessons ; [cours privé] lesson / *prendre des leçons de danse / piano* to take dance / piano lessons ▸ **leçon de choses** object lesson ▸ **leçon de conduite** driving lesson ▸ **leçon de morale** : *tu ne vas pas me faire une leçon de morale ?* you're not going to start moralizing with me are you ? ▸ **apprendre ses leçons** to do one's homework ▸ **savoir sa leçon** : *sais-tu ta leçon pour demain?* have you learnt what you were set for tomorrow's lesson ? ▸ **leçon particulière** private lesson **2.** [conseil] advice / *en matière de politesse, il pourrait te donner des leçons* as far as being polite is concerned, he could easily teach you a thing or two / *je n'ai de leçons à recevoir de personne !* I don't need advice from you or anybody else !, nobody's going to tell ME what to do ! ▸ **faire la leçon à qqn** to tell sb what to do ▸ **tirer une leçon de qqch** to learn (a lesson) from sthg **3.** [avertissement] lesson / *ça lui donnera une (bonne) leçon !, ça lui servira de leçon !* that'll teach him (a lesson) ! / *que ceci vous serve de leçon !* let that be a lesson to you ! ▸ **donner une (bonne) leçon à qqn** to teach sb a lesson ▸ **recevoir une (bonne) leçon** to learn one's lesson *fig* / *espérons qu'il retiendra la leçon* let's hope he's learnt his lesson.

lecteur, trice [lɛktœʀ, tʀis] nm, f **1.** [personne qui lit] reader / *lecteur de journaux* newspaper reader / *c'est un grand lecteur de BD* he reads a lot of comics ; SOCIOL ▸ **nos lecteurs** our readers, our readership **2.** [récitant] reader **3.** [correcteur] reader **4.** ÉDUC foreign language assistant *(at university)* ▸ **lecteur de français** French foreign-language assistant **5.** IMPR proofreader **6.** RELIG lay reader.

❖ **lecteur** nm AUDIO & INFORM ▸ **lecteur biométrique** biometric reader ▸ **lecteur de cassettes** cassette player ▸ **lecteur de CD** ou **disques compacts** ou **laser** CD player ▸ **lecteur de code (à) barres** bar code reader ▸ **lecteur de disquette** disk drive ▸ **lecteur de DVD** DVD player ▸ **lecteur (de) MP3** MP3 player ▸ **lecteur (de) MP4** MP4 player ▸ **lecteur optique** optical reader ou scanner.

lectorat [lɛktɔʀa] nm **1.** PRESSE readership ; SOCIOL readers **2.** ÉDUC foreign language assistantship.

lecture [lɛktyʀ] nf **1.** [déchiffrage - d'un texte, d'une carte] reading / *la photocopie ne facilite pas la lecture du plan* the plan is more difficult to read because it has been photocopied / *la lecture d'un message en morse* the reading of a message in Morse / *seule une lecture attentive permet de s'en apercevoir* you'll only notice it if you read it carefully / *il est occupé à la lecture du scénario* he's busy reading the script / *j'aime la lecture* I like reading / *un peu de lecture, Monsieur ?* would you like something to read, Sir ? / *ce livre est d'une lecture agréable* the book is an enjoyable read ▸ **lecture rapide** speed reading **2.** *(toujours au sg)* [capacité] reading ▸ **l'apprentissage de la lecture** learning to read ▸ **leçon de lecture** reading lesson **3.** [à voix haute] reading ▸ **une lecture publique de qqch** a public reading of sthg ▸ **donner lecture de qqch** to read sthg out ▸ **faire la lecture à qqn** to read to sb **4.** [interprétation] reading, interpretation / *une lecture psychanalytique d'un film* a psychoanalytical interpretation ou reading of a film / *la lecture de de Gaulle par Malraux* Malraux's interpretation of de Gaulle **5.** [ce qu'on lit] reading matter, something to read / *à cette époque mes lectures étaient plutôt classiques* at that time I was mostly reading the classics / *il a de mauvaises lectures* he reads things he shouldn't **6.** AUDIO reading **7.** INFORM read-out ▸ **lecture destructive** destructive read-out ▸ **lecture optique** optical reading, optical character recognition **8.** MUS reading ▸ **lecture à vue** sight-reading **9.** POL reading / *le texte a été adopté en première lecture* the bill was passed on its first reading **10.** RELIG reading / *faire une lecture* to do a reading.

⚠ Le mot anglais **lecture** signifie « conférence », « cours » et non lecture.

LED [ɛləde, lɛd] (abr de **light emitting diode**) nf LED.

ledit, ladite [lədi, ladit] (*mpl* **lesdits** [ledi], *fpl* **lesdites** [ledit]) adj DR the aforementioned, the aforesaid.

légal, e, aux [legal, o] adj DR [disposition] legal ; [héritier] lawful / *est-il légal de vendre des biens sans payer d'impôts ?* is it legal to sell goods without paying taxes ? ▸ **employer des moyens légaux contre qqn** to take legal action against sb ▸ **adresse légale** registered address ▸ **durée légale du temps de travail** statutory working time.

légalement [legalmɑ̃] adv legally, lawfully.

légalisation [legalizasjɔ̃] nf **1.** [action de légaliser] legalization **2.** [authentification] certifying, ratification *sout.*

légaliser [3] [legalize] vt **1.** [rendre légal] to legalize **2.** [authentifier] to certify, to authenticate ▸ **une signature légalisée** a certified signature.

légalisme [legalism] nm legalism.

légaliste [legalist] ◆ adj legalistic, legalist. ◆ nmf legalist.

légalité [legalite] nf **1.** [caractère légal] legality / *légalité d'un acte / d'une procédure* legality of an act / a procedure **2.** [actes autorisés par la loi] ▸ **la légalité** the law ▸ **rester dans / sortir de la légalité** to keep within / to break the law ▸ **en toute légalité** quite legally.

légat [lega] nm **1.** ANTIQ legate **2.** [du pape] legate ▸ **légat a latere** legate a latere.

légataire [legatɛʀ] nmf legatee ▸ **légataire universel** sole legatee.

légation [legasjɔ̃] nf **1.** [représentation diplomatique] legation **2.** [résidence] legation, legate's residence **3.** [charge] legateship.

légendaire [leʒɑ̃dɛʀ] adj **1.** [mythique] legendary / *un passé / héros légendaire* a legendary past / hero **2.** [connu de tous] : *elle est d'une discrétion légendaire* she's well-known for her discretion.

légende [leʒɑ̃d] nf **1.** [récit mythique] legend, tale ▸ **légendes irlandaises** Irish legends ou folk tales **2.** [renommée] ▸ **la légende** legend ▸ **entrer dans la légende** to become a legend **3.** [commentaire - d'une photo] caption ; [- d'une carte] legend, key **4.** [d'une médaille] legend.

❖ **de légende** loc adj fairy-tale *(avant nom)* ▸ **un chevalier de légende** a knight out of a fairy tale / *un mariage de légende* a fairy-tale wedding.

légender [3] [leʒɑ̃de] vt to caption / *images copieusement légendées* pictures with a wealth of caption material.

léger, ère [leʒe, ɛʀ] adj **1.** [démarche] light, springy ▸ **marcher d'un pas léger** to walk with a spring in one's step ; [métal, véhicule] light ; [ondée, vent] light, slight ; [brouillard] light / *gaz plus léger que l'air* lighter-than-air gas / *construction trop légère* flimsy building / *je me sens plus léger* *fig* I feel (as though) a great weight's been lifted off my shoulders ▸ **d'un cœur léger** with a light heart ▸ **léger comme une plume** ou **bulle** (as) light as a feather **2.** [fin - couche] thin ; [- robe] light, flimsy **3.** [mobile - artillerie, industrie, matériel] light ▸ **escadre légère** flotilla **4.** [modéré - consommation] moderate ; [- bruit, odeur] faint, slight ; [- maquillage] light, discreet / *peindre par touches légères* to paint with light strokes ▸ **une légère tristesse / ironie** a hint of sadness / irony / *le beurre a un léger goût de rance* the butter tastes slightly rancid **5.** [sans gravité - blessure, perte] minor ; [- peine] light ; [- responsabilité] light, undemanding ; [- erreur] slight, minor, unimportant ; [- douleur, picotement] slight ; [- grippe] mild / *il n'y a eu que des blessés légers* there

* In reformed spelling (see p. 16-19).

were only minor injuries **6.** [gracieux - architecture, forme] light, airy **7.** [digeste - café, thé] weak ; [- crème, vin] light ▸ **un repas léger** a snack, a light meal **8.** [irresponsable - personne, conduite] irresponsible, thoughtless, unthinking ; [- raison, justification] lightweight, flimsy / *vous avez été un peu léger* it was a bit thoughtless ou careless of you ; [insuffisant - excuse, devoir] flimsy **9.** [immoral - femme, mœurs] loose ; [- plaisanterie] risqué ; [- ton] light-hearted **10.** MUS [opéra, ténor] light.

❖ **léger** adv ▸ **manger léger** to avoid rich food.

❖ **à la légère** loc adv lightly ▸ **agir à la légère** to act thoughtlessly ou rashly ▸ **conclure à la légère** to jump to conclusions.

légèrement [leʒɛrmɑ̃] adv **1.** [un peu] slightly ▸ **légèrement blessé / teinté** slightly hurt / tinted ▸ **loucher / boiter légèrement** to have a slight squint / limp / *brun tirant légèrement sur le roux* brown with a slight hint of auburn / *il est légèrement paranoïaque* he's a bit paranoid / *une boisson légèrement alcoolisée* a slightly alcoholic drink / *un gâteau légèrement parfumé au citron* a cake with a hint of lemon flavouring **2.** [inconsidérément] lightly / *on ne peut pas parler du cancer légèrement* one cannot talk lightly about cancer ▸ **agir légèrement** to act thoughtlessly ou without thinking **3.** [frugalement] ▸ **déjeuner légèrement** to have a light lunch **4.** [avec des vêtements légers] ▸ **s'habiller légèrement** to wear light clothes.

légèreté [leʒɛrte] nf **1.** [poids] lightness **2.** [agilité] lightness, nimbleness / *marcher avec légèreté* to walk lightly **3.** [finesse - de la dentelle, d'une pâtisserie, d'un vin] lightness ; [- d'un parfum] discreetness, subtlety **4.** [désinvolture] casualness / *il a fait preuve d'une certaine légèreté dans ses propos* what he said was somewhat irresponsible ▸ **avec légèreté** casually **5.** [clémence - d'une punition] lightness.

leggin(g)s [legins] nfpl leggings.

légiférer [18] [leʒifere] vi to legislate.

✎ In reformed spelling (see p. 16-19), this verb is conjugated like *semer*: ***il légifèrera, elle légifèrerait.***

légion [leʒjɔ̃] nf **1.** MIL ▸ **la Légion (étrangère)** the (French) Foreign Legion **2.** [décoration] ▸ **la Légion d'honneur** the Légion d'Honneur, the Legion of Honour UK ou Honor US **3.** ANTIQ legion **4.** [grand nombre] ▸ **une légion de** : *une légion de cousins* an army of cousins ▸ **ses admirateurs sont légion** her admirers are legion.

légionnaire [leʒjɔnɛr] ◆ nm **1.** [de la Légion étrangère] legionnaire **2.** ANTIQ legionary. ◆ nmf [membre de la Légion d'honneur] member of the Légion d'Honneur.

légion(n)ellose [leʒjɔnɛloz] nf MÉD Legionnaires' disease.

législateur, trice [leʒislatœr, tris] ◆ adj lawmaking. ◆ nm, f lawmaker, legislator.

❖ **législateur** nm ▸ **le législateur** the legislature.

législatif, ive [leʒislatif, iv] adj **1.** [qui fait les lois] legislative ▸ **les instances législatives** legislative bodies / *des réformes législatives* legislative reforms **2.** [de l'Assemblée] parliamentary UK.

❖ **législatif** nm ▸ **le législatif** the legislature.

❖ **législatives** nfpl ≃ general election UK ; ≃ Congressional election US.

législation [leʒislasjɔ̃] nf legislation / *la législation en vigueur* current legislation ▸ **la législation viticole** the laws surrounding the wine trade ▸ **législation du travail** labor UK ou labour US laws.

législativement [leʒislativmɑ̃] adv legislatively.

législatives [leʒislativ] nfpl ⟶ **législatif.**

législature [leʒislatyr] nf [durée du mandat] term (of office) / *les crises qui ont agité la précédente législature* the crises in the previous administration.

légiste [leʒist] ◆ adj ⟶ **médecin.** ◆ nmf legist.

légitimation [leʒitimasjɔ̃] nf **1.** DR [d'un enfant] legitimization **2.** [reconnaissance] recognition ; [justification] justification.

légitime [leʒitim] ◆ adj **1.** [légal - gén] lawful, legal ; [- mariage] lawful ; [- enfant] legitimate / *le gouvernement légitime de la France* the lawful government of France **2.** [justifié - revendication] legitimate ▸ **son refus légitime d'obéir** her rightful refusal to obey ▸ **une colère légitime** a justifiable ou justified anger. ◆ nf *tfam* [épouse] missus ▸ **ma légitime** the missus.

❖ **légitime défense** nf self-defence.

légitimé, e [leʒitime] ◆ adj DR [enfant] legitimized. ◆ nm, f legitimized child.

légitimement [leʒitimmɑ̃] adv **1.** [justement] legitimately, justifiably / *vous auriez légitimement pu vous plaindre* you would have been justified in complaining / *on peut légitimement penser que...* we have good reason ou good cause to believe that... **2.** DR legitimately, lawfully.

légitimer [3] [leʒitime] vt **1.** DR [enfant] to legitimate ; [accord, union, titre] to (make) legitimate, to legitimize, to legitimatize **2.** [justifier] to justify, to legitimate / *n'essaie pas de légitimer son comportement* don't try to find excuses for ou to justify his behaviour / *on ne peut pas légitimer la prise du pouvoir par la force* taking power by force is indefensible.

légitimiste [leʒitimist] adj & nmf legitimist.

légitimité [leʒitimite] nf **1.** DR & POL legitimacy **2.** *sout* [bien-fondé] rightfulness / *tu ne peux nier la légitimité de ses réclamations* you cannot say that her complaints aren't justified ou well-founded.

Lego® [lego] nm (set of) Lego®.

Le Greco [ləgreko] npr El Greco.

legs [lɛg] nm **1.** DR legacy, bequest ▸ **faire un legs à qqn** to leave a legacy to sb, to leave sb a legacy ▸ **legs à titre universel** residuary bequest ou legacy, residue of one's estate ▸ **legs à titre particulier** specific bequest ou legacy ▸ **legs universel** general legacy **2.** [héritage] legacy, heritage.

léguer [18] [lege] vt **1.** DR to bequeath ▸ **léguer qqch à qqn** to bequeath ou to leave sthg to sb / *son père lui a légué une énorme fortune* his father bequeathed ou left him a huge fortune **2.** *fig* to hand down *(sép)*, to pass on *(sép)* / *il lui a légué son goût pour la musique* he passed on his love of music to him.

✎ In reformed spelling (see p. 16-19), this verb is conjugated like *semer*: ***il lèguera, elle lèguerait.***

légume [legym] nm **1.** BOT & CULIN vegetable / *tu ne manges pas assez de légumes* you don't eat enough vegetables ▸ **légumes secs** dried vegetables ▸ **légumes verts** green vegetables **2.** *fam* [personne] vegetable.

légumier, ère [legymje, ɛr] ◆ adj vegetable *(modif)*. ◆ nm, f BELG greengrocer.

❖ **légumier** nm vegetable dish.

légumine [legymin] nf legumin.

légumineuse [legyminøz] ◆ nf leguminous plant, legume. ◆ adj f leguminous.

leibnizien, enne [lɛbnitsjɛ̃, ɛn] adj Leibnizian.

léiomyome [lejɔmjom] nm leiomyoma.

Leipzig [lɛpsig] npr Leipzig.

leishmaniose [lɛʃmanjoz] nf leishmaniasis, leishmaniosis.

leitmotiv [lajtmɔtif, lɛjtmɔtif] *(pl* **leitmotivs** *ou* **leitmotive***)* nm **1.** LITTÉR & MUS leitmotiv, leitmotif **2.** *fig* hobbyhorse / *elle dit qu'elle n'aime pas la capitale, c'est son leitmotiv* she's always harping on about not liking the capital.

lek [lɛk] nm [monnaie] lek.

Léman [lemɑ̃] npr m ▸ **le lac Léman** Lake Geneva.

lemming [lɛmiŋ] nm lemming.

lémur [lemyr] nm lemur.

lémurien [lemyrjɛ̃] nm lemur.

lendemain [lɑ̃dmɛ̃] nm **1.** [le jour suivant] ▸ **le lendemain** the next ou the following day, the day after ▸ **le lendemain matin** the next ou the following morning / *le lendemain de son anniversaire* the day after her birthday / *le lendemain de son arrestation* the day after he was arrested ▸ **les lendemains de fête sont souvent difficiles** it's often hard to get through the morning after the night before *hum* ▸ **il ne faut pas remettre au lendemain ce qu'on peut faire le jour même** *prov* never put off till tomorrow what you can do today *prov* **2.** [futur] ▸ **le lendemain** tomorrow, the future / *il dépense son argent sans penser au lendemain* he spends his money without thinking of the future.

❖ **lendemains** nmpl [avenir] future / *son arrivée au pouvoir annonçait de sombres lendemains* his coming to power heralded a dark future ou dark days to come / *délinquant à 11 ans, ça nous promet de beaux lendemains!* 11 years old and already a delinquent, he's got a bright future ahead of him! ▸ **des lendemains difficiles** a bleak future ▸ **des lendemains qui chantent** a brighter future.

❖ **au lendemain de** loc prép : *au lendemain de la Révolution* immediately ou just after the Revolution / *au lendemain de son élection* in the days (immediately) following her election.

❖ **sans lendemain** loc adj short-lived.

lénifiant, e [lenifjɑ̃, ɑ̃t] adj **1.** MÉD calming **2.** *fig & sout* [images, paroles] soothing, lulling, assuaging *sout.*

lénifier [9] [lenifje] vt **1.** MÉD to calm **2.** *fig & sout* [calmer] to soothe, to lull, to assuage *sout.*

Lénine [lenin] npr Lenin.

Leningrad [leningrad] npr Leningrad.

léninisme [leninism] nm Leninism.

léniniste [leninist] adj & nmf Leninist.

lénitif, ive [lenitif, iv] adj **1.** MÉD calming **2.** *fig & sout* soothing.

lent, e [lɑ̃, lɑ̃t] adj **1.** [pas rapide - esprit, mouvement, film] slow ; [- circulation] slow, sluggish ; [- animal] slow-moving ▸ **à combustion lente** slow-burning / *il a une digestion lente* it takes him a long time to digest his food / *la justice est tellement lente!* the legal system is so slow! ▸ **lent à** : *il est lent à comprendre* he's slow on the uptake / *la fin est lente à venir* the end is a long time coming **2.** [progressif - agonie] lingering ; [- effritement, évolution] slow, gradual ; [- poison] slow-acting.

lente [lɑ̃t] nf ENTOM nit.

lentement [lɑ̃tmɑ̃] adv slowly ▸ **marcher lentement** to walk slowly ou at a slow pace / *il travaille lentement* he's a slow worker ▸ **lentement mais sûrement** slowly but surely.

lenteur [lɑ̃tœr] nf slowness ▸ **avec lenteur** slowly / *d'une lenteur désespérante* appallingly slow / *tu es d'une lenteur!* you're so slow! / *devant la lenteur avec laquelle elle a réagi* faced with her slowness in reacting ou her sluggish reaction ▸ **lenteurs administratives** administrative delays / *les lenteurs de la justice* the slowness of the courts, the slow course of justice.

lenticelle [lɑ̃tisɛl] nf lenticel.

lenticulaire [lɑ̃tikylɛr], **lenticulé, e** [lɑ̃tikyle] adj lenticular.

lentigine [lɑ̃tiʒin] nf = **lentigo.**

lentigo [lɑ̃tigo] nm mole, lentigo *spéc.*

lentille [lɑ̃tij] nf **1.** BOT & CULIN lentil ▸ **lentille d'eau** duckweed *(U)* **2.** OPT & PHYS lens ▸ **lentilles cornéennes** ou **de contact** contact lenses ▸ **lentilles souples** soft (contact) lenses.

lentisque [lɑ̃tisk] nm lentisk.

lentivirus [lɑ̃tivirys] nm lentivirus.

Léonard de Vinci [leɔnardəvɛ̃si] npr Leonardo da Vinci.

léonin, e [leɔnɛ̃, in] adj **1.** *sout* [commission, partage] unfair, one-sided ; [contrat] leonine **2.** [de lion] leonine **3.** [vers] Leonine.

léopard [leɔpar] nm **1.** ZOOL leopard ; [fourrure] leopard skin / *veste en léopard* leopard-skin jacket **2.** *(en apposition)* ▸ **tenue léopard** MIL camouflage battle dress **3.** HÉRALD lion passant guardant.

léopardé, e [leɔparde] adj HÉRALD ▸ **lion léopardé** lion passant, leopard.

Léopold [leɔpɔld] npr [empereur] Leopold.

LEP, Lep [lɛp, ɛlpe] nm **abr de lycée d'enseignement professionnel.**

lepéniste [ləpenist] nmf POL *supporter of Jean-Marie Le Pen.*

lépidoptère [lepidɔptɛr] nm lepidopteran ▸ **les lépidoptères** the Lepidoptera.

lépiote [lepjɔt] nf parasol mushroom.

lèpre [lɛpr] nf **1.** MÉD leprosy **2.** *litt* [moisissure] : *mur rongé par la lèpre* wall eaten away by damp **3.** *fig* [fléau] blight, scourge / *la drogue, lèpre de notre époque* drugs, the scourge of our age.

lépreux, euse [lepʀø, øz] ◆ adj **1.** MÉD leprous **2.** *litt* [mur] flaking, peeling / *des baraquements lépreux* crumbling shacks. ◆ nm, f MÉD leper ▸ **traiter qqn comme un lépreux** to ostracize sb, to send sb to Coventry UK.

léprologie [lepʀɔlɔʒi] nf leprosy research, leprology.

léproserie [lepʀozʀi] nf leper hospital, leprosy clinic.

lequel, laquelle [ləkɛl, lakɛl] (*mpl* **lesquels** [lekɛl], *fpl* **lesquelles** [lekɛl]) *(contraction de «à + lequel» = **auquel**; «de + lequel» = **duquel**; «à + lesquels / lesquelles» = **auxquels** / **auxquelles**; «de + lesquels / lesquelles» = **desquels** / **desquelles**)* ◆ pron rel **1.** [sujet - personne] who ; [- chose] which / *il était avec sa sœur, laquelle m'a reconnu* he was with his sister, who recognized me / *elle habitait une ferme, laquelle n'existe plus* *sout* she lived in a farmhouse which is no longer there **2.** [complément - personne] whom ; [- chose] which / *un ami auprès duquel trouver un réconfort* a friend (who) one can find comfort with, a friend with whom one can find comfort *sout* / *un ami avec lequel il sort souvent* a friend with whom he often goes out *sout*, a friend (who) he often goes out with / *l'ami sans lequel il n'aurait pas réussi* the friend without whom he wouldn't have succeeded / *une réaction à laquelle je ne m'attendais pas* a reaction (which) ou that I wasn't expecting / *la maison dans laquelle j'ai grandi* the house where ou in which I grew up, the house (that) I grew up in / *le moyen par lequel il compte réussir* the means by which he intends to succeed / *il y avait là beaucoup de jeunes gens parmi lesquels...* there were a lot of young people there, amongst whom... / *c'est une personne dans laquelle je n'ai aucune confiance* he is someone (who) I have no confidence in, he is someone in whom I have no confidence *sout* / *les gens au nom desquels je parle* the people on whose behalf I am speaking / *un dispositif au moyen duquel on peut...* a device whereby ou by means of which it is possible to... / *le livre à la rédaction duquel il se consacre* the book (which) he is engaged in editing. ◆ dét *(adj rel)* *sout* : *il avait contacté un deuxième avocat, lequel avocat avait également refusé de le défendre* he contacted another lawyer who also refused to defend him ▸ **auquel cas** in which case / *il se pourrait que j'échoue, auquel cas je repasserai l'examen l'année prochaine* I might possibly fail, in which case I'll resit the exam next year. ◆ pron interr which (one) ▸ **lequel est-ce?** which (one) is it? / *lequel d'entre vous a gagné?* which (one) of you won? ▸ **laquelle veux-tu?** which (one) would you like? / *laquelle est ta valise?* which is your suitcase?, which suitcase is yours? / *difficile de dire laquelle me plaît le plus* difficult to say which (one) I like best / *j'ai rencontré un de ses collaborateurs, je ne sais plus lequel* I met one of his colleagues, I can't remember which (one).

lerche [lɛʀʃ] adv ▸ **pas lerche** *tfam* sod all / *il n'en reste pas lerche* there's sod all left / *8 euros, c'est pas lerche* ou *ça fait pas lerche* 8 euros, that's sod all.

Lermontov [lɛʀmɔntɔf] npr Lermontov.

lérot [leʀo] nm garden dormouse.

les [le] pl ⟶ **le.**

lès [lɛ] *(devant voyelle* [lɛz] *)* = **lez.**

lesbianisme [lɛsbjanism] nm lesbianism.

lesbien, enne [lɛsbjɛ̃, ɛn] adj lesbian.
❖ **lesbienne** nf lesbian.

lesbisme [lɛsbism] = **lesbianisme.**

lesdites [ledit] nfpl ⟶ **ledit.**

lesdits [ledi] nmpl ⟶ **ledit.**

lèse-majesté [lɛzmaʒɛste] (*pl* **lèse-majesté** *ou* **lèse-majestés***) nf lese-majesty, lèse-majesté.

léser [18] [leze] vt **1.** [désavantager] ▸ **léser qqn** to wrong sb ▸ **léser les intérêts de qqn** to harm sb's interests / *elle s'estime lésée par rapport aux autres* she feels badly done by ou unfavourably treated compared with the others **2.** DR ▸ **partie lésée** injured party **3.** MÉD to injure.

✎ In reformed spelling (see p. 16-19), this verb is conjugated like **semer**: *il lèsera, elle lèserait.*

lésine [lezin] nf *litt* miserliness, stinginess.

lésiner [3] [lezine] ❖ **lésiner sur** v + prép to skimp on ▸ **ils lésinent sur tout** they're stingy with everything ▸ **ne pas lésiner sur** to be generous with / *tu n'as pas lésiné sur le sel!* you got a bit carried away with ou you were a bit too generous with the salt! / *il n'a pas lésiné sur les critiques!* he didn't spare his criticism!

lésinerie [lezinʀi] = **lésine.**

lésineur, euse [lezinœʀ, øz] adj *vieilli* miserly, parsimonious.

lésion [lezjɔ̃] nf **1.** MÉD injury, lesion *spéc* / **'à appliquer sur les lésions tous les soirs'** 'apply to the affected area every evening' ▸ **lésion par écrasement** / **souffle** crush / blast injury ▸ **lésion cancéreuse** cancer injury **2.** DR wrong.

lésionnaire [lezjɔnɛʀ] adj DR prejudicial, detrimental.

lésionnel, elle [lezjɔnɛl] adj MÉD [résultant d'une lésion] due to a lesion ; [causant lésion] lesion-causing.

L ès L (abr écrite de **licencié ès lettres**) ≃ BA.

Lesotho [lezɔto] npr m ▸ **le Lesotho** Lesotho ▸ **au Lesotho** in Lesotho.

lesquelles [lekɛl] nfpl ⟶ **lequel.**

lesquels [lekɛl] nmpl = **lequel.**

lessivable [lɛsivabl] adj washable.

lessivage [lɛsivaʒ] nm **1.** [d'un mur, d'un plancher] scrubbing, washing **2.** GÉOL leaching.

lessive [lɛsiv] nf **1.** [poudre] washing ou soap powder UK, laundry detergent US ▸ **lessive aux enzymes** biological washing powder ; [liquide] (liquid) detergent **2.** [linge à laver] washing, laundry / *je t'ai apporté ma lessive* I've brought you my washing ou my laundry ; [contenu d'une machine] (washing-machine) load / *et mon jean? — ce sera pour la prochaine lessive* what about my jeans? — they'll go in with the next wash ou load **3.** [lavage] wash ▸ **faire la lessive** to do the washing ou the laundry / *faites deux lessives séparées pour la laine et le coton* wash wool and cotton separately **4.** *fam* [épuration] clean-up (operation).

lessiver [3] [lɛsive] vt **1.** [laver - vêtement, tissu] to wash ; [- mur] to wash down *(sép)* **2.** *fam* [épuiser] to wear out *(sép)* ▸ **je suis lessivé** I'm whacked UK ou all in US **3.** *fam* [ruiner] to clean out *(sép)* **4.** *tfam* [éliminer] ▸ **se faire lessiver** to get knocked out **5.** CHIM & GÉOL to leach (out).

lessiveuse [lɛsivøz] nf boiler *(for clothes)*.

lessiviel, elle [lɛsivjɛl] adj detergent *(modif)*, detersive *spéc.*

lest [lɛst] nm AÉRON & NAUT ballast / *navire sur lest* ship in ballast ▸ **lâcher du lest a)** *pr* to dump ballast **b)** *fig* to make concessions, to yield some ground.

lestage [lɛstaʒ] nm AÉRON & NAUT ballasting.

leste [lɛst] adj **1.** [souple et vif - personne] nimble ; [- animal] agile, nimble / *il est encore leste malgré son âge* he's still sprightly for his age **2.** [désinvolte - ton] offhand, disrespectful **3.** [libre - plaisanterie] risqué, crude.

lestement [lɛstəmɑ̃] adv **1.** [avec souplesse] nimbly **2.** [avec désinvolture] offhandedly, casually **3.** [hardiment] : *il plaisantait un peu lestement* he was making rather risqué jokes.

lester [3] [lɛste] vt **1.** AÉRON & NAUT to ballast **2.** *fam* [charger] ▸ **lester qqch de** to fill ou to cram sthg with / *les poches lestées de bonbons* pockets filled ou crammed with sweets.
❖ **se lester** vpi *fam* [manger beaucoup] to stuff o.s.

let [lɛt] adj inv SPORT let ▸ **balle let** let (ball).

létal, e, aux [letal, o] adj lethal.

léthargie [letaʀʒi] nf **1.** MÉD lethargy ▸ **tomber en léthargie** to fall into a lethargic state, to become lethargic **2.** *fig* [mollesse - physique] lethargy ; [- psychologique] apathy.

léthargique [letaʀʒik] adj MÉD & *fig* lethargic.

lette [lɛt] = **letton** *(nm)*.

letton, one *ou* **onne** [lɛtɔ̃, ɔn] adj Latvian.
❖ **Letton, one** *ou* **onne** nm, f Latvian, Lett.
❖ **letton** nm LING Latvian, Lettish.

Lettonie [lɛtɔni] npr f ▸ **(la) Lettonie** Latvia.

lettre [lɛtʀ]
◆ nf

- **A. CARACTÈRE**
- **B. ÉCRIT**
- **C. SENS STRICT**

A. CARACTÈRE **1.** [d'un alphabet] letter / *un mot de neuf lettres* a nine-letter word ▸ **lettre majuscule** capital (letter), uppercase letter ▸ **lettre minuscule** small ou lowercase letter ▸ **en lettres de feu / d'or / de sang** : *leur révolte est écrite en lettres de feu dans ma mémoire* their revolt is branded on my memory / *leur abnégation est gravée en lettres d'or dans nos cœurs* their self-sacrifice is engraved indelibly in our hearts / *cette page d'histoire est imprimée en lettres de sang dans notre mémoire* this page of history has left a bloody impression in our memory **2.** IMPR [forme en plomb] character, letter ▸ **lettre ornée** initial.

B. ÉCRIT **1.** [correspondance] letter / *suite à votre lettre du...* further to your letter of... / *je lui ai envoyé une petite lettre pour son anniversaire* I sent her a note for her birthday / *pas de lettres pour moi?* no mail ou no letters for me? / *mettre une lettre à la poste* to post UK ou mail US a letter ▸ **lettre d'amour / de menace** love / threatening letter ▸ **lettre anonyme** anonymous letter ▸ **lettre de couverture** cover note UK ▸ **lettre d'excuse** letter of apology / *apportez une lettre d'excuse de vos parents* bring a note from your parents ▸ **lettre exprès** express letter ▸ **lettre d'introduction** letter of introduction ▸ **lettre de mort** BELG announcement of death ▸ **lettre de motivation** covering UK ou cover US letter ▸ **lettre de référence** letter of reference ▸ **lettre de recommandation** letter of recommendation ▸ **lettre recommandée a)** [avec accusé de réception] recorded delivery letter UK, letter sent by certified mail US **b)** [avec valeur déclarée] registered letter ▸ **lettre de remerciements** letter of thanks, thank-you letter ▸ **lettre de rupture** : *elle lui a écrit une lettre de rupture* she wrote to tell him she was leaving him ▸ **passer comme une lettre à la poste a)** *fam* [boisson, aliment] to go down a treat **b)** [demande, mesure] to go off without a hitch, to go off smoothly **2.** BANQUE ▸ **lettre de change** bill of exchange ▸ **lettre de crédit** letter of credit **3.** DR & FIN ▸ **lettre d'intention** letter of intent ▸ **lettre de voiture** waybill, consignment note **4.** HIST ▸ **lettre de cachet** lettre de cachet ▸ **lettres de noblesse** letters patent (of nobility) / *conquérir* ou *recevoir des lettres de noblesse* *fig* to gain respectability ▸ **lettre patente** letters patent **5.** POL ▸ **lettres de créance** credentials **6.** PRESSE ▸ **lettre ouverte** open letter **7.** LITTÉR [titre] / **'les Lettres de mon moulin'** *Daudet* 'Letters from My Mill' / **'Lettres persanes'** *Montesquieu* 'Persian Letters' / **'Lettre à d'Alembert'** *Rousseau* 'Letter to d'Alembert'.

C. SENS STRICT letter / *respecter la lettre de la loi* to respect ou observe the letter of the law ▸ **rester lettre morte** to go unheeded, to be disregarded / *le cessez-le-feu est devenu lettre morte* the cease-fire is no longer being observed.
❖ **lettres** nfpl **1.** ÉDUC ▸ **les lettres** arts subjects, the arts, the humanities ▸ **étudiant en lettres** arts student ▸ **lettres classiques** classics, Latin and Greek ▸ **lettres modernes** modern literature ▸ **lettres supérieures** preparatory class *(leading to the École Normale Supérieure and lasting two years)* **2.** LITTÉR ▸ **les lettres** literature ▸ **le monde des lettres** the literary world ▸ **avoir des lettres** to be well-read ▸ **un homme / une femme de lettres** a man / a woman of letters.
❖ **à la lettre, au pied de la lettre** loc adv ▸ **suivre des ordres au pied de la lettre** to follow orders to the letter / *suivez l'ordonnance du médecin à la lettre* follow the doctor's prescription to the letter / *ne prends pas ce qu'il dit au pied de la lettre* don't take what he says at face value.
❖ **avant la lettre** loc adv : *c'était un surréaliste avant la lettre* he was a surrealist before the term was ever invented.
❖ **en toutes lettres** loc adv **1.** [entièrement] in full ▸ **écrire qqch en toutes lettres** to write sthg (out) in full / *écrivez la somme en toutes lettres* write the amount (out) in full **2.** [très clairement] clearly, plainly / *c'est écrit*

* In reformed spelling (see p. 16-19).

en toutes lettres dans le contrat it's written in black and white ou it's spelt out plainly in the contract.

lettré, e [lɛtʀe] ◆ adj **1.** *sout* [cultivé] well-read **2.** BELG [sachant lire et écrire] : *il est lettré* he can read and write. ◆ nm, f **1.** ▸ **c'est un fin lettré** he's extremely well-read ou scholarly **2.** BELG [personne sachant lire et écrire] *person who can read and write.*

lettre-transfert [lɛtʀtʀɑ̃sfɛʀ] (*pl* **lettres-transferts**) nf Letraset® (letter).

lettrine [lɛtʀin] nf **1.** IMPR (initial) letter ▸ **lettrine abaissée / surélevée** dropped / raised initial **2.** [d'un dictionnaire] running initial.

lettrisme [lɛtʀism] nm LITTÉR lettrism.

leu [lø] (*pl* **lei** [lɛ]) nm [monnaie] leu ▸ **quinze lei** fifteen lei.

leucanie [løkani] nf ENTOM leucania, armyworm moth.

leucémie [løsemi] nf leukaemia UK, leukemia US.

leucémique [løsemik] ◆ adj leukaemic. ◆ nmf leukaemia sufferer.

leucine [løsin] nf leucine, leucin.

leucite [løsit] nf MINÉR leucite.

leucocytaire [løkɔsitɛʀ] adj leucocytic.

leucocyte [løkɔsit] nm leucocyte.

leucocytose [løkɔsitoz] nf leucocytosis.

leucoencéphalite [løkɔɑ̃sefalit] nf leucoencephalitis.

leucopénie [løkɔpeni] nf leucopenia.

leucorrhée [løkɔʀe] nf leucorrhoea UK, leukorrhea US, leucorrhea US.

leucotomie [løkɔtɔmi] nf leukotomy.

leur [lœʀ] ◆ pron pers them / *je voudrais leur parler avant qu'ils ne partent* I'd like to speak to them before they leave / *je leur ai donné la lettre* I gave them the letter, I gave the letter to them / *ça ne leur rapporte rien* they aren't getting anything out of it / *il leur est difficile de venir* it's difficult for them to come. ◆ dét (*adj poss*) their ▸ **c'est leur tour** it's their turn ▸ **ce sont leurs enfants** these are their children / *avec cette aisance qui a toujours été leur sout* with that characteristic ease of theirs / *ils ont fait leur la langue anglaise sout* they made the English language their own.

❖ **le leur, la leur, les leurs** pron poss theirs / *c'est notre problème, pas le leur* it's our problem, not theirs / *nos enfants et les leurs* our children and theirs / *ils ont pris une valise qui n'était pas la leur* they took a suitcase that wasn't theirs ou their own ▸ **être (un) des leurs** to belong to their group, to be one of them / *je ne me suis jamais senti l'un des leurs* I never felt that I was one of them / *serez-vous aussi des leurs dimanche?* will you be there on Sunday too? ▸ **ils y ont mis du leur** : *ils ont été aidés, mais ils y ont mis beaucoup du leur* they were helped, but they put a lot of effort into it (themselves).

leurre [lœʀ] nm **1.** [illusion] delusion, illusion / *ce serait un leurre d'espérer qu'il réponde à votre demande* you would be deceiving yourself if you thought that he might comply with your demands ; [tromperie] deception / *son grand projet n'est qu'un leurre* his great plan is just a trick **2.** ARM decoy **3.** CHASSE decoy, lure ; [en fauconnerie] lure **4.** PÊCHE lure ; [vivant] bait.

leurrer [5] [lœʀe] vt **1.** [tromper] to deceive, to delude / *ne te laisse pas leurrer par ses beaux discours* do not be deceived by his fine words **2.** [en fauconnerie] to lure.

❖ **se leurrer** vp (*emploi réfléchi*) [se laisser abuser] to deceive ou to delude o.s. / *ne te leurre pas, elle ne t'aime plus* don't delude yourself, she doesn't love you any more / *il ne faut pas se leurrer, on va perdre* let's not fool ourselves, we're going to lose.

levage [ləvaʒ] nm **1.** TECHNOL lifting ▸ **appareil de levage** lifting tackle (*U*) ou appliance **2.** CULIN raising, rising / *après le deuxième levage* [du pain] after proving for the second time.

levain [ləvɛ̃] nm **1.** CULIN [substance, pâte] leaven, leavening ▸ **pain sans levain** unleavened bread **2.** *fig & litt* : *le levain de la révolte* the seeds of revolt.

levant [ləvɑ̃] nm *sout* ▸ **le levant** the east / *baie exposée au levant* east-facing bay ▸ **du levant au couchant** from east to west.

Levant [ləvɑ̃] npr m ▸ **le Levant** the Levant.

levantin, e [ləvɑ̃tɛ̃, in] adj Levantine.

❖ **Levantin, e** nm, f Levantine.

levé [ləve] nm survey / *faire le levé d'un champ* to survey a field.

levée [ləve] nf **1.** [ramassage - du courrier, des impôts] collection / *il y a deux levées par jour* the post UK ou mail US is collected twice a day, there are two collections a day **2.** [suppression - de sanctions] lifting ▸ **il a demandé la levée des sanctions / de l'embargo** he asked for the sanctions / the embargo to be lifted / *cela nécessiterait la levée de son immunité parlementaire* this would involve withdrawing his parliamentary immunity **3.** [cérémonie] ▸ **la levée du corps** taking the body from the house (*for the funeral*) / *la levée du corps aura lieu à 15 h* the funeral procession will gather at the house at 3 p.m ; DR ▸ **levée d'écrou** release (from prison) ▸ **levée de jugement** transcript (of the verdict) ▸ **levée des scellés** removal of the seals **4.** JEUX trick / *son roi de pique fait la levée* his king of spades takes ou wins the trick **5.** GÉOL levee **6.** CONSTR ▸ **levée de terre** levee **7.** MIL [de troupes] levying ; [d'un siège] raising ▸ **levée en masse** levy en masse ▸ **levée de boucliers** *fig* outcry, uproar / *ça a provoqué une levée de boucliers chez les féministes* it provoked an outcry from feminists **8.** COMM ▸ **levée d'option** taking up of the option.

lève-glace [lɛvglas] (*pl* **lève-glaces**) nm window winder ▸ **lève-glace électrique** electric window winder.

lever¹ [ləve] nm **1.** [apparition] ▸ **le lever du soleil** sunrise ▸ **le lever du jour** daybreak, dawn **2.** [fait de quitter le lit] : *il se met au travail dès son lever* he starts working as soon as he gets up / *elle boit un grand verre d'eau au lever* she drinks a big glass of water as soon as she gets up ou first thing in the morning / *le lever du roi* the levee of the king **3.** THÉÂTRE ▸ **au lever de rideau** when the curtain goes up ▸ **un lever de rideau** [pièce] a curtain raiser **4.** [d'un plan] survey.

lever² [19] [ləve]

◆ vt

A. PORTER VERS LE HAUT
B. DRESSER, METTRE FIN À
C. SENS SPÉCIALISÉS

A. PORTER VERS LE HAUT 1. [faire monter] to raise, to lift ; [soulever] to lift ; [redresser] to lift up / *lève la vitre* close the window ▸ **lever une barrière** to put up ou to erect a barrier / *lever le pont d'un château fort* to raise the drawbridge of a castle / *lève ton verre pour que je puisse te servir* lift your glass so that I can serve you ▸ **lever son verre** [porter un toast] to raise one's glass / *levons nos verres à sa réussite* let's raise our glasses to ou let's drink to his success ▸ **lever le rideau** THÉÂTRE to raise the curtain ▸ **lever l'ancre** to weigh anchor ▸ **lever l'étendard de la révolte** to rise up in revolt, to raise the banner (of rebellion) ▸ **lever haut son drapeau** [défendre publiquement ses opinions] to nail one's colours to the mast **2.** [diriger vers le haut - partie du corps] to lift, to raise / *lever la tête* to lift ou to raise one's head / *en entendant la sonnette, elle leva la tête* she looked up ou she raised her head when she heard the bell ▸ **lever le pied** [automobiliste] to drive slowly ▸ **lever les yeux** [de son livre, etc.] to look up / *je n'osais plus lever les yeux* I no longer dared look up / *lever les yeux au ciel* to lift up ou to raise one's eyes to heaven / *lève les pieds quand tu marches* lift ou don't drag your feet when you walk / *lever la main pour prêter serment* to raise one's hand to take an oath ▸ **lever le doigt** ou **la main avant de prendre la parole** to put up ou to raise one's hand before speaking / *le chien lève la patte* the dog cocks its leg / *lever les bras au ciel* to lift up ou to raise one's arms to heaven ▸ **lever le cœur à qqn** to turn sb's stomach / *la seule pensée d'avoir à le toucher me lève le cœur* just the thought of having to touch it revolts ou sickens me / *la puanteur qui s'en échappe vous lève le cœur* the stench coming from it is nauseating **3.** [ramasser - filets de pêche] to raise ; [- courrier, impôt] to collect **4.** [sortir du lit] ▸ **lever qqn** to get sb up, to get sb out of bed / *nous levons les pensionnaires à 8 h* we rouse the boarders at 8 o'clock.

B. DRESSER, METTRE FIN À 1. [dessiner - carte] to draw (up) / *il faudra lever le plan du domaine* a plan of the estate will have to be drawn up **2.** [faire cesser - blocus, interdiction] to lift ; [- séance, audience] to close ; [- scrupules, ambiguïté] to remove ; [- punition] to lift ; [- obstacle] to get rid of, to remove / *lever un interdit / une excommunication* to lift an interdict / an excommunication / *la réforme ne lèvera pas toutes les difficultés* the reform will not remove all the difficulties.

C. SENS SPÉCIALISÉS 1. CULIN [viande] to carve / *lever les filets d'un poisson* to fillet a fish **2.** BOURSE : *lever une valeur* to take up a security / *lever des titres* to take delivery of stock / *lever une option* to take up an option **3.** JEUX to pick up (*sép*) / *lever les cartes* to take ou to pick up a trick **4.** CHASSE to flush / *lever une compagnie de perdreaux* to flush a covey of partridges **5.** MIL [mobiliser] to raise / *lever des troupes* to raise troops / *le gouvernement a levé deux classes* the government has raised ou mobilized two contingents **6.** *tfam* [séduire] to pull, to pick up.

◆ vi **1.** [pousser - blé] to come up (*insép*) / *l'avoine a levé* the oats have come up **2.** CULIN to rise, to prove / *la pâte a levé* the dough has risen ou proved ▸ **laisser lever la pâte** to let the dough rise ou prove.

❖ **se lever** vpi **1.** [monter] to go up / *je vois une main qui se lève au fond de la classe* I see a hand going up at the back of the class / *tous les yeux* ou *regards se levèrent vers elle* all eyes turned towards her / *le rideau se lève sur un salon bourgeois* the curtain rises on a middle-class drawing room **2.** [se mettre debout] to stand up, to rise / *levez-vous quand le proviseur entre* stand up when the headmaster comes in / *le public se leva pour l'applaudir* the public stood up ou rose to applaud him / *se lever de sa chaise* to get up ou to rise from one's chair / *ne te lève pas de table!* don't leave the table! ▸ **se lever contre** *fig* to rise up against / *le peuple s'est levé contre l'oppression* the people rose up against oppression / *il est temps que les hommes de bonne volonté se lèvent* it is time for men of goodwill to stand up and be counted ▸ **lève-toi et marche** BIBLE take up thy bed and walk **3.** [sortir du lit - dormeur] to get up, to rise *litt* ; [- malade] to get up / *il est l'heure de se lever!* time to get up! / *je ne peux pas me lever le matin* I can't get up ou I can't get out of bed in the morning / *ils m'ont encore fait lever aux aurores aujourd'hui* they got me up at the crack of dawn today / *j'ai du mal à le faire se lever aujourd'hui* I'm having trouble getting him out of bed this morning / *il ne s'est levé que la semaine dernière* [malade] he only got up last week / *elle ne se lève plus* she no longer leaves her bed ▸ **se lever avec le soleil** to be up with the lark ▸ **il faut se lever tôt** ou **de bonne heure** *fig* : *pour la prendre en défaut il faut se lever tôt* ou *de bonne heure!* you'd have to be on your toes to catch her out! / *pour trouver du bon pain ici, tu peux te lever de bonne heure* you've got your work cut out finding ou you'll be a long time finding good bread round here **4.** [apparaître - astre] to rise ; [- jour] to dawn, to break / *le soleil se levait quand nous partîmes* the sun was rising as we left / *au moment où la Lune se lève* at the rising of the moon ▸ **le jour se lève** day is dawning ou breaking **5.** MÉTÉOR [vent] to get up ; [brume] to lift, to clear ; [orage] to break ▸ **le temps se lève** [il fait meilleur] the sky's clearing (up) / *de violents orages se levèrent au cours de la nuit* fierce storms broke during the night ▸ **le vent se lève** the wind's getting up / *si le brouillard se lève* if the fog lifts ▸ **la mer se lève** the sea's getting up ou getting rough **6.** *litt* [surgir, naître] to rise (up) / *l'espoir commença à se lever dans tous les cœurs* hope welled up in everyone's heart.

lève-tard [lɛvtaʀ] nmf late riser.

lève-tôt [lɛvto] nmf early riser, early bird.

lève-vitre [lɛvvitʀ] (*pl* **lève-vitres**) nm = **lève-glace.**

levier [ləvje] nm **1.** MÉCAN lever ▸ **faire levier sur qqch** to lever sthg up ou off **2.** [manette] ▸ **levier (de changement) de vitesse** gear stick UK, gear lever UK, gearshift US ▸ **levier de frein à main** handbrake lever ▸ **levier de commande** control (lever) ▸ **être aux leviers de commande a)** *pr* to be at the controls **b)** *fig* to be in command ou in the driver's seat ou at the controls **3.** *fig* [moyen de pression] means of pressure, lever / *la grève* *peut être un puissant levier politique* strike action can be a powerful political lever **4.** ÉCON ▸ **effet de levier** leverage, gearing.

lévitation [levitasjɔ̃] nf levitation.

lévite [levit] nm HIST Levite.

Lévitique [levitik] npr m ▸ **le Lévitique** Leviticus.

levraut, levreau* [ləvʀo] nm leveret.

lèvre [lɛvʀ] nf **1.** [de la bouche] lip / *elle avait le sourire aux lèvres* she had a smile on her lips ▸ **lire sur les lèvres** to lip-read ▸ **lèvre inférieure / supérieure** lower / upper lip ▸ **être pendu** ou **suspendu aux lèvres de qqn** to be hanging upon sb's every word **2.** [de la vulve] lip, labium ▸ **les lèvres** the labia ▸ **grandes / petites lèvres** labia majora / minora **3.** GÉOL edge, side, rim **4.** MÉD [d'une plaie] lip.

levrette [ləvʀɛt] nf **1.** ZOOL greyhound bitch ▸ **levrette (d'Italie)** Italian greyhound **2.** EXPR **en levrette** *tfam* doggy-fashion.

lévrier [levʀije] nm greyhound ▸ **lévrier afghan** Afghan hound ▸ **lévrier barzoï** borzoi, Russian wolfhound.

lévulose [levyloz] nm laevulose.

levure [ləvyʀ] nf yeast ▸ **levure de bière** brewer's yeast, dried yeast ▸ **levure (chimique)** baking powder.

lexème [lɛksɛm] nm lexeme.

lexical, e, aux [lɛksikal, o] adj lexical.

lexicalisation [lɛksikalizasjɔ̃] nf lexicalization.

lexicaliser [3] [lɛksikalize] vt to lexicalize.

❖ **se lexicaliser** vpi to become lexicalized.

lexicographe [lɛksikɔgʀaf] nmf lexicographer.

lexicographie [lɛksikɔgʀafi] nf lexicography.

lexicographique [lɛksikɔgʀafik] adj lexicographical.

lexicologie [lɛksikɔlɔʒi] nf lexicology.

lexicologique [lɛksikɔlɔʒik] adj lexicological.

lexicologue [lɛksikɔlɔg] nmf lexicologist.

lexie [lɛksi] nf lexical item ou unit.

lexique [lɛksik] nm **1.** [ouvrage] glossary, lexicon **2.** [d'une langue] lexis, vocabulary ; [d'un auteur] vocabulary.

lez [lɛ] *(devant voyelle* [lɛz]*)* prép by, near *(used in place names)*.

lézard [lezaʀ] nm **1.** ZOOL lizard ▸ **lézard vert / des murailles** green / wall lizard ▸ **faire le lézard** to bask in the sun **2.** [peau] lizardskin / *ceinture en lézard* lizardskin belt.

lézarde [lezaʀd] nf crack, crevice.

lézarder [3] [lezaʀde] ◆ vi *fam* [au soleil] to bask in the sun ; [paresser] to laze about, to lounge (about). ◆ vt [fissurer] to crack ▸ **mur lézardé** cracked wall, wall full of cracks.

❖ **se lézarder** vpi to crack.

LGV® (abr de **ligne à grande vitesse**) nf high-speed rail link.

Lhassa [lasa] npr Lassa, Lhasa.

liage [ljaʒ] nm [action de lier] binding.

liais [ljɛ] nm CONSTR hard limestone.

liaison [ljɛzɔ̃] nf **1.** [contact] : *le secrétaire assure la liaison entre les divers services* the secretary liaises between the various departments **2.** TÉLÉC contact / *la liaison téléphonique n'est pas très bonne* the line is not very good / *nous sommes en liaison directe avec notre correspondant* we have our correspondent on the line ▸ **liaison radio** radio contact **3.** TRANSP link / *un train / car assure la liaison entre Édimbourg et Glasgow* there is a train / coach service operating between Edinburgh and Glasgow ▸ **liaison aérienne / maritime / ferroviaire / fluviale / routière** air / sea / rail / river / road link **4.** [rapport] connection, link / *son départ est sans liaison avec la dispute d'hier* his departure is in no way linked to yesterday's argument **5.** *litt* [relation] relationship / *ils ont une liaison d'affaires* they have a business relationship ▸ **avoir une liaison (amoureuse) avec qqn** to have an affair with sb / **'les Liaisons dangereuses'** *Laclos* 'Dangerous Liaisons' **6.** CHIM bond ▸ **liaison de covalence** covalent bond **7.** CONSTR joint **8.** CULIN [pour une sauce] liaison, thickening ; [pour farce] binding **9.** INFORM link **10.** LING liaison **11.** MUS [pour tenir une note] tie ; [pour lier plusieurs notes] phrase mark, slur.

❖ **de liaison** loc adj liaison *(modif)*.

❖ **en liaison** loc adv in touch, in contact ▸ **être / rester en liaison (avec qqn)** to be / to remain in contact (with sb) / *nous resterons en liaison* we will stay in touch / *il travaille en liaison avec un marchand d'art à New York* he works in close contact with an art dealer in New York.

liaisonner [3] [ljɛzɔne] vt CONSTR to bond.

liane [ljan] nf [vigne, lierre] creeper ; [en forêt équatoriale] liana.

liant, e [ljɑ̃, ɑ̃t] adj sociable / *il n'est pas très liant* he is not very sociable, he doesn't make friends easily.

❖ **liant** nm **1.** *litt* [affabilité] ▸ **avoir du liant** to be sociable, to have a sociable nature **2.** CHIM & CONSTR binder.

liard [ljaʀ] nm **1.** HIST ≃ farthing UK **2.** *vieilli* [très petite quantité] : *il n'a pas un liard de bon sens* he hasn't an ounce ou a grain of common sense **3.** *vieilli* [sou] : *je n'en donnerais pas deux liards* it isn't worth a penny UK ou a red cent US.

lias [ljas] nm Lias.

liasse [ljas] nf [de billets] wad ; [de documents] bundle / *des liasses de billets dépassaient de son portefeuille* wads of banknotes ou notes were sticking out of his wallet.

Liban [libɑ̃] npr m ▸ **le Liban** (the) Lebanon ▸ **au Liban** in (the) Lebanon.

libanais, e [libanɛ, ɛz] adj Lebanese.

❖ **Libanais, e** nm, f Lebanese (person) ▸ **les Libanais** the Lebanese.

libation [libasjɔ̃] nf ANTIQ libation.

❖ **libations** nfpl ▸ **faire de joyeuses libations** to drink copious amounts (of alcohol).

Libé [libe] *fam* abr de **Libération**.

libelle [libɛl] nm lampoon ▸ **écrire des libelles contre qqn** to lampoon sb.

libellé [libele] nm [d'un document] wording ; [d'un chèque] name of payee.

libeller [4] [libele] vt **1.** [lettre] to word / *le sujet de dissertation était mal libellé* the subject of the essay was not clearly worded **2.** ADMIN [texte juridique] to draw up *(sép)* **3.** [chèque] to make out *(sép)* / *libellez votre chèque au nom de...* make your cheque payable to... / *je n'avais pas libellé le chèque* I hadn't put the name of the payee on the cheque.

libelliste [libelist] nmf *vieilli* lampoonist, lampooner.

libellule [libelyl] nf dragonfly.

liber [libɛʀ] nm secondary phloem, liber.

libérable [libeʀabl] adj **1.** MIL [militaire, contingent] dischargeable ▸ **permission libérable** demob leave **2.** DR [prisonnier] eligible for release.

libéral, e, aux [libeʀal, o] ◆ adj **1.** [aux idées larges] liberal, liberal-minded, broad-minded **2.** ÉCON free-market, free-enterprise ▸ **l'économie libérale** the free-market economy **3.** HIST liberal **4.** POL [en Grande-Bretagne, au Canada] Liberal ; [en France] favouring the free-market economy. ◆ nm, f **1.** POL [en Grande-Bretagne, au Canada] Liberal ; [en France] free-marketeer **2.** [personne tolérante] broad-minded person.

libéralement [libeʀalmɑ̃] adv **1.** [généreusement] liberally, generously **2.** [librement] broad-mindedly.

libéralisation [libeʀalizasjɔ̃] nf **1.** POL liberalization **2.** ÉCON liberalization, easing (of restrictions) / *la libéralisation complète de l'économie* the application of free-market principles throughout the economy.

libéraliser [3] [libeʀalize] vt **1.** [mœurs, régime] to liberalize **2.** ÉCON [commerce] to ease ou to lift restrictions on ▸ **libéraliser l'économie** to reduce state intervention in the economy.

❖ **se libéraliser** vpi [régime] to become (more) liberal ; [mœurs] to become freer.

libéralisme [libeʀalism] nm **1.** POL liberalism **2.** ÉCON (doctrine of) free enterprise, liberalism **3.** [tolérance] broad-mindedness, liberal-mindedness.

libéralité [libeʀalite] nf [générosité] generosity, liberality *sout*.

❖ **libéralités** nfpl *sout* [dons] (cash) donations, liberalities / *je ne tiens pas à vivre de vos libéralités* I do not want to live off your generosity ou good favours.

libérateur, trice [libeʀatœʀ, tʀis] ◆ adj **1.** [rire, geste] liberating, cathartic *litt* **2.** POL liberating ▸ **l'armée libératrice** the liberating army, the army of liberation. ◆ nm, f liberator.

libération [libeʀasjɔ̃] nf **1.** [d'un pays] liberation ; [d'un soldat] discharge ▸ **la Libération** the Liberation (of France) / *à la Libération* when France was liberated **2.** DR [d'un détenu] release ▸ **libération anticipée** early release ▸ **libération conditionnelle** (release on) parole **3.** [émancipation] : *éprouver un sentiment de libération fig* to feel liberated ▸ **la libération de la femme** women's liberation **4.** ÉCON ▸ **la libération des prix** the deregulation of prices, the removal of price controls ▸ **la libération des loyers** the lifting of rent control **5.** PRESSE ▸ **Libération** *French left-of-centre daily newspaper* **6.** CHIM, PHYS & PHYSIOL release.

libératoire [libeʀatwaʀ] adj ▸ **paiement libératoire** payment in full discharge ▸ **prélèvement libératoire de 30 % sur les revenus des obligations** 30% tax in full discharge on earnings from bonds.

libéré, e [libeʀe] adj liberated.

libérer [18] [libeʀe] vt **1.** [délivrer] to free ▸ **libérer qqn de qqch** to free sb from sthg / *quand les Alliés libérèrent Paris* when the Allies liberated Paris / *elle n'est pas complètement libérée de l'emprise de la drogue* she's not completely freed from drug addiction **2.** [remettre en liberté] to release, to (set) free / *il ne sera libéré qu'à l'expiration de sa peine* he will not be released until he has served his sentence **3.** [décharger] ▸ **libérer qqn d'une promesse** to free ou to release sb from a promise / *libéré de sa dette* free from his debt **4.** [soulager - conscience] to relieve / *la machine a libéré l'homme des travaux dangereux* the machine has relieved man of dangerous work / *tu me libères d'un gros souci* you've relieved me of a serious worry ▸ **libérer son cœur** to unburden one's heart **5.** [laisser partir - élèves, employés] to let go / *on nous a libérés avant l'heure* we were allowed to leave ou they let us go early **6.** [rendre disponible - lieu] to vacate, to move out of ; [- étagère] to clear / *je libérerai les lieux le 31 au plus tard* I will vacate the premises on the 31st at the latest ▸ **libérez le passage** clear the way / *je n'arrive même pas à libérer une heure pour jouer au tennis* I can't even find a free hour ou an hour to spare to play tennis / *les postes libérés par les mises à la retraite anticipée* vacancies created by early retirement **7.** [débloquer - mécanisme, énergie, émotions] to release / *avant de libérer le cran de sûreté du revolver* before releasing the safety catch of the revolver **8.** CHIM & PHYS to release **9.** ÉCON [prix, salaires] to free, to lift ou to remove restrictions on **10.** MIL [conscrit] to discharge.

❖ **se libérer** ◆ vp *(emploi réfléchi)* **1.** [se délivrer] to free o.s. / *se libérer de ses chaînes* to free o.s. from one's chains **2.** [dans un emploi du temps] : *essaie de te libérer pour demain* try to be free ou to make some time tomorrow / *je ne pourrai pas me libérer avant 17 h* I won't be able to get away before five **3.** [s'émanciper - femmes] to become more liberated. ◆ vp *(emploi passif)* [emploi, appartement] to become vacant ou available / *il y a une place qui s'est libérée au coin de la rue* somebody's just left a parking space at the corner of the street.

✎ In reformed spelling (see p. 16-19), this verb is conjugated like *semer*: *il libèrera, elle libèrerait.*

Liberia [libeʀja] npr m ▸ **le Liberia** Liberia ▸ **au Liberia** in Liberia.

libérien, enne [libeʀjɛ̃, ɛn] adj Liberian.

❖ **Libérien, enne** nm, f Liberian.

libériste [libeʀist] ◆ adj hang-gliding *(modif)*. ◆ nmf hang-glider pilot.

libero [libeʀo] nm FOOT sweeper.

libertaire [libɛʀtɛʀ] adj & nmf libertarian, anarchist.

liberté [libɛʀte] nf **1.** [gén & DR] freedom / *rendre la liberté à un otage* to release a hostage / *rendre la liberté à un oiseau* to set a bird free / *le pays de la liberté* the land of the free ou of freedom ▸ **défenseur de la liberté** defender of freedom ou liberty ▸ **liberté conditionnelle**

* In reformed spelling (see p. 16-19).

ou **sur parole** (release on) parole ▸ **liberté individuelle** personal freedom ▸ **liberté sous caution** release on bail ▸ **liberté provisoire** bail ▸ **mettre en liberté provisoire** to release on bail / *être mis en liberté provisoire* to be granted bail, to be released on bail ▸ **liberté surveillée** probation ▸ **la statue de la Liberté** the Statue of Liberty **2.** [droit] right, freedom ▸ **liberté d'association / du travail** right of association / to work ▸ **liberté du culte / d'opinion / de mouvement** freedom of worship / thought / movement ▸ **libertés civiques** ou **du citoyen** civil liberties ▸ **liberté d'aller et venir** right of access ▸ **liberté d'entreprise** free enterprise, right to set up a business ▸ **liberté de la presse / d'expression** freedom of the press / of speech ▸ **Liberté, Égalité, Fraternité** Liberty, Equality, Fraternity *(motto of the French Revolution and, today, of France)* **3.** [indépendance] freedom ▸ **liberté de jugement / de pensée** freedom of judgment / thought / *avoir toute liberté d'action* to have a free hand ou complete freedom of action / *on lui laisse trop peu de liberté* he's given too little freedom / *avoir toute liberté pour décider* to be totally free ou to have full freedom to decide ▸ **prendre la liberté de** to take the liberty to ▸ **reprendre sa liberté** [sentimentale] to regain one's freedom **4.** [temps libre] free time / *tous mes moments de liberté* all my free time / *je n'ai pas un instant de liberté* I haven't got a minute to myself **5.** [désinvolture, irrévérence] : *il prend trop de liberté avec nous* he is a bit overfamiliar with us / *il y a une trop grande liberté dans la traduction* the translation is not close enough to the original ou is too free ▸ **liberté de langage** overfree use of language **6.** ÉCON ▸ **liberté des prix** freedom from price controls / *instaurer la liberté des prix* to end ou to abolish price controls.

❖ **libertés** nfpl **1.** [droits légaux] liberties, freedom ▸ **atteinte aux / défense des libertés** attack on / defence of civil liberties / *les libertés publiques* civil liberties **2.** [privautés] ▸ **prendre** ou **se permettre des libertés avec qqn** to take liberties with sb / *j'ai pris quelques libertés avec la recette* I took a few liberties with ou I didn't stick entirely to the recipe.

❖ **en liberté** loc adj & loc adv free ▸ **être en liberté a)** [personne] to be free ou at large **b)** [animal] to be free ou in the wild / *un parc national où les animaux vivent en liberté* a national park where animals roam free / *il laisse ses perruches en liberté dans la maison* he leaves his budgerigars free to fly around the house ▸ **remettre qqn en liberté** DR to release sb, to set sb free.

❖ **en toute liberté** loc adv freely / *vous pouvez vous exprimer en toute liberté* you can talk freely / *agir en toute liberté* to act quite freely.

liberticide [libɛrtisid] adj freedom-destroying ▸ **lois liberticides** laws that are destroying freedom ou freedoms.

libertin, e [libɛrtɛ̃, in] ◆ adj **1.** *litt* [personne] dissolute, dissipated, debauched ; [propos, publication] licentious **2.** HIST & RELIG libertine, freethinking. ◆ nm, f **1.** *litt* [personne dissolue] libertine **2.** HIST & RELIG libertine, freethinker.

libertinage [libɛrtinaʒ] nm **1.** *litt* [comportement] debauchery, dissipation, libertinism *sout* **2.** HIST & RELIG libertine philosophy, libertinism.

Liberty® [libɛrti] nm inv Liberty® print material.

libidinal, e, aux [libidinal, o] adj PSYCHOL libidinal.

libidineux, euse [libidinø, øz] adj *sout* [personne] lecherous ; [regard] libidinous *sout*, lustful.

libido [libido] nf libido.

libitum [libitɔm] ⟶ **ad libitum.**

LIBOR [libɔr] (abr de **London Interbank Offered Rate**) nm LIBOR.

libraire [librɛr] nmf bookseller ▸ **libraire-éditeur** publisher and bookseller.

librairie [librɛri] nf **1.** [boutique] bookshop UK, bookstore US / *paraîtra en librairie le 3 juin* due out on June 3rd, in the bookshops from June 3rd / *un livre qu'on ne trouve plus en librairie* a book which is no longer on sale ▸ **le rayon librairie** the book department ▸ **librairie d'art / d'occasion** art / secondhand bookshop **2.** ▸ **la librairie a)** [commerce] bookselling **b)** [profession] the book trade.

⚠ **Library** signifie « bibliothèque » et non librairie.

librairie-papeterie [librɛripapɛtri] (*pl* **librairies-papeteries**) nf stationer's and bookseller's UK ou stationery and book store US.

libre [libr] ◆ adj **1.** [gén & POL] free / *à la suite du non-lieu, l'accusé s'est retrouvé libre* owing to lack of evidence, the accused found himself a free man again ▸ **libre de** : *il ne me laisse pas libre d'inviter qui je veux* he doesn't leave me free to invite who I please / *si j'ai envie de la voir, je suis bien libre ! fam* if I feel like seeing her, it's up to me ou that's my affair ! ▸ **libre à toi / à elle de refuser** you're / she's free to say no / *j'y vais ? — alors là, libre à toi !* shall I go ? — well, that's entirely up to you ou you're (entirely) free to do as you wish ! ▸ **la ligne n'est pas libre** [au téléphone] the line is engaged UK ou busy US ▸ **être libre comme l'air** to be as free as (the) air ▸ **être libre de ses mouvements** : *je suis libre de mes mouvements* I am free to do as I please ▸ **la libre circulation des personnes** the free circulation of people ▸ **la libre circulation des capitaux** free circulation of capital **2.** [disponible - personne, salle] free, available ▸ **il faut que j'aie la tête** ou **l'esprit libre pour prendre une décision** I have to have a clear head before I'm able to make a decision ▸ **être / se rendre libre** to be / to make o.s. free / *tu as un moment de libre ?* have you got a minute (to spare) ? / *êtes-vous libre à déjeuner ?* are you free for lunch ? / *j'ai deux après-midi (de) libres par semaine* I've got two afternoons off ou two free afternoons a week ▸ **avoir du temps libre** to have some free time / *le directeur des ventes n'est pas libre en ce moment* the sales manager isn't free ou available at the moment ; [poste, siège] vacant, free / *est-ce que la place est libre ?* is anyone sitting here ? ; [table] free ; [toilettes] vacant ; [passage] clear ▸ **la voie est libre** the way is clear ; [sentimentalement] unattached / *je ne suis pas libre* I'm already seeing somebody ▸ **je préfère rester libre** I prefer to remain unattached **3.** [franc] free, open / *je suis très libre avec elle* I am quite free (and easy) ou open with her ; [désinvolte - personne] : *il se montre un peu trop libre avec ses secrétaires* he is a bit overfamiliar ou too free with his secretaries ; [inconvenant - attitude] free, daring / *ses remarques un peu libres nous ont choqués* his somewhat coarse remarks shocked us **4.** [sans contraintes] : *ils forment un couple très libre* they have a very open relationship **5.** [non réglementé - prix, marché] free, deregulated ▸ **leurs honoraires sont libres** there are no restrictions on their fees / *l'entrée de l'exposition est libre* entrance to the exhibition is free ▸ **la libre entreprise** free enterprise ▸ **par le libre jeu de la concurrence** through free competition ▸ **libre de droits** [œuvre, photo] copyright-free **6.** [privé - radio, télévision] independent ; [- école, enseignement] private *(in France, mostly Catholic)* ▸ **l'École libre** private education **7.** [non imposé - improvisation, style] free / *je leur ai donné un sujet libre* I gave them a free choice of subject, I left it up to them to choose the subject ▸ **escalade libre** free climbing ▸ **figures libres** SPORT freestyle (skating) ▸ **vers libre** free verse **8.** [non entravé - mouvement, membre] free / *le bandage laisse les doigts libres* the bandage leaves the fingers free / *en général, je laisse mes cheveux libres* I usually leave my hair loose **9.** [non fidèle - traduction, adaptation] free / *dans une traduction un peu libre de Brecht* in a rather free ou loose translation of Brecht **10.** CHIM & MATH free **11.** MÉCAN & TECHNOL free, disengaged. ◆ adv : *ça sonne libre ou occupé ?* is it ringing or engaged UK ou busy US ?

libre(-)arbitre [librarbitr] nm free will / *le Président a perdu son libre-arbitre après le scandale* the President lost his freedom of action after the scandal.

libre-échange [librɛʃɑ̃ʒ] (*pl* **libres-échanges**) nm free trade.

libre-échangisme [librɛʃɑ̃ʒism] (*pl* **libre-échangismes**) nm (doctrine of) free trade.

libre-échangiste [librɛʃɑ̃ʒist] (*pl* **libre-échangistes**) ◆ adj [politique, économie] free-trade *(modif)* ; [idée, personne] in favour of free trade. ◆ nmf free trader.

librement [librəmɑ̃] adv freely / *vous pouvez vous exprimer librement devant lui* you can talk freely in front of him / *un film librement adapté de...* a film freely adapted from...

libre-pensée [librəpɑ̃se] (*pl* **libres-pensées**) nf freethinking.

libre-penseur [librəpɑ̃sœr] (*pl* **libres-penseurs**) nm freethinker.

libre-service [librəsɛrvis] (*pl* **libres-services**) nm [magasin] self-service shop UK ou store US ; [cantine] self-service canteen ; [restaurant] self-service restaurant ; [station-service] self-service petrol UK ou gas US station.

❖ **en libre-service** loc adj self-service.

librettiste [librɛtist] nmf librettist.

libretto [librɛto] nm libretto.

Libreville [librəvil] npr Libreville.

librevillois, e [librəvilwa, az] adj from Libreville.

❖ **Librevillois, e** nm, f *inhabitant of or person from Libreville.*

Libye [libi] npr f ▸ **la Libye** Libya ▸ **le désert de Libye** the Libyan Desert.

libyen, enne [libjɛ̃, ɛn] adj Libyan.

❖ **Libyen, enne** nm, f Libyan.

lice [lis] nf **1.** SPORT [bordure de piste] line ; [en hippisme] rail **2.** HIST [palissade] lists ; [terrain] tilt-yard **3.** CHASSE bitch ▸ **lice portière** breeding bitch **4.** TEXT = **lisse.**

❖ **en lice** loc adv ▸ **entrer en lice** to enter the lists / *les deux candidats encore en lice* the two candidates still in the running.

licence [lisɑ̃s] nf **1.** DR ▸ **licence d'importation / d'exportation** import / export licence ▸ **licence exclusive** exclusive licence ▸ **licence d'exploitation** [de logiciel, de réseau] licence ▸ **licence de débit de boissons** licence for the sale of alcohol UK, liquor license US ▸ **licence logicielle** software licence ▸ **licence de pêche** fishing licence **2.** UNIV (bachelor's) degree / *licence d'économie* degree in economics / *licence de russe / de droit* Russian / law degree / *licence ès lettres* arts degree ; ≃ BA / *licence ès sciences* science degree ; ≃ BSc **3.** SPORT membership card *(allowing entry into official competitions)* **4.** LITTÉR ▸ **licence poétique** poetic licence UK ou license US **5.** *litt* [liberté excessive] licence UK, license US ; [débauche] licentiousness ▸ **avoir toute** ou **pleine licence de faire qqch** to be at liberty ou quite free to do sthg.

❖ **sous licence** ◆ loc adj licensed. ◆ loc adv : *fabriqué sous licence* produced under licence.

Licence

In French universities the licence is generally prepared over three years referred to as L1, L2 and L3. Graduates can then prepare their master (formerly known as the maîtrise).

licence-master-doctorat [lisɑ̃smastɛrdɔktɔra] (*pl* **licences-masters-doctorats**), **lmd** [ɛlɛmde] nm ≃ Bachelor Master Doctorate ; ≃ BMD.

licencié, e [lisɑ̃sje] ◆ adj UNIV graduate. ◆ nm, f **1.** UNIV (university) graduate / *licencié ès lettres / ès sciences* arts / science graduate / *licencié en droit* law graduate / *licencié en anglais* English graduate, graduate in English **2.** SPORT registered member / **'seuls les licenciés bénéficient des tarifs réduits'** 'discount for club members only' **3.** [chômeur - pour raisons économiques] laid off ou redundant UK employee ; [- pour faute professionnelle] dismissed employee / *il y a eu 4 licenciés* 4 employees were laid off ou made redundant UK, there were 4 layoffs ou redundancies UK.

licenciement [lisɑ̃simɑ̃] nm [pour faute professionnelle] dismissal ▸ **licenciement (économique)** lay-off ou redundancy UK ▸ **depuis mon licenciement** since I was laid off ou made redundant UK ▸ **licenciement abusif** unfair dismissal ▸ **licenciement collectif** mass redundancy ou lay-offs ▸ **licenciement sec** enforced redundancy *(without any form of statutory compensation)* ▸ **avis de licenciement a)** [pour faute professionnelle] letter of dismissal, pink slip US **b)** [pour raison économique] redundancy notice UK ▸ **lettre de licenciement** letter of dismissal, pink slip US.

licencier [9] [lisɑ̃sje] vt [pour raison économique] to make redundant UK, to lay off *(sép)* ; [pour faute] to dismiss, to fire ▸ **se faire licencier** to be made redundant UK, to be laid off.

licencieux, euse [lisɑ̃sjø, øz] adj licentious, lewd.

lichen [likɛn] nm **1.** BOT lichen ▸ **lichen foliacé / fruticuleux** foliose / fruticose lichen **2.** MÉD ▸ **lichen (plan)** lichen.

lichette [liʃɛt] nf **1.** *fam* [petite quantité] : *une lichette de vin / lait* a (teeny) drop of wine / milk / *une lichette de beurre* a smidgin ou a spot of butter / *une lichette de gâteau* a sliver ou (tiny) bit of cake **2.** BELG [cordon] loop, tag.

licier [lisje] = **lissier**.

licitation [lisitasjɔ̃] nf auction *(by the co-owners of an estate)*.

licite [lisit] adj licit, lawful.

licitement [lisitmɑ̃] adv licitly, lawfully.

liciter [3] [lisite] vt to auction *(an estate in co-ownership)*.

licol [likɔl] = **licou**.

licorne [likɔʀn] nf MYTH unicorn.

licou [liku] nm halter / *passer le licou à un cheval* to put the halter on a horse.

lido [lido] nm sandbar ▸ **le Lido (de Venise)** the Venice Lido ▸ **le Lido** [à Paris] *famous cabaret on the Champs-Élysées in Paris.*

lie [li] nf **1.** ŒNOL dregs, lees ▸ **lie de vin** wine dregs / *il y a de la lie au fond de la bouteille* there's some sediment at the bottom of the bottle ▸ **boire la coupe** ou **le calice jusqu'à la lie** to drink one's cup of sorrow to the dregs **2.** *sout* [rebut] dregs, rejects / *la lie de la société* the dregs of society.

lié, e [lje] adj **1.** MUS [notes différentes] slurred ; [note tenue] tied **2.** MATH bound.

Liechtenstein [liʃtɛnʃtajn] npr m ▸ **le Liechtenstein** Liechtenstein ▸ **au Liechtenstein** in Liechtenstein.

liechtensteinois, e [liʃtɛnʃtanwa, az] adj from Liechtenstein.

❖ **Liechtensteinois, e** nm, f Liechtensteiner.

lied [lid] *(pl* **lieds** *ou* **lieder** [lidəʀ]) nm lied ▸ **un récital de lieds** ou **lieder** a lieder recital.

lie-de-vin [lidvɛ̃] adj inv (red) wine-coloured UK ou wine-colored US.

liège [ljɛʒ] nm cork ▸ **de** ou **en liège** cork.

Liège [ljɛʒ] npr Liege.

liégé, e [ljeʒe] adj PÊCHE floated with cork, corked.

liégeois, e [ljeʒwa, az] adj **1.** [personne] from Liège **2.** CULIN ▸ **café / chocolat liégeois** coffee / chocolate sundae *(topped with whipped cream)*.

❖ **Liégeois, e** nm, f *inhabitant of or person from Liège.*

lien [ljɛ̃] nm **1.** [entre des choses] link, connection / *y a-t-il un lien direct entre ces deux phénomènes ?* is there a direct link between these two phenomena? / *je n'ai pas réussi à établir le lien entre les deux événements* I haven't been able to establish a link between the two events ▸ **lien de cause à effet** causal relationship, relationship of cause and effect **2.** [entre des gens] link, connection ▸ **nouer des liens d'amitié** to make friends, to become friends ▸ **lien de parenté** : *ils ont un vague lien de parenté* they're distantly related ▸ **les liens conjugaux** ou **du mariage** marriage bonds ou ties ▸ **les liens du sang** blood ties ▸ **lien social** social bond **3.** [lanière] tie / *il est parvenu à défaire ses liens* he managed to untie himself **4.** INFORM link / **'le lien n'est plus valide'** 'link no longer valid' ▸ **lien hypertexte** hypertext link ▸ **lien permanent** permalink.

lier [9] [lje] vt **1.** [attacher - paquet, fagot] to tie up *(sép)* / *on les a liés à un poteau* they were tied up to a post / *elle avait les mains liées* her hands were tied together **2.** [logiquement] to link, to connect / *il faut lier le nouveau paragraphe au reste du texte* the new paragraph must be linked to the rest of the text / *les deux faits ne sont pas liés* the two facts are not connected, there is no connection between the two facts / *informatisation et efficacité sont étroitement liées* computerization and efficiency are closely linked ▸ **tout est lié** everything's interconnected, it all fits together ▸ **lier la langue à qqn** to prevent sb from talking **3.** [unir par des sentiments] to bind, to unite / *leur passé commun les lie* they are united by their common past / *l'amitié qui nous lie* the friendship that binds us / *cette maison est liée à mon enfance* this house is linked to my childhood **4.** [associer volontairement] ▸ **lier son sort à qqn** to join forces with sb ▸ **lier son sort à qqch** to stick with sthg for better or worse **5.** [commencer] ▸ **lier amitié** to become friends ▸ **lier amitié avec qqn** to strike up a friendship with sb ▸ **lier connaissance / conversation avec qqn** to strike up an acquaintance / a conversation with sb **6.** [enchaîner - gestes] to link together *(sép)* **7.** [par contrat] to bind / *votre contrat ne vous lie pas à la compagnie* your contract does not bind you to the company **8.** CULIN [sauce] to thicken ; [farce] to bind **9.** LING to link words *(with liaisons)* **10.** MUS ▸ **lier les notes** to slur the notes **11.** MÉD : *lier une veine* to ligate a vein **12.** CONSTR to bind.

❖ **se lier** vpi ▸ **se lier (d'amitié) avec qqn** to become friends with sb.

lierre [ljɛʀ] nm ivy.

liesse [ljɛs] nf *litt* jubilation, exhilaration ▸ **en liesse** jubilant / *une foule en liesse* a jubilant crowd.

lieu[1]**, s** [ljø] nm ZOOL hake ▸ **lieu jaune** pollack ▸ **lieu noir** coley.

lieu[2]**, x** [ljø] nm **1.** [endroit] place / *ce n'est pas le lieu pour une dispute* this is no place ou this isn't the place to have an argument / *leur lieu de promenade habituel* the place where they usually go for a walk ▸ **fixons un lieu de rendez-vous** let's decide on somewhere to meet ou on a meeting place ▸ **lieu de culte** place of worship ▸ **lieu de mémoire a)** memorial **b)** *fig* repository of culture ▸ **lieu de naissance** birthplace, place of birth ▸ **lieu de passage** port of call ▸ **lieu de pèlerinage** place of ou centre for pilgrimage ▸ **lieu de perdition** den of iniquity ▸ **lieu public** public place ▸ **lieu de rassemblement** place of assembly, assembly point ▸ **lieu de rencontre** meeting place ▸ **lieu de résidence** (place of) residence ▸ **lieu saint** shrine ▸ **lieu de travail** : *sur le lieu de travail* in the workplace / *sur votre lieu de travail* at your place of work ▸ **le haut lieu de...** the Mecca of..., a Mecca for... / *en août, la ville devient un haut lieu de la musique* in August, the town is THE place ou a major centre for music **2.** GRAM ▸ **adverbe / complément (circonstanciel) de lieu** adverb / complement of place **3.** GÉOM ▸ **lieu géométrique** locus **4.** EXPR **avoir lieu a)** [entrevue, expérience, spectacle] to take place **b)** [accident] to happen **c)** [erreur] to occur ▸ **avoir lieu de** [avoir des raisons de] to have (good) reasons to / *j'ai tout lieu de croire que...* I have good ou every reason to believe that... / *vous n'aurez pas lieu de vous plaindre* you won't find any cause ou any reason for complaint / *tes craintes n'ont pas lieu d'être* your fears are groundless ou unfounded ▸ **il y a lieu** : *il n'y a pas lieu de s'affoler* there's no need to panic / *il y a tout lieu de croire* there is every reason to believe ▸ **s'il y a lieu** if necessary, should the need arise ▸ **donner lieu à** [entraîner] : *donner lieu à des désagréments* to cause ou to give rise to trouble / *sa mort a donné lieu à une enquête* his death prompted an investigation ▸ **tenir lieu de** : *son chien lui tient lieu d'enfant* his dog is a substitute for a child / *ça tiendra lieu de champagne !* that will do instead of champagne! / *le canapé tient lieu de lit* the couch is used as a bed.

❖ **lieux** nmpl **1.** [endroit précis] scene / *les lieux de nos premières amours / de l'accident / du crime* the scene of our first love / of the accident / of the crime / *la police est déjà sur les lieux (du crime)* the police are already at the scene of the crime / *pour être efficace, il faut être sur les lieux 24 heures sur 24* if you want to do things properly, you have to be on the spot 24 hours a day ▸ **les lieux d'aisances** *euphém* the smallest room *euphém*, the lavatory UK, the bathroom US ▸ **les Lieux saints** the Holy Places **2.** [bâtiments] premises / *les grévistes occupent les lieux* the strikers are occupying the premises / *quand nous serons dans les lieux* when we're in occupation ou in residence / *le propriétaire est dans les lieux* the landlord is on the premises.

❖ **au lieu de** loc prép instead of / *elle aurait dû me remercier, au lieu de ça, elle m'en veut* she should have thanked me, instead of which she bears a grudge against me / *au lieu de nous regarder, viens nous aider* don't just stand there watching, come and help.

❖ **au lieu que** loc conj instead of / *je préfère ranger moi-même mon bureau au lieu que tu viennes tout changer de place* I prefer to tidy my desk myself rather than having you changing everything around.

❖ **en dernier lieu** loc adv finally, lastly / *je ne le solliciterai qu'en dernier lieu* I'll only call on him as a last resort / *n'ajoutez le sucre qu'en tout dernier lieu* do not add the sugar until the last moment.

❖ **en haut lieu** loc adv in high places / *ça se décidera en haut lieu* the decision will be made at a high level.

❖ **en lieu et place de** loc prép *sout* in place of, on behalf of, in lieu of / *le président n'étant pas là, j'ai assisté à l'enterrement en ses lieu et place* as the president wasn't available, I attended the funeral on his behalf ▸ **en lieu et place d'honoraires / de préavis** in lieu of fees / of notice.

❖ **en lieu sûr** loc adv in a safe place / *range-le en lieu sûr* put it away in a safe place, put it away somewhere safe.

❖ **en premier lieu** loc adv in the first place, firstly, first of all.

❖ **en tous lieux** loc adv *sout* everywhere / *sa politique est critiquée en tous lieux* his policy is under criticism in all quarters ou everywhere.

❖ **lieu commun** nm commonplace, platitude.

lieu-dit *(pl* **lieux-dits**), **lieudit*** [ljødi] nm [avec maisons] hamlet ; [sans maisons] place / *au lieu-dit La Folie* at the place called La Folie.

lieue [ljø] nf **1.** [mesure] league ▸ **lieue marine** league **2.** EXPR **être à cent** ou **mille lieues de** [être loin de] to be far from / *nous étions à cent lieues de penser que...* it would never have occurred to us that..., we never dreamt that... ▸ **à cent lieues à la ronde** for miles (and miles) around.

lieuse [ljøz] nf (sheaf) binder.

Lieut. (abr écrite de **Lieutenant**) Lieut.

Lieut.-col. (abr écrite de **Lieutenant-colonel**) Lieut.-Col.

lieutenant, e [ljøtnɑ̃, ɑ̃t] nm, f **1.** MIL [de l'armée de terre, de la marine] lieutenant ; [de l'armée de l'air] flying officer UK, first lieutenant US **2.** [de la marine marchande] mate ▸ **lieutenant de vaisseau** lieutenant commander **3.** SUISSE second lieutenant ▸ **premier lieutenant** lieutenant **4.** [assistant] lieutenant, second in command / *il est entré, flanqué de ses deux lieutenants* he came in flanked by his two henchmen.

lieutenant-colonel, lieutenante-colonelle [ljøtnɑ̃kɔlɔnɛl, ljøtnɑ̃tkɔlɔnɛl] *(mpl* **lieutenants-colonels**, *fpl* **lieutenantes-colonelles**) nm, f [de l'armée de terre] lieutenant colonel ; [de l'armée de l'air] wing commander UK, lieutenant colonel US.

lièvre [ljɛvʀ] nm **1.** ZOOL hare ▸ **lever un lièvre a)** *pr* to start a hare **b)** *fig* to raise a burning issue, to touch on a sore point **2.** [fourrure] hareskin **3.** SPORT pacemaker, pacesetter.

LIFO [lifo] (abr de **last in first out**) nm LIFO.

lift [lift] nm topspin.

lifté, e [lifte] adj ▸ **une balle liftée** a ball with topspin / *elle a un jeu très lifté* she plays a heavy topspin game.

lifter [3] [lifte] ◆ vi TENNIS to put topspin on the ball. ◆ vt **1.** TENNIS to put topspin on **2.** MÉD ▸ **se faire lifter** to have a facelift.

liftier [liftje] nm lift attendant UK, elevator attendant US.

lifting [liftiŋ] nm *pr & fig* facelift ▸ **se faire faire un lifting** to have a facelift.

ligament [ligamɑ̃] nm ANAT ligament.

ligamentaire [ligamɑ̃tɛʀ], **ligamenteux, euse** [ligamɑ̃tø, øz] adj ligamentous, ligamentary.

ligature [ligatyʀ] nf **1.** MÉD [opération, fil] ligature ▸ **ligature des trompes (de Fallope)** tubal ligation **2.** IMPR ligature, tied letter **3.** HORT [processus] tying up ; [attache] tie.

* In reformed spelling (see p. 16-19).

ligaturer [3] [ligatyʀe] vt **1.** [attacher] to tie on *(sép)* **2.** MÉD to ligate, to ligature ▸ **se faire ligaturer les trompes** to have one's (Fallopian) tubes tied.

lige [liʒ] adj liege.

ligérien, enne [liʒeʀjɛ̃, ɛn] adj from the Loire.

light [lajt] adj [plat, préparation] low-fat ; [boisson] diet *(modif)*, slimline.

lignage [liɲaʒ] nm **1.** [ascendance] lineage / *de haut lignage* of noble lineage **2.** IMPR linage, lineage.

ligne [liɲ] nf **1.** [gén & GÉOM] line / *soit une ligne AB* let there be a line AB ▸ **tracer** ou **tirer une ligne** to draw a line ▸ **une ligne droite** [route] a straight stretch of road / *la route est en ligne droite sur 3 km* the road is straight for 3 km ▸ **ligne de cœur** / **de tête** / **de vie** heart / head / life line ▸ **les lignes de la main** the lines of the hand ▸ **ligne pointillée** / **brisée** dotted / broken line ▸ **ligne droite** / **ondulée** straight / wavy line ▸ **une ligne de coke** *tfam* a line of coke ▸ **ligne blanche** / **jaune** white / yellow line *(on roads)* ▸ **ligne de départ** / **d'arrivée** starting / finishing UK ou finish US line ▸ **ligne de fond** / **de service** TENNIS base / service line ▸ **tracer les lignes d'un court** TENNIS to mark out a court ▸ **ligne d'eau** ou **de flottaison** NAUT waterline ▸ **ligne de flottaison en charge** Plimsoll line ▸ **ligne de mire** ou **de visée** line of sight ▸ **ligne de ballon mort** RUGBY dead-ball line ▸ **ligne de but** RUGBY goal line ▸ **lignes de côté** TENNIS tramlines ▸ **ligne de démarcation a)** [gén] boundary **b)** MIL demarcation line ▸ **ligne d'eau** [en natation] (swimming) lane ▸ **passer la ligne (de l'équateur)** to cross the line ▸ **ligne de faille** GÉOL fault line ▸ **ligne de faîte** watershed, crest line ▸ **ligne d'horizon** skyline ▸ **ligne de partage** dividing line ▸ **ligne de partage des eaux** watershed ▸ **ligne de touche** touchline ▸ **être dans la ligne de mire de qqn** to be in sb's sights **2.** [de mots] line / *il est payé à la ligne* he is paid by the ou per line / *écrire toutes les deux lignes* to write on every other line / *(allez) à la ligne!* new paragraph! ▸ **tirer à la ligne** PRESSE to pad (out) an article ▸ **ligne d'impression** INFORM print line ▸ **ligne supplémentaire a)** MUS ledger line **b)** [repère] line **3.** [silhouette - d'une personne] figure / *je surveille ma ligne* I look after ou watch my figure ▸ **garder la ligne** to keep one's figure ; [forme - d'un objet] outline / *l'avion a une très belle ligne* the plane is beautifully designed **4.** [rangée] line, row / *se mettre en ligne* to form a line ▸ **la ligne d'avants** / **d'arrières** SPORT the forwards / backs ▸ **ligne de bataille** MIL line of battle, battle line ▸ **ligne de défense** line of defence ▸ **ligne de front** front line ▸ **les lignes ennemies** the enemy lines ▸ **être** / **monter en première ligne** MIL & *fig* to be in / to go to the front line ▸ **un première** / **deuxième** / **troisième ligne** RUGBY a front-row / second-row / back-row forward **5.** [orientation] line / *il suit la ligne du parti* he follows the party line / *sa décision est dans la droite ligne de la politique gouvernementale* his decision is completely in line with government policy ▸ **ligne de conduite** line of conduct ▸ **ligne directrice** main line ▸ **dans les grandes lignes** : *elle a décrit la situation dans les* ou *ses grandes lignes* she gave a broad outline of the situation, she outlined the situation **6.** [généalogique] line ▸ **ligne directe** / **collatérale** direct / collateral line / *descendre en ligne directe de* to be directly descended from **7.** TRANSP line ▸ **ligne aérienne a)** [société] airline (company) **b)** [service] air service, air link ▸ **ligne d'autobus a)** [service] bus service **b)** [itinéraire] bus route ▸ **ligne de chemin de fer** railway line UK, railroad line US ▸ **ligne maritime** shipping line ▸ **ligne de métro** underground line UK, subway line US ▸ **ligne secondaire** branch line ▸ **les lignes de banlieue** the suburban lines ▸ **les lignes intérieures** [aériennes] domestic flights ▸ **les grandes lignes** the main lines ▸ **avion de ligne** airliner, commercial aircraft ▸ **départ grandes lignes** RAIL mainline departures **8.** ÉLECTRON & TÉLÉC line ▸ **la ligne est occupée** the line is engaged UK ou busy US ▸ **ligne directe** / **intérieure** / **extérieure** TÉLÉC direct / internal / outside line ▸ **ligne de** ou **à retard** ÉLECTRON delay line ▸ **ligne d'alimentation** ÉLECTRON feeder ▸ **ligne commune** TÉLÉC party line ▸ **ligne à haute tension** ÉLECTRON high voltage line ▸ **ligne télégraphique** telegraph line **9.** COMM line / *une nouvelle ligne de produits* a new line of products **10.** TV [d'une image] line **11.** PÊCHE fishing line ▸ **ligne de fond** ground ou ledger line ▸ **ligne volante** fly line **12.** FIN ▸ **ligne de crédit** ou **de découvert** line of credit, credit line **13.** BELG [raie des cheveux] parting UK, part US **14.** QUÉBEC [mesure] line **15.** EXPR **entrer en ligne de compte** to come ou to be taken into consideration / *le coût doit entrer en ligne de compte* the cost has to be taken into account ou consideration / *le prix n'a pas à entrer en ligne de compte* the cost doesn't come into it.

❖ **en ligne** ◆ loc adv **1.** [en rang] ▸ **mettez-vous en ligne!** line up!, get into line! / *en ligne pour le départ!* line up ready for the start! **2.** MIL : *monter en ligne* [aller à l'assaut] to advance (for the attack) **3.** TÉLÉC ▸ **restez en ligne!** hold the line! / *parlez, vous êtes en ligne* go ahead, you're through ou you're connected / *je l'ai en ligne* I've got him on the line ▸ **il est en ligne** he's on another call just now / *elle est en ligne, vous patientez?* her line's engaged, will you hold? **4.** INFORM on line ▸ **mettre qqch en ligne** to put sthg on line. ◆ loc adj INFORM [dictionnaire, produit] on-line.

❖ **sur toute la ligne** loc adv all down the line, from start to finish ▸ **gagner sur toute la ligne** to win hands down ▸ **se tromper sur toute la ligne** to be completely mistaken.

lignée [liɲe] nf **1.** [descendance] descendants ▸ **avoir une nombreuse lignée** to have many descendants ▸ **le premier** / **dernier d'une longue lignée** the first / last of a long line (of descent) **2.** [extraction, lignage] stock, lineage / *être de noble lignée* to be of noble lineage **3.** [tradition] line, tradition / *elle s'inscrit dans la lignée des romancières féministes* she is in the tradition of feminist novelists **4.** BIOL line, stock ▸ **lignée cellulaire** cell line ▸ **lignée pure** pure line.

ligner [3] [liɲe] vt to line.

ligneux, euse [liɲø, øz] adj ligneous, woody.

lignicole [liɲikɔl] adj lignicolous.

lignification [liɲifikasjɔ̃] nf lignification.

lignifier [9] [liɲifje] ❖ **se lignifier** vpi to lignify.

lignine [liɲin] nf lignin.

lignite [liɲit] nm MIN brown coal, lignite.

ligoter [3] [ligɔte] vt to bind, to tie up *(sép)* / *ligoté à sa chaise* tied to his chair.

ligue [lig] nf **1.** [groupe] league, pressure group ▸ **ligue antialcoolique** temperance league **2.** HIST & POL ▸ **la Ligue** the League ▸ **la Ligue arabe** the Arab League ▸ **la Ligue communiste révolutionnaire** *militant Trotskyist organization* ▸ **la Ligue nationale contre le cancer** *cancer research charity.*

liguer [3] [lige] vt ▸ **être ligué contre** to be united against.

❖ **se liguer contre** vp + prép to join forces against / *ils se sont ligués contre Paul* they joined forces ou ganged up against Paul.

ligueur, euse [ligœʀ, øz] nm, f **1.** POL member *(of a league)* **2.** HIST member of the (Catholic) League.

ligure [ligyʀ] = **ligurien.**

Ligurie [ligyʀi] npr f ▸ **(la) Ligurie** Liguria.

ligurien, enne [ligyʀjɛ̃, ɛn] adj Ligurian.

❖ **Ligurien, enne** nm, f Ligurian.

lilas [lila] ◆ nm [arbre] lilac (tree) ; [fleur] lilac ▸ **lilas simple** / **double** single / double bloom lilac. ◆ adj inv lilac *(modif)*, lilac-coloured.

liliacée [liljase] nf liliacea ▸ **les liliacées** the Liliaceae.

lilial, e, aux [liljal, o] adj *litt* [qui a la couleur du lis] lily-white.

Lille [lil] npr Lille.

lilliputien, enne [lilipysjɛ̃, ɛn] adj Lilliputian, tiny.

❖ **Lilliputien, enne** nm, f Lilliputian.

lillois, e [lilwa, az] adj from Lille.

❖ **Lillois, e** nm, f *inhabitant of or person from Lille.*

Lima [lima] npr Lima.

limace [limas] nf **1.** ZOOL slug ▸ **limace de mer** sea slug **2.** *fam & péj* [personne] slowcoach UK, slowpoke US / *le bus se traîne comme une limace* the bus is crawling along.

limaçon [limasɔ̃] nm **1.** ZOOL snail **2.** ANAT cochlea.

limaille [limaj] nf filings ▸ **limaille de fer** iron filings.

liman [limɑ̃] nm liman, freshwater lagoon.

limande [limɑ̃d] nf dab ▸ **fausse limande** megrim, scald fish.

limande-sole [limɑ̃dsɔl] *(pl* **limandes-soles***)* nf lemon sole.

limbe [lɛ̃b] nm **1.** [d'un cadran] limb **2.** ASTRON limb **3.** BOT limb, lamina.

limbes [lɛ̃b] nmpl **1.** RELIG limbo ▸ **dans les limbes** in limbo **2.** [état vague, incertain] ▸ **être dans les limbes** to be in (a state of) limbo / *son projet est encore dans les limbes* his project is still at the embryonic stage ou hasn't yet got off the ground.

Limbourg [lɛ̃buʀ] npr m ▸ **le Limbourg** Limburg.

lime [lim] nf **1.** [outil] file ▸ **lime à ongles** nail file **2.** BOT & CULIN lime **3.** ZOOL lima.

limé, e [lime] adj [vêtement] worn, threadbare.

limer [3] [lime] vt [clé] to file ; [rugosité] to file off ou away *(sép)* ; [pièce de métal, de bois] to file down *(sép)* ; [cadenas, barreau] to file through *(insép)* / *le cadenas a été limé* the padlock has been filed through.

❖ **se limer** vpt : *se limer les ongles* to file one's nails.

limette [limɛt] nf BOT lime.

limettier [limetje] nm lime tree.

limier [limje] nm **1.** CHASSE bloodhound **2.** *fam* [policier] sleuth ▸ **fin limier** sleuth.

liminaire [liminɛʀ] adj **1.** [discours] introductory, preliminary ▸ **un discours liminaire** a keynote speech **2.** PSYCHOL liminal, threshold *(modif)*.

liminal, e, aux [liminal, o] = **liminaire.**

limitatif, ive [limitatif, iv] adj [liste] restrictive, limitative ; [clause] restrictive.

limitation [limitasjɔ̃] nf limitation, restriction ▸ **limitation des armements** arms control ou limitation ▸ **limitation des naissances** birth control ▸ **limitation des prix** price restrictions ou controls ▸ **limitation de vitesse** speed limit ou restrictions.

limite [limit] ◆ nf **1.** [maximum ou minimum] limit / *limite de temps* time limit / *il veut mon article demain dernière limite* *fam* he wants my article by tomorrow at the (very) latest ▸ **fixer une limite à qqch** to set a limit to sthg, to limit sthg / *la limite a été fixée à 30 participants* the number of participants has been limited ou restricted to 30 / **'entrée gratuite dans la limite des places disponibles'** 'free admission subject to availability' / *dans les limites du possible* as far as is humanly possible / *nos dépenses sont restées dans les limites du raisonnable* our expenses stayed within reasonable bounds / *c'est dans la limite de mes moyens* it's within my means / *ma patience a des limites!* there's a limit to my patience! / *sa haine ne connaît pas de limites* his hatred knows no bounds / *son égoïsme est sans limite* his selfishness knows no bounds ▸ **limite d'âge** age limit ▸ **limite de crédit** credit limit **2.** [d'un bois] border, edge ; [d'un pays] boundary, border ; [d'un terrain de sport] : *essaie de jouer dans les limites du court!* try to keep the ball inside the court! **3.** MATH limit **4.** [en boxe] ▸ **avant la limite** inside ou within the distance / *tenir jusqu'à la limite* to go the (full) distance. ◆ adj **1.** [maximal] ▸ **âge** / **vitesse limite** maximum age / speed **2.** *fam* [juste] : *j'ai réussi l'examen, mais c'était limite* I passed the exam, but it was a close ou near thing / *je suis un peu limite côté fric* I'm a bit strapped for cash **3.** *fam* [grivois] : *des plaisanteries un peu limite* jokes bordering on the offensive / *ta remarque était un peu limite* your remark was a bit near the knuckle.

❖ **limites** nfpl [physiques, intellectuelles] limitations / *je connais mes limites* I know my limitations.

❖ **à la limite** loc adv : *à la limite, on peut toujours dormir dans la voiture* if the worst comes to the worst we can always sleep in the car / *à la limite, je lui prêterais l'argent* if necessary ou if it came to the crunch, I'd lend him the money / *à la limite je préférerais rester ici* I'd almost prefer to stay here.

❖ **à la limite de** loc prép : *c'était à la limite du mauvais goût* / *de l'insolence* it was verging on bad taste / on impertinence.

limité, e [limite] adj **1.** [influence, connaissances] limited ; [nombre, choix, durée] limited, restricted / *d'une importance limitée* of limited ou minor importance **2.** *fam* [personne] ▸ **être limité** to have limited abilities, to be of limited ability / *il est assez limité en maths* he's rather weak ou poor at maths.

limiter [3] [limite] vt **1.** [réduire - dépenses, nombre] to limit, to restrict ; [- temps, influence] to limit / *la vitesse n'est pas limitée* there is no speed limit / *essayez de limiter les dégâts* pr & fig try and limit the damage ▸ **limiter qqch à** to limit ou to restrict sthg to / *j'ai limité mon budget à 150 euros par semaine* I've limited ou restricted my weekly budget to 150 euros **2.** [circonscrire] to mark the limit of, to delimit / *des haies limitent la propriété* hedges mark out the limits of the estate.

❖ **se limiter** vp *(emploi réfléchi)* : *il ne sait pas se limiter* he's incapable of self-restraint / *plus de gâteaux, merci, il faut que je me limite* no more cakes, thanks, I've got to watch what I eat.

❖ **se limiter à** vp + prép **1.** [se résumer à] to be restricted to, to be confined to / *l'exposé s'est limité à l'aspect historique* the talk only dealt with ou was restricted to the historical aspect / *sa fortune se limite à peu de chose* his fortune does not amount to very much **2.** [se contenter de] : *il se limite à faire ce qu'on lui dit* he only does what he's told to do.

limiteur [limitœʀ] nm limiter ▸ **limiteur de vitesse** governor.

limitrophe [limitʀɔf] adj ▸ **des comtés limitrophes** adjoining ou neighbouring counties / *nos villages sont limitrophes* our villages lie (just) next to each other / *les pays limitrophes de la Belgique* the countries bordering on Belgium.

limivore [limivɔʀ] adj limivorous.

limnée [limne] nf limnaea.

limnologie [limnɔlɔʒi] nf limnology.

limnologique [limnɔlɔʒik] adj limnological.

limogeage [limɔʒaʒ] nm dismissal.

limoger [17] [limɔʒe] vt to dismiss / *il s'est fait limoger* he was dismissed.

Limoges [limɔʒ] npr Limoges *(town in central France famous for its fine porcelain).*

limon [limɔ̃] nm **1.** GÉOL silt, alluvium **2.** [d'attelage] shaft **3.** [d'escalier] stringboard.

limonade [limɔnad] nf (fizzy) lemonade.

limonadier, ère [limɔnadje, ɛʀ] nm, f **1.** [cafetier] cafe owner **2.** [fabricant] lemonade manufacturer.

limonaire [limɔnɛʀ] nm [petit] barrel organ, hurdy-gurdy ; [grand] fairground organ.

limoneux, euse [limɔnø, øz] adj silty, silt-laden.

limonière [limɔnjɛʀ] nf shafts.

limougeaud, e [limuʒo, od] adj from Limoges.

❖ **Limougeaud, e** nm, f *inhabitant of or person from Limoges.*

limousin, e [limuzɛ̃, in] adj from the Limousin.

❖ **Limousin, e** nm, f *inhabitant of or person from the Limousin.*

❖ **limousin** nm LING Limousin dialect.

Limousin [limuzɛ̃] npr m ▸ **le Limousin** the Limousin.

Limousin

This administrative region includes the départements of Corrèze, Creuse and Haute-Vienne (capital: Limoges).

limousine [limuzin] nf [automobile] limousine.

Limoux [limu] npr ⟶ **blanquette.**

limpide [lɛ̃pid] adj **1.** [pur - lac, miroir, regard] limpid, clear / *pierre d'un bleu limpide* limpid ou clear blue stone **2.** [intelligible - discours, style] clear, lucid ; [- affaire] clear / *leur histoire n'est pas très limpide* their story isn't very clear.

limpidité [lɛ̃pidite] nf **1.** [d'une eau, d'un regard, d'un diamant] clearness, limpidity *litt* **2.** [d'un texte] lucidity ; [d'une affaire] clarity, clearness.

limule [limyl] nf horseshoe crab.

lin [lɛ̃] nm **1.** BOT flax **2.** TEXT linen, flax ▸ **en lin** linen *(modif)* / *une robe en lin* a linen dress.

linacée [linase] nf member of the Linaceae family.

linceul [lɛ̃sœl] nm **1.** [suaire] shroud **2.** *litt* : *couvert d'un linceul de neige* shrouded in snow.

linéaire [lineɛʀ] ◆ adj **1.** BOT, ÉLECTRON, LING & MATH linear **2.** [simple - discours, exposé] reductionist, one-dimensional / *il a exposé le problème de façon linéaire* he gave a one-dimensional account of the problem. ◆ nm COMM shelf space / *ce produit n'apparaît pas dans les linéaires de magasins non spécialisés* nonspecialist shops do not stock this product.

linéairement [lineɛʀmɑ̃] adv linearly.

linéaments [lineamɑ̃] nmpl *litt* [d'une sculpture] lineaments *sout* ; [d'un visage] lineaments *sout*, features ; [d'un ouvrage] lineaments *sout*, outline.

linéarité [lineaʀite] nf linearity.

linge [lɛ̃ʒ] nm **1.** [pour l'habillement et la maison] linen ; [lavé] washing / *10 kg de linge* 10 kg of washing / *étendre / repasser le linge* to hang out / to iron the washing / *faire sécher le linge* to dry the washing / *pour un linge plus blanc, employez X* for a whiter wash, use X ▸ **linge de corps** underwear, underclothes ▸ **linge de maison** household linen ▸ **linge de table** table linen ▸ **linge de toilette** bathroom linen ▸ **linges d'autel** altar cloth ▸ **du beau linge** *fam* : *il ne fréquente que du beau linge* he only mixes in high circles ou with the upper crust ▸ **du petit linge** small items (of laundry) ▸ **du gros linge** big items (of laundry) **2.** [chiffon] cloth **3.** SUISSE towel.

lingère [lɛ̃ʒɛʀ] nf [d'une institution] laundry supervisor.

lingerie [lɛ̃ʒʀi] nf **1.** [sous-vêtements] lingerie, women's underwear ▸ **lingerie fine** lingerie **2.** [lieu] linen room.

lingette [lɛ̃ʒɛt] nf [pour bébés] babywipe ; [démaquillante] towelette, facial tissue.

lingot [lɛ̃go] nm **1.** FIN ingot ▸ **or en lingot** ou **en lingots** gold bullion ▸ **lingot d'or** gold ingot ou bar **2.** IMPR space.

lingua franca [lingwafʀɑ̃ka] nf inv lingua franca.

lingual, e, aux [lɛ̃gwal, o] adj lingual.

lingue [lɛ̃g] nf ZOOL ling.

linguiste [lɛ̃gɥist] nmf linguist.

linguistique [lɛ̃gɥistik] ◆ adj linguistic. ◆ nf linguistics *(sg)* ▸ **linguistique descriptive** descriptive linguistics.

linguistiquement [lɛ̃gɥistikmɑ̃] adv linguistically.

linier, ère [linje, ɛʀ] adj flax *(modif).*

liniment [linimɑ̃] nm liniment.

linkage [linkaʒ] nm linkage.

links [liŋks] nmpl SPORT links.

Linné [line] npr Linneus, Linnaeus.

linnéen, enne [lineɛ̃, ɛn] adj Linnean.

lino [lino] nm *fam* linoleum, lino UK.

linoléine [linɔlein] nf linolein.

linoléique [linɔleik] adj linoleic.

linoléum [linɔleɔm] nm linoleum.

linon [linɔ̃] nm TEXT lawn.

linotte [linɔt] nf linnet.

Linotype® [linɔtip] nf Linotype®.

linotypie [linɔtipi] nf Linotype® setting.

linotypiste [linɔtipist] nmf linotypist.

linteau, x [lɛ̃to] nm lintel.

Linz [lints] npr Linz.

lion [ljɔ̃] nm ZOOL lion ▸ **lion de mer** sea lion ▸ **tourner comme un lion en cage** to pace up and down (like a caged lion).

Lion [ljɔ̃] npr m **1.** ASTRON Leo **2.** ASTROL Leo / *je suis Lion* I'm (a) Leo **3.** GÉOGR ⟶ **golfe.**

lionceau, x [ljɔ̃so] nm (lion) cub.

lionne [ljɔn] nf lioness.

lipase [lipaz] nf lipase.

lipémie [lipemi] nf lipaemia UK, lipemia US.

lipide [lipid] nm lipid.

lipidémie [lipidemi] = **lipémie.**

lipidique [lipidik] adj lipidic.

lipogenèse [lipɔʒenɛz] nf lipogenesis.

lipoïde [lipɔid] nm lipoid.

lipolyse [lipɔliz] nf lipolysis.

lipome [lipom] nm lipoma.

lipophile [lipɔfil] adj lipophilic.

lipophobe [lipɔfɔb] adj lipophobic.

lipoprotéine [lipɔpʀɔtein] nf lipoprotein.

liposoluble [lipɔsɔlybl] adj liposoluble.

liposome [lipɔzom] nm liposome.

liposuccion [lipɔsy(k)sjɔ̃] nf liposuction.

lipothymie [lipɔtimi] nf lipothymia.

lippe [lip] nf **1.** [lèvre inférieure] lower lip **2.** EXPR **faire la** ou **sa lippe** *fam* : *je lui ai demandé de m'aider et il a fait la* ou *sa lippe* I asked him to help me and he pulled a face.

lippu, e [lipy] adj thick-lipped.

liquéfacteur [likefaktœʀ] nm liquefier.

liquéfaction [likefaksjɔ̃] nf liquefaction.

liquéfiable [likefjabl] adj liquefiable.

liquéfiant, e [likefjɑ̃, ɑ̃t] adj **1.** CHIM & PÉTR liquefying **2.** *fam* [épuisant] exhausting.

liquéfier [9] [likefje] vt **1.** CHIM, MÉTALL & PÉTR to liquefy ▸ **plomb liquéfié** liquefied lead **2.** *fam* [épuiser - personne] to exhaust / *cette chaleur m'a liquéfié* this heat has knocked me out.

❖ **se liquéfier** vpi **1.** [plomb, gaz] to liquefy, to be liquefied **2.** *fam* [s'amollir] to collapse in a heap.

liquette [likɛt] nf *fam* [chemise] (granddad) shirt.

liqueur [likœʀ] nf **1.** [boisson] liqueur / *liqueur de fruit* fruit liqueur / *bonbon à la liqueur* liqueur-filled sweet UK ou candy US ▸ **chocolat à la liqueur** liqueur (chocolate) **2.** PHARM solution ▸ **liqueur de Fehling** Fehling's solution.

liquidateur, trice [likidatœʀ, tʀis] adj liquidating.

❖ **liquidateur** nm liquidator ▸ **liquidateur judiciaire** official liquidator.

liquidatif, ive [likidatif, iv] adj of liquidation ▸ **valeur liquidative** market ou breakup value.

liquidation [likidasjɔ̃] nf **1.** [règlement] settling / *la liquidation de la crise ministérielle* the settling of the ministerial crisis **2.** *fam* [assassinat] elimination **3.** BOURSE settlement / *liquidation de fin de mois* monthly settlement **4.** [d'un commerce] closing down ; [d'un stock] clearance ▸ **liquidation de stock** stock clearance **5.** FIN & DR [d'une société] liquidation ; [d'un impôt, d'une dette] settlement, payment ▸ **liquidation de biens** selling (off) of assets ▸ **liquidation judiciaire** compulsory liquidation.

❖ **en liquidation** loc adv DR ▸ **être en liquidation** to have gone into liquidation / *l'entreprise a été mise en liquidation* the firm was put into liquidation.

liquide [likid] ◆ adj **1.** [qui coule] liquid / *le mercure est un métal liquide* mercury is a liquid metal ▸ **des aliments liquides** liquid food ou foods **2.** [trop fluide] watery, thin / *soupe trop liquide* watery soup / *ta sauce est trop liquide* your sauce is too thin **3.** FIN [déterminé - créance] liquid ▸ **dette liquide** liquid debt **4.** [argent] ▸ **argent liquide** cash **5.** LING liquid. ◆ nm **1.** [substance fluide] liquid, fluid / *un liquide huileux* an oily liquid ▸ **liquide de freins** brake fluid ▸ **liquide de refroidissement** coolant ▸ **liquide vaisselle** washing-up liquid, dish soap US **2.** [aliment] fluid / *pour le moment, ne lui donnez que des liquides* only give him fluids for the moment **3.** PHYSIOL fluid ▸ **liquide amniotique** amniotic fluid ▸ **liquide céphalo-rachidien** spinal fluid ▸ **liquide organique** organic fluid **4.** [espèces] cash / *je n'ai pas de liquide* I haven't got any cash (on me) ▸ **payer en liquide** to pay cash. ◆ nf LING liquid (consonant).

liquider [3] [likide] vt **1.** FIN & DR [marchandises, société, biens] to liquidate ; [succession, compte] to settle ; [dette] to settle, to pay off *(sép)* **2.** COMM [volontairement - stock] to sell off *(sép)*, to clear ; [- commerce] to sell off *(sép)*, to wind up *(sép)* / **'on liquide'** 'closing down sale' **3.** [expédier - tâche] to finish off ; [- affaire] to settle **4.** *fam* [boisson, nourriture] to polish off *(sép)* **5.** *fam* [tuer] to bump off, to liquidate / *il s'est fait liquider* he was bumped off.

liquidité [likidite] nf CHIM & FIN liquidity.

❖ **liquidités** nfpl FIN liquid assets ▸ **liquidités internationales** international liquidity.

liquoreux, euse [likɔʀø, øz] adj syrupy.

liquoriste [likɔʀist] nmf liqueur seller.

lire[1] [liʀ] nf [ancienne monnaie italienne] lira.

lire² [106] [liʀ] vt **1.** [texte, thermomètre, carte] to read / *j'ai lu tout Brecht* I've read everything Brecht wrote / *on a lu « le Grand Meaulnes » en classe* we read "le Grand Meaulnes" in class / *avez-vous des choses à lire pour le voyage?* have you got something to read for the journey? ▸ **à lire ce mois-ci** this month's selection / *il m'a lu ta lettre au téléphone* he read me your letter over the phone / *je l'ai lu dans le magazine* I read (about) it in the magazine ▸ **vous êtes beaucoup lu** many people read your works ▸ **allemand lu et parlé** [dans un curriculum] fluent German / *il faut lire 50 au lieu de 500* 500 should read 50 ; *(en usage absolu)* ▸ **apprendre à lire** to learn to read / *elle lit bien maintenant* she can read well now ▸ **lire un rapport en diagonale** to flick ou to skim through a report ▸ **en espérant vous lire bientôt** [dans la correspondance] hoping to hear from you soon / **'lire attentivement la notice'** 'read instructions carefully' ▸ **lire entre les lignes** to read between the lines ▸ **lire sur les lèvres** to lip-read ▸ **lu et approuvé** [sur un contrat] read and approved **2.** [déceler] to read / *on lisait la déception dans ses yeux* you could read ou see the disappointment in his eyes / *lire les lignes de la main* to read sb's palm / *lire l'avenir dans le marc de café* ≃ to read (the future in the) tea leaves **3.** [interpréter] to interpret / *on peut lire son rapport de deux façons* her report can be interpreted ou read in two ways / *ils ne lisent pas Malraux de la même manière* their interpretations ou readings of Malraux differ **4.** INFORM to read / **'impossible de lire le fichier'** 'cannot read ou scan the file'.

❖ **lire dans** v + prép ▸ **lire dans les pensées de qqn** to read sb's thoughts ou mind.

❖ **se lire** vp *(emploi passif)* **1.** [être déchiffré] to read / *ça se lit facilement* it's easy to read / *ça se lit comme un roman* it reads like a novel / *l'hébreu se lit de droite à gauche* Hebrew reads ou you read Hebrew from right to left **2.** [apparaître] to show / *l'inquiétude se lisait sur son visage* anxiety showed on ou was written all over his face.

lis [lis] nm lily ▸ **lis d'eau** water lily ▸ **un teint de lis** a lily-white complexion.

lisait v ⟶ **lire.**

lisboète [lisbɔɛt], **lisbonnais, e** [lisbɔnɛ, ɛz], **lisbonnin, e** [lisbɔnɛ̃, in] adj from Lisbon.

❖ **Lisboète** nmf person from Lisbon.

❖ **Lisbonnais, e, Lisbonnin, e** nm, f person from Lisbon.

Lisbonne [lizbɔn] npr Lisbon.

lise [liz] nf [sable mouvant] quicksand.

liseré [lizʀe], **liséré** [lizeʀe] nm edging ribbon, piping.

liseron [lizʀɔ̃] nm bindweed, convolvulus *spéc.*

liseur, euse [lizœʀ, øz] nm, f reader.

❖ **liseuse** nf **1.** [veste] bed jacket **2.** [coupe-papier] (bookmark and) paper-knife **3.** [couvre-livre] dust jacket.

lisibilité [lizibilite] nf [d'une écriture] legibility ; [d'un texte] readability.

lisible [lizibl] adj **1.** [écriture, signe] legible **2.** [roman] readable.

lisiblement [liziblәmɑ̃] adv legibly.

lisier [lizje] nm slurry.

lisière [lizjɛʀ] nf **1.** [d'une forêt] edge **2.** TEXT selvage, selvedge.

LISP [lisp] (abr de **list processing**) nm LISP.

lissage [lisaʒ] nm **1.** [d'un cuir] sleeking **2.** ÉCON smoothing (out) **3.** MÉD face-lift.

lisse [lis] ◆ adj [planche, peau, pâte] smooth ; [chevelure, fourrure] sleek ; [pneu] bald ; *fig* [personne] insipid ▸ **rendre qqch lisse** to smooth sthg (down). ◆ nf **1.** NAUT [membrures] ribband ; [garde-fou] handrail **2.** TEXT heddle ▸ **métier de haute / basse lisse** high- / low-warp loom.

lissé [lise] nm gloss stage *(in sugar boiling).*

lisser [3] [lise] vt **1.** [barbe, mèche] to smooth (down) **2.** [papier, tissu] to smooth out *(sép)* ; [cuir] to sleek **3.** [plumes] to preen / *le canard lissait sa queue* the duck was preening its tail **4.** ÉCON to smooth.

lisseuse [lisøz] nf smoothing machine.

lissier [lisje] nm TEXT loom setter.

lissoir [liswaʀ] nm TECHNOL smoother.

listage [listaʒ] nm listing / *faire le listage des modèles en stock* to list the models in stock.

liste [list] nf **1.** [énumération - de noms, de chiffres] list / *faire* ou *dresser une liste* to make (out) ou to draw up a list / *tu as la liste des courses (à faire)?* have you got the shopping list? / *j'ai fait la liste des avantages et des inconvénients* I have listed the ou made a list of the pros and cons / *tu n'es pas sur la liste* you're not on the list, your name isn't listed ▸ **la liste des invités** the guest list / *la liste des réclamations s'allonge de jour en jour* the list of complaints is getting longer every day ▸ **liste d'attente** waiting list, waitlist US ▸ **liste civile** civil list ▸ **liste de contrôle** checklist ▸ **liste de mariage** wedding list ▸ **liste noire** blacklist / *elle est sur la liste noire* she has been blacklisted ▸ **liste ouverte / close** open / closed list ▸ **être sur liste rouge** TÉLÉC to be ex-directory UK, to have an unlisted number US **2.** POL list (of candidates) ▸ **liste électorale** electoral register UK, electoral roll UK, list of registered voters US ▸ **la liste d'opposition** the list of opposition candidates ▸ **liste commune** joint list (of candidates) ▸ **liste unique** single list ▸ **être inscrit sur les listes électorales** to be on the electoral roll **3.** INFORM list ▸ **liste de discussion** INTERNET discussion list ▸ **liste de distribution** [de courrier électronique] distribution list **4.** AÉRON ▸ **liste de vérification** checklist **5.** [d'un cheval] star.

listeau, x [listo], **listel** [listɛl] nm **1.** ARCHIT listel, fillet **2.** [d'une pièce de monnaie] rim.

lister [3] [liste] vt **1.** [mettre sur une liste] to list **2.** INFORM to list (out).

listeriose, listériose [listeʀjoz] nf MÉD listeriosis.

listing [listiŋ] nm **1.** [gén] list **2.** INFORM printout, listing.

lit [li] nm **1.** [meuble] bed / *lit en pin / en fer* pine / iron bed / *un canapé qui fait lit fam* a sofa bed / *tu es encore au lit!* you are still in bed! ▸ **maintenant, au lit!** come on now, it's bedtime! ▸ **le lit est / n'est pas défait** the bed has / hasn't been slept in / *c'est un hôpital de 150 lits* it's a 150-bed hospital ▸ **lit à baldaquin** four-poster (bed) ▸ **lit de jour** ou **de repos** daybed ▸ **lit breton** ou **clos** box bed ▸ **lit de camp** camp bed UK, cot US ▸ **lit d'enfant, petit lit** cot UK, crib US ▸ **lit escamotable** foldaway bed ▸ **lit à une place** single bed ▸ **lit à deux places** double bed ▸ **grand lit** double bed ▸ **lit pliant** folding bed ▸ **lit en portefeuille** apple-pie bed UK, short-sheeted bed US ▸ **lits gigognes** stowaway beds ▸ **lits jumeaux** twin beds ▸ **lits superposés** bunk bed, bunks ▸ **faire le lit de qqch** to pave the way for sthg / *en cédant au chantage, on fait le lit du terrorisme* by giving in to blackmail, you play into the hands of terrorists ▸ **aller au lit** to go to bed ▸ **être tombé du lit** : *qu'est-ce que tu fais là à cette heure-ci, tu es tombé du lit?* what are you doing here at this time of the morning, did you fall out of bed? ▸ **garder le lit, rester au lit** to stay ou to be in bed ▸ **envoyer / mettre qqn au lit** to send / to put sb to bed ▸ **faire le lit de qqn** to make sb's bed ▸ **mourir dans son lit** to die in one's bed ▸ **se mettre au lit** to get into bed ▸ **sur son lit de mort** on his deathbed ▸ **sur son lit de douleur** on her sickbed ▸ **tirer** ou **sortir qqn du lit** to drag sb out of bed ▸ **comme on fait son lit on se couche** *prov* as you make your bed, so you must lie in it *prov* **2.** DR [mariage] ▸ **enfant d'un premier / deuxième lit** child of a first / second marriage **3.** [couche] bed, layer / *lit de feuilles / mousse* bed of leaves / moss / *posez la viande sur un lit de légumes verts* place the meat on a bed of green vegetables ▸ **lit d'argile** GÉOL layer ou bed of clay **4.** GÉOGR bed / *la rivière est sortie de son lit* the river has burst ou overflowed its banks **5.** HIST & DR ▸ **lit de justice** *canopied bed in which the king would preside over formal sessions of Parliament, and by extension these sessions themselves* **6.** NAUT ▸ **le lit du courant** the tideway ▸ **le lit du vent** the set of the wind, the wind's eye **7.** CONSTR ▸ **lit de pose** bearing surface.

LIT (abr écrite de **lire italienne**) L, Lit.

litanie [litani] nf [longue liste] : *une litanie de plaintes* a litany of complaints / *(avec lui, c'est) toujours la même litanie!* he never stops moaning!

❖ **litanies** nfpl RELIG litanies.

lit-cage [likaʒ] (*pl* **lits-cages**) nm folding cot UK ou crib US.

litchi [litʃi] nm **1.** [arbre] litchi, lychee **2.** [fruit] litchi, lychee, lichee.

liteau, x [lito] nm **1.** [sur linge] coloured stripe **2.** [tasseau] bracket **3.** [bois débité] batten.

litée [lite] nf **1.** [groupe d'animaux - lions] pride ; [- loups] pack **2.** [portée d'une laie] wild sow's litter.

literie [litʀi] nf bedding.

lithiase [litjaz] nf lithiasis.

lithiasique [litjazik] ◆ adj lithic. ◆ nmf lithiasis sufferer.

lithium [litjɔm] nm lithium.

litho [lito] nf *fam* litho.

lithographe [litɔgʀaf] nm lithographer.

lithographie [litɔgʀafi] nf **1.** [procédé] lithography **2.** [estampe] lithograph.

lithographier [9] [litɔgʀafje] vt to lithograph.

lithographique [litɔgʀafik] adj lithographic.

lithologie [litɔlɔʒi] nf lithology.

lithologique [litɔlɔʒik] adj lithological.

lithosphère [litɔsfɛʀ] nf lithosphere.

lithotritie [litɔtʀiti], **lithotripsie** [litɔtʀipsi] nf MÉD lithotrypsy.

litière [litjɛʀ] nf litter / *litière pour chats* cat litter.

litige [litiʒ] nm **1.** [différend] dispute ▸ **question en litige** contentious ou controversial question / *au centre du litige* at the heart of the dispute ▸ **objet de litige** bone of contention **2.** DR dispute ▸ **être en litige** to be in dispute ou involved in litigation.

litigieux, euse [litiʒjø, øz] adj litigious *sout*, contentious.

litote [litɔt] nf litotes ▸ **c'est une litote** that's an understatement.

litre [litʀ] nm **1.** [unité] litre UK, liter US **2.** [bouteille] litre UK ou liter US bottle.

litron [litʀɔ̃] nm *tfam* litre UK ou liter US of wine, bottle (of wine).

littéraire [liteʀɛʀ] ◆ adj [style, œuvre, prix] literary / *il fera des études littéraires* he's going to study literature. ◆ nmf [étudiant] arts student ; [professeur] arts teacher ; [amateur de lettres] a literary ou literary-minded person.

littérairement [liteʀɛʀmɑ̃] adv in literary terms, literarily.

littéral, e, aux [liteʀal, o] adj [transcription, traduction] literal, word-for-word ; [sens] literal.

littéralement [liteʀalmɑ̃] adv literally / *attention à ne pas traduire cette phrase littéralement* be careful not to translate the sentence literally / *c'est littéralement du chantage!* that's sheer blackmail!

littéralité [liteʀalite] nf literality.

littérateur [liteʀatœʀ] nm *péj* hack (writer).

littérature [liteʀatyʀ] nf **1.** ▸ **la littérature a)** [art, œuvres] literature **b)** [activité] writing / *ce qu'il écrit, c'est de la mauvaise littérature* he writes badly, he's a bad writer / *les discours des politiciens c'est de la littérature péj* the politicians' speeches are just (a lot of) fine words ▸ **littérature comparée** comparative literature ▸ **littérature de colportage** chapbooks **2.** [documentation] literature, material / *il y a toute une littérature là-dessus* you'll find a lot of material ou literature on the topic.

littoral, e, aux [litɔʀal, o] adj coastal, littoral *spéc.*

❖ **littoral, aux** nm coastline, littoral *spéc.*

Lituanie [litɥani] npr f ▸ **(la) Lituanie** Lithuania.

lituanien, enne [litɥanjɛ̃, ɛn] adj Lithuanian.

❖ **Lituanien, enne** nm, f Lithuanian.

❖ **lituanien** nm LING Lithuanian.

liturgie [lityʀʒi] nf liturgy.

liturgique [lityʀʒik] adj liturgical.

livarot [livaʀo] nm livarot (cheese).

live [lajv] adj inv live ▸ **spectacle live** live show ▸ **partir en live** *fam* to flip one's lid.

Liverpool [livɛʀpul] npr Liverpool.

livide [livid] adj **1.** [pâle - visage, teint] pallid, sallow ; [- malade, blessé] whey-faced **2.** *litt* [d'une couleur plombée] livid.

lividité [lividite] nf lividness.

living [liviŋ], **living-room** [liviŋʀum] (*pl* **living-rooms**) nm living room.

Livourne [livuʀn] npr Leghorn, Livorno.

livrable [livʀabl] adj which can be delivered / *les marchandises ne sont pas livrables à domicile* 'no home deliveries', 'we do not deliver'.

livraison [livʀɛzɔ̃] nf **1.** COMM delivery ▸ **payer à la livraison** to pay cash on delivery ▸ **prendre livraison de qqch** to take delivery of sthg ▸ **faire des livraisons** to carry out ou to make deliveries / **'livraison à domicile'** 'we deliver' / **'livraison gratuite'** 'free delivery' **2.** IMPR instalment.

livre [livʀ] ◆ nm **1.** [œuvre, partie d'une œuvre] book / *son livre a eu un énorme succès* her book was a best-seller / *on s'est rencontrés comme dans les livres, à un bal au château* we met at a ball in the castle, just like in a novel / *elle parlait comme un livre* she talked like a book *péj* / *le livre de la vie* the book of life ▸ **livre audio** audiobook ▸ **livre cartonné** ou **relié** hardback (book) ▸ **livre d'art** art book ▸ **beaux livres** (quality) illustrated books ▸ **livre de chevet** bedside book / *c'est mon livre de chevet* it's a book I read and re-read ▸ **livre de classe** schoolbook, textbook ▸ **livre de grammaire** / **d'histoire** grammar / history book ▸ **livre électronique** e-book ▸ **livre d'images** / **de prières** picture / prayer book ▸ **livre de lecture** / **d'exercices** reading / exercise book ▸ **livre de cuisine** cookery book UK, cookbook ▸ **livres pour enfants** children's books ▸ **livre d'heures** book of hours ▸ **livre de messe** hymnbook, missal ▸ **livre d'occasion** secondhand book ▸ **livre de poche** paperback (book) ▸ **livre scolaire** schoolbook, textbook ▸ **comme un livre ouvert** : *il est pour moi comme un livre ouvert* I can read him like a book / **'le Livre de la jungle'** *Kipling* 'The Jungle Book' ▸ **à livre ouvert** at sight ▸ **elle lit / traduit le grec à livre ouvert** she can read / translate Greek at sight **2.** [l'édition] ▸ **le livre** the book trade / *l'industrie du livre* the book industry ▸ **les ouvriers du livre** the printworkers **3.** [registre] ▸ **livre de bord** logbook ▸ **livre de caisse** cash book ▸ **livre de comptes** (account) books ▸ **livre d'or** visitors' book ▸ **livre de paie** payroll **4.** POL ▸ **livre blanc** white paper. ◆ nf **1.** [unité de poids] half a kilo ; ≃ pound ; QUÉBEC pound **2.** FIN pound / *ça coûte 3 livres* it costs 3 pounds ▸ **livre égyptienne** / **chypriote** Egyptian / Cypriot pound ▸ **livre irlandaise** Irish pound, punt ▸ **livre sterling** pound (sterling) **3.** HIST livre.

livre-cassette [livʀɔkasɛt] (*pl* **livres-cassettes**) nm spoken word cassette.

livrée [livʀe] nf **1.** [de domestique] livery / *chauffeur en livrée* liveried chauffeur **2.** ZOOL coat.

livre-journal [livʀəʒuʀnal] (*pl* **livres-journaux** [-no]) nm daybook.

livrer [3] [livʀe] vt **1.** [abandonner - personne, pays, ville] to hand over / *les traîtres ont livré la ville à l'ennemi* the traitors handed the town over to the enemy / *vous le livrez à la mort* you are sending him to his death / *le pays est livré à la corruption* the country has been given over to ou has sunk into corruption / *son corps fut livré aux flammes* her body was committed to the flames ▸ **être livré à soi-même** to be left to o.s. ou to one's own devices **2.** [dénoncer] to inform on *(insép)*, to denounce / *il a livré son complice à la police* he handed his accomplice over to the police **3.** [révéler] ▸ **livrer un secret** to give away ou to betray a secret / *dans ses romans, elle livre peu d'elle-même* she doesn't reveal much about herself in her novels **4.** COMM [article, commande] to deliver ; [client] to deliver to ▸ **livrer qqch à domicile** to deliver sthg *(to the customer's home)* ▸ **nous vous livrerons** ou **vous serez livré demain** we'll make the delivery tomorrow **5.** EXPR ▸ **livrer (une) bataille** ou **(un) combat** [se battre] to wage ou to do battle ▸ **livrer passage à** [laisser passer] to make way for / *la foule s'écarta pour livrer passage au ministre* the crowd parted to make way for the minister.

❖ **se livrer** ◆ vp *(emploi réfléchi)* [se rendre] : *se livrer à la police* to give o.s. up to the police. ◆ vpi [faire des confidences] ▸ **se livrer (à qqn)** to confide (in sb) / *elle ne se livre jamais* she never confides in anybody, she never opens up.

❖ **se livrer à** vp + prép **1.** [s'engager dans] : *se livrer à une enquête* to hold ou to conduct an investigation / *ils se livraient au chantage* they were engaged in blackmail / *se livrer à des suppositions* to make suppositions / *elle s'est livrée à des commentaires désobligeants* she made some rather insulting remarks **2.** [s'abandonner à - débauche] to abandon o.s. to ; [- sentiment] to give o.s. up to / *une fois seul, je me livrai à ma peine* as soon as I found myself alone, I gave way to my sorrow / *ils se livrent enfin à la joie de se retrouver* they can finally give themselves up to the joy of being together again.

livresque [livʀɛsk] adj acquired from books / *son savoir n'est que livresque* his knowledge comes straight out of books.

livret [livʀɛ] nm **1.** [carnet] notebook **2.** BANQUE ▸ **livret A** *savings account with a maximum holding* ▸ **livret B** *savings account with no maximum holding* ▸ **livret de caisse d'épargne** savings book ▸ **livret d'épargne populaire** *savings account for low tax-payers* ▸ **compte sur livret** savings account **3.** DR ▸ **livret de famille** ou **de mariage** family record book *(in which dates of births and deaths are registered)* **4.** ÉDUC ▸ **livret scolaire** ≃ school report UK ; ≃ report card US **5.** [catalogue] catalogue UK, catalog US **6.** MIL ▸ **livret militaire** army ou military record **7.** MUS libretto **8.** SUISSE multiplication table.

livreur, euse [livʀœʀ, øz] nm, f delivery man (woman).

Lizard [lizaʀ] npr ▸ **(le) cap Lizard** the Lizard.

Ljubljana [ljubljana] npr Ljubljana.

LLD (abr de **location longue durée**) nf AUTO long-term rental ou leasing.

lm (abr écrite de **lumen**) lm.

LMD, lmd [ɛlɛmde] nm = **licence-master-doctorat**.

LO npr abr de **Lutte ouvrière**.

LOA (abr de **location avec option d'achat**) nf leasing with an option to buy, lease-to-buy.

loader [lodœʀ] nm loader, loading machine.

lob [lɔb] nm lob ▸ **lob lifté** spin lob.

lobaire [lɔbɛʀ] adj lobar.

lobby [lɔbi] (*pl* **lobbys** *ou* **lobbies**) nm lobby, pressure group / *le lobby antinucléaire* the antinuclear lobby.

lobbying [lɔbiiŋ] nm ▸ **faire du lobbying** to lobby.

lobbyiste [lɔbiist] nmf lobbyist.

lobe [lɔb] nm **1.** ANAT & BOT lobe ▸ **lobe de l'oreille** ear lobe **2.** ARCHIT foil.

lobé, e [lɔbe] adj **1.** BOT lobed **2.** ARCHIT foiled.

lobectomie [lɔbɛktɔmi] nf lobectomy.

lober [3] [lɔbe] vt & vi to lob.

lobotomie [lɔbɔtɔmi] nf lobotomy.

lobotomiser [3] [lɔbɔtɔmize] vt : *il a été lobotomisé* he's had a lobotomy.

lobulaire [lɔbylɛʀ], **lobulé, e** [lɔbyle] adj lobular.

lobule [lɔbyl] nm lobule.

lobuleux, euse [lɔbylø, øz] adj lobular.

local, e, aux [lɔkal, o] adj [anesthésie, élu, radio] local ; [averses] localized.

❖ **local, aux** nm **1.** [bâtiment] premises / *il est interdit de fumer dans les locaux de l'université* smoking is not allowed on university premises ▸ **local d'habitation** domestic premises ▸ **locaux commerciaux** ou **professionnels** business premises ▸ **locaux disciplinaires** disciplinary quarters **2.** [pièce fermée] room *(for storage, machinery, etc.)* ▸ **local d'entretien** maintenance room ▸ **local à poubelles** bin room UK, trash room US ▸ **local technique a)** [pour machines] machinery room **b)** [pour installations électriques] wiring room **c)** [pour serveurs] server room **d)** [pour matériel d'entretien] maintenance room ▸ **local à vélos** bike storage room / *je cherche un local pour organiser une fête* I'm looking for a party room / *ils l'ont enfermé dans un local* they locked him in a storeroom.

localement [lɔkalmɑ̃] adv **1.** [à un endroit] locally / *les produits sont fabriqués en Chine et assemblés localement* the products are manufactured in China and assembled locally **2.** [par endroits] in places / *demain, le ciel sera localement nuageux* tomorrow there will be patchy cloud ou it will be cloudy in places.

localier [lɔkalje] nm local affairs correspondent.

localisable [lɔkalizabl] adj localizable.

localisation [lɔkalizasjɔ̃] nf **1.** [détection, emplacement] location **2.** ASTRONAUT location, tracking ; [limitation] localization, confinement **3.** ANAT ▸ **localisation cérébrale** cerebral localization **4.** INFORM [d'un produit multimédia] localization.

localisé, e [lɔkalize] adj **1.** [déterminé] located **2.** [limité] local, localized ▸ **combats localisés** localized fighting.

localiser [3] [lɔkalize] vt **1.** [situer] to locate / *il a fallu localiser la fuite* we had to locate the leak **2.** [limiter] to confine, to localize **3.** INFORM [produit multimédia] to localize.

localité [lɔkalite] nf [petite] village ; [moyenne] small town / *dans toute la localité* throughout the town, all over town.

locataire [lɔkatɛʀ] nmf [d'un appartement, d'une maison] tenant ; [d'une chambre chez le propriétaire] lodger / *locataire (à bail)* DR lessee.

locatif, ive [lɔkatif, iv] adj **1.** [concernant le locataire, la chose louée] rental ▸ **valeur locative** rental value ▸ **local à usage locatif** premises for letting UK ou for rent US **2.** LING ▸ **préposition locative** locative preposition.

❖ **locatif** nm LING locative (case).

location [lɔkasjɔ̃] nf **1.** [par le propriétaire - d'un logement] letting UK, renting (out) ; [- de matériel, d'appareils] renting (out), rental, hiring (out) UK ; [- de costumes, de skis] hire UK, rental ; [- d'un navire, d'un avion] leasing ▸ **location de voitures** / **vélos** car / bicycle hire UK, car / bicycle rental US ▸ **location saisonnière** holiday let **2.** [par le locataire - d'un logement] renting ; [- d'une machine] hiring UK, renting ; [- d'un navire, d'un avion] leasing **3.** [logement] rented accommodation, rented property, rental US / *désolé, nous n'avons pas de locations* sorry, we have no accommodation for rent ▸ **location meublée** furnished accommodation **4.** [réservation] : *la location est ouverte un mois à l'avance* booking starts a month in advance **5.** [période] lease / *(contrat de) location de 2 ans* 2-year rental ou lease ou tenancy agreement **6.** [prix - d'un logement] rent ; [- d'un appareil] rental **7.** SOCIOL ▸ **location d'utérus** surrogate motherhood.

❖ **en location** ◆ loc adj ▸ **être en location a)** [locataire] to be renting *(a house)* **b)** [appartement] to be available for rent, to be up for rent / *j'ai un appartement, mais il est en location* [déjà loué] I've got a flat but it is rented out. ◆ loc adv ▸ **donner** ou **mettre une maison en location** to rent (out) ou to let a house.

> ⚠ Le mot anglais **location** signifie « emplacement » et non location.

location-accession [lɔkasjɔ̃aksɛsjɔ̃] (*pl* **locations-accessions**) nf mortgage.

location-gérance [lɔkasjɔ̃ʒeʀɑ̃s] (*pl* **locations-gérances**) nf COMM ≃ franchise.

location-vente [lɔkasjɔ̃vɑ̃t] (*pl* **locations-ventes**) nf **1.** [d'un véhicule, d'équipement] hire purchase UK, instalment plan US / *la voiture est en location-vente* the car is being bought in instalments ou on hire purchase **2.** [d'une maison] mortgage.

locative [lɔkativ] nf ⟶ **locatif**.

locavore [lɔkavɔʀ] nmf locavore.

loc. cit. (abr écrite de **loco citato**) loc. cit.

loch [lɔk] nm **1.** GÉOGR loch **2.** NAUT log.

loche [lɔʃ] nf **1.** [poisson - de rivière] loach ; [- de mer] rockling **2.** *régional* [limace] slug.

lochies [lɔʃi] nfpl MÉD lochia.

lock-out (*pl* **lock-out**), **lockout*** [lɔkaut] nm lockout.

lock-outer, lockouter* [3] [lɔkaute] vt to lock out *(sép)*.

locks [lɔks] nfpl *fam* dreadlocks, dreads.

locomoteur, trice [lɔkɔmɔtœʀ, tʀis] adj **1.** MÉCAN locomotive **2.** ANAT locomotive, locomotor *(modif)* ▸ **ataxie locomotrice** locomotor ataxia.

❖ **locomoteur** nm motor unit.

locomotion [lɔkɔmɔsjɔ̃] nf locomotion / *je n'ai pas de moyen de locomotion* I haven't got transport.

* In reformed spelling (see p. 16-19).

locomotive [lɔkɔmɔtiv] nf **1.** MÉCAN locomotive, (railway) engine **2.** *fam* [d'un parti, d'une économie] pacemaker, pacesetter **3.** SPORT pacesetter, pacer.

locomotrice [lɔkɔmɔtʀis] nf ⟶ **locomoteur.**

locotracteur [lɔkɔtʀaktœʀ] nm shunter, dolly US.

locus [lɔkys] nm locus.

locuste [lɔkyst] nf locust.

locuteur, trice [lɔkytœʀ, tʀis] nm, f LING speaker ▸ **locuteur natif** native speaker.

locution [lɔkysjɔ̃] nf **1.** [expression] phrase, locution ▸ **une locution figée** ou **toute faite** a set phrase, an idiom **2.** GRAM phrase ▸ **locution adverbiale / nominale** adverbial / noun phrase.

loden [lɔdɛn] nm **1.** TEXT loden **2.** [manteau] loden coat.

lœss [løs] nm loess, löss.

lof [lɔf] nm NAUT windward side ▸ **aller au lof** to luff ▸ **virer lof pour lof** to wear.

lofer [3] [lɔfe] vi NAUT to luff ▸ **lofe!** hard aweather!

loft [lɔft] nm loft (conversion).

logarithme [lɔgaʀitm] nm logarithm / *logarithme népérien* ou *naturel* natural logarithm.

logarithmique [lɔgaʀitmik] adj logarithmic.

loge [lɔʒ] nf **1.** [d'artiste] dressing room ; [de candidats] exam room **2.** [de concierge, de gardien] lodge **3.** [de francs-maçons] lodge ▸ **la Grande Loge** the Grand Lodge **4.** THÉÂTRE box ▸ **premières / secondes loges** dress / upper circle boxes ▸ **être aux premières loges** *fig* to have a ringside ou front seat / *de notre fenêtre, on est aux premières loges pour les défilés* we have a grandstand view of processions from our window **5.** ARCHIT loggia.

logeable [lɔʒabl] adj : *cet appartement est logeable, je suppose* I suppose I / we etc. could live in this flat / *c'est logeable dans le placard* there's room for it in the cupboard.

logement [lɔʒmɑ̃] nm **1.** [habitation] accommodation *(U)* / *un logement de 3 pièces* a 3-room flat UK ou apartment US ▸ **chercher un logement** to look for accommodation ou somewhere to live / *ils ont construit des logements pour leurs employés* they have built accommodation for their employees ▸ **logements sociaux** social housing **2.** MIL [chez l'habitant] billet ; [sur une base] (married) quarters **3.** [hébergement] ▸ **le logement** housing ▸ **la crise du logement** the housing shortage **4.** TECHNOL housing, casing.

> Attention ! Le mot **accommodation** est indénombrable en anglais britannique. Il ne s'emploie jamais ni au pluriel ni avec l'article indéfini an :
> **Je cherche un logement provisoire.** *I'm looking for (some) temporary accommodation.*

loger [17] [lɔʒe] ◆ vi to live ▸ **où logez-vous?** where do you live? / *pour l'instant je loge chez lui* I'm living ou staying at his place at the moment / *elle loge chez sa tante / à l'hôtel / rue de la Paix / dans une caravane* she lives with her aunt / in a hotel / on rue de la Paix / in a trailer / *les étudiants logent tous en cité* all the students are accommodated at ou live in halls of residence / *les soldats logeaient chez l'habitant* the soldiers were billeted ou quartered with the local population / *les touristes logeaient chez l'habitant* the tourists were staying in boarding houses ou in bed-and-breakfasts ▸ **je suis bien / mal logé a)** [chez moi] I'm comfortably / badly housed **b)** [en pension] I've got comfortable / poor lodgings / *être logé, nourri et blanchi* to get board and lodging with laundry (service) included ▸ **on est tous logés à la même enseigne** everybody is in the same boat. ◆ vt **1.** [recevoir - ami, visiteur] to put up *(sép)* ; [- soldat] to billet / *nous pouvons vous loger pour une nuit ou deux* we can put you up for a night or two / *on a logé le régiment chez l'habitant* the regiment was billeted with the local population **2.** [contenir - personnes] to accommodate ; [- choses] to put / *l'école peut loger cinq cents élèves* the school can accommodate five hundred pupils / *où allons-nous loger tout ça?* where are we going to put all that stuff? / *le placard peut loger trois grosses valises* the cupboard can take ou hold three big suitcases **3.** [mettre] ▸ **loger une balle dans la tête de qqn** to lodge a bullet in sb's head ▸ **loger une idée dans la tête de qqn** to put an idea into sb's head.

❖ **se loger** ◆ vpt : *il s'est logé une balle dans la tête* he put a bullet through his head, he shot himself in the head. ◆ vpi **1.** [à long terme - couple, famille] to find somewhere to live / *ils se marient dans une semaine et n'ont pas encore trouvé à se loger* they're getting married in a week and they still haven't found anywhere to live **2.** [provisoirement - touriste, étudiant] to find accommodation UK ou accommodations *(pl)* US / *étudiant en médecine cherche à se loger pour deux trimestres* medical student seeks lodgings ou accommodation for two terms **3.** [pénétrer] : *un éclat de verre s'était logé dans son œil droit* a splinter of glass had lodged itself in his right eye / *comment ces idées stupides ont-elles pu se loger dans ton esprit?* where did you get all those stupid ideas from? **4.** TECHNOL to fit, to be housed.

logette [lɔʒɛt] nf ARCHIT [fenêtre] oriel window ; [cellule] cubicle.

logeur, euse [lɔʒœʀ, øz] nm, f landlord (landlady).

loggia [lɔdʒja] nf loggia.

logiciel, elle [lɔʒisjɛl] adj software *(modif).*

❖ **logiciel** nm software / *ils viennent de sortir un nouveau logiciel* they've just brought out a new piece of software ▸ **logiciel d'application** application ou software package ▸ **logiciel auteur** authoring software ▸ **logiciel de base** systems teaching software ▸ **logiciel de bureautique** office software package ▸ **logiciel éducatif** courseware ▸ **logiciel espion** spyware ▸ **logiciel d'exploitation** operating software ▸ **logiciel de filtrage** filtering ou blocking software ▸ **logiciel de jeux** games program ▸ **logiciel contributif** shareware ▸ **logiciel libre** freeware, open source (software) ▸ **logiciel de navigation** browser ▸ **logiciel public** freeware ▸ **logiciel de réseau** network software ▸ **logiciel social** social software.

logicien, enne [lɔʒisjɛ̃, ɛn] nm, f logician.

logicisme [lɔʒisism] nm logicism.

logique [lɔʒik] ◆ adj **1.** PHILOS & SCI logical **2.** [cohérent, clair] sensible, logical ▸ **soyons logiques** let's be logical ou sensible about this / *ah oui, c'est logique, je n'y avais pas pensé!* ah, that makes sense, I hadn't thought of that! ▸ **ce n'est pas logique** it doesn't make sense / *sois logique avec toi-même, tu veux qu'elle vienne ou pas?* you can't have it both ways, do you want her to come or not? **3.** [normal, compréhensible] logical, normal, natural / *c'est dans la suite logique des événements* it's part of the normal course of events / *tu la brimes, elle t'en veut, c'est logique* if you pick on her she'll hold it against you, that's only normal ou natural ou logical **4.** INFORM logic. ◆ nf **1.** PHILOS & SCI logic ▸ **logique déductive** deductive reasoning, deduction ▸ **logique formelle** ou **pure** formal logic **2.** [cohérence] logic ▸ **logique floue** fuzzy logic / *ton raisonnement manque de logique* your argument isn't very logical ou consistent / *telle est la logique des fous / enfants* that's a madman's / a child's logic / *il n'y a aucune logique là-dedans* none of this makes sense / *c'est dans la logique des choses* it's in the nature of things **3.** INFORM logic ▸ **logique binaire / booléenne** binary / Boolean logic ▸ **logique câblée** wired logic ▸ **logique à couplage par l'émetteur** emitter-coupled logic, ECL ▸ **logique programmable** field programmable logic array.

logiquement [lɔʒikmɑ̃] adv **1.** [avec cohérence] logically ▸ **procédons logiquement** let's proceed logically **2.** [normalement] : *logiquement, il devrait bientôt être là* if all goes well ou unless something goes wrong, he should soon be here.

logis [lɔʒi] nm *litt* dwelling, abode / *il n'y avait personne au logis* there was nobody (at) home / *quand Renard rentra au logis* when Reynard the fox returned to his abode.

logisticien, enne [lɔʒistisjɛ̃, ɛn] nm, f logistician.

logistique [lɔʒistik] ◆ adj **1.** MIL logistic **2.** [organisationnel] : *les élus locaux apportent un important soutien logistique au parti* local councillors make an important contribution to the running of the party. ◆ nf logistics *(sg)* / *je m'occupe de la logistique!* *hum* I'll organize things!

logithèque [lɔʒitɛk] nf software library.

logo [logo] nm logo.

logomachie [lɔgɔmaʃi] nf **1.** [discussion] semantic argument **2.** [suite de mots creux] bombast, wordiness.

logorrhée [lɔgɔʀe] nf logorrhoea UK, logorrhea US.

logorrhéique [lɔgɔʀeik] adj logorrhoeic.

logotype [lɔgɔtip] nm logotype.

loi [lwa]
◆ nf

- **A. ACTE LÉGISLATIF**
- **B. COMMANDEMENT**
- **C. POUVOIR**
- **D. PRINCIPE**

A. ACTE LÉGISLATIF 1. [règles publiques] law / *les lois de notre pays* the law of the land / *selon la loi en vigueur* according to the law as it stands **2.** [décret] act, law / *la loi Dupont a été votée la nuit dernière* the Dupont Act was passed last night / *les lois de la guerre* the laws of war ▸ **la loi (de) 1901** *law concerning the setting up of non-profit making organizations* / *nous sommes une association loi de 1901* we're a non-profit making organization ▸ **loi de 1948** *law protecting tenants from unreasonable rent increases (rental on properties which still fall under this law is often extremely low)* ▸ **loi anticasseurs** *law against violence and vandalism during demonstrations* ▸ **la loi Debré** *law passed in 1959 enabling private schools to receive state subsidies* ▸ **loi d'exception** emergency legislation ▸ **la loi Faure** *far-reaching education reform act following the student disturbances of 1968* ▸ **loi de finances** budget ou appropriation bill ▸ **loi fondamentale** fundamental law ▸ **la loi Lang** *book price agreement introduced in 1982* ▸ **loi martiale** martial law ▸ **loi organique** organic law ▸ **loi d'orientation** *act laying down the basic principles for government action in a given field* ▸ **la loi salique** the Salic law ▸ **la loi Savary** *law of 1984 introducing selective entry to education courses* ▸ **lois scélérates** pernicious legislation ▸ **la loi du talion** HIST lex talionis / *dans ce cas-là, c'est la loi du talion* *fig* in that case, it's an eye for an eye (and a tooth for a tooth) **3.** [légalité] ▸ **la loi** the law / *ça devrait être interdit par la loi!* there ought to be a law against it! / *la loi est dure, mais c'est la loi* the law's the law ▸ **avoir la loi pour soi** to have the law on one's side ▸ **nul n'est censé ignorer la loi** ignorance of the law is no excuse ▸ **tomber sous le coup de la loi** to be an offence UK ou offense US.

B. COMMANDEMENT 1. [devoir] rule / *les lois de l'hospitalité / du savoir-vivre* the rules of hospitality / etiquette ▸ **les lois de l'honneur** the code of honour / *se faire une loi de* to make a point of / *se faire une loi de réussir* to make a point of succeeding / *elle ne connaît d'autre loi que son plaisir* she obeys only her desire for pleasure **2.** RELIG law ▸ **la Loi divine** divine law ▸ **la Loi coranique** Koranic law ▸ **la Loi mosaïque** ou **de Moïse** the Mosaic Law.

C. POUVOIR 1. [domination] law, rule ▸ **tenir qqn / un pays sous sa loi** to rule sb / a country ▸ **dicter** ou **imposer sa loi, faire la loi** to lay down the law / *c'est elle qui fait la loi ici* she's the one who lays down the law around here / *l'équipe de Bordeaux a dicté* ou *imposé sa loi à celle de Marseille* Bordeaux dominated Marseille **2.** [règles d'un milieu] law, rule / *la loi du milieu* the law of the underworld / *c'est la loi de la nature* it's nature's way ▸ **la loi de la jungle / du silence** the law of the jungle / of silence ▸ **la loi du moindre effort** the line of least resistance ▸ **la loi de l'offre et de la demande** the law of supply and demand ▸ **c'est la loi du plus fort** it's survival of the fittest.

D. PRINCIPE law ▸ **la loi de la gravitation universelle** ou **de la pesanteur** ou **de la chute des corps** the law of gravity ▸ **les lois de Mendel** Mendel's laws ▸ **les lois de la perspective** the laws of perspective ▸ **loi de probabilité** law of probability ▸ **c'est la loi des séries** bad things always happen in threes.

loi-cadre [lwakadʀ] (*pl* **lois-cadres**) nf parent act.

loin [lwɛ̃] adv **1.** [dans l'espace] far (away) ▸ **ils habitent loin** they live a long way away / *c'est loin l'hôtel?* is the hotel far away?, is it far to the hotel? / *en avion ce n'est pas loin* it's not far by plane / *ils se sont garés un peu plus loin* they parked a bit further on / *il n'y a pas loin entre Paris et Versailles* it's not far from Paris to Versailles / *elle est loin derrière nous* she is a long way behind us ▸ **aussi loin (que)** as far (as) / *aussi loin que l'œil peut porter* as far as the eye can see ▸ **moins loin (que)** not as ou so far (as) ▸ **plus loin (que)** further ou farther (than) / *voir plus loin dans le texte* see below ▸ **cette arme porte loin** this weapon has a long range **2.** [dans le temps] far (away) / *Noël n'est plus très loin* Christmas isn't very far away now ou a long way off now / *la guerre, l'Occupation, c'est bien loin!* the war, the Occupation, it all seems a long way off now! ▸ **c'est loin tout ça! a)** [dans le passé] that was a long time ago!, that seems a long way off now! **b)** [dans le futur] that's a long way off! **3.** *fig* far / *il y a loin entre ce qu'on dit et ce qu'on fait* there's a big difference between words and deeds / *de là à lui faire confiance, il y a loin* there is a big difference between that and trusting him / *d'ici à l'accuser de mensonge, il n'y a pas loin* from here it's a short step to accusing him of lying ▸ **aller loin** to go far / *il est brillant, il ira loin* he's brilliant, he'll go far ▸ **aller un peu** ou **trop loin** to go (a bit) too far / *là, tu vas un peu loin* come on now, you're taking things a bit far ou you're going a bit too far / *tu es allé trop loin dans ta critique* you took your criticism too far / *j'irai plus loin et je dirai que...* I'd go even further and say that... / *cette affaire risque de vous mener loin* this affair could land you in serious trouble / *ce conflit peut nous entraîner très loin* this dispute could lead to a very serious situation / *la possession de stupéfiants, ça peut mener loin* possession of drugs can lead to serious trouble / *étouffons l'affaire, il ne faut pas que ça aille plus loin* let's hush up this business, it mustn't go any further / *je trouve que vous poussez un peu loin* I think you're going a bit far / *ils ont poussé les recherches très loin* they took the research as far as possible / *une analyse qui ne va pas très loin* an analysis lacking in depth / *ces quelques preuves ne vont pas nous mener très loin* these few scraps of evidence won't get us very far / *il ne va pas aller bien loin sans argent* he won't get very far without any money / *avec 10 euros, on ne va pas loin* you can't get very far on 10 euros ▸ **voir loin** to be far-sighted ▸ **ne pas voir plus loin que le bout de son nez** : *elle ne voit pas plus loin que le bout de son nez* she can't see further than the end of her nose ▸ **il y a loin de la coupe aux lèvres** *prov* there's many a slip 'twixt cup and lip *prov* **4.** SUISSE [absent] : *il est loin* he's not here.

❖ **au loin** loc adv far away / *on voyait, au loin, une rangée de peupliers* a row of poplars could be seen in the far distance ou far off in the distance.

❖ **d'aussi loin que** loc conj : *il lui fit signe d'aussi loin qu'il la vit* he signalled to her as soon as he saw her in the distance / *d'aussi loin que je me souvienne* as far back as I can remember.

❖ **de loin** loc adv **1.** [depuis une grande distance] from a long way, from a distance / *je vois mal de loin* I can't see very well from a distance / *la tour se voyait de (très) loin* the tower could be seen from a long way off / *avec sa chevelure rousse, on la reconnaît de loin* you can recognize her from a long way off thanks to her red hair / *vue de loin, cette histoire n'a pas l'air bien grave* from a distance, this business doesn't seem all that serious / *tu verras mieux d'un peu plus loin* you'll see better from a bit further away / *ils sont venus d'assez loin à pied* they came a fair distance ou quite a long way on foot ▸ **le voir venir de loin** *fam* : *je l'ai vu venir de loin* I saw him coming a mile off **2.** [assez peu] : *il ne s'intéresse que de loin à la politique* he's only slightly interested in politics / *suivre les événements de loin* to follow events from a distance **3.** [de beaucoup] far and away, by far / *c'est de loin le meilleur cognac* it's far and away ou it's by far the best brandy / *il est de loin le plus compétent* he's far and away ou by far the most competent / *je le préfère à ses collègues, et de loin* I much prefer him to his colleagues.

❖ **de loin en loin** loc adv *sout* **1.** [dans l'espace] at intervals, here and there **2.** [dans le temps] from time to time, every now and then.

❖ **du plus loin que** loc conj : *il lui fit signe du plus loin qu'il l'aperçut* he signalled to her as soon as he saw her in the distance / *du plus loin qu'il se souvienne* as far back as he can remember.

❖ **loin de** loc prép **1.** [dans l'espace] a long way ou far (away) from / *quand je suis loin de toi* when I'm far (away) from you ▸ **pas loin d'ici** not far from ou quite close to here ▸ **non loin de** not far from ▸ **c'est assez loin d'ici** it's quite a long way ou distance from here / *ils vivent loin de l'agitation des villes* they live far away ou a long way from the bustle of towns **2.** *fig* far from / *je ne suis pas loin de leur dire le fond de ma pensée* it wouldn't take me much to tell them what I think, I have a good mind to tell them what I really think / *j'étais loin de me douter que...* I never imagined... / *vous êtes loin du sujet* you've gone (way) off the subject / *loin de moi l'idée de t'accuser* far be it from me to accuse you / *loin de moi cette idée!* nothing could be further from my mind! ▸ **loin des yeux, loin du cœur** *prov* out of sight, out of mind *prov* ▸ **loin de là a)** [endroit] far from there **b)** *fig* far from it / *je ne vous en veux pas, loin de là* I'm not angry with you, far from it **3.** [dans le temps] a long way (away) / *la Première Guerre mondiale est bien loin de nous maintenant* the First World War is a long way away from us now / *nous ne sommes plus loin de l'an 2020 maintenant* we're not far off the year 2020 now **4.** [au lieu de] ▸ **loin de m'aider** far from helping me / *loin de leur en vouloir, il leur en était reconnaissant* far from being angry with them, he was very grateful.

❖ **pas loin de** loc adv [presque] nearly, almost / *il n'est pas loin de midi* it's not far off midday, it's nearly midday / *ça ne fait pas loin de quatre ans qu'ils sont mariés* they've been married nearly four years / *cela ne fait pas loin de trois kilomètres* it's almost ou nearly three kilometres.

lointain, e [lwɛ̃tɛ̃, ɛn] adj **1.** [dans l'espace] distant, far-off / *les lointaines collines sortaient peu à peu de la brume* the distant hills were gradually emerging from the mist / *il était une fois, dans un pays lointain* once upon a time, in a far-off ou distant land / *un lointain son de flûte* the distant ou far-off sound of a flute **2.** [dans le temps - passé] distant, far-off ; [- futur] distant / *aux jours lointains de notre enfance* in the far-off days of our childhood ▸ **dans un lointain avenir** in the distant ou remote future **3.** [indirect - parent, cousin] remote **4.** [absent - air, sourire] faraway ▸ **je l'ai trouvée un peu lointaine a)** [préoccupée] she seemed to have something on her mind **b)** [distraite] I found her rather vague **5.** [dans la pensée - lien, rapport] remote, distant / *il n'y a qu'un lointain rapport entre...* there's only the remotest connection between...

❖ **lointain** nm **1.** [fond] ▸ **dans le** ou **au lointain** [vers l'horizon] in the distance **2.** ART ▸ **les lointains** the background ▸ **lointain vaporeux** sfumato background.

loi-programme [lwapʀɔgʀam] (*pl* **lois-programmes**) nf (framework) legislation ; ≃ Command Paper UK.

loir [lwaʀ] nm dormouse.

Loire [lwaʀ] npr f **1.** [fleuve] ▸ **la Loire** the (river) Loire **2.** [région] ▸ **la Loire** the Loire (area) ou valley / *les châteaux de la Loire* the châteaux of the Loire.

loisible [lwazibl] adj *sout* ▸ **il est loisible de** it is permissible to / *il vous est tout à fait loisible de partir* you are totally at liberty ou quite entitled to go.

loisir [lwaziʀ] nm **1.** [temps libre] spare time / *comment occupez-vous vos heures de loisir?* what do you do in your spare time? / *il consacre tous ses loisirs à l'informatique* he spends all his spare time on computers **2.** [possibilité] ▸ **avoir (tout) le loisir de** to have the time ou the opportunity to ▸ **ils ont eu tout le loisir de préparer leur réponse a)** [la liberté] they have been left entirely free to prepare their answer **b)** [le temps] they've had ample time to prepare their answer / *on ne lui a pas donné* ou *laissé le loisir de s'expliquer* he was not allowed (the opportunity) to explain his actions.

❖ **loisirs** nmpl [activités] leisure *(U)*, spare-time activities / *nous vivons de plus en plus dans une société de loisirs* we live in a society where leisure is taking on more and more importance.

❖ **(tout) à loisir** loc adv at leisure / *faites-le (tout) à loisir* do it at (your) leisure.

lokoum [lɔkum] = **loukoum.**

LOL (abr écrite de laughing out loud) TEXTO LOL.

lolita [lɔlita] nf lolita.

lolo [lolo] nm **1.** *fam* [lait] milk **2.** *tfam* [sein] boob.

lombago [lɔ̃bago] = **lumbago.**

lombaire [lɔ̃bɛʀ] ◆ adj lumbar. ◆ nf lumbar vertebra.

lombalgie [lɔ̃balʒi] nf lumbago.

lombard, e [lɔ̃baʀ, aʀd] adj Lombardic.

❖ **Lombard, e** nm, f Lombard.

Lombardie [lɔ̃baʀdi] npr f ▸ **(la) Lombardie** Lombardy.

lombes [lɔ̃b] nfpl lower back, lumbus *spéc* / *douleur dans les lombes* lower back pain.

lombostat [lɔ̃bɔsta] nm orthopaedic lumbar corset.

lombric [lɔ̃bʀik] nm earthworm, lumbricus *spéc.*

Lomé [lɔme] npr Lomé.

lompe [lɔ̃p] nm = **lump.**

londonien, enne [lɔ̃dɔnjɛ̃, ɛn] adj from London, London *(modif)* / *les bus londoniens* the London buses.

❖ **Londonien, enne** nm, f Londoner.

Londres [lɔ̃dʀ] npr London ▸ **le Grand Londres** Greater London.

long, longue [lɔ̃, lɔ̃g] *(devant nm commençant par voyelle ou 'h' muet* [lɔ̃g]*)*
adj

A. DANS L'ESPACE
B. DANS LE TEMPS

A. DANS L'ESPACE **1.** [grand] long / *une longue rangée d'arbres* a long row of trees / *la route traverse de longues plaines* the road crosses open ou wide plains / *chat / chien à poil long* long-haired cat / dog / *ils se servent de longs bâtons* they use long sticks / *l'âne a de longues oreilles* donkeys have long ears / *une fille aux longues jambes* a long-legged girl, a girl with long legs / *avoir de longs bras* to have long arms ▸ **muscle / os long** long muscle / bone ▸ **long de** [mesurant] : *c'est long de sept mètres* it's seven metres long / *tunnel long de deux kilomètres* two-kilometre UK ou two-kilometer US long tunnel **2.** BOT [feuille] elongated ; [tige] long **3.** [vêtement] long / *les jupes seront longues cet hiver* this winter, skirts will be (worn) long / *ton jupon est trop long, il dépasse* your slip's too long, it's showing ▸ **à manches longues** long-sleeved / *elles portaient toujours des manches longues* they always wore long-sleeved clothes ou long sleeves ▸ **une robe longue** a full-length ou long dress **4.** CULIN thin / *une sauce longue* a thin sauce **5.** JEUX long ▸ **couleur longue** long suit.

B. DANS LE TEMPS **1.** [qui dure longtemps] long / *c'est un travail long et difficile* it's long and difficult work / *ils échangèrent un long baiser* they gave each other a long kiss ▸ **boire à longs traits** to drink in long gulps ▸ **de longues négociations** protracted ou long negotiations / *une longue bataille* a long ou long drawn-out battle / *je suis fatigué, la journée a été longue* I'm tired, it's been a long day / *que cette attente est longue!* what a long wait! / *je suis restée de longs mois sans nouvelles de lui* I had no word from him for months and months / *ces quelques minutes furent bien longues* those few minutes were very long ou lasted a long time / *notre émission de ce soir est plus longue que d'habitude* our programme this evening is longer than usual ▸ **une longue explication a)** [détaillée] a long explanation **b)** [verbeuse] a long-winded ou lengthy explanation / *le film est trop long* the film is too long ou is overlong / *vous êtes trop long dans la dernière partie* you are too long-winded ou too wordy in the last part / *ne sois pas trop longue ou personne ne t'écoutera jusqu'à la fin* don't take too long ou don't speak for too long or nobody will listen to you all the way through / *les journées sont plus longues* the days are longer ▸ **les longues soirées d'hiver** the long winter evenings / *arrivé au terme d'une longue vie* (having arrived) at the end of a long life ▸ **un congé de longue durée** a (period of) long leave ▸ **trouver le temps long** : *j'ai trouvé le temps long* the time seemed to go (by) really slowly ▸ **long de** [qui dure] : *une traversée longue de deux mois* a two-month (long) crossing / *une attente longue de trois heures* a three-hour wait **2.** [qui tarde -personne] : *je ne serai pas long* I won't be long ▸ **long à** : *ne soyez pas trop long à me répondre* don't take too long answering me / *je n'ai pas été longue à comprendre qu'elle mentait* it didn't take me long to see that she was lying / *l'eau est longue à bouillir* the water is taking a long time to boil / *il est long à venir, ce café!* that coffee's a long time coming! / *la viande de porc est longue à cuire* pork takes a long time to cook **3.** [qui existe depuis longtemps] long, long-standing / *sa longue expérience de journaliste* his many years spent ou his long experience as a journalist / *une longue amitié* a long-standing friendship / *avoir de longs états de service* to have a long service record **4.** [dans le futur] : *à longue échéance, à long terme* [prévision] long, long-term / *faire des prévisions à longue échéance* to make long-term forecasts / *ce sera rentable à long terme* it will be profitable in the long term / *à plus ou moins longue échéance* sooner or later ▸ **emprunt à long terme** long-term loan / *quels sont tes projets à long terme?* what are your long-term plans? **5.** LING & LITTÉR long.

❖ **long** ◆ adv **1.** [s'habiller, porter] ▸ **elle s'habille long** she wears long skirts ou dresses **2.** [beaucoup] ▸ **en dire long** : *geste / regard qui en dit long* eloquent gesture / look / *une remarque qui en dit long sur ses intentions* a remark which says a lot about ou speaks volumes about his intentions / *elle pourrait vous en dire long sur cette affaire* she could tell you a few things about this business ▸ **en connaître** ou **en savoir long** : *demande-le-lui, il en sait long* ask him, he knows all about it / *elle en connaît déjà long sur la vie* she knows a thing or two about life. ◆ nm [habillement] ▸ **le long** long styles / *la mode est au long* long styles are in fashion.

❖ **longue** nf **1.** JEUX [aux cartes] long suit **2.** LING & LITTÉR long syllable **3.** MUS long note.

❖ **à la longue** loc adv [avec le temps] in the long term ou run, eventually / *à la longue, tout se sait* everything comes out in the end / *tu oublieras tout ceci à la longue* you'll forget all this eventually.

❖ **au long** loc adv in full, fully / *elle a écrit le titre au long* she wrote the title out in full.

❖ **au long de** loc prép **1.** [dans l'espace] along / *des touristes flânaient au long des rues* tourists were wandering lazily down ou along the streets **2.** [dans le temps] during / *il s'est aguerri au long de ces années difficiles* he's become tougher during ou over these difficult years.

❖ **de long** loc adv long / *le terrain a cent mètres de long* the plot is one hundred metres long ou in length / *les plus grands spécimens atteignent huit mètres de long* the biggest specimens reach up to eight metres in length ▸ **faire une mine** ou **tête de dix pieds de long a)** [par déconvenue] to pull a long face **b)** [par mauvaise humeur] to have ou to wear a long face.

❖ **de long en large** loc adv back and forth, up and down / *j'ai arpenté le hall de la gare de long en large* I paced back and forth across ou I paced up and down the main hall of the station.

❖ **de tout son long** loc adv : *tomber de tout son long* to fall flat / *il était étendu de tout son long* he was stretched out at full length.

❖ **en long** loc adv lengthwise, lengthways / *fends-les en long* split them lengthwise ou down the middle.

❖ **en long, en large et en travers** loc adv **1.** [examiner] from every (conceivable) angle / *on a étudié la question en long, en large et en travers* we have studied the question from every (conceivable) angle **2.** [raconter] in the minutest detail, at some considerable length.

❖ **en long et en large** = **en long, en large et en travers.**

❖ **le long de** loc prép **1.** [horizontalement] along / *en marchant le long de la rivière* walking along the river bank / *les plaines qui s'étendent le long du fleuve* the plains which spread out from the river (banks) **2.** [verticalement -vers le haut] up ; [-vers le bas] down / *grimper / descendre le long de la gouttière* to climb up / down the drainpipe.

❖ **tout au long** loc adv [en détail] in detail / *il nous a fait tout au long le récit de son entretien* he gave us a detailed description of his interview.

❖ **tout au long de** loc prép **1.** [dans l'espace] all along / *les policiers postés tout au long du parcours* policemen positioned all along the route **2.** [dans le temps] throughout, all through / *il est resté calme tout au long de la discussion* he remained calm throughout ou all through the discussion / *tout au long de l'année* all year long, throughout the year.

❖ **tout du long** loc adv **1.** [dans l'espace] : *nous avons parcouru la rue tout du long* we travelled the whole length of the street / *ils ont descendu le fleuve tout du long* they went all the way down the river, they descended the entire length of the river **2.** [dans le temps] all along / *il m'a rabâché la même chose tout du long* he kept on repeating the same thing all along ou the whole time.

❖ **tout le long de** loc prép all the way along / *nous avons chanté tout le long du chemin* we sang all the way.

long. (abr écrite de **longitude**) long.

longane [lɔ̃gan] nm longan (fruit).

longanimité [lɔ̃ganimite] nf *litt* forbearance.

long-courrier [lɔ̃kuʀje] (*pl* **long-courriers**) ◆ adj **1.** AÉRON [vol] long-distance, long-haul ; [avion] long-haul **2.** NAUT ocean-going. ◆ nm **1.** AÉRON long-haul aircraft / *compagnie de long-courrier* long-haul operator / *transport par long-courrier* long-haul (transport) **2.** NAUT [navire -marchand] ocean-going ship ou freighter ; [-avec passagers] ocean liner ; [matelot] foreign-going seaman.

longe [lɔ̃ʒ] nf **1.** [demi-échine] loin / *longe de porc* pork (rear) loin / *longe de veau* loin of veal **2.** [lien -pour attacher] tether ; [-pour mener] lunge.

longer [17] [lɔ̃ʒe] vt **1.** [avancer le long de] to go along (*insép*), to follow / *ils ont longé la pinède à pied / en voiture / en canot / à bicyclette* they walked / drove / sailed / cycled along the edge of the pinewood **2.** [border] to run along, to border / *un bois de hêtres longe la route* a beech wood borders the road / *les voies / câbles qui longent le mur* the rails / cables that run along the wall **3.** NAUT ▸ **longer la côte** to sail along ou to hug the coast.

longeron [lɔ̃ʒʀɔ̃] nm **1.** TRAV PUB (longitudinal) girder **2.** RAIL [d'un wagon] (side) frame (member), bar **3.** AÉRON [du fuselage] longeron, longitudinal ; [d'une aile] spar **4.** AUTO side member ou rail.

longévité [lɔ̃ʒevite] nf **1.** [d'une personne, d'une espèce] longevity / *à quoi attribuez-vous votre longévité?* how do you account for your longevity? **2.** SOCIOL life expectancy.

longiligne [lɔ̃ʒiliɲ] adj slender / *elle est plutôt longiligne* she has quite a slender figure.

longitude [lɔ̃ʒityd] nf longitude ▸ **par 30° de longitude est / ouest** at longitude 30° east / west ▸ **le Bureau des longitudes** *scientific organization founded in 1795, specializing in astronomy and related fields.*

longitudinal, e, aux [lɔ̃ʒitydinal, o] adj **1.** [en longueur] lengthwise, lengthways, longitudinal *spéc* **2.** ÉLECTRON longitudinal ▸ **onde longitudinale** longitudinal wave.

longitudinalement [lɔ̃ʒitydinalmɑ̃] adv lengthwise, lengthways, longitudinally *spéc.*

long(-)métrage [lɔ̃metʀaʒ] (*pl* **longs métrages** ou **longs-métrages**) nm feature (length) ou full-length film.

longtemps [lɔ̃tɑ̃] adv **1.** [exprimant une durée] for a long time / *j'ai attendu longtemps avant d'entrer* I waited for a long time before going in / *a-t-il dû attendre longtemps?* did he have to wait long? / *je n'ai pas attendu longtemps* I didn't wait long / *on a longtemps pensé que...* it was long thought that..., it was thought for a long time that... ▸ **il faut longtemps pour...** it takes a long time ou a while to... ▸ **pas de longtemps** ou **d'ici longtemps** not for a (long) while ou long time / *on ne le verra pas d'ici longtemps* we won't see him for a long time ou while / *je ne pensais pas le revoir de longtemps* I didn't expect to see him again for a long time ou while / *aussi longtemps que tu veux* as long as you wish ▸ **nous avons attendu assez / très / trop longtemps** we waited long enough / for ages / too long ▸ **moins longtemps (que)** for a shorter time (than) ▸ **plus longtemps (que)** longer (than) ▸ **mettre** ou **prendre longtemps** to take a while ou a long time / *elle a mis* ou *ça lui a pris longtemps* she took ou was a long time (over it) ▸ **en avoir pour longtemps** : *je n'en ai pas pour longtemps* I won't be long, it won't take me long / *en as-tu encore pour longtemps?* are you going to be much longer? ▸ **il n'en a plus pour longtemps a)** [pour finir] he won't be much longer **b)** [à vivre] he won't last much longer, he's not got much longer to live / *d'ici à ce qu'il pleuve, il n'y en a pas pour longtemps!* *fam* it won't be long till the rain starts! / *avec moi, il (ne) va pas y en avoir pour longtemps, tu vas voir!* I'll have this sorted out in no time (at all), just you see! / *ça va durer (encore) longtemps, oui?* is this going to go on for much longer?, have you quite finished? / *il a été absent pendant longtemps* he was away for a long time ▸ **avant longtemps** before long ▸ **pas avant longtemps** not for a long time / *je ne reviendrai pas avant longtemps* I won't be back for a long time / *il restera ici encore longtemps* he'll be here for a while ou a long time (yet) ▸ **longtemps avant** long ou a long time before (that), much earlier ▸ **longtemps après** much later, long after (that), a long time after (that) / *ils en reparlèrent longtemps après* they spoke about it again a long time after **2.** [avec 'il y a', 'depuis'] : *il y a longtemps (de ça)* ages ou a long time ago / *il y a longtemps que* ou *cela fait longtemps que nous sommes amis* we've been friends for a long time (now) ▸ **il y a longtemps** ou **cela fait longtemps que je l'ai lu** it's been a long time since I read it / *il y a longtemps qu'il est mort* he's long dead, he's been dead for a long time / *il y a longtemps que j'ai arrêté de fumer* I stopped smoking long ou ages ago ▸ **il y a** ou **cela fait longtemps que je ne l'ai pas vu** it's a long time ou ages since I saw him ▸ **tiens, il y avait longtemps! a)** *fam* [qu'on ne t'avait pas vu] long time no see! **b)** [que tu n'avais pas parlé de ça] here we go again! / *nous ne nous sommes pas vus depuis longtemps* we haven't seen each other for ages ou a long time / *il travaille là depuis longtemps* he's been working there for ages ou a long time.

longue [lɔ̃g] nf ⟶ **long.**

longuement [lɔ̃gmɑ̃] adv **1.** [longtemps] for a long time, long / *les jurés ont longuement délibéré* the jurors conferred for a long time / *il faut longuement pétrir la pâte* the dough must be kneaded thoroughly **2.** [en détail -expliquer, commenter] in detail, in depth ; [-scruter] at length.

longuet, ette [lɔ̃gɛ, ɛt] adj *fam* a bit long, longish, a bit on the long side / *il est longuet, ce film!* it's dragging on a bit, this film!

longueur [lɔ̃gœʀ] nf **1.** [dimension] length ▸ **mesure de longueur** linear measurement ▸ **unité de longueur** unit of length ▸ **faire 5 mètres de longueur** to be 5 metres UK ou meters US long / *un ruban de 10 cm de longueur* ou *d'une longueur de 10 cm* a ribbon 10 cm long ou in length / *quelle est la longueur de l'Amazone?* how long is the Amazon? / *j'ai traversé l'île dans toute sa longueur* [à pied] I walked the whole length of the island / *sa longueur peut atteindre 1 m* it can reach 1 m in length ▸ **tout en longueur** long and narrow / *le jardin est tout en longueur* the garden is long and narrow / *un visage tout en longueur* a long thin face **2.** [unité de mesure] length ▸ **une longueur de fil** a length of cotton ; [dans une course, en natation] length / *il l'a emporté d'une longueur* he won by a length / *elle a pris deux longueurs d'avance* she's leading by two lengths ▸ **avoir une longueur d'avance** *fig* to be well ahead **3.** SPORT ▸ **saut en longueur** long jump **4.** INFORM length, size ▸ **longueur de bloc / de mot** block / word length ▸ **longueur implicite** [d'un programme] sizing (estimate) **5.** OPT ▸ **longueur optique** optical path **6.** RADIO ▸ **longueur d'onde** wave length ▸ **être sur la même longueur d'onde (que qqn)** to be on the same wavelength (as sb) **7.** TECHNOL ▸ **longueur hors tout** overall length ▸ **longueur à la flottaison** length at waterline **8.** [dans le temps] length / *d'une longueur désespérante* sickeningly long / *excusez la longueur de mon discours* please forgive the length of my speech.

❖ **longueurs** nfpl overlong passages / *il y avait des longueurs* some parts were a little boring.

❖ **à longueur de** loc prép ▸ **à longueur de semaine / d'année** all week / year long / *il se plaint à longueur de temps* he's forever complaining, he complains all the time.

longue-vue [lɔ̃gvy] (*pl* **longues-vues**) nf telescope, field-glass.

look [luk] nm *fam* **1.** [mode] look, fashion / *le look des années 80* the 80s look / *t'as le look, coco !* you look great, baby ! **2.** [présentation] : *le magazine a changé de look* the magazine has changed its image.

looping [lupiŋ] nm AÉRON loop ▸ **faire des loopings** to loop the loop.

lope [lɔp], **lopette** [lɔpɛt] nf *tfam & péj* **1.** [homme veule] wimp **2.** [homosexuel] fairy, poofter UK, fag US.

lopin [lɔpɛ̃] nm **1.** [parcelle] ▸ **lopin (de terre)** patch ou plot (of land) **2.** MÉTALL [cylindre - grand] bloom ; [- petit] billet.

loquace [lɔkas] adj talkative, loquacious *sout* / *tu n'es pas très loquace, aujourd'hui !* you've not got much to say for yourself today !

loquacité [lɔkasite] nf talkativeness, loquacity *sout*.

loque [lɔk] nf **1.** [haillon] rag / *ce n'est plus un manteau, c'est une loque !* that's not an overcoat any more, it's an old rag ! **2.** [personne] wreck / *depuis sa faillite, c'est devenu une loque* since his bankruptcy, he's been a complete wreck / *n'être qu'une loque* to be a wreck **3.** BELG [serpillière] mop.

❖ **en loques** loc adj & loc adv tattered, in tatters / *ses vêtements tombaient en loques* his clothes were all in rags ou tatters.

loquet [lɔkɛ] nm latch, catch bolt.

loqueteau, x [lɔkto] nm small catch, hasp.

loqueteux, euse [lɔktø, øz] ◆ adj **1.** [personne] dressed in rags, in tatters **2.** [manteau] ragged, tattered. ◆ nm, f ragamuffin.

LORAN [lɔrɑ̃] (abr de **long range aid to navigation**) nm AERON & NAUT LORAN.

lord [lɔr(d)] nm lord.

lord-maire [lɔrdmɛr] (*pl* **lords-maires**) nm Lord Mayor.

lordose [lɔrdoz] nf lordosis.

lorgner [3] [lɔrɲe] vt to ogle, to eye / *le type la lorgnait depuis un bon moment* the guy had been eyeing her up ou ogling her for some time / *le gamin lorgnait les gâteaux* the kid was eyeing the cakes / *ils lorgnaient tous ses millions fam* they all had their (beady) eyes on her millions.

lorgnette [lɔrɲɛt] nf spyglass ▸ **regarder** ou **voir les choses par le petit bout de la lorgnette** to take a very limited view of things.

lorgnon [lɔrɲɔ̃] nm [à main] lorgnette, lorgnon ; [à ressort] pince-nez.

lori [lɔri] nm lory.

loriot [lɔrjo] nm oriole.

loris [lɔris] nm loris.

lorrain, e [lɔrɛ̃, ɛn] adj from Lorraine.

❖ **Lorrain, e** nm, f *inhabitant of or person from Lorraine*.

❖ **lorrain** nm LING Lorraine variety.

Lorraine [lɔrɛn] npr f ▸ **(la) Lorraine** Lorraine.

 **Lorraine**

This administrative region includes the **départements** of Meurthe-et-Moselle, Meuse, Moselle and Vosges (capital: Metz).

lorry [lɔri] (*pl* **lorries**) nm (platelayer's) trolley, lorry.

lors [lɔr] ❖ **lors de** loc prép *sout* [pendant] during ; [au moment de] at the time of / *lors de la Première Guerre mondiale* during the First World War / *il la rencontra lors d'un déjeuner d'affaires* he met her at a business lunch ▸ **lors du déjeuner** during lunch ▸ **lors de sa mort** at the time of his / her death. ❖ **lors même que** loc conj *litt* even if, even though / *lors même que nous ferions tous les efforts possibles, nous ne serions pas sûrs d'y parvenir* even if we made every possible effort, we still couldn't be sure of succeeding / *ce sera ainsi, lors même que tu t'y opposerais* that is how it will be, even though you may be opposed to it.

lorsque [lɔrskə] (*devant voyelle* **lorsqu'** [lɔrsk]) conj **1.** [au moment où] when / *nous allions partir lorsqu'on a sonné* we were about to leave when the door bell rang / *il faut agir lorsqu'il est encore temps* we must act while there is still time / *on réglera ce problème lorsque vous viendrez* we'll sort out this problem when you come **2.** [alors que] : *on a tort de parler lorsqu'il faudrait agir* we shouldn't be talking when we ought to be doing something.

losange [lɔzɑ̃ʒ] nm diamond, lozenge *spéc* / *en forme de losange* diamond-shaped, rhomboid / *tracez un losange* draw a lozenge.

Los Angeles [lɔsɑ̃dʒəlɛs] npr Los Angeles, LA.

loser [luzœr] nm *fam* loser.

lot [lo] nm **1.** [prix] prize / *j'ai gagné un lot !* I've won a prize ! ▸ **lot de consolation** consolation prize ▸ **gagner le gros lot** *pr & fig* to win ou hit the jackpot **2.** [part - d'objets] share ; [- de terre] plot / *diviser une propriété en plusieurs lots* to divide an estate into several plots / *à chacun son lot d'infortunes* to each of us his share of misfortunes **3.** DR lot ▸ **en lots** lot by lot **4.** [ensemble - de livres] collection ; [- de vaisselle, de linge] set ; [- de savons, d'éponges] (special offer) pack / *j'ai récupéré tout un lot de ferraille* I've picked up a whole lot of scrap iron / *à vendre en un seul lot* for sale as a job lot ▸ **lot de fabrication numéro 34** series ou batch number 34 ▸ **dans le lot** : *dans le lot, il y aura bien quelque chose qui t'intéresse* out of all these things, you're bound to find something interesting / *dans le lot, il y aura bien un fort en maths* there must be at least one person who's good at maths among them ▸ **être au-dessus du lot** to be a cut above the rest ▸ **se dégager** ou **se détacher du lot** to stand out from the rest **5.** INFORM batch ▸ **traitement par lots** batch processing **6.** *litt* [destin] lot, fate / *tel est notre lot commun* such is our common fate.

Lot [lɔt] ◆ npr m [rivière] ▸ **le Lot** the (river) Lot. ◆ npr BIBLE Lot.

lote [lɔt] = **lotte**.

loterie [lɔtri] nf **1.** JEUX lottery, draw ▸ **loterie foraine** fairground lottery ▸ **la Loterie nationale** the (French) national lottery ou sweepstake **2.** [hasard] lottery / *le mariage est une loterie* marriage is just a game of chance / *c'est une vraie loterie !* it's the luck of the draw !

Loth [lɔt] npr = **Lot** *(npr)*.

Lothaire [lotɛr] npr Lothair.

loti, e [lɔti] adj ▸ **être bien loti** to be well off ou well provided for ▸ **être mal loti** to be badly off ou poorly provided for / *tu n'es pas mieux loti que moi* you're no better off than I am / *la voilà bien lotie avec ce type-là ! fam & iron* she really hit the jackpot with that guy !

lotion [losjɔ̃] nf lotion ▸ **lotion après-rasage** after-shave lotion ▸ **lotion capillaire** hair lotion.

lotionner [3] [lɔsjɔne] vt [cuir chevelu] to rub lotion into ; [épiderme] to apply lotion to.

lotir [32] [lɔtir] vt **1.** [partager] to portion off *(sép)*, to divide into plots ; [vendre] to sell by plots / *on va lotir le jardin de l'ancien presbytère* the old vicarage garden is to be divided into plots / **'à lotir'** to be divided up for sale **2.** *sout* [attribuer à] : *le sort l'avait loti d'une timidité maladive* he had the misfortune to be painfully shy.

lotissement [lɔtismɑ̃] nm **1.** [terrain - à construire] building plot, site *(for a housing development)* ; [- construit] (housing) estate UK, housing development **2.** [partage] division into lots, parcelling out UK, parceling out US.

lotisseur, euse [lɔtisœr, øz] nm, f developer.

loto [lɔto] nm **1.** JEUX lotto ; [boîte] lotto set **2.** ▸ **le Loto** ≃ the (French state-run) lottery *(similar to the British National Lottery)* ▸ **le Loto sportif** ≃ the football pools UK.

lotte [lɔt] nf [de rivière] burbot ; [de mer] monkfish, angler fish.

lotus [lɔtys] nm lotus.

louable [lwabl] adj **1.** [comportement, décision] praiseworthy, commendable, laudable **2.** [appartement, maison] rentable, up for rent.

louage [lwaʒ] nm [cession] letting ; [jouissance] renting ▸ **voiture de louage** hire UK ou rental US car ▸ **louage de services** contract of employment, work contract.

louange [lwɑ̃ʒ] nf praise / *nous dirons à sa louange que... litt* to his credit, it must be said that...

❖ **louanges** nfpl praise / *son interprétation fut saluée par un concert de louanges* his performance was praised to the skies ▸ **chanter** ou **célébrer les louanges de qqn** to sing sb's praises ▸ **couvrir qqn de louanges** to heap praise on sb.

louanger [17] [lwɑ̃ʒe] vt *litt* to praise.

louangeur, euse [lwɑ̃ʒœr, øz] ◆ adj *litt* laudatory ▸ **paroles louangeuses** words of praise. ◆ nm, f *litt* laudator.

loubard [lubar] nm *fam* yob UK, hood US.

louche[1] [luʃ] ◆ adj **1.** [douteux - personne] shifty, shady ; [- attitude] shady ; [- affaire] shady, sleazy / *un individu louche* a shady character / *j'ai repéré son manège louche* I've spotted his shady little game / *n'y va pas, c'est louche* don't get involved, there's something fishy about it **2.** [endroit] sleazy **3.** [trouble - couleur, lumière] murky ; [- liquide] cloudy. ◆ nm : *il y a du louche là-dessous !* there's something fishy going on !, I smell a rat !

louche[2] [luʃ] nf **1.** [ustensile] ladle ▸ **à la louche** by the cartload ▸ **en remettre une louche** to lay it on thick **2.** *tfam* [main] mitt, paw.

louchement [luʃmɑ̃] nm squinting.

loucher [3] [luʃe] vi **1.** MÉD to (have a) squint ▸ **il louche** he has a squint, he's squint-eyed **2.** [volontairement] to go cross-eyed.

❖ **loucher sur** v + prép *fam* [convoiter - personne] to ogle ; [- biens] to have an eye on / *ce type n'arrête pas de loucher sur ta sœur* that guy hasn't stopped ogling your sister / *ils louchent tous sur les millions de leur oncle* they all have an eye ou their (beady) eyes on their uncle's millions.

loucherie [luʃri] nf squinting.

loucheur, euse [luʃœr, øz] nm, f squinter, cross-eyed person.

louer [6] [lwe] vt **1.** [donner en location - logement] to let (out) *(sép)*, to rent ; [- appareil, véhicule] to rent ou to hire (out) *(sép)* ; [- usine] to lease (out) *(sép)* ; [- avion] to hire (out) *(sép)* ▸ **louer qqch à qqn** to rent sthg to sb, to rent sb sthg / *le propriétaire me le loue pour 500 euros* the landlord rents it out to me for 500 euros / *désolé, la maison est déjà louée* sorry, but the house is already let / *ils ont loué (leur villa) à Julie pour l'été prochain* they've rented (their villa) to Julie for next summer / *des moissonneuses-batteuses louées* hired combine harvesters ; *(en usage absolu)* : *elle ne loue pas cher* she doesn't ask for very much (by way of) rent **2.** [prendre en location - logement] to rent ; [- appareil, véhicule] to hire UK, to rent US ; [- avion, usine] to lease / *on a loué le hall d'exposition à une grosse compagnie* we've leased the exhibition hall from a big firm ; *(en usage absolu)* ▸ **l'été nous préférons louer** we prefer renting accommodation for our summer holidays / *vous êtes propriétaire ? — non, je loue* do you own your house ? — no, I rent ou I'm a tenant **3.** [réserver] to book / *pour ce spectacle, il est conseillé de louer les places à l'avance* advance booking is advisable for this show ; *(en usage absolu)* : *on peut louer par téléphone* telephone bookings are accepted **4.** *vieilli* [engager - une personne] : *louer du personnel d'entretien* to engage *vieilli* ou to hire cleaning staff **5.** [glorifier] to praise / *louons le Seigneur* praise the Lord ▸ **Dieu soit loué** thank God / *vous pouvez louer Dieu* ou *le ciel* ou *la providence qu'il n'y ait pas eu d'accident* you can thank God ou thank your lucky stars there wasn't an accident ▸ **louer qqn de** ou **pour qqch** to praise sb for sthg / *on ne peut que vous louer d'avoir agi ainsi* you deserve nothing but praise for having acted in this way / *on ne peut que louer son dévouement* you cannot but praise his dedication.

❖ **se louer** ◆ vp *(emploi réfléchi)* [travailleur] to hire o.s. / *il s'est loué à un fermier pour la moisson* he got hired by a farmer for the harvest. ◆ vp *(emploi passif)* **1.** [logement] to be rented ou let / *cette chambre se louerait aisément* you'd have no problem letting this room ou finding somebody to rent this room **2.** [appareil] to be hired ou rented / *le téléviseur se loue au mois* this TV set is rented on a monthly basis.

❖ **se louer de** vp + prép ▸ **se louer de qqch** to be pleased with sthg / *je peux me louer d'avoir vu juste* I can congratulate myself for having got it right / *je n'ai qu'à me louer de votre ponctualité / travail* I have nothing but praise for your punctuality / work.

❖ **à louer** loc adj to let / *chambres à louer à la semaine* rooms to let ou to rent weekly / **'voitures à louer'** 'cars for hire' UK, 'cars for rent' US.

loueur, euse [lwœʀ, øz] nm, f : *c'est un loueur de voitures* he rents out cars.

louf [luf] adj *tfam* crazy, nuts / *il est complètement louf!* he's completely nuts ou off his rocker!

loufiat [lufja] nm *tfam* waiter.

loufoque [lufɔk] ◆ adj **1.** [invraisemblable - récit, histoire] weird, bizarre, freaky / *cette histoire est tout à fait loufoque!* that's a really weird story! **2.** [burlesque] ▸ **un film loufoque** a zany comedy. ◆ nmf crank, nutter UK, screwball US.

loufoquerie [lufɔkʀi] nf eccentricity.

louis [lwi] nm louis d'or.

Louis [lwi] npr **1.** ▸ **saint Louis** Saint Louis **2.** [roi de France] Louis **3.** [roi de Bavière] Ludwig.

louise-bonne [lwizbɔn] (*pl* **louises-bonnes**) nf louise-bonne pear.

Louisiane [lwizjan] npr f ▸ **(la) Louisiane** Louisiana.

Louis-Philippe [lwifilip] npr Louis Philippe.

loukoum [lukum] nm Turkish delight / *voulez-vous un loukoum?* would you care for a piece of Turkish delight?

Louksor [luksɔʀ] = **Louqsor**.

loulou[1] [lulu] nm **1.** ZOOL spitz ▸ **loulou de Poméranie** Pomeranian (dog) **2.** *fam* = **loubard**.

loulou[2], **t(t)e** [lulu, ut] nm, f *fam* **1.** [en appellatif] : *mon loulou, ma louloute* (my) darling **2.** [personne] : *c'est un drôle de loulou!* he's a weird guy!

loup [lu] nm **1.** [mammifère] wolf ▸ **loup gris d'Amérique** (American) timber wolf ▸ **loup à crinière** maned wolf ▸ **loup doré** Indian jackal ▸ **jeune loup a)** [en politique] young Turk **b)** [en affaires] go-getter ▸ **un vieux loup de mer** an old sea-dog ou salt ▸ **faire entrer le loup dans la bergerie** to set the fox to mind the geese ▸ **le grand méchant loup** the big bad wolf ▸ **être connu comme le loup blanc** : *il est connu comme le loup blanc* everybody knows him ▸ **à pas de loup** stealthily / **'l'homme est un loup pour l'homme'** *Plaute allusion* brother will turn upon brother ▸ **les loups ne se mangent pas entre eux** *prov* there is honour among thieves *prov* ▸ **quand on parle du loup on en voit la queue** talk of the devil (and he appears) **2.** *fam* [en appellatif] ▸ **mon (petit) loup** my (little) darling ou love ou sweetheart **3.** [masque] (eye) mask **4.** [poisson] (sea) bass.

loupage [lupaʒ] nm *fam* botch-up, messing up.

loup-cervier [lusɛʀvje] (*pl* **loups-cerviers**) nm **1.** ZOOL (European) lynx **2.** [fourrure] lucern.

loupe [lup] nf **1.** OPT magnifying glass ▸ **observer qqch à la loupe a)** *pr* to look at sthg through a magnifying glass **b)** *fig* to put sthg under a microscope, to scrutinize sthg **2.** MÉD wen **3.** BOT knur ▸ **loupe d'érable** burr maple **4.** MÉTALL bear UK, salamander US.

loupé, e [lupe] adj *fam* missed, failed ▸ **loupé!** missed! / *mon gâteau est loupé!* my cake's a failure!, I've made a mess of my cake! / *la soirée a été complètement loupée!* the party was a total flop ou wash-out!

❖ **loupé** nm *fam* boob UK, screw-up US / *il y a eu quelques loupés au début* we made a few boobs ou we screwed up a few times to start with.

louper [3] [lupe] *fam* ◆ vt **1.** [travail, épreuve] to flunk / *il a complètement loupé son dessin* he's made a complete mess of his drawing / *louper son coup* to bungle it **2.** [train, personne] to miss / *je t'ai loupé de cinq minutes* I (just) missed you by five minutes / *dépêche-toi, tu vas me faire louper mon bus!* hurry up! you're going to make me miss my bus! **3.** [bonne affaire] : *louper une occasion* to let an opportunity slip, to pass up an opportunity **4.** EXPR ▸ **ne pas louper qqn** [le punir] to sort sb out, to give sb what for / *si elle recommence, il ne la loupera pas!* if she does that again he'll sort her out! ▸ **ne pas en louper une** [faire des bêtises] : *il n'en loupe pas une!* he's always putting his foot in it! ◆ vi : *ça ne va pas louper* it's bound to happen, it (just) has to happen / *elle lui avait dit que ça ne marcherait pas et ça n'a pas loupé!* she told him it wouldn't work and sure enough it didn't!

❖ **se louper** *fam* ◆ vp *(emploi réciproque)* [ne pas se rencontrer] : *on s'est loupé de quelques secondes* we missed each other by (just) a few seconds. ◆ vpi [manquer son suicide] : *Dieu merci, elle s'est loupée* she bungled it, thank God / *cette fois, il ne s'est pas loupé!* this time he hasn't bungled it!

loup-garou [lugaʀu] (*pl* **loups-garous**) nm **1.** MYTH werewolf **2.** [personnage effrayant] bogeyman / *si tu n'arrêtes pas, j'appelle le loup-garou* [à un enfant] if you don't stop, the bogeyman will come and get you.

loupiot, e [lupjo, ɔt] nm, f *fam* [enfant] kid, nipper UK.

loupiote [lupjɔt] nf (small) light.

Louqsor [luksɔʀ] npr Luxor.

lourd, e [luʀ, luʀd] adj **1.** [pesant] heavy / *ma valise est trop lourde* my suitcase is too heavy / *gaz plus lourd que l'air* heavier-than-air gas / *une démarche lourde* a heavy tread / *le vol lourd des corbeaux* the clumsy flight of the crows / *un regard lourd* a hard stare ▸ **j'ai la tête lourde / les jambes lourdes** my head feels / my legs feel heavy ▸ **lourd de** : *les paupières lourdes de sommeil* eyelids heavy with sleep **2.** [complexe - artillerie, chirurgie, industrie] heavy **3.** [indigeste] heavy, rich / *des repas trop lourds* excessively rich meals **4.** [compact - sol, terre] heavy, thick / *terrain lourd aujourd'hui à Longchamp* the going is heavy today at Longchamp **5.** [chargé] heavy, thick / *de lourdes tapisseries* thick ou heavy wall-hangings ▸ **de lourds nuages** thick ou dense clouds ▸ **lourd de** : *des branches lourdes de fruits* branches heavy with ou bowed down with fruit / *un ciel lourd de nuages* a heavily-clouded ou heavy sky / *son ton est lourd de menace* the tone of his voice is ominous ou menacing / *cette décision est lourde de conséquences* this decision will have far-reaching consequences **6.** [accablant - atmosphère, temps] sultry, oppressive **7.** [entêtant - odeur] heavy, strong / *le parfum lourd des jasmins* the heavy scent of jasmine trees **8.** [sans grâce - bâtiment, façade] heavy, heavy-looking / *un visage aux traits lourds* a coarse-featured face **9.** [sans finesse - remarque, esprit] clumsy, heavy-handed ▸ **des plaisanteries plutôt lourdes** rather unsubtle jokes / *certains passages sont lourds* some passages are a bit laboured ou tedious / *tu ne comprends pas? ce que tu peux être lourd!* don't you understand? how slow can you get! **10.** [insistant] : *sans vouloir être lourd, je te rappelle que ça doit être fini dans 15 minutes* I don't want to nag but don't forget that you have to finish in 15 minutes **11.** [important - chiffres] high ; [- programme, horaire] heavy / *notre facture d'électricité a été lourde l'hiver dernier* we had a big electricity bill last winter / *les effectifs des classes sont trop lourds* class sizes are too big / *tu as là une lourde responsabilité* that is a heavy responsibility for you ; [grave - perte] heavy, serious, severe ; [- dette] heavy, serious ; [- faute] serious, grave / *lourd bilan pour la catastrophe aérienne d'hier* heavy death toll in yesterday's air disaster / *de lourdes accusations pèsent sur le prévenu* the accused faces serious ou weighty charges / *elle a une lourde hérédité* she's got an unfortunate background.

❖ **lourd** adv **1.** [chaud] ▸ **il fait très lourd** it is very close ou sultry **2.** *fam* EXPR **pas lourd** : *tu n'en fais pas lourd* you don't exactly kill yourself / *je ne gagne pas lourd* I don't exactly make a fortune.

lourdaud, e [luʀdo, od] ◆ adj oafish, clumsy. ◆ nm, f oaf, nitwit.

lourde [luʀd] ◆ nf *tfam* [porte] door. ◆ adj ⟶ **lourd**.

lourdement [luʀdəmɑ̃] adv **1.** [très] heavily / *la voiture était lourdement chargée* the car was heavily laden **2.** [sans souplesse] heavily / *il tomba lourdement à terre* he fell heavily to the ground ▸ **marcher lourdement** to tread heavily, to walk with a heavy step **3.** [beaucoup] greatly / *tu te trompes lourdement!* you are greatly mistaken!, you're making a big mistake! / *cet investissement grève lourdement le budget* this investment puts a serious strain on the budget ▸ **insister lourdement sur qqch** to be most emphatic about sthg.

lourder [3] [luʀde] vt *tfam* to kick ou to throw out *(sép)*, to fire ▸ **se faire lourder** to get fired.

Lourdes [luʀd] npr Lourdes *(the most famous place of pilgrimage in France since Bernadette Soubirous claimed to have had visions of the Virgin Mary there in 1858)*.

lourdeur [luʀdœʀ] nf **1.** [d'un fardeau, d'une valise] heaviness / *la lourdeur de la tâche m'effraie fig* the workload frightens me / *la lourdeur de l'appareil du parti fig* the unwieldiness of the party structure **2.** [d'un mouvement] heaviness, clumsiness / *danser avec lourdeur* to dance heavily ou clumsily **3.** [du temps] closeness, sultriness **4.** [d'une forme] heaviness **5.** [d'un propos, d'un comportement] bluntness, clumsiness ▸ **lourdeur d'esprit** dullness / *quelle lourdeur dans ses compliments!* his compliments are so clumsy! / *il est d'une telle lourdeur d'esprit!* he's such an oaf! **6.** [gravité] severity, gravity / *cette guerre égale la précédente par la lourdeur des pertes* this war must rank with the last one in terms of the heavy losses suffered.

❖ **lourdeurs** nfpl **1.** [maladresses] : *idées intéressantes mais trop de lourdeurs* interesting ideas, but clumsily expressed **2.** [douleurs] ▸ **avoir des lourdeurs d'estomac** to feel bloated.

lourdingue [luʀdɛ̃g] adj *tfam* **1.** [physiquement] clumsy, awkward **2.** [intellectuellement - personne] dim-witted, thick UK ; [- plaisanterie, réflexion] pathetic, stupid.

loustic [lustik] nm *fam* **1.** [individu louche] shady character / *c'est un drôle de loustic* that guy's pretty fishy **2.** [farceur] joker, funny guy.

loutre [lutʀ] nf **1.** ZOOL otter ▸ **loutre de mer** sea-otter **2.** [fourrure] otter skin ou pelt.

Louvain [luvɛ̃] npr Leuven, Louvain.

louve [luv] nf **1.** ZOOL she-wolf **2.** [pour pierres de taille] hoisting-scissors, lewis.

louver [3] [luve] vt to lewis.

louvet, ette [luvɛ, ɛt] adj dun.

louveteau, x [luvto] nm **1.** ZOOL wolf cub **2.** [scout] cub, cub-scout.

louveterie [luvtʀi], **louvèterie*** [luvɛtʀi] nf forestry pest control.

louvoie v ⟶ **louvoyer**.

louvoiement [luvwamɑ̃] nm **1.** NAUT tacking **2.** *fig* [manœuvre] subterfuge.

louvoyer [13] [luvwaje] vi **1.** NAUT to tack (about) **2.** [biaiser] to hedge, to equivocate.

Louvre [luvʀ] npr m ▸ **le (palais du) Louvre** the Louvre ▸ **le Grand Louvre** the enlarged Musée du Louvre *(including all the new constructions and excavations)* ▸ **l'École du Louvre** *art school in Paris.*

Louxor [luksɔʀ] = **Louqsor**.

lovelace [lɔvlas] nm *litt* libertine.

lover [3] [lɔve] vt NAUT to coil.

❖ **se lover** vpi [serpent] to coil up ; [personne] to curl up.

low cost [lokɔst] ◆ nm ▸ **le low cost** low-cost services. ◆ adj low-cost / *des compagnies aériennes low cost* low-cost airlines.

loyal, e, aux [lwajal, o] adj **1.** [fidèle] loyal, faithful, trusty / *un compagnon loyal* a loyal ou faithful companion ▸ **vingt ans de bons et loyaux services** twenty years' unstinting devotion **2.** [honnête] loyal, honest, fair / *un adversaire loyal* an honest opponent / *un procédé loyal* honest behaviour, upright conduct ▸ **un jeu loyal** a fair game.

❖ **à la loyale** loc adv : *se battre à la loyale* to fight cleanly ou fairly / *allez, c'est à la loyale cette fois!* right, and this time no cheating!

loyalement [lwajalmɑ̃] adv **1.** [fidèlement] loyally, faithfully ▸ **servir qqn loyalement** to serve sb faithfully ▸ **très loyalement** with great loyalty, very loyally **2.** [honnêtement] loyally, honestly ▸ **agir loyalement** to act honestly ▸ **se battre loyalement** to fight cleanly.

loyalisme [lwajalism] nm **1.** [fidélité] loyalty **2.** POL loyalism, Loyalism.

* In reformed spelling (see p. 16-19).

loyaliste [lwajalist] ◆ adj **1.** [fidèle] loyal **2.** HIST & POL loyalist, Loyalist. ◆ nmf **1.** [fidèle] loyal supporter **2.** HIST & POL loyalist, Loyalist.

loyauté [lwajote] nf **1.** [fidélité] loyalty, faithfulness / *elle a agi ainsi par loyauté* she did it out of loyalty **2.** [honnêteté] honesty, fairness / *elle a répondu en toute loyauté* she answered completely fairly ou honestly.

loyer [lwaje] nm **1.** [d'un logement] rent / *une hausse des loyers* rent rise ou increase, rent hike US **2.** FIN ▸ **le loyer de l'argent** the interest rate, the interest expense.

Lozère [lɔzɛʀ] npr f ▸ **(la) Lozère** the Lozère.

lozérien, enne [lɔzeʀjɛ̃, ɛn] adj from the Lozère.
❖ **Lozérien, enne** nm, f *inhabitant of or person from the Lozère.*

LP nm abr de **lycée professionnel.**

LPO (abr de **Ligue pour la protection des oiseaux**) npr f *society for the protection of birds* ; ≃ RSPB UK.

LSD (abr de **Lysergsäurediäthylamid**) nm LSD.

LSI (abr de **large scale integration**) nf LSI.

lu, e [ly] pp ⟶ **lire.**

Luanda [lwɑ̃da] npr Luanda.

Lübeck [lybɛk] npr Lubeck.

lubie [lybi] nf whim, craze / *sa dernière lubie, c'est de faire le tour du monde en bateau!* his latest crazy ou madcap idea is to sail round the world!

lubricité [lybʀisite] nf [d'une personne, d'un regard] lustfulness, lechery ; [d'un propos, d'une conduite] lewdness.

lubrifiant, e [lybʀifjɑ̃, ɑ̃t] adj lubricating.
❖ **lubrifiant** nm lubricant.

lubrificateur, trice [lybʀifikatœʀ, tʀis] adj lubricating.
❖ **lubrificateur** nm lubricant.

lubrification [lybʀifikasjɔ̃] nf lubrication.

lubrifier [9] [lybʀifje] vt to lubricate.

lubrique [lybʀik] adj *litt* [personne, regard] lustful, lecherous ; [attitude, propos] lewd, libidinous.

lubriquement [lybʀikmɑ̃] adv lecherously, lewdly.

Luc [lyk] npr ▸ **saint Luc** Saint Luke.

lucane [lykan] nm stag beetle, lucanid *spéc.*

lucarne [lykaʀn] nf **1.** [fenêtre] skylight ▸ **lucarne faîtière** skylight ▸ **lucarne pignon** dormer (window) ▸ **lucarne pendante** garret window **2.** FOOT top corner (of the net).

lucernaire [lysɛʀnɛʀ] nf ZOOL stalked jellyfish, lucenarian.

Lucerne [lysɛʀn] npr Lucerne.

lucide [lysid] adj **1.** [clairvoyant] lucid, clear-sighted, perceptive / *elle est très lucide sur elle-même* she's extremely perceptive about herself **2.** [conscient] conscious.

lucidement [lysidmɑ̃] adv clearly, lucidly.

lucidité [lysidite] nf **1.** [clairvoyance] lucidity, clear-sightedness ▸ **avec lucidité** lucidly / *une critique d'une grande lucidité* a very perceptive criticism **2.** [conscience] lucidity / *elle n'a plus toute sa lucidité* her mind's wandering a bit / *à ses moments de lucidité* in his lucid moments.

Lucifer [lysifɛʀ] npr Lucifer.

luciférien, enne [lysifeʀjɛ̃, ɛn] adj Luciferian.

luciférine [lysifeʀin] nf luciferin.

luciole [lysjɔl] nf firefly.

Lucius [lysjys] npr Lucius.

lucratif, ive [lykʀatif, iv] adj lucrative, profitable ▸ **un métier lucratif** a job that pays well, a well-paid job ▸ **à but non lucratif** non-profit, not-for-profit US / *une association à but non lucratif* a non-profit ou not-for-profit US organization.

lucrativement [lykʀativmɑ̃] adv lucratively.

lucre [lykʀ] nm *sout* lucre *sout*, profit ▸ **faire qqch par goût du lucre** to do sthg out of love for money.

Lucrèce [lykʀɛs] npr **1.** ▸ **Lucrèce Borgia** Lucretia Borgia **2.** Lucretius.

ludiciel [lydisjɛl] nm computer game *(software).*

ludion [lydjɔ̃] nm Cartesian diver.

ludique [lydik] adj play *(modif)*, ludic *spéc* / *le comportement ludique des enfants* children's behaviour in play.

ludisme [lydism] nm PSYCHOL obsessive play.

ludo-éducatif, ive [lydoedykatif, iv] adj [logiciel, programme] edutainment *(modif).*

ludospace [lydɔspas] nm AUTO family leisure car.

ludothécaire [lydɔtekɛʀ] nmf librarian *(at a toy library).*

ludothèque [lydɔtɛk] nf **1.** [lieu] toys and games library **2.** QUÉBEC [activité] ≃ playgroup.

luette [lɥɛt] nf ANAT uvula.

lueur [lɥœʀ] nf **1.** [lumière - de l'âtre, du couchant] glow ; [- de la lune, d'une lampe] light ; [- d'une lame] gleam ▸ **une faible lueur** a glimmer / *les lueurs rougeoyantes de l'incendie* the reddish glow of the fire / *aux premières lueurs de l'aube* in the first light of dawn ▸ **lueur vacillante** flicker ▸ **lueur d'espoir** glimmer of hope / *il y a une lueur d'espoir que les deux pays entament des négociations* there is a glimmer of hope that the countries may begin talks **2.** *fig* [éclat] glint, glimmer / *une lueur de colère* a gleam ou glint of anger / *une lueur d'intelligence / d'espoir / de joie* a glimmer of intelligence / of hope / of joy / *une lueur mauvaise* a nasty glint.

Lugano [lygano] npr Lugano.

luge [lyʒ] nf toboggan, sledge UK, sled US ▸ **faire de la luge** to toboggan, to go sledging UK ou sledding US.

luger [17] [lyʒe] vi **1.** [descendre en luge] to toboggan, to sledge UK, to sled US **2.** SUISSE *fam* [échouer] to fail.

lugeur, euse [lyʒœʀ, øz] nm, f tobogganer.

lugubre [lygybʀ] adj **1.** [personne] lugubrious / *une physionomie lugubre* lugubrious features **2.** [endroit] gloomy **3.** [atmosphère] dismal / *la soirée a été lugubre* it was a dismal party.

lugubrement [lygybʀəmɑ̃] adv lugubriously, gloomily / *les cris des pleureuses retentissaient lugubrement* the cries of the mourners rang out lugubriously.

lui[1] [lɥi] pp ⟶ **luire.**

lui[2] [lɥi]
◆ pron pers

A. À IL OU ELLE
B. REPRÉSENTANT LE GENRE MASCULIN

A. À IL OU ELLE **1.** [complément - homme] him ; [- femme] her ; [- chose, animal] it ; [- animal domestique] him, her ▸ **je lui ai parlé** I spoke to him / her / *il a rencontré Hélène et (il) lui a plu* he met Helen and she liked him / *pensez-vous que cela puisse lui nuire?* do you think that can harm him / her? / *il entend qu'on lui obéisse* he means to be obeyed / *il le lui a présenté* he introduced him to him / her / *qui le lui a dit?* who told him / her? ▸ **donne-le-lui** give it to him / her / *ça ne lui rapporte rien* he / she isn't getting anything out of it / *il lui est difficile de venir* it's difficult for him / her to come **2.** [se substituant à l'adjectif possessif] : *il lui a serré la main* he shook his / her hand / *le bruit lui donne mal à la tête* the noise gives him / her a headache.

B. REPRÉSENTANT LE GENRE MASCULIN **1.** [sujet - personne] he ; [- chose, animal] it ; [- animal domestique] he / *elle est charmante, mais lui est impossible* she's charming but he's infuriating / *nous travaillons et lui, en attendant, il se repose* we're working and meanwhile, HE's having a rest / *lui ne voulait pas en entendre parler* HE didn't want to hear anything about it / *Paul et lui sont rentrés ensemble* he and Paul went back together / *il sait de quoi je parle, lui* HE knows what I'm talking about / *il n'a pas peur, lui* he's not afraid ▸ **si j'étais lui...** if I were him... / *quant à lui, il n'était pas là* as for him, he wasn't there / *qui ira avec elle? lui* who'll go with her? — he will / *lui aussi se pose des questions* he is wondering about it too / *lui seul pourrait te le dire* only he could tell you **2.** [avec un présentatif] : *c'est lui qui vous le demande* HE's asking you ▸ **c'est encore lui?** is it him again? ▸ **c'est tout lui!** that's typical of him!, that's him all over! **3.** [complément - personne] him ; [- chose, animal] it ; [- animal domestique] him / *en ce moment on ne voit que lui* you see him everywhere at the moment / *elle n'écoute que lui* she will only listen to him / *elle ne veut que lui pour avocat* he's the only lawyer she will accept, she won't have any lawyer but him ▸ **on l'a vu, lui** we saw him / *lui, tout le monde le connaît* everybody knows HIM / *elle est plus jeune que lui* she's younger than him / *avez-vous pensé à lui?* have you thought about him? / *elle se méfie de lui* she doesn't trust him / *elle ne lui a pas plu, à lui* he didn't like her at all ▸ **je vais chez lui** I'm going to his house / *cette valise n'est pas à lui?* isn't that his suitcase?, doesn't that suitcase belong to him? ▸ **une amie à lui** a friend of his / *sans lui, tout était perdu* without him ou if it hadn't been for him, all would have been lost / *il a réussi à le soulever à lui (tout) seul* he managed to lift it on his own ou without any help **4.** [en fonction de pronom réfléchi] himself / *il est content de lui* he's pleased with himself / *il ne pense qu'à lui* he only thinks of himself.

lui-même [lɥimɛm] pron pers [une personne] himself ; [une chose] itself ▸ **M. Dupont? — lui-même a)** Mr Dupont? — yes, what can I do for you? **b)** [au téléphone] Mr Dupont? — speaking / *il me l'a dit lui-même* he told me himself ▸ **lui-même paraissait surpris** he himself seemed surprised / *il se coupe les cheveux lui-même* he cuts his own hair, he cuts his hair himself / *de lui-même, il a parlé du prix* he mentioned the price without being prompted ou asked / *il n'a qu'à venir voir par lui-même* all he has to do is come and see for himself / *il pensait en lui-même que...* he thought to himself that...

luire [97] [lɥiʀ] vi **1.** [briller - métal, eau] to gleam ; [- surface mouillée] to glisten ; [- bougie, lumignon] to glimmer ; [- feu] to glow ; [- soleil] to shine / *des larmes luisaient dans leurs yeux* their eyes were glistening with tears, tears were glistening in their eyes / *son uniforme luisait d'usure* his uniform was shiny with wear **2.** *fig* to shine, to glow / *un faible espoir luit encore* there is still a glimmer of hope / *cette phrase fit luire un espoir dans son cœur* the words brought a glimmer of hope to his heart.

luisant, e [lɥizɑ̃, ɑ̃t] adj [métal] gleaming ; [soleil] shining ; [flamme] glowing ; [pavé, pelage] glistening.
❖ **luisant** nm [d'une étoffe] sheen ; [d'une fourrure] gloss.

luisent v ⟶ **luire.**

lumbago [lœ̃bago, lɔ̃bago] nm lumbago.

lumen [lymɛn] nm lumen.

lumière [lymjɛʀ] nf **1.** [naturelle - gén] light ; [- du soleil] sunlight / *dehors, la lumière était aveuglante* the sunlight ou the light was blinding outside / *l'atelier reçoit la lumière du nord* the studio faces north ▸ **sans lumière** [pièce] dark ▸ **agir en pleine lumière** : *ils ont agi en pleine lumière* they made no secret of what they were doing ▸ **apporter de la lumière sur qqch** to shed light on sthg ▸ **toute la lumière sera faite** we'll get to the bottom of this ▸ **revoir la lumière a)** [recouvrer la vue] to be able to see again **b)** [en sortant d'un lieu sombre] to see daylight again **c)** [retrouver la liberté] to be free again ▸ **voir** ou **apercevoir la lumière au bout du tunnel** to see (the) light at the end of the tunnel **2.** [artificielle] light / *j'ai vu de la lumière et je suis entré* I saw a light (on) so I went in / *allumer la lumière* to turn ou to switch on the light / *éteindre la lumière* to turn ou to switch off the light / *il reste une lumière allumée* there's still a light on ▸ **lumières tamisées** soft lighting **3.** [génie] genius, (shining) light / *une lumière de la littérature contemporaine* a shining light of contemporary literature ▸ **cet enfant n'est pas une lumière!** that child is hardly a genius ou a shining light! **4.** ASTRON & OPT light ▸ **lumière noire** ou **de Wood** (ultraviolet) black light ▸ **lumière blanche** white light ▸ **lumière cendrée** earthshine ▸ **lumière froide** blue light ▸ **lumière zodiacale** zodiacal light **5.** ART light **6.** RELIG : *la lumière éternelle* ou *de Dieu* divine light ▸ **cacher la lumière sous le boisseau** *allusion* BIBLE to hide one's light under a bushel ▸ **que la lumière soit!** let there be light! **7.** TECHNOL [orifice] opening.
❖ **lumières** nfpl **1.** [connaissances] insight *(U)*, knowledge *(U)* / *elle a des lumières sur le problème* she has (some) insight into the problem / *j'ai besoin de tes lumières* I need the benefit of your wisdom **2.** AUTO lights / *les lumières sont restées allumées toute la nuit* the lights stayed on all night **3.** HIST ▸ **le siècle des Lumières** the Enlightenment.
❖ **à la lumière de** loc prép in (the) light of / *à la lumière de ce que tu me dis* in (the) light of what you're telling me.

USING PRONOUNS FOR EMPHASIS

In the family of French pronouns, some are used to lay a special emphasis on the person or thing being talked about. These pronouns are called 'disjunctive' or 'emphatic' or sometimes 'stressed' pronouns. They are:

	SINGULAR	PLURAL
1ST PERSON	moi	nous
2ND PERSON	toi	vous
3RD PERSON	lui, elle, soi	eux, elles

Among these pronouns, the first and second person should be used with a repetition of the equivalent non-stressed pronouns, when they are subjects:
Toi, tu étais d'accord, mais moi, je pensais le contraire. You were in agreement but I thought otherwise.
*[In speech, **you** and **I** are pronounced with intonational stress.]*

An exception is when first or second-person pronouns occur next to the adjective **seul**: Moi seule sais où il est. Only I know where he is.

Third-person pronouns which are subjects (**eux**; **elles**) can be found either alongside or without the non-stressed pronoun:
Eux étaient d'accord mais lui pensait le contraire.
Or, more informally:
Eux, ils étaient d'accord mais, lui, il pensait le contraire.
They were in agreement but he thought otherwise.
*[In speech, **they** and **he** are pronounced with intonational stress.]*

Disjunctive pronouns are used in five different ways.

❶ To lay more emphasis on a particular person or thing than on the other topics in the sentence or context:
La couverture est encore humide mais les draps, eux, (ils) sont secs. The blanket is still damp but the sheets are dry.
*[**Ils** is used in spoken or informal contexts, and omitted in careful written ones.]*

This usage is very frequent after **c'est** and **ce sont**.
C'est toi qui as renversé le café sur la nappe ? Did you [with intonational stress on ***you***] spill the coffee on the tablecloth?
Les victimes, ce sont eux, pas vous. They [with intonational stress on ***they***] are the victims, not you.

This construction is also used with parenthetical adverbs or expressions.
Toi, curieusement, tu n'as rien dit. Strangely, you [with intonational stress on ***you***] said nothing.
Eux, par exemple, ont compris tout de suite. For example, they [with intonational stress on ***they***] understood immediately.

❷ After a preposition:
Elle est chanteuse, comme moi. Like me, she's a singer.
Pour lui, ce sont les centristes qui vont gagner. He thinks that the centre party will win.

❸ In combination with **-même** (when it means ***-self***):
Tu as fait le pain toi-même ? Did you make the bread yourself?
C'est vous-même qui devez signer. You have to sign in person.

❹ In a comparison:
One example of this is the famous line from the La Fontaine fable *le Lion et le Rat*.
On a souvent besoin d'un plus petit que soi. You often need the help of those smaller than yourself.
Tu écris mieux que lui. You write better than he does.
Il a plus d'expérience que moi. He is more experienced than I am.

❺ With negatives:
Mon frère est toujours invité à des fêtes et moi jamais. My brother always gets invited to parties but I never do.

❖ **en lumière** loc adv ▸ **mettre qqch en lumière** to bring sthg out, to shed light on sthg.

 **Le siècle des Lumières**

The period between the death of Louis XIV (1715) and the 1789 Revolution. The reformist, rationalist movement of the 18th century **philosophes** and **encyclopédistes** found its most comprehensive expression in the **Encyclopédie** edited by Diderot and, for a time, d'Alembert, between 1751 and 1772. The works of the **philosophes** were largely directed against the values of the **Ancien Régime**. They favoured the view that the purpose of government was the happiness of the people and laid the foundations for the democratic, egalitarian ideas of the following century.

lumignon [lymiɲɔ̃] nm **1.** [bougie] candle end **2.** [petite lumière] small light.

luminaire [lyminɛʀ] nm **1.** [lampe] light, lamp ▸ **magasin de luminaires** lighting shop **2.** ASTROL luminary **3.** RELIG lighting *(U)*.

luminance [luminɑ̃s] nf luminance.

luminescence [lyminesɑ̃s] nf luminescence.

luminescent, e [lyminesɑ̃, ɑ̃t] adj luminescent.

lumineusement [lyminøzmɑ̃] adv luminously, clearly / *il a très lumineusement exposé les faits* he gave a very lucid presentation of the facts.

lumineux, euse [lyminø, øz] adj **1.** [qui émet de la lumière] luminous **2.** [baigné de lumière] sunny / *une lumineuse journée de juin* a sunny day in June / *un appartement lumineux* a sunny flat **3.** [éclatant - couleur] bright, brilliant **4.** [radieux - teint, sourire] radiant **5.** [lucide - esprit] : *il a une intelligence lumineuse* he has great insight **6.** [clair - exposé] limpid, crystal clear / *son explication était lumineuse* his explanation was crystal clear.

luminosité [lyminozite] nf **1.** [éclat] brightness, radiance **2.** [clarté] luminosity / *le temps de pose dépend de la luminosité* shutter speed depends on the amount of light available **3.** ASTRON luminosity.

luminothérapie [lyminoteʀapi] nf light therapy.

lump [lœp] nm lumpfish ▸ **œufs de lump** lumpfish roe.

lumpenprolétariat [lœmpɛnpʀɔletaʀja] nm lumpenproletariat.

lunaire [lynɛʀ] ◆ adj **1.** ASTRON lunar ▸ **mois lunaire** lunar month **2.** [qui évoque la lune - paysage] lunar **3.** *litt* [chimérique] : *un projet lunaire* a fanciful ou an outlandish plan. ◆ nf BOT honesty.

lunaison [lynɛzɔ̃] nf lunar ou synodic *spéc* month, lunation *spéc*.

lunatique [lynatik] ◆ adj moody, temperamental. ◆ nmf temperamental ou capricious person.

lunch [lœʃ, lœntʃ] *(pl* **lunchs** *ou* **lunches***)* nm cold buffet *(served at lunchtime for special occasions)*.

lundi [lœdi] nm Monday ▸ **le lundi de Pâques** / **Pentecôte** Easter / Whit Monday. **Voir aussi mardi.**

lune [lyn] nf **1.** ASTRON moon ▸ **la Lune** the Moon ▸ **nuit sans lune** moonless night ▸ **pleine** / **nouvelle lune** full / new moon ▸ **lune de miel** honeymoon / *la lune de miel entre le président et l'Assemblée nationale a été de courte durée* the honeymoon period between the President and the National Assembly didn't last long ▸ **lune rousse** April frost *(at night)* ▸ **être dans la lune** to have one's head in the clouds / *pardon, j'étais dans la lune* sorry, I was miles away ou my mind was elsewhere ▸ **promettre la lune à qqn** to promise sb the moon ou the earth ▸ **décrocher la lune** to do the impossible ▸ **demander** ou **vouloir la lune** to ask for the moon ▸ **être con comme la lune** *tfam* : *il est con comme la lune* he's as daft as a brush UK ou dead from the neck up US ▸ **tomber de la lune** to be flabbergasted **2.** *fam* [fesses] behind **3.** ZOOL ▸ **lune de mer** moonfish.

❖ **lunes** nfpl [durée] moons ▸ **je ne l'ai pas vu depuis des lunes** I haven't seen him for ages.

luné, e [lyne] adj *fam* ▸ **bien** / **mal luné** in a good / bad mood / *il est toujours mal luné* he's always bad-tempered.

lunetier, ère [lyntje, ɛʀ] ◆ adj spectacle *(modif)*. ◆ nm, f **1.** [fabricant] spectacle UK ou eyeglass US manufacturer **2.** [marchand] optician.

lunette [lynɛt] nf **1.** OPT telescope ▸ **lunette de tir** / **pointage** sights / sighting telescope ▸ **lunette d'approche** refracting telescope, spyglass *arch* ▸ **lunette astronomique** astronomical telescope ▸ **lunette terrestre** terrestrial telescope **2.** [des toilettes] toilet-rim **3.** ARCHIT, ART & CONSTR lunette **4.** NAUT ▸ **lunette d'étambot** propeller shaft hole **5.** MÉCAN ▸ **lunette fixe** / **à suivre** steady / follow rest **6.** AUTO ▸ **lunette (arrière)** rear window.

❖ **lunettes** nfpl [verres correcteurs] glasses, spectacles ▸ **une paire de lunettes** a pair of glasses ▸ **porter des lunettes** to wear glasses ▸ **mets des lunettes!** [regarde mieux] buy yourself a pair of specs! ; [verres protecteurs] goggles ▸ **lunettes de vue** ou **correctrices** spectacles ▸ **lunettes bifocales** bifocals ▸ **lunettes noires** sunglasses, dark glasses ▸ **lunettes de protection** goggles ▸ **lunettes de ski** skiing goggles ▸ **lunettes de soleil** sunglasses.

lunetterie [lynɛtʀi] nf **1.** [industrie] spectacle UK ou eyeglass US manufacture **2.** [commerce] spectacle UK ou eyeglass US trade.

luni-solaire *(pl* **luni-solaires***)*, **lunisolaire*** [lynisɔlɛʀ] adj lunisolar.

lunule [lynyl] nf **1.** ANAT half-moon, lunule *spéc* **2.** GÉOM lune.

lupanar [lypanaʀ] nm *litt* brothel, house of ill repute.

lupin [lypɛ̃] nm BOT lupin UK, lupine US.

lupulin [lypylɛ̃] nm lupulin (powder).

lupus [lypys] nm MED lupus ▸ **lupus vulgaire** lupus vulgaris.

lurette [lyʀɛt] nf ▸ **il y a belle lurette** *fam* ages ago ▸ **il y a belle lurette qu'elle est partie a)** [depuis des années] she left donkey's years ago **b)** [depuis des heures] she left hours ago ou ages ago.

Lurex® [lyʀɛks] nm Lurex®.

* In reformed spelling (see p. 16-19).

luron, onne [lyʀɔ̃, ɔn] nm, f *fam* ▸ **c'est un gai** ou **joyeux luron** he's a bit of a lad.

Lusaka [lysaka] npr Lusaka.

Lusitanie [lyzitani] npr f ▸ **(la) Lusitanie** Lusitania.

lusitanien, enne [lyzitanjɛ̃, ɛn] adj Lusitanian.

❖ **Lusitanien, enne** nm, f Lusitanian.

lusophone [lyzɔfɔn] ◆ adj Portuguese-speaking / *les populations lusophones* Portuguese-speaking populations. ◆ nmf Portuguese speaker.

lustrage [lystʀaʒ] nm [d'une poterie] lustring ; [d'un tissu, d'une peau] lustring, calendering ; [d'une peinture] glazing ; [d'une voiture] polishing.

lustral, e, aux [lystʀal, o] adj lustral.

lustre [lystʀ] nm **1.** [lampe - de Venise, en cristal] chandelier ; [- simple] (ceiling) light **2.** [reflet - mat] glow ; [- brillant] shine, polish **3.** TECHNOL [d'une poterie] lustre ; [d'un tissu, d'une peau] lustre, calendering ; [d'une peinture] glaze, gloss ; [du papier] calendering ; [d'un métal] polish **4.** *litt* [prestige] brilliance, glamour ▸ **sans lustre** lacklustre ▸ **rendre** ou **redonner du lustre à** to improve the image of **5.** *litt* [cinq ans] lustrum.

❖ **lustres** nmpl ▸ **il y a des lustres de ça !** it was ages ago ! ▸ **je ne l'ai pas vu depuis des lustres !** I haven't seen him for ages.

lustré, e [lystʀe] adj **1.** TECHNOL [tissu, peau] lustred, calendered ; [peinture] glazed, glossy ; [poterie] lustred ▸ **poterie lustrée** lustreware **2.** [brillant - pelage] sleek ; [- cheveux] glossy, shiny **3.** [usé] shiny (with wear).

lustrer [3] [lystʀe] vt **1.** TECHNOL [poterie] to lustre ; [tissu, peau] to lustre, to calender ; [peinture] to glaze **2.** [faire briller - voiture] to polish / *le chat lustre son pelage* the cat is cleaning its coat / *le temps a lustré la pierre* the stone is shiny (and worn) with age.

lustrerie [lystʀəʀi] nf [lampes] chandeliers ; [commerce] lighting.

lustrine [lystʀin] nf **1.** [soie] lustring **2.** [percaline] lustre **3.** [coton] glazed cotton.

lut [lyt] nm TECHNOL lute, luting.

Lutèce [lytɛs] npr Lutetia.

lutécium [lytesjɔm] nm lutetium.

luter [3] [lyte] vt to lute.

luth [lyt] nm **1.** MUS lute ▸ **jeu de luth** lute stop **2.** ZOOL ▸ **(tortue) luth** leatherback (turtle).

Luther [lytɛʀ] npr ▸ **Martin Luther** Martin Luther.

luthéranisme [lyteʀanism] nm Lutheranism.

lutherie [lytʀi] nf **1.** [fabrication] stringed-instrument manufacture **2.** [commerce] stringed-instrument trade **3.** [boutique] stringed-instrument maker's shop ou workshop.

luthérien, enne [lyteʀjɛ̃, ɛn] adj & nm, f Lutheran.

luthier, ère [lytje, ɛʀ] nm, f **1.** [fabricant] stringed-instrument maker **2.** [marchand] stringed-instrument dealer.

luthiste [lytist] nmf lutenist, lute-player.

lutin, e [lytɛ̃, in] adj *litt* impish, mischievous.

❖ **lutin** nm **1.** [démon - gén] elf, goblin, imp ; [- en Irlande] leprechaun **2.** *arch* [enfant] (little) imp ou devil.

lutiner [3] [lytine] vt *litt* to fondle.

lutrin [lytʀɛ̃] nm **1.** [pupitre] lectern **2.** [emplacement] schola cantorum.

lutte [lyt] nf **1.** [affrontement] struggle, fight, conflict ▸ **des luttes intestines** infighting ▸ **la lutte est inégale** they are unfairly matched / *se livrer à une lutte acharnée* to fight tooth and nail ▸ **une lutte d'influence** a fight for domination **2.** SOCIOL & POL struggle / *la lutte pour l'indépendance / pour la liberté* the struggle for independence / for freedom / *la lutte menée par les intellectuels / syndicats* the struggle led by the intellectuals / unions ▸ **luttes politiques / religieuses** political / religious struggles ▸ **lutte armée** armed struggle ▸ **la lutte des classes** the class struggle ou war ▸ **Lutte ouvrière** *Trotskyist political party established in 1968* **3.** [efforts - contre un mal] fight ▸ **lutte contre les incendies** fire-fighting / *la lutte contre le sida* the fight against AIDS / *la lutte contre l'alcoolisme* the fight against alcoholism **4.** [résistance] struggle / *une lutte incessante contre elle-même* an incessant inner struggle / *la lutte d'un malade contre la mort* a sick person's struggle for life ou battle against death / *sa vie n'a été qu'une longue lutte contre l'adversité* his life was just one long struggle against adversity **5.** [antagonisme] fight / *la lutte entre le bien et le mal* the fight between good and evil **6.** AGR control ▸ **lutte biologique** biological (pest) control ▸ **lutte génétique** genetic control ▸ **lutte intégrée** integrated control, pest management **7.** BIOL : *la lutte pour la vie* the struggle for survival **8.** SPORT wrestling ▸ **lutte libre / gréco-romaine** all-in / Graeco-Roman wrestling **9.** ZOOL [accouplement] mating.

❖ **de haute lutte** loc adv after a hard fight ▸ **conquérir** ou **emporter qqch de haute lutte** to obtain sthg after a hard fight.

❖ **en lutte** loc adj : *les travailleurs en lutte ont défilé hier* the striking workers demonstrated yesterday / *nos camarades en lutte* our struggling comrades ▸ **être en lutte contre qqn** to be at loggerheads with sb.

lutter [3] [lyte] vi **1.** [se battre] ▸ **lutter contre** to fight (against) / *lutter contre la bêtise* to fight stupidity / *ils luttent contre le gouvernement* they are struggling against ou fighting the government ▸ **lutter contre la mort** to struggle for one's life / *lutter contre l'alcoolisme* to fight against ou to combat alcoholism ▸ **lutter contre le sommeil** to fight off sleep ▸ **lutter pour** to fight for / *ils luttent pour leurs droits* they are fighting for their rights / *toute sa vie elle a lutté pour que soient reconnus les droits de la femme* she struggled all her life for the recognition of women's rights ▸ **lutter de** *sout* : *ils ont lutté de vitesse* they had a race, they raced against each other **2.** SPORT to wrestle **3.** ZOOL [bélier] to mate, to tup UK.

lutteur, euse [lytœʀ, øz] nm, f **1.** SPORT wrestler **2.** [battant] fighter / *c'est une lutteuse, elle s'en remettra* she's a fighter, she'll get over it.

lux [lyks] (*pl* **lux**) nm lux.

luxation [lyksasjɔ̃] nf dislocation, luxation *spéc.*

luxe [lyks] nm **1.** [faste] luxury, wealth / *vivre dans le luxe* to live in (the lap of) luxury / *c'est le (grand) luxe ici !* it's the height of luxury ou it's luxurious in here ! / *un luxe insolent* a pretentious display of wealth **2.** [plaisir] expensive treat, luxury, indulgence / *son seul luxe c'est un cigare après le déjeuner* the only treat he allows himself is a cigar after lunch / *pour une fois tu peux bien te permettre ce luxe* for once you can treat yourself to ou you can afford this luxury / *je ne peux pas m'offrir le luxe de partir en vacances* I can't afford the luxury of a holiday / *elle ne peut pas s'offrir le luxe de dire ce qu'elle pense* fig she can't afford to speak her mind **3.** [chose déraisonnable] : *la viande, c'est devenu un luxe* buying meat has become a luxury ▸ **ne pas être du luxe** *fam* : *ils ont nettoyé la moquette, ce n'était pas du luxe !* they cleaned the carpet, (and) it was about time too ! **4.** ▸ **un luxe de** [beaucoup de] a host ou a wealth of / *avec un luxe de détails* with a wealth of detail.

❖ **de luxe** loc adj **1.** [somptueux] luxury *(modif)* **2.** COMM deluxe, luxury *(modif).*

Luxembourg [lyksɑ̃buʀ] ◆ npr Luxembourg ▸ **à Luxembourg** in (the city of) Luxembourg. ◆ npr m **1.** [pays] ▸ **le Luxembourg** Luxembourg ▸ **au Luxembourg** in Luxembourg **2.** [à Paris] : *le Luxembourg, les jardins du Luxembourg* the Luxembourg Gardens ▸ **le palais du Luxembourg** the (French) Senate.

luxembourgeois, e [lyksɑ̃buʀʒwa, az] adj from Luxembourg.

❖ **Luxembourgeois, e** nm, f *inhabitant of or person from Luxembourg.*

luxer [3] [lykse] vt to luxate *spéc*, to dislocate.

❖ **se luxer** vpt : *se luxer le genou* to dislocate one's knee.

luxueusement [lyksɥøzmɑ̃] adv luxuriously.

luxueux, euse [lyksɥø, øz] adj luxurious / *un cadre luxueux* a luxurious environment / *vivre dans un cadre luxueux* to live in luxurious surroundings ▸ **maison luxueuse** luxurious house.

luxure [lyksyʀ] nf *litt* lechery, lust.

luxuriance [lyksyʀjɑ̃s] nf *litt* luxuriance / *une luxuriance de couleurs* a luxuriance of colours.

luxuriant, e [lyksyʀjɑ̃, ɑ̃t] adj *litt* **1.** [végétation] luxuriant, lush ; [chevelure] thick **2.** [imagination] fertile.

luxurieux, euse [lyksyʀjø, øz] adj *litt* lascivious, lustful.

luzerne [lyzɛʀn] nf lucerne UK, alfalfa US.

luzernière [lyzɛʀnjɛʀ] nf lucerne field UK, alfalfa field US.

lx (abr écrite de **lux**) lx.

lycée [lise] nm **1.** (upper) secondary school UK, high school US *(providing three years' teaching after the "collège", in preparation for the baccalauréat examination)* ▸ **lycée d'enseignement général et technologique** technical (high) school ▸ **lycée professionnel** vocational (high) school, technical college ▸ **lycée d'enseignement professionnel** *former name for a "lycée professionnel"* **2.** BELG [de filles] girl's high school.

lycéen, enne [liseɛ̃, ɛn] ◆ nm, f ≃ secondary school pupil UK ; ≃ high school student US / *quand j'étais lycéenne* when I was at school ▸ **un groupe de lycéens** a group of school students / *ce groupe attire surtout les lycéens* this group is mainly a success with teenagers. ◆ adj school *(modif)* / *le mouvement lycéen* the school students' movement.

lychee [litʃi] = **litchi.**

Lycra® [likʀa] nm Lycra®.

lymphangite [lɛ̃fɑ̃ʒit] nf lymphangitis.

lymphatique [lɛ̃fatik] ◆ adj **1.** BIOL lymphatic ▸ **drainage lymphatique** lymph drainage **2.** [apathique] sluggish, apathetic, lethargic. ◆ nm lymphatic vessel.

lymphe [lɛ̃f] nf lymph.

lymphocytaire [lɛ̃fɔsitɛʀ] adj lymphocytic.

lymphocyte [lɛ̃fɔsit] nm lymphocyte.

lymphocytose [lɛ̃fɔsitoz] nf lymphocytosis.

lymphographie [lɛ̃fɔgʀafi] nf lymphography.

lymphoïde [lɛ̃fɔid] adj lymphoid.

lymphome [lɛ̃fɔm] nm lymphoma.

lymphosarcome [lɛ̃fɔsaʀkom] nm lymphosarcoma.

lynchage [lɛ̃ʃaʒ] nm lynching.

lyncher [3] [lɛ̃ʃe] vt to lynch / *se faire lyncher* to be ou get lynched.

lyncheur, euse [lɛ̃ʃœʀ, øz] nm, f lyncher.

lynx [lɛ̃ks] nm **1.** ZOOL lynx **2.** [fourrure] lynx fur, lucern.

Lyon [ljɔ̃] npr Lyon.

lyonnais, e [ljɔnɛ, ɛz] adj from Lyon.

❖ **Lyonnais, e** nm, f *inhabitant of or person from Lyon.*

❖ **Lyonnais** npr m GÉOGR ▸ **le Lyonnais, les monts du Lyonnais** the Lyonnais mountains.

❖ **lyonnais** nm LING Lyon variety.

❖ **à la lyonnaise** loc adj **1.** CULIN (à la) lyonnaise *(cooked with minced onions stewed in butter)* **2.** TEXT printed in the frame.

lyophile [ljɔfil] adj [substance] lyophilous.

lyophilisat [ljɔfiliza] nm lyophilisate.

lyophilisation [ljɔfilizasjɔ̃] nf freeze-drying, lyophilization *spéc.*

lyophilisé, e [ljɔfilize] adj freeze-dried.

lyophiliser [3] [ljɔfilize] vt to freeze-dry, to lyophilize *spéc.*

lyre [liʀ] nf MUS lyre.

lyrique [liʀik] adj **1.** LITTÉR [poésie] lyric ; [inspiration, passion] lyrical / *quand il parle d'argent, il devient lyrique* fig he really gets carried away when he talks about money **2.** MUS & THÉÂTRE lyric ▸ **art / drame lyrique** lyric art / drama ▸ **ténor / soprano lyrique** lyric tenor / soprano ▸ **artiste lyrique** opera singer.

lyriquement [liʀikmɑ̃] adv lyrically.

lyrisme [liʀism] nm lyricism ▸ **avec lyrisme** lyrically.

lys [lis] = **lis.**

Lysandre [lizɑ̃dʀ] npr Lysander.

lysergique [lizɛʀʒik] adj lysergic.

lysine [lizin] nf lysin.

lysozyme [lizozim] nm lysozyme.

lytique [litik] adj lytic.

m, M [ɛm] nm [lettre de l'alphabet] m, M. **Voir aussi g.**

m 1. (abr écrite de **mètre**) ▸ **60 m** 60 m **2.** (abr écrite de **milli**) m.

m' [m] pron pers ⟶ **me.**

m² (abr écrite de **mètre carré**) sq m, m².

m³ (abr écrite de **mètre cube**) cu m, m³.

M 1. (abr écrite de **million**) M **2.** abr écrite de **masculin 3.** (abr écrite de **méga**) M **4.** (abr écrite de **Major**) M **5.** (abr écrite de **mile (marin)**) nm **6.** (abr écrite de **maxwell**) Mx.

M. (abr écrite de **Monsieur**) Mr.

M6 npr *private television channel broadcasting a high proportion of music and aimed at a younger audience.*

ma [ma] f ⟶ **mon.**

MA nm abr de **maître auxiliaire.**

Maastricht [mastrikt] npr Maastricht ▸ **les accords de Maastricht** the Maastricht agreement ▸ **le traité de Maastricht** the Maastricht treaty.

maboul, e [mabul] *fam* ◆ adj crazy, nuts. ◆ nm, f (raving) loony.

mac [mak] nm *arg crime* pimp.

macabre [makabʀ] adj [découverte] macabre, gruesome ; [spectacle] gruesome, macabre, grisly / *un goût pour ce qui est macabre* a taste for the macabre.

macache [makaʃ] adv *tfam & vieilli* nothing doing.

macadam [makadam] nm **1.** TRAV PUB [matériau, surface] macadam ▸ **macadam goudronné** tarmacadam **2.** [route] road, roadway, macadam *spéc.*

macadamiser [3] [makadamize] vt to macadamize.

Macao [makao] npr Macao ▸ **à Macao** in Macao.

macaque [makak] ◆ nm ZOOL macaque ▸ **macaque rhésus** rhesus monkey. ◆ nmf *fam* [personne laide] : *un vieux macaque* an old baboon.

macareux [makaʀø] nm ▸ **macareux (moine)** puffin.

macaron [makaʀɔ̃] nm **1.** CULIN macaroon **2.** [vignette - officielle] badge ; [- publicitaire] sticker **3.** *fam* [décoration honorifique] rosette, ribbon / *il a eu son macaron* he got his decoration **4.** [de cheveux] coil / *porter des macarons* to wear (one's hair in) coils.

macaroni [makaʀɔni] ◆ nm CULIN macaroni ▸ **macaronis au gratin** macaroni cheese UK, macaroni and cheese US. ◆ nmf *injur offensive term used with reference to Italians* ; ≃ wop *tfam.*

macaronique [makaʀɔnik] adj LITTÉR macaronic.

maccartisme, maccarthysme [makkaʀtism] nm McCarthyism.

macchabée [makabe] nm *tfam* [cadavre] stiff.

macédoine [masedwan] nf **1.** CULIN ▸ **macédoine de fruits** macédoine, mixed fruit salad ▸ **macédoine de légumes** macédoine, (diced) mixed vegetables **2.** *fam* [mélange] mishmash.

Macédoine [masedwan] npr f ▸ **(la) Macédoine** Macedonia.

macédonien, enne [masedɔnjɛ̃, ɛn] adj Macedonian.

❖ **Macédonien, enne** nm, f Macedonian.

❖ **macédonien** nm LING Macedonian.

macérateur [maseʀatœʀ] nm macerator.

macération [maseʀasjɔ̃] nf **1.** CULIN maceration, steeping **2.** ŒNOL & PHARM maceration **3.** RELIG [punition] mortification of ou mortifying the flesh, maceration *sout.*

macérer [18] [maseʀe] ◆ vi **1.** CULIN to macerate, to steep / *faire macérer le poisson cru dans du jus de citron* macerate ou steep the raw fish in lemon juice / *les oranges ont macéré 24 heures* the oranges have been macerating for 24 hours **2.** PHARM to macerate **3.** *fig* : *macérer dans le doute* to be steeped in doubt / *laisse-le macérer dans son jus fam* let him stew in his (own) juice. ◆ vt **1.** CULIN to macerate, to steep **2.** PHARM to macerate **3.** RELIG : *macérer sa chair* to mortify oneself.

In reformed spelling (see p. 16-19), this verb is conjugated like ***semer*** : ***il macèrera, elle macèrerait.***

Mach [mak] npr Mach / *voler à Mach 2* to fly at Mach 2.

machaon [makaɔ̃] nm swallowtail (butterfly).

mâche [maʃ] nf corn salad, lamb's lettuce.

mâchefer [mɑʃfɛʀ] nm **1.** [du charbon] clinker, slag **2.** [du plomb] (lead) dross.

mâcher [3] [mɑʃe] vt **1.** [aliment, chewing-gum] to chew ; [brin d'herbe, tige de fleur] to chew ou to nibble (at) ▸ **mâche-le bien** chew it well / *ne fais pas tant de bruit quand tu mâches* don't munch so loudly ▸ **ne pas mâcher ses mots** : *il ne mâche pas ses mots* he doesn't mince his words **2.** *fam* [tâche] : *faut-il que je te mâche tout le travail?* do I have to show ou tell you how to do everything? **3.** [déchiqueter - matériau, papier] to chew up *(sép)* / *le papier ressort tout mâché* the paper comes out all crumpled ou chewed up **4.** *fig & litt* [ressasser] to chew ou to mull over.

machette [maʃɛt] nf machete.

mâcheur, euse [mɑʃœʀ, øz] nm, f chewer.

machiavel [makjavɛl] nm ▸ **c'est un machiavel** he's a Machiavellian character ou a Machiavelli.

Machiavel [makjavɛl] npr Machiavelli.

machiavélique [makjavelik] adj Machiavellian.

machiavélisme [makjavelism] nm Machiavellianism.

mâchicoulis [maʃikuli] nm machicolation.

❖ **à mâchicoulis** loc adj machicolated.

machin [maʃɛ̃] nm *fam* **1.** [chose] whatsit, thing, thingummyjig / *c'est quoi, ce machin?* what on earth's this? **2.** *péj* ▸ **vieux machin** old fogey ou fuddy-duddy.

Machin, e [maʃɛ̃, in] nm, f *fam* [en s'adressant à la personne] what's-your-name ; [en parlant de la personne] whatshisname (whatshername) ▸ **Machin chouette** [personne] whatshisname.

machinal, e, aux [maʃinal, o] adj [geste] involuntary, unconscious ; [parole] automatic ▸ **un travail machinal** mechanical work / *j'emprunte toujours ce chemin-là, c'est machinal!* I always go that way, I do it without thinking!

machinalement [maʃinalmɑ̃] adv **1.** [involontairement] automatically, without thinking / *machinalement, il lui rendit son sourire* he smiled back at her unconsciously / *excuse-moi, je l'ai fait machinalement* sorry, I did it automatically ou without thinking **2.** [mécaniquement] mechanically, without thinking / *elle fait son travail machinalement* she does her work mechanically ou without thinking.

machination [maʃinasjɔ̃] nf plot, conspiracy, machination ▸ **des machinations** plotting, machinations.

machine [maʃin] nf **1.** [appareil] machine, piece of machinery ▸ **l'âge des machines** ou **de la machine** the machine age, the age of the machine ▸ **machine simple / composée** simple / compound machine ▸ **machine à coudre / à tricoter** sewing / knitting machine ▸ **machine à calculer** adding machine ▸ **machine à écrire** typewriter ▸ **machine de guerre** HIST engine of war ▸ **machine infernale** explosive device, infernal machine *arch* ▸ **machine à laver** washing machine ▸ **machine à laver séchante** washer-dryer ▸ **machine à laver la vaisselle** dishwasher ▸ **machine à repasser** steam press ▸ **machine à traitement de texte** word processor ▸ **machine à sous** JEUX one-armed bandit, fruit machine UK ▸ **machine à vapeur** steam engine ▸ **la machine est usée** the body can't take much more **2.** [véhicule - à deux roues, agricole] machine ▸ **machines agricoles** agricultural machinery **3.** NAUT [moteur] engine / *arrêtez* ou *stoppez les machines!* stop all engines! ▸ **chambre** ou **salle des machines** engine room ▸ **faire machine arrière a)** *pr* to go astern **b)** *fig* to backtrack **4.** [organisation] machine, machinery / *le projet a nécessité la mise en place d'une lourde machine administrative* the project meant that a cumbersome administrative framework had to be set up / *les lourdeurs de la machine judiciaire* the cumbersome machinery of the law **5.** THÉÂTRE machine, piece of theatre machinery **6.** *péj* [automate] machine / *je ne veux pas devenir une machine à écrire des chansons* I don't want to become a song-writing machine.

❖ **à la machine** loc adv ▸ **(fait) à la machine** machine-made ▸ **coudre qqch à la machine** to sew sthg on the machine, to machine ou to machine-sew sthg ▸ **laver qqch à la machine** to machine ou to machine-wash sthg, to wash sthg in the machine ▸ **taper qqch à la machine** to type sthg ▸ **tricoter qqch à la machine** to machine-knit sthg, to make sthg on the knitting machine.

machine-outil [maʃinuti] (*pl* **machines-outils**) nf machine tool / *l'industrie de la machine-outil* the machine-tool industry ▸ **machine-outil à commande numérique** numerically controlled machine tool.

machiner [3] [maʃine] vt **1.** *fam* [fabriquer] to fiddle about **2.** [préparer - complot] to hatch ; [- affaire, histoire] to plot / *ils ont machiné toute l'histoire afin de l'éliminer* they engineered the whole thing to get rid of him.

machinerie [maʃinʀi] nf **1.** [machines] machinery, equipment, plant / *c'est la machinerie qui coûte le plus cher* most of the money goes on equipment **2.** NAUT engine room **3.** THÉÂTRE machinery.

machine-transfert [maʃintʀɑ̃sfɛʀ] (*pl* **machines-transferts**) nf automated machine tool.

machinisme [maʃinism] nm mechanization.

machiniste [maʃinist] nmf **1.** THÉÂTRE stagehand, scene shifter ▸ **les machinistes** stage staff ▸ **machiniste de plateau** CINÉ & TV grip **2.** TRANSP driver **3.** BELG [conducteur de train] train driver.

machisme [matʃism] nm machismo, male chauvinism.

machiste [matʃist] adj & nm male chauvinist, macho.

machmètre [makmɛtʀ] nm machmeter.

macho [matʃo] adj & nm *fam* macho.

mâchoire [maʃwaʀ] nf **1.** ANAT & ZOOL jaw ▸ **mâchoire inférieure / supérieure** upper / lower jaw **2.** ENTOM mandible *spéc*, jaw **3.** [d'un outil] jaw, grip ▸ **mâchoire de frein** brake shoe.

mâchonnement [maʃɔnmɑ̃] nm **1.** [fait de mâcher] chewing / *des mâchonnements bruyants* munching, chomping **2.** MÉD bruxism.

mâchonner [3] [maʃɔne] vt **1.** [mâcher -aliment] to chew ; [-brin d'herbe, tige de fleur, crayon] to chew ou to nibble (at) ; [suj: âne, cheval] to munch / *un âne mâchonnait de la paille* a donkey was munching some straw **2.** *fig* [marmonner] to mumble / *en mâchonnant des injures* mumbling insults.

mâchouiller [3] [maʃuje] vt *fam* [aliment] to chew (away) at ; [brin d'herbe, tige de fleur] to chew ou to nibble (away) at / *arrête de mâchouiller des bonbons !* stop chewing sweets all the time !

Machu Picchu [matʃupitʃu] npr Machu Picchu.

mâchurer [3] [maʃyʀe] vt **1.** *vieilli* [noircir -vêtement, papier] to blacken, to stain, to daub ; [-peau, visage] to blacken **2.** IMPR to mackle, to blur **3.** [écraser] to crush, to squash, to mash.

macle [makl] nf [cristal] twin, macle.

maclé, e [makle] adj twinned.

mâcon [makɔ̃] nm Mâcon (wine).

maçon, onne [masɔ̃, ɔn] ◆ adj mason *(modif)*. ◆ nm, f [franc-maçon] Mason.

❖ **maçon** nm CONSTR [entrepreneur] builder ; [ouvrier] bricklayer UK, mason US ; *(comme adj)* ▸ **apprenti maçon** builder's ou bricklayer's apprentice ▸ **ouvrier maçon** builder's mate UK ou helper US.

maçonnage [masɔnaʒ] nm **1.** [travail] building, bricklaying **2.** [ouvrage] masonry ▸ **le maçonnage est solide a)** [les pierres] the stonework ou masonry is good **b)** [les briques] the brickwork ou bricklining is good **3.** [d'un animal] building.

maçonner [3] [masɔne] vt **1.** [construire] to build **2.** [réparer] to rebuild, to redo the brickwork for **3.** [revêtir -gén] to line ; [-avec des briques] to brickline, to line with bricks **4.** [boucher -gén] to block up *(sép)* ; [-avec des briques] to brick up ou over *(sép)* ▸ **ça a été bien maçonné a)** [gén] the masonry's good **b)** [pierres] the stonework's good **c)** [briques] the brickwork's good.

maçonnerie [masɔnʀi] nf **1.** [ouvrage -en pierres, en moellons] stonework, masonry ; [-en briques] brickwork ▸ **maçonnerie à sec** ou **en pierres sèches** dry masonry ▸ **maçonnerie composite** composite masonry ▸ **maçonnerie en blocage** rubblework **2.** [travaux] : *grosse / petite maçonnerie* major / minor building work **3.** = **franc-maçonnerie.**

maçonnique [masɔnik] adj Masonic.

macoute [makut] adj ⟶ **tonton.**

macramé [makʀame] nm macramé.

macre [makʀ] nf water chestnut.

macreuse [makʀøz] nf **1.** ZOOL scoter (duck) ▸ **macreuse noire** common scoter **2.** CULIN shoulder of beef.

macro [makʀo] nf INFORM macro.

macrobiotique [makʀɔbjɔtik] ◆ adj macrobiotic. ◆ nf macrobiotics *(sg)* / *la macrobiotique exige la cuisson à la vapeur* macrobiotic food must be cooked by steaming.

macrocéphale [makʀɔsefal] ◆ adj macrocephalic, macrocephalous. ◆ nmf suffering from macrocephaly.

macrocéphalie [makʀɔsefali] nf macrocephaly.

macrocosme [makʀɔkɔsm] nm macrocosm.

macrocosmique [makʀɔkɔsmik] adj macrocosmic.

macrocyste [makʀɔsist], **macrocystis** [makʀɔsistis] nm macrocystis.

macrodécision [makʀɔdesizjɔ̃] nf macrodecision.

macroéconomie [makʀɔekɔnɔmi] nf macroeconomics *(U)*.

macroéconomique [makʀɔekɔnɔmik] adj macroeconomic.

macrofaune [makʀofon] nf ÉCOL macrofauna / *macrofaune du sol* soil macrofauna.

macroglobuline [makʀɔglɔbylin] nf macroglobulin.

macroglobulinémie [makʀɔglɔbylinemi] nf macroglobulinaemia.

macrographie [makʀɔgʀafi] nf macrography.

macrographique [makʀɔgʀafik] adj macrographic.

macro-instruction [makʀoɛ̃stʀyksjɔ̃] (*pl* **macro-instructions**) nf macroinstruction.

macromoléculaire [makʀɔmɔlekylɛʀ] adj macromolecular.

macromolécule [makʀɔmɔlekyl] nf macromolecule.

macrophage [makʀɔfaʒ] ◆ adj macrophagic. ◆ nm macrophage.

macrophotographie [makʀɔfɔtɔgʀafi] nf macrophotography.

macropode [makʀɔpɔd] ◆ adj **1.** BOT macropodous **2.** ZOOL [nageoires] macropterous ; [pieds] macropod. ◆ nm paradise fish.

macroscélide [makʀɔselid] nm jumping ou elephant shrew.

macroscopique [makʀɔskɔpik] adj macroscopic.

macrosociologie [makʀɔsɔsjɔlɔʒi] nf macrosociology.

macrospore [makʀɔspɔʀ] nf macrospore, megaspore.

macrostructure [makʀɔstʀyktyʀ] nf macrostructure.

macroure [makʀuʀ] nm macruran.

macula [makyla] nf ANAT macula.

maculage [makylaʒ] nm **1.** IMPR mackle **2.** [fait de salir] dirtying, soiling ; [salissures] stains, marks, dirt.

macule [makyl] nf **1.** MÉD macula, macule **2.** IMPR [tache] smudged ou mackled sheet ; [papier d'emballage] spoil, waste.

maculer [3] [makyle] vt **1.** IMPR to mackle **2.** *sout* to dirty, to spatter.

Madagascar [madagaskaʀ] npr [île] Madagascar ▸ **à Madagascar** in Madagascar ▸ **la République démocratique de Madagascar** the Democratic Republic of Madagascar.

madame [madam] (*pl* **madames**) nf lady ▸ **jouer à la madame a)** [femme] to put on airs **b)** [enfant] to play at being grown up.

Madame [madam] (*pl* **Mesdames** [medam]) nf **1.** [dans une lettre] ▸ **Madame** Dear Madam *sout*, Dear Mrs Duval ▸ **Mesdames** Ladies ▸ **Chère Madame** Dear Mrs Duval / *Madame la Générale* Dear Madam, Dear Mrs Duval ▸ **Madame le Maire** Madam *sout*, Dear Madam / *Madame la Vicomtesse* Madam ; [sur l'enveloppe] ▸ **Madame Duval** Mrs Duval ▸ **Mesdames Duval** Mesdames Duval ▸ **Mesdames Duval et Lamiel** Mrs Duval and Mrs Lamiel / *Madame la Colonelle Duval* Mrs Duval / *Madame la Présidente Duval* Mrs Duval **2.** [terme d'adresse] : *bonjour Madame Duval !* good morning Mrs Duval ! / *bonjour Mesdames Duval !* good morning, ladies ! / *bonjour Madame le Consul* good morning, Mrs Duval ou Madam / *Madame la Présidente, je proteste !* Madam Chairman, I must raise an objection ! / *Mesdames les Députés, vous êtes priées de vous asseoir !* will the Honourable lady Members please sit down ! UK / *bonjour Madame la Marquise !* good morning, Madam ou Ma'am ou your Ladyship ! ; [à une inconnue] ▸ **bonjour Madame** good morning(, Madam) ! ▸ **bonjour Mesdames** good morning(, ladies) ▸ **Mesdames, Mesdemoiselles, Messieurs !** Ladies and Gentlemen ! / *et voilà, Madame, une belle laitue pommée !* here you are, Madam, a nice round lettuce ! / *vous attendrez votre tour comme tout le monde, Madame !* you'll have to wait your turn like everybody else, Madam ! / *Madame désirerait voir les pantalons ?* would Madam like to see some trousers ? ; *sout* ou *hum* ▸ **Madame est servie a)** [au dîner] dinner is served(, Madam) **b)** [pour le thé] tea is served(, Madam) ▸ **le frère de Madame attend en bas a)** [à une roturière] your brother is waiting downstairs, Miss ou Madam *sout* **b)** [à une femme titrée] Your Ladyship's brother is waiting downstairs / *vous n'y pensez pas, chère Madame !* you can't be serious, my dear lady ou Madam ! / *peux-tu prêter un instant ton stylo à Madame ?* could you lend the lady your pen for a minute ? ; [au téléphone] : *bonjour Madame, je voudrais la comptabilité s'il vous plaît* hello, I'd like to speak to someone in the accounts department, please **3.** [en se référant à une tierce personne] : *adressez-vous à Madame Duval* go and see Mrs Duval / *Madame veuve Duval* the wife of the late Mr Duval / *Madame votre mère* *sout* your (good) mother / *Monsieur le docteur Duval et Madame* [pour annoncer] Doctor (Duval) and Mrs Duval / *Madame la Générale sera présente* Mrs Duval(, wife of General Duval) will attend / *Madame la Présidente regrette de ne pas pouvoir venir* Mrs Duval regrets she is unable to come / *Madame la Duchesse me prie de vous informer que...* Madam ou Her Grace asks me to inform you that... / **'Madame Bovary'** *Flaubert* 'Madame Bovary' / **'Madame Butterfly'** *Puccini* 'Madame Butterfly' **4.** ÉDUC : *Madame, j'ai fini mon addition !* (please) Miss, I've finished my sums ! **5.** *fam* : *et en plus, Madame exige des excuses !* and so Her Ladyship wants an apology as well, does she ? / *alors, Madame la spécialiste, qu'en penses-tu ?* what does Her Ladyship think then ? **6.** HIST Madame *(title given to some female members of the French royal family)*.

madeleine [madlɛn] nf **1.** CULIN madeleine ▸ **pour moi, ce fut (comme) la madeleine de Proust** it triggered off (all) my old memories, it brought back (a flood of) old memories **2.** [cépage] madeleine *(vine ripening early, around St Mary Magdalene's Day, 22nd July)*.

La madeleine de Proust

In a famous passage in Marcel Proust's *À la recherche du temps perdu* (1913), the narrator describes how eating a **madeleine** (a type of small cake) with a cup of tea brings back a flood of nostalgic memories, as it reminds him of afternoons spent at his aunt's house when he was a boy. Proust's madeleine has entered everyday language, and is used to evoke similarly nostalgic experiences:

Je suis allé chez mes parents dimanche dernier et j'ai retrouvé ma madeleine de Proust : ma mère m'a refait du pain perdu. *I went to see my parents last Sunday and it was a real nostalgia trip because my Mum had made bread pudding for me.*

Quand il était petit, ses parents ne l'autorisaient à regarder que le « Muppet Show » à la télé... Depuis, cette émission, c'est sa madeleine de Proust. *When he was little his parents would only let him watch the Muppet Show, and every time the show is on it brings back floods of childhood memories.*

Mademoiselle [madmwazɛl] (*pl* **Mesdemoiselles** [medmwazɛl]) nf **1.** [dans une lettre] ▸ **Mademoiselle** Dear Madam *sout*, Dear Miss Duval ▸ **Chère Mademoiselle** Dear Miss Duval ▸ **Mesdemoiselles** Ladies ; [sur l'enveloppe] ▸ **Mademoiselle Duval** Miss Duval ▸ **Mesdemoiselles Duval** the Misses Duval ▸ **Mesdemoiselles Duval et Jonville** Miss Duval and Miss Jonville **2.** [terme d'adresse - suivi du nom] : *bonjour Mademoiselle Duval!* good morning, Miss Duval ! / *bonjour Mesdemoiselles Duval!* good morning, (young) ladies ! ; [à une inconnue] : *bonjour Mademoiselle!* good morning(, miss) ! / *et voilà, Mademoiselle, une belle laitue pommée!* here you are, miss, a nice round lettuce ! / *Mademoiselle, vous attendrez votre tour comme tout le monde!* you'll have to wait your turn like everybody else, young lady ! / *bonjour Mesdemoiselles!* good morning(, ladies) ! ▸ **Mesdemoiselles, un peu de silence s'il vous plaît! a)** [à des fillettes] girls, please be quiet ! **b)** [à des jeunes filles] ladies, would you please be quiet ! / *Mademoiselle désire-t-elle voir nos derniers modèles?* would Madam like to see our latest designs ? ; *sout & hum* Miss, Madam ▸ **Mademoiselle est servie a)** [au dîner] dinner is served(, Miss) **b)** [pour le thé] tea is served(, Miss) ▸ **le frère de Mademoiselle attend en bas a)** [à une roturière] your brother is waiting downstairs, Miss ou Madam *sout* **b)** [à une jeune femme titrée] Your Ladyship's brother is waiting downstairs / *vous n'y pensez pas, chère Mademoiselle!* you can't be serious, dear ou young lady ! / *peux-tu prêter un moment ton stylo à Mademoiselle?* could you lend the young lady your pen for a minute ? **3.** [en s'adressant à une tierce personne] : *c'est Mademoiselle Duval qui s'en occupe* Miss Duval is dealing with it / *Mademoiselle votre sœur sout* your good ou dear sister / *Monsieur le docteur Duval et Mademoiselle* [pour annoncer] Doctor (Duval) and Miss Duval ▸ **Mesdemoiselles, Messieurs!** Ladies and Gentlemen ! **4.** ÉDUC : *Mademoiselle, j'ai fini mon dessin!* (please) Miss (Duval), I've finished my drawing ! **5.** *fam* : *et en plus, Mademoiselle se plaint! iron* so, Her Ladyship is complaining as well, is she ? / *alors, Mademoiselle la spécialiste, qu'en penses-tu?* what does Her Ladyship think then ? **6.** HIST [titre royal] Mademoiselle *(title given to some female members of the French royal family)* ; [pour une femme noble non titrée] Her Ladyship.

madère [madɛʀ] nm [vin] Madeira (wine).

Madère [madɛʀ] npr Madeira ▸ **à Madère** in Madeira.

madérisation [madeʀizasjɔ̃] nf maderization.

madériser [3] [madeʀize] ❖ **se madériser** vpi to maderize.

madone [madɔn] nf **1.** ART Madonna ▸ **les madones de Raphaël** Raphael's Madonnas ▸ **un visage de madone** a Madonna-like face ▸ **une madone à l'enfant** a Madonna and Child **2.** [statuette] Madonna, statue of the Virgin Mary **3.** RELIG ▸ **la Madone** the Madonna, the Virgin Mary.

madrague [madʀag] nf *régional* madrague *(used for catching tuna)*.

madras [madʀas] nm **1.** [étoffe] madras (cotton) **2.** [foulard] madras (scarf).

Madras [madʀas] npr Madras.

madré, e [madʀe] ◆ adj **1.** [bois] knotty **2.** *litt* [rusé] crafty, cunning. ◆ nm, f crafty person / *c'est une petite madrée!* she's a sly one ! / *c'est un vieux madré!* he's a crafty ou cunning old devil !

madrépore [madʀepɔʀ] nm madrepore.

Madrid [madʀid] npr Madrid.

madrier [madʀije] nm CONSTR beam.

madrigal, aux [madʀigal, o] nm **1.** MUS & LITTÉR madrigal **2.** *litt* [propos galant] compliment, gallant remark.

madrigaliste [madʀigalist] nmf [auteur] madrigal writer, madrigalist.

madrilène [madʀilɛn] adj Madrilenian.

❖ **Madrilène** nmf Madrilenian.

madrure [madʀyʀ] nf mottle *(in wood)*.

maelström [maɛlstʀɔm] nm **1.** GÉOGR maelstrom ▸ **le maelström** the Maelstrom **2.** *fig* [agitation] maelstrom, whirlpool / *le maelström de la vie parisienne* the maelstrom ou tumult of Parisian life.

maestria [maɛstʀija] nf (great) skill, mastery, brilliance.

❖ **avec maestria** loc adv masterfully, brilliantly.

maestro [maɛstʀo] nm MUS maestro ; *fig* maestro, master.

maf(f)ia [mafja] nf **1.** [en Sicile, aux États-Unis] ▸ **la Mafia** the Mafia **2.** [bande] gang / *il s'était formé toute une maffia de petits commerçants* the shopkeepers had formed themselves into a real little gang **3.** *péj* [groupe fermé] clique / *le milieu du cinéma est une véritable maffia* the cinema world is very cliquey.

maf(f)ieux, euse [mafjø, øz] adj : *le milieu mafieux* the Mafia / *des méthodes mafieuses* Mafia-like methods.

maf(f)ioso [mafjozo] (*pl* **mafiosi** *ou* **maffiosi** [-zi]) nm mafioso ▸ **des mafiosi** mafiosi, mafiosos.

magasin [magazɛ̃] nm **1.** [boutique] shop UK, store US ▸ **faire** ou **courir les magasins** to go round the shops, to go shopping / *elle tient un magasin en face de l'église* she has ou keeps a shop opposite the church / *vous trouverez ça dans n'importe quel magasin* you'll find it in your local shops ▸ **magasin d'ameublement** / **de jouets** furniture / toy shop ▸ **magasin d'alimentation** food shop UK, grocery store US ▸ **un petit magasin d'alimentation** a grocer's shop UK, a grocery (store) US ▸ **magasin (d'articles) de sport** sports shop UK, sporting goods store US ▸ **magasin d'informatique** computer store ▸ **magasin de nouveautés** *vieilli* draper's shop UK, dry goods store US ▸ **magasin à prix unique** one price shop UK, dime store US ▸ **magasin à succursales (multiples)** chain ou multiple store ▸ **magasin d'usine** factory outlet ▸ **magasin de tissus** drapery ▸ **magasin de vêtements** clothes shop UK, clothing store US ▸ **grand magasin** department store **2.** [entrepôt - industriel] warehouse, store, storehouse ; [- d'une boutique] storeroom ; [- d'une unité militaire] quartermaster's store, magazine / *nous n'avons plus de tondeuses en magasin* we're (right) out of lawnmowers, we haven't any more lawnmowers in stock ▸ **magasin d'armes** MIL armoury ▸ **magasin d'explosifs** MIL explosives store ou magazine ▸ **magasin à grains** silo ▸ **magasins généraux** bonded warehouse ▸ **magasin à poudre** MIL (powder) magazine **3.** THÉÂTRE ▸ **magasin des accessoires** prop room **4.** ARM & PHOT magazine.

magasinage [magazinaʒ] nm **1.** COMM [mise en magasin] warehousing, storing ▸ **frais de magasinage** storage (charges) **2.** QUÉBEC shopping.

magasiner [3] [magazine] vi QUÉBEC to shop ▸ **aller magasiner** to go shopping.

magasinier [magazinje] nm [dans une usine] storekeeper, storeman ; [dans un entrepôt] warehouseman.

magazine [magazin] nm magazine / *elle est dans tous les magazines en ce moment* her photo is in all the magazines at the moment ▸ **magazine littéraire** literary magazine ou review ▸ **un magazine médical** a medical journal ▸ **les magazines féminins** women's magazines.

mage [maʒ] nm **1.** ANTIQ & RELIG magus **2.** *fig* [magicien] magus.

Magellan [maʒɛlɑ̃] npr Magellan ▸ **le détroit de Magellan** the Strait of Magellan ▸ **Nuages de Magellan** Magellanic Clouds.

magenta [maʒɛ̃ta] ◆ adj inv magenta *(modif)*. ◆ nm magenta.

Maghreb [magʀɛb] npr m ▸ **le Maghreb** the Maghreb.

maghrébin, e [magʀebɛ̃, in] adj Maghrebi, North African.

❖ **Maghrébin, e** nm, f Maghrebi, North African.

magicien, enne [maʒisjɛ̃, ɛn] nm, f **1.** [illusionniste] magician **2.** [sorcier] magician, wizard / *Circé la magicienne* Circe the sorceress **3.** *fig* [virtuose] magician ▸ **un magicien de** a master of / *vous êtes un magicien du dessin* / *de la cuisine!* your art work / your cooking is magic ! / *l'amour est un grand magicien* love is powerful magic ou a great magician.

magie [maʒi] nf **1.** [sorcellerie] magic ▸ **magie blanche** / **noire** white / black magic ▸ **comme par magie** as if by magic / *alors, ce bracelet, il a disparu comme par magie? iron* so this bracelet just disappeared by magic, did it ? **2.** [charme] magic / *la magie du printemps* the magic of spring.

Maginot [maʒino] npr ▸ **la ligne Maginot** the Maginot Line.

 **La ligne Maginot**

A magnificent but ultimately useless engineering achievement, these largely underground fortifications were built on the Franco-German border between 1927 and 1936, but not along the Belgian border, through which the German forces advanced in 1940.

magique [maʒik] adj **1.** [doué de pouvoirs surnaturels] magic / *dites le mot magique* say the magic word **2.** [féerique] magical, wonderful / *un monde magique les attendait dans la vitrine de Noël* a wonderland was waiting for them in the Christmas window display **3.** PHYS magical.

 **magic** ou **magical ?**

Magic se réfère à ce qui possède des pouvoirs surnaturels. **Magical** est employé de manière figurée pour évoquer ce qui est féerique.

magiquement [maʒikmɑ̃] adv magically.

magister [maʒistɛʀ] nm *vieilli & péj* pedant.

magistère [maʒistɛʀ] nm **1.** RELIG [dans un ordre] magister, master ; [autorité] magisterium **2.** UNIV senior (professional) diploma **3.** PHARM magistery.

magistral, e, aux [maʒistʀal, o] adj **1.** [remarquable] brilliant, masterly ▸ **une œuvre magistrale** a masterpiece, a masterwork ; [en intensif] huge, exemplary / *une engueulade magistrale fam* a huge ou massive row / *une claque magistrale* a great slap / *elle lui a cloué le bec de façon magistrale* she really shut him up in style **2.** [docte] authoritative, magisterial *sout*, masterful / *il prend toujours un ton magistral* he always adopts an authoritative tone **3.** ENS ▸ **cours magistral** lecture ▸ **enseignement magistral** lecturing **4.** PHARM specific, magistral *spéc.*

magistralement [maʒistʀalmɑ̃] adv brilliantly, magnificently *aussi hum.*

magistrat, e [maʒistʀa, at] nm, f **1.** DR [qui rend la justice] judge ; [qui applique la loi] public prosecutor UK, prosecuting attorney US ▸ **magistrat du siège** judge ▸ **magistrat à la cour** ou **du parquet** public prosecutor UK, prosecuting attorney US **2.** ADMIN & POL *any high-ranking civil servant with judicial authority* ▸ **magistrat municipal** town councillor UK ▸ **il est le premier magistrat de France** he holds the highest office in France **3.** MIL ▸ **magistrat militaire** judge advocate **4.** ANTIQ magistrate.

 **Magistrat**

The word **magistrat** can refer either to a judge or to any public servant who exercises judicatory or administrative power: mayors and the president of France are **magistrats**. The term **magistrat municipal** refers to a member of a local council.

magistrature [maʒistʀatyʀ] nf **1.** [personnes] ▸ **la magistrature** the judicial authorities ▸ **la magistrature assise** DR the Bench ou judges ▸ **la magistrature debout** DR the (body of) public prosecutors UK, the (body of) prosecuting attorneys US ▸ **la magistrature suprême**

the presidency **2.** [fonction] office ▸ **pendant sa magistrature** during her period in office.

magma [magma] nm **1.** CHIM & GÉOL magma **2.** *fig & péj* [mélange confus] jumble.

magmatique [magmatik] adj magmatic ▸ **chambre** ou **réservoir magmatique** magma chamber.

magnan [maɲɑ̃] nm **1.** [dans le Midi] silkworm **2.** [en Afrique] visiting ant.

magnanerie [maɲanʀi] nf **1.** [activité] silkworm breeding **2.** [lieu] silkworm nursery.

magnanier, ère [maɲanje, ɛʀ] nm, f silkworm breeder.

magnanime [maɲanim] adj *sout* magnanimous.

magnanimement [maɲanimmɑ̃] adv *sout* magnanimously.

magnanimité [maɲanimite] nf *sout* magnanimity / *elle a fait preuve de magnanimité à leur égard* she displayed magnanimity ou she was magnanimous towards them.

magnat [maɲa] nm magnate, tycoon ▸ **magnat de la presse** press baron ▸ **magnat du pétrole** oil tycoon.

magner [3] [maɲe] ❖ **se magner** *tfam* ◆ vpi to get a move on, to hurry up ▸ **magnez-vous!** get your skates on! UK, get the lead out! US / *fais-les se magner un peu!* tell them to get a move on! ◆ vpt : *magne-toi le mou* ou *le popotin!* get a move on!, hurry up!

magnésie [maɲezi] nf magnesia.

magnésien, enne [maɲezjɛ̃, ɛn] adj magnesian.

magnésite [maɲezit] nf **1.** [carbonate] magnesite **2.** [silicate] meerschaum.

magnésium [maɲezjɔm] nm magnesium.

magnet [maɲɛt ou magnɛt] nm fridge magnet.

magnétique [maɲetik] adj **1.** INFORM & PHYS magnetic **2.** *fig* [regard, personnalité] magnetic / *une attraction magnétique les poussa l'un vers l'autre* they were irresistibly drawn to each other.

magnétiquement [maɲetikmɑ̃] adv magnetically.

magnétisable [maɲetizabl] adj magnetizable.

magnétisant, e [maɲetizɑ̃, ɑ̃t] adj magnetizing.

magnétisation [maɲetizasjɔ̃] nf **1.** PHYS magnetization **2.** [fascination] fascination, mesmeric effect.

magnétiser [3] [maɲetize] vt **1.** PHYS to magnetize **2.** [fasciner] to mesmerize, to fascinate, to hypnotize *fig* / *il sait magnétiser les foules* he hypnotizes audiences, he has a mesmerizing effect on audiences.

magnétiseur, euse [maɲetizœʀ, øz] nm, f magnetizer, hypnotist.

magnétisme [maɲetism] nm **1.** PHYS magnetism **2.** [fascination, charisme] magnetism, charisma / *le magnétisme de son sourire* the magnetism of his smile, his magnetic smile **3.** [fluide] ▸ **magnétisme animal** animal magnetism.

magnétite [maɲetit] nf magnetite.

magnéto [maɲeto] ◆ nm *fam* **abr de magnétophone.** ◆ nf ÉLECTR magneto ▸ **magnéto à induit fixe** fixed armature magneto.

magnétocassette [maɲetɔkasɛt] nm cassette deck ou recorder.

magnétochimie [maɲetɔʃimi] nf magnetochemistry.

magnétodynamique [maɲetɔdinamik] ◆ adj ÉLECTRON fixed-magnet. ◆ nf ▸ **magnétodynamique des fluides** magnetohydrodynamics *(U).*

magnétoélectrique [maɲetɔelɛktʀik] adj magnetoelectric.

magnétohydrodynamique [maɲetɔidʀɔdinamik] ◆ adj magnetohydrodynamic. ◆ nf magnetohydrodynamics *(U).*

magnétomètre [maɲetɔmɛtʀ] nm magnetometer.

magnétométrie [maɲetɔmetʀi] nf magnetometry.

magnétomoteur, trice [maɲetɔmɔtœʀ, tʀis] adj magnetomotive.

magnéto-optique [maɲetɔɔptik] (*pl* **magnéto-optiques**) nf magneto-optics *(U).*

magnétopause [maɲetɔpoz] nf magnetopause.

magnétophone [maɲetɔfɔn] nm tape recorder ▸ **magnétophone à cassette** cassette recorder / *je l'ai enregistré sur* ou *au magnétophone* I've taped ou tape-recorded it.

magnétorésistance [maɲetɔʀezistɑ̃s] nf magnetoresistance ▸ **magnétorésistance géante** giant magnetoresistance.

magnétoscope [maɲetɔskɔp] nm videotape recorder, video, videorecorder.

magnétoscoper [3] [maɲetɔskɔpe] vt to videotape, to video.

magnétosphère [maɲetɔsfɛʀ] nf magnetosphere.

magnétostatique [maɲetɔstatik] ◆ adj magnetostatic. ◆ nf magnetostatics *(U).*

magnétron [maɲetʀɔ̃] nm magnetron.

magnificat [maɲifikat] nm inv Magnificat.

magnificence [maɲifisɑ̃s] nf **1.** [faste] luxuriousness, magnificence, splendour **2.** *litt* [prodigalité] munificence, lavishness.

magnifier [9] [maɲifje] vt **1.** *sout* [célébrer] to magnify *sout*, to glorify / *magnifier le Seigneur* to magnify the Lord *arch* **2.** [élever] to exalt, to idealize.

magnifique [maɲifik] adj **1.** [très beau -vue, nuit, robe] magnificent, splendid, superb / *il faisait un temps magnifique* the weather was gorgeous ou glorious / *sa sœur est magnifique* his sister is superb ou gorgeous **2.** [de grande qualité] magnificent, excellent, wonderful / *mon boucher a de la viande magnifique* my butcher has excellent ou first-rate meat / *elle a une situation magnifique chez un agent de change* she has a fantastic ou marvellous job with a stockbroker ; [remarquable -découverte, progrès] remarkable, wonderful / *les magnifiques progrès techniques actuels* the wonderful ou marvellous technological achievements of our time **3.** [somptueux -appartement, repas] splendid, magnificent / *la magnifique salle du trône* the magnificent ou grandiose throne room.

magnifiquement [maɲifikmɑ̃] adv **1.** [somptueusement] magnificently, lavishly, gorgeously ▸ **magnifiquement illustré** lavishly illustrated **2.** [bien] superbly / *il se porte magnifiquement* he's in great shape / *la journée avait magnifiquement commencé* the day had begun gloriously.

magnitude [maɲityd] nf **1.** GÉOL magnitude **2.** ASTRON ▸ **magnitude absolue / apparente / photographique** absolute / apparent / photographic magnitude.

magnolia [maɲɔlja] nm magnolia (tree).

magnoliale [maɲɔljal] nf magnoliaceous, belonging to the magnolia family ou the Magnoliaceae *spéc.*

magnum [magnɔm] nm magnum *(bottle).*

magot [mago] nm **1.** [singe] Barbary ape, magot **2.** [figurine orientale] magot ▸ **les Deux Magots** *famous café on the boulevard Saint-Germain in Paris, a meeting-place for Parisian "café society" after the Second World War* **3.** *fam* [argent caché] stash / *où t'as mis le magot?* where've you stashed the loot? **4.** *fam* [argent] dough, loot, lolly UK / *il a amassé* ou *il s'est fait un magot en Orient* he made a packet in the East / *on partage le magot* *hum* let's share the loot ou booty.

magouillage [magujaʒ] nm *fam* = **magouille.**

magouille [maguj] nf *fam* scheming, trickery, double-dealing / *des magouilles électorales* electoral wheeler-dealing.

magouiller [3] [maguje] vi *fam* to scheme, to do a bit of wheeler-dealing, to wangle / *dans la vie, faut magouiller* you've got to go in for a bit of wangling if you want to get through life / *il l'a eu en magouillant* he got it by a wangle, he wangled it.

magouilleur, euse [magujœʀ, øz] *fam* ◆ adj scheming, wheeler-dealing, wangling. ◆ nm, f wheeler-dealer, schemer, wangler.

magret [magʀɛ] nm fillet, filet US ▸ **magret (de canard)** magret of duck, fillet of duck breast.

magyar, e [magjaʀ] adj Magyar.

❖ **Magyar, e** nm, f Magyar.

maharadjah, maharaja, maharadja* [maaʀadʒa] nm maharajah, maharaja.

maharani [maaʀani] nf maharani, maharanee.

mahatma [maatma] nm mahatma.

mahayana [maajana] adj Mahayana ▸ **bouddhisme mahayana** Mahayana Buddhism.

mah-jong (*pl* **mah-jongs**), **majong*** [maʒɔ̃g] nm mah-jongg, mahjong.

Mahomet [maɔmɛ] npr Mahomet, Mohammed.

mahométan, e [maɔmetɑ̃, an] adj Mohammedan.

❖ **Mahométan, e** nm, f Mohammedan.

mahonia [maɔnja] nm BOT mahonia.

mai [mɛ] nm **1.** [mois] May ▸ **en mai, fais ce qu'il te plaît** *prov* ≃ never cast a clout till May is out *prov* ▸ **(les événements de) mai 1968** May 1968 **2.** HIST [arbre] may ou maypole tree **3.** *litt* [jeunesse] : *une jeune fille en son mai* a young girl in the flush of youth. **Voir aussi mars.**

> **Mai 1968**
>
> The events of May 1968 came about when student protests, coupled with widespread industrial unrest, culminated in a general strike and rioting. De Gaulle's government survived the crisis, but the issues raised made the events a turning point in French social history.

maïa [maja] nm spider crab.

maie [mɛ] nf **1.** [pour le pain -huche] bread chest ou box ; [-pétrin] dough ou kneading trough **2.** [d'un pressoir] squeezer base.

maïeur [majœʀ] nm BELG mayor.

maïeutique [majøtik] nf maieutics *(U).*

maigre [mɛgʀ] ◆ adj **1.** [très mince] thin / *des bras* / *jambes maigres* thin arms / legs / *un visage maigre* a thin face / *des joues maigres* thin cheeks / *tu deviens trop maigre* you're getting too thin ▸ **maigre comme un hareng saur** ou **un clou** ou **un coucou** as thin as a rake **2.** CULIN & RELIG ▸ **une soupe maigre** clear soup ▸ **du fromage / yaourt maigre** low-fat cheese / yoghurt ▸ **jambon / poisson maigre** lean ham / fish ▸ **régime maigre** low-fat diet ▸ **jour maigre** RELIG day without meat **3.** AGR poor / *des terres maigres* poor lands / *des pâturages maigres* poor grazing land ▸ **végétation maigre** thin vegetation **4.** [insuffisant -gén] thin, poor ; [-ration, repas] small ▸ **un maigre bouillon** a clear broth / *ils n'avaient qu'une maigre ration à se mettre sous la dent* they had only a small ration to eat / *de maigres averses au printemps contribuent à la pauvreté des récoltes* low rainfall ou light rain in the springtime contributes to the poor harvests / *un maigre feu* a meagre ou small fire ▸ **un maigre filet d'eau** a thin stream of water / *un maigre filet de voix* a thin voice ▸ **les bénéfices sont maigres** the profits are low ou meagre ou paltry *péj* ▸ **de maigres économies** (very) small savings ▸ **de maigres ressources** meagre ou scant resources ▸ **un maigre espoir** a slim ou slight hope ▸ **quelques maigres idées** a few flimsy ideas **5.** *fam* [peu] : *15 euros après deux heures de collecte, c'est maigre!* 15 euros after collecting for two hours, that's not much! / *c'est un peu maigre comme prétexte!* that's a pretty poor excuse! **6.** IMPR light, light-face. ◆ adv ▸ **manger maigre** to be on a fat-free ou fatless diet. ◆ nmf thin person / *c'est une fausse maigre* she isn't as thin as she looks. ◆ nm **1.** [d'une viande] lean part **2.** RELIG ▸ **faire maigre** to go without meat, to eat no meat / *le vendredi, on faisait maigre* we never ate meat on Fridays **3.** IMPR light ou light-face type **4.** ZOOL meagre, maigre.

❖ **maigres** nmpl GÉOL shallows.

maigrelet, ette [mɛgʀəlɛ, ɛt] adj *fam* (a bit) skinny *péj* ou thin.

maigrement [mɛgʀəmɑ̃] adv meagrely, poorly / *il est maigrement payé* he gets meagre wages.

* In reformed spelling (see p. 16-19).

Maigret [mɛgʀɛ] npr *the subtle detective hero of many of the novels of the Belgian writer Georges Simenon (1903-1989).*

maigreur [mɛgʀœʀ] nf **1.** [minceur excessive] thinness, leanness / *la maigreur de son visage / ses joues* the thinness of his face / his cheeks / *le malade était d'une maigreur effrayante* the sick man was dreadfully thin **2.** [insuffisance] thinness, meagreness, scantiness / *la maigreur de leur ration quotidienne* the scantiness of their daily rations / *la maigreur du gazon* the sparseness of the grass / *la maigreur de nos bénéfices / économies* the sparseness ou meagreness of our profits / savings / *la maigreur de nos ressources* the scantiness ou meagreness of our resources.

maigrichon, onne [mɛgʀiʃɔ̃, ɔn] *fam* ◆ adj skinny / *il est tout maigrichon* he's scrawny / *des jambes maigrichonnes* skinny legs. ◆ nm, f skinny person.

maigriot, otte [mɛgʀijo, ɔt] adj *fam* skinny, scrawny.

maigrir [32] [mɛgʀiʀ] ◆ vi to get ou to grow thinner / *tu n'as pas besoin de maigrir* you don't need to lose (any) weight / *il faut que je maigrisse de trois kilos* I have to lose three kilos / *je veux que vous maigrissiez de 12 kilos avant de commencer le judo* I want you to lose 12 kilos before taking up judo / *elle a beaucoup maigri du visage* her face has got a lot thinner ▸ **produits pour maigrir** slimming UK ou diet aids ▸ **faire maigrir qqn** to make sb lose weight / *ces régimes ne (vous) font pas maigrir* these diets don't help you lose weight / *mes économies maigrissent à vue d'œil fig* my savings are just vanishing ou disappearing by the minute. ◆ vt : *sa barbe / son costume le maigrit* his beard / his suit makes him look thinner.

mail[1] [mel] nm INFORM email (message), mail.

mail[2] [maj] nm **1.** [allée] mall, promenade / *sur le mail* along the mall ou promenade **2.** HIST [jeu] mall, pall-mall ; [maillet] mallet **3.** ARM maul.

mailing [mɛliŋ] nm **1.** [procédé] mailing, mail canvassing / *ce sont des clients que nous avons eus par mailing* we acquired these customers through a mailshot ou a fly sheet UK **2.** [envoi de prospectus] mailshot / *faire un mailing* to do ou to send a mailshot.

maillage [majaʒ] nm **1.** PÊCHE mesh size **2.** ÉLECTR grid **3.** [d'un réseau] meshing, reticulation, meshwork.

maillant, e [majɑ̃, ɑ̃t] adj ▸ **filet maillant** gill net.

maille [maj] nf **1.** [d'un filet] mesh ▸ **filet à mailles fines / larges** close- / wide-meshed net / *passer à travers les mailles du filet pr & fig* to slip through the net **2.** COUT stitch ▸ **maille filée** ladder UK, run US ▸ **maille à l'endroit / à l'envers** plain / purl stitch / *tricoter une maille à l'endroit, une maille à l'envers* knit one, purl one **3.** [vêtements en maille] knitwear / *on fait beaucoup de maille cette année* we're selling a lot of knitwear this year / *l'industrie de la maille* the knitwear industry **4.** ÉLECTR mesh **5.** MENUIS : *débité sur maille* crosscut **6.** NAUT frame space **7.** EXPR ▸ **avoir maille à partir avec** to be at odds with / *il a eu maille à partir avec la justice* he's been in trouble ou he's had a brush with the law.

maillé, e [maje] adj **1.** [réseau] grid *(modif)* **2.** [sanglier, perdreau] speckled **3.** [armure] (chain) mail *(modif)*.

maillechort [majʃɔʀ] nm nickel ou German silver.

mailler [3] [maje] ◆ vt **1.** [fil] to net, to mesh **2.** NAUT to shackle **3.** SUISSE [tordre, fausser] to warp. ◆ vi PÊCHE to be netted.

maillet [majɛ] nm **1.** [marteau] mallet, maul **2.** SPORT [au croquet] mallet ; [au polo] polo stick.

mailloche [majɔʃ] nf **1.** TECHNOL [maillet, outil chauffant] beetle ; [de mouleur] rake **2.** MUS bass drumstick.

maillon [majɔ̃] nm **1.** [chaînon] link / *un maillon de la chaîne* a link in the chain **2.** NAUT shackle **3.** TEXT mail, eye.

maillot [majo] nm ▸ **maillot de bain a)** [de femme] swimming costume UK, bathing costume UK ou suit US **b)** [d'homme] (swimming ou bathing) trunks ▸ **maillot de corps** undershirt US, vest UK, singlet UK ▸ **maillot de football** football jersey ▸ **le maillot jaune** *(the yellow shirt worn by) the leading cyclist in the Tour de France.*

main [mɛ̃] ◆ nf **1.** ANAT hand ▸ **donne-moi la main** give me your hand, hold my hand / *les enfants, tenez-vous par* ou *donnez-vous la main* hold hands, children / *ils peuvent se donner la main! fig* they're as bad as each other! ▸ **tenir la main de qqn** *fig* to hold sb's hand ▸ **lève la main** [à l'école] put your hand up, raise your hand / *levez la main droite et dites «je le jure»* raise your right hand and say "I swear to God" ▸ **lever la main sur qqn** *fig* to raise one's hand to sb / *tu veux ma main sur la figure?* do you want a slap?, you're asking for a slap! / *les mains en l'air!, haut les mains!* hands up! / *les mains derrière le dos / au-dessus de la tête!* hands behind your back / above your head! / *il m'a arraché le sac des mains* he snatched the bag out of my hands ou from my hands / *la tasse lui a échappé des mains* the cup slipped ou fell from her hands ▸ **d'une main assurée / tremblante** with a steady / trembling hand ▸ **en main propre, en mains propres** [directement] personally / *remettez-le-lui en mains propres* hand it over to her personally, deliver it into her own hands **2.** [savoir-faire] ▸ **avoir la main** to have the knack ▸ **garder** ou **s'entretenir la main** to keep one's hand in ▸ **se faire la main** to practise UK ou practice US ▸ **perdre la main** to lose one's touch ; [intervention] hand ▸ **la main de Dieu / du diable / du destin** the hand of God / of the Devil / of fate / *certains y voient la main des services secrets* some people believe that the secret service had a hand in it ▸ **reconnaître la main de qqn** to recognize sb's touch **3.** *vieilli* [permission d'épouser] : *demander / obtenir la main d'une jeune fille* to ask for / to win a young lady's hand (in marriage) / *elle m'a refusé sa main* she refused my offer of marriage / *m'accorderez-vous votre main?* will you give me your hand (in marriage)? **4.** CARTES ▸ **main pleine** full house *(at poker)* ▸ **avoir la main a)** [faire la donne] to deal **b)** [jouer le premier] to lead ▸ **céder** ou **passer la main a)** to pass the deal **b)** *fig* to step ou to stand down ▸ **jouer à la main chaude** [en superposant les mains] *to play a children's game in which hands are placed upon each other in turn, the hand from below coming to the top of the pile* **5.** [gant de cuisine] (oven) glove **6.** COUT ▸ **petite main** apprentice **7.** COMM & IMPR [quantité] ≃ quire *(of 25 sheets)* ; [tenue] : *papier qui a de la main* paper which has bulk ou substance **8.** TEXT [tenue] feel ; [apprêt] finish **9.** FOOT : *il y a main!* handball! **10.** [ornement] ▸ **main de Fatma** hand of Fatima (pendant) ▸ **main de justice** (hand-shaped) sceptre **11.** CONSTR [poignée] handle ▸ **main courante** handrail **12.** AUTO ▸ **main de ressort** dumb iron **13.** ÉQUIT : *mener un cheval en main* to lead a horse / *le cheval est dans* ou *sur la main* the horse is well in hand / *mettre un cheval sur la main* to put a horse on the bit / *rendre la main à un cheval* to give a horse its head / *en arrière de la main* behind the bit **14.** EXPR ▸ **à main levée a)** [voter] by a show of hands **b)** [dessiner] freehand ▸ **à mains nues** barehanded / *combattre à mains nues* to fight barehanded ou with one's bare hands ▸ **grand comme la main** tiny / *un jardin grand comme la main* a garden as big as a handkerchief ▸ **main de fer** : *mener* ou *régenter qqch d'une main de fer* to rule sthg with an iron hand ▸ **une main de fer dans un gant de velours** an iron fist in a velvet glove ▸ **la main sur le cœur** with one's hand on one's heart, in perfect good faith ▸ **main secourable** : *chercher une main secourable* to look for a helping hand ou for help / *aucune main secourable ne se présenta* nobody came forward to help ▸ **de main de maître** masterfully, brilliantly / *le homard a été préparé de main de maître* the preparation of the lobster was the work of a genius ou a brilliant chef ▸ **entre les mains de** : *la décision est entre les mains du juge* the decision rests with ou is in the hands of the judge / *le carnet est entre les mains de la police* the notebook is in the hands of the police ▸ **en (de) bonnes mains** : *ton fils est en (de) bonnes mains* your son is in good hands / *j'ai laissé l'affaire en de bonnes mains* I left the matter in good hands ▸ **avoir / garder les mains libres** *fig* to have / to keep a free hand / *un téléphone avec fonction mains libres* a phone with hands-free option ▸ **laisser les mains libres à qqn** to give sb carte blanche ou a free hand ▸ **j'ai les mains liées** *fig* my hands are tied ▸ **les mains vides** : *arriver / rentrer les mains vides* to turn up / to go home empty-handed ▸ **les mains dans les poches** *fam & fig* with not a care in the world, free and easy / *pourquoi s'inquiéter? moi j'y vais les mains dans les poches!* why worry? I'm easy about the whole thing! ▸ **jeux de mains, jeux de vilains** [à des enfants] no more horsing around or it'll end in tears ▸ **gagner haut la main** to win hands down ▸ **avoir la haute main sur** to have total ou absolute control over ▸ **avoir la main heureuse** to be lucky / *tu as eu la main heureuse, j'adore les œillets!* you've struck lucky, I love carnations! ▸ **avoir la main malheureuse** to be unlucky ▸ **avoir la main légère a)** [être clément] to be lenient **b)** [en cuisine] to underseason ▸ **avoir la main leste** to be quick with one's hands ▸ **avoir la main lourde a)** [être sévère] to be harsh ou heavy-handed **b)** [en cuisine] to be heavy-handed (with the seasoning) ▸ **avoir la main verte** to have green fingers UK ou a green thumb US ▸ **avoir qqn à sa main** *fam* to have sb under one's thumb ▸ **avoir / garder qqch sous la main** to have / to keep sthg at hand / *j'ai ce qu'il me faut sous la main* I have what I need at ou to hand ▸ **en venir aux mains** to come to blows ▸ **faire main basse sur a)** [palais] to raid, to ransack **b)** [marchandises, documents] to get one's hands on / *c'est toi qui as fait main basse sur les chocolats? hum* are you the one who's been at the chocolates? ▸ **en mettre sa main au feu** : *c'est lui, j'en mettrais ma main au feu* that's him, I'd stake my life on it ▸ **ne pas y aller de main morte** : *il n'y est pas allé de main morte* he didn't pull his punches ▸ **attention, la main me démange!** watch it or you'll get a slap! ▸ **mettre la main à la poche** to put one's hand into one's pocket ▸ **mettre la main à l'ouvrage** ou **à la pâte** to put one's shoulder to the wheel ▸ **mettre** ou **prêter la main à** to have a hand ou to take part in / *des spécialistes ont prêté la main à la compilation du documentaire* experts had a hand in ou participated in the making of the documentary ▸ **mettre la main sur qqch** to lay ou to put one's hands on sthg / *je n'arrive pas à mettre la main dessus* I can't find it, I can't lay my hands on it ▸ **à ne pas mettre entre toutes les mains** : *c'est une photo à ne pas mettre entre toutes les mains* this photo shouldn't be shown to just anybody ou mustn't fall into the wrong hands / *ce sont des documents qu'on ne peut pas mettre entre toutes les mains* these documents are not for general distribution ▸ **passer la main dans le dos à qqn** *fam* to butter sb up ▸ **prendre qqn la main dans le sac** to catch sb red-handed / *ah, ah, je te prends la main dans le sac! hum* ha! I've caught you at it! ▸ **se prendre par la main** : *tu ne trouveras pas de travail si tu ne te prends pas par la main* you won't find a job unless you get a grip on yourself ou UK you pull your socks up ▸ **tendre la main** [faire l'aumône] to hold out one's hand, to beg ▸ **tendre la main à qqn** [lui pardonner] to hold out one's hand to sb (in forgiveness) ▸ **tomber dans les** ou **aux mains de** to fall into the hands ou clutches *péj* of ▸ **tomber sous la main** : *la première chemise qui me tombe sous la main* the first shirt that comes to hand. ◆ adv [fabriqué, imprimé] by hand ▸ **fait / tricoté / trié main** hand-made / -knitted / -picked.

❖ **à la main** loc adv **1.** [artisanalement] ▸ **fait à la main** hand-made **2.** [dans les mains] ▸ **avoir** ou **tenir qqch à la main** to hold sthg in one's hand / *la fourchette à la main* with one's fork in one's hand, fork in hand.

❖ **à main** loc adj [levier, outil] hand *(modif)*, manual.

❖ **à main droite** loc adv on the right-hand side / *à main droite, vous avez le lac* the lake is to ou on your right.

❖ **à main gauche** loc adv on the left-hand side / *à main gauche, vous avez l'église* the church is to ou on your left.

❖ **de la main** loc adv with one's hand ▸ **saluer qqn de la main a)** [pour dire bonjour] to wave (hello) to sb **b)** [pour dire au revoir] to wave (goodbye) to sb, to wave sb goodbye / *de la main, elle me fit signe d'approcher* she waved me over.

❖ **de la main à la main** loc adv directly, without any middleman / *j'ai payé le plombier de la main à la main* I paid the plumber cash in hand.

✧ **de la main de** loc prép **1.** [fait par] by / *une toile de la main de Warhol* a canvas (painted) by Warhol ▸ **la lettre est de la main même de Proust** / **de ma main** the letter is in Proust's own hand / in my handwriting **2.** [donné par] from (the hand of) / *elle a reçu son prix de la main du président* she received her award from the President himself.

✧ **de main en main** loc adv from hand to hand, from one person to the next.

✧ **de première main** ◆ loc adj [information] first-hand ; [érudition, recherche] original. ◆ loc adv : *nous tenons de première main que...* we have it on the best authority that...

✧ **de seconde main** loc adj [information, voiture] secondhand.

✧ **d'une main** loc adv [ouvrir, faire] with one hand ; [prendre] with ou in one hand / *prenant d'une main la bouteille et de l'autre le tire-bouchon* taking the bottle in one hand and the corkscrew in the other ▸ **donner qqch d'une main et le reprendre de l'autre** to give sthg with one hand and take it back with the other.

✧ **en main** ◆ loc adj : *l'affaire est en main* the question is in hand ou is being dealt with / *le livre est actuellement en main* [il est consulté] the book is out on loan ou is being consulted at the moment. ◆ loc adv ▸ **avoir qqch en main** *pr* to be holding sthg ▸ **avoir** ou **tenir qqch (bien) en main** *fig* to have sthg well in hand ou under control / *quand tu auras la voiture bien en main* when you've got the feel of the car / *ils n'ont plus la situation en main* they no longer have the situation under control ▸ **prendre qqch en main** to take control of ou over sthg ▸ **prendre qqn en main** to take sb in hand ▸ **reprendre qqch en main** to regain control of ou over sthg / *la société a été reprise en main* the company was taken over.

✧ **la main dans la main** loc adv [en se tenant par la main] hand in hand ; *fig* together ; *péj* hand in glove.

mainate [mɛnat] nm (hill) mynah (bird).

main-d'œuvre [mɛ̃dœvʀ] (*pl* **mains-d'œuvre**) nf **1.** [travail] labour UK, labor US / *le prix de la main-d'œuvre* the cost of labour, labour costs / *les enfants fournissaient une main-d'œuvre bon marché* children provided cheap labour / *industrie de main-d'œuvre* labour-intensive industry **2.** [personnes] workforce, labour force ▸ **main-d'œuvre féminine** / **étrangère** female / foreign labour ▸ **il y a une pénurie de main-d'œuvre qualifiée** there is a shortage of skilled labour / *les besoins en main-d'œuvre ont augmenté* manpower requirements have increased ▸ **réserve** ou **réservoir de main-d'œuvre** labour pool ou reservoir.

Maine [mɛn] npr m **1.** HIST [en France] Maine **2.** [aux États-Unis] ▸ **l'État du Maine, le Maine** Maine.

main-forte, mainforte* [mɛ̃fɔʀt] nf sg ▸ **prêter main-forte à qqn** to give sb a (helping) hand.

mainlevée [mɛ̃ləve] nf **1.** DR withdrawal / *mainlevée d'une hypothèque* discharge ou withdrawal ou cancellation of a mortgage / *mainlevée de la saisie* replevin **2.** RELIG : *mainlevée d'une interdiction* withdrawal of an interdict.

mainmise [mɛ̃miz] nf **1.** [physique] seizure / *la mainmise de Hitler sur les Balkans* Hitler's seizure ou takeover of the Balkans **2.** [psychologique] hold, grip, grasp / *ses parents avaient la mainmise sur sa vie* her parents had a strong hold ou tight grip on her life.

mainmorte [mɛ̃mɔʀt] nf HIST mortmain.

maint, e [mɛ̃, mɛ̃t] dét *litt* many a, a great many ▸ **mainte personne** many a person, a great many people ▸ **maints pays** many a country, a great many countries / *maintes et maintes fois, à maintes reprises* time and time again / *je l'ai mis en garde à maintes reprises* I've warned him many a time ou time and time again.

maintenance [mɛ̃tnɑ̃s] nf **1.** [de matériel, d'un bien] upkeep ; [d'un appareil, d'un véhicule] maintenance, servicing ▸ **contrat de maintenance** maintenance ou service contract **2.** MIL [moyens] maintenance unit ; [processus] maintenance.

maintenant [mɛ̃tnɑ̃] adv **1.** [à présent] now / *je me sens mieux maintenant* I feel better now / *maintenant on peut y aller* we can go now / *il y a maintenant trois ans que cela dure* this has been going on for three years now / *beaucoup de maladies incurables jadis peuvent maintenant être guéries* many illnesses which were once incurable can now be treated / *c'est maintenant que tu arrives?* what time do you call this? / *l'avion a sûrement décollé maintenant* the plane must have taken off (by) now / *ils sont sûrement arrivés depuis longtemps maintenant* they must have arrived a long time ago (now) / *il est 8 h, ils ne viendront plus maintenant* it's 8 o'clock, they'll never come now / *maintenant tu sauras à quoi t'en tenir* now ou from now on you'll know what to expect ▸ **à partir de maintenant** from now on ou onwards ▸ **c'est maintenant ou jamais** it's now or never ▸ **les jeunes de maintenant** today's youth, young people today **2.** [cela dit] now / *je l'ai lu dans le journal, maintenant si c'est vrai ou faux, je n'en sais rien* I read it in the paper, but ou now whether or not it's true, I don't know / *vous connaissez mon point de vue, maintenant faites ce que vous voulez* you know what I think, now (you) do what you want.

✧ **maintenant que** loc conj now (that) / *maintenant que tu me le dis, je m'en souviens* now (that) you say so ou tell me, I remember / *maintenant que Durand est chef du département,...* with Durand now head of department,...

maintenir [40] [mɛ̃tniʀ] vt **1.** [tenir] to hold firm ou tight / *le dispositif est maintenu par des rivets* the structure is held tight ou together by rivets / *le pantalon est maintenu par une ceinture* the trousers are held ou kept up by a belt / *couvrez les pots de morceaux d'étamine maintenus par des élastiques* cover the jars with pieces of muslin held in place by rubber bands / *nous sommes maintenus au sol par la pesanteur* the force of gravity is what keeps us on the ground / *les muscles maintiennent le corps en équilibre* muscles ensure that the body retains its balance ▸ **maintenir qqn assis** / **debout** to keep sb seated / standing / *une sangle la maintenait sur son lit* a strap held her to her bed, she was strapped to her bed / *il a fallu trois hommes pour le maintenir allongé* three men were needed to keep him down **2.** [garder] to keep / *maintenir l'eau à ébullition* keep the water boiling / *maintenir la température à -5 °C* keep the temperature at -5°C / *maintenir au frais* keep in a cool place ▸ **maintenir qqn en vie** to keep sb alive / *maintenir les yeux fermés* to keep one's eyes shut / *maintenir la tête sous l'eau* to keep one's head under water / *maintenez les jambes en l'air le plus longtemps possible* keep your legs up as long as possible / *maintenir un membre dans une attelle* to keep a limb strapped up **3.** [conserver - statu quo, tradition] to maintain, to uphold ; [- prix] to keep in check, to hold steady ; [- loi] to uphold ; [- paix] to maintain, to keep / *des traditions qui maintiennent les clivages sociaux* traditions which sustain ou perpetuate divisions in society / *les ordres sont maintenus* the orders have been maintained ou upheld ▸ **maintenir l'ordre** to keep order / *punitions maintenues!* punishments upheld! ▸ **maintenir sa candidature a)** [pour un emploi] to maintain ou go through with one's application **b)** POL to continue to stand **4.** [continuer à dire] to maintain / *il dit que tu as tort et il le maintient* he says you're wrong and he's standing by it / *je maintiens que c'est possible* I maintain that it's possible / *maintenir une accusation* to stand by ou to maintain an accusation / *l'accusée a maintenu sa version des faits* the defendant stuck to ou stood by ou maintained her story.

✧ **se maintenir** vpi to remain / *la monarchie se maintient encore dans quelques pays* monarchy lives on ou survives in a few countries / *le beau temps se maintiendra* the weather will stay ou remain fine, the good weather will hold / *le taux du dollar se maintient* the dollar is holding ou remains steady / *le niveau des commandes se maintient* orders are holding up ou steady / *comment ça va? — on ça se maintient* *fam* how's everything going? — so-so ou not so bad ou bearing up / *il se maintient au second tour* POL he's decided to stand again in the second round / *pourra-t-elle se maintenir dans les dix premiers?* will she be able to remain in the top ten? ▸ **se maintenir à flot a)** [dans l'eau] to stay afloat **b)** [dans son travail] to keep one's head above water / *se maintenir en équilibre* to keep one's balance / *se maintenir en bonne santé* to stay in good health.

maintien [mɛ̃tjɛ̃] nm **1.** [conservation] maintenance, upholding / *comment garantir le maintien du libre-échange?* how is it possible to uphold ou to preserve free trade? ▸ **maintien dans les lieux** DR right of tenancy ▸ **le maintien de l'ordre** the maintenance of law and order ▸ **assurer le maintien de l'ordre** to maintain law and order ▸ **maintien de la paix** peacekeeping **2.** [port] bearing, deportment ▸ **cours** / **professeur de maintien** lesson in / teacher of deportment **3.** [soutien] support / *ce soutien-gorge assure un bon maintien* this bra gives good support.

maintient, maintint v ⟶ maintenir.

maïoral [majɔʀal] adj BELG mayoral.

maïorat [majɔʀa] nm BELG office of mayor.

maire [mɛʀ] nmf [d'une commune, d'un arrondissement] ≃ mayor ; [d'une grande ville] ≃ (lord) mayor UK ; ≃ mayor US.

Maire

In France, the mayor has obligations not only to the community but also to national government. He or she is responsible for promulgating national law as well as supervising the local police and officiating at civic occasions. Mayors are elected by the **conseil municipal** (indirectly by the town's residents) for a six-year term.

mairesse [mɛʀɛs] nf **1.** [femme maire] (Lady) Mayor **2.** [épouse du maire] mayoress.

mairie [meʀi] nf **1.** [fonction] office of mayor, mayoralty *sout* / *il brigue la mairie de Paris* he's running for the office of Mayor of Paris / *la mairie l'occupe beaucoup* her duties as Mayor ou Mayoress keep her very busy **2.** [administration - gén] town council ; [- d'une grande ville] city council / *organisé par la mairie de Lyon* sponsored by Lyon city council / *c'est la responsabilité de la mairie* it's the town council's responsibility ▸ **mairie d'arrondissement** district council *(in Paris, Lyon or Marseille)* **3.** [édifice] town UK ou city US hall / *vous devez demander une attestation à la mairie* you must apply to the town hall for a certificate ▸ **mairie de quartier** local town hall *(in Paris, Lyon or Marseille)* ▸ **mairie du village** village ou town hall.

Mairie

Also called the **hôtel de ville**, this is the centre of municipal government. The **mairie** serves as a vital information source for town residents. People go there to ask about taxes, to get married, etc.

mais [mɛ] ◆ conj **1.** [servant à opposer deux termes] : *finalement je n'en veux pas un mais deux* actually, I want two not one / *ce n'est pas bleu, mais vert* it's not blue, it's green / *non, ce n'est pas 123 mais 124* no, it's not 123 it's (actually) 124 **2.** [introduisant une objection, une restriction, une précision] but / *mais pourtant vous connaissez le dossier?* but you are familiar with the case, aren't you? ▸ **oui, mais...** yes, but... / *mais ce n'est pas du tout ce que j'ai dit!* (but) that's not what I said at all! / *j'aime bien cette jupe mais je la préfère en vert* I like that skirt but I prefer it in green / *ces chaussures sont jolies mais trop chères* these shoes are nice, but they're too expensive / *c'est sûr qu'il viendra, mais il ne sait pas quand* he's definitely coming, but he doesn't know when / *j'ai trouvé le même, mais moins cher* I found the same thing, only ou but cheaper **3.** [introduisant une transition] : *mais revenons à notre sujet* but let's get back to the point / *mais Fred, tu l'as vu ou non?* (and) what about Fred, did you see him or not? / *mais dis-moi, ton frère, il ne pourrait pas m'aider?* I was

* In reformed spelling (see p. 16-19).

thinking, couldn't your brother help me? / *mais alors, vous ne partez plus?* so you're not going any more? **4.** [renforçant des adverbes] : *vous êtes d'accord? — mais oui, tout à fait* do you agree? — yes, absolutely / *mais oui, ça ira comme ça* yes, that will do / *tu pleures? — mais non, mais non...* are you crying? — no, no, it's alright... / *tu as peur? — mais non!* are you scared? — of course not! / *tu m'aimes? — mais bien sûr que je t'aime!* do you love me? — but of course I love you! / *vous venez aussi? — mais bien sûr!* are you coming as well? — of course (we are)! / *tu m'accompagneras à la gare? — mais certainement* will you come with me to the station? — of course (I will) / *nous allons à Venise, mais aussi à Florence et à Sienne* we're going to Venice, and to Florence and Siena too / *nous exportons en Allemagne, mais aussi en Suède et aux Pays-Bas* we export to Germany, but also to Sweden and the Netherlands / *c'est joli, mais encore trop cher* it's nice, but it's still too expensive / *il est génial, mais même ses plus proches amis ont du mal à le supporter* he's great, but even his closest friends find it hard to put up with him / *...mais bon, il ne veut rien entendre...* but he just won't listen / *je sais, mais enfin, qu'est-ce qu'on peut dire dans ces cas-là?* I know, but (after all) what can you say in a situation like that? **5.** [employé exclamativement - avec une valeur intensive] : *cet enfant est nerveux, mais nerveux!* that child is highly-strung, and I mean highly-strung! / *j'ai faim, mais faim!* I'm so hungry! / *il a pleuré, mais pleuré!* he cried, how he cried! / *c'était une fête, mais une fête!* what a party that was!, that was a real party! ; [exprimant l'indignation, l'impatience] : *non mais des fois!* (but) really! / *non mais ça ne va pas!* you're / he's, etc., mad! / *mais vous êtes fou!* you're mad! / *non mais pour qui tu me prends?* who do you take me for anyway? / *mais dis donc, tu n'as pas honte?* well really, aren't you ashamed of yourself? / *mais enfin, en voilà une manière de traiter les gens!* well ou I must say, that's a fine way to treat people! / *non mais tu plaisantes?* you can't be serious!, you must be joking! / *mais puisque je te le dis!* it's true I tell you! / *mais écoute-moi un peu!* will you just listen to me a minute! / *mais tu vas te taire, bon sang!* fam for God's sake, will you shut up! / *mais c'est pas un peu fini ce vacarme?* have you quite finished making all that racket? / *mais ça suffit maintenant!* that's enough now! / *mais je vais me fâcher, moi!* I'm not going to put up with this! ; [exprimant la surprise] : *mais tu saignes!* you're bleeding! / *mais c'est Paul!* hey, it's Paul! / *mais dis donc, tu es là, toi?* what (on earth) are you doing here? ◆ adv : *n'en pouvoir mais* litt to be helpless. ◆ nm but, buts / *il n'y a pas de mais (qui tienne), j'ai dit au lit!* no buts about it, I said bed! / *je vais t'aider, cependant il y a un mais* I'll help you, but on one condition / *je ne veux pas de si ni de mais* I don't want any ifs and buts.

❖ **non seulement... mais** loc corrélative : *non seulement il ne travaille pas mais (en plus) il ne veut pas travailler* not only does he not work, he doesn't want to work either / *non seulement tu arrives en retard, mais (en plus) tu oublies ton livre* not only do you arrive late but on top of that you forget your book.

maïs [mais] nm BOT maize UK, corn US ; CULIN sweetcorn / *maïs en épi* corn on the cob.

maïserie [maisʀi] nf **1.** [usine] corn mill **2.** [activité] corn processing.

maison [mɛzɔ̃]
◆ nf

- **A. HABITATION**
- **B. GROUPE DE PERSONNES**
- **C. ENTREPRISE**
- **D. ÉTABLISSEMENT**
- **E. DIVISION ASTROLOGIQUE**

A. HABITATION **1.** [bâtiment] house, dwelling sout ▸ **maisons (d'habitation)** private dwellings sout ou houses ▸ **maison bourgeoise** fine town house ou residence sout ▸ **maison de campagne a)** [gén] house ou home in the country **b)** [rustique] (country) cottage ▸ **maison écologique** eco-house ▸ **maison individuelle** [non attenante] detached house ▸ **maison de maître a)** [en bien propre] owner-occupied house **b)** [cossue] fine large house ▸ **maison de poupée** doll's house ▸ **maison préfabriquée** prefabricated house ▸ **gros comme une maison** fam plain for all to see / *un mensonge gros comme une maison* fam a whopping great lie / *il te drague, c'est gros comme une maison* fam he's flirting with you, it's as plain as the nose on your face **2.** [foyer, intérieur] home, house / *sa maison est toujours propre* his house ou home is always clean / *je l'ai cherché dans toute la maison* I've looked for it all over the house / *il a quitté la maison à 16 ans* he left home when he was 16 / *entrez donc dans notre humble maison* hum welcome to our modest abode / *déménager / changer (toute) la maison* to move / to change everything but the kitchen sink ▸ **tenir une maison** to look after a ou to keep house / *les dépenses de la maison* household expenditure ▸ **à la maison** at home / *cet après-midi, je suis à la maison* I'm (at) home this afternoon ▸ **rentre à la maison! a)** [locuteur à l'extérieur] go home! **b)** [locuteur à l'intérieur] come ou get back in! / *j'ai trois enfants qui sont encore à la maison* I've got three children still at home / **'tout pour la maison'** 'household goods' **3.** RELIG ▸ **la maison de Dieu** ou **du Seigneur** the house of God, the Lord's house ▸ **maison religieuse** convent ▸ **chez eux c'est la maison du bon Dieu** they are very hospitable, their door is always open.

B. GROUPE DE PERSONNES **1.** [famille, groupe] family ▸ **quelqu'un de la maison** a member of the family / *visiblement, vous n'êtes pas de la maison* you obviously don't work here / *toute la maison est partie pour Noël* all the people in the house have ou the whole family has gone away for Christmas **2.** [personnel] household / *la maison civile / militaire* the civil / military household / *la maison du président de la République / du roi* the presidential / King's household **3.** [dynastie] house / *la maison des Tudors* the House of Tudor / *être le descendant d'une grande maison* to be of noble birth **4.** [lieu de travail - d'un domestique] household *(where a person is employed as a domestic)* / *j'ai fait les meilleures maisons* I've been in service with the best families / *vous avez combien d'années de maison?* how long have you been in service?

C. ENTREPRISE COMM firm, company / *la réputation de la maison* the firm's good name / *une maison de renom* a company of high repute / *il a servi la maison pendant 30 ans* he worked with the firm for 30 years / *j'ai 20 ans de maison* I've been with the company for 20 years / *un habitué de la maison* a regular (customer) / **'la maison ne fait pas crédit'** 'no credit given' / **'la maison n'accepte pas les chèques'** 'no cheques (accepted)' ▸ **maison de détail / gros** retail / wholesale business ▸ **maison de commerce** (commercial) firm ou company ▸ **maison de couture** fashion house ▸ **maison d'édition** publishing house ▸ **maison d'import-export** import-export firm ou company ou business ▸ **la Maison de la presse** newsagent's ▸ **maison de titres** BANQUE ≃ clearing house *(for clearing stocks)*.

D. ÉTABLISSEMENT [lieu spécialisé] ▸ **maison close** ou **de tolérance** vieilli brothel ▸ **maison de correction** ou **de redressement** HIST reformatory arch, remand home UK, borstal UK ▸ **la maison du marin / soldat** the Seamen's / Servicemen's hostel ▸ **maison d'arrêt** remand centre ▸ **maison centrale (de force)** prison, State penitentiary US ▸ **maison de convalescence** convalescent home ▸ **maison de la culture** ≃ arts ou cultural centre ▸ **maison d'éducation surveillée** approved school UK, reformatory ▸ **maison d'enfants** (residential) holiday centre for children, camp US ▸ **maison familiale** holiday home UK, vacation home US *(for low-income families)* ▸ **maison de fous** péj madhouse ▸ **maison de jeu** gambling ou gaming house ▸ **maison des jeunes et de la culture** ≃ youth and community centre ▸ **maison maternelle** family home ▸ **maison de passe** sleazy hotel *(used by prostitutes)* ▸ **maison du peuple** ≃ trade union and community centre ▸ **la Maison de la radio** *Parisian headquarters and studios of French public radio* ; ≃ Broadcasting House UK ▸ **maison de rendez-vous** lovenest ▸ **maison de repos** rest ou convalescent home ▸ **maison de retraite** old people's home, retirement home ▸ **maison de santé** nursing home.

E. DIVISION ASTROLOGIQUE house, mansion.

◆ adj inv **1.** [fabrication] home-made / *tous nos desserts sont (faits) maison* all our desserts are home-made ▸ **spécialité maison** speciality of the house **2.** [employé] in-house / *nous avons nos traducteurs maison* we have an in-house translation department ▸ **syndicat maison** company union **3.** fam [en intensif] first-rate, top-notch / *il s'est fait engueuler, quelque chose de maison!* he got one hell of a talking-to! / *une engueulade maison* tfam one hell of a dressing-down.

❖ **maison mère** nf **1.** COMM mother UK ou parent company **2.** RELIG mother house.

> **Maisons de la culture**
>
> An ambitious project begun by André Malraux in the 1960s to establish cultural centres all over France. Designed to bring high culture to the provinces, these centres encountered much opposition and only eleven survived.

Maison-Blanche [mɛzɔ̃blɑ̃ʃ] npr f ▸ **la Maison-Blanche** the White House.

maisonnée [mɛzɔne] nf sout household / *son cri réveilla toute la maisonnée* his scream woke up the whole household ou everyone in the house.

maisonnette [mɛzɔnɛt] nf small house.

maistrance [mɛstʀɑ̃s] nf ▸ **la maistrance** the (ship's) petty officers.

maître, maîtresse, maitre*, maitresse [mɛtʀ, mɛtʀɛs] ◆ adj **1.** *(après le nom)* [essentiel] central, main, major / *l'idée maîtresse du texte* the main theme ou central idea in the text / *sa qualité maîtresse est le sang-froid* a cool head is his outstanding ou chief quality ; [le plus important] main ▸ **branche maîtresse** main branch ▸ **poutre maîtresse** main (supporting) beam ; *(avant nom)* ▸ **le maître mot** the key word ▸ **maîtresse femme** powerful woman **2.** [dans des noms de métiers] ▸ **maître boulanger / forgeron** master baker / blacksmith ▸ **maître compagnon** ≃ master craftsman ▸ **maître coq** ou **queux** chef ▸ **maître maçon** master builder ou mason ▸ **maître sonneur** head ou chief bellringer.
◆ nm, f **1.** [personne qui contrôle] master (mistress) / *maîtres et esclaves* masters and slaves / *ce chien n'obéit qu'à sa maîtresse* this dog only obeys his mistress / *ils sont maintenant installés* ou *ils agissent en maîtres dans le pays* they are now ruling the country, they have taken command of the country / *il faut rester maître de soi* you must keep your self-control / *il est maître de lui* he has a lot of self-control ▸ **être maître d'une situation / de son véhicule** to be in control of a situation / of one's vehicle ▸ **les maîtres du monde** the world's rulers ▸ **se rendre maître de a)** [d'un pays] to take ou seize control of **b)** [d'une personne] to bring under control **c)** [d'un incendie] to get under control / *à la maison, c'est lui le maître* he's (the) boss at home / *en fait, c'est elle qui est le maître ici* in fact, she's (the) boss around here ▸ **être son (propre) maître** to be one's own master ou boss / *il est son propre maître* he's his own man / *elle est son propre maître* she's her own woman ▸ **être** ou **rester maître de faire qqch** to be free to do sthg ▸ **maître jacques** factotum ▸ **le maître de céans** the master of the house ▸ **maître de maison** host ▸ **maîtresse de maison** lady of the house sout ou hum, hostess ▸ **les bons maîtres font les bons valets** prov a good master makes a good servant ▸ **tel maître tel valet** prov like master, like man prov **2.** [professeur] ▸ **maître (d'école)** schoolteacher, teacher ▸ **maîtresse (d'école)** schoolteacher, teacher / *elle fait très maîtresse d'école* she's very schoolmarmish / *Maîtresse, j'ai trouvé!* Miss UK ou teacher US, I know the answer! ▸ **maître d'internat** house master UK ou director US *(responsible for boarders after school)* ▸ **maître / maîtresse de ballet** ballet master / mistress UK, ballet teacher ▸ **maître de musique** music teacher.

❖ **maître, maitre*** nm **1.** [dans des noms de fonctions] ▸ **grand maître (de l'ordre)** grand master ▸ **grand maître de l'Université** ≃ Secretary of State for Education UK ; ≃ Secretary of Education US ▸ **maître d'armes** fencing master ▸ **maître auxiliaire** supply UK ou substitute US teacher ▸ **maître de chapelle** choirmaster ▸ **maître de conférences** ≃ (senior) lecturer UK ; ≃ assistant professor US ▸ **maître d'équipage a)** CHASSE master of the hunt **b)** HIST & NAUT boatswain ▸ **maître de manège a)** [directeur] riding school director **b)** [moniteur] riding instructor ▸ **maître d'ouvrage a)** [particulier] client *(of an architect)* **b)** [organisme public] contracting authority ▸ **maître de pêche** trawler master ▸ **maître de recherches** research director ▸ **maître de cérémonie** ou **des cérémonies** master of ceremonies ▸ **maître des requêtes** ≃ government counsel UK ou attorney US ▸ **maître principal** ≃ fleet chief UK ou master chief US petty officer **2.** [expert] master / *être passé maître dans l'art de* to be a past master in the art of / *elle est passée maître dans l'art de tromper son monde* she is a past master in the art of misleading people **3.** ART, LITTÉR & PHILOS master / *dans le style des maîtres de l'écriture classique* in the style of the masters of classical literature / *le maître de Moulins / Madrid* the Master of Moulins / Madrid ▸ **trouver son maître** *fig* to meet one's master ou more than one's match ▸ **maître à penser** mentor, guru, intellectual model ▸ **petit maître a)** [écrivain] second-rate writer *péj* **b)** [artiste] minor artist **4.** RELIG : *le maître de l'Univers* ou *du monde* the Master of the Universe / *se croire le maître du monde fig* to feel invincible **5.** CARTES ▸ **être maître à carreau** to hold the master ou top diamond **6.** [titre] ▸ **Maître Suzanne Thieu** Mrs. (ou Miss) Suzanne Thieu / *Maître Dulles, avocat à la cour* ≃ Mr. Dulles QC UK ou member of the Bar US / *cher Maître, à vous!* [à un musicien] Maestro, please! ▸ **Maître Chat / Renard** *hum* Mister Cat / Fox.

❖ **maîtresse, maitresse*** nf [d'un homme] mistress ▸ **devenir la maîtresse de qqn** to become sb's mistress.

❖ **de maître, de maitre*** loc adj **1.** [qui appartient à un riche particulier] ▸ **chauffeur de maître** (personal) chauffeur ▸ **voiture de maître** expensive car **2.** [exécuté par un grand artiste] ▸ **un tableau** ou **une toile de maître** an old master ▸ **un coup de maître** *fig* a masterstroke / *pour un coup d'essai, c'est un coup de maître* for a first attempt, it was brilliant.

❖ **maître chanteur, maitre chanteur*** nm **1.** [qui menace] blackmailer **2.** MUS Meistersinger, mastersinger.

❖ **maître d'hôtel, maitre d'hôtel*** ◆ nm [dans un restaurant] maître (d'hôtel), headwaiter ; [chez un particulier] butler. ◆ loc adj ▸ **beurre maître d'hôtel** CULIN parsley butter, maître d'hôtel butter ▸ **pommes maître d'hôtel** maître d'hôtel potatoes.

❖ **maître d'œuvre, maitre d'œuvre*** nm **1.** CONSTR main contractor **2.** *fig* : *ce volume a eu Diderot lui-même pour maître d'œuvre* Diderot himself took overall responsibility for the compilation of this volume / *le Premier ministre est le maître d'œuvre de l'accord signé hier* the Prime Minister was the architect of the agreement that was signed yesterday.

maître-à-danser *(pl* maîtres-à-danser*)*, **maitre-à-danser*** *(pl* **maitres-à-danser***)* [mɛtʀadɑ̃se] nm MATH (pair of) callipers.

maître-assistant, maître-assistants, maitre-assistant*, maitre-assistants [mɛtʀasistɑ̃] nmf ≃ lecturer UK ; ≃ assistant professor US.

maître-autel *(pl* maîtres-autels*)*, **maitre-autel*** *(pl* **maitres-autels***)* [mɛtʀotɛl] nm high altar.

maître-chien *(pl* maîtres-chiens*)*, **maitre-chien*** *(pl* **maitres-chiens***)* [mɛtʀəʃjɛ̃] nm dog trainer ou handler.

maître-cylindre *(pl* maîtres-cylindres*)*, **maitre-cylindre*** *(pl* **maitres-cylindres***)* [mɛtʀəsilɛ̃dʀ] nm AUTO master cylinder.

maître de conf', maitre de conf'* [mɛt(ʀ) dəkɔ̃f] nm *fam* **abr de maître de conférences.**

maître-nageur *(pl* maîtres-nageurs*)*, **maitre-nageur*** *(pl* **maitres-nageurs***)* [mɛtʀənaʒœʀ] nm swimming teacher ou instructor ▸ **maître-nageur sauveteur** lifeguard.

maîtresse, maitresse* [mɛtʀɛs] f ⟶ maître.

maîtrisable, maitrisable* [mɛtʀizabl] adj **1.** [que l'on peut dominer - sentiment, douleur] controllable **2.** [que l'on peut apprendre] : *ces nouvelles techniques sont facilement maîtrisables* these new techniques are easy to master.

maîtrise, maitrise* [mɛtʀiz] nf **1.** [contrôle] mastery, control / *avoir la maîtrise des mers* to have complete mastery of the sea / *sa maîtrise du japonais est étonnante* she has an amazing command of Japanese / *avoir la maîtrise d'un art* to have mastered ou to master an art / *elle exécuta le morceau avec une grande maîtrise* she performed the piece masterfully ou with great skill ▸ **maîtrise de soi** self-control, self-possession **2.** [dans une entreprise] supervising staff **3.** UNIV ≃ master's degree / *elle a une maîtrise de géographie* she has a master's (degree) ou an MA in geography, she mastered in geography US **4.** RELIG [chœur] choir ; [école] choir school.

maîtriser, maitriser* [3] [mɛtʀize] vt **1.** [personne, animal] to overpower ; [adversaire] to get the better of / *le chien avait la rage, il n'y avait pas moyen de le maîtriser* the dog had rabies, there was no controlling it / *il a fallu trois hommes pour le maîtriser* three men were needed to bring him under control ou to overpower him / *c'est un adversaire difficile, mais je le maîtriserai* he's a tough opponent, but I'll get the better of him **2.** [danger, situation] to bring under control ; [sentiment] to master, to control / *l'incendie a été rapidement maîtrisé* the fire was quickly brought under control / *ils maîtrisent maintenant la situation* they now have the situation (well) in hand ou under control / *il était trop bouleversé pour maîtriser ses larmes* he was too overcome to hold back his tears / *je réussis à maîtriser ma colère* I managed to contain my anger **3.** [technique, savoir] to master / *il maîtrise bien les déclinaisons latines* he has a good grip on ou mastery of Latin declensions.

❖ **se maîtriser, se maitriser*** vp *(emploi réfléchi)* to control o.s. / *je sais que tu as du chagrin, mais il faut te maîtriser* I know you're upset, but you must get a grip on yourself / *sous l'influence de l'alcool, on n'arrive plus à se maîtriser* under the influence of alcohol, one loses (all) control.

Maïzena® [maizena] nf cornflour UK, cornstarch US.

majesté [maʒɛste] nf **1.** [grandeur] majesty, grandeur / *le mont Fuji se dressait devant nous dans toute sa majesté* Mount Fuji stood before us in all its majesty ▸ **majesté divine / royale** divine / royal majesty **2.** [titre] ▸ **Majesté** Majesty / *Sa Très Gracieuse Majesté, la reine Élisabeth* Her Most Gracious Majesty, Queen Elizabeth / *Leurs Majestés veulent-elles bien me suivre?* will Their Majesties kindly follow me? / *Sa Majesté Catholique* HIST His (Catholic) Majesty / *Sa Majesté Très Chrétienne* HIST His Majesty (the King of France) / **'Sa Majesté des Mouches'** *Golding* 'Lord of the Flies'.

❖ **en majesté** loc adj ART [Christ, saint, Vierge] in majesty, enthroned.

majestueusement [maʒɛstɥøzmɑ̃] adv majestically.

majestueux, euse [maʒɛstɥø, øz] adj majestic, stately / *il avait en toute circonstance un port majestueux* his bearing was at all times majestic ou noble ou regal / *le paon est un oiseau majestueux* peacocks are majestic birds / *un palais majestueux* a stately palace.

majeur, e [maʒœʀ] adj **1.** [le plus important] major, greatest / *une des réalisations majeures de notre siècle* one of our century's major ou greatest ou main achievements / *le bonheur de son fils est son souci majeur* his son's happiness is his major ou principal concern / *la majeure partie de son temps / énergie* the major part of his / her time / energy / *la majeure partie des gens* the majority of people, most people ▸ **la raison majeure** the main ou chief reason **2.** [grave] major / *y a-t-il un obstacle majeur à sa venue?* is there any major reason why he shouldn't come? **3.** [adulte] ▸ **être majeur** to be of age / *tu auras une voiture quand tu seras majeur* you'll have a car when you come of age ou when you reach your majority *sout* / *je n'ai pas besoin de tes conseils, je suis majeur (et vacciné) fam* I don't want any of your advice, I'm old enough to look after myself now **4.** CARTES ▸ **tierce / quarte majeure** tierce / quart major **5.** MUS major ▸ **concerto en la majeur** concerto in A major ▸ **gamme majeure** major scale ▸ **le mode majeur** the major key ou mode **6.** RELIG ▸ **causes majeures** causae majores.

❖ **majeur** nm **1.** [doigt] middle finger **2.** LOGIQUE major term **3.** MUS major key ou mode.

❖ **majeure** nf LOGIQUE major premise.

❖ **en majeure partie** loc adv for the most (part) / *son œuvre est en majeure partie hermétique* the major part ou the bulk of his work is abstruse.

Majeur [maʒœʀ] npr ▸ **le lac Majeur** Lake Maggiore.

major [maʒɔʀ] ◆ adj [supérieur par le rang] chief *(modif)*, head *(modif)*. ◆ nm **1.** [dans la marine] ≃ master chief petty officer ▸ **major de vaisseau** HIST commander **2.** UNIV top student *(in the final examination at a grande école)* / *elle était le major de la promotion de 78* she came out first in her year in 1978 **3.** HIST & MIL [chef des services administratifs] adjutant ▸ **(médecin) major** medical officer ▸ **major général** ≃ major general **4.** SUISSE commanding officer. ◆ nf major (company).

majorant [maʒɔʀɑ̃] nm MATH upper bound.

majoration [maʒɔʀasjɔ̃] nf **1.** [vhausse] rise, increase / *procéder à une majoration des prix* to increase prices / *ils demandent une majoration de leurs salaires* they're asking for a wage increase ▸ **majoration d'impôts** surcharge on taxes **2.** [surestimation] overestimation.

majordome [maʒɔʀdɔm] nm majordomo.

majorer [3] [maʒɔʀe] vt **1.** [augmenter] to increase, to raise / *les allocations familiales seront majorées de 15 %* family credit is to be increased by 15% / *tous les impôts impayés avant la fin du mois seront majorés de 5 %* there will be a 5% surcharge ou penalty charge on all taxes not paid by the end of the month **2.** [surestimer] to overestimate ; *sout* [donner trop d'importance à] to overstate, to play up *(sép)* / *il majore son apport personnel dans cette affaire* he plays up his part in this affair **3.** MATH [suite] to majorize ; [sous-ensemble] to contain.

majorette [maʒɔʀɛt] nf (drum) majorette.

majoritaire [maʒɔʀitɛʀ] ◆ adj **1.** [plus nombreux] majority *(modif)* / *les femmes sont majoritaires dans l'enseignement* women outnumber men ou are in the majority in the teaching profession / *quel est le parti majoritaire au Parlement?* which party has the majority ou which is the majority party in Parliament? / **'coton majoritaire'** 'high natural fibre content' **2.** ÉCON & FIN [actionnaire, participation] majority. ◆ nmf member of a majority group / *voter avec les majoritaires* to vote with the majority.

majoritairement [maʒɔʀitɛʀmɑ̃] adv predominantly / *un public majoritairement jeune* a predominantly young audience / *la société est détenue majoritairement par des petits actionnaires* the company is predominantly owned by small shareholders / *c'est le candidat qui est soutenu majoritairement* he's the most popular candidate.

majorité [maʒɔʀite] nf **1.** [le plus grand nombre] majority ▸ **la majorité de** the majority of, most / *la majorité des spectateurs était choqués par la pièce* the majority of ou most spectators were shocked by the play / *dans la majorité des cas* in most cases ▸ **la majorité silencieuse** the silent majority **2.** POL ▸ **la majorité** [parti] the majority, the party in power, the governing party ▸ **avoir la majorité** to have the majority / *ils ont gagné avec une faible / écrasante majorité* they won by a narrow / overwhelming margin ▸ **majorité absolue / simple** absolute / relative majority ▸ **être élu à la majorité absolue** to be elected with an absolute majority **3.** [âge légal] majority ▸ **atteindre sa majorité** to reach one's majority *sout*, to come of age ▸ **à ta majorité a)** [dans l'avenir] when you come of age **b)** [dans le passé] when you came of age ▸ **majorité civile** (attainment of) voting age ▸ **majorité pénale** legal majority **4.** DR majority ▸ **majorité qualifiée** qualified majority.

* In reformed spelling (see p. 16-19).

❖ **en majorité** ◆ loc adj in the majority / *nous sommes en majorité* we are in the majority. ◆ loc adv : *les ouvriers sont en majorité mécontents* most workers ou the majority of workers are dissatisfied.

Majorque [maʒɔʀk] npr Majorca ▸ **à Majorque** in Majorca.

majorquin, e [maʒɔʀkɛ̃, in] adj Majorcan.

❖ **Majorquin, e** nm, f Majorcan.

majuscule [maʒyskyl] ◆ adj **1.** [gén] capital ▸ **B majuscule** capital B **2.** IMPR upper-case ▸ **les lettres majuscules** upper-case letters. ◆ nf **1.** [gén] capital, block letter / *écrivez votre nom en majuscules* write your name in capitals, print your name (in block letters) / *mettez une majuscule à Rome* write Rome with a capital, capitalize Rome *sout* **2.** IMPR upper case, upper-case letter.

maki [maki] nm ring-tailed lemur.

making of [mɛkiŋɔf] nm inv making-of / *un making of de son dernier film* a "making-of" of his / her latest film, a special feature about how his / her latest film was made.

mal[1] [mal] (*pl* **maux** [mo]) ◆ nm **1.** [souffrance physique] pain ▸ **avoir mal** : *où as-tu mal?* where does it hurt?, where is the pain? / *j'ai mal là* it hurts ou it's painful here ▸ **avoir mal au dos** to have backache UK ou a backache US ▸ **j'ai mal aux dents** I've got toothache UK ou a toothache US ▸ **j'ai mal aux oreilles** I've got earache UK ou an earache US / *j'ai mal à la tête* I've got a headache / *avoir mal à la gorge* to have a sore throat / *il a mal au ventre* he has stomachache UK ou a stomachache ▸ **j'ai mal au bras / au pied** my arm / foot hurts ▸ **faire mal à** to hurt / *sa chaussure lui fait mal* his shoe is hurting him / *le dentiste ne te fera pas (de) mal* the dentist won't hurt you / *la piqûre ne vous fera pas mal* the injection won't hurt (you) / *ça vous fait encore mal?* does it still hurt?, is it still hurting you? / *aïe, ça fait mal!* ouch, it ou that hurts! ▸ **se faire mal** to hurt o.s. / *je me suis fait mal à la main* I've hurt my hand ▸ **mal de dents** toothache ▸ **mal de dos** backache ▸ **mal de gorge** sore throat ▸ **mal de tête** headache ▸ **maux de tête** headaches ▸ **maux d'estomac** stomach pains ▸ **contre les maux d'estomac** for stomach pain ▸ **ça me ferait mal** *fam & fig* not on your life ▸ **ça me ferait mal au ventre** *fam & fig* it would make me sick ▸ **ça me ferait mal aux seins** *tfam & fig* it would really piss me off ▸ **ça va faire mal!** *fam & fig* watch it, we're in for it now! / *attention, c'est à moi de jouer, ça va faire mal!* watch out, it's my turn, this is going to be something! ▸ **il n'y a pas de mal! a)** [après un heurt] no broken bones! **b)** [après une erreur] no harm done! ▸ **mettre qqn à mal** ou **à mal qqn** *sout* to manhandle ou to maltreat sb **2.** [maladie, malaise] illness, sickness, disease ▸ **tu vas attraper** ou **prendre du mal** *fam* watch you don't get a cold ▸ **le mal français** ou **napolitain** *arch* syphilis ▸ **mal de l'air** airsickness ▸ **mal blanc** whitlow ▸ **mal de mer** seasickness ▸ **avoir le mal de mer a)** [habituellement] to suffer from seasickness **b)** [au cours d'un voyage] to be seasick ▸ **mal de la route** carsickness **3.** [dommage, tort] harm ▸ **le mal est fait** the damage is done (now) ▸ **faire du mal à qqn** to do sb harm, to harm sb / *bois du lait, ça ne peut pas te faire de mal* drink some milk, it can't do you any harm ▸ **faire du mal à qqch** to do harm to sthg, to harm ou to damage sthg / *les insecticides font-ils plus de mal que de bien?* do insecticides do more harm than good? ▸ **vouloir du mal à qqn** to wish sb ill ou harm / *je ne leur veux aucun mal* I don't wish (to cause) them ou I don't mean them any harm / *il n'y a pas de mal à demander* there's no harm in asking / *et si j'en ai envie, où est le mal?* and if that's what I feel like doing, what harm is there in that? ▸ **dire du mal de qqn** to gossip about sb, to speak ill of sb ▸ **penser du mal de qqn** to think ill of sb ▸ **mal lui en a pris** he's had cause to regret it / *ne le provoquez pas ouvertement, mal vous en prendrait* don't provoke him or you'll live to regret it **4.** [douleur morale] pain ▸ **faire (du) mal à qqn** to hurt sb, to make sb suffer ▸ **quand j'y repense, ça me fait du** ou **ça fait mal** it hurts to think about it / *n'essaie pas de la revoir, ça te ferait du mal* don't try to see her again, it'll only cause you pain ou upset you **5.** [affliction, inconvénient] ill, evil / *c'est un mal nécessaire* it's a necessary evil / *les maux dont souffre leur génération* the ills that plague their generation ▸ **le mal du siècle** LITTÉR world-weariness, Romantic melancholy ▸ **avoir le mal de vivre** to be tired of life ▸ **entre deux maux, il faut choisir le moindre** *prov* always choose the lesser evil ou the lesser of two evils **6.** [difficulté, tracas] trouble *(U)*, difficulty *(U)* ▸ **avoir du mal à faire qqch** to have difficulty (in) ou trouble doing sthg / *j'ai eu beaucoup de mal à te contacter* I've had a lot of trouble getting in touch with you ▸ **j'ai du mal à le comprendre a)** [gén] I have trouble ou difficulty understanding him **b)** [je l'entends mal] I'm having trouble ou difficulty hearing him properly / *j'ai de plus en plus de mal à me souvenir des noms* I'm finding it harder and harder to remember names ▸ **donner du mal à qqn** to give sb trouble ▸ **se donner du mal** : *il a réussi sans se donner de mal* he succeeded without much trouble / *tu ne t'es pas donné trop de mal, à ce que je vois!* I see you didn't exactly take a lot of trouble over it! / *ne vous donnez pas tant de mal pour moi* please don't go to all this trouble on my behalf / *ils s'étaient pourtant donné du mal pour dissimuler leurs traces* and yet they had gone to great lengths to cover their tracks **7.** [par opposition au bien] ▸ **le mal** evil / *il n'a jamais fait le mal* he has never committed any evil act ou done any evil / *faire le mal* RELIG to sin / *le bien et le mal* right and wrong, good and evil / *faire le mal pour le mal* to commit evil for evil's sake ▸ **rendre le mal pour le mal** to give as good as one gets, to answer evil by evil. ◆ adv **1.** [désagréablement] wrong / *tout va mal* everything's going wrong / *ça commence mal, c'est mal parti* things are off to a bad start ▸ **ça va finir mal** ou **mal finir a)** [gén] it'll end in disaster **b)** [à des enfants turbulents] it'll all end in tears ▸ **ça tombe mal** [au mauvais moment] it comes at a bad time / *il sera là aussi, ça tombe mal* he'll be there too, which is unfortunate / *tu tombes mal* you've come at a bad time **2.** [en mauvaise santé] : *aller mal, se porter mal* to be ill ou unwell, to be in poor health / *comment va-t-elle? — mal* how is she? — not (very) well at all ou (very) ill **3.** [défavorablement] badly ▸ **prendre mal qqch, mal prendre qqch** to take sthg badly, to take exception to sthg / *elle a très mal pris que je lui donne des conseils* she reacted badly ou she took exception to my giving her advice ▸ **il prend tout mal** he takes exception to everything / *ne le prends pas mal mais…* I hope you won't be offended but…, don't take it the wrong way but… ▸ **être / se mettre mal avec qqn** to be / to get on the wrong side of sb **4.** [de façon incompétente ou imparfaite] badly, not properly / *ils se plaignent d'avoir été mal accueillis* they complain that they weren't looked after properly ▸ **c'est mal fait** it's not been done properly / *c'est du travail mal fait* it's a shoddy piece of work / *être mal fait (de sa personne)* to be misshapen / *elle n'est pas mal faite* she's got quite a good figure / *cette veste lui va mal* that jacket doesn't suit him / *le vert me va mal* green doesn't suit me / *ça lui va mal de donner des conseils* he's hardly in a position to hand out advice ▸ **je le connais mal** I don't know him very well / *s'ils croient que je vais me laisser faire, ils me connaissent mal!* if they think I'm going to take it lying down, they don't know me very well! ▸ **je comprends mal ce que tu me dis a)** [je ne t'entends pas bien] I can't make out properly what you're saying **b)** [je ne te suis pas] I don't really understand what you're saying ▸ **je dors mal** I have trouble sleeping ▸ **il mange mal a)** [salement] he's a messy eater **b)** [trop peu] he doesn't eat enough **c)** [mal équilibré] he doesn't eat properly ▸ **il parle mal** he can't talk properly ▸ **elle parle mal l'allemand** her German isn't very good ▸ **tu te tiens mal a)** [tu es voûté] you've got poor posture **b)** [à table] you don't have any table manners ▸ **vivre mal qqch** to have a bad time with sthg / *elle a mal vécu sa grossesse* she had a lot of trouble coping with her pregnancy / *je la vois mal en bermuda* I can't quite see her in shorts / *elle se voyait mal le lui demander fam* she couldn't quite imagine ou she couldn't quite see herself asking him ▸ **s'y prendre mal** : *je m'y prends mal* I'm not going about it the right way / *donne l'aiguille, tu t'y prends horriblement mal* hand me the needle, you're getting in a terrible mess / *elle s'y prend mal avec les enfants* she's not very good with children ▸ **mal dessiné** badly drawn / *il a été mal élevé* he was brought up ou raised badly ▸ **mal élevé** bad-mannered, impolite ▸ **mal fermé** not closed properly ▸ **mal habillé** badly dressed, poorly dressed ▸ **mal vu** [peu aimé] poorly thought of **5.** [insuffisamment] badly, poorly ▸ **vivre mal** to have trouble making ends meet ▸ **mal approvisionné** poorly stocked ▸ **être mal nourri a)** [trop peu] to be underfed ou undernourished **b)** [avec de la mauvaise nourriture] to be fed bad ou poor food ▸ **mal payé** badly ou poorly paid **6.** [malhonnêtement -agir] badly ▸ **mal tourner** to turn out badly / *à seize ans, il a commencé à mal tourner* when he was sixteen, he started going to the bad **7.** [inconfortablement] uncomfortably / *être mal assis* to be uncomfortably seated ou uncomfortable / *on dort mal dans ton canapé-lit* your sofa bed isn't very comfortable **8.** EXPR **ça la fiche** *fam* ou **fout** *tfam* **mal** it doesn't look good / *si je n'y vais pas, ça la fiche mal* it won't look good if I don't go. ◆ adj inv **1.** [immoral] wrong ▸ **c'est mal de tricher** it's wrong to cheat / *je n'ai rien dit / fait de mal* I haven't said / done anything wrong **2.** [malade] ill, unwell, not well ▸ **il est très mal** he's in a (very) bad way ▸ **se sentir mal** to feel unwell ▸ **se trouver mal** [s'évanouir] to faint, to pass out, to swoon *sout* **3.** [peu satisfaisant] : *ça n'était pas si mal* [film, repas, prestation] it wasn't that bad **4.** *fam* [fou] mad, crazy.

❖ **au plus mal** loc adj **1.** [très malade] very sick, desperately ill, critical **2.** [fâché] ▸ **être au plus mal avec qqn** to be at loggerheads with sb / *ils sont au plus mal (l'un avec l'autre)* they're at loggerheads (with each other).

❖ **de mal en pis** loc adv from bad to worse.

❖ **en mal de** loc prép : *être en mal d'affection* to be longing ou yearning for love / *être en mal d'inspiration* to be short of ou lacking inspiration.

❖ **mal à l'aise** loc adj uncomfortable, ill at ease / *mal à l'aise dans ses vêtements usés* feeling uncomfortable in his shabby clothes / *je suis mal à l'aise devant elle* I feel ill at ease with her.

❖ **mal à propos** loc adv at the wrong time / *ils sont arrivés mal à propos* they timed their arrival badly, they arrived at the wrong moment / *faire une intervention mal à propos* to speak out of turn.

❖ **mal portant, e** loc adj unwell, in poor health / *elle a toujours été mal portante* she's never been very healthy.

mal[2]**, e** [mal] adj *litt* **1.** [inopportun] ill-timed, untimely **2.** EXPR **à la male heure** [à l'heure de la mort] upon the hour of death.

MAL, Mal (abr de **maison d'animation et des loisirs**) nf ≃ cultural centre.

Mal abr écrite de **maréchal**.

malabar [malabaʀ] nm *fam* [colosse] muscle man, hulk.

Malabar [malabaʀ] npr ▸ **la côte de Malabar** the Malabar Coast.

Malabo [malabo] npr Malabo.

malabsorption [malapsɔʀpsjɔ̃] nf malabsorption.

Malacca [malaka] npr ▸ **(la presqu'île de) Malacca** the Malay Peninsula ▸ **le détroit de Malacca** the Strait of Malacca.

malachite [malakit] nf malachite.

malacologie [malakɔlɔʒi] nf malacology.

malade [malad] ◆ adj **1.** [souffrant] ill, sick, unwell / *une personne malade* a sick person ▸ **un enfant toujours malade** a sickly child ▸ **gravement malade** gravely ou seriously ill / *se sentir malade* to feel ill ou unwell / *se sentir un peu malade* to feel off-colour ▸ **tomber malade** to fall ill / *se faire porter malade fam* to call in ou to report sick ▸ **être malade à crever** *tfam* ou **comme un chien** *fam* **a)** [souffrir] to be incredibly ill ou at death's door *hum* **b)** [vomir] to be sick as a dog ou violently ill / *j'étais là, malade à crever, et ils s'en fichaient tfam* there I was, dying, and they didn't give a damn **2.** [atteint d'une lésion] bad, diseased / *avoir une dent malade* to have a bad ou diseased ou rotten tooth / *avoir une jambe malade* to have a bad ou gammy UK leg ▸ **avoir le cœur malade** to have a heart condition ou heart trouble / *j'ai les intestins malades, je suis malade des intestins* I have troubles with my intestines / *une vigne malade* a diseased vine / *cette année les pommiers sont malades* the apple trees have got a disease this year **3.** [nauséeux] sick ▸ **je suis malade en bateau / voiture / avion** I suffer from seasickness / carsickness / airsickness ▸ **rendre qqn malade** to make sb sick ou ill **4.** [dément] (mentally) ill ou sick / *avoir l'esprit malade* to be mentally ill **5.** [en mauvais état] decrepit, dilapidated / *la vieille maison est bien malade* the old house is rather decrepit ou is in rather a sorry state / *des jouets / livres plutôt malades* toys / books in a rather dilapidated condition / *nous avons une économie malade* our economy is sick ou shaky ou ailing / *la France malade de l'inflation (allusion à La Fontaine)* France, sick ou crippled with inflation **6.** [affecté moralement] ill, sick ▸ **malade de jalousie** sick with jealousy, horribly jealous / *malade de peur* sick with fear ▸ **malade d'inquiétude** sick ou ill with worry ▸ **ça me rend malade** : *ça me rend malade de la voir si démunie* it makes me ill to see her so penniless / *et pourtant c'est elle qui a eu le poste — tais-toi, ça me rend* ou *j'en suis malade!* all the same, she's the one who got the job — don't, it makes me sick ou vomit! / *quand j'ai su qu'il n'y avait plus de place, j'en étais malade* when I heard there were no seats left I could have cried **7.** *fam* [déraisonnable] mad, crazy / *ne hurle pas comme ça, tu es malade ou quoi* stop yelling like that, are you off your head? / *du whisky avec de la vodka, il est malade, celui-là* *fam* whisky mixed with vodka, that guy's sick ou out of his mind! / *ils veulent en plus qu'on paie la TVA, ils sont malades!* and what's more they want us to pay VAT, they're off their heads ou they're crazy! ◆ nmf **1.** [patient - gén] sick person, sick man (woman) ; [- d'un hôpital, d'un médecin] patient ; [sujet atteint] sufferer / *les malades en phase terminale* terminal patients / *dans les cas aigus, le malade ressent une vive douleur* in acute cases, the sufferer feels a sharp pain ▸ **c'est un malade imaginaire** he's a hypochondriac ▸ **les grands malades** the seriously ill / **'le Malade imaginaire'** *Molière* 'The Imaginary Invalid' **2.** [dément] ▸ **malade (mental)** mentally ill ou sick person ; DR : *l'accusé est un malade* the defendant is a sick man ou has a sick mind *péj* ou is mentally ill ▸ **comme un malade** *fam* like a madman / *j'ai paniqué comme un malade* I panicked like mad / *on a travaillé comme des malades pour finir à temps* we worked like lunatics to finish on time **3.** *fam* [passionné] : *un malade de la vitesse* a speed fiend ou freak / *ce sont des malades du golf* they're golf-crazy.

maladie [maladi] nf **1.** [mauvaise santé] illness, ill health, sickness / *il n'a jamais pu réintégrer son service à cause de la maladie* due to ill-health, he never went back to his job **2.** MÉD & VÉTÉR [mal spécifique] illness, disease ▸ **une petite maladie** an ailment, a minor illness ▸ **une maladie grave** a serious illness / *il est mort des suites d'une longue maladie* he died after a long illness / *il est venu me consulter, se plaignant d'une vague maladie* he came to see me complaining of a vague illness / *quelle est l'évolution probable de cette maladie?* how is this illness likely to develop? / *il a toujours souffert d'une maladie vasculaire* he has a history of vascular disease / *la maladie peut avoir des suites* there may be complications / *la maladie qui l'a emportée* her last ou fatal illness / **'fermé pour cause de maladie'** 'closed due to illness' ▸ **être en congé maladie** ou **en maladie** *fam* to be on sick leave ou off sick / *elle est toujours en maladie* she's always off sick / *je vais me mettre en maladie* I'm going to take some sick leave ou time off sick ▸ **être en longue maladie** to be on indefinite sick leave ▸ **maladie contagieuse / héréditaire** contagious / hereditary disease ▸ **la maladie de Parkinson / d'Alzheimer** Parkinson's / Alzheimer's disease ▸ **la maladie bleue** cyanosis, blue disease / *il avait la maladie bleue à la naissance* he was blue at birth ▸ **maladie de carence** deficiency disease ▸ **maladie chronique** chronic illness ou condition ▸ **maladie infantile** childhood illness, infantile disorder ▸ **maladie infectieuse** infectious disease ▸ **la maladie du légionnaire** legionnaire's disease ▸ **maladie de Lyme** Lyme disease ▸ **maladie mentale** mental illness ou disorder ▸ **maladie mortelle** fatal disease ou illness ▸ **maladie orpheline** orphan disease ou illness ▸ **maladie professionnelle** occupational ou industrial disease ▸ **maladie sexuellement transmissible** sexually transmissible ou transmitted disease ▸ **maladie vénérienne** venereal disease, VD ▸ **c'est une bonne maladie!** *fam & hum* that's no bad thing!, that's a good sign! **3.** BOT disease / *les pruniers ont tous eu la maladie* all the plum trees got diseased ou the disease **4.** [obsession] obsession / *la peur du noir peut devenir une maladie* fear of the dark can turn into a phobia / *elle a encore rangé tous mes journaux, c'est une maladie chez elle!* *hum* she's tidied up all my papers again, it's an obsession with her! / *j'adore le fromage, c'est une véritable maladie!* *hum* I love cheese, I just can't get enough of it! ▸ **en faire une maladie** *fam* to make a huge fuss / *il n'y a pas de quoi en faire une maladie!* no need to make a song and dance about it ou to throw a fit!

maladif, ive [maladif, iv] adj **1.** [personne] puny, sickly ; [teint] sickly-looking, unhealthy ; [constitution] weak / *il a toujours un air maladif* he always looks rather unhealthy ou ill **2.** [compulsif] obsessive, pathological *fig* ▸ **d'une sensibilité maladive** acutely sensitive ▸ **d'une jalousie maladive** pathologically ou obsessively jealous / *elle est d'une inquiétude maladive* she's a pathological ou an obsessive worrier / *il adore les jeux d'argent, c'est maladif* he's a compulsive gambler ou he can't stop gambling, it's like a disease (with him).

maladivement [maladivmɑ̃] adv [à l'excès] pathologically, morbidly / *elle est maladivement timide* she's excessively shy.

maladresse [maladʀɛs] nf **1.** [manque de dextérité] clumsiness, awkwardness / *ne le laisse pas porter les verres, il est d'une telle maladresse!* don't let him carry the glasses, he's so clumsy! ; [manque de tact] clumsiness, tactlessness / *la maladresse de son intervention peut compromettre toute la campagne* the whole campaign may be jeopardized because of his tactless initiative ; [manque d'assurance] awkwardness / *en société, il est d'une grande maladresse* he's very awkward ou gauche in people's company **2.** [remarque, acte] faux pas *sout*, blunder, gaffe ▸ **ses maladresses étaient devenues légendaires a)** [remarques] he'd become famous for his tactless remarks ou for (always) saying the wrong thing **b)** [actes] he'd become famous for his blunders / *le but a été marqué sur une maladresse de la défense* the goal was the result of a blunder ou slip-up by the defence **3.** ÉDUC : *bon devoir, mais des maladresses* good work if somewhat awkward in places.

maladroit, e [maladʀwa, at] ◆ adj **1.** [manquant de dextérité] clumsy, awkward, heavy-handed **2.** [manquant - de savoir-faire] clumsy, inept ; [- d'assurance] clumsy, awkward, gauche ; [- de tact] clumsy, tactless, heavy-handed / *une initiative maladroite* a clumsy ou bungling initiative. ◆ nm, f **1.** [de ses mains] clumsy person / *attention, maladroit, tu as failli lâcher la tasse!* look out, butterfingers, you nearly dropped the cup! **2.** [gaffeur] blunderer, blundering fool ; [incompétent] blithering idiot.

maladroitement [maladʀwatmɑ̃] adv **1.** [sans adresse] clumsily, awkwardly / *ils s'y sont pris maladroitement* they set about it the wrong way **2.** [sans tact] clumsily, tactlessly, heavy-handedly.

malaga [malaga] nm **1.** [vin] Malaga (wine) **2.** [raisin] Malaga grape.

Malaga [malaga] npr Malaga.

mal-aimé, e [maleme] (*mpl* **mal-aimés**, *fpl* **mal-aimées**) nm, f outcast / *c'est le mal-aimé de la famille* he's the unpopular one in the family / *il a été le mal-aimé de cette génération de réalisateurs* he was the forsaken member of that generation of (film) directors / *les mal-aimés de la société* social outcasts.

malais, e [malɛ, ɛz] adj Malay, Malayan, Malaysian / *la presqu'île Malaise* the Malay Peninsula.

❖ **Malais, e** nm, f Malay, Malayan, Malaysian.

❖ **malais** nm LING Malay.

malaise [malɛz] nm **1.** [indisposition] (sudden) weakness, faintness, malaise *sout* ▸ **ressentir un malaise** to feel weak ou faint ou dizzy ; [évanouissement] fainting fit, blackout ▸ **j'ai eu un malaise** I had a blackout **2.** [désarroi, angoisse] uneasiness *(U)*, anxiety *(U)*, disquiet *(U)* / *ce genre de film provoquait toujours chez elle un malaise profond* this sort of film always disturbed her deeply **3.** [mécontentement] discontent, anger / *il y a un malaise croissant chez les viticulteurs* there's mounting tension ou discontent among wine growers **4.** [gêne] unease, awkwardness / *la remarque a créé un malaise* the remark caused a moment of unease ou embarrassment.

malaisé, e [maleze] adj *sout* difficult, hard, arduous / *il sera malaisé de lui apprendre la vérité* telling him the truth will be no easy matter.

malaisément [malezemɑ̃] adv *sout* with difficulty.

Malaisie [malɛzi] npr f ▸ **(la) Malaisie** Malaya.

malaisien, enne [malɛzjɛ̃, ɛn] adj Malaysian.

❖ **Malaisien, enne** nm, f Malaysian.

malandrin [malɑ̃dʀɛ̃] nm **1.** *litt* robber, thief / *une bande de malandrins* a band of miscreants *litt* **2.** HIST highwayman.

malappris, e [malapʀi, iz] *vieilli* ◆ nm, f boor, lout / *eh bien, jeune malappris, allez-vous me laisser passer!* well, you ill-bred young lout, are you going to let me past or not? / *cette petite malapprise me tirait la langue!* that rude little minx stuck her tongue out at me! ◆ adj boorish, loutish, ill-mannered.

malaria [malaʀja] nf malaria.

Malassis [malasi] npr ▸ **la coopérative des Malassis** *group of painters founded in 1970 (Henri Cuéco, Lucien Fleury, Jean-Claude Latil, Michel Parré and Gérard Tisserand).*

malaudition [malodisjɔ̃] nf MÉD hearing loss, hardness of hearing / *souffrir de malaudition* to be hearing-impaired ou hard of hearing.

malavisé, e [malavize] adj *sout* unwise, ill-advised, misguided / *tu as été malavisé de ne pas venir* it was unwise of you ou you were ill-advised not to come.

Malawi [malawi] npr m **1.** [État] ▸ **le Malawi** Malawi **2.** [lac] ▸ **le lac Malawi** Lake Malawi.

malawite [malawit] adj Malawian.

❖ **Malawite** nmf Malawian.

malaxage [malaksaʒ] nm [d'une pâte] kneading ; [d'un mélange] mixing.

malaxer [3] [malakse] vt **1.** [mélanger] to mix, to blend ; [pétrir - pâte] to knead / *malaxer le beurre pour le ramollir* work the butter until soft **2.** [masser] to massage / *elle me malaxait vigoureusement l'épaule* she was giving my shoulder a vigorous massage.

malaxeur [malaksœʀ] nm [gén] mixer, mixing machine ; [de béton] cement mixer ; [de sucre] mixer, agitator.

Malaysia [malɛzja] npr f ▸ **(la) Malaysia** Malaysia ▸ **(la) Malaysia occidentale** Malaya.

malbâti, e [malbati] *sout* ◆ adj misshapen, ill-proportioned. ◆ nm, f misshapen person.

malbouffe [malbuf] nf junk food, bad food.

malchance [malʃɑ̃s] nf **1.** [manque de chance] bad luck, misfortune / *il a eu la malchance de...* he was unlucky ou unfortunate enough to..., he had the misfortune to... ▸ **jouer de malchance** to be dogged by ill fortune **2.** [mésaventure] mishap, misfortune / *une série de malchances* a run of bad luck, a series of mishaps ou misfortunes.

❖ **par malchance** loc adv unfortunately / *par malchance ils sont passés à Paris quand j'étais absent* unfortunately, they came to Paris when I was away.

malchanceux, euse [malʃɑ̃sø, øz] ◆ adj unlucky, luckless ▸ **spéculateurs malchanceux** unlucky ou luckless ou hapless speculators / *il a toujours été malchanceux* he's never had any luck / *être malchanceux au jeu / en amour* to be unlucky at gambling / in love. ◆ nm, f unlucky person, unlucky man (woman).

malcommode [malkɔmɔd] adj *sout* [appareil] impractical ; [fauteuil, vêtement, position] uncomfortable ; [horaire, système] inconvenient, awkward.

Maldives [maldiv] npr fpl ▸ **les (îles) Maldives** the Maldive Islands, the Maldives. ⟶ **île**

maldivien, enne [maldivjɛ̃, ɛn] adj Maldivian.

❖ **Maldivien, enne** nm, f Maldivian.

maldonne [maldɔn] nf **1.** JEUX misdeal / *tu as fait maldonne* you misdealt **2.** *fam & fig* ▸ **il y a maldonne** there's been a misunderstanding.

Male [mal] npr Malé.

mâle [mal] ◆ adj **1.** BIOL male ▸ **le sexe mâle** the male sex **2.** [viril] virile, masculine, manly / *son beau visage mâle* his handsome, manly face / *avec une mâle assurance* with robust confidence / *une belle voix mâle* a fine manly voice **3.** TECHNOL male / *vis / connexion mâle* male screw / connection ▸ **prise mâle** plug **4.** [avec des noms d'animaux] male ▸ **canard mâle** drake ▸ **chat mâle** tom, tomcat ▸ **cygne mâle** male swan, cob ▸ **éléphant mâle** bull elephant / *hamster / hérisson mâle* male hamster / hedgehog ▸ **lapin mâle** buck rabbit ▸ **loup mâle** male wolf, he-wolf ▸ **ours mâle** male bear, he-bear ▸ **pigeon mâle** cock pigeon ▸ **renard mâle** dog fox. ◆ nm male / *le mâle de l'espèce* the male of the species / *est-ce un mâle ou une femelle?* it is a he or a she? / *le jars est le mâle de l'oie* a gander is a male goose / *la tigresse est à la recherche d'un mâle* the tigress is looking for a mate / *quel mâle!* *fam & hum* what a man! / *hériter par les mâles* DR to inherit through the male line.

malédiction [malediksjɔ̃] ◆ nf **1.** [imprécation] curse, malediction *sout* ▸ **donner sa malédiction à qqn** to call down a curse upon sb, to curse sb / *que la malédiction te poursuive!* a curse on you ou on your head! / *cette malédiction poursuivra la famille pendant trois générations* this curse will hang over the family for three generations **2.** [malheur] malediction *litt* / *encourir la malédiction divine* to incur the wrath of God ou of the gods / *comme si le sort les poursuivait de sa malédiction* as if fate had cast her evil eye on them. ◆ interj *hum* curses, curse ou damn it / *malédiction, le revoilà!* curses, here he comes again!

maléfice [malefis] nm evil spell ou charm ▸ **jeter un maléfice sur qqn** to cast an evil spell on sb / *écarter un maléfice* to ward off an evil spell.

maléfique [malefik] adj [charme, signe, personne] evil, malevolent ; [émanation, influence] evil, cursed ; [étoile, planète] unlucky / *les puissances maléfiques* the forces of evil.

malencontreusement [malɑ̃kɔ̃tʀøzmɑ̃] adv ill-advisedly / *ayant malencontreusement gardé ses lettres* having ill-advisedly kept ou having been ill-advised enough to have kept his letters.

malencontreux, euse [malɑ̃kɔ̃tʀø, øz] adj [fâcheux - retard, tentative, visite] ill-timed, inopportune ; [mal choisi - parole] inopportune, ill-advised, unfortunate / *un malencontreux incident diplomatique* an unfortunate diplomatic incident / *par un hasard malencontreux* by a stroke of ill luck.

mal(-)en(-)point [malɑ̃pwɛ̃] adj inv [en mauvais état - de santé] in a bad way, poorly ; [- financier] badly off ; [en mauvaise situation] in a bad ou poor way ▸ **je l'ai trouvé mal-en-point** I found him very much out of sorts / *le candidat est mal-en-point* the candidate is in a bad position ou is badly placed / *l'industrie textile est mal-en-point* the textile industry is in a bad way ou a sorry state.

malentendant, e [malɑ̃tɑ̃dɑ̃, ɑ̃t] ◆ adj hard-of-hearing. ◆ nm, f person who is hard-of-hearing ▸ **les malentendants** the hard of hearing, the partially deaf.

malentendu [malɑ̃tɑ̃dy] nm misunderstanding, malentendu *sout* / *je répète pour qu'il n'y ait pas de malentendu* I'll say it again so there's no misunderstanding / *attends, je crois qu'il y a un malentendu (entre nous)* wait, I think we're at cross purposes / *un malentendu diplomatique* a diplomatic misunderstanding.

mal-être [malɛtʀ] nm discontent.

Malevitch [malevitʃ] npr Malevich.

malfaçon [malfasɔ̃] nf defect / *la construction présente de nombreuses malfaçons* there are many defects in the building.

malfaisant, e [malfəzɑ̃, ɑ̃t] adj **1.** *sout* [qui cherche à nuire] evil, wicked / *un homme malfaisant* an evil man **2.** [néfaste, pernicieux] evil, pernicious, noxious / *on dit que cette pierre a un pouvoir malfaisant* this stone is said to have evil powers / *des idées malfaisantes* pernicious ideas.

malfaiteur [malfɛtœʀ] nm criminal.

malfamé, e, mal famé, e [malfame] adj rough / *il habite dans un quartier malfamé* he lives in a rough neighbourhood.

malformation [malfɔʀmasjɔ̃] nf ▸ **malformation (congénitale)** (congenital) malformation.

malfrat [malfʀa] nm gangster, crook, hoodlum.

malgache [malgaʃ] adj Madagascan, Malagasy.

❖ **Malgache** nmf Madagascan, Malagasy.

❖ **malgache** nm LING Madagascan, Malagasy.

malgré [malgʀe] prép in spite of, despite / *il est sorti malgré la pluie* he went out in spite of ou despite the rain / *il a pénétré dans l'enceinte malgré les ordres* he entered the area against orders / *malgré tous les avis contraires, il a essayé à nouveau* in spite of ou despite all advice to the contrary, he tried again ▸ **malgré soi a)** [involontairement] unwillingly, in spite of oneself **b)** [à contrecœur] reluctantly, against one's better judgment **c)** [forcé] against one's will / *il a laissé voir malgré lui à quel point il était gêné* he revealed in spite of himself ou he unwillingly revealed how embarrassed he was / *j'ai consenti, bien malgré moi* I agreed, very reluctantly ou much against my better judgment / *on l'a conduit malgré lui au poste de police le plus proche* they took him against his will ou by force to the nearest police station / *c'est tout à fait malgré lui qu'il a dû quitter son pays natal* he left his native country entirely against his will.

❖ **malgré que** loc conj **1.** [bien que] although, despite the fact that / *malgré qu'il fasse froid* despite the fact that ou although it's cold **2.** EXPR **malgré que j'en aie / qu'il en ait** *litt* however reluctantly.

❖ **malgré tout** loc adv **1.** [en dépit des obstacles] in spite of ou despite everything / *je réussirai malgré tout* I'll succeed in spite of everything / *malgré tout, ils ont réuni la somme nécessaire* despite everything, they raised the required amount **2.** [pourtant] all the same, even so / *c'était malgré tout un grand champion* all the same, he was a great champion / *il faut dire une chose malgré tout...* even so, one thing has to be said... / *c'est convaincant mais malgré tout je n'y crois pas* it's convincing but all the same ou nevertheless ou even so, I don't believe it.

malhabile [malabil] adj **1.** [maladroit] clumsy / *elle est malhabile de ses doigts* she's all fingers and thumbs **2.** *litt* [inapte] : *il a toujours été malhabile à marchander* he's always lacked skill ou been bad at haggling.

malhabilement [malabilmɑ̃] adv *sout* clumsily, awkwardly.

malheur [malœʀ] ◆ nm **1.** [incident] misfortune / *un grand malheur* a (great) tragedy ou catastrophe / *un petit malheur* a (slight) mishap / *le pays a eu ou connu beaucoup de malheurs à cette époque* the country experienced great misfortune ou hardship at that time / *eh bien, tu en as des malheurs!* *iron* oh dear, it's not your day, is it? / *il a dû lui arriver malheur* something (terrible) must have happened to her / *si jamais il lui arrive (un) malheur* if (ever) anything happens to him ▸ **en cas de malheur** if anything awful should happen ▸ **faire un malheur** *fam* : *ne le laissez pas rentrer ou je fais un malheur* don't let him in or I can't answer for the consequences / *elle passait en première partie et c'est elle qui a fait un malheur* she was the supporting act but it was she who brought the house down / *cette chanson a fait un malheur en son temps* that song was a huge success in its day / *son bouquin a fait un malheur en librairie* her book was a runaway success in the bookshops ▸ **un malheur est si vite arrivé** : *je verrouille la grille quand les enfants sont dans le jardin, un malheur est si vite arrivé!* I lock the gate when the children are in the garden, you can't be too careful! / *pose cette tasse, un malheur est si vite arrivé!* put that cup down before there's an accident! ▸ **parle pas de malheur!** *fam* God forbid!, Lord save us! / *ils veulent tous venir chez toi — parle pas de malheur!* they all want to come to your place — oh please no! ▸ **un malheur ne vient** ou **n'arrive jamais seul** *prov* it never rains but it pours *prov* / *et maintenant, j'apprends qu'il est malade, un malheur ne vient jamais seul!* and now I hear he's ill, if it's not one thing (then) it's another! **2.** [malchance] ▸ **le malheur** misfortune, bad luck / *le malheur a voulu que...* as bad luck would have it... ▸ **avoir le malheur de** to be unfortunate enough to, to have the misfortune to / *j'ai eu le malheur de perdre mon père jeune* I had the ou it was my misfortune to lose my father when I was young / *j'ai eu le malheur de lui dire de se taire!* I was foolish enough to ask her ou I made the mistake of asking her to be quiet! / *une vie marquée par le malheur* a life of misfortune ou sorrow ▸ **être dans le malheur** to suffer misfortunes ou hard times / *faire l'expérience du malheur* to taste misfortune / *montrer du courage dans le malheur* to show courage in the face of adversity ou hardship ▸ **porter malheur à qqn** to bring sb bad luck / *c'est toi qui m'as porté malheur!* you've jinxed me! / *arrête, ça porte malheur!* stop, it brings bad luck! ▸ **pour son / mon / ton malheur** : *je l'ai bien connu, pour mon malheur* I knew him well, more's the pity / *pour son malheur, il était l'aîné de six enfants* unfortunately for him, he was the oldest of six ▸ **jouer de malheur** : *je joue de malheur en ce moment* I'm dogged by ou I've got a run of bad luck at the moment ▸ **c'est dans le malheur qu'on connaît ses vrais amis** *prov* a friend in need is a friend indeed *prov* **3.** [désespoir] ▸ **faire le malheur de qqn** to cause sb unhappiness, to bring sorrow to sb / *elle avait rencontré l'homme qui allait faire son malheur* she'd met the man who was to be the curse ou bane of her life ▸ **le malheur des uns fait le bonheur des autres** *prov* one man's joy is another man's sorrow *prov* **4.** [inconvénient] trouble, problem / *le malheur c'est que j'ai perdu l'adresse* unfortunately, ou the trouble is I've lost the address / *son mari ne l'a jamais crue, c'est là le malheur!* her husband never believed her, there's the tragedy (of it)! / *sans permis de travail, pas de possibilité d'emploi, c'est ça le malheur* without a work permit you can't get a job, that's the snag ou the problem ▸ **quel malheur que...** what a shame ou pity that... ◆ interj damn / *malheur, mon lait qui se sauve!* oh, damn, the milk's boiling over! ▸ **malheur à** woe betide *litt* ou *hum* / *malheur à toi et à toute ta descendance!* a curse on you and all your family! ▸ **malheur à l'homme par qui le scandale arrive** BIBLE woe to that man by whom the offence cometh ▸ **malheur aux vaincus!** *(allusion à Brennus)* vae victis!, woe to the vanquished!

❖ **de malheur** loc adj *fam & hum* accursed, wretched / *je ne remonterai plus sur ce vélo de malheur* I'll never ride that wretched ou accursed bike again.

❖ **par malheur** loc adv unfortunately / *par malheur, j'ai laissé la porte ouverte* unfortunately, I left the door open / *par malheur, son fils est né avec la même maladie* sadly, her son was born with the same disease.

malheureusement [malœʀøzmɑ̃] adv unfortunately / *je ne retrouve malheureusement pas mon agenda* unfortunately, ou I'm afraid I can't lay hands on my diary / *malheureusement pour toi, il ne reste plus de petites tailles* you're out of luck, there are no small sizes left / *malheureusement, elle est morte le lendemain* sadly, she died the next day.

malheureux, euse [malœʀø, øz] ◆ adj **1.** [peiné] unhappy, miserable, wretched / *il est malheureux s'il ne peut pas sortir* he's miserable ou unhappy when he can't go out / *je suis malheureux de ne pouvoir l'aider* I feel sad ou wretched at not being able to help him / *leur air malheureux en disait long* their unhappy ou miserable faces spoke volumes ▸ **rendre qqn malheureux** to make sb miserable ou unhappy / *il l'a rendue malheureuse toute sa vie* he made her life a misery, he caused her lifelong unhappiness / *n'y pense plus, tu ne fais que te rendre malheureux* don't think about it any more, you're only making yourself miserable ▸ **malheureux en ménage** unhappily married ▸ **être malheureux comme une pierre** ou **les pierres** to be dreadfully unhappy **2.** [tragique - enfance] unhappy ; [- destin] cruel / *sans le savoir, nous entrions dans une époque malheureuse* without knowing it, we were entering a cruel period **3.** [malchanceux] unfortunate, unlucky / *les candidats malheureux recevront une montre digitale* the unlucky losers will receive a digital watch / *le candidat malheureux verra ses frais de déplacement remboursés* the unsuccessful candidate will have his travel expenses paid ▸ **il est malheureux au jeu / en amour** he has no luck with gambling / women ; *(avant nom)* : *les malheureux réfugiés / sinistrés* the unfortunate refugees / victims / *la malheureuse femme ne savait rien de la catastrophe* nobody had told the poor ou unfortunate ou wretched woman about the catastrophe **4.** [infructueux - initiative, effort] thwarted ; [- amour] unrequited ; [malencontreux - tentative] unfortunate, ill-fated ; [- conséquences] unfortunate, unhappy ; [- incident] unfortunate / *son intervention a eu des suites malheureuses* her action had some unfortunate ou unhappy consequences / *oublions tout de ce malheureux incident* ou *de cet incident malheureux* let's forget this unfortunate incident / *par un malheureux hasard* by an unfortunate coincidence, as bad luck would have it / *parler de suicide devant elle, le mot était malheureux* it was rather clumsy ou unfortunate to talk about suicide in front of her ▸ **ce n'est pas malheureux!** *fam* about time too!, not a moment too soon! **5.** *(avant nom)* [insignifiant] : *pleurer ainsi pour un malheureux parapluie perdu / une malheureuse piqûre!* all these tears for a stupid lost umbrella / a tiny little injection! / *ne nous battons pas pour quelques malheureux centimes* let's not fight over a few measly centimes / *sur le plat il n'y avait qu'un malheureux poulet et deux poireaux* on the dish there was just a pathetic-looking chicken and a couple of leeks **6.** [dans des tournures impersonnelles] : *il est malheureux que vous ne l'ayez pas rencontré* it's unfortunate ou a pity ou a shame you didn't meet him / *il est malheureux que le gouvernement n'ait pas compris cet appel* it is to be regretted that the Government didn't hear that plea / *ce serait malheureux de ne pas en profiter* it would be a pity ou shame not to take advantage of it ▸ **c'est malheureux à dire** : *c'est malheureux à dire, mais c'est la vérité* it's an awful thing to say, but it's the truth / *c'est malheureux à dire, mais je m'ennuie* I hate to say so but I'm bored ▸ **si c'est pas malheureux (de voir / d'entendre ça)!** *fam* it's a (crying) shame (to see / to hear that)! ◆ nm, f **1.** [indigent] poor ou needy man (woman) / *secourir les malheureux* to help the poor ou the needy ou those in need **2.** [personne pitoyable] unfortunate ou wretched man (woman) / *il est bien seul maintenant, le pauvre malheureux* he's very much on his own now, the poor devil / *le malheureux ne comprenait rien à ce qui se passait* the poor wretch ou soul didn't understand anything that was going on / *faire un malheureux* [attrister qqn] to make someone unhappy / *vous allez faire des malheureux avec votre nouvelle taxe* you'll make some people (very) unhappy with your new tax / *elle a fait plus d'un malheureux quand elle s'est mariée* she made more than one man unhappy ou broke quite a few hearts when she got married ▸ **attention, petit malheureux!** careful, you wretched boy ou little wretch! / *qu'as-tu dit là, malheureux!* honestly, what a thing to say!

malhonnête [malɔnɛt] ◆ adj **1.** [sans scrupules] dishonest, crooked / *c'est malhonnête de sa part* it's dishonest of him **2.** *vieilli* [impoli] rude, impolite, uncivil. ◆ nmf cheat, crook.

malhonnêtement [malɔnɛtmɑ̃] adv **1.** dishonestly **2.** *vieilli* [impoliment] rudely.

malhonnêteté [malɔnɛtte] nf **1.** [manque de probité] dishonesty, crookedness ▸ **malhonnêteté intellectuelle** intellectual dishonesty **2.** *vieilli* [impolitesse] rude remark / *il m'a dit une malhonnêteté* he said something rude to me.

mali [mali] nm BELG deficit.

Mali [mali] npr m ▸ **le Mali** Mali / *elle vit au Mali* she lives in Mali / *ils partent pour le* ou *au Mali* they're leaving for Mali.

malice [malis] nf mischievousness, impishness, prankishness / *il a de la malice, ce petit-là!* he's a mischievous ou cheeky little thing, that one! / *il n'y a vu aucune malice de leur part* *sout* he didn't think they meant anything by it ▸ **un regard plein** ou **pétillant de malice** an impish ou a mischievous look ▸ **ne pas entendre malice à qqch** *sout* : *je suis sûre qu'elle n'y entendait pas malice* I'm sure she didn't mean any harm (by it).

❖ **sans malice** ◆ loc adj guileless, innocent. ◆ loc adv : *je me suis moqué de lui, mais c'était sans malice* I made fun of him but it wasn't serious.

⚠ Le mot anglais **malice** signifie « méchanceté », « malveillance » et non espièglerie.

malicieusement [malisjøzmɑ̃] adv mischievously, impishly.

malicieux, euse [malisjø, øz] adj mischievous, impish / *elle a la repartie malicieuse* she's never at a loss for a smart answer.

⚠ **Malicious** signifie « méchant », « malveillant », et non malicieux.

malien, enne [maljɛ̃, ɛn] adj Malian.

❖ **Malien, enne** nm, f Malian.

maligne [maliɲ] f ⟶ **malin.**

malignement [maliɲmɑ̃] adv [avec méchanceté] spitefully ; [par méchanceté] out of spite.

malignité [maliɲite] nf **1.** [d'une action, d'une personne] malice, spitefulness, spite ; [du sort] cruelty / *la malignité de cette remarque n'échappa à personne* the spitefulness of the remark wasn't lost on anyone **2.** MÉD malignancy.

malin, igne [malɛ̃, iɲ] ◆ adj **1.** [rusé] cunning, crafty, shrewd / *elle avait un petit air malin* she had a wily ou cunning look about her ▸ **être malin comme un singe** to be as cunning as a fox / *à trois ans, il était déjà malin comme un singe* at three years of age he was already an artful little monkey ▸ **jouer au plus malin avec qqn** to try and outsmart ou outwit sb **2.** [intelligent] bright, clever, smart US ▸ **elle est très maligne** she's very smart ou bright / *tu te crois malin d'avoir copié sur les autres?* so you think cribbing from the others was a clever thing to do? ▸ **c'est malin!** *iron* very clever! ▸ **bien malin qui comprendra** it'll take a genius to understand that / *alors, 224 multiplié par 2, ce n'est pourtant pas bien malin!* so, 224 times 2, that's not so hard ou that's not taxing your brain too much, is it? **3.** MÉD [tumeur] malignant **4.** [malveillant] : *elle mettait une joie maligne à me poser les questions les plus difficiles* she would take a perverse pleasure in asking me the most difficult questions ▸ **éprouver un malin plaisir à faire qqch** to experience (a) malicious pleasure in doing sthg ▸ **l'esprit malin** the Devil. ◆ nm, f clever person / *c'est un malin, il trouvera bien une solution* he's a bright spark, he'll find a way ▸ **gros malin** *fam & iron* : *gros malin, va!* very clever! / *alors, gros malin, montre-nous ce que tu sais faire* *fam & iron* OK, wise guy, show us what you can do ▸ **petit malin** : *la petite maligne avait tout prévu* the crafty little so-and-so had thought of everything / *les petits malins qui doublent sur une ligne blanche* *iron* the smart alecks ou clever dicks UK who overtake on a solid white line ▸ **faire le malin** : *arrêtez de faire les malins!* stop messing about! / *fais pas le malin avec moi* don't (you) get smart with me ▸ **à malin, malin et demi** *prov* there's always somebody smarter than you somewhere.

❖ **Malin** nm ▸ **le Malin** the Devil, the Evil One.

malingre [malɛ̃gʀ] adj puny, sickly, frail / *son corps malingre* her puny ou frail body.

malinois [malinwa] nm Belgian sheepdog.

malintentionné, e [malɛ̃tɑ̃sjɔne] adj nasty, spiteful / *des propos malintentionnés* malicious ou spiteful remarks ▸ **être malintentionné à l'égard de** ou **envers qqn** to be ill-disposed towards sb.

malique [malik] adj malic.

malle [mal] nf **1.** [valise] trunk / *faire sa malle* ou *ses malles* to pack one's bags ▸ **se faire la malle** *fam* : *allez, on se fait la malle!* come on, let's split! / *quand je suis revenu, elle s'était fait la malle* when I got back she'd flown the coop **2.** *vieilli* AUTO boot UK, trunk US **3.** TRANSP ▸ **la Malle des Indes** HIST the Indian Mail ▸ **la Malle d'Anvers** BELG the Antwerp ferry.

malléabilisation [maleabilizasjɔ̃] nf malleabilizing.

malléabiliser [3] [maleabilize] vt to malleabilize.

malléabilité [maleabilite] nf **1.** [souplesse] flexibility, malleability, pliability **2.** MÉTALL malleability.

malléable [maleabl] adj **1.** [cire] soft ; [caractère, personnalité] easily influenced ou swayed *péj* / *elle n'est pas très malléable* she's rather rigid ou inflexible **2.** MÉTALL malleable.

malléole [maleɔl] nf malleolus.

malle-poste [malpɔst] (*pl* **malles-poste**) nf mail-coach.

mallette [malɛt] nf **1.** [valise] suitcase ; [porte-documents] attaché case, briefcase ; [trousse à outils] tool box **2.** BELG [cartable d'écolier] satchel.

mal-logé, e [mallɔʒe] (*mpl* **mal-logés**, *fpl* **mal-logées**) nm, f person living in bad housing ▸ **les mal-logés** the badly housed, the poorly housed.

malmener [19] [malmәne] vt **1.** [brutaliser] to manhandle, to handle roughly / *arrête de malmener cet enfant* stop maltreating that child **2.** *fig* [traiter sévèrement] to bully, to push around / *un metteur en scène réputé pour malmener ses acteurs* a director renowned for giving actors a rough ou hard time ▸ **malmené par la presse** mauled by the press ▸ **malmené par la critique** panned by the critics **3.** SPORT ▸ **malmener un adversaire** to give an opponent a hard time, to maul an opponent.

malnutri, e [malnytʀi] ◆ adj malnourished. ◆ nm, f person suffering from malnutrition.

malnutrition [malnytʀisjɔ̃] nf malnutrition.

malodorant, e [malɔdɔʀɑ̃, ɑ̃t] adj malodorous *sout*, foul-smelling, smelly.

malonique [malɔnik] adj malonic.

malotru, e [malɔtʀy] nm, f *sout* boor, lout, oaf.

malouin, e [malwɛ̃, in] adj from Saint-Malo.

❖ **Malouin, e** nm, f *inhabitant of or person from Saint-Malo.*

Malouines [malwin] npr fpl ▸ **les (îles) Malouines** the Falkland Islands, the Falklands, the Malvinas. ⟶ **île**

mal pensant [malpɑ̃sɑ̃] (*pl* **mal pensants**) nm dissenter.

malpoli, e [malpɔli] ◆ adj rude, impolite, bad-mannered / *c'est malpoli!* that's rude! ◆ nm, f lout, boor, rude man (woman) / *petit malpoli!* you rude (little) boy! / *petite malpolie!* you rude (little) girl!

malposition [malpozisjɔ̃] nf malposition ▸ **lorsqu'il y a malposition dentaire** ou **de la dent** when the tooth comes through the wrong way.

malpropre [malpʀɔpʀ] ◆ adj **1.** [crasseux] dirty, filthy, unclean / *des mains malpropres* dirty ou grubby hands **2.** [mal fait - ouvrage, tâche] shoddy, sloppily done / *cette serrure, c'est du travail malpropre* that lock is a shoddy piece of work **3.** [inconvenant, impudique] dirty, filthy, smutty **4.** [malhonnête] obnoxious, dishonest, unsavoury. ◆ nmf filthy swine ▸ **se faire chasser** ou **renvoyer comme un malpropre** to be sent packing.

malproprement [malpʀɔpʀәmɑ̃] adv [manger] messily ; [travailler] shoddily, sloppily ; [agir] vilely, sordidly.

malpropreté [malpʀɔpʀәte] nf **1.** [aspect sale] dirtiness, filthiness, uncleanliness **2.** [acte malhonnête] low ou dirty ou filthy trick **3.** [propos indécent] dirty ou smutty remark / *dire des malpropretés* to talk smut / *où as-tu appris ces malpropretés?* where did you learn such filthy ou disgusting language?

malsain, e [malsɛ̃, ɛn] adj **1.** [nuisible à la santé] unhealthy ▸ **climat malsain** unhealthy climate ▸ **nourriture malsaine** unhealthy ou unwholesome food **2.** [qui va mal - industrie] ailing **3.** [pervers - ambiance] unhealthy / *ils ont des rapports malsains* they have an unhealthy relationship / *une insistance malsaine* unhealthy ou morbid insistence / *une curiosité malsaine* an unhealthy curiosity / *c'est malsain de laisser les enfants voir de tels films* it's unhealthy ou dangerous to let children watch films like that **4.** *fam* [dangereux] : *c'est plutôt* *malsain par ici* it's a bit dodgy around here / *je sentais que ça allait devenir malsain* I could sense things would soon turn nasty / *un quartier malsain* a rough ou tough area.

malséant, e [malseɑ̃, ɑ̃t] adj *litt* [contraire -aux conventions] unseemly, improper, indecorous ; [-à la décence] indecent, improper.

malsonnant, e [malsɔnɑ̃, ɑ̃t] adj *litt* [inconvenant] offensive / *après un échange de propos malsonnants hum* after exchanging a few uncomplimentary remarks.

malstrom [malstʀɔm] = **maelström**.

malt [malt] nm **1.** [céréale] malt **2.** [whisky] malt (whisky) UK ou (whiskey) US.

maltage [maltaʒ] nm malting.

maltais, e [maltɛ, ɛz] adj Maltese.

◆ **Maltais, e** nm, f Maltese ▸ **les Maltais** the Maltese.

◆ **maltais** nm **1.** LING Maltese **2.** [chien] Maltese (dog).

◆ **maltaise** nf Maltese (blood orange).

Malte [malt] npr Malta ▸ **à Malte** in Malta. ⟶ **île**

malter [3] [malte] vt to malt ▸ **lait malté** malted milk.

malterie [maltəʀi] nf **1.** [usine] maltings **2.** [processus] malting.

malteur [maltœʀ] nm maltster, maltman.

malthusianisme [maltyzjanism] nm Malthusianism.

malthusien, enne [maltyzjɛ̃, ɛn] adj & nm, f Malthusian.

maltose [maltoz] nm maltose.

maltraitance [maltʀɛtɑ̃s] nf (physical) abuse.

maltraitant, e [maltʀɛtɑ̃, ɑ̃t] ◆ adj abusive. ◆ nm, f abuser.

maltraiter [4] [maltʀete] vt **1.** [brutaliser] to ill-treat, to mistreat, to physically abuse / *les otages n'ont pas été maltraités par leurs ravisseurs* the hostages were not mistreated by their kidnappers ▸ **maltraiter sa femme / ses enfants** to physically abuse one's wife / one's children ▸ **enfants maltraités** physically abused children **2.** *fig* [malmener] to misuse / *les accords internationaux sont bien maltraités* international agreements are being ignored ou trampled on / *la pièce a été maltraitée par la critique* the play was mauled by the critics.

malus [malys] nm penalty *(claims premium)*.

malvacée [malvase] nf member of the mallow ou malvaceous *spéc* family ▸ **les malvacées** the Malvaceae.

malveillance [malvɛjɑ̃s] nf **1.** [méchanceté] malevolence, spite, malice / *ne voyez là aucune malveillance de ma part* please do not think there is any ill will on my part / *c'était sans malveillance de sa part* he meant no ill **2.** [intention criminelle] criminal intent, malice aforethought *(terme juridique)* / *d'après la police, l'incendie serait le fait de la malveillance* according to the police, the fire was started with malicious intent.

malveillant, e [malvɛjɑ̃, ɑ̃t] ◆ adj [personne, propos] malicious, spiteful ; [sourire] malevolent, malicious / *l'intention malveillante a été prouvée* malicious intent has been proved. ◆ nm, f malicious ou hostile ou malevolent person.

malvenu, e [malvəny] adj **1.** *sout* [inopportun] untimely, inopportune / *votre remarque était malvenue* your remark was untimely **2.** *litt* ▸ **être malvenu à** ou **de faire qqch** to be in no position to do sthg / *il serait malvenu à se plaindre* he's hardly in a position to complain **3.** [mal formé -arbre, enfant] underdeveloped, malformed.

malversation [malvɛʀsasjɔ̃] nf embezzlement / *il est coupable de malversations* he is guilty of embezzlement ou misappropriation (of funds).

mal-vivre [malvivʀ] nm inv depression / *le mal-vivre des SDF* depression among the homeless.

malvoisie [malvwazi] nm **1.** [vin] malmsey **2.** [cépage] malvasia, malmsey grape.

malvoyant, e [malvwajɑ̃, ɑ̃t] ◆ adj partially-sighted. ◆ nm, f partially sighted person ▸ **les malvoyants** the partially sighted.

maman [mamɑ̃] nf **1.** [terme d'appellation] mum UK, mummy UK, mom US, mommy US **2.** [mère] mother, mum / *toutes les mamans sont invitées* all mothers ou mums are invited / *la plus belle récompense d'une maman* the finest reward a mother could ask for.

mamba [mɑ̃mba] nm mamba ▸ **mamba noir / vert** black / green mamba.

mambo [mɑ̃mbo] nm mambo.

mamelle [mamɛl] nf **1.** [sein] breast / *un enfant à la mamelle litt* a suckling (child) / *la pêche et l'élevage sont les deux mamelles de notre économie (allusion à Sully)* fishing and farming are the lifeblood of our economy **2.** [pis] udder, dug *litt* **3.** [du sabot d'un cheval] side walls.

[Labourage] et [pâturage] sont les deux mamelles de [la France]

This is a phrase attributed to the duc de Sully (1559-1641), Henri IV's minister of finance, emphasising the vital importance of agriculture to France's economy. In modern usage, the words **labourage, pâturage** and **France** are replaced by words appropriate to the context. The expression is used to underline the importance of two things in a particular field:

Méthode et rapidité sont les deux mamelles de l'efficacité dans notre entreprise ! *Method and speed are the keys to efficiency in our company!*

L'orthographe et la grammaire restent les deux mamelles de son enseignement du français. *Spelling and grammar are still the mainstays of his approach to teaching French.*

mamelon [mamlɔ̃] nm **1.** [d'une femme] nipple **2.** [colline] hillock, hummock, mamelon *spéc* **3.** [d'un gond] gudgeon.

mamelonné, e [mamlɔne] adj **1.** MÉD mamillated UK, mammillated US **2.** GÉOGR hummocky.

mamelouk [mamluk] nm Mameluke.

mamelu, e [mamly] adj *arch* busty.

mamie [mami] nf *fam* granny, grannie.

mamillaire [mamilɛʀ] ◆ adj mamillary ▸ **corps** ou **tubercules mamillaires** mamillary bodies. ◆ nf nipple cactus.

mammaire [mamɛʀ] adj mammary.

mammectomie [mamɛktɔmi] nf mastectomy.

mammifère [mamifɛʀ] nm mammal ▸ **les grands mammifères** the higher mammals.

mammite [mamit] nf mastitis.

mammographie [mamɔgʀafi] nf mammography.

Mammon [mamɔ̃] npr Mammon.

mammoplastie [mamɔplasti] nf mammoplasty, mammaplasty.

mammouth [mamut] nm mammoth.

mamours [mamuʀ] nmpl *fam* cuddle ▸ **faire des mamours à qqn** to cuddle sb / *se faire des mamours* to cuddle.

mam'selle [mamzɛl] nf *fam* Miss / *alors, ma petite mam'selle, ça va ?* and how's my little Miss ?

mamy [mami] *fam* = **mamie**.

mam'zelle [mamzɛl] *fam* = **mam'selle**.

Man [man] npr ▸ **l'île de Man** the Isle of Man.

manade [manad] nf *herd of horses or bulls in the Camargue.*

management [manadʒmɛnt] nm ÉCON management ▸ **le management durable** sustainable management ▸ **le management interculturel** intercultural management ▸ **le management stratégique** strategic management ▸ **le yield management** yield management.

manager[1] [17] [manadʒe] vt COMM & SPORT to manage.

manager[2] [manadʒœʀ] nm COMM & SPORT manager.

managérial, e, aux [manadʒeʀjal, o] adj managerial.

Managua [managwa] npr Managua.

manant [manɑ̃] nm **1.** HIST [villageois] villager ; [paysan] peasant ; HIST villein **2.** *litt* [mufle] churl, boor.

manche [mɑ̃ʃ] ◆ nm **1.** [d'un outil] handle / *à manche court* short-handled / *à manche long* longhandled ▸ **manche de pioche** pickaxe handle ou shaft ▸ **être** ou **se mettre du côté du manche** *fam* to side with the winner ▸ **il ne faut jamais jeter le manche après la cognée** *prov* never say die, always have another go *prov* **2.** *tfam* [personne maladroite] clumsy oaf ▸ **tu t'y prends comme un manche** you're making a right mess of it / *pour l'organisation du dîner, vous vous êtes débrouillés* ou *vous vous y êtes pris comme des manches* you made a right mess of organizing the dinner **3.** *tfam* [obstacle] ▸ **tomber sur un manche** to come up against a snag **4.** AÉRON ▸ **manche à balai** *fam* joystick, control column **5.** CULIN [de côtelette, de gigot] bone ▸ **manche à gigot** leg of mutton holder **6.** MUS neck. ◆ nf **1.** VÊT sleeve ▸ **sans manches** sleeveless ▸ **à manches courtes / longues** short- / long-sleeved / *être en manches de chemise* to be in one's shirt-sleeves ▸ **manche bouffante / trois-quarts** puff / three-quarter sleeve ▸ **manche gigot / raglan** leg-of-mutton / raglan sleeve ▸ **manche ballon** puff sleeve ▸ **manche chauve-souris** batwing sleeve ▸ **avoir qqn dans sa manche** *fam & fig* to have sb in one's pocket / *il a le conseil municipal dans sa manche* he's well in with the local council **2.** [conduit] ▸ **manche à air a)** AÉRON wind-sock **b)** NAUT air shaft ▸ **manche à charbon** coal chute ▸ **manche à ordures** rubbish chute UK, garbage shoot US **3.** GÉOGR channel, straits *(sg)* **4.** JEUX [gén] round ; [au bridge] game ; SPORT [gén] leg ; TENNIS set / *gagner la première manche fig* to win the first round / *une négociation en plusieurs manches fig* a multiround negotiation **5.** EXPR ▸ **faire la manche** *fam* **a)** [mendiant] to beg **b)** [musicien, mime] to busk UK, to perform in the streets.

Manche [mɑ̃ʃ] npr f **1.** [mer] ▸ **la Manche** the (English) Channel **2.** [région d'Espagne] ▸ **la Manche** La Mancha **3.** [département] ▸ **la Manche** the Manche *(département in Basse-Normandie ; chef-lieu : Saint-Lô, code : 50).*

mancheron [mɑ̃ʃʀɔ̃] nm **1.** VÊT short sleeve **2.** AGR handle *(of plough)*.

Manchester [mɑ̃tʃɛstɛʀ] npr Manchester.

manchette [mɑ̃ʃɛt] nf **1.** VÊT [décorative] cuff ; [de protection] oversleeve **2.** PRESSE (front-page) headline / *la nouvelle a fait la manchette de tous les journaux* the news made the headlines ou the story was headline news in all the papers **3.** IMPR [note] side note **4.** SPORT forearm smash ; ESCRIME slash on the sword wrist **5.** CONSTR ▸ **manchette de garantie** watertight sleeve ou collar.

manchon [mɑ̃ʃɔ̃] nm **1.** VÊT [pour les mains] muff ; [guêtre] gaiter **2.** TECHNOL [de protection] sleeve, casing ▸ **manchon à gaz** ou **à incandescence** incandescent mantle **3.** [en papeterie, en plomberie, en verrerie] muff *spéc* **4.** CULIN ▸ **manchons de canard** duck drumsticks.

manchot, e [mɑ̃ʃo, ɔt] ◆ adj [d'un bras] one-armed ; [d'une main] one-handed ▸ **il n'est pas manchot a)** *fam* [il est habile de ses mains] he's clever with his hands **b)** [il est efficace] he knows how to go about things. ◆ nm, f [d'un bras] one-armed person ; [d'une main] one-handed person.

◆ **manchot** nm ZOOL penguin ▸ **manchot empereur** emperor penguin.

mandala [mɑ̃dala] nm mandala.

Mandalay [mɑ̃dalɛ] npr Mandalay.

mandale [mɑ̃dal] nf *tfam* slap (in the face), clout / *tu veux une mandale ?* do you want a clip round the ear ?

mandant, e [mɑ̃dɑ̃, ɑ̃t] nm, f **1.** DR principal **2.** POL [gén] voter ; [d'un député] constituent.

mandarin [mɑ̃daʀɛ̃] nm **1.** HIST mandarin **2.** [personnage influent] mandarin **3.** ZOOL mandarin duck **4.** LING Mandarin Chinese.

mandarinal, e, aux [mɑ̃daʀinal, o] adj mandarinic.

mandarinat [mɑ̃daʀina] nm **1.** HIST mandarinate **2.** *péj* [élite] : *le mandarinat littéraire / politique* the political / literary establishment.

mandarine [mɑ̃daʀin] nf mandarin (orange).

mandarinier [mɑ̃daʀinje] nm mandarin tree.

mandat [mɑ̃da] nm **1.** DR proxy, power of attorney ▸ **donner mandat à qqn pour faire qqch** to give sb power of attorney to do sthg / *choisissez une personne à qui donner votre mandat* choose a proxy ▸ **mandat d'amener** ≃ subpoena *(to accused)* ▸ **mandat d'arrêt** (arrest) warrant / *un mandat d'arrêt à l'encontre de...* a warrant for the arrest of... ▸ **mandat de comparution** summons ▸ **mandat de dépôt** committal (order) ▸ **mandat de justice** (police) warrant ▸ **mandat de perquisition** search warrant **2.** POL [fonction] mandate ; [durée] term of office / *l'homme à qui vous avez donné votre mandat* the man you have elected / *tel est mon mandat* that is what I was elected to do / *ces prérogatives n'entrent pas dans son mandat* he does not have a mandate to exercise these prerogatives / *solliciter le renouvellement de son mandat* to seek reelection ▸ **elle a rempli son mandat a)** POL she's fulfilled her mandate **b)** [gén] she's done what she was asked to do **3.** FIN ▸ **mandat (de paiement)** order to pay ▸ **mandat poste** ou **postal** postal order UK, money order US ▸ **mandat international** ou **sur l'étranger** international money order **4.** HIST ▸ **mandat international** international mandate / *les pays sous mandat (international)* mandated countries, mandates.

mandataire [mɑ̃dateʀ] nmf **1.** DR attorney, proxy / *constituer un mandataire* to appoint a proxy **2.** POL representative **3.** COMM ▸ **mandataire aux Halles** sales agent *(at a wholesale market)*.

mandataire-liquidateur [mɑ̃dateʀlikidatœʀ] (*pl* **mandataires-liquidateurs**) nm liquidator *(acting as proxy for the creditors)*.

mandat-carte [mɑ̃dakaʀt] (*pl* **mandats-cartes**) nm postal order UK, money order US.

mandat-contributions [mɑ̃dakɔ̃tʀibysjɔ̃] (*pl* **mandats-contributions**) nm postal order UK ou money order US *(for payment of income tax)*.

mandatement [mɑ̃datmɑ̃] nm **1.** DR appointment, commissioning ▸ **mandatement d'office** establishment of a commission **2.** FIN order to pay.

mandater [3] [mɑ̃date] vt **1.** [députer] to appoint, to commission **2.** POL ▸ **mandater qqn** to elect sb, to give sb a mandate / *mandater des délégués pour un congrès* to mandate delegates to a conference **3.** FIN to pay by postal order UK ou money order US **4.** DR [donner un mandatement] to make ou to issue an order to pay.

mandat-lettre [mɑ̃dalɛtʀ] (*pl* **mandats-lettres**) nm postal order UK ou money order US *(with space for a short message)*.

mandature [mɑ̃datyʀ] nf term of office.

mandchou, e [mɑ̃dʃu] adj Manchu, Manchurian.

❖ **Mandchou, e** nm, f Manchu.

❖ **mandchou** nm LING Manchu.

Mandchourie [mɑ̃dʃuʀi] npr f ▸ **(la) Mandchourie** Manchuria.

mandement [mɑ̃dmɑ̃] nm **1.** HIST command, mandate, order **2.** RELIG pastoral (letter).

mander [3] [mɑ̃de] vt *litt & vieilli* **1.** to send for *(insép)* **2.** [ordonner] ▸ **mander à qqn de faire qqch** to instruct sb to do sthg **3.** [informer] ▸ **mander une nouvelle à qqn** to convey news to sb.

mandibulaire [mɑ̃dibylɛʀ] adj mandibular.

mandibule [mɑ̃dibyl] nf ANAT & ZOOL mandible.

❖ **mandibules** nfpl *fam* ▸ **jouer des mandibules** to munch away.

mandoline [mɑ̃dɔlin] nf **1.** MUS mandolin, mandoline **2.** [hachoir] (vegetable) slicer, mandolin, mandoline.

mandoliniste [mɑ̃dɔlinist] nmf mandolin player, mandolinist.

mandragore [mɑ̃dʀagɔʀ] nf mandrake, mandragora.

mandrill [mɑ̃dʀil] nm mandrill.

mandrin [mɑ̃dʀɛ̃] nm **1.** [pour soutenir - sur un tour] mandril, mandrel ; [- sur une machine-outil] chuck ▸ **mandrin à griffes / mâchoires** claw / jaw chuck **2.** [pour percer] punch ; [pour agrandir des trous] drift **3.** MÉTALL swage, mandrel **4.** PAPETERIE mandrel, core.

manécanterie [manekɑ̃tʀi] nf *vieilli* parish choir school.

manège [manɛʒ] nm **1.** ÉQUIT [salle] manege ; [école] riding school, manege ; [exercices] riding exercises, manege work / *heures de manège* hours spent riding in a manege **2.** LOISIRS ▸ **manège (de chevaux de bois)** merry-go-round, roundabout UK, carousel US / *la foire a installé ses manèges* the fun fair has set up its attractions ou machines ou shows **3.** [comportement sournois] (little) game / *tu copies sur ton frère, j'ai bien vu ton (petit) manège* you've been cribbing from your brother's work, I've seen what you're up to ou I'm on to your little game ; [comportement mystérieux] : *j'observai quelques instants ce manège* I watched these goings-on for a few minutes / *je ne comprenais rien à leur manège* I couldn't figure out what they were up to **4.** DANSE manège **5.** AGR ▸ **manège de traite** rotary milking platform ou parlour, rotolactor **6.** [piste de cirque] ring.

mânes [man] nmpl **1.** ANTIQ manes **2.** *litt* spirits / *les mânes de nos ancêtres* the spirits of our ancestors.

maneton [mantɔ̃] nm crankpin.

manette [manɛt] nf (hand) lever, (operating) handle ▸ **manette des gaz** AÉRON throttle (control ou lever).

manga [mɑ̃ga] nm manga (comic).

mangaka [mɑ̃gaka] nmf mangaka, manga writer.

manganate [mɑ̃ganat] nm manganate.

manganèse [mɑ̃ganɛz] nm manganese.

manganeux [mɑ̃ganø] adj m manganous.

manganite [mɑ̃ganit] ◆ nm manganite (salt). ◆ nf manganite (hydroxide).

mangeable [mɑ̃ʒabl] adj [comestible] edible ; [médiocre] (just about) edible ou eatable / *c'est bon ? — c'est mangeable* is it good ? — it's edible.

mangeaille [mɑ̃ʒaj] nf **1.** *vieilli* [pâtée d'animaux - gén] feed ; [- pour cochons] (pig) swill **2.** *péj* [nourriture] food / *la vue de toute cette mangeaille me soulevait le cœur* the sight of those mound of awful food made me feel sick.

mange-disque [mɑ̃ʒdisk] (*pl* **mange-disques**) nm slot-fed record player.

mangeoire [mɑ̃ʒwaʀ] nf [pour le bétail] trough, manger ; [pour les animaux de basse-cour] trough.

mangeotter, mangeoter* [3] [mɑ̃ʒɔte] *fam* ◆ vi to nibble ou to pick ou to peck (at one's food), to play with one's food. ◆ vt to pick ou to nibble at *(insép)*.

manger[1] [mɑ̃ʒe] nm food, meal / *je suis en train de lui faire son manger* *fam* I'm getting his food ready (for him) / *on peut apporter son manger* *fam* customers ou patrons are allowed to consume their own food on the premises.

manger[2] [17] [mɑ̃ʒe] ◆ vt **1.** [pour s'alimenter] to eat ▸ **manger un sandwich a)** to eat a sandwich **b)** [au lieu d'un repas] to have a sandwich ▸ **manger du poisson** to eat fish / *je ne mange pas de poisson* I don't eat fish ▸ **elle mange de tout** she'll eat anything, she's not a fussy eater ▸ **elle a tout mangé** she's eaten it all up / *tu mangeras bien un morceau ?* you'll have a bite to eat, won't you ? / *qu'est-ce que vous avez mangé aujourd'hui à la cantine, les enfants ?* what did you have (to eat) for dinner at school today, children ? ▸ **on en mangerait** it looks good enough to eat / *il m'a fait manger une espèce de fruit très bizarre* he gave me a very strange kind of fruit to eat / *on s'est fait manger par les moustiques* *fam & fig* we were bitten to death by mosquitoes ▸ **manger de la vache enragée** *fam* to have a hard time of it / *il a mangé de la vache enragée dans les années 60* he had a lean ou hard time of it in the 60s ▸ **avoir mangé du lion** *fam* : *il a mangé du lion aujourd'hui* he's full of beans today ▸ **ne pas manger de ce pain-là** : *il ne mange pas de ce pain-là* he doesn't go in for that sort of thing, that's not his cup of tea ▸ **manger la soupe sur la tête de qqn** : *il me mange la soupe sur la tête* **a)** *fam* [il est beaucoup plus grand] he's a head taller than me **b)** [il est bien meilleur] he's miles better than me ▸ **manger le morceau** *fam* to talk, to sing ▸ **manger les pissenlits par la racine** *fam* to be pushing up (the) daisies ▸ **manger son pain blanc le premier** to have it good while it lasts ▸ **manger son pain noir le premier** to get the worst over with first ▸ **dis-moi ce que tu manges, je te dirai qui tu es** tell me what you eat and I'll tell you who you are, you are what you eat **2.** *fig* to eat / *elle ne va pas te manger !* she's not going to eat ou to bite you ! ▸ **manger qqn / qqch des yeux** : *elle le mangeait des yeux* **a)** [personne] she (just) couldn't take her eyes off him **b)** [objet] she gazed longingly at it ▸ **manger qqn de baisers** to smother sb with kisses / *il est mignon, on le mangerait !* he's so cute I could eat him (all up) ! **3.** [ronger] : *manger ses ongles* to bite one's nails ▸ **couvertures mangées aux mites** ou **par les mites** moth-eaten blankets / *une statue mangée par l'air marin* a statue eaten away by the sea air **4.** [prendre toute la place dans] : *le canapé mange tout le salon* the settee takes ou eats up all the space in the lounge / *tes cheveux te mangent la figure* your hair is hiding your face / *elle avait de grands yeux qui lui mangeaient le visage* her eyes seemed to take up her whole face / *une horrible cicatrice lui mangeait tout le front* his forehead was slashed with a horrible scar **5.** [négliger] ▸ **manger ses mots** ou **la moitié des mots** to swallow one's words, to mumble, to mutter ▸ **manger la commission / la consigne** to forget the message / one's orders **6.** [dépenser] to get through *(insép)* / *manger son capital* to eat up one's capital / *peu à peu, j'ai mangé mes économies* I gradually ran through my savings / *la chaudière mange un stère de bois tous les cinq jours* the boiler gets through ou eats up ou consumes a cubic metre of wood every five days / *l'imprimante mange du papier* the printer is heavy on paper ▸ **manger son blé en herbe** to spend one's money even before one gets it ▸ **ça ne mange pas de pain** *fam* : *on peut toujours essayer, ça ne mange pas de pain* we can always have a go, it won't cost us anything / *il fait l'éloge de son prédécesseur, ça ne mange pas de pain* *fam* praising his predecessor costs him nothing ou is no skin off his nose. ◆ vi **1.** [s'alimenter] to eat / *il ne sait pas manger avec une fourchette / des baguettes* he doesn't know how to eat with a fork / with chopsticks ▸ **manger dans une assiette** to eat off a plate / *apprends-lui à manger correctement à table* teach her some (proper) table manners ▸ **il a bien mangé** [en quantité ou en qualité] he's eaten well ▸ **j'ai mal mangé a)** [insuffisamment] I didn't eat enough, I didn't have enough to eat **b)** [de la mauvaise qualité] I didn't have a very good meal ▸ **il faut manger léger** you should eat light meals ▸ **manger à sa faim** to eat one's fill / *nous ne mangions pas tous les jours à notre faim* we didn't always have enough food ou enough to eat ▸ **le bébé / chat mange toutes les trois heures** the baby / cat has to be fed once every three hours ▸ **faire manger qqn** to feed sb ▸ **manger comme un cochon** *fam* to eat like a pig ▸ **manger comme quatre** *fam* ou **comme un ogre** ou **comme un chancre** *tfam* to eat like a horse ▸ **manger comme un moineau** to eat like a sparrow ▸ **manger à s'en faire péter la sous-ventrière** to eat till one is fit to burst ▸ **manger du bout des dents** to pick at one's food ▸ **manger dans (le creux de) la main de qqn** *fig* : *il lui mange dans (le creux de) la main* he eats out of her hand ▸ **manger sur le pouce** to have a snack, to grab a bite to eat ▸ **il faut manger pour vivre et non pas vivre pour manger** *(allusion à Molière)* one must eat to live and not live to eat ▸ **manger à tous les râteliers** *péj* : *il mange à tous les râteliers* he's got a finger in every pie / *un magazine politique qui mange à tous les râteliers* a political journal which jumps on every passing bandwagon **2.** [participer à un repas] to eat ▸ **venez manger !** [à table !] come and get it ! ▸ **venez manger demain soir** come to dinner tomorrow evening / *vous mangerez*

* In reformed spelling (see p. 16-19).

bien avec nous? won't you (have something to) eat with us? ▸ **j'ai mangé avec eux** I had a meal ou I ate with them / *ils m'ont demandé de rester manger* they asked me to stay for a meal ▸ **inviter qqn à manger** a) [chez soi] to ask sb round to eat b) [au restaurant] to ask sb out for a meal / *allez, je vous invite à manger* [au restaurant] come on, I'll buy you a meal / *on a eu les Michaud à manger* *fam* we had the Michauds round for a meal / *manger à la carte* to eat à la carte ou from the à la carte menu ▸ **manger dehors** [en plein air] to eat outside / *manger dehors* ou *au restaurant* to eat out / *manger chez soi* to eat in ou at home / *c'est un restaurant simple mais on y mange bien* it's an unpretentious restaurant, but the food is good **3.** [comme locution nominale] ▸ **je veux à manger** I want something to eat / *as-tu eu assez à manger?* have you had enough to eat? / *les pays qui n'ont pas assez à manger* the countries where people don't have enough food ou to eat / *donne à manger au chat* feed the cat ▸ **faire à manger à qqn** to make something to eat for sb / *que veux-tu que je fasse à manger ce soir?* what would you like me to cook ou to make for dinner (tonight)?

❖ **se manger** ◆ vp *(emploi passif)* to be eaten / *ça se mange avec de la mayonnaise* you eat it ou it is served with mayonnaise / *les huîtres se mangent crues* oysters are eaten raw / *cette partie ne se mange pas* you don't eat that part, that part shouldn't be eaten ou isn't edible. ◆ vp *(emploi réciproque)* *fam* [se disputer] to have a set-to / *ils se mangent entre eux* they're at each other's throats, they're squabbling among themselves ▸ **se manger le nez** to quarrel / *toujours à se manger le nez, ces deux-là!* these two are always at each other's throats!

mange-tout *(pl* mange-tout*)*, **mangetout** [mɑ̃ʒtu] nm **1.** BOT [haricot] (French) mangetout bean ; [petit pois] mangetout, sugar pea **2.** *vieilli* squanderer, wastrel.

mangeur, euse [mɑ̃ʒœʀ, øz] nm, f eater / *c'est un gros mangeur* he's a big eater, he eats a lot ▸ **mangeur de** : *les Asiatiques sont de gros mangeurs de riz* people from Asia eat a lot of rice ou are big rice-eaters ▸ **mangeuse d'hommes** *fam* man-eater / *attention, c'est une mangeuse d'hommes* watch out, she's a man-eater ou she eats men for breakfast.

mangoustan [mɑ̃gustɑ̃] nm mangosteen (fruit).

mangoustanier [mɑ̃gustanje] nm mangosteen (tree).

mangouste [mɑ̃gust] nf mongoose.

mangrove [mɑ̃gʀɔv] nf mangrove swamp.

mangue [mɑ̃g] ◆ nm ZOOL mangue. ◆ nf BOT mango.

manguier [mɑ̃gje] nm mango (tree).

maniabilité [manjabilite] nf **1.** [d'un outil] manageability, practicability / *une caméra d'une grande maniabilité* a camera which is very easy to handle / *critiqué par les consommateurs pour son manque de maniabilité* criticized by consumers for its unwieldiness ; [d'une voiture] handling ability, manoeuvrability **2.** [plasticité - de l'argile] plasticity ; [- du béton] workability.

maniable [manjabl] adj **1.** [facile à utiliser - outil] handy, practical, easy to use ou to handle ; [facile à travailler - cuir] easy to work **2.** [manœuvrable - voiture] easy to drive ou to handle ; [- tondeuse] easy to handle ou to manoeuvre **3.** NAUT ▸ **temps maniable** fine weather ▸ **vent maniable** moderate wind **4.** [docile] tractable, malleable **5.** [matière plastique] plastic ; [béton] workable / *l'argile est une matière maniable* clay is an easily moulded material.

maniaco-dépressif, ive *(mpl* maniaco-dépressifs, *fpl* maniaco-dépressives*)*, **maniacodépressif*, ive** [manjakɔdepʀesif, iv] ◆ adj manic-depressive ▸ **psychose maniaco-dépressive** manic depression. ◆ nm, f manic-depressive.

maniaque [manjak] ◆ adj **1.** [obsessionnel] fussy, fastidious / *il range ses livres avec un soin maniaque* he's obsessively ou fanatically tidy about his books ; [exigeant] fussy / *elle est si maniaque pour les chaussures qu'elle les fait faire sur mesure* she's so particular ou fussy when it comes to shoes that she has them made to measure **2.** PSYCHOL manic ▸ **état maniaque** mania. ◆ nmf **1.** [méticuleux] fusspot UK, fussbudget US **2.** [personne - trop difficile] fussy person ; [- qui a une idée fixe] fanatic / *c'est une maniaque de la propreté* she's always got a duster in her hand / *mon médecin est un maniaque des antibiotiques* my doctor prescribes antibiotics for everything / *enfin, un logiciel pour les maniaques de l'orthographe / des mots croisés!* at last, a software package for spelling / crossword buffs! **3.** [dément] maniac ▸ **maniaque sexuel** sexual pervert, sex maniac.

maniaquerie [manjakʀi] nf fussiness, pernicketiness / *son exactitude frôle la maniaquerie* there's something almost obsessive about her punctuality.

manichéen, enne [manikeɛ̃, ɛn] ◆ adj **1.** RELIG Manichean, Manichaean **2.** *fig* : *il est très manichéen* he sees everything in very black-and-white terms. ◆ nm, f Manichean, Manichaean.

manichéisme [manikeism] nm **1.** RELIG Manicheism, Manichaeism, Manichaeanism **2.** *fig* rigid ou uncompromising approach to things / *faire du manichéisme* to see things in black and white.

manie [mani] nf **1.** [idée fixe] obsession, quirk / *avoir la manie de la propreté* to be obsessively clean ou a stickler for cleanliness / *il a la manie de fermer toutes les portes* he has a habit of always closing doors / *c'est une manie, chez toi!* it's an obsession with you! / *ça tourne à la manie* *fam* it's getting to be a fixation ou an obsession / *chacun a ses petites manies* everyone has his own peculiar ways ou little quirks / *il a des manies de vieille fille* he's a real old woman **2.** PSYCHOL mania.

maniement [manimɑ̃] nm **1.** [manipulation] handling, operating / *nous cherchons à simplifier le maniement de nos appareils* we're trying to make our equipment easier to handle ou to operate / *montre-lui le maniement de la télécommande* show her how to use ou to operate the remote control / *le maniement de la langue lui a toujours paru facile* *fig* he's always found it easy to speak the language ou had an easy command of the language / *quand vous aurez compris le maniement des concepts, nous passerons à la pratique* when you've grasped the ideas, we'll start putting them into practice ▸ **rompu au maniement des affaires / des foules** *fig* used to handling business / manipulating crowds / *à l'armée ils sont initiés au maniement des armes* in the army they learn how to use a gun ▸ **maniement d'armes** MIL (arms) drill **2.** [des animaux de boucherie] points (in fatstock).

manier [9] [manje] vt **1.** [manipuler - objet, somme] to handle / *vers dix mois, il commencera à vouloir manier les objets* at ten months, he'll want to start handling ou manipulating objects / *je n'aime pas la façon dont tu manies ce couteau* I don't like the way you're wielding ou using that knife / *facile / difficile à manier* easy / difficult to handle ▸ **manier qqch avec délicatesse** to handle sthg gently / *la charrue est moins facile à manier que tu ne le crois* the plough isn't as easy to handle as you think / *manier de grosses sommes* to handle large sums (of money) / *elle manie des valeurs en tous genres* she deals with ou handles all types of securities **2.** [utiliser] to use, to operate / *avez-vous déjà manié un télescope / micro?* have you ever used a telescope / microphone? / *une imprimante portative très facile à manier* an easy-to-use portable printer / *elle sait manier la caméra* she's good with a cine camera / *il savait manier la plume* he was a fine writer / *il sait manier l'ironie* he knows how ou when to use irony / *quelle maîtrise dans l'art de manier le sarcasme!* what a masterful use of sarcasm! **3.** [modeler - pâte] to knead ; [- argile] to handle, to fashion.

❖ **se manier** vpi *fam* to get a move on, to hurry up.

manière [manjɛʀ] nf **1.** [façon, méthode] way, manner / *d'une manière ridicule* in a ridiculous manner, ridiculously / *d'une manière bizarre* in a strange manner, strangely / *il y a différentes manières d'accommoder le riz* there are many ways of preparing rice / *quelle est la meilleure manière d'aborder le sujet?* what's the best way of approaching the subject? / *c'est une manière de parler* it's just a manner of speaking / *nous ne faisons pas les choses de la même manière* we don't do things (in) the same way / *de quelque manière qu'on s'y prenne, on obtient toujours le même résultat* however you go about it you always get the same result ▸ **user de** ou **employer la manière forte** to use strong-arm tactics ▸ **il y a manière et manière** there are ways and ways / *il fallait bien que je lui dise la vérité — oui mais il y a manière et manière* I had to tell him the truth — yes, but there are different ways of doing it **2.** GRAM manner / *adjectif / adverbe de manière* adjective / adverb of manner **3.** [savoir-faire] : *avec les gosses, il a la manière* *fam* he's got a way ou he's good with kids / *il faut avoir la manière* you've got to have the knack / *les histoires qu'il raconte ne sont pas très drôles, mais il a la manière* the stories he tells aren't particularly funny, but it's the way he tells them / *refusez, mais mettez-y la manière* say no, but do it with tact **4.** [style] way, style / *elle ne se plaindra pas, ce n'est pas dans sa manière* she won't complain, it's not her way ou style ▸ **c'est ma manière d'être** that's the way I am / *sa manière de marcher / s'habiller* his way of walking / dressing, the way he walks / dresses / *il a une drôle de manière de dire merci* he has a funny way of saying thank you people ; ART & CINÉ manner, style / *un tableau dans la manière de Watteau* a painting in the manner ou style of Watteau ▸ **un Truffaut première / dernière manière** an early / late Truffaut ▸ **manière noire** ART mezzotint **5.** *sout* ▸ **une manière de** [une sorte de] a ou some sort of, a ou some kind of / *derrière la maison, il y a une manière de pergola* there is a kind of pergola behind the house / *c'est une manière de poème épique* it's a sort of (an) epic ou an epic of sorts / *le silence est parfois une manière de mensonge* silence is sometimes a way of lying.

❖ **manières** nfpl [façons de se comporter] manners ▸ **belles manières** social graces ▸ **bonnes manières** (good) manners / *je vais t'apprendre les bonnes manières, moi!* I'll teach you to be polite ou to behave yourself! ▸ **mauvaises manières** bad manners ▸ **qu'est-ce que c'est que ces** ou **en voilà des manières!** what a way to behave! ; *péj* [minauderies] : *cesse de faire des manières et prends un chocolat* stop pussyfooting around and have a chocolate ▸ **sans manières** without (a) fuss / *elle a pris l'argent sans manières* she took the money without any fuss, she made no bones about taking the money.

❖ **à la manière** loc adv : *à la manière paysanne* in the peasant way ou manner.

❖ **à la manière de** loc prép **1.** [dans le style de] in the manner ou style of / *une chanson à la manière de Cole Porter* a song in the style of Cole Porter / *une profonde révérence à la manière d'un acteur* a deep bow like an actor's / *sauce tomate à la manière de tante Flo* tomato sauce like Auntie Flo used to make it **2.** *(comme nom)* ART & LITTÉR : *un à la manière de* a pastiche.

❖ **à ma manière, à sa manière** loc adv in my / his / her, etc., (own) way / *elle dit qu'elle l'aime à sa manière* she says she loves him in her own way.

❖ **de cette manière** loc adv (in) this ou that way / *je conserve tous les reçus, de cette manière je sais combien j'ai dépensé* I keep all the receipts, that way I know how much I've spent.

❖ **de la belle manière, de la bonne manière** loc adv *iron* properly, well and truly / *il s'est fait expulser de la bonne manière!* he was thrown out good and proper!

❖ **de la manière que** loc conj as / *tout s'est passé de la manière que l'on avait prévu* everything turned out as planned.

❖ **de la même manière** loc adv in the same way.

❖ **de manière à** loc conj so as to, so that, in order to / *j'ai écrit aux parents de manière à les rassurer* I wrote to father and mother in order to reassure them.

❖ **de manière (à ce) que** loc conj [pour que] so (that) / *laisse la porte ouverte, de manière que les gens puissent entrer* leave the door open so people can come in.

❖ **de manière que** loc conj *sout* [ce qui fait que] in such a way that / *tu dis cela de manière que tu déplais à tout le monde* the way you say that upsets everybody.

❖ **de telle manière que** loc conj in such a way that / *rabattez le pan A de telle manière qu'il se pose sur la figure B* fold over flap A so that it rests on figure B.

❖ **de toute manière, de toutes les manières** loc adv anyway, in any case ou event, at any rate / *de toute manière, tu as tort* in any case, you're wrong / *de toutes les manières, la promenade lui aura fait du bien* at any rate ou anyway, the walk will have done her good.

❖ **d'une certaine manière** loc adv in a way / *j'étais d'une certaine manière prisonnière* I was what you might call a prisoner / *d'une certaine manière, je suis content que ce soit fini* in a way, I'm glad it's over.

❖ **d'une manière générale** loc adv **1.** [globalement] on the whole / *d'une manière générale, il réussit plutôt bien* he does quite well on the whole **2.** [le plus souvent] generally, as a general rule / *d'une manière générale, je ne bois pas de vin* as a general rule, I don't drink wine.

❖ **d'une manière ou d'une autre** loc adv somehow (or other), one way or another / *d'une manière ou d'une autre il devra accepter* he's going to have to agree one way or another / *avertie ou pas, d'une manière ou d'une autre elle va s'inquiéter* whether she's told about it or not she's going to worry.

❖ **en aucune manière** loc adv in no way, on no account, under no circumstances / *est-ce de sa faute? — en aucune manière* is it his fault? — no, not in the slightest ou least / *avez-vous eu connaissance des documents? — en aucune manière* did you get to see the documents? — no, not at all.

❖ **en manière de** loc prép by way of / *elle n'était pas mon genre, se dit-il en manière de consolation* she wasn't my type, he told himself by way of consolation / *une boîte en carton en manière d'abri* a cardboard box by way of a shelter.

❖ **en quelque manière** loc adv *sout* in a way, as it were / *elle était en quelque manière ma fille* she was like a daughter to me.

❖ **par manière de** = **en manière de.**

maniéré, e [manjeʀe] adj **1.** [personne] affected / *elle est tellement maniérée dans sa façon de parler!* she has such an affected way of speaking! **2.** [style] mannered.

maniérisme [manjeʀism] nm **1.** [comportement] mannerism *sout*, affectation **2.** ART mannerism, Mannerism.

maniériste [manjeʀist] adj & nmf mannerist, Mannerist.

manieur, euse [manjœʀ, øz] nm, f ▸ **manieur d'argent** businessman ▸ **manieuse d'argent** businesswoman ▸ **c'est un manieur d'hommes** he's a leader of men ou a born leader.

manif [manif] nf *fam* demo / *une manif lycéenne / étudiante* a student protest.

manifestant, e [manifɛstɑ̃, ɑ̃t] nm, f demonstrator.

manifestation [manifɛstasjɔ̃] nf **1.** POL demonstration / *une manifestation contre le nucléaire* an anti-nuclear demonstration / *participer à une manifestation* to take part in a demonstration **2.** [marque] expression / *des manifestations de joie* expressions of joy / *il n'y a eu aucune manifestation de mécontentement* nobody expressed any dissatisfaction / *sa pièce est la manifestation d'un grand trouble intérieur* her play is the expression of ou expresses a deep-seated malaise **3.** [événement] event / *manifestation artistique / sportive* artistic / sporting event / *parmi les manifestations musicales de l'été* among the summer's music events ou musical attractions **4.** MÉD sign, symptom / *les manifestations précoces de la maladie* early symptoms of the disease **5.** RELIG manifestation.

manifeste [manifɛst] ◆ adj *sout* [évident] obvious, evident, manifest *sout* / *n'est-ce pas une preuve manifeste de son innocence?* isn't it clear proof of her innocence? / *tel était son désir, rendu manifeste dans son testament* such was her wish, as manifested in her will / *pour ceux qui le connaissaient, il était manifeste qu'il se suiciderait* to those who knew him well, it was obvious ou evident that he would commit suicide ▸ **erreur manifeste** obvious ou manifest error. ◆ nm **1.** LITTÉR & POL manifesto / '**le Manifeste du parti communiste**' *Marx, Engels* 'The Communist Manifesto' **2.** AÉRON manifest ; NAUT (ship's) manifest ▸ **manifeste de douane** customs manifest.

manifestement [manifɛstəmɑ̃] adv evidently, obviously, plainly / *il n'a manifestement pas envie de venir avec nous* he clearly ou plainly doesn't feel like coming with us / *manifestement, elle nous a menti* she has plainly been lying to us.

manifester [3] [manifɛste] ◆ vt **1.** [exprimer] to express ▸ **manifester son mécontentement à qqn** to indicate ou to express one's dissatisfaction to sb / *je lui manifeste mon amour tous les jours* I show my love for him every day / *écrivez-leur pour leur manifester notre sympathie* write to them to express our sympathy / *nous vous avons toujours manifesté notre volonté de vous aider* we have always indicated ou expressed our desire to help you ▸ **manifester son soutien à qqn** to assure sb of one's support / *manifester un désir* to express ou to indicate a wish / *a-t-elle manifesté le désir d'être enterrée près de son mari?* was it her wish that she should be buried near her husband? **2.** [révéler] to show, to demonstrate / *rien ne manifestait son désespoir intérieur* nothing indicated her inner despair ▸ **sans manifester la moindre irritation / admiration** without the slightest show of anger / admiration. ◆ vi to demonstrate ▸ **manifester contre qqch** to demonstrate against sthg.

❖ **se manifester** vpi **1.** [personne] to come forward ; RELIG to become manifest / *aucun témoin ne s'est manifesté* no witnesses came forward / *que le gagnant se manifeste, s'il vous plaît!* would the (lucky) winner step ou come forward please! / *bon élève, mais devrait se manifester plus / moins souvent en classe* good student, but should contribute more / be quieter in class / *le livreur ne s'est pas manifesté* the delivery man didn't show ou turn up **2.** [sentiment] to show ; [phénomène] to appear / *sa joie de vivre se manifeste dans toutes ses toiles* her joie de vivre is expressed ou expresses itself in every one of her paintings / *de petites plaques rouges se manifestent vers le troisième jour* small red spots come up ou appear around the third day.

manifold [manifɔld] nm **1.** [carnet] duplicate book **2.** TECHNOL manifold.

manigance [manigɑ̃s] nf *(souvent au pl)* scheme, trick / *à cause des manigances internes au conseil d'administration* on account of internal machinations at board level / *victime de toutes sortes de manigances* victim of all kinds of scheming.

manigancer [16] [manigɑ̃se] vt to scheme, to plot / *manigancer une évasion* to plot ou to engineer an escape / *l'affaire a été manigancée pour déshonorer le ministre* the whole affair was set up to discredit the minister / *je me demande ce que les enfants sont en train de manigancer* I wonder what the children are up to / *toujours en train de manigancer quelque chose* always up to some little game.

manillais, e [manijɛ, ɛz] adj from Manila, Manileño, Manilyeno.

❖ **Manillais, e** nm, f *inhabitant of or person from Manila* ; Manileño, Manilyeno.

manille [manij] ◆ nf **1.** TECHNOL shackle, clevis ; NAUT shackle ▸ **manille d'assemblage** connecting shackle ▸ **manille lyre** harp shackle ▸ **manille à vis** screw shackle **2.** [jeu] manille *(French card game)* ; [carte] ten. ◆ nm **1.** [cigare] Manila (cigar) **2.** [chapeau] Manila hat.

Manille [manij] npr Manila.

manillon [manijɔ̃] nm CARTES ace.

manioc [manjɔk] nm manioc, cassava ▸ **farine de manioc** cassava.

manip(e) [manip] nf *fam* **1.** [coup monté] frame-up **2.** ENS practical, experiment **3.** [manipulation] manipulation.

manipulable [manipylabl] adj **1.** [objet] easy to handle **2.** *fig* [personne] easy to manipulate, gullible.

manipulateur, trice [manipylatœʀ, tʀis] nm, f **1.** [opérateur] technician ▸ **manipulateur de laboratoire** laboratory technician **2.** *péj* manipulator / *le comité est la proie de manipulateurs* the committee has fallen prey to a group of manipulators **3.** LOISIRS conjurer, conjuror.

❖ **manipulateur** nm **1.** MÉCAN ▸ **manipulateur à distance** remote-control manipulator **2.** TÉLÉC sending ou signalling key ▸ **manipulateur automatique** automatic key.

manipulation [manipylasjɔ̃] nf **1.** [maniement] handling ; INFORM manipulation / *montre-lui la manipulation de la télécommande* show her how to use ou to operate the remote control / *s'exercer à la manipulation des concepts mathématiques* *fig* to learn to handle ou to manipulate mathematical concepts **2.** ENS & SCI experiment, piece of practical work / *cahier de manipulations* experiments notebook ▸ **manipulation génétique, manipulations génétiques** genetic engineering **3.** MÉD manipulation ▸ **manipulation vertébrale** (vertebral) manipulation **4.** LOISIRS conjuring trick **5.** *péj* [intervention] interference, manipulation ; [coup monté] ▸ **manipulations électorales** vote rigging / *le nouvel organisme risque d'être victime des pires manipulations* the new organization risks falling victim to the worst kinds of manipulation / *nous craignons la manipulation des statistiques de l'emploi* we are afraid the employment figures might be interfered with ou massaged / *à travers son journal, il orchestre la manipulation de l'opinion publique* he manipulates public opinion through his newspaper.

manipuler [3] [manipyle] vt **1.** [manier -objet, somme] to handle / *vers dix mois, il commencera à vouloir manipuler les objets* at ten months, he'll want to start handling ou manipulating objects / *habitué à manipuler les produits toxiques* used to handling ou manipulating toxic substances ▸ **manipuler de grosses sommes** to handle large sums of money ; INFORM to manipulate **2.** *péj* [influencer -opinion] to sway, to manipulate ; [-scrutin] to rig ; [-statistiques] to massage ; [-comptes] to fiddle / *l'opinion publique est plus difficile à manipuler qu'ils ne le croient* public opinion is not as easily swayed ou manipulated as they think / *il a prétendu que la police l'avait manipulé* he claimed that the police had manipulated him / *elle s'est fait complètement manipuler par ce type* she allowed the guy to twist her around his little finger.

manique [manik], **manicle** [manikl] nf CULIN [gant] oven glove ; [carré] oven cloth.

Manitoba [manitɔba] npr m ▸ **le Manitoba** Manitoba.

manitou [manitu] nm **1.** ANTHR manitu, manitou **2.** *fig* ▸ **(grand) manitou** big shot ou chief / *les grands manitous du pétrole* oil magnates ou tycoons / *c'est un grand manitou de la finance* he's a big wheel in finance.

manivelle [manivɛl] nf **1.** MÉCAN crank / *démarrer à la manivelle* to crank (up) the engine ▸ **bras / course de manivelle** crank arm / throw ▸ **manivelle de mise en marche** starting handle **2.** [de pédalier] pedal crank.

manne [man] nf **1.** BIBLE manna **2.** [aubaine] godsend, manna / *la manne céleste* manna from heaven **3.** ENTOM mayfly swarms **4.** BOT manna **5.** [panier] (large) wicker basket ou crate ▸ **manne d'enfant** wicker cradle, Moses basket.

mannequin [mankɛ̃] nm **1.** [de vitrine] dummy, mannequin ; [de couture] dummy ; [de défilé] model / *elle est mannequin chez Zoot* she works as a model for Zoot ▸ **mannequin homme** male model **2.** *fig & péj* [fantoche] puppet **3.** ART lay figure **4.** [panier] small (two-handled) basket.

mannequinat [mankina] nm modelling.

manœuvrabilité [manœvʀabilite] nf manoeuvrability / *à sa sortie, le véhicule a été acclamé pour sa manœuvrabilité* when it was launched, the vehicle was praised for its easy handling.

manœuvrable [manœvʀabl] adj [maniable] easy to handle, manoeuvrable.

manœuvre [manœvʀ] ◆ nf **1.** [maniement] operation, handling / *du sol, elle surveillait la manœuvre de la grue* from the ground, she was checking the handling of the crane ou how the crane was being operated /

apprendre la manœuvre d'un fusil / d'un télescope to learn how to handle a rifle / to operate a telescope **2.** [en voiture] manoeuvre / *j'ai manqué ma manœuvre en essayant de me garer* I messed up my manoeuvre when I was parking **3.** [opération] ▸ **fausse manœuvre** *pr & fig* wrong move / *une fausse manœuvre au clavier et tu risques d'effacer ton document* one simple keying error is enough to erase your document / *la motion a été rejetée après une fausse manœuvre du comité* the motion was thrown out as a result of a wrong move on the part of the committee **4.** MIL [instruction] drill ; [simulation] exercise ; [mouvement] movement ▸ **les manœuvres, les grandes manœuvres** *vieilli* (army) manoeuvres ▸ **être en manœuvres a)** [à petite échelle] to be on exercise **b)** [à grande échelle] to be on manoeuvres ▸ **manœuvre de repli** (movement of) withdrawal **5.** NAUT manoeuvre / *le bateau a commencé sa manœuvre d'accostage* the ship has started docking ▸ **manœuvres dormantes / courantes** standing / running rigging ▸ **fausses manœuvres** preventer rigging ou stays **6.** *péj* [machination] manoeuvre / *pris de court par les manœuvres de débordement de l'opposition* stopped short by the opposition's outflanking tactics ▸ **manœuvres électorales** electioneering / *la principale victime de ces manœuvres, c'est la démocratie* democracy is the first victim of this political manoeuvring **7.** MÉD manipulation ▸ **manœuvre obstétricale** turning (of the baby) **8.** ASTRONAUT manoeuvre **9.** RAIL shunting UK, switching US. ◆ nm [ouvrier] unskilled worker ; CONSTR & TRAV PUB labourer UK, laborer US ▸ **manœuvre agricole** farm labourer ou hand ▸ **manœuvre saisonnier** seasonal worker ▸ **manœuvre spécialisé** skilled worker.

manœuvrer [5] [manœvʀe] ◆ vt **1.** [faire fonctionner] to work, to operate / *il ne sait pas manœuvrer la machine à café* he doesn't know how to work ou to operate the coffee machine / *le monte-charge est manœuvré à la main* the hoist is hand-operated **2.** [faire avancer et reculer - véhicule] to manoeuvre UK, to maneuver US / *il manœuvre des bateaux dans le port de Cherbourg depuis 20 ans* he's been manoeuvring ships in and out of Cherbourg docks for 20 years ; *(en usage absolu)* : *ne manœuvrez jamais sur une route à grande circulation* don't manoeuvre ou do any manoeuvring on a busy road **3.** [influencer] to manipulate / *j'ai été manœuvré!* I've been manipulated! **4.** PÊCHE to pull in. ◆ vi **1.** [agir] to manoeuvre UK, to maneuver US / *bien manœuvré!* clever ou good move! / *ils manœuvrent tous pour devenir chef du parti* *péj* they're all jockeying for the position of party leader ▸ **manœuvrer dans l'ombre** to work behind the scenes **2.** MIL [s'exercer] to drill / *faites les manœuvrer dans la cour* drill them in the yard ; [simuler] to be on manoeuvres / *ils sont partis manœuvrer sur la lande* they're off to the moors on manoeuvres / *à l'époque où le contingent manœuvre* at the time (of the year) when the troops are on manoeuvres.

manœuvrier, ère [manœvʀije, ɛʀ] ◆ adj [tactique] skilful. ◆ nm, f [tacticien] tactician ; [manipulateur] manoeuvrer / *un fin manœuvrier de la politique* a clever political manoeuvrer.

❖ **manœuvrier** nm NAUT able ou expert seaman.

manographe [manɔgʀaf] nm manograph, recording (pressure) gauge.

manoir [manwaʀ] nm manor (house), (country) mansion.

manomètre [manɔmɛtʀ] nm manometer.

manométrie [manɔmetʀi] nf manometry.

manométrique [manɔmetʀik] adj manometric.

manouche [manuʃ] nmf & adj Gypsy, Gipsy.

manquant, e [mɑ̃kɑ̃, ɑ̃t] ◆ adj missing / *la pièce manquante* the missing part / *les deux pages manquantes* the two missing pages / *désolé, ce titre est manquant pour le moment* sorry but we're temporarily out of this book ou this book's out of stock at the moment / *les soldats manquants à l'appel* the soldiers missing at roll-call. ◆ nm, f missing one ▸ **les manquants** [élèves] the absent pupils / *nous avons trouvé toutes les factures, les manquantes étaient dans le tiroir* we've found all the invoices, the missing ones were in the drawer.

❖ **manquant** nm COMM short fall.

manque[1] [mɑ̃k] nm **1.** [insuffisance] ▸ **manque de a)** [imagination, place, sommeil] lack of **b)** [appartements, denrées] shortage of, scarcity of **c)** [personnel] lack of, shortage of ▸ **manque de chance** ou **de bol** *fam* ou **de pot** *fam* hard ou tough luck / *ce serait un manque de respect* it would be lacking in respect, it would show lack of respect ▸ **être en manque d'affection** to be in need of affection ▸ **par manque de a)** [originalité, audace] through lack of, for lack of, for want of **b)** [main-d'œuvre] through lack ou shortage of **2.** [absence - d'une personne] gap / *quand il sera parti, il y aura un manque* his departure will leave a gap **3.** [de drogue] : *être en (état de) manque* to have ou to feel withdrawal symptoms / *la charge de travail a baissé, je suis en (état de) manque* *hum* I've got less work, I'm suffering from withdrawal symptoms **4.** ÉCON & DR ▸ **manque à gagner** loss of (expected) income ou earnings / *il y aura un manque à gagner de 200 euros* there will be a shortfall of 200 euros **5.** JEUX manque **6.** COUT & TEXT slipped stitch.

❖ **manques** nmpl [insuffisances] failings, shortcomings ; [lacunes] gaps / *elle n'a pas conscience de ses manques* she's not conscious of her shortcomings / *il y a beaucoup de manques dans ce rapport* there's a lot missing from this report.

manque[2] [mɑ̃k] ❖ **à la manque** loc adj *fam* pathetic / *qu'est-ce que c'est que cette histoire à la manque?* what kind of a pathetic story is that?

manqué, e [mɑ̃ke] adj **1.** [non réussi - attentat] failed ; [- vie] wasted ; [- occasion] missed, lost ; [- tentative] failed, abortive, unsuccessful ; [- photo, sauce] spoilt / *je vais essayer de toucher la pomme — manqué!* I'll try and hit the apple — missed! **2.** [personne] ▸ **c'est un cuisinier / un médecin manqué** he should've been a cook / a doctor.

❖ **manqué** nm CULIN ≃ sponge cake.

manquement [mɑ̃kmɑ̃] nm *sout* ▸ **manquement à la discipline** breach of ou lapse in discipline ▸ **manquement à un devoir** dereliction of duty ▸ **manquement aux bonnes manières** breach of etiquette ▸ **manquement à une règle** breach ou violation of a rule.

manquer [3] [mɑ̃ke] ◆ vt **1.** [laisser échapper - balle] to miss, to fail to catch ; [- marche, autobus] to miss / *l'église est à droite, vous ne pouvez pas la manquer* the church is on the right, you can't miss it / *manquer le but* SPORT to miss the goal ▸ **manquer son but** *fig* to fail to reach one's goal ▸ **manquer la cible a)** MIL to miss the target **b)** *fig* to miss one's target, to fail to hit one's target, to shoot wide / *il l'a manqué de peu* he just missed it / *elle s'est moquée de moi mais je ne la manquerai pas! fig* she made a fool of me but I'll get even with her! / *je n'ai pas vu l'opéra — tu n'as rien manqué / tu as manqué quelque chose!* I didn't see the opera — you didn't miss anything / you really missed something there! / *c'est une émission à ne pas manquer* this programme shouldn't be missed ou is a must ▸ **manquer une occasion** to miss (out on) an opportunity / *tu as manqué une bonne occasion de te taire* *hum* why couldn't you have just kept your mouth shut for once? ▸ **ne pas en manquer une** : *il n'en manque jamais une!* **a)** [il remarque tout] he never misses a trick! **b)** [il est gaffeur] (you can always) trust him to put his foot in it! **2.** [ne pas rencontrer] to miss / *vous l'avez manquée de peu* you've just missed her **3.** [ne pas réussir - concours] to fail ; [- photo, sauce] to spoil, to make a mess of / *tu as manqué ta vocation* *aussi hum* you've missed your vocation ▸ **coup manqué** failure, botch-up / *moi qui croyais lui faire plaisir, c'est vraiment un coup manqué* ou *j'ai vraiment manqué mon coup!* and here's me thinking I would make him happy, (just) how wrong can you get! **4.** [ne pas aller à] to miss ▸ **manquer un cours a)** [volontairement] to miss ou to skip ou to jump a class **b)** [involontairement] to miss a class / *j'ai bien envie de manquer la gym* *fam* I feel like skipping gym / *il a manqué la messe, dimanche?* did he miss Mass on Sunday? ◆ vi **1.** [être absent - fugueur, bouton, argenterie] to be missing ; [- employé, élève] to be away ou off ou absent / *j'ai suivi tous les cours et je n'ai jamais manqué une fois* I attended all the classes and never missed one ou and I was never absent once ▸ **manquer à l'appel a)** MIL to be absent (at roll call) **b)** *fig & hum* to be missing ; *(tournure impersonnelle) iron* ▸ **il ne manquait plus qu'elle / que ça!** she's / that's all we need ou needed! / *il ne manquerait plus qu'elle tombe enceinte!* it would be the last straw if she got pregnant! **2.** [être insuffisant] to be lacking, to be in short supply / *quand le pain vint à manquer, ils descendirent dans la rue* when the bread ran short, they took to the streets / *seul le courage a manqué* only courage was lacking / *les occasions de te rendre utile ne manqueront pas* there will be no shortage of opportunities to make yourself useful ▸ **la pluie / le travail, ce n'est pas ce qui manque!** there's no shortage of rain / work! / *il n'y a pas d'eau chaude et ça manque!* *fam* there's no hot water and don't we know it! ▸ **manquer à qqn** : *le pied m'a manqué* I lost my footing / *le temps m'a manqué* I didn't have enough time, I was short of time / *l'argent leur a toujours manqué* they've always been short of money ou lacked money / *la force / le courage lui manqua* (his) strength / courage failed him ▸ **les mots me manquent** words fail me, I'm at a loss for words / *ce n'est pas l'envie qui m'en manque, mais...* not that I don't want to ou I'd love to, but... ; *(tournure impersonnelle)* ▸ **il manque une bouteille / un bouton** there's a bottle / a button missing ▸ **il nous manque trois joueurs a)** [ils sont absents] we have three players missing **b)** [pour jouer] we're three players short / *il ne manquait plus rien à son bonheur* his happiness was complete / *il ne manque pas de gens pour dire que...* there is no lack ou shortage of people who say that... / *il me manque un dollar* I'm one dollar short, I need one dollar ▸ **il ne lui manque que la parole a)** [animal] the only thing it can't do is speak **b)** [machine] it does everything but talk ▸ **il lui manque toujours dix-neuf sous pour faire un franc** he never has two pennies to rub together UK, he never has a red cent US **3.** [être pauvre] to want / *elle a toujours peur de manquer* she's always afraid of having to go without.

❖ **manquer à** v + prép **1.** [faillir à] : *manquer à son devoir / son honneur* to fail in one's duty / one's honour ▸ **manquer à ses devoirs** to neglect one's duties ▸ **manquer à sa parole / promesse** to fail to keep one's word / promise, to break one's word / promise / *manquer au règlement* to break the rules / *manquer aux usages* to defy ou to flout convention **2.** [être regretté par] : *elle manque à ses enfants* her children miss her ▸ **ses enfants lui manquent** he misses his children **3.** *litt* [offenser] to be disrespectful to ou towards, to behave disrespectfully towards.

❖ **manquer de** v + prép **1.** [ne pas avoir assez de] to lack, to be short of / *manquer de métier / d'indulgence* to lack experience / consideration / *ils manquent de tout* they're short of ou they lack everything / *nous n'avons jamais manqué de rien* we never went short of anything / *ta soupe manque de sel* your soup lacks ou needs salt / *ça manque de pain!* *fam* we're a bit short of bread! / *ça manque de musique!* *fam* we could do with some music! / *on manque d'air dans la chambrette du haut* there's no air in the little upstairs bedroom ▸ **manquer de personnel** to be short-staffed, to be short of staff ▸ **je manque de sommeil** I'm not getting enough sleep ▸ **ne pas manquer d'air** *fam* ou **de culot** *tfam* : *toi, tu ne manques pas d'air* ou *de culot!* you've (certainly) got some cheek ou nerve! **2.** *sout* ▸ **ne pas manquer de dire / de faire** [ne pas oublier de] : *vous viendrez? — je n'y manquerai pas* will you come? — definitely ou without fail / *ne manquez pas de me le faire savoir* be sure to let me know, do let me know / *ne manquez pas de nous écrire* be sure to write to us, mind you write to us / *il n'a pas manqué de faire remarquer mon retard* he didn't fail to point out that I was late ; [par ellipse] : *ça ne manquera pas* it's sure ou bound to happen / *j'ai dit qu'elle reviendrait et ça n'a pas manqué!* I said she'd come back and sure enough(, she did)! ; [s'empêcher de] ▸ **on ne peut manquer de constater / penser** one can't help but notice / think / *vous ne manquerez pas d'être frappé par cette coïncidence* you're bound to be struck by this coincidence / *tu ne manqueras pas d'être surpris* you're sure ou bound to be surprised **3.** [faillir] : *elle a manqué (de) se noyer* she nearly ou almost drowned (herself) / *il a manqué (de) ne pas me reconnaître* he nearly failed to ou nearly didn't recognize me / *tiens-lui le bras, il manque de glisser toutes les deux minutes* hold his arm, he's tripping up every couple of minutes.

❖ **se manquer** ◆ vp *(emploi réciproque)* : *nous nous sommes manqués à l'aéroport* we missed each other at the airport. ◆ vp *(emploi réfléchi)* to fail (in one's suicide attempt) / *il s'est manqué pour la troisième fois* that's his third (unsuccessful) suicide attempt / *la deuxième fois, elle ne s'est pas manquée* her second suicide attempt was successful.

Mans [mɑ̃] npr m ▸ **Le Mans** Le Mans ▸ **les 24 Heures du Mans** the Le Mans 24-hour race.

mansarde [mɑ̃saʀd] nf **1.** [chambre] garret, attic (room) **2.** ARCHIT ▸ **comble en mansarde** mansard roof ▸ **fenêtre en mansarde** dormer window.

mansardé, e [mɑ̃saʀde] adj [chambre, étage] attic *(modif)* ; [toit] mansard *(modif)* ▸ **une pièce mansardée** an attic room, a room with a sloping ceiling.

mansuétude [mɑ̃sɥetyd] nf *sout* indulgence, goodwill, mansuetude *sout*.

mante [mɑ̃t] nf **1.** ENTOM ▸ **mante (religieuse** ou **prie-Dieu)** (praying) mantis **2.** *fig & hum* ▸ **mante religieuse** man-eater **3.** ZOOL manta ray **4.** VÊT mantle.

manteau [mɑ̃to] nm **1.** VÊT [de ville] coat ; [capote] greatcoat ▸ **manteau de gabardine** gabardine (coat) / *manteau de fourrure* fur coat ▸ **manteau impérial** imperial mantle, robe of state ▸ **manteau de pluie** raincoat **2.** *fig & litt* [épaisse couche] layer, blanket, mantle *sout* / *un lourd manteau de neige / silence* a heavy mantle of snow / silence **3.** ZOOL [d'un mollusque] mantle **4.** ARCHIT ▸ **manteau de cheminée** mantelpiece, mantel **5.** THÉÂTRE ▸ **manteau d'Arlequin** proscenium arch **6.** GÉOL mantle **7.** HÉRALD mantling, mantle **8.** ORNITH back, mantle **9.** EXPR **sous le manteau** unofficially, on the sly ▸ **sous le manteau de** under cover of, under the cloak of / *sous le manteau de la charité, il faisait de la publicité pour sa société* he was advertising for his company, using charity as a pretext.

mantelé, e [mɑ̃tle] adj HÉRALD mantled.

mantelet [mɑ̃tlɛ] nm **1.** [cape - de femme] mantelet ; [- de prélat] mantelletta **2.** MIL mantelet **3.** NAUT deadlight.

mantille [mɑ̃tij] nf VÊT mantilla *(scarf)*.

mantisse [mɑ̃tis] nf mantissa.

Mantoue [mɑ̃tu] npr Mantua.

mantra [mɑ̃tʀa] nm mantra.

manualité [manɥalite] nf predominance of the left or right hand ; [de la main droite] dextrality ; [de la main gauche] sinistrality.

manucure [manykyʀ] ◆ nmf manicurist. ◆ nf manicure.

manucurer [3] [manykyʀe] vt to manicure / *se faire manucurer les mains* to have a manicure.

manuel, elle [manɥɛl] ◆ adj **1.** [commande, métier, travailleur] manual ; [outil] hand-held **2.** AÉRON ▸ **passer en manuel** to switch (over) to manual. ◆ nm, f **1.** [personne habile de ses mains] practical person / *c'est une manuelle* she's good with her hands **2.** SOCIOL manual worker.

❖ **manuel** nm [mode d'emploi, explications] manual, handbook ▸ **manuel d'histoire / de géographie** history / geography book ou textbook ▸ **manuel scolaire** ÉDUC (school) textbook / *manuel de sténographie* shorthand manual ▸ **manuel d'utilisation** instruction book ou manual / *manuel de vol* AÉRON flight manual.

manuellement [manɥɛlmɑ̃] adv manually, by hand ▸ **travailler manuellement** to work with one's hands / *un dispositif qui fonctionne manuellement* a manually operated machine.

manufacturable [manyfaktyʀabl] adj manufacturable / *ces produits ne sont pas manufacturables dans nos usines* these products cannot be manufactured in our factories.

manufacture [manyfaktyʀ] nf **1.** [atelier] factory ; HIST manufactory / *manufacture de soie / pipes* silk / pipe factory ▸ **la manufacture des Gobelins** the Gobelins tapestry workshop **2.** [fabrication] manufacture, manufacturing.

manufacturer [3] [manyfaktyʀe] vt to manufacture.

manufacturier, ère [manyfaktyʀje, ɛʀ] ◆ adj manufacturing. ◆ nm, f *arch* industrialist, factory owner.

manu militari [manymilitaʀi] loc adv **1.** [par la violence] by force ▸ **être expulsé manu militari** to be forcibly expelled, to be frogmarched out **2.** DR [par la gendarmerie] by the forces of law and order.

manuscrit, e [manyskʀi, it] adj [lettre] handwritten ; [page, texte] manuscript *(modif)*.

❖ **manuscrit** nm **1.** [à publier] manuscript / *manuscrit dactylographié* manuscript, typescript / *sous forme de manuscrit* in manuscript (form) **2.** [texte ancien] ▸ **manuscrit (ancien) a)** ancient manuscript **b)** [sous forme de rouleau] scroll / *les manuscrits de la mer Morte* the Dead Sea Scrolls.

manutention [manytɑ̃sjɔ̃] nf **1.** [manipulation] handling **2.** [entrepôt] warehouse, store house.

manutentionnaire [manytɑ̃sjɔnɛʀ] nmf warehouseman / *il est manutentionnaire dans une fabrique de meubles* he's a packer in a furniture factory.

manutentionner [3] [manytɑ̃sjɔne] vt [déplacer] to handle ; [emballer] to pack.

manzanilla [mɑ̃zanija] nm manzanilla.

maoïsme [maɔism] nm Maoism.

maoïste [maɔist] adj & nmf Maoist.

maori, e [maɔʀi] adj Maori.

❖ **Maori, e** nm, f Maori.

❖ **maori** nm LING Maori.

Mao Tsé-toung [maotsetuŋ], **Mao Zedong** [maodzedɔ̃g] npr Mao Tse-tung, Mao Zedong.

maous, ousse [maus] adj *tfam* ginormous, whopping (great).

MAP abr écrite de **mise au point.**

mappemonde [mapmɔ̃d] nf [globe] globe ; [carte] map of the world *(showing both hemispheres)* ▸ **mappemonde céleste** planisphere.

Maputo [maputo] npr Maputo.

maquée [make] nf BELG cottage cheese.

maquer [3] [make] ❖ **se maquer** vp + prép *tfam* to shack with / *ils se sont maqués* they're shacked up together ▸ **elle est maquée? a)** [prostituée] has she got a pimp? **b)** [femme] has she got a man? ▸ **se maquer avec qqn** to be shacked up with sb.

maqueraison [makʀɛzɔ̃] nf mackerel season.

maquereau, x [makʀo] nm **1.** ZOOL mackerel **2.** *tfam* [souteneur] pimp.

maquerelle [makʀɛl] nf *tfam* madam.

maquette [makɛt] nf **1.** [modèle réduit] (scale) model ▸ **maquette d'avion / de village** model aircraft / village **2.** ART [d'une sculpture] model, maquette ; [d'un dessin] sketch **3.** IMPR [de pages] paste-up, layout ; [de livre] dummy **4.** INDUST mock-up, (full-scale) model.

maquettisme [makɛtism] nm model making.

maquettiste [makɛtist] nmf **1.** [modéliste] model maker **2.** IMPR graphic designer, layout artist.

maquignon [makiɲɔ̃] nm **1.** [marchand - de chevaux] horse trader ; [- de bestiaux] cattle trader **2.** *péj* [entremetteur] trickster.

maquignonnage [makiɲɔnaʒ] nm **1.** [vente - de chevaux] horse trading ; [- de bétail] cattle trading **2.** *péj* [manœuvre douteuse] sharp practice, shady dealing, wheeler-dealing.

maquignonner [3] [makiɲɔne] vt **1.** [bétail, cheval] to deal ou to trade ou to traffic in **2.** *péj* [manœuvrer] : *ils ont maquignonné cette affaire entre eux* they've cooked this business up between them.

maquillage [makijaʒ] nm **1.** [cosmétiques] make-up ; [application] making-up **2.** [falsification - d'un passeport, d'un texte] doctoring, faking ; [- de preuves] doctoring ; [- d'un véhicule] disguising, respraying.

maquiller [3] [makije] vt **1.** [visage] to make up *(sép)* / *être bien / mal / trop maquillé* to be nicely / badly / heavily made up / *qui vous a maquillé?* who did your make-up? / *elle est allée se faire maquiller dans un institut de beauté* she went to a beauty parlour to get her make-up done **2.** [falsifier - passeport, texte] to falsify, to fake ; [- preuves] to falsify ; [- comptes] to fiddle UK, to falsify ; [- véhicule] to disguise / *après avoir maquillé la carrosserie* after doing a paint job on the bodywork / *maquiller un crime en suicide* to make a murder look like a suicide.

❖ **se maquiller** vp *(emploi réfléchi)* : *se maquiller (le visage)* to make up (one's face), to put on one's make-up / *se maquiller les yeux* to put one's eye make-up on / *tu te maquilles déjà à ton âge?* are you using make-up already at your age?

maquilleur, euse [makijœʀ, øz] nm, f make-up man (girl), make-up artist ▸ **passer chez le maquilleur** TV to have one's make-up put on.

maquis [maki] nm **1.** GÉOGR scrub, scrubland, maquis **2.** HIST ▸ **le Maquis** the Maquis *(French Resistance movement)* ▸ **prendre le maquis a)** HIST to take to the maquis **b)** *fig* to go underground **3.** *fig* [labyrinthe] ▸ **dans le maquis des lois / de la finance internationale** in the jungle of law / of international finance.

maquisard [makizaʀ] nm **1.** HIST maquis, French Resistance fighter **2.** [guérillero] guerrilla fighter.

marabout [maʀabu] nm **1.** [oiseau, plume] marabou, marabout **2.** [homme, tombeau] marabout.

marabouter [3] [maʀabute] vt [en Afrique] to put the evil eye on.

maraca [maʀaka] nf maraca.

maracudja [maʀakudʒa] nm maracuja, passionfruit.

maraîchage, maraichage* [maʀɛʃaʒ] nm market gardening UK, truck farming ou gardening US.

maraîcher, ère, maraicher*, ère [maʀɛʃe, ɛʀ] ◆ nm, f market gardener UK, truck farmer US. ◆ adj vegetable *(modif)* ▸ **produits maraîchers** market garden produce UK, truck US.

marais [maʀɛ] nm **1.** [terrain recouvert d'eau] marsh, swamp ▸ **marais maritime** tidal marsh ▸ **marais salant** salt marsh, salina **2.** [région] marsh, marshland, bog **3.** *fig & sout* quagmire.

Marais [maʀɛ] npr m **1.** [quartier] ▸ **le Marais** the Marais *(historic district of Paris)* **2.** HIST ▸ **le Marais** the Marais ou the Swamp *(moderate party in the French Revolution)*.

> **Le Marais**
>
> One of the oldest areas in Paris, the Marais is known for its 17th century aristocratic residences **(hôtels particuliers)**, art galleries, boutiques and smart cafés. It is home to Paris's oldest Jewish community, centered around the rue des Rosiers, and is also well-known as the capital's gay quarter.

marasme [maʀasm] nm **1.** ÉCON slump, stagnation / *nous sommes en plein marasme* we're going through a slump, our economy's in the doldrums **2.** [apathie] listlessness, apathy, depression **3.** MÉD marasmus, cachexia.

marasquin [maʀaskɛ̃] nm maraschino / *cerises au marasquin* maraschino cherries.

marathon [maʀatɔ̃] nm **1.** SPORT marathon *(avant nom)* ; [épreuve d'endurance] ▸ **marathon de danse** dance marathon **2.** *fig* ▸ **marathon diplomatique / électoral** diplomatic / electoral marathon **3.** *(comme adj inv, avec ou sans trait d'union)* marathon ▸ **discussion / séance marathon** marathon discussion / session.

marathonien, enne [maʀatɔnjɛ̃, ɛn] nm, f marathon runner.

* In reformed spelling (see p. 16-19).

marâtre [maʀatʀ] nf **1.** [méchante mère] unnatural ou wicked mother **2.** [belle-mère] stepmother.

maraud, e [maʀo, od] nm, f *vieilli* rascal, rapscallion.

maraudage [maʀodaʒ] nm pilfering *(of food)*.

maraude [maʀod] nf pilfering *(of food)* ▸ **un taxi en maraude** a cruising taxi.

marauder [3] [maʀode] vi **1.** [personne] to filch ou to pilfer (food) ; [soldat] to maraud **2.** [taxi] to cruise.

maraudeur, euse [maʀodœʀ, øz] ◆ nm, f [gén] pilferer ; [soldat] marauder. ◆ adj [renard] on the prowl ; [oiseau] thieving ; [taxi] cruising.

marbre [maʀbʀ] nm **1.** MINÉR marble ▸ **marbre veiné** streaked ou veined marble ▸ **marbre tacheté** mottled marble / ***colonne / tombeau de marbre*** marble pillar / tomb ▸ **mur en faux marbre** marbleized wall **2.** ART marble (statue) / ***les marbres romains*** the Roman marbles ; [plaque] marble plate **3.** IMPR (forme) bed ▸ **mettre sur le marbre a)** [journal] to put to bed **b)** [livre] to put on the press ▸ **avoir du marbre** *fam* to have copy over / ***rester sur le marbre*** to be excess copy **4.** MÉCAN surface plate **5.** BASEBALL home base, home plate.

❖ **de marbre** loc adj **1.** [insensible] insensitive ▸ **il resta de marbre** he remained impassive / ***la mort de sa mère l'a laissé de marbre*** his mother's death left him cold ou unmoved **2.** [impassible] impassive ▸ **un visage de marbre** a poker face / ***il est resté de marbre pendant qu'on lui arrachait ses galons*** he remained impassive while they tore off his stripes.

marbré, e [maʀbʀe] adj **1.** [tacheté] marbled, mottled ; [veiné] veined ▸ **peau marbrée** blotchy skin **2.** TECHNOL marbled ; CONSTR marbleized.

marbrer [3] [maʀbʀe] vt **1.** [papier, tranche de livre] to marble ; CONSTR to marbleize **2.** [peau] to mottle, to blotch / ***jambes / joues marbrées par le froid*** legs / cheeks mottled with the cold.

marbrerie [maʀbʀəʀi] nf **1.** [industrie] marble industry **2.** [atelier] marble (mason's) yard **3.** [métier, art] marble work ▸ **marbrerie funéraire** monumental (marble) masonry.

marbrier, ère [maʀbʀije, ɛʀ] adj marble *(modif)*.

❖ **marbrier** nm marbler ▸ **marbrier (funéraire)** monumental mason.

❖ **marbrière** nf marble quarry.

marbrure [maʀbʀyʀ] nf [aspect marbré] marbling ; [imitation] marbleizing, marbling.

❖ **marbrures** nfpl blotches, streaks, veins.

marc [maʀ] nm **1.** [résidu de fruit] marc ▸ **marc (de café)** coffee grounds ou dregs / ***lire l'avenir dans le marc de café*** ≃ to read the future in tea leaves **2.** [eau-de-vie] marc (brandy) **3.** [ancienne monnaie allemande] mark **4.** DR ▸ **au marc le franc** prorata, proportionally.

Marc [maʀk] npr ▸ **saint Marc** Saint Mark ▸ **Marc Antoine** Mark Antony ▸ **Marc Aurèle** Marcus Aurelius.

marcassin [maʀkasɛ̃] nm young wild boar / ***cuissot de marcassin*** haunch of wild boar.

marchand, e [maʀʃɑ̃, ɑ̃d] ◆ nm, f [négociant] merchant, shopkeeper [UK], storekeeper [US] ; [sur un marché] stallholder ▸ **marchand ambulant** (street) pedlar ▸ **marchand de biens** ≃ estate agent [UK] ; ≃ real estate agent [US] ▸ **marchand de canons** *péj* arms dealer ▸ **marchand de charbon** coal merchant ▸ **marchand de chaussures** shoe shop owner [UK], shoe-store owner [US] ▸ **marchand de couleurs** ironmonger [UK], hardware store owner ▸ **marchand d'esclaves** slave trader ▸ **marchand de fleurs** florist ▸ **marchand de frites** ≃ chip van man [UK] ; ≃ French fry vendor [US] ▸ **marchand de fromage** cheese merchant ▸ **marchand de fruits** fruit merchant, fruiterer ▸ **marchand d'illusions** *péj* illusion monger ▸ **marchand de journaux a)** [en boutique] newsagent [UK], newsdealer [US] **b)** [en kiosque] newsstand man, newsvendor ▸ **marchand de légumes** greengrocer ▸ **marchand de marée** ou **de poisson** fishmonger ▸ **marchand des quatre-saisons** costermonger [UK], fruit and vegetable seller [US] ▸ **marchand de sommeil** *péj* rack-renter, slumlord ▸ **marchand de soupe a)** *péj* [restaurateur] owner of a second-rate restaurant **b)** ENS *headmaster who thinks only of making a profit* ▸ **marchand de tableaux / tapis** art / carpet dealer ▸ **marchand de vin** wine merchant, vintner ▸ **marchand de voitures** car salesman ▸ **le marchand de sable est passé** the sandman's on his way. ◆ adj **1.** [valeur, prix] market *(modif)* ; [denrée] marketable ; [qualité] standard **2.** [rue] shopping *(modif)* ; [ville] market, commercial **3.** [marine] merchant.

marchandage [maʀʃɑ̃daʒ] nm **1.** [discussion d'un prix] haggling, bargaining / ***faire du marchandage*** to haggle **2.** *péj* [tractation] wheeler-dealing *péj* **3.** DR illegal subcontracting.

marchander [3] [maʀʃɑ̃de] ◆ vt **1.** [discuter le prix de] to bargain ou to haggle over *(insép)* / ***nous ne marchanderons pas le droit des peuples à disposer d'eux-mêmes*** *fig* the right of peoples to self-determination is not up for discussion ou negotiation **2.** *(au négatif)* [lésiner sur] to spare / ***ils n'ont pas marchandé leur effort*** they spared no effort / ***la presse n'a pas marchandé ses éloges pour sa dernière pièce*** the press wasn't sparing of its praise for his last play **3.** DR to subcontract (illegally). ◆ vi to haggle, to bargain / ***il a acheté un tableau sans marchander*** he bought a painting without haggling (over its price).

marchandeur, euse [maʀʃɑ̃dœʀ, øz] nm, f haggler.

❖ **marchandeur** nm DR (illegal) subcontractor.

marchandisage [maʀʃɑ̃dizaʒ] nm merchandizing.

marchandisation [maʀʃɑ̃dizasjɔ̃] nf *péj* merchandization.

marchandise [maʀʃɑ̃diz] nf **1.** [produit] commodity, good ▸ **marchandises** merchandise / ***notre boucher a de la bonne marchandise*** our butcher sells good quality meat ; [article interdit] : ***la marchandise est arrivée à bon port*** the stuff got here all right **2.** [fret, stock] ▸ **la marchandise** the goods, the merchandise / ***la marchandise sera livrée à Londres*** the merchandise will be delivered in London / ***on lui a volé toute sa marchandise*** all his goods were stolen ▸ **marchandise en gros / au détail** wholesale / retail goods ▸ **gare de marchandises** [train] goods [UK] ou freight station [US] ▸ **wagon de marchandises** goods wagon [UK], freight car [US] **3.** *fam & fig* ▸ **tromper** ou **voler qqn sur la marchandise** *pr & fig* to swindle sb / ***ce n'est pas à moi de vanter la marchandise mais ma tarte est bonne*** *hum* my tart is good, though I say so myself / ***il vend sa marchandise*** *péj* he's plugging his own stuff **4.** *vulg* [organes sexuels masculins] tackle.

marchant, e [maʀʃɑ̃, ɑ̃t] adj ⟶ **aile.**

marche [maʀʃ] nf **1.** [activité, sport] walking ▸ **la marche (à pied)** walking / ***la marche en montagne*** hill walking / ***j'en ai fait de la marche aujourd'hui!*** I've done quite a bit of walking today! / ***elle fait de la marche*** [comme sport] she goes walking / ***poursuivre sa marche*** to keep (on) ou to carry on walking, to walk on / ***la frontière n'est qu'à une heure de marche*** the border is only an hour's walk away **2.** [promenade] walk / ***nous avons fait une marche de 8 km*** we did an 8 km walk **3.** [défilé] march / ***marche pour la libération d'un prisonnier politique*** march for the release of a political prisoner ▸ **ouvrir la marche** to lead the way ▸ **fermer la marche** to bring up the rear ▸ **marche nuptiale / funèbre / militaire** MUS wedding / funeral / military march ▸ **marche silencieuse / de protestation** silent / protest march ▸ **marche pour la paix** peace march **4.** MIL march ▸ **en avant, marche!** forward, march! / ***faire marche sur une citadelle*** to march on ou upon a citadel ▸ **marche forcée** forced march ▸ **la Longue Marche** HIST the Long March ▸ **la Marche sur Rome** HIST the March on Rome **5.** [allure] pace, step / ***il régla sa marche sur celle de l'enfant*** he adjusted his pace to the child's / ***ralentir sa marche*** to slow (down) one's pace / ***accélérer sa marche*** to increase ou to step up one's pace ; [démarche] walk, gait / ***sa marche gracieuse*** her graceful gait **6.** [déplacement -d'un train, d'une voiture] running ; [-d'une étoile] course / ***dans le sens de la marche*** facing the front / ***dans le sens contraire de la marche*** facing the rear ▸ **marche avant / arrière** AUTO forward / reverse gear ▸ **entrer / sortir en marche arrière** to reverse in / out, to back in / out ▸ **faire marche arrière a)** [conducteur] to reverse, to back up **b)** *fig* to backpedal, to backtrack / ***en voyant le prix j'ai fait marche arrière*** when I saw the price I backed out of buying it **7.** [fonctionnement -d'une machine] running, working ▸ **marche, arrêt** on, off / ***en (bon) état de marche*** in (good) working order / ***régler la marche d'une pendule*** to adjust the movement of a clock / ***ne pas ouvrir pendant la marche*** do not open while the machine is running ; [d'une entreprise, d'un service] running, working, functioning / ***pour assurer la bonne marche de notre coopérative*** to ensure the smooth running of our co-op / ***la privatisation est-elle un obstacle à la bonne marche de l'entreprise?*** is privatization an obstacle to the proper working ou functioning of the company? ▸ **marche à suivre a)** [instructions] directions (for use) **b)** [pour des formalités] procedure, form **8.** [progression] ▸ **la marche du temps** the passing ou march *sout* of time / ***la marche des événements*** the course ou march *sout* of events / ***la révolution est en marche*** revolution is on the march ou move **9.** [degré -d'un escalier] step, stair ; [-d'un marchepied] step ▸ **la première / dernière marche** the bottom / top step ▸ **descendre / monter les marches** to go down / up the stairs ▸ **attention à la marche** mind the step ▸ **marche dansante** ARCHIT winder **10.** HIST & GÉOGR march.

❖ **en marche** loc adv ▸ **monter / descendre d'un train en marche** to get on / off a moving train / ***je suis descendue du bus en marche*** I got off the bus while it was still moving ▸ **mettre en marche a)** [moteur, véhicule] to start (up) **b)** [appareil] to switch ou to turn on *(sép)* / ***le four se mettra automatiquement en marche dans une heure*** the oven will turn ou switch itself on automatically in an hour.

marché[1] [maʀʃe] nm **1.** [en ville] market ▸ **aller au marché** to go to the market / ***je l'ai acheté au marché*** I bought it at the market / ***faire les marchés*** [commerçant] to go round ou to do the markets ; [ce que l'on achète] ▸ **faire son marché** to go (grocery) shopping ▸ **marché aux poissons / bestiaux** fish / cattle market ▸ **marché couvert** covered market ▸ **marché en plein air** open-air market ▸ **marché d'intérêt national** wholesale market for agricultural produce ▸ **marché de producteurs** farmers' market ▸ **marché aux puces** flea market **2.** COMM & ÉCON market / ***marché des matières premières / du sucre / du café*** raw materials / sugar / coffee market ▸ **le marché du travail** the labour [UK] ou labor [US] market / ***marché extérieur / intérieur*** foreign / home market, overseas / domestic market / ***mettre un produit sur le marché*** to launch a product / ***le vaccin n'est pas encore sur le marché*** the vaccine is not yet (available) on the market / ***il n'y a pas de marché pour ce type d'habitation*** there is no market for this type of housing / ***ils ont ouvert leur marché aux produits japonais*** they've opened their markets to Japanese products ▸ **marché captif** captive market ▸ **marché libre** free market ▸ **marché noir** black market ▸ **faire du marché noir** to deal on the black market ▸ **marché public** procurement contract ▸ **le Marché unique (européen)** the Single (European) Market ▸ **étude / économie de marché** market research / economy **3.** BOURSE market ▸ **marché d'actions** stock market ▸ **marché de l'argent** ou **monétaire** money market ▸ **marché des capitaux** capital market ▸ **marché des changes** foreign exchange market ▸ **marché au comptant** spot market ▸ **marché du crédit** credit market ▸ **marché derivé** derivatives market ▸ **marché financier** capital ou financial market ▸ **marché gris** grey market ▸ **marché interbancaire** interbank market ▸ **marché des matières premières** commodities market ▸ **marché obligataire** bond market ▸ **marché primaire** primary market ▸ **marché à terme international de France** *French financial futures market* ▸ **marché des titres** stock market ▸ **second marché** ≃ unlisted securities market **4.** [accord] deal, transaction ▸ **conclure** ou **passer un marché avec qqn** to make a deal with sb ▸ **marché conclu!** it's a deal!, that's settled! ▸ **c'est un marché de dupes** it's a con ▸ **mettre le marché en main à qqn** to force sb to take it or leave it **5.** EXPR ▸ **par-dessus le marché** *fam* into the bargain, what's more / ***et il se plaint, par-dessus le marché!*** and what's more he's complaining!

❖ **à bon marché** loc adv cheaply / *fabriqué à bon marché* cheaply-made / *je l'ai eu à bon marché* I got it cheap.

❖ **bon marché** ◆ loc adj cheap, inexpensive. ◆ loc adv ▸ **faire bon marché de** to treat lightly / *faire bon marché de sa vie* to hold one's life cheap / *il a fait bon marché de mes conseils* he took no notice of my advice.

❖ **meilleur marché** loc adj inv cheaper / *je l'ai eu meilleur marché à Paris* I got it cheaper in Paris.

marché² [marʃe] nm SPORT travelling.

marchepied [marʃəpje] nm **1.** [d'un train] step, steps ; [d'un camion] footboard ; [d'une voiture] running board ▸ **marchepied amovible** retractable step **2.** *fig* [tremplin] stepping stone / *ce petit rôle lui a servi de marchepied pour devenir célèbre* this small role put him on the road to fame **3.** [estrade] dais ; [banc] footstool ; [escabeau] pair of steps **4.** [sur une berge] footpath.

marcher [3] [marʃe] vi **1.** [se déplacer à pied] to walk ▸ **j'ai marché longtemps / un peu** I took a long / short walk / *marcher sans but* to walk aimlessly ▸ **marcher tranquillement** to amble along / *descendre une avenue en marchant lentement / rapidement* to stroll / to hurry down an avenue ▸ **marcher à grands pas** ou **à grandes enjambées** to stride (along) ▸ **marcher à petits pas** to take small steps ▸ **marcher à quatre pattes** to walk on all fours ▸ **marcher à reculons** to walk backwards / *marcher de long en large (dans une salle)* to walk up and down (a room) / *marcher sur la pointe des pieds* to walk on tiptoe ▸ **marcher sur les mains** to walk on one's hands ▸ **marcher sur les traces de qqn** to follow in sb's footsteps ▸ **marcher vers a)** *pr* to walk towards, to be headed for, to be on one's way to **b)** *fig* to be headed for ▸ **marcher droit a)** *pr* to walk straight ou in a straight line **b)** *fig* to toe the line ▸ **marcher sur des œufs** to tread gingerly **2.** MIL to march ▸ **marcher au pas** to march in step / *marcher au combat* to march into battle / *marcher sur une ville / sur l'ennemi* to march on a city / against the enemy **3.** [poser le pied] ▸ **marcher sur** to step ou to tread on ▸ **marcher dans** [flaque, saleté] to step ou to tread in / *ne marche pas sur les fleurs!* keep off the flowers!, don't walk on the flowers! / *tu marches sur tes lacets* you're treading on your laces ▸ **marcher sur les pieds de qqn** to tread ou to stand ou to step on sb's feet ▸ **se laisser marcher sur les pieds** : *il ne faut pas se laisser marcher sur les pieds* you shouldn't let people walk all over you **4.** [fonctionner - machine] to work, to function ; [- moteur] to run ▸ **marcher au gaz** to work on gas / *marcher à l'électricité* to work ou to run on electricity / *le jouet marche à piles* the toy is battery-operated ▸ **faire marcher** [machine] to work, to operate / *tu sais faire marcher la machine à laver?* do you know how to work the washing machine? / *les trains ne marchent pas aujourd'hui* *fam* the trains aren't running today **5.** [donner de bons résultats - manœuvre, ruse] to come off, to work ; [- projet, essai] to be working (out), to work ; [- activité, travail] to be going well / *ses études marchent bien / mal* she's doing well / not doing very well at college / *elle marche bien en chimie / au tennis* *fam* she's doing well in chemistry / at tennis / *un jeune athlète qui marche très fort* *fam* an up-and-coming young athlete ▸ **les affaires marchent mal / très bien** business is slack / is going well / *ça fait marcher les affaires* it's good for business ou for trade ▸ **rien ne marche** nothing's going right / *tout a très bien marché jusqu'ici* everything's gone very well until now / *ne t'inquiète pas, ça va marcher* don't worry, it'll be OK / *et le travail, ça marche?* how's work (going)? / *ça marche pour mardi?* is it OK for Tuesday? / *ça marche comme ça?* [arrangement, rendez-vous] is that OK with you? / *aujourd'hui rien ne marche!* everything's going wrong today! / *si ça marche, je monterai une exposition* if it works out, I'll organize an exhibition / *leur couple / commerce n'a pas marché* their relationship / business didn't work out / *ça a l'air de bien marcher entre eux* they seem to be getting on fine together, things seem to be going well between them ; [en voiture] : *on a bien marché jusqu'à ce qu'un pneu éclate* *fam* we were doing well ou making good time until we had a burst tyre / *en marchant bien, tu seras à Bruxelles ce soir* *fam* if you keep your speed up you'll be in Brussels by tonight / *tu marches à combien, là?* *fam* what are you doing ou what speed are you doing at the moment? **6.** [au restaurant] : *faites marcher deux œufs au plat!* two fried eggs! / *ça marche!* coming up! **7.** *fam* [s'engager] to go along with things / *tu marches avec nous?* can we count you in? / *je ne marche pas!* nothing doing!, count me out! / *marcher dans une affaire* to get mixed up ou involved in a scheme ▸ **elle ne marchera jamais** she'll never agree **8.** *fam* [croire] to fall for it / *elle a marché* she fell for it, she swallowed it ▸ **il ne marche pas, il court** *hum* : *je lui ai dit que ma tante était malade et il n'a pas marché, il a couru* I told him that my aunt was ill and he bought the whole story ou and he swallowed it hook, line and sinker ▸ **faire marcher qqn a)** [le taquiner] to pull sb's leg, to have sb on UK **b)** [le berner] to take sb for a ride, to lead sb up the garden path / *ce n'est pas vrai, tu me fais marcher?* are you having me on? UK, are you pulling my leg?

marcheur, euse [marʃœr, øz] nm, f **1.** [gén & SPORT] walker / *c'est un bon marcheur* he's a good walker / *les marcheurs de Strasbourg-Paris arrivent cette nuit* the participants in the Strasbourg-Paris walk will be arriving tonight **2.** [manifestant] marcher / *marcheur de la paix* peace marcher.

marcottage [markɔtaʒ] nm layering ▸ **marcottage aérien** air layering.

marcotte [markɔt] nf layer.

marcotter [3] [markɔte] vt to layer.

mardi [mardi] nm Tuesday / *Nice, le mardi 10 août* Nice, Tuesday, August 10 ou 10 August UK / *je suis né un mardi 18 avril* I was born on Tuesday the 18th of April / *nous sommes mardi aujourd'hui* today's Tuesday / *je reviendrai mardi* I'll be back on Tuesday / *je suis revenu mardi* I came back on Tuesday / *mardi dernier / prochain* last / next Tuesday / *ce mardi* this (coming) Tuesday, next Tuesday, Tuesday next / *mardi en huit* a week on Tuesday, Tuesday week UK / *mardi en quinze* a fortnight on Tuesday UK, two weeks from Tuesday US / *il y aura huit jours mardi* a week on Tuesday / *tous les mardis* every Tuesday, on Tuesdays / *l'autre mardi* **a)** [dans le passé] (the) Tuesday before last **b)** [dans l'avenir] Tuesday after this / *le premier / dernier mardi du mois* the first / last Tuesday of the month / *tous les deuxièmes mardis du mois* every second Tuesday in the month / *un mardi sur deux* every other ou every second Tuesday / *mardi matin / après-midi* Tuesday morning / afternoon / *mardi midi* Tuesday lunchtime, Tuesday (at) noon / *mardi soir* Tuesday evening ou night / *mardi dans la nuit* Tuesday (during the) night / *dans la nuit de mardi à mercredi* Tuesday night / *la séance / le marché du mardi* the Tuesday session / market ▸ **Mardi gras a)** RELIG Shrove Tuesday **b)** [carnaval] Mardi Gras / *ce n'est pas Mardi gras, aujourd'hui!* *fam* what do you think this is, a carnival or something?

mare [mar] nf **1.** [pièce d'eau] pond ▸ **mare aux canards** duck pond **2.** [de sang, d'essence] pool.

marécage [marekaʒ] nm **1.** [terrain bourbeux] marshland, swamp ▸ **les marécages** the swamp **2.** *fig & litt* : *les marécages de la politique* the quagmire of politics.

marécageux, euse [marekaʒø, øz] adj [région] marshy, swampy ; [champ] boggy ; [plante] marsh *(modif)*.

maréchal, aux [mareʃal, o] nm **1.** MIL [en France] marshal ; [en Grande-Bretagne] field marshal ; [aux États-Unis] five star general, general of the army ▸ **Maréchal de France** Marshal of France ▸ **maréchal des logis** sergeant ▸ **maréchal des logis-chef** ≃ staff sergeant UK ; ≃ top sergeant US **2.** HIST & MIL marshal *(in a royal household)*.

maréchalat [mareʃala] nm marshalcy, marshalship / *atteindre le maréchalat* to reach the rank of marshal.

maréchale [mareʃal] nf **1.** MIL (field) marshal's wife **2.** MIN forge coal.

maréchalerie [mareʃalri] nf **1.** [métier] blacksmith's trade, farriery UK *spéc*, smithery *spéc* **2.** [atelier] blacksmith's (shop), smithy, farriery UK *spéc*.

maréchal-ferrant [mareʃalferɑ̃] *(pl* **maréchaux-ferrants***)* nm blacksmith, farrier UK.

maréchaussée [mareʃose] nf **1.** HIST mounted constabulary UK ou police **2.** *fam & hum* constabulary UK.

marée [mare] nf **1.** GÉOGR tide ▸ **(à) marée haute / basse** (at) high / low tide / *grande / faible marée* spring / neap tide ▸ **marée montante** flowing ou flood tide ▸ **marée descendante** ebb tide ▸ **lorsque la marée monte / descend** when the tide is rising / ebbing, when the tide comes in / goes out / *changement de marée* turn ou turning of the tide ▸ **une marée humaine** *fig* a flood of people ▸ **marée de morte-eau** ou **de quadrature** neap tide ▸ **marée d'équinoxe** equinoctial tide ▸ **marée noire** ÉCOL oil slick **2.** [poissons] (fresh) fish, (fresh) seafood.

marégraphe [maregraf] nm tide gauge.

marelle [marɛl] nf hopscotch ▸ **jouer à la marelle** to play hopscotch.

marémoteur, trice [maremɔtœr, tris] adj tidal.

marengo [marɛ̃go] ◆ adj inv CULIN ⟶ **veau.** ◆ nm TEXT *black cloth flecked with white.*

marennes [marɛn] nf (Marennes) oyster.

mareyage [marɛjaʒ] nm fish trade.

mareyeur, euse [marɛjœr, øz] nm, f fish and seafood wholesaler.

margaille [margaj] nf BELG *fam* **1.** [rixe] fight **2.** [tapage] row.

margarine [margarin] nf margarine.

marge [marʒ] nf **1.** [espace blanc] margin / *laisser une grande / petite marge* to leave a wide / narrow margin / *n'écrivez rien dans la marge* do not write anything in the margin ▸ **marge de fond / gouttière** inner / gutter margin ▸ **marge extérieure** IMPR outside margin ▸ **marge intérieure** back ou inside ou inner margin ▸ **marge de tête** head ou top margin ▸ **marge de pied** tail **2.** *fig* extra time, leeway ▸ **avoir de la marge** to have some leeway ▸ **laisser à qqn une marge de liberté** to give sb some latitude ou leeway ▸ **marge d'erreur** margin of error ▸ **marge de manœuvre** room for manoeuvre UK ou maneuver US, wiggle room *fam* ▸ **prévoir une marge d'erreur de 15 cm / de 100 euros** to allow for a margin of error of 15 cm / of 100 euros ▸ **marge de sécurité** safety margin / *il a neuf minutes d'avance sur ses poursuivants, c'est une marge (de sécurité) confortable* he has a nine minute lead over his pursuers, that's a comfortable (safety) margin ▸ **marge de tolérance** (range of) tolerance / *je vous donne 2 m de tissu / 2 mois, comme ça, vous avez de la marge* I'll give you 2 m of cloth / 2 months, that'll be more than enough **3.** COMM ▸ **marge bénéficiaire** profit margin ▸ **marge brute** gross margin ▸ **marge brute d'autofinancement** cash flow ▸ **marge commerciale** gross profit ou margin ▸ **marge de fluctuation** fluctuation band ▸ **marge nette** net margin **4.** GÉOGR ▸ **marge continentale** continental margin ou terrace.

❖ **à la marge** ◆ loc adv [de façon accessoire] marginally / *cela n'influe qu'à la marge sur les comportements* it only has a marginal effect on behaviour. ◆ loc adj [marginal] marginal / *des réformes à la marge* marginal reforms.

❖ **en marge** ◆ loc adj [original] fringe *(modif)* / *un artiste en marge* an unconventional ou a fringe artist ▸ **annotations** ou **notes en marge** notes in the margin, marginalia *sout.* ◆ loc adv **1.** [d'une feuille de papier] in the margin / *faites vos annotations en marge* write your notes in the margin **2.** [à l'écart] ▸ **vivre en marge** to live on the margins of society / *il est toujours resté en marge* he's always been a loner / *elle a fait une carrière en marge* she made an unconventional career for herself.

❖ **en marge de** loc prép : *vivre en marge de la société* to live on the margins of society / *les événements en marge de l'histoire* footnotes to history, marginal events in history / *beaucoup d'accords sont signés en marge des négociations officielles* a lot of agreements are signed outside the official negotiating sessions / *en marge de ses activités de professeur, il aidait les enfants handicapés* in addition to his work as a teacher, he helped handicapped children / *activité en marge des études* UNIV extra-curricular activity.

margelle [marʒɛl] nf edge *(of a well or fountain)*.

marger [17] [marʒe] vt **1.** IMPR to feed in *(sép)*, to lay on *(sép)* **2.** [machine à écrire] to set the margins of.

margeur, euse [marʒœr, øz] nm, f [ouvrier] layer-on.

❖ **margeur** nm **1.** IMPR (paper) feed **2.** [sur une machine à écrire] margin setter.

marginal, e, aux [marʒinal, o] ◆ adj **1.** [secondaire - problème, rôle] marginal, minor, peripheral **2.** [à part] ▸ **groupe marginal a)** POL fringe group **b)** SOCIOL marginal group / *avec la crise, leur existence est de plus en plus marginale* the economic crisis is pushing them further and further out to the margins ou fringes of society **3.** ÉCON marginal **4.** [annotation] marginal ▸ **notes marginales** marginal notes, marginalia *sout.* ◆ nm, f dropout / *ça a toujours été un marginal* he's always been a bit of a dropout / *les marginaux de l'expressionnisme* people on the outer fringes of the expressionist movement.

marginalement [marʒinalmɑ̃] adv marginally / *cela n'affecte les ventes que marginalement* this has only a marginal impact on sales ▸ **vivre marginalement** to live on the fringe ou margin of society / *ils ont choisi de vivre marginalement* they've chosen to opt out (of society).

marginalisation [marʒinalizasjɔ̃] nf SOCIOL marginalization / *la crise économique a favorisé la marginalisation de certaines couches sociales* the economic crisis has led to the marginalization of certain groups in society / *la pauvreté est un facteur de marginalisation* poverty is one of the causes of marginalization.

marginaliser [3] [marʒinalize] vt to marginalize / *la toxicomanie a marginalisé une partie de la jeunesse* drug addiction has marginalized a large number of young people / *la tendance radicale du parti a été marginalisée* the radical tendency in the party has been marginalized.

❖ **se marginaliser** ◆ vp *(emploi réfléchi)* to opt out / *elle a choisi de se marginaliser* she has chosen to live outside the mainstream of society. ◆ vpi **1.** [personne] : *il se marginalise de plus en plus depuis son licenciement* he's been feeling increasingly isolated since he was made redundant **2.** [rôle, fonction] to become marginalized ou irrelevant / *le rôle du parti s'est marginalisé* the party no longer plays a central role.

marginalisme [marʒinalism] nm ÉCON marginal utility.

marginalité [marʒinalite] nf **1.** [d'un problème, d'un rôle] minor importance, insignificance, marginality **2.** [d'une personne] nonconformism / *vivre* ou *être dans la marginalité* to live on the fringe ou fringes of society / *ils ont préféré vivre dans la marginalité* they preferred to opt out.

marginer [3] [marʒine] vt to write notes in the margin.

margoulette [margulɛt] nf *fam* mouth ▸ **se casser la margoulette** to fall flat on one's face.

margoulin [margulɛ̃] nm *fam & péj* [spéculateur] petty speculator ; [crapule] shark, crook, swindler.

marguerite [margərit] nf **1.** BOT daisy ▸ **grande marguerite** oxeye daisy **2.** IMPR daisy wheel.

Marguerite [margərit] npr ▸ **Marguerite d'Anjou** Margaret of Anjou / *Marguerite de Navarre* Margaret of Navarre.

mari [mari] nm husband / *comment va ton petit mari?* *fam* how's your hubby?

mariable [marjabl] adj marriageable.

mariage [marjaʒ] nm **1.** [union] marriage ▸ **proposer le mariage à qqn** to propose (marriage) to sb / *il m'avait promis le mariage* he had promised to marry me / *donner sa fille en mariage* to give one's daughter in marriage / *je ne pense pas encore au mariage* I'm not thinking about getting married yet ▸ **faire un mariage d'amour** to marry for love, to make a love match ▸ **faire un mariage d'argent** ou **d'intérêt** to marry for money ▸ **mariage arrangé** arranged marriage ▸ **mariage de convenance** ou **de raison** marriage of convenience / *enfants (nés) d'un premier mariage* children from a first marriage / *enfants nés hors du mariage* children born out of wedlock ; [vie commune] married life, matrimony *sout* / *les premiers temps du mariage* early married life ▸ **mariage blanc** unconsummated marriage, marriage in name only ▸ **mariage mixte** mixed marriage / **'le Mariage de Figaro'** *Beaumarchais* 'The Marriage of Figaro' **2.** [cérémonie] wedding ; [cortège] wedding procession / *de mariage* wedding *(modif)* / *mariage en blanc* white wedding / *mariage civil* / *religieux* civil / church wedding **3.** [d'arômes] blend, mixture ; [de couleurs] combination ; [d'associations, d'organisations] merging **4.** JEUX [au bésigue] marriage **5.** TEXT (accidental) slub.

Mariage

In France, a civil ceremony (which takes place at the **mairie**) is required of all couples wishing to marry, though some choose to have a church wedding as well. The traditional wedding involves a long and sumptuous meal at which the wedding cake, a pyramid of caramel-covered profiteroles (the **pièce montée**), is served.

marial, e, als *ou* **aux** [marjal, o] adj Marian.

Marianne [marjan] npr [figure] Marianne *(personification of the French Republic)*.

Marianne

Marianne is the personification of the French Republic; there is a bust of her in every town hall in France, and her portrait appears on French stamps. Her face has changed over the years, but she can always be recognized by the **bonnet phrygien** she wears. Brigitte Bardot and Catherine Deneuve, and in more recent years somewhat controversially Laetitia Casta and TV presenter Évelyne Thomas, have been used as models for Marianne.

Marie [mari] npr **1.** RELIG Mary ▸ **la Vierge Marie** the Virgin Mary **2.** HIST ▸ **Marie Stuart** Mary Stuart ▸ **Marie de Médicis** Maria de Medici.

marié, e [marje] adj married / *il est marié avec Maud* he's married to Maud / *on n'est pas mariés, dis donc!* *fam* just a minute, you're not my mother!

❖ **marié** nm ▸ **le (jeune) marié** the groom, the bridegroom ▸ **futur marié** bridegroom-to-be.

❖ **mariée** nf ▸ **la (jeune) mariée** the bride ▸ **une robe de mariée** a wedding dress / *la robe* / *le bouquet de la mariée* the bride's dress / bouquet ▸ **future mariée** bride-to-be ▸ **se plaindre que la mariée est trop belle** : *tu te plains que la mariée est trop belle!* you don't know how lucky you are!

❖ **mariés** nmpl ▸ **les mariés** [le jour de la cérémonie] the bride and groom / *les futurs mariés* the bride and groom-to-be ▸ **les jeunes mariés** the newly-weds.

Marie-Antoinette [mariɑ̃twanɛt] npr Marie Antoinette.

marie-couche-toi-là [marikuʃtwala] nf inv *tfam, péj & vieilli* trollop, strumpet.

marie-jeanne [mariʒan] nf inv *arg crime* pot, Mary-Jane US.

marie-louise [marilwiz] *(pl* **maries-louises***)* nf **1.** [passe-partout] inner frame **2.** [encadrement] harmonized border.

Marie-Madeleine [marimadlɛn] npr Mary Magdalene.

marier [9] [marje] vt **1.** [unir] to marry, to wed *litt* / *le maire* / *le prêtre les a mariés hier* the mayor / the priest married them yesterday **2.** [donner en mariage] to marry / *ils marièrent leur fille à un médecin* they married their daughter to a doctor / *elle a encore un fils* / *une fille à marier* she still has a son / a daughter to marry off / *elle est bonne à marier* she's of marriageable age **3.** [parfums, couleurs] to blend, to combine, to marry *sout* ; [styles, sons] to harmonize, to combine, to marry *sout* **4.** BELG [épouser] to marry **5.** NAUT [cordages] to hold together.

❖ **se marier** vpi **1.** [personnes] to get married, to marry, to wed *litt* ▸ **se marier à** ou **avec qqn** to marry sb, to get married to sb / *il veut se marier à l'église* he wants to have a church wedding ou to get married in church **2.** [couleurs, arômes, styles] to go together / *ça se marie bien avec le vert* it goes nicely with the green.

marie-salope [marisalɔp] *(pl* **maries-salopes***)* nf **1.** [péniche] hopper (barge) ; [drague] dredger **2.** *tfam* [souillon] slut.

Marie-Thérèse [mariterɛz] npr ▸ **Marie-Thérèse d'Autriche** Maria Theresa of Austria.

marieur, euse [marjœr, øz] nm, f matchmaker.

Marignan [mariɲɑ̃] npr ▸ **la bataille de Marignan** *famous victory of Francis I over the Swiss Holy League in 1515.*

Marigny [mariɲi] npr ▸ **l'hôtel Marigny** *the house near the Élysée Palace where foreign dignitaries are accommodated and press conferences held.*

marigot [marigo] nm **1.** [bras de fleuve] side channel, backwater, marigot **2.** [région inondable] flood lands.

marihuana [marirwana], **marijuana** [mariʒɥana] nf marijuana.

marimba [marimba] nm MUS marimba.

marin, e [marɛ̃, in] adj **1.** [air, courant, sel] sea *(modif)* ; [animal, carte] marine, sea *(modif)* ; [plante, vie] marine ▸ **paysage marin** seascape ▸ **navire marin** seaworthy ship **2.** PÉTR offshore.

❖ **marin** nm **1.** [gén] seaman, seafarer ▸ **un peuple de marins** a seafaring nation / *ses qualités de marin ne sont plus à démontrer* he's an accomplished seaman **2.** MIL & NAUT seaman, sailor / *costume* / *béret de marin* sailor suit / hat ▸ **marins marchands** ou **du commerce** merchant seamen ▸ **simple marin** able ou able-bodied seaman ▸ **marin d'eau douce** *hum* Sunday sailor, landlubber **3.** MÉTÉOR marin, sea wind *(from the SE coast of France)*.

marina [marina] nf marina.

marinade [marinad] nf marinade / *viande en marinade* marinated ou marinaded meat.

marinage [marinaʒ] nm marinating.

marine [marin] ◆ f ⟶ **marin.** ◆ adj inv navy (blue). ◆ nf **1.** NAUT navy ▸ **la Marine nationale** the (French) Navy ▸ **marine marchande** merchant navy UK ou marine US ▸ **marine de plaisance** yachting ▸ **marine à vapeur** steamers, steamships ▸ **marine à voile** sailing ships **2.** MIL ▸ **marine (de guerre)** navy ▸ **le musée de la Marine** [à Paris] *the Paris Naval Museum, in the Palais de Chaillot* **3.** ART seascape. ◆ nm **1.** [fusilier marin - britannique] Royal Marine ; [- des États-Unis] (US) Marine ▸ **les Marines** the Royal Marines UK, the US Marine Corps US, the Marines US **2.** [couleur] navy (blue).

mariner [3] [marine] ◆ vt [dans une marinade] to marinate, to marinade ; [dans une saumure] to pickle, to souse. ◆ vi **1.** CULIN to marinate / *laissez la viande mariner* ou *faites mariner la viande pendant plusieurs heures* allow the meat to marinate for several hours **2.** *fam* [personne] to wait, to hang about / *il marine en prison* he's rotting in prison / *laisse-la mariner!* let her stew for a while! / *ne nous fais pas mariner!* don't keep us hanging about ou around US !

maringouin [marɛ̃gwɛ̃] nm QUÉBEC mosquito.

marinier, ère [marinje, ɛr] nm, f **1.** [batelier] bargee UK, bargeman (bargewoman) US **2.** *arch* [marin] mariner.

marinière [marinjɛr] nf **1.** VÊT [blouse] sailor blouse ; [maillot rayé] (white and navy blue) striped jersey **2.** CULIN

▸ **sauce marinière** white wine sauce / *(à la) marinière* in a white wine sauce.

mariol(le) [marjɔl] *fam* ◆ adj [astucieux] smart, clever. ◆ nm smart alec, clever dick UK, wise guy US ▸ **faire le mariolle** to try to be smart ou clever / *fais pas le mariolle sur ta moto / avec ce revolver* don't try and be clever on that bike / with that gun.

marionnette [marjɔnɛt] nf **1.** [poupée] ▸ **marionnette (à fils)** puppet, marionette ▸ **marionnette (à gaine)** (hand) ou glove puppet ▸ **on va aux marionnettes** we're going to the puppet show **2.** *péj* [personne] puppet.

marionnettiste [marjɔnɛtist] nmf puppeteer.

mariste [marist] adj & nm Marist.

marital, e, aux [marital, o] adj DR **1.** [relatif au mari] marital ▸ **l'autorisation maritale** the husband's authorization / *les biens maritaux* the husband's possessions **2.** [relatif à l'union libre] : *au cours de leur vie maritale* while they lived together (as man and wife).

maritalement [maritalmɑ̃] adv ▸ **vivre maritalement** to live as husband and wife.

maritime [maritim] adj **1.** [du bord de mer - village] coastal, seaside *(modif)*, seaboard US *(modif)* ▸ **province maritime** maritime ou coastal province ▸ **région maritime** ADMIN coastal area **2.** [naval - hôpital, entrepôt] naval ; [- commerce] seaborne, maritime ▸ **puissance maritime** maritime ou sea power **3.** DR [législation, droit] maritime, shipping *(modif)* ; [agent] shipping *(modif)* ; [assurance] marine.

maritorne [maritɔrn] nf *litt* sloven, slattern.

Marius [marjys] npr THÉÂTRE *a play by Marcel Pagnol (1928), strongly evocative of the traditions of Marseille.*

marivaudage [marivodaʒ] nm *sout* light-hearted banter.

marivauder [3] [marivode] vi *sout* to banter, to exchange gallanteries.

marjolaine [marʒɔlɛn] nf marjoram.

mark [mark] nm [ancienne monnaie allemande] mark.

marketer [markete] vt to market.

❖ **se marketer** vp to market oneself.

marketeur, euse [marketœr, øz] nm, f marketing person.

marketing [markətiŋ ou marketiŋ], **markéting*** [marketiŋ] nm marketing ▸ **marketing direct** direct marketing ▸ **marketing électronique** e-marketing ▸ **marketing global** global marketing ▸ **marketing mix** marketing mix ▸ **marketing stratégique** strategic marketing ▸ **marketing téléphonique** telemarketing, telephone sales ▸ **marketing viral** viral marketing.

marlin [marlɛ̃] nm marlin.

marlou [marlu] nm *tfam* [souteneur] pimp ; [voyou] hoodlum.

marmaille [marmaj] nf *fam & péj* gang of kids ou brats *péj* / *elle est venue avec toute sa marmaille* she came with her whole brood.

Marmara [marmara] npr ⟶ **mer.**

marmelade [marməlad] nf CULIN compote / *marmelade de fraises* stewed strawberries, strawberry compote ▸ **marmelade de pommes a)** stewed apple ou apples, apple compote **b)** [pour viande] apple sauce ▸ **marmelade d'oranges** (orange) marmalade.

❖ **en marmelade** loc adj **1.** CULIN stewed ; [trop cuit, écrasé] mushy **2.** *fam* [en piteux état] : *j'ai les pieds en marmelade* my feet are all torn to shreds ▸ **mettre qqn en marmelade** to reduce sb to a pulp / *elle avait le visage en marmelade* her face was all smashed up.

marmite [marmit] nf **1.** CULIN [contenant] pot, cooking-pot ; [contenu] pot ▸ **marmite norvégienne** haybox **2.** PHYS ▸ **marmite de Papin** Papin's digester **3.** GÉOL ▸ **marmite torrentielle** ou **de géants** pothole.

marmiton [marmitɔ̃] nm young kitchen hand.

marmonnement [marmɔnmɑ̃] nm mumbling, muttering.

marmonner [3] [marmɔne] vt & vi to mumble, to mutter / *la vieille femme marmonnait dans son coin* the old woman was muttering (away) to herself.

marmoréen, enne [marmɔreɛ̃, ɛn] adj **1.** GÉOL marmoreal, marmorean **2.** *litt* marmoreal *litt*, marble *(modif)*.

marmot [marmo] nm *fam* (little) kid, nipper UK.

marmotte [marmɔt] nf **1.** ZOOL marmot / *tu es une vraie marmotte* you're a regular dormouse ! ▸ **marmotte d'Amérique** woodchuck **2.** [fourrure] marmot / *de* ou *en marmotte* marmot *(modif)* **3.** BOT (marmotte) cherry.

marmottement [marmɔtmɑ̃] nm mumbling, muttering.

marmotter [3] [marmɔte] vt & vi to mutter, to mumble.

marmouset [marmuzɛ] nm **1.** ARCHIT grotesque (figure), (small) gargoyle **2.** [chenet] carved fire dog **3.** ZOOL marmoset.

marnage [marnaʒ] nm **1.** AGR marling **2.** [d'un plan d'eau] tidal range.

marne [marn] nf marl.

Marne [marn] npr f ▸ **la Marne** [rivière] the (river) Marne ▸ **la bataille de la Marne** the Battle of the Marne.

marner [3] [marne] ◆ vt AGR to marl. ◆ vi **1.** *fam* [personne] to slog UK, to plug away US / *j'ai marné toute ma vie* I've sweated blood all my life / *il nous fait marner* he keeps us hard at it ou slaving away **2.** [mer] to rise.

marneux, euse [marnø, øz] adj marly.

Maroc [marɔk] npr m ▸ **le Maroc** Morocco ▸ **au Maroc** in Morocco.

marocain, e [marɔkɛ̃, ɛn] adj Moroccan.

❖ **Marocain, e** nm, f Moroccan.

❖ **marocain** nm LING Moroccan (Arabic).

maroilles [marwal] nm Maroilles cheese.

maronite [marɔnit] adj & nmf Maronite.

maronner [3] [marɔne] vi *fam* **1.** [maugréer] to grumble, to bellyache, to grouch ; [être en colère] to be fuming / *ne la fais pas maronner* don't get her back up **2.** [attendre] : *il nous fait toujours maronner* he always has us hanging about ou around waiting.

maroquin [marɔkɛ̃] nm **1.** [peau] morocco **2.** *fam* [ministère] minister's portfolio.

maroquinage [marɔkinaʒ] nm tanning *(of a skin into morocco leather)*.

maroquiner [3] [marɔkine] vt to tan *(into morocco leather)*.

maroquinerie [marɔkinri] nf **1.** [commerce] leather trade ; [industrie] leather craft ; [magasin] leather shop UK ou store US **2.** [articles] (small) leather goods **3.** [atelier] tannery ; [tannage] tanning.

maroquinier, ère [marɔkinje, ɛr] ◆ adj ▸ **ouvrier maroquinier** leather worker ▸ **marchand maroquinier** leather merchant. ◆ nm, f [ouvrier] tanner ; [artisan] leather craftsman ; [commerçant] : *je l'ai acheté chez un maroquinier* I bought it from a leather (goods) shop UK ou store US.

marotte [marɔt] nf **1.** *fam* [passe-temps] pet hobby ▸ **c'est sa marotte** it's his pet hobby ou thing / *il a la marotte des mots croisés* crosswords are his pet hobby / *c'est devenu une marotte* it's become an obsession **2.** [sceptre] fool's bauble **3.** [de coiffeur, de modiste] dummy head.

maroufler [3] [marufle] vt **1.** [coller - sur un panneau] to mount **2.** ART to back ▸ **toile marouflée** backed picture.

marquage [markaʒ] nm **1.** SPORT marking **2.** [de linge] marking ; [d'animaux] marking, branding **3.** PHYS ▸ **marquage radioactif** radioactive labelling ou tracing.

marquant, e [markɑ̃, ɑ̃t] adj **1.** [personne] prominent, outstanding / *les personnalités marquantes de ce siècle* this century's most influential figures **2.** [détail, trait] striking / *un événement particulièrement marquant* an event of particular ou outstanding importance.

marque [mark] nf **1.** [trace] mark ; [cicatrice] mark, scar / *marques de coups* bruises ou marks of blows ▸ **marques de doigts a)** [sales] fingermarks **b)** [empreintes] fingerprints / *les brûlures n'ont laissé aucune marque sur son bras* the burns left no marks ou scars on her arm / *il y avait encore la marque de son corps dans l'herbe* the imprint of his body in the grass was still there / *les marques de la vieillesse* marks ou traces of old age **2.** [étiquette] label, tag, tab ; [signet] marker, book mark ; [trait] mark / *marque au crayon / à la craie* pencil / chalk mark **3.** [preuve] mark / *comme marque d'amitié / d'estime / de confiance* as a token of friendship / esteem / trust / *c'est là la marque d'une grande générosité* that's the sign ou mark of real generosity **4.** COMM [de produits manufacturés] make ; [de produits alimentaires et chimiques] brand ▸ **voiture de marque française** French-made ou French-built car ▸ **produits de grande marque** top brand ou name products ▸ **c'est une grande marque de cigarettes / de voitures a)** [célèbre] it's a well-known brand of cigarette / make of car **b)** [de luxe] it's a brand of luxury cigarette / a make of luxury car ▸ **marque déposée** registered trademark ▸ **marque de distributeur** private label ▸ **marque de fabrique** trademark, brand name ▸ **marque générique** generic brand ▸ **marque d'origine** maker's mark **5.** [identification - sur bijoux] hallmark ; [- sur meubles] stamp, mark ; [- sur animaux] brand / *marque de l'inspection vétérinaire* VÉTÉR Health officer's inspection stamp / *il a dessiné ces jardins, il est facile de reconnaître sa marque fig* he designed these gardens, it's easy to recognize his style / *on reconnaît la marque du génie* that's the hallmark ou stamp of genius ▸ **marque d'infamie** HIST brand *(on prostitutes)* **6.** JEUX [jeton] chip ; [décompte] score / *tenir la marque* to keep (the) score **7.** SPORT [score] score ▸ **mener à la marque** to be ahead, to be in the lead **8.** RUGBY ▸ **marque!** mark ! **9.** LING : *porter la marque du féminin / pluriel* to be in the feminine / plural form **10.** IMPR ▸ **marque d'imprimeur** printer's colophon.

❖ **marques** nfpl SPORT ▸ **prendre ses marques a)** [coureur] to take one's marks **b)** [sauteur] to pace out one's run up / *à vos marques ! prêts ! partez !* on your marks ! get set ! go !, ready ! steady ! go !

❖ **de marque** loc adj [produit] upmarket, top-class ; [hôte] distinguished ▸ **articles de marque** branded goods ▸ **personnage de marque** VIP.

marqué, e [marke] adj **1.** [évident - différence] marked, distinct ; [- préférence] marked, obvious ; [- accent] marked, broad, strong ; [- traits] pronounced ▸ **il a le visage très marqué a)** [par des blessures] his face is covered with scars **b)** [par la maladie] illness has left its mark on his face / *robe à la taille marquée* dress fitted at the waist **2.** [engagé] : *il est très marqué politiquement* politically he is very committed.

marque-page [markpaʒ] (*pl* **marque-pages**) nm bookmark.

marquer [3] [marke] ◆ vt **1.** [montrer] to mark ▸ **marquer la limite de qqch** to mark sthg (off), to mark the limit of sthg ▸ **l'horloge marque 3 h** the clock shows ou says 3 o'clock / *la balance marque 3 kg* the scales register ou read 3 kg ▸ **le thermomètre marque 40 °C** the thermometer shows ou registers 40°C / *les lignes bleues marquent les frontières* the blue lines show ou indicate where the border is **2.** [signaler - passage d'un texte] to mark ; [- bétail] to brand, to mark ; [- arbre] to blaze ; [- linge] to label, to tag ▸ **marque-le à ton nom** mark it with your name / *marquez-le d'un tiret / d'une flèche / d'une croix* mark it with a dash / an arrow / a cross ▸ **marquer sa page a)** [avec un signet] to mark one's place (with a bookmark) **b)** [en cornant la page] to turn down the corner of one's page ▸ **marquer au fer rouge** to brand ▸ **ce jour est à marquer d'une pierre blanche** this will go down as a red-letter day **3.** [témoigner de] to mark, to show / *pour marquer sa confiance* as a token ou mark of his trust **4.** [événement, date] to mark / *de nombreuses manifestations ont marqué le bicentenaire de la Révolution* a number of events marked ou commemorated the bicentenary of the French

* In reformed spelling (see p. 16-19).

Revolution ▸ **marquer le coup a)** [fêter qqch] to mark the occasion **b)** [réagir] to react **5.** [prendre en note] to write ou to take ou to note (down) *(sép)* ; [tracer] to mark, to write ▸ **tu l'as marqué?** have you made a note of it? / *il n'y a rien de marqué dessus* there's nothing marked ou written on it / *marqué à l'encre / à la craie / au crayon sur le mur* marked in ink / chalk / pencil on the wall, inked / chalked / pencilled on the wall **6.** [suj: difficulté, épreuve] to mark / *le chagrin a marqué son visage* his face is lined ou furrowed with sorrow / *ces années de pauvreté l'ont marquée (à jamais)* those years of poverty have left their (indelible) mark on her / *la vie l'a marqué* life has left its mark on him / *le choc a marqué la carrosserie* the bodywork was marked ou damaged in the collision **7.** [impressionner] to mark, to affect, to make an impression on ▸ **ça m'a beaucoup marqué** it made a big ou lasting impression on me / *il a profondément marqué les musiciens de son époque* he profoundly influenced the musicians of the period **8.** JEUX & SPORT ▸ **marquer (un point)** to score (a point) ▸ **marquer les points** to note ou to keep the score / *l'argument est judicieux, vous marquez un point* *fig* the argument is valid, that's one to you ou you've scored a point ▸ **marquer un joueur** to mark a player **9.** [rythmer] : *il marquait la cadence du pied* he beat time with his foot ▸ **marquer la mesure** MUS to keep the beat ▸ **marquer un temps d'arrêt** to pause *(for a moment)* ▸ **marquer le pas** to mark time / *la réforme marque le pas* the reform is dragging its feet **10.** COUT : *les robes, cet été, marqueront la taille* this summer's dresses will emphasize the waist line. ◆ vi **1.** [personne, événement] to stand out / *les grands hommes qui ont marqué dans l'histoire* the great men who have left their mark on history / *sa mort a marqué dans ma vie* his death had a great effect ou impact on my life **2.** [crayon, objet] : *ce feutre ne marque plus* this felt-tip pen doesn't write anymore / *attention, ça marque!* careful, it'll leave a mark!

marqueté, e [maʀkəte] adj [meuble] inlaid.

marqueter [27] [maʀkəte] vt **1.** [bois] to inlay **2.** *litt* [tacheter] to speckle, to dot.

✎ In reformed spelling (see p. 16-19), this verb is conjugated like **acheter**: *il marquète, elle marquètera.*

marqueterie, marquèterie* [maʀkɛtʀi] nf **1.** [décoration] marquetry, inlay / *un panneau en marqueterie* a marquetry panel / *une marqueterie de tendances politiques* *fig* a hotchpotch ou hodgepodge US ou welter of different political tendencies **2.** [métier] marquetry.

marqueteur, euse [maʀkətœʀ, øz], **marquéteur*, euse** [maʀketœʀ, øz] nm, f inlayer.

marqueur, euse [maʀkœʀ, øz] nm, f [qui compte les points] scorekeeper, scorer ; [qui gagne les points] scorer.

❖ **marqueur** nm **1.** [gros feutre] marker (pen) ; [surligneur] highlighter / *la phrase indiquée au marqueur* the highlighted sentence **2.** BIOL, LING & MÉD marker **3.** NUCL tracer.

❖ **marqueuse** nf COMM marking ou stamping machine.

marquis [maʀki] nm marquess, marquis / *merci, Monsieur le Marquis* thank you, your Lordship.

marquisat [maʀkiza] nm [rang, fief] marquessate.

marquise [maʀkiz] nf **1.** [titre] marchioness, marquise / *merci, Madame la Marquise* thank you, your Ladyship / *elle est maintenant marquise* she's now a marchioness ou marquise **2.** [abri de toile] awning ; [auvent vitré] (glass) canopy **3.** JOAILL marquise ring **4.** CULIN ▸ **marquise glacée** iced marquise **5.** [chaise] marquise (chair).

Marquises [maʀkiz] npr fpl ▸ **les (îles) Marquises** the Marquesas Islands. ⟶ **île**

marquisien, enne [maʀkizjɛ̃, ɛn] adj Marquesan.

❖ **Marquisien, enne** nm, f *inhabitant of or person from the Marquesas Islands.*

marraine [maʀɛn] nf **1.** RELIG godmother **2.** [d'un bateau] : *elle fut choisie comme marraine du bateau* she was chosen to launch ou to name the ship ; [d'un nouveau membre] sponsor ▸ **marraine de guerre** soldier's wartime penfriend ou penpal.

Marrakech [maʀakɛʃ] npr Marrakech, Marrakesh.

marrane [maʀan] nm Marrano.

marrant, e [maʀɑ̃, ɑ̃t] *fam* ◆ adj **1.** [drôle] funny / *il est (trop) marrant!* he's a hoot ou scream! / *elle n'est pas marrante, sa femme* his wife is really bad news! / *je ne veux pas y aller — tu n'es pas marrant!* I don't want to go — you're no fun! / *vous êtes marrants, je n'ai pas que ça à faire!* come on, I've got other things to do, you know! **2.** [bizarre] funny, odd, strange / *c'est marrant qu'elle ne soit pas encore là* funny (that) she hasn't arrived yet. ◆ nm, f joker, funny guy (girl) / *c'est un petit marrant qui se croit tout permis* he's a little joker who thinks he can do as he likes.

marre [maʀ] adv ▸ **en avoir marre** *fam* : *il en a marre de ses études* he's fed up with ou sick and tired of studying ▸ **j'en ai marre!** I've had enough! / *je commence à en avoir plus que marre de tes mensonges* I've just about had enough of your lies, I'm sick and tired of your lies / *c'est marre!* *vieilli* and that's that! / *allez, c'est marre, on se tire!* come on, that's enough, let's clear off!

marrer [3] [maʀe] vi *fam* ▸ **faire marrer qqn** to make sb laugh / *me fais pas marrer* *aussi iron* don't make me laugh.

❖ **se marrer** vpi *fam* to have a (good) laugh / *on s'est drôlement marrés hier soir* we really had a good laugh ou a great time last night.

marri, e [maʀi] adj *arch* [contrarié, fâché] ▸ **être (fort) marri** to be (most) aggrieved / *si je vous ai blessé, j'en suis bien marri* I would be most grieved ou distressed to think that I had hurt you.

marron[1] [maʀɔ̃] ◆ nm **1.** BOT chestnut ▸ **marron d'Inde** horse chestnut, conker ▸ **marrons chauds** roast ou roasted chestnuts ▸ **marrons glacés** marrons glacés, crystallized ou candied chestnuts ▸ **tirer les marrons du feu pour qqn** to be sb's cat's-paw, to do all the dirty work for sb **2.** [couleur] brown ▸ **j'aime le marron** I like brown **3.** *tfam* [coup] clout, bash, wallop ▸ **flanquer un marron à qqn** to clout sb. ◆ adj inv [brun] brown ▸ **marron clair** light brown. ◆ adj *tfam* : *être (fait) marron* [être dupé] to be taken in / *zut, voilà le contrôleur, on est marrons!* [on est coincés] oh, no, we've had it now, here comes the ticket collector!

marron[2]**, onne** [maʀɔ̃, ɔn] adj [malhonnête] crooked ▸ **amateurisme marron** shamateurism ▸ **esclave marron** escaped slave ▸ **médecin marron** quack.

marronnier [maʀɔnje] nm chestnut tree ▸ **marronnier d'Inde** horse chestnut (tree).

mars [maʀs] nm **1.** [mois] March ▸ **en mars** in March / *au mois de mars* in (the month of) March ▸ **nous y allons tous les ans en mars** ou **au mois de mars** we go there every (year in) March / *au début du mois de mars, (au) début mars* at the beginning of March, in early March / *au milieu du mois de mars* in the middle of March / *à la mi-mars* in mid-March / *à la fin du mois de mars* at the end of March / *(à la) fin mars* in late March / *en mars dernier / prochain* last / next March / *Nice, le 5 mars 2009* Nice, March 5th 2009 ou 5th of March 2009 / *la commande vous a été livrée le 31 mars* your order was delivered on 31st March ou on March 31st ou on the 31st of March / *j'attendrai jusqu'au (lundi) 4 mars* I'll wait until (Monday) the 4th of March **2.** ENTOM (purple) emperor.

Mars [maʀs] npr ASTRON & MYTH Mars.

marsala [maʀsala] nm Marsala.

marsault [maʀso] nm goat willow.

marseillais, e [maʀsɛjɛ, ɛz] adj from Marseille ▸ **histoire marseillaise** tall story.

❖ **Marseillais, e** nm, f *inhabitant of or person from Marseille.*

❖ **Marseillaise** nf ▸ **la Marseillaise a)** MUS the Marseillaise *(the French national anthem)* **b)** PRESSE *communist daily newspaper printed in Marseille.*

La Marseillaise

The French national anthem, most likely written by Rouget de Lisle, was sung for the first time in 1792 by a group of revolutionaries as they arrived in Paris from Marseille. It became the national song in 1795.

Marseille [maʀsɛj] npr Marseille.

Marshall [maʀʃal] npr ⟶ **île.**

marsouin [maʀswɛ̃] nm **1.** ZOOL common porpoise **2.** *arg mil* Marine.

marsupial, e, aux [maʀsypjal, o] adj marsupial.

❖ **marsupial, aux** nm marsupial.

marte [maʀt] = martre.

marteau, x [maʀto] ◆ nm **1.** [maillet] hammer ▸ **coup de marteau** blow with a hammer / *enfoncer un clou à coups de marteau* to hammer a nail home ou in / *travailler le fer au marteau* to work iron with a hammer ▸ **le marteau du commissaire-priseur** the auctioneer's hammer ▸ **marteau piqueur** ou **pneumatique** pneumatic drill UK, jackhammer US ▸ **marteau perforateur** hammer drill **2.** [pièce - d'une horloge] striker, hammer ; [- d'une porte] knocker, hammer ; [- dans un piano] hammer **3.** ANAT hammer, malleus *spéc* **4.** SPORT hammer **5.** [poisson] hammerhead shark **6.** [pour les arbres] ▸ **marteau forestier** blazer, marking hammer ou hatchet **7.** MÉTALL ▸ **marteau à emboutir** embossing hammer ▸ **marteau à main** hand sledge ▸ **marteau à frapper devant** aboutsledge. ◆ adj *fam* bonkers UK, barmy UK, nuts.

marteau-pilon [maʀtopilɔ̃] *(pl* **marteaux-pilons)** nm power ou drop hammer.

marteau-piolet [maʀtopjɔlɛ] *(pl* **marteaux-piolets)** nm ice hammer.

martel [maʀtɛl] nm : *se mettre martel en tête* to be worried sick / *ne te mets pas martel en tête pour si peu* don't get worked ou wrought up about such a small thing.

martelage [maʀtəlaʒ] nm **1.** MÉTALL hammering / *faire disparaître une bosse par martelage* to hammer out a bump **2.** [des arbres] blazing.

martèlement [maʀtɛlmɑ̃] nm [bruit - d'un marteau] hammering ; [- de pas, de bottes] pounding / *j'entends le martèlement de la pluie sur le toit de zinc* I can hear the rain beating on the zinc roof.

marteler [25] [maʀtəle] vt **1.** MÉTALL to hammer / *marteler à froid* to cold-hammer **2.** [frapper] to hammer (at), to pound (at) / *il martelait la table de ses poings* he was hammering with ou banging his fists on the table / *martelant le lutrin au rythme de chaque phrase* striking ou thumping the lectern with each sentence / *la douleur lui martelait la tête* her head was throbbing with pain **3.** [scander] to hammer out *(sép).*

marteleur [maʀtəlœʀ] nm hammerman.

Marthe [maʀt] npr BIBLE Martha.

martial, e, aux [maʀsjal, o] adj **1.** *litt* [guerrier] martial, warlike / *un discours martial* a warlike speech **2.** [résolu, décidé] resolute, determined / *une démarche / voix martiale* a firm tread / voice **3.** DR ▸ **cour martiale** court martial ▸ **loi martiale** martial law **4.** MÉD [relatif au fer] iron *(modif)* ▸ **carence martiale** iron deficiency.

martien, enne [maʀsjɛ̃, ɛn] adj Martian.

❖ **Martien, enne** nm, f Martian / *j'ai l'impression de parler à des Martiens* I might as well be talking to Martians.

martin-chasseur [maʀtɛ̃ʃasœʀ] *(pl* **martins-chasseurs)** nm wood kingfisher.

martinet [maʀtinɛ] nm **1.** [fouet] cat-o'-nine-tails **2.** MÉTALL (small) drop hammer **3.** ORNITH ▸ **martinet noir** swift ▸ **martinet pâle** pallid swift ▸ **martinet à ventre blanc** Alpine swift.

martingale [maʀtɛ̃gal] nf **1.** VÊT half belt **2.** ÉQUIT [sangle] martingale **3.** JEUX [façon de jouer] doubling-up, martingale ; [combinaison] winning formula.

martini [martini] nm martini.

❖ **Martini®** nm Martini®.

martiniquais, e [martinikɛ, ɛz] adj Martinican.

❖ **Martiniquais, e** nm, f Martinican.

Martinique [martinik] npr f ▸ **la Martinique** Martinique ▸ **à la Martinique** in Martinique.

martin-pêcheur [martɛ̃pɛʃœr] (*pl* **martins-pêcheurs**) nm kingfisher.

martre [martr] nf **1.** ZOOL marten / *martre-fouine* beech marten **2.** [fourrure] sable.

martyr, e [martir] ◆ adj martyred ▸ **les enfants martyrs** battered children. ◆ nm, f **1.** [personne qui se sacrifie] martyr / *les martyrs chrétiens* the Christian martyrs / *les martyrs de la Résistance* the martyrs of the Resistance **2.** *hum* martyr / *arrête de jouer les martyrs* ou *de prendre des airs de martyr* stop being a ou playing the martyr!

❖ **martyre** nm **1.** [supplice] martyrdom / *le martyr des premiers chrétiens* the martyrdom of the early Christians **2.** [épreuve] torture, martyrdom ; [douleur] agony / *toute sa vie fut un martyr* her life was sheer misery from beginning to end ▸ **souffrir le martyr** to be in agony / *cette visite a été un véritable martyr!* that visit was sheer torture!

martyriser [3] [martirize] vt **1.** [supplicier -gén] to martyrize ; RELIG to martyr **2.** [maltraiter -animal] to ill-treat, to torture ; [-enfant] to beat, to batter ; [-collègue, élève] to bully / *on n'imagine pas le nombre d'enfants qui se font martyriser à l'école* you'd be amazed how many children are bullied at school.

martyrologe [martirɔlɔʒ] nm martyrology / *le martyrologe de la Résistance* *fig* the list of the martyrs of the Resistance.

marxien, enne [marksjɛ̃, ɛn] adj Marxian.

marxisant, e [marksizɑ̃, ɑ̃t] adj Marxist-influenced.

marxisme [marksism] nm Marxism.

marxisme-léninisme [marksismleninism] nm Marxism-Leninism.

marxiste [marksist] adj & nmf Marxist.

marxiste-léniniste [marksistleninist] (*pl* **marxistes-léninistes**) adj & nmf Marxist-Leninist.

marxologue [marksɔlɔg] nmf Marxologist.

maryland [marilɑ̃d] nm Maryland (tobacco).

Maryland [marilɑ̃d] npr m ▸ **le Maryland** Maryland.

mas [ma] nm *type of house found in southeast France.*

mascara [maskara] nm mascara.

mascarade [maskarad] nf **1.** [bal] masked ball, masquerade ; DANSE & HIST masquerade **2.** *péj* [accoutrement] : *qu'est-ce que c'est que cette mascarade?* what on earth is that outfit you're wearing? **3.** [simulacre] farce, mockery / *le candidat ayant déjà été choisi, l'entrevue ne fut qu'une mascarade* the candidate had already been selected so the interview was a complete farce ou charade.

mascaret [maskarɛ] nm **1.** [vague] (tidal) bore, mascaret **2.** [raz de marée] tidal wave.

mascaron [maskarɔ̃] nm ART grotesque mask, mascaron *spéc.*

mascarpone [maskarpɔn] nm mascarpone.

mascotte [maskɔt] nf mascot.

masculin, e [maskylɛ̃, in] adj **1.** [propre aux hommes] male ▸ **le sexe masculin** the male sex ▸ **la mode masculine** men's fashion ▸ **une voix masculine a)** [d'homme] a male ou man's voice **b)** [de femme] a masculine voice / *c'est bien un préjugé masculin!* that's a typical male prejudice! / *un métier masculin* a male profession / *elle a une allure masculine* she looks quite masculine **2.** [composé d'hommes] ▸ **une équipe masculine** a men's team ▸ **main-d'œuvre masculine** male workers **3.** LING masculine ▸ **nom masculin** masculine noun.

❖ **masculin** nm LING masculine / *ces mots sont des masculins* these words are masculine.

masculiniser [3] [maskylinize] vt **1.** [viriliser] to make masculine **2.** BIOL to produce male characteristics in, to masculinize.

❖ **se masculiniser** vp [secteur, profession] to become more predominantly male / *la profession d'hôtesse d'accueil se masculinise peu à peu* more and more men are becoming greeters.

masculinité [maskylinite] nf **1.** [comportement] masculinity, virility, manliness **2.** [dans des statistiques] : *taux de masculinité* sex ratio.

maso [mazo] *fam* ◆ adj masochistic / *t'es maso ou quoi?* you're a real glutton for punishment / *je ne vais pas lui dire la vérité tout de suite, je ne suis pas maso* I won't tell her the truth right away, I'm not a masochist. ◆ nmf : *c'est un maso* he's a glutton for punishment ou a masochist.

masochisme [mazɔʃism] nm masochism.

masochiste [mazɔʃist] ◆ nmf masochist. ◆ adj masochist, masochistic.

masquage [maskaʒ] nm [gén & PHOT] masking.

masque [mask] nm **1.** [déguisement, protection] mask / *l'homme au masque de fer* the man in the iron mask ▸ **masque de carnaval** ou **de Mardi gras** (carnival) mask ▸ **masque funéraire** ou **mortuaire** death mask ▸ **masque d'escrime / de plongée** fencing / diving mask ▸ **masque d'anesthésie / à oxygène / stérile** anaesthetic / oxygen / sterile mask ▸ **masque à gaz** gas mask **2.** [pour la peau] ▸ **masque (de beauté)** face pack ou mask ▸ **masque à l'argile** mudpack **3.** MÉD ▸ **masque de grossesse** (pregnancy) chloasma **4.** [apparence] mask, front / *sous ce masque jovial, elle cache son amertume* under that jovial facade ou appearance, she conceals her bitterness / *son visage était un masque impénétrable* his face was an impenetrable mask / *sous le masque de la vertu* under the mask of ou in the guise of virtue / *sa bonté n'est qu'un masque* his kindness is just a front ou is only skin-deep ▸ **lever** ou **tomber le masque, jeter (bas) son masque** to unmask o.s., to show one's true colours UK ou colors US, to take off one's mask **5.** *litt* [personne masquée] mask **6.** MUS & THÉÂTRE mask, masque ▸ **parler** ou **chanter dans le masque** to pitch one's voice forward **7.** ACOUST ▸ **effet de masque** (audio) masking **8.** ÉLECTRON, IMPR & PHOT mask **9.** ENTOM mask **10.** INFORM : *masque de saisie* template.

masqué, e [maske] adj **1.** [voleur] masked, wearing a mask ; [acteur] wearing a mask, in a mask **2.** [virage] blind.

masquer [3] [maske] ◆ vt **1.** [dissimuler -obstacle, ouverture] to mask, to conceal ; [-lumière] to shade, to screen (off), to obscure ; [-difficulté, intentions, sentiments] to hide, to conceal, to disguise ; [-saveur, goût] to mask, to disguise, to hide / *le mur masque la vue* the wall blocks out ou masks the view / *la colline masquait les chars ennemis* the enemy tanks were hidden ou concealed by the hill / *la cuisine est masquée par* ou *avec un paravent* the kitchen is hidden behind a partition ou is partitioned off / *son arrogance lui servait à masquer sa lâcheté* he hid ou concealed his cowardice under a mask of arrogance **2.** [déguiser -enfant] to put a mask on. ◆ vi NAUT to back the sails.

❖ **se masquer** ◆ vp *(emploi réfléchi)* [se déguiser] to put a mask on, to put on a mask. ◆ vpt [ignorer] ▸ **se masquer qqch** to ignore sthg / *ne nous masquons pas les difficultés* let us not blind ourselves to ou ignore the difficulties.

Massachusetts [masaʃysɛts] npr m ▸ **le Massachusetts** Massachusetts.

massacrant, e [masakrɑ̃, ɑ̃t] adj *fam* ▸ **être d'une humeur massacrante** to be in a foul ou vile mood.

massacre [masakr] nm **1.** [tuerie] massacre, slaughter / *envoyer des troupes au massacre* to send troops to the slaughter / *le massacre des Innocents* BIBLE the Massacre of the Innocents **2.** *fam* [d'un adversaire] massacre, slaughter / *5 à 0, c'est un massacre!* 5 nil, it's a massacre! / *il a fait un massacre dans le tournoi* he massacred ou slaughtered ou made mincemeat of all his opponents in the tournament **3.** *fam* [travail mal fait] ▸ **c'est du** ou **un massacre a)** [gâchis] it's a mess **b)** [bâclage] it's a botch-up ou botch US / *quel massacre, son «Phèdre»!* she's managed to murder "Phèdre" / *regarde comment il m'a coupé les cheveux, c'est un vrai massacre!* look at the mess he's made of my hair! / *attention en découpant le gâteau, quel massacre!* watch how you cut the cake, you're making a pig's ear ou a real mess of it! **4.** *fam* [succès] ▸ **faire un massacre** to be a runaway success, to be a smash (hit) / *elle fait actuellement un massacre sur la scène de la Lanterne* she's currently bringing the house down at the Lantern theatre / *une chanson qui a fait un massacre à sa sortie* a song which was a smash (hit) when it first came out **5.** CHASSE [trophée] stag's antlers ou attire **6.** HÉRALD harts attired ou caboched.

massacrer [3] [masakre] vt **1.** [tuer -animal, personne] to slaughter, to massacre, to butcher / *les terroristes ont massacré les otages* the terrorists butchered the hostages / *ils vont se faire massacrer s'ils restent là!* they're going to be slaughtered if they stay there! **2.** *fam* [vaincre facilement -adversaire] to make mincemeat of, to massacre, to slaughter / *je l'ai massacré au tennis* I slaughtered ou demolished him at tennis / *jouer aux échecs avec lui? tu vas te faire massacrer!* you're going to play chess with him? He'll wipe the floor with you! **3.** *fam* [critiquer] to slate UK, to pan / *la pièce s'est fait massacrer* the play got slated UK ou torn to pieces / *ils l'ont massacré dans les journaux* they made mincemeat out of him ou tore him to pieces in the papers **4.** *fam* [gâcher -concerto, pièce de théâtre] to murder, to make a mess of ; [-langue] to murder / *écoute-le massacrer la langue française* listen to him massacring ou murdering the French language ; [bâcler -travail] to make a mess ou hash of, to botch (up) *(sép)*, to make a pig's ear (out) of.

massacreur, euse [masakrœr, øz] nm, f **1.** [tueur] slaughterer, butcher **2.** *fam* [mauvais exécutant -d'un concerto, d'une pièce] murderer ; [bâcleur] botcher, bungler.

massage [masaʒ] nm massage ▸ **faire un massage à qqn** to massage sb, to give sb a massage ▸ **massage cardiaque** cardiac ou heart massage.

masse [mas] nf **1.** [bloc informe] mass / *masse de cheveux / terre* mass of hair / earth / *masse de nuages* bank of clouds / *il vit une masse sombre sur le sol* he saw a dark mass ou a great dark shape on the ground / *sculpté dans la masse* carved from the block ▸ **s'abattre** ou **s'écrouler** ou **s'affaisser comme une masse** to collapse ou to slump heavily ▸ **masse d'air** MÉTÉOR mass of air **2.** *fam* [grande quantité] ▸ **une masse de a)** [objets] heaps ou masses of **b)** [gens] crowds ou masses of ▸ **pas des masses** *fam* not that much, not that many / *des amis, il n'en a pas des masses* he hasn't got that many friends / *vous vous êtes bien amusés? — pas des masses!* did you have fun? — not that much! **3.** COMM [grosse quantité] stock ; [douze grosses] great gross **4.** [groupe social] ▸ **la masse** the masses ▸ **communication / culture de masse** mass communication / culture ▸ **les masses (populaires)** the mass (of ordinary people) / *les masses laborieuses* the toiling masses **5.** [ensemble] body, bulk ; [majorité] majority / *la grande masse des étudiants ne se sent pas concernée* the great majority of the students don't feel concerned **6.** ÉCON & FIN ▸ **la masse des créanciers / obligataires** the body of creditors / bondholders ▸ **masse active** assets ▸ **masse critique** critical mass ▸ **masse monétaire** money supply ▸ **masse passive** liabilities ▸ **masse salariale** wage bill **7.** MIL [allocation] fund ▸ **masse d'habillement** clothing fund **8.** MÉD ▸ **indice de masse corporelle** lean body mass index **9.** ÉLECTR earth UK, ground US ▸ **mettre à la masse** to earth UK, to ground US / *mise à la masse* earthing UK, grounding US **10.** CHIM & PHYS mass ▸ **masse atomique / moléculaire** atomic / molecular mass ▸ **masse volumique** relative density **11.** JEUX stake **12.** [outil] sledgehammer, beetle **13.** ARM ▸ **masse d'armes** mace **14.** [de billard] butt (of cue).

❖ **à la masse** loc adj *fam* ▸ **être à la masse** to be crazy ou nuts.

❖ **en masse** ◆ loc adj [licenciements, production] mass *(modif)*. ◆ loc adv **1.** [en grande quantité] : *la population a approuvé en masse le projet de réforme* the reform bill gained massive support / *avoir des bijoux en masse* *fam* to have stacks ou masses ou loads of jewellery ▸ **produire** ou **fabriquer en masse** to mass-produce ▸ **arriver en masse** [lettres, personnes] to pour in ▸ **se dé-**

placer en masse to go in a body ou en masse **2.** COMM [en bloc] in bulk.

massé [mase] nm massé (shot) / *faire un massé* to play a massé shot.

masselotte [maslɔt] nf inertia block.

massepain [maspɛ̃] nm marzipan.

masser [3] [mase] vt **1.** [membre, muscle] to massage ▸ **masser qqn** to massage sb, to give sb a massage / *se faire masser* to be massaged, to have a massage / *masse-moi le bras* rub ou massage my arm **2.** [réunir -enfants] to gather ou to bring together ; [-soldats] to mass ; [-livres, pièces] to put together **3.** ART to group, to arrange into groups **4.** JEUX : *masser une bille* to play a massé shot.

❖ **se masser** ◆ vpt : *se masser le genou / le bras* to massage one's knee / one's arm / *elle se masse les tempes quand elle a mal à la tête* she rubs her temples when she has a headache. ◆ vpi to gather, to assemble, to mass / *les enfants se massèrent dans la cour de l'école* the children assembled ou gathered in the school playground / *les manifestants se massèrent devant l'hôtel de ville* the demonstrators massed ou gathered in front of the town hall.

massette [masɛt] nf **1.** [outil] mallet **2.** BOT bulrush.

masseur, euse [masœʀ, øz] nm, f masseur (masseuse).

masseur-kinésithérapeute, masseuse-kinésithrapeute [masœʀkineziteʀapøt, masøzkineziteʀapøt] (*mpl* **masseurs-kinésithérapeutes**, *fpl* **masseuses-kinésithérapeutes**) nm, f physiotherapist UK, physical therapist US.

massicot [masiko] nm **1.** [d'imprimeur] guillotine ; [pour papier peint] trimmer **2.** CHIM massicot.

massicotage [masikɔtaʒ] nm [du papier] guillotining.

massicoter [3] [masikɔte] vt [papier] to guillotine ; [papier peint] to trim.

massif, ive [masif, iv] adj **1.** JOAILL & MENUIS solid ▸ **argent massif** solid silver / *armoire en acajou massif* solid mahogany wardrobe **2.** [épais] massive, heavy-looking, bulky / *une bâtisse au fronton massif* a building with a massive pediment ▸ **sa silhouette massive** his huge frame **3.** [en grand nombre] mass *(modif)*, massive / *des migrations massives vers le Nouveau Monde* mass migrations to the New World ; [en grande quantité] massive, huge / *un apport massif d'argent liquide* a massive cash injection / *une réponse massive de nos lecteurs* an overwhelming response from our readers **4.** MIN compact, massive **5.** LING uncountable.

❖ **massif** nm **1.** GÉOGR & GÉOL ▸ **massif (montagneux)** mountainous mass, massif ▸ **massif ancien** primary ou Caledonian massif ▸ **le Massif central** the Massif Central ▸ **le Massif éthiopien** the Ethiopian Hills ▸ **le massif du Hoggar** the Hoggar Mountains **2.** HORT ▸ **massif (de fleurs)** flowerbed / *un massif de roses* a rosebed, a bed of roses ▸ **massif d'arbustes** clump of bushes / *les rhododendrons font de jolis massifs* rhododendrons look nice planted together in groups **3.** CONSTR underpin, foundation **4.** [panneaux publicitaires] composite site **5.** MIN pillar.

massification [masifikasjɔ̃] nf **1.** [uniformisation] uniformization, standardization **2.** [médiatisation] mass dissemination.

massique [masik] adj **1.** PHYS mass *(modif)* **2.** TECHNOL ▸ **puissance massique** power-to-weight ratio, power-weight ratio.

massive [masiv] f ⟶ massif.

massivement [masivmɑ̃] adv [en grand nombre] massively, en masse / *ils ont voté massivement pour le nouveau candidat* they voted overwhelmingly for the new candidate / *les Français ont voté massivement* the French turned out in large numbers to vote.

massivité [masivite] nf massiveness.

mass media [masmedja] nmpl ▸ **les mass media** the mass media.

mass média* (*pl* **mass médias**) [masmedja] nm mass medium ▸ **les mass médias** the mass media.

massue [masy] nf **1.** [gourdin] club, bludgeon ▸ **coup de massue a)** [événement imprévu] staggering blow, bolt from the blue **b)** *fam* [prix excessif] rip-off **2.** *(comme adj)* ▸ **un argument massue** a sledgehammer argument **3.** ENTOM ▸ **massue antennaire** capitate end of the antenna.

mastaba [mastaba] nm mastaba, mastabah.

mastaire [mastɛʀ] nm UNIV master's degree.

mastectomie [mastɛktɔmi] = **mammectomie**.

master [mastɛʀ] nm UNIV master's degree.

mastère [mastɛʀ] nm ÉDUC master's degree / *cette année, elle fait un mastère d'économie* this year she's doing a master's in economics.

mastic [mastik] ◆ adj inv putty, mastic, putty-coloured. ◆ nm **1.** BOT mastic **2.** CONSTR mastic ; [pour vitrier] putty ; [pour menuisier] filler **3.** IMPR transposition **4.** TRAV PUB ▸ **mastic d'asphalte** asphalt mastic **5.** [d'arboriculteur] ▸ **mastic à greffer** grafting wax.

masticage [mastikaʒ] nm CONSTR [d'une vitre] puttying ; [d'une cavité] filling, stopping.

masticateur, trice [mastikatœʀ, tʀis] adj masticatory.

❖ **masticateur** nm [ustensile] masticator.

mastication [mastikasjɔ̃] nf **1.** [d'aliments] chewing, mastication *spéc* **2.** TECHNOL mastication.

masticatoire [mastikatwaʀ] adj & nm masticatory.

mastiff [mastif] nm (bull) mastiff.

mastiquer [3] [mastike] vt **1.** [pain, viande] to chew, to masticate *spéc* **2.** [joindre -lézarde] to fill (in), to stop (up) ; [-vitre] to putty **3.** DENT to fill.

mastite [mastit] nf mastitis.

mastoc [mastɔk] adj inv *fam* [personne] hefty ; [objet] bulky.

mastodonte [mastɔdɔ̃t] nm **1.** ZOOL mastodon **2.** [personne] colossus, enormous man (woman) ▸ **c'est un mastodonte** he's built like a house **3.** [camion] juggernaut UK, tractor-trailer US.

mastoïde [mastɔid] adj mastoid.

mastoïdien, enne [mastɔidjɛ̃, ɛn] adj mastoid.

mastoïdite [mastɔidit] nf mastoiditis.

masturbation [mastyʀbasjɔ̃] nf masturbation.

masturber [3] [mastyʀbe] vt to masturbate.

❖ **se masturber** ◆ vp *(emploi réfléchi)* to masturbate. ◆ vp *(emploi réciproque)* to masturbate each other.

m'as-tu-vu [matyvy] ◆ adj inv showy, flashy / *leur maison est très m'as-tu-vu* their house is very showy. ◆ nmf show-off / *faire le* ou *son m'as-tu-vu* to show off.

masure [mazyʀ] nf shack, hovel.

mat, e [mat] adj **1.** [couleur] matt UK, matte US ; [surface] unpolished ; [peinture] matt UK, matte US ; PHOT matt UK, matte US **2.** [teint] olive **3.** [son] ▸ **un son mat** a thud, a dull sound.

❖ **mat** ◆ adj inv checkmated, mated / *il m'a fait mat en trois coups* he checkmated me in three moves / *tu es mat* (you're) checkmate. ◆ nm **1.** JEUX checkmate, mate / *être sous le mat* to be under the threat of checkmate ou mate **2.** TEXT mat.

mat' [mat] (abr de **matin**) nm *fam* : *trois heures du mat'* three in the morning / *faire la grasse mat'* to have a lie-in.

mât [ma] nm **1.** [poteau] pole, post ; [en camping] pole ▸ **mât de cocagne** greasy pole **2.** [hampe] flagpole **3.** TECHNOL ▸ **mât de charge** cargo beam, derrick ▸ **mât de levage** lift mast ▸ **mât de forage** PÉTR drilling mast **4.** NAUT mast ▸ **mât d'artimon** mizzen, mizzenmast ▸ **mât de beaupré** bowsprit ▸ **mât de hune** topmast ▸ **mât de misaine** foremast ▸ **grand mât** main mast **5.** RAIL ▸ **mât (de signal)** signal post.

matador [matadɔʀ] nm matador.

matage [mataʒ] nm **1.** [d'une dorure] matting **2.** [d'une soudure] caulking.

matamore [matamɔʀ] nm *sout* braggart / *il joue les matamores* he's nothing but a braggart.

match [matʃ] (*pl* **matchs** *ou* **matches**) nm match, game US / *match de tennis* tennis match, game of tennis ▸ **match aller / retour** first / second leg (match) ▸ **match de sélection** trial ▸ **faire match nul** to draw, to tie US.

maté [mate] nm **1.** BOT maté (tree) **2.** [boisson] maté.

matelas [matla] nm **1.** [d'un lit] mattress / *matelas à ressorts / de laine* spring / wool mattress / *matelas de mousse* foam-rubber mattress ▸ **matelas pneumatique** air mattress **2.** [couche -de feuilles mortes, de neige] layer, carpet **3.** [réserve d'argent] cushion (of savings) / *la chaîne de télévision disposait d'un confortable matelas de 10 millions d'euros* the TV company had a confortable cushion of cash amounting to 10 million euros ▸ **un matelas de billets de banque a)** *fam* [liasse] a wad ou roll of bank-notes **b)** [fortune] a pile (of money) **4.** CONSTR ▸ **matelas d'air** air space **5.** INDUST sandwich.

matelassé, e [matlase] adj **1.** [fauteuil] padded **2.** COUT lined **3.** TEXT matelassé.

❖ **matelassé** nm quilted material.

matelasser [3] [matlase] vt **1.** [fauteuil] to pad **2.** [veste] to line ; [tissu] to quilt / *matelassé de soie* silk-lined.

matelassier, ère [matlasje, ɛʀ] nm, f mattress maker.

matelassure [matlasyʀ] nf padding, mattress filling.

matelot [matlo] nm **1.** [de la marine -marchande] sailor, seaman ; [-militaire] sailor ▸ **matelot de première / deuxième / troisième classe** leading / able / ordinary seaman ▸ **matelot breveté** able rating UK, seaman apprentice US ▸ **matelot de pont** deck hand **2.** [bâtiment] ship, vessel ▸ **matelot d'avant / d'arrière** ship ahead / astern.

matelotage [matlɔtaʒ] nm **1.** [solde] sailor's pay **2.** [travaux, connaissances] seamanship.

matelote [matlɔt] nf **1.** CULIN matelote, fish stew *(with wine, onion and mushroom sauce)* ▸ **matelote d'anguilles** stewed eels *(in red wine sauce)* **2.** [danse] (sailor's) hornpipe.

mater [3] [mate] vt **1.** [aux échecs] to mate, to checkmate **2.** [dompter -personne, peuple] to bring to heel ; [-révolte] to quell, to curb, to put down *(insép)* ▸ **mater l'orgueil de qqn** to humble sb, to crush sb's pride / *petit morveux, je vais te mater, moi!* *fam* you little swine, I'll show you who's boss! **3.** *tfam* [vérifier] to check (out) *(sép)* / *mate un peu si le prof arrive* keep your eyes peeled, see if the teacher's coming ; [avec convoitise] to ogle / *t'as fini de le mater?* have you quite finished (staring at him)? **4.** [dépolir] to matt **5.** MÉTALL to caulk.

mâter [3] [mate] vt NAUT to mast.

matérialisation [mateʀjalizasjɔ̃] nf **1.** [réalisation] materialization / *c'est la matérialisation de tous mes rêves* it's a dream come true for me **2.** PHYS : *matérialisation de l'énergie* mass-energy conversion **3.** [dans le spiritisme] materialization.

matérialiser [3] [mateʀjalize] vt **1.** [concrétiser] to materialize / *matérialiser un projet* to carry out ou to execute a plan **2.** [indiquer] to mark out *(sép)*, to indicate / *le poteau matérialise la frontière* the pole marks where the border is / **'voie non matérialisée pendant 1 km'** 'no markings ou roadmarkings for 1 km' **3.** [symboliser] to symbolize, to embody.

❖ **se matérialiser** vpi to materialize / *le serveur se matérialisa enfin* *hum* the waiter eventually materialized.

matérialisme [mateʀjalism] nm materialism / *matérialisme dialectique / historique* dialectical / historical materialism.

matérialiste [mateʀjalist] ◆ adj **1.** PHILOS materialist **2.** [esprit, civilisation] materialistic. ◆ nmf materialist.

matérialité [mateʀjalite] nf materiality / *la matérialité d'un fait* DR the material circumstances, the materiality of a fact.

matériau, x [mateʀjo] nm [substance] material.

* In reformed spelling (see p. 16-19).

❖ **matériaux** nmpl **1.** CONSTR material, materials **2.** [éléments] components, elements / *rassembler des matériaux pour une enquête* to assemble (some) material for a survey.

matériel, elle [materjɛl] adj **1.** [réel - preuve] material ▸ **c'est une impossibilité matérielle** it's a literal impossibility / *je n'ai pas le temps matériel de faire l'aller et retour* I simply don't have the time to go there and back / *il n'a pas le pouvoir matériel de le faire* he doesn't have the means to do it **2.** [pécuniaire, pratique - difficulté, aide, etc.] material / *nos besoins matériels* our material needs / *sur le plan matériel, il n'a pas à se plaindre* from a material point of view, he has no grounds for complaint **3.** [physique] material / *pour mon confort matériel* for my material well-being / *les plaisirs matériels* material pleasures **4.** [matérialiste - esprit, civilisation] material **5.** PHILOS [être, univers] physical, material **6.** MATH & MÉCAN [point] material, physical.

❖ **matériel** nm **1.** [équipement, machines] equipment / *matériel agricole / industriel* agricultural / industrial equipment / *matériel de bureau* office equipment ▸ **matériel de camping** camping equipment ou gear ▸ **matériel ferroviaire** railway UK ou railroad US equipment ▸ **matériel lourd** heavy equipment ▸ **matériel de pêche** fishing tackle ou gear ▸ **matériel pédagogique** teaching materials / *matériel de peinture* painting equipment ou gear ▸ **matériel roulant** RAIL rolling stock ▸ **matériel scolaire a)** [papeterie] school materials **b)** [de laboratoire] school equipment **2.** MIL : *matériel de guerre* materiel ▸ **arme** ou **service du matériel** Ordnance Corps **3.** ÉCON : *le matériel humain* the workforce, human material **4.** BIOL & PSYCHOL material **5.** INFORM hardware **6.** ART material.

❖ **matérielle** nf *fam & hum* wherewithal, (daily) sustenance / *assurer la matérielle* to make a living.

matériellement [materjɛlmɑ̃] adv **1.** [concrètement] materially / *il m'est matériellement impossible de le faire* it's physically impossible for me to do it / *une tâche matériellement impossible à effectuer* a physically impossible task **2.** [financièrement] materially, financially / *des familles matériellement défavorisées* families with financial difficulties.

maternage [matɛrnaʒ] nm mothering.

maternel, elle [matɛrnɛl] adj **1.** [propre à la mère - autorité, instinct, soins, etc.] maternal, motherly / *il craignait la colère maternelle* he feared his mother's anger **2.** [qui vient de la mère] maternal ▸ **du côté maternel** on the mother's ou maternal side / *sa grand-mère maternelle* his maternal grandmother / *il y a de l'asthme dans ma famille du côté maternel* there is asthma on my mother's side of the family.

❖ **maternelle** nf nursery school, infant school UK, kindergarten.

maternellement [matɛrnɛlmɑ̃] adv maternally / *elle s'occupait de lui maternellement* she cared for him like a mother ou in a motherly fashion.

materner [3] [matɛrne] vt to mother / *tu ne vas pas materner ton fils jusqu'à 30 ans, non?* you're not going to mollycoddle ou baby your son until he's 30, are you? / *elle aime se faire materner* she likes to be mothered ou mollycoddled.

maternisé, e [matɛrnize] adj ▸ **lait maternisé** formula, baby milk.

materniser [3] [matɛrnize] vt to make suitable for infants.

maternité [matɛrnite] nf **1.** [clinique] maternity hospital ou home ; [service] maternity ward **2.** [fait d'être mère] motherhood / *ça te va bien, la maternité!* being a mother suits you! ; [grossesse] ▸ **des maternités successives** successive pregnancies **3.** DR maternity / *action en recherche de maternité naturelle* maternity suit **4.** ART mother and child.

mateur, euse [matœr, øz] nm, f *tfam* voyeur.

math [mat] nf = maths.

mathématicien, enne [matematisjɛ̃, ɛn] nm, f mathematician.

mathématique [matematik] ◆ adj **1.** MATH mathematical **2.** [précis, exact] mathematical / *organisé avec une précision mathématique* organized with mathematical precision **3.** [inévitable] inevitable / *elle était sûre de perdre, c'était mathématique* she was sure to lose, it was a cert UK ou a surefire thing US. ◆ nf mathematics *(U)*.

mathématiquement [matematikmɑ̃] adv **1.** MATH mathematically **2.** [objectivement] mathematically, absolutely ▸ **c'est mathématiquement impossible** it's mathematically ou utterly impossible / *je vais te prouver mathématiquement qu'il fallait voter à gauche* I'm going to prove to you mathematically ou scientifically that you should have voted for the left **3.** [inévitablement] inevitably / *mathématiquement, il devait perdre* he was bound to lose.

mathématiques [matematik] nfpl mathematics *(sg)* / *mathématiques appliquées / pures* applied / pure mathematics ▸ **Mathématiques supérieures / spéciales** *first / second year of a two-year science course preparing for entrance to the Grandes Écoles.*

mathématisation [matematizasjɔ̃] nf mathematization.

mathématiser [3] [matematize] vt to mathematicize, to mathematize.

matheux, euse [matø, øz] nm, f *fam* **1.** [gén] : *c'est un matheux* he's a wizard at maths UK ou math US / *demandez à Jeanne, c'est elle la matheuse* ask Jeanne, she's the maths brain **2.** [étudiant] maths UK ou math US student.

maths [mat] nfpl maths UK, math US / *fort en maths* good at maths UK ou math US ▸ **maths sup / spé** *first / second year of a two-year science course preparing for entrance to the Grandes Écoles.*

mathusalem [matyzalɛm] nm ŒNOL Methuselah.

Mathusalem [matyzalɛm] npr Methuselah ▸ **ça date de Mathusalem** it's out of the ark ▸ **vieux comme Mathusalem** as old as Methuselah.

matière [matjɛr] nf **1.** [substance] matter, material ; IMPR matter / *c'est en quelle matière?* what's it made of? ▸ **matière fissile / nucléaire** NUCL fissile / nuclear material ▸ **matières fécales** faeces UK, feces US ▸ **matière plastique** plastic ▸ **matières plastiques** plastics ▸ **matière première** raw material ▸ **matières premières** raw materials ▸ **matière synthétique** synthetic material **2.** BIOL & CHIM ▸ **matière organique / inorganique** organic / inorganic matter ▸ **la matière** PHILOS & PHYS matter ▸ **matière inanimée / vivante** inanimate / living matter ▸ **matière grasse** fat ▸ **60 % de matières grasses** 60% fat content ▸ **sans matières grasses** fat-free, non-fat **3.** [contenu - d'un discours, d'un ouvrage] material, subject matter / *je n'avais pas assez de matière pour en faire un livre* I didn't have enough material to write a book ▸ **entrer en matière** to tackle a subject ▸ **une entrée en matière** an introduction, a lead-in **4.** [motif, prétexte] matter / *il n'y a pas là matière à rire* ou *plaisanter* this is no laughing matter / *il y a matière à discussion* there are a lot of things to be said about that / *cela donne matière à réfléchir* this is a matter for serious thought, this matter requires some serious thinking / *y a-t-il là matière à dispute / procès?* is this business worth fighting over / going to court for? ▸ **matières sommaires** summary matter **5.** [domaine] matter, subject ; ÉDUC subject / *je suis incompétent en la matière* I'm ignorant on the subject / *il est mauvais / bon juge en la matière* he's a bad / good judge of this subject / *en matière philosophique / historique* in the matter of philosophy / history, as regards philosophy / history / *le latin est ma matière préférée* Latin is my favourite subject / *les matières à l'écrit / à l'oral* the subjects for the written / oral examination **6.** ASTRON ▸ **matière noire** dark matter **7.** ART medium.

❖ **en matière de** loc prép as regards / *en matière de cuisine* as far as cooking is concerned, as regards cooking.

❖ **matière grise** nf *fam* grey UK ou gray US matter / *faire travailler ta matière grise* to use one's grey matter, to use one's brains ou head / *elle a de la matière grise* she's brainy.

matiérisme [matjerism] nm matierism.

matiériste [matjerist] ◆ adj matieristic. ◆ nmf matierist.

MATIF, Matif [matif] (abr de **Marché à terme international de France**) npr m *French financial futures market* ; ≃ LIFFE UK.

matifiant, e [matifjɑ̃, ɑ̃t] adj matifying.

matifier [matifje] vt to matify.

Matignon [matiɲɔ̃] npr ▸ **(l'hôtel) Matignon** *building in Paris which houses the offices of the Prime Minister* ▸ **les accords (de) Matignon** the Matignon Agreements ▸ **le locataire de Matignon** *hum* the (French) Prime Minister.

 **Matignon**

This eighteenth-century house located on rue de Varenne is the official residence of the **Premier ministre**. The name is often used to refer to the Prime Minister and his or her administrative staff: **Matignon ne semble pas être d'accord**.

matin [matɛ̃] ◆ nm **1.** [lever du jour] morning ▸ **de bon** ou **grand matin** in the early morning, early in the morning / *partir au petit matin* to leave early in the morning ▸ **rentrer au petit matin** to come home in the early ou small hours ▸ **du matin au soir** all day long, from morning till night / *l'étoile / la rosée du matin* the morning star / dew **2.** [matinée] morning / *par un matin d'été / de juillet* one summer / July morning ▸ **un beau matin** one fine day, one of these (fine) days / *le matin du 8, le 8 au matin* on the morning of the 8th / *il est 3 h du matin* it's 3 a.m. ou 3 (o'clock) in the morning ▸ **je suis du matin a)** [actif le matin] I'm an early riser **b)** [de service le matin] I'm on ou I do the morning shift, I'm on mornings ▸ **il travaille le matin** he works mornings ou in the morning / *le docteur visite le matin* the doctor does his house-calls in the morning / *à prendre matin, midi et soir* to be taken three times a day **3.** *litt* : *le matin de la vie* the dawn of life / *au matin de sa vie* in the morning of her life. ◆ adv **1.** *litt* [de bonne heure] early in the morning, in the early hours (of the morning) **2.** [durant la matinée] : *demain / hier matin* tomorrow / yesterday morning ▸ **tous les dimanches matin** every Sunday morning.

mâtin, e [matɛ̃, in] nm, f *fam & vieilli* imp, monkey *hum* / *le mâtin, il a filé!* the little devil ou rascal has taken off! / *ah, la mâtine!* oh, the cheeky little hussy!

❖ **mâtin** ◆ nm mastiff, guard dog. ◆ interj *fam & vieilli* by Jove, great Scott / *mâtin, la belle fille!* by Jove, what a lovely girl!

matinal, e, aux [matinal, o] adj **1.** [du matin] morning *(modif)* / *promenade / brise matinale* morning walk / breeze ; [du petit matin] ▸ **heure matinale** early hour **2.** [personne] ▸ **je suis assez matinal** I'm quite an early riser / *vous êtes bien matinal aujourd'hui* you're up early today.

mâtiné, e [matine] adj crossbred.

matinée [matine] nf **1.** [matin] morning / *je vous verrai demain dans la matinée* I'll see you sometime tomorrow morning / *en début / fin de matinée* at the beginning / end of the morning / *j'ai travaillé toute la matinée* I've worked all morning / *par une belle matinée de printemps / de juillet* on a gorgeous spring / July morning **2.** THÉÂTRE matinee / *y a-t-il une séance en matinée?* is there an afternoon ou matinee performance?

mâtiner [3] [matine] vt to cross / *c'est un berger allemand mâtiné de lévrier* it's an Alsatian crossed with a greyhound, it's a cross between an Alsatian and a greyhound / *un français mâtiné d'italien fig* French peppered with Italian words.

matines [matin] nfpl matins, mattins.

matir [32] [matir] vt to matt, to dull.

matité [matite] nf **1.** [aspect mat - gén] matt look ou aspect ; [- d'une peinture] mat finish **2.** [d'un son] dullness.

Mato Grosso [matɔgʀɔso] npr m ▸ **le Mato Grosso** the Mato Grosso.

matois, e [matwa, az] ◆ adj *litt* sly, cunning, wily. ◆ nm, f cunning person / *c'est un fin matois* he's a cunning old fox.

maton, onne [matɔ̃, ɔn] nm, f *arg crime* (prison) screw.

matos [matos] nm *fam* gear / *ils ont un sacré matos* they've got loads of gear.

matou [matu] nm *fam* tom, tomcat.

matraquage [matʀakaʒ] nm **1.** [dans une bagarre] coshing UK, bludgeoning, clubbing ; [dans une manifestation] truncheoning UK, clubbing US **2.** *fam* [propagande] ▸ **matraquage publicitaire** plugging / *matraquage d'un disque* plugging of a record / *tu as vu le matraquage qu'ils font pour le bouquin / le concert?* have you seen all the hype about the book / the concert?

matraque [matʀak] nf **1.** [de police] truncheon UK, billy club US, night stick US / *il a reçu un coup de matraque* he was hit with a truncheon UK ou billy club US / *90 €, c'est le coup de matraque! fam* 90 €, that's a bit steep! **2.** [de voyou] cosh UK, bludgeon, club / *tué à coups de matraque* bludgeoned ou clubbed ou coshed UK to death.

matraquer [3] [matʀake] vt **1.** [frapper - suj: malfaiteur] to cosh UK, to bludgeon, to club ; [- suj: agent de police] to truncheon UK, to club US / *on se fait matraquer dans ce restaurant! fam & fig* they really soak you in this restaurant! / *les manifestants se sont fait matraquer par la police* the demonstrators were beaten by the police **2.** *fam* [auditeur, consommateur] to bombard ; [disque, chanson] to plug, to hype.

matraqueur, euse [matʀakœʀ, øz] nm, f [agresseur] mugger.

matriarcal, e, aux [matʀijaʀkal, o] adj matriarchal.

matriarcat [matʀijaʀka] nm matriarchy.

matriçage [matʀisaʒ] nm die forging (hot), drop forging.

matriçai [matʀise] v ⟶ **matricer**.

matrice [matʀis] nf **1.** [moule - gén] mould UK, mold US, die, matrix *spéc* ; [- d'un caractère d'imprimerie] mat, matrix / *matrice d'un disque / d'une bande* matrix record / tape / *coulé en matrice* die-cast **2.** INFORM (core) matrix **3.** MATH matrix ▸ **matrice carrée** square matrix **4.** ADMIN ▸ **matrice du rôle des contributions** assessment roll ▸ **matrice cadastrale** cadastre **5.** *vieilli* [utérus] womb **6.** MÉTALL [d'un alliage] matrix.

matricer [16] [matʀise] vt to die forge, to drop forge.

matricide [matʀisid] ◆ nmf [personne] matricide. ◆ nm *litt* [crime] matricide.

matriciel, elle [matʀisjɛl] adj **1.** ADMIN tax-assessment *(modif)* ▸ **loyer matriciel** rateable value UK, assessment of rent *(used to calculate taxes)* US **2.** MATH ▸ **calcul matriciel** matrix calculation ▸ **algèbre matricielle** matrix algebra **3.** INFORM [écran] dot matrix *(modif)* ; [imprimante] matrix *(modif)*.

matriclan [matʀiklɑ̃] nm matriclan, matrilineal clan.

matriçons [matʀisɔ̃] v ⟶ **matricer**.

matricule [matʀikyl] ◆ adj reference *(modif)*. ◆ nm **1.** ADMIN reference number **2.** MIL roll number / *sois là à l'heure ou gare à ton matricule! fam* be there on time or you'll be in for it! ◆ nf ADMIN register.

matrilinéaire [matʀilineɛʀ] adj matrilinear.

matrilocal, e, aux [matʀilɔkal, o] adj matrilocal.

matrimonial, e, aux [matʀimɔnjal, o] adj matrimonial.

matrone [matʀɔn] nf **1.** [femme - respectable] staid ou upright woman, matron ; [- corpulente] stout ou portly woman **2.** ANTIQ matron.

matronyme [matʀɔnim] nm matronymic.

Matthieu [matjø] npr ▸ **saint Matthieu** Saint Matthew.

maturation [matyʀasjɔ̃] nf **1.** BOT maturation / *son talent est arrivé à maturation fig* her talent has reached its peak **2.** [du fromage] ripening, maturing **3.** MÉD maturation **4.** MÉTALL age-hardening **5.** AGR maturation, ripening.

mature [matyʀ] adj mature.

mâture [matyʀ] nf NAUT [mâts] masts / *dans la mâture* aloft / *pièces de mâture* timber for masts ; [atelier] mast house.

maturité [matyʀite] nf **1.** [d'un fruit] ripeness ; [de la pensée, d'un style] maturity ▸ **venir** ou **parvenir à maturité a)** *pr* to become ripe, to ripen **b)** *fig* to become mature, to reach maturity / *attendons qu'elle ait une plus grande maturité d'esprit* ou *de jugement* let's wait until she's more intellectually mature **2.** [âge] prime (of life) / *l'artiste fut frappée en pleine maturité* the artist was struck down at the height of her powers ou of her creative genius **3.** SUISSE [baccalauréat] school-leaving diploma *(granting admission to university)*.

matutinal, e, aux [matytinal, o] adj *litt* morning.

maudire [104] [modiʀ] vt **1.** RELIG to damn **2.** [vouer à la calamité] to curse / *maudire le destin* to curse fate / *maudit soit, maudite soit* a curse ou plague on / *je maudis le jour où je l'ai rencontré* I curse the day (when) I met him / *tu vas finir par te faire maudire* you're going to make yourself very unpopular.

maudit, e [modi, it] adj **1.** [mal considéré] accursed / *c'est un livre maudit* the book has been censured ▸ **peintre maudit** accursed painter ▸ **poète maudit** damned ou cursed poet **2.** *(avant nom) fam* [dans des exclamations] cursed, blasted, damned / *encore ce maudit temps!* this damn weather again! ▸ **maudite bagnole!** blasted ou goddam US car!

❖ **maudit** nm RELIG ▸ **le Maudit** Satan, the Fallen One ▸ **les maudits** the Damned / **'M le Maudit'** *Lang* 'M'.

maugréer [15] [mogʀee] vi to grumble ▸ **maugréer contre qqch** to grumble about sthg.

maure [mɔʀ] adj Moorish.

❖ **Maure** nm Moor ▸ **les Maures** the Moors.

mauresque [mɔʀɛsk] adj Moorish.

❖ **mauresque** nf [motif] moresque, Moresque.

❖ **Mauresque** nf Moorish woman.

Maurice [moʀis] npr ▸ **l'île Maurice** Mauritius. ⟶ **île**

mauricien, enne [moʀisjɛ̃, ɛn] adj Mauritian.

❖ **Mauricien, enne** nm, f Mauritian.

Mauritanie [moʀitani] npr f ▸ **(la) Mauritanie** Mauritania.

mauritanien, enne [moʀitanjɛ̃, ɛn] adj Mauritanian.

❖ **Mauritanien, enne** nm, f Mauritanian.

mauser [mozɛʀ] nm Mauser.

mausolée [mozɔle] nm mausoleum.

maussade [mosad] adj **1.** [de mauvaise humeur] glum, sullen / *elle l'accueillit d'un air maussade* she greeted him sullenly **2.** [triste - temps] gloomy, dismal.

maussaderie [mosadʀi] nf *sout* moroseness, glumness.

mauvais, e [movɛ, ɛz] *(devant nm commençant par voyelle ou «h» muet* [movɛz] *)*

◆ adj

- **A. EN QUALITÉ**
- **B. DÉSAGRÉABLE**
- **C. NON CONFORME**
- **D. NÉFASTE**

A. EN QUALITÉ **1.** [médiocre] bad, poor / *son deuxième roman est plus / moins mauvais que le premier* her second novel is worse than her first / is not as bad as her first ▸ **en mauvais état** in bad ou poor condition / *un produit de mauvaise qualité* a poor quality product ▸ **du mauvais travail** bad ou poor ou shoddy work / *la récolte a été mauvaise cette année* it was a bad ou poor harvest this year ▸ **la route est mauvaise** the road is bad ou in a bad state / *j'ai une mauvaise vue* ou *de mauvais yeux* I've got bad eyesight / *il s'exprimait dans un mauvais français* he spoke in bad French / *elle a fait une mauvaise performance* she turned in a bad ou poor performance / *après l'entracte, la pièce devient franchement mauvaise* after the interval, the play gets really bad ▸ **de mauvais résultats a)** [dans une entreprise] poor results **b)** [à un examen] bad ou poor ou low grades / *ce n'est pas un mauvais conseil qu'il t'a donné là* that's not a bad piece of advice he's just given you ▸ **mauvais goût** [d'une image, d'une personne, d'une idée] bad taste ▸ **de mauvais goût** : *c'est de mauvais goût* it's in bad taste / *il porte toujours des cravates de mauvais goût* he always wears such tasteless ties ▸ **avoir mauvais goût** : *elle a très mauvais goût* she has very bad ou poor taste **2.** [défectueux] bad, wrong, faulty / *la ligne est mauvaise* [téléphone] the line is bad ▸ **la balle est mauvaise** SPORT the ball is out / *le service est mauvais* SPORT it's a bad ou faulty serve **3.** [incompétent] bad, poor / *un mauvais mari* a bad ou poor husband / *va à la réunion si tu ne veux pas être traité de mauvais syndicaliste* go to the meeting unless you want to be called a bad union member / *il a été mauvais à la télévision hier* he was bad on TV yesterday / *je suis mauvaise en économie* I'm bad ou poor at economics.

B. DÉSAGRÉABLE **1.** [odeur, goût] bad, unpleasant, nasty / *prends ton sirop — c'est mauvais!* take your cough mixture — it's nasty! / *je n'irai plus dans ce restaurant, c'était trop mauvais* I won't go to that restaurant again, it was too awful / *il n'est pas si mauvais que ça, ton café* your coffee isn't that bad / *le poisson a une mauvaise odeur* the fish smells bad ▸ **les mauvaises odeurs** bad ou unpleasant smells / *il a mauvaise haleine* he has bad breath ▸ **mauvais goût** [de la nourriture, d'un médicament] bad ou nasty ou unpleasant taste / *jette ça, c'est mauvais* [pourri] throw that away, it's gone bad / *enlève ce qui est mauvais* [dans un fruit] take off the bad bits ; [éprouvant] bad / *passer un mauvais hiver* to have a bad winter / *j'ai eu une mauvaise expérience du ski* I had a bad experience skiing ▸ **le mauvais temps** bad weather ▸ **la trouver** ou **l'avoir mauvaise** *fam* to be furious ou livid ou wild / *il l'a eue mauvaise quand le taxi lui a fait rater son avion* he didn't find it at all funny when the taxi made him miss his plane ▸ **tirer qqn d'un mauvais pas** to get sb out of a fix **2.** [défavorable] bad / *les prévisions pour l'an prochain sont mauvaises* the forecasts for next year are bad / *je vous apporte de mauvaises nouvelles* I've got some bad news for you / *mauvaise nouvelle, elle ne vient plus* bad news, she's not coming anymore ▸ **mauvaise affaire** bad deal / *tu as fait une mauvaise affaire* you've got a bad deal (there) / *faire de mauvaises affaires* to get some bad deals.

C. NON CONFORME **1.** [erroné, inapproprié] wrong / *l'arbre pousse du mauvais côté de la barrière* the tree is growing on the wrong side of the fence / *fais demi-tour, on est sur la mauvaise route* turn round ou US around, we're on the wrong road / *tu vas dans la mauvaise direction* you're going the wrong way ▸ **prendre qqch dans le mauvais sens** to take sthg the wrong way ▸ **faire un mauvais calcul** *fig* to miscalculate **2.** [inopportun] bad, inconvenient, wrong / *j'ai téléphoné à un mauvais moment* I called at a bad ou an inconvenient time / *tu as choisi le mauvais jour pour me parler d'argent* you've picked the wrong day to talk to me about money / *il ne serait pas mauvais de la prévenir* it wouldn't be a bad idea to warn her.

D. NÉFASTE **1.** [dangereux] bad, nasty / *une mauvaise égratignure* a nasty scratch / *un mauvais rhume* a bad ou nasty cold / *hospitalisé pour une mauvaise bronchite* in hospital with a nasty ou severe case of bronchitis / *elle est retombée dans une mauvaise position et s'est tordu la cheville* she landed badly and sprained her ankle / *c'est mauvais pour les poumons / plantes* it's bad for your lungs / for the plants / *ne bois pas l'eau, elle est mauvaise* don't drink the water, it's unsafe ou not safe / *je trouve mauvais que les enfants regardent trop la télévision* I think it's bad ou harmful for children to watch too much television **2.** [malveillant] nasty, unpleasant / *un rire / sourire mauvais* a nasty laugh / smile ▸ **mauvais coup a)** [de poing] nasty blow ou punch **b)** [de pied] nasty kick / *n'y va pas, tu risques de prendre un mauvais coup* ou *des mauvais coups* don't go, you might get hurt ▸ **faire un mauvais coup** to get up to no good ▸ **faire un mauvais coup à qqn** to play a dirty trick on sb ▸ **avoir l'air mauvais** to look nasty / *si on la contrarie, elle devient mauvaise* when people annoy her, she gets vicious ou turns nasty ▸ **en fait, ce n'est pas un mauvais homme / une mauvaise femme** he / she means no harm (really) **3.** [immoral] bad / *de mauvaises influences* bad influences / *avoir de mauvais instincts* to have bad ou base instincts / *une mauvaise conduite* bad behaviour **4.** [funeste] bad ▸ **c'est (un) mauvais signe** it's a bad sign ▸ **mauvais présage** bad ou ill omen.

◆ nm, f [personne méchante] bad person / *oh, le mauvais / la mauvaise!* [à un enfant] you naughty boy / girl!

❖ **mauvais** ◆ adv **1.** MÉTÉOR ▸ **faire mauvais** : *il fait mauvais* the weather's bad ou nasty **2.** *(suivi d'un infinitif)* ▸ **faire mauvais** : *il fait mauvais être / avoir...* it's not a good idea to be / to have... / *à cette époque-là, il faisait mauvais être juif* it was hard to be Jewish in those days. ◆ nm [ce qui est critiquable] ▸ **le mauvais** : *il n'y a pas que du mauvais dans ce qu'il a fait* what he did wasn't all bad / *il y a du bon et du mauvais dans leur proposition* there are some good points and some bad points in their proposal.

mauve [mov] ◆ adj & nm mauve. ◆ nf BOT mallow ▸ **petite mauve** least mallow.

mauviette [movjɛt] nf **1.** *fam* [gringalet] weakling ; [lâche] sissy, softy / *t'es un homme ou t'es une mauviette?* are you a man or a mouse? **2.** ZOOL lark.

maux [mo] pl ⟶ **mal.**

max [maks] (**abr de maximum**) nm *fam* max ▸ **un max** [beaucoup] : *ça va te coûter un max* it's going to cost you a bomb UK ou a packet / *il en a rajouté un max* he went completely overboard / *un max de fric* loads of money.

maxi [maksi] ◆ adj inv **1.** [long] maxi / *un manteau maxi* a maxicoat **2.** *fam* [maximum] ▸ **vitesse maxi** top ou full speed. ◆ nm COUT maxi / *le maxi revient à la mode* maxis are back in fashion. ◆ adv *fam* [au maximum] : *7 degrés / deux heures maxi* 7 degrees / two hours at the most.

maxillaire [maksilɛʀ] ◆ adj maxillary. ◆ nm jaw, jawbone, maxilla *spéc* ▸ **les maxillaires** the maxillae ▸ **maxillaire supérieur / inférieur** upper / lower jaw.

maxille [maksil] nf maxilla ▸ **les maxilles** the maxillae.

maxillipède [maksilipɛd] nm maxilliped.

maxillo-facial, e, aux [maksilɔfasjal, o] adj maxillofacial.

maxima[1] pl ⟶ **maximum.**

maxima[2] [maksima] ⟶ **a maxima.**

maximal, e, aux [maksimal, o] adj **1.** [le plus grand] maximal, maximum *(modif)* / *pour un confort maximal* for maximum comfort ▸ **à la vitesse maximale** at top speed ▸ **température maximale** highest ou maximum temperature **2.** MATH maximal.

maximalisation [maksimalizasjɔ̃] nf maximation, maximization.

maximaliser [3] [maksimalize] vt to maximize.

maximalisme [maksimalism] nm POL maximalism.

maximaliste [maksimalist] adj & nmf maximalist.

maximas* pl ⟶ **maximum.**

maxime [maksim] nf maxim.

Maxime [maksim] npr Maximus.

Maximilien [maksimiljɛ̃] npr Maximilian.

maximisation [maksimizasjɔ̃] = **maximalisation.**

maximiser [maksimize] = **maximaliser.**

maximum [maksimɔm] (*pl* **maximums** *ou* **maxima** *ou* **maximas** [maksima]) ◆ adj maximum ▸ **pressions maxima** maximum pressures ▸ **vitesse maximum** maximum ou top speed / *des rendements maximums* maximum ou top production figures. ◆ nm **1.** [le plus haut degré] maximum / *le maximum saisonnier* the maximum temperature for the season / *en rentrant, on a mis le chauffage au maximum* when we got home, we turned the heating on full / *le thermostat est réglé sur le maximum* the thermostat is on the highest setting / *la crue était à son maximum* the river had risen to its highest level ou was in full spate / *nous ferons le maximum le premier jour* we'll do as much as we can on the first day / *je ferai le maximum pour finir dans les temps* I'll do my utmost ou I'll do all I can to finish on time **2.** *fam* [en intensif] ▸ **un maximum de** an enormous amount of / *on a eu un maximum d'ennuis* everything went wrong / *il y a eu un maximum de visiteurs le premier jour* we had an enormous number of visitors the first day / *pour ça il faut un maximum d'organisation* that sort of thing needs a huge amount of ou needs loads of organization / *je voudrais un maximum de silence pendant le film* I want total silence during the film UK ou movie US / *on s'est amusés un maximum* we had a really great time / *on en fera un maximum le premier jour* we'll do as much work as we can on the first day / *ça rendra un maximum sur papier brillant* it will come up great on gloss paper **3.** [peine] ▸ **le maximum** the maximum sentence / *il a eu le maximum* he got the maximum sentence. ◆ adv at the most ou maximum / *il fait 3 °C maximum* the temperature is 3°C at the most ou at the maximum.

❖ **au maximum** loc adv **1.** [au plus] at the most ou maximum / *deux jours au maximum* two days at the most ▸ **au grand maximum** at the very most **2.** [le plus possible] : *un espace utilisé au maximum* an area used to full advantage / *je nettoie au maximum mais c'est quand même sale* I do as much cleaning as possible but it's still dirty.

maya[1] [maja] adj Maya, Mayan.

❖ **Maya** nmf Maya, Mayan ▸ **les Mayas** the Maya ou Mayas.

❖ **maya** nm LING Maya, Mayan.

maya[2] [maja] nf RELIG maya.

mayen [majɛ̃] nm SUISSE *Alpine pasture in the Valais region for spring and autumn grazing.*

Mayence [majɑ̃s] npr Mainz.

mayonnaise [majɔnɛz] nf CULIN mayonnaise / *la mayonnaise ne prend pas* the mayonnaise won't set / *crabe à la mayonnaise* crab in mayonnaise ▸ **œufs mayonnaise** eggs mayonnaise ▸ **la mayonnaise ne prend pas entre eux** *fam* they don't hit it off (together).

Mayotte [majɔt] npr Mayotte Island.

mazagran [mazagʀɑ̃] nm *glazed earthenware cup for drinking coffee.*

Mazarine [mazaʀin] npr ▸ **la bibliothèque Mazarine** *public library in Paris.*

mazette [mazɛt] interj *vieilli & hum* my (word) / *mazette, la belle voiture!* my, what a beautiful car! / *mazette, un vison, quelle élégance!* my, a mink coat, how elegant!

mazot [mazo] nm SUISSE farm building.

mazout [mazut] nm (fuel) oil / *chauffage central au mazout* oil-fired central heating.

mazouter [3] [mazute] ◆ vt to pollute (with oil) ▸ **plages mazoutées** oil-polluted beaches, beaches polluted with oil ▸ **oiseaux mazoutés** oil-stricken birds. ◆ vi to refuel.

mazurka [mazyʀka] nf mazurka.

MCJ [ɛmseʒi] (**abr de maladie de Creutzfeldt-Jakob**) nf MÉD CJD.

MDM npr **abr de Médecins du monde.**

MDP (**abr de Mécanisme pour un Développement Propre**) nm ÉCOL CDM.

MDR [ɛmdeɛʀ] (**abr écrite de mort de rire**) nf TEXTO LOL ; [plus fort] ROFL.

me [mə] *(devant voyelle ou 'h' muet m')* pron pers *(1ère pers sg)* **1.** [avec un verbe pronominal] : *je me suis fait mal* I've hurt myself ▸ **je me suis évanoui** I fainted / *je ne m'en souviens plus* I don't remember anymore ▸ **je me disais que...** I thought to myself... **2.** [complément] ▸ **ça me regarde** that's my business / *il me regarde sans me voir* he looks at me without seeing me, he looks right through me / *il est venu me chercher* he came to fetch me ▸ **il me l'a donné** he gave it to me ▸ **ton idée me plaît** I like your idea / *ton amitié m'est précieuse* your friendship is precious ou means a lot to me / *ça me soulève le cœur* it makes me sick / *il m'a fait lire ce livre* he made me read this book / *il me court après depuis un certain temps* *fam* he's been chasing me for some time **3.** *fam* [emploi expressif] : *va me fermer cette porte* shut that door, will you? / *va me faire tes devoirs* go and get that homework done / *qu'est-ce qu'ils m'ont encore fait comme bêtises?* what kind of stupid tricks have they got up to now? / *où est-ce que tu m'as mis le sucre?* now where have you hidden the sugar?

Me (**abr écrite de Maître**) *title for lawyers.*

mea culpa [meakylpa] ◆ nm inv **1.** RELIG mea culpa **2.** *fig* : *ils ont fait leur mea culpa* they acknowledged responsibility, they admitted it was their fault / *le journal a publié hier un mea culpa en première page* yesterday the paper published a front page apology. ◆ interj *hum* my fault, mea culpa *sout* / *mea culpa! c'est moi le responsable* it's my fault!, I'm to blame!

méandre [meɑ̃dʀ] nm ARCHIT & GÉOGR meander / *le fleuve fait des méandres* the river meanders ou twists and turns / *perdu dans les méandres de sa propre stratégie* lost in the twists and turns of his own strategy / *l'affaire s'enlisait dans les méandres de la procédure* the case was getting bogged down in a morass ou maze of legalities / *les méandres de sa pensée* the twists and turns of his thoughts.

méat [mea] nm **1.** ANAT meatus ▸ **méat urinaire** urinary meatus **2.** BOT lacuna.

mec [mɛk] nm *tfam* **1.** [homme] guy, bloke UK / *c'est un drôle de mec* he's a strange guy ou bloke UK / *hé, les mecs!* hey, you guys! / *un beau mec* a good-looking guy / *pauvre mec, va!* creep! / *écoute, petit mec!* look, (you little) punk! / *ça, c'est un vrai mec!* *hum* there's a real man for you! **2.** [petit ami] ▸ **son mec** her bloke UK ou guy.

mécanicien, enne [mekanisjɛ̃, ɛn] nm, f **1.** [monteur, réparateur] mechanic ; NAUT engineer ▸ **mécanicien (de bord)** AÉRON (flight) engineer **2.** [physicien] mechanical engineer **3.** RAIL engine driver UK, train driver UK, engineer US.

❖ **mécanicienne** nf COUT machinist.

mécanicien-dentiste [mekanisjɛ̃dɑ̃tist] (*pl* **mécaniciens-dentistes**) nm dental technician.

mécanique [mekanik] ◆ adj **1.** SCI [loi] mechanical **2.** [non manuel - tapis, tissage] machine-made ; [- abattage, remblayage] mechanical, machine *(modif)* ▸ **repassage mécanique** machine ironing **3.** [non électrique, non électronique - commande] mechanical ; [- jouet] clockwork ; [- montre] wind-up **4.** [du moteur] engine *(modif)* / *nous avons eu un incident mécanique* ou *des ennuis mécaniques en venant* we had engine trouble on the way here **5.** [machinal] mechanical / *je n'aime pas faire mon travail de façon mécanique* I don't like working like a robot ou machine ▸ **gestes mécaniques** mechanical gestures **6.** MIN & MINÉR mechanical. ◆ nf **1.** SCI mechanics *(sg)* ; INDUST & TECHNOL mechanical engineering ▸ **mécanique quantique / relativiste** quantum / relativistic mechanics ▸ **mécanique des fluides** fluid mechanics ▸ **mécanique ondulatoire** wave mechanics **2.** AUTO car mechanics *(sg)* / *il aurait voulu faire de la mécanique* he'd have liked to have been a (car) mechanic **3.** [machine] piece of machinery ; [dispositif] mechanism / *marcher* ou *tourner comme une mécanique bien huilée* to work like a well-oiled machine / *une belle mécanique* [moto, voiture] a fine piece of engineering.

> ⚠ **Mechanic** signifie « mécanicien » et non mécanique.

mécaniquement [mekanikmɑ̃] adv mechanically.

mécanisation [mekanizasjɔ̃] nf mechanization / *l'ère de la mécanisation* the machine age.

mécaniser [3] [mekanize] vt to mechanize / *ces tâches ont été mécanisées* these jobs have been mechanized ou are now done by machine.

mécanisme [mekanism] nm **1.** [processus] mechanism ; [dispositif] mechanism, device / *le mécanisme de*

* In reformed spelling (see p. 16-19).

la violence the mechanism of violence / *le mécanisme du corps humain* the human mechanism / *elle étudie le mécanisme* ou *les mécanismes de la finance* she's studying the workings of finance / *grâce à des mécanismes bancaires spécifiques* thanks to specific banking mechanisms / *le mécanisme de la fraude fiscale* the mechanism of tax evasion ▸ **mécanismes de défense** PSYCHOL defence mechanisms **2.** TECHNOL [d'une serrure, d'une horloge] mechanism ; [d'un fusil] mechanism, workings **3.** PHILOS mechanism.

mécaniste [mekanist] ◆ adj PHILOS mechanistic. ◆ nmf mechanist.

mécano [mekano] nm *fam* **1.** AUTO mechanic **2.** RAIL engine driver UK, engineer US / **'le Mécano de la « General »'** *Keaton* 'The General'.

mécanographe [mekanɔgʀaf] nmf punch card (machine) operator.

mécanographie [mekanɔgʀafi] nf data processing *(with punch card machines)*.

mécanographique [mekanɔgʀafik] adj ▸ **service mécanographique** (mechanical) data processing department, punch card department ▸ **fiche mécanographique** punch ou punched card.

mécanorécepteur [mekanɔʀesɛptœʀ] nm mecanoreceptor.

mécanothérapie [mekanɔteʀapi] nf mecanotherapy.

mécatronique [mekatʀɔnik] nf mechatronics.

Meccano® [mekano] nm Meccano® (set).

mécénat [mesena] nm [par une personne] patronage, sponsorship ; [par une société] sponsorship ▸ **le mécénat d'entreprise** corporate sponsorship.

mécène [mesɛn] nm [personne] patron, sponsor ; [société] sponsor.

Mécène [mesɛn] npr Maecenas.

méchage [meʃaʒ] nm **1.** MÉD [pour coaguler] packing ; [pour drainer] gauze drainage **2.** ŒNOL matching.

méchamment [meʃamɑ̃] adv **1.** [avec cruauté] nastily, spitefully, wickedly / *il ne l'a pas fait méchamment* he didn't do it nastily **2.** *fam* [en intensif] : *il est rentré méchamment bronzé* he came back with a wicked tan.

méchanceté [meʃɑ̃ste] nf **1.** [volonté de nuire] spite, malice, nastiness ▸ **par pure méchanceté** out of sheer spite / *soit dit sans méchanceté, elle n'est pas futée* without wishing to be unkind, she is not very bright **2.** [caractère méchant] maliciousness, nastiness, spitefulness / *la méchanceté se lit dans son regard* you can see the malice in his eyes **3.** [propos, acte] ▸ **dire des méchancetés à qqn** to say nasty ou horrible things to sb ▸ **faire des méchancetés à qqn** to be nasty ou horrible to sb / *c'était la pire méchanceté qu'il pouvait faire* it was the nastiest ou meanest thing he could have done.

méchant, e [meʃɑ̃, ɑ̃t] ◆ adj **1.** [cruel -animal] nasty, vicious ; [-personne] wicked ; [haineux] nasty, spiteful, wicked / *un regard méchant* a nasty ou wicked look ▸ **il n'est pas méchant a)** [pas malveillant] there's no harm in him, he's harmless **b)** [pas dangereux] he won't do you any harm / *en fait, ce n'est pas une méchante femme* she means no harm ou she's not that bad, really / *je ne voudrais pas être méchant mais vous avez une sale tête aujourd'hui !* I don't want to be nasty, but you look dreadful today ! **2.** [très désagréable] horrible, horrid, nasty / *ne sois pas si méchant avec moi* don't be so nasty ou horrible to me ; *(avant nom)* ▸ **de fort méchante humeur** in a (really) foul mood / *il s'est mis sur le dos une méchante affaire* ou *querelle* he's got himself into some nasty business ; [enfant] naughty, bad / *la dame me dira si vous avez été méchants* the lady will tell me if you've been naughty **3.** [grave] nasty, very bad / *c'est une méchante plaie qui risque de s'infecter* it's a nasty gash which may become infected / *il a attrapé une méchante grippe* he caught a nasty dose of flu / *ça n'était pas bien méchant, finalement, cette piqûre / ce permis ?* *fam* the injection / driving test wasn't that bad after all, was it ? **4.** *(avant nom)* *fam* [formidable] tremendous, terrific, great / *il y avait une méchante ambiance* there was a great atmosphere / *ce tube a eu un méchant succès* that record was a huge hit **5.** *(avant nom)* [pitoyable] pathetic, wretched, miserable / *elle essayait de vendre deux ou trois méchantes salades* she was trying to sell a couple of pathetic-looking lettuces. ◆ nm, f **1.** *langage enfantin* naughty child / *la poupée, c'est une méchante !* naughty dolly ! / *faire le méchant* to turn nasty **2.** [dans un film, un livre] baddy UK bad guy US.

mèche [mɛʃ] nf **1.** [de cheveux] lock / *se faire faire des mèches* to have highlights ou (blond) streaks put in ▸ **mèches folles** wispy curls ▸ **une mèche rebelle** a wayward strand of hair / *une mèche dans les yeux* (a strand of) hair in his eyes **2.** [pour lampe, explosifs, feu d'artifice] wick ; [pour canon] match ▸ **mèche lente** ou **de sûreté** safety fuse ▸ **découvrir** ou **éventer la mèche** *fam* to uncover the plot **3.** MÉCAN bit ▸ **mèche torse** twist drill ▸ **mèche torsadée** auger bit **4.** MÉD [pour coaguler] pack ; [pour drainer] (gauze) wick **5.** NAUT ▸ **mèche de gouvernail** stock **6.** TEXT ▸ **mèche de préparation** roving **7.** *fam* EXPR **être de mèche avec qqn** to be in league ou in cahoots with sb / *ils sont de mèche avec les dignitaires du coin* they're hand in glove with the local dignitaries / *ils étaient de mèche* they were in it together ▸ **il n'y a pas mèche** no way, nothing doing, no chance.

mécher [18] [meʃe] vt **1.** MÉD [pour coaguler] to pack (with gauze) ; [pour drainer] to drain (with a wick) **2.** ŒNOL to match.

In reformed spelling (see p. 16-19), this verb is conjugated like *semer*: *il mèchera, elle mècherait.*

méchoui [meʃwi] nm [repas] barbecue *(of a whole sheep roasted on a spit)* ; [fête] barbecue (party).

mécompte [mekɔ̃t] nm *litt* disappointment, disillusionment.

méconduire [98] [mekɔ̃dɥiʀ] ❖ **se méconduire** vpi BELG to misbehave.

méconduite [mekɔ̃dɥit] nf BELG misbehaviour.

méconium [mekɔnjɔm] nm meconium.

méconnais v ⟶ méconnaître.

méconnaissable [mekɔnɛsabl] adj [à peine reconnaissable] hardly recognizable ; [non reconnaissable] unrecognizable / *sans sa barbe il est méconnaissable* you wouldn't recognize him without his beard / *dix ans après elle était méconnaissable* ten years later she had changed beyond recognition.

méconnaissait v ⟶ méconnaître.

méconnaissance [mekɔnɛsɑ̃s] nf **1.** [ignorance] ignorance, lack of knowledge / *il a fait preuve d'une totale méconnaissance du sujet* he displayed a complete lack of knowledge of the subject / *sa méconnaissance de la psychologie est inquiétante* his ignorance of psychology is worrying ▸ **par méconnaissance des faits** through ignorance of the facts, through not being acquainted with the facts / *la méconnaissance du règlement vous exposerait à des poursuites* ignorance of the regulations may render you liable to prosecution **2.** [incompréhension] lack of comprehension ou understanding / *nous déplorons de la part de l'auteur une grande méconnaissance de ce que fut la Rome antique* it is to be regretted that the author utterly fails to comprehend ancient Rome.

méconnaître, méconnaitre* [91] [mekɔnɛtʀ] vt *litt* **1.** [ignorer] to be unaware of / *nous ne méconnaissons pas que ce (ne) soit rare* *sout* we're not unaware of the fact that it is unusual **2.** [ne pas reconnaître] to fail to recognize / *sans vouloir méconnaître ce qu'ils ont fait pour nous* while not wishing to minimize ou to underestimate what they have done for us / *il était méconnu de ses contemporains* he went unrecognized by his contemporaries **3.** [mal comprendre] to fail to understand / *c'est méconnaître le milieu universitaire !* you're / he's, etc., misjudging the academic world ! ; [personne] to misunderstand, to misjudge / *c'est le méconnaître que de le croire chauvin* if you think he's chauvinistic, you don't really know him.

méconnu, e [mekɔny] adj [incompris] unappreciated, unrecognized ; [peu connu] obscure / *un coin méconnu mais très joli de la Bretagne* a little-known but very pretty part of Brittany ▸ **rester méconnu a)** [non apprécié] to go unrecognized, to remain unappreciated **b)** [sans gloire] to remain unknown / *malgré son grand talent il est mort pauvre et méconnu* in spite of his great talent he died penniless and in obscurity / *mes mérites sont méconnus* my merits have never been acknowledged.

méconnut v ⟶ méconnaître.

mécontent, e [mekɔ̃tɑ̃, ɑ̃t] ◆ adj **1.** [insatisfait] displeased, dissatisfied, discontented / *elle est très mécontente du travail du plombier* she is very dissatisfied with the plumber's work / *elle est toujours mécontente de quelque chose* she's always annoyed ou disgruntled about something / *je ne suis pas mécontente de mes résultats* I am not altogether dissatisfied ou unhappy with my results / *nous ne sommes pas mécontents que tout soit terminé* we are not sorry that it's all over **2.** [fâché] annoyed / *il s'est montré très mécontent de ma décision* he was very annoyed at my decision / *les enfants, je suis très mécontent !* children, I am extremely ou very annoyed ! ◆ nm, f **1.** [gén] complainer, grumbler, moaner **2.** POL ▸ **les mécontents** the discontented, the disgruntled / *cette politique va faire des mécontents* this measure is going to displease quite a few people.

mécontentement [mekɔ̃tɑ̃tmɑ̃] nm **1.** [agitation sociale] discontent, unrest, anger / *il y a un mécontentement croissant chez les étudiants* there is growing discontent ou unrest amongst students / *cela risque de provoquer le mécontentement des agriculteurs* that might anger the farmers **2.** [agacement] annoyance / *à mon grand mécontentement* to my great annoyance.

mécontenter [3] [mekɔ̃tɑ̃te] vt [déplaire à] to fail to please, to displease ; [irriter] to annoy, to irritate / *la réforme risque de mécontenter les milieux d'affaires* the reform might anger business circles.

mécoptère [mekɔptɛʀ] nm mecopteran ▸ **les mécoptères** the Mecoptera.

Mecque [mɛk] npr f **1.** GÉOGR ▸ **La Mecque** Mecca **2.** *fig* ▸ **la Mecque de** the mecca of, a mecca for.

mécréant, e [mekʀeɑ̃, ɑ̃t] nm, f *litt* infidel, miscreant *arch*.

méd. abr écrite de médecin.

médaille [medaj] nf **1.** [pour célébrer, récompenser] medal / *médaille d'argent / de bronze* silver / bronze medal ▸ **médaille d'or** gold medal / *t'as gagné une médaille en chocolat !* *fam & hum* you'll get a gold star for this ! ▸ **médaille d'honneur** *medal for honourable service in a profession* ▸ **toute médaille a son revers** *prov* every rose has its thorn **2.** [pour identifier] (identity) disc UK ou disk US ou tag **3.** [bijou] pendant / *une médaille de la Vierge* a pendant of the Virgin Mary.

médaillé, e [medaje] ◆ adj [soldat] decorated, SPORT medal-holding *(modif)* / *un camembert médaillé* an award-winning camembert. ◆ nm, f **1.** ADMIN & MIL medal-holder ▸ **les médaillés du travail** holders of long-service medals **2.** SPORT medallist UK medalist US ▸ **les médaillés olympiques** the Olympic medallists.

médailler [3] [medaje] vt to award a medal to.

médailleur [medajœʀ] nm medal maker, medallist.

médaillier, médailler* [medaje] nm **1.** [collection] medal collection **2.** [meuble] medal cabinet.

médaillon [medajɔ̃] nm **1.** [bijou] locket **2.** CULIN medallion **3.** [élément décoratif] medallion.

médecin [medsɛ̃] nmf **1.** [docteur] doctor, physician ▸ **une femme médecin** ou **une médecin** a woman doctor ▸ **médecin agréé** *doctor whose fees are partially reimbursed by the social security system* ▸ **médecin des armées** army medical officer ▸ **médecin de bord** ship's doctor ▸ **médecin de campagne** country doctor ▸ **médecin consultant** consultant ▸ **médecin conventionné** *doctor who meets the French social security criteria* ; ≃ National Health doctor UK ▸ **médecin de famille** family doctor ▸ **médecin généraliste** general practitioner, GP ▸ **médecin des hôpitaux** hospital doctor ▸ **médecin légiste** forensic expert ou scientist, medical examiner US ▸ **médecin de quartier** local doctor ▸ **médecin référent** *doctor officially designated by the patient as his or her usual doctor* ▸ **médecin spécialiste** specialist (physician) ▸ **médecin du sport** sports doctor ▸ **médecin traitant** = médecin référent ▸ **médecin du travail**

a) [dans le privé] company doctor b) [dans le secteur public] health (and safety) ou medical officer UK ▸ **médecin de ville** doctor *(working in a town)* ▸ **Médecins du monde, Médecins sans frontières** *organizations providing medical aid to victims of war and disasters, especially in the Third World* **2.** *fig & litt* : *médecin de l'âme* ou *des âmes* [confesseur] confessor.

médecin-conseil [medsɛ̃kɔ̃sɛj] (*pl* **médecins-conseils**) nm medical consultant *(who checks the validity of claims)*.

médecine [medsin] nf **1.** SCI medicine ▸ **exercer la médecine** to practise medicine / *ce n'est plus du ressort de la médecine* it's no longer a medical matter ▸ **médecine hospitalière / légale** hospital / forensic medicine ▸ **médecine douce** ou **naturelle** natural medecine ▸ **médecine générale** general practice ▸ **médecine interne** internal medicine ▸ **médecine opératoire** surgery ▸ **médecine parallèle** alternative medicine ▸ **médecine préventive** preventive ou preventative medicine ▸ **médecine du sport** sports medecine ▸ **médecine du travail** industrial ou occupational medicine ▸ **médecin d'urgence** emergency medecine ▸ **médecine de ville** community medicine **2.** ENS medicine, medical studies / *il fait (sa) médecine, il est en médecine* he's studying medicine, he's a medical student / *elle est en troisième année de médecine* she's in her third year at medical school, she's a third-year medical student / *elle a fini sa médecine en 1980* she qualified (as a doctor) in 1980 **3.** *arch* [remède] medicine, remedy.

médecine-ball [medsinbol] = **medicine-ball.**

Médée [mede] npr Medea.

MEDEF [medɛf] (abr de **Mouvement des Entreprises de France**) nf *main employers' organization in France* ; ≃ CBI UK.

média [medja] nm medium ▸ **les médias** the (mass) media / *une campagne dans tous les médias* a media-wide campaign ▸ **médias électroniques** electronic media ▸ **médias sociaux** social media.

médian, e [medjɑ̃, an] adj **1.** GÉOM median **2.** LING medial.

✧ **médiane** nf median.

médiante [medjɑ̃t] nf mediant.

médiaplanning [medjaplaniŋ] nm [technique] media planning ; [document] media plan.

médiastin [medjastɛ̃] nm mediastinum.

médiat, e [medja, at] adj mediate.

médiateur, trice [medjatœʀ, tʀis] ◆ adj mediating, mediatory ▸ **commission médiatrice** arbitration commission ou board. ◆ nm, f **1.** [entremise] intermediary, go-between, mediator ▸ **servir de médiateur** to act as a go-between / *le président sert de médiateur entre les deux factions* the president is mediating ou arbitrating between the two factions **2.** ▸ **médiateur (de la République)** ADMIN ombudsman, ombudsperson.

✧ **médiateur** nm **1.** INDUST arbitrator, mediator **2.** PHYSIOL ▸ **médiateur chimique** chemical transmitter, transmitter substance.

✧ **médiatrice** nf GÉOM midperpendicular.

médiathèque [medjatɛk] nf media library.

médiation [medjasjɔ̃] nf **1.** POL [entremise] mediation ; INDUST arbitration / *il a fallu la médiation de l'évêque* the bishop had to mediate ▸ **j'offre ma médiation** I volunteer to act as a go-between ou as an intermediary **2.** PHYSIOL neurotransmission.

médiatique [medjatik] ◆ adj media *(modif)* ▸ **un événement médiatique** a media ou a media-staged *péj* event / *c'est un sport très médiatique* it's a sport well suited to the media ▸ **il est très médiatique a)** [il passe bien à la télévision] he comes over well on television **b)** [il exploite les médias] he uses the media very successfully. ◆ nf communications, communication technology.

médiatiquement [medjatikmɑ̃] adv : *il est très exposé médiatiquement* he's got a high media profile / *des discours médiatiquement corrects* speeches deliberately tailored for the media, speeches full of sound bites / *c'est médiatiquement incorrect* it's the sort of thing the media find it awkward to talk about / *médiatiquement parlant* from a media point of view.

médiatisation [medjatizasjɔ̃] nf **1.** RADIO & TV popularization through the (mass) media / *on assiste à une médiatisation croissante de la production littéraire* literary works are getting more and more media exposure / *nous déplorons la médiatisation de la politique* it's a shame to see politics being turned into a media event **2.** POL mediatization.

médiatisé, e [medjatize] adj ▸ **il est très médiatisé** he's got a high media profile / *un événement très médiatisé* an event that was given a lot of media coverage, an event widely reported in the media.

médiatiser [3] [medjatize] vt **1.** RADIO & TV to popularize through the (mass) media / *médiatiser les élections / la guerre* to turn elections / the war into a media event **2.** POL to mediatize.

médiator [medjatɔʀ] nm plectrum.

médiatrice [medjatʀis] f ⟶ **médiateur.**

médical, e, aux [medikal, o] adj medical.

médicalement [medikalmɑ̃] adv medically / *médicalement, il est guéri* medically speaking, he's cured.

médicalisation [medikalizasjɔ̃] nf **1.** [d'une région] : *la médicalisation des pays pauvres* the provision of health care to poor countries **2.** [d'un état, d'une pathologie] : *la médicalisation croissante de la grossesse* the increasing reliance on medical technology during pregnancy.

médicalisé, e [medikalize] adj ▸ **établissement médicalisé** nursing home ▸ **lit / hélicoptère médicalisé** hospital bed / helicopter.

médicaliser [3] [medikalize] vt **1.** [région, pays] to provide with health care **2.** [maternité, vieillesse] to increase medical intervention in.

médicament [medikamɑ̃] nm medicine, drug ▸ **prends tes médicaments** take your medicine ▸ **médicament de confort** *pharmaceutical product not considered to be essential and not fully reimbursed by the French social security system* ▸ **médicament délivré sans ordonnance** medicine issued without a prescription, over-the-counter drug / *médicament en vente sur ordonnance* drug available on prescription, prescription drug US.

médicamenteux, euse [medikamɑ̃tø, øz] adj medicinal.

médicastre [medikastʀ] nm *hum & péj* quack (doctor), charlatan.

médication [medikasjɔ̃] nf medication, (medicinal) treatment.

médicinal, e, aux [medisinal, o] adj medicinal.

medicine-ball [medisinbol] (*pl* **medicine-balls**) nm medicine ball.

Médicis [medisis] npr **1.** HIST Medici ▸ **Catherine de Médicis** Catherine de Medici ▸ **les Médicis** the Medicis **2.** LITTÉR ▸ **le prix Médicis** *French literary prize.*

médico-chirurgical, e, aux, médicochirurgical*, e, aux [medikoʃiʀyʀʒikal, o] adj medico-surgical.

médico-légal, e, aux, médicolégal*, e, aux [medikolegal, o] adj forensic, medicolegal.

médico-pédagogique (*pl* **médico-pédagogiques**), **médicopédagogique*** [medikɔpedagɔʒik] adj ▸ **institut médico-pédagogique** special school *(for children with special needs or learning disabilities who are under 14).*

médico-professionnel, elle (*mpl* **médico-professionnels,** *fpl* **médico-professionnelles**), **médicoprofessionnel*, elle** [medikɔpʀɔfɛsjɔnɛl] adj ▸ **institut médico-professionnel** *social education workshop for young people with learning disabilities.*

médico-social, e, aux, médicosocial*, e, aux [medikɔsɔsjal, o] adj medicosocial ▸ **équipe médico-sociale** health and social services team ▸ **services médico-sociaux** health and social services network.

médico-sportif, ive (*mpl* **médico-sportifs,** *fpl* **médico-sportives**), **médicosportif*, ive** [medikɔspɔʀtif, iv] adj ▸ **recherche médico-sportive** research in sports medicine ▸ **institut médico-sportif** institute for sports medicine.

médiéval, e, aux [medjeval, o] adj medieval ▸ **l'époque médiévale** the medieval period, the Middle Ages.

médiévisme [medjevism] nm medieval studies.

médiéviste [medjevist] nmf medievalist.

médina [medina] nf medina.

Médine [medin] npr Medina.

médiocratie [medjɔkʀasi] nf mediocracy.

médiocre [medjɔkʀ] ◆ adj **1.** [rendement, efficacité, qualité, etc.] mediocre, poor / *cette année les rendements en blé ont été médiocres* wheat production has been mediocre ou poor this year / *elle est médiocre en mathématiques* she's pretty mediocre at mathematics / *temps médiocre sur toute la France* poor weather throughout France **2.** [quelconque] second-rate, mediocre / *il a fait une carrière médiocre* his career has been unsuccessful / *je refuse de mener une vie médiocre* I refuse to live a life of mediocrity **3.** *(avant nom) sout* [piètre] poor / *un livre de médiocre intérêt* a book of little interest. ◆ nmf [personne] nonentity / *dans cette classe, il n'y a que des médiocres* there are only mediocrities in this class. ◆ nm [médiocrité] mediocrity / *se complaire dans le médiocre* to revel in mediocrity.

médiocrement [medjɔkʀəmɑ̃] adv : *un enfant médiocrement doué pour les langues* a child with no great gift for languages / *médiocrement satisfait, il décida de recommencer* not very satisfied, he decided to start again / *j'ai répondu assez médiocrement à l'examen oral* my answers in the oral exam were rather poor / *la station n'est que médiocrement équipée* the resort's facilities are below average.

médiocrité [medjɔkʀite] nf **1.** [en qualité] mediocrity, poor quality ; [en quantité] inadequacy / *ce genre de spectacle ne souffre pas la médiocrité* this type of show will not allow for ou admit mediocrity **2.** [personne] nonentity.

médire [103] [mediʀ] ✧ **médire de** v + prép [critiquer] to speak ill of, to run down *(sép)* ; [calomnier] to spread scandal about, to malign ; *(en usage absolu)* : *arrête de médire !* stop criticizing !

médisance [medizɑ̃s] nf **1.** [dénigrement] gossip, gossiping, scandal mongering / *c'est de la médisance !* that's slander ! / *victime de la médisance* victim of (malicious) gossip / *les gens qui se livrent à la médisance* scandalmongers **2.** [propos] gossip / *les médisances de ses collègues lui ont fait du tort* his colleagues' (malicious) gossip has damaged his good name.

médisant, e [medizɑ̃, ɑ̃t] ◆ adj slanderous / *sans vouloir être médisant, je dois dire que je le trouve un peu naïf* no malice intended, but I have to say that I find him a bit naïve. ◆ nm, f [auteur - de ragots] gossip, gossipmonger, scandalmonger ; [- de diffamation] slanderer.

médisez v ⟶ **médire.**

médit [medi] pp ⟶ **médire.**

méditatif, ive [meditatif, iv] ◆ adj meditative, contemplative, thoughtful / *il avait un air méditatif* he appeared to be deep in thought. ◆ nm, f thinker.

méditation [meditasjɔ̃] nf **1.** PSYCHOL & RELIG meditation ▸ **méditation transcendantale** transcendental meditation **2.** [réflexion] meditation, thought / *le fruit de mes méditations* the fruit of my meditation ou meditations.

✧ **Méditations** nfpl LITTÉR & PHILOS Meditation, Meditations.

méditer [3] [medite] ◆ vt **1.** [réfléchir à] to meditate on ou upon *(insép)*, to reflect on ou upon *(insép)*, to ponder (upon) *(insép)* / *elle veut encore méditer sa décision* she wants to think some more about her decision **2.** [projeter] to plan / *qu'est-ce qu'ils méditent encore ?* what are they planning now ? ▸ **méditer de faire qqch** to plan on doing sthg. ◆ vi to meditate ▸ **méditer sur** to meditate on *(insép)*, to think about *(insép)*.

Méditerranée [mediteʀane] npr f ▸ **la (mer) Méditerranée** the Mediterranean (sea) ▸ **en Méditerranée** in the Mediterranean / *une croisière sur la Méditerranée* a Mediterranean cruise. ⟶ **mer**

méditerranéen, enne [mediteʀaneɛ̃, ɛn] adj Mediterranean.

* In reformed spelling (see p. 16-19).

✣ **Méditerranéen, enne** nm, f Mediterranean, Southern European *(from the Mediterranean area).*

médium [medjɔm] ◆ nmf [spirite] medium. ◆ nm **1.** MUS middle register **2.** [liant] medium, vehicle.

médiumnique [medjɔmnik] adj ▸ **facultés médiumniques** powers of a medium.

médius [medjys] nm middle finger.

médoc [medɔk] nm Médoc (wine).

Médor [medɔʀ] npr *typical name for a dog* ; ≃ Fido.

médullaire [medylɛʀ] adj medullary.

médulleux, euse [medylø, øz] adj medullated, medullary.

méduse [medyz] nf jellyfish.

Méduse [medyz] npr Medusa.

médusé, e [medyze] adj stunned, dumbfounded, stupefied / *d'un air médusé* in stupefaction / *j'en suis restée médusée* I was stunned ou dumbfounded.

méduser [3] [medyze] vt to astound, to stun, to stupefy / *sa réponse m'a médusé* his reply stunned me.

meeting [mitiŋ] nm (public) meeting ▸ **meeting aérien** air show ▸ **meeting d'athlétisme** athletics meeting UK ou meet US.

méfait [mefɛ] nm [mauvaise action] misdemeanour UK, misdemeanor US, misdeed, wrong, wrongdoing ; [délit] offence.

✣ **méfaits** nmpl [ravages] : *les méfaits du temps / de la guerre* the ravages of time / war / *les méfaits du laxisme parental* the damaging effects of a lack of parental discipline / *les méfaits de la télévision* the harm done by television.

méfiance [mefjɑ̃s] nf distrust, mistrust, suspicion / *avoir de la méfiance envers tout ce qui est nouveau* to be distrustful of ou wary of ou to distrust anything new / *sa méfiance envers les étrangers* her distrust ou suspicion of foreigners ▸ **éveiller la méfiance de qqn** to make sb suspicious / *il renifla le paquet avec méfiance* he warily sniffed the parcel ▸ **elle est sans méfiance** she has a trusting nature ▸ **méfiance!** be careful! / *méfiance, demandez des garanties!* careful, ask for guarantees!

méfiant, e [mefjɑ̃, ɑ̃t] ◆ adj distrustful, mistrustful, suspicious / *méfiant de nature* naturally suspicious ou distrustful / *il n'est pas assez méfiant* he is too unsuspecting ou trusting ▸ **méfiant envers qqch** dubious about sthg, sceptical of sthg / *on n'est jamais assez méfiant* you can never be too careful. ◆ nm, f doubting Thomas.

méfier [9] [mefje] ✣ **se méfier** vpi [faire attention] to be careful ou wary / *il ne se méfiait pas* he was not on his guard / *on ne se méfie jamais assez* you can't be too careful ▸ **méfie-toi!** be careful!, watch out!, be on your guard! ✣ **se méfier de** vp + prép to be suspicious of, to distrust, to mistrust / *il se méfie même de ses proches* he is even suspicious of ou he even mistrusts his own family ▸ **méfie-toi de lui / de son air doux** don't trust him / his mild manners ▸ **méfiez-vous des contrefaçons** beware of forgeries / *il aurait dû se méfier davantage des derniers tournants* he should have been more careful on the last bends / *méfiez-vous qu'ils ne se sauvent pas* fam watch out ou mind they don't run away.

méforme [mefɔʀm] nf unfitness, lack of fitness / *après quelques jours de méforme* after a few days off form.

méga(-) [mega] préf **1.** SCI mega, mega- **2.** fam [en intensif] huge, super / *ça a été la méga-discussion* there was a huge discussion ▸ **une méga-entreprise** a huge firm ▸ **un méga-patron** a super boss.

mégabit [megabit] nm INFORM megabit.

mégacaryocyte [megakaʀjɔsit] nm megakaryocyte.

mégacôlon [megakolɔ̃] nm megacolon.

mégacycle [megasikl] nm megacycle.

mégahertz [megaɛʀts] nm megahertz.

mégalithe [megalit] nm megalith.

mégalithique [megalitik] adj megalithic.

mégalo [megalo] fam ◆ adj megalomaniac, power-mad / *il est complètement mégalo* he thinks he's God / *tu n'es pas un peu mégalo?* don't you think you're aiming a bit high? ◆ nmf megalomaniac.

mégalomane [megalɔman] adj & nmf megalomaniac.

mégalomaniaque [megalɔmanjak] adj megalomaniac.

mégalomanie [megalɔmani] nf megalomania.

mégalopole [megalɔpɔl], **mégalopolis** [megalɔpɔlis] nf megalopolis.

mégaoctet [megaɔktɛ] nm megabyte.

mégaphone [megafɔn] nm megaphone, loud-hailer UK, bullhorn US.

mégapole [megapɔl] nf megalopolis, huge city.

mégaptère [megaptɛʀ] nm humpback (whale) ▸ **les mégaptères** the Megaptera.

mégarde [megaʀd] ✣ **par mégarde** loc adv [par inattention] inadvertently, by accident, accidentally ; [par erreur] by mistake, inadvertently ; [sans le vouloir] unintentionally, inadvertently, accidentally.

mégastore [megastɔʀ] nm megastore.

mégatonne [megatɔn] nf megaton.

mégawatt [megawat] nm megawatt.

mégère [meʒɛʀ] nf sout shrew fig, harridan litt / **'la Mégère apprivoisée'** *Shakespeare* 'The Taming of the Shrew'.

Mégère [meʒɛʀ] npr Megaera.

mégir [32] [meʒiʀ], **mégisser** [3] [meʒise] vt to taw.

mégisserie [meʒisʀi] nf **1.** [commerce] tawing **2.** [usine] tawery ; [peaux] (tawed) skins.

mégot [mego] nm [de cigarette] cigarette butt ou end ; [de cigare] cigar butt.

mégotage [megɔtaʒ] nm fam skimping, scrimping (and saving) / *pas de mégotage sur la qualité* no skimping on the quality / *avec lui, c'était des mégotages sur tout* he was always scrimping and saving ou always pinching and scraping.

mégoter [3] [megɔte] vi fam to skimp, to scrimp / *on ne va pas mégoter pour quelques euros* let's not quibble about a few euros ▸ **mégoter sur** to skimp ou to scrimp on / *les organisateurs ont mégoté sur tout* the organizers have skimped on everything.

méharée [meaʀe] nf camel trek.

méhari [meaʀi] *(pl* **méharis** *ou* **méhara** [-ʀa]) nm racing camel ou dromedary, mehari.

méhariste [meaʀist] ◆ nmf dromedary rider. ◆ nm mounted soldier *(of the French Camel Corps in North Africa).*

meilleur, e [mɛjœʀ] ◆ adj **1.** *(compar)* better ▸ **meilleure santé!** get well soon! / *il n'y a rien de meilleur, il n'y a pas meilleur* there's nothing to beat it, there's nothing better / *il est meilleur père que mari* he is a better father than he is a husband ▸ **c'est meilleur marché** it's cheaper **2.** *(superl)* ▸ **le meilleur a)** [de tous] the best **b)** [de deux] the better / *son meilleur ami* his best friend / *c'est le meilleur des maris* he's the best husband in the world / *avec la meilleure volonté* with the best will in the world / *dans le meilleur des mondes* in the best of all possible worlds ▸ **meilleurs vœux** best wishes / *meilleurs vœux de prompt rétablissement* get well soon ▸ **meilleur souvenir de Cannes a)** (holiday) UK greetings from Cannes **b)** [en fin de lettre] best wishes from Cannes / *information prise aux meilleures sources* information from the most reliable sources / *il appartient au meilleur monde* he moves in the best circles. ◆ nm, f best person / *seuls les meilleurs participeront à la compétition* only the best (players) will take part in the competition / *que le meilleur gagne!* may the best man win!

✣ **meilleur** ◆ nm : *mange-le, c'est le meilleur* eat it, it's the best part ▸ **il a donné** ou **il y a mis le meilleur de lui-même** he gave his all, he gave of his best / *elle lui a consacré le meilleur de sa vie* she gave him the best years of her life / *et le meilleur de l'histoire, c'est que c'est lui qui m'avait invité* and the best part of it is that he's the one who'd invited me / *pour le meilleur et pour le pire* for better or for worse. ◆ adv ▸ **il fait meilleur aujourd'hui** the weather's ou it's better today ▸ **il fait meilleur dans la chambre a)** [plus chaud] it's warmer in the bedroom **b)** [plus frais] it's cooler in the bedroom.

✣ **meilleure** nf fam [histoire] : *tu ne connais pas la meilleure* you haven't heard the best bit yet, wait until I tell you this one / *ça alors, c'est la meilleure!* that's the best (one) I've heard in a long time! / *j'en passe, et des meilleures* and I could go on.

méiose [mejoz] nf meiosis.

méiotique [mejɔtik] adj meiotic.

méjuger [17] [meʒyʒe] vt litt to misjudge.

✣ **méjuger de** v + prép litt to underestimate, to underrate.

✣ **se méjuger** vp *(emploi réfléchi)* to underestimate o.s.

Meknès [mɛknɛs] npr Meknes.

Mékong [mekɔ̃g] npr m ▸ **le Mékong** the Mekong.

mél [mel] nm INFORM email.

mélamine [melamin] nf melamine.

mélaminé [melamine] nm melamine panelling.

mélancolie [melɑ̃kɔli] nf **1.** [tristesse] melancholy / *j'y pense avec mélancolie* I feel melancholy when I think about it **2.** arch PSYCHOL melancholia.

mélancolique [melɑ̃kɔlik] ◆ adj **1.** [triste, désenchanté] melancholy *(modif)* **2.** PSYCHOL melancholic. ◆ nmf melancholic.

mélancoliquement [melɑ̃kɔlikmɑ̃] adv melancholically.

Mélanésie [melanezi] npr f ▸ **(la) Mélanésie** Melanesia.

mélanésien, enne [melanezjɛ̃, ɛn] adj Melanesian.

✣ **Mélanésien, enne** nm, f Melanesian.

mélange [melɑ̃ʒ] nm **1.** [processus] mixing, blending **2.** [résultat] mixture, blend / *battre les œufs et le sucre jusqu'à ce que le mélange blanchisse* beat the eggs and the sugar till the mixture turns white / *c'est un mélange de plusieurs thés / parfums* it's a blend of several teas / perfumes / *ma famille et mes collègues, ça donne un curieux mélange!* my family and my colleagues, that makes for a strange mixture! / *un mélange de fermeté et de gentillesse* a mixture of strictness and kindness / *attention aux mélanges (d'alcools)* don't mix your drinks / *du café et du jaune d'œuf, quel horrible mélange!* coffee and egg yolk, what a disgusting mixture! **3.** AUTO mixture / *mélange détonant / pauvre / riche* explosive / poor / rich mixture **4.** ACOUST mixing.

✣ **mélanges** nmpl LITTÉR [gén] miscellany ; [en hommage] festschrift.

✣ **sans mélange** loc adj [joie] unalloyed ; [admiration] unmitigated.

mélangé, e [melɑ̃ʒe] adj [auditoire, population] mixed / *c'est un coton mélangé* it's a cotton mixture / *c'est assez mélangé* [groupe, niveau] it's a bit of a mixed bag.

mélanger [17] [melɑ̃ʒe] vt **1.** [remuer - cartes] to shuffle ; [- salade] to toss / *ajoutez le lait et mélangez* add the milk and mix (well) **2.** [mettre ensemble] to mix, to blend / *mélanger des couleurs* to blend colours / *ils ne veulent pas mélanger les filles et les garçons* they want to keep boys and girls separate / *mélangez les œillets rouges avec les jaunes* mix the red carnations with the yellow ones **3.** [confondre] to mix up *(sép)* / *ne mélange pas tout* don't get everything (all) mixed ou jumbled ou muddled up / *on a un peu trop mélangé les genres* it's a mixture of too many different styles ▸ **il ne faut pas mélanger les torchons et les serviettes** (don't get them mixed up,) they're in a different class.

✣ **se mélanger** vpi **1.** [se fondre] ▸ **se mélanger avec** to mix with / *les nouveaux venus ne se mélangent pas avec les habitués du club* the newcomers don't mix ou socialize with the regular club members **2.** [devenir indistinct] to get mixed up / *mes souvenirs se mélangent après tant d'années* my memories are getting confused ou muddled after so many years / *tout se mélange dans ma tête* I'm getting all mixed ou muddled up.

mélangeur [melɑ̃ʒœʀ] nm **1.** [robinet] mixer tap UK, mixing faucet US **2.** [de son] mixer **3.** MÉTALL mixer.

mélanine [melanin] nf melanin.

mélanique [melanik] adj melanic.

mélanocyte [melanɔsit] nm melanocyte.

mélanoderme [melanɔdɛʀm] adj melanodermic.

mélanodermie [melanɔdɛʀmi] nf melanoderma.

mélanome [melanom] nm melanoma.

mélanose [melanoz] nf MÉD melanosis.

mélasse [melas] nf **1.** [sirop] molasses *(sg)*, (black) treacle UK **2.** *fam* [brouillard] pea-souper ▸ **être dans la mélasse a)** *fig* [avoir des ennuis] to be in a jam ou a fix **b)** [être sans argent] to be hard up.

mélatonine [melatɔnin] nf melatonin.

Melba, melba(s)* [mɛlba] adj inv ▸ **pêche / poire Melba** peach / pear Melba.

Melbourne [mɛlbuʀn] npr Melbourne.

Melchior [mɛlkjɔʀ] npr Melchior.

mêlé, e [mele] adj mixed / *une société mêlée* a mixed society / *des sentiments (très) mêlés* (very) mixed feelings / *un chagrin mêlé de pitié* sorrow mixed ou mingled with pity.

❖ **mêlée** nf **1.** [combat] melee, mêlée / *être au-dessus de la mêlée* to be on the sidelines / *rester au-dessus de la mêlée* to stay above the fray ▸ **entrer dans la mêlée** to enter the fray / *elle reste à l'écart de la mêlée politique* she keeps out of the hurly-burly of politics **2.** [bousculade] scuffle, free-for-all ; [désordre] commotion, confusion / *j'ai perdu mon parapluie dans la mêlée* I lost my umbrella in the general confusion **3.** SPORT scrum, scrummage / *effondrer / tourner la mêlée* to collapse / to wheel the scrum ▸ **mêlée ouverte a)** [gén] loose scrum **b)** [balle par terre] ruck **c)** [balle en main] maul.

mêler [4] [mele] vt **1.** [mélanger] to mix / *je n'aime pas mêler les styles de mobilier* I don't like mixing different styles of furniture / *nous mêlions nos souvenirs* we'd share our memories / *des fleurs variées mêlaient leurs parfums* the scents of various flowers were mingling in the air **2.** [allier] to combine, to be a mixture ou combination of / *elle mêle la rigueur à la fantaisie* she combines ou mixes seriousness with light-heartedness / *son sourire mêlait la fausseté et la veulerie* his smile was a mixture of falseness and cowardly indecision **3.** [embrouiller -documents, papiers] to mix ou to muddle ou to jumble up *(sép)* ; [-cartes, dominos] to shuffle / *j'ai mêlé tous les dossiers* I've got all the files mixed up **4.** [impliquer] ▸ **mêler qqn à** to involve sb in, to get sb involved in / *ne me mêle pas à tes mensonges* don't involve me in your lies / *être mêlé à un scandale* to be involved in ou linked with a scandal.

❖ **se mêler** vpi **1.** [se mélanger] to mix, to mingle / *les styles se mêlent harmonieusement* the styles blend well together **2.** [s'unir] ▸ **se mêler à** ou **avec** to mix ou to mingle with / *ses cris se mêlèrent au bruit de la foule* his shouts mingled with the noise of the crowd **3.** [participer] ▸ **se mêler à** to take part in, to join in / *se mêler à la conversation* to take part ou to join in the conversation.

❖ **se mêler de** vp + prép to interfere ou to meddle in, to get mixed up in / *se mêler des affaires d'autrui* to meddle ou to interfere in other people's business / *elle se mêle de ce qui ne la regarde pas* she is interfering in things that are no concern of hers / *de quoi se mêle-t-il?* what business is it of his? / *si le mauvais temps s'en mêle, la récolte est perdue* if the weather decides to turn nasty, the crop will be ruined / *il se mêle de tout* he is very nosy / *il se mêle de poésie maintenant!* *péj* so he's started dabbling in poetry now, has he? / *elle se mêle de me dire ce que j'ai à faire* she seems to think she can tell me what I should do ▸ **de quoi je me mêle?** *fam* mind your own business!

mêle-tout *(pl* mêle-tout*)*, **mêletout*** [mɛltu] nmf BELG nosy person.

mélèze [melɛz] nm larch.

melia [melja] nm bead tree, azedarach.

méli-mélo *(pl* mélis-mélos*)*, **mélimélo*** [melimelo] nm [d'objets] mess, jumble ; [d'idées, de dates] hotchpotch UK, hodgepodge US, mishmash / *ils ont fait un méli-mélo incroyable avec les réservations* they made a real mix-up with the reservations.

mélioratif, ive [meljɔʀatif, iv] adj meliorative.

❖ **mélioratif** nm meliorative.

mélisse [melis] nf (lemon) balm.

mélo [melo] *fam* ◆ adj melodramatic. ◆ nm melodrama / *nous sommes en plein mélo!* this is melodramatic ou blood-and-thunder stuff!

mélodie [melɔdi] nf **1.** [air de musique] melody, tune ; [en composition] melody, song / *la Mélodie du bonheur* *Wise* 'The Sound of Music' **2.** *fig* : *la mélodie des vers de Lamartine* the melodic quality of Lamartine's verse.

mélodieusement [melɔdjøzmɑ̃] adv melodiously, tunefully.

mélodieux, euse [melɔdjø, øz] adj [son] melodious ; [air] tuneful ; [voix] melodious, musical / *une musique mélodieuse* a tuneful (piece of) music / *de sa voix mélodieuse* in her melodious ou musical voice.

mélodique [melɔdik] adj melodic.

mélodiste [melɔdist] nmf melodist.

mélodramatique [melɔdʀamatik] adj melodramatic.

mélodrame [melɔdʀam] nm melodrama / *nous sommes en plein mélodrame!* this is like (something out of) a melodrama!

mélomane [melɔman] ◆ adj music-loving ▸ **êtes-vous mélomane?** do you like music?, are you musical? ◆ nmf music lover.

melon [məlɔ̃] nm **1.** BOT melon ; [rond] cantaloup ou cantaloupe melon ; [ovale] honeydew melon ▸ **melon d'eau** watermelon **2.** [chapeau] bowler (hat) UK, derby US.

melonnière [məlɔnjɛʀ] nf HORT melon bed ou patch.

mélopée [melɔpe] nf **1.** [mélodie] dirge, lament **2.** ANTIQ melopoeia, threnody.

mélophage [melɔfaʒ] nm sheep ked ou tick.

melting-pot [mɛltiŋpɔt] *(pl* **melting-pots***)* nm melting pot.

membranaire [mɑ̃bʀanɛʀ] adj BIOL membranary.

membrane [mɑ̃bʀan] nf **1.** BIOL membrane ▸ **fausse membrane** MÉD false membrane ▸ **membrane cellulaire** cell ou plasma membrane **2.** MUS membrane, skin **3.** TÉLÉC diaphragm **4.** TRAV PUB ▸ **membrane d'étanchéité** sealing membrane ou blanket.

membraneux, euse [mɑ̃bʀanø, øz] adj membranous.

membre [mɑ̃bʀ] nm **1.** ANAT limb ▸ **membre inférieur / supérieur** lower / upper limb ▸ **membre (viril)** (male) member **2.** ZOOL limb ▸ **membre antérieur** foreleg, fore limb ▸ **membre postérieur** back leg, rear limb **3.** [adhérent] member / *être membre d'un syndicat* to belong to ou to be a member of a union ▸ **devenir membre d'une association** to join an association / *envoyer une lettre à tous les membres* to send a letter to (all) the members ou to the entire membership / *elle a été élue membre de l'Académie* she was elected to the Academy / *ils le considèrent comme un membre de la famille* they treat him as one of the family / *tous les membres de la famille* the whole family ; *(comme adj)* ▸ **les pays membres** the member countries ▸ **membre bienfaiteur** supporter ▸ **membre honoraire** honorary member ▸ **membre fondateur** founder, founding member ▸ **membre perpétuel** life member **4.** MATH member ▸ **premier / second membre d'une équation** left-hand / right-hand member of an equation **5.** GRAM ▸ **membre de phrase** member ou clause of a sentence **6.** ARCHIT & GÉOL member **7.** NAUT timber, rib.

membré, e [mɑ̃bʀe] adj *litt* ▸ **bien membré** strong-limbed ▸ **mal membré** weak-limbed.

membru, e [mɑ̃bʀy] adj *litt* big-limbed, big-boned.

membrure [mɑ̃bʀyʀ] nf **1.** [d'un corps humain] limbs **2.** CONSTR member ; MENUIS frame **3.** NAUT [en bois] rib ; [en métal] frame.

même [mɛm] ◆ dét *(adj indéf)* **1.** *(avant nom)* [identique, semblable] same / *elles sont nées le même jour* they were born on the same day / *ils fréquentent le même club* they go to the same club / *nous avons été confrontés à des problèmes de même nature* we came up against the same kind of problem / *mettre deux choses sur le même plan* to put two things on the same level ; *(en corrélation avec 'que')* : *il a le même âge que moi* he's the same age as me / *j'utilise le même parfum que toi* I use the same perfume as you (do) **2.** *(après le nom)* [servant à souligner] : *elle est la bonté même* she is kindness itself / *ce sont ses paroles mêmes* those are his very words / *ils sont repartis le soir même* they left that very evening / *la dernière version, celle-là même qui est arrivée hier* the latest version, the one which arrived yesterday / *c'est cela même que je cherchais* it's the very thing I was looking for. ◆ pron indéf ▸ **le même** the same / *elle est toujours la même* she's still the same / *ce sont toujours les mêmes qui gagnent* it's always the same ones who win / *depuis quelque temps leurs rapports ne sont plus les mêmes* for some time their relationship has not been the same / *mes intérêts ne sont pas les mêmes que les vôtres* my interests are not the same as yours / *les mêmes, trois heures plus tard* *hum* same scene, three hours later ▸ **cela** ou **ça revient (strictement) au même** it comes ou amounts to (exactly) the same thing. ◆ adv even / *même les savants* ou *les savants même peuvent se tromper* even scientists can make mistakes / *j'ai écrit, j'ai téléphoné, et j'ai même envoyé un télégramme* I wrote, I phoned and I even sent a telegram / *elle ne va même plus au cinéma* she doesn't even go to the cinema any more / *je ne sais même pas l'heure qu'il est* I don't even know what time it is / *t'a-t-elle remercié? — même pas!* did she thank you? — not even that! / *il y va même quand il pleut* he goes (there) even when it rains / *il a toujours rêvé de faire ce métier, même lorsqu'il était enfant* he always dreamed of doing this job, even when he was a child.

❖ **à même** loc prép : *dormir à même le sol* to sleep on the floor / *il boit à même la bouteille* he drinks straight from the bottle / *je ne supporte pas la laine à même la peau* I can't stand wool next to my skin / *des marches taillées à même le roc* steps hewn out of the rock.

❖ **à même de** loc prép able to, in a position to / *elle est à même de vous aider* she can help you / *nous ne sommes pas à même de satisfaire votre commande* we are not able to meet your order / *je serai bientôt à même de vous en dire plus* I shall soon be able to tell you more.

❖ **de même** loc adv ▸ **faire de même** to do likewise ou the same / *il est parti avant la fin, moi de même* he left before the end, and so did I / *il en va de même pour vous* the same is true for you.

❖ **de même que** loc conj *sout* just as.

❖ **même que** loc conj *fam* so much so that / *elle roulait très vite, même que la voiture a failli déraper* she was driving so fast that the car nearly skidded.

❖ **même si** loc conj even if / *même s'il me le demandait, je n'accepterais pas* even if he asked me, I wouldn't accept / *même si je voulais, je ne pourrais pas* even if I wanted to, I couldn't / *même s'il pleut* even if it rains / *ne dis rien, même si l'occasion se présente* don't say anything, even if the opportunity arises.

mémé [meme] *fam* ◆ nf **1.** [en appellatif] grandma, granny, gran UK **2.** [vieille dame] old dear / *une petite mémé* an old dear **3.** *péj* old woman. ◆ adj inv *péj* dowdy, frumpy / *elle fait très mémé avec cette coiffure* that hairstyle makes her look so dowdy.

mêmement [mɛmmɑ̃] adv *vieilli* equally, likewise.

mémento [memɛ̃to] nm **1.** [agenda] diary **2.** ÉDUC summary ▸ **mémento d'histoire** history handbook **3.** RELIG memento.

mémère [memɛʀ] *fam* ◆ nf **1.** [en appellatif] grandma, granny, gran UK **2.** *péj* old woman. ◆ adj *péj* dowdy, frumpy / *si seulement elle portait des robes un peu moins mémères* if only she wore slightly less old-fashioned dresses.

mémo [memo] nm **1.** [carnet] memo pad, note book, notepad **2.** [note de service] memo.

* In reformed spelling (see p. 16-19).

mémoire [memwaʀ] ◆ nf **1.** [faculté] memory ▸ **avoir (une) mauvaise mémoire** to have a poor ou bad memory / *avoir (une) bonne mémoire* to have a good memory ▸ **si j'ai bonne mémoire** if I remember correctly / *si ma mémoire ne me trompe pas* if my memory serves me right, if I remember correctly ▸ **avoir la mémoire des noms** to have a good memory for names / *il n'a plus de mémoire* he's lost his memory / *je n'ai aucune mémoire!* I can never remember anything! ▸ **tu as la mémoire courte!** you've got a short memory! ▸ **fais un effort de mémoire** try hard to remember, search (your memory) hard ▸ **remettre qqch en mémoire à qqn** to remind sb of sthg ▸ **se remettre qqch en mémoire** to recall sthg / *une vieille expression me revint* ou *remonta à la mémoire* an old saying came (back) to me ▸ **ce détail est resté à jamais** ou **s'est gravé dans ma mémoire** this detail has stayed with me ever since ou has forever remained engraved in my memory ▸ **mémoire associative / collective** associative / collective memory ▸ **mémoire auditive / visuelle / olfactive** aural / visual / olfactory memory ▸ **avoir une mémoire sélective** to have a selective memory ▸ **avoir une mémoire d'éléphant** *fam* to have a memory like an elephant ▸ **mémoire raciale** racial memory **2.** [souvenir] memory ▸ **honorer la mémoire de qqn** to honour the memory of sb / *fidèle à la mémoire de sa femme* faithful to his wife's memory / *en ces temps de triste mémoire* in those days of bitter memory / *un règne de joyeuse mémoire* a fondly-remembered reign **3.** INFORM memory, storage / *une mémoire de 15 caractères* a 15-character memory ▸ **mémoire centrale** ou **principale** main memory ou storage ▸ **mémoire à accès direct** direct access storage ▸ **mémoire auxiliaire** auxiliary ou secondary storage ▸ **mémoire externe** external storage ▸ **mémoire de masse** mass storage ▸ **mémoire morte** read-only memory ▸ **mémoire tampon** buffer (storage) ▸ **mémoire vive** random-access memory ▸ **mémoire virtuelle** virtual storage ▸ **mémoire volatile** volatile memory. ◆ nm **1.** [rapport] report, paper **2.** UNIV thesis, dissertation paper ▸ **mémoire de maîtrise** ≃ MA thesis ou dissertation **3.** DR statement of case **4.** COMM & FIN bill, statement.

❖ **mémoires** nmpl memoirs / **'Mémoires d'outre-tombe'** *Chateaubriand* 'Memoirs from Beyond the Tomb'.

❖ **à la mémoire de** loc prép in memory of, to the memory of / *à la mémoire du comique disparu* in memory of the late comedian.

❖ **de mémoire** loc adv from memory.

❖ **de mémoire de** loc prép ▸ **de mémoire de sportif** in all my / his, etc., years as a sportsman ▸ **de mémoire d'homme** in living memory.

❖ **en mémoire de** = à la mémoire de.

❖ **pour mémoire** loc adv COMM & *fig* for the record.

mémorable [memɔʀabl] adj memorable / *ce fut une soirée mémorable* it was a memorable evening.

mémorandum [memɔʀɑ̃dɔm] nm memorandum.

mémorial, aux [memɔʀjal, o] nm **1.** [texte] memoir ; POL memorial **2.** [monument] memorial.

mémorialiste [memɔʀjalist] nmf memorialist.

mémoriel, elle [memɔʀjɛl] adj INFORM & PSYCHOL memory *(modif).*

mémorisable [memɔʀizabl] adj INFORM storable.

mémorisation [memɔʀizasjɔ̃] nf **1.** [processus] memorization **2.** INFORM storage.

mémoriser [3] [memɔʀize] vt **1.** [apprendre par cœur] to memorize / *il a mémorisé les conjugaisons* he has learnt the verb tables by heart **2.** INFORM to store, to put into memory.

Memphis [mɛmfis] npr Memphis.

menaçant, e [mənasɑ̃, ɑ̃t] adj **1.** [comminatoire - personne, geste, ton] menacing, threatening / *une foule menaçante* a threatening crowd / *de façon menaçante* threateningly / *d'un ton menaçant* menacingly **2.** [inquiétant - signe, silence, nuage] menacing, threatening, ominous / *il y a quelque chose de très menaçant dans son regard* there's a threatening look in his eyes ▸ **le temps est menaçant** the weather's looking ominous.

menace [mənas] nf **1.** [source de danger] menace, threat / *une menace pour l'ordre public* a danger ou menace ou threat to law and order **2.** [acte, parole] threat / *comment, des menaces maintenant!* so it's threats, now, is it? ▸ **des menaces en l'air** idle threats / *mettre ses menaces à exécution* to carry out one's threats / *la victime avait reçu des menaces de mort* the victim had been threatened with his life ou had received death threats ▸ **un geste de menace** a threatening ou menacing gesture / *ton lourd* ou *plein de menace* tone heavy ou fraught with menace / *un ciel lourd de menace* *litt* a sky heavy with foreboding / *ils ont même essayé la menace* they even tried threats ▸ **sous la menace** under duress / *il a signé sous la menace* he signed under duress ▸ **sous la menace de** under (the) threat of / *sous la menace de la torture* under (the) threat of torture.

menacé, e [mənase] adj threatened, under threat, endangered / *le groupe le plus menacé* the group that's under the heaviest threat ▸ **ses jours sont menacés** his life is in danger.

menacer [16] [mənase] ◆ vt **1.** to threaten, to menace / *un danger mortel le menace* he's in mortal danger / *rien ne la menace* she's in no danger / *l'apoplexie le menace* he's in danger of having a stroke / *une nouvelle crise nous menace* a new crisis is threatening us ou looming / *les fluctuations du dollar menacent notre système monétaire* fluctuations in the dollar are a threat to our monetary system / *se faire menacer* to be threatened ▸ **menacer qqn de** to threaten sb with ▸ **menacer qqn de mort** to threaten to kill sb / *il est menacé de mort* he's being threatened with death **2.** EXPR **menacer ruine** *sout* : *le pont menace ruine* the bridge is in (imminent) danger of collapsing. ◆ vi [crise] to threaten ▸ **l'orage menace** there's a storm brewing ou on the way.

❖ **menacer de** v + prép ▸ **menacer de faire qqch** to threaten to do sthg / *elle menace d'annuler le concert si ses exigences ne sont pas satisfaites* she's threatening to cancel the concert if her demands aren't met / *le conflit menace de s'étendre* there is a (real) danger of the conflict spreading / *le mur menace de s'écrouler* the wall is in danger of collapsing / *l'orage menace d'éclater avant la fin de la soirée* the storm looks like it will break before the end of the evening.

ménage [menaʒ] nm **1.** [couple] couple ; SOCIOL household / *un ménage sans enfants* a childless couple / *leur ménage marche mal* their marriage isn't going very well ▸ **faire bon / mauvais ménage avec qqn** to get on well / badly with sb ▸ **se mettre en ménage** : *ils se sont mis en ménage* they've moved in together / *ils sont en ménage* they live together ▸ **monter son ménage** to set up house ▸ **ménage à trois** ménage à trois **2.** [économie domestique] housekeeping / *les soucis du ménage* domestic worries / *tenir le ménage* to keep house ; [nettoyage] housework, cleaning / *le ménage est mal fait* the housework ou cleaning hasn't been done properly / *faire le ménage* to do the housework / *faire le ménage en grand* to clean the house from top to bottom / *le directeur a fait le ménage dans son service* *fig* the manager has shaken up ou spring-cleaned his department ▸ **faire des ménages** to do housework (for people) / *demain je fais du / mon ménage* tomorrow I'm going to do some / my housework.

❖ **de ménage** loc adj **1.** [fabriqué à la maison] homemade / *pain de ménage* homemade bread **2.** [pour l'entretien] household, cleaning ▸ **savon de ménage** household soap.

ménagement [menaʒmɑ̃] nm thoughtfulness, consideration, solicitude *sout.*

❖ **avec ménagement** loc adv tactfully, gently / *traite ma voiture avec ménagement* treat my car with care, take (good) care of my car ▸ **traiter qqn avec le plus grand ménagement** to treat sb with great consideration.

❖ **sans ménagement** loc adv [annoncer] bluntly ; [éconduire, traiter] unceremoniously.

ménager[1] [17] [menaʒe] vt **1.** [économiser] to be sparing with / *ménager son argent* to be sparing with one's money / *le pays doit ménager ses maigres ressources* the country has to husband its meagre resources ▸ **sans ménager ses efforts** tirelessly / *elle ne ménage pas ses efforts* she spares no effort ▸ **ménager ses forces** to conserve one's strength / *la critique n'a pas ménagé ses louanges à l'artiste* the critics lavished praise on the artist **2.** [traiter avec soin] to treat ou to handle carefully / *ménagez-le, il a le cœur malade* treat him gently, he has a weak heart / *je prends l'ascenseur pour ménager mes vieilles jambes* I take the lift to spare my old legs / *ménage ton foie, ne bois pas d'alcool* take care of ou look after your liver, don't drink alcohol **3.** [respecter] to spare ▸ **ménage sa susceptibilité** humour him / *ménage sa fierté* spare his pride / *ménage mes sentiments* spare my feelings ▸ **ménager la chèvre et le chou** to sit on the fence, to run with the hare and hunt with the hounds **4.** [arranger - passage, escalier] to put in *(insép)* ; [- entretien, rencontre] to organize, to arrange / *j'ai ménagé un espace pour planter des légumes* I've left some space for growing vegetables / *nous avons ménagé une ouverture pour accéder directement au garage* we opened a direct access to the garage / *pourriez-vous me ménager une entrevue avec le directeur?* could you set up ou arrange a meeting for me with the manager?

❖ **se ménager** ◆ vp *(emploi réfléchi)* to spare o.s. / *elle ne se ménage pas assez* she drives herself too hard ▸ **ménage-toi** take it easy, don't overdo it. ◆ vpt ▸ **se ménager qqch** [se réserver qqch] to set sthg aside for o.s. / *se ménager des temps de repos dans la journée* to set aside rest periods for o.s. during the day.

ménager[2], ère [menaʒe, ɛʀ] adj **1.** [de la maison] domestic *(modif)*, household *(modif)* ▸ **enseignement ménager** domestic science ▸ **équipement ménager** domestic ou household appliances **2.** *litt* : *être ménager de son temps* to be economical ou sparing with one's time.

❖ **ménager** nm COMM ▸ **le gros / petit ménager** major / small household appliances.

❖ **ménagère** nf **1.** [femme] housewife **2.** [couverts] canteen (of cutlery) / *une ménagère en argent* a canteen of silver cutlery.

ménagerie [menaʒʀi] nf menagerie / *c'est une vraie ménagerie ici!* *fig* it's like a zoo in here!

ménagiste [menaʒist] nmf household ou domestic appliances retailer.

menchevik, menchevique, menchévique* [mɛnʃevik] ◆ adj Menshevik *(modif).* ◆ nmf Menshevik.

Mendel [mɛndɛl] npr ⟶ loi.

mendélien, enne [mɛ̃deljɛ̃, ɛn] adj Mendelian.

mendélisme [mɛ̃delism] nm Mendelianism, Mendelism.

mendiant, e [mɑ̃djɑ̃, ɑ̃t] nm, f [clochard] beggar / *les rues étaient pleines de petits mendiants* the streets were full of children begging.

❖ **mendiant** ◆ nm CULIN *almond, fig, hazelnut and raisin biscuit.* ◆ adj m RELIG mendicant.

mendicité [mɑ̃disite] nf **1.** [action] begging ▸ **vivre de mendicité** to beg for a living **2.** [état] beggary, mendicity *sout*, mendicancy *sout* / *être réduit à la mendicité* to be reduced to begging.

mendier [9] [mɑ̃dje] ◆ vi to beg / *il mendie pour survivre* he gets by by begging. ◆ vt [argent, sourire] to beg for *(insép)* / *mendier des votes* to canvass for votes.

mendigot, e [mɑ̃digo, ɔt] nm, f *tfam & vieilli* beggar, bum, panhandler US.

mendigoter [3] [mɑ̃digɔte] *tfam* ◆ vi *vieilli* to bum, to panhandle US. ◆ vt to bum.

meneau, x [məno] nm [horizontal] transom ; [vertical] mullion / *fenêtre à meneaux* mullioned window.

menée [məne] nf **1.** CHASSE (stag's) track **2.** SUISSE [congère] snowdrift.

menées [məne] nfpl [intrigues] intrigues, machinations, manoeuvres ▸ **des menées subversives** subversive activities / *les menées de l'opposition* the opposition's intrigues ou scheming.

mener [9] [məne] ◆ vt **1.** [conduire - personne] to take, to lead / *comment mènes-tu tes enfants à l'école?*

how do you take your children to school? / *elle mènera son club à la victoire* she'll lead her club to victory / *son inconscience le mène au désastre* his thoughtlessness is leading him to disaster ▸ **mener qqn par le bout du nez** to lead sb by the nose ▸ **mener qqn en bateau** to lead sb up the garden path / *allons, tu me mènes en bateau!* come on, you're pulling my leg! **2.** [suj: escalier, passage, route] to take, to lead / *le bus te mènera jusqu'à l'hôtel* the bus will take you (right) to the hotel; *(en usage absolu)* : *cette porte mène à la cave* this door leads to the cellar / *la ligne n°1 mène à Neuilly* line No. 1 takes you ou goes to Neuilly / *la deuxième année mène au dessin industriel* after the second year, you go on to technical drawing ▸ **mener loin** *fam* : *un feu rouge grillé, ça va vous mener loin!* you went through the lights, that'll cost you! / *10 000 euros de réparations, ça nous mène déjà assez loin* 10,000 euros worth of repairs? that'll do nicely to be getting on with *iron* **3.** [diriger -groupe, équipe] to lead; [-combat, négociation] to carry on *(insép)*; [-affaire, projet] to run, to manage; [-enquête] to conduct, to lead; [-débat] to lead, to chair / *il se laisse trop facilement mener* he's too easily led / *laissez-la mener sa vie* let her live her life / *le champion mène le peloton* the champion is leading the pack ▸ **mener le deuil** to lead the funeral procession ▸ **mener le jeu a)** SPORT to be in the lead **b)** *fig* to have the upper hand, to call the tune ▸ **mener joyeuse vie** to lead a merry life ▸ **ne pas en mener large** : *il n'en menait pas large avant la publication des résultats* his heart was in his boots before the results were released ▸ **mener qqch à bien** ou **à terme** ou **à bonne fin a)** [finir] to see sthg through **b)** [réussir] to succeed in doing sthg / *sauras-tu mener à bien cette entrevue?* will you be able to get through this interview? / *je mènerai les fouilles à terme* ou *à bonne fin* I'll see the dig through to the end **4.** MATH to draw **5.** MÉCAN to drive. ◆ vi to (be in the) lead / *l'équipe locale mène par 3 buts à 0* the local team is leading by 3 goals to 0 / *le skieur italien mène avec 15 secondes d'avance sur le Suisse* the Italian skier has a 15-second lead ou advantage over the Swiss / *de combien on mène?* what's our lead?

ménestrel [menɛstʀɛl] nm minstrel.

ménétrier [menetʀije] nm **1.** *arch* [violoneux] fiddler **2.** HIST musician.

meneur, euse [mənœʀ, øz] nm, f **1.** [dirigeant] leader / *c'est un meneur d'hommes* he's a born leader (of men) ▸ **meneur de jeu** TV & RADIO quiz master, question-master ▸ **meneuse de revue** chorus-line leader **2.** *péj* POL [agitateur] ringleader, leader, agitator.

menhir [meniʀ] nm menhir.

méninge [menɛ̃ʒ] nf ANAT meninx ▸ **les méninges** meninges.

❖ **méninges** nfpl *fam* brains ▸ **il ne se fatigue pas** ou **ne se creuse pas les méninges!** he's in no danger of wearing his brain ou grey matter out! ▸ **fais travailler tes méninges** use your brains.

méningé, e [menɛ̃ʒe] adj meningeal.

méningite [menɛ̃ʒit] nf meningitis / *il ne risque pas la* ou *d'attraper une méningite!* no danger of him wearing his brain out!

méningitique [menɛ̃ʒitik] adj meningitic.

méningocoque [menɛ̃gɔkɔk] nm meningococcus.

méningo-encéphalite [menɛ̃gɔɑ̃sefalit] (*pl* **méningo-encéphalites**) nf meningoencephalitis.

méniscal, e, aux [meniskal, o] adj ANAT meniscal.

méniscite [menisit] nf meniscitis.

méniscographie [meniskɔgʀafi] nf meniscography.

ménisque [menisk] nm ANAT, OPT & PHYS meniscus.

mennonite [menɔnit] nmf & adj HIST Mennonite.

ménopause [menɔpoz] nf menopause.

ménopausée [menɔpoze] adj f : *une femme ménopausée* a post-menopausal woman.

ménopausique [menɔpozik] adj menopausal, menopausic.

menora [menɔʀa] nf menorah.

ménorragie [menɔʀaʒi] nf menorrhagia.

menotte [mənɔt] nf [main] tiny (little) hand.

❖ **menottes** nfpl handcuffs ▸ **passer les menottes à qqn** to handcuff sb ▸ **menottes aux poignets** handcuffed, in handcuffs.

menotter [mənɔte] vt to handcuff.

mens v ⟶ mentir.

mensonge [mɑ̃sɔ̃ʒ] nm **1.** [action] ▸ **le mensonge** lying, untruthfulness ▸ **vivre dans le mensonge** to live a lie **2.** [propos] lie / *dire des mensonges* to tell lies ▸ **un mensonge par omission** a lie of omission / *elle n'a raconté que des mensonges* she just told a pack of lies ▸ **c'est vrai, ce mensonge?** *fam* are you having me on? **3.** *litt* [illusion] illusion, lie *litt* / *ma vie était un mensonge* I was living a lie, my life was a lie.

mensonger, ère [mɑ̃sɔ̃ʒe, ɛʀ] adj untruthful, mendacious *sout* / *des déclarations mensongères* untruthful statements.

mensongèrement [mɑ̃sɔ̃ʒɛʀmɑ̃] adv deceitfully, falsely, untruthfully.

menstruation [mɑ̃stʀyasjɔ̃] nf menstruation, menstruating.

menstruel, elle [mɑ̃stʀyɛl] adj menstrual.

menstrues [mɑ̃stʀy] nfpl *vieilli* menses.

mensualisation [mɑ̃sɥalizasjɔ̃] nf [des salaires, du personnel] monthly payment / *pour vos règlements, pensez à la mensualisation* don't forget that you can pay in monthly instalments.

mensualiser [3] [mɑ̃sɥalize] vt to pay on a monthly basis / *l'impôt est mensualisé* income tax is paid monthly.

mensualité [mɑ̃sɥalite] nf **1.** [somme perçue] monthly payment; [somme versée] monthly instalment UK ou installment US **2.** [salaire] monthly salary.

❖ **par mensualités** loc adv monthly, on a monthly basis.

mensuel, elle [mɑ̃sɥɛl] ◆ adj monthly. ◆ nm, f worker paid by the month.

❖ **mensuel** nm PRESSE monthly (magazine).

mensuellement [mɑ̃sɥɛlmɑ̃] adv monthly, every month.

mensuration [mɑ̃syʀasjɔ̃] nf mensuration.

❖ **mensurations** nfpl measurements / *des mensurations à faire rêver* magnificent vital statistics.

mental, e, aux [mɑ̃tal, o] adj mental.

❖ **mental** nm ▸ **le mental** the mind.

mentalement [mɑ̃talmɑ̃] adv mentally ▸ **calcule-le mentalement** work it out ou calculate it in your head.

mentalisme [mɑ̃talism] nm mentalism.

mentalité [mɑ̃talite] nf mentality / *quelle (sale) mentalité dans mon bureau!* what an atmosphere ou a nasty atmosphere in my office! / *faire changer les mentalités* to change people's mentality ou the way people think / *les mentalités ne sont plus les mêmes* people have a different way of thinking ou a different mentality nowadays ▸ **quelle sale mentalité!** what an unpleasant character! ▸ **belle** ou **jolie mentalité!** *iron* that's a nice way of thinking!

menterie [mɑ̃tʀi] nf *fam & vieilli* lie, untruth.

menteur, euse [mɑ̃tœʀ, øz] ◆ adj untruthful / *enfant, il était très menteur* he used to tell lies all the time when he was a child. ◆ nm, f liar / *sale menteur!* *fam* you fibber!

❖ **menteur** nm JEUX ▸ **jouer au menteur** to play cheat.

menthe [mɑ̃t] nf **1.** BOT mint ▸ **menthe poivrée** peppermint ▸ **menthe verte** spearmint **2.** [tisane] mint tea *(U)* ▸ **je prendrai une verveine menthe** I'll have verbena and mint tea **3.** [sirop] ▸ **menthe à l'eau** mint cordial **4.** [essence] peppermint ▸ **parfumé à la menthe** mint-flavoured / *dentifrice à la menthe* mint ou mint-flavoured toothpaste ▸ **bonbons à la menthe** mints, peppermints.

menthol [mɑ̃tɔl] nm menthol.

mentholé, e [mɑ̃tɔle] adj mentholated, menthol *(modif)*.

mention [mɑ̃sjɔ̃] nf **1.** [référence] mention ▸ **faire mention de qqch** to refer to ou to mention sthg / *on ne fait pas mention de votre nom* there's no mention of your name **2.** [texte] note, comment / *apposez votre signature précédée de la mention manuscrite «lu et approuvé»* append your signature after adding in handwriting "read and approved" / *l'enveloppe portait la mention «urgent»* the word "urgent" appeared on the envelope **3.** ÉDUC & UNIV distinction ▸ **être reçu avec mention** to pass with distinction / *être reçu sans mention* to get an ordinary pass ▸ **mention bien** ≃ upper second class Honours UK ; ≃ pass with honors US ; ≃ magna cum laude US ▸ **mention très bien** ≃ first class Honours UK ; ≃ pass with high honors US ; ≃ summa cum laude US ▸ **mention passable** *minimum pass grade* ; ≃ cum laude US ▸ **mention honorable** *first level of distinction for a PhD* ▸ **mention très honorable** *second level of distinction for a PhD* ▸ **mention très honorable avec les félicitations du jury** *highest level of distinction for a PhD.*

> ⚠ Attention, le mot anglais **mention** n'a pas les mêmes emplois que le mot français. Voir article.

mentionner [3] [mɑ̃sjɔne] vt to mention / *le nom du traducteur n'est pas mentionné* the translator's name does not appear / *l'article ne mentionne même pas sa dernière découverte* the article doesn't even mention his latest discovery / *le service mentionné ci-dessus* the above-mentioned department, the department mentioned above.

mentir [37] [mɑ̃tiʀ] vi [gén] to lie; [une fois] to tell a lie; [plusieurs fois] to tell lies / *il m'a menti* he lied to me, he told me a lie / *tu mens (effrontément)!* you're lying (shamelessly)!, you're a (barefaced) liar! / *j'ai prédit que tu allais gagner, ne me fais pas mentir* I said you'd win, don't prove me wrong ou don't make a liar out of me / *et je ne mens pas!* and that's the truth! ▸ **sans mentir!** honestly! / *sans mentir, elle me l'a dit quinze fois* without a word of a lie, she told me fifteen times / *mentir par omission* to lie by omission ▸ **mentir comme on respire** ou **comme un arracheur de dents** : *elle ment comme elle respire* ou *comme un arracheur de dents* she lies through her teeth ▸ **si je mens je vais en enfer** cross my heart and hope to die ▸ **faire mentir le proverbe** to give the lie to the proverb.

❖ **mentir à** v + prép *litt* [manquer à] to belie / *pour ne pas mentir à son image* so as not to belie *litt* ou to betray her image.

❖ **se mentir** ◆ vp *(emploi réfléchi)* : *se mentir à soi-même* to fool o.s. ◆ vp *(emploi réciproque)* to lie to each other, to tell each other lies.

menton [mɑ̃tɔ̃] nm chin / *menton en galoche* / *pointu* / *rond* protruding / pointed / round chin / *avoir un menton volontaire* to have a firm ou determined chin.

mentonnière [mɑ̃tɔnjɛʀ] nf **1.** [d'un chapeau] chin strap; [d'un casque] chin piece **2.** MÉD chin bandage **3.** MUS chin rest.

mentor [mɛ̃tɔʀ] nm *litt* mentor.

Mentor [mɛ̃tɔʀ] npr Mentor.

menu[1] [məny] nm **1.** [liste] menu; [carte] menu (card) ▸ **qu'y a-t-il au menu aujourd'hui? a)** *pr* what's on the menu? **b)** *fig* what's on the agenda for today? **2.** [repas] set meal / *deux menus à 18 €* two 18 € menus ou set meals ▸ **le menu touristique** the set menu ▸ **le menu gastronomique** the gourmet menu, the special fare menu **3.** INFORM menu ▸ **menu déroulant** drag-down menu.

❖ **par le menu** loc adv [raconter] in detail; [vérifier] thoroughly / *il m'a raconté ses aventures par le menu* he told me about his adventures in great detail.

menu[2], e [məny] adj **1.** [attaches, silhouette] slim, slender; [voix] small, thin; [écriture] small, tiny; [enfant] tiny / *l'enfant était très menu pour son âge* the child was tiny for his age / *à pas menus* with minute ou tiny steps **2.** *(avant nom)* [petit] small, tiny / *elle coupa le* *jambon en menus morceaux* she cut the ham into small pieces **3.** *(avant nom)* [négligeable] : *il fait les menus travaux* he does odd jobs ▸ **menus frais** minor expenses ▸ **de la menue monnaie** small change ▸ **menu fretin a)** ZOOL fry **b)** *fig* small fry ▸ **menu gibier** small game ▸ **les menus plaisirs** life's little pleasures / *voici un peu d'argent pour tes menus plaisirs* here's a little pin money ▸ **les Menus Plaisirs** HIST the royal entertainment *(at the French Court).*

❖ **menu** adv [couper, hacher] thoroughly, finely ▸ **écrire menu** to write small.

menuet [mənɥɛ] nm minuet.

menuise [mənɥiz] nf **1.** ZOOL sprat **2.** ARM dust shot **3.** MENUIS small logs.

menuiser [3] [mənɥize] vt [découper] to cut down *(sép)* ; [amincir] to plane down *(sép).*

menuiserie [mənɥizʀi] nf **1.** [activité] joinery ▸ **menuiserie métallique** metal joinery **2.** [atelier] (joiner's) workshop **3.** [boiseries] woodwork.

menuisier, ère [mənɥizje, ɛʀ] nm, f joiner.

Méphistophélès [mefistɔfelɛs] npr Mephistopheles.

méphistophélique [mefistɔfelik] adj Mephistophelian, Mephistophelean.

méphitique [mefitik] adj *sout* noxious, mephitic, mephitical.

méphitisme [mefitism] nm *sout* mephitis.

méplat, e [mepla, at] adj flat ▸ **bois méplat** (wood in) planks.

❖ **méplat** nm **1.** ART plane **2.** [partie du corps] : *un visage aux méplats accusés* a finely-chiselled face.

méprendre [79] [mepʀɑ̃dʀ] ❖ **se méprendre** vpi *sout* to make a mistake, to be mistaken / *vous vous méprenez* you are mistaken ou making a mistake / *je me suis mépris sur ses intentions réelles* I was mistaken about ou I misunderstood his real intentions ▸ **se méprendre sur qqn** to misjudge sb / *on dirait de la soie, c'est à s'y méprendre* it feels just like silk / *on dirait ta sœur, c'est à s'y méprendre* she looks just like your sister.

mépris [mepʀi] nm contempt, disdain, scorn ▸ **avoir** ou **éprouver du mépris pour** to be filled with contempt for, to despise / **paroles** / *regard de mépris* contemptuous words / look ▸ **avec mépris** scornfully, contemptuously ▸ **avoir** ou **tenir qqn en mépris** *sout* to hold sb in contempt ▸ **le mépris de** [convenances, tradition] contempt for, lack of regard for / *il a le mépris de la parole donnée* he does not feel bound by a promise.

❖ **au mépris de** loc prép with no regard for, regardless of ▸ **au mépris du danger** regardless of the danger ▸ **au mépris du règlement** in defiance of the rules ▸ **au mépris des convenances** spurning convention.

méprisable [mepʀizabl] adj contemptible, despicable / *un être totalement méprisable* a creature beneath contempt.

méprisant, e [mepʀizɑ̃, ɑ̃t] adj contemptuous, disdainful, scornful ▸ **se montrer très méprisant envers qqn** to pour scorn on sb, to be very contemptuous towards sb.

méprise [mepʀiz] nf mistake, error / *commettre une méprise* to make a mistake / *victime d'une méprise* victim of a misunderstanding.

❖ **par méprise** loc adv by mistake.

mépriser [3] [mepʀize] vt **1.** [dédaigner] to look down on, to despise, to scorn / *je le méprise d'être si lâche* I despise him for being such a coward ▸ **elle méprise l'argent** she thinks nothing of ou scorns money **2.** [braver - conventions, règlement] to disregard, to defy ; [- mort, danger] to defy, to scorn.

mer [mɛʀ] nf **1.** GÉOGR sea ▸ **mettre un canot à la mer a)** [d'un navire] to lower ou to launch a boat **b)** [de la terre] to get out a boat ▸ **jeter qqch à la mer a)** [d'un navire] to throw sthg overboard **b)** [de la terre] to throw sthg into the sea / *de l'autre côté de la mer* over the sea / *ils sont partis en mer* they've gone out to sea ▸ **perdus en mer** lost at sea / *sous / sur la mer* under / on the sea ▸ **vers la mer** seawards, towards the sea / *voyager par mer* to travel by sea / *par (la) mer c'est à un jour d'ici* it's a day's trip from here by sea ▸ **prendre la mer** to put out to sea / *état de la mer* sea conditions ▸ **mer calme / belle / peu agitée** calm / smooth / moderate sea ▸ **mer très grosse** very heavy ou stormy sea ▸ **mer agitée devenant forte** sea moderate becoming heavy ▸ **la mer est mauvaise** the sea is rough / *quand la mer est mauvaise* in rough seas / *la mer était d'huile* the sea was calm ou like a millpond ▸ **mer intérieure** inland sea ▸ **mer territoriale** territorial waters ▸ **coup de mer** heavy swell ▸ **ce n'est pas la mer à boire** *fam* it's not that hard, there's nothing much to it ▸ **la mer Baltique / Caspienne / Égée / Morte / Rouge** the Baltic / Caspian / Aegean / Dead / Red Sea ▸ **la mer de Barents / Béring** the Barents / Bering Sea ▸ **la mer des Caraïbes** the Caribbean (Sea) ▸ **la mer de la Tranquillité** the Sea of Tranquillity **2.** [marée] tide ▸ **à quelle heure la mer sera-t-elle haute / basse?** what time is high / low tide? **3.** [région côtière] seaside ▸ **à la mer** at ou by the seaside / *les paysages de mer* coastal landscapes **4.** [grande étendue] : *une mer de sang* a sea ou lake of blood ▸ **mer de glace** glacier ▸ **mer de sable** ocean of sand, sand sea **5.** ASTRON mare.

Mers

la mer Adriatique	the Adriatic Sea
la mer des Antilles	the Caribbean Sea
la mer d'Aral	the Aral Sea
la mer Baltique	the Baltic Sea
la mer de Barents	the Barents Sea
la mer de Béring	the Bering Sea
la mer Blanche	the White Sea
la mer Caraïbe ou des Caraïbes	the Caribbean Sea
la mer Caspienne	the Caspian Sea
la mer de Célèbes	the Celebes Sea
la mer de Chine	the China Sea
la mer de Corail	the Coral Sea
la mer Égée	the Aegean Sea
la mer de Galilée	the Sea of Galilee
la mer Intérieure	the Inland Sea
la mer Ionienne	the Ionian Sea
la mer d'Irlande	the Irish Sea
la mer du Japon	the Sea of Japan
la mer Jaune	the Yellow Sea
la mer de Java	the Sea of Java
la mer de Marmara	the Sea of Marmara
la mer Méditerranée	the Mediterranean Sea
la mer Morte	the Dead Sea
la mer Noire	the Black Sea
la mer du Nord	the North Sea
la mer d'Oman	the Arabian Sea
la mer Rouge	the Red Sea
la mer des Sargasses	the Sargasso Sea
les mers du Sud	the South Seas
la mer de Tasman ou de Tasmanie	the Tasman Sea
la mer Tyrrhénienne	the Tyrrhenian Sea
la mer des Wadden	the Waddenzee

mercanti [mɛʀkɑ̃ti] nm *péj* shark, profiteer.

mercantile [mɛʀkɑ̃til] adj **1.** *péj* [intéressé] mercenary, self-seeking, venal *litt* **2.** [commercial] mercantile.

mercantilisme [mɛʀkɑ̃tilism] nm **1.** *litt* [attitude] mercenary ou self-seeking attitude **2.** ÉCON [théorie] mercantilism ; [système] mercantile system.

mercantiliste [mɛʀkɑ̃tilist] adj & nmf mercantilist.

mercatique [mɛʀkatik] nf marketing.

mercato [mɛʀkato] nm FOOT transfer market, mercato.

mercenaire [mɛʀsənɛʀ] ◆ adj *litt* [troupe] mercenary ; [travail] paid. ◆ nm mercenary.

mercerie [mɛʀsəʀi] nf **1.** [magasin] haberdasher's shop UK, notions store US **2.** [industrie, articles] haberdashery UK, notions US / *des articles de mercerie* sewing materials.

mercerisage [mɛʀsəʀizaʒ] nm mercerization.

merceriser [3] [mɛʀsəʀize] vt to mercerize.

merchandising [mɛʀʃɑ̃dajziŋ] nm merchandising, sales promotion.

merci [mɛʀsi] ◆ nm thank-you / *dites-lui un grand merci pour son aide* give him a big thank-you ou all our thanks for his help. ◆ interj thank you / *as-tu dit merci à la dame?* did you thank the lady ou say thank you to the lady? ▸ **merci de votre cadeau / amabilité** thank you ou thanks for your present / kindness / *merci d'avoir répondu aussi vite* thank you for replying so promptly ▸ **merci (beaucoup) d'être venu** thanks (a lot) for coming ▸ **merci mille fois** thank you so ou very much / *voulez-vous du fromage? — (non) merci, je n'ai pas faim* would you like some cheese? — no thank you ou thanks, I'm not hungry / *un café? — merci, volontiers* would you like a coffee? — (yes,) thanks, I'd love one / *merci, très peu pour moi!* *fam* thanks but no thanks! / *merci du compliment!* *iron* thanks for the compliment! / **'merci de fermer la porte'** 'please shut the door'. ◆ nf *litt* mercy / *demander merci* to ask for mercy.

❖ **à la merci de** loc prép at the mercy of ▸ **tenir qqn à sa merci** to have sb at one's mercy ou in one's power.

❖ **sans merci** ◆ loc adj merciless, pitiless, ruthless / *une lutte sans merci* a merciless struggle. ◆ loc adv mercilessly, pitilessly, ruthlessly.

mercier, ère [mɛʀsje, ɛʀ] nm, f haberdasher UK, notions dealer US.

mercredi [mɛʀkʀədi] nm Wednesday ▸ **mercredi des Cendres** Ash Wednesday. **Voir aussi mardi.**

mercure [mɛʀkyʀ] nm CHIM mercury.

Mercure [mɛʀkyʀ] npr ASTRON & MYTH Mercury.

mercureux [mɛʀkyʀø] adj m mercurous.

mercurey [mɛʀkyʀɛ] nm Mercurey (wine).

mercuriale [mɛʀkyʀjal] nf **1.** *litt* [accusation] remonstrance, admonition *sout* **2.** COMM market price list **3.** BOT mercury.

mercuriel, elle [mɛʀkyʀjɛl] adj CHIM mercurial.

mercurique [mɛʀkyʀik] adj mercuric.

Mercurochrome® [mɛʀkyʀɔkʀom] nm Mercurochrome®.

merde [mɛʀd] ◆ nf **1.** *vulg* [excrément] shit, crap / *une merde de chien* a dog turd / *tu as de la merde sous tes pompes* you've got shit on your shoes / *ce film / bouquin est une vraie merde* this film / book is a load of crap ▸ **ne pas se prendre pas pour une** ou **pour de la merde** : *il ne se prend pas pour une* ou *pour de la merde* he thinks the sun shines out of his arse UK, he thinks he's God's gift to the world US ▸ **de merde** shitty / *ce temps de merde* this shitty weather **2.** *tfam* [désordre] bloody UK ou godawful US mess / *foutre* ou *semer la merde* to make a bloody mess / *chaque fois que ce gosse est dans ma classe, il fout la* ou *sa merde* whenever that kid is in my classroom, it's bloody chaos **3.** *tfam* [ennuis] ▸ **c'est la merde!** it's hell! ▸ **être dans la merde (jusqu'au cou)** to be (right) in the shit ▸ **mettre** ou **foutre qqn dans la merde** to land sb in the shit **4.** *tfam* [mésaventure] shitty mess / *il m'arrive encore une merde* I've got another bloody problem / *je me suis fait piquer ma bagnole, quelle merde!* I've had my car pinched, what a shitty thing to happen! ◆ interj *tfam* shit / *merde alors!* oh shit! ▸ **(je te dis) merde! a)** [ton agressif] to hell with you! **b)** [pour souhaiter bonne chance] fingers crossed!, break a leg! / *on y va, oui ou merde!* are we going or aren't we, for Christ's sake!

merder [3] [mɛʀde] *tfam* ◆ vi : *mon imprimante merde depuis trois jours* my printer's been on the blink for the last three days / *j'ai complètement merdé en littérature anglaise* I completely screwed up the English Lit paper / *il a fait merder l'affaire en racontant ce qu'il savait* he managed to screw up the whole thing by telling them what he knew. ◆ vt to balls UK ou to ball US up *(sép)* / *il a merdé son examen* he made a complete balls-up UK ou ball-up US of his exam.

merdeux, euse [mɛʀdø, øz] *tfam* ◆ adj shitty, crappy / *se sentir merdeux* to feel shitty. ◆ nm, f [enfant] little shit / *un merdeux de quatorze ans* a fourteen-year old brat.

merdier [mɛʀdje] nm *tfam* **1.** [désordre] pigsty *fig* / *range un peu tes affaires, c'est le merdier ici* it's like a pigsty in here, tidy up your things **2.** [situation confuse] : *on s'est retrouvé dans un beau merdier après son départ* we were in one hell of a mess after he left.

merdique [mɛʀdik] adj *tfam* shitty, crappy / *sa voiture est complètement merdique* her car's complete rubbish.

merdoyer [13] [mɛʀdwaje], **merdouiller** [3] [mɛʀduje] vi *tfam* : *j'ai complètement merdoyé à l'oral* I made a right cock-up UK ou a real screw-up US of the oral.

mère [mɛʀ] ◆ nf **1.** [génitrice] mother / *elle est mère de cinq enfants* she is a mother of five / *c'est une mère pour lui* she's like a mother to him / *frères / sœurs par la mère* half-brothers / half-sisters on the mother's side / *il l'a rendue mère au bout de dix ans de mariage* he gave her a child after ten years of marriage / *ne touche pas les chiots, la mère est agressive* don't touch the pups, the mother can be nasty / *veau élevé sous la mère* calf nourished on its mother's milk ▸ **mère adoptive** adoptive mother ▸ **mère célibataire** single mother ▸ **mère de famille** mother, housewife ▸ **mère porteuse** surrogate mother **2.** *fam* [madame] : *la mère Vorel* old mother Vorel / *alors la petite mère, on a calé?* stalled, have you missus? / **'Mère Courage et ses enfants'** *Brecht* 'Mother Courage and Her Children' **3.** RELIG Mother ▸ **mère Élisabeth** Mother Elizabeth / *oui, ma mère* yes, Mother ▸ **la mère supérieure** Mother Superior **4.** *litt* [origine] mother ▸ **mère patrie** mother country / *la Grèce, mère de la démocratie* Greece, mother of democracy **5.** CHIM ▸ **mère de vinaigre** mother of vinegar **6.** TECHNOL mould **7.** *(comme adj)* ▸ **carte mère** INFORM motherboard ▸ **disque mère** INFORM (positive) matrix ▸ **maison mère** COMM mother UK ou parent company, head office ▸ **société mère** COMM parent company. ◆ adj f *(avant nom)* ▸ **mère goutte a)** [huile] first pressing **b)** [vin] bottoms *(wine from the mother)*.

mère-grand [mɛʀgʀɑ̃] nf *vieilli* grandmother.

mérengué [meʀɛ̃ge] nm merengue.

merguez [mɛʀgɛz] nf *spicy North African mutton sausage*.

méridien, enne [meʀidjɛ̃, ɛn] adj **1.** *litt* [de midi] meridian *arch* ▸ **l'heure méridienne** noon, midday **2.** ASTRON meridian ▸ **cercle méridien, lunette méridienne** meridian circle.

❖ **méridien** nm **1.** ASTRON & MÉTÉOR meridian ▸ **méridien international** ou **origine** prime ou Greenwich meridian ▸ **méridien céleste / magnétique / terrestre** celestial / magnetic / terrestrial meridian **2.** MÉD meridian.

❖ **méridienne** nf **1.** MATH meridian (section) ; GÉOGR meridian line ; GÉOL triangulation line **2.** [sieste] siesta **3.** [lit] chaise longue.

méridional, e, aux [meʀidjɔnal, o] ◆ adj **1.** [du Sud] southern, meridional *sout* **2.** [du sud de la France] *from the South of France*. ◆ nm, f **1.** [du Sud] Southerner **2.** [du sud de la France] *person from or inhabitant of the South of France*.

meringue [məʀɛ̃g] nf meringue.

meringuer [3] [məʀɛ̃ge] vt to cover with meringue / *tarte au citron meringuée* lemon meringue pie.

mérinos [meʀinos] nm **1.** ZOOL merino **2.** TEXT ▸ **(laine) mérinos** merino wool.

merise [məʀiz] nf wild cherry, merise.

merisier [məʀizje] nm **1.** [arbre] wild cherry (tree) **2.** [bois] cherry (wood).

mérisme [meʀism] nm distinctive feature.

méristème [meʀistɛm] nm meristem.

méritant, e [meʀitɑ̃, ɑ̃t] adj worthy, deserving / *les élèves les plus méritants ont été récompensés* the most deserving pupils were given a reward.

mérite [meʀit] nm **1.** [vertu] merit, worth / *gens de mérite* people of merit ▸ **avoir du mérite** to be deserving of ou to deserve praise / *il a bien du mérite!* you have to take your hat off to him! / *tu as du mérite de t'occuper d'eux* it is greatly to your credit that you take such care of them **2.** [gloire] credit ▸ **s'attribuer le mérite de qqch** to take the credit for sthg / *tout le mérite de l'affaire vous revient* all the credit for the deal is yours, you deserve all the credit for the deal **3.** [qualité] merit / *j'ai pu juger les mérites de son manuel* I have been able to assess the merits ou quality of her handbook / *sa déclaration a au moins le mérite d'être brève* her statement at least has the merit of being brief ▸ **selon ses mérites** according to his merits.

mériter [3] [meʀite] vt **1.** [suj: personne] to deserve, to merit *sout* / *il ne méritait pas pareille punition* he didn't deserve such punishment / *tu mérites une fessée* you deserve to be spanked / *tu l'as bien mérité!* it serves you right!, you got what you deserve! / *il n'a que ce qu'il mérite!* it serves him right, he's got what he deserves / *ils ne méritent pas qu'on s'intéresse à eux* they are not worth bothering with ▸ **un repos bien mérité** a well-deserved rest / *son renvoi, il l'a bien mérité* he fully deserved to be fired **2.** [suj: objet, idée] to merit *sout*, to be worth, to deserve / *une exposition qui mérite d'être vue* an exhibition worth seeing ou which deserves to be seen / *la proposition mérite réflexion* the proposal is worth thinking about.

❖ **mériter de** v + prép : *avoir bien mérité de la patrie* to have served one's country well.

❖ **se mériter** vp *(emploi passif)* : *un cadeau pareil, ça se mérite* you have to do something special to get a present like that.

méritocratie [meʀitɔkʀasi] nf meritocracy.

méritoire [meʀitwaʀ] adj commendable, praiseworthy, meritorious *sout*.

merlan [mɛʀlɑ̃] nm **1.** ZOOL whiting ▸ **merlan bleu** blue whiting, (Southern) poutassou ▸ **il la regardait avec des yeux de merlan frit** *fam* he was gawking at her like an idiot **2.** *tfam & vieilli* [coiffeur] barber, hairdresser **3.** CULIN topside UK top round US.

merle [mɛʀl] nm **1.** ORNITH ▸ **merle (noir)** blackbird ▸ **merle à plastron** ring ouzel ▸ **merle migrateur** (American) robin ▸ **merle de roche** rock thrush **2.** [poisson] ballan wrasse **3.** [individu désagréable] : *un vilain merle, ton propriétaire!* what a nasty piece of work that landlord of yours is!

❖ **merle blanc** nm **1.** [personne] rare bird, exceptional person **2.** [objet] rarity.

merlette [mɛʀlɛt] nf hen blackbird.

merlin [mɛʀlɛ̃] nm **1.** NAUT marline **2.** [pour fendre le bois] (clearing) axe ; [pour assommer le bétail] poleaxe.

Merlin [mɛʀlɛ̃] npr ▸ **Merlin l'Enchanteur** Merlin the Wizard.

merlon [mɛʀlɔ̃] nm [d'une fortification] merlon ; [dans une poudrerie] earthwork.

merlot [mɛʀlo] nm Merlot.

merlu [mɛʀly] nm hake.

merluche [mɛʀlyʃ] nf **1.** ZOOL hake **2.** COMM & CULIN unsalted dried cod.

mérou [meʀu] nm grouper ▸ **mérou des Basques** stone bass ou basse, wreck fish.

mérovingien, enne [meʀɔvɛ̃ʒjɛ̃, ɛn] adj Merovingian.

❖ **Mérovingien, enne** nm, f Merovingian.

merveille [mɛʀvɛj] nf **1.** [chose remarquable] marvel, wonder, treasure / *cette liqueur est une merveille* this liqueur is amazing ▸ **une merveille d'ingéniosité** a marvel of ingenuity / *sa fille est une merveille de patience* her daughter has the patience of a saint / *ce bracelet est une merveille* this bracelet is marvellous / *ma couturière est une merveille* my seamstress is a treasure ▸ **dire merveille de qqn** to heap praise upon sb / *faire des merveilles, faire merveille* to work wonders **2.** CULIN ≃ doughnut.

❖ **à merveille** loc adv wonderfully, marvellously UK marvelously US / *ils s'entendent à merveille* they get on marvellously (well) ou like a house on fire / *se porter à merveille* to be in perfect health / *la soprano chantait à merveille* the soprano sang marvellously / *ce travail lui convient à merveille* this job suits her down to the ground / *elle s'y est adaptée à merveille* she took to it like a duck to water.

merveilleusement [mɛʀvɛjøzmɑ̃] adv wonderfully, marvellously UK marvelously US.

merveilleux, euse [mɛʀvɛjø, øz] adj **1.** [formidable] wonderful, marvellous UK marvelous US amazing **2.** [qui surprend] marvellous, amazing / *un travail merveilleux de délicatesse* a marvellously fine piece of work **3.** *(après le nom)* [fantastique] magic / *une histoire merveilleuse* a wondrous tale ▸ **la lampe merveilleuse** the magic lamp.

❖ **merveilleux** nm **1.** [surnaturel] ▸ **le merveilleux** the supernatural ou marvellous / *l'emploi du merveilleux* CINÉ & LITTÉR the use of the fantastic element **2.** [caractère extraordinaire] : *le merveilleux de l'histoire, c'est qu'il est vivant* the amazing thing about the whole story is that he's still alive.

❖ **merveilleuse** nf HIST merveilleuse, fine lady.

mes [me] pl ⟶ **mon**.

mesa, mésa* [meza] nf GÉOGR mesa.

mésalliance [mezaljɑ̃s] nf *sout* misalliance, mismatch / *faire une mésalliance* to marry beneath o.s. ou one's station.

mésallier [9] [mezalje] ❖ **se mésallier** vpi to marry beneath o.s. ou one's station.

mésange [mezɑ̃ʒ] nf tit, titmouse ▸ **mésange bleue / noire** blue / coal tit ▸ **mésange charbonnière / huppée** great / crested tit.

mésaventure [mezavɑ̃tyʀ] nf misadventure, misfortune, mishap.

mescaline [mɛskalin] nf mescalin, mescaline.

mesclun [mɛsklœ̃] nm mixed green salad.

Mesdames [medam] pl ⟶ **Madame**.

Mesdemoiselles [medmwazɛl] pl ⟶ **Mademoiselle**.

mésencéphale [mezɑ̃sefal] nm midbrain, mesencephalon.

mésentente [mezɑ̃tɑ̃t] nf disagreement, difference of opinion / *oublions notre mésentente passée* let's forget our past disagreements.

mésentère [mezɑ̃tɛʀ] nm mesentery.

mésestimation [mezɛstimasjɔ̃] nf *litt* underestimation.

mésestime [mezɛstim] nf *litt* lack of respect, low esteem ou regard ▸ **tenir qqn en mésestime** to hold sb in low esteem, to have little regard for sb.

mésestimer [3] [mezɛstime] vt [mépriser] to have a low opinion of ; [sous-estimer] to underestimate, to underrate.

mésinformer [3] [mezɛ̃fɔʀme] vt to misinform.

mésintelligence [mezɛ̃teliʒɑ̃s] nf *litt* disagreement, lack of (mutual) understanding, discord *litt*.

mesmérisme [mɛsmeʀism] nm mesmerism.

méso-américain, e [mezɔameʀikɛ̃, ɛn] adj Central American.

mésoblaste [mezɔblast] nm mesoblast.

mésoblastique [mezɔblastik] adj mesoblastic.

mésocarpe [mezɔkaʀp] nm mesocarp.

mésoderme [mezɔdɛʀm] = **mésoblaste**.

mésodermique [mezɔdɛʀmik] = **mésoblastique**.

mésoéconomie [mezɔekɔnɔmi] nf intermediate scale economics.

mésolithique [mezɔlitik] ◆ adj Mesolithic. ◆ nm ▸ **le mésolithique** the Mesolithic (age).

mésopause [mezɔpoz] nf mesopause.

Mésopotamie [mezɔpɔtami] npr f ▸ **(la) Mésopotamie** Mesopotamia.

mésopotamien, enne [mezɔpɔtamjɛ̃, ɛn] adj Mesopotamian.

❖ **Mésopotamien, enne** nm, f Mesopotamian.

mésosphère [mezɔsfɛʀ] nf mesosphere.

*In reformed spelling (see p. 16-19).

mésothérapeute [mezɔteʀapøt] nm mesotherapist.

mésothérapie [mezɔteʀapi] nf *treatment of cellulite, circulation problems, rheumatism, etc., involving the use of tiny needles.*

mésothorax [mezɔtɔʀaks] nm mesothorax.

mésozoïque [mezɔzɔik] adj & nm Mesozoic.

mesquin, e [mɛskɛ̃, in] adj **1.** [médiocre] mean, petty / *des préoccupations mesquines* petty concerns / *laissons cela aux esprits mesquins* let's not waste our time on such petty concerns **2.** [parcimonieux] mean, stingy, niggardly / *une portion mesquine* a stingy portion ▸ **des économies mesquines** penny-pinching.

mesquinement [mɛskinmɑ̃] adv **1.** [selon des vues étroites] pettily, small-mindedly **2.** [avec parcimonie] meanly, stingily.

mesquinerie [mɛskinʀi] nf **1.** [étroitesse d'esprit] meanness, petty-mindedness, pettiness **2.** [parcimonie] meanness, stinginess / *connu pour sa mesquinerie* renowned for his stinginess.

mess [mɛs] nm mess ▸ **le mess des officiers** the officers' mess.

message [mesaʒ] nm **1.** [information] message ▸ **faire parvenir un message à qqn** to send a message to sb ▸ **message d'alerte** INFORM alert message ▸ **message chiffré** message in cipher ▸ **message codé** coded message ▸ **message électronique** E-mail (message) ▸ **message d'erreur** INFORM error message ▸ **message publicitaire** advertisement **2.** [déclaration] speech / *un message de bienvenue* a message of welcome **3.** [pensée] message / *le message de l'Évangile* the message of the Gospel **4.** BIOL ▸ **message génétique** genetic information ou code ▸ **message nerveux** nerve impulse ou message.

❖ **à message** loc adj with a message / *un livre / une chanson à message* a book / a song with a message.

message-guide [mesaʒgid] (*pl* **messages-guide**) nm INFORM prompt.

messager, ère [mesaʒe, ɛʀ] nm, f **1.** [personne qui transmet] messenger / *je me ferai votre messager auprès de lui* I'll speak to him on your behalf **2.** *litt* [annonciateur] : *messager de bonheur* harbinger of happiness.

❖ **messager** nm **1.** HIST messenger / *Mercure, le messager des dieux* MYTH Mercury, the messenger of the gods **2.** ORNITH carrier pigeon.

messagerie [mesaʒʀi] nf INFORM & TÉLÉC ▸ **messagerie électronique** electronic mail service ▸ **les messageries télématiques vidéotex** messaging services.

❖ **messageries** nfpl parcels service ▸ **messageries aériennes** air freight company ▸ **messageries de presse** press delivery service ▸ **messageries maritimes** shipping line.

messe [mɛs] nf **1.** RELIG Mass ▸ **aller à la messe** to go to Mass ▸ **faire dire une messe pour qqn** to have a Mass said for sb / *des messes ont été dites pour la paix dans le monde* Masses were held for world peace ▸ **messe basse** Low Mass ▸ **faire** ou **dire des messes basses** *fig* to whisper / *pas de messes basses, s'il vous plaît!* no whispering, please! ▸ **messe chantée** sung Mass ▸ **messe de funérailles** funeral Mass ▸ **messe de minuit** midnight Mass ▸ **messe des morts** ou **de requiem** Mass for the dead, Requiem ▸ **messe noire** black mass **2.** MUS Mass ▸ **messe concertante** (oratorio-style) Mass ▸ **messe en si mineur** Mass in B minor.

Messeigneurs [mesɛɲœʀ] pl ⟶ **Monseigneur.**

messeoir, messoir* [67] [meswaʀ]

❖ **messeoir à, messoir à*** v + prép *litt* **1.** to be unbecoming to, to ill befit / *cela messied à votre âge* that doesn't become you at your age **2.** *(tournure impersonnelle)* : *il ne messied pas parfois d'avoir un esprit critique* there are times when it behoves one to have a critical mind.

messianique [mesjanik] adj messianic.

messianisme [mesjanism] nm messianism.

messidor [mesidɔʀ] nm *tenth month of the French Revolutionary calendar (from June 19th or 20th to July 18th or 19th).*

messie [mesi] nm **1.** *pr* messiah ▸ **le Messie** the Messiah **2.** *fig* saviour UK, savior US ▸ **'le Messie'** *Haendel* 'The Messiah'.

messied v ⟶ **messeoir.**

messieurs [mesjø] pl ⟶ **monsieur.**

Messieurs [mesjø] pl ⟶ **Monsieur.**

messin, e [mesɛ̃, in] adj from Metz.

❖ **Messin, e** nm, f *inhabitant of or person from Metz.*

Messine [mesin] npr Messina.

messire [mesiʀ] nm HIST my lord ▸ **messire Thomas** my lord Thomas.

mesurable [məzyʀabl] adj measurable.

mesurage [məzyʀaʒ] nm measurement, measuring.

mesure [məzyʀ] nf **1.** [évaluation d'une dimension] measuring *(U)*, measurement ; [résultat] measurement ▸ **prendre les mesures de qqch** to take the measurements of sthg **2.** [valeur] measure, measurement ▸ **unité de mesure** unit of measurement ▸ **mesure de surface** / **longueur** a measure of surface area / of length / *l'homme est la mesure de toute chose* man is the measure of all things **3.** [récipient] measure / *de vieilles mesures en étain* old pewter measures ▸ **mesure de capacité a)** [pour liquides] (liquid) measure **b)** [pour le grain, les haricots] (dry) measure ▸ **faire bonne mesure** COMM to give good measure / *il m'a donné deux pommes pour faire bonne mesure* he gave me two apples for good measure / *et pour faire bonne mesure, j'ai perdu ma clef* *hum* and to cap it all, I've lost my key ▸ **la mesure est (à son) comble** enough's enough **4.** COUT measurement / *prendre les mesures d'un client* to take a customer's measurements **5.** [retenue] moderation / *manquer de mesure* to be excessive, to lack moderation / *garder une juste mesure* to keep a sense of moderation ▸ **tu passes** ou **dépasses la mesure** you're going too far / *leur cynisme passe la mesure* they're excessively cynical / *un homme plein de mesure* a man with a sense of moderation / *dépenser avec / sans mesure* to spend with / without moderation **6.** [qualité] measure / *il ne donne (toute) sa mesure que dans la dernière scène* he only displays the full measure of his talent ou only shows what he's capable of in the last scene / *prendre la mesure d'un adversaire* to size up an opponent **7.** ADMIN, DR & POL measure, step / *prendre des mesures pour enrayer une épidémie* to take steps to check an epidemic ▸ **mesure conservatoire** protective measure ▸ **mesure incitative** initiative / *mesures incitatives visant à encourager les naissances* initiatives designed to encourage families to have more children ▸ **mesure préventive** preventative measure ou step ▸ **mesure de rétorsion** retaliatory measure, reprisal ▸ **mesure de sécurité** safety measure ▸ **par mesure de** : *par mesure d'hygiène* in the interest of hygiene / *par mesure de salubrité* as a health measure ▸ **par mesure de sécurité** as a safety precaution ▸ **mesure d'urgence** emergency measure **8.** [degré] extent / *son attitude donne la mesure de son cynisme* his behaviour shows just how cynical he really is ▸ **prendre la (juste) mesure de qqch** to understand the full extent of sthg / *dans la mesure de mes possibilités* insofar as I am able / *dans la mesure du possible* as far as possible / *dans la mesure où cela peut lui être agréable* insofar as ou inasmuch as he might enjoy it ▸ **dans quelle mesure?** to what extent ou degree? ▸ **dans une certaine mesure** to some ou a certain extent ▸ **dans une large mesure** to a large extent, in large measure *sout* ▸ **être en mesure de** to be able ou in a position to / *elle n'est pas en mesure de te payer* she's not in a position to ou she can't pay you **9.** MUS [rythme] time, tempo ▸ **être en mesure** to be in time / *en mesure, s'il vous plaît!* (keep in) time, please! ▸ **mesure composée** / **simple** compound / simple time ▸ **mesure à quatre temps** four-four time ou measure, common time ou measure **10.** LITTÉR metre **11.** GÉOM measure **12.** ÉQUIT gait **13.** ESCRIME measure, reach.

❖ **à la mesure de** loc prép worthy of / *des aspirations qui ne sont pas à la mesure de l'homme* aspirations which are beyond the scope of human achievement / *elle a un adversaire à sa mesure* she's got an opponent worthy of her ou who is a match for her.

❖ **à mesure que** loc conj as / *à mesure que le temps passe* as time goes by.

❖ **outre mesure** loc adv excessively, overmuch / *je n'y crois pas outre mesure* I don't set much store by it / *ils ne s'aiment pas outre mesure* they're not overkeen ou excessively keen on each other.

❖ **sur mesure** loc adj **1.** COUT made-to-measure / *fabriquer des vêtements sur mesure* to make clothes to measure / *costume sur mesure* made-to-measure suit / *mousse sur mesure* foam cut to size ▸ **fait sur mesure** custom-made / *j'ai trouvé un travail sur mesure* I've found the ideal job (for me) **2.** *(comme nom)* ▸ **c'est du sur mesure a)** COUT it's made to measure **b)** *fig* it fits the bill.

mesuré, e [məzyʀe] adj **1.** [lent] measured ▸ **à pas mesurés** at a measured pace **2.** [modéré] steady, moderate / *il emploie toujours un ton mesuré* he never raises his voice.

mesurer [3] [məzyʀe] ◆ vt **1.** [déterminer la dimension de] to measure ▸ **mesurer qqch en hauteur** / **largeur** to measure the height / width of sthg ▸ **mesurer qqch en biais** to measure sthg diagonally / *je vais te mesurer pour voir si tu as grandi* I'm going to measure you to see if you have grown / *je vais vous en mesurer le double* [obj : coupon, liquide] I'll measure out twice as much for you **2.** [difficulté, qualité] to assess / *il ne mesure pas sa force* ou *ses forces* he doesn't know his own strength / *il n'a pas entièrement mesuré les risques* he didn't fully consider ou assess the risks / *mesure-t-elle la portée de ses paroles?* is she aware of the consequences of what she's saying? ▸ **mesurer qqn du regard** to look sb up and down, to size sb up **3.** [limiter] to limit / *on nous mesure les crédits* our funds are limited / *il ne mesure pas sa peine* *sout* he doesn't spare his efforts ▸ **mesurer ses paroles** to be careful what one says, to weigh one's words / *et pourtant, je mesure mes mots* and I'm choosing my words carefully **4.** [adapter] ▸ **mesurer qqch à** to adapt sthg to / *je mesure mes dépenses à mes revenus* I gear my expenditure to my income. ◆ vi to measure ▸ **combien mesures-tu?** how tall are you? / *il mesure presque deux mètres* he's almost two metres tall / *le sapin mesure 2 mètres* the fir tree is 2 metres high / *la cuisine mesure 2 mètres sur 3* the kitchen is ou measures 2 metres by 3.

❖ **se mesurer** vp *(emploi réciproque)* ▸ **se mesurer des yeux** ou **du regard** to size each other up, to look each other up and down.

❖ **se mesurer à** vp + prép to have a confrontation with, to pit o.s. against / *je n'ai pas envie de me mesurer à lui* I don't feel like tackling him.

mesurette [məzyʀɛt] nf **1.** [pour poudres, liquides] measurer **2.** *fam* [petite mesure] : *l'opposition dénonce les mesurettes du ministre de l'emploi* the opposition is critical of what it refers to as the employment minister's half-baked policy initiatives.

mesureur [məzyʀœʀ] ◆ nm **1.** [agent] measurer **2.** [instrument] gauge, measure ▸ **mesureur de distance** distance gauge. ◆ adj m ▸ **verre mesureur** measuring cup ou jug.

mésusage [mezyzaʒ] nm [de médicaments, alcool] abuse.

mésuser [3] [mezyze] ❖ **mésuser de** v + prép *litt* to misuse / *mésuser de son talent* to misuse one's talent.

met v ⟶ **mettre.**

meta [meta] nf white orb-web spider, Meta segmentata *spéc.*

métabolique [metabɔlik] adj metabolic.

métaboliser [3] [metabɔlize] vt to metabolize.

métabolisme [metabɔlism] nm metabolism.

métabolite [metabɔlit] nm metabolite.

métacarpe [metakaʀp] nm metacarpus.

métacarpien, enne [metakaʀpjɛ̃, ɛn] adj metacarpal.

❖ **métacarpien** nm metacarpal.

métacentre [metasɑ̃tʀ] nm metacentre.

métacentrique [metasɑ̃tʀik] adj BIOL & NAUT metacentric.

métadonnées [metadɔne] nfpl metadata.

métagalaxie [metagalaksi] nf metagalaxy.

métairie [metɛʀi] nf sharecropping farm, metairie.

métal, aux [metal, o] nm **1.** MÉTALL metal ▸ **métal anglais / blanc** Britannia / white metal ▸ **métal en barres / lingots** metal in bars / ingots ▸ **métal déployé / en feuilles** expanded / sheet metal ▸ **métal précieux** precious ou noble metal ▸ **le métal jaune** gold ▸ **métal de transition** transition metal ▸ **métaux lourds** heavy metals ▸ **métaux vils** base metals **2.** *litt* [caractère] metal / *il est fait d'un métal pur* he's made of fine stuff **3.** FIN & HÉRALD metal.

métalangage [metalɑ̃gaʒ] nm metalanguage.

métalangue [metalɑ̃g] nf = **métalangage**.

métaldéhyde [metaldeid] nm metaldehyde.

métalinguistique [metalɛ̃gɥistik] adj metalinguistic.

métallerie [metalʀi] nf structural metalwork.

métallier, ère [metalje, ɛʀ] nm, f **1.** MÉTALL ironworker, metalworker **2.** [serrurier] locksmith.

métallifère [metalifɛʀ] adj metal-bearing, metalliferous.

métallique [metalik] adj **1.** [en métal] metal *(modif)* **2.** [semblable au métal] metallic, steel *(modif)*, steely / *un bruit / une voix métallique* a metallic noise / voice ▸ **bleu métallique** steel ou steely blue.

métallisation [metalizasjɔ̃] nf plating, metal-plating, metallization.

métallisé, e [metalize] adj [couleur, finition] metallic ; [papier] metallized.

métalliseur, euse [metalizœʀ, øz] nm, f [ouvrier] metal sprayer.

❖ **métalliseur** adj m metal-spraying.

métallo [metalo] nm *fam* [ouvrier] metalworker ; [dans une aciérie] steelworker.

métallochromie [metalɔkʀɔmi] nf metallochromy.

métallographie [metalɔgʀafi] nf metallography.

métallographique [metalɔgʀafik] adj metallographic.

métalloïde [metalɔid] nm *vieilli* metalloid.

métalloplastique [metalɔplastik] adj copper asbestos *(modif)*.

métalloprotéine [metalɔpʀɔtein] nf metalloprotein.

métallurgie [metalyʀʒi] nf metallurgy.

métallurgique [metalyʀʒik] adj [procédé] metallurgical ; [atelier -gén] metalworking ; [-dans une aciérie] steelworking.

métallurgiste [metalyʀʒist] nm **1.** [ouvrier] metalworker ; [dans une aciérie] steelworker **2.** [industriel, expert] metallurgist.

métalogique [metalɔʒik] ◆ adj metalogic, metalogical. ◆ nf metalogic.

métamathématique [metamatematik] ◆ adj metamathematical. ◆ nf metamathematics *(sg)*.

métamorphique [metamɔʀfik] adj metamorphic, metamorphous.

métamorphisme [metamɔʀfism] nm metamorphism.

métamorphosable [metamɔʀfozabl] adj metamorphosable.

métamorphose [metamɔʀfoz] nf **1.** BIOL & MYTH metamorphosis **2.** [transformation] metamorphosis, transformation **3.** LITTÉR / **'la Métamorphose'** *Kafka* 'Metamorphosis'.

métamorphoser [3] [metamɔʀfoze] vt **1.** MYTH ▸ **métamorphoser qqn en** to change ou to turn sb into **2.** [transformer] to transform, to change / *ses vacances l'ont métamorphosé* his holiday has really changed him.

❖ **se métamorphoser** vpi **1.** MYTH ▸ **se métamorphoser en** to turn ou to be metamorphosed into **2.** [se transformer] to change, to transform / *en 20 ans, la télévision s'est métamorphosée* television has undergone a transformation over the last 20 years.

métamyélocyte [metamjelɔsit] nm metamyelocyte.

métaphase [metafaz] nf metaphase.

métaphore [metafɔʀ] nf metaphor.

métaphorique [metafɔʀik] adj metaphoric, metaphorical, figurative.

métaphoriquement [metafɔʀikmɑ̃] adv metaphorically, figuratively.

métaphosphorique [metafɔsfɔʀik] adj metaphosphoric.

métaphyse [metafiz] nf metaphysis.

métaphysicien, enne [metafizisjɛ̃, ɛn] nm, f metaphysician, metaphysicist.

métaphysique [metafizik] ◆ adj **1.** ART & PHILOS metaphysical **2.** [spéculatif] metaphysical, abstruse, abstract. ◆ nf **1.** PHILOS metaphysics *(sg)* ; [système de pensée] metaphysic / *la métaphysique kantienne* the Kantian metaphysic **2.** [spéculations] abstractness, abstruseness / *il ne s'embarrasse pas de métaphysique fam* he doesn't let anything get in his way.

métaphysiquement [metafizikmɑ̃] adv metaphysically.

métapsychique [metapsiʃik] *vieilli* ◆ adj psychic. ◆ nf parapsychology.

métapsychologie [metapsikɔlɔʒi] nf metapsychology.

métastase [metastaz] nf metastasis.

métastaser [metastaze] vi MÉD to metastasize.

métastatique [metastatik] adj metastatic.

métatarse [metataʀs] nm metatarsus.

métatarsien, enne [metataʀsjɛ̃, ɛn] adj metatarsal.

❖ **métatarsien** nm metatarsal.

métathéorie [metateɔʀi] nf metatheory.

métathèse [metatɛz] nf metathesis.

métathorax [metatɔʀaks] nm metathorax.

métayage [metɛjaʒ] nm sharecropping.

métayer, ère [meteje, ɛʀ] nm, f sharecropper, sharecropping tenant.

métazoaire [metazɔɛʀ] nm metazoan ▸ **les métazoaires** the Metazoa.

métempsycose [metɑ̃psikoz] nf metempsychosis.

météo [meteo] ◆ adj inv (**abr de météorologique**) ▸ **bulletin météo** weather report ▸ **prévisions météo** (weather) forecast. ◆ nf (**abr de météorologie**) [service] Met Office UK ; ≃ National Weather Service US ; [temps prévu] weather forecast / *la météo a dit que...* the weatherman said...

météore [meteɔʀ] nm **1.** ASTRON meteor **2.** *fig* nine days' wonder / *un météore dans le monde de l'art* a flash in the pan in the art world.

Météores [meteɔʀ] npr mpl ▸ **les Météores** the Meteori.

météorique [meteɔʀik] adj **1.** ASTRON meteoric **2.** [éphémère] meteoric, short-lived, fleeting.

météorisation [meteɔʀizasjɔ̃] nf **1.** VÉTÉR bloat **2.** GÉOL atmospheric alteration *(of rocks)*.

météoriser [3] [meteɔʀize] vi to become flatulent ou distended.

météorisme [meteɔʀism] nm flatulence, meteorism *spéc*, tympanites *spéc*.

météorite [meteɔʀit] nf [aérolithe] meteorite.

météoritique [meteɔʀitik] adj meteoritic, meteoritical.

météorologie [meteɔʀɔlɔʒi] nf **1.** SCI meteorology **2.** [organisme] Meteorological Office UK ; ≃ National Weather Service US.

météorologique [meteɔʀɔlɔʒik] adj meteorological, weather *(modif)*.

météorologiste [meteɔʀɔlɔʒist], **météorologue** [meteɔʀɔlɔg] nmf meteorologist.

métèque [metɛk] ◆ nm HIST metic. ◆ nmf *vulg offensive term used with reference to Mediterranean foreigners living in France.*

méthadone [metadɔn] nf methadone.

méthane [metan] nm methane (gas).

méthanier [metanje] nm methane tanker ou carrier.

méthanisation [metanizasjɔ̃] nf methanization.

méthaniser [metanize] vt to methanize.

méthanol [metanɔl] nm methanol.

méthémoglobine [metemɔglɔbin] nf methaemoglobin.

méthémoglobinémie [metemɔglɔbinemi] nf methaemoglobinaemia.

méthionine [metjɔnin] nf methionine.

méthode [metɔd] nf **1.** [système] method ; SCI & TECHNOL method, technique / *une méthode de rangement* a method for storing things away / *c'est une bonne méthode pour apprendre l'anglais* it's a good way of learning English / *j'ai ma méthode pour le convaincre* I have my own way of convincing him ▸ **leur méthode de vinification** their wine-making techniques ▸ **méthode de travail** working method, modus operandi *fam* ▸ **méthode globale** [d'apprentissage de la lecture] word recognition method **2.** [organisation] method / *vous manquez de méthode* you lack method, you aren't methodical enough ▸ **avec méthode** methodically ▸ **sans méthode** unmethodically **3.** *fam* [astuce] : *faut avoir la méthode* you've got to have the knack / *lui, il a la méthode !* he's got the hang of it ou the knack ! **4.** [manuel] ▸ **méthode de lecture** primer ▸ **méthode de solfège** music handbook ou manual ▸ **méthode de relaxation** (book of) relaxation techniques.

méthodique [metɔdik] adj methodical / *de façon méthodique* methodically.

méthodiquement [metɔdikmɑ̃] adv methodically.

méthodisme [metɔdism] nm Methodism.

méthodiste [metɔdist] adj & nmf Methodist.

méthodologie [metɔdɔlɔʒi] nf methodology.

méthodologique [metɔdɔlɔʒik] adj methodological.

méthyle [metil] nm methyl.

méthylène [metilɛn] nm CHIM methylene ; COMM methyl alcohol.

méthylique [metilik] adj methyl.

méthylorange [metilɔʀɑ̃ʒ] nm methyl orange.

méticuleusement [metikyløzmɑ̃] adv meticulously.

méticuleux, euse [metikylø, øz] adj **1.** [minutieux -personne] meticulous ; [-enquête] probing, searching / *un élève méticuleux* a meticulous pupil **2.** [scrupuleux] meticulous, scrupulous / *d'une propreté méticuleuse* spotlessly ou scrupulously clean.

méticulosité [metikylɔzite] nf *litt* meticulousness.

métier [metje] nm **1.** [profession] trade ▸ **mon métier** my job ou occupation ou trade ▸ **les métiers manuels** the manual trades ▸ **les métiers d'art** (arts and) crafts / *j'ai fait tous les métiers* I've done every sort of job there is ▸ **faire** ou **exercer le métier de chimiste** to work as a chemist / *exercer son métier en travailleur indépendant* to work freelance / *je n'ai pas la possibilité d'exercer mon métier ici* I can't do my job here / *qu'est-ce que tu feras comme métier plus tard ?* what do you want to be when you grow up ? / *études qui ne mènent à aucun métier* course with no job prospects / *la soudure ne tiendra pas, et je connais mon métier !* the welding won't hold, and I know what I'm talking about ou what I'm doing ! ▸ **apprendre son métier à qqn** to teach sb one's trade / *le métier de mère* a mother's job / *le métier de roi est chose difficile* being a king is not easy ou no easy job ▸ **le plus vieux métier du monde** *euphém* the oldest profession in the world ▸ **il n'y a pas de sot métier(, il n'y a que de sottes gens)** there's no such thing as a worthless trade **2.** [expérience] skill, experience ▸ **avoir du métier** to have job experience / *elle manque encore un peu de métier* she still lacks experience / *c'est le métier qui rentre* it shows you're learning **3.** [machine] ▸ **métier à filer / tricoter**

spinning / knitting machine ▸ **métier à tapisserie** tapestry frame ou loom ▸ **métier à tisser** loom ▸ **avoir qqch sur le métier** *fig* to have sthg lined up / *trois articles sur le métier* three articles in progress ou on the stocks / *qu'est-ce que tu as sur le métier en ce moment?* what are you working on at the moment?

❖ **de métier** ◆ loc adj [homme, femme, armée] professional ; [argot] technical ; [technique] of the trade. ◆ loc adv : *avoir 15 ans de métier* to have been in the job ou business for 15 years.

❖ **de son métier** loc adv by trade / *être boulanger / journaliste de son métier* to be a baker / journalist by trade.

❖ **du métier** loc adj of the trade / *les gens du métier* people of the trade ou in the business ▸ **quand on est du métier a)** [membre de la profession] when you're in the business **b)** [expert] when you're an expert at the job / *demande à quelqu'un du métier* ask a professional ou an expert.

métis, isse [metis] ◆ adj **1.** [personne] of mixed race, biracial US / *un enfant métis* a mixed-race child **2.** ZOOL crossbred, hybrid, cross ; BOT hybrid. ◆ nm, f **1.** [personne] person of mixed race **2.** ZOOL crossbreed, hybrid, cross ; BOT hybrid.

❖ **métis** nm TEXT (heavy) linen-cotton mixture.

métissage [metisaʒ] nm **1.** BIOL [de personnes] interbreeding ; [d'animaux] crossbreeding, hybridization ; [de plantes] hybridation **2.** SOCIOL intermarrying / *le métissage de la salsa et du rock* the mixing of salsa with rock music ▸ **le métissage culturel** the mixing of cultures.

métisser [3] [metise] vt ZOOL to cross, to crossbreed ; BOT to hybridize ▸ **musique métissée** crossover ou hybrid music.

métonymie [metɔnimi] nf metonymy.

métonymique [metɔnimik] adj metonymic.

métrage [metʀaʒ] nm **1.** [prise de mesures] measurement **2.** [longueur] length ; COUT & COMM length, yardage / *quel métrage faut-il pour un manteau?* how many yards are needed to make an overcoat? **3.** CINÉ footage, length ▸ **long métrage** feature film ▸ **court métrage** short (film UK ou movie US).

mètre [mɛtʀ] nm **1.** [unité] metre UK, meter US ▸ **mètre carré / cube** square / cubic metre ▸ **mètres par seconde** metres per second ▸ **mètre étalon** standard metre **2.** SPORT ▸ **le 400 mètres** the 400 metres, the 400-metre race / *il court le 100 mètres en dix secondes* he runs the 100 metres in ten seconds **3.** [instrument] (metre) rule ▸ **mètre pliant** folding rule ▸ **mètre à ruban** tape measure, measuring tape **4.** LITTÉR metre.

métré [metʀe] nm **1.** [mesure] quantity survey **2.** [devis] bill ou schedule of quantities.

métrer [8] [metʀe] vt **1.** [mesurer] to measure *(in metres)* **2.** CONSTR to survey, to do a quantity survey of.

✎ In reformed spelling (see p. 16-19), this verb is conjugated like **semer**: *il mètrera, elle mètrerait.*

métreur, euse [metʀœʀ, øz] nm, f ▸ **métreur (vérificateur)** quantity surveyor.

❖ **métreuse** nf CINÉ footage (number) meter.

métrique [metʀik] ◆ adj GÉOM & LITTÉR metric. ◆ nf **1.** LITTÉR metrics *(U)* **2.** MATH metric.

métrisation [metʀizasjɔ̃] nf metrication.

métro [metʀo] nm underground UK, subway US / *prendre le métro* to take the underground UK ou subway US ▸ **premier métro** first ou milk train ▸ **le dernier métro** the last train ▸ **métro aérien** elevated ou overhead railway ▸ **avoir toujours un métro de retard** : *elle a toujours un métro de retard* she's slow to catch on ▸ **métro, boulot, dodo** *fam* the daily grind ou routine.

métrologie [metʀɔlɔʒi] nf metrology.

métrologique [metʀɔlɔʒik] adj metrological.

métrologiste [metʀɔlɔʒist] nmf metrologist.

métronome [metʀɔnɔm] nm metronome / *avec la régularité d'un métronome* like clockwork, (as) regular as clockwork.

métropole [metʀɔpɔl] nf **1.** [ville] metropolis **2.** ADMIN mother country / *les Français de la métropole* the metropolitan French / **'sorties métropole'** 'domestic arrivals' **3.** RELIG metropolis, see.

métropolitain, e [metʀɔpɔlitɛ̃, ɛn] adj ADMIN & RELIG metropolitan ▸ **troupes métropolitaines** home troops.

❖ **métropolitain** nm **1.** *vieilli* [métro] underground (railway) UK, subway US **2.** RELIG metropolitan (primate).

métropolite [metʀɔpɔlit] nm RELIG metropolitan.

métrorragie [metʀɔʀaʒi] nf metrorrhagia.

mets [mɛ] nm [aliment] dish / *des mets de grande qualité* high-class fare.

mettable [metabl] adj wearable / *la veste est encore mettable* the jacket's still wearable / *je n'ai plus rien de mettable* I don't have anything decent left to wear.

metteur, euse [metœʀ, øz] nm, f ▸ **metteur en scène a)** CINÉ director **b)** THÉÂTRE producer ▸ **metteur au point** TECHNOL adjuster, setter ▸ **metteur en œuvre** JOAILL setter ▸ **metteur en ondes** RADIO producer ▸ **metteur en pages** IMPR make-up man / woman.

mettre [84] [mɛtʀ] vt **1.** [placer] to put / *mettre des verres dans un placard* to put glasses (away) in a cupboard / *mettre l'amour avant l'argent* to put ou to place love before money ▸ **mettre qqn parmi les grands** to rate ou to rank sb among the greats / *mettre sa confiance / tout son espoir en* to put one's trust / all one's hopes in / *mettre la confusion dans un service* to throw a department into confusion / *j'avais mis beaucoup de moi-même dans le projet* I'd put a lot into the project / *elle a mis son talent au service des défavorisés* she used her talent to help the underprivileged ▸ **mettre à** : *mettre une pièce à l'affiche* to bill a play / *je n'ai pas pu la mettre à l'école du quartier* I couldn't get her into the local school / *mettre un enfant au lit* to put a child to bed ▸ **mettre qqn au cachot** to put sb behind bars / *on l'a mise à un poste clé* she was put in ou appointed to a key position / *on m'a mis au standard* they put me on the switchboard ▸ **mettre qqn dans** : *mettre qqn dans l'avion / le train* to put sb on the plane / the train / *mettre ses enfants dans le privé* to send one's children to private school ▸ **mettre qqn en** : *mettre un enfant en pension* to put a child in a ou to send a child to boarding school ▸ **mettre qqn en prison** to put sb in prison ▸ **mettre qqch sur** : *mettre 10 euros sur un cheval* to put ou to lay 10 euros on a horse / *mettre de l'argent sur son compte* to put ou to pay some money into one's account ▸ **mettre qqn en boîte** *fam* to pull sb's leg **2.** [poser horizontalement] to lay, to put ▸ **mettre la main sur le bras de qqn** to lay ou to put one's hand on sb's arm / *mets les cartes face dessous* lay ou put ou place the cards face down / *il mit le tapis par terre* he laid ou put the carpet down on the floor / *mettre le tissu sur le patron* to lay the material on the pattern ▸ **mettre qqch à plat** to lay sthg down flat / *il mit le dossier devant moi* he set ou laid the file down in front of me **3.** [disposer] : *mettre le loquet* to put the latch down / *mets le store* *fam* [tire-le] pull the blind (down) **4.** [ajuster] to set ▸ **mettre qqch droit** to set sthg straight *pr* / *mettre une pendule à l'heure* to set a clock to the right time / *mets le magnétoscope sur la deuxième chaîne* set the video recorder on ou tune the video recorder to channel two / *mets la sonnerie à 20 h 30* set the alarm for 8:30 p.m. **5.** [établir - dans un état, une situation] ▸ **mettre qqch à** : *mettre un étang à sec* to drain a pond / *mettez les verbes à l'infinitif* put the verbs into the infinitive ▸ **mettre qqn à l'amende** to fine sb, to impose a fine on sb ▸ **mettre qqn au travail** to set sb to work, to get sb working ▸ **mettre qqn au désespoir** to cause sb to despair ▸ **mettre qqn dans la confidence** to let sb in on ou into the secret ▸ **mettre qqn dans l'embarras a)** [perplexité] to put sb in a predicament **b)** [pauvreté] to put sb in financial difficulty ▸ **mettre qqn dans l'obligation de faire qqch** to oblige sb to do sthg ▸ **mettre qqn dans une situation délicate** to put sb in an awkward position ▸ **mettre en** : *mettre une maison en vente* to put a house up for sale / *mettre du vin en bouteilles* to put wine into bottles, to bottle wine / **'mis en bouteille au château'** 'chateau-bottled' / *mettre des fruits en bocaux* to put fruit into jars, to bottle fruit ▸ **mettre qqn en examen** DR to indict sb ▸ **mettre qqn sous qqch** : *mettre qqn sous tranquillisants* to put sb on tranquillizers / *mettre une plante en pot* to pot a plant / *mettre une plante en terre* to put a plant into the soil ▸ **mettre qqch en miettes** to smash sthg to bits / *mettre un poème en musique* to set a poem to music ▸ **mettre qqch en page** IMPR to make sthg up ▸ **mettre qqch en vigueur** to bring sthg into force ou operation ▸ **mettre qqch à** : *mettre qqch à cuire* to put sthg on to cook / *mettre qqch à réchauffer* to heat sthg up (again) / *mettre du linge à sécher* to put ou to hang clothes up to dry / *mets les chaussettes à sécher* put the socks out to dry / *mettre des fleurs à sécher* to leave flowers to dry, to dry flowers / *mettre qqch à tremper* to put sthg to soak, to soak sthg **6.** [fixer] to put / *mettre une pièce à un pantalon* to put a patch on ou to patch a pair of trousers / *mettre un bouton à sa veste* to sew a button on one's jacket ; [ajouter] to put / *il faut lui mettre des piles* you have to put batteries in it / *j'ai fait mettre de nouveaux verres à mes lunettes* I had new lenses put in my glasses **7.** [se vêtir, se coiffer, se chausser de] to put on *(sép)* ; [porter régulièrement] to wear / *mettre son manteau / une robe* to put on one's coat / a dress / *mets tes skis / ta casquette* put your skis / your cap on / *tu devrais mettre une ceinture avec cette robe* you should wear a belt with that dress / *je lui ai mis son manteau / ses gants* I put his coat / his gloves on (for him) **8.** [faire fonctionner - appareil] to turn ou to put ou to switch on *(sép)* / *mettre le chauffage* to put ou to switch ou to turn the heating on / *mettre un CD* to put a CD on / *mets de la musique* put some music on, play some music / *mets les sports* *fam* / *la première chaîne* put on the sport channel / channel one **9.** [installer] to put in *(sép)*, to install / *faire mettre l'électricité* to have electricity put in / *faire mettre le chauffage central* to have central heating put in ou installed / *faire mettre l'eau et le gaz* to have water and gas put in ▸ **mettre du papier peint / de la moquette dans une pièce** to wallpaper / to carpet a room / *nous avons mis du gazon dans le jardin* we turfed the garden **10.** [consacrer - temps] to take / *il a mis trois heures à faire ses devoirs* he took three hours to do ou he spent three hours over his homework / *elle a mis trois mois à me répondre* she took three months ou it took her three months to answer me / *combien de temps met-on pour y aller?* how long does it take to get there? ▸ **nous y mettrons le temps / le prix qu'il faudra** we'll spend as much time / money as we have to / *tu as mis le temps!* *fam* you took your time about it!, you took long enough! / *tu en as mis du temps pour te décider!* you took some time to make up your mind! / *mettre de l'argent dans une voiture* to put money in ou into a car **11.** [écrire] to put / *on met un accent sur le «e»* "e" takes an accent / *on met deux m à «pomme»* "pomme" has two m's / *mets qu'il a refusé de signer* *fam* write ou put down that he refused to sign / *je ne sais pas quoi mettre sur la carte de vœux* I don't know what to put ou to write on the (greetings) card / *ne mets rien dans le cadre B* don't write anything in box B **12.** [supposer] ▸ **mettons** (let's) say / *et mettons que tu gagnes?* suppose ou let's say you win? / *il faut, mettons, 2 mètres de tissu* we need, (let's) say ou shall we say, 2 metres of material / *mettons que j'aie mal compris!* [acceptation] let's just say I got it wrong! **13.** [donner] to give / *vous me mettrez trois douzaines d'huîtres* give me ou let me have three dozen oysters / *je vous mets un peu plus de la livre* I've put in a bit more than a pound / *le prof m'a mis 18* ≃ the teacher gave me an A **14.** *fam* [infliger] : *qu'est-ce qu'il m'a mis au ping-pong!* he really hammered me ou he didn't half thrash me at table tennis! / *on leur a mis 5 buts en première mi-temps* we hammered in 5 goals against them in the first half / *je lui ai mis une bonne claque* I gave ou landed him a good clout / *qu'est-ce que son père va lui mettre!* his father is really going to give it to him! **15.** EXPR **on les met!** *tfam* let's split! ▸ **se faire mettre** *vulg* to get laid / *va te faire mettre!* *vulg* up yours!

❖ **se mettre** ◆ vp *(emploi passif)* **1.** [dans une position, un endroit - chose] to go / *où se mettent les tasses?* where do the cups go? / *les pieds, ça ne se met pas sur la table!* tables aren't made to put your feet on! **2.** [aller - vêtement] to go / *le noir se met avec tout* black goes with everything. ◆ vpi **1.** [s'installer, s'établir - dans une position] ▸ **se mettre debout** to stand up / *se mettre sur le dos* to lie (down) on one's back / *mets-toi sur cette chaise* sit on that chair ▸ **mets-toi près de la fenêtre a)** [debout] stand near the window **b)** [assis] sit near the window ▸ **mettez-vous en cercle** arrange yourselves into ou form a circle ▸ **se mettre devant qqn a)** [debout] to stand in front of sb **b)** [assis] to sit in front of sb / *il est allé se mettre au piano* he went and sat down at the piano / *je me mets dehors pour travailler* I go outside to work / *mettez-vous dans la position du lotus* get into the lotus position / *les mites se sont mises dans mon châle* the moths have got at my shawl / *se mettre entre les mains d'un spécialiste* to place o.s. in the hands of a specialist **2.** [entrer - dans un état, une situation] : *ne te mets pas dans un tel état!* don't get (yourself) into such a state! / *se mettre en rage* to get into a rage / *il s'est mis dans une position difficile* he's got ou put himself in a difficult situation **3.** [s'habiller] ▸ **se mettre en** to put on / *se mettre en pantalon* to put on a pair of trousers ▸ **se mettre en civil** to dress in civilian clothes / *se mettre en uniforme* to put on one's uniform / *elle se met toujours en jupe* she always wears a skirt **4.** [s'unir] ▸ **se mettre avec qqn a)** [pour un jeu] to team up with sb **b)** [pour vivre] to move in with sb **c)** [dans une discussion] to side with sb ▸ **se mettre avec qqn pour faire qqch** to join forces with sb to do sthg / *on s'est tous mis ensemble pour acheter le cadeau* we all clubbed together to buy the present / *on s'est mis par équipes de 6* we split up into ou we formed teams of 6 (people) / *ils ont dû s'y mettre à 4 pour porter le buffet* it took 4 of them to carry the dresser **5.** EXPR **qu'est-ce qu'ils se mettent! a)** *tfam* [dans un combat, un débat] they're really having a go at each other! **b)** [en mangeant] they're really getting stuck in! ◆ vpt to put on *(sép)* / *se mettre une belle robe / du parfum* to put on a nice dress / some perfume / *se mettre un nœud dans les cheveux* to put a bow in one's hair / *je n'ai rien à me mettre!* I haven't got anything to wear ou to put on! / *se mettre de la crème sur les mains* to put some cream on one's hands.

❖ **se mettre à** vp + prép **1.** [passer à] : *quand le feu se met au rouge* when the lights turn ou go red ; MÉTÉOR : *le temps se met au beau* it's turning sunny / *le temps se met au froid* it's getting ou turning cold / *ça se met à la neige* *fam* it looks like snow **2.** [commencer] ▸ **se mettre à faire qqch** to start ou to set about doing sthg ▸ **se mettre au judo** to take up judo / *se mettre à l'ouvrage* to set to work, to get down to work / *voilà qu'il se met à pleuvoir!* now it's started to rain ou raining! ▸ **s'y mettre a)** [au travail] to get down to it **b)** [à une activité nouvelle] to have a try / *si tu veux avoir l'examen, il faut que tu t'y mettes sérieusement!* if you want to pass the exam, you've really got to get down to some work! / *je n'ai jamais fait de piano, mais j'ai bien envie de m'y mettre* I've never played the piano, but I'd quite like to have a try / *si tu t'y mets aussi, je renonce!* if you join in as well, I give up! / *si le (mauvais) temps s'y met, il faut annuler la kermesse* if the weather decides to turn bad, we'd better cancel the fête.

meublant, e [mœblɑ̃, ɑ̃t] adj ⟶ **meuble** *(nm).*

meuble[1] [mœbl] adj **1.** AGR & HORT loose, light **2.** GÉOL crumbly, friable ▸ **formation meuble** crumb **3.** DR ▸ **biens meubles** movables, movable assets, personal estate.

meuble[2] [mœbl] nm **1.** [élément du mobilier] ▸ **un meuble** a piece of furniture ▸ **des meubles** furniture / *les meubles du salon* the furniture in the living room / *êtes-vous dans vos meubles ici?* do you own the furniture here? / *quelques pauvres meubles* a few sticks of furniture ▸ **meuble de rangement** cupboard ▸ **des meubles de salon** living room furniture ▸ **des meubles de style** period furniture ▸ **faire partie des meubles** *fam* to be part of the furniture **2.** DR movable / *en fait de meubles, possession vaut titre* (as far as goods and chattels are concerned) possession amounts to title ▸ **les meubles meublants** (household) furniture, movables *(terme juridique)* **3.** HÉRALD charge.

> Attention ! Le mot furniture est indénombrable. Il ne s'emploie jamais ni au pluriel ni avec l'article indéfini a :
> **C'est un très joli meuble art déco.** *It's a fine piece of art deco furniture.*
> **Ils ont dû déplacer tous les meubles.** *They had to move all the furniture.*
> **Je dois acheter des meubles pour mon nouvel appartement.** *I've got to buy some furniture for my new flat.*

meublé, e [mœble] adj furnished / *une maison meublée / non meublée* a furnished / an unfurnished house.

❖ **meublé** nm [une pièce] furnished room ; [plusieurs pièces] furnished flat UK ou apartment US / *habiter* ou *vivre en meublé* to live in furnished accommodation.

meubler [5] [mœble] vt **1.** [garnir de meubles] to furnish / *ils ont meublé leur maison en Louis XIII* they furnished their home in the Louis XIII style / *comment vas-tu meubler la cuisine?* what sort of furniture are you going to put in the kitchen? / *cellule meublée d'un lit et d'une table* cell furnished with a bed and a table **2.** [remplir] to fill / *meubler le silence / sa solitude* to fill the silence / one's solitude / *pour meubler la conversation* to stop the conversation from flagging, for the sake of conversation / *meubler ses soirées en lisant* to spend one's evenings reading.

❖ **se meubler** vpi to buy (some) furniture / *alors, on se meuble?* so, you're furnishing the place, are you? ▸ **meublez-vous chez Caudin** buy your furniture at Caudin's.

meuf [mœf] nf *tfam* girl *("verlan" form of the word "femme").*

meuglement [møgləmɑ̃] nm mooing.

meugler [5] [møgle] vi to moo.

meulage [mølaʒ] nm grinding.

meule [møl] nf **1.** AGR stack, rick / *mettre en meules* to stack, to rick ▸ **meule de foin** hayrick, haystack ▸ **meule de paille** stack of straw **2.** HORT ▸ **meule à champignons** mushroom bed **3.** TECHNOL (grinding) wheel ▸ **meule à aiguiser** ou **affûter** grindstone ▸ **meule à polir / à rectifier** polishing / trueing wheel **4.** CULIN ▸ **une meule de fromage** a (whole) cheese **5.** [d'un moulin] millstone.

meuler [5] [møle] vt [pour aiguiser] to grind ; [pour éliminer] to grind down *(sép)* ▸ **machine / roue à meuler** grinding machine / wheel.

meulière [møljɛʀ] nf **1.** [carrière] millstone quarry **2.** [pierre] millstone grit.

meunerie [mønʀi] nf **1.** [activité] (flour) milling **2.** [commerce] flour ou milling trade **3.** [usine] flour works *(sg).*

meunier, ère [mønje, ɛʀ] adj milling *(modif).*

❖ **meunier** nm **1.** [artisan] miller ▸ **échelle** ou **escalier de meunier** narrow flight of steps **2.** [poisson] miller's thumb, bullhead **3.** ENTOM cockroach **4.** ORNITH [martin-pêcheur] kingfisher.

❖ **meunière** nf **1.** [épouse du meunier] miller's wife **2.** CULIN ▸ **sole (à la) meunière** sole meunière.

meurette [mœʀɛt] nf CULIN ▸ **œufs en meurette** *poached eggs in red wine and bacon sauce.*

meursault [mœʀso] nm Meursault (wine).

meurt v ⟶ **mourir.**

meurtre [mœʀtʀ] nm murder / *crier au meurtre* to scream blue murder ▸ **meurtre avec préméditation** premeditated murder.

meurtrier, ère [mœʀtʀije, ɛʀ] ◆ adj [qui tue - engin, lame] deadly, lethal, murderous ; [- avalanche] deadly, fatal ; [- route] lethal, murderous ; [- folie, passion] murderous / *une chasse à l'homme meurtrière* a bloody ou murderous manhunt ▸ **humour meurtrier** lethal ou devastating humour. ◆ nm, f murderer (murderess).

❖ **meurtrière** nf ARCHIT (arrow) loophole.

meurtrir [32] [mœʀtʀiʀ] vt **1.** [contusionner] to bruise / *elle avait le visage tout meurtri* her face was all black and blue ou all bruised / *il avait les mains meurtries par le froid* his hands were blue with cold **2.** *fig & litt* to hurt, to wound / *meurtri par l'indifférence de son fils* wounded by his son's indifference **3.** [poire, fleur] to bruise.

meurtrissure [mœʀtʀisyʀ] nf **1.** [contusion] bruise **2.** *fig & litt* scar, wound / *les meurtrissures du cœur* sorrows of the heart **3.** [tache] bruise / *des poires pleines de meurtrissures* pears covered in bruises.

meut v ⟶ **mouvoir.**

meute [møt] nf [de chiens] pack ; [de gens] mob, crowd / *la meute des créanciers* the mob of creditors / *une meute de paparazzi* a crowd of paparazzi.

meuvent v ⟶ **mouvoir.**

mévente [mevɑ̃t] nf **1.** [baisse des ventes] slump / *c'est une période de mévente dans l'immobilier* there is a slump in the property market **2.** [vente à perte] selling at a loss.

mexicain, e [mɛksikɛ̃, ɛn] adj Mexican.

❖ **Mexicain, e** nm, f Mexican.

Mexico [mɛksiko] npr Mexico City.

Mexique [mɛksik] npr m ▸ **le Mexique** Mexico ▸ **au Mexique** in Mexico ▸ **le golfe du Mexique** the Gulf of Mexico.

mezcal [mɛzkal] nm mescal.

mézigue [mezig] pron pers *tfam* yours truly, muggins / *et qui est-ce qui va casquer? c'est mézigue!* and who's going to pay? muggins here!

mezzanine [mɛdzanin] nf **1.** ARCHIT [entresol] mezzanine ; [fenêtre] mezzanine window **2.** THÉÂTRE [corbeille] mezzanine, lower balcony.

mezza voce [mɛdzavɔtʃe] loc adv MUS mezza voce.

mezze [medze] nmpl CULIN meze.

mezzo-soprano [mɛdzosɔpʀano] *(pl* **mezzo-sopranos)** ◆ nm [voix] mezzo-soprano. ◆ nf [cantatrice] mezzo-soprano.

mezzotinto [mɛdzotinto] nm inv mezzotint.

MF ◆ nf (abr de **modulation de fréquence**) FM. ◆ **1.** (abr écrite de **mark finlandais**) Mk, Fmk **2.** *vieilli* abr écrite de **million de francs.**

Mgr. (abr écrite de **Monseigneur**) Mgr.

mi [mi] nm inv E ; [chanté] mi, me. **Voir aussi fa.**

mi- [mi] préf **1.** [moitié] half- ▸ **mi-fil mi-coton** half-linen half-cotton, 50% linen 50% cotton **2.** EXPR **mi-figue mi-raisin a)** [accueil] somewhat mixed **b)** [réponse] ambiguous, enigmatic **c)** [sourire] quizzical, wry.

miam [mjam], **miam-miam** [mjammjam] interj *fam* yum, yum-yum.

Miami [miami] npr Miami.

miam-miam [mjammjam] interj *fam* yum-yum / *miam-miam, ça a l'air bon* that looks yummy.

miaou [mjau] nm miaow UK, meow ▸ **faire miaou** to miaow.

miasmatique [mjasmatik] adj miasmatic.

miasme [mjasm] nm miasma / *des miasmes* miasmas, miasmata.

miaulement [mjolmɑ̃] nm miaowing UK, mewing, meowing / *on entendait de terribles miaulements dans la cour* some cats were making a dreadful noise in the courtyard.

miauler [3] [mjole] vi to miaow UK, to mew, to meow.

miauleur, euse [mjolœʀ, øz] adj miaowing UK, mewing.

mi-bas [miba] nm inv knee-high ou knee-length sock.

mi-bois [mibwa] ❖ **à mi-bois** loc adj MENUIS ▸ **assemblage** ou **enture à mi-bois** half-lap joint.

mica [mika] nm **1.** [roche] mica **2.** [vitre] Muscovy glass.

micacé, e [mikase] adj micaceous.

mi-carême [mikaʀɛm] (*pl* **mi-carêmes**) nf ▸ **à la mi-carême** on the third Thursday of Lent.

micaschiste [mikaʃist] nm mica schist.

micelle [misɛl] nf micelle.

miche [miʃ] nf **1.** [pain] round loaf **2.** SUISSE [petit pain] (bread) roll.

❖ **miches** nfpl *tfam* [fesses] bum UK, butt US, fanny US ; [seins] knockers, tits ▸ **avoir les miches à zéro** to be scared stiff.

Michel [miʃɛl] npr ▸ **saint Michel** Saint Michael.

Michel-Ange [mikɛlɑ̃ʒ] npr Michelangelo.

micheline [miʃlin] nf railcar.

mi-chemin [miʃmɛ̃] ❖ **à mi-chemin** loc adv halfway, midway / *s'arrêter à mi-chemin* to stop halfway.

❖ **à mi-chemin de** loc prép halfway to / *à mi-chemin de Lyon* halfway to Lyon / *à mi-chemin de l'église et de l'école* halfway ou midway between the church and the school.

micheton [miʃtɔ̃] nm *arg crime* punter UK, john US.

Michigan [miʃigɑ̃] npr ▸ **le Michigan** Michigan ▸ **le lac Michigan** Lake Michigan.

Mickey [mikɛ] npr Mickey Mouse.

mi-clos, e [miklo, mikloz] adj half-closed.

micmac [mikmak] nm *fam* [affaire suspecte] funny ou fishy business, strange carry-on ▸ **des micmacs financiers** financial wheeler-dealing ; [complications] mix-up / *ça a été tout un micmac pour pouvoir entrer* getting in was a real hassle.

micocoulier [mikɔkulje] nm nettle tree.

mi-corps [mikɔʀ] ❖ **à mi-corps** loc adv [à partir du bas] up to the waist ; [du haut] down to the waist / *l'eau nous arrivait à mi-corps* the water came up to our waists.

mi-côte [mikot] ❖ **à mi-côte** loc adv [en partant du bas] halfway up the hill ; [du haut] halfway down the hill.

mi-course [mikuʀs] ❖ **à mi-course** loc adv halfway through the race, at the halfway mark.

micro [mikʀo] ◆ nm **1.** (**abr de microphone**) mike ▸ **parler dans le micro** to speak into the mike **2.** (**abr de micro-ordinateur**) *fam* PC. ◆ nf *fam* **abr de micro-informatique.**

microanalyse [mikʀoanaliz] nf microanalysis.

microbalance [mikʀobalɑ̃s] nf microbalance.

microbe [mikʀɔb] nm **1.** [germe] microbe, germ / *attraper un microbe* to catch a bug **2.** *fam* [personne] shrimp, (little) runt ou pipsqueak.

microbien, enne [mikʀobjɛ̃, ɛn] adj [relatif aux microbes] microbial, microbic ; [causé par les microbes] bacterial.

microbille [mikʀobij] nf **1.** MÉTALL micronized shot (particle) **2.** [de pigment] micronized pigment particle.

microbiologie [mikʀobjɔlɔʒi] nf microbiology.

microbiologique [mikʀobjɔlɔʒik] adj microbiological.

microbiologiste [mikʀobjɔlɔʒist] nmf microbiologist.

microbrasserie [mikʀobʀasʀi] nf microbrewery, small (independent) brewery.

microcalorimètre [mikʀokalɔʀimɛtʀ] nm microcalorimeter.

microcalorimétrie [mikʀokalɔʀimetʀi] nf microcalorimetry.

microcassette [mikʀokasɛt] nf microcassette.

microcéphale [mikʀosefal] adj & nmf microcephalic.

microcéphalie [mikʀosefali] nf microcephaly.

microchimie [mikʀoʃimi] nf microchemistry.

microchirurgie [mikʀoʃiʀyʀʒi] nf microsurgery.

microcircuit [mikʀosiʀkɥi] nm microcircuit.

microclimat [mikʀoklima] nm microclimate.

microcline [mikʀoklin] nm microcline.

microcoque [mikʀokɔk] nm micrococcus.

microcosme [mikʀokɔsm] nm microcosm.

microcosmique [mikʀokɔsmik] adj microcosmic.

micro-cravate [mikʀokʀavat] (*pl* **micros-cravates**) nm lapel mike.

microcrédit [mikʀokʀedi] (*pl* **micro-crédits**) nm microcredit.

microcristal, aux [mikʀokʀistal, o] nm microcrystal.

microdissection [mikʀodisɛksjɔ̃] nf microdissection.

microéconomie [mikʀoekɔnɔmi] nf microeconomics *(sg).*

microéconomique [mikʀoekɔnɔmik] adj microeconomic.

microédition [mikʀoedisjɔ̃] nf desktop publishing.

microélectronique [mikʀoelɛktʀɔnik] ◆ adj microelectronic. ◆ nf microelectronics *(U).*

microentreprise [mikʀoɑ̃tʀəpʀiz] nf microenterprise, microbusiness.

microfaune [mikʀofon] nf ÉCOL microfauna.

microfibre [mikʀofibʀ] nf microfibre.

microfiche [mikʀofiʃ] nf microfiche.

microfilm [mikʀofilm] nm microfilm.

microfilmer [3] [mikʀofilme] vt to microfilm.

microflore [mikʀoflɔʀ] nf microflora.

microforme [mikʀofɔʀm] nf microform.

micrographie [mikʀogʀafi] nf **1.** [science] micrography **2.** [photographie] micrograph **3.** MÉTALL microstructural microscopy.

micrographique [mikʀogʀafik] adj micrographic.

microgravité [mikʀogʀavite] nf microgravity.

microhabitat [mikʀoabita] nm microhabitat.

microhistoire [mikʀoistwaʀ] nf microhistory.

micro-informatique [mikʀoɛ̃fɔʀmatik] (*pl* **micro-informatiques**) nf computer science.

micro-intervalle [mikʀoɛ̃tɛʀval] (*pl* **micro-intervalles**) nm MUS microinterval.

micro-irrigation [mikʀoiʀigasjɔ̃] nf microirrigation.

micromanipulateur [mikʀomanipylatœʀ] nm micromanipulator.

micromarketing [mikʀomaʀketiŋ] nm micromarketing.

micromécanique [mikʀomekanik] nf micromechanics.

micrométéorite [mikʀometeɔʀit] nf micrometeorite.

micromètre [mikʀomɛtʀ] nm **1.** [instrument] micrometer **2.** [unité] micrometre.

micrométrie [mikʀometʀi] nf micrometry.

micrométrique [mikʀometʀik] adj micrometric, micrometrical.

micromodule [mikʀomɔdyl] nm micromodule.

micron [mikʀɔ̃] nm micron.

Micronésie [mikʀonezi] npr f ▸ **(la) Micronésie** Micronesia.

micronésien, enne [mikʀonezjɛ̃, ɛn] Micronesian.

❖ **Micronésien, enne** Micronesian.

micro-ondable [mikʀoɔ̃dabl] (*pl* **micro-ondables**) adj microwavable.

micro-onde [mikʀoɔ̃d] (*pl* **micro-ondes**) nf microwave.

micro-ondes [mikʀoɔ̃d] nm inv microwave / *faites dégeler au micro-ondes* defrost in the microwave ▸ **faire cuire qqch au micro-ondes** to cook sthg in the microwave, to microwave sthg.

micro-ordinateur [mikʀoɔʀdinatœʀ] (*pl* **micro-ordinateurs**) nm microcomputer.

micro-organisme [mikʀoɔʀganism] (*pl* **micro-organismes**) nm microorganism.

microphage [mikʀofaʒ] nm microphage.

microphone [mikʀofɔn] nm microphone.

microphonique [mikʀofɔnik] adj microphonic.

microphotographie [mikʀofɔtogʀafi] nf **1.** [technique] microphotography **2.** [image] microphotograph.

microphysique [mikʀofizik] nf microphysics *(U).*

micropilule [mikʀopilyl] nf minipill.

microprocesseur [mikʀopʀɔsesœʀ] nm microprocessor.

microprogrammation [mikʀopʀɔgʀamasjɔ̃] nf microprogramming.

microprogramme [mikʀopʀɔgʀam] nm INFORM firmware.

micropropagation [mikʀopʀɔpagasjɔ̃] nf BIOL micropropagation.

microscope [mikʀoskɔp] nm microscope ▸ **étudier qqch au microscope a)** *pr* to examine sthg under ou through a microscope **b)** *fig* to put sthg under the microscope ▸ **microscope électronique / optique** electron / optical microscope ▸ **microscope électronique à balayage** scanning electron microscope.

microscopie [mikʀoskɔpi] nf microscopy.

microscopique [mikʀoskɔpik] adj SCI microscopic ; [petit] microscopic, tiny, minute.

microséisme [mikʀoseism] nm microseism.

microsillon [mikʀosijɔ̃] nm [sillon] microgroove ▸ **(disque) microsillon** microgroove record.

microsociologie [mikʀosɔsjɔlɔʒi] nf microsociology.

microsociologique [mikʀosɔsjɔlɔʒik] adj microsociological.

microsonde [mikʀosɔ̃d] nf microprobe.

microspore [mikʀospɔʀ] nf microspore.

microstructure [mikʀostʀyktyʀ] nf microstructure.

microtechnique [mikʀotɛknik] nf microtechnology.

micro-trottoir [mikʀotʀɔtwaʀ] (*pl* **micros-trottoirs**) nm voxpop.

miction [miksjɔ̃] nf urination, micturition *spéc.*

Midas [midas] npr Midas.

middle jazz [midœldʒaz] nm inv mainstream (jazz).

MIDEM, Midem [midɛm] (**abr de Marché international du disque et de l'édition musicale**) npr m *annual recorded music market in Cannes.*

midi [midi] nm **1.** [milieu du jour] midday, lunchtime, noon ▸ **je m'arrête à midi a)** I stop at lunchtime **b)** [pour déjeuner] I stop for lunch / *je joue au squash à midi* [pendant la pause] I play squash during lunchtime ou the lunch hour ▸ **tous les midis** every day at lunchtime, every lunchtime / *il mange des pâtes tous les midis* he has pasta for lunch every day ▸ **voir midi à sa porte** to be wrapped up in oneself **2.** [heure] midday, twelve (o'clock), (twelve) noon ▸ **il est midi** it's midday, it's twelve (noon) ▸ **il est midi passé** it's after twelve, it's past midday / *midi et quart* a quarter past twelve / *midi moins vingt* twenty to twelve / *entre midi et deux (heures)* between twelve and two, during lunch ou lunchtime / *fermé de midi à 14 h* closed from 12 to 2 p.m. ▸ **vers midi** round (about) twelve ou midday / *sur le coup de midi* on the stroke of twelve **3.** [sud] south ▸ **exposé au midi** south-facing, facing south **4.** *litt* [milieu] : *au midi de sa vie* in the middle of his life.

❖ **Midi** nm [région du sud] South / *le Midi (de la France)* the South of France ▸ **du Midi** Southern, southern / *le climat du Midi* the Southern climate / *l'accent du Midi* southern (French) accent.

❖ **de midi** loc adj [repas, informations] midday *(modif)* ▸ **la pause de midi** the lunch break.

midinette [midinɛt] nf **1.** *vieilli* [cousette] dressmaker's apprentice, seamstress **2.** *péj* [jeune fille] starry-eyed girl / *des amours de midinette* the loves of some starry-eyed young girl.

Midi-Pyrénées [midipiʀene] npr m Midi-Pyrénées.

 **Midi-Pyrénées**

This administrative region includes the **départements** of Ariège, Aveyron, Gers, Haute-Garonne, Hautes-Pyrénées, Lot, Tarn and Tarn-et-Garonne (capital: Toulouse).

mi-distance [midistɑ̃s] ❖ **à mi-distance** loc adv halfway, midway. ❖ **à mi-distance de** loc prép halfway ou midway between.

midship [midʃip] nm *fam* NAUT middy.

Midwest [midwɛst] npr m ▶ **le Midwest** the Midwest.

mie [mi] nf **1.** [de pain] white ou soft ou doughy part (of bread) / ***mettez de la mie de pain à tremper*** soak some bread, having previously removed the crusts **2.** *litt & arch* [femme] truelove, ladylove / ***venez, ma mie*** come, fair damsel.

❖ **à la mie de pain** loc adj *fam & vieilli* [minable] pathetic, crummy / ***un petit truand à la mie de pain*** a small-time crook, a two-bit crook US.

miel [mjɛl] ◆ nm **1.** [d'abeilles] honey ▶ **miel liquide / solide / rosat** clear / set / rose honey **2.** EXPR **être (tout sucre) tout miel** : ***il est (tout sucre) tout miel*** he's a sweet talker. ◆ interj *fam & euphém* ▶ **miel !** *fam* sugar ! *fam*.

❖ **au miel** loc adj honey *(modif)*, honey-flavoured.

miellat [mjela] nm honeydew *(secreted by insects)*.

miellé, e [mjele] adj *litt* : ***du thé miellé*** honey-sweetened tea / ***la couleur miellée de ses cheveux*** the golden colour of her hair.

❖ **miellée** nf BOT honeydew *(exuded by plants)*.

mielleusement [mjɛløzmɑ̃] adv smarmily / ***il s'exprime mielleusement*** he's a sweet talker.

mielleux, euse [mjɛlø, øz] adj **1.** [doucereux] sickly sweet ▶ **un sourire mielleux** a saccharine smile / ***d'un ton mielleux*** in a syrupy voice / ***un discours mielleux*** a speech oozing with insincerity **2.** [relatif au miel] honey *(modif)*, honey-like.

mien, mienne [mjɛ̃, mjɛn] *(mpl* **miens** [mjɛ̃], *fpl* **miennes** [mjɛn]) adj poss *sout* : ***c'est un principe que j'ai fait mien depuis longtemps*** it has long been a principle of mine / ***j'ai fait mien ce mot d'ordre*** I've adopted this slogan as my own / ***une mienne cousine*** *litt* a cousin of mine.

❖ **le mien, la mienne** *(mpl* **les miens**, *fpl* **les miennes**) pron poss mine / ***son appartement est plus spacieux que le mien*** his flat is more spacious than mine / ***vous avez entendu son point de vue ; voici le mien*** you have heard his point of view ; here is mine / ***puis-je prendre ta voiture ? la mienne est au garage*** may I take your car ? mine is at the garage / ***je suis parti avec une valise qui n'était pas la mienne*** I left with a suitcase that wasn't mine ou that didn't belong to me / ***tes enfants sont plus âgés que les miens*** your children are older than mine (are) / ***ce parapluie n'est pas le mien*** this is not my umbrella, this umbrella is not mine / ***vos préoccupations sont aussi les miennes*** I share your anxieties ▶ **ton jour / ton prix sera le mien** name the day / your price ; *(emploi nominal)* ▶ **les miens** my family and friends ▶ **j'y mets du mien a)** [en faisant des efforts] I'm making an effort **b)** [en étant compréhensif] I'm trying to be understanding ▶ **j'ai encore fait des miennes !** *fam* I've (gone and) done it again !

miette [mjɛt] nf **1.** [d'aliment] crumb ▶ **des miettes de crabe** crab bits ▶ **une miette de pain** a crumb of bread / ***des miettes de pain*** breadcrumbs ▶ **des miettes de thon** tuna flakes **2.** [petite quantité] ▶ **pas une miette de** not a shred of / ***tu n'en auras pas une miette !*** you're not getting any of it ! ▶ **une miette de** a little bit of / ***du gâteau ? — j'en prendrai une miette*** some cake ? — I'll have just a tiny bit.

❖ **miettes** nfpl [restes] leftovers, crumbs, scraps / ***après le partage, ma cousine n'a eu que des miettes*** my cousin had to make do with what little was left over after the inheritance was shared out ; [morceaux] piece, fragment, bit / ***sa voiture est en miettes*** her car's a wreck / ***son rêve est en miettes*** his dream is in shreds ou tatters.

mieux [mjø]

◆ adv

A. COMPARATIF DE 'BIEN'
B. SUPERLATIF DE 'BIEN'
C. EMPLOI NOMINAL

A. COMPARATIF DE 'BIEN' 1. [d'une manière plus satisfaisante] better ▶ **tout va mieux** things are better (now) ▶ **elle va mieux** she's better / ***il travaille mieux depuis quelque temps*** he's been working better for some time ou a while now ▶ **cette jupe te va mieux a)** [d'aspect] that skirt suits you better **b)** [de taille] that skirt fits you better / ***le vert me va mieux*** green suits me better ▶ **qui dit mieux ? a)** [aux enchères] any advance (on that) ?, any more bids ? **b)** *fig* who can top that ? / ***repassez demain, je ne peux pas vous dire mieux*** come again tomorrow, that's the best ou all I can tell you / ***je m'y prends mieux depuis*** I'm handling it better now, I've got better at it since / ***il s'y prend mieux avec lui maintenant*** he deals with ou handles him better now ▶ **mieux prendre qqch** to take sthg better / ***cette fois-ci, elle a mieux pris la plaisanterie*** this time she took the joke better ▶ **mieux payé** better paid ▶ **mieux assis a)** [plus confortablement] sitting more comfortably **b)** [au spectacle] in a better seat / ***un peu mieux*** a little ou a bit better / ***beaucoup*** ou ***bien mieux*** a lot ou much better ▶ **vraiment mieux** much better / ***depuis un mois, elle va vraiment mieux*** she's been feeling much better for the past month / ***se sentir mieux*** to feel better / ***moins je le vois, mieux je me porte !*** the less I see of him, the better I feel ! / ***plus je le lis, mieux je le comprends*** the more I read it, the better I understand it / ***il parle italien mieux que je ne pensais*** he speaks Italian better than I thought / ***il ne lit pas mieux qu'il ne parle*** he doesn't read any better than he speaks **2.** [conformément à la raison, à la morale] better / ***il se comporte mieux*** he's behaving better ▶ **pas mieux** no better / ***son frère ne fait que des bêtises, et elle ce n'est pas mieux*** her brother is always misbehaving and she's no better ▶ **il ferait mieux de travailler / de se taire** he'd do better to work / to keep quiet ▶ **il pourrait mieux faire** he could do better / ***on ne peut pas mieux dire*** you can't say better ou fairer than that.

B. SUPERLATIF DE 'BIEN' ▶ **le mieux a)** [de deux] the better **b)** [de plusieurs] the best ▶ **c'est le mannequin le mieux payé a)** [des deux] she's the better-paid model **b)** [de plusieurs] she's the best-paid model / ***voilà ce qui me convient le mieux*** this is what suits me best / ***des deux, qui est la mieux ?*** who's the better of the two ? / ***la mieux de toutes*** the best of all them / ***le mieux qu'il peut*** the best he can ▶ **le mieux possible** as well as possible / ***j'ai classé les dossiers le mieux possible*** I filed everything as best I could ▶ **le mieux du monde** *sout* beautifully / ***il parlait, oh, le mieux du monde !*** he spoke, oh, so beautifully ! ▶ **s'entendre le mieux du monde avec qqn** to be on the best of terms with sb.

C. EMPLOI NOMINAL better / ***c'est pas mal, mais il y a mieux*** it's not bad, but there's better / ***en attendant / espérant mieux*** while waiting / hoping for better (things) / ***il s'attendait à mieux, il attendait mieux*** he was expecting (something) better / ***faute de mieux, je m'en contenterai*** since there's nothing better, I'll make do with it / ***c'est sa mère en mieux*** she's like her mother, only better-looking / ***changer en mieux*** to take a turn for ou to change for the better.

◆ adj **1.** [plus satisfaisant] better / ***voilà, c'est déjà beaucoup mieux !*** there, it's already much ou a lot better ! / ***se taire est beaucoup mieux*** it's much better not to say anything / ***on ne se voit plus, c'est mieux ainsi*** we don't see each other any more, it's better that way / ***ça ne vous semble pas mieux comme ça ?*** don't you think it's better that way ? / ***c'était mieux que jamais*** it was better than ever ▶ **c'est mieux que rien** it's better than nothing / ***le dernier modèle est mieux que le précédent*** the latest model is better than ou is an improvement on the previous one **2.** [du point de vue de la santé, du bien-être] better / ***il est mieux*** he's better / ***on sent qu'il est mieux dans sa peau*** you can feel he's more at ease with himself / ***tu seras mieux en pantalon*** you'd be better in trousers / ***on est mieux dans ce fauteuil*** this armchair is more comfortable **3.** [plus beau] better / ***elle est mieux avec les cheveux courts*** she looks better with short hair / ***prends cette robe, elle est mieux que l'autre*** take this dress, it's better than the other (one) / ***elle est mieux que sa sœur*** she's better-looking than her sister.

◆ nm **1.** [amélioration] improvement / ***il y a du mieux*** things have got better, there's some improvement / ***il y a un mieux*** there is an improvement / ***la situation connaît un léger mieux*** the situation has improved slightly, there's been a slight improvement in the situation **2.** [ce qui est préférable] : ***le mieux est de ne pas y aller*** it's best not to go / ***le mieux, c'est de partir un peu plus tôt*** it's best to leave a bit earlier ▶ **faire de son mieux** to do one's (level) best / ***il a fait de son mieux*** he did his best ▶ **le mieux est l'ennemi du bien** *prov* the best is the enemy of the good.

❖ **à qui mieux mieux** loc adv : ***les enfants répondaient à qui mieux mieux*** the children were trying to outdo each other in answering.

❖ **au mieux** loc adv ▶ **faire au mieux** to do whatever's best, to act for the best / ***ils sont au mieux (l'un avec l'autre)*** they're on very good terms / ***en mettant les choses au mieux*** at best / ***vous l'aurez lundi, en mettant les choses au mieux*** you'll get it on Monday at the very best / ***au mieux de sa forme*** on top form, in prime condition / ***j'ai agi au mieux de vos intérêts*** I acted in your best interest / ***acheter / vendre au mieux*** BOURSE to buy / sell at the best price.

❖ **de mieux** loc adj **1.** [de plus satisfaisant] : ***c'est ce que nous avons de mieux*** it's the best we have / ***si tu n'as rien de mieux à faire, viens avec moi*** if you've got nothing better to do, come with me **2.** [de plus] : ***j'ai mis 20 euros de mieux*** I added an extra 20 euros.

❖ **de mieux en mieux** loc adv better and better / ***elle joue de mieux en mieux*** she plays better and better / ***et maintenant, de mieux en mieux, j'ai perdu mes clefs !*** *iron* and now, to cap it all, I've lost my keys ! / ***de mieux en mieux !*** *iron* it gets better !

❖ **des mieux** loc adv : ***j'ai un ami qui est des mieux placé*** ou ***placés au ministère*** I have a friend who's high up in the Ministry.

❖ **on ne peut mieux** loc adv *sout* extremely well / ***il s'exprime on ne peut mieux*** he expresses himself extremely well / ***le stage va on ne peut mieux*** the course couldn't be going better.

❖ **pour le mieux** loc adv for the best / ***tout va pour le mieux*** everything is for the best / ***tout est pour le mieux dans le meilleur des mondes*** *(allusion à Voltaire)* everything is for the best in the best of all possible worlds / ***faire pour le mieux*** to act for the best.

❖ **qui mieux est** loc adv even better, better still.

mieux-disant [mjødizɑ̃] nm inv (bidder offering the) best value.

mieux-être [mjøzɛtʀ] nm inv better quality of life.

mièvre [mjɛvʀ] adj *péj* **1.** [fade] insipid, vapid, bland ; [sentimental] mawkish, syrupy ▶ **un roman mièvre** a mushy novel **2.** [maniéré] mawkish, precious / ***avec une grâce un peu mièvre*** demurely / ***sa façon un peu mièvre de dire bonjour*** her slightly twee UK ou simpering way of saying hello **3.** [joli sans vrai talent - dessin] pretty-pretty, flowery.

mièvrement [mjɛvʀəmɑ̃] adv *péj* **1.** [fadement] insipidly, vapidly, blandly **2.** [sentimentalement] mawkishly, in a syrupy ou sickly-sweet manner **3.** [joliment] in a pretty-pretty way.

mièvrerie [mjɛvʀəʀi] nf *péj* **1.** [fadeur] insipidity, vapidity, blandness ; [sentimentalité] mawkishness ; [caractère maniéré] sickly affectation ; [joliesse] floweriness, insipid prettiness **2.** [acte] mawkish behaviour *(U)* ; [propos] mawkish ou twee UK remark.

mi-fer [mifɛʀ] ❖ **à mi-fer** loc adj MÉTALL ▶ **assemblage** ou **enture à mi-fer** half-lap joint.

mignard, e [miɲaʀ, aʀd] adj *litt* [manières, geste] dainty, affected ; [sourire] simpering, insincere ; [style, décoration] over-pretty, overnice.

mignardise [miɲaʀdiz] nf **1.** [manières] daintiness, affectation ; [joliesse] preciousness, floweriness **2.** BOT ▶ **(œillet) mignardise** (wild) pink.

mignon, onne [miɲɔ̃, ɔn] ◆ adj **1.** [joli] sweet, pretty, cute / ***c'est mignon tout plein à cet âge-là*** *fam* children are so sweet at that age / ***il est si mignon avec ses fossettes*** he's got the cutest dimples / ***elle est plus mignonne avec les cheveux courts*** she's prettier with short hair / ***il est mignon, ton appartement*** you've got a lovely little flat **2.** *fam* [gentil] sweet, nice, lovely / ***il***

m'a apporté des fleurs, c'était mignon comme tout he brought me flowers, it was so sweet of him / *allez, sois mignonne, va te coucher* come on, be a darling ou sweetie ou dear and go to bed. ◆ nm, f *fam* [terme d'affection] darling, cutie, sweetie ▸ **ma mignonne** darling, sweetheart.

❖ **mignon** nm HIST minion, favourite UK, favorite US.

mignonnet, ette [miɲɔnɛ, ɛt] adj pretty-pretty.

❖ **mignonnette** nf **1.** BOT [réséda] mignonnette ; [saxifrage] London pride ; [œillet mignardise] (wild) pink **2.** [poivre] coarse-ground pepper **3.** [gravillon] small gravel **4.** [bouteille miniature] miniature (bottle).

migraine [migʀɛn] nf MÉD migraine ; [mal de tête] (bad) headache / *ces formulaires à remplir, c'est à vous donner la migraine* filling in these forms is a real headache.

migraineux, euse [migʀɛnø, øz] ◆ adj migrainous. ◆ nm, f migraine sufferer.

migrant, e [migʀɑ̃, ɑ̃t] adj & nm, f migrant ▸ **migrant économique** economic migrant.

migrateur, trice [migʀatœʀ, tʀis] adj BIOL & ORNITH migratory.

❖ **migrateur** nm [oiseau] migrator, migrant.

migration [migʀasjɔ̃] nf **1.** [des oiseaux, des travailleurs] migration / *les grandes migrations estivales vont commencer fig* the mass summer migrations are about to begin **2.** CHIM & GÉOL migration.

migratoire [migʀatwaʀ] adj migratory.

migrer [3] [migʀe] vi to migrate.

mihrab [miʀab] nm mihrab.

mi-jambe [miʒɑ̃b] ❖ **à mi-jambe** loc adv [à partir -du bas] up to the knees ; [-du haut] down to the knees / *on était dans la neige à mi-jambe* we were knee-deep in snow.

mijaurée [miʒɔʀe] nf [pimbêche] (stuck-up) little madam ▸ **faire la mijaurée** to put on airs.

mijoter [3] [miʒɔte] ◆ vt **1.** CULIN to simmer, to slow-cook ▸ **bœuf mijoté** stewed beef, beef stew / *mijoter des petits plats* to spend a lot of time cooking delicious meals **2.** *fam* [coup, plan] to plot, to cook up *(sép)* / *qu'est-ce que tu mijotes?* what are you up to? ▸ **elle mijote quelque chose** she's got something up her sleeve / *ils ont mijoté ça entre eux* they cooked it up between them. ◆ vi **1.** CULIN to simmer, to stew gently / *continuez à faire* ou *laissez mijoter jusqu'à ce que la viande soit cuite* (allow to) simmer until the meat is cooked **2.** *fam & fig* : *laisse-la mijoter dans son coin* leave her awhile to mull it over.

❖ **se mijoter** vp *(emploi passif) fam* [coup, plan] to be cooking ou brewing, to be afoot.

Mijoteuse® [miʒɔtøz] nf slow cooker.

❖ **mijoteuse** adj f ▸ **plaque mijoteuse** simmering plate.

mi-journée [miʒuʀne] nf : *les informations de la mi-journée* the lunchtime news.

mikado [mikado] nm **1.** [titre] mikado **2.** [jeu] mikado, spillikins *(sg)*.

mil[1] [mil] = **mille**.

mil[2] [mil] nm millet.

milan [milɑ̃] nm kite / *milan noir* / *royal* black / red kite.

Milan [milɑ̃] npr Milan.

milanais, e [milanɛ, ɛz] adj Milanese.

❖ **Milanais, e** nm, f Milanese ▸ **les Milanais** the Milanese.

mildiou [mildju] nm mildew.

mildiousé, e [mildjuze] adj mildewy, mildewed.

mile [majl] nm (statute) mile.

miliaire [miljɛʀ] adj miliary.

milice [milis] nf **1.** HIST militia **2.** [organisation paramilitaire] militia ▸ **milice privée** private militia **3.** BELG [service militaire] military service ; [armée] ▸ **la milice** the army.

milicien, enne [milisjɛ̃, ɛn] nm, f militiaman (militia woman).

❖ **milicien** nm BELG conscript UK, draftee US.

milieu, x [miljø] nm **1.** [dans l'espace] middle, centre / *une nappe déchirée* / *décorée en son milieu* a tablecloth torn / decorated in the middle / *sciez-la par le* ou *en son milieu* saw it through ou down the middle / *celui du milieu* the one in the middle, the middle one **2.** [dans le temps] middle / *l'incendie s'est déclaré vers le milieu de la nuit* the fire broke out in the middle of the night ▸ **en milieu de trimestre** in mid-term **3.** [moyen terme] middle way ou course / *il n'y a pas de milieu entre ces deux solutions* there's no (way to) compromise between these two solutions ▸ **le juste milieu** the happy medium / *il faut trouver un juste milieu* we have to find a happy medium **4.** [entourage] environment, milieu / *l'influence du milieu familial* ou *d'origine sur la réussite scolaire* the influence of the home background ou environment on achievement at school ▸ **milieu socioculturel** (social) background / *des gens de tous les milieux* people from all walks of life ou backgrounds ▸ **dans mon milieu professionnel** [parmi mes collègues] amongst the people I work with / *c'est un milieu très snob* it's a very snobbish environment ▸ **les milieux scientifiques** scientific circles / *les milieux bien informés* well-informed circles / *dans les milieux financiers* in financial circles / *ne pas se sentir* / *se sentir dans son milieu* to feel out of place / at home **5.** BIOL [environnement] environment, habitat ▸ **dans un milieu acide** in an acid medium ▸ **milieu de culture** culture medium ▸ **milieu intérieur** internal environment ▸ **milieu naturel** natural habitat ▸ **en milieu stérile** in a sterile environment **6.** INDUST & SCI : *en milieu réel* in the field **7.** [pègre] ▸ **le milieu** the underworld **8.** MATH midpoint, midrange.

❖ **au beau milieu de** loc prép right in the middle of.

❖ **au (beau) milieu** loc adv (right) in the middle, (right) in the centre / *et là, au milieu, il y avait un puits* and there, right in the middle, was a well.

❖ **au milieu de** loc prép **1.** [dans l'espace] in the middle of, in the centre of / *au milieu de la pièce* in the middle ou centre of the room **2.** [dans le temps] in the middle of / *au milieu de la journée* / *nuit* in the middle of the day / night / *elle est partie au milieu de mon cours* she left in the middle of ou halfway through my lesson / *nous en sommes au milieu de l'enquête* we've now got to the halfway mark in the survey ▸ **au milieu de l'hiver** / **l'été** in midwinter / midsummer / *au milieu du mois* in the middle of the month / *au milieu du mois de mars* in mid-March ▸ **au milieu du trimestre** ÉDUC in mid-term / *au milieu de son mandat* POL in mid-term **3.** [parmi] amongst, in the midst of, surrounded by / *mourir au milieu des siens* to die amongst ou surrounded by one's loved ones / *au milieu de la foule* in the middle ou in the midst of the crowd / *il quitta la scène au milieu des huées* he was booed off the stage.

❖ **milieu de terrain** nm [zone] midfield (area) ; [joueur] midfield player.

militaire [militɛʀ] ◆ adj [gén] military ; [de l'armée de terre] army *(modif)*, service *(modif)* ; [de l'armée de l'air, de la marine] service *(modif)* / *tous les personnels militaires* all service personnel / *avoir la fibre militaire* to be a born soldier ▸ **allure militaire** military ou soldierly bearing. ◆ nm [soldat -gén] soldier ; [-de l'armée de terre] soldier, serviceman ; [-de l'armée de l'air, de la marine] serviceman / *c'est un ancien militaire* he's an ex-serviceman ▸ **militaire de carrière** professional soldier ▸ **militaire du contingent** national serviceman.

militairement [militɛʀmɑ̃] adv ▸ **saluer militairement** to salute in military fashion / *les bases ennemies sont occupées militairement* the enemy bases are occupied by the military / *il nous faut intervenir militairement* we have to resort to military intervention.

militant, e [militɑ̃, ɑ̃t] ◆ adj militant. ◆ nm, f militant / *les militants de base sont d'accord* the grassroots militants agree ▸ **militant syndical** trade union militant ou activist.

militantisme [militɑ̃tism] nm militancy, militantism.

militarisation [militaʀizasjɔ̃] nf militarization.

militariser [3] [militaʀize] vt to militarize.

militarisme [militaʀism] nm militarism.

militariste [militaʀist] ◆ adj militaristic. ◆ nmf militarist.

militaro-industriel, elle [militaʀoɛ̃dystʀijɛl] *(mpl* **militaro-industriels**, *fpl* **militaro-industrielles**) adj militaro-industrial.

militer [3] [milite] vi **1.** [agir en militant] to be a militant ou an activist / *militer au* ou *dans le parti socialiste* to be a socialist party activist ▸ **militer pour** / **contre qqch** to fight for / against sthg **2.** [plaider] to militate / *ces témoignages ne militent pas en votre faveur* this evidence goes ou militates against you / *les derniers bilans militent en faveur d'une refonte de la société* the latest balance sheets are a good argument for restructuring the company.

milk-shake [milkʃɛk] *(pl* **milk-shakes**) nm milkshake.

millage [milaʒ] nm QUÉBEC mileage.

mille [mil] ◆ dét **1.** [dix fois cent] a ou one thousand ▸ **dix** / **cent mille** ten / a hundred thousand / *mille fois trois égale trois mille* one thousand times three is three thousand ▸ **en l'an mille cinquante** ou **mil cinquante** in the year one thousand and fifty / *c'est à mille kilomètres d'ici* it's a thousand kilometres from here / **'les Mille et Une Nuits'** 'The Arabian Nights', 'The Thousand and One Nights' **2.** [beaucoup de] : *c'est mille fois trop grand* it's miles too big / *ton énigme est mille fois trop compliquée pour moi* your riddle is far too difficult for me ▸ **mille baisers** lots ou tons of kisses / *mille mercis, merci mille fois* many thanks ▸ **mille excuses** ou **pardons si je t'ai blessé** I'm dreadfully sorry if I've hurt you / *voilà un exemple entre mille* here's just one of the countless examples I could choose ▸ **en mille morceaux** in pieces / *il y a mille et une manières de réussir sa vie* there are thousands of ways ou a thousand and one ways of being successful in life ▸ **endurer** ou **souffrir mille morts** to go through agony ▸ **(mille milliards de) mille sabords!** ≃ shiver me timbers! ◆ nm inv **1.** [nombre] a ou one thousand / *vingt pour mille des femmes* twenty women out of ou in every thousand / *il y a une chance sur mille que ça marche* there's a one-in-a-thousand chance that it'll work / *un mille d'épingles* COMM one thousand pins ▸ **acheter** / **vendre au mille** COMM to buy / to sell by the thousand / *le disque en est à son cinquantième mille* COMM the record has sold fifty thousand copies ▸ **je te le donne en mille!** *fam* I bet you'll never guess! ▸ **des mille et des cents** *fam* loads of money / *il ne gagne pas des mille et des cents* he doesn't exactly earn a fortune **2.** [centre d'une cible] bull's eye ▸ **mettre** ou **taper (en plein) dans le mille a)** *fam & pr* to hit the bull's-eye **b)** *fam & fig* to score a bull's-eye, to be bang on target. ◆ nm **1.** NAUT ▸ **mille (marin)** nautical mile **2.** QUÉBEC (statute) mile **3.** HIST ▸ **le mille romain** the Roman mile.

mille-feuille *(pl* **mille-feuilles**), **millefeuille*** [milfœj] ◆ nf BOT milfoil, yarrow. ◆ nm CULIN mille feuilles ; ≃ vanilla slice UK ou napoleon US.

millénaire [milenɛʀ] ◆ adj thousand-year-old / *un arbre millénaire* a thousand-year-old tree / *des traditions (plusieurs fois) millénaires* age-old ou time-honoured traditions. ◆ nm **1.** [période] millennium / *au cours du troisième millénaire avant Jésus-Christ* in the third millennium BC **2.** [anniversaire] millennium, thousandth anniversary / *l'année du millénaire capétien* the millennium of the foundation of the Capetian dynasty.

millénarisme [milenaʀism] nm millenarianism.

millénariste [milenaʀist] adj & nmf millenarian.

millenium [milenjɔm] nm RELIG millennium.

mille-pattes *(pl* **mille-pattes**), **millepatte*** [milpat] nm millipede.

millepertuis [milpɛʀtɥi] nm St John's wort.

milleraies [milʀɛ] nm pinstripe.

millésime [milezim] nm **1.** [date] date, year / *une pièce au millésime de 1962* a coin dated 1962 **2.** ŒNOL [date de récolte] year, vintage / *le millésime 1976 est l'un des meilleurs* the 1976 vintage is among the best.

* In reformed spelling (see p. 16-19).

millésimé, e [milezime] adj vintage *(modif)* / *un bourgogne millésimé 2003* a 2003 (vintage) Burgundy / *une bouteille millésimée 1880* a bottle dated 1880.

millésimer [3] [milezime] vt to date, to put a date on.

millet [mijɛ] nm millet.

milliampère [miliɑ̃pɛʀ] nm milliamp, milliampere.

milliampèremètre [miliɑ̃pɛʀmɛtʀ] nm milliammeter.

milliard [miljaʀ] nm billion *(one thousand million)* / *cela a coûté deux milliards (d'euros)* it cost two billion (euros) / *des milliards de globules rouges* billions of red corpuscles.

milliardaire [miljaʀdɛʀ] ◆ adj : *sa famille est plusieurs fois milliardaire* his family is worth billions. ◆ nmf multimillionaire, billionaire US.

milliardième [miljaʀdjɛm] adj num, nmf & nm thousand millionth, billionth.

millibar [milibaʀ] nm millibar.

millième [miljɛm] ◆ adj num thousandth. ◆ nmf thousandth / *vous êtes la millième sur la liste* you're the thousandth on the list. ◆ nm thousandth / *elle ne connaît pas le millième de mes sentiments* she can't begin to have an idea of my feelings / *il ne fournit pas le millième du travail nécessaire* he isn't doing a fraction of the work that has to be done. ◆ nf THÉÂTRE thousandth performance.

millier [milje] nm thousand / *un millier de badges / livres ont été vendus* a thousand badges / books have been sold ▸ **des milliers de** thousands of.

❖ **par milliers** loc adv [arriver] in their thousands ; [envoyer, commander] by the thousand / *des ballons ont été lâchés par milliers* thousands (upon thousands) of balloons have been released.

milligramme [miligʀam] nm milligram, milligramme.

millilitre [mililitʀ] nm millilitre UK, milliliter US.

millimètre [milimɛtʀ] nm millimetre UK, millimeter US.

millimétré, e [milimetʀe], **millimétrique** [milimetʀik] adj millimetric ▸ **échelle millimétrée** millimetre scale.

million [miljɔ̃] nm million / *un million de personnes* a ou one million people / *la maison vaut 3 millions d'euros* the house is worth 3 million euros ▸ **des millions de** millions of.

millionième [miljɔnjɛm] adj num, nmf & nm millionth.

millionnaire [miljɔnɛʀ] ◆ adj millionaire, millionnaire ▸ **être / devenir millionnaire** to be / to become a millionaire / *elle est plusieurs fois millionnaire (en dollars)* she's a (dollar) millionaire ou millionairess several times over. ◆ nmf millionaire (millionairess) / *le loto a fait deux millionnaires cette semaine* the lottery has made two people into millionaires this week.

milliseconde [milisəgɔ̃d] nf millisecond.

millivolt [milivɔlt] nm millivolt.

millivoltmètre [milivɔltmɛtʀ] nm millivoltmeter.

milliwatt [miliwat] nm milliwatt.

Milo [milo] npr ▸ **la Vénus de Milo** the Venus de Milo.

mi-long, mi-longue [milɔ̃, milɔ̃g] *(mpl* **mi-longs**, *fpl* **mi-longues**) adj [jupe] half-length ; [cheveux] shoulder-length.

milord [milɔʀ] nm **1.** [en appellation] lord / *après vous, milord* after you, my lord **2.** *fam & vieilli* [homme riche] toff / *donnant des ordres à tout le monde comme un milord* ordering everyone about as if he was God **3.** [véhicule] victoria.

mi-lourd [miluʀ] *(pl* **mi-lourds**) adj m & nm light heavyweight.

mime [mim] ◆ nmf **1.** [artiste] mime (artist) **2.** [imitateur] mimic. ◆ nm **1.** [art] mime ▸ **faire du mime** to be a mime (artist) / *un spectacle de mime* a mime show **2.** [action de mimer] miming *(U)*.

mimer [3] [mime] vt **1.** THÉÂTRE to mime / *le jeu consiste à mimer des titres de films* the idea of the game is to mime film titles **2.** [imiter] to mimic.

mimétique [mimetik] adj BIOL & THÉÂTRE mimetic.

mimétisme [mimetism] nm **1.** BIOL mimicry, mimesis **2.** [imitation] mimicry, mimicking / *le nouveau-né sourit à sa mère par mimétisme* a new-born baby mimics its mother's smile.

mimi [mimi] ◆ adj inv *fam* [mignon] lovely, sweet, cute. ◆ nm **1.** *langage enfantin* [chat] pussy, pussycat **2.** *fam* [bisou] kiss ; [caresse] cuddle, hug **3.** *fam* [terme d'affection] (little) darling ou sweetie ou honey / *qu'est-ce qui ne va pas, mon mimi ?* what's wrong, sweetie-pie ? **4.** [grimace] facial expression.

mimique [mimik] nf **1.** [gestuelle] gesture / *il fit une mimique de désespoir* he made a despairing gesture **2.** [grimace] facial expression / *il a fait une curieuse mimique* he made a funny face, he put on a comic expression.

mimodrame [mimɔdʀam] nm dumb show.

mimolette [mimɔlɛt] nf Mimolette (cheese).

mi-mollet [mimɔlɛ] ❖ **à mi-mollet** loc adv [à partir - du bas] up to the calf ; [- du haut] down to the calf / *bottes à mi-mollet* calf-length boots ▸ **robe à mi-mollet** midi dress.

mimologie [mimɔlɔʒi] nf (art of) mimicry, imitation.

mimosa [mimɔza] nm **1.** BOT mimosa **2.** CULIN ▸ **œuf mimosa** egg mayonnaise *(topped with crumbled yolk)*.

mimosacée [mimɔzase] nf member of the Mimosaceae.

mi-moyen [mimwajɛ̃] *(pl* **mi-moyens**) adj m & nm welterweight.

min (abr écrite de **minute**) min.

min. (abr écrite de **minimum**) min.

MIN nm abr de **marché d'intérêt national**.

minable [minabl] *fam* ◆ adj **1.** [médiocre, laid - costume] shabby, tatty UK, tacky US ; [- chambre] dingy, shabby ; [- film] third-rate, rotten, lousy ; [- situation, salaire] pathetic **2.** [mesquin] petty, mean / *une petite vengeance minable* petty revenge **3.** [sans envergure] small-time, third-rate / *un escroc minable* a small-time crook. ◆ nmf nonentity, no-hoper, loser / *tu n'es qu'un minable !* you're so pathetic ! / *pauvre minable, va !* you pathetic little nobody !

minablement [minabləmɑ̃] adv **1.** [pauvrement] shabbily **2.** [lamentablement] pathetically, hopelessly / *ils ont échoué minablement* they failed miserably.

minage [minaʒ] nm MIN & TRAV PUB mining.

minaret [minaʀɛ] nm minaret.

minauder [3] [minode] vi to mince, to simper / *elle répondait aux questions en minaudant* she answered the questions with a simper ▸ **arrête de minauder !** don't be such a poser !

minauderie [minodʀi] nf **1.** [préciosité] (show of) affectation **2.** [acte, propos] affectation ▸ **minauderies** simpering.

minaudier, ère [minodje, ɛʀ] adj affected, simpering, mincing.

mince [mɛ̃s] ◆ adj **1.** [sans épaisseur] thin / *une mince couche de vernis* a thin layer of varnish / *une mince tranche de bacon* a sliver ou a thin slice of bacon / *des lèvres minces* thin lips ▸ **un mince filet d'eau** a tiny trickle of water ▸ **mince comme une feuille de papier à cigarette** paper-thin, wafer-thin **2.** [personne - svelte] slim, slender ▸ **être mince** to be slim ou slender ▸ **mince comme un fil** as thin as a rake **3.** *fig* [faible] small, meagre UK, meager US ; [négligeable] slim, slender / *de minces bénéfices* slender profits / *les preuves sont bien minces* the evidence is rather slim / *ce n'est pas une mince affaire* this is no trifling matter / *ce n'est pas une mince responsabilité* it's no small responsibility / *un demi-chapitre sur la Révolution, c'est un peu mince* half a chapter on the French Revolution is a bit feeble / *une livre de viande pour quatre, c'est un peu mince* a pound of meat for four, that's cutting it a bit fine. ◆ interj *fam* damn / *mince, les voilà !* crumbs UK ou criminy US, here they are ! / *mince alors, qui l'aurait cru !* blimey UK ou jiminy cricket US, who'd have thought it !

minceur [mɛ̃sœʀ] nf **1.** [sveltesse] slimness, slenderness / *régime minceur* slimming diet / *cuisine minceur* cuisine minceur ; [finesse] slimness, thinness **2.** [insuffisance] weakness, feebleness, meagreness UK, meagerness US / *la minceur d'un argument* the weakness ou flimsiness of an argument.

mincir [32] [mɛ̃siʀ] ◆ vi [personne] to get slimmer ou thinner / *elle essaie de mincir* she's trying to lose weight. ◆ vt [suj: vêtement, couleur] : *cette robe te mincit* that dress makes you look slimmer.

mine [min] nf **1.** [apparence] appearance, exterior / *sous sa mine respectable* under her respectable exterior ▸ **faire mine de** : *elle fit mine de raccrocher, puis se ravisa* she made as if to hang up, then changed her mind / *ne fais pas mine de ne pas comprendre* don't act as if ou pretend you don't understand ▸ **mine de rien** *fam* : *mine de rien, ça finit par coûter cher* it may not seem much but when you add it all up, it's expensive / *mine de rien, elle était furieuse* although ou though she didn't show it, she was furious / *il est 4 h du matin, mine de rien* it's hard to believe ou you wouldn't think it, but it's four in the morning **2.** [teint] ▸ **avoir bonne mine** to look well ▸ **avoir mauvaise mine** : *il a mauvaise mine* he doesn't look very well / *tu as bonne mine, avec ta veste à l'envers !* *fig & iron* you look great with your jacket on inside out ! ▸ **avoir une mine superbe** to be the (very) picture of health ▸ **avoir une sale mine** *fam* to look dreadful ou awful ▸ **avoir une petite mine** *fam* to look peaky ▸ **avoir une mine de papier mâché** *fam* to look like death warmed up / *je lui trouve meilleure mine* I think she looks better ou in better health ; [visage, contenance] look, countenance *litt* / *avoir une mine réjouie* to beam, to be beaming ▸ **faire grise** ou **triste** ou **piètre mine** to pull UK ou to make a long face / *ne fais pas cette mine !* don't look so downhearted ! ▸ **faire bonne mine à qqn** to greet sb warmly ▸ **faire mauvaise mine à qqn** to be cool with sb **3.** GÉOL deposit ; [installations - de surface] pithead ; [- en sous-sol] pit / *mon fils n'ira pas à la mine* my son isn't going down the mine ou pit ▸ **mine de charbon** ou **de houille** coal mine ▸ **mine à ciel ouvert** opencast mine ▸ **une mine d'or** *pr & fig* a gold mine **4.** [source importante] ▸ **une mine de** a mine ou source of / *une mine d'informations* a mine of information **5.** [d'un crayon] lead ▸ **crayon à mine grasse / dure** soft / hard pencil ▸ **mine de plomb** graphite ou black lead **6.** MIL [galerie] mine, gallery, sap ; [explosif] mine ▸ **mine aérienne / sous-marine / terrestre** aerial / submarine / land mine ▸ **mine télécommandée** radio-controlled mine **7.** [explosif] ▸ **coup de mine** blast / *ouvrir une roche à coups de mine* to blast a rock ▸ **exploitation à la mine** blasting.

❖ **mines** nfpl **1.** [manières] : *il m'énerve à toujours faire des mines* he irritates me, always simpering around **2.** GÉOGR mining area, mines ; ÉCON mining industry ▸ **les Mines** ADMIN **a)** ≃ the Department of Transport UK **b)** ≃ the Department of the Interior US **c)** ENS the (French) School of Mining Engineers.

miner [3] [mine] vt **1.** [poser des mines] to mine / **'danger ! zone minée'** 'beware of mines' **2.** [ronger] to undermine, to erode, to eat away (at) ou into / *l'humidité a miné les fondations* the damp has eaten into the foundations **3.** [affaiblir] to undermine, to sap / *l'opposition cherche à miner les efforts du gouvernement* the opposition is trying to undermine the government's work ▸ **miner les forces / la santé de qqn** to sap sb's strength / health / *la froideur de son accueil m'a miné le moral* the cold reception he gave me sapped my spirits ▸ **miné par le chagrin** consumed with ou worn down by grief.

minerai [minʀɛ] nm ore ▸ **minerai de fer / d'uranium** iron / uranium ore ▸ **minerai marchand** ou **net** pure ore ▸ **minerai riche / pauvre** high-grade / low-grade ore ▸ **minerai brut** crude ore ▸ **minerai métallique** metalliferous ou metal-bearing ore.

minéral, e, aux [mineʀal, o] adj mineral.

❖ **minéral, aux** nm mineral.

minéralier [mineʀalje] nm ore carrier.

minéralier-pétrolier [mineʀaljepetʀɔlje] (*pl* **minéraliers-pétroliers**) nm ore-oil carrier.

minéralisateur, trice [mineʀalizatœʀ, tʀis] adj mineralizing.

❖ **minéralisateur** nm mineralizer.

minéralisation [mineʀalizasjɔ̃] nf mineralization.

minéralisé, e [mineʀalize] adj mineralized / ***eau faiblement minéralisée*** water with a low mineral content.

minéraliser [3] [mineʀalize] vt [métal, eau] to mineralize.

minéralogie [mineʀalɔʒi] nf mineralogy.

minéralogique [mineʀalɔʒik] adj **1.** GÉOL mineralogical **2.** AUTO ▸ **numéro minéralogique** registration UK ou license US number ▸ **plaque minéralogique** numberplate UK, license plate US.

minéralogiste [mineʀalɔʒist] nmf mineralogist.

minéralurgie [mineʀalyʀʒi] nf ore processing.

minerval, s [minɛʀval] nm BELG school tuition fees.

minerve [minɛʀv] nf MÉD neck brace, (surgical) collar.

Minerve [minɛʀv] npr Minerva.

minervois [minɛʀvwa] nm Minervois (wine).

minestrone [minɛstʀɔn] nm minestrone.

minet, ette [minɛ, ɛt] nm, f *fam* **1.** [jeune personne superficielle] (young) trendy **2.** [chat] puss, pussy, pussycat **3.** [terme d'affection] sweetie, sweetie-pie, honey.

❖ **minette** nf **1.** MIN minette **2.** BOT (black) medic ou medick.

mineur, e [minœʀ] ◆ adj **1.** [insignifiant] minor / ***d'un intérêt mineur*** of minor interest **2.** DR below the age of criminal responsibility ▸ **enfants mineurs** under age children, minors ▸ **être mineur** to be under age ou a minor **3.** MUS minor ▸ **concerto en sol mineur** concerto in G minor ▸ **accord parfait mineur** minor chord **4.** HIST & RELIG ▸ **un frère mineur** a Friar Minor, a Franciscan **5.** CARTES ▸ **couleur mineure** minor suit **6.** LOGIQUE minor. ◆ nm, f DR minor / **'interdit aux mineurs'** 'adults only' ▸ **délinquant mineur** juvenile offender ▸ **détournement** ou **enlèvement de mineur** abduction.

❖ **mineur** nm **1.** [ouvrier] miner, mineworker / ***famille de mineurs*** mining family / ***grève / maladie des mineurs*** miners' strike / disease ▸ **mineur continu** TECHNOL continuous miner ▸ **mineur de fond** underground worker ▸ **mineur de houille** coalminer, collier UK **2.** MIL sapper, miner **3.** MUS ▸ **en mineur** in the minor mode ou key **4.** LOGIQUE minor term.

❖ **mineure** nf LOGIQUE minor premise.

mini [mini] ◆ adj inv VÊT : ***la mode mini*** the mini-length ou thigh-length fashion. ◆ nm **1.** VÊT mini / ***le mini est de retour*** minis ou miniskirts are back **2.** *fam* INFORM mini, minicomputer.

mini- [mini] préf mini-, small / ***mini-sondage*** snap poll.

miniature [minjatyʀ] ◆ adj miniature / ***un train miniature*** a model ou miniature train. ◆ nf **1.** [modèle réduit] small-scale replica ou model **2.** ART miniature.

❖ **en miniature** loc adj miniature ***(avant nom)*** / ***c'est un jardin en miniature*** it's a model ou miniature garden.

miniaturisation [minjatyʀizasjɔ̃] nf miniaturization.

miniaturiser [3] [minjatyʀize] vt to miniaturize.

miniaturiste [minjatyʀist] ◆ adj : ***un peintre miniaturiste*** a miniaturist. ◆ nmf miniaturist.

minibar [minibaʀ] nm minibar.

minibus [minibys], **minicar** [minikaʀ] nm minibus.

Minicassette® [minikasɛt] ◆ nf (small) cassette. ◆ nm (small) cassette recorder.

minichaîne, minichaine* [miniʃɛn] nf mini (stereo) system.

Minidisc® [minidisk] nm MiniDisc®.

minidisque [minidisk] nm MiniDisc®.

minier, ère [minje, ɛʀ] adj mining.

❖ **minière** nf *arch* **1.** [exploitation] opencast mining company **2.** [tourbière] peat bog.

minigolf [minigɔlf] nm crazy golf.

minijupe [miniʒyp] nf miniskirt.

minima[1] [minima] pl ⟶ **minimum.**

minima[2] ⟶ **a minima.**

minimal, e, aux [minimal, o] adj **1.** [seuil, peine] minimum ***(avant nom)*** ▸ **température minimale** minimal ou minimum temperature **2.** MATH minimal.

minimalisation [minimalizasjɔ̃] nf minimalization.

minimaliser [3] [minimalize] vt to minimize.

minimalisme [minimalism] nm minimalism.

minimaliste [minimalist] adj & nmf minimalist.

minime [minim] ◆ adj [faible] minimal, minor / ***l'intrigue n'a qu'une importance minime*** the plot is of only minor importance / ***la différence est minime*** the difference is negligible. ◆ nmf SPORT (school) Junior. ◆ nm RELIG Minim.

minimisation [minimizasjɔ̃] nf minimization, minimizing.

minimiser [3] [minimize] vt **1.** [rôle] to minimize, to play down ***(sép)*** ; [risque] to minimize, to cut down ***(sép)*** / ***sans vouloir minimiser sa contribution*** without wishing to minimize ou underrate her contribution **2.** MATH to minimize.

minimum [minimɔm] (*pl* **minimums** *ou* **minima** [minima]) ◆ adj minimum ▸ **poids / service minimum** minimum weight / service ▸ **charge minimum** ÉLECTR base ou minimum load ▸ **mise de fonds minimum** minimum stake ▸ **prix minimum a)** minimum ou bottom price **b)** [aux enchères] reserve price. ◆ nm **1.** [le plus bas degré] minimum / ***températures proches du minimum saisonnier*** temperatures approaching the minimum ou the lowest recorded for the season / ***mets le chauffage au minimum*** turn the heating down as low as it'll go / ***réduisez la flamme au minimum*** turn the flame down as far as it will go / ***j'ai réduit les matières grasses au minimum*** I've cut down on fat as much as possible, I've cut fat down to a minimum / ***la rivière était à son minimum*** the river was at its lowest level ▸ **avoir le minimum vital** [financier] to be on subsistence level, to earn the minimum living wage / ***ils n'ont même pas le minimum vital*** they don't even have the bare minimum **2.** DR [peine la plus faible] ▸ **le minimum** the minimum sentence **3.** [une petite quantité] ▸ **un minimum (de)** a minimum (of) / ***tu en as vraiment fait un minimum!*** you really have done just the bare minimum! / ***s'il avait un minimum de bon sens / d'honnêteté*** if he had a minimum of common sense / of decency **4.** ADMIN ▸ **minimum vieillesse** basic state pension ▸ **les minima sociaux** basic welfare benefit **5.** MATH ▸ **minimum relatif** constraint minimum **6.** ÉCOL ▸ **loi du minimum** law of the minimum. ◆ adv minimum / ***il fait 3 °C minimum*** the temperature is 3°C minimum.

❖ **au minimum** loc adv [au moins] at the least / ***deux jours au minimum*** at least two days, a minimum of two days.

mini-ordinateur [miniɔʀdinatœʀ] (*pl* **mini-ordinateurs**) nm minicomputer.

minipilule [minipilyl] nf low dose (contraceptive) pill, minipill.

mini-slip [minislip] (*pl* **mini-slips**) nm tanga.

minispace [minispas] nm AUTO minicar.

ministère [ministɛʀ] nm **1.** POL [charge] ministry UK, administration US / ***elle a refusé le ministère qu'on lui proposait*** she turned down the government position she was offered / ***sous le ministère de M. Thiers*** under M. Thiers' ministry UK ou secretaryship US, when M. Thiers was (the) minister **2.** [cabinet] government, ministry / ***former un ministère*** to form a government / ***entrer au ministère*** to take over as a minister, to take a position in the administration US **3.** [bâtiment] ministry UK, department (offices) US ; [département] ministry UK, department US ▸ **ministère des Affaires étrangères** ≃ Ministry of Foreign Affairs ; ≃ Foreign Office UK ; ≃ State Department US ▸ **ministère des Finances** ≃ Ministry of Finance ; ≃ Treasury Department US & UK ▸ **ministère de la Défense** ≃ Ministry of Defence UK ; ≃ Department of Defense US ▸ **ministère de l'Intérieur** ≃ Ministry of the Interior ; ≃ Home Office UK ; ≃ Department of the Interior US ▸ **ministère de tutelle** *ministry in charge* **4.** DR : ***par ministère d'huissier*** served by a bailiff ▸ **ministère public** ≃ (office of the) Director of Public Prosecutions UK ; ≃ Crown Prosecution Service UK ; ≃ District Attorney's office US **5.** RELIG ministry / ***exercer un ministère*** to serve as minister, to perform one's ministry **6.** *sout* [entremise] agency / ***proposer son ministère*** to offer to act as a mediator.

ministériel, elle [ministeʀjɛl] adj **1.** [émanant d'un ministre] ministerial UK, departmental US **2.** [concernant le gouvernement] ministerial UK, cabinet ***(modif)***.

ministrable [ministʀabl] ◆ adj in line for a ministerial UK ou government position / ***elle est ministrable*** she's a likely candidate for a ministerial post UK ou a post in the administration US. ◆ nmf potential minister UK, potential secretary of state.

ministre [ministʀ] ◆ nmf POL minister UK, secretary US ▸ **ministre de l'Écologie** *ministry responsible for legislation relating to environmental issues* ▸ **ministre de l'Intérieur** ≃ Ministry of the Interior ; ≃ Home Office UK ; ≃ Department of the Interior US ▸ **ministre d'État** minister UK, secretary of state ▸ **ministre sans portefeuille** minister without portfolio ▸ **Premier ministre** Prime Minister ; [ambassadeur] ▸ **ministre plénipotentiaire (auprès de)** minister plenipotentiary (to). ◆ nm RELIG [pasteur] ▸ **ministre du culte** minister.

Minitel® [minitɛl] nm *former French online Videotex service using dedicated terminals distributed to households.*

minitéliste [minitelist] nmf Minitel® user.

minium [minjɔm] nm **1.** CHIM red lead, minium **2.** [peinture] red lead paint.

minivague [minivag] nf soft perm / ***je me suis fait faire une minivague*** I had a soft perm.

Minneapolis [mineapɔlis] npr Minneapolis.

Minnesota [minezɔta] npr m ▸ **le Minnesota** Minnesota.

Minnie [mini] npr Minnie Mouse.

minoen, enne [minɔɛ̃, ɛn] adj Minoan.

❖ **minoen** nm Minoan period.

minois [minwa] nm (sweet little) face.

minorant, e [minɔʀɑ̃, ɑ̃t] adj MATH minorant.

❖ **minorant** nm [d'un ensemble] lower bound ; [d'une série] minorant series.

minoration [minɔʀasjɔ̃] nf **1.** [baisse] reduction, cut / ***une minoration de 5 % du tarif de base*** a 5% cut in the basic rate / ***procéder à une minoration des loyers*** to reduce ou to lower rents **2.** [minimisation] minimizing.

minorer [3] [minɔʀe] vt **1.** [baisser] to reduce, to cut, to mark down / ***minorer les prix de 2 %*** to cut prices by 2% **2.** [minimiser] to understate the importance of.

minoritaire [minɔʀitɛʀ] ◆ adj **1.** [moins nombreux] minority ***(modif)*** ▸ **parti minoritaire** minority party / ***les femmes sont minoritaires dans cette profession*** women are a minority in this profession **2.** [non reconnu] minority ***(modif)*** ▸ **opinion minoritaire** minority opinion. ◆ nmf member of a minority (group) ▸ **les minoritaires** the minority.

minorité [minɔʀite] nf **1.** [le plus petit nombre] minority ▸ **une minorité de** a minority of / ***dans une minorité de cas*** in a minority of cases **2.** [groupe] minority (group) ▸ **minorité ethnique** ethnic minority ▸ **minorité nationale** national minority ▸ **minorité visible** visible minority **3.** [âge légal] minority ; DR nonage ▸ **pendant sa minorité** before he came of age, while he was under age **4.** ÉCON ▸ **minorité de blocage** blocking minority.

❖ **en minorité** ◆ loc adj in a ou the minority / ***nous sommes en minorité*** we're in a minority. ◆ loc adv : ***mettre le gouvernement en minorité*** to force the government into a minority.

Minorque [minɔʀk] npr Minorca ▸ **à Minorque** in Minorca.

minorquin, e [minɔʀkɛ̃, in] adj Minorcan.

❖ **Minorquin, e** nm, f Minorcan.

* In reformed spelling (see p. 16-19).

Minotaure [minɔtɔʀ] npr m ▸ **le Minotaure** the Minotaur.

minoterie [minɔtʀi] nf **1.** [lieu] flourmill **2.** [activité] flour-milling.

minotier [minɔtje] nm miller, (flour) millowner.

minou [minu] nm *fam* **1.** [chat] pussy, pussycat / *minou! minou!* puss! puss!, kitty! kitty! **2.** [chéri] (little) darling ou sweetie ou honey.

minque [mɛ̃k] nf BELG *covered fish market.*

minuit [minɥi] nm **1.** [milieu de la nuit] midnight **2.** [heure] midnight, twelve midnight, twelve o'clock (at night) ▸ **il est minuit** it's twelve (midnight), it's midnight ▸ **il est minuit passé** it's after ou past midnight / *minuit et quart* a quarter past twelve ou past midnight / *minuit moins vingt* twenty to twelve ou to midnight ▸ **à minuit** at midnight, at twelve o'clock (at night) / *vers minuit, vers les minuit* about twelve ou midnight / *sur le coup de minuit* on the stroke of twelve ou of midnight / *minuit, l'heure du crime!* midnight, the witching hour!

❖ **de minuit** loc adj midnight *(modif).*

minus [minys] nm *fam* **1.** [nabot] midget, shortie, runt **2.** [incapable] no-hoper UK, nobody / *c'est un minus* he's a (born) loser.

minuscule [minyskyl] ◆ adj **1.** [très petit] minute, minuscule, tiny / *des bestioles minuscules* tiny ou microscopic creatures / *elle est minuscule à côté de lui* she's minute ou tiny compared with him **2.** IMPR ▸ **un b minuscule** a small b ▸ **lettre** ou **caractère minuscule** small ou lower-case letter. ◆ nf small letter ; IMPR lower-case letter ▸ **écrire en minuscules** to write in small letters.

minus habens [minysabɛ̃s] nmf *sout & péj* halfwit.

minutage [minytaʒ] nm timing.

minute [minyt] ◆ nf **1.** [mesure - du temps] minute / *il est parti depuis une bonne minute* he's been gone for a minute or two now ▸ **les minutes passent vite** time flies ▸ **les minutes sont longues** time drags by ▸ **une minute de silence** a minute's silence, a minute of silence ▸ **chaque minute compte** every minute counts / *il n'y a pas une minute à perdre* there's not a minute to lose ▸ **à la minute près** on the dot, right on time ▸ **on n'est pas à la minute près** ou **à la minute!** *fam* there's no hurry! / *à deux minutes de voiture / de marche de chez moi* two minutes' drive / walk away from my house **2.** [moment] minute, moment / *revenez dans une petite minute* come back in a minute ou moment (or two) / *il y a une minute* ou *il n'y a pas même une minute, tu disais tout le contraire* just a minute ou moment ago, you were saying the very opposite ▸ **de minute en minute** by the minute / *je n'ai pas une minute à moi* I haven't got a minute ou moment to myself / *as-tu une minute? j'ai à te parler* do you have a minute? I have to talk to you ▸ **la minute de vérité** the moment of truth **3.** *(comme adj inv)* [instantané] ▸ **nettoyage minute** same-day cleaning ▸ **talon minute** heel bar UK, on-the-spot shoe repair ▸ **steak minute** minute steak **4.** GÉOM minute **5.** DR original *(of a deed).* ◆ interj *fam* wait a minute ou moment / *minute, je n'ai pas dit ça!* hang on *fam* ou wait a minute, I never said that! ▸ **minute, papillon!** hold your horses!, not so fast!

❖ **à la minute** loc adv **1.** [il y a un instant] a moment ago / *elle est sortie à la minute* she's just this minute gone out **2.** [sans attendre] this minute ou instant / *je veux que ce soit fait à la minute* I want it done this instant **3.** [toutes les 60 secondes] per minute / *45 tours à la minute* 45 revolutions a ou per minute.

❖ **d'une minute à l'autre** loc adv any time / *il sera là d'une minute à l'autre* he'll be arriving any minute, he won't be a minute / *les choses peuvent changer d'une minute à l'autre* things may change at any moment.

minuter [3] [minyte] vt [spectacle, cuisson] to time / *sa journée de travail est soigneusement minutée* she works to a very tight ou strict schedule.

minuterie [minytʀi] nf **1.** ÉLECTR time switch / *il y a une minuterie dans l'escalier* the stair light is on a time switch **2.** [d'une horloge] motion work ; [d'un compteur] counter mechanism **3.** [minuteur] timer.

minuteur [minytœʀ] nm AUDIO & ÉLECTR timer.

minutie [minysi] nf meticulousness, thoroughness / *remarquez la minutie des broderies sur ce tissu* notice the intricacy of the embroidery on this material ▸ **avec minutie a)** [travailler] meticulously, carefully **b)** [examiner] in minute detail, thoroughly.

minutier [minytje] nm DR (lawyer's) minute book ▸ **minutier central** *archives for ancient records* ; ≃ Public Records Office UK.

minutieusement [minysjøzmɑ̃] adv **1.** [avec précision] meticulously, carefully **2.** [en détail] in minute detail.

minutieux, euse [minysjø, øz] adj **1.** [personne] meticulous, thorough / *déjà enfant, il était très minutieux* even as a child, he used to do everything with great thoroughness **2.** [travail] meticulous, detailed, thorough / *enquête / recherche minutieuse* thorough investigation / research.

miocène [mjɔsɛn] ◆ adj Miocene. ◆ nm ▸ **le miocène** Miocene (period).

mioche [mjɔʃ] nmf *fam* kid, nipper UK.

mirabelle [miʀabɛl] nf [fruit] mirabelle (plum) ; [liqueur] mirabelle *(plum brandy).*

mirabellier [miʀabelje] nm mirabelle plum tree.

mirabilis [miʀabilis] nm four o'clock, marvel of Peru.

miracle [miʀakl] nm **1.** [intervention divine] miracle / *sa guérison tient du miracle* his recovery is (nothing short of) a miracle **2.** [surprise] miracle, marvel / *et le miracle se produisit, l'enfant parla enfin* and the miracle happened, the child at last spoke / *des fraises en plein décembre, vous avez fait des miracles!* strawberries in the middle of December, you've done ou worked miracles! ▸ **le miracle de l'amour** the miracle ou wonder of love / *les miracles de la science* the wonders ou marvels of science ▸ **miracle économique** economic miracle ▸ **un miracle de** : *le deuxième mouvement est un miracle de délicatesse* the second movement is wonderfully delicate **3.** THÉÂTRE miracle play **4.** *(comme adjectif, avec ou sans trait d'union)* miracle *(modif)*, wonder *(modif)* ▸ **médicament miracle** miracle ou wonder drug / *la solution-miracle à vos problèmes de rangement* the miracle solution to your storage problems.

❖ **par miracle** loc adv by a ou some miracle, miraculously ▸ **comme par miracle** as if by miracle / *mais par miracle j'avais pensé à fermer le gaz* but, miraculously ou amazingly enough, I'd remembered to turn off the gas.

miraculé, e [miʀakyle] ◆ adj [d'une maladie] miraculously cured ; [d'un accident] miraculously saved. ◆ nm, f **1.** RELIG : *c'est un miraculé de Lourdes* he was miraculously cured at Lourdes **2.** [survivant] miraculous survivor / *un des rares miraculés du tremblement de terre* one of the few (people) who miraculously survived the earthquake.

miraculeusement [miʀakyløzmɑ̃] adv miraculously, (as if) by a ou some miracle.

miraculeux, euse [miʀakylø, øz] adj **1.** [qui tient du miracle] miraculous, miracle *(modif)* / *cela n'a rien de miraculeux!* there's nothing miraculous ou special about it! **2.** [très opportun] miraculous, wonderful **3.** [prodigieux] miraculous, miracle *(modif)* ▸ **produit / sauvetage miraculeux** miracle product / rescue.

mirador [miʀadɔʀ] nm **1.** ARCHIT mirador **2.** MIL watchtower, mirador.

mirage [miʀaʒ] nm **1.** [illusion optique] mirage **2.** *sout* [chimère] mirage, delusion / *je m'étais laissé prendre au mirage de l'amour* I had fallen for the illusion of perfect love **3.** [d'un œuf] candling.

mire [miʀ] nf **1.** ARM ▸ **cran de mire** backsight (notch) ▸ **point de mire** *pr* aim, target / *pendant les Jeux, la ville sera le point de mire du monde entier* *fig* the eyes of the world will be on the city during the Games **2.** [d'un téléviseur] TV test card UK, test pattern US *spéc* **3.** TECHNOL [pour niveler] levelling rod ou staff ▸ **mire parlante** target rod.

mire-œufs [miʀø] (*pl* **mire-œufs**) nm candling light.

mirepoix [miʀpwa] nf mirepoix.

mirer [3] [miʀe] vt **1.** [œuf] to candle **2.** *litt* [voir se refléter] : *le saule mire ses branches dans la rivière* the willow branches are reflected ou mirrored in the river.

❖ **se mirer** ◆ vp *(emploi réfléchi)* *litt* [se regarder] to gaze at o.s. ◆ vpi *litt* [se refléter] to be mirrored ou reflected / *les saules se miraient dans le lac* the willows were mirrored in the lake.

mirettes [miʀɛt] nfpl *tfam* eyes.

mirifique [miʀifik] adj *hum* fabulous, amazing, staggering.

mirliton [miʀlitɔ̃] nm **1.** MUS kazoo, mirliton / *une musique de mirliton* second-rate music **2.** MIL shako.

miro [miʀo] *fam* ◆ adj [myope] short-sighted / *sans mes lunettes, je suis complètement miro* I'm as blind as a bat without my glasses. ◆ nmf short-sighted (person).

mirobolant, e [miʀɔbɔlɑ̃, ɑ̃t] adj *fam* [mirifique] fabulous, stupendous, amazing ▸ **carrière mirobolante** fabulous career / *il touche un salaire mirobolant* he earns an absolute fortune / *des promesses mirobolantes* extraordinary ou grandiose promises.

miroir [miʀwaʀ] nm **1.** [verre réflecteur] mirror ▸ **miroir déformant / grossissant** distorting / magnifying mirror ▸ **miroir à main / à barbe** hand / shaving mirror ▸ **miroir aux alouettes a)** CHASSE decoy **b)** *fig* trap for the unwary ▸ **miroir de courtoisie** AUTO vanity mirror **2.** *litt* [surface unie] mirror-like surface / *le miroir des eaux* the mirror-like surface of the water **3.** *litt* [image, reflet] mirror, reflection / *les yeux sont le miroir de l'âme* the eyes are the windows of the soul **4.** MÉD ▸ **miroir frontal** head mirror **5.** HORT ▸ **miroir d'eau** ornamental lake **6.** AÉRON ▸ **miroir d'appontage** landing mirror **7.** ENTOM [papillon] silver-spotted skipper moth **8.** NUCL ▸ **miroir magnétique** magnetic mirror **9.** GÉOL : *miroir de faille* slickenslide.

miroitant, e [miʀwatɑ̃, ɑ̃t] adj **1.** [luisant] glistening, gleaming **2.** [chatoyant] shimmering.

miroité, e [miʀwate] adj [cheval, robe] dappled.

miroitement [miʀwatmɑ̃] nm **1.** [lueurs] glistening, gleaming **2.** [chatoiement] shimmering.

miroiter [3] [miʀwate] vi **1.** *sout* [luire] to glisten, to gleam **2.** *fig* ▸ **faire miroiter qqch à qqn** to (try and) lure sb with the prospect of sthg / *on lui a fait miroiter une augmentation* they dangled the prospect of a rise before him.

miroiterie [miʀwatʀi] nf **1.** [industrie] mirror industry **2.** [commerce] mirror trade **3.** [fabrique] mirror factory.

miroitier [miʀwatje] nm **1.** [ouvrier] mirror cutter, silverer **2.** [fabricant] mirror manufacturer **3.** [vendeur] mirror dealer.

miroton [miʀɔtɔ̃], **mironton** [miʀɔ̃tɔ̃] nm ▸ **(bœuf) miroton** sliced beef and onion stew *(in white wine).*

Mirza [miʀza] npr *typical name for a small dog* ; ≃ Fido.

mis, e [mi, miz] ◆ pp ⟶ **mettre.** ◆ adj **1.** [vêtu] ▸ **bien mis** well dressed, nicely turned out **2.** ÉQUIT [dressé] : *cheval bien / mal mis* well-trained / badly-trained horse.

Mis abr écrite de **Marquis.**

misaine [mizɛn] nf ▸ **(voile de) misaine** foresail.

misandre [mizɑ̃dʀ] ◆ adj misandrous *sout*, misandrist *sout*, man-hating. ◆ nmf misandrist *sout*, man-hater.

misandrie [mizɑ̃dʀi] nf misandry *sout*, hatred of men.

misanthrope [mizɑ̃tʀɔp] ◆ adj misanthropic. ◆ nmf misanthrope, misanthropist / **'le Misanthrope'** *Molière* 'The Misanthrope'.

misanthropie [mizɑ̃tʀɔpi] nf misanthropy.

misanthropique [mizɑ̃tʀɔpik] adj misanthropic.

miscibilité [misibilite] nf miscibility.

miscible [misibl] adj miscible.

mise [miz] ◆ f ⟶ **mis.** ◆ nf **1.** JEUX stake / *augmenter la mise* to up the stakes / *doubler sa mise* to double one's stake **2.** *sout* [tenue] attire, dress ▸ **soigner sa mise** to take care over one's appearance **3.** SUISSE [vente] auction (sale) **4.** [dans des expressions] ▸ **mise à l'abri** *fig* putting in a safe place ▸ **mise à l'affiche a)** [d'un film] screening **b)** [d'un concert, d'une pièce] putting on, billing ▸ **mise à l'eau** NAUT launch ▸ **mise aux enchères** auctioning ▸ **mise à exécution** carrying out, implementation / *avec mise à exécution immédiate* to be carried out immediately ▸ **mise à l'heure** setting (to the right time) ▸ **mise à jour a)** updating **b)** INFORM maintenance ▸ **mise à mort a)** [gén] putting to death **b)** [en tauromachie] execution **c)** CHASSE kill, mort *spéc* / *au moment de la mise à mort* at the kill ▸ **mise à neuf** renovation ▸ **mise à pied a)** [disciplinaire] suspension **b)** [économique] laying off ▸ **mise à la retraite** pensioning off ▸ **mise à sac a)** [d'une ville] sacking **b)** [d'un appartement] ransacking ▸ **mise au courant** informing ▸ **mise au monde** birth ▸ **mise au pas a)** ÉQUIT reining in (to a walk) **b)** [d'une personne, de l'économie] bringing into line ▸ **mise au propre** making a fair copy ou tidying up *(of a document)* ▸ **mise au tombeau** entombment ▸ **mise en** : *mise en accusation* indictment ▸ **mise en application** implementation ▸ **mise en attente a)** postponing, shelving **b)** INFORM & TÉLÉC hold ▸ **mise en bière** placing in the coffin ▸ **mise en boîte** CINÉ & RADIO editing / *être la victime d'une mise en boîte* *fam & fig* to have one's leg pulled ▸ **mise en bouteilles** bottling ▸ **mise en branle** starting up, getting going ▸ **mise en cause a)** [d'une personne] implication **b)** [d'une idée] calling into question ▸ **mise en circulation** FIN issue ▸ **mise en communication** pooling ▸ **mise en condition a)** [du corps] getting fit **b)** [de l'esprit] conditioning ▸ **mise en conserve** canning ▸ **mise en demeure** injunction, formal notification ▸ **mise en disponibilité** leave of absence ▸ **mise en doute** putting into doubt, questioning ▸ **mise en eau a)** [installation du système] installation of water **b)** [ouverture des robinets] switching on of water **c)** [remplissage] filling ▸ **mise en état a)** DR preparation for hearing **b)** [d'un engin] getting into working order **c)** [d'un local] renovation ▸ **mise en examen** DR indictment ▸ **mise en forme a)** [d'un chapeau] shaping **b)** INFORM formatting **c)** IMPR imposition **d)** SPORT fitness training ▸ **mise en garde** warning ▸ **mise en jeu a)** FOOT throw-in **b)** *fig* bringing into play ▸ **mise en liberté** release ▸ **mise en liberté provisoire** release on bail ▸ **mise en marche** starting up ▸ **mise en mémoire** INFORM storing ou saving (in the memory) ▸ **mise en mouvement** setting in motion ▸ **mise en œuvre** implementation, bringing into play ▸ **mise en ondes** RADIO production ▸ **mise en orbite** putting into orbit ▸ **mise en ordre a)** [d'un local] tidying up **b)** INFORM [d'un fichier] sequencing **c)** [d'un programme] housekeeping **d)** MATH ordering ▸ **mise en place** setting up, organization ▸ **mise en question** questioning, challenging ▸ **mise en route** starting up ▸ **mise en séquence** sequencing ▸ **mise en service** putting into service, bringing into operation ▸ **mise en terre** burial ▸ **mise en train a)** [d'un projet] starting up **b)** SPORT warming up **c)** [d'une soirée] breaking the ice ▸ **mise en valeur a)** [d'un sol, d'une région] development **b)** [de biens] improvement **c)** [de qualités] setting off, enhancement ▸ **mise en vente** (putting up for) sale ▸ **mise en vigueur** bringing into force, enforcement ▸ **mise hors circuit a)** ÉLECTR disconnection **b)** TECHNOL disabling ▸ **la mise hors circuit du champion** *fam & fig* knocking the champion out of the race ▸ **mise hors la loi** outlawing ▸ **mise hors service** placing out of service ▸ **mise sous surveillance** putting under surveillance ▸ **mise sous tension** supplying with electricity ▸ **mise sur** : *mise sur écoutes* (phone) tapping ▸ **mise sur pied** setting up.

❖ **de mise** loc adj appropriate / *ta colère n'est plus de mise* your anger is out of place now, there's no point in your being angry any more.

❖ **mise à feu** nf ARM firing ; ASTRONAUT blast-off, launch ; MIN & TECHNOL firing, ignition.

❖ **mise à prix** nf reserve UK ou upset US price.

❖ **mise au point** nf **1.** OPT & PHOT focusing, focussing **2.** TECHNOL tuning, adjustment **3.** INFORM trouble-shooting, debugging **4.** *fig* clarification, correction / *après cette petite mise au point* now that the record has been set straight.

❖ **mise de fonds** nf capital outlay ▸ **mise de fonds initiale a)** [pour un achat] initial outlay **b)** [pour monter une affaire] initial investment, seed money.

❖ **mise en page(s)** nf **1.** IMPR make-up, making up **2.** INFORM editing / *je n'aime pas la mise en page de la revue* I don't like the layout of the review.

❖ **mise en plis** nf set.

❖ **mise en scène** nf CINÉ & THÉÂTRE production / *son remords n'était que de la mise en scène* *fig* his remorse was only an act.

Mise abr écrite de Marquise.

miser [3] [mize] ◆ vt [parier] to stake, to bet. ◆ vi SUISSE [acheter] to buy *(at an auction sale)* ; [vendre] to put up for auction.

❖ **miser sur** v + prép **1.** JEUX [cheval] to bet on, to back / *j'ai misé 10 euros sur le numéro 29* I've staked 10 euros on number 29 ; [numéro] to bet on ▸ **miser sur les deux tableaux** to back both horses, to hedge one's bets **2.** [compter sur - quelque chose] to bank ou to count on *(insép)* ; [- quelqu'un] to count on *(insép)* / *elle mise sur le succès de son livre pour s'acheter une maison* she's banking on her book being a success to buy a house / *il vaut mieux ne pas miser sur lui* we'd better not count on him.

misérabilisme [mizeʀabilism] nm miserabilism.

misérabiliste [mizeʀabilist] adj & nmf miserabilist.

misérable [mizeʀabl] ◆ adj **1.** *(après le nom)* [sans ressources] impoverished, poverty-stricken, poor / *tout le pays est misérable* the whole country is wretchedly poor **2.** [pitoyable] pitiful, miserable, wretched / *une cabane misérable* a wretched little shack / *elle me fit le récit de sa misérable existence* she told me the tale of her wretched life **3.** [insignifiant] miserable, paltry / *elles se disputent pour un misérable vase* they're arguing over a stupid vase / *travailler pour un salaire misérable* to work for a pittance. ◆ nmf **1.** *sout & hum* [malheureux] : *misérable, qu'as-tu fait là !* what have you done, you wretch ! **2.** *litt* [miséreux] pauper, wretch / **'les Misérables'** *Hugo* 'les Miserables' **3.** *litt* [canaille] (vile) rascal ou scoundrel.

misérablement [mizeʀabləmɑ̃] adv **1.** [pauvrement] in poverty, wretchedly **2.** [lamentablement] pitifully, miserably, wretchedly.

misère [mizɛʀ] ◆ nf **1.** [indigence] poverty, destitution *sout* ▸ **être dans la misère** to be destitute ou poverty-stricken ▸ **vivre dans la misère** to live in poverty ▸ **misère dorée** splendid poverty / *être réduit à la misère* to be reduced to poverty ▸ **comme la misère sur le monde** *hum* : *il se jeta sur la nourriture comme la misère sur le monde* he went at the food like a starving man ou like a wolf on its prey **2.** *fig* poverty / *il y avait une grande misère culturelle pendant la dictature* there was great cultural poverty under the dictatorship ▸ **misère sexuelle** sexual deprivation **3.** [malheur] : *c'est une misère de les voir se séparer* it's pitiful ou it's a shame to see them break up **4.** [somme dérisoire] pittance ▸ **gagner une misère** to earn a pittance / *je l'ai eu pour une misère* I got ou bought it for next to nothing **5.** MÉD ▸ **misère physiologique** (serious) malnutrition. ◆ interj ▸ **misère !** oh Lord ! / *misère de moi !* *hum* woe is me !

❖ **misères** nfpl *fam* [broutilles] ▸ **des misères a)** trifles, minor irritations **b)** [ennuis de santé] aches and pains ; [ennuis] : *les petites misères de la vie conjugale* the little upsets of married life ▸ **faire des misères à qqn** to give sb a hard time, to make sb's life a misery / *ne fais pas de misères à ce chien !* stop tormenting that dog ! / *raconte-moi tes misères* tell me all your troubles ou woes / *il t'arrive des misères ?* what's the matter then ? / *il te fait des misères ?* has he been horrible to you ?

❖ **de misère** loc adj ▸ **un salaire de misère** a starvation wage, a pittance.

> ⚠ **Misery** ne doit pas être employé pour traduire misère car il n'a pas le même sens que le mot français.

miséreux, euse [mizeʀø, øz] ◆ adj *vieilli* [pauvre] poverty-stricken, destitute. ◆ nm, f *sout* poor person, pauper *vieilli* / *aider* ou *secourir les miséreux* to help the poor.

miséricorde [mizeʀikɔʀd] nf *litt* **1.** [pitié] mercy, forgiveness ▸ **implorer miséricorde** to beg ou to cry for mercy ▸ **miséricorde divine** divine mercy ▸ **miséricorde !** *vieilli* ou *hum* heaven help us !, mercy on us ! **2.** [siège] misericord, misericorde.

miséricordieux, euse [mizeʀikɔʀdjø, øz] adj *litt* merciful, forgiving ▸ **être miséricordieux envers qqn** to show mercy towards sb ▸ **soyez miséricordieux** have mercy.

misogyne [mizɔʒin] ◆ adj misogynous, misogynistic. ◆ nmf misogynist, woman-hater.

misogynie [mizɔʒini] nf misogyny.

miss [mis] *(pl* **miss** *ou* **misses** [mis]) nf **1.** [gouvernante] governess **2.** *fam & hum* : *ça va, la miss ?* how's things, beauty ?

❖ **Miss** nf [reine de beauté] : *Miss Japon / Monde* Miss Japan / World.

missel [misɛl] nm missal.

missile [misil] nm missile ▸ **missile antichar / antiaérien** antitank / antiaircraft missile ▸ **missile intercontinental / stratégique / de croisière** intercontinental / strategic / cruise missile ▸ **missile sol-sol / air-air** ground-to-ground / air-to-air missile ▸ **missile antiballistique** antiballistic missile ▸ **missile antimissile** antimissile missile ▸ **missile balistique** ballistic missile ▸ **missile Pershing** Pershing missile ▸ **missile tactique** tactical missile.

missilier [misilje] nm missile-operating personnel, missileman.

mission [misjɔ̃] nf **1.** [charge] mission, assignment ; [dans le cadre d'une entreprise] assignment / *au cours de votre mission à Boston* while you were working in Boston ▸ **mission accomplie** mission accomplished ▸ **être en mission** to be on an assignment ▸ **recevoir pour mission de faire qqch** to be commissioned to do sthg ▸ **mission de bons offices** goodwill mission ▸ **mission de reconnaissance** MIL reconnaissance mission ▸ **être en mission de reconnaissance** to be on reconnaissance duty **2.** [devoir] mission, task / *la mission de notre organisation est de défendre les droits de l'homme* our organization's mission is to defend human rights / *la mission du journaliste est d'informer* a journalist's task is to inform **3.** [groupe] mission ▸ **mission diplomatique** diplomatic mission ▸ **mission scientifique / commerciale** scientific / trade mission **4.** RELIG [organisation] mission ▸ **missions étrangères** foreign missions ; [lieu] mission (station) / *il y a un hôpital dans la mission* there's a hospital at the mission.

missionnaire [misjɔnɛʀ] adj & nmf missionary / *la vocation missionnaire* the vocation of a missionary.

missionner [misjɔne] vt to task / *un expert a été missionné pour évaluer les dégâts* a consultant has been tasked with assessing the damage.

Mississippi [misisipi] npr m **1.** [fleuve] ▸ **le Mississippi** the Mississippi (River) **2.** [État] ▸ **le Mississippi** Mississippi.

missive [misiv] ◆ adj f missive. ◆ nf *sout* missive.

Missolonghi [misɔlɔ̃gi] npr Missolonghi.

Missouri [misuʀi] npr m ▸ **le Missouri** Missouri.

mistigri [mistigʀi] nm **1.** *fam* [chat] puss **2.** CARTES jack ou UK knave of clubs.

mistoufle [mistufl] nf *fam & vieilli* **1.** [misère] : *être dans la mistoufle* to be down at heel **2.** [méchanceté] ▸ **faire des mistoufles à qqn** to play dirty tricks on sb.

Mistra [mistʀa] npr Mistra.

mistral [mistʀal] nm mistral.

mit v ⟶ mettre.

mitage [mitaʒ] nm sprawl ▸ **mitage urbain** urban sprawl.

mitaine [mitɛn] nf (fingerless) mitt ; QUÉBEC & SUISSE [moufle] mitten.

mitan [mitɑ̃] nm *vieilli* **1.** [centre] middle, centre **2.** *arg crime* underworld.

mitard [mitaʀ] nm *arg crime* [cachot] can, clink / ***être au mitard*** to be in solitary confinement ou in solitary.

mite [mit] nf **1.** [papillon] (clothes) moth / ***rongé par les*** ou ***aux mites*** moth-eaten **2.** [ciron] ▸ **mite du fromage** cheese-mite.

mité, e [mite] adj moth-eaten.

mi-temps [mitɑ̃] ◆ nf inv SPORT **1.** [moitié] half ▸ **la première mi-temps** the first half **2.** [pause] halftime / ***le score est de 0 à 0 à la mi-temps*** the halftime score is nil nil / ***siffler la mi-temps*** to blow the whistle for halftime. ◆ nm inv part-time job / ***chercher un mi-temps*** to look for a part-time job / ***faire un mi-temps*** to work part-time.

❖ **à mi-temps** ◆ loc adj part-time / ***travailleur à mi-temps*** part-timer, part-time worker. ◆ loc adv ▸ **travailler à mi-temps** to work part-time / ***elle travaille à mi-temps comme serveuse*** she's a part-time waitress.

miter [3] [mite] ❖ **se miter** vpi to become moth-eaten.

miteux, euse [mitø, øz] *fam* ◆ adj [costume] shabby, tatty UK, tacky US ; [chambre] dingy, crummy ; [situation, salaire] pathetic ; [escroc] small-time / ***un hôtel miteux*** a crummy hotel. ◆ nm, f [incapable] nonentity, loser, no-hoper UK ; [indigent] bum, dosser UK.

Mithridate [mitʀidat] npr Mithridates.

mithridatisation [mitʀidatizasjɔ̃] nf mithridatization.

mithridatiser [mitʀidatize] vt to mithridatize.

mitigation [mitigasjɔ̃] nf mitigation ▸ **mitigation d'une peine** mitigation of a sentence.

mitigé, e [mitiʒe] adj **1.** [modéré] mixed / ***des critiques mitigées*** mixed reviews / ***manifester un enthousiasme mitigé*** to be reserved in one's enthusiasm / ***j'avais des sentiments mitigés à son égard*** I had mixed feelings about him **2.** ▸ **mitigé de** [mêlé de] mitigated ou qualified by / ***des éloges mitigés de critiques*** praise qualified by criticism.

mitiger [17] [mitiʒe] vt *vieilli* to mitigate ▸ **mitiger qqch de** to mix ou to temper sthg with / ***ayant mitigé ses critiques de quelques compliments*** having tempered his criticism with a few words of praise.

mitigeur [mitiʒœʀ] nm mixer tap UK ou faucet US ▸ **mitigeur de douche** shower mixer.

mitochondrie [mitɔkɔ̃dʀi] nf mitochondrion.

mitonner [3] [mitɔne] ◆ vt **1.** CULIN to simmer, to slow-cook ▸ **bœuf mitonné** stewed beef, beef stew / ***je vous ai mitonné une petite recette à moi*** I've cooked you one of my tasty little recipes **2.** [coup, plan] to plot / ***j'ai bien mitonné ma vengeance*** I carefully plotted my revenge **3.** *litt* ▸ **mitonner qqn** to cosset ou to pamper sb. ◆ vi CULIN to simmer, to stew gently / ***laissez mitonner la viande*** leave the meat to simmer.

mitose [mitoz] nf mitosis.

mitotique [mitɔtik] adj mitotic.

mitoyen, enne [mitwajɛ̃, ɛn] adj **1.** [commun] common, shared / ***puits mitoyen entre les deux maisons*** well shared by ou common to the two houses **2.** [jouxtant] bordering, neighbouring ▸ **les champs sont mitoyens** the fields are adjacent to each other / ***le jardin mitoyen du nôtre*** the garden (immediately) next to ours, the neighbouring garden (to ours) ▸ **deux maisons mitoyennes** semi-detached houses / ***une rue de maisons mitoyennes*** a street of terrace (d) houses **3.** [en copropriété] commonly-owned, jointly-owned ▸ **mur mitoyen** party wall.

mitoyenneté [mitwajɛnte] nf **1.** [copropriété] common ou joint ownership **2.** [contiguïté] adjacency.

mitraillade [mitʀajad] nf volley of shots.

mitraillage [mitʀajaʒ] nm MIL machine-gunning.

mitraille [mitʀaj] nf **1.** MIL grapeshot ; [décharge] volley of shots **2.** MÉTALL scrap metal ou iron **3.** *fam* [monnaie] small ou loose change.

mitrailler [3] [mitʀaje] vt **1.** MIL to machine-gun **2.** *fam* [photographier] to snap (away) at **3.** *fig* [assaillir] ▸ **mitrailler qqn de questions** to fire questions at sb, to bombard sb with questions **4.** MÉTALL to scrap.

mitraillette [mitʀajɛt] nf submachine gun.

mitrailleur [mitʀajœʀ] nm machine gunner ▸ **mitrailleur d'avion** air gunner.

mitrailleuse [mitʀajøz] nf machine gun ▸ **mitrailleuse d'avion** ou **d'aviation** aircraft machine gun ▸ **mitrailleuse légère / lourde** light / heavy machine gun ▸ **mitrailleuse de tourelle** mounted (turret) machine gun.

mitral, e, aux [mitʀal, o] adj mitral.

mitre [mitʀ] nf **1.** RELIG mitre UK, miter US / ***recevoir la mitre*** to be mitred **2.** CONSTR (chimney) cowl.

mitré, e [mitʀe] adj mitred.

mitron [mitʀɔ̃] nm **1.** [garçon pâtissier] pastry cook's apprentice ou boy ; [garçon boulanger] baker's apprentice ou boy **2.** CONSTR chimney cowl seating ou head.

mi-voix [mivwa] ❖ **à mi-voix** loc adv in a low ou hushed voice, in hushed tones ▸ **chanter à mi-voix** to sing softly.

mix [miks] nm inv **1.** [morceau de musique] mix **2.** [mélange] mixture, combination / ***son dernier film est un mix d'action et de violence*** his latest film is a mixture ou combination of action and violence.

mixage [miksaʒ] nm AUDIO, RADIO, TV & MUS mixing.

mixer[1] [3] [mikse] vt **1.** CULIN [à la main] to mix ; [au mixer] to blend, to liquidize **2.** MUS to mix.

mixer[2] [miksɛʀ], **mixeur** [miksœʀ] nm mixer, blender, liquidizer.

mixité [miksite] nf **1.** [gén] mixed nature **2.** ENS coeducation, coeducational system.

mixte [mikst] ◆ adj **1.** [des deux sexes] mixed ▸ **classe mixte** ENS mixed class ▸ **école mixte** mixed ou coeducational school ▸ **équipe mixte** mixed team ▸ **double mixte** SPORT mixed doubles **2.** [de nature double] mixed ▸ **action mixte** DR mixed action ▸ **commission mixte** joint commission **3.** [à double usage] ▸ **cuisinière mixte** combined gas and electric cooker UK ou stove US / ***race bovine mixte*** milk-producing and meat-producing cattle breed. ◆ nm SPORT mixed doubles match.

mixtion [miksjɔ̃] nf PHARM [action] blending, compounding ; [médicament] mixture.

mixture [mikstyʀ] nf **1.** CHIM & PHARM mixture **2.** [boisson ou nourriture] mixture, concoction / ***on nous a servi une mixture infâme*** they served a vile concoction.

MJC nf abr de **maison des jeunes et de la culture**.

MJC

The **maisons des jeunes et de la culture** or **MJC** are leisure clubs run in part by local authorities. They are funded by **communes, the conseil général** and also by the sports ministry. They offer all sorts of activities, some more specifically for youngsters (sports, music, art) and some for adults (keep fit, folk dancing, pottery, photography, etc.); their mission is to develop citizenship through education and culture.

MJD [ɛmʒide] (abr de **maison de la justice et du droit**) nf law centre.

MJPEG [ɛmʒipɛg] (abr de **Moving Joint Photographic Experts Group**) nm INFORM MJPEG.

ml (abr écrite de **millilitre**) ml.

MLF (abr de **Mouvement de libération de la femme**) npr m *women's movement* ; ≃ NOW US.

Mlle abr écrite de **Mademoiselle**.

mm (abr écrite de **millimètre**) mm.

MM. (abr écrite de **Messieurs**) Messrs.

Mme (abr écrite de **Madame**) [femme mariée] Mrs ; [femme mariée ou célibataire] Ms.

MMS (abr de **multimedia message service**) nm TÉLÉC MMS.

MMX (abr de **multimedia extensions**) nm INFORM MMX.

mnémonique [mnemɔnik] adj mnemonic ▸ **moyen mnémonique** mnemonic.

mnémotechnie [mnemɔtɛkni] nf mnemonics *(sg)*.

mnémotechnique [mnemɔtɛknik] ◆ adj mnemonic ▸ **formule mnémotechnique** mnemonic. ◆ nf = **mnémotechnie**.

mnésique [mnezik] adj mnemonic.

MNS nm abr de **maître nageur sauveteur**.

Mo 1. (abr écrite de **mégaoctet**) Mb **2.** abr écrite de **métro 3.** abr écrite de **main-d'œuvre**.

mob [mɔb] (abr de **Mobylette®**) nf *fam* moped.

mobile [mɔbil] ◆ adj **1.** [qui se déplace -pont] moving ; [-main-d'œuvre] mobile ; [-panneau] sliding ; [amovible] movable, removable / ***trois étagères mobiles et deux fixes*** three movable ou removable shelves and two fixed ones ▸ **carnet à feuilles mobiles** loose-leaf notepad **2.** MIL [unité] mobile **3.** [changeant] mobile ▸ **un visage mobile** a lively ou animated face **4.** [à valeur non fixe] ▸ **caractère mobile** IMPR movable character. ◆ nm **1.** [téléphone] mobile **2.** [de sculpteur, pour enfant] mobile **3.** PHYS moving object **4.** [motif] motive ▸ **le mobile d'un crime** the motive for a crime / ***quel mobile l'a poussé à agir ainsi ?*** what motivated ou prompted him to act this way ?

mobile home [mɔbilom] (*pl* **mobile homes**) nm mobile home.

mobilier, ère [mɔbilje, ɛʀ] adj DR [propriété] personal, movable ; [titre] transferable ▸ **biens mobiliers** movables ▸ **effets mobiliers** chattels.

❖ **mobilier** nm **1.** [d'une habitation] furniture, furnishings / ***du mobilier Louis XIII / Renaissance*** Louis XIII / Renaissance (style) furniture / ***le mobilier de la salle à manger*** the dining room furniture ▸ **Mobilier national** *state-owned furniture (in France)* **2.** [pour un usage particulier] ▸ **mobilier de bureau** office furniture ▸ **mobilier de jardin** garden ou lawn furniture ▸ **mobilier scolaire** school furniture ou furnishings **3.** DR movable property, movables.

❖ **mobilier urbain** nm street fittings, street furniture.

mobilisable [mɔbilizabl] adj **1.** MIL liable to be called up, mobilizable **2.** [disponible] available **3.** FIN realizable, mobilizable.

mobilisateur, trice [mɔbilizatœʀ, tʀis] adj mobilizing / ***c'est un thème très mobilisateur en ce moment*** it's an issue which is stirring a lot of people into action at the moment.

mobilisation [mɔbilizasjɔ̃] nf **1.** MIL [action] mobilization, mobilizing, calling up ; [état] mobilization ▸ **mobilisation générale / partielle** general / partial mobilization **2.** [d'une force politique] mobilization ; [d'énergie, de volonté] mobilization, summoning up / ***il appelle à la mobilisation de tous les syndicats*** he is calling on all the unions to mobilize **3.** FIN liquidation, realization ; BANQUE mobilization **4.** MÉD & PHYSIOL mobilization.

mobiliser [3] [mɔbilize] vt **1.** MIL [population] to call up *(sép)*, to mobilize ; [armée] to mobilize / ***nous fûmes tous mobilisés pour l'aider à déménager*** *fig & hum* we were all marshalled ou mobilized into helping her move / ***toute la famille fut mobilisée pour préparer la fête*** the whole family was put to work to organize the party **2.** [syndicalistes, consommateurs, moyens techniques] to mobilize ; [volontés] to mobilize, to summon up *(sép)* ▸ **mobiliser qqn pour faire qqch** to mobilize sb into doing sthg / ***mobiliser l'opinion en faveur des réfugiés politiques*** to rally public opinion for the cause of the political refugees / ***mobiliser les forces vives d'une nation*** to call upon the full resources of a nation **3.** BANQUE to mobilize **4.** MÉD [membre, articulation] to mobilize.

◆ **se mobiliser** vpi to mobilize / *tout le village s'est mobilisé contre le projet* the whole village rose up in arms against the plan ou mobilized to fight the plan.

mobilité [mɔbilite] nf **1.** [dans l'espace - d'une personne] mobility ; [expression - d'un regard] expressiveness **2.** SOCIOL [dans une hiérarchie] mobility ▸ **mobilité interne** internal mobility ▸ **mobilité géographique** geographical mobility ▸ **mobilité professionnelle** professional mobility ▸ **mobilité sociale** social mobility **3.** ÉLECTR & MIL mobility.

mobinaute [mɔbinot] nm mobile Internet user.

Mobutu [mɔbutu] npr ⟶ **lac.**

Mobylette® [mɔbilɛt] nf Mobylette®, moped.

mocassin [mɔkasɛ̃] nm **1.** [chaussure] moccasin **2.** [serpent] (water) moccasin.

moche [mɔʃ] adj *fam* **1.** [laid - personne] ugly ; [- objet, vêtement] ugly, awful, horrible / *t'as vu ses chaussures? ce qu'elles sont moches!* have you seen her shoes? they're hideous ou awful! **2.** [détestable] lousy, rotten / *c'est moche, ce qu'elle lui a fait* it was rotten, what she did to him **3.** [pénible] : *tu ne peux pas prendre de congé? c'est moche, dis donc!* can't you take any time off? that's terrible! / *c'est moche qu'il pleuve aujourd'hui!* it's a real drag ou pain that it had to rain today!

mocheté [mɔʃte] nf *fam* [personne] ugly thing, fright ; [objet] eyesore / *c'est une vraie mocheté* she's as ugly as sin! / *quelle mocheté, cette lampe!* what an eyesore that lamp is!, that lamp's really awful ou hideous!

M-octet (abr écrite de **mégaoctet**) Mb.

modal, e, aux [mɔdal, o] adj LING, LOGIQUE & MUS modal.

◆ **modal, aux** nm LING modal (auxiliary).

modalité [mɔdalite] nf **1.** [façon] mode ▸ **modalités de contrôle** ENS methods of assessment ▸ **modalités de paiement** conditions ou terms of payment ▸ **modalités de remboursement** terms of repayment **2.** [circonstances] ▸ **les modalités de l'accord** the terms of the agreement ▸ **modalités d'application d'un décret** DR modes of enforcement of a ruling / *modalités d'une émission* ÉCON terms and conditions of an issue ▸ **modalités d'intervention** procedure / *les modalités de notre collaboration* the details of exactly how we intend to work together **3.** LING, MUS & PHILOS modality ▸ **adverbe de modalité** modal adverb.

mode¹ [mɔd] ◆ nf **1.** VÊT ▸ **la mode** fashion / *la mode (de) printemps / (d')hiver* the spring / winter fashion / *la mode courte / longue* (fashion for) high / low hemlines / *ceux qui font la mode* trendsetters, fashionsetters ▸ **c'est la dernière** ou **c'est la grande mode** it's the latest fashion / *c'est la mode des bas résille* fishnet stockings are in fashion ou in vogue ▸ **suivre la mode** to follow fashion ▸ **c'est passé de mode** it's out of fashion, it's no longer fashionable ▸ **lancer une mode** to set a fashion ou a trend / *il a lancé la mode de la fausse fourrure* he launched the fashion for imitation fur **2.** [activité] ▸ **la mode a)** [gén] the fashion industry ou business **b)** [stylisme] fashion designing **3.** [goût du jour] fashion / *c'était la mode de faire du jogging* jogging was all the rage then / *ce n'est plus la mode de se marier* marriage is outdated ou has gone out of fashion / *la mode des années 80* the style of the eighties **4.** *vieilli* [coutume] custom, fashion / *c'était l'ancienne mode!* those were the days! ◆ adj inv [coloris, coupe] fashion *(modif)*, fashionable / *il ne porte que des choses très mode* he only wears things that are the height of fashion.

◆ **à la mode** ◆ loc adj [vêtement] fashionable, in fashion ; [personne, sport] fashionable ; [chanson] (currently) popular / *ce n'est plus à la mode* it's out of fashion / *dans un café à la mode* in a fashionable café / *ce sont des gens à la mode* they're very fashionable. ◆ loc adv : *se mettre à la mode* to follow the latest fashion / *revenir à la mode* to come back into fashion.

◆ **à la mode de** loc prép **1.** [suivant l'usage de] in the fashion of / *elle cuisine à la mode de Provence* she cooks in the provençal fashion / *je les fais toujours à la mode de chez nous* I always do them like we do at home **2.** EXPR **à la mode de Bretagne** : *cousin à la mode de Bretagne* distant cousin, first cousin once removed / *neveu / oncle à la mode de Bretagne* nephew / uncle six times removed.

mode² [mɔd] nm **1.** [méthode] ▸ **mode de a)** [méthode] mode ou method of **b)** [manière personnelle] way of ▸ **mode d'action** form ou mode of action / *on ne connaît pas le mode d'action de cette substance* we don't know how this substance works ▸ **mode de cuisson** [sur emballage] cooking instructions ▸ **mode d'emploi** directions ou instructions for use ▸ **mode d'existence** way of living ▸ **mode de gestion** management method ▸ **mode de pensée** way of thinking ▸ **mode de paiement** mode ou method of payment ▸ **mode de production** mode of production ▸ **mode de scrutin** voting system ▸ **mode de vie a)** [gén] life style **b)** SOCIOL pattern of living **2.** LING mood, mode **3.** INFORM & TÉLÉC mode ▸ **mode avion** [sur téléphone mobile] airplane mode ▸ **mode multitâche** multitasking mode ▸ **mode autonome** ou **local** ou **hors ligne** off-line mode ▸ **mode connecté** ou **en ligne** on-line mode ▸ **mode esclave** ou **problème** ou **programme** slave ou problem mode ▸ **mode maître** ou **superviseur** master ou supervisor mode ▸ **mode d'accès** access mode ▸ **mode canal** channel mode ▸ **mode différé** delayed mode ▸ **mode d'édition** edit mode ▸ **mode télétraitement** remote mode ▸ **mode de transmission** data communication mode ▸ **mode utilisateur** user mode **4.** MATH, MUS & PHILOS mode.

modelage [mɔdlaʒ] nm **1.** [action] modelling UK, modeling US ; MÉTALL moulding **2.** [objet] sculpture.

modèle [mɔdɛl] ◆ nm **1.** [référence à reproduire - gén] model ; [- de tricot, de couture] pattern ▸ **prendre modèle sur qqch** to use sthg as a model / *j'ai pris ton pull comme modèle* I used your sweater as a pattern ▸ **construire qqch sur le modèle de** to build sthg on the model of ▸ **dessiner d'après un modèle** ART to draw from life ; ÉDUC [corrigé] model answer **2.** [bon exemple] model, example / *elle est un modèle pour moi* she's my role model ▸ **prendre qqn pour modèle** to model o.s. on sb ▸ **servir de modèle à qqn** to serve as a model for sb, to be a model to sb / *c'est le modèle du parfait employé* he's a model employee / *ta sœur, c'est pas un modèle!* *fam* your sister is no example to follow! / *c'est un modèle de discrétion* he's a model of discretion / *c'est un modèle du genre* it's a perfect example of its type ▸ **un modèle de vertu** a paragon of virtue **3.** COMM [prototype, version] model / *grand / petit modèle* large-scale / small-scale model / *modèle sport / deux portes* AUTO sports / two-door model / *c'est un ancien modèle* it's an old model ▸ **modèle déposé** registered design ▸ **modèle de fabrique** TECHNOL factory prototype **4.** VÊT model, style, design / *il y a de beaux modèles dans sa collection d'hiver* there are some fine designs in her winter collection / *vous avez ce modèle en 38?* do you have this one in a 38? **5.** [maquette] model ▸ **modèle réduit** small-scale model ▸ **modèle réduit d'avion** model aeroplane / *un modèle au 1/10* a 1 to 10 (scale) model **6.** ART model **7.** INFORM model **8.** ÉCON model ▸ **modèle économique** business model **9.** LING pattern **10.** LOGIQUE, MATH & PHILOS model **11.** MÉTALL pattern. ◆ adj **1.** [parfait] model *(modif)* / *il a eu un comportement modèle* he was a model of good behaviour UK ou behavior US **2.** [qui sert de référence] : *ferme / prison modèle* model farm / prison.

modelé [mɔdle] nm **1.** [sur tableau] relief ; [d'une sculpture, d'un buste] contours, curves **2.** GÉOGR (surface) relief.

modeler [25] [mɔdle] vt **1.** [argile] to model, to shape, to mould ; [figurine] to model, to mould, to fashion / *modeler des animaux en terre* to mould ou to model animals in clay / *les glaciers ont modelé le paysage* the glaciers moulded the landscape **2.** *fig* [idées, caractère, opinion publique] to shape, to mould ▸ **modeler sa conduite sur (celle de) qqn** to model one's behaviour on sb ou sb's.

◆ **se modeler sur** vp + prép to model o.s. on.

modeleur, euse [mɔdlœʀ, øz] nm, f **1.** ART modeller **2.** MÉTALL pattern-maker.

modélisation [mɔdelizasjɔ̃] nf modelling UK, modeling US / *modélisation des connaissances* knowledge modelling.

modéliser [3] [mɔdelize] vt to model.

modélisme [mɔdelism] nm scale model making.

modéliste [mɔdelist] nmf **1.** [de maquettes] model maker **2.** COUT (dress) designer.

modem [mɔdɛm] nm modem ▸ **modem câble** cable modem ▸ **modem longue / courte distance** long-haul / limited distance modem ▸ **modem RNIS** ISDN line.

Modène [mɔdɛn] npr Modena.

modérateur, trice [mɔdeʀatœʀ, tʀis] ◆ adj **1.** [élément, présence] moderating, restraining **2.** PHYSIOL [nerf, substance] moderating. ◆ nm, f mediator, moderator.

◆ **modérateur** nm **1.** TECHNOL regulator, moderator **2.** NUCL & RELIG moderator.

modération [mɔdeʀasjɔ̃] nf **1.** [mesure] moderation, restraint ▸ **avec modération a)** [boire, manger, utiliser] in moderation **b)** [agir] moderately, with moderation / *une réponse pleine de modération* a very restrained answer **2.** [réduction - de dépenses] reduction, reducing ; [atténuation - d'un sentiment] restraint, restraining **3.** DR ▸ **modération de droit** ≃ tax concession **4.** NUCL moderation.

modéré, e [mɔdeʀe] ◆ adj **1.** [prix] moderate, reasonable ; [vent, température] moderate ; [enthousiasme, intérêt, succès] moderate / *mer modérée à belle* MÉTÉOR sea moderate to good **2.** [mesuré, raisonnable] moderate ; [plein de retenue] moderate, restrained / *être modéré dans ses propos* to be moderate in what one says **3.** POL moderate. ◆ nm, f POL moderate ▸ **les modérés** the moderates.

modérément [mɔdeʀemɑ̃] adv **1.** [sans excès] in moderation **2.** [relativement] moderately, relatively / *je ne suis que modérément surpris* I'm only moderately surprised, I'm not really all that surprised.

modérer [18] [mɔdeʀe] vt [ardeur, enthousiasme, impatience, dépenses] to moderate, to restrain, to curb ; [vitesse] to reduce ; [exigences] to moderate, to restrain / *elle voulait un gros salaire mais elle a dû modérer ses prétentions* she wanted a high salary but she had to set her sights a bit lower ▸ **modérez vos propos!** please tone down ou moderate your language!

◆ **se modérer** vp *(emploi réfléchi)* **1.** [se contenir] to restrain o.s. / *elle n'a jamais su se modérer* she's never been able to restrain herself **2.** [se calmer] to calm down / *je t'en prie, modère-toi!* please calm down or control yourself!

In reformed spelling (see p. 16-19), this verb is conjugated like semer: *il modèrera, elle modèrerait.*

modern dance [mɔdɛʀndɑ̃s] (*pl* **modern dances**) nf DANSE & THÉÂTRE modern dance.

moderne [mɔdɛʀn] ◆ adj **1.** [actuel, récent - mobilier, bâtiment, technique, théorie] modern / *les temps modernes, l'époque moderne* modern times / *le mode de vie moderne* modern living, today's way of life **2.** [progressiste - artiste, opinions, théoricien] modern, progressive / *c'est une grand-mère très moderne* she's a very modern ou up-to-date grandmother / *il faut être moderne* you've got to be modern **3.** ART modern, contemporary ▸ **mouvement moderne** ARCHIT international style **4.** ENS [maths] modern, new ; [études, histoire] modern, contemporary **5.** LING [langue, sens] modern ▸ **grec moderne** Modern Greek. ◆ nmf ART modern artist ; LITTÉR modern writer, modern poet. ◆ nm ▸ **le moderne a)** [genre] modern style **b)** [mobilier] modern furniture / *je préférerais du moderne pour la cuisine* I'd prefer modern furniture in the kitchen.

modernisateur, trice [mɔdɛʀnizatœʀ, tʀis] ◆ adj [tendance, réforme] modernizing. ◆ nm, f modernizer.

modernisation [mɔdɛʀnizasjɔ̃] nf modernization, modernizing, updating.

moderniser [3] [mɔdɛʀnize] vt to modernize, to bring up to date.

◆ **se moderniser** vp *(emploi réfléchi)* to modernize.

modernisme [mɔdɛʀnism] nm modernism.

moderniste [mɔdɛʀnist] adj & nmf modernist.

modernité [mɔdɛʀnite] nf modernity.

modern style [mɔdɛʀnstil] nm inv modern style, art nouveau ; *(comme adj inv)* : *une glace modern style* an art nouveau mirror.

modeste [mɔdɛst] ◆ adj **1.** [logement] modest ; [revenu] modest, small ; [goût, train de vie] modest, unpretentious ; [tenue] modest, simple / *tu es trop modeste dans tes prétentions* you're not asking for enough money ; [milieu] modest, humble / *être d'origine très modeste* to come from a very modest ou humble background **2.** *(avant nom)* [modique] modest, humble, small / *ce n'est qu'un modeste présent* it's only a very modest ou small gift, it's just a little something / *je ne suis qu'un modeste commerçant* I'm only a shopkeeper **3.** [sans vanité] modest / *c'était facile — tu es trop modeste* it was easy — you're (being) too modest **4.** *vieilli* [pudique -air, jeune fille] modest / *une attitude modeste était exigée des jeunes filles* a modest demeanour was expected from the young ladies. ◆ nmf : *faire le / la modeste* to put on a show of modesty / *allons, ne fais pas la* ou *ta modeste !* come on, don't be (so) modest !

modestement [mɔdɛstəmɑ̃] adv **1.** [simplement] modestly, simply / *ils vivent très modestement* they live very modestly, they lead a very simple life **2.** [sans vanité] modestly / *il m'a modestement demandé si je connaissais ses œuvres* he modestly asked me if I was familiar with his work **3.** *vieilli* [avec réserve] modestly, unassumingly ; [avec pudeur] modestly.

modestie [mɔdɛsti] nf **1.** [humilité] modesty ▸ **faire preuve de modestie** to be modest / *il a su garder une grande modestie* he remained extremely modest / *ce n'est pas la modestie qui l'étouffe !* you can't say she's overmodest ! ▸ **en toute modestie** in all modesty ▸ **fausse modestie** false modesty / *allons, pas de fausse modestie !* come on, don't be so modest ! *iron* **2.** *vieilli* [réserve] modesty, self-effacement ; [pudeur] modesty **3.** [d'exigences, d'ambitions] modesty **4.** VÊT modesty piece.

modicité [mɔdisite] nf lowness, smallness, paltriness / *la modicité de leur salaire ne leur permet pas de partir en vacances* they can't go on holiday because of their low wages.

modifiable [mɔdifjabl] adj modifiable.

modificateur, trice [mɔdifikatœʀ, tʀis] adj modifying, modificatory.

❖ **modificateur** nm BIOL, GRAM & INFORM modifier.

modificatif, ive [mɔdifikatif, iv] adj modificatory, modificative *sout.*

modification [mɔdifikasjɔ̃] nf **1.** [processus] modification, modifying, changing ; [altération] modification, alteration, change **2.** INFORM alteration, modification ▸ **modification d'adresse** address modification ▸ **modification de configuration binaire** bit handling.

modifier [9] [mɔdifje] vt **1.** [transformer -politique, texte] to modify, to change, to alter ; [-vêtement] to alter ; [-loi] to amend, to change **2.** GRAM to modify **3.** INFORM to alter, to modify ▸ **modifier la configuration de qqch** to reconfigure sthg.

❖ **se modifier** vpi to change, to alter, to be modified.

modique [mɔdik] adj [peu élevé -prix, rémunération] modest, small / *et pour la modique somme de 20 euros, mesdames, je vous donne deux couvertures !* and for the modest sum of 20 euros, ladies, I'll give you two blankets !

modiquement [mɔdikmɑ̃] adv [rétribuer] poorly, modestly, meagrely.

modiste [mɔdist] nmf milliner.

modulable [mɔdylabl] adj modular, flexible / *bibliothèque composée d'éléments modulables* bookshelves made of versatile ou modular units.

modulaire [mɔdylɛʀ] adj modular.

modulateur, trice [mɔdylatœʀ, tʀis] adj modulatory ▸ **lampe modulatrice** modulator lamp.

❖ **modulateur** nm INFORM & TÉLÉC modulator / *modulateur de fréquence* converter.

modulation [mɔdylasjɔ̃] nf **1.** [tonalité -de la voix] modulation ; ACOUST & MUS modulation **2.** ÉLECTRON, INFORM, RADIO & TÉLÉC modulation ▸ **modulation d'amplitude / de fréquence** amplitude / frequency modulation / *poste à modulation de fréquence* frequency modulation ou FM (radio) set ▸ **modulation par déplacement de fréquence / phase** frequency / phase shift keying ▸ **modulation par impulsions et codage** pulse code modulation ▸ **rapidité / taux de modulation** modulation rate / factor **3.** [nuance] modulation, variation **4.** ARCHIT building-block ou modular principle.

module [mɔdyl] nm **1.** [élément -gén] module, unit ; ARCHIT & CONSTR module / *les modules de la bibliothèque* the units that make up the bookshelves ▸ **module lunaire** ASTRONAUT lunar module ▸ **module solaire** solar panel **2.** MATH & PHYS modulus **3.** INFORM module ▸ **module binaire** binary deck ▸ **module chargeable** load module ▸ **module exécutable** run module ▸ **module maître** master module **4.** MÉCAN module.

moduler [3] [mɔdyle] ◆ vt **1.** TECHNOL to modulate **2.** [adapter] to adjust **3.** [nuancer] to vary. ◆ vi MUS to modulate.

modulo [mɔdylo] ◆ adj inv modulo. ◆ nm modulus (divisor).

modus vivendi [mɔdysvivɛ̃di] nm inv modus vivendi / *trouver un modus vivendi avec* to come to a working arrangement with.

moelle [mwal] nf **1.** ANAT marrow, medulla *spéc* ▸ **moelle épinière** spinal chord ▸ **moelle osseuse / jaune / rouge** bone / yellow / red marrow ▸ **jusqu'à la moelle** to the core ▸ **être gelé** ou **transi jusqu'à la moelle des os** to be frozen to the marrow ou to the bone **2.** CULIN (bone) marrow **3.** BOT pith.

> **La substantifique moelle**
>
> In his prologue to *Gargantua* (1535), François Rabelais hopes his reader will **rompre l'os et sucer la substantifique moelle** *(break the bone and suck out the substantific marrow)*, in other words, get to the essential meaning of the text and understand it. The expression **la substantifique moelle** is commonly used to refer to the very essence of something – not always a written text:
>
> **Elle réussit admirablement à tirer la substantifique moelle de l'œuvre complexe du philosophe** *She succeeds admirably in bringing out the very essence of the philosopher's work.*
>
> **C'est le circuit idéal pour saisir la substantifique moelle de la civilisation phénicienne.** *This is the ideal tour for exploring the very essence of Phoenician civilisation.*

moelleusement [mwaløzmɑ̃] adv *sout* [s'installer] comfortably, snugly, luxuriously.

moelleux, euse [mwalø, øz] adj **1.** [au toucher] soft / *des coussins moelleux* soft ou comfortable cushions ; [à la vue, à l'ouïe] mellow, warm / *une voix moelleuse* a mellow voice ; [au palais -vin] mellow, well-rounded ; [-viande] tender ; [-gâteau] moist **2.** *litt* [gracieux] soft / *une courbe moelleuse* a soft ou gentle ou graceful curve.

❖ **moelleux** nm [d'une matière, d'un fauteuil] softness, mellowness ; ŒNOL mellowness ▸ **moelleux au chocolat** rich chocolate cake.

moellon [mwalɔ̃] nm CONSTR rubble, rubble-stone, moellon / *construction en moellons* rubble work ▸ **moellon d'appareil** ashlar ▸ **moellon brut** quarry stone.

mœurs [mœʀ(s)] nfpl **1.** [comportement social] customs, habits ▸ **les mœurs politiques** political practice / *c'est entré dans les mœurs* it's become part of everyday life / *les mœurs de notre temps* mores of our time the social ▸ **autres temps, autres mœurs** times have changed **2.** [comportement personnel] manners, ways / *elle a des mœurs vraiment bizarres* she behaves in a really odd way / *quelles drôles de mœurs !* what a strange way to behave ! ; [style de vie] life-style / *avoir des mœurs simples* to have a simple life-style ou way of life, to lead a simple life **3.** [principes moraux] morals, moral standards / *avoir des mœurs très strictes* to have very strict moral standards ou morals ▸ **avoir des mœurs dissolues** to lead a dissolute life, to have loose morals / *des mœurs particulières* *euphém* particular tastes / *une femme de mœurs légères* a woman of easy virtue ▸ **être contraire aux bonnes mœurs** : *c'est contraire aux bonnes mœurs* it goes against accepted standards of behaviour UK ou behavior US ▸ **la police / brigade des mœurs, les Mœurs** *fam* ≃ the vice squad **4.** ZOOL habits, behaviour UK behavior US.

❖ **de mœurs** loc adj **1.** [sexuel] ▸ **affaire de mœurs** sex case **2.** LITTÉR ▸ **comédie / roman de mœurs** comedy / novel of manners.

mofette[1] [mɔfɛt] nf GÉOL mofette.

mofette[2] [mɔfɛt] = **moufette.**

moffler [3] [mɔfle] vt BELG *fam* : *j'ai été mofflé* I failed my exam.

Mogadiscio [mɔgadiʃjo] npr Mogadiscio, Mogadishu.

mogette [mɔʒɛt] nf white bean, haricot bean.

moghol, e [mɔgɔl] adj Mogul.

❖ **Moghol, e** nm, f Mogul ▸ **les Grands Moghols** the Great Moguls.

mohair [mɔɛʀ] nm mohair.

Mohicans [mɔikɑ̃] nmpl Mohicans, Mohican.

moi [mwa] ◆ pron pers **1.** [sujet] : *qui est là ? — moi* who's there ? — me / *je l'ai vue hier — moi aussi* I saw her yesterday — so did I ou me too / *moi parti, il ne restera personne* when I'm gone, there'll be nobody left / *je n'en sais rien — moi non plus* I have no idea — neither do I ou me neither / *moi ? je n'ai rien dit !* me ? I didn't say a word ! / *et vous voulez que moi, j'y aille ?* you want ME to go ? / *moi, je n'y comprends rien !* I don't understand a thing (about it) ! / *moi qui vous parle, je l'ai vu de mes propres yeux* I'm telling you, I saw him with my very own eyes / *et moi qui te faisais confiance !* and to think (that) I trusted you ! / *il faisait nuit, et moi qui ne savais pas où aller !* it was dark, and there was me, not knowing where to go ! / *les enfants et moi, nous rentrons* the children and I are going back / *moi seul possède la clef* I'm the only one with the key **2.** [avec un présentatif] : *c'est moi qui lui ai dit de venir* I was the one who ou it was me who told him to come ▸ **salut, c'est moi !** hi, it's me ! / *c'est moi qui te le dis !* I'm telling you ! / *je vous remercie — non, c'est moi* thank you — thank YOU **3.** [complément] ▸ **dites-moi** tell me ▸ **donne-le-moi** give it to me ▸ **attendez-moi !** wait (for me) ! / *il nous a invités, ma femme et moi* he invited both my wife and myself ; [avec une préposition] ▸ **parlez-lui de moi** mention my name to him / *c'est à moi qu'il a confié cette tâche* he gave ME this task, it was me he gave this task to / *c'est à moi qu'il l'a donné* he gave it to ME / *c'est à moi qu'il a fait cette confidence* he confided this to ME / *qu'est-ce que ça peut me faire, à moi* what difference does that make to me ? / *il me l'a dit, à moi* he told ME / *une chambre à moi tout seul* a room of my own / *un ami à moi* *fam* a friend of mine / *plus âgé que moi* older than me / *tu as d'aussi bonnes raisons que moi* you have just as good reasons as me ou as I have / *ça ne vient pas de moi* it isn't from me / *c'est en moi* it's in me / *c'est pour moi* it's for me ▸ **comptez sur moi** you can count on me / *ne soyez pas si désagréable envers moi* don't be so unkind to me / *une lettre de moi* one of my letters / *c'est de moi, cette lettre ?* is this letter from me ?, is this letter one of mine ?, is this one of my letters ? ▸ **à moi ! a)** [au secours] help ! **b)** [de jouer] it's my turn ! **c)** [d'essayer] let me have a go ! **4.** [en fonction de pronom réfléchi] myself / *je suis contente de moi* I'm pleased with myself / *je devrais penser un peu plus à moi* I ought to think of myself a bit more **5.** [emploi expressif] ▸ **regardez-moi ça !** just look at that ! / *rangez-moi ça tout de suite !* put that away right now ! / *sors-moi ce chien de là !* get that dog out of here ! ◆ nm ▸ **le moi a)** PHILOS the self **b)** PSYCHOL the ego.

Voir encadré à l'article lui.

moignon [mwaɲɔ̃] nm stump *(of a limb).*

moi-même [mwamɛm] pron pers myself / *j'ai moi-même vérifié* I checked it myself ▸ **mon épouse et moi-même** my wife and I / *je préfère vérifier par moi-même* I prefer to check for myself / *j'y suis allé de moi-même* I went there on my own initiative.

moindre [mwɛ̃dʀ] adj **1.** *(compar)* [perte] lesser, smaller ; [qualité] lower, poorer ; [prix] lower ▸ **de moindre gravité** less serious / *de moindre importance* less important, of lesser importance / *son talent est bien moindre* she's far less gifted ▸ **c'est un moindre mal** it's the lesser evil **2.** *(superl)* ▸ **le moindre, la moindre a)** [de deux] the lesser **b)** [de trois ou plus] the least, the slightest / *le moindre mouvement / danger* the slightest movement / danger / *le moindre espoir* the slightest ou faintest hope ▸ **la moindre chance** the slightest ou remotest chance / *je n'en ai pas la moindre idée* I haven't got the slightest ou faintest ou remotest idea ▸ **jusqu'au moindre détail** down to the last ou smallest detail / *ce serait la moindre des politesses* it would be only common courtesy / *c'est une pianiste, et non des moindres!* she's a pianist and a good one at that! / *il n'a pas fait la moindre remarque* he didn't say a single word ▸ **c'est là son moindre défaut** *(allusion à La Fontaine)* that's the least of his faults ▸ **c'est la moindre des choses!** : *je vous en prie, c'est la moindre des choses!* don't mention it, it was the least I could do! / *dis merci, c'est la moindre des choses!* you could at least say thank you! **3.** SUISSE *fam* [malade] poorly.

moindrement [mwɛ̃dʀəmɑ̃] adv *litt* : *il n'était pas le moindrement gêné* he wasn't embarrassed in the least ou in the slightest.

moine [mwan] nm **1.** RELIG monk, friar ▸ **moine cistercien** Cistercian monk **2.** ZOOL Mediterranean (monk) seal **3.** ORNITH [vautour] black ou cinereous vulture ; [macareux] puffin.

moineau, x [mwano] nm **1.** ORNITH sparrow ▸ **moineau domestique / friquet** house / tree sparrow ▸ **avoir une cervelle** ou **tête de moineau** *fam* to be bird-brained ou scatterbrained **2.** *fam* [individu] bird, customer, fellow / *c'est un drôle de moineau!* he's an odd fish UK ou bird US !

moinillon [mwanijɔ̃] nm [jeune moine] young monk.

moins [mwɛ̃]

◆ adv

A. COMPARATIF D'INFÉRIORITÉ
B. SUPERLATIF D'INFÉRIORITÉ

A. COMPARATIF D'INFÉRIORITÉ 1. [avec un adjectif, un adverbe] less / *cinq fois moins cher* five times less expensive ▸ **deux fois moins cher** half as expensive, twice as cheap / *les fraises sont moins sucrées* the strawberries are less sweet ou aren't as sweet / *elle voit moins bien depuis l'opération* her sight hasn't been as good since the operation ▸ **en moins rapide** but not so ou as fast / *c'est Venise en moins ensoleillé* it's like Venice minus ou less the sunshine / *c'est moins bien que l'an dernier* it's not as good a last year ▸ **c'est le même appartement, en moins bien / grand** it's the same flat only not as nice / not as big / *il est bien moins beau maintenant* he's much less ou not as handsome now ▸ **beaucoup / un peu moins** a lot / a little less / *il est moins riche qu'eux* he is not as rich as they are / *je suis moins enthousiaste que toi* I'm less enthusiastic than you, I'm not as enthusiastic as you / *un peu moins beau que...* a bit less handsome than..., not quite as handsome as... / *il est moins timide que réservé* he's not so much shy as reserved / *il n'en est pas moins vrai que...* it is nonetheless true that... / *non moins charmante que...* just as charming as..., no less charming than... / *je suis non moins choqué qu'on ait utilisé mon adresse* I'm just as much shocked by the fact that my address was used / *nous sommes moins que convaincus* we're less than (totally) convinced **2.** [avec un verbe] less, not... so ou as much ▸ **je souffre moins** I'm not in so much ou I'm in less pain / *parle moins!* don't speak so much! ▸ **tu devrais demander moins** you shouldn't ask for so much / *moins tu parles, mieux ça vaut* the less you speak, the better / *j'y pense moins que tu ne le crois* I think about it less than you think / *il travaille moins que sa sœur* he works less than his sister.

B. SUPERLATIF D'INFÉRIORITÉ 1. [avec un adjectif, un adverbe] : *c'est lui le moins riche des trois* he's the least wealthy of the three / *c'est elle la moins intelligente des deux* she's the less intelligent of the two / *c'est le sommet le moins élevé* it's the lowest peak / *c'est le modèle le moins cher qu'on puisse trouver* it's the least expensive (that) you can find ▸ **le moins possible** as little as possible / *il travaille le moins possible* he works as little as possible / *tremper le tissu le moins souvent possible* soak the material as little as possible / *c'est lui qui habite le moins loin* he lives the least far away ou the nearest ▸ **pas le moins du monde** : *je ne suis pas le moins du monde surpris* I'm not at all ou not in the least bit surprised / *je vous dérange? — mais non, pas le moins du monde* am I disturbing you? — of course not ou not in the slightest **2.** [avec un verbe] ▸ **le moins** (the) least / *c'est le dernier-né qui crie le moins* the youngest is the one who cries (the) least ▸ **c'est ce qui coûte / rapporte le moins** this is the least expensive / makes the least profit ▸ **le moins qu'on puisse faire / dire** : *le moins qu'on puisse faire, c'est de les inviter* the least we could do is invite them / *le moins que l'on puisse dire, c'est qu'il manque de talent* the least one can say is that he lacks talent / *c'est le moins qu'on puisse dire!* that's the least you can say!

◆ prép **1.** [en soustrayant] : *dix moins huit font deux* ten minus ou less eight makes two / *on est seize : moins les enfants, ça fait douze* there are sixteen of us, twelve not counting the children **2.** [indiquant l'heure] ▸ **il est moins vingt** it's twenty to ou of US / *il est 3 h moins le quart* it's (a) quarter to ou of US 3 ▸ **il était moins une** ou **cinq** *fam* that was a close call ou shave / *il était moins une que je ne puisse pas y aller* I was within an ace of not being able to go **3.** [introduisant un nombre négatif] : *moins 50 plus moins 6 égale moins 56* minus 50 plus minus 6 is ou makes minus 56 ▸ **il fait moins 25** it's 25 below ou minus 25 / *plonger à moins 300 m* to dive to a depth of 300 m.

◆ nm minus (sign) / *mets un moins avant le chiffre 4* put a minus sign in front of the figure 4.

❖ **à moins** loc adv : *j'étais terrifié — on le serait à moins!* I was terrified — and lesser things have frightened me!

❖ **à moins de** loc prép **1.** [excepté] ▸ **à moins d'un miracle** short of ou barring a miracle / *à moins d'une éclaircie* unless the clouds break / *nous n'arriverons pas à temps, à moins de partir demain* we won't get there on time unless we leave tomorrow **2.** [pour moins de] for less than / *vous n'en trouverez pas à moins de 15 euros* you won't find any for under ou for less than 15 euros **3.** [dans le temps, l'espace] : *il habite à moins de 10 minutes / 500 m d'ici* he lives less than 10 minutes / 500 m from here.

❖ **à moins que** loc conj unless / *j'irai au tribunal, à moins qu'il ne me rembourse* I'll go to court unless he pays me back / *à moins que vous ne vouliez le faire vous-même...* unless you wanted to do it yourself...

❖ **au moins** loc adv **1.** [en tout cas] at least / *dis-moi ce qui t'est arrivé, au moins!* at least tell me what happened to you! / *embrasse au moins ta mère* at least kiss your mother / *il va partir, (tout) au moins c'est ce qu'il dit* he's leaving, at least that's what he says **2.** [au minimum] at least / *il y a au moins 20 personnes qui attendent* there are at least 20 people waiting / *ça fait au moins un mois qu'on ne l'a pas vu* we haven't seen him for at least a month.

❖ **de moins** loc adv : *il y a 10 euros de moins dans le tiroir* there are 10 euros missing from the drawer / *je me sens 10 ans de moins* I feel 10 years younger ; *(en corrélation avec «que»)* : *j'ai un an de moins qu'elle* I'm a year younger than her / *j'ai une tête de moins qu'elle* I'm shorter than her by a head.

❖ **de moins en moins** loc adv less and less / *nous nous voyons de moins en moins* we see less and less of each other ou each other less and less / *de moins en moins souvent* less and less often.

❖ **de moins en moins de** loc dét [suivi d'un nom comptable] fewer and fewer ; [suivi d'un nom non comptable] less and less / *de moins en moins de gens* fewer and fewer people / *il y a de moins en moins de demande pour ce produit* there is less and less demand for this product / *elle a de moins en moins de fièvre* her temperature is falling.

❖ **des moins** loc adv : *un accueil des moins chaleureux* a less than warm welcome / *vos amis sont des moins discrets* your friends aren't the most discreet of people.

❖ **du moins** loc adv at least / *il lui devait de l'argent, du moins c'est ce que je croyais* he owed him money, at least that's what I thought / *ils devaient venir samedi, c'est du moins ce qu'ils nous avaient dit* they were supposed to come on Saturday, at least that's what they told us.

❖ **en moins** loc adv : *il y a une chaise en moins* there's one chair missing, we're one chair short.

❖ **en moins de** loc prép in less than / *en moins d'une heure* in less than an hour, in under an hour ▸ **en moins de temps qu'il n'en faut pour le dire** before you can say Jack Robinson ▸ **en moins de rien** in no time at all / *on a remis à neuf l'appartement en moins de rien* we made the flat look like new in no time at all ▸ **en moins de deux** *fam* in a jiffy, in two ticks.

❖ **moins de** loc dét **1.** *(compar)* [avec un nom comptable] fewer ; [avec un nom non comptable] less / *un peu moins de bruit!* a little less noise! / *donnez-lui moins de travail* give him less work / *ils étaient moins de cent* there were fewer than a hundred of them / *moins de beurre* less butter / *moins de bouteilles* fewer ou not so many bottles / *je l'ai payé un peu moins de 20 euros* I paid just under ou a little less than 20 euros for it / *il a moins de 18 ans* he's under 18 / *les moins de 18 ans* the under 18's / *il ne me faudra pas moins de 3 heures pour tout faire* I'll need no less than ou at the very least 3 hours to do everything / *il y avait moins d'enfants que d'habitude* there were fewer children than usual / *il a moins de patience que son frère* he's less patient than his brother **2.** *(superl)* ▸ **le moins de a)** [avec un nom comptable] the fewest **b)** [avec un nom non comptable] the least / *c'est lui qui fait le moins de bruit* he makes the least noise / *c'est ce qui consomme le moins d'énergie* it uses the least amount of energy / *c'est à la montagne qu'il y a le moins de monde* it's in the mountains where you find the least number of people / *c'est avec cette voiture que j'ai eu le moins de pannes* this is the car I've had the fewest breakdowns in.

❖ **moins... moins** loc corrélative the less... the less / *moins il travaillera, moins il aura de chances de réussir à son examen* the less he works, the less chance he'll have of passing his exam / *moins on mange, moins on grossit* the less you eat, the less weight you put on.

❖ **moins... plus** loc corrélative the less... the more / *moins tu dors, plus tu seras énervé* the less you sleep, the more on edge you'll be.

❖ **moins que rien** ◆ loc adv next to nothing / *il m'a fait payer 12 euros, c'est moins que rien* he charged me 12 euros, which is next to nothing. ◆ nmf nobody ▸ **c'est un / une moins que rien** he's / she's a nobody / *des moins que rien* a useless bunch (of individuals).

❖ **on ne peut moins** loc adv : *elle est on ne peut moins honnête* she's as honest as they come / *c'est on ne peut moins loin!* it couldn't be nearer! / *c'est on ne peut moins compliqué!* it couldn't be less complicated!

❖ **pour le moins** loc adv at the very least, to say the least / *il y a pour le moins une heure d'attente* there's an hour's wait at the very least / *c'est pour le moins étonnant* it's surprising to say the least.

moins-disant, e [mwɛ̃dizɑ̃, ɑ̃t] *(mpl* **moins-disants,** *fpl* **moins-disantes)** nm, f [proposition] lowest bid ou tender ; [personne, société] lowest bidder ou tenderer.

moins-perçu [mwɛ̃pɛʀsy] *(pl* **moins-perçus)** nm amount due.

moins-value [mwɛ̃valy] *(pl* **moins-values)** nf [dépréciation] depreciation, capital loss.

moirage [mwaʀaʒ] nm **1.** [effet] watered effect ou finish **2.** [technique] etching **3.** [sur une image] cross-hatching **4.** [sur un disque] moiré (effect).

moire [mwaʀ] nf **1.** [tissu] moiré, watered fabric ▸ **moire de soie** watered ou shot silk **2.** *litt* [irisation] iridescence, irisation.

moiré, e [mwaʀe] adj **1.** TEXT moiré, watered **2.** [irisé] iridescent, irisated, moiré **3.** MENUIS moiré.

❖ **moiré** nm **1.** TEXT moiré, watered effect ou finish **2.** *litt* [irisation] iridescence, irisation **3.** MÉTALL ▸ **moiré métallique** etching.

moirer [3] [mwaʀe] vt **1.** [tissu] to moiré, to water **2.** [métal, papier] to moiré **3.** *litt* [iriser] to make iridescent, to irisate / *un rayon de lune moirait la surface du lac* a ray of moonlight made the surface of the lake shimmer ou glimmer.

moirure [mwaʀyʀ] nf *litt* [irisation] iridescence, irisation.

❖ **moirures** nfpl TEXT moiré (effect), watered effect ou finish ; MÉTALL moiré (effect).

mois [mwa] nm **1.** [division du calendrier] month / *le mois de mai / décembre* the month of May / December ▸ **au début / à la fin du mois d'avril** in early / late April / *au milieu du mois d'août* in mid-August ou the middle of August / *les mois en R* months with an R in them ▸ **le 15 de ce** ou **du mois** COMM the 15th inst UK ou instant UK, the 15th of this month ▸ **mois commercial** 30 days (month) ▸ **mois légal** DR 30 days (month) ▸ **le mois de Marie** RELIG the month of Mary ou May **2.** [durée] month ▸ **tous les mois** every ou each month, monthly / *le comité se réunit tous les mois* the committee meets on a monthly basis ▸ **dans un mois** in a month, in a month's time / *pendant mes mois de grossesse / d'apprentissage* during the months when I was pregnant / serving my apprenticeship ▸ **un mois de préavis** a month's notice **3.** [somme] monthly wage ou salary ou pay ; [versement] monthly instalment ▸ **je vous dois trois mois a)** [de salaire] I owe you three months' wages **b)** [de loyer] I owe you three months' rent / *toucher son mois* to get paid for the month ▸ **mois double, treizième mois** extra month's pay *(income bonus equal to an extra month's salary and paid annually).*

❖ **au mois** loc adv by the month, monthly, on a monthly basis / *les intérêts sont calculés au mois* interest is worked out on a monthly basis.

❖ **du mois** loc adj : *avez-vous le numéro du mois?* do you have this month's issue?

moïse [mɔiz] nm Moses basket.

Moïse [mɔiz] npr Moses.

moisi, e [mwazi] adj [papier, tissu] mildewy, mouldy UK, moldy US ; [fruit, pain] mouldy UK, moldy US ; [logement] mildewy, fusty.

❖ **moisi** nm [moisissure] mildew, mould UK, mold US ▸ **ça sent le moisi a)** *pr* it smells musty **b)** *fam & fig* I can smell trouble.

moisir [32] [mwaziʀ] ◆ vt to make (go) mouldy UK ou moldy US. ◆ vi **1.** [pourrir] to go mouldy / *le pain a moisi* the bread's gone mouldy **2.** *fam* [s'éterniser] to rot / *je ne vais pas moisir ici jusqu'à la fin de mes jours!* I'm not going to stay and rot here forever! / *moisir en prison* to rot in prison.

moisissure [mwazisyʀ] nf **1.** [champignon] mould UK, mold US, mildew ; [tache] patch of mould **2.** *fig & litt* rottenness, rankness.

moisson [mwasɔ̃] nf **1.** AGR harvest / *faire la moisson* to harvest (the crops) / *engranger* ou *rentrer la moisson* to bring in the harvest **2.** [grande quantité] ▸ **une moisson de** an abundance ou a wealth of / *lis son livre si tu veux faire une bonne moisson de clichés* if it's clichés you want, just read his book.

moissonnage [mwasɔnaʒ] nm harvesting.

moissonner [3] [mwasɔne] vt **1.** AGR to harvest, to reap / *moissonner les blés* to harvest the corn **2.** *sout* [recueillir - informations, documents] to amass / *moissonner des renseignements* to collect ou to gather information ; [remporter - prix] to carry off / *les Danois ont moissonné tous les Oscars* the Danes carried off all the Oscars **3.** *litt* [décimer] to decimate / *la guerre a moissonné toute leur génération* the war decimated their entire generation.

moissonneur, euse [mwasɔnœʀ, øz] nm, f harvester, reaper *litt.*

❖ **moissonneuse** nf **1.** [machine] harvester **2.** ENTOM harvesting ant.

moissonneuse-batteuse [mwasɔnøzbatøz] (*pl* **moissonneuses-batteuses**) nf combine (harvester).

moissonneuse-lieuse [mwasɔnøzljøz] (*pl* **moissonneuses-lieuses**) nf reaper, reaper-binder, self-binder.

moit-moit [mwatmwat] adv *fam* / *faire moit-moit* to go halves.

moite [mwat] adj [air] muggy, clammy ; [mains] sticky, sweaty ; [front] damp, sweaty / *une journée moite et oppressante* a muggy, stifling day.

moiteur [mwatœʀ] nf [sueur] stickiness, sweatiness ; [humidité] dampness, moistness.

moitié [mwatje] nf **1.** [part] half ▸ **une moitié de** ou **la moitié d'un poulet** half a chicken ▸ **la moitié des élèves** half (of) the pupils / *la moitié de ses revenus est consacrée* ou *sont consacrés à sa maison* half (of) his income is spent on his house / *quelle est la moitié de douze?* what's half of twelve? / *arrivé à la moitié du livre* halfway through the book / *nous ferons la moitié du trajet* ou *chemin ensemble* we'll do half the journey together ▸ **partager qqch en deux moitiés** to divide sthg in half ou into (two) halves, to halve sthg ; *(comme modificateur)* half / *je suis moitié français, moitié canadien* I'm half French, half Canadian / *moitié déçu, moitié soulagé* half disappointed, half relieved / *j'ai acheté moitié plus de champignons / lait* I bought half as many mushrooms / much milk again / *il mange moitié moins que moi* he eats half as much as me / *il n'est pas moitié aussi méchant qu'on le dit* he's not half as nasty as people say **2.** *fam & hum* [épouse] ▸ **sa / ma (tendre) moitié** his / my better half / *sa tendre moitié l'attend chez lui* his better half is waiting for him at home.

❖ **à moitié** loc adv half / *il l'a à moitié assommé* he half ou almost knocked him out / *je ne suis qu'à moitié surpris* I'm only half surprised / *faire les choses à moitié* to do things by halves / *le travail n'est fait qu'à moitié* only half the work's been done, the work's only half done ▸ **vendre à moitié prix** to sell (at) half-price.

❖ **à moitié chemin** loc adv halfway / *j'irai avec toi jusqu'à moitié chemin* I'll go halfway with you / *elle s'est arrêtée à moitié chemin dans ses études* *fig* she dropped out halfway through her course.

❖ **de moitié** loc adv by half ▸ **réduire qqch de moitié** to reduce sthg by half, to halve sthg / *l'inflation a diminué de moitié* inflation has been halved ou cut by half / *ils s'étaient mis de moitié (dans l'affaire)* they'd gone halves ou fifty-fifty (in the business).

❖ **par la moitié** loc adv through ou down the middle.

❖ **par moitié** loc adv in two, in half.

❖ **pour moitié** loc adv partly / *tu es pour moitié dans son échec* you're half ou partly responsible for his failure.

moitié-moitié [mwatjemwatje] adv **1.** [à parts égales] half-and-half ▸ **faire moitié-moitié a)** [dans une affaire] to go halves ou fifty-fifty **b)** [au restaurant] to go halves, to split the bill **2.** *fam* [ni bien ni mal] so-so / *elle est contente? — moitié-moitié* is she pleased? — so-so.

moka [mɔka] nm **1.** [gâteau] mocha cake, coffee cream cake **2.** [café] mocha (coffee).

mol [mɔl] m ⟶ **mou.**

molaire [mɔlɛʀ] ◆ nf [dent] molar. ◆ adj CHIM molar.

môlaire [molɛʀ] adj MÉD molar.

molarité [mɔlaʀite] nf molarity.

molasse [mɔlas] nf molasse.

moldave [mɔldav] adj Moldavian.

❖ **Moldave** nmf Moldavian.

Moldavie [mɔldavi] npr f ▸ **(la) Moldavie** Moldavia.

mole [mɔl] nf CHIM mole.

môle [mol] ◆ nm **1.** [jetée] mole, (stone) jetty ou breakwater **2.** GÉOL horst. ◆ nf **1.** ZOOL sunfish **2.** MÉD mole ▸ **môle hydatiforme** hydatiform ou hydatid mole.

moléculaire [mɔlekylɛʀ] adj molecular ▸ **cuisine moléculaire** molecular cuisine.

molécule [mɔlekyl] nf molecule.

molécule-gramme [mɔlekylgʀam] (*pl* **molécules-grammes**) nf gram molecule.

moleskine [mɔlɛskin] nf **1.** TEXT moleskin **2.** [imitation cuir] imitation leather.

molester [3] [mɔlɛste] vt to maul, to manhandle, to molest / *la police a molesté les manifestants* the demonstrators were manhandled by the police / *plusieurs journalistes se sont fait molester par les forces de l'ordre* several journalists were manhandled by the police.

moleter [27] [mɔlte] vt to mill, to knurl.

✎ In reformed spelling (see p. 16-19), this verb is conjugated like ***acheter*****:** ***il molète, elle molètera.***

molette [mɔlɛt] nf **1.** [pièce cylindrée] toothed wheel **2.** [dans un briquet] wheel **3.** [de verrier] cutting wheel **4.** MENUIS [roulette] beading roller ; [fraise] (beading) reamer **5.** [d'un éperon] rowel.

Molière [mɔljɛʀ] npr Molière ▸ **les Molières** *French theatre awards.*

moliéresque [mɔljeʀɛsk] adj Molieresque / *une satire sociale toute moliéresque* a social satire worthy of Molière.

mollah [mɔla] nm mullah, mollah.

mollard [mɔlaʀ] nm *tfam* gob, gob of spit.

mollasse [mɔlas] ◆ adj **1.** *fam* [apathique] wet UK, drippy, wimpish / *qu'il est mollasse!* he's such a drip! **2.** [flasque] flabby, flaccid, limp / *une poignée de main mollasse* a limp handshake. ◆ nmf *fam* wimp, drip.

mollasserie [mɔlasʀi] nf *fam* feebleness / *il est d'une mollasserie décourageante* he's such a wimp!

mollasson, onne [mɔlasɔ̃, ɔn] *fam* ◆ adj wet UK, wimpy, soft. ◆ nm, f wimp.

molle [mɔl] f ⟶ **mou.**

mollé [mɔle] nm mastic tree.

mollement [mɔlmɑ̃] adv **1.** [sans énergie] listlessly, limply / *il m'a serré mollement la main* he gave me a limp handshake / *mollement allongé sur un divan* lying languidly ou limply on a sofa / *les collines descendent mollement jusqu'à la plaine* *litt* the hills slope gently down to the plain **2.** [sans conviction] feebly, weakly / *elle protesta mollement* she protested feebly ou made a feeble protest.

mollesse [mɔlɛs] nf **1.** [d'une substance, d'un objet] softness ; [des chairs] flabbiness ; [d'une poignée de main] limpness **2.** [d'un relief] soft shape ; [de contours] : *la mollesse de ses traits* *péj* the flabbiness ou shapelessness of his features / *la mollesse d'un dessin* *péj* the lifelessness of a drawing **3.** [apathie] feebleness, weakness ▸ **c'est la mollesse des parents / de l'opposition qui est en cause** parental laxness / the opposition's spinelessness is to blame / *devant la mollesse de ces protestations* faced with such feeble protests.

mollet[1] [mɔlɛ] nm ANAT calf ▸ **avoir des mollets de coq** *fam* to have legs like matchsticks ou spindly legs.

mollet[2]**, ette** [mɔlɛ, ɛt] adj *litt* [moelleux] soft.

molletière [mɔltjɛʀ]
◆ nf puttee. ◆ adj f ⟶ **bande.**

molleton [mɔltɔ̃] nm [de coton] swansdown, swanskin, flannelette ; [de laine] duffel, duffle ▸ **molleton de table** *felt underlay for a table.*

molletonné, e [mɔltɔne] adj [garni] covered with swansdown ; [doublé] lined with swansdown.

molletonner [3] [mɔltɔne] vt [garnir] to cover with swansdown ; [doubler] to line with swansdown.

molletonneux, euse [mɔltɔnø, øz] adj fleecy, fleece *(modif)* ▸ **étoffe molletonneuse** napped cloth.

mollir [32] [mɔliʀ] ◆ vi **1.** [chanceler] : *j'ai senti mes jambes mollir* I felt my legs give way (under me) **2.** [vent] to drop, to abate *sout* **3.** [volonté, résolution] ▸ **sa détermination mollissait** her determination began to flag ou to wane / *son courage mollit* his courage is waning ou flagging. ◆ vt **1.** NAUT [cordage] to slacken ; [barre] to ease **2.** PÊCHE to let out (some line).

mollo [mɔlo] adv *fam* easy / *vas-y mollo sur cette route!* take it easy on that road! / *mollo avec le chocolat!* go easy on the chocolate!

mollusque [mɔlysk] nm **1.** ZOOL mollusc UK, mollusk US **2.** *fam* [personne] drip, wimp.

molosse [mɔlɔs] nm **1.** [chien] watchdog **2.** [chauve-souris] free-tailed bat.

Molotov [mɔlɔtɔv] npr ▸ **cocktail Molotov** Molotov cocktail.

Moluques [mɔlyk] npr fpl ▸ **les Moluques** the Moluccas.

molybdène [mɔlibdɛn] nm molybdenum.

môme [mom] *fam* ◆ nmf [enfant] kid / *sale môme!* you little brat! ◆ nf *vieilli* [jeune femme] bird UK, chick US.

moment [mɔmɑ̃] nm **1.** [laps de temps] moment, while / *restez avec moi un moment* stay with me a moment ou a while / *laisse-moi un moment pour réfléchir* give me a moment ou minute to think it over / *il y a un (bon) moment que j'attends* I've been waiting for (quite) a while ▸ **pendant un bon moment** for quite some time, for quite a while / *j'en ai pour un petit moment* I'll be a (little) while **2.** [instant] moment, minute ▸ **c'est l'affaire d'un moment** it'll only take a minute ou moment / *je n'en ai que pour un moment* I'll only be a moment / *je n'ai pas un moment à moi* I don't have a minute ou moment to myself / *dans un moment de colère* in a moment of anger / *il eut un moment d'hésitation* he hesitated for a moment ▸ **un moment!** just a moment ou minute! ▸ **attends un moment!** wait a minute! **3.** [période] moment, time ▸ **nous avons passé** ou **eu de bons moments** we had some good times / *il avait connu des moments d'ivresse avec elle* he had had some blissful moments with her / *c'est un mauvais moment à passer* it's just a bad patch UK ou a difficult spell / *les grands moments de l'histoire* the great moments of history / *il l'a assistée jusqu'aux derniers moments* he was by her side until the end / *elle a ses bons et ses mauvais moments* she has her good days and her bad days ▸ **à mes moments perdus** in my spare time **4.** [occasion] moment, opportunity ▸ **à quel moment?** when? / *à quel moment voulez-vous venir?* when ou (at) what time would you like to come? / *choisis un autre moment pour lui parler* choose another time to speak to her ▸ **c'est le moment d'intervenir** now's the time to speak up / *c'est bien le moment!* *iron* what a time to pick! / *c'est le moment ou jamais* it's now or never / *c'est le moment ou jamais de lui demander* now's the time to ask him ▸ **le moment venu** when the time comes / *le moment venu, il ne sut plus quoi dire* when the time came, he was at a loss for words ▸ **arriver au bon moment** to come at the right time / *il arrive toujours au bon moment, celui-là!* *iron* he really picks his moments! / *au mauvais moment* at the wrong time / *le moment crucial du film / match* the crucial moment in the film / match **5.** PHYS momentum ▸ **moment électrique / magnétique** electric / magnetic moment.

✧ **à aucun moment** loc adv at no time / *à aucun moment il ne s'est plaint* at no time ou point did he complain.

✧ **à ce moment-là** loc adv **1.** [dans le temps] at that time, then **2.** [dans ce cas] in that case, if that's so / *à ce moment-là, tu aurais dû me le dire!* in that case ou if that was the case, you should have told me!

✧ **à tout moment** loc adv **1.** [n'importe quand] (at) any time ou moment / *il peut téléphoner à tout moment* we can expect a call from him any time ou moment now, he could call at any moment **2.** [sans cesse] constantly, all the time / *elle s'interrompait à tout moment* she kept stopping, she was constantly stopping.

✧ **au moment de** loc prép : *au moment de son départ* when he was leaving / *au moment de mon divorce* when I was getting divorced, at the time of my divorce / *il me l'a dit au moment de mourir* he told me as he died.

✧ **au moment où** loc conj as, when / *au moment où il allait démissionner* as he was about to resign / *juste au moment où le téléphone a sonné* just when ou as the phone rang.

✧ **à un moment donné** loc adv at one point, at a certain point / *à un moment donné, il a refusé* at one point he refused.

✧ **dès le moment où** loc conj **1.** [dans le temps] from the time ou moment that, as soon as **2.** [dans un raisonnement] as soon as, once / *dès le moment où on accepte l'idée d'immortalité* once you accept the idea of immortality.

✧ **du moment** loc adj : *l'homme du moment* the man of the moment ▸ **le succès / l'idole du moment** the current hit / idol / *un des sujets du moment* one of the issues of the day.

✧ **du moment que** loc conj [puisque] since / *du moment qu'il a signé, tu es garanti* seeing that ou since he's signed, you're safe / *du moment que je te le dis!* *fam* you can take my word for it!

✧ **d'un moment à l'autre** loc adv [très prochainement] any moment ou minute ou time now / *il peut téléphoner d'un moment à l'autre* he may phone any minute now.

✧ **en ce moment** loc adv at the moment, just now.

✧ **en un moment** loc adv in a moment.

✧ **par moments** loc adv at times, from time to time, every now and then.

✧ **pour le moment** loc adv for the moment, for the time being / *c'est assez pour le moment, repose-toi un peu* that's enough for the time being, have a rest now.

✧ **sur le moment** loc adv at the time / *sur le moment, ça n'a pas fait mal* it didn't hurt at the time.

momentané, e [mɔmɑ̃tane] adj momentary, brief / *il y aura des pannes d'électricité momentanées* there will be temporary ou brief power cuts / *sa passion n'a été que momentanée* her passion was only short-lived.

momentanément [mɔmɑ̃tanemɑ̃] adv **1.** [en ce moment] for the time being, for the moment / *il est momentanément absent* he's temporarily absent, he's absent for the moment **2.** [provisoirement] momentarily, for a short while / *les émissions sont momentanément interrompues* we will be temporarily off the air.

mômerie [momʀi] nf *(gén au pl)* *fam* childishness, childish behaviour.

momie [mɔmi] nf **1.** ARCHÉOL mummy **2.** [personne très maigre] skeleton.

momification [mɔmifikasjɔ̃] nf mummification.

momifier [9] [mɔmifje] vt to mummify.

✧ **se momifier** vpi *sout* [personne] to become mummified ; [esprit] to become fossilized.

mon, ma [mɔ̃, ma] *(pl* **mes** [me]) *(devant nf ou adj f commençant par voyelle ou «h» muet* [mɔ̃n] *)* dét *(adj poss)* **1.** [indiquant la possession] my / *mon ami / amie* my friend / *ma meilleure amie* my best friend / *mon père et ma mère* my father and mother ▸ **mes frères et sœurs** my brothers and sisters ▸ **un de mes amis** a friend of mine, one of my friends **2.** [dans des appellatifs] ▸ **mon cher Pierre** my dear Pierre ▸ **mon Père** Father ▸ **mon capitaine** Captain / *(oh) mon Dieu!* (oh) my God! / *mes enfants, au travail!* time to work, children! / *alors là, ma grande, c'est ton problème!* *fam* well that, my dear, is your problem! / *mais mon pauvre vieux, vous n'y arriverez jamais!* *fam* look, mate, you'll never manage it! **3.** [emploi expressif] ▸ **j'ai mon vendredi** I've got Friday off / *je gagne mes 1 000 euros par mois* *fam* I earn 1,000 euros a month / *mais ma Jacqueline, elle n'était pas du tout d'accord!* *fam* but our Jacqueline wasn't going along with that! / *mon bonhomme n'était pas du tout content!* I don't mind telling you (that) the bloke wasn't at all pleased! / *ah ben mon salaud* *tfam* ! ou *cochon* *tfam* ! lucky bastard!

monacal, e, aux [mɔnakal, o] adj monastic, monachal *sout*.

monachisme [mɔnaʃism] nm monasticism, monachism *sout*.

Monaco [mɔnako] npr ▸ **(la principauté de) Monaco** (the principality of) Monaco.

monade [mɔnad] nf monad.

monarchie [mɔnaʀʃi] nf monarchy ▸ **la monarchie absolue / constitutionnelle / parlementaire** absolute / constitutional / parliamentary monarchy ▸ **la monarchie de droit divin** monarchy by divine right ▸ **la monarchie de Juillet** the July Monarchy.

monarchique [mɔnaʀʃik] adj monarchic, monarchical, monarchial.

monarchisme [mɔnaʀʃism] nm monarchism.

monarchiste [mɔnaʀʃist] ◆ adj monarchist, monarchistic. ◆ nmf monarchist.

monarque [mɔnaʀk] nm monarch.

monastère [mɔnastɛʀ] nm monastery.

monastique [mɔnastik] adj monastic.

monbazillac [mɔ̃bazijak] nm Monbazillac (wine).

monceau, x [mɔ̃so] nm [amas] heap, pile / *un monceau de pierres* a pile of stones / *des monceaux de livres* piles ou stacks of books / *des monceaux d'erreurs* *fig* masses of mistakes.

mondain, e [mɔ̃dɛ̃, ɛn] ◆ adj **1.** [de la haute société] society *(modif)* / *avoir des relations mondaines* to have friends in society ou high circles / *il mène une vie très mondaine* he moves in society circles ▸ **carnet mondain, rubrique mondaine** society ou gossip column ▸ **photographe mondain** society photographer ▸ **soirée mondaine** society ou high-society evening **2.** [qui aime les mondanités] : *elle est très mondaine* she likes moving in fashionable circles ou society, she's a great socialite **3.** RELIG worldly ; PHILOS mundane **4.** DR ▸ **brigade mondaine** vice squad. ◆ nm, f socialite, society person.

✧ **mondaine** nf *fam* vice squad.

mondanité [mɔ̃danite] nf [style] society life.

✧ **mondanités** nfpl [réunions] fashionable gatherings ; [politesses] social chitchat, polite conversation / *il aime les mondanités* he likes society life.

monde [mɔ̃d] nm **1.** [univers] world / *parcourir le monde (à la recherche de)* to travel the world (in search of) ▸ **dans le monde entier** all over the world / *il est connu dans le monde entier* he's known worldwide ou the world over ▸ **venir au monde** to come into the world / *mettre un enfant au monde* to bring a child into the world / *elle n'était pas de ce monde* she was not of this world / *il n'est plus de ce monde* he's no longer with us, he's gone to the next world ▸ **en ce bas monde** here on earth, here below / *elle s'est créé un petit monde à elle* she's created her own little world for herself ▸ **le monde est petit!** it's a small world! ▸ **depuis que le monde est monde** since the beginning of time, since the world began ▸ **c'est le monde renversé** ou **à l'envers!** what's the world coming to? / **'le Meilleur des mondes'** *Huxley* 'Brave New World' **2.** [humanité] world / *le monde entier attend cet événement* the whole world is awaiting this event / *elle a fait ces révélations à la face du monde* she made these revelations to the whole world / *tout le monde sait cela* everybody ou the whole world knows that / *tout le monde ne peut pas le faire!* not everybody can do that! ▸ **il faut de tout pour faire un monde** it takes all sorts (to make a world) **3.** [pour intensifier] : *il y a un monde entre l'agneau importé et l'agneau de notre région* there's a world of difference between imported lamb and our local lamb ▸ **le plus célèbre au** ou **du monde** the most famous in the world / *c'est la meilleure équipe au monde* it's the best team in the world / *c'est la femme la plus charmante du monde* she's the most charming woman you could wish to meet ▸ **le plus simplement / gentiment du monde** in the simplest / kindest possible way ▸ **c'est ce que j'aime / je veux le plus au monde** it's what I love / want most in the world / *je vous dérange? — pas le moins du monde!* am I interrupting? — not in the least! / *je ne m'ennuie pas le moins du monde* I'm not in the least bit bored / *ils s'entendent le mieux du monde* they get on famously / *tout s'est déroulé le mieux du monde* everything went off very smoothly / *rien au monde ne pourrait me faire partir* nothing in the world would make me leave ▸ **pour rien au monde** not for anything, not for the world ▸ **nul** ou **personne au monde** nobody in the world / *on m'a dit tout le bien du monde de ce nouveau shampooing* I've been told the most wonderful things about this new shampoo **4.** [communauté] world ▸ **le monde des affaires** the business world / *le monde de la finance* the world of finance, the financial world ▸ **le monde du spectacle** (the world of) show business / *le monde chrétien / musulman* the Christian / Muslim world / *le monde capitaliste / communiste* the capitalist / communist world / *le monde libre* the Free World ▸ **le monde animal / végétal** the animal / plant world **5.** [gens] people *(pl)* / *il y a du monde?* [en entrant chez quelqu'un] is there anybody home ou there? / *il y a un monde fou, c'est noir de monde* the place is swarming ou alive with people / *il y a plein de monde à la foire* fam there are loads of people at the fair / *il n'y avait pas grand monde au spectacle* there weren't many people at the show / *je viens de m'installer, je ne connais pas encore beaucoup de monde* I've just settled in, I don't know (very) many people yet / *tu attends du monde?* are you expecting people ou company? / *il ne voit plus beaucoup de monde* he doesn't socialize very much any more / *j'ai du monde à dîner* fam I've got people coming for dinner ▸ **tout le monde** everybody, everyone / *tout le monde est là?* is everybody here? / *tout le monde n'est pas arrivé* not everybody's here (yet) / *ne t'en fais pas, je connais mon monde!* don't worry, I know who I'm dealing with! / *grand-mère aime bien avoir tout son petit monde autour d'elle* grandmother likes to have all her family ou brood hum around her / *c'est qu'il faut s'en occuper de tout ce petit monde!* [enfants] all that little lot takes some looking after! ▸ **il y a du monde au balcon!** fam & hum she's well-endowed! ▸ **se moquer** ou **se ficher** fam ou **se foutre** fam **du monde** : *tu te moques* ou *fiches* ou *fous du monde!* you've got a nerve ou a bloody nerve! **6.** [société] world / *se retirer du monde* to withdraw from society / *les plaisirs du monde* worldly pleasures ▸ **le monde** RELIG the world ; [groupe social] circle, set / *elle n'appartient pas à notre monde* she's not one of us, she doesn't belong to our circle / *ils ne sont pas du même monde* they don't move in the same circles ; [classes élevées] ▸ **le (beau)** ou **grand monde** high society / *aller dans le monde* to mix in society / *ses premiers pas dans le monde* his introduction to (high) society / *fréquenter le beau* ou *grand monde* to mix with high society ou in society / *on n'est pas dans le grand monde ici!* this isn't Buckingham Palace! ▸ **femme du monde** socialite ▸ **homme du monde** man-about-town ▸ **gens du monde** socialites, society people **7.** [domaine] world, realm / *le monde de l'imaginaire* the realm of imagination / *le monde du rêve* the world ou realm of dreams / *le monde du silence* litt the silent world (under the sea) **8.** PRESSE ▸ **'le Monde'** *French daily newspaper* **9.** EXPR **c'est un monde!** fam that beats everything!, well I never! / *pourquoi ne ranges-tu jamais tes affaires, c'est un monde tout de même!* fam why in the world ou why oh why don't you ever put your things away? ▸ **se faire (tout) un monde de qqch** to get worked up about sthg / *il se fait tout un monde de rencontrer son beau-père* he's making a big thing about meeting his father-in-law / *ne te fais pas un monde d'un rien* don't make a mountain out of a molehill.

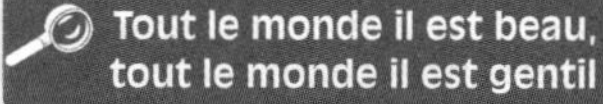
Tout le monde il est beau, tout le monde il est gentil

This was the title of a 1972 comedy film by Jean Yanne, a fierce critique of the rose-tinted view of the world presented in the media and show business. It is used pejoratively to refer to a person's naively optimistic view of humanity:

Tu devrais l'accompagner, lui qui croit toujours que tout le monde il est beau, tout le monde il est gentil, je crains que certains n'en profitent pour le rouler. *You should go with him, he never sees the bad in anyone, I'm afraid someone will try and take him for a ride.*

Quel naïf ! Pour lui tout le monde il est beau, tout le monde il est gentil, mais un jour cela lui jouera de mauvais tours. *He's so naive! He only sees the good in people but one day it'll land him in trouble.*

monder [3] [mɔ̃de] vt **1.** [noisettes] to hull ; [amandes] to blanch **2.** [arbres] to prune, to crop.

mondial, e, aux [mɔ̃djal, o] adj world *(modif)*, global / *production mondiale de blé* world wheat production ▸ **crise à l'échelle mondiale** worldwide crisis, crisis on a world scale / *une vedette de renommée mondiale* a world-famous star.

❖ **mondial** nm ▸ **le Mondial de football** the World Cup ▸ **le Mondial de l'athlétisme** the World Athletics Championship ▸ **le Mondial de l'automobile** the International Motor Show.

mondialement [mɔ̃djalmɑ̃] adv throughout ou all over the world ▸ **mondialement renommé** famous all over the world, world-famous.

mondialisation [mɔ̃djalizasjɔ̃] nf globalization / *on assiste à la mondialisation de la reprise économique* a worldwide economic revival is taking place.

mondialiser [3] [mɔ̃djalize] vt to make worldwide in scope, to globalize.

❖ **se mondialiser** vpi to spread throughout the world / *la crise s'est rapidement mondialisée* the crisis has rapidly taken on an international dimension.

mondialisme [mɔ̃djalism] nm **1.** [doctrine] one world movement, citizen of the world movement **2.** [approche] global approach.

mondialiste [mɔ̃djalist] adj pro-globalization.

mondovision [mɔ̃dɔvizjɔ̃] nf worldwide satellite broadcasting ▸ **en mondovision** broadcast all over the world by satellite.

monégasque [mɔnegask] adj Monegasque, Monacan.

❖ **Monégasque** nmf Monegasque, Monacan.

monème [mɔnɛm] nm moneme.

monétaire [monetɛʀ] adj monetary ▸ **marché / masse monétaire** money market / supply ▸ **politique / système / unité monétaire** monetary policy / system / unit.

monétarisation [mɔnetaʀizasjɔ̃] nf monetarization.

monétarisme [mɔnetaʀism] nm monetarism.

monétariste [mɔnetaʀist] adj & nmf monetarist.

Monétique® [mɔnetik] nf electronic banking (services).

monétisation [mɔnetizasjɔ̃] nf monetization.

monétiser [3] [mɔnetize] vt to monetize.

mongol, e [mɔ̃gɔl] adj Mongol, Mongolian.

❖ **Mongol, e** nm, f Mongol, Mongolian.

❖ **mongol** nm LING Mongolian.

Mongolie [mɔ̃gɔli] npr f ▸ **(la) Mongolie** Mongolia ▸ **(la) Mongolie-Extérieure** Outer Mongolia ▸ **(la) Mongolie-Intérieure** Inner Mongolia.

mongolien, enne [mɔ̃gɔljɛ̃, ɛn] *vieilli* ◆ adj mongol *péj vieilli*. ◆ nm, f mongol *péj vieilli*.

mongolique [mɔ̃gɔlik] adj mongolic.

mongolisme [mɔ̃gɔlism] nm *vieilli* mongolism.

mongoloïde [mɔ̃gɔlɔid] adj **1.** [de type mongol] Mongoloid **2.** *vieilli ou* MÉD mongoloid *péj vieilli*.

moniale [mɔnjal] nf (enclosed) nun.

monisme [mɔnism] nm monism.

moniteur, trice [mɔnitœʀ, tʀis] nm, f SPORT instructor (instructress) ; [de colonie de vacances] (group) supervisor ou leader, (camp) counsellor US ▸ **moniteur d'atelier** workshop leader ou instructor ▸ **moniteur d'auto-école** driving instructor.

❖ **moniteur** nm **1.** INFORM [écran] display unit ; [dispositif matériel ou logiciel] monitor ▸ **moniteur couleur** RGB ou colour monitor **2.** MÉD monitor.

monitorage [mɔnitɔʀaʒ] nm = **monitoring**.

monitorat [mɔnitɔʀa] nm [enseignement] instruction ; [de colonie de vacances] group leading, camp counselling US.

monitoring [mɔnitɔʀiŋ] nm monitoring / *elle est sous monitoring* she's been placed on a monitor.

monnaie [mɔnɛ] ◆ v ⟶ **monnayer**. ◆ nf **1.** ÉCON & FIN currency, money ▸ **monnaie d'argent / de nickel / d'or** silver / nickel / gold coin / *les monnaies étrangères* foreign currencies ▸ **la monnaie sud-africaine a)** [gén] the South African currency **b)** BOURSE the South African rand / *le yen est la monnaie du Japon* the yen is Japan's (unit of) currency ou monetary unit ▸ **monnaie bancaire** substitute money ▸ **monnaie de compte** account ou near money ▸ **monnaie décimale** decimal currency ou coinage ▸ **monnaie divisionnaire** fractional currency ▸ **monnaie d'échange** *fig* bargaining counter ▸ **monnaie électronique** electronic ou plastic money ▸ **monnaie fiduciaire** fiduciary money ou issue, paper money ▸ **monnaie flottante** floating currency ▸ **monnaie légale** legal tender ▸ **monnaie métallique** coin *(U)* ▸ **monnaie de papier** paper money ▸ **monnaie plastique** plastic money ▸ **monnaie scripturale** bank money ▸ **monnaie unique** single currency ▸ **monnaie verte** green currency ▸ **fausse monnaie** counterfeit ou false money ▸ **c'est monnaie courante** it's common practice, it's a common ou an everyday occurrence ▸ **payer qqn en monnaie de singe** to fob sb off **2.** [appoint] change ▸ **faire de la monnaie** to get (some) change ▸ **faire de la monnaie à qqn** to give sb some change / *faire la monnaie de 20 euros* to get change for 20 euros, to change a 20 euro note / *je vais te faire* ou *te donner la monnaie de 10 euros* I'll change 10 euros for you, I'll give you change for 10 euros ▸ **rendre la monnaie à qqn** to give sb change / *il m'a rendu la monnaie sur 10 euros* he gave me the change out of ou from 10 euros ▸ **monnaie d'appoint** right ou exact change ▸ **menue / petite monnaie** small / loose change ▸ **et par ici la monnaie!** fam let's be having your money! ▸ **allez, envoyez la monnaie!** fam come on, get the pennies out ou cough up! ▸ **rendre à qqn la monnaie de sa pièce** : *je lui rendrai la monnaie de sa pièce!* I'll give him a taste of his own medicine!

monnaie-du-pape [mɔnɛdypap] (*pl* **monnaies-du-pape**) nf HORT honesty.

monnayable [mɔnɛjabl] adj saleable / *ton expérience est monnayable* you could make money out of your experience.

monnayer [11] [mɔnɛje] vt **1.** [convertir en monnaie] to mint / *monnayer de l'argent / du nickel* to mint silver / nickel (coins) **2.** [vendre] to sell, to make money out of ▸ **monnayer son expérience / savoir-faire** to cash in on one's experience / know-how **3.** [échanger] to exchange / *il a monnayé ses services contre une lettre d'introduction* he asked for a letter of introduction in exchange for his services.

❖ **se monnayer** vp *(emploi passif)* : *tu devrais savoir que le talent se monnaye* you ought to know there's money to be made out of talent.

monnayeur [mɔnɛjœʀ] nm **1.** [pour faire la monnaie] change machine ; [pour payer] coin box **2.** [ouvrier] coiner, minter.

mono [mɔno] ◆ nf (**abr de monophonie**) mono. ◆ nmf fam **1.** (**abr de moniteur**) SPORT instructor (instructress) **2.** (**abr de moniteur**) [de colonie de vacances] (group) supervisor ou leader, (camp) counsellor US. ◆ nm (**abr de monoski**) monoski.

mono- [mɔno] préf mono-, single.

monoacide [mɔnɔasid] nm monoacid.

monoamine [mɔnɔamin] nf monoamine.

monoamine-oxydase [mɔnɔaminɔksidaz] (*pl* **monoamines-oxydases**) nf monoamine oxidase.

monoatomique [mɔnɔatɔmik] adj monatomic.

monobloc [mɔnɔblɔk] adj [fusil] cast en bloc, solid ; [cylindre, moteur, roue] monobloc.

monocaméral, e, aux [mɔnɔkameʀal, o] adj unicameral.

monocamérisme [mɔnɔkameʀism] nm unicameralism.

monochromateur [mɔnɔkʀɔmatœʀ] nm monochromator.

monochromatique [mɔnɔkʀɔmatik] adj PHYS monochromatic.

monochrome [mɔnɔkʀom] adj monochrome, monochromic.

monochromie [mɔnɔkʀɔmi] nf monochromaticity.

monocinétique [mɔnɔsinetik] adj monokinetic.

monocle [mɔnɔkl] nm (single) eyeglass, monocle.

monoclinal, e, aux [mɔnɔklinal, o] adj monoclinal. ✧ **monoclinal, aux** nm monoclinal.

monoclinique [mɔnɔklinik] adj monoclinic.

monoclonal, e, aux [mɔnɔklɔnal, o] adj monoclonal ▸ **anticorps monoclonal** monoclonal antibody.

monocolore [mɔnɔkɔlɔʀ] adj **1.** [d'une couleur] one-colour **2.** POL one-party.

monocoque [mɔnɔkɔk] ◆ adj AÉRON monocoque. ◆ nm NAUT monohull. ◆ nf AUTO monocoque.

monocorde [mɔnɔkɔʀd] ◆ adj monotonous, droning. ◆ nm monochord.

monocorps [mɔnɔkɔʀ] ◆ adj AUTO monobox. ◆ nm AUTO monobox car.

monocotylédone [mɔnɔkɔtiledɔn] nf monocotyl, monocotyledon, monocot ▸ **les monocotylédones** the Monocotyledoneae.

monocratie [mɔnɔkʀasi] nf monocracy.

monocristal, aux [mɔnɔkʀistal, o] nm monocrystal.

monoculaire [mɔnɔkylɛʀ] adj monocular.

monoculture [mɔnɔkyltyʀ] nf monoculture / *une région de monoculture* a monoculture area.

monocycle [mɔnɔsikl] nm unicycle.

monocyclique [mɔnɔsiklik] adj CHIM & ZOOL monocyclic.

monocylindre [mɔnɔsilɛ̃dʀ] nm MÉCAN single cylinder engine.

monocylindrique [mɔnɔsilɛ̃dʀik] adj single-cylinder *(avant nom)*.

monocyte [mɔnɔsit] nm monocyte ▸ **angine à monocytes** glandular fever.

monogame [mɔnɔgam] adj monogamous.

monogamie [mɔnɔgami] nf monogamy.

monogamique [mɔnɔgamik] adj monogamous, monogamic.

monogramme [mɔnɔgʀam] nm monogram.

monographie [mɔnɔgʀafi] nf monograph.

monographique [mɔnɔgʀafik] adj monographic.

monoï [mɔnɔj] nm inv Monoi.

monoïdéisme [mɔnɔideism] nm monoideism, monomania.

monoïque [mɔnɔik] adj monoecious.

monokini [mɔnɔkini] nm monokini, topless swimsuit / **'monokini interdit'** 'no topless bathing'.

monolingue [mɔnɔlɛ̃g] ◆ adj monolingual. ◆ nmf monolingual ▸ **les monolingues** people who speak only one language, monolinguals.

monolinguisme [mɔnɔlɛ̃gɥism] nm monolingualism.

monolithe [mɔnɔlit] ◆ adj monolithic. ◆ nm monolith.

monolithique [mɔnɔlitik] adj GÉOL & *fig* monolithic.

monolithisme [mɔnɔlitism] nm monolithism.

monologue [mɔnɔlɔg] nm **1.** [discours] monologue ; THÉÂTRE monologue, soliloquy / *il s'est lancé dans un long monologue sur le respect d'autrui* he launched into a long monologue on the need to respect others **2.** LITTÉR ▸ **monologue intérieur** stream of consciousness, interior monologue.

monologuer [3] [mɔnɔlɔge] vi to soliloquize ▸ **il monologue des heures durant a)** [en public] he can go on (talking) for hours **b)** [tout seul] he talks to himself for hours.

monomaniaque [mɔnɔmanjak] adj & nmf monomaniac.

monôme [mɔnom] nm **1.** MATH monomial **2.** *arg scol* ≃ students' rag procession.

monomère [mɔnɔmɛʀ] ◆ adj monomeric. ◆ nm monomer.

monométallisme [mɔnɔmetalism] nm monometallism.

monométalliste [mɔnɔmetalist] ◆ adj monometallic. ◆ nmf monometallist.

monomoteur [mɔnɔmɔtœʀ] ◆ adj single-engine *(avant nom)*, single-engined. ◆ nm single-engine ou single-engined aircraft.

mononucléaire [mɔnɔnykleɛʀ] ◆ adj mononuclear. ◆ nm monocyte, mononuclear (leucocyte).

mononucléose [mɔnɔnykleoz] nf mononucleosis ▸ **mononucléose infectieuse** glandular fever UK, mono US, infectious mononucleosis *spéc* US.

monoparental, e, aux [mɔnɔpaʀɑ̃tal, o] adj single-parent.

monoparentalité [mɔnɔpaʀɑ̃talite] nf single ou lone parenthood.

monophasé, e [mɔnɔfaze] adj single-phase, monophase.

✧ **monophasé** nm single-phase (current).

monophonie [mɔnɔfɔni] nf monophony.

monophonique [mɔnɔfɔnik] adj MUS monophonic ; AUDIO monophonic, monaural.

monoplace [mɔnɔplas] ◆ adj one-seater *(avant nom)*, single-seater *(avant nom)*. ◆ nm one-seater ou single-seater (vehicle). ◆ nf single-seater racing car.

monoplan [mɔnɔplɑ̃] nm monoplane.

monoplégie [mɔnɔpleʒi] nf monoplegia.

monopole [mɔnɔpɔl] nm **1.** ÉCON monopoly ▸ **monopole d'achat** buyer's monopoly ▸ **monopole d'embauche** closed shop ▸ **monopole d'État** state monopoly **2.** *fig* monopoly / *vous pensez avoir le monopole de la vérité?* do you think you have a monopoly of the truth?

monopolisateur, trice [mɔnɔpɔlizatœʀ, tʀis] nm, f monopolizer.

monopolisation [mɔnɔpɔlizasjɔ̃] nf monopolization.

monopoliser [3] [mɔnɔpɔlize] vt ÉCON & *fig* to monopolize / *ne monopolisez pas notre jeune amie* don't keep our young friend to yourself.

monopoliste [mɔnɔpɔlist] adj monopoly *(modif)*.

monopolistique [mɔnɔpɔlistik] adj monopolistic.

Monopoly® [mɔnɔpɔli] nm Monopoly®.

monoposte [mɔnɔpɔst] adj INFORM single-computer.

monoprocesseur [mɔnɔpʀɔsesœʀ] ◆ adj INFORM single-unit *(avant nom)*. ◆ nm single (central processing) unit.

monoprogrammation [mɔnɔpʀɔgʀamasjɔ̃] nf monoprogramming.

monoptère [mɔnɔptɛʀ] ◆ adj monopteral. ◆ nm monopteron.

monorail [mɔnɔʀaj] adj & nm monorail.

monorime [mɔnɔʀim] adj monorhyme.

monosaccharide [mɔnɔsakaʀid] nm monosaccharide.

monosémique [mɔnɔsemik] adj LING monosemous, monosemic.

monosépale [mɔnɔsepal] adj monosepalous.

monoski [mɔnɔski] nm monoski.

monospace [mɔnɔspas] nm people carrier UK, minivan US.

monosperme [mɔnɔspɛʀm] adj monospermous, monospermal.

monosyllabe [mɔnɔsilab] nm monosyllable.

monosyllabique [mɔnɔsilabik] adj monosyllabic.

monothéisme [mɔnɔteism] nm monotheism.

monothéiste [mɔnɔteist] ◆ adj monotheistic, monotheistical. ◆ nmf monotheist.

monotone [mɔnɔtɔn] adj **1.** [voix, bruit] monotonous / *le tic-tac monotone de la pendule* the monotonous ticking of the clock **2.** [discours, style] monotonous, dull / *une déclamation monotone* a dull ou droning declamation **3.** [vie] monotonous, dreary, humdrum ; [paysage] monotonous, dreary.

monotonie [mɔnɔtɔni] nf monotony, dullness, dreariness.

monotrace [mɔnɔtʀas] adj single-track.

monotrope [mɔnɔtʀɔp] nm monotropa.

Monotype® [mɔnɔtip] nf Monotype®.

monotype [mɔnɔtip] ◆ nm **1.** NAUT ▸ **course de monotypes** race between boats of the same class **2.** ART monotype. ◆ adj BOT monotype.

monovalent, e [mɔnɔvalɑ̃, ɑ̃t] adj monovalent.

monoxyde [mɔnɔksid] nm CHIM monoxide / *monoxyde de carbone* carbon monoxide.

monozygote [mɔnɔzigɔt] ◆ adj monozygous, monozygotic. ◆ nmf monozygote.

Monrovia [mɔ̃ʀɔvja] npr Monrovia.

Monseigneur [mɔ̃sɛɲœʀ] *(pl* **Messeigneurs** [mesɛɲœʀ]) nm **1.** [en s'adressant à un -archevêque] Your Grace ; [-évêque] My Lord (Bishop) ; [-cardinal] Your Eminence ; [-prince] Your Royal Highness ; [en parlant d'un -archevêque] His Grace ; [-évêque] His Lordship ; [-cardinal] His Eminence (Cardinal) ; [-prince] His Royal Highness **2.** HIST Monseigneur *(the heir to the throne of France)*.

monsieur [məsjø] *(pl* **messieurs** [mesjø]) nm man, gentleman / *un monsieur vous a demandé* a man ou gentleman's been asking for you / *le jeune monsieur prendra-t-il une orangeade?* will the young gentleman have an orange juice? / *il se prend pour un monsieur* *péj* he thinks he's a gentleman / *c'est un vilain monsieur* he's a wicked man.

Monsieur [məsjø] *(pl* **Messieurs** [mesjø]) nm **1.** [dans une lettre] ▸ **Monsieur** Sir *sout*, Dear Sir ▸ **Cher Monsieur Duval** Dear Mr. Duval ▸ **Messieurs** Dear Sirs / *Monsieur le Maire* Dear Sir / *Monsieur le Vicomte* My Lord ; [sur l'enveloppe] ▸ **Monsieur Duval** Mr. Duval ▸ **Messieurs Thon et Lamiel** Messrs Thon and Lamiel **2.** [terme d'adresse -suivi du nom ou du titre] : *bonjour Monsieur Leroy!* good morning Mr. Leroy ! ▸ **bonjour Messieurs Duval!** good morning, gentlemen ! / *bonjour Monsieur le Ministre!* good morning Sir ! / *bonjour Monsieur le Consul!* good morning Sir ou Your Excellency ! ▸ **Monsieur le Président, et l'inflation? a)** [au chef de l'État] Sir ou Mr. President US, what about inflation? **b)** [au directeur] Sir ou Mr. Chairman, what about inflation ? / *Messieurs les députés, vous êtes priés de vous asseoir!* will the Honourable Members please be seated ! UK / *bonjour Monsieur le Marquis!* good morning, Your Lordship ! / *bonjour Monsieur le Duc!* good morning, Your Grace ! ; [à un inconnu] : *bonjour Monsieur!* good morning ! ▸ **bonjour Messieurs** good morning (,gentlemen) / *bonjour Messieurs Dames* *fam* morning all ou everybody ▸ **Mesdames, Mesdemoiselles, Messieurs!** Ladies and Gentlemen ! ▸ **Messieurs, un peu de silence s'il vous plaît! a)** [à des garçonnets] boys, please be quiet ! **b)** [à des jeunes gens] gentlemen, would you please be quiet ! / *et voilà, Monsieur, une laitue pommée!* here you are, Sir, a nice round lettuce ! / *Monsieur désirerait voir les pantalons?* would you like to see the trousers, Sir ? ; *sout & hum* ▸ **Monsieur est servi a)** [au dîner] dinner is served (, Sir) **b)** [pour le thé] tea is served (, Sir) ▸ **le frère de Monsieur attend en bas a)** [à un roturier] your brother is waiting downstairs, Sir **b)** [à un homme titré] Your Lordship's brother is waiting downstairs / *vous n'y pensez pas, cher* ou *mon bon* ou *mon pauvre Monsieur!* my dear Sir, you can't be serious ! / *peux-tu prêter un instant ton stylo à Monsieur?* could you lend the gentleman your pen for a minute ? ; [au téléphone] : *bonjour Monsieur, je voudrais parler à quelqu'un de la comptabilité, s'il vous plaît* hello, I'd like to speak to somebody in the accounts department, please **3.** [en se référant à une tierce personne] ▸ **adressez-vous à Monsieur Duval** apply to Mr. Duval / *Monsieur votre père* *sout* your father / *le docteur*

Duval et Monsieur [pour annoncer] Doctor Duval and Mr. Duval ▸ **Monsieur le Président regrette de ne pas pouvoir venir a)** [chef de l'État] the President regrets he is unable to come **b)** [directeur] the Chairman ou Mr. X regrets he is unable to come / *Monsieur le Marquis est arrivé* His Lordship has arrived / *Monsieur le Duc est arrivé* His Grace has arrived **4.** ÉDUC : *Monsieur, j'ai fini mon addition!* (please) Sir, I've done my addition! **5.** *fam* [en appellatif] : *alors, Monsieur le frimeur, tu es satisfait?* so, are you pleased with yourself, Mr big shot? / *et en plus, Monsieur exige des excuses!* His Lordship wants an apology as well, does he? **6.** HIST Monsieur *(title given to the King of France's younger brother)* **7.** EXPR **il a été nommé Monsieur sécurité routière** he was made Mr. Road Safety ▸ **Monsieur Tout le Monde** the man in the street, Joe Public UK *hum*, Joe Blow US.

monstera [mɔ̃stɛʀa] nm monstera.

monstre [mɔ̃stʀ] ◆ nm **1.** BIOL, MYTH & ZOOL monster / *le monstre du Loch Ness* the Loch Ness Monster ▸ **monstre sacré** superstar / *James Dean était un monstre sacré du cinéma hollywoodien* James Dean was a Hollywood screen idol **2.** [chose énorme] monster / *son camion est un vrai monstre!* his lorry is an absolute monster! **3.** [personne laide] monster, monstrously ugly ou hideous person; [brute] monster, brute / *un monstre d'ingratitude / d'égoïsme* an ungrateful / a selfish brute **4.** *fam* [enfant insupportable] monster, little terror, perisher UK / *sortez d'ici, petits monstres!* out of here, you little monsters! ◆ adj *fam* [erreur, difficulté, déficit] monstrous, enormous, colossal; [rassemblement] monstrous, mammoth; [répercussions, succès, effet] tremendous, enormous; [soldes] gigantic, huge, colossal / *ça a eu un effet monstre sur le public* it had an enormous ou a tremendous effect on the audience / *il y a une queue monstre chez le boucher* there's a huge ou massive queue at the butcher's / *j'ai un boulot monstre!* I've got loads ou tons ou piles of work to do! / *il a un culot monstre* he's got a bloody cheek UK ou a damned nerve.

monstrueusement [mɔ̃stʀyøzmɑ̃] adv [laid] monstrously, hideously; [intelligent] prodigiously, stupendously.

monstrueux, euse [mɔ̃stʀyø, øz] adj **1.** [difforme] monstrous, deformed / *un être monstrueux, une créature monstrueuse* a freak **2.** [laid] monstrous, hideous, ghastly **3.** [abject, cruel] monstrous, wicked, vile / *il fut assez monstrueux pour trahir un ami* he was wicked enough to betray a friend / *un crime monstrueux* a heinous ou monstrous crime **4.** [très grave] monstrous, dreadful, ghastly / *une monstrueuse erreur* an awful ou a dreadful mistake.

monstruosité [mɔ̃stʀyozite] nf **1.** [difformité] deformity **2.** [acte, crime] monstrosity / *commettre / dire des monstruosités* to do / to say the most terrible things.

mont [mɔ̃] nm **1.** GÉOGR mountain; *litt* mount ▸ **mont sous-marin** seamount ▸ **aller par monts et par vaux** to wander up hill and down dale / *il est toujours par monts et par vaux* he's always on the move **2.** [de la main] mount **3.** ANAT ▸ **le mont de Vénus** mons veneris.

Monts

les monts Appalaches	the Appalachian Mountains
le mont Ararat	Mount Ararat
le mont Athos	Mount Athos
le mont Aventin	the Aventine Hill
le mont Blanc	Mont Blanc
les monts Cantabriques	the Cantabrian Mountains
le mont Capitolin	the Capitoline Hill
le mont Cassin	Monte Cassino
le mont Cervin	the Matterhorn
le mont Etna	Mount Etna
le mont Everest	Mount Everest
le mont Fuji-Yama	Mount Fuji
le mont des Oliviers	the Mount of Olives
le mont Olympe	Mount Olympus
le mont Palatin	the Palatine Hill
le mont Parnasse	Mount Parnassus
le mont Quirinal	Quirinal
le mont Vésuve	Mount Vesuvius
le mont Whitney	Mount Whitney

montage [mɔ̃taʒ] nm **1.** [assemblage -d'un meuble, d'un kit] assembly, assemblage; [-d'une tente] pitching, putting up; [-d'un vêtement] assembling, sewing together; [-d'un col] setting in; IMPR (page) makeup, pasting up **2.** [installation -d'un appareil] installing, fixing; [-d'une pierre précieuse] mounting, setting; [-de pneus] fitting **3.** FIN ▸ **montage de crédit** credit ou loan arrangement ▸ **montage financier** financial arrangement **4.** AUDIO & CINÉ [processus] editing; [avec effets spéciaux] montage; [résultat] montage ▸ **montage réalisé par X a)** [d'un film] film editing by X **b)** [du son] sound editing by X ▸ **montage audiovisuel** ou **sonorisé** sound slide show ▸ **montage définitif** final cut ▸ **montage à la prise de vues** direct camera editing ▸ **montage synchrone** sync editing ▸ **premier montage** rough cut **5.** PHOT mounting / *faire du montage de diapositives* to mount slides ▸ **montage de photos** photomontage **6.** ÉLECTR & ÉLECTRON wiring, connecting, connection ▸ **montage compensateur / en pont** flywheel / bridge circuit ▸ **montage en parallèle / série** connection in parallel / in series ▸ **montage symétrique** push-pull circuit **7.** MIN overhand (stope).

montagnard, e [mɔ̃taɲaʀ, aʀd] ◆ adj mountain *(modif)*, highland *(modif)*. ◆ nm, f mountain dweller ▸ **les montagnards** mountain people.

❖ **Montagnard** nm HIST ▸ **les Montagnards** the Montagnards, the members of the Mountain.

montagne [mɔ̃taɲ] nf **1.** [mont] mountain ▸ **les montagnes d'Écosse** the Highlands of Scotland ▸ **les montagnes d'Europe** the European (mountain) ranges ▸ **montagnes russes** LOISIRS big dipper UK, roller coaster US / *moi, en ce moment, c'est les montagnes russes* [moral, santé] I'm a bit up and down at the moment ▸ **les montagnes Rocheuses** the Rocky Mountains, the Rockies ▸ **déplacer** ou **soulever des montagnes** to move heaven and earth ▸ **(se) faire une montagne de qqch** to make a great song and dance about sthg ▸ **(se) faire une montagne de rien** ou **d'un rien** to make a mountain out of a molehill ▸ **gros comme une montagne a)** [mensonge] huge, colossal **b)** [canular] mammoth *(modif)* ▸ **c'est la montagne qui accouche d'une souris!** what a lot of fuss about nothing! ▸ **il n'y a que les montagnes qui ne se rencontrent pas** *prov* there are none so distant that fate cannot bring together ▸ **si la montagne ne va pas à Mahomet, Mahomet ira à la montagne** *prov* if the mountain will not come to Mohammed, Mohammed must go to the mountain **2.** [région] ▸ **la montagne a)** the mountains **b)** [en Écosse] the highlands ▸ **à la montagne** ou **en montagne, le temps change vite** the weather is very changeable in the mountains ▸ **de montagne** mountain *(modif)* ▸ **faire de la montagne** to go mountaineering / *de basse montagne* low-mountain *(modif)* / *de haute montagne* high-mountain *(modif)* / *de moyenne montagne* middle-range-mountain *(modif)* / *en basse montagne* in the foothills / *en haute montagne* high in the mountains / *en moyenne montagne* in the middle-range mountains ▸ **ce n'est que de la montagne à vaches** it's only hills **3.** [grosse quantité] ▸ **une montagne de** lots ou mountains ou a mountain of ▸ **une montagne de détritus / spaghettis** a mountain of refuse / spaghetti **4.** HIST ▸ **la Montagne** the Mountain.

montagneux, euse [mɔ̃taɲø, øz] adj mountainous.

montaison [mɔ̃tɛzɔ̃] nf **1.** [du saumon] *season during which salmon migrate up river from the sea* **2.** AGR going to seed.

montant, e [mɔ̃tɑ̃, ɑ̃t] adj **1.** [qui grimpe -sentier] rising, uphill ▸ **la génération montante** the rising generation **2.** NAUT upstream *(modif)*; TRANSP up *(avant nom)* ▸ **taille montante** MIN raise stope ▸ **tranche montante** rise cut **3.** VÊT [col] high; [corsage] high-necked, high-neckline *(modif)* ▸ **chaussures montantes** ankle boots, ankle-high shoes **4.** MIL ⟶ **garde.**

❖ **montant** nm **1.** [d'une échelle, d'un châssis] upright; [d'une tente] pole; [d'une porte, d'une fenêtre] stile; [d'un lit] post ▸ **montant (de but)** SPORT (goal) post **2.** MIN prop **3.** ÉQUIT cheek piece **4.** FIN amount, sum, total / *écrivez le montant en toutes lettres* write out the sum in full / *le montant du découvert* the amount of the overdraft, the total overdraft ▸ **chèque / facture d'un montant de 80 euros** cheque / invoice for 80 euros / *cadeau d'un montant total de 150 euros* present worth 150 euros / *le montant total des réparations s'élève à..., les réparations s'élèvent à un montant total de...* the total cost of the repairs adds up to... / **'montant à régler'** 'amount due' **5.** CULIN spiciness, tang **6.** ŒNOL : *vin qui a du montant* wine with a strong bouquet.

montbéliarde [mɔ̃beljaʀd] ◆ adj f ▸ **race montbéliarde** Montbéliarde breed. ◆ nf Montbéliarde cow *(a breed from the Jura mountains)*.

mont-blanc [mɔ̃blɑ̃] (*pl* **monts-blancs**) nm *chestnut cream dessert.*

mont-de-piété [mɔ̃dpjete] (*pl* **monts-de-piété**) nm (state-owned) pawnshop ▸ **mettre qqch au mont-de-piété** to pawn sthg ▸ **retirer** ou **dégager qqch du mont-de-piété** to recover sthg from the pawnshop.

mont-d'or [mɔ̃dɔʀ] (*pl* **monts-d'or**) nm Mont d'Or (cheese).

monte [mɔ̃t] nf **1.** ÉQUIT [technique] horsemanship; [participation à une course] mounting / *j'ai eu trois montes dans la journée* I had three mounts today / *partants et montes probables* probable runners and riders **2.** VÉTÉR covering / *mener une jument à la monte* to take a mare to be covered.

monté, e [mɔ̃te] adj **1.** [pourvu] provided, equipped / *être bien* ou *mal monté* to be well / badly equipped / *elle est bien montée en vaisselle* she's got a lot of crockery / *tu es bien montée avec un pareil mari!* *fam & iron* you've married a right UK ou good one there! **2.** MIL mounted ▸ **troupes montées** mounted troops **3.** *fam* [irrité] ▸ **être monté contre qqn** to be angry with sb, to be dead set against sb / *les ouvriers sont très montés* the workers are up in arms / *elle est très montée, ne lui en parle pas aujourd'hui* she's pretty wound up, don't talk to her about it today **4.** COUT made-up ▸ **manche montée** made-up ou fitted sleeve **5.** [plante] seeded, gone to seed, bolted **6.** CULIN ▸ **œufs montés en neige** whipped egg whites **7.** EXPR **être bien monté** *tfam* : *il est bien monté* he's well-hung.

❖ **montée** nf **1.** [pente] climb, uphill ou upward slope / *en haut de la montée* at the top of the hill / *méfiez-vous, la montée est raide!* watch out, it's quite a steep climb! **2.** [ascension] climb / *la montée jusqu'au chalet* the climb up ou the ascent *sout* to the chalet / *la montée des escaliers lui fut très pénible* he climbed ou struggled up the stairs with great difficulty **3.** [élévation -d'une fusée, d'un dirigeable] ascent; [-de la sève] rise; [-des eaux] rise, rising **4.** [augmentation -de violence] rise; [-de mécontentement] rise, increase, growth ▸ **la montée des prix / températures** the rise in prices / temperatures / *face à la montée en flèche des prix du pétrole* faced with rocketing ou soaring oil prices ▸ **devant la montée de la violence / du racisme** faced with the rising tide of violence / racism **5.** [accession] rise, ascension *sout* / *sa montée au pouvoir* her rise to power **6.** ARCHIT height **7.** PHYSIOL ▸ **montée de lait** onset of lactation.

Monte-Carlo [mɔ̃tekaʀlo] npr Monte Carlo.

monte-charge [mɔ̃tʃaʀʒ] (*pl* **monte-charge** ou **monte-charges**) nm hoist, goods lift UK, freight elevator US, service elevator US.

montée [mɔ̃te] f ⟶ **monté.**

monte-en-l'air [mɔ̃tɑ̃lɛʀ] nm inv cat burglar.

monténégrin, e [mɔ̃tenegʀɛ̃, in] adj Montenegrin.

❖ **Monténégrin, e** nm, f Montenegrin.

❖ **monténégrin** nm LING Montenegrin.

Monténégro [mɔ̃tenegʀo] npr m ▸ **le Monténégro** Montenegro.

monte-plat(s) [mɔ̃tpla] (*pl* **monte-plats**) nm service lift UK, dumbwaiter.

monter [3] [mɔ̃te] ◆ vi *(aux être ou avoir)* **1.** [personne, animal - vu d'en bas] to go up ; [- vu d'en haut] to come up ; [avion, soleil] to rise, to climb (up) ; [drapeau] to go up ; [rideau de théâtre, air, fumée] to go up, to rise ; [chemin] to go up, to rise, to climb / *monter au grenier* to go up to ou into the attic / *monter dans sa chambre* to go up to one's room ▸ **monter chez qqn** to go up to sb's place / *elle ne monte jamais ici* she never comes up here / *monte par l'ascenseur* go up in ou use the lift / *Anna est arrivée? Faites-la monter* Anna's here? Tell her to come up / *la voiture est montée sur le trottoir* the car went up on ou mounted the pavement / *monte sur une chaise pour que j'épingle ton ourlet* stand on a chair so I can pin up your hem / *le cortège est monté jusqu'en haut de la colline* the procession went ou climbed to the top of the hill / *le premier de cordée continuait à monter* the leader continued to climb ou continued the ascent / *es-tu déjà montée au dernier étage de la tour Eiffel?* have you ever been up to the top of the Eiffel Tower? / *le soir, le brouillard monte* the mist rises in the evening / *monter en pente douce* to climb gently (upwards) / *monter en pente raide* to climb steeply ou sharply / *ça monte trop, passe en première* it's too steep, change down into first ▸ **monter de** [suj : odeur, bruit] to rise (up) from, to come from / *une odeur de moisi / brûlé monte de la cave* there's a musty smell / a smell of burning coming (up) from the cellar / *des clameurs montèrent de la place* a clamour rose up from the square **2.** [dans un moyen de transport] ▸ **monter dans a)** [avion, train] to get on ou onto, to board **b)** [bus] to get on, to board **c)** [voiture] to get into / *tous les jours quand je monte dans le train* every day as I get on ou as I board the train / *tu montes (avec moi)?* [dans ma voiture] are you coming with me (in my car)? / *elle monte à Versailles* [dans le train] she gets on at Versailles (station) ▸ **monter sur** : *monter sur un* ou *à bord d'un bateau* to board a ship / *est-ce que tout le monde est monté à bord?* is everybody aboard ou on board? ▸ **monter sur un cheval** to get on ou to mount a horse ▸ **monter sur un vélo** to get on a bicycle / *ça fait longtemps que je ne suis pas monté sur un vélo* it's a long time since I've been on a bicycle ; ÉQUIT to ride / *elle monte régulièrement à Vincennes* she rides regularly in Vincennes / *monter à cheval* to ride horses **3.** [apparaître suite à une émotion] : *les larmes lui sont montées aux yeux* tears welled up in his eyes, his eyes filled with tears / *ça m'a fait monter les larmes aux yeux* it brought tears to my eyes / *le rouge lui est monté aux joues* the colour rose to her cheeks / *le sang lui monta au visage* the blood rushed to his face **4.** [s'élever - température] to rise, to go up ; [- fièvre] to rise ; [- prix, taux] to rise, to go up, to increase ; [- action] to rise ; [- rivière] to rise ; [- mer, marée] to come in ; [- anxiété, mécontentement] to grow, to increase / *dès 10 h du matin, la chaleur commence à monter* it starts getting hot around 10 a.m. ▸ **faire monter** [tension, peur] to increase ▸ **faire monter les prix a)** [surenchère] to send ou to put prices up **b)** [marchand] to put up ou to increase prices / *empêcher les prix de monter* to keep prices down / *les loyers ont monté de 25 %* rents have gone up ou increased by 25% / *les travaux de plomberie, ça monte vite* fam a plumber's bill soon mounts up / *le mercure monte dans le thermomètre* the mercury is rising in the thermometer / *le thermomètre monte* fam MÉTÉOR it's ou the weather's getting warmer ▸ **le lait monte a)** [il bout] the milk is boiling **b)** [chez une femme qui allaite] lactation has started / *attendez que l'écume monte à la surface de la confiture* wait for the scum to come ou to rise (up) to the top of the jam / *prends de grosses aiguilles, ton pull montera plus vite* your sweater will knit up more quickly if you use big needles / *faire monter des blancs en neige* CULIN to whisk up egg whites ▸ **le soufflé a bien monté / n'a pas monté** the soufflé rose beautifully / didn't rise ▸ **le ton montait a)** [de colère] voices were being raised, the discussion was becoming heated **b)** [d'animation] the noise level was rising **5.** [atteindre un certain niveau] : *la cloison ne monte pas assez haut* the partition isn't high enough ▸ **monter à** ou **jusqu'à** [eau, vêtement, chaussures] to come up to / *son plâtre monte jusqu'au genou* his leg is in a plaster cast up to the knee / *les pistes de ski montent jusqu'à 3 000 m* the ski runs go up to ou as high as 3,000 m / *la fièvre est montée à 40 °C* his temperature has gone up to ou reached 40°C / *je peux monter jusqu'à 200 km/h* fam I can do up to 200 km/h / *la baguette est montée à 1 euro* the baguette has gone up to 1 euro / *l'hectare de vigne peut monter jusqu'à 5 000 euros* one hectare of vineyard can cost up to ou fetch as much as 5,000 euros **6.** MUS [voix] to go up, to rise / *il peut monter jusqu'au « si »* he can go ou sing up to B **7.** [pour attaquer] : *monter à l'abordage* NAUT to board / *monter à l'attaque* ou *à l'assaut* MIL to go into the attack ▸ **monter à l'assaut de** to launch an attack on ▸ **monter au front** ou **en ligne** to go into action, to go up to the front (line) ▸ **monter au filet** [au tennis, au volley-ball] to go up to the net **8.** [dans une hiérarchie] to rise ▸ **monter en grade** to be promoted ▸ **un chanteur qui monte** an up-and-coming singer ; [dans le temps] : *la génération qui monte* the rising ou new generation **9.** [aller vers le nord] : *je monte à Paris demain* I'm going (up) to Paris tomorrow / *quand vous monterez à Paris, venez coucher à la maison* when you come (up) to Paris, come and stay with us / *prendre le train qui monte à Bordeaux* to take the train (up) to Bordeaux / *il a dû monter à Lyon pour trouver du travail* he had to move (up) to Lyon in order to find work **10.** [pousser] to go to seed, to bolt / *les salades sont montées* the lettuces have gone to seed ou have bolted **11.** JEUX : *monter sur le valet de trèfle* to play a club higher than the jack. ◆ vt *(aux avoir)* **1.** [gravir] to go up *(insép)* ▸ **monter l'escalier** to go ou to climb up the stairs, to go upstairs / *monter une marche* to go up a ou one step / *monter les marches* to go up ou to climb the steps / *la voiture a du mal à monter la côte* the car has difficulty getting up the hill / *monter la gamme* MUS to go up ou to climb the scale **2.** [porter en haut - bagages, colis] to take ou to carry up *(sép)* ; [- courrier] to take up *(sép)* / *monte-moi mes lunettes* bring my glasses up for me / *je lui ai monté son journal* I took the newspaper up to him / *peut-on se faire monter le repas dans les chambres?* is it possible to have meals brought to the room? **3.** [mettre plus haut] ▸ **monte l'étagère d'un cran** put the shelf up a notch / *monte un peu le tableau* put the picture up a bit / *monte la vitre, j'ai froid* wind up the (car) window, I'm cold **4.** [augmenter - son] to turn up *(sép)* ; [- prix] to put up *(sép)* / *monte la télé* fam turn the TV up / *l'hôtel a monté ses prix* the hotel has put up its prices / *monter une couleur* ART to heighten a colour ; [mettre en colère] ▸ **monter qqn contre** to set sb against / *ils ont monté les ouvriers contre la direction* they've turned the workers against the management **5.** [assembler - kit] to assemble, to put together *(sép)* ; [- tente] to pitch, to put up *(sép)* ; [- abri] to rig up *(sép)* / *les voitures sont montées à l'usine de Flins* the cars are assembled at the Flins plant / *monter un métier à tisser* to set up a loom, to warp the yarn *spéc* ▸ **monter une page** IMPR to make up ou to paste up ou to lay out a page ▸ **monter en parallèle / série** ÉLECTR to connect in parallel / series **6.** [fixer - radiateur] to fit, to mount ; [- store] to put up *(sép)*, to mount ▸ **monter une gravure a)** [sur une marie-louise] to mount an engraving **b)** [dans un cadre] to frame an engraving / *il a monté un moteur plus puissant sur sa voiture* he has put a more powerful engine into his car ; JOAILL to mount, to set / *rubis monté sur or* ruby set ou mounted in gold **7.** [organiser - gén] to organize ; [- pièce, spectacle] to put on *(sép)*, to stage, to produce ; [- canular] to think up *(sép)* ; [- complot, machination] to set up *(sép)* / *l'institut monte une expédition océanographique* the institute is organizing an ocean-survey expedition / *monter un atelier de poterie* to set up a pottery workshop / *il avait monté tout un scénario dans sa tête* he'd thought up some weird and wonderful scheme **8.** [pourvoir - bibliothèque, collection, cave] to set up *(sép)* ▸ **monter son ménage** ou **sa maison** to set up house / *monter un cavalier* ÉQUIT to horse ou to mount a rider **9.** ÉQUIT ▸ **monter un cheval** to ride a horse **10.** CINÉ [bobine] to mount ; [film] to edit **11.** COUT to fit (on) ▸ **monter une manche** to sew on ou to attach a sleeve / *le pantalon est prêt à être monté* the trousers are ready to assemble ou to be made up / *le devant est monté n'importe comment* the front's been sewn together any old how ; [tricoter - maille] to cast on *(sép)* **12.** CULIN : *monter des blancs en neige* to whisk up egg whites ▸ **monter une mayonnaise** to make some mayonnaise **13.** VÉTÉR & ZOOL to cover, to serve **14.** NAUT to crew / *monter un gréement* to rig a ship ; PÊCHE to assemble.

❖ **se monter** ◆ vp *(emploi passif)* : *cette bibliothèque se monte facilement* these bookshelves are easy to assemble. ◆ vpi *fam* [s'énerver] to wind o.s. up (to a pitch).

❖ **se monter à** vp + prép [coût, dépenses] to come ou to amount ou to add up to.

❖ **se monter en** vp + prép to equip ou to provide o.s. with / *se monter en linge / vaisselle* to build up one's supplies of linen / crockery / *se monter en vins* to stock (up) one's cellar.

monteur, euse [mɔ̃tœʀ, øz] nm, f **1.** INDUST & TECHNOL fitter **2.** AUDIO & CINÉ editor.

montévidéen, enne [mɔ̃tevideɛ̃, ɛn] adj from Montevideo.

❖ **Montévidéen, enne** nm, f *inhabitant of or person from Montevideo.*

Montevideo [mɔ̃tevideo] npr Montevideo.

montgolfière [mɔ̃gɔlfjɛʀ] nf hot-air balloon, montgolfier (balloon).

monticule [mɔ̃tikyl] nm **1.** [colline] hillock, mound, monticule *sout* **2.** [tas] heap, mound / *un monticule de pierres* a heap ou pile of stones.

montmartrois, e [mɔ̃maʀtʀwa, az] adj from Montmartre.

❖ **Montmartrois, e** nm, f *inhabitant of or person from Montmartre.*

montmorency [mɔ̃mɔʀɑ̃si] nf morello cherry.

montmorillonite [mɔ̃mɔʀijɔnit] nf montmorillonite.

montoir [mɔ̃twaʀ] nm ÉQUIT ▸ **(côté du) montoir** near side *(of a horse)* ▸ **côté hors (du) montoir** off side.

Montparnasse [mɔ̃paʀnas] npr Montparnasse.

Montparnasse

This area of Paris was famous between the wars for its bohemian society, which included the "lost generation" of American writers; it is now well-known for its lively nightlife and the commercial centre surrounding the 200m-high tour Montparnasse.

montpelliérain, e [mɔ̃pəljeʀɛ̃, ɛn] adj from Montpellier.

❖ **Montpelliérain, e** nm, f *inhabitant of or person from Montpellier.*

montrable [mɔ̃tʀabl] adj [objet] exhibitable ; [spectacle] fit to be seen / *est-ce montrable à des enfants?* is it fit to be seen by children?

montre [mɔ̃tʀ] nf **1.** [instrument] watch / *il est 11 heures à ma montre* it's 11 o'clock by my watch ▸ **montre antichoc** shockproof watch ▸ **montre digitale** digital watch ▸ **montre étanche** waterproof watch ▸ **montre de gousset** fob ou pocket watch ▸ **montre de plongée** diver's watch ▸ **montre de précision** precision watch ▸ **montre à quartz** quartz watch ▸ **contre la montre a)** [sport] time-trialling UK, time-trialing US **b)** [épreuve] time-trial ▸ **montre en main** : *il a mis une heure montre en main* it took him ou he took exactly one hour (by the clock) ▸ **jouer la montre** FOOT to play for time **2.** [preuve] ▸ **faire montre de prudence** to show caution, to behave cautiously / *faire montre d'audace* to show ou to display one's boldness / *je fis montre d'audace et la pris dans mes bras* I made so bold as to take her in my arms.

Montréal [mɔ̃ʀeal] npr Montreal, Montréal.

montréalais, e [mɔ̃ʀealɛ, ɛz] adj from Montreal.
✣ **Montréalais, e** nm, f Montrealer.

montre-bracelet [mɔ̃tʀəbʀaslɛ] (*pl* **montres-bracelets**) nf wristwatch.

montrer [3] [mɔ̃tʀe] vt **1.** [gén] to show ; [passeport, ticket] to show, to produce ; [document secret] to show, to disclose ; [spectacle, œuvre] to show, to exhibit ▸ **montrer qqch à qqn** to show sthg to sb, to show sb sthg / *il m'a montré son usine* he showed me (around) his factory / *montrez-moi votre bras* let me see ou show me your arm / *j'ai montré Marie au docteur* *fam* I had the doctor have ou take a look at Marie / *les toiles ne sont pas encore prêtes à être montrées* the paintings aren't ready to go on show yet ▸ **montrer le poing à qqn** to shake one's fist at sb ▸ **montrer patte blanche** to produce one's credentials *fig* ▸ **montrer ses cartes** *pr & fig* to show one's hand **2.** [exhiber -partie du corps] to show ; [-bijou, richesse, talent] to show off *(sép)*, to parade, to flaunt / *elle montrait ses charmes* she was displaying her charms ou leaving nothing to the imagination *euphém* / *tu n'as pas besoin de montrer ta science!* no need to show off your knowledge ! / *elle a montré ce qu'elle savait faire* she showed what she was capable of **3.** [faire preuve de -courage, impatience, détermination] to show, to display ; [laisser apparaître -émotion] to show / *pour montrer sa bonne volonté* to show one's goodwill / *j'essayais de ne pas trop montrer ma déception / surprise* I tried not to show my disappointment / surprise too much **4.** [signaler] to point out *(sép)*, to show ▸ **montrer la sortie a)** [de la tête] to nod towards the exit **b)** [du doigt] to point to the exit **c)** [de la main] to gesture towards the exit / *montre-moi de qui tu parles* show me who you mean ▸ **montrer la porte à qqn** to show sb the door ▸ **montrer le chemin à qqn** *pr & fig* to show sb the way ▸ **montrer la voie** ou **le chemin** to lead ou to show the way ▸ **montrer l'exemple** to set an example, to give the lead ▸ **montrer qqn du doigt a)** *pr* to point at sb **b)** *fig* to point the finger of shame at sb ▸ **se faire montrer du doigt** : *il s'est fait montrer du doigt dans le village* everyone's pointing at him in the village **5.** [marquer -suj : aiguille, curseur, cadran] to show, to point to *(insép)* ; [-suj : écran] to show, to display / *l'astérisque montre la somme restant à payer* the asterisk shows ou indicates the sum outstanding **6.** [prouver] to show, to prove / *comme le montrent ces statistiques* as these statistics show / *ce qui montre bien qu'il était coupable* which goes to show ou shows ou proves that he was guilty / *ça montre bien que...* *fam* it (just) goes to show that... **7.** [évoquer] to show, to depict / *la vie des galériens, si bien montrée dans son roman* the lives of the galley slaves, so clearly depicted in her novel **8.** [enseigner -technique, procédé] to show, to demonstrate ; [-recette, jeu] to show ▸ **montrer comment faire qqch** to show how to do sthg / *la brochure montre comment s'en servir* the booklet explains ou shows how to use it / *il m'a montré une nouvelle danse* he showed me a new dance, he demonstrated a new dance step for me.
✣ **se montrer** vpi **1.** [se présenter] to show o.s., to appear (in public) / *je ne peux pas me montrer dans cet état!* I can't let people see me like this ! ▸ **montrez-vous!** (come out and) show yourself ! / *le voilà, ne te montre pas!* here he is, stay out of sight ! / *elle ne s'est même pas montrée au mariage de sa fille* she never even showed up ou showed her face ou turned up at her daughter's wedding / *se montrer à son avantage* to show o.s. in a good light ou to advantage **2.** [s'afficher] to appear ou to be seen (in public) / *elle se montrait beaucoup dans les milieux politiques* she was often seen in political circles / *elle adore se montrer* she loves to be seen (in public) / *il se montre partout à son bras* he parades everywhere with her on his arm **3.** [se révéler] : *se montrer d'un grand égoïsme* to display great selfishness / *ce soir-là, il s'est montré odieux / charmant* he was obnoxious / charming that evening / *montre-toi un homme, mon fils!* show them you're a man, my son ! ▸ **finalement, elle s'est montrée digne / indigne de ma confiance** she eventually proved (to be) worthy / unworthy of my trust / *la réconciliation s'est montrée impossible / inutile* reconciliation proved (to be) impossible / futile.

Montrer qqch à qqn
Show sthg to sb ou *show sb sthg.*

Notez la construction à double complément qui en anglais peut prendre deux formes dont le sens est le même :

- une structure identique à celle du français :
  verbe + COD + préposition + COI
  show sthg to sb
- une structure qui diffère de celle du français, sans préposition, et dans laquelle l'ordre des compléments est inversé :
  verbe + COI + COD
  show sb sthg

Marie a montré ses photos de Chine à tous ses amis. *Marie showed her photos of China to all her friends* ou *Marie showed all her friends her photos of China.*
Montre ta main au médecin. *Show your hand to the doctor* ou *Show the doctor your hand.*

montreur, euse [mɔ̃tʀœʀ, øz] nm, f ▸ **montreur de marionnettes** puppeteer ▸ **montreur d'ours** bear-keeper.

Mont-Saint-Michel [mɔ̃sɛ̃miʃɛl] npr m ▸ **le Mont-Saint-Michel** Mont St Michel ▸ **au Mont-Saint-Michel** at Mont St Michel.

montueux, euse [mɔ̃tɥø, øz] adj *litt* hilly / *des paysages montueux* hilly ou rolling countryside.

monture [mɔ̃tyʀ] nf **1.** JOAILL setting ; [de lunettes] frame ▸ **des lunettes à monture d'écaille / de plastique** horn- / plastic-rimmed glasses **2.** [d'un vase, d'un miroir] mounting **3.** ÉQUIT mount **4.** ARM [d'un fusil] stock ; [d'une épée] guard **5.** PÊCHE tackle.

monument [mɔnymɑ̃] nm **1.** [stèle, statue] monument ▸ **monument funéraire** (funerary) monument ▸ **monument aux morts** war memorial **2.** ADMIN & LOISIRS monument, building ▸ **monument historique** historic monument ou building ▸ **monument public** civic building **3.** *litt* [travail admirable] monument, masterpiece / *elle a écrit un monument* she's written a monumental work **4.** *fam & fig* : *ce type est un monument de naïveté / lâcheté* that guy is the ultimate dupe / coward.

monumental, e, aux [mɔnymɑ̃tal, o] adj **1.** LOISIRS : *plan monumental de la ville* city map showing buildings of interest **2.** [grandiose] monumental, incredible / *une œuvre monumentale* a monumental piece of work **3.** *fam* [canular, erreur] monumental, phenomenal, mammoth *(modif)* / *d'une stupidité monumentale* monumentally ou astoundingly stupid **4.** ARCHIT monumental.

monumentalité [mɔnymɑ̃talite] nf monumental character, monumentality *litt.*

moque [mɔk] nf **1.** NAUT cringle **2.** SUISSE *fam* [morve] snot.

moquer [3] [mɔke] vt *litt* to mock (at).
✣ **se moquer** vpi *litt* to jest / *vous vous moquez!* you jest ! *hum.*
✣ **se moquer de** vp + prép **1.** [railler] to laugh at, to make fun of / *les gens vont se moquer d'elle* people will laugh at her ou make fun of her, she'll be a laughing stock **2.** [ignorer -danger, conseil] to disregard, to ignore **3.** [être indifférent à] ▸ **je me / il se moque de tout ça** I / he couldn't care less (about all that) / *je me moque de travailler le dimanche* I don't mind having to work on Sundays / *je me moque que tu sois mécontent* I don't care if you're not pleased / *elle s'en moque pas mal* she couldn't care less **4.** [duper] to dupe, to deceive, to trick / *il s'est moqué de toi* he's pulled a fast one on you / *on s'est moqué de toi* you've been taken for a ride ▸ **elle ne s'est pas moquée de toi! a)** *fam* [repas, réception] she did you proud (there) ! **b)** [cadeau] she didn't skimp on your present ! / *ce type se moque du monde!* *fam* that guy's got a real nerve !

moquerie [mɔkʀi] nf jeering, mocking / *il était en butte à des moqueries continuelles* he was always being mocked ou made fun of.

moquette [mɔkɛt] nf wall-to-wall carpet, fitted carpet UK / *faire poser de la* ou *une moquette* to have a (wall-to-wall) carpet laid.

moquetter [4] [mɔkete] vt to carpet... (wall-to-wall), to lay a (wall-to-wall) carpet in / *l'entrée est moquettée* the hall is (wall-to-wall) carpeted.

moqueur, euse [mɔkœʀ, øz] ◆ adj mocking / *d'un ton moqueur* mockingly, derisively / *d'un air moqueur* mockingly / *elle est très moqueuse* she likes to make fun of people. ◆ nm, f mocker ▸ **les moqueurs** mocking ou jeering people.
✣ **moqueur** nm mockingbird.

moraine [mɔʀɛn] nf moraine ▸ **moraine frontale / latérale / médiane** terminal / lateral / medial moraine ▸ **moraine de fond** ground moraine.

morainique [mɔʀenik] adj morainal, morainic.

moral, e, aux [mɔʀal, o] adj **1.** [éthique -conscience, jugement] moral / *il n'a aucun sens moral* he has no sense of morality ▸ **se sentir dans l'obligation morale de faire qqch** to feel morally obliged ou a moral obligation to do sthg / *je me sens dans l'obligation morale de l'aider* I feel morally obliged to ou I feel I have a moral obligation to help him ▸ **prendre l'engagement moral de faire qqch** to be morally committed to do sthg ; [édifiant -auteur, conte, réflexion] moral / *la fin de la pièce n'est pas très morale!* the end of the play is rather immoral ! **2.** [spirituel -douleur] mental ; [-soutien, victoire, résistance] moral / *elle a une grande force morale* she has great moral strength ou fibre / *avoir la certitude morale que* to have the moral certainty that.
✣ **moral** nm morale, spirits / *comment va le moral?* are you in good spirits ? / *toutes ces épreuves n'ont pas affecté son moral* all these ordeals failed to shake her morale ▸ **son moral est bas** his spirits are low, he's in low spirits ▸ **avoir le moral, avoir bon moral** to be in good ou high spirits / *tu vas t'occuper de ses cinq enfants? dis-donc, tu as le moral!* *fam* so you're going to look after his five children ? well, you're brave ! / *il n'a pas le moral en ce moment* he's a bit depressed ou low at the moment ▸ **allez, il faut garder le moral!** come on, keep your chin ou spirits up ! ▸ **remonter le moral de qqn a)** [consoler] to raise sb's spirits, to boost sb's morale **b)** [égayer] to cheer sb up ▸ **retrouver le moral** to perk up ▸ **avoir un moral d'acier** to be a tower of strength ▸ **avoir le moral à zéro** *fam* : *j'ai le moral à zéro* I feel down in the dumps ou really low ▸ **au moral** : *au physique comme au moral, elle nous bat tous!* physically as well as mentally she's in better shape than all of us !

morale [mɔʀal] nf **1.** [règles -de la société] moral code ou standards, morality ; [-d'une religion] moral code, ethic ; [-personnelles] morals, ethics / *la morale veut qu'on le fasse* morality dictates that we should do it / *ce n'est pas conforme à la morale* it's unethical / *il a une morale plutôt élastique* *fam* his morality is rather flexible ▸ **faire la morale à qqn** to lecture sb, to preach at sb **2.** PHILOS moral philosophy, ethics *(U)* **3.** [d'une fable, d'une histoire] moral.

moralement [mɔʀalmɑ̃] adv **1.** [du point de vue de la morale] morally / *je me sens moralement obligé de...* I feel duty ou morally bound to... / *être moralement responsable de...* to be morally responsible for... / *moralement, il est peu recommandable* his morals are questionable **2.** [sur le plan psychique] ▸ **moralement, elle va mieux** she's in better spirits.

moralisant, e [mɔʀalizɑ̃, ɑ̃t] adj moralizing, moralistic.

moralisateur, trice [mɔʀalizatœʀ, tʀis] ◆ adj **1.** [personne, propos] moralizing, moralistic ▸ **parler à qqn sur un ton moralisateur** to speak to sb sanctimoniously **2.** [histoire] edifying. ◆ nm, f moralizer.

moralisation [mɔʀalizasjɔ̃] nf moralization.

moraliser [3] [mɔʀalize] ◆ vt **1.** [rendre conforme à la morale] to moralize *sout*, to improve the morals of **2.** [réprimander] to lecture. ◆ vi [prêcher] to moralize, to preach.

moralisme [mɔʀalism] nm moralism.

moraliste [mɔʀalist] ◆ adj moralistic. ◆ nmf moralist.

moralité [mɔʀalite] nf **1.** [éthique] morality, ethics *(sg)* / *d'une moralité douteuse* of questionable morals / *d'une haute moralité* highly moral ou ethical **2.** [comportement] morals, moral standing ou standards **3.** [conclusion] : *moralité, il faut toujours...* and the moral (of the story) is, you must always... / *moralité, on ne l'a plus revu* fam and the result was, we never saw him again **4.** HIST & THÉÂTRE morality play.

morasse [mɔʀas] nf PRESSE final proof.

moratoire [mɔʀatwaʀ] ◆ adj moratory ▸ **intérêts moratoires** interest on overdue payments, moratorial interest. ◆ nm moratorium.

morave [mɔʀav] adj Moravian.

❖ **Morave** nmf Moravian.

Moravie [mɔʀavi] npr f ▸ **(la) Moravie** Moravia.

morbide [mɔʀbid] adj **1.** [malsain] morbid, unhealthy **2.** MÉD morbid.

morbidité [mɔʀbidite] nf *litt* **1.** [d'une obsession] morbidity, morbidness, unhealthiness **2.** MÉD & SOCIOL morbidity rate.

morbier [mɔʀbje] nm **1.** [fromage] Morbier (cheese) **2.** SUISSE [horloge] grandfather clock.

morbleu [mɔʀblø] interj *arch* zounds, ye gods.

morceau, x [mɔʀso] nm **1.** [de nourriture] piece, bit ▸ **morceau de sucre** lump of sugar, sugar lump ▸ **sucre en morceaux** lump sugar / *tu reprendras bien un petit morceau!* come on, have another bit ou piece! / *si on allait manger un morceau?* fam what about a snack?, how about a bite to eat? ; [de viande] cut, piece / *je vous le donne dans quel morceau?* which cut would you like? ▸ **morceau de choix** titbit UK, tidbit US, choice morsel *sout* ▸ **c'est le gros morceau** [examen, matière] this is the big one ▸ **c'est un morceau de roi** ou **digne d'un roi** it's fit for a king ▸ **cracher** ou **lâcher le morceau** fam to spill the beans, to come clean **2.** [de bois, de métal - petit] piece, bit ; [- gros] lump, chunk ; [de papier, de verre] piece ; [d'étoffe, de câble - gén] piece ; [- mesuré] length / *il y a des petits morceaux de bouchon dans mon verre* I've got little bits ou pieces of cork in my glass ▸ **assembler les morceaux de qqch** to piece sthg together ▸ **en morceaux** in bits ou pieces ▸ **mettre en morceaux a)** [papier, étoffe] to tear up *(sép)* **b)** [jouet] to pull to pieces ou bits / *tomber en morceaux* to fall apart, to fall to pieces **3.** [extrait] passage, extract, excerpt ▸ **cette scène est un véritable morceau d'anthologie** it's a truly memorable scene ▸ **morceau de bravoure** purple passage ▸ **(recueil de) morceaux choisis** (collection of) selected passages ou extracts **4.** MUS [fragment] passage ; [œuvre] piece / *joue-moi un morceau de piano* play something on the piano for me ▸ **morceau de concours** competition piece **5.** fam [personne] : *un beau morceau* a nice bit of stuff UK, a bit of all right ▸ **c'est un sacré morceau, leur fils! a)** [il est gros] their son is enormous! **b)** [il est musclé] their son is a real hunk! **c)** [il est insupportable] their son is a real pain!

morcelable [mɔʀsəlabl] adj divisible, dividable ▸ **non morcelable** indivisible, not to be divided (up).

morceler [24] [mɔʀsəle] vt **1.** [partager] to parcel out *(sép)* ; [démembrer] to divide (up), to break up *(sép)* **2.** MIL to split up *(sép)*.

✎ In reformed spelling (see p. 16-19), this verb is conjugated like **acheter** : *il morcèle, elle morcèlera.*

morcellement, morcèlement* [mɔʀsɛlmɑ̃] nm **1.** [d'un terrain] dividing (up) ; [d'un héritage] parcelling (out) **2.** MIL splitting (up).

morcellera v ⟶ morceler.

mordache [mɔʀdaʃ] nf SUISSE fam : *avoir la mordache* to have the gift of the gab.

mordacité [mɔʀdasite] nf *litt* mordacity / *elle est réputée pour la mordacité de son ironie* she's renowned for her biting irony ou caustic wit.

mordant, e [mɔʀdɑ̃, ɑ̃t] adj **1.** [caustique] biting, caustic, scathing **2.** [froid] biting, bitter.

❖ **mordant** nm **1.** [dynamisme - d'une personne] drive, spirit, punch ; [- d'un style, d'une publicité] punch, bite / *une campagne qui a du mordant* a campaign which really packs a punch **2.** [d'une lame, d'une lime] bite **3.** [en gravure, teinture, dorure] mordant **4.** MUS mordent.

mordicus [mɔʀdikys] adv fam stubbornly, doggedly / *il soutient mordicus que c'est vrai* he absolutely insists that it's true.

mordillage [mɔʀdijaʒ], **mordillement** [mɔʀdijmɑ̃] nm nibbling.

mordiller [3] [mɔʀdije] vt to nibble ou to chew (at).

mordoré, e [mɔʀdɔʀe] adj golden brown, bronze *(modif)*.

mordorure [mɔʀdɔʀyʀ] nf *litt* golden brown colour.

mordre [76] [mɔʀdʀ] ◆ vt **1.** [suj: animal, personne] to bite / *mordre un fruit* to bite into a piece of fruit ▸ **mordre qqn jusqu'au sang** to bite sb and draw blood / *se faire mordre* to get bitten / *il s'est fait mordre à la main* he was bitten on the hand ▸ **prends la serpillière, elle ne mord pas** ou **elle ne te mordra pas!** hum take the mop, it won't bite (you)! ; *(en usage absolu)* : *il ne va pas mordre, ton chien?* your dog won't bite, will he? ▸ **mordre la poussière** to bite the dust ▸ **faire mordre la poussière à qqn** to make sb bite the dust **2.** [suj: scie, vis] to bite into *(insép)* ; [suj: acide] to eat into *(insép)* ; [suj: pneus cloutés] to grip ; [suj: ancre] to grip, to bite ; [suj: froid] to bite **3.** [empiéter sur] ▸ **mordre la ligne a)** [saut en longueur] to cross the (take-off) board **b)** [sur la route] to cross the white line. ◆ vi **1.** PÊCHE to bite / *ça ne mord pas beaucoup par ici* the fish aren't biting ou rising much around here ▸ **mordre (à l'appât)** ou **à l'hameçon** pr & fig to rise (to the bait), to bite ▸ **il** ou **ça n'a pas mordu** fam & fig he wasn't taken in, he didn't fall for it **2.** MÉCAN to mesh **3.** [suj: gravure] to bite ; [suj: teinture] to take.

❖ **mordre à** v + prép fam **1.** [prendre goût à] to take to *(insép)*, to fall for *(insép)*, to be hooked by **2.** [être trompé par] to be taken in by, to fall for *(insép)*.

❖ **mordre dans** v + prép to bite into.

❖ **mordre sur** v + prép [ligne, marge] to go ou to cross over ; [économies] to make a dent in, to eat into *(insép)* ; [période] to overlap / *le stage mordra sur la deuxième semaine de mars* the course will go over into the second week in March.

❖ **se mordre** vpt ▸ **se mordre la langue** to bite one's tongue pr ▸ **s'en mordre les doigts** fig : *je m'en suis mordu les doigts* I could have kicked myself / *il va s'en mordre les doigts* he'll be sorry he did it, he'll live to regret it ▸ **se mordre la queue a)** pr to chase one's tail **b)** fig to go round in circles.

mordu, e [mɔʀdy] ◆ adj **1.** fam [passionné] : *il est mordu de jazz* he's mad ou crazy about jazz **2.** SPORT ▸ **saut mordu** no jump. ◆ nm, f fam [passionné] addict hum, fan ▸ **un mordu de cinéma / d'opéra** a film / an opera buff / *les mordus du tennis / de Chaplin* tennis / Chaplin fans / *les mordus de la télé* TV addicts.

more [mɔʀ] = maure.

morène [mɔʀɛn] nf hydrocharis, frogbit.

moresque [mɔʀɛsk] = mauresque *(adj)*.

morfal, e, als [mɔʀfal] nm, f tfam gannet UK, greedy pig ou guts.

morfler [3] [mɔʀfle] vi tfam : *il a morflé!* he copped it! UK, he caught it! US.

morfondre [75] [mɔʀfɔ̃dʀ] ❖ **se morfondre** vpi to mope.

morganatique [mɔʀganatik] adj morganatic.

morganatiquement [mɔʀganatikmɑ̃] adv morganatically.

morgon [mɔʀgɔ̃] nm Morgon (wine).

morgue [mɔʀg] nf **1.** [établissement] morgue ; [dans un hôpital] mortuary UK, morgue US **2.** *sout* [arrogance] arrogance, haughtiness, disdainfulness.

moribond, e [mɔʀibɔ̃, ɔ̃d] ◆ adj dying, moribund *sout*. ◆ nm, f dying person ▸ **les moribonds** the dying.

moricaud, e [mɔʀiko, od] nm, f *(raciste) racist term used with reference to black people* ; ≃ darkie.

morigéner [18] [mɔʀiʒene] vt *sout* to chide, to rebuke, to upbraid.

✎ In reformed spelling (see p. 16-19), this verb is conjugated like **semer** : *il morigènera, elle morigènerait.*

morille [mɔʀij] nf morel.

morillon [mɔʀijɔ̃] nm **1.** [raisin] small black grape **2.** [canard] tufted duck **3.** [émeraude] small rough emerald.

mormon, e [mɔʀmɔ̃, ɔn] adj & nm, f Mormon.

morne [mɔʀn] ◆ adj **1.** [triste - personne] glum, gloomy / *elle restait morne et silencieuse* she remained glumly silent **2.** [monotone - discussion] dull ; [- paysage] bleak, drab, dreary / *d'un ton morne* in a dreary voice **3.** [maussade - climat] dull, dreary, dismal / *une journée morne* a dreary day **4.** [terne - couleur, style] dull. ◆ nm [aux Antilles] mound, hill.

mornifle [mɔʀnifl] nf fam & vieilli clip on the ear, clout.

Moroni [mɔʀɔni] npr Moroni.

morose [mɔʀoz] adj **1.** [individu, air, vie] glum, morose **2.** [économie] sluggish, slack / *la Bourse était morose ce matin* trading on the Stock Exchange was sluggish this morning.

morosité [mɔʀozite] nf **1.** [d'une personne] glumness, sullenness, moroseness **2.** [d'un marché] slackness, sluggishness.

Morphée [mɔʀfe] npr Morpheus / *dans les bras de Morphée* fig in the arms of Morpheus *litt*.

morphème [mɔʀfɛm] nm morpheme.

morphine [mɔʀfin] nf morphine, morphia.

morphinique [mɔʀfinik] adj morphinic.

morphinisme [mɔʀfinism] nm morphine addiction.

morphinomane [mɔʀfinɔman] nmf morphinomaniac *spéc*, morphine addict.

morphinomanie [mɔʀfinɔmani] nf morphinism *spéc*, morphine addiction.

morphisme [mɔʀfism] nm homomorphism.

morphogène [mɔʀfɔʒɛn] adj morphogenic, morphogenetic.

morphogenèse [mɔʀfɔʒənɛz] nf morphogenesis.

morphologie [mɔʀfɔlɔʒi] nf morphology.

morphologique [mɔʀfɔlɔʒik] adj morphological.

morphologiquement [mɔʀfɔlɔʒikmɑ̃] adv morphologically.

morphopsychologie [mɔʀfɔpsikɔlɔʒi] nf morphopsychology.

morpion [mɔʀpjɔ̃] nm **1.** fam & péj [enfant] brat, perisher UK **2.** fam [pou] crab **3.** JEUX ≃ noughts and crosses UK ; ≃ tic tac toe US.

mors [mɔʀ] nm **1.** [d'un cheval] bit ▸ **mors de bride** curb bit ▸ **mors de filet** snaffle ▸ **prendre le mors aux dents** fig to take the bit between one's teeth, to swing into action **2.** [d'un étau] jaw, chop ; [d'une pince] jaw, pincer **3.** [d'un livre] joint, groove **4.** BOT ▸ **mors du diable** devil's bit scabious.

morse [mɔʀs] nm **1.** ZOOL walrus **2.** [code] Morse (code).

morsure [mɔʀsyʀ] nf **1.** [d'un animal] bite / *une morsure de serpent* a snakebite **2.** fig & *sout* pang ▸ **les morsures du froid** biting cold.

mort, e [mɔʀ, mɔʀt] ◆ pp ⟶ mourir. ◆ adj **1.** [décédé - personne] dead ; [arbre, cellule, dent] dead / *elle est morte depuis longtemps* she died a long time ago, she's been dead (for) a long time / *il était comme mort* he looked as if he were dead / *des branches mortes* dead branches ▸ **tu es un homme mort!** fam you're dead meat! ▸ **laisser qqn pour mort** to leave sb for dead ▸ **mort et enterré** pr & fig dead and buried, dead and gone, long dead ▸ **mort sur le champ de bataille** ou **au champ d'honneur** killed in action ▸ **mort pour la France** killed in action *(annotation on a French death certificate, giving certain entitlements to the relatives of the dead person)* ▸ **mort ou vif** dead or alive ▸ **être plus**

* In reformed spelling (see p. 16-19).

mort que vif to be more dead than alive ▸ **morte la bête, mort le venin** *prov* a dead enemy is no longer a threat **2.** [en intensif] ▸ **mort de** : ***il était mort de fatigue*** he was dead tired / ***on était morts de froid*** we were freezing cold ▸ **j'étais morte de rire** *fam* I nearly died laughing **3.** [passé -amour, désir] dead ; [-espoir] dead, buried, long-gone **4.** [inerte -regard] lifeless, dull ; [-quartier, bistrot] dead ; [-eau] stagnant / ***c'est mort par ici le dimanche*** *fam* it's pretty dead around here on Sundays **5.** ARM : ***balle morte*** spent bullet **6.** SPORT ▸ **ballon mort** dead ball **7.** *fam* [hors d'usage -appareil, voiture] dead, finished / ***mon sac est mort*** my bag's had it **8.** *fam* [épuisé] ▸ **je suis mort!** I'm dead! / ***mes jambes sont mortes!*** my legs are killing me! **9.** GÉOGR ▸ **la mer Morte** the Dead Sea. ◆ nm, f **1.** [personne] dead person / ***c'est une morte en sursis*** she's living on borrowed time / ***l'épidémie n'a pas fait de morts*** no one died in the epidemic / ***les émeutes ont fait 300 morts*** 300 people died ou were killed in the rioting ▸ **les morts** the dead ▸ **jour** ou **fête des Morts** All Souls' Day ▸ **messe** / **prière des morts** mass / prayer for the dead ▸ **faire le mort** *pr* to pretend to be dead, to play dead / ***tu as intérêt à faire le mort*** *fam & fig* you'd better lie low **2.** JEUX dummy ▸ **je suis le mort** I'm dummy.

❖ **mort** nf **1.** [décès] death ▸ **la mort** death ▸ **envoyer qqn à la mort** to send sb to his / her death ▸ **frôler la mort** to have a brush with death / ***il a vu la mort de près*** he saw death staring him in the face ▸ **se donner la mort** *sout* to commit suicide, to take one's own life ▸ **trouver la mort** to meet one's death, to die / ***les émeutes ont entraîné la mort de 30 personnes*** the riots led to the death ou deaths of 30 people ▸ **il y a eu mort d'homme a)** [une victime] somebody was killed **b)** [plusieurs victimes] lives were lost / ***il n'y a pas eu mort d'homme*** nobody was killed, there was no loss of life ▸ **(mourir d'une) mort subite / lente** (to die a) sudden / slow death / ***il a eu une mort douce*** he died painlessly ▸ **périr de mort violente** to die a violent death ▸ **mort aux traîtres!** death to the traitors! ▸ **mort cérébrale** ou **clinique** brain death ▸ **mort accidentelle** [gén] accidental death ▸ **mort naturelle a)** natural death **b)** DR death from natural causes ▸ **mort subite du nourrisson** sudden infant death syndrome *spéc*, cot death ▸ **la petite mort** *litt* (the moment of) climax ▸ **avoir la mort dans l'âme** to have a heavy heart / ***je partis la mort dans l'âme*** I left with a heavy heart ▸ **c'est pas la mort (du petit cheval)!** *fam* it's not the end of the world! ▸ **son cours, c'est vraiment la mort!** *fam* his class is deadly boring! ▸ **à mort, à mort!** : ***la foule scandait à mort, à mort!*** the crowd was chanting kill (him), kill (him)! / **'Mort à Venise'** *Mann, Visconti* 'Death in Venice' **2.** [économique] end, death / ***c'est la mort des cinémas de quartier*** it's the end of local cinemas.

❖ **à mort** ◆ loc adj [lutte, combat] to the death. ◆ loc adv **1.** *fam* [en intensif] ▸ **j'ai freiné à mort** I braked like hell, I jammed on the brakes ▸ **ils sont brouillés** ou **fâchés à mort** they're mortal enemies ou enemies for life / ***je lui en veux à mort*** I hate his guts **2.** [mortellement] ▸ **blesser qqn à mort** to mortally wound sb ▸ **frapper qqn à mort** to strike sb dead ▸ **mettre qqn à mort** to put sb to death / ***mettre un animal à mort*** to kill an animal.

❖ **de mort** loc adj [silence, pâleur] deathly, deathlike ▸ **être en danger** ou **péril de mort** to be in mortal danger ▸ **menace / pulsion de mort** death threat / wish.

❖ **jusqu'à ce que mort s'ensuive** loc adv *vieilli* ou DR until he / she be dead ; *hum* to the bitter end.

❖ **jusqu'à la mort** loc adv *pr* to the death ; *fig* to the bitter end.

> Attention à ne pas confondre be dead et have died.
>
> Dead est la traduction de l'adjectif mort :
> **Il me semble que ses deux parents sont morts.** *I think both his parents are dead.*
>
> Died (prétérit et participe passé de die) sert à traduire le verbe mourir :
> **Sa grand-mère est morte cet été.** *His grandmother died this summer.*
>
> Comparez les deux traductions possibles de la phrase suivante :
> **Toutes mes roses sont mortes.**
> a) *All my roses have died.*
> ***(ici, l'emploi du verbe met l'accent sur l'action de mourir = les fleurs sont mortes récemment)***
> b) *All my roses are dead.*
> ***(ici, l'emploi de l'adjectif met l'accent sur l'état des fleurs = celles-ci sont sans vie).***

mortadelle [mɔʀtadɛl] nf mortadella.

mortaisage [mɔʀtɛzaʒ] nm morticing.

mortaise [mɔʀtɛz] nf **1.** MENUIS mortise, mortice **2.** [de clavette] keyway ; [de serrure] mortice **3.** NAUT sheave slot, mortice.

mortaiser [4] [mɔʀtɛze] vt **1.** MENUIS to mortise, to mortice **2.** TECHNOL to slot.

mortaiseuse [mɔʀtɛzøz] nf slotting machine.

mortalité [mɔʀtalite] nf [gén] mortality ; [dans des statistiques] death rate, mortality (rate).

mort-aux-rats [mɔʀoʀa] nf inv rat poison.

Morte [mɔʀt] npr GÉOGR ⟶ **mer.**

morte-eau [mɔʀto] (*pl* **mortes-eaux** [mɔʀtəzo]) nf neap tide, neaps.

mortel, elle [mɔʀtɛl] ◆ adj **1.** [qui tue -accident] fatal ; [-dose, poison] deadly, lethal ; [-coup, blessure] fatal, lethal, mortal *sout* ; [-maladie] fatal / ***il a fait une chute mortelle*** he had a fatal fall / ***c'est un coup mortel porté à notre petite communauté*** *fig* this is a deathblow for our little community **2.** [dangereux] lethal, deadly / ***son revers est mortel!*** *fam* his backhand is lethal! / ***tu as raté l'examen mais ça n'est pas mortel!*** *fam* you've failed the exam but it's not the end of the world! **3.** *fam* [ennuyeux] deadly ou excruciatingly boring **4.** [qui rappelle la mort -pâleur, silence] deathly **5.** [acharné -ennemi] mortal, deadly **6.** [qui n'est pas éternel] mortal. ◆ nm, f [être humain] mortal.

mortellement [mɔʀtɛlmɑ̃] adv **1.** [à mort] ▸ **être mortellement blessé** to be fatally ou mortally *sout* wounded **2.** [en intensif] : ***le film est mortellement ennuyeux*** the film is deadly boring / ***tu l'as mortellement offensé*** you've mortally offended him.

morte-saison [mɔʀtsɛzɔ̃] (*pl* **mortes-saisons**) nf slack ou off season / ***à la morte-saison*** in the off season.

mortier [mɔʀtje] nm **1.** [récipient] mortar **2.** ARM mortar **3.** CONSTR mortar ▸ **mortier bâtard / gras / maigre** gauged / fat / lean mortar **4.** [bonnet] judge's cap *(worn by certain judges in France)*.

mortifiant, e [mɔʀtifjɑ̃, ɑ̃t] adj mortifying, humiliating.

mortification [mɔʀtifikasjɔ̃] nf **1.** RELIG mortification **2.** [humiliation] mortification, humiliation **3.** CULIN hanging (of game meat) **4.** MÉD mortification.

mortifié, e [mɔʀtifje] adj mortified.

mortifier [9] [mɔʀtifje] vt **1.** RELIG to mortify **2.** [humilier] to mortify, to humiliate **3.** CULIN to (leave to) hang **4.** MÉD to mortify.

mortinatalité [mɔʀtinatalite] nf stillbirth rate.

mort-né, e [mɔʀne] (*mpl* **mort-nés**, *fpl* **mort-nées**) ◆ adj *pr & fig* stillborn. ◆ nm, f stillborn baby.

mortuaire [mɔʀtɥɛʀ] ◆ adj **1.** [rituel] mortuary *(modif)*, funeral *(modif)* ; [cérémonie, chambre] funeral *(modif)* **2.** ADMIN ▸ **acte mortuaire** death certificate ▸ **registre mortuaire** register of deaths. ◆ nf BELG house of the deceased.

mort-vivant, e [mɔʀvivɑ̃, ɑ̃t] nm, f ▸ **les morts-vivants** the living dead ▸ **c'est un mort-vivant** [mourant] he's more dead than living.

morue [mɔʀy] nf **1.** CULIN & ZOOL cod ▸ **morue fraîche** fresh cod ▸ **morue noire** haddock ▸ **morue (verte)** undried salt cod **2.** *tfam* [prostituée] whore, hooker.

morutier, ère [mɔʀytje, ɛʀ] adj cod-fishing *(modif)*.
❖ **morutier** nm **1.** [navire] cod-fishing boat **2.** [marin] cod-fisherman.

morve [mɔʀv] nf **1.** [mucus] nasal mucus **2.** VÉTÉR glanders *(U)*.

morveux, euse [mɔʀvø, øz] ◆ adj **1.** [sale] snotty-nosed ▸ **qui se sent morveux, qu'il se mouche** *prov* if the cap fits, wear it **2.** VÉTÉR glandered. ◆ nm, f *fam* **1.** [enfant] (snotty-nosed) little kid **2.** [jeune prétentieux] (snotty) ou snotty-nosed little upstart.

MOS [mɔs] (abr de **metal oxide semiconductor**) nm MOS ▸ **MOS à canal N** NMOS ▸ **MOS à canal P** PMOS.

mosaïque [mɔzaik] ◆ nf **1.** ART mosaic ▸ **sol en mosaïque** mosaic floor **2.** [mélange -de couleurs] patchwork, mosaic ; [-de cultures] mixture, mosaic ; *(en apposition)* : ***un pays mosaïque*** a country of contrasts **3.** BOT mosaic (disease) **4.** BIOL & GÉOL mosaic. ◆ adj RELIG Mosaic.

mosaïquer [mɔzaike] vt [image télévisée] to distort *(so as to render unrecognizable)*.

mosaïste [mɔzaist] nmf mosaicist.

Moscou [mɔsku] npr Moscow.

moscovite [mɔskɔvit] adj Muscovite.
❖ **Moscovite** nmf Muscovite.

mosellan, e [mɔzɛlɑ̃, an] adj from Moselle.
❖ **Mosellan, e** nm, f *inhabitant of or person from Moselle.*

Moselle [mɔzɛl] npr f **1.** [fleuve] (river) Moselle **2.** ŒNOL Moselle (wine).

mosquée [mɔske] nf mosque.

Mossoul [mɔsul] npr Mosul.

mot [mo] nm **1.** LING word / ***un mot à la mode*** a buzzword / ***orgueilleux, c'est bien le mot*** arrogant is the (right) word / ***riche n'est pas vraiment le mot*** rich isn't exactly the word I would use ▸ **le mot de Cambronne** ou **de cinq lettres** *euphém* the word "merde" ▸ **mot composé** compound (word) ▸ **mot d'emprunt** loanword ▸ **le mot juste** the right ou appropriate word ▸ **mot de passe** password ▸ **mot vedette** headword ▸ **gros mot** swearword **2.** INFORM ▸ **mot d'appel** call word ▸ **mot d'état** status word ▸ **mot machine** computer word ▸ **mot mémoire** storage ou memory word **3.** [parole] word / ***il n'a pas dit un mot*** he didn't say a word ▸ **dire un mot à qqn** to have a word with sb / ***pourriez-vous nous dire un mot sur ce problème?*** could you say a word (or two) ou a few words about this problem for us? / ***tu n'as qu'un mot à dire*** (just) say the word ▸ **pas un mot!** don't say a word! / ***pas un mot à qui que ce soit!*** not a word to anybody! ▸ **le mot de l'énigme** the key to the mystery ou puzzle / ***les mots manquent*** words are not enough / ***les mots manquent pour décrire la beauté de ce matin-là*** there are no words to describe ou words cannot describe the beauty of that particular morning ▸ **les mots me manquent** words fail me / ***les mots me manquent pour vous remercier*** I'm at a loss for words to express my gratitude ▸ **trouver les mots** to find the (right) words / ***je ne trouve pas les mots (pour le dire)*** I cannot find the words (to say it) ▸ **chercher ses mots** to try to find ou to search for the right words ▸ **à ces mots** at these words ▸ **sur ces mots** with these words / ***sur ces mots, il nous quitta*** with these words ou so saying, he left us / ***ce ne sont que des mots!*** it's just talk!, it's all hot air! ▸ **mot d'ordre a)** slogan **b)** MIL watchword ▸ **mot d'ordre de grève** call for strike action ▸ **c'est mon dernier mot** it's my last ou final offer ▸ **avoir le dernier mot** to have the last word ▸ **grand mot** : ***voleur, c'est un bien grand mot*** thief, that would be putting it a bit too strongly ou going a bit too far / ***l'amour, le grand mot est lancé*** love, that's the word we've been waiting for / ***avec toi, c'est tout de suite ou toujours les grands mots*** you're always exaggerating ▸ **mots doux** words of love, sweet nothings *hum* ▸ **avoir des mots (avec qqn)** to have words (with sb) / ***on a eu des mots*** we had words ou a row ▸ **avoir son mot à dire** to have one's say / ***moi aussi, j'ai mon mot à dire là-dessus*** I've got a say in the matter as well / ***il faut toujours qu'elle ait son mot à dire*** she always has to have her say (in the matter) ▸ **avoir toujours le mot pour rire** to be a (great) laugh ou joker ▸ **dire un mot de travers** to say something wrong, to put one's foot in it / *j'ai dit un mot de travers?* have I said something wrong? ▸ **n'avoir jamais un mot plus haut que l'autre** : *il n'a jamais un mot plus haut que l'autre* he never raises his voice ▸ **pas le premier** ou **un traître mot de** not a single word of ▸ **prendre qqn au mot** to take sb at his word ▸ **se donner** ou **se passer le mot** to pass the word around / *tout le monde s'était donné le mot* word had been passed around ▸ **je vais lui en toucher** ou **je lui en toucherai un mot** I'll have a word with him about it ▸ **dire deux mots à qqn** to give sb a piece of one's mind **4.** [parole mémorable] saying ▸ **mot d'esprit** ou **bon mot** witticism, witty remark ▸ **mot d'auteur** (author's) witty remark ▸ **mot d'enfant** child's remark ▸ **mot de la fin** concluding message, closing words ▸ **mots célèbres** famous sayings ou quotes **5.** [message écrit] note, word / *ce petit mot pour vous dire que je suis bien arrivé* just a note to say that I've arrived safely ▸ **écrire un mot à qqn** to write sb a note, to drop sb a line ▸ **mot d'absence** note *(explaining absence)* ▸ **mot d'excuse** word of apology ▸ **mot de remerciements** thank-you note.

❖ **à mots couverts** loc adv in veiled terms.

❖ **au bas mot** loc adv at (the very) least.

❖ **en d'autres mots** loc adv in other words.

❖ **en un mot** loc adv in a word ▸ **en un mot comme en cent** ou **mille a)** [en bref] in a nutshell, to cut a long story short **b)** [sans détour] without beating about the bush.

❖ **mot à mot** loc adv [littéralement] word for word / *traduire mot à mot* to translate word for word.

❖ **mot pour mot** loc adv word for word / *c'est ce qu'elle a dit, mot pour mot* those were her very words, that's what she said, word for word.

❖ **sans mot dire** loc adv without (uttering) a word.

motard, e [mɔtaʀ, aʀd] nm, f *fam* motorcyclist, biker.

❖ **motard** nm **1.** [policier] motorcycle policeman / *voiture escortée de motards* car with a motorcycle escort **2.** MIL ≃ dispatch rider.

mot-clé (*pl* **mots-clés**), **mot-clef** (*pl* **mots-clefs**) [mokle] nm keyword.

motel [mɔtɛl] nm motel.

motet [mɔtɛ] nm motet.

moteur, trice [mɔtœʀ, tʀis] adj **1.** MÉCAN [force] driving, motive ▸ **voiture à quatre roues motrices** four-wheel drive car **2.** ANAT [nerf, neurone, muscle] motor *(modif)*.

❖ **moteur** nm **1.** MÉCAN engine ▸ **moteur électrique** (electric) motor ▸ **moteur à allumage commandé** ou **à explosion** internal combustion engine ▸ **moteur à deux / quatre temps** two- / four-stroke engine ▸ **moteur à essence** / **vapeur** petrol / steam engine ▸ **moteur à combustion** combustion engine ▸ **moteur Diesel** diesel engine ▸ **moteur à injection** fuel injection engine ▸ **moteur à piston rotatif** rotary piston engine ▸ **moteur à réaction** jet engine ▸ **moteur thermique** heat engine **2.** [cause] mainspring, driving force ▸ **être le moteur de qqch** to be the driving force behind sthg **3.** CINÉ ▸ **moteur!** action! **4.** INTERNET ▸ **moteur de recherche** search engine ▸ **moteur de shopping** shopbot.

❖ **motrice** nf locomotive (engine).

❖ **à moteur** loc adj power-driven, motor *(modif)*.

moteur-fusée [mɔtœʀfyze] (*pl* **moteurs-fusées**) nm rocket engine.

motif [mɔtif] nm **1.** [raison] reason / *venons-en au motif de votre visite* let's turn to the reason for your visit / *le motif de mon absence* the reason for my absence / *il a agi sans motif* he did it for no reason / *peur / soupçons sans motifs* groundless fear / suspicions ; DR [jugement] grounds **2.** [intention] motive / *les motifs qui l'animent* her motivation ou motives / *est-ce pour le bon motif?* *hum & vieilli* [en vue du mariage] are his intentions honourable? **3.** [dessin] pattern, design / *un motif à petites fleurs* a small flower pattern ou design / *robe à motifs / à grands motifs* patterned / large pattern dress **4.** ART [élément] motif ; [sujet] subject **5.** MUS motif **6.** CHIM ▸ **motif cristallin** crystal structure.

motion [mosjɔ̃] nf motion / *voter une motion* to pass a motion ▸ **motion de censure** vote of no confidence.

motivant, e [mɔtivɑ̃, ɑ̃t] adj motivating.

motivation [mɔtivasjɔ̃] nf **1.** [justification] motivation, justification, explanation ; [raison] motivation, motive, reason **2.** LING *relationship between the signifier and the signified* **3.** ÉCON ▸ **étude de motivation** motivation ou motivational research **4.** PSYCHOL motivation.

motivé, e [mɔtive] adj **1.** [personne] motivated / *le personnel n'est plus motivé* the staff isn't motivated any longer **2.** [justifié] well-founded, justified / *sa peur n'est pas motivée* her fears are groundless ▸ **un refus motivé** a justifiable refusal.

motiver [3] [mɔtive] vt **1.** [inciter à agir] to spur on *(sép)*, to motivate / *motivé par l'appât du gain* spurred on by greed **2.** [causer] to be the reason for / *qu'est-ce qui a motivé votre retard?* what's the reason for your being late? **3.** [justifier] to justify, to explain ▸ **motiver un refus** to give grounds for a refusal.

moto [mɔto] nf motorbike, bike ▸ **moto à carénage intégral** superbike ▸ **moto de course** race bike ▸ **moto tout-terrain** ou **verte** trail bike.

motociste [mɔtɔsist] nmf motorbike dealer.

motocross [mɔtɔkʀɔs] nm (motorcycle) scramble UK, moto-cross.

motoculteur [mɔtɔkyltœʀ] nm (motor) cultivator.

motoculture [mɔtɔkyltyʀ] nf motorized ou mechanized agriculture.

motocycle [mɔtɔsikl] nm motorbicycle.

motocyclette [mɔtɔsiklɛt] nf *vieilli* motorcycle.

motocyclisme [mɔtɔsiklism] nm motorcycle racing.

motocycliste [mɔtɔsiklist] nmf motorcyclist.

motomarine [mɔtomaʀin] nf QUÉBEC jet ski.

motonautique [mɔtɔnotik] adj ▸ **réunion** / **sport motonautique** speedboat event / racing.

motonautisme [mɔtɔnotism] nm speedboat ou motorboat racing.

motoneige [mɔtɔnɛʒ] = **motoski**.

motoneigisme [mɔtɔneʒism] nm QUÉBEC snowbike riding.

motoneigiste [mɔtɔneʒist] nmf QUÉBEC snowbike rider.

motopompe [mɔtɔpɔ̃p] nf motorpump.

motopropulseur, euse [mɔtɔpʀɔpylsœʀ, øz] adj ▸ **groupe motopropulseur** power unit.

❖ **motopropulseur** nm power unit.

motor-home [mɔtɔʀom] (*pl* **motor-homes**) nm motor home.

motorisation [mɔtɔʀizasjɔ̃] nf **1.** [gén] motorization **2.** MÉCAN engine specification.

motorisé, e [mɔtɔʀize] adj **1.** [agriculture, troupes] motorized **2.** *fam* [personne] ▸ **être motorisé** to have transport UK ou transportation US / *tu es motorisé?* have you got a car?

motoriser [3] [mɔtɔʀize] vt [mécaniser] to motorize, to mechanize ▸ **motoriser l'agriculture** to mechanize agriculture ; [doter d'automobiles] to motorize / *motoriser un régiment* to motorize a regiment.

motoriste [mɔtɔʀist] nmf [industriel] engine manufacturer ; [technicien] engine technician.

motorship [mɔtɔʀʃip] nm motor ship ou vessel.

motoski [mɔtɔski] nf snowbike.

moto-taxi [mototaksi] nf motorbike taxi.

mototondeuse [mɔtɔtɔ̃døz] nf ride-on UK ou rider mower.

motrice [mɔtʀis] f ⟶ **moteur**.

motricité [mɔtʀisite] nf motor functions.

mots croisés [mokʀwaze] nmpl crossword (puzzle) / *que fais-tu? — je fais des mots croisés* what are you doing? — I'm doing a crossword / *il aime faire des mots croisés* he likes doing crosswords.

mots-croisiste [mokʀwazist] (*pl* **mots-croisistes**) nmf crossword enthusiast.

motte [mɔt] nf **1.** AGR ▸ **motte (de terre)** clod ou clump (of earth) ▸ **motte de gazon** sod **2.** HORT ball ▸ **plantation en motte** ball planting **3.** CULIN ▸ **motte de beurre** slab of butter **4.** MÉTALL [moule] boxless ou flaskless mould.

motteux [mɔtø] nm wheatear.

motu proprio [mɔtypʀɔpʀijo] loc adv spontaneously, of one's own accord.

motus [mɔtys] interj *fam* ▸ **motus (et bouche cousue)!** not a word (to anybody)!, mum's the word!

mot-valise [movaliz] (*pl* **mots-valises**) nm blend, portmanteau word.

mou, molle [mu, mɔl] *(devant nm commençant par voyelle ou «h» muet* **mol** [mɔl]*)* ◆ adj **1.** [souple -pâte, cire, terre, fruit] soft ; [-fauteuil, matelas] soft ; [sans tenue -étoffe, vêtement] limp ; [-joues, chair] flabby / *les biscuits sont tout mous* the biscuits have gone all soft ▸ **devenir mou** to soften, to go soft **2.** [sans vigueur physique -mouvement] limp, lifeless, feeble ; [-poignée de main] limp / *mon revers est trop mou* my backhand is too weak ou lacks power / *j'ai les jambes toutes molles* *fam* my legs feel all weak ou feel like jelly / *je me sens tout mou* *fam* I feel washed out / *allez, rame plus vite, c'est mou tout ça!* *fam* come on, pull on those oars, let's see some effort! ; [estompé -contour] soft ▸ **bruit mou** muffled noise **3.** [sans conviction -protestation, excuse, tentative] feeble, weak ; [-doigté, style] lifeless, dull ; [-élève] apathetic, lethargic ; [sans force de caractère] spineless ▸ **être mou comme une chiffe** *fam* ou **chique** *fam* to be a real wimp / *je me sens mou comme une chiffe* ou *chique* I feel like a wet rag **4.** [trop tolérant -parents, gouvernement] lax, soft **5.** LING soft **6.** ANAT ▸ **parties molles** soft tissue **7.** PHYS ▸ **rayonnements mous** soft radiation. ◆ nm, f *fam* **1.** [moralement] spineless individual **2.** [physiquement] weak ou feeble individual.

❖ **mou** nm **1.** [jeu] slack, give, play ▸ **avoir du mou a)** [cordage] to be slack **b)** [vis, charnière] to be loose, to have a bit of play / *donner du mou à un câble* to give a cable some slack **2.** [abats] lights, lungs **3.** EXPR ▸ **rentrer dans le mou à qqn** *tfam* to lay into sb.

moucharabieh, moucharabié* [muʃaʀabje] nm lattice screen.

mouchard, e [muʃaʀ, aʀd] nm, f *fam & péj* **1.** [rapporteur] sneak **2.** [indic] informer, grass UK, stoolpigeon US.

❖ **mouchard** nm **1.** [enregistreur -d'un avion] black box, flight recorder ; [-d'un camion] tachograph **2.** AÉRON & MIL spy plane **3.** *fam* [sur une porte] judas (hole).

mouchardage [muʃaʀdaʒ] nm *fam* [gén] sneaking UK, telling tales ; [pour la police] informing, grassing.

moucharder [3] [muʃaʀde] *fam & péj* ◆ vt **1.** [suj: enfant] to sneak on *(insép)* UK, to tell tales about **2.** [suj: indic] to inform on *(insép)*, to grass on *(insép)* UK, to fink on *(insép)* US. ◆ vi **1.** [enfant] to sneak UK, to tell tales **2.** [indic] to inform, to grass UK, to fink US.

mouche [muʃ] nf **1.** ENTOM fly ▸ **mouche bleue** bluebottle ▸ **mouche domestique** housefly ▸ **mouche à miel** honey bee ▸ **mouche à scie** sawfly ▸ **mouche tsé-tsé** tsetse fly ▸ **mouche à viande** blowfly ▸ **mouche de la viande** flesh fly ▸ **mouche à merde** *tfam* ou **à ordure** dung fly ▸ **quelle mouche te pique?** *fam* what's up ou wrong with you (all of a sudden)? ▸ **tomber comme des mouches** *fam* to drop like flies ▸ **il est** ou **il fait la mouche du coche** he's always buzzing around but he doesn't pull his weight ▸ **il ne ferait pas de mal à une mouche** he wouldn't hurt a fly ▸ **prendre la mouche** : *elle prend facilement la mouche* she's very touchy ▸ **on ne prend** ou **n'attrape pas les mouches avec du vinaigre** *prov* gently does it **2.** PÊCHE ▸ **mouche (artificielle)** (artificial) fly ▸ **pêche à la mouche** fly-fishing **3.** [sur la peau] beauty spot ; [poils] tuft of hair *(under the lower lip)* **4.** ESCRIME button ▸ **faire mouche a)** *pr* to hit the ou to score a bull's eye **b)** *fig* to hit the nail on the head **5.** MÉD ▸ **mouches (volantes)** muscae volitantes *spéc*, floaters.

* In reformed spelling (see p. 16-19).

moucher [3] [muʃe] vt **1.** [nettoyer] : *moucher son nez* to blow one's nose ▶ **moucher qqn** to blow sb's nose **2.** *fam* [rabrouer] ▶ **moucher qqn** to put sb in his place, to teach sb a lesson / *se faire moucher* to be put in one's place **3.** [chandelle] to snuff (out).

❖ **se moucher** vp *(emploi réfléchi)* to blow one's nose ▶ **elle ne se mouche pas du pied** *fam* ou **du coude** *fam* she thinks she's the cat's whiskers ou the bee's knees.

moucheron [muʃʀɔ̃] nm **1.** ENTOM midge **2.** *fam* [gamin] kid.

moucheronner [3] [muʃʀɔne] vi [poisson] to jump ou to rise (for flies).

moucheté, e [muʃte] adj **1.** [œuf, fourrure, laine, etc.] mottled, flecked / *rouge moucheté de blanc* red flecked with white **2.** ESCRIME buttoned **3.** MENUIS ▶ **bois moucheté** bird's eye (grain) wood.

moucheter [27] [muʃte] vt **1.** [couvrir de taches] to speckle ; [parsemer de taches] to fleck **2.** ESCRIME to button.

In reformed spelling (see p. 16-19), this verb is conjugated like *acheter*: *il mouchète, elle mouchètera.*

mouchetis [muʃti] nm CONSTR pebbledash UK, rock dash US.

mouchette [muʃɛt] nf **1.** ARCHIT [de fenêtre] outer fillet, mouchette ; [de larmier] lip **2.** MENUIS [rabot] beading plane ; [moulure] beading.

❖ **mouchettes** nfpl [ciseaux] (pair of) candle snuffers ; [pour bovins] ring, barnacle.

moucheture [muʃtyʀ] nf **1.** [d'un pelage, d'un plumage] speckling ; [d'un tissu] flecks, flecking **2.** AGR leaf stripe **3.** HÉRALD ▶ **moucheture d'hermine** ermine tail.

mouchoir [muʃwaʀ] nm handkerchief ▶ **mouchoir en papier** (paper) tissue ▶ **leur jardin est grand comme un mouchoir de poche** their garden is the size of a pocket handkerchief.

mouclade [muklad] nf mussels in white wine *(with shallots and cream).*

moudjahid [mudʒaid] (*pl* **moudjahidin** *ou* **moudjahidine** [mudʒaidin]), **moudjahidine*** [mudʒaidin] nm mujahid.

moudre [85] [mudʀ] vt **1.** [café, poivre] to grind ; [blé] to mill, to grind **2.** *vieilli ou* MUS ▶ **moudre un air** to crank out a tune *(on a barrel organ, etc.).*

moue [mu] nf pout / *faire une moue de dégoût* to screw one's face up in disgust / *faire une moue de dépit* to pull a face ▶ **faire la moue** to pout.

mouette [mwɛt] nf gull, seagull ▶ **mouette rieuse** blackheaded gull ▶ **mouette tridactyle** kittiwake / **'la Mouette'** *Tchekhov* 'The Seagull'.

moufette [mufɛt] nf skunk.

moufle [mufl] ◆ nf **1.** [gant] mitt, mitten **2.** [poulie] pulley block. ◆ nm TECHNOL [four, récipient] muffle.

mouflet, ette [muflɛ, ɛt] nm, f *tfam* kid, sprog UK.

mouflon [muflɔ̃] nm mouflon, moufflon ▶ **mouflon d'Amérique** (American) bighorn.

moufter [3] [mufte] vi *tfam* ▶ **sans moufter** without a peep.

mouillabilité [mujabilite] nf TECHNOL wettability.

mouillage [mujaʒ] nm **1.** [du linge] dampening **2.** NAUT [emplacement] anchorage, moorings, moorage ; [manœuvre] mooring **3.** [du vin, du lait] watering down **4.** MIL ▶ **mouillage de mines** mine laying.

mouillant, e [mujɑ̃, ɑ̃t] adj [gén & CHIM] wetting.

❖ **mouillant** nm wetting agent.

mouille [muj] nf **1.** [source] oozing spring **2.** [dans le lit d'une rivière] alluvial channel **3.** [d'une cargaison] wetting, dampening *(of cargo).*

mouillé, e [muje] adj **1.** [surface, vêtement, cheveux] wet, damp / *je suis tout mouillé* I'm all wet ou drenched ou soaked **2.** [voix] tearful ; [regard] tearful, watery / *elle le regarda, les yeux mouillés de larmes* she looked at him with tears in her eyes **3.** LING palatalized.

❖ **mouillé** nm : *ça sent le mouillé* it smells of damp.

mouillement [mujmɑ̃] nm PHON palatalization.

mouiller [3] [muje] ◆ vt **1.** [accidentellement -vêtement, personne] to wet / *ne mouille pas tes chaussons!* don't get your slippers wet ! / *il mouille encore son lit* *euphém* he still wets his ou the bed / *se faire mouiller* [par la pluie] to get wet ▶ **mouiller sa chemise** *fam* ou **son maillot** *fam* to slog away **2.** [humecter -doigt, lèvres] to moisten ; [-linge] to dampen **3.** *fam* [compromettre] to drag in *(sép)* / *il a cherché à nous mouiller dans cette affaire* he tried to drag us into this affair **4.** NAUT [ancre] to cast, to drop ; MIL [mine] to lay ; PÊCHE [ligne] to cast **5.** *(en usage absolu)* CULIN ▶ **mouillez avec du vin / bouillon** moisten with wine / stock ; [lait, vin] to water down *(sép)* **6.** LING to palatalize. ◆ vi **1.** *tfam* [avoir peur] to be scared stiff **2.** NAUT [jeter l'ancre] to cast ou to drop anchor ; [stationner] to ride ou to lie ou to be at anchor.

❖ **se mouiller** vp *(emploi réfléchi)* **1.** [volontairement] ▶ **se mouiller les cheveux** to wet one's hair **2.** [accidentellement] to get wet / *se mouiller les pieds* to get one's feet wet **3.** *fam* [prendre un risque] to commit o.s.

mouillette [mujɛt] nf [de pain] finger of bread *(for dunking)*, soldier UK.

mouilleur [mujœʀ] nm **1.** [de timbres, d'enveloppes] (stamp) sponge damper **2.** NAUT anchor stopper **3.** MIL ▶ **mouilleur de mines** minelayer.

mouillure [mujyʀ] nf **1.** [marque] wet mark ou patch **2.** LING palatalization.

mouise [mwiz] nf *fam* [misère] ▶ **être dans la mouise** to be hard up, to be on one's uppers.

moujik [muʒik] nm muzhik, mujik, moujik.

moujingue [muʒɛ̃g] nmf *tfam* kid.

moukère [mukɛʀ] nf *tfam* female.

moulage [mulaʒ] nm **1.** ART [processus] casting ▶ **moulage à la cire perdue** lost wax casting ; [reproduction] cast / *un moulage en plâtre / bronze de Beethoven* a plaster / bronze cast of Beethoven **2.** MÉTALL casting, moulding UK, molding US ▶ **moulage en carapace / châssis** shell / flask moulding ▶ **moulage par compression / injection** compression / injection moulding **3.** [d'un fromage] moulding **4.** [du grain] grinding, milling.

moulait v ⟶ **moudre.**

moulant, e [mulɑ̃, ɑ̃t] adj close-fitting, tight-fitting, clinging.

moule [mul] ◆ nm **1.** [récipient, matrice] mould UK, mold US ▶ **moule à gaufre** ou **gaufres** waffle iron ▶ **moule à gâteau** cake ou baking tin UK, cake ou baking pan US ▶ **moule à manqué** sandwich tin UK, deep cake pan US ▶ **moule à tarte** flan case UK, pie pan US **2.** [modèle imposé] mould / *elle rejette le moule de l'école* she rejects the image the school demands of her / *elle rejette le moule de sa famille* she rejects her family's values ▶ **être coulé dans le même moule** *pr & fig* to be cast in the same mould ▶ **être fait au moule** *sout* to be very shapely ou perfectly shaped. ◆ nf **1.** [mollusque] mussel ▶ **moules marinières** moules marinières, mussels in white wine ▶ **moules frites** mussels and chips UK ou French fries *(speciality of Belgium and the North of France)* **2.** *fam* [personne] drip.

moulé, e [mule] adj **1.** [pain] baked in a tin **2.** [écriture] neat, well-shaped ; [lettre] printed, copperplate **3.** MÉD [matières fécales] well-shaped, consistent.

mouler [3] [mule] vt **1.** [former -buste, statue] to cast ; [-brique, lingot, fromage] to mould UK, to mold US **2.** [prendre copie de -visage, empreinte] to take ou to make a cast of ▶ **mouler qqch en plâtre / cire** to take a plaster / wax cast of sthg **3.** [adapter] : *mouler ses pensées / son mode de vie sur* to mould ou to model one's thoughts / lifestyle on **4.** [serrer -hanches, jambes] to hug, to fit closely (round) / *cette jupe te moule trop* this skirt is too tight ou tight-fitting for you / *pantalon qui moule* close-fitting ou tight-fitting ou skintight trousers / *ses hanches moulées dans une jupe en cuir* her hips moulded in a leather skirt.

mouleur, euse [mulœʀ, øz] nm, f caster, moulder.

moulière [muljɛʀ] nf mussel bed.

moulin [mulɛ̃] nm **1.** [machine, bâtiment] mill ▶ **moulin à eau** water mill ▶ **moulin à sucre** sugar (crushing) mill, sugar (cylinder) press ▶ **moulin à vent** windmill ▶ **on entre chez elle comme dans un moulin** her door's always open ▶ **on n'entre pas ici comme dans un moulin** you can't just walk in here ▶ **le Moulin Rouge** *famous cabaret in Paris* **2.** [instrument] ▶ **moulin à café** coffee grinder ▶ **moulin à légumes** vegetable mill ▶ **moulin à poivre** peppermill ▶ **moulin à prières** RELIG prayer wheel **3.** *fam* [moteur] engine **4.** TEXT [pour la soie] thrower ; [pour retordre] doubling frame, twister **5.** QUÉBEC : *moulin à viande* mincer / *moulin à bois* sawmill / *moulin à coudre* sewing machine / *moulin à scie* sawmill.

❖ **moulin à paroles** nm *fam* windbag *péj*, chatterbox.

moulin-à-vent [mulɛ̃avɑ̃] nm inv Moulin-à-Vent (wine).

mouliner [3] [muline] ◆ vt **1.** [aliment] to mill **2.** PÊCHE to reel in *(sép)* **3.** TEXT [soie grège] to throw. ◆ vi *fam* [pédaler] to pedal.

moulinet [mulinɛ] nm **1.** PÊCHE reel **2.** MÉCAN winch **3.** [mouvement] : *faire des moulinets avec un bâton* to twirl ou to whirl a stick around / *faire des moulinets avec une épée* to flourish a sword / *il faisait des moulinets avec ses bras* he was whirling ou waving his arms around **4.** [tourniquet] turnstile **5.** NAUT log reel.

Moulinette® [mulinɛt] nf **1.** CULIN (hand-held) vegetable mill, Moulinette / *passer de la viande à la Moulinette* to put some meat through a food mill **2.** *fam & fig* ▶ **passer qqch à la Moulinette** to make mincemeat of sthg.

moulineur, euse [mulinœʀ, øz], **moulinier, ère** [mulinje, ɛʀ] nm, f TEXT twister.

moult [mult] adv *hum & vieilli* : *je suis venu moult fois* I came many a time ▶ **avec moult détails** with a profusion of details.

moulu, e [muly] ◆ pp ⟶ **moudre.** ◆ adj **1.** [en poudre] ground / *café fraîchement moulu* freshly ground coffee ▶ **or moulu** ormolu **2.** *fam* [épuisé] ▶ **moulu (de fatigue)** dead beat.

mouluration [mulyʀasjɔ̃] nf mouldings.

moulure [mulyʀ] nf moulding UK, molding US ▶ **moulure creuse / lisse / ronde** concave / plain / convex moulding.

moulurer [3] [mulyʀe] vt to mould.

moulut v ⟶ **moudre.**

moumoute [mumut] nf *fam* **1.** [perruque] wig, hairpiece **2.** [veste] sheepskin jacket ou coat.

mourant, e [muʀɑ̃, ɑ̃t] ◆ adj **1.** [personne, animal, plante] dying **2.** *sout* [lumière, son] dying, fading. ◆ nm, f dying man (woman) ▶ **les mourants** the dying.

mourir [42] [muʀiʀ] vi **1.** BIOL to die / *mourir d'une crise cardiaque / de vieillesse / d'un cancer* to die of a heart attack / of old age / of cancer / *mourir de chagrin* to die of grief ▶ **mourir de mort naturelle** ou **de sa belle mort** to die a natural death / *il mourut de ses blessures* he died from his wounds ▶ **mourir sous les coups** to be beaten to death ▶ **mourir sur le coup** to die instantly ▶ **mourir en héros** to die a hero's death ou like a hero ▶ **mourir empoisonné** to die of poisoning ou from poison / *je l'aime à en mourir* I'm desperately in love with her ▶ **faire mourir qqn** to kill sb / *tu me feras mourir!* you'll be the death of me yet! *hum* ▶ **faire mourir qqn à petit feu** to kill sb slowly / *tu n'en mourras pas!* *fam* it won't kill you! ▶ **plus rapide / bête que lui, tu meurs!** *fam* you'd be hard put to be quicker / more stupid than him! **2.** *sout* [disparaître -culture] to die out ; [-flamme, bougie] to die out ou down ; [-bruit] to die away ou down **3.** [pour intensifier] ▶ **mourir d'envie de faire qqch** to be dying to do sthg / *je meurs d'envie de boire un thé* I am dying for a cup of tea / *mourir d'ennui, s'ennuyer à mourir* to be bored to death ou to tears / *la pièce est à mourir de rire* *fam* the play's hilarious ou a scream / *elle me fait mourir de rire!* she really cracks me up! ▶ **mourir de chaleur** to be boiling hot ▶ **mourir de faim** to be starv-

* In reformed spelling (see p. 16-19).

ing ou famished ▸ **mourir de froid** to be freezing cold ▸ **mourir de soif** to be dying of thirst, to be parched ▸ **mourir de peur** to be scared to death.

✧ **se mourir** vpi *litt* **1.** [personne] to be dying ▸ **se mourir d'amour pour qqn** *fig* to pine for sb **2.** [civilisation, coutume] to die out / *une tradition qui se meurt* a dying tradition.

Mourmansk [muʀmɑ̃sk] npr Murmansk.

mouroir [muʀwaʀ] nm *péj* (old people's) home.

mouron [muʀɔ̃] nm **1.** BOT ▸ **faux mouron, mouron rouge** scarlet pimpernel ▸ **mouron blanc** ou **des oiseaux** common chickweed ▸ **mouron d'eau** water speedwell **2.** *fam* EXPR ▸ **se faire du mouron** to worry o.s. sick / *te fais pas de mouron pour lui!* don't (you) worry about him!

mourra, mourut v ⟶ mourir.

mousmé, mousmée* [musme] nf **1.** *litt* [Japonaise] young Japanese woman **2.** *tfam* [femme] fancy woman.

mousquet [muskɛ] nm musket.

mousquetaire [muskətɛʀ] nm musketeer.

mousqueton [muskətɔ̃] nm **1.** [anneau] snap hook ou clasp ; ALPINISME karabiner **2.** ARM carbine.

moussage [musaʒ] nm TECHNOL foaming.

moussaillon [musajɔ̃] nm (young) cabin boy.

moussaka [musaka] nf moussaka.

moussant, e [musɑ̃, ɑ̃t] adj [crème à raser] lathering ; [shampooing] foaming.

mousse [mus] ◆ adj **1.** TEXT ▸ **collant mousse** stretch tights **2.** CHIM ▸ **caoutchouc mousse** foam rubber. ◆ adj inv ▸ **vert mousse** mossgreen. ◆ nm cabin boy. ◆ nf **1.** [bulles -de shampooing, de crème à raser] lather, foam ; [-d'un bain] bubbles, foam ; [-de savon] suds, lather ; [-de champagne, de cidre] bubbles ; [-de bière] froth ▸ **mousse coiffante** styling mousse ▸ **mousse à raser** shaving foam **2.** CULIN mousse ▸ **mousse au chocolat** chocolate mousse ▸ **mousse de saumon** salmon mousse **3.** *fam* [bière] (glass of) beer **4.** [dans les matériaux synthétiques] foam ▸ **mousse de Nylon** stretch nylon ▸ **balle en mousse** rubber ball ▸ **mousse de platine** platinum sponge **5.** BOT moss / *couvert de mousse* mossy.

mousseline [muslin] ◆ nf [de coton] muslin ; [de soie, de Nylon, de laine] chiffon, mousseline / *foulard en mousseline* muslin ou chiffon scarf. ◆ adj inv ▸ **pommes mousseline** puréed potatoes.

mousser [3] [muse] vi **1.** [champagne, cidre] to bubble, to sparkle ; [bière] to froth ; [savon, crème à raser] to lather ; [détergent, shampooing] to foam, to lather / *j'ai une méthode infaillible pour faire mousser le chocolat chaud* I have an infallible method for making hot chocolate frothy **2.** *fam & fig* ▸ **faire mousser qqn a)** [le mettre en colère] to wind sb up, to rile sb **b)** [le mettre en valeur] to sing sb's praises ▸ **faire mousser qqch** to sing the praises of sthg ▸ **se faire mousser** to sell o.s.

mousseron [musʀɔ̃] nm St George's mushroom.

mousseux, euse [musø, øz] adj **1.** [vin, cidre] sparkling ; [bière] frothy ; [eau] foamy ; [sauce, jaunes d'œufs] (light and) frothy / *un chocolat mousseux* a cup of frothy hot chocolate **2.** BOT mossy.

✧ **mousseux** nm sparkling wine.

mousson [musɔ̃] nf monsoon.

Moussorgski [musɔʀski] npr Mussorgsky.

moussu, e [musy] adj mossy.

moustache [mustaʃ] nf **1.** [d'un homme] moustache, mustache US / *porter la moustache* ou *des moustaches* to have a moustache / *elle a de la moustache* she's got a bit of a moustache ▸ **moustache (à la) gauloise** walrus moustache ▸ **moustache en brosse** toothbrush moustache ▸ **moustache en croc** ou **en guidon de vélo** handlebar moustache **2.** ZOOL whiskers.

moustachu, e [mustaʃy] adj : *un homme moustachu* a man with a moustache ou mustache US / *il est moustachu* he's got a moustache.

✧ **moustachu** nm man with a moustache.

moustérien, enne [musteʀjɛ̃, ɛn] adj Mousterian.

✧ **moustérien** nm ▸ **le moustérien** the Mousterian.

moustiquaire [mustikɛʀ] nf [d'un lit] mosquito net ; [d'une ouverture] mosquito screen.

moustique [mustik] nm **1.** ENTOM mosquito **2.** *fam* [gamin] kid, mite ; [petite personne] (little) squirt.

moût, mout* [mu] nm [de raisin] must ; [de bière] wort.

moutard [mutaʀ] nm *fam* kid.

moutarde [mutaʀd] ◆ nf **1.** BOT mustard ▸ **graines de moutarde** mustard seeds **2.** CULIN mustard ▸ **moutarde à l'estragon** tarragon mustard ▸ **moutarde de Dijon** Dijon mustard **3.** *fam* EXPR ▸ **la moutarde me / te / lui monte au nez** : *la moutarde lui est montée au nez* he lost his temper, he saw red / *je sens que la moutarde me monte au nez* I can feel my temper starting to rise. ◆ adj inv mustard ***(modif)***, mustard-coloured.

moutardier [mutaʀdje] nm **1.** [récipient] mustard pot **2.** [fabricant] mustard maker ou manufacturer **3.** [marchand] mustard seller.

mouton [mutɔ̃] nm **1.** ZOOL sheep ▸ **mouton à cinq pattes** rare bird *fig* ▸ **chercher le mouton à cinq pattes** to seek the impossible ▸ **compter les moutons** to count sheep ▸ **revenons** ou **retournons à nos moutons** let's get back to the point **2.** [fourrure, cuir] sheepskin ▸ **veste en (peau de) mouton** sheepskin jacket **3.** CULIN mutton ▸ **côte de mouton** mutton chop **4.** *fam* [individu] sheep ▸ **c'est un vrai mouton de Panurge** he's easily led, he follows the herd **5.** MÉTALL drop hammer **6.** TRAV PUB pile driver **7.** *arg crime* [espion] grass UK, fink US.

✧ **moutons** nmpl [poussière] (bits of) fluff ; [nuages] fleecy ou fluffy clouds ; [écume sur la mer] white horses UK, whitecaps US.

Mouton de Panurge

This expression is an allusion to an episode in Rabelais' *Quart Livre* (1548). Panurge is insulted by Dindenault, and takes revenge by buying his finest sheep and throwing it into the sea. All the other sheep follow, taking Dindenault with them. The expression **mouton de Panurge** is used pejoratively to refer to someone who mindlessly follows other people.

En bons moutons de Panurge, tous les conducteurs ont suivi le premier d'entre eux qui s'est engagé sur la première sortie d'autoroute, créant un second embouteillage. *All the motorists followed the first one off the motorway like sheep, creating a second tailback.*

Il suffit qu'un élève lance une mode pour que ses camarades l'imitent tels les moutons de Panurge ! *It only takes one pupil to start a fashion for all the others to follow suit like a lot of sheep.*

Revenons à nos moutons

In the medieval comedy *la Farce de Maître Pathelin*, a draper takes a shepherd to court for sheep-stealing. The trial descends into chaos and the judge repeatedly asks the assembly to "get back to [the subject of] our sheep". The humorous expression **revenons à nos moutons** is commonly used in spoken French when someone has strayed from the subject:

Revenons à nos moutons, s'il vous plaît, et à l'ordre du jour de notre réunion, à savoir le budget. *Can we get back to the agenda please and talk about the budget?*

Fermons cette parenthèse sur ce qui se fait chez nos voisins européens, et revenons à nos moutons, le sujet que je suis venu vous présenter, l'agriculture durable en France. *After that brief digression about what our European neighbours are doing, let's get back to the subject I came to talk about, namely sustainable agriculture in France.*

moutonnant, e [mutɔnɑ̃, ɑ̃t] adj **1.** [vagues] white-capped ; [nuages] fleecy **2.** [collines] rounded.

moutonné, e [mutɔne] adj [ciel] flecked ou dotted with fleecy clouds ▸ **roche moutonnée** roche moutonnée.

moutonner [3] [mutɔne] vi [mer] to break into white horses ; [ciel] to become covered with small fleecy clouds.

moutonnerie [mutɔnʀi] nf *sout* sheep-like behaviour.

moutonneux, euse [mutɔnø, øz] adj [mer] flecked with white horses ; [ciel] spotted ou dotted with fleecy clouds.

moutonnier, ère [mutɔnje, ɛʀ] adj **1.** AGR ovine, sheep ***(modif)*** **2.** *sout* [trop docile] sheep-like, easily led.

mouture [mutyʀ] nf **1.** [version] version / *ma première mouture était meilleure* my first draft was better **2.** *péj* [copie, reprise] rehash *péj* **3.** AGR & CULIN [des céréales] milling, grinding ; [du café] grinding / *ayant obtenu une mouture fine* [farine, café] once it has been finely ground.

mouvance [muvɑ̃s] nf **1.** *sout* [domaine d'influence] circle of influence / *ils se situent dans la mouvance socialiste* they belong to the socialist camp **2.** *litt* [instabilité] unsettledness, instability **3.** HIST subtenure.

mouvant, e [muvɑ̃, ɑ̃t] adj **1.** [en mouvement -foule] moving, surging **2.** [instable -surface] unsteady, moving **3.** [changeant -situation] unstable, unsettled.

mouvement [muvmɑ̃] nm **1.** [geste] movement / *des mouvements gracieux* graceful movements / *ses mouvements sont mal coordonnés* his movements are poorly coordinated ▸ **un mouvement de tête a)** [affirmatif] a nod **b)** [négatif] a shake of the head / *un léger mouvement de surprise* a start of surprise / *avoir un mouvement de recul* to start (back) / *faire des mouvements de gymnastique* to do some exercises / *il y eut un mouvement dans la foule à l'arrivée du président* a ripple ran through the crowd when the President arrived ▸ **faire un faux mouvement** to pull something **2.** [impulsion] ▸ **mouvement de colère** fit ou burst of anger ▸ **avoir un bon mouvement** to make a nice gesture / *les mouvements du cœur / de l'âme* *litt* the impulses of the heart / of the soul **3.** [déplacement -d'un astre, d'un pendule] movement ; [-de personnes] movement ; PHYS motion ▸ **mouvement rectiligne / uniforme / perpétuel** rectilinear / uniform / perpetual motion ▸ **mouvements de capitaux** ou **de fonds** movement of capital ▸ **mouvement de personnel** ADMIN staff transfer ou changes ▸ **mouvement de repli** withdrawal ▸ **mouvement de retraite** retreat ▸ **mouvement de tenaille** pincer movement ▸ **mouvements de marchandises** movement of goods ▸ **mouvements de troupes** troop movements / *il y eut un mouvement de foule* the crowd surged forward **4.** [évolution -des prix, des taux] trend, movement ; [-du marché] fluctuation / *mouvement en baisse / en hausse* downward / upward trend ▸ **le mouvement des idées** the evolution of ideas ▸ **mouvement de la population** SOCIOL demographic changes **5.** POL [action collective] movement / *mouvement de contestation* protest movement ▸ **mouvement social** industrial action ▸ **mouvement de grève** strike (movement) ▸ **le mouvement syndical** the trade-union UK ou labor-union US movement ▸ **Mouvement de libération de la femme** Women's Liberation Movement **6.** [animation -d'un quartier] bustle, liveliness ; [-dans un aéroport, un port] movement / *eh bien, il y a du mouvement chez vous!* it's all go at your place! **7.** GÉOGR ▸ **mouvements sismiques** seismic movements ▸ **mouvement de terrain** undulation **8.** [impression de vie -d'une peinture, d'une sculpture] movement ; [-d'un vers]

HOW TO DESCRIBE THE DIRECTION AND MANNER OF A MOVEMENT

French and English have different ways of arranging the components of sentences where the direction and the manner of a movement are both mentioned.

When complements of manner are introduced by 'en + present participle', moving from one language to the other is a simple matter of reversing the order in which manner and direction occur, as in the table below.

direction Ils sont entrés	manner en boitant.
manner They hobbled	direction in.
direction Ils sont sortis	manner en traînant les pieds.
manner They shuffled	direction out.
direction Il a traversé le jardin	manner en titubant.
manner He staggered	direction across the garden.

But manner is often expressed in more complex ways in French, as in the examples below.

direction	direction	manner
Elle est entrée	dans la galerie Poussin	sans vraiment l'avoir voulu.

manner	direction
She drifted	into the Poussin gallery.

It is not easy to give advice on the best way to express these types of meanings in French, as the possibilities are almost endless. But by studying the examples that follow and looking for where direction and manner are conveyed, you will improve your ability to recognise these patterns, which will eventually help you to create your own.

- She drifted...
  - into the Poussin gallery.
    Elle est entrée dans la galerie Poussin sans vraiment l'avoir voulu.
  - out of the Poussin gallery.
    Elle a quitté la galerie Poussin presque sans s'en apercevoir.
  - down the lane.
    Elle a descendu l'allée sans véritable but.
  - up the lane.
    Elle a remonté l'allée sans véritable but.
  - across the road.
    Elle a traversé la route sans vraiment savoir ce qu'elle faisait.
- I will move...
  - into the front row.
    Je vais m'avancer jusqu'au premier rang.
  - out of the back row.
    Je vais quitter le dernier rang.
  - down the queue.
    Je vais reculer dans la file.
  - up the queue.
    Je vais avancer dans la file.
  - across the row of seats.
    Je vais m'asseoir dans la rangée d'à côté.

flow, movement ; [-d'une robe] drape ; [-d'un paysage] undulations **9.** MUS [rythme] tempo ▸ **mouvement perpétuel** moto perpetuo, perpetuum mobile ; [section d'un morceau] movement **10.** [mécanisme] movement ▸ **mouvement d'horlogerie** movement, mechanism *(of a clock or watch)*.

❖ **en mouvement** ◆ loc adj [athlète] moving, in motion ; [population, troupes] on the move / *cet enfant est toujours en mouvement !* that child never stops ou is always on the go ! ◆ loc adv : *mettre un mécanisme en mouvement* to set a mechanism going ou in motion / *le balancier se mit en mouvement* the pendulum started moving / *le cortège se mit en mouvement* the procession started ou set off.

❖ **sans mouvement** loc adj [personne] inert.

mouvementé, e [muvmɑ̃te] adj **1.** [débat] (very) lively, heated, stormy ; [voyage, vie] eventful ; [match] (very) lively, eventful / *avec eux, c'est toujours mouvementé* there's never a dull moment with them **2.** [paysage] rolling, undulating.

mouvoir [54] [muvwaʀ] vt *sout* **1.** [bouger -membre, objet] to move / *mécanisme mû par un ressort* spring-operated mechanism **2.** [activer -machine] to drive, to power / *mû par l'électricité* electrically driven, electrically powered **3.** *fig* [pousser] to move, to prompt / *mû par l'intérêt / le désir / la jalousie* prompted by self-interest / desire / jealousy / *mû par la sympathie* moved by sympathy.

❖ **se mouvoir** vpi *sout* [se déplacer] to move.

MOX, mox (abr de **mixed oxide**) nm Mox.

moxa [mɔksa] nm moxa.

moye [mwa] nf soft vein ou lode.

moyen[1] [mwajɛ̃] nm **1.** [méthode] way / *il n'y a qu'un (seul) moyen de s'échapper* there is only one way to escape / *il n'y a pas d'autre moyen* there's no other way ou solution / *le ski, c'est le meilleur moyen de se casser une jambe !* there's nothing like skiing if you want to break a leg ! / *il y a toujours un moyen de se faire de l'argent* there are always ways of getting money / *par quel moyen peut-on le contacter ?* how can he be contacted ? / *nous avons les moyens de vous faire parler !* we have ways of making you talk ! / *je l'aurais empêché, si j'en avais eu les moyens* I would have stopped him, if I'd been able to ▸ **trouver (le) moyen de faire qqch** to manage to do sthg / *le chien a encore trouvé moyen de s'échapper* the dog's managed to escape again / *et en plus, tu trouves le moyen d'être en retard !* not only that but you've managed to be late as well ! ▸ **moyen de défense / d'existence** means of defence / existence ▸ **moyen de locomotion** ou **de transport** means of transport ▸ **moyen d'action** means of action ▸ **avec les moyens du bord** : *il faudra faire avec les moyens du bord* we'll have to manage with what we've got ▸ **moyen d'expression** means of expression ▸ **moyen de pression** : *ils n'ont utilisé aucun moyen de pression* they didn't apply any pressure ▸ **moyen de production** means of production ▸ **moyen de subsistance** means of subsistance ▸ **employer** ou **utiliser les grands moyens** to take drastic steps ▸ **tous les moyens** : *tous les moyens lui sont bons* he'll stop at nothing **2.** [pour intensifier] : *il n'y a pas moyen d'ouvrir la porte !* there's no way of opening the door !, the door won't open ! / *pas moyen de dormir ici !* *fam* it's impossible to get any sleep around here ! / *il n'y a pas moyen de le faire obéir !* he just won't do what ou as he's told ! / *je voulais me reposer, mais non, pas moyen !* *fam* I wanted to get some rest, but no such luck ! / *est-ce qu'il y a moyen d'avoir le silence ?* can we please have some silence around here ? **3.** GRAM ▸ **adverbe de moyen** adverb of means.

❖ **moyens** nmpl [financiers] means / *je n'ai pas les moyens de m'acheter un ordinateur* I haven't got the means to ou I can't afford to buy a computer / *c'est facile d'être généreux, quand on a les moyens !* it's easy to be generous, when you're well-off ou when you can afford to be ! / *j'ai de tout petits moyens* I have a very small income ▸ **avoir de gros moyens** to be very well-off / *je peux te payer une bière, c'est encore dans mes moyens* I can buy you a beer, I can just about manage that / *c'est au-dessus de mes moyens* it's beyond my means, I can't afford it ; [intellectuels, physiques] ▸ **perdre (tous) ses moyens** to go to pieces / *une fois sur scène, j'ai perdu tous mes moyens* once on the stage, I just went blank ou to pieces ▸ **je suis venu par mes propres moyens** I made my own way here.

❖ **au moyen de** loc prép by means of, with.

❖ **par tous les moyens** loc adv by all possible means ; [même immoraux] by fair means or foul / *j'ai essayé par tous les moyens* I've tried everything.

moyen[2]**, enne** [mwajɛ̃, ɛn] adj **1.** [intermédiaire -selon des mesures] medium *(avant nom)*, average ; [-selon une évaluation] medium / *de dimensions moyennes* medium-sized / *un arbre de taille moyenne* a medium-sized tree / *à moyenne échéance* in the medium term / *les tailles / pointures moyennes* the medium (clothes) sizes / shoe sizes ▸ **cadres moyens** middle-ranking executives ▸ **classes moyennes** middle classes ▸ **moyen terme a)** PHILOS middle term **b)** [solution] compromise, middle course **2.** [prix, taille, consommation, distance] average ; [température] average, mean ; [aptitudes, niveau, service] average / *ses notes sont trop moyennes* his marks are too poor / *il est moyen en maths* he's average at maths / *la nourriture était moyenne* the food was average **3.** [ordinaire] ▸ **le spectateur / lecteur moyen** the average spectator / reader / *le Français moyen* the average Frenchman **4.** LING [voyelle] middle ▸ **voix moyenne** MUS middle voice **5.** GÉOGR ▸ **le cours moyen du Rhône** the middle course of the Rhône **6.** ASTRON ▸ **temps solaire moyen** mean solar time.

Moyen Âge [mwajɛnaʒ] nm ▸ **le Moyen Âge** the Middle Ages.

moyenâgeux, euse [mwajɛnaʒø, øz] adj medieval / *ils utilisent des techniques moyenâgeuses* *hum* they use methods out of the Dark Ages.

moyen-courrier [mwajɛ̃kuʀje] (*pl* **moyen-courriers**) nm medium-haul aeroplane.

moyen(-)métrage [mwajɛ̃metʀaʒ] (*pl* **moyens-métrages** *ou* **moyens métrages**) nm medium-length film.

moyennant [mwajɛnɑ̃] prép : *elle garde ma fille moyennant trente euros par jour* she looks after my daughter for thirty euros a day ▸ **moyennant finance**

for a fee ou a consideration ▸ **moyennant quoi** in return for which.

moyenne [mwajɛn] ◆ adj f ⟶ moyen. ◆ nf **1.** [gén] average / *la moyenne des précipitations / températures* the average rainfall / temperature / *la moyenne d'âge des candidats est de 21 ans* the average age of the applicants is 21 / *calculer* ou *faire la moyenne de* to work out the average of ; MATH mean, average ▸ **moyenne arithmétique / géométrique** arithmetic / geometric mean **2.** [vitesse moyenne] average speed ▸ **faire une moyenne de 90 km / h** to average 90 km / h **3.** ÉDUC [absolue] pass mark UK, passing grade US *(of fifty per cent)* ▸ **notes au-dessus / au-dessous de la moyenne** marks above / under half / *j'ai eu tout juste la moyenne* [à un examen] I just got a pass ; [relative] average (mark) / *la moyenne de la classe est (de) 8 sur 20* the average mark for the class is 8 out of 20 ▸ **moyenne générale** : *j'ai 13 de moyenne générale* my average (mark) is 13 out of 20 **4.** [ensemble] ▸ **la moyenne des gens** most people, the vast majority of people / *d'une intelligence au-dessus de la moyenne* of above-average intelligence.
⟡ **en moyenne** loc adv on average / *je m'entraîne en moyenne 4 heures par jour* I train an average of 4 hours a day / *c'est ce que la voiture consomme en moyenne* that's what the car consumes on average, that's what the car's average consumption is.

moyennement [mwajɛnmɑ̃] adv moderately, fairly / *j'ai moyennement aimé ce qu'elle a dit* I didn't think much to what she said ▸ **il a moyennement apprécié** he was not amused.

moyenner [4] [mwajɛne] vt EXPR **pas moyen de moyenner** *fam* nothing doing.

Moyen-Orient [mwajɛnɔʀjɑ̃] npr m ▸ **le Moyen-Orient** the Middle East ▸ **au Moyen-Orient** in the Middle East.

moyen-oriental, e, aux [mwajɛnɔʀjɑ̃tal, o] adj Middle Eastern.

moyeu [mwajø] nm **1.** [d'une roue - de voiture] (wheel) hub ; [- de charrue] nave **2.** [d'une hélice] boss, hub.

mozambicain, e [mɔzɑ̃bikɛ̃, ɛn] adj Mozambican.
⟡ **Mozambicain, e** nm, f Mozambican.

Mozambique [mɔzɑ̃bik] npr m ▸ **le Mozambique** Mozambique ▸ **au Mozambique** in Mozambique.

mozarabe [mɔzaʀab] ◆ adj Mozarabic. ◆ nmf Mozarab.

Mozart [mɔzaʀ] npr Mozart.

mozzarelle [mɔdzaʀɛl], **mozarella** [mɔʣzaʀɛla] nf mozzarella.

MP3 (abr de moving picture experts group audio Layer 3) nm INFORM MP3 ▸ **lecteur MP3** MP3 player.

MP4 (abr de moving picture experts group audio Layer 4) nm INFORM MP4 ▸ **lecteur MP4** MP4 player.

MPEG [ɛmpɛg] (abr de motion picture experts group) nm MPEG.

MRAP [mʀap] (abr de mouvement contre le racisme, l'antisémitisme et pour la paix) npr m *pacifist anti-racist organization.*

MRBM (abr de Medium Range Ballistic Missile) nm MRBM.

MRG (abr de Mouvement des radicaux de gauche) npr m *left-wing political grouping of local councillors.*

MRP (abr de Mouvement républicain populaire) npr m *centre right political group influential under the fourth Republic.*

ms (abr écrite de manuscrit) ms.

MSBS (abr de mer-sol balistique stratégique) nm SLBM.

MSF npr abr de Médecins sans frontières.

MST nf **1.** (abr de maladie sexuellement transmissible) STD **2.** (abr de maîtrise de sciences et techniques) *master's degree in science and technology.*

MT (abr écrite de moyenne tension) MT.

mu [my] nm [lettre] mu.

mû, mue, mu*, mue [my] pp ⟶ mouvoir.

mucilage [mysilaʒ] nm mucilage.

mucilagineux, euse [mysilaʒinø, øz] adj mucilaginous.

mucosité [mykozite] nf mucus.

mucoviscidose [mykovisidoz] nf cystic fibrosis.

mucus [mykys] nm mucus.

mue [my] nf **1.** ZOOL [transformation - d'un reptile] sloughing ; [- d'un volatile] moulting UK, molting US ; [- d'un mammifère à poils] shedding hair, moulting UK, molting US ; [- d'un mammifère sans poils] shedding ou casting (of skin) ; [- d'un cerf] shedding (of antlers) **2.** PHYSIOL [de la voix] breaking, changing **3.** [dépouille - d'un reptile] slough ; [- d'un volatile] moulted feathers ; [- d'un mammifère à poils] shed hair ; [- d'un mammifère sans poils] shed skin ; [- d'un cerf] shed antlers **4.** *fig* [métamorphose] change, transformation **5.** [cage] (hen) coop.

muer [7] [mɥe] ◆ vi **1.** ZOOL [reptile] to slough, to moult UK, to molt US ; [volatile] to moult UK, to molt US ; [mammifère à fourrure] to shed hair, to moult UK, to molt US ; [mammifère sans poils] to shed skin, to moult UK, to molt US ; [cerf] to shed (antlers) **2.** PHYSIOL [voix] to break, to change ▸ **il mue** his voice is breaking. ◆ vt *litt* ▸ **muer qqch en** to change ou to turn sthg into.
⟡ **se muer en** vp + prép *litt* to change ou to turn into.

muesli [mɥɛsli ou mysli], **musli** [mysli] nm muesli.

muet, ette [mɥɛ, ɛt] ◆ adj **1.** [qui ne parle pas] dumb / *muet de naissance* dumb from birth **2.** *fig* [silencieux] silent, mute, dumb / *le ministre préfère rester muet à ce sujet* the Minister prefers to remain silent on this matter ▸ **muet d'admiration** in mute admiration / *muet de stupeur* dumbfounded / *il en resta muet d'étonnement* he was struck dumb with astonishment / *alors, tu restes* ou *es muet?* well, have you nothing to say for yourself? ▸ **muet comme une carpe** : *elle est restée muette comme une carpe toute la soirée* she never opened her mouth all evening ▸ **muet comme une tombe** : *je serai muet comme une tombe* my lips are sealed, I won't breathe a word **3.** *sout* [non exprimé - douleur, reproche] unspoken, mute, silent **4.** CINÉ [film, cinéma] silent ; [rôle, acteur] non-speaking, walk-on **5.** LING mute, silent **6.** [sans indication - touche, carte] blank ▸ **piano muet** dumb piano, dummy keyboard. ◆ nm, f [personne] mute, dumb person.
⟡ **muet** nm CINÉ ▸ **le muet** the silent cinema UK ou movies US.
⟡ **muette** nf *vieilli ou* MIL ▸ **la grande muette** the standing army.

muezzin, muezzine* [mɥɛdzin] nm muezzin.

mufle [myfl] nm **1.** ZOOL [d'un ruminant] muffle ; [d'un félin] muzzle **2.** *fam & péj* [malotru] boor, lout.

muflerie [myfləʀi] nf boorishness, loutishness, churlishness.

muflier [myflije] nm snapdragon, antirrhinum.

mufti [myfti] nm mufti.

muge [myʒ] nm grey mullet.

mugir [32] [myʒiʀ] vi **1.** [vache] to moo, to low *litt* **2.** *litt* [vent] to howl, to roar ; [océan] to roar, to thunder.

mugissement [myʒismɑ̃] nm **1.** [d'une vache] mooing, lowing *litt* **2.** *litt* [du vent] howling, roaring ; [des flots] roar, thundering.

muguet [mygɛ] nm **1.** BOT lily of the valley, May lily **2.** MÉD candidiasis *spéc*, thrush.

Muguet

On May Day in France, bunches of lilies of the valley are sold in the streets and given as presents. The flowers are supposed to bring good luck.

Muhammad [myamad] npr Mohammed.

mulard, e [mylaʀ] nm, f *cross between a musk duck and a domestic duck.*

mulâtre, mulâtresse [mylatʀ, mylatʀɛs] nm, f mulatto.
⟡ **mulâtre** adj inv mulatto.

mule [myl] nf **1.** ZOOL mule *(female)* **2.** *fam* [personne entêtée] mule **3.** [chausson] mule ▸ **la mule du pape** the Pope's slipper.

mulet [mylɛ] nm **1.** ZOOL mule *(male)* **2.** *fam* [voiture] back-up car **3.** [poisson] grey mullet.

muleta, muléta* [myleta] nf muleta.

muletier, ère [myltje, ɛʀ] ◆ adj ▸ **chemin** ou **sentier muletier** (mule) track. ◆ nm, f muleteer, mule driver.

mulette [mylɛt] nf (freshwater) ou river mussel, naiad, unio *spéc.*

Müller [mylɛʀ] npr ▸ **canaux de Müller** Müller canals.

mulot [mylo] nm field mouse.

multiaccès [myltiaksɛ] adj multiaccess.

multicâble [myltikabl] ◆ adj MIN [cage] multicabled. ◆ nm multicabled extraction system.

multicanal [myltikanal] adj multichannel.

multicarte [myltikaʀt] adj [voyageur de commerce] *representing several companies.*

multicasting [myltikastiŋ] nm multicasting.

multicellulaire [myltiselylɛʀ] adj multicellular.

multicolore [myltikɔlɔʀ] adj multicoloured UK, multicolored US, many-coloured.

multiconfessionnel, elle [myltikɔ̃fɛsjɔnɛl] adj multifaith.

multicoque [myltikɔk] ◆ adj ▸ **(bateau) multicoque** multihull ou multihulled boat. ◆ nm multihull.

multicouche [myltikuʃ] adj [carton, revêtement] multilayered ; [circuit imprimé] multilayer *(avant nom).*

multicritère [myltikʀitɛʀ] adj INFORM multicriteria / *recherche multicritère* multicriteria search.

multiculturalisme [myltikyltyʀalism] nm multiculturalism.

multiculturel, elle [myltikyltyʀɛl] adj multicultural.

multidiffusion [myltidifyzjɔ̃] nf multicast.

multidimensionnel, elle [myltidimɑ̃sjɔnɛl] adj multidimensional.

multidirectionnel, elle [myltidiʀɛksjɔnɛl] adj multidirectional.

multidisciplinaire [myltidisiplinɛʀ] adj multidisciplinary.

multiethnique [myltiɛtnik] adj multi-ethnic.

multifenêtre [myltifənɛtʀ] adj INFORM multiwindow.

multifilaire [myltifilɛʀ] adj [fil] multicord, multiple duct ; [antenne] multiwire.

multifonction [myltifɔ̃ksjɔ̃] adj multifunction.

multifonctionnel, elle [myltifɔ̃ksjɔnɛl] adj [salle, centre, complexe] mixed use.

multiforme [myltifɔʀm] adj [aspect, créature] multiform ; [question, personnalité] many-sided, multifaceted.

multigrade [myltigʀad] adj multigrade *(avant nom).*

multilatéral, e, aux [myltilateʀal, o] adj multilateral.

multilinéaire [myltilineɛʀ] adj multilinear.

multilingue [myltilɛ̃g] adj multilingual.

multilinguisme [myltilɛ̃gɥism] nm multilingualism.

multiloculaire [myltilɔkylɛʀ] adj multilocular.

multimédia [myltimedja] ◆ adj multimedia *(avant nom).* ◆ nm ▸ **le multimédia** multimedia.

multimédiatique [myltimedjatik] adj multimedia.

multimètre [myltimɛtʀ] nm multimeter.

multimilliardaire [myltimiljaʀdɛʀ] adj & nmf multimillionaire.

multimillionnaire [myltimiljɔnɛʀ] adj & nmf multimillionaire.

* In reformed spelling (see p. 16-19).

multimodal, e, aux [myltimɔdal, o] adj multimodal ▶ **plate-forme multimodale** ou **pôle multimodal** multimodal transport hub ▶ **transport multimodal** multimodal transport.

multinational, e, aux [myltinasjɔnal, o] adj multinational.

❖ **multinationale** nf multinational (company).

multinévrite [myltinevʀit] nf polyneuropathy.

multinorme [myltinɔʀm] = **multistandard**.

multipare [myltipaʀ] ◆ adj multiparous. ◆ nf multipara.

multiparité [myltipaʀite] nf multiparity.

multipartisme [myltipaʀtism] nm multiparty system.

multipartite [myltipaʀtit] adj multiparty *(modif)*.

multiphasique [myltifazik] adj multiphase.

multiplateforme [myltiplatfɔʀm] nf INFORM [logiciel, jeu] cross-platform.

multiple [myltipl] ◆ adj **1.** [nombreux - exemples, incidents, qualités] many, numerous ; [- fractures] multiple ▶ **à de multiples reprises** repeatedly, time and (time) again **2.** [divers - raisons, intérêts] many, multiple, manifold *sout* ▶ **personnalité aux multiples facettes** many-sided ou multifaceted personality / ***femme aux talents multiples*** multi-talented woman **3.** *sout* [complexe - problème, difficulté] many-sided, multifaceted, complex **4.** BOT [fleur, fruit] multiple **5.** MATH : ***9 est multiple de 3*** 9 is a multiple of 3. ◆ nm MATH multiple / ***prenez un multiple de 3*** choose any multiple of 3 ▶ **le plus petit commun multiple** the lowest common multiple.

multiplet [myltiplɛ] nm **1.** INFORM byte **2.** MATH, NUCL & PHYS multiplet.

multiplex [myltiplɛks] adj & nm multiplex.

multiplexage [myltiplɛksaʒ] nm multiplexing.

multiplexe [myltiplɛks] nm CINÉ multiplex (cinema), multiscreen cinema.

multiplexer [myltiplɛkse] vt to multiplex.

multiplexeur [myltiplɛksœʀ] nm multiplexer.

multipliable [myltiplijabl] adj multipliable, multiplicable.

multiplicande [myltiplikɑ̃d] nm multiplicand.

multiplicateur, trice [myltiplikatœʀ, tʀis] adj multiplying.

❖ **multiplicateur** nm MATH multiplier ▶ **multiplicateur de fréquence** frequency multiplier.

multiplicatif, ive [myltiplikatif, iv] adj multiplicative.

multiplication [myltiplikasjɔ̃] nf **1.** BIOL, MATH & NUCL multiplication ▶ **la multiplication des accidents** *fig* the increase in the number of accidents **2.** RELIG ▶ **la multiplication des pains** the miracle of the loaves and fishes **3.** MÉCAN gear ratio.

multiplicité [myltiplisite] nf multiplicity / ***la multiplicité des choix qui nous sont offerts*** the (very) many choices open to us.

multiplier [10] [myltiplije] vt **1.** [contrôles, expériences, efforts, etc.] to multiply, to increase / ***nous avons multiplié les avertissements*** we have issued repeated warnings **2.** MATH to multiply / ***2 multiplié par 3*** 2 multiplied by 3 / ***la production a été multipliée par trois*** *fig* output has tripled.

❖ **se multiplier** vpi **1.** [attentats, menaces] to multiply, to increase **2.** BIOL to multiply **3.** *fig* to be everywhere (at once) / ***je ne peux pas me multiplier*** I can't be everywhere at once.

multiplieur [myltiplijœʀ] nm multiplier.

multipoint, multipoints [myltipwɛ̃] adj : ***serrure multipoint*** multipoint lock.

multipolaire [myltipɔlɛʀ] adj multipolar.

multiposte [myltipɔst] ◆ adj multiple-station. ◆ nm multiple-station computer.

multiprise [myltipʀiz] nf adapter.

multiprocesseur [myltipʀɔsesœʀ] ◆ adj m multiprocessing. ◆ nm multiprocessor (system).

multiprogrammation [myltipʀɔgʀamasjɔ̃] nf multiprogramming, multiple programming.

multiprogrammé, e [myltipʀɔgʀame] adj INFORM multiprogrammed.

multipropriété [myltipʀɔpʀijete] nf timeshare (system), time-sharing / ***investir dans la multipropriété*** to invest in a timeshare.

multiracial, e, aux [myltiʀasjal, o] adj multiracial.

multirécidiviste [myltiʀesidivist] nmf habitual offender.

multirisque [myltiʀisk] adj multiple risk *(modif)*.

multisalles [myltisal] adj inv ▶ **complexe multisalles** multiplex (cinema) UK, movie theater complex US.

multiservice [myltisɛʀvis] adj multiservice ▶ **carte multiservice** multiservice card.

multistandard [myltistɑ̃daʀ] adj multistandard, multisystem.

multitâche [myltitaʃ] adj INFORM multitasking, multitask *(avant nom)*.

multithérapie [myltiteʀapi] nf multitherapy.

multitraitement [myltitʀɛtmɑ̃] nm multiprocessing.

multitude [myltityd] nf **1.** [grande quantité] ▶ **une multitude de** a multitude of, a vast number of **2.** *litt* [foule] ▶ **la multitude** the multitude, the masses.

multiutilisateurs [myltiytilizatœʀ] adj inv INFORM multiuser.

multivibrateur [myltivibʀatœʀ] nm multivibrator.

multizone [myltizon] adj INFORM multi-region.

Munich [mynik] npr Munich.

munichois, e [mynikwa, az] adj from Munich.

❖ **Munichois, e** nm, f **1.** GÉOGR *inhabitant of or person from Munich* **2.** HIST ▶ **les Munichois** the men of Munich.

municipal, e, aux [mynisipal, o] adj [élection, conseil] local, municipal ; [bibliothèque, parc, théâtre] public, municipal.

❖ **municipales** nfpl POL local ou council UK elections *(to elect the conseil municipal)*.

Municipales

These elections, held every six years, are for the town councils (**conseils municipaux**). Electors vote for a list of council members headed by the **tête de liste**, who will then become the mayor.

municipalisation [mynisipalizasjɔ̃] nf municipalization.

municipaliser [3] [mynisipalize] vt to municipalize.

municipalité [mynisipalite] nf **1.** [communauté] town, municipality **2.** [représentants] ≃ (town) council / ***la municipalité voulait faire un parking*** the council wanted to build a car park.

munificence [mynifisɑ̃s] nf *litt* munificence.

munificent, e [mynifisɑ̃, ɑ̃t] adj *litt* munificent.

munir [32] [myniʀ] vt ▶ **munir qqn de** to provide ou to supply sb with / ***les visiteurs furent munis de casques*** the visitors were provided with ou given helmets / ***munissez les enfants de vêtements de pluie*** kit out the children in rainproof clothing / ***munie d'un plan de la ville, elle se mit en route*** equipped ou armed with a map of the town, she set off ▶ **munir qqch de** to equip ou to fit sthg with / ***la voiture est munie de phares réglementaires*** the car is equipped ou fitted with regulation headlights.

❖ **se munir de** vp + prép : ***se munir de vêtements chauds / d'un parapluie*** to equip o.s. with warm clothes / an umbrella ▶ **munissez-vous de votre passeport** carry your passport ou take your passport with you.

munitions [mynisjɔ̃] nfpl ammunition *(U)*, munitions.

munster [mœ̃stɛʀ] nm Munster (cheese).

muon [myɔ̃] nm muon.

muphti [myfti] = **mufti**.

muqueux, euse [mykø, øz] adj mucous.

❖ **muqueuse** nf mucous membrane.

mur [myʀ] nm **1.** [construction] wall / ***après l'incendie, il ne restait plus que les (quatre) murs*** only the four walls were left standing after the fire / ***il a passé la journée entière entre quatre murs*** he spent the day shut up inside / ***je serai dans mes murs la semaine prochaine*** I'll have moved in by next week ▶ **mur aveugle** blank ou windowless wall ▶ **mur d'appui** CONSTR parapet, leaning (height) wall ▶ **mur de clôture** enclosing wall ▶ **mur d'enceinte** outer ou surrounding wall ▶ **mur d'escalade** climbing wall ▶ **mur mitoyen** party wall ▶ **mur porteur** ou **portant** load-bearing wall ▶ **mur de séparation** dividing wall ▶ **mur de soutènement** retaining ou breast wall ▶ **le mur des Fédérés** *wall in the Père Lachaise cemetery in front of which the last remaining defendants of the Paris Commune were executed in 1871* ▶ **le mur d'Hadrien** Hadrian's Wall ▶ **le mur des Lamentations** the Wailing Wall ▶ **faire le mur** *fam* [soldat, interne] to go ou to jump over the wall ▶ **parler à un mur** : ***c'est comme si tu parlais à un mur*** it's (just) like talking to a brick wall ▶ **se heurter à un mur** to come up against a brick wall ▶ **les murs ont des oreilles** walls have ears **2.** [escarpement] steep slope / ***il y a deux murs redoutables sur la piste noire*** there are two very steep slopes on the black run ▶ **mur artificiel** rock-climbing ou artificial wall **3.** GÉOL wall **4.** MIN footwall ▶ **faux mur** wall rock **5.** *fig* [de flammes, de brouillard, de pluie, etc.] wall, sheet ; [de silence] wall ; [de haine, d'incompréhension] wall, barrier / ***les gendarmes formaient un mur devant les manifestants*** the police lined up in front of the demonstrators ▶ **le mur de l'Atlantique** the Wall of the Atlantic **6.** AÉRON ▶ **mur thermique** ou **de la chaleur** heat barrier ▶ **mur sonique** ou **du son** sound barrier ▶ **passer le mur du son** to break the sound barrier **7.** SPORT wall.

❖ **murs** nmpl [remparts] (city) walls / ***l'ennemi est dans nos murs*** the enemy is within the gates ▶ **les murs** [d'un commerce] the building.

mûr, mûre *ou* **mur, mure*** [myʀ] *(mpl* **mûrs** *ou* **murs***, *fpl* **mûres** *ou* **mures***)* adj **1.** [fruit, graine, abcès, etc.] ripe ▶ **trop mûr** overripe, too ripe ▶ **pas mûr** unripe, not ripe / ***le blé va être mûr*** the wheat is nearly ready for harvesting **2.** [personne] mature / ***elle est très mûre pour 11 ans*** she is very mature for an 11-year-old / ***cette expérience l'a rendu plus mûr*** he is more mature as a result of this experience ▶ **pas mûr** immature **3.** [prêt - révolte, plan] ripe, ready / ***le pays est mûr pour la guerre civile*** the country is ripe for civil war / ***sommes-nous mûrs pour le mariage?*** are we ready for marriage ? ▶ **après mûre réflexion** after careful thought ou consideration **4.** *tfam* [saoul] smashed **5.** *fam* [tissu] worn.

murage [myʀaʒ] nm [d'une porte, d'une ouverture] walling up.

muraille [myʀaj] nf **1.** [d'une ville, d'un château, de rocs] wall ▶ **la Grande Muraille (de Chine)** the Great Wall of China **2.** NAUT side, dead work (of hull).

mural, e, aux [myʀal, o] adj wall *(modif)*.

❖ **mural, als** nm [peinture] mural.

❖ **mural, aux** nm COMM wall (display) unit.

muralisme [myʀalism] nm mural painting, muralism.

muraliste [myʀalist] ◆ adj mural. ◆ nmf mural painter, muralist.

Murcie [myʀsi] npr Murcia.

mûre, mure* [myʀ] ◆ f ⟶ **mûr**. ◆ nf [fruit] mulberry ▶ **mûre sauvage** blackberry, bramble.

mûrement, murement* [myʀmɑ̃] adv : ***après avoir mûrement réfléchi*** after careful thought ou consideration.

murène [myʀɛn] nf moray (eel).

murer [3] [myʀe] vt **1.** [entourer de murs] to wall in *(sép)* **2.** [boucher - porte] to wall up *(sép)* / ***murer une fenêtre avec des briques*** to brick up a window **3.** [enfermer - personne, chat] to wall in ou up *(sép)*.

* In reformed spelling (see p. 16-19).

❖ **se murer** vpi to shut o.s. away / *se murer dans le silence* fig & sout to retreat ou to withdraw into silence, to build a wall of silence around o.s.

muret, murette [myrɛ, myrɛt], **muretin** [myrtɛ̃] nm low (dry stone) wall.

murex [myrɛks] nm murex.

mûrier, murier* [myrje] nm mulberry tree ou bush ▸ **mûrier blanc** white mulberry ▸ **mûrier sauvage** bramble (bush), blackberry bush.

mûrir, murir* [32] [myrir] ◆ vi **1.** BOT to ripen ▸ **faire mûrir** to ripen **2.** ŒNOL to mature, to mellow **3.** [abcès] to come to a head **4.** [évoluer - pensée, projet] to mature, to ripen, to develop ; [- personne] to mature / *elle a beaucoup mûri* she has greatly matured, she has become much more mature. ◆ vt **1.** [fruit] to ripen **2.** [pensée, projet, sentiment] to nurture, to nurse / *une année à l'étranger l'a mûri* a year abroad has made him more mature / *laisser mûrir une idée* to give an idea time to gestate.

mûrissage, murissage* [myrisaʒ] nm ripening.

mûrissant, e, murissant*, e [myrisɑ̃, ɑ̃t] adj **1.** BOT ripening **2.** [personne] of mature years.

mûrissement, murissement* [myrismɑ̃] nm **1.** BOT ripening **2.** [d'une pensée, d'un plan] maturing, development.

mûrisserie, murisserie* [myrisri] nf ripening depot ou storehouse.

murmure [myrmyr] nm **1.** [d'une personne] murmur ; litt [d'une source, de la brise] murmur, murmuring **2.** [commentaire] ▸ **un murmure de protestation / d'admiration** a murmur of protest / admiration / *il obtempéra sans un murmure* he obeyed without a murmur **3.** MÉD murmur.

❖ **murmures** nmpl [plaintes] murmurs, murmurings.

murmurer [3] [myrmyre] ◆ vi **1.** [parler à voix basse] to murmur / *les élèves murmuraient en l'absence du professeur* the pupils were chattering during the teacher's absence **2.** litt [source, brise] to murmur **3.** [se plaindre] ▸ **murmurer (contre)** to mutter ou to grumble (about). ◆ vt to murmur ▸ **on murmure que...** there is a rumour (going about) that...

mur-rideau [myrrido] (pl **murs-rideaux**) nm curtain wall.

Mururoa [myryrɔa] npr Mururoa Atoll ▸ **à Mururoa** on Mururoa Atoll.

mus [my] v ⟶ **mouvoir**.

musaraigne [myzarɛɲ] nf shrew ▸ **musaraigne commune** common shrew.

musarder [3] [myzarde] vi sout [flâner] to dawdle, to saunter ; [ne rien faire] to dillydally.

musc [mysk] nm musk.

muscade [myskad] nf **1.** BOT ⟶ **noix 2.** EXPR **passez muscade!** hey presto !

muscadet [myskadɛ] nm Muscadet (wine).

muscadier [myskadje] nm nutmeg tree.

muscadin [myskadɛ̃] nm HIST muscadin ; arch [dandy] dandy, fop.

muscardin [myskardɛ̃] nm dormouse.

muscat [myska] nm [fruit] muscat grape ; [vin] Muscat, Muscatel (wine).

muscle [myskl] nm **1.** ANAT muscle ▸ **avoir des muscles** ou **du muscle** fam to be muscular / *être tout en muscle* fam to be all muscle ▸ **muscles lisses / striés** smooth / striped muscle (U) ▸ **muscle cardiaque** cardiac ou heart muscle ▸ **muscle jumeau** gemellus muscle **2.** sout [vigueur] muscle, force, punch.

musclé, e [myskle] adj **1.** [corps, personne] muscular **2.** fam [énergique] powerful, forceful ▸ **mener une politique musclée contre qqch** to take a hard line ou a tough stance on sthg **3.** [vif - style] robust, vigorous, powerful ; [- discours] forceful, powerful.

muscler [3] [myskle] vt **1.** SPORT : *muscler ses jambes / épaules* to develop one's leg / shoulder muscles **2.** fig [renforcer] to strengthen.

❖ **se muscler** vp *(emploi réfléchi)* to develop (one's) muscles / *se muscler les bras* to develop one's arm muscles.

muscu [mysky] (abr de **musculation**) nf fam bodybuilding.

musculaire [myskylɛr] adj muscular, muscle *(modif)*.

musculation [myskylasjɔ̃] nf bodybuilding.

musculature [myskylatyr] nf musculature, muscles.

musculeux, euse [myskylø, øz] adj [athlète] muscular, brawny ; [bras] muscular.

musculo-squelettique [myskyloskəlɛtik] (pl **musculo-squelettiques**) adj MÉD : *troubles musculo-squelettiques* repetitive strain injury.

muse [myz] nf [inspiratrice] muse.

❖ **Muse** nf **1.** MYTH Muse ▸ **les (neuf) Muses** the (nine) Muses **2.** fig & litt ▸ **la Muse** the Muse ▸ **les Muses** the Muses ▸ **taquiner la Muse** to dabble in poetry, to court the Muse.

muséal, e, aux [myzeal, o] adj ▸ **complexe muséal** museum complex ▸ **espace muséal** museum ▸ **réseau muséal** museum network / *la ville a adopté une nouvelle politique muséale* the town has adopted a new museum policy.

museau, x [myzo] nm **1.** ZOOL [d'un chien, d'un ours] muzzle ; [d'un porc] snout ; [d'une souris] nose **2.** fam [figure] face **3.** CULIN ▸ **museau (de porc)** brawn UK, headcheese US.

musée [myze] nm **1.** [d'œuvres d'art] art gallery UK, museum US ; [des sciences, des techniques] museum ▸ **le musée de l'Homme** the Museum of Mankind ▸ **c'est le musée des horreurs!** hum it's a dump ! **2.** *(comme adjectif, avec ou sans trait d'union)* ▸ **une ville musée** a historical town.

museler [24] [myzle] vt **1.** [chien] to muzzle **2.** sout [presse, opposition] to muzzle, to gag, to silence.

✎ In reformed spelling (see p. 16-19), this verb is conjugated like **peler** : *il musèle, elle musèlera.*

muselière [myzəljɛr] nf muzzle / *mettre une muselière à un chien* to muzzle a dog.

muselle v ⟶ **museler**.

musellement, musèlement* [myzɛlmɑ̃] nm **1.** [d'un chien] muzzling **2.** sout [de contestataires, de la presse] muzzling, gagging, silencing.

muséographe [myzeɔgraf] nmf museographer.

muséographie [myzeɔgrafi] nf museography.

muséologie [myzeɔlɔʒi] nf museology.

muséologue [myzeɔlɔg] nmf museologist.

muser [3] [myze] vi **1.** litt [se promener] to dawdle, to saunter ; [ne rien faire] to dillydally **2.** BELG [fredonner] to hum.

musette [myzɛt] ◆ adj inv ▸ **bal musette** dance (with accordion music) ▸ **orchestre musette** band (with accordions) ▸ **valse musette** waltz (played on the accordion). ◆ nm (popular) accordion music. ◆ nf **1.** MUS [hautbois, gavotte] musette **2.** [d'un cheval] nosebag **3.** [d'un enfant] satchel ; [d'un soldat] haversack ; [d'un ouvrier] (canvas) haversack ; [d'un chasseur] game bag **4.** ZOOL common shrew.

muséum [myzeɔm] nm ▸ **muséum (d'histoire naturelle)** natural history museum ▸ **le Muséum national d'histoire naturelle** *the Paris Natural History Museum, in the Jardin des Plantes.*

musical, e, aux [myzikal, o] adj [voix, événement] musical ▸ **critique musical** music critic.

musicalement [myzikalmɑ̃] adv musically.

musicalité [myzikalite] nf musicality.

Musicassette® [myzikasɛt] nf prerecorded (audio) cassette.

music-hall [myzikol] (pl **music-halls**) nm [local] music hall ; [activité] ▸ **le music-hall** music hall UK, vaudeville US ▸ **numéro de music-hall** variety act.

musicien, enne [myzisjɛ̃, ɛn] ◆ adj musical. ◆ nm, f musician.

❖ **musicien** nm MIL bandsman.

musicographe [myzikɔgraf] nmf musicographer.

musicographie [myzikɔgrafi] nf musicography.

musicographique [myzikɔgrafik] adj musicographical.

musicologie [myzikɔlɔʒi] nf musicology.

musicologique [myzikɔlɔʒik] adj musicological.

musicologue [myzikɔlɔg] nmf musicologist.

musicothérapie [myzikɔterapi] nf music therapy.

musique [myzik] nf **1.** [art, notation ou science] music ▸ **musique de X** music by X / *je mets de la musique?* shall I put some music on ? ▸ **ils dansaient sur une** ou **de la musique rock** they were dancing to (the sound of) rock music / *texte mis en musique* text set ou put to music ▸ **faire de la musique a)** [personne] to play (an instrument) **b)** [objet] to play a tune ▸ **lire la musique** to read music / *étudier / dîner en musique* to study / to have dinner with music playing / *faire de la gymnastique en musique* to do exercises (in time) to music ▸ **musique d'ambiance** ou **de fond** background music ▸ **musique concrète / légère** concrete / light music ▸ **musique contemporaine / classique** contemporary / classical music ▸ **musique folklorique / militaire** folk / military music ▸ **musique sacrée / de chambre** sacred / chamber music ▸ **musique folk** folk music ▸ **une musique de film** a film UK ou movie US theme ou score / *il a composé beaucoup de musiques de film* he has composed a lot of films UK ou movie US scores ▸ **musique de scène** incidental music ▸ **la grande musique** classical music ▸ **mettre qqch en musique a)** [texte, poème] to set sthg to music **b)** fig *il s'agit maintenant de mettre la réforme en musique* now we have to set the reform in motion ▸ **ça va, je connais la musique** fam I've heard it all before ▸ **c'est toujours la même musique avec lui!** fam it's always the same old story with him ! ▸ **la musique adoucit les mœurs** music has charms to soothe a savage breast **2.** [musiciens] band / *la musique du régiment* the regimental band / *ils entrent dans le village, musique en tête* they come into the village, led by the band.

musiquette [myzikɛt] nf : *on entendait une musiquette* we heard a simple little tune.

musli [mysli] = **muesli**.

musqué, e [myske] adj **1.** [parfum, saveur] musky **2.** ZOOL ▸ **bœuf musqué** musk ox **3.** BOT ▸ **rose musquée** musk rose.

must [mœst] nm fam must / *ce film est un must* this film is compulsory viewing ou a must.

mustang [mystɑ̃g] nm mustang.

musulman, e [myzylmɑ̃, an] adj & nm, f Muslim.

mutabilité [mytabilite] nf mutability.

mutagène [mytaʒɛn] adj mutagenic.

mutagenèse [mytaʒənɛz] nf mutagenesis.

mutant, e [mytɑ̃, ɑ̃t] adj & nm, f mutant.

mutateur [mytatœr] nm [gén] mutator ; [changeur de fréquence] frequency changer.

mutation [mytasjɔ̃] nf **1.** [d'une entreprise, d'un marché] change, transformation ▸ **industrie en pleine mutation** industry undergoing major change ou a radical transformation **2.** ADMIN & DR transfer **3.** BIOL mutation **4.** LING ▸ **mutation consonantique / vocalique** consonant / vowel shift.

mutationnisme [mytasjɔnism] nm mutationism.

mutationniste [mytasjɔnist] adj & nmf mutationist.

mutatis mutandis [mytatismytɑ̃dis] loc adv mutatis mutandis.

muter [3] [myte] ◆ vt **1.** ADMIN to transfer, to move / *il s'est fait muter en province* he's been transferred to the provinces / *ils l'ont fait muter à l'étranger pour étouffer le scandale* they've arranged for him to be transferred abroad to hush up the scandal **2.** ŒNOL : *muter du vin* to mute (must). ◆ vi BIOL to mutate.

mutilant, e [mytilɑ̃, ɑ̃t] adj mutilating.

mutilateur, trice [mytilatœr, tris] ◆ adj mutilative, mutilatory. ◆ nm, f litt mutilator.

mutilation [mytilasjɔ̃] nf **1.** [du corps] mutilation **2.** *sout* [d'une œuvre] mutilation.

mutilé, e [mytile] nm, f disabled person ▸ **mutilés de guerre** disabled ex-servicemen ▸ **mutilé du travail** industrially disabled person.

mutiler [3] [mytile] vt **1.** [personne, animal] to mutilate, to maim **2.** *sout* [film, poème] to mutilate ; [statue, bâtiment] to mutilate, to deface.
❖ **se mutiler** vp *(emploi réfléchi)* to mutilate o.s.

mutin [mytɛ̃] nm *sout* rebel, mutineer.

mutin, e [mytɛ̃, in] adj *litt* [enfant] impish, mischievous, cheeky ; [air] mischievous.

mutiné, e [mytine] ◆ adj mutinous, rebellious. ◆ nm, f mutineer, rebel.

mutiner [3] [mytine] ❖ **se mutiner** vpi [marin, soldat] to mutiny, to rebel, to revolt ; [employés, élèves, prisonniers] to rebel, to revolt.

mutinerie [mytinʀi] nf [de marins, de soldats] mutiny, revolt, rebellion ; [d'employés, de prisonniers] rebellion, revolt.

mutique [mytik] adj mute.

mutisme [mytism] nm **1.** [silence] silence / *s'enfermer dans un mutisme complet* to retreat into absolute silence **2.** MÉD muteness, dumbness ; PSYCHOL mutism.

mutité [mytite] nf MÉD mutism.

mutualisation [mytɥalizasjɔ̃] nf mutualisation.

mutualiser [mytɥalize] vt [risques, coûts, compétences] to mutualise.

mutualisme [mytɥalism] nm **1.** ZOOL mutualism **2.** = **mutualité**.

mutualiste [mytɥalist] ◆ adj mutualistic ▸ **société** ou **groupement mutualiste** mutual benefit insurance company ; ≃ friendly society UK ; ≃ benefit society US. ◆ nmf mutualist, member of a mutual benefit (insurance) company.

mutualité [mytɥalite] nf [système] mutual (benefit) insurance company ; [ensemble des sociétés mutualistes] ▸ **la mutualité française** the French mutual (benefit) insurance system.

mutuel, elle [mytɥɛl] adj **1.** [partagé, réciproque] mutual ▸ **responsabilité mutuelle** mutual responsibility **2.** [sans but lucratif] mutual ▸ **assurance mutuelle** mutual insurance.
❖ **mutuelle** nf mutual (benefit) insurance company ; ≃ friendly society UK ; ≃ benefit society US.

Mutuelle

An insurance company which provides complementary health cover and guarantees payment of all or part of the expenses not covered by the **Sécurité sociale**. These companies are often organized around professions. There is a **mutuelle** for students, one for teachers, etc.

mutuellement [mytɥɛlmɑ̃] adv one another, each other.

MVA (abr de **market value added**) nf FIN MVA.

mwa TEXTO abr écrite de **moi**.

myalgie [mjalʒi] nf myalgia.

Myanmar [mjɑ̃maʀ] npr Myanmar.

myasthénie [mjasteni] nf myasthenia.

mycélium [miseljɔm] nm mycelium.

Mycènes [misɛn] npr Mycenae.

mycénien, enne [misenjɛ̃, ɛn] adj Mycenaean, Mycenian.
❖ **Mycénien, enne** nm, f HIST Mycenaean, Mycenian.
❖ **mycénien** nm LING Mycenaean, Mycenian.

mycoderme [mikɔdɛʀm] nm mycoderma.

mycologie [mikɔlɔʒi] nf mycology.

mycologique [mikɔlɔʒik] adj mycological.

mycologue [mikɔlɔg] nmf mycologist.

mycoplasme [mikɔplasm] nm mycoplasma.

mycose [mikoz] nf [gén] mycosis *(U)* *spéc*, thrush *(U)* ; [aux orteils] athlete's foot.

mycosique [mikɔzik] adj mycotic.

myéline [mjelin] nf myelin.

myélite [mjelit] nf myelitis.

myélogramme [mjelɔgʀam] nm MÉD myelogram.

myélographie [mjelɔgʀafi] nf myelography.

myélome [mjelɔm] nm myeloma.

mygale [migal] nf mygale *spéc*, tarantula ▸ **mygale aviculaire / maçonne** bird / trapdoor spider.

myiase [mijaz] nf myiasis.

myocarde [mjɔkaʀd] nm myocardium.

myocardite [mjɔkaʀdit] nf myocarditis.

myogramme [mjɔgʀam] nm myogram.

myographe [mjɔgʀaf] nm myograph.

myographie [mjɔgʀafi] nf myography.

myologie [mjɔlɔʒi] nf myology.

myome [mjom] nm myoma.

myomectomie [mjɔmɛktɔmi] nf myomectomy.

myopathe [mjɔpat] ◆ adj myopathic / *il est myopathe* he has muscular dystrophy. ◆ nmf *person with muscular dystrophy.*

myopathie [mjɔpati] nf [gén] myopathy ; [dystrophie musculaire] muscular dystrophy.

myope [mjɔp] ◆ adj short-sighted UK, nearsighted US, myopic *spéc* ▸ **myope comme une taupe** *fam* (as) blind as a bat. ◆ nmf short-sighted UK ou nearsighted US person, myope *spéc*.

myopie [mjɔpi] nf short-sightedness UK, nearsightedness US, myopia *spéc*.

myorelaxant, e [mjɔʀəlaksɑ̃, ɑ̃t] ◆ adj muscle-relaxant, muscle-relaxing. ◆ nm muscle-relaxant (drug).

myosis [mjɔzis] nm MÉD myosis.

myosotis [mjozɔtis] nm forget-me-not, myosotis *spéc*.

myriade [miʀjad] nf *sout* myriad / *des myriades d'étoiles* myriads of stars.

myriapode [miʀjapɔd] nm myriapod ▸ **les myriapodes** the Myriapoda.

myriophylle [miʀjɔfil] nf spiky water milfoil.

myrmidon [miʀmidɔ̃] nm *litt* pipsqueak.

myroxylon [miʀɔksilɔ̃] nm Myroxylon, Myrospermum.

myrrhe [miʀ] nf myrrh.

myrte [miʀt] nm myrtle.

myrtille [miʀtij] nf bilberry UK, blueberry US.

mystère [mistɛʀ] nm **1.** [atmosphère] mystery ▸ **entouré de mystère** shrouded ou cloaked in mystery ▸ **mystère et boule de gomme** *fam* : *où est-elle ? — mystère et boule de gomme !* where is she ? — I haven't got a clue ou search me ! **2.** [secret] mystery / *cet homme est un mystère* that man's a mystery ▸ **j'ai horreur des mystères** I can't stand enigmas ou mysteries / *ne fais pas tant de mystères* don't be so mysterious / *je ne vois pas où est le mystère* I don't see what's so mysterious about it / *si tu avais travaillé, tu aurais réussi l'examen, il n'y a pas de mystère !* if you'd worked, you'd have passed your exam, it's as simple as that ! / *ce n'est un mystère pour personne* it's no secret, it's an open secret ▸ **faire un mystère de qqch** to make a mystery out of sthg / *je n'en fais pas (un) mystère* I make no mystery ou secret of it ▸ **les mystères d'Éleusis** the Eleusinian Mysteries **3.** RELIG mystery **4.** HIST & THÉÂTRE mystery (play) **5.** CULIN ▸ **Mystère®** *ice-cream filled with meringue and coated with crushed almonds.*

mystérieusement [misteʀjøzmɑ̃] adv mysteriously.

mystérieux, euse [misteʀjø, øz] adj **1.** [inexplicable] mysterious, strange / *la mystérieuse disparition du dossier* the mysterious disappearance of the file / *un crime mystérieux* a mysterious crime **2.** [surnaturel] mysterious / *une mystérieuse apparition hante le château* a mysterious apparition haunts the castle **3.** [confidentiel] secret / *les deux présidents se sont rencontrés dans un endroit resté mystérieux* the two presidents met in a place which has been kept secret **4.** [énigmatique] mysterious / *un mystérieux personnage se tenait près de la porte* a mysterious character stood near the door.

mysticisme [mistisism] nm mysticism.

mystifiable [mistifjabl] adj gullible.

mystifiant, e [mistifjɑ̃, ɑ̃t] adj mystifying, deceiving.

mystificateur, trice [mistifikatœʀ, tʀis] ◆ adj : *une lettre mystificatrice* a hoax letter. ◆ nm, f hoaxer.

mystification [mistifikasjɔ̃] nf **1.** [canular] hoax, practical joke **2.** [tromperie] mystification, deception **3.** [imposture] myth.

mystifier [9] [mistifje] vt **1.** [duper, se jouer de] to fool, to take in *(sép)* **2.** [leurrer] to fool, to deceive / *mystifiés par la propagande* fooled by propaganda.

mystique [mistik] ◆ adj mystic, mystical. ◆ nmf mystic. ◆ nf RELIG ▸ **la mystique** mysticism / *la mystique de la démocratie / paix* *fig* the mystique of democracy / peace.

mystiquement [mistikmɑ̃] adv mystically.

mythe [mit] nm myth / *elle fut un mythe vivant* she was a legend in her own lifetime, she was a living legend / **'le Mythe de Sisyphe'** *Camus* 'The Myth of Sisyphus'.

mythifier [9] [mitifje] vt to mythicize.

mythique [mitik] adj mythic, mythical.

mytho [mito] (abr de **mythomane**) adj *fam* : *il est complètement mytho* you can't believe anything he says.

mythologie [mitɔlɔʒi] nf mythology.

mythologique [mitɔlɔʒik] adj mythological.

mythologue [mitɔlɔg] nmf mythologist.

mythomane [mitɔman] ◆ adj PSYCHOL mythomaniac / *il est un peu mythomane* he has a tendency to make things up (about himself). ◆ nmf PSYCHOL mythomaniac, compulsive liar.

mythomanie [mitɔmani] nf PSYCHOL mythomania.

mytiliculture [mitilikyltyʀ] nf mussel breeding.

myxœdémateux, euse [miksedematø, øz] ◆ adj myxoedematous. ◆ nm, f myxoedema sufferer.

myxœdème [miksedɛm] nm myxoedema.

myxomatose [miksɔmatoz] nf myxomatosis.

myxomycète [miksɔmisɛt] nm myxomycete.

n abr écrite de **nano**.

n (abr écrite de **numéro**) no.

n, N [ɛn] nm n *m*, N *m* ▸ **à la puissance n** to the power (of) n. **Voir aussi g**.

N 1. (abr écrite de **newton**) N **2.** (abr écrite de **nord**) N.

n' [n] ⟶ **ne**.

na [na] interj *fam* so there, and that's that.

nabab [nabab] nm **1.** *fam* [homme riche] nabob **2.** HIST nabob.

Nabis [nabi] npr ▸ **les Nabis** the Nabis *(group of 19th century painters including Bonnard and Vuillard who reacted against impressionism)*.

nabot, e [nabo, ɔt] nm, f *péj* dwarf, midget.

nabuchodonosor [nabykɔdɔnɔzɔʀ] nm nebuchadnezzar.

Nabuchodonosor [nabykɔdɔnɔzɔʀ] npr Nebuchadnezzar.

NAC [ɛnase, nak] (abr de **nouveaux animaux de compagnie**) nmpl unusual pets.

nacelle [nasɛl] nf **1.** [d'un aérostat] basket, nacelle, gondola ; [d'un avion] nacelle, pod ; [d'un landau] carriage ; [pour un ouvrier] basket **2.** *litt* [bateau] (rowing) wherry **3.** CHIM boat.

nacre [nakʀ] nf ▸ **la nacre** mother-of-pearl, nacre *spéc* / *de nacre* mother-of-pearl *(modif)*.

nacré, e [nakʀe] adj pearly, nacreous *litt*.

nacrer [3] [nakʀe] vt **1.** [bijou] to give a pearly gloss to **2.** *litt* to cast a pearly shimmer over.

nadir [nadiʀ] nm nadir.

nævi pl ⟶ **nævus**.

nævo-carcinome [nevokaʀsinom] (*pl* **nævo-carcinomes**) nm malignant melanoma.

nævus [nevys] (*pl* **nævi** [-vi]) nm naevus ▸ **nævus pigmentaire** pigmented naevus *spéc*, mole.

Nagasaki [nagazaki] npr Nagasaki.

nage [naʒ] nf **1.** SPORT [activité] swimming ; [style] stroke ▸ **nage indienne** sidestroke ▸ **nage libre** freestyle / *faire la nage du petit chien* to doggy-paddle **2.** NAUT rowing stroke.

❖ **à la nage** loc adv : *s'éloigner à la nage* to swim off ou away / *traverser un lac à la nage* to swim across a lake / *elle gagna la plage à la nage* she swam to the beach. ◆ loc adj CULIN à la nage *(cooked in a court-bouillon)*.

❖ **en nage** loc adj ▸ **être en nage** to be dripping with sweat.

nageoire [naʒwaʀ] nf **1.** ZOOL [de poisson] fin ; [d'otarie, de phoque, etc.] flipper ▸ **nageoires paires / impaires** paired / impaired fins ▸ **nageoire anale / dorsale** anal / dorsal fin ▸ **nageoire caudale** tail ou caudal fin **2.** AÉRON [flotteur] fin.

nageoter [naʒɔte] vi *fam* to have a little swim.

nager [17] [naʒe] ◆ vi **1.** SPORT to swim ▸ **tu viens nager?** are you coming for a swim? ▸ **il ne sait pas / sait nager** he can't / can swim ▸ **elle nage très bien** she's a very good swimmer ▸ **nager comme un fer à repasser** to swim like a brick ▸ **nager comme un poisson** to swim like a fish **2.** *fig* : *la viande nageait dans la sauce* the meat was swimming in gravy / *il nageait dans son sang* he was bathed in (his own) blood ▸ **nager dans l'opulence** to be rolling in money ▸ **nager dans le bonheur** to be basking in bliss / *on nageait dans le mystère* we were totally bewildered / *tu nages dans ce pantalon!* those trousers are miles too big for you! **3.** [ne rien comprendre] to be completely lost ou out of one's depth / *il nage complètement en physique* he's completely lost in physics **4.** NAUT to row / *nager à couple* to row double-banked / *nager en pointe* to row single-banked. ◆ vt : *nager le crawl* to swim ou to do the crawl / *nager la brasse* to swim ou to do (the) breast-stroke / *nager le 200 mètres* to swim the 200 metres.

nageur, euse [naʒœʀ, øz] nm, f **1.** [personne] swimmer ▸ **nageur de combat** naval frogman **2.** NAUT rower.

naguère [nagɛʀ] adv *litt* [autrefois] long ago, formerly ; [il y a peu de temps] not long ago.

naïade [najad] nf **1.** MYTH naiad ; *litt* nymph **2.** BOT & ENTOM naiad.

naïf, ïve [naif, iv] ◆ adj **1.** [candide -enfant, remarque] innocent, naïve, ingenuous **2.** [trop crédule] naïve, gullible / *ne sois pas si naïf, il ne te rendra pas l'argent* don't be so naïve, he won't give you your money back **3.** ART naïve, primitive. ◆ nm, f (gullible) ou naïve fool.

❖ **naïf** nm naïve ou primitive painter.

nain, naine [nɛ̃, nɛn] ◆ adj dwarf *(modif)*. ◆ nm, f dwarf.

❖ **nain** nm [jeu] ▸ **nain jaune** Pope Joan *(card game)*.

Nairobi [nɛʀɔbi] npr Nairobi.

nais v ⟶ **naître**.

naissain [nɛsɛ̃] nm ZOOL spat.

naissait v ⟶ **naître**.

naissance [nɛsɑ̃s] nf **1.** BIOL birth / *à ta naissance* at your birth, when you were born ▸ **donner naissance à** to give birth to ▸ **naissance multiple** multiple birth / **'la Naissance de Vénus'** *Botticelli* 'The Birth of Venus' **2.** *sout* [début -d'un sentiment, d'une idée] birth ; [-d'un mouvement, d'une démocratie, d'une ère] birth, dawn / *à la naissance du jour* at daybreak ▸ **donner naissance à qqch** to give birth ou rise to sthg ▸ **prendre naissance a)** [mouvement] to arise, to originate **b)** [idée] to originate, to be born **c)** [sentiment] to arise, to be born **3.** *sout* [endroit] ▸ **la naissance du cou** the base of the neck ▸ **la naissance d'un fleuve** the source of a river.

❖ **à la naissance** loc adv at birth.

❖ **de naissance** loc adv **1.** [congénitalement] congenitally, from birth / *elle est aveugle de naissance* she was born blind, she's been blind from birth / *il est bête, c'est de naissance!* *fam* he was born stupid! **2.** [d'extraction] ▸ **italien de naissance** Italian by birth / *être de bonne* ou *haute naissance* to be of noble birth.

naissant, e [nɛsɑ̃, ɑ̃t] adj **1.** *sout* [révolte] incipient ; [sentiment] growing, budding *litt* ; [beauté] budding *litt*, nascent *litt* ; [jour] dawning / *il luttait contre cet amour naissant* he fought against this growing ou burgeoning *litt* love **2.** CHIM ▸ **à l'état naissant** nascent **3.** HÉRALD naissant.

naître, naitre* [92] [nɛtʀ] vi *(aux être)* **1.** BIOL to be born / *quand tu es né* when you were born / *mon bébé devrait naître en mars* my baby is due in March / *il est né avec un bec-de-lièvre* he was born with a harelip / *le bébé qui vient de naître* the newborn baby / *une fille lui / leur est née* a girl was born to her / them / *il est né de parents inconnus* he is of unknown parentage / *il est né de* ou *d'une mère hongroise* he was born of a Hungarian mother / *enfant né d'un premier mariage* child born of a first marriage / *elle est née musicienne* she's a born musician, she was born a musician ▸ **ne pas être né d'hier** ou **de la dernière couvée** ou **de la dernière pluie** : *je ne suis pas né d'hier* ou *de la dernière couvée* ou *de la dernière pluie* I wasn't born yesterday ▸ **être né coiffé** ou **sous une bonne étoile** : *il est né coiffé* ou *sous une bonne étoile* he was born under a lucky star ▸ **être né avec une (petite) cuillère en argent dans la bouche** to be born with a silver spoon in one's mouth **2.** ▸ **être né pour** [être destiné à] to be born ou destined ou meant to / *il était né pour aimer / souffrir* he was born to love / suffer **3.** *litt* ▸ **naître à** [s'ouvrir à] to awaken to **4.** [apparaître -sentiment, doute, espoir] to arise, to be born *sout* ; [-problème] to crop ou to come up ; [-projet] to be conceived ; [-communauté, entreprise] to spring up ; [-mouvement] to spring up, to arise / *la légende / l'idée était née* the legend / idea was born / *une idée naquit dans son esprit* an idea dawned on her / *faire naître des soupçons / la sympathie* to arouse suspicion / sympathy ▸ **naître de** [provenir de] to arise ou to spring from / *de là sont nées toutes nos difficultés* that's the cause of all our difficulties / *son intervention a fait naître une polémique au sein du gouvernement* his intervention gave rise to ou caused much controversy in the government **5.** *litt* [fleur] to spring ou to come up ; [jour] to break, to dawn **6.** *(tournure impersonnelle)* : *il naît un enfant toutes les secondes* a child is born every second / *il ne naîtra rien de bon d'une telle alliance* *fig* nothing good can come of such a union.

> Attention, naître se traduit par be born :
> **Certains enfants naissent avec des dents.**
> *Some babies are born with teeth.*
> **Je suis né en Afrique du Nord.** *I was born in North Africa.*

naïve [naiv] f ⟶ **naïf**.

naïvement [naivmɑ̃] adv **1.** [innocemment] innocently, naively, ingenuously **2.** [avec crédulité] naively, gullibly.

naïveté [naivte] nf **1.** [innocence] innocence, naivety **2.** [crédulité] naivety, gullibility ▸ **avec naïveté** naively / *j'ai eu la naïveté de lui faire confiance* I was naive enough to trust him.

naja [naʒa] nm cobra.

Namib [namib] npr ⟶ **désert**.

Namibie [namibi] npr f ▸ **(la) Namibie** Namibia.

namibien, enne [namibjɛ̃, ɛn] adj Namibian.

❖ **Namibien, enne** nm, f Namibian.

Namur [namyʀ] npr Namur.

namurois, e [namyʀwa, az] adj from Namur.

❖ **Namurois, e** nm, f *inhabitant of or person from Namur.*

nana [nana] nf *fam* girl / *c'est sa nana* she's his girlfriend.

nanan [nanɑ̃] nm *fam & vieilli* ▸ **c'est du nanan! a)** [aisé] it's a piece of cake!, it's a walkover! **b)** [délicieux] yummy!

nanar [nanaʀ] nm *fam & péj* [objet] piece of junk ; [film] dreadful film.

nancéien, enne [nɑ̃sejɛ̃, ɛn] adj from Nancy.

❖ **Nancéien, enne** nm, f *inhabitant of or person from Nancy.*

Nancy [nɑ̃si] npr Nancy.

nandou [nɑ̃du] nm nandu, rhea.

nandrolone [nɑ̃dʀɔlɔn] nf nandrolone.

nanifier [nanifje] = **naniser**.

naniser [nanize], **nanifier** [nanifje] vt [plante] to dwarf.

nanisme [nanism] nm **1.** [d'une personne] dwarfism **2.** [d'une plante] nanism.

Nanjing [nɑ̃ʒiŋ] = **Nankin**.

nankin [nɑ̃kɛ̃] nm nankeen.

Nankin [nɑ̃kɛ̃] npr Nanking, Nanjing.

nano- [nanɔ] préf nano-.

nanoélectronique [nanoelɛktʀonik] nf nanoelectronics *(sg)*.

nanomètre [nanɔmɛtʀ] nm nanometer.

nanophysique [nanofizik] nf nanophysics.

nanoscience [nanosjɑ̃s] nf PHYS nanoscience.

nanoseconde [nanɔsəgɔ̃d] nf nanosecond.

nanotechnologie [nanɔtɛknɔlɔʒi] nf nanotechnology.

nantais, e [nɑ̃tɛ, ɛz] adj from Nantes.

❖ **Nantais, e** nm, f *inhabitant of or person from Nantes.*

Nantes [nɑ̃t] npr Nantes ▸ **l'édit de Nantes** the Edict of Nantes.

> **L'édit de Nantes**
>
> Signed in 1598 by Henri IV, the Edict marked the end of the Wars of Religion and guaranteed a number of rights to the Protestant Huguenots, in particular freedom of conscience and the practice of their religion in certain prescribed areas. Its revocation in 1685 by Louis XIV resulted in a brutal repression which caused many Huguenots to emigrate to other European countries.

nanti, e [nɑ̃ti] ◆ adj [riche] affluent, well-to-do, well-off. ◆ nm, f affluent person ▸ **les nantis** the well-to-do.

nantir [32] [nɑ̃tiʀ] vt **1.** [doter] ▸ **nantir qqn de** to provide sb with / *les fées la nantirent de toutes les qualités* the fairies endowed her with all the qualities **2.** FIN & DR to secure.

❖ **se nantir de** vp + prép to equip o.s. with.

nantissement [nɑ̃tismɑ̃] nm **1.** [objet] security, pledge **2.** [contrat] security.

NAP [nap] (abr écrite de **Neuilly Auteuil Passy**) ◆ adj ≃ Sloaney UK *fam*; ≃ preppie US *fam*. ◆ nmf ≃ Sloane UK *fam*; ≃ preppie type US *fam*.

napalm [napalm] nm napalm.

naphta [nafta] nm naphtha.

naphtalène [naftalɛn] nm naphthalene, naphthalin.

naphtaline [naftalin] nf ▸ **(boules de) naphtaline** mothballs / *ça sent la naphtaline* it smells of mothballs.

naphte [naft] nm naphthene.

naphtol [naftɔl] nm naphthol.

Naples [napl] npr Naples.

napoléon [napɔleɔ̃] nm napoleon (coin).

Napoléon [napɔleɔ̃] npr Napoleon ▸ **Napoléon Bonaparte** Napoleon Bonaparte.

napoléonien, enne [napɔleɔnjɛ̃, ɛn] adj Napoleonic / *les campagnes napoléoniennes* the Napoleonic wars.

napolitain, e [napɔlitɛ̃, ɛn] adj Neapolitan.

❖ **Napolitain, e** nm, f Neapolitan.

nappage [napaʒ] nm topping.

nappe [nap] nf **1.** [linge] tablecloth ▸ **nappe d'autel** altarcloth **2.** [couche] ▸ **nappe de pétrole / gaz** layer of oil / gas ▸ **nappe de brouillard** blanket of fog ▸ **nappe d'eau a)** [en surface] stretch ou expanse ou sheet of water **b)** [souterraine] groundwater ▸ **nappe de feu** sheet of flames ▸ **nappe d'huile** patch of oil ▸ **nappe de mazout** oil slick **3.** GÉOL ▸ **nappe de charriage** nappe ▸ **nappe phréatique** groundwater ou phreatic table **4.** GÉOM nappe **5.** TEXT lap (sheet).

napper [3] [nape] vt ▸ **napper qqch de** to coat sthg with.

napperon [napʀɔ̃] nm [sous un vase, un bougeoir] mat ; [sous un plat, un gâteau] doily ▸ **napperon individuel** place mat.

naquit v ⟶ **naître**.

narcisse [naʀsis] nm **1.** BOT narcissus ▸ **narcisse des poètes** poet's narcissus **2.** *litt* narcissistic person, narcissist.

Narcisse [naʀsis] npr Narcissus.

narcissique [naʀsisik] adj narcissistic.

narcissisme [naʀsisism] nm narcissism / *tu fais du narcissisme!* you're being narcissistic!

narcoanalyse [naʀkɔanaliz] nf narcoanalysis.

narcodollars [naʀkɔdɔlaʀ] nmpl narcodollars.

narcolepsie [naʀkɔlɛpsi] nf MÉD narcolepsy.

narcose [naʀkoz] nf narcosis.

narcotique [naʀkɔtik] ◆ adj narcotic. ◆ nm narcotic.

narcotrafic [naʀkotʀafik] nm narcotrafficking.

narcotrafiquant, e [naʀkotʀafikɑ̃, ɑ̃t] nm, f drug trafficker.

narghilé [naʀgile] nm nargile, narghile.

narguer [3] [naʀge] vt **1.** [se moquer de, provoquer] to scoff at *(insép)* / *il nous nargue avec sa nouvelle voiture* we're not good enough for him now he's got his new car / *ils en ont eu assez de se faire narguer* they got fed up with people making fun of them **2.** *sout* [braver, mépriser] to scorn, to spurn, to deride.

narguilé [naʀgile] = **narghilé**.

narine [naʀin] nf nostril.

narquois, e [naʀkwa, az] adj mocking, derisive ▸ **sourire narquois** mocking smile.

narrateur, trice [naʀatœʀ, tʀis] nm, f narrator.

narratif, ive [naʀatif, iv] adj narrative.

narration [naʀasjɔ̃] nf [exposé] narrative, narration ; [partie du discours] narration.

narrer [3] [naʀe] vt *litt* [conte] to narrate, to tell ; [événements] to narrate, to relate.

narthex [naʀtɛks] nm ARCHIT narthex.

narval [naʀval] nm narwhal, narwal.

NASA, Nasa [naza] (abr de **National Aeronautics and Space Administration**) npr f NASA, Nasa.

nasal, e, aux [nazal, o] adj nasal.

❖ **nasale** nf LING nasal.

nasalisation [nazalizasjɔ̃] nf nasalization.

nasaliser [3] [nazalize] vt to nasalize.

nasalité [nazalite] nf nasality.

nasarde [nazaʀd] nf *litt & vieilli* flick ou fillip on the nose.

NASDAQ [nasdak] (abr de **National Association of Securities Dealers Automated Quotation**) nm NASDAQ ▸ **l'indice NASDAQ** the NASDAQ index.

nase [naz] *tfam* ◆ adj [inutilisable - appareil, meuble] kaput, bust ; [fou] cracked, screwy ; [fatigué, malade] knackered. ◆ nm [nez] conk.

naseau, x [nazo] nm ZOOL nostril.

nasillard, e [nazijaʀ, aʀd] adj [ton] nasal ; [radio, haut-parleur] tinny / *parler d'une voix nasillarde* to talk through one's nose ou with a (nasal) twang.

nasillement [nazijmɑ̃] nm **1.** [d'une voix] (nasal) twang ; [d'un haut-parleur] tinny sound **2.** [d'un canard] quacking.

nasiller [3] [nazije] vi **1.** [personne] to speak with a (nasal) twang ; [radio] to have a tinny sound **2.** [canard] to quack.

nasique [nazik] nm proboscis monkey.

Nassau [naso] npr GÉOGR Nassau.

nasse [nas] nf **1.** PÊCHE (conical) lobster pot **2.** [pour oiseaux] hoop net **3.** ZOOL [mollusque] dog whelk.

Nasser [nasɛʀ] npr ⟶ **lac**.

natal, e, als [natal] adj [pays, ville] native ▸ **sa maison natale** the house where he was born.

Natal [natal] npr m ▸ **le Natal** Natal.

nataliste [natalist] adj ▸ **politique nataliste** policy to increase the birth rate.

natalité [natalite] nf birth rate, natality US.

natation [natasjɔ̃] nf swimming ▸ **natation synchronisée** ou **artistique** synchronized swimming.

natatoire [natatwaʀ] adj swimming *(modif)*, natatory *spéc.*

natif, ive [natif, iv] ◆ adj **1.** [originaire] native ▸ **je suis natif de Paris / Pologne** I was born in Paris / Poland **2.** *litt* [inné] native **3.** INFORM ▸ **fichier natif** native file **4.** MÉTALL native. ◆ nm, f native.

nation [nasjɔ̃] nf nation ▸ **les Nations Unies** the United Nations.

national, e, aux [nasjɔnal, o] adj **1.** [de la nation] national / *équipe nationale de football* national football team ▸ **l'économie nationale** the domestic economy ▸ **funérailles** ou **obsèques nationales** state funeral / *la presse nationale en a parlé* the national newspapers ou the nationals carried stories about it / *notre Victor national hum* good old Victor (Hugo) **2.** [nationaliste - parti, politique] nationalist.

❖ **nationale** nf ≃ A road UK ; ≃ highway US.

❖ **nationaux** nmpl nationals.

nationalisation [nasjɔnalizasjɔ̃] nf nationalization.

nationalisé, e [nasjɔnalize] adj nationalized.

nationaliser [3] [nasjɔnalize] vt to nationalize.

nationalisme [nasjɔnalism] nm nationalism.

nationaliste [nasjɔnalist] ◆ adj nationalist, nationalistic. ◆ nmf nationalist.

nationalité [nasjɔnalite] nf nationality ▸ **être de nationalité française / nigériane** to be French / Nigerian.

national-socialisme [nasjɔnalsɔsjalism] (*pl* **national-socialismes**) nm National Socialism.

national-socialiste [nasjɔnalsɔsjalist] (*pl* **nationaux-socialistes**) adj & nmf National Socialist.

native [nativ] f ⟶ **natif**.

nativisme [nativism] nm PHILOS nativism.

nativiste [nativist] ◆ adj PHILOS nativistic. ◆ nmf PHILOS nativist.

nativité [nativite] nf **1.** RELIG ▸ **la Nativité** the Nativity **2.** ART Nativity scene ▸ **une Nativité** a Nativity.

nattage [nataʒ] nm **1.** [de cheveux] braiding, plaiting **2.** [de fils, d'osier] plaiting, weaving.

natte [nat] nf **1.** [tapis de paille] mat, (piece of) matting **2.** [de cheveux] pigtail, braid US, plait UK.

natter [3] [nate] vt **1.** [cheveux] to braid US, to plait UK **2.** [fils, osier] to plait, to weave, to interweave.

naturalisation [natyʀalizasjɔ̃] nf **1.** ADMIN naturalization, acquired citizenship US **2.** [empaillage] stuffing **3.** BOT & LING naturalization.

naturalisé, e [natyʀalize] ◆ adj naturalized / *il a été naturalisé américain* he was granted U.S. citizenship. ◆ nm, f naturalized person.

naturaliser [3] [natyʀalize] vt **1.** ADMIN to naturalize / *il s'est fait naturaliser français* he was granted French citizenship **2.** BOT & LING to naturalize **3.** [empailler] to stuff.

naturalisme [natyʀalism] nm naturalism.

naturaliste [natyʀalist] ◆ adj naturalistic. ◆ nmf **1.** BOT & ZOOL naturalist **2.** [empailleur] taxidermist.

nature [natyʀ] ◆ nf **1.** [univers naturel] ▸ **la nature** nature / *la nature fait bien les choses* nature works wonders ▸ **laisser faire** ou **agir la nature** let nature take its course / *je fais plus confiance à la nature qu'à la médecine* I trust nature ou natural remedies more than medical science / *des formes qui n'existent pas dans la nature* shapes which do not occur in nature ▸ **la nature a horreur du vide** nature abhors a vacuum **2.** [campagne] ▸ **la nature** nature, the country, the countryside / *la nature me manque* I miss the countryside / *elle vit quelque part en pleine nature* she lives somewhere right out in the countryside / *une maison perdue dans la nature* a house out in the wilds / *tomber en panne en pleine nature* to break down in the middle of nowhere ▸ **disparaître** ou **s'évanouir dans la nature** to vanish into thin air / *il n'a pourtant pas disparu dans la nature, ce piano!* that piano can't just have walked off ou vanished! / *la voiture a fait une embardée et ils se sont retrouvés dans la nature* the car lurched and they ended up in a ditch **3.** [caractère] nature / *ce n'est pas dans sa nature* it's not like him, it's not in his nature / *ce* ou *il n'est pas dans sa nature d'être aussi agressive* it's not like her ou it's not in her nature to be so aggressive / *c'est dans la nature des choses* it's in the nature of things, that's the way the world is / *il est dans la nature des choses qu'un fils se heurte à son père* it's in the nature of things for a son to clash with his father ▸ **la nature humaine** human nature **4.** [type de personne] type, sort ▸ **une bonne nature** a good sort ▸ **une heureuse nature** a happy person ▸ **c'est une petite nature** he's the feeble type ou a weakling **5.** [sorte] nature, type, sort / *les raisonnements de cette nature* this kind of argument, arguments of this kind / *quelle est la nature de la fuite?* what kind of leak is it? **6.** ART ▸ **d'après nature** from life ▸ **nature morte** still life. ◆ adj inv **1.** [bœuf, choucroute] plain, with no trimmings ; [salade, avocat] plain, with no dressing ; ŒNOL still **2.** *fam* [simple] natural / *j'aime qu'une fille soit nature* I like a girl to be natural / *les enfants sont nature* children are so natural.

❖ **contre nature** loc adj against nature, unnatural / *des sentiments / penchants contre nature* unnatural feelings / leanings / *c'est contre nature* it's not natural, it goes against nature.

❖ **de nature** loc adj by nature / *il est généreux de nature* he's generous by nature, it's (in) his nature to be generous / *elle est anxieuse de nature* she's the worrying kind ou anxious type.

❖ **de nature à** loc conj likely ou liable to / *je ne suis pas de nature à me laisser faire* I'm not the kind ou type of person you can push around / *ce discours n'est pas de nature à apaiser les esprits* this speech is hardly going to calm people down.

❖ **de toute nature** loc adj of all kinds ou types / *il y avait des arbustes de toute nature* there were all sorts of shrubs.

❖ **en nature** loc adv in kind / *payer en nature* *pr & fig* to pay in kind.

❖ **par nature** loc adv : *je suis conservateur par nature* I'm naturally conservative, I'm conservative by nature.

naturel, elle [natyʀɛl] adj **1.** [du monde physique -phénomène, ressource, frontière] natural **2.** [physiologique -fonction, processus] natural, bodily / *les défenses naturelles de l'organisme* the body's natural defences **3.** [inné -disposition, talent] natural, inborn ; [-boucles, blondeur] natural / *ce n'est pas ma couleur naturelle* it's not my natural ou real hair colour UK ou color US **4.** [sans affectation] natural / *tu n'as pas l'air naturel sur cette photo* you don't look natural on this photograph ▸ **être naturel** to be oneself **5.** [normal] natural / *c'est bien* ou *tout naturel que je t'aide* it's only natural that I should help you / *je vous remercie — je vous en prie, c'est tout naturel!* thank you — please don't mention it, it's the least I could do! ▸ **trouver naturel de faire qqch** to think nothing of doing sthg **6.** [pur - fibre] pure ; [-nourriture] natural / **'soie naturelle'** 'pure ou 100% silk' ; COMM natural, organic **7.** LING, MUS, PHILOS & RELIG natural **8.** [illégitime] natural / *il était le fils naturel du roi* he was the natural son of the king.

❖ **naturel** nm **1.** [tempérament] nature / *il est d'un naturel anxieux* he's the worrying kind, it's (in) his nature to worry / *être d'un bon naturel* to be good-natured **2.** [authenticité] naturalness / *manque de naturel* affectation, artificiality / *ce que j'aime chez elle c'est son naturel* what I like about her is she's so natural ▸ **avec beaucoup de naturel** with perfect ease, completely naturally / *elle est mieux au naturel qu'à la télévision* she's better in real life than on TV.

❖ **au naturel** loc adj CULIN plain.

naturellement [natyʀɛlmɑ̃] adv **1.** [de façon innée] naturally / *ça lui vient naturellement* it comes naturally to him **2.** [simplement] naturally, unaffectedly / *c'est le plus naturellement du monde qu'on nous a reçus* they welcomed us as if it were the most natural thing in the world **3.** [bien sûr] naturally, of course / *vous viendrez? — naturellement* will you be coming? — naturally ou of course I will.

naturisme [natyʀism] nm **1.** [nudisme] naturism **2.** MÉD naturopathy **3.** PHILOS & RELIG naturalism.

naturiste [natyʀist] ◆ adj **1.** [nudiste] naturist **2.** PHILOS naturalist, naturalistic. ◆ nmf **1.** [nudiste] naturist, nudist **2.** PHILOS naturalist.

naturopathe [natyʀɔpat] nmf naturopath.

naturopathie [natyʀɔpati], **naturothérapie** [natyʀɔteʀapi] nf naturopathy.

naufrage [nofʀaʒ] nm **1.** [d'un navire] wreck, shipwreck ▸ **faire naufrage a)** [personne] to be shipwrecked **b)** [navire] to be wrecked / *le naufrage du Manureva demeure un mystère* the sinking of the Manureva remains a mystery **2.** *fig* ruin, wreckage / *on a assisté au naufrage de grandes fortunes pendant la guerre* great fortunes were lost during the war.

naufragé, e [nofʀaʒe] ◆ adj **1.** [personne -gén] shipwrecked ; [-sur une île] castaway *(modif)* **2.** [navire] wrecked. ◆ nm, f [gén] shipwreck victim ; [sur une île] castaway.

naufrageur, euse [nofʀaʒœʀ, øz] nm, f *pr & fig* wrecker.

nauséabond, e [nozeabɔ̃, ɔ̃d] adj **1.** [qui sent mauvais] putrid, foul, foul-smelling **2.** [répugnant] nauseating, sickening, repulsive.

nausée [noze] nf **1.** [envie de vomir] nausea ▸ **avoir la nausée** to feel sick ▸ **avoir des nausées** to have bouts of sickness ▸ **donner la nausée** to be nauseating / *à vous donner la nausée* [odeurs, images] nauseating **2.** *fig* [dégoût] : *une telle hypocrisie me donne la nausée* such hypocrisy makes me sick / **'la Nausée'** *Sartre* 'Nausea'.

nauséeux, euse [nozeø, øz] adj **1.** [odeur] nauseating, sickening, repulsive ; [état] nauseous **2.** *litt* [révoltant] nauseating, sickening, repulsive.

Nausicaa [nozikaa] npr Nausicaa.

nautile [notil] nm nautilus.

nautique [notik] adj nautical / *carte / géographie nautique* nautical map / geography / *le salon nautique* ≃ the Boat Show.

nautisme [notism] nm water sports, aquatics *(sg)*.

navaja [navaʒa] nf navaja.

navajo [navaʒo], **navaho** [navao] adj Navajo.

❖ **Navajo, Navaho** nmf Navajo ▸ **les Navajos** the Navajo.

naval, e, als [naval] adj naval ▸ **architecture navale** naval architecture ▸ **construction navale** shipbuilding (industry).

navarin [navaʀɛ̃] nm navarin *(mutton and vegetable stew)*.

Navarre [navaʀ] npr f ▸ **(la) Navarre** Navarre.

navel [navɛl] nf navel orange.

navet [navɛ] nm **1.** BOT turnip ▸ **navet fourrager** fodder beet **2.** *fam* [œuvre] : *c'est un navet* it's (a load of) tripe.

navette [navɛt] nf **1.** AÉRON & TRANSP shuttle ▸ **faire la navette (entre)** to shuttle back and forth ou to and fro (between) / *un bus fait la navette entre la gare et l'aéroport* there is a shuttle bus (service) between the station and the airport / *il fait la navette entre Paris et Marseille* he comes and goes ou goes to and fro between Paris and Marseille ▸ **navette spatiale** space shuttle ▸ **la navette parlementaire** *successive readings of bills by the Assemblée nationale and Sénat* **2.** RELIG incense holder **3.** TEXT shuttle ; [aiguille -pour filets] netting ou meshing needle ▸ **navette volante** flying shuttle **4.** BOT rape.

navetteur, euse [navɛtœʀ, øz] nm, f BELG commuter.

navigabilité [navigabilite] nf [d'un cours d'eau] navigability, navigableness ; [d'un navire] seaworthiness ; [d'un avion] airworthiness ▸ **en état de navigabilité a)** NAUT seaworthy **b)** AÉRON airworthy.

navigable [navigabl] adj navigable.

navigant, e [navigɑ̃, ɑ̃t] ◆ adj NAUT seafaring ▸ **personnel navigant** AÉRON flight personnel, aircrew, crew. ◆ nm, f ▸ **les navigants a)** NAUT the crew **b)** AÉRON the aircrew, the crew.

navigateur, trice [navigatœʀ, tʀis] nm, f **1.** NAUT [voyageur] sailor, seafarer ▸ **navigateur solitaire** single-handed yachtsman ; [membre de l'équipage] navigator **2.** AÉRON & AUTO navigator, copilot *(in charge of navigation)*.

❖ **navigateur** ◆ nm [appareil] navigator ▸ **navigateur Decca** Decca (navigator). ◆ adj m seafaring, seagoing.

navigation [navigasjɔ̃] nf **1.** NAUT navigation, sailing / *la navigation est dangereuse ici* sailing is dangerous ou it's dangerous to sail around here ▸ **interdit à la navigation a)** [des gros bateaux] closed to shipping **b)** [des petits bateaux] no sailing ou boating ▸ **ouvert à la navigation** [des gros bateaux] open to shipping ▸ **navigation côtière** coastal navigation ▸ **navigation fluviale** ou **intérieure** inland navigation ▸ **navigation maritime** ou **extérieure** high seas navigation ▸ **navigation à l'estime** navigation by dead reckoning ▸ **navigation de plaisance** yachting, pleasure sailing **2.** AÉRON navigation, flying ▸ **navigation aérienne** aerial navigation ▸ **navigation spatiale** space flight ou travel ▸ **navigation à vue** contact flying.

❖ **de navigation** loc adj [registre] navigational ; [terme, école] nautical ; [instrument] navigation *(modif)* ▸ **compagnie de navigation a)** NAUT shipping company **b)** AÉRON airline company.

naviguer [3] [navige] vi **1.** NAUT to sail / *le Queen Mary a beaucoup navigué* the Queen Mary did a lot of sailing ▸ **depuis que je navigue a)** [plaisancier] since I first went sailing **b)** [marin] since I first went to sea ▸ **naviguer au compas / à l'estime** to navigate by compass / by dead reckoning **2.** AÉRON to fly ▸ **naviguer à vue** to use contact flight rules, to fly visually **3.** *fig* [se déplacer] to get about ▸ **savoir naviguer** to know one's way around.

Naviplane® [naviplan] nm hovercraft.

navire [naviʀ] nm ship, vessel *litt* ▸ **navire marchand** ou **de commerce** merchant ship, merchantman ▸ **navire de guerre** warship ▸ **navire de haute mer** ocean-going ship ▸ **navire à voiles** sailing ship.

navire-citerne [naviʀsitɛʀn] (*pl* **navires-citernes**) nm (oil) tanker.

navire-école [naviʀekɔl] (*pl* **navires-écoles**) nm training ship.

navire(-)hôpital [naviʀɔpital] (*pl* **navires-hôpitaux** [-to]) nm hospital ship.

navire-usine [naviʀyzin] (*pl* **navires-usines**) nm factory ship.

navrant, e [navrɑ̃, ɑ̃t] adj **1.** [attristant - spectacle] distressing, upsetting, harrowing / *c'est navrant de les voir ainsi se quereller* it's distressing to see them quarrel like that / *tu es navrant!* you're pathetic ou hopeless! / *sa bêtise est navrante* he's hopelessly stupid **2.** [regrettable] : *c'est navrant, mais il n'y a rien à faire* it's a terrible shame, but there's nothing we can do.

navré, e [navʀe] adj sorry / *je suis navré de vous l'entendre dire* I'm so sorry to hear you say that.

navrer [3] [navʀe] vt to upset, to distress, to sadden / *la vue d'une telle misère me navre* it distresses me to see such poverty.

nazaréen, enne [nazaʀeɛ̃, ɛn] adj **1.** GÉOGR Nazarene **2.** ART ▸ **l'école nazaréenne** the Nazarenes.

⟡ **Nazaréen, enne** nm, f Nazarene ▸ **le Nazaréen** the Nazarene.

⟡ **nazaréen** nm ART Nazarene.

Nazareth [nazaʀɛt] npr Nazareth.

naze [naz] *tfam* = **nase**.

nazi, e [nazi] adj & nm, f Nazi.

nazisme [nazism] nm Nazism.

NB (abr écrite de **Nota Bene**) NB.

NBC (abr de **nucléaire, bactériologique, chimique**) adj MIL NBC.

nbreuses abr écrite de **nombreuses**.

nbreux abr écrite de **nombreux**.

n.c. 1. (abr écrite de **non communiqué**) n.a **2.** (abr écrite de **non connu**) n.a.

n.d. 1. (abr écrite de **non daté**) n.d **2.** (abr écrite de **non disponible**) n.a.

N-D (abr écrite de **Notre-Dame**) OL.

NDA (abr écrite de **note de l'auteur**) *author's note*.

N'Djamena [ndʒamena] npr Ndjamena, N'Djamena.

NDLR (abr écrite de **note de la rédaction**) Ed.

NDT (abr écrite de **note du traducteur**) translator's note.

ne [nə] *(devant voyelle ou 'h' muet* **n'***)*
◆ adv

A. AVEC UN MOT NÉGATIF
B. AVEC 'QUE'
C. EMPLOYÉ SEUL

A. AVEC UN MOT NÉGATIF : *aucun d'eux ne peut venir* none of them can come / *je ne l'ai dit à personne* I haven't told anyone ▸ **je n'ai vu personne** I saw nobody, I didn't see anybody ▸ **je n'ai rien vu** I saw nothing, I didn't see anything ▸ **nul n'est parfait** nobody's perfect / *ce n'est ni bleu ni vert* it's neither blue nor green / *je n'en parlerai ni à l'un ni à l'autre* I won't speak about it to either of them ▸ **ne... guère** : *je ne vois guère comment t'aider* I don't really see how I can help you / *le temps n'est guère prometteur* the weather is not very promising ▸ **ne... jamais** : *il ne répond jamais au téléphone* he never answers the phone ▸ **ne... plus** : *le téléphone ne marche plus* the telephone doesn't work any more ▸ **ne... pas** : *ne le dérange pas!* don't disturb him! / *parlez tout bas pour ne pas réveiller le bébé* speak softly, so as not to wake the baby / *il ne la voit pas plus dans ce rôle-là que dans l'autre* he can't see ou imagine her in that role any more than in the other ▸ **ne... point** *litt* : *je ne crois point qu'elle veuille l'épouser* I do not believe ou it is not my belief that she wants to marry him.

B. AVEC 'QUE' : *ils ne font que répéter ce qu'on leur a dit* all they (ever) do is repeat what they've been told / *je ne fais que d'arriver sout* I've only just arrived / *il n'a pas que des amis* not everybody likes him / *je n'ai pas que cette idée-là* that's not the only idea I have / *il n'y a pas que toi sur terre!* you're not the only person in the world (you know)! / *tu n'as pas que ta famille, tu as aussi tes amis* you don't just have your family, you have your friends as well / *tu ne sais dire que des mensonges* all you ever do is tell lies / *vous n'avez qu'à lui en parler* all you have to do is speak to him (about it) / *je n'ai pas d'autre solution que celle-là* I have no other solution but that.

C. EMPLOYÉ SEUL 1. *sout* [avec une valeur négative] ▸ **je ne puis** I cannot ▸ **il n'ose** he dare not / *il ne cesse de m'appeler* he won't stop calling me / *il n'ose le lui dire* he doesn't dare tell her / *je ne sais quoi faire* I don't know what to do / *qui n'agirait ainsi dans de telles circonstances?* who wouldn't do the same in such circumstances? / *quel père n'aiderait son fils?* what father would refuse to help his son? / *il y a bien longtemps que je ne t'ai vu* I haven't seen you for ages / *voilà trois jours que je ne l'ai vue* I haven't seen her for three days / *il y a six jours qu'il n'est venu* he hasn't been for six days / *je lui demanderais, si ma timidité ne m'en empêchait* I would ask him if I were not so shy / *il n'y a rien dans tout cela qui ne soit parfaitement exact* there is nothing in all that which is not perfectly correct / *il n'y a rien qu'il ne fasse pour vous* there's nothing he wouldn't do for you / *je n'avais rien qui ne lui appartînt aussi* I had nothing that didn't also belong to him / *prenez garde qu'on ne vous voie* be careful (that) nobody sees you / *que ne le disais-tu plus tôt?* why didn't you say so earlier!, if only you had said so earlier! / *que ne dit-elle ce qu'elle en pense?* why doesn't she say what she thinks (about it)? / *que ne ferais-je pour vous?* what wouldn't I do for you? / *n'était son grand âge, je l'aurais congédié litt* had it not been for his advanced age, I would have dismissed him / *n'ayez crainte, je le préviendrai* don't worry, I'll tell him **2.** *sout* [avec une valeur explétive] : *je crains qu'elle n'en parle* I'm frightened she'll talk (about it) ▸ **je crains qu'il n'accepte** I'm afraid he might say yes / *sa seule crainte, c'était qu'on ne le renvoyât* all he was afraid of ou his only fear was of being dismissed / *je tremble qu'il ne soit trop tard* I'm afraid it might be too late / *on redoute que l'épidémie ne s'étende* there are fears that the epidemic might spread / *de peur qu'elle ne le voie* for fear she might see him / *évite qu'il ne te rencontre* try to avoid meeting him / *je ne doute pas qu'il ne soit sympathique* I don't doubt (that) he's nice / *peu s'en faut qu'il n'ait réussi* he very nearly succeeded / *à moins qu'il ne vous le dise* unless he tells you / *avant que je ne parte* before I go / *sans que je ne le dise* without me ou my saying it / *il se porte mieux que je ne croyais* he's better than I'd imagined / *c'est moins efficace que je ne l'espérais* it's not as effective as I'd hoped / *elle est plus douée que vous ne croyez* she's more gifted than you think.

N-E (abr écrite de **Nord-Est**) NE.

né, e [ne] ◆ pp ⟶ **naître.** ◆ adj born / *né le 17 juin* born on the 17th of June UK, born on June 17th US / *un bébé né prématurément à huit mois* a premature baby born at 8 months ▸ **Clara Brown, née Moore** Clara Brown, née ou nee Moore ▸ **c'est une musicienne née** she's a born musician, she was born (to be) a musician ▸ **une personne bien née** a person of high birth.

Néandertal [neɑ̃dɛʀtal] npr ⟶ **homme.**

néandertalien, enne [neɑ̃dɛʀtaljɛ̃, ɛn] adj Neanderthal.

⟡ **néandertalien** nm Neanderthal man.

néanmoins [neɑ̃mwɛ̃] adv nevertheless, nonetheless / *votre proposition m'intéresse beaucoup; néanmoins, je souhaiterais l'examiner plus attentivement* I'm very interested in your proposal; nevertheless, I should like to examine it more carefully / *ce travail est bon, néanmoins vous pouvez mieux faire* your work is good, nevertheless ou yet you can do better / *je souhaiterais néanmoins qu'il vienne* I would nevertheless ou nonetheless like him to come / *il est brillant et néanmoins très modeste* he is brilliant but nonetheless ou nevertheless very modest.

néant [neɑ̃] nm **1.** [non-être] nothingness / *une voix sortie du néant* a voice that seemed to come from nowhere **2.** [superficialité] vacuousness / *dans tous leurs discours, je ne trouve que le néant* I find all their speeches totally vacuous **3.** *sout* [manque de valeur] worthlessness, triviality / *le néant de la gloire* the emptiness of fame **4.** ADMIN ▸ **enfants: néant** children: none.

néanthropien, enne [neɑ̃tʀɔpjɛ̃, ɛn] adj neoanthropic.

⟡ **néanthropien** nm neoanthropic species.

Nebraska [nebʀaska] npr m ▸ **le Nebraska** Nebraska ▸ **au Nebraska** in Nebraska.

nébuleux, euse [nebylø, øz] adj **1.** [nuageux] cloudy, clouded / *un ciel nébuleux* a cloudy ou an overcast sky **2.** *fig* [obscur] obscure, nebulous.

⟡ **nébuleuse** nf **1.** ASTRON nebula ▸ **nébuleuse diffuse / obscure / planétaire** diffuse / dark / planetary nebula **2.** *fig* [amas confus] : *leur projet était encore à l'état de nébuleuse* their plan was still pretty vague, they still had only the bare outlines of a plan.

nébulisation [nebylizasjɔ̃] nf nebulization.

nébuliser [3] [nebylize] vt to nebulize.

nébuliseur [nebylizœʀ] nm nebulizer.

nébulosité [nebylozite] nf **1.** [nuage] haze, nebulosity **2.** MÉTÉOR cloud cover **3.** *litt & fig* [imprécision] haziness, nebulousness.

nécessaire [nesesɛʀ] ◆ adj **1.** [indispensable] necessary / *un mal nécessaire* a necessary evil / *l'opération ne sera pas nécessaire* it will not be necessary to operate ▸ **si (c'est) nécessaire** if necessary, if need be / *je viendrai si c'est vraiment nécessaire* I'll come if it's really necessary / *est-il nécessaire de la mettre* ou *qu'elle soit au courant?* does she have ou need to know? / *leur séparation était devenue nécessaire* it had become necessary for them to part ▸ **nécessaire à** : *l'eau est nécessaire aux plantes* plants need water / *cette introduction est nécessaire à la compréhension du texte* it is necessary to read this introduction to understand the text **2.** [requis - aptitude] necessary, requisite / *toutes les qualités nécessaires* all the necessary qualities **3.** [logique, inévitable] necessary, unavoidable, inevitable / *le chômage est-il la conséquence nécessaire de la crise?* is unemployment a necessary consequence of the crisis? ◆ nm **1.** [choses indispensables] bare necessities / *n'emportez que le strict nécessaire* just take the basic essentials ou what's absolutely necessary **2.** [démarche requise] ▸ **faire le nécessaire** : *je ferai le nécessaire pour vos réservations* I'll see to your reservations / *ne vous inquiétez pas, j'ai fait le nécessaire* don't worry, I've taken care of things ou I've done what had to be done **3.** [trousse, étui] ▸ **nécessaire à couture** needlework basket ▸ **nécessaire à ongles** manicure set ▸ **nécessaire à ouvrage** workbox ▸ **nécessaire de toilette** toilet case, sponge bag UK ▸ **nécessaire de voyage** grip, travel ou overnight bag UK.

nécessairement [nesesɛʀmɑ̃] adv **1.** [inévitablement] necessarily, unavoidably, inevitably / *nécessairement, il devait y avoir collision* the crash was unavoidable **2.** [obligatoirement] necessarily, of necessity *sout* ▸ **pas nécessairement** not necessarily / *ce n'est pas nécessairement vrai* it's not necessarily true / *il y a nécessairement une explication à tout cela* there must be an explanation for all this **3.** LOGIQUE necessarily ▸ **condition nécessairement présente** necessary condition.

nécessité [nesesite] nf **1.** [caractère nécessaire] necessity, need / *la nécessité de dormir / vaincre* the need to sleep / to win / *elle ne voit pas la nécessité de se marier* she doesn't see any need to get married / *être dans la nécessité de* to find it necessary to, to have no choice but to / *la crise nous a mis dans la nécessité de renvoyer la moitié du personnel* the crisis made it necessary for us ou gave us no choice but to lay off half the staff ; [chose indispensable] necessity / *c'est une nécessité absolue de faire bouillir l'eau* it is absolutely necessary ou essential to boil the water / *la liberté de la presse est une nécessité* freedom of the press is essential ou a necessity ▸ **de première nécessité a)** [dépenses, fournitures] basic **b)** [objets, denrées] essential / *vous devez de toute nécessité réparer le toit* it's absolutely imperative ou essential that you repair the roof ▸ **faire de nécessité vertu** to make a virtue out of necessity ▸ **nécessité fait loi** *prov* necessity knows no law, what must be done must be done / *nécessité faisant loi, il dut vendre le parc* sheer necessity forced him to sell the park **2.** *vieilli* [indigence] destitution, poverty ▸ **être dans la nécessité** to be in need **3.** PHILOS necessity **4.** DR ▸ **état de nécessité** necessity.

⟡ **nécessités** nfpl : *des nécessités financières nous obligent à...* we are financially bound to... ▸ **nécessités militaires** military requirements.

⟡ **par nécessité** loc adv of necessity, necessarily, unavoidably / *on dut par nécessité vendre la moto* there was no choice but to sell the motorbike.

NE... PAS AND NE... PLUS WITH EXPRESSIONS OF TIME

The difference in meaning between these two negative structures is about whether the action / event expressed by the verb in the negative took place at all in the past, as we find in English with the difference between
***a)* not**
and
***b)* no longer, no more** or **not any more / longer**.

Ne... plus carries the idea that a prior action / event is no longer in existence at the time of speaking. But in French there is a further distinction between these two negative constructions, when they occur with expressions of time: it relates to the choice of tenses. Compare these two examples:

1) Il n'a pas plu depuis six mois.
2) Il ne pleut plus depuis six mois.

Both mean ***it hasn't rained for six months***, but the implications are slightly different. Example **1)** expresses the enduring nature of the drought, through the use of a past tense that is associated with lasting actions / events: the perfect tense. In example **2)** the particle is not **pas** but **plus**, a word that embodies the idea that an action / event once occurred and now no longer does. Because the 'time' aspect of the meaning is embedded in the particle **plus**, the verb itself does not need to reflect time (in contrast with the verb in example **1)** and is used in the present.

When considering situations from the point of view of the past, the tense which goes with **pas** is the pluperfect, while the tense to use with **plus** is the imperfect. Here is a summary table:

situation	tense to be used in the clause containing the expression of time	tense to be used in the clause containing the negative construction
when talking from the point of view of the present	**present**	**perfect (with pas) or present (with plus)**
	Cela fait six mois qu'	il n'a pas plu. il ne pleut plus.
	It hasn't rained for six months.	
when talking from the point of view of the past	**imperfect**	**pluperfect (with pas) or imperfect (with plus)**
	Il y avait dix ans qu'	elle n'avait pas joué Antigone. elle ne jouait plus Antigone.
	She hadn't played Antigone for ten years.	

On occasion you will come across **ne... plus** with those tenses that are shown in the table to be associated with **ne... pas**: Il n'a plus plu depuis six mois. (perfect) or Il y avait dix ans qu'elle n'avait plus joué Antigone. (pluperfect). The meaning is the same as given above for **ne... pas**.
On the other hand, **ne... pas** is only ever found with the tenses shown in the table.

nécessiter [nesesite] vt to require, to demand / *cela nécessite la présence de toute la famille* it requires the whole family to be present / *cela nécessite que vous veniez* that means you have to come / *ce travail nécessite beaucoup de patience* this job requires a lot of patience.

nécessiteux, euse [nesesitø, øz] *sout* ◆ adj needy, in need / *une famille nécessiteuse* a family in great need, a very needy family. ◆ nm, f needy person ▸ **les nécessiteux** the needy.

neck [nɛk] nm GÉOL neck.

nec plus ultra [nɛkplyzyltʀa] nm inv last word, ultimate / *le nec plus ultra des cuisines intégrées* the last word in built-in kitchens.

nécrobie [nekʀɔbi] nf scavenger beetle, necrobia *spéc.*

nécrologie [nekʀɔlɔʒi] nf **1.** [liste] necrology **2.** [notice biographique] obituary **3.** [rubrique] obituary column.

nécrologique [nekʀɔlɔʒik] adj obituary *(modif).*

nécromancie [nekʀɔmɑ̃si] nf necromancy.

nécromancien, enne [nekʀɔmɑ̃sjɛ̃, ɛn] nm, f necromancer.

nécrophage [nekʀɔfaʒ] adj necrophagous.

nécrophile [nekʀɔfil] adj & nmf necrophiliac, necrophile.

nécrophilie [nekʀɔfili] nf necrophilia, necrophilism.

nécrophore [nekʀɔfɔʀ] nm burying beetle.

nécropole [nekʀɔpɔl] nf necropolis.

nécrose [nekʀoz] nf **1.** MÉD necrosis **2.** BOT canker, necrosis.

nécroser [3] [nekʀoze] vt **1.** MÉD to necrotize, to cause necrosis to **2.** BOT to canker.
❖ **se nécroser** vpi **1.** MÉD to necrotize, to undergo necrosis **2.** BOT to canker.

nécrotique [nekʀɔtik] adj necrotic.

nectaire [nɛktɛʀ] nm nectary.

nectar [nɛktaʀ] nm [gén] nectar.

nectarifère [nɛktaʀifɛʀ] adj nectariferous.

nectarine [nɛktaʀin] nf nectarine.

néerlandais, e [neɛʀlɑ̃dɛ, ɛz] adj Dutch.
❖ **Néerlandais, e** nm, f Dutchman (Dutchwoman) ▸ **les Néerlandais** the Dutch.
❖ **néerlandais** nm LING Dutch.

néerlandophone [neɛʀlɑ̃dɔfɔn] ◆ adj Dutch-speaking. ◆ nmf Dutch speaker.

nef [nɛf] nf **1.** ARCHIT nave ▸ **nef latérale** (side) aisle **2.** *arch* ou *litt* [vaisseau] vessel, craft / **'la Nef des fous'** *Bosch* 'The Ship of Fools'.

néfaste [nefast] adj **1.** [nuisible] harmful, noxious / *le gel a été néfaste aux récoltes* the frost has been disastrous for the crops / *une influence néfaste* a bad influence **2.** *litt* [tragique] ill-fated **3.** ANTIQ ▸ **jours néfastes** dies nefasti.

Néfertiti [nefɛʀtiti] npr Nefertiti.

nèfle [nɛfl] nf **1.** BOT medlar ▸ **nèfle du Japon** loquat **2.** EXPR **des nèfles!** *fam* no way!

néflier [nɛflije] nm medlar (tree).

négateur, trice [negatœʀ, tʀis] *litt* ◆ adj negative. ◆ nm, f decrier, detractor.

négatif, ive [negatif, iv] adj **1.** [réponse, attitude] negative **2.** ÉLECTR, LING & MÉD negative **3.** MATH ▸ **un nombre négatif** a negative ou minus number.
❖ **négatif** nm PHOT negative.
❖ **négative** nf ▸ **dans la négative** if not / *répondre par la négative* to give a negative answer, to answer in the negative.

négation [negasjɔ̃] nf **1.** [gén & PHILOS] negation **2.** GRAM negative (form).

négationnisme [negasjɔnism] nm negationism.

négationniste [negasjɔnist] adj negationist.

négativement [negativmɑ̃] adv negatively / *ils ont répondu négativement* they said no / *la crise influence négativement le pouvoir d'achat* the crisis is having a negative effect on purchasing power / *elle juge toujours négativement le travail des autres* she always judges other people's work negatively.

négativisme [negativism] nm negativism.

négativité [negativite] nf **1.** *sout* negativity, negativeness **2.** ÉLECTR negativity.

négaton [negatɔ̃] nm negaton.

négatoscope [negatɔskɔp] nm negative viewer, light box.

négligé, e [negliʒe] adj [tenue, personne] sloppy, scruffy, slovenly ; [coiffure] unkempt, untidy.
❖ **négligé** nm **1.** [débraillé, laisser-aller] scruffiness, slovenly ou untidy appearance **2.** [robe d'intérieur] negligee, negligé.

négligeable [negliʒabl] adj [somme] trifling ; [détail] unimportant, trifling ; [différence] negligible, insignificant / *son augmentation n'est pas négligeable* he's been given a quite considerable rise / *elle a une influence non négligeable sur lui* she has a not inconsiderable influence over him.

négligemment [negliʒamɑ̃] adv **1.** [sans soin] negligently, carelessly **2.** [avec nonchalance] negligently, casually / *un foulard négligemment noué autour du cou* a scarf casually tied around his neck.

négligence [negliʒɑ̃s] nf **1.** [manque de soin] negligence, carelessness / *habillé avec négligence* sloppily ou carelessly dressed **2.** [manque d'attention] negligence, neglect / *la négligence du conducteur* the driver's negligence ; [oubli] oversight / *l'erreur est due à une négligence de ma secrétaire* the error is due to an oversight on the part of my secretary **3.** [nonchalance] negligence, casualness, nonchalance / *feuilletant son livre avec négligence* casually leafing through her book **4.** DR ▸ **négligence criminelle** criminal negligence.

négligent, e [negliʒɑ̃, ɑ̃t] adj **1.** [non consciencieux] negligent, careless, neglectful / *vous avez été très négligent dans l'exercice de vos fonctions* you have been very negligent in your duty ou very neglectful of your duties **2.** [nonchalant] negligent, casual, nonchalant / *d'un geste négligent, il ramassa le livre* he casually picked up the book.

négliger [17] [negliʒe] vt **1.** [se désintéresser de - études, santé, ami] to neglect / *si tu négliges ce rhume, il ne fera qu'empirer* if you don't take care of ou if you neglect that cold it'll only get worse / *il néglige sa tenue ces derniers temps* he hasn't been taking care of his appearance lately / *ne négligez pas votre devoir de citoyen* don't be neglectful of your duty as a citizen **2.** [dédaigner] to disregard / *il ne faut pas négliger son offre* don't disregard her offer / *en négligeant ses conseils, tu t'exposes à perdre de l'argent* if you disregard ou ignore his advice, you run the risk of losing money **3.** [omettre] to neglect / *les enquêteurs n'ont rien négligé pour retrouver l'assassin* the police left no stone unturned in their efforts to find the murderer.
❖ **se négliger** vpi **1.** [être mal habillé] to be careless about ou to neglect one's appearance **2.** [se désintéresser de sa santé] to be neglectful of ou to neglect one's health.

négoce [negɔs] nm *sout* **1.** [activité] business, trade, trading / *le négoce du vin* the wine trade **2.** [entreprise] business / *un petit négoce* a small business.

négociabilité [negɔsjabilite] nf negotiability.

négociable [negɔsjabl] adj negotiable ▸ **non négociable** non-negotiable.

négociant, e [negɔsjɑ̃, ɑ̃t] nm, f **1.** [commerçant] merchant, trader / *négociant en vins* wine merchant **2.** [grossiste] wholesaler.

négociateur, trice [negɔsjatœʀ, tʀis] nm, f COMM & POL negotiator.

négociation [negɔsjasjɔ̃] nf negotiation ▸ **négociations salariales** wage bargaining / *les deux pays ont entamé des négociations* the two countries have started ou begun negotiations.

négocier [9] [negɔsje] ◆ vt **1.** COMM, FIN & POL to negotiate **2.** AUTO ▸ **négocier un virage** to negotiate a bend. ◆ vi to negotiate.

❖ **se négocier** vp *(emploi passif)* : *l'ancien se négocie à plus de deux mille euros le mètre carré* old flats can go for over two thousand euros per square metre.

nègre, négresse [nɛgʀ, negʀɛs] nm, f Negro (Negress) *(note: the terms «nègre» and «négresse», like their English equivalents, are considered racist in most contexts)* ▸ **nègre blanc** [à peau claire] white Negro ▸ **négresse blanche** white Negress ▸ **nègre marron** HIST maroon.

❖ **nègre** ◆ nm **1.** [écrivain] ghost (writer) **2.** CULIN ▸ **nègre en chemise** *chocolate coated with whipped cream.* ◆ adj ART & MUS Negro.

❖ **nègre blanc** adj inv : *une motion nègre blanc* a motion that's neither one thing nor the other.

négrier, ère [negʀije, ɛʀ] adj slave *(modif)* ▸ **navire négrier** slave ship, slaver.

❖ **négrier** nm **1.** [marchand d'esclaves] slave trader, slaver **2.** [bateau] slave ship, slaver **3.** *péj* [employeur] slave driver.

négrillon, onne [negʀijɔ̃, ɔn] nm, f *(raciste) racist term used with reference to black children* ; ≃ piccaninny.

négritude [negʀityd] nf negritude.

négro [negʀo] nm *(raciste) racist term used with reference to black people* ; ≃ nigger *(raciste).*

négro-africain, e [negʀoafʀikɛ̃, ɛn] *(mpl* **négro-africains**, *fpl* **négro-africaines**) adj Black African.

négroïde [negʀɔid] adj & nmf Negroid.

negro spiritual *(pl* **negro spirituals**), **négro-spiritual*** [negʀospiʀitɥol] nm Negro spiritual.

négus [negys] nm Negus.

neige [nɛʒ] nf **1.** MÉTÉOR snow ▸ **neige fondue a)** [pluie] sleet **b)** [boue] slush ▸ **les neiges éternelles** permanent snow ▸ **pneu neige** snow tyre ▸ **neige poudreuse** powdery snow ▸ **neige tôlée** crusted snow **2.** CHIM ▸ **neige carbonique** dry ice **3.** *tfam* [cocaïne] snow **4.** CULIN : *battez les blancs en neige* whisk the whites until they form peaks / *œufs en neige* stiffly-beaten egg whites.

❖ **à la neige** loc adv *fam* LOISIRS on a skiing holiday UK ou vacation US / *j'emmène les enfants à la neige* I'm taking the children skiing.

❖ **de neige** loc adj **1.** MÉTÉOR : *chute* ou *giboulée de neige* snowfall, fall of snow **2.** LOISIRS ▸ **station de neige** winter sports ou ski resort **3.** *litt* [blanc] snow-white, snowy.

neigeoter [nɛʒɔte] v impers *fam* : *il neigeote* it's trying to snow.

neiger [23] [neʒe] v impers ▸ **il neige** it's snowing.

neigeux, euse [nɛʒø, øz] adj **1.** [cime] snowcapped, snow-clad **2.** [hiver, temps] snowy **3.** *sout* [duvet, cheveux] : *sa crinière neigeuse* his snowy mane of hair.

nem [nɛm] nm CULIN (Vietnamese) small spring roll.

némalion [nemaljɔ̃] nm nemalion ▸ **les némalions** the Nemalionales.

nématode [nematɔd] nm nematode, roundworm.

Némésis [nemezis] npr Nemesis.

néné [nene] nm *fam* boob *(breast).*

nénette [nenɛt] nf *fam* [femme] bird UK, broad US.

nenni [neni] adv *vieilli* nay / *liberté d'expression ? Que nenni !* freedom of expression ? I think not !

nénuphar, nénufar* [nenyfaʀ] nm water lily ▸ **nénuphar jaune** ou **des étangs** yellow water ou pond lily.

néo- [neo] préf neo-.

néoblaste [neɔblast] nm neoblast.

néo-calédonien, enne *(mpl* **néo-calédoniens**, *fpl* **néo-calédoniennes**), **néocalédonien*, enne** [neɔkaledɔnjɛ̃, ɛn] adj New Caledonian.

❖ **Néo-Calédonien, enne, Néocalédonien*, enne** nm, f New Caledonian.

néocapitalisme [neɔkapitalism] nm neo-capitalism.

néocapitaliste [neɔkapitalist] adj & nmf neo-capitalist.

néoclassicisme [neɔklasisism] nm neoclassicism.

néoclassique [neɔklasik] adj neoclassic, neoclassical.

néocolonial, e [neɔkɔlɔnjal] adj neocolonial.

néocolonialisme [neɔkɔlɔnjalism] nm neocolonialism.

néocolonialiste [neɔkɔlɔnjalist] ◆ adj neocolonial, neocolonialist. ◆ nmf neocolonialist.

néocortex [neokɔʀtɛks] nm ANAT neocortex, isocortex.

néodarwinisme [neɔdaʀwinism] nm neo-Darwinism.

néofascisme [neɔfaʃism] nm neofascism.

néofasciste [neɔfaʃist] adj & nmf neofascist.

néoformation [neɔfɔʀmasjɔ̃] nf **1.** BIOL neoformation, new growth **2.** MÉD neoplasm.

néoformé, e [neɔfɔʀme] adj **1.** BIOL newly grown **2.** MÉD neoplastic.

néogène [neɔʒɛn] ◆ adj Neogene. ◆ nm Neogene (period).

néogothique [neɔgɔtik] ◆ adj neogothic. ◆ nm neogothic (style).

néogrec, néogrecque [neɔgʀɛk] adj **1.** [de la Grèce moderne] Modern Greek **2.** ART neo-Grec.

❖ **néogrec** nm LING Modern Greek.

néo-guinéen, enne [neɔgineɛ̃, ɛn] *(mpl* **néo-guinéens**, *fpl* **néo-guinéennes**) adj New Guinean.

❖ **Néo-Guinéen, enne** nm, f New Guinean.

néo-hébridais, e [neɔebʀidɛ, ɛz] *(mpl* **néo-hébridais**, *fpl* **néo-hébridaises**) adj from the New Hebrides, Vanuatuan.

❖ **Néo-Hébridais, e** nm, f Vanuatuan.

néo-impressionnisme [neɔɛ̃pʀesjɔnism] *(pl* **néo-impressionnismes**) nm neo-impressionism.

néo-impressionniste [neɔɛ̃pʀesjɔnist] *(pl* **néo-impressionnistes**) adj & nmf neo-impressionist.

néokantisme [neɔkɑ̃tism] nm neo-Kantism, neo-Kantianism.

néolibéralisme [neɔlibeʀalism] nm neo-liberalism.

néolithique [neɔlitik] ◆ adj Neolithic. ◆ nm Neolithic (period).

néologie [neɔlɔʒi] nf neology.

néologique [neɔlɔʒik] adj neological.

néologisme [neɔlɔʒism] nm LING & PSYCHOL neologism.

néomortalité [neɔmɔʀtalite] nf neonatal mortality.

néon [neɔ̃] nm **1.** [gaz] neon **2.** [éclairage] neon (lighting) ; [lampe] neon (lamp).

néonatal, e, als [neɔnatal] adj neonatal.

néonatalogie [neɔnatalɔʒi] nf neonatalogy.

néonazi, e [neɔnazi] adj & nm, f neo-Nazi.

néonazisme [neɔnazism] nm neo-Nazism, neo-Naziism.

néophyte [neɔfit] nmf **1.** [nouvel adepte] neophyte, novice **2.** RELIG neophyte, novice.

néoplasie [neɔplazi] nf neoplasm.

néoplasique [neɔplazik] adj neoplastic.

néoplasme [neɔplasm] nm neoplasm.

néoplasticisme [neɔplastisism] nm neoplasticism.

néoplatonicien, enne [neɔplatɔnisjɛ̃, ɛn] ◆ adj Neoplatonic. ◆ nm, f Neoplatonist.

néoplatonisme [neɔplatɔnism] nm Neoplatonism.

néopositivisme [neɔpozitivism] nm logical positivism.

néopositiviste [neɔpozitivist] adj & nmf logical positivist.

Néoprène® [neɔpʀɛn] nm neoprene.

néo-québécois, e [neɔkebekwa, az] adj from New Quebec.

❖ **Néo-Québécois, e** nm, f New Quebecker.

néoréalisme [neɔʀealism] nm neorealism.

néoréaliste [neɔʀealist] adj & nmf neorealist.

néotectonique [neɔtɛktɔnik] nf neotectonics *(sg).*

néo-zélandais, e *(mpl* **néo-zélandais**, *fpl* **néo-zélandaises**), **néozélandais*, e** [neɔzelɑ̃dɛ, ɛz] adj from New Zealand ▸ **agneau néo-zélandais** New Zealand lamb.

❖ **Néo-Zélandais, e, Néozélandais*, e** nm, f New Zealander.

Népal [nepal] npr m ▸ **le Népal** Nepal ▸ **au Népal** in Nepal.

népalais, e [nepalɛ, ɛz] adj Nepalese, Nepali.

❖ **Népalais, e** nm, f Nepalese (person), Nepali ▸ **les Népalais** the Nepalese.

❖ **népalais, népali** nm LING Nepalese, Nepali.

népérien, enne [nepeʀjɛ̃, ɛn] adj [logarithme] natural, Napierian.

néphralgie [nefʀalʒi] nf nephralgia.

néphrectomie [nefʀɛktɔmi] nf nephrectomy.

néphrétique [nefʀetik] adj nephritic.

néphrite [nefʀit] nf **1.** MÉD nephritis **2.** MINÉR nephrite.

néphrologie [nefʀɔlɔʒi] nf nephrology.

néphrologique [nefʀɔlɔʒik] adj nephrological.

néphrologue [nefʀɔlɔg] nmf nephrologist *spéc*, kidney specialist.

néphron [nefʀɔ̃] nm nephron.

néphropathie [nefʀɔpati] nf nephropathy.

néphrose [nefʀoz] nf nephrosis.

népotisme [nepɔtism] nm nepotism.

Neptune [nɛptyn] npr Neptune.

neptunium [nɛptynjɔm] nm neptunium.

néréide [neʀeid] nf ZOOL nereis.

Néréide [neʀeid] npr ASTRON Nereid.

❖ **Néréides** npr fpl MYTH ▸ **les Néréides** the Nereides.

néréis [neʀeis] nm = **néréide**.

nerf [nɛʀ] nm **1.** ANAT nerve ▸ **nerf afférent / efférent** afferent / efferent nerve ▸ **nerf moteur / sensitif / mixte** motor / sensor / mixed nerve ▸ **nerf gustatif** gustatory nerve ▸ **avoir les nerfs malades** *vieilli* to suffer from nerves / *la pauvre, elle a les nerfs malades* the poor thing's suffering with her nerves ▸ **ses nerfs ont fini par lâcher** she eventually cracked ▸ **avoir les nerfs à cran** *fam* ou **en boule** *fam* ou **en pelote** to be wound up, to be on edge ▸ **avoir les nerfs à fleur de peau** ou **à vif** to be a bundle of nerves ▸ **avoir les nerfs solides** ou **des nerfs d'acier** to have nerves of steel ▸ **il a ses nerfs en ce moment** *fam* he's a bag of nerves ou rather on edge at the moment ▸ **être sur les nerfs** to be worked up / *on est tous sur les nerfs depuis ce matin* we've all been on edge since this morning ▸ **il est toujours** ou **il vit sur les nerfs** he's highly-strung, he lives on his nerves ▸ **ne passe pas tes nerfs sur moi** *fam* don't take it out on me ▸ **porter** *fam* ou **taper** *fam* **sur les nerfs de qqn** to get on sb's nerves / *le grincement de la girouette lui portait sur les nerfs* the creaking of the weather vane was grating on his nerves / *tu commences à me taper sur les nerfs !* *fam* you're starting to get on my wick UK ou nerves ! **2.** *(toujours au sg)* [énergie] : *elle manque de nerf pour diriger l'entreprise* she hasn't got what it takes to run the company / *son style manque de nerf* his style is a bit weak / *ça, c'est une voiture qui a du nerf !* now that's what I call a responsive car ! ▸ **allez, du nerf !** come on, put some effort into it ! **3.** [tendon] piece of gristle / *une viande pleine de nerfs* a gristly ou stringy piece of meat **4.** IMPR rib ▸ **faux nerf** false rib **5.** MIN horse, rock vein.

❖ **nerf de bœuf** nm bludgeon.

néritique [neʀitik] adj GÉOL neritic, relating to the coastal belt ▸ **zone néritique** neritic zone.

Néron [neʀɔ̃] npr Nero.

* In reformed spelling (see p. 16-19).

nerprun [nɛʀpʀœ̃] nm buckthorn.

nervation [nɛʀvasjɔ̃] nf venation, nervation, nervature.

nerveusement [nɛʀvøzmɑ̃] adv **1.** MÉD nervously / *elle est fatiguée nerveusement* she's suffering from nervous exhaustion / *nerveusement, ça l'a beaucoup marqué* it really shook (up) his nerves **2.** [de façon agitée] nervously, restlessly ; [avec impatience] nervously, impatiently ▸ **rire nerveusement** to laugh nervously.

nerveux, euse [nɛʀvø, øz] ◆ adj **1.** ANAT & MÉD [système, dépression, maladie] nervous ; [centre, influx] nerve *(modif)* **2.** [énervé -de nature] nervous, highly-strung ; [-passagèrement] on edge / *tu me rends nerveux* you're making me nervous / *être nerveux avant une entrevue* to be nervous ou on edge before an interview **3.** [toux, rire] nervous **4.** [énergique -cheval] spirited, vigorous ; [-voiture] responsive ; [-style] energetic, forceful, vigorous **5.** [dur -viande] gristly, stringy. ◆ nm, f nervous ou highly-strung person.

nervi [nɛʀvi] nm [tueur] hired killer, hitman ; [homme de main] henchman, thug.

nervosité [nɛʀvozite] nf **1.** MÉD nervosity **2.** [excitation -passagère] nervousness, tension, agitation ; [-permanente] nervousness / *la nervosité du candidat* the candidate's uneasiness **3.** [irritabilité] irritability, touchiness **4.** [vigueur] responsiveness / *un moteur d'une grande nervosité* a highly responsive engine.

nervure [nɛʀvyʀ] nf **1.** BOT vein, nervure **2.** ZOOL vein **3.** AÉRON & MÉTALL rib ; AUTO stiffening rib **4.** IMPR rib **5.** TECHNOL flange **6.** COUT piping **7.** ARCHIT & CONSTR rib.

nervurer [3] [nɛʀvyʀe] vt **1.** BOT & ZOOL to vein **2.** AÉRON & ARCHIT to rib **3.** IMPR to rib, to band **4.** TECHNOL to flange **5.** COUT to pipe.

Nescafé® [nɛskafe] nm Nescafé®, instant coffee.

n'est-ce pas [nɛspa] loc adv **1.** [sollicitant l'acquiescement] : *vous viendrez, n'est-ce pas?* you'll come, won't you? / *elle a téléphoné, n'est-ce pas?* she phoned, didn't she? / *nous pouvons compter sur vous, n'est-ce pas?* we can count on you, can't we? / *vous savez, n'est-ce pas, ce qu'il en est* you know what the situation is, don't you? / *n'est-ce pas qu'ils sont mignons?* aren't they cute ou sweet? **2.** [emploi expressif] : *la question, n'est-ce pas, reste ouverte* the question, of course, remains unanswered / *lui, n'est-ce pas, ne voyage qu'en première classe hum* he, of course, only ever travels first class.

net, nette [nɛt] adj **1.** [nettoyé] clean, neat / *une chemise pas très nette* a grubby shirt ; [ordonné] (clean and) tidy, neat (and tidy) / *tout est toujours net chez elle* her house is always so neat and tidy **2.** [pur -peau, vin] clear ▸ **net de** *litt* free from / *être net de tout soupçon* to be above suspicion / *être net de tout blâme* to be blameless **3.** [bien défini] clear / *la cassure est nette* the break is clean / *elle a une diction nette* she speaks ou articulates clearly ▸ **une réponse nette** a straight answer ▸ **sa position est nette** her position is clear-cut ▸ **un refus net** a flat refusal / *j'ai la nette impression que...* I have the distinct ou clear impression that... ; [évident] distinct, definite, striking / *il a fait de nets progrès* he's made distinct ou definite progress / *il y a une nette amélioration* there's a marked improvement / *il veut t'épouser, c'est net!* he wants to marry you, that's obvious! **4.** PHOT sharp ▸ **l'image n'est pas nette** the picture isn't very clear **5.** COMM & FIN net ▸ **net d'impôt** tax-free / *net de tout droit* exempt ou free from duty ▸ **bénéfice net** net profit ▸ **revenu net** net income **6.** MIN washed, clean **7.** *fam* EXPR **pas net** [équivoque] : *cette histoire n'est pas nette* there's something fishy ou not kosher about this business / *ce mec n'est pas net* **a)** [suspect] there's something shifty ou shady about that guy **b)** [fou] that guy's a bit funny ou weird.

❖ **net** ◆ adj inv SPORT : *la balle est net* (it's a) let. ◆ adv **1.** [brutalement] ▸ **s'arrêter net** to stop dead ▸ **être tué net** to be killed outright ▸ **couper** ou **casser net avec qqn** to break with sb completely **2.** [sans mentir] frankly, plainly ; [sans tergiverser] frankly, bluntly / *je vous le dis tout net* I'm telling you straight **3.** COMM & FIN net ▸ **je gagne 250 euros net par semaine** ou **250 euros par semaine net** I take home ou my take-home pay is 250 euros a week.

❖ **au net** loc adv ▸ **mettre qqch au net** to make a fair copy of sthg / *je ne veux pas lui donner ce que j'ai mis au net* I don't want to give him my fair ou clean copy / *après mise au net (du texte)* after tidying up (the text).

Net [nɛt] nm ▸ **le Net** the Net.

netcam [nɛtkam] nf INFORM netcam.

netéconomie [nɛtekɔnomi] nf net economy.

netiquette [nɛtikɛt] nf netiquette.

netsuke [nɛtsyke] nm inv netsuke.

nettement [nɛtmɑ̃] adv **1.** [distinctement] clearly, distinctly / *on voit nettement la forme du bec* you can clearly see the shape of the beak / *il apparaît nettement qu'il est en tort* it's clear that he's in the wrong **2.** [avec franchise] clearly, frankly, bluntly / *je lui ai dit très nettement ce que je pensais de lui* I told him bluntly what I thought of him **3.** [beaucoup] definitely, markedly / *je travaille nettement mieux à la maison qu'ici* I work much better at home than here / *il est nettement plus fort que Paul* he's much stronger than Paul / *j'aurais nettement préféré ne pas y être* I would definitely have preferred not to be there.

netteté [nɛtte] nf **1.** [propreté] cleanness, cleanliness **2.** [clarté] clearness, clarity / *netteté des idées* clear thinking **3.** [précision -de l'écriture] neatness, clearness ; [-d'une image, d'un contour] sharpness, clearness / *offensé par la netteté de son refus* offended by the flatness of her refusal.

nettoie v ⟶ **nettoyer.**

nettoiement [nɛtwamɑ̃] nm **1.** [des rues] cleaning **2.** AGR clearing.

nettoyage [nɛtwajaʒ] nm **1.** [d'une maison, d'un vêtement] cleaning / *porter sa robe au nettoyage fam* to take one's dress to the cleaner's ▸ **nettoyage de printemps** spring-cleaning ▸ **nettoyage à sec a)** dry cleaning **b)** [sur une étiquette] 'dry clean only' ▸ **entreprise de nettoyage** cleaning firm ▸ **produits de nettoyage** cleaning agents ▸ **faire le nettoyage par le vide** to make a clean sweep / *avant de déménager, j'ai fait un nettoyage par le vide* before moving, I had a big clean-out **2.** *fam & fig* [d'un quartier, d'une ville] clean-up / *ils ont commencé le nettoyage des rues derrière la gare* they've started cleaning up the area behind the station.

nettoyant [nɛtwajɑ̃] nm [gén] cleaning product, cleanser ; [détachant] stain remover.

nettoyer [13] [nɛtwaje] vt **1.** [rendre propre -gén] to clean ; [-plaie] to clean, to cleanse / *nettoyer une maison à fond* to spring-clean a house / *donner un vêtement à nettoyer* to have a garment cleaned, to take a garment to the cleaner's ▸ **nettoyer à sec** to dry clean / *nettoyer une plate-bande* [désherber] to weed (out) a flower bed / *une averse avait nettoyé le ciel fig* a sudden shower had cleared the sky **2.** [enlever -tache] to remove **3.** *fam* [vider] to clean out *(sép)* / *les cambrioleurs ont tout nettoyé* the burglars cleaned the place out / *je me suis fait nettoyer au poker* I got cleaned out at poker / *et l'héritage? — nettoyé!* what about the inheritance? — all gone! / *en un instant, elle avait nettoyé son assiette* she emptied her plate in a flash **4.** *fam* [quartier] to clean up ou out *(sép)* **5.** *fam* [épuiser] to wear out *(sép)* / *ça suffit pour aujourd'hui, les magasins, je suis nettoyé!* enough shopping for today, I'm worn out! **6.** *tfam* [tuer] to wipe out *(sép)*, to bump off *(sép)* / *les frères Tonini ont été nettoyés* the Tonini brothers have been bumped off.

❖ **se nettoyer** ◆ vpt ▸ **se nettoyer les mains a)** [gén] to clean one's hands **b)** [à l'eau] to wash one's hands / *se nettoyer les ongles* to clean one's nails. ◆ vp *(emploi passif)* : *ça se nettoie facilement* it's easy to clean.

nettoyeur, euse [nɛtwajœʀ, øz] ◆ adj **1.** [d'entretien] cleaning **2.** ORNITH parasite eating. ◆ nm, f **1.** [employé] cleaner **2.** ORNITH parasite eater.

❖ **nettoyeur** nm ▸ **nettoyeur (d'étable)** stable cleaning machine.

neuf[1] [nœf] ◆ dét **1.** nine **2.** [dans des séries] ▸ **Charles IX** Charles the Ninth. ◆ nm inv nine. **Voir aussi cinq.**

neuf[2], **neuve** [nœf, nœv] *(devant* **an, heure** *et* **homme** [nœv] *)* adj **1.** [n'ayant jamais servi] new ▸ **flambant neuf** brand-new / *mon appareil photo n'est plus tout neuf* my camera is a bit old now **2.** [récemment créé -pays] new, young / *notre démocratie est encore neuve* democracy is still in its infancy in our country ▸ **une ville neuve** a new town **3.** [original -point de vue, idée] new, fresh, original ▸ **porter un regard neuf sur qqn / qqch** to take a fresh look at sb / sthg / *ce n'est pas un sujet tout neuf* it's not a very original topic / *connaissances toutes neuves* newly-acquired ou freshly-acquired knowledge / *il est encore (un peu) neuf en matière de...* he's still (relatively) new ou a (relative) newcomer to...

❖ **neuf** nm **1.** [objets nouveaux] : *ici, on vend du neuf et de l'occasion* here we sell both new and second-hand items ▸ **vêtu de neuf** (dressed) in new clothes **2.** [informations nouvelles] ▸ **qu'est-ce qu'il y a de** ou **quoi de neuf?** what's new? / *rien de neuf depuis la dernière fois* nothing new since last time / *il y a eu du neuf dans l'affaire Peters* there have been new developments in the Peters case.

❖ **à neuf** loc adv ▸ **un devis pour la remise à neuf du local / moteur** an estimate for doing up the premises / overhauling the engine / *j'ai remis* ou *refait la maison à neuf* I did up the house like new.

❖ **coup de neuf** nm ▸ **donner un coup de neuf à qqch** to spruce sthg up.

neuneu [nønø] *(pl* **neuneus***)* *fam* ◆ adj stupid, dumb *fam*. ◆ nmf idiot, dummy *fam*.

neural, e, aux [nøʀal, o] adj neural ▸ **plaque neurale** neural plate.

neurasthénie [nøʀasteni] nf MÉD & PSYCHOL neurasthenia / *elle fait de la neurasthénie fam* [de la dépression] she's having a nervous breakdown.

neurasthénique [nøʀastenik] ◆ adj MÉD & PSYCHOL neurasthenic ; *vieilli* [dépressif] depressed. ◆ nmf MÉD & PSYCHOL neurasthenic ; *vieilli* [dépressif] depressed person.

neurinome [nøʀinom] nm neurinoma.

neuro- [nøʀɔ] préf neuro-.

neurobiochimie [nøʀɔbjɔʃimi] nf neurochemistry, neurobiochemistry.

neurobiologie [nøʀɔbjɔlɔʒi] nf neurobiology.

neuroblaste [nøʀɔblast] nm neuroblast.

neurochimie [nøʀɔʃimi] = **neurobiochimie.**

neurochimique [nøʀɔʃimik] adj neurochemical.

neurochirurgical, e, aux [nøʀɔʃiʀyʀʒikal, o] adj neurosurgical.

neurochirurgie [nøʀɔʃiʀyʀʒi] nf neurosurgery.

neurochirurgien, enne [nøʀɔʃiʀyʀʒjɛ̃, ɛn] nm, f neurosurgeon.

neurodégénératif, ive [nøʀɔdeʒeneʀatif, nøʀɔdeʒeneʀativ] adj MÉD neurodegenerative.

neurodépresseur [nøʀɔdepʀɛsœʀ] ◆ adj m neurodepressant. ◆ nm neurodepressor.

neuroendocrinien, enne [nøʀɔɑ̃dɔkʀinjɛ̃, ɛn] adj neuroendocrine.

neuroendocrinologie [nøʀɔɑ̃dɔkʀinɔlɔʒi] nf neuroendocrinology.

neuroleptique [nøʀɔlɛptik] adj & nm neuroleptic.

neurolinguistique [nøʀɔlɛ̃gɥistik] nf neurolinguistics *(sg)*.

neurologie [nøʀɔlɔʒi] nf neurology.

neurologique [nøʀɔlɔʒik] adj neurologic, neurological.

neurologiste [nøʀɔlɔʒist], **neurologue** [nøʀɔlɔg] nmf neurologist.

neuromédiateur [nøʀɔmedjatœʀ] = **neurotransmetteur.**

neuromusculaire [nøʀɔmyskylɛʀ] adj neuromuscular.

neuronal, e, aux [nøʀɔnal, o] adj neuronal.

neurone [nøʀɔn] nm neuron, neurone.

neuropathie [nøʀɔpati] nf neuropathy.

neurophysiologie [nøʀɔfizjɔlɔʒi] nf neurophysiology.

neurophysiologique [nøʀɔfizjɔlɔʒik] adj neurophysiologic, neurophysiological.

neuroplégique [nøʀɔpleʒik] adj & nm neuroplegic.
neuropsychiatre [nøʀɔpsikjatʀ] nmf neuropsychiatrist.
neuropsychiatrie [nøʀɔpsikjatʀi] nf neuropsychiatry.
neuropsychique [nøʀɔpsiʃik] adj neuropsychic.
neuropsychologie [nøʀɔpsikɔlɔʒi] nf neuropsychology.
neuropsychologique [nøʀɔpsikɔlɔʒik] adj neuropsychological.
neuropsychologue [nøʀɔpsikɔlɔg] nmf neuropsychologist.
neuroradiologie [nøʀɔʀadjɔlɔʒi] nf neuroradiology.
neurosciences [nøʀɔsjɑ̃s] nfpl neurosciences.
neurosécrétion [nøʀɔsekʀesjɔ̃] nf neurosecretion.
neurotomie [nøʀɔtɔmi] = **névrotomie.**
neurotransmetteur [nøʀɔtʀɑ̃smɛtœʀ] nm neurotransmitter.
neurotransmission [nøʀɔtʀɑ̃smisjɔ̃] nf neurotransmission.
neurotrope [nøʀɔtʀɔp] adj neurotropic.
neurovasculaire [nøʀɔvaskylɛʀ] adj neurovascular.
neurovégétatif, ive [nøʀɔveʒetatif, iv] adj ▸ **système nerveux neurovégétatif** autonomic nervous system.
neutralisant, e [nøtʀalizɑ̃, ɑ̃t] adj neutralizing.
neutralisation [nøtʀalizasjɔ̃] nf **1.** [gén] neutralization **2.** TECHNOL ▸ **pâte de neutralisation** soap stock.
neutraliser [3] [nøtʀalize] vt **1.** [atténuer] to tone down *(sép)* / *neutraliser un rouge trop vif en y ajoutant du blanc* to tone down a glaring red by adding white **2.** [annuler] to neutralize, to cancel out *(sép)* / *le ministre veut neutraliser les mesures prises par son prédécesseur* the minister wants to neutralize the measures taken by his predecessor **3.** [maîtriser] to overpower, to bring under control / *les agents ont neutralisé le forcené* the police overpowered the maniac **4.** [contrecarrer] to neutralize, to thwart / *neutraliser un concurrent* to thwart a competitor **5.** [bloquer] to close / *la voie rapide est neutralisée dans le sens Paris-province* the fast lane is closed to traffic leaving Paris **6.** POL [déclarer neutre] to neutralize / *neutraliser un État* to neutralize a state **7.** CHIM, ÉLECTR, LING & MÉD to neutralize.
❖ **se neutraliser** vp *(emploi réciproque)* to neutralize / *les deux forces se neutralisent* the two forces cancel each other out.
neutralisme [nøtʀalism] nm neutralism.
neutraliste [nøtʀalist] ◆ adj neutralist, neutralistic. ◆ nmf neutralist.
neutralité [nøtʀalite] nf **1.** [d'une attitude] neutrality / *observer la neutralité* to remain neutral **2.** CHIM & PHYS neutrality **3.** ENS ▸ **neutralité scolaire** secularity of education.
neutre [nøtʀ] ◆ adj **1.** [couleur, décor, attitude, pays] neutral / *d'une voix neutre* in a neutral ou an expressionless voice ▸ **rester neutre** : *je veux rester neutre* I don't want to take sides / *tu ne peux pas rester neutre* you can't remain neutral **2.** CHIM, ÉLECTR & PHYS neutral **3.** LING & ZOOL neuter. ◆ nmf POL ▸ **les neutres** the neutral countries. ◆ nm **1.** LING neuter **2.** ÉLECTR neutral (wire).
neutrino [nøtʀino] nm neutrino.
neutrographie [nøtʀɔgʀafi] nf neutron radiography.
neutron [nøtʀɔ̃] nm neutron.
neutronique [nøtʀɔnik] adj **1.** NUCL neutron *(modif)* **2.** MIL neutron (bomb) *(modif)*.
neutronographie [nøtʀɔnɔgʀafi] = **neutrographie.**
neutrophile [nøtʀɔfil] ◆ adj neutrophil, neutrophile, neutrophilic. ◆ nm neutrophil, neutrophile.
neuvaine [nœvɛn] nf novena.
neuve [nœv] f ⟶ **neuf.**
neuvième [nœvjɛm] ◆ adj num ord ninth ▸ **le neuvième art** cartoons. ◆ nmf ninth / *elle est la neuvième de la classe* she's ninth in the class. ◆ nf **1.** ÉDUC third form UK ou grade US *(in French primary school)* **2.** MUS ninth ▸ **la Neuvième** *fam* Beethoven's Ninth, the Ninth. ◆ nm ninth / *le neuvième de la somme globale* a ninth of the total sum. **Voir aussi cinquième.**
neuvièmement [nœvjɛmmɑ̃] adv ninthly, in ninth place.
Nevada [nevada] npr m ▸ **le Nevada** Nevada.
ne varietur [nevaʀjetyʀ] loc adj inv ▸ **édition ne varietur** definitive edition.
névé [neve] nm **1.** [dans un glacier] névé **2.** [plaque] bank of snow.
neveu [nəvø] nm nephew ▸ **un peu, mon neveu!** *fam* you bet (your sweet life)!, and how!
névralgie [nevʀalʒi] nf neuralgia / *avoir une névralgie* [un mal de tête] to have a headache.
névralgique [nevʀalʒik] adj **1.** MÉD neuralgic **2.** *fig* ⟶ **point.**
névrite [nevʀit] nf neuritis.
névritique [nevʀitik] adj neuritic.
névroglie [nevʀɔgli] nf neuroglia.
névropathe [nevʀɔpat] nmf neuropath.
névrose [nevʀoz] nf neurosis.
névrosé, e [nevʀoze] adj & nm, f neurotic.
névrotique [nevʀɔtik] adj neurotic.
névrotomie [nevʀɔtɔmi] nf neurotomy.
New Age [njuɛdʒ] adj New Age.
New Delhi [njudeli] npr New Delhi.
New Hampshire [njuɑ̃pʃœʀ] npr m ▸ **le New Hampshire** New Hampshire.
New Jersey [njuʒɛʀzɛ] npr m ▸ **le New Jersey** New Jersey.
new-look [njuluk] ◆ nm inv **1.** COUT New Look **2.** [style nouveau] : *le new-look publicitaire* the new style of advertising. ◆ adj inv **1.** COUT New Look *(modif)* **2.** [rénové] new look *(modif)*.
news [njuz] nmpl news / *quelles sont les news?* what's new? / *voilà les dernières news* that's the latest news.
newton [njutɔn] nm newton.
newtonien, enne [njutɔnjɛ̃, ɛn] adj Newtonian.
newton-mètre [njutɔnmɛtʀ] *(pl* **newtons-mètres***)* nm newton metre.
new wave [njuwɛv] nf inv & adj inv new wave.
New York [nujɔʀk] npr **1.** [ville] New York (City) **2.** [état] New York State / *dans l'État de New York* in New York State.
new-yorkais, e [nujɔʀkɛ, ɛz] *(mpl* **new-yorkais***, fpl* **new-yorkaises***)* adj from New York / *les musées new-yorkais* the museums in New York.
❖ **New-Yorkais, e** nm, f New Yorker.
nez [ne] nm **1.** ANAT nose ▸ **avoir le nez bouché** to have a stuffed up ou blocked nose / *avoir le nez qui coule* to have a runny nose / *avoir le nez qui saigne, saigner du nez* to have a nosebleed / *se faire refaire le nez* to have one's nose fixed, to have a nose job ▸ **nez camus** pug nose ▸ **avoir un nez grec** to have a Grecian nose ▸ **nez en trompette** turned-up nose ▸ **avoir un nez en pied de marmite** to have a turned-up nose ▸ **parler du nez** to talk ou to speak through one's nose **2.** [jugement] flair *(U)*, good judgment *(U)*, intuition *(U)* ▸ **avoir du nez** to have good judgment / *elle a du nez pour la qualité des tissus* she's a good judge of fabric, she knows good fabric when she sees it / *il a du nez pour acheter des antiquités* he's got a flair for buying antiques ▸ **j'ai eu du nez** ou **le nez fin** ou **le nez creux** my intuition was good ▸ **tu vois, j'ai eu le nez fin de partir avant minuit** you see, I was right to trust my instinct and leave before midnight **3.** [flair d'un chien] nose / *avoir du nez* to have a good nose **4.** [en parfumerie] *perfume tester* **5.** AÉRON nose / *sur le nez* tilting down **6.** CONSTR (tile) nib ▸ **nez de marche** nosing *(of a stair)* **7.** GÉOGR edge, overhang **8.** NAUT bows / *sur le nez* down by the bows, on the bows **9.** ŒNOL nose / *un vin qui a du nez* a wine with a good nose **10.** TECHNOL shank ▸ **nez de broche** spindle shank **11.** EXPR ▸ **le nez en l'air a)** *pr* looking upwards **b)** *fig* without a care in the world ▸ **avoir le nez dans qqch** : *il a toujours le nez dans une BD* he's always got his nose buried in a comic ▸ **sans lever le nez de qqch** : *sans lever le nez de son travail* without looking up from his / her work ▸ **montrer (le bout de) son nez** to show one's face, to put in an appearance / *le voisin / soleil n'a pas montré son nez de la semaine* the man next door / sun hasn't come out all week ▸ **fermer / claquer la porte au nez à qqn** to shut / to slam the door in sb's face ▸ **au nez (et à la barbe)** ou **sous le nez de qqn** under sb's nose ▸ **avoir le nez sur qqch, être sous le nez de qqn** : *tu as le nez dessus!, il est sous ton nez!* it's right under your nose! ▸ **passer sous le nez de qqn** : *le dernier billet m'est passé sous le nez* I just missed the last ticket ▸ **regarder qqn sous le nez** to stare at sb ▸ **se trouver nez à nez avec qqn** to find o.s. face to face with sb / *l'ayant critiquée dans sa rubrique, il eut le désagrément de se trouver nez à nez avec elle* after criticizing her in his column, he had the unpleasant experience of meeting her face to face ▸ **avoir qqn dans le nez** *fam* : *ce type, je l'ai dans le nez* that guy gets right up my nose UK I can't stand that guy ▸ **ton nez remue!** you're lying!, your nose is growing (longer)! ▸ **tu aurais vu le nez qu'il a fait!** you should have seen his face! ▸ **se voir comme le nez au milieu de la figure** : *ça se voit comme le nez au milieu de la figure* it's as plain as the nose on your face / *elle est jalouse, ça se voit comme le nez au milieu de la figure* she's jealous, it's written all over her face ▸ **faire de son nez** BELG to make a fuss ▸ **se manger** ou **se bouffer** *fam* **le nez** to be at each other's throats ▸ **mettre le nez quelque part** : *elle ne met jamais le nez ici* she never shows her face in here / *je n'ai pas mis le nez dehors depuis une semaine* I haven't put my nose outside the door for a week ▸ **mettre** ou **fourrer son nez dans les affaires de qqn** *fam* to poke ou to stick one's nose in sb's business / *tu n'as pas intérêt à mettre ton nez dans mes affaires* you'd better keep your (big) nose out of my business ▸ **mettre à qqn le nez dans son caca** *tfam* ou **sa merde** *vulg* : *je vais lui mettre le nez dans son caca* ou *sa merde, moi!* I'm going to rub his nose right in it!
❖ **à plein nez** loc adv *fam* : *ça sent le fromage à plein nez* there's a strong smell of cheese.
NF (abr de **Norme française**) nf *label indicating compliance with official French standards* ; ≃ BS UK ; ≃ US standard US
ni [ni] conj nor / *je ne peux ni ne veux venir* I can't come and I don't want to either, I can't come, nor do I want to / *il ne veut pas qu'on l'appelle, ni même qu'on lui écrive* he doesn't want anyone to phone him or even to write to him / *elle ne me parle plus ni même ne me regarde* she doesn't talk to me any more, nor even look at me / *il est sorti sans pull ni écharpe* he went out without either his jumper or his scarf / *il ne manque pas de charme ni d'aisance* he lacks neither charm nor ease of manner / *je n'ai jamais rien mangé ni bu d'aussi bon* I have never eaten or drunk anything so good.
❖ **ni... ni** loc corrélative neither... nor ▸ **ni lui ni moi** neither of us / *ni l'un ni l'autre n'est tout à fait innocent* neither (one) of them is completely innocent / *ni lui ni elle n'est prêt à céder* neither of them is willing to give way / *je ne veux voir ni lui ni elle* I don't want to see either of them / *ni toi ni moi ne pouvons l'aider* neither you nor I can help him, neither of us can help him / *ni ton père ni toi ne le connaissez* neither your father nor you knows him / *je n'aime ni l'un ni l'autre* I don't like either of them, I like neither of them / *ni d'un côté, ni de l'autre* on neither side, on neither one side nor the other ▸ **ni ici ni ailleurs** neither here nor elsewhere / *il n'a répondu ni oui ni non* he didn't say yes and he didn't say no / *il n'est ni plus sot, ni plus paresseux qu'un autre* he's no more silly or lazy than the next man / *c'était comment? — ni bien ni mal* how was it? — OK / **'ni fleurs ni couronnes'** 'no flowers, by request' ▸ **ni vu ni connu** without anybody noticing / *et ni vu, ni connu, il a empoché les pièces* quick as a flash, he pocketed the coins, and nobody was any the wiser ▸ **n'avoir ni dieu ni maître** to serve no master.
niable [njabl] adj deniable / *les faits ne sont pas niables* the facts cannot be denied.
Niagara [njagaʀa] npr m ▸ **les chutes du Niagara** the Niagara falls.

niais, e [njɛ, njɛz] ◆ adj **1.** [sot] simple, simple-minded, inane **2.** ORNITH ▸ **gerfaut niais** nestling gyrfalcon. ◆ nm, f *sout* simpleton, halfwit / *espèce de grand niais!* you great nincompoop!

niaisement [njɛzmɑ̃] adv *sout* inanely, stupidly, foolishly.

niaiser [njeze] vi QUÉBEC to dilly-dally.

niaiserie [njɛzʀi] nf **1.** [caractère] simpleness, inanity, foolishness **2.** [parole] stupid ou inane remark / *cesse de raconter des niaiseries* stop talking such silly nonsense.

niaiseux, euse [njezø, øz] nm, f QUÉBEC idiot.

Niamey [njamɛ] npr Niamey.

niaque, gnaque [njak] nf *fam* determination / *les joueurs ont manqué de niaque* the players lacked drive ▸ **avoir la niaque** to be determined to succeed / *toute l'équipe a la niaque* the whole team is determined to win.

nib [nib] adv *tfam* nothing ▸ **nib de nib!** not a sausage! UK, nothing at all!

nicam, NICAM [nikam] (abr de **Near Instantaneous Companded Audio Multiplex**) nm inv nicam, NICAM.

Nicaragua [nikaʀagwa] npr m ▸ **le Nicaragua** Nicaragua ▸ **au Nicaragua** in Nicaragua.

nicaraguayen, enne [nikaʀagwɛjɛ̃, ɛn] adj Nicaraguan.

❖ **Nicaraguayen, enne** nm, f Nicaraguan.

Nice [nis] npr Nice.

niche [niʃ] nf **1.** [pour chien] kennel UK, doghouse US **2.** [renfoncement] niche, (small) alcove **3.** ÉCON niche ▸ **marché de niche** niche market ▸ **marketing de niche** niche marketing ▸ **stratégie de niche** niche strategy **4.** ÉCOL ▸ **niche écologique** ecological niche **5.** GÉOGR niche, recess ▸ **niche de nivation** nivation hollow **6.** MÉD niche (defect) **7.** RAIL ▸ **niche de refuge** refuge hole **8.** *fam* [espièglerie] trick ▸ **faire des niches à qqn** to play pranks on sb.

nichée [niʃe] nf **1.** [d'oiseaux] nest, brood **2.** [de chiots, de chatons] litter **3.** *fam* [enfants] : *il est arrivé avec toute sa nichée* he turned up with all his brood.

nicher [3] [niʃe] ◆ vi **1.** [faire son nid] to nest **2.** *fam* [habiter] to hang out, to doss UK / *elle niche chez moi pour l'instant* she's dossing at my place just now **3.** [couver] to brood. ◆ vt to nestle / *elle nicha sa tête sur mon épaule* she nestled her head on ou against my shoulder.

❖ **se nicher** vpi **1.** [faire son nid] to nest **2.** [se blottir] to nestle / *je rêve d'un petit chalet niché dans la montagne* I dream of a little chalet nestling among the mountains **3.** [se cacher] : *pourquoi es-tu allé te nicher dans ce trou perdu?* *fam* why did you have to go and park yourself in the back of beyond? / *où l'amour-propre va-t-il se nicher?* pride is found in the strangest places!

nichoir [niʃwaʀ] nm nesting box, nest box.

nichons [niʃɔ̃] nmpl *tfam* tits, boobs.

nickel [nikɛl] ◆ nm nickel. ◆ adj inv *fam* : *c'est nickel chez toi!* your house is so spick-and-span ou spotless!

nickelage [niklaʒ] nm nickel-plating, nickelling.

nickeler [24] [nikle] vt to plate with nickel, to nickel.

In reformed spelling (see p. 16-19), this verb is conjugated like *acheter*: *il nickèle, elle nickèlera.*

Nicodème [nikɔdɛm] npr Nicodemus.

niçois, e [niswa, az] adj from Nice.

❖ **Niçois, e** nm, f *inhabitant of or person from Nice.*

❖ **à la niçoise** loc adj CULIN à la niçoise *(with tomatoes and garlic).*

Nicolas [nikɔla] npr ▸ **saint Nicolas** Saint Nicholas ▸ **la Saint-Nicolas** Saint Nicholas' Day.

Nicosie [nikɔzi] npr Nicosia.

nicotine [nikɔtin] nf nicotine.

nicotinique [nikɔtinik] adj nicotinic.

nid [ni] nm **1.** [d'oiseau, de guêpes, etc.] nest **2.** *fig* [habitation] (little) nest ▸ **nid d'amour** love nest / *un nid douillet* a cosy little nest ▸ **trouver le nid vide** to find (that) the bird has flown / *faire son nid* to nest **3.** [repaire] : *nid de brigands* den of thieves / *un nid d'espions* a spy hideout, a den of spies ▸ **nid de mitrailleuses** machine-gun nest / *nid de résistance* pocket of resistance ▸ **nid à poussière** dust trap ▸ **nid à rats** slum, hovel ▸ **un nid de vipères** a vipers' nest.

❖ **nid d'abeilles** nm = **nid-d'abeilles.**

❖ **nid d'aigle** nm *pr* eyrie, eagle's nest ; *fig* eyrie.

❖ **nid d'ange** nm baby's sleeping bag UK, bunting bag US.

❖ **nid d'hirondelle** nm CULIN bird's nest.

nidation [nidasjɔ̃] nf nidation.

nid-d'abeilles [nidabɛj] (*pl* **nids-d'abeilles**) nm **1.** [tissu] honeycomb ; [point de broderie] smocking / *une robe à nid-d'abeilles* a smocked dress **2.** AUTO ▸ **radiateur à nid-d'abeilles** honeycomb (radiator) **3.** GÉOL honeycomb (weathering).

nid-de-pie [nidpi] (*pl* **nids-de-pie**) nm **1.** MIL breach stronghold **2.** NAUT crow's nest.

nid-de-poule [nidpul] (*pl* **nids-de-poule**) nm pothole.

nidification [nidifikasjɔ̃] nf nest building, nidification.

nidifier [9] [nidifje] vi to nest.

nièce [njɛs] nf niece.

nielle [njɛl] ◆ nf **1.** [plante] corncockle **2.** [maladie] ▸ **nielle des blés** blight, smut. ◆ nm niello.

nieller [4] [njele] vt **1.** AGR to blight, to smut **2.** MÉTALL to niello.

nier [9] [nje] ◆ vt **1.** [démentir] to deny / *il nie l'avoir tuée* he denies that he killed her, he denies killing her / *elle nie être coupable* she denies that she's guilty / *je nierai tout en bloc* I'll deny it all outright / *cela, on ne peut le nier* that cannot be denied **2.** [rejeter, refuser] to deny / *nier sa signature* to deny ou to repudiate one's (own) signature. ◆ vi : *il continue de nier* he continues to deny it.

nietzschéen, enne [nitʃeɛ̃, ɛn] adj & nm, f Nietzschean.

nigaud, e [nigo, od] ◆ adj simple, simple-minded, stupid. ◆ nm, f simpleton, halfwit / *quel nigaud!* what an idiot!

nigauderie [nigodʀi] nf *sout* simpleness, simple-mindedness, stupidity.

Niger [niʒɛʀ] npr m **1.** [fleuve] ▸ **le Niger** the River Niger **2.** [État] ▸ **le Niger** Niger ▸ **au Niger** in Niger.

Nigeria [niʒeʀja] npr m ▸ **le Nigeria** Nigeria ▸ **au Nigeria** in Nigeria.

nigérian, e [niʒeʀjɑ̃, an] adj Nigerian.

❖ **Nigérian, e** nm, f Nigerian.

nigérien, enne [niʒeʀjɛ̃, ɛn] adj Nigerien, Nigerian.

❖ **Nigérien, enne** nm, f Nigerien, Nigerian.

nigéro-congolais, e [niʒeʀɔkɔ̃gɔlɛ, ɛz] (*mpl* **nigéro-congolais**, *fpl* **nigéro-congolaises**) adj Niger-Congo *(modif).*

night-club [najtklœb] (*pl* **night-clubs**) nm nightclub.

nihilisme [niilism] nm nihilism.

nihiliste [niilist] ◆ adj nihilist, nihilistic. ◆ nmf nihilist.

Nijinski [niʒinski] npr Nijinsky.

Nil [nil] npr m ▸ **le Nil** the Nile ▸ **le Nil Blanc** the White Nile ▸ **le Nil Bleu** the Blue Nile.

nilles [nij] nfpl SUISSE knuckles.

nilotique [nilɔtik] adj LING Nilotic.

nimbe [nɛ̃b] nm **1.** ART & RELIG nimbus, aureole *(round the head)* **2.** *litt* halo, nimbus *sout.*

nimber [3] [nɛ̃be] vt **1.** ART & RELIG to aureole, to halo **2.** *litt* : *des nuages nimbés d'une lumière argentée* clouds wreathed in silvery light.

nimbostratus [nɛ̃bɔstʀatys] nm nimbostratus.

nimbus [nɛ̃bys] nm inv MÉTÉOR nimbus.

Nimègue [nimɛg] npr Nijmegen.

Nîmes [nim] npr Nîmes.

nîmois, e [nimwa, az] adj from Nîmes.

❖ **Nîmois, e** nm, f *inhabitant of or person from Nîmes.*

n'importe [nɛ̃pɔʀt] loc adv **1.** [indique l'indétermination] : *quel pull mets-tu? — n'importe* which pullover are you going to wear? — any of them ou I don't mind **2.** [introduit une opposition] : *son roman est très discuté, n'importe, il a du succès* her novel is highly controversial, but all the same, it is successful.

❖ **n'importe comment** loc adv **1.** [sans soin] any old how / *il m'a coupé les cheveux n'importe comment* he cut my hair anyhow ou any old how **2.** [de toute façon] anyway, anyhow / *n'importe comment, il est trop tard pour l'appeler* anyhow ou anyway, it's too late to call him.

❖ **n'importe lequel, n'importe laquelle** pron indéf any ▸ **n'importe lequel d'entre eux** any (one) of them / *tu veux le rouge ou le vert? — n'importe lequel* do you want the red one or the green one? — either ou I don't mind.

❖ **n'importe où** loc adv anywhere / *ne laisse pas traîner tes affaires n'importe où* don't leave your things just anywhere.

❖ **n'importe quand** loc adv anytime / *il peut arriver n'importe quand* he could come at any time ou moment.

❖ **n'importe quel, n'importe quelle** adj indéf any / *n'importe quel débutant sait ça* any beginner knows that.

❖ **n'importe qui** pron indéf anybody, anyone / *ce n'est pas n'importe qui!* *fam* she's not just anybody! / *ne parle pas à n'importe qui* don't talk to just anybody / *demande à n'importe qui dans la rue* ask the first person you meet in the street.

❖ **n'importe quoi** pron indéf anything / *il ferait n'importe quoi pour obtenir le rôle* he'd do anything ou he would go to any lengths to get the part / *tu dis vraiment n'importe quoi!* you're talking absolute nonsense! / *c'est un bon investissement — n'importe quoi!* *fam* that's a good investment — don't talk rubbish UK ou nonsense! / *500 euros, ce n'est pas n'importe quoi!* 500 euros is not to be sneezed at! / *une table Louis XIII d'époque, ce n'est pas n'importe quoi* a genuine Louis XIII table is really something.

ninas [ninas] nm (French) cigar.

Ninive [niniv] npr Nineveh.

niobium [njɔbjɔm] nm niobium.

nippe [nip] nf *fam* [vêtement] : *je n'ai plus une nippe à me mettre* I've got nothing to wear.

❖ **nippes** nfpl *fam* [habits usagés] clobber UK, gear / *des (vieilles) nippes* old clothes.

nipper [3] [nipe] vt *fam* to rig out *(sép)*, to dress up *(sép)* / *elle est drôlement bien nippée ce soir!* she's dressed to the nines tonight!

❖ **se nipper** vp *(emploi réfléchi) fam* to rig o.s. out.

nippon, one *ou* **onne** [nipɔ̃, ɔn] adj Japanese.

❖ **Nippon, one** *ou* **onne** nm, f Japanese ▸ **les Nippons** the Japanese.

nique [nik] nf ▸ **faire la nique à qqn a)** [faire un geste de bravade, de mépris à] to thumb one's nose at sb **b)** [se moquer de] to poke fun ou to gibe at sb / *ils se sont échappés en faisant la nique aux gardiens* they got away making fun of the guards as they did it.

niquer [3] [nike] vt **1.** *vulg* [sexuellement] to fuck, to screw **2.** *tfam* [rouler] to con, to have **3.** *fam* [abîmer] to bugger, to knacker.

nirvana [niʀvana] nm Nirvana.

nitratation [nitʀatasjɔ̃] nf nitrification.

nitrate [nitʀat] nm nitrate / *nitrate de potassium* nitre.

nitrater [3] [nitʀate] vt to nitrate.

nitration [nitʀasjɔ̃] nf nitration.

nitré, e [nitʀe] adj nitrated.

nitreux, euse [nitʀø, øz] adj nitrous.

nitrifiant, e [nitʀifjɑ̃, ɑ̃t] adj nitrifying.

nitrification [nitʀifikasjɔ̃] nf nitrification.

nitrifier [9] [nitʀifje] vt to nitrify.

❖ **se nitrifier** vpi to nitrify.

nitrile [nitʀil] nm nitrile.

nitrique [nitʀik] adj nitric.
nitrite [nitʀit] nm nitrite.
nitrobenzène [nitʀɔbɛ̃zɛn] nm nitrobenzene.
nitrocellulose [nitʀɔselyloz] nf nitrocellulose.
nitroglycérine [nitʀɔgliseʀin] nf nitroglycerin, nitroglycerine.
nitruration [nitʀyʀasjɔ̃] nf nitriding.
nitrure [nitʀyʀ] nm nitride.
nitrurer [3] [nitʀyʀe] vt to nitride.
nival, e, aux [nival, o] adj GÉOGR nival.
niveau, x [nivo] nm **1.** [hauteur] level / *le liquide a atteint le niveau de la flèche* the liquid has risen to ou has reached the level of the pointer / *vérifie les niveaux d'eau et d'huile* check the oil and water levels / *fixer les étagères au même niveau que la cheminée* put up the shelves level with ou on the same level as the mantelpiece **2.** [étage] level, storey / *un parking à trois niveaux* a car park UK ou parking lot US on three levels **3.** [degré] level / *la production atteint son plus haut niveau* production is reaching its peak / *la natalité n'est jamais tombée à un niveau aussi bas* the birth rate is at an all-time low ou at its lowest level ever / *la décision a été prise au plus haut niveau* the decision was made at the highest level ▸ **niveau social** social level ▸ **niveau de langue** LING register **4.** [étape] level, stage / *méthode d'apprentissage à plusieurs niveaux* learning method in several stages ou steps **5.** [qualité] level, standard ▸ **un niveau d'enseignement élevé** a high academic standard / *son niveau scolaire est-il bon ?* is she doing well at school? ▸ **j'ai un bon niveau / un niveau moyen en russe** I'm good / average at Russian / *les élèves sont tous du même niveau* the pupils are all on a par ou on the same level / *vous n'avez pas le niveau requis* you don't have the required standard / *je ne peux pas nager avec toi, je suis loin d'avoir ton niveau* I can't swim with you, I'm not up to your standard / *la recherche de haut niveau* high-level research ▸ **niveau de vie** standard of living **6.** CONSTR ▸ **niveau de pente** graduated plumb level **7.** GÉOGR level ▸ **niveau de la mer** sea level ▸ **niveau de base** base-level ▸ **niveau hydrostatique** piezometric surface **8.** MIN level, drift ; [galerie] gallery, flat slope **9.** PÉTR level **10.** PHYS level ▸ **niveau (d'énergie)** energy level **11.** TÉLÉC ▸ **niveau d'un signal** signal level **12.** [instrument] level (tube) ▸ **niveau à bulle (d'air)** spirit level ▸ **niveau d'eau** water level ▸ **niveau à lunette** dumpy level ▸ **niveau de maçon** plumb level.
❖ **au niveau** ◆ loc adj up to standard, of the required level / *dans deux mois, vous serez au niveau* in two months' time you'll have caught up. ◆ loc adv ▸ **se mettre au niveau** to catch up.
❖ **au niveau de** loc prép **1.** [dans l'espace] : *au niveau de la mer* at sea level / *l'eau lui arrivait au niveau du genou* the water came up to his knees / *je ressens une douleur au niveau de la hanche* I've got a pain in my hip / *au niveau du carrefour vous tournez à droite* when you come to the crossroads, turn right / *j'habite à peu près au niveau de l'église* I live by the church **2.** [dans une hiérarchie] on a par with, at the level of / *cet élève n'est pas au niveau de sa classe* this pupil is not on a par with the rest of his class / *ce problème sera traité au niveau du syndicat* this problem will be dealt with at union level.
❖ **de niveau** loc adj level / *un sol de niveau* a level floor / *les deux terrains ne sont pas de niveau* the two plots of land are not level (with each other) / *la terrasse est de niveau avec le salon* the terrace is (on a) level with ou on the same level as the lounge.
nivelage [nivlaʒ] nm equalizing, levelling (out) / *nivelage par le bas* levelling down.
niveler [24] [nivle] vt **1.** [aplanir] to level (off) *(sép)* / *niveler un terrain en pente* to level off a sloping piece of ground ▸ **nivelé par l'érosion** worn (away) by erosion **2.** *fig* [égaliser] to level (off) *(sép)*, to even out *(sép)* / *leur but est de niveler les revenus des Français* their aim is to reduce salary differentials in France ▸ **niveler par le bas** to level down, to dumb down ▸ **niveler par le haut** to level up **3.** TECHNOL to (measure with a spirit) level.
✐ In reformed spelling (see p. 16-19), this verb is conjugated like *acheter*: *il nivèle, elle nivèlera.*
niveleur, euse [nivlœʀ, øz] nm, f leveller.
❖ **niveleur** nm HIST Leveller.
❖ **niveleuse** nf grader, motorgrader.
nivelle v ⟶ **niveler.**
nivellement, nivèlement* [nivɛlmɑ̃] nm **1.** [aplanissement] evening out, levelling UK ou leveling US (out) ou off **2.** GÉOGR (erosion) denudation **3.** *fig* [égalisation] equalizing, levelling UK, leveling US / *le nivellement des revenus* income redistribution / *le nivellement par le bas de la télévision* dumbing down television **4.** GÉOL levelling UK, leveling US ▸ **nivellement géodésique** geodetic levelling.
nivéole [niveɔl] nf BOT snowflake.
nivernais, e [nivɛʀnɛ, ɛz] adj from Nevers, of Nevers.
❖ **Nivernais, e** nm, f *inhabitant of or person from Nevers.*
Nivernais [nivɛʀnɛ] npr m GÉOGR ▸ **le Nivernais** the Nivernais, the region around Nevers.
nivo-glaciaire (*pl* **nivo-glaciaires**), **nivoglaciaire*** [nivɔglasjɛʀ] adj ⟶ **régime.**
nivo-pluvial, e, aux, nivopluvial*, e, aux [nivɔplyvjal, o] adj ⟶ **régime.**
nivôse [nivoz] nm *4th month in the French Revolutionary calendar (from Dec 21 to Jan 20).*
NL abr écrite de **nouvelle lune.**
NN (abr écrite de **nouvelle norme**) *standard of hotel classification.*
N-O (abr écrite de **Nord-Ouest**) NW.
Nobel [nɔbɛl] npr m : *le Nobel de la paix* the Nobel peace prizewinner.
nobélisable [nɔbelizabl] ◆ adj likely to win the Nobel Prize. ◆ nmf potential Nobel Prize winner.
nobélium [nɔbeljɔm] nm nobelium.
nobiliaire [nɔbiljɛʀ] ◆ adj nobiliary. ◆ nm peerage list.
noble [nɔbl] ◆ adj **1.** [de haute naissance] noble **2.** *fig* noble / *un geste noble* a noble deed ▸ **le noble art** *sout* the noble art **3.** ŒNOL noble, of noble vintage **4.** MÉTALL & PHYS noble / *un gaz noble* a noble gas. ◆ nmf noble, nobleman (noblewoman) ▸ **les nobles** the nobility. ◆ nm HIST noble (coin).
noblement [nɔbləmɑ̃] adv nobly.
noblesse [nɔblɛs] nf **1.** [condition sociale] nobleness, nobility ▸ **noblesse de robe** ou **d'office** HIST *nobility acquired after having fulfilled specific judicatory duties* ▸ **noblesse d'épée** old nobility ▸ **noblesse héréditaire** hereditary peerage ▸ **noblesse terrienne** landed gentry ▸ **la haute noblesse** the nobility ▸ **la petite noblesse** the gentry ▸ **noblesse oblige** (it's a case of) noblesse oblige **2.** [générosité] nobleness, nobility / *par noblesse de cœur / d'esprit* through the nobleness of his heart / spirit **3.** [majesté] nobleness, majesty, grandness / *la noblesse de son style* his noble ou majestic style.
nobliau [nɔblijo] nm *sout & péj* petty nobleman *péj.*
noce [nɔs] nf **1.** [fête] wedding / *être de la* ou *invité à la noce* to be invited to the wedding / *demain, on est de noce* *fam* we've got a wedding tomorrow / **'noces et banquets'** 'weddings and all special occasions (catered for)' ▸ **n'avoir jamais été à pareille noce** *fam* : *elle n'avait jamais été à pareille noce* she had the time of her life ▸ **ne pas être à la noce** *fam* : *il n'était pas à la noce* he felt far from comfortable ▸ **faire la noce** *fam* to live it up **2.** [ensemble des invités] : *photographier une noce sur les marches de l'église* to photograph a wedding party on the church steps / *regarder passer la noce* to watch the wedding procession go by.
❖ **noces** nfpl wedding / *le jour des noces* the wedding day / *elle l'a épousé en troisièmes noces* he was her third husband ▸ **noces d'argent / de diamant / d'or** silver / diamond / golden wedding (anniversary) ▸ **les noces de Cana** BIBLE the marriage at Cana / **'les Noces de Cana'** *Véronèse* 'The Marriage at Cana' / **'les Noces de Figaro'** *Mozart* 'The Marriage of Figaro'.
❖ **de noces** loc adj wedding *(modif).*
nocebo [nosebo] ▸ **effet nocebo** nocebo effect.
noceur, euse [nɔsœʀ, øz] nm, f *fam* reveller, partyer US.
nocher [nɔʃe] nm *litt* pilot ▸ **le nocher des Enfers** Charon the ferryman.
nocif, ive [nɔsif, iv] adj noxious, harmful.
nocivité [nɔsivite] nf noxiousness, harmfulness.
noctambule [nɔktɑ̃byl] nmf night owl.
noctambulisme [nɔktɑ̃bylism] nm night life.
noctiluque [nɔktilyk] ◆ adj noctilucent. ◆ nf noctiluca.
noctuelle [nɔktɥɛl] nf noctuid.
noctule [nɔktyl] nf noctule.
nocturne [nɔktyʀn] ◆ adj **1.** [gén] nocturnal, night *(modif)* **2.** BOT & ZOOL nocturnal **3.** OPT scotopic. ◆ nm **1.** MUS nocturne **2.** RELIG nocturn. ◆ nf **1.** SPORT evening fixture UK ou meet US **2.** COMM late-night closing / *le magasin fait nocturne* ou *ouvre en nocturne le jeudi* the shop stays open late on Thursdays ▸ **nocturne le mardi** late-night opening : Tuesday.
nocuité [nɔkɥite] nf noxiousness.
nodal, e, aux [nɔdal, o] adj **1.** *sout* crucial **2.** BOT & ANAT nodal.
nodosité [nɔdozite] nf BOT & MÉD nodosity.
nodulaire [nɔdylɛʀ] adj nodular.
nodule [nɔdyl] nm **1.** MÉD nodule, node **2.** GÉOL nodule.
noduleux, euse [nɔdylø, øz] adj nodulous.
Noé [nɔe] npr Noah.
noël [nɔɛl] nm **1.** [chanson] (Christmas) carol **2.** *fam* [cadeau] ▸ **(petit) noël** Christmas present.
Noël [nɔɛl] ◆ nm **1.** [fête] Christmas ▸ **joyeux Noël !** Merry Christmas! ▸ **la veille de Noël** Christmas Eve ▸ **le lendemain de Noël** Boxing Day UK, the day after Christmas US **2.** [période] Christmas time / *passer Noël en famille* to spend Christmas with the family ▸ **Noël au balcon, Pâques au tison** *prov* a warm Christmas spells cold weather for Easter. ◆ nf ▸ **la Noël a)** [fête] Christmas **b)** [période] Christmas time.
nœud [nø] nm **1.** [lien] knot / *faire un nœud* to tie ou to make a knot / *faire un nœud à ses lacets* to do up ou to tie (up) one's shoelaces / *fais un nœud à ton mouchoir* tie a knot in your handkerchief / *faire un nœud de cravate* to knot ou to tie a tie / *tu as des nœuds dans les cheveux* your hair is (all) tangled ▸ **nœud de diamants / d'émeraudes** diamond / emerald knot ▸ **nœud de chaise double** bowline with a bight, French bowline ▸ **nœud de chaise simple** bowline knot ▸ **nœud coulant** slipknot, running knot / *faire un nœud coulant à une corde* to make a noose in a rope ▸ **nœud d'écoute** sheet bend ▸ **nœud plat** reef knot ▸ **nœud de vache** carrick bend ▸ **couper** ou **trancher le nœud gordien** to cut the Gordian knot **2.** [étoffe nouée] bow / *porter un nœud noir dans les cheveux* to wear a black bow ou ribbon in one's hair ▸ **nœud papillon** ou **pap** *fam* bow tie **3.** NAUT [vitesse] knot **4.** [point crucial] crux / *le nœud du problème* the crux ou heart of the problem **5.** ANAT node ▸ **nœud sinusal** sino-atrial node ▸ **nœud vital** vital centre **6.** BOT [bifurcation] node ; [dans le bois] knot **7.** ASTRON ▸ **nœud ascendant / descendant** ascending / descending node **8.** ÉLECTR ▸ **nœud de courant** ou **tension** (current) node **9.** INFORM, LING, MATH & PHYS node **10.** MIL ▸ **nœud d'épaules** shoulder knot **11.** TRAV PUB ▸ **nœud ferroviaire** rail junction ▸ **nœud routier** interchange **12.** *vulg* [verge] dick.
❖ **nœud de vipères** nm *pr & fig* nest of vipers.
noie v ⟶ **noyer.**
noir, e [nwaʀ] adj **1.** [gén] black ▸ **noir comme de l'ébène** jet-black, ebony ▸ **noir comme un corbeau** ou **du charbon** (as) black as soot, pitch black ▸ **noir de jais** jet-black ▸ **noir de** : *noir de suie* black with soot ▸ **noir de monde** *fig* teeming with people **2.** : *elle est revenue noire d'Italie* [bronzée] she was really brown when she came back from Italy **3.** [sale] black, dirty, grimy / *avoir les ongles noirs* to have dirty fingernails **4.** [obscur] black, dark / *un ciel noir* a dark ou leaden sky / *dans les rues noires* in the pitch-black ou pitch-dark streets **5.** [maléfique] black / *il m'a regardé d'un œil noir* he gave me a black look ▸ **de noirs desseins** dark intentions **6.** [pessimiste] black, gloomy, sombre UK, somber US / *faire* ou *peindre un tableau très noir de la situation* to paint a very black ou gloomy picture of the situation **7.** [extrême] ▸ **saisi d'une colère noire** livid with rage / *être dans*

* In reformed spelling (see p. 16-19).

une misère noire to live in abject poverty **8.** ANTHR black / *le problème noir aux États-Unis* the race problem in the United States **9.** [illégal] ▸ **travail au noir a)** undeclared work **b)** [en plus de l'activité principale] moonlighting **10.** *tfam* [ivre] plastered, blind-drunk **11.** GÉOGR ▸ **la mer Noire** the Black Sea.

Noir, e nm, f Black, Black man (woman) ▸ **les Noirs** (the) Blacks ▸ **Noir américain** African American.

noir ◆ nm **1.** [couleur] black / *se mettre du noir aux yeux* to put on eyeliner / *une photo / un film en noir et blanc* a black and white photo / film UK ou movie US ▸ **le noir et blanc** PHOT black and white photography ▸ **noir d'acétylène / d'aniline** acetylene / aniline black ▸ **noir de carbone** ou **fumée** carbon black ▸ **noir animal** CHIM animal black ▸ **noir d'ivoire** ivory black **2.** [saleté] dirt, grime / *nettoie le noir sous tes ongles* clean the dirt from under your fingernails / *tu as du noir sur la joue* you've got a black mark on your face **3.** [obscurité] darkness ▸ **dans le noir** in the dark, in darkness / *avoir peur dans le noir* to be afraid ou scared of the dark / *être dans le noir le plus complet* *fig* to be totally in the dark **4.** JEUX black / *le noir est sorti* black came up / *les noirs jouent et font mat en 3 coups* black to play and mate in 3 **5.** [technique] ▸ **noir au blanc a)** IMPR reverse printing **b)** INFORM reverse video **6.** *fam* [café] (black) coffee / *un petit noir, s'il vous plaît* a cup of black coffee, please **7.** AGR smut **8.** MÉTALL facing, blacking **9.** MIL bull's-eye. ◆ adv dark / *il fait noir de bonne heure* it gets dark early ▸ **noir comme dans un four** ou **tunnel** : *il fait noir comme dans un four* ou *tunnel ici* it's pitch-dark ou pitch-black in here.

noire nf MUS crotchet UK quarter note US.

au noir ◆ loc adj ▸ **travail au noir a)** undeclared work **b)** [en plus de l'activité principale] moonlighting. ◆ loc adv **1.** [illégalement] : *je l'ai eu au noir* I got it on the black market ▸ **travailler au noir a)** to do undeclared work **b)** [en plus de l'activité principale] to moonlight **2.** EXPR **pousser qqch au noir** to paint a black picture of sthg.

en noir loc adv **1.** [colorié, teint] black / *habillé en noir* dressed in black, wearing black **2.** *fig* ▸ **voir tout en noir** to look on the dark side of things.

noirâtre [nwaʀatʀ] adj blackish.

noiraud, e [nwaʀo, od] ◆ adj dark, dark-skinned, swarthy. ◆ nm, f dark ou swarthy person.

noirceur [nwaʀsœʀ] nf **1.** [couleur noire] blackness, darkness **2.** *litt* [d'un acte, d'un dessein] blackness, wickedness **3.** *litt* [acte] black ou evil ou wicked deed.

noircir [32] [nwaʀsiʀ] ◆ vt **1.** [rendre noir] to blacken / *noirci par le charbon* blackened with coal / *les parois noircies par la crasse* walls black with dirt ou grime ▸ **noircir du papier** *fam* to write pages and pages ou page after page **2.** [dramatiser] ▸ **noircir la situation** to make the situation out to be darker ou blacker than it is **3.** *sout* [dénigrer] ▸ **noircir la réputation de qqn** to blacken sb's reputation. ◆ vi to go black, to darken / *le ciel noircit à l'horizon* the sky is darkening on the horizon.

se noircir ◆ vp *(emploi réfléchi)* *sout* [se dénigrer] to denigrate o.s. ◆ vpt [se grimer] : *se noircir le visage* to blacken one's face. ◆ vpi **1.** [s'assombrir] to darken / *notre avenir se noircit* our future is looking blacker **2.** *tfam* [s'enivrer] to get plastered ou blind drunk.

noircissement [nwaʀsismɑ̃] nm **1.** blackening, darkening **2.** MÉTALL facing, blacking.

noircissure [nwaʀsisyʀ] nf black mark ou smudge ou stain.

noise [nwaz] nf ▸ **chercher noise** ou **des noises à qqn** to try to pick a quarrel with sb.

noisetier [nwaztje] nm hazel, hazelnut tree.

noisette [nwazɛt] ◆ nf **1.** BOT hazelnut **2.** [petite portion] ▸ **une noisette de pommade** a small dab of ointment ▸ **une noisette de beurre** a knob of butter **3.** [café] *small coffee with a drop of milk.* ◆ adj inv hazel *(modif).*

noix [nwa] nf **1.** BOT walnut ▸ **noix du Brésil** Brazil nut ▸ **noix de cajou** cashew (nut) ▸ **noix de coco** coconut ▸ **noix de kola** kola ou cola nut ▸ **noix (de) muscade** nutmeg ▸ **noix de Queensland** ou **de macadamia** macadamia nut ▸ **des noix!** *fam* tripe!, hogwash! **2.** CULIN ▸ **noix de veau** cushion of veal, noix de veau **3.** [petite quantité] ▸ **une noix de beurre** a knob of butter **4.** *fam* [imbécile] nut / *quelle noix, ce type!* he's such a nitwit! ; [camarade] : *salut, vieille noix!* hi, old chap UK ou buddy! **5.** MÉCAN [poulie] sprocket (pulley) **6.** MENUIS [rainure] half-round groove.

à la noix (de coco) loc adj *fam* lousy, crummy / *toi et tes idées à la noix (de coco)!* you and your lousy ideas!

noliser [3] [nɔlize] vt [avion, navire] to charter.

nom [nɔ̃] nm **1.** [patronyme] name ; [prénom] (Christian) ou first name ▸ **elle porte le nom de sa mère a)** [prénom] she was named after her mother **b)** [patronyme] she has ou uses her mother's surname / *Larousse, c'est un nom que tout le monde connaît* Larousse is a household name ▸ **quelqu'un du nom de** ou **qui a pour nom Kregg vous demande** someone called Kregg ou someone by the name of Kregg is asking for you / *je n'arrive pas à mettre un nom sur son visage* I can't put a name to her (face) / *je la connais de nom* I (only) know her by name / *je ne te dirai pas son nom* I won't tell you who he is, I won't tell you his name / *j'écris sous le nom de Kim Lewis* I write under the name of Kim Lewis / *il veut laisser un nom dans l'histoire* he wants his name to go down in history / *les grands noms du champagne* the great names in champagne ▸ **Louis, onzième du nom** Louis, the Eleventh of that name ▸ **en son / mon / ton nom** in his / my / your name, on his / my / your behalf ▸ **parle-lui en mon nom** speak to her on my behalf ou for me ▸ **nom à particule** ou **à rallonges** *fam* ou **à tiroirs**, *fam* ou **à courants d'air** *fam* aristocratic surname ; ≃ double-barrelled name ▸ **un nom à coucher dehors** an unpronounceable name ▸ **nom de baptême** Christian ou first name, given name US ▸ **nom de code** code name ▸ **nom d'emprunt** assumed name ▸ **nom de famille** surname ▸ **nom de jeune fille** maiden name ▸ **nom de guerre** nom de guerre, alias ▸ **nom d'oiseau** *fam* insult ▸ **traiter** ou **appeler qqn de tous les noms d'oiseaux** to call sb all the names under the sun ▸ **nom patronymique** patronymic (name) ▸ **nom de plume** nom de plume, pen name ▸ **nom de scène** stage name ▸ **sous un faux nom** under a false ou an assumed name ▸ **faire un nom à qqn** to help make a name for sb ▸ **se faire un nom** to make a name for o.s. ▸ **que ton nom soit sanctifié** BIBLE hallowed be Thy Name **2.** [appellation - d'une rue, d'un animal, d'un objet, d'une fonction] name / *comme son nom l'indique* as its name indicates / *cet arbre porte le nom de peuplier* this tree is called a poplar / *il n'est roi que de nom* he is king in name only / *d'empereur, il ne lui manquait que le nom* he was emperor in all but name ▸ **cruauté / douleur sans nom** unspeakable cruelty / pain / *c'est une attitude qui n'a pas de nom!* this is an unspeakable attitude! / *une censure qui ne dit pas son nom* hidden ou disguised censorship / *c'est du racisme qui n'ose pas dire son nom* it's racism by any other name ▸ **nom de lieu** place name ▸ **nom scientifique / vulgaire d'une plante** scientific / common name of a plant ▸ **nom commercial** ou **de marque** trade name ▸ **nom déposé** trademark ▸ **nom de fichier** filename ▸ **appeler** ou **nommer les choses par leur nom** to call things by their names, to call a spade a spade / **'le Nom de la rose'** *Eco* 'The Name of the Rose' **3.** GRAM & LING noun ▸ **nom de chose** concrete noun ▸ **nom commun** common noun ▸ **nom composé** compound (noun) ▸ **nom numéral** ou **de nombre** numeral ▸ **nom propre** proper noun ou name **4.** EXPR **nom de Dieu** *tfam* : *nom de Dieu, les voilà!* bloody hell UK ou goddam US, here they come! / *je t'avais pourtant dit de ne pas y toucher, nom de Dieu!* *tfam* for Christ's sake, I did tell you not to touch it! ▸ **nom de nom** *fam* : *nom de nom, les voilà!* heck, here they come! / *mais nom de nom, qu'est-ce que tu as dans la tête!* *fam* for goodness' sake, birdbrain! ▸ **nom d'un chien** ou **d'une pipe** ou **de Zeus** ou **d'un petit bonhomme!** *fam* good heavens!

au nom de loc prép in the name of / *au nom de la loi, je vous arrête* I arrest you in the name of the law / *au nom de notre longue amitié* for the sake of our long friendship / *au nom de toute l'équipe* on behalf of the whole team / *au nom du ciel!* in heaven's name! / *au nom du Père, du Fils et du Saint-Esprit* in the name of the Father, the Son and the Holy Ghost.

nomade [nɔmad] ◆ adj **1.** [peuple] nomad, nomadic **2.** ZOOL migratory **3.** INFORM & TÉLÉC nomadic ▸ **support nomade** nomadic ou roaming medium. ◆ nmf nomad. ◆ nf ENTOM Nomada.

nomadiser [3] [nɔmadize] vi to live as nomads.

nomadisme [nɔmadism] nm *pr & fig* nomadism.

no man's land [nomanslɑ̃d] nm inv MIL & *fig* no-man's-land.

nombrable [nɔ̃bʀabl] adj countable, numerable.

nombre [nɔ̃bʀ] nm **1.** MATH [gén] number ; [de 0 à 9] number, figure / *un nombre de trois chiffres* a three-digit ou three-figure number / *le nombre zéro* the number 0 ▸ **nombre entier** whole number, integer ▸ **nombre premier** prime (number) ▸ **nombres naturels** natural numbers ▸ **nombres parfaits** perfect numbers ▸ **nombres rationnels** rational numbers ▸ **nombres réels** real numbers ▸ **grands nombres** large numbers **2.** [quantité] number / *inférieur / supérieur en nombre* inferior / superior in number ou numbers / *nous ne sommes pas en nombre suffisant* there aren't enough of us / *les exemplaires sont en nombre limité* there's a limited number of copies ▸ **un nombre de** a number of / *je te l'ai déjà dit (un) bon nombre de fois* I've already told you several times ▸ **un grand nombre de** a lot of, a great number of, a great many / *elle avait un grand nombre d'invités* she had a great number of guests / *le plus grand nombre d'entre eux a accepté* the majority of them accepted ▸ **un certain nombre de** a (certain) number of / *il y a eu un certain nombre de gens* there was a (fair) number of people **3.** [masse] numbers ▸ **vaincre par le nombre** to win by sheer weight ou force of numbers / *dans le nombre, il y en aura bien un pour te raccompagner* there's bound to be one of them who will take you home ▸ **la loi du nombre** : *tu subiras la loi du nombre* you'll be overwhelmed by sheer weight of numbers ▸ **faire nombre** : *tous ceux-là n'ont été invités que pour faire nombre* those people over there have just been invited to make up the numbers **4.** ASTRON & PHYS number ▸ **nombre d'onde** wave number ▸ **nombre d'or** golden section ou mean **5.** GRAM number.

Nombres nmpl BIBLE : *le livre des Nombres* (the Book of) Numbers.

au nombre de loc prép : *les invités sont au nombre de cent* there are a hundred guests / *tu peux me compter au nombre des participants* you can count me among the participants, you can count me in.

du nombre de loc prép amongst / *étiez-vous du nombre des invités?* were you amongst ou one of those invited?

sans nombre loc adj countless, innumerable.

nombrer [3] [nɔ̃bʀe] vt *litt* to count (up) *(sép)*, to enumerate *sout.*

nombreux, euse [nɔ̃bʀø, øz] adj **1.** [comportant beaucoup d'éléments] : *une foule nombreuse* a large ou huge crowd / *avoir une nombreuse descendance* to have many descendants **2.** [en grand nombre] many, numerous / *ils sont trop nombreux* there are too many of them / *ils étaient peu nombreux* there weren't many of them / *vous avez été nombreux à nous écrire* many of you have written to us / *nombreux sont ceux qui croient que...* many people believe that... / *avoir de nombreux clients* to have a great number of ou many ou numerous customers / *les étudiants sont plus nombreux qu'avant* there are more students than before / *les fumeurs sont de moins en moins nombreux* there are fewer and fewer smokers, the number of smokers is decreasing / *nous espérons que vous viendrez nombreux* we hope that a large number of you will come.

nombril [nɔ̃bʀil] nm **1.** ANAT navel **2.** *fam* EXPR **se prendre pour le nombril du monde** : *il se prend pour le nombril du monde* he thinks he's the centre of the universe ▸ **se contempler** ou **se regarder le nombril** : *il aime bien se contempler* ou *se regarder le nombril* he's really self-centred.

nombrilisme [nɔ̃bʀilism] nm navel-gazing, self-centredness.

nombriliste [nɔ̃bʀilist] adj self-centred.

nomenclature [nɔmɑ̃klatyʀ] nf **1.** [ensemble de termes] nomenclature **2.** [liste - gén] list ; [- d'un dictionnaire] word list ; [- de soins] itemization of medical expenses *(with a view to obtaining reimbursement from the Health Service)*.

nomenklatura [nɔmɑ̃klatuʀa] nf **1.** POL nomenklatura **2.** [élite] elite / *faire partie de la nomenklatura* to be part of the Establishment.

nominal, e, aux [nɔminal, o] adj **1.** [sans vrai pouvoir] nominal / *il n'est que le chef nominal* he's just the nominal leader, he's the leader in name only / *j'assume les fonctions purement nominales de recteur* I'm the rector in title only **2.** [par le nom] of names, nominal *sout* ▸ **appel nominal** roll call ▸ **citation nominale** mention by name **3.** GRAM nominal ; [en grammaire transformationnelle] noun *(modif)* **4.** BOURSE, ÉCON & FIN ▸ **salaire nominal** nominal wage ou salary ▸ **valeur nominale** face ou nominal value **5.** INDUST rated ▸ **vitesse nominale** rated speed **6.** ASTRONAUT nominal.

nominalement [nɔminalmɑ̃] adv **1.** [sans vrai pouvoir] nominally, formally / *il dirige nominalement l'entreprise* he's the nominal head of the business ou the head of the business in name only **2.** [par le nom] : *être désigné nominalement* to be mentioned by name **3.** GRAM : *un adverbe employé nominalement* the substantive ou nominal use of an adverb.

nominalisation [nɔminalizasjɔ̃] nf nominalization.

nominaliser [3] [nɔminalize] vt to nominalize.

nominalisme [nɔminalism] nm nominalism.

nominaliste [nɔminalist] adj & nmf nominalist.

nominatif, ive [nɔminatif, iv] adj **1.** [contenant les noms] ▸ **liste nominative** nominative list of names **2.** BOURSE ▸ **titre nominatif** inscribed stock **3.** [ticket, carte] non-transferable.

❖ **nominatif** nm GRAM nominative (case).

nomination [nɔminasjɔ̃] nf **1.** [à un poste] appointment, nomination ▸ **elle a obtenu** ou **reçu sa nomination au poste de directrice** she was appointed (to the post of) manager **2.** [pour un prix, une récompense] nomination **3.** LING & PHILOS naming.

nominativement [nɔminativmɑ̃] adv by name.

nominé, e [nɔmine] nm, f nominee.

nominer [3] [nɔmine] vt to nominate.

nommage [nɔmaʒ] nm INFORM naming.

nommé, e [nɔme] ◆ adj [appelé] named / *deux enfants nommés Victor et Marie* two children named ou called Victor and Marie. ◆ nm, f : *le nommé Georges Aland est accusé de...* Georges Aland is accused of... / *elle fréquente un nommé Paul* she's going out with a man called Paul / *Prudence, la bien nommée* the aptly named Prudence / *Mme Douce, la mal nommée* the somewhat inappropriately-named Mme Douce.

❖ **à point nommé** loc adv [au bon moment] (just) at the right moment ou time ; [au moment prévu] at the appointed time.

nommément [nɔmemɑ̃] adv **1.** [par le nom - citer, féliciter] by name / *il est nommément mis en cause* he, in particular, is implicated / *les trois candidats, nommément Francis, Anne et Robert* the three candidates, namely Francis, Anne and Robert / *ces deux éléments, nommément le cuivre et le zinc* these two elements, namely copper and zinc **2.** [spécialement] especially, notably, in particular.

nommer [3] [nɔme] vt **1.** [citer] to name, to list / *ils refusent de nommer leurs complices* they refuse to name their accomplices / *ceux qui sont responsables, pour ne pas les nommer, devront payer* those who are responsible and who shall remain nameless, will have to pay / *c'est la faute de Nina, pour ne pas la nommer* *iron* without mentioning any names, it's Nina's fault **2.** [prénommer] to name, to call / *ils la nommèrent Aurore* they named her Aurore ; [dénommer] to name, to call, to term / *la chaîne a été nommée TV+* they named ou called the channel TV+ / *ce sentiment que l'on nomme l'amour* that feeling we call love ou we know as love **3.** [désigner à une fonction] to appoint / *qui a été nommé directeur?* who was appointed (as) manager? ▸ **nommer qqn son héritier** to appoint sb as one's heir / *être nommé à Paris* to be appointed to a post in Paris.

❖ **se nommer** ◆ vp *(emploi réfléchi)* [se présenter] to introduce o.s. / *elle ne s'est même pas nommée* she didn't even introduce herself ou say who she was. ◆ vpi to be called ou named / *elle se nomme Bianca* her name is Bianca, she's called Bianca / *comment se nomme-t-il?* what's his name?, what's he called?

nomogramme [nɔmɔgʀam] nm nomogram, nomograph.

nomographie [nɔmɔgʀafi] nf nomography.

non [nɔ̃] ◆ adv **1.** [en réponse négative] : *veux-tu venir? non* do you want to come? — no! ▸ **non merci!** no, thank you! ▸ **mais non!** no!, absolutely not! / *mais non, voyons!* no, of course not! / *mais bien sûr que non!* of course not! / *certes non!* *sout* most definitely not! / *ma foi non!* my goodness me, no! / *oh que non!* definitely not!, certainly not! ▸ **ah ça non!** definitely not! / *ah non alors!* oh no! / *non, non et non!* no, no and no again! **2.** [pour annoncer ou renforcer la négation] no / *non, je ne veux pas y aller* no, I don't want to go there / *non, il n'en est pas question* no, it's out of the question **3.** [dans un tour elliptique] : *il part demain, moi non* he's leaving tomorrow, I'm not / *je me demande si je dois recommencer ou non* I wonder whether I should start again or not / *que tu le veuilles ou non* whether you like it or not ▸ **venez-vous ou non?** are you coming or not? **4.** [comme complément du verbe] : *il me semble que non* I think not, I don't think so / *il m'a demandé si c'était possible, je lui ai dit que non* he asked me if it was possible, I told him it wasn't ▸ **il a fait signe que non a)** [de la main] he made a gesture of refusal **b)** [de la tête] he shook his head / *il a répondu non* he answered no / *faire non de la tête* to shake one's head ▸ **il paraît que non** it would seem not, apparently not **5.** [en corrélation avec 'pas'] ▸ **non pas** not / *il l'a fait par gentillesse et non (pas) par intérêt* he did it out of kindness and not out of self-interest / *je parle de Gide et non (pas) de Malraux* I'm talking about Gide ou it's Gide I'm talking about, not Malraux / *elle a été élevée non (pas) par ses parents mais par ses grands-parents* she was brought up by her grandparents, not by her parents / *non (pas) pour moi, mais pour lui* not for me, but for him **6.** [n'est-ce pas] : *il devait prendre une semaine de vacances, non?* he was supposed to take a week's holiday UK ou vacation US, wasn't he? / *il n'est plus tout jeune, non?* he's not that young any more, is he? ▸ **c'est anormal, non** that's not normal, is it? / *j'ai le droit de dire ce que je pense, non?* I am entitled to say what I think, am I not? *sout* ou aren't I? **7.** [emploi expressif] ▸ **non!** never!, you don't say! / *non! pas possible!* no ou never! I don't believe it! / *il est parti — non!* he has left — really! / *non mais (des fois)!* honestly!, I ask you! / *non mais celui-là, pour qui il se prend?* who on earth does he think he is? **8.** [devant un nom, un adjectif, un participe] ▸ **la non-observation du règlement** failure to comply with the regulations ▸ **un débiteur non solvable** an insolvent debtor / *un bagage non réclamé* an unclaimed piece of luggage / *tickets non numérotés* unnumbered tickets ou seats / *il a bénéficié d'une aide non négligeable* he received not insubstantial help. ◆ nm inv **1.** [réponse] no / *elle m'a opposé un non catégorique* she flatly refused, she gave me a categorical no / *les non de la majorité* the noes of the majority **2.** INFORM & MATH not.

❖ **non (pas) que** loc conj *sout* not that / *il vit pauvrement, non (pas) qu'il manque d'argent mais...* he lives modestly, not that he doesn't have any money, but... / *je tiens à cette bague, non qu'elle ait de la valeur mais pour son originalité* I'm fond of this ring, not that it's of any great value, I just think it's unusual / *non (pas) que je m'en méfie, mais...* it's not that I don't trust him, but...

non- [*(devant consonne* [nɔ̃], *devant voyelle et 'h' muet* [nɔn] *)*] préf non-.

non(-)accompli, e [nɔnakɔ̃pli] adj imperfective.

❖ **non(-)accompli** nm GRAM imperfective.

non-activité [nɔnaktivite] nf MIL inactivity / *être en non-activité* to be temporarily off duty.

non-affectation [nɔnafɛktasjɔ̃] nf : *la non-affectation de ces sommes aux travaux de rénovation* the fact that this money was not used to pay for renovation work.

non-affilié, e [nɔnafilje] adj nonaffiliated.

nonagénaire [nɔnaʒenɛʀ] adj & nmf nonagenarian, ninety-year-old.

non-agression [nɔnagʀɛsjɔ̃] nf non-aggression.

non(-)aligné, e [nɔnaliɲe] ◆ adj nonaligned. ◆ nm, f nonaligned country.

non-alignement [nɔnaliɲmɑ̃] nm nonalignment.

nonantaine [nɔnɑ̃tɛn] nf BELG about ninety / *elle a la nonantaine* she's about ninety.

nonante [nɔnɑ̃t] dét *régional* ninety.

nonantième [nɔnɑ̃tjɛm] adj num & nmf *régional* ninetieth.

non-appartenance [nɔnapaʀtənɑ̃s] nf [à un parti] non-membership.

non-assistance [nɔnasistɑ̃s] nf ▸ **non-assistance à personne en danger** failure to assist a person in danger.

non-belligérance [nɔ̃beliʒeʀɑ̃s] nf nonbelligerency.

non(-)belligérant, e [nɔ̃beliʒeʀɑ̃, ɑ̃t] adj & nm, f nonbelligerent.

nonce [nɔ̃s] nm nuncio ▸ **nonce apostolique** papal nuncio.

nonchalamment [nɔ̃ʃalamɑ̃] adv nonchalantly, casually.

nonchalance [nɔ̃ʃalɑ̃s] nf [indifférence, insouciance] nonchalance ; [lenteur] listlessness ▸ **avec nonchalance** nonchalantly.

nonchalant, e [nɔ̃ʃalɑ̃, ɑ̃t] adj [insouciant] nonchalant ; [lent] listless.

nonciature [nɔ̃sjatyʀ] nf nunciature.

non(-)combattant, e [nɔ̃kɔ̃batɑ̃, ɑ̃t] adj & nm, f noncombatant.

non(-)comparant, e [nɔ̃kɔ̃paʀɑ̃, ɑ̃t] nm, f defaulter *(in court)*.

non-comparution [nɔ̃kɔ̃paʀysjɔ̃] nf nonappearance, defaulting *(in court)*.

non(-)comptable [nɔ̃kɔ̃tabl] ◆ adj uncountable. ◆ nm mass noun.

non-conciliation [nɔ̃kɔ̃siljasjɔ̃] nf DR irretrievable breakdown.

non-concurrence [nɔ̃kɔ̃kyʀɑ̃s] nf DR ▸ **clause de non-concurrence** restraint of trade clause.

non-conformisme [nɔ̃kɔ̃fɔʀmism] nm **1.** [originalité] nonconformism **2.** RELIG Nonconformism.

non(-)conformiste [nɔ̃kɔ̃fɔʀmist] adj & nmf **1.** [original] nonconformist **2.** RELIG Nonconformist.

non-conformité [nɔ̃kɔ̃fɔʀmite] nf nonconformity.

non(-)croyant, e [nɔ̃kʀwajɑ̃, ɑ̃t] ◆ adj unbelieving. ◆ nm, f unbeliever.

non-cumul [nɔ̃kymyl] nm : *il y a non-cumul des peines* the sentences are to run concurrently / *le non-cumul des mandats* the rule that prevents people from holding more than one office at the same time.

non-dénonciation [nɔ̃denɔ̃sjasjɔ̃] nf DR failure to report.

non directif, ive [nɔ̃diʀɛktif, iv] adj nondirective.

non-directivité [nɔ̃diʀɛktivite] nf [méthode] nondirective method ; [attitude] nondirective attitude.

non-discrimination [nɔ̃diskʀiminasjɔ̃] nf nondiscrimination.

non-dissémination [nɔ̃diseminasjɔ̃] nf nonproliferation.

non-dit [nɔ̃di] nm ▸ **le non-dit** the unsaid / *il y avait trop de non-dits dans notre famille* too much was left unsaid in our family.

non-droit [nɔ̃dʀwa] nm : *ce quartier est une zone de non-droit* the district is a no-go area.

non-engagé, e [nɔnɑ̃gaʒe] ◆ adj [personne] neutral ; [nation] nonaligned. ◆ nm, f [personne] neutral person ; [nation] nonaligned country.

non-engagement [nɔnɑ̃gaʒmɑ̃] nm [d'une personne] neutrality, noncommitment ; [d'une nation] nonalignment.

non-être [nɔnɛtʀ] nm inv nonbeing.

non-événement, non-évènement [nɔnevɛnmɑ̃] nm nonevent.

non-exécution [nɔnɛgzekysjɔ̃] nf nonfulfilment / *non-exécution d'un contrat* nonfulfilment of a contract.
non-existant, e [nɔnɛgzistɑ̃, ɑ̃t] adj nonexistent.
non-existence [nɔnɛgzistɑ̃s] nf nonexistence.
non-ferreux [nɔ̃fɛʀø] nm MÉTALL non-ferrous.
non(-)figuratif, ive [nɔ̃figyʀatif, iv] ◆ adj nonfigurative. ◆ nm, f nonfigurative artist, abstractionist.
non-fumeur, euse [nɔ̃fymœʀ, øz] nm, f nonsmoker ▸ **compartiment non-fumeurs** nonsmoking ou no smoking compartment.
non-ingérence [nɔnɛ̃ʒeʀɑ̃s] nf [par une personne] noninterference ; [par une nation] noninterference, nonintervention.
non(-)initié, e [nɔninisje] ◆ adj uninitiated / *ce texte sera difficile pour le lecteur non-initié* this text will be difficult for the lay reader. ◆ nm, f ▸ **pour les non-initiés** for the layman.
non(-)inscrit, e [nɔnɛ̃skʀi, it] ◆ adj independent, nonparty. ◆ nm, f independent member of Parliament.
non-intervention [nɔnɛ̃tɛʀvɑ̃sjɔ̃] nf nonintervention / *une politique de non-intervention* a noninterventionist policy.
non-jouissance [nɔ̃ʒwisɑ̃s] nf DR nonenjoyment.
non-lieu [nɔ̃ljø] (*pl* **non-lieux**) nm ▸ **(ordonnance de) non-lieu** no case to answer, no grounds for prosecution / *il a bénéficié d'un non-lieu* charges against him were dismissed.
non marchand, e [nɔ̃maʀʃɑ̃, ɑ̃d] adj ÉCON nonprofit.
non-membre [nɔ̃mɑ̃bʀ] nm non-member.
non-métal [nɔ̃metal] (*pl* **non-métaux** [nɔ̃meto]) nm nonmetal.
non-moi [nɔ̃mwa] nm inv nonego.
nonne [nɔn] nf *vieilli* nun.
nonnette [nɔnɛt] nf **1.** *vieilli ou* RELIG young nun **2.** ORNITH [mésange] titmouse **3.** CULIN iced gingerbread *(biscuit)*.
nonobstant [nɔnɔpstɑ̃] prép *hum ou* DR notwithstanding, despite / *nous irons nonobstant le mauvais temps* we'll go in spite of the bad weather ▸ **ce nonobstant** this notwithstanding.
non-paiement [nɔ̃pemɑ̃] nm nonpayment, failure to pay.
non-partant [nɔ̃paʀtɑ̃] nm [cheval] nonstarter.
non-participation [nɔ̃paʀtisipasjɔ̃] nf nonparticipation.
non-polluant, e [nɔ̃pɔlɥɑ̃, ɑ̃t] adj nonpolluting.
non-prolifération [nɔ̃pʀɔlifeʀasjɔ̃] nf nonproliferation.
non-recevoir [nɔ̃ʀəsəvwaʀ] nm inv ⟶ **fin.**
non-réponse [nɔ̃ʀepɔ̃s] nf failure to respond.
non-représentation [nɔ̃ʀəpʀezɑ̃tasjɔ̃] nf ▸ **non-représentation d'enfant** non-restitution of a child (to its custodian), noncompliance with a custodianship order.
non-résident [nɔ̃ʀezidɑ̃] nm foreign national, nonresident.
non-respect [nɔ̃ʀɛspɛ] nm failure to respect / *le non-respect de la loi* failure to respect the law.
non-retour [nɔ̃ʀətuʀ] nm inv ▸ **point de non-retour** point of no return.
non-salarié, e [nɔ̃salaʀje] nm, f self-employed person.
non-sens [nɔ̃sɑ̃s] nm inv **1.** [absurdité] nonsense / *cette situation est un non-sens* this situation is nonsensical ou a nonsense **2.** LING meaningless word or phrase *(in a translation)*.
non(-)spécialiste [nɔ̃spesjalist] ◆ adj nonspecialized. ◆ nmf nonspecialist.
non-stop [nɔnstɔp] ◆ adj inv nonstop. ◆ nf inv SPORT pre-race downhill run.
non-syndiqué, e [nɔ̃sɛ̃dike] ◆ adj nonunion, nonunionized. ◆ nm, f nonunion ou nonunionized worker.
non-tissé [nɔ̃tise] nm nonwoven fabric.
non-titulaire [nɔ̃titylɛʀ] nmf nontenured member of staff.

non-usage [nɔnyzaʒ] nm **1.** [gén] non-use **2.** DR non-usage.
non-valeur [nɔ̃valœʀ] nf **1.** *péj* [chose] valueless thing ; [personne] nonentity **2.** DR improductive asset **3.** FIN [créance] bad debt.
non-viable [nɔ̃vjabl] adj **1.** MÉD nonviable **2.** *fig* unfeasible / *c'est un projet non-viable* the scheme isn't viable.
non-violence [nɔ̃vjɔlɑ̃s] nf nonviolence.
non(-)violent, e [nɔ̃vjɔlɑ̃, ɑ̃t] ◆ adj nonviolent. ◆ nm, f supporter of nonviolence.
non-voyant, e [nɔ̃vwajɑ̃, ɑ̃t] nm, f visually impaired person.
nopal [nɔpal] nm nopal, prickly pear.
noradrénaline [nɔʀadʀenalin] nf noradrenalin, noradrenaline.
nord [nɔʀ] ◆ nm inv **1.** [point cardinal] north / *le vent vient du nord* it's a north ou northerly wind, the wind is coming from the north / *nous allons vers le nord* we're heading north ou northwards / *aller droit vers le nord* to head due north ▸ **la cuisine est en plein nord** ou **exposée au nord** the kitchen faces due north ▸ **nord géographique** true ou geographic north ▸ **nord magnétique** magnetic north **2.** [partie d'un pays, d'un continent] north ▸ **le nord de l'Italie** northern Italy, the north of Italy / *elle habite dans le Nord* she lives in the north ▸ **les gens du nord** (the) Northerners. ◆ adj inv [septentrional] north *(modif)*, northern / *la façade nord d'un immeuble* the north ou northern ou north-facing wall of a building.
❖ **Nord** ◆ adj inv North. ◆ npr m GÉOGR ▸ **le Nord** the North ▸ **le grand Nord** the Far North ▸ **la mer du Nord** the North Sea.
❖ **au nord de** loc prép (to the) north of.
❖ **du nord** loc adj north *(modif)*.
nord-africain, e [nɔʀafʀikɛ̃, ɛn] (*mpl* **nord-africains**, *fpl* **nord-africaines**) adj North African.
❖ **Nord-Africain, e** nm, f North African.
nord-américain, e [nɔʀameʀikɛ̃, ɛn] (*mpl* **nord-américains**, *fpl* **nord-américaines**) adj North American.
❖ **Nord-Américain, e** nm, f North American.
nord-coréen, enne [nɔʀkɔʀeɛ̃, ɛn] (*mpl* **nord-coréens**, *fpl* **nord-coréennes**) adj North Korean.
❖ **Nord-Coréen, enne** nm, f North Korean.
nordé [nɔʀde] nm northeast wind.
nord-est [nɔʀɛst] nm inv & adj inv northeast.
nordet [nɔʀdɛ] = **nordé**
nordique [nɔʀdik] adj [pays, peuple] Nordic ; [langue] Nordic, Scandinavian.
❖ **Nordique** nmf Nordic.
❖ **nordique** nm LING Scandinavian.
nordiste [nɔʀdist] adj **1.** [en France] from the Nord department **2.** HIST [aux États-Unis] Northern, Yankee *(modif)*.
❖ **Nordiste** nmf **1.** [en France] *inhabitant of or person from the Nord department* **2.** HIST [aux États-Unis] Northerner, Yankee.
nord-nord-est [nɔʀnɔʀɛst] nm north-northeast.
nord-nord-ouest [nɔʀnɔʀwɛst] nm north-northwest.
nord-ouest [nɔʀwɛst] nm inv & adj inv northwest.
Nord-Pas-de-Calais [nɔʀpadkalɛ] npr m ▸ **le Nord-Pas-de-Calais** Nord-Pas-de-Calais.

Nord-Pas-de-Calais

This administrative region includes the **départements** of Nord and Pas-de-Calais (capital: Lille).

nord-vietnamien, enne [nɔʀvjɛtnamjɛ̃, ɛn] (*mpl* **nord-vietnamiens**, *fpl* **nord-vietnamiennes**) adj North Vietnamese.
❖ **Nord-Vietnamien, enne** nm, f North Vietnamese.

noria [nɔʀja] nf **1.** [machine hydraulique] bucket elevator **2.** *fig* : *une noria de camions / d'ambulances* a fleet of lorries / of ambulances.
normal, e, aux [nɔʀmal, o] adj **1.** [ordinaire -vie, personne] normal ; [-taille] normal, standard ; [-accouchement, procédure] normal, straightforward / *la situation est redevenue normale* the situation is back to normal ▸ **ce n'est pas normal** : *la lampe ne s'allume pas, ce n'est pas normal* the light isn't coming on, there's something wrong (with it) / *il n'est pas rentré, ce n'est pas normal* he's not back yet, something must have happened (to him) **2.** [habituel] normal, usual / *elle n'était pas dans son état normal* she wasn't her normal self / *ce n'était pas sa voix normale* that wasn't his usual voice / *c'est le prix normal* that's the usual ou standard price / *en temps normal* in normal circumstances, normally **3.** [compréhensible] normal, natural / *c'est normal de lui demander conseil* it's natural to ask her for advice / *mais c'est bien normal, voyons* it's only natural, don't worry about it / *c'est pas normal!* *fam* it's not on ! **4.** *fam* [mentalement] normal / *elle n'est pas très normale, celle-là!* she's not quite normal ! **5.** CHIM normal / *solution* ou *liqueur normale* normal solution **6.** GÉOL & GÉOM normal.
❖ **normale** nf **1.** [situation] normal (situation) / *un retour à la normale* a return to normal **2.** GÉOM normal ▸ **normale à une courbe** / **surface** line normal ou perpendicular to a curve / surface **3.** MÉTÉOR normal / *température au-dessus de la normale (saisonnière)* temperature below the (seasonal) average **4.** [moyenne] average / *intelligence supérieure à la normale* above average intelligence **5.** ENS ▸ **Normale (Sup)** *fam nickname of the* ***École normale Supérieure*** **6.** GOLF par.

⚠ Attention, l'adjectif anglais **normal** ne peut être employé pour traduire normal au sens de « compréhensible ».

normalement [nɔʀmalmɑ̃] adv **1.** [de façon ordinaire] normally ▸ **il est normalement constitué a)** he's of normal constitution **b)** *euphém* he's (a man of) flesh and blood **2.** [sauf changement] if all goes well / *normalement, nous partirons en juin* if all goes well, we'll be leaving in June **3.** [habituellement] normally, usually, generally / *normalement, elle rentre à 3 h* she normally ou generally comes home at 3 (o'clock).

⚠ Attention, lorsque normalement signifie « sauf changement », il ne doit pas être traduit par **normally**.

normalien, enne [nɔʀmaljɛ̃, ɛn] nm, f **1.** [de l'École normale] student at an École normale, student at teacher training college UK ou teachers college US ; [ancien de l'École normale] graduate of an École normale **2.** [de l'École normale supérieure] student at the École Normale Supérieure ; [ancien de l'École normale supérieure] graduate of the École Normale Supérieure.
normalisateur, trice [nɔʀmalizatœʀ, tʀis] ◆ adj standardizing. ◆ nm, f standardizer.
normalisation [nɔʀmalizasjɔ̃] nf **1.** [d'un produit] standardization **2.** [d'une situation] normalization / *jusqu'à la normalisation de la situation* until the situation becomes normal.
normalisé, e [nɔʀmalize] adj standardized.
normaliser [3] [nɔʀmalize] vt **1.** [produit] to standardize **2.** [rapport, situation] to normalize.
normalité [nɔʀmalite] nf normality, normalcy US.
normand, e [nɔʀmɑ̃, ɑ̃d] adj **1.** [de Normandie] Normandy *(modif)* / *je suis normand* I'm from Normandy **2.** HIST Norman **3.** LING Norman French **4.** [viking] Norse.
❖ **Normand, e** nm, f **1.** [en France] Norman **2.** [Viking] Norseman (Norsewoman) ▸ **les Normands** the Norse.
❖ **normand** nm LING Norman French.
❖ **à la normande** loc adj CULIN à la Normande *(with cream and apples or cider)*.

Normandie [nɔʀmɑ̃di] npr f ▸ **la Normandie** Normandy.

normatif, ive [nɔʀmatif, iv] adj normative.

normativité [nɔʀmativite] nf normativeness.

norme [nɔʀm] nf **1.** INDUST norm, standard / *produit conforme aux normes de fabrication* product conforming to manufacturing standards ▸ **norme française (homologuée)** French standard (of manufacturing) ; ≃ British Standard UK ; ≃ US Standard US **2.** [règle] ▸ **la norme** the norm, the rule / *rester dans la norme* to keep within the norm **3.** LING ▸ **la norme** the norm **4.** MATH norm.

normé, e [nɔʀme] adj normed.

norois, noroît, noroit* [nɔʀwa] nm northwester.

Norvège [nɔʀvɛʒ] npr f ▸ **la Norvège** Norway.

norvégien, enne [nɔʀveʒjɛ̃, ɛn] adj Norwegian.

❖ **Norvégien, enne** nm, f Norwegian.

❖ **norvégien** nm LING Norwegian.

❖ **norvégienne** nf Norway yawl.

nos [no] pl ⟶ **notre.**

nosocomial, e, aux [nɔzɔkɔmjal, nɔzɔkɔmjo] adj nosocomial, contracted in hospital.

nosologie [nɔzɔlɔʒi] nf nosology.

nostalgie [nɔstalʒi] nf **1.** [regret] nostalgia / *la nostalgie des années soixante* sixties nostalgia ▸ **avoir la nostalgie de** to feel nostalgic about **2.** [mal du pays] homesickness / *j'ai la nostalgie du pays* I'm homesick.

nostalgique [nɔstalʒik] adj nostalgic / *que ces chansons sont nostalgiques !* these songs do take you back ou are full of nostalgia !

nota (bene) [nɔta(bene)] nm inv nota bene.

notabilité [nɔtabilite] nf notable / *toutes les notabilités locales étaient là* all the local notables were there.

notable [nɔtabl] ◆ adj [fait] notable ; [différence] appreciable, noticeable. ◆ nm notable / *tous les notables de la ville* all the town notables.

notablement [nɔtabləmɑ̃] adv notably, considerably.

notaire [nɔtɛʀ] nmf [qui reçoit actes et contrats] notary (public), lawyer ; [qui surveille les transactions immobilières] lawyer, solicitor UK.

notamment [nɔtamɑ̃] adv especially, in particular, notably / *il y a certains avantages, notamment un abattement fiscal* there are some advantages, notably tax deductions.

notarial, e, aux [nɔtaʀjal, o] adj notarial, legal.

notariat [nɔtaʀja] nm ▸ **le notariat a)** [fonction] the profession of a lawyer **b)** [corporation] lawyers / *son père la destinait au notariat* her father wanted her to become a lawyer.

notarié, e [nɔtaʀje] adj legally drawn up, authentic.

notation [nɔtasjɔ̃] nf **1.** [remarque] note **2.** ▸ **la notation d'un devoir** marking UK ou grading US ou correcting homework **3.** FIN ▸ **notation financière** credit ratings, rating **4.** CHIM, DANSE, LING, MATH & MUS notation / *la notation phonétique* phonetic symbols.

note [nɔt] nf **1.** MUS [son] note ; [touche] key / *sais-tu lire les notes ?* can you read music ? / *dans la note* in tune ou key ▸ **faire une fausse note a)** MUS [pianiste] to hit a wrong note ou key **b)** [violoniste] to play a wrong note **c)** [chanteur] to sing a wrong note / *la cérémonie s'est déroulée sans une fausse note* the ceremony went (off) without a hitch ▸ **la note juste** the right note ▸ **donner la note a)** MUS to give the keynote **b)** *fig* to give the lead ▸ **être dans la note** to hit just the right note *fig* **2.** [annotation] note / *prendre des notes* to take ou to make notes ▸ **prendre quelques notes rapides** to jot down a few notes / *voilà les notes rapides que j'ai prises* here are the notes I jotted down ▸ **prendre qqch en note** to make a note of sthg, to note sthg down ▸ **note de** ou **en bas de page** footnote ▸ **note de l'auteur / de la rédaction / du traducteur** author's / editor's / translator's note ▸ **note de l'éditeur** editor's note ▸ **note marginale** marginal note ▸ **prendre note de qqch** to make a note of sthg ▸ **prendre bonne note de qqch** to take good note of sthg **3.** [communication] ▸ **note diplomatique / officielle** diplomatic / official note ▸ **note de service** memo, memorandum **4.** ENS mark UK, grade US / *avoir la meilleure note* to get the best ou highest ou top mark / *je ne peux pas mettre de note à un pareil torchon !* *fam* I can't mark UK ou grade US rubbish like this ! **5.** [nuance] note, touch, hint / *avec une note de tristesse dans la voix* with a note ou hint of sadness in his voice / *mettre une note de gaieté dans une pièce* to lend a cheerful note to a room ▸ **finir sur une note positive** to end on a positive note **6.** [facture] bill, check US / *notes de restaurant* restaurant bills ▸ **la note, s'il vous plaît !** may I have the bill, please ? ▸ **mettez-le sur ma note** charge it to my account, put it on my bill ▸ **régler sa note** to pay the bill ▸ **note de frais** [à remplir] expense ou expenses claim (form) / *présenter sa note de frais* to put in for expenses ▸ **note d'honoraires** invoice *(for work done by a self-employed person)* **7.** [d'un parfum] note.

noter [3] [nɔte] vt **1.** [prendre en note] to note ou to write (down) / *j'ai noté une mélodie* I noted ou jotted (down) a tune / *je note votre nom* I'll make a note of ou I'll write down your name / *veuillez noter notre nouvelle adresse* please note ou make a note of our new address / *je vais le noter définitivement sur mon agenda* I'll make a permanent note of it in my diary / *notez que chaque enfant doit apporter un vêtement chaud* please note that every child must bring something warm to wear **2.** [faire ressortir - gén] to mark ; [- en cochant] to tick ; [- en surlignant] to highlight / *noter qqch d'une croix* to put a cross next to sthg **3.** [remarquer] to note, to notice / *notez que je ne dis rien* please note that I'm making no comment / *j'ai noté une erreur dans votre article* I noticed a mistake in your article / *il est à noter que...* it should be noted ou borne in mind that... / *je ne veux pas que tu recommences, c'est noté ?* *fam* I don't want you to do it again, do you understand ou have you got that ou is that clear ? / *notez bien, il a fait des progrès* mind you, he's improved / *note bien, je m'en fiche* *fam* (to) tell you the truth ou mind you, I couldn't care less **4.** [évaluer] to mark UK, to grade US ▸ **j'étais bien / mal noté** I had a good / bad (professional) record ; ENS [élève] to give a mark to UK, to grade US ; [devoir, examen] to mark UK, to grade US ; *(en usage absolu)* ▸ **noter sur 20** to mark UK ou grade US out of 20 / *elle note généreusement / sévèrement* she gives high / low marks UK ou grades.

notice [nɔtis] nf **1.** [résumé] note ▸ **notice bibliographique** bibliographical details ▸ **notice biographique** biographical note ▸ **notice nécrologique** obituary (notice) ▸ **notice publicitaire a)** [brochure] advertising brochure **b)** [annonce] advertisement **2.** [instructions] ▸ **notice explicative** ou **d'emploi** directions for use ▸ **notice de fonctionnement** instructions / *as-tu lu la notice ?* have you read the instructions ?

> ⚠ Attention à ne pas traduire notice par le mot anglais **notice** qui n'a pas les mêmes sens.

notificatif, ive [nɔtifikatif, iv] adj notifying.

notification [nɔtifikasjɔ̃] nf **1.** [avis] notification ▸ **donner à qqn notification de qqch** to give sb notification of sthg, to notify sb of sthg / *après que notification eut été faite du résultat aux intéressés* after the interested parties had been notified of ou had received notification of the result **2.** DR : *notification du protêt* noting and ou of protest.

notifier [9] [nɔtifje] vt to notify / *on vient de lui notifier son renvoi* he's just received notice of his dismissal, he's just been notified of his dismissal ▸ **notifier une assignation à qqn** to serve a writ on sb ; *(en usage absolu)* : *veuillez notifier par courrier* please inform us in writing.

notion [nosjɔ̃] nf [idée] notion / *il n'a ni la notion du bien, ni celle du mal* he has no notion of either good or evil / *perdre la notion du temps* to lose all notion ou sense of time / *je n'en ai pas la moindre notion* I haven't (got) the faintest ou slightest idea.

❖ **notions** nfpl [rudiments] ▸ **notions de base** basics, basic knowledge / *il a quelques notions d'anglais* he has a smattering of English / **'anglais : notions'** [sur un CV] 'basic knowledge of English' / *il a quelques notions de physique* he has some knowledge of physics ; [comme titre d'ouvrage] primer ▸ **notions de géométrie** geometry primer.

notionnel, elle [nosjɔnɛl] adj notional.

notoire [nɔtwaʀ] adj recognized / *son sens politique est notoire* her political acumen is acknowledged by all, she's famous for her political acumen ▸ **le fait est notoire** it's an acknowledged ou accepted fact ▸ **un criminel notoire** a notorious criminal.

notoirement [nɔtwaʀmɑ̃] adv : *ses ressources sont notoirement insuffisantes* it's widely known that she has limited means.

notoriété [nɔtɔʀjete] nf **1.** [renommée] fame, renown / *sa thèse lui a valu une grande notoriété* ou *a fait sa notoriété* his thesis made him famous / *il est de notoriété publique que...* it's public ou common knowledge that... **2.** [personne célèbre] celebrity, famous person / *à 20 ans, c'était déjà une notoriété* he was already famous at (the age of) 20 **3.** DR ▸ **acte de notoriété** attestation.

notre [nɔtʀ] (*pl* **nos** [no]) dét *(adj poss)* **1.** [indiquant la possession] our ▸ **nos enfants** our children / *notre ami / amie* our friend ▸ **un de nos amis** a friend of ours, one of our friends / *notre fils et notre fille* our son and daughter ▸ **notre société** our society **2.** RELIG ▸ **Notre Père** Our Father ▸ **le Notre Père** the Lord's Prayer **3.** [se rapportant au 'nous' de majesté ou de modestie] : *car tel est notre bon plaisir* for such is our pleasure / *dans notre second chapitre* in the second chapter / *notre thèse couvre trois décennies* this thesis covers a thirty-year period **4.** [emploi expressif] our / *comment se porte notre petit malade ?* how's our little invalid, then ? / *c'est lui, c'est notre homme !* that's him, that's the man we're after ou that's our man !

nôtre [notʀ] dét *(adj poss)* *sout* ours / *l'objectif que je considère comme nôtre* the aim which I consider to be ours / *ces espoirs qui furent nôtres* these hopes which were ours.

❖ **le nôtre, la nôtre** (*pl* **les nôtres**) pron poss ours / *cette valise n'est pas la nôtre* this isn't our case, this case isn't ours / *un sort tel que le nôtre* a fate such as ours / *amenez vos enfants, les nôtres ont le même âge* bring your children, ours are the same age / *vous avez vos problèmes, et nous les nôtres* you have your problems, we have ours / *cette histoire qui est la nôtre* this story which is ours ; *(emploi nominal)* ▸ **les nôtres** our family and friends ▸ **c'est un des nôtres** he's one of us / *vous n'étiez pas des nôtres pour le réveillon de Noël ?* weren't you at our Christmas Eve party ? / *serez-vous des nôtres demain soir ?* will you be joining us tomorrow evening ? ▸ **il faut y mettre du nôtre** we must do our bit, we should make an effort ▸ **à la (bonne) nôtre !** cheers !

Notre-Dame [nɔtʀədam] nf RELIG [titre] Our Lady ; [église] ▸ **Notre-Dame des Fleurs / de la Passion** Our Lady of the Flowers / Passion ▸ **Notre-Dame de Paris** [cathédrale] Notre Dame / **'Notre-Dame de Paris'** *Hugo* 'The Hunchback of Notre Dame'.

notule [nɔtyl] nf (brief) note.

nouage [nwaʒ] nm TEXT knotting, binding.

Nouakchott [nwakʃɔt] npr Nouakchott.

nouba [nuba] nf *fam* [fête] : *faire la nouba* to live it up, to paint the town red.

noue [nu] nf valley (of roof) ▸ **pièce de noue** valley tile.

nouer [6] [nwe] ◆ vt **1.** [attacher ensemble - lacets, cordes] to tie ou to knot (together) / *elle noua ses bras autour de mon cou* she wrapped her arms round my neck **2.** [faire un nœud à] to tie (up), to knot / *laisse-moi nouer ta cravate* let me knot your tie / *j'ai noué le bouquet avec de la ficelle* I tied the bouquet together with string / *il a noué le foulard autour de sa taille* he tied the scarf around his waist / *elle noua ses cheveux avec un ruban* she tied her hair back ou up with a ribbon / *elle a les articulations nouées par le rhumatisme* *fig* her joints are gnarled with rheumatism ▸ **la peur lui nouait la gorge / les entrailles** *fig* his throat / stomach tightened with fear **3.** [établir] ▸ **nouer des relations avec qqn** to enter into a relationship with sb ▸ **nouer une intrigue** to hatch a plot **4.** TEXT to splice ou to knot (together). ◆ vi BOT to set.

❖ **se nouer** ◆ vp *(emploi passif)* [ceinture] to fasten, to do up / *les cheveux se nouent d'abord sur la nuque*

* In reformed spelling (see p. 16-19).

first tie your hair back at the neck. ◆ vpi **1.** [s'entrelacer] to intertwine / *ses mains se nouèrent comme pour prier* his hands joined ou came together as if to pray / *nos doigts se nouèrent* our fingers intertwined **2.** [s'instaurer] to develop, to build up / *une complicité se noue entre l'acteur et le public* a feeling of complicity builds up ou develops between the actor and the audience / *c'est à cet âge que beaucoup d'amitiés se nouent* it's at that age that a lot of friendships are made / *l'action ne se noue que dans le dernier chapitre* only in the last chapter does the plot come to a head ou climax.

noueux, euse [nwø, øz] adj **1.** [tronc, bois] knotty, gnarled **2.** [doigt] gnarled / *un vieux paysan noueux* a wizened old farmer.

nougat [nuga] nm **1.** CULIN nougat **2.** *fam* EXPR **c'est du nougat!** it's a cinch!, it's as easy as pie! ▸ **c'est pas du nougat!** it's not as easy as it looks!

❖ **nougats** nmpl *tfam* [pieds] feet.

nougatine [nugatin] nf nougatine.

nouille [nuj] ◆ adj inv **1.** *fam* [niais] dumb, dopey / *le premier acte est complètement nouille* the first act is a load of tripe **2.** ART Art Nouveau *(modif).* ◆ nf **1.** CULIN noodle **2.** *fam* [nigaud] nitwit, dumbo ; [mollasson] drip, wimp.

❖ **nouilles** nfpl pasta *(U).*

Nouméa [numea] npr Nouméa.

noumène [numɛn] nm noumenon.

nounou [nunu] nf *fam* nanny ▸ **jouer les nounous avec qqn** to mollycoddle ou to nursemaid sb.

nounours [nunurs] nm *fam* teddy (bear).

Noureïev [nurejɛf] npr ▸ **Rudolph Noureïev** Rudolph Nureyev.

nourri, e [nuri] ◆ pp ⟶ **nourrir.** ◆ adj **1.** [dense - fusillade] sustained, heavy **2.** [ininterrompu - applaudissements] prolonged, sustained **3.** *sout* [riche - style] rich, full.

nourrice [nuris] nf **1.** [qui allaite] wet nurse **2.** [qui garde] nanny, childminder UK, nurse US, nursemaid US / *mettre un enfant en nourrice* to leave a child with a childminder ▸ **nourrice sèche** *vieilli* dry nurse **3.** AUTO [bidon] spare can ; [réservoir] service tank **4.** [morceau du bœuf] (beef) stewing shank **5.** ENTOM nurse (bee).

nourricier, ère [nurisje, ɛr] adj **1.** [qui nourrit] ▸ **notre terre nourricière** mother Earth **2.** ANAT nutrient *(avant nom)* **3.** BOT nutritive.

nourrir [32] [nurir] vt **1.** [alimenter] to feed, to nourish *sout* ▸ **nourrir qqn (de qqch)** to feed sb (on sthg) ▸ **nourrir un bébé au sein / au biberon / à la cuillère** to breast-feed / to bottle-feed / to spoon-feed a baby / *nourrir un bébé aux petits pots* to feed a baby (on) ou to give a baby prepared babyfoods / *elle est difficile et j'ai du mal à la nourrir* she's fussy about her food and I have trouble getting her to eat ▸ **être bien nourri** to be well-fed ▸ **être mal nourri** [sous-alimenté] to be undernourished ▸ **poulet nourri au grain** cornfed chicken **2.** *fig* : *l'art contemporain ne me nourrit pas* I don't get anything out of contemporary art / *la Brie nourrit la capitale* the Brie area provides the capital with food / *on lui a nourri l'esprit d'idées reçues* her mind's been filled with clichés / *j'avais l'esprit nourri de Goethe* I was brought up on Goethe / *un roman nourri des souffrances de l'auteur* a novel inspired by the author's own suffering / *les lettres qu'elle lui envoyait nourrissaient sa passion* the letters she sent him sustained his passion **3.** [faire subsister] to feed / *j'ai trois enfants à nourrir* I've got three children to feed ou to provide for ▸ **(ne pas) nourrir son homme** : *la chanson / sculpture ça ne nourrit pas son homme* you can't live off singing / sculpture alone / *le métier est dangereux, mais il nourrit son homme* it's a dangerous job but it brings in the money ou it pays well **4.** *litt* [espoir] to nourish ; [pensée] to entertain ; [illusion, rancœur] to harbour, to nurse, to nourish *sout* ; [haine] to feel, to harbour feelings of / *il nourrit une vive rancœur contre elle* he harbours a feeling of great resentment towards her / *je nourris de grands espoirs* I have high hopes / *elle nourrissait déjà des projets ambitieux* she was already turning over some ambitious projects in her mind / *nourrir des doutes au sujet de* to entertain doubts ou to be doubtful about.

❖ **se nourrir** vp *(emploi réfléchi)* **1.** [s'alimenter] to feed (o.s.) / *il est trop petit pour se nourrir tout seul* he's too young to feed himself / *il se nourrit mal* he doesn't feed himself ou eat properly / *il faut bien se nourrir* a man has to eat / *elle ne se nourrit que de bananes* she eats only bananas / *les koalas se nourrissent de bourgeons d'eucalyptus* koalas feed on ou eat eucalyptus leaves **2.** *fig* : *se nourrir d'illusions* to revel in illusions / *se nourrir de bandes dessinées* to read nothing but comics.

nourrissant, e [nurisɑ̃, ɑ̃t] adj nourishing, nutritious ▸ **crème nourrissante** nourishing cream / *le dessert était un peu trop nourrissant* the dessert was a bit too rich.

nourrisseur [nurisœr] nm **1.** [éleveur - de bétail] stock breeder ; [- de vaches] dairyman **2.** [appareil] feeder.

nourrisson [nurisɔ̃] nm **1.** [bébé] baby, infant / *quand tu n'étais encore qu'un nourrisson* when you were still a tiny baby ▸ **consultation de nourrissons** baby clinic **2.** *arch* [bébé au sein] nursling, suckling.

nourriture [nurityr] nf **1.** [alimentation] food ▸ **donner à qqn une nourriture saine** to provide sb with a healthy diet ▸ **la nourriture** [aliments] food / *mon salaire sert à payer la nourriture* my wages go towards the food bill / *le maïs sert à la nourriture du bétail* maize is used as a foodstuff for cattle ou used as cattle-feed **2.** [aliment] food / *le lait est une nourriture riche en calcium* milk is a food rich in calcium / *elle n'absorbe plus aucune nourriture* she isn't eating any food any more **3.** *litt* [de l'esprit, du cœur] nourishment / *c'est bon pour leur nourriture intellectuelle* it will stimulate their minds **4.** [du cuir] tawing paste **5.** [en sériciculture] silkworm growing.

nous [nu] ◆ pron pers *(1ère pers pl)* **1.** [sujet ou attribut d'un verbe] we / *toi et moi, nous comprenons* you and I understand / *elle et moi, nous partons* she and I are leaving ▸ **c'est nous qui déciderons** we are the ones who'll decide / *nous, nous restons* ou *on reste fam là* we are staying here / *nous deux, on s'aimera toujours fam* we two ou the two of us will always love each other / *partons, rien que nous trois* let's leave, just us three ou the three of us / *nous autres médecins pensons que...* we doctors think that... ▸ **coucou, c'est nous!** hullo, it's us! **2.** [complément d'un verbe ou d'une préposition] us / *elle n'aime que nous deux* she only loves us two ou the two of us / *c'est à nous deux qu'il l'a demandé* he asked the two of us ou (the) both of us / *à nous six, on a fini la paella* between the six of us we finished the paella / *notre voilier à nous* our (own) yacht / *ces anoraks ne sont pas à nous* these anoraks aren't ours ou don't belong to us ▸ **chez nous a)** [dans notre foyer] at home, in our house **b)** [dans notre pays] at ou back home ▸ **entre nous** between us / *pas de politesses entre nous* no need for formality between us / *entre nous (soit dit), elle ment* between us ou between you and me, she's lying / *ce que c'est que de nous! arch* alas, we are but mere mortals! **3.** [sujet ou complément, représentant un seul locuteur] we / *dans notre thèse, nous traitons le problème sous deux aspects* in our thesis we deal with the problem in two ways / *alors, comment allons-nous ce matin?* [à un malade, un enfant] and how are we this morning? / *alors, à nous, qu'est-ce qu'il nous fallait?* [chez un commerçant] now, what can I do for you? ◆ pron réfléchi : *nous nous amusons beaucoup* we're having a great time, we're really enjoying ourselves. ◆ pron réciproque each other / *nous nous aimons* we love each other. ◆ nm ▸ **le nous de majesté** the royal we.

Voir encadré à l'article lui.

nous-mêmes [numɛm] pron pers ourselves / *nous y sommes allés de nous-mêmes* we went there on our own initiative / *vérifions par nous-mêmes* let's check for ourselves.

nouveau, nouvelle [nuvo, nuvɛl] *(mpl* **nouveaux** [nuvo], *fpl* **nouvelles** [nuvɛl]) *(devant nm commençant par voyelle ou 'h' muet* **nouvel** [nuvɛl] *)* adj **1.** [de fraîche date - appareil, modèle] new ; [- pays] new, young / *notre démocratie est encore nouvelle* democracy is still in its infancy in our country ▸ **c'est tout nouveau, ça vient de sortir a)** it's new, it's just come out **b)** *fig* that's a new one on me ▸ **mots nouveaux** new words ▸ **nouveaux mariés** newlyweds, newly married couple ▸ **les nouveaux pauvres** the new poor ▸ **nouveau riche** nouveau riche ▸ **nouveau venu** newcomer ▸ **nouvelle venue** newcomer / *il est encore (un peu) nouveau en politique* he's still (a bit of) a newcomer to politics **2.** [dernier en date] new, latest / *ce nouvel attentat a fait 52 morts* 52 people died in this latest bomb attack / *elle se prend pour la nouvelle Marilyn Monroe* she thinks she's another ou the new ou a second Marilyn Monroe ▸ **nouveaux élus** [députés] new ou newly-elected deputies ▸ **carottes nouvelles** spring carrots ▸ **pommes de terre nouvelles** new potatoes ▸ **Nouvel An, nouvelle année** New Year ▸ **le Nouveau Monde** the New World ▸ **le Nouveau Testament** the New Testament **3.** [autre] further, new / *de nouvelles négociations sont prévues* further negotiations are scheduled to take place / *le bail est reconduit pour une nouvelle période de trois ans* the lease is renewed for a further three years ou another three-year period / *une nouvelle fois, je tiens à vous remercier* let me thank you once more ou again **4.** [original - découverte, idée] new, novel, original / *un esprit / un son nouveau est né* a new spirit / sound is born / *une conception nouvelle* a novel ou fresh approach ▸ **porter un regard nouveau sur qqn / qqch** to take a fresh look at sb / sthg / *elle est mécontente — ce n'est pas nouveau!* she's not happy — there's nothing new about that! **5.** [inhabituel] new / *ce dossier est nouveau pour moi* this case is new to me, I'm new to this case **6.** [novateur] ▸ **nouvelle critique** new criticism ▸ **nouvelle cuisine** nouvelle cuisine ▸ **le Nouvel Économiste** PRESSE *weekly economic newspaper* ▸ **les Nouveaux philosophes** *group of left-wing, post-Marxist thinkers including André Glucksmann and Bernard-Henri Lévy who came to prominence in the late 1970s* ▸ **nouveau roman** nouveau roman *(term applied to the work, mainly in the 1950s and 1960s, of a number of novelists who rejected the assumptions of the traditional novel).*

❖ **nouveau, elle** nm, f [élève] new boy (girl) ; [adulte] new man (woman).

❖ **nouveau** nm : *qu'est-ce qu'il y a de nouveau?* what's new? / *rien de nouveau depuis la dernière fois* nothing new ou special since last time / *il y a eu du nouveau dans l'affaire Perron* there are new developments in the Perron case.

❖ **à nouveau** loc adv **1.** [encore] (once) again, once more / *je tiens à vous remercier à nouveau* I'd like to thank you once again / *recommence à nouveau* start again / *on entendit à nouveau le même bruit* we heard the same noise (once) again **2.** BANQUE : *porter à nouveau* to carry forward.

❖ **de nouveau** loc adv again, once again, once more / *tu as fait de nouveau la même bêtise* you've made the same mistake again.

❖ **nouvelle vague** ◆ nf : *la nouvelle vague des ordinateurs* the new generation of computers. ◆ loc adj inv new-generation *(modif)* / *les imprimantes nouvelle vague* new-generation printers.

❖ **Nouvelle Vague** nf CINÉ New Wave, Nouvelle Vague.

Voir encadré à l'article dernier.

La Nouvelle Vague

This expression refers to a group of French filmmakers, including François Truffaut and Jean-Luc Godard, who broke away from conventional style and methods in the late 1950s and produced some of the most influential films of the period, using simple techniques and everyday settings.

C'est nouveau, ça vient de sortir!

This humorous expression originated in a 1980s sketch by Coluche entitled *la Publicité*. A woman is surprised to hear that a washing powder washes "whiter than white". When she asks what colour "whiter than white" might be, the salesman dodges the question by telling her "it's new, it's just come out". The expression **c'est nouveau, ça vient de sortir** is now used humorously to refer to a new-fangled product or something being touted as an important innovation.

C'est quoi ce jeu ? – C'est nouveau, ça vient de sortir... *What's this game? – Oh, it's the latest thing, didn't you know?*

Des actions gratuites pour récompenser les salariés ? C'est nouveau, ça vient de sortir ! *Free shares to reward employees: what will they think of next!*

Nouveau-Brunswick [nuvobʀœ̃svik] npr m ▸ **le Nouveau-Brunswick** New Brunswick.

Nouveau-Mexique [nuvomɛksik] npr m ▸ **le Nouveau-Mexique** New Mexico ▸ **au Nouveau-Mexique** in New Mexico.

nouveau-né, e [nuvone] (*mpl* **nouveau-nés**, *fpl* **nouveau-nées**) ◆ adj newborn *(modif)* / *une fille nouveau-née* a newborn baby girl. ◆ nm, f **1.** [bébé] newborn baby **2.** [appareil, technique] new arrival / *un nouveau-né dans la gamme des ordinateurs portables* a new addition to the family of portable computers.

Nouveau-Québec [nuvokebɛk] npr m ▸ **le Nouveau-Québec** New Quebec ▸ **au Nouveau-Québec** in New Quebec.

nouveauté [nuvote] nf **1.** [chose nouvelle] novelty, new thing ▸ **les nouveautés discographiques / littéraires** new releases / books / *tu fais de la musculation, c'est une nouveauté!* you've taken up bodybuilding, that's new! / *le racisme a toujours existé, ce n'est pas une nouveauté* racism has always existed, there's nothing new ou recent about it **2.** [originalité] novelty, newness / *l'exposition a l'attrait de la nouveauté* the exhibition has novelty appeal **3.** COUT fashion / *le commerce / l'industrie de la nouveauté* the fashion trade / industry / *nouveautés de printemps* new spring fashions.

nouvel [nuvɛl] m ⟶ **nouveau.**

nouvelle [nuvɛl] ◆ f ⟶ **nouveau.** ◆ nf **1.** [information] (piece of) news *(U)* / *c'est une nouvelle intéressante* that's an interesting piece of news, that's interesting news ▸ **j'ai une bonne / mauvaise nouvelle pour toi** I have (some) good / bad news for you / *voici une excellente nouvelle!* this is good news! / *tu ne connais pas la nouvelle? elle est renvoyée* haven't you heard (the news)? she's been fired ▸ **fausse nouvelle** false report ▸ **répandre des fausses nouvelles** to spread false rumours ▸ **première nouvelle!** that's news to me! **2.** LITTÉR short story, novella.

❖ **nouvelles** nfpl **1.** [renseignements] news *(U)* / *je n'ai pas eu de ses nouvelles depuis* I haven't had any news from him ou heard from him since / *donne vite de tes nouvelles* write soon / *Paul m'a demandé de tes nouvelles* Paul was asking after you ▸ **prendre des nouvelles de qqn** to ask after sb / *j'ai eu de tes nouvelles par ta sœur* your sister told me how you were getting on ▸ **aller aux nouvelles** to go and find out what's (been) happening / *je venais aux nouvelles* I just wanted to find out what's been happening / *on est sans nouvelles des trois alpinistes* there's been no news of the three climbers ▸ **les nouvelles vont vite** news travels fast ▸ **tu m'en diras des nouvelles!** *fam* : *goûte-moi cette mousse, tu m'en diras des nouvelles* have a taste of this mousse, I think you'll like it ▸ **tu auras de mes nouvelles!** *fam* : *tu ferais mieux de signer, ou tu auras de mes nouvelles!* you'd better sign, or else! ▸ **pas de nouvelles, bonnes nouvelles** no news is good news **2.** RADIO & TV news *(U)* / *à quelle heure sont les nouvelles?* when's the news on?

Attention! Le mot anglais **news** est singulier et indénombrable. Il est suivi d'un verbe au singulier et ne s'emploie jamais avec l'article indéfini **a** :

Les nouvelles ne sont pas bonnes. *The news isn't very good.*

En voilà une bonne nouvelle ! *That's good news!*

Il m'a rapporté une nouvelle intéressante. *He told me an interesting piece of news* ou *He told me some interesting news.*

Nouvelle-Angleterre [nuvɛlɑ̃glətɛʀ] npr f ▸ **la Nouvelle-Angleterre** New England.

Nouvelle-Bretagne [nuvɛlbʀətaɲ] npr f ▸ **la Nouvelle-Bretagne** New Britain.

Nouvelle-Calédonie [nuvɛlkaledɔni] npr f ▸ **la Nouvelle-Calédonie** New Caledonia.

Nouvelle-Castille [nuvɛlkastij] npr f ▸ **la Nouvelle-Castille** New Castile.

Nouvelle-Écosse [nuvɛlekɔs] npr f ▸ **la Nouvelle-Écosse** Nova Scotia.

Nouvelle-Galles du Sud [nuvɛlgaldysyd] npr f ▸ **la Nouvelle-Galles du Sud** New South Wales.

Nouvelle-Guinée [nuvɛlgine] npr f ▸ **la Nouvelle-Guinée** New Guinea.

Nouvelle-Irlande [nuvɛliʀlɑ̃d] npr f ▸ **la Nouvelle-Irlande** New Ireland.

nouvellement [nuvɛlmɑ̃] adv newly, recently, freshly / *nouvellement élu / nommé* newly-elected / -appointed / *nouvellement arrivé dans cette ville, il ne savait où aller* being a newcomer to the city, he didn't know where to go.

Nouvelle-Orléans [nuvɛlɔʀleɑ̃] npr ▸ **La Nouvelle-Orléans** New Orleans.

Nouvelles-Hébrides [nuvɛlzebʀid] npr fpl ▸ **les Nouvelles-Hébrides** the New Hebrides, Vanuatu.

Nouvelle-Zélande [nuvɛlzelɑ̃d] npr f ▸ **la Nouvelle-Zélande** New Zealand.

Nouvelle-Zemble [nuvɛlzɑ̃bl] npr f ▸ **la Nouvelle-Zemble** Novaya Zemlya.

nouvelliste [nuvelist] nmf short story writer.

nova [nɔva] nf nova.

novateur, trice [nɔvatœʀ, tʀis] ◆ adj innovative, innovatory. ◆ nm, f innovator.

novation [nɔvasjɔ̃] nf **1.** *sout* [gén] innovation, innovating **2.** DR novation.

novatoire [nɔvatwaʀ] adj ▸ **acte novatoire** deed of novation.

novélisation [nɔvelizasjɔ̃] nf novelization.

novembre [nɔvɑ̃bʀ] nm November. **Voir aussi mars.**

nover [3] [nɔve] vt to novate / *nover une créance* to carry out a novation of a debt.

novice [nɔvis] ◆ adj inexperienced, green ▸ **être novice dans** ou **en qqch** to be inexperienced in ou a novice at sthg. ◆ nmf **1.** [débutant] novice, beginner **2.** RELIG novice. ◆ nm NAUT junior seaman.

noviciat [nɔvisja] nm **1.** RELIG [période, lieu] novitiate **2.** *litt* [apprentissage] probation, trial period.

Novossibirsk [nɔvɔsibiʀsk] npr Novosibirsk.

noyade [nwajad] nf **1.** [fait de se noyer] drowning *(U)* / *une cause fréquente de noyade* a common cause of (death by) drowning **2.** [accident] drowning *(C)* / *être témoin d'une noyade* to witness a drowning / *il y a eu beaucoup de noyades ici l'été dernier* many people (were) drowned here last summer.

noyau, x [nwajo] nm **1.** [de fruit] stone, pit US / *noyau de cerise / pêche* cherry / peach stone / *enlever le noyau d'un fruit* to pit a fruit, to remove the stone from a fruit ▸ **noyau reproducteur / végétatif** BOT generative / vegetative nucleus **2.** [centre] nucleus ▸ **noyau familial** family nucleus **3.** [petit groupe] small group / *noyau de rebelles* small group of rebels ▸ **le noyau dur** [d'un parti, de l'actionnariat] the hard core ▸ **noyau de résistance** pocket ou centre of resistance **4.** ANAT, ASTRON, BIOL & PHYS nucleus **5.** ÉLECTR, GÉOL & NUCL core **6.** FIN ▸ **noyau dur** hard-core shareholders **7.** MÉTALL (mould) core **8.** MÉTÉOR ▸ **noyau de condensation / congélation** hygroscopic / freezing nucleus **9.** CHIM nucleus, ring **10.** CONSTR newel ▸ **noyau de voûte** (central) arch pillar **11.** MATH kernel.

noyautage [nwajotaʒ] nm **1.** POL infiltration **2.** MÉTALL core blowing.

noyauter [3] [nwajote] vt **1.** POL to infiltrate / *le syndicat a été noyauté* the union has been infiltrated **2.** MÉTALL to blow ou to make cores.

noyé, e [nwaje] ◆ pp **1.** [personne] drowned ▸ **mourir noyé** to drown **2.** [moteur] flooded **3.** *fig* : *les yeux noyés de larmes* his eyes bathed with tears / *le regard noyé de larmes* eyes brimming ou swimming with tears / *être noyé dans la foule* to be lost in the crowd / *après l'invasion, le pays fut noyé dans le sang* after the invasion, the country was awash with blood / *la maisonnette est noyée dans la verdure* the cottage is lost in the greenery / *l'essentiel est noyé dans les détails* the essentials have been buried ou lost in a mass of detail / *quelques belles phrases sont noyées dans des développements abscons* some fine phrases are buried under a mass of abstruse argument / *noyée dans la masse, sa voix pouvait passer pour puissante* blended in with the rest, his voice could be thought of as powerful. ◆ nm, f drowned person ▸ **les noyés** the drowned / *trois disparus et deux noyés* three missing and two drowned.

noyer[1] [nwaje] nm **1.** [arbre] walnut (tree) **2.** [bois] walnut.

noyer[2] [13] [nwaje] vt **1.** [personne, animal] to drown ; [moteur, vallée] to flood ▸ **noyer une sédition / mutinerie dans le sang** to bloodily suppress a revolt / mutiny ▸ **noyer son chagrin (dans l'alcool)** to drown one's sorrows (in drink) ▸ **noyer le poisson a)** PÊCHE to play the fish **b)** *fam & fig* *ne cherche pas à noyer le poisson* don't try to confuse the issue ▸ **qui veut noyer son chien l'accuse de la rage** *prov* give a dog a bad name (and hang him) *prov* **2.** [faire disparaître] : *une épaisse brume noie la vallée* the valley is shrouded in fog / *le piano est noyé par les violons* the violins are drowning out the piano **3.** CULIN [sauce] to water down *(sép)*, to thin (out) too much ; [vin] to water down *(sép)* **4.** MENUIS : *noyer un clou* to drive a nail right in.

❖ **se noyer** ◆ vp *(emploi réfléchi)* [se suicider] to drown o.s. / *elle a essayé de se noyer* she tried to drown herself. ◆ vpi [accidentellement] to drown.

❖ **se noyer dans** vp + prép **1.** [se plonger dans] to bury ou to absorb o.s. in / *quand j'ai des ennuis sentimentaux, je me noie dans le travail* when I have problems with my love life, I just throw myself into my work ou bury myself in work **2.** [s'empêtrer dans] to get tangled up ou bogged down ou trapped in / *tu te noies dans tes contradictions / mensonges* you're getting bogged down in your (own) contradictions / tangled up in your (own) lies / *vous vous noyez dans des considérations hors sujet* you're getting tangled up in ou lost in a series of side issues ▸ **se noyer dans un verre d'eau** to make a mountain out of a molehill.

NPI (abr de **nouveaux pays industrialisés**) nmpl NICs.

N/Réf (abr écrite de **Notre référence**) O/Ref.

NRF (abr de **Nouvelle Revue française**) npr f **1.** [revue] *literary review* **2.** [mouvement] *literary movement.*

NRJ [ɛnɛʀʒi] npr *independent French radio station.*

NRV TEXTO abr écrite de **énervé**.

N.-S. (abr écrite de **Notre-Seigneur**) Our Lord.

N.-S. J.-C. (abr écrite de **Notre-Seigneur Jésus-Christ**) *Our Lord Jesus Christ.*

NS-P (abr écrite de **Notre Saint-Père**) *Our Holy Father.*

NT (abr de **Nouveau Testament**) nm NT.

NTIC (abr de **nouvelles technologies de l'information et de la communication**) nfpl (N)ICT.

NTSC (abr de **National Television Sytem Committee**) ▸ **système NTSC** NTSC system.

nu, e [ny] adj **1.** [sans habits -personne] naked, nude / *une femme nue* a naked ou nude woman ▸ **être nu** to be naked ou in the nude / *ne te promène pas tout nu devant la fenêtre* don't walk about in front of the window with nothing on / *une plage où l'on peut se baigner (tout) nu* a beach where nude bathing is allowed / *être à demi nu* ou *à moitié nu* to be half-naked / *po-*

ser nu pour un photographe to pose in the nude for a photographer ▸ **se mettre (tout) nu** to take off all one's clothes, to strip naked ▸ **revue nue** nude show ▸ **être nu comme un ver** ou **la main** to be stark naked **2.** [découvert - partie du corps] ▸ **avoir les bras nus / fesses nues** to be bare armed / bare-bottomed ∕ *avoir le crâne nu* to be baldheaded ∕ *se promener les jambes nues* to walk about bare-legged ou with bare legs ▸ **être pieds nus** to be barefoot ou barefooted ∕ *marcher pieds nus* to walk barefoot ou barefooted ∕ *n'y va pas pieds nus* don't go there with bare feet ▸ **se baigner seins nus** to go topless bathing ▸ **la tête nue** bareheaded ou without a hat on ▸ **torse nu** : *il travaillait torse nu* he was working without a shirt on ▸ **mettez-vous torse nu** strip to the waist ▸ **à l'œil nu** : *ça ne se voit pas / ça se voit à l'œil nu* you can't / you can see it with the naked eye ∕ *il est jaloux, ça se voit à l'œil nu* fig he's jealous, it's plain for all to see **3.** [dégarni - sabre] naked ; [- paysage] bare, empty ; [- mur] bare **4.** BOT [grain, graine] naked.

❖ **nu** nm **1.** ART nude ▸ **une photo de nu** a nude photo **2.** CONSTR ▸ **nu de mur** plain of a wall **3.** [lettre] nu.

❖ **à nu** ◆ loc adj bare ▸ **le fil est à nu a)** [accidentellement] the wire is bare **b)** [exprès] the wire has been stripped ∕ *mon âme était à nu* my soul had been laid bare. ◆ loc adv ▸ **mettre à nu** to expose ∕ *mettre un fil électrique à nu* to strip a wire ∕ *mettre son cœur à nu* to bare one's soul ∕ *mettre à nu la corruption de la société* to lay bare ou to expose corruption in society.

nuage [nɥaʒ] nm **1.** MÉTÉOR cloud ▸ **ciel chargé de nuages** cloudy ou overcast sky ∕ *nuage de fumée / poussière* cloud of smoke / dust ∕ *nuage toxique / radioactif* toxic / radioactive cloud ∕ *nuage de chaleur* heat haze ▸ **nuage d'orage** stormcloud **2.** [menace, inquiétude] cloud ∕ *il y a de gros nuages à l'horizon économique* the economic outlook is very gloomy ou bleak ▸ **un nuage passa dans ses yeux / sur son visage** his eyes / face clouded over ; [rêverie] ▸ **être dans les nuages** to have one's head in the clouds, to be day-dreaming ∕ *encore dans les nuages?* are you dreaming again? **3.** [masse légère] : *un nuage de tulle* a mass ou swathe of tulle ; [petite quantité] ▸ **un nuage de lait** a drop of milk **4.** JOAILL cloud **5.** MATH ▸ **nuage de points** scatter of points **6.** PHYS ▸ **nuage (électronique)** electron cloud.

❖ **sans nuages** loc adj **1.** MÉTÉOR cloudless ∕ *sous un ciel sans nuages* under cloudless blue skies **2.** [amitié] untroubled, perfect ; [bonheur] unclouded, perfect ∕ *vivre sous un ciel sans nuages* to live in unclouded happiness.

nuageux, euse [nɥaʒø, øz] adj **1.** MÉTÉOR ▸ **ciel nuageux** cloudy ou overcast sky ∕ *ciel devenant nuageux* increasing cloud ▸ **masse nuageuse** cloudbank ▸ **système nuageux** cloud system **2.** [confus - esprit, idée] hazy, nebulous, obscure.

nuance [nɥɑ̃s] nf **1.** [différence - de couleur] shade, hue ; [- de son] nuance ∕ *des nuances de bleu* shades of blue ▸ **nuance de sens** shade of meaning, nuance ∕ *il y a une nuance entre indifférence et lâcheté* there's a (slight) difference between indifference and cowardice ∕ *j'ai dit que je l'aimais bien et non que je l'aimais, nuance!* I said I liked him and not that I loved him, that's not the same thing! **2.** [subtilité] nuance, subtlety ∕ *toutes les nuances de sa pensée* the many subtleties ou all the finer aspects of his thinking ▸ **personne / personnage tout en nuances** very subtle person / character ∕ *il joue du piano sans nuances / avec nuance* his piano playing lacks subtlety / displays a good sense of musical shading **3.** [trace légère] touch, tinge ∕ *une nuance de regret* a touch of regret ∕ *il y avait une nuance d'amertume dans sa voix* there was a touch ou hint of bitterness in his voice **4.** MÉTALL grade, type.

nuancer [16] [nɥɑ̃se] vt **1.** [couleur] to shade ; [musique] to nuance **2.** [critique, jugement] to nuance, to qualify ∕ *cette opinion / déclaration demande à être nuancée* this opinion / statement needs to be qualified **3.** TEXT to grade, to tone.

nuancier [nɥɑ̃sje] nm colour chart.

Nubie [nybi] npr f ▸ **(la) Nubie** Nubia.

nubien, enne [nybjɛ̃, ɛn] adj Nubian.

❖ **Nubien, enne** nm, f Nubian.

❖ **nubien** nm LING Nubian.

nubile [nybil] adj nubile ▸ **l'âge nubile** ≃ the age of consent.

nubilité [nybilite] nf nubility.

nubuck [nybyk] nm nubuck ∕ *des chaussures en nubuck* nubuck shoes.

nucléaire [nykleɛʀ] ◆ adj BIOL, MIL & PHYS nuclear. ◆ nm [énergie] nuclear power ou energy ; [industrie] nuclear industry.

nucléarisation [nykleaʀizasjɔ̃] nf INDUST *introduction of nuclear power to replace conventional energy sources* ; MIL nuclearization.

nucléariser [3] [nykleaʀize] vt to supply with nuclear power ; MIL to supply with nuclear weapons, to nuclearize.

❖ **se nucléariser** vpi to go nuclear.

nucléase [nykleaz] nf nuclease.

nucléé, e [nyklee] adj nucleated.

nucléide [nykleid] = **nuclide.**

nucléine [nyklein] nf nuclein.

nucléique [nykleik] adj ▸ **acide nucléique** nucleic acid.

nucléolaire [nykleɔlɛʀ] adj nucleolar.

nucléole [nykleɔl] nm nucleolus.

nucléon [nykleɔ̃] nm nucleon.

nucléonique [nykleɔnik] adj nucleonic.

nucléoplasme [nykleɔplasm] nm nucleoplasm.

nucléoprotéine [nykleɔpʀɔtein] nf nucleoprotein.

nucléoside [nykleozid] nm nucleoside.

nucléosynthèse [nykleɔsɛ̃tɛz] nf nucleosynthesis.

nucléotide [nykleɔtid] nm nucleotide.

nuclide [nyklid] nm nuclide.

nudisme [nydism] nm nudism, naturism ∕ *pratiquer le nudisme* to practise nudism.

nudiste [nydist] ◆ adj nudist *(modif).* ◆ nmf nudist ∕ *plage / village de nudistes* nudist beach / village.

nudité [nydite] nf **1.** [d'une personne] nakedness, nudity ; *fig* : *sa mesquinerie se révélait enfin dans toute sa nudité* his pettiness was at last revealed for what it was ∕ *ses crimes furent étalés dans toute leur nudité* his crimes were exposed for all to see **2.** [d'un lieu] bareness ∕ *la nudité d'une cellule monacale* the starkness ou bareness of a monk's cell ∕ *la nudité des murs rend la pièce glaciale* the bare walls make the room feel very cold **3.** ART nude.

nuée [nɥe] nf **1.** *litt* thick cloud ▸ **nuée d'orage** storm cloud, thundercloud **2.** GÉOL ▸ **nuée ardente** nuée ardente **3.** [multitude] horde, host ∕ *nuée de paparazzi / d'admirateurs* a horde of paparazzi / admirers ▸ **nuée d'insectes** horde ou swarm of insects ∕ *comme une nuée de sauterelles* like a plague of locusts **4.** JOAILL cloud.

nue-propriété [nypʀɔpʀijete] (*pl* **nues-propriétés**) nf bare ownership.

nues [ny] nfpl ▸ **les nues** *poét & arch* the skies ▸ **porter qqn / qqch aux nues** to praise sb / sthg to the skies ▸ **tomber des nues** : *nous sommes tombés des nues* we were flabbergasted ou dumbfounded.

nuire [97] [nɥiʀ] ❖ **nuire à** v + prép [être néfaste pour] ▸ **nuire à qqn** to harm ou to injure sb ∕ *ça ne peut que te nuire* it can only do you harm ∕ *ils cherchent à nous nuire par une publicité mensongère* they're trying to damage our reputation with misleading publicity ▸ **nuire à qqch** to be harmful to ou to damage ou to harm sthg ∕ *le tabac nuit à la santé* smoking is harmful to health ∕ *ne fais rien qui puisse nuire à ta carrière* don't do anything that might damage ou harm your career ∕ *cela a nui à l'équilibre de leur couple* their relationship suffered from it ∕ *les grèves nuisent à la reprise économique* strikes are a threat to economic recovery. ❖ **se nuire** vp *(emploi réfléchi)* to do o.s. harm ∕ *tu te nuis à toi-même en faisant cela* you're only hurting yourself by doing that.

nuisance [nɥizɑ̃s] nf (environmental) nuisance ▸ **nuisance sonore** noise pollution ▸ **nuisance chimique** chemical pollution.

nuisette [nɥizɛt] nf short ou babydoll nightgown.

nuisibilité [nɥizibilite] nf harmfulness.

nuisible [nɥizibl] adj harmful ▸ **gaz / fumées nuisibles** noxious gases / fumes ∕ *des individus nuisibles à la société* individuals harmful to society ▸ **animaux nuisibles** pests.

❖ **nuisibles** nmpl ZOOL vermin, pests.

nuisons v ⟶ **nuire.**

nuit [nɥi] nf **1.** [obscurité] night *(U)*, dark, darkness ▸ **il fait nuit** it's dark ∕ *il fait nuit noire* it's pitch-dark ou pitch-black ∕ *la nuit tombe* it's getting dark, night is falling *sout* ∕ *l'hiver, la nuit tombe plus tôt* it gets dark earlier in winter ∕ *rentrer avant la nuit* to get back before nightfall ou dark ∕ *à la nuit tombante* ou *à la tombée de la nuit* at nightfall, at dusk ∕ *dans la nuit de son passé* in the mists of his past ∕ *entrer dans la nuit éternelle* ou *la nuit du tombeau litt* to descend into the darkness of the grave ∕ *l'homme ne sait rien, il est dans la nuit litt* man knows nothing, he struggles in the dark ▸ **la nuit des temps** : *remonter à / se perdre dans la nuit des temps* to go back to the dawn of / to be lost in the mists of time ▸ **c'est le jour et la nuit!** it's like chalk and cheese! UK, it's like night and day! US **2.** [intervalle entre le coucher et le lever du soleil] night, nighttime ∕ *je dors la nuit* I sleep at ou during the night ∕ *une nuit étoilée* a starry night ∕ *son état a empiré pendant la nuit* her condition worsened during the night ▸ **faire sa nuit** to sleep through the night ▸ **bonne nuit!** goodnight! ∕ *passer une bonne nuit* [malade] to have a comfortable night ▸ **une nuit de** [une nuit passée à] a night of ▸ **une nuit de marche / repos / travail** a night's walk / rest / work ∕ *une nuit d'extase / de désespoir* a night of ecstasy / despair ∕ *une nuit d'insomnie* a sleepless night ∕ *une nuit de sommeil ininterrompu* a night of unbroken sleep ▸ **la nuit de noces** the wedding night ▸ **la nuit porte conseil** *prov* I'd / you'd, etc., better sleep on it ∕ **'Une nuit à l'Opéra'** *Marx Brothers* 'A Night at the Opera' **3.** [dans des expressions de temps] ▸ **cette nuit** : *que s'est-il passé cette nuit?* what happened last night? ▸ **nous partons cette nuit** we're leaving tonight ∕ *des nuits entières* nights on end ∕ *en pleine nuit* in the middle of the night ▸ **en une nuit a)** [pendant la nuit] in one night **b)** [vite] overnight ∕ *il y a deux nuits* the night before last ∕ *il y a trois nuits* three nights ago ▸ **la nuit** : *l'émission passe tard la nuit* the programme is on late at night, it's a late-night programme ∕ *ne sors pas seul la nuit* don't go out alone at night ∕ *la nuit de mardi / vendredi* Tuesday / Friday night ∕ *dans la nuit de mardi à mercredi* during Tuesday night, during the night of Tuesday to Wednesday ∕ *la nuit où ils ont disparu* the night (that) they disappeared ∕ *la nuit où on l'a appelé, il était introuvable!* the (one) night we called him, he was nowhere to be found! ∕ *la nuit précédente* ou *d'avant* the previous night, the night before ∕ *la nuit suivante* ou *d'après* the next night, the night after ▸ **l'autre nuit** the other night ∕ *nuit et jour, de nuit comme de jour* night and day ∕ *stationnement interdit nuit et jour* no parking day or night ▸ **toute la nuit** all night (long), through the night ▸ **toutes les nuits** nightly, every night ▸ **la nuit tous les chats sont gris** *prov* all cats are grey in the dark **4.** [dans des noms de dates] ▸ **la nuit de cristal** Kristallnacht ▸ **la nuit des longs couteaux** the Night of the Long Knives ▸ **la nuit de Noël** Christmas night ▸ **la nuit de la Saint-Sylvestre** New Year's Eve night ∕ **'la Nuit des rois'** *Shakespeare* 'Twelfth Night' **5.** [nuitée] : *c'est 88 € la nuit* it's 88 € a night ∕ *payer sa nuit* to pay for the night ∕ *c'est combien la nuit?* how much is it for one night? ∕ *la chambre est à 49 € la nuit* rooms are 49 € a night.

❖ **de nuit** ◆ loc adj **1.** ZOOL ▸ **animaux / oiseaux de nuit** nocturnal animals / birds **2.** [pharmacie] night *(modif)*, all-night *(avant nom)*, twenty-four hour *(avant nom)* **3.** [qui a lieu la nuit] night *(modif)* ▸ **garde / vol de nuit** night watch / flight ▸ **conduite de nuit** night-driving, driving at night ▸ **être de nuit** to work night shifts, to be on nights ∕ *aujourd'hui je suis de nuit à l'hôpital* I'm on night-duty at the hospital tonight. ◆ loc adv : *travailler de nuit* to work nights ou the night shift ou at night ∕ *conduire de nuit* to drive at ou by night ∕ *nous arriverons plus vite en faisant la route de nuit* we'll arrive earlier if we drive at night.

❖ **nuit américaine** nf CINÉ day for night ∕ *tourné en nuit américaine* shot in day for night.

❖ **nuit blanche** nf sleepless night.

❖ **nuit bleue** nf night of bomb attacks.
nuitamment [nɥitamɑ̃] adv *litt* at ou by night.
nuitée [nɥite] nf bed-night, person-night *spéc* / *le gérant de l'hôtel nous a facturé deux nuitées* the hotel manager charged us for two nights.
nul, nulle [nyl] ◆ adj **1.** [inexistant] nil, nonexistent / *les bénéfices sont presque nuls* the profits are almost nonexistent ou nil ou zero / *nos chances de gagner sont nulles* we stand (absolutely) no chance of winning, our chances of winning are nil **2.** *fam* [très mauvais] useless, rubbish, hopeless / *leur dernière chanson est nulle* their latest song is rubbish / *être nul en maths* to be hopeless ou useless at maths / *c'est vraiment nul de dire une chose pareille* what a pathetic thing to say ▸ **t'es nul!** **a)** [mauvais] you're useless! **b)** [méchant] you're pathetic! **3.** MATH null ▸ **ensemble nul** null ou empty set ▸ **matrice nulle** null matrix **4.** DR null ▸ **rendre nul** to nullify, to annul **5.** SPORT nil / *le score est nul* the score is nil-nil ▸ **match nul** draw UK tie. ◆ nm, f *fam* prat / *quel nul, ce mec!* what a prat!
nul, nulle [nyl] *sout* ◆ dét *(adj indéf, avant le nom)* no, not any / *tu ne peux faire confiance à nul autre que lui* you can trust nobody but him, he's the only one you can trust / *nul autre que lui n'aurait pu y parvenir* nobody (else) but he could have done it ▸ **à nul autre pareil** peerless, unrivalled / *je n'éprouve nul ressentiment* I don't feel at all resentful, I don't feel any resentment / *elle n'a nulle envie de me voir* she has no desire (whatsoever) to see me / *il partit sans nulle envie de revenir* he left with no desire to return ▸ **sans nul doute** undoubtedly, without any doubt / *nul doute qu'il tiendra sa promesse* there is no doubt that he will keep his promise. ◆ pron indéf no one, nobody / *nul n'aurait mieux su analyser la situation* no one could have analyzed the situation better / *nul mieux que lui n'aurait su analyser la situation* no one could have analyzed the situation better than him / *nul n'est venu* no one ou nobody came / *nul ne peut le nier* no one can deny it ▸ **nul n'est parfait** nobody's perfect ▸ **nul n'est censé ignorer la loi** ignorance of the law is no defence ▸ **nul n'est prophète en son pays** *prov* no man is a prophet in his own country.
❖ **nulle part** loc adv nowhere, no place US / *on ne l'a trouvé nulle part* he was nowhere to be found / *nulle part la nature n'est plus belle* nowhere is nature more beautiful / *le texte ne mentionne nulle part ce détail* this detail is not mentioned anywhere in the text ▸ **au milieu de nulle part** in the middle of nowhere ▸ **nulle part ailleurs** nowhere else.
nullard, e [nylaʀ, aʀd] *fam* ◆ adj thick UK dumb US. ◆ nm, f numskull, dumbo, thicko UK
nullement [nylmɑ̃] adv *litt* not at all, not in the least / *elle n'avait nullement honte de ce qu'elle avait fait* she wasn't in the least ashamed of what she'd done / *ça vous gêne que je fume? — nullement* do you mind my smoking? — not at all ou not in the least.
nullipare [nylipaʀ] ◆ adj nulliparous. ◆ nf nullipara.
nullité [nylite] nf **1.** [manque de valeur] incompetence, uselessness / *elle est d'une nullité totale* she's totally useless ou incompetent / *ce film est d'une parfaite nullité* this film is really terrible **2.** [personne] incompetent, nonentity / *c'est une nullité* he's useless **3.** DR nullity ▸ **action en nullité** action for (a) voidance of contract.
numéraire [nymeʀɛʀ] ◆ adj ▸ **espèces numéraires** legal tender ou currency ▸ **valeur numéraire** face value. ◆ nm cash / *payer en numéraire* to pay cash ▸ **numéraire fictif** paper money.
numéral, e, aux [nymeʀal, o] adj numeral.
❖ **numéral, aux** nm numeral.
numérateur [nymeʀatœʀ] nm numerator.
numération [nymeʀasjɔ̃] nf **1.** [dénombrement] numeration, numbering *(U)* ; [signes] notation ▸ **numération décimale / binaire** decimal / binary notation **2.** MÉD ▸ **numération globulaire** blood count.
numérique [nymeʀik] ◆ adj **1.** [gén] numerical / *dans l'ordre numérique* in numerical order **2.** MATH numerical **3.** INFORM digital. ◆ nm ▸ **le numérique** digital technology.
numériquement [nymeʀikmɑ̃] adv **1.** [en nombre] numerically **2.** INFORM digitally.
numérisation [nymeʀizasjɔ̃] nf digitization.
numérisé, e [nymeʀize] adj digitalised.
numériser [3] [nymeʀize] vt to digitize.
numériseur [nymeʀizœʀ] nm digitizer.
numéro [nymeʀo] nm **1.** [nombre] number ▸ **numéro d'appel** ou **d'attente** [dans une file d'attente] number / *prenez un numéro d'attente* please take a ticket and wait for your number to be called ▸ **numéro atomique** PHYS atomic ou proton number ▸ **numéro de commande** order number ▸ **numéro de compte (bancaire)** account number ▸ **numéro d'immatriculation** registration number UK license number US ▸ **numéro matricule** number ▸ **numéro d'un navire / de voilure** NAUT ship's / class number ▸ **numéro d'ordre** (queueing) number ou ticket UK number (for waiting line) US ▸ **numéro postal** SUISSE postcode UK zip code US ▸ **numéro de vol** flight number ▸ **le numéro un / deux chinois** the Chinese number one / two / *le numéro un du tennis français* France's number one ou top tennis player / *le numéro deux de l'automobile* the second-ranked car manufacturer / *le numéro un du parti républicain* the leader of the Republican party **2.** TÉLÉC ▸ **numéro de fax** fax number ▸ **numéro (de téléphone)** TÉLÉC (telephone) number / *donne-moi ton numéro* give me your number / *refais le numéro* dial (the number) again / *j'ai changé de numéro* my number has changed / *faire un faux numéro* to dial a wrong number / **'il n'y a pas d'abonné au numéro que vous avez demandé'** 'there's no subscriber at the number you've dialled' ▸ **numéro azur** *telephone number for a call charged at the local rate irrespective of the actual distance covered* ▸ **numéro d'appel gratuit** ou **vert** ≃ Freefone number UK ; ≃ 800 ou toll-free number US **3.** [habitation, place] number / *j'habite Rue Froment — à quel numéro?* I live in rue Froment — what number? / *j'ai le numéro 3B, où dois-je m'asseoir?* I've got (ticket) number 3B, where should I sit? **4.** [exemplaire] issue / *acheter un magazine au numéro* to buy a magazine as it appears / *il y a un article intéressant dans le numéro de ce mois-ci* there's an interesting article in this month's issue / *il faudra chercher dans de vieux numéros* we'll have to look through some back issues ou numbers / *j'ai tous les numéros depuis la parution* I've got every issue ou copy that's ever been published ▸ **deux numéros en un** double issue ▸ **numéro zéro** dummy issue **5.** MUS number ; [dans un spectacle] act, turn / *il fait le numéro le plus important du spectacle* he's top of the bill / *elle a fait son numéro habituel* she went into her usual routine / *il lui a fait un numéro de charme terrible* *fam* he really turned on the charm with her **6.** JEUX [nombre] number / *un numéro gagnant* a winning number ▸ **numéro complémentaire** *bonus number* / *tirer le bon / mauvais numéro* to pick the right / wrong number / *lui, il a tiré le bon numéro!* *fig* he's really picked a winner! **7.** [personne] : *quel numéro!* *fam* [hurluberlu] what a character **8.** *(comme adj, après le nom)* : *le lot numéro 12* lot 12 **9.** OPT number **10.** TEXT count of yarn.
numérologie [nymeʀɔlɔʒi] nf numerology.
numérologue [nymeʀɔlɔg] nmf numerologist.
numérotage [nymeʀɔtaʒ] nm **1.** [attribution d'un numéro] numbering **2.** TEXT (yarn) counting.
numérotation [nymeʀɔtasjɔ̃] nf **1.** [attribution d'un numéro] numbering / *la numérotation des pages* pagination, page numbering **2.** TÉLÉC dialling ▸ **numérotation vocale** voice dialing.
numéroter [3] [nymeʀɔte] vt to number / *numéroter les pages d'un livre* to paginate a book, to number the pages of a book / *les places ne sont pas numérotées* the seats aren't numbered ▸ **numéroter ses abattis** *fam & hum* : *tu peux numéroter tes abattis!* get ready, you're in for it!
numerus clausus, numérus clausus* [nymeʀysklozys] nm numerus clausus.
numide [nymid] adj Numidian.
❖ **Numide** nmf Numidian.
Numidie [nymidi] npr f ▸ **la Numidie** Numidia.
numismate [nymismat] nmf numismatist, numismatologist.
numismatique [nymismatik] ◆ nf numismatics *(U)*, numismatology. ◆ adj numismatic.
nunatak [nynatak] nm nunatak.
nunuche [nynyʃ] *fam* ◆ adj simple, goofy, dumb. ◆ nf ninny, nincompoop.
nuoc-mâm [nɥɔkmam] nm inv CULIN nuoc mam.
nu-pieds [nypje] ◆ loc adv barefoot. ◆ nmpl sandals.
nu-propriétaire, nue-propriétaire [nypʀɔpʀijetɛʀ] *(mpl* **nus-propriétaires**, *fpl* **nues-propriétaires)** nm, f bare owner.
nuptial, e, aux [nypsjal, o] adj **1.** [de mariage] wedding *(modif)* ▸ **robe nuptiale** wedding dress, bridal gown **2.** ZOOL nuptial.
nuptialité [nypsjalite] nf marriage rate, nuptiality.
nuque [nyk] nf nape *(of the neck)* / *une coiffure qui dégage la nuque* a hairstyle that leaves the back of the neck ou the nape bare ▸ **saisir qqn par la nuque** to grab sb by the scruff of the neck.
Nuremberg [nyʀɛ̃bɛʀ] npr Nuremberg.
nurse [nœʀs] nf *vieilli* nanny, governess.
nursery *(pl* **nurserys** *ou* **nurseries)**, **nurserie*** [nœʀsəʀi] nf nursery.
nutriment [nytʀimɑ̃] nm nutriment.
nutritif, ive [nytʀitif, iv] adj **1.** [nourrissant - aliment] nourishing, nutritious ▸ **substance nutritive** nutrient **2.** [relatif à la nutrition] nutritive, nutritional ▸ **valeur nutritive** food ou nutritional value.
nutrition [nytʀisjɔ̃] nf **1.** PHYSIOL nutrition, feeding ▸ **maladies de la nutrition** nutritional diseases ▸ **spécialiste de la nutrition** dietary expert **2.** BOT nutrition.
nutritionnel, elle [nytʀisjɔnɛl] adj nutritional, food *(modif)* ▸ **composition nutritionnelle du lait** food ou nutritional value of milk.
nutritionniste [nytʀisjɔnist] nmf nutritionist, dietary expert.
Nyassaland [njasalɑ̃d] npr m ▸ **le Nyassaland** Nyasaland.
nyctalope [niktalɔp] ◆ adj **1.** ZOOL ▸ **la chouette est un oiseau nyctalope** the owl has good nocturnal vision **2.** MÉD hemeralopic *spéc*, day-blind. ◆ nmf **1.** MÉD person suffering from day-blindess ou *spéc* hemeralopia **2.** ZOOL animal / bird with good nocturnal vision.
nyctalopie [niktalɔpi] nf **1.** ZOOL good nocturnal vision **2.** MÉD day-blindness, hemeralopia.
Nylon® [nilɔ̃] nm nylon / *en* ou *de Nylon* nylon *(modif)*.
nymphal, e, aux [nɛ̃fal, o] adj nymphal.
nymphalidé [nɛ̃falide] nm nymphalid ▸ **les nymphalidés** the Nymphalidae.
nymphe [nɛ̃f] nf **1.** MYTH nymph / *elle avait un corps de nymphe* she was nymph-like ou sylph-like **2.** ENTOM nymph **3.** ANAT labia minora, nympha.
nymphéa [nɛ̃fea] nm white water lily / **'les Nymphéas'** *Monet* 'Water Lilies'.
nymphéacée [nɛ̃fease] nf member of the Nymphaeaceae.
nymphette [nɛ̃fɛt] nf nymphet, nymphette.
nympho [nɛ̃fo] **(abr de nymphomane)** *fam* ◆ adj : *elle est nympho* she's a nympho. ◆ nf nympho.
nymphomane [nɛ̃fɔman] adj f & nf nymphomaniac.
nymphomanie [nɛ̃fɔmani] nf nymphomania.
nymphose [nɛ̃foz] nf nymph stage.
nystatine [nistatin] nf PHARM nystatin.

*In reformed spelling (see p. 16-19).

o, O [o] nm inv [lettre] o, O. **Voir aussi g.**

O (abr écrite de **Ouest**) W.

ô [o] interj *litt* oh, O.

OAA (abr de **Organisation des Nations unies pour l'alimentation et l'agriculture**) npr f FAO.

OACI (abr de **Organisation de l'aviation civile internationale**) npr f IATA.

OAS (abr de **Organisation armée secrète**) npr f OAS *(French terrorist organization which opposed Algerian independence in the 1960s).*

oasien, enne [ɔazjɛ̃, ɛn] ◆ adj oasis *(modif).* ◆ nm, f oasis dweller.

oasis [ɔazis] nf oasis / *une oasis de paix* an oasis of peace.

obédience [ɔbedjɑ̃s] nf [adhésion] allegiance / *pays d'obédience socialiste* socialist ou socialist-run countries / *musulman de stricte obédience* devout Muslim ▸ **obédience religieuse** religious persuasion.

obéir [32] [ɔbeiʀ] ❖ **obéir à** v + prép **1.** [se soumettre à] ▸ **obéir à qqn / qqch** to obey sb / sthg / *il m'obéit au doigt et à l'œil* he's at my beck and call ▸ **savoir se faire obéir de qqn** to command ou to compel obedience from sb / *c'était un professeur très obéi de ses élèves* as a teacher, he commanded (great) obedience from his pupils / *obéir à un ordre* to comply with ou to obey an order ; *(en usage absolu)* ▸ **vas-tu obéir?** will you do as you're told ! **2.** [être régi par] ▸ **obéir à qqch** to submit to ou to obey sthg / *obéir à une théorie / un principe* to obey ou to follow a theory / principle / *le marché obéit à la loi de l'offre et de la demande* the market is governed by ou follows the law of supply and demand / *obéir à une impulsion* to follow an impulse / *obéissant à une soif de vengeance* moved ou prompted by a thirst for revenge / *obéir à sa bonté naturelle / à la raison* to be prompted by one's natural kindness / by reason **3.** [réagir à - suj : mécanisme] ▸ **obéir à qqch** to respond to sthg ; *(en usage absolu)* : *le moteur obéit bien* the engine responds well / *soudain les freins ont cessé d'obéir* all of a sudden, the brakes stopped responding.

obéissance [ɔbeisɑ̃s] nf **1.** [action d'obéir] obedience, submission / *on exige d'eux une obéissance aveugle* they are expected to be blindly obedient / *obéissance à une règle* adherence to a rule **2.** [discipline] obedience / *les professeurs se plaignent du manque d'obéissance des élèves* the teachers complain of the pupils' disobedience **3.** RELIG obedience.

obéissant, e [ɔbeisɑ̃, ɑ̃t] adj obedient ▸ **être** ou **se montrer obéissant envers qqn** to be obedient to ou towards sb.

obélisque [ɔbelisk] nm obelisk.

obérer [18] [ɔbeʀe] vt *sout* **1.** [accabler financièrement] to be a burden on, to weigh down *(sép)* / *la facture pétrolière obère le budget de l'État* the oil bill is a burden on the country's budget **2.** [compromettre] to compromise / *cette décision obère l'avenir* this decision compromises the future.

✐ In reformed spelling (see p. 16-19), this verb is conjugated like *semer* : *il obèrera, elle obèrerait.*

obèse [ɔbɛz] ◆ adj obese. ◆ nmf obese person.

obésité [ɔbezite] nf obesity, obeseness.

obi [ɔbi] nf obi.

obier [ɔbje] nm guelder rose.

obituaire [ɔbitɥɛʀ] adj & nm ▸ **(registre) obituaire** record of memorial services.

objectal, e, aux [ɔbʒɛktal, o] adj PSYCHOL object *(modif).*

objecter [4] [ɔbʒɛkte] vt **1.** [opposer - un argument] ▸ **objecter qqch à qqn** to put sthg forward as an argument against sb / *il n'a rien eu à objecter à ce que j'ai dit* he raised no objections to what I said / *que peut-on lui objecter?* what arguments can we put forward against him ? / *on nous objectera le coût trop élevé de l'opération* they will object to the high cost of the operation **2.** [prétexter] : *ils peuvent m'objecter que je suis trop jeune* they may object that I am too young / *il objecta son incompétence pour se débarrasser de la corvée* he pleaded incompetence to get out of doing the chore.

objecteur [ɔbʒɛktœʀ] nm ▸ **objecteur de conscience** conscientious objector.

objectif, ive [ɔbʒɛktif, iv] adj **1.** [impartial] objective, unbiased ▸ **un témoin objectif** an unbiased witness **2.** [concret, observable] objective / *la fièvre est un signe objectif de maladie* fever is an objective symptom of disease **3.** GRAM & PHILOS objective.

❖ **objectif** nm **1.** [but à atteindre] objective, goal, aim ; COMM [de croissance, de production] target / *se fixer / atteindre un objectif* to set o.s. / to reach an objective **2.** MIL [cible] target, objective **3.** OPT & PHOT lens, objective ▸ **braquer son objectif sur qqch** to train one's camera on sthg ▸ **fixer l'objectif** to look into the camera / *elle est très naturelle devant l'objectif* she's very natural in front of a camera.

objection [ɔbʒɛksjɔ̃] nf **1.** [gén] objection / *faire* ou *soulever une objection* to make ou to raise an objection / *tu as* ou *tu y vois une objection?* do you have any objection ? / *je ne vois pas d'objection à continuer le débat / à ce que vous partiez* I have no objection to our continuing the debate / to your leaving **2.** DR ▸ **objection!** objection ! / *objection accordée / refusée* objection sustained / overruled.

❖ **objection de conscience** nf conscientious objection.

objectivation [ɔbʒɛktivasjɔ̃] nf objectivization.

objectivement [ɔbʒɛktivmɑ̃] adv objectively / *vous n'avez pas rendu compte des faits objectivement* you didn't report the facts objectively, you didn't give an objective account of the facts / *objectivement, qu'est-ce que vous en pensez?* objectively, what do you think of it ?

objectiver [3] [ɔbʒɛktive] vt to objectify.

objectivisme [ɔbʒɛktivism] nm objectivism.

objectiviste [ɔbʒɛktivist] ◆ adj objectivist, objectivistic. ◆ nmf objectivist.

objectivité [ɔbʒɛktivite] nf objectivity ▸ **l'objectivité d'un rapport / journaliste** the objectivity of a report / journalist, a report's / journalist's objectivity ▸ **manque d'objectivité** lack of objectivity ▸ **en toute objectivité** (quite) objectively.

objet [ɔbʒɛ] nm **1.** [chose] object, item / *je ne suis pas un objet dont on dispose* I refuse to be treated like an object ▸ **traiter qqn comme un objet** to treat sb like an object ou a thing ▸ **objet d'art** objet d'art, art object ▸ **objet de luxe** luxury item ▸ **objet sexuel** sex object ▸ **objets de valeur** valuables ▸ **objets personnels** personal belongings ou effects ▸ **objets de première nécessité** : *ne prenez que des objets de première nécessité* take only what's absolutely necessary ▸ **objets de toilette** toiletries ▸ **objets trouvés** lost property *(U)* ▸ **objet volant non identifié** = OVNI ▸ **homme-objet** : *c'est un homme-objet* he's a sex object **2.** [thème] subject / *l'objet de leurs discussions était toujours la politique* politics was always the subject of their discussions / *quel est l'objet de la thermodynamique?* what does thermodynamics cover ? ▸ **objet (construit)** construct ▸ **objet mathématique** mathematical construct **3.** [personne] object ; [raison] cause / *objet de convoitise* object of envy / *l'objet de mes pensées entra soudain* the object of my thoughts suddenly came in / *l'objet de sa curiosité / passion* the object of her curiosity / passion / *l'objet de sa haine* the object of his hatred / *l'objet de toute cette agitation* the object ou cause of all this excitement **4.** [but] object, purpose, aim / *mon objet est de* ou *j'ai pour objet de vous convaincre* my purpose ou goal is to convince you / *exposer l'objet de sa visite* to explain the purpose of ou reason for one's visit / *l'objet de l'émission est de divertir* the purpose ou aim ou object of the programme is to entertain / *le congrès a rempli son objet, qui était d'informer* the congress has achieved its aim ou purpose, which was to inform ▸ **faire** ou **être l'objet de** : *faire* ou *être l'objet de soins particuliers* to receive ou to be given special care / *faire l'objet d'une fouille corporelle* to be subjected to a body search / *faire l'objet d'attaques répétées* to be the victim of repeated attacks / *l'ancien ministre fait actuellement l'objet d'une enquête* the former minister is currently being investigated ▸ **faire l'objet de controverses** to be a controversial subject / *faire l'objet de vives critiques* to be the object ou target of sharp criticism **5.** GRAM object **6.** PSYCHOL ▸ **objet partiel** part object ▸ **objet total** whole object **7.** DR matter / *l'objet du litige* the matter at issue / *l'objet de la plainte* the

matter of the complaint / *l'objet désigné dans le contrat* the object of the contract.
❖ **sans objet** loc adj **1.** [sans but] aimless, pointless / *des rêveries sans objet* aimless daydreaming **2.** [non justifié] unjustified, groundless, unfounded / *votre démarche est désormais sans objet* you are no longer justified in taking this step / *ces arguments sont maintenant sans objet* these arguments no longer apply ou are no longer applicable.

objurgations [ɔbʒyʀgasjɔ̃] nfpl *litt* **1.** [reproches] objurgations *litt*, castigations *sout* **2.** [prières] entreaties, pleas.

oblat, e [ɔbla, at] nm, f [laïc, religieux] oblate.

oblation [ɔblasjɔ̃] nf oblation.

obligataire [ɔbligatɛʀ] ◆ adj bonded, debenture *(modif)* ▸ **dette obligataire** bonded ou debenture debt ▸ **emprunt / créancier obligataire** bonded loan / creditor. ◆ nmf debenture holder, bondholder.

obligation [ɔbligasjɔ̃] nf **1.** [contrainte] obligation / *la vie communautaire crée certaines obligations* communal life creates certain obligations / *vous pouvez contribuer, mais il n'y a pas d'obligation* ou *ce n'est pas une obligation* you can give money if you wish, but you don't have to ou there's no obligation ▸ **obligation de** : *je suis* ou *je me vois dans l'obligation de vous expulser* I'm obliged ou forced to evict you ▸ **faire obligation à qqn de** to oblige ou to require sb to / *la loi vous fait obligation de vous présenter en personne* the law requires you to appear in person / **'sans obligation d'achat'** 'no purchase necessary' ▸ **obligation de réserve** duty of confidentiality **2.** [devoir] obligation, duty, commitment / *mes obligations de président de la société* my duties as the chairman of the company ▸ **obligations familiales** family obligations ou commitments ▸ **obligations militaires** military obligations ou duties ▸ **l'obligation scolaire** compulsory education **3.** DR obligation ▸ **obligation alimentaire** alimony, maintenance (order) UK ▸ **contracter une obligation envers qqn** to enter into an agreement with sb / *faire honneur à ses obligations* to fulfil one's obligations, to carry out one's duties **4.** BOURSE & FIN bond, debenture / *obligation portant un intérêt de 6 %* bond bearing interest at 6% ▸ **obligation échue / négociable** matured / marketable bond ▸ **obligation remboursable** ou **amortissable** redeemable bond ▸ **obligation cautionnée** guaranteed bond ▸ **obligation convertible** convertible bond ▸ **obligation d'entreprise** bond, debenture (stock) UK ▸ **obligation d'État** (government) bond ▸ **obligation hypothécaire** mortgage bond ▸ **obligation au porteur** bearer bond ▸ **obligation privilégiée** preference ou preferment bond **5.** *litt* [gratitude] obligation **6.** RELIG ▸ **fête d'obligation** holy day of obligation.

obligatoire [ɔbligatwaʀ] adj **1.** [exigé, imposé] compulsory, obligatory / *lectures / exercices obligatoires* compulsory texts / exercises / *(le port de) la ceinture de sécurité est obligatoire* the wearing of seat belts is compulsory / *le vaccin est obligatoire pour entrer à la maternelle* children must be vaccinated before being admitted to infant school UK ou nursery school US / **'tenue de soirée obligatoire'** 'formal dress required' **2.** [inéluctable] : *un jour ou l'autre ils en viendront aux mains, c'est obligatoire* one of these days they're bound to come to blows.

obligatoirement [ɔbligatwaʀmɑ̃] adv **1.** [par nécessité] : *il doit obligatoirement avoir la licence pour s'inscrire* he must have a degree to enrol / *nous devons obligatoirement fermer les portes à 20 h* we're obliged ou required to close the doors at 8 p.m **2.** *fam* [immanquablement] inevitably / *il va obligatoirement tout aller lui répéter* he's bound to go and tell her everything / *alors, obligatoirement, il a pensé qu'on lui cachait des choses* so he inevitably thought we were hiding things from him.

obligé, e [ɔbliʒe] ◆ adj **1.** MUS obbligato **2.** [inévitable] : *c'était obligé! fam* it was bound to happen! **3.** [nécessaire - conséquence] necessary **4.** DR : *être obligé envers un créancier* to be under an obligation to a creditor **5.** *sout* [reconnaissant] : *je vous serais obligé de...* I would be much obliged if you would... / *nous vous sommes très obligés de votre soutien* we are very grateful to you for your support / *je vous serais obligé de bien vouloir m'expédier les articles avant le 31 mai* I would be (greatly) obliged if you would kindly send the items before May 31st. ◆ nm, f *sout* obligor / *je suis votre obligé en cette affaire* I'm obliged to you in this matter.

obligeamment [ɔbliʒamɑ̃] adv *sout* obligingly / *elle distribuait les bonnes notes un peu trop obligeamment* she was a little too free with high marks.

obligeance [ɔbliʒɑ̃s] nf *sout* ▸ **avoir l'obligeance de faire qqch** : *veuillez avoir l'obligeance de me répondre rapidement* please be so kind as to ou be kind enough to reply as quickly as possible / *un jeune homme d'une extrême obligeance* an extremely obliging young man.

obligeant, e [ɔbliʒɑ̃, ɑ̃t] adj *sout* kind / *il n'a eu que des propos obligeants à ton égard* he only had kind words for you / *des remarques peu obligeantes* rather unkind remarks.

obliger [17] [ɔbliʒe] vt **1.** [mettre dans la nécessité de] to oblige, to force ▸ **obliger qqn à faire qqch** to force sb to do sthg / *ne m'oblige pas à te punir* don't force me to ou don't make me punish you / *une force intérieure l'obligeait à tuer* an inner force compelled him to kill / *cela m'oblige à changer de train* it means I have to change trains ▸ **le devoir / l'honneur m'oblige à révéler mes sources** I'm duty-bound / honour-bound to reveal my sources / *on ne t'y oblige pas* nobody's forcing you ▸ **être obligé de faire qqch** to be forced to do sthg, to have to do sthg / *je suis bien obligé de suivre* I have no option ou choice but to follow ▸ **se croire obligé de** to feel obliged to / *ne te crois pas obligé de tout boire!* *iron* you don't have to drink it all! ; *(en usage absolu)* : *irez-vous? — bien obligé!* are you going? — I don't have any choice, do I? / *j'ai mis une cravate, réunion oblige* I had to wear a tie, what with the meeting and all **2.** [contraindre moralement ou juridiquement] : *la loi oblige les candidats à se soumettre à un test* applicants are legally required to take a test ▸ **votre signature vous oblige** your signature is legally binding **3.** *sout* [faire plaisir à] to oblige / *vous m'obligeriez en venant* ou *si vous veniez* you would oblige me by coming, I would be obliged if you came.
❖ **s'obliger à** vp + prép **1.** [se forcer à] to force o.s. to / *je m'obligeai à rester poli* I made a great effort to remain polite / *elle s'oblige à marcher un peu* ou *à un peu de marche chaque jour* she forces herself to ou she makes herself walk a little every day **2.** [s'engager à] to commit o.s. to / *par ce contrat, je m'oblige à évacuer les lieux avant le 21* in this contract I commit myself to leaving ou I undertake to leave the premises by the 21st.

> ⚠ D'un registre plus soutenu, **to oblige** ne peut être utilisé systématiquement pour traduire obliger. Voir article.

oblique [ɔblik] ◆ adj **1.** [ligne] oblique ; [pluie, rayon] slanting ; [regard] sidelong **2.** LING oblique ▸ **cas oblique** oblique case **3.** DR indirect **4.** ANAT ▸ **muscle oblique** oblique muscle. ◆ nm ANAT oblique (muscle). ◆ nf GÉOM oblique (line).
❖ **en oblique** loc adv diagonally.

obliquement [ɔblikmɑ̃] adv **1.** [de biais] obliquely, diagonally, at an angle **2.** [hypocritement] obliquely, indirectly / *il agit toujours obliquement* he never acts openly.

obliquer [3] [ɔblike] vi to turn ou to veer off *(insép)* / *la voiture obliqua dans une ruelle étroite* the car swerved (off) into a narrow alley / *la route oblique à gauche* the road veers left.

obliquité [ɔblikɥite] nf **1.** MATH obliquity, obliqueness **2.** ASTRON ▸ **obliquité de l'écliptique** obliquity of the ecliptic.

oblitérateur, trice [ɔbliteʀatœʀ, tʀis] adj cancelling *(avant nom)*.
❖ **oblitérateur** nm cancelling machine.

oblitération [ɔbliteʀasjɔ̃] nf **1.** [apposition d'une marque] cancellation ; [marque - sur un timbre] postmark ; [- sur un ticket] stamp ▸ **oblitération premier jour** first day cover **2.** *litt* [altération] fading **3.** MÉD obturation.

oblitérer [18] [ɔbliteʀe] vt **1.** [timbre] to postmark, to cancel ▸ **timbre oblitéré** used stamp **2.** *litt* [effacer] to obliterate *sout*, to erase, to efface **3.** MÉD to obturate.
✎ In reformed spelling (see p. 16-19), this verb is conjugated like **semer**: *il oblitèrera, elle oblitèrerait.*

oblong, oblongue [ɔblɔ̃, ɔ̃g] adj **1.** GÉOM oblong **2.** [visage, pelouse] oblong, oval.

obnubilation [ɔbnybilasjɔ̃] nf obnubilation.

obnubiler [3] [ɔbnybile] vt *sout* **1.** [obséder] to obsess / *être obnubilé par une idée* to be obsessed by an idea ▸ **ça l'obnubile** he's obsessed by it **2.** *fig* [obscurcir] to cloud, to obnubilate *litt*.

obole [ɔbɔl] nf **1.** [somme d'argent] (small) contribution ou donation / *chacun verse son obole* each person is making a contribution **2.** HIST [monnaie - grecque] obol ; [- française] obole.

obscène [ɔpsɛn] adj [licencieux] obscene, lewd ▸ **langage obscène** obscene ou filthy language.

obscénité [ɔpsenite] nf **1.** [caractère licencieux] obscenity, lewdness **2.** [parole, geste] obscenity / *raconter* ou *dire des obscénités* to utter obscenities.

obscur, e [ɔpskyʀ] adj **1.** [sombre] dark / *une nuit obscure* a pitch-black night / *des forces obscures dominaient leur planète fig* obscure forces ou forces of darkness ruled their planet **2.** [incompréhensible] obscure, abstruse / *sa poésie est obscure sauf pour quelques initiés* his poetry is obscure to all but a few initiates **3.** [indéfini] obscure, vague, indefinite / *un obscur sentiment de pitié l'envahissait* he was overcome by a vague ou indefinable feeling of pity / *un obscur pressentiment* a vague premonition **4.** [peu connu] obscure / *références à d'obscurs auteurs* ou *des auteurs obscurs du XIX*[e] *siècle* references to obscure 19th-century writers ▸ **une vie obscure** a modest existence.

obscurantisme [ɔpskyʀɑ̃tism] nm obscurantism.

obscurantiste [ɔpskyʀɑ̃tist] adj & nmf obscurantist.

obscurcir [32] [ɔpskyʀsiʀ] vt **1.** [priver de lumière] to darken, to make dark / *une grande tenture obscurcissait la pièce* a large hanging made the room dark ou darkened the room **2.** [rendre confus - discours, raisonnement] to make obscure / *le jugement obscurci par l'alcool* his judgement clouded ou obscured ou confused by drink.
❖ **s'obscurcir** vpi **1.** [ciel] to darken / *soudain, tout s'obscurcit et je m'évanouis* suddenly everything went dark ou black and I fainted / *son esprit s'obscurcit avec la maladie fig* the illness is dulling his mind / *son visage s'obscurcit à ces mots* at these words, her face clouded (over) ou darkened **2.** [se compliquer] to become (more) obscure ▸ **le mystère s'obscurcit** the plot thickens / *dans le dernier chapitre, son message s'obscurcit* in the last chapter, his meaning becomes obscure.

obscurcissement [ɔpskyʀsismɑ̃] nm **1.** [d'un lieu] darkening **2.** *sout* [de l'esprit] obscuring, clouding over / *l'obscurcissement progressif de ses facultés* the gradual weakening ou loss of her faculties.

obscurément [ɔpskyʀemɑ̃] adv obscurely, vaguely, dimly / *je me souviens obscurément d'une scène* I vaguely remember a scene / *nous sentions obscurément que...* we had a vague ou an obscure feeling that...

obscurité [ɔpskyʀite] nf **1.** [manque d'éclairage] dark, darkness / *avoir peur de l'obscurité* to be afraid of the dark ▸ **dans l'obscurité** in darkness, in the dark / *faire l'obscurité dans une salle* to make a room dark, to darken a room / *soudain, l'obscurité se fit dans la chambre* it suddenly became ou went dark in the room / *dans l'obscurité, on voyait luire les yeux du chat* you could see the cat's eyes glowing in the dark **2.** [caractère complexe] obscurity, abstruseness *sout* **3.** [remarque, expression] obscure ou abstruse remark, obscurity / *langage / projet de loi plein d'obscurités* language /

bill full of obscurities **4.** *litt* [anonymat] : *vivre / tomber dans l'obscurité* to live in / to fall into obscurity.

obsédant, e [ɔpsedɑ̃, ɑ̃t] adj [souvenir, musique] haunting, obsessive ; [besoin] obsessive.

obsédé, e [ɔpsede] ◆ adj [gén] obsessed ; [sexuel] (sexually) obsessed. ◆ nm, f **1.** [victime d'obsessions] obsessive ▸ **obsédé sexuel** sex maniac **2.** *fam* [fanatique] : *c'est un obsédé de la moto* he's a motorbike fanatic ou fiend / *les obsédés de la vitesse* speed merchants UK speed fiends US / *les obsédés de l'hygiène* hygiene freaks.

obséder [18] [ɔpsede] vt **1.** [suj : image, souvenir, peur] to haunt, to obsess / *le cauchemar de l'autre nuit ne cesse de m'obséder* I can't stop thinking about the nightmare I had the other night / *obsédé par la pensée de la mort* obsessed ou gripped with the idea of death **2.** *litt* [suj : personne] to importune *sout*, to bother.

In reformed spelling (see p. 16-19), this verb is conjugated like *semer* : *il obsèdera, elle obsèderait.*

obsèques [ɔpsɛk] nfpl funeral.

obséquieusement [ɔpsekjøzmɑ̃] adv obsequiously.

obséquieux, euse [ɔpsekjø, øz] adj obsequious ▸ **être obséquieux avec qqn** to be obsequious to ou towards sb.

obséquiosité [ɔpsekjozite] nf obsequiousness.

observable [ɔpsɛʀvabl] adj observable / *le phénomène est observable à l'œil nu* the phenomenon can be observed with the naked eye.

observance [ɔpsɛʀvɑ̃s] nf [d'un rite, d'une loi] observance / *franciscain de stricte observance* Franciscan of strict observance.

observateur, trice [ɔpsɛʀvatœʀ, tʀis] ◆ adj [perspicace] observant / *avoir un esprit très observateur* to be very perceptive / *rien n'échappe à l'œil observateur du peintre* nothing can escape the painter's perceptive eye. ◆ nm, f **1.** [témoin] observer / *un observateur critique de la vie politique* a critical observer of political life / *tous les observateurs s'accordent à trouver le président fatigué* (all) observers agree that the president looks tired **2.** POL observer ▸ **observateur de l'ONU** UN observer **3.** MIL spotter **4.** PRESSE ▸ **le Nouvel Observateur** *weekly news magazine.*

observation [ɔpsɛʀvasjɔ̃] nf **1.** [remarque] observation, remark, comment / *avez-vous des observations à faire sur ce premier cours ?* do you have any comments to make about this first class ? / *la réponse du ministre appelle plusieurs observations* the minister's answer calls for some comment ou several observations / *notez vos observations dans la marge* note down your observations ou comments in the margin **2.** [critique] (piece of) criticism, critical remark / *je te prie de garder tes observations pour toi* please keep your remarks to yourself / *ma secrétaire est toujours en retard et je lui en ai fait l'observation* my secretary's always late and I've had a word with her about it / *j'ai horreur qu'on me fasse des observations* I hate people criticizing me ou making remarks to me / *à la première observation, vous sortez !* [à un élève] if I have to say one (more) word to you, you're out ! **3.** SCI [investigation, exposé] observation / *procéder à des observations météorologiques* to conduct meteorological observations ; [exposé] observation / *j'ai lu vos observations sur la danse des abeilles* I read your account of ou observations on the dance of the bees ; [méthode d'étude] observation, observing / *l'observation de la nature / d'une réaction chimique* observing nature / a chemical reaction ▸ **avoir l'esprit d'observation** to be observant **4.** MIL observation ▸ **observation aérienne / terrestre** aerial / ground observation ▸ **observation sous-marine** MIL, NAUT & PÊCHE underwater observation **5.** [observance] observance, observing, keeping **6.** MÉD [description] notes ; [surveillance] observation / *mettre un malade en observation* to put a patient under observation.

❖ **d'observation** loc adj **1.** AÉRON, ASTRON & MIL observation *(modif)* **2.** SCI ▸ **techniques / erreur d'observation** observation techniques / error **3.** SPORT ▸ **un set d'observation** a probing ou tactical set ▸ **un round d'observation** a sizing-up round.

observatoire [ɔpsɛʀvatwaʀ] nm **1.** ASTRON & MÉTÉOR observatory **2.** MIL & *fig* observation ou lookout post **3.** ÉCON ▸ **observatoire économique** economic research institute ▸ **observatoire du livre** *body in charge of monitoring book prices* ▸ **observatoire des prix** price-monitoring watchdog.

observer [3] [ɔpsɛʀve] vt **1.** [examiner] to observe, to examine ; SCI to observe ▸ **observer qqch à la loupe** to examine sthg under a magnifying glass **2.** [surveiller] to watch, to keep a watch ou an eye on / *attention, on nous observe* careful, we're being watched ▸ **observer qqn avec attention / du coin de l'œil** to watch sb attentively / out of the corner of one's eye / *il était chargé d'observer le prisonnier* his job was to watch over the prisoner / *elle observait avec curiosité les nouveaux arrivants* she watched the newcomers with curiosity **3.** [respecter - trêve] to observe ; [- accord] to observe, to respect, to abide by / *observer une minute de silence* to observe a minute's silence / *observer le sabbat* to observe ou to keep the Sabbath / *observer le code de la route* to observe ou to follow the highway code **4.** [conserver] : *observer une attitude digne* to maintain ou to keep a dignified attitude / *observer la plus stricte neutralité* to observe ou to maintain the strictest neutrality **5.** [constater] to observe, to notice, to note / *on observe un changement d'attitude chez les jeunes* there is a noticeable change in attitude amongst young people / *on observe une tache noire dans le poumon droit* a dark patch can be seen in the right lung **6.** [dire] to observe, to remark / *tu ne portes plus d'alliance, observa-t-il* you're not wearing a wedding ring any more, he observed ou remarked / *je te ferai observer que tu t'es trompé* let me point out to you that you were wrong **7.** NAUT to work an observation on.

❖ **s'observer** ◆ vp *(emploi réfléchi)* to keep a check on o.s. ◆ vp *(emploi réciproque)* to observe ou to watch each other / *elles s'observèrent pendant longtemps* they observed ou examined each other for some time. ◆ vp *(emploi passif)* to be seen ou observed / *ce phénomène s'observe surtout par temps sec* this phenomenon is mainly seen ou encountered in dry weather.

obsession [ɔpsesjɔ̃] nf **1.** [hantise] obsession / *beaucoup de femmes ont l'obsession de grossir* many women are obsessed with the idea of putting on weight / *il croit qu'on veut le tuer, c'est devenu une obsession* he believes people want to kill him, it's become a real obsession (with him) **2.** [idée fixe] obsession / *c'est une obsession chez lui !* it's a real obsession with him !

obsessionnel, elle [ɔpsesjɔnɛl] ◆ adj **1.** [répétitif] obsessive, obsessional **2.** PSYCHOL [comportement] obsessive ; [névrose] obsessional / *de manière obsessionnelle* obsessively. ◆ nm, f obsessive.

obsidienne [ɔpsidjɛn] nf obsidian.

obsolescence [ɔpsɔlesɑ̃s] nf obsolescence.

obsolescent, e [ɔpsɔlesɑ̃, ɑ̃t] adj obsolescent.

obsolète [ɔpsɔlɛt] adj LING obsolete.

obstacle [ɔpstakl] nm **1.** [objet bloquant le passage] obstacle / *des troncs ont fait obstacle à l'écoulement normal du ruisseau* tree trunks have blocked ou obstructed the normal flow of the stream / *l'immeuble d'en face fait obstacle au soleil* the building opposite blocks (out) ou obstructs the sun **2.** SPORT hurdle ; ÉQUIT fence ▸ **tourner l'obstacle** *fig* to get round the problem **3.** [difficulté] obstacle, difficulty, problem / *il y a un gros obstacle* there's a big problem / *le plus gros obstacle a été le directeur régional* the main obstacle was the area manager / *buter sur un obstacle* to come up against an obstacle / *être un* ou *faire obstacle à* to be an obstacle to, to hinder, to impede / *la cécité n'est pas un obstacle à une carrière dans l'enseignement* being blind is no obstacle ou impediment to a teaching career / *plus rien ne fait obstacle à notre amour* nothing stands in the way of our love any longer / *plus rien ne fait obstacle à ce que vous l'épousiez* there's no longer any reason why you shouldn't marry her ▸ **mettre un obstacle aux ambitions de qqn** to put an obstacle in the way of sb's ambitions.

obstétrical, e, aux [ɔpstetʀikal, o] adj obstetric, obstetrical.

obstétricien, enne [ɔpstetʀisjɛ̃, ɛn] nm, f obstetrician.

obstétrique [ɔpstetʀik] nf obstetrics *(U).*

obstination [ɔpstinasjɔ̃] nf **1.** [persévérance] persistence, perseverance / *à force d'obstination elle y est arrivée* she succeeded through strength of purpose **2.** [entêtement] obstinacy, obstinateness, stubbornness.

obstiné, e [ɔpstine] ◆ adj **1.** [entêté] obstinate, stubborn ; [persévérant] persevering, determined **2.** [incessant] persistent, relentless ▸ **pluie obstinée** relentless rain ▸ **toux obstinée** persistent cough **3.** [assidu] obstinate / *un travail obstiné* unyielding ou obstinate work **4.** MUS ▸ **basse obstiné e** basso ostinato. ◆ nm, f ▸ **c'est un obstiné a)** [qui persévère] he's very determined **b)** [qui s'entête] he's very stubborn ou obstinate.

obstinément [ɔpstinemɑ̃] adv **1.** [avec entêtement] obstinately, stubbornly / *l'enfant tenait obstinément à rester avec sa mère* the child was obstinately ou doggedly determined to stay with his mother **2.** [avec persévérance] perseveringly, persistently.

obstiner [3] [ɔpstine] ❖ **s'obstiner** vpi to persist, to insist / *ne t'obstine pas, abandonne le projet* don't be obstinate, give the project up / *elle s'obstine à vouloir partir* she persists in wanting to leave ou insists on leaving / *il s'obstinait à ne rien dire* he obstinately ou stubbornly refused to talk / *pourquoi t'obstiner dans l'idée qu'il va te quitter ?* why do you persist in thinking that he's going to leave you ? / *la vague de froid semble s'obstiner sur toute l'Europe* the cold spell seems to have settled in all over Europe.

obstructif, ive [ɔpstʀyktif, iv] adj [tumeur] obstruent ; [maladie] obstructive.

obstruction [ɔpstʀyksjɔ̃] nf **1.** [obstacle] obstruction, blockage ; [blocage] obstruction, obstructing, blocking ▸ **faire obstruction à** to block, to obstruct **2.** [action délibérée] ▸ **faire de l'obstruction a)** [gén] to be obstructive **b)** POL to obstruct (legislation) **c)** FOOT to obstruct **3.** MÉD obstruction.

obstructionnisme [ɔpstʀyksjɔnism] nm obstructionism.

obstructionniste [ɔpstʀyksjɔnist] adj & nmf obstructionist.

obstructive [ɔpstʀyktiv] f ⟶ **obstructif.**

obstruer [3] [ɔpstʀye] vt **1.** [passage] to obstruct, to block / *les feuilles mortes obstruent la gouttière* dead leaves have blocked the drainpipe / *le corridor était obstrué par des piles de livres* the corridor was blocked ou obstructed by piles of books / *une tour obstrue maintenant la vue* now a tower blocks (out) the view **2.** MÉD to obstruct.

❖ **s'obstruer** vpi to become blocked ou obstructed.

obtempérer [18] [ɔptɑ̃peʀe] ❖ **obtempérer à** v + prép **1.** [se soumettre à] to comply with *(insép)* / *le ministre a obtempéré à l'avis du président* the minister complied with the president's opinion / *obtempérer à un ordre* to obey an order ; *(en usage absolu)* : *le soldat s'empressa d'obtempérer* the soldier hurriedly obeyed **2.** DR to obey / *obtempérer à une sommation* to obey a summons.

In reformed spelling (see p. 16-19), this verb is conjugated like *semer* : *il obtempèrera, elle obtempèrerait.*

obtenir [40] [ɔptəniʀ] vt **1.** [acquérir - baccalauréat, licence, note, point] to obtain, to get ; [- prix, nomination] to receive, to win, to get ; [- consentement] to get, to win ; [- prêt] to secure, to obtain, to get ; [- accord] to reach, to obtain, to get / *les résultats obtenus par l'équipe nationale* the national team's results / *essayer d'obtenir une amélioration* to try to bring about an improvement / *le numéro de trapèze obtient toujours un grand succès* the trapeze act is always a big success / *obtenir la garde d'un enfant* to get ou to win custody of a child / *obte-*

nir le droit de vote to win the right to vote, to get the vote ▸ **obtenir de qqn une permission** to obtain ou to get permission from sb / *j'ai enfin obtenu qu'elle mette ses gants pour sortir* I eventually got her to wear her gloves to go out **2.** [procurer] ▸ **obtenir qqch à qqn** to obtain ou to get ou to procure *sout* sthg for sb / *elle lui a obtenu une augmentation* she got him a raise / *je nous ai obtenu trois places* I got us three seats **3.** [arriver à - résultat] to get, to obtain ; [- effet, succès] to achieve / *fouettez jusqu'à obtenir une crème onctueuse* whip into a smooth cream / *obtenir un précipité* to obtain a precipitate / *en divisant par deux on obtient 24* if you divide by two you get 24 / *cette technique lui permet d'obtenir un son très pur* this technique allows her to achieve great purity of sound **4.** TÉLÉC : *obtenir un numéro* to get ou obtain a number.

❖ **obtenir de** v + prép : *il a obtenu de repousser le rendez-vous* he managed to get the meeting postponed.

❖ **s'obtenir** vp *(emploi passif)* : *le résultat demandé s'obtient en multipliant 3 par 5* to arrive at ou to reach the required result, multiply 3 by 5.

⚠ Attention, **to obtain**, d'un registre plus soutenu qu'obtenir, ne doit pas être employé systématiquement pour traduire ce verbe. Voir l'article pour des traductions plus naturelles, notamment à l'oral.

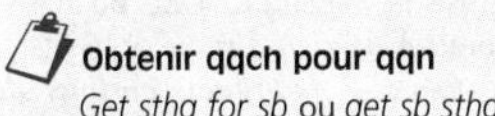
Obtenir qqch pour qqn
Get sthg for sb ou *get sb sthg.*

Notez la construction à double complément qui en anglais peut prendre deux formes dont le sens est le même :

• une structure identique à celle du français :
verbe + COD + préposition + COI
get sthg for sb

• une structure qui diffère de celle du français, sans préposition, et dans laquelle l'ordre des compléments est inversé :
verbe + COI + COD
get sb sthg

Elle a obtenu une invitation pour Anne.
She got an invitation for Anne ou *She got Anne an invitation.*

obtention [ɔptɑ̃sjɔ̃] nf **1.** [acquisition] obtaining, getting **2.** [production] creation, production / *l'obtention d'une nouvelle variété de poire* the creation of a new variety of pear / *l'obtention d'un nouveau vaccin* the production of a new vaccine.

obtenu, e [ɔptəny] pp ⟶ **obtenir.**

obtient, obtint v ⟶ **obtenir.**

obturateur, trice [ɔptyʀatœʀ, tʀis] adj **1.** TECHNOL obturating, shutting **2.** ANAT obturator *(modif)* ▸ **artère obturatrice** obturator artery ▸ **muscle obturateur** obturator muscle.

❖ **obturateur** nm **1.** PHOT shutter / *armer / déclencher l'obturateur* to set / to release the shutter ▸ **obturateur d'objectif / à rideau** between-lens / roller-blind shutter **2.** ARM obturator, gas-check **3.** PÉTR (blow-out) preventor **4.** [en plomberie] shut-off.

obturation [ɔptyʀasjɔ̃] nf **1.** TECHNOL sealing, stopping up **2.** MÉD ▸ **l'obturation d'une dent** the filling of a tooth **3.** ARM obturation.

obturer [3] [ɔptyʀe] vt **1.** TECHNOL [boucher] to seal, to stop up *(sép)* **2.** MÉD to fill.

obtus, e [ɔpty, yz] adj **1.** MATH obtuse **2.** [borné] obtuse, dull, slow-witted / *ne sois pas obtus* don't be obtuse.

obtusion [ɔptyzjɔ̃] nf obtuseness.

obus [ɔby] nm **1.** ARM shell ▸ **obus à mitraille** shrapnel (shell) ▸ **obus à mortier / à gaz / fumigène** mortar / gas / smoke shell **2.** *(comme adj)* ▸ **homme obus, femme obus** human cannonball.

obusier [ɔbyzje] nm howitzer ▸ **obusier de campagne** field howitzer.

obvenir [40] [ɔbvəniʀ] vi *vieilli ou* DR ▸ **obvenir à qqn** to revert to sb by escheat.

obvier [19] [ɔbvje] ❖ **obvier à** v + prép *litt* [parer à] to obviate *sout*, to ward off *(sép)* / *obvier à un danger / accident* to forestall a danger / an accident.

oc [ɔk] ⟶ **langue.**

OC (abr écrite de **ondes courtes**) SW.

ocarina [ɔkaʀina] nm ocarina.

occase [ɔkaz] nf *fam* **1.** [affaire] bargain, snip UK, steal US / *profites-en, c'est une occase!* make the most of it, it's a real snip! **2.** [moment] : *à la première occase* asap, as soon as possible.

❖ **d'occase** loc adv *fam* secondhand / *je l'ai acheté d'occase* I bought it secondhand.

occasion [ɔkazjɔ̃] nf **1.** [circonstance favorable] opportunity, chance ▸ **si l'occasion se présente** if the opportunity arises ▸ **l'occasion ne se représentera pas** there won't be another chance like that again ▸ **laisser passer l'occasion** to let the opportunity slip (by) ▸ **saisir l'occasion au vol, sauter sur l'occasion** to seize the opportunity, to jump at the chance ▸ **je le lui dirai à la première occasion** I'll tell him as soon as I get a chance ▸ **l'occasion de** : *ça te donnera l'occasion de la rencontrer* it'll give you the opportunity ou the chance to meet her / *je n'ai jamais eu l'occasion de me plaindre de lui* I've never had cause to complain about him / *ne manque pas l'occasion de le lui dire* don't miss your chance of telling him ▸ **il a manqué** ou **perdu** ou **raté une belle occasion de se taire** *fam* he could have kept his mouth shut ▸ **l'occasion fait le larron** *prov* opportunity makes a thief *prov* **2.** [moment] occasion ▸ **à deux occasions** twice ▸ **à trois / quatre occasions** three / four times / *à toute occasion* on every occasion / *en plusieurs / maintes occasions* several / many times / *à cette occasion* at that point, on that occasion / *dans les grandes occasions* on big ou important ou special occasions ▸ **être** ou **faire l'occasion de** : *sa mort a été l'occasion de changements importants* significant changes took place after his death / *ces retrouvailles furent l'occasion de grandes réjouissances* there were great festivities to celebrate this reunion **3.** [article non neuf] secondhand ou used item ▸ **l'occasion** the secondhand ou used trade / *l'occasion se vend bien* there's a brisk trade in secondhand goods / *le marché de l'occasion* the secondhand market ; [affaire] bargain / *pour ce prix-là, c'est une occasion!* it's a (real) bargain at that price!

❖ **à l'occasion** loc adv **1.** [un de ces jours] one of these days **2.** [éventuellement] should the opportunity arise / *à l'occasion, passez nous voir* drop by some time ou if you get the chance.

❖ **à l'occasion de** loc prép on the occasion of, upon / *à l'occasion de votre départ à la retraite* on the occasion of your retirement.

❖ **d'occasion** ◆ loc adj **1.** [non neuf] secondhand ▸ **voiture d'occasion** secondhand ou used car **2.** [improvisé] : *des amours d'occasion* chance ou casual (love) affairs. ◆ loc adv [acheter, vendre] secondhand *(adv)* / *j'ai fini par le trouver d'occasion* in the end I found a secondhand one.

❖ **pour l'occasion** loc adv for the occasion.

⚠ Attention, le mot anglais **occasion** signifie une occasion au sens de « moment important ». Il ne peut être employé systématiquement pour traduire les autres sens du mot français occasion.

occasionnel, elle [ɔkazjɔnɛl] adj **1.** [irrégulier] casual, occasional / *je ne trouve que des (petits) boulots occasionnels fam* I can only get casual work / *les touristes forment une clientèle occasionnelle* tourists are occasional ou casual customers **2.** [fortuit] chance *(avant nom)* ▸ **rencontre occasionnelle** chance meeting **3.** PHILOS ▸ **cause occasionnelle** occasional cause.

occasionnellement [ɔkazjɔnɛlmɑ̃] adv occasionally, every now and then, from time to time.

occasionner [3] [ɔkazjɔne] vt [causer] to cause, to bring about *(sép)*, to occasion *sout* / *le verglas sur les routes a occasionné bon nombre d'accidents* icy roads have caused numerous accidents / *des lésions occasionnées par le gel* injuries caused by frostbite ▸ **occasionner des ennuis à qqn** to cause trouble for sb, to get sb into trouble.

occident [ɔksidɑ̃] nm **1.** GÉOGR west **2.** POL ▸ **l'Occident** the West, the Occident *sout.*

occidental, e, aux [ɔksidɑ̃tal, o] adj **1.** GÉOGR west, western ▸ **côte occidentale** west coast ▸ **Europe occidentale** Western Europe **2.** POL Western, Occidental *sout* ▸ **les pays occidentaux** Western countries ▸ **le monde occidental** the West.

❖ **Occidental, e, aux** nm, f POL Westerner, Occidental *sout.*

❖ **à l'occidentale** loc adv : *vivre à l'occidentale* to live like a Westerner / *s'habiller à l'occidentale* to wear Western-style clothes.

occidentalisation [ɔksidɑ̃talizasjɔ̃] nf westernization, occidentalization *sout.*

occidentaliser [3] [ɔksidɑ̃talize] vt to westernize, to occidentalize *sout.*

❖ **s'occidentaliser** vpi to become westernized.

occipital, e, aux [ɔksipital, o] adj occipital.

❖ **occipital, aux** nm occipital (bone).

occiput [ɔksipyt] nm occiput.

occire [ɔksiʀ] vt *arch* to slay.

occitan, e [ɔksitɑ̃, an] adj of Occitanie.

❖ **Occitan, e** nm, f *inhabitant of or person from Occitanie.*

❖ **occitan** nm LING langue d'oc *(language spoken in parts of Southern France).*

Occitanie [ɔksitani] npr f ▸ **(l')Occitanie** *area of Southern France in which langue d'oc is spoken.*

occitaniste [ɔksitanist] ◆ adj *relating to langue d'oc.* ◆ nmf **1.** UNIV expert in langue d'oc **2.** POL defender of langue d'oc.

occlure [96] [ɔklyʀ] vt to occlude.

occlusif, ive [ɔklyzif, iv] adj occlusive.

❖ **occlusive** nf LING occlusive (consonant).

occlusion [ɔklyzjɔ̃] nf CHIM, LING & MÉD occlusion ▸ **occlusion intestinale** ileus *spéc*, intestinal obstruction ▸ **occlusion des paupières** surgical occlusion ou closure of the eyelids.

occultation [ɔkyltasjɔ̃] nf **1.** ASTRON occultation **2.** RAIL occulting *(U)* ▸ **feu à occultations** intermittent ou occulting light **3.** *litt* [obscurcissement] obscuring, concealment, hiding.

occulte [ɔkylt] adj **1.** [surnaturel] occult **2.** [secret] occult, secret ▸ **comptabilité occulte** secret bookkeeping ▸ **financements occultes** secret ou mystery funding ▸ **fonds** ou **réserves occultes** slush funds.

occulter [3] [ɔkylte] vt **1.** ASTRON & RAIL to occult **2.** [ville, région] to black out *(sép)*, to black out TV programmes in **3.** [réalité, problème] to cover up *(sép)*, to hush up *(sép)*, to gloss over *(insép)* ; [sentiment, émotion] to deny / *votre récit occulte un détail essentiel* your story glosses over ou overlooks an essential detail.

occultisme [ɔkyltism] nm occultism.

occultiste [ɔkyltist] adj & nmf occultist.

occupant, e [ɔkypɑ̃, ɑ̃t] ◆ adj occupying ▸ **la puissance occupante** the occupying power. ◆ nm, f **1.** [d'un véhicule] occupant ; [d'un lieu] occupant, occupier / *les occupants de la maison* the occupants of the house **2.** MIL occupier, occupying force / *collaborer* *avec l'occupant* to collaborate with the occupying forces **3.** DR ▸ **occupant de bonne foi** bona fide occupier.

occupation [ɔkypasjɔ̃] nf **1.** [professionnelle] occupation, job ; [de loisirs] occupation / *la pêche à la ligne, voilà mon occupation favorite* angling is my favourite occupation / **'occupation: sans'** 'profession: none' / *je n'aime pas qu'il soit ou reste sans occupations* I don't like seeing him with nothing to do **2.** [d'un endroit] : *l'occupation de l'université par les étudiants* the student sit-in at the university ▸ **occupation des lieux** occupancy **3.** ADMIN ▸ **occupation des sols** land use **4.** MIL occupation ▸ **les troupes d'occupation** the occupying troops **5.** HIST ▸ **l'Occupation** the (German) Occupation (of France) / *la vie sous l'Occupation* life in occupied France.

 **L'Occupation**

The military occupation of part of France after the French-German armistice on 22nd June 1940, which spread throughout to the whole country in 1942. Under the terms of the armistice, France had to contribute financially to the upkeep of German troops in France and provide labour for German factories. Thousands of French Jews were deported during this period by the Vichy government.

occupationnel, elle [ɔkypasjɔnɛl] adj MÉD occupational.

occupé, e [ɔkype] adj **1.** [non disponible -ligne de téléphone] engaged UK, busy US ; [-toilettes] engaged UK, occupied US ▸ **ça sonne occupé** *fam* I'm getting the engaged tone UK, the line is busy US / *ces places sont occupées* these seats are taken ▸ **maison vendue occupée** house sold with sitting tenant **2.** MIL & POL occupied **3.** [personne] busy / *une femme très occupée* a very busy woman / *j'ai des journées très occupées* my days are full.

occuper [3] [ɔkype] vt **1.** [donner une activité à] ▸ **occuper qqn** to keep sb busy ou occupied ▸ **cela l'occupe beaucoup** it takes up a lot of his time / *les enfants m'occupent toute la journée* the children keep me busy all day / *on pourrait occuper les petits à des jeux de sable* we could keep the little ones busy playing in the sand / *le textile occupait toute la région* the textile industry used to provide work for ou to employ people throughout the region / *la question qui nous occupe* the matter in hand ▸ **être occupé à faire qqch** to be busy doing sthg ; *(en usage absolu)* : *ça occupe!* it keeps me busy / *la télé, ça occupe* *fam* watching TV helps to pass the time **2.** [envahir] to occupy, to take over *(sép)* / *les rebelles occupent tout le Nord* the rebels have occupied the north of the country / *les grévistes occupent les bureaux* the strikers have occupied the offices ▸ **occuper le terrain** MIL & *fig* to have the field **3.** [remplir -un espace, une durée] to take up *(insép)* / *le bar occupe le fond de la pièce* / *trop de place* the bar stands at the back of the room / takes up too much space / *la séance a occupé la matinée* the meeting took up the whole morning, the whole of the morning was taken up by the meeting ▸ **occuper le devant de la scène** to be in the foreground **4.** [consacrer] to spend / *j'occupe mes loisirs à lire* I spend my free time reading / *à quoi peut-on occuper ses dimanches?* what is there to do on Sundays? **5.** [habiter] to occupy, to live (in) / *depuis quand occupez-vous cette chambre?* how long have you been living in ou have you had this room? / *qui occupe la maison d'en face?* who lives in ou occupies the house opposite? **6.** [détenir -poste, place] to hold, to occupy / *il occupe un poste important* he holds an important position / *Liverpool occupe la seconde place du championnat* Liverpool are (lying) second in the league table.

❖ **s'occuper** vp *(emploi réfléchi)* to keep o.s. busy ou occupied, to occupy o.s. / *je m'occupe en faisant du crochet* I keep myself busy by crocheting / *à quoi s'occupent les citadins au mois d'août?* how do city dwellers spend their time in August? / *il va falloir qu'elle s'occupe* she'll have to find something to keep her occupied / *tu n'as donc pas de quoi t'occuper?* haven't you got something to be getting on with? / *c'est juste histoire de m'occuper* *fam* it's just for something to do.

❖ **s'occuper de** vp + prép **1.** [avoir pour responsabilité ou tâche] to deal with, to be in charge of, to take care of / *qui s'occupe de votre dossier?* who's dealing with ou handling your file? / *je m'occupe de jeunes délinquants* I'm in charge of young offenders / *je m'en occuperai plus tard* I'll see to ou attend to it later / *je m'en occuperai dès demain matin* I'll see to ou attend to ou take care of it first thing in the morning / *t'es-tu occupé des réservations* / *de ton inscription?* did you see about the reservations / registering for your course? / *je m'occupe de te faire parvenir ton courrier* I'll see about having your mail sent on to you ▸ **s'occuper de ses affaires** ou **oignons** *fam* : *occupe-toi de tes affaires* ou *oignons* mind your own business ▸ **t'occupe!** *fam* none of your business!, don't be so nosy! **2.** [entourer de soins] to look after, to care for / *s'occuper d'un malade* to care for a patient / *s'occuper d'un bébé* to look after a baby / *peux-tu t'occuper des invités pendant que je me prépare?* would you look after ou see to the guests while I get ready? / *on s'occupe de vous, Madame?* are you being served, Madam? / *il ne s'occupe pas assez d'elle* he doesn't pay her enough attention.

occurrence [ɔkyʀɑ̃s] nf **1.** *sout* [cas] case / *en pareille occurrence, il faut appeler la police* in such a case ou in such circumstances, the police must be called **2.** LING token, occurrence.

❖ **en l'occurrence** loc adv as it happens / *il voulait s'en prendre à quelqu'un, en l'occurrence ce fut moi* he wanted to take it out on somebody, and it happened to be me ou and as it happened, it was me.

OCDE (abr de **Organisation de coopération et de développement économiques**) npr f OECD.

océan [ɔseɑ̃] nm **1.** GÉOGR ocean **2.** *fig* : *un océan de tulipes* a sea of tulips / *un océan de larmes* floods of tears.

l'océan Antarctique ou Austral	the Antarctic ou Southern Ocean
l'océan Arctique	the Arctic Ocean
l'océan Atlantique	the Atlantic Ocean
l'océan Indien	the Indian Ocean
l'océan Pacifique	the Pacific Ocean

océanaute [ɔseanot] nmf oceanaut.

océane [ɔsean] adj f CULIN [salade, sauce] seafood *(modif)*.

❖ **Océane** npr f ▸ **l'Océane** [autoroute] *the Paris-Nantes motorway.*

Océanie [ɔseani] npr f ▸ **(l')Océanie** Oceania, the (Central and) South Pacific.

océanien, enne [ɔseanjɛ̃, ɛn] adj Oceanian, Oceanic.

❖ **Océanien, enne** nm, f Oceanian.

océanique [ɔseanik] adj oceanic.

océanographe [ɔseanɔgʀaf] nmf oceanographer.

océanographie [ɔseanɔgʀafi] nf oceanography.

océanographique [ɔseanɔgʀafik] adj oceanographic.

océanologie [ɔseanɔlɔʒi] nf oceanology.

océanologique [ɔseanɔlɔʒik] adj oceanological.

océanologue [ɔseanɔlɔg] nmf oceanologist.

ocelle [ɔsɛl] nm ZOOL [œil, tache] ocellus.

ocellé, e [ɔsele] adj ocellate, ocellated.

ocelot [ɔslo] nm **1.** [animal] ocelot **2.** [fourrure] ocelot (fur).

ocre [ɔkʀ] ◆ nf ochre, ocher US ▸ **ocre rouge** ruddle. ◆ adj inv & nm ochre.

ocrer [3] [ɔkʀe] vt to ochre.

octaèdre [ɔktaɛdʀ] ◆ adj octahedral. ◆ nm octahedron.

octaédrique [ɔktaedʀik] adj octahedral.

octal, e, aux [ɔktal, o] adj octal.

octane [ɔktan] nm octane.

octant [ɔktɑ̃] nm GÉOM & NAUT octant.

octante [ɔktɑ̃t] dét *régional* eighty.

octave [ɔktav] nf ESCRIME, MUS & RELIG octave / *à l'octave inférieure* / *supérieure* one octave lower / higher.

Octave [ɔktav] npr Octavian.

octet [ɔktɛ] nm **1.** INFORM octet, (eight-bit) byte **2.** CHIM octet.

octobre [ɔktɔbʀ] nm October. **Voir aussi mars.**

octogénaire [ɔktɔʒenɛʀ] adj & nmf octogenarian.

octogonal, e, aux [ɔktɔgɔnal, o] adj octagonal.

octogone [ɔktɔgɔn] ◆ adj octagonal. ◆ nm octagon.

octopode [ɔktɔpɔd] adj & nm octopod.

octosyllabe [ɔktɔsilab] ◆ adj octosyllabic. ◆ nm octosyllable.

octosyllabique [ɔktɔsilabik] adj octosyllabic.

octroi [ɔktʀwa] nm **1.** [don] granting, bestowing **2.** [taxe, administration] ▸ **l'octroi** HIST the octroi ▸ **octroi de mer** *indirect tax levied by French overseas territories on imported and locally produced goods.*

octroyer [13] [ɔktʀwaje] vt [accorder] to grant ▸ **octroyer qqch à a)** [faveur] to grant sthg to **b)** [permission, congé] to grant sthg to, to give to / *le patron a octroyé un congé à tout le personnel* the boss granted ou gave a day off to the entire staff.

❖ **s'octroyer** vpt : *s'octroyer un congé* to take a day off *(without permission)* ▸ **s'octroyer le droit de faire qqch** to assume the right to do sthg.

octuor [ɔktɥɔʀ] nm octet.

octuple [ɔktypl] adj & nm octuple.

octupler [3] [ɔktyple] vt to octuple.

oculaire [ɔkylɛʀ] ◆ adj ocular. ◆ nm **1.** OPT ocular, eyepiece **2.** PHOT viewfinder.

oculiste [ɔkylist] nmf oculist.

ocytocine [ɔsitɔsin] nf oxytocin.

odalisque [ɔdalisk] nf **1.** HIST odalisque **2.** *litt* [courtisane] courtesan, odalisque *litt.*

ode [ɔd] nf ode.

odelette [ɔdlɛt] nf short ode.

odéon [ɔdeɔ̃] nm odeon.

Odessa [ɔdesa] npr Odessa.

odeur [ɔdœʀ] nf **1.** [de nourriture] smell, odour ; [de fleur, de parfum] smell, fragrance, scent / *une forte odeur de brûlé* / *chocolat venait de la cuisine* a strong smell of burning / chocolate was coming from the kitchen / *chasser les mauvaises odeurs* to get rid of (nasty ou unpleasant) smells ▸ **sans odeur** odourless / *ce médicament a une mauvaise odeur* this medicine smells bad ou has a bad smell / *ça n'a pas d'odeur* it has no smell, it doesn't smell ▸ **odeur corporelle** body odour UK, body odor US **2.** RELIG ▸ **en odeur de sainteté** : *mourir en odeur de sainteté* to die in the odour of sanctity / *ne pas être en odeur de sainteté* *fig* to be out of favour UK ou favor US / *il n'est pas en odeur de sainteté dans le parti* he is out of favour in the party.

odieusement [ɔdjøzmɑ̃] adv odiously, hatefully, obnoxiously.

odieux, euse [ɔdjø, øz] adj **1.** [atroce -comportement] obnoxious ▸ **crime odieux** heinous crime / *je me dois de répondre à ces odieuses accusations* it's my duty to answer these monstrous charges **2.** [désagréable -personne] hateful, obnoxious / *l'examinateur a été odieux avec moi* the examiner was obnoxious ou vile to me / *elle a deux enfants odieux* she has two unbearable ou obnoxious children.

odomètre [ɔdɔmɛtʀ] nm odometer.

odontalgie [ɔdɔ̃talʒi] nf odontalgia.

odontalgique [ɔdɔ̃talʒik] adj odontalgic.

odontologie [ɔdɔ̃tɔlɔʒi] nf odontology.

odontologique [ɔdɔ̃tɔlɔʒik] adj odontological.

odontologiste [ɔdɔ̃tɔlɔʒist] nmf odontologist.

odontostomatologie [ɔdɔ̃tɔstɔmatɔlɔʒi] nf dental surgery.

odorant, e [ɔdɔʀɑ̃, ɑ̃t] adj **1.** [qui a une odeur] odorous **2.** *sout* [parfumé] fragrant, sweet-smelling / *leur jardin était lumineux et odorant* their garden was bright and fragrant.

odorat [ɔdɔʀa] nm (sense of) smell / *avoir l'odorat développé* to have a keen sense of smell ▸ **manquer d'odorat** to have no sense of smell.

odoriférant, e [ɔdɔʀifeʀɑ̃, ɑ̃t] adj *litt* [parfumé] sweet-smelling, fragrant, odoriferous *litt*.

odoriser [3] [ɔdɔʀize] vt [papier, emballage] to scent ; [gaz] to odorize ; [spectacle] to enhance with perfumes ou fragrances.

odyssée [ɔdise] nf odyssey / *nous attendions avec impatience le récit de son odyssée* we were looking forward to hearing the story of his odyssey / **'l'Odyssée'** *Homère* 'The Odyssey' / **'2001, l'odyssée de l'espace'** *Kubrick* '2001 : A Space Odyssey'.

OEA (abr de **Organisation des États américains**) npr f OAS.

OECE (abr de **Organisation européenne de coopération économique**) npr f OEEC.

œcuménicité [ekymenisite] nf *litt* ecumenicalism.

œcuménique [ekymenik] adj ecumenical.

œcuménisme [ekymenism] nm ecumenicalism, ecumenicism.

œcuméniste [ekymenist] ◆ adj ecumenic, ecumenical. ◆ nm, f ecumenist.

œdémateux, euse [edematø, øz] adj oedematous.

œdème [edɛm] nm oedema UK, edema US ▸ **œdème aigu du poumon** pulmonary oedema.

Œdipe [edip] npr Oedipus / **'Œdipe à Colone'** *Sophocle* 'Oedipus at Colonus' / **'Œdipe roi'** *Sophocle* 'Oedipus Rex'.

œdipe [edip] nm Oedipus complex.

œdipien, enne [edipjɛ̃, ɛn] adj oedipal, oedipean.

œil [œj] (*pl* **yeux** [jø] *ou* **œils**) nm **1.** ANAT eye / *j'ai le soleil dans les yeux* the sun's in ou I've got the sun in my eyes / *avoir les yeux verts / marron* to have green / brown eyes / *aux yeux de biche* doe-eyed / *elle a des yeux de biche* she's got doe eyes / *avoir de gros yeux* to have bulbous eyes / *il n'a qu'un œil* he's one-eyed, he's got only one eye / *je vois mal d'un œil* one of my eyes is weak / *il ne voit plus que d'un œil* he can only see with one eye now ▸ **se faire les yeux** to make up one's eyes / *je l'ai vu, de mes yeux vu, je l'ai vu de mes propres yeux* I saw it with my own eyes ▸ **faire** ou **ouvrir des yeux ronds** to stare wide-eyed ▸ **avoir l'œil humide** to have tearful eyes ou a tearful gaze / *viens me lire ça, petit, j'ai besoin d'yeux fam* come and read this for me, son, I need (somebody with) a good pair of eyes ▸ **œil artificiel / de verre** artificial / glass eye ▸ **l'œil intérieur** *litt* the inner eye ▸ **mauvais œil** evil eye ▸ **jeter le mauvais œil à qqn** to give sb the evil eye ▸ **mon œil!** *fam* my foot! / *généreux, mon œil!* generous, my foot! ▸ **attention les yeux!** *fam* get an eyeful of that! ▸ **avoir les yeux battus** to have (dark) rings ou bags under one's eyes ▸ **avoir de petits yeux a)** *pr* to have small eyes **b)** *fig* to look (all) puffy-eyed ou puffy round the eyes ▸ **les yeux fermés** with one's eyes closed ▸ **faire qqch les yeux fermés** *pr & fig* to do sthg with one's eyes shut ou closed / *je retrouverais le chemin les yeux fermés* I could find the way with my eyes shut ▸ **avoir un œil poché** ou **au beurre noir** *fam* to have a black eye ou a shiner *hum* ▸ **elle avait les yeux qui lui sortaient de la tête** her eyes were popping out of her head ▸ **avoir un œil qui dit zut** *fam* ou **merde** *tfam* **à l'autre** *hum*, **avoir les yeux qui se croisent les bras** *fam, hum*, **avoir un œil à Paris et l'autre à Pontoise** *fam hum* to have a squint, to be cross-eyed, to be boss-eyed UK ▸ **avoir des yeux derrière la tête** : *il faudrait avoir des yeux derrière la tête!* you'd need (to have) eyes in the back of your head! ▸ **faire les gros yeux à un enfant** to look sternly ou reprovingly at a child / *maman va te faire les gros yeux!* Mummy's going to tell you off! ▸ **faire qqch pour les beaux yeux de qqn** to do sthg for the love of sb ▸ **avoir les yeux plus grands que le ventre** *fam* [tu es trop gourmand] : *tu as les yeux plus grands que le ventre* your eyes are bigger than your belly ou your stomach / *tu as eu les yeux plus grands que le ventre fam* [tu as été trop ambitieux] you've bitten off more than you can chew ▸ **œil pour œil(, dent pour dent)** *(allusion à la Bible)* an eye for an eye (and a tooth for a tooth) ▸ **ils ont des yeux et ils ne voient pas** *(allusion à la Bible)* eyes have they but they see not **2.** [vision] sight, eyesight / *avoir de bons yeux* to have good eyesight / *avoir de mauvais yeux* to have bad ou poor eyesight ▸ **avoir des yeux de lynx** to be eagle-eyed ▸ **il la suivait de son œil d'aigle** he was watching her every move like a hawk ▸ **il a des yeux de chat** he can see like a cat in the dark **3.** [regard] : *ne me fais pas ces yeux-là!* don't look ou stare at me like that! ▸ **les yeux dans les yeux a)** [tendrement] looking into each other's eyes **b)** [avec franchise] looking each other straight in the eye ▸ **chercher qqn des yeux** to look around for sb ▸ **jeter les yeux sur qqch** to cast a glance at sthg ▸ **jeter un œil à** to have a quick look at / *veux-tu y jeter un œil en vitesse?* do you want to have a quick look at it? ▸ **lever les yeux sur qqch / qqn** to look up at sthg / sb / *sans lever les yeux de son livre* without looking up ou raising her eyes from her book ▸ **lever les yeux au ciel a)** [pour regarder] to look up at the sky **b)** [par exaspération] to raise one's eyes heavenwards ▸ **poser un œil sur** to have a look at / *elle posait sur tout un œil curieux* she was curious about everything / *n'ayant jamais posé les yeux sur de telles splendeurs* never having laid ou set eyes on such fabulous sights ▸ **devant les yeux de** before (the eyes of) / *les clefs sont devant tes yeux* the keys are right in front of you / *sous les yeux de, sous l'œil de litt* under the eye ou gaze of / *sous l'œil amusé / jaloux de son frère* under the amused / jealous gaze of her brother ▸ **sous mes yeux a)** [devant moi] right in front of me **b)** [effrontément] before my very eyes / *il l'a volé sous nos yeux* he stole it from under our very eyes / *elle dépérissait sous mes yeux* I could see her wasting away before my very eyes / *j'ai votre dossier sous les yeux* I've got your file right here in front of me ou before me / *à l'abri des yeux indiscrets* away from prying eyes ▸ **n'avoir d'yeux que pour** to only have eyes for / *il n'avait d'yeux que pour elle* he only had eyes for her **4.** [expression, air] look / *son œil malicieux / interrogateur* her mischievous / inquiring look / *elle est arrivée, l'œil méchant* ou *mauvais* she arrived, with a nasty look on her face ou looking like trouble / *il m'a regardé d'un œil noir / furieux* he gave me a black / furious look / *elle se taisait mais ses yeux parlaient pour elle* she said nothing but her eyes did the talking ▸ **faire de l'œil à qqn a)** *fam* [pour aguicher] to give sb the eye, to make eyes at sb **b)** [en signe de connivence] to wink knowingly at sb / *arrête de faire de l'œil à tous les garçons!* stop giving all the boys the eye! ▸ **faire les yeux doux** ou **des yeux de velours à qqn** to make sheep's eyes at sb **5.** [vigilance] : *rien n'échappait à l'œil du professeur* nothing escaped the teacher's notice ▸ **avoir l'œil** to be vigilant ou watchful / *aie l'œil!* be on the lookout! ▸ **avoir l'œil à tout** : *elle a l'œil à tout* she keeps an eye on everything / *il faut avoir l'œil à tout avec les enfants* you've got to keep an eye on everything when children are around ▸ **avoir l'œil du maître** [rien n'échappe à qqn] : *il a l'œil du maître* he doesn't miss a thing ▸ **avoir l'œil sur qqn, avoir** ou **tenir qqn à l'œil** to keep an eye ou a close watch on sb / *toi, je t'ai à l'œil!* I've got my eye on you! ▸ **être tout yeux (et tout oreilles)** to be all eyes (and ears) / *ils étaient tout yeux et tout oreilles* they were all eyes and ears **6.** [état d'esprit, avis] ▸ **voir qqch d'un bon / mauvais œil** to look favourably / unfavourably upon sthg ▸ **considérer** ou **voir qqch d'un œil critique** to look critically at sthg ▸ **voir les choses du même œil que qqn** to see eye to eye with sb / *il voit tout par les yeux de sa femme* he sees everything through his wife's eyes / *il voit avec les yeux de la foi / de l'amour* he sees things through the eyes of a believer / of love ▸ **aux yeux de** in the eyes of / *aux yeux de tous, il passait pour fou* he was regarded by everyone as being a madman / *ça n'a aucun intérêt à mes yeux* it's of no interest to me / *aux yeux de la loi* in the eyes of the law **7.** (*pl* **œils**) AGR & HORT [de pomme de terre] eye ; [bourgeon] ▸ **œil dormant / poussant** dormant / shooted bud **8.** ZOOL [d'un papillon] eyespot ; [d'une queue de paon] eyespot ▸ **œil pinéal** pineal organ **9.** [trou -dans une porte] Judas hole ; [-au théâtre] peep hole ; [-d'une aiguille, d'un marteau] eye ; NAUT [d'un filin] grommet, eye ; MÉTÉOR [d'un cyclone] eye, centre **10.** IMPR face **11.** ÉLECTR ▸ **œil cathodique / électrique** cathode / electric eye **12.** ARM fuse hole.

❖ **yeux** nmpl **1.** *fam & hum* [lunettes] glasses, specs UK / *j'ai oublié mes yeux* I've forgotten my specs **2.** CULIN : *les yeux du bouillon* the fat *(floating on the surface of the stock)*.

❖ **à l'œil** loc adv *fam* (for) free, for nothing, gratis / *j'ai voyagé à l'œil* I travelled for free / *ce soir-là j'ai chanté à l'œil* that night I sang for free / *j'ai eu deux tickets à l'œil* I got two tickets gratis ou (for) free ou on the house.

œil-de-bœuf [œjdəbœf] (*pl* **œils-de-bœuf**) nm [oculus] oculus ; [lucarne] bull's eye.

œil-de-chat [œjdəʃa] (*pl* **œils-de-chat**) nm MINÉR cat's-eye.

œil-de-perdrix [œjdəpɛʀdʀi] (*pl* **œils-de-perdrix**) nm **1.** ANAT (soft) corn **2.** [du bois] small knot **3.** ŒNOL œil-de-perdrix.

œil-de-pie [œjdəpi] nm NAUT eyelet.

œil-de-tigre [œjdətigʀ] (*pl* **œils-de-tigre**) nm tiger-eye, tiger's eye.

œillade [œjad] nf wink, oeillade *litt* ▸ **jeter** ou **lancer des œillades à qqn** to give sb the (glad) eye / *une œillade assassine hum* a provocative wink.

œillère [œjɛʀ] nf **1.** [de cheval] blinker UK, blinder US ▸ **avoir des œillères** *fig* to be blinkered, to have a blinkered view of things **2.** [coupelle] eyebath.

œillet [œjɛ] nm **1.** BOT [plante] carnation, pink ; [fleur] carnation ▸ **œillet des fleuristes** carnation ▸ **œillet d'Inde** African marigold ▸ **œillet mignardise** wild pink ▸ **œillet de poète** sweet william **2.** [perforation] eyelet hole **3.** [anneau -de papier gommé] (index) reinforcer ; [-de métal] eyelet, grommet.

œilleton [œjtɔ̃] nm **1.** BOT sucker **2.** OPT eyepiece shade **3.** [d'une porte] spyhole.

œillette [œjɛt] nf **1.** [pavot] oil poppy **2.** [huile] poppy seed oil.

œkoumène [ekumɛn] = **écoumène.**

œnilisme [enilism] nm alcoholism *(from drinking wine)*.

œnolique [enɔlik] adj ▸ **acides œnoliques** oenolic acids.

œnolisme [enɔlism] = **œnilisme.**

œnologie [enɔlɔʒi] nf oenology / *un stage d'œnologie* a wine-tasting course.

œnologique [enɔlɔʒik] adj oenological.

œnologue [enɔlɔg] nmf oenologist, wine expert.

œnométrie [enɔmetʀi] nf alcoholometry.

œnométrique [enɔmetʀik] adj alcoholometric.

œsophage [ezɔfaʒ] nm oesophagus UK, esophagus US.

œsophagien, enne [ezɔfaʒjɛ̃, ɛn], **œsophagique** [ezɔfaʒik] adj oesophageal.

œsophagite [ezɔfaʒit] nf oesophagitis.

œsophagoscope [ezɔfagɔskɔp] nm oesophagoscope.

œstradiol [ɛstʀadjɔl] nm oestradiol.

œstral, e, aux [ɛstʀal, o] adj oestrous.

œstrogène [ɛstʀɔʒɛn] nm oestrogen UK, estrogen US.

œstrus [ɛstʀys] nm oestrus.

œuf [œf] (*pl* **œufs** [ø]) nm **1.** CULIN egg / *monter des œufs en neige* to beat egg whites until they form peaks ▸ **œuf du jour** new-laid egg ▸ **œuf sur le plat** ou **au plat** ou **(au) miroir** fried egg ▸ **œuf en chocolat** chocolate egg ▸ **œuf (en) cocotte** coddled egg ▸ **œuf (à la) coque** boiled egg ▸ **œuf dur** hard-boiled egg ▸ **œuf en gelée** egg in aspic ▸ **œuf mayonnaise** egg mayonnaise ▸ **œuf mollet** soft-boiled egg ▸ **œuf de Pâques** Easter egg ▸ **œufs brouillés / pochés** scrambled / poached eggs ▸ **œufs au lait** ≃ egg custard ▸ **œufs à la neige** floating islands ▸ **œufs en neige a)** [mets] floating islands **b)** [préparation] beaten egg whites ▸ **sortir de l'œuf** to be still wet behind the ears ▸ **écraser** ou **étouffer** ou **tuer qqch dans l'œuf** to nip sthg in the bud ▸ **c'est comme l'histoire de l'œuf et de la poule** it's a chicken and egg situation ▸ **c'est comme l'œuf de Christophe Colomb, il fallait y penser** it's easy when you know how ▸ **il ne faut pas mettre tous ses œufs dans le même panier** *prov* never put all your eggs in one basket *prov* **2.** *fam* [imbécile] great ninny, oaf, blockhead ▸ **tête d'œuf!** you nincompoop! **3.** BIOL (egg) cell, egg ; ZOOL [d'insecte, de poisson] egg ; [de homard] berry ▸ **œuf de durée** ou **d'hiver** ENTOM over-wintering egg ▸ **œufs de lump** lumpfish eggs ou roe ▸ **œufs de poisson a)** ZOOL spawn **b)** CULIN fish roe **4.** COUT ▸ **œuf à repriser** darning egg **5.** [télécabine] cable car **6.** SPORT egg ▸ **faire l'œuf** to (go into a) tuck / *dans la position en œuf* in ou into the tuck position.

œuvre¹ [œvʀ] nm **1.** ARCHIT & CONSTR ▸ **une construction dans œuvre / hors (d')œuvre** a construction within / without the perimeter ▸ **mesure dans / hors œuvre** inside / outside measurement ▸ **gros œuvre** carcass, fabric / *le gros œuvre est enfin terminé* the main building work is finished at last ▸ **second œuvre** finishing (jobs) **2.** ART : *son œuvre gravé et son œuvre peint* his paintings and his etchings **3.** [en alchimie] ▸ **le Grand Œuvre** the Great Work, the Magnum Opus.

œuvre² [œvʀ] nf **1.** [travail] work ▸ **œuvre de longue haleine** long-term undertaking / *ce tabouret est l'œuvre d'un artisan* this stool is the work of a craftsman / *le troisième but a été l'œuvre de Bergova* FOOT the third goal was the work of Bergova / *elle a fait œuvre durable / utile* she's done a lasting / useful piece of work / *la vieillesse a fait son œuvre* old age has taken its toll ou done its work ▸ **mettre qqch en œuvre** to bring sthg into play ▸ **mettre tout en œuvre pour que** to do everything in one's power to ensure that / *nous avons mis tous les moyens en œuvre pour juguler l'incendie* we did everything we could to bring the fire under control / *elle a mis tout en œuvre pour être sélectionnée* she pulled out all the stops in order to get selected ▸ **œuvre de chair** *litt* carnal knowledge ▸ **œuvre maîtresse** magnum opus ▸ **mise en œuvre** JOAILL mounting ▸ **faire œuvre de** : *faire œuvre de rénovateur* to act as a renovator ▸ **faire œuvre de ses dix doigts** *vieilli* to work with one's hands **2.** [production artistique - unique] work ; [- ensemble de réalisations] works / *toute son œuvre* the whole of her works / *couronné pour l'ensemble de son œuvre* rewarded for his overall achievement ▸ **œuvre d'art** work of art ▸ **œuvres choisies / complètes de Molière** selected / complete works of Molière ▸ **œuvre de jeunesse** early work **3.** [charité] ▸ **œuvre (de bienfaisance)** charity, charitable organization / *je fais la collecte pour une œuvre* I'm collecting for charity ▸ **(bonnes) œuvres** charity.

❖ **œuvres** nfpl **1.** RELIG works, deeds **2.** ADMIN ▸ **œuvres sociales** community service **3.** NAUT ▸ **œuvres mortes** dead work, topsides ▸ **œuvres vives** NAUT quick-work / *la France blessée dans ses œuvres vives fig & sout* France, cut to the quick.

❖ **à l'œuvre** loc adv at work / *être à l'œuvre* to be working ou at work / *se mettre à l'œuvre* to get down to ou to start work ▸ **voir qqn à l'œuvre** to see sb at work.

œuvrer [5] [œvʀe] vi *sout* to work, to strive / *nous voulons la paix et nous allons œuvrer pour cela* we want peace and we will do our utmost to achieve it.

OFCE (abr de **Observatoire français des conjonctures économiques**) npr m *economic research institute.*

off [ɔf] (*pl* **off** *ou* **offs***) adj **1.** CINÉ offscreen **2.** [théâtre, spectacle, festival] fringe *(modif).*

offensant, e [ɔfɑ̃sɑ̃, ɑ̃t] adj offensive.

offense [ɔfɑ̃s] nf **1.** [affront] insult ▸ **faire offense à** to offend, to give offence to / *soit dit sans offense, tu n'es plus tout jeune non plus* no offence meant, but you're not that young either / *c'est une offense au bon goût* it's an offence ou a crime against good taste / *il n'y a pas d'offense fam* no offence taken **2.** RELIG trespass, transgression **3.** DR ▸ **offense à la cour** contempt of Court.

offensé, e [ɔfɑ̃se] ◆ adj offended, insulted ▸ **air offensé** offended ou outraged look / *elle s'est sentie offensée* she felt offended. ◆ nm, f *sout* offended ou injured party.

offenser [3] [ɔfɑ̃se] vt **1.** [blesser] to offend, to give offence to / *je l'ai offensé sans le vouloir* I offended him unintentionally / *tu l'offenserais en ne l'invitant pas* you'd offend him if you didn't invite him / *soit dit sans (vouloir) vous offenser, votre fils n'est pas un ange* without wishing to offend you, your son is no angel ▸ **offenser la mémoire de qqn** *sout* to offend sb's memory **2.** [enfreindre] to violate / *offenser un principe* to fly in the face of a principle ▸ **offenser Dieu** RELIG to offend God, to trespass against God.

❖ **s'offenser** vpi *sout* [se vexer] to take offence / *s'offenser de la moindre critique* to take exception to the slightest criticism / *elle s'est offensée qu'il ait oublié son anniversaire* she was offended because he forgot her birthday.

offenseur [ɔfɑ̃sœʀ] nm *sout* offender.

offensif, ive [ɔfɑ̃sif, iv] adj offensive / *l'équipe a adopté un jeu très offensif* the team has opted to play an attacking game ▸ **arme / guerre offensive** offensive weapon / war.

❖ **offensive** nf MIL & *fig* offensive / *passer à / prendre l'offensive* to go on / to take the offensive / *mener une offensive* to carry out ou to conduct an offensive / *le club lillois revient à l'offensive contre Bordeaux* the Lille team is back on the offensive ou is making a fresh attack against Bordeaux / *offensive de l'hiver fig* onslaught of winter ▸ **offensive de paix** POL peace offensive.

offensivement [ɔfɑ̃sivmɑ̃] adv **1.** MIL offensively **2.** SPORT ▸ **jouer offensivement** to play an attacking game.

offert, e [ɔfɛʀ, ɛʀt] pp ⟶ **offrir.**

offertoire [ɔfɛʀtwaʀ] nm offertory.

office [ɔfis] ◆ nm **1.** [gén & HIST] office / *dans son office de gouvernante* in her position as governess / *le signal d'alarme n'a pas rempli son office* the alarm didn't (fulfil its) function ▸ **faire office de** : *faire office de président* to act as chairman / *qu'est-ce qui peut faire office de pièce d'identité?* what could serve as proof of identity? / *pendant le voyage, j'ai dû faire office de cuisinier* I had to act as cook during the trip ▸ **office ministériel** ministerial office **2.** RELIG service / *aller à / manquer l'office* to go to / to miss the church service ▸ **l'office divin** the Divine Office ▸ **l'office des morts** the office for the dead ▸ **office du soir** evensong **3.** [agence] agency, bureau ▸ **office de publicité** advertising agency ▸ **office du tourisme espagnol** Spanish tourist office ou bureau ▸ **l'Office national des forêts** the French Forestry commission ▸ **les Offices** [à Florence] the Uffizi **4.** COMM [dans l'édition] ▸ **exemplaire d'office** copy sent on sale or return. ◆ nm *(vieilli au féminin)* [d'une cuisine] pantry ; [d'un hôtel, d'une grande maison] kitchen, kitchens / *tous les verres sont rangés dans l'office* all the glasses are stored in the pantry / *enfant, je dînais à l'office* as a child, I used to eat with the servants.

❖ **offices** nmpl ▸ **grâce aux bons offices de M. Prat / du gouvernement allemand** thanks to Mr. Prat's good offices / to the good offices of the German government.

❖ **d'office** loc adv automatically / *il a été promu d'office au rang de général* he was automatically promoted to (the rank of) general / *je vous mets d'office parmi les altos* I'll put you in straightaway with the altos ▸ **avocat commis d'office** (officially) appointed lawyer.

officialisation [ɔfisjalizasjɔ̃] nf officialization.

officialiser [3] [ɔfisjalize] vt to make official, to officialize.

officiant [ɔfisjɑ̃] ◆ adj m officiating. ◆ nm officiant.

officiel, elle [ɔfisjɛl] adj **1.** [public] official ▸ **communiqué officiel** official communiqué ▸ **milieux officiels** official circles ▸ **langage** ou **jargon officiel** officialese / *rien de ce que je vous dis là n'est officiel* everything I'm telling you is unofficial ou off the record / *il a rendu officielle sa décision de démissionner* he made public ou he officially announced his decision to resign ▸ **congé officiel** official holiday **2.** [réglementaire] formal ▸ **tenue officielle** formal attire ▸ **style officiel** formal style / *notre rencontre n'avait aucun caractère officiel* our meeting took place on an informal ou unofficial basis.

❖ **officiel** nm [représentant] official / *les officiels du Parti* the Party officials.

officiellement [ɔfisjɛlmɑ̃] adv officially / *je dépose plainte officiellement* I'm making an official complaint.

officier¹ [9] [ɔfisje] vi **1.** RELIG to officiate **2.** *fig & hum* to preside / *qui officie aux fourneaux ce soir?* who's in charge ou presiding in the kitchen tonight?

officier² [ɔfisje] nm **1.** MIL officer ▸ **officier d'active / de réserve** regular / reserve officer ▸ **officier de marine / de l'armée de terre** naval / army officer ▸ **officier supérieur / général** field / general officer ▸ **officier de liaison** liaison officer / *officier de paix* senior police officer / *officier de service* duty officer / *officier en second* second-in-command ▸ **officier subalterne** junior UK ou company US officer **2.** [titulaire - d'une fonction, d'une distinction] ▸ **officier de l'Armée du salut** Salvation Army Officer ▸ **officier de l'état civil** ≃ registrar ▸ **officier de police judiciaire** *police officer in the French Criminal Investigation Department* ▸ **officier de la Légion d'honneur** Officer of the Legion of Honour ▸ **officier ministériel** *member of the legal or allied professions.*

officier-marinier [ɔfisjemaʀinje] (*pl* **officiers-mariniers**) nm petty officer.

officieusement [ɔfisjøzmɑ̃] adv unofficially, informally.

officieux, euse [ɔfisjø, øz] adj unofficial, informal.

> ⚠ **Officious** signifie avant tout « zélé » et non officieux.

officinal, e, aux [ɔfisinal, o] adj [plante] medicinal ; [remède] officinal.

officine [ɔfisin] nf **1.** PHARM dispensary, pharmacy **2.** *fig & péj* ▸ **officine d'espionnage** den of spies.

offrande [ɔfʀɑ̃d] nf **1.** RELIG [don] offering ; [cérémonie] offertory **2.** [contribution] offering / *verser une offrande à une œuvre* to give to a charity.

offrant [ɔfʀɑ̃] nm bidder ▸ **vendre qqch au plus offrant** to sell sthg to the highest bidder.

offre [ɔfʀ] nf **1.** [proposition - gén et marketing] offer / *j'accepte votre offre* I accept your offer / *ils lui ont fait une offre avantageuse* they made him a worthwhile offer ▸ **faire une offre à 1 000 euros a)** to make an offer of 1,000 euros **b)** [aux enchères] to bid 1,000 euros / **'offres d'emploi'** 'situations vacant', 'help wanted' US, 'vacancies' / *il y a très peu d'offres d'emploi* there are

* In reformed spelling (see p. 16-19).

very few job offers ou openings ▸ **offre de lancement** introductory offer ▸ **offre promotionnelle** promotional offer ▸ **offre de prix** price bid ▸ **offre de remboursement** money-back ou cashback offer ▸ **offres de service** offer to help / **'offre valable jusqu'au 31 mai'** 'offer closes May 31st' **2.** ÉCON supply / *offre de monnaie / devises* money / currency supply ▸ **l'offre et la demande** supply and demand **3.** FIN ▸ **offre de concours** competitive (state) tender ▸ **offre publique d'achat** takeover bid ▸ **offre publique d'échange** public offer, share exchange offer ▸ **offre publique de vente** public offer **4.** DR ▸ **offres réelles** payment into court.

offreur, euse [ɔfʀœʀ, øz] nm, f ÉCON offerer.

offrir [34] [ɔfʀiʀ] vt **1.** [faire cadeau de] to give ▸ **offrir qqch en cadeau à qqn** to give sb sthg as a present / *on lui offrit une médaille* they presented him ou he was presented with a medal ▸ **je vous offre un café / un verre?** can I buy you coffee / a drink? / *ils (nous) ont offert le champagne* they treated us to champagne / *pour finir ce journal, nous vous offrons quelques images de la première neige dans Paris* and now to end the news, we bring you some shots of the first snow of the year in Paris / *elle s'est fait offrir une voiture pour ses 25 ans* she was given a car for her 25th birthday; *(en usage absolu)* : *pourriez-vous me faire un paquet-cadeau, c'est pour offrir* could you gift-wrap it for me, please, it's a present ▸ **c'est pour offrir?** shall I gift-wrap it for you? ▸ **c'est moi qui offre** I'll pay **2.** [donner - choix, explication, hospitalité] to give, to offer / *je vous offre une nouvelle chance* I'm giving you a second chance ▸ **offrir une récompense** to offer a reward ▸ **offrir son assistance** ou **son aide à qqn** to offer to help sb ▸ **offrir à qqn la possibilité de faire qqch** to offer ou to give sb the chance of doing sthg **3.** [proposer] ▸ **offrir son bras à qqn** to offer ou to lend sb one's arm / *je lui ai montré mon autoradio, il m'en offre 100 €* I showed him my car radio, he's offering me 100 € for it / *elle nous a offert sa maison pour l'été* she offered us her house for the summer **4.** [présenter - spectacle, vue] to offer, to present / *elle offre l'image du plus profond désespoir* she seems to be in deep despair / *la conversation n'offrait qu'un intérêt limité* the conversation was of only limited interest / *cette solution offre l'avantage d'être équitable* this solution has ou presents the advantage of being fair / *le sommet offre un panorama de toute beauté* the summit offers ou affords the most stupendous views / *le vieil homme / le jardin dévasté offrait un piteux spectacle* the old man / the ruined garden was a pathetic sight.

❖ **s'offrir** ◆ vp *(emploi réfléchi)* **1.** [sexuellement] to offer ou to give o.s. **2.** [proposer ses services] to offer one's services / *il s'est offert pour un emploi de manutentionnaire* he applied for a job as a packer / *s'offrir à payer les dégâts* to offer to pay for the damage / *l'article s'offre à orienter le lecteur dans le marché de la hi-fi* the article aims to help the reader find his way in the world of hi-fi. ◆ vp *(emploi réciproque)* to give ou to buy each other / *à Noël, on s'offre des cadeaux* at Christmas, people give each other presents. ◆ vpi [se présenter - occasion] : *un seul moyen s'offrait à moi* there was only one course of action open to me / *plein d'enthousiasme pour la journée qui s'offrait à lui* full of enthusiasm for the day that lay ahead of him / *un panorama exceptionnel s'offre au regard* an amazing view meets your eyes. ◆ vpt [se faire cadeau de] to treat o.s. to / *s'offrir le luxe de manger du caviar* to indulge in the luxury of eating caviar / *et si on s'offrait à boire?* shall we have a drink?

> ⚠ Attention, **offer** ne peut être utilisé pour traduire offrir lorsque ce que l'on offre est un cadeau. Dans ce cas c'est **give** qu'il faut employer.

offset [ɔfsɛt] *(pl* **offset** *ou* **offsets***)* ◆ adj offset. ◆ nm offset (process). ◆ nf offset (printing) machine.

off shore, offshore [ɔfʃɔʀ] ◆ adj inv BANQUE, PÉTR & SPORT offshore. ◆ nm inv PÉTR offshore technology; SPORT [activité] powerboat racing; [bateau] powerboat.

offusquer [3] [ɔfyske] vt to offend, to upset, to hurt.

❖ **s'offusquer** vpi ▸ **s'offusquer de** to take offence UK ou offense US at, to take umbrage at / *s'offusquer d'un rien* to be easily offended, to be quick to take offence.

OFPRA (abr de **Office français de protection des réfugiés et des apatrides**) nm *government department dealing with refugees and stateless persons.*

ogival, e, aux [ɔʒival, o] adj [structure] ogive *(modif)*, ogival; [art, style] gothic.

ogive [ɔʒiv] nf **1.** ARCHIT ogive, diagonal rib **2.** MIL & NUCL warhead **3.** GÉOM ogive.

OGM (abr de **organisme génétiquement modifié**) nm GMO.

ogre, ogresse [ɔgʀ, ɔgʀɛs] nm, f **1.** [dans les contes] ogre (ogress) **2.** *fam & fig* ogre (ogress), monster.

oh [o] ◆ interj **1.** [pour indiquer - la surprise, l'admiration, l'indignation] oh / *oh, quelle horreur!* oh, how awful! / *oh oh, est-ce que j'aurais deviné juste?* oho, could I be right? **2.** [pour interpeller] hey / *oh là, qu'est-ce que tu fais?* hey, what are you doing? ◆ nm inv ooh, oh ▸ **pousser des oh et des ah devant qqch** to ooh and aah at sthg.

ohé [ɔe] interj hey / *ohé! vous, là-bas* hey, you over there!

Ohio [ɔajo] npr m ▸ **l'Ohio** Ohio.

ohm [om] nm ohm.

ohmmètre [ommɛtʀ] nm ohmmeter.

OHQ nm abr de **ouvrier hautement qualifié.**

oïdium [ɔidjɔm] nm oidium.

oie [wa] nf **1.** ORNITH goose ▸ **oie cendrée** greylag goose ▸ **oie des moissons** bean goose ▸ **oie sauvage** wild goose **2.** JEUX ▸ **jeu de l'oie** *board game in the form of a spiral* **3.** MIL ▸ **pas de l'oie** goosestep ▸ **défiler** ou **marcher au pas de l'oie** to goosestep **4.** *péj* [personne] silly goose ▸ **c'est une oie blanche** she's (wide-eyed and) innocent.

oignon, ognon* [ɔɲɔ̃] nm **1.** CULIN onion ▸ **oignon blanc** spring onion ▸ **soupe à l'oignon** onion soup ▸ **petits oignons** pickling onions ▸ **un week-end aux petits oignons** *fam* a great weekend ▸ **soigner qqn aux petits oignons** to look after sb really well / *être soigné aux petits oignons* to get first-class attention ▸ **ce ne sont pas tes oignons** *fam* that's none of your business ▸ **mêle-toi** ou **occupe-toi de tes oignons** *fam* mind your own business **2.** HORT [bulbe] bulb / *oignons à fleurs* flowering bulbs **3.** MÉD bunion **4.** [montre] fob watch.

oïl [ɔjl] ⟶ **langue.**

oindre [82] [wɛ̃dʀ] vt **1.** [enduire] to rub with oil **2.** RELIG to anoint.

oint, e [wɛ̃, wɛ̃t] nm, f RELIG anointed ▸ **l'oint du Seigneur** the Lord's anointed.

oiseau, x [wazo] nm **1.** ZOOL bird ▸ **oiseau marin** ou **de mer** seabird / *oiseau nocturne* ou *de nuit* night bird ▸ **oiseau migrateur** migratory bird ▸ **oiseau de paradis** bird of paradise ▸ **oiseau de proie** bird of prey ▸ **oiseau de volière** aviary bird, cage bird ▸ **oiseau des îles a)** *pr* tropical bird **b)** *fig* exotic creature ▸ **oiseau de mauvais augure** ou **de malheur** bird of ill omen ▸ **oiseau de passage** bird of passage ▸ **ce n'était qu'un oiseau de passage** he was just a ship that passed in the night ▸ **oiseau rare** : *il est parfait pour cet emploi, tu as vraiment déniché l'oiseau rare* he's perfect for this job, you've found a rare bird there ▸ **être comme l'oiseau sur la branche** to be in a very precarious situation ▸ **le petit oiseau va sortir!** [photo] watch the birdie! ▸ **petit à petit, l'oiseau fait son nid** *prov* every little helps / **'l'Oiseau de feu'** *Stravinski* 'The Firebird' / **'les Oiseaux'** *Aristophane, du Maurier, Hitchcock* 'The Birds' **2.** *fam* [individu douteux] customer / *c'est un drôle d'oiseau* ou *un vilain oiseau* he's an odd customer / *quand la police arriva, l'oiseau s'était envolé* by the time the police arrived the bird had flown **3.** CONSTR [auge de maçon] hod.

oiseau-lyre [wazoliʀ] *(pl* **oiseaux-lyres***)* nm lyrebird.

oiseau-mouche [wazomuʃ] *(pl* **oiseaux-mouches***)* nm hummingbird.

oiseler [24] [wazle] vi to catch birds *(with a net or with birdlime)*.

oiselet [wazlɛ] nm *litt* small bird.

oiseleur [wazlœʀ] nm bird catcher.

oiselier, ère [wazəlje, ɛʀ] nm, f bird-seller.

oisellerie [wazɛlʀi] nf **1.** [boutique] bird shop **2.** [commerce] birdselling.

oiseux, euse [wazø, øz] adj **1.** [futile] futile / *des occupations oiseuses* futile occupations / *des rêveries oiseuses* daydreaming *(U)* **2.** [stérile] irrelevant, pointless.

oisif, ive [wazif, iv] ◆ adj **1.** [personne, vie] idle **2.** DR [biens] unproductive. ◆ nm, f idler ▸ **les oisifs** the idle.

oisillon [wazijɔ̃] nm fledgling.

oisive [waziv] f ⟶ **oisif.**

oisivement [wazivmɑ̃] adv idly ▸ **vivre oisivement** to live in idleness.

oisiveté [wazivte] nf idleness / *vivre dans l'oisiveté* to live in idleness ▸ **l'oisiveté est la mère de tous les vices** *prov* the devil finds work for idle hands *prov.*

oison [wazɔ̃] nm **1.** ZOOL gosling **2.** *vieilli* [personne] gullible ou credulous person.

OIT (abr de **Organisation internationale du travail**) npr f ILO.

OJD (abr de **Office de justification de la diffusion des supports de publicité**) npr m *advertising industry watchdog.*

OK [ɔke] interj OK, okay / *OK! pour moi c'est bon!* okay! that's fine by me!

Oka [oka] npr ▸ **fromage d'Oka** *cheese made by Trappist monks in Canada.*

okapi [ɔkapi] nm okapi.

Oklahoma [ɔklaɔma] npr m ▸ **l'Oklahoma** Oklahoma.

okoumé [ɔkume] nm gaboon.

ola [ɔla] nf Mexican wave UK, wave US.

oléacée [ɔlease] nf member of the Oleaceae ou olive family.

oléagineux, euse [ɔleaʒinø, øz] adj oil-producing, oleaginous *spéc.*

❖ **oléagineux** nm oil-producing ou oleaginous *spéc* plant.

oléastre [ɔleastʀ] nm oleaster.

oléfine [ɔlefin] nf olefine.

oléicole [ɔleikɔl] adj ▸ **industrie oléicole a)** [de l'huile d'olive] olive oil industry **b)** [de l'huile d'oléagineux] vegetable oil industry ▸ **terres oléicoles a)** [à olives] olive-growing area **b)** [à oléagineux] oil-cropping area.

oléiculteur, trice [ɔleikyltœʀ, tʀis] nm, f **1.** [cultivateur] olive grower **2.** [fabricant d'huile - d'olive] olive oil manufacturer; [- d'autres oléagineux] vegetable oil manufacturer.

oléiculture [ɔleikyltyʀ] nf [culture - des olives] olive growing; [- des oléagineux] oil-crop growing.

oléifère [ɔleifɛʀ] adj oil-producing, oleiferous *spéc.*

oléiforme [ɔleifɔʀm] adj oil-like.

oléine [ɔlein] nf olein.

oléique [ɔleik] adj oleic.

oléoduc [ɔleɔdyk] nm (oil) pipeline.

* In reformed spelling (see p. 16-19).

olé olé [ɔleɔle] adj inv *fam* ▸ **être un peu olé olé a)** [de mœurs légères] to be a bit loose **b)** [peu respectueux] to be a bit too laid back / *cette blague est un peu olé olé* that joke is a bit risqué.

oléoprotéagineux [ɔleɔpʀɔteaʒinø, øz] nm oilseed.

oléorésine [ɔleɔʀezin] nf oleoresin.

oléum [ɔleɔm] nm oleum.

olfactif, ive [ɔlfaktif, iv] adj olfactory.

olfaction [ɔlfaksjɔ̃] nf olfaction.

olibrius [ɔlibʀijys] nm oddball.

olifant [ɔlifɑ̃] nm (ivory) hunting horn, oliphant *arch.*

oligarchie [ɔligaʀʃi] nf oligarchy.

oligarchique [ɔligaʀʃik] adj oligarchic, oligarchical.

oligarque [ɔligaʀk] nm oligarch.

oligiste [ɔliʒist] adj & nm hematite.

oligocène [ɔligɔsɛn] ◆ adj Oligocene. ◆ nm Oligocene (period).

oligoclase [ɔligɔklaz] nf oligoclase.

oligoélément [ɔligɔelemɑ̃] nm trace element.

oligophrène [ɔligɔfʀɛn] ◆ adj mentally subnormal. ◆ nmf mentally subnormal person.

oligophrénie [ɔligɔfʀeni] nf (mental) subnormality.

oligopole [ɔligɔpɔl] nm oligopoly.

oligopolistique [ɔligɔpɔlistik] adj oligopolistic.

oligothérapie [ɔligɔteʀapi] nf *alternative medicine using trace elements.*

oligurie [ɔligyʀi] nf oliguria.

olivacé, e [ɔlivase] adj olive, olive-coloured.

olivaie [ɔlivɛ] nf olive grove.

olivaison [ɔlivɛzɔ̃] nf **1.** [récolte] olive harvest **2.** [saison] olive season.

olivâtre [ɔlivatʀ] adj olive-greenish ; [teint] sallow.

olive [ɔliv] ◆ nf **1.** BOT olive ▸ **olive noire / verte** black / green olive **2.** ÉLECTR switch **3.** ANAT ▸ **olive bulbaire** olivary body ▸ **olive cérébelleuse** olivary nucleus **4.** ZOOL olive (shell) **5.** VÊT [bouton] (olive-shaped) button. ◆ adj inv [couleur] ▸ **(vert) olive** olive, olive-green.
❖ **olives** nfpl ARCHIT olive ou bead moulding.

oliveraie [ɔlivʀɛ] = **olivaie**.

olivette [ɔlivɛt] nf **1.** [tomate] plum tomato **2.** [raisin] (olive-shaped) grape.

olivier [ɔlivje] nm **1.** BOT olive tree **2.** [bois] olive (wood).

Oliviers [ɔlivje] npr mpl ⟶ **mont**.

olivine [ɔlivin] nf olivine.

olmèque [ɔlmɛk] adj Olmec.
❖ **Olmèque** nmf Olmec.

olographe [ɔlɔgʀaf] adj holograph.

OLP (abr de **Organisation de libération de la Palestine**) npr f PLO.

olympe [ɔlɛ̃p] nm *litt* Olympus.

Olympe [ɔlɛ̃p] npr m GÉOGR & MYTH ▸ **l'Olympe** Olympus ▸ **les dieux de l'Olympe** the Olympic deities, the Olympians ▸ **le mont Olympe** Mount Olympus.

Olympia [ɔlɛ̃pja] npr m ▸ **l'Olympia** *major Paris entertainment venue.*

olympiade [ɔlɛ̃pjad] nf **1.** [événement] Olympic Games / *à la dernière olympiade* during the last Olympics **2.** [quatre ans] olympiad.

Olympie [ɔlɛ̃pi] npr Olympia.

olympien, enne [ɔlɛ̃pjɛ̃, ɛn] adj *hum* MYTH Olympian / *un calme olympien* an Olympian calm.

olympique [ɔlɛ̃pik] adj Olympic ▸ **les jeux Olympiques** the Olympic Games, the Olympics.

olympisme [ɔlɛ̃pism] nm **1.** [idéal] Olympic ideal **2.** [organisation] organization of the Olympic Games.

OM (abr de **Olympique de Marseille**) npr m *Marseille football team.*

Oman [ɔman] npr Oman ▸ **golfe d'Oman** Gulf of Oman ▸ **le sultanat d'Oman** the Sultanate of Oman. ⟶ **mer**

ombelle [ɔ̃bɛl] nf umbel ▸ **en ombelle** umbellate.

ombellifère [ɔ̃belifɛʀ] nf umbellifer, member of the Umbelliferae.

ombilic [ɔ̃bilik] nm **1.** ANAT umbilicus *spéc*, navel **2.** BOT [renflement] hilum ; [plante] navelwort **3.** MATH umbilical point **4.** ART boss, embossment.

ombilical, e, aux [ɔ̃bilikal, o] adj **1.** ANAT umbilical **2.** ASTRONAUT ▸ **mât ombilical** umbilical cord.

ombiliqué, e [ɔ̃bilike] adj umbilicate, umbilicated.

omble [ɔ̃bl] nm ▸ **omble (chevalier)** char.

ombrage [ɔ̃bʀaʒ] nm **1.** [ombre] shade / *ces arbres donnent* ou *font un ombrage agréable à la terrasse* these trees pleasantly shade the terrace **2.** [feuillage] canopy, foliage **3.** *litt* ▸ **prendre ombrage de** to take offence UK ou offense US ou umbrage at ▸ **porter** ou **faire ombrage à qqn** to cause offence UK ou offense US to sb, to offend sb.

ombragé, e [ɔ̃bʀaʒe] adj shady.

ombrager [17] [ɔ̃bʀaʒe] vt to shade.

ombrageux, euse [ɔ̃bʀaʒø, øz] adj **1.** *sout* [susceptible] touchy, easily offended **2.** [cheval] skittish, nervous, jumpy.

ombre[1] [ɔ̃bʀ] nm ZOOL ▸ **ombre de rivière** grayling.

ombre[2] [ɔ̃bʀ] nf **1.** [pénombre] shade / *dans l'ombre des sous-bois* in the shady undergrowth ▸ **faire de l'ombre** : *le gratte-ciel fait de l'ombre à tout le quartier* the skyscraper casts a shadow over the whole area ou leaves the whole area in shadow ▸ **faire de l'ombre à qqn a)** *pr* to be in sb's light **b)** *fig* to be in sb's way / *pousse-toi, tu me fais de l'ombre* move, you're in my light ▸ **sortir de l'ombre a)** *pr* to emerge from the dark ou darkness ou shadows **b)** *fig* [artiste] to emerge from obscurity, to come into the public eye **2.** [forme - d'une personne, d'un arbre, d'un mur] shadow / *j'aperçois une ombre dans le jardin* I can see a (vague) shadow ou shadowy shape in the garden / *avec l'adolescence, une ombre est apparue sur sa lèvre supérieure* in adolescence, a thin shadow appeared on his upper lip ▸ **ombre portée** OPT (projected) shadow ▸ **ombre propre** shade ▸ **n'être plus que l'ombre de soi-même** to be but a shadow of one's former self **3.** [trace - de jalousie, de surprise] hint ; [- d'un sourire] hint, shadow ▸ **pas l'ombre d'un remords / d'une preuve** not a trace of remorse / shred of evidence ▸ **sans l'ombre d'un doute** without a shadow of a doubt / *cela ne fait pas* ou *il n'y a pas l'ombre d'un doute* there's not a shadow of a doubt **4.** ART shade, shadow ▸ **il y a une ombre au tableau** *fig* there's a fly in the ointment.
❖ **ombres** nfpl **1.** THÉÂTRE ▸ **ombres chinoises, théâtre d'ombres** shadow theatre / *leurs profils se projetaient sur le mur en ombres chinoises* their profiles were silhouetted on the wall **2.** ANTIQ shadows, departed souls.
❖ **à l'ombre** loc adv **1.** [à l'abri du soleil] in the shade / *il fait 30 °C à l'ombre* it's 30°C in the shade **2.** *fam* [en prison] inside.
❖ **à l'ombre de** loc prép *pr* in the shade of ; *litt & fig* under the protection of / *à l'ombre des lois* protected by the law.
❖ **dans l'ombre** loc adv **1.** [dans la pénombre] in the shade / *le jardin / balcon est dans l'ombre* the garden / balcony is in the shade **2.** [dans le secret] : *elle a préféré vivre dans l'ombre* she chose a life of obscurity ▸ **rester dans l'ombre a)** [raison] to remain obscure ou unclear **b)** [personne] to remain unknown / *l'enquête n'a rien laissé dans l'ombre* the enquiry left no stone unturned / *ceux qui œuvrent dans l'ombre pour la paix* those who work behind the scenes to bring about peace ▸ **vivre dans l'ombre de qqn** to live in sb's shadow.
❖ **ombre à paupières** nf eye shadow.

 **shadow** ou **shade ?**

Shadow désigne l'ombre portée au sol par quelqu'un ou quelque chose, tandis que **shade** se réfère à l'ombre au sens d'« absence de lumière ».

[Tirer] plus vite que son ombre

In the famous comic book series *Lucky Luke* by Morris and René Goscinny, the eponymous cowboy hero is said to be able to shoot "faster than his shadow". The humorous expression **plus vite que son ombre** has entered the language and simply means "very fast".

Depuis qu'il a pris des cours de dactylographie, il tape à l'ordinateur plus vite que son ombre. *Since that typing course he's been lightning-fast on the computer keyboard.*

Le leader du marché tire plus vite que son ombre en sortant un produit révolutionnaire. *In next to no time, the market leader has brought out a revolutionary product.*

ombrée [ɔ̃bʀe] nf ubac.

ombrelle [ɔ̃bʀɛl] nf **1.** [parasol] parasol **2.** [d'une méduse] umbrella.

ombrer [3] [ɔ̃bʀe] vt **1.** ART to shade / *ombrer un sujet pour le faire ressortir* / *pour l'intégrer dans l'arrière-plan* to shade out / in a subject **2.** *litt* [faire de l'ombre à - suj : arbre, store] to shade / *un grand chapeau ombrait son visage* a large hat shaded her face ; [assombrir - suj : couleur] to darken, to shade / *un maquillage violet ombrait ses paupières* she was wearing purple eyeshadow.

ombrette [ɔ̃bʀɛt] nf umbre, umbrette.

ombreux, euse [ɔ̃bʀø, øz] adj *litt* shady.

Ombrie [ɔ̃bʀi] npr f ▸ **l'Ombrie** Umbria.

ombrien, enne [ɔ̃bʀijɛ̃, ɛn] adj Umbrian.
❖ **Ombrien, enne** nm, f Umbrian.

ombudsman [ɔmbydsman] nm ombudsman.

OMC (abr de **Organisation mondiale du commerce**) nf WTO.

oméga [ɔmega] nm omega.

omelette [ɔmlɛt] nf omelette / *omelette aux champignons / au fromage / au jambon* mushroom / cheese / ham omelette ▸ **omelette aux fines herbes** omelette with herbs, omelette (aux) fines herbes / *une omelette baveuse* a runny omelette ▸ **omelette norvégienne** ou **surprise** baked Alaska ▸ **omelette soufflée** soufflé omelette ▸ **on ne fait pas d'omelette sans casser des œufs** *prov* you can't make an omelette without breaking eggs *prov.*

omerta [ɔmɛʀta] nf law of silence, omertà.

omettre [84] [ɔmɛtʀ] vt to omit, to leave out *(sép)* / *sans omettre un seul détail* without leaving out a single detail / *n'omets personne sur ta liste* don't miss anyone off your list ▸ **omettre de** to fail ou to neglect ou to omit to / *ils ont omis de nous informer* they failed ou neglected to inform us.

OMI (abr de **Organisation maritime internationale**) npr f IMO.

omicron [ɔmikʀɔ̃] nm omicron.

omis, e [ɔmi, iz] pp ⟶ **omettre**.

omission [ɔmisjɔ̃] nf **1.** [oubli] omission / *l'omission d'un mot* leaving out ou omitting a word / *j'ai relevé plusieurs omissions dans la liste* I noticed that several things are missing ou have been omitted from the list **2.** RELIG omission.

omit v ⟶ **omettre.**

OMM (abr de **Organisation météorologique mondiale**) npr f WMO.

omnibus [ɔmnibys] ◆ nm **1.** RAIL slow ou stopping train UK local (train) US **2.** [à chevaux] horse-drawn omnibus. ◆ adj : *le train est omnibus entre Melun et Sens* the train calls at all stations between Melun and Sens.

omnicolore [ɔmnikɔlɔʀ] adj of all colours.

omnidirectif, ive [ɔmnidiʀɛktif, iv] adj omnidirectional.

omnidirectionnel, elle [ɔmnidiʀɛksjɔnɛl] adj omnidirectional.

omnipotence [ɔmnipɔtɑ̃s] nf omnipotence / *l'omnipotence de l'État* the omnipotence of the state.

omnipotent, e [ɔmnipɔtɑ̃, ɑ̃t] adj omnipotent.

omnipraticien, enne [ɔmnipʀatisjɛ̃, ɛn] ◆ nm, f general practitioner. ◆ adj ▸ **médecin omnipraticien** general practitioner.

omniprésence [ɔmnipʀezɑ̃s] nf omnipresence.

omniprésent, e [ɔmnipʀezɑ̃, ɑ̃t] adj [souci, souvenir] omnipresent ; [publicité, pollution] ubiquitous / *il est omniprésent dans l'usine* he's everywhere (at once) in the factory.

omniscience [ɔmnisjɑ̃s] nf *sout* omniscience.

omniscient, e [ɔmnisjɑ̃, ɑ̃t] adj *sout* omniscient.

omnisports [ɔmnispɔʀ] adj inv ▸ **rencontre omnisports** all-round sports event ▸ **salle omnisports** sports centre ▸ **terrain omnisports** sports field.

omnivore [ɔmnivɔʀ] ◆ adj omnivorous. ◆ nm omnivore.

omoplate [ɔmɔplat] nf shoulder blade, scapula *spéc* / *il lui avait pointé un fusil entre les omoplates* he'd shoved a gun in his back.

OMS (abr de **Organisation mondiale de la santé**) npr f WHO.

on [ɔ̃] pron pers *(peut être précédé de l'article l' dans un contexte soutenu)* **1.** [indéterminé] : *on lui a retiré son passeport* they took his passport away (from him), his passport was confiscated / *on construit une nouvelle école* a new school is being built / *il y a 10 ans, on ne connaissait pas cette maladie* this illness was unknown 10 years ago / *on vit de plus en plus vieux en Europe* people in Europe are living longer and longer **2.** [avec une valeur généralisante] you, one *sout* / *souvent, on n'a pas le choix* often you don't have any choice, often there's no choice / *on n'a pas le droit de fumer ici* you can't smoke in here / *on n'arrive pas à dormir avec cette chaleur* it's impossible to sleep in this heat / *on ne peut prédire la suite des événements* one *sout* ou you can't predict the outcome (of events) / *on ne sait jamais (ce qui peut arriver)* you never know ou one never knows *sout* (what could happen) / *on dirait qu'il va pleuvoir* it looks like rain / *on ne croirait pas qu'il est malade* you wouldn't think he was ill **3.** [les gens] people, they ▸ **on jasait** people were talking, there was a lot of talk / *on s'était rué sur les derniers billets* there'd been a rush for the last tickets / *on dit que la vie là-bas n'est pas chère* they say that the cost of living over there is cheap ▸ **on rapporte que...** it is said that... **4.** [désignant un nombre indéterminé de personnes] they / *en Espagne on dîne plus tard* in Spain they eat later / *dans ce bureau, on se moque de vos problèmes* they don't care about your problems in this department / *on m'a dit que vous partiez bientôt* I've been told you're leaving soon / *qu'est-ce qu'on en dit chez toi?* what do your folks have to say about it?, what do they have to say about it at your place? **5.** [quelqu'un] : *on vous a appelé ce matin* somebody called you ou there was a (phone) call for you this morning / *est-ce qu'on t'a vu?* did anyone see you? / *est-ce qu'on vous sert, Monsieur?* are you being served, Sir? / *est-ce qu'on pourrait me servir, s'il vous plaît?* could somebody serve me, please? **6.** *fam* [nous] we / *on n'a pas grand-chose à se dire* we don't have much to say to one another / *nous, on en a marre, on s'en va* we've had enough of this, we're off / *allez viens, on va bien s'amuser* go on, come with us, it'll be great fun ▸ **on était très déçus** we were very disappointed **7.** [se substituant à d'autres pronoms personnels] : *ça va, on a compris!* *fam* all right, I've got the message! / *il faut qu'on vous le répète?* *fam* do I have to repeat myself? / *dans ce premier chapitre, on a voulu montrer...* in this first chapter, the aim has been to show... / *on est bien habillé, aujourd'hui!* *fam* we are dressed-up today, aren't we? / *alors, on ne répond pas au téléphone?* *fam* aren't you going to answer the phone? / *on croit tout savoir, hein?* *fam* (you) think you know everything ou it all, don't you? / *alors les gars, on cherche la bagarre?* *fam* are you guys looking for a fight? / *on a tout ce qu'il faut et on passe son temps à se plaindre!* *fam* he / she has got everything and he / she still complains all the time! **8.** [dans des annonces] / **'on cherche un vendeur'** 'salesman wanted ou required' / **'ici on parle allemand'** 'German spoken (here)' / *on est prié de laisser sa clé à la réception* keys must be left at reception.

onagracée [ɔnagʀase] nf member of the Oenothera.

onagre [ɔnagʀ] ◆ nf BOT evening primrose, oenothera. ◆ nm ARM & ZOOL onager.

onanisme [ɔnanism] nm onanism.

onc [ɔ̃k] = **oncques.**

once [ɔ̃s] nf **1.** [mesure] ounce / *il n'a pas une once de bon sens* he doesn't have an ounce of common sense **2.** ZOOL ounce, snow leopard.

oncial, e, aux [ɔ̃sjal, o] adj LING uncial.

❖ **onciale** nf uncial.

oncle [ɔ̃kl] nm uncle ▸ **l'oncle Picsou** Scrooge *(in Donald Duck cartoons)* ▸ **oncle d'Amérique** rich uncle ▸ **l'Oncle Sam** Uncle Sam.

oncogène [ɔ̃kɔʒɛn] adj MÉD oncogenic.

oncologie [ɔ̃kɔlɔʒi] nf oncology.

oncologiste [ɔ̃kɔlɔʒist], **oncologue** [ɔ̃kɔlɔg] nmf oncologist.

oncotique [ɔ̃kɔtik] adj MÉD & PHYS oncotic.

oncques [ɔ̃k] adv *arch* never / *oncques ne vit plus remarquable triomphe!* never had there been such an outstanding triumph!

onction [ɔ̃ksjɔ̃] nf **1.** MÉD unction **2.** *litt* [douceur - attendrissante] sweetness, gentleness ; [- hypocrite] unctuousness, unctuosity **3.** RELIG unction.

onctueux, euse [ɔ̃ktɥø, øz] adj **1.** [huileux] smooth, unctuous *sout* **2.** CULIN creamy / *un fromage onctueux* a creamy cheese **3.** *litt* [personne] smooth, unctuous *sout*

onctuosité [ɔ̃ktɥozite] nf **1.** [d'un dessert] creaminess ; [d'une crème] smoothness **2.** TECHNOL lubricating quality, lubricity.

ondatra [ɔ̃datʀa] nm muskrat, ondatra *spéc*

onde [ɔ̃d] nf **1.** PHYS wave ▸ **ondes courtes** / **moyennes** short / medium wave ▸ **onde sonore** / **lumineuse** / **radioélectrique** sound / light / radio wave ▸ **onde de choc** shock wave ▸ **ondes hertziennes** Hertzian waves ▸ **ondes longues, grandes ondes** long wave ▸ **l'onde verte** *device which sets all traffic lights along a one-way system to green if drivers keep to the speed limit indicated* **2.** *fig* [vague] wave / *une onde de bonheur l'envahit* a wave of happiness washed over her **3.** *litt* ▸ **l'onde** [l'eau] the waters, the deep / *l'onde limpide du ruisseau* the clear waters of the stream.

❖ **ondes** nfpl RADIO ▸ **mettre en ondes** to produce ▸ **sur les ondes** on the air.

ondée [ɔ̃de] nf shower (of rain) / *temps à ondées* showery weather.

ondemètre [ɔ̃dmɛtʀ] nm wavemeter.

ondin, e [ɔ̃dɛ̃, in] nm, f water sprite, undine *litt*

on-dit [ɔ̃di] nm inv : *je ne me soucie guère des on-dit* I don't care about what people say / *fonder son opinion sur des on-dit* to base one's opinion on hearsay.

ondoie v ⟶ **ondoyer.**

ondoiement [ɔ̃dwamɑ̃] nm **1.** *litt* [du blé, des cheveux] undulation, swaying motion ; [d'un ruisseau] undulation **2.** RELIG summary baptism.

ondoyant, e [ɔ̃dwajɑ̃, ɑ̃t] adj *litt* **1.** [blé] undulating, rippling ; [flamme] dancing, wavering ; [lumière, ruisseau] undulating **2.** [personne] changeable.

ondoyer [13] [ɔ̃dwaje] ◆ vi [champ de blé] to undulate, to ripple ; [flamme] to dance, to waver ; [lumière, ruisseau] to ripple. ◆ vt RELIG to baptize summarily.

ondulant, e [ɔ̃dylɑ̃, ɑ̃t] adj **1.** [terrain] undulating ; [route, rivière] twisting (and turning), winding ; [chevelure] flowing ; [façon de marcher] swaying **2.** MÉD [pouls] irregular.

ondulation [ɔ̃dylasjɔ̃] nf **1.** *sout* [de l'eau, du terrain] undulation **2.** [du corps] undulation, swaying *(U)* / *les ondulations de la danseuse* the undulations ou the swaying of the dancer **3.** [des cheveux] wave **4.** *litt* [d'une ligne, d'une mélodie] undulation **5.** ÉLECTRON ripple **6.** TRAV PUB corrugation.

ondulatoire [ɔ̃dylatwaʀ] adj **1.** [forme] undulatory **2.** PHYS [mouvement] undulatory, wave *(modif).*

ondulé, e [ɔ̃dyle] adj [cheveux] wavy ; [carton] corrugated.

onduler [3] [ɔ̃dyle] ◆ vi **1.** [eau, vagues, champs] to ripple, to undulate / *la foule ondulait sur la place* in the square, the crowd was swaying **2.** [cheveux] to be wavy **3.** [personne] to sway / *la danseuse ondulait des hanches* the dancer swayed her hips. ◆ vt **1.** TECHNOL [métal, carton] to corrugate **2.** [friser] : *se faire onduler les cheveux* to have one's hair waved ou permed.

onduleur [ɔ̃dylœʀ] nm ÉLECTR inverter.

onduleux, euse [ɔ̃dylø, øz] adj *litt* **1.** [houleux - flots] swelling **2.** [souple] undulating / *elle avait une démarche onduleuse* her body swayed as she walked **3.** [paysage] undulating, rolling ; [sentier, rivière] twisting, winding.

one-man-show [wanmanʃo] nm inv one-man show, solo act.

onéreux, euse [ɔneʀø, øz] adj costly, expensive.

> ⚠ Le mot anglais **onerous** signifie « lourd », « pénible » et non onéreux.

one-woman-show [wanwumanʃo] nm inv one-woman-show.

ONF npr m abr de **Office national des forêts.**

ONG (abr de **organisation non gouvernementale**) nf NGO.

ongle [ɔ̃gl] nm **1.** ANAT [des doigts de la main] nail, fingernail ; [des orteils] toenail ▸ **se faire les ongles a)** [les couper] to cut one's nails **b)** [les vernir] to do ou to paint one's nails ▸ **avoir les ongles crochus** to be mean ▸ **avoir les ongles en deuil** to have dirty nails ou fingernails **2.** ZOOL claw ; [de rapace] talon.

❖ **à ongles** loc adj [ciseaux, lime, vernis] nail *(modif).*

onglée [ɔ̃gle] nf ▸ **j'avais l'onglée** the tips of my fingers were numb with cold.

onglet [ɔ̃glɛ] nm **1.** [entaille] thumb index ; [d'un canif] thumbnail groove, nail nick **2.** CONSTR mitred angle / *tailler à* ou *en onglet* to mitre ▸ **assemblage en onglet** mitre joint **3.** IMPR [béquet] tab ; [d'un livre] hinge ▸ **onglets (de remplissage)** (filling-in) guards **4.** BOT claw, unguis *spéc* **5.** MATH ungula **6.** MÉD pterygium **7.** CULIN top skirt UK ▸ **onglet à l'échalote** *long, narrow steak served fried with chopped shallots.*

onglier [ɔ̃glije] nm **1.** [nécessaire] manicure set **2.** [ciseaux] (nail) scissors.

onglon [ɔ̃glɔ̃] nm toenail, unguis *spéc*

onguent [ɔ̃gɑ̃] nm ointment, salve.

onguiculé, e [ɔ̃gɥikyle] adj unguiculated.
❖ **onguiculé** nm unguiculate ▸ **les onguiculés** the Unguiculata.

ongulé, e [ɔ̃gyle] adj hoofed, ungulate *spéc*.
❖ **ongulé** nm ungulate ▸ **les ongulés** the Ungulates.

onguligrade [ɔ̃gyligʀad] adj unguligrade.

onirique [ɔniʀik] adj **1.** PSYCHOL oneiric **2.** *fig & sout* : *une vision onirique* a dreamlike vision.

onirisme [ɔniʀism] nm **1.** PSYCHOL hallucinations **2.** *fig & sout* : *des dessins à l'onirisme troublant* drawings with a disturbing dreamlike quality.

oniromancie [ɔniʀɔmɑ̃si] nf oneiromancy.

oniromancien, enne [ɔniʀɔmɑ̃sjɛ̃, ɛn] ◆ adj oneiromantic. ◆ nm, f oneiromancer.

onirothérapie [ɔniʀɔteʀapi] nf oneirotherapy.

ONISEP [onisɛp] (abr de **Office national d'information sur les enseignements et les professions**) nm *national careers guidance service*.

onomastique [ɔnɔmastik] nf onomastics *(U)*.

onomatopée [ɔnɔmatɔpe] nf onomatopoeia.

onomatopéique [ɔnɔmatɔpeik] adj onomatopoeic.

ont v ⟶ **avoir**.

ontarien, enne [ɔ̃taʀjɛ̃, ɛn] adj Ontarian.
❖ **Ontarien, enne** nm, f Ontarian.

Ontario [ɔ̃taʀjo] ◆ npr ▸ **le lac Ontario** Lake Ontario. ◆ npr m ▸ **(l')Ontario** Ontario.

ontogenèse [ɔ̃tɔʒənɛz] nf ontogenesis, ontogeny.

ontogénétique [ɔ̃tɔʒenetik] adj ontogenetic, ontogenic.

ontogénie [ɔ̃tɔʒeni] = **ontogenèse**.

ontologie [ɔ̃tɔlɔʒi] nf ontology.

ontologique [ɔ̃tɔlɔʒik] adj ontological.

ONU, Onu [ony] (abr de **Organisation des Nations unies**) npr f UN, UNO.

ONUDI, Onudi [onydi] (abr de **Organisation des Nations unies pour le développement industriel**) npr f UNIDO.

onusien, enne [ɔnyzjɛ̃, ɛn] adj ▸ **projet / expert onusien** UN project / expert.

onychomycose [ɔnikɔmikoz] nf onychomycosis.

onychophagie [ɔnikɔfaʒi] nf onychophagy.

onyx [ɔniks] nm onyx.

onze [ɔ̃z] ◆ dét **1.** eleven **2.** [dans des séries] ▸ **le onze novembre** Armistice UK ou Veterans' US Day ▸ **Louis XI** Louis the Eleventh. ◆ nm inv **1.** [onzième jour du mois] : *je te verrai le onze* I'll see you on the eleventh **2.** FOOT ▸ **le onze tricolore** the French eleven ou team. **Voir aussi cinq.**

onzième [ɔ̃zjɛm] ◆ adj num eleventh / *elle est onzième* she is in eleventh place ▸ **les ouvriers de la onzième heure** last-minute helpers. ◆ nmf eleventh. ◆ nm **1.** [fraction] eleventh **2.** MUS eleventh. ◆ nf ÉDUC first-year infants (class) UK, first-year nursery school (grade) US. **Voir aussi cinquième.**

onzièmement [ɔ̃zjɛmmɑ̃] adv in the eleventh place. **Voir aussi cinquièmement.**

oocyte [ɔɔsit] = **ovocyte**.

oolithe [ɔɔlit] nm GÉOL oolite.

oolithique [ɔɔlitik] adj GÉOL oolitic.

oosphère [ɔɔsfɛʀ] nf oosphere.

OP nm abr de **ouvrier professionnel**.

OPA (abr de **offre publique d'achat**) nf ▸ **OPA amicale** friendly takeover bid ▸ **OPA hostile** hostile takeover bid.

opacification [ɔpasifikasjɔ̃] nf opacifying.

opacifier [9] [ɔpasifje] vt to opacify, to make opaque.

opacimétrie [ɔpasimetʀi] nf opacimetry.

opacité [ɔpasite] nf **1.** *litt* [ombre] shadow, darkness **2.** *litt* [inintelligibilité] opaqueness, opacity **3.** PHYS [d'un corps] opacity, opaqueness ; [d'un liquide] cloudiness, turbidity *sout* **4.** MÉD ▸ **opacité radiologique** X-ray shadow.

opale [ɔpal] nf opal.

opalescence [ɔpalesɑ̃s] nf opalescence.

opalescent, e [ɔpalesɑ̃, ɑ̃t] adj opalescent.

opalin, e [ɔpalɛ̃, in] adj opaline.
❖ **opaline** nf opaline.

opaliser [3] [ɔpalize] vt to opalize.

opaque [ɔpak] adj **1.** PHYS opaque ▸ **verre opaque** opaque glass **2.** [sombre] dark, impenetrable / *dans la nuit opaque* in the pitch-dark ou jet-black night **3.** [incompréhensible] opaque, impenetrable.

op art [ɔpaʀt] nm op art.

op. cit. (abr écrite de **opere citato**) op. cit.

OPCVM (abr de **organisme de placements collectifs en valeurs mobilières**) nm ÉCON mutual fund.

OPE nf abr de **offre publique d'échange**.

opéable [opeabl] adj *likely to be the target of a takeover bid*.

open [ɔpɛn] ◆ adj (*pl* **open** *ou* **opens***) [billet, tournoi] open. ◆ nm SPORT open ▸ **open (de tennis)** open tennis championship ou tournament.

open-source [ɔpɛnsuʀs] adj INFORM open source.

OPEP, Opep [ɔpɛp] (abr de **Organisation des pays exportateurs de pétrole**) npr f OPEC.

opéra [ɔpeʀa] nm **1.** MUS [œuvre] opera ; [genre] opera / *j'aime écouter de l'opéra* I love listening to opera ▸ **opéra rock** rock opera **2.** [bâtiment] opera (house) / *nous allons souvent à l'Opéra* we often go to the opera ▸ **l'Opéra-Comique** *opera house in Paris also known as "la salle Favart"*.

opéra-ballet [ɔpeʀabalɛ] (*pl* **opéras-ballets**) nm opéra ballet.

opérable [ɔpeʀabl] adj operable / *la malade n'est plus opérable* the patient is no longer operable ou is beyond surgery.

opéra(-)bouffe [ɔpeʀabuf] (*pl* **opéras bouffes** *ou* **opéras-bouffes**) nm opera buffa, opéra bouffe.

opéra-comique [ɔpeʀakɔmik] (*pl* **opéras-comiques**) nm light opera, opéra comique.

opérande [ɔpeʀɑ̃d] nm operand.

opérant, e [ɔpeʀɑ̃, ɑ̃t] adj **1.** *sout* [effectif] effective / *notre action a été opérante* our action proved to be effective **2.** RELIG operating.

opérateur, trice [ɔpeʀatœʀ, tʀis] nm, f **1.** CINÉ ▸ **opérateur (de prises de vues)** cameraman **2.** TÉLÉC [employé] (telephone) operator / *pour l'étranger, il faut passer par l'opérateur* to phone abroad, you have to go through the operator ; [exploitant] telephone company ▸ **tous opérateurs** carrier-agnostic ▸ **opérateur radio** radio operator **3.** IMPR operative, operator **4.** TECHNOL ▸ **opérateur (sur machine)** (machine) operator **5.** INFORM operator ▸ **opérateur de saisie** keyboarder **6.** BOURSE operator, dealer.
❖ **opérateur** nm **1.** LING & MATH operator ▸ **opérateur booléen** Boolean operator **2.** MIN ▸ **opérateur (minier)** mining operative.

opération [ɔpeʀasjɔ̃] nf **1.** MÉD operation / *pratiquer une opération* to carry out surgery ou an operation / *subir une grave / petite opération* to undergo major / minor surgery, to have a major / minor operation ▸ **une opération (chirurgicale)** surgery, a surgical operation ▸ **opération à chaud / froid** emergency / interval surgery ▸ **opération à cœur ouvert** open-heart surgery **2.** MATH operation ▸ **poser une opération** to do a calculation / *connais-tu les quatre opérations ?* do you know how to add, subtract, multiply and divide ? **3.** BANQUE & BOURSE operation, transaction / *en la vendant à moitié prix, j'ai encore fait une belle opération !* even selling it at half price, I still got a really good deal ! / *en acceptant de la recevoir pour trois semaines, tu n'as pas fait une bonne opération !* it wasn't very smart of you to agree to put her up for three weeks ! ▸ **opération à la baisse / hausse** bull / bear transaction ▸ **opération boursière** ou **de Bourse** stock exchange transaction ou dealing ▸ **opération bancaire** ou **de banque** banking transaction ou operation ▸ **opération de change** exchange deal ▸ **opération au comptant** spot ou cash deal ▸ **opération financière** financial transaction ▸ **opération à prime** option dealings ou bargains **4.** [manœuvre] operation, job / *nous faisons appel à lui pour des opérations ponctuelles* we call upon his services, when we need a specific job carried out ▸ **opération de commando / sauvetage** commando / rescue operation ▸ **opération coup de poing** : *la police a effectué une opération coup de poing dans le quartier* the police swooped on the area ▸ **opération escargot** : *une opération escargot a perturbé la circulation hier* a go-slow UK ou slowdown US by drivers disrupted traffic yesterday ▸ **opération de police** police operation ▸ **opération portes ouvertes à l'université** open day UK ou open house US at the University **5.** COMM campaign / **'opération coup de poing sur les chaînes hi-fi'** 'hi-fi prices slashed' / **'opération prix cassés'** 'price-slashing drive' **6.** [démarche] process / *les opérations de l'esprit* mental processes, the workings of the mind **7.** RELIG ▸ **par l'opération du Saint-Esprit** through the workings of the Holy Spirit / *crois-tu que tu y arriveras par l'opération du Saint-Esprit ? hum* do you think you'll succeed just waiting for things to happen ? **8.** [ensemble de travaux] process, operation / *les opérations de fabrication de l'acier* steel making processes / *la machine exécute 18 opérations différentes* the machine performs 18 different operations **9.** INFORM operation.

opérationnel, elle [ɔpeʀasjɔnɛl] adj **1.** [en activité] operational / *les nouveaux ateliers ne seront opérationnels que l'année prochaine* the new workshops won't be operational until next year **2.** [fournissant le résultat optimal] efficient, operative **3.** MIL operational.

opératoire [ɔpeʀatwaʀ] adj **1.** MATH operative **2.** MÉD [chirurgical] operating, surgical ; [postopératoire] post-operative **3.** PHILOS [concept, modèle] working.

opercule [ɔpɛʀkyl] nm **1.** BOT, ENTOM & ZOOL operculum **2.** [dans un emballage] lid.

operculé, e [ɔpɛʀkyle] adj **1.** ZOOL operculated **2.** [emballage, pot] with a lid.

opéré, e [ɔpeʀe] nm, f patient (who has undergone surgery) / *le chirurgien est passé voir son dernier opéré* the surgeon came round to see the last person he operated on ▸ **les grands opérés** (post-operative) intensive care patients / *c'est un grand opéré* he's had major surgery.

opérer [18] [ɔpeʀe] ◆ vt **1.** MÉD [blessé, malade] to operate on / *elle a été opérée de l'appendicite* she was operated on for appendicitis, she had her appendix removed / *on va l'opérer d'un kyste au poignet* they're going to remove a cyst from her wrist / *elle vient juste d'être opérée* she's just had an operation / *se faire opérer* to undergo ou to have surgery ; *(en usage absolu)* : *le chirurgien a opéré toute la matinée* the surgeon was in the operating theatre all morning **2.** [procéder à - modification] to carry out *(sép)* ; [- miracle, retour en arrière] to bring about *(sép)* ; [- paiement] to make / *tu dois opérer un choix* you have to choose ou to make a choice / *le pays tente d'opérer un redressement économique* the country is attempting to bring about an economic recovery **3.** MIL [retraite] to effect. ◆ vi **1.** [faire effet] to work / *le médicament a opéré* the medicine worked / *son charisme n'a pas opéré sur moi* her charisma had no effect ou didn't work on me **2.** [intervenir] to act, to operate / *la police opère souvent la nuit* the police often operate at night.
❖ **s'opérer** ◆ vp *(emploi passif)* : *ce genre de lésion ne s'opère pas* this type of lesion can't be operated on. ◆ vpi to take place / *un grand changement s'est opéré*

* In reformed spelling (see p. 16-19).

depuis ton départ a major change has taken place since you left / *une transformation s'opéra en elle* she underwent a transformation.

✐ In reformed spelling (see p. 16-19), this verb is conjugated like ***semer*** : *il opèrera, elle opèrerait.*

opérette [ɔpeʀɛt] nf operetta.

❖ **d'opérette** loc adj : *le colonel n'est qu'un soldat d'opérette* the colonel is just a tin soldier ▸ **une armée d'opérette** a caricature of an army.

OPH (abr de **office public de l'habitat**) nm *office responsible for the allocation of council housing.*

ophidien [ɔfidjɛ̃] nm ophidian ▸ **les ophidiens** the ophidians ou Ophidia.

ophiure [ɔfjyʀ] nf ophiuran, brittle-star ▸ **les ophiures** the Ophiuroidea.

ophiuride [ɔfjyʀid] nm = **ophiure.**

ophrys [ɔfʀis] nm ophrys ▸ **ophrys abeille / mouche** bee / fly orchis.

ophtalmie [ɔftalmi] nf ophthalmia ▸ **ophtalmie des neiges** snow blindness.

ophtalmique [ɔftalmik] adj ophthalmic.

ophtalmo [ɔftalmo] nmf *fam* abr de **ophtalmologiste.**

ophtalmologie [ɔftalmɔlɔʒi] nf ophthalmology.

ophtalmologique [ɔftalmɔlɔʒik] adj ophthalmological.

ophtalmologiste [ɔftalmɔlɔʒist], **ophtalmologue** [ɔftalmɔlɔg] nmf ophthalmologist, eye specialist.

ophtalmomètre [ɔftalmɔmɛtʀ] nm ophthalmometer, keratometer.

ophtalmoscope [ɔftalmɔskɔp] nm ophthalmoscope.

ophtalmoscopie [ɔftalmɔskɔpi] nf ophthalmoscopy.

opiacé, e [ɔpjase] adj **1.** [qui contient de l'opium] opiate, opiated **2.** [qui sert d'opium] opiate, opium-scented.

❖ **opiacé** nm opiate.

Opinel® [ɔpinɛl] nm *folding knife used especially for outdoor activities, scouting, etc.*

opiner [3] [ɔpine] *litt* ◆ vi ▸ **opiner sur** to express an opinion about. ◆ vt ▸ **opiner que** to be of the opinion that.

❖ **opiner à** v + prép *litt* to consent to / *elle opina à ce mariage* she gave her assent ou consent to this marriage.

❖ **opiner de** v + prép ▸ **opiner de la tête** ou **du bonnet** ou **du chef** to nod one's assent ou agreement, to nod in agreement.

opiniâtre [ɔpinjatʀ] adj **1.** [personne] stubborn, obstinate **2.** [haine, opposition, lutte] unrelenting, relentless, obstinate ; [détermination] dogged **3.** [toux] persistent.

opiniâtrement [ɔpinjatʀəmɑ̃] adv **1.** [avec entêtement] stubbornly, obstinately **2.** [avec ténacité] relentlessly, persistently, doggedly.

opiniâtreté [ɔpinjatʀəte] nf *litt* **1.** [entêtement] stubbornness, obstinacy **2.** [ténacité] relentlessness, doggedness.

opinion [ɔpinjɔ̃] nf **1.** [point de vue] opinion / *j'ai mon opinion sur lui* I have my own opinion about him / *se faire soi-même une opinion* to make up one's own mind / *je ne partage pas votre opinion* I don't agree with you, I don't share your views / *au dernier moment, elle changea brusquement d'opinion* she suddenly changed her mind at the last minute / *je vais vous donner mon opinion* let me tell you what I think / *c'est une affaire d'opinion* it's a matter of opinion ▸ **opinions politiques / subversives** political / subversive views ▸ **l'opinion (publique)** public opinion ▸ **informer l'opinion** to inform the public ▸ **les sans opinion** the don't knows **2.** [jugement] opinion ▸ **avoir une bonne / mauvaise / haute opinion de qqn** to have a good / bad / high opinion of sb / *je me moque de l'opinion d'autrui* I don't care what others may think.

opiomane [ɔpjɔman] nmf opium addict.

opiomanie [ɔpjɔmani] nf opium addiction, opiomania *spéc.*

opium [ɔpjɔm] nm opium.

OPJ nm abr de **officier de police judiciaire.**

opossum [ɔpɔsɔm] nm opossum.

oppidum [ɔpidɔm] nm Roman hill-fort.

opportun, e [ɔpɔʀtœ̃, yn] adj opportune, timely / *ton arrivée était plus qu'opportune* you came at just the right time / *je vous donnerai ma réponse en temps opportun* I'll give you my answer in due course / *il serait opportun de prendre une décision* it's time to make a decision / *il lui est apparu opportun de partir avant elle* he found it appropriate ou advisable to leave before her.

opportunément [ɔpɔʀtynemɑ̃] adv opportunely / *la police est arrivée opportunément* the police arrived just at the right time.

opportunisme [ɔpɔʀtynism] nm opportunism.

opportuniste [ɔpɔʀtynist] adj & nmf opportunist ▸ **maladie opportuniste** opportunistic infection.

opportunité [ɔpɔʀtynite] nf **1.** [à-propos] timeliness, appropriateness **2.** [occasion] opportunity ▸ **opportunités et menaces** ÉCON opportunities and threats.

opposabilité [ɔpozabilite] nf DR opposability.

opposable [ɔpozabl] adj opposable / *tu ne trouveras pas d'argument opposable à ma décision* you won't be able to use any argument against my decision.

opposant, e [ɔpozɑ̃, ɑ̃t] ◆ adj **1.** [adverse] opposing **2.** DR opposing **3.** ANAT ▸ **muscles opposants** opponens. ◆ nm, f [adversaire] opponent / *les opposants au régime* the opponents of the regime / *les opposants à la politique actuelle* those who oppose current policy.

❖ **opposant** nm ANAT ▸ **les opposants** the opponens ▸ **opposant du pouce** opponens pollicis.

opposé, e [ɔpoze] adj **1.** [en vis-à-vis] opposite / *il est arrivé du côté opposé* he came from the other ou opposite side ▸ **sur le mur opposé a)** on the opposite wall **b)** [par rapport au locuteur] on the wall facing us **2.** [contraire -sens, direction] opposite, other ; [-mouvement] opposing ; [-avis, goût] opposing, conflicting, different / *ils ont des tendances tout à fait opposées* they have completely different tendencies / *je suis d'une opinion opposée (à la vôtre)* I am of a different opinion **3.** [contrastant -couleur, ton] contrasting **4.** BOT [feuille, rameau] opposite **5.** GÉOM & MATH [côté, angle] opposite.

❖ **opposé** nm **1.** [direction] opposite / *quel est l'opposé du sud?* what's the opposite of south ? / *vous cherchez l'église? vous allez à l'opposé* you want the church ? you're going in the wrong direction **2.** [contraire] opposite, reverse / *chaque fois que je te dis quelque chose, tu soutiens l'opposé!* whenever I say anything, you say the opposite ou you contradict it ! / *il est tout l'opposé de sa sœur* he's the exact opposite of his sister / *il est de droite et je suis tout à l'opposé* his views are right-wing but mine are completely the opposite **3.** MATH [nombre] opposite number.

❖ **à l'opposé de** loc prép unlike, contrary to / *à l'opposé de sa mère, elle n'aimait pas la peinture* unlike her mother, she didn't like painting.

opposer [3] [ɔpoze] vt **1.** [objecter -argument] : *je n'ai rien à opposer à cette objection* I've nothing to say against that objection / *il a opposé à ma théorie des raisons intéressantes* he put forward some interesting objections to my theory / *elle m'a opposé qu'elle n'avait pas le temps de s'en occuper* she objected that she didn't have time to take care of it **2.** [mettre en confrontation] : *nous opposerons nos méthodes* we'll test our methods against each other / *qui peut-on opposer au président sortant?* who can we put up against the outgoing president ? / *le match de demain oppose Bordeaux à Lens* Bordeaux will play against Lens in tomorrow's match / *deux guerres ont opposé nos pays* two wars have brought our countries into conflict / *des intérêts divergents les opposeront toujours* opposing interests will always bring them into conflict / *à l'idéalisme de son père, Renaud opposa une approche plus pragmatique* Renaud countered his father's idealism with a more pragmatic approach **3.** PHYS : *opposer une pression de sens contraire* to apply pressure from the opposite direction ▸ **opposer une résistance a)** *pr* to resist, to be resistant **b)** *fig* to put up a resistance **4.** [disposer vis-à-vis] to set ou to place opposite each other.

❖ **s'opposer** vp [rivaux, partis] to clash ; [opinions, idées] to conflict ; [couleurs] to contrast / *ces deux théories s'opposent* the two theories conflict with each other.

❖ **s'opposer à** vp + prép **1.** [être contre] to object to, to oppose / *quelqu'un s'oppose-t-il à cette nomination?* are there any objections to this appointment ? / *le règlement / ma religion s'y oppose* it goes against the rules / my religion / *les conditions météo s'opposent à toute navigation aérienne aujourd'hui* weather conditions are making flying inadvisable today / *je m'oppose à ce que tu reviennes* I'm against ou opposed to your coming back ; [être en désaccord avec] : *je m'oppose à lui sur la politique étrangère* I'm against him ou I oppose him on foreign policy **2.** [affronter] to oppose, to be against / *il s'opposera ce soir au président dans un débat télévisé* he'll face the president tonight in a televised debate **3.** [contraster avec -couleur, notion, mot] to be the opposite of / *le noir s'oppose au blanc* black is the opposite of white.

opposite [ɔpozit] ❖ **à l'opposite** loc adv *sout* : *leurs maisons sont à l'opposite* their houses are opposite (each other). ❖ **à l'opposite de** loc prép *sout* : *à l'opposite de l'église vous trouverez le monument* you'll see the monument opposite the church.

opposition [ɔpozisjɔ̃] nf **1.** [désaccord] opposition ; [contraste] contrast, difference / *opposition de* ou *entre deux styles* clash of ou between two styles **2.** [résistance] opposition / *le ministre a fait* ou *mis opposition au projet* the minister opposed the plan / *l'opposition de la plupart des citoyens à la guerre n'est pas prouvée* it has not been proved that most citizens are opposed to ou against the war / *nous avons rencontré une forte opposition* we encountered strong opposition / *la loi est passée sans opposition* the bill went through unopposed / *il fait de l'opposition systématique à tout ce qu'on lui propose* he's automatically against everything you suggest **3.** POL ▸ **l'opposition** the Opposition / *les dirigeants / partis de l'opposition* the leaders / parties of the Opposition **4.** DR : *faire opposition à une décision* to appeal against a ruling / *faire opposition à un acte* to lodge an objection to a deed / *faire opposition à un chèque* to stop a cheque / *faire opposition à un mariage* to raise an objection to ou to enter a caveat to a marriage ▸ **valeurs frappées d'opposition** stopped ou countermanded bonds **5.** ASTROL & ASTRON opposition ▸ **planète en opposition a)** ASTROL planet in opposition **b)** ASTRON planet at opposition **6.** ÉLECTR & LING opposition.

❖ **en opposition avec** loc prép against, contrary to, in opposition to / *agir en opposition avec ses principes* to act against one's principles / *je me suis trouvée en opposition avec elle sur plusieurs points* I found myself at odds ou at variance with her on several points.

❖ **par opposition à** loc prép as opposed to, in contrast with.

oppositionnel, elle [ɔpozisjɔnɛl] ◆ adj POL oppositional, opposition *(modif).* ◆ nm, f oppositionist.

oppressant, e [ɔpʀesɑ̃, ɑ̃t] adj oppressive.

oppressé, e [ɔpʀese] adj oppressed / *avoir la poitrine oppressée* to have difficulty in breathing.

oppresser [4] [ɔpʀese] vt to oppress / *l'obscurité / la chaleur m'oppresse* I find the darkness / the heat oppressive / *elle était oppressée par l'angoisse* she was gripped ou choked with anxiety / *ils sont oppressés par le remords* they are weighed down with remorse.

oppresseur [ɔpʀesœʀ] nm oppressor.

oppressif, ive [ɔpʀesif, iv] adj oppressive.

oppression [ɔpʀesjɔ̃] nf **1.** [domination] oppression **2.** [suffocation] suffocation, oppression.

opprimant, e [ɔpʀimɑ̃, ɑ̃t] adj oppressive.

opprimé, e [ɔpʀime] ◆ adj oppressed / *les peuples opprimés* the oppressed peoples. ◆ nm, f oppressed person / ***elle prend toujours le parti des opprimés*** she always sides with the underdog.

opprimer [3] [ɔpʀime] vt **1.** [asservir] to oppress **2.** [censurer] to suppress, to stifle / *opprimer la presse* to gag the press.

opprobre [ɔpʀɔbʀ] nm *litt* **1.** [honte] shame, opprobrium *sout* ▸ **jeter l'opprobre sur qqn** to heap shame ou opprobrium on sb / *il est l'opprobre de sa famille* he's a disgrace to his family **2.** [avilissement] shame, infamy / *vivre dans l'opprobre* to live in infamy.

OPR (abr de **offre publique de retrait**) nf BOURSE delisting tender offer.

OPRA [ɔpʀa] (abr de **offre publique de rachat d'actions**) nf BOURSE tender offer.

optatif, ive [ɔptatif, iv] adj optative.

❖ **optatif** nm optative (mode).

opter [3] [ɔpte] ❖ **opter pour** v + prép to opt for *(insép)* / *nous devons opter pour la dernière solution* we must opt for the last solution / *vous devez opter pour une de ces deux possibilités* you'll have to choose between these two possibilities / *j'ai opté pour les cheveux courts* I opted for a short haircut / *le prix m'a fait opter pour une plus petite voiture* the price finally made me come down in favour of a smaller car.

opticien, enne [ɔptisjɛ̃, ɛn] nm, f optician.

optimal, e, aux [ɔptimal, o] adj optimal, optimum *(avant nom)* / *pour un rendement optimal* for optimal results.

optimalisation [ɔptimalizasjɔ̃] nf optimization.

optimaliser [3] [ɔptimalize] vt to optimize.

optimisation [ɔptimizasjɔ̃] = **optimalisation.**

optimiser [ɔptimize] = **optimaliser.**

optimisme [ɔptimism] nm optimism ▸ **avec optimisme** optimistically.

optimiste [ɔptimist] ◆ adj optimistic. ◆ nmf optimist / *c'est un éternel optimiste* he always looks on the bright side, he's an eternal optimist.

optimum [ɔptimɔm] (*pl* **optimums** *ou* **optima** [-ma]) ◆ adj optimum *(avant nom)*, optimal. ◆ nm optimum ▸ **optimum écologique** optimum ecological conditions ▸ **optimum de peuplement** optimum population.

option [ɔpsjɔ̃] nf **1.** [choix] option, choice / *je n'ai pas d'autre option* I have no other alternative ou choice **2.** ÉDUC ▸ **(matière à) option** optional subject **3.** FIN ▸ **option du double** call of more ▸ **option d'achat d'actions** stock option ▸ **option d'achat** call option ▸ **option de vente** put option **4.** COMM & DR option ▸ **prendre une option sur qqch** to take (out) an option on sthg ▸ **option d'achat / de vente** option to buy / to sell **5.** [accessoire facultatif] optional extra ▸ **en option** as an (optional) extra.

optionnel, elle [ɔpsjɔnɛl] adj optional.

optique [ɔptik] ◆ adj **1.** ANAT optic ▸ **nerf optique** optic nerve **2.** OPT optical **3.** PHYS optic ▸ **angle optique** optic angle **4.** INFORM optical. ◆ nf **1.** SCI optics *(U)* **2.** TECHNOL (set of) lenses **3.** [point de vue] point of view / *mon optique est différente* I see it from a different angle ou point of view / *dans cette optique* from this point of view / *dans une optique économique* in an economic perspective.

❖ **d'optique** loc adj optical.

optoélectronique [ɔptɔelɛktʀɔnik] nf optoelectronics *(U)*.

optométrie [ɔptɔmetʀi] nf optometry.

optométriste [ɔptɔmetʀist] nmf optometrist.

opulence [ɔpylɑ̃s] nf **1.** [richesse] opulence, affluence ▸ **vivre dans l'opulence** to live an opulent life ou a life of plenty **2.** *litt* [ampleur] fullness, ampleness / *l'opulence de ses formes* the fullness of her figure.

opulent, e [ɔpylɑ̃, ɑ̃t] adj **1.** [riche] affluent, wealthy, opulent **2.** [physiquement - personne] corpulent ; [- forme] generous, full.

opuntia [ɔpɔ̃sja] nm opuntia.

opus [ɔpys] nm opus.

opuscule [ɔpyskyl] nm [petit ouvrage] opuscule ; [brochure] brochure.

OPV (abr de **offre publique de vente**) nf BOURSE public share offer.

OQ nm abr de **ouvrier qualifié.**

or[1] [ɔʀ] conj *sout* : *il faut tenir les délais ; or, ce n'est pas toujours possible* deadlines must be met ; now this is not always possible / *je devais y aller, or au dernier moment j'ai eu un empêchement* I was supposed to go, but then at the last moment something came up.

or[2] [ɔʀ] ◆ nm **1.** [métal] gold / *le cours de l'or* the price of gold ▸ **or monnayé / au titre / sans titre** coined / essayed / unessayed gold ▸ **or en barre** gold bullion / *ces actions, c'est de l'or en barre* *fam* these shares are a rock-solid investment ▸ **or blanc** white gold ▸ **l'or blanc** [les sports d'hiver] the winter sports bonanza ▸ **l'or bleu** water ▸ **or brut** gold nuggets ▸ **or jaune** yellow gold ▸ **or massif** solid gold / *la montre est en or massif* the watch is solid gold ▸ **l'or noir** black gold ▸ **l'or vert** agricultural earnings ▸ **l'étalon-or** the gold standard ▸ **la valeur or** value in gold, gold exchange value ▸ **pour tout l'or du monde** for all the tea in China *hum*, for all the money in the world ▸ **parler d'or** to speak with the voice of wisdom / **'l'Or du Rhin'** *Wagner* 'The Rhine Gold' **2.** [couleur] gold, golden colour **3.** DR ▸ **clause or** gold clause. ◆ adj inv gold *(modif)*, gold-coloured.

❖ **d'or** loc adj **1.** JOAILL & MINÉR gold *(modif)* **2.** [doré - cheveux] golden, gold *(modif)* ; [- cadre] gold *(modif)* **3.** EXPR ▸ **un cœur d'or** a heart of gold.

❖ **en or** loc adj **1.** JOAILL gold *(modif)* / *une bague en or* a gold ring **2.** [excellent] ▸ **une mère en or** a wonderful mother ▸ **une affaire en or a)** [occasion] a real bargain **b)** [entreprise] a goldmine / *c'est une occasion en or* it's a golden opportunity.

oracle [ɔʀakl] nm ANTIQ & *fig* oracle / *rendre un oracle* to pronounce an oracle / *l'oracle de Delphes* the Delphic oracle.

Oradour-sur-Glane [ɔʀaduʀsyʀglan] npr *village near Limoges (site of a notorious massacre by the SS in 1944).*

orage [ɔʀaʒ] nm **1.** MÉTÉOR storm, thunderstorm / *le temps est à l'orage* there's thunder in the air ▸ **un temps d'orage** stormy ou thundery weather / *par temps d'orage* in stormy weather / *il va y avoir un orage* there's a storm brewing, there's going to be a storm ▸ **orage magnétique / de chaleur** magnetic / heat storm ▸ **pluie d'orage** rainstorm **2.** [dispute] row, argument / *depuis des semaines, je sentais venir l'orage* I'd known for weeks that trouble was brewing ▸ **il y a de l'orage dans l'air** there's trouble brewing **3.** *litt* [déchirement, tourmente] upheaval, tumult / *les orages de l'amour* the turmoil of love.

orageusement [ɔʀaʒøzmɑ̃] adv *sout* stormily, tempestuously *litt.*

orageux, euse [ɔʀaʒø, øz] adj **1.** MÉTÉOR [ciel] stormy, thundery ; [chaleur, averse] thundery / *le temps est orageux* it's thundery ou stormy, the weather's thundery ou stormy **2.** [tumultueux - jeunesse, séance] stormy, turbulent.

oraison [ɔʀɛzɔ̃] nf **1.** RELIG [prière] prayer ▸ **l'oraison dominicale** the Lord's Prayer **2.** LITTÉR ▸ **oraison funèbre** funeral oration.

oral, e, aux [ɔʀal, o] adj **1.** [confession, déposition] verbal, oral ; [message, tradition] oral ; ENS [épreuve] oral **2.** ANAT & LING oral.

❖ **oral, aux** nm **1.** [examen - gén] oral (examination) ; [- à l'université] viva (voce) UK oral (examination) ▸ **notes d'oral** oral marks UK ou grades US / *j'ai raté l'oral de physique* I failed the physics oral **2.** ÉDUC & UNIV ▸ **l'oral** [l'expression orale] : *il n'est pas très bon à l'oral* his oral work isn't very good.

oralement [ɔʀalmɑ̃] adv orally, verbally.

oraliser [ɔʀalize] vt to say aloud.

oralité [ɔʀalite] nf **1.** [caractère oral] oral character **2.** [en psychanalyse] orality.

Oran [ɔʀɑ̃] npr Oran.

orange [ɔʀɑ̃ʒ] ◆ nf orange ▸ **orange amère / douce** bitter / sweet orange ▸ **orange sanguine** blood orange ▸ **une orange pressée** a glass of freshly squeezed orange juice / **'Orange mécanique'** *Burgess Kubrick* 'A Clockwork Orange'. ◆ nm **1.** [couleur] orange (colour) / *l'orange ne me va pas* orange doesn't suit me **2.** [sur feu de signalisation] amber UK yellow US / *le feu était à l'orange* the lights were on amber UK the light was yellow US / *passer à l'orange* to go through on amber UK to go through a yellow light US. ◆ adj inv orange, orange-coloured.

Orange [ɔʀɑ̃ʒ] npr ▸ **l'État libre d'Orange** the Orange Free State.

orangé, e [ɔʀɑ̃ʒe] adj orangey, orange-coloured.

❖ **orangé** nm orangey colour.

orangeade [ɔʀɑ̃ʒad] nf orange drink, orange squash UK

orangeat [ɔʀɑ̃ʒa] nm candied orange peel.

oranger [ɔʀɑ̃ʒe] nm orange tree ▸ **bois d'oranger** orange wood.

orangeraie [ɔʀɑ̃ʒʀɛ] nf orange grove.

orangerie [ɔʀɑ̃ʒʀi] nf **1.** [serre] orangery **2.** [plantation] orange grove.

orangette [ɔʀɑ̃ʒɛt] nf [fruit] Seville orange, bitter orange.

orangiste [ɔʀɑ̃ʒist] ◆ nmf **1.** [en Irlande du Nord] Orangeman (Orangewoman) **2.** HIST Orangist. ◆ adj Orange *(modif)*.

orang-outan(g) [ɔʀɑ̃utɑ̃] (*pl* **orangs-outans** *ou* **orangs-outangs**) nm orangutang.

orant, e [ɔʀɑ̃, ɑ̃t] nm, f praying figure, orant *spéc.*

orateur, trice [ɔʀatœʀ, tʀis] nm, f **1.** [rhétoricien] orator **2.** [gén] speaker / *c'est un excellent orateur* he is an excellent speaker.

oratoire [ɔʀatwaʀ] ◆ adj [style, talent] oratorical ▸ **passage oratoire** oration. ◆ nm **1.** [chapelle] oratory **2.** RELIG ▸ **l'Oratoire de France** the French Oratory ▸ **l'Oratoire d'Italie** the Oratory (of St. Philip Neri) ▸ **les pères de l'Oratoire** the Oratorian Fathers.

oratorien, enne [ɔʀatɔʀjɛ̃, ɛn] adj RELIG Oratorian.

❖ **oratorien** nm RELIG Oratorian.

oratorio [ɔʀatɔʀjo] nm oratorio.

orbe [ɔʀb] ◆ adj ARCHIT ▸ **mur orbe** blind wall. ◆ nm **1.** ASTRON orbit **2.** *litt* [globe] orb *litt*, globe, sphere ; [cercle] circle, coil, ring.

orbiculaire [ɔʀbikylɛʀ] ◆ adj **1.** *sout* orbicular *sout*, circular **2.** ANAT & GÉOL orbicular. ◆ nm ANAT orbicularis.

orbitaire [ɔʀbitɛʀ] adj orbital.

orbital, e, aux [ɔʀbital, o] adj orbital.

orbite [ɔʀbit] nf **1.** ANAT (eye) socket, orbit *spéc* / *il était tellement en colère que les yeux lui sortaient des orbites* *fig* he was so angry that his eyes were popping out (of their sockets) **2.** ASTRON orbit / *être sur* ou *en orbite* to be in orbit ▸ **être en orbite autour de qqch** [suj: astre, engin] to be in orbit round sthg, to orbit sthg / *satellite en orbite autour de la Terre* Earth-orbiting satellite / *le satellite est en orbite basse* the satellite is on a low orbit ▸ **mettre en** ou **placer sur orbite** to put into orbit **3.** PHYS orbital **4.** [d'une personne, d'un pays] sphere of influence, orbit.

orbiter [3] [ɔʀbite] vi to orbit ▸ **orbiter autour de** to orbit (round).

orbiteur [ɔʀbitœʀ] nm orbiter.

Orcades [ɔʀkad] npr fpl ▸ **les Orcades** the Orkney Islands, the Orkneys / *les Orcades du Sud* the South Orkney Islands.

orchestral, e, aux [ɔʀkɛstʀal, o] adj orchestral, orchestra *(modif)* ▸ **la partition orchestrale** the orchestral ou orchestra score.

orchestrateur, trice [ɔʀkɛstʀatœʀ, tʀis] nm, f orchestrator.

orchestration [ɔʀkɛstʀasjɔ̃] nf **1.** MUS orchestration **2.** [organisation] orchestration, organization.

orchestre [ɔʀkɛstʀ] nm **1.** MUS [classique] orchestra ; [de jazz] band, orchestra ▸ **grand orchestre** full orchestra ▸ **orchestre symphonique / de chambre** symphony / chamber orchestra / *orchestre de cuivres* brass band ▸ **orchestre philharmonique** philharmonic (orchestra) **2.** CINÉ & THÉÂTRE stalls UK, orchestra US / *nous sommes à l'orchestre* we have seats in the stalls **3.** ANTIQ orchestra.

orchestrer [3] [ɔʀkɛstʀe] vt **1.** MUS [composer] to orchestrate ; [adapter] to orchestrate, to score **2.** [préparer] to orchestrate, to organize / *une campagne de diffamation orchestrée par plusieurs partis* a dirty tricks campaign orchestrated by several parties.

orchidacée [ɔʀkidase] nf member of the Orchidaceae.

orchidée [ɔʀkide] nf orchid.

ordalie [ɔʀdali] nf *arch* ordeal.

ordinaire [ɔʀdinɛʀ] ◆ adj **1.** [habituel -journée] ordinary, normal ; [-procédure] usual, standard, normal ; [-comportement] ordinary, usual, customary ; [DR & POL-session] ordinary / *elle parlait avec son arrogance ordinaire* she was talking with her usual ou customary arrogance ▸ **en temps ordinaire** usually, normally ▸ **peu** ou **pas ordinaire a)** [attitude, méthode, journée] unusual **b)** [volonté] unusual, extraordinary / *nous nous sommes couchés à 22 h, rien que de très ordinaire* we went to bed at 10, nothing unusual about that / *il n'a même pas téléphoné — voilà qui n'est pas ordinaire!* he didn't even phone — that's odd ou that's not like him! **2.** [de tous les jours -habits, vaisselle] ordinary, everyday *(avant nom)* / *mets la vaisselle ordinaire, ça ira très bien* bring out the ordinary crockery, that'll do just fine **3.** COMM [qualité, modèle] standard ; [produit] ordinary **4.** [banal -cuisine, goûts] ordinary, plain ; [-gens] ordinary, common *péj* ; [-spectacle] ordinary, run-of-the-mill ; [-conversation] run-of-the-mill, commonplace / *c'est quelqu'un de très ordinaire* he's a very ordinary person / *elle mène une existence très ordinaire* she leads a very humdrum existence / *elle n'est pas ordinaire, ton histoire!* your story is certainly an unusual one! **5.** GÉOM ▸ **point ordinaire** regular point. ◆ nm **1.** [norme] ▸ **l'ordinaire** the ordinary / *voilà ce qui fait l'ordinaire de son existence* that's how he generally spends his time ▸ **sortir de l'ordinaire** to be out of the ordinary, to be unusual / *son mari sort vraiment de l'ordinaire!* her husband is one of a kind! **2.** [repas habituel] everyday ou ordinary fare / *pour améliorer l'ordinaire des soldats* in order to improve the soldiers' ordinary fare / *voulez-vous partager notre ordinaire? hum* will you share our humble repast? **3.** [essence] ≃ two-star petrol UK ; ≃ regular US **4.** MUS & RELIG ordinary **5.** MIL (company) mess.

❖ **à l'ordinaire** loc adv : *plus intéressant qu'à l'ordinaire* more interesting than usual / *comme à l'ordinaire, il arriva en retard* as usual, he turned up late.

❖ **d'ordinaire** loc adv usually, ordinarily, normally / *plus tôt que d'ordinaire* earlier than usual / *une attitude plus franche que d'ordinaire* an unusually honest attitude.

ordinairement [ɔʀdinɛʀmɑ̃] adv usually, ordinarily, normally.

ordinal, e, aux [ɔʀdinal, o] adj [adjectif, nombre] ordinal.

❖ **ordinal, aux** nm **1.** [nombre] ordinal (number) **2.** [adjectif] ordinal (adjective).

ordinateur [ɔʀdinatœʀ] nm **1.** INFORM computer ▸ **mettre qqch sur ordinateur** to computerize sthg, to put sthg on computer ▸ **ordinateur analogique / numérique** analog / digital computer ▸ **ordinateur dorsal / final** back end / front end processor ▸ **ordinateur portable / portatif** portable / laptop computer ▸ **ordinateur de bureau** desktop computer ▸ **ordinateur hôte** host computer ▸ **ordinateur individuel** ou **personnel** home ou personal computer, PC ▸ **ordinateur vectoriel** vector processor **2.** TECHNOL computer ▸ **ordinateur de bord a)** AUTO dashboard computer **b)** NAUT shipboard computer / *la vitesse a été calculée par ordinateur* the speed was calculated by computer ou computer-calculated.

ordination [ɔʀdinasjɔ̃] nf **1.** RELIG [d'un prêtre] ordination ; [consécration] consecration **2.** MATH ordering.

ordinogramme [ɔʀdinɔgʀam] nm (process) flowchart ou flow diagram.

ordonnance [ɔʀdɔnɑ̃s] ◆ nf **1.** MÉD prescription / *un médicament vendu sans ordonnance* a drug that can be bought over the counter / **'seulement sur ordonnance'** 'on prescription only' **2.** DR [loi] ordinance, statutory instrument ; [jugement] order, ruling ; [de police] (police) regulation ou order ▸ **ordonnance de non-lieu** nonsuit **3.** [disposition] organization, order, arrangement / *l'ordonnance des mots dans une phrase* the order of words in a sentence / *l'ordonnance du dîner avait été décidée un mois auparavant* they had decided a month earlier what the order of the meal would be / *je ne veux pas déranger l'ordonnance de vos papiers* I don't want to disturb your papers **4.** ARCHIT layout, disposition **5.** HIST ordinance (law), decree **6.** FIN ▸ **ordonnance de paiement** order to pay, authorization of payment **7.** MIL ▸ **revolver d'ordonnance** service pistol ▸ **officier d'ordonnance** aide-de-camp. ◆ nm ou nf *arch* (military) orderly.

ordonnancement [ɔʀdɔnɑ̃smɑ̃] nm **1.** INDUST [organisation des phases] sequencing ; [prévision des délais] timing, scheduling **2.** FIN order to pay **3.** INFORM scheduling.

ordonnancer [16] [ɔʀdɔnɑ̃se] vt **1.** *sout* [agencer] to arrange, to organize / *qui a ordonnancé la cérémonie?* who arranged the ceremony? **2.** FIN [déclarer bon à payer] to authorize **3.** INFORM to schedule.

ordonnancier [ɔʀdɔnɑ̃sje] nm prescription book ou register.

ordonnateur, trice [ɔʀdɔnatœʀ, tʀis] nm, f **1.** [organisateur] organizer / *le comité sera l'ordonnateur de la cérémonie* the committee will be in charge of ou will organize the ceremony ▸ **ordonnateur des pompes funèbres** funeral director **2.** FIN *official in charge of overseeing public expenditure.*

ordonné, e [ɔʀdɔne] adj **1.** [méthodique -personne] tidy, neat ; [-esprit] methodical, systematic **2.** [rangé -chambre] tidy, neat, orderly **3.** [régulier -existence, mode de vie] orderly, well-ordered **4.** MATH ordered.

ordonnée [ɔʀdɔne] nf MATH ordinate.

ordonner [3] [ɔʀdɔne] vt **1.** [commander -silence, attaque] to order ; MÉD [traitement, repos] to prescribe / *ils ont ordonné le secret sur l'affaire* they've ordered that the matter (should) be kept secret ▸ **ordonner à qqn de faire qqch** to order ou to command sb to do sthg ▸ **ordonner à qqn d'entrer / de sortir** to order sb in / out / *je t'ordonne de me le rendre!* I order you to give it back to me! / *qui a ordonné qu'on les fusille?* who gave orders for them to be shot? **2.** [agencer -documents] to (put in) order ; [-arguments, idées] to (put into) order, to arrange ; [-chambre] to tidy (up) ; MATH [nombres, suite] to arrange in order / *ordonner des nombres du plus petit au plus grand / du plus grand au plus petit* to list numbers in ascending / descending order **3.** RELIG to ordain.

❖ **s'ordonner** vpi [faits] to fall into order ou place / *les indices s'ordonnaient dans mon esprit* the clues began to fall into place in my mind.

ordre [ɔʀdʀ]
◆ nm

A. INSTRUCTION
B. HIÉRARCHIE, AGENCEMENT
C. CLASSIFICATION, DOMAINE

A. INSTRUCTION 1. [directive, injonction] order ; MIL order, command ▸ **c'est un ordre!** (and) that's an order! ▸ **donner un ordre a)** [parent] to give an order **b)** [officiel, policier, officier] to issue ou to give an order ▸ **donner (l')ordre de** to give the order to ▸ **donner à qqn l'ordre de faire qqch** to order sb to do sthg, to give sb the order to do sthg / *qui a donné l'ordre d'attaquer?* who gave the order to attack?, who ordered the attack? ▸ **donner des ordres à qqn a)** *pr* to give sb orders / *il aime bien donner des ordres* he likes giving orders **b)** *fig* to order sb around / *je n'aime pas qu'on me donne des ordres* I don't like being ordered around ▸ **recevoir des ordres a)** *pr* to receive ou to take orders **b)** *fig* to be ordered around / *je n'aime pas recevoir d'ordres!* I don't like to be ordered around! ▸ **recevoir l'ordre de faire qqch** to be ordered ou to receive the order to do sthg / *j'ai reçu l'ordre formel de ne pas le déranger* I've been formally instructed not to disturb him ▸ **par** ou **sur ordre de** by order of, on the orders of ▸ **être sous les ordres de qqn** to be under sb's command ▸ **être aux ordres de qqn** to take orders from sb / *je ne suis pas à tes ordres!* I'm not at your beck and call! ▸ **ordre d'appel** MIL call-up papers UK, draft notice US ▸ **ordre d'exécution** death warrant ▸ **ordre de grève** strike call ▸ **ordre d'incorporation** draft card ▸ **ordre de mission** MIL orders (for a mission) ▸ **ordre de route** MIL marching orders ▸ **à vos ordres!** *hum ou* MIL yes, Sir! **2.** BANQUE & BOURSE ▸ **à l'ordre de** payable to, to the order of / *chèque à mon ordre* cheque made out ou payable to me / *c'est à quel ordre?* who shall I make it payable to? ▸ **ordre d'achat / de vente** order to buy / to sell ▸ **ordre de paiement / virement** order to pay / to transfer ▸ **ordre de Bourse** ≃ Stock Exchange order UK.

B. HIÉRARCHIE, AGENCEMENT 1. [succession] order, sequence / *l'ordre des mots dans la phrase* the word order in the sentence ▸ **par ordre d'arrivée / de grandeur / d'importance** in order of arrival / size / importance ▸ **par ordre chronologique / croissant / décroissant** in chronological / ascending / descending order ▸ **en ordre de bataille / marche** MIL in battle / marching order ▸ **en ordre dispersé / serré** MIL in extended / close order ▸ **ordre d'allumage** AUTO firing sequence ▸ **par ordre alphabétique** : *noms classés par ordre alphabétique* names filed in alphabetical order ▸ **par ordre d'apparition à l'écran** in order of appearance ▸ **par ordre d'entrée en scène** in order of appearance ▸ **par ordre de préséance** in order of precedence ▸ **ordre de succession** DR intestate succession **2.** [rangement] tidiness, orderliness, neatness / *j'aimerais qu'il y ait un peu plus d'ordre dans ta chambre* I'd like to see your room a little tidier / *attends, j'essaie de mettre de l'ordre dans mes cartes* wait a minute, I'm trying to tidy up ou to order my cards ▸ **sans ordre** [maison, personne] untidy / *la pièce était en ordre* the room was tidy ▸ **mettre qqch en ordre** to put sthg in order / *mets tes vêtements en ordre* sort out your clothes ▸ **remettre qqch en ordre** to tidy sthg up / *tenir une maison en ordre* to keep a house tidy ; [sens du rangement] ▸ **avoir de l'ordre** to be tidy / *manquer* ou *ne pas avoir d'ordre* to be untidy ▸ **manque d'ordre** untidiness **3.** [organisation méthodique -de documents] order / *mettre en ordre, mettre de l'ordre dans* [documents, comptabilité] to set in order, to tidy up *(sép)* / *mettre de l'ordre dans ses idées* to order one's ideas / *mettre ses affaires en ordre* [avant de mourir] to settle one's affairs, to put one's affairs in order / *il a laissé ses papiers / comptes en ordre avant de partir* he left his papers / accounts in order before leaving / *remettre de l'ordre dans sa vie* to sort out one's life ▸ **mettre bon ordre à qqch** to sort sthg out / *il abuse de vous, vous devez y mettre bon ordre* he's taking advantage of you, you must sort that out **4.** [discipline sociale] ▸ **l'ordre** order / *faire régner l'ordre* to keep ou maintain order ▸ **rappeler qqn**

à l'ordre to call sb to order ▸ **se faire rappeler à l'ordre a)** [dans une assemblée] to be called to order **b)** [dans une classe] to get told off / *la police est chargée du maintien de l'ordre* it's the police's job to keep law and order ▸ **l'ordre établi** the established order ▸ **l'ordre public** public order, law and order ▸ **rentrer dans l'ordre** : *puis tout est rentré dans l'ordre* then order was restored, then everything went back to normal.

C. CLASSIFICATION, DOMAINE 1. RELIG order ▸ **l'ordre des Dominicains** / **Capucins** RELIG the order of Dominicans / Capuchins ▸ **les ordres mineurs** / **majeurs** RELIG the minor / major orders ▸ **les ordres mendiants** the mendicant orders ▸ **les ordres monastiques** the monastic orders ▸ **les saints ordres** the holy orders ▸ **entrer dans les ordres** RELIG to take (holy) orders **2.** [confrérie] ▸ **l'ordre des avocats** ≃ the Bar UK ; ≃ the Bar Association US ▸ **l'ordre des médecins** ≃ the British Medical Association UK ; ≃ the American Medical Association ▸ **les ordres de chevalerie** the orders of knighthood ▸ **l'ordre d'Orange** the Orange Order ▸ **les trois ordres** HIST the three orders **3.** [association honorifique] ▸ **l'ordre des Arts et des Lettres** *order for high literary or artistic achievement* ▸ **l'ordre de la Jarretière** the Order of the Garter ▸ **l'ordre national du Mérite** *the French Order of Merit* ▸ **l'ordre des Palmes académiques** *order for high academic achievement* **4.** [nature, sorte] nature, order / *des problèmes d'ordre professionnel* problems of a professional nature / *mes raisons sont d'ordre différent* my reasons are of a different order / *dans le même ordre d'idées* similarly / *dans un autre ordre d'idées* in another connection ▸ **du même ordre** [proposition, responsabilités] similar, of the same nature / *pour un salaire du même ordre* for a similar salary ▸ **de l'ordre de** in the region ou order of / *une augmentation de 5 % ? — oui, de cet ordre* a 5% rise? — yes, roughly ou in that region ▸ **donner un ordre de grandeur** to give a rough estimate ▸ **du même ordre de grandeur** : *des sommes du même ordre de grandeur* sums of the same order, similar sums of money ▸ **c'est dans l'ordre des choses** it's in the order ou nature of things **5.** ARCHIT & BIOL order ▸ **ordre attique** / **dorique** / **ionique** Attic / Doric / Ionic order.

❖ **de dernier ordre** loc adj third-rate.

❖ **de premier ordre** loc adj first-rate.

❖ **de second ordre** loc adj [question] of secondary importance ; [artiste, personnalité] second-rate.

❖ **ordre du jour** nm **1.** [d'un comité] agenda ▸ **être à l'ordre du jour a)** *pr* to be on the agenda **b)** *fig* to be in the news ▸ **mettre qqch à l'ordre du jour** to put ou to place sthg on the agenda **2.** MIL general orders, order of the day / *cité à l'ordre du jour* mentioned in dispatches.

ordré, e [ɔʀdʀe] adj SUISSE [ordonné] tidy, orderly, neat.

ordure [ɔʀdyʀ] nf **1.** *tfam* [personne abjecte] ▸ **ordure!** bastard! / *tu n'es qu'une ordure!* you bastard! **2.** *litt* [fange] ▸ **l'ordure** filth, mire *litt.*

❖ **ordures** nfpl **1.** [déchets] refuse *(U)*, rubbish UK *(U)*, garbage US *(U)* / *ramasser les ordures* to collect the garbage ou rubbish / *vider les ordures* to empty (out) the rubbish ▸ **jeter** ou **mettre qqch aux ordures** to throw sthg into the rubbish bin UK ou garbage can US / *c'est bon à mettre aux ordures!* it's fit for the dustbin! / *mets-le aux ordures* put it in the dustbin, throw it away ▸ **ordures ménagères** household refuse **2.** [excréments] dirt *(U)*, filth *(U)* **3.** *fam* [obscénités] obscenities, filth *(U)* / *elle ne dit que des ordures* she always uses filthy language ▸ **dire** / **écrire des ordures sur qqn** to talk / to write filth about sb.

ordurier, ère [ɔʀdyʀje, ɛʀ] adj foul, filthy, obscene.

orée [ɔʀe] nf edge / *à l'orée du bois* on the edge of the wood.

Oregon [ɔʀegɔ̃] npr m ▸ **l'Oregon** Oregon.

oreillard, e [ɔʀɛjaʀ, aʀd] adj long-eared.

❖ **oreillard** nm **1.** [chauve-souris] long-eared bat **2.** [lièvre, âne, etc.] long-eared animal.

oreille [ɔʀɛj] nf **1.** ANAT & ZOOL ear ▸ **j'ai mal aux oreilles** I've got earache, my ears are hurting / *avoir les oreilles décollées* to have protruding ou sticking-out ears / *avoir les oreilles en feuille de chou* to have cauliflower ears / *avoir les oreilles qui bourdonnent* ou *des bourdonnements d'oreille* to have a buzzing in the ears / *elle n'entend pas de l'oreille gauche* she's deaf in the left ear ▸ **oreille interne** / **moyenne** inner / middle ear ▸ **oreille externe** outer ou external ear ▸ **les oreilles ont dû lui siffler** *fig & hum* his ears must have been burning ▸ **l'oreille basse** : *elle est repartie l'oreille basse* she left with her tail between her legs ▸ **frotter les oreilles à qqn** to box sb's ears ▸ **montrer le bout de l'oreille** to show (o.s. in) one's true colours ▸ **tirer les oreilles à qqn a)** *pr* to pull sb's ears **b)** [réprimander] to tell sb off ▸ **se faire tirer l'oreille** *fig* to need a lot of persuading / *il ne s'est pas fait tirer l'oreille pour accepter* he didn't have to be asked twice ou to have his arm twisted before saying yes **2.** [ouïe] (sense of) hearing / *avoir l'oreille fine* to have an acute sense of hearing ▸ **avoir de l'oreille** ou **l'oreille musicale** to have a good ear for music ▸ **avoir l'oreille absolue** to have perfect pitch **3.** [pour écouter] ear / *écouter une conversation d'une oreille distraite* to listen to a conversation with only half an ear / *écouter de toutes ses oreilles, être tout oreilles* to be all ears / *ouvrir ses oreilles toutes grandes* to listen very carefully / *ouvrez bien vos oreilles!* listen very carefully! ▸ **venir** ou **parvenir aux oreilles de qqn** to come to ou to reach sb's ears / *l'histoire étant parvenue à mes oreilles, je lui téléphonai* when I got wind of the story, I called her ▸ **rentrer par une oreille et sortir par l'autre** *fam* : *ça rentre par une oreille et ça sort par l'autre* it goes in one ear and out the other ▸ **ne pas tomber dans l'oreille d'un sourd** : *ce n'est pas tombé dans l'oreille d'un sourd!* it hasn't fallen on deaf ears! **4.** TECHNOL [d'une cocotte] handle ; [d'un écrou] wing ▸ **fauteuil à oreilles** wing chair.

oreille-de-mer [ɔʀɛjdəmɛʀ] (*pl* **oreilles-de-mer**) nf earshell, haliotis *spéc.*

oreiller [ɔʀɛje] nm pillow.

oreillette [ɔʀɛjɛt] nf **1.** ANAT auricle **2.** [de casquette] ear-flap **3.** [de baladeur, téléphone portable] earphone.

oreillon [ɔʀɛjɔ̃] nm **1.** ARCHÉOL ear-piece, cheek-piece **2.** ZOOL tragus.

❖ **oreillons** nmpl MÉD mumps / *avoir les oreillons* to have (the) mumps.

Orénoque [ɔʀenɔk] npr m ▸ **l'Orénoque** the Orinoco.

ores [ɔʀ] ❖ **d'ores et déjà** loc adv already.

Oreste [ɔʀɛst] npr Orestes.

orfèvre [ɔʀfɛvʀ] nmf **1.** [artisan qui travaille - l'or] goldsmith ; [- l'argent] silversmith **2.** EXPR **être orfèvre en la matière** to be an expert.

orfèvrerie [ɔʀfɛvʀəʀi] nf **1.** [métier - de l'or] goldsmithing, gold work ; [- de l'argent] silversmithing, silver work ▸ **l'orfèvrerie a)** [en or] gold plate **b)** [en argent] silver plate **2.** [boutique - d'objets d'or] goldsmith's shop UK ou store US ; [- d'objets d'argent] silversmith's shop UK ou store US.

orfraie [ɔʀfʀɛ] nf white-tailed eagle.

organdi [ɔʀgɑ̃di] nm organdie / *en organdi* ou *d'organdi* organdie *(modif).*

organe [ɔʀgan] nm **1.** ANAT organ ▸ **organes génitaux** ou **sexuels** genitals, genitalia ▸ **organes vocaux** ou **de la parole** speech ou vocal organs ▸ **organe cible** MÉD receptor ▸ **organes des sens** sense organs **2.** *sout* [voix] voice / *avoir un bel organe* to have a fine voice **3.** TECHNOL part, component ▸ **organes de commande** controls ▸ **organes de transmission** transmission system **4.** [institution] organ ▸ **les organes de l'État** the apparatus of the state ▸ **organe de presse** newspaper, publication ▸ **les organes de presse** the press **5.** [porte-parole, publication] mouthpiece, organ / *l'organe officiel du parti* the official organ ou mouthpiece of the party **6.** [instrument] medium, vehicle.

organeau [ɔʀgano] nm **1.** [sur un quai] mooring ring **2.** [sur une ancre] anchor ring.

organicien, enne [ɔʀganisjɛ̃, ɛn] nm, f organic chemist.

organicisme [ɔʀganisism] nm organicism.

organiciste [ɔʀganisist] adj & nmf organicist.

organigramme [ɔʀganigʀam] nm **1.** [structure] organization chart **2.** INFORM [de programmation] flow chart ou diagram.

organique [ɔʀganik] adj organic.

organiquement [ɔʀganikmɑ̃] adv organically.

organisable [ɔʀganizabl] adj organizable.

organisateur, trice [ɔʀganizatœʀ, tʀis] ◆ adj BIOL organizing *(avant nom).* ◆ nm, f organizer ; [campagne électorale] ▸ **organisateur de la publicité** campaign organizer UK, advance man US.

❖ **organisateur** nm BIOL ▸ **organisateur nucléolaire** nucleolar organizer.

organisateur-conseil [ɔʀganizatœʀkɔ̃sɛj] (*pl* **organisateurs-conseils**) nm management consultant.

organisation [ɔʀganizasjɔ̃] nf **1.** [organisme] organization ▸ **organisation internationale** international organization ou agency ▸ **organisation non gouvernementale** nongovernmental organization ▸ **organisation patronale** employers' organization ou association ▸ **organisation syndicale** trade union ▸ **organisation de travailleurs** workers' organization / *l'Organisation mondiale de la santé* the World Health Organization **2.** [mise sur pied - d'une fête, d'une réunion, d'un service] organization ; [- d'une manifestation] organization, staging ; [- d'un attentat] organization, planning / *l'organisation du temps de travail* the organization of working hours **3.** [structure - d'un discours, d'une association, d'un système] organization, structure ; [- du travail] organization **4.** [méthode] organization / *avoir de l'organisation* to be organized / *ne pas avoir d'organisation* to be disorganized.

organisationnel, elle [ɔʀganizasjɔnɛl] adj organizational.

organisé, e [ɔʀganize] adj **1.** [regroupé - consommateurs, groupe] organized **2.** [aménagé] : *bien* / *mal organisé* well- / badly-organized **3.** [méthodique - personne] organized, well-organized, methodical **4.** BIOL ▸ **êtres organisés** organisms.

organiser [3] [ɔʀganize] vt **1.** [mettre sur pied - gén] to organize ; MIL [attaque] to plan **2.** [agencer - association, journée, tâche] to organize / *le service est organisé en plusieurs sections* the department is organized into several divisions / *j'ai organisé mon emploi du temps de façon à pouvoir partir plus tôt* I've organized ou arranged my schedule so that I can leave earlier.

❖ **s'organiser** ◆ vp *(emploi passif)* [se préparer] to be planned / *un voyage, ça s'organise longtemps à l'avance* trips have to be organized ou planned well in advance. ◆ vpi [personne] to get (o.s.) organized, to organize o.s. ▸ **il suffit de s'organiser** all you need is some organization / *la société s'est vite organisée en classes sociales* society rapidly became organized into social classes.

organiseur [ɔʀganizœʀ] nm **1.** [agenda] personal organizer, Filofax® **2.** [agenda électronique] electronic organizer.

organisme [ɔʀganism] nm **1.** BIOL [animal, végétal] organism ; [humain] body, organism ▸ **les réactions de l'organisme** bodily reactions ▸ **c'est mauvais pour l'organisme** it's bad for your health ou for you ▸ **organisme génétiquement modifié** genetically modified organism **2.** [institut] organism, body ▸ **organisme de charité** charity (organization) ▸ **organisme de crédit** credit institution ▸ **organisme de formation** training institute ▸ **organisme de gestion** management body ▸ **organisme de recherche** research organisation.

organiste [ɔʀganist] nmf organist.

organite [ɔʀganit] nm organelle.

organogenèse [ɔʀganɔʒənɛz] nf organogenesis.

organomagnésien, enne [ɔʀganɔmaɲezjɛ̃, ɛn] adj organomagnesium *(modif)*.
❖ **organomagnésien** nm organomagnesium compound.

organométallique [ɔʀganɔmetalik] ◆ adj organometallic. ◆ nm organometallic compound.

organza [ɔʀgɑ̃za] nm organza.

orgasme [ɔʀgasm] nm orgasm.

orgasmique [ɔʀgasmik], **orgastique** [ɔʀgastik] adj orgasmic.

orge [ɔʀʒ] ◆ nf barley. ◆ nm barley ▸ **orge mondé / perlé** hulled / pearl barley.

orgeat [ɔʀʒa] nm orgeat.

orgelet [ɔʀʒəlɛ] nm sty, stye.

orgiaque [ɔʀʒjak] adj orgiastic.

orgie [ɔʀʒi] nf **1.** ANTIQ orgy **2.** *fig* : *faire une orgie d'huîtres* to have a surfeit of oysters **3.** [débauche] orgy / *faire une orgie* to have an orgy **4.** *sout* [abondance] riot, profusion / *une orgie de roses* a profusion of roses / *une orgie de bleus et de rouges* a riot of blues and reds.

orgue [ɔʀg] nm **1.** MUS organ ▸ **tenir l'orgue** to be at the organ / *jouer de l'orgue* to play the organ ▸ **orgue électrique / électronique / de chœur** electric / electronic / choir organ ▸ **orgue de Barbarie** barrel organ ▸ **orgue à plein jeu** full organ ▸ **buffet d'orgue** organ case ▸ **grand orgue** great organ ▸ **point d'orgue** pause **2.** ARM ▸ **orgues de Staline** Katyusha **3.** ZOOL ▸ **orgue de mer** organ-pipe coral, tubipore.
❖ **orgues** nfpl **1.** MUS organ ▸ **les grandes orgues de la cathédrale** the great organ of the cathedral ▸ **faire donner les grandes orgues** *fig* to be pompous **2.** GÉOL columnar structure ou structures.

orgueil [ɔʀgœj] nm **1.** [fierté] pride **2.** [amour-propre] pride / *il a trop d'orgueil pour faire des excuses* he's too proud ou he has too much pride to apologize / *c'est de l'orgueil mal placé* it's just misplaced pride / *gonflé* ou *bouffi d'orgueil* puffed up ou bursting with pride **3.** [sujet de fierté] pride / *j'étais l'orgueil de ma mère* I was my mother's pride and joy / *le «Nautilus», l'orgueil de la flotte* the "Nautilus", the pride of the fleet.

orgueilleusement [ɔʀgœjøzmɑ̃] adv **1.** [avec arrogance] proudly, arrogantly **2.** [avec fierté] proudly.

orgueilleux, euse [ɔʀgœjø, øz] ◆ adj **1.** [arrogant] conceited, arrogant **2.** [fier - personne] proud **3.** *litt* [majestueux - démarche, navire] proud. ◆ nm, f **1.** [prétentieux] arrogant ou conceited person **2.** [fier] proud person.

orient [ɔʀjɑ̃] nm **1.** [est] east, orient *litt* ▸ **parfum / tapis d'Orient** oriental scent / carpet **2.** GÉOGR ▸ **l'Orient** the East ou Orient *litt* **3.** [d'une perle] orient **4.** ▸ **le Grand Orient** [maçonnique] the Grand Orient.

orientable [ɔʀjɑ̃tabl] adj **1.** [antenne, rétroviseur] adjustable **2.** [lampe] rotating, swivel *(modif)*.

oriental, e, aux [ɔʀjɑ̃tal, o] ◆ adj **1.** GÉOGR eastern, east *(modif)* ▸ **la plaine orientale** the eastern plain **2.** [de l'Orient - art, cuisine, civilisation] oriental, eastern. ◆ nm, f Oriental, Easterner.
❖ **à l'orientale** loc adv in the oriental style.

orientalisme [ɔʀjɑ̃talism] nm orientalism.

orientaliste [ɔʀjɑ̃talist] adj & nmf orientalist.

orientation [ɔʀjɑ̃tasjɔ̃] nf **1.** [direction - d'une enquête, de recherches] direction, orientation ; [- d'un mouvement] orientation / *l'orientation de notre entreprise doit changer* our firm must adopt a new outlook ▸ **orientation politique a)** [d'un journal, d'une personne] political leanings ou tendencies **b)** [d'un parti] political direction **2.** [conseil - pour des études] academic counselling ; [vers un métier] careers guidance ; [direction - des études] course ; [- du métier] career ▸ **orientation professionnelle** careers advice ou guidance **3.** [position - d'une antenne] direction ; [- d'un édifice] / *l'orientation plein sud de l'appartement est ce qui le rend agréable* what makes the flat so pleasant to live in is the fact that it faces due south ; [positionnement - d'un faisceau, d'une lampe] directing ; [- d'un rétroviseur] adjustment **4.** [aptitude] : *avoir le sens de l'orientation* to have a good sense of direction ▸ **parcours d'orientation** orienteering course **5.** ASTRONAUT attitude **6.** BIOL orientation **7.** NAUT set, trim **8.** MATH orientation.

orienté, e [ɔʀjɑ̃te] adj **1.** [positionné] ▸ **orienté à l'ouest a)** [édifice] facing west, with a western aspect **b)** [radar] directed towards the west ▸ **local bien / mal orienté** well- / badly-positioned premises **2.** [idéologiquement - discours, journal] biased, slanted / *analyse orientée à droite* analysis with a right-wing bias **3.** ENS : *élève bien / mal orienté* pupil who has taken the right / wrong academic advice **4.** MATH ▸ **segment orienté** directed segment ▸ **surface orientée** oriented surface **5.** GÉOGR [carte] orientated.

orientement [ɔʀjɑ̃tmɑ̃] nm NAUT bearing.

orienter [3] [ɔʀjɑ̃te] vt **1.** [antenne, haut-parleur, spot] to direct, to turn, to point ; [rétroviseur] to adjust, to position ; [plante] to position ▸ **orienter un faisceau vers qqch** to direct a beam towards sthg / *orientez votre tente à l'est* pitch your tent so that it faces east / *oriente ton flash vers le plafond* point ou turn your flashlight towards the ceiling / *la chambre est orientée plein nord* the bedroom faces due north **2.** [mettre sur une voie] ▸ **orienter vers a)** [enquête, recherches] to direct ou to orientate towards **b)** [discussion] to turn round to **c)** [passant] to direct to / *on l'a orienté vers un spécialiste* he was referred to a specialist / *il m'a demandé où était la gare mais je l'ai mal orienté* he asked where the station was, but I misdirected him / *orienter ses études vers qqch* to direct one's studies towards sthg / *elle a été orientée vers une école technique* she was advised to go to a technical school **3.** [rendre partial - discours] to give a bias ou slant to / *ses cours sont politiquement orientés* her lectures are coloured by her political convictions **4.** [carte, plan] to orientate **5.** MATH to orient **6.** NAUT [voiles] to trim.
❖ **s'orienter** vpi [se repérer] to take one's bearings / *j'ai toujours du mal à m'orienter* I've got no sense of direction / *s'orienter sur l'étoile polaire* to take one's bearings from the polar star.
❖ **s'orienter vers** vp + prép [suj : enquête, recherches] to be directed towards ou toward US ; [suj : discussion] to turn round to ; [suj : parti, entreprise] to move towards ou toward US ; [suj : étudiant] to turn to / *il s'oriente vers une carrière commerciale* he's got his sights set on a career in sales.

orienteur, euse [ɔʀjɑ̃tœʀ, øz] nm, f **1.** ENS academic counsellor **2.** [conseiller professionnel] careers adviser, careers guidance officer.
❖ **orienteur** adj m ▸ **officier orienteur** pathfinder.

orifice [ɔʀifis] nm **1.** [ouverture] hole, opening **2.** ANAT orifice **3.** AUTO ▸ **orifice d'admission** intake port ▸ **orifice de remplissage** filling hole.

oriflamme [ɔʀiflam] nf **1.** [bannière d'apparat] banner, standard **2.** HIST oriflamme ▸ **l'oriflamme** [de Saint-Denis] the sacred red banner of (the abbey of) Saint-Denis.

origami [ɔʀigami] nm origami.

origan [ɔʀigɑ̃] nm oregano.

originaire [ɔʀiʒinɛʀ] adj **1.** [natif] ▸ **être originaire de** to originate from / *ma mère est originaire de Paris* my mother was born in ou comes from Paris / *il est originaire de la Martinique* he's from Martinique ▸ **animal / fruit / plante originaire des pays tropicaux** animal / fruit / plant native to tropical countries **2.** [originel] innate, inherent.

originairement [ɔʀiʒinɛʀmɑ̃] adv originally, at first.

original, e, aux [ɔʀiʒinal, o] ◆ adj **1.** [nouveau - architecture, idée, système] original, novel ; [- cadeau, film, style, personne] original / *il n'y a rien d'original dans son dernier roman* there's nothing original in his latest novel **2.** [excentrique - personne] odd, eccentric / *le moins qu'on puisse dire, c'est qu'elle est originale !* she's a bit eccentric, to say the least ! **3.** [d'origine - document, manuscrit] original. ◆ nm, f [excentrique] eccentric, character.

❖ **original, aux** nm **1.** [d'une œuvre] original ; [d'un document] original ou master (copy) ; [d'un texte] top copy, original ; [d'un objet, d'un personnage] original / *il ne possède que des originaux* he owns only original works of art **2.** [texte à traduire] original / *je préfère presque la traduction à l'original* I like the translation almost more than the original.

> ⚠ Attention, l'adjectif anglais **original** ne peut être employé pour traduire original au sens d'« excentrique ».

originalement [ɔʀiʒinalmɑ̃] adv [de façon nouvelle] originally, in an original ou novel way.

originalité [ɔʀiʒinalite] nf **1.** [caractère] originality, novelty / *cet artiste manque d'originalité* there is nothing new ou original in this artist's work ; [extravagance] eccentricity / *ses originalités la mettaient au ban de notre petite société* her strange ou odd ways excluded her from our little group **2.** [nouveauté] original feature / *cette robe est une des originalités de notre collection* this dress is one of the outstanding features of our collection.

origine [ɔʀiʒin] nf **1.** [cause première - d'un feu, d'une maladie, d'une querelle] origin / *si nous remontons à l'origine du scandale* if we go back to the origin of the scandal / *avoir son origine dans, tirer son origine de* to have one's origins in, to originate in ▸ **avoir qqch pour origine** to be caused by sthg / *la guerre a-t-elle eu pour origine l'assassinat de l'archiduc ?* was the archduke's assassination the cause of the war ? / *être à l'origine d'un projet de loi* [personne] to be behind a bill / *ces erreurs judiciaires ont été à l'origine du projet de loi* these miscarriages of justice were the impetus for the bill ▸ **être à l'origine d'une querelle a)** [personne] to be behind ou to be the cause of an argument **b)** [malentendu] to be at the origin ou root of an argument ▸ **symptômes d'origine cardiaque** symptoms due to heart problems **2.** [début] origin, beginning / *les origines de la civilisation* the origins of civilization / *les vêtements, des origines à nos jours* [dans un livre, un musée] clothes, from their origins to the present day ▸ **dès l'origine** from the (very) beginning, from the outset / *dès l'origine, il y eut un malentendu* there was a misunderstanding right from the very start / *le travail du bronze, dès l'origine, fut ornemental* bronze-working had a decorative function from its inception / **'De l'origine des espèces par voie de sélection naturelle'** *Darwin* '(On) The Origin of Species (by Means of Natural Selection)' **3.** [provenance - d'un terme] origin, root ; [- d'un produit manufacturé] origin / *la police connaît l'origine des appels* the police know who made the calls / *quelle est l'origine de ces pêches ?* where are these peaches from ? ▸ **graisse d'origine animale** animal fat ▸ **graisse d'origine végétale** vegetable oil **4.** [d'une personne] origin / *il ne sait rien de ses origines* he doesn't know anything about his origins ou where he comes from / *elle fait remonter ses origines à Louis-Philippe* she traces her origins back to Louis-Philippe ▸ **d'origine modeste** of humble origin ou birth ▸ **d'origine espagnole** of Spanish origin **5.** DR ▸ **origine de propriété** vendor's title **6.** GÉOM origin.
❖ **à l'origine** loc adv originally, initially, at the beginning / *à l'origine, je voulais écrire une chanson* I started off intending to ou originally I wanted to write a song / *à l'origine, le projet était bénévole* it was a voluntary project to begin with.
❖ **d'origine** loc adj [pays] of origin ; [couleur, emballage, nom, monnaie] original / *ma voiture a encore son moteur d'origine* my car has still got its original engine.

originel, elle [ɔʀiʒinɛl] adj **1.** [primitif - innocence] original **2.** RELIG original **3.** [premier] original / *sens originel d'un mot* original ou primary meaning of a word.

originellement [ɔʀiʒinɛlmɑ̃] adv [dès l'origine] from the (very) start ou beginning, from the outset ; [à l'origine] originally, at first.

orignal, aux [ɔʀiɲal, o] nm moose.

Orion [ɔʀjɔ̃] npr Orion.

oripeaux [ɔʀipo] nmpl *litt* [vêtements] tawdry rags.

ORL ◆ nmf (abr de **oto-rhino-laryngologiste**) ENT specialist. ◆ nf (abr de **oto-rhino-laryngologie**) ENT.

orléanais, e [ɔʀleanɛ, ɛz] adj from Orléans.
❖ **Orléanais, e** nm, f *inhabitant of or person from Orléans.*

orléaniste [ɔʀleanist] adj & nmf Orleanist.

Orléans [ɔʀleɑ̃] npr Orléans.

Orlon® [ɔʀlɔ̃] nm Orlon.

Orly [ɔʀli] npr [aéroport] Orly (airport).

ormaie [ɔʀmɛ] nf elm grove.

orme [ɔʀm] nm elm (tree) ▸ **orme blanc** wych elm / *maladie des ormes* Dutch elm disease.

ormeau [ɔʀmo] nm **1.** BOT young elm (tree) **2.** ZOOL earshell, haliotis *spéc.*

ormoie [ɔʀmwa] = **ormaie.**

Ormuz [ɔʀmuz] npr ⟶ **Hormuz.**

orne [ɔʀn] nm flowering ash (tree).

ornement [ɔʀnəmɑ̃] nm **1.** [objet] ornament **2.** ART embellishment, adornment ▸ **sans ornement** plain, unadorned / *architecture surchargée d'ornements* ornate architecture / *plafonds riches en ornements* ceilings rich in ornament ou ornamentation **3.** HÉRALD & MUS ornament **4.** RELIG ▸ **ornements sacerdotaux** vestments.
❖ **d'ornement** loc adj [plantes, poupée] ornamental.

ornemental, e, aux [ɔʀnəmɑ̃tal, o] adj [motif] ornamental, decorative ; [plante] ornamental.

ornementation [ɔʀnəmɑ̃tasjɔ̃] nf ornamentation.

ornementer [3] [ɔʀnəmɑ̃te] vt *sout* to ornament ▸ **ornementer qqch de** ou **avec** to ornament ou to decorate sthg with.

orner [3] [ɔʀne] vt **1.** [décorer -suj: personne] to decorate ; [suj: dessin, plante, ruban] to adorn, to decorate, to embellish / *des bouquets ornaient la table* the table was decorated with bunches of flowers ▸ **orner avec** ou **de** to decorate with / *sa chambre était ornée de trophées de guerre* his room was adorned ou decorated with war trophies / *orner une robe de dentelle* to trim a dress with lace / *couloir orné de drapeaux* corridor decked out ou hung with flags / *sabre orné de joyaux* sword set with jewels **2.** [enjoliver -texte] to embellish ; [-vérité] to adorn, to embellish / *orner son esprit litt* to enrich one's mind.

ornière [ɔʀnjɛʀ] nf **1.** [trou] rut / *une route pleine d'ornières* a rutted road, a road full of potholes **2.** [routine] ▸ **suivre l'ornière** to get into a rut ▸ **sortir de l'ornière** to get out of a rut **3.** [impasse] ▸ **tirer qqn de l'ornière** to help sb out of a difficulty ▸ **sortir de l'ornière** to get o.s. out of trouble **4.** RAIL groove.

ornithologie [ɔʀnitɔlɔʒi] nf ornithology.

ornithologique [ɔʀnitɔlɔʒik] adj ornithological.

ornithologiste [ɔʀnitɔlɔʒist], **ornithologue** [ɔʀnitɔlɔg] nmf ornithologist.

ornithorynque [ɔʀnitɔʀɛ̃k] nm duck-billed platypus, ornithorynchus *spéc.*

orogenèse [ɔʀɔʒənɛz], **orogénie** [ɔʀɔʒeni] nf orogenesis, orogeny.

orogénique [ɔʀɔʒenik] adj orogenic, orogenetic.

orographie [ɔʀɔgʀafi] nf orography.

orographique [ɔʀɔgʀafik] adj orographic.

oronge [ɔʀɔ̃ʒ] nf Caesar's mushroom ▸ **fausse oronge** fly agaric.

oropharynx [ɔʀɔfaʀɛ̃ks] nm oropharynx.

orpailleur [ɔʀpajœʀ] nm gold washer.

Orphée [ɔʀfe] npr Orpheus.

orphelin, e [ɔʀfəlɛ̃, in] ◆ adj **1.** [enfant] orphan *(modif)*, orphaned ▸ **être orphelin de père** to be fatherless, to have lost one's father / *les enfants orphelins de mère* motherless children / *être orphelin de père et de mère* to have lost both one's parents, to be an orphan **2.** TYPO ▸ **ligne orpheline** orphan. ◆ nm, f orphan.

orphelinat [ɔʀfəlina] nm [bâtiment] orphanage ; [personnes] orphans.

orphéon [ɔʀfeɔ̃] nm [chœur -d'hommes] male choir ; [-d'enfants] (mixed) children's choir.

orphéoniste [ɔʀfeɔnist] nmf [chanteur -adulte] male singer ou chorister ; [-enfant] (little) chorister.

orphie [ɔʀfi] nf ZOOL garfish.

orphique [ɔʀfik] adj Orphic.

orphisme [ɔʀfism] nm **1.** ANTIQ Orphism **2.** ART *style of avant-garde painting parallel to cubism and making use of strongly contrasting colours (e.g. the paintings of Delaunay and Kandinsky).*

orpiment [ɔʀpimɑ̃] nm orpiment.

orque [ɔʀk] nf killer whale.

Orsay [ɔʀsɛ] npr ▸ **le musée d'Orsay** *art museum in Paris.*

ORSEC, Orsec [ɔʀsɛk] (abr de **organisation des secours**) adj ▸ **plan ORSEC** *disaster contingency plan* ▸ **plan ORSEC-Rad** *disaster contingency plan in case of nuclear accident.*

 **Le plan ORSEC**

This plan is set in motion whenever there is a major disaster in France, such as flooding or forest fires.

orteil [ɔʀtɛj] nm toe ▸ **gros orteil** big toe.

ORTF (abr de **Office de radiodiffusion télévision française**) npr m *former French broadcasting corporation.*

orthocentre [ɔʀtɔsɑ̃tʀ] nm orthocentre.

orthochromatique [ɔʀtɔkʀɔmatik] adj orthochromatic.

orthodontie [ɔʀtɔdɔ̃si] nf orthodontics *(U)*, dental orthopedics *(U)*.

orthodontique [ɔʀtɔdɔ̃tik] adj orthodontic.

orthodontiste [ɔʀtɔdɔ̃tist] nmf orthodontist.

orthodoxe [ɔʀtɔdɔks] ◆ adj **1.** RELIG Orthodox **2.** *fig* [méthode, pratique] orthodox / *pas très* ou *peu orthodoxe* rather unorthodox. ◆ nmf **1.** RELIG member of the Orthodox church ▸ **les orthodoxes** the Orthodox **2.** [disciple] : *les orthodoxes de...* the orthodox followers of...

orthodoxie [ɔʀtɔdɔksi] nf orthodoxy ▸ **l'orthodoxie marxiste** marxist orthodoxy.

orthodromie [ɔʀtɔdʀɔmi] nf orthodromy.

orthogenèse [ɔʀtɔʒənɛz] nf BIOL orthogenesis.

orthogénie [ɔʀtɔʒeni] nf birth control.

orthogénique [ɔʀtɔʒenik] adj orthogenic.

orthogonal, e, aux [ɔʀtɔgɔnal, o] adj orthogonal.

orthogonalement [ɔʀtɔgɔnalmɑ̃] adv orthogonally, at right angles.

orthogonalité [ɔʀtɔgɔnalite] nf orthogonality.

orthographe [ɔʀtɔgʀaf] nf [graphie] spelling ; [règles] spelling system, orthography *spéc* ; [matière] spelling, orthography *spéc* / *il y a deux orthographes possibles* there are two ways of spelling it ou two possible spellings ▸ **avoir une bonne / mauvaise orthographe** to be good / bad at spelling.

orthographier [9] [ɔʀtɔgʀafje] vt to spell / *mal / bien orthographié* wrongly / correctly spelt ▸ **savoir orthographier** to be good at spelling.
❖ **s'orthographier** vp *(emploi passif)* : *comment s'orthographie votre nom?* how do you spell your name? / *son nom s'orthographie avec deux L* his name is spelt with two L's.

orthographique [ɔʀtɔgʀafik] adj spelling *(modif)*, orthographic.

orthonormé, e [ɔʀtɔnɔʀme] adj orthonormal.

orthopédie [ɔʀtɔpedi] nf orthopedics *(U)*.

orthopédique [ɔʀtɔpedik] adj orthopedic.

orthopédiste [ɔʀtɔpedist] adj & nmf orthopedist.

orthophonie [ɔʀtɔfɔni] nf **1.** LING orthoepy **2.** MÉD speech therapy.

orthophonique [ɔʀtɔfɔnik] adj **1.** LING orthoepic **2.** MÉD speech therapy *(modif)*.

orthophoniste [ɔʀtɔfɔnist] nmf speech therapist.

orthoptère [ɔʀtɔptɛʀ] nm orthopteran, orthopteron ▸ **les orthoptères** the Orthoptera.

orthoptie [ɔʀtɔpsi] nf orthoptics *(sg)*.

orthoptique [ɔʀtɔptik] ◆ adj orthoptic. ◆ nf = **orthoptie.**

orthoptiste [ɔʀtɔptist] nmf orthoptist.

orthosympathique [ɔʀtɔsɛ̃patik] ◆ adj ANAT sympathetic. ◆ nm sympathetic nervous system.

ortie [ɔʀti] nf (stinging) nettle ▸ **ortie blanche / rouge** white / red dead-nettle.

ortolan [ɔʀtɔlɑ̃] nm ortolan.

orvet [ɔʀvɛ] nm slowworm.

oryx [ɔʀiks] nm oryx.

os [ɔs] (*pl* **os** [o]) nm **1.** ANAT & ZOOL bone / *j'ai de gros / petits os* I've got big / small bones / *il s'est coupé jusqu'à l'os* he cut himself (through) to the bone / *on lui voit les os* you can see his bones ▸ **os de seiche** cuttlebone ▸ **sac** ou **paquet** ou **tas d'os** : *c'est un sac* ou *paquet* ou *tas d'os* she's a bag of bones, she's just skin and bones ▸ **être gelé / trempé jusqu'aux os** to be frozen to the marrow / soaked to the skin ▸ **ne pas faire de vieux os** : *il ne fera pas de vieux os!* he's not long for this world ! ▸ **l'avoir dans l'os** : *il l'a eu dans l'os!* **a)** *tfam* [il n'a pas réussi] he got egg on his face ! **b)** [il s'est fait escroquer] he's been had ! **2.** CULIN bone / *viande avec os* meat on the bone / *poulet sans os* boneless chicken, boned chicken ▸ **os à moelle** marrowbone ▸ **acheter du jambon à l'os** to buy ham off the bone ▸ **donner un os à ronger à qqn** to give sb sthg to keep him / her quiet **3.** *fam* [difficulté] ▸ **il y a un os** there's a snag ou hitch ▸ **elle est tombée sur** ou **elle a trouvé un os** she came across ou she hit a snag.

OS nm abr de **ouvrier spécialisé**

Osaka [ɔzaka] npr Osaka.

oscar [ɔskaʀ] nm **1.** CINÉ Oscar / *elle a reçu l'oscar du meilleur second rôle* she won the Oscar for the best supporting role **2.** [récompense] : *l'oscar de la meilleure publicité* the award for the best commercial.

oscarisé, e [ɔskaʀize] adj CINÉ Oscar-winning.

oscariser [3] [ɔskaʀize] vt to award an Oscar to.

oscillaire [ɔsilɛʀ] nf oscillaria, oscillatoria.

oscillant, e [ɔsilɑ̃, ɑ̃t] adj **1.** [qui balance] oscillating **2.** [incertain] oscillating, fluctuating **3.** MÉD [fièvre] irregular **4.** ÉLECTR [décharge] oscillating **5.** PHYS ▸ **circuit oscillant** oscillating circuit.

oscillateur [ɔsilatœʀ] nm oscillator ▸ **maître oscillateur, oscillateur pilote** RADIO master oscillator.

oscillation [ɔsilasjɔ̃] nf **1.** [balancement] swaying, rocking / *les oscillations du téléphérique* the swaying ou swinging of the cablecar **2.** [variation] fluctuation, variation / *les oscillations des taux de change* the fluctuations in the exchange rates / *oscillations des prix* price variations **3.** ÉLECTR & PHYS oscillation **4.** MÉCAN vibration.

oscillatoire [ɔsilatwaʀ] adj oscillatory.

osciller [3] [ɔsile] vi **1.** [bouger -pendule, objet suspendu] to oscillate, to swing, to sway ; [-branche, corde] to sway, to swing ; [-arbre, statue] to sway ; [-aiguille aimantée] to flicker ; [-personne, tête] to rock / *la brise faisait osciller les roseaux* the reeds were swaying in the breeze

/ *le courant d'air fit osciller la flamme* the flame was flickering in the draught **2.** [varier] ▸ **osciller entre** to vary ou to fluctuate between / *osciller entre deux options* to waver ou to hesitate between two options.

oscillogramme [ɔsilɔgʀam] nm oscillogram.

oscillographe [ɔsilɔgʀaf] nm oscillograph.

oscillomètre [ɔsilɔmɛtʀ] nm MÉD oscillometer.

oscilloscope [ɔsilɔskɔp] nm oscilloscope.

osculateur, trice [ɔskylatœʀ, tʀis] adj osculatory, osculating.

oscule [ɔskyl] nm osculum.

osé, e [oze] adj **1.** [audacieux - tentative] bold, daring **2.** [choquant - histoire] risqué, racy **3.** *sout* [téméraire - personne] bold, intrepid.

oseille [ozɛj] nf **1.** BOT & CULIN sorrel ▸ **à l'oseille** with sorrel **2.** *tfam* [argent] dough, cash.

oser [3] [oze] vt **1.** [avoir l'audace de] ▸ **oser faire qqch** to dare (to) do sthg / *elle n'ose pas parler* she doesn't dare (to) speak, she daren't speak / *quand quelqu'un osait l'interrompre* if anybody dared to ou was bold enough to interrupt him ; *(en usage absolu)* ▸ **comment oses-tu!** how dare you! / *il faut oser dans la vie!* one has to take risks in life! / *si j'osais, je l'inviterais chez moi* if I dared ou if I were bold enough, I'd invite her over to my place ; *sout* [suggestion, réponse] to risk / *ils furent trois à oser l'ascension* three of them risked the climb ou were bold enough to climb **2.** [dans les tournures de politesse] ▸ **j'ose croire / espérer que...** I trust / hope that... ▸ **si j'ose dire** if I may say so / *si j'ose m'exprimer ainsi* if I may say so, if I may put it that way **3.** SUISSE [avoir la permission de] : *est-ce que j'ose entrer?* may I come in?

oseraie [ozʀɛ] nf osier bed, osiery.

osier [ozje] nm BOT willow, osier ▸ **osier blanc** osier ▸ **osier rouge** purple willow.

❖ **d'osier, en osier** loc adj [fauteuil, panier] wicker, wickerwork *(modif)* / *chaise en osier* wicker ou wickerwork ou basketwork chair.

Osiris [oziʀis] npr Osiris.

Oslo [ɔslo] npr Oslo.

osmique [ɔsmik] adj osmic.

osmium [ɔsmjɔm] nm osmium.

osmomètre [ɔsmɔmɛtʀ] nm osmometer.

osmonde [ɔsmɔ̃d] nf osmund, osmunda ▸ **osmonde royale** royal fern.

osmose [ɔsmoz] nf **1.** SCI osmosis ▸ **osmose électrique** electro-osmosis ▸ **osmose inverse** reverse osmosis **2.** *fig* osmosis / *une osmose s'est produite entre les deux civilisations* the two civilizations have merged into one another.

osmotique [ɔsmɔtik] adj osmotic.

ossature [ɔsatyʀ] nf **1.** ANAT [d'une personne] frame, skeleton ; [du visage] bone structure **2.** CONSTR [d'un avion, d'un immeuble] frame, framework, skeleton / *pont à ossature métallique* bridge with a metal frame ou framework **3.** [d'un discours] framework, structure.

osséine [ɔsein] nf ossein.

osselet [ɔslɛ] nm **1.** ANAT ossicle ; ZOOL knucklebone **2.** JEUX jacks *(U)*, knucklebones *(U)* / *jouer aux osselets* to play jacks **3.** VÉTÉR osselet.

ossements [ɔsmɑ̃] nmpl remains, bones.

osseux, euse [ɔsø, øz] adj **1.** ANAT bone *(modif)*, osseous *spéc* **2.** MÉD ▸ **greffe osseuse** bone graft ▸ **maladie osseuse** bone disease **3.** [aux os apparents] bony **4.** ZOOL ▸ **poissons osseux** bony fishes.

ossification [ɔsifikasjɔ̃] nf ossification.

ossifier [9] [ɔsifje] ❖ **s'ossifier** vpi **1.** ANAT to ossify **2.** *litt* [sensibilité] to harden.

osso-buco *(pl* osso-buco*)*, **ossobuco*** [ɔsɔbuko] nm osso bucco.

ossu, e [ɔsy] adj *litt* big-boned.

ossuaire [ɔsɥɛʀ] nm ossuary.

ostéalgie [ɔstealʒi] nf ostalgia.

ostéite [ɔsteit] nf osteitis.

Ostende [ɔstɑ̃d] npr Ostend.

ostensible [ɔstɑ̃sibl] adj *sout* conspicuous, open, clear / *avec un mépris ostensible pour les conventions* with open contempt for convention.

ostensiblement [ɔstɑ̃sibləmɑ̃] adv conspicuously, openly, clearly / *il manifesta ostensiblement son ennui* he made it quite clear that he was bored.

ostensoir [ɔstɑ̃swaʀ] nm monstrance, ostensory.

ostentation [ɔstɑ̃tasjɔ̃] nf *sout* [affectation, vanité] ostentation ▸ **avec ostentation** with ostentation, ostentatiously ▸ **sans ostentation** without ostentation, unostentatiously.

ostentatoire [ɔstɑ̃tatwaʀ] adj *sout* ostentatious.

ostéoblaste [ɔsteɔblast] nm osteoblast.

ostéochondrite [ɔsteɔkɔ̃dʀit], **ostéochondrose** [ɔsteɔkɔ̃dʀoz] nf osteochondritis.

ostéoclaste [ɔsteɔklast] nm osteoclast.

ostéodensitométrie [ɔsteɔdɑ̃sitɔmetʀi] nf osteodensitometry.

ostéogenèse [ɔsteɔʒənɛz] nf osteogenesis.

ostéologie [ɔsteɔlɔʒi] nf osteology.

ostéologique [ɔsteɔlɔʒik] adj osteological.

ostéolyse [ɔsteɔliz] nf osteolysis.

ostéomyélite [ɔsteɔmjelit] nf osteomyelitis.

ostéopathe [ɔsteɔpat] nmf osteopath.

ostéopathie [ɔsteɔpati] nf [traitement] osteopathy ; [maladie] bone disease.

ostéophyte [ɔsteɔfit] nm osteophyte.

ostéoplastie [ɔsteɔplasti] nf osteoplasty.

ostéoporose [ɔsteɔpɔʀoz] nf osteoporosis.

ostéosarcome [ɔsteɔsaʀkom] nm osteosarcoma.

ostéosynthèse [ɔsteɔsɛ̃tɛz] nf osteosynthesis.

ostéotomie [ɔsteɔtɔmi] nf osteotomy.

ostiole [ɔstjɔl] nf ostiole.

ostraciser [3] [ɔstʀasize] vt to ostracize.

ostracisme [ɔstʀasism] nm **1.** ANTIQ ostracism **2.** *sout* [exclusion] ostracism / *être victime d'ostracisme* to be ostracized ▸ **frapper qqn d'ostracisme** to ostracize sb.

ostréicole [ɔstʀeikɔl] adj [région] oyster farming ; [industrie] oyster *(modif)*.

ostréiculteur, trice [ɔstʀeikyltœʀ, tʀis] nm, f oyster farmer, oysterman (oysterwoman).

ostréiculture [ɔstʀeikyltyʀ] nf oyster farming.

ostrogot(h), e [ɔstʀogo, ɔt] adj Ostrogothic.

❖ **Ostrogot(h), e** nm, f Ostrogoth ▸ **les Ostrogoths** the Ostrogoths.

❖ **ostrogot(h)** nm *fam* ▸ **un drôle d'ostrogoth** a funny ou strange customer.

otage [ɔtaʒ] nmf hostage ▸ **prendre qqn en otage** to take sb hostage.

otalgie [ɔtalʒi] nf otalgia.

OTAN, Otan [ɔtɑ̃] (abr de **Organisation du traité de l'Atlantique Nord**) npr f NATO.

otarie [ɔtaʀi] nf eared seal / *otarie à fourrure* fur seal.

OTASE [ɔtaz] (abr de **Organisation du traité de l'Asie du Sud-Est**) npr f SEATO.

ôter [3] [ote] vt **1.** [retirer] to take off *(sép)*, to remove (from) / *ôter des épingles d'un chignon* to take hairpins out of ou to remove hairpins from a bun / *ôte tes pieds du fauteuil* take ou get your feet off the armchair / *ôtez votre veste* take your jacket off ▸ **ôter son masque a)** *pr* to take off ou to remove one's mask **b)** *fig* to unmask o.s. / *ôte-moi d'un doute, tu ne vas pas accepter!* wait a minute, you're not actually going to say yes! **2.** [mettre hors de portée] to take away / *personne n'a pensé à lui ôter son arme* nobody thought to take his weapon (away) from him / *ôter un enfant à ses parents* to take a child away from its parents **3.** [supprimer] to remove (from) / *un nouveau produit chimique a ôté à l'eau son mauvais goût* a new chemical removed the bad taste from the water ▸ **ôter la vie à qqn** to take sb's life / *cela m'ôte un poids fig* that's a weight off my mind / *son attitude m'a ôté mes dernières illusions* his attitude rid me of my last illusions / *on ne m'ôtera pas de l'idée que...* I can't help thinking that... **4.** MATH to take away *(sép)* / *20 ôté de 100 égale 80* 20 (taken away) from 100 leaves 80.

❖ **s'ôter** ◆ vp *(emploi passif)* [s'enlever] to come off, to be removed / *ces bottes s'ôtent facilement* these boots are easy to take off. ◆ vpt : *ôte-toi cette idée de la tête* get that idea out of your head.

❖ **s'ôter de** vp + prép : *ôte-toi de là (que je m'y mette)* budge up (for me) / *ôtez-vous de là, vous gênez le passage* move, you're in the way ▸ **ôte-toi de mon soleil** *(allusion à Diogène)* get out of my way.

Othello [ɔtɛlo] npr Othello.

otite [ɔtit] nf ear infection, otitis *spéc* ▸ **otite externe / moyenne** otitis externa / media ▸ **otite interne** otitis interna.

otolit(h)e [ɔtɔlit] nf ANAT otolite, otolith.

otologie [ɔtɔlɔʒi] nf otology.

oto-rhino [ɔtɔʀino] *(pl* **oto-rhinos***)* nmf ear, nose and throat specialist.

oto-rhino-laryngologie, otorhinolaryngologie* [ɔtɔʀinɔlaʀɛ̃gɔlɔʒi] nf otorhinolaryngology.

oto-rhino-laryngologiste *(pl* oto-rhino-laryngologistes*)*, **otorhinolaryngologiste*** [ɔtɔʀinɔlaʀɛ̃gɔlɔʒist] nmf otorhinolaryngologist *spéc*, ear, nose and throat specialist.

otorrhée [ɔtɔʀe] nf MÉD otorrhea.

otoscope [ɔtɔskɔp] nm otoscope, auriscope.

Ottawa [ɔtawa] npr Ottawa.

ottoman, e [ɔtɔmɑ̃, an] adj Ottoman.

❖ **Ottoman, e** nm, f Ottoman.

❖ **ottoman** nm TEXT ottoman *(rib)*.

❖ **ottomane** nf [siège] ottoman *(seat)*.

ou [u] conj **1.** [indiquant une alternative ou une équivalence] or / *le rouge ou le bleu, peu importe* red or blue, it doesn't matter which / *tu viens ou quoi?* are you coming or not? / *tu peux venir aujourd'hui ou demain* you can come (either) today or tomorrow / *que tu le veuilles ou non* whether you like it or not ▸ **c'est l'un ou l'autre** it's one or the other / *le patronyme ou nom de famille* the patronymic or surname **2.** [indiquant une approximation] or / *ils étaient cinq ou six* there were five or six of them **3.** [indiquant la conséquence] or (else) / *rends-le-moi, ou ça ira très mal* give it back, or (else) there'll be trouble.

❖ **ou (bien)... ou (bien)** loc corrélative either... or / *ou c'est lui ou c'est moi!* it's either him or me! / *ou bien tu viens et tu es aimable, ou bien tu restes chez toi!* either you come along and be nice, or you stay at home! / *ou tu viens, ou tu restes, mais tu arrêtes de te plaindre* you (can) either come or stay, but stop complaining!

où [u] ◆ pron rel **1.** [dans l'espace] where / *la maison où j'habite* the house I live in ou where I live / *le pays où je suis né* the country where I was born / *nous cherchons un village où passer nos vacances* we're looking for a village where we can spend our holidays / *pose-le là où tu l'as trouvé* put it back where you found it ▸ **partout où vous irez** everywhere you go / *d'où j'étais, je voyais la cathédrale* from where I was, I could see the cathedral ▸ **d'où viens-tu?** where have you come from? / *le pays d'où je viens* the country which ou where I come from / *d'où viens-tu en Angleterre?* whereabouts are you from in England? ▸ **d'où que tu viennes** wherever you come from / *les villes par où nous passerons* the towns which we will

* In reformed spelling (see p. 16-19).

go through **2.** [dans le temps] : *le jour où je suis venu* the day (that) I came / *à la seconde où elle est entrée* the second (that) she came in ▸ **à l'époque où...** in the days when... **3.** *fig* : *là où je ne vous suis plus, c'est lorsque vous dites...* the bit where I lose track is when you say... / *c'est une spécialité où il excelle* it's a field in which he excels / *dans l'état où elle est* in her state, in the state she is / *au prix où elle est payée, elle refuse de travailler le soir* she refuses to work nights for the money she gets ▸ **au prix où c'est** at that price / *à l'allure où tu vas* (at) the speed you're going / *au point où nous en sommes* (at) the point we've reached. ◆ adv rel **1.** [dans l'espace] where / *je vais où je veux* I go where ou wherever I please ; [avec 'que'] : *où que vous alliez* wherever you go / *où que vous soyez* wherever you are / *par où que tu passes* whichever route you take, whichever way you go **2.** *fig* : *où je ne le comprends pas, c'est lorsque...* where I don't understand him is when... ◆ adv interr where / *où vas-tu?* where are you going? / *par où voulez-vous passer?* which way do you want to go?, which route do you want to take? / *dites-moi vers où il est allé* tell me which direction he went in / *par où commencer?* where to begin?, where should I begin? / *où voulez-vous en venir?* what point are you trying to make?, what are you trying to say?

❖ **d'où** loc conj ▸ **d'où on conclut que...** which leads us ou one to the conclusion that... / *d'où il suit que...* from which it follows that... / *je ne savais pas qu'il était déjà arrivé, d'où ma surprise* I didn't know that he'd already arrived, which is why I was so surprised.

Voir encadré à l'article quelque.

OUA (abr de **Organisation de l'unité africaine**) npr f HIST OAU.

Ouagadougou [wagadugu] npr Ouagadougou.

ouah [wa] onomat : *ouah! ouah!* [chien] woof! woof!

ouailles [waj] nfpl *hum* flock.

ouais [wɛ] interj *fam* yeah.

ouananiche [wananiʃ] nf QUÉBEC Atlantic salmon.

ouaouaron [wawaʀɔ̃] nm QUÉBEC bullfrog.

ouate [wat] nf **1.** [coton] cotton wool UK, (absorbent) cotton US ▸ **ouate de cellulose** cellulose fibre **2.** TEXT wadding, padding / *un manteau doublé d'ouate* a quilted coat **3.** *fig* : *l'ouate* ou *la ouate des nuages* fleecy clouds.

ouaté, e [wate] adj **1.** [doublé] quilted **2.** [assourdi] muffled **3.** [douillet] cocooned.

ouater [3] [wate] vt **1.** [vêtement] to quilt ; [couverture] to wad, to pad **2.** *litt* [estomper] to muffle.

ouatine [watin] nf quilting (material).

ouatiner [3] [watine] vt to quilt.

oubli [ubli] nm **1.** [fait de ne pas se rappeler] forgetting, neglecting / *l'oubli d'un nom sur une liste peut avoir de graves conséquences* leaving a name off a list can have serious consequences / *l'oubli d'un accent sur un mot coûte un point* forgetting ou neglecting to put an accent on a word will lose you one point **2.** [lacune] omission / *page 45, il y a un oubli* there's an omission on page 45 / *il y a beaucoup d'oublis dans sa liste* she left a lot of items off her list, there are a lot of gaps in her list ; [trou de mémoire] oversight, lapse of memory / *ce n'est qu'un oubli* it's just an oversight **3.** *sout* [isolement] ▸ **l'oubli** oblivion ▸ **arracher qqch à** ou **tirer qqch de l'oubli** to snatch ou to rescue sthg from oblivion ▸ **tomber dans l'oubli** to sink into oblivion **4.** [consolation] : *l'oubli viendra avec le temps* time is a great healer **5.** *litt* [indifférence] : *l'oubli de soi* selflessness, self-denial / *pratiquer l'oubli des injures* to forgive and forget.

oubliable [ublijabl] adj forgettable / *un nom / un visage pareil est difficilement oubliable* it's hard to forget a name / a face like that.

oublié, e [ublije] ◆ adj **1.** [pièce, roman, peintre] forgotten **2.** [abandonné] left, abandoned / *quelques jouets oubliés* a few abandoned toys, toys that were left behind. ◆ nm, f abandoned ou neglected ou forgotten person.

oublier [10] [ublije] vt **1.** [ne pas se remémorer - nom, rue, date] to forget / *n'oublie pas le rendez-vous* don't forget (that) you have an appointment / *mon Dieu, le dentiste, je l'ai oublié!* God, the dentist, I'd forgotten all about him! / *oublier son texte* to forget one's lines / *n'oublie pas que c'est son anniversaire* remember ou don't forget that it's her birthday ; *(en usage absolu)* : *qu'a-t-elle dit? j'ai oublié* what did she say? I've forgotten ; [ne pas reconnaître - visage, mélodie] to forget / *un visage que je n'oublierai jamais* a face I will never forget **2.** [ne plus penser à - héros, injure, souci] to forget (about) / *les preneurs de son sont souvent oubliés par les jurys de prix* sound technicians are often ignored by award juries / *j'ai oublié l'heure* I forgot the time / *n'oubliez pas le guide!* don't forget the guide! / *oublions ce malentendu* let's forget (all) about this misunderstanding / *je veux bien oublier le passé* I'm ready to forget about the past ou to let bygones be bygones / *n'oublie pas à qui tu parles!* don't you forget who you're talking to! / *oublie-moi un peu, veux-tu?* *fam* just leave me alone, will you? / *sortir me fait oublier mes soucis* going out helps me to forget my troubles ▸ **se faire oublier** to keep a low profile, to stay out of the limelight ; *(en usage absolu)* to forget / *il boit pour oublier* he drinks to forget **3.** [omettre] to leave out *(sép)* / *je ferai en sorte de l'oublier dans mon testament* / *sur le registre* I'll make sure she's left out of my will / left off the register **4.** [négliger] to forget (about) / *n'oubliez pas les consignes de sûreté préconisées par la gendarmerie* don't forget the safety precautions recommended by the police / *depuis son mariage, il nous oublie* he's been neglecting us ou he's forgotten (about) us since he got married **5.** [ne pas prendre] to forget, to leave (behind) / *oublier son colis dans le train* to leave one's parcel on the train / *j'ai oublié la lettre à la maison* I left the letter at home **6.** [ne pas mettre] to forget / *tu as oublié le citron dans la sauce* you forgot to put lemon in the sauce.

❖ **s'oublier** ◆ vp *(emploi passif)* : *une fois acquise, la technique ne s'oublie jamais* once you've learnt the technique, it stays with you forever ou you'll never forget it / *la politesse s'oublie à présent* politeness is becoming a thing of the past. ◆ vp *(emploi réfléchi)* [s'exclure] to forget o.s. / *tu ne t'es pas oublié, à ce que je vois!* *hum* I see you've not forgotten yourself! ◆ vpi **1.** [se relâcher] to forget o.s. / *vous vous oubliez, retirez ce que vous venez de dire* you're forgetting yourself, take back what you've just said **2.** *euphém* [animal, enfant] to have an accident *euphém*.

oubliette [ublijɛt] nf [fosse] oubliette.

❖ **oubliettes** nfpl [cachot] dungeon, black hole ▸ **le projet est tombé dans les** ou **aux oubliettes** *fig* the project has been shelved.

oublieux, euse [ublijø, øz] adj *litt* forgetful / *oublieux de ses devoirs* forgetful of one's duty.

oued [wɛd] nm wadi.

Ouessant [wɛsɑ̃] npr ▸ **l'île d'Ouessant** the isle of Ushant. ⟶ **île**

ouest [wɛst] ◆ nm inv **1.** [point cardinal] west / *le vent vient de l'ouest* the wind is coming ou blowing from the west / *nous allons vers l'ouest* we're heading west ou westwards / *aller droit vers l'ouest* to head due west ▸ **la cuisine est plein ouest** ou **exposée à l'ouest** the kitchen faces (due) west **2.** [partie d'un pays, d'un continent] west, western area ou region / *l'ouest de l'Italie* Western Italy / *elle habite dans l'Ouest* she lives in the west / *les gens de l'Ouest* people who live in the West **3.** POL ▸ **l'Ouest** Western countries, the West / *à l'Ouest, on croit que...* Westerners think that... ◆ adj inv west *(modif)*, western / *la partie ouest de la ville* the west ou western part of the city / *la façade ouest d'un immeuble* the west ou west-facing wall of a building ▸ **suivre la direction ouest** to head ou to go westwards.

❖ **à l'ouest de** loc prép (to the) west of.

ouest-allemand, e [wɛstalmɑ̃, ɑ̃d] *(mpl* **ouest-allemands***, fpl* **ouest-allemandes***)* adj West German.

❖ **Ouest-Allemand, e** nm, f West German.

Ouest-France [wɛstfʀɑ̃s] npr PRESSE *daily newspaper for Western France having the widest circulation of all French newspapers.*

ouest-nord-ouest [wɛstnɔʀwɛst] nm west-north-west.

ouest-sud-ouest [wɛstsydwɛst] nm west-south-west.

ouf[1] [uf] interj phew / *je n'ai pas eu le temps de dire ouf* I didn't even have time to catch my breath.

ouf[2] [uf] ◆ adj [fou en verlan] nuts / *non, mais t'es ouf ou quoi?* are you nuts? ◆ nm [fou en verlan] nutter / *j'ai eu une semaine de ouf!* I've had a crazy week / *c'est un truc de ouf* it's crazy.

Ouganda [ugɑ̃da] npr m ▸ **(l')Ouganda** Uganda.

ougandais, e [ugɑ̃dɛ, ɛz] adj Ugandan.

❖ **Ougandais, e** nm, f Ugandan.

ougrien, enne [ugʀijɛ̃, ɛn] adj Ugric.

❖ **Ougrien, enne** nm, f Ugric.

oui [wi] ◆ adv **1.** [en réponse affirmative] yes / *viendra-t-il? — oui* will he come? — yes / *tu en veux? — oui, s'il te plaît* do you want some? — (yes) please / *tu t'appelles Luc, c'est ça? — oui* your name is Luc, isn't it? — yes / *voulez-vous prendre X pour époux? — oui* do you take X to be your lawful wedded husband? — I do / *Michel! — oui, oui, voilà, j'arrive!* Michel! — yes ou all right, I'm coming! / *tu comprends? — oui et non* do you understand? — yes and no ou I do and I don't / *alors c'est oui ou c'est non?* so is it yes or no? ▸ **mais oui** yes, of course / *oui, bien sûr* yes, of course / *il est audacieux — certes oui* he's rather daring — he certainly is ▸ **oui assurément** yes indeed / *c'est vraiment injuste! — ah ça oui!* that's really unfair! — you've said it! ou that's for sure! / *tu vas déposer une plainte? — ah ça oui!* *fam* are you going to lodge a complaint? — you bet I am! / *tu vas la laisser faire? — oh que oui!* *fam* are you going to let her go ahead? — you bet! / *oui mon capitaine!* MIL (yes) Sir! / *oui mon commandant!* NAUT aye aye Sir! **2.** [en remplacement d'une proposition] ▸ **il semblerait que oui** it would seem so / *tu vas voter? — je crois que oui* are you going to vote? — (yes) I think so ou I think I will / *elle n'a dit ni oui ni non* she didn't say either yes or no, she was very noncommittal / *faire oui de la tête* to nod / *tu les connais? — lui non, mais elle oui, très bien* do you know them? — him no, but her yes, very well / *elle vient aussi? si oui, je reste* will she be there too? if so ou if she is I'll stay **3.** [emploi expressif] : *oui, je veux bien y aller* yes, I'd really like to go / *oui, j'ai entendu!* yes, I heard! / *eh oui, c'est bien moi!* yes, it's me alright! / *oui, évidemment, elle a un peu raison* of course, she's right in a way / *eh bien oui, c'est moi qui le lui ai dit!* yes, I was the one who told her! / *je suis déçu, oui, vraiment déçu!* I'm disappointed, really disappointed! / *le nucléaire oui, mais pas à n'importe quel prix!* yes to nuclear energy, but not at any cost! ▸ **tu viens, oui?** are you coming then? / *tu me le donnes, oui ou non?* are you going to give it to me or not ou or aren't you? / *tu viens, oui ou non?* are you coming or not? / *tu viens, oui ou merde?* *tfam* are you bloody well coming or aren't you? / *tu me réponds, oui?* answer me will you?, will you answer me? / *elle va se dépêcher, oui?* is she going to hurry up or isn't she? / *c'est bientôt fini de crier, oui?* will you stop shouting?, stop shouting, will you! ◆ nm inv : *je voudrais un oui définitif* I'd like a definitive yes / *un oui franc et massif* a solid yes vote / *les oui et les non* the yesses ou ayes and the noes / *il y a eu 5 oui* [dans un vote] there were 5 votes for ou 5 ayes / *le oui de la mariée s'entendit à peine* the bride could barely be heard when she said "I do" ▸ **pour un oui pour un non, pour un oui ou un non** : *ils se disputent pour un oui pour un non* they quarrel over the slightest (little) thing / *il change d'avis pour un oui pour un non* he changes his mind at the drop of a hat.

ouï-dire [widiʀ] nm inv hearsay / *cette histoire n'est fondée que sur des ouï-dire* this story is just based on hearsay.
❖ **par ouï-dire** loc adv by hearsay, through the grapevine / *j'ai su par ouï-dire que…* I've heard tell that…, I've heard through the grapevine that…

ouïe[1] [wi] nf **1.** ANAT (sense of) hearing ▸ **avoir l'ouïe fine** to have a keen ear ▸ **être tout ouïe** *hum* : *continue, je suis tout ouïe* go on, I'm all ears **2.** ZOOL gill **3.** MUS sound hole **4.** AUTO louvre.

ouïe[2], **ouille** [uj] interj ouch.

ouiller [3] [uje] vt to ullage.

Oui-Oui [wiwi] npr [personnage] Noddy.

ouïr [51] [wiʀ] vt **1.** *litt* ou *hum* to hear (tell) / *j'ai ouï dire que tu avais déménagé* I heard tell that you had moved ▸ **oyez, oyez braves gens** *arch* ou *hum* hear ye, good people **2.** DR : *ouïr des témoins* to hear witnesses.

ouistiti [wistiti] nm **1.** ZOOL marmoset **2.** *fam* [personne] : *drôle de ouistiti, celui-là!* funny customer ou bit of a weirdo, that one!

oukase [ukaz] = **ukase.**

Oulan-Bator [ulanbatɔʀ] npr Ulan Bator.

ouléma [ulema] = **uléma.**

Oulipo [ulipo] npr LITTÉR ▸ **l'Oulipo** *literary group concerned with experimental writing techniques, founded by Raymond Queneau and François Le Lionnais in 1960 and including the writer Georges Perec.*

Ouolof [wolɔf] nmf ▸ **les Ouolofs** the Wolofs.
❖ **ouolof** nm LING Wolof.

Our [uʀ] = **Ur.**

ouragan [uʀagɑ̃] nm **1.** MÉTÉOR hurricane / *il est entré comme un ouragan et s'est mis à hurler* he burst in like a whirlwind and started yelling **2.** [tumulte] storm, uproar / *son discours provoqua un ouragan de protestations* his speech caused a storm of protest ou an uproar.

Oural [uʀal] npr m **1.** [rivière] Ural **2.** [montagnes] ▸ **l'Oural** the Urals, the Ural mountains ▸ **dans l'Oural** in the Urals.

ouralien, enne [uʀaljɛ̃, ɛn] adj Uralic, Uralian.
❖ **ouralien** nm LING Uralic.

ouralo-altaïque [uʀalɔaltaik] (*pl* **ouralo-altaïques**) adj Ural-Altaic.

ourdir [32] [uʀdiʀ] vt **1.** *litt* [complot] to hatch, to weave ; [intrigue] to weave **2.** TECHNOL [tissage] to warp ; [vannerie] to weave.

ourdissoir [uʀdiswaʀ] nm TEXT (weaver's) warp beam.

ourdou [uʀdu] = **urdu.**

ourler [3] [uʀle] vt **1.** COUT to hem **2.** *litt* [border] to fringe / *des paupières ourlées de longs cils* eyelids fringed with long eyelashes **3.** [dessiner] : *elle a des lèvres bien ourlées* her lips are well-defined.

ourlet [uʀlɛ] nm **1.** COUT hem / *faire un ourlet à une jupe* to hem a skirt ▸ **faux ourlet** false hem ▸ **point d'ourlet** hemstitch **2.** ANAT helix **3.** MÉTALL flange, rib.

ours [uʀs] nm **1.** ZOOL bear ▸ **ours blanc** ou **polaire** polar bear ▸ **ours brun** brown bear ▸ **arrête de tourner en rond comme un ours en cage!** stop pacing up and down like a caged animal! **2.** [personne] : *il est un peu ours* he's a bit grumpy ▸ **quel ours mal léché!** grumpy old thing! **3.** [jouet] ▸ **ours (en peluche)** teddy bear.

Ours [uʀs] npr m : *le Grand Lac de l'Ours* Great Bear Lake.

ourse [uʀs] nf ZOOL she-bear.

Ourse [uʀs] npr f ASTRON ▸ **la Grande Ourse** Ursa Major, the Great Bear ▸ **la Petite Ourse** Ursa Minor, the Little Bear.

oursin [uʀsɛ̃] nm sea urchin.

ourson [uʀsɔ̃] nm (bear) cub.

oust(e) [ust] interj *fam* out, scram / *allez, ouste, tout le monde dehors!* come on, get a move on, everybody out!

out [awt] ◆ adv **1.** TENNIS out / *la balle est out* the ball is out **2.** BOXE out, knocked out. ◆ adj (*pl* **out** ou **outs***) out / *une balle out* an out ball.

outarde [utaʀd] nf bustard.

outil [uti] nm *pr & fig* tool ▸ **cabane / boîte à outils** tool shed / box ▸ **outil auteur** INTERNET authoring tool ▸ **outil de gestion** management tool ▸ **outils de jardinage** garden implements ou tools ▸ **outil de marketing** marketing tool ▸ **outil pédagogique** teaching aid ▸ **outil de production** production tool ▸ **outil de recherche** INTERNET search tool ▸ **outil de travail** tool ▸ **savoir utiliser l'outil informatique** *fig* to know how to use computers ▸ **les outils mathématiques** *fig* mathematical tools.

outillage [utijaʒ] nm **1.** [ensemble d'outils] (set of) tools ; [pour un jardinier] (set of) tools ou implements **2.** [industrie] tool making *(U)* **3.** [dans une usine] (machine) tool workshop.

outillé, e [utije] adj ▸ **être outillé pour faire qqch** to be properly equipped ou to have the proper tools to do sthg ▸ **être bien outillé en qqch** to be well equipped with sthg.

outiller [3] [utije] vt [ouvrier] to supply with tools ; [atelier, usine] to equip, to fit with tools.
❖ **s'outiller** vp *(emploi réfléchi)* to equip o.s. (with tools) / *vous auriez dû mieux vous outiller* you should have made sure you were better equipped.

outilleur [utijœʀ] nm tool-maker.

outing [awtiŋ] nm inv outing *(of homosexual)*.

outlaw [awtlo] nm outlaw.

outplacement [awtplasmɑ̃] nm outplacement ▸ **cabinet d'outplacement** outplacement consultancy firm.

output [awtput] nm output.

outrage [utʀaʒ] nm **1.** [offense] insult ▸ **subir les outrages de qqn** to be insulted by sb ▸ **faire outrage à l'honneur de qqn** to insult sb's honour / *faire outrage à la raison* to be an insult to reason ▸ **les outrages du temps** the ravages of time ▸ **subir les derniers outrages** *litt* to be raped **2.** DR ▸ **outrage à agent** insulting behaviour ▸ **outrage aux bonnes mœurs** affront to public decency ▸ **outrage à magistrat** (criminal) contempt of court ▸ **outrage (public) à la pudeur** indecent exposure.

outrageant, e [utʀaʒɑ̃, ɑ̃t] adj offensive, insulting, abusive.

outrager [17] [utʀaʒe] vt **1.** [offenser] to offend, to insult, to abuse / *outrager une femme dans son honneur* to insult a woman's honour **2.** *litt* [porter atteinte à] : *outrager le bon sens fig* to be an insult to ou to offend common sense.
❖ **s'outrager** vpi *sout* : *parle franchement, personne ne s'outragera de tes propos* speak freely, your remarks will shock ou outrage no one.

outrageusement [utʀaʒøzmɑ̃] adv excessively, extravagantly, outrageously.

outrageux, euse [utʀaʒø, øz] adj *litt* insulting, offensive, outrageous.

outrance [utʀɑ̃s] nf **1.** [exagération] excessiveness, extravagance, outrageousness / *l'outrance de sa remarque lui ôte toute crédibilité* her remark is so outrageous that it loses all credibility **2.** [acte] extravagance ; [parole] extravagant ou immoderate language.
❖ **à outrance** ◆ loc adj ▸ **combat à outrance** all-out fight. ◆ loc adv excessively, extravagantly, outrageously.

outrancier, ère [utʀɑ̃sje, ɛʀ] adj excessive, extravagant, extreme / *des propos outranciers* extreme ou wild remarks.

outre[1] [utʀ] nf goatskin, wineskin.

outre[2] [utʀ] ◆ prép [en plus de] besides, as well as / *outre le fait que…* besides the fact that… / *outre leur cousin, ils hébergent une amie en ce moment* as well as ou besides their cousin they have a friend staying at the moment. ◆ adv ▸ **passer outre à qqch** to disregard sthg / *passer outre à une interdiction / une objection* to disregard a ban / an objection / *elle a passé outre malgré l'interdiction* she carried on regardless of ou she disregarded the ban.
❖ **en outre** loc adv besides, furthermore, moreover / *j'ai en outre plusieurs remarques à vous faire* I have moreover several things to say to you.
❖ **outre mesure** loc adv overmuch / *je n'ai pas l'intention d'insister outre mesure* I don't intend to overinsist / *le voyage ne l'avait pas fatigué outre mesure* he wasn't overly tired from the journey.
❖ **outre que** loc conj apart from / *outre qu'il est très serviable, il est aussi très efficace* apart from being obliging he's also very efficient, not only is he obliging but he's also very efficient.

outré, e [utʀe] adj **1.** *litt* [exagéré] excessive, exaggerated, overdone / *des compliments outrés* excessive ou exaggerated compliments **2.** [choqué] indignant, shocked, outraged.

outre-Atlantique [utʀatlɑ̃tik] adv across the Atlantic.

outrecuidance [utʀəkɥidɑ̃s] nf *litt* **1.** [fatuité] overconfidence, self-importance **2.** [impertinence] impudence, impertinence.

outrecuidant, e [utʀəkɥidɑ̃, ɑ̃t] adj *litt* **1.** [fat, prétentieux] overconfident, self-important **2.** [impertinent] arrogant, impudent, impertinent.

outre-Manche [utʀəmɑ̃ʃ] adv across the Channel.

outremer [utʀəmɛʀ] ◆ nm MINÉR lapis lazuli ; [teinte] ultramarine. ◆ adj inv ultramarine.

outre-mer [utʀəmɛʀ] adv overseas / *la France d'Outre-mer* France's overseas territories and departments.

outrepasser [3] [utʀəpase] vt [droit] to go beyond ; [ordre] to exceed / *vous outrepassez vos droits* you're going beyond your rights / *il a outrepassé les ordres* he exceeded the orders.

outrer [3] [utʀe] vt **1.** *litt* [exagérer] to exaggerate, to magnify / *outrer la vérité* to exaggerate ou to overstate the truth **2.** [révolter] to outrage.

outre-Rhin [utʀəʀɛ̃] adv across the Rhine.

outre-tombe [utʀətɔ̃b] ❖ **d'outre-tombe** loc adj inv ▸ **une voix d'outre-tombe** a voice from beyond the grave.

outsider [awtsajdœʀ] nm outsider.

ouvala [uvala] nf uvala.

Ouvéa [uvea] npr Uvea.

ouvert, e [uvɛʀ, ɛʀt] ◆ pp ⟶ **ouvrir.** ◆ adj **1.** [porte, tiroir] open ▸ **grand ouvert, grande ouverte** wide open / *je vis une porte grande ouverte* I saw a door that was wide open / **'col de l'Iseran : ouvert'** 'Iseran Pass : open' / *une voiture ouverte est une tentation pour les voleurs* a car left unlocked ou open is an invitation to burglars / *un robinet ouvert peut causer une inondation* a tap that's been left on can cause flooding / *il avait la chemise ouverte* his shirt was open (to the waist) ou undone / *n'achetez pas de tulipes ouvertes* don't buy tulips that are already open / *elle s'avança la main ouverte* she moved forward with her hand open **2.** [bouche, yeux] open / *dormir la bouche ouverte* to sleep with one's mouth open / *ne reste pas là la bouche ouverte!* don't just stand there gawping! ▸ **garder les yeux (grands) ouverts a)** *pr* to keep one's eyes (wide) open **b)** *fig* to keep one's eyes peeled, to be on the lookout ; [coupé] cut, open / *elle a eu la lèvre ouverte* her lip was cut / *il gisait là, le ventre ouvert / la gorge ouverte* he lay there with his stomach slashed open / his throat cut **3.** [magasin, bureau, restaurant] open / *en ville, je n'ai rien trouvé d'ouvert* none of the shops were open ou nothing was open in town / *vous restez ouvert?* will you stay open? / *ils laissent toujours (tout) ouvert* they never lock the house ; CHASSE & PÊCHE open **4.** [réceptif] open / *un visage ouvert* an open

* In reformed spelling (see p. 16-19).

face ▸ **ouvert (d'esprit)** open-minded / *avoir l'esprit ouvert* to be open-minded, to have an open mind ▸ **être ouvert à** to be open to / *nous sommes ouverts aux idées nouvelles* we are open to new ideas **5.** [non caché] open / *c'est la lutte ouverte entre eux* it's open warfare between them / *en conflit ouvert avec ses parents* in open conflict with her parents **6.** INFORM open ; [système] open-ended **7.** MATH open ; GÉOM wide **8.** SPORT [imprévisible] ▸ **un match très ouvert** a wide open game ; [offensif] : *un jeu ouvert* an open game ▸ **porte ouverte** SKI open flags ▸ **tournoi ouvert** GOLF open tournament, golf open **9.** LING [syllabe, voyelle] open **10.** ÉLECTR [circuit] open ; [machine] uninsulated **11.** FIN ▸ **à capital ouvert** with an open ou a fluctuating capital **12.** NAUT ▸ **rade ouvert e** open roadstead.

❖ **ouvert** nm MATH open set.

ouvertement [uvɛʀtəmɑ̃] adv openly.

ouverture [uvɛʀtyʀ] nf **1.** [trou] opening / *une ouverture dans le mur* an opening ou a hole in the wall / *l'événement représente une véritable ouverture pour ces pays fig* this development will open up real opportunities for these countries **2.** [action d'ouvrir] : *l'ouverture des grilles a lieu à midi* the gates are opened ou unlocked at noon / **'ouverture des portes à 20 h'** 'doors open at eight' / *nous attendons avec impatience l'ouverture du tunnel* we can hardly wait for the tunnel to open / *l'ouverture du coffre se fera devant témoins* the safe will be opened ou unlocked in front of witnesses **3.** [mise à disposition] : *pour faciliter l'ouverture d'un compte courant* to make it easier to open a current account / *l'ouverture de vos droits ne date que de février dernier* you were not entitled to claim benefit before last February ▸ **ouverture de crédit** (bank) credit arrangement ; COMM : *les plus belles affaires se font à l'ouverture* the best bargains are to be had when the shop opens / *ouverture en nocturne le jeudi* late closing ou open late on Thursdays ▸ **heures d'ouverture** opening hours ▸ **jours d'ouverture** opening days **4.** [d'une session, d'un festival] opening / *je tiens le rayon parfumerie depuis le jour de l'ouverture* I've been in charge of the perfume department since the day we opened ▸ **à l'ouverture** BOURSE at start of trading ▸ **depuis l'ouverture** BOURSE since trading began ou opened ; CHASSE & PÊCHE opening / *demain, on fait l'ouverture ensemble* tomorrow we're going out together on the first day of the open season **5.** *fig* : *l'ouverture vers la gauche / droite* POL broadening the base of government to the left / right ▸ **la politique d'ouverture** consensus politics ▸ **ouverture d'esprit** open-mindedness **6.** RUGBY opening up ; BOXE opening / *contrôler l'ouverture des skis* to be in control of the angle of the skis ; CARTES & JEUX opening ▸ **avoir l'ouverture** to have the opening move / *avoir l'ouverture à trèfle* to lead clubs **7.** MUS overture **8.** PHOT aperture ▸ **ouverture du diaphragme** f-stop **9.** AUTO [des roues] toe-out **10.** ÉLECTR opening, breaking **11.** PRESSE front-page article.

❖ **ouvertures** nfpl overtures / *faire des ouvertures de paix* to make peace overtures.

ouvrable [uvʀabl] adj ▸ **heures ouvrables** business hours, shop hours ▸ **pendant les heures ouvrables** **a)** COMM during opening hours **b)** ADMIN during office hours ▸ **jour ouvrable** working day [UK], workday.

ouvrage [uvʀaʒ] ◆ nm **1.** [travail] work / *se mettre à l'ouvrage* to get down to work, to start work / *un ouvrage de longue haleine* a long-term project ou undertaking **2.** [œuvre] (piece of) work / *le gros de l'ouvrage a été exécuté par un jeune artiste* the bulk of the work was done by a young artist ▸ **ouvrage d'art** ARCHIT & CONSTR construction works ▸ **ouvrage (de dame)** COUT (piece of) needlework ▸ **ouvrages de maçonnerie** masonry ▸ **menus ouvrages** finishing (jobs) **3.** [livre] book / *il existe plusieurs ouvrages sur ce problème* there are several books dealing with this problem / *l'ouvrage se compose de trois volumes* the book is in three volumes **4.** MÉTALL hearth. ◆ nf *sout & hum* : *c'est de la belle ouvrage!* that's a nice piece of work!

ouvragé, e [uvʀaʒe] adj [nappe] (finely ou elaborately) embroidered ; [construction] elaborate, ornate.

ouvrant, e [uvʀɑ̃, ɑ̃t] adj opening, moving.

ouvré, e [uvʀe] adj **1.** [bois, fer] ornate, elaborate, elaborately decorated ; [nappe] (finely ou elaborately) embroidered, finely worked **2.** ADMIN & COMM ▸ **jour ouvré** working day [UK], workday.

ouvre-boîte(s) (*pl* ouvre-boîtes), **ouvre-boite*** (*pl* **ouvre-boites**) [uvʀəbwat] nm tin opener [UK], can opener.

ouvre-bouteille(s) [uvʀəbutɛj] (*pl* **ouvre-bouteilles**) nm bottle opener.

ouvre-huître(s) (*pl* ouvre-huîtres), **ouvre-huitre*** (*pl* ouvre-huitres) [uvʀɥitʀ] nm oyster knife.

ouvrer [3] [uvʀe] vt **1.** [bois] to decorate (elaborately) ; [linge] to embroider, to work (finely) **2.** TEXT to open (silk).

ouvreur, euse [uvʀœʀ, øz] nm, f **1.** JEUX opener **2.** CINÉ & THÉÂTRE usher (usherette) **3.** SPORT forerunner.

❖ **ouvreuse** nf TEXT opening machine.

ouvrier, ère [uvʀije, ɛʀ] ◆ adj [questions, statut] labour (*avant nom*) [UK], labor (*avant nom*) [US] ; [quartier, condition] working-class ▸ **solidarité ouvrière** working-class solidarity ▸ **agitation ouvrière** industrial unrest ▸ **la classe ouvrière** the working class. ◆ nm, f (manual) worker ▸ **une ouvrière** a (female) worker / *les ouvriers sur le chantier* the workmen on the site ▸ **ouvrier qualifié / spécialisé** skilled / unskilled worker ▸ **ouvrier agricole** agricultural worker, farm labourer ▸ **ouvrier du bâtiment** builder ▸ **ouvrier à domicile** home worker ▸ **ouvrier à façon** outworker ▸ **ouvrier hautement qualifié** highly-skilled worker ▸ **ouvrier mécanicien** garage mechanic ▸ **ouvrier non qualifié** unqualified worker ou labourer ▸ **ouvrier professionnel** skilled worker ▸ **ouvrier du textile** mill worker ou hand.

❖ **ouvrière** nf [abeille] worker (bee) ; [fourmi] worker (ant).

ouvriérisme [uvʀijeʀism] nm workerism.

ouvriériste [uvʀijeʀist] adj & nmf workerist.

ouvrir [34] [uvʀiʀ] ◆ vt **1.** [portail, tiroir, capot de voiture, fenêtre] to open ; [porte fermée à clé] to unlock, to open ; [porte verrouillée] to unbolt, to open / *ouvrir une fenêtre tout grand* to open a window wide / *il ouvrit la porte d'un coup d'épaule* he shouldered the door open, he forced the door (open) with his shoulder / *il ouvrit la porte d'un coup de pied* he kicked the door open / *ouvrir une porte par effraction* to force a door ; (*en usage absolu*) : *je suis allé ouvrir chez les Loriot avant qu'ils rentrent de voyage* I went and opened up the Loriots' house before they came back from their trip ▸ **va ouvrir** go and answer the door / *on a sonné, je vais ouvrir* there's someone at the door, I'll go / *c'est moi, ouvre* it's me, open the door ou let me in ▸ **va leur ouvrir** go and let them in **2.** [bouteille, pot, porte-monnaie] to open ; [coquillage] to open (up) (*sép*) ; [paquet] to open, to unwrap ; [enveloppe] to open, to unseal / *allez, on ouvre une bouteille de champagne!* come on, let's open ou crack open a bottle of champagne! / *ils ont ouvert le coffre-fort au chalumeau* they used a blowtorch to break open ou into the safe / *ouvrir un pot de peinture avec un levier* to prise the lid off a pot of paint **3.** [déplier - éventail] to open ; [- carte routière] to open (up) (*sép*), to unfold ; [- livre] to open (up) (*sép*) / *ouvrez votre manuel page 15* open your book on [UK] ou to [US] page 15 / *les fleurs ouvrent leurs corolles au soleil du matin* the flowers open their petals in the morning sun ▸ **ouvrir une couture** COUT to iron a seam flat **4.** [desserrer, écarter - compas, paupières] to open ; [- rideau] to open, to draw back (*sép*) ; [- aile, bras] to open (out) (*sép*), to spread (out) (*sép*) ; [- mains] to open (out) (*sép*) ; [déboutonner - veste] to undo, to unfasten ▸ **ouvrir les bras** [en signe d'affection] to open one's arms / *ouvrir les yeux* to open one's eyes ▸ **le matin, j'ai du mal à ouvrir les yeux** [à me réveiller] I find it difficult to wake up in the morning ; (*en usage absolu*) ▸ **ouvrez!** DANSE open up! ▸ **ouvrir l'œil** **a)** *pr* to open one's eye **b)** *fig* to keep one's eyes open ▸ **ouvrir les yeux à qqn** : *cette rencontre avec lui m'a ouvert les yeux* meeting him was a real eye-opener for me ▸ **ouvrir de grands yeux** [être surpris] to be wide-eyed ▸ **ouvrez grands vos yeux** [soyez attentifs] keep your eyes peeled ▸ **ouvrir l'esprit à qqn** to broaden sb's outlook ▸ **l'ouvrir** *tfam* to open one's mouth ou trap / *tu ferais mieux de ne pas l'ouvrir!* you'd better keep your mouth ou trap shut! **5.** [commencer - hostilités] to open, to begin ; [- campagne, récit, enquête] to open, to start ; [- bal, festival, conférence, saison de chasse] to open / *la scène qui ouvre la pièce* the opening scene of the play / *l'indice qui a ouvert la séance à la Bourse* the opening share prices on the Stock Exchange today / *voici le candidat qui ouvre notre grand concours* here's the first contestant to enter our competition **6.** [rendre accessible - chemin, voie] to open (up), to clear ; [- frontière, filière] to open / *il ouvrait un sentier au coupe-coupe* he cleared a path with a machete / *des policiers lui ont ouvert un passage parmi ses fans* policemen cleared a way for her through the crowd of fans / *ouvrir son pays* ou *ses frontières aux réfugiés politiques* to open up one's country ou to open one's borders to political refugees / *ils refusent d'ouvrir leur marché aux produits européens* they refuse to open up their market to European products / *il faut ouvrir l'université à tous* universities must be open to all / *pourquoi ne pas ouvrir cette formation à de jeunes chômeurs?* why not make this form of training available to young unemployed people? / *le diplôme vous ouvre de nombreuses possibilités* the diploma opens up a whole range of possibilities for you **7.** [créer - boutique, cinéma, infrastructure] to open ; [- entreprise] to open, to set up (*sép*) / *ouvrir une nouvelle salle dans un musée* to open a new room in a museum **8.** [faire fonctionner - radiateur, robinet] to turn on (*sép*) ; [- circuit électrique] to open / *ouvre la télé fam* turn ou switch the TV on ▸ **ouvrir l'eau / l'électricité / le gaz** *fam* to turn on the water / the electricity / the gas **9.** [être en tête de - défilé, procession] to lead / *ouvrir la marche* to lead the march, to walk in front / *c'est son nom qui ouvre la liste* her name is (the) first on the list **10.** [inciser - corps] to open (up), to cut open ; [- panaris] to lance, to cut open / *ils l'ont ouvert de la cheville au genou fam* they opened up ou cut open his leg from the ankle to the knee **11.** SPORT : *ouvrir le jeu* to open play / *essayez d'ouvrir un peu plus la partie* try to play a more open game ▸ **ouvrir la marque** ou **le score** **a)** [gén] to open the scoring **b)** FOOT to score the first goal / *il vient d'ouvrir la marque pour son équipe* he's just put his team on the board ▸ **ouvrir la piste** SKI to open the run **12.** BANQUE [compte bancaire, portefeuille d'actions] to open ; [emprunt] to issue, to float ▸ **ouvrir un crédit à qqn** to give sb credit facilities ▸ **ouvrir un droit à qqn** [dans les assurances] to entitle sb to a claim **13.** JEUX to open ; (*en usage absolu*) ▸ **ouvrir à cœur** **a)** CARTES to open (the bidding) in hearts **b)** [commencer le jeu] to open ou to lead with a heart **14.** NAUT : *ouvrir une voile* to brace a sail / *ouvrir un port / une baie* to open a port / bay **15.** ÉLECTR to break, to open **16.** TEXT to open. ◆ vi **1.** [boutique, restaurant, spectacle] to (be) open / *le supermarché ouvre de 9 h à 22 h* the supermarket is open ou opens from 9 a.m. to 10 p.m. / *le musée ouvrira bientôt au public* the museum will soon be open to the public / *la chasse au faisan / la conférence ouvrira en septembre* the pheasant season / the conference will open in September **2.** [couvercle, fenêtre, porte] to open / *le portail ouvre mal* the gate is difficult to open ou doesn't open properly.

❖ **ouvrir sur** v + prép **1.** [déboucher sur] to open onto / *le vasistas ouvre sur le parking* the fanlight opens onto ou looks out over the car park / *nos fenêtres ouvrent sur la piazza* our windows open out onto ou have a view of the piazza **2.** [commencer par] to open with / *le colloque ouvrira sur sa communication* her paper will open the conference, the conference will open with her paper **3.** SPORT ▸ **ouvrir sur qqn** to pass (the ball) to sb / *ouvrir sur l'aile gauche* to release the ball on the blind side / to the left wing.

❖ **s'ouvrir** ◆ vp (*emploi passif*) **1.** [boîte, valise] to open ; [chemisier, fermeture] to come undone ▸ **ça s'ouvre en dévissant** the top unscrews / *le toit s'ouvre en coulissant* the roof slides open / *la tente s'ouvre des deux côtés avec une fermeture à glissière* the tent can be unzipped on both sides / *la fenêtre de ma chambre*

s'ouvre mal the window in my room is difficult to open ou doesn't open properly **2.** [être inauguré] to open / *la nouvelle ligne Paris-Bordeaux s'ouvrira en décembre* the new Paris to Bordeaux line will open ou be opened in December. ◆ vpt [se couper - personne] : *il s'est ouvert l'arcade sourcilière* he's got a gash above the eye / *je me suis ouvert le pied sur un bout de verre* I've cut my foot (open) on a piece of glass ▸ **s'ouvrir les veines** to slash ou to cut one's wrists. ◆ vpi **1.** [se desserrer, se déplier - bras, fleur, huître, main] to open ; [- aile] to open (out), to spread, to unfold ; [- bouche, œil, paupière, livre, rideau] to open / *ces fleurs s'ouvrent quand le soir tombe* these flowers open at nightfall **2.** [se fendre - foule, flots] to part ; [- sol] to open up ; [- melon] to open, to split (open) / *la cicatrice s'est ouverte* the scar has opened up / *les flots s'ouvrirent* the sea parted **3.** [boîte, valise - accidentellement] to (come) open **4.** [fenêtre, portail] to open / *la fenêtre s'ouvrit brusquement* the window flew ou was flung ou was thrown open / *la porte s'ouvre sur la pièce / dans le couloir* the door opens into the room / out into the corridor **5.** [s'épancher] to open up / *sans s'ouvrir entièrement, elle m'a confié que...* without opening up completely to me, she confided that... / *il éprouvait le besoin de s'ouvrir* he felt the need to talk to somebody ▸ **s'ouvrir à qqn de qqch** to open one's heart to sb about sthg, to confide in sb about sthg / *elle ne s'en est jamais ouverte à moi* she's never confided in me ou she's never opened her heart to me about it ▸ **s'ouvrir de qqch** to open up about sthg / *il finit par s'ouvrir de ses problèmes* he eventually talked openly ou opened up about his problems **6.** [débuter - bal, conférence] ▸ **s'ouvrir par** to open ou to start with **7.** [se présenter - carrière] to open up / *toutes les carrières de l'informatique s'ouvrent devant lui* all kinds of careers in computing are opening up for him / *un avenir radieux s'ouvrait devant nous* a bright future opened up before us.
❖ **s'ouvrir à** vp + prép [des idées, des influences] : *s'ouvrir à des cultures nouvelles* to become aware of new cultures / *s'ouvrir à la poésie* to become sensitive to poetry / *leur pays s'ouvre peu à peu au commerce extérieur* their country is gradually opening up to foreign trade.

ouvroir [uvrwaʀ] nm [dans un couvent] workroom ; [dans une paroisse] sewing room.

ouzbek [uzbɛk] ◆ adj Uzbek. ◆ nm LING Uzbek.
❖ **Ouzbek** nmf Uzbek.

Ouzbékistan [uzbekistɑ̃] npr m ▸ **(l')Ouzbékistan** Uzbekistan.

ouzo [uzo] nm ouzo.

ovaire [ɔvɛʀ] nm ovary.

ovalbumine [ɔvalbymin] nf ovalbumin.

ovale [ɔval] ◆ adj [en surface] oval ; [en volume] egg-shaped, ovoid. ◆ nm **1.** [forme] oval / *son visage était d'un ovale parfait* her face was a perfect oval **2.** TEXT throwing mill.

ovalie [ɔvali] nf *fam* ▸ **l'ovalie** the world of rugby.

ovaliser [3] [ɔvalize] vt to make oval, to turn into an oval.

ovariectomie [ɔvaʀjɛktɔmi] nf ovariectomy, oophorectomy.

ovarien, enne [ɔvaʀjɛ̃, ɛn] adj ovarian.

ovarite [ɔvaʀit] nf ovaritis, oophoritis.

ovation [ɔvasjɔ̃] nf ovation / *le public lui a fait une véritable ovation* the audience gave her a real ovation / *ils se sont tous levés pour lui faire une ovation* he got a standing ovation.

ovationner [3] [ɔvasjɔne] vt ▸ **ovationner qqn** to give sb an ovation / *le groupe s'est fait ovationner pendant 10 minutes* the group were given a 10-minute standing ovation.

overbooking [ovœʀbukiŋ] nm overbooking / *cette compagnie fait souvent de l'overbooking* this company often overbooks.

overdose [ɔvœʀdoz] nf **1.** [surdose] overdose **2.** *fam & fig* overdose, OD / *j'ai eu une overdose de chocolat à Noël* I overdosed on chocolate at Christmas.

Ovide [ɔvid] npr Ovid.

oviducte [ɔvidykt] nm oviduct.

ovin, e [ɔvɛ̃, in] adj ovine.
❖ **ovin** nm ovine, sheep.

oviné [ɔvine] nm [mouton] ovine ; [chèvre] caprid.

ovipare [ɔvipaʀ] ◆ adj oviparous *spéc*, egg-laying. ◆ nmf egg-laying ou oviparous *spéc* animal.

oviparité [ɔvipaʀite] nf oviparity, egg laying.

ovni [ɔvni] (abr de **objet volant non identifié**) nm UFO / *c'est un véritable ovni* it's like something from another planet.

ovocyte [ɔvɔsit], **oocyte** [ɔɔsit] nm BIOL oocyte.

ovogenèse [ɔvɔʒənɛz] nf oogenesis.

ovogonie [ɔvɔgɔni] nf oogonium.

ovoïde [ɔvɔid], **ovoïdal, e, aux** [ɔvɔidal, o] adj egg-shaped, ovoid.

ovotide [ɔvɔtid] nm ootid.

ovovivipare [ɔvɔvivipaʀ] ◆ adj ovoviviparous. ◆ nmf ovoviviparous animal.

ovoviviparité [ɔvɔvivipaʀite] nf ovoviviparity.

ovulaire [ɔvylɛʀ] adj ovular.

ovulation [ɔvylasjɔ̃] nf ovulation / *pendant la période d'ovulation* during ovulation.

ovulatoire [ɔvylatwaʀ] adj ovulation *(modif).*

ovule [ɔvyl] nm **1.** PHYSIOL ovum **2.** BOT & ZOOL ovule **3.** PHARM pessary.

ovuler [3] [ɔvyle] vi to ovulate.

oxacide [ɔksasid] nm oxyacid, oxygen acid.

oxalide [ɔksalid] nf oxalis, wood sorrel.

oxalique [ɔksalik] adj ▸ **acide oxalique** oxalic acid.

oxalis [ɔksalis] nm = **oxalide.**

oxford [ɔksfɔʀd] nm [tissu] Oxford (cloth).

oxfordien, enne [ɔksfɔʀdjɛ̃, ɛn] adj Oxfordian.
❖ **Oxfordien, enne** nm, f Oxfordian.

oxhydrique [ɔksidʀik] adj oxyhydrogen *(modif).*

oxhydryle [ɔksidʀil] nm hydroxyl.

oxonium [ɔksɔnjɔm] nm oxonium.

oxyacétylénique [ɔksiasetilenik] adj oxyacetylene.

oxycarboné, e [ɔksikaʀbɔne] adj CHIM oxycarburetted.

oxychlorure [ɔksiklɔʀyʀ] nm oxychloride.

oxydable [ɔksidabl] adj liable to rust, oxidizable ▸ **facilement oxydable** which rusts easily.

oxydant, e [ɔksidɑ̃, ɑ̃t] adj oxidizing.
❖ **oxydant** nm oxidant, oxidizer, oxidizing agent.

oxydase [ɔksidaz] nf oxidase.

oxydation [ɔksidasjɔ̃] nf oxidation.

oxyde [ɔksid] nm oxide.

oxyder [3] [ɔkside] vt to oxidize.
❖ **s'oxyder** vpi to become oxidized.

oxydérurgie [ɔksideʀyʀʒi] nf oxygen metallurgy.

oxydoréductase [ɔksidɔʀedyktaz] nf oxidoreductase.

oxydoréduction [ɔksidɔʀedyksjɔ̃] nf oxidation-reduction.

oxygénation [ɔksiʒenasjɔ̃] nf oxygenation.

oxygène [ɔksiʒɛn] nm **1.** CHIM oxygen **2.** *fig* : *j'ai besoin d'oxygène* I need some fresh air.

oxygéné, e [ɔksiʒene] adj CHIM oxygenated.

oxygéner [18] [ɔksiʒene] vt **1.** CHIM to oxygenate **2.** [cheveux] to bleach, to peroxide.
❖ **s'oxygéner** vpi to get some fresh air.
✎ In reformed spelling (see p. 16-19), this verb is conjugated like ***semer***: ***il oxygènera, elle oxygènerait.***

oxygénothérapie [ɔksiʒenɔteʀapi] nf MÉD oxygenation.

oxyhémoglobine [ɔksiemɔglɔbin] nf oxyhaemoglobin.

oxymore [ɔksimɔʀ], **oxymoron** [ɔksimɔʀɔ̃] nm oxymoron.

oxysulfure [ɔksisylfyʀ] nm oxysulphide.

oxyure [ɔksjyʀ] nm oxyuris *spéc*, pinworm.

oxyurose [ɔksjyʀoz] nf oxyuriasis, enterobiasis.

oyat [ɔja] nm lyme grass.

ozalid [ɔzalid] nm ozalid.

ozonation [ɔzɔnasjɔ̃] nf ozonation.

ozone [ozɔn] nm ozone ▸ **la couche d'ozone** the ozone layer / **'préserve la couche d'ozone'** [sur produit] 'ozone-friendly'.

ozoner [ɔzɔne] vt to sterilize using ozone.

ozoneur [ɔzɔnœʀ] nm ozone sterilizer.

ozonide [ozɔnid] nm ozonide.

ozonisation [ozɔnizasjɔ̃] nf ozonization.

ozoniser [3] [ozɔnize] vt to ozonize.

ozoniseur [ozɔnizœʀ] nm ozonizer.

ozonosphère [ozɔnɔsfɛʀ] nf ozonosphere, ozone layer.

p, P [pe] nm p, P. **Voir aussi g.**

p 1. (abr écrite de **pico**) p **2.** (abr écrite de **page**) p **3.** (abr écrite de **passable**) *fair grade (as assessment of schoolwork)* ; ≃ C **4.** abr écrite de **pièce.**

P. (abr écrite de **Père**) F.

PA abr écrite de **petites annonces.**

Pa (abr écrite de **pascal**) Pa.

PAC, Pac [pak] (abr de **politique agricole commune**) nf CAP.

PACA, Paca [paka] (abr de **Provence-Alpes-Côte d'Azur**) npr f *southern French region.*

pacage [pakaʒ] nm **1.** [lieu] pasture, grazing-land **2.** [action] grazing.

pacager [17] [pakaʒe] ◆ vi to graze. ◆ vt to (put out to) graze.

pacane [pakan] nf pecan (nut).

pacemaker [pɛsmekœʀ] nm (cardiac) pacemaker.

pacha [paʃa] nm **1.** HIST pasha **2.** *fam & fig* : ***mener une vie de pacha*** to live like a lord, to live a life of ease **3.** NAUT skipper.

pachto [paʃto] nm LING Pashto.

pachyderme [paʃidɛʀm] ◆ adj pachydermal, pachydermatous. ◆ nm **1.** ZOOL elephant, pachyderm *spéc* **2.** [personne] (great) elephant.

pachydermie [paʃidɛʀmi] nf pachydermia.

pacificateur, trice [pasifikatœʀ, tʀis] ◆ adj [réconciliateur] placatory, pacifying, pacificatory ; POL peacemaking. ◆ nm, f pacifier, peacemaker ; POL peacemaker.

pacification [pasifikasjɔ̃] nf [gén & POL] pacification.

pacifier [9] [pasifje] vt to pacify / ***pacifier les esprits*** to pacify people, to calm people down.

pacifique [pasifik] ◆ adj **1.** POL [pays, gouvernement] peace-loving **2.** [non militaire] peaceful, non-military / ***exploitation pacifique de l'atome*** harnessing atomic power for peaceful purposes **3.** [débonnaire] peaceable **4.** [fait dans le calme] peaceful. ◆ nmf peace-loving person.

Pacifique [pasifik] npr m ▸ **le Pacifique** the Pacific (Ocean).

pacifiquement [pasifikmɑ̃] adv **1.** POL peacefully, pacifically / ***le changement de régime s'est fait pacifiquement*** the change of regime was achieved by peaceful means **2.** [sans colère] peaceably, peacefully.

pacifisme [pasifism] nm pacifism.

pacifiste [pasifist] adj & nmf pacifist.

pack [pak] nm **1.** SPORT pack **2.** GÉOGR pack ice **3.** COMM pack / ***un pack de bière*** a pack of beer / ***acheter des yaourts en pack*** to buy a pack of yoghurts.

package [pakadʒ] nm package holiday.

packager, packageur [pakaʒœʀ] nm packager.

packaging [pakadʒiŋ] nm packaging.

pacotille [pakɔtij] nf [camelote] cheap junk.

❖ **de pacotille** loc adj cheap ▸ **des bijoux de pacotille** baubles *péj*, trinkets *péj.*

pacquage [pakaʒ] nm barrelling (of salt fish).

pacquer [3] [pake] vt to barrel.

PACS [paks] (abr de **pacte civil de solidarité**) nm civil partnership *(between same-sex or opposite-sex couples).*

pacsé, e [pakse] nm, f *fam person who has signed a PACS agreement* ; ≃ (life) partner.

pacser ❖ **se pacser** vpi *fam* to enter a civil partnership.

pacson [paksɔ̃] nm *tfam* **1.** [colis] parcel, package **2.** [somme d'argent] : ***il a touché un sacré pacson*** he won a packet UK ou bundle US.

pacte [pakt] nm **1.** [gén] agreement / ***faire un pacte*** to make an agreement **2.** POL pact, treaty, agreement ▸ **pacte de non-agression** non-aggression pact.

pactiser [3] [paktize] ❖ **pactiser avec** v + prép **1.** [conclure un accord avec] to make a deal ou pact with / ***pactiser avec l'ennemi*** to make a deal ou pact with the enemy **2.** [transiger avec] to collude with, to connive at ▸ **pactiser avec le crime** to condone crime ▸ **pactiser avec sa conscience** to stifle one's conscience.

pactole [paktɔl] nm [profit] gold mine *fig* / ***on peut se faire un joli pactole dans le pétrole*** there are rich pickings to be had in the oil business ; [gros lot] jackpot.

paddock [padɔk] nm **1.** [enclos] paddock **2.** *tfam* [lit] bed / ***aller au paddock*** to hit the sack ou hay.

paddy [padi] nm paddy (rice).

padouan, e [padwɑ̃, an] adj Paduan.

❖ **Padouan, e** nm, f *inhabitant of or person from Padua.*

Padoue [padu] npr Padua.

paella [paɛla] nf paella.

paf[1] [paf] adj inv *fam* sloshed, plastered.

paf[2] [paf] onomat bam, wham.

PAF [paf] ◆ npr f abr de **Police de l'air et des frontières.** ◆ nm abr de **paysage audiovisuel français.**

pagaie [pagɛ] ◆ v ⟶ **payer.** ◆ nf [rame] paddle.

pagaille, pagaïe [pagaj] nf *fam* [désordre] mess, shambles / ***pour mettre la pagaille, t'es champion*** when it comes to making a mess, you're unbeatable / ***arrête de mettre la pagaille dans mes affaires*** stop messing up my things.

❖ **en pagaille** loc adv *fam* **1.** [en désordre] ▸ **mettre qqch en pagaille** to mess sthg up **2.** [en quantité] : ***ils ont de l'argent en pagaille*** they've got loads of money.

paganiser [3] [paganize] vt to paganize.

paganisme [paganism] nm paganism.

pagaye [pagaj] nf = **pagaille.**

pagayer [11] [pageje] vi to paddle.

pagayeur, euse [pagɛjœʀ, øz] nm, f paddler.

page[1] [paʒ] nm HIST page (boy) / ***il avait les cheveux coupés à la page*** he had a page-boy haircut.

page[2] [paʒ] nf **1.** [rectangle de papier] page ▸ **page blanche** blank page / ***arracher les pages d'un livre*** to tear pages ou leaves out of a book / ***suite de l'article en page cinq*** (article) continued on page five / ***c'est en bas de page*** it's at the bottom of the page / ***une lettre de huit pages*** an eight-page letter ▸ **mettre en page** IMPR to make up (into pages) ▸ **page de garde** flyleaf ▸ **les Pages Jaunes®** TÉLÉC Yellow Pages® ▸ **tourner une page a)** *pr* to turn (over) a page **b)** *fig* to turn over a new leaf / ***une page politique vient d'être tournée avec la mort du sénateur*** the death of the senator marks the end of a (political) era ▸ **tourner la page** to make a fresh start, to put something behind one **2.** [extrait] passage, excerpt / ***des pages inoubliables*** unforgettable passages / ***quelques très belles pages de Proust*** some very beautiful passages ou excerpts from Proust / ***et maintenant, une page musicale*** RADIO and now for some music ▸ **une page de publicité** RADIO & TV a commercial break ▸ **pages choisies** selected (prose) passages **3.** [épisode] page, chapter / ***quelques pages de notre histoire*** some pages ou chapters in our history **4.** INFORM page ▸ **page d'accueil** home page ▸ **page d'imprimante** printed page.

❖ **à la page** loc adj up to the-minute, up-to-date / ***tu n'es plus à la page du tout !*** you're completely out of touch ou out of it !

page-écran [paʒekʀɑ̃] (*pl* **pages-écrans**) nf INFORM screenful.

pagel [paʒɛl] nm sea bream.

pageot [paʒo] nm *tfam* bed / ***aller au pageot*** to hit the sack ou hay.

pager [pɛʒœʀ] nm INFORM pager.

pagination [paʒinasjɔ̃] nf **1.** IMPR pagination, page numbering / ***il y a une erreur de pagination*** the pages have been numbered wrongly **2.** INFORM page numbering, paging.

paginer [3] [paʒine] vt to paginate, to number the pages of.

pagne [paɲ] nm [en tissu] loincloth, pagne ; [en rafia] grass skirt.

pagode [pagɔd] nf **1.** ARCHIT pagoda **2.** COUT ▸ **(manche) pagode** pagoda sleeve.

pagre [pagʀ] nm Couch's sea bream UK.

pagure [pagyʀ] nm hermit crab.

paie [pɛ] ◆ v ⟶ **payer.** ◆ nf **1.** [salaire] pay, wages ▸ **toucher sa paie** to be paid / ***c'est le jour de paie*** it's payday **2.** EXPR **ça fait une (sacrée) paie** *fam* it's been ages.

paiement [pɛmɑ̃] nm payment / ***faire*** ou ***effectuer un paiement*** to make a payment / ‘**les paiements par**

chèques ne sont plus acceptés' 'cheques are no longer accepted' ▸ **paiement comptant** cash payment ▸ **paiement mensuel** monthly payment ▸ **paiement différé** deferred payment.

païen, enne [pajɛ̃, ɛn] ◆ adj pagan, heathen. ◆ nm, f **1.** [polythéiste] pagan, heathen **2.** *sout* [athée] atheist, pagan / *jurer comme un païen* to swear like a trooper.

paierie [pɛʀi] nf cash desk, disbursements office.

paillage [pajaʒ] nm **1.** HORT (straw) mulching ▸ **paillage plastique** polythene ou plastic mulching **2.** [d'un siège] straw (bottom).

paillard, e [pajaʀ, aʀd] ◆ adj [personne] bawdy, coarse ; [chanson] dirty ; [histoire] dirty, smutty. ◆ nm, f libertine.

paillardise [pajaʀdiz] nf **1.** [caractère] bawdiness, coarseness **2.** [histoire] dirty ou smutty story.

paillasse¹ [pajas] nf **1.** [matelas grossier] straw ou straw-filled mattress ▸ **crever la paillasse à qqn** *tfam* to do sb in **2.** [d'un évier] drainer, draining board UK drainboard US.

paillasse² [pajas] nm clown.

paillasson [pajasɔ̃] nm **1.** [d'une entrée] doormat **2.** *fam* [personne] : *elle le traite comme un paillasson* she treats him like a doormat / *c'est le paillasson du directeur* the manager treats him like a doormat **3.** HORT (straw) mulch.

paillassonner [3] [pajasɔne] vt [espalier, châssis] to mulch (with straw).

paille [paj] ◆ nf **1.** [chaume] straw ▸ **paille de blé** wheat straw ▸ **paille de riz** rice straw ▸ **il est sur la paille** he's penniless ▸ **mettre qqn sur la paille** to ruin sb ▸ **mourir sur la paille** to die penniless ▸ **sur la paille humide des cachots** behind bars ▸ **une paille!** *fam* a mere bagatelle! **2.** [tige] piece of straw, straw ▸ **voir la paille dans l'œil du prochain et ne pas voir la poutre dans le sien** *allusion* BIBLE to see the mote in one's brother's eye but not the beam in one's own ▸ **tirer à la courte paille** to draw straws **3.** [pour boire] (drinking) straw ▸ **boire avec une paille** to drink through a straw **4.** MÉTALL flaw ▸ **paille de fer** steel wool. ◆ adj inv straw-coloured.

paillé, e [paje] adj **1.** [siège] straw-bottomed **2.** MÉTALL flawed.

paille-en-queue [pajɑ̃kø] (*pl* **pailles-en-queue**) nm tropicbird.

pailler¹ [paje] nm [grenier] straw loft ; [cour] straw yard ; [meule] straw stack.

pailler² [3] [paje] vt **1.** [siège] to straw-bottom **2.** HORT to (straw) mulch.

pailletage [pajtaʒ] nm [d'une robe] spangling.

pailleté, e [pajte] adj [robe] sequined ; [maquillage] glittery.

pailleter [27] [pajte] vt [vêtement] to spangle ; [maquillage, coiffure] to put glitter on.

In reformed spelling (see p. 16-19), this verb is conjugated like *acheter*: *il paillète, elle paillètera.*

paillette [pajɛt] nf **1.** COUT sequin, spangle ▸ **une robe à paillettes** a sequined dress **2.** [parcelle -d'or] speck ; [-de quartz, de mica] flake ; [-de savon] flake.

❖ **paillettes** nfpl ARM chaff (*U*) (*metallic foil*).

pailleux, euse [pajø, øz] adj **1.** [fumier] strawy **2.** MÉTALL flawed.

paillis [paji] nm AGR mulch.

paillon [pajɔ̃] nm **1.** [pour une bouteille] straw wrapper ou case **2.** JOAILL (jeweller's) foil.

paillote [pajɔt] nf straw hut.

pain [pɛ̃] nm **1.** [baguette] French stick UK French loaf ; [boule] round loaf (of bread), cob / *pain de deux / quatre livres* long two-pound / four-pound loaf ▸ **pain azyme** unleavened bread ▸ **pain bénit** consecrated bread ▸ **c'est pain bénit** *fig* that's a godsend ▸ **pain biologique** organic wholemeal UK ou wholewheat US loaf ▸ **pain bis** ou QUÉBEC **brun** brown loaf ▸ **pain de blé entier** QUÉBEC wholemeal, UK ou wholewheat US loaf ▸ **pain brioché** brioche-like bread ▸ **pain aux céréales** granary bread ▸ **pain au chocolat** pain au chocolat (*chocolate-filled roll*) ▸ **pain de campagne** farmhouse loaf ▸ **pain complet** wholemeal UK ou wholewheat US loaf ▸ **pain d'épices** ≃ gingerbread ▸ **pain français** QUÉBEC French loaf, French stick UK ▸ **pain de Gênes** ≃ Genoa cake ▸ **pain au lait** finger roll (*made with milk*) ▸ **pain de mie** sandwich bread ▸ **pain moulé** large tin loaf ▸ **pain parisien** thick French loaf ▸ **pain de seigle** rye bread ▸ **pain aux raisins** *circular pastry made with sweetened dough and raisins* ▸ **pain viennois** Vienna loaf ▸ **gros pain** farmhouse bread (*sold by weight*) ▸ **petits pains** (bread) rolls **2.** [substance] bread ▸ **un peu de pain** a bit ou piece of bread / *un gros morceau de pain* a chunk of bread ▸ **mettre qqn au pain sec et à l'eau** to put sb on dry bread and water ▸ **pain grillé** toast ▸ **pain perdu, pain doré** French toast ▸ **notre pain quotidien** our daily bread / *la maladie, les soucis d'argent, c'était son pain quotidien* illness and money worries were her daily lot ▸ **être bon comme du bon pain** to be the salt of the earth ▸ **long comme un jour sans pain** interminable, endless ▸ **avoir du pain sur la planche** to have one's work cut out ▸ **enlever** ou **retirer** ou **ôter le pain de la bouche à qqn** to take the bread out of sb's mouth **3.** [préparation] loaf / *pain de poisson* fish loaf / *pain de courgettes* courgette loaf **4.** [bloc] ▸ **pain de cire** / **savon** bar of wax / soap ▸ **pain à cacheter** bar of (sealing) wax ▸ **pain de glace** block of ice ▸ **pain de sucre** CULIN sugarloaf ▸ **le Pain de Sucre** GÉOGR Sugarloaf Mountain **5.** *tfam* [coup] smack / *je lui ai filé un de ces pains!* I socked him one!

❖ **pain brûlé** loc adj [tissu, peinture] dark brown ; [peau] brown as a berry.

pair¹ [pɛʀ] nm **1.** [noble] peer **2.** [égal] peer / *jugé par ses pairs* judged by one's peers ▸ **parler** ou **traiter de pair à compagnon avec** *litt* to be on an equal footing with **3.** BOURSE par (value) / *emprunt émis au-dessus du pair* loan issued above par ; FIN par (rate of exchange) / *pair d'une monnaie* par of a currency.

❖ **au pair** ◆ loc adj : *jeune fille au pair* au pair girl. ◆ loc adv ▸ **travailler au pair** to work as an au pair / *elle travaille au pair en Hollande* she works as an au pair in Holland.

❖ **de pair** loc adv together / *la méchanceté va souvent de pair avec la bêtise* nastiness often goes together ou hand in hand with stupidity.

❖ **hors pair, hors de pair** loc adj outstanding, unrivalled UK unrivaled US / *c'est un cuisinier hors pair* he's an outstanding cook / *dans son domaine il est hors de pair* he is unequalled in his field.

pair², e [pɛʀ] adj even / *jouer un chiffre pair* to bet on an even number / *habiter du côté pair* to live on the even-numbered side of the street / *stationnement les jours pairs seulement* parking on even dates only.

pairage [pɛʀaʒ] nm TV twinning.

paire [pɛʀ] nf **1.** [de ciseaux, chaussures] pair ; [bœufs] yoke / *une paire de chaussettes / draps* a pair of socks / sheets ▸ **une paire de faisans** / **pistolets** a brace of pheasants / pistols / *si tu continues, tu vas recevoir une paire de gifles* if you go on like this, you'll get your face slapped ▸ **c'est une autre paire de manches** that's a different kettle of fish ▸ **se faire la paire** *fam* to beat it, to clear off **2.** LING ▸ **paire minimale** minimal pair.

pairesse [pɛʀɛs] nf **1.** [en Grande-Bretagne] peeress **2.** [épouse d'un pair] wife of a peer.

pairie [pɛʀi] nf peerage.

paisible [pezibl] adj **1.** [doux] peaceful, quiet / *un homme paisible* a quiet man **2.** [serein] quiet, calm, peaceful / *mener une vie calme et paisible* to lead a quiet, peaceful existence / *le bébé dort d'un sommeil paisible* the baby is sleeping peacefully **3.** [silencieux] calm, quiet / *nous habitons un quartier très paisible* we live in a very quiet part of town.

paisiblement [peziblәmɑ̃] adv **1.** [dormir] peacefully, quietly **2.** [parler, discuter] calmly.

paissait v ⟶ paître.

paissance [pesɑ̃s] nf free grazing (*on common land*).

paître, paitre* [91] [pɛtʀ] ◆ vi [animaux] to graze / *faire paître le bétail* to graze the cattle, to put the cattle out to graze / *mener paître les vaches* to take the cows to graze. ◆ vt [suj: animal] to feed on, to graze (on).

paix [pɛ] nf **1.** MIL & POL peace / *demander la paix* to sue for peace / *une menace pour la paix mondiale* a threat to world peace / *pourparlers / offres de paix* peace talks / proposals / *négocier la paix* to negotiate peace ▸ **en temps de paix** in peacetime ▸ **faire la paix** to make peace / *signer / ratifier un traité de paix* to sign / to ratify a peace treaty ▸ **paix séparée** / **armée** separate / armed peace ▸ **la paix des braves** an honourable peace ▸ **paix romaine** Pax Romana ▸ **si tu veux la paix, prépare la guerre** *prov* if you wish for peace, prepare for war **2.** [ordre] peace / *troubler la paix publique* to disturb public order ou the peace / *favoriser la paix sociale* to promote social peace **3.** [entente] peace / *vivre en paix* to live in peace / *il a enfin fait la paix avec sa sœur* he finally made his peace with ou made up with his sister / *je suis pour la paix des ménages* I'm against stirring things up between couples **4.** [repos] peace, quiet / *j'ai enfin la paix depuis qu'il est parti* I've at last got some peace and quiet now that he's left ▸ **laisse-moi en paix!** leave me alone! / *fiche-moi la paix!* *fam* buzz off!, clear off! / *fous-moi la paix!* *tfam* sod off! UK get the hell out of here! ▸ **la paix!** *fam* quiet!, shut up! **5.** [sérénité] peace / *trouver la paix de l'âme* to find inner peace / *avoir la conscience en paix* to have a clear conscience ▸ **paix à ses cendres** God rest his soul ▸ **qu'il repose en paix, paix à son âme** may he ou his soul rest in peace **6.** *sout* [harmonie] peace, peacefulness / *la paix du soir à la campagne* peaceful evenings in the countryside.

Pakistan [pakistɑ̃] npr m ▸ **le Pakistan** Pakistan ▸ **au Pakistan** in Pakistan.

pakistanais, e [pakistanɛ, ɛz] adj Pakistani.

❖ **Pakistanais, e** nm, f Pakistani.

pal [pal] nm stake, pale / *le supplice du pal* torture by impalement.

PAL, Pal [pal] (abr de **Phase Alternation Line**) adj PAL.

palabre [palabʀ] nf ou nm HIST palaver ▸ **arbre à palabres** AFR palaver tree, village meeting tree.

❖ **palabres** nfpl *péj* [discussion oiseuse] endless talk / *à ces réunions, ce ne sont que des palabres* these meetings are just talking shops *péj.*

palabrer [3] [palabʀe] vi to talk endlessly / *vous ne faites que palabrer* all you ever do is talk.

palace [palas] nm luxury hotel.

> ⚠ Le mot anglais **palace** signifie « palais » et non palace.

paladin [paladɛ̃] nm **1.** HIST paladin **2.** *litt* [redresseur de torts] knight in shining armour, righter of wrongs.

palais [palɛ] nm **1.** [bâtiment] palace ▸ **palais des congrès** convention centre ▸ **palais des expositions** exhibition hall ▸ **palais des sports** sports stadium ; [monument] : *le palais Farnèse* the Farnese Palace ▸ **le palais Garnier** *the (old) Paris opera house* ▸ **le palais de l'Institut** *seventeenth-century building on the left bank of the Seine housing the tomb of Mazarin, the bibliothèque Mazarine and the Institut de France* ▸ **le palais des Papes** *the Papal Palace in Avignon* **2.** DR ▸ **le palais de justice** the law courts **3.** ANAT palate ▸ **palais dur** / **mou** hard / soft palate **4.** [organe du goût] palate / *elle a le palais fin* she has a refined palate / *un goût qui flatte le palais* a flavour that delights the taste buds ou palate.

> **Palais des Papes**
>
> This historic building, dating from the 13th and 14th centuries, is the prestigious venue for the most important events of the **Festival d'Avignon.**

*In reformed spelling (see p. 16-19).

Palais-Bourbon [palɛburbɔ̃] npr m the French National Assembly.

Palais-Royal [palɛrwajal] npr m *palace and gardens built for Cardinal Richelieu, which later became a popular place of leisure and now houses the Théâtre-Français, the Conseil d'État and the Ministry of Culture.*

palan [palɑ̃] nm hoist ▸ **palan manuel** block and tackle.

palangre [palɑ̃gr] nf long line (and snoods) ▸ **palangre à cuiller** trolling line ▸ **maître palangre** long line.

palanque [palɑ̃k] nf (timber) stockade.

palanquée [palɑ̃ke] nf NAUT load.

palanquin [palɑ̃kɛ̃] nm **1.** [chaise] palanquin **2.** NAUT reef tackle.

palatal, e, aux [palatal, o] adj [voyelle] front ; [consonne] palatal.

❖ **palatale** nf [consonne] palatal consonant ; [voyelle] front vowel.

palatalisation [palatalizasjɔ̃] nf palatalization.

palatalisé, e [palatalize] adj palatalized.

palataliser [palatalize] vt PHON to palatalise.

palatial, e, aux [palasjal, o] adj palatial.

palatin, e [palatɛ̃, in] adj **1.** [du palais] palace *(modif)* **2.** [du Palatinat] Palatine *(modif)* **3.** ANAT palatine, palatal.

Palatin [palatɛ̃] npr m ▸ **le (mont) Palatin** the Palatine hill.

Palatinat [palatina] npr m ▸ **le Palatinat** the Palatinate.

palâtre [palatr] nm box (of lock).

pale [pal] nf **1.** [d'une hélice, d'une rame] blade ; [d'un bateau à aube] paddle **2.** [vanne] shut-off **3.** RELIG pall.

pâle [pal] adj **1.** [clair] pale ; [exsangue] pale, pallid ▸ **elle est toute pâle** she's all white ▸ **être pâle comme la mort** to be as pale as death ▸ **être pâle comme un linge** to be as white as a sheet ▸ **se faire porter pâle** *fam* to report sick **2.** [couleur] pale / *la pâle lueur de l'aube* the pale light of dawn / *une robe jaune pâle* a pale yellow dress **3.** [insipide] pale, weak / *elle nous a fait un pâle sourire* she smiled weakly ou faintly at us / *son spectacle n'est qu'une pâle imitation de l'œuvre* his show is nothing but a pale ou poor imitation of the book.

Voir encadré à l'article couleur.

paléanthropien, enne [paleɑ̃trɔpjɛ̃, ɛn] ◆ adj palaeoanthropic. ◆ nm, f palaeoanthropic man (woman).

palefrenier, ère [palfrənje, ɛr] nm, f [homme] stableman, ostler ; [femme] stable girl ; [garçon] stable boy.

palefroi [palfrwa] nm palfrey.

paléo- [paleo] préf paleo-.

paléoanthropologie [paleoɑ̃trɔpɔlɔʒi] nf palaeoanthropology UK, paleoanthropology US.

paléoanthropologue [paleoɑ̃trɔpɔlɔg] nmf palaeoanthropologist UK, paleoanthropologist US.

paléoasiatique [paleoazjatik] adj LING Paleo-Asiatic.

paléobotanique [paleobɔtanik] nf paleobotany.

paléocène [paleosɛn] adj & nm Palaeocene.

paléochrétien, enne [paleokretjɛ̃, ɛn] adj ART early Christian.

paléoclimat [paleoklima] nm paleoclimate.

paléoclimatologie [paleoklimatɔlɔʒi] nf paleoclimatology.

paléoécologie [paleoekɔlɔʒi] nf paleoecology.

paléoenvironnement [paleoɑ̃virɔnmɑ̃] nm paleoenvironment.

paléogène [paleoʒɛn] nm Paleogene period.

paléogéographie [paleoʒeɔgrafi] nf paleogeography.

paléographe [paleograf] ◆ adj paleographic. ◆ nmf paleographer.

paléographie [paleografi] nf paleography.

paléographique [paleografik] adj paleographic.

paléohistologie [paleoistɔlɔʒi] nf paleohistology.

paléolithique [paleolitik] ◆ adj Paleolithic. ◆ nm ▸ **le paléolithique** the Paleolithic period.

paléomagnétisme [paleomaɲetism] nm paleomagnetism.

paléontologie [paleɔ̃tɔlɔʒi] nf paleontology.

paléontologique [paleɔ̃tɔlɔʒik] adj paleontological.

paléontologiste [paleɔ̃tɔlɔʒist], **paléontologue** [paleɔ̃tɔlɔg] nmf paleontologist.

paléo-océanographie [paleoɔseanɔgrafi] nf paleo-oceanography.

paléosol [paleosɔl] nm paleosol.

paléozoïque [paleozɔik] ◆ adj Paleozoic. ◆ nm Paleozoic (age).

Palerme [palɛrm] npr Palermo.

palermitain, e [palɛrmitɛ̃, ɛn] adj Palermitan.

❖ **Palermitain, e** nm, f Palermitan.

paleron [palrɔ̃] nm chuck steak.

Palestine [palɛstin] npr f ▸ **(la) Palestine** Palestine.

palestinien, enne [palɛstinjɛ̃, ɛn] adj Palestinian.

❖ **Palestinien, enne** nm, f Palestinian.

palet [palɛ] nm **1.** SPORT puck **2.** JEUX [à la marelle] quoit.

paletot [palto] nm **1.** VÊT (short) jacket **2.** EXPR **tomber sur le paletot à qqn** *fam* : *il m'est tombé sur le paletot* he laid into me.

palette [palɛt] nf **1.** ART palette / *la palette de Cézanne fig* Cézanne's palette ou range of colours / *proposer toute une palette d'articles* to offer a wide choice ou range of articles **2.** CULIN shoulder **3.** NAUT paddle **4.** TECHNOL [instrument] pallet ; [pour la manutention] pallet, stillage **5.** PÊCHE (hook) eye.

palettisation [paletizasjɔ̃] nf COMM palletizing.

palettiser [3] [paletize] vt to palletize.

palettiseur [paletizœr] nm palletizing machine.

palétuvier [paletyvje] nm mangrove.

pâleur [palœr] nf [d'une couleur] paleness ; [du teint] pallor / *je fus frappé par sa pâleur* I was surprised to see how pale she looked.

pali, e [pali] adj Pali.

❖ **pali** nm Pali.

pâlichon, onne [paliʃɔ̃, ɔn] adj *fam* (a bit) pale ou peaky / *ça fait plaisir de voir que tu n'es plus aussi pâlichon* it's nice to see (that) you've got some colour back in your cheeks.

palier [palje] nm **1.** [plate-forme] landing ▸ **palier de repos** half-landing **2.** [niveau] stage, level / *le prix du pétrole reste au même palier* oil prices are staying (at the same) level ou have levelled out **3.** TRAV PUB level, flat **4.** AÉRON ▸ **voler en palier** to fly level **5.** MÉCAN bearing ▸ **palier lisse / à roulement** plain / rolling bearing.

❖ **par paliers** loc adv in stages, step by step / *la tension monte par paliers* tension is gradually mounting.

palière [paljɛr] adj f landing *(modif)*.

palimpseste [palɛ̃psɛst] nm palimpsest.

palindrome [palɛ̃drom] ◆ adj palindromic. ◆ nm palindrome.

palinodie [palinɔdi] nf palinode.

pâlir [32] [palir] vi **1.** [personne] to (turn ou go) pale / *pâlir de froid / peur* to turn pale with cold / fear ▸ **pâlir de jalousie / d'envie** to go green with jealousy / envy / *elle pâlit affreusement* she went ghastly pale / *elle a une voiture / un salaire à faire pâlir* her car / salary is enough to make anyone green with envy **2.** [couleur, lumière] to grow dim ou pale, to fade / *le soleil a fait pâlir le tissu du canapé* the sun has faded the couch material **3.** [gloire] to fade (away), to grow faint ou fainter, to dim / *mes souvenirs pâlissent avec le temps* my memories are fading (away) with the passage of time.

palis [pali] nm [alignement] fence, paling ; [pieu] stake, pale ; [enclos] enclosure.

palissade [palisad] nf **1.** [clôture - de pieux] fence, paling, palisade ; [- de planches] hoarding ; [- d'arbres] hedgerow **2.** MIL palisade.

palissader [3] [palisade] vt to fence in *(sép)*, to put a fence round.

palissadique [palisadik] adj BOT ▸ **tissu palissadique** palisade layer.

palissage [palisaʒ] nm [opération] training, trellising ; [support] trainer, trellis.

palissandre [palisɑ̃dr] nm rosewood, palissander.

pâlissant, e [palisɑ̃, ɑ̃t] adj [lumière] fading, growing ou becoming dim.

palisser [3] [palise] vt **1.** [plante] to train, to trellis **2.** [arbre fruitier] to espalier.

palladien, enne [paladjɛ̃, ɛn] adj Palladian.

palladium [paladjɔm] nm palladium.

Pallas [palas] npr Pallas.

palle [pal] RELIG = **pale**.

palléal, e, aux [paleal, o] adj ▸ **cavité palléale** mantle cavity.

palliatif, ive [paljatif, iv] adj palliative.

❖ **palliatif** nm **1.** MÉD palliative **2.** [expédient] palliative, stopgap measure.

pallier [9] [palje] vt [remédier à] to alleviate, to mitigate, to make up for.

❖ **pallier à** v + prép to make up for, to offset.

pallium [paljɔm] nm ANTIQ pallium.

Palma [palma] npr ▸ **Palma (de Majorque)** Palma (de Majorca).

palmacée [palmase] nf member of the Palmaceae ou Palmae.

palmaire [palmɛr] adj palmar.

palmarès [palmarɛs] nm [liste - de lauréats] prize list, list of prizewinners ; [- de sportifs] winners' list, list of winners ; [- de chansons] charts ▸ **être premier au palmarès** to top the charts, to be top of the pops / *avoir de nombreuses victoires à son palmarès* to have numerous victories to one's credit.

palmas [palmas] nfpl DANSE clapping.

palmature [palmatyr] nf palmation.

palme [palm] nf **1.** BOT [feuille] palm leaf ; [palmier] palm tree ▸ **huile / vin de palme** palm oil / wine **2.** [distinction] palm ▸ **la palme du martyre** the crown of martyrdom ▸ **la Palme d'or** *trophy awarded for best film at the Cannes film festival* ▸ **pour la goujaterie, c'est lui qui a la palme !** *hum* he's a prize lout ! ▸ **remporter la palme a)** [être le meilleur] to be the best **b)** *iron* to win hands down **3.** LOISIRS & SPORT flipper.

❖ **palmes** nfpl ▸ **palmes académiques** *decoration for services to education, the arts or science.*

palmé, e [palme] adj **1.** BOT palmate ; ZOOL palmate *spéc*, webbed **2.** EXPR **les avoir palmées** *fam* to be work shy.

palmer[1] [palmɛr] nm [instrument] micrometer.

palmer[2] [palmœr] nm PÊCHE palmer.

palmeraie [palmərɛ] nf palm grove.

palmette [palmɛt] nf **1.** HORT palmetto, dwarf fan-palm **2.** ARCHIT & ART palmette.

palmier [palmje] nm **1.** BOT palm (tree) ▸ **palmier dattier** date palm ▸ **palmier à huile** oil palm **2.** [pâtisserie] palmier *(large sweet pastry)*.

palmipède [palmipɛd] ◆ adj palmiped *spéc*, web-footed, web-toed. ◆ nm palmiped.

palmiste [palmist] nm palm-kernel.

palmite [palmit] nm palm heart.

palmitique [palmitik] adj m palmitic.

palmure [palmyr] nf ZOOL web.

Palmyre [palmir] npr Palmyra.

palombe [palɔ̃b] nf ringdove, woodpigeon.

palonnier [palɔnje] nm **1.** AÉRON rudder (bar) **2.** [d'un véhicule] rocking lever **3.** [en ski nautique] handle **4.** TECHNOL (lifting) beam ou leg.

pâlot, otte [palo, ɔt] adj *fam* (a bit) pale ▸ *bien pâlot, ton fils!* your boy's very pale ou pale-looking!

palourde [paluʀd] nf clam.

palpable [palpabl] adj **1.** [évident] palpable ▸ *des preuves palpables* palpable proof ou evidence **2.** [que l'on peut toucher] palpable **3.** [concret] tangible ▸ *des avantages palpables* tangible benefits.

palpation [palpasjɔ̃] nf palpation.

palpe [palp] nm palp, palpus.

palpébral, e, aux [palpebʀal, o] adj palpebral.

palper [3] [palpe] vt **1.** MÉD to palpate **2.** [tâter] to feel ▸ *palper un tissu* to finger a fabric **3.** *fam* [recevoir] : *elle a palpé une belle somme* she got a tidy sum.

palpeur [palpœʀ] nm sensor.

palpitant, e [palpitɑ̃, ɑ̃t] adj **1.** [passionnant] thrilling, exciting, exhilarating **2.** [frémissant] quivering, trembling.

❖ **palpitant** nm *fam* heart, ticker *tfam*.

palpitation [palpitasjɔ̃] nf **1.** [du cœur, des artères] pounding ; [des flancs] heaving ; [des paupières] fluttering **2.** *litt* [frémissement] quivering, trembling.

❖ **palpitations** nfpl palpitations ▸ **avoir des palpitations a)** [une fois] to have (an attack of) palpitations **b)** [souvent] to suffer from palpitations ▸ *descends de cette fenêtre, tu me donnes des palpitations!* get down from that window, you'll give me a heart attack!

palpiter [3] [palpite] vi **1.** [artère] to throb ; [paupière] to flutter ; [flancs] to quiver, to heave ▸ **son cœur palpitait violemment a)** PHYSIOL her heart was beating fast ou pounding **b)** [d'émotion] her heart was pounding ou throbbing ▸ *sa poitrine palpitait* her bosom was heaving **2.** *litt* [scintiller] : *les flammes palpitaient dans la cheminée* the flames were flickering in the fireplace.

palsambleu [palsɑ̃blø] interj *arch* gadzooks.

paltoquet [paltɔkɛ] nm *fam* **1.** *vieilli* [rustre] boor, peasant **2.** [personne insignifiante] pipsqueak.

palu [paly] nm *fam* malaria, paludism.

paluche [palyʃ] nf *fam* hand, paw, mitt.

paludarium [palydaʀjɔm] nm amphibian vivarium.

paludéen, enne [palydeɛ̃, ɛn] adj **1.** MÉD malarial **2.** [des marais] marsh *(modif)*, paludal.

paludier, ère [palydje, ɛʀ] nm, f salt-marsh worker.

paludisme [palydism] nm malaria, paludism.

palustre [palystʀ] adj **1.** MÉD malarial **2.** [des marais] marsh *(modif)*, paludal.

palynologie [palinɔlɔʒi] nf palynology.

pâmer [3] [pame] ❖ **se pâmer** vpi *litt* to swoon ▸ *se pâmer de rire* to be convulsed with laughter ▸ **se pâmer devant qqn** *hum* to swoon over sb ▸ *il se pâme devant les grands de 14 ans* he's overawed by the 14-year-olds.

Pamir [pamiʀ] npr m ▸ **le Pamir** the Pamirs.

pâmoison [pamwazɔ̃] nf *hum* swoon, fainting fit ▸ *tomber en pâmoison* to swoon.

pampa [pɑ̃pa] nf pampas.

Pampelune [pɑ̃plyn] npr Pamplona.

pamphlet [pɑ̃flɛ] nm lampoon, squib.

pamphlétaire [pɑ̃fletɛʀ] ◆ adj [ton, esprit] pamphleteering. ◆ nmf lampoonist, pamphleteer.

pampille [pɑ̃pij] nf pendant.

pamplemousse [pɑ̃pləmus] nm ou nf grapefruit, pomelo US.

pamplemoussier [pɑ̃pləmusje] nm grapefruit (tree).

pampre [pɑ̃pʀ] nm **1.** BOT vine branch **2.** ART pampre.

pan¹ [pɑ̃] interj [gifle] wham, whack ; [coup de feu] bang.

pan² [pɑ̃] nm **1.** [d'un vêtement] tail ; [d'une nappe] fold **2.** CONSTR ▸ **pan de bois / fer** wood / metal framing ▸ **pan coupé / de verre** canted / plate-glass wall ▸ *à pans coupés* ARCHIT canted, with a cut-off corner ▸ **pan de mur** (face ou plain of a) wall **3.** [morceau] section, piece ▸ *un pan de ciel bleu* a patch of blue sky ▸ *un pan de ma vie a disparu avec lui* when he left, he took a piece of my life away with him ▸ *des pans entiers de la société* whole sections ou strata of society **4.** TECHNOL side, face ▸ *un écrou à six pans* a six-sided nut.

Pan [pɑ̃] npr Pan.

panacée [panase] nf panacea.

panachage [panaʃaʒ] nm **1.** [mélange] blend, blending, mixing **2.** POL *voting for candidates from different lists rather than for a list as a whole.*

panache [panaʃ] nm **1.** [plume] plume, panache ▸ **panache de fumée** *fig* plume of smoke **2.** [brio] panache, style, verve ▸ **avec panache** with great panache ▸ **avoir du panache** to have panache, to show great verve **3.** ARCHIT [ornement] panache, (ostrich) feather ; [surface] pendentive.

panaché, e [panaʃe] adj [sélection] mixed ; [fleurs] variegated ; [glace] mixed-flavour ▸ **un demi panaché** a (lager) shandy.

❖ **panaché** nm (lager) shandy.

panacher [3] [panaʃe] vt **1.** [mélanger] to blend, to mix **2.** POL ▸ **panacher une liste électorale** *to vote for candidates from different lists rather than for a list as a whole.*

panachure [panaʃyʀ] nf **1.** *litt* [coloration] variegation **2.** HORT variegation.

panade [panad] nf **1.** CULIN bread soup **2.** EXPR **être dans la panade** *fam* to be hard up.

panafricain, e [panafʀikɛ̃, ɛn] adj Pan-African.

panafricanisme [panafʀikanism] nm Pan-Africanism.

panais [panɛ] nm parsnip.

panama [panama] nm [chapeau] panama, Panama.

Panamá [panama] ◆ npr m [pays] ▸ **le Panamá** Panama ▸ **au Panamá** in Panama ▸ **le canal de Panamá** the Panama Canal ▸ **l'isthme de Panamá** the Isthmus of Panama. ◆ npr [ville] Panama City ▸ **à Panamá** in Panama City.

Paname [panam] npr *fam* Paris.

panaméen, enne [panameɛ̃, ɛn] adj Panamanian.

❖ **Panaméen, enne** nm, f Panamanian.

panaméricain, e [panameʀikɛ̃, ɛn] adj Pan-American.

panaméricanisme [panameʀikanism] nm Pan-Americanism.

panamien, enne [panamjɛ̃, ɛn] = **panaméen**.

panarabe [panaʀab] adj Pan-Arab.

panarabisme [panaʀabism] nm Pan-Arabism.

panard, e [panaʀ, aʀd] adj VÉTÉR cow-hocked, duck-footed.

❖ **panard** nm *tfam* foot ▸ *t'as vu les panards qu'il a?* have you seen the size of his feet?

panaris [panaʀi] nm whitlow.

pan-bagnat [pɑ̃baɲa] (*pl* **pans-bagnats**) nm filled roll *(containing tomatoes, onions, green peppers, olives, tuna and anchovies and seasoned with olive oil).*

pancarte [pɑ̃kaʀt] nf [gén] sign, notice ; [dans une manifestation] placard ▸ *les manifestants ont levé leurs pancartes* the demonstrators raised their placards.

panchen-lama [pɑ̃ʃɛnlama] (*pl* **panchen-lamas**) nm Panchen Lama.

panchromatique [pɑ̃kʀɔmatik] adj panchromatic.

pancréas [pɑ̃kʀeas] nm pancreas.

pancréatectomie [pɑ̃kʀeatɛktɔmi] nf pancreatectomy.

pancréatique [pɑ̃kʀeatik] adj pancreatic.

pancréatite [pɑ̃kʀeatit] nf pancreatitis.

panda [pɑ̃da] nm panda ▸ **grand panda** giant panda.

pandanus [pɑ̃danys] nm pandanus.

pandémie [pɑ̃demi] nf pandemic.

pandémique [pɑ̃demik] adj pandemic.

pandémonium [pɑ̃demɔnjɔm] nm *litt* pandemonium.

pandit [pɑ̃dit] nm pandit.

pandore [pɑ̃dɔʀ] nm *fam & vieilli* copper UK, cop US.

Pandore [pɑ̃dɔʀ] npr Pandora ▸ **la boîte de Pandore** Pandora's box.

pané, e [pane] adj breaded.

panégyrique [paneʒiʀik] nm panegyric, eulogy ▸ **faire le panégyrique de qqn** to extol sb's virtues, to eulogize sb.

panégyriste [paneʒiʀist] nmf panegyrist.

panel [panɛl] nm **1.** TV panel **2.** [échantillon] panel, sample group.

paner [3] [pane] vt to breadcrumb, to coat with breadcrumbs.

panetière [pantjɛʀ] nf bread box.

paneuropéen, enne [panøʀɔpeɛ̃, ɛn] adj Pan-European.

pangermanique [pɑ̃ʒɛʀmanik] adj Pan-Germanic.

pangermanisme [pɑ̃ʒɛʀmanism] nm Pan-Germanism.

pangermaniste [pɑ̃ʒɛʀmanist] adj & nmf Pan-Germanist.

pangolin [pɑ̃gɔlɛ̃] nm pangolin.

panhellénique [panelenik] adj Panhellenic.

panhellénisme [panelenism] nm Panhellenism.

panic [panik] nm BOT panic.

panicaut [paniko] nm ▸ **panicaut champêtre** field eryngo ▸ **panicaut maritime** sea holly.

panicule [panikyl] nf panicle.

panier [panje] nm **1.** [corbeille] basket ; PÊCHE lobster pot ▸ **panier à linge / pain** linen / bread basket ▸ **panier à bouteilles** bottle case ou carrier ▸ **panier à couverts** cutlery basket ▸ **panier à diapositives** slide tray ▸ **panier à frites** chip basket UK, French fry basket US ▸ **panier de manutention** handling basket ▸ **panier à pique-nique** picnic basket ▸ **panier à provisions** shopping basket ▸ **panier à salade a)** *pr* salad shaker **b)** *fam* [fourgon cellulaire] Black Maria ▸ **bon à mettre** ou **jeter au panier** fit for the bin UK ou trashcan US ▸ **ils sont tous à mettre dans le même panier** they're all much of a muchness ▸ **être un (véritable) panier percé** to be a (real) spendthrift ▸ **mettre la main au panier à qqn** *tfam* to goose sb ▸ **c'est un (véritable) panier de crabes** they're always at each other's throats **2.** [quantité] ▸ **un (plein) panier de** a basketful of **3.** SPORT basket ▸ **réussir un panier** to score a basket **4.** ÉCON ▸ **panier de la ménagère** shopping basket ▸ *la hausse du beurre se répercute sur le panier de la ménagère* the increase in the price of butter makes a difference to the housekeeping bill ▸ **panier de monnaies** basket of currencies **5.** INTERNET shopping cart ▸ **ajouter au panier** add to shopping cart.

panière [panjɛʀ] nf (two-handled) wickerwork basket.

panier-repas [panjeʀəpa] (*pl* **paniers-repas**) nm packed lunch.

panifiable [panifjabl] adj ▸ **farine panifiable** bread flour.

panification [panifikasjɔ̃] nf breadmaking.

panifier [9] [panifje] vt to make bread from.

panini [panini] nm panini.

paniquant, e [panikɑ̃, ɑ̃t] adj frightening, panic-inducing.

paniquard [panikaʀ] nm *fam & péj* scaredy cat.

panique [panik] ◆ nf [terreur] panic ▸ *il s'est enfui, pris de panique* he ran away panic-stricken ▸ *c'était la panique!* *fam* it was panic stations! ▸ *pas de panique!* no need to ou there's no panic! ◆ adj panic ▸ *envahi par une peur panique* overcome by panic.

paniquer [3] [panike] ◆ vt [angoisser] to (throw into a) panic ▸ *l'approche des examens le panique* he's starting to panic as the exams get nearer ▸ *il est paniqué à l'idée de la rencontrer* he's panic-stricken at the thought of meeting her, the thought of meeting her fills him with panic. ◆ vi to panic ▸ *elle n'a pas paniqué* she didn't lose her head ou didn't panic ▸ *la nouvelle les a fait paniquer* the news panicked them.

✣ **se paniquer** vpi to panic / *ne nous paniquons pas, nous avons tout le temps* let's not panic, we've got plenty of time.

panislamique [panislamik] adj Pan-Islamic.

panislamisme [panislamism] nm Pan-Islamism.

panjabi [pɑ̃dʒabi] nm LING Punjabi.

panne [pan] nf **1.** [de voiture] breakdown / *vous êtes à l'étranger et soudain c'est la panne, que faites-vous?* suppose you're abroad and you suddenly break down, what do you do? ▸ **panne d'électricité** ou **de courant** power cut ou failure ▸ **panne d'essence** : *avoir une panne d'essence* to run out of petrol UK ou gas US ▸ **panne de secteur** local mains failure **2.** TEXT panne **3.** [d'un cochon] pig's fat ou lard **4.** [d'un marteau] peen ; [d'un bâtiment] purlin, purline ▸ **panne intermédiaire** ou **courante** middle purlin **5.** THÉÂTRE bit part.

✣ **en panne** ◆ loc adj : *des automobilistes en panne* drivers whose cars have broken down / **'en panne'** 'out of order' / *la machine / voiture est en panne* the machine / car has broken down ▸ **je suis en panne de poivre / d'idées** *fig* I've run out of ou I'm out of pepper / ideas. ◆ loc adv : *mettre un voilier en panne* to heave a sailing ship to ▸ **tomber en panne** : *la machine est tombée en panne* the machine has broken down ▸ **je suis tombé en panne d'essence** ou **sèche** *fam* I've run out of petrol.

panneau, x [pano] nm **1.** [pancarte] sign / *on a mis un panneau à l'entrée de l'usine* they've put up a sign at the factory gate ▸ **panneau d'affichage** noticeboard UK bulletin board US ▸ **panneau électoral** election hoardings UK ou billboards US ▸ **panneau indicateur** signpost ▸ **panneau publicitaire** signboard, hoarding UK billboard US ▸ **panneau de signalisation** roadsign **2.** [plaque] panel / *un panneau de contreplaqué* a piece ou panel of plywood / *panneau de particules* chipboard ▸ **panneau solaire** solar panel **3.** ART panel **4.** COUT panel / *une jupe à trois panneaux* a three-panelled skirt **5.** CHASSE (game) net ▸ **tomber** ou **donner dans le panneau** to fall into the trap **6.** HORT (cold) frame **7.** NAUT hatch (cover).

panneau-réclame [panoreklam] (*pl* **panneaux-réclames**) nm hoarding UK billboard US.

panneton [pantɔ̃] nm bit, web *(of a key)*.

panonceau, x [panɔ̃so] nm [plaque] plaque, sign ; [écriteau] sign ▸ **panonceau publicitaire** advert UK advertisement.

panoplie [panɔpli] nf **1.** [ensemble d'instruments] (complete) set / *la panoplie du bricoleur* do-it-yourself equipment ou kit **2.** JEUX outfit / *une panoplie de Zorro / d'infirmière* a Zorro / nurse's outfit **3.** *fig* : *une panoplie de mesures contre les chauffards* a full array of measures against dangerous drivers **4.** HIST [armure complète] panoply.

panoptique [panɔptik] ◆ adj panoptic, panoptical. ◆ nm panopticon.

panorama [panɔrama] nm **1.** [vue] panorama, view / *après quelques heures de marche, je découvris un splendide panorama* after several hours' walking, I came to a place with a splendid view **2.** *fig* [vue d'ensemble] survey, overview / *pour terminer ce panorama de l'actualité musicale* to end this roundup of current musical events **3.** ART panorama.

panoramique [panɔramik] ◆ adj panoramic ▸ **car panoramique** bus with panoramic windows ▸ **écran panoramique** panoramic screen. ◆ nm CINÉ panoramic shot.

panosse [panɔs] nf SUISSE mop.

panosser [3] [panɔse] vt SUISSE to mop.

pansage [pɑ̃saʒ] nm grooming.

panse [pɑ̃s] nf **1.** ZOOL paunch, rumen **2.** *fam* [d'une personne] paunch, belly *tfam* / *s'en mettre plein* ou *se remplir la panse* to make a pig of o.s., to stuff one's face **3.** [d'un vase] belly.

pansement [pɑ̃smɑ̃] nm [action] dressing ; [objet] dressing, bandage / *il lui a fait un pansement à la jambe* he bandaged her leg / *couvert de pansements* bandaged up ▸ **pansement adhésif** (sticking) plaster UK Elastoplast UK Band Aid US.

panser [3] [pɑ̃se] vt **1.** MÉD to dress (and bandage) / *panser une blessure* to dress ou to put a dressing on a wound / *panser un bras* to bandage an arm / *le temps panse tous les maux* *fig* time is a great healer ▸ **panser les plaies de qqn** to tend sb's wounds **2.** [toiletter - animal] to groom.

panslave [pɑ̃slav] adj Pan-Slavic.

panslavisme [pɑ̃slavism] nm Pan-Slavism.

panslaviste [pɑ̃slavist] ◆ adj Pan-Slavic, Pan-Slav *(avant nom)*. ◆ nmf Pan-Slavist.

pansu, e [pɑ̃sy] adj **1.** *fam* [ventripotent] paunchy, potbellied **2.** [renflé - cruche, bouteille] potbellied.

pantacourt [pɑ̃takur] nm capri pants, capris, clamdiggers.

Pantagruel [pɑ̃tagryɛl] npr LITTÉR *the eponymous giant son of Gargantua in Rabelais' novel (1534) and its three sequels (1546-1562)*.

pantagruélique [pɑ̃tagryelik] adj Pantagruelian / *avoir un appétit pantagruélique* to have an enormous appetite / *faire un repas pantagruélique* to have a gargantuan meal.

pantalon [pɑ̃talɔ̃] nm (pair of) trousers UK ou pants US ▸ **mon pantalon** my trousers ▸ **deux pantalons** two pairs of trousers ▸ **pantalon bouffant** (pair of) baggy trousers ▸ **pantalon cigarette** drainpipe trousers ▸ **pantalon de golf** (pair of) plus fours ▸ **pantalon de pyjama** pyjama trousers ou bottoms ▸ **pantalon de ski** ski pants ▸ **pantalon treillis** combat trousers.

pantalonnade [pɑ̃talɔnad] nf **1.** [hypocrisie] hypocrisy *(U)*, cant *(U)*, pretence *(U)* **2.** THÉÂTRE (second-rate) farce.

pantelant, e [pɑ̃tlɑ̃, ɑ̃t] adj panting, gasping for breath / *être pantelant de terreur* *litt* to be panting ou gasping with terror.

pantenne [pɑ̃tɛn] nf NAUT ▸ **en pantenne** in disorder.

panthéisme [pɑ̃teism] nm pantheism.

panthéiste [pɑ̃teist] ◆ adj pantheistic. ◆ nmf pantheist.

panthéon [pɑ̃teɔ̃] nm **1.** ANTIQ & RELIG pantheon ▸ **le Panthéon** the Pantheon **2.** *fig* pantheon, hall of fame / *je le place au panthéon des accordéonistes* I consider him to be one of the greatest accordion players of all time.

panthère [pɑ̃tɛr] nf **1.** ZOOL panther ▸ **panthère des neiges** snow leopard **2.** [fourrure] leopard (skin) **3.** POL ▸ **les Panthères noires** the Black Panthers.

pantière [pɑ̃tjɛr] nf net (for catching birds).

pantin [pɑ̃tɛ̃] nm **1.** [jouet] jumping jack **2.** *fig* puppet ▸ **n'être qu'un pantin entre les mains de qqn** to be sb's puppet.

pantographe [pɑ̃tɔgraf] nm TECHNOL pantograph.

pantois, e [pɑ̃twa, az] adj speechless / *elle en est restée pantoise* it left her speechless.

pantomime [pɑ̃tɔmim] nf **1.** [jeu de mime] mime ; THÉÂTRE [pièce] mime show **2.** *péj* [mimique] scene, fuss.

pantouflage [pɑ̃tuflaʒ] nm *fam leaving a civil service post to work in the private sector.*

pantouflard, e [pɑ̃tuflar, ard] nm, f *fam* homebody, stay-at-home (type).

pantoufle [pɑ̃tufl] nf slipper / *pantoufle de vair* [dans Cendrillon] glass slipper / *être en pantoufles* to be in one's ou to be wearing slippers.

pantoufler [3] [pɑ̃tufle] vi *fam to leave a civil service post and work for the private sector.*

panty [pɑ̃ti] (*pl* **panties** [pɑ̃tiz]) nm *vieilli* pantie girdle.

panure [panyr] nf ≃ breadcrumbs *(for coating)*.

Panurge [panyrʒ] npr LITTÉR *the faithful companion of Pantagruel, best known for the incident where he throws a sheep into the sea, causing the rest of the flock to follow* ; ⟶ **mouton.**

panzer [pɑ̃dzɛr] nm panzer.

PAO (abr de **publication assistée par ordinateur**) nf DTP.

paon [pɑ̃] nm **1.** ORNITH peacock ▸ **fier** ou **orgueilleux** ou **vaniteux comme un paon** (as) proud as a peacock ▸ **faire le paon** to strut (like a peacock) **2.** ENTOM ▸ **paon de jour** peacock ▸ **paon de nuit** giant peacock moth.

paonne [pan] nf peahen.

PAP (abr de **prêt d'accession à la propriété**) nm *loan for first-time homebuyers.*

papa [papa] nm **1.** [père] dad, daddy ▸ **jouer au papa et à la maman** to play mummies and daddies **2.** *fam* [homme d'un certain âge] : *alors, papa, tu traverses?* come on, grandad, get across!

✣ **à la papa** loc adv *fam* [tranquillement] in a leisurely way / *conduire à la papa* to drive at a snail's pace.

✣ **à papa** loc adj *fam* ▸ **c'est un fils / une fille à papa** he's / she's got a rich daddy.

✣ **de papa** loc adj *fam* old-fashioned.

papable [papabl] adj *fam* ▸ **être papable** to be a likely candidate for the papacy.

papaïne [papain] nf papain.

papal, e, aux [papal, o] adj papal.

paparazzi [paparadzi] nmpl *péj* paparazzi.

papas [papas] nm papas.

papauté [papote] nf papacy.

papavéracée [papaverase] nf member of the papaveraceae *spéc* ou of the poppy family.

papavérine [papaverin] nf papaverine.

papaye [papaj] nf papaya, pawpaw.

papayer [papaje] nm papaya (tree).

pape [pap] nm **1.** RELIG pope **2.** [chef de file] high priest, guru *fig*.

Papeete [papɛt] npr Papeete.

papelard[1] [paplar] nm *fam* **1.** [bout de papier] scrap of paper **2.** PRESSE article, piece / *il a écrit un papelard sur la corruption* he wrote a piece on corruption.

papelard[2], e [paplar, ard] adj *litt* unctuous *sout*, smooth-tongued.

papelardise [paplardiz] nf *litt* unctuousness.

paperasse [papras] nf *péj* papers, bumf UK / *je n'ai pas le temps de remplir toute cette paperasse* I don't have the time to fill up all these forms.

paperasserie [paprasri] nf *péj* **1.** [formulaires] paperwork / *toute cette paperasserie va sûrement retarder le projet* all this red tape is bound to delay the project **2.** [amoncellement] papers.

paperassier, ère [paprasje, ɛr] *péj* ◆ adj [personne] bureaucratic. ◆ nm, f bureaucrat, pen pusher *péj*.

papesse [papɛs] nf female pope / *la papesse Jeanne* Pope Joan.

papet [papɛ] nm SUISSE *Swiss dish made with potatoes, leeks and sausages.*

papeterie, papèterie* [papɛtri] nf **1.** [boutique] stationer's shop **2.** [matériel] stationery **3.** [usine] paper mill **4.** COMM stationery trade.

papetier, ère [paptje, ɛr] ◆ adj paper *(modif)*, stationery *(modif)*. ◆ nm, f **1.** COMM stationer **2.** INDUST paper-maker.

papi [papi] *fam* = **papy.**

papier [papje] nm **1.** [matériau] paper ▸ **noircir du papier** *fig* to fill page after ou upon page / *toujours à gratter* ou *noircir du papier* always scribbling something or other ▸ **sur le papier** on paper / *sur le papier, le projet paraît réalisable* on paper, the project seems feasible ▸ **jeter qqch sur le papier** to jot sthg down ▸ **papier en accordéon** fanfold ou Z-fold US paper ▸ **papier alu** ou **d'aluminium** aluminium UK ou aluminum US foil ▸ **papier d'Arménie** incense paper ▸ **papier bible** bible paper, Oxford India paper ▸ **papier brouillon** rough paper ▸ **papier buvard** blotting paper ▸ **papier cadeau** wrapping paper ▸ **papier carbone** carbon (paper) ▸ **papier à cigarette** cigarette paper ▸ **papier collant a)** [adhésif] adhesive tape **b)** [gommé] gummed paper ou strip ▸ **papier en continu** continuous stationery

*In reformed spelling (see p. 16-19).

▸ **papier couché** art paper ▸ **papier crépon** crêpe paper ▸ **papier cul** *tfam* bog paper ▸ **papier électronique** electronic paper, e-paper ▸ **papier d'emballage** brown (wrapping) paper ▸ **papier émeri** emery paper ▸ **papier à en-tête** headed paper ou notepaper ▸ **papier d'étain** tinfoil ▸ **papier glacé** glazed paper ▸ **papier huilé** oilpaper ▸ **papier hygiénique** toilet paper ▸ **papier journal** newspaper, newsprint ▸ **papier kraft** brown paper ▸ **papier à lettres** writing paper ▸ **sur papier libre** : *le contrat a été rédigé sur papier libre* the contract was drawn up on a sheet of plain paper / *envoyer une lettre sur papier libre* apply in writing ▸ **papier mâché** papier-mâché ▸ **papier machine** typing paper ▸ **papier millimétré** graph paper ▸ **papier ministre** document ou official paper ▸ **papier à musique** music paper ▸ **papier paraffiné** wax paper ▸ **papier peint** wallpaper ▸ **papier pelure** onion skin (paper) ▸ **papier photographique** photographic paper ▸ **papier quadrillé** squared paper ▸ **papier en rouleau** web ou reel paper ▸ **papier de soie** tissue paper ▸ **papier sulfurisé** greaseproof ou *spéc* sulphurized paper ▸ **papier timbré** stamped paper *(for official use)* ▸ **papier de verre** glasspaper, sandpaper ▸ **papier vélin** wove UK ou vellum paper **2.** [morceau] piece of paper ; [page] sheet of paper, piece of paper / *as-tu un papier et un crayon?* do you have a piece of paper and a pencil? ▸ **papier collé** ART papier collé ▸ **être dans les petits papiers de qqn** to be in sb's good books / *je ne suis plus dans ses petits papiers* I'm no longer in her good books **3.** PRESSE article, piece ▸ **faire un papier sur** to do a piece ou an article on **4.** ADMIN papers / *les papiers du véhicule, s'il vous plaît* may I see your logbook UK ou (vehicle) registration papers, please? ▸ **papiers (d'identité)** (identity) papers / *vous avez des papiers d'identité?* do you have any identity papers? ▸ **faux papiers** false ou forged papers **5.** BANQUE ▸ **papier de commerce** commercial paper ▸ **papier commercial** commercial bill ▸ **papier financier** ou **de crédit** bank credit note.

❖ **de papier, en papier** loc adj paper *(modif)* / *lanterne en papier* paper lantern.

❖ **papiers gras** nmpl litter.

papier-calque [papjekalk] *(pl* **papiers-calque**) nm tracing paper.

papier-émeri [papjeemʀi] *(pl* **papiers-émeri**) nm emery paper.

papier-filtre [papjefiltʀ] *(pl* **papiers-filtres**) nm filter paper.

papier-monnaie [papjemɔnɛ] *(pl* **papiers-monnaies**) nm paper money.

papilionacé, e [papiljɔnase] adj BOT papilionaceous.

❖ **papilionacée** nf member of the Papilionaceae.

papillaire [papilɛʀ] adj papillary, papillate.

papille [papij] nf papilla ▸ **papilles gustatives** taste buds ▸ **papille optique** optic disk, blind spot.

papilleux, euse [papijø, øz] adj papillose.

papillomavirus [papijɔmaviʀys] nm MÉD papillomavirus.

papillome [papilom] nm papilloma.

papillon [papijɔ̃] nm **1.** ENTOM butterfly ▸ **papillon de nuit** moth ▸ **papillons noirs** *fig* gloomy thoughts / *pour chasser tes papillons noirs* to cheer you up **2.** *fam* [contravention] (parking) ticket **3.** *fam* [esprit volage] : *c'est un (vrai) papillon* he's fickle **4.** TECHNOL [écrou] butterfly ou wing nut ; [obturateur, clapet] butterfly valve **5.** SPORT butterfly (stroke).

papillonnage [papijɔnaʒ] = **papillonnement**.

papillonnant, e [papijɔnɑ̃, ɑ̃t] adj **1.** [versatile, instable - esprit] flighty, inattentive **2.** ZOOL fluttering.

papillonnement [papijɔnmɑ̃] nm **1.** [versatilité, inconstance] flightiness, inattentiveness **2.** [volettement] fluttering.

papillonner [3] [papijɔne] vi **1.** [voltiger] to flit ou to flutter about **2.** [être volage] to behave in a fickle manner **3.** [être inattentif] to be inattentive / *son esprit papillonne* he can't keep his mind on things.

papillonneur, euse [papijɔnœʀ, øz] nm, f butterfly swimmer.

papillotage [papijɔtaʒ] nm **1.** [des yeux] blinking ; [d'une lumière, d'un reflet] flickering, dancing ; [des paupières] fluttering **2.** IMPR mackling, slurring.

papillotant, e [papijɔtɑ̃, ɑ̃t] adj **1.** [qui cligne - œil] blinking ; [- paupière] fluttering **2.** [scintillant - lumière, reflet] flickering, dancing, flashing.

papillote [papijɔt] nf **1.** [bigoudi] curlpaper **2.** CULIN [pour gigot] frill ▸ **en papillotes** en papillote *(cooked in foil or paper parcels)*.

papillotement [papijɔtmɑ̃] nm **1.** [clignement - des yeux] blinking ; [- des paupières] fluttering **2.** [scintillement - d'une lumière, d'un reflet] flickering, flashing, dancing **3.** CINÉ & TV flicker.

papilloter [3] [papijɔte] ◆ vi **1.** [œil] to blink ; [paupière] to flicker, to flutter **2.** [lumière, reflet] to flicker, to flash, to dance. ◆ vt CULIN [dans du papier] to wrap in buttered paper ; [dans de l'aluminium] to wrap in foil.

papisme [papism] nm papism.

papiste [papist] ◆ adj papist. ◆ nmf papist.

papivore [papivɔʀ] nmf *fam* keen reader.

papotage [papɔtaʒ] nm *fam* [action] chattering, nattering UK ; [discussion] chatter, chit-chat, natter UK.

papoter [3] [papɔte] vi *fam* to chatter, to have a chinwag ▸ **j'adore papoter** I love a good old natter UK ou gab US.

papou, e [papu] adj Papuan.

❖ **Papou, e** nm, f Papuan.

papouan-néo-guinéen, papouane-néo-guinéenne [papwɑ̃neogineɛ̃, papwanneogineɛn] adj Papua New Guinean.

❖ **Papouan-Néo-Guinéen, Papouane-Néo-Guinéenne** nm, f Papua New Guinean.

Papouasie [papwazi] npr f ▸ **(la) Papouasie** Papua.

Papouasie-Nouvelle-Guinée [papwazinuvɛlgine] npr f ▸ **(la) Papouasie-Nouvelle-Guinée** Papua New Guinea.

papouille [papuj] nf *fam* tickle / *faire des papouilles à un bébé* to give a baby a little tickle.

paprika [papʀika] nm paprika.

papule [papyl] nf papule.

papy [papi] nm *fam* grandad.

papy-boom [papibum] nm grey boom, ageing population ; [pour insister sur les effets négatifs] demographic timebomb.

papyrologie [papiʀɔlɔʒi] nf papyrology.

papyrologue [papiʀɔlɔg] nmf papyrologist.

papyrus [papiʀys] nm ARCHÉOL & BOT papyrus.

Pâque [pak] nf ▸ **la Pâque** Passover, Pesach.

paquebot [pakbo] nm liner.

pâquerette [pakʀɛt] nf daisy.

Pâques [pak] nm Easter ▸ **à Pâques ou à la Trinité** never in a month of Sundays ▸ **faire Pâques avant les Rameaux** *fam & vieilli to get pregnant before getting married* ▸ **l'île de Pâques** Easter Island.

❖ **pâques** nfpl ▸ **joyeuses pâques** Happy Easter / *faire ses pâques* to take communion (at Easter) ▸ **pâques fleuries** Palm Sunday.

Les cloches de Pâques

In France, Easter is traditionally symbolized not only by eggs but also by bells; according to legend, church bells fly to Rome at Easter.

paquet [pakɛ] nm **1.** [colis, ballot] parcel UK, package / *faire un paquet de vieux journaux* to make up a bundle of old newspapers **2.** COMM [marchandise emballée] packet UK, package US ▸ **un paquet de sucre / de farine** a bag of sugar / flour ▸ **un paquet de cigarettes** a packet UK ou a pack US (of cigarettes) / *fumer un paquet par jour* to smoke twenty UK ou a pack US a day ▸ **paquet-cadeau** gift-wrapped purchase / *je vous fais un paquet-cadeau?* shall I gift-wrap it for you? **3.** [valise] bag / *mets tes paquets là* put your bags down here / *faire ses paquets* to pack one's bags **4.** *fam* [quantité importante] : *il y a un paquet d'erreurs dans ce texte* this text is full of mistakes, there are loads of mistakes in this text ▸ **mettre le paquet** : *j'ai mis (tout) le paquet fig* I gave it all I've got ▸ **lâcher le paquet** to get things off one's chest, to unburden o.s. ▸ **toucher le paquet** to make a packet ou mint ou pile **5.** [masse] : *les manifestants arrivent par petits paquets* the demonstrators are arriving in clusters ou in small groups / *j'ai reçu un paquet de neige sur la tête* a lump of snow fell on my head ▸ **un paquet de mer** NAUT a big wave ▸ **un paquet de nerfs** : *sa mère est un paquet de nerfs* her mother's a bundle ou bag of nerves **6.** SPORT ▸ **paquet (d'avants)** pack **7.** INFORM packet.

paquetage [paktaʒ] nm MIL kit, pack / *ils font leur paquetage* they're getting their kits ready.

paqueter [pakte] vt to wrap.

In reformed spelling (see p. 16-19), this verb is conjugated like *acheter*: *il paquète, elle paquètera.*

paqueteur, euse [paktœʀ, øz] nm, f packer.

paquet-poste [pakɛpɔst] *(pl* **paquets-poste**) nm mail parcel.

par[1] [paʀ] nm [au golf] par.

par[2] [paʀ] prép **1.** [indiquant la direction, le parcours] by ; [en traversant un lieu] through / *il est entré par la porte de derrière* he came in by the back door / *il est arrivé par la route* he came by road / *sors par la fenêtre* go out by ou through the window ▸ **il est arrivé par la gauche / par la droite / par le nord** he arrived from the left / the right / the north / *faut-il passer par Paris?* do we have to go through ou via Paris? / *il est passé par la maison avant de ressortir* he dropped in before going off again / *il allait par les rues* he was walking through the streets / *la nouvelle s'est répandue par la ville* the news spread throughout the town ; [indiquant la position] : *elle est assise par terre* she's sitting on the ground / *la neige avait fondu par endroits* the snow had melted in places / *par 45° de latitude nord* NAUT lying at a latitude of 45 north ▸ **par 10 brasses d'eau** NAUT in 10 fathoms of water ▸ **par bâbord avant / arrière** NAUT on the port bow / stern **2.** [pendant] : *par un beau jour d'été* on a fine summer's day / *par une belle matinée de septembre* on a fine morning in September ▸ **par grand froid / grosse chaleur** in extreme cold / intense heat ▸ **par le passé** in the past ▸ **par moments** at times, from time to time / *par les temps qui courent* these days ▸ **par deux fois** twice ▸ **par trois fois** three times, thrice *litt* **3.** [indiquant le moyen, la manière] by / *prends le couteau par le manche* take the knife by the handle ▸ **tenir qqn par la taille** to hold sb by the waist ▸ **attraper qqn par les cheveux** to grab sb by the hair / *les lettres sont classées par ordre d'arrivée* the letters are filed in order of arrival ▸ **envoyer qqch par avion / télex** to send sthg by airmail / telex ▸ **par air / terre / mer** by air / land / sea ▸ **voyager par bateau / le train** to travel by boat / train / *voyager par avion* to travel by plane, to fly / *je l'ai appris par la radio* I heard it on the radio / *nous sommes arrivés à ce résultat par une équation* we obtained this result by (means of) an equation ▸ **répondre par oui ou par non / par la négative** to answer yes or no / in the negative ▸ **obtenir qqch par la force / la douceur** to obtain sthg by force / through kindness / *je suis avec toi par la pensée* I'm thinking of you, my thoughts are with you **4.** [indiquant la cause, l'origine] ▸ **faire qqch par habitude / caprice / plaisir / paresse** to do sthg out of habit / on a whim / for the pleasure of it / out of laziness / *il n'a pas répondu par négligence / manque de temps* he didn't answer out of carelessness / because he didn't have the time / *différer par ses habitudes* to differ in one's habits / *je l'ai rencontré par hasard* I met him by chance / *je le sais par expérience* I know it from experience / *fidèle par devoir* faithful out of duty / *ponctuelle par habitude* punctual by ou out of habit / *nous sommes cousins par ma mère* we're cousins on my mother's side (of the family) / *une tante par alliance* an aunt by marriage **5.** [introduisant le complément d'agent] by / *les récoltes ont été dévastées par la grêle* the crops were ruined

PAR

The preposition **par** is always translated by ***by*** when it occurs with passive constructions. In many other cases, it is the equivalent of ***through***. However, there are other ways of rendering **par**, as the examples below show.

PAR IN SENTENCES OR CLAUSES

❶ Par introduces the agent (person, thing or idea) responsible for the action of the verb.

- After a full passive construction (auxiliary + participle): ***by***

J'ai été soignée par un spécialiste. I was treated by a specialist.

Le Tour de France est encore secoué par une affaire de dopage. The Tour de France is shaken by a new doping scandal.

- After a partial passive (participle only)

Séduit par cette idée, j'ai donné mon accord tout de suite. I liked the idea and immediately agreed.

Informée par les médias, la famille a porté plainte. The family heard about what had happened in the media and lodged a complaint.

- **Par** introduces a helpful (***through***, ***thanks to***) or unhelpful (***through***, ***because of***) agency:

J'ai eu cette édition originale par un bouquiniste. I got this first edition through a second-hand bookseller.

C'est par cette indiscrétion qu'elle a appris les origines de sa famille. Thanks to that indiscretion, she finally learnt who her ancestors were.

Par son mariage, elle s'est éloignée de son milieu d'origine. Because of who she married, she distanced herself from her own milieu.

Il ne s'est jamais exprimé que par la violence. He only ever expressed himself through violence.

Les négociations se sont faites par l'intermédiaire / l'entremise de l'ancien président. The negotiations were carried out through the former president.

❷ Par expresses progression through a passage or a space (literal or figurative): 'out of', 'through', 'via'.

Arrête de regarder par la fenêtre ! Stop staring out of the window!

Respirez par le nez. Breathe through your nose.

On va prendre par Orléans. Let's go via Orléans.

Tu repasses par la maison avant ton rendez-vous chez le dentiste ? Are you coming home before your dental appointment?

Il passera par le tribunal s'il le faut. He will go through the courts if necessary.

C'est le moment du difficile passage par la puberté. Now comes the difficult time when the child goes through puberty.

On est juif par sa mère. Being Jewish is passed down through the mother.

Ils étaient charpentiers par la branche paternelle. They came from a long line of carpenters on the father's side of the family.

❸ Par is used with some means of transport and ways of travelling.

J'irai par le train / le bateau. I'll go by train / boat.

Ils ont rejoint l'île par le ferry de 11 heures. They crossed to the island on the 11 o'clock ferry.

Vous allez rentrer par la nationale ou par l'autoroute ? Are you going home on the main road or on the motorway?

PAR IN NOUN PHRASES WITHOUT ARTICLES

❶ In phrases expressing an emotion or state of mind, par introduces a cause or contributory factor: 'from', 'out of', 'through'.

Elle l'a fait par orgueil / par amitié / par bêtise / par désœuvrement. She did it out of pride / friendship / stupidity / boredom.

❷ In phrases describing methods and ways of thinking, par expresses the means through which a result is obtained: 'by', 'through'.

Par recoupement, j'ai compris que vous parliez de la même personne. By picking up on clues, I worked out that you were talking about the same person.

Vous devez procéder par déduction. You must go through a process of deduction.

Une recherche par mots-clés. A keyword search.

❸ In phrases expressing a physical process, par introduces the means by which the process is carried out.

Condamné à la mort par pendaison. Sentenced to death by hanging.

Répondre par oui / par non / par un hochement de tête. To answer yes / To answer no / To give a nod for an answer.

Détendez vos chevilles par des mouvements circulaires. Relax your ankle joints by doing circular movements.

❹ Par expresses the way that a number of people or objects is distributed, or a succession of things.

Mettez-vous par groupes de quatre. Get together in groups of four.

Ajoutez le beurre petit morceau par petit morceau. Add the butter bit by bit.

Des idées déco, pièce par pièce. Design ideas, room by room.

Examinons les articles un par un. Let's examine the items one by one.

❺ Par can mean 'per'.

Il n'y a qu'un train par heure. There's only one train per / every hour.

Le repas est à 30 euros par personne. The meal costs 30 euros per person / 30 euros a head.

❻ In arithmetic, par can be a shortcut for 'multiplié par' or 'divisé par', depending on context.

Pour calculer la surface, tu fais 24 par 30. To calculate the surface area, take 24 and multiply by 30.

20 par 2, ça fait combien ? How much is 20 multiplied / divided by 2?

❼ Par can be used when measuring large numbers, lengths, depths or degrees.

Il y avait des touristes par milliers. There were thousands of sightseers.

par 20 mètres de fond in depths of / at a depth of 20 metres below the water surface

par 25 degrés de latitude sud et 125-130 degrés de longitude ouest at 25 degrees south latitude and 125-130 west longitude

Il continue à travailler par 40 degrés à l'ombre / par moins 10. He carries on working when it's 40 degrees in the shade / when it's ten below zero.

PAR WITH STATES OF THE WEATHER: IN NOUN PHRASES WITH AND WITHOUT ARTICLES

par une belle journée de mai / un sombre jeudi d'octobre on a lovely day in May / gloomy Thursday in October

par grand vent / froid in a high wind / in very cold weather

par temps de pluie / neige / tempête in rainy / snowy / stormy weather

Par also frequently precedes nouns to form idiomatic phrases (e.g.: **par alliance, par cœur, par défaut, par habitude, par hasard, par ordre de, par terre**, etc.), so it is worth checking those nouns for further examples and translations.

by the hail / *la maison a été achetée par des étrangers* the house has been bought by foreigners / *le logiciel est protégé par un code* the software is protected by ou with a code ▸ **faire faire qqch par qqn** to have sthg done by sb / *je l'ai découvert par son intermédiaire* I discovered it through him / her / *je l'ai appris par elle* I heard it from her, I learned of it through her / *ils veulent le faire par eux-mêmes* they want to do it by ou for themselves / *elles se sont rencontrées par son intermédiaire* they met through him / her / *les deux appareils sont reliés par un fil* the two devices are connected by a wire / *le « Discours de la méthode », par Descartes* the "Discourse on Method" by Descartes **6.** [emploi distributif] ▸ **une heure par jour** one hour a ou per day / *faire trois repas par jour* to eat three meals a ou per day / *150 euros par personne* 150 euros per person ▸ **une fois par an** once a year ▸ **un par un** one by one / *heure par heure* hour by hour ▸ **mettez-vous deux par deux** line up in twos / *ils arrivaient par petits groupes / centaines* they arrived in small groups / in their hundreds **7.** [avec les verbes 'commencer' et 'finir'] ▸ **ça finira par arriver** / **par ressembler à quelque chose** it will end up happening / looking like something ▸ **commence par travailler** start (off) by working / *il a fini par avouer* he eventually owned up / *le concert débuta par une sonate de Mozart* the concert opened with a sonata by Mozart / *notre programme se terminera par les informations à 23 h 40* our programmes for the evening will end with the news at 11.40.

❖ **de par** loc prép **1.** [par l'ordre de] ▸ **de par la loi** according to the law / *de par le roi* in the name of the king **2.** *litt* [dans l'espace] throughout / *de par le monde* all over ou throughout the world **3.** [du fait de] by virtue of / *de par son éducation, il est tout à fait à l'aise dans ce milieu* by virtue of his upbringing, he is perfectly at ease in this environment.

❖ **par-ci par-là** loc adv **1.** [dans l'espace] here and there / *des livres traînaient par-ci par-là* books were lying around here and there **2.** [dans le temps] now and then, from time to time, every now and then ou again **3.** [marquant la répétition] : *avec lui, c'est mon yacht par-ci, mon avion personnel par-là* it's my yacht this, my plane that, all the time with him.

para [paʀa] (abr de **parachutiste**) nm *fam* para.

para- [paʀa] préf **1.** [en marge de] para- **2.** [qui protège] para-, anti- **3.** CHIM para-.

parabellum [paʀabɛlɔm] nm parabellum, big automatic pistol.

paraben [paʀabɛn] nm paraben ▸ **sans paraben** paraben-free.

parabole [paʀabɔl] nf **1.** LITTÉR & RELIG parable **2.** MATH parabola.

parabolique [paʀabɔlik] adj **1.** LITTÉR & RELIG parabolic, parabolical **2.** MATH parabolic **3.** TV ▸ **antenne parabolique** satellite dish, dish aerial.

paraboliquement [paʀabɔlikmɑ̃] adv parabolically.

paraboloïde [paʀabɔlɔid] nm paraboloid.

paracentèse [paʀasɛ̃tɛz] nf paracentesis *spéc*, tapping.

paracétamol [paʀasetamɔl] nm paracetamol.

parachèvement [paʀaʃɛvmɑ̃] nm *sout* [action] completion ; [résultat] crowning.

parachever [19] [paʀaʃve] vt *sout* to complete / *parachever un travail* to complete a piece of work / *parachever un tableau* to put the finishing touches to a painting.

parachronisme [paʀakʀɔnism] nm parachronism.

parachutage [paʀaʃytaʒ] nm **1.** MIL & SPORT parachuting **2.** *fam* POL *bringing in a candidate from outside the constituency* **3.** *fam* [dans une entreprise] *bringing in an outsider to a top position in a firm.*

parachute [paʀaʃyt] nm parachute ▸ **faire du parachute** to go parachuting ▸ **saut en parachute** parachute jump ▸ **sans parachute** *fig* without a parachute ou a safety-net ▸ **parachute dorsal** back-pack parachute ▸ **parachute doré** ou **en or** *fig* golden parachute ▸ **parachute extracteur** pilot chute ▸ **parachute de freinage** parabrake ▸ **parachute à rubans** ring slot parachute ▸ **parachute à tuyères** ribbon parachute ▸ **parachute du type « aile »** parasheet ▸ **parachute ventral** lap-pack ou chest-pack parachute ▸ **faire du parachute ascensionnel a)** [tiré par un bateau] to go parasailing **b)** [tiré par une voiture] to go parascending.

parachuter [3] [paʀaʃyte] vt **1.** MIL & SPORT to parachute **2.** *fam* POL to bring in from outside the constituency / *ils l'ont parachuté directeur dans une succursale* ADMIN he was unexpectedly given the job of branch manager.

parachutisme [paʀaʃytism] nm parachuting ▸ **faire du parachutisme** to go parachuting ▸ **parachutisme ascensionnel** parascending ▸ **parachutisme en chute libre** free-fall parachuting.

parachutiste [paʀaʃytist] ◆ nm **1.** LOISIRS & SPORT parachutist **2.** MIL paratrooper. ◆ adj ▸ **troupes parachutistes** paratroops.

parade [paʀad] nf **1.** [défilé] parade / *la grande parade du cirque* the grand finale (at the circus) ▸ **faire parade de** [faire étalage de] : *faire parade de ses connaissances* to show off ou to parade ou to display one's knowledge **2.** ZOOL (courtship) display **3.** BOXE parry ; ESCRIME parade, parry ; ÉQUIT checking ; FOOT save **4.** [riposte] retort, reply, riposte / *nous devons trouver la parade* we must find a way of counterattacking.

❖ **de parade** loc adj *litt* **1.** [ornemental] ceremonial **2.** [feint] : *une amabilité de parade* an outward show of friendliness.

parader [3] [paʀade] vi **1.** [troupes] to parade **2.** ÉQUIT to execute a dressage **3.** [personne] to show off, to pose, to strut about.

paradeur, euse [paʀadœʀ, øz] nm, f poser, poseur.

paradigmatique [paʀadigmatik] adj paradigmatic.

paradigme [paʀadigm] nm paradigm.

paradis [paʀadi] nm **1.** RELIG paradise, heaven / *ce petit village est un véritable paradis* this little village is heaven on earth ou paradise / *aller au paradis* to go to heaven ▸ **les paradis artificiels** drug-induced euphoria ▸ **paradis fiscal** tax haven ▸ **le Paradis terrestre a)** *pr* the Garden of Eden ou Earthly Paradise **b)** *fig* heaven on earth / **'le Paradis perdu'** *Milton* 'Paradise Lost' **2.** THÉÂTRE ▸ **le paradis** the gods UK, the (top) gallery.

paradisiaque [paʀadizjak] adj heavenly, paradisal *sout*, paradisiacal *sout*.

paradisier [paʀadizje] nm bird of paradise.

paradoxal, e, aux [paʀadɔksal, o] adj **1.** [contradictoire] paradoxical / *c'est une situation paradoxale* it's a paradoxical situation / *il a l'esprit paradoxal* he's got a perverse way of looking at things **2.** [déconcertant] unexpected, paradoxical / *sa présence parmi eux était paradoxale* it was surprising to find her among them **3.** MÉD paradoxical.

paradoxalement [paʀadɔksalmɑ̃] adv paradoxically.

paradoxe [paʀadɔks] nm paradox.

parafe [paʀaf] = **paraphe**.

parafer [paʀafe] = **parapher**.

parafeur [paʀafœʀ] = **parapheur**.

paraffinage [paʀafinaʒ] nm paraffining.

paraffine [paʀafin] nf paraffin ou paraffine (wax) / *mettre de la paraffine sur des confitures* to seal jam jars with (paraffin) wax.

paraffiner [3] [paʀafine] vt to paraffin.

parafiscal, e, aux [paʀafiskal, o] adj parafiscal.

parafiscalité [paʀafiskalite] nf parafiscal measures.

parafoudre [paʀafudʀ] nm lightning conductor.

parage [paʀaʒ] nm CULIN & MÉD dressing.

parages [paʀaʒ] nmpl **1.** [environs] area, surroundings / *il habite dans les parages* he lives around here somewhere **2.** NAUT waters.

paragraphe [paʀagʀaf] nm **1.** [passage] paragraph **2.** [signe typographique] paragraph (sign), par.

paragrêle [paʀagʀɛl] ◆ nm anti-hail device. ◆ adj anti-hail.

Paraguay [paʀagɥɛj] npr m ▸ **le Paraguay** Paraguay ▸ **au Paraguay** in Paraguay.

paraguayen, enne [paʀagwejɛ̃, ɛn] adj Paraguayan.

❖ **Paraguayen, enne** nm, f Paraguayan.

parais v ⟶ **paraître**.

paraison [paʀɛzɔ̃] nf [masse de verre] parison.

paraître[1], paraitre* [paʀɛtʀ] nm *sout* ▸ **le paraître** appearance, appearances.

paraître[2], paraitre* [91] [paʀɛtʀ] ◆ vi **1.** [se montrer - soleil] to appear, to come out ; [- émotion] to show ; [- personne attendue] to appear, to turn up ; [- dignitaire, prince] to appear, to make a public appearance ; [- acteur] to appear / *il n'a pas paru au bureau depuis huit jours* he hasn't turned up ou appeared at the office for a week now / *laisser paraître son émotion* to let one's emotion show **2.** [figurer] to appear / *l'usine nous appartient, mais notre logo n'y paraît pas* the factory belongs to us, but our logo isn't (displayed) on it **3.** [être publié - livre] to be published, to come out, to appear / *faire paraître une petite annonce dans un journal* to put an advertisement in a paper / **'à paraître'** 'forthcoming' / **'vient de paraître'** 'just published' **4.** [sembler] to appear, to seem, to look / *il ne paraît pas très à l'aise dans son costume* he doesn't seem (to be) very comfortable in his suit / *paraître plus jeune que l'on n'est* to seem ou to look ou to appear younger than one is / *il paraît moins fatigué qu'hier* he appears to be less tired than yesterday / *il parut céder* he looked as though he was giving in ▸ **paraît-il** apparently / *tu as retrouvé du travail, paraît-il* I hear you've got a new job **5.** [se donner en spectacle] to show off / *il cherche toujours à paraître* he's always showing off. ◆ vt : *75 ans? vous ne les paraissez pas* 75 years old? you don't look it. ◆ v impers ▸ **ça ne paraît pas (mais...)** [ça ne se voit pas] it doesn't look like it (but...) / *elle a 50 ans, ça ne paraît pas* she doesn't look 50, does she? ▸ **il n'y paraît pas** it doesn't show / *il n'y paraît pas, mais le plancher est mouillé* it doesn't look like it, but the floor is wet / *dans une semaine il n'y paraîtra plus* in a week it won't show any more / *je tâche de l'aider sans qu'il y paraisse* I try to help him without letting it show / *il me paraît préférable de se décider maintenant* I think it's better ou it seems better to make up our minds now / *vous êtes renvoyé? — il paraît* have you been fired? — it looks like it ou so it seems ▸ **il paraît que...** I've heard (that)..., it would seem (that)... / *il paraîtrait qu'il a trois enfants* it would seem ou appear (that) he's got three children / *paraît que tu vas te marier! fam* I hear you're getting married? ▸ **à ce qu'il paraît** apparently.

paralangage [paʀalɑ̃gaʒ] nm paralanguage.

paralinguistique [paʀalɛ̃gɥistik] ◆ adj paralinguistic. ◆ nf paralinguistics *(sg)*.

paralittéraire [paʀaliteʀɛʀ] adj : *les productions paralittéraires* minor literary works.

paralittérature [paʀaliteʀatyʀ] nf literature with a small "l", minor literary works.

parallactique [paʀalaktik] adj parallactic.

parallaxe [paʀalaks] nf ASTRON, GÉOM & PHOT parallax.

parallèle [paʀalɛl] ◆ adj **1.** GÉOM, SPORT & INFORM parallel / *les deux droites sont parallèles* the two lines are parallel / *la droite AB est parallèle à la droite CD* line AB is parallel to line CD **2.** [comparable - données, résultats] parallel, comparable, similar / *nous avons eu des carrières parallèles* we had similar careers **3.** [non officiel - festival] unofficial, fringe *(modif)* ; [- marché, transaction] unofficial ; [- police] unofficial, secret ▸ **mener une vie parallèle** to live a double life. ◆ nm **1.** ASTRON & GÉOGR parallel ▸ **parallèle de latitude** parallel of latitude **2.** [comparaison] parallel / *établir un parallèle entre deux phénomènes* to draw a parallel between two phenomena **3.** SPORT parallel turning ou skiing. ◆ nf GÉOM parallel (line).

❖ **en parallèle** loc adv **1.** [en balance] : *mettre deux faits en parallèle* to draw a parallel between ou

* In reformed spelling (see p. 16-19).

to compare two facts **2.** INFORM (in) parallel **3.** ÉLECTR in parallel.

parallèlement [paralɛlmɑ̃] adv **1.** GÉOM in a parallel way to **2.** SPORT ▸ **skier parallèlement** to do parallel turns **3.** [simultanément] ▸ **parallèlement à** at the same time as / *parallèlement à mon cours de danse, je donne aussi un cours de musique* I teach music as well as dance.

parallélépipède [paralelepipɛd] nm parallelepiped.

parallélépipédique [paralelepipedik] adj parallelepipedal.

parallélisme [paralelism] nm **1.** GÉOM parallelism **2.** AUTO wheel alignment **3.** SPORT parallel turning ou skiing **4.** [concordance] parallel, concordance / *établir un parallélisme entre deux faits* to draw a parallel between two facts.

parallélogramme [paralelɔgram] nm **1.** GÉOM parallelogram **2.** AUTO : *parallélogramme de Watt* Watt governor.

paralogique [paralɔʒik] adj paralogic, paralogical.

paralogisme [paralɔʒism] nm paralogism.

paralympique [paralɛ̃pik] adj Paralympic.

paralysant, e [paralizɑ̃, ɑ̃t] adj *pr & fig* paralysing UK, paralyzing US.

paralysé, e [paralize] ◆ adj paralysed UK, paralyzed US / *elle a le bras droit paralysé* her right arm is paralysed ▸ **être paralysé de peur** to be petrified. ◆ nm, f MÉD paralytic.

paralyser [3] [paralize] vt **1.** MÉD to paralyse UK, to paralyze US **2.** [figer, inhiber] to paralyse UK, to paralyze US / *la ville est paralysée par la grève* the town is paralysed by the strike / *la fumée paralyse l'action des sauveteurs* the smoke is paralysing rescue work / *paralysé par le froid* paralysed ou numb with cold / *paralysé par la peur* crippled with fear / *paralysé par le brouillard* fog-bound / *paralysé par la neige* snow-bound.

paralysie [paralizi] nf **1.** MÉD paralysis ▸ **paralysie cérébrale** cerebral palsy **2.** [arrêt] paralysis / *la paralysie de la volonté* paralysis of the will / *la grève a provoqué la paralysie des transports* the strike has paralysed the transport system.

paralytique [paralitik] adj & nmf MÉD paralytic.

paramagnétique [paramaɲetik] adj paramagnetic.

paramagnétisme [paramaɲetism] nm paramagnetism.

paramécie [paramesi] nf paramecium.

paramédical, e, aux [paramedikal, o] adj paramedical.

paramètre [paramɛtr] nm **1.** MATH parameter **2.** [élément variable] parameter, factor **3.** ANAT parametrium.

paramétrer [18] [parametre] vt INFORM to set, to program.

paramétrique [parametrik] adj parametric, parametrical.

paramilitaire [paramilitɛr] adj paramilitary.

paramnésie [paramnezi] nf paramnesia.

paranéoplasique [paraneɔplazik] adj paraneoplastic.

parangon [parɑ̃gɔ̃] nm *litt* paragon / *parangon de vertu* paragon of virtue.

parano [parano] *fam* ◆ adj paranoid. ◆ nmf [personne] paranoiac / *c'est un / une parano* he's / she's paranoid. ◆ nf [maladie] paranoia.

paranoïa [paranɔja] nf paranoia.

paranoïaque [paranɔjak] ◆ adj paranoiac, paranoid. ◆ nmf paranoiac.

paranoïde [paranɔid] adj paranoid.

paranormal, e, aux [paranɔrmal, o] adj paranormal.

parapente [parapɑ̃t] nm paragliding.

parapentiste [parapɑ̃tist] nmf paragliding enthusiast.

parapet [parapɛ] nm CONSTR parapet.

parapharmacie [parafarmasi] nf (non-pharmaceutical) chemist's UK ou druggist's US merchandise.

paraphasie [parafazi] nf paraphasia.

paraphe [paraf] nm **1.** [pour authentifier] initials ; [pour décorer] flourish, paraph **2.** *litt ou* DR [signature] signature.

parapher [3] [parafe] vt **1.** [pour authentifier] to initial **2.** *litt ou* DR [signer] to sign.

parapheur [parafœr] nm *portfolio for documents for signature.*

paraphrase [parafraz] nf [gén & LING] paraphrase.

paraphraser [3] [parafraze] vt to paraphrase.

paraphraseur, euse [parafrazœr, øz] nm, f paraphraser.

paraphrastique [parafrastik] adj paraphrastic.

paraphrène [parafrɛn] adj paraphreniac.

paraphrénie [parafreni] nf paraphrenia.

paraphrénique [parafrenik] adj paraphrenic.

paraplégie [parapleʒi] nf paraplegia.

paraplégique [parapleʒik] adj & nmf paraplegic.

parapluie [paraplɥi] nm **1.** [accessoire] umbrella **2.** POL ▸ **parapluie nucléaire** nuclear umbrella **3.** *fam* [passe-partout] skeleton key *(for spring locks).*

parapsychique [parapsiʃik] adj parapsychological.

parapsychologie [parapsikɔlɔʒi] nf parapsychology.

parapsychologique [parapsikɔlɔʒik] adj parapsychological.

parapsychologue [parapsikɔlɔg] nmf parapsychologist.

parapublic, ique [parapyblik] adj semi-public.

❖ **parapublic** nm ▸ **le parapublic** the parapublic sector.

parascolaire [paraskɔlɛr] adj extracurricular.

parasexualité [parasɛksɥalite] nf parasexuality.

parasismique [parasismik] = **antisismique**.

parasitaire [parazitɛr] adj BIOL & *fig* parasitic.

parasite [parazit] ◆ adj **1.** BIOL parasitical **2.** ÉLECTR & TÉLÉC ▸ **bruit parasite** interference. ◆ nm **1.** BIOL parasite **2.** [personne] scrounger.

❖ **parasites** nmpl RADIO & TV interference *(U)*, atmospherics UK ; TÉLÉC noise, static / *il y a des parasites sur la ligne* the line's bad, there's static on the line.

parasiter [3] [parazite] vt **1.** BIOL to live as a parasite on, to be parasitical upon / *je me suis fait parasiter par un ancien copain fam & fig* an old friend came around to sponge off me **2.** RADIO, TÉLÉC & TV to interfere with, to cause interference on.

parasiticide [parazitisid] ◆ adj parasiticidal. ◆ nm parasiticide.

parasitisme [parazitism] nm **1.** BIOL parasitism **2.** *fig* scrounging.

parasitologie [parazitɔlɔʒi] nf parasitology.

parasitose [parazitoz] nf parasitosis.

parasol [parasɔl] nm **1.** [en ville, dans un jardin] parasol, sunshade ; [pour la plage] beach umbrella, parasol **2.** AÉRON parasol (wing).

parastatal, e, aux [parastatal, o] adj BELG semi-public.

parasympathique [parasɛ̃patik] ◆ adj parasympathetic. ◆ nm parasympathetic nervous system.

parasynthétique [parasɛ̃tetik] ◆ adj parasynthetic. ◆ nm parasynthesis.

parataxe [ărataks] nf parataxis.

parathyroïde [paratirɔid] nf parathyroid (gland).

parathyroïdien, enne [paratirɔidjɛ̃, ɛn] adj parathyroid.

paratonnerre [paratɔnɛr] nm lightning conductor UK ou rod US.

paratyphique [paratifik] adj paratyphoid.

paratyphoïde [paratifɔid] ◆ adj paratyphoid. ◆ nf paratyphoid (fever).

paravalanche [paravalɑ̃ʃ] nm avalanche barrier.

paravent [paravɑ̃] nm **1.** [écran] (folding) screen ou partition **2.** *fig* (smoke) screen, cover / *il se sert de son nom comme d'un paravent* he uses his name as a cover.

parbleu [parblø] interj certainly, of course / *je l'ai jeté dehors, parbleu !* I kicked him out, of course ou needless to say !

parc [park] nm **1.** LOISIRS [jardin public] park ; [domaine privé] park, grounds ▸ **parc aquatique** water parc ▸ **parc d'attractions** amusement park ▸ **parc national** national park ▸ **parc naturel** nature reserve ▸ **le parc des Princes** *large football stadium in Paris* ▸ **parc à thème** theme park **2.** [enclos - à bétail] pen, enclosure ; [- à moutons] fold ; [- pour bébé] pen, playpen ▸ **parc à bestiaux** cattle pen ▸ **parc de stationnement** car park UK, parking lot US ▸ **parc relais** *park-and-ride car park* **3.** PÊCHE bed ▸ **parc à huîtres** oyster bed **4.** COMM ▸ **parc d'expositions** showground **5.** [unités d'équipement] stock ▸ **le parc automobile français** the total number of cars in France / *notre parc ferroviaire* our (total) rolling stock **6.** INDUST [entrepôt] depot ▸ **parc industriel** QUÉBEC industrial estate UK ou park US **7.** [énergie] ▸ **parc éolien** windfarm.

parcage [parkaʒ] nm **1.** AGR foldyard manuring **2.** AUTO parking **3.** PÊCHE bedding.

parcellaire [parselɛr] ◆ adj **1.** ADMIN & DR ▸ **cadastre** ou **plan parcellaire** cadastral survey ▸ **enquête / état parcellaire** division / list of properties *(in plots for compulsory purchase order)* **2.** [fractionné - connaissances, tâche] fragmented ▸ **travail parcellaire** INDUST division of labour. ◆ nm ADMIN & DR (detailed survey of) lots.

parcellarisation [parselarizasjɔ̃] = **parcellisation**.

parcellariser [parselarize] = **parcelliser**.

parcelle [parsɛl] nf **1.** ADMIN parcel, plot ; [lopin] plot (of land) **2.** [morceau - d'or] particle / *une parcelle de liberté fig* a (tiny) bit of freedom / *pas une parcelle de vérité* not a grain ou shred of truth.

parcellisation [parselizasjɔ̃] nf **1.** [gén] fragmentation, division **2.** INDUST ▸ **parcellisation des tâches** division of labour.

parcelliser [3] [parselize] vt to fragment, to divide, to subdivide.

parce que [parskə] *(devant voyelle ou 'h' muet* **parce qu'** [parsk] *)* loc conj because / *elle n'est pas venue parce qu'elle se sentait fatiguée* she didn't come because she was feeling tired / *ce n'est pas parce qu'on a eu une dispute que je ne vais plus te parler* just because we've had an argument doesn't mean I'm never going to speak to you again / *il ne répondit rien parce que très gêné* he didn't reply because he was so embarrassed / *pourquoi pleures-tu ? — parce que ! fam* why are you crying ? — because !

parchemin [parʃəmɛ̃] nm **1.** [pour écrire] (piece of) parchment **2.** *fam* [diplôme] diploma, degree.

parcheminé, e [parʃəmine] adj [peau] wrinkled ; [visage] wizened.

parcheminer [parʃəmine] vt [peau] to shrivel up.

parchet [parʃɛ] nm SUISSE plot of land.

parcimonie [parsimɔni] nf *sout* parsimony, parsimoniousness.

❖ **avec parcimonie** loc adv parsimoniously, sparingly / *il distribue les compliments avec parcimonie* he's sparing with his praise.

parcimonieusement [parsimɔnjøzmɑ̃] adv *sout* parsimoniously, sparingly.

parcimonieux, euse [parsimɔnjø, øz] adj *sout* parsimonious, sparing.

par-ci, par-là [parsiparla] loc adv ⟶ **par**.

parc(o)mètre [park(ɔ)mɛtr] nm (parking) meter.

parcotrain [parkɔtrɛ̃] nm train users' car park UK ou parking lot US.

parcourir [45] [paʀkuʀiʀ] vt **1.** [distance - gén] to cover ; [- en courant] to run ; [- en marchant] to walk ; [- à cheval, à vélo] to ride / *la distance à parcourir par les chevaux* the distance to be run ou covered by the horses ▸ **chemin parcouru** distance covered / *le prix du kilomètre parcouru* RAIL ≃ unit cost per passenger-mile **2.** [pour visiter] to travel through *(insép)* / *ils ont parcouru toute l'Amérique* they've travelled the length and breadth of America ▸ **parcourir les mers** [marin, bateau] to sail the seas ; [dans une quête] to scour, to search (all over) / *parcourant les montagnes à la recherche d'orchidées* looking for orchids all over the mountains, scouring the mountains for orchids / *je parcourais la ville à la recherche d'un emploi* I was searching all over town for a job **3.** [suj : douleur, frisson] to run through *(insép)* / *un murmure de protestation parcourut la salle* a murmur of protest ran through the audience **4.** [jeter un coup d'œil à - journal, roman, notes de cours] to skim ou to leaf through *(insép)* / *je n'ai fait que parcourir sa lettre* I've only glanced at her letter / *elle parcourut la liste des reçus* she scanned the list of successful students / *elle parcourut la scène du regard* her eyes scanned the scene.

parcours [paʀkuʀ] nm **1.** [trajet - d'une personne] way, journey ; TRANSP route / *elle m'a questionné pendant tout le parcours* she asked me questions all the way / *il a effectué le parcours en deux heures* he did the trip ou journey in two hours ▸ **parcours du combattant a)** MIL assault course **b)** *fig* obstacle course ▸ **parcours (de soins) coordonné** coordinated care path **2.** *fig* [carrière] career, record, path / *son parcours scolaire a été irréprochable* she had a faultless school record / *après nos études, nos parcours ont été très différents* after we left college ou after we graduated, we took very different paths ▸ **parcours professionnel** career **3.** SPORT course.

parcouru, e [paʀkuʀy] pp ⟶ **parcourir.**

par-dedans [paʀdədɑ̃] adv (on the) inside.

par-dehors [paʀdəɔʀ] adv (on the) outside.

par-delà [paʀdəla] prép *sout* beyond / *par-delà les mers* over the seas / *par-delà les siècles* across the centuries.

par-derrière [paʀdɛʀjɛʀ] ◆ prép behind, round UK ou around US the back of / *passe par-derrière la maison* go round the back of the house. ◆ adv **1.** [par l'arrière] from behind, at the rear / *on entre dans la cuisine par-derrière* you get into the kitchen from behind ou round the back **2.** [sournoisement] ▸ **il me critique par-derrière** he criticizes me behind my back / *il fait ses coups par-derrière* he operates behind people's backs.

par-dessous [paʀdəsu] ◆ prép under, underneath / *passe par-dessous la barrière* go under the fence. ◆ adv underneath / *j'ai mis le drap par-dessous* I laid the sheet underneath.

pardessus [paʀdəsy] nm overcoat.

par-dessus [paʀdəsy] ◆ prép **1.** [en franchissant] over, above / *passe par-dessus la grille* go over the railings **2.** [sur] : *porter un manteau par-dessus sa veste* to wear an overcoat on top of one's jacket **3.** *fig* over / *elle est passée par-dessus le directeur des ventes* she went over the head of the sales manager. ◆ adv [dans l'espace] : *saute par-dessus !* jump over !

❖ **par-dessus tout** loc adv most of all, above all / *j'aimais par-dessus tout son sourire* what I loved most of all ou above everything was his smile.

par-devant [paʀdəvɑ̃] ◆ prép ADMIN & DR ▸ **par-devant notaire** in the presence of a solicitor UK ou lawyer US, with a solicitor UK ou lawyer US present / *tout a été fait par-devant notaire* everything was done in the proper legal way. ◆ adv [sur le devant] at ou round the front.

par-devers [paʀdəvɛʀ] prép **1.** DR [en présence de] before, in the presence of **2.** *sout* [en la possession de] ▸ **garder qqch par-devers soi** to keep sthg in one's possession ou to o.s.

pardi [paʀdi] interj of course / *je l'ai jeté dehors, pardi !* I kicked him out, of course ou needless to say !

pardieu [paʀdjø] interj *arch* by Jove.

pardon [paʀdɔ̃] nm **1.** [rémission] forgiveness, pardon *sout* ▸ **demander pardon à qqn** to apologize to sb, to ask for sb's forgiveness / *je lui accordai mon pardon* I forgave him ▸ **pas de pardon pour** no mercy for / *demander le pardon de ses fautes* to beg mercy for one's sins / *demande pardon à la dame* say sorry to ou apologize to the lady ▸ **pardon ?** [pour faire répéter] sorry ?, (I beg your) pardon ? UK, pardon me ? US / *pardon, auriez-vous un crayon ?* excuse me, do you have a pencil ? ▸ **oh, pardon ! a)** [pour s'excuser] sorry !, excuse me ! **b)** *iron* (so) sorry ! / *la mère est déjà désagréable, mais alors la fille, pardon !* *fam* the mother's bad enough, but the daughter ! **2.** [en Bretagne] religious festival **3.** RELIG ▸ **Grand Pardon** Yom Kippur, Day of Atonement.

pardonnable [paʀdɔnabl] adj excusable, forgivable, pardonable / *à son âge, on est pardonnable !* it's excusable at that age ! / *votre erreur n'est pas pardonnable* your mistake is unforgivable ou inexcusable / *je ne suis pas pardonnable !* I have no excuse !

pardonner [3] [paʀdɔne] vt **1.** [oublier - offense] to forgive, to excuse ; [- péché] to forgive, to pardon / *je pardonne les distractions, pas les méchancetés* I can forgive ou excuse thoughtlessness, but not wickedness ▸ **pardonner qqch à qqn** to forgive sb for sthg / *allez, je te pardonne tout* all right, I'll let you off (everything) ▸ **pardonner ses péchés à qqn** to forgive sb (for) his sins / *voilà un mot qui ne te sera pas pardonné* you won't be forgiven for saying that / *il ne me pardonne pas d'avoir eu raison* he won't forgive me for having been right / *mais vous êtes tout pardonné !* but of course you're forgiven ! / *se faire pardonner* to be forgiven, to win forgiveness ▸ **pardonne-nous nos offenses** RELIG forgive us our trespasses ; *(en usage absolu)* to be forgiving / *apprendre à pardonner* to learn forgiveness ou to forgive / *c'est un sport où la méforme ne pardonne pas* in this sport you can't afford to be unfit / *une distraction au volant, ça ne pardonne pas !* one slip in concentration at the wheel is fatal ! **2.** [dans des formules de politesse] to forgive, to excuse / *pardonnez ma curiosité* ou *pardonnez-moi si je suis indiscret mais...* I'm sorry if I'm being ou excuse me for being nosy, but... ▸ **pardonnez-moi d'insister** excuse me for being so insistent / *pardonnez-moi, mais vous oubliez un détail d'importance* excuse me, but you've forgotten an important point.

❖ **se pardonner** ◆ vp *(emploi réfléchi)* : *je ne me le pardonnerai jamais* I'll never forgive myself. ◆ vp *(emploi passif)* to be excused ou forgiven / *une traîtrise ne se pardonne pas* treachery cannot be forgiven. ◆ vp *(emploi réciproque)* to forgive one another / *ils se sont pardonné leurs mensonges* they forgave each other's lies.

PARE [paʀ] (abr de **plan d'aide au retour à l'emploi**) nm *plan to help an unemployed person find work* ; ≃ jobseeker's agreement UK.

pare-balles (*pl* pare-balles), **pare-balle*** (*pl* pare-balles*) [paʀbal] ◆ adj bullet proof. ◆ nm bullet-shield.

pare-brise [paʀbʀiz] (*pl* **pare-brise** *ou* **pare-brises***) nm windscreen UK, windshield US.

pare-buffles [paʀbyfl] nm inv bull bar.

pare-chocs, pare-choc* [paʀʃɔk] nm bumper / *nous étions pare-chocs contre pare-chocs* we were bumper to bumper.

pare-éclats, pare-éclat* [paʀekla] nm **1.** MENUIS wooden stop **2.** MIL shellproof screen.

pare-étincelles, pare-étincelle* [paʀetɛ̃sɛl] nm **1.** [écran] sparkguard, fireguard **2.** RAIL spark arrester.

pare-feu [paʀfø] (*pl* **pare-feu** *ou* **pare-feux***) nm **1.** [en forêt] firebreak **2.** [d'une cheminée] fireguard **3.** [de pompier] (helmet) fire-shield.

pare-fumée [paʀfyme] (*pl* **pare-fumée** *ou* **pare-fumées***) ◆ adj ⟶ **écran.** ◆ nm smoke extractor.

parégorique [paʀegɔʀik] adj paregoric.

pareil, eille [paʀɛj] ◆ adj **1.** [semblable, équivalent] the same, alike, similar / *tu as vu ses chaussures ? — oui, j'en ai de pareilles* have you seen her shoes ? — yes, I have a pair just like them / *je n'ai jamais rien vu de pareil* I've never seen anything like it / *vous êtes (bien) tous pareils !* you're all alike ou the same ! / *comment vas-tu ? — toujours pareil !* how are you ? — same as ever ! / *c'est toujours pareil, personne n'ose se plaindre !* it's always the same, nobody ever dares complain ! / *leurs bagues sont presque pareilles* their rings are almost identical ou the same ▸ **pareil à** the same as, just like / *pareil à la rosée* *litt* like (the) dew, dew-like ▸ **pareil que** *fam* (the) same as / *ta jupe est pareille que la mienne* your skirt's the same as mine **2.** [de cette nature] such (a) / *un talent pareil* ou *un pareil talent est très rare* such talent is very rare / *comment peux-tu lire un journal pareil ?* how can you read such a paper ? / *on n'avait jamais vu (un) pareil scandale !* there'd never been such a scandal ! / *qui peut bien téléphoner à une heure pareille ?* who could be phoning at this hour ou time ? ▸ **en pareil cas** in such a case ▸ **en pareilles circonstances** in such circumstances. ◆ nm, f [semblable] ▸ **son pareil, sa pareille a)** [personne] another one like him / her **b)** [chose] another one like it / *ne pas avoir son pareil, ne pas avoir sa pareille* to be second to none / *il n'a pas son pareil pour arriver au mauvais moment !* there's nobody quite like him for turning up at the wrong moment !

❖ **pareil** ◆ nm ▸ **c'est du pareil au même** *fam* it's six of one and half a dozen of the other, it's the same difference. ◆ adv *fam* the same / *je grossis, pourtant je mange pareil* I'm putting on weight, but I'm not eating any different / *on n'a pas dû comprendre pareil* we can't have understood the same thing / *ils sont habillés pareil* they're dressed the same.

❖ **pareille** nf ▸ **rendre la pareille à qqn** to repay sb in kind.

❖ **pareils** nmpl ▸ **nos pareils a)** [semblables] our fellow men **b)** [égaux] our equals ou peers / *vous et vos pareils !* you and your kind !

❖ **sans pareil, sans pareille** loc adj [éclat, beauté, courage] unrivalled, unequalled ; [talent, habileté] unparalleled, unequalled ; [artiste] peerless *sout*, unequalled / *tu vas voir, la cuisine est sans pareille !* you'll see, the food is unique ou incomparable ou beyond compare !

pareillement [paʀɛjmɑ̃] adv **1.** [de la même manière] in the same way / *ils s'habillent pareillement* they dress the same **2.** [aussi] equally, likewise / *j'ai été pareillement surprise* I was surprised too ▸ **nous avons été pareillement heureux de le voir a)** [nous deux] we were both happy to see him **b)** [nous tous] we all were happy to see him / *bonne soirée ! — et à vous pareillement !* have a nice evening ! — you too !

parement [paʀmɑ̃] nm **1.** COUT facing ; [de manche] cuff **2.** CONSTR [surface] facing, face ; [revêtement] facing, dressing ▸ **parement brut** rough facing **3.** TRAV PUB kerbstone UK, curbstone US **4.** RELIG frontal.

parementer [3] [paʀmɑ̃te] vt CONSTR to face.

parementure [paʀmɑ̃tyʀ] nf facing ; COUT [doublure] lining.

parenchyme [paʀɑ̃ʃim] nm BIOL & BOT parenchyma.

pare-neige [paʀnɛʒ] nm snow fence.

parent, e [paʀɑ̃, ɑ̃t] ◆ adj **1.** [de la même famille] related / *je suis parente avec eux, nous sommes parents* I'm related to them **2.** *sout* [analogue] : *ces deux interprétations sont parentes* the two interpretations are related **3.** BOT, GÉOL & ZOOL parent *(modif)* **4.** LING related, cognate *(modif)* **5.** INFORM ▸ **répertoire parent** parent directory. ◆ nm, f relative, relation / *un proche parent* a close relative ou relation / *un lointain parent, un parent éloigné* a distant relative ou relation / *un parent du côté paternel / maternel* a relation on the father's / mother's side / *nous sommes parents par ma femme* we're related through my wife / *ce sont des parents en ligne directe / par alliance* they're blood relations / related by marriage ▸ **parent pauvre** poor relation / *c'est le parent pauvre de l'opéra* it's opera's poor relation.

* In reformed spelling (see p. 16-19).

❖ **parent** nm parent ▸ **parent biologique** birth parent.

❖ **parents** nmpl **1.** [père et mère] parents, father and mother ▸ **parents adoptifs** adoptive ou foster parents **2.** *litt* [aïeux] ▸ **nos parents** our forebears *litt* ou ancestors.

parental, e, aux [paʀɑ̃tal, o] adj parental / *les responsabilités parentales* parental duties.

parentalité [paʀɑ̃talite] nf parenting.

parenté [paʀɑ̃te] nf **1.** [lien familial] relationship, kinship / *il n'y a aucune parenté entre eux* they're not related in any way ▸ **parenté par alliance** relationship by marriage ▸ **parenté directe** blood relationship **2.** [ressemblance] relationship, connection / *il y avait une parenté de caractère entre les deux amis* the two friends had similar temperaments **3.** [famille] family / *soyez maudits, toi et toute ta parenté!* a curse upon you and all your kin ! **4.** LING relatedness.

parentèle [paʀɑ̃tɛl] nf *arch* **1.** [parenté] relationship, kinship **2.** [ensemble de la famille] (extended) family.

parentéral, e, aux [paʀɑ̃teʀal, o] adj parenteral.

parenthèse [paʀɑ̃tɛz] nf **1.** [signe] parenthesis, bracket UK / *ouvrir / fermer la parenthèse* to open / to close the brackets UK ou parentheses **2.** [digression] digression, parenthesis / *mais c'est une parenthèse* but that's a digression ou an aside / *je fais une (brève) parenthèse pour signaler que...* incidentally ou in parenthesis, we may briefly note that... ▸ **fermons la parenthèse** anyway, enough of that **3.** GRAM parenthesis, parenthetical clause.

❖ **entre parenthèses** ◆ loc adj [mot, phrase] in parenthesis, in ou between brackets UK. ◆ loc adv **1.** [mot, phrase] ▸ **mettre qqch entre parenthèses** to put sthg in parenthesis, to put sthg in ou between brackets UK, to bracket sthg UK / *il a dû mettre sa vie privée entre parenthèses fig* he had to put his private life to one side **2.** [à propos] incidentally, by the way / *entre parenthèses, elle n'était pas très intelligente* incidentally ou let it be said in passing, she wasn't very bright.

❖ **par parenthèse** loc adv incidentally, by the way.

paréo [paʀeo] nm pareo.

parer [3] [paʀe] vt **1.** *litt* [embellir - pièce] to decorate, to deck out *(sép)*, to adorn ; [- personne] to deck out *(sép)*, to adorn / *l'autel paré de lys* the altar bedecked with lilies / *habit richement paré* richly ornamented ou decorated garment / *elle arriva enfin, parée de fourrures / bijoux* she finally arrived, attired in furs / bedecked in jewels ; [vêtir] to dress / *elle ne sort que parée de ses plus beaux atours* she only goes out attired in her best finery **2.** *sout* [attribuer à] ▸ **parer qqn de toutes les vertus** to attribute many virtues to sb ▸ **parer qqn d'un titre** to grace sb with a title **3.** [préparer - ancre] to clear ▸ **pare à virer!** (get) ready to tack ! / *paré? alors on y va! fig* (are you) ready? then let's go ! **4.** CULIN [poisson, volaille] to dress ; [rôti] to trim **5.** TECHNOL [cuir] to dress ; [sur le bord] to pare **6.** MÉTALL to dress **7.** [éviter - coup, danger] to ward ou to fend ou to stave off *(sép)* ; [- attaque] to stave off *(sép)*, to parry ; BOXE & ESCRIME to parry **8.** [protéger] ▸ **parer qqn contre qqch** to shield ou to protect sb against sthg.

❖ **parer à** v + prép **1.** [faire face à - incident] to cope ou to deal with *(insép)*, to handle ▸ **parer à toute éventualité** to prepare for ou to guard against any contingency ▸ **parer au plus pressé** [en voyageant, en emménageant] to deal with basic necessities (first) / *je n'ai pu que parer au plus pressé* [après un incident] I could only employ stopgap measures / *parons au plus pressé et reconstruisons l'hôpital* first things first, we must rebuild the hospital **2.** [se défendre contre - tir, attaque] to ward off.

❖ **se parer** vp *(emploi réfléchi)* to put one's finery on ▸ **se parer de a)** [bijoux, fourrures] to adorn o.s. with **b)** [titres, honneurs] to assume ▸ **se parer des plumes du paon** to bask in reflected glory.

❖ **se parer contre** vp + prép to protect o.s. against / *je me suis paré contre les rigueurs de l'hiver* I prepared for the rigours of winter.

pare-soleil [paʀsɔlɛj] *(pl* **pare-soleil** *ou* **pare-soleils****)* nm sun visor, sunshade.

paresse [paʀɛs] nf **1.** [fainéantise] laziness, idleness ▸ **avoir la paresse de faire qqch** to be too lazy ou idle to do sthg **2.** [apathie] indolence, laziness **3.** RELIG [péché capital] sloth **4.** MÉD ▸ **paresse intestinale** : *souffrir de paresse intestinale* to be slow to digest (one's) food.

paresser [4] [paʀɛse] vi to laze (about ou around) / *paresser au soleil* to laze in the sun.

paresseusement [paʀɛsøzmɑ̃] adv **1.** [avec paresse] idly, lazily **2.** *sout* [avec lenteur] lazily, idly, sluggishly / *les vagues viennent mourir paresseusement sur la plage* the waves break gently on the beach.

paresseux, euse [paʀɛsø, øz] ◆ adj **1.** [sans ardeur] lazy, idle / *c'est un élève très paresseux* he's a very lazy pupil ▸ **être paresseux comme un loir** ou **une couleuvre** to be bone-idle UK, to be a goldbricker US **2.** *sout* [lent] lazy, slow, indolent / *le cours paresseux de la rivière* the river's sluggish waters **3.** MÉD [digestion] sluggish. ◆ nm, f lazy person / *debout, grand paresseux!* get up, you lazy thing !

❖ **paresseux** nm ZOOL sloth.

parfaire [109] [paʀfɛʀ] vt **1.** [peaufiner] to perfect, to bring to perfection / *il aimerait parfaire ses connaissances en grec* he would like to perfect his knowledge of Greek / *parfaire une œuvre* to add the finishing touches to a work **2.** [compléter - opération] to round off *(sép)* ; [- somme] to make up.

parfait, e [paʀfɛ, ɛt] adj **1.** [sans défaut - beauté, crime, harmonie, conditions] perfect ; [- argumentation, diamant, maquillage] perfect, flawless ; [- scolarité, savoir-vivre, personne] perfect, faultless / *son russe est parfait* her Russian is perfect ou flawless, she speaks perfect Russian / *il a des manières parfaites* he's got perfect manners **2.** BIOL mature ; ENTOM perfect ; MATH [cercle] perfect **3.** [en intensif] perfect, utter / *c'est le parfait homme du monde* he's a perfect gentleman / *c'est un parfait goujat / idiot* he's an utter boor / fool / *c'est le type même du parfait macho!* he's the epitome of the male chauvinist pig ! **4.** [complet, total - bonheur, calme, entente] perfect, complete, total ; [- ressemblance] perfect ; [- ignorance] utter, complete, total / *elle s'est montrée d'une parfaite délicatesse* she showed exquisite ou perfect tact / *dans la plus parfaite indifférence* in utter ou complete ou total indifference **5.** [excellent] perfect, excellent / *en parfait état / parfaite santé* in perfect condition / health / *il a été parfait* he was perfect ou marvellous / *le rôle est parfait pour lui* the part is ideal ou made for him / *10 heures, ça vous va? — c'est parfait!* would 10 o'clock suit you? — that's perfect ou (just) fine !

❖ **parfait** nm **1.** CULIN parfait **2.** LING perfect (tense).

parfaitement [paʀfɛtmɑ̃] adv **1.** [très bien] perfectly, impeccably, faultlessly / *j'avais parfaitement entendu!* I heard all right ! **2.** [absolument] perfectly, absolutely, thoroughly / *tu as parfaitement le droit de refuser* you are perfectly entitled to refuse / *cela lui est parfaitement indifférent* it's a matter of complete indifference to him **3.** [oui] (most) certainly, definitely / *c'est vrai? — parfaitement!* is that true? — it (most) certainly ou definitely is !

parfilage [paʀfilaʒ] nm unpicking, unravelling.

parfiler [3] [paʀfile] vt to unpick, to unravel.

parfois [paʀfwa] adv **1.** [quelquefois] sometimes / *il venait parfois nous voir* he sometimes came to see us **2.** [dans certains cas] sometimes, at times, occasionally / *ça m'amuse parfois* there are times when ou occasionally I find it funny.

❖ **parfois... parfois** loc corrélative sometimes... sometimes / *il était là tous les jours, parfois seul, parfois accompagné* he was there every day, sometimes alone, sometimes ou other times not.

Notez la position de sometimes dans la phrase.

• Comme parfois et quelquefois, **sometimes** peut être placé en début ou en fin de phrase :

Parfois, il vient me voir en rentrant du travail. *Sometimes, he comes to see me on his way back from work.*

Il m'agaçait parfois. *He got on my nerves sometimes.*

• Avec un verbe autre que **be** conjugué, **sometimes** peut également s'insérer comme suit :

sujet + [aux/modal] + sometimes + verbe

Il m'arrive parfois de penser à elle. *I sometimes think about her.*

Sa sœur gardait ses enfants parfois. *His sister sometimes looked after his children.*

• Avec le verbe **be** conjugué, **sometimes** peut se placer comme suit :

sujet + be + sometimes

Il est malade parfois lorsqu'il mange des fruits de mer. *He's sometimes ill when he eats seafood.*

Elle est très cassante parfois. *She's sometimes very sharp-tongued.*

parfum [paʀfœ̃] nm **1.** [odeur - d'une lotion, d'une fleur] perfume, scent, fragrance ; [- d'un mets] aroma ; [- d'un fruit] smell / *le parfum frais des magnolias* the sweet scent ou fragrance of the magnolias / *ce conte a un charmant parfum d'autrefois fig* this tale has a charming aura of times past / *parfum de scandale / d'hérésie* whiff of scandal / heresy ▸ **parfum pour la maison** room fragrance ▸ **parfum d'innocence** flavour of innocence **2.** [cosmétique] perfume, scent **3.** [goût] flavour UK, flavor US / *(tu veux une glace) à quel parfum?* what flavour (ice cream) do you want? / *yaourts sans parfum artificiel* yoghurts with no artificial flavouring.

❖ **au parfum** loc adv *fam* ▸ **être au parfum** to be in the know ▸ **mettre qqn au parfum** to put sb in the picture.

parfumé, e [paʀfyme] adj **1.** [personne] : *elle est parfumée* she's wearing perfume **2.** [fruit] sweet-smelling.

parfumer [3] [paʀfyme] vt **1.** [embaumer] to perfume *sout* / *qu'est-ce qui parfume ainsi la pièce?* where's the lovely smell in this room coming from? / *un soupçon de patchouli parfumait son oreiller* her pillow had a faint smell of patchouli **2.** [mettre du parfum sur] to put ou to dab perfume on ▸ **être parfumé** [personne] to have perfume on, to be wearing perfume / *il était parfumé comme une cocotte fam* he'd doused himself in scent / *se faire parfumer* [dans un magasin] to try on perfume **3.** CULIN to flavour / *un peu de safran pour parfumer la sauce* a pinch of saffron to flavour the sauce ▸ **parfumé à** flavoured with / *yaourt parfumé à la mangue* mango-flavoured yoghurt.

❖ **se parfumer** vp *(emploi réfléchi)* to put on perfume / *parfumez-vous légèrement derrière l'oreille* dab some perfume ou scent behind your ear / *je ne me parfume jamais* I never wear ou use perfume.

parfumerie [paʀfymʀi] nf **1.** [magasin] perfumery (shop) UK, perfumery (store) US **2.** [usine] perfume factory, perfumery **3.** [profession] perfumery, perfume trade ou industry **4.** [articles] perfumes (and cosmetics), perfumery.

parfumeur, euse [paʀfymœʀ, øz] nm, f perfumer.

parhélie [paʀeli] nm mock sun, parhelion.

pari [paʀi] nm **1.** [défi, enjeu] bet, wager ▸ **faire un pari** to lay a bet, to (have a) bet / *c'est un pari que tu fais en l'engageant* you're taking a chance ou a gamble giving her a job / *je tiens le pari!* *pr & fig* I'll take you up on it ! / *perdre un pari* to lose a bet / *cette politique est un pari sur l'avenir* this policy is a gamble on the future **2.** JEUX [mise] bet, stake / *il a gagné son pari* he won his bet ▸ **les paris sont ouverts** *fig* it's anyone's guess ▸ **pari jumelé** double forecast ▸ **pari mutuel (ur-**

bain) = PMU **3.** PHILOS ▸ **le pari de Pascal** Pascal's wager.

paria [paʀja] ◆ nmf [d'un groupe] outcast, pariah. ◆ nm [en Inde] pariah, untouchable.

paridé [paʀide] nm member of the Paridae.

paridigitidé [paʀidiʒitide] adj artiodactyl.

parier [9] [paʀje] ◆ vt **1.** [somme] to bet, to lay, to stake ; [repas, bouteille] to bet / *j'ai parié gros sur le trois* I laid ou put a big bet on number three / *tu as parié combien?* how much did you bet? **2.** [exprimant la certitude] to bet / *tu crois qu'il a terminé? — je parie que non* do you think he's finished? — I bet he hasn't / *je te parie qu'il ment* I bet you he's lying / *qu'est-ce que tu paries qu'il va refuser?* how much do you bet he'll say no? ▸ **je l'aurais parié!** I knew it! ; *(en usage absolu)* : *tu paries?* *fam* want to bet? **3.** [exprimant la probabilité] ▸ **il y a fort** ou **gros à parier que...** the odds are ou it's odds on that... ◆ vi **1.** [faire un pari] to (lay a) bet / *parier sur un cheval* to bet on ou to back a horse **2.** [être parieur] to bet / *je ne parie jamais* I'm not a betting man / *parier aux courses* [de chevaux] to bet on the horses.

pariétaire [paʀjetɛʀ] nf pellitory, pellitory-of-the-wall.

pariétal, e, aux [paʀjetal, o] adj **1.** ANAT parietal **2.** ART ▸ **art pariétal** wall painting.

❖ **pariétal, aux** nm parietal bone.

parieur, euse [paʀjœʀ, øz] nm, f **1.** [qui fait un pari] better **2.** [qui aime parier] betting man (woman).

parigot, e [paʀigo, ɔt] *tfam* ◆ adj Parisian. ◆ nm, f Parisian.

Paris [paʀi] npr Paris / *aller à Paris* to go to Paris / *j'ai horreur d'aller dans Paris le soir* I hate going into Paris in the evening / *je travaille sur Paris* *fam* I work in Paris ▸ **la banlieue de Paris** the Paris suburbs / *dans les environs de Paris* in the Paris area / *la mode de Paris* Parisian ou Paris fashion ▸ **Paris ne s'est pas fait en un jour** *prov* Rome wasn't built in a day *prov* ▸ **Paris vaut bien une messe** *(allusion à Henri IV)* Paris is worth a mass.

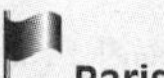

Paris

The name **Paris** followed by a number or Roman numeral refers to a Paris university: **Paris-VII** (the science faculty at Jussieu), **Paris-IV** (the Sorbonne), **Paris-X** (Nanterre university), etc.

When **Paris** is followed by an ordinal number, this refers to an arrondissement: **Paris XVe**, **Paris IVe**, etc.

Pâris [paʀis] npr MYTH Paris.

paris-brest [paʀibʀɛst] nm inv paris-brest *(choux pastry ring filled with praline cream)*.

Pariscope [paʀiskɔp] npr *weekly entertainments listings magazine for Paris.*

Paris-Dakar [paʀidakaʀ] nm ▸ **le Paris-Dakar** *annual car and motorcycle race across the Sahara Desert.*

parisette [paʀizɛt] nf herb Paris.

parisianisme [paʀizjanism] nm **1.** [attitude] Paris-centredness / *le parisianisme des médias* the capital-city mentality of the Paris media **2.** [expression] Parisian (turn of) phrase **3.** [habitude] Parisian habit ou quirk *péj.*

parisien, enne [paʀizjɛ̃, ɛn] adj **1.** [relatif à Paris, sa région] Paris *(modif)* ; [natif de Paris, habitant à Paris] Parisian ▸ **la vie parisienne** life in Paris, Parisian life / *les immeubles parisiens* buildings in Paris **2.** [typique de Paris] Parisian / *un événement bien parisien* a very Parisian occasion.

❖ **Parisien, enne** nm, f Parisian.

parisyllabique [paʀisilabik] adj & nm parisyllabic.

paritaire [paʀitɛʀ] adj ▸ **représentation paritaire** parity of representation, equal representation.

paritarisme [paʀitaʀism] nm INDUST (doctrine of) co-management.

parité [paʀite] nf **1.** [concordance - entre des rémunérations] parity, equality ; [- entre des monnaies, des prix] parity ; [- entre des concepts] comparability / *la parité des salaires* equal pay ▸ **parité d'échange** ou **de fusion** FIN exchange ratio ▸ **la parité hommes-femmes** gender parity **2.** MATH parity **3.** INFORM parity check.

parjure [paʀʒyʀ] ◆ adj disloyal, treacherous, underhand. ◆ nmf [personne] disloyal person, traitor, betrayer. ◆ nm [acte] disloyalty, treachery, betrayal ▸ **commettre un parjure** to forswear.

parjurer [3] [paʀʒyʀe] ❖ **se parjurer** vpi *sout* [manquer à son serment] to break one's word ou promise.

parka [paʀka] nm ou nf parka.

Parkérisation® [paʀkeʀizasjɔ̃] nf Parkerizing.

parking [paʀkiŋ] nm **1.** [parc de stationnement] car park UK, parking lot US ▸ **une place de parking** a parking space ▸ **parking couvert** parking garage **2.** [action de se garer] : *le parking est interdit* parking is prohibited here.

Parkinson [paʀkinsɔn] npr ⟶ **maladie.**

parlant, e [paʀlɑ̃, ɑ̃t] adj **1.** CINÉ talking **2.** *fam* [bavard] : *il n'est pas très parlant* he isn't very talkative ou hasn't got very much to say (for himself) **3.** [significatif - chiffre, exemple, schéma] which speaks for itself ▸ **leurs statistiques sont parlantes** their figures speak volumes **4.** [bien observé - portrait] lifelike ; [- description] vivid, graphic.

❖ **parlant** nm CINÉ ▸ **le parlant** talking pictures.

parlé, e [paʀle] adj [anglais, langue] spoken.

❖ **parlé** nm [à l'opéra] spoken part, dialogue.

parlement [paʀləmɑ̃] nm **1.** POL ▸ **le Parlement a)** [en France] (the French) Parliament **b)** [en Grande-Bretagne] (the Houses of) Parliament ▸ **au parlement** in Parliament **2.** HIST [en France] parliament ou parlement *(under the Ancien Régime)* ; [en Grande-Bretagne] ▸ **Parlement Court** / **Croupion** / **Long** Short / Rump / Long Parliament.

parlementaire [paʀləmɑ̃tɛʀ] ◆ adj **1.** [débat, habitude, régime] parliamentary ▸ **procédure parlementaire** parliamentary procedure **2.** HIST [en Grande-Bretagne] Parliamentary. ◆ nmf **1.** [député] member of Parliament ; [aux États-Unis] Congressman (Congresswoman) **2.** HIST [en Grande-Bretagne] Parliamentarian **3.** [négociateur] mediator, negotiator.

parlementarisme [paʀləmɑ̃taʀism] nm parliamentarianism, parliamentary government.

parlementer [3] [paʀləmɑ̃te] vi to negotiate ▸ **parlementer avec** POL to parley with / *il a dû parlementer avec l'agent pour qu'il le laisse passer* he had to talk the policeman into letting him through.

parler¹ [paʀle] nm **1.** [vocabulaire] speech, way of speaking / *dans le parler de tous les jours* in common parlance **2.** [langue d'une région] dialect, variety.

parler² [3] [paʀle]

◆ vi

A. FAIRE UN ÉNONCÉ

B. LOCUTIONS

A. FAIRE UN ÉNONCÉ 1. [articuler des paroles] to talk, to speak / *parler du nez* to talk through one's nose / *parler bas* ou *à voix basse* to speak softly ou in a low voice / *parler haut* ou *à voix haute* to speak loudly ou in a loud voice / *les syndicats commencent à parler haut* *fig* the unions are beginning to make a lot of noise / *elle parle avec un accent* she talks ou speaks with an accent / *parle plus fort* speak louder ou up / *parlez moins fort* keep your voice down, don't speak so loud / *elle a une poupée qui parle* she's got a talking doll / *dans ses fables, il fait parler les animaux* in his fables, he makes the animals talk / *parler par gestes* ou *signes* to use sign language ▸ **parler avec les mains** to talk with one's hands **2.** [s'exprimer] to talk, to speak / *vous pouvez parler librement* you can speak ou talk freely / *parle donc!* speak up! / *ça m'a fait du bien de parler* it's done me good to talk (things over) / *je n'ai pas l'habitude de parler en public* I'm not used to speaking in public ou to public speaking / *le conseiller a parlé le dernier* the councillor spoke last / *il parle mal* [improprement] he doesn't talk correctly / *comme tu parles mal!* [grossièrement] (mind your) language! ou that's a fine way to talk! *iron* / *tu n'as qu'à parler pour être servi* just say the word and you'll be served ▸ **mon père parlait peu** my father was a man of few words / *tu parles en francs?* are you talking in ou do you mean francs? / *il a parlé à la radio* he spoke ou talked on the radio / *elle parle à la première personne du pluriel* she talks in the first person plural ou uses the royal we *hum* / *il a fait parler l'adolescent* he drew the adolescent out of himself, he got the adolescent to talk ▸ **les armes ont parlé** weapons were used / *ne laissons pas parler notre haine* let us not yield to hatred ▸ **laisse parler ton cœur** listen to your heart ▸ **parler pour** ou **à la place de qqn** to speak for sb ou on sb's behalf / *ne parle pas tout le temps pour moi!* stop answering for me! / *sa franchise parle pour lui* *fig* his straightforwardness is a point in his favour ▸ **parle pour toi!** speak for yourself! ▸ **parler contre** / **pour** to speak against / for / *il va parler pour la suppression de la peine de mort* he will be speaking against capital punishment ▸ **politiquement** / **artistiquement parlant** politically / artistically speaking ▸ **parler à qqn** [lui manifester ses sentiments] to talk to ou to speak to ou to have a word with sb / *je vais lui parler, moi, à ton copain!* *fam* I'm going to have a word with that pal of yours! ▸ **parle-moi!** talk ou speak to me! / *j'aurais aimé te parler la première* I'd have liked to be the first to tell you ▸ **parler à qqn** [s'adresser à qqn] to talk ou to speak to sb / *ne parle pas aux gens que tu ne connais pas* don't talk to strangers / *je ne lui ai parlé que brièvement* I only talked to ou with her for a brief moment / *ne me parle pas sur ce ton!* don't talk to me like that! / *c'est à toi que je parle!* it's you I'm talking to! / *je ne leur parle plus* I'm not on speaking terms with them any more, I don't speak to them any more / *le secrétaire général parlera aux travailleurs demain* the general secretary will talk to ou address the workers tomorrow / *puis-je parler à Virginie?* [au téléphone] may I speak to Virginie? / *vous pouvez parler!* [message de l'opératrice] go ahead, caller! ▸ **parler à qqn** [l'émouvoir, le toucher] to speak ou to appeal to sb / *sa musique me parle* his music speaks to me / *ses tableaux ne me parlent pas* his paintings don't appeal to me ou don't do anything for me ▸ **voilà ce qui s'appelle parler!, ça, c'est parler!** *fam* well said! ▸ **il sait ce que parler veut dire** he's not stupid ▸ **parlons peu mais parlons bien** let's be brief but to the point **3.** [discuter] to talk / *les longues soirées d'hiver où l'on parlait autour du feu* the long winter evenings spent talking ou chatting around the fire / *ne parle pas sans savoir* don't talk about things you don't know about / *parler pour ne rien dire* to talk for the sake of talking ▸ **assez parlé, allons-y!** that's enough chat, let's go! ▸ **parler de qqch** / **qqn** to talk ou to speak about sthg / sb / *je sais de quoi je parle* I know what I'm talking about / *je ne sais pas de quoi tu veux parler* I don't know what you mean / *parler de choses et d'autres* to talk about this and that / *tiens, en parlant de vacances, Luc a une villa à louer* hey, talking of holidays, Luc has a villa to let / *je ne veux pas qu'on parle de ça à table!* I won't have that kind of talk at table! / *le professeur X va venir parler de Proust* Professor X will give a talk on Proust / *qui parle d'Europe parle d'axe franco-allemand* you can't talk about Europe without talking about ou mentioning the special relationship between France and Germany / *il en sera beaucoup parlé dans les jours qui viennent* everybody's going to be talking about it in the next few days ▸ **parler de qqn** / **qqch** [le mentionner] : *vous ne parlez même pas de Dali dans votre thèse* you don't even mention Dali in your thesis / *le livre parle de la guerre* the book is about ou deals with the war / *tous les journaux en parlent ce matin* it's (mentioned) in all the newspapers this morning / *ils en ont parlé aux informations* they talked about it on the news / *c'était un excellent acteur, mais on ne parle plus de lui maintenant* he was an excellent actor, but nobody ever talks about ou mentions him any more / *si elle en parle devant toi, fais comme si tu ne savais rien* if she mentions it in front of you, pretend you don't know anything (about it) ▸ **parler**

(de) religion / **(de) littérature** to talk religion / literature / *tu ne vas pas déjà parler de départ!* you're not talking about leaving already, are you? / *je ne l'aime pas, alors ne parlons pas de mariage!* I don't like him, so let there be no talk of marriage! ▸ **parler de faire qqch** to talk about ou of doing sthg / *elle parle de déménager* she's talking of moving house / *ils parlent de réduire les impôts* they're talking about ou there's talk of cutting taxes / *qui parle de laisser tomber?* who said anything about giving up? ▸ **parler de qqch / qqn comme de** : *on parle d'elle comme d'une candidate possible* she's being talked about ou billed as a possible candidate / *tu en parles comme d'une catastrophe* you make it sound like a catastrophe / *on m'en avait parlé comme d'une femme austère* I'd been told she was ou she'd been described to me as a stern sort of woman ▸ **parler de qqn / qqch à qqn** : *n'en parle à personne!* don't mention it to anybody! / *après ça, qu'on ne vienne plus me parler de solidarité* after that, I don't want to hear any more about solidarity / *elle nous a parlé de ses projets* she talked to us about her plans / *parlez-moi un peu de vous / de ce que vous avez ressenti* tell me something about yourself / what you felt / *on m'a beaucoup parlé de vous* I've heard a lot about you / *je cherche un travail, alors, si vous pouviez lui parler de moi* I'm looking for a job, so if you could have a word with her about me ; [jaser] to talk / *les gens commencent à parler!* people are starting to talk! / *tout le monde en parle* everybody's talking about it / *on ne parle que de cela au village* it's the talk of the village / *sa démission a beaucoup fait parler dans l'entreprise* his / her resignation caused quite a stir in the office ▸ **faire parler de soi a)** to get o.s. talked about **b)** [dans la presse] to get one's name in the papers **4.** [avouer] to talk / *ses complices ont parlé* her accomplices talked ▸ **faire parler qqn** to make sb talk, to get sb to talk / *impossible de le faire parler!* it's impossible to get him to talk! **5.** [être éloquent] to speak volumes ▸ **les chiffres / faits parlent d'eux-mêmes** the figures / facts speak for themselves **6.** JEUX : *à qui de parler?* whose bid is it? / *c'est à toi de parler* it's your bid.

B. LOCUTIONS ▸ **tu parles, vous parlez** *fam* : *tu parles comme je peux oublier ça!* as if I could ever forget it! / *tu parles si je sais de quoi elle est capable!* you bet I know what she's capable of! ▸ **ça t'a plu? — tu parles! a)** [bien sûr] did you like it? — you bet! **b)** [pas du tout] did you like it? — you must be joking! / *ça t'irait, 400 euros? — tu parles (si ça m'irait)!* would 400 euros be OK? — you bet (it would)! ▸ **tu parles que je vais lui rendre! a)** [je vais lui rendre] you bet I'll give it back to him! **b)** [je ne vais pas lui rendre] there's no way I'm giving it back to him! / *tu parles si c'est agréable / intelligent!* *iron* that's really nice / clever! / *tu parles si je m'en fiche!* a fat lot I care! / *tu parles si ça m'aide!* much good that is to me! / *la truite pesait au moins 10 kg! — tu parles!* the trout was at least 10 kg! — you must be joking ou UK pull the other one! ▸ **tu parles de** *fam*, **vous parlez de** *fam* : *tu parles d'une déception!* talk about a letdown!, it was such a letdown! / *tu parles d'une veine!* what a stroke of luck! ▸ **ne m'en parle pas, m'en parle pas** *fam* : *c'est difficile — ne m'en parle pas!* it's difficult — don't tell me ou you're telling me ou you don't say! / *quel temps! — ne m'en parlez pas!* what filthy weather! — oh, don't! ▸ **parlons-en** : *laisse faire la justice — ah, parlons-en, de leur justice!* let justice take its course — justice indeed ou some justice! / *sa timidité? parlons-en!* her shyness? that's a good one ou you must be joking! ▸ **n'en parlons pas** : *la chambre du haut, n'en parlons pas* let's ou we can forget the upstairs bedroom / *l'échéance d'avril, n'en parlons pas* let's not even talk about ou mention the April deadline ▸ **n'en parlons plus** let's not mention it again, let's say no more about it.

◆ vt **1.** [langue] to speak / *il parle plusieurs langues* he speaks ou he can speak several languages / *elle parle chinois couramment* she's fluent in Chinese, she speaks Chinese fluently / *il parle bien (le) russe* he speaks good Russian / *vous connaissez l'allemand? — je le parle un peu* do you know any German? — I can speak (it) a little / *tu ne parles pas un mot de polonais!* you don't ou can't speak a word of Polish! / *elle parle le langage des sourds-muets* she knows sign language / *et pourtant je parle français, non?* *fig* don't you understand plain English? ▸ **nous ne parlons pas la même langue** ou **le même langage** *fig* we don't speak the same language / *parler le langage de la raison* to talk sense ▸ **parler affaires / politique** to talk business / politics **2.** [dire d'une façon naturelle] to speak, to read out *(sép)* / *parle ton texte, ne le déclame pas* just read out your text, don't recite it.

❖ **parler de** v + prép *litt* [rappeler] to remind of / *tout ici me parle de toi* everything here reminds me of you / *les cals de ses mains parlaient d'une vie laborieuse* the calluses on his hands testified to a life of hard work.

❖ **se parler** ◆ vp *(emploi réciproque)* to talk to one another ou each other / *il faudrait qu'on se parle tous les deux* I think we two should have a talk / *elles ne se parlent plus* they aren't on speaking terms any more. ◆ vp *(emploi réfléchi)* to talk to o.s. ◆ vp *(emploi passif)* to be spoken / *le français se parle dans plusieurs pays d'Afrique* French is spoken in several African countries.

❖ **sans parler de** loc prép to say nothing of, not to mention, let alone / *la misère est inimaginable, sans parler des conditions d'hygiène* the poverty is unimaginable, not to mention the hygiene / *sans parler du fait que...* to say nothing of..., without mentioning the fact that...

parler-vrai [paʀlevʀɛ] *(pl* **parlers-vrai***)* nm frankness.

parleur, euse [paʀlœʀ, øz] nm, f talker ▸ **beau parleur** *sout* fine talker / *c'est un beau parleur* he's a fine talker, he has a way with words.

parloir [paʀlwaʀ] nm [d'une prison] visitors' room ; [d'un monastère] parlour UK, parlor US.

parlot(t)e [paʀlɔt] nf *fam* chitchat, natter UK / *faire la parlotte* to chat, to natter UK.

parme [paʀm] ◆ adj inv mauve. ◆ nm [couleur] mauve.

Parme [paʀm] npr Parma.

parmentier [paʀmɑ̃tje] adj inv ⟶ **hachis.**

parmesan, e [paʀməzɑ̃, an] adj Parmesan.

❖ **Parmesan, e** nm, f Parmesan.

❖ **parmesan** nm Parmesan (cheese) / *spaghettis au parmesan* spaghetti with Parmesan.

parmi [paʀmi] prép among / *parmi eux se trouvait un grand homme maigre* there was a tall, thin man among them / *elle erra parmi la foule* she wandered in ou among the crowd / *son nom est réputé parmi les scientifiques* her name is held in high esteem in ou by ou among the scientific community / *nous souhaitons vous avoir bientôt parmi nous* we hope that you'll soon be with us / *parmi tout ce vacarme* in the midst of all this noise / *c'est une solution parmi d'autres* that's one solution / *c'est juste un exemple parmi d'autres* it's just one example / *je retiendrai cette solution parmi celles qui ont été proposées* I will choose this solution from those which have been suggested.

Parnasse [paʀnas] npr m **1.** GÉOGR ▸ **le Parnasse** (Mount) Parnassus **2.** LITTÉR & MYTH Parnassus.

parnassien[1] [paʀnasjɛ̃] nm ENTOM apollo.

parnassien[2]**, enne** [paʀnasjɛ̃, ɛn] adj Parnassian.

❖ **Parnassien, enne** nm, f Parnassian *(member of the Parnassian school of French poets).*

parodie [paʀɔdi] nf **1.** LITTÉR parody **2.** *fig* ▸ **une parodie de procès** a mockery of a trial.

parodier [9] [paʀɔdje] vt **1.** ART to parody **2.** [singer] to mimic, to parody / *je le parodie un peu, mais c'est ce qu'il a dit* I'm parodying him a little, but that's what he said.

parodique [paʀɔdik] adj parodic.

parodiste [paʀɔdist] nmf parodist.

parodontal, e, aux [paʀɔdɔ̃tal, o] adj periodontal.

parodonte [paʀɔdɔ̃t] nm periodontium.

parodontologie [paʀɔdɔ̃tɔlɔʒi] nf periodontology.

parodontolyse [paʀɔdɔ̃tɔliz] nf periodontosis.

parodontose [paʀɔdɔ̃toz] nf periodontal disease.

paroi [paʀwa] nf **1.** [d'une chambre] partition (wall) ; [d'un ascenseur] wall ; [d'une citerne] inside **2.** ANAT & BOT wall **3.** GÉOL & ALPINISME face, wall ▸ **paroi rocheuse** rock face.

paroisse [paʀwas] nf parish.

paroissial, e, aux [paʀwasjal, o] adj [fête, église] parish *(modif)* ; [décision, don] parish *(modif)*, parochial.

paroissien, enne [paʀwasjɛ̃, ɛn] nm, f **1.** RELIG parishioner **2.** *fam* [type] : *c'est un drôle de paroissien* he's a strange customer.

❖ **paroissien** nm [gén] prayer book ; [catholique] missal.

parole [paʀɔl] nf **1.** [faculté de s'exprimer] ▸ **la parole** speech / *il ne lui manque que la parole, à ton chien* your dog does everything but talk / *être doué de parole* to be endowed with speech / *perdre l'usage de la parole* to lose one's power of speech / *avoir la parole facile* to be a fine talker, to have a way with words ▸ **la parole est d'argent, le silence est d'or** *prov* speech is silver, silence is golden *prov* **2.** [fait de parler] ▸ **demander la parole a)** to ask for the right to speak **b)** DR to request leave to speak / *les délégués demandent la parole* the delegates want to speak ▸ **prendre la parole a)** [gén] to speak **b)** [au parlement, au tribunal] to take the floor ▸ **vous avez la parole a)** [à un avocat, un député] you have the floor **b)** [dans un débat] (it's) your turn to speak ou over to you / *la parole est à la défense* the defence may now speak ▸ **adresser la parole à qqn** to talk ou to speak to sb / *nous ne nous adressons plus la parole* we're not on speaking terms ou we don't talk to each other any more ▸ **couper la parole à qqn** to interrupt sb ▸ **passer la parole à qqn** to hand over to sb ▸ **droit de parole** right to speak ▸ **temps de parole** speaking time / *votre temps de parole est révolu* your time is up **3.** LING speech, parole ▸ **acte de parole** speech act **4.** *(souvent au pl)* [propos] word, remark / *des paroles blessantes* hurtful words ou remarks / *jamais une parole gentille!* never a kind word! / *prononcer des paroles historiques* to utter historic words / *ce sont ses (propres) paroles* those are his very (own) words / *ce ne sont que des paroles en l'air* all that's just idle talk / *il s'y connaît en belles paroles* he's full of fine words / *en paroles, ça a l'air simple, mais...* it's easy enough to say it, but... / *en paroles et en actes* in word and deed ▸ **répandre** ou **porter la bonne parole** to spread ou to carry the good word ▸ **la parole de Dieu** the Word of God ▸ **c'est parole d'Évangile** it's the gospel truth ▸ **les paroles s'envolent, les écrits restent** *prov* verba volant, scripta manent *prov* **5.** [engagement] word / *ma parole vaut bien la sienne* my word is as good as his / *il n'a qu'une parole* ou *il est de parole* his word is his bond *sout*, he's a man of his word ▸ **tu n'as aucune parole** you never keep your word ▸ **donner sa parole (d'honneur) à qqn** to give sb one's word (of honour) ▸ **tenir parole** to keep one's word ▸ **reprendre** ou **retirer sa parole** to go back on one's word ▸ **c'est un homme de parole** he's a man of his word ▸ **parole d'honneur!** I give you my word (of honour)! ▸ **ma parole!** my word! **6.** JEUX : *avoir la parole* to be the first to bid ▸ **passer parole** to pass ▸ **parole!** [je passe] pass!, your bid!

❖ **paroles** nfpl [d'une chanson] words, lyrics ▸ **paroles de Robbie Blondeau** lyrics by Robbie Blondeau ; [d'une illustration] words ▸ **histoire sans paroles** wordless cartoon / **'sans paroles'** 'no caption'.

❖ **sur parole** loc adv on parole.

parolier, ère [paʀɔlje, ɛʀ] nm, f [d'une chanson] lyric writer, lyricist ; [d'un opéra] librettist.

paronyme [paʀɔnim] ◆ adj paronymous. ◆ nm paronym.

paronymie [paʀɔnimi] nf paronymy.

paronymique [paʀɔnimik] adj paronymous.

parotide [paʀɔtid] ◆ nf parotid gland. ◆ adj f parotid.

parotidien, enne [paʀɔtidjɛ̃, ɛn] adj parotidian.

parotidite [paʀɔtidit] nf parotitis ▸ **parotidite infectieuse** mumps.

paroxysmal, e, aux [paʀɔksismal, o] = paroxysmique.

paroxysme [paʀɔksism] nm **1.** [d'un état affectif] paroxysm, height / *le mécontentement a atteint son paroxysme* discontent is at its height / *au paroxysme de la douleur* in paroxysms of pain / *les fans étaient au paroxysme du délire* the fans' enthusiasm had reached fever pitch **2.** MÉD paroxysm **3.** GÉOL ▸ **paroxysme volcanique** paroxysmal eruption.

paroxysmique [paʀɔksismik], **paroxystique** [paʀɔksistik] adj paroxysmal, climactic.

paroxyton [paʀɔksitɔ̃] nm paroxytonic word.

parpaillot, e [paʀpajo, ɔt] nm, f *péj* HIST (French) Protestant.

parpaing [paʀpɛ̃] nm **1.** [pierre de taille] perpend **2.** [aggloméré] breezeblock UK, cinderblock US.

Parque [paʀk] npr f ▸ **la Parque** Fate ▸ **les Parques** the Parcae, the Fates.

parquer [3] [paʀke] vt **1.** [mettre dans un parc - bétail] to pen in ou up *(sép)* ; [- moutons] to pen in ou up *(sép)*, to fold / *parquer les huîtres* to lay down an oysterbed **2.** [enfermer - prisonniers] to shut in ou up *(sép)*, to confine ; [- foule, multitude] to pack ou to cram in *(sép)* / *on parquait les réfugiés dans les camps* the refugees were herded into the camps **3.** [voiture] to park.

❖ **se parquer** vpi [en voiture] to park.

parquet [paʀkɛ] nm **1.** [revêtement de bois] (wooden) floor ou flooring ; [à chevrons] parquet / *refaire le parquet* to re-lay ou to replace the floorboards ▸ **parquet à l'anglaise** strip flooring ▸ **parquet flottant** floating floor **2.** DR public prosecutor's department ; ≃ Crown Prosecution Service UK ; ≃ District Attorney's office US / *déposer une plainte auprès du parquet* to lodge a complaint with the public prosecutor **3.** BOURSE ▸ **le parquet a)** [lieu] the (dealing) floor **b)** [personnes] the Stock Exchange **4.** ART wooden backing.

parquetage [paʀkətaʒ] nm **1.** CONSTR (wooden ou parquet) flooring **2.** ART backing (with wood).

parqueter [27] [paʀkəte] vt to lay a wooden ou parquet floor in, to put a wooden ou parquet floor down in.

✎ In reformed spelling (see p. 16-19), this verb is conjugated like *acheter* : *il parquète, elle parquètera.*

parqueteur [paʀkətœʀ] nm [fabricant] parquet maker ; [poseur] parquet layer.

parqueur, euse [paʀkœʀ, øz], **parquier, ère** [paʀkje, ɛʀ] nm, f PÊCHE bed fisherman.

parquier, ère [paʀkje, ɛʀ] nm, f **1.** [pour le bétail] pen hand **2.** PÊCHE bed fisherman.

parrain [paʀɛ̃] nm **1.** RELIG godfather / *être le parrain d'un enfant* to be a child's godfather, to stand godfather to a child **2.** COMM sponsor **3.** [d'un projet] promoter ; [d'une œuvre charitable] patron ; POL proposer, sponsor US **4.** [d'un navire] namer, christener ; [d'une cloche] christener **5.** [de la mafia] godfather / **'le Parrain'** *Coppola* 'The Godfather'.

parrainage [paʀɛnaʒ] nm **1.** RELIG (act of) being a godparent **2.** COMM sponsorship, sponsoring **3.** [d'un projet] proposing, promoting ; [d'une œuvre charitable] patronage ; POL proposing, sponsoring US **4.** [d'un navire] naming, christening ; [d'une cloche] christening.

parrainer [4] [paʀɛne] vt **1.** [candidat, postulant] to propose, to sponsor US ; [projet] to propose, to support ; [œuvre charitable] to patronize **2.** COMM to sponsor / *se faire parrainer* to be sponsored.

parraineur, euse [paʀɛnœʀ, øz] nm, f sponsor.

parricide [paʀisid] ◆ adj parricidal. ◆ nmf [assassin] parricide. ◆ nm [crime] parricide.

pars v ⟶ partir.

parsec [paʀsɛk] nm parsec.

parsemer [19] [paʀsəme] vt **1.** [semer, saupoudrer] ▸ **parsemer qqch de** to scatter sthg with **2.** *litt* [suj: fleurs, étoiles] : *le ciel était parsemé d'étoiles* the sky was studded ou scattered with stars.

parsi, e [paʀsi] adj Parsi, Parsee.

❖ **Parsi, e** nm, f Parsi, Parsee.

❖ **parsi** nm LING Parsee.

part [paʀ] nf **1.** [dans un partage - de nourriture] piece, portion ; [- d'un butin, de profits, de travail, etc.] share ▸ **une part de gâteau** a slice of cake / *donnez-moi deux parts de choucroute* I'd like two portions ou servings ou helpings of sauerkraut ▸ **à chacun sa part** share and share alike ▸ **couper qqch en parts égales** to cut sthg into equal parts ou portions / *elle a eu sa part de soucis* she's had her share of worries / *repose-toi, tu as fait ta part* have a rest, you've done your bit ▸ **la part du pauvre** a bit left aside *(for the poor should they come knocking at the door)* ▸ **avoir part à** to have a share in, to share (in) / *avoir part aux bénéfices* to share in the profits ▸ **avoir la part belle** to get a good deal ▸ **faire la part belle à qqn** to give sb a good deal ▸ **vouloir sa part de** ou **du gâteau** to want one's share of the cake ▸ **se réserver** ou **se tailler la part du lion** to keep ou to take the lion's share ▸ **part à deux!** *fam* let's go halves! **2.** DR [pour les impôts] *basic unit used for calculating personal income tax* / *un couple avec un enfant a deux parts et demie* a couple with a child has a tax allowance worth two and a half UK ou has two and a half tax exemptions US ; [dans un héritage] ▸ **part virile** lawful share **3.** ÉCON & FIN ▸ **part de marché** market share ▸ **part sociale** / **d'intérêts** unquoted / partner's share **4.** [fraction] part, portion / *ce n'est qu'une petite part de la vérité* it's only a fraction ou small part of the truth ▸ **en grande part** for the most part, largely, to a large extent / *les sociétés, pour la plus grande part, sont privatisées* firms, for the most part, are privatized / *elle ne participe que pour une petite part aux frais d'exploitation* she only pays a fraction ou small part of the running costs / *il y a toujours une part d'affabulation dans ce qu'il dit* there's always a touch of fantasy in what he says / *il y a une grande part de peur dans son échec* her failure is due to a large extent to fear, fear goes a long way towards explaining her failure **5.** [participation] ▸ **prendre part à a)** [discussion, compétition, manifestation] to take part in **b)** [cérémonie, projet] to join in, to play a part in **c)** [attentat] to take part in, to play a part in / *deux cyclistes ne prendront pas part à la course* two riders will not be (taking part) in the race ▸ **prendre part à la joie / peine de qqn** to share (in) sb's joy / sorrow / *un acte où la volonté n'a eu aucune part* an act in which willpower had no share ou part / *la chance n'a aucune part dans sa réussite* luck has nothing to do with her success ▸ **il faut faire la part du hasard / de la malchance** you have to recognize the part played by chance / ill-luck, you have to make allowances for chance / ill-luck ▸ **faire la part des choses** to take things into consideration ▸ **faire la part du feu** to cut one's losses **6.** THÉÂTRE [aparté] (artist's) cut **7.** EXPR ▸ **de la part de** [au nom de] : *je viens de la part de Paula* Paula sent me / *donne-le-lui de ma part* give it to her from me / *dis-lui au revoir / merci de ma part* say goodbye / thank you for me / *je vous appelle de la part de Jacques* I'm calling on behalf of Jacques ▸ **de la part de** [provenant de] : *de ta part, cela me surprend beaucoup* I'm surprised at you / *je ne m'attendais pas à une telle audace / mesquinerie de sa part* I didn't expect such boldness / meanness from him / *c'est très généreux de ta part* that's very generous of you / *cela demande un certain effort de votre part* it requires a certain amount of effort on your part / *c'est de la part de qui?* [au téléphone, à un visiteur] who (shall I say) is calling? ▸ **pour ma / sa part** (as) for me / him / *pour ma part, je n'ai rien contre* as for me ou for my part *sout*, I have nothing against it ▸ **faire part de qqch à qqn** to announce sthg to sb, to inform sb of sthg / *elle m'a fait part à plusieurs reprises de ses difficultés financières* she told me about her financial problems on several occasions ▸ **prendre qqch en bonne part** to take sthg in good part ▸ **prendre qqch en mauvaise part** to take offence at sthg, to take sthg amiss / *ne le prenez pas en mauvaise part, mais...* don't be offended, but...

❖ **à part** ◆ loc adj **1.** [séparé - comptes, logement] separate **2.** [original, marginal] odd / *ce sont des gens à part* these people are rather special. ◆ loc adv **1.** [à l'écart] : *elle est restée à part toute la soirée* she kept herself to herself all evening / *les stagiaires ont l'impression qu'on les met à part* the interns feel they're being left on the sidelines / *mets les dossiers bleus à part* put the blue files to one side / *mis à part deux ou trois détails, tout est prêt* except for ou apart from two or three details, everything is ready **2.** [en aparté] ▸ **prendre qqn à part** to take sb aside ou to one side **3.** [séparément] separately / *faites cuire la viande à part* cook the meat separately ou on its own. ◆ loc prép **1.** [excepté] except for, apart ou aside from / *à part toi, personne ne le sait* nobody knows apart from you / *à part cela* apart from that, that aside **2.** *sout* ▸ **à part soi** to o.s. / *elle se disait à part soi que...* she said to herself that...

❖ **à part entière** loc adj : *un membre à part entière de* a full ou fully paid up member of / *elle est devenue une actrice à part entière* she's now a proper ou a fully-fledged actress / *c'est un système de communication à part entière* it's a fully-fledged communication system ▸ **citoyen à part entière** person with full citizenship (status).

❖ **à part que** loc conj *fam* except that, if it weren't ou except for the fact that / *c'est une jolie maison, à part qu'elle est un peu humide* it's a nice house, except that it's a bit damp.

❖ **autre part** loc adv somewhere ou someplace US else.

❖ **de part en part** loc adv from end to end, throughout, right through / *la poutre est fendue de part en part* the beam is split from end to end.

❖ **de part et d'autre** loc adv **1.** [des deux côtés] on both sides, on either side **2.** [partout] on all sides / *on entendait dire, de part et d'autre, que...* people on all sides were saying that...

❖ **de part et d'autre de** loc prép on both sides of.

❖ **de toute(s) part(s)** loc adv (from) everywhere, from all sides ou quarters / *ils accouraient de toutes parts vers le village* they were rushing towards the village from all directions / *l'eau fuyait de toutes parts* water was leaking out everywhere.

❖ **d'une part... d'autre part** loc corrélative on the one hand... on the other hand / *nous avons entamé des négociations avec les Américains d'une part et les Japonais d'autre part* we have started talks with the Americans and with the Japanese.

❖ **pour une large part** loc adv to a great extent.

part. abr écrite de particulier.

partage [paʀtaʒ] nm **1.** [division - d'un domaine] division, dividing ou splitting up ; [- d'un rôti] carving ; [- d'un gâteau] slicing, cutting (up) ▸ **faire le partage de qqch** to divide sthg up / *à la mort des parents, il y aura partage* when the parents die, the estate will be split ou divided up **2.** [répartition - d'une fortune, des devoirs, des tâches] sharing out ; [- des torts, des fautes] sharing, apportioning ▸ **partage des connaissances** knowledge sharing ▸ **partage du pouvoir** power-sharing, the sharing of power ▸ **partage du travail** jobsharing **3.** DR [acte juridique] partition ▸ **partage d'ascendant** partition in will **4.** GÉOM division **5.** INFORM ▸ **partage de fichier** file sharing ▸ **partage de temps** time-sharing.

❖ **en partage** loc adv ▸ **donner qqch en partage à qqn** to leave sb sthg (in one's will) / *il donna en partage à ses fils dix hectares de terre* he left ten hectares of land to be shared out between his sons / *ce que la nature lui a donné en partage fig & litt* the gifts bestowed upon him by nature / *je n'ai reçu en partage que la vieille horloge de mon père* all I got for my share was my father's old clock.

❖ **sans partage** loc adj *sout* [joie] unmitigated ; [affection] undivided ; [engagement, enthousiasme] thoroughgoing.

partagé, e [paʀtaʒe] adj **1.** [opposé] split, divided / *j'ai lu des critiques partagées* I've read mixed reviews / *il était partagé entre la joie et la crainte* he was torn between joy and fear **2.** [mutuel - haine] mutual, reciprocal ; [- amour] mutual **3.** *vieilli* : *être bien / mal partagé* [être bien / mal loti] to have received one's share / less than one's share **4.** INFORM ▸ **logiciel partagé** shareware ▸ **en temps partagé** on a time-sharing basis.

partageable [paʀtaʒabl] adj **1.** [bien, propriété] which can be shared out ou divided ; [nombre] divisible **2.** [point de vue] that can be shared / *votre opinion est* *difficilement partageable* your opinion is not one that can easily be shared **3.** DR partible.

partager [17] [partaʒe] vt **1.** [diviser - propriété] to divide up *(sép)*, to share out *(sép)* ▸ **partager qqch en deux / par moitié** to divide sthg in two / into two halves / *partage la tarte en huit* cut the pie into eight pieces / *la France était alors partagée en deux zones* at the time, France was split ou divided into two zones **2.** [diviser - pays, société] to divide / *la question du désarmement partage le pays* the country is divided ou split over the question of disarmament ▸ **être partagé entre** to be split ou divided between / *je suis partagée entre l'envie de finir mes études et celle de travailler* I can't make up my mind between finishing my course and starting work **3.** [répartir - bénéfices, provisions] to share out *(sép)* / *ils ont partagé la nourriture entre les deux / trois familles* they shared out the food between both / all three families / *partagez le chocolat équitablement* share out the chocolate fairly **4.** [avoir avec d'autres] to share ▸ **partager un lit / une chambre avec qqn** to share a bed / room with sb / *on partage une chambre* we share a room ▸ **partager la joie / peine / surprise de qqn** to share (in) sb's joy / sorrow / surprise / *le pouvoir est partagé entre les deux assemblées* power is shared ou split between the two Houses / *voici une opinion partagée par beaucoup de gens* this is an opinion shared ou held by many (people) / *j'ai été heureuse de pouvoir vous faire partager ma joie* I was pleased to be able to share my joy with you ; *(en usage absolu)* : *elle n'aime pas partager* she doesn't like to share.

❖ **se partager** ◆ vpt [biens, travail] to share (out) / *se partager des vivres / un butin* to share (out) food / a booty / *se partager la tâche* to share (out) the work / *partageons-nous la tâche* let's share out the work (between us) / *Lyon et Marseille se partagent la première place* SPORT Lyon and Marseille share first place ou are equal first UK / *se partager les faveurs du public* to be joint favourites with the public. ◆ vpi **1.** [personne] : *elles se partagent entre leur carrière et leurs enfants* their time is divided between their professional lives and their families **2.** [se diviser] to fork, to divide ▸ **se partager en** to be split ou divided into / *l'association se partage en deux tendances* the association is split into two groups.

partageur, euse [partaʒœr, øz] adj sharing, willing to share / *cet enfant n'est pas très partageur* this child is not good at sharing.

partagiciel [partaʒisjɛl] nm shareware.

partance [partɑ̃s] ❖ **en partance** loc adj due to leave / *le premier avion en partance* the first plane due to take off / *le dernier bateau en partance* the last boat out ou due to sail / *le dernier train en partance* the last train / *les familles en partance pour l'Amérique* families setting off ou bound for America.

partant¹ [partɑ̃] conj *litt* therefore, consequently, thus / *et, partant, elle n'avait aucun droit sur la succession* and thus she had no claim on the estate.

partant², e [partɑ̃, ɑ̃t] ◆ adj ▸ **être partant pour (faire) qqch** to be willing ou ready to do sthg / *aller danser? je suis partante!* go dancing? I'd love to! ◆ nm, f SPORT [cheval] runner ; [cycliste, coureur] starter.

partenaire [partənɛr] nmf **1.** [gén] partner ▸ **partenaire économique** business partner ▸ **partenaire financier** financial partner ▸ **partenaire sexuel** sexual partner ▸ **les partenaires sociaux** management and the workforce, labour UK ou labor US and management ▸ **les partenaires de l'entreprise** [clients et fournisseurs] the company's clients and suppliers **2.** CINÉ & THÉÂTRE : *il était mon partenaire dans la pièce* I played opposite him in the play.

partenarial, e, aux [partənarjal, o] adj ▸ **accord partenarial** partnership agreement ▸ **dispositif partenarial** partnership ▸ **réseau partenarial** partnership network.

partenariat [partənarja] nm partnership ▸ **partenariat public privé** public-private partnership.

parterre [partɛr] nm **1.** HORT [en bordure] border ; [plus large] bed, flowerbed ▸ **un parterre de fleurs** a flowerbed **2.** THÉÂTRE [emplacement] stalls UK orchestra US ; [spectateurs] (audience in the) stalls UK ou orchestra US / *il y avait hier un parterre distingué* there was a distinguished ou select audience yesterday.

parthe [part] adj Parthian.

❖ **Parthe** nmf Parthian.

❖ **parthe** nm LING Parthian.

parthénogenèse [partenɔʒenɛz] nf parthenogenesis.

parthénogénétique [partenɔʒenetik] adj parthenogenetic.

Parthénon [partenɔ̃] npr m ▸ **le Parthénon** the Parthenon.

parti¹ [parti] nm **1.** POL ▸ **parti (politique)** (political) party ▸ **le Parti communiste / conservateur / démocrate / républicain / socialiste** the Communist / Conservative / Democratic / Republican / Socialist Party ▸ **Parti communiste français** French Communist Party ▸ **les partis de droite / gauche** the parties of the right / left, the right-wing / left-wing parties ▸ **le système du parti unique** the one-party system **2.** *sout* [choix, décision] decision, course of action ▸ **hésiter entre deux partis** to wonder which course of action to take ▸ **prendre le parti de** : *prendre le parti de la modération* to opt for moderation ▸ **prendre le parti de faire qqch** to make up one's mind to do sthg, to decide to do sthg / *j'ai fini par prendre le parti de vendre* I eventually decided to sell ▸ **prendre parti** [prendre position] to take sides ou a stand / *l'heure est venue de prendre parti* the time has come to take a stand, it's time to come (down) off the fence ▸ **prendre parti pour / contre qqch** to come out for / against sthg / *il a résolument pris parti pour la musique concrète* he came down firmly on the side of concrete music ▸ **prendre parti pour qqn** to side ou to take sides with sb ▸ **prendre parti contre qqn** to take sides against sb ▸ **prendre son parti** : *son parti est pris* her mind is made up, she's made up her mind / *vous avez suffisamment tergiversé, il faut prendre un parti* you've hummed and hawed long enough, it's time you made up your mind ▸ **en prendre son parti** : *elle ne sera jamais musicienne, il faut que j'en prenne mon / qu'elle en prenne son parti* she'll never be a musician, I'll / she'll just have to accept it **3.** [avantage] ▸ **tirer parti de a)** [situation] to take advantage of **b)** [équipement] to put to good use / *tirer parti du matériel* to put the equipment to good use / *elle ne sait pas tirer parti de ses qualifications* she doesn't know how to get the most out of her qualifications / *elle tire parti de tout* she can turn anything to her advantage / *il tire le meilleur parti possible de ses relations* he uses his connections to the best possible advantage **4.** *hum* [personne à marier] ▸ **c'est un beau** ou **bon parti** he's / she's a good match **5.** EXPR ▸ **faire un mauvais parti à qqn** to ill-treat sb.

❖ **parti pris** nm **1.** [prise de position] commitment / *avoir un parti pris de modernisme / clarté* to be committed to modernism / clear-thinking **2.** [préjugé] bias / *je n'ai aucun parti pris contre le tennis professionnel, mais...* I'm not biased against professional tennis, but... ▸ **être de parti pris** to be biased ▸ **faire qqch de parti pris** to do sthg deliberately ou on purpose / *être sans parti pris* to be unbiased ou objective / *pour une fois, sois sans parti pris!* try to be objective for once! / *je dirais, sans parti pris, qu'elle est la meilleure* without any bias on my part, I'd say that she's the best.

parti², e [parti] adj *fam* drunk, tight / *tu étais bien parti hier soir!* you were well away UK ou well gone last night!

partial, e, aux [parsjal, o] adj biased, partial.

partialement [parsjalmɑ̃] adv in a biased ou partial way.

partialité [parsjalite] nf [favorable] partiality ; [défavorable] bias ▸ **partialité en faveur de qqn** partiality for sb, bias in favour of sb ▸ **partialité contre qqn** bias against sb.

partibus ⟶ **in partibus.**

participant, e [partisipɑ̃, ɑ̃t] ◆ adj participant, participating. ◆ nm, f participant / *les participants au congrès* the participants in ou those taking part in the congress.

participatif, ive [partisipatif, iv] adj **1.** [collaboratif] collaborative / *encyclopédie participative en ligne* collaborative on-line encyclopedia **2.** ÉCON ▸ **prêt participatif** participating capital loan.

participation [partisipasjɔ̃] nf **1.** [engagement, contribution] participation, involvement / *il nie sa participation à* ou *dans l'enlèvement du prince* he denies having participated ou been involved in the prince's kidnapping / *malgré sa participation à de nombreux jeux télévisés* [candidat] in spite of his having been a contestant in many TV game shows / *sa participation aux jeux Olympiques semble compromise* there's a serious question mark hanging over his participation in the Olympic Games ▸ **apporter sa participation à qqch** to contribute to sthg / *la décision a été prise sans sa participation* the decision was made without her being involved ou having any part in it / *notre foire du livre a dû se faire sans la participation des éditeurs* our book fair had to be held in the absence of any ou without any publishers **2.** [dans un spectacle] appearance / **'avec la participation des frères Jarry'** 'featuring the Jarry Brothers' / **'avec la participation spéciale de Robert Vann'** 'guest appearance by Robert Vann' **3.** [contribution financière] contribution (to costs) / *il y a 15 euros de participation aux frais* you have to pay 15 euros towards costs / *nous demandons à chacun une petite participation* we're asking every one of you to contribute a small amount ou to make a small contribution **4.** POL ▸ **participation (électorale)** (voter) turnout / *un faible taux de* ou *une faible participation aux élections* a poor ou low turnout at the polls **5.** ÉCON & POL [détention de capital] interest, share / *avoir une participation majoritaire dans une société* to have a majority interest in a company / *il détient une participation de 6 % dans l'entreprise* he holds a 6% share in the company / *prendre des participations dans une entreprise* to buy into a company ▸ **participation aux bénéfices** profit-sharing ▸ **participation ouvrière** worker participation ▸ **la Participation** HIST *desire for increased worker participation prevalent in the late 1960s* **6.** DR ▸ **participation aux acquêts** *sharing of spouse's purchases after marriage subsequent to divorce* ; ≃ property adjustment UK

❖ **en participation** loc adj profit-sharing *(modif)*.

participe [partisip] nm participle (form) ▸ **participe passé / présent** past / present participle ▸ **proposition participe, participe absolu** participial construction.

participer [3] [partisipe] ❖ **participer à** v + prép **1.** [prendre part à - concours, négociation, cérémonie] to take part in ; [- discussion] to contribute to ; [- projet] to be involved in ; [- aventure] to be involved in, to be part of, [- épreuve sportive] to take part ou to be in ; [- attentat, vol] to be involved in, to take part in ; [- jeu] to join in ; [- émission] to take part in / *tous ceux qui ont participé au jeu* all contestants ou competitors / *c'est le premier rallye / marathon auquel je participe* it's the first rally / marathon I've been in / *elle nie avoir participé au complot* she denies having been involved in the plot / *j'aimerais te voir participer plus souvent aux tâches ménagères!* I'd like to see you taking on a greater share of the household chores! ; *(en usage absolu)* [dans un jeu] to take part, to join in ; [à l'école] to contribute (during class) / *tu ne participes pas assez (en classe)* you don't contribute enough in class / *l'idée principale du metteur en scène est de faire participer le public* the director's basic idea is to get the public to participate in the show **2.** [partager] to share (in) ▸ **participer à la douleur / joie de qqn** to share in sb's pain / joy **3.** [financièrement - achat, dépenses] to share in, to contribute to / *tous ses collègues ont participé au cadeau* all her colleagues contributed something towards the present ; ÉCON & FIN [profits, pertes] to share (in) / *participer aux bénéfices* to share in the profits. ❖ **participer de** v + prép *sout* to pertain to / *tout ce qui participe de la philosophie* everything pertaining ou relating to philosophy.

participial, e, aux [partisipjal, o] adj participial.

❖ **participiale** nf participial construction.

particularisation [partikylarizasjɔ̃] nf particularization.

particulariser [3] [paʀtikylaʀize] vt **1.** [restreindre à un cas particulier] to particularize / *particulariser une proposition générale* to particularize (from) a general statement **2.** [distinguer, singulariser] to distinguish, to characterize / *cette façon de parler particularise le provençal* this manner of speaking is peculiar ou specific to Provençal **3.** DR : *particulariser une affaire* to specify (the identity of) one of the accused (in a case).

❖ **se particulariser** vpi ▸ **se particulariser par** to be distinguished ou characterized by.

particularisme [paʀtikylaʀism] nm particularism.

particulariste [paʀtikylaʀist] ◆ adj particularist, particularistic. ◆ nmf particularist.

particularité [paʀtikylaʀite] nf **1.** [trait distinctif -d'une personne, d'une culture, d'une langue, etc.] particularity, (specific) feature ou characteristic ou trait ; [-d'une région] distinctive feature ; [-d'une machine] special feature / *les tortues de mer ont la particularité de pondre dans le sable* a distinctive feature of turtles is that they lay their eggs in the sand **2.** [élément] detail, particular / *pourquoi insister sur cette particularité?* why stress that particular ou specific aspect?

particule [paʀtikyl] nf **1.** GÉOL, GRAM & PHYS particle ▸ **particule élémentaire** fundamental particle **2.** [dans un nom] particule *("de" in a surname, indicating aristocratic origin).*

particulier, ère [paʀtikylje, ɛʀ] adj **1.** [précis -circonstance, exemple, point] particular, specific / *j'ai traité un aspect particulier de son œuvre* I've dealt with a particular ou specific aspect of her work **2.** [caractéristique -odeur, humour, parler, style] particular, distinctive, characteristic / *une odeur particulière au pois de senteur* a fragrance peculiar to sweetpeas / *un trait bien particulier* a highly distinctive feature **3.** [hors du commun] particular, special, unusual ▸ **porter une attention toute particulière à qqch** to pay particular ou special attention to sthg / *elle avait pour cette amie une tendresse toute particulière* she was particularly fond of that friend / *ses photos n'offrent pas d'intérêt particulier* his photographs are of ou hold no particular interest / *il ne s'est rien passé de particulier* nothing special ou particular happened **4.** [bizarre -comportement, goûts, mœurs] peculiar, odd / *elle a toujours été un peu particulière* she's always been a bit unusual / *ses tableaux sont très particuliers* [étranges] his pictures are very peculiar **5.** [privé -avion, intérêts] private ▸ **j'ai une voiture particulière** I've got my own car ou a car of my own ▸ **cours particulier, leçon particulière** private lesson / *je donne des cours particuliers de latin* I give private tuition UK ou lessons in Latin.

❖ **particulier** nm **1.** ADMIN private individual / *il loge chez des particuliers* he's in private lodgings UK, he rooms with a family US **2.** *fam & péj* [type] character / *un drôle de particulier* an odd character **3.** [élément individuel] ▸ **le particulier** the particular / *passer du particulier au général* to go from the particular to the general.

❖ **en particulier** loc adv **1.** [essentiellement] in particular, particularly, especially / *vous avez été très désagréables, toi en particulier, Jacques* you've been most unpleasant, especially you ou you in particular, Jacques / *les Français en général et les Parisiens en particulier* French people in general and Parisians in particular **2.** [seul à seul] in private / *puis-je vous parler en particulier?* may I have a private word with you?

particulièrement [paʀtikyljɛʀmɑ̃] adv **1.** [surtout] particularly, specifically, in particular / *nous nous attacherons plus particulièrement à cet aspect de l'œuvre* we shall deal in particular ou more specifically with this aspect of the work / *j'avais tout particulièrement envie de cette robe-là* I particularly wanted that dress / *leurs enfants sont très beaux, particulièrement leur fille* their children are very good-looking, especially their daughter **2.** [exceptionnellement] particularly, specially, especially / *il n'est pas particulièrement laid / doué* he's not particularly ugly / gifted / *je n'aime pas particulièrement cela* I'm not particularly keen on it / *tu aimes le whisky? — pas particulièrement* do you like whisky? — not particularly.

partie [paʀti] ◆ f ⟶ **parti** *(adj).* ◆ nf **1.** [élément, composant] part / *les parties du corps* the parts of the body / *les parties constituantes* the component parts ▸ **faire partie de a)** [comité] to be a member of, to be on, to sit on **b)** [club, communauté] to be a member of, to belong to **c)** [équipe] to belong to, to be one of, to be in **d)** [licenciés] to be among, to be one of **e)** [métier, inconvénients, risques] to be part of / *tous ceux qui font partie de notre association* all the members of our association / *ils ne font pas partie de la Communauté européenne* they don't belong to ou aren't a member of the European Community / *il ne fait plus partie de notre personnel* he's no longer on our staff, he's not a member of our staff any more / *il fait presque partie de la famille* he's almost one of the family ▸ **faire partie intégrante de** to be an integral part of / *cela fait partie intégrante de la vie quotidienne* it's part and parcel of everyday life ▸ **parties communes / privatives** communal / private areas *(in a building or an estate)* ▸ **parties génitales** ou **sexuelles** genitals, private parts ▸ **parties viriles** male (sexual) organs ▸ **ses parties** *fam* his privates **2.** [fraction, morceau] part ▸ **couper qqch en deux parties** to cut sthg into two (parts) / *coupez le melon en trois parties* cut the melon into three parts / *la partie visible de la Lune* the visible side of the Moon / *la partie boisée de la colline* the wooded part ou side of the hill / *dans la partie charnue de mon anatomie* *hum* in the fleshy part of my anatomy / *une partie du blé est contaminée* some ou part of the wheat is contaminated / *ce n'est qu'une partie de la vérité* it's only part of the truth / *une partie de l'héritage* (a) part of the inheritance / *une grande / petite partie de l'électorat* a large / small part of the electorate, a large / small section of the electorate ▸ **il est absent une grande** ou **la plus grande partie du temps** he's away much of ou most of the time / *pendant la plus grande partie du chemin* (for) most of the way / *la plus grande partie de ses concerts* most of his concerts / *j'ai lu une partie de ses livres* I've read some of her books / *je n'ai coupé qu'une partie des dahlias* I've only cut some of the dahlias **3.** JEUX & SPORT game / *faire une partie de cartes* to have a game of cards / *on fait une partie?* shall we play ou have a game? / *il va tous les soirs faire sa partie chez le docteur Ranton* he goes to Doctor Ranton's every night to play cards / *la partie n'est pas égale* it's an uneven match, it's not a fair match / *la partie sera difficile à jouer* *fig* it's not going to be easy, we've got a tough time ahead of us ▸ **partie d'échecs / de billard / de tennis / de cartes** game of chess / billiards / tennis / cards ▸ **partie de golf** round of golf ▸ **abandonner** ou **quitter la partie** to give up the fight, to throw in the towel ▸ **avoir la partie belle** to be in a favourable position, to be well placed ▸ **avoir partie gagnée** to be bound to succeed ▸ **la partie est jouée / n'est pas jouée** the outcome is a foregone conclusion / is still wide open **4.** [divertissement à plusieurs] ▸ **partie de chasse / pêche** shooting / fishing party ▸ **partie de campagne** day ou outing in the country ▸ **partie carrée** wife-swapping party ▸ **partie fine** orgy ▸ **une partie de jambes en l'air** *fam* a bit of nooky ▸ **partie de plaisir** pleasure trip / *cette course était une véritable partie de plaisir* *fam* that race was a piece of cake ou a real stroll UK / *ça n'est pas une partie de plaisir!* *fam* it's no picnic ou fun! ▸ **être / se mettre de la partie** : *on va lui faire une farce, qui veut être de la partie?* we're going to play a trick on him, who wants to join in? / *elle m'a déjà fait assez de reproches, ne te mets pas (aussi) de la partie* I've had enough criticism from her, don't you join in as well / *s'il se met aussi de la partie, nous aurons les capitaux nécessaires* if he comes in on it too, we shall have the necessary capital ▸ **je ne peux pas partir avec toi cette fois, mais ce n'est que partie remise** I can't go with you this time, but there'll be other opportunities / *ce n'est que partie remise, je me vengerai!* I'll get even some day! **5.** [domaine, spécialité] field, line / *ce n'est pas ma partie* it's not my field ou line / *elle est de la partie* it's her line / *moi qui suis de la partie, je peux te dire que ce ne sera pas facile* being in that line of business myself, I can tell you it won't be easy **6.** MUS part / *la partie de la clarinette / du soprano* the clarinet / soprano part ▸ **faire** ou **tenir bien sa partie (dans une affaire)** to hold one's own (in a business) **7.** DR [participant] party ▸ **être partie dans** to be a party to ou in / *être partie dans une négociation* to be a party to a negotiation ▸ **les parties en présence** the parties / *les deux parties demandent le renvoi de l'affaire* both sides have requested an adjournment / *les parties belligérantes* the belligerent ou warring parties ▸ **partie adverse / intervenante** opposing / intervening party ▸ **parties contractantes / intéressées** contracting / interested parties ▸ **partie publique** ou **poursuivante** public prosecutor ; ≃ the Crown UK ; ≃ the District Attorney US ▸ **partie civile** private party *(acting jointly with the public prosecutor in criminal cases)*, plaintiff *(for damages)* ▸ **se constituer** ou **se porter partie civile** to act jointly with the public prosecutor ▸ **partie comparante** appearer ▸ **partie défaillante** party failing to appear (in court) ▸ **les parties plaidantes** the litigants ▸ **partie principale a)** [gén] principal party **b)** [ministère public] ≃ the Crown *(in Crown proceedings)* UK ; ≃ the District Attorney US ▸ **partie prenante** payee, receiver ▸ **être partie prenante dans qqch** *fig* to be directly involved ou concerned in sthg **8.** GRAM ▸ **partie du discours** part of speech **9.** MATH : *partie d'un ensemble* subset **10.** CHIM ▸ **partie par million** part per million **11.** EXPR avoir **partie liée avec qqn** to be hand in glove with sb / *ils avaient partie liée depuis le début* they were working hand in glove together from the start.

❖ **à partie** loc adv ▸ **prendre qqn à partie a)** [s'attaquer à lui] to set on sb **b)** [l'interpeller] to take sb to task.

❖ **en partie** loc adv in part, partly, partially / *en partie dû au mauvais temps* partly due to the bad weather / *je ne l'ai cru qu'en partie* I only half believed him / *c'est en partie vrai* it's partly true / *c'est en partie de la fiction et en partie de la réalité* it's part fiction and part truth / *c'est en partie de l'or et en partie de l'argent* it's partly gold and partly silver ▸ **en grande** ou **majeure partie** for the most part, largely, mainly / *c'est en grande partie à cause de lui* it's largely because of him.

❖ **pour partie** loc adv partly, in part.

partiel, elle [paʀsjɛl] adj partial ▸ **contrôle** ou **examen partiel** mid-year exam ▸ **(emploi à) temps partiel** part-time job / *elle ne le fait qu'à temps partiel* she only does it part-time.

❖ **partiel** nm **1.** ÉDUC mid-year exam **2.** PHYS partial.

partiellement [paʀsjɛlmɑ̃] adv partially, partly / *ce n'est que partiellement vrai* it's only partly true.

partir [43] [paʀtiʀ] vi **1.** [s'en aller] to go, to leave / *pars, tu vas rater ton train* (off you) go, or you'll miss your train / *il faut que je parte* I must be off, I must go ou leave / *je peux partir maintenant?* can I go ou leave now? / *Paul est déjà parti* Paul has gone ou left already / *empêche-la de partir* stop her (going), don't let her go / *je ne vous fais pas partir, j'espère* I hope I'm not chasing you away ▸ **partir en courant / boitant** to run / to limp off ▸ **partir discrètement** to leave discreetly, to slip off ▸ **laisser partir a)** [prisonnier, otage] to set free, to let go, to release **b)** [écolier] to let out **c)** [employé] to let go ▸ **laisse-moi partir** let me go / *si ça ne vous plaît pas, vous pouvez toujours partir* if you don't like it, you can always go ou leave / *sa femme est partie pour toujours / avec son meilleur ami* his wife has gone for good / gone off with his best friend / *il est parti avec la caisse* he ran away ou off with the till / *faites-les partir* ask them to leave / *le climat les a fait partir* the climate drove them away / *tout son argent part en disques* all his money goes on records ▸ **partir de** to leave / *je ne peux pas partir du bureau avant 17 h 30* I can't leave the office before 5:30 / *je suis parti de chez moi à 10 h* I left home at 10 / *partir du gouvernement* to leave office ou the government / *une prime pour ceux qui partiront volontairement de l'entreprise* a bonus for those who leave the company voluntarily ; *euphém* [mourir] to pass on ou away / *quand je partirai* when I depart this life ou this world, when I pass on **2.** [se mettre en route] to set off ou out, to start off / *il faut partir de bonne heure pour éviter les bouchons* we must set off early ou make an early start if we want to beat the traffic jams / *pars devant,* *je te rattrape* go ahead, I'll catch up with you / *regarde cette circulation, on n'est pas encore partis!* *fam* by the look of that traffic, we're not off yet! / *le courrier n'est pas encore parti* the post hasn't gone yet ▶ **partir en avion a)** [personne] to fly (off) **b)** [courrier] to go air mail ou by air / *partir en bateau* to go (off) by boat, to sail / *partir à vélo* to go (off) by bike, to cycle off / *partir en voiture* to go (off) by car, to drive off **3.** [se rendre] to go, to leave / *je pars à* ou *pour Toulon demain* I'm leaving for ou I'm off to Toulon tomorrow / *nous partons en Espagne à Pâques* we're going ou we're off to Spain at Easter / *dans quelle direction est-elle partie?* which way did she go? / *il est parti à la cuisine* he's gone (off) to the kitchen / *partir à la campagne / montagne / mer* to go (off) to the countryside / mountains / seaside ▶ **partir vers le sud** to go south / *toutes les eaux usées partent dans les égouts* all liquid waste goes (down) into the sewers **4.** [aller - pour se livrer à une activité] to go ▶ **elle est partie au tennis / à la danse** she's gone to play tennis / to her dance class ▶ **partir à la chasse / pêche** to go shooting / fishing / *partir à la recherche de* to set off in search of, to go looking for / *partir à la guerre* to go (off) to war / *partir en week-end* to go off ou away for the weekend ▶ **nous partons en excursion / voyage demain** we're setting off on an excursion / a journey tomorrow / *tu ne pars pas (en vacances) cet été?* aren't you going on holiday UK ou vacation US this summer? / *partir en congé maternité* to go on maternity leave ▶ **partir skier / se promener** to go skiing / for a walk / *sa tête est partie heurter le buffet* his head struck against the sideboard **5.** [s'engager] ▶ **partir dans** : *partir dans un discours* to launch into a speech / *partir dans une explication* to embark on an explanation ▶ **partir sur** : *partir sur un sujet* to start off on a topic / *quand elles sont parties sur leur boulot, c'est difficile de les arrêter* *fam* once they start on about their job, there's no stopping them ▶ **être parti à faire qqch** *fam* : *les voilà partis à refaire toute la maison* there they go doing up the entire house **6.** [démarrer - machine, moteur, voiture] to start (up) ; [- avion] to take off, to leave ; [- train] to leave, to depart ; [- fusée] to go up ; [- pétard] to go off ; [- plante] to take / *ton avion n'est pas encore parti* your plane hasn't left yet / *le coup (de feu) est parti tout seul* the gun went off on its own / *il m'a insulté et la gifle est partie* he insulted me and I just slapped him / *excuse-moi, le mot est parti (tout seul)* I'm sorry, the word just came out ▶ **faire partir a)** [moteur] to start (up) **b)** [pétard] to set ou to let off *(sép)* **c)** [fusil] to let off *(sép)* **d)** [plante] to get started / *je ferai partir ma daube à onze heures* *fam* I'll start my stew off ou I'll put my stew on at eleven **7.** [se mettre en mouvement, débuter - coureur, match, concert] to start (off) / *la contrebasse est partie avant la mesure* the double bass started off ou came in before the beat / *il est parti trop vite* SPORT he set ou went off too fast ▶ **être parti pour** : *on est partis pour avoir des ennuis!* we're headed for trouble! / *elle est partie pour nous faire la tête toute la soirée* she's all set to sulk the whole evening / *le match est bien / mal parti pour notre équipe* the match has started well / badly for our team / *le projet est bien parti* the project is off to a good start / *je le vois mal parti pour récupérer son titre* the way he's going, I just can't see him winning back his title / *elle a l'air bien partie pour remporter l'élection* she seems well set to win the election **8.** [se vendre] to sell / *le nouveau modèle part bien* the new model is selling well **9.** [disparaître, s'effacer - inscription] to disappear, to be rubbed off ou out, to be worn off ; [- tache] to disappear, to go, to come out ; [- douleur] to go, to disappear ; [- boutons] to come off ; [- pellicules, odeur] to go / *ça partira au lavage* it'll wash off, it'll come out in the wash ▶ **faire partir a)** [salissure] to get rid of, to remove **b)** [odeur] to get rid of, to clear **c)** [douleur] to ease / *je n'arrive pas à faire partir les traces de doigts sur la table* I can't remove the finger marks from the table / *ça ne fera pas partir ton mal de gorge* it won't get rid of your sore throat / *rien de tel que la toile émeri pour faire partir la rouille* there's nothing like emery paper for removing rust **10.** [se défaire, se détacher - attache, bouton] to come off, to go ; [- maille] to run ; [- étiquette] to come off.

❖ **partir de** v + prép **1.** [dans l'espace] : *pour teindre le cheveu, on part de la racine* to dye hair, you start with the roots / *de petites pousses partent du pied* little sprouts are shooting up from the root ▶ **le ferry / marathon part de Brest** the ferry sails / the marathon starts from Brest / *la rue part de la mairie* the street starts at the town hall / *la cicatrice part du poignet et va jusqu'au coude* the scar goes ou stretches from the wrist to the elbow ▶ **c'est le quatrième en partant de la droite / du haut** it's the fourth (one) from the right / top **2.** [dans le temps] : *nous allons faire partir le contrat du 15 janvier* we'll make the contract effective (as) from January the 15th / *votre congé part de la fin mai* your holidays begin at the end of May **3.** [dans un raisonnement] ▶ **partir du principe que** to start from the principle that, to start by assuming that / *si l'on part de ce principe, il faudrait ne jamais contester* on that basis, one should never protest / *tu ne devrais pas partir du présupposé que...* you shouldn't start (off) by presupposing that ou start from the presupposition that... **4.** [provenir de] : *tous les problèmes sont partis de là* all the problems stemmed from that / *ça partait d'un bon sentiment* his intentions were good / *sa remarque est partie du cœur* his comment came ou was (straight) from the heart, it was a heartfelt remark.

❖ **à partir de** loc prép **1.** [dans le temps] (as) from ▶ **à partir d'aujourd'hui** from today onwards, (as) from today / *à partir de mardi* starting from Tuesday, from Tuesday onwards / *à partir de 5 h* from 5 o'clock on ou onwards / *à partir de (ce moment-)là, il ne m'a plus adressé la parole* from that moment on ou from then on, he never spoke to me again **2.** [dans l'espace] (starting) from / *le deuxième à partir de la droite* the second (one) from the right / *comptez 5 espaces à partir de la marge* count 5 spaces in from the margin / *à partir du carrefour, c'est tout droit* after the crossroads, it's straight on ou ahead **3.** [numériquement] : *imposé à partir de 5 000 euros* taxable from 5,000 euros upwards / *compte à partir de 10* count from 10 **4.** [avec, à base de] from / *c'est fait à partir d'huiles végétales* it's made from ou with vegetable oils / *on ne peut pas tirer de conclusions à partir de si peu de preuves* you can't reach any conclusion on the basis of so little evidence / *j'ai fait un résumé à partir de ses notes* I've made a summary based on his notes.

partisan, e [partizɑ̃, an] adj partisan ▶ **être partisan de** to be in favour UK ou favor US of / *un choix partisan* *péj* a biased choice / *elle n'est pas partisane de cette thèse* she doesn't favour this theory.

❖ **partisan** nm **1.** [adepte, défenseur] supporter / *c'est un partisan de la censure* he's for ou in favour of censorship **2.** [dans une guerre] partisan.

partita [partita] nf partita.

partitif, ive [partitif, iv] adj partitive.

❖ **partitif** nm partitive (form).

partition [partisjɔ̃] nf **1.** MUS [symboles] score ; [livret] score, music **2.** HIST & POL partition, partitioning, splitting / *lors de la partition de l'Inde* when India was partitioned **3.** INFORM & MATH partition.

partitive f ⟶ **partitif.**

partouse [partuz] *tfam* = **partouze.**

partout [partu] adv **1.** [dans l'espace] everywhere ▶ **chercher qqch partout** to look everywhere for sthg / *je ne peux pas être partout à la fois!* I can't be everywhere ou in two places at the same time! / *les cloches sonnaient partout à la fois* the bells were ringing everywhere at once / *il laisse toujours traîner ses affaires partout* he always leaves his things all over the place / *il a voyagé un peu partout* he's been all over the place / *ils ont habité un peu partout en Italie* they've lived all over Italy ▶ **j'ai mal partout** I ache all over / *le toit prend l'eau de partout* the roof leaks everywhere / *les gens accouraient de partout* people came rushing from all sides ▶ **partout où** everywhere (that), wherever **2.** SPORT ▶ **15 partout** 15 all.

partouze [partuz] nf *tfam* orgy.

parturiente [partyrjɑ̃t] nf parturient.

parturition [partyrisjɔ̃] nf parturition.

paru, e [pary] pp ⟶ **paraître.**

parure [paryr] nf **1.** [ensemble] set ▶ **parure de berceau** cot UK ou crib US set ▶ **parure de lit** set of bed linen **2.** JOAILL parure, set of jewels ; [colifichets] matching set of costume jewellery **3.** VÊT finery / *dans sa plus belle parure* in all her (best) finery **4.** [décoration] : *les fleurs sont la parure de la table / du balcon* flowers bring beauty to a table / balcony.

❖ **parures** nfpl CULIN scraps, trimmings.

parurerie [paryrri] nf costume jewellery and accessories trade.

parurier, ère [paryrje, ɛr] nm, f **1.** [fabricant] manufacturer of costume jewellery and accessories **2.** [commerçant] dealer in costume jewellery and accessories.

parut v ⟶ **paraître.**

parution [parysjɔ̃] nf publication ▶ **juste avant / après la parution du livre** just before / after the book came out.

parvenir [40] [parvənir] ❖ **parvenir à** v + prép *(aux être)* **1.** [atteindre - suj : voyageur, véhicule, lettre, son] ▶ **parvenir à** ou **jusqu'à** to get to, to reach / *nous voici parvenus au sommet de la butte* we've now reached the top of the hill / *l'ambulance ne put parvenir jusqu'à lui* the ambulance couldn't get (through) to him ▶ **faire parvenir un colis à qqn** to send sb a parcel / *si cette carte vous parvient* if you get ou receive this card / *l'histoire est parvenue aux oreilles de sa femme* the story reached his wife's ears **2.** [obtenir - célébrité, réussite] to achieve / *étant parvenu au faîte de la gloire* having reached ou achieved the pinnacle of fame / *parvenir à une parfaite entente* to reach complete agreement **3.** [réussir à] ▶ **parvenir à faire qqch** to succeed in doing ou to manage to do sthg / *il ne parviendra jamais à la convaincre* he'll never succeed in convincing her.

parvenu, e [parvəny] adj & nm, f *péj* parvenu, upstart, nouveau riche.

parvient, parvint v ⟶ **parvenir.**

parvis [parvi] nm parvis *(in front of church)* / **'parking interdit sur le parvis de la cathédrale'** 'no parking in front of the cathedral'.

pas[1] [pa] nm **1.** [déplacement] step / *mes pas me conduisirent à une clairière* my steps took me to a clearing / *je vais faire quelques pas dans le parc* I'm going for a short ou little walk in the park / *le convalescent fit quelques pas dehors* the convalescent took a few steps outside ▶ **revenir** ou **retourner sur ses pas** to retrace one's steps ou path, to turn back ▶ **arriver sur les pas de qqn** to follow close on sb's heels, to arrive just after sb ▶ **avancer à** ou **faire de petits pas** to take short steps ▶ **marcher à grands pas** to stride along / *faire un pas sur le côté* to take a step to the ou to one side / *faire un pas en avant* to step forward, to take a step forward, to pace forward / *faire un petit pas en avant* to take a small step ou to inch forward / *faire un pas en arrière* to step back, to take a step backwards ▶ **faire ses premiers pas** *pr* to learn to walk / *il a fait ses premiers pas de comédien dans un film de Hitchcock* *fig* he made his debut as an actor in a Hitchcock film ▶ **marcher à pas de velours** to pad around **2.** [progrès] ▶ **avancer à petits pas** to make slow progress / *la stratégie des petits pas* the softly-softly approach ▶ **avancer à grands pas a)** [enquête] to make great progress **b)** [technique, science] to take big steps forward **c)** [échéance, événement] to be looming ▶ **avancer à pas comptés** ou **mesurés a)** [lentement] to make slow progress **b)** [prudemment] to tread carefully **c)** *fig* to proceed slowly but surely / *faire un pas en avant* [discussion, négociateur] to take a step forward(s) / *faire un grand pas en avant* to take a great step ou leap forward / *faire un pas en arrière* to take a step back ou backwards / *faire un pas en avant et deux (pas) en arrière* to take one step forward and two steps back ou backwards ▶ **faire le premier pas** to make the first move / *il n'y a que le premier pas qui coûte* the first step is the hardest / *c'est au moins un pas sur la bonne voie* at least it's a step in the right direction ▶ **sur les pas de** : *marcher sur les pas de qqn* **a)** to follow in sb's footsteps **b)** [étape] step / *c'est un pas difficile pour lui que de te parler directement* talking to you directly is a difficult step for him to take ▸ **c'est un grand pas à faire** ou **franchir** it's a big step to take ▸ **franchir** ou **sauter le pas** to take the plunge / *le pas est vite fait* ou *franchi* one thing very easily leads to the other **3.** [empreinte] footprint / *des pas sur le sable* footprints in the sand **4.** [allure] pace / *allonger* ou *doubler le pas* to quicken one's step ou pace ▸ **hâter** ou **presser le pas** to hurry on / *ralentir le pas* to slow one's pace, to slow down / *aller du* ou *marcher au même pas* to walk at the same pace / *aller* ou *marcher d'un bon pas* to walk at a good ou brisk pace / *avancer* ou *marcher d'un pas lent* to walk slowly / *changer de pas* to change pace **5.** [démarche] gait, tread / *marcher d'un pas alerte / léger / élastique* to walk with a sprightly / light / bouncy tread ▸ **avancer d'un pas lourd** ou **pesant** to tread heavily, to walk with a heavy tread ▸ **elle entendait son pas irrégulier / feutré sur la terrasse** she could hear his irregular / soft footfall on the terrace **6.** MIL step ▸ **pas accéléré** *marching step between quick march and double-quick* ▸ **pas cadencé** quick march ▸ **au pas de charge a)** MIL at the charge **b)** *fig* charging along ▸ **au pas redoublé** on the double, at double quick march ▸ **pas de route** march at ease **7.** DANSE pas, step / *apprendre le pas du tango* to learn the tango ou how to (dance the) tango / *esquisser un pas* to dance a few steps, to do a little dance ▸ **pas battu / tombé** pas battu / tombé ▸ **pas de deux / trois** pas de deux / trois **8.** SPORT ▸ **pas de patinage** ou **patineur** SKI skating ▸ **pas allongé / rassemblé** ÉQUIT extended / collected walk ▸ **pas de canard / de l'escalier** SKI herringbone / side stepping climb ▸ **pas alternatif** SKI basic stride, hick-off and glide ▸ **pas de côté** BOXE side step ▸ **au pas de course a)** at a run **b)** *fig* at a run, on the double ▸ **au pas de gymnastique** at a jog trot ▸ **faire des pas tournants** SKI to skate a turn **9.** [mesure] pace ; [espace approximatif] pace, step / *comptez 30 pas* count 30 steps ou paces / *à quelques pas de là* a few steps ou paces away ▸ **à deux** ou **trois** ou **quelques pas** : *l'église est à deux pas* the church is very close at hand ou is only a stone's throw from here / *le restaurant n'est qu'à deux pas (de la gare)* the restaurant is (only) just round the corner (from the station) / *il se tenait à quelques pas de moi* he was standing just a few yards from me ▸ **il n'y a qu'un pas** *fig* : *entre la consommation de drogue et la vente, il n'y a qu'un pas* there's only a small ou short step from taking drugs to selling them ▸ **ne pas quitter qqn d'un pas** to follow sb's every footstep **10.** [marche d'escalier] step / *attention au pas en descendant dans la cuisine* watch the step on the way (down) to the kitchen ▸ **pas de porte** doorstep ▸ **sur tous les pas de porte** on every doorstep ▸ **sur le pas de la porte** : *ne reste pas sur le pas de la porte* don't stand at the door ou on the doorstep ou in the doorway **11.** GÉOGR [en montagne] pass ; [en mer] strait ▸ **le pas de Calais** the Strait of Dover **12.** TECHNOL [d'une vis] thread ; [d'une denture, d'un engrenage] pitch ▸ **pas à droite / gauche** right-hand / left-hand thread **13.** AÉRON pitch **14.** ARM ▸ **pas de tir** [pour missile] launching site **15.** MATH pitch **16.** ÉLECTR ▸ **pas de bobinage** winding pitch **17.** EXPR ▸ **prendre le pas (sur qqn / qqch)** to take precedence (over sb / sthg), to dominate (sb / sthg) ▸ **céder le pas** to give way / *les considérations financières ont fini par céder / prendre le pas* financial considerations eventually gave way / prevailed ▸ **se tirer d'un mauvais pas** to get o.s. out of a fix.

❖ **à chaque pas** loc adv **1.** [partout] everywhere, at every step / *je la rencontre à chaque pas* I meet her everywhere (I go) **2.** [constamment] at every turn ou step / *à chaque pas je dois corriger les mêmes erreurs* I keep having to correct the same mistakes.

❖ **au pas** loc adv **1.** [en marchant] at a walking pace / *ne courez pas, allez au pas* don't run, walk **2.** AUTO ▸ **aller** ou **rouler au pas a)** [dans un embouteillage] to crawl along **b)** [consigne de sécurité] to go dead slow UK, to go slow **3.** ÉQUIT walking, at a walk / *mettre son cheval au pas* to walk one's horse ▸ **mettre qqn / qqch au pas** to bring sb / sthg to heel / *le président a mis le ministre au pas* the president forced the minister to toe the line ou brought the minister back into line.

❖ **de ce pas** loc adv straightaway, at once / *je vais de ce pas lui dire ma façon de penser* I'm going to waste no time in telling him what I think.

❖ **pas à pas** loc adv **1.** [de très près] step by step / *il la suivait pas à pas* he followed her step by step **2.** [prudemment] step by step, one step at a time / *il faut refaire l'expérience pas à pas* the experiment must be repeated step by step **3.** INFORM step by step.

pas² [pa] adv **1.** [avec 'ne', pour exprimer la négation] : *elle ne viendra pas* she won't come / *ils ne sont pas trop inquiets* they're not too worried / *je n'aime pas les légumes* I don't like vegetables ▸ **ils n'ont pas de problèmes / d'avenir** they have no problems / no future, they haven't got any problems / a future / *il a décidé de ne pas accepter* he decided not to accept / *ce n'est pas que je ne veuille pas, mais...* it's not that I don't want to, but... ; *fam* [avec omission du 'ne'] : *elle sait pas* she doesn't know / *t'en fais pas!* don't (you) worry! / *c'est pas sûr* it's not sure ou definite / *il est pas bête, lui!* that's good thinking! ▸ **c'est vraiment pas drôle! a)** [pas comique] it's not in the least ou slightest bit funny **b)** [ennuyeux] it's no fun at all / *non, j'aime pas* no, I don't like it **2.** [avec 'non', pour renforcer la négation] ▸ **non pas** not / *il était non pas sévère mais ferme* he wasn't strict, (he was) just firm / *elle est non pas belle mais jolie* she's not so much beautiful as pretty **3.** [employé seul] ▸ **sincère ou pas** sincere or not / *fatigué ou pas* tired or not / *les garçons voulaient danser, les filles pas* the boys wanted to dance, the girls didn't / *tu comprends ou pas?* do you understand or not ou don't you? ▸ **pourquoi pas?** why not? / *viendras-tu? — pourquoi pas?* will you come? — why not? ▸ **pas la peine** *fam* (it's) not worth it ▸ **pas assez** not enough / *j'ai insisté — mais pas assez* I insisted — but not sufficiently ou enough ▸ **des fraises pas mûres** unripe strawberries **4.** [dans des réponses négatives] : *pas de dessert pour moi, merci* no dessert for me, thank you / *qui l'a pris? — pas moi, en tout cas!* who took it? — not me, that's for sure! ▸ **pas du tout** not at all / *c'est toi qui as fini les chocolats? — pas du tout!* was it you who finished the chocolates? — certainly not! / *je n'en suis pas du tout sûr* I'm not at all sure (about it) / *pas le moins du monde* not in the least ou slightest, not at all / *je vous dérange? — pas le moins du monde, entrez* am I disturbing you? — not in the least ou not at all, come in ▸ **absolument pas** not at all / *vous êtes bien d'accord? — absolument pas* do you agree? — absolutely not ou not at all **5.** *régional* [n'est-ce-pas] : *on a fait ce qu'on a pu, pas?* we did what we could, didn't we ou right?

❖ **pas mal** *fam* ◆ loc adj inv not bad / *l'album n'est pas mal* the album isn't bad / *c'est pas mal comme idée* that's not a bad idea / *regarde mon dessin — ah, pas mal!* look at my drawing — ah, not bad! ◆ loc adv **1.** [bien] : *je ne m'en suis pas mal tiré* I handled it quite well / *on ferait pas mal de recommencer* we'd be better off starting again **2.** [très] : *il est pas mal soûl* he's pretty drunk / *la voiture est pas mal amochée* the car's pretty battered.

❖ **pas mal de** loc dét *fam* [suivi d'un nom comptable] quite a few, quite a lot of ; [suivi d'un nom non comptable] quite a lot of / *pas mal de mensonges / journalistes* quite a few lies / journalists / *pas mal d'argent* quite a lot of money / *quand? — il y a pas mal de temps* when? — quite a while ago.

❖ **pas plus mal** loc adv : *il a maigri — c'est pas plus mal* he's lost weight — good thing too ou that's not such a bad thing ou just as well / *il ne s'en est pas trouvé plus mal* he ended up none the worse for it.

❖ **pas un, pas une** ◆ loc dét not a (single), not one / *pas une maison n'est restée debout* not a single ou not one house was left standing ▸ **pas un mot!** not a word! / *pas un bruit!* not a sound! / *pas un geste!* not one move! ◆ loc pron not (a single) one / *pas une n'est arrivée à l'heure* not one ou not a single one (of them) got there on time / *il n'y en a pas un d'acceptable* none of them are acceptable / *parmi elles, pas une qui ne veuille y aller* every one of them wants to go there / *pas un n'a bronché* there wasn't a peep out of any of them ▸ **comme pas un** : *il s'y entend comme pas un pour déranger les gens à 2 h du matin* he's a specialist at disturbing you at 2 in the morning / *il sait faire les crêpes comme pas un* he makes pancakes like nobody else (on earth). **Voir encadrés encore et ne.**

PAS (abr de **acide para-amino-salicylique**) nm PAS.

pas-à-pas [pazapa] ◆ adj inv INFORM step-by-step, single-step. ◆ nm inv **1.** MÉCAN step by step (mechanism) **2.** INFORM single-step operation.

pascal¹, s [paskal] nm **1.** PHYS pascal **2.** *fam & vieilli* [francs français] ▸ **un pascal** a 500-franc note.

pascal², e, s ou **aux** [paskal, o] adj RELIG [de la fête - chrétienne] Easter *(modif)*, paschal *spéc* ; [- juive] paschal, Passover *(modif)*.

pascalien, enne [paskaljɛ̃, ɛn] adj Pascalian.

pascal-seconde [paskalsəgɔ̃d] (*pl* **pascals-seconde**) nm pascal-second.

pas-d'âne [padɑn] nm inv BOT coltsfoot.

pas-de-porte [padpɔʀt] nm inv **1.** COMM ≃ commercial lease **2.** DR key money.

pas-grand-chose [pagʀɑ̃ʃoz] nmf *péj* good-for-nothing / *ces gens-là, c'est des pas-grand-chose* those people are nobodies.

pashmina [paʃmina] nm pashmina.

pasionaria [pasjɔnaʀja] nf pasionaria.

Pasiphaé [pazifae] npr Pasiphaë.

paso-doble (*pl* **paso-doble**), **pasodoble*** [pasodɔbl] nm paso doble.

passable [pasabl] adj **1.** [acceptable] passable, tolerable / *leur vin est passable* their wine is drinkable / *il écrit des vers passables* he writes quite good poetry **2.** ÉDUC [tout juste moyen] average **3.** QUÉBEC [praticable] negotiable, passable / *un chemin passable* a negotiable pass.

passablement [pasabləmɑ̃] adv **1.** [de façon satisfaisante] passably well, tolerably well / *je chante passablement* my voice isn't bad **2.** [notablement] fairly, rather, somewhat / *les deux chansons sont passablement ressemblantes* the two songs are somewhat ou rather similar ▸ **ils avaient passablement bu** they had drunk quite a lot.

passacaille [pasakaj] nf [musique - française] passacaille ; [- italienne] passacaglia.

passade [pasad] nf **1.** [amourette] fling, amourette *sout* / *entre eux, ce ne fut qu'une passade* they just had a (little) fling **2.** [caprice] passing fancy, fad.

passage [pasaʒ]

◆ nm

A. MOUVEMENT
B. VOIE
C. EXTRAIT, PARTIE

A. MOUVEMENT 1. [allées et venues] : *prochain passage du car dans deux heures* the coach will be back ou will pass through again in two hours' time / *chaque passage du train faisait trembler les vitres* the windows shook every time a train went past ▸ **laisser le passage à qqn / une ambulance** to let sb / an ambulance through, to make way for sb / an ambulance / *ils attendaient le passage des coureurs* they were waiting for the runners to go by / *les gens se retournent sur son passage* heads turn when he walks by ou past / **'passage de troupeaux'** 'cattle crossing' ▸ **moquette grand passage** heavy-duty carpeting **2.** [circulation] traffic / *il y a peu / beaucoup de passage dans notre ville* there's not much / a lot of traffic in our town **3.** [arrivée, venue] : *elle attend le passage de l'autobus* she's waiting for the bus / *guette le passage du facteur* watch out for the postman UK ou mailman US **4.** [visite] call, visit / *c'est le seul souvenir qui me reste de mon passage chez eux* that's the only thing I remember of my visit to them / *lors de mon prochain passage à Paris* next time I'm in Paris / **'le relevé du compteur sera fait lors de notre prochain passage'** 'we will read your meter the next time we call' **5.** [franchissement - d'une frontière, d'un fleuve] crossing ; [- d'un col] passing ; [- de la douane] passing (through) ▸ **après le passage du sucre dans l'urine** after the sugar has gone ou passed into the urine / **'passage interdit'** 'no entry' ▸ **passage à**

* In reformed spelling (see p. 16-19).

l'ennemi MIL going over to the enemy▸ **le passage de la ligne** NAUT the crossing of the line **6.** [changement, transition] change, transition▸ **le passage de l'hiver au printemps** the change ou passage from winter to spring▸ **le passage de l'autocratie à la démocratie** the changeover ou transition from autocracy to democracy **7.** [dans une hiérarchie] move ▸ **passage d'un employé à l'échelon supérieur** promotion of an employee to a higher grade ▸ **le passage dans la classe supérieure** ÉDUC going ou moving up to the next class UK ou grade US **8.** [voyage sur mer, traversée] crossing / *ils travaillaient durement pour payer leur passage* they worked hard to pay their passage ou to pay for their crossing ▸ **pour limiter le nombre des passages clandestins vers les États-Unis** to reduce the number of illegal border crossings into the United States **9.** ASTRON transit ▸ **le passage d'un astre au méridien** the passage ou transit of a star across the meridian **10.** INFORM ▸ **passage machine** run **11.** PSYCHOL ▸ **passage à l'acte** acting out / *une pulsion criminelle ne s'accompagne pas nécessairement d'un passage à l'acte* criminal thoughts don't necessarily lead to criminal actions **12.** RADIO, THÉÂTRE & TV ▸ **lors de son dernier passage à la télévision a)** [personne] last time he was on TV **b)** [film] last time it was shown on TV ▸ **pour son premier passage au Théâtre du Rocher** for her first appearance at the Théâtre du Rocher **13.** SPORT ▸ **temps de passage** split time ▸ **passage du témoin** [au relais] (baton) changeover.

B. VOIE 1. [chemin] passage, way / *enlève ton sac du passage* move your bag out of the way / *tu es dans le passage!* you're in the way! / *il y a des passages dangereux dans la grotte* there are some dangerous passages in the cave ▸ **donner** ou **livrer passage à qqn / qqch** to let sb / sthg in / *essaye de trouver un passage dans cette foule* try to find a way through the crowd ▸ **boucher** ou **obstruer le passage à qqn** to block the way for sb ▸ **passage secret** secret passage ▸ **le passage du nord-ouest** the Northwest Passage **2.** [ruelle] alley, passage ; [galerie commerçante] arcade ▸ **passage couvert** passageway **3.** [tapis de couloir] runner **4.** AUTO ▸ **passage de roue** wheel housing **5.** RAIL ▸ **passage à niveau** level crossing UK, grade crossing US **6.** TRAV PUB ▸ **passage clouté** ou **(pour) piétons** pedestrian ou zebra crossing UK, crosswalk US ▸ **passage protégé** priority over secondary roads ▸ **passage souterrain** (pedestrian) subway UK, underpass.

C. EXTRAIT, PARTIE passage, section / *elle m'a lu quelques passages de la lettre de Paul* she read me a few passages from Paul's letter / *tu te souviens du passage où ils se rencontrent?* do you remember the bit where they meet?

❖ **au passage** loc adv **1.** [sur un trajet] on one's ou the way / *les enfants doivent attraper la cocarde au passage* the children have to catch the ribbon as they go past / *nous visiterons les caves de Reims au passage* we'll visit the cellars at Rheims on our way ; *fig* in passing / *j'ai noté au passage que...* I noticed in passing that... **2.** [à propos] incidentally, by the way / *tiens, au passage, je te signale trois fautes page 32* by the way, there are three mistakes on page 32.

❖ **au passage de** loc prép : *au passage du carrosse, la foule applaudissait* when the carriage went past ou through, the crowd clapped.

❖ **de passage** loc adj [client] casual ▸ **être de passage** [voyageur] to be passing through / *je suis de passage à Paris* I'm in Paris for a few days.

❖ **sur le passage de** loc prép : *la foule s'est massée sur le passage du marathon* the crowd gathered on the marathon route.

❖ **passage à tabac** nm beating up.

❖ **passage à vide** nm ▸ **avoir un passage à vide a)** [syncope] to feel faint, to faint **b)** [moralement] to go through a bad patch **c)** [intellectuellement] to have a lapse in concentration / *j'ai eu un petit passage à vide juste avant midi* I was feeling a bit faint just before lunch / *il a eu un passage à vide et a perdu cinq secondes* [sportif] he had a lapse in concentration and lost five seconds.

passager, ère [pasaʒe, ɛʀ] ◆ adj **1.** [momentané] passing, temporary, transient / *ne vous inquiétez pas, ces douleurs seront passagères* don't worry, the pain won't last **2.** [très fréquenté] busy / *des rues très passagères* very busy roads, roads with very heavy traffic. ◆ nm, f passenger / *ce sont les passagers à destination d'Athènes qui ont le plus attendu* the people going to Athens waited the longest ▸ **passager clandestin** stowaway.

passagèrement [pasaʒɛʀmɑ̃] adv for a short while, temporarily, momentarily.

passant, e [pasɑ̃, ɑ̃t] ◆ adj [voie, route] busy. ◆ nm, f passer-by / *les passants s'arrêtaient pour regarder* passers-by would stop and stare.

❖ **passant** nm VÊT (belt) loop.

passation [pasasjɔ̃] nf **1.** DR : *la passation d'un acte / d'un contrat* the drawing up (and signing) of an instrument / a contract **2.** POL ▸ **passation des pouvoirs** transfer of power.

passavant [pasavɑ̃] nm **1.** DR transire **2.** NAUT (fore-and-aft) catwalk, flying bridge.

passe [pas] ◆ nm **1.** [passe-partout] master ou pass key **2.** [laissez-passer] pass. ◆ nf **1.** SPORT [aux jeux de ballon] pass ▸ **faire une passe** to pass (the ball), to make a pass ▸ **fais-moi une passe** pass (me) the ball ; [en tauromachie] pass ▸ **passe de muleta** pass with the muleta. ▸ **passe d'armes** sparring / *il y a eu une belle passe d'armes entre les deux leaders* there was some fine sparring between the two leaders **2.** *tfam* [d'une prostituée] trick / *faire une passe* to turn a trick **3.** [situation] ▸ **bonne / mauvaise passe** [commerce] : *être dans une bonne passe* to be thriving / *leur couple traverse une mauvaise passe* their relationship is going through a rough ou bad period **4.** GÉOGR [col] pass ; [chenal] pass, channel **5.** [d'un prestidigitateur] pass **6.** QUÉBEC ZOOL ▸ **passe migratoire** fish ladder **7.** IMPR overs, overplus **8.** FIN ▸ **passe de caisse** allowance for cashier's errors **9.** INFORM pass **10.** JEUX [mise] stake ; [à la roulette] passe ▸ **passe anglaise** craps **11.** [sur un cours d'eau] passage **12.** VÊT [d'un chapeau] rim.

❖ **en passe de** loc prép about to, on the point of / *ils sont en passe de prendre le contrôle des médias* they're poised ou set to gain control of the media.

passé[1] [pase] prép after ▸ **passé minuit** after midnight / *passé le pont, c'est à droite* it's on the right after the bridge.

passé[2]**, e** [pase] adj **1.** [précédent - année, mois] last, past / *au cours des mois passés* over the past ou last few months **2.** [révolu] : *il est 3 h passées* it's past ou gone UK 3 o'clock / *elle a 30 ans passés* she's over 30 **3.** [qui n'est plus] past, former / *elle songeait au temps passé* she was thinking of times ou days gone by **4.** [teinte, fleur] faded.

❖ **passé** nm **1.** [temps révolu] ▸ **le passé** the past ▸ **oublions le passé** let bygones be bygones, let's forget the past ▸ **c'est du passé, tout ça** it's all in the past ou it's all behind us now **2.** [d'une personne, d'une ville] past ▸ **pays au passé glorieux / sanglant** country with a glorious / bloody past ▸ **avoir un lourd passé** : *il a un lourd passé* he's a man with a past **3.** GRAM past tense ▸ **verbe au passé** verb in the past tense ▸ **les temps du passé** past tenses ▸ **passé antérieur** past anterior ▸ **passé composé** (present) perfect ▸ **passé simple** ou **historique** simple past, past historic **4.** COUT ▸ **passé empiétant** encroaching (satin) stitch ▸ **passé plat** satin stitch.

❖ **par le passé** loc adv in the past / *il est beaucoup plus indulgent que par le passé* he's much more indulgent than before ou than he used to be / *soyons amis, comme par le passé* let's be friends, like before.

passe-bande [pasbɑ̃d] (*pl* **passe-bande** *ou* **passe-bandes***) adj band-pass.

passe-boules [pasbul] nm inv ≃ Aunt Sally.

passe-crassane [paskʀasan] (*pl* **passe-crassane** *ou* **passe-crassanes***) nf passe-crassane *(variety of winter pear).*

passe-droit [pasdʀwa] (*pl* **passe-droits**) nm privilege, special favour.

passée [pase] ◆ f ⟶ **passé** *(adj).* ◆ nf **1.** CHASSE [du gibier d'eau] flighting ; [d'un lièvre, d'un renard] track **2.** MIN (thin) vein, lode **3.** PÊCHE (light) cast **4.** SPORT [en natation] stroke ; [en aviron] (squared) stroke.

passe-haut [pasɔo] adj inv high-pass.

passéisme [paseism] nm *péj* attachment to the past, backward-looking attitude.

passéiste [paseist] *péj* ◆ adj backward-looking. ◆ nmf backward-looking person.

passe-lacet [paslasɛ] (*pl* **passe-lacets**) nm bodkin.

passement [pasmɑ̃] nm (piece of) braid ou braiding ou cord *(used as trimming).*

passementer [3] [pasmɑ̃te] vt to braid.

passementerie [pasmɑ̃tʀi] nf soft furnishings (and curtain fitments).

passementier, ère [pasmɑ̃tje, ɛʀ] nm, f soft furnishing (and curtain fitments) manufacturer.

passe-montagne [pasmɔ̃taɲ] (*pl* **passe-montagnes**) nm balaclava.

passe-partout (*pl* **passe-partout**), **passepartout*** (*pl* **passepartouts***) [paspaʀtu] ◆ adj **1.** [robe, instrument] versatile, all-purpose *(modif)* ▸ **un discours passe-partout** a speech for all occasions **2.** RAIL UIC standard *(modif).* ◆ nm **1.** [clef] master ou skeleton key **2.** ART & IMPR passe-partout **3.** [scie] two-handed saw.

passe-passe (*pl* **passe-passe**), **passepasse*** [paspas] nm ▸ **tour de passe-passe a)** [tour de magie] (magic) trick **b)** [tromperie] trick.

passe-pied [paspje] (*pl* **passe-pieds**) nm DANSE passepied.

passe-plat [paspla] (*pl* **passe-plats**) nm serving hatch.

passepoil [paspwal] nm piping *(U).*

passepoiler [3] [paspwale] vt to trim with piping, to pipe.

passeport [paspɔʀ] nm **1.** ADMIN passport ▸ **passeport européen** EU ou European passport ▸ **passeport biométrique** biometric passport **2.** *fig* passport / *ce diplôme est un passeport pour la vie professionnelle* this diploma is a passport to a job.

passer [3] [pase]

◆ vi *(aux être)*

A. EXPRIME UN DÉPLACEMENT
B. EXPRIME UNE ACTION
C. EXPRIME UN CHANGEMENT D'ÉTAT
D. EXPRIME UNE ÉVOLUTION

A. EXPRIME UN DÉPLACEMENT 1. [se déplacer - personne, véhicule] to pass (by), to go ou to come past / *regarder passer les coureurs* to watch the runners go past ▸ **passer à** : *passer à droite / gauche* to go right / left ▸ **passer au-dessus de** : *l'avion est passé au-dessus de la maison* the plane flew over the house ▸ **passer dans** : *un avion passait dans le ciel* a plane was flying in the sky / *pour empêcher les poids lourds de passer dans le village* to stop lorries from driving ou going through the village ▸ **passer devant qqch** to go past sthg / *puisque tu passes devant la boulangerie, rapporte du pain* seeing as you're going past the baker's, pick up some bread ▸ **passe devant si tu ne vois pas a)** [devant moi] go in front of me if you can't see **b)** [devant tout le monde] go to the front if you can't see ▸ **passer sous** : *passer sous une échelle* to go under a ladder ▸ **passer sous une voiture** [se faire écraser] to get run over (by a car) ▸ **passer sur** : *passer sur un pont* to go over ou to cross a bridge / *des péniches passaient sur le canal* barges were going past ou were sailing on the canal ; [fugitivement] : *j'ai vu un éclair de rage passer dans son regard* I saw a flash of anger in his eyes / *un sourire passa sur ses lèvres* a smile played about her lips, she smiled briefly ▸ **elle dit tout ce qui lui passe par la tête** she says the first thing that comes into her head / *qu'est-ce qui a bien pu lui passer par la tête?* whatever was he thinking of? ▸ **ne faire que passer** : *le pouvoir n'a fait que passer entre leurs mains* they held power only briefly **2.** [s'écouler - fluide] to flow, to run ▸ **l'eau passe dans cette canalisation** the water flows ou runs along this channel ▸ **il y a de l'air qui passe sous la porte** there's a permanent draught coming under the door **3.** [emprunter un certain itinéraire] ▸ **si vous passez à Paris, venez me voir** come and see me if you're in Paris ▸ **passer par** : *le voleur est passé par la fenêtre* the burglar got in through the window / *passe par l'escalier de service* use the service stairs ; [fleuve, route] to go, to run ▸ **la nouvelle route ne passera pas dans le village** the new road won't go ou run through the village ▸ **le Rhône passe à Lyon** the Rhone goes ou flows through Lyon ▸ **le tunnel passera sous la montagne** the tunnel will go under the mountain ▸ **le pont passe au-dessus de l'avenue** the bridge crosses the avenue **4.** MATH to pass ▸ **soit une droite passant par deux points A et B** given a straight line between two points A and B **5.** [sur un parcours régulier - démarcheur, représentant] to call ; [- bateau, bus, train] to come ou to go past / *le facteur n'est pas encore passé* the postman hasn't been yet / *le facteur passe deux fois par jour* the postman delivers ou comes twice a day / *le bus passe toutes les sept minutes* there's a bus every seven minutes / *le bateau / train est déjà passé* the boat / train has already gone ou left / *le prochain bateau passera dans deux jours* the next boat will call ou is due in two days **6.** [faire une visite] to call ▸ **passer chez qqn** to call at sb's place / *j'ai demandé au médecin de passer* I asked the doctor to call (in) ou to come ou to visit / *j'essaierai de passer dans la soirée* I'll try and call in the evening ▸ **veuillez passer au commissariat demain** please report to the police station tomorrow / *je ne fais que passer* I'm not stopping ; *(suivi de l'infinitif)* ▸ **passer voir qqn** to call on sb ▸ **je passerai te chercher** I'll come and fetch you ▸ **passe la prévenir** go and tell her **7.** [franchir une limite] to get through / *tu ne passeras pas, il y a trop de monde* you won't get through, there are too many people ▸ **le piano ne passera jamais par la porte** the piano will never go ou get through the door ▸ **ne laissez passer personne** don't let anybody through ▸ **il est passé au rouge** he went through a red light ▸ **ça passe ou ça casse** it's make or break (time) **8.** [s'infiltrer] to pass ▸ **passer dans le sang** to pass into ou to enter the bloodstream ▸ **la lumière passe à travers les rideaux** the light shines through the curtains ▸ **le vent et la neige passaient entre les planches disjointes** the wind and snow got in through the gaps in the floorboards / *le café doit passer lentement* [dans le filtre] the coffee must filter through slowly **9.** [aller, se rendre] to go / *où est-il passé?* where's he gone (to)? / *où sont passées mes lunettes?* where have my glasses got ou disappeared to? ▸ **passons à table** let's eat / *si l'on passait au wagon-restaurant?* shall we go to the dining-car? / *passons dans mon bureau* let's go into my office / *passons au salon* let's go through to the living room / *les invités passèrent de la salle à manger au salon* the guests went ou moved from the dining room into the living room / *passer de Suisse en France* to cross over ou to go from Switzerland to France ▸ **passer à l'ennemi** to go over to the enemy ▸ **elle est passée à l'opposition** she's gone over to ou she's joined the opposition ▸ **il est passé du côté du vainqueur** he's switched to the winning side **10.** CHASSE to pass, to go ou to come past / *ici, les bécasses passent en septembre* woodcock fly over here in September / *là où le gibier passe* where game animals pass **11.** NAUT ▸ **passer au vent** to sail to windward ▸ **passer sur l'avant** to cut across the bow **12.** THÉÂTRE to cross the stage.

B. EXPRIME UNE ACTION **1.** ▸ **passer à** [se soumettre à] to go for / *passer au scanner* to go for a scan / *passer à la visite médicale* to go for a medical examination / *ce matin, je suis passé au tableau* I was asked to explain something at the blackboard this morning ▸ **y passer** *fam* : *je ne veux pas me faire opérer — il faudra bien que tu y passes, pourtant!* I don't want to have an operation — you're going to have to! / *avec lui, toutes les femmes du service y sont passées* he's had all the women in his department / *tout le monde a cru que tu allais y passer* everybody thought you were a goner **2.** [être accepté] to pass ▸ **elle est passée à l'écrit mais pas à l'oral** she got through ou she passed the written exam but not the oral ▸ **j'ai un bout de pomme qui est passé de travers** a bit of my apple has gone down the wrong way / *j'ai mangé quelque chose qui ne passe pas* I've eaten something that won't go down / *sa dernière remarque n'est pas passée* *fig* his last remark stuck in my throat ▸ **ce genre d'explication ne passera pas avec lui** he won't swallow an explanation like that / *ton petit discours est bien passé* your little speech went down well ou was well received / *la deuxième scène ne passe pas du tout* the second scene doesn't work at all ▸ **le film passe mal sur le petit écran / en noir et blanc** the film just isn't the same on TV / in black and white / *le fascisme ne passera pas!* no to fascism! ▸ **passe (encore)** : *l'injurier, passe encore, mais le frapper!* it's one thing to insult him, but quite another to hit him! / *une heure de retard, passe, mais trois!* an hour's delay would be forgivable, but (certainly not) three! **3.** [être transmis] to go ▸ **sa collection de tableaux passera à sa fille** his collection of paintings will go to his daughter ▸ **la ferme est passée de père en fils depuis cinq générations** the farm has been handed down from father to son for five generations / *la carafe passa de main en main* the jug was passed around / *la locution est passée du latin à l'anglais* the phrase came ou passed into English from Latin ▸ **le pouvoir est passé de la gauche à la droite** the right has taken over from the left **4.** [entrer] to pass ▸ **c'est passé dans le langage courant** it's passed into ou it's now part of everyday speech ▸ **c'est passé dans les mœurs** it's become standard ou normal practice **5.** [être utilisé, absorbé] to go ▸ **tout son salaire passe dans la maison** all her salary goes on the house ▸ **500 à 600 euros passent chaque mois dans la nourriture** food accounts for 500 or 600 euros a month ▸ **y passer** : *tout le fromage y est passé* every last bit of cheese went (in the end) / *les deux bouteilles y sont passées* both bottles were drunk / *toutes ses économies y passent* all her savings go towards ou into it **6.** POL [être adopté - projet de loi, amendement] to pass, to be passed / *la loi est passée* the law was passed ; [être élu - député] to be elected, to get in / *si les socialistes passent* if the socialists get in ou are elected **7.** CINÉ & THÉÂTRE to be on, to be showing / *son documentaire n'est jamais passé* her documentary was never shown ▸ **sa dernière pièce passe au Galatée** her latest play is on at the Galatée ; RADIO & TV : *les informations passent à 20 h* the news is on at 8 pm ▸ **passer à la radio** [émission, personne] to be on the radio ou the air ▸ **passer à la télévision a)** [personne] to be ou to appear on television **b)** [film] to be on television **8.** DR [comparaître] ▸ **passer devant le tribunal** to come up ou to go before the court ▸ **passer en correctionnelle** ≃ to go before the magistrate's court ▸ **l'affaire passera en justice le mois prochain** the case will be heard next month **9.** JEUX to pass.

C. EXPRIME UN CHANGEMENT D'ÉTAT **1.** [accéder - à un niveau] ▸ **passer dans la classe supérieure** to move up to the next form UK ou grade US ▸ **passer en seconde** ENS to move up to the fifth form UK ou to tenth grade US ▸ **passer à** to move to / *il est passé au grade supérieur* he's been promoted / *passer du deuxième au troisième échelon* to move up from the second to the third grade **2.** [devenir] to become ▸ **passer entraîneur** to become a coach ▸ **il est passé ailier** he plays on the wing now ▸ **passer professionnel** to turn professional ▸ **passer chef de service** to become ou to be promoted head of department **3.** [dans des locutions verbales] ▸ **passer à** [aborder] : *passons à l'ordre du jour* let us turn to the business on the agenda / *traduisons le texte, puis nous passerons au commentaire* let's translate the text first, then we'll analyse it ▸ **passer à l'action** to take action ▸ **passer de… à** [changer d'état] : *passer de l'état liquide à l'état gazeux* to pass ou to change from the liquid to the gaseous state / *la lumière passait du rose au mauve* the light changed from pink to mauve / *passer sans transition de la gaieté à la tristesse* to switch from joy to sadness / *quand on passe de l'adolescence à l'âge adulte* when you pass from adolescence to adulthood / *la production est passée de 20 à 30 / de 30 à 20 tonnes* output has gone (up) from 20 to 30 / (down) from 30 to 20 tonnes / *passer du français au russe* to switch from French to Russian / *comment êtes-vous passé du cinéma au théâtre?* how did you move ou make the transition from the cinema to the stage? ▸ **il passe d'une idée à une autre** he jumps ou flits from one idea to another ▸ **passer en** [devenir] : *le dernier vers de la fable est passé en proverbe* the last verse of the fable has become a proverb **4.** AUTO ▸ **passer en troisième** to change ou go into third (gear) / *la seconde passe mal* second gear is stiff.

D. EXPRIME UNE ÉVOLUTION **1.** [s'écouler - temps] to pass, to go by / *la journée est passée agréablement* the day went off ou passed pleasantly ▸ **une heure est vite passée** an hour passes quickly / *à mesure que les jours passaient* as the days went by / *comme le temps passe!* how time flies! **2.** [s'estomper - douleur] to fade (away), to wear off ; [- malaise] to disappear ; [- mode, engouement] to die out ; [- enthousiasme] to wear off, to fade ; [- beauté] to fade, to wane ; [- chance, jeunesse] to pass ; [- mauvaise humeur] to pass, to vanish ; [- rage, tempête] to die down ; [- averse] to die down, to stop ▸ **mon envie est passée** I don't feel like it anymore ▸ **j'aimais regarder la télévision mais cela m'a passé** I used to like watching television but not anymore ▸ **cette habitude lui passera avec l'âge** he'll grow out of the habit ▸ **faire passer** : *ce médicament fait passer la douleur très rapidement* this medicine relieves pain very quickly **3.** [s'altérer - fruit, denrées] to go off UK, to spoil, to go bad / *le vin est ouvert depuis trop longtemps, il a passé* the wine's been open too long, it's gone off ; [se faner - fleur] to wilt / *les roses sont passées* the roses have wilted ; [pâlir - teinte] : *le papier peint a passé au soleil* the sun has faded the wallpaper **4.** *(aux avoir)* *vieilli* [mourir] : *il a passé cette nuit* he passed on ou away last night.

◆ vt *(aux avoir)*

A. EXPRIME UN DÉPLACEMENT
B. EXPRIME UNE ACTION
C. EXPRIME LE TEMPS

A. EXPRIME UN DÉPLACEMENT **1.** [traverser - pont, col de montagne] to go over *(insép)*, to cross ; [- écluse] to go through *(insép)* ▸ **passer une rivière à la nage** to swim across a river ▸ **passer un ruisseau à gué** to ford a stream **2.** [franchir - frontière, ligne d'arrivée] to cross / *une fois passé le pas de la porte, il fait frais* once you're over the threshold it gets cooler / *si je passe cette porte, je ne reviendrai plus jamais* if I go through that door I'll never come back / *nous passerons la frontière à Vintimille* we'll cross the border at Ventimiglia **3.** [dépasser - point de repère] to pass, to go past *(insép)* / *vous passez l'escalier et c'est à droite* go past the stairs and it's on your right, it's on your right after you pass the stairs / *passer l'arrêt de l'autobus* [le manquer] to miss one's bus stop ▸ **passer le cap Horn** to (go) round Cape Horn, to round the Cape / *quand on passe les 1 000 mètres d'altitude* when you go over 1,000 metres high / *l'or a passé les 400 dollars l'once* gold has broken through the $ 400 an ounce mark **4.** [transporter] to ferry ou to take across *(sép)* **5.** [introduire] ▸ **passer de la drogue / des cigarettes en fraude** to smuggle drugs / cigarettes **6.** [engager - partie du corps] to put ▸ **passer son bras autour de la taille de qqn** to put ou to slip one's arm round sb's waist ▸ **il passa son doigt à travers le grillage** he put ou he stuck a finger through the wire netting ▸ **je n'arrive pas à passer ma tête dans l'encolure de cette robe** my head won't go through the neck of the dress ▸ **il a passé la tête par l'entrebâillement de la porte** he poked his head round the door **7.** [faire aller - instrument] to run ▸ **passer un peigne dans ses cheveux** to run a comb through one's hair ▸ **passer une éponge sur la table** to wipe the table ▸ **passer un chiffon sur les meubles** to dust the furniture ▸ **passer l'aspirateur** to vacuum, to hoover UK ▸ **passer le balai** to sweep up / *passe le balai dans l'escalier* give the stairs a sweep, sweep the stairs **8.** ÉQUIT [haie] to jump, to clear / *le cheval a passé le fossé* the horse cleared the ditch **9.** SPORT [franchir - obstacle, haie] to jump (over) / *passer la barre à deux mètres* to clear the bar at two metres ▸ **passer tous les obstacles** *fig* to overcome ou to surmount all the obstacles ; [transmettre - ballon] to pass ; *(en usage absolu)* ▸ **il a passé à l'avant-centre** he passed to the centre forward ; [dépasser - coureurs] to overtake, to pass / *passer les autres concurrents* to overtake the other competitors.

B. EXPRIME UNE ACTION **1.** [se soumettre à - permis de conduire] to take ; [- examen] to take, to sit UK ; [- entretien] to have ; [- scanner, visite médicale] to have, to go for *(insép)* / *il passe sa thèse demain* he has his viva for his thesis tomorrow / *la voiture doit passer un contrôle technique* the car has to go for its MOT **2.** *vieilli* [réussir - examen] to pass ; [- épreuve éliminatoire] to get through *(insép)* / *elle a passé sa ceinture noire de karaté* she's got her black belt in karate now / *il a passé l'écrit, mais attendons l'oral* he's passed the written exam, but let's see what happens in the oral **3.** [omettre] to miss ou to leave out *(sép)*, to omit / *je passe toutes les descriptions dans ses romans* I miss out ou I skip all the descriptions in her novels / *tu as tout de même passé plusieurs détails importants* you did miss out ou omit several important details **4.** [tolérer] ▸ **elle lui passe tout** she lets him get away with anything / *elle est gentille, alors on lui passe le reste* she's so nice that people make allowances (for the rest) ▸ **passez-moi l'expression** / **le mot** if you'll pardon the expression / excuse the term **5.** [soumettre à l'action de] ▸ **passer une plaie à l'alcool** to put alcohol on a cut ▸ **passer les parquets à l'encaustique** to polish the floors ▸ **passer des légumes au mixeur** to put vegetables through the blender, to blend vegetables ▸ **passer qqch sous l'eau** to rinse sthg ou to give sthg a rinse under the tap ▸ **passer qqch au four** to put sthg in the oven ▸ **passer quelque chose à qqn** *fam* to give sb a good dressing-down, to tick sb off UK ▸ **se faire passer quelque chose** *fam* to get a good ticking off UK, to get a good chewing-out US **6.** [donner, transmettre - gén] to pass, to hand, to give ; [- maladie] to give ; [- au téléphone] to put through *(sép)* / *passe(-moi) le couteau* give me the knife ▸ **passe-moi le sel** pass me the salt / *fais passer à ton voisin* pass it to your neighbour ▸ **passer la consigne à qqn** to pass on orders to sb ▸ **passer ses pouvoirs à son successeur** to hand over power to one's successor ▸ **il a passé sa grippe à tout le bureau** he gave his flu to everybody in the office ▸ **je te passe Fred** here's Fred, I'll hand you over to Fred ▸ **passe-moi Annie** let me talk to Annie, put Annie on **7.** [rendre public - annonce] ▸ **passer une petite annonce** to place a small ad / *il a passé une annonce dans le journal de cette semaine* he put an ad in this week's paper **8.** *fam* [prêter] to lend ▸ **peux-tu me passer 20 euros jusqu'à demain?** could you lend me 20 euros till tomorrow? / *tu me passes ton livre sur les abeilles?* could you lend me your book ou let me have your book about bees? / *je lui passe ma chambre et je dors au salon* he can have my room and I'll sleep in the living room **9.** [appliquer - substance] to apply, to put on *(sép)* ▸ **passer de la cire sur qqch** to wax sthg / *passer une couche de peinture sur un mur* to paint a wall / *il faudra passer une deuxième couche* it needs a second coat ▸ **je vais te passer de la crème dans le dos** I'm going to put ou to rub some cream on your back **10.** [filtrer, tamiser - thé, potage] to strain ; [- farine] to sieve **11.** [enfiler - vêtement] to slip ou to put on *(sép)* / *je passe une robe moins chaude et j'arrive* I'll put on a cooler dress and I'll be with you ▸ **elle passa l'anneau à son doigt** she slipped the ring on her finger **12.** AUTO ▸ **passer une vitesse** to put the car in gear ▸ **passer la marche arrière** to go into reverse ▸ **passer la troisième** to change ou to shift into third gear **13.** CINÉ & TV [film] to show, to screen ; [diapositive] to show ; RADIO [émission] to broadcast ; [disque, cassette] to play, to put on *(sép)* / *on passe un western au Rex* there's a western on at the Rex **14.** COMM [conclure - entente] to conclude, to come to *(insép)*, to reach ; [- marché] to agree on *(insép)*, to strike, to reach ; [- commande] to place ▸ **passez commande avant le 12** order before the 12th **15.** COMPTA to enter, to post ▸ **passer un article en compte** to enter a sale into a ledger **16.** DR [faire établir - acte juridique] to draw up *(sép)* / *nous passons le contrat demain* we're drawing up the contract tomorrow ▸ **un acte passé par-devant notaire** a deed drawn up in the presence of a notary.

C. EXPRIME LE TEMPS **1.** [employer - durée] to spend / *j'ai passé un an en Angleterre* I spent a year in England ▸ **passez un bon week-end** / **une bonne soirée!** have a nice weekend / evening! ▸ **j'ai passé deux heures sur la traduction** I spent two hours on the translation, it took me two hours to do the translation ▸ **passer ses vacances à lire** to spend one's holidays reading / *il va venir passer quelques jours chez nous* he's coming to stay with us for a few days / *as-tu passé une bonne nuit?* did you sleep well last night?, did you have a good night? ▸ **pour passer le temps** to pass the time ▸ **on ne va pas passer le réveillon là-dessus!** *fam* let's not spend all night on it! **2.** [aller au-delà de - durée] to get through *(insép)*, to survive / *s'il arrive à passer la première semaine, il sera tiré d'affaire* if he gets through ou survives the first week, he'll be out of danger / *elle ne passera pas la nuit* she won't see the night out, she won't last the night **3.** [assouvir - envie] to satisfy ▸ **passer sa colère sur qqn** to take one's anger out on sb / *je passais ma colère en jouant de la batterie* I let off steam by playing the drums ▸ **ne passe pas ta fureur sur moi!** don't take it out on me!

❖ **passer après** v + prép : *le directeur commercial passe après lui* the sales manager comes after him / *il faut le faire libérer, le reste passe après* we must get him released, everything else is secondary.

❖ **passer avant** v + prép to go ou to come before / *ses intérêts passent avant tout* his own interests come before anything else, he puts his own interests before everything else / *le travail passe avant le plaisir* work (comes) before pleasure.

❖ **passer par** v + prép **1.** [dans une formation] to go through / *il est passé par une grande école* he studied at a Grande École / *elle est passée par tous les échelons* she rose through all the grades **2.** [dans une évolution] to go through, to undergo / *le pays est passé par toutes les formes de gouvernement* the country has experienced every form of government / *la maladie passe par différentes phases* the illness goes through different stages / *elle est passée par des moments difficiles* she's been through some difficult times **3.** [recourir à] to go through / *je passe par une agence pour avoir des billets* I get tickets through an agency / *passer par l'opératrice* to go through the operator ▸ **en passer par** : *il va falloir en passer par ses exigences* we'll just have to do what he says ▸ **passer par là** : *je suis passé par là* it's happened to me too, I've been through that too / *pour comprendre, il faut être passé par là* you have to have experienced it to understand.

❖ **passer pour** v + prép **1.** [avec nom] to be thought of as / *dire qu'il passe pour un génie!* to think that he's considered a genius! / *je vais passer pour un idiot* I'll be taken for ou people will take me for an idiot / *en te maquillant, tu pourrais facilement passer pour elle* with some make-up on, you could easily pass for her ou you could easily be taken for her ▸ **se faire passer pour qqn** to pass o.s. off as sb / *il se fait passer pour un professionnel* he claims to be a professional **2.** [avec adj] : *son livre passe pour sérieux* her book is considered to be serious / *il s'est fait passer pour fou* he pretended to be mad **3.** [avec verbe] : *elle passe pour descendre d'une famille noble* she is said to be descended from an aristocratic family.

❖ **passer sur** v + prép [ne pas mentionner] to pass over, to skip ; [excuser] to overlook / *passons sur les détails* let's pass over ou skip the details / *je passerai sur les lacunes de son exposé* I shall overlook the gaps in his essay / *je passerai sur votre attitude pour cette fois* I'll overlook your attitude this once / *il l'aime et passe sur tout* he loves her and forgives everything ▸ **passons!** let's say no more about it!, let's drop it! / *tu me l'avais promis, mais passons!* you promised me, but never mind!

❖ **se passer** ◆ vpi **1.** [s'écouler - heures, semaines] to go by, to pass / *la soirée s'est passée tranquillement* the evening went by ou passed quietly / *la journée s'est passée dans l'angoisse pour les parents* it was a day of anguish for the parents / *si la journée de demain se passe sans incident* if everything goes off smoothly tomorrow **2.** [survenir - événement] to take place, to happen / *l'histoire se passe en Corse* / *en 1789* the story takes place in Corsica / in 1789 / *qu'est-ce qui se passe?* what's happening?, what's going on? ▸ **que s'est-il passé?** what happened? / *qu'est-ce qui va se passer maintenant?* what's going to happen now? ; *(tournure impersonnelle)* : *il se passe que ton frère vient d'être arrêté, (voilà ce qui se passe)!* your brother's just been arrested, that's what's! / *il ne se passe rien d'intéressant* nothing interesting's happening / *il ne se passe pas une semaine sans qu'il perde de l'argent aux courses* not a week goes by without him losing money on the horses **3.** [se dérouler - dans certaines conditions] to go (off) / *comment s'est passée ton audition?* how did your audition go? / *l'opération s'est bien* / *mal passée* the operation went (off) smoothly / badly / *si tout se passe bien, nous y serons demain* if all goes well, we'll be there tomorrow / *tout se passe très bien entre les membres de l'équipe* the members of the team get along very well together / *tout se passe comme prévu* everything's going according to plan ou going as planned / *les choses ne se seraient pas passées ainsi avec moi!* I wouldn't have let that happen!, I wouldn't have stood for that! / *ça ne se passera pas comme ça!* it won't be as easy as that! **4.** [s'achever - douleur] to go, to subside ; [- malaise] to vanish / *bois de l'eau, ton hoquet se passera* drink some water, it'll get rid of your hiccups ou and your hiccups'll stop. ◆ vpt [s'appliquer, se mettre - produit] to apply, to put on *(sép)* ▸ **se passer de la crème sur les mains** to put some cream on one's hands ▸ **il se passa un peigne** / **la main dans les cheveux** he ran a comb / his fingers through his hair ▸ **elle se passait un mouchoir sur le front** she was wiping her forehead with a handkerchief.

❖ **se passer de** vp + prép **1.** [vivre sans] to do ou to go without / *il faudra te passer de jardinier* / *secrétaire* you'll have to do ou to go ou to manage without a gardener / secretary / *si tu crois pouvoir te passer de tout le monde!* if you think you can manage all by yourself! / *il ne peut pas se passer de télévision* he can't live without the television / *les plantes ne peuvent se passer d'eau* plants can't survive without water ▸ **se passer de faire** to manage without doing / *il ne peut se passer de boire* he can't do without drink **2.** [s'abstenir] : *je me serais bien passée de garder ses enfants* I could have done without having to look after her children / *je me passerais (volontiers) de ses réflexions!* I can do very well without her remarks! **3.** [ne pas avoir besoin de] : *sa déclaration se passe de tout commentaire* her statement needs no comment.

❖ **en passant** loc adv **1.** [dans la conversation] in passing / *faire une remarque en passant* to remark in passing, to make a casual remark ▸ **soit dit en passant** it must be said / *il n'est guère aimable soit dit en passant* he's not very likable it must ou has to be said **2.** [sur son chemin] : *il s'arrête de temps à autre en passant* he calls on his way by ou past from time to time / *l'avion, en passant, a laissé une traînée blanche* the plane left a white trail as it passed.

❖ **en passant par** loc prép **1.** [dans l'espace] via / *l'avion va à Athènes en passant par Londres* the plane goes to Athens via London ou stops in London on its way to Athens **2.** [dans une énumération] (and) including / *toutes les romancières de Sand à Sarraute en passant par Colette* every woman novelist from Sand to Sarraute including Colette.

Passer qqch à qqn

Pass sthg to sb ou *pass sb sthg.*

Notez la construction à double complément qui en anglais peut prendre deux formes dont le sens est le même :

- une structure identique à celle du français :
  verbe + COD + préposition + COI
  pass sthg to sb
- une structure qui diffère de celle du français, sans préposition, et dans laquelle l'ordre des compléments est inversé :
  verbe + COI + COD
  pass sb sthg

Il a discrètement passé un mot à son voisin. *He discreetly passed a note to the person sitting next to him* ou *He discreetly passed the person sitting next to him a note.*

Passe la télécommande à ton père, s'il te plaît. *Pass the remote control to your father, please* ou *Pass your father the remote control, please.*

Voir encadré page suivante.

J'en passe et des meilleur(e)s

This expression is associated with the play *Hernani* by Victor Hugo, although Hugo did not actually coin it. Its use in the play is an example of clever audience manipulation. The opening performance of *Hernani* in 1830 was attended by a vocal and disruptive crowd made up of supporters and opponents of Romanticism. There is a scene in which Don Ruy Gomez, who can't make up his mind whether to deliver the hero Hernani into the hands of the king of Spain, buys time by showing the king the portraits of his ancestors. Hugo knew that the audience, like the king, would be on tenterhooks waiting to discover Ruy Gomez's decision. In an unexpected twist, Ruy Gomez cuts short the list of ancestors, saying **j'en passe, et des meilleurs** *(to name but a few)*, thus putting both the king and the audience out of their misery. The expression **j'en passe et des meilleur(e)s** is commonly used ironically to cut short a list of unpleasant things.

Cet enfant me rendra folle, il a tout fait : dessiner sur les murs de sa chambre, se faire renvoyer de l'école, tenter de fuguer, j'en passe et des meilleures ! *That child is driving me crazy. He's done it all: drawing on his bedroom walls, getting expelled, trying to run away, and goodness knows what else.*

passereau, x [pasʀo] nm **1.** [oiseau] passerine **2.** *vieilli* [moineau] sparrow.

passerelle [pasʀɛl] nf **1.** [pour piétons] footbridge **2.** NAUT [plan incliné] gangway, gangplank ; [escalier] gangway ▸ **la passerelle de commandement** the bridge ▸ **passerelle de navigation** navigation bridge **3.** AÉRON steps **4.** CINÉ catwalk **5.** ENS [entre deux cycles] link ▸ **établir une passerelle entre deux cursus** to link two courses **6.** INFORM gateway.

passériforme [paseʀifɔʀm] nm passerine, member of the Passeriformes.

passerine [pasʀin] nf ORNITH (North American) bunting.

passet [pasɛ] nm BELG (small) stepladder.

passe-temps, passetemps* [pastɑ̃] nm inv pastime, hobby.

passe-thé [paste] nm inv tea strainer.

passe-tout-grain [pastugʀɛ̃] nm inv Passe-Tout-Grain (wine).

passeur, euse [pasœʀ, øz] nm, f **1.** [sur un bac, un bateau. etc.] ferryman *(nm)* **2.** [de contrebande] smuggler **3.** [d'immigrants clandestins] : *il trouva un passeur qui l'aida à gagner les États-Unis* he found someone to get him over the border into the United States **4.** SPORT passer.

passible [pasibl] adj ▸ **passible de** liable to / *crime passible de la prison* crime punishable by imprisonment ▸ **passible de poursuites** actionable / *passible des tribunaux* liable to prosecution.

passif¹ [pasif] nm **1.** FIN liabilities **2.** EXPR **mettre qqch au passif de qqn** : *cette décision est à mettre à son passif* this decision is a black mark against him.

passif², ive [pasif, iv] adj [gén & GRAM] passive.
❖ **passif** nm GRAM passive (form).

passifloracée [pasiflɔʀase] nf member of the passionflower family ou of the Passifloraceae *spéc.*

passiflore [pasiflɔʀ] nf passionflower, passiflora *spéc.*

passing-shot [pasiŋʃɔt] (*pl* **passing-shots**) nm passing shot.

passion [pasjɔ̃] nf **1.** [amour fou] passion, love **2.** [du jeu, des voyages, etc.] passion ▸ **avoir la passion de qqch** to have a passion for sthg, to be passionately interested in sthg ▸ **sa passion pour la musique** his passion for music **3.** [exaltation] passion, feeling ▸ **débattre de qqch avec passion** to argue passionately about sthg **4.** RELIG ▸ **la Passion (du Christ)** the Passion ▸ **la semaine de la Passion** Passion Week ▸ **le temps de la Passion** Passiontide ▸ **la Passion selon saint Jean a)** RELIG the Passion according to Saint John **b)** MUS the (Saint) John Passion.
❖ **passions** nfpl [sentiments] passions, emotions, feelings / *savoir dominer ses passions* to be able to control one's emotions.

passionnant, e [pasjɔnɑ̃, ɑ̃t] adj [voyage, débat] fascinating, exciting ; [personne] intriguing, fascinating ; [récit] fascinating, enthralling, gripping / *nous avons eu une discussion passionnante* we had a fascinating discussion.

passionné, e [pasjɔne] ◆ adj **1.** [aimant - amant, lettre] passionate **2.** [très vif - caractère, tempérament] passionate, emotional ; [- discours] passionate, impassioned ; [- intérêt, sentiment] passionate, keen **3.** [intéressé - spectateur, lecteur] keen, fervent, ardent. ◆ nm, f **1.** [en amour] passionate person **2.** [fervent] enthusiast, devotee ▸ **pour les passionnés de flamenco** for flamenco lovers.

passionnel, elle [pasjɔnɛl] adj passionate ▸ **drame passionnel à Bordeaux** love drama in Bordeaux.

passionnément [pasjɔnemɑ̃] adv **1.** [avec passion] passionately, with passion **2.** [en intensif] keenly, fervently, ardently / *je désire passionnément que tu réussisses* I very much hope that you will succeed.

passionner [3] [pasjɔne] vt **1.** [intéresser - suj: récit] to fascinate, to enthral, to grip ; [- suj: discussion, idée] to fascinate, to grip ▸ **la politique la passionne** politics is her passion, she has a passion for politics **2.** [animer - débat] ▸ **elle ne sait pas parler politique sans passionner le débat** every time she talks about politics it ends in a big argument.
❖ **se passionner pour** vp + prép [idée] to feel passionately about ; [activité] to have a passion for / *je me passionne pour le reggae* I have a passion for reggae.

passivation [pasivasjɔ̃] nf **1.** CHIM & MÉTALL passivization **2.** GRAM putting into the passive.

passive [pasiv] f ⟶ **passif.**

passivement [pasivmɑ̃] adv passively.

passivité [pasivite] nf **1.** [attitude] passivity, passiveness **2.** MÉTALL passivity.

passoire [paswaʀ] nf **1.** [à petits trous] sieve ; [à gros trous] colander ▸ **passoire à thé** tea strainer ▸ **avoir la tête** ou **la mémoire comme une passoire** *fam* to have a memory like a sieve **2.** *fam* [personne, institution négligente] : *leur service de contre-espionnage est une passoire* their counter-espionage service is leaking like a sieve.

pastel [pastɛl] ◆ nm **1.** [crayon] pastel ; [dessin] pastel (drawing) ▸ **dessiner au pastel** to draw in pastels **2.** [teinte douce] pastel (shade) **3.** BOT pastel woad **4.** [couleur bleue] pastel blue. ◆ adj inv pastel, pastel-hued.

pastelliste [pastelist] nmf pastellist.

pastenague [pastənag] nf ZOOL stingray.

pastèque [pastɛk] nf [plante] watermelon plant ; [fruit] watermelon.

pasteur [pastœʀ] nm **1.** RELIG [protestant] minister, pastor ; *arch* [prêtre] pastor ▸ **le Bon Pasteur** the Good Shepherd **2.** *litt* [berger] shepherd **3.** *fig & litt* [guide, gardien] shepherd **4.** ANTHR pastoralist *spéc* shepherd / *les Peuls sont un peuple de pasteurs* the Fulani are a pastoral people.

pasteurella [pastœʀɛla] nf pasteurella.

pasteurellose [pastœʀɛloz] nf pasteurellosis.

pasteurien, enne [pastœʀjɛ̃, ɛn] adj of Louis Pasteur / *les découvertes pasteuriennes* Pasteur's discoveries.

pasteurisation [pastœʀizasjɔ̃] nf pasteurization, pasteurizing.

pasteurisé, e [pastœʀize] adj pasteurised.

pasteuriser [3] [pastœʀize] vt to pasteurize.

pastiche [pastiʃ] nm pastiche.

pasticher [3] [pastiʃe] vt to do a pastiche of.

pasticheur, euse [pastiʃœʀ, øz] nm, f **1.** [auteur de pastiches] writer of pastiches **2.** [plagiaire] plagiarist.

pastillage [pastijaʒ] nm ART & CULIN pastillage.

pastille [pastij] nf **1.** PHARM pastille, lozenge ▸ **pastille pour la gorge** throat lozenge ou pastille **2.** CULIN : *pastille de chocolat* chocolate drop ▸ **pastille de menthe** mint **3.** [disque de papier, de tissu] disc.

pastis [pastis] nm **1.** [boisson] pastis **2.** *fam* [situation embrouillée] muddle, mess, fix.

pastoral, e, aux [pastɔʀal, o] adj LITTÉR, MUS & RELIG pastoral / **'la Symphonie pastorale'** *Beethoven* 'The Pastoral Symphony'.
❖ **pastorale** nf **1.** LITTÉR & MUS pastorale **2.** RELIG pastoral.

pastorat [pastɔʀa] nm pastorate.

pastorien, enne [pastɔʀjɛ̃, ɛn] = **pasteurien.**

pastoureau, elle, x [pastuʀo, ɛl] nm, f *litt* shepherd boy (girl).
❖ **pastourelle** nf LITTÉR pastourelle.

pat [pat] ◆ adj inv ▸ **le roi est pat** it's a stalemate. ◆ nm stalemate ▸ **éviter le pat** to avoid stalemate.

patache [pataʃ] nf **1.** [diligence] (rickety) four-wheeler **2.** NAUT [des douaniers] revenue vessel.

patachon [pataʃɔ̃] nm *fam* ▸ **mener une vie de patachon** to lead a riotous existence.

patagon, one ou **onne** [patagɔ̃, ɔn] adj Patagonian.
❖ **Patagon, one** ou **onne** nm, f Patagonian.

Patagonie [patagɔni] npr f ▸ **(la) Patagonie** Patagonia.

pataphysique [patafizik] ◆ adj pataphysic. ◆ nf pataphysics *(U).*

patapouf [patapuf] *fam* ◆ nm fatty, podge ▸ **un gros patapouf** a big fat lump. ◆ interj thump, thud.

pataquès [patakɛs] nm **1.** [faute de liaison] bad ou incorrect liaison **2.** [situation confuse] mess, muddle.

pataras [pataʀa] nm preventer shroud.

patata [patata] ⟶ **patati.**

patate [patat] nf **1.** BOT & CULIN ▸ **patate (douce)** sweet potato **2.** *fam* [pomme de terre] spud **3.** *fam* [personne stupide] nitwit *tfam* twerp **4.** QUÉBEC *fam* [cœur] ticker UK / *monter les escaliers, c'est dur pour la patate* going up the stairs is hard on the old ticker **5.** EXPR **en avoir gros sur la patate** *fam* to be peeved.

patati [patati] ❖ **et patati, et patata** loc adv and so on and so forth, etc. etc.

patatras [patatʀa] interj crash.

pataud, e [pato, od] ◆ adj [maladroit] clumsy ; [sans finesse] gauche. ◆ nm, f **1.** [chiot] (big-pawed) puppy **2.** *vieilli* [personne - maladroite] clumsy oaf ; [- à l'esprit lent] oaf.

Pataugas® [patogas] nmpl *canvas walking shoes.*

pataugeoire [patoʒwaʀ] nf paddling pool UK wading pool US.

patauger [17] [patoʒe] vi **1.** [dans une flaque, à la piscine] to splash ou to paddle about ; [dans la gadoue] to wade / *les sauveteurs pataugeaient dans la boue* the members of the rescue party were wading about in the mud **2.** *fig* [s'empêtrer] to flounder / *il patauge dans ses réponses* he's getting more and more bogged down trying to answer **3.** [ne pas progresser] : *l'enquête policière patauge* the police inquiry is getting bogged down.

patauger, euse [patoʒœʀ, øz] nm, f paddler.

patch [patʃ] nm MÉD nicotine patch.

patchouli [patʃuli] nm patchouli ▸ **huile de patchouli** patchouli oil.

* In reformed spelling (see p. 16-19).

PASSIVE CONSTRUCTIONS AS WAYS OF EMPHASISING AUTHORITY OR NEUTRALITY

Passive constructions (i.e., the verb **être** + a past participle) are typically followed by **par** and a noun indicating who or what is carrying out the action of the verb: its ***agent***. By using a passive without **par**, you can add stylistic effects to a sentence or a statement, making it appear more formal and more objective than it would be if an active verb was used or if the agent was explicitly named.

It can be tempting to copy the structure of English passive constructions when using verbs indicating an act of *'giving'*, such as ***I was given a key by the neighbour*** or ***we were provided with maps*** or ***they were handed papers by the invigilator***. You should resist the temptation, as French requires the direct object to become the subject of a passive construction, thus:

Une clé m'a été donnée par le voisin.

Des plans nous ont été fournis.

Des documents leur ont été distribués par le surveillant.

Alternatively, you could turn these constructions into active sentences:

Le voisin m'a donné une clé.

On nous a fourni des plans.

Le surveillant leur a distribué des documents.

LENDING AUTHORITY TO A STATEMENT

La carte d'adhérent doit être signée et ne peut être prêtée. Membership cards must be signed and cannot be lent out.

Les livres sont maintenant rangés pour que l'examen puisse commencer. You should now put your books away so the exam can begin.

La société ne saura être tenue responsable en cas d'accident. The company will not be held responsible in the case of an accident.

TALKING ABOUT THINGS IN AN OBJECTIVE, NEUTRAL WAY

This usage is frequent in journalistic, academic and historical texts.

Le Président est élu à la majorité des voix. The President is chosen by a majority vote.

Des dizaines de navires furent coulés. Dozens of ships were sunk.

MASKING THE IDENTITY OF THE AGENT

It may be irrelevant who the agent is:

Des mesures ont dû être prises pour enrayer l'épidémie. Steps have had to be taken to stop the spread of the disease.

Or it may be politically or diplomatically desirable to protect identities:

Il a été décidé de procéder à des arrestations. It was decided that some arrests should be made.

ATTACHING RESPONSIBILITY WITHOUT NAMING THE PERSON OR PEOPLE YOU HAVE IN MIND

Je ne trouve plus les allumettes, elles ont encore été déplacées ! I can't find the matches, someone's moved them again!

Le vin ? La bouteille a dû être finie hier soir. The wine? It must all have been drunk last night.

patchwork [patʃwœrk] nm **1.** COUT [technique] patchwork ; [ouvrage] (piece of) patchwork **2.** [ensemble hétérogène] patchwork / *le pays est un patchwork de nationalités* the country is a patchwork of different nationalities.
❖ **en patchwork** loc adj patchwork *(modif).*

pâte [pat] nf **1.** [à base de farine -à pain] dough ; [-à tarte] pastry UK, dough US ; [-à gâteau] mixture UK, batter US ; [-à frire] batter ▸ **pâte brisée** short ou shortcrust pastry UK, pie dough US ▸ **pâte à crêpes** pancake batter ▸ **pâte à choux** choux pastry ▸ **pâte feuilletée** flaky pastry, puff pastry UK ▸ **pâte à foncer** pastry (dough) ▸ **pâte sablée** sweet biscuit ou sweet flan pastry UK, sweet ou sugar dough US **2.** [pour fourrer, tartiner] paste ▸ **pâte d'amandes** marzipan, almond paste ▸ **pâte d'anchois** anchovy paste ou spread ▸ **pâte de coing** quince jelly / *une fraise en pâte de fruits* a jellied strawberry **3.** [en fromagerie] ▸ **(fromage à) pâte cuite** cheese made from scalded curds ▸ **(fromage à) pâte fermentée / molle** fermented / soft cheese **4.** [tempérament] ▸ **il est d'une pâte à vivre cent ans** he's the sort who'll live to be a hundred ▸ **bonne pâte** : *c'est une bonne pâte, il est bonne pâte* he's a good sort ▸ **une pâte molle** a spineless individual **5.** [en céramique] paste **6.** [en cosmétologie] paste ▸ **pâte dentifrice** toothpaste **7.** TECHNOL ▸ **pâte à papier** pulp ▸ **pâte de verre a)** INDUST molten glass **b)** JOAILL paste / *des bijoux en pâte de verre* paste (jewellery) **8.** JEUX ▸ **pâte à modeler** Plasticine®, modelling UK ou modeling US clay.
❖ **pâtes** nfpl **1.** CULIN ▸ **pâtes (alimentaires)** pasta *(U)* / *les pâtes sont trop cuites* the pasta's overcooked **2.** PHARM ▸ **pâtes pectorales** cough lozenges ou pastilles.

> Attention ! Le mot **pasta** est indénombrable. Il est suivi d'un verbe au singulier et ne s'emploie jamais avec l'article indéfini **a** :
> **Je n'aime pas les pâtes.** *I don't like pasta.*
> **Ces pâtes sont trop cuites.** *This pasta is overcooked.*
> **Il s'est étouffé en avalant une pâte.** *He choked on a piece of pasta.*

pâté [pate] nm **1.** CULIN pâté ▸ **pâté de canard** duck pâté ▸ **pâté en croûte** pâté en croûte, raised (crust) pie UK ▸ **pâté de foie** liver pâté ▸ **pâté impérial** spring roll **2.** BELG [gâteau] cake **3.** *fam* [tache d'encre] (ink) blot ▸ **faire des pâtés a)** [stylo] to smudge **b)** [élève] to make inkblots **4.** [tas] ▸ **pâté de sable** sand pie.
❖ **pâté de maisons** nm block.

pâtée [pate] nf **1.** [pour animaux] food, feed / *pâtée pour chat / chien* cat / dog food / *as-tu donné la pâtée aux porcs ?* have you fed the pigs ? **2.** [nourriture grossière] pap **3.** *fam* [correction, défaite écrasante] hiding, pasting.

patelin¹ [patlɛ̃] nm *fam* [village] little village.

patelin², e [patlɛ̃, in] adj *litt* fawning, unctuous *sout.*

pateliner [3] [patline] vi *litt & vieilli* to be fawning ou unctuous *sout.*

patelle [patɛl] nf [coquillage] limpet.

patène [patɛn] nf paten.

patenôtre [patnotʀ] nf paternoster.

patent, e [patɑ̃, ɑ̃t] adj **1.** [flagrant, incontestable] obvious, patent / *c'est un fait patent* it's patently obvious **2.** HIST patent.

patentage [patɑ̃taʒ] nm patenting *(U).*

patente [patɑ̃t] nf **1.** [taxe] trading tax **2.** HIST (royal) patent **3.** NAUT ▸ **patente de santé** bill of health.

patenté, e [patɑ̃te] adj **1.** *fam* [attesté] established / *un raciste patenté* an out-and-out racist **2.** [qui paie patente] trading under licence, licensed.

patenter [3] [patɑ̃te] vt to license.

pater [patɛʀ] nm **1.** *fam* [père] pater UK *hum*, father **2.** RELIG paternoster (bead).

Pater [patɛʀ] nm inv Paternoster, Our Father.

patère [patɛʀ] nf **1.** [à vêtements] coat peg **2.** [à rideaux] curtain hook **3.** ANTIQ & ARCHIT patera.

paterfamilias [patɛʀfamiljas] nm **1.** ANTIQ paterfamilias **2.** *hum* domineering father.

paternalisme [patɛʀnalism] nm paternalism.

paternaliste [patɛʀnalist] adj paternalist, paternalistic.

paterne [patɛʀn] adj *litt* fatherly.

paternel, elle [patɛʀnɛl] adj **1.** [du père] paternal / *cousins du côté paternel* cousins on the father's ou paternal side **2.** [indulgent] fatherly.
❖ **paternel** nm *fam & hum* [père] old man, pater UK *hum.*

paternellement [patɛʀnɛlmɑ̃] adv paternally, in a fatherly way.

paternité [patɛʀnite] nf **1.** [d'un enfant] paternity *sout*, fatherhood **2.** [d'une œuvre] paternity *sout*, authorship ; [d'une théorie] paternity.

pâteux, euse [patø, øz] adj **1.** [peinture, soupe] pasty ; [gâteau] doughy / *ces abricots sont pâteux* these apricots are like cotton wool ▸ **avoir la bouche** ou **langue pâteuse** to have a furred tongue ▸ **parler d'une voix pâteuse** to sound groggy **2.** [style] heavy, clumsy, lumbering.

pathétique [patetik] ◆ adj **1.** [émouvant] pathetic, moving, poignant / *des descriptions pathétiques* descriptions full of pathos **2.** ANAT ▸ **nerf pathétique** patheticus. ◆ nm **1.** [émotion] pathos **2.** ANAT patheticus.

pathétiquement [patetikmɑ̃] adv pathetically, movingly, poignantly.

pathétisme [patetism] nm *litt* pathos.

pathogène [patɔʒɛn] adj pathogenic.

pathogénie [patɔʒeni] nf pathogenicity.

pathogénique [patɔʒenik] adj pathogenic.

pathologie [patɔlɔʒi] nf pathology.

pathologique [patɔlɔʒik] adj **1.** MÉD pathologic, pathological **2.** *fam* [excessif, anormal] pathological.

pathologiquement [patɔlɔʒikmɑ̃] adv pathologically.

pathologiste [patɔlɔʒist] ◆ adj pathologistic. ◆ nmf pathologist.

pathomimie [patɔmimi] nf pathomimicry.

pathos [patos] nm pathos.

patibulaire [patibylɛʀ] adj sinister ▸ **il avait une mine patibulaire** he looked sinister.

patiemment [pasjamɑ̃] adv patiently.

patience [pasjɑ̃s] ◆ nf **1.** [calme] patience, forbearance *sout* / *je n'ai aucune patience avec les enfants* I've no patience with children / *aie un peu de patience* be patient for a minute / *ma patience a des limites* there are limits to my patience ▸ **prendre son mal en patience** to put up with it ▸ **avoir une patience d'ange** : *elle a une patience d'ange* she has the patience of a saint ou of Job **2.** [persévérance] patience, painstaking care / *sa patience a été récompensée* his patience was rewarded **3.** JEUX [cartes] patience UK, solitaire US ▸ **faire des patiences** to play patience ▸ **jeu de patience** *pr & fig* puzzle **4.** BOT dock. ◆ interj ▸ **patience!** hold on! / *patience, j'ai presque fini!* hold on ou just a minute, I've almost finished! / *patience, il va voir de quoi je suis capable!* just you wait (and see), I'll show him what I'm made of!

patient, e [pasjɑ̃, ɑ̃t] ◆ adj patient. ◆ nm, f [malade] patient.
◈ **patient** nm GRAM [par opposition à agent] patient.

patienter [3] [pasjɑ̃te] vi [attendre] to wait / *faites-la patienter un instant* ask her to wait for a minute / *c'est occupé, vous voulez patienter?* TÉLÉC it's engaged UK ou busy US, will you hold?

patin [patɛ̃] nm **1.** SPORT skate ▸ **patins à glace / roulettes** ice / roller skates ▸ **faire du patin (à) glace / roulettes** to go ice-skating / roller-skating ▸ **patin de luge** sledge runner **2.** [pour marcher sur un parquet] felt pad *(used to move around on a polished floor)* **3.** *tfam* [baiser] French kiss **4.** AÉRON landing pad **5.** AUTO ▸ **patin de frein** brake shoe **6.** CONSTR [d'échafaudage] sole plate ou piece **7.** MÉCAN shoe, pad **8.** RAIL (rail) base **9.** [d'un blindé] (track) link.

patinage [patinaʒ] nm **1.** SPORT skating, ice-skating ▸ **patinage artistique** figure skating ▸ **patinage de vitesse** speed skating **2.** [d'une roue] spinning ; [de l'embrayage] slipping **3.** [patine artificielle] patination.

patine [patin] nf **1.** [d'un meuble] sheen **2.** ART & GÉOL patina.

patiné, e [patine] adj : *patiné par le temps* that has acquired a patina of age.

patiner [3] [patine] ◆ vi **1.** SPORT to skate **2.** AUTO [roue] to spin ; [embrayage] to slip **3.** EXPR **savoir patiner** QUÉBEC to know how to duck and weave *fig.* ◆ vt [un meuble] to patine, to patinize.
◈ **se patiner** vpi to patinate, to become patinated.

patinette [patinɛt] nf (child's) scooter.

patineur, euse [patinœʀ, øz] nm, f skater.

patinoire [patinwaʀ] nf **1.** SPORT ice ou skating rink **2.** [surface trop glissante] : *ce trottoir est une véritable patinoire* this pavement is like an ice rink.

patio [patjo, pasjo] nm patio.

pâtir [32] [patiʀ] ◈ **pâtir de** v + prép to suffer from, to suffer as a result of.

pâtis [pati] nm grazing (ground), pasture.

pâtisserie [patisʀi] nf **1.** [gâteau] cake, pastry / *elle mange trop de pâtisseries* she eats too many cakes **2.** [activité] cake-making ▸ **faire de la pâtisserie** to make ou to bake cakes **3.** [boutique] pâtisserie, cake shop UK ou store US ▸ **pâtisserie-confiserie** confectioner's **4.** ARCHIT plaster moulding ou mouldings.

pâtissier, ère [patisje, ɛʀ] nm, f pastry cook, confectioner.

pâtisson [patisɔ̃] nm BOT squash.

patoche [patɔʃ] nf *fam & vieilli* (big) paw ou mitt.

patois [patwa] nm patois, dialect ▸ **il parle encore le patois** he still speaks patois ou the dialect.

patoisant, e [patwazɑ̃, ɑ̃t] ◆ adj dialect-speaking, patois-speaking. ◆ nm, f patois ou dialect speaker.

patoiser [3] [patwaze] vi to speak patois ou the dialect.

patouiller [3] [patuje] *fam* ◆ vi [patauger] to slosh ou to wallow about. ◆ vt [tripoter] to paw, to mess about with *(insép).*

patraque [patʀak] adj *fam* **1.** [souffrant] out of sorts, peaky UK, peaked US **2.** *vieilli* [détraqué - pendule] on the blink.

Patras [patʀas] npr Patras.

pâtre [patʀ] nm *litt* shepherd.

patres [patʀɛs] ⟶ **ad patres.**

patriarcal, e, aux [patʀijaʀkal, o] adj patriarchal.

patriarcat [patʀijaʀka] nm **1.** RELIG [dignité, territoire] patriarchate **2.** SOCIOL patriarchy.

patriarche [patʀijaʀʃ] nm [gén & RELIG] patriarch.

patricien, enne [patʀisjɛ̃, ɛn] ◆ adj **1.** ANTIQ patrician **2.** *litt* [noble] ▸ **l'orgueil patricien** aristocratic pride / *une demeure patricienne* a stately home ▸ **une famille patricienne** an aristocratic family. ◆ nm, f ANTIQ patrician.

Patrick [patʀik] npr ▸ **saint Patrick** Saint Patrick ▸ **la Saint-Patrick** Saint Patrick's Day.

patriclan [patʀiklɑ̃] nm patriclan.

patrie [patʀi] nf **1.** [pays natal] homeland, fatherland / **'morts pour la patrie'** 'they gave their lives for their country' **2.** [communauté] home / *trouver une nouvelle patrie* to find a new home **3.** *fig* ▸ **la patrie de** the home ou cradle *sout* of / *c'est la patrie du jazz* it's the home ou birthplace of jazz.

patrilinéaire [patʀilineɛʀ] adj patrilineal.

patrilocal, e, aux [patʀilɔkal, o] adj patrilocal.

patrimoine [patʀimwan] nm **1.** [possessions héritées] inheritance ▸ **patrimoine immobilier** real estate assets **2.** [artistique, culturel] heritage **3.** BIOL ▸ **patrimoine héréditaire** gene pool ▸ **patrimoine génétique** gene pool.

patrimonial, e, aux [patʀimɔnjal, o] adj patrimonial.

patriotard, e [patʀijɔtaʀ, aʀd] *fam & péj* ◆ adj jingoistic. ◆ nm, f jingo, chauvinist.

patriote [patʀijɔt] ◆ adj patriotic. ◆ nmf patriot.

patriotique [patʀijɔtik] adj patriotic.

patriotiquement [patʀijɔtikmɑ̃] adv patriotically.

patriotisme [patʀijɔtism] nm patriotism.

patron[1] [patʀɔ̃] nm **1.** COUT pattern / *patron de jupe* skirt pattern **2.** VÊT ▸ **(taille) patron** medium size / *demi-patron* small size ▸ **grand patron** large size **3.** ART template **4.** IMPR [plaque] stencil (plate) ▸ **coloriage au patron** stencil-painting.

patron[2], onne [patʀɔ̃, ɔn] nm, f **1.** [d'une entreprise - propriétaire] owner ; [- gérant] manager (manageress) ; [- directeur] employer ; [- de café, d'auberge] owner, landlord (landlady) ▸ **les grands patrons de la presse** the press barons **2.** *fam* [maître de maison] master (mistress) **3.** UNIV ▸ **patron de thèse** (doctoral) supervisor ou director **4.** [d'un service hospitalier] senior consultant **5.** *fam* [époux] old man (old lady) (missus) **6.** RELIG (patron) saint.
◈ **patron** nm **1.** [d'une entreprise] boss **2.** ANTIQ & HIST patron **3.** NAUT skipper.

patronage [patʀɔnaʒ] nm **1.** [soutien officiel] patronage ▸ **sous le haut patronage du président de la République** under the patronage of the President of the Republic **2.** [pour les jeunes] youth club **3.** [tutelle d'un saint] protection / *placé sous le patronage de saint André* under the protection of Saint Andrew.
◈ **de patronage** loc adj moralistic / *une mentalité de patronage* a Sunday school mentality.

patronal, e, aux [patʀɔnal, o] adj **1.** COMM & INDUST employer's, employers' **2.** RELIG patronal.

patronat [patʀɔna] nm ▸ **le patronat** the employers.

patronne [patʀɔn] f ⟶ **patron.**

patronner [3] [patʀɔne] vt **1.** [parrainer] to patronize, to support ▸ **patronner une entreprise auprès des banques** to secure a company with the banks **2.** COUT to make the pattern for.

patronnesse [patʀɔnɛs] adj f ⟶ **dame.**

patronyme [patʀɔnim] nm patronymic.

patronymique [patʀɔnimik] adj patronymic.

patrouille [patʀuj] nf **1.** MIL [groupe - d'hommes] patrol ; [- d'avions, de navires] squadron **2.** [mission] patrol ▸ **faire une / être en patrouille** to go / to be on patrol.

patrouiller [3] [patʀuje] vi to patrol.

patrouilleur [patʀujœʀ] nm **1.** MIL man on patrol ▸ **les patrouilleurs** the patrol **2.** AÉRON [de chasse] (patrolling) fighter ; [de détection] spotter plane **3.** NAUT patrol ship.

patte [pat]
◆ nf

A. PARTIE DU CORPS
B. SENS SPÉCIALISÉS

A. PARTIE DU CORPS **1.** [d'un félin, d'un chien] paw ; [d'un cheval, d'un bœuf] hoof ; [d'un oiseau] foot / *donne la patte, Rex!* Rex, give a paw! ▸ **être bas** ou **court sur pattes** [animal, personne] to be short-legged ▸ **pattes de devant a)** [membres] forelegs **b)** [pieds] forefeet ▸ **pattes de derrière a)** [membres] hind legs **b)** [pieds] hind feet ▸ **pattes de mouche** [écriture] (spidery) scrawl ▸ **pantalon (à) pattes d'éléphant** ou **d'éph** bell-bottoms, flares UK ▸ **bas les pattes!** [à un chien] down! ▸ **faire patte de velours a)** [chat] to sheathe ou to draw in its claws **b)** [personne] to switch on the charm **2.** *fam* [jambe] leg, pin UK, gam US ▸ **se casser une patte** to break one's leg ▸ **il a une patte folle** he's got a gammy leg UK ou gimpy leg US / *ils n'arrêtent pas de se tirer dans les pattes fig* they're always getting at each other ▸ **se faire faire aux pattes** to get collared **3.** *fam* [main] hand, paw / *avoir les pattes sales* to have grubby paws ▸ **un coup de patte** a swipe, a cutting remark ▸ **eh, toi, bas les pattes!** [à une personne] hey, you, hands off ou (keep your) paws off! ▸ **tomber dans** ou **entre les pattes de qqn** to fall into sb's clutches **4.** [savoir-faire - d'un peintre] (fine) touch ; [- d'un écrivain] talent.

B. SENS SPÉCIALISÉS **1.** SUISSE [torchon] cloth **2.** CONSTR [pour fixer] (metal) tie, (heavy) fastener ; [de couverture] saddle / *patte de scellement* expansion bolt UK, expansion anchor US **3.** COUT strap ▸ **patte de boutonnage** fly (front) **4.** NAUT [d'une ancre] fluke, palm **5.** TECHNOL [d'un grappin] claw ▸ **patte d'attache** gusset plate.
◈ **pattes** nfpl [favoris] sideburns, sidewhiskers.
◈ **à pattes** loc adv *fam* ▸ **allez, on y va à pattes!** come on, let's hoof it!

Montrer patte blanche

In Jean de La Fontaine's fable *le Loup, la Chèvre et le Chevreau*, a goat tells her kid the password that has to be used by anyone who wishes to enter in her absence. A wolf overhears them, and thinks he will be able to trick the kid while the goat is away by using the password, but his plan fails when the kid asks him to show a white paw as well. The expression **montrer patte blanche** often simply means to prove one's identity, but it can also mean to demonstrate one's credentials in order to obtain something:

Pour faire partie de cette équipe, il faut montrer patte blanche. *To work on this team you first have to prove your credentials.*

Les conditions d'entrée dans le pays sont de plus en plus strictes : il va falloir montrer patte blanche désormais, même pour un séjour touristique de courte durée. *Conditions for entering the country are becoming more and more stringent: even for short tourist visits people will have to provide proof of identity.*

patte-de-loup [patdəlu] (*pl* **pattes-de-loup**) nf gipsywort.

patte-d'oie [patdwa] (*pl* **pattes-d'oie**) nf **1.** [rides] crow's-foot **2.** [carrefour] Y-shaped crossroads ou junction **3.** ANAT pes anserinus **4.** BOT silverweed **5.** CONSTR (crossbraced) truss **6.** TRAV PUB [d'un pont] starling ; [balise] (marker) dolphin.

patte-mâchoire [patmaʃwaʀ] *(pl* **pattes-mâchoires***)* nf maxilliped.

pattemouille [patmuj] nf damp cloth *(in ironing)*.

patte-nageoire [patnaʒwaʀ] *(pl* **pattes-nageoires***)* nf uropod.

pattern [patɛʀn] nm PSYCHOL pattern.

pattu, e [paty] adj **1.** ORNITH feather-legged **2.** [chien] big-pawed ; [personne] big-legged.

pâturable [patyʀabl] adj pasturable.

pâturage [patyʀaʒ] nm **1.** [prairie] pasture, pastureland **2.** [activité] grazing.

pâture [patyʀ] nf **1.** [nourriture] food, feed ▸ **jeter** ou **donner qqn en pâture à qqn** to serve sb up to sb **2.** [lieu] pasture **3.** *sout* [pour l'esprit] food, diet / *la poésie est sa pâture favorite* poetry is his favourite reading matter.

pâturer [3] [patyʀe] vt & vi to graze.

pâturin [patyʀɛ̃] nm meadow grass UK spear grass US.

paturon [patyʀɔ̃] nm pastern.

Paul [pɔl] npr ▸ **saint Paul** Saint Paul.

paulinien, enne [polinjɛ̃, ɛn] adj Pauline.

paulownia [polɔnja] nm paulownia.

paume [pom] nf **1.** ANAT palm **2.** MENUIS halving (lap joint) **3.** SPORT real tennis.

paumé, e [pome] *fam* ◆ adj **1.** [désemparé, indécis] confused ; [marginal] out of it **2.** [isolé] remote, godforsaken / *un patelin complètement paumé* a place in the middle of nowhere **3.** [perdu] lost. ◆ nm, f [marginal] dropout.

paumelle [pomɛl] nf **1.** CONSTR hinge **2.** [gant] sailmaker's palm **3.** [planchette] pommel (board) **4.** BOT two-rowed barley.

paumer [3] [pome] *fam* ◆ vt **1.** [égarer] to lose **2.** [recevoir] to get, to cop / *il a paumé un gnon dans la figure* he got himself a whack in the face **3.** [attraper - délinquant, fautif] ▸ **se faire paumer** to get nicked UK ou busted US ◆ vi [perdre] to lose / *celui qui paume paie à boire* the loser pays for the drinks.

❖ **se paumer** vpi *fam* to get lost, to lose one's way.

paupérisation [popeʀizasjɔ̃] nf pauperization.

paupériser [3] [popeʀize] vt to pauperize.

❖ **se paupériser** vpi to become pauperized.

paupérisme [popeʀism] nm pauperism.

paupière [popjɛʀ] nf eyelid.

paupiette [popjɛt] nf ▸ **paupiette (de veau)** paupiette of veal, veal olive.

pause [poz] nf **1.** [moment de repos] break ▸ **faire une pause** to have ou to take a break **2.** [temps d'arrêt - dans une conversation] pause ▸ **marquer une pause** to pause / *après une pause, elle reprit son discours* after a pause ou a short break, she went on **3.** [arrêt - d'un processus] halt / *il a annoncé une pause dans les réformes* he declared a temporary halt to the reforms **4.** MUS pause **5.** SPORT half-time.

pause-café [pozkafe] *(pl* **pauses-café***)* nf coffee break.

pauvre [povʀ] ◆ adj **1.** [sans richesse - personne, pays, quartier] poor / *il recrute ses partisans dans les milieux pauvres* his supporters come from the poorer sections of the population **2.** *(avant nom)* [pitoyable - demeure, décor] humble, wretched ; [- personne] poor / *ce n'est qu'un pauvre gosse fam* he's only a poor kid ▸ **pauvre femme / homme!** poor woman / man! / *laisse donc ce pauvre chien tranquille!* do leave that poor ou wretched dog alone! / *mon pauvre frère le répétait souvent* as my poor brother used to say / *ah, ma pauvre dame, si vous saviez!* but my dear lady, if only you knew! / *c'est la vie, mon pauvre vieux!* that's life, my friend! / *pauvre crétin, va!* you idiot! ▸ **pauvre de moi!** woe is me! *arch* ou *hum* ▸ **pauvre de nous!** (the) Lord protect us! ▸ **pauvre France!** what's the country coming to? **3.** [insuffisant] poor ▸ **gaz / minerai pauvre** lean gas / ore / *un sous-sol pauvre* a poor subsoil ▸ **une végétation pauvre** sparse vegetation / *une plaine pauvre* an infertile ou unproductive plain ▸ **souffrir d'une alimentation pauvre** to suffer from a poor diet / *elle a un vocabulaire très pauvre* her vocabulary is very poor / *malgré une argumentation très pauvre* in spite of very poor ou weak arguments ▸ **pauvre en** : *la ville est pauvre en espaces verts* the town is short of ou lacks parks / *alimentation pauvre en sels minéraux* food lacking (in) minerals ▸ **régime pauvre en calories** low-calorie diet. ◆ nmf **1.** [par compassion] poor thing / *les pauvres, comme ils ont dû souffrir!* poor things, they must have suffered so much! **2.** [en appellatif] : *mais mon pauvre / ma pauvre, il ne m'obéit jamais!* [pour susciter la pitié] but my dear fellow / my dear, he never does as I say! / *tu es vraiment trop bête, ma pauvre / mon pauvre!* [avec mépris] you're really too stupid for words, my dear girl / boy! ◆ nm poor man, pauper *litt* ▸ **les pauvres** the poor / *elle allait voir ses pauvres* she visited the poor ▸ **du pauvre** : *c'est le champagne du pauvre* it's poor man's champagne.

pauvrement [povʀəmɑ̃] adv **1.** [misérablement - décoré, habillé] poorly, shabbily ▸ **vivre pauvrement** to live in poverty **2.** [médiocrement] poorly ▸ **il traduit pauvrement** he's a poor translator.

pauvresse [povʀɛs] nf *arch* poor woman, pauperess *arch* / *une pauvresse en haillons* a poor ragged woman.

pauvret, ette [povʀɛ, ɛt] ◆ adj poor, poor-looking. ◆ nm, f ▸ **le pauvret, la pauvrette** the poor (little) dear, the poor (little) thing.

pauvreté [povʀəte] nf **1.** [manque d'argent] poverty ▸ **il a fini ses jours dans la pauvreté** he ended his days in poverty ▸ **pauvreté n'est pas vice** *prov* poverty is not a crime **2.** [médiocrité] poverty / *son article montre la pauvreté de ses idées* her article demonstrates the poverty of her ideas ▸ **avoir une imagination d'une extrême pauvreté** to be extremely unimaginative **3.** [déficience] poverty / *la pauvreté du sol ne permet qu'un faible rendement* the poorness of the soil means that the yield is very low.

pavage [pavaʒ] nm **1.** [action] cobbling, paving / *le pavage des rues piétonnières est en cours* the pedestrian precinct is being paved **2.** [surface] cobbles, paving **3.** GÉOL pavement ▸ **pavage de déflation** desert pavement ou mosaic.

pavane [pavan] nf pavane.

pavaner [3] [pavane] ❖ **se pavaner** vpi to strut about.

pavé [pave] nm **1.** [surface - dallée] pavement UK sidewalk US ; [- empierrée] cobbles ▸ **tenir le haut du pavé** to be on top ▸ **être sur le pavé a)** [sans domicile] to be on the streets **b)** [au chômage] to be jobless ▸ **jeter** ou **mettre qqn sur le pavé a)** [l'expulser de son domicile] to throw sb out on the streets **b)** [le licencier] to throw sb out of his / her job **2.** [pierre] paving stone, cobblestone ; [dalle] flag, flagstone ▸ **le pavé de l'ours** : *lui, quand il veut aider, c'est le pavé de l'ours* with friends like him, who needs enemies? ▸ **un** ou **le pavé dans la mare** a bombshell *fig* / *son article a été le pavé dans la mare* his article caused a bit of a furore **3.** CULIN [viande] thick slab ou chunk ▸ **pavé de romsteck** thick rump steak ; [gâteau] ▸ **un pavé au chocolat** a (thick) chocolate cake **4.** PRESSE [encart] block (of text) ; [publicité] (large) display advertisement **5.** INFORM pad, keypad ▸ **pavé numérique** numeric keypad **6.** *fam* [livre] huge ou massive tome ; [article] huge article ; [dissertation] huge essay.

pavement [pavmɑ̃] nm **1.** CONSTR flooring ou paving *(made of flags, tiles or mosaic)* **2.** GÉOGR sea floor.

paver [3] [pave] vt [avec des pavés] to cobble ; [avec des dalles] to pave.

paveur [pavœʀ] nm TRAV PUB paver.

pavillon [pavijɔ̃]

◆ nm

A. BÂTIMENT
B. DRAPEAU
C. SENS SPÉCIALISÉS

A. BÂTIMENT 1. [maison particulière] detached house ▸ **pavillon de banlieue** detached house *(in the suburbs)* **2.** [belvédère, gloriette] lodge / *le pavillon du gardien* the keeper's lodge ▸ **pavillon de chasse** hunting lodge **3.** [dans un hôpital] wing, wards ; [dans une cité universitaire] house ; [dans une exposition] pavilion / *il travaille au pavillon de pédiatrie* he works on the pediatric ward ou in the pediatric wing / *le pavillon français à l'exposition* the French pavilion at the exhibition.

B. DRAPEAU NAUT flag / *pavillon en berne* flag at half-mast ▸ **pavillon d'armateur** ou **de reconnaissance** house flag ▸ **pavillons de signaux** ou **de signalisation** signal flags ▸ **pavillon amiral** admiral's flag ▸ **pavillon de complaisance** flag of convenience ▸ **pavillon national** ensign ▸ **pavillon de quarantaine** quarantine flag, yellow jack ▸ **baisser pavillon a)** *pr* to lower ou to strike one's flag **b)** *fig* to back down / *alors, il a baissé pavillon devant elle!* he let her ride roughshod over him!

C. SENS SPÉCIALISÉS 1. ANAT [des trompes utérines] pavilion ▸ **pavillon (auriculaire)** auricle, pinna **2.** MUS [d'un instrument] bell ; [d'un phonographe] horn **3.** AUTO roof **4.** JOAILL pavilion.

❖ **en pavillon** loc adj ARCHIT [toit] pavilion *(modif)*.

pavillonnaire [pavijɔnɛʀ] adj ▸ **un quartier pavillonnaire** an area of low-rise housing ▸ **un hôpital pavillonnaire** a hospital (constructed) in wings, a multiwing hospital.

pavimenteux, euse [pavimɑ̃tø, øz] adj MÉD pavement *(modif)*.

Pavlov [pavlɔf] npr : *ils réagissent comme les chiens de Pavlov* they react like Pavlov's dogs.

pavlovien, enne [pavlɔvjɛ̃, ɛn] adj Pavlovian.

pavois [pavwa] nm **1.** HIST shield ▸ **élever** ou **hisser** ou **porter qqn sur le pavois** to raise ou to carry sb on high **2.** NAUT [partie de la coque] bulwark ; [pavillons] flags and bunting ▸ **hisser le grand pavois** to dress ship ou full ▸ **hisser le petit pavois** to dress (the ship) with masthead flags.

pavoisement [pavwazmɑ̃] nm **1.** [d'un édifice] decking out with flags ou bunting **2.** NAUT dressing (with flags).

pavoiser [3] [pavwaze] ◆ vt **1.** [édifice] to deck with flags ou bunting **2.** NAUT to dress (with flags). ◆ vi **1.** [déployer des drapeaux] to put out flags **2.** *fam* [faire le fier] ▸ **il n'y a pas de quoi pavoiser** that's nothing to be proud of.

pavot [pavo] nm BOT poppy ▸ **pavot cornu** red-horned poppy.

payable [pɛjabl] adj payable ▸ **chèque payable à l'ordre de** cheque payable to / *facture payable le 5 du mois* invoice payable ou due on the 5th of the month.

payant, e [pɛjɑ̃, ɑ̃t] adj **1.** [non gratuit] ▸ **les consommations sont payantes** you have to pay for your drinks **2.** [qui paie] paying **3.** *fam* [qui produit - de l'argent] profitable ; [- un résultat] efficient / *une spéculation payante* a profitable speculation / *ses efforts du premier trimestre ont été payants* his efforts during the first term have borne fruit.

❖ **payant** nm ▸ **le cochon de payant** *fam* the mug who has to pay.

paye [pɛj] = **paie**.

payé, e [peje] adj : *bien / mal payé* well- / low-paid.

payement [pɛmɑ̃] = **paiement**.

payer [11] [peje] ◆ vt **1.** [solder, régler] to pay ▸ **payer ses impôts au percepteur** to pay one's taxes to the collector / *j'ai une amende à payer* I've got a fine to pay / *payer sa dette à la société* to pay one's debt to society ; *(en usage absolu)* ▸ **payer comptant / à crédit** to pay cash / by credit ▸ **je paye par chèque / avec ma carte de crédit / en liquide** I'll pay by cheque / with my credit card / (in) cash ▸ **payer d'avance** to pay in advance / *les chômeurs ne paient pas* the unemployed don't have to pay ▸ **c'est moi qui paie** [l'addition] I'll pay, it's my treat ▸ **le prix à payer** : *c'est le prix à payer si tu veux réussir* that's the price you have to pay for success ▸ **payer son tribut à la nature** to go to meet one's maker *hum* ▸ **payer de ses deniers** ou **de sa poche** to pay out of one's own pocket ▸ **payer rubis sur l'ongle** to pay (cash) on the nail **2.** [rémunérer] to pay / *combien paies-tu ta femme de ménage?* how much do you pay your domestic help? / *j'espère que tu t'es fait payer pour ce que tu as fait pour eux* I hope they paid you ou you were paid for what you did for them ; *(en usage absolu)* : *leur patron paie bien* their boss pays well ▸ **être payé pour savoir qqch** to have learnt sthg to one's cost / *tu es pourtant payé pour le savoir!* you of all people should know that! **3.** [acheter - repas, voyage] to pay for ▸ **payer à boire à qqn** to buy sb a drink ▸ **je lui ai payé un collier** I bought her a necklace / *j'ai payé ma voiture 20 000 euros* I paid 20,000 euros for my car / *combien as-tu payé ta maison?* how much did your house cost you?, how much did you pay for your house? / *je te paie le théâtre* I'll take you out to the theatre / *combien il t'a fait payer?* how much did he charge? / *il me l'a fait payer trop cher* he overcharged me / *c'est payé?* is it paid for? **4.** [obtenir au prix d'un sacrifice] ▸ **payer qqch de** to pay for sthg with ▸ **payer sa réussite de sa santé** to succeed at the expense ou the cost of one's health / *elle me le paiera! fig* she'll pay for this! / *je te ferai payer ça, mon vieux!* I'll make you pay for this, mate! ▸ **payer cher qqch** to pay a high price for sthg / *c'est payer cher la réussite* that's too high a price to pay for success **5.** [subir les conséquences de] to pay for *(insép)* / *il paie maintenant son laisser-aller* now he's paying for his easy-going attitude ; *(en usage absolu)* : *vous êtes coupable, vous devez payer* you're guilty, you're going to pay ▸ **payer pour les autres** to be punished for others ▸ **payer les pots cassés** to foot the bill *fig* ▸ **payer les violons** *vieilli* to be out of pocket for nothing **6.** [dédommager] to compensate, to repay ▸ **ses félicitations me paient de mes efforts** his congratulations repay me my efforts ▸ **payer qqn de belles paroles** to fob sb off with smooth talk ▸ **payer qqn d'ingratitude** to repay sb with ingratitude ▸ **payer qqn de retour** to repay sb in kind **7.** [acheter - criminel] to hire ; [- témoin] to buy (off) / *payer un tueur* to hire a gunman **8.** [compenser] to pay / *la prime d'assurance ne paie pas complètement le remplacement de la voiture* the insurance premium does not cover you for full reimbursement of the car / *son loyer ne paie même pas mes impôts locaux* his rent doesn't even pay ou cover my local taxes **9.** [être soumis à - taxe] : *certaines marchandises paient un droit de douane* you have to pay duty on some goods, some goods are liable to duty. ◆ vi **1.** [être profitable] to pay / *l'ostréiculture ne paie plus* there's no money (to be made) in oyster farming nowadays / *c'est un travail qui paie mal* it's badly paid work, it's not a well paid job ▸ **l'honnêteté ne paie plus** it doesn't pay to be honest any more **2.** *fam* [prêter à rire] to be ou to look a sight / *tu payes avec ces lunettes!* you do look a sight with those glasses on! **3.** EXPR ▸ **payer d'audace** to risk one's all ▸ **ne pas payer de mine** : *la maison ne paie pas de mine, mais elle est confortable* the house isn't much to look at ou the house doesn't look much but it's very comfortable ▸ **payer de sa personne a)** [s'exposer au danger] to put o.s. on the line **b)** [se donner du mal] to put in a lot of effort.

❖ **se payer** ◆ vp *(emploi réfléchi)* ▸ **tenez, payez-vous** here, take what I owe you ▸ **se payer de mots** to talk a lot of fine words. ◆ vp *(emploi passif)* to have to be paid for / *la qualité se paie* you have to pay for quality ▸ **tout se paie** everything has its price. ◆ vpt **1.** *fam* [s'offrir] to treat o.s. to / *j'ai envie de me payer une robe* I feel like treating myself to a dress ou like buying myself a dress ▸ **se payer la tête de qqn** to make fun of sb ▸ **s'en payer (une tranche)** to have (o.s.) a great time **2.** *fam* [être chargé de] to be landed ou saddled with / *je me paie tout le boulot* I end up doing all the work **3.** *fam* [recevoir] to get, to land UK / *je me suis payé un 2 à l'oral* I got a 2 in the oral **4.** *fam* [supporter] to put up with / *on s'est payé leurs gosses pendant tout le week-end* we had to put up with ou we were lumbered with their kids the whole weekend **5.** *fam* [percuter] to run ou to bump into / *elle s'est payé le mur en reculant* she backed into the wall **6.** *fam* [agresser] to go for / *celui-là, à la prochaine réunion, je me le paie* I'll have his guts for garters UK ou his head on a platter US at the next meeting **7.** *tfam* [avoir une relation sexuelle avec] to have, to have it off with UK.

> Notez les différentes constructions du verbe to pay :
>
> • payer qqn = pay sb.
>
> **Elle paie sa femme de ménage 15 euros de l'heure.** *She pays her cleaner 15 euros an hour.*
>
> • Lorsque payer qqch signifie donner de l'argent en échange de qqch, il se traduit par pay *for* sthg :
>
> **Vous pouvez payer vos consommations à la sortie.** *You can pay for your drinks on the way out.*
>
> **Vous avez payé ces achats ?** *Have you paid for these items?*
>
> • Lorsque payer signifie régler (un montant), on emploie le verbe pay suivi du montant, et on fait précédér le nom de ce qu'on achète par for :
>
> **J'ai payé cette voiture 20 000 euros.** *I paid 20,000 euros for this car.*
>
> Notez également :
>
> **Combien l'avez-vous payé ?** *How much did you pay for it?*

payer-prendre [pejepʀɑ̃dʀ] nm inv cash-and-carry.

payeur, euse [pɛjœʀ, øz] ◆ adj [agent, fonctionnaire] payments *(modif)*. ◆ nm, f payer.

❖ **payeur** nm **1.** ADMIN [distribuant - les salaires] wages clerk ; [- les remboursements de frais] firm's accountant **2.** MIL paymaster **3.** [débiteur] ▸ **mauvais payeur** bad debtor, defaulter.

pays[1] [pei] nm **1.** [nation] country ▸ **les nouveaux pays industrialisés** the newly industrialized countries ▸ **les pays membres du pacte de Varsovie** the Warsaw Pact countries ▸ **le pays d'accueil** the host country ▸ **les pays les moins avancés** the least developed countries ▸ **pays en (voie de) développement** developing country ▸ **les vieux pays** QUÉBEC [pays d'Europe] the old countries ▸ **se conduire comme en pays conquis** : *ils se conduisent comme en pays conquis* they're acting ou behaving as if they own the place ▸ **voir du pays** to travel a lot ▸ **faire voir du pays à qqn** *fam* to give sb a hard time ▸ **au pays des aveugles, les borgnes sont rois** *prov* in the land of the blind the one-eyed man is king **2.** [zone, contrée] region, area / *pays chaud / sec* hot / dry region / *quel pays! il pleut sans arrêt!* what a place! it never stops raining! ▸ **les Pays de la Loire** the Pays de la Loire (region) ▸ **en pays de Loire** in the Loire area ou valley ▸ **au pays des rêves** ou **des songes** in the land of dreams ▸ **en pays de connaissance** : *vous serez en pays de connaissance, Tom fait aussi du piano* you'll have something in common because Tom plays the piano too **3.** [agglomération] village, small town / *un petit pays de 2 000 âmes* a small town of 2,000 souls / *ça s'est vite su dans tout le pays* the whole village ou every man, woman and child in the village soon knew about it **4.** [peuple] people, country ▸ **s'adresser au pays** to talk to the nation / *tout le pays se demande encore qui est l'assassin* the whole country's still wondering who the murderer might be **5.** [région d'origine] ▸ **le pays a)** [nation] one's country **b)** [région] one's home (region) **c)** [ville] one's home (town) / *les jeunes quittent le pays* there's an exodus of young people from the region / *c'est un enfant du pays* he's from these parts / *on voit bien que tu n'es pas du pays!* it's obvious you're not from around here! ▸ **le mal du pays** homesickness ▸ **avoir le mal du pays** to be homesick **6.** *fig* [berceau, foyer] ▸ **le pays de** : *le pays des tulipes* the country of the tulip / *le pays du bel canto* the cradle of bel canto.

❖ **de pays** loc adj [produits] local / *ils vendent des produits de pays* they sell local produce ou produce from the (local) area ▸ **saucisson de pays** traditional ou country-style sausage.

>  **Pays de la Loire**
>
> This administrative region includes the **départements** of Loire-Atlantique, Maine-et-Loire, Mayenne, Sarthe and Vendée (capital: Nantes).

> **Le plat pays**
>
> This was originally the title of a famous song by Belgian singer Jacques Brel (1962), referring to Belgium as a "flat land". The expression is sometimes used in the press to mean Belgium, but it can also refer to any flat area.
>
> **Cette année encore, le Tour de France fera un détour par le plat pays.** *This year the Tour de France will once again be making a detour via Belgium.*
>
> **Cette région de marais est un plat pays qui n'attire pas beaucoup de touristes...** *This marshy region is a flat, rather unprepossessing place that attracts few tourists.*

pays[2], e [pei, iz] nm, f *fam & régional* : *il a rencontré un pays au régiment* he met somebody from back home in the army.

paysage [peizaʒ] nm **1.** [étendue géographique] landscape / *paysage montagneux / vallonné* hilly / rolling landscape **2.** [panorama] view, scenery, landscape / *du sommet, le paysage est magnifique* the view from the top is beautiful ▸ **faire bien dans le paysage** *fam* to look good **3.** [aspect d'ensemble] landscape, scene / *paysage politique / social* political / social landscape ▸ **le paysage audiovisuel français** French broadcasting ▸ **paysage médiatique** mediascape ▸ **paysage urbain** townscape, urban landscape **4.** ART landscape (painting) / *un paysage de Millet* a Millet landscape, a landscape by Millet.

paysager, ère [peizaʒe, ɛʀ] adj landscape *(modif)* ▸ **parc paysager** landscaped gardens.

paysagiste [peizaʒist] ◆ adj landscape *(modif)*. ◆ nmf **1.** ART landscape painter, landscapist **2.** HORT landscape gardener.

paysan, anne [peizɑ̃, an] ◆ adj **1.** SOCIOL peasant *(modif)* ; [population] rural ▸ **le malaise paysan** discontent amongst small farmers **2.** [rustique - décor] rustic ; [- style, vêtements] rustic, country *(modif)*. ◆ nm, f **1.** [cultivateur] peasant, farmer / *les paysans veulent des réformes* the farming community wants ou the farmers want reforms **2.** *péj* [rustre] peasant ▸ **paysan du Danube** *(allusion à La Fontaine)* plain-speaking man.

❖ **à la paysanne** loc adj CULIN with small onions and diced bacon.

paysannat [peizana] nm **1.** [classe] peasantry ; [ensemble des agriculteurs] farming community **2.** [condition des paysans] peasant life.

paysannerie [peizanʀi] nf peasantry.

Pays-Bas [peiba] npr mpl ▸ **les Pays-Bas** the Netherlands ▸ **aux Pays-Bas** in the Netherlands.

Pc abr écrite de **pièce**.

PC nm **1.** (abr de **Parti communiste**) Communist Party **2.** (abr de **personal computer**) PC, micro **3.** abr de **prêt conventionné 4.** abr de **permis de construire 5.** (abr de **poste de commandement**) HQ **6.** (abr de **Petite Ceinture**) [bus] *bus following the inner ring road in Paris.*

pcc (abr écrite de **pour copie conforme**) certified accurate.

pce abr écrite de pièce.

Pce abr écrite de prince.

Pcesse abr écrite de princesse.

PCF npr m abr de Parti communiste français.

PCI npr m abr de Parti communiste italien.

pck (abr écrite de parce que) TEXTO COS, COZ.

PCV (abr de à percevoir) nm reverse-charge call UK, collect call US ▸ **appeler Paris en PCV** to make a reverse-charge call to Paris UK, to call Paris collect US.

PDF (abr de portable document format) nm INFORM PDF.

P-DG (abr de président-directeur général) nmf *fam* chairman and managing director UK, Chief Executive Officer US ; ≃ MD UK ; ≃ CEO US.

PDV (abr de point de vente) nm POS.

PEA (abr de plan d'épargne en actions) nm ≃ investment trust.

péage [peaʒ] nm **1.** [sur une voie publique - taxe] toll ; [- lieu] toll (gate) / **'péage à 5 km'** 'toll 5 km' **2.** TV ▸ **chaîne à péage** pay channel.

péagiste [peaʒist] nmf toll collector.

peau, x [po] nf **1.** ANAT skin ▸ **elle a la peau douce** she has soft skin ▸ **avoir la peau sèche / grasse** to have dry / greasy skin ▸ **peau mixte** combination skin ▸ **peaux mortes** dead skin ▸ **n'avoir que la peau et** ou **sur les os** to be all skin and bones ▸ **attraper qqn par la peau du cou** to grab sb by the scruff of the neck ▸ **prendre qqn par la peau du dos** to grab sb by the scruff of the neck ▸ **être** ou **se sentir bien dans sa peau** *fam* to feel good about o.s., to be together ▸ **être mal dans sa peau** to feel bad about o.s., to be unhappy ▸ **entrer** ou **se mettre dans la peau de qqn** to put o.s. in sb's shoes ou place / *entrer dans la peau du personnage* to get right into the part ▸ **avoir qqn dans la peau** to be crazy about sb, to have sb under one's skin ▸ **avoir qqch dans la peau** to have sthg in one's blood ▸ **changer de peau** to change one's look ▸ **coûter la peau des fesses** *tfam* ou **du cul** *vulg* to cost an arm and a leg ▸ **faire peau neuve** to get a facelift *fig* / *l'université fait peau neuve* the university system is being completely overhauled / *c'est dur de faire peau neuve à 50 ans* it's hard to start a new life at 50 ▸ **avoir la peau dure** to be thick-skinned ▸ **si tu tiens à ta peau** *fam* if you value your life ou hide ▸ **y laisser sa peau** *fam* to pay with one's life, to be killed ▸ **un jour, j'aurai ta peau !** *fam* I'll get you one of these days ! ▸ **faire** ou **crever la peau à qqn** *fam* to do sb in, to bump sb off ▸ **ils lui ont fait la peau** *fam* they did him in ▸ **trouer la peau à qqn** *tfam* to fill ou to pump sb full of lead ▸ **se faire trouer la peau** *tfam* to get filled full of lead **2.** ZOOL [gén] skin ; [fourrure] pelt ; [cuir - non tanné] hide ; [- tanné] leather, (tanned) hide / *une valise en peau* a leather suitcase / *le commerce des peaux* the fur and leather trade / *sac en peau de serpent* snakeskin bag ▸ **cuir pleine peau** full leather ▸ **une peau d'âne** [diplôme] a diploma ▸ **peau de chagrin** shagreen / *mes économies diminuent comme une peau de chagrin* my savings are just melting away ▸ **peau de chamois** [chiffon] chamois leather ▸ **peau d'ours** bearskin ▸ **peau de tambour** (drum) skin ▸ **vieille peau** *tfam* old bag ▸ **en peau de lapin** *fam & fig* : *des révolutionnaires en peau de lapin* Mickey Mouse ou tinpot revolutionaries **3.** [d'un fruit, d'un légume, du lait bouilli] skin ; [du fromage] rind ▸ **peau d'orange** orange peel ▸ **peau de banane** *pr & fig* banana skin **4.** ÉLECTR ▸ **effet de peau** skin effect **5.** EXPR **peau de balle (et balai de crin)** *tfam* [refus, mépris] no way UK, nothing doing US / *en fin de compte, tout ce qu'on a obtenu c'est peau de balle* in the end we got sod all UK ou zilch US / *tu me prêtes ta voiture ? — peau de balle !* will you lend me your car ? — no chance !

❖ **peau d'orange** nf MÉD orange-peel skin *(caused by cellulite)*.

❖ **peau de vache** nf *tfam* [femme] cow UK, bitch ; [homme] bastard.

Une peau de chagrin

This is an allusion to a story by Honoré de Balzac entitled *la Peau de chagrin* (1831). An old antique dealer gives the hero of the novel a magical piece of shagreen (bookbinding leather) that makes his wishes come true. Every time he makes a wish, however, the skin gets smaller. The expression **une peau de chagrin** has entered the language, and refers to something that gets gradually smaller and smaller, threatening to disappear altogether:

Il a de moins en moins d'autonomie dans son département et sa marge de manœuvre se réduit comme une peau de chagrin. *He's got less and less independence in his department and his margin for manoeuvre is getting narrower and narrower.*

Entre son travail et son bénévolat dans des associations caritatives, son temps libre s'est réduit comme une peau de chagrin. *What with his job and his charity work, he hardly has any free time left at all.*

Coincée entre les nouveaux lotissements et l'agrandissement du port, la plage se réduit comme une peau de chagrin. *Wedged between the new housing estates and the extended harbour, the beach is now little more than a tiny patch of sand.*

peaucier [posje] ◆ adj m dermal. ◆ nm ▸ **peaucier (du cou)** platysma.

peaufiner [3] [pofine] vt **1.** [à la peau de chamois] to shammy-leather **2.** *fig* to put the finishing touches to.

peau-rouge [poʀuʒ] (*pl* peaux-rouges) adj Red Indian *(modif)*, redskin *(modif)*.

❖ **Peau-Rouge** nmf Red Indian, Redskin.

peausserie [posʀi] nf **1.** [peaux] leatherwear **2.** [industrie] leather ou skin trade.

peaussier [posje] nm storekeeper in the leather trade.

pébroc, pébroque [pebʀɔk] nm *fam* brolly.

pécaïre [pekaiʀ] interj *régional & vieilli* good God.

pécan [pekɑ̃] nm : *(noix de) pécan* pecan.

pécari [pekaʀi] nm **1.** ZOOL peccary **2.** [cuir] peccary (skin).

peccadille [pekadij] nf **1.** [péché] peccadillo / *des peccadilles de jeunesse* youthful indiscretions **2.** [vétille] : *se disputer pour des peccadilles* to argue over trifles.

pechblende [pɛʃblɛ̃d] nf pitchblende.

pêche¹ [pɛʃ] ◆ nf **1.** BOT peach ▸ **pêche abricot / blanche** yellow / white peach ▸ **pêche de vigne** red-fleshed peach *(grown amongst vines)* ▸ **elle a un teint de pêche** she has a peaches and cream complexion **2.** *fam* [énergie] get-up-and-go / *avoir la pêche* to be full of get-up-and-go, to be on form **3.** *tfam* [coup] smack, clout. ◆ adj inv peach *(modif)*, peach-coloured.

pêche² [pɛʃ] nf **1.** [activité - en mer] fishing ; [- en eau douce] fishing, angling ▸ **aller à la pêche a)** [en mer] to go fishing **b)** [en eau douce] to go angling / **'pêche interdite'** 'no fishing' / **'pêche réglementée'** 'fishing by permit only' ▸ **pêche à la baleine** whaling, whale-hunting ▸ **pêche à la cuiller** spinning ▸ **pêche au gros** deep-sea fishing ▸ **pêche au lamparo** fishing by lamplight ▸ **pêche au lancer** cast fishing ▸ **pêche à la ligne** angling ▸ **aller à la pêche à la ligne** [au lieu de voter] to abstain from voting ▸ **pêche maritime** sea fishing ▸ **pêche à la morue** cod fishing ▸ **pêche sous-marine** underwater fishing ▸ **pêche sous la glace** ice fishing ▸ **aller à la pêche aux informations** to go in search of information **2.** [produit de la pêche] catch / *la pêche a été bonne* *pr* there was a good catch / *alors, la pêche a été bonne ?* *fig* any luck ? ▸ **pêche miraculeuse** *allusion* BIBLE miraculous draught of fishes **3.** [lieu] fishery ▸ **pêches maritimes** sea fisheries ▸ **pêche côtière** coastal fishery ▸ **pêche éloignée, grande pêche, pêche hauturière** distant-water fishery.

péché [peʃe] nm **1.** [faute] sin ▸ **péché de (la) chair** sin of the flesh ▸ **péché mortel / originel / véniel** mortal / original / venial sin ▸ **péché de jeunesse** youthful indiscretion ▸ **péché mignon** weakness / *mon péché mignon, c'est le chocolat* I just can't resist chocolate, chocolate is my little weakness ▸ **le péché d'orgueil** the sin of pride ▸ **les sept péchés capitaux** the seven deadly sins ▸ **à tout péché miséricorde** *prov* every sin can be forgiven ▸ **que celui qui est sans péché lui jette la première pierre** BIBLE let he who is without sin cast the first stone **2.** [état] sin ▸ **vivre dans le péché a)** [gén] to lead a life of sin ou a sinful life **b)** [sans mariage religieux] to live in sin ▸ **retomber dans le péché** to relapse (into sin).

pécher [18] [peʃe] vi **1.** RELIG to sin **2.** *sout* [commettre une erreur] ▸ **pécher par** : *pécher par excès de minutie* to be overmeticulous / *elle a péché par imprudence* she was too careless, she was overcareless / *il est tombé par là où il avait péché* his sins were his undoing ▸ **pécher contre** to go against the rules of / *pécher contre le bon goût* to go against the rules of good taste.

In reformed spelling (see p. 16-19), this verb is conjugated like *semer* : *il pèchera, elle pècherait.*

pêcher¹ [peʃe] nm **1.** BOT peach tree **2.** MENUIS peach wood.

pêcher² [4] [peʃe] ◆ vt **1.** PÊCHE [essayer de prendre] to fish for *(insép)* ; [prendre] to catch / *j'ai pêché trois truites* I caught ou landed three trout ▸ **pêcher la crevette** to shrimp, to go shrimping ▸ **pêcher des moules** to collect mussels ▸ **pêcher des grenouilles** to hunt frogs ▸ **pêcher le hareng au chalut** to trawl for herring **2.** [tirer de l'eau] to fish out *(sép)* / *pêcher une chaussure* to fish out a shoe **3.** *fam* [dénicher] to seek out *(sép)*, to hunt ou to track down *(sép)*, to unearth / *il est allé pêcher des chansons inédites chez un auteur oublié* he dug up ou unearthed some unpublished songs by a forgotten songwriter / *où a-t-il été pêcher que j'avais démissionné ?* where did he get the idea that I'd resigned ? ◆ vi [aller à la pêche] to fish / *il pêche tous les dimanches* he goes fishing every Sunday ▸ **pêcher à la ligne / traîne** to angle / troll ▸ **pêcher en eau trouble** to fish in troubled waters.

pechère [pəʃɛʀ] = peuchère.

pécheresse [peʃʀɛs] f ⟶ pécheur.

pêcherie [pɛʃʀi] nf fishery.

pêchette [pɛʃɛt] nf dip net.

pécheur, pécheresse ou **pècheresse** [peʃœʀ, peʃʀɛs] nm, f sinner ▸ **pécheur endurci** unrepentant sinner.

pêcheur, euse [pɛʃœʀ, øz] nm, f [en mer] fisherman (fisherwoman) ; [en eau douce] angler / *pêcheur de baleine* whaler ▸ **pêcheur à la ligne a)** *pr* angler **b)** *fig* abstentionist ▸ **pêcheur au chalut** trawlerman ▸ **pêcheur de crevettes** shrimper ▸ **pêcheur de perles** pearl diver.

pêchu, e [pɛʃy] adj *fam* ▸ **être pêchu** to have lots of energy / *c'est quelqu'un de pêchu, de dynamique* he's a feisty, dynamic person.

pécloter [3] [peklɔte] vi SUISSE to be in ill-health.

pecnot [pekno] = péquenaud.

pécore [pekɔʀ] nf *fam* : *quelle pécore, celle-là !* she's so stuck-up !

pectine [pɛktin] nf pectin.

pectiné, e [pɛktine] adj **1.** BOT & ZOOL pectinate, pectinated **2.** ANAT pectineal ▸ **muscle pectiné** pectineus.

❖ **pectiné** nm ANAT pectineus.

pectique [pɛktik] adj pectic.

pectoral, e, aux [pɛktɔʀal, o] adj **1.** ANAT pectoral **2.** PHARM throat *(modif)*, cough *(modif)*.

❖ **pectoral, aux** nm **1.** ANAT pectoral muscle ▸ **grand / petit pectoral** pectoralis major / minor **2.** ANTIQ & RELIG pectoral.

pécule [pekyl] nm **1.** [petit capital] savings, nest egg ▶ **se constituer un (petit) pécule** to put some money aside **2.** MIL (service) gratuity **3.** DR ▶ **pécule de libération** prison earnings *(paid on discharge)* **4.** HIST peculium.

pécuniaire [pekynjɛʀ] adj financial, pecuniary *sout* / *des difficultés pécuniaires* financial ou money problems.

pécuniairement [pekynjɛʀmɑ̃] adv financially, pecuniarily *sout.*

PED, P.E.D. (abr de **pays en développement**) nm developing country.

pédagogie [pedagɔʒi] nf **1.** [méthodologie] educational methods **2.** [pratique] teaching skills ▶ **il manque de pédagogie** he lacks teaching skills.

pédagogique [pedagɔʒik] adj [science, manière] educational, teaching *(modif)*, pedagogical *sout* / *elle n'a aucune formation pédagogique* she's not been trained to teach ou as a teacher / *aides* ou *supports pédagogiques* teaching materials.

pédagogiquement [pedagɔʒikmɑ̃] adv pedagogically, educationally.

pédagogue [pedagɔg] ◆ adj ▶ **il n'est pas très pédagogue** he's not very good at teaching ▶ **elle est très pédagogue** she's a very good teacher. ◆ nmf **1.** [enseignant] teacher **2.** [éducateur] educationalist **3.** ANTIQ pedagogue.

pédalage [pedalaʒ] nm pedalling.

pédale [pedal] nf **1.** [d'un véhicule] pedal **2.** [d'une poubelle] pedal ; [d'une machine à coudre] treadle **3.** AUTO pedal ▶ **pédale d'embrayage** clutch ▶ **appuyer sur la pédale du frein** to step on ou to use the brake pedal **4.** MUS pedal ▶ **pédale douce** soft pedal ▶ **pédale forte** loud ou sustaining pedal ▶ **mettre la pédale douce** *pr & fig* to soft-pedal **5.** *tfam & péj* [homosexuel] queer UK faggot US.

❖ **à pédales** loc adj pedal *(modif)* ▶ **auto à pédales** [jouet] pedal car.

pédaler [3] [pedale] vi **1.** [sur un vélo] to pedal / *pédaler en danseuse* to pedal off the saddle **2.** EXPR ▶ **pédaler dans la choucroute** ou **la semoule** ou **le yaourt** *fam* to be all at sea.

pédaleur, euse [pedalœʀ, øz] nm, f *fam* cyclist.

pédalier [pedalje] nm **1.** [d'une bicyclette] (bicycle) drive **2.** MUS [d'un orgue] pedals, pedal board.

Pédalo® [pedalo] nm pedalo, pedal-boat.

pédant, e [pedɑ̃, ɑ̃t] ◆ adj [exposé, ton] pedantic. ◆ nm, f pedant.

> ⚠ Le mot anglais **pedant** signifie « pointilleux » et non « pédant » ; **pedantry** est le fait d'être pointilleux, de couper les cheveux en quatre, et n'a rien à voir avec la pédanterie.

pédanterie [pedɑ̃tʀi] nf pedantry.

pédantesque [pedɑ̃tɛsk] adj *litt* pedantic.

pédantisme [pedɑ̃tism] nm = **pédanterie.**

pédé [pede] nm *tfam & péj* queer UK fag US.

pédégère [pedeʒɛʀ] nf *fam (female)* managing director UK *(female)* CEO US.

pédéraste [pedeʀast] nm **1.** [avec des jeunes garçons] pederast **2.** [entre hommes] homosexual.

pédérastie [pedeʀasti] nf **1.** [avec des jeunes garçons] pederasty **2.** [entre hommes] homosexuality.

pédérastique [pedeʀastik] adj **1.** [avec des jeunes garçons] pederastic **2.** [entre hommes] homosexual.

pédestre [pedɛstʀ] adj **1.** ⟶ **randonnée 2.** ⟶ **statue.**

pédestrement [pedɛstʀəmɑ̃] adv *litt* on foot, afoot *litt*

pédiatre [pedjatʀ] nmf paediatrician.

pédiatrie [pedjatʀi] nf paediatrics *(U).*

pédiatrique [pedjatʀik] adj paediatric.

pedibus [pedibys] adv *fam & hum* on foot, on Shanks's pony UK ou mare US.

pédicellaire [pediselɛʀ] nm pedicellaria.

pédicelle [pedisɛl] nm pedicel.

pédicellé, e [pedisele] adj pedicellate.

pédiculaire [pedikylɛʀ] ◆ adj BOT & ENTOM pedicular. ◆ nf BOT ▶ **pédiculaire des bois** lousewort.

pédicule [pedikyl] nm **1.** ANAT peduncle **2.** ARCHIT stand, base **3.** BOT [pédicelle] pedicle ; [pédoncule] peduncle **4.** ZOOL [de crabe] peduncle, pedicel, eye-stalk.

pédiculé, e [pedikyle] adj **1.** ANAT pedicled, pediculated **2.** BOT peduncled.

pédiculose [pedikyloz] nf pediculosis.

pédicure [pedikyʀ] nmf chiropodist, podiatrist US.

pédicurie [pedikyʀi] nf **1.** [profession] chiropody **2.** [soins] pedicure.

pedigree, pédigrée* [pedigʀe] nm pedigree ▶ **un chien avec pedigree** a pedigree dog.

pédiment [pedimɑ̃] nm GÉOL pediment.

pédiplaine [pediplɛn] nf pediplain, pediplane.

pédodontie [pedɔdɔ̃si] nf paedodontia, paedodontics *(U).*

pédogenèse [pedɔʒənɛz] nf **1.** GÉOL pedogenesis, soil formation **2.** BIOL paedogenesis.

pédologie [pedɔlɔʒi] nf **1.** GÉOL pedology **2.** MÉD paedology.

pédologique [pedolɔʒik] adj GÉOL pedological.

pédologue [pedɔlɔg] nmf GÉOL pedologist.

pédonculaire [pedɔ̃kylɛʀ] adj peduncular.

pédoncule [pedɔ̃kyl] nm **1.** ANAT & BOT peduncle ▶ **pédoncule cérébral** restiform body ▶ **pédoncule ramifié** pedicel **2.** ZOOL [du crabe] eye-stalk, pedicel.

pédonculé, e [pedɔ̃kyle] adj pedunculate, pedunculated ▶ **chêne pédonculé** pedunculate oak.

pédophile [pedɔfil] ◆ adj paedophiliac. ◆ nmf paedophile.

pédophilie [pedɔfili] nf paedophilia.

pédopsychiatre [pedɔpsikjatʀ] nmf child psychiatrist.

pédopsychiatrie [pedɔpsikjatʀi] nf child psychiatry.

pedzouille [pedzuj] nm *tfam & péj* yokel, hick US

PEE [peəə] (abr de **plan épargne entreprise**) nm employees' savings scheme *(with employer's contribution).*

peeling [piliŋ] nm exfoliation (treatment) ▶ **se faire faire un peeling** to be given a face (peeling) mask.

peep-show [pipʃo] nm peep-show.

peer to peer, peer-to-peer [piʀtupiʀ] ◆ nm ▶ **le peer to peer** peer to peer technology. ◆ adj peer-to-peer.

pégase [pegaz] nm ZOOL pegasus.

Pégase [pegaz] npr ASTRON & MYTH Pegasus.

PEGC (abr de **professeur d'enseignement général de collège**) nmf *teacher qualified to teach one or two subjects to 11-to-15-year-olds in French secondary schools.*

pegmatite [pɛgmatit] nf pegmatite.

pègre [pɛgʀ] nf (criminal) underworld.

peignage [pɛɲaʒ] nm TEXT [du lin, de la laine] combing ; [du chanvre] hackling.

peignait v **1.** ⟶ **peindre 2.** ⟶ **peigner.**

peigne [pɛɲ] nm **1.** [pour les cheveux] comb / *un peigne retenait ses cheveux en arrière* her hair was held back with a comb ▶ **passer une région** / **un document au peigne fin** to go over an area / a document with a fine-tooth comb **2.** ÉLECTR ▶ **filtre en peigne** comb filter **3.** TECHNOL [à fileter] comb **4.** TEXT [à lin, à laine] comb ; [à chanvre] hackle **5.** ZOOL [mollusque] scallop, pecten ; [chez l'oiseau] pecten ; [chez les scorpions] comb.

peigné [peɲe] nm **1.** [fil] combed yarns **2.** [tissu] worsted (cloth).

peigne-cul [pɛɲky] *(pl* **peigne-cul** *ou* **peigne-culs**) nm *tfam & péj* creep, jerk.

peignée [peɲe] nf **1.** *fam* [volée de coups] beating, hiding **2.** TEXT cardful.

peigner [4] [peɲe] vt **1.** [cheveux, personne] to comb / *viens ici que je te peigne* come here so that I can comb your hair / *je suis vraiment mal peignée aujourd'hui* my hair is all over the place today ▶ **faire ça ou peigner la girafe** *fam* we might as well be whistling in the wind **2.** TEXT [lin, laine] to comb ; [chanvre] to hackle ▶ **coton peigné** brushed cotton.

❖ **se peigner** vp *(emploi réfléchi)* [se coiffer] to comb one's hair ▶ **se peigner la barbe** to comb one's beard.

peigneur, euse [pɛɲœʀ, øz] ◆ adj combing. ◆ nm, f comber.

❖ **peigneur** nm doffer.

❖ **peigneuse** nf comb, combing machine.

peignoir [pɛɲwaʀ] nm **1.** [sortie de bain] ▶ **peignoir (de bain)** bathrobe **2.** [robe de chambre] dressing gown UK robe US bathrobe US **3.** [chez le coiffeur] robe.

peinard, e [pɛnaʀ, aʀd] adj *tfam* [vie, travail] cushy ▶ **rester** ou **se tenir peinard** to keep one's nose clean / *un boulot peinard* a cushy job / *là-bas, on sera peinards* we'll have it easy there.

peinardement [pɛnaʀdəmɑ̃] adv *tfam* coolly.

peindre [81] [pɛ̃dʀ] ◆ vt **1.** [mur, tableau] to paint ▶ **j'ai peint la porte en bleu** I painted the door blue / *peindre à la bombe* / *au pistolet* to spray-paint ▶ **peindre au pinceau** / **rouleau** to paint with a brush / roller ▶ **peindre à l'huile** / **à l'eau** to paint in oils / in watercolours **2.** [décrire] to portray, to depict. ◆ vi to paint, to be a painter ou an artist / *peindre sur soie* / *verre* to paint on silk / glass.

❖ **se peindre** ◆ vp *(emploi passif)* to be painted on / *c'est un revêtement qui se peint facilement* it's a covering which can easily be painted. ◆ vp *(emploi réfléchi)* **1.** [se représenter - en peinture] to paint one's (own) portrait ; [- dans un écrit] to portray o.s. **2.** [se grimer] : *se peindre le visage* to paint one's face. ◆ vpi to show / *la stupéfaction se peignit sur son visage* amazement was written all over her face.

peine [pɛn]

◆ nf

A. SANCTION

B. DOULEUR MORALE

C. EFFORT, DIFFICULTÉ

A. SANCTION 1. [châtiment] sentence, penalty ▶ **infliger une lourde peine à qqn** to pass a harsh sentence on sb ▶ **peine correctionnelle** *imprisonment for between two months and five years, or a fine* ▶ **peine criminelle** *imprisonment for more than five years* ▶ **peine incompressible** sentence without remission ▶ **peine infamante** *penalty involving loss of civil rights* ▶ **la peine de mort** capital punishment, the death penalty ▶ **peine de prison** prison sentence ▶ **peine de prison avec sursis** suspended (prison) sentence ▶ **peine de substitution** non-custodial sentence **2.** RELIG [damnation] damnation, suffering ▶ **les peines éternelles** eternal damnation ou suffering, the fires of hell.

B. DOULEUR MORALE 1. [tourment, inquiétude] trouble / *mes amis viennent souvent me raconter leurs peines* my friends often come to tell me their troubles ▶ **faire peine à voir** to be a sorry sight / *tu faisais peine à voir avec tes deux bras dans le plâtre* you did look a sorry sight with both your arms in plaster ▶ **peines de cœur** heartache(s) ▶ **se mettre en peine pour qqn** *sout* to be extremely worried about sb / **'Peines d'amour perdues'** *Shakespeare* 'Love's Labours Lost' **2.** [tristesse] sorrow, sadness, grief / *il partageait sa peine* he shared her grief ▶ **avoir de la peine** to be sad ou upset ▶ **faire de la peine à qqn** to upset sb / *je ne voudrais pas lui faire de la peine en le lui disant* I wouldn't like to upset him by telling him / *il me fait vraiment de la peine* I feel really sorry for him.

*In reformed spelling (see p. 16-19).

C. EFFORT, DIFFICULTÉ **1.** [effort] effort, trouble / *ce n'est pas la peine* it's not worth it, it's pointless ▸ **ce n'est pas la peine de tout récrire / que tu y ailles** there's no point writing it all out again / your going / *c'était bien la peine que je mette une cravate!* *iron* it was a real waste of time putting a ou my tie on! / *se donner de la peine* to go to a lot of trouble / *il s'est donné beaucoup de peine pour réussir* he went to a lot of trouble to succeed ▸ **prendre** ou **se donner la peine de** to go to ou to take the trouble to / *donnez-vous la peine d'entrer* please do come in, (please) be so kind as to come in *sout* / *si vous voulez bien vous donner la peine d'attendre un instant* if you wouldn't mind waiting a moment / *il ne s'est même pas donné la peine de répondre* he didn't even bother replying / *ne vous donnez pas la peine de me reconduire, je connais le chemin* don't bother to show me out, I know the way / *s'il veut s'en donner la peine, il peut très bien réussir* if he can be bothered to make the effort, he's perfectly capable of succeeding / *tu aurais pu prendre la peine de téléphoner* you could at least have phoned ▸ **valoir la peine** to be worth it / *l'exposition vaut la peine d'être vue* the exhibition is worth seeing ▸ **en être pour sa peine** to have nothing to show for one's trouble ▸ **ne pas épargner** ou **ménager sa peine** to spare no effort ▸ **peine perdue** : *n'essaie pas de le convaincre, c'est peine perdue* don't try to persuade him, it's a waste of time ou you'd be wasting your breath **2.** [difficulté] ▸ **avoir de la peine à** : *avoir de la peine à marcher* to have trouble ou difficulty walking ▸ **avoir peine à** *sout* : *j'ai peine à vous croire* I find it difficult ou hard to believe you ▸ **avoir toutes les peines du monde à** : *elle a eu toutes les peines du monde à venir à la réunion* she had a terrible time ou the devil's own job getting to the meeting ▸ **être (bien) en peine de** : *je serais bien en peine de vous l'expliquer* I'd have a hard job explaining it to you, I wouldn't really know how to explain it to you ▸ **n'être pas en peine pour** *sout* : *je ne suis pas en peine pour y aller* it's no trouble for me to get there, I'll have no problem getting there.

❖ **à peine** loc adv **1.** [presque pas] hardly, barely, scarcely / *j'arrive à peine à soulever mon sac* I can hardly ou barely lift my bag / *elle sait à peine lire* she can hardly ou barely read ▸ **j'y vois à peine a)** [ma vue est mauvaise] I've very poor sight, I can hardly see **b)** [il fait sombre] I can hardly see anything / *c'est à peine si je l'ai entrevu* I only just caught a glimpse of him ▸ **à peine!** *fam & hum* : *je t'assure, je n'ai pas touché au gâteau — à peine!* I swear I didn't touch the cake — a likely story! **2.** [tout juste] barely / *il était à peine dix heures* it was only just ten o'clock / *il y a à peine une semaine / deux heures* not quite a week / two hours ago, barely a week / two hours ago / *elle gagne à peine de quoi payer son loyer* she barely earns enough ou she only just earns enough to pay her rent **3.** [à l'instant] just / *je termine à peine* I've only just finished **4.** [aussitôt] : *à peine guérie, elle a repris le travail* no sooner had she recovered than she went back to work ▸ **à peine... que** : *à peine était-elle couchée que le téléphone se mit à sonner* no sooner had she gone to bed than ou she'd only just gone to bed when the phone rang.

❖ **avec peine** loc adv **1.** [difficilement] with difficulty / *je l'ai fait avec peine* I had trouble ou a struggle doing it / *il monte l'escalier avec peine* he has trouble climbing stairs **2.** *sout* [à regret] : *je vous quitte avec peine* it is with deep regret that I leave you *sout*.

❖ **sans peine** loc adv **1.** [aisément] without difficulty, easily / *je suis arrivé à le faire en deux heures sans peine* I had no trouble doing it in two hours ▸ **l'italien sans peine** Italian the easy way **2.** [sans regret] with no regrets, with a light heart.

❖ **sous peine de** loc prép / **'défense de fumer sous peine d'amende'** 'smokers will be prosecuted' ▸ **sous peine de mort** on pain of death.

 **Peine de mort**

The death penalty was abolished in France in 1981.

peiner [4] [pene] ◆ vt [attrister] to upset, to distress / *sa mort m'a profondément peiné* her death greatly grieved ou distressed me / *je suis peiné par ton attitude* I'm unhappy about your attitude. ◆ vi **1.** [personne] to have trouble ou difficulty / *j'ai peiné pour terminer dans les délais* I had to struggle to finish ou I had a lot of trouble finishing on time **2.** [machine] to strain, to labour UK, to labor US / *on entendait un moteur peiner dans la montée* you could hear a car engine toiling up the hill.

peint, e [pɛ̃, ɛ̃t] pp ⟶ **peindre.**

peintre [pɛ̃tʀ] nmf **1.** [artiste] painter **2.** [artisan, ouvrier] painter ▸ **peintre en bâtiment** house painter ▸ **peintre de décors** specialist decorator / *peintre en lettres* signwriter **3.** *fig* [écrivain] portrayer / *c'est un excellent peintre de la vie à la campagne* his depictions of country life are superb.

peintre-décorateur [pɛ̃tʀədekɔʀatœʀ] (*pl* **peintres-décorateurs**) nm painter and decorator.

peintre-graveur [pɛ̃tʀəgʀavœʀ] (*pl* **peintres-graveurs**) nm painter-engraver, painter-etcher.

peinture [pɛ̃tyʀ]

◆ nf

A. PRODUIT
B. COMME ART
C. DESCRIPTION

A. PRODUIT **1.** [substance] paint ▸ **peinture à l'eau** CONSTR water ou water-based paint ▸ **peinture à l'huile** ART oil paint ▸ **peinture laquée / satinée / mate** gloss / satin-finish / matt paint **2.** [action] painting / *faire de la peinture au pistolet* to spray-paint / *faire de la peinture au rouleau* to paint with a roller **3.** [couche de matière colorante] paintwork ▸ **donner un petit coup de peinture à qqch** to freshen sthg up, to give sthg a lick of paint / *la porte a besoin d'un petit coup de peinture* the door could do with a lick of paint / *la peinture de la grille est écaillée* the paintwork on the gate is flaking off / **'peinture fraîche'** 'wet paint' / *refaire la peinture d'une porte* to repaint a door / *refaire la peinture d'une pièce* to redecorate a room.

B. COMME ART **1.** ART [art et technique] painting / *elle est passée à la peinture abstraite* she turned to abstract painting ▸ **peinture au doigt** finger-painting / *peinture sur soie* silk painting, painting **2.** [œuvre] painting, picture, canvas ▸ **peinture de guerre** warpaint ▸ **une peinture murale** a mural ▸ **peintures rupestres** cave paintings ▸ **ne pas pouvoir voir qqn en peinture** *fam* : *je ne peux pas la voir en peinture* I can't stand ou stick UK the sight of her **3.** [ensemble d'œuvres peintes] painting / *la peinture flamande* Flemish painting / *la peinture de Picasso* Picasso's paintings.

C. DESCRIPTION portrayal, picture / *une peinture de la société médiévale* a picture of mediaeval society.

peinture-émulsion [pɛ̃tyʀemylsjɔ̃] (*pl* **peintures-émulsions**) nf emulsion (paint).

peinturer [3] [pɛ̃tyʀe] vt **1.** [barbouiller] to daub with paint **2.** AFR & QUÉBEC [peindre] to paint / *peinturer la salle de bains* to paint ou to redecorate the bathroom.

peinturlurer [3] [pɛ̃tyʀlyʀe] vt *fam* to daub with paint.

❖ **se peinturlurer** vp *(emploi réfléchi)* *fam* : *elle s'était peinturluré le visage* she'd plastered make-up on her face.

péjoratif, ive [peʒɔʀatif, iv] adj pejorative, derogatory.

❖ **péjoratif** nm pejorative (term).

péjoration [peʒɔʀasjɔ̃] nf pejoration.

péjorativement [peʒɔʀativmɑ̃] adv pejoratively, derogatorily.

pékan [pekɑ̃] nm pekan, fisher.

pékin [pekɛ̃] = **péquin.**

Pékin [pekɛ̃] npr Peking.

pékiné, e [pekine] adj pekin *(modif)*.

❖ **pékiné** nm pekin.

pékinois, e [pekinwa, az] adj Pekinese, Pekingese.

❖ **Pékinois, e** nm, f Pekinese, Pekingese (person) ▸ **les Pékinois** the people of Peking.

❖ **pékinois** nm **1.** LING Pekinese, Mandarin (Chinese) **2.** ZOOL Pekinese, Pekingese.

pekoe [peko] nm pekoe (tea).

PEL, Pel [pɛl, peœɛl] nm abr de **plan d'épargne logement.**

pelade [pəlad] nf MÉD alopecia areata, pelada.

pelage [pəlaʒ] nm coat, fur.

pélagique [pelaʒik] adj BIOL & GÉOL pelagic.

pélargonium [pelaʀgɔnjɔm] nm pelargonium.

pelé, e [pəle] adj **1.** [chat, renard, fourrure] mangy **2.** [sans végétation] bare **3.** [fruit] peeled.

❖ **pelé** nm *fam* **1.** [chauve] bald ou bald-headed man **2.** EXPR **trois pelés et un tondu** : *il y avait trois pelés et un tondu* there was hardly anyone there.

Pelée [pəle] npr ▸ **la montagne Pelée** Mount Pelée.

pêle-mêle, pêlemêle* [pɛlmɛl] ◆ adv in a jumble, every which way, pell-mell / *les draps et les couvertures étaient pêle-mêle sur le lit* sheets and covers were all jumbled up ou in a heap on the bed / *les spectateurs se sont engouffrés pêle-mêle dans la salle* the spectators piled pell-mell into the room. ◆ nm (*pl* **pêle-mêle** ou **pêlemêles***) [cadre pour photos] multiple (photo) frame.

peler [25] [pəle] ◆ vt **1.** [fruit, légume] to peel **2.** EXPR **peler le jonc à qqn** *vulg* to get on sb's wick UK ou nerves. ◆ vi **1.** [peau] to peel / *j'ai le dos qui pèle* my back's peeling **2.** EXPR **peler de froid** *fam* : *on pèle (de froid) ici* it's dead cold ou freezing in here.

❖ **se peler** vpi *fam* : *qu'est-ce qu'on se pèle ici!* it's freezing in here!

pèlerin [pɛlʀɛ̃] nm **1.** RELIG pilgrim **2.** ZOOL [requin] basking shark ; [faucon] peregrine falcon **3.** *fam* [individu] guy, bloke UK, character.

pèlerinage [pɛlʀinaʒ] nm **1.** [voyage] pilgrimage ▸ **faire un** ou **aller en pèlerinage à Lourdes** to go on a pilgrimage to Lourdes / *un pèlerinage littéraire sur les traces de Stendhal* a literary pilgrimage in Stendhal's footsteps **2.** [endroit] place of pilgrimage.

pèlerine [pɛlʀin] nf pelerine.

pélican [pelikɑ̃] nm pelican.

pelisse [pəlis] nf pelisse.

pellagre [pelagʀ] nf pellagra.

pellagreux, euse [pelagʀø, øz] ◆ adj pellagrous. ◆ nm, f pellagra sufferer.

pelle [pɛl] nf **1.** [pour ramasser] shovel ; [pour creuser] spade ▸ **pelle à charbon** coal shovel ▸ **pelle à ordures** dustpan **2.** CULIN ▸ **pelle à poisson / tarte** fish / pie slice **3.** TRAV PUB ▸ **pelle mécanique a)** [sur roues] mechanical shovel **b)** [sur chenilles] excavator **4.** [extrémité d'un aviron] (oar) blade **5.** *fam* EXPR **(se) prendre** ou **(se) ramasser une pelle** [tomber, échouer] to come a cropper UK, to take a spill US ▸ **rouler une pelle à qqn** to give sb a French kiss.

❖ **à la pelle** loc adv **1.** [avec une pelle] : *ramasser la neige à la pelle* to shovel up the snow **2.** [en grande quantité] in huge numbers / *gagner* ou *ramasser de l'argent à la pelle* to earn huge amounts of money.

pelle-bêche [pɛlbɛʃ] (*pl* **pelles-bêches**) nf digging shovel.

pelle-pioche [pɛlpjɔʃ] (*pl* **pelles-pioches**) nf *combined pick and hoe.*

peller [4] [pɛle] vt SUISSE to shovel.

pelletage [pɛltaʒ] nm shovelling.

pelletée [pɛlte] nf **1.** [de terre - ramassée] shovelful ; [- creusée] spadeful **2.** *fam* [grande quantité] heap, pile.

pelleter [27] [pɛlte] vt to shovel (up).

In reformed spelling (see p. 16-19), this verb is conjugated like *acheter*: *il pellète, elle pellètera.*

pelleterie [pɛltʀi] nf **1.** [art] fur dressing **2.** [peaux] peltry, pelts **3.** [commerce] fur trade.

pelleteuse [pɛltøz] nf mechanical shovel ou digger ▸ **pelleteuse chargeuse** loading shovel, wheel loader.

pelletier, ère [pɛltje, ɛʀ] nm, f furrier.

pelletiérine [pɛltjeʀin] nf pelletierine.

pelliculage [pelikylaʒ] nm PHOT stripping.

pelliculaire [pelikylɛʀ] adj [qui forme une pellicule] filmy.

pellicule [pelikyl] nf **1.** [peau] skin, film / *une pellicule s'était formée sur le lait* a skin had formed on the milk **2.** [mince croûte] film, thin layer / *une pellicule de glace sur la mare* a thin layer of ice over the pond **3.** [pour emballer] ▸ **pellicule cellulosique** regenerated cellulose film ou foil **4.** PHOT film ▸ **une pellicule a)** [bobine] a reel (of film) **b)** [chargeur] a (roll of) film.
❖ **pellicules** nfpl [dans les cheveux] dandruff *(U)* / *avoir des pellicules* to have dandruff.

pelliculé, e [pelikyle] adj [livre] plastic-covered ; [disque] sealed, factory-sealed.

pelliculer [pelikyle] vt to shrink-wrap.

pelliculeux, euse [pelikylø, øz] adj scurfy.

pellucide [pelysid] adj *litt* ou BIOL pellucid *litt.*

Péloponnèse [pelɔpɔnɛz] npr m ▸ **le Péloponnèse** the Peloponnese.

pelotage [pəlɔtaʒ] nm *fam* (heavy) petting, necking.

pelotari [pəlɔtaʀi] nm pelota player, pelotari.

pelote [pəlɔt] nf **1.** [de ficelle, de coton] ball ▸ **une pelote de laine** a ball of wool ▸ **faire sa pelote** *fam* to make one's nest egg ou one's pile / *mettre de la laine en pelote* to ball wool **2.** QUÉBEC [boule] ▸ **pelote de neige** snowball **3.** COUT [coussinet] pincushion **4.** ENTOM (sticky) pad **5.** ORNITH ▸ **pelote de régurgitation** regurgitation pellet **6.** PÊCHE pellet **7.** SPORT pelota ▸ **jouer à la pelote basque** to play pelota.

peloter [3] [pləte] vt *fam* to grope.
❖ **se peloter** vp *(emploi réciproque) fam* to neck / *ils se sont pelotés pendant tout le trajet* they spent the whole journey necking.

peloteur, euse [plɔtœʀ, øz] *fam* ◆ adj : *il est du genre peloteur* he can't keep his hands to himself, he's got wandering hands. ◆ nm, f : *quel peloteur!* what a groper!

peloton [pəlɔtɔ̃] nm **1.** MIL [division] platoon ; [unité] squad ▸ **peloton d'exécution** firing squad / *suivre ou faire le peloton (d'instruction)* to attend the training unit **2.** SPORT pack ▸ **être dans le peloton de tête a)** to be up with the leaders **b)** *fig* to be among the front runners **3.** [de coton, de laine] small ball.

pelotonnement [pəlɔtɔnmɑ̃] nm **1.** [d'un animal, d'un enfant] curling up **2.** [d'un fil] winding into a ball.

pelotonner [3] [pəlɔtɔne] vt [laine] to wind up into a ball.
❖ **se pelotonner** vpi to curl up.

pelouse [pəluz] nf **1.** [terrain] lawn ; [herbe] grass / *arroser / tondre la pelouse* to water / to mow the lawn / *la pelouse a bien poussé* the grass has grown well / **'pelouse interdite'** 'keep off the grass' **2.** SPORT field, ground ▸ **sur la pelouse du Parc des Princes** in the Parc des Princes stadium ; [d'un champ de courses] paddock **3.** GÉOGR [prairie] short-grass prairie.

peluche [pəlyʃ] nf **1.** [jouet] cuddly toy / *elle garde toutes ses peluches sur son lit* she keeps all her soft ou cuddly toys on her bed **2.** TEXT plush **3.** [poussière] (piece of) fluff *(U).*
❖ **en peluche** loc adj ▸ **chien / canard en peluche** (cuddly) toy dog / duck.

peluché, e [pəlyʃe] adj **1.** [à poils longs] fluffy **2.** [usé] threadbare, shiny.

pelucher [3] [pəlyʃe] vi to pill.

pelucheux, euse [pəlyʃø, øz] adj **1.** [tissu] fluffy **2.** [fruit] downy.

pelure [pəlyʀ] nf **1.** [peau] peel *(U)* ▸ **pelure d'oignon** onionskin (paper) **2.** *fam* [vêtement] coat.

pelvien, enne [pɛlvjɛ̃, ɛn] adj [cavité, organe] pelvic.

pelvigraphie [pɛlvigʀafi] nf X-ray pelvimetry.

pelvis [pɛlvis] nm pelvis.

pénal, e, aux [penal, o] adj [droit] criminal ; [réforme] penal.

pénalement [penalmɑ̃] adv penally ▸ **être pénalement responsable** to be liable in criminal law.

pénalisant, e [penalizɑ̃, ɑ̃t] adj disadvantageous, detrimental / *une mesure pénalisante pour certaines catégories d'usagers* a measure which will penalize certain categories of users.

pénalisation [penalizasjɔ̃] nf **1.** SPORT penalty (for infringement) ▸ **points de pénalisation** ÉQUIT faults, penalty points **2.** [désavantage] penalization.

pénaliser [3] [penalize] vt **1.** SPORT to penalize **2.** [désavantager] to penalize, to put ou to place at a disadvantage / *ces enfants sont pénalisés dès leur entrée à l'école* these children are disadvantaged from the moment they start school.

pénaliste [penalist] nmf specialist in criminal law.

pénalité [penalite] nf **1.** FIN penalty ▸ **pénalité de retard** penalty for late ou overdue payment **2.** SPORT penalty / *coup de pied de pénalité* penalty kick ▸ **jouer les pénalités** to go into injury time.

penalty *(pl* **penaltys** *ou* **penalties**), **pénalty*** [penalti] nm penalty (kick) ▸ **siffler / tirer un penalty** to award / to take a penalty.

pénard [penaʀ] = **peinard.**

pénates [penat] nmpl **1.** MYTH Penates **2.** *fam & fig* ▸ **regagner ses pénates** to go home.

penaud, e [pəno, od] adj sheepish, contrite / *prendre un air penaud* to look sheepish / *d'un air tout penaud* sheepishly, with a hangdog look.

pence [pɛns] pl ⟶ **penny.**

penchant [pɑ̃ʃɑ̃] nm **1.** [pour quelque chose] propensity, liking, penchant / *un petit penchant pour le chocolat* a weakness for chocolate ▸ **de mauvais penchants** evil tendencies **2.** [pour quelqu'un] fondness, liking ▸ **éprouver un penchant pour qqn** to be fond of sb.

penché, e [pɑ̃ʃe] adj **1.** [tableau] crooked, askew ; [mur, écriture] sloping, slanting ; [objet] tilting **2.** [personne] : *il est toujours penché sur ses livres* he's always got his head in a book.

pencher [3] [pɑ̃ʃe] ◆ vi **1.** *(aux être)* [être déséquilibré - entassement] to lean (over), to tilt ; [- bateau] to list / *la tour / le mur penche vers la droite* the tower / the wall leans to the right / *le miroir penche encore un peu, redresse-le* the mirror is still crooked, straighten it / *ne faites pas pencher le bateau* don't rock the boat ▸ **faire pencher la balance en faveur de / contre qqn** *fig* to tip the scales in favour of / against sb **2.** *(aux être)* [être en pente] to slope (away) / *le sol penche* the floor slopes ou is on an incline **3.** *(aux avoir)* ▸ **pencher pour** [préférer] to be inclined to, to incline towards / *son passé le fait pencher pour une politique de droite* he has right-wing leanings because of his past / *je penche pour tout lui avouer* I'm in favour of telling him everything / *je pencherais en sa faveur* I would tend to agree with him / *la décision a l'air de pencher en ma faveur* the decision seems to weigh in my favour. ◆ vt to tilt, to tip up *(sép)* / *il pencha la bouteille pour lui servir du vin* he tilted the bottle to pour her some wine / *il pencha la tête en arrière pour l'embrasser* he leaned backwards to kiss her / *elle pencha la tête au-dessus du parapet* she leaned over the parapet.
❖ **se pencher** vpi [s'incliner] to lean, to bend / *j'ai dû me pencher pour l'entendre* I had to lean forward ou over to hear her / *elle se pencha sur le berceau* she leaned over the cradle / *il se pencha sous la table pour ramasser son crayon* he reached under the table to pick up his pencil / **'ne pas se pencher au-dehors'** 'do not lean out of the window'.
❖ **se pencher sur** vp + prép to look into ▸ **se pencher sur un problème / un dossier** to look into a problem / a file.

pendable [pɑ̃dabl] adj ▸ **ce n'est pas un cas pendable** it's not a hanging matter ▸ **jouer un tour pendable à qqn** to play a rotten trick on sb.

pendage [pɑ̃daʒ] nm (angle of) dip.

pendaison [pɑ̃dɛzɔ̃] nf hanging / *mort par pendaison* death by hanging.
❖ **pendaison de crémaillère** nf housewarming (party).

pendant¹ [pɑ̃dɑ̃] prép [au cours de] during ; [insistant sur la durée] for / *il est arrivé pendant la cérémonie* he came in during the ceremony / *pendant les vacances, nous sommes passés par Bordeaux* during our holidays we stopped off at Bordeaux ▸ **pendant l'hiver** during the winter / *quelqu'un a appelé pendant l'heure du déjeuner* somebody called while you were at lunch ou during your lunch break ▸ **pendant ce temps-là** in the meantime, meanwhile / *elle travaille et lui pendant ce temps-là, il s'amuse!* she works while he just enjoys himself! / *je suis là pendant tout l'été* I'm here during the ou for the whole (of the) summer ▸ **pendant une heure** for an hour / *je m'absenterai pendant un mois* I'll be away for a month / *je ne l'ai pas vu pendant plusieurs années* I didn't see him for several years / *j'y ai habité pendant un an* I lived there for a year / *nous avons roulé pendant 20 km* we drove for 20 km.
❖ **pendant que** loc conj **1.** [tandis que] while / *surveille les valises pendant que je vais chercher les billets* look after the suitcases while I go and get the tickets / *on a appelé pendant que vous étiez absent* someone called while you were out **2.** [tant que] while / *partons pendant qu'il est encore temps* let's go while it's still possible / *pendant que tu y es, pourras-tu passer à la banque?* while you're there ou at it, could you stop off at the bank? / *traite-moi de menteur pendant que tu y es!* call me a liar while you're at it! / *pendant que j'y pense, voici l'argent que je te dois* while I think of it, here's the money I owe you **3.** [puisque] since, while / *allons-y pendant que nous y sommes* let's go, since we're here.

pendant², e [pɑ̃dɑ̃, ɑ̃t] adj **1.** [tombant] hanging ▸ **la langue pendante a)** [de chaleur, de fatigue] panting **b)** [de convoitise] drooling ▸ **chien aux oreilles pendantes** dog with drooping ou droopy ears **2.** DR [en cours - d'instruction] pending ; [- de résolution] pending, being dealt with **3.** ARCHIT ▸ **clef pendante** hanging keystone.
❖ **pendant** nm **1.** [bijou] pendant ▸ **pendant (d'oreilles)** (pendant) earring **2.** [symétrique - d'une chose] ▸ **faire pendant à qqch** to match sthg ▸ **se faire pendant** to match, to be a matching pair ; [alter ego - d'une personne] counterpart, opposite number / *c'est le digne pendant de son frère!* he's every bit as bad as his brother!

pendard, e [pɑ̃daʀ, aʀd] nm, f *fam & arch* rogue, rapscallion *arch.*

pendeloque [pɑ̃dlɔk] nf **1.** [de boucle d'oreille] pendant, eardrop **2.** [d'un lustre] pendant, drop **3.** [d'une chèvre] dewlap.

pendentif [pɑ̃dɑ̃tif] nm **1.** [bijou] pendant **2.** ARCHIT pendentive.

penderie [pɑ̃dʀi] nf [meuble] wardrobe ; [pièce] walk-in wardrobe UK ou closet US / *il n'y a pas de penderie dans la chambre* there's nowhere to hang clothes in the room.

pendiller [3] [pɑ̃dije] vi to hang (down), to dangle / *des fanions pendillaient à la fenêtre* pennants hung from the window.

pendillon [pɑ̃dijɔ̃] nm **1.** THÉÂTRE proscenium paintings **2.** [d'une horloge] pendulum rod ou spindle.

Pendjab [pɛndʒab] npr m ▸ **le Pendjab** Punjab.

pendjabi [pɛndʒabi] nm Punjabi.

pendoir [pɑ̃dwaʀ] nm butcher's ou meat hook.

pendouiller [3] [pɑ̃duje] vi *fam* to hang down, to dangle / *ton ourlet pendouille* your hem is down.

pendre [73] [pɑ̃dʀ] ◆ vt **1.** [accrocher] to hang (up) / *pendre un tableau à un clou* to hang a picture from a nail / *pendre ses vêtements sur des cintres* to put one's clothes on hangers ou coat hangers / *pendre son linge sur un fil* to hang up one's washing on a line ▸ **pendre la crémaillère** to have a housewarming (party) **2.** [exécuter] to hang / *condamné à être pendu* sentenced to be hanged / *il sera pendu à l'aube* he'll

* In reformed spelling (see p. 16-19).

hang ou be hanged at dawn ▸ **aller se faire pendre ailleurs** *fam* : *qu'il aille se faire pendre ailleurs* he can go to blazes ou go hang ▸ **je veux bien être pendu si...** : *je veux bien être pendu si j'y comprends quoi que ce soit* I'll be hanged if I understand any of it **3.** *fig* ▸ **être pendu à** : *être pendu au cou de qqn* to cling to sb ▸ **être (toujours) pendu après qqn** ou **aux basques de qqn** to dog sb's every footstep, to hang around sb / *être pendu au téléphone* to spend hours ou one's life on the phone / *elle est toujours pendue à ma sonnette* *fam* she's always on my doorstep. ◆ vi **1.** [être accroché] to hang / *du linge pendait aux fenêtres* washing was hanging out of the windows ▸ **prendre au nez de qqn** *fam* : *ça te pend au nez* you've got it coming to you **2.** [retomber] to hang / *sa natte pendait dans son dos* her plait was hanging down her back / *elle laisse toujours pendre ses cheveux dans son dos* she always wears her hair loose / *avoir les joues / seins qui pendent* to have sagging cheeks / breasts / *des rideaux qui pendent jusqu'à terre* full-length curtains.

❖ **se pendre** ◆ vp *(emploi réfléchi)* [se suicider] to hang o.s. ◆ vpi [s'accrocher] to hang / *les chauves-souris se pendent aux branches* the bats hang from the branches ▸ **se pendre au cou de qqn** to fling one's arms around sb's neck.

pendu, e [pɑ̃dy] hanged man (woman) ▸ **le jeu du pendu** (the game of) hangman.

pendulaire [pɑ̃dylɛʀ] adj oscillating, pendulous ▸ **migration pendulaire** commuting.

pendule [pɑ̃dyl] ◆ nm [instrument, balancier] pendulum. ◆ nf [horloge] clock ▸ **remettre les pendules à l'heure** *fig* to set the record straight ▸ **en faire une pendule** *fam* to make a big fuss.

pendulette [pɑ̃dylɛt] nf small clock ▸ **pendulette de voyage** travel (alarm) clock.

pêne [pɛn] nm bolt (of lock) ▸ **pêne demi-tour** latch.

Pénélope [penelɔp] npr Penelope ▸ **c'est un travail de Pénélope** it's like repainting the Forth Bridge UK.

pénéplaine [peneplɛn] nf peneplain, peneplane.

pénétrabilité [penetʀabilite] nf penetrability.

pénétrable [penetʀabl] adj **1.** [où l'on peut entrer] : *une jungle difficilement pénétrable* an impenetrable jungle **2.** *fig* [compréhensible] fathomable / *des poèmes / musiques peu pénétrables* rather abstruse poems / music.

pénétrant, e [penetʀɑ̃, ɑ̃t] adj **1.** [froid, pluie] : *une petite bruine pénétrante* the kind of drizzle that soaks one through / *le froid était pénétrant* it was bitterly cold **2.** [fort] strong, penetrating / *un parfum pénétrant* an overpowering perfume **3.** [clairvoyant] sharp, penetrating, acute / *avoir un esprit pénétrant* to be sharp ▸ **lancer à qqn un regard pénétrant** to give sb a piercing look.

❖ **pénétrante** nf *road leading into the city.*

pénétration [penetʀasjɔ̃] nf **1.** [par un solide] penetration ; [par un liquide] seepage, seeping ; [par un corps gras] absorption / *à cause de la pénétration de l'eau de pluie dans le sol* because of rainwater seeping into the ground / *masser doucement jusqu'à pénétration totale de la crème* gently massage ou rub in the cream until it has been completely absorbed into the skin **2.** [acte sexuel] penetration **3.** [invasion] penetration, invasion / *une tentative de pénétration* an attempted raid **4.** *fig* [perspicacité] perception / *un esprit plein de pénétration* a very perceptive ou sharp mind ▸ **avec pénétration** perspicaciously **5.** COMM [d'un produit] (market) penetration.

pénétré, e [penetʀe] adj **1.** [rempli] ▸ **pénétré de** : *être pénétré de joie / honte* to be filled with joy / shame / *il se sentit pénétré de la vérité de ces paroles* he felt convinced of the truth of these words / *pénétré de sa propre importance* *péj* self-important **2.** [convaincu] earnest, serious / *prendre un ton pénétré* to adopt an earnest tone (of voice).

pénétrer [18] [penetʀe] ◆ vi **1.** [entrer] to go, to enter / *pénétrer dans les bois* to go into the woods / *ils ont réussi à pénétrer en Suisse* they managed to cross into ou to enter Switzerland ▸ **pénétrer dans la maison de qqn a)** [avec sa permission] to enter sb's house **b)** [par effraction] to break into sb's house / *l'informatique pénètre même dans les salles de concert* computers are even making their presence felt in concert halls / *comment faire pour pénétrer dans le monde de la publicité?* how can one get into advertising? / *pénétrer sur un marché* to break into a market, to make inroads into ou on a market ; [passer] to go, to penetrate / *la balle a pénétré dans la cuisse* the bullet entered the thigh ; [s'infiltrer] to seep, to penetrate / *l'eau a très vite pénétré dans la cale* water quickly flooded into the hold / *le vent pénètre par la cheminée* the wind comes in by the chimney / *la poussière pénètre partout* dust gets in everywhere / *faire pénétrer la crème en massant doucement* gently rub ou massage the cream in **2.** *sout* ▸ **pénétrer dans** [approfondir] to go (deeper) into / *pénétrer dans les détails d'une théorie* to go into the details of a theory / *je m'efforce de pénétrer dans la vie de mon client* I try to put myself into my client's situation. ◆ vt **1.** [traverser] to penetrate, to go in ou into, to get in ou into / *l'humidité a fini par pénétrer ma veste* the damp finally soaked through my jacket / *la pluie m'a pénétré jusqu'aux os* I got soaked to the skin (in the rain) / *un froid glacial me pénétra* I was chilled to the bone ou to the marrow **2.** [imprégner] to spread into ou through / *ces idées ont pénétré toutes les couches de la société* these ideas have spread through all levels of society **3.** COMM [marché] to penetrate, to break into **4.** [sexuellement] to penetrate **5.** [deviner] to penetrate, to perceive / *pénétrer un mystère* to get to the heart of a mystery / *pénétrer le sens d'un texte* to grasp the meaning of a text ▸ **pénétrer les intentions de qqn** to guess sb's intentions.

❖ **se pénétrer** vp *(emploi réciproque)* : *les croyances hindoue et bouddhiste se sont pénétrées mutuellement* the Hindu and Buddhist faiths became intertwined.

❖ **se pénétrer de** vp + prép : *se pénétrer d'une vérité* to become convinced of a truth / *se pénétrer d'un principe* to internalize a principle / *il faut vous pénétrer de l'importance du facteur religieux* you must be aware of ou you must understand the importance of the religious element.

In reformed spelling (see p. 16-19), this verb is conjugated like *semer*: *il pénètrera, elle pénètrerait.*

pénibilité [penibilite] nf onerousness.

pénible [penibl] adj **1.** [épuisant] hard, tough, tiring ▸ **un travail pénible** a laborious job / *elle trouve de plus en plus pénible de monter les escaliers* it gets harder and harder for her to climb the stairs **2.** [attristant] distressing, painful ▸ **annoncer une pénible nouvelle** to break bad news / *en parler m'est très pénible* I find it difficult to talk about (it) / *ma présence lui est pénible* my being here bothers him **3.** [difficile à supporter] tiresome ▸ **caractère pénible** disagreeableness / *je trouve ça vraiment pénible* I find it a real pain / *tu es pénible, tu sais!* you're a real pain in the neck ou a nuisance!

péniblement [penibləmɑ̃] adv **1.** [avec difficulté] laboriously, with difficulty / *avancer péniblement dans la neige* to struggle through the snow / *il respire de plus en plus péniblement* his breathing is getting more and more difficult **2.** [tout juste] just about / *j'arrive péniblement à boucler les fins de mois* I barely manage to make ends meet at the end of the month / *il atteint péniblement la moyenne en allemand* he just about scrapes through in German.

péniche [peniʃ] nf [large] barge ; [étroite] narrow boat ▸ **péniche de débarquement** MIL landing craft.

❖ **péniches** nfpl *tfam* [chaussures] clodhoppers.

pénicillé, e [penisile] adj penicillate.

pénicillinase [penisilinaz] nf penicillinase.

pénicilline [penisilin] nf penicillin.

pénicillinorésistant, e [penisilinɔʀezistɑ̃, ɑ̃t] adj [microbe, staphylocoque] penicillin-resistant.

pénicillium [penisiljɔm] nm penicillium.

pénien, enne [penjɛ̃, ɛn] adj [artère, étui] penile.

pénil [penil] nm mons veneris.

péninsulaire [penɛ̃sylɛʀ] ◆ adj peninsular. ◆ nmf inhabitant of a peninsula.

péninsule [penɛ̃syl] nf peninsula.

Péninsules

la péninsule Antarctique	the Antarctic Peninsula
la péninsule arabique	the Arabian Peninsula
la péninsule des Balkans ou **balkanique**	the Balkan Peninsula
la péninsule Ibérique	the Iberian Peninsula
la péninsule italienne	the Italian Peninsula

pénis [penis] nm penis.

pénitence [penitɑ̃s] nf **1.** RELIG [repentir] penitence ; [punition] penance ; [sacrement] penance, sacrament of reconciliation ▸ **faire pénitence** to repent / *accomplir sa pénitence pour l'expiation de ses péchés* to do penance for one's sins / *le carême est une période de pénitence* Lent is a time for doing penance **2.** [punition] punishment ▸ **mettre qqn en pénitence** to punish sb / *ce n'est pas la peine d'apprendre le piano si tu le fais comme une pénitence* there's no point learning the piano if you treat it as a punishment.

pénitencier [penitɑ̃sje] nm **1.** [prison] prison, jail, penitentiary US **2.** RELIG penitentiary.

pénitent, e [penitɑ̃, ɑ̃t] ◆ adj penitent. ◆ nm, f penitent.

❖ **pénitent** nm RELIG penitent / *il appartient à la confrérie des Pénitents blancs* he is a member of the Brotherhood of White Penitents.

pénitentiaire [penitɑ̃sjɛʀ] adj prison *(modif).*

pénitentiaux [penitɑ̃sjo] adj mpl ⟶ **psaume.**

pénitentiel, elle [penitɑ̃sjɛl] adj penitential, penitence *(modif).*

penne [pɛn] nf **1.** ARM & ORNITH penna **2.** [d'une antenne] tip.

penné, e [pene] adj pennaceous.

penniforme [penifɔʀm] adj pinnate, pinnated.

pennon [penɔ̃] nm **1.** HIST pennon **2.** NAUT = **penon.**

Pennsylvanie [pɛnsilvani] npr f ▸ **la Pennsylvanie** Pennsylvania.

pennsylvanien, enne [pɛnsilvanjɛ̃, ɛn] adj Pennsylvanian.

❖ **Pennsylvanien, enne** nm, f Pennsylvanian.

penny [peni] nm **1.** *(pl* **pence** [pɛns]) [somme] penny ▸ **ça coûte 90 pence** it costs 90 pence ou 90 p **2.** *(pl* **pennies** [peniz]) [pièce] penny / *je n'ai que des pennies dans ma poche* I have only pennies in my pocket.

pénologie [penɔlɔʒi] nf penology.

pénombre [penɔ̃bʀ] nf **1.** [obscurité] half-light, dim light / *la pénombre nous empêchait de distinguer les visages* the light was too faint ou dim to see any faces ▸ **dans la pénombre a)** *pr* in the half-light **b)** *fig* in the background, out of the limelight **2.** ASTRON penumbra.

penon [pənɔ̃] nm pennon.

pensable [pɑ̃sabl] adj : *à cette époque-là, de telles vitesses n'étaient pas pensables* in those days, such speeds were unthinkable / *cette histoire n'est pas pensable!* this story is incredible!

pensant, e [pɑ̃sɑ̃, ɑ̃t] adj *sout* thinking.

pense-bête [pɑ̃sbɛt] *(pl* **pense-bêtes)** nm reminder / *fais-toi un pense-bête pour ne pas oublier de téléphoner* make a note of it somewhere so that you don't forget to phone.

pensée [pɑ̃se] nf **1.** [idée] thought, idea / *la seule pensée d'une seringue me donne des sueurs froides* the very thought of a needle leaves me in a cold sweat / *cette pensée me hante* I'm haunted by that thought / *tout à la pensée de son rendez-vous, il n'a pas vu arriver la voiture* deeply absorbed in ou by the thought of his meeting, he didn't see the car (coming) ▸ **être tout à** ou **perdu dans ses pensées** to be lost in thought ▸ **avoir**

une bonne pensée pour qqn to spare a kind thought for sb ▸ **avoir de mauvaises pensées a)** [méchantes] to have evil thoughts **b)** [sexuelles] to indulge in immoral ou bad thoughts / *avoir de sombres pensées* to have gloomy thoughts **2.** [façon de raisonner] thought / *elle a une pensée rigoureuse* she's a rigorous thinker / *avoir une pensée claire* to be clear-thinking **3.** [opinion] thought, (way of) thinking / *j'avais deviné ta pensée* I'd guessed what you'd been thinking / *veux-tu connaître ma pensée sur ce livre?* do you want to know what I think of ou about this book? ▸ **aller au bout** ou **au fond de sa pensée** : *pour aller jusqu'au bout* ou *fond de ma pensée je dirais que...* to be absolutely frank, I'd say that... / *allez donc jusqu'au bout de votre pensée* come on, say what you really think ou what's really on your mind **4.** [esprit] mind ▸ **nous sommes avec vous par la** ou **en pensée** our thoughts are with you / *je les vois en pensée* I can see them in my mind ou in my mind's eye / *transportez-vous par la pensée dans une contrée exotique* let your thoughts take you to an exotic land **5.** PHILOS thought / *la pensée est distincte de la perception* thought is distinct from perception ▸ **pensée conceptuelle** / **logique** / **mathématique** conceptual / logical / mathematical thought / **'la Pensée sauvage'** *Lévi-Strauss* 'The Savage Mind' / **'Pensées'** *Pascal* 'Pensées' **6.** [idéologie] (way of) thinking / *la pensée chrétienne* Christian thinking, the Christian way of thinking / *l'influence de la pensée de Confucius sur la Chine* the influence of Confucius' thinking on China **7.** [dans les formules] : *je vous envoie une tendre pensée (à vous et à votre famille)* I send my love (to you and your family) ▸ **avec nos affectueuses** ou **meilleures pensées** with (all) our love ou fondest regards **8.** BOT pansy ▸ **pensée sauvage** wild pansy.

❖ **pensées** nfpl LITTÉR & PHILOS thoughts / *les pensées de Marc Aurèle* the thoughts of Marcus Aurelius.

penser [3] [pɑ̃se] ◆ vt **1.** [croire] to think, to assume, to suppose / *qu'en penses-tu?* what do you think of it? / *je ne sais qu'en penser* I don't know what to think ou I can't make up my mind about it / *je pense que oui* (yes,) I think so / *je pense que non* (no,) I don't think so ou I think not / *je pense que tu devrais lui dire* I think you should tell him / *pas aussi beau qu'on le penserait* not as beautiful as one might suppose / *je n'en pense que du bien / mal* I have the highest / lowest opinion of it / *on pensait du mal de lui dans le village* in the village, they thought ill of him *sout* ou they had a low opinion of him / *«plutôt idiot!», pensa-t-elle* "rather foolish", she thought ou reflected / *je pense qu'elle viendra demain* I think ou assume that she'll come tomorrow / *qu'est-ce qui te fait penser qu'il ment?* what makes you think he's lying? / *j'ai pensé qu'un rôti, ce ne serait pas suffisant* it occurred to me ou I thought that one joint wouldn't be enough ▸ **quoi qu'on pense** whatever people (may) think / *quoi que tu puisses penser* whatever you (may) think ; *(avec un adj attribut)* : *je le pensais diplomate* I thought him tactful, I thought he was tactful / *je pensais la chose faisable, mais on me dit que non* I thought it was possible (to do), but I'm told it's not **2.** [escompter] ▸ **je pense partir demain** I'm thinking of ou planning on ou reckoning on leaving tomorrow ▸ **je pense avoir réussi** [examen] I think I passed **3.** [avoir à l'esprit] to think / *je ne sais jamais ce que tu penses* I can never tell what you're thinking ou what's on your mind / *au volant, pensez sécurité* when you're at the wheel, think safety (first) ▸ **dire tout haut ce que certains** ou **d'autres pensent tout bas** to say out loud what others are thinking in private ▸ **ce que je pense** *fam & euphém* you-know-what / *il a marché dans ce que je pense* he trod in some you-know-what ▸ **(là) où je pense** *fam & euphém* in the butt US ou backside UK / *tu vas prendre un coup de pied là où je pense!* you're going to get a kick up the backside! / *son contrat, il peut se le mettre (là) où je pense!* *tfam* he can stuff his bloody contract! **4.** [comprendre] to think, to realize, to imagine / *pense qu'elle a près de cent ans* you must realize that she's nearly a hundred / *il faut penser que ces tribus n'avaient pas de tradition écrite* we must not lose sight of the fact that these tribes had no written tradition **5.** [se rappeler] to remember, to think / *je n'ai plus pensé que c'était lundi* I forgot ou I never thought it was Monday **6.** [pour exprimer la surprise, l'approbation, l'ironie] : *je n'aurais / on n'aurait jamais pensé que...* I'd never / nobody'd ever have thought that... / *il n'aurait jamais pensé qu'elle le relancerait jusque chez lui* he'd never have thought ou dreamt ou imagined that she'd track him down and harass him at home / *qui aurait pu penser que...* who'd have thought ou guessed that... ▸ **quand je pense que...** to think that... / *quand je pense que j'aurais pu être sa femme!* to think that I could've been his wife! / *quand on pense qu'il n'y avait pas le téléphone à l'époque!* when you think that there was no such thing as the phone in those days! ▸ **tu penses! a)** *fam* you bet! **b)** *iron* you must be joking! / *lui, me dire merci? tu penses* ou *penses-tu* ou *pense donc!* *fam* him? thank me? I should be so lucky ou you must be joking! ▸ **penser bien** *fam* : *tu penses bien que je lui ai tout raconté!* I told him everything, as you can well imagine / *tu viendras à la fête? — je pense bien!* *fam* will you come to the party? — just (you) try and stop me! / *il est content? — je pense* ou *tu penses bien!* *fam* is he pleased? — you bet! / *tu penses bien que le voleur ne t'a pas attendu!* you can bet your life the thief didn't leave his name and address! **7.** [concevoir] to think out ou through *(sép)* / *le projet n'a pas été pensé dans toutes ses implications* the implications of the project weren't thought through (properly) / *une architecture bien pensée* a well-planned ou well-thought out architectural design **8.** *litt* [être sur le point de] : *je pensai m'évanouir* I all but fainted / *elle pensa devenir folle* she was very nearly driven to distraction. ◆ vi **1.** [réfléchir] to think, to ponder / *apprendre à penser* to learn to think / *penser tout haut* to think aloud ou out loud / *donner* ou *laisser à penser* to make one think, to start one thinking / *voilà des statistiques qui donnent à penser!* these figures provide food for thought! ▸ **penser bien** *péj* to have conventional beliefs / *une ville dont les habitants pensent bien* a conservative town **2.** [avoir une opinion] : *je n'ai jamais pensé comme toi* I never did agree with you ou share your views / *je ne dis rien mais je n'en pense pas moins* I say nothing but that doesn't stop me thinking.

❖ **penser à** v + prép **1.** [envisager] to think about ou of *(insép)* / *penser à l'avenir* to think about ou to ponder the future / *pense un peu à ce que tu dis!* just think for a moment (of) what you're saying! / *oui, c'est faisable, j'y penserai* yes, it can be done, I'll think about ou I'll consider it / *vous éviteriez des ennuis, pensez-y* you'd save yourself a lot of trouble, think it over! ▸ **il fallait y penser** : *c'est simple mais il fallait y penser* it's a simple enough idea but somebody had to think of it (in the first place) ▸ **sans y penser** [par automatisme] without thinking / *quand tu sauras conduire, tu changeras de vitesse sans y penser* when you know how to drive, you'll change gear without (even) thinking ▸ **sans penser à mal** without ou not meaning any harm (by it) ▸ **tu n'y penses pas** *fam* you can't be serious / *me rétracter, tu n'y penses pas!* me, go back on what I said, come off it ou never! **2.** [rêver à] to think about ou of *(insép)* / *à quoi penses-tu?* what are you thinking about? / *je pense à toi* [dans une lettre] I'm thinking of you **3.** [se préoccuper de] to think of, to care about / *elle ne pense qu'à elle* she only cares about herself / *essaye de penser un peu aux autres* try to think of others / *les économies d'énergie, pensez-y!* think about saving energy! ▸ **il ne pense qu'à ça!** *fam & euphém* he's got a one-track mind **4.** [se remémorer] to think ou to remember to / *as-tu pensé au* ou *à apporter le tire-bouchon?* did you think ou remember to bring the corkscrew? / *et mon livre? — j'y pense, je te le rapporte demain* what about my book? — I haven't forgotten (it), I'll bring it back tomorrow / *dis donc, j'y pense, qu'est devenu le vieux Georges?* by the way, whatever happened to old George? / *tu ne penses à rien!* you've a head like a sieve! / *n'y pense plus!* forget (all about) it! ▸ **faire penser à** : *cela me fait penser à mon frère* it reminds me of my brother / *fais-moi penser à l'appeler* remind me to call her / *ça me fait penser à des fleurs* it makes me think of flowers / *le poème me fait penser à ma jeunesse* the poem takes me back to my youth.

Voir encadré à l'article croire.

penseur, euse [pɑ̃sœʀ, øz] nm, f thinker / **'le Penseur'** *Rodin* 'The Thinker'.

pensif, ive [pɑ̃sif, iv] adj thoughtful, pensive, reflective ▸ **elle était toute pensive** she was lost in thought / *d'un air pensif* thoughtfully.

pension [pɑ̃sjɔ̃] nf **1.** [somme allouée] pension / *toucher une pension* to draw a pension ▸ **pension alimentaire** child maintenance UK, alimony US ▸ **pension de guerre** war pension ▸ **pension de l'État** state pension ▸ **pension d'invalidité** disability pension ▸ **pension de retraite** (retirement ou old-age) pension ▸ **pension de réversion** survivor's pension ▸ **pension de veuve** widow's pension **2.** [logement et nourriture] board and lodging / *la pension est de 28 euros par jour* it's 28 euros a day for room and board ou board and lodging ▸ **prendre pension chez qqn a)** [client] to take board and lodgings with sb **b)** [ami] to be staying with sb ▸ **être en pension chez qqn** to lodge with sb ▸ **prendre qqn en pension** to take sb in as a lodger / *l'oncle paye la pension de son neveu* the uncle is paying for board and lodging for his nephew ▸ **être en pension complète** to be on full board **3.** [hôtel] ▸ **pension (de famille)** ≃ boarding house ; ≃ guesthouse **4.** ÉDUC boarding school / *être en pension* to be a boarder ou at boarding school ▸ **envoyer qqn en pension** to send sb to boarding school / *si tu ne travailles pas mieux, je vais t'envoyer en pension!* if your work doesn't improve, I'll send you away to boarding school! **5.** BANQUE ▸ **pension d'effets** pawning of stock.

pensionnaire [pɑ̃sjɔnɛʀ] nmf **1.** [d'un hôtel] guest, resident ; [d'un particulier] (paying) guest, lodger **2.** ÉDUC boarder **3.** [à la Comédie-Française] *actor or actress on a fixed salary with no share in the profits (as opposed to a "sociétaire").*

⚠ **Pensioner** signifie «retraité» et non pensionnaire.

pensionnat [pɑ̃sjɔna] nm **1.** [école] boarding school **2.** [pensionnaires] boarders.

pensionné, e [pɑ̃sjɔne] ◆ adj : *elle est pensionnée à 75 %* her pension represents 75% of her income. ◆ nm, f pensioner.

pensionner [3] [pɑ̃sjɔne] vt ▸ **pensionner qqn** to (grant sb a) pension.

pensive [pɑ̃siv] f ⟶ **pensif.**

pensivement [pɑ̃sivmɑ̃] adv pensively, thoughtfully, reflectively.

pensum [pɛ̃sɔm] nm **1.** *vieilli* ÉDUC extra work *(to be done at home or in school time as punishment)*, lines UK **2.** [corvée] chore / *quel pensum!* *fam* what a drag ou nuisance!

pentadactyle [pɛ̃tadaktil] adj pentadactyl.

pentadécagone [pɛ̃tadekagɔn] nm pentadecagon.

pentaèdre [pɛ̃taɛdʀ] ◆ adj pentahedral. ◆ nm pentahedron.

pentagonal, e, aux [pɛ̃tagɔnal, o] adj pentagonal.

pentagone [pɛ̃tagɔn] nm pentagon.

Pentagone [pɛ̃tagɔn] npr m ▸ **le Pentagone** the Pentagon.

pentamère [pɛ̃tamɛʀ] adj pentamerous.

pentamètre [pɛ̃tamɛtʀ] nm pentameter.

pentane [pɛ̃tan] nm pentane.

Pentateuque [pɛ̃tatøk] npr m ▸ **le Pentateuque** the Pentateuch.

pentathlon [pɛ̃tatlɔ̃] nm pentathlon.

pentathlonien, enne [pɛ̃tatlɔnjɛ̃, ɛn] nm, f pentathlete.

pentatome [pɛ̃tatɔm] nf forest bug, Pentatoma *spéc.*

pentatonique [pɛ̃tatɔnik] adj pentatonic.

pente [pɑ̃t] nf **1.** [inclinaison] slope, incline / *une forte pente* a steep incline ou slope ; [descente, montée] slope / *gravir une pente* to climb a slope **2.** TRAV PUB slope ▸ **une pente de 10 %** a 1 in 10 gradient ▸ **pente**

d'eau lift **3.** [penchant] inclination, leaning / *sa pente naturelle le conduit à être plutôt indulgent* he's of a lenient disposition, he's naturally inclined to be lenient **4.** ÉLECTR mutual conductance **5.** GÉOGR ▸ **pente limite** angle of repose ▸ **pente continentale** continental slope **6.** EXPR **être sur une mauvaise pente** to be heading for trouble ▸ **remonter la pente** : *il a bien remonté la pente* **a)** [en meilleure santé] he's back on his feet again **b)** [financièrement] he's solvent again ▸ **être sur une pente glissante** ou **savonneuse** to be on a slippery slope.

❖ **en pente** ◆ loc adj sloping / *la route est en pente* the road is on a slope ou an incline / *en pente douce* sloping gently / *en pente raide* on a steep incline. ◆ loc adv : *descendre / monter en pente douce* to slope gently down / up / *descendre / monter en pente raide* to slope sharply down / up.

Pentecôte [pɑ̃tkot] nf **1.** [fête chrétienne] Whitsun, Pentecost / *la semaine de la Pentecôte* Whit Week, Whitsuntide / *dimanche de Pentecôte* Whit Sunday ▸ **lundi de Pentecôte** Whit Monday **2.** [fête juive] Shabuoth.

pentecôtisme [pɑ̃tkotism] nm Pentecostalism.

pentecôtiste [pɑ̃tkotist] nmf Pentecostalist.

Penthésilée [pɛ̃tezile] npr Penthesileia.

penthiobarbital [pɛ̃tjɔbaʀbital] nm pentabarbitone UK, pentabarbital US.

pentose [pɛ̃toz] nm pentose.

pentu, e [pɑ̃ty] adj [chemin] steep, sloping ; [toit] sloping, slanting, pointed ; [comble] sloping.

pénultième [penyltjɛm] ◆ adj penultimate. ◆ nf penultimate (syllable).

pénurie [penyʀi] nf **1.** [pauvreté] destitution, penury / *vivre dans la pénurie* to live in poverty **2.** [manque] ▸ **pénurie de** lack ou shortage of / *pénurie d'argent* shortage of money, money shortage / *pénurie de main-d'œuvre* labour UK ou labor US shortage / *il y a (une) pénurie de viande* there is a meat shortage, meat is in short supply.

péon [peɔ̃] nm peon.

people [pipol ou pipœl] adj : *un magazine people* a celebrity magazine / *la presse people* the celebrity press / *c'était une soirée très people* there were lots of A-list celebrities at the event.

PEP, Pep [pɛp] (abr de **plan d'épargne populaire**) nm *personal pension plan.*

pépé [pepe] nm *fam* **1.** [grand-père] granddad, grandpa, gramps US **2.** *péj* [vieillard] old codger ou boy UK, old-timer US.

pépée [pepe] nf *tfam & vieilli* chick.

pépère [pepɛʀ] *fam* ◆ adj [tranquille] (nice and) easy / *un petit boulot pépère* a cushy number ou little job / *une petite vie pépère* a cosy little life / *on est arrivés pépères, le lendemain matin* we got there the following morning, no sweat. ◆ nm **1.** [grand-père] grandpa, granddad UK, gramps US **2.** *péj* [vieillard] old boy ou codger UK, old-timer US **3.** EXPR **gros pépère a)** [avec affection] tubby **b)** [avec mépris] fat slob.

pépettes, pépètes [pepɛt] nfpl *tfam* [argent] cash / *t'as des pépettes ?* have you got any cash ?

pépie [pepi] nf **1.** ORNITH pip **2.** EXPR **avoir la pépie** *fam* to be parched.

pépiement [pepimɑ̃] nm chirping, tweeting, twittering.

pépier [9] [pepje] vi to chirp, to tweet, to twitter.

pépin [pepɛ̃] nm **1.** [de fruit] pip / *pépins de pomme / poire* apple / pear pips ▸ **des mandarines sans pépins** seedless tangerines **2.** *fam* [problème] hitch, snag / *il y a un petit pépin* there's a slight hitch / *il m'arrive un gros pépin* I'm in big trouble / *en cas de pépin* if there's a snug ou hitch **3.** *fam* [parapluie] umbrella, brolly UK.

Pépin [pepɛ̃] npr : *Pépin le Bref* Pepin the Short.

pépinière [pepinjɛʀ] nf **1.** BOT (tree) nursery **2.** *fig* : *une pépinière de futurs Prix Nobel* a breeding-ground for future Nobel prizewinners.

pépiniériste [pepinjeʀist] ◆ adj nursery *(modif).* ◆ nmf nurseryman (nurserywoman).

pépite [pepit] nf nugget ▸ **pépite d'or** gold nugget.

péplum [peplɔm] nm **1.** VÊT peplum **2.** [film] epic.

pepperoni [pepeʀɔni] nm pepperoni.

peps [pɛps] nm [dynamisme] energy.

PEPS (abr de **premier entré, premier sorti**) FIFO.

pepsine [pɛpsin] nf pepsin.

peptide [pɛptid] nm peptide.

peptidique [pɛptidik] adj CHIM peptidic.

peptique [pɛptik] adj peptic.

peptone [pɛptɔn] nf peptone.

péquenaud, e, pèquenaud*, e [pekno, od], **péquenot, otte, pèquenot*, otte** [pekno, ɔt] nm, f *tfam* [rustre] yokel.

péquin [pekɛ̃] nm *arg mil* [civil] civilian.

péquiste [pekist] QUÉBEC ◆ nmf *member of the Parti québecois.* ◆ adj *of the Parti québecois.*

PER, Per nm abr de **plan d'épargne retraite.**

perborate [pɛʀbɔʀat] nm perborate.

perçage [pɛʀsaʒ] nm **1.** [d'un trou] drilling, boring **2.** TEXT punching.

percale [pɛʀkal] nf percale.

percaline [pɛʀkalin] nf percaline.

perçant, e [pɛʀsɑ̃, ɑ̃t] adj **1.** [voix] piercing, shrill ; [regard] piercing, sharp ▸ **cris perçants a)** [d'une personne] earsplitting screams **b)** [d'un oiseau] shrill cries / *pousser des cris perçants* to scream loudly ▸ **avoir une vue perçante** to have a sharp eye / *elle a des yeux perçants* she has a piercing gaze **2.** [froid] : *le froid était perçant* it was bitterly cold **3.** [outil] piercing.

❖ **perçant** nm SPORT : *avoir du perçant* to be penetrating.

perce [pɛʀs] nf **1.** [outil] punch, drill, bore **2.** MUS bore.

❖ **en perce** loc adv : *mettre un tonneau en perce* to broach a barrel.

percée [pɛʀse] nf **1.** [ouverture - dans le mur] opening ; [- dans une forêt] clearing **2.** SPORT break ; MIL breakthrough / *une percée à travers les lignes ennemies* a breakthrough into enemy lines **3.** ÉCON & TECHNOL breakthrough / *on note une percée de la bande dessinée japonaise sur le marché international* Japanese cartoons have begun to take a share of the international market / *faire une percée dans un marché* to break into a market ▸ **percée technologique** technological breakthrough **4.** AÉRON instrument letdown.

percement [pɛʀsəmɑ̃] nm **1.** [d'une route, d'un passage] building ; [d'une porte, d'une fenêtre] opening **2.** TRAV PUB cutting through.

perce-muraille [pɛʀsmyʀaj] (*pl* **perce-murailles**) nf wall pellitory.

perce-neige [pɛʀsənɛʒ] (*pl* **perce-neige** *ou* **perce-neiges***) nm ou nf snowdrop.

perce-oreille [pɛʀsɔʀɛj] (*pl* **perce-oreilles**) nm earwig.

perce-pierre [pɛʀsəpjɛʀ] (*pl* **perce-pierres**) nf [saxifrage] saxifrage ; [criste-marine] (rock) samphire.

percepteur, trice [pɛʀsɛptœʀ, tʀis] nm, f tax inspector.

perceptibilité [pɛʀsɛptibilite] nf perceptibility.

perceptible [pɛʀsɛptibl] adj **1.** [sensible] perceptible / *à peine perceptible* almost imperceptible **2.** DR & FIN liable for collection ou to be levied.

perceptiblement [pɛʀsɛptibləmɑ̃] adv perceptibly.

perceptif, ive [pɛʀsɛptif, iv] adj perceptive.

perception [pɛʀsɛpsjɔ̃] nf **1.** [notion] perception, notion / *avoir une perception claire des problèmes* to be clearly aware of the problems **2.** PSYCHOL perception **3.** FIN & DR [encaissement] collection, levying / *perception d'un impôt* collection of a tax ; [lieu] tax office UK, internal revenue office US ; [recouvrement] tax collecting.

percer [16] [pɛʀse] ◆ vt **1.** [trouer - gén] to pierce (through) / *percer une membrane* to pierce ou to puncture ou to perforate a membrane / *la pointe a percé le ballon* the nail burst ou pierced the balloon / *la malle d'osier était percée au fond* there was a hole in the bottom of the wickerwork trunk / *se faire percer les oreilles* to have one's ears pierced / *il a eu le tympan percé dans l'accident* he suffered a burst ou perforated eardrum in the accident ▸ **percer un trou** to drill a hole / *percer une planche* to drill (a hole) through a plank / *montants percés de trous pour poser des étagères* uprights with holes for shelf brackets **2.** CONSTR & TRAV PUB to open, to build / *percer une porte dans un mur* to put a door in ou into a wall / *percer un tunnel dans la montagne* to drive ou to build a tunnel through the mountain / *Haussmann a percé de larges avenues dans Paris* Haussmann opened ou built wide roads through (the middle of) Paris **3.** [pénétrer avec difficulté] to push through / *le soleil perça enfin le brouillard* at last the sun pierced through the fog / *ses yeux avaient du mal à percer l'obscurité* she had trouble making things out in the dark ▸ **percer un mystère** to solve a mystery ; [déchirer] to pierce, to tear, to rend *litt* / *un cri perça le silence / la nuit* a scream rent the silence / night / *un bruit à vous percer les oreilles* ou *tympans* an ear-splitting noise ▸ **percer qqn** / **qqch à jour** to see right through sb / sthg **4.** MÉD : *percer la poche des eaux* to break the waters ▸ **il faut percer l'abcès** the abscess will have to be lanced **5.** [suj: bébé] : *percer ses dents* to be teething ▸ **percer une dent** to cut a tooth ou have a tooth coming through. ◆ vi **1.** [poindre] to come through / *des crocus percent sous la neige* crocuses are coming ou pushing up through the snow / *le soleil perce enfin* the sun's finally broken through / *ses dents ont commencé à percer* his teeth have begun to come through **2.** [abcès] to burst **3.** [filtrer] to filter through, to emerge / *rien n'a percé de leur entrevue* nothing came out ou emerged from their meeting / *elle ne laisse rien percer de ce qu'elle ressent* she keeps her feelings well hidden **4.** [réussir] to become famous ▸ **commencer à percer** to be on the way up / *un jeune chanteur en train de percer* an up-and-coming young singer / *percer sur le marché des disques compacts* to emerge as leader of the compact disc industry.

percerette [pɛʀsəʀɛt] nf twist gimlet.

perceur, euse [pɛʀsœʀ, øz] nm, f [personne] driller ▸ **perceur de coffre-fort** safebreaker, safecracker.

❖ **perceuse** nf [machine-outil] drill ▸ **perceuse électrique** power drill ▸ **perceuse portative** electric drill ▸ **perceuse radiale / à percussion** radial / hammer drill.

perceuse-visseuse [pɛʀsœzvisœz] (*pl* **perceuses-visseuses**) nf electric drill / screwdriver.

percevable [pɛʀsəvabl] adj FIN & DR liable to be levied ou for collection.

percevoir [52] [pɛʀsəvwaʀ] vt **1.** [vibration, sensation, chaleur] to feel / *j'ai cru percevoir une nuance de mépris dans sa voix* I thought I detected a note of contempt in his voice / *je commençais à percevoir la vérité* the truth was beginning to dawn on me **2.** FIN [rente, intérêt] to receive, to be paid ; [impôt] to collect.

perche [pɛʀʃ] nf **1.** [pièce de bois] pole ; [tuteur] beanpole, stake ; SPORT pole ▸ **jeter** ou **tendre la perche à qqn** *fig* to throw sb a line, to help sb out of a tight corner ▸ **prendre** ou **saisir la perche** *fig* to take ou to rise to the bait **2.** CINÉ & TV boom **3.** *fam* [personne] ▸ **grande perche** beanpole / *son cousin, quelle grande perche !* his cousin's a real lanky specimen ! **4.** ZOOL perch ▸ **perche truitée** black bass ▸ **perche de mer** sea perch.

perchée [pɛʀʃe] nf roost.

percher [3] [pɛʀʃe] ◆ vi **1.** [oiseau] to perch ; [poule] to roost **2.** *fam* [habiter] to live, to hang out. ◆ vt [placer] to put / *pourquoi as-tu perché le bol sur l'étagère du haut ?* why did you put the bowl on the top shelf ? / *une petite église perchée en haut de la colline fig* a little church perched on top of the hill.

❖ **se percher** vpi **1.** [oiseau] to perch ; [poule] to roost **2.** *fam* [monter] to perch / *ils se sont perchés sur le balcon pour mieux voir* they perched on the balcony to get a better view.

* In reformed spelling (see p. 16-19).

percheron [pɛʀʃəʀɔ̃] nm ZOOL Percheron.

percheur, euse [pɛʀʃœʀ, øz] adj [oiseau] perching.

perchiste [pɛʀʃist] nmf **1.** SPORT polevaulter **2.** CINÉ & TV boom (operator), boom man.

perchlorate [pɛʀklɔʀat] nm perchlorate.

perchlorique [pɛʀklɔʀik] adj perchloric.

perchman [pɛʀʃman] nm boom (operator), boom man.

perchoir [pɛʀʃwaʀ] nm **1.** [pour les oiseaux] perch ; [pour la volaille] roost **2.** POL *raised platform for the seat of the President of the French National Assembly.*

perciforme [pɛʀsifɔʀm] ◆ adj perciform. ◆ nm perciform, member of the Perciformes.

perclus, e [pɛʀkly, yz] adj crippled, paralysed / *être perclus de rhumatismes* to be stiff ou crippled with rheumatism / *être perclus de douleur* to be paralysed with pain.

percnoptère [pɛʀknɔptɛʀ] nm Egyptian vulture.

perçoir [pɛʀswaʀ] nm drill, borer.

perçoit, perçoivent v ⟶ **percevoir.**

percolateur [pɛʀkɔlatœʀ] nm coffee (percolating) machine.

percolation [pɛʀkɔlasjɔ̃] nf percolation.

perçu, e [pɛʀsy] pp ⟶ **percevoir.**

percussion [pɛʀkysjɔ̃] nf MÉD, MUS & TECHNOL percussion.

❖ **percussions** nfpl percussion ensemble.

percussionniste [pɛʀkysjɔnist] nmf percussionist.

perçut v ⟶ **percevoir.**

percutané, e [pɛʀkytane] adj percutaneous.

percutant, e [pɛʀkytɑ̃, ɑ̃t] adj **1.** ARM percussion *(modif)* ; TECHNOL percussive **2.** [argument, formule] powerful, striking ▸ **titre percutant** hard-hitting headlines / *leur slogan est percutant* their slogan hits you right between the eyes.

percuter [3] [pɛʀkyte] ◆ vt **1.** [heurter] to crash ou to run into *(insép)* / *la moto a percuté le mur* the motorbike crashed into the wall **2.** ARM & TECHNOL to strike **3.** MÉD to percuss. ◆ vi **1.** ARM to explode **2.** *fam* [comprendre] : *il n'a pas percuté* he didn't twig ou catch on.

❖ **percuter contre** v + prép : *aller* ou *venir percuter contre* to crash into.

percuteur [pɛʀkytœʀ] nm **1.** ARM firing pin, hammer **2.** ARCHÉOL percussion tool.

perdable [pɛʀdabl] adj loseable / *le match n'est plus perdable* the game can't be lost now.

perdant, e [pɛʀdɑ̃, ɑ̃t] ◆ adj losing / *jouer un cheval perdant* to bet on a losing horse ▸ **être perdant a)** [gén] to come off the loser **b)** [perdre de l'argent] to be out of pocket / *il est perdant dans cette affaire* he's losing out in this deal. ◆ nm, f loser ▸ **bon perdant** good loser ▸ **mauvais perdant** bad loser.

❖ **perdant** nm ebb (tide).

perdition [pɛʀdisjɔ̃] nf RELIG perdition.

❖ **en perdition** loc adj **1.** NAUT in distress **2.** [en danger] lost ▸ **des adolescents en perdition** adolescents heading for trouble.

perdre [77] [pɛʀdʀ] ◆ vt **1.** [égarer - clefs, lunettes] to lose, to mislay **2.** [laisser tomber] ▸ **perdre de l'eau / de l'huile** to leak water / oil / *des sacs de sable qui perdaient leur contenu* sandbags spilling their contents / *la brosse perd ses poils* the brush is losing ou shedding its bristles / *il perd son pantalon* his trousers are falling down / *tu perds des papiers / un gant!* you've dropped some documents / a glove ! ; [laisser échapper] to lose / *perdre sa page* to lose one's page ou place ▸ **perdre la trace de qqn** *pr & fig* to lose track of sb ▸ **perdre qqn / qqch de vue** *pr & fig* to lose sight of sb / sthg, to lose track of sb / sthg / *ne perdons pas de vue le fait que l'inflation est de 5 %* let's not lose sight of the fact that inflation is running at 5% ▸ **ne pas perdre un mot / une miette de** : *je n'ai pas perdu un mot / une miette de leur entretien* I didn't miss a (single) word / scrap of their conversation ▸ **ne pas être perdu pour tout le monde** : *ça ne sera pas perdu pour tout le monde, va!* somebody somewhere will be happy (about it)! ▸ **perdre les pédales a)** *fam* [ne plus comprendre] to be completely lost **b)** [céder à la panique] to lose one's head ▸ **perdre pied** *pr & fig* to get out of one's depth **3.** [être privé de - bien, faculté] to lose / *perdre sa place* [dans une réunion] to lose one's seat / *perdre sa fortune au jeu* to lose one's fortune gambling, to gamble one's fortune away / *perdre son emploi* ou *sa situation* ou *sa place* to lose one's job ▸ **n'avoir rien à perdre** to have nothing to lose / *perdre des / ses forces* to lose strength / one's strength / *perdre la mémoire / l'appétit* to lose one's memory / appetite ▸ **perdre la parole a)** [la voix] to lose one's voice **b)** [dans une réunion] to lose the floor / *perdre un œil / ses dents* to lose an eye / one's teeth / *perdre du sang / poids* to lose blood / weight / *elle a perdu les eaux* MÉD her waters broke ▸ **perdre le contrôle de** to lose control of ▸ **perdre connaissance** to pass out, to faint ▸ **perdre le goût / sens de** to lose one's taste for / sense of ▸ **perdre espoir** to lose hope ▸ **perdre l'habitude de (faire)** to get out of the habit of (doing) ▸ **perdre patience** to run out of ou to lose patience ▸ **perdre (tous) ses moyens** to panic ▸ **perdre la tête** ou **le nord** *fam* ou **la boule** *fam* to go mad / *celui-là, il perd pas le nord!* *fam* he's certainly got his head screwed on ! ▸ **en perdre le boire et le manger** : *il en a perdu le boire et le manger* it worried him so much he lost his appetite ▸ **y perdre son latin** : *j'y perds mon latin* I'm totally confused ou baffled **4.** [avoir moins] ▸ **perdre de** : *la tapisserie n'a rien perdu de ses couleurs* the wallpaper has lost none of its colour / *les actions ont perdu de leur valeur* the shares have partially depreciated / *elle a beaucoup perdu de son anglais* she's forgotten a lot of her English **5.** [être délaissé par] to lose / *tu vas perdre tous tes amis si tu ne changes pas d'attitude* you'll lose all your friends if you don't change your attitude / *il a perdu toute sa clientèle* he has lost all his customers ▸ **un de perdu, dix de retrouvés** *fam* there's plenty more fish in the sea **6.** [par décès] to lose / *il a perdu ses parents dans un accident* he lost his parents in an accident **7.** [contre quelqu'un] to lose ▸ **perdre l'avantage** to lose the ou one's advantage ▸ **perdre la partie** JEUX : *il a perdu la partie* he lost the game ▸ **perdre du terrain** to lose ground ; SPORT [set] to drop, to lose **8.** [gâcher - temps, argent] to waste ▸ **j'ai perdu ma journée** I've wasted the day / *comme ça je n'aurai pas perdu ma journée!* that way my day won't have been wasted after all ! **9.** *sout* [causer la ruine de] to ruin (the reputation of) / *c'est le jeu qui le perdra* gambling will be the ruin of him ou his downfall / *toi, c'est le fromage qui te perdra!* *hum* you eat far too much cheese / *toi, c'est la curiosité qui te perdra* *hum* you're far too inquisitive for your own good ! **10.** EXPR ▸ **ne rien perdre pour attendre** : *tu ne perds rien pour attendre!* just (you) wait and see ! ◆ vi **1.** [dans un jeu, une compétition, une lutte, etc.] to lose / *c'est le 35 qui est sorti, tu as perdu!* number 35 came up, you've lost ! / *perdre à la loterie / aux élections* to lose at the lottery / polls / *perdre sur la marchandise* to lose on the goods / *je vous le vends 100 euros mais j'y perds* I'm selling it to you for 100 euros but I'm losing (money) on it ▸ **perdre au change** *pr & fig* to lose out / *je n'ai pas perdu au change* *pr & fig* I've come out of it quite well ▸ **jouer à qui perd gagne** to play (a game of) loser takes all **2.** [en qualité, psychologiquement] to lose (out) / *on perd beaucoup en n'ayant pas la couleur* *fam* you lose a lot ou miss out by not having colour TV ▸ **perdre à** : *ces vins blancs perdent à être conservés trop longtemps* these white wines don't improve with age / *on perd toujours à agir sans réfléchir* you're bound to be worse off if you act without thinking ▸ **perdre en** [avoir moins de] : *le récit perd en précision ce qu'il gagne en puissance d'évocation* what the story loses in precision, it gains in narrative power.

❖ **se perdre** ◆ vp *(emploi réciproque)* ▸ **se perdre de vue** to lose sight of each other / *il ne faudra plus nous perdre de vue* we must stay in touch from now on. ◆ vp *(emploi passif)* [crayon, foulard, clef] to get lost, to disappear / *si on ne les range pas, ces lunettes vont se perdre!* these glasses will get lost if they're not put away ! ▸ **il y a des paires de claques qui se perdent** *fam* somebody needs a good slap ▸ **il y a des coups de pied au cul qui se perdent** *tfam* somebody needs a good kick up the arse UK ou ass US. ◆ vpi **1.** [s'égarer - personne] to get lost, to lose one's way ; [- avion, bateau] to get lost / *je me suis perdu* I got lost ou couldn't find my way / *se perdre dans le dédale des rues* to get lost in the maze of streets ; *fig* : *son regard se perdait dans le lointain* she had a faraway look in her eyes / *se perdre dans les détails* to get bogged down in too much detail / *se perdre dans ses calculs* to get one's calculations muddled up / *se perdre en conjectures* to be lost in conjecture **2.** [disparaître] to disappear, to become lost, to fade / *les sommets se perdaient dans la brume* the mountain tops were lost ou shrouded *litt* in the mist / *ses appels se perdirent dans la foule* her calls were swallowed up by the crowd ▸ **se perdre dans la nuit des temps** to be lost in the mists of time **3.** [devenir désuet] to become lost, to die out / *la coutume s'est perdue* the custom is (now) lost / *ce sont des métiers qui se perdent* these trades are dying out **4.** [nourriture, récolte - par pourrissement] to rot ; [- par surabondance] to go to waste.

perdreau, x [pɛʀdʀo] nm young partridge.

perdrix [pɛʀdʀi] nf ▸ **perdrix (grise)** partridge ▸ **perdrix des neiges** ptarmigan ▸ **perdrix rouge** red-legged partridge.

perdu, e [pɛʀdy] ◆ pp ⟶ **perdre.** ◆ adj **1.** [balle, coup] stray ; [heure, moment] spare ▸ **à temps perdu** in a spare moment / *fais-le à temps perdu* do it if you've got a spare moment **2.** [inutilisable - emballage] disposable ; [- verre] non-returnable ▸ **comble perdu** waste roof space **3.** [condamné] lost / *sans votre intervention, j'étais un homme perdu* if you hadn't intervened, I'd have been finished ou lost **4.** ▸ **perdu de** *sout* [ruiné par] : *c'est un homme perdu de dettes* he's heavily in debt **5.** [désespéré] lost / *il est complètement perdu depuis la mort de sa mère* he's been completely lost since his mother died **6.** [gâché - vêtement, chapeau] ruined, spoiled ; [- nourriture] spoiled / *pleurant sa réputation perdue* crying for her lost ou tainted reputation **7.** [de mauvaise vie] ▸ **femme perdue** loose woman **8.** [isolé - coin, village] lost, remote, godforsaken *hum* / *le continent perdu* the lost continent. ◆ nm, f *fam* ▸ **comme un perdu, comme une perdue a)** [courir] hell for leather **b)** [crier] like a mad thing.

perdurer [3] [pɛʀdyʀe] vi *sout* to continue (on), to endure, to last.

père [pɛʀ] nm **1.** [géniteur] father / *le père d'Anne* Anne's father / *tu es un père pour moi* you're like a father to me ▸ **devenir père** to become a father ▸ **père célibataire** single father / **'père inconnu'** 'father unknown' / *je suis né de père inconnu* it's not known who my father was / *le père Viot ne voulait pas que la propriété soit vendue* old Viot didn't want the estate to be sold ▸ **John Smith père** John Smith senior ▸ **Alexandre Dumas père** Alexandre Dumas père ▸ **jouer les pères nobles** THÉÂTRE to play elderly noblemen ▸ **père nourricier** foster father ▸ **tel père, tel fils** *prov* like father, like son *prov* ▸ **à père avare, fils prodigue** *prov* a miser's son will be a spendthrift **2.** [innovateur] father / *le père de la psychanalyse* the father of psychoanalysis ▸ **père fondateur** founding father **3.** [chef] ▸ **père de famille** : *maintenant que je suis père de famille* now that I've got a family / **'un père de famille meurt noyé en laissant trois orphelins'** 'father of three drowns' / *être bon père de famille* to be a (good) father ou family man ▸ **conduire en père de famille** to drive carefully ▸ **de père de famille** : *c'est un investissement de père de famille* it's a rock-solid ou copper-bottomed investment **4.** [homme, enfant] ▸ **gros père** *fam* : *tu as vu ce gros père, il peut à peine se remuer* look at that tub of lard ou fat lump, he can barely move / *allez, mon gros père, au lit!* come on now, little fellow, off to bed ! ▸ **petit père** *fam* : *mon petit père* (my) little one ou fellow / *il pleure, pauvre petit père!* he's crying, poor little thing ! ▸ **en père peinard** *fam* : *moi, je conduis en père peinard* I like to drive nice and slowly ▸ **le père Fouettard** the Bogeyman ▸ **le père Noël** Santa Claus, Father Christmas ▸ **le petit père des peuples** the little father of the people **5.** RELIG father / *le père Lamotte*

Father Lamotte ▸ **merci, mon père** thank you, Father / *il a fait ses études chez les pères* he was educated at a religious institution ▸ **les Pères Blancs** the White Friars, the Carmelites ▸ **le Père éternel** the Heavenly Father ▸ **notre Père qui êtes aux cieux** our Father who art in Heaven **6.** ZOOL sire.

❖ **pères** nmpl *litt* [aïeux] forefathers, fathers / *du temps de nos pères* in the days of our forefathers.

❖ **de père en fils** loc adv : *ils sont menuisiers de père en fils* they've been carpenters for generations / *cette tradition s'est transmise de père en fils* this tradition has been handed down from father to son.

pérégrination [peʀegʀinasjɔ̃] nf peregrination / *au cours de ses pérégrinations* on ou during his travels.

Père-Lachaise [pɛʀlaʃɛz] npr ▸ **le (cimetière du) Père-Lachaise** *the chief cemetery of Paris, where many famous people are buried.*

péremption [peʀɑ̃psjɔ̃] nf lapsing / *au bout de trois ans, il y a péremption et vous ne pouvez plus réclamer la dette* there is a strict time limit of three years on claims after which payment may not be demanded.

péremptoire [peʀɑ̃ptwaʀ] adj [impérieux] peremptory ▸ **de façon** ou **d'un ton péremptoire** peremptorily.

péremptoirement [peʀɑ̃ptwaʀmɑ̃] adv peremptorily.

pérenne [peʀɛn] adj perennial ▸ **source pérenne** permanent spring.

pérennisation [peʀenizasjɔ̃] nf perpetuation.

pérenniser [3] [peʀenize] vt *sout* to perpetuate.

pérennité [peʀenite] nf perenniality, lasting quality.

péréquation [peʀekwasjɔ̃] nf **1.** [rajustement] adjustment **2.** [répartition] balancing out ; ÉCON perequation.

perestroïka, pérestroïka* [peʀɛstʀɔika] nf perestroika.

perfectibilité [pɛʀfɛktibilite] nf *litt* perfectibility.

perfectible [pɛʀfɛktibl] adj perfectible / *l'appareil n'est plus guère perfectible maintenant* the machine can hardly be improved any further.

perfectif, ive [pɛʀfɛktif, iv] adj perfective.

❖ **perfectif** nm perfective aspect.

perfection [pɛʀfɛksjɔ̃] nf **1.** [qualité] perfection **2.** [trésor] gem, treasure / *cet ordinateur est une perfection* this computer is an absolute gem.

❖ **à la perfection** loc adv perfectly (well) / *tout marche à la perfection* things couldn't be better.

perfectionné, e [pɛʀfɛksjɔne] sophisticated.

perfectionnement [pɛʀfɛksjɔnmɑ̃] nm **1.** [d'un art, d'une technique] perfecting / *notre but est le perfectionnement de nos techniques* our aim is to perfect our techniques **2.** [d'un objet matériel] improvement / *la vieille pompe avait besoin de quelques perfectionnements* the old pump needed to be improved somewhat.

❖ **de perfectionnement** loc adj advanced.

perfectionner [3] [pɛʀfɛksjɔne] vt **1.** [amener au plus haut niveau] to (make) perfect ▸ **des techniques très perfectionnées** very sophisticated techniques **2.** [améliorer] to improve (upon) / *il faudra que tu perfectionnes la présentation* you'll have to polish up ou to improve the presentation.

❖ **se perfectionner** vpi to improve o.s. / *il s'est beaucoup perfectionné en français* his French has improved considerably / *prendre des cours de natation pour se perfectionner* to take advanced swimming classes.

perfectionnisme [pɛʀfɛksjɔnism] nm perfectionism.

perfectionniste [pɛʀfɛksjɔnist] nmf perfectionist.

perfective f ⟶ **perfectif.**

Perfecto® [pɛʀfɛkto] nm Perfecto *(short leather jacket).*

perfide [pɛʀfid] *litt* ◆ adj [personne, conseil] perfidious, treacherous, faithless ▸ **la perfide Albion** *hum* perfidious Albion. ◆ nmf traitor / *la perfide a volé mon cœur hum* the perfidious creature has stolen my heart.

perfidement [pɛʀfidmɑ̃] adv *litt* perfidiously, treacherously.

perfidie [pɛʀfidi] nf *sout* **1.** [caractère] perfidy, treacherousness **2.** [acte] piece of treachery, perfidy ; [parole] perfidious ou treacherous remark.

perfolié, e [pɛʀfɔlje] adj perfoliate.

perforage [pɛʀfɔʀaʒ] nm **1.** MÉTALL piercing **2.** INFORM punching **3.** MÉD perforating **4.** MIN drilling.

perforant, e [pɛʀfɔʀɑ̃, ɑ̃t] adj **1.** [pointe, dispositif] perforating **2.** [balle, obus] armour-piercing **3.** ANAT [artère] perforating ; [nerf] perforans.

perforateur, trice [pɛʀfɔʀatœʀ, tʀis] ◆ adj perforating. ◆ nm, f INFORM punch-card operator.

❖ **perforateur** nm **1.** MÉD perforator **2.** [pour documents] (hole) punch.

❖ **perforatrice** nf **1.** MIN rock drill **2.** INFORM card punch.

perforation [pɛʀfɔʀasjɔ̃] nf **1.** [action] piercing, perforating ; INFORM punching **2.** [trou - dans du papier, du cuir] perforation ; [- dans une pellicule] sprocket hole ; INFORM punch **3.** MÉD perforation.

perforer [3] [pɛʀfɔʀe] vt **1.** [percer] to pierce **2.** INFORM to punch **3.** MÉD to perforate.

performance [pɛʀfɔʀmɑ̃s] nf **1.** SPORT [résultat] result, performance / *il a amélioré sa performance d'une seconde* he improved his performance by one second / *les performances de l'année dernière sur le marché japonais fig* last year's results on the Japanese market **2.** [réussite] achievement ▸ **quelle performance!** what a feat ! **3.** LING & PSYCHOL performance.

❖ **performances** nfpl [d'ordinateur, de voiture, etc.] (overall) performance.

performant, e [pɛʀfɔʀmɑ̃, ɑ̃t] adj [machine, système] efficient ; [produit, entreprise] successful ; [employé] effective ; [technicien] first-class / *une voiture performante* a car that runs well.

performatif, ive [pɛʀfɔʀmatif, iv] adj performative.

❖ **performatif** nm performative (verb).

performeur, euse [pɛʀfɔʀmœʀ, øz] nm, f **1.** [comédien] performer **2.** [sportif] performer / *le meilleur performeur mondial de l'année* the world's best performer this year.

perfuser [3] [pɛʀfyze] vt to put on a drip, to perfuse.

perfusion [pɛʀfyzjɔ̃] nf drip, perfusion ▸ **être sous perfusion** to be on a drip ▸ **nourrir** ou **alimenter qqn par perfusion** to drip-feed sb.

Pergame [pɛʀgam] npr Pergamum.

pergélisol [pɛʀʒelisɔl] nm permafrost (soil), pergelisol *spéc.*

pergola [pɛʀgɔla] nf pergola.

périanthaire [peʀjɑ̃tɛʀ] adj perianthial.

périanthe [peʀjɑ̃t] nm perianth.

périarthrite [peʀiaʀtʀit] nf periarthritis.

périarticulaire [peʀiaʀtikylɛʀ] adj periarticular.

périastre [peʀiastʀ] nm periastron.

péricarde [peʀikaʀd] nm pericardium.

péricardique [peʀikaʀdik] adj pericardial.

péricardite [peʀikaʀdit] nf pericarditis.

péricarpe [peʀikaʀp] nm pericarp.

périchondre [peʀikɔ̃dʀ] nm perichondrium.

Périclès [peʀiklɛs] npr Pericles.

péricliter [3] [peʀiklite] vi to be on a downward slope, to be going downhill / *ses affaires périclitent dangereusement* his business is going downhill fast / *une industrie qui périclite* an industry with no future.

péricrâne [peʀikʀan] nm pericranium.

péricycle [peʀisikl] nm pericycle.

péridural, e, aux [peʀidyʀal, o] adj epidural.

❖ **péridurale** nf epidural (anaesthesia).

périf, périph [peʀif] nm *fam* abr de **périphérique.**

périgée [peʀiʒe] nm perigee.

périglaciaire [peʀiglasjɛʀ] adj periglacial.

Périgord [peʀigɔʀ] npr m ▸ **le Périgord** Perigord.

périgourdin, e [peʀiguʀdɛ̃, in] adj [de Périgueux] from Périgueux, of Périgueux ; [du Périgord] from Périgord, of Périgord.

❖ **Périgourdin, e** nm, f [de Périgueux] *inhabitant of or person from Périgueux* ; [du Périgord] *inhabitant of or person from Périgord.*

périhélie [peʀieli] nm perihelion.

péri-informatique [peʀiɛ̃fɔʀmatik] nf computer environment.

péril [peʀil] nm **1.** *sout* [danger] danger / *au péril de sa vie* at great risk to his (own) life ▸ **il n'y a pas péril en la demeure** it's not a matter of life and death **2.** [menace] peril ▸ **le péril jaune** *péj* the yellow peril **3.** NAUT ▸ **périls de mer** sea risks.

❖ **en péril** ◆ loc adj [monuments, animaux] endangered / *être en péril* to be in danger ou at risk / *ses jours sont en péril* her life is in danger. ◆ loc adv ▸ **mettre en péril** to endanger, to put at risk.

périlleusement [peʀijøzmɑ̃] adv *sout* perilously, dangerously.

périlleux, euse [peʀijø, øz] adj perilous, hazardous, dangerous.

périmé, e [peʀime] adj **1.** [expiré] out-of-date / *mon passeport est périmé* my passport is no longer valid ou has expired **2.** [démodé] outdated, outmoded / *vous défendez des principes périmés* you're defending outdated principles.

périménopause [peʀimenɔpoz] nf perimenopause.

périmer [3] [peʀime] ❖ **se périmer** vpi **1.** [expirer] to expire / *laisser se périmer un billet* to let a ticket go out of date **2.** DR to lapse **3.** [disparaître] to become outdated ou outmoded.

périmètre [peʀimɛtʀ] nm **1.** [surface] perimeter / *des recherches ont été entreprises dans un vaste périmètre* searches were conducted over a vast area **2.** DR ▸ **périmètre sensible** ≃ green belt UK.

périnatal, e, als *ou* **aux** [peʀinatal, o] adj perinatal.

périnatalité [peʀinatalite] nf perinatal period.

périnatalogie [peʀinatalɔʒi] nf perinatal paediatrics.

périnéal, e, aux [peʀineal, o] adj perineal.

périnée [peʀine] nm perineum.

périnéorraphie [peʀineɔʀafi] nf perineorrhaphy.

période [peʀjɔd] nf **1.** [époque] period, time / *traverser une période difficile* to go through a difficult period ou time / *la période bleue de Picasso* Picasso's blue period / *c'était ma période macramé* it was the time when I was keen on macramé / *nous avons eu une longue période de froid* we had a long spell of cold weather / *pendant la période électorale* during election time / *pendant la période des fêtes* at Christmas time / *dans la période allant de début juin à fin septembre* between the beginning of June and the end of September ▸ **période comptable** accounting period ▸ **période d'engagement** TÉLÉC commitment period **2.** MIL ▸ **période (d'exercice)** training **3.** SCI & MUS period ▸ **période de révolution** period of revolution ▸ **période radioactive** half-life **4.** TRANSP ▸ **période bleue** / **blanche** / **rouge** *period during which tickets are cheapest / medium-priced / most expensive.*

❖ **par périodes** loc adv from time to time, every now and then, every so often ▸ **c'est par périodes** it comes and goes / *ça le prend par périodes* it comes over him from time to time.

périodicité [peʀjɔdisite] nf frequency.

périodique [peʀjɔdik] ◆ adj **1.** CHIM, MATH, PHYS & PSYCHOL periodic **2.** [publication] periodical **3.** MÉD recurring. ◆ nm periodical.

périodiquement [peʀjɔdikmɑ̃] adv **1.** CHIM, MATH & PHYS periodically **2.** [régulièrement] periodically, every so often / *les douleurs reviennent périodiquement* the pain recurs periodically.

* In reformed spelling (see p. 16-19).

périoste [peʀjɔst] nm periosteum.

périostite [peʀjɔstit] nf periostitis.

péripate [peʀipat] nm peripatus.

péripatéticien, enne [peʀipatetisjɛ̃, ɛn] ◆ adj ANTIQ Peripatetic. ◆ nm, f ANTIQ Peripatetic, member of the Peripatetic school.
❖ **péripatéticienne** nf *litt ou hum* streetwalker.

péripatétisme [peʀipatetism] nm peripateticism.

péripétie [peʀipesi] nf **1.** [événement] event, episode, adventure **2.** LITTÉR peripetia, peripeteia.

périph [peʀif] nm *fam* **abr de périphérique.**

périphérie [peʀifeʀi] nf **1.** [bord] periphery / *sur la périphérie de la plaie* on the edges of the wound / *jaune au milieu et orangé à la périphérie* yellow in the middle and orange on the periphery *sout* ou round the edge **2.** [faubourg] outskirts / *à la périphérie des grandes villes* on the outskirts of cities.

périphérique [peʀifeʀik] ◆ adj **1.** [quartier] outlying **2.** PHYSIOL & INFORM peripheral. ◆ nm **1.** [boulevard] ring road UK, beltway US ; [à Paris] ▸ **le périphérique** the Paris orbital UK ou beltway US **2.** INFORM peripheral device / *périphérique d'entrée / de sortie* input / output device.

périphlébite [peʀiflebit] nf periphlebitis.

périphrase [peʀifʀaz] nf periphrasis.

périphrastique [peʀifʀastik] adj periphrastic.

périple [peʀipl] nm **1.** [voyage d'exploration] voyage, expedition / *son dernier périple dans l'Antarctique* his latest expedition to the Antarctic **2.** [voyage touristique] tour, trip / *faire un (long) périple* to go on a (long) tour **3.** *litt* [durée de la vie] life, lifetime.

périr [32] [peʀiʀ] vi **1.** *litt* [personne, souvenir] to perish *litt*, to die ▸ **péri en mer** lost at sea **2.** *sout* [idéal] to be destroyed / *la liberté ne peut pas périr* liberty cannot be destroyed.

périscolaire [peʀiskɔlɛʀ] adj extracurricular.

périscope [peʀiskɔp] nm periscope.

périscopique [peʀiskɔpik] adj periscopic.

périsélène [peʀiselɛn] nm perilune.

périsperme [peʀispɛʀm] nm perisperm.

périssable [peʀisabl] adj perishable.

périssoire [peʀiswaʀ] nf canoe.

péristaltique [peʀistaltik] adj peristaltic.

péristaltisme [peʀistaltism] nm peristalsis.

péristyle [peʀistil] nm peristyle.

Péritel® [peʀitɛl] nf ▸ **(prise) Péritel®** SCART socket.

péritélévision [peʀitelevizjɔ̃] nf TV video and computer technology.

péritoine [peʀitwan] nm peritoneum.

péritonéal, e, aux [peʀitɔneal, o] adj peritoneal.

péritonite [peʀitɔnit] nf peritonitis.

périurbain, e [peʀiyʀbɛ̃, ɛn] adj out-of-town.

perlant, e [pɛʀlɑ̃, ɑ̃t] adj [vin] slightly sparkling.
❖ **perlant** nm *very light sparkle / ce vin a un perlant très caractéristique* typically for a wine of this type, it is very slightly sparkling ou it tickles the palate slightly.

perle [pɛʀl] ◆ nf **1.** [bijou] pearl ▸ **perle fine / de culture** natural / cultured pearl ▸ **perle noire** black pearl ▸ **la perle de...** : *c'est la perle de ma collection* it's the prize piece of my collection ▸ **jeter des perles aux pourceaux** to cast pearls before swine **2.** [bille] bead ▸ **perles de verre** glass beads **3.** *litt* [goutte] drop ▸ **des perles de sueur** beads of sweat / *des perles de rosée* dewdrops / *une perle de sang* a drop of blood **4.** [personne] gem, treasure / *sa femme est une perle!* his wife is a real gem! / *c'est la perle des maris!* he's the perfect husband! **5.** *fam* [bêtise] howler **6.** ENTOM Perla (stonefly). ◆ adj inv pearl, pearl-grey.

perlé, e [pɛʀle] adj **1.** [nacré] pearly, pearl *(modif)* / *des dents perlées* pearl ou pearly teeth **2.** [orné de perles] beaded ▸ **coton perlé** [mercerisé] pearl ou perlé cotton **3.** [orge] pearl ; [riz] polished **4.** [rire, son] rippling **5.** ZOOL pearl.

perlèche [pɛʀlɛʃ] nf perleche.

perler [3] [pɛʀle] ◆ vi to bead / *la sueur perlait sur son visage* beads of sweat stood out on his face. ◆ vt *vieilli* [travail] to execute perfectly.

perlier, ère [pɛʀlje, ɛʀ] adj [barque] pearling ; [industrie] pearl *(modif)*.

perlimpinpin [pɛʀlɛ̃pɛ̃pɛ̃] nm ⟶ **poudre.**

perlingual, e, aux [pɛʀlɛ̃gwal, o] adj perlingual / **'à prendre par voie perlinguale'** 'to be dissolved under the tongue'.

perlouse, perlouze [pɛʀluz] nf *arg crime* pearl.

perm [pɛʀm] nf *fam* **1.** MIL leave / *être en perm* to be on leave **2.** ÉDUC [tranche horaire] study period ; [salle] study (period) room UK ou hall US.

permafrost [pɛʀmafʀɔst] nm permafrost, permagel.

permanence [pɛʀmanɑ̃s] nf **1.** [persistance - gén] permanence, lasting quality ; [- d'une tradition] continuity **2.** [service de garde] duty (period) ▸ **être de permanence** to be on duty ou call / *une permanence est assurée à la mairie le mardi matin* council offices are open on Tuesday mornings ▸ **permanence téléphonique** answering service **3.** POL [local, bureau] committee room ; ÉDUC study room UK ou hall US.
❖ **en permanence** loc adv permanently / *il est soûl en permanence* he's permanently drunk / *elle me harcèle en permanence* she's forever harassing me.

permanencier, ère [pɛʀmanɑ̃sje, ɛʀ] nm, f person on duty.

permanent, e [pɛʀmanɑ̃, ɑ̃t] ◆ adj **1.** [constant] permanent / *subir une tension permanente* to suffer permanent tension / *avec elle, ce sont des reproches permanents* she's forever nagging **2.** [fixe] permanent / *avoir un emploi permanent* to have a permanent job ▸ **armée permanente** standing army **3.** CINÉ continuous, non-stop / *c'est le spectacle permanent avec lui!* *hum* there's never a dull moment with him! ▸ **cinéma permanent** continuous showing / *(cinéma) permanent de 14 h à 22 h* continuous showing from 2 p.m. to 10 p.m **4.** INFORM permanent. ◆ nm, f [d'un parti] official ; [d'une entreprise] salaried worker, worker on the payroll.
❖ **permanente** nf perm.

permanenté, e [pɛʀmanɑ̃te] adj [cheveux] permed.

permanenter [pɛʀmanɑ̃te] vt to perm / *se faire permanenter* to have one's hair permed, to get a perm.

permanganate [pɛʀmɑ̃ganat] nm permanganate.

permanganique [pɛʀmɑ̃ganik] adj permanganic.

perme [pɛʀm] *fam* = **perm.**

perméabilité [pɛʀmeabilite] nf **1.** GÉOL & PHYS permeability **2.** [d'une personne] malleability.

perméable [pɛʀmeabl] adj **1.** GÉOL & PHYS permeable **2.** [personne] malleable.

permettre [84] [pɛʀmɛtʀ] vt **1.** [suj: personne] to allow / *je ne permettrai aucun écart de conduite* I won't stand for ou allow any misconduct ▸ **permettre à qqn de faire qqch** ou **permettre que qqn fasse qqch** to allow sb to do sthg, to let sb do sthg / *je ne vous permets pas de me parler sur ce ton* I won't have you speak to me in that tone of voice / *je ne te permets plus ce genre de commentaire* I won't take that sort of remark from you again / *il ne permettra pas qu'on insulte son frère* he won't allow his brother to be insulted ; [suj: chose] to allow, to permit, to enable / *le règlement permet de sortir à cinq heures* the regulations allow you to leave at five / *mon régime ne me permet aucune viande* I'm on a meat-free diet / *le train à grande vitesse permettra d'y aller en moins de deux heures* the high-speed train will make it possible to get there in under two hours / *sa lettre permet toutes les craintes* her letter gives cause for concern / *ce document permet d'entrer dans le secteur turc* this document enables ou entitles you to enter the Turkish sector / *votre mission ne permet pas d'erreur* your mission leaves no room for error ▸ **si le temps / sa santé le permet** weather / (his) health permitting **2.** *(tournure impersonnelle)* ▸ **c'est permis?** is it allowed ou permitted? / *il n'est pas / il est permis de boire de l'alcool* drinking is not / is allowed ou permitted / *il est permis de ne pas aimer ce genre de poésie* one may ou might well not like this type of poetry / *autant qu'il est permis d'en juger* as far as it is possible to judge / *est-il permis d'être aussi mal élevé?* how can anyone be so rude? / *elle est belle / insolente comme c'est pas permis* she's outrageously beautiful / cheeky / *un tel mauvais goût, ça devrait pas être ou c'est pas permis* there should be a law against such bad taste **3.** [dans des formules de politesse] : *il reste un sandwich, vous permettez?* may I have the last sandwich? / *si vous me permettez l'expression* if I may be allowed to say so, if you don't mind my saying / *permettez-moi de ne pas partager votre avis* I beg to differ / *tu n'es pas sincère non plus, permets-moi de te le dire* and you're not being honest either, let me tell you / *non, mais tu permets que j'en place une?* *fam* I'd like to get a word in, if you don't mind / *ah permettez, j'étais là avant vous!* do you mind, I was there before you!
❖ **se permettre** vpt **1.** [s'accorder] to allow ou to permit o.s. / *je me suis permis un petit verre de vin* I allowed myself a small glass of wine **2.** [oser] to dare / *il se permet de petites entorses au règlement* he's not averse to bending the rules now and then / *elle se permettait n'importe quoi* she thought she could get away with anything / *des critiques, oh mais je ne me permettrais pas!* *iron* criticize? I wouldn't dare! / *si je peux me permettre, je ne pense pas que ce soit une bonne idée* if you don't mind my saying so, I don't think it's a very good idea **3.** [pouvoir payer] to (be able to) afford / *pouvez-vous vous permettre 1 000 euros de plus?* can you afford 1,000 euros more? / *je ne peux pas me permettre une bague à ce prix-là* I can't afford a ring at that price.
❖ **se permettre de** vp + prép to take the liberty / *je me suis permis de vous apporter des fleurs* I took the liberty of bringing you some flowers / *puis-je me permettre de vous rappeler mon nom / nos accords signés?* may I remind you of my name / our binding agreements? / *je me permets de vous écrire au sujet de mon fils* I'm writing to you about my son.

> ⚠ Attention, **to permit** est d'un registre plus soutenu que le verbe permettre. Voir l'article pour des traductions plus naturelles, notamment à l'oral.

permien, enne [pɛʀmjɛ̃, ɛn] adj permian.
❖ **permien** nm ▸ **le permien** the Permian era.

permis [pɛʀmi] nm permit, licence UK, license US / *vous avez un permis pour ce fusil?* do you have a licence for that gun? ▸ **permis (de conduire)** driving licence UK, driver's license US ▸ **rater / réussir le permis (de conduire)** to fail / to pass one's (driving) test ▸ **permis à points** *driving licence with a penalty points system, introduced in France in 1992* ▸ **permis de construire** building permit US, planning permission UK ▸ **permis de chasse a)** [chasse à courre] hunting permit **b)** [chasse au fusil] shooting licence ▸ **permis de séjour / travail** residence / work permit ▸ **permis d'inhumer** burial certificate ▸ **permis de port d'armes** firearms licence.

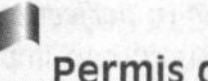

> **Permis de conduire**
>
> To get one's driving licence in France one must be at least eighteen. The driving test has both a practical and a theoretical part, the latter taking the form of an exam paper at the test centre.

permissif, ive [pɛʀmisif, iv] adj permissive.

permission [pɛʀmisjɔ̃] nf **1.** [autorisation] permission, leave ▸ **demander / accorder la permission de faire qqch** to ask / to grant permission to do sthg / *si tu veux inviter tes amis, tu as ma permission* you have my leave *sout* ou permission to invite your friends / *les enfants n'ont la permission de sortir qu'accompagnés* the children don't have permission ou aren't allowed to go out unaccompanied / *avec votre permission, je vais aller me coucher* if you don't mind, I'll go to bed / *sans demander la permission* without asking permission, without so much as a by-your-leave *hum* ▸ **avoir la permission de minuit** to have a late pass / *j'ai la permission de minuit* I'm allowed to stay out until midnight **2.** MIL leave, furlough ▸ **être en permission** to be on leave ou furlough / *avoir une permission de six jours* to have six days' leave ▸ **permission à terre** shore leave.

permissionnaire [pɛʀmisjɔnɛʀ] nm soldier on leave ou furlough.

permissivité [pɛʀmisivite] nf permissiveness.

permit v ⟶ **permettre.**

permittivité [pɛʀmitivite] nf permittivity.

permutabilité [pɛʀmytabilite] nf permutability, interchangeability.

permutable [pɛʀmytabl] adj **1.** [interchangeable] interchangeable **2.** MATH permutable.

permutation [pɛʀmytasjɔ̃] nf **1.** [transposition] permutation, interchange ▸ **permutation des roues** AUTO wheel interchange **2.** MATH permutation.

permuter [3] [pɛʀmyte] ◆ vt **1.** [intervertir] to switch round *(sép)*, to permutate / *permuter deux lettres dans un mot* / *deux chiffres dans un nombre* to switch round two letters in a word / two figures in a number **2.** MATH to permute. ◆ vi [prendre la place de] : *les deux équipes permutent* the two teams swap shifts ▸ **permuter avec** to swap with / *je vois mal, alors j'ai permuté avec une fille du premier rang* on account of my weak eyesight, I swapped places with a girl in the front row.

pernicieusement [pɛʀnisjøzmɑ̃] adv perniciously.

pernicieux, euse [pɛʀnisjø, øz] adj **1.** [néfaste] noxious, injurious, pernicious *sout* / *l'abus d'alcool est pernicieux pour la santé* excessive drinking is injurious ou harmful to one's health / *des insinuations pernicieuses* sout insidious suggestions **2.** MÉD pernicious.

péroné [peʀɔne] nm fibula.

péronier [peʀɔnje] ◆ adj peroneal. ◆ nm peroneal muscle.

péronisme [peʀɔnism] nm Peronism.

péroniste [peʀɔnist] adj & nmf Peronist.

péronnelle [peʀɔnɛl] nf scatterbrain.

péroraison [peʀɔʀɛzɔ̃] nf [conclusion] peroration / *après toute une péroraison sur notre retard, elle en est venue au fait* [discours] after a long tirade about our being late, she came to the point.

pérorer [3] [peʀɔʀe] vi [discourir] to hold forth / *il peut pérorer devant un public pendant des heures* he can go on and on for hours in front of an audience.

per os [pɛʀɔs] loc adv MÉD orally.

Pérou [peʀu] npr m ▸ **le Pérou** Peru ▸ **au Pérou** in Peru ▸ **c'est pas le Pérou** *fam* it's not exactly a fortune, it's not ideal.

> **C'est pas le Pérou**
>
> For centuries Peru was synonymous with fabulous wealth thanks to the precious stones and metals brought back from South America by the Spanish conquistadors in the 16th century. Today, the colloquial expression **c'est pas le Pérou** is used to refer to a situation for which one had high hopes, but that turns out to be disappointing (see also **c'est (pas) Byzance !**):
>
> **Je suis parti avec cette agence et franchement, c'était pas le Pérou : nous étions logés dans un hôtel bruyant et très loin de la plage.** *I went through that travel agency and it was a real let-down: they stuck us in a noisy hotel miles from the beach.*
>
> **J'ai installé Internet chez moi, mais avec mon fournisseur d'accès, c'est vraiment pas le Pérou : la connexion est lente et plante régulièrement.** *I've set up an Internet connection at home but my ISP is a bit of a washout: the connection is really slow and it keeps crashing.*

Pérouse [peʀuz] npr Perugia.

peroxydase [pɛʀɔksidaz] nf peroxidase.

peroxyde [pɛʀɔksid] nm peroxide.

peroxyder [3] [pɛʀɔkside] vt to (treat with) peroxide.

perpendiculaire [pɛʀpɑ̃dikylɛʀ] ◆ adj **1.** [gén & MATH] perpendicular / *la droite A est perpendiculaire à la droite B* line A is perpendicular ou at right angles to line B **2.** ARCHIT perpendicular. ◆ nf perpendicular.

perpendiculairement [pɛʀpɑ̃dikylɛʀmɑ̃] adv perpendicularly / *perpendiculairement à la rue* at right angles ou perpendicular to the street.

perpète [pɛʀpɛt] nf *arg crime* : *il a eu perpète* he got life.

❖ **à perpète** loc adv *fam* **1.** [loin] miles away, in the back of beyond **2.** [très longtemps] ▸ **jusqu'à perpète** till Doomsday, till the cows come home, forever and a day **3.** [à vie] : *être condamné à perpète* to get life.

perpétration [pɛʀpetʀasjɔ̃] nf perpetration.

perpétrer [18] [pɛʀpetʀe] vt *sout* to perpetrate *sout*, to commit.

✐ In reformed spelling (see p. 16-19), this verb is conjugated like **semer**: ***il perpètrera, elle perpètrerait.***

perpette [pɛʀpɛt] = **perpète.**

perpétuation [pɛʀpetɥasjɔ̃] nf perpetuation.

perpétuel, elle [pɛʀpetɥɛl] adj **1.** [éternel] perpetual, everlasting / *le chevalier jurait à sa belle un perpétuel amour* the knight pledged everlasting love to his beloved / *être condamné à la prison perpétuelle* to be sentenced to life imprisonment / *un monde en perpétuel devenir* a perpetually ou an ever-changing world **2.** [constant] constant, continual, perpetual / *le malade a une perpétuelle envie de vomir* the patient is permanently nauseated.

perpétuellement [pɛʀpetɥɛlmɑ̃] adv forever, constantly, perpetually / *il a perpétuellement soif* he's forever ou permanently thirsty / *j'avais perpétuellement l'impression que...* I was constantly under the impression that...

perpétuer [7] [pɛʀpetɥe] vt **1.** [tradition, préjugé] to carry on *(sép)* **2.** [souvenir] to perpetuate, to pass on *(sép)*.

❖ **se perpétuer** vpi **1.** [personne] to perpetuate one's name / *se perpétuer dans sa musique* to live on through ou in one's music **2.** [tradition] to live on / *certains rites se sont perpétués de père en fils* some rites have been handed down from father to son.

perpétuité [pɛʀpetɥite] nf *litt* perpetuity / *la perpétuité de l'espèce* the continuation of the species / *la perpétuité des souvenirs que l'on laisse* the enduring memories one leaves behind.

❖ **à perpétuité** ◆ loc adj **1.** [condamnation] life *(modif)* **2.** [concession] in perpetuity. ◆ loc adv ▸ **être condamné à perpétuité** to be sentenced to life imprisonment.

perplexe [pɛʀplɛks] adj perplexed, puzzled / *avoir l'air perplexe* to look puzzled ▸ **laisser perplexe** to perplex, to puzzle / *sa remarque m'a laissé perplexe* his remark perplexed ou puzzled me / *je restai perplexe, ne sachant que faire* I was in a quandary about what to do.

perplexité [pɛʀplɛksite] nf confusion, perplexity, puzzlement / *être dans une profonde perplexité* to be in a state of great confusion / *être plongé dans la perplexité* to be perplexed ou puzzled / *l'incohérence de son récit nous a plongés dans la perplexité* the incoherence of his story perplexed ou puzzled us.

perquisition [pɛʀkizisjɔ̃] nf search ▸ **procéder à** ou **faire une perquisition chez qqn** to carry out ou to make a search of sb's home ▸ **perquisition domiciliaire** house search.

perquisitionner [3] [pɛʀkizisjɔne] ◆ vi DR to (make a) search ▸ **perquisitionner chez qqn** to carry out ou to make ou to conduct a search of sb's home. ◆ vt DR to search.

perron [peʀɔ̃] nm steps *(outside a building)* ▸ **sur le perron de l'Élysée** on the (front) steps of the Élysée palace.

perroquet [peʀɔkɛ] nm **1.** ORNITH parrot ▸ **apprendre** / **répéter qqch comme un perroquet** to learn / to repeat sthg parrot-fashion ▸ **répéter comme un perroquet ce que dit qqn** to parrot what sb says **2.** NAUT topgallant (sail) **3.** [boisson] pastis and mint cocktail.

perruche [peʀyʃ] nf **1.** [petit perroquet] parakeet ▸ **perruche (ondulée)** budgerigar UK, budgie UK, parakeet US **2.** [femelle du perroquet] female parrot **3.** *fam & péj* [personne] chatterbox **4.** NAUT mizzen topgallant sail.

perruque [peʀyk] nf **1.** [postiche] wig ; HIST periwig, peruke / *la justice à perruque fig & péj* fuddy-duddy old judges **2.** PÊCHE tangled line **3.** *tfam* [travail clandestin] ▸ **faire de la perruque** to work on the side *(during office hours)*.

perruquier [peʀykje] nm wigmaker.

pers, e [pɛʀ, pɛʀs] adj *litt* seagreen, perse *litt*.

persan, e [pɛʀsɑ̃, an] adj Persian.

❖ **Persan, e** nm, f Persian.

❖ **persan** nm **1.** LING Persian **2.** ZOOL Persian cat.

perse [pɛʀs] ◆ adj Persian ▸ **l'Empire perse** the Persian Empire. ◆ nm LING Persian ▸ **moyen** / **vieux perse** Middle / Old Persian.

❖ **Perse** nmf Persian.

Perse [pɛʀs] npr f ▸ **la Perse** Persia.

persécuté, e [pɛʀsekyte] ◆ adj persecuted. ◆ nm, f **1.** [opprimé] persecuted person ▸ **les persécutés** the downtrodden, the persecuted **2.** PSYCHOL persecution maniac.

persécuter [3] [pɛʀsekyte] vt **1.** [opprimer] to persecute **2.** [harceler] to torment / *tu vas arrêter de persécuter ta petite sœur ?* will you stop bullying ou tormenting your little sister ?

persécuteur, trice [pɛʀsekytœʀ, tʀis] ◆ adj persecutory *sout*, tormenting. ◆ nm, f persecutor ▸ **ses persécuteurs** her tormentors.

persécution [pɛʀsekysjɔ̃] nf **1.** [oppression] persecution / *être victime d'une persécution religieuse* to suffer religious persecution **2.** [harcèlement] harassment, harassing, tormenting **3.** PSYCHOL ▸ **délire** ou **manie de la persécution** persecution mania.

Persée [pɛʀse] npr Perseus.

Perséphone [pɛʀsefɔn] npr Persephone.

persévérance [pɛʀseveʀɑ̃s] nf perseverance, persistence, tenacity ▸ **avec persévérance** doggedly / *travailler avec persévérance* to persevere in one's work, to work steadily.

persévérant, e [pɛʀseveʀɑ̃, ɑ̃t] adj persevering, persistent, tenacious ▸ **être persévérant (dans qqch)** to be persevering ou to persevere (in sthg).

persévération [pɛʀseveʀasjɔ̃] nf perseveration.

persévérer [18] [pɛʀseveʀe] vi to persevere, to persist ▸ **persévérer dans qqch** to continue ou to carry on doing sthg / *si vous persévérez dans cette attitude de refus* if you continue with ou keep up this negative attitude ▸ **persévérer dans l'effort** to sustain one's effort ▸ **persévère !** don't give up !, persevere !

✐ In reformed spelling (see p. 16-19), this verb is conjugated like **semer**: ***il persévèrera, elle persévèrerait.***

Pershing [pɛʀʃiŋ] npr Pershing.

persienne [pɛʀsjɛn] nf shutter, Persian blind.

persiflage, persifflage* [pɛʀsiflaʒ] nm **1.** [attitude] scoffing, jeering, mocking **2.** [propos] taunts, scoffs, jeers.

persifler, persiffler* [3] [pɛʀsifle] vt to scoff ou to jeer at, to deride *litt*.

* In reformed spelling (see p. 16-19).

persifleur, euse, persiffleur*, euse [pɛʀsiflœʀ, øz] ◆ adj *litt* [moqueur] scoffing, jeering, mocking. ◆ nm, f scoffer, mocker, derider *litt*.

persil [pɛʀsi] nm parsley ▸ **faux persil** fool's parsley.

persillade [pɛʀsijad] nf chopped parsley (and garlic) ▸ **persillade de bœuf** beef sauté with chopped parsley.

persillé, e [pɛʀsije] adj **1.** [plat] sprinkled with parsley **2.** [viande] marbled **3.** [fromage] (green) ou blue veined.

persique [pɛʀsik] adj [de l'ancienne Perse] (Ancient) Persian.

Persique [pɛʀsik] adj ▸ **le golfe Persique** the Persian Gulf.

persistance [pɛʀsistɑ̃s] nf **1.** [de quelque chose] persistence / *persistance du mauvais temps sur tout le territoire demain* bad weather will continue in all areas tomorrow **2.** [de quelqu'un - dans le travail] persistence, perseverance, tenacity ; [- dans le refus] obdurateness *sout*, obstinacy, stubbornness / *je ne comprends pas sa persistance à vouloir partir ce soir* I don't understand why he persists in wanting to leave tonight.

❖ **avec persistance** loc adv [courageusement] persistently, tenaciously, indefatigably ; [obstinément] obdurately *sout*, obstinately, stubbornly.

persistant, e [pɛʀsistɑ̃, ɑ̃t] adj **1.** [tenace] persistent, lasting, enduring / *une odeur persistante* a persistent ou lingering smell **2.** BOT evergreen.

persister [3] [pɛʀsiste] vi **1.** [durer] to last, to continue, to persist / *la chaleur persistera demain* it will continue hot for another day / *les doutes qui pouvaient encore persister* any lingering doubts **2.** [s'obstiner] ▸ **persister à** : *je persiste à croire que tu avais tort* I still think you were wrong / *pourquoi persistes-tu à lui faire faire du grec?* why do you persist in making her learn Greek? ▸ **persister dans** : *persister dans l'erreur* to persist in one's error / *persister dans une attitude* to continue with ou to maintain an attitude **3.** DR ▸ **persiste et signe** I certify the truth of the above / *je persiste et signe!* *hum* I'm sticking to my guns!

perso [pɛʀso] (abr de **personnel**) adj *fam* personal, private.

persona grata [pɛʀsɔnagʀata] loc adj inv persona grata / *je ne suis plus persona grata* I'm now persona non grata.

personale [pɛʀsɔnal] nf personate flower.

persona non grata [pɛʀsɔnanɔngʀata] loc adj inv persona non grata / *il est persona non grata* he's persona non grata, his name is mud *hum*.

personé, e [pɛʀsɔne] adj personate.

personnage [pɛʀsɔnaʒ] nm **1.** [de fiction] character / *un personnage de roman / de théâtre* a character in a novel / in a play / *un personnage de bande dessinée* a cartoon character ▸ **les personnages du drame** THÉÂTRE & *fig* the dramatis personae ▸ **jouer un personnage a)** CINÉ & THÉÂTRE to play ou to act a part **b)** *fig* to act a part, to put on an act / *elle a refusé de signer? c'est bien dans son personnage!* so she wouldn't sign? that's typical of her! ▸ **personnage principal** main ou leading character ▸ **personnages secondaires a)** LITTÉR minor ou secondary characters **b)** CINÉ & *fig* THÉÂTRE supporting roles **2.** [individu] character, individual ▸ **sinistre personnage** evil customer ▸ **grossier personnage** swine! / *curieux personnage que ce juge au cœur tendre* this soft-hearted judge cuts an odd figure **3.** [personnalité importante] person of note, important figure, big name ▸ **grands personnages de l'État** state dignitaries / *c'est qu'elle se prend pour un personnage!* my, she doesn't half fancy herself (as a big shot)! ; [personne remarquable] character / *ce Frédéric, c'est un personnage!* that Frederic's quite a character!

personnalisation [pɛʀsɔnalizasjɔ̃] nf personalization / *la personnalisation d'une tenue* giving an outfit a personal touch / *personnalisation d'un crédit* tailoring of a credit arrangement.

personnaliser [3] [pɛʀsɔnalize] vt [papier à lettres] to personalize ; [voiture] to customize ; [plan, système] ▸ **personnaliser qqch** to tailor sthg to personal requirements / *comment personnaliser votre cuisine* how to give your kitchen a personal touch.

personnalité [pɛʀsɔnalite] nf **1.** [caractère - d'une personne] personality, character ; [- d'une maison, d'une pièce, etc.] character / *un homme sans aucune personnalité* a man with no personality (whatsoever) **2.** [personne importante] personality / *les personnalités du monde du spectacle* personalities ou celebrities in the entertainment business **3.** DR ▸ **personnalité civile** ou **juridique** ou **morale** legal personality.

personne¹ [pɛʀsɔn] nf **1.** [individu] person ▸ **plusieurs personnes a)** [sens courant] several people **b)** ADMIN several persons ▸ **quelques personnes** a few people / *toute personne intéressée peut* ou *les personnes intéressées peuvent s'adresser à Nora* all those interested ou all interested parties should contact Nora ▸ **une personne de ta / sa connaissance** somebody you know / he knows ▸ **dix euros par personne** ten euros each ou per person ou a head ▸ **une personne âgée** an elderly person ▸ **les personnes âgées** the elderly ▸ **grande personne** grown-up ▸ **les grandes personnes** grown-ups **2.** [être humain] : *s'en prendre aux biens et aux personnes* to attack property and people / *ce qui compte, c'est l'œuvre / le rang et non la personne* it's the work / the rank that matters and not the individual ▸ **la personne humaine** the individual **3.** [femme] lady / *une jeune personne* a young lady / *une petite personne* a little woman **4.** [corps] ▸ **ma personne** myself ▸ **ta personne** yourself ▸ **sa personne** himself / *il s'occupe un peu trop de sa petite personne* *fam* he's a little too fond of number one ▸ **la personne de** : *ils s'en sont pris à la personne (même) du diplomate* they attacked the diplomat physically / *un attentat sur la personne du Président* an attempt on the President's life ▸ **en la personne de** in the person of / *il trouva en la personne d'Élise une épouse et une inspiratrice* in Élise, he found both a wife and a muse ▸ **en personne** in person / *venir en personne* to come in person / *j'y veillerai en personne* I'll see to it personally / *il dînait avec Napoléon en personne* he was dining with Napoleon himself ou none other than Napoleon / *c'était lui? — en personne!* was it him? — none other! / *c'est la vindicte en personne* he's vindictiveness itself ou personified / *elle est la beauté en personne* she's the very embodiment of beauty, she's beauty personified ▸ **être bien (fait) de sa personne** to have a good figure **5.** GRAM person ▸ **première / deuxième / troisième personne** first / second / third person / *à la première personne du singulier* in the first person singular **6.** DR ▸ **personne juridique** juristic person ▸ **personne morale** legal entity ▸ **personne physique** natural person ▸ **personne à charge** dependant.

❖ **par personne interposée** loc adv through ou via a third party / *dis-le-lui par personne interposée* have a go-between tell her.

personne² [pɛʀsɔn] pron indéf **1.** [avec un sens négatif] no one, nobody / *qui me demande? — personne* who wants to see me? — nobody ou no one / *personne n'a compris* nobody ou no one understood / *personne ne peut rien y faire* nobody ou no one can do anything about it / *personne ne vient jamais me voir* nobody ou no one ever comes to see me / *que personne ne sorte!* nobody ou no one leave (the room)! ▸ **personne d'autre que toi** nobody ou no one (else) but you / *personne le sait* *fam* nobody knows / *personne en veut* *fam* nobody wants any ; [en fonction de complément] anyone, anybody ▸ **il n'y a personne** there's nobody ou no one there, there isn't anybody ou anyone there / *il n'y a jamais personne dans ce restaurant* there is never anyone ou anybody in this restaurant / *je ne vois personne que je connaisse* I can't see anybody ou anyone I know / *je ne connais personne d'aussi gentil qu'elle* I don't know anyone ou anybody as nice as her / *elle ne parle à personne d'autre* she doesn't speak to anyone ou anybody else / *cet appartement n'appartient à personne* this flat doesn't belong to anyone ou anybody ▸ **je n'y suis** ou **je ne suis là pour personne** if anyone calls, I'm not in / *quand il faut se mettre au travail, il n'y a plus personne* *fam* when there's work to be done, (suddenly) everyone disappears / *il est charmant, mais quand on a besoin de lui, il n'y a plus personne!* *fam* he's very nice, but whenever you need him, he's nowhere to be found! **2.** [avec un sens positif] anyone, anybody / *je me demande si personne arrivera un jour à le convaincre* I wonder if anyone ou anybody will ever manage to convince him / *je doute que personne s'en soit aperçu* I doubt whether anybody ou anyone noticed / *si tu le montres jamais à personne...* if you never show it to anyone ou anybody... / *il est parti sans que personne le remarque* he left without anybody ou anyone noticing him / *sortez avant que personne vous voie* leave before anyone ou anybody sees you / *avant de soupçonner personne, renseigne-toi* before you start suspecting anyone, get some more information / *il est meilleur conseiller que personne* he's better at giving advice than anyone ou anybody (else) / *y a-t-il personne de plus rassurant que lui?* is there anyone ou anybody more reassuring than him? / *c'est trop difficile pour laisser personne d'autre que lui s'en charger* it is too difficult to let anyone ou anybody but him do it / *personne de blessé?* nobody ou anybody injured? / *tu le sais mieux que personne* you know it better than anybody ou anyone (else) / *elle réussit les crêpes comme personne* there's no one ou nobody who makes pancakes quite like her.

personnel¹ [pɛʀsɔnɛl] nm [d'une entreprise] staff, workforce ; [d'un service] staff, personnel ; MIL personnel / *le personnel est en grève* the staff is ou are on strike ▸ **avoir trop / manquer de personnel** to be overstaffed / understaffed ou short-staffed / *le personnel est autorisé à...* (members of) staff are authorized to... / *tout le personnel touchera une prime* everybody on the payroll will receive a bonus ▸ **personnel au sol / navigant** AÉRON ground / flight crew ou staff ▸ **personnel (de maison)** (domestic) staff.

personnel², elle [pɛʀsɔnɛl] adj **1.** [privé] personal, individual / *pas d'allusions personnelles, s'il vous plaît* no personal comments ou don't be personal, please ▸ **c'est un appel personnel a)** [n'intéressant pas le travail] it's a private call **b)** [confidentiel] it's a rather personal call / *avoir son hélicoptère personnel* to have one's own ou a private helicopter ▸ **ce laissez-passer est personnel** this pass is not transferable / *il mène une campagne personnelle contre la pollution* he's conducting a one-man campaign against pollution ▸ **le pouvoir personnel** POL (absolute) personal power **2.** [original] ▸ **très personnel** highly personal ou idiosyncratic *sout* **3.** PHILOS individual **4.** RELIG personal **5.** GRAM [pronom] personal / *les formes personnelles du verbe* finite verb forms **6.** [égoïste] self-centred UK self-centered US

personnellement [pɛʀsɔnɛlmɑ̃] adv personally / *l'impresario m'a contacté personnellement* the impresario contacted me personally / *je ne le connais pas personnellement* I don't know him personally / *personnellement, je suis contre la peine de mort* I'm against the death penalty personally ou myself.

personne-ressource [pɛʀsɔnʀəsuʀs] nf QUÉBEC expert.

personnification [pɛʀsɔnifikasjɔ̃] nf **1.** [symbole] personification / *Cupidon est la personnification de l'amour* Cupid is the personification of ou personifies love **2.** [modèle] : *ma mère est la personnification de la patience* my mother is patience itself ou is the epitome of patience.

personnifié, e [pɛʀsɔnifje] adj personified / *Quasimodo est la laideur personnifiée* Quasimodo is the epitome of ugliness.

personnifier [9] [pɛʀsɔnifje] vt **1.** [symboliser] to personify, to be the personification of / *l'Oncle Sam personnifie les États-Unis* Uncle Sam personifies the United States **2.** [être le modèle de] to embody, to typify / *il personnifie la prudence paysanne* he typifies the cautious nature of country folk.

perspectif, ive [pɛʀspɛktif, iv] adj perspective.

perspective [pɛʀspɛktiv] nf **1.** ART perspective ▸ **perspective aérienne** aerial perspective ▸ **perspective cavalière / centrale** parallel / central perspective / *manquer de perspective* to lack depth **2.** [point de vue] angle, viewpoint, standpoint / *dans une perspective so-*

*In reformed spelling (see p. 16-19).

ciologique from a sociological standpoint **3.** [éventualité] idea, prospect, thought **/** *la perspective de revoir mes parents* the prospect of seeing my parents again ▸ **perspective d'avenir** outlook, prospects **4.** [avenir] (future) prospect, outlook ▸ **perspectives économiques** economic forecast ou outlook ▸ **ouvrir de nouvelles** ou **des perspectives (pour)** to open up new horizons (for) **5.** [vue] view.

❖ **en perspective** loc adv **1.** ART in perspective ▸ **en perspective accélérée** in trompe-l'œil perspective **2.** [en vue] on the horizon, in sight **/** *pas de reprise du travail en perspective* no return to work in sight.

perspicace [pɛʀspikas] adj perceptive, perspicacious *sout* **/** *être très perspicace* to have a sharp ou clever mind.

perspicacité [pɛʀspikasite] nf (clearness of) insight, perceptiveness, perspicacity ▸ **avec perspicacité** astutely, perceptively ▸ **d'une grande perspicacité** of acute perspicacity.

perspiration [pɛʀspiʀasjɔ̃] nf perspiration.

persuader [3] [pɛʀsɥade] vt to persuade, to convince **/** *il ne se laissera pas persuader* he won't be persuaded ▸ **persuader qqn de qqch** to impress sthg on sb, to convince sb of sthg **/** *je l'ai persuadé de la nécessité d'un déménagement* I managed to impress upon him *sout* ou to persuade him that it was necessary to move ▸ **persuader qqn de faire qqch** to talk sb into doing sthg **/** *rien n'aurait pu la persuader de repartir* nothing would have induced her to leave again ▸ **être persuadé** [être convaincu] to be convinced **/** *les jurés sont persuadés de sa sincérité* the jurors are convinced of his sincerity **/** *j'en suis persuadé* I'm convinced ou sure of it.

❖ **se persuader** vp ▸ **se persuader que** to convince ou persuade oneself that **/** *elle s'est persuadée qu'elle était trop grosse* she's convinced herself that she's too fat ▸ **se persuader de** to convince o.s. of, to become convinced of.

persuasif, ive [pɛʀsɥazif, iv] adj [personne] persuasive ; [argument] convincing, persuasive.

persuasion [pɛʀsɥazjɔ̃] nf persuasion **/** *force* ou *pouvoir de persuasion* persuasive force.

persulfate [pɛʀsylfat] nm persulphate.

persulfure [pɛʀsylfyʀ] nm persulphuric acid.

perte [pɛʀt] nf **1.** [décès] loss **/** *c'est pour vous une perte bien cruelle* you're suffering a very cruel ou sad loss **2.** [privation d'une faculté] ▸ **perte de connaissance** fainting, blackout ▸ **perte d'appétit** loss of appetite ▸ **perte de mémoire** (memory) blank ▸ **perte de la vue** loss of eyesight **3.** [disparition, destruction] loss **/** *déclarer une perte* to declare the loss (of a thing) **/** *la perte de l'avion (et de tous ses passagers)* the loss of the plane (and of all those on board) ▸ **ce n'est pas une grande** ou **grosse perte** it's no great loss ▸ **avec pertes et fracas** unceremoniously **4.** [gaspillage] waste **/** *quelle perte de temps!* what a waste of time! **5.** [réduction] loss ▸ **perte de chaleur** heat loss ▸ **perte de charge** [dans un tuyau] pressure loss ▸ **perte de poids** weight loss ▸ **perte de compression / de vitesse** loss of compression / of engine speed ▸ **en perte de vitesse a)** AUTO losing speed **b)** *fig* losing momentum **6.** *litt* [ruine] ruin, ruination *sout* ▸ **courir** ou **aller (droit) à sa perte** to be on the road to ruin ▸ **ruminer** ou **jurer la perte de qqn** to vow to ruin sb **7.** FIN loss, deficit **/** *l'entreprise a enregistré une perte de deux millions* the company has chalked up losses of two million ▸ **perte sèche** dead loss **8.** [défaite] loss **/** *très affecté par la perte de son procès* very upset at having lost his case **/** *la perte d'un set* [au tennis] the dropping of a set **9.** GÉOGR : *perte de rivière* drying-up of a river.

❖ **pertes** nfpl **1.** FIN losses, loss ▸ **compte des pertes et profits** profit and loss account ▸ **passer qqch aux** ou **par pertes et profits** *pr & fig* to write sthg off (as a total loss) ▸ **pertes d'exploitation** operating loss **2.** MIL losses **/** *les pertes ont été énormes* there were heavy losses, there was a heavy loss of life **3.** MÉD ▸ **pertes (blanches)** whites, (vaginal) discharge ▸ **pertes de sang** metrorrhagia.

❖ **à perte** loc adv at a loss.

❖ **à perte de vue** loc adv **1.** [loin] as far as the eye can see **2.** [longtemps] endlessly, interminably, on and on.

❖ **en pure perte** loc adv for nothing, to no avail **/** *il a couru en pure perte, il a quand même manqué son train* it was absolutely no use running, he missed the train all the same.

Perth [pɛʀt] npr Perth.

pertinemment [pɛʀtinamɑ̃] adv **1.** [à propos] appropriately, pertinently, fittingly **/** *elle ajouta pertinemment que...* she added, rather pertinently, that... **2.** [parfaitement] : *je sais pertinemment que ce n'est pas vrai* I know perfectly well ou for a fact that it's not true.

pertinence [pɛʀtinɑ̃s] nf **1.** [bien-fondé] pertinence, relevance, appositeness *sout* **2.** LING distinctiveness.

pertinent, e [pɛʀtinɑ̃, ɑ̃t] adj [propos] pertinent, relevant, apt **/** *vos critiques ne sont pas pertinentes* your criticisms are irrelevant.

pertuis [pɛʀtɥi] nm **1.** GÉOGR [détroit] straits, channel ; [col] pass **2.** NAUT sluice.

perturbant, e [pɛʀtyʀbɑ̃, ɑ̃t] adj disturbing.

perturbateur, trice [pɛʀtyʀbatœʀ, tʀis] ◆ adj [élève] disruptive ; [agent, militant] subversive. ◆ nm, f [en classe] troublemaker, rowdy element ; [agitateur] troublemaker, subversive element.

perturbation [pɛʀtyʀbasjɔ̃] nf **1.** [désordre] disturbance, disruption ▸ **jeter** ou **semer la perturbation dans qqch** to disrupt sthg **/** *les perturbations continuent à la poste* the postal service is still being disrupted **2.** ASTRON perturbation **3.** MÉTÉOR disturbance ▸ **perturbation atmosphérique** (atmospheric) disturbance **4.** TÉLÉC & RADIO interference.

perturbé, e [pɛʀtyʀbe] adj **1.** [agité] upset, perturbed ; [bouleversé] disturbed ; [perplexe] troubled, confused, muddled **/** *des enfants perturbés* children with behavioural problems **/** *j'ai un sommeil perturbé* I have difficulty sleeping **2.** [trafic, service] disrupted.

perturber [3] [pɛʀtyʀbe] vt **1.** [interrompre] to disrupt **/** *perturber le déroulement d'un match* to disrupt a match **2.** [rendre perplexe] to trouble, to perturb **/** *ça m'a un peu perturbé* it bothered me somewhat **/** *ça n'a pas l'air de te perturber outre mesure* you don't seem particularly bothered by it ; [troubler] to upset, to disconcert, to perturb **/** *il ne faut pas perturber l'enfant par des changements trop fréquents* don't disorient the child by changing his routine too often **/** *la mort de son frère l'a profondément perturbé* he was severely affected by his brother's death.

pérugin, e [peʀyʒɛ̃, in] adj Perugian.

❖ **Pérugin, e** nm, f Perugian.

Pérugin [peʀyʒɛ̃] npr ▸ **le Pérugin** Il Perugino **/** *un tableau du Pérugin* a painting by Il Perugino.

péruvien, enne [peʀyvjɛ̃, ɛn] adj Peruvian.

❖ **Péruvien, enne** nm, f Peruvian.

pervenche [pɛʀvɑ̃ʃ] ◆ nf **1.** BOT periwinkle **2.** *fam* [contractuelle] meter maid US, (lady) traffic warden UK ou officer US *(in Paris)*. ◆ nm [couleur] periwinkle. ◆ adj inv periwinkle *(modif)* **/** *des yeux pervenche* periwinkle blue eyes.

pervers, e [pɛʀvɛʀ, ɛʀs] ◆ adj **1.** [obsédé] perverted **/** *avoir l'esprit pervers, être pervers* to have a perverted ou twisted mind **2.** *litt* [malfaisant] wicked **3.** [effet] perverse ▸ **les effets pervers de la dévaluation** the perverse effects of devaluation. ◆ nm, f ▸ **pervers (sexuel)** (sexual) pervert.

perversion [pɛʀvɛʀsjɔ̃] nf **1.** *litt* [corruption] perversion, corruption **2.** PSYCHOL ▸ **perversion (sexuelle)** (sexual) perversion.

perversité [pɛʀvɛʀsite] nf **1.** [caractère] perversity **2.** [acte] perverse act.

pervertir [32] [pɛʀvɛʀtiʀ] vt **1.** *litt* [corrompre] to pervert, to corrupt **2.** [déformer] to pervert, to impair, to distort **/** *la consommation répétée de piment peut pervertir le goût* eating chilli too often can impair one's sense of taste.

❖ **se pervertir** vpi to become perverted.

pervertissement [pɛʀvɛʀtismɑ̃] nm *litt* perversion, corruption, corrupting.

pervibrateur [pɛʀvibʀatœʀ] nm internal ou immersion vibrator.

pervibration [pɛʀvibʀasjɔ̃] nf vibration of concrete.

pervibrer [3] [pɛʀvibʀe] vt to vibrate *(concrete)*.

pesade [pəzad] nf pesade.

pesage [pəzaʒ] nm **1.** [action de peser] weighing **2.** SPORT [vérification] weigh-in ; [lieu - pour les concurrents] weighing room ; [- pour les spectateurs] enclosure *(inside race courses)*.

pesamment [pəzamɑ̃] adv heavily ▸ **marcher pesamment** to walk with a heavy step, to tread heavily **/** *descendre pesamment l'escalier* to thump down the stairs **/** *il s'éloigna pesamment* he lumbered off.

pesant, e [pəsɑ̃, ɑ̃t] adj **1.** [lourd] heavy, weighty, unwieldy **/** *marcher à pas pesants* ou *d'une démarche pesante* to tread heavily **/** *il descendit la colline d'un pas pesant* he lumbered down the hill **/** *le vol pesant des vautours* the unwieldy flight of the vultures **/** *je me sens la tête pesante / les jambes pesantes* my head feels / my legs feel heavy **2.** [astreignant] hard, heavy, demanding **/** *dix heures par jour, c'est trop pesant pour elle* ten hours a day is too heavy ou too much for her **3.** [grave] heavy, weighty, burdensome *litt* **4.** [trop orné] heavy, cumbersome **5.** [insupportable] heavy **/** *l'ambiance chez eux est toujours pesante* it always feels very oppressive in their house **/** *ses critiques sont pesantes à la longue* his criticisms are hard to bear in the long run.

❖ **pesant** nm ▸ **valoir son pesant d'or** to be worth one's weight in gold ▸ **valoir son pesant de nougat** ou **de cacahuètes** *fam & hum* to be pretty good **/** *son histoire valait son pesant de nougat!* that was some story he told!

pesanteur [pəzɑ̃tœʀ] nf **1.** PHYS gravity **2.** [lourdeur - d'un objet] heaviness, weightiness ; [- d'une démarche] heaviness ; [- d'un style] ponderousness ; [- de l'esprit] slowness, sluggishness.

pèse-acide [pɛzasid] (*pl* **pèse-acide** *ou* **pèse-acides**) nm acidimeter.

pèse-alcool (*pl* **pèse-alcool** *ou* **pèse-alcools***) [pɛzalkɔl] nm alcoholometer.

pèse-bébé [pɛzbebe] (*pl* **pèse-bébé** *ou* **pèse-bébés**) nm (pair of) baby scales.

pèse-denrées [pɛzdɑ̃ʀe] nm inv *small, high-precision kitchen scales*.

pesée [pəze] nf **1.** [avec une balance] weighing **/** *faire la pesée d'un paquet* to weigh a parcel **2.** [pression] ▸ **exercer une pesée sur qqch** to put one's whole weight on sthg **3.** MÉD weighing **4.** SPORT weigh-in **/** *passer à la pesée* to (go to the) weigh-in.

pèse-lait (*pl* **pèse-lait** *ou* **pèse-laits***) [pɛzlɛ] nm galactometer, lactometer.

pèse-lettre [pɛzlɛtʀ] (*pl* **pèse-lettre** *ou* **pèse-lettres**) nm (pair of) letter scales.

pèse-liqueur [pɛzlikœʀ] (*pl* **pèse-liqueur** *ou* **pèse-liqueurs**) nm (liqueur) alcoholometer.

pèse-moût [pɛzmu] (*pl* **pèse-moût** *ou* **pèse-moûts**) nm saccharimeter.

pèse-personne [pɛzpɛʀsɔn] (*pl* **pèse-personne** *ou* **pèse-personnes**) nm (pair of) bathroom scales.

peser [19] [pəze] ◆ vt **1.** [avec une balance] to weigh ▸ **peser qqch dans sa main** to feel the weight of sthg **/** *peser une livre de sucre par kilo de fruits* weigh out one pound of sugar per kilo of fruit **/** *faites peser vos fruits et légumes avant de passer à la caisse* get your fruit and vegetables weighed before going to the till **2.** *fam* [valoir] : *un mec qui pèse dix millions de dollars* a guy worth ten million bucks **3.** [évaluer, choisir] to weigh ▸ **peser ses mots** to weigh ou to choose one's words **/** *et je pèse mes mots!* and I'm not saying this lightly! **/** *peser le pour et le contre* to weigh (up) the pros and cons **/** *peser les risques* to weigh up the risk, to evaluate the risks ▸ **tout bien pesé** all things considered, all in all. ◆ vi **1.** [corps, objet] to weigh / *combien pèses-tu / pèse le paquet?* how much do you / does the parcel weigh? / *la valise pesait trente kilos* the suitcase weighed thirty kilos / *ce truc-là pèse une tonne!* *fam* that thing weighs a ton! / *il pèse 75 kilos* SPORT he weighs in at 165 pounds **2.** *fig* [personne, opinion] to weigh ▸ **peser lourd** to weigh a lot / *il ne pèse pas lourd face à lui* he's no match for him / *la question d'argent a pesé très lourd dans mon choix* the question of money was a determining ou major factor in my choice ▸ **ne pas peser lourd dans la balance** : *mes raisons ne pèsent pas lourd dans la balance* my arguments don't carry much weight ou don't matter very much **3.** ▸ **peser sur** [faire pression sur] to press (heavily) on / *peser sur un levier* to lean on a lever ▸ **peser sur** [accabler] to weigh down, to be a strain on / *les responsabilités qui pèsent sur moi* the responsibilities I have to bear / *des présomptions pèsent sur elle* she's under suspicion ▸ **ça me pèse sur l'estomac / la conscience** it's lying on my stomach / weighing on my conscience ▸ **peser sur** [influer sur] to influence, to affect / *ces actes peuvent peser sur la décision du jury* these acts may influence the jury's decision **4.** ▸ **peser à** [être pénible pour] to weigh down ou heavy on ▸ **ton absence me pèse** I find your absence difficult to bear / *la vie à deux commence à me peser* living with somebody else is beginning to weigh me down / *la solitude ne me pèse pas* being alone doesn't bother me.

❖ **se peser** ◆ vp *(emploi réfléchi)* to weigh o.s. ◆ vp *(emploi passif)* to be weighed / *les mangues ne se pèsent pas* [au magasin] mangoes are not sold by weight.

peseta, péséta* [pezeta] nf [ancienne monnaie espagnole] peseta.

pesette [pəzɛt] nf (pair of) assay scales.

peseur, euse [pəzœʀ, øz] nm, f weigher.

pessaire [pesɛʀ] nm pessary.

pessimisme [pesimism] nm pessimism.

pessimiste [pesimist] ◆ adj pessimistic / *pourquoi es-tu toujours aussi pessimiste?* why do you always look on the dark side? ◆ nmf pessimist.

peste [pɛst] nf **1.** MÉD plague ▸ **peste bubonique** bubonic plague ▸ **la Grande Peste, la Peste noire** HIST the Black Death ▸ **peste bovine** VÉTÉR rinderpest, cattle plague ▸ **peste porcine** VÉTÉR swine fever ▸ **se méfier de qqn comme de la peste, fuir qqn comme la peste** to avoid sb like the plague / **'la Peste'** *Camus* 'The Plague' **2.** *fam* [personne] (regular) pest, pain in the neck **3.** *litt & vieilli* : *(la) peste soit de toi!* a plague on you!

pester [3] [pɛste] vi ▸ **pester contre qqn / qqch** to complain ou to moan about sb / sthg / *je l'entends qui peste dans sa barbe* I can hear him cursing under his breath.

pesteux, euse [pɛstø, øz] adj pestiferous.

pesticide [pɛstisid] ◆ adj pesticidal. ◆ nm pesticide.

pestiféré, e [pɛstifeʀe] ◆ adj plague-stricken, plague-ridden. ◆ nm, f plague victim ▸ **traiter qqn comme un pestiféré** *fig* to treat sb like a pariah ou a leper.

pestilence [pɛstilɑ̃s] nf stench, foul smell.

pestilentiel, elle [pɛstilɑ̃sjɛl] adj foul, stinking, pestilential *sout.*

pesto [pɛsto] nm pesto / *pâtes au pesto* pasta with pesto.

pet[1] [pɛ] nm **1.** [vent] fart / *lâcher un pet* to fart *tfam*, to break wind ▸ **pet de maçon** wet fart ▸ **ne pas valoir un pet de lapin** : *ça ne vaut pas un pet de lapin* it's not worth a damn ou a tinker's cuss ▸ **avoir toujours un pet de travers** : *elle a toujours un pet de travers* there's always something wrong with her **2.** [bagarre] : *il va y avoir du pet* there's going to be hell to pay.

pet[2] [pɛt] nm *fam* **1.** [coup brutal] wallop, thump / *ma voiture a pris un pet sur le pare-chocs* my car took a thump on the bumper ; [trace de choc] dent / *il y a des pets partout sur l'arrière de la voiture* the back of the car is all dented **2.** BELG : *j'ai eu un pet* I failed my exam **3.** EXPR ▸ **pas un pet de** : *il n'y a pas un pet de vent* there's not a breath of wind / *il n'a pas un pet d'amour-propre* he doesn't have an ounce of self-respect.

pétainisme [petenism] nm Pétain's doctrine.

pétainiste [petenist] ◆ adj : *régime / propagande pétainiste* Pétain's regime / propaganda. ◆ nmf Pétain supporter.

pétale [petal] nm petal / *pétales de maïs* cornflakes.

pétaloïde [petalɔid] adj petal-like.

pétanque [petɑ̃k] nf (game of) pétanque.

pétant, e [petɑ̃, ɑ̃t] adj *fam* ▸ **à 3 heures pétantes** at 3 o'clock sharp ou on the dot.

pétaradant, e [petaʀadɑ̃, ɑ̃t] adj *fam* put-putting.

pétarade [petaʀad] nf [d'un moteur] put-putting ; [d'un feu d'artifice] crackle, banging.

pétarader [3] [petaʀade] vi [feu d'artifice] to crackle, to bang ; [moteur] to put-putt / *ils descendirent la rue en pétaradant* they went put-putting down the street.

pétard [petaʀ] nm **1.** [explosif] firecracker, banger UK / *lancer* ou *tirer des pétards* to let off firecrackers ▸ **pétard mouillé** damp squib ▸ **lancer un pétard** to cause a sensation ou a stir **2.** *tfam* [tapage] din, racket / *faire du pétard* to kick up ou to make a racket **3.** *tfam* [revolver] pistol, gat US **4.** *fam* [cigarette] joint **5.** *tfam* [fesses] bum UK, ass US, butt US **6.** RAIL detonator UK, torpedo US.

❖ **en pétard** loc adj *fam* furious, livid, pissed US.

pétasse [petas] nf *tfam & vieilli péj* [prostituée] tart.

pétaudière [petodjɛʀ] nf *fam* [lieu] shambles *(sg)*, disaster area *fig* ; [groupe] motley crew.

pet-de-nonne [pɛdnɔn] (*pl* **pets-de-nonne**) nm fritter.

pété, e [pete] adj *tfam* **1.** [ivre] plastered, smashed ; [drogué] stoned, high (as a kite) **2.** [cassé] broken, bust.

péter [18] [pete] *fam* ◆ vi **1.** [faire un pet] to fart ▸ **péter plus haut que son cul** *tfam* to be full of oneself ▸ **péter dans la soie** *tfam* to be rolling in money **2.** [exploser] to blow up / *la grenade lui a pété en pleine figure* the grenade blew up right in his face ; [casser] : *la corde a pété* the rope snapped ▸ **péter dans les mains de qqn** *fig* [projet, affaire] to fall through. ◆ vt **1.** [casser] to break, to bust / *je crois que j'ai pété le magnétoscope* I think I've bust the video ▸ **péter la gueule à qqn** to smash sb's face in **2.** [être plein de] ▸ **péter la santé** to be bursting with health ▸ **péter le feu** to be a livewire **3.** BELG : *il a été pété* he failed his exam **4.** EXPR **péter un câble** to go off the rails ▸ **péter les plombs** to go ballistic ▸ **péter des flammes** to turn nasty.

❖ **se péter** *fam* ◆ vpi : *attention, ça va se péter!* watch out, it's going to break! ◆ vpt : *se péter la jambe / mâchoire* to smash one's leg / jaw ▸ **se péter la gueule a)** [s'enivrer] to get pissed *tfam* ou plastered UK **b)** [en voiture] to get smashed up ▸ **se la péter** : *il se la pète avec son nouveau portable* he thinks he's it (and a bit) with that new laptop.

In reformed spelling (see p. 16-19), this verb is conjugated like *semer*: *il pètera, elle pèterait.*

Peter Pan [pitœʀpɑ̃] npr Peter Pan.

pète-sec [pɛtsɛk] ◆ adj inv overbearing, high-handed, bossy. ◆ nmf tyrant, dragon.

péteux, euse [petø, øz] nm, f *tfam* **1.** [lâche] chicken / *tu n'es qu'un petit péteux!* you're just chicken! **2.** [prétentieux] : *quel petit péteux!* he's so full of himself!

pétillant, e [petijɑ̃, ɑ̃t] adj **1.** [effervescent - eau, vin] sparkling, fizzy **2.** [brillant] : *avoir le regard pétillant* to have a twinkle in one's eyes / *une réponse pétillante d'humour* an answer sparkling with wit.

❖ **pétillant** nm sparkling wine.

pétillement [petijmɑ̃] nm **1.** [crépitement] crackling, crackle **2.** [effervescence] bubbling, sparkling **3.** [vivacité] sparkle / *le pétillement de son regard* the sparkle in his eyes.

pétiller [3] [petije] vi **1.** [crépiter] to crackle **2.** [faire des bulles] to bubble, to fizz, to effervesce *sout* **3.** [briller] to sparkle / *son interprétation de Figaro pétille d'intelligence* his interpretation of Figaro shines ou sparkles with intelligence.

pétiole [pesjɔl] nm leafstalk, petiole *spéc.*

petiot, e [pətjo, ɔt] *fam* ◆ adj tiny, teeny-weeny. ◆ nm, f (little) kiddy, tiny tot ▸ **les petiots** the little toddlers ou tiny tots.

petit, e [p(ə)ti] *(devant nm commençant par voyelle ou 'h' muet* [p(ə)tit] [it] *)* ◆ adj **1.** [en hauteur, en largeur] small, little ; [en longueur] little, small, short / *une personne de petite taille* a small ou short person / *je suis trop petite pour être mannequin* I'm too small ou short to be a model / *un petit gros* a tubby little man / *une petite femme sèche* a skinny little woman / *un homme petit et malingre* a short puny man / *il y a un petit mur entre les deux jardins* there's a low ou small wall between the two gardens ▸ **une toute petite bonne femme a)** *fam* [femme] a tiny little woman **b)** [fillette] a tiny little girl ▸ **de petites jambes grassouillettes a)** [de bébé] little fat legs **b)** [d'adulte] short fat legs ▸ **petite distance** short distance / *à petite distance on voyait une chaumière* a cottage could be seen a short way ou distance away / *la corde est un peu trop petite* the rope is a bit too short / *elle a de petits pieds* she's got small ou little feet ▸ **un petit «a»** a lower-case ou small "a" / *je voudrais ce tissu en petite largeur* I'd like that material in a narrow width / *un petit nuage* a small ou little cloud / *un petit bout de papier* a scrap of paper / *une petite ossature* a small ou frail bone structure ▸ **une chambre assez petite** a smallish room ▸ **une toute petite maison** a tiny little house / *acheter une petite tour Eiffel* to buy a miniature ou model Eiffel Tower ▸ **se faire tout petit** [passer inaperçu] to make o.s. inconspicuous, to keep a low profile ▸ **se faire tout petit devant qqn a)** [par respect ou timidité] to humble o.s. before sb **b)** [par poltronnerie] to cower ou to shrink before sb ; [exprime l'approximation] : *ça vaut un petit 12 sur 20* it's only worth 12 out of 20 / *on y sera dans une petite heure* we'll be there in a bit less than ou in under an hour ▸ **dans une petite huitaine** in a little less than a week / *je voudrais un petit kilo de rôti de bœuf* ≃ I'd like just under two pounds of beef for roasting / *il y a un petit kilomètre d'ici à la ferme* ≃ it's no more than ou just under three quarters of a mile from here to the farm **2.** [faible] small ▸ **petite averse** small ou light shower / *expédition / émission à petit budget* low-budget expedition / programme ▸ **petit loyer** low ou moderate rent / *petite retraite / rente* small pension / annuity / *avec un petit effectif* with small numbers (of people) **3.** [jeune - personne] small, little ; [- plante] young, baby *(modif)* / *quand j'étais petit* when I was little / *je ne suis plus une petite fille!* I'm not a little girl any more! / *les petits Chiliens* the children of Chile / *les petits Français* French children / *une petite Chinoise* a young ou little Chinese girl / *il est encore trop petit* he's still too small ou young / *un petit chien* a puppy / *un petit chat* a kitten / *un petit lion / léopard* a lion / leopard cub / *un petit mouton* a lamb / *un petit éléphant* a baby elephant, an elephant calf ; [plus jeune] little, younger **4.** [bref, court] short, brief / *petit entracte* short ou brief interval / *un petit séjour* a short ou brief stay / *si on lui faisait une petite visite?* shall we pop in to see her? / *elle est partie faire un petit tour en ville* she's gone off for a little walk round the town / *donnez-moi un petit délai* give me a little more time / *un petit répit* a short breathing space **5.** [dans une hiérarchie] : *petite entreprise* small company ▸ **les petites et moyennes entreprises** small and medium-sized businesses / *petite association* small association ▸ **le petit commerce** (running of) small businesses ▸ **les petits commerçants** (owners of) small businesses ▸ **la petite industrie** small industry ▸ **les petits agriculteurs / propriétaires** small farmers / landowners ▸ **les petits salaires a)** [sommes] low salaries, small wages **b)** [employés] low-paid workers / *il s'est trouvé un petit emploi au service exportation* he found a minor post in the export department ▸ **petit fonctionnaire** minor ou petty *péj* official / *petit peintre / poète* minor painter / poet **6.** [minime] small, slight, minor / *petit changement* small ou slight ou minor change / *une petite touche de peinture* a slight touch of paint / *ce n'est qu'un petit détail* it's just a minor detail

* In reformed spelling (see p. 16-19).

/ *dans les plus petits détails* down to the last detail / *il y a de petits avantages* there are a few small advantages / *une petite intervention chirurgicale* minor surgery, a small ou minor operation / *il a fallu lui faire de petites réparations* it had to undergo minor repairs ; [insignifiant] small, slight / *un petit malentendu* a small ou slight misunderstanding / *il y a un petit défaut* there's a slight ou small ou minor defect / *j'ai un petit ennui* I've got a bit of a problem / *j'ai eu un petit rhume* I had a bit of a cold ou a slight cold / *de petites erreurs* small ou slight mistakes / *j'ai eu une petite peur* I was somewhat frightened, I had a bit of a fright **7.** [léger] slight / *un petit sourire* a hint of a smile / *un petit soupir* a little sigh / *elle a un petit accent* she's got a slight accent / *dit-elle d'une petite voix* she said in a faint voice / *petite montée* gentle slope / *petite brise* gentle breeze / *ça a un petit goût* it tastes a bit strange / *ça a un petit goût d'orange* it tastes slightly of orange **8.** [avec une valeur affective] little / *mon petit mignon* (my) little darling / *alors, la petite mère, ça va?* *fam* all right, missus UK ou little lady US ? / *elle a ses petits préférés* she's got her little favourites / *j'ai trouvé une petite couturière* / *un petit garagiste* I've found a very good little seamstress / garage / *il ne faut pas changer ses petites habitudes!* you shouldn't try to change his little ways ! / *je me suis octroyé un petit congé* I allowed myself a little bit of time off / *fais-moi une petite place* make a little space for me, give me a (little) ou tiny bit of room / *j'élabore ma petite méthode au fur et à mesure* I work out my own (little) method as I go along / *il aimait faire son petit poker le soir* he was fond of a game of poker in the evening / *elle portait toujours sa petite robe noire en scène* she always wore her little black dress on stage / *tu mets ton petit ensemble?* will you be wearing that nice little suit? / *un petit roman distrayant* an entertaining little novel / *un petit vin sans prétention* an unpretentious little wine / *il y a un petit vent frais pas désagréable* there's a nice little breeze / *ma petite maman* Mummy UK, Mommy US, my Mum UK ou Mom US / *alors, mon petit Paul, comment ça va?* **a)** [dit par une femme] how's life, Paul, dear? **b)** [dit par un homme plus âgé] how's life, young Paul? ; [pour encourager] : *tu mangeras bien une petite glace!* come on, have an ice cream ! / *un petit pourboire aiderait à le convaincre* a small tip might persuade him / *je n'ai pas le temps de faire un match — juste un petit!* I've no time to play a match — come on, just a quick one ! ; [avec une valeur admirative] : *c'est une petite futée* she's a clever one / *petit débrouillard!* you're smart!, you don't miss a thing ! ; *euphém* [notable] : *c'est une petite surprise* it's quite a surprise / *c'est tout de même une petite victoire* still, it's quite a victory / *c'est un petit événement* it's quite an event / *c'est un petit exploit!* it's quite an achievement ! ; [avec une valeur dépréciative] : *petit imbécile!* you idiot! / *petit con!* *tfam* you arsehole UK ou asshole US ! / *mon petit monsieur, je vous prie de changer de ton* look here, my (good) man, I'll thank you not to use that tone with me / *j'en ai assez de ses petits mystères* / *petites manigances!* I'm fed up with her little mysteries / intrigues! **9.** *litt* [mesquin] mean, mean-spirited, petty / *il est petit* he's small-minded ou petty / *il est avare, c'est le côté petit du personnage* he's a skinflint, that's the petty side of his personality / *comme c'est petit, ce que vous avez fait là!* that was really mean ! **10.** BOT ▸ **petite bardane** lesser burdock ▸ **petite camomille** wild camomile. ◆ nm, f **1.** [fils, fille] little son ou boy (daughter) (girl) / *c'est le petit de Monique* it's Monique's son / *c'est la petite d'en face* *fam* it's the girl from across the street, it's the daughter of the people across the street, it's across the road's daughter UK / *elle va à la même école que le petit (des) Verneuil* she goes to the same school as the Verneuil boy **2.** [enfant] little ou small child, little ou small boy (girl) / *quant aux petits, nous les emmènerons au zoo* as for the younger children, we'll take them to the zoo / *la cour des petits* [garçons ou filles] the junior playground / *la cour des petites* the junior UK ou younger girls' playground / *c'est un livre qui fera les délices des petits comme des grands* this book will delight young and old (alike) / *tu veux de la pâte à modeler? — c'est pour les petits!* do you want some Plasticine? — that's for children ! **3.** *fam* [adolescent] (young) boy (girl) / *le petit* / *la petite de la boulangerie* [employé] the boy / the girl who works at the baker's **4.** [adulte de petite taille] short person / *alors, le petit, tu viens?* *fam* coming, shorty? *hum* **5.** [avec une valeur affective - à un jeune] dear ; [- à un bébé] little one / *attention petite, ça brûle!* careful, dear ou darling, it's boiling hot ! ▸ **mon petit a)** [à un homme] dear **b)** [à une femme] dear, darling ▸ **mon petit, je suis fier de toi a)** [à un garçon] young man, I'm proud of you **b)** [à une fille] young lady, I'm proud of you / *viens, mon tout petit* come here (my) little one / *ça, ma petite, vous ne l'emporterez pas au paradis!* you'll never get away with it, my dear! / *pauvre petit, il a perdu sa mère* the poor little thing's lost his mother / *la pauvre petite, comment va-t-elle faire?* poor thing, however will she manage?

❖ **petit** ◆ nm **1.** [animal] baby ▸ **ses petits a)** [gén] her young **b)** [chatte] her kittens **c)** [chienne] her puppies **d)** [tigresse, louve] her cubs / *l'éléphante protège son petit* the elephant cow protects her calf ou baby / *quand les petits sortent de l'œuf* when the fledglings ou baby birds hatch out / *le singe avec son petit sur le dos* the monkey with its baby on its back ▸ **faire des petits a)** [chienne] to have pups **b)** [chatte] to have kittens / *mes économies ont fait des petits* *fam* my savings have grown **2.** [dans une hiérarchie] : *c'est toujours les petits qui doivent payer* it's always the little man who's got to pay / *dans la course aux marchés, les petits sont piétinés* in the race to gain markets, small firms ou businesses get trampled underfoot **3.** [carte au tarot] lowest trump card. ◆ adv **1.** COMM ▸ **c'est un 38 mais ce modèle chausse** / **taille petit** it says 38 but this style is a small fitting UK runs small US **2.** [juste] ▸ **voir** ou **prévoir petit** to see ou to plan things on a small scale / *un seul gâteau, tu as vu petit!* only one cake, you're cutting it fine!

❖ **en petit** loc adv [en petits caractères] in small characters ou letters ; [en miniature] in miniature / *un univers en tout petit* a miniature universe / *je voudrais cette jupe (mais) en plus petit* I'd like this skirt (but) in a smaller size.

❖ **petit à petit** loc adv little by little, gradually.

petit-beurre [p(ə)tibœʀ] (*pl* **petits-beurre**) nm petit beurre (biscuit) UK, cookie US ; ≃ rich tea biscuit UK.

petit-bois [p(ə)tibwa] (*pl* **petits-bois**) nm glazing ou window bar.

petit-bourgeois, petite-bourgeoise [p(ə)tiburʒwa, p(ə)titburʒwaz] (*mpl* **petits-bourgeois**, *fpl* **petites-bourgeoises**) ◆ adj lower middle-class, petit bourgeois. ◆ nm, f petit bourgeois.

Petit-Clamart [pətiklamaʀ] npr m ▸ **le Petit-Clamart** *town in the Paris suburbs where an unsuccessful attempt to assassinate Charles de Gaulle took place in 1962.*

petit-cousin, petite-cousine [p(ə)tikuzɛ̃, p(ə)titkuzin] (*mpl* **petits-cousins**, *fpl* **petites-cousines**) nm, f [au second degré] second cousin ; [éloigné] distant cousin.

petit déjeuner [p(ə)tideʒœne] (*pl* **petits déjeuners**) nm breakfast.

petit-déjeuner [5] [p(ə)tideʒœne] vi to have breakfast.

petite-fille [p(ə)titfij] (*pl* **petites-filles**) nf granddaughter.

petitement [p(ə)titmɑ̃] adv **1.** [modestement] humbly ▸ **vivre petitement** to live in lowly ou humble circumstances ▸ **être petitement logé** to live in cramped accommodation **2.** [mesquinement] pettily, meanly ▸ **agir petitement** to behave pettily.

petite-nièce [p(ə)titnjɛs] (*pl* **petites-nièces**) nf great-niece.

petitesse [p(ə)titɛs] nf **1.** [taille] smallness, small size **2.** [caractère] pettiness, meanness ▸ **petitesse d'esprit** narrow-mindedness **3.** [acte] piece of pettiness, petty act, mean-spirited action.

petit-fils [p(ə)tifis] (*pl* **petits-fils**) nm grandson.

petit-four [p(ə)tifuʀ] (*pl* **petits-fours**) nm petit four.

petit-gris [p(ə)tigʀi] (*pl* **petits-gris**) nm **1.** [escargot] garden snail ; CULIN petit-gris **2.** [écureuil] Siberian grey squirrel ; [fourrure] squirrel fur.

pétition [petisjɔ̃] nf **1.** [texte] petition ▸ **adresser une pétition à qqn** to petition sb / *faire une pétition* to organize a petition **2.** PHILOS ▸ **pétition de principe** petitio principii / *vous partez d'une pétition de principe* you're assuming that what we're trying to prove is true, you're begging the question.

pétitionnaire [petisjɔnɛʀ] nmf petitioner.

pétitionner [3] [petisjɔne] vi to petition.

petit-lait [p(ə)tilɛ] (*pl* **petits-laits**) nm whey.

petit-maître, petite-maîtresse (*mpl* **petits-maîtres**, *fpl* **petites-maîtresses**), **petit-maitre*, petite-maitresse** (*mpl* **petits-maitres**, *fpl* **petites-maitresses**) [p(ə)timɛtʀ, p(ə)titmɛtʀɛs] nm, f *vieilli* dandy, fop (young woman of fashion).

petit-nègre [p(ə)tinɛgʀ] nm pidgin / *ce n'est pas du français, c'est du petit-nègre* *péj* that isn't French, it's pidgin ou broken French.

petit-neveu [p(ə)tin(ə)vø] (*pl* **petits-neveux**) nm great-nephew.

pétitoire [petitwaʀ] adj ⟶ **action.**

petit pois [pətipwa] (*pl* **petits pois**) nm (garden) pea ▸ **il a un petit pois à la place du cerveau** *fam* he's a bit feather-brained.

petits-enfants [p(ə)tizɑ̃fɑ̃] nmpl grandchildren.

petit-suisse [p(ə)tisɥis] (*pl* **petits-suisses**) nm *thick fromage frais sold in small individual portions.*

pétoche [petɔʃ] nf *tfam* [peur] : *avoir la pétoche* to have the jitters, to be in a blue funk UK ▸ **filer** ou **flanquer la pétoche à qqn** to scare the living daylights out of sb.

pétoire [petwaʀ] nf *fam* [arme à feu] gun.

peton [pɔtɔ̃] nm *fam* tiny foot.

pétoncle [petɔ̃kl] nm (pilgrim) scallop.

pétouiller [3] [petuje] vi SUISSE to loaf about.

Pétra [petʀa] npr Petra.

Pétrarque [petʀaʀk] npr Petrarch.

pétrarquisme [petʀaʀkism] nm Petrarchism.

pétrel [petʀɛl] nm ZOOL petrel ▸ **pétrel fulmar** fulmar.

pétreux, euse [petʀø, øz] adj [os] petrous ; [nerf] petrosal.

pétrifiant, e [petʀifjɑ̃, ɑ̃t] adj **1.** *litt* [ahurissant] stunning, stupefying **2.** GÉOL petrifactive.

pétrification [petʀifikasjɔ̃] nf petrification, petrifaction.

pétrifier [9] [petʀifje] vt **1.** [abasourdir] to petrify, to transfix / *être pétrifié de terreur* to be rooted to the spot ou rigid with terror **2.** GÉOL to petrify.

❖ **se pétrifier** vpi **1.** [se figer] : *son visage se pétrifia* his face froze **2.** GÉOL to petrify, to become petrified.

pétrin [petʀɛ̃] nm **1.** *fam* [embarras] jam, fix ▸ **être dans le pétrin** to be in a jam ou pickle ▸ **se fourrer dans un beau** ou **sacré pétrin** to get into a real jam / *on s'est fourrés dans un beau pétrin!* we're right up the creek (without a paddle)! ▸ **mettre qqn dans un beau** ou **sacré pétrin** to land sb (right) in it UK, to land sb in a tough spot US **2.** [à pain] kneading trough ▸ **pétrin mécanique** dough mixer, kneading machine.

pétrir [32] [petʀiʀ] vt **1.** [malaxer] to knead **2.** *litt* to shape, to mould **3.** *fig* ▸ **être pétri d'orgueil** to be filled with pride / *être pétri de préjugés* to be steeped in prejudice.

pétrissage [petʀisaʒ] nm kneading.

pétrochimie [petʀɔʃimi] nf petrochemistry.

pétrochimique [petʀɔʃimik] adj petrochemical.

pétrochimiste [petʀɔʃimist] nmf petrochemist.

pétrodollar [petʀɔdɔlaʀ] nm petrodollar.

pétrogenèse [petʀɔʒənɛz] nf petrogenesis.

pétroglyphe [petʀɔglif] nm ARCHÉOL petroglyph.

pétrographe [petʀɔgʀaf] nmf petrographer.

pétrographie [petʀɔgʀafi] nf petrography.

pétrographique [petʀɔgʀafik] adj petrographic, petrographical.

pétrole [petʀɔl] ◆ nm oil, petroleum ▸ **pétrole brut** crude (oil) ▸ **pétrole lampant** paraffine oil UK, kerosene US ▸ **pétrole vert** food (processing) industry ▸ **en France, on n'a pas de pétrole, mais on a des idées** *(allusion à un slogan publicitaire)* although we have no oil wells in France, we do have wells of imagination. ◆ adj inv [couleur] ▸ **bleu pétrole** greyish blue.

❖ **à pétrole** loc adj [lampe, réchaud] oil *(modif)* UK, kerosene *(modif)* US.

⚠ Le mot anglais **petrol** signifie «essence» et non pétrole.

pétrolette [petʀɔlɛt] nf *fam* small (motor) bike, moped.

pétroleuse [petʀɔløz] nf **1.** HIST female arsonist *(active during the Paris Commune)* **2.** *fam* [militante] militant female political activist.

pétrolier, ère [petʀɔlje, ɛʀ] adj oil *(modif)*.

❖ **pétrolier** nm **1.** [navire] (oil) tanker **2.** [industriel] oil tycoon **3.** [technicien] petroleum ou oil engineer.

pétrolifère [petʀɔlifɛʀ] adj oil-bearing.

pétrologie [petʀɔlɔʒi] nf petrology.

Pétrone [petʀɔn] npr Petronius.

pétulance [petylɑ̃s] nf exuberance, ebullience, high spirits.

pétulant, e [petylɑ̃, ɑ̃t] adj exuberant, ebullient.

pétunia [petynja] nm petunia.

peu [pø]

◆ adv

A. EMPLOYÉ SEUL
B. EMPLOI NOMINAL
C. PRÉCÉDÉ DE 'UN'

A. EMPLOYÉ SEUL **1.** [modifiant un verbe] little, not much / *il travaille peu* he doesn't work much / *il mange / parle peu* he doesn't eat / talk much ▸ **je le connais peu** I don't know him well ▸ **c'est peu le connaître** it just shows how little you know him / *on a peu dormi* we didn't sleep much ▸ **il vient très peu** he comes very rarely, he very seldom comes / *on s'est très peu vu* we saw very little of each other / *j'ai trop peu confiance en elle* I don't trust her enough **2.** [modifiant un adjectif, un adverbe, etc.] not very / *un livre peu intéressant* a rather dull book / *une avenue peu fréquentée* a quiet street / *l'affaire est peu rentable* the business isn't very profitable / *il vient peu souvent* he doesn't come very often / *elle s'est défendue peu habilement* she defended herself rather clumsily / *il est assez peu soigneux* he doesn't take much care / *l'alibi est fort peu crédible* the alibi is highly implausible ▸ **peu avant** shortly ou not long before ▸ **peu après** soon after, shortly ou not long after ▸ **pas peu** not a little, more than a little / *je ne suis pas peu fier du résultat* I'm more than a little proud of the result.

B. EMPLOI NOMINAL **1.** *(avec déterminant)* [indiquant la faible quantité] : *le peu que tu manges* the little you eat / *le peu que tu gagnes* the little you earn ; *(sans déterminant)* : *il vit de peu* he lives off very little / *il est mon aîné de peu* he's only slightly older than me / *il a raté son examen de peu* *fam* he just failed his exam, he failed his exam by a hair's breadth ▸ **c'est peu** it's not much ▸ **hommes / gens de peu** *litt* worthless men / people ▸ **c'est peu (que) de le dire, encore faut-il le faire!** that's easier said than done! ▸ **c'est peu dire** that's an understatement, that's putting it mildly ▸ **ce n'est pas peu dire!** and that's saying something! ▸ **très peu pour moi!** *fam* not on your life! **2.** [dans le temps] : *ils sont partis il y a peu* they left a short while ago, they haven't long left ▸ **d'ici peu** very soon, before long / *vous aurez de mes nouvelles avant peu* you'll hear from me before long / *je travaille ici depuis peu* I've only been working here for a while, I haven't been working here long **3.** [quelques personnes] a few (people) / *tout le monde en parle, peu le connaissent* everybody's talking about him but few know him / *peu avaient compris* few (people) had understood / *nous étions peu à le croire* only a few of us believed it.

C. PRÉCÉDÉ DE 'UN' **1.** [modifiant un verbe] ▸ **un peu** a little, a bit / *je le connais un peu* I know him a little ou a bit / *reste un peu avec moi* stay with me for a while / *il ressemble un peu à Cary Grant* he looks a bit ou a little like Cary Grant / *veux-tu manger un peu?* do you want something to eat? / *pousse-toi un (tout) petit peu* move up a (little) bit / *viens un peu par là* come here a minute / *pose-lui un peu la question, et tu verras!* just ask him, and you'll see! / *fais voir un peu...* let me have a look... ▸ **un peu** *fam* : *tu l'as vu? — un peu!* did you see it? — you bet I did ou and how! / *un peu que je vais lui dire ce que je pense!* *fam* I'll give him a piece of my mind, don't you worry (about that)! **2.** [modifiant un adjectif, un adverbe, etc.] ▸ **un peu** a little, a bit / *il est un peu fatigué* he is a little ou a bit tired / *je suis un peu pressée* I'm in a bit of a hurry / *votre devoir était un peu confus* your work was a little ou a bit confused / *il est un peu poète* he's a bit of a poet ▸ **un peu partout** just about ou pretty much everywhere / *tu parles un peu fort* you're talking a little ou a bit too loudly / *on roulait un peu vite* we were driving a little ou a bit too fast ▸ **un peu plus** a little ou bit more / *pouvez-vous vous exprimer un peu plus clairement?* could you express yourself a little more clearly? ▸ **un peu plus de a)** [suivi d'un nom comptable] a few more **b)** [suivi d'un nom non comptable] a little (bit) more / *nous recevons un peu plus d'appels maintenant* we're getting a few more calls now / *un peu plus de lait?* a little more milk? ▸ **un peu moins** a little ou bit less / *roule un peu moins vite* drive a little more slowly ▸ **un peu moins de a)** [suivi d'un nom comptable] slightly fewer, not so many **b)** [suivi d'un nom non comptable] a little (bit) less / *nous avons un peu moins de difficultés* we're not having quite so many difficulties / *il y a un peu moins de vent* it's a little less windy / *un peu trop* a little ou bit too (much) / *il en fait vraiment un peu trop!* he's really making too much of it! / *un peu beaucoup* *fam* a bit much / *tu as bu un peu beaucoup hier soir* *fam* you certainly had a few last night / *elle est jolie — un peu, oui!* *fam* she's pretty — just a bit! ▸ **c'est un (petit) peu ça, non?** : *il te reproche de lui avoir menti, c'est un (petit) peu ça, non?* he's reproaching you for lying to him, isn't that it? ▸ **un peu plus** : *un peu plus et l'évier débordait!* another minute and the sink would have overflowed! / *un peu plus et on se serait cru au bord de la mer* you could almost imagine that you were at the seaside / *un peu plus, et je partais* I was just about to leave / *un peu plus et je me faisais écraser!* I was within an inch of being run over!

❖ **peu à peu** loc adv little by little, bit by bit, gradually / *on s'habitue, peu à peu* you get used to things, bit by bit ou gradually / *la neige fondait peu à peu* the snow was gradually melting.

❖ **peu de** loc dét **1.** [suivi d'un nom non comptable] not much, little ; [suivi d'un nom comptable] not many, few / *il a peu de travail* he doesn't have much work ▸ **cela a peu d'importance** that is of little importance, that doesn't matter much / *cela a peu d'intérêt* it's of little interest ▸ **peu de temps** : *je ne reste que peu de temps* I'm only staying for a short while, I'm not staying long / *il n'a que peu de temps à me consacrer* he can only give me a small amount of time ▸ **peu de temps avant / après** not long before / after / *il y avait peu de neige* there wasn't much snow / *il reste peu de jours* there are only a few days left / *j'ai peu d'amis* I have few friends, I don't have many friends ▸ **en peu de mots** in a few words / *peu d'écrivains ont abordé cette question* few writers have dealt with this question ▸ **on est peu de chose** what an insignificant thing man is ▸ **c'est peu de chose** it's nothing / *ne me remerciez pas, c'est vraiment peu de chose* don't thank me, it's really nothing **2.** [avec un déterminant] ▸ **le peu de a)** [suivi d'un nom comptable] the ou what few **b)** [suivi d'un nom non comptable] the ou what little / *le peu de connaissances que j'ai* the ou what few acquaintances I have / *le peu de fois où je l'ai vu* on the few ou rare occasions when I've seen him / *le peu de leçons que j'ai prises* what few ou the few lessons I've had / *le peu d'expérience que j'avais* what little experience I had / *son peu d'enthousiasme* his lack of enthusiasm / *avec mon peu de moyens* with my limited means / *avec ce peu de matériel / d'idées* with such limited material / ideas.

❖ **peu ou prou** loc adv *litt* more or less.

❖ **pour peu que** loc conj : *pour peu qu'il le veuille, il réussira* if he wants to, he'll succeed / *pour peu qu'elle ait compris...* if she's got the message...

❖ **pour un peu** loc adv : *pour un peu il m'accuserait!* he's all but accusing me! / *pour un peu, j'oubliais mes clés* I nearly forgot my keys.

❖ **quelque peu** loc adv *sout* **1.** [modifiant un verbe] just a little / *vous ne trouvez pas que vous exagérez quelque peu?* don't you think you're exaggerating just a little? **2.** [modifiant un adjectif] somewhat, rather / *il était quelque peu éméché* he was somewhat ou rather tipsy.

❖ **quelque peu de** loc dét *sout* not a little / *le chantier a été achevé avec quelque peu de hâte* the site was completed in not a little haste.

❖ **si peu que** loc conj : *si peu que j'y aille, j'apprécie toujours beaucoup l'opéra* although I don't go very often, I always like the opera very much.

❖ **si peu... que** loc conj : *si peu informé qu'il soit* however badly informed he may be / *si peu réaliste qu'il soit* however unrealistic he may be.

❖ **sous peu** loc adv before long, in a short while / *vous recevrez sous peu les résultats de vos analyses* you will receive the results of your tests in a short while.

❖ **un peu de** loc dét a little (bit) of / *prends un peu de gâteau* have a little ou some cake / *c'est meilleur avec un peu de crème dessus* it tastes better with a dash ou a bit of cream on top / *pourrais-je avoir un (tout) petit peu de lait?* could I have (just) a little milk? / *un peu de tout* a bit of everything / *avec un peu de chance...* with a little luck... / *allons, un peu de patience!* come on, let's be patient! / *avec un (tout) petit peu de bonne volonté...* with (just) a little willingness... / *tu l'as quitté par dépit? — il y a un petit peu de ça* so you left him in a fit of pique? — that was partly it ou that was part of the reason.

peuchère [pøʃɛʀ] interj *régional* heck, strewth UK.

peuh [pø] interj **1.** [avec indifférence] bah **2.** [avec dédain] humph.

peul, e [pøl] adj Fulani.

❖ **Peul, e** nm, f Fulani, Fula, Fulah.

❖ **peul** nm LING Fulani.

peuplade [pœplad] nf (small) tribe, people.

peuple [pœpl] ◆ nm **1.** [communauté] people / *un roi aimé de son peuple* a king loved by his people ou subjects ▸ **les peuples d'Asie** the people of Asia / *le peuple français a fait son choix* the French people have chosen ▸ **le peuple de Dieu a)** [dans l'Ancien Testament] the Hebrews **b)** [dans le Nouveau Testament] the Christians ▸ **le peuple élu** RELIG the chosen people ou ones **2.** ▸ **le peuple** [prolétariat] the people / *le pouvoir revient au peuple* power belongs to the people / *parti du peuple* people's party ▸ **homme du peuple** ordinary man ▸ **le bas** ou **petit peuple** *vieilli* the lower classes ou orders UK **3.** *fam* [foule] crowd / *il va y avoir du peuple* it's going to be a bit on the crowded side / *t'aurais vu le peuple!* you should have seen how many people there were! **4.** *fam* EXPR **se ficher** ou **se moquer du peuple** : *il se fiche* ou *se moque du peuple* he's got some nerve / *encore une hausse de la TVA, faudrait pas se moquer du peuple!* not another VAT increase, what kind of idiots do they take us for? ▸ **que demande le peuple?** what more do you want? ◆ adj inv working-class / *se donner un genre peuple* to try to look working-class / *une expression qui fait peuple* *péj* a vulgar ou common turn of phrase.

peuplé, e [pœple] adj populated / *région peu / très peuplée* sparsely / densely populated region.

peuplement [pœpləmɑ̃] nm **1.** SOCIOL populating, peopling / *au moment du peuplement des États-Unis* while the United States was being populated ou peopled **2.** ÉCOL [d'une forêt] planting (with trees) ; [d'une rivière] stocking (with fish) ; [ensemble - des végétaux] stand *spéc*, plant population ; [- des arbres] tree population.

peupler [5] [pœple] vt **1.** [région, ville] to populate, to people ; [forêt] to plant (with trees) ; [rivière] to stock (with fish) **2.** [vivre dans] to live in *(insép)*, to inhabit / *les Indiens qui peuplent ces régions* the Indians who live in these areas **3.** *fig & litt* to fill / *les monstres qui peuplent ses rêves* the monsters that fill his dreams.

❖ **se peupler** vpi to become populated, to acquire a population / *la ville nouvelle se peuple petit à petit* people are gradually moving into the new town.

peupleraie [pøplərɛ] nf poplar grove.

peuplier [pøplije] nm poplar (tree) ▸ **peuplier d'Italie** Lombardy poplar ▸ **peuplier blanc** white poplar.

peur [pœʀ] nf **1.** [sentiment] fear, apprehension, alarm / *la peur lui donnait des ailes* fear gave her wings ▸ **avoir peur** to be afraid ou frightened ou scared / *on a eu très peur* we were badly frightened / *je n'ai qu'une peur, c'est de les décevoir* my one fear is that I might disappoint them / *on a sonné tard, j'ai eu une de ces peurs!* *fam* someone rang the doorbell late at night and it gave me a terrible fright ! ▸ **avoir peur pour qqn** to fear for sb ▸ **avoir peur d'un rien** to scare easily, to be easily frightened ▸ **avoir horriblement peur de qqch** to have a dread of sthg ▸ **avoir grand-peur** to be very much afraid ou frightened ou scared ▸ **n'aie pas peur a)** [ne t'effraie pas] don't be afraid **b)** [ne t'inquiète pas] don't worry / *ça va, tu n'as pas besoin d'avoir peur!* don't you worry about that !, there's nothing to be afraid of ! / *il double dans le virage, il n'a pas peur, lui au moins!* overtaking on the bend, he's certainly got some nerve ! / *j'ai bien peur qu'elle ne vienne pas* I'm really worried (that) she won't come ▸ **j'en ai (bien) peur** I'm (very much) afraid so / *il ne s'en remettra pas — j'en ai bien peur* he won't pull through — I'm very much afraid you might be right ▸ **faire peur** : *des monstres qui font peur* frightening monsters ▸ **faire peur à qqn** to frighten ou to scare sb / *le travail ne lui fait pas peur* he's not work shy ou afraid of hard work / *ils cherchent à te faire peur* they're trying to frighten you / *j'adore les films qui font peur* I love frightening films / *il nous fait peur avec ses histoires d'hôpital* he tells us scare ou horror stories about the hospital ▸ **à faire peur** frightening / *une tête à faire peur* a frightening face / *boiter / loucher à faire peur* to have a dreadful limp / squint ▸ **prendre peur** to get frightened, to take fright / *être pris de peur* to be gripped by fear, to be overcome with fear, to take fright ▸ **peur bleue** : *avoir une peur bleue de* to be scared stiff of ▸ **faire une peur bleue à qqn** to give sb a terrible fright / *tu m'as fait une peur bleue* you gave me such a fright ▸ **la peur du gendarme** the fear of authority / *avec eux, il n'y a que la peur du gendarme qui marche* they only understand the language of repression ▸ **avoir la peur au ventre** to be gripped by fear ▸ **être mort** ou **vert de peur** to be frightened out of one's wits / *elle était morte de peur à cette idée* that idea scared her out of her wits ▸ **plus de peur que de mal** : *on a eu plus de peur que de mal* we weren't hurt, just scared / *il y a eu plus de peur que de mal* nobody was hurt, but it was frightening ▸ **ça fait peur!** *fam & iron* : *tu as l'air content, ça fait peur!* you don't exactly look beside yourself with joy ! / *ces bananes sont mûres, ça fait peur!* I've seen riper bananas ! **2.** [phobie] fear ▸ **avoir peur de l'eau / du noir** to be afraid of water / of the dark / *il a peur en avion* he's afraid of flying **3.** LITTÉR / **'Qui a peur de Virginia Woolf?'** *Albee* 'Who's Afraid of Virginia Woolf'.

❖ **dans la peur de** loc prép ▸ **vivre dans la peur de qqch** to live in fear (and trembling) *litt* ou in dread of sthg.

❖ **de peur de** loc prép ▸ **de peur de faire** for fear of doing / *je ne disais rien de peur de lui faire du mal* I said nothing for fear that I might ou in case I hurt her.

❖ **de peur que** loc conj for fear that / *je préfère éteindre de peur qu'on nous voie* I'd rather switch the light off in case someone sees us / *il partit de peur qu'on ne l'accusât d'ingérence sout* he left for fear of being ou lest he should be *sout* accused of interfering.

❖ **par peur de** loc prép out of fear of / *il cèdera au chantage par peur du scandale* the fear of a scandal will make him give in to blackmail.

❖ **sans peur** loc adv fearlessly, undaunted, gamely *litt* / *affronter l'avenir sans peur* to face up to the future bravely.

peureusement [pœʀøzmɑ̃] adv fearfully, timorously, apprehensively.

peureux, euse [pœʀø, øz] ◆ adj [craintif] timorous, fearful / *un enfant peureux* a fearful child. ◆ nm, f [poltron] fearful person.

peut v ⟶ **pouvoir.**

peut-être [pøtɛtʀ] adv maybe, perhaps / *ils sont peut-être sortis, peut-être sont-ils sortis* maybe they've gone out, they may ou might have gone out / *il y a peut-être encore trois places de libres* there are maybe another three seats left / *elle est peut-être efficace, mais guère rapide* she might be efficient, but she is not very quick / *je n'ai peut-être pas d'expérience, mais j'ai de l'ambition* I may lack experience ou maybe I lack experience, but I'm ambitious / *tu viendras? — peut-être* will you come ? — maybe ou perhaps / *peut-être pas* maybe ou perhaps not / *il est peut-être bien déjà parti* he may well have already left ▸ **j'y suis pour quelque chose, peut-être?** so you think it's my fault, do you ! ▸ **je suis ta bonne, peut-être?** what do you take me for ? a maid ? ▸ **peut-être bien, mais…** perhaps ou maybe so but…

❖ **peut-être que** loc conj perhaps, maybe / *peut-être qu'il est malade* perhaps ou maybe he is ill / *je n'ai pas vu ce film, peut-être que c'est bien* I've never seen this film, maybe it's good / *peut-être qu'il viendrait si tu l'invitais* maybe he would come if you invited him ▸ **peut-être (bien) qu'il viendra** he may well come ▸ **peut-être bien que oui, peut-être bien que non** maybe, maybe not (who knows?) / *tu viendras? — peut-être bien que oui, peut-être bien que non* will you come ? — perhaps I will, perhaps I won't ou maybe I will, maybe I won't.

peuvent, peux v ⟶ **pouvoir.**

peyotl [pejɔtl] nm peyote.

pèze [pɛz] nm *arg crime* dough, bread, lolly UK / *ils sont pleins de pèze* they're loaded ou stinking rich.

pff [pf], **pft** [pft], **pfut** [pfyt] interj pooh.

pgcd (abr de **plus grand commun diviseur**) nm HCF.

pH (abr de **potentiel hydrogène**) nm pH.

phacochère [fakɔʃɛʀ] nm ZOOL warthog.

phaéton [faetɔ̃] nm **1.** [véhicule] phaeton **2.** ORNITH tropical bird.

Phaéton [faetɔ̃] npr Phaëthon.

phagocytaire [fagɔsitɛʀ] adj phagocytic.

phagocyte [fagɔsit] nm phagocyte.

phagocyter [3] [fagɔsite] vt **1.** BIOL to phagocytose **2.** *fig & sout* [absorber] to engulf, to absorb / *après avoir phagocyté tous ses concurrents* after having swallowed up all its competitors.

phagocytose [fagɔsitoz] nf phagocytosis.

phalange [falɑ̃ʒ] nf **1.** ANAT phalanx **2.** [groupe] ▸ **la Phalange (espagnole)** the Falange ▸ **les Phalanges libanaises** the (Lebanese) Phalangist Party **3.** ANTIQ [corps d'armée] phalanx.

phalanger [falɑ̃ʒe] nm phalanger.

phalangette [falɑ̃ʒɛt] nf distal phalanx *spéc*, top joint *(of finger or toe)*.

phalangien, enne [falɑ̃ʒjɛ̃, ɛn] adj phalangeal.

phalangine [falɑ̃ʒin] nf middle joint *(of finger or toe)*, phalanx media *spéc*.

phalangiste [falɑ̃ʒist] adj & nmf [en Espagne] Falangist ; [au Liban] Phalangist.

phalanstère [falɑ̃stɛʀ] nm **1.** [de Fourier] phalanstery **2.** *litt* [communauté] community, group.

phalanstérien, enne [falɑ̃steʀjɛ̃, ɛn] ◆ adj Phalansterian. ◆ nm, f member of a phalanstery, Phalansterian.

phalène [falɛn] nf geometrid.

phalline [falin] nf phalloidin.

phallique [falik] adj phallic.

phallocentrique [falɔsɑ̃tʀik] adj phallocentric.

phallocentrisme [falɔsɑ̃tʀism] nm phallocentrism.

phallocrate [falɔkʀat] ◆ adj male-chauvinist. ◆ nm male chauvinist.

phallocratie [falɔkʀasi] nf male chauvinism.

phallocratique [falɔkʀatik] adj male-chauvinist.

phalloïde [falɔid] adj phalloid.

phallus [falys] nm **1.** ANAT phallus **2.** BOT ▸ **phallus impudique** (common) stinkhorn.

phanère [fanɛʀ] nm superficial body growth.

phanérogame [faneʀɔgam] nf phanerogam.

phantasme [fɑ̃tasm] = **fantasme.**

phantasmer [fɑ̃tasme] = **fantasmer.**

pharamineux, euse [faʀaminø, øz] *fam* = **faramineux.**

pharaon [faʀaɔ̃] nm **1.** HIST pharaoh **2.** JEUX faro.

pharaonien, enne [faʀaɔnjɛ̃, ɛn], **pharaonique** [faʀaɔnik] adj pharaonic.

pharaonique [faʀaɔnik] adj *pr & fig* [gigantesque] Pharaonic.

phare [faʀ] nm **1.** NAUT lighthouse ▸ **phare à éclipses** ou **occultations** occulting light ▸ **phare à feu fixe / tournant** fixed / revolving light ▸ **phare flottant** lightship **2.** AUTO headlight, headlamp UK ▸ **phare antibrouillard** fog lamp UK, fog light / *allumer ses phares* to switch one's headlights on / *mettre les phares en code* to dip UK ou to dim US one's headlights ▸ **phare à iode** quartz-iodine lamp ▸ **phare de recul** reversing UK ou back-up US light **3.** AÉRON light, beacon ▸ **phares d'atterrissage** landing lights **4.** *litt* [guide] beacon, leading light **5.** *(comme adjectif, avec ou sans trait d'union)* [exemplaire] landmark *(modif)* ▸ **industrie phare** flagship ou pioneering industry.

pharisaïque [faʀizaik] adj **1.** HIST & RELIG Pharisaic, Pharisaical **2.** *litt* [hypocrite] pharisaical.

pharisaïsme [faʀizaism] nm HIST & RELIG Pharisaism, Phariseeism.

pharisien [faʀizjɛ̃] nm **1.** HIST & RELIG Pharisee ▸ **les Pharisiens** the Pharisees **2.** *vieilli* [hypocrite] sanctimonious person, pharisee *litt*.

pharmaceutique [faʀmasøtik] adj pharmaceutic, pharmaceutical.

pharmacie [faʀmasi] nf **1.** [dans la rue] chemist's (shop) UK, pharmacy US, drugstore US ; [dans un hôpital] dispensary, pharmacy ▸ **pharmacie de garde** duty chemist UK, emergency drugstore US / *quelle est la pharmacie de garde ce soir?* which chemist UK ou pharmacy, US ou drugstore US is open all night tonight ? ▸ **aller à la pharmacie** to go to the chemist UK ou chemist's, UK ou pharmacy, US ou drugstore US **2.** [meuble] medicine chest ou cabinet ou cupboard UK ; [boîte] first-aid box **3.** SCI pharmacy, pharmaceutics *(U)* **4.** ENS pharmacology.

pharmacien, enne [faʀmasjɛ̃, ɛn] nm, f **1.** [titulaire] pharmacist, chemist UK **2.** [vendeur] (dispensing) chemist UK, druggist US.

pharmacocinétique [faʀmakɔsinetik] nf pharmacokinetics *(sg)*.

pharmacodépendance [faʀmakɔdepɑ̃dɑ̃s] nf (pharmaceutical) drug dependency.

pharmacodynamie [faʀmakɔdinami] nf pharmacodynamics *(sg)*.

pharmacogénétique [faʀmakɔʒenetik] nf pharmacogenetics *(sg)*.

pharmacologie [faʀmakɔlɔʒi] nf pharmacology.

pharmacologique [faʀmakɔlɔʒik] adj pharmacological.

pharmacologue [farmakɔlɔg], **pharmacologiste** [farmakɔlɔʒist] nmf pharmacologist.

pharmacomanie [farmakɔmani] nf (pharmaceutical) drug-addiction, pharmacomania *spéc.*

pharmacopée [farmakɔpe] nf pharmacopeia, pharmacopoeia / *la Pharmacopée internationale* the International Pharmacopoeia.

pharmacovigilance [farmakɔviʒilɑ̃s] nf (pharmaceutical) drug testing and control, pharmaceutical monitoring.

pharyngal, e, aux [farɛ̃gal, o] adj LING pharyngal, pharyngeal.

❖ **pharyngale** nf pharyngal ou pharyngeal (consonant).

pharyngé, e [farɛ̃ʒe], **pharyngien, enne** [farɛ̃ʒjɛ̃, ɛn] adj ANAT pharyngal, pharyngeal.

pharyngite [farɛ̃ʒit] nf pharyngitis.

pharyngo-laryngé, e [farɛ̃gɔlarɛ̃ʒe] adj ▸ **syndrôme pharyngo-laryngé** pharyngitis.

pharynx [farɛ̃ks] nm pharynx.

phase [faz] nf **1.** [moment] phase, stage / *le projet en arrive à sa phase d'exploitation* the project has moved into its first production run ▸ **phase critique a)** critical stage **b)** MÉD critical phase ▸ **phase terminale** final phase **2.** ÉLECTR & TECHNOL phase ▸ **différence de phase** difference in phase **3.** ASTRON phase ▸ **phases de la Lune** phases of the Moon, lunar phases / *entrer dans une nouvelle phase* [lune] to change **4.** PHYS ▸ **diagramme des phases** phase ou constitution diagram ▸ **règle des phases** phase rule **5.** CHIM phase.

❖ **en phase** loc adj ÉLECTR, PHYS & TECHNOL in phase / *les mouvements ne sont plus en phase* the movements are now out of phase ▸ **être en phase** *fig* to see eye to eye / *ils ne sont pas en phase* they don't see things the same way.

phasme [fasm] nm stick insect, phasmid *spéc.*

Phébus [febys] npr Phoebus.

Phèdre [fɛdr] npr Phaedra.

Phénicie [fenisi] npr f ▸ **la Phénicie** Phoenicia.

phénicien, enne [fenisjɛ̃, ɛn] adj Phoenician.

❖ **Phénicien, enne** nm, f Phoenician.

❖ **phénicien** nm LING Phoenician.

phénique [fenik] adj ⟶ **acide.**

phéniqué, e [fenike] adj phenolic, containing phenol.

phénix [feniks] nm **1.** MYTH phoenix ▸ **tel le phénix** like the proverbial phoenix **2.** *litt* [prodige] paragon **3.** BOT palm tree.

phénobarbital [fenɔbarbital] nm phenobarbitone UK, phenobarbital US.

phénocristal, aux [fenɔkristal, o] nm phenocryst.

phénol [fenɔl] nm phenol.

phénolique [fenɔlik] adj phenolic.

phénologie [fenɔlɔʒi] nf phenology.

phénoménal, e, aux [fenɔmenal, o] adj **1.** [prodigieux] phenomenal, tremendous, amazing / *son sens des affaires est phénoménal* he has phenomenal ou amazing business acumen / *un embouteillage phénoménal* a most phenomenal ou unbelievable traffic jam / *il a un toupet phénoménal* he's got (an) outrageous nerve, he's outrageously cheeky UK **2.** PHILOS phenomenal.

phénomène [fenɔmɛn] nm **1.** SCI phenomenon / *la grêle et autres phénomènes naturels* hail and other natural phenomena **2.** [manifestation] phenomenon ▸ **un phénomène de société** a social phenomenon / *la communication de masse est un phénomène du XXe siècle* mass communication is a 20th-century phenomenon **3.** [prodige] prodigy, wonder / *une truite de 10 kg est un phénomène* a 10-kg trout is a rare phenomenon **4.** *fam* [excentrique] character / *un drôle de phénomène* an odd customer / *cette gamine, quel phénomène !* that kid is a real character ! **5.** [monstre] : *phénomène (de foire)* freak **6.** PHILOS phenomenon.

phénoménisme [fenɔmenism] nm phenomenalism.

phénoméniste [fenɔmenist] adj & nmf phenomenalist.

phénoménologie [fenɔmenɔlɔʒi] nf phenomenology / **'la Phénoménologie de l'esprit'** *Hegel* 'The Phenomenology of Mind'.

phénoménologique [fenɔmenɔlɔʒik] adj phenomenological.

phénoménologue [fenɔmenɔlɔg] nmf phenomenologist.

phénoplaste [fenɔplast] nm phenolic resin.

phénothiazine [fenɔtjazin] nf phenothiazine.

phénotype [fenɔtip] nm phenotype.

phénotypique [fenɔtipik] adj phenotypic, phenotypical.

phénylalanine [fenilalanin] nf phenylalanine.

phénylbutazone [fenilbytazon] nf phenylbutazone.

phénylcétonurie [fenilsetɔnyri] nf phenylketonuria.

phényle [fenil] nm phenyl radical.

phénylique [fenilik] adj phenylic.

phéochromocytome [feɔkrɔmɔsitom] nm pheochromocytoma.

phéophycée [feɔfise] nf member of the Laminaria.

phéromone [ferɔmɔn] nf pheromone.

phi [fi] (*pl* **phi** *ou* **phis***) nm phi.

Phidias [fidjas] npr Phidias.

Philadelphie [filadɛlfi] npr Philadelphia.

Philaminte [filamɛ̃t] npr LITTÉR *the principal bluestocking in Molière's "Les Femmes savantes".*

philanthe [filɑ̃t] nm bee-killer wasp.

philanthrope [filɑ̃trɔp] nmf philanthrope, philanthropist.

philanthropie [filɑ̃trɔpi] nf philanthropy.

philanthropique [filɑ̃trɔpik] adj philanthropic.

philatélie [filateli] nf philately *spéc*, stamp-collecting.

philatélique [filatelik] adj philatelic.

philatéliste [filatelist] nmf philatelist *spéc*, stamp-collector.

Philémon [filemɔ̃] npr Philemon / *Philémon et Baucis* Philemon and Baucis.

philharmonie [filarmɔni] nf philharmonic ou musical society.

philharmonique [filarmɔnik] ◆ adj philharmonic. ◆ nm ▸ **le philharmonique de Boston** the Boston Philharmonic (Orchestra).

Philippe [filip] npr ▸ **Philippe II (de Macédoine)** Philip II (of Macedon) ▸ **Philippe Auguste** Philip Augustus ▸ **Philippe le Bel** Philip the Fair.

philippin, e [filipɛ̃, in] adj Filipino.

❖ **Philippin, e** nm, f Filipino.

Philippines [filipin] npr fpl ▸ **les Philippines** the Philippines, the Philippine Islands ▸ **aux Philippines** in the Philippines.

philippique [filipik] nf *litt* philippic.

philistin, e [filistɛ̃, in] *litt* ◆ adj philistine, uncultured / *dédaignant les récriminations philistines* scorning the recriminations of the philistines. ◆ nm, f philistine.

Philistins [filistɛ̃] npr mpl ▸ **les Philistins** the Philistines.

philo [filo] nf *fam* philosophy.

philodendron [filɔdɛ̃drɔ̃] nm philodendron.

philologie [filɔlɔʒi] nf philology.

philologique [filɔlɔʒik] adj philological.

philologue [filɔlɔg] nmf philologist.

philosophale [filɔzɔfal] adj f ⟶ **pierre.**

philosophe [filɔzɔf] ◆ adj philosophical / *elle est très philosophe* she's very philosophical. ◆ nm, f **1.** PHILOS philosopher **2.** [sage] : *il a pris la chose en philosophe* he took it philosophically ou calmly.

philosopher [3] [filɔzɔfe] vi to philosophize, to speculate ▸ **philosopher sur** to philosophize about *(insép).*

philosophie [filɔzɔfi] nf **1.** PHILOS philosophy **2.** ENS philosophy / *faire des études de philosophie* to study ou to read UK philosophy **3.** [conception] philosophy / *quelle est votre philosophie de la vie ?* what's your philosophy of life ? **4.** [sagesse] : *il est plein de philosophie* he is very wise.

❖ **avec philosophie** loc adv philosophically.

philosophique [filɔzɔfik] adj philosophical.

philosophiquement [filɔzɔfikmɑ̃] adv **1.** PHILOS philosophically **2.** [avec sagesse] philosophically.

philtre [filtr] nm love-potion, philtre.

phimosis [fimɔzis] nm phimosis.

phlébite [flebit] nf phlebitis.

phlébographie [flebɔgrafi] nf phlebography.

phlébologie [flebɔlɔʒi] nf phlebology.

phlébologue [flebɔlɔg] nmf phlebologist.

phlébotome [flebɔtɔm] nm sandfly.

phlébotomie [flebɔtɔmi] nf phlebotomy.

phlegmon [flɛgmɔ̃] nm phlegmon.

phlegmoneux, euse [flɛgmɔnø, øz] adj phlegmonous.

phlox [flɔks] nm phlox.

pH-mètre [peaʃmɛtr] (*pl* **pH-mètres**) nm pH meter.

Phnom Penh [pnɔmpɛn] npr Phnom Penh.

phobie [fɔbi] nf **1.** PSYCHOL phobia **2.** [aversion] aversion ▸ **avoir la phobie de qqch** to have an aversion to sthg.

phobique [fɔbik] adj phobic.

Phocée [fɔse] npr Phocaea.

phocéen, enne [fɔseɛ̃, ɛn] adj **1.** ANTIQ Phocaean **2.** [de Marseille] from Marseille ▸ **la cité phocéenne** *the city of Marseille.*

❖ **Phocéen, enne** nm, f **1.** ANTIQ Phocaean **2.** *vieilli inhabitant of or person from Marseille.*

phœnix [feniks] = **phénix.**

phonateur, trice [fɔnatœr, tris] adj phonatory ▸ **l'appareil phonateur** the phonatory apparatus.

phonation [fɔnasjɔ̃] nf phonation *spéc*, speech.

phonatoire [fɔnatwar] adj phonatory ▸ **acte phonatoire** phonatory act.

phone [fɔn] nm phon.

phonématique [fɔnematik] ◆ adj phonemic, phonematic. ◆ nf phonemics *(sg).*

phonème [fɔnɛm] nm phoneme.

phonémique [fɔnemik] ◆ adj phonemic. ◆ nf phonemics *(U).*

phonéticien, enne [fɔnetisjɛ̃, ɛn] nm, f phonetician.

phonétique [fɔnetik] ◆ adj phonetic. ◆ nf phonetics *(sg).*

phonétiquement [fɔnetikmɑ̃] adv phonetically.

phoniatre [fɔnjatr] nmf speech therapist.

phoniatrie [fɔnjatri] nf speech therapy.

phonie [fɔni] nf **1.** (abr de **radiotéléphonie**) radiotelephony **2.** (abr de **téléphonie**) telephony.

phonique [fɔnik] adj **1.** LING phonic **2.** [relatif aux sons] sound *(modif).*

phono [fɔno] nm *fam* phonograph US, gramophone UK.

phonocapteur, trice [fɔnɔkaptœr, tris] adj sound-reproducing *(avant nom).*

phonocardiographie [fɔnɔkardjɔgrafi] nf phonocardiography.

phonogénique [fɔnɔʒenik] adj ▸ **voix phonogénique a)** RADIO good broadcasting voice **b)** AUDIO good recording voice.

phonogramme [fɔnɔgram] nm phonogram.

phonographe [fɔnɔgraf] nm phonograph US, gramophone UK.

phonographique [fɔnɔgrafik] adj phonographic.

* In reformed spelling (see p. 16-19).

phonologie [fɔnɔlɔʒi] nf phonology.

phonologique [fɔnɔlɔʒik] adj phonological.

phonologue [fɔnɔlɔg] nmf phonologist.

phonométrie [fɔnɔmetʀi] nf phonometry.

phonon [fɔnɔ̃] nm phonon.

phonothèque [fɔnɔtɛk] nf sound archives.

phoque [fɔk] nm **1.** ZOOL seal ▸ **phoque à capuchon** hooded seal **2.** [fourrure] sealskin.

phormium [fɔʀmjɔm] nm phormium, New Zealand flax.

phosgène [fɔsʒɛn] nm phosgene.

phosphatage [fɔsfataʒ] nm phosphatization.

phosphatase [fɔsfataz] nf phosphatase.

phosphatation [fɔsfatasjɔ̃] nf phosphate coating.

phosphate [fɔsfat] nm phosphate.

phosphaté, e [fɔsfate] adj AGR phosphatized / *des engrais phosphatés* phosphates.

phosphater [3] [fɔsfate] vt **1.** AGR to phosphatize **2.** MÉTALL to phosphate, to phosphatize.

phosphène [fɔsfɛn] nm phosphene.

phosphine [fɔsfin] nf phosphine / *phosphines primaires / secondaires / tertiaires* primary / secondary / tertiary phosphines.

phosphite [fɔsfit] nm phosphite.

phosphoglycérique [fɔsfɔgliseʀik] adj ▸ **acide phosphoglycérique** phosphoglyceric acid.

phospholipide [fɔsfɔlipid] nm phospholipid.

phosphore [fɔsfɔʀ] nm CHIM phosphorus.

phosphoré, e [fɔsfɔʀe] adj [naturellement] phosphorated ; [artificiellement] phosphoretted.

phosphorer [3] [fɔsfɔʀe] vi *fam* [réfléchir] to cogitate *hum*, to do a lot of hard thinking / *qu'est-ce que ça phosphore ici !* I can see those brains are working overtime here !

phosphorescence [fɔsfɔʀesɑ̃s] nf phosphorescence.

phosphorescent, e [fɔsfɔʀesɑ̃, ɑ̃t] adj **1.** PHYS phosphorescent **2.** [luisant] luminous, glowing.

phosphoreux, euse [fɔsfɔʀø, øz] adj ▸ **acide phosphoreux** phosphorous acid ▸ **bronze phosphoreux** phosphor bronze.

phosphorique [fɔsfɔʀik] adj phosphoric.

phosphorisme [fɔsfɔʀism] nm phosphorism.

phosphorite [fɔsfɔʀit] nf phosphorite, phosphate rock.

phosphorylation [fɔsfɔʀilasjɔ̃] nf phosphorylation.

phosphure [fɔsfyʀ] nm phosphide.

photo [fɔto] nf **1.** [cliché] photo, shot / *avez-vous fait des photos ?* did you take any pictures ? ▸ **les photos du tournage** CINÉ the shooting stills ▸ **photo de famille** family portrait / *poser pour la traditionnelle photo de famille* *fig* [politiciens, sportifs] to have the traditional group photograph taken ▸ **photo d'identité** passport photo ▸ **photo noir et blanc** black and white photo ▸ **photo couleur** colour UK ou color US photo ▸ **tu veux ma photo ?** *fam* when you've quite finished gawping at me ! ▸ **(entre les deux) (il n')y a pas photo** there's no comparison ou contest (between the two) **2.** [activité] photography ▸ **faire de la photo en amateur / professionnel** to be an amateur / professional photographer.
❖ **en photo** ◆ loc adj on a photograph / *des fleurs en photo* a photo of some flowers. ◆ loc adv ▸ **prendre qqn en photo** to take sb's picture ▸ **prendre qqch en photo** to take a picture of sthg.

> **Y a pas photo !**
>
> An allusion to horse-racing, this colloquial expression literally means "it's not a photofinish". Used figuratively, it means that there's "no contest" between two things that are being compared:
>
> **J'ai acheté mon billet d'avion sur Internet : y a pas photo, c'est quand même moins cher que dans une agence.** *I bought my plane ticket online and there was just no contest compared to high street prices, it was a lot cheaper.*
>
> **Entre le chocolat au lait et le chocolat noir, y a pas photo, le noir est bien meilleur !** *There's no contest between milk chocolate and dark chocolate: dark is much better!*

photocatalyse [fɔtokataliz] nf CHIM photocatalysis.

photocathode [fɔtokatɔd] nf photocathode.

photochimie [fɔtɔʃimi] nf photochemistry.

photochimique [fɔtɔʃimik] adj photochemical.

photocomposer [3] [fɔtokɔ̃poze] vt to filmset, to photoset, to photocompose.

photocomposeuse [fɔtokɔ̃pozøz] nf photocomposer, photo ou phototype setter, filmsetter UK.

photocompositeur [fɔtokɔ̃pozitœʀ] nm photocomposer ou photosetter (technician), filmsetter UK.

photocomposition [fɔtokɔ̃pozisjɔ̃] nf photocomposition US, photosetting, filmsetting UK.

photoconducteur, trice [fɔtokɔ̃dyktœʀ, tʀis] adj photoconductive ▸ **cellule photoconductrice** photoconductor cell.

photoconduction [fɔtokɔ̃dyksjɔ̃] nf photoconductivity, photoconduction.

photocopie [fɔtokɔpi] nf photocopy, Xerox® (copy).

photocopier [9] [fɔtokɔpje] vt to photocopy, to Xerox® / *photocopiez-moi ce document en trois exemplaires, s'il vous plaît* please make three photocopies ou copies of this document for me.

photocopieur [fɔtokɔpjœʀ] nm = **photocopieuse.**

photocopieuse [fɔtokɔpjøz] nf photocopier, Xerox® machine.

photocopillage [fɔtokɔpijaʒ] nm *infringement of copyright through excessive use of photocopiers.*

photodiode [fɔtodjɔd] nf photodiode.

photoélasticimétrie [fɔtoelastisimetʀi] nf measurement of photoelasticity.

photoélasticité [fɔtoelastisite] nf photoelasticity.

photoélectricité [fɔtoelɛktʀisite] nf photoelectricity.

photoélectrique [fɔtoelɛktʀik] adj photoelectric.

photoémetteur, trice [fɔtoemɛtœʀ, tʀis] adj photoemissive.

photo-finish (*pl* **photos-finish**), **photofinish*** (*pl* **photofinishs**) [fɔtofiniʃ] nf photo finish.

photogène [fɔtoʒɛn] adj **1.** PHYS photogenic **2.** BIOL ▸ **organe photogène** photophore.

photogenèse [fɔtoʒənɛz] nf photogenesis.

photogénique [fɔtoʒenik] adj photogenic.

photogramme [fɔtogʀam] nm photogram.

photogrammétrie [fɔtogʀametʀi] nf photogrammetry.

photographe [fɔtogʀaf] nmf **1.** [artiste] photographer / *ils ont posé sur le perron pour les photographes* they had a photocall on the steps ▸ **photographe de presse / mode** press / fashion photographer **2.** [commerçant] dealer in photographic equipment / *je vais apporter ce film chez le photographe* I'm taking this film to the developer's ou photo shop.

> ⚠ Le mot anglais **photograph** signifie « photographie » et non photographe.

photographie [fɔtogʀafi] nf **1.** [activité] photography ▸ **faire de la photographie a)** [professionnel] to work as a photographer **b)** [amateur] to do amateur photography ▸ **photographie aérienne / en couleurs** aerial / colour photography **2.** [cliché - de professionnel] photograph, picture ; [- d'amateur] picture, snap, snapshot ▸ **prendre une photographie de qqn** to take a photograph ou a picture of sb / *nos photographies de Grèce* our Greek snaps ou snaps from Greece / *toutes les photographies du mariage* all the wedding pictures ou pictures of the wedding ▸ **photographie d'identité** passport photograph **3.** [reproduction] : *ce sondage est une photographie de l'opinion* this survey is an accurate reflection of public opinion.

photographier [9] [fɔtogʀafje] vt **1.** PHOT to photograph, to take photographs ou pictures of ▸ **se faire photographier** to have one's picture taken **2.** *fig* [mémoriser] to memorize (photographically).

photographique [fɔtogʀafik] adj **1.** PHOT photographic **2.** *fig* [fidèle à la réalité] : *il nous a fait une description presque photographique des lieux* he described the place in the minutest detail.

photographiquement [fɔtogʀafikmɑ̃] adv photographically.

photograveur [fɔtogʀavœʀ] nm photoengraver.

photogravure [fɔtogʀavyʀ] nf photoengraving.

photo-interprétation [fɔtoɛ̃tɛʀpʀetasjɔ̃] (*pl* **photos-interprétations**) nf photo-interpretation.

photojournalisme [fɔtoʒuʀnalism] nm photojournalism.

photolecture [fɔtolɛktyʀ] nf optical character recognition, OCR.

photolithographie [fɔtolitɔgʀafi] nf photolithography.

photoluminescence [fɔtolyminesɑ̃s] nf photoluminescence.

photolyse [fɔtoliz] nf photolysis.

photomacrographie [fɔtomakʀogʀafi] nf photomacrography, macrophotography.

Photomaton® [fɔtomatɔ̃] nm photobooth.

photomécanique [fɔtomekanik] adj photomechanical.

photomètre [fɔtomɛtʀ] nm photometer.

photométrie [fɔtometʀi] nf photometry.

photométrique [fɔtometʀik] adj photometric.

photomontage [fɔtomɔ̃taʒ] nm photomontage.

photomultiplicateur, trice [fɔtomyltiplikatœʀ, tʀis] adj photomultiplier *(modif).*
❖ **photomultiplicateur** nm photomultiplier.

photon [fɔtɔ̃] nm photon.

photonique [fɔtɔnik] adj photonic.

photopériode [fɔtopeʀjɔd] nf photoperiod.

photopériodique [fɔtopeʀjɔdik] adj photoperiodic.

photopériodisme [fɔtopeʀjɔdism] nm photoperiodism.

photophobie [fɔtofɔbi] nf photophobia.

photophore [fɔtofɔʀ] nm photophore.

photopile [fɔtopil] nf photocell.

photopolymère [fɔtopɔlimɛʀ] adj photopolymer.

photoréalisme [fɔtoʀealism] nm ART photorealism.

photorécepteur [fɔtoʀesɛptœʀ] nm photoreceptor.

photoreportage [fɔtoʀəpɔʀtaʒ] nm PRESSE report *(consisting mainly of photographs).*

photorésistant, e [fɔtoʀezistɑ̃, ɑ̃t] adj photoresistant.

photo-robot (*pl* **photos-robots**), **photorobot*** [fɔtoʀɔbo] nm Photofit® ou Identikit® (picture).

photo-roman [fɔtoʀɔmɑ̃] (*pl* **photos-romans**) = **roman-photo.**

photosensibilisation [fɔtosɑ̃sibilizasjɔ̃] nf photosensitization.

photosensibilité [fɔtosɑ̃sibilite] nf photosensitivity.

photosensible [fɔtosɑ̃sibl] adj photosensitive.

photosphère [fɔtosfɛʀ] nf photosphere.

photostoppeur, euse [fɔtostɔpœʀ, øz] nm, f street photographer.

photostyle [fɔtostil] nm INFORM light pen.

photosynthèse [fɔtosɛ̃tɛz] nf photosynthesis.

photosynthétique [fɔtosɛ̃tetik] adj photosynthetic.

phototactisme [fɔtotaktism] nm phototaxis, phototaxy.

phototaxie [fɔtotaksi] nf phototaxis, phototaxy.

photothèque [fɔtotɛk] nf picture ou photographic library.

photothérapie [fɔtoteʀapi] nf phototherapy.

phototransistor [fɔtotʀɑ̃zistɔʀ] nm phototransistor.

phototropisme [fɔtotʀɔpism] nm phototropism.

phototype [fɔtotip] nm phototype.

photovoltaïque [fɔtovɔltaik] adj photovoltaic.

phrase [fʀaz] nf **1.** LING sentence ; [en grammaire transformationnelle] phrase **2.** [énoncé] : *sa dernière phrase* the last thing he said / *laisse-moi finir ma phrase* let me finish (what I have to say) ▸ **phrase célèbre** famous saying ou remark ▸ **phrase toute faite** set phrase ▸ **petite phrase** POL soundbite ▸ **faire de grandes phrases** ou **des phrases** to talk in flowery language **3.** MUS phrase.

❖ **sans phrases** loc adv straightforwardly.

phrasé [fʀaze] nm MUS phrasing.

phraséologie [fʀazeɔlɔʒi] nf phraseology.

phraser [3] [fʀaze] vt MUS to phrase.

phraseur, euse [fʀazœʀ, øz] nm, f speechifier *péj*, person of fine words *péj*.

phrastique [fʀastik] adj LING phrastic.

phréatique [fʀeatik] adj phreatic.

phrénique [fʀenik] adj phrenic.

phrénologie [fʀenɔlɔʒi] nf phrenology.

Phrygie [fʀiʒi] npr f ▸ **(la) Phrygie** Phrygia.

phrygien, enne [fʀiʒjɛ̃, ɛn] adj **1.** ANTIQ Phrygian **2.** MUS ▸ **mode phrygienne** phrygian mode.

❖ **Phrygien, enne** nm, f Phrygian.

phtalate [ftalat] nm phthalate.

phtaléine [ftalein] nf CHIM phthalein.

phtalique [ftalik] adj m phthalic.

phtiriase [ftiʀjaz] nf phthiriasis.

phtirius [ftiʀjys] nm pubic louse, Phthirus pubis *spéc.*

phtisie [ftizi] nf *vieilli* consumption, phthisis *spéc* ▸ **phtisie galopante** galloping consumption.

phtisiologie [ftizjɔlɔʒi] nf phthisiology.

phtisiologue [ftizjɔlɔg] nmf phthisiologist.

phtisique [ftizik] adj & nmf *vieilli* consumptive, phthisic *spéc.*

phylactère [filaktɛʀ] nm **1.** RELIG phylactery, teffilah **2.** ART phylactery, scroll **3.** [dans une bande dessinée] bubble, balloon.

phylloxéra, phylloxera [filɔkseʀa] nm phylloxera.

phylloxéré, e [filɔkseʀe] adj phylloxerated.

phylogenèse [filɔʒenɛz] nf phylogenesis, phylogeny.

phylogénétique [filoʒenetik], **phylogénique** [filoʒenik] adj phylogenetic, phyletic.

physalie [fizali] nf Portuguese man-of-war, Physalia *spéc.*

physalis [fizalis] nm winter ou ground cherry, Physalis *spéc.*

physe [fiz] nf physa.

physicien, enne [fizisjɛ̃, ɛn] nm, f physicist ▸ **physicien nucléaire** nuclear physicist.

> ⚠ Le mot anglais **physician** signifie « médecin » et non physicien, physicienne.

physico-chimie (*pl* physico-chimies), **physicochimie*** [fizikoʃimi] nf physical chemistry, physicochemistry.

physico-chimique (*pl* physico-chimiques), **physicochimique*** [fizikoʃimik] adj physico-chemical.

physico-mathématique (*pl* physico-mathématiques), **physicomathématique*** [fizikomatematik] adj physico-mathematical.

physiocrate [fizjokʀat] ◆ adj physiocratic. ◆ nmf physiocrat.

physiocratie [fizjokʀasi] nf physiocracy.

physiognomonie [fizjognɔmɔni] nf physiognomy (science).

physiologie [fizjolɔʒi] nf physiology.

physiologique [fizjolɔʒik] adj physiological.

physiologiquement [fizjolɔʒikmɑ̃] adv physiologically.

physiologiste [fizjolɔʒist] nmf physiologist.

physionomie [fizjonɔmi] nf **1.** [visage] features, facial appearance, physiognomy *litt* / *il y a quelque chose dans sa physionomie qui attire la sympathie* there's something about his face that draws you to him **2.** [aspect] face, appearance / *la physionomie des choses* the face of things / *la physionomie du quartier a changé en dix ans* the appearance of the district has changed in ten years / *ceci a modifié la physionomie du marché* this has altered the appearance of the market.

physionomique [fizjonɔmik] adj physionomical.

physionomiste [fizjonɔmist] ◆ adj good at remembering faces, observant (of people's faces) / *je ne suis pas très physionomiste* I'm not very good at (remembering) faces. ◆ nmf physiognomist.

physiopathologie [fizjopatɔlɔʒi] nf physiopathology.

physiopathologique [fizjopatɔlɔʒik] adj physiopathologic, physiopathological.

physiothérapeute [fizjoteʀapøt] nmf QUÉBEC & SUISSE physiotherapist.

physiothérapie [fizjoteʀapi] nf natural medicine.

physique[1] [fizik] nf SCI physics *(sg)* ▸ **physique expérimentale** / **nucléaire** experimental / nuclear physics ▸ **physique des particules** particle physics ▸ **physique du sol** soil mechanics.

physique[2] [fizik] ◆ adj **1.** SCI [propriété] physical **2.** [naturel - monde, univers] physical, natural **3.** [corporel - exercice, force, effort] physical, bodily ; [- symptôme] physical, somatic *spéc* ; [- souffrance] physical, bodily ▸ **c'est physique** *fam* : *je ne le supporte pas, c'est physique* I can't stand him, it's a gut reaction **4.** [sexuel - plaisir, jouissance] physical, carnal. ◆ nm **1.** [apparence] ▸ **avoir un physique ingrat** to be physically unattractive ▸ **un physique avantageux** good looks ▸ **avoir le physique de l'emploi** THÉÂTRE & *fig* to look the part **2.** [constitution] physical condition / *au physique comme au moral* physically as well as morally speaking.

physiquement [fizikmɑ̃] adv physically / *il n'est pas mal physiquement* he's quite good-looking.

physisorption [fizisɔʀpsjɔ̃] nf physisorption.

physostigma [fizɔstigma] nm physostigma.

physostome [fizɔstɔm] nm physostomous fish.

phytobiologie [fitɔbjɔlɔʒi] nf phytobiology.

phytoflagellé [fitɔflaʒele] nm phytoflagellate.

phytogéographie [fitɔʒeɔgʀafi] nf phytogeography.

phytohormone [fitɔɔʀmɔn] nf phytohormone.

phytopathologie [fitɔpatɔlɔʒi] nf phytopathology.

phytophage [fitɔfaʒ] adj phytophagous.

phytopharmacie [fitɔfaʀmasi] nf plant pharmacology.

phytoplancton [fitɔplɑ̃ktɔ̃] nm phytoplankton.

phytosanitaire [fitɔsanitɛʀ] adj plant-care *(modif)*, phytosanitary *spéc* ▸ **produit phytosanitaire** pesticide.

phytosociologie [fitɔsɔsjɔlɔʒi] nf phytosociology.

phytothérapeute [fitɔteʀapøt] nmf expert in herbal ou plant medicine.

phytothérapie [fitɔteʀapi] nf herbal medicine.

pi [pi] ◆ nm (*pl* **pi** *ou* **pis***) **1.** [lettre] pi **2.** MATH pi. ◆ nm PHYS pion, pi meson.

piaf [pjaf] nm *fam* [moineau] sparrow ▸ **cervelle** ou **crâne** ou **tête de piaf!** *fig* birdbrain!

piaffement [pjafmɑ̃] nm pawing (the ground).

piaffer [3] [pjafe] vi **1.** [cheval] to paw the ground **2.** [personne] ▸ **piaffer d'impatience** to be champing at the bit, to be seething with impatience.

piaillement [pjajmɑ̃] nm squawking / *les piaillements qui montaient de la basse-cour* the clucking noises coming from the farmyard.

piailler [3] [pjaje] vi **1.** [oiseau] to chirrup, to chirp, to tweet ; [volaille] to squawk **2.** *fam* [enfant] to squawk, to screech.

piaillerie [pjajʀi] nf **1.** [cri - d'oiseau] chirping ; [- de volaille] squawking **2.** *(gén au pl) fam* squawking, screeching.

piailleur, euse [pjajœʀ, øz] nm, f *fam* squawker.

pian [pjɑ̃] nm yaws *(sg)*, framboesia.

pianissimo [pjanisimo] adv **1.** MUS pianissimo **2.** *fam* [doucement] nice and slowly.

pianiste [pjanist] nmf pianist, piano player.

pianistique [pjanistik] adj [aptitude, technique] piano *(modif)*, piano playing *(modif)* / *l'œuvre pianistique de Mozart* Mozart's works for piano.

piano [pjano] ◆ nm [instrument] piano, pianoforte *sout* ▸ **se mettre au piano a)** [s'asseoir] to sit at the piano **b)** [jouer] to go to the piano (and start playing) **c)** [apprendre] to take up the piano ▸ **au piano, Clara Bell a)** [classique] the pianist is Clara Bell **b)** [jazz] on piano, Clara Bell ▸ **piano droit** / **à queue** upright / grand piano ▸ **piano à bretelles** *fam*, **piano du pauvre** accordion ▸ **piano de concert** concert grand ▸ **piano demi-queue** baby grand ▸ **piano mécanique** Pianola®, player piano ▸ **piano préparé** prepared piano. ◆ adv **1.** MUS piano *(adv)* **2.** *fam* [doucement] easy *(adv)*, gently ▸ **vas-y piano** go easy, take it easy, easy does it.

piano-bar [pjanobaʀ] (*pl* **pianos-bars**) nm *bar with live piano music.*

pianoforte [pjanofɔʀte] nm pianoforte.

pianotage [pjanɔtaʒ] nm **1.** [sur un piano] tinkling (on a piano) **2.** [sur un clavier] tapping away (at a keyboard).

pianoter [3] [pjanɔte] ◆ vi **1.** [jouer du piano] to tinkle away at the piano **2.** [tapoter sur un objet] to drum one's fingers **3.** *fam* [taper sur un clavier] to tap away / *pianoter sur un ordinateur* to tap away at a computer. ◆ vt [sur un piano] to tinkle out on the piano.

piapiater [pjapjate] vi *fam* to chatter.

piastre [pjastʀ] nf **1.** [au Proche-Orient] piastre **2.** QUÉBEC *fam* [dollar] one-dollar ou dollar bill **3.** HIST piastre, piece of eight.

piaule [pjol] nf *fam* **1.** [chambre] room **2.** [logement d'étudiant] place.

piaulement [pjolmɑ̃] nm **1.** [d'un oiseau] cheep **2.** [d'un enfant] whimpering.

piauler [3] [pjole] vi **1.** [oiseau] to cheep **2.** [enfant] to whimper.

piazza [pjadza] nf piazza UK, gallery US.

PIB (abr de produit intérieur brut) nm GDP.

PIBOR [pibɔʀ] (abr de Paris Interbank Exchange Rate) nm ≃ LIBOR.

pic [pik] nm **1.** GÉOGR & TECHNOL peak **2.** [outil] pick, pickaxe, pickax US ▸ **pic à glace** ice-pick **3.** ORNITH woodpecker ▸ **pic cendré** / **mar** / **noir** grey-headed / middle-spotted / black woodpecker.

❖ **à pic** loc adv **1.** [verticalement] straight down / *les rochers tombent à pic dans la mer* the sheer rocks go straight down to the sea / *couler à pic* to go straight down ou straight to the bottom **2.** *fam* [au bon moment] spot on UK, just at the right time ▸ **tomber** ou **arriver à pic** : *tu tombes* ou *tu arrives à pic, j'allais t'appeler* you've come just at the right time ou right on cue, I was about to call you / *cet argent arrive on ne peut plus à pic* that money couldn't have come at a better moment.

pica [pika] nm pica.

* In reformed spelling (see p. 16-19).

picador [pikadɔʀ] nm picador.

picage [pikaʒ] nm ORNITH feather eating.

picaillons [pikajɔ̃] nmpl *tfam* [argent] dough, bread, readies UK / *avoir des picaillons* to be loaded.

picard, e [pikaʀ, aʀd] adj from Picardy.

❖ **Picard, e** nm, f *inhabitant of or person from Picardy.*

❖ **picard** nm LING Picard ou Picardy dialect.

Picardie [pikaʀdi] npr f ▸ **(la) Picardie** Picardy.

Picardie

This administrative region includes the **départements** of Aisne, Oise and Somme (capital: Amiens).

picaresque [pikaʀɛsk] adj picaresque.

piccolo, picolo* [pikɔlo] nm piccolo.

pichenette [piʃnɛt] nf flick / *d'une pichenette, elle envoya la miette par terre* she flicked the crumb onto the ground.

pichet [piʃɛ] nm jug UK, pitcher.

picholine [pikɔlin] nf *small green olive.*

pickpocket [pikpɔkɛt] nm pickpocket.

pick-up (*pl* pick-up), **pickup*** [pikœp] nm **1.** [lecteur] pick-up (arm) ; *vieilli* [tourne-disque] record player **2.** [camion] pick-up (truck).

pico- [piko] préf pico-.

picoler [3] [pikɔle] vi *fam* [boire] to booze / *qu'est-ce qu'on a picolé, ce soir-là !* we didn't half knock it back UK ou we sure knocked it back US that night ! / *il picole pas mal* he's a real boozer.

picoleur, euse [pikɔlœʀ, øz] nm, f *fam* [buveur] heavy drinker, boozer.

picorer [3] [pikɔʀe] vt **1.** [oiseau] to peck (at) **2.** [personne] to nibble (away) at *(insép)*, to pick at *(insép)* ; *(en usage absolu)* : *cette enfant ne fait que picorer* that child doesn't eat enough (to keep a bird alive).

picoseconde [pikosəgɔ̃d] nf picosecond.

picot [piko] nm **1.** MÉCAN barb, point ▸ **picot d'entraînement** feed pin **2.** CONSTR pick hammer **3.** [au crochet, en dentelle] picot **4.** PÊCHE flatfish net.

❖ **à picots** loc adj [dispositif, entraînement] sprocket *(modif)*.

picotage [pikɔtaʒ] nm pecking.

picotement [pikɔtmɑ̃] nm [dans les yeux] smarting ou stinging (sensation) ; [dans la gorge] tickle ; [sur la peau] tingle, prickle / *j'ai des picotements dans les doigts* my fingers are tingling / *j'ai des picotements dans les yeux* my eyes are smarting / *ça me donne des picotements partout* it makes my flesh crawl ou creep.

picoter [3] [pikɔte] vt **1.** [piquer - yeux] to sting, to smart ; [- gorge] to irritate, to tickle ; [- peau, doigt] to sting / *la fumée lui picotait les yeux* the smoke was stinging his eyes / *j'ai les orteils qui me picotent* my toes are tingling **2.** [suj: oiseau] to peck at *(insép)*.

picotin [pikɔtɛ̃] nm **1.** [mesure] peck **2.** [ration] ▸ **picotin (d'avoine)** peck of oats.

picrate [pikʀat] nm **1.** CHIM picrate **2.** *tfam & péj* [vin] rotgut, plonk UK.

picrique [pikʀik] adj m picric.

picte [pikt] adj Pictish.

❖ **Picte** nmf Pict.

pictogramme [piktɔgʀam] nm pictogram, pictograph.

pictographie [piktɔgʀafi] nf pictography.

pictographique [piktɔgʀafik] adj pictographic.

pictural, e, aux [piktyʀal, o] adj pictorial.

pic-vert [pivɛʀ] (*pl* pics-verts) = **pivert**.

pidgin [pidʒin] nm pidgin.

pie [pi] ◆ adj **1.** [couleur] pied ▸ **cheval pie** piebald (horse) / *vache pie noire* black and white cow **2.** *litt* [pieux] ▸ **œuvre pie** pious work. ◆ nf **1.** ORNITH magpie ▸ **trouver la pie au nid** to make a lucky find / **'la Pie voleuse'** *Rossini* 'The Thieving Magpie' **2.** *fam* [personne] chatterbox.

Pie [pi] npr [pape] Pius.

pièce [pjɛs] ◆ nf **1.** [morceau] piece, bit ▸ **une pièce de viande a)** [flanc] a side of meat **b)** [morceau découpé] a piece ou cut of meat ▸ **une pièce de tissu a)** [coupée] a piece ou length of cloth **b)** [sur rouleau] a roll of cloth ▸ **mettre qqch en pièces a)** [briser] to smash sthg to pieces **b)** [déchirer] to tear ou to pull sthg to pieces **c)** [critiquer] to tear sthg to pieces / *je l'ai retrouvé en pièces* I found it in pieces ▸ **pièce à pièce** piecemeal, gradually / *le domaine constitué pièce à pièce par mon père* the estate gradually built up by my father ▸ **d'une seule pièce, tout d'une pièce** *pr* all of a piece ▸ **être tout d'une pièce** *fig* : *il est tout d'une pièce* he's very blunt ou straightforward ▸ **monter qqch de toutes pièces** : *il n'a jamais travaillé pour nous, il a monté cela de toutes pièces* he never worked for us, he made up ou invented the whole thing / *c'est un mensonge monté de toutes pièces* it's an out-and-out lie ou a lie from start to finish ▸ **fait de pièces et de morceaux** *pr & fig* made up of bits and pieces, cobbled together **2.** [d'une collection] piece, item ; [d'un mécanisme] part, component ; [d'un jeu] piece / *ménagère de 36 pièces* 36-piece cutlery set ▸ **pièce détachée** (spare) part ▸ **en pièces détachées** in separate pieces ou parts / *le bureau est livré en pièces détachées* the desk comes in kit form ▸ **pièces et main-d'œuvre** parts and labour ▸ **pièce maîtresse** centrepiece / *la pièce maîtresse de ma collection* the centrepiece of ou choicest piece in my collection / *la pièce maîtresse d'une argumentation* the main part ou the linchpin of an argument ▸ **pièce de musée** *pr & fig* museum piece ▸ **pièce de rechange** spare ou replacement part ▸ **les pièces d'un puzzle** *pr & fig* the pieces of a puzzle **3.** COUT patch / *je vais y mettre une pièce* I'll patch it ou put a patch on it ▸ **pièce rapportée a)** *pr* patch **b)** *fig* [personne] odd person out **4.** [salle] room ▸ **un deux-pièces** a one-bedroom flat UK ou apartment US ▸ **un trois-pièces cuisine** a two-bedroom flat UK ou apartment US **5.** [document] paper, document ▸ **pièce comptable** (accounting) voucher ▸ **pièce à conviction** DR exhibit ▸ **pièce d'identité** proof of identity, ID / *avez-vous une pièce d'identité ?* do you have any proof of identity ou any ID ? ▸ **pièce jointe** [dans mail] attachment ▸ **pièces jointes** enclosures ▸ **pièces justificatives** supporting documents ▸ **(avec) pièces à l'appui** : *je vous le démontrerai pièces à l'appui* I'll show you (actual) proof of it **6.** LITTÉR & MUS piece / *pièce pour violoncelle* piece for cello / *pièce écrite pour la télévision* television play UK, play written for TV US ▸ **pièce de circonstance** situation piece ▸ **pièce (de théâtre)** play ▸ **petite pièce** playlet ▸ **monter une pièce** to put on ou to stage a play **7.** [argent] ▸ **pièce (de monnaie)** coin / *une pièce de 1 euro* a one-euro coin ou piece / *je n'ai que quelques pièces dans ma poche* I've only got some loose change in my pocket ▸ **donner la pièce à qqn** *vieilli* to tip sb, to give sb a tip **8.** [champ] : *une pièce d'avoine* a field sown in oats / *mettre une pièce en betteraves* to grow beetroot on a piece of land **9.** CULIN ▸ **pièce montée a)** [gâteau] ≃ tiered cake **b)** [pyramide] *pyramid of caramel-covered profiteroles often served at weddings and other special occasions* ▸ **pièce de résistance a)** *pr* main dish **b)** *fig* pièce de résistance **10.** ŒNOL ▸ **pièce de vin** cask of wine **11.** MIL ▸ **pièce (d'artillerie)** gun **12.** MÉTALL ▸ **pièce battue** draw-back **13.** ÉLECTR ▸ **pièce polaire** polar piece **14.** ZOOL ▸ **pièces buccales** mouthparts **15.** EXPR **faire pièce à qqn** to set up in opposition to sb. ◆ adv [chacun] each, apiece / *les roses sont à 2 euros pièce* the roses are 2 euros each ou apiece.

❖ **à la pièce** loc adv [à l'unité] singly, separately / *ceux-ci sont vendus à la pièce* these are sold separately ou individually.

❖ **à la pièce, aux pièces** loc adv ▸ **travailler à la pièce** to be on ou to do piecework / *être payé à la pièce* to be paid a ou on piece rate / *le travail est payé à la pièce* you get a piecework rate ▸ **on n'est pas aux pièces !** *fam* what's the big hurry ?, where's the fire ?

❖ **sur pièces** loc adv on evidence ▸ **juger sur pièces** to judge for o.s.

❖ **pièce d'eau** nf **1.** [lac] (ornamental) lake **2.** [bassin] (ornamental) pond.

⚠ Le mot anglais **piece** signifie avant tout «morceau», «bout» et ne peut pas toujours être employé pour traduire pièce.

Pièce

Flats in France are referred to in terms of the total number of rooms they have (excluding the kitchen and bathroom). **Un deux-pièces** is a flat with a living room and one bedroom; **un cinq-pièces** is a flat with five rooms.

piécette [pjesɛt] nf [monnaie] small coin.

pied [pje] nm **1.** ANAT & ZOOL foot ▸ **pieds nus** barefoot *(adv)* / *marcher / être pieds nus* to walk / to be barefoot / *ne va pas pieds nus dans le jardin* don't go into the garden barefoot ou with nothing on your feet / *avoir* ou *marcher les pieds en dedans* to be pigeon-toed, to walk with one's feet turned in / *avoir* ou *marcher les pieds en dehors* to be splay-footed ou duck-toed US, to walk with one's feet turned out ▸ **sauter à pieds joints** to make a standing jump / *le pied m'a manqué* my foot slipped, I lost my footing ▸ **mettre le pied (en plein) dans qqch** to step right in sthg / *je vais lui mettre mon pied quelque part* *euphém* I'll kick him ou give him a kick up the backside ▸ **mettre pied à terre** [à cheval, à moto] to dismount / *lorsqu'ils mirent le pied sur le sol de France* when they set foot on French soil ▸ **je n'ai pas mis les pieds dehors / à l'église depuis longtemps** *fam* I haven't been out / to church for a long time ▸ **je ne mettrai** ou **remettrai plus jamais les pieds là-bas** I'll never set foot there again / *ils ne remettront plus les pieds dans notre hôtel* they'll never set foot in our hotel again ▸ **avoir les pieds plats** to have flat feet *pr*, to be flat-footed *pr* ▸ **ni pied ni patte** *fam* : *il ne remuait* ou *bougeait ni pied ni patte* he stood stock-still ou didn't move a muscle ▸ **aller** ou **avancer** ou **marcher d'un bon pied** to go apace ▸ **aller** ou **marcher d'un pied léger** to tread light-heartedly ou lightly ▸ **avoir bon pied bon œil** to be fit as a fiddle ou hale and hearty ▸ **partir du bon / mauvais pied** to start off (in) the right / wrong way / *l'opération est partie du bon pied* the operation got off to a good start / *leur couple part du mauvais pied* their relationship is off to a bad start ou off on the wrong foot ▸ **avoir le pied marin** to be a good sailor / *je n'ai pas le pied marin* I'm prone to seasickness ▸ **avoir les (deux) pieds sur terre** to have one's feet (firmly) on the ground ou one's head screwed on (the right way) / *elle a les pieds sur terre* she's got her feet ou both her feet on the ground ▸ **avoir pied** to touch bottom / *au secours, je n'ai plus pied !* help, I'm out of my depth ou I've lost my footing ! ▸ **avoir un pied dans** : *j'ai déjà un pied dans la place / l'entreprise* I've got a foot in the door / a foothold in the company already ▸ **avoir un pied dans la tombe** to have one foot in the grave ▸ **avoir les deux pieds dans le même sabot** : *elle n'a pas les deux pieds dans le même sabot* there are no flies on her ▸ **bien fait pour tes / ses pieds** *fam*, **ça te / lui fera les pieds** *fam* serves you / him right ! ▸ **être pieds et poings liés** to have no room to manoeuvre / *je suis pieds et poings liés* my hands are tied ▸ **faire des pieds et des mains pour** to bend over backwards ou to pull out all the stops in order to ▸ **faire du pied à qqn a)** [flirter] to play footsie with sb **b)** [avertir] to kick sb (under the table) ▸ **faire le pied de grue** to cool ou to kick UK one's heels ▸ **les pieds devant** feet first, in one's coffin / *elle en est partie les pieds devant* she left there feet first ou in a box ▸ **avoir le pied au plancher** [accélérer] to have one's foot down ▸ **lever le pied a)** [ralentir] to ease off (on the accelerator), to slow down **b)** [partir subrepticement] to slip off / *il n'a pas levé le pied de tout le trajet* he never took his foot off the accelerator once during the whole trip ▸ **mettre le pied à l'étrier** to get into the saddle / *il a fallu lui mettre le pied à l'étrier* he had to be given a leg up *fig* ▸ **mettre les pieds dans le plat** *fam* to put one's foot in it ▸ **mettre qqch sur pied** to set sthg up ▸ **mettre un pied devant l'autre** : *il ne peut plus mettre un pied devant l'autre* **a)** [ivre] he can't walk in a straight line any more **b)** [fatigué] his legs won't carry him any further ▸ **reprendre pied** to get ou to find one's footing again ▸ **retomber sur ses pieds** *pr & fig* to fall ou to land on one's feet ▸ **ne pas savoir sur quel pied danser** to be at a loss to know what to do ▸ **se jeter** ou **se traîner aux pieds de qqn** to throw o.s. at sb's feet, to get down on one's knees to sb ▸ **se lever du pied gauche** to get out of the wrong side of the bed / *elle s'est levée du pied gauche aujourd'hui* she got out of the wrong side of the bed today ▸ **comme un pied** *fam* [très mal] : *je cuisine comme un pied* I'm a useless cook, I can't cook an egg / *on s'est débrouillés comme des pieds* we went about it the wrong ou in a cack-handed UK way ▸ **prendre son pied a)** *fam* [s'amuser] to get one's kicks **b)** [sexuellement] to come / *il prend son pied en faisant du jazz!* he gets a real kick out of playing jazz! ▸ **quel pied!** *fam* : *on a passé dix jours à Hawaï, quel pied!* we really had a ball ou we had the time of our lives during our ten days in Hawaï! ▸ **ce n'est pas le pied!** *fam* : *les cours d'anglais, ce n'est pas le pied!* the English class isn't much fun! **2.** [d'un mur, d'un lit] foot ; [d'une table, d'une chaise] leg ; [d'une lampe, d'une colonne] base ; [d'un verre] stem ; [d'un micro, d'un appareil photo] stand, tripod / *donner du pied à une échelle* to give slope to a ladder **3.** IMPR [d'une lettre] bottom, foot **4.** BOT plant ; [de champignon] foot ▸ **pied de laitue** lettuce plant ▸ **pied mère** stool ▸ **pied de vigne** vine (plant), vinestock **5.** [mesure] foot / *le mur fait six pieds de haut* the wall is six-feet high / *un mur de six pieds de haut* a six-foot high wall **6.** TECHNOL ▸ **pied de bielle** AUTO end of connecting rod ▸ **pied à coulisse** calliper rule ▸ **pied de roi** QUÉBEC folding ruler **7.** LITTÉR foot / *vers de 12 pieds* 12-foot verse ou line **8.** CULIN ▸ **pied de cochon** pig's trotter UK ou foot US / *pied de mouton* sheep's foot ▸ **pieds paquets** stuffed mutton tripe dish *(from Marseille)* ▸ **pied de veau** calf's foot **9.** VÊT [d'un bas, d'une chaussette] foot **10.** MUS foot.

❖ **à pied** loc adv **1.** [en marchant] on foot / *on ira au stade à pied* we'll walk to the stadium **2.** [au chômage] ▸ **mettre qqn à pied a)** [mesure disciplinaire] to suspend sb **b)** [mesure économique] to lay sb off, to make sb redundant UK

❖ **à pied d'œuvre** loc adj ▸ **être à pied d'œuvre** to be ready to get down to the job ▸ **trouver qqn à pied d'œuvre** to find sb already at work.

❖ **à pied sec** loc adv on dry land, without getting one's feet wet / *on peut traverser la rivière à pied sec* the river can be forded.

❖ **au petit pied** loc adj *vieilli* small-time.

❖ **au pied de** loc prép at the foot ou bottom of / *au pied de la tour Eiffel* at ou by the foot of the Eiffel Tower / *au pied des Alpes* in the foothills of the Alps ▸ **au pied du mur** : *être au pied du mur* to be faced with no alternative ▸ **mettre qqn au pied du mur** to get sb with his / her back to the wall, to leave sb with no alternative.

❖ **au pied de la lettre** loc adv literally ▸ **prendre qqch au pied de la lettre** to take ou to interpret sthg literally / *suivre des instructions au pied de la lettre* to follow instructions to the letter.

❖ **au pied levé** loc adv at a moment's notice / *il faut que tu sois prêt à le faire au pied levé* you must be ready to drop everything and do it.

❖ **de pied en cap** loc adv : *en vert de pied en cap* dressed in green from top ou head to toe / *habillé de pied en cap par un couturier japonais* wearing a complete outfit by a Japanese designer.

❖ **de pied ferme** loc adv resolutely / *je t'attends de pied ferme* I'll definitely be waiting for you / *les cambrioleurs, je les attends de pied ferme!* I've got a nasty surprise in store for potential burglars!

❖ **des pieds à la tête** loc adv from top to toe ou head to foot / *couvert de peinture des pieds à la tête* covered in paint from head to foot.

❖ **en pied** loc adj [photo, portrait] full-length ; [statue] full-size standing.

❖ **pied à pied** loc adv inch by inch ▸ **lutter** ou **se battre pied à pied** to fight every inch of the way.

❖ **sur le pied de guerre** loc adv MIL on a war footing ; *hum* ready (for action) / *dans la cuisine, tout le monde était sur le pied de guerre* it was action stations in the kitchen.

❖ **sur pied** ◆ loc adj [récolte] uncut, standing ; [bétail] on the hoof. ◆ loc adv ▸ **être sur pied** [en bonne santé] to be up and about ▸ **mettre qqn sur pied** to set sb on his / her feet ▸ **remettre qqn sur pied** to put sb on his / her feet again, to make sb better.

❖ **sur un pied d'égalité** loc adv on an equal footing / *être sur un pied d'égalité avec* to stand on equal terms with.

pied-à-terre [pjetatɛʀ] nm inv pied-à-terre.

pied-bot [pjebo] (*pl* **pieds-bots**) nm club-footed person / *c'est un pied-bot* he's got a ou he's a club-foot.

pied-d'alouette [pjedalwɛt] (*pl* **pieds-d'alouette**) nm (forking) larkspur.

pied-de-biche [pjedbiʃ] (*pl* **pieds-de-biche**) nm **1.** [pince] nail puller ou extractor **2.** [levier] crowbar **3.** [pied de meuble] cabriole leg **4.** [d'une machine à coudre] foot.

pied-de-cheval [pjedʃəval] (*pl* **pieds-de-cheval**) nm *variety of very large oyster.*

pied-de-loup [pjedlu] (*pl* **pieds-de-loup**) nm BOT clubmoss.

pied-de-mouton [pjedmutɔ̃] (*pl* **pieds-de-mouton**) nm wood hedgehog (fungus).

pied(-)de(-)nez [pjedne] (*pl* **pieds-de-nez**) nm ▸ **faire un pied-de-nez à qqn** to thumb one's nose at sb / *cette pièce est un pied-de-nez aux intellos* *fam* this play is a real slap in the face for intellectual types.

pied-de-poule [pjedpul] (*pl* **pieds-de-poule**) ◆ nm hound's-tooth (check), dogtooth (check). ◆ adj inv : *un tailleur pied-de-poule* a hound's-tooth suit.

pied-de-roi [pjedəʀwa] nm QUÉBEC folding ruler.

pied-de-veau [pjedvo] (*pl* **pieds-de-veau**) nm BOT wild arum.

pied-d'oiseau [pjedwazo] (*pl* **pieds-d'oiseau**) nm BOT birdsfoot trefoil.

pied-droit [pjedʀwa] (*pl* **pieds-droits**) = **piédroit.**

piédestal, aux [pjedɛstal, o] nm pedestal ▸ **mettre qqn sur un piédestal** to put ou to set ou to place sb on a pedestal / *tomber de son piédestal* to fall off one's pedestal.

piedmont [pjemɔ̃] = **piémont.**

pied-noir [pjenwaʀ] (*pl* **pieds-noirs**) ◆ adj pied-noir. ◆ nmf pied-noir *(French colonial born in North Africa, most often in Algeria).*

Pied-noir

This is the name given to former French settlers in Algeria who returned to France after Algeria regained its independence in 1962, many of them resettling in cities on the south coast.

piédroit [pjedʀwa] nm **1.** ARCHIT [d'une voûte] pier ; [d'une fenêtre] jamb **2.** TRAV PUB [jambage] piedroit.

Pieds-nickelés [pjenikle] npr mpl ▸ **les Pieds-nickelés** *well-known cartoon characters.*

piège [pjɛʒ] nm **1.** [dispositif] trap, snare / *prendre un animal au piège* to trap an animal ▸ **poser** ou **tendre un piège** to set a trap ▸ **attirer qqn dans un piège** to lure sb into a trap ▸ **être pris à son propre piège** to fall into one's own trap, to be hoist by one's own petard *sout* / *se laisser prendre au piège de l'amour* to be taken in by love / *de nombreux pays ont été pris au piège de la dette* many countries have been caught in the debt trap ▸ **piège à cons** *tfam* : *c'est un vrai piège à cons!* it's a real mug's game! UK it's a con game ou gyp! US / *élections, piège à cons!* election, deception! ▸ **piège à mâchoires** jaw trap ▸ **pris comme dans un piège à rats** caught like a rat in a trap **2.** [difficulté] trap, snare, pitfall / *les pièges des contrats d'assurance* the traps hidden in the small print of insurance contracts / *la dictée était bourrée de pièges* the dictation was full of traps **3.** ÉLECTRON ▸ **piège à ions** ion trap **4.** GÉOL trap.

piégé, e [pjeʒe] adj ▸ **engin** ou **objet piégé** booby trap ▸ **colis piégé** parcel bomb / *lettre / voiture piégée* letter / car bomb.

piégeage [pjeʒaʒ] nm **1.** CHASSE trapping **2.** GÉOL trap formation.

piéger [22] [pjeʒe] vt **1.** [animal] to trap, to ensnare / *la police les a piégés* the police trapped them / *je me suis fait piéger comme un débutant* *fig* I was taken in ou caught out like a complete beginner **2.** [voiture, paquet] to booby-trap.

In reformed spelling (see p. 16-19), this verb is conjugated like *semer*: *il piègera, elle piègerait.*

pie-grièche [pigʀijɛʃ] (*pl* **pies-grièches**) nf **1.** ORNITH shrike ▸ **pie-grièche écorcheur** redbacked shrike **2.** *vieilli* [mégère] shrew.

pie-mère [pimɛʀ] (*pl* **pies-mères**) nf pia mater.

piémont [pjemɔ̃] nm piedmont.

Piémont [pjemɔ̃] npr m ▸ **le Piémont** Piedmont.

piémontais, e [pjemɔ̃tɛ, ɛz] adj Piedmontese.

❖ **Piémontais, e** nm, f Piedmontese ▸ **les Piémontais** the Piedmontese.

❖ **piémontais** nm LING Piedmontese dialect.

piercing [piʀsiŋ] nm piercing.

piéride [pjeʀid] nf pieridine butterfly ▸ **piéride du chou** cabbage white.

pierrade [pjeʀad] nf hot stone *(for cooking food at table)* ; [plat] : *une pierrade de viande* meat cooked on a hot stone.

pierraille [pjɛʀaj] nf loose stones, scree *(U).*

pierre [pjɛʀ] nf **1.** [matière] stone ; [caillou] stone, rock US / *d'un coup* ou *jet de pierre* by throwing ou hurling a stone ▸ **tuer qqn à coups de pierre** to stone sb to death ; ART ▸ **la pierre** stone / *sculpter la pierre* to carve in stone ; [immobilier] ▸ **la pierre** the property ou real estate US business ▸ **investir dans la pierre** to invest in property ou in bricks and mortar / *les vieilles pierres* ruined buildings, ruins ▸ **pierre d'achoppement** stumbling block ▸ **pierre levée** standing stone ▸ **pierre polie** neolith ▸ **pierre taillée** palaeolith, paleolith ▸ **faire d'une pierre deux coups** to kill two birds (with one stone) ▸ **jeter la pierre à qqn** to cast a stone at sb / *qui va (lui) jeter la première pierre?* who will cast the first stone? ▸ **c'est une pierre dans ton jardin** that remark was (meant) for you ▸ **se mettre une pierre autour du cou** to put an albatross round one's neck ▸ **pierre qui roule n'amasse pas mousse** *prov* a rolling stone gathers no moss **2.** CONSTR ▸ **pierre de taille** ou **d'appareil** freestone ▸ **pierre angulaire** *pr & fig* keystone, cornerstone ▸ **pierre à bâtir** building stone ▸ **mur en pierres sèches** drystone wall ▸ **poser la première pierre (de) a)** *pr* to lay down the first stone (of) **b)** *fig* to lay the foundations (of) **3.** JOAILL & MINÉR ▸ **pierre brute** rough ou uncut stone ▸ **pierre taillée** cut stone ▸ **pierre fine** ou **semi-précieuse** semi-precious stone ▸ **pierre d'aigle** eaglestone ▸ **pierre de lune** moonstone ▸ **pierre précieuse** gem, precious stone ▸ **pierre de touche** *pr & fig* touchstone **4.** GÉOL ▸ **pierre calcaire** ou **à chaux** limestone ▸ **pierre meulière** *type of stone common in the Paris area once used for making millstones and as a building material* ▸ **pierre ollaire** soapstone, steatite *spéc* ▸ **pierre ponce** pumice stone **5.** [instrument] ▸ **pierre à affûter** ou **aiguiser** whetstone ▸ **pierre à briquet** (lighter) flint ▸ **pierre à feu** ou **fusil** gun flint **6.** [stèle] ▸ **pierre funéraire** ou **tombale** tombstone, gravestone **7.** RELIG ▸ **pierre d'autel** altar stone ▸ **pierre noire** black stone **8.** HIST & *fig* ▸ **pierre philosophale** philosopher's stone ▸ **chercher la pierre philosophale** *fig* to search for the impossible **9.** [dans un fruit] (piece of) grit **10.** *vieilli* MÉD (kidney) stone, calculus *spéc*

❖ **de pierre** loc adv stony, of stone ▸ **être / rester de pierre** to be / to remain icy-cool / *son cœur / visage restait de pierre* he remained stony-hearted / stony-faced.
❖ **pierre à pierre, pierre par pierre** loc adv *pr* stone by stone ; *fig* painstakingly / *il a construit sa fortune pierre par pierre* he built up his fortune from nothing.
❖ **pierre sur pierre** loc adv *litt* : *après le tremblement de terre, il ne restait pas pierre sur pierre* not a stone was left standing after the earthquake / *ils n'ont pas laissé pierre sur pierre de la théorie originelle* they shot the original theory to pieces.

Pierre [pjɛʀ] npr ▸ **saint Pierre** Saint Peter ▸ **Pierre l'Ermite** Peter the Hermit ▸ **Pierre le Grand** Peter the Great / **'Pierre et le Loup'** *Prokofiev* 'Peter and the Wolf'.

pierrée [pjeʀe] nf drystone drain.

pierreries [pjɛʀʀi] nfpl precious stones, gems.

pierreux, euse [pjɛʀø, øz] adj **1.** [terrain] stony, rocky / *un chemin pierreux* a stony path **2.** [fruit] gritty **3.** *vieilli* MÉD calculous.

pierrier [pjɛʀje] nm scree *(U)*.

pierrot [pjɛʀo] nm **1.** THÉÂTRE Pierrot ; [clown] pierrot, clown **2.** [moineau] sparrow.

Pierrot [pjɛʀo] npr Pierrot.

pietà *(pl* pietà*)*, **piéta*** [pjeta] nf pietà.

piétaille [pjetaj] nf **1.** *fam & hum* [fantassins] rank and file **2.** *péj* [subalternes] rank and file / *la direction nous considère comme de la piétaille* the management just thinks of us as skivvies UK ou flunkies US.

piété [pjete] nf **1.** RELIG piety **2.** [amour] devotion, reverence ▸ **piété filiale** filial devotion.

piétement, piètement* [pjɛtmɑ̃] nm [d'un meuble] base, legs.

piéter [18] [pjete] vi [oiseau] to run (instead of flying).
✎ In reformed spelling (see p. 16-19), this verb is conjugated like *semer*: *il piètera, elle pièterait.*

piétin [pjetɛ̃] nm **1.** AGR root rot **2.** VÉTÉR foot rot.

piétinement [pjetinmɑ̃] nm **1.** [action] stamping / *le piétinement des chevaux sur le pavé était assourdissant* the sound of the horses' hooves on the cobblestones was deafening **2.** *fig* [stagnation] : *le piétinement de l'affaire arrange certaines personnes* the lack of progress in the case suits certain people.

piétiner [3] [pjetine] ◆ vi **1.** [s'agiter] to walk on the spot / *piétiner de rage* to stamp one's feet in rage ▸ **piétiner d'impatience** *fig* to be fidgeting with impatience, to be champing at the bit **2.** *fig* [stagner] to fail to make (any) progress ou headway ▸ **l'enquête piétine** the enquiry is getting nowhere ou is making no headway / *on piétine, il faut se décider!* we're not getting anywhere ou we're just marking time, let's make up our minds! ◆ vt **1.** [écraser] to trample ou to tread on **2.** *fig* [libertés, traditions] to trample underfoot, to ride roughshod over.

piétisme [pjetism] nm pietism.

piétiste [pjetist] ◆ adj pietistic, pietistical. ◆ nmf pietist.

piéton, onne [pjetɔ̃, ɔn] ◆ adj pedestrian *(modif)* / *rue* ou *zone piétonne* pedestrian precinct UK ou mall US. ◆ nm, f pedestrian.

piétonnier, ère [pjetɔnje, ɛʀ] adj pedestrian *(modif)* ▸ **rue piétonnière** pedestrian area ou street ▸ **circulation piétonnière** pedestrian traffic.

piètre [pjɛtʀ] adj *(avant nom)* very poor, mediocre ▸ **faire piètre figure** to be a sorry sight / *de piètre qualité* very mediocre ▸ **c'est une piètre consolation** that's small ou not much comfort.

piètrement [pjɛtʀəmɑ̃] adv very mediocrely / *je suis bien piètrement récompensée* this is (a) meagre recompense indeed for my effort.

pieu, x [pjø] nm **1.** [poteau -pour délimiter] post ; [-pour attacher] stake / *les jeunes arbres sont attachés à des pieux* the young trees are attached to stakes **2.** *fam* [lit] bed / *aller* ou *se mettre au pieu* to turn in, to hit the hay ou the sack **3.** TRAV PUB pile.

pieusement [pjøzmɑ̃] adv **1.** [dévotement] piously, devoutly **2.** [scrupuleusement] religiously, scrupulously.

pieuter [3] [pjøte] vi *tfam* **1.** [passer la nuit] to crash (out) **2.** ▸ **pieuter avec qqn** to bunk down with sb.
❖ **se pieuter** vpi *tfam* to turn in, to hit the hay ou the sack.

pieuvre [pjœvʀ] nf **1.** ZOOL octopus **2.** *fig* [personne] leech.

pieux, euse [pjø, øz] adj **1.** [dévot] pious, devout **2.** [charitable] ▸ **pieux mensonge** white lie.

piézo-électricité, piézoélectricité* [pjezɔelɛktʀisite] nf piezoelectricity.

piézo-électrique, piézoélectrique* [pjezɔelɛtʀik] adj piezoelectric.

piézomètre [pjezɔmɛtʀ] nm piezometer.

pif [pif] ◆ onomat bang, splat. ◆ nm [nez] conk UK, hooter UK, shnoz(zle) US.
❖ **au pif** loc adv *fam* at random / *au pif, je dirais trois* I'd say three, at a rough guess ou off the top of my head / *j'ai répondu au pif* I just guessed / *j'y suis allé au pif et il restait des places* I just went on the off-chance and there were still some seats left / *j'ai pris celui-là au pif* I just took the first one that came to hand.

pif(f)er [3] [pife] vt *tfam* [supporter] : *je ne peux pas le piffer!* I can't stomach him!, I just can't stand him!

pifomètre [pifɔmɛtʀ] nm *fam* ▸ **au pifomètre** : *j'ai dit ça au pifomètre* I was just guessing ▸ **faire qqch au pifomètre** to follow one's hunch in doing sthg.

Pigalle [pigal] npr *area of Paris famous for its nightclubs (including the Moulin Rouge) and as a red light district.*

pige [piʒ] nf **1.** [tige graduée] measuring stick **2.** TECHNOL gauge rod **3.** *fam* IMPR & PRESSE : *travailler à la pige, faire des piges* to work freelance / *être payé à la pige* to be paid piece rate ou by the line **4.** *tfam* [an] year / *elle a déjà soixante-dix piges* she's seventy already / *pour quarante piges, il est bien conservé* he still looks pretty good for a forty-year-old **5.** EXPR **faire la pige à qqn** *fam* to go one better than sb.

pigeon [piʒɔ̃] nm **1.** ORNITH pigeon ▸ **pigeon biset / colombin** rock / stock dove ▸ **pigeon ramier** wood pigeon, ringdove ▸ **pigeon voyageur** carrier ou homing pigeon **2.** JEUX ▸ **pigeon vole** *children's game consisting of a yes or no answer to the question: does X fly?* **3.** CONSTR [plâtre] handful of plaster ; [chaux] lump (in lime) **4.** SPORT ▸ **pigeon d'argile** clay pigeon **5.** *fam* [dupe] mug UK, sucker US / *et c'est encore moi le pigeon!* and muggins here UK ou yours truly US ends up holding the baby as usual!

pigeonnant, e [piʒɔnɑ̃, ɑ̃t] adj ▸ **soutien-gorge pigeonnant** uplift (bra) ▸ **poitrine pigeonnante** full bosom.

pigeonne [piʒɔn] nf hen pigeon.

pigeonneau, x [piʒɔno] nm **1.** ORNITH young pigeon, squab *spéc* **2.** MÉD chrome ou tanner's ulcer.

pigeonner [3] [piʒɔne] vt **1.** CONSTR to plaster **2.** *fam* [duper] ▸ **pigeonner qqn** to take sb in ou for a ride, to hoodwink sb ▸ **se faire pigeonner a)** [tromper] to be led up the garden path, to be taken for a ride **b)** [pour de l'argent] to get ripped off.

pigeonnier [piʒɔnje] nm **1.** [pour pigeons] dovecote **2.** *fam* [mansarde] garret, attic.

piger [17] [piʒe] ◆ vt **1.** *fam* [comprendre] to get, to twig UK / *j'ai mis une heure avant de piger ce qu'il disait* it took me an hour to catch on to what he was saying / *(t'as) pigé?* got it?, have you twigged? UK, have you got the picture? US / *elle pige rien* ou *que dalle à l'art* she hasn't got a clue about art / *impossible de lui faire piger quoi que ce soit!* you just can't get through to him at all! ; *(en usage absolu)* : *il a fini par piger* the penny finally dropped UK, he finally got it ou got the picture US **2.** [mesurer] to rule (out). ◆ vi *fam* [travailler à la pige] to work freelance.

pigiste [piʒist] nmf **1.** IMPR piece-rate typographer **2.** PRESSE freelance journalist.

pigment [pigmɑ̃] nm pigment.

pigmentaire [pigmɑ̃tɛʀ] adj pigmentary.

pigmentation [pigmɑ̃tasjɔ̃] nf pigmentation.

pigmenter [3] [pigmɑ̃te] vt to pigment.

pigne [piɲ] nf **1.** [cône] pine cone **2.** [graine] pine kernel.

pignocher [3] [piɲɔʃe] vi **1.** *vieilli* [manger] to nibble ou to pick at food **2.** [peindre] *to paint with minutely fine strokes.*

pignon [piɲɔ̃] nm **1.** ARCHIT [de mur] gable ; [de bâtiments] side wall ▸ **pignon chantourné** shaped gable ▸ **pignon à redents** ou **à pas d'oiseau** crow-step (ped) ou corbie-step (ped) gable ▸ **avoir pignon sur rue a)** [personne] to be well-off (and respectable) **b)** [entreprise] to be well established **2.** TECHNOL [roue dentée] cogwheel, gear wheel ; [petite roue] pinion ; [d'un vélo] rear-wheel, sprocket ▸ **pignon baladeur** sliding-mesh gear ▸ **pignon de renvoi** transmission (gear) wheel **3.** BOT pine kernel ou nut.

pignouf [piɲuf] nm *tfam* [rustre] slob.

pilaf [pilaf] nm pilaf, pilau.

pilage [pilaʒ] nm pounding, grinding.

pilaire [pilɛʀ] adj pilar, pilary.

pilastre [pilastʀ] nm ARCHIT pilaster ; [d'escalier] newel (post) ; [d'un balcon] pillar.

pilchard [pilʃaʀ] nm pilchard.

pile [pil] ◆ nf **1.** [tas -désordonné] pile, heap ; [-ordonné] stack **2.** INFORM stack **3.** CONSTR [pilier] pier **4.** TRAV PUB [appui] pier ; [pieu] pile ▸ **pile culée** abutment pier **5.** ÉLECTR battery / *une radio à piles* a radio run on batteries, a battery radio ▸ **pile atomique** pile reactor ▸ **pile à combustible** fuel cell ▸ **pile plate** flat battery ▸ **pile rechargeable** rechargeable battery ▸ **pile ronde** round battery ▸ **pile sèche** dry battery ▸ **pile solaire** solar cell **6.** HÉRALD pile **7.** [côté d'une pièce] : *le côté pile* the reverse side ▸ **pile ou face?** heads or tails? / *pile, c'est moi* tails, I win ▸ **jouer** ou **tirer à pile ou face** to toss a coin / *tirons à pile ou face* let's toss for it **8.** TECHNOL [bac] ▸ **pile défileuse / blanchisseuse** breaker (beater), poacher, bleacher **9.** *fam* [coups] belting, thrashing ▸ **flanquer la pile à qqn** to give sb a good beating ou drubbing **10.** *fam* [défaite] beating / *recevoir* ou *prendre une (bonne) pile* to get a beating ou hammering UK ou shellacking US. ◆ adv *fam* **1.** [net] dead ▸ **s'arrêter pile** to stop dead / *ça commence à 8 h pile* it begins at 8 o'clock sharp ou on the dot **2.** [juste] right / *pile au milieu* right in the middle ▸ **tomber pile** : *tu es tombé pile sur le bon chapitre* you just hit (on) the right chapter / *vous tombez pile, j'allais vous appeler* you're right on cue, I was about to call you.

pile-poil [pilpwal] adv *fam* just / *ça rentre pile-poil dans la valise* it just fits into the suitcase / *je suis arrivé pile-poil à l'heure* I arrived exactly on time / *c'est pile-poil!* it's just right!

piler [3] [pile] ◆ vt **1.** [broyer] to crush, to grind **2.** *fam* [vaincre] to make mincemeat of, to wipe the floor with / *il a pilé ses adversaires* he pulverized ou clobbered his opponents / *on s'est fait piler en beauté au foot!* they wiped the floor with us at football! ◆ vi *fam* [freiner] to slam (one's foot) on the brakes.

pileux, euse [pilø, øz] adj pilose, pilous.

pilier [pilje] nm **1.** ANAT, CONSTR & MIN pillar **2.** *fig* [défenseur] pillar ; [bastion] bastion, bulwark / *c'était un pilier du socialisme* she was a pillar of socialism / *la constitution, pilier de la démocratie* the constitution, one of the pillars of democracy ▸ **être un pilier de bar** ou **bistrot** *fam & péj* [habitué] : *c'est un pilier de bar* ou *bistrot* he can always be found propping up the bar, he's a barfly **3.** [joueur de rugby] prop forward.

pili-pili [pilipili] nm bird pepper.

pillage [pijaʒ] nm **1.** [vol] pillage, looting, plundering / *le pillage de la ville par les soldats* the pillaging of the town by the soldiers / *mettre au pillage* to pillage **2.** [plagiat] plagiarism, pirating **3.** [d'une ruche] robbing.

pillard, e [pijaʀ, aʀd] ◆ adj pillaging, looting, plundering. ◆ nm, f pillager, looter, plunderer.

* In reformed spelling (see p. 16-19).

piller [3] [pije] vt **1.** [dépouiller] to pillage, to loot, to plunder **2.** [détourner] to cream UK ou to siphon off *(sép)* / *piller les caisses de l'État* to siphon ou to cream UK off taxpayers' money **3.** [plagier] to plagiarize.

pilleur, euse [pijœʀ, øz] nm, f pillager, looter, plunderer ▸ **pilleur d'épaves** wrecker.

pillow-lava [pilolava] (*pl* **pillow-lavas**) nf pillow lava.

pilocarpine [pilɔkaʀpin] nf pilocarpine.

pilon [pilɔ̃] nm **1.** [de mortier] pestle ; TECHNOL pounder **2.** IMPR : *mettre un livre au pilon* to pulp a book / *on a eu plus de 2 000 pilons* we had to pulp more than 2,000 copies **3.** [jambe de bois] (straight) wooden leg **4.** [de volaille] drumstick.

pilonnage [pilɔnaʒ] nm **1.** [broyage] pounding, pestling **2.** IMPR pulping **3.** [bombardement] (heavy) bombardment, shelling ▸ **pilonnage publicitaire** *fig* barrage of publicity.

pilonner [3] [pilɔne] vt **1.** [broyer] to pound, to pestle **2.** IMPR to pulp **3.** [bombarder] to bombard, to shell.

pilori [pilɔʀi] nm **1.** HIST pillory **2.** *fig* ▸ **clouer** ou **mettre qqn au pilori** to pillory sb.

pilo-sébacé, e (*mpl* **pilo-sébacés**, *fpl* **pilo-sébacées**), **pilosébacé*** [pilɔsebase] adj pilosebaceous.

pilosisme [pilozism] nm pilosis.

pilosité [pilozite] nf pilosity.

pilot [pilo] nm TRAV PUB pile.

pilotage [pilɔtaʒ] nm **1.** NAUT piloting **2.** AÉRON piloting, piloting ▸ **pilotage automatique** automatic piloting ▸ **en pilotage automatique** on automatic pilot ou autopilot ▸ **pilotage sans visibilité** blind flying **3.** *fig* [direction] : *le pilotage d'une entreprise* running a business.

pilote [pilɔt] ◆ nmf **1.** AÉRON pilot ▸ **pilote de chasse** fighter pilot ▸ **pilote d'essai** test pilot ▸ **pilote de ligne** airline pilot **2.** AUTO driver ▸ **pilote automobile** ou **de course** racing driver **3.** RAIL pilot, pilotman **4.** *litt* [guide] guide **5.** *(comme adjectif, avec ou sans trait d'union)* [expérimental] experimental ▸ **école pilote** experimental school ; [promotionnel] promotional ▸ **produit pilote** promotional item, special offer. ◆ nm **1.** AÉRON & NAUT pilot ▸ **pilote automatique** autopilot, automatic pilot ▸ **passer en pilote automatique** to switch to automatic pilot **2.** ÉLECTR pilot **3.** ZOOL pilot fish **4.** INFORM ▸ **pilote (de périphérique)** driver.

piloter [3] [pilɔte] vt **1.** [conduire - avion] to pilot, to fly ; [- bateau] to sail ; [- voiture] to drive **2.** [guider - personne] to guide, to show around *(sép)* ; [- outil] to guide ▸ **piloté par ordinateur** computer-driven **3.** TRAV PUB to drive piles into.

pilotin [pilɔtɛ̃] nm *apprentice in Merchant Navy.*

pilotis [pilɔti] nm ▸ **des pilotis** piling ▸ **maison sur pilotis** house built on piles ou stilts.

pilou [pilu] nm flannelette.

pilulaire [pilylɛʀ] ◆ adj pilular. ◆ nf pillwort.

pilule [pilyl] nf **1.** [médicament] pill ▸ **trouver la pilule amère** *fam* to find it a bitter pill to swallow ▸ **faire passer la pilule** *fam* to get sb to swallow the pill ou to take their medicine *fig* **2.** [contraceptif] ▸ **pilule contraceptive** contraceptive pill ▸ **la pilule** the pill ▸ **prendre la pilule** to be on the pill ▸ **pilule du lendemain** morning-after pill.

pilulier [pilylje] nm pillbox.

pimbêche [pɛ̃bɛʃ] ◆ adj stuck up / *ce qu'elle peut être pimbêche!* she thinks she's Lady Muck UK ou the queen bee US ! ◆ nf : *c'est une pimbêche* she's really stuck-up.

piment [pimɑ̃] nm **1.** BOT pepper, capsicum *spéc* ▸ **piment doux** (sweet) pepper ▸ **piment d'Espelette** *type of mild chilli pepper from the Basque country* ▸ **piment rouge** red pepper ▸ **piment fort** chilli pepper, pimento **2.** [poudre, purée] chilli, chili **3.** [charme] spice, pizzazz US ▸ **donner du piment à qqch** to spice sthg up, to add pizzazz to sthg US / *ça met un peu de piment dans la vie!* it adds some spice to life ! ▸ **cette fille a du piment** she's certainly got character.

pimenté, e [pimɑ̃te] adj [sauce] hot, spicy.

pimenter [3] [pimɑ̃te] vt **1.** CULIN to season with chili, to spice up *(sép)* **2.** [corser] : *pimenter une histoire* to lace a story with spicy details / *pimenter la vie* to add spice to life.

pimpant, e [pɛ̃pɑ̃, ɑ̃t] adj [net] spruce, neat, smart ; [frais] fresh, bright / *elle est arrivée toute pimpante* she turned up all bright-eyed and bushy tailed.

pimprenelle [pɛ̃pʀənɛl] nf salad burnet.

pin [pɛ̃] nm **1.** BOT pine ▸ **pin parasol** ou **pignon** stone pine ▸ **pin noir / d'Alep** Austrian / Aleppo pine ▸ **pin maritime** maritime pine ▸ **pin d'Oregon** Douglas fir ▸ **pin sylvestre** Scots ou Scotch pine **2.** MENUIS pine, pinewood.

PIN [pin] (abr de **produit intérieur net**) nm NDP.

pinacée [pinase] nf member of the Pinaceae.

pinacle [pinakl] nm **1.** ARCHIT pinnacle **2.** *fig* zenith, acme ▸ **être au pinacle** to be at the top ▸ **mettre** ou **porter qqn au pinacle** to praise sb to the skies, to put sb on a pedestal.

pinacothèque [pinakɔtɛk] nf art gallery.

pinaillage [pinajaʒ] nm *fam* nitpicking, hair-splitting.

pinailler [3] [pinaje] vi *fam* to quibble, to nitpick / *elle pinaille sur tout* she's a real nitpicker.

pinaillerie [pinajʀi] nf nagging.

pinailleur, euse [pinajœʀ, øz] *fam* ◆ adj fussy, nitpicking, quibbling. ◆ nm, f nitpicker.

pinard [pinaʀ] nm *tfam* vino, plonk UK, jug wine US.

pinardier [pinaʀdje] nm **1.** [navire] wine tanker **2.** *tfam* [marchand] wine merchant.

pinasse [pinas] nf (flat-bottomed) pinnace.

pinastre [pinastʀ] nm maritime pine, pinaster.

pinçage [pɛ̃saʒ] nm nipping off, pinching out.

pince [pɛ̃s] nf **1.** [outil] (pair of) pliers ou pincers ; [pour un âtre] (fire) tongs ▸ **pince à glaçons / sucre** ice / sugar tongs ▸ **pince ampèremétrique** ÉLECTR grip current tester ▸ **pince à cheveux** hair clip ▸ **pince coupante** wire cutters ▸ **pince crocodile** crocodile clip ▸ **pince de cycliste** bicycle clip ▸ **pince à dénuder** wire-strippers ▸ **pince à dessin** bulldog clip ▸ **pince à épiler** (pair of) tweezers ▸ **pince à linge** clothes peg UK ou pin US ▸ **pince multiprise** multiple pliers ▸ **pince à ongles** (nail) clippers ▸ **pince à palettes** pallet pusher ▸ **pince plate** flat (nose) pliers ▸ **pince universelle** universal ou all-purpose pliers ▸ **pince à vélo** bicycle clip **2.** BIOL & MÉD ▸ **pince (à disséquer)** (dissecting) forceps **3.** ZOOL claw, pincer ; [d'un sabot de cheval] front part (of a horse's hoof) **4.** COUT dart, tuck / *ouvrir* ou *retirer des pinces* to take out tucks ▸ **pince de poitrine** dart **5.** *fam* [main] paw, mitt.

❖ **à pinces** ◆ loc adj COUT pleated ▸ **pantalon à pinces** front-pleated trousers. ◆ loc adv *fam* [à pied] on foot, on shanks's pony UK ou mare US / *j'irai à pinces* I'll hoof ou leg it.

pincé, e [pɛ̃se] adj **1.** [dédaigneux] ▸ **un sourire pincé** a thin-lipped smile / *il avait un air pincé* he had a stiff ou starchy manner **2.** [serré] tight / *aux lèvres pincées* tight-lipped.

pinceau, x [pɛ̃so] nm **1.** [brosse - de peintre] paintbrush, brush ; [- de maquillage] brush **2.** [style] brushwork / *on reconnaît bien là le pinceau d'Utrillo* this is obviously Utrillo's brushwork / *il a un bon coup de pinceau* he paints rather well **3.** OPT ▸ **pinceau lumineux** light pencil **4.** *fam* [jambe] gam, pin.

pincée [pɛ̃se] ◆ f ⟶ **pincé**. ◆ nf pinch.

pincement [pɛ̃smɑ̃] nm **1.** [émotion] twinge, pang / *avoir un pincement au cœur* to have a lump in one's throat / *j'ai eu un pincement au cœur* it tugged at my heartstrings **2.** MUS plucking **3.** HORT nipping off, deadheading UK **4.** AUTO toe-in.

pince-monseigneur [pɛ̃smɔ̃sɛɲœʀ] (*pl* **pinces-monseigneur**) nf jemmy UK, jimmy US.

pince-nez [pɛ̃sne] nm inv pince-nez.

pince-oreille [pɛ̃sɔʀɛj] (*pl* **pince-oreilles**) nm ENTOM earwig.

pincer [16] [pɛ̃se] vt **1.** [serrer] to pinch, to nip / *se faire pincer par un crabe* to get nipped by a crab / *arrête de pincer ton frère* stop pinching your brother ▸ **pince-moi, je rêve!** pinch me, I must be dreaming ! ▸ **pincer les lèvres** to go tight-lipped / *se faire pincer les fesses* to have one's bottom pinched, to be goosed US **2.** [suj: vent, froid] to nip at *(insép)* / *le vent pinçait mes joues* the wind nipped at my cheeks **3.** MUS to pluck **4.** HORT to pinch out *(sép)*, to nip off *(sép)*, to deadhead UK **5.** VÊT : *une veste / robe qui pince la taille* a fitted jacket / dress **6.** *fam* [arrêter] to nick UK, to pinch, to bust *tfam* ▸ **se faire pincer** : *un jour, tu vas te faire pincer par les flics* one day, you'll get nicked UK ou you'll be busted US / *elle s'est fait pincer en sortant du magasin* she got collared as she was about to leave the store **7.** *fam* EXPR **en pincer pour qqn** to be crazy about sb, to be gone on sb ; *(en usage absolu)* ▸ **ça pince** it's nippy, there's a nip in the air / *ça pince (dur), aujourd'hui!* it's bitterly ou freezing cold today !

❖ **se pincer** ◆ vp *(emploi réfléchi)* to pinch o.s. / *se pincer le nez* to hold ou to pinch one's nose. ◆ vpt : *je me suis pincé le doigt dans le tiroir* I caught my finger in the drawer, my finger got caught in the drawer.

pince-sans-rire [pɛ̃ssɑ̃ʀiʀ] ◆ nmf person with a deadpan ou dry sense of humour. ◆ adj inv ▸ **elle est très pince-sans-rire** she's got a very dry sense of humour.

pincette [pɛ̃sɛt] nf **1.** [d'horloger] (pair of) tweezers **2.** SUISSE [pince à linge] clothes peg.

❖ **pincettes** nfpl [pour attiser] (fireplace) tongs ▸ **il n'est pas à prendre avec des pincettes** [très énervé] he's like a bear with a sore head.

pinçon [pɛ̃sɔ̃] nm pinch mark.

pinçure [pɛ̃syʀ] nf pinch-ache.

Pindare [pɛ̃daʀ] npr Pindar.

pindarique [pɛ̃daʀik] adj Pindaric.

pine [pin] nf *vulg* [pénis] prick, cock, schlong US.

pinéal, e, aux [pineal, o] adj pineal.

pineau [pino] nm **1.** [cépage] pineau wine **2.** [vin] Pineau aperitif.

pinède [pinɛd] nf pinewood, pine grove.

pineraie [pinʀɛ] = **pinède**.

pingouin [pɛ̃gwɛ̃] nm [alcidé] auk ; [manchot] penguin ▸ **grand pingouin** great auk ▸ **petit pingouin** razorbill.

ping-pong, pingpong* [piŋpɔ̃g] nm table tennis, ping-pong.

pingre [pɛ̃gʀ] *péj* ◆ adj [avare] stingy, mean, tight-fisted. ◆ nmf skinflint, penny-pincher.

pingrerie [pɛ̃gʀəʀi] nf [avarice] stinginess, meanness.

pinne [pin] nf pinna (mollusc).

pinnipède [pinipɛd] nm pinniped, pinnipedian.

pinnothère [pinɔtɛʀ] nm pinnothere, pea-crab.

Pinocchio [pinɔkio] npr Pinocchio.

pinocytose [pinɔsitoz] nf pinocytosis.

pinot [pino] nm pinot.

pin-pon [pɛ̃pɔ̃] interj *langage enfantin noise made by a fire engine's two-tone siren.*

pin's [pins] nm inv badge.

pinscher [pinʃɛʀ] nm (doberman) pinscher.

pinson [pɛ̃sɔ̃] nm chaffinch ▸ **pinson des neiges** snow finch ▸ **pinson du Nord** brambling.

pintade [pɛ̃tad] nf guinea fowl.

pintadeau, x [pɛ̃tado] nm young guinea fowl.

pintadine [pɛ̃tadin] nf pearl oyster.

pinte [pɛ̃t] nf **1.** [mesure - française] quart ; [- anglo-saxonne] pint ; [- canadienne] quart **2.** [verre] pint / *une pinte de bière* a pint of beer **3.** SUISSE bar **4.** EXPR **s'offrir** ou **se faire** ou **se payer une pinte de bon sang** *fam* to have a good laugh.

* In reformed spelling (see p. 16-19).

pinté, e [pɛ̃te] adj *tfam* [saoul] pie-eyed, blotto UK pissed UK

pinter [3] [pɛ̃te] *tfam* ◆ vi [se saouler] to booze. ◆ vt [boire] to swill, to knock back *(sép)*.

❖ **se pinter** vpi to booze.

pin-up (*pl* **pin-up**), **pinup*** [pinœp] nf pinup.

pinyin [pinjin] nm Pinyin.

piochage [pjɔʃaʒ] nm digging (up).

pioche [pjɔʃ] nf **1.** [outil] pick, pickaxe, mattock / *ils ont démoli le mur à coups de pioche* they demolished the wall with a pick **2.** JEUX [aux dominos] stock ; [aux cartes] talon, stock ▸ **bonne pioche** *fig* good choice ▸ **mauvaise pioche** *fig* bad choice.

piocher [3] [pjɔʃe] ◆ vt **1.** [creuser] to dig (up) **2.** [tirer] to draw / *piocher une carte* / *un domino* to draw a card / domino (from stock) / *piocher des prunes dans un compotier* to dig into a bowl for plums **3.** *fam* [étudier] to cram, to swot at UK *(insép)*, to grind away at US *(insép)*. ◆ vi [puiser] to dig / *les cerises sont fameuses, vas-y, pioche (dans le tas)* the cherries are delicious, go ahead, dig in.

piocheur, euse [pjɔʃœʀ, øz] nm, f **1.** [ouvrier] digger **2.** *fam* [étudiant] swot UK grind US.

piolet [pjɔlɛ] nm ice-axe, ice ax US.

pion[1] [pjɔ̃] nm **1.** JEUX [de dames] draughtsman, checker US ; [d'échecs] pawn **2.** *fig* [personne] : *n'être qu'un pion sur l'échiquier* to be just a cog in the machine ou a pawn in the game **3.** PHYS pion.

pion[2], pionne [pjɔ̃, pjɔn] nm, f *fam* ÉDUC (paid) prefect ou monitor.

Pion

In French **collèges** and **lycées**, the **pions** (officially called **assistants d'éducation**) are responsible for supervising pupils outside class hours; they are often university students who do the job to help finance their studies.

pioncer [16] [pjɔ̃se] vi *fam* to snooze, to (have a) kip UK.

pionnier, ère [pjɔnje, ɛʀ] nm, f **1.** [inventeur] pioneer / *une pionnière de la physique nucléaire* a pioneer of nuclear physics **2.** [colon] pioneer / *les pionniers de l'Ouest américain* the pioneers of the Wild West.

❖ **pionnier** nm MIL sapper.

piorner [3] [pjɔʀne] vi SUISSE *fam* to snivel.

pioupiou [pjupju] nm *fam & vieilli* soldier, squaddie UK GI (Joe) US.

pipe [pip] nf **1.** [à fumer - contenant] pipe ; [- contenu] pipe, pipeful ▸ **une pipe en écume** / **terre** a meerschaum / clay pipe ▸ **une pipe de bruyère** a briar pipe **2.** TECHNOL pipe **3.** ŒNOL wine cask **4.** *vulg* [fellation] blow-job ▸ **faire une pipe à qqn** to give sb a blow-job **5.** *fam* [cigarette] fag UK butt US.

pipeau, x [pipo] nm **1.** MUS (reed) pipe ▸ **c'est du pipeau** *fig* it's all fibs **2.** CHASSE bird call.

❖ **pipeaux** nmpl [pour les oiseaux] birdlimed ou limed twigs.

pipelet, ette [piplɛ, ɛt] nm, f *fam & vieilli* concierge, doorman US *(nm)*.

❖ **pipelette** nf *fam* gossip (monger) / *mon oncle est une vraie pipelette* my uncle loves a good chin-wag.

pipe-line (*pl* **pipe-lines**), **pipeline** [pajplajn, piplin] nm pipeline.

piper [3] [pipe] vt **1.** [truquer - dés] to load ; [- cartes] to mark ▸ **les dés sont pipés** *fig* the dice are loaded **2.** CHASSE to hunt with a bird call **3.** EXPR **ne pas piper (mot)** to keep mum / *je te conseille de ne pas piper mot* mum's the word, you'd better keep your mouth shut.

pipéracée [pipeʀase] nf member of the Piperaceae ou pepper family.

piperade [pipeʀad] nf piperade *(cooked tomatoes, sweet peppers and ham mixed with scrambled eggs)*.

pipette [pipɛt] nf pipette.

pipi [pipi] nm *fam* [urine] (wee) wee, pee ▸ **faire pipi** to do a (wee) wee, to have a pee, to pee / *faire pipi au lit* to wet the bed ▸ **c'est du pipi de chat a)** [sans goût] it's tasteless, it's like dishwater **b)** [sans intérêt] it's a load of bilge ou tripe.

pipier, ère [pipje, ɛʀ] ◆ adj pipe-making *(modif)*. ◆ nm, f pipe-maker.

pipi-room [pipiʀum] (*pl* **pipi-rooms**) nm *fam* loo UK, bathroom US.

pipistrelle [pipistʀɛl] nf pipistrelle.

pipolisation, peopolisation [pipɔlizasjɔ̃] nf : *elle condamne la pipolisation de la sphère politique* she is critical of the way politics has become dominated by celebrity and glamour.

piquage [pikaʒ] nm **1.** COUT stitching **2.** TEXT punching.

piquant, e [pikɑ̃, ɑ̃t] adj **1.** [plante] thorny / *sa barbe est piquante* his beard's all prickly **2.** CULIN [moutarde, radis] hot **3.** *sout* [excitant - récit, détail] spicy, juicy **4.** *fam* [eau] fizzy.

❖ **piquant** nm **1.** [de plante] thorn, prickle ; [d'oursin, de hérisson] spine ; [de barbelé] barb, spike / *couvert de piquants* prickly **2.** *sout* [intérêt] : *le piquant de l'histoire, c'est qu'elle n'est même pas venue!* the best part of it is that ou to crown it all she didn't even show up! / *des détails qui ne manquent pas de piquant* juicy details.

pique [pik] ◆ nf **1.** [arme] pike ; [de picador] pic **2.** [propos] barb, carping remark ▸ **lancer des piques à qqn** to make cutting remarks to sb. ◆ nm **1.** [carte] spade ▸ **le roi de pique** the king of spades **2.** [couleur] spades.

piqué, e [pike] adj **1.** [abîmé - vin] sour ; [- miroir] mildewed ; [- bois] wormeater ; [- papier] foxed **2.** *fam* [fou] nutty, screwy, cracked **3.** MUS staccato ▸ **note piquée** dotted note **4.** CULIN [de lard] larded, piqué ; [d'ail] studded with garlic, piqué **5.** EXPR **pas piqué des hannetons** *fam* ou **vers** *fam* : *un alibi pas piqué des hannetons* the perfect alibi / *il est pas piqué des hannetons, ton frangin!* your brother is really something else!

❖ **piqué** nm **1.** TEXT piqué **2.** AÉRON nose dive ▸ **attaquer en piqué** to dive-bomb **3.** DANSE piqué.

pique-assiette [pikasjɛt] (*pl* **pique-assiette** ou **pique-assiettes**) nmf *fam* sponger, scrounger / *jouer les pique-assiette* to gatecrash.

pique-feu [pikfø] (*pl* **pique-feu** ou **pique-feux**) nm poker.

pique-fleur(s) [pikflœʀ] (*pl* **pique-fleurs**) nm flower holder *(vase)*.

pique-nique (*pl* **pique-niques**), **piquenique*** [piknik] nm picnic / *faire un pique-nique* to go on ou for a picnic.

pique-niquer, piqueniquer* [3] [piknike] vi to picnic, to go on ou for a picnic / *un bon endroit pour pique-niquer* a nice place to have ou for a picnic.

pique-niqueur, euse (*mpl* **pique-niqueurs**, *fpl* **pique-niqueuses**), **piqueniqueur*, euse** [piknikœʀ, øz] nm, f picnicker.

piquer [3] [pike] ◆ vt **1.** MÉD [avec une seringue] ▸ **piquer qqn** to give sb an injection **2.** VÉTÉR [tuer] ▸ **piquer un animal** to put an animal down, to put an animal to sleep / *faire piquer un chien* to have a dog put down **3.** [avec une pointe] to prick ▸ **piquer un morceau de viande avec une fourchette** / **la pointe d'un couteau** to stick a fork / the tip of a knife into a piece of meat / *piquer un bœuf avec un aiguillon* to goad an ox ▸ **piquer qqn avec une épingle** to prick sb with a pin **4.** [suj: animal, plante] to sting, to bite / *être piqué* ou *se faire piquer par une abeille* to get stung by a bee / *se faire piquer par un moustique* to get bitten by a mosquito / *être piqué par des orties* / *méduses* to get stung by nettles / jellyfish **5.** [enfoncer] to stick / *piquer une aiguille dans une pelote* to stick a needle into a ball / *piquer une fleur dans ses cheveux* to put a flower in ou to stick a flower in one's hair / *piquer une fourchette dans un steak* to stick a fork into a steak / *piquer une photo sur le mur* to pin a picture on ou onto the wall / *piquer une broche sur un chemisier* to pin a brooch on ou onto a blouse **6.** [brûler] to tickle, to tingle, to prickle / *ça pique la gorge* it gives you a tickle in your ou the throat / *le poivre pique la langue* pepper burns the tongue / *la fumée me pique les yeux* the smoke is making my eyes smart / *le vent me pique les joues* the wind is biting ou stinging my cheeks / *un tissu rêche qui pique la peau* a rough material which chafes the skin **7.** [stimuler - curiosité, jalousie] to arouse, to awaken ; [- amour-propre] to pique ; [- intérêt] to stir (up) **8.** *fam* [faire de manière soudaine] ▸ **piquer un cent mètres** ou **un sprint a)** *pr* to put on a sprint **b)** *fig* to take off in a flash ▸ **piquer une colère** to throw a fit (of anger) / *piquer une crise (de nerfs)* to get hysterical ▸ **piquer un galop** to gallop off ▸ **piquer un somme** ou **un roupillon** *fam* to grab a nap ou some shuteye ▸ **piquer un fard** to turn red ou crimson ▸ **piquer une tête** to dive head first **9.** *fam* [dérober] to steal, to pinch, to grab US / *piquer une voiture* to steal a car / *piquer un porte-monnaie* to snatch a wallet / *il a piqué la femme de son copain* he ran off with his friend's wife / *piquer une phrase dans un livre* / *à un auteur* to lift a sentence from a book / an author / *je me suis fait piquer ma voiture ce matin* my car was stolen ou nicked this morning **10.** *fam* [arrêter] to nab, to collar, to nick UK / *la police l'a piqué la main dans le sac* he was caught red-handed ▸ **se faire piquer a)** [arrêter] to get nabbed ou nailed US **b)** [surprendre] to get caught **11.** MUS : *piquer une note* to dot a note, to play a note staccato **12.** COUT to sew ; [cuir] to stitch **13.** CULIN : *piquer un rôti d'ail* to stick garlic into a roast / *piquer une viande de lardons* to lard a piece of meat **14.** DANSE : *piquer la pointe* to prick the pointe **15.** TECHNOL [rouille] to hammer off *(sép)* **16.** PÊCHE to gaff, to strike (with a gaff) **17.** NAUT ▸ **piquer l'heure** to strike the hour. ◆ vi **1.** [brûler - barbe] to prickle ; [- désinfectant, alcool] to sting ; [- yeux] to burn, to smart / *aïe! ça pique!* ouch! that stings! ▸ **tu piques!** [tu es mal rasé] you're all prickly! ▸ **radis** / **moutarde qui pique** hot radish / mustard ▸ **eau qui pique** *fam* fizzy water ▸ **vin qui pique** sour wine ▸ **odeur qui pique** pungent smell ▸ **gorge qui pique** sore throat **2.** [descendre - avion] to (go into a) dive ; [- oiseau] to swoop down ; [- personne] to head straight towards ▸ **piquer (droit) vers** to head (straight) for **3.** EXPR **piquer du nez a)** [avion] to go into a nosedive **b)** [bateau] to tilt forward **c)** [fleur] to droop **d)** [personne] to (begin to) drop off / *tu es fatigué, tu commences à piquer du nez* you're tired, you keep nodding off ▸ **piquer des deux a)** ÉQUIT to spur **b)** *fig* to run away full tilt.

❖ **se piquer** ◆ vp *(emploi réfléchi)* [avec une seringue - malade] to inject o.s. ; [- drogué] to take drugs *(intravenously)* / *il se pique à l'héroïne* he shoots ou does heroin. ◆ vpi **1.** [par accident] to prick o.s. **2.** [s'abîmer - papier, linge] to turn mildewy, to go mouldy ; [- métal] to pit, to get pitted ; [- vin] to turn sour **3.** EXPR **se piquer au jeu** : *elle s'est piquée au jeu* it grew on her. ◆ vpt ▸ **se piquer le nez** *fam* to hit the bottle, to tipple.

❖ **se piquer de** vp + prép to pride o.s. on / *il se pique de connaissances médicales* he prides himself on his knowledge of medicine.

piquet [pikɛ] nm **1.** [pieu] post, stake, picket / *planter un piquet dans le sol* to drive a stake into the ground **2.** [groupe - de soldats, de grévistes] picket ▸ **piquet d'incendie** fire fighting squad ▸ **piquet de grève** picket **3.** [coin] : *mettre un enfant au piquet* to send a child to stand in the corner ▸ **au piquet!** *hum* go to the back of the class! **4.** JEUX piquet.

piquetage [piktaʒ] nm **1.** [marquage] staking (out) **2.** QUÉBEC picketing.

piqueter [27] [pikte] ◆ vt **1.** [route, chemin] to stake ou to peg (out) **2.** *litt* [parsemer] to stud, to dot / *un ciel piqueté d'étoiles* a sky studded with stars, a star-studded sky. ◆ vi QUÉBEC to picket.

✐ In reformed spelling (see p. 16-19), this verb is conjugated like *acheter*: *il piquète, elle piquètera.*

piqueteur, euse [piktœʀ, øz] nm, f QUÉBEC picketer.

piquette [pikɛt] nf **1.** [vin] (cheap) wine, plonk **2.** *fam* [défaite] thrashing, beating ▸ **prendre** ou **ramasser une piquette** to get a good drubbing ou hammering ou shellacking US **3.** EXPR **c'est de la piquette** *fam* it's a mere trifle.

piqueur, euse [pikœʀ, øz] ◆ adj ENTOM stinging *(avant nom)*. ◆ nm, f **1.** COUT stitcher ; [dans l'industrie de la chaussure] upper stitcher **2.** *fam* [voleur] thief / *un piqueur d'idées* a stealer of ideas.

❖ **piqueur** nm **1.** TRAV PUB overseer **2.** MIN hewer, getter.

piqûre, piqure* [pikyʀ] nf **1.** [d'aiguille] prick ▸ **piqûre d'épingle** pinprick **2.** [d'insecte] sting, bite / *piqûre de guêpe / d'abeille* wasp / bee sting / *piqûre de moustique / puce* mosquito / flea bite **3.** [de plante] sting ▸ **piqûres d'orties** nettle stings **4.** MÉD injection, shot ▸ **piqûre antitétanique** antitetanus ou tetanus shot ▸ **piqûre intraveineuse** intravenous injection ▸ **piqûre sous-cutanée** subcutaneous injection ▸ **piqûre de rappel a)** *pr* booster (injection ou shot) **b)** *fig* reminder / *les élèves n'ont pas bien assimilé cette notion, une piqûre de rappel s'impose* the students haven't fully grasped this notion, we need to go over it again ▸ **faire une piqûre à qqn** to give sb an injection **5.** COUT [point] stitch ; [rangs, couture] stitching *(U)* **6.** [altération -du papier] foxing ; [-du métal] pitting ; [-du bois] wormhole ; [-du vin] souring **7.** [saleté] ▸ **piqûres de mouches** fly specks.

piranha [piʀana] nm piranha.

piratage [piʀataʒ] nm pirating *(U)*, piracy ▸ **piratage informatique** hacking ▸ **piratage de musique** music piracy ▸ **piratage téléphonique** phreaking.

pirate [piʀat] nm **1.** [sur les mers] pirate ▸ **pirate de l'air** hijacker **2.** [escroc] swindler, thief / *c'est tous des pirates, dans la grand-rue* the traders in the high street are a bunch of thieves **3.** INFORM & INTERNET hacker ▸ **pirate informatique** (computer) hacker **4.** *(comme adjectif, avec ou sans trait d'union)* pirate *(modif)*.

pirater [3] [piʀate] ◆ vt **1.** *fam* [voler] to rip off *(sép)*, to rob / *pirater des idées* to pinch ou to steal ideas **2.** [copier illégalement] to pirate ▸ **pirater un film** / **un jeu vidéo** to make a pirate copy of a film / a video game. ◆ vi *litt* to pirate.

piraterie [piʀatʀi] nf **1.** [sur les mers] piracy ▸ **piraterie aérienne** air piracy, hijacking **2.** [escroquerie] swindle, sharp practice **3.** [plagiat] piracy, pirating ▸ **piraterie commerciale** industrial piracy.

piraya [piʀaja] = **piranha**.

pire [piʀ] ◆ adj **1.** *(compar)* worse / *si je dors, c'est pire encore* if I sleep, it's even worse / *les conditions sont pires que jamais* the conditions are worse than ever / *ça ne pourrait pas être pire* it couldn't be worse / *c'est de pire en pire* it's getting worse and worse ▸ **il n'est pire eau que l'eau qui dort** *prov* still waters run deep *prov* ▸ **il n'est pire sourd que celui qui ne veut pas entendre** *prov* there's none so deaf as he who will not hear **2.** *(superl)* worst / *mon pire ennemi* my worst enemy / *se livrer aux pires horreurs* to commit the worst ou foulest abominations / *c'est la pire chose qui pouvait lui arriver* it's the worst thing that could happen to him. ◆ nm ▸ **le pire** the worst / *je m'attends au pire* I expect the worst / *le pire est qu'elle en aime un autre* the worst (part) of it is that she's in love with someone else / *dans le pire des cas, (en mettant les choses) au pire* at worst.

Pirée [piʀe] npr ▸ **Le Pirée** Piraeus ▸ **prendre Le Pirée pour un homme** *(allusion à La Fontaine)* to make a crude mistake.

piriforme [piʀifɔʀm] adj pyriform, pear-shaped.

pirogue [piʀɔg] nf pirogue, dugout ▸ **pirogue à balancier** outrigger.

piroguier [piʀɔgje] nm pirogue boatman.

pirouette [piʀwɛt] nf **1.** [tour sur soi-même] pirouette, body spin / *faire une pirouette* to pirouette, to spin (on one's heels) **2.** DANSE & ÉQUIT pirouette **3.** [changement d'opinion] about-face, about-turn **4.** [dérobade] ▸ **répondre** ou **s'en tirer par une pirouette** to answer flippantly.

pirouettement [piʀwɛtmɑ̃] nm *litt* (succession of) pirouettes, pirouetting *(U)*.

pirouetter [4] [piʀwete] vi **1.** [pivoter] to pivot / *pirouetter sur ses talons* to turn on one's heels **2.** [faire une pirouette - danseur] to pirouette.

pis¹ [pi] nm [de vache] udder.

pis² [pi] *litt* ◆ adj worse / *c'est pis que jamais* it's worse than ever. ◆ nm ▸ **le pis** [le pire] the worst ▸ **dire pis que pendre de qqn** to vilify sb *sout*, to drag sb's name through the mud / *le nouveau musée? on en dit pis que pendre* the new museum? nobody has a good word to say for it. ◆ adv worse / *il a fait pis encore* he's done worse things still.

❖ **au pis** loc adv *litt* if the worst comes to the worst.

❖ **qui pis est** loc adv what's ou what is worse.

pis-aller [pizale] nm inv [expédient] last resort / *disons lundi, mais ce serait un pis-aller* let's say Monday, but that's if the worst comes to the worst.

piscicole [pisikɔl] adj fish-farming *(modif)*, piscicultural *spéc*.

pisciculteur, trice [pisikyltœʀ, tʀis] nm, f fish-farmer, pisciculturist *spéc*.

pisciculture [pisikyltyʀ] nf fish-farming, pisciculture *spéc*.

pisciforme [pisifɔʀm] adj fish-shaped, piscine *spéc*.

piscine [pisin] nf **1.** [de natation] (swimming) pool ou baths UK ▸ **piscine couverte / découverte** indoor / outdoor (swimming) pool ▸ **piscine municipale** public (swimming) pool ou baths ▸ **piscine olympique** Olympic-sized (swimming) pool ; [pour s'amuser] ▸ **piscine à balles** ball pit ▸ **piscine à vagues** wave pool **2.** RELIG piscina **3.** *fam* POL ▸ **la piscine** *the French secret service*.

piscivore [pisivɔʀ] ◆ adj fish-eating. ◆ nmf fish-eating animal.

Pise [piz] npr Pisa ▸ **la tour de Pise** the Leaning Tower of Pisa.

pisé [pize] nm pisé, rammed clay.

pissaladière [pisaladjɛʀ] nf *onion, olive and anchovy tart (from Nice)*.

pissat [pisa] nm urine *(of certain animals)*.

pisse [pis] nf *tfam* piss, pee.

pisse-froid *(pl* **pisse-froid***)*, **pissefroid*** [pisfʀwa] nm *fam* wet blanket, killjoy.

pissement [pismɑ̃] nm *tfam* pissing.

pissenlit [pisɑ̃li] nm dandelion.

pisser [3] [pise] ◆ vi *tfam* **1.** [uriner] to piss, to (have a) pee / *je dois aller pisser* I've got to have a piss ou a leak / *le chien a pissé sur le tapis* the dog peed on the carpet / *pisser au lit* to wet the bed ▸ **je lui pisse dessus** *vulg & fig* he can get stuffed UK, screw him ▸ **c'est comme si on pissait dans un violon** it's a bloody waste of time, it's like pissing into the wind ▸ **laisse pisser (le mérinos)** forget it ▸ **ça ne pisse pas** ou **ne va pas pisser loin** it's no big deal ou great shakes ▸ **ne plus se sentir pisser** : *il ne se sent plus pisser* he's too big for his boots ▸ **faire pisser qqn de rire** : *elle me fait pisser de rire* she has me in stitches **2.** [fuir] to leak / *le tonneau / réservoir pisse* the barrel / tank is leaking. ◆ vt **1.** [uriner] to pass / *pisser du sang* to pass blood **2.** [laisser s'écouler] : *ça pissait le sang* there was blood gushing ou spurting everywhere / *mon nez pissait le sang* I had blood pouring from my nose / *le moteur commençait à pisser de l'huile* oil started to gush from the engine **3.** EXPR **pisser de la copie** to churn it out, to write reams.

pisseur, euse [pisœʀ, øz] nm, f *tfam* pisser ▸ **pisseur de copie** hack *(who writes a lot)*.

❖ **pisseuse** nf *tfam* little girl.

pisseux, euse [pisø, øz] adj *fam* **1.** [imprégné d'urine] urine-soaked / *des draps pisseux* sheets soaked with pee / *les couloirs sont pisseux* the corridors reek of pee **2.** [délavé] washed-out / *les papiers peints ont fini par devenir pisseux* time has faded the wall paper / *un vert pisseux* a washed-out shade of green **3.** [jauni] yellowing.

pisse-vinaigre [pisvinɛgʀ] *(pl* **pisse-vinaigre** *ou* **pisse-vinaigres***)* nm *fam* **1.** [avare] skinflint, miser **2.** [rabat-joie] wet blanket.

pissoir [piswaʀ] nm *tfam* bog UK, john US.

pissotière [pisɔtjɛʀ] nf *fam* public urinal.

pistache [pistaʃ] ◆ nf pistachio (nut). ◆ adj inv ▸ **(vert) pistache** pistachio (green).

pistachier [pistaʃje] nm pistachio (tree).

pistage [pistaʒ] nm tracking, trailing, tailing.

pistard [pistaʀ] nm track cyclist.

piste [pist] nf **1.** [trace] track, trail ▸ **être sur la piste de qqn** to be on sb's track ou trail / *les policiers sont sur sa piste* the police are on his trail / *ils sont sur la bonne / une fausse piste* they're on the right / wrong track ▸ **jeu de piste** treasure hunt **2.** [indice] lead / *la police cherche une piste* the police are looking for leads **3.** SPORT [de course à pied] running track ; [en hippisme -pour la course] track ; [-pour les chevaux] bridle path ; [de patinage] rink ; [de course cycliste] cycling track ; [de course automobile] racing track ; [d'athlétisme] lane ; [d'escrime] piste ▸ **piste de danse** dance floor ▸ **piste de cirque** circus ring ▸ **piste de ski** ski-run, run ▸ **piste de ski artificielle** dry ski slope ▸ **piste noire** black ski-run ▸ **piste rouge** red ski-run **4.** [chemin, sentier] trail, track ▸ **piste cyclable a)** [sur la route] cycle lane **b)** [à côté] cycle track **5.** AÉRON runway / *en bout de piste* at the end of the runway ▸ **piste d'envol / d'atterrissage** take-off / landing runway **6.** AUDIO, CINÉ & INFORM track ▸ **piste sonore** soundtrack ▸ **piste de travail** working track **7.** CHASSE trail **8.** JEUX [de dés] dice run ou baize.

❖ **en piste** ◆ interj off you go. ◆ loc adv ▸ **entrer en piste** to come into play, to join in.

pister [3] [piste] vt [suivre -personne] to tail, to trail ; [-animal] to trail, to track.

pisteur [pistœʀ] nm SKI [pour entretien] ski slope maintenance man ; [pour surveillance] ski patrolman.

pistil [pistil] nm pistil.

pistole [pistɔl] nf [revolver] pistol.

pistolet [pistɔlɛ] nm **1.** ARM pistol, gun ▸ **pistolet à air comprimé** air pistol ▸ **pistolet d'alarme** alarm pistol ▸ **pistolet d'arçon** horse pistol ▸ **pistolet automatique** pistol ▸ **pistolet de starter** SPORT starting pistol ▸ **pistolet mitrailleur** submachine-gun **2.** [instrument] ▸ **pistolet agrafeur** staple gun ▸ **pistolet à peinture** spray gun ▸ **pistolet de scellement** cartridge-operated hammer **3.** [jouet] ▸ **pistolet à bouchon** popgun ▸ **pistolet à eau** water pistol **4.** *fam* MÉD bottle **5.** ART template **6.** BELG [petit pain] bread roll.

pistolet-mitrailleur [pistɔlɛmitʀajœʀ] *(pl* **pistolets-mitrailleurs***)* nm sub-machine-gun.

pistoleur [pistɔlœʀ] nm spray gun painter.

piston [pistɔ̃] nm **1.** MÉCAN piston ▸ **piston de frein** brake piston **2.** MUS valve **3.** *fam* [recommandation, protection] string-pulling, connections / *il est rentré par piston* he got in by knowing the right people / *elle a fait marcher le piston pour se faire embaucher* she got somebody to pull a few strings for her to get the job **4.** *arg scol* [élève] *student of the École centrale des arts et manufactures* ▸ **Piston** [l'ECAM] *nickname of the École centrale des arts et manufactures*.

pistonné, e [pistɔne] nm, f : *c'est un pistonné* someone pulled a few strings for him, he got where he is thanks to a bit of stringpulling.

pistonner [3] [pistɔne] vt *fam* to pull strings for / *elle s'est fait pistonner pour entrer au ministère* she used her connections to get into the Ministry.

pistou [pistu] nm *Provençal vegetable soup (with garlic and basil)*.

pita [pita] nf pitta bread.

pitance [pitɑ̃s] nf *litt* sustenance, daily bread / *gagner sa pitance* to earn a crust UK ou living.

pitbull [pitbul] nm pitbull (terrier).

pitch [pitʃ] nm **1.** [au golf] pitch **2.** [d'un film, d'un livre] pitch.

* In reformed spelling (see p. 16-19).

pitchoun, e [pitʃun], **pitchounet, ette** [pitʃunɛ,ɛt] nm, f *régional* little one / *où il est, le pitchoun?* where's the little one?

pitchpin [pitʃpɛ̃] nm pitch pine.

piteusement [pitøzmɑ̃] adv miserably, pathetically.

piteux, euse [pitø,øz] adj **1.** [pitoyable] pitiful, piteous / *être en piteux état* to be in a pitiful condition / *un manteau en piteux état* a shabby coat **2.** [mauvais, médiocre] poor, mediocre / *des résultats piteux* poor results **3.** [triste] : *faire piteuse mine* to look sad **4.** [honteux] sheepish / *il a un air plutôt piteux* he doesn't look too pleased with himself / *elle s'est excusée de façon piteuse* she apologized shamefacedly.

pithécanthrope [pitekɑ̃tʀɔp] nm pithecanthropus.

pithiviers [pitivje] nm puff-pastry cake *(filled with almond cream).*

pitié [pitje] ◆ nf **1.** [compassion] pity / *elle l'a fait par pitié pour lui* she did it out of pity for him ▸ **avoir pitié de qqn** to feel pity for ou to pity sb ▸ **faire pitié à qqn** : *elle me fait pitié* I feel sorry for her ▸ **vous me faites pitié! a)** you look awful! **b)** [avec mépris] you're pitiful! / *la pièce? c'était à faire pitié* the play? it was a wretched ou pitiful performance ▸ **prendre qqn en pitié** to take pity on sb **2.** [désolation] pity / *quelle pitié!, c'est une pitié!* what a pity! / *elle est si pauvre que c'en est pitié* *litt* she's so poor it is a pity to behold **3.** [clémence] mercy, pity / *il a eu pitié de ses ennemis* he had mercy on his enemies. ◆ interj ▸ **(par) pitié! a)** (have) mercy! **b)** [avec agacement] for pity's sake! / *par pitié, taisez-vous!* for pity's sake, be quiet! / *pitié pour ma pauvre carcasse!* *hum* have mercy on my poor old bones!

❖ **sans pitié** loc adj ruthless, merciless ▸ **ils ont été sans pitié a)** [jurés] they showed no mercy **b)** [terroristes] they were ruthless.

piton [pitɔ̃] nm **1.** [clou - gén] eye ou eye-headed nail ; [- d'alpiniste] piton **2.** GÉOGR [dans la mer] submarine mountain ; [pic] piton, needle ▸ **piton rocheux** rocky outcrop.

pitonnage [pitɔnaʒ] nm hammering (in) pitons.

pitonner [3] [pitɔne] vi **1.** SPORT to hammer (in) pitons **2.** QUÉBEC to zap, to channel-hop.

pitoyable [pitwajabl] adj **1.** [triste - destin] pitiful / *c'est pitoyable à voir* it's a pitiful ou pathetic sight **2.** [mauvais - effort, résultat] pitiful, deplorable, dismal.

pitoyablement [pitwajabləmɑ̃] adv **1.** [tristement] pitifully **2.** [médiocrement] pitifully, deplorably.

pitre [pitʀ] nm **1.** [plaisantin] clown ▸ **faire le pitre** to clown ou to fool around **2.** *arch* [bouffon] clown.

pitrerie [pitʀəʀi] nf piece of tomfoolery ou buffoonery.

pittoresque [pitɔʀɛsk] ◆ adj picturesque, colourful UK, colorful US. ◆ nm picturesqueness.

Pittsburgh [pitsbœʀg] npr Pittsburgh.

pituitaire [pitɥitɛʀ] adj pituitary ▸ **fosse pituitaire** pituitary fossa.

pituite [pitɥit] nf gastrorrhoea.

pityriasis [pitiʀjazis] nm pityriasis ▸ **pityriasis capitis / rosé** pityriasis capitis / rosea.

pive [piv] nf SUISSE pine cone.

pivert [pivɛʀ] nm (green) woodpecker.

pivoine [pivwan] nf peony.

pivot [pivo] nm **1.** [axe] pivot ▸ **pivot de fusée** AUTO kingpin, kingbolt **2.** [centre] pivot, hub / *le pivot de toute son argumentation* the crux of his argument **3.** SPORT centre **4.** BOT taproot **5.** FIN ▸ **cours pivot** Euro value ▸ **taux pivot** designated (Euro) rate.

pivotant, e [pivɔtɑ̃, ɑ̃t] adj revolving, swivelling.

pivotement [pivɔtmɑ̃] nm revolving, swivelling.

pivoter [3] [pivɔte] vi **1.** [autour d'un axe - porte] to revolve ; [- fauteuil] to swivel **2.** [personne] to turn ▸ **pivoter sur ses talons** to spin round, to pivot on one's heels ▸ **faire pivoter qqch** to swing sthg (round) ; [véhicule] to swing / *la voiture pivota sur la gauche* the car swung to the left **3.** MIL to wheel round.

pixel [piksɛl] nm pixel.

pixellisation [pikselizasjɔ̃] nf pixellation.

pizza [pidza] nf pizza.

pizzaiolo [pidzajolo] (*pl* **pizzaiolos** *ou* **pizzaioli**) nm pizza chef.

pizzeria, pizzéria* [pidzeʀja] nf pizzeria.

pizzicato [pidzikato] (*pl* **pizzicati** [-ti]) nm pizzicato.

PJ ◆ npr f (abr de **police judiciaire**) ≃ CID UK ; ≃ FBI US. ◆ (abr écrite de **pièces jointes**) encl.

pK nm pK.

Pk TEXTO abr écrite de **pourquoi**.

PL (abr écrite de **poids lourd**) HGV.

pl. (abr écrite de **planche**) pl.

Pl., pl. abr écrite de **place**.

PL/1 (abr de **Programming Language One**) nm PL/1.

placage [plakaʒ] nm **1.** [revêtement - de bois] veneering ; [- de pierre, marbre] facing ; [- de métal] cladding, coating ▸ **bois de placage** veneer **2.** SPORT tackle.

placard [plakaʀ] nm **1.** [armoire] cupboard, closet US ▸ **placard à balais** broom cupboard ▸ **placard de cuisine** kitchen cupboard ▸ **placard mural** wall cupboard ▸ **placard de salle de bains** bathroom cabinet ▸ **placard à vêtements** wardrobe UK, closet US ▸ **avoir un cadavre dans le placard** to have a skeleton in the cupboard ▸ **mettre qqn au placard** *fam* [l'écarter] to put sb on the sidelines, to sideline sb US ▸ **mettre qqch au placard** *fam* [le retirer de la circulation] to put sthg in cold storage ou in mothballs **2.** IMPR galley (proof) ▸ **placard publicitaire a)** [grand] large display advertisement **b)** [de pleine page] full-page advertisement **3.** NAUT patch **4.** *tfam* [prison] nick UK, hoosegow US **5.** *fam* [couche de maquillage] dollop **6.** *vieilli* [avis écrit] proclamation.

placarder [3] [plakaʀde] vt **1.** [couvrir] ▸ **placarder qqch de** to cover sthg with **2.** [afficher] to plaster / *j'ai placardé des photos sur les murs* I plastered the walls with photos **3.** IMPR : *placarder un ouvrage* to set a book in galleys.

placardisation [plakaʀdizasjɔ̃] nf *transfer of highly placed but unwanted employees into harmless positions.*

placardiser [plakaʀdize] vt to sideline ▸ **se faire placardiser** to be sidelined.

place [plas] nf **1.** [espace disponible] space *(U)*, room *(U)* / *je n'ai pas la place pour un piano* I haven't got enough room ou space for a piano / *faire de la place* to make room ou space / *fais une place sur le bureau pour l'ordinateur* make some room ou clear a space on the desk for the computer / *faites-lui une petite place* give her a bit of room / *il reste de la place pour quatre personnes* there's enough space ou room left for four people / *il y a encore de la place au dernier rang* there's still some room in the back row ▸ **prendre de la place** to take up a lot of space ou room ▸ **ne prends pas toute la place a)** [à table, au lit] don't take up so much room **b)** [sur la page] don't use up all the space ▸ **laisser la** ou **faire place à** to make room ou way for / *la machine à écrire a fait place au traitement de texte* word processors have taken over from ou superseded typewriters / *ce travail ne laisse aucune place à la créativité* there's no place ou room for creativity in this kind of work / *les anciens font place aux jeunes* older people give way to the young generation ▸ **place aux jeunes!** make room for the younger generation! / *et maintenant, place aux artistes* and now, on with the show ▸ **tenir une grande / petite place dans** : *la musique tient une grande place dans ma vie* music is very important in ou is an important part of my life / *sa famille ne tient qu'une petite place dans son emploi du temps* she devotes very little time to her family ▸ **place au sol** [d'un ordinateur, d'une voiture] footprint ▸ **faire place nette a)** *pr* to tidy up **b)** *fig* to clear up, to make a clean sweep / *j'ai fait place nette dans la cuisine* I cleared up the kitchen / *j'ai fait place nette dans mes tiroirs* I cleared out my drawers **2.** [endroit précis] place, spot ▸ **changer les meubles / la cuisinière de place** to move the furniture around / the stove ▸ **mets / remets les clefs à leur place** put the keys / put the keys back where they belong / *la statue est toujours à la même place* the statue is still in the same place ou spot ▸ **être à sa place** : *ce plateau n'est pas à sa place* this tray isn't in its proper place ou doesn't belong here / *est-ce que tout est à sa place?* is everything in order ou in its proper place? ; [d'une personne] : *savoir rester à sa place* to know one's place / *je ne me sens pas à ma place parmi eux* I feel out of place among them / *ta place n'est pas ici* you're out of place here / *trouver sa place dans l'existence* to find one's niche in life / *il a rapidement trouvé sa place dans notre équipe* he quickly fitted into our team / *avoir une ou sa place quelque part* *fig* to have one's place somewhere / *tu auras toujours une place dans mon cœur* there'll always be a place in my heart for you ▸ **reprendre sa place a)** [sa position] to go back to one's place **b)** [son rôle] to go back to where one belongs / *notre collègue ne pourra pas reprendre sa place parmi nous* our colleague is unable to resume his post with us ▸ **donner sa place** : *pour rien au monde je ne donnerais ma place* I wouldn't swop places for anything in the world ▸ **remettre qqn à sa place** to put sb in his / her place / *te voilà remis à ta place!* that's put you in your place! ▸ **se faire une place au soleil** to make a success of things, to find one's place in the sun ▸ **une place pour chaque chose et chaque chose à sa place** a place for everything and everything in its place **3.** [siège] seat ; [fauteuil au spectacle] seat ; [billet] ticket ▸ **retourne à ta place** go back to your seat ▸ **céder** ou **laisser sa place à qqn** to give up ou to offer one's seat to sb ▸ **avoir la place d'honneur a)** [sur l'estrade] to sit at the centre of the stage **b)** [à table] to sit at the top ou head of the table / *à la place du conducteur* in the driver's seat / *une voiture à deux places* a two-seater (car) / *une caravane à quatre places* a caravan that sleeps four / *une salle de 500 places* a room that can seat 500 people / *un autobus de 46 places* a 46-seater bus ▸ **réserver une place d'avion / de train** to make a plane / train reservation ▸ **payer place entière** to pay full price / *il a pris le train sans payer sa place* he got on the train without buying a ticket / *j'ai trois places de concert* I have three tickets for the concert / *toutes les places sont à 50 euros* all tickets ou seats are 50 euros / *ça vous ennuierait de changer de place?* would you mind swapping ou changing places? / *est-ce que cette place est prise?* is anybody sitting here? ▸ **prendre place** [s'asseoir] to sit down ▸ **place assise** seat ▸ **place debout** standing room / *il ne reste plus que des places debout* it's now standing room only ▸ **à la place du mort** in the (front) passenger seat ▸ **les places sont chères** : *dans le monde du spectacle, les places sont chères* it's difficult to gain a foothold in show business ▸ **la place est toute chaude** *pr & fig* the seat's still warm **4.** [dans un parking] (parking) space / *un parking de 1 000 places* a car park with space for 1,000 cars **5.** [espace urbain] square ▸ **la place du marché** the market place, the market square / *la place du village* the village square ▸ **sur la place de Paris** : *médecin connu sur la place de Paris* doctor well-known in Paris / *le plus cher sur la place de Paris* the most expensive in Paris ▸ **sur la place publique** in public / *porter le débat sur la place publique* to make the debate public **6.** [poste, emploi] position, post ▸ **une bonne place** a good job / *il y a peu de places libres* there are few situations vacant / *je cherche une place de secrétaire* I'm looking for a job as a secretary **7.** [rang - dans une compétition] place, rank ▸ **avoir la première place** to come first ou top ▸ **avoir la dernière place** to come bottom UK ou last / *elle est en bonne place au dernier tour* she's well placed on the last lap / *être ou partir en bonne place pour gagner* to be (all) set to win / *les filles occupent les meilleures places en biologie* girls get the best grades in biology **8.** BOURSE ▸ **place boursière** stock market ▸ **place financière** financial centre ▸ **place financière internationale** money market / *le dollar est à la hausse sur la place financière de New York* the dollar has risen on the New York exchange **9.** MIL ▸ **place d'armes** parade ground, parade US ▸ **place (forte)** fortress, stronghold ▸ **nous voici dans la place a)** *pr* [ville assiégée] here we are, inside the walls (of the city) **b)** [endroit quelconque] here we are **c)** *fig* we've now gained a foothold **10.** BELG [pièce d'habitation] room.

⇝ à la place loc adv instead / *on ira en Espagne à la place* we'll go to Spain instead / *j'ai rapporté la jupe et j'ai pris un pantalon à la place* I returned the skirt and exchanged it for a pair of trousers / *je préfère travailler le dimanche et avoir des heures libres en semaine à la place* I prefer to work Sundays and have time off during the week instead.

⇝ à la place de loc prép **1.** [au lieu de] instead of / *à la place du documentaire, on a eu un vieux feuilleton* instead of the documentary, we were shown an old series / *j'irai à sa place* I'll go instead of him **2.** [dans la situation de] ▸ **à ma / sa place** in my / his place ▸ **à ta place, j'irais** if I were you I'd go / *mettez-vous à ma place* put yourself in my place ou shoes / *je ne voudrais pas être à sa place* rather him than me, I wouldn't like to be in his shoes.

⇝ de place en place loc adv here and there.

⇝ en place ◆ loc adj **1.** [important] established / *un homme politique en place* a well-established politician / *les gens en place disent que...* the powers that be say that... **2.** MIN in situ. ◆ loc adv **1.** [là] in position / *les forces de police sont déjà en place* the police have already taken up their position / *est-ce que tout est en place?* is everything in order ou in its proper place? **2.** EXPR **mettre en place a)** [équipement] to set up *(sép)*, to install **b)** [plan] to set up *(sép)*, to put into action **c)** [réseau] to set up *(sép)* / *la méthode sera mise en place progressivement* the method will be phased in (gradually) ▸ **mettre / remettre les idées en place à qqn** : *ça va lui mettre / remettre les idées en place* it'll give him a more realistic view of things / set him thinking straight again ▸ **tenir en place** : *il ne tient pas en place* **a)** [il est turbulent] he can't keep still **b)** [il est anxieux] he's nervous **c)** [il voyage beaucoup] he's always on the move.

⇝ par places loc adv here and there.

⇝ sur place loc adv there, on the spot / *je serai déjà sur place* I'll already be there / *tué sur place* killed on the spot.

⚠ Le mot anglais **place** ne traduit que rarement le mot français **place**. Voir article.

Places

la place Beauvau square in Paris (also refers to the Ministry of the Interior, whose offices are situated there)
la place de la Concorde square in Paris (one of the biggest and busiest squares in Paris, laid out in the reign of Louis XV)
la place du Colonel-Fabien square in Paris (also refers to the Communist party headquarters, which are situated there)
la place de Grève former name of the Place de l'Hôtel de Ville in Paris – as the place where the unemployed gathered to wait for work, it was the origin of the expression "se mettre en grève"
la place Rouge Red Square
la place Saint-Marc Saint Mark's Square
la place Tian'anmen Tiananmen Square
la place Vendôme square in Paris (the name evokes opulence and luxury because of the Ritz hotel and the jewellery shops situated on the square)
la place des Vosges elegant and fashionable square in the Marais district of Paris, built under Henri IV

placé, e [plase] adj **1.** [aux courses] ▸ **cheval placé** placed horse ; *(comme adv)* ▸ **arriver placé** to be placed **2.** [situé] ▸ **bien placé a)** [magasin, appartement] well-situated **b)** [fermeture, bouton, couture] well-positioned ▸ **mal placé a)** [magasin, appartement] badly-located **b)** [fermeture, bouton, couture] poorly-positioned **c)** [coup] below the belt **d)** [abcès] in an awkward spot **e)** *euphém* in an embarrassing place **f)** [orgueil] misplaced / *on était très bien / mal placés* [au spectacle] we had really good / bad seats ▸ **être bien / mal placé pour** *fig* to be in a / no position to / *il est mal placé pour en parler* he's in no position to talk (about it) **3.** [socialement] ▸ **haut placé** well up ou high up in the hierarchy / *des gens haut placés* people in high places.

placebo, placébo* [plasebo] nm placebo.

placement [plasmɑ̃] nm **1.** [investissement] investment ▸ **placement financier** financial investment ▸ **un bon / mauvais placement** a sound / bad investment ▸ **faire un placement** to make an investment, to invest / *nous avons acheté la maison pour faire un placement* we bought the house as an investment / *un placement de père de famille* a safe ou sound investment **2.** [installation] : *le placement des invités autour de la table* the seating of the guests around the table **3.** [d'enfants] placing *(U)* / *je m'occupe du placement des jeunes dans les familles* my job is finding homes for young people **4.** [de détenu] ▸ **placement sous surveillance électronique** electronic tagging **5.** [de chômeurs] placing **6.** [internement] ▸ **placement d'office** hospitalization order ▸ **placement volontaire** ≃ voluntary admission *(including detention for observation)*.

placenta [plasɛ̃ta] nm placenta.

placentaire [plasɛ̃tɛʀ] ◆ adj placental. ◆ nm placental mammal ▸ **les placentaires** Eutheria.

placentation [plasɛ̃tasjɔ̃] nf placentation.

placer[1] [plasɛʀ] nm placer (deposit).

placer[2] [16] [plase] vt **1.** [mettre dans une position précise] to place / *placer un patron sur du tissu* to lay a pattern on ou over a piece of fabric / *placer ses doigts sur le clavier* to place one's fingers on the keyboard ▸ **placer la balle** SPORT to place the ball ▸ **placer sa voix** MUS to pitch one's voice **2.** [faire asseoir] to seat / *l'ouvreuse va vous placer* the usherette will show you to your seats / *placer des convives à table* to seat guests around a table / *pourvu qu'ils ne me placent pas à côté d'Anne!* I hope they don't put me next to Anne! **3.** [établir - dans une position, un état] to put, to place ▸ **placer qqn devant ses responsabilités** to force sb to face up to his / her responsibilities **4.** [établir - dans une institution] to place / *placer les jeunes chômeurs* to find jobs for unemployed young people / *placer un enfant à l'Assistance publique* to place ou to put a child in care / *elle a été placée à la direction commerciale* she was named ou appointed as head of the sales department ▸ **placer qqn à l'hospice** to put sb in an old people's home **5.** [classer] to put, to place / *placer la loi au-dessus de tout* to set the law above everything else / *moi, je le placerais parmi les grands écrivains* I would rate ou rank him among the great writers **6.** [situer dans le temps] : *plaçons-nous un instant au début du siècle* let's go back for a moment to the turn of the century / *il a placé l'action du film en l'an 2000* he set the film in the year 2000 **7.** [situer dans l'espace] to locate / *je n'arrive pas à placer Nice sur la carte* I can't tell you where Nice is on the map **8.** [mettre] to put / *orchestre placé sous la direction de...* orchestra conducted by... ▸ **placer sa confiance en qqn** to put one's trust in sb / *elle a placé tous ses espoirs dans ce projet* she's pinned all her hopes on this project **9.** [dans la conversation] : *il essaie toujours de placer quelques boutades* he always tries to slip in a few jokes / *je n'ai pas pu placer un mot* I couldn't get a word in edgeways ▸ **en placer une** *fam* : *je peux en placer une?* can I get a word in? **10.** [vendre] to sell / *nous aurons du mal à placer notre stock invendu* it will be hard to get rid of our excess stocks / *les enfants sont chargés de placer les billets de loterie* the children are to sell the lottery tickets / *j'essaie désespérément de placer mon vieux canapé! hum* I'm desperately trying to find a home for my old sofa! **11.** FIN to invest / *placer ses économies en Bourse* to invest one's savings on the stock market / *le banquier s'est chargé de placer mon argent* the banker helped me invest my money.

⇝ se placer vpi **1.** [dans l'espace] ▸ **place-toi près de la fenêtre a)** [debout] stand near the window **b)** [assis] sit near the window / *placez-vous en cercle* get into a circle / *venez vous placer autour de la table* come and sit at the table / *plaçons-nous plus près de l'écran* let's move closer to the screen ; [dans un jugement, une analyse] to look at ou to consider things / *si l'on se place de son point de vue* if you look at things from his point of view **2.** [occuper un rang] to rank, to finish / *se placer premier / troisième* to finish first / third **3.** [trouver un emploi] : *elle s'est placée comme infirmière* she found ou got a job as a nurse **4.** *fam* [se présenter avantageusement] : *se placer auprès du patron* to butter up ou to sweet-talk the boss.

placette [plasɛt] nf small square.

placeur, euse [plasœʀ, øz] nm, f **1.** [dans une salle de spectacle] usher (usherette) **2.** [dans une agence pour l'emploi] employment agent.

placide [plasid] adj placid, calm.

placidement [plasidmɑ̃] adv placidly, calmly.

placidité [plasidite] nf placidness, calmness.

placier [plasje] nm **1.** [forain] market pitch agent **2.** [représentant] travelling salesman, drummer US.

Placoplâtre® [plakoplatʀ] nm plasterboard.

plafond [plafɔ̃] nm **1.** CONSTR ceiling ▸ **faux plafond** false ceiling ▸ **plafond à caissons** coffered ceiling ▸ **plafond flottant** ou **suspendu** drop ou suspended ceiling ▸ **plafond de verre** *fig* glass ceiling ▸ **bas de plafond** *pr* : *la pièce est basse de plafond* the room has got a low ceiling / *il est un peu bas de plafond fig* he's a bit slow on the uptake **2.** ART ceiling painting **3.** [limite supérieure] ▸ **plafond de crédit** credit limit ▸ **plafond de découvert** BANQUE overdraft limit ▸ **le plafond des salaires** the wage ceiling, the ceiling on wages ▸ **plafond de prix** price ceiling **4.** *(comme adj, avec ou sans trait d'union)* ceiling *(modif)* ▸ **vitesse plafond** maximum speed ▸ **prix plafond** ceiling ou top prices **5.** AÉRON ceiling **6.** MÉTÉOR ▸ **plafond nuageux** cloud ceiling **7.** [au bridge] ceiling.

plafonnage [plafɔnaʒ] nm ceiling installation.

plafonnement [plafɔnmɑ̃] nm ▸ **plafonnement des salaires** top-grading of wages ▸ **plafonnement des émissions** ÉCOL emissions cap.

plafonner [3] [plafɔne] ◆ vt **1.** [pièce, maison] to put a ceiling in ou into **2.** [impôts] to set a ceiling for **3.** ÉCOL ▸ **plafonner les émissions de gaz à effet de serre** to cap greenhouse emissions. ◆ vi **1.** [avion] to reach maximum altitude ou absolute ceiling *spéc* ; [voiture] to reach maximum speed **2.** [ventes, salaires] to level off ; [taux d'intérêt, prix] to peak / *je plafonne à 3 000 euros depuis un an* my monthly income hasn't exceeded 3,000 euros for over a year.

plafonneur [plafɔnœʀ] nm ceiling plasterer.

plafonnier [plafɔnje] nm **1.** [d'appartement] ceiling light **2.** AUTO (overhead) courtesy ou guide light.

plage [plaʒ] nf **1.** GÉOGR beach ▸ **plage de galets / de sable** pebble / sandy beach **2.** [espace de temps] ▸ **plage horaire** (allotted) slot ▸ **plage musicale** musical intermission ▸ **plage publicitaire** commercial break **3.** [écart] range ▸ **plage de prix** price range **4.** *litt* [surface] zone, area / *une plage d'ombre* an area of shadow / *une plage de lumière* a sunny area **5.** NAUT ▸ **plage avant** foredeck ▸ **plage arrière** quarterdeck, after deck **6.** AUTO ▸ **plage arrière** back shelf **7.** [d'un disque] track.

⇝ de plage loc adj beach *(modif)* ▸ **serviette de plage** beach towel ▸ **vêtements de plage** beachwear.

plagiaire [plaʒjɛʀ] nmf plagiarizer, plagiarist.

plagiat [plaʒja] nm plagiary, plagiarism.

plagier [9] [plaʒje] vt [œuvre] to plagiarize ▸ **plagier qqn** to plagiarize sb's work.

plagiste [plaʒist] nmf beach attendant.

plaid[1] [plɛ] nm HIST [assemblée] court ; [jugement] finding, judgement.

plaid[2] [plɛd] nm [pièce de tissu] plaid ; [couverture] car rug.

plaidable [plɛdabl] adj pleadable.

plaidant, e [plɛdɑ̃, ɑ̃t] adj **1.** ⟶ **avocat 2.** ⟶ **partie.**

* In reformed spelling (see p. 16-19).

plaider [4] [plede] ◆ vi **1.** DR to plead / *ce matin, je plaide* I'm pleading this morning ▸ **plaider pour qqn** to defend sb / *c'est lui qui plaide pour les Taylor* he's the Taylors' lawyer, he's counsel for the Taylors ▸ **plaider contre qqn** to plead the case against sb *(in court)* **2.** [présenter des arguments] ▸ **plaider en faveur de qqn / qqch** *pr & fig* to speak in sb's / sthg's favour ▸ **plaider contre qqn / qqch** *pr & fig* to speak against sb / sthg / *ton attitude ne plaide guère en ta faveur* your attitude hardly speaks for you ou is hardly a strong point in your favour / *nous plaidons ici pour le respect des droits de l'homme* we are here to defend human rights. ◆ vt to plead ▸ **plaider une cause a)** DR to plead a case **b)** *fig* to speak (up) for ou to plead a cause / *l'affaire sera plaidée en juin* the case will be heard in June ▸ **plaider coupable / non coupable** to plead guilty / not guilty, to make a plea of guilty / not guilty / *plaidez-vous coupable ou non coupable?* how do you plead (guilty or not guilty)? / *plaider la légitime défense* to plead self-defence ▸ **plaider le faux pour savoir le vrai** to get at the truth by telling a lie.

❖ **se plaider** vp *(emploi passif)* : *ça se plaide* you could make a case for it.

plaider-coupable [pledekupabl] nm inv guilty plea.

plaideur, euse [pledœʀ, øz] nm, f litigant.

plaidoirie [pledwaʀi] nf **1.** *pr* [exposé] speech for the defence UK ou defense US ; *fig* defence UK, defense US **2.** [action de plaider] pleading.

plaidoyer [pledwaje] nm **1.** DR speech for the defence **2.** [supplication] plea.

plaie [plɛ] nf **1.** [blessure] wound ▸ **plaie pénétrante** perforating wound ▸ **plaie profonde** deep wound ▸ **plaie superficielle** surface wound ▸ **une plaie vive** *pr* an open wound / *le départ de sa femme est resté pour lui une plaie vive* his wife's departure scarred him for life **2.** *litt* [tourment] wound *fig* ▸ **plaie d'argent n'est pas mortelle** *prov* it's only money, money isn't everything **3.** BIBLE ▸ **les sept plaies d'Égypte** the seven plagues of Egypt **4.** *fam* [personne ou chose ennuyeuse] ▸ **quelle plaie!** what a pain!

plaignait v ⟶ **plaindre.**

plaignant, e [plɛɲɑ̃, ɑ̃t] ◆ adj DR ▸ **la partie plaignante** the plaintiff. ◆ nm, f plaintiff.

plain-chant [plɛ̃ʃɑ̃] *(pl* **plains-chants***)* nm plainchant, plainsong.

plaindre [80] [plɛ̃dʀ] vt **1.** [avoir pitié de] to feel sorry for, to pity / *je plains celle qui l'épousera!* I feel sorry for whoever's going to marry him! / *comme je vous plains* I do feel sorry for you / *il adore se faire plaindre* he's always looking for sympathy / *elle est bien à plaindre avec des enfants pareils!* with children like that, you can't help but feel sorry for her! / *avec tout l'argent qu'ils gagnent, ils ne sont vraiment pas à plaindre* with all the money they're making, they've got nothing to complain about **2.** *fam & vieilli* [donner parcimonieusement] to give grudgingly, to spare / *ne pas plaindre sa peine* to be unstinting in one's efforts / *je n'ai jamais plaint mon temps passé auprès des enfants* I never begrudged the time I spent with the children.

❖ **se plaindre** vpi [protester] to complain, to moan / *arrête de te plaindre tout le temps* stop complaining all the time / *plains-toi (donc)! iron* my heart bleeds for you! ▸ **se plaindre de a)** [symptôme] to complain of **b)** [personne, situation] to complain about / *le patient se plaint de manquer* ou *de son manque d'appétit* the patient is complaining of loss of appetite / *il est venu se plaindre à moi de sa femme* he came and complained to me about his wife / *ce n'est pas moi qui m'en plaindrai!* I'm not complaining!

plaine [plɛn] nf plain ▸ **plaine abyssale / bathyale** abyssal / bathial zone.

 **Morne plaine**

Victor Hugo used the phrase **Waterloo ! Waterloo ! Waterloo ! morne plaine...** in his *Châtiments* (1853), referring to the "dismal" plain of Waterloo which formed the backdrop for Napoleon's famous defeat. In modern usage the expression **morne plaine** is used allusively to refer to a lacklustre place or situation.

Montbeuge, morne plaine : j'y ai passé mon enfance et il me semble n'y avoir rien fait sinon m'ennuyer fermement... *Montbeuge is a pretty dismal place: I spent my childhood there and I can only remember being bored to tears.*

Dans ce pays si longtemps coupé du reste du monde, le paysage audiovisuel est une morne plaine... *In a country cut off from the rest of the world for so long, broadcasting is in a very dismal state.*

plain-pied [plɛ̃pje] ❖ **de plain-pied** loc adv **1.** [au même niveau] : *une maison construite de plain-pied* [avec le sol extérieur] a bungalow UK, a ranch-house US / *la chambre et le salon sont de plain-pied* the bedroom and the living room are on the same level **2.** [d'emblée] : *entrons de plain-pied dans le sujet* let's get straight down to the subject **3.** [sur un pied d'égalité] ▸ **être de plain-pied avec qqn** to be on the same wavelength as sb.

plaint, e [plɛ̃, ɛ̃t] pp ⟶ **plaindre.**

❖ **plainte** nf **1.** [gémissement] moan, groan / *les plaintes du vent litt* the howling of the wind **2.** [protestation] complaining, moaning **3.** DR complaint ▸ **déposer une plainte** to lodge ou to file a complaint ▸ **retirer une plainte** to withdraw a complaint ▸ **porter plainte contre qqn** to bring an action against sb / *désirez-vous porter plainte?* do you wish to begin proceedings? ▸ **plainte contre X** action against person or persons unknown.

plaintif, ive [plɛ̃tif, iv] adj **1.** [de douleur] plaintive, mournful / *d'un ton plaintif* querulously / *un cri plaintif* a plaintive cry **2.** *litt* plaintive.

plaintivement [plɛ̃tivmɑ̃] adv plaintively, mournfully.

plaire [110] [plɛʀ] ❖ **plaire à** v + prép **1.** [être apprécié par] ▸ **cela me plaît** I like it / *l'album m'a plu* I liked the album / *le potage ne vous a pas plu?* didn't you like the soup? / *ça vous plaît, le commerce?* how do you like business life? / *elle vous plaît, la maison?* how do you like the house? / *si le karaté me plaît, je continuerai* if I like karate, I'll keep it up / *le nouveau professeur ne me plaît pas du tout* I really don't like ou care for the new teacher ▸ **rien ne lui plaît** there's no pleasing him / *cette idée ne me plaît pas du tout* I'm not at all keen on this idea ; *(en usage absolu)* ▸ **il a vraiment tout pour plaire! a)** he's got everything going for him! **b)** *iron* he's so marvellous! / *offre du parfum, ça plaît toujours* give perfume, it's always appreciated **2.** [convenir à] ▸ **si ça me plaît** if I feel like it / *quand ça me plaît* whenever I feel like it / *elle ne lit que ce qui lui plaît* she only reads what she feels like (reading) **3.** [séduire] to be appealing ou attractive / *il cherche à plaire aux femmes* he tries hard to make himself attractive to women / *c'est le genre de fille qui plaît aux hommes* she's the kind of girl that men find attractive ; *(en usage absolu)* ▸ **aimer plaire** to take pleasure in being attractive / *une robe doit plaire avant tout* a dress must above all be appealing. ❖ **il plaît** v impers **1.** *sout* [il convient] : *il lui plaît de croire que...* she likes to think that... / *te plairait-il de nous accompagner?* would you like to come with us? ▸ **comme** ou **tant qu'il te plaira, comme** ou **tant qu'il vous plaira** [exprime l'indifférence] see if I care / *tu le prends sur ce ton? comme il te plaira* if you choose to take it like that, see if I care ▸ **plaise à Dieu** ou **au ciel que...** [souhait] please God that... ▸ **plût à Dieu** ou **au ciel que...** [regret] if only... / *plaise au tribunal de déclarer mon client innocent* DR I ask the court to pronounce my client innocent **2.** EXPR ▸ **s'il te plaît, s'il vous plaît** please ▸ **s'il vous plaît! a)** [dit par un client] excuse me! **b)** BELG [dit par un serveur] here you are! / *prête-moi un stylo, s'il te plaît* lend me a pen, please / *sors d'ici, et plus vite que ça, s'il te plaît!* get out of here and please be quick about it! / *du caviar, s'il vous plaît, on ne se refuse rien! fam* caviar! my, my, we're splashing out a bit, aren't we? ▸ **plaît-il?** I beg your pardon?

❖ **se plaire** ◆ vp *(emploi réciproque)* : *ces deux jeunes gens se plaisent, c'est évident* it's obvious that those two like each other. ◆ vpi [dans un endroit] : *je me plais (bien) dans ma nouvelle maison* I enjoy living in my new house, I like it in my new house / *alors, vous vous plaisez à Paris?* so, how do you like living in ou like it in Paris? / *mes plantes se plaisent ici* my plants are happy here. ❖ **se plaire à** vp + prép *sout* : *il se plaît à la contredire* he loves contradicting her / *je me plais à penser que tu as fait tes devoirs avant de sortir iron* I suppose you've done your homework before going out.

plaisamment [plezamɑ̃] adv **1.** [agréablement] pleasantly, agreeably **2.** [de façon amusante] amusingly **3.** [risiblement] ridiculously, laughably.

plaisance [plezɑ̃s] nf (pleasure) boating.

❖ **de plaisance** loc adj pleasure *(modif).*

Plaisance [plezɑ̃s] npr Piacenza.

plaisancier, ère [plezɑ̃sje, ɛʀ] nm, f amateur yachtsman (yachtswoman).

plaisant, e [plezɑ̃, ɑ̃t] adj **1.** [agréable] pleasant, nice **2.** [drôle] funny, amusing **3.** [ridicule] ridiculous, laughable.

❖ **plaisant** nm **1.** *sout* [aspect] : *le plaisant de l'histoire* the funny part of it / *le plaisant de cette aventure* the funny thing about this adventure **2.** [personne] ▸ **mauvais plaisant** joker / *un mauvais plaisant avait débranché la télé* some joker had unplugged the TV.

plaisanter [3] [plezɑ̃te] ◆ vi **1.** [faire de l'esprit] to joke ; [une plaisanterie] to (crack a) joke / *assez plaisanté, au travail!* enough horsing around, back to work! / *elle n'était pas d'humeur à plaisanter* she wasn't in a joking mood ▸ **plaisanter sur** to make fun of ▸ **plaisanter sur le nom de qqn** to make fun of sb's name ▸ **en plaisantant** jokingly / *je l'ai dit pour plaisanter* I meant it as a joke **2.** [parler à la légère] to joke / *c'est vrai, je ne plaisante pas* it's true, I'm not joking / *je ne plaisante pas, obéis!* I'm not joking, do as I say! / *tu plaisantes, ou quoi?* you can't be serious!, you've got to be joking! **3.** ▸ **ne pas plaisanter avec qqch** [prendre qqch très au sérieux] : *on ne plaisante pas avec ces choses-là* you mustn't joke about such things / *le patron ne plaisante pas avec la discipline* the boss takes discipline very seriously ou is a stickler for discipline / *on ne plaisante pas avec la loi* you shouldn't fool around with the law. ◆ vt to make fun of, to tease / *ils n'arrêtent pas de le plaisanter sur son accent* they're always teasing him about his accent.

plaisanterie [plezɑ̃tʀi] nf **1.** [parole amusante] joke ; [acte amusant] joke, hoax / *lancer une plaisanterie* to make a joke ▸ **faire une plaisanterie à qqn** to play a joke on sb / *c'est une plaisanterie j'espère?* I trust ou hope you're joking / *la plaisanterie a assez duré* this has gone far enough / *une plaisanterie de mauvais goût* a joke in bad ou poor taste **2.** [parole, action non sérieuse] joke / *je l'ai dit par plaisanterie* I meant it as a joke ▸ **plaisanterie à part** joking apart ▸ **tourner qqch en plaisanterie** to make a joke of sthg / *c'est une* ou *ça a l'air d'une plaisanterie!* [ça ne peut être sérieux] it must be a joke! **3.** [raillerie] joke, jibe ▸ **faire des plaisanteries sur le nom / l'allure de qqn** to make fun of sb's name / appearance / *elle est en butte aux plaisanteries de ses collègues* she's the laughing stock of her colleagues / *il comprend* ou *entend sout la plaisanterie* he can take a joke ▸ **mauvaise plaisanterie** cruel joke **4.** [chose facile] child's play *(U)* / *c'est une plaisanterie, cet exercice!* there's nothing to this exercise!, this exercise is child's play!

plaisantin [plezɑ̃tɛ̃] nm **1.** [farceur] joker, clown / *quel est le petit plaisantin qui m'a donné un faux numéro?* which joker gave me a wrong number? **2.** [fumiste] : *ce n'est qu'un plaisantin* he's nothing but a fly-by-night.

plaisir [pleziʀ] nm **1.** [joie] pleasure / *j'éprouve toujours du plaisir à écouter du jazz* I always get pleasure out of listening to jazz ▸ **avoir (du) plaisir** ou **pren-**

dre (du) plaisir à faire qqch to take pleasure in doing sthg / *j'ai eu grand plaisir à voyager avec vous* it was a real pleasure travelling with you ▶ **faire plaisir à qqn** to please sb / *ça va lui faire plaisir* he'll be pleased ou delighted (with this) / *on prend son plaisir où on le trouve!* you only live once! ▶ **le bon plaisir de qqn** *sout* sb's wish ou desire / *on ne déciderait jamais rien s'il fallait attendre son bon plaisir!* we'd never make any decisions if we always had to wait until he felt like it! **2.** [dans des formules de politesse] : *vous me feriez plaisir en restant dîner* I'd be delighted if you stayed for dinner / *cela fait plaisir de vous voir en bonne santé* it's a pleasure to see you in good health / *faites-moi le plaisir d'accepter* won't you grant me the pleasure of accepting? / *tu me feras le plaisir de ne plus revoir ce garçon* I don't want you to see that boy again / *fais-moi le plaisir d'éteindre cette télévision* do me a favour, will you, and turn off the television / *elle se fera un plaisir de vous raccompagner* she'll be (only too) glad to take you home / *je me ferai un plaisir de vous renseigner* I'll be delighted ou happy to give you all the information / *cette chipie se fera un plaisir de répandre la nouvelle* that little minx will take great pleasure in spreading the news / *aurai-je le plaisir de vous avoir parmi nous?* will I have the pleasure of your company? / *j'ai le plaisir de vous informer que...* I am pleased to inform you that... / *tout le plaisir est pour moi* the pleasure is all mine, (it's) my pleasure / *au plaisir (de vous revoir)* see you again ou soon **3.** [agrément] pleasure / *le caviar est un plaisir coûteux* caviar is an expensive pleasure / *les plaisirs de la vie* life's pleasures ▶ **les plaisirs de la table** : *elle aime les plaisirs de la table* she loves good food **4.** [sexualité] pleasures ▶ **les plaisirs de la chair** pleasures of the flesh ▶ **les plaisirs défendus** forbidden pleasures ▶ **plaisir solitaire** *euphém* self-abuse.

❖ **à plaisir** loc adv **1.** [sans motif sérieux] : *il se tourmente à plaisir* he's a natural worrier **2.** [sans retenue] unrestrainedly / *elle ment à plaisir* she lies through her teeth.

❖ **avec plaisir** loc adv with pleasure / *pourrez-vous m'aider? — avec plaisir!* will you be able to help me? — delighted (to) ou with pleasure!

❖ **par plaisir, pour le plaisir** loc adv for its own sake, just for the fun of it / *il joue aux cartes par plaisir, non pas pour l'argent* he doesn't play cards for money, just for the fun of it.

plaisons v ⟶ plaire.

plan[1] [plɑ̃]

◆ nm

A. SURFACE, PERSPECTIVE
B. PROGRAMME
C. REPRÉSENTATION

A. SURFACE, PERSPECTIVE 1. GÉOM plane ▶ **plan horizontal / incliné / médian / tangent** level / inclined / median / tangent plane ▶ **en plan incliné** sloping **2.** CONSTR surface ▶ **plan de cuisson** hob ▶ **plan de travail** [d'une cuisine] worktop UK, countertop **3.** ART & PHOT plane **4.** CINÉ shot ▶ **gros plan, plan serré** close-up ▶ **plan américain** close-medium shot ▶ **plan général / moyen / rapproché** long / medium / close shot **5.** AÉRON ▶ **plan de sustentation** aerofoil.

B. PROGRAMME 1. [projet] plan, project / *ne vous inquiétez pas, j'ai un plan* *fam* don't worry, I've got a plan / *j'ai un bon plan pour les vacances* I've got a great idea for the holidays / *un plan foireux* *fam* a dead duck *fig* ▶ **un plan d'action** a plan of action ▶ **un plan de bataille** a battle plan ▶ **un plan de carrière** a career strategy **2.** [structure] plan, framework, outline / *le plan d'un roman* the plan ou the narrative framework of a novel / *je veux un plan détaillé de votre thèse* I want a detailed outline ou a synopsis of your thesis **3.** ADMIN plan, project ▶ **plan d'aménagement rural** rural development plan ou scheme ▶ **plan de modernisation** modernization project ou scheme ▶ **plan d'occupation des sols** land use plan UK, zoning regulations US ▶ **plan de santé** health scheme ▶ **plan de sauvegarde** zoning plan ▶ **plan d'urbanisme** town planning scheme **4.** ÉCON plan ▶ **plan comptable général** FIN ≃ Statement of Standard Accounting Practices UK ; ≃ General Accepted Accounting Principles US ▶ **plan d'échantillonnage** [en statistique] sample survey ▶ **plan d'épargne** BANQUE savings plan ▶ **plan d'épargne(-)logement** *savings scheme offering low-interest mortgages* ▶ **plan de financement** financing plan ▶ **plan financier** financial plan ▶ **plan marketing** marketing plan ▶ **plan social** redundancy scheme ou plan UK ▶ **plan quinquennal** five-year plan ▶ **plan de redressement** recovery plan ▶ **plan de restructuration** restructuring plan ▶ **plan de trésorerie** cash flow plan.

C. REPRÉSENTATION 1. [carte] map, plan / *un plan de Paris* a map ou plan of Paris ▶ **plan de métro** underground UK ou subway US map ▶ **plan de vol** flight plan **2.** ARCHIT [dessin] plan, blueprint US / *acheter un appartement sur plans* to buy a flat from the plans UK ou an apartment as shown on the blueprint US ▶ **lever un plan** to make a survey ▶ **plan d'ensemble** outline ▶ **plan de masse** overall plan ▶ **tirer des plans sur la comète** to build castles in the air **3.** INTERNET ▶ **plan de site** site map **4.** TECHNOL plan, blueprint ▶ **plan d'une machine / voiture** blueprint of a machine / car.

❖ **de second plan** loc adj [question] of secondary importance ; [artiste, personnalité] second-rate.

❖ **en plan** loc adv *fam* in the lurch ▶ **laisser qqn en plan** to leave sb in the lurch ▶ **laisser qqch en plan** to drop sthg / *j'ai tout laissé en plan et j'ai filé à l'hôpital* I dropped everything and rushed to the hospital / *il m'a laissée en plan* he left me in the lurch ▶ **rester en plan** [seul] : *je suis resté en plan* I was left stranded ou high and dry / *tous mes projets sont restés en plan* none of my plans came to anything.

❖ **sur le plan de** loc prép as regards, as far as... is concerned / *sur le plan du salaire, ça me convient* as far as the salary is concerned, it suits me fine / *sur le plan de la conduite* as far as behaviour goes / *sur le plan intellectuel* intellectually speaking ▶ **sur le plan personnel** at a personal level / *c'est le meilleur sur tous les plans* he's the best whichever way you look at it.

❖ **plan d'eau** nm [naturel] stretch of water ; [artificiel] reservoir ; [ornemental] (ornamental) lake.

❖ **premier plan** nm **1.** CINÉ foreground ▶ **au premier plan** in the foreground **2.** *fig* : *au premier plan de l'actualité* in the forefront of today's news ▶ **de (tout) premier plan** [personnage] leading, prominent / *jouer un rôle de tout premier plan dans* to play a leading ou major part in.

Plan Vigipirate

Plan Vigipirate is a series of measures to prevent terrorist attacks. There are four levels: jaune, orange, rouge and écarlate. Vigipirate includes surveillance of public buildings and the public transportation system. Other measures such as no parking near school buildings can also be applied.

plan[2], **e** [plɑ̃, plan] adj **1.** [miroir] plane ; [surface] flat **2.** MATH plane, planar ▶ **surface plane** plane.

planage [planaʒ] nm [d'une surface] planing ; [d'un métal] planishing ; [pour rendre la forme] straightening, flattening (out).

planaire [planɛʀ] nf planarian.

planant, e [planɑ̃, ɑ̃t] adj *fam* : *leur musique est complètement planante* their music really sends you.

planche [plɑ̃ʃ] nf **1.** [de bois] plank, board ▶ **planche à découper** chopping board ▶ **planche à dessin** drawing board ▶ **planche à laver** washboard ▶ **planche à pain** *pr* breadboard ▶ **c'est une planche à pain** *fam* she's (as) flat as a board ou a pancake ▶ **planche à pâtisserie** pastry board ▶ **planche à repasser** ironing board ▶ **planche de salut** last hope ▶ **recourir à** ou **faire marcher la planche à billets** *fam* to pump (more) money into the economy ▶ **c'est une planche pourrie** *fam* he can't be relied on **2.** NAUT gangplank ▶ **jour de planche** lay day **3.** *fam* [ski] ski **4.** IMPR plate **5.** HORT [de légumes] patch ; [de plantes, fleurs] bed **6.** AÉRON ▶ **planche de bord** instrument panel **7.** LOISIRS & SPORT ▶ **planche de surf** surf board ▶ **faire la planche** to float on one's back **8.** PHOT ▶ **planche contact** contact print.

❖ **planches** nfpl **1.** THÉÂTRE ▶ **les planches** the boards, the stage ▶ **monter sur les planches** to go on the stage / *remonter sur les planches* to go back on the stage **2.** [chemin] promenade UK, boardwalk US ▶ **les planches de Deauville** the promenade at Deauville.

❖ **planche à roulettes** nf skateboard.

❖ **planche à voile** nf sail board / *faire de la planche à voile* to go windsurfing.

planchéiage [plɑ̃ʃejaʒ] nm **1.** [parquetage] flooring **2.** [lambrissage] planking, boarding.

planchéier [4] [plɑ̃ʃeje] vt **1.** [parqueter] to floor **2.** [lambrisser] to board.

plancher[1] [plɑ̃ʃe] nm **1.** ARCHIT & CONSTR floor / *refaire le plancher d'une pièce* to refloor a room *(with floorboards)* ▶ **plancher creux / plein** hollow / solid floor ▶ **le plancher des vaches** *fam* dry land ▶ **débarrasser le plancher** *fam* : *débarrasse le plancher!* clear off!, get lost! **2.** AUTO floorboard **3.** QUÉBEC [étage] floor, story **4.** ANAT floor ▶ **le plancher buccal** ou **de la bouche** the floor of the mouth ▶ **plancher pelvien** pelvic floor **5.** [limite inférieure] floor / *une augmentation de 3 % avec un plancher de 20 euros* a 3% rise with a lower limit ou a floor of 20 euros ▶ **plancher des salaires** wage floor **6.** *(comme adjectif, avec ou sans trait d'union)* minimum ▶ **prix plancher** minimum ou bottom price.

plancher[2] [3] [plɑ̃ʃe] vi *arg scol* : *demain on planche en maths* we've got a maths test tomorrow.

❖ **plancher sur** v + prép *fam* [travailler sur] to work on.

planchette [plɑ̃ʃɛt] nf **1.** [petite planche] small board **2.** [topographique] plane-table.

planchiste [plɑ̃ʃist] nmf windsurfer.

plan-concave [plɑ̃kɔ̃kav] (*pl* **plan-concaves**) adj plano-concave.

plan-convexe [plɑ̃kɔ̃vɛks] (*pl* **plan-convexes**) adj plano-convex.

plancton [plɑ̃ktɔ̃] nm plankton ▶ **plancton aérien** aerial plankton.

planctonique [plɑ̃ktɔnik] adj planktonic.

planctonivore [plɑ̃ktɔnivɔʀ], **planctophage** [plɑ̃ktɔfaʒ] adj plankton-eating.

planéité [planeite] nf planeness, flatness, evenness.

planelle [planɛl] nf SUISSE ceramic tile.

planer [3] [plane] ◆ vi **1.** [oiseau] to soar ; [avion] to glide ; [fumée, ballon] to float / *laisser son regard* ou *ses regards planer sur* to gaze out over **2.** [danger, doute, mystère] to hover ▶ **planer sur** to hover over, to hang over / *le danger planait sur l'Europe* danger hung ou hovered over Europe / *le doute plane encore sur cette affaire* this affair is still shrouded in mystery **3.** [être en dehors des réalités] to be (way) above / *il plane au-dessus de ces petits détails* he's way above such insignificant details **4.** *fam* [être dans un état second] ▶ **il plane complètement a)** [il est drogué] he's high **b)** [il n'est pas réaliste] he's got his head in the clouds / *cette musique me fait planer!* this music sends me wild! ▶ **ça plane pour moi!** *fam* everything's hunky-dory! ◆ vt [surface] to make smooth ; [métal] to planish.

planétaire [planetɛʀ] ◆ adj **1.** ASTRON planetary **2.** [mondial] worldwide, global / *à l'échelle planétaire* on a global scale. ◆ nm **1.** ASTRON orrery **2.** MÉCAN planetary gear ou gear-wheel, (axle drive) bevel wheel.

planétairement [planetɛʀmɑ̃] adv worldwide.

planétarisation [planetaʀizasjɔ̃] nf globalisation.

planétarium [planetaʀjɔm] nm planetarium.

planète [planɛt] nf planet ▶ **la planète** [la Terre] : *sur la planète tout entière* all over the Earth ou world ▶ **la planète bleue / rouge** the blue / red planet ; *fig* : *la planète informatique* the world of computing.

planétoïde [planetɔid] nm planetoid.

planétologie [planetɔlɔʒi] nf planetology.

planeur, euse [planœʀ,øz] nm, f [de métal] planisher ; [d'orfèvrerie] chaser.
❖ **planeur** nm AÉRON glider.

planifiable [planifjabl] adj which can be planned.

planificateur, trice [planifikatœʀ, tʀis] ◆ adj planning *(modif)*, relating to (economic) planning. ◆ nm, f planner.

planification [planifikasjɔ̃] nf ÉCON (economic) planning.

planifier [9] [planifje] vt [gén & ÉCON] to plan.

planimétrie [planimetʀi] nf planimetry.

planimétrique [planimetʀik] adj planimetric.

planipenne [planipɛn] nm planipennine, member of the Planipennia.

planisme [planism] nm over-reliance on planning.

planisphère [planisfɛʀ] nm planisphere.

planiste [planist] nmf supporter of economic planning.

plan-masse [plɑ̃mas] *(pl* **plans-masses**) nm overall plan.

planning [planiŋ] nm [programme] schedule / *le planning de la semaine* the week's schedule ▸ **faire un planning** to work out a schedule.
❖ **planning familial** nm [méthode] family planning ; [organisme] family planning clinic.

plan-plan [plɑ̃plɑ̃] adj inv *fam & péj* [personne, film] boring ; [activité, vie] humdrum.

planque [plɑ̃k] nf *fam* **1.** [cachette] hide-out, hideaway **2.** [travail - gén] cushy job ; [- en temps de guerre] safe job **3.** [guet] : *faire une planque* to stake a place out.

planqué, e [plɑ̃ke] nm, f *fam person who has landed himself a cushy job.*
❖ **planqué** nm *fam* MIL draft dodger.

planquer [3] [plɑ̃ke] *fam* ◆ vt [cacher] to hide / *planque ton bouquin, voilà le prof* hide your book, the teacher's coming / *on a planqué son frère chez nous pendant une semaine* we hid his brother at our place for a week. ◆ vi [surveiller] to keep watch.
❖ **se planquer** vpi *fam* [se cacher] to hide out ou up.

plan-relief [plɑ̃ʀəljɛf] *(pl* **plans-reliefs**) nm street model.

plan-séquence [plɑ̃sekɑ̃s] *(pl* **plans-séquences**) nm CINÉ sequence shot.

plant [plɑ̃] nm **1.** [jeune végétal] seedling, young plant ▸ **plant de vigne** young vine ▸ **plant de tomate** tomato plant **2.** [ensemble - de légumes] patch ; [- de plantes, de fleurs] bed.

plantage [plɑ̃taʒ] nm *fam* **1.** [erreur] mistake / *il y a eu un plantage au moment de la répétition générale* something went wrong at the dress rehearsal / *il y a eu un plantage dans les calculs* they got the sums wrong **2.** [échec total] failure / *elle a subi un gros plantage aux législatives* she obtained disastrous results in the general election **3.** *fam* INFORM crash.

Plantagenêt [plɑ̃taʒnɛ] npr Plantagenet.

plantain [plɑ̃tɛ̃] nm [herbe, bananier] plantain.

plantaire [plɑ̃tɛʀ] adj plantar.

plantation [plɑ̃tasjɔ̃] nf **1.** [opération] planting **2.** [culture] plant, crop **3.** [exploitation agricole] plantation.

plante[1] [plɑ̃t] nf **1.** BOT plant ▸ **plante verte / à fleurs** green / flowering plant ▸ **plante textile / fourragère** fibre / fodder plant ▸ **plante grasse / vivace** succulent / perennial ▸ **plante d'appartement** ou **d'agrément** house ou pot plant ▸ **plante grimpante** creeper, climbing plant ▸ **plante d'intérieur** pot plant, indoor plant ▸ **plante médicinale** medicinal plant ▸ **médecine par les plantes** herbal medicine, herbalism / *se soigner par les plantes* to use herbal remedies **2.** EXPR **une belle plante** *fam* : *c'est une belle plante* she's a fine figure of a woman ▸ **plante de serre** *sout* delicate flower *fig.*

plante[2] [plɑ̃t] nf ANAT ▸ **la plante du pied** the sole of the foot.

planté, e [plɑ̃te] adj ▸ **bien planté** *fam* [enfant] lusty, robust ▸ **bien planté** [dent] well-positioned, well-placed / *avoir les dents mal plantées* to have uneven teeth / *avoir les cheveux plantés bas / haut* to have a low / receding hairline.

planter [3] [plɑ̃te] vt **1.** AGR & HORT to plant / *planter des choux* to plant cabbages ▸ **allée plantée d'acacias** avenue lined with acacia trees **2.** [enfoncer] to stick ou to drive in *(sép)* ; [avec un marteau] to hammer in *(sép)* / *il ne sait même pas planter un clou* he can't even hammer a nail in properly ▸ **planter un couteau dans le dos de qqn** to stab sb in the back, to stick a knife in sb's back / *le lion lui a planté ses griffes dans la cuisse* the lion dug its claws into his thigh **3.** [tente] to pitch, to put up *(sép)* / *il a fini par planter sa tente en Provence fig* he finally settled in Provence **4.** [poser résolument] ▸ **planter un baiser sur les lèvres de qqn** to kiss sb full on the lips / *il planta ses yeux dans les miens* he stared into my eyes **5.** [dépeindre - personnage] to sketch (in) / *les personnages sont plantés dès la page 20* the characters have all been sketched in by page 20 ▸ **planter le décor a)** THÉÂTRE to set up the scenery **b)** LITTÉR to set the scene **6.** *fam* [abandonner - personne, voiture] to dump, to ditch ; [- travail, projet] to pack in *(sép)* / *je l'ai planté là* I just left ou dumped him there / *je crois que je vais tout planter là* I think I'll pack it all in ou ditch the whole thing.
❖ **se planter** vpi **1.** [s'enfoncer] to become stuck ou embedded, to embed o.s. / *l'écharde s'est plantée dans la chair* the splinter embedded itself in the flesh **2.** *fam* [se tenir immobile] to stand / *j'irai me planter sous leur nez* I'll go and stand right in front of them / *ne reste pas planté là comme une souche* don't just stand there like a lemon UK ou fool **3.** *fam* [se tromper] to get it wrong / *j'ai dû me planter* I must have boobed UK ou got it wrong / *on s'est complètement plantés, c'est infaisable* we've got it completely wrong, it can't be done **4.** *fam* [dans un accident] to (have a) crash / *se planter contre un arbre* to smash into a tree / *je me suis planté en vélo* I came a cropper on my bike **5.** *fam* [échouer] to make a complete mess of things / *je me suis complètement planté en biologie* I made a complete mess of the biology paper **6.** *fam* [ordinateur] to crash.

planteur, euse [plɑ̃tœʀ,øz] nm, f planter / *des planteurs de pommes de terre* potato planters.
❖ **planteur** nm **1.** AGR planter **2.** [cocktail] ▸ **(punch) planteur** planter's punch.
❖ **planteuse** nf planter, planting machine.

plantigrade [plɑ̃tigʀad] adj & nm plantigrade.

plantoir [plɑ̃twaʀ] nm dibble.

planton [plɑ̃tɔ̃] nm **1.** MIL orderly ▸ **faire le planton** *fam* to stand about ou around (waiting) **2.** SUISSE seedling, young plant **3.** AFR [garçon de bureau] office boy.

plantule [plɑ̃tyl] nf (plant) germ.

plantureusement [plɑ̃tyʀøzmɑ̃] adv *litt* copiously, lavishly.

plantureux, euse [plɑ̃tyʀø,øz] adj **1.** [aux formes pleines - femme, beauté] buxom ; [- poitrine] full, generous **2.** [copieux - repas] sumptuous **3.** *litt* [fertile] fertile / *la plantureuse province* the lush province.

plaquage [plakaʒ] nm **1.** [revêtement] cladding, coating **2.** SPORT tackling *(U)*, tackle **3.** *fam* [abandon - d'une personne] ditching, jilting ; [- d'une activité] dropping.

plaque [plak] nf **1.** [surface - de métal] plate ; [- de marbre] slab ; [- de verre] plate, pane ; [revêtement] plate ; [pour commémorer] plaque ▸ **plaque de blindage** armour plate ▸ **plaque de cheminée** fire back ▸ **plaque d'égout** manhole cover ▸ **plaque minéralogique** ou **d'immatriculation** number plate UK, license plate US / *plaque de plâtre* plasterboard ▸ **plaque de propreté** fingerplate ▸ **plaque de verglas** icy patch **2.** [inscription professionnelle] nameplate, plaque ; [insigne] badge **3.** JEUX [au casino] chip ▸ **une plaque** *fam & vieilli* [dix mille francs] *ten thousand francs* **4.** ÉLECTR plate ▸ **plaque d'accumulateur** accumulator plate ; ÉLECTRON plate, anode ▸ **plaque de déviation** deflector plate **5.** PHOT plate **6.** CULIN [de four] baking tray ; SUISSE [moule] cake tin ▸ **plaque (de cuisson)** hot plate ▸ **plaque à induction** induction hob ▸ **plaque vitrocéramique** ceramic hob **7.** ANAT & MÉD [sur la peau] patch / *des plaques rouges dues au froid* red blotches due to the cold ▸ **plaque dentaire** (dental) plaque ▸ **plaque muqueuse** mucous plaque ▸ **plaques d'eczéma** eczema patches **8.** GÉOGR ▸ **plaque à vent** wind slab **9.** GÉOL ▸ **plaque (lithosphérique)** plate ▸ **plaque mince** thin section **10.** RAIL turntable ; *fig* hub.
❖ **en plaques, par plaques** loc adv : *sa peau part par plaques* his skin is flaking.
❖ **plaque tournante** nf **1.** RAIL turntable **2.** *fig* nerve centre / *la plaque tournante du trafic de drogue* the nerve centre of the drug-running industry.

plaqué, e [plake] adj JOAILL plated / *plaqué d'or* ou *or* gold-plated / *plaqué d'argent* ou *argent* silver-plated.
❖ **plaqué** nm **1.** JOAILL ▸ **c'est du plaqué a)** [or] it's gold-plated **b)** [argent] it's silver-plated **2.** MENUIS veneer.

plaquemine [plakmin] nf (Japanese) persimmon, kaki.

plaqueminier [plakminje] nm (Japanese) persimmon (tree).

plaquer [3] [plake] vt **1.** MENUIS to veneer **2.** JOAILL to plate **3.** MÉTALL to clad **4.** [mettre à plat] to lay flat / *le vent plaquait son écharpe / ses cheveux sur sa figure* the wind blew her scarf / hair flat against her face / *la sueur plaquait sa chemise contre son corps* his shirt was stuck to his chest with sweat / *les cheveux plaqués sur le front* hair plastered down on the forehead / *je l'ai plaqué contre le mur / au sol* I pinned him to the wall / ground / *le dos plaqué contre la porte* standing flat against the door / *plaquer sa cavalière contre soi* to clasp one's partner to one ▸ **plaquer un baiser sur la joue de qqn** to give sb a smacking kiss on the cheek ▸ **plaquer sa main sur la bouche de qqn** to put one's hand over sb's mouth **5.** [ajouter] : *la conclusion semble plaquée* the conclusion reads like an afterthought ou feels as though it's just been tacked on **6.** *fam* [abandonner - personne, travail, situation] to dump, to ditch ; [- amant, conjoint] to jilt / *j'ai envie de tout plaquer* I feel like packing ou chucking it all in / *il s'est fait plaquer par sa femme* his wife ran out on him **7.** SPORT to tackle ; *fig* [personne en fuite] to rugby-tackle **8.** MUS [accord] to strike, to play / *plaquer un accord* to strike a chord / *je ne sais que plaquer quelques accords* I only know a few chords.
❖ **se plaquer** vp *(emploi réfléchi)* ▸ **se plaquer au sol** to throw o.s. flat on the ground / *se plaquer contre un mur* to flatten o.s. against a wall.

plaquette [plakɛt] nf **1.** [livre] booklet **2.** PHYSIOL blood-platelet, platelet, thrombocyte **3.** [petite plaque] ▸ **plaquette commémorative** commemorative plaque **4.** COMM ▸ **plaquette de beurre** pack of butter ▸ **plaquette de chocolat** bar of chocolate ▸ **plaquette de pilules** blister-pack of pills ▸ **plaquette insecticide** insecticide diffuser **5.** AUTO ▸ **plaquette de frein** brake pad.

plaqueur [plakœʀ] nm **1.** MENUIS veneerer **2.** MÉTALL plater.

plasma [plasma] nm **1.** BIOL plasma ▸ **plasma sanguin** blood plasma **2.** PHYS plasma ▸ **jet de plasma** plasma jet.

plasmaphérèse [plasmafeʀɛz] nf plasmapheresis.

plasmatique [plasmatik] adj plasmatic.

plasmide [plasmid] nm plasmid.

plasmique [plasmik] adj plasmic.

plasmocytaire [plasmɔsitɛʀ] adj plasmocyte *(modif)*.

plasmocyte [plasmɔsit] nm plasmocyte.

plasmode [plasmɔd] nm ZOOL plasmodium.

plasmodium [plasmɔdjɔm] nm MÉD plasmodium.

plasmolyse [plasmɔliz] nf plasmolysis.

plaste [plast] nm plastid.

plastic [plastik] nm plastic explosive.

plasticage [plastikaʒ] = **plastiquage.**

plasticien, enne [plastisjɛ̃, ɛn] nm, f **1.** ART (plastic) artist **2.** MÉD plastic surgeon **3.** TECHNOL plastics technician.

plasticité [plastisite] nf **1.** [d'un matériau] plasticity **2.** *sout* [du caractère] pliability, malleability **3.** ART plastic quality, plasticity.

plasticulture [plastikyltyʀ] nf plasticulture.

plastie [plasti] nf plastic surgery.

plastifiant [plastifjɑ̃] nm **1.** CHIM plasticizer **2.** CONSTR (mortar) plasticizer.

plastification [plastifikasjɔ̃] nf **1.** [revêtement] plastic-coating **2.** [ajout d'un plastifiant] plasticization **3.** [d'un document] lamination.

plastifier [9] [plastifje] vt **1.** [recouvrir de plastique] to cover in ou with plastic / *une couverture plastifiée* a plastic-coated cover **2.** [ajouter un plastifiant à] to plasticize.

plastiquage [plastikaʒ] nm bombing / *après le plastiquage de l'ambassade* after the embassy was blown up, after the bombing of the embassy.

plastique [plastik] ◆ adj **1.** [malléable] plastic **2.** ART plastic. ◆ nm **1.** [matière] plastic **2.** [explosif] plastic explosive. ◆ nf **1.** ART (art of) modelling ou moulding / *la plastique grecque* Greek sculpture **2.** [forme du corps] ▸ **une belle plastique** a beautiful figure.

❖ **en plastique** loc adj plastic.

plastiquement [plastikmɑ̃] adv plastically, in plastic terms.

plastiquer [3] [plastike] vt to blow up *(sép)*, to bomb / *ils ont plastiqué l'ambassade cette nuit* they bombed the embassy last night.

plastiqueur, euse [plastikœʀ, øz] nm, f bomber.

plastisol [plastisɔl] nm plastisol.

plastron [plastʀɔ̃] nm **1.** VÊT [non amovible] shirt-front ; [amovible] plastron, dickey / *chemise à plastron* dinner shirt **2.** ARM [de cuirasse] plastron, breastplate **3.** ESCRIME plastron **4.** ZOOL [de tortue] plastron.

plastronner [3] [plastʀɔne] vi **1.** [se rengorger] to throw out one's chest **2.** [parader] to swagger ou to strut around.

plasturgie [plastyʀʒi] nf [technique, industrie] plastics.

plat¹ [pla] nm **1.** [contenant] dish ▸ **plat ovale / à poisson** oval / fish dish / *plat à gratin* baking dish / *plat à tarte* flan dish ▸ **plat à barbe** shaving dish **2.** [préparation culinaire] dish / *c'est mon plat préféré* it's my favourite dish ▸ **un plat froid / chaud** a cold / hot dish ▸ **plat cuisiné** precooked ou ready-cooked dish ▸ **plat garni** main dish served with vegetables ▸ **le plat du jour** the dish of the day, today's special ▸ **un plat en sauce** a dish cooked ou made with a sauce ▸ **un petit plat** a delicacy / *elle aime les bons petits plats* she enjoys good food / *je t'ai préparé un bon petit plat* I've cooked something special for you ▸ **vendre qqch contre un plat de lentilles** *allusion* BIBLE to sell something for very little ▸ **quel plat de nouilles!** *tfam* what a berk UK ou meathead US ! **3.** [partie du menu] course ▸ **deux plats au choix** a choice of two main courses ▸ **le plat principal** ou **de résistance** the main course ou dish ▸ **mettre les petits plats dans les grands** to put on a big spread ▸ **faire (tout) un plat de qqch** *fam* to make a big deal out of ou a great fuss about sthg / *il n'y a pas de quoi en faire tout un plat* it's not worth getting all worked up about.

plat², e [pla, plat] adj **1.** [plan, horizontal - terrain] flat, level ; [- mer] still ▸ **en terrain plat** on level ground ▸ **un plat pays** [plaine] plain / *la mer était plate* the sea was still **2.** [non profond] flat, shallow ▸ **bateau plat** shallow ou shallow-bottomed boat **3.** [non saillant] flat ▸ **avoir un ventre plat** to have a flat stomach / *avoir la poitrine plate* to be flat-chested ▸ **être plate comme une planche à pain** ou **comme une limande** *fam* : *elle est plate comme une planche à pain* ou *comme une limande* she's (as) flat as a board ou pancake **4.** [non épais - montre, calculatrice] slimline **5.** [sans hauteur - casquette] flat / *ma coiffure est trop plate* my hair lacks body ▸ **chaussures plates** ou **à talons plats** flat shoes **6.** [médiocre - style] flat, dull, unexciting ; [sans saveur - vin] insipid / *une plate imitation* a pallid imitation / *sa vie a été bien plate* she had rather a dull existence **7.** [obséquieux] cringing, fawning / *être plat devant ses supérieurs* to cringe before ou to kow-tow to one's superiors / *je vous fais mes plus plates excuses* please accept my most humble apologies / *elle a dû faire de plates excuses* she was forced to make abject apologies ▸ **plat comme une punaise** spineless **8.** [non gazeux] still, non-sparkling **9.** LITTÉR ⟶ **rime 10.** GÉOM [angle] straight.

❖ **plat** nm **1.** [partie plate] flat (part) ▸ **le plat de la main / d'une épée** the flat of the hand / a sword **2.** [lieu plan] ▸ **sur le plat** on the flat ou level ; ÉQUIT [course] flat race ▸ **le plat** the flat / *spécialiste du plat* flat-racing specialist **3.** *fam* [plongeon] belly-flop ▸ **faire un plat** to belly-flop **4.** [de bœuf] ▸ **plat de côtes** best UK ou short US rib **5.** IMPR ▸ **plats** boards **6.** MÉTALL (small) flat (bar) **7.** EXPR **faire du plat à qqn** *fam* **a)** [à une femme] to chat sb up UK, to give sb a line US **b)** [à son patron] to butter sb up UK, to sweet-talk sb.

❖ **plate** nf monkey-boat.

❖ **à plat** ◆ loc adj **1.** *fam* [fatigué] (all) washed out / *je suis complètement à plat* I've had it, I feel totally washed out **2.** *fam* [déprimé] down / *il est très à plat* he's feeling very low ou down **3.** [pneu, batterie, pile] flat. ◆ loc adv **1.** [horizontalement] flat / *couché à plat* lying flat on his back / *les mains à plat sur la table* hands flat on the table ▸ **mettre qqch à plat a)** [robe] to unpick (and lay out the pieces) **b)** [projet, problème] to examine from all angles ▸ **tomber à plat** [plaisanterie] to fall flat **2.** [rouler] with a flat (tyre).

❖ **à plat ventre** loc adv face down ou downwards / *couché à plat ventre* lying face downwards ▸ **se mettre à plat ventre a)** [après avoir été allongé] to flop over onto one's stomach **b)** [après avoir été debout] to lie face downwards / *tomber à plat ventre* to fall flat on one's face / *ils sont tous à plat ventre devant elle fig* they all bow down to her.

platane [platan] nm plane tree ▸ **faux platane** sycamore.

plat-bord [plabɔʀ] (*pl* **plats-bords**) nm gunwale, gunnel.

plateau, x [plato] nm **1.** [présentoir] tray / *j'ai fait monter un plateau dans ma chambre pour le dîner* I had a dinner tray brought up to my room / *plateau de viandes froides* selection of cold meats ▸ **plateau à fromages** cheeseboard ▸ **plateau de fruits de mer** seafood platter ▸ **plateau d'argent** silver salver ▸ **apporter qqch à qqn sur un plateau (d'argent)** *fig* : *il attend que tout lui soit apporté sur un plateau (d'argent)* he expects everything to be handed to him on a (silver) plate **2.** THÉÂTRE stage ; CINÉ set ; TV panel ▸ **sur le plateau a)** THÉÂTRE on stage **b)** CINÉ on set / *nous avons un beau plateau ce soir* TV we have a wonderful line-up for you in the studio tonight **3.** MÉCAN & TECHNOL [d'un électrophone] turntable ; [d'une balance] plate, pan ; [d'un véhicule] platform ▸ **plateau de chargement** platform trolley ▸ **plateau de frein** brake backing plate ▸ **plateau d'embrayage** pressure plate ▸ **plateau de pédalier** front chain wheel ▸ **mettre qqch sur les plateaux de la balance** to weigh sthg up **4.** [d'une courbe] plateau / *faire un* ou *atteindre son plateau* to reach a plateau, to level off **5.** GÉOGR plateau, tableland ▸ **hauts plateaux** high plateau ▸ **plateau continental** continental shelf **6.** ANTHR plate, labret **7.** [d'une table] top **8.** SPORT clay pigeon.

plateau-repas [platoʀəpa] (*pl* **plateaux-repas**) nm TV [à la maison] dinner ; [dans un avion] in-flight meal.

plate-bande [platbɑ̃d] (*pl* **plates-bandes**) nf **1.** HORT [pour fleurs] flowerbed, bed ; [pour arbustes, herbes] bed **2.** ARCHIT [linteau] platband ; [moulure] frieze **3.** *fam* EXPR **marcher sur** ou **piétiner les plates-bandes de qqn** to tread on sb's toes / *ne marche pas sur mes plates-bandes* keep off my patch.

platée [plate] nf **1.** [pleine assiette] plate, plateful ; [plein plat] dish, dishful ; *fam* [portion] big helping **2.** CONSTR continuous foundation.

plate-forme (*pl* **plates-formes**), **plateforme** [platfɔʀm] nf **1.** TRANSP [d'un train, d'un bus] platform **2.** GÉOGR shelf ▸ **plate-forme continentale** continental shelf ▸ **plate-forme de glace** ice shelf **3.** PÉTR rig ▸ **plate-forme de forage** drilling rig ▸ **plate-forme de forage en mer** off-shore oil rig ▸ **plate-forme pétrolière** oil rig ▸ **plate-forme de production** production platform **4.** POL platform ▸ **plate-forme électorale** election platform **5.** ASTRONAUT & GÉOL platform **6.** ARM (gun) platform **7.** TRAV PUB road level (width) **8.** INDUST ▸ **plate-forme élévatrice** elevator platform **9.** CONSTR [terrassement] subgrade **10.** INFORM platform.

platement [platmɑ̃] adv **1.** [banalement] dully, stolidly, bluntly **2.** [servilement] cringingly, fawningly ▸ **s'excuser platement** to give a cringing apology.

platinage [platinaʒ] nm platinization.

platine [platin] ◆ adj inv ⟶ **blond.** ◆ nm platinum ▸ **platine iridié** platiniridium. ◆ nf **1.** TECHNOL [d'une serrure, d'une horloge] plate ; [d'une machine à coudre] sinker **2.** ACOUST ▸ **platine cassette** cassette deck ▸ **platine disque** ou **tourne-disque** record deck ▸ **platine double cassette** twin cassette deck ▸ **platine laser** CD player **3.** OPT stage **4.** IMPR platen **5.** ARM (gun) lock **6.** [dans une tuyauterie] (insert) washer.

platiné, e [platine] adj platinum *(modif)* / *une blonde platinée* a platinum blonde.

platiner [3] [platine] vt [recouvrir de platine] to platinize.

platinite [platinit] nf platinite.

platitude [platityd] nf **1.** [absence d'originalité] dullness, flatness, triteness **2.** [lieu commun] platitude, commonplace, trite remark **3.** [obséquiosité] obsequiousness, grovelling / *elle ne reculera devant aucune platitude pour avoir ce poste* she'll stoop to anything to get this job.

Platon [platɔ̃] npr Plato.

platonicien, enne [platɔnisjɛ̃, ɛn] ◆ adj Platonic. ◆ nm, f Platonist.

platonique [platɔnik] adj **1.** *vieilli ou* PHILOS Platonic **2.** [amour] platonic **3.** [de pure forme] token / *la France a formulé une protestation platonique* France has made a token protest.

platoniquement [platɔnikmɑ̃] adv **1.** [aimer, admirer] platonically **2.** [sans produire d'effet] futilely, to no effect.

platonisme [platɔnism] nm Platonism.

plâtrage [plɑtʀaʒ] nm CONSTR [action] plastering ; [ouvrage] plasterwork.

plâtras [plɑtʀa] nm **1.** [débris] (plaster) rubble *(U)* **2.** CONSTR rubblework *(U)*.

plâtre [plɑtʀ] nm **1.** CONSTR plaster / *plafond en plâtre* plastered ceiling / *ton camembert, c'est du vrai plâtre fam & fig* your camembert really tastes like chalk (it's so unripe) **2.** MÉD [matériau] plaster / *ils lui ont mis un bras dans le plâtre* they put his arm in plaster / *être dans le plâtre* to be in plaster ; [appareil] plaster cast / *il devra garder son plâtre* he'll have to keep his cast on ▸ **plâtre de marche** walking cast **3.** ART [matériau] plaster ; [objet] plaster cast ou model ▸ **plâtre de Paris** ou **à modeler** plaster of Paris ▸ **plâtre à mouler** moulding plaster.

❖ **plâtres** nmpl ▸ **les plâtres** the plaster-work.

plâtrer [3] [plɑtʀe] vt **1.** MÉD [accidenté] to plaster (up) ; [membre] to put in plaster UK ou a cast / *être plâtré de la taille jusqu'aux pieds* to be in a cast from the waist down / *aura-t-il besoin d'être plâtré?* will he have to have a cast? / *je suis allé à l'hôpital pour me faire plâtrer le bras* I went to hospital to have my arm put in plaster **2.** CONSTR [couvrir] to plaster (over) ; [colmater] to plaster over ou up *(sép)*.

plâtrerie [plɑtʀəʀi] nf [usine] plaster works.

plâtreux, euse [plɑtʀø, øz] adj **1.** [fromage] unripe, tasteless **2.** [mur] plastered, covered with plaster.

plâtrier [plɑtʀije] nm **1.** [maçon] plasterer **2.** [commerçant] builder's merchant **3.** [industriel] plaster manufacturer.

plâtrière [plɑtʀijɛʀ] ◆ nf **1.** [carrière] gypsum ou lime quarry **2.** [usine] plaster works. ◆ adj f ▸ **brique plâtrière** moulded brick.

platyrhinien [platiʀinjɛ̃] nm platyrrhine.

plausibilité [plozibilite] nf plausibility.

plausible [plozibl] adj plausible, credible, believable / *pas très* ou *peu plausible* implausible.

Plaute [plot] npr Plautus.

play-back (*pl* **play-back**), **playback*** [plεbak] nm ▸ **il chante en play-back** he's miming (to a tape).

play-boy (*pl* **play-boys**), **playboy*** [plεbɔj] nm playboy.

playlist, play-list [plεlist] nf playlist.

plèbe [plεb] nf **1.** *litt & péj* ▸ **la plèbe** the hoi polloi **2.** ANTIQ ▸ **la plèbe** the plebs.

plébéien, enne [plebejɛ̃, εn] ◆ adj **1.** *litt & péj* [du bas peuple] plebeian / *des manières plébéiennes* plebeian manners **2.** ANTIQ plebeian. ◆ nm, f **1.** *litt & péj* [personne vulgaire] plebeian **2.** ANTIQ plebeian.

plébiscitaire [plebisitεR] adj plebiscitary.

plébiscite [plebisit] nm **1.** [scrutin] plebiscite **2.** SUISSE POL referendum.

plébisciter [3] [plebisite] vt **1.** [élire] to elect by (a) plebiscite **2.** [approuver] to approve (by a large majority) / *les spectateurs plébiscitent notre émission* viewers overwhelmingly support our programme.

plectre [plεktR] nm plectrum.

pléiade [plejad] nf **1.** *sout* [grand nombre de] group, pleiad *litt* ▸ **une pléiade de vedettes** a glittering array of stars **2.** LITTÉR ▸ **la Pléiade a)** [poètes] *group of seven French poets in the 16th century, including du Bellay and Ronsard* **b)** [édition] *prestigious edition of literary classics.*

Pléiades [plejad] npr fpl ASTRON & MYTH Pleiades.

plein, e [plɛ̃, plεn] adj **1.** [rempli] full / *avoir l'estomac* ou *le ventre plein* to have a full stomach / *avoir les mains pleines* to have one's hands full ▸ **avoir le nez plein** to have a blocked nose ▸ **verre à demi plein** half full glass ▸ **plein à ras bord** full to the brim / *plein à ras bord de* brimming with ▸ **plein de** full of / *la casserole est pleine d'eau* the pan is full of water / *une pièce pleine de livres* a room full of books / *un roman plein d'intérêt* a very interesting novel / *être plein d'enthousiasme / de bonne volonté* to show great enthusiasm / willingness ▸ **plein aux as** *fam* loaded, stinking rich ▸ **plein à craquer a)** [valise] bulging, bursting, crammed full **b)** [salle] packed ▸ **un gros plein de soupe** *fam* a tub of lard, a fat slob ▸ **être plein comme un œuf a)** *fam* [valise, salle] to be chock-a-block **b)** [personne repue] to be stuffed ▸ **être plein (comme) une barrique** ou **une outre** *fam* to be (well) tanked up **2.** [massif] solid / *une porte pleine* a solid door / *des briques pleines* solid bricks ▸ **en bois plein** solid-wood ▸ **mur plein** blind wall **3.** [complet] full ▸ **année pleine** full (calendar) year ▸ **mois plein** full (calendar) month ▸ **plein temps, temps plein** full-time ▸ **être** ou **travailler à temps plein** to work full-time ▸ **pleine page a)** [gén] full page **b)** [en publicité, sur une page] full-page ad **c)** [en publicité, sur deux pages] spread ▸ **pleins pouvoirs** (full) power of attorney ▸ **avoir les pleins pouvoirs** to have full powers **4.** [chargé] busy, full / *j'ai eu une journée pleine* I've had a busy day / *ma vie a été pleine* I've led a full life **5.** [en intensif] ▸ **une pleine carafe de** a jugful of ▸ **une pleine valise de** a suitcase full of ▸ **plein gré** : *de son plein gré* of his own volition *sout* ou free will / *obtenir un plein succès* to achieve complete success / *j'ai pleine conscience de ce qui m'attend* I know exactly what to expect ▸ **être en pleine forme** to be on top form ▸ **ramasser qqch à pleins bras** to pick armfuls of sthg ▸ **embrasser qqn à pleine bouche** to kiss sb full on the mouth / *manger des mûres à pleine bouche* to eat mouthfuls of blackberries ▸ **rire à pleine gorge** to laugh one's head off / *chanter / crier à plein gosier* to sing / to shout at the top of one's voice ▸ **ramasser qqch à pleines mains** to pick up handfuls of sthg ▸ **sentir qqch à plein nez** to reek of sthg ▸ **respirer à pleins poumons** to take deep breaths ▸ **couler à pleins bords** to be overflowing ▸ **arc plein cintre** round arch *(en architecture)* ▸ **plein tube** *fam*, **pleins tubes** *fam* : *mettre la radio (à) pleins tubes* to put the radio on full blast / *foncer / rouler (à) plein tube* to go / to drive flat out ▸ **pleine charge moteur** full throttle ▸ **pleins feux sur** spotlight on ▸ **pleins gaz** *fam*, **pleins pots** *fam* full throttle / *allez, vas-y pleins gaz!* go on, put your foot down ou step on it ▸ **pleins phares** full beam UK, high beams US **6.** [arrondi] full / *avoir des formes pleines* to have a well-rounded ou full figure / *avoir des joues pleines* to have chubby cheeks, to be chubby-cheeked ▸ **avoir le visage plein** to be moon-faced **7.** ZOOL [vache] in calf ; [jument] in foal ; [chatte] pregnant **8.** *litt* [préoccupé] : *ses lettres sont pleines de vous* she talks about nothing but you in her letters ▸ **être plein de soi-même / son sujet** to be full of o.s. / one's subject **9.** JEUX [couleur] full **10.** ASTRON & MÉTÉOR full / *la lune est pleine* the moon is full ▸ **la pleine mer** high tide.

❖ **plein** ◆ nm **1.** [de carburant] full tank / *avec un plein, tu iras jusqu'à Versailles* you'll get as far as Versailles on a full tank ▸ **faire le plein** to fill up / *le plein, s'il vous plaît* fill her ou it up, please / *faire le plein de vitamines / soleil fig* to stock up on vitamins / sunshine / *il a fait le plein de ses voix* he got as many votes as he's ever likely to get ; [de courses] : *on fait le plein une fois par mois au supermarché* we stock up once a month at the supermarket **2.** [maximum] ▸ **donner son plein** [personne] to give one's best, to give one's all ▸ **le plein de la lune** the moon at its full ▸ **le plein de la mer** the tide at its highest **3.** [en calligraphie] downstroke / *les pleins et les déliés* the downstrokes and the upstrokes **4.** CONSTR solid ou massive parts / *le plein d'un mur* the solid section of a wall. ◆ adv **1.** *fam* ▸ **tout plein** [très] really / *il est mignon tout plein, ce bébé* what a cute little baby **2.** [non creux] ▸ **sonner plein** to sound solid. ◆ prép [partout dans] all over / *j'ai des plantes plein ma maison* my house is full of plants, I have plants all over the house / *il a de la boue plein son pantalon* his trousers are covered in mud, he's got mud all over his trousers / *avoir de l'argent plein les poches fig* to have loads of money ▸ **en avoir plein la bouche (de qqch** ou **qqn)** *fam* : *il en a plein la bouche, de sa nouvelle voiture* he keeps on about ou he's full of his new car ▸ **en avoir plein les bottes de qqch** *fam* to be fed up with sthg ▸ **en avoir plein les bottes** ou **pattes** *fam* : *j'en ai plein les bottes* ou *pattes* my feet are killing me, I'm bushed ▸ **en avoir plein le dos** *fam* ou **le cul** *tfam* : *j'en ai plein le dos* ou *le cul* I've had it up to here ▸ **s'en mettre plein la lampe** *fam* to stuff one's face ▸ **en mettre plein la vue à qqn** *fam* to put on a show for sb ▸ **en prendre plein les dents** ou **les gencives** *fam* ou **la gueule** *tfam* **a)** [se faire reprendre] to get a right rollocking UK, to get bawled out US **b)** [être éperdu d'admiration] to be bowled over.

❖ **à plein** loc adv : *les moteurs / usines tournent à plein* the engines / factories are working to full capacity / *utiliser des ressources à plein* to make full use of resources.

❖ **de plein air, en plein air** loc adj open-air *(modif).*

❖ **de plein droit** loc adv ▸ **exiger** ou **réclamer qqch de plein droit** to demand sthg as of right ou as one's right.

❖ **de plein fouet** ◆ loc adj head on. ◆ loc adv head on, full on / *les deux véhicules se sont heurtés de plein fouet* the vehicles hit each other head on ou full on.

❖ **en plein** loc adv **1.** [en entier] in full, entirely / *le soleil éclaire la pièce en plein* the sun lights up the entire room **2.** [complètement, exactement] ▸ **en plein dans / sur** right in the middle of / on top of / *j'ai mis le pied en plein dans une flaque* I stepped right in the middle of a puddle / *donner en plein dans un piège* to fall right into a trap.

❖ **en plein, en pleine** loc prép [au milieu de, au plus fort de] ▸ **en plein air** in the open (air) ▸ **en pleine campagne** right out in the country / *en plein cœur de la ville* right in the heart of the city / *une industrie en plein essor* a boom ou fast-growing industry / *en pleine figure* ou *fam poire* right in the face ▸ **en plein jour** in broad daylight / *en pleine mer* (out) in the open sea / *en plein midi* at twelve (noon) on the dot / *en pleine nuit* in the middle of the night / *en pleine rue* (right) in the middle of the street / *en plein soleil* in full sunlight / *en pleine terre* in the open ground / *en plein vent* in the wind ▸ **en plein vol** in mid-flight.

❖ **plein de** loc dét *fam* lots of / *il y avait plein de gens dans la rue* there were crowds ou masses of people in the street / *tu veux des bonbons / de l'argent? j'en ai plein* do you want some sweets / money? I've got loads ou lots / *j'ai (plein, plein,) plein d'argent* I've got lots (and lots) ou loads (and loads) of money.

pleinement [plεnmɑ̃] adv wholly, fully, entirely / *vivre pleinement sa passion* to live one's passion to the full / *je suis pleinement convaincu* I'm fully convinced ▸ **profiter pleinement de qqch** to make the most of sthg.

plein(-)emploi [plεnɑ̃plwa] nm full employment.

plein-temps [plɛ̃tɑ̃] (*pl* **pleins-temps**) ◆ adj inv full-time. ◆ nm full-time job / *faire un plein-temps* to work full-time, to have a full-time job.

❖ **à plein-temps** loc adv : *travailler à plein-temps* to work full-time.

plein-vent [plɛ̃vɑ̃] (*pl* **pleins-vents**) nm isolated ou exposed tree.

pléistocène [pleistɔsεn] nm Pleistocene (period).

plénier, ère [plenje, εR] adj plenary.

plénipotentiaire [plenipɔtɑ̃sjεR] adj & nmf plenipotentiary.

plénitude [plenityd] nf **1.** *litt* [des formes] fullness / *être dans la plénitude de son talent* to be at the peak of one's talent **2.** [satisfaction totale] fulfilment / *un sentiment de plénitude* a feeling of fulfilment.

plénum [plenɔm] nm POL plenum.

pléonasme [pleɔnasm] nm pleonasm.

pléonastique [pleɔnastik] adj pleonastic.

pléthore [pletɔR] nf *sout* excess, plethora *litt* ▸ **pléthore de** an excess of / *il y a pléthore de candidats à ce poste* far too many candidates have applied for the post.

pléthorique [pletɔRik] adj excessive, overabundant, plethoric *litt.*

pleurage [plœRaʒ] nm [basse fréquence] wow ; [haute fréquence] flutter.

pleural, e, aux [plœRal, o] adj pleural.

pleurant [plœRɑ̃] nm ART weeping figure, weeper.

pleurard, e [plœRaR, aRd] *fam* ◆ adj [sanglotant] whimpering ; [plaintif] whining, whingeing UK. ◆ nm, f [qui sanglote] whimperer ; [qui se plaint] whinger UK, whiner.

pleurer [5] [plœRe] ◆ vi **1.** PHYSIOL to cry / *avoir un œil qui pleure* to have a weepy ou watery eye ; [verser des larmes] to cry, to weep / *le bébé pleure* the baby's crying / *pleurer de joie / rage* to cry for joy / with rage / *j'en pleurais de rire!* I laughed so much that I cried! ▸ **j'en aurais pleuré** I could have wept ou cried ▸ **à pleurer** enough to make you weep ou cry / *l'histoire est bête / triste à pleurer* the story is so stupid / sad you could weep ▸ **faire pleurer qqn** to make sb cry / *arrête, tu vas me faire pleurer! iron* my heart bleeds for you! ▸ **pleurer à chaudes larmes** ou **comme une Madeleine** *fam* ou **comme un veau** *fam* ou **comme une fontaine** to cry ou to bawl one's eyes out ▸ **ne laisser à qqn que les yeux pour pleurer** to leave sb nothing but the clothes they stand up in ▸ **ne rester à qqn que les yeux pour pleurer** ou **n'avoir plus que les yeux pour pleurer** : *il ne lui reste* ou *il n'a plus que les yeux pour pleurer* he has nothing left to his name ▸ **aller pleurer dans le gilet de qqn** *fam* to go crying to sb ▸ **pleurer d'un œil et rire de l'autre** : *elle pleurait d'un œil et riait de l'autre* she didn't know whether to laugh or cry ▸ **n'avoir pas assez de ses yeux pour pleurer** : *elle n'avait pas assez de ses yeux pour pleurer* she was grief-stricken **2.** *fam* [réclamer] to beg / *il est allé pleurer auprès du directeur pour avoir une promotion* he went cap in hand to the boss ou went and begged the boss for a promotion ▸ **pleurer après** to beg for / *pleurer après des subventions* to go begging for subsidies **3.** [se lamenter] ▸ **pleurer sur** to lament, to bemoan, to bewail / *pleurer sur soi-même* ou *son sort* to bemoan one's fate **4.** *litt* [vent] to wail, to howl ; [animal] to wail. ◆ vt **1.** [répandre] to cry, to shed, to weep / *pleurer des larmes de joie* to cry ou to shed tears of joy ▸ **pleurer toutes les larmes de son corps** to cry one's eyes out **2.** *sout* [être en deuil de] to mourn / *nous pleurons*

* In reformed spelling (see p. 16-19).

notre cher père we're mourning (for) our dear father ; [regretter] to lament, to bemoan / *pleurer une occasion perdue* to lament a lost opportunity **3.** *fam* [se plaindre de] to begrudge / *il ne pleure pas sa peine* he doesn't mind putting himself out / *tu ne vas pas pleurer les quelques euros que tu lui donnes par mois?* surely you don't begrudge her the few euros you give her a month? / *elle est allée pleurer qu'on l'avait trompée* she went complaining that she'd been deceived **4.** EXPR **pleurer misère** to cry over ou to bemoan one's lot / *il est allé pleurer misère chez ses parents* he went to his parents asking for money.

pleurésie [plœʀezi] nf pleurisy.

pleurétique [plœʀetik] ◆ adj pleuritic. ◆ nmf pleurisy sufferer, pleuritic.

pleureur, euse [plœʀœʀ, øz] ◆ adj ▸ **enfant pleureur** child who cries a lot. ◆ nm, f child who cries a lot.
❖ **pleureuse** nf (professional) mourner.

pleurite [plœʀit] nf dry pleurisy.

pleurnichard, e [plœʀniʃaʀ, aʀd] = **pleurnicheur.**

pleurnichement [plœʀniʃmɑ̃] nm snivelling.

pleurnicher [3] [plœʀniʃe] vi [sangloter] to whimper ; [se plaindre] to whine, to whinge UK / *et après, ne viens pas pleurnicher!* and don't come crying to me! ▸ **pleurnicher auprès de qqn** to go crying to sb.

pleurnicherie [plœʀniʃʀi] nf whining *(U)*, whingeing *(U)* UK / *lui, on l'aura toujours avec quelques pleurnicheries* you can always get round him if you whine a bit.

pleurnicheur, euse [plœʀniʃœʀ, øz] ◆ adj [sanglotant] whimpering ; [plaintif] whining, whingeing. ◆ nm, f [qui sanglote] whimperer ; [qui se plaint] whiner, whinger UK.

pleurote [plœʀɔt] nm oyster mushroom.

pleurotomie [plœʀɔtɔmi] nf pleurotomy.

pleurs [plœʀ] nmpl *litt* tears / *répandre* ou *verser des pleurs* to shed tears, to weep ▸ **en pleurs** in tears / *il y aura des pleurs et des grincements de dents* there will be a great wailing and gnashing of teeth.

pleut v ⟶ **pleuvoir.**

pleutre [pløtʀ] *litt* ◆ adj cowardly, faint-hearted, lily-livered / *il est trop pleutre pour se battre* he's too lily-livered to put up a fight. ◆ nm coward.

pleutrerie [pløtʀəʀi] nf *litt* **1.** [caractère lâche] cowardice, pusillanimity *litt* **2.** [acte] act of cowardice.

pleuvasser [3] [pløvase] v impers *fam* to drizzle.

pleuviner [3] [pløvine] v impers to drizzle.

pleuvoir [68] [pløvwaʀ] ◆ v impers to rain ▸ **il pleut** it's raining / *il a plu toute la journée* it's been raining all day / *il pleut à grosses gouttes* it's raining heavily / *il pleut quelques gouttes* there's a spatter of rain / *on dirait qu'il va pleuvoir* it looks like rain ▸ **il pleut à seaux** ou **à verse** ou *fam* **des cordes** ou *fam* **des hallebardes** it's raining cats and dogs ou stair rods UK ▸ **il pleut comme vache qui pisse** *fam* it's pouring ▸ **qu'il pleuve ou qu'il vente** come rain come shine ▸ **comme s'il en pleuvait** : *des récompenses comme s'il en pleuvait* rewards galore / *elle dépense de l'argent comme s'il en pleuvait* she's spending money like there was no tomorrow ▸ **il pleut, il mouille (c'est la fête à la grenouille)** ≃ it's raining, it's pouring (the old man is snoring). ◆ vi [coup] to rain down, to fall like rain ; [insulte] to shower down / *les punitions pleuvaient sur les élèves* punishments were showering down upon ou on the pupils / *les coups pleuvaient sur sa tête* blows were raining down upon ou on his head ▸ **faire pleuvoir les malédictions sur qqn** to rain curses upon ou on sb's head.

pleuvoter [3] [pløvɔte] v impers *fam* to drizzle.

plèvre [plɛvʀ] nf pleura.

Plexiglas® [plɛksiglas] nm Plexiglas®.

plexus [plɛksys] nm plexus ▸ **plexus solaire** solar plexus.

Pleyel [plejɛl] npr ▸ **la salle Pleyel** *large auditorium in Paris used for classical music concerts.*

pli [pli] nm **1.** [repli - d'un éventail, d'un rideau, du papier] fold ; [- d'un pantalon] crease / *le drap fait des plis* the sheet is creased ou rumpled / *un tissu qui ne fait pas de plis* a material that doesn't crease ▸ **pli d'aisance** inverted pleat ▸ **pli plat** flat pleat ▸ **faux pli** crease ▸ **ça ne fait pas un pli** *fam* it goes without saying / *il va la virer, ça ne fait pas un pli* he'll fire her, it's as good as done (already) **2.** [habitude] habit / *c'est un pli à prendre* you've (just) got to get into the habit / *il a pris le pli de marcher tous les jours* he got into the habit of going for a walk everyday / *ses enfants ont pris un mauvais pli dès le début* her children got into a bad habit right from the start **3.** [ride] wrinkle, line, crease ; [bourrelet] fold / *des petits plis apparaissent autour de ses yeux* little lines are showing around her eyes ▸ **les plis de son ventre a)** [petits] the creases in his belly **b)** [gros] the rolls of fat on his belly ▸ **pli du bras** bend of the arm ▸ **pli de l'aine** crease ou fold of the groin **4.** *sout* [enveloppe] envelope ; [lettre] letter / *veuillez trouver sous ce pli le document demandé* please find enclosed the required document / *sous pli cacheté* in a sealed envelope / *la copie vous sera envoyée sous pli séparé* the copy will be sent to you under separate cover **5.** JEUX trick ▸ **faire un pli** to win ou to take a trick **6.** GÉOGR fold ▸ **pli couché** recumbent fold **7.** COUT pleat ▸ **pli creux** box pleat **8.** MENUIS ply.
❖ **à plis** loc adj pleated.

pliable [plijabl] adj foldable ▸ **difficilement pliable** hard to fold.

pliage [plijaʒ] nm folding / *à pliage accordéon* fan-fold, Z-fold US.

pliant, e [plijɑ̃, ɑ̃t] adj folding, collapsible.
❖ **pliant** nm folding stool.

plie [pli] nf plaice.

plié [plije] nm plié.

plier [10] [plije] ◆ vt **1.** [journal, carte] to fold ▸ **plier bagage** to pack up and go ▸ **forcer qqn à plier bagage** to send sb packing **2.** [tordre - fil de fer, doigt, genou] to bend / *plier les jambes / bras* to bend one's legs / arms / *la douleur le plia en deux* he was doubled up in pain ▸ **plié en deux** *fam* ou **en quatre** *fam* **(de rire)** doubled up (with laughter) **3.** [soumettre] : *je n'ai jamais pu la plier à mes désirs / pu plier sa volonté* I never managed to get her to submit to my desires / to bend her will. ◆ vi **1.** [se courber] to bend (over), to bow / *les branches pliaient sous le poids des fruits / de la neige* the branches were weighed down with fruit / snow / *plier sous le poids des responsabilités* to be weighed down by responsibility **2.** [se soumettre] to yield, to give in, to give way / *tu plieras!* you'll just have to knuckle under! ▸ **plier devant qqn** to submit ou to yield to sb ▸ **faire plier qqn** to subdue sb, to make sb give in / *tu ne me feras pas plier* I won't give in (to you).
❖ **se plier** vpi [meuble, appareil] to fold up ou away ; [personne, corps] to bend, to stoop / *se plier en deux* to bend double.
❖ **se plier à** vp + prép [se soumettre à] to submit to ; [s'adapter à] to adapt to / *il faut se plier aux usages locaux* you have to respect local customs / *se plier à des méthodes nouvelles* to adapt to ou to accept new methods / *c'est une discipline à laquelle il faut se plier* you have to accept the discipline.

plieur, euse [plijœʀ, øz] nm, f **1.** [en bonneterie] folder **2.** [de papier] folder *(worker)*.
❖ **plieuse** nf IMPR folder, folding machine ou unit.

Pline [plin] npr ▸ **Pline l'Ancien / le Jeune** Pliny the Elder / Younger.

plinthe [plɛ̃t] nf **1.** CONSTR [en bois] skirting (board) UK, baseboard US, mopboard US ; [en pierre] skirting ▸ **plinthe chauffante** skirting fan convector **2.** ARCHIT plinth.

pliocène [plijɔsɛn] ◆ adj Pliocene *(modif)*. ◆ nm Pliocene (period).

plissage [plisaʒ] nm pleating.

plissé, e [plise] adj **1.** VÊT pleated **2.** [ridé - front, visage] wrinkled, creased / *une petite figure toute plissée* a wrinkled little face **3.** GÉOL [terrain] folded.
❖ **plissé** nm [plis] pleats ▸ **plissé soleil** sunray pleat.

plissement [plismɑ̃] nm **1.** GÉOGR folding ▸ **plissement (de terrain)** fold / *montagnes formées par plissements* fold mountains **2.** [d'un front, d'un visage] wrinkling *(U)*.

plisser [3] [plise] ◆ vt **1.** [faire des plis à - volontairement] to fold ; [- involontairement] to crease **2.** [froncer - yeux] to screw up *(sép)* ; [- nez] to wrinkle / *la contrariété plissait son front* his brow was furrowed with worry **3.** GÉOGR to fold **4.** COUT to pleat. ◆ vi [faire des plis - pantalon, robe, nappe] to crease, to become creased ; [- collant] to wrinkle.
❖ **se plisser** vpi **1.** [se rider] to crease, to wrinkle / *son front se plissa* she frowned **2.** COUT to pleat.

pliure [plijyʀ] nf **1.** [marque] fold **2.** [pliage] folding.

ploc [plɔk] onomat plop / *on entendait le ploc des gouttes d'eau dans l'évier* we could hear the sound of water dripping into the sink.

ploie v ⟶ **ployer.**

ploiement [plwamɑ̃] nm *litt* bending.

plomb [plɔ̃] nm **1.** MÉTALL lead ▸ **j'ai du plomb dans l'estomac** I feel as though I have a knot in my stomach ▸ **il n'a pas de plomb dans la tête** ou **cervelle** *fam* he's featherbrained, he's got nothing between the ears ▸ **ça te mettra un peu de plomb dans la tête** ou **cervelle** that will knock some sense into you ▸ **avoir du plomb dans l'aile a)** [entreprise] to be in a sorry state ou bad way **b)** [personne] to be in bad shape ou on one's last legs **2.** ARM leadshot, shot ▸ **un plomb** a piece of shot ▸ **du gros plomb** buckshot ▸ **du petit plomb** small shot **3.** ÉLECTR fuse / *un plomb a sauté* a fuse has blown ▸ **faire sauter les plombs** to blow the fuses **4.** PÊCHE sinker **5.** COUT lead (weight) **6.** [de vitrail] lead, came **7.** [sceau] lead seal **8.** CONSTR plumb, bob, plummet **9.** IMPR type / *lire sur le plomb* to read from the metal **10.** NAUT lead.
❖ **à plomb** loc adv : *mettre à plomb* to plumb / *le mur n'est pas / est à plomb* the wall is off plumb / is plumb.
❖ **de plomb** loc adj lead *(modif)* ▸ **un ciel de plomb** a leaden sky.

plombage [plɔ̃baʒ] nm **1.** [d'une dent] filling ▸ **faire un plombage à qqn** to fill sb's tooth / *se faire faire un plombage* to have a tooth filled ou a filling (put in) **2.** [d'un colis] sealing (with lead) **3.** PÊCHE leading **4.** AGR & HORT tamping down.

plombaginacée [plɔ̃baʒinase] nf member of the Plumbaginaceae.

plombagine [plɔ̃baʒin] nf graphite, plumbago.

plombe [plɔ̃b] nf *tfam* hour.

plombé, e [plɔ̃be] adj **1.** [teint] leaden, pallid ; [ciel] leaden, heavy **2.** [scellé - colis, wagon] sealed (with lead) **3.** PÊCHE weighted (with lead) ou with a sinker **4.** [dent] filled.

plomber [3] [plɔ̃be] vt **1.** [dent] to fill, to put a filling in **2.** [colis] to seal with lead **3.** PÊCHE to weight (with lead), to lead **4.** AGR & HORT to tamp down *(sép)* **5.** CONSTR to plumb **6.** [toit] to lead **7.** *litt* [rendre gris] ▸ **plomber qqch** to turn sthg the colour of lead.
❖ **se plomber** vpi *sout* [ciel] to turn leaden ou the colour of lead.

plomberie [plɔ̃bʀi] nf **1.** [installation] plumbing / *toute la plomberie est à refaire* all the plumbing in the house must be redone **2.** [profession] plumbing.

plombier [plɔ̃bje] nm **1.** [artisan] plumber **2.** *fam* [espion] mole.

plombières [plɔ̃bjɛʀ] nf tutti-frutti ou plombières *(ice cream)*.

plombifère [plɔ̃bifɛʀ] adj plumbiferous.

plonge [plɔ̃ʒ] nf washing-up, washing the dishes ▸ **faire la plonge** to wash dishes *(in a restaurant)*.

plongeant, e [plɔ̃ʒɑ̃, ɑ̃t] adj plunging / *il y a une vue plongeante jusqu'à la mer* the view plunges down to the sea.

plongée [plɔ̃ʒe] nf **1.** LOISIRS & SPORT (underwater) diving ▸ **faire de la plongée** to go diving / *il fait de la plongée depuis deux ans* he has been diving for two years ▸ **plongée sous-marine** skin ou scuba diving **2.** CINÉ high angle shot **3.** [descente rapide] swoop, plunge, dive.

plongeoir [plɔ̃ʒwaʀ] nm diving board.

plongeon [plɔ̃ʒɔ̃] nm **1.** [dans l'eau] dive / *faire un plongeon en arrière* to do a back dive ou a back flip ▸ **faire le plongeon** *fam* to take a tumble, to come a cropper UK *fig* / *son entrepôt a brûlé, il a fait le grand plongeon* his warehouse burned down and he lost everything **2.** FOOT dive / *faire un plongeon* to dive **3.** ZOOL diver UK, loon US.

plonger [17] [plɔ̃ʒe] ◆ vi **1.** LOISIRS & SPORT to dive ; [en profondeur] to dive, to go skin ou scuba diving / *il plongea du haut du rocher* he dived off the rock ; FOOT to dive **2.** [descendre - avion] to dive ; [- sous-marin] to dive ; [- oiseau] to dive, to swoop ; [- racine] to go down / *le roman plonge dans le suspense dès la première page fig* the novel plunges (the reader) into suspense from the very first page / *depuis le balcon, la vue plonge dans le jardin des voisins* there's a bird's-eye view of next door's garden from the balcony **3.** ▸ **plonger dans** [s'absorber dans] to plunge into, to absorb o.s. in / *elle plongea dans la dépression* she plunged into depression **4.** *sout* ▸ **plonger dans** [avoir ses sources dans] to go back to / *cette tradition plonge dans la nuit des temps* this tradition goes back to the dawn of time **5.** *fam* [échouer] to decline, to fall off / *beaucoup d'élèves plongent au deuxième trimestre* a lot of pupils' work deteriorates in the second term ; [faire faillite] to go bankrupt, to fold / *de nombreux petits commerçants ont plongé* a lot of small businesses folded / *c'est ça qui a fait plonger la société* that's what sent the company to the wall / *c'est ce qui l'a fait plonger* that's what caused his demise **6.** *tfam* [être arrêté] to get nabbed ou busted ou nicked UK. ◆ vt **1.** [enfoncer] to plunge, to thrust / *plonger la main dans l'eau* to plunge one's hand into the water / *il plongea la main dans sa poche* he thrust his hand deep into his pocket / *elle lui plongea un couteau entre les épaules* she thrust a knife between his shoulder blades **2.** [mettre] to plunge / *la panne a plongé la pièce dans l'obscurité* the power failure plunged the room into darkness / *la pièce fut plongée dans l'obscurité* the room was plunged into darkness / *plonger son regard dans* to look deep ou deeply into ▸ **plonger qqn dans l'embarras** to put sb in a difficult spot / *la remarque nous plongea tous dans la consternation* the remark appalled us all ▸ **être plongé dans** to be deep in / *j'étais plongé dans mes pensées / comptes* I was deep in thought / in my accounts / *être plongé dans le désespoir* to be deep in despair / *je suis plongé dans Proust pour l'instant* at the moment, I'm completely immersed in Proust / *il est plongé dans ses dossiers* he's engrossed in his files / *plongé dans un sommeil profond, il ne nous a pas entendus* as he was sound asleep, he didn't hear us.

❖ **se plonger dans** vp + prép [bain] to sink into ; [études, travail] to throw o.s. into ; [livre] to bury o.s. in.

plongeur, euse [plɔ̃ʒœʀ, øz] nm, f **1.** LOISIRS & SPORT diver ▸ **plongeur sous-marin** skin ou scuba diver **2.** [dans un café] washer-up UK, dishwasher US.

plot [plo] nm **1.** ÉLECTR contact ; [dans un commutateur] contact block **2.** [bille de bois] block **3.** SPORT block **4.** SUISSE [billot] wooden block.

plouc [pluk] nm *fam & péj* yokel, bumpkin, hick US / *ça fait plouc* it's vulgar.

plouf [pluf] interj splash / *elle a fait plouf dans l'eau langage enfantin* she went splash into the water.

ploutocrate [plutɔkʀat] nmf plutocrat.

ploutocratie [plutɔkʀasi] nf plutocracy.

ploutocratique [plutɔkʀatik] adj plutocratic.

ployer [13] [plwaje] ◆ vt **1.** *litt* [courber] to bend, to bow / *le vent ploie la cime des arbres* the wind bends the tops of the trees **2.** [fléchir] to bend, to flex ▸ **ployer les genoux a)** *pr* to bend one's knees **b)** *fig* to toe the line, to submit. ◆ vi *litt* **1.** [arbre] to bend ; [étagère, poutre] to sag / *les étagères ploient sous le poids des livres* the shelves are sagging under the weight of the books **2.** *fig* : *ployer sous le poids des ans* to be weighed down by age / *ployer sous le joug* to bend beneath the yoke, to be subjugated *litt.*

plu [ply] pp **1.** ⟶ **plaire 2.** ⟶ **pleuvoir.**

PLU [ply] nm **abr de plan local d'urbanisme.**

pluches [plyʃ] nfpl *fam* **1.** [épluchage] peeling / *faire les pluches* to peel the veg UK ou veggies US **2.** [épluchures] vegetable peelings.

pluie [plɥi] nf **1.** MÉTÉOR rain / *le temps est à la pluie* it looks like rain ▸ **pluie battante** driving rain / *pluie diluvienne* ou *torrentielle* pouring rain / *(petite) pluie fine* drizzle ▸ **pluies acides** ÉCOL acid rain ▸ **ennuyeux comme la pluie** deadly boring ▸ **triste comme la pluie** terribly sad ▸ **faire la pluie et le beau temps** to be powerful / *il fait la pluie et le beau temps dans l'entreprise* he dictates what goes on in the company ▸ **parler de la pluie et du beau temps** to talk of this and that ▸ **après la pluie, le beau temps** *prov* every cloud has a silver lining *prov* ▸ **petite pluie abat grand vent** *prov* a soft answer turneth away wrath *prov* **2.** [retombée] shower / *une pluie de cendres s'échappa du volcan* the volcano sent out a shower of ashes / *une pluie d'étoiles filantes* a meteor-shower **3.** [série] shower, stream.

❖ **en pluie** loc adv : *les cendres tombaient en pluie sur la ville* ashes rained ou showered down on the town / *verser la farine en pluie dans le lait* sprinkle the flour into the milk.

plumage [plymaʒ] nm plumage, feathers.

plumaison [plymezɔ̃] nf plucking.

plumard [plymaʀ] nm *tfam* bed, sack / *aller au plumard* to hit the hay ou sack.

plume[1] [plym] nf **1.** [d'oiseau] feather ▸ **j'y ai laissé des plumes** *fam* I didn't come out of it unscathed **2.** [pour écrire] quill ; [de stylo] nib ▸ **dessiner à la plume** to draw in pen and ink / *je prends la plume pour te dire que…* I take up my pen to tell you that… / *je passe la plume à ton frère pour qu'il te donne tous les détails* I'll hand over to your brother who'll give you all the details / *j'ai pris ma plus belle plume pour écrire aux Réclamations / à la Direction du personnel hum* I wrote the Complaints / the Personnel Department a very nice letter *iron* / *c'est un critique à la plume acérée* he's a scathing critic ▸ **plume d'oie** goose quill ▸ **laisser aller** ou **courir sa plume** to write as the ideas come ▸ **avoir la plume facile** to have a gift for writing **3.** *sout* [écrivain] pen **4.** MÉD ▸ **plume à vaccin** vaccine point **5.** [d'un mollusque] pen.

❖ **à plumes** loc adj **1.** ZOOL pennaceous **2.** VÊT (decorated) with feathers.

❖ **en plumes** loc adj feather *(modif)*, feathered.

plume[2] [plym] *tfam* = **plumard.**

plumeau, x [plymo] nm feather duster.

plumer [3] [plyme] vt **1.** [oiseau] to pluck **2.** *fam* [escroquer] to fleece.

plumet [plymɛ] nm plume.

plumetis [plymti] nm **1.** [broderie] raised satin stitch / *collant (à) plumetis* dot ou dotted tights **2.** TEXT Swiss muslin.

plumeux, euse [plymø, øz] adj *litt* feathery.

❖ **plumeuse** nf plucking machine.

plumier [plymje] nm pencil box ou case.

plumitif [plymitif] nm **1.** *péj* [employé] pen pusher **2.** *péj* [journaliste] hack **3.** DR [registre] (written) court record, court minute-book.

plupart [plypaʀ] ❖ **la plupart** nf most / *quelques-uns sont partis mais la plupart ont attendu* some left but most (of them) waited. ❖ **la plupart de** loc prép most (of) ▸ **la plupart des enfants a)** [du monde] the majority of ou most children **b)** [d'un groupe] the majority ou most of the children / *la plupart des chanteurs étaient Anglais* most of the singers were English, the singers were mostly English ▸ **la plupart du temps** most of the time / *dans la plupart des cas* in the majority of ou in most cases. ❖ **pour la plupart** loc adv mostly, for the most part / *les clients sont pour la plupart satisfaits* the customers are mostly satisfied ou for the most part satisfied / *ils te croient ? — oui, pour la plupart* do they believe you ? — most of them do ou for the most part, yes.

plural, e, aux [plyʀal, o] adj plural ▸ **vote plural** plural voting.

pluralisme [plyʀalism] nm pluralism.

pluraliste [plyʀalist] ◆ adj pluralist, pluralistic. ◆ nmf pluralist.

pluralité [plyʀalite] nf plurality.

pluriannuel, elle [plyʀianɥɛl] adj **1.** DR running over several years **2.** BOT perennial.

pluricellulaire [plyʀiselylɛʀ] adj multicellular.

pluriculturel, elle [plyʀikyltyʀɛl] adj multicultural.

pluridimensionnel, elle [plyʀidimɑ̃sjɔnɛl] adj multidimensional.

pluridisciplinaire [plyʀidisiplinɛʀ] adj [approche, démarche, art]] multidisciplinary ▸ **cursus pluridisciplinaire** joint ou multidisciplinary ou cross-curricular syllabus.

pluridisciplinarité [plyʀidisiplinaʀite] nf : *la pluridisciplinarité de notre formation* the interdisciplinary nature of our training programme.

pluriel, elle [plyʀjɛl] adj **1.** GRAM plural **2.** [diversifié] diverse, multifarious / *une société plurielle* a pluralist society.

❖ **pluriel** nm plural / *la troisième personne du pluriel* the third person plural ▸ **au pluriel** in the plural / *être au pluriel* to be in the plural / *mettre au pluriel* to put in ou into the plural / *quand le mot est au pluriel* when the word is in the plural / *quel est le pluriel de « carnaval » ?* what's the plural of "carnaval" ? ▸ **le pluriel de majesté** the royal "we".

pluriethnique [plyʀiɛtnik] adj multiethnic.

plurilatéral, e, aux [plyʀilateʀal, o] adj multilateral.

plurilingue [plyʀilɛ̃g] adj multilingual, polyglot.

plurilinguisme [plyʀilɛ̃gɥism] nm multilingualism.

pluripartisme [plyʀipaʀtism] nm pluralist (party) ou multi-party system.

pluriséculaire [plyʀisekylɛʀ] adj centuries-old.

plurivalent, e [plyʀivalɑ̃, ɑ̃t] adj multivalent, polyvalent.

plurivoque [plyʀivɔk] adj equivocal, ambiguous.

plus [ply(s)]

◆ adv

A. COMPARATIF DE SUPÉRIORITÉ

B. SUPERLATIF DE SUPÉRIORITÉ

C. ADVERBE DE NÉGATION

A. COMPARATIF DE SUPÉRIORITÉ **1.** [suivi d'un adverbe, d'un adjectif] : *viens plus souvent* (do) come more often / *maniez-le plus doucement* handle it more gently ou with more care / *c'est plus court / petit* it's shorter / smaller / *sois plus modeste* be more modest / *elle est plus intéressante / sophistiquée* she's more interesting / sophisticated ▸ **plus tôt** earlier ▸ **plus tard** later ▸ **c'est plus loin** it's further ou farther / *tu es plus patient que moi* you're more patient than I am ou than me / *c'est plus fatigant qu'on ne le croit* it's more tiring than it seems / *c'est plus rouge qu'orange* it's red rather than ou it's more red than orange / *elle est plus réservée que timide* she's reserved rather than shy / *c'est plus que gênant* it's embarrassing, to say the least / *on a obtenu des résultats plus qu'encourageants* our results were more than encouraging / *elle a eu le prix mais elle n'en est pas plus fière pour ça* she got the award, but it didn't make her any prouder for all that / *je veux la même, en plus large* I want the same, only bigger / *c'est sa mère mais en plus mince* she looks exactly like her mother, only slimmer / *bien plus beau* much more handsome / *bien plus gros* much fatter / *encore plus beau* more handsome still, even more handsome / *ça ira infiniment plus vite* it'll be infinitely faster / *il est autrement plus calme que son père* he's certainly much calmer than his father / *cinq fois plus cher* five times dearer ou as dear ou more expensive / *deux fois plus cher* twice as expensive / *il l'a fait deux fois plus vite (qu'elle)* he did it twice as quickly (as she did) **2.** [avec un verbe] more / *j'apprécie plus son frère* I like his brother more ou better / *je m'intéresse à la question plus que tu ne penses* I'm more interested in the question than you think / *je ne peux vous en dire plus* I can't tell you any more / *la verte coûtait plus* the green one was more expensive **3.** *(avec un nom)* : *cela représente plus qu'une simple victoire* it means more than just a victory / *c'est plus qu'un problème, c'est une catastrophe!* it's more than just a problem, it's a disaster!

B. SUPERLATIF DE SUPÉRIORITÉ **1.** [suivi d'un adverbe, d'un adjectif] : *le plus loin* the furthest ou farthest / *la montagne la plus haute* the highest mountain / *sur la branche la plus haute* on the topmost ou highest branch / *l'homme le plus riche du monde* the richest man in the world, the world's richest man / *j'ai répondu le plus gentiment que j'ai pu* I answered as kindly as I could / *j'y vais le plus rarement possible* I go there as seldom as possible / *le plus rouge / laid* the reddest / ugliest / *la plus amusante* the most amusing one / *tu es le plus gentil de tous* you're the kindest of all / *le festival le plus populaire de France* the most popular festival in France / *un de ses tableaux les plus connus* one of her best-known paintings / *le plus gros des deux* the bigger of the two / *le plus gros des trois* the biggest of the three / *c'est ce qu'il y a de plus original dans sa collection d'été* it's the most original feature of his summer collection / *c'est en hiver que les fleurs sont le plus chères* sout in winter, flowers are at their dearest ou most expensive / *choisis les fruits les plus mûrs possible* select the ripest possible fruit ▸ **le plus souvent** most of the time ▸ **faites au plus vite** do it as quickly as possible ▸ **aller au plus pressé** ou **urgent** to deal with the most urgent priority first **2.** [précédé d'un verbe] most / *c'est moi qui travaille le plus* I'm the one who works most ou the hardest / *dans le groupe, c'est lui qui y croyait le plus* of all the group, he was the one who believed in it most / *ce qui me tourmente le plus* what worries me (the) most ▸ **faites-en le plus possible** do as much as you can.

C. ADVERBE DE NÉGATION **1.** [avec 'ne'] ▸ **je n'y retournerai plus** I won't go back there any more / *je ne m'en souviens plus* I don't remember (any more) / *je ne les vois plus* I don't see them any more **2.** [tour elliptique] ▸ **plus de** no more / *plus de glace pour moi, merci* no more ice cream for me, thanks / *plus de tergiversations!* let's not shilly-shally any longer! ▸ **plus un mot!** not another word!

◆ adj ▸ **B plus** ÉDUC B plus ▸ **H plus** CHIM H plus.

◆ conj **1.** MATH plus / *3 plus 3 égale 6* 3 plus 3 is ou makes 6 / *plus 4 moins plus 3 égale plus 1* plus 4 minus plus 3 is ou makes plus 1 ▸ **il fait plus 5 °** it's 5° above freezing, it's plus 5° **2.** [en sus de] plus / *le transport, plus le logement, plus la nourriture, ça revient cher* travel, plus ou and accommodation, plus ou then food, (all) work out quite expensive / *ça fait 150 euros, plus la TVA* it's 150 euros plus VAT / *plus le fait que...* plus ou together with the fact that...

◆ nm **1.** MATH plus (sign) / *mets un plus avant le chiffre 4* write in a plus sign in front of the figure 4 **2.** [avantage, atout] plus, bonus, asset / *la connaissance de l'anglais est toujours un plus* knowledge of English is always a plus / *la proximité de la gare est un plus* the closeness of the station is an advantage ou a plus (factor).

❖ **au plus** loc adv [au maximum] at the most ou outside / *il a au plus 20 ans* he's 20 at the most, he can't be more than 20 / *ça coûtera au plus 40 euros* it'll cost a maximum of 40 euros ou 40 euros at most / *il y a 15 km au plus* it's 15 km at the outside.

❖ **de plus** loc adv **1.** [en supplément] extra, another, more / *mets deux couverts de plus* lay two extra ou more places / *raison de plus pour y aller* all the more reason for going / *je ne veux rien de plus* I don't want anything more / *tu n'auras rien de plus* you'll have nothing more / *il est content, que te faut-il de plus?* he's happy, what more do you want? / *un mot / une minute de plus et je m'en allais* another word / minute and I would have left / *10 euros de plus ou de moins, quelle différence?* 10 euros either way, what difference does it make? **2.** [en trop] too many / *en recomptant, je trouve trente points de plus* on adding it up again, I get thirty points too many **3.** [en outre] furthermore, what's more, moreover / *elle fait mal son travail et de plus elle prend trop cher* she doesn't do her work properly, and what's more her fees are too high / *de plus, il m'a menti* what's more, he lied to me.

❖ **de plus en plus** loc adv **1.** [suivi d'un adjectif] more and more, increasingly ; [suivi d'un adverbe] more and more / *de plus en plus souvent* more and more often / *de plus en plus dangereux* more and more ou increasingly dangerous / *ça devient de plus en plus facile / compliqué* it's getting easier and easier / more and more complicated / *le ciel devenait de plus en plus sombre* the sky was growing darker and darker **2.** [précédé d'un verbe] : *les prix augmentent de plus en plus* prices are increasing all the time.

❖ **de plus en plus de** loc dét [suivi d'un nom comptable] more and more, a growing number of ; [suivi d'un nom non comptable] more and more / *de plus en plus de gens* more and more people, an increasing number of people / *il y a de plus en plus de demande pour ce produit* demand for this product is increasing, there is more and more demand for this product / *elle a de plus en plus de fièvre* her temperature is rising.

❖ **des plus** loc adv most / *son attitude est des plus compréhensibles* her attitude is most ou quite understandable / *un juge des plus impartiaux* a most unbiased judge.

❖ **en plus** loc adv **1.** [en supplément] extra *(avant nom)* / *c'est le même appartement avec un balcon en plus* it's the same flat with a balcony as well / *les boissons sont en plus* drinks are extra, you pay extra for the drinks / *ça fait 45 minutes de transport en plus* it adds 45 minutes to the journey / *1 euro en plus ou en moins, quelle différence?* 1 euro either way, what difference does it make? ; [en trop] spare / *tu n'as pas des tickets en plus?* do you have any spare tickets? ▸ **j'ai une carte en plus a)** [à la fin du jeu] I've got one card left over **b)** [en distribuant] I've got one card too many ; [en cadeau] as well, on top of that / *et vous emportez une bouteille de champagne en plus!* and you get a bottle of Champagne as well ou on top of that ou into the bargain! **2.** [en outre] further, furthermore, what's more / *elle a une excellente technique, et, en plus, elle a de la force* her technique's first-class and she's got strength too / *mais c'est qu'elle est méchante en plus!* fam and she's nasty to cap it all ou to boot! / *et elle m'avait menti, en plus!* not only that but she'd lied to me (as well)! / *c'est lui qui s'est trompé, et en plus il se plaint!* he makes the mistake and, to crown it all, complains about it! **3.** [d'ailleurs] besides, what's more, moreover / *je ne tiens pas à le faire et, en plus, je n'ai pas le temps* I'm not too keen on doing it, and besides ou what's more, I've no time.

❖ **en plus de** loc prép [en supplément de] besides, on top of, in addition to / *en plus du squash, elle fait du tennis* besides (playing) squash, she plays tennis.

❖ **et plus** loc adv over / *deux ans et plus* over two years / *45 kilos et plus* over 45 kilos, 45 odd kilos / *les gens de 30 ans et plus* people aged 30 and over / *des chemisiers à 30 euros et plus* blouses at 30 euros and over ou more.

❖ **ni plus ni moins** loc adv no more no less, that's all / *je te donne une livre, ni plus ni moins* I'll give you one pound, no more no less / *tu t'es trompé, ni plus ni moins* you were mistaken, that's all.

❖ **non plus** loc adv : *moi non plus je n'irai pas* I won't go either / *je n'en ai pas moi non plus* I haven't got any either / *je ne sais pas — moi non plus!* I don't know — neither do I ou nor do I ou me neither!

❖ **on ne peut plus** loc adv : *je suis on ne peut plus désolé de vous voir partir* I'm ever so sorry you're leaving / *c'est on ne peut plus compliqué* it couldn't be more complicated / *il était on ne peut plus heureux de te voir* he couldn't have been more delighted to see you / *des gens on ne peut plus charmants* the most charming people you could ever wish to meet.

❖ **plus de** loc dét **1.** [comparatif, suivi d'un nom] more / *nous voulons plus d'autonomie!* we want more autonomy! / *tu as fait plus de fautes que moi* you made more mistakes than I did ou than me / *je n'ai pas plus de courage qu'elle* I'm no braver than she is ou her / *c'est plus de l'insouciance que de l'incompétence* it's more (a matter of) carelessness than incompetence / *elle a plus de facilité que son frère pour apprendre* she's better at learning than her brother ; [suivi d'un nombre] more than, over / *il y a plus de 15 ans de cela* it's more than 15 years ago now / *elle a bien plus de 40 ans* she's well over 40 / *elle roulait à plus de 150 km/h* she was driving at more than 150 km/h ou doing over 150 km/h / *vous avez un peu plus du kilo* fam you've got ou that's a bit over one kilo / *il y en a plus d'un qui s'est plaint* more than one person complained / *il est plus de 5 h* it's past 5 o'clock ou after 5 **2.** [superlatif, suivi d'un nom] ▸ **le plus de** (the) most / *c'est ce qui m'a fait le plus de peine* that's what hurt me (the) most / *c'est notre équipe qui a le plus de points* our team has (the) most points / *celui qui a le plus de chances de réussir* the one (who's the) most likely to succeed ▸ **le plus possible de** : *le plus possible de cerises* as many cherries as possible / *le plus d'argent possible* as much money as possible ; *(comme nom)* : *les plus de 20 ans* people over 20, the over-20s / *les plus de 10 tonnes* vehicles over 10 tons.

❖ **plus... moins** loc corrélative the more... the less / *plus il vieillit, moins il a envie de sortir* the older he gets, the less he feels like going out / *plus ça va, moins je la comprends* I understand her less and less (as time goes on).

❖ **plus... plus** loc corrélative the more... the more / *plus je réfléchis, plus je me dis que...* the more I think (about it), the more I'm convinced that... / *plus j'attendais, plus j'étais en colère* the longer I waited, the angrier I got / *plus j'avançais, plus la forêt s'épaississait* the further ou the deeper I went into the forest, the thicker it got / *plus ça va, plus il est agressif* he's getting more and more aggressive (all the time) / *plus ça va, plus je me demande si...* the longer it goes on, the more I wonder if...

❖ **plus ou moins** loc adv more or less / *c'est plus ou moins cher, selon les endroits* prices vary according to where you are / *j'ai plus ou moins compris ce qu'elle disait* I understood more or less what she was talking about / *je ne l'ai que plus ou moins cru* I only half believed him / *tous ces partis, c'est plus ou moins la même chose* all these parties amount to more or less the same thing / *c'était plus ou moins prévu* it was more or less expected.

❖ **qui plus est** loc adv what's ou what is more.

❖ **sans plus** loc adv nothing more / *c'était bien, sans plus* it was nice, but nothing more / *une fille assez sympathique, sans plus* quite a nice girl, but nothing more ou no more than that.

❖ **tout au plus** loc adv at the most / *c'est une mauvaise grippe, tout au plus* it's a bad case of flu, at the most.

plusieurs [plyzjœʀ] ◆ dét *(adj indéf pl)* several / *il y a eu plusieurs témoins* there were several witnesses / *en plusieurs endroits* in several places / *plusieurs fois, à plusieurs reprises* several times. ◆ pron indéf pl **1.** [désignant des personnes] several people ▸ **se mettre à plusieurs pour faire qqch** to do sthg as a group / *ils s'y sont mis à plusieurs* several people got together / *vous venez à plusieurs?* will there be several of you coming? / *nous serons plusieurs à la réunion* there will be several of us at the meeting / *plusieurs (d'entre eux) ont refusé* several of them refused / *plusieurs parmi les enfants avaient envie de rentrer* several of the children wanted to go back **2.** [reprenant le substantif] several / *il n'y a pas une seule solution mais plusieurs* there is no single solution, but several / *n'utilisez pas une seule couleur, mais plusieurs* don't use just one colour, but several / *il ne sera pas le seul intervenant, il y en aura plusieurs* he won't be the only contributor, there will be several of them.

plus-que-parfait [plyskəpaʀfɛ] nm pluperfect, past perfect.

plus-value [plyvaly] *(pl* **plus-values***)* nf **1.** [augmentation de la valeur] increase (in value), appreciation **2.** [excédent d'impôts] (tax) budget surplus **3.** [surcoût] surplus value **4.** [somme ajoutée au salaire] bonus.

plut v **1.** ⟶ **plaire 2.** ⟶ **pleuvoir.**

Plutarque [plytaʀk] npr Plutarch.

pluton [plytɔ̃] nm GÉOL pluton.

Pluton [plytɔ̃] npr ASTRON & MYTH Pluto.

plutonique [plytɔnik] adj plutonic.

plutonium [plytɔnjɔm] nm plutonium.

plutôt [plyto] adv **1.** [de préférence] rather ; [à la place] instead ▸ **plutôt mourir !** I'd rather die ! / *mets mon manteau plutôt, tu auras plus chaud* put my coat on instead, you'll be warmer / *n'y va pas en voiture, prends plutôt le train* don't go by car, take the train instead / *demande plutôt à un spécialiste* you'd better ask a specialist ▸ **plutôt que** rather than, instead of / *plutôt que de travailler, je vais aller faire des courses* I'm going to do some shopping instead of working / *plutôt mourir que de céder !* I'd rather die than give in ! **2.** [plus précisément] rather / *la situation n'est pas désespérée, disons plutôt qu'elle est délicate* the situation is not hopeless, let's say rather that it is delicate / *ce n'était pas une maison de campagne, mais plutôt un manoir* it wasn't a country house, it was more of a country manor / *elle a l'air sévère ou plutôt austère* she looks severe, or rather austere / *elle le méprise plutôt qu'elle ne le hait* sout she doesn't so much hate as despise him **3.** [assez, passablement] rather, quite / *il s'est montré plutôt aimable* he was rather nice, he behaved rather nicely / *elle est plutôt jolie* she's rather pretty / *sa vie est plutôt monotone* her life is rather dull / *comment va-t-il ? — plutôt bien* how is he ? — quite well / *c'est plutôt mieux que la dernière fois* it's rather better than last time **4.** [en intensif] : *il est plutôt collant, ce type !* fam that guy's a bit of a leech ! / *il est idiot, ce film ! — plutôt, oui !* it's stupid, this film ! — you can say that again ou you're telling me !

pluvial, e, aux [plyvjal, o] adj pluvial *spéc*, rainy.

pluvier [plyvje] nm plover ▸ **pluvier argenté / doré** grey / golden plover.

pluvieux, euse [plyvjø, øz] adj [temps, journée] rainy, wet ; [climat] wet, damp.

pluviomètre [plyvjɔmɛtʀ] nm pluviometer *spéc*, rain gauge.

pluviométrie [plyvjɔmetʀi] nf pluviometry.

pluviométrique [plyvjɔmetʀik] adj pluviometric.

pluviôse [plyvjoz] nm *fifth month of the French Revolutionary calendar (from January 20th, 21st or 22nd to February 18th, 19th or 20th).*

pluviosité [plyvjozite] nf (average) rainfall.

PLV, plv (abr de **publicité lieu de vente**) nf POS.

PM ◆ nf **1.** abr de **préparation militaire 2.** (abr de **police militaire**) MIL MP. ◆ nm abr de **pistolet mitrailleur.** ◆ abr écrite de **petit modèle.**

PMA ◆ nf abr de **procréation médicalement assistée.** ◆ nmpl (abr de **pays les moins avancés**) LDCs.

PME (abr de **petite et moyenne entreprise**) nf small business ▸ **les PME** small and medium-sized firms.

PMI nf **1.** (abr de **petite et moyenne industrie**) small industrial firm **2.** abr de **protection maternelle et infantile.**

PMO abr de **pièces et main-d'œuvre.**

PMR [peɛmɛʀ] (abr de **personne à mobilité réduite**) nf PRM.

PMU (abr de **Pari mutuel urbain**) npr m *French betting authority* ; ≃ tote UK ; ≃ pari-mutuel US.

PMU

These initials, often posted outside bars in France, indicate that there is a counter inside where bets on horse races can be placed.

PNB (abr de **produit national brut**) nm GNP.

pneu [pnø] nm **1.** AUTO tyre UK, tire US ▸ **pneu à carcasse biaise** ou **croisée** crossply tyre ▸ **pneu à carcasse radiale** radial (ply) tyre ▸ **pneu à chambre à air** tubetyre ▸ **pneu sans chambre à air** tubeless tyre ▸ **pneu clouté** spiked tyre ▸ **pneu neige** snow tyre **2.** *fam* [lettre] message *(sent through a compressed air tube system)*, pneumatic (dispatch).

pneumallergène [pnømalɛʀʒɛn] nm respiratory allergen.

pneumatique [pnømatik] ◆ adj **1.** [gonflable] inflatable, blow-up *(avant nom)* **2.** PHYS & RELIG pneumatic. ◆ nm **1.** AUTO tyre UK, tire US **2.** [lettre] message *(sent through a compressed air tube system)*, pneumatic (dispatch).

pneumocoque [pnømɔkɔk] nm pneumococcus.

pneumogastrique [pnømɔgastʀik] ◆ adj m pneumogastric, vagal. ◆ nm vagus nerve.

pneumologie [pnømɔlɔʒi] nf pneumology.

pneumologue [pnømɔlɔg] nmf pneumologist.

pneumonectomie [pnømɔnɛktɔmi] nf pneumectomy, pneumonectomy.

pneumonie [pnømɔni] nf pneumonia.

pneumonique [pnømɔnik] adj pneumonic.

pneumopathie [pnømɔpati] nf lung disease.

pneumopéritoine [pnømɔpeʀitwan] nm pneumoperitoneum.

pneumo-phtisiologue [pnømɔftizjɔlɔg] (*pl* **pneumo-phtisiologues**) nmf lung specialist.

pneumothorax [pnømɔtɔʀaks] nm pneumothorax.

PNUD, Pnud [pnyd] (abr de **Programme des Nations unies pour le développement**) npr m UNDP.

Pnue, PNUE [pny] (abr de **Programme des Nations unies pour l'environnement**) npr m UNEP.

PO (abr écrite de **petites ondes**) MW.

Pô [po] npr m ▸ **le Pô** the (River) Po.

pochade [pɔʃad] nf **1.** [peinture] (quick) sketch, thumbnail sketch **2.** [écrit] sketch.

pochard, e [pɔʃaʀ, aʀd] nm, f *fam* drunk.

poche [pɔʃ] ◆ nf **1.** VÊT pocket ; [d'un sac] pocket, pouch / *je n'ai même pas 5 euros en poche* I don't even have 5 euros on me ▸ **poche intérieure** inside (breast) pocket ▸ **poche plaquée** patch pocket ▸ **poche (de) poitrine** breast pocket ▸ **poche à rabat** flapped pocket ▸ **poche revolver** hip pocket ▸ **avoir les poches percées** to be a spendthrift / *j'ai les poches percées* money just burns a hole in my pockets ▸ **s'en mettre plein les** ou **se remplir les poches** *fam* to line one's pockets ▸ **faire les poches à qqn** to go through ou to rifle (through) sb's pockets ▸ **en être de sa poche** : *j'en ai été de ma poche* I was out of pocket ▸ **c'est dans la poche !** *fam* it's in the bag ! ▸ **mettre qqn dans sa poche** : *il a mis tout le monde dans sa poche* he twisted everyone round his little finger, he took everyone in ▸ **mettre qqch dans sa poche et son mouchoir par-dessus** *fam* : *mets ça dans ta poche et ton mouchoir par-dessus* keep it under your hat **2.** [boursouflure] bag / *avoir des poches sous les yeux* to have bags under one's eyes ▸ **faire des poches aux genoux / coudes** to go baggy at the knees / elbows **3.** [amas] pocket ▸ **poche d'air** air pocket ▸ **poche d'eau / de gaz** pocket of water / gas ▸ **poche de grisou** MIN pocket of firedamp **4.** MÉD sac ▸ **poche des eaux** (sac of) waters / *la poche des eaux s'est rompue* her waters broke ▸ **poche de pus** pus sac **5.** ZOOL [d'un kangourou] pouch ; [d'un poulpe] sac ; [d'un oiseau] crop ▸ **poche marsupiale** marsupium **6.** MIL ▸ **poche de résistance** pocket of resistance **7.** [contenant] ▸ **poche plastique** plastic bag ▸ **poche à douille** CULIN piping bag **8.** MÉTALL ▸ **poche de coulée** foundry ladle **9.** SUISSE [louche] ladle. ◆ nm [livre] paperback (book).

❖ **de poche** loc adj [collection, édition] pocket *(modif)* ; [cuirassé, théâtre] pocket *(modif)*, miniature *(avant nom)*.

❖ **en poche** loc adv **1.** [avec soi -argent] on me / you etc. ; [-diplôme] under one's belt / *elle est repartie, contrat en poche* she left with the contract signed and sealed **2.** [livre] in paperback / *il est sorti en poche* he's come out in paperback.

poché, e [pɔʃe] adj **1.** [œuf] poached **2.** [meurtri] ▸ **avoir un œil poché** to have a black eye.

pocher [3] [pɔʃe] ◆ vt **1.** CULIN [œuf, poisson] to poach **2.** [meurtrir] ▸ **pocher un œil à qqn** to give sb a black eye **3.** ART [peinture] to dash off *(sép)*. ◆ vi [vêtement] to go baggy.

pochetée [pɔʃte] nf *tfam* idiot, dumbo.

pochetron, onne, pochtron, onne [pɔʃtʀɔ̃, ɔn] nm, f *fam* drunkard.

pochette [pɔʃɛt] nf **1.** VÊT (breast) pocket handkerchief **2.** [sac -de femme] (small) handbag ; [-d'homme] clutch bag **3.** [sachet] wallet, envelope ▸ **pochette d'allumettes** book of matches **4.** [d'un disque] sleeve, cover, jacket US **5.** MUS [violon] kit *(violin)*.

pochette-surprise [pɔʃɛtsyʀpʀiz] (*pl* **pochettes-surprises**) nf lucky bag UK, surprise pack US / *tu l'as trouvé dans une pochette-surprise, ton permis de conduire ?* hum find your driving licence in a Christmas cracker, did you ?

pochoir [pɔʃwaʀ] nm **1.** [plaque évidée] stencil / *décor au pochoir* stencilled ornamentation **2.** TEXT printing block.

pochon [pɔʃɔ̃] nm **1.** [poche] belt pouch ; [sachet] (small) bag **2.** SUISSE [louche] ladle.

podagre [pɔdagʀ] *arch* ◆ adj gouty. ◆ nmf gout sufferer. ◆ nf gout.

podcast [pɔdkast] nm podcast.

podcaster [pɔdkaste] vt [une émission] to podcast.

podcasting [pɔdkastiŋ] nm podcasting.

podium [pɔdjɔm] nm **1.** [plate-forme] podium ▸ **monter sur le podium a)** SPORT to mount the podium **b)** [à la télévision, dans un jeu] to step onto the platform **2.** ARCHIT podium.

podologie [pɔdɔlɔʒi] nf chiropody, podiatry US.

podologue [pɔdɔlɔg] nmf chiropodist, podiatrist US.

podomètre [pɔdɔmɛtʀ] nm pedometer.

podzol [pɔdzɔl] nm podzol.

poêle [pwal] ◆ nm **1.** [chauffage] stove ; [en céramique] furnace ▸ **poêle à accumulation** storage heater ▸ **poêle à mazout** oil ou oil-fired stove **2.** [drap] pall. ◆ nf [ustensile] ▸ **poêle (à frire)** frying pan ▸ **poêle à marrons** pan *(with holes in the bottom)* for toasting chestnuts.

poêlé, e [pwale] adj pan-fried.

poêlée [pwale] nf **1.** [contenu d'une poêle] : *une poêlée de pommes de terre* a frying pan full of potatoes **2.** CULIN : *poêlée de champignons* panfried mushrooms.

poêler [3] [pwale] vt **1.** [frire] to fry **2.** [braiser] to braise *(in a shallow pan)*.

poêlon [pwalɔ̃] nm casserole.

poème [pɔɛm] nm **1.** LITTÉR poem / *un poème en prose* a prose poem ▸ **un poème en vers** a poem **2.** MUS ▸ **poème symphonique** symphonic ou tone poem **3.** *fam* EXPR **c'est (tout) un poème** : *ça a été un poème, pour venir de l'aéroport jusqu'ici !* what a to-do ou business getting here from the airport ! / *ta fille, c'est un poème !* your daughter's really something else !

poésie [pɔezi] nf **1.** [genre] poetry / *écrire de la poésie* to write poems ou poetry **2.** [poème] poem / *des poésies pour enfants* poems ou verse for children **3.** *litt* [charme] poetry / *la poésie du vieux Montmartre* the poetic charm of old Montmartre.

poète [pɔɛt] ◆ nm [auteur] poet ▸ **femme poète** (woman) poet ▸ **comme l'a dit le poète** in the words of the poet. ◆ adj [allure, air] poetic, of a poet / *il est poète à ses heures* he writes the occasional poem.

poétesse [pɔetɛs] nf poetess.

poétique [pɔetik] ◆ adj poetic, poetical. ◆ nf poetics *(U)*.

poétiquement [pɔetikmɑ̃] adv poetically.

poétisation [pɔetizasjɔ̃] nf *litt* poetization, poeticization.

poétiser [3] [pɔetize] vt to poetize, to poeticize.

pogne [pɔɲ] nf *tfam* hand, mitt.

pognon [pɔɲɔ̃] nm *fam* readies UK, dough US / *ils ont plein de pognon* they're rolling in it UK ou in dough US.

pogrom(e) [pɔgʀɔm] nm pogrom.

poids [pwa] nm **1.** PHYS weight / *son poids est de 52 kilos* she weighs 52 kilos / *faire attention à* ou *surveiller son poids* to watch one's weight ▸ **prendre / perdre du poids** to gain / to lose weight ▸ **reprendre du poids** to put weight back on ou on again ▸ **poids brut / net** gross / net weight ▸ **poids adhérent** RAIL adhesive weight ▸ **poids en charge** (fully) loaded weight ▸ **poids spécifique** unit weight ▸ **poids utile a)** AÉRON useful load **b)** ASTRONAUT payload ▸ **poids à vide** unladen weight, tare ▸ **faire bon poids** COMM to give good weight / *il y a un kilo de cerises bon poids* there's a little more than ou just over a kilo of cherries ▸ **faire le poids a)** COMM to make up the weight **b)** *fig* to hold one's own / *il ne fait pas le poids face aux spécialistes* he's no match for ou not in the same league as the experts / *j'ai peur de ne pas faire le poids* I'm afraid of being out of my depth ▸ **je suis tombé de tout mon poids sur le bras** I fell on my arm with all my weight **2.** [objet - gén, d'une horloge] weight / *avoir un poids sur l'estomac fig* to feel bloated / *ça m'a enlevé un poids* it's taken a weight off my mind ▸ **les poids et mesures** *fam* the weights and measures administration **3.** SPORT ▸ **poids et haltères** weightlifting ; [lancer] shot-putting, shot ; [instrument] shot ; BOXE [catégorie] ▸ **poids coq** bantamweight ▸ **poids léger** lightweight ▸ **poids lourd** heavyweight ▸ **poids mi-lourd** light heavyweight ▸ **poids mi-moyen** light middleweight ▸ **poids mouche** flyweight ▸ **poids moyen** middleweight ▸ **poids plume** featherweight / *c'est un poids plume, cette petite! fig* that little one weighs next to nothing! ; [aux courses] weight **4.** [importance] influence, weight / *son avis a du poids auprès du reste du groupe* her opinion carries weight with the rest of the group / *donner du poids à un argument* to lend weight to an argument.

❖ **au poids** loc adv [vendre] by weight.

❖ **au poids de** loc prép by the weight of / *au poids de l'or* by the weight of gold.

❖ **de poids** loc adj [alibi, argument] weighty / *un homme de poids* an influential man.

❖ **sous le poids de** loc prép **1.** [sous la masse de] under the weight of **2.** *fig* under the burden of / *écrasé sous le poids des responsabilités* weighed down by responsibilities.

❖ **poids lourd** nm **1.** TRANSP heavy (goods) vehicle ou lorry UK ou truck US **2.** ⟶ **poids.**

❖ **poids mort** nm MÉCAN & *fig* dead weight.

poignait v ⟶ **poindre.**

poignant, e [pwaɲɑ̃, ɑ̃t] adj heartrending, poignant / *le souvenir poignant de leur dernière rencontre* the poignant memory of the last time they met ▸ **de façon poignante** poignantly.

poignard [pwaɲaʀ] nm dagger ▸ **coup de poignard** stab / *recevoir un coup de poignard* to get stabbed / *un coup de poignard dans le dos fig* a stab in the back.

poignarder [3] [pwaɲaʀde] vt to stab, to knife ▸ **poignarder qqn dans le dos** *pr & fig* to stab sb in the back / *se faire poignarder* to be knifed ou stabbed / *c'est comme si on me poignardait* [douleur, angoisse] it feels as if I were being stabbed.

poigne [pwaɲ] nf grip ▸ **avoir de la poigne a)** *pr* to have a strong grip **b)** *fig* to rule with a firm hand.

❖ **à poigne** loc adj firm, authoritarian, iron-handed.

poignée [pwaɲe] nf **1.** [contenu] handful, fistful / *une poignée de riz* a handful of rice **2.** [petit nombre] handful / *une poignée de manifestants* a handful of demonstrators **3.** [pour saisir - gén] handle ; [- un sabre] hilt ; [- une épée] handle / *poignée d'un tiroir / d'une valise* drawer / suitcase handle / *poignée de porte* door handle / *c'est la poignée qui a lâché* the handle broke ▸ **poignées d'amour** love handles.

❖ **à poignées** loc adv **1.** [en quantité] : *prendre des bonbons à poignées* to take handfuls of sweets **2.** [avec prodigalité] hand over fist / *dépenser l'argent à poignées* to spend money hand over fist.

❖ **par poignées** loc adv in handfuls / *je perds mes cheveux par poignées* my hair's coming out in handfuls.

❖ **poignée de main** nf handshake / *distribuer des poignées de main à la foule* to shake hands with people in the crowd ▸ **donner une poignée de main à qqn** to shake hands with sb, to shake sb's hand.

poignet [pwaɲɛ] nm **1.** ANAT wrist **2.** VÊT cuff ; [bande de tissu] wristband.

poil [pwal] nm **1.** ANAT hair / *le lavabo était plein de poils* the washbasin was full of hairs / *avoir le poil dur / dru* [barbe] to have a rough beard ▸ **je n'ai plus un poil de sec a)** *fam* [mouillé] I'm soaked through **b)** [en sueur] I'm sweating like a pig **c)** [mort de peur] I'm in a cold sweat / *il n'a plus un poil sur le caillou fam* he's bald as a coot UK ou an egg ▸ **poil pubien** pubic hair ▸ **avoir un poil dans la main** *fam* to be bone-idle / *elle a vraiment un poil dans la main* she never does a stroke of work ▸ **avoir du poil au menton** to have grown up / *même pas encore de poil au menton et monsieur se permet d'avoir un avis!* hardly a hair on his lip and he thinks he can have an opinion! ▸ **être de bon / mauvais poil** *fam* to be in a good / foul mood ▸ **reprendre du poil de la bête a)** *fam* [guérir] to perk up again **b)** [reprendre des forces] to regain some strength for a fresh onslaught ▸ **tomber sur le poil à qqn** *fam* to go for ou to lay into sb / *d'un seul coup, elle m'est tombée sur le poil* she came down on me like a ton of bricks **2.** *fam* [infime quantité] ▸ **un poil de** : *il n'a pas un poil d'intégrité* he doesn't have one ounce ou a shred of integrity / *il n'y a pas un poil de vrai dans ce qu'il dit* there's not an ounce of truth in what he says / *à un poil près, il était tué* he missed being killed by a hair's breadth, he came within an inch of his life / *manquer son train d'un poil* ou *à un poil près* to miss one's train by a hair's breadth ou a whisker **3.** [pelage - long] hair, coat ; [- court] coat / *il a le poil luisant* his coat is shiny ▸ **chien à poil ras / long** smooth-haired / long-haired dog ▸ **manteau en poil de chameau** camel-hair coat ▸ **en poils de sanglier** made of bristle **4.** [d'une brosse] bristle ; [d'un pinceau] hair, bristle ; [d'un tapis] pile ; [d'un pull angora] down **5.** BOT hair ▸ **poils absorbants** root hairs ▸ **poil à gratter** itching powder.

❖ **à poil** *fam* ◆ loc adj stark naked, starkers. ◆ loc adv starkers UK, in the altogether / *se mettre à poil* to strip (off) / *aller se baigner à poil* to go skinny-dipping / *à poil, à poil!* [huées] get'em off!

❖ **au poil** *fam* ◆ loc adj terrific, great / *il est au poil, ton copain!* your friend's terrific! / *tu peux venir samedi, au poil!* you can come on Saturday, great! ◆ loc adv terrifically / *ils avaient tout préparé au poil* they'd done everything to a T.

❖ **au quart de poil, au petit poil** loc adv *fam* perfectly / *ça a marché au quart de poil* it's all gone exactly according to plan.

❖ **de tout poil** loc adj *fam & hum* of all kinds / *voleurs et escrocs de tout poil* all manner of thieves and crooks.

poilant, e [pwalɑ̃, ɑ̃t] adj *fam* hilarious, side-splitting.

poil de carotte [pwaldəkaʀɔt] adj inv [cheveux] red ; [enfant] red-haired / *être poil de carotte* to be red-haired, to have carroty-red hair.

❖ **Poil de carotte** npr LITTÉR *the red-headed boy in Jules Renard's novel of the same name, which recounts an unhappy childhood.*

poiler [3] [pwale] ❖ **se poiler** vpi *fam* [rire] to laugh fit to burst ; [s'amuser] to have a ball.

poilu, e [pwaly] adj hairy.

❖ **poilu** nm HIST poilu / *les poilus de 14* ou *de 1914* (French) soldiers in the 1914-1918 war.

poinçon [pwɛ̃sɔ̃] nm **1.** JOAILL [marque] hallmark / *marquer une bague au poinçon* to hallmark a ring **2.** [de brodeuse, de couturière] bodkin ; [de graveur] stylus ; [de sculpteur] chisel **3.** IMPR (matrice) punch **4.** MÉTALL die, stamp **5.** MENUIS point, awl **6.** [pièce de charpente] king post UK, joggle post US.

poinçonnage [pwɛ̃sɔnaʒ], **poinçonnement** [pwɛ̃sɔnmɑ̃] nm **1.** [d'un ticket] punching **2.** JOAILL hallmarking **3.** MÉTALL stamping, diestamping **4.** IMPR drive, strike.

poinçonner [3] [pwɛ̃sɔne] vt **1.** [ticket] to punch **2.** JOAILL to hallmark **3.** MÉTALL to stamp.

poinçonneur, euse [pwɛ̃sɔnœʀ, øz] nm, f **1.** [employé] ticket puncher **2.** MÉTALL punching machine operator.

❖ **poinçonneuse** nf [machine] punching machine.

poindre [82] [pwɛ̃dʀ] *litt* ◆ vi **1.** [lumière] to break / *dès que le jour poindra* as soon as dawn breaks, at daybreak **2.** [mouvement, idée] : *alors je vis poindre un sourire sur son visage* then I saw the beginnings of a smile on her face / *une idée commençait à poindre dans son esprit* an idea was growing in his mind. ◆ vt **1.** [tourmenter] to stab *fig* / *ce souvenir le poignait parfois* the memory would stab him painfully from time to time **2.** [stimuler] to prick, to spur on *(sép)* / *le désir de vérité et de justice ne cessait de la poindre* she was forever spurred on by the desire for truth and justice.

poing [pwɛ̃] nm fist / *le poing levé* with one's fist raised / *lever le poing* to raise one's fist / *les poings sur les hanches* with arms akimbo / *donner du poing sur la table* to bang one's fist on ou to thump the table ▸ **mettre son poing dans la figure à qqn** *fam* to punch ou to smack sb in the face / *tu veux (prendre) mon poing dans la gueule? tfam* fancy a knuckle sandwich ou a bunch of fives UK, do you? ▸ **revolvers / armes au poing** : *ils sont entrés, revolvers / armes au poing* they came in, guns / arms at the ready ▸ **gros comme le poing** (as) big as your fist.

poinsettia [pwɛ̃sɛtja] nm BOT poinsettia.

point[1] [pwɛ̃] v ⟶ **poindre.**

point[2] [pwɛ̃] nm **1.** [marque] point, dot, spot ; [sur un dé, un domino] pip, spot / *un corsage à petits points bleus* a blouse with blue polka dots / *elle a des petits points blancs dans la gorge* she's got small white spots in her throat / *je t'ai fait un point sur la carte pour indiquer où c'est* I put a dot on the map to show you where it is / *la voiture n'était plus qu'un point à l'horizon* the car was now no more than a speck on the horizon ▸ **point lumineux** spot ou point of light ▸ **point de rouille** speck ou spot of rust **2.** [petite quantité] spot, dab, blob / *un point de soudure* a spot ou blob of solder / *mets-y un point de colle* put a dab of glue on it **3.** [symbole graphique - en fin de phrase] full stop UK, period US ; [- sur un i ou un j] dot ; [- en morse, en musique] dot ; MATH point / *deux points, trois traits* two dots three dashes / *a point b* a point b ▸ **point d'exclamation** exclamation mark ou US point ▸ **point d'interrogation** *pr & fig* question mark ▸ **point typographique** point ▸ **points de conduite** (dot) leaders ▸ **points de suspension** ellipsis, suspension points US ▸ **point final** full stop UK, period US / *j'ai dit non, point final* ou *un point c'est tout! fig* I said no and that's that ou that's final ou there's an end to it! / *mettre un point final à une discussion* to terminate a discussion, to bring a discussion to an end ▸ **point barre!** *fam* and that 's final!, period! US / *je ne te laisserai pas y aller, point barre!* you're not going and that's final!, you're not going, period! US ▸ **point, à la ligne!** *pr* new paragraph! / *il a fait une bêtise, point à la ligne! fig* he did something stupid, let's leave it at that! **4.** AÉRON & NAUT [position] position / *donner / recevoir le point* to give / to be given one's position / *porter le point sur la carte* to mark one's position on the map ▸ **point estimé / observé** estimated / observed position ▸ **point fixe** run-up ▸ **faire le point a)** NAUT to take a bearing, to plot one's position **b)** *fig* to take stock (of the situation) / *à 40 ans, on s'arrête et on fait le point* when you reach 40, you stand back and take stock of your life / *on fera le point vendredi* we'll get together on Friday and see how things are progressing / *et maintenant, le point sur la circulation* and now, the latest traffic news / *nous ferons le point sur les matches à Wimbledon à 11 h* we'll bring you a round-up of play at Wimbledon at 11 o'clock **5.** GÉOM point / *le point B* point B / *par deux points distincts ne passe qu'une seule droite* only one line passes through two distinct points / *point commun à deux lignes* crossing point of two lines ▸ **point d'intersection** / **de tangence** intersection / tangential point ▸ **point double** double point **6.** [endroit] point, spot, place / *en plusieurs points de la planète* in different places ou spots on the planet ▸ **point aveugle** ANAT blind spot ▸ **point de contrôle** checkpoint ▸ **point de convergence** focus point ▸ **point névralgique a)** MÉD nerve centre **b)** *fig* sensitive spot ▸ **point de rencontre** meeting point ▸ **point de vente** retail outlet ▸ **points lacrymaux** puncta lacrimalia **7.** [douleur] twinge, sharp pain ; MÉD pressure point / *j'ai un point au poumon* I can feel a twinge (of pain) in my chest ▸ **point de côté** stitch **8.** [moment, stade] point, stage / *à ce point de la discussion* at this point in the discussion / *à ce point de nos recherches* at this point ou stage in our research / *nous nous retrouvons au même point qu'avant* we're back to where we started / *les pourparlers en sont toujours au même point* the negotiations haven't got any further **9.** [degré] point ▸ **porter qqch à son plus haut point** to carry sthg to extremes / *si tu savais à quel point je te méprise !* if you only knew how much I despise you ! / *il est radin, mais à un point !* *fam* you wouldn't believe how tightfisted he is ! ▸ **point de fusion** / **liquéfaction** melting / liquefaction point ▸ **point de saturation** *pr & fig* saturation point **10.** [élément - d'un texte, d'une théorie] point ; [- d'un raisonnement] point, item ; [- d'une description] feature, trait / *il reste quelques points obscurs dans votre thèse* a few points in your thesis still need clarifying / *le second point à l'ordre du jour* the second item on the agenda / *un programme social en trois points* a three-point social programme / *voici un point d'histoire que je souhaiterais éclaircir* I'd like to make clear what happened at that particular point in history / *c'est au moins un point d'acquis* we all agree on at least one point ▸ **point d'entente** / **de désaccord** point of agreement / of disagreement ▸ **point commun** common feature / *nous n'avons aucun point commun* we have nothing in common ▸ **un point de droit** DR a point of law **11.** [unité de valeur - dans un sondage, à la Bourse] point ; [- de retraite] unit ; [- du salaire de base] (grading) point ; ENS mark UK point ; JEUX & SPORT point / *sa cote de popularité a gagné / perdu trois points* his popularity rating has gone up / down by three points / *il me manquait 12 points pour avoir l'examen* I was 12 marks short of passing the exam / *une faute d'orthographe, c'est 4 points de moins* 4 marks are taken off for each spelling mistake / *la dame rapporte 6 points* the Queen's worth 6 points ▸ **avoir plus de points que qqn** to outpoint sb, to have more points than sb / *battu aux points* BOXE beaten on points / *elle est à deux points du set* she's two points from winning the set / *faire le point* [le gagner] to win the point ▸ **bon point a)** ÉDUC [image] *cardboard card or picture given to schoolchildren as a reward* **b)** [appréciation] mark *(for good behaviour)* / *un bon point pour toi !* *fig & hum* good on UK ou for you !, you get a brownie point ! ▸ **mauvais point** ÉDUC black mark *(against sb's name)* / *un mauvais point pour toi !* *fig & hum* go to the back of the class ! ▸ **points d'annonce** points in hand ▸ **marquer un point** *pr & fig* to score a point ▸ **rendre des points à qqn** to be way above sb **12.** ASTRON ▸ **point gamma** ou **vernal** First Point of Aries, vernal equinox **13.** COUT ▸ **faire un point à** to put a stitch ou a few stitches in / *bâtir à grands points* to tack / *coudre à grands points* to sew using a long stitch ▸ **point de couture** / **crochet** / **tricot** sewing / crochet / knitting stitch ▸ **point arrière** backstitch ▸ **point de devant** front stitch ▸ **point de jersey** stocking stitch ▸ **point mousse** garter stitch ▸ **point de riz** moss stitch ▸ **petit point** : *tapisserie au petit point* petit point tapestry / *c'est un travail au petit point* *fig* it's a highly demanding piece of work **14.** INFORM [unité graphique] dot ; [emplacement] ▸ **point d'accès** / **de retour** entry / reentry point ▸ **point de branchement** branch-point ▸ **point de sonde** probing-point **15.** TÉLÉC dot **16.** ART & JOAILL point.

✣ **Point** npr PRESSE ▸ **le Point** *weekly news magazine.*

✣ **à ce point, à un tel point** loc adv [tellement] so, that / *ton travail est dur à ce point ?* is your job so (very) ou that hard ? / *comment peux-tu être maladroit / paresseux à un tel point ?* how can you be so clumsy / lazy ? / *j'en ai tellement assez que je vais démissionner — à ce point ?* I'm so fed up that I'm going to resign — that bad, is it ?

✣ **à ce point que, à (un) tel point que** loc conj so much so that, to such a point that / *il faisait très chaud, à tel point que plusieurs personnes se sont évanouies* it was very hot, so much so that several people fainted / *les choses en étaient arrivées à un tel point que...* things had reached such a pitch that... / *elle est déprimée, à ce point qu'elle ne veut plus voir personne* she's so depressed that she won't see anyone anymore.

✣ **à point** ◆ loc adj [steak] medium ; [rôti] done to a turn ; [fromage] ripe, just right ; [poire] just ou nicely ripe / *ton bonhomme est à point, tu n'as plus qu'à enregistrer ses aveux* *fam & fig* your man's nice and ready now, all you've got to do is get the confession down on tape. ◆ loc adv **1.** CULIN : *le gâteau est cuit à point* the cake is cooked (through) **2.** [au bon moment] ▸ **tomber à point a)** [personne] to come (just) at the right time **b)** [arrivée, décision] to be very timely.

✣ **à point nommé** loc adv ▸ **faire qqch à point nommé** to do sthg (just) at the right time ou on time ▸ **arriver à point nommé** to arrive (just) at the right moment ou when needed, to arrive in the nick of time.

✣ **au plus haut point** loc adv [énervé, généreux, irrespectueux] extremely, most ; [méfiant] highly, extremely / *je le respecte au plus haut point* I have the utmost respect for him / *je le déteste au plus haut point* I can't tell you how much I hate him, I absolutely loathe him / *elle m'inquiète au plus haut point* I'm really worried about her.

✣ **au point** ◆ loc adj PHOT in focus ; [moteur] tuned ; [machine] in perfect running order ; [technique] perfected ; [discours, plaidoyer] finalized ; [spectacle, artiste] ready / *ton revers n'est pas encore au point* your backhand isn't good enough ou up to scratch yet ▸ **le son** / **l'image n'est pas au point** the sound / the image isn't right / *quand ma technique sera au point* when I've perfected my technique / *mes élèves sont maintenant au point pour l'examen* my students are now ready for the exam / *mon texte n'est pas encore au point* I haven't finished my text yet. ◆ loc adv ▸ **mettre au point a)** [texte à imprimer] to edit **b)** [discours, projet, rapport] to finalize, to put the finishing touches to **c)** [spectacle] to perfect **d)** [moteur] to tune **e)** [appareil photo] to (bring into) focus **f)** [affaire] to settle, to finalize / *mettre les choses au point* to put ou set the record straight / *mettons les choses au point : je refuse de travailler le dimanche* let's get this ou things straight : I refuse to work Sundays / *après cette discussion, j'ai tenu à mettre les choses au point* following that discussion, I insisted on putting ou setting the record straight / *tu devrais mettre les choses au point avec lui* you should sort things out between you.

✣ **au point de** loc prép : *méticuleux au point d'en être agaçant* meticulous to the point of being exasperating / *il n'est pas stupide au point de le leur répéter* he's not so stupid as to tell them.

✣ **au point du jour** loc adv *litt* at dawn ou daybreak.

✣ **au point où** loc conj : *nous sommes arrivés au point où...* we've reached the point ou stage where... / *au point où j'en suis, autant que je continue* having got this far, I might as well carry on / *au point où en sont les choses* as things stand, the way things are (now).

✣ **au point que** loc conj so much that, so... that / *il était très effrayé, au point qu'il a essayé de se sauver* he was so frightened that he tried to run away / *ils maltraitaient leur enfant, au point qu'on a dû le leur retirer* they mistreated their child so much that he had to be taken away from them.

✣ **de point en point** loc adv point by point, punctiliously, to the letter / *le programme a été exécuté de point en point* the programme was followed point by point.

✣ **point par point** loc adv point by point.

✣ **sur le point de** loc prép ▸ **être sur le point de faire qqch** to be about to do ou on the point of doing ou on the verge of doing sthg / *j'étais sur le point de partir* I was about to ou going to leave / *sur le point de pleurer* on the verge of tears ou of crying.

✣ **point d'ancrage** nm **1.** AUTO seat-belt anchorage **2.** *fig* cornerstone.

✣ **point d'appui** nm **1.** [d'un levier] fulcrum **2.** MIL strongpoint **3.** *fig* [soutien] support.

✣ **point de chute** nm **1.** ARM point of impact **2.** *fig* : *j'ai un point de chute à Milan* I have somewhere to stay in Milan.

✣ **point culminant** nm ASTRON zenith ; GÉOGR peak, summit, highest point, *fig* acme, apex / *quel est le point culminant des Alpes ?* what is the highest point ou peak in the Alps ? / *les investissements sont à leur point culminant* investment has reached a peak.

✣ **point de départ** nm starting point / *nous voilà revenus au point de départ* *pr & fig* now we're back where we started.

✣ **point faible** nm weak spot / *son point faible, c'est sa susceptibilité* his touchiness is his weak spot ou point.

✣ **point fort** nm [d'une personne, d'une entreprise] strong point ; [d'un joueur de tennis] best shot / *les coups francs / les pénalités ne sont pas son point fort* he's not very good at free kicks / penalties / *les maths n'ont jamais été mon point fort* I was never any good at maths, maths was never my strong point.

✣ **point mort** nm **1.** AUTO neutral ▸ **au point mort a)** AUTO in neutral **b)** *fig* at a standstill **2.** FIN breakeven ▸ **point mort d'exploitation** operating breakeven.

✣ **point noir** nm **1.** MÉD blackhead **2.** [difficulté] difficulty, headache *fig* ▸ **un point noir de la circulation a)** [encombré] a heavily congested area **b)** [dangereux] an accident blackspot.

✣ **point sensible** nm **1.** [endroit douloureux] tender ou sore spot **2.** MIL key ou strategic target **3.** *fig* ▸ **toucher un point sensible a)** [chez qqn] to touch on a sore spot **b)** [dans un problème] to touch on a sensitive area.

point[3] [pwɛ̃] adv *litt* **1.** [en corrélation avec 'ne'] : *je ne l'ai point encore vu* I haven't seen him yet ▸ **point n'est besoin de** there's no need to / *point n'était besoin de partir de si bonne heure* there was no need ou it was unnecessary to leave so early **2.** [employé seul] : *du vin il y en avait, mais de champagne point* there was wine, but no champagne ou not a drop of champagne / *il eut beau chercher, point de John* he searched in vain, John was nowhere to be found / *point de démocratie sans liberté de critiquer* (there can be) no democracy without the freedom to criticize **3.** [en réponse négative] : *point du tout !* not at all !, not in the least ! / *cela vous dérange ? — point du tout !* do you mind ? — not in the least !

pointage [pwɛ̃taʒ] nm **1.** [d'une liste, d'un texte] ticking off *(U)*, checking *(U)*, marking *(U)* **2.** [d'un fusil] aiming, laying **3.** [des ouvriers - à l'arrivée] clocking in ; [- à la sortie] clocking out **4.** TECHNOL tack welding.

point de vue [pwɛ̃dvy] *(pl* **points de vue***)* nm **1.** [panorama] vista, view / *là-haut, le point de vue est magnifique* the view from up there is magnificent **2.** [opinion] point of view, standpoint / *quel est ton point de vue ?* what is your opinion ?, where do you stand on this ? / *du point de vue des prix, du point de vue prix* pricewise, as far as prices are concerned / *de ce point de vue, il n'a pas tort* from that point of view ou viewed in this light, he's right / *adopter un point de vue différent* to view things from a different angle.

pointe [pwɛ̃t] nf **1.** [extrémité - gén] point, pointed end, tip ; [- d'un cheveu] tip / *la pointe du sein* the nipple / *mets-toi sur la pointe des pieds* stand on tiptoe ou on the tips of your toes / *elle traversa la pièce / monta l'escalier sur la pointe des pieds* she tiptoed across the room / up the stairs / *allons jusqu'à la pointe de l'île* let's go to the farthest point of the island ▸ **pointe d'asperge** asparagus tip ▸ **pointe feutre** fibre tip **2.** SPORT spike **3.** VÊT headscarf *(folded so as to form a triangle)* **4.** MIL [avancée] advanced party ▸ **faire** ou **pousser une pointe jusqu'au village suivant** *fig* to push ou to press on as far as the next village **5.** [accès] peak, burst ▸ **pointe (de vitesse)** burst of speed / *faire une pointe à plus de 200 km/h* to put on a burst of speed of over 200 km/h **6.** *sout* [moquerie] barb, taunt ; [mot d'esprit] witticism ▸ **lancer des pointes à qqn** to taunt sb **7.** [petite quantité - d'ail] hint ; [- d'ironie, de jalousie] trace, hint, note / *il a une pointe d'accent* he's got a slight accent / *il n'a pas une pointe d'accent* he hasn't got the slightest trace of an accent **8.** ACOUST ▸ **pointe de lecture** stylus **9.** ART ▸ **pointe sèche** dry point ▸ **compas à pointes sèches** (pair of) dividers **10.** ÉLECTR surge ▸ **pouvoir des pointes** point effect **11.** INDUST [d'un tour] (lathe) centre ; [d'une machine-outil] cone **12.** [clou] nail, sprig, brad **13.** PÊCHE point.

❖ **pointes** nfpl DANSE points ▸ **faire des pointes** to dance on points.

❖ **à la pointe de** loc prép to the forefront of / *à la pointe du combat* pr & fig in the front line of battle / *à la pointe de l'actualité* right up to date / *à la pointe du progrès* in the vanguard (of progress).

❖ **à la pointe du jour** loc adv *litt* at daybreak ou dawn, at break of day *litt*.

❖ **de pointe** loc adj **1.** [puissance, période] peak *(avant nom)* ▸ **heure de pointe** rush hour ▸ **vitesse de pointe** maximum ou top speed **2.** [secteur, industrie] key *(avant nom)*, leading, growth *(modif)* ▸ **technologie de pointe** leading-edge technology.

❖ **en pointe** ◆ loc adj [menton] pointed ; [décolleté] plunging. ◆ loc adv **1.** [en forme de pointe] to a point / *s'avancer en pointe* to taper (to a point) ▸ **tailler en pointe a)** [barbe] to shape to a point **b)** [diamant] to cut to a point **2.** [à grande vitesse] at top speed / *je fais plus de 200 en pointe* fam I can do 200 plus top whack UK, I can do over 200.

pointé, e [pwɛ̃te] adj MUS dotted.

pointeau, x [pwɛ̃to] nm **1.** [d'un carburateur] needle **2.** [pour trouer] punch **3.** [pour régler une ouverture] nozzle valve **4.** [surveillant] timekeeper.

pointer¹, pointeur* [pwɛ̃tœʀ] nm [chien] pointer.

pointer² [3] [pwɛ̃te] ◆ vt **1.** [dresser] ▸ **l'animal pointa les oreilles** the animal pricked up its ears ; [montrer] : *pointer son nez* ou *sa tête quelque part* fig to show one's face somewhere **2.** [diriger -arme] to aim ; [-doigt] to point / *pointer son fusil vers le plafond* to aim one's rifle at the ceiling **3.** [à la pétanque] ▸ **pointer une boule** to make a draw shot **4.** [marquer -liste] to check (off), to tick off *(sép)* / *pointer la liste des participants* to check ou to tick off the list of participants **5.** [contrôler -à l'arrivée] to check in *(sép)* ; [-à la sortie] to check out *(sép)*. ◆ vi **1.** [monter en pointe -jeune pousse] to come up ou through ▸ **pointer vers le ciel** [arbre, oiseau] to rise (up) towards ou toward US the sky **2.** [faire saillie] to stick ou to jut out, to protrude **3.** [apparaître -aube, jour] to be dawning ; [-jalousie, remords] to be breaking ou seeping through / *j'ai vu une lueur d'effroi pointer dans son regard* I saw fear flashing in his eyes **4.** [à la pétanque] to draw (the jack) **5.** [ouvrier -arrivant] to clock in ; [-sortant] to clock out.

❖ **se pointer** vpi *fam* to show (up), to turn up / *il s'est pas pointé* he never showed / *alors, tu te pointes?* are you coming or aren't you?

pointeur¹, euse [pwɛ̃tœʀ, øz] nm, f **1.** [surveillant] timekeeper **2.** [à la pétanque] drawer (of the jack).

❖ **pointeur** nm INFORM & MIL pointer.

❖ **pointeuse** nf **1.** [machine-outil] jig borer **2.** [horloge] time clock.

pointeur*² [pwɛ̃tœʀ] nm = **pointer.**

pointillage [pwɛ̃tijaʒ] nm **1.** [d'une surface] stippling **2.** [d'une ligne] marking out with dots, dotting.

pointillé [pwɛ̃tije] nm **1.** [trait] dotted line / *découper suivant le pointillé* cut along the dotted line **2.** [coloration] stipple, stippling.

❖ **en pointillé** ◆ loc adj : *les frontières sont en pointillé sur la carte* the frontiers are drawn as dotted lines on the map. ◆ loc adv *fig* in outline / *une solution lui apparaissait en pointillé* he was beginning to see the outline of a solution.

pointiller [3] [pwɛ̃tije] ◆ vt [surface] to stipple ; [ligne] to dot, to mark with dots. ◆ vi to draw in stipple.

pointilleux, euse [pwɛ̃tijø, øz] adj [personne] fussy, fastidious ; [commentaire] nitpicking / *il est très pointilleux sur l'horaire* he's very particular about ou he's a stickler for time-keeping.

pointillisme [pwɛ̃tijism] nm [style] pointillism ; [mouvement] Pointillism.

pointilliste [pwɛ̃tijist] adj & nmf pointillist.

pointu, e [pwɛ̃ty] adj **1.** [effilé] sharp, pointed **2.** [perspicace -esprit] sharp, astute ; [-étude] in-depth, astute / *une lecture pointue de l'œuvre* an astute ou in-depth interpretation of the work / *elle avait un esprit très pointu* her mind was razor-sharp **3.** [revêche -air, caractère] querulous, petulant **4.** [aigu -voix, ton] shrill, sharp / *il avait une voix pointue* he had a shrill voice ▸ **un accent pointu** [parisien] a clipped Parisian accent **5.** [spécialisé -formation, marché] (very) narrowly-specialized, narrowly-targeted **6.** [aux courses] ▸ **arrivée pointue** bunched finish.

❖ **pointu** adv ▸ **parler pointu** to talk in a clipped (Parisian) way.

pointure [pwɛ̃tyʀ] nf **1.** [de chaussures] size / *quelle est ta pointure?* what size do you take? **2.** *fam & fig* : *une grande pointure de la boxe* a big name in boxing.

point-virgule [pwɛ̃viʀgyl] (*pl* **points-virgules**) nm semicolon.

poire [pwaʀ] ◆ nf **1.** [fruit] pear ▸ **nous en avons parlé entre la poire et le fromage** we talked idly about it at the end of the meal ▸ **en forme de poire** pear-shaped ▸ **poire conférence** conference pear ▸ **poire Williams** Williams pear **2.** [alcool] pear brandy **3.** [objet en forme de poire] ▸ **poire en caoutchouc** rubber syringe ▸ **poire électrique** (pear-shaped) switch ▸ **poire à injections** douche ▸ **poire à lavement** enema ▸ **poire à poudre** powder horn ou flask **4.** *tfam* [visage] mug ▸ **prendre qqch en pleine poire** to get smacked in the face ou between the eyes with sthg / *il s'est pris le ballon / la remarque en pleine poire* the ball / remark hit him right between the eyes **5.** *fam* [imbécile] sucker, mug, dope ▸ **une bonne poire** a real mug **6.** JOAILL pear, pear-shaped jewel **7.** [morceau de viande] *pear-shaped end of the round of beef*. ◆ adj *fam* : *ce que tu peux être poire!* you're such a sucker!

❖ **en poire** loc adj [sein, perle] pear-shaped.

❖ **poire d'angoisse** nf **1.** HIST (iron) gag **2.** *fig & litt* awful obligation to say nothing.

poiré [pwaʀe] nm perry.

poireau, x [pwaʀo] nm leek ▸ **faire le poireau** *fam* to be hanging around, to be kicking ou cooling one's heels.

poireauter [3] [pwaʀote] vi *fam* to be cooling ou kicking one's heels, to hang around ▸ **faire poireauter qqn** to keep sb hanging around.

poirée [pwaʀe] nf BOT Swiss chard.

poirier [pwaʀje] nm **1.** BOT pear tree **2.** MENUIS pear, pearwood **3.** SPORT ▸ **faire le poirier** to do a headstand.

pois [pwa] nm **1.** BOT & CULIN pea ▸ **pois cassé** split pea **2.** [motif] dot, spot / *tissu blanc à pois rouges* white material with red spots / *un corsage à pois blancs* a blouse with white polka dots.

❖ **pois chiche** nm chickpea.

❖ **pois de senteur** nm sweet pea.

poison [pwazɔ̃] ◆ nm **1.** [substance] poison / *ils avaient mis du poison dans son café* they had poisoned his coffee **2.** *fam* [corvée] drag, hassle **3.** *litt* [vice] poison / *le poison de l'oisiveté* the poison of idleness. ◆ nmf [enfant, personne insupportable] pest.

poissard, e [pwasaʀ, aʀd] adj *vieilli & péj* [faubourien] coarse, common, vulgar.

❖ **poissarde** nf *vieilli & péj* fishwife.

poisse [pwas] nf *fam* bad ou rotten luck / *quelle poisse!* what rotten luck! ▸ **avoir la poisse** to be really unlucky.

poisser [3] [pwase] vt **1.** [rendre poisseux] to make sticky **2.** *tfam* [attraper] to nail, to nab / *se faire poisser* to get nailed **3.** [enduire de poix] to (cover with) pitch.

poisseux, euse [pwasø, øz] adj sticky.

poisson [pwasɔ̃] nm **1.** ZOOL fish / *attraper du poisson* to catch fish ▸ **poisson d'eau douce** freshwater fish ▸ **poissons osseux** bony fish ▸ **les poissons plats** flatfish ▸ **poisson rouge** goldfish ▸ **poisson volant** flying fish ▸ **être comme un poisson dans l'eau** to be in one's element ▸ **être heureux comme un poisson dans l'eau** to be as happy as a sandboy UK ou as a clam US ou as a lark ▸ **engueuler qqn comme du poisson pourri** *tfam* to scream at sb ▸ **petit poisson deviendra grand** *prov* tall oaks from little acorns grow *prov* **2.** CULIN fish / *en entrée, nous avons du poisson* we have fish ou a fish dish as a starter.

❖ **poisson d'avril** nm **1.** [farce] April fool ▸ **poisson d'avril!** April fool! **2.** [papier découpé] *cut-out paper fish placed on someone's back as a prank on April 1st.*

poisson-chat [pwasɔ̃ʃa] (*pl* **poissons-chats**) nm catfish.

poisson-clown [pwasɔ̃klun] (*pl* **poissons-clowns**) nm clownfish.

poisson-épée [pwasɔ̃epe] (*pl* **poissons-épées**) nm swordfish.

poisson-globe [pwasɔ̃glɔb] (*pl* **poissons-globes**) nm ZOOL globefish.

poisson-lune [pwasɔ̃lyn] (*pl* **poissons-lunes**) nm moonfish.

poissonnerie [pwasɔnʀi] nf **1.** [magasin] fishmonger's UK ou (fresh) fish shop ; [au marché] fish stall **2.** [industrie] fish industry.

poissonneux, euse [pwasɔnø, øz] adj full of fish / *des eaux poissonneuses* waters rich in fish.

poissonnier, ère [pwasɔnje, ɛʀ] nm, f [personne] fishmonger UK, fish merchant US.

❖ **poissonnière** nf [ustensile] fish-kettle.

poisson-perroquet [pwasɔ̃pɛʀɔkɛ] (*pl* **poissons-perroquets**) nm parrotfish.

poisson-pilote [pwasɔ̃pilɔt] (*pl* **poissons-pilotes**) nm pilot fish.

Poissons [pwasɔ̃] npr mpl **1.** ASTRON Pisces **2.** ASTROL Pisces / *elle est Poissons* she's Pisces.

poisson-scie [pwasɔ̃si] (*pl* **poissons-scies**) nm sawfish.

poitevin, e [pwatvɛ̃, in] adj **1.** [du Poitou] from Poitou **2.** [de Poitiers] from Poitiers.

❖ **Poitevin, e** nm, f **1.** [du Poitou] *inhabitant of or person from Poitou* **2.** [de Poitiers] *inhabitant of or person from Poitiers.*

Poitiers [pwatje] npr Poitiers.

Poitou [pwatu] npr m ▸ **le Poitou** Poitou.

Poitou-Charentes [pwatuʃaʀɑ̃t] npr m Poitou-Charentes.

 **Poitou-Charentes**

This administrative region includes the **départements** of Charente, Charente-Maritime, Deux-Sèvres and Vienne (capital: Poitiers).

poitrail [pwatʀaj] nm **1.** ZOOL breast **2.** [partie de harnais] breastplate **3.** *hum* chest.

poitrinaire [pwatʀinɛʀ] adj & nmf *vieilli* phtisic *vieilli*, consumptive.

poitrine [pwatʀin] nf **1.** [thorax] chest ; [seins] bust, chest / *elle a une poitrine opulente* she's got a big bust / *avoir de la poitrine* to have a big bust / *elle n'a pas beaucoup de poitrine* she's flat-chested **2.** [poumons] chest, lungs / *être fragile de la poitrine* to have weak lungs ou a weak chest **3.** CULIN ▸ **poitrine de bœuf** beef brisket, brisket of beef ▸ **poitrine fumée** ≃ smoked bacon ▸ **poitrine de porc** belly (of) pork ▸ **poitrine salée** ≃ salt belly pork UK ; ≃ salt pork US ▸ **poitrine de veau** breast of veal.

poivrade [pwavʀad] nf [sauce] pepper sauce.

❖ **à la poivrade** loc adj CULIN with a peppery vinaigrette sauce.

poivre [pwavʀ] nm ▸ **poivre noir** ou **gris** (black) pepper ▸ **poivre blanc** white pepper ▸ **poivre de Cayenne** Cayenne (pepper) ▸ **poivre en grains** peppercorns, whole pepper ▸ **poivre moulu** ground pepper ▸ **poivre du Sechuan** Sechuan pepper.

* In reformed spelling (see p. 16-19).

✧ **poivre et sel** loc adj inv pepper-and-salt / *cheveux / barbe poivre et sel* pepper-and-salt hair / beard.

poivré, e [pwavre] adj **1.** CULIN peppery **2.** [parfum] peppery, spicy **3.** [chanson, histoire] spicy, racy.

poivrer [3] [pwavre] vt CULIN to pepper / *tu devrais poivrer un peu plus ta sauce* you should put a little more pepper in your sauce.

✧ **se poivrer** vpi *tfam* to get plastered.

poivrier [pwavrije] nm **1.** BOT pepper plant **2.** [ustensile] pepper pot UK, pepper shaker US.

poivrière [pwavrijɛr] nf **1.** ARCHIT pepper box (fortification) **2.** [ustensile] pepper pot **3.** [plantation] pepper plantation.

poivron [pwavrɔ̃] nm sweet pepper, capsicum ▸ **poivron vert / jaune / rouge** green / yellow / red pepper.

poivrot, e [pwavro, ɔt] nm, f *fam* drunkard.

poix [pwa] nf pitch.

poker [pɔkɛr] nm JEUX poker ▸ **jouer au poker** to play poker ▸ **faire un poker** ou **une partie de poker** to have a game of poker ▸ **poker d'as a)** [dés] poker dice **b)** [cartes] four aces.

polaire [pɔlɛr] ◆ adj MATH, SCI & TECHNOL polar. ◆ nf **1.** PHYS polar curve **2.** MATH polar axis.

Polaire [pɔlɛr] npr f ▸ **la Polaire** Polaris, the Pole Star, the North Star.

polar [pɔlar] nm *fam* [livre, film] thriller, whodunnit, detective.

polard, e [pɔlar, ard] *fam* ◆ adj : *être complètement polard* to be a total swot UK or grind US. ◆ nm, f swot UK, grind US.

polarimétrie [pɔlarimetri] nf polarimetry.

polarisable [pɔlarizabl] adj polarizable.

polarisation [pɔlarizasjɔ̃] nf **1.** SCI polarization **2.** *sout* [de l'intérêt, des activités] focusing, concentrating.

polarisé, e [pɔlarize] adj **1.** [personne] obsessed / *il est complètement polarisé sur sa carrière* he's completely obsessed with his career **2.** OPT polarized.

polariser [3] [pɔlarize] vt **1.** SCI to polarize **2.** [attention, énergie, ressources] to focus / *il a polarisé l'attention de l'auditoire* he made the audience sit up and listen **3.** [faire se concentrer] ▸ **polariser qqn sur** to make sb concentrate (exclusively) on / *le programme polarise trop les élèves sur les mathématiques* the syllabus forces the students to concentrate too much on mathematics.

✧ **se polariser** vpi **1.** SCI to polarize **2.** [se concentrer] ▸ **se polariser sur qqch** to focus on sthg / *il s'est trop polarisé sur sa carrière* he was too wrapped up in his career / *être polarisé sur ses ennuis personnels / ses études* to be obsessed by one's personal problems / one's studies ▸ **être polarisé sur un seul aspect de qqch** to focus on a single aspect of sthg.

polariseur [pɔlarizœr] nm polarizer.

polarité [pɔlarite] nf polarity.

polarographie [pɔlarɔgrafi] nf polarography.

Polaroid® [pɔlarɔid] nm **1.** [appareil] Polaroid® (camera) **2.** [photo] Polaroid® (picture).

polder [pɔldɛr] nm polder.

poldérisation [pɔlderizasjɔ̃] nf reclamation (of land from the sea).

pôle [pol] nm **1.** SCI, GÉOGR & MATH pole ▸ **le pôle Nord / Sud** the North / South Pole ▸ **le pôle Nord / Sud magnétique** the magnetic North / South pole / *Toulouse est devenue le pôle (d'attraction) économique de la région* Toulouse has become the focus ou hub of economic development in the region **2.** [extrême] pole / *le gouvernement a réussi à concilier les deux pôles de l'opinion sur cette question* the government managed to reconcile the two poles of opinion on this subject **3.** ÉCON ▸ **pôle de compétitivité** business cluster ▸ **pôle de conversion** special economic zone ▸ **pôle de développement** development hub ▸ **le Pôle emploi** *the body that combines the functions of the former **ASSEDIC** (unemployment benefit office) and **ANPE** (employment office)* **4.** ÉLECTR pole ▸ **pôle saillant** salient pole **5.** ANAT pole *(of an organ).*

polémique [pɔlemik] ◆ adj **1.** [article] polemic, polemical, provocative ; [attitude] polemic, polemical, embattled **2.** [journaliste, écrivain] provocative. ◆ nf polemic, controversy.

polémiquer [3] [pɔlemike] vi to be polemical / *sans vouloir polémiquer, je pense que...* I don't want to be controversial, but I think that...

polémiste [pɔlemist] nmf polemist, polemicist.

polémologie [pɔlemɔlɔʒi] nf polemology *spéc,* war studies.

polémologue [pɔlemɔlɔg] nmf polemologist *spéc,* war studies expert.

polémoniacée [pɔlemɔnjase] nf member of the Polemoniaceae.

polenta [pɔlɛnta] nf polenta.

pole position [polpozisjɔ̃] (*pl* **pole positions**) nf pole position.

poli, e [pɔli] adj **1.** [bien élevé] polite, courteous, well-bred / *ce n'est pas poli de répondre!* it's rude to answer back! / *vous pourriez être poli!* keep a civil tongue in your head! / *il est trop poli pour être honnête* he's too sweet to be wholesome **2.** [pierre] smooth ; [métal] polished ; [marbre] glassed.

✧ **poli** nm [éclat] shine, sheen / *la table a un beau poli* the table has a nice shiny finish ou a high polish ou a rich sheen.

police [pɔlis] nf **1.** [institution] police ▸ **la police est alertée** ou **prévenue** the police have been called ▸ **entrer dans la police** to join the police, to go into the police force ▸ **toutes les polices d'Europe** police all over Europe / *je vais à la police* *fam* I'm going to the police ▸ **police administrative** law enforcement ▸ **police de l'air et des frontières** airport and border police ▸ **police judiciaire** *plain-clothes police force responsible for criminal investigation and arrests* ; ≃ CID UK ; ≃ FBI US ▸ **police militaire** Military Police ▸ **police mondaine** ou **des mœurs** Vice Squad ▸ **police municipale** ≃ local police ▸ **la Police nationale** the police force *(excluding "gendarmes")* ▸ **police parallèle** paramilitary police ▸ **police de proximité** community police ▸ **police secours** (police) emergency services ▸ **police secrète** secret police ▸ **police technique et scientifique** *branch of the French police specialising in forensics* ▸ **la police des polices** *fam* ≃ police complaints committee **2.** [maintien de l'ordre] (enforcement of) law and order / *faire la police dans les centres commerciaux* to maintain security in shopping centres / *il n'a jamais voulu faire la police chez lui* he never tried to keep his family in order **3.** IMPR ▸ **police (de caractères)** bill (of fount) **4.** DR ▸ **police d'assurance** insurance policy.

✧ **de police** loc adj police *(modif).*

> Attention, en anglais, police est un nom collectif et le verbe qui lui est associé doit toujours être au pluriel :
>
> **La police passe le quartier au peigne fin à la recherche d'indices.** *The police are combing the area searching for clues.*

policé, e [pɔlise] adj *litt* highly civilized, urbane.

polichinelle [pɔliʃinɛl] nm **1.** [pantin] (Punch) puppet **2.** *fam* [personne] puppet *péj,* clown, buffoon / *arrête de faire le polichinelle* stop clowning around ▸ **avoir un polichinelle dans le tiroir** *tfam* to have a bun in the oven.

Polichinelle [pɔliʃinɛl] npr [aux marionnettes] Punchinello ; [à la commedia dell'arte] Pulcinella / *aller voir Polichinelle* to go to a Punch-and-Judy show.

policier, ère [pɔlisje, ɛr] ◆ adj **1.** [de la police] police *(modif)* **2.** [roman, film] detective *(modif).* ◆ nm, f [agent] policeman, police officer / *une policière* a policewoman, a woman police officer ▸ **policier en civil** detective / *plusieurs policiers sont entrés dans l'immeuble* several police officers went into the building.

✧ **policier** nm [livre] detective story ; [film] detective thriller.

policlinique [pɔliklinik] nf outpatient clinic.

policologie [pɔlikɔlɔʒi] nf police procedure.

poliment [pɔlimɑ̃] adv politely / *il s'effaça poliment pour la laisser passer* he politely stepped aside to let her pass.

polio [pɔljo] ◆ nmf polio victim. ◆ nf polio / *avoir la polio* to have polio.

poliomyélite [pɔljɔmjelit] nf poliomyelitis.

poliomyélitique [pɔljɔmjelitik] ◆ adj suffering from polio. ◆ nmf polio victim.

polir [32] [pɔlir] vt **1.** [métal] to polish (up), to burnish ; [meuble] to polish ; [chaussures] to polish, to clean, to shine ; [ongles] to buff **2.** *sout* [parfaire] to polish, to refine / *polir ses phrases* to polish one's sentences.

polissable [pɔlisabl] adj [métal] polishable, burnishable.

polissage [pɔlisaʒ] nm **1.** [d'un meuble] polishing ; [des ongles] buffing **2.** MÉTALL polishing, burnishing ▸ **polissage électrolytique** electrolytic polishing, electropolishing.

polisseur, euse [pɔlisœr, øz] nm, f polisher.

✧ **polisseur** nm [de riz] rice-polishing machine.

✧ **polisseuse** nf **1.** [pour la pierre] glassing ou polishing machine **2.** MÉTALL polishing head ou stick.

polissoir [pɔliswar] nm [machine] polishing machine ; [outil] polishing stick ▸ **polissoir à ongles** (nail) buffer.

polisson, onne [pɔlisɔ̃, ɔn] ◆ adj **1.** [taquin] mischievous, cheeky **2.** [égrillard] saucy, naughty / *une chanson polissonne* a racy ou saucy song. ◆ nm, f [espiègle] little devil ou rogue ou scamp.

polissonner [3] [pɔlisɔne] vi *vieilli* **1.** [badiner] to fool around **2.** [faire des sottises] to get up to mischief.

polissonnerie [pɔlisɔnri] nf **1.** [facétie] piece of mischief **2.** [parole grivoise] risqué ou saucy remark / *dire des polissonneries* to make risqué remarks **3.** [acte grivois] : *des polissonneries* naughty goings-on.

poliste [pɔlist] nm paper wasp.

politesse [pɔlitɛs] nf **1.** [bonne éducation] politeness, courteousness ▸ **faire / dire qqch par politesse** to do / to say sthg out of politeness ▸ **brûler la politesse à qqn** to leave sb abruptly **2.** [propos] polite remark ▸ **échanger des politesses a)** *pr* to exchange polite small-talk **b)** *iron* to trade insults **3.** [acte] polite gesture ▸ **rendre la politesse à qqn a)** *pr* to pay sb back for a favour **b)** *iron* to give sb a taste of his / her own medicine.

✧ **de politesse** loc adj [lettre, visite] courtesy *(modif).*

politicaillerie [pɔlitikajri] nf *fam & péj* backroom politics.

politicard, e [pɔlitikar, ard] *fam & péj* ◆ adj careerist. ◆ nm, f careerist politician.

politicien, enne [pɔlitisjɛ̃, ɛn] ◆ adj **1.** [d'habile politique] political / *une manœuvre politicienne* a successful political move **2.** *péj* scheming. ◆ nm, f politician.

politicologie [pɔlitikɔlɔʒi] = **politologie.**

politicologue [pɔlitikɔlɔg] = **politologue.**

politique [pɔlitik] ◆ adj **1.** [du pouvoir de l'État - institution, carte] political **2.** [de la vie publique] political / *quelles sont ses opinions politiques?* what are his politics? ▸ **une carrière politique** a career in politics / *dans les milieux politiques* in political circles ▸ **homme politique, femme politique** politician ▸ **les partis politiques** the political parties **3.** [diplomate] diplomatic, politic *sout* / *ce n'était pas très politique de le licencier* it wasn't a very wise move to fire him. ◆ nf **1.** [activité] politics / *faire de la politique* to be involved in politics / *je ne fais pas de politique!* [je refuse de prendre parti] I don't want to bring politics into this!, no politics please! / *elle se destine à la politique* she wants to go into politics ▸ **la politique politicienne** *péj* party politics **2.** [stratégie] policy ▸ **politique intérieure / extérieure** domestic / foreign policy / *une politique de gauche* a left-wing policy / *une politique des prix* a prices policy ▸ **c'est de bonne politique a)** POL it's good political practice **b)** *fig* it's good practice ▸ **la politique agricole commune** the common agricultural policy ▸ **pratiquer la politique de l'autruche** to bury one's head in the sand ▸ **la politique du pire** *deliberately worsening the situation to further one's ends.* ◆ nmf **1.** [politicien] politician **2.** [prisonnier] political prisoner. ◆ nm politics / *faire passer le politique avant le social* to accord more importance to politics than to welfare.

> **politics** ou **policy ?**
>
> **Politics** se réfère à la politique au sens de l'art de gouverner, tandis que **a policy** est une politique au sens d'une stratégie ou d'un ensemble de mesures.

politique-fiction [pɔlitikfiksjɔ̃] (*pl* **politiques-fictions**) nf futuristic political fiction / *un roman de politique-fiction* a futuristic political novel.

politiquement [pɔlitikmɑ̃] adv **1.** POL politically **2.** [adroitement] judiciously, diplomatically.

politisation [pɔlitizasjɔ̃] nf politicization / *la politisation du sport* the politicization of sport, bringing politics into sport.

politiser [3] [pɔlitize] vt to politicize / *ils sont moins / plus politisés* they are less / more interested in politics / *politiser une grève* to give a political dimension to a strike.

❖ **se politiser** vpi to become political.

politologie [pɔlitɔlɔʒi] nf political science.

politologue [pɔlitɔlɔg] nmf political scientist.

poljé [pɔlje] nm polje.

polka [pɔlka] nf polka.

pollen [pɔlɛn] nm pollen.

pollinique [pɔlinik] adj pollinic.

pollinisation [pɔlinizasjɔ̃] nf pollination ▸ **féconder par pollinisation** to cross-pollinate.

polliniser [pɔlinize] vt to pollinate.

polluant, e [pɔlɥɑ̃, ɑ̃t] adj polluting.

❖ **polluant** nm polluting agent, pollutant.

polluer [7] [pɔlɥe] vt **1.** ÉCOL to pollute **2.** *sout* [souiller] to pollute, to sully / *la presse à scandale pollue toute la profession* the gutter press is a disgrace to the whole profession.

pollueur, euse [pɔlɥœʀ, øz] ◆ adj [industrie] polluting. ◆ nm, f polluter / *les pollueurs devront payer les dégâts* the polluters will have to pay for the damage.

pollution [pɔlysjɔ̃] nf ÉCOL pollution ▸ **pollution lumineuse** light pollution.

❖ **pollutions** nfpl MÉD ▸ **pollutions nocturnes** nocturnal emissions, wet dreams.

polo [pɔlo] nm **1.** SPORT polo **2.** VÊT polo shirt.

polochon [pɔlɔʃɔ̃] nm *fam* bolster.

Pologne [pɔlɔɲ] npr f ▸ **(la) Pologne** Poland.

polonais, e [pɔlɔnɛ, ɛz] adj Polish ▸ **notation polonaise** INFORM Polish notation.

❖ **Polonais, e** nm, f Pole.

❖ **polonais** nm LING Polish.

❖ **polonaise** nf **1.** MUS [danse] polonaise **2.** CULIN polonaise *(brioche layered with candied fruit and covered with meringue)* **3.** VÊT polonaise.

❖ **à la polonaise** loc adj CULIN à la polonaise.

polonium [pɔlɔnjɔm] nm polonium.

poltron, onne [pɔltʀɔ̃, ɔn] ◆ adj cowardly, faint-hearted, lily-livered. ◆ nm, f coward, poltroon *litt.*

poltronnerie [pɔltʀɔnʀi] nf cowardice, faint-heartedness.

polyacide [pɔliasid] adj & nm polyacid.

polyaddition [pɔliadisjɔ̃] nf polyaddition.

polyalcool [pɔlialkɔl] nm polyalcohol.

polyamide [pɔliamid] nm polyamide.

polyandre [pɔljɑ̃dʀ] adj polyandrous.

polyandrie [pɔliɑ̃dʀi] nf polyandry.

polyarchie [pɔliaʀʃi] nf polyarchy.

polyarthrite [pɔliaʀtʀit] nf polyarthritis.

polyatomique [pɔliatɔmik] adj polyatomic.

polycarpique [pɔlikaʀpik] adj polycarpous.

polycentrique [pɔlisɑ̃tʀik] adj polycentric.

polycentrisme [pɔlisɑ̃tʀism] nm polycentrism.

polychlorure de vinyle [pɔliklɔʀyʀdəvinil] nm polyvinyl chloride.

polychroïsme [pɔlikʀɔism] nm pleochroism.

polychrome [pɔlikʀom] adj polychrome.

polychromie [pɔlikʀɔmi] nf polychromy.

polyclinique [pɔliklinik] nf polyclinic.

polycondensat [pɔlikɔ̃dɑ̃sa] nm polycondensate, condensation polymer.

polycondensation [pɔlikɔ̃dɑ̃sasjɔ̃] nf polycondensation, condensation polymerization.

polycopie [pɔlikɔpi] nf duplication / *envoyer un texte à la polycopie* to send a text to be duplicated.

polycopié [pɔlikɔpje] nm [gén] (duplicated) notes ; UNIV lecture handout.

polycopier [9] [pɔlikɔpje] vt to duplicate.

polyculture [pɔlikyltyʀ] nf polyculture, mixed farming.

polycyclique [pɔlisiklik] adj BIOL & CHIM polycyclic.

polydactyle [pɔlidaktil] ◆ adj polydactyl, polydactylous. ◆ nmf polydactyl.

polydactylie [pɔlidaktili] nf polydactyly, polydactylism.

polyèdre [pɔliɛdʀ] ◆ adj polyhedral. ◆ nm polyhedron.

polyédrique [pɔliedʀik] adj polyhedral.

polyembryonie [pɔliɑ̃bʀijɔni] nf polyembryony.

polyester [pɔliɛstɛʀ] nm polyester.

polyéthylène [pɔlietilɛn] nm polythene, polyethylene US.

polygala [pɔligala] nm polygala.

polygame [pɔligam] ◆ adj polygamous. ◆ nm polygamist.

polygamie [pɔligami] nf polygamy.

polygénique [pɔliʒenik] adj **1.** BIOL polygenic **2.** GÉOL polygenetic.

polygénisme [pɔliʒenism] nm polygenism.

polyglobulie [pɔliglɔbyli] nf polycythaemia.

polyglotte [pɔliglɔt] adj & nmf polyglot.

polygonal, e, aux [pɔlygɔnal, o] adj polygonal ▸ **sol polygonal arctique** GÉOL patterned ground.

polygone [pɔligɔn] nm **1.** MATH polygon **2.** MIL ▸ **polygone de tir** shooting range **3.** [dans des statistiques] ▸ **polygone des fréquences** frequency polygon.

polygynie [pɔliʒini] nf polygyny.

polyholoside [pɔliɔlɔsid] nm polysaccharide.

polyinsaturé, e [pɔliɛ̃satyʀe] adj polyunsaturated.

polylobé, e [pɔlilɔbe] adj ARCHIT multifoiled.

polymère [pɔlimɛʀ] ◆ adj polymeric. ◆ nm polymer.

polymérie [pɔlimeʀi] nf polymerism.

polymérisable [pɔlimeʀizabl] adj polymerizable.

polymérisation [pɔlimeʀizasjɔ̃] nf polymerization.

polymériser [3] [pɔlimeʀize] vt to polymerise.

polymorphe [pɔlimɔʀf] adj **1.** [gén & BIOL] polymorphous, polymorphic **2.** CHIM polymorphic.

polymorphisme [pɔlimɔʀfism] nm polymorphism.

Polynésie [pɔlinezi] npr f ▸ **(la) Polynésie** Polynesia ▸ **(la) Polynésie française** French Polynesia.

polynésien, enne [pɔlinezjɛ̃, ɛn] adj Polynesian.

❖ **Polynésien, enne** nm, f Polynesian.

❖ **polynésien** nm LING Polynesian.

polynévrite [pɔlinevʀit] nf polyneuritis.

polynôme [pɔlinom] nm polynomial.

polynomial, e, aux [pɔlinɔmjal, o] adj polynomial.

polynucléaire [pɔlinykleɛʀ] ◆ adj polynuclear, polynucleate. ◆ nm polymorphonuclear leucocyte.

polype [pɔlip] nm **1.** MÉD polyp, polypus **2.** ZOOL polyp.

polypeptide [pɔlipɛptid] nm polypeptide.

polypeptidique [pɔlipɛptidik] adj polypeptide *(modif).*

polypeux, euse [pɔlipø, øz] adj polypous.

polyphasé, e [pɔlifaze] adj polyphase.

polyphonie [pɔlifɔni] nf polyphony.

polyphonique [pɔlifɔnik] adj polyphonic.

polyphoniste [pɔlifɔnist] nmf polyphonist.

polypier [pɔlipje] nm polypary.

polypode [pɔlipɔd] nm BOT polypody.

polypore [pɔlipɔʀ] nm polypore ▸ **polypore écailleux** dryad's saddle.

polypropène [pɔlipʀɔpɛn], **polypropylène** [pɔlipʀɔpilɛn] nm polypropylene.

polypropylène [pɔlipʀɔpilɛn] nm polypropylene.

polyptère [pɔliptɛʀ] nm polypterid.

polyptyque [pɔliptik] nm polyptych.

polysaccharide, polysaccaride* [pɔlisakaʀid] nm polysaccharide.

polysémie [pɔlisemi] nf polysemy.

polysémique [pɔlisemik] adj polysemous.

polystyrène [pɔlistiʀɛn] nm polystyrene ▸ **polystyrène expansé** expanded polystyrene.

polysulfure [pɔlisylfyʀ] nm polysulphide.

polysyllabe [pɔlisilab], **polysyllabique** [pɔlisilabik] ◆ adj polysyllabic. ◆ nm polysyllable.

polysynthétique [pɔlisɛ̃tetik] adj polysynthetic.

polytechnicien, enne [pɔlitɛknisjɛ̃, ɛn] nm, f *student or ex-student from the École polytechnique.*

polytechnique [pɔlitɛknik] adj **1.** [polyvalent] polytechnic **2.** ENS polytechnic ▸ **l'École polytechnique** *grande école for engineers.*

> 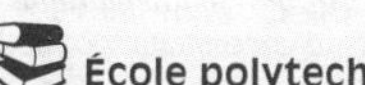
> **École polytechnique**
>
> Founded in 1794, this prestigious engineering college has close connections with the Ministry of Defence. Formerly situated in the heart of the fifth arrondissement, the college moved to Palaiseau, near Paris, in the 1970s. It is popularly known as **l'X**. Students are effectively enlisted in the army and must repay their education through government service.

polythéisme [pɔliteism] nm polytheism.

polythéiste [pɔliteist] ◆ adj polytheistic. ◆ nmf polytheist.

polytonal, e, aux [pɔlitɔnal, o] adj polytonal.

polytonalité [pɔlitɔnalite] nf polytonality, polytonalism.

polytransfusé, e [pɔlitʀɑ̃sfyze] nm, f *person who has received multiple blood transfusions.*

polytraumatisé, e [pɔlitʀomatize] ◆ adj suffering from multiple trauma. ◆ nm, f multiple trauma sufferer.

polytraumatisme [pɔlitʀomatism] nm multiple trauma.

polyuréthane [pɔliyʀetan] nm polyurethan, polyurethane.

polyvalence [pɔlivalɑ̃s] nf [gén] versatility, adaptability ; SCI polyvalence.

* In reformed spelling (see p. 16-19).

polyvalent, e [pɔlivalɑ̃, ɑ̃t] ◆ adj [gén] versatile, adaptable ; SCI polyvalent. ◆ nm, f **1.** FIN & DR tax inspector **2.** [dans les services sociaux] social worker.
❖ **polyvalente** nf QUÉBEC *secondary school giving both general and vocational courses.*

polyvinyle [pɔlivinil] nm polyvinyl.

polyvinylique [pɔlivinilik] adj polyvinyl *(modif).*

pomelo [pɔmelo] nm pomelo, pink grapefruit.

Poméranie [pɔmerani] npr f ▸ **(la) Poméranie** Pomerania.

poméranien, enne [pɔmeranjɛ̃, ɛn] adj Pomeranian.
❖ **Poméranien, enne** nm, f Pomeranian.

pomerol [pɔmrɔl] nm Pomerol (wine).

pommade [pɔmad] nf **1.** MÉD [pour brûlures] ointment ; [pour foulures] liniment ; *vieilli* [cosmétique] cream ▸ **pommade pour les lèvres** lip salve ▸ **passer de la pommade à qqn** *fam* to butter sb up **2.** CULIN cream, paste *(made from pounding various ingredients together).*

pommader [3] [pɔmade] vt [cheveux] to put cream on, to pomade.

pommard [pɔmar] nm Pommard (wine).

pomme [pɔm] nf **1.** [fruit] apple ▸ **pomme d'api** *variety of small, sweet apple* ▸ **pomme à cidre** cider apple ▸ **pomme à couteau** dessert ou eating apple ▸ **pomme de reinette** pippin ▸ **la pomme de discorde** the bone of contention ▸ **tomber dans les pommes** *fam & fig* to pass out **2.** [légume] potato ▸ **pommes allumettes** *(very thin)* fries ▸ **pommes dauphine / duchesse** dauphine / duchesse potatoes ▸ **pommes frites** chips UK, French fries US ▸ **pommes noisettes** deep-fried potato balls **3.** [cœur -du chou, de la salade] heart **4.** *tfam* [figure] face, mug / *t'en fais une drôle de pomme!* you're looking funny ou weird! **5.** *tfam* [personne] ▸ **ma pomme** myself ▸ **ta pomme** yourself ▸ **sa pomme** himself, herself / *et l'addition, c'est encore pour ma pomme!* and muggins UK ou yours truly has to fork out again! / *et les papiers à remplir, ce sera pour sa pomme!* and he can damn well cope with the paperwork himself! ▸ **être bonne pomme** to be a mug UK ou a sucker / *t'es trop bonne pomme!* you're such a soft touch ou a pushover! **6.** [objet rond] ▸ **pomme d'une canne** knob of a (walking) stick ▸ **pomme d'arrosoir** rose *(of a watering can)* ▸ **pomme de douche** shower head.
❖ **aux pommes** loc adj **1.** CULIN apple *(modif)*, with apple **2.** *tfam* [extraordinaire] terrific, great.
❖ **pomme d'Adam** nf Adam's apple.
❖ **pomme d'amour** nf **1.** [tomate] tomato **2.** [friandise] toffee apple.
❖ **pomme de pin** nf pine ou fir cone.

pommé, e [pɔme] adj [salade, chou] hearty, firm.

pommeau, x [pɔmo] nm [d'une canne] knob, pommel ; [d'une selle, d'une épée] pommel ; [d'un fût de pistolet] pommel, cascabel.

pomme de terre [pɔmdətɛr] *(pl* **pommes de terre***)* nf potato / *des pommes de terre frites* chips UK, French fries US.

pommelé, e [pɔmle] adj **1.** [cheval] dappled ▸ **gris pommelé** dapple grey UK ou gray US **2.** [ciel] mackerel *(modif)*, dappled.

pommeler [24] [pɔmle] ❖ **se pommeler** vpi : *le ciel se pommelait* the sky was becoming dappled with clouds.

✎ In reformed spelling (see p. 16-19), this verb is conjugated like *peler*: *il se pommèle, elle se pommèlera.*

pommelle [pɔmɛl] nf drain grating ou cover.

pommer [3] [pɔme] vi [chou, laitue] to heart.

pommeraie [pɔmrɛ] nf apple orchard.

pommette [pɔmɛt] nf cheekbone.

pommier [pɔmje] nm **1.** BOT apple tree **2.** MENUIS apple wood.

pomologie [pɔmɔlɔʒi] nf pomology.

pompage [pɔ̃paʒ] nm pumping (out).

pompe [pɔ̃p] nf **1.** [machine] pump / *va prendre de l'eau à la pompe* go and get some water from the pump ▸ **pompe à air / chaleur** air / heat pump ▸ **pompe centrifuge / volumétrique** centrifuge / displacement pump ▸ **pompe à vide / d'injection** vacuum / injection pump ▸ **pompe aspirante** suction pump ▸ **pompe à bicyclette** ou **à vélo** bicycle pump ▸ **pompe à essence a)** [distributeur] petrol pump UK, gas pump US **b)** [station] petrol UK ou gas US station / *s'arrêter à une pompe (à essence)* to stop at a petrol UK ou gas US station / *les prix à la pompe* pump prices ▸ **pompe foulante** force pump ▸ **pompe à incendie** water pump *(on a fire engine)* **2.** *tfam* [chaussure] shoe ▸ **être** ou **marcher à côté de ses pompes** to be in another world ▸ **il est à côté de ses pompes aujourd'hui** he's not quite with it today **3.** PHYSIOL ▸ **pompe membranaire** (membrane) pump **4.** [apparat] pomp / *la pompe des mariages princiers* the pomp (and circumstance) of royal weddings ▸ **en grande pompe** with great pomp and ceremony.
❖ **pompes** nfpl SPORT press-ups UK, push-ups US.
❖ **à toute(s) pompe(s)** loc adv *fam* [courir] flat out ; [s'enfuir] like a shot / *il est parti à toutes pompes* he was off like a shot!
❖ **pompes funèbres** nfpl ▸ **(entreprise de) pompes funèbres** undertaker's *(sg)*, funeral director's *(sg)* UK, mortician's *(sg)* US / *les pompes funèbres sont venues à 9 h* the undertakers came at 9 o'clock.

pompé, e [pɔ̃pe] adj *fam* fagged out UK, pooped US / *je suis pompé!* I've had it!, I'm just about ready to drop!

Pompée [pɔ̃pe] npr Pompey.

Pompéi [pɔ̃pei] npr Pompeii.

pompéien, enne [pɔ̃pejɛ̃, ɛn] adj Pompeiian, Pompeian.
❖ **Pompéien, enne** nm, f Pompeiian, Pompeian.

pomper [3] [pɔ̃pe] ◆ vt **1.** [aspirer -pour évacuer] to pump (out) ; [-pour boire] to suck (up) / *il va falloir pomper l'eau du bateau* we'll have to pump the water out of the boat ▸ **pomper l'air à qqn** *fam* : *tu me pompes l'air* you're being a real pain in the neck **2.** [absorber -suj: éponge] to soak up *(sép)* ; [-suj: sol] to soak ou to drink up *(sép)* **3.** *fam* [utiliser -économies, réserves] to take up *(insép)*, to eat up *fig* / *notre voyage aux Seychelles a pompé toutes nos économies* our trip to the Seychelles just ate up all our savings ; [prendre] / *il se fait pomper tout son argent par son ex-femme* his ex-wife spends all his money **4.** *fam* [fatiguer] to wear out *(sép)*, to do in *(sép)* / *ce déménagement m'a pompé* that move's done me in **5.** *tfam* [boire] to knock back *(sép)* **6.** *arg scol* [copier] to crib / *il a tout pompé sur sa voisine* he cribbed the lot from his neighbour. ◆ vi **1.** [appuyer] to pump / *pomper sur la pédale du frein* to pump the brake pedal **2.** *arg scol* [copier] to crib / *j'ai pompé sur Anne* I cribbed from Anne **3.** PÊCHE to pump.

pompette [pɔ̃pɛt] adj *fam* tipsy, tiddly / *elle était complètement / un peu pompette* she was far gone / a bit tipsy.

pompeusement [pɔ̃pøzmɑ̃] adv pompously, bombastically.

pompeux, euse [pɔ̃pø, øz] adj pompous, bombastic.

pompier, ère [pɔ̃pje, ɛr] adj ART pompier ; *péj* [style, décor] pretentious, pompous ▸ **art pompier** *official paintings of the second half of the 19th century, today often considered grandiloquent and over- conventional (eg certain paintings by Gérôme and Meissonier).*
❖ **pompier** nm **1.** [sapeur] fireman ▸ **les pompiers** the fire brigade **2.** [style] pompier (style) **3.** [artiste] pompier **4.** EXPR ▸ **faire un pompier à qqn** *vulg* to give sb a blow job.

pompiérisme [pɔ̃pjerism] nm pompier style ou genre.

pompiste [pɔ̃pist] nm petrol pump attendant UK, gas station attendant US.

pompon [pɔ̃pɔ̃] nm **1.** TEXT & VÊT pompom **2.** *fam* EXPR ▸ **tenir le pompon** : *dans le genre désagréable, il tient le pompon!* when it comes to unpleasantness, he certainly takes the biscuit UK ou cake US! ▸ **ça, c'est le pompon!** that's just about the limit!

pomponner [3] [pɔ̃pɔne] vt ▸ **pomponner qqn** to do sb up nicely, to doll sb up *(sép)* / *se faire pomponner* to get dolled up.
❖ **se pomponner** vp *(emploi réfléchi)* to do o.s. up nicely, to doll o.s. up.

ponant [pɔnɑ̃] nm *litt* West.

ponçage [pɔ̃saʒ] nm **1.** [à l'abrasif] sanding (down), sandpapering ; [à la pierre ponce] pumicing **2.** ART pouncing.

ponce [pɔ̃s] nf ART pounce bag, pouncer.

ponceau, x [pɔ̃so] nm small bridge.

Ponce Pilate [pɔ̃spilat] npr Pontius Pilate.

poncer [16] [pɔ̃se] vt **1.** [polir avec un abrasif -mur] to sandpaper, to sand (down) ; [-peinture] to rub down *(sép)* ; [polir avec une machine] to sand (down) ; [polir à la pierre ponce] to pumice (off) **2.** ART to pounce, to pounce in.

ponceur, euse [pɔ̃sœr, øz] nm, f **1.** [de murs] sander **2.** ART pouncer.
❖ **ponceuse** nf sander.

poncho [pɔ̃tʃo] nm **1.** [cape] poncho **2.** [chausson] Afghan-style sock.

poncif [pɔ̃sif] nm **1.** *péj* [cliché] cliché, commonplace, old chestnut **2.** ART pouncing pattern **3.** MÉTALL parting compound.

ponction [pɔ̃ksjɔ̃] nf **1.** MÉD puncture / *ponction lombaire / du ventricule* lumbar / ventricular puncture **2.** [retrait] withdrawal / *faire une grosse ponction sur un compte* to withdraw a large sum from an account / *c'est une ponction importante sur mes revenus* it makes quite a big hole ou dent in my income.

ponctionner [3] [pɔ̃ksjɔne] vt **1.** MÉD [poumon] to tap ; [région lombaire] to puncture **2.** [compte en banque] to withdraw money from ; [économies] to make a hole ou dent in / *on nous ponctionne un tiers de notre salaire en impôts* a third of our salary goes in tax.

ponctualité [pɔ̃ktɥalite] nf [exactitude] punctuality, promptness ▸ **avec ponctualité** promptly, on time.

ponctuation [pɔ̃ktɥasjɔ̃] nf punctuation.

ponctuel, elle [pɔ̃ktɥɛl] adj **1.** [exact] punctual ▸ **être ponctuel** to be on time **2.** [action] one-off UK, one-shot US ; [problèmes, difficultés] occasional / *ses interventions ponctuelles étaient vitales pour le projet* the contributions he made at various stages of the project were invaluable / *l'État accorde une aide ponctuelle aux entreprises en difficulté* the state gives backing to companies to see them through periods of financial difficulty / *nous avons une action ponctuelle dans les entreprises* we visit companies on an irregular basis **3.** LING, MATH & PHYS punctual.

ponctuellement [pɔ̃ktɥɛlmɑ̃] adv **1.** [avec exactitude] punctually **2.** [de façon limitée] on an ad hoc basis ▸ **agir ponctuellement** to take action as the need arises.

ponctuer [7] [pɔ̃ktɥe] vt **1.** GRAM to punctuate ; *(en usage absolu)* ▸ **savoir ponctuer** to know how to use punctuation **2.** *fig* to punctuate / *ses conférences étaient toujours ponctuées de plaisanteries* his lectures were always punctuated ou peppered with jokes / *elle ponctuait les mots importants d'un hochement de tête* she emphasized ou stressed the important words with a nod **3.** MUS to phrase.

pondaison [pɔ̃dɛzɔ̃] nf laying season.

pondérable [pɔ̃derabl] adj weighable, ponderable.

pondéral, e, aux [pɔ̃deral, o] adj weight *(modif).*

pondérateur, trice [pɔ̃deratœr, tris] adj stabilizing.

pondération [pɔ̃derasjɔ̃] nf **1.** [sang-froid] levelheadedness / *agir avec pondération* to act with sound judgment **2.** BOURSE & ÉCON [de variables] weighting **3.** POL [de pouvoirs] balance, equilibrium.

pondéré, e [pɔ̃dere] adj **1.** [personne] level-headed, steady **2.** [indice, moyenne] weighted.

pondérer [18] [pɔ̃deʀe] vt **1.** [pouvoirs] to balance (out), to counterbalance **2.** BOURSE & ÉCON to weight.
In reformed spelling (see p. 16-19), this verb is conjugated like *semer*: *il pondèrera, elle pondèrerait.*

pondéreux, euse [pɔ̃deʀø, øz] adj INDUST heavy.
❖ **pondéreux** nm heavy material ▸ **les pondéreux** heavy goods.

pondeur, euse [pɔ̃dœʀ, øz] ◆ adj ▸ **poule pondeuse** laying hen, layer. ◆ nm, f *fam* : *c'est un pondeur de best-sellers* he churns out best-sellers / *c'est une vraie pondeuse péj* [d'enfants] she breeds like a rabbit.

Pondichéry [pɔ̃diʃeʀi] npr Pondicherry.

pondoir [pɔ̃dwaʀ] nm laying place.

pondre [75] [pɔ̃dʀ] ◆ vt **1.** [suj: oiseau] to lay **2.** *fam* [suj: femme] to produce **3.** [créer - gén] to come up with ; [- en série] to churn out *(sép)* / *il pond un article tous les jours* he churns out an article every day / *je n'ai pondu que trois pages sur le sujet* I could only produce three pages on the subject. ◆ vi [poule] to lay (an egg) ; [moustique, saumon, etc.] to lay its eggs.

ponette [pɔnɛt] nf pony.

poney [pɔnɛ] nm pony.

pongé [pɔ̃ʒe] nm pongee.

pongiste [pɔ̃ʒist] nmf table tennis player.

pont [pɔ̃] nm **1.** TRAV PUB bridge / *dormir* ou *vivre sous les ponts* to sleep under the arches UK, to be homeless ▸ **pont mobile** / **suspendu** movable / suspension bridge ▸ **pont autoroutier** (motorway) flyover UK, freeway flyover US ▸ **pont à bascule** ou **basculant** bascule ou balance bridge ▸ **pont ferroviaire** railway bridge ▸ **pont à haubans** cable-stayed bridge ▸ **pont levant** lift bridge ▸ **pont à péage** toll-bridge ▸ **pont routier** road bridge ▸ **pont tournant a)** [routier] swing bridge **b)** [ferroviaire] turntable ▸ **faire** / **promettre un pont d'or à qqn** to offer / to promise sb a fortune *(so that they'll take on a job)* ▸ **jeter un pont** to build bridges *fig* ▸ **se porter** ou **être solide comme le Pont-Neuf** to be as fit as a fiddle / *de quoi vous plaignez-vous, vous êtes solide comme le Pont-Neuf!* what are you complaining about, you'll bury us all ! ▸ **le pont du Gard** *enormous Roman aqueduct at Nîmes* / **'le Pont de la rivière Kwaï'** *Lean* 'Bridge On The River Kwai' ▸ **les Ponts** *nickname of the École Nationale des ponts et chaussées* **2.** NAUT deck / *elle prend le soleil sur le pont* she's sunbathing on the sun deck / *bateau à deux* / *trois ponts* two / three decker ▸ **pont inférieur** / **principal** lower / main deck ▸ **pont arrière** aft ou after deck ▸ **pont avant** foredeck ▸ **pont d'envol** flight deck ▸ **pont promenade** promenade deck ▸ **pont supérieur** upper ou top deck ▸ **tout le monde sur le pont! a)** [levez-vous] everybody up ! **b)** [mettez-vous au travail] let's get down to business ! **3.** [week-end] long weekend ; [jour] *day off between a national holiday and a weekend* ▸ **faire le pont** [employé] *to take the intervening working day or days off* / *le 11 novembre tombe un jeudi, je vais faire le pont* the 11th of November is on Thursday, I'll take Friday off (and have a long weekend) **4.** [structure de manutention] ▸ **pont élévateur** ou **de graissage** garage ramp, car lift, elevator platform ▸ **pont de chargement** loading platform ▸ **pont roulant** gantry ou travelling crane **5.** AUTO ▸ **pont arrière** rear axle (and drive) **6.** AÉRON ▸ **pont aérien** airlift **7.** ANAT ▸ **pont (de Varole)** pons (Varolii) **8.** ÉLECTR ▸ **pont de Wheatstone** Wheatstone bridge **9.** GÉOM ▸ **pont aux ânes a)** *pr* pons asinorum **b)** *fig* old chestnut **10.** MIL ▸ **pont d'assaut** assault bridge ▸ **pont Bailey** Bailey bridge ▸ **pont de bateaux** pontoon bridge **11.** MUS bridge **12.** SPORT bridge ▸ **faire le pont** to do the crab **13.** THÉÂTRE : *pont de service* catwalk bridge.
❖ **Ponts et Chaussées** nmpl ▸ **les Ponts et Chaussées a)** ADMIN Department of Civil Engineering **b)** ENS College of Civil Engineering.

pontage [pɔ̃taʒ] nm **1.** MÉD bypass (operation) ▸ **pontage coronarien** coronary bypass operation ou surgery ▸ **il a subi un triple pontage** he had triple bypass surgery **2.** TRAV PUB (gantry) bridging **3.** CHIM bridging.

pont-bascule [pɔ̃baskyl] *(pl* **ponts-bascules**) nm weighbridge.

pont-canal [pɔ̃kanal] *(pl* **ponts-canaux**) nm canal (carrying) bridge.

ponte¹ [pɔ̃t] nm **1.** *fam* [autorité] ▸ **un (grand) ponte** a bigshot, a bigwig / *ce sont tous de grands pontes de l'université* / *de la médecine* they're all top-flight academics / high up in the medical profession **2.** JEUX punter.

ponte² [pɔ̃t] nf **1.** ZOOL [action] laying (of eggs) ; [œufs - d'un oiseau] clutch, eggs ; [- d'un insecte, d'un poisson] eggs **2.** PHYSIOL ▸ **ponte ovulaire** ovulation.

ponté, e [pɔ̃te] adj [à un pont] single-deck *(avant nom)* ; [à plusieurs ponts] multi-deck *(avant nom)*.
❖ **pontée** nf deck load.

ponter [3] [pɔ̃te] ◆ vi JEUX to punt. ◆ vt **1.** [miser] to bet **2.** NAUT to deck.

Pont-Euxin [pɔ̃tøksɛ̃] npr m ▸ **le Pont-Euxin** the Euxine Sea.

pontife [pɔ̃tif] nm **1.** *fam* [autorité] pundit, bigwig, big shot **2.** ANTIQ pontifex, pontiff **3.** RELIG pontiff.

pontifiant, e [pɔ̃tifjɑ̃, ɑ̃t] adj pontificating.

pontifical, e, aux [pɔ̃tifikal, o] adj **1.** RELIG [insignes, cérémonie] pontifical ; [États, trône] papal **2.** ANTIQ pontifical.

pontificat [pɔ̃tifika] nm pontificate.

pontifier [9] [pɔ̃tifje] vi to pontificate / *arrête de pontifier* stop pontificating.

pont-l'évêque [pɔ̃levɛk] nm inv Pont-l'Évêque cheese.

pont-levis [pɔ̃ləvi] *(pl* **ponts-levis**) nm drawbridge.

Pont-Neuf [pɔ̃nœf] npr *the oldest bridge in Paris* ▸ **se porter** ou **être solide comme le Pont-Neuf** to be in the best of health.

ponton [pɔ̃tɔ̃] nm **1.** [d'un port de commerce] pontoon, floating dock ; [d'un port de plaisance] landing stage, jetty ; [pour nageurs] (floating) platform **2.** [chaland] hulk, lighter ; [vieux vaisseau] hulk.

ponton-grue [pɔ̃tɔ̃gʀy] *(pl* **pontons-grues**) nm floating crane.

pontonnier [pɔ̃tɔnje] nm pontonier.

pont-promenade [pɔ̃pʀɔmnad] *(pl* **ponts-promenade** *ou* **ponts-promenades**) nm promenade deck.

pont-rail [pɔ̃ʀaj] *(pl* **ponts-rails**) nm railway UK ou railroad US bridge.

pont-route [pɔ̃ʀut] *(pl* **ponts-routes**) nm road bridge.

pool [pul] nm ÉCON pool ▸ **pool de dactylos** typing pool.

Poona [puna] npr Poona.

pop [pɔp] ◆ adj *(pl* **pop** *ou* **pops***) [art, chanteur, mouvement] pop ▸ **musique pop** pop (music). ◆ nm ou nf pop (music).

pop art [pɔpaʀt] *(pl* **pop arts**) nm pop art.

pop-corn *(pl* **pop-corn**), **popcorn*** [pɔpkɔʀn] nm popcorn.

pope [pɔp] nm (Eastern Orthodox Church) priest.

popeline [pɔplin] nf poplin / *en* ou *de popeline* poplin *(modif)*.

pop music [pɔpmyzik, pɔpmjuzik] *(pl* **pop musics**) nf = **pop** *(nm ou nf)*.

popote [pɔpɔt] *fam* ◆ nf **1.** [repas] ▸ **faire la popote** to do the cooking **2.** [matériel] mess kit **3.** MIL improvised mess. ◆ adj inv : *elle est très popote* she's very much the stay-at-home type.

popotin [pɔpɔtɛ̃] nm *fam* bottom.

popu [pɔpy] (abr de **populaire**) adj *fam* working-class.

populace [pɔpylas] nf *fam & péj* rabble, hoi polloi, plebs.

populacier, ère [pɔpylasje, ɛʀ] adj vulgar, common.

populage [pɔpylaʒ] nm marsh marigold.

populaire [pɔpylɛʀ] adj **1.** SOCIOL [du peuple] working-class / *les quartiers populaires* the working-class areas **2.** [tradition, croyance] popular / *bon sens populaire* popular wisdom **3.** POL [gouvernement] popular ; [démocratie, tribunal] people's ; [soulèvement] mass *(modif)* ▸ **la volonté populaire** the will of the people **4.** [destiné au peuple] popular ▸ **art populaire** popular art ▸ **romans populaires** popular fiction **5.** [qui a du succès - chanteur, mesures] popular / *elle s'est rendue très populaire auprès des étudiants* she made herself very popular with the students / *la voile devient très populaire* sailing is growing in popularity ou becoming more and more popular **6.** LING [étymologie] popular ; [niveau de langue] colloquial.

populairement [pɔpylɛʀmɑ̃] adv LING colloquially / *comme on dit populairement* as the popular phrase goes.

popularisation [pɔpylaʀizasjɔ̃] nf popularisation.

populariser [3] [pɔpylaʀize] vt ▸ **populariser qqch** to popularize sthg, to make sthg available to all.

popularité [pɔpylaʀite] nf popularity / *elle jouit d'une grande popularité parmi les étudiants* she's very popular with the students / *le président a perdu de sa popularité* there's been a decline in the president's popularity.

population [pɔpylasjɔ̃] nf **1.** SOCIOL population ▸ **population mondiale** world population ▸ **population active** / **civile** working / civilian population ▸ **population canine** dog ou canine population **2.** [peuple] people / *la population locale* the local people, the locals **3.** ASTRON & PHYS population.

populationniste [pɔpylasjɔnist] ◆ adj encouraging population growth. ◆ nmf *supporter of measures encouraging population growth.*

populeux, euse [pɔpylø, øz] adj [quartier] heavily ou densely populated, populous *litt* ; [place, rue] crowded, very busy.

populisme [pɔpylism] nm **1.** HIST Populism **2.** LITTÉR Naturalism.

populiste [pɔpylist] ◆ adj **1.** HIST Populist **2.** LITTÉR Naturalist. ◆ nmf **1.** HIST Populist **2.** LITTÉR Naturalist (writer).

populo [pɔpylo] nm *fam* **1.** [foule] crowd / *du populo* a crowd **2.** [peuple] ▸ **le populo** the plebs ou hoi polloi.

porc [pɔʀ] nm **1.** ZOOL pig UK, hog US **2.** CULIN pork **3.** [peau] pigskin **4.** *fam* [personne] pig, swine.
❖ **de porc** loc adj **1.** CULIN pork *(modif)* **2.** [en peau] pigskin *(modif)*.

porcelaine [pɔʀsəlɛn] nf **1.** [produit] china, porcelain ▸ **porcelaine dure** / **tendre** hard-paste / softpaste porcelain ▸ **porcelaine phosphatique** ou **tendre naturelle** bone china **2.** [pièce] piece of china ou porcelain **3.** [ensemble] ▸ **la porcelaine** china, chinaware, porcelain ▸ **porcelaine de Limoges** Limoges porcelain ▸ **porcelaine de Saxe** Dresden china ▸ **porcelaine de Sèvres** Sèvres china **4.** ZOOL cowrie.
❖ **de porcelaine** loc adj **1.** [tasse, objet] china *(modif)*, porcelain *(modif)* **2.** [teint] peaches-and-cream *(avant nom)*.

porcelainier, ère [pɔʀsəlenje, ɛʀ] ◆ adj china *(modif)*, porcelain *(modif)*. ◆ nm, f porcelain ou china manufacturer.

porcelet [pɔʀsəlɛ] nm piglet.

porc-épic [pɔʀkepik] *(pl* **porcs-épics**) nm **1.** ZOOL porcupine ▸ **poisson porc-épic** porcupine fish **2.** [personne revêche] prickly person **3.** *fam* [homme mal rasé] : *c'est un vrai porc-épic* he's really bristly.

porche [pɔʀʃ] nm porch.

porcher, ère [pɔʀʃe, ɛʀ] nm, f swineherd.

porcherie [pɔʀʃəʀi] nf *pr & fig* pigsty.

porcin, e [pɔʀsɛ̃, in] adj **1.** [industrie, production] pig *(modif)* **2.** [yeux, figure] pig-like, piggy.
❖ **porcin** nm pig ▸ **les porcins** the pig family, the suidians *spéc.*

pore [pɔʀ] nm pore / *elle sue la suffisance par tous les pores fig* she exudes ou oozes self-importance.

poreux, euse [pɔʀø, øz] adj porous.

* In reformed spelling (see p. 16-19).

porno [pɔʀno] *fam* ◆ adj [film, magazine, scène] porn, porno / *des photos pornos* dirty pictures. ◆ nm **1.** ▸ **le porno a)** [genre] porn **b)** [industrie] the porn industry **2.** [film] porno film UK, blue movie.

pornographe [pɔʀnɔgʀaf] nmf pornographer.

pornographie [pɔʀnɔgʀafi] nf pornography.

pornographique [pɔʀnɔgʀafik] adj pornographic.

porophore [pɔʀɔfɔʀ] nm porofacient *spéc*, pore-producing.

porosité [pɔʀozite] nf porosity.

porphyre [pɔʀfiʀ] nm porphyry.

porphyrique [pɔʀfiʀik] adj GÉOL porphyritic.

porphyroïde [pɔʀfiʀɔid] adj porphyroid.

porridge [pɔʀidʒ] nm porridge.

port¹ [pɔʀ] nm **1.** [infrastructure] port UK, harbour ; [ville] port / *dans le port de Dunkerque* in Dunkirk harbour / *sur le port* on the quayside / *entrer au port* to come into port ou harbour / *quitter le port* to leave port ou harbour ▸ **port maritime** ou **de mer** sea port ▸ **port d'attache a)** NAUT port of registry, home port **b)** *fig* home base ▸ **port de commerce** commercial port ▸ **port d'embarquement a)** [de marchandises] port of shipment **b)** [de personnes] port of embarkation ▸ **port d'entrée** port of entry ▸ **port fluvial** river port ▸ **port franc** free port ▸ **port militaire** naval base ▸ **port naturel** natural harbour ▸ **port de pêche** fishing port ▸ **port de plaisance** marina ▸ **toucher** ou **arriver au port** : *nous touchons* ou *arrivons au port* we're on the home straight ▸ **faire naufrage (en arrivant) au port, échouer en vue du port** *sout* to fall at the last fence **2.** INFORM port ▸ **port parallèle** / **série** parallel / serial port ▸ **port USB** USB port.

❖ **à bon port** loc adv safely, safe and sound / *nous sommes arrivés à bon port* we got there safe and sound / *les verres sont arrivés à bon port* the glasses got there in one piece ou without mishap / *le chauffeur les a conduits à bon port* the driver brought them safely to the right place.

port² [pɔʀ] nm **1.** [d'une lettre, d'un colis] postage ▸ **frais de port** (cost of) postage ▸ **(en) port dû** / **payé** postage due / paid **2.** TRANSP [de marchandises] carriage ▸ **franco de port** carriage paid ou included **3.** [possession -d'une arme] carrying ; [-d'un uniforme, d'un casque] wearing / *port d'armes prohibé* illegal carrying of weapons / *se mettre au port d'armes* MIL to shoulder arms / *le port du casque est obligatoire* a crash helmet must be worn **4.** *sout* [maintien] bearing, deportment / *elle a un port de tête très gracieux* she holds her head very gracefully ▸ **avoir un port de reine** to have a queenly bearing **5.** MUS ▸ **port de voix** port de voix, appogiatura **6.** NAUT ▸ **port en lourd** dead weight.

port³ [pɔʀ] nm *régional* pass *(in the Pyrenees).*

portabilité [pɔʀtabilite] nf INFORM portability.

portable [pɔʀtabl] ◆ adj **1.** [ordinateur, téléviseur, machine à écrire] portable **2.** [vêtement] wearable **3.** FIN to be paid in person. ◆ nm INFORM laptop.

portage [pɔʀtaʒ] nm **1.** [d'équipement] porterage / *randonnée avec* / *sans portage* portered / non-portered hike **2.** FIN piggybacking **3.** ÉCON ▸ **portage salarial** umbrella company system ▸ **société de portage salarial** umbrella company **4.** TÉLÉC ▸ **portage du numéro** number portability **5.** NAUT portage.

portail [pɔʀtaj] nm **1.** [d'une église] portal ; [d'un jardin, d'une école] gate **2.** INTERNET gateway.

portance [pɔʀtɑ̃s] nf **1.** AÉRON lift **2.** TRAV PUB bearing capacity.

portant, e [pɔʀtɑ̃, ɑ̃t] adj **1.** NAUT ▸ **vent portant** fair wind **2.** EXPR ▸ **bien** / **mal portant** in good / poor health.

❖ **portant** nm **1.** NAUT outrigger **2.** THÉÂTRE upright, support *(for flats)* **3.** [pour vêtements] rail **4.** [poignée] handle.

portatif, ive [pɔʀtatif, iv] adj [machine à écrire, ordinateur] portable.

Port-au-Prince [pɔʀopʀɛ̃s] npr Port-au-Prince.

porte [pɔʀt] ◆ nf **1.** [d'une maison, d'un véhicule, d'un meuble] door ; [d'un passe-plat] hatch / *on vient de sonner, tu vas ouvrir la porte ?* someone's just rung the bell, could you answer ou open the door ? / *le piano est resté coincé dans la porte* the piano got stuck in the door ou doorway ▸ **fermer** ou **interdire** ou **refuser sa porte à qqn** to bar sb from one's house ▸ **fermer ses portes** [magasin] to close down ▸ **ouvrir sa porte à qqn** to welcome sb ▸ **ouvrir la porte toute grande à qqn** to welcome sb with open arms ▸ **ouvrir ses portes** [magasin, musée] to open / *un père magistrat, ça ouvre pas mal de portes* a father who happens to be a magistrate can open quite a few doors ▸ **porte arrière** AUTO rear passenger door ▸ **porte avant a)** AUTO [côté conducteur] driver door **b)** [côté passager] front passenger door ▸ **porte de derrière** / **devant** back / front door ▸ **porte coupe-feu** firedoor ▸ **porte dérobée** hidden door ▸ **porte d'entrée** front door ▸ **porte de secours** emergency exit ▸ **porte de service** trademen's entrance ▸ **porte de sortie a)** *pr* way out, exit **b)** *fig* way out ▸ **trouver une porte de sortie** to find a way out ▸ **ménager à qqn une porte de sortie** to leave sb a way out ▸ **à ma** / **sa porte** *pr & fig* at my / his door, on my / his doorstep / *l'hiver est à nos portes* winter is at the door ▸ **la porte à côté** : *Lyon, ce n'est pas la porte à côté* it's a fair way to Lyon / *il n'habite pas la porte à côté* he doesn't exactly live round the corner ▸ **entrer par la grande** / **petite porte** : *elle est entrée dans l'entreprise par la grande porte* she went straight in at the top of the company / *entrer dans une profession par la petite porte* to get into a profession by the back door ▸ **sortir par la grande** / **petite porte** : *l'équipe quitte le tournoi par la grande porte* the team is leaving the tournament in style / *après le scandale, il est sorti par la petite porte* after the scandal, he made a discreet exit ▸ **ouvrir la porte à qqch** *fig* to pave the way for sthg / *ouvrir la porte à l'espoir* to allow a measure of hope / *cette décision ouvre toute grande la porte à l'injustice* this decision throws the door wide open to injustice ▸ **prendre la porte** to leave / *il lui a dit de prendre la porte* he showed him the door ▸ **trouver porte close** : *j'y suis allé mais j'ai trouvé porte close* I went round but nobody was in ou at home / *il a essayé tous les éditeurs, mais partout il a trouvé porte close* he tried all the publishers, but without success ▸ **être la porte ouverte à qqch** : *c'est la porte ouverte à tous les abus* it leaves the door wide open to all kinds of abuses ▸ **il faut qu'une porte soit ouverte ou fermée** *prov* it's either yes or no, one can't sit on the fence forever **2.** [passage dans une enceinte] gate ▸ **les portes de Paris** *the old city gates around Paris* ▸ **porte d'écluse** lock gate ▸ **porte d'embarquement** (departure) gate ▸ **porte triomphale** triumphal arch ▸ **les portes de l'enfer** the gates of hell ▸ **les portes du paradis** heaven's gates, the pearly gates ▸ **la Porte d'Orléans** / **de Clichy** Porte d'Orléans / de Clichy ▸ **la Porte** ou **Sublime-Porte** the (Sublime) Porte ▸ **la porte de Versailles** *site of a large exhibition complex in Paris where major trade fairs take place* **3.** [panneau] door (panel) ▸ **porte basculante** / **battante** up-and-over / swing door ▸ **porte coulissante** ou **roulante** sliding door ▸ **porte à deux battants** double door ▸ **porte coupée** half-door, stable door ▸ **porte escamotable** folding door ▸ **porte palière** landing door ▸ **porte tournante** revolving door ▸ **porte vitrée** glass door **4.** SPORT gate **5.** INFORM gate. ◆ adj PHYSIOL portal.

❖ **à la porte** loc adv out / *à la porte !* out of here ! / *ne reste pas à la porte* don't stay on the doorstep ▸ **je suis à la porte de chez moi a)** [sans clefs] I'm locked out **b)** [chassé] I've been thrown out (of my home) ▸ **mettre qqn à la porte a)** [importun] to throw sb out **b)** [élève] to expel sb **c)** [employé] to fire ou to dismiss sb.

❖ **de porte à porte** loc adv door-to-door / *je mets 40 minutes de porte à porte* it takes me 40 minutes door-to-door.

❖ **de porte en porte** loc adv from door to door.

porté [pɔʀte] nm porté.

porte-aéronefs (*pl* porte-aéronefs), **porte-aéronef*** [pɔʀtaeʀɔnɛf] nm aircraft carrier.

porte-à-faux [pɔʀtafo] nm inv overhang.

❖ **en porte(-)à(-)faux** loc adv ▸ **être en porte-à-faux a)** [mur] to be out of plumb, to be out of true **b)** [roche] to be in a precarious position **c)** *fig* to be in an awkward position ▸ **mettre qqn en porte-à-faux** to put sb in an awkward position.

porte-affiches (*pl* porte-affiches), **porte-affiche*** [pɔʀtafiʃ] nm noticeboard.

porte-aiguilles (*pl* porte-aiguilles), **porte-aiguille*** [pɔʀtegɥij] nm COUT needle case.

porte-amarre [pɔʀtamaʀ] (*pl* porte-amarres) nm line-throwing machine ▸ **fusil porte-amarre** line-throwing gun.

porte-à-porte [pɔʀtapɔʀt] nm inv : *faire du porte-à-porte* to sell from door-to-door, to be a door-to-door salesman (saleswoman).

porte-autos (*pl* porte-autos), **porte-auto*** [pɔʀtoto] adj car-carrying, transporter *(modif).*

porte-avions (*pl* porte-avions), **porte-avion*** [pɔʀtavjɔ̃] nm aircraft carrier.

porte-bagages (*pl* porte-bagages), **porte-bagage*** [pɔʀtbagaʒ] nm [d'un vélo] rack ; [d'une voiture, d'un train] (luggage) rack.

porte-bannière [pɔʀtbanjɛʀ] (*pl* porte-bannières) nmf banner bearer.

porte-barge [pɔʀtəbaʀʒ] (*pl* porte-barge ou porte-barges) nm container barge.

porte-bébé [pɔʀtbebe] (*pl* porte-bébés) nm **1.** [nacelle] carry-cot **2.** [harnais] baby sling.

porte-billets (*pl* porte-billets), **porte-billet*** [pɔʀtbijɛ] nm wallet UK, billfold US.

porte-bonheur [pɔʀtbɔnœʀ] (*pl* porte-bonheur ou porte-bonheurs*) nm lucky charm / *une patte de lapin porte-bonheur* a lucky rabbit's foot.

porte-bouquet [pɔʀt(ə)bukɛ] (*pl* porte-bouquets) nm vase.

porte-bouteilles (*pl* porte-bouteilles), **porte-bouteille*** [pɔʀtbutɛj] nm **1.** [châssis] wine rack **2.** [panier] bottle-carrier **3.** [d'un réfrigérateur] bottle rack.

porte-cartes (*pl* porte-cartes), **porte-carte*** [pɔʀtəkaʀt] nm **1.** [portefeuille] card-holder, wallet UK, billfold US *(with spaces for cards, photos, etc.)* **2.** [de cartes géographiques] map holder.

porte-cigares (*pl* porte-cigares), **porte-cigare*** [pɔʀtsigaʀ] nm cigar case.

porte-cigarettes (*pl* porte-cigarettes), **porte-cigarette*** [pɔʀtsigaʀɛt] nm cigarette case.

porte-clefs (*pl* porte-clefs), **porte-clés** (*pl* porte-clés), **porteclé*** [pɔʀtəkle] nm **1.** [anneau] key ring **2.** [étui] key case **3.** *vieilli* [gardien] turnkey.

porte-conteneurs (*pl* porte-conteneurs), **porte-conteneur*** [pɔʀtkɔ̃tnœʀ] nm container ship.

porte-copie [pɔʀt(ə)kɔpi] (*pl* porte-copies) nm paper holder.

porte-couteau [pɔʀtkuto] (*pl* porte-couteau ou porte-couteaux) nm knife rest.

porte-cravate [pɔʀtkʀavat] (*pl* porte-cravate ou porte-cravates) nm tie rack.

porte-crayon (*pl* porte-crayon ou porte-crayons), **portecrayon*** [pɔʀtkʀɛjɔ̃] nm pencil holder, desk tidy.

porte-documents (*pl* porte-documents), **porte-document*** [pɔʀtdɔkymɑ̃] nm document case.

porte-drapeau [pɔʀtdʀapo] (*pl* porte-drapeau ou porte-drapeaux) nm *pr & fig* standard bearer.

portée [pɔʀte] nf **1.** MIL & OPT range ▸ **à** ou **de faible portée** short-range ▸ **à** ou **de grande portée** long-range ▸ **à** ou **de longue portée** long-range ▸ **à** ou **de moyenne portée** medium-range **2.** [champ d'action -d'une mesure, d'une loi] scope ; [impact -d'une décision] impact, significance ; [-d'un événement] consequences, repercussions / *l'incident a eu une portée considérable* the incident had far-reaching consequences / *une découverte d'une grande portée* a far-reaching discovery / *ces idées furent sans grande portée jusqu'en 1940* these ideas had very little impact until 1940 **3.** ZOOL litter **4.** MUS staff, stave **5.** CONSTR & TRAV PUB [dimension] span ; [charge] load **6.** ÉLECTR span **7.** MÉCAN area of bearing.

à la portée de loc prép **1.** [près de] close ou near to / **'ne pas laisser à la portée des enfants'** 'keep out of the reach of children' **2.** [pouvant être compris par] : *son livre est à la portée de tous* her book is easily accessible to the ordinary reader / *l'article n'est pas à ma portée* the article is beyond me / *un jeu à la portée des 10-12 ans* a game suitable for 10-12 year olds **3.** EXPR **à la portée de toutes les bourses** easily affordable, to suit all pockets / *ce n'est pas à la portée de toutes les bourses* not everyone can afford it.

à portée de loc prép within reach of ▸ **à portée de fusil** within (firing) range, within gunshot / *à portée de (la) main* within (easy) reach ▸ **avoir** ou **garder qqch à portée de (la) main** to keep sthg handy ou close at hand ou within (easy) reach / *gardez la trousse de secours à portée de la main* keep the first-aid kit in a handy place ▸ **à portée de voix** within earshot.

porte-étendard [pɔʀtetɑ̃daʀ] (*pl* **porte-étendard** *ou* **porte-étendards**) nm **1.** [officier] standard bearer **2.** [étui] standard pocket.

portefaix [pɔʀtəfɛ] nm [porteur] porter.

porte-fanion [pɔʀtəfanjɔ̃] (*pl* **porte-fanion** *ou* **porte-fanions**) nm pennant bearer.

porte-fenêtre [pɔʀtfənɛtʀ] (*pl* **portes-fenêtres**) nf French window ou door US.

portefeuille [pɔʀtəfœj] nm **1.** [étui] wallet UK, billfold US / *avoir le portefeuille rembourré fam* to be comfortably off **2.** BOURSE portfolio ▸ **portefeuille de titres** portfolio of securities **3.** POL portfolio / *on lui a confié le portefeuille des Affaires étrangères* he has been given ou he holds the foreign affairs portfolio **4.** INTERNET ▸ **portefeuille électronique** e-wallet **5.** ÉCON ▸ **portefeuille d'activités** business portfolio.

porte-greffes [pɔʀtəgʀɛf] nm inv stock.

porte-hauban [pɔʀtəobɑ̃] (*pl* **porte-hauban** *ou* **porte-haubans**) nm chainwale, channel.

porte-hélicoptères (*pl* **porte-hélicoptères**), **porte-hélicoptère*** [pɔʀtelikɔptɛʀ] nm helicopter carrier ou ship.

porte-jarretelles (*pl* **porte-jarretelles**), **porte-jarretelle*** [pɔʀtʒaʀtɛl] nm suspender belt UK, garter belt US.

porte-lame [pɔʀtəlam] (*pl* **porte-lame** *ou* **porte-lames**) nm blade holder.

porte-malheur [pɔʀtmalœʀ] (*pl* **porte-malheur** *ou* **porte-malheurs***) nm **1.** [personne] jinx, Jonah *litt* **2.** [objet] jinx.

portemanteau, x [pɔʀtmɑ̃to] nm **1.** [sur pied] hat stand ; [mural] coat rack **2.** [cintre] coat hanger.

portement [pɔʀtəmɑ̃] nm ▸ **portement de croix** (Christ's) bearing of the Cross.

porte-menu [pɔʀtməny] (*pl* **porte-menu** *ou* **porte-menus**) nm menu holder.

portemine [pɔʀtəmin] nm propelling pencil UK, mechanical pencil US.

porte-missile [pɔʀtmisil] (*pl* **porte-missile** *ou* **porte-missiles**) nm missile carrier.

porte-monnaie (*pl* **porte-monnaie**), **portemonnaie*** [pɔʀtmɔnɛ] nm purse UK, change purse US / *avoir le porte-monnaie bien garni* to be well off.

porte-objet [pɔʀtɔbʒɛ] (*pl* **porte-objet** *ou* **porte-objets**) nm **1.** [lame] slide **2.** [platine] stage.

porte-outil [pɔʀtuti] (*pl* **porte-outil** *ou* **porte-outils**) nm [gén] tool holder ; [d'une perceuse] chuck ; [d'une raboteuse] stock ; [d'un tour] slide rest.

porte-papier [pɔʀtpapje] (*pl* **porte-papier** *ou* **porte-papiers***) nm toilet roll holder.

porte-paquet [pɔʀtpakɛ] (*pl* **porte-paquets**) nm BELG luggage carrier *(on a bicycle)*.

porte-parapluies [pɔʀtpaʀaplɥi] nm inv umbrella stand.

porte-parole [pɔʀtpaʀɔl] (*pl* **porte-parole** *ou* **porte-paroles***) ◆ nmf [personne] spokesperson, spokesman (spokeswoman) ▸ **se faire le porte-parole de qqn** to speak on sb's behalf. ◆ nm [périodique] mouthpiece, organ.

porte-plume (*pl* **porte-plume** *ou* **porte-plumes**), **porteplume*** [pɔʀtəplym] nm pen holder.

porter[1] [pɔʀte] = **porté.**

porter[2] [pɔʀtɛʀ] nm [bière] porter.

porter[3] [3] [pɔʀte]

◆ vt

A. TENIR, SUPPORTER
B. METTRE, AMENER
C. AVOIR SUR SOI, EN SOI

A. TENIR, SUPPORTER 1. [soutenir - colis, fardeau, meuble] to carry ; [- bannière, pancarte, cercueil] to carry, to bear / *aide-moi à porter le sac jusqu'à la cuisine* help me to carry the bag to the kitchen / *j'ai porté sa malle jusqu'au grenier* I carried her trunk up to the attic / *tu peux porter combien ?* how much can you carry ? / *son cheval portera 56 kilos* his horse will carry 56 kilos / *deux piliers portent le toit* two pillars take the weight of ou support the roof / *la glace n'est pas assez épaisse pour nous porter* the ice is too thin to bear our weight / *celui qui porte le ballon* SPORT the player with ou in possession of the ball / *portez armes !* MIL shoulder arms ! ▸ **porter qqn sur son dos / dans ses bras** to carry sb on one's back / in one's arms / *le kangourou porte son petit dans une poche* the kangaroo carries its young in a pouch / *ses jambes ne la portaient plus* her legs couldn't carry her anymore / *se laisser porter par le courant* to let o.s. be carried (away) by the current / *porter son cheval* ÉQUIT to carry one's horse, to keep one's horse together ; *(en usage absolu)* : *l'eau de mer porte plus que l'eau douce* sea water is more buoyant than fresh water ; *fig* : *elle porte bien son âge* she looks young for her age ▸ **porter beau** *litt* to be sprightly ▸ **porter la responsabilité de** to bear (the) responsibility for / *devenue veuve, j'ai trouvé la liberté bien lourde à porter* when I became a widow my new-found freedom weighed heavily on me **2.** [soutenir moralement - suj: foi, religion] to give strength to, to support / *c'est l'espoir de le retrouver qui la porte* the hope of finding him again keeps her going.

B. METTRE, AMENER 1. [amener] to take, to bring ▸ **porter qqch à qqn** to take sthg to sb ▸ **porter un message à qqn** to take ou to convey a message to sb / *porte-lui ce colis* take her this parcel, deliver this parcel to her ▸ **porter des fleurs sur la tombe de qqn** to take flowers to sb's grave / *portez-le sur le canapé* take ou carry him to the settee / *se faire porter un repas* to have a meal brought (to one) ; [mettre] ▸ **porter une œuvre à l'écran / à la scène** to adapt a work for the screen / the stage / *porter le débat sur la place publique* to make the debate public / *porter une affaire devant les tribunaux* to take ou to bring a matter before the courts / *elle a porté sa requête jusqu'au président de la République* she took her petition as far as the President ▸ **porter qqn / qqch à** : *porter qqn au pouvoir* to bring sb to power / *porter une émotion / crise à son paroxysme* to bring an emotion to a peak / a crisis to a head / *porter son art à la perfection* to perfect one's art / *cela porte le total à 306 euros* that brings the total (up) to 306 euros / *les frais d'inscription ont été portés à 25 euros* the registration fees have been increased ou raised to 25 euros / *il vient de porter le score de 110 à 123* he's just raised the score from 110 to 123 ▸ **porter qqch à ébullition** CULIN to bring sthg to the boil ▸ **porter qqch au rouge** MÉTALL to heat sthg to red-heat **2.** [diriger] ▸ **porter sa** ou **la main à sa tête** to raise one's hand to one's head / *porter sa* ou *la main à son chapeau* to raise one's hand to one's hat / *il porta la main à sa poche* he put his hand to his pocket / *il porta la main à son revolver* he reached for his gun / *porter une tasse à ses lèvres* to lift ou to raise a cup to one's lips / *porter le buste en avant* to lean forward / *porter son regard vers* ou *sur* to look towards ou in the direction of ▸ **porter ses pas vers** to make one's way towards, to head for / *porter des troupes en avant* MIL to move troops forward **3.** [enregistrer - donnée] to write ou to put down *(sép)* / *porter sa signature sur un registre* to sign a register / *porte ce point sur le graphique* plot that point onto the graph ▸ **porter qqn absent** to report sb absent ▸ **se faire porter absent / malade** to go absent / sick ▸ **porter qqn disparu** to report sb missing ▸ **porter qqn déserteur** to report ou to declare sb a deserter / *portez le vin à mon compte* put the wine on my account / *porter une somme au compte clients* FIN to post a sum to accounts receivable ▸ **porter 30 euros au crédit de qqn** to credit sb's account with 30 euros, to credit 30 euros to sb's account ▸ **porter 30 euros au débit de qqn** to debit 30 euros from sb's account **4.** [appliquer - effort, énergie] to direct, to bring, to bear ▸ **porter son attention sur** to focus one's attention on, to turn one's attention to ▸ **porter son choix sur** to choose ▸ **porter une accusation contre qqn** to bring a charge against sb / *il a fait porter tout son effort* ou *ses efforts sur la réussite du projet* he did his utmost to make the project successful ▸ **porter une attaque contre qqn** to direct an attack at ou to attack sb ▸ **porter ses vues sur qqn a)** [pour accomplir une tâche] to have sb in mind *(for a job)* **b)** [pour l'épouser] to have one's eye on sb **5.** [inciter] ▸ **porter qqn à qqch** : *mon intervention l'a portée à plus de clémence* my intervention made her inclined ou prompted her to be more lenient / *le paysage portait à la mélancolie* the scenery elicited feelings of melancholy / *l'alcool peut porter les gens à des excès / à la violence* alcohol can drive people to excesses / induce people to be violent / *qu'est-ce qui vous a porté à faire du théâtre ?* what made you take up acting ? / *tout porte à croire que...* everything leads one to believe that... / *tous les indices portent à penser que c'est lui le coupable* all the evidence suggests he is the guilty one ▸ **être porté à faire** to be inclined to do ▸ **être porté sur** *fam* : *il est porté sur la boisson* ou *bouteille* he likes a drink / *être porté sur la chose fam & euphém* to have a one-track mind **6.** [éprouver] ▸ **porter de l'intérêt à qqn / qqch** to be interested in sb / sthg ▸ **porter de l'admiration à qqn** to admire sb / *je lui porte beaucoup d'amitié* I hold him very dear ▸ **l'amour qu'il lui portait** the love he felt for her / *la haine qu'il lui portait* the hatred he felt towards her ou bore her.

C. AVOIR SUR SOI, EN SOI 1. [bijou, chaussures, lunettes, vêtement] to wear, to have on *(sép)* ; [badge, décoration] to wear ; [barbe, couettes, moustache, perruque] to have ; [cicatrice] to bear, to have, to carry ; [pistolet, stylo] to carry / *je porte toujours sur moi de quoi écrire* I always carry something to write with / *il porte le dossard numéro 12* he's wearing number 12 / *son cheval porte le numéro 5* his horse is number 5 / *elle porte toujours du noir* she always dresses in ou wears black / *porter les cheveux longs / courts / relevés* to wear one's hair long / short / up / *je porte bien / mal les pantalons* trousers look good / don't look good on me **2.** [laisser voir - trace] to show, to bear ; [- date, inscription] to bear / *l'étui portait ses initiales gravées* the case was engraved with his initials / *la lettre porte la date du 13 mars* the letter is dated March 13th ou bears the date March 13th *sout* / *le couteau ne porte aucune empreinte* there are no fingerprints on the knife / *la signature que porte le tableau* the signature (which) appears ou is on the painting / *le rapport portait le nom de plusieurs hauts fonctionnaires* the report bore ou carried the names of several senior officials / *elle portait la résignation sur son visage* resignation was written all over ou on her face / *la syllabe portant l'accent tonique* LING the stressed syllable **3.** [nom, prénom, patronyme] to have / *nous portons le même nom* we have ou bear the same name / *il porte le nom de Legrand* he's called Legrand / *elle porte le nom de son mari* she has taken her husband's name / *c'est un nom difficile à porter* it's not an easy name to be called by / *le roman et la pièce portent le même titre* the novel and the play have the same title **4.** [en soi] to carry, to bear ▸ **porter qqch en soi** to carry ou to bear sthg within o.s. / *l'espoir / la rancune que je portais en moi* the hope / resentment I bore within me **5.** MÉD [virus] to carry / *tous ceux qui portent le virus* all carriers of the virus **6.** [enfant, petit, portée] to carry **7.** AGR & HORT [fruits] to bear / *la tige porte trois feuilles* there are three leaves

* In reformed spelling (see p. 16-19).

on the stem / *lorsque l'arbre porte ses fleurs* when the tree's in bloom ▸ **porter ses fruits** *fig* to bear fruit.

◆ vi **1.** [son, voix] to carry / *sa voix ne porte pas assez* his voice doesn't carry well / *aussi loin que porte la vue* as far as the eye can see ; [canon, fusil] ▸ **porter à** to have a range of / *le coup de feu a porté à plus de 2 km* the shot carried more than 2 km **2.** [faire mouche - critique, mot, plaisanterie] to hit ou to strike home ; [- observation] to be heard ou heeded ; [- coup] to hit home, to tell **3.** [cogner] : *c'est le crâne qui a porté* the skull took the impact ou the full force ▸ **porter sur** ou **contre** to hit / *sa tête a porté sur* ou *contre le pilier* her head hit the pillar **4.** NAUT ▸ **laisser porter** to bear away, to let (her) go / *porter à la terre* to stand in for the shore ▸ **porter (bon) plein** to sail clean full / *porter au vent* to stand to windward **5.** [dans l'habillement masculin] : *porter à droite / gauche* to dress on the right / left.

✣ **porter de** v + prép HÉRALD to bear.

✣ **porter sur** v + prép **1.** [concerner - suj : discussion, discours, chapitre, recherches] to be about, to be concerned with ; [- suj : critiques] to be aimed at ; [- suj : loi, mesures] to concern ; [- suj : dossier, reportage] to be about ou on / *le détournement porte sur plusieurs milliers d'euros* the embezzlement concerns several thousand euros **2.** [reposer sur - suj : charpente] to rest on / *l'accent porte sur la deuxième syllabe* LING the accent falls on the second syllable, the second syllable is stressed.

✣ **se porter** ◆ vp *(emploi passif)* [bijou, chaussures, vêtement] to be worn / *je veux une veste qui se porte avec tout* I want a jacket which can be worn ou which goes with anything / *c'est une robe qui se porte avec une ceinture* this dress is worn with a belt / *les manteaux se porteront longs cet hiver* coats will be (worn) long this winter. ◆ vpi **1.** [personne] ▸ **comment vous portez-vous?** how do you feel?, how are you (feeling)? / *il se porte très bien maintenant* he's (feeling) fine now / *à bientôt, portez-vous bien!* see you soon, look after yourself! / *il va bientôt s'en aller, je ne m'en porterai que mieux* he's going to leave soon and I'll feel all the better for it / *nos parents ne prenaient pas de congés et ne s'en portaient pas plus mal* our parents never took time off and they were none the worse for it **2.** [se proposer comme] ▸ **se porter acquéreur de qqch** to offer to buy sthg ▸ **se porter candidat** to put o.s. up ou to stand UK ou to run US as a candidate ▸ **se porter caution** to stand security / *se porter volontaire pour faire* to volunteer to do ▸ **se porter fort pour qqn** *sout* to act as a guarantor for sb ▸ **se porter fort de qqch** *sout* to guarantee sthg, to vouch for sthg **3.** [aller] ▸ **se porter au-devant de qqn** to go to meet sb / *se porter en tête d'une procession / course* to take the lead in a procession / race ▸ **se porter en avant** MIL to move forward, to advance / *il s'est porté à l'avant du peloton* he went to the head of the pack / *tout son sang s'est porté à sa tête* the blood rushed to his head.

✣ **se porter à** vp + prép *sout* [se livrer à] to give o.s. over to, to indulge in / *se porter à des actes de violence* to indulge in violent acts / *comment a-t-il pu se porter à de telles extrémités?* how could he go to such extremes?

✣ **se porter sur** vp + prép [choix, soupçon] to fall on ; [conversation] to turn to / *tous les regards se portèrent sur elle* all eyes turned towards her.

porte-revues *(pl* porte-revues), **porte-revue*** [pɔʀtʀəvy] nm magazine rack.

porte-savon [pɔʀtsavɔ̃] *(pl* porte-savon *ou* porte-savons) nm soap dish.

porte-serviettes *(pl* porte-serviettes) [pɔʀtsɛʀvjɛt] nm inv towel rail.

porteur, euse [pɔʀtœʀ, øz] ◆ adj **1.** [plein d'avenir] flourishing / *un marché porteur* a buoyant market / *l'informatique est un secteur porteur* computing is a flourishing ou booming industry / *une idée porteuse* an idea with great potential **2.** [chargé] ▸ **porteur de** : *un vaccin porteur d'espoir* a vaccine which brings new hope / *un livre porteur de doutes* a book expressing doubt **3.** TECHNOL [essieu] loadbearing ; [roue] carrying **4.** PHYS ▸ **onde / fréquence porteuse** carrier wave / frequency **5.** ASTRONAUT [fusée] booster *(modif)* **6.** CONSTR [mur] load-bearing **7.** MÉD ⟶ **mère.** ◆ nm, f **1.** MÉD carrier ▸ **porteur sain** (unaffected) carrier **2.** [de bagages] porter ; [d'un cercueil, d'un brancard, d'un étendard] bearer ; [d'eau] carrier ; [de nouvelles, d'une lettre] bearer / *le porteur du message attend votre réponse* the bearer of the message *sout* ou the messenger is waiting for your answer **3.** SPORT ▸ **le porteur du ballon** the player in possession of ou with the ball.

✣ **porteur** nm BANQUE & BOURSE bearer ▸ **chèque / obligations au porteur** bearer cheque / bonds ▸ **porteur d'obligations** bondholder / *payable au porteur* payable to bearer.

porte-vélos *(pl* porte-vélos *ou* porte-vélo*) [pɔʀtəvelo] nm inv bicycle rack.

porte-voix, portevoix* [pɔʀtəvwa] nm inv [simple] megaphone ; [électrique] loud-hailer UK, bullhorn US / *parler dans un porte-voix* to talk through a megaphone.

portfolio [pɔʀtfɔljo] nm ART portfolio.

portier, ère [pɔʀtje, ɛʀ] ◆ adj RELIG ▸ **(frère) portier** porter ▸ **sœur portière** portress. ◆ nm, f commissionaire UK, doorman (doorwoman) / *portier de nuit* night porter.

✣ **portière** nf **1.** [d'un véhicule] door **2.** [tenture] portière, door curtain.

portillon [pɔʀtijɔ̃] nm [d'une porte cochère] wicket ; [dans le métro] ▸ **portillon automatique** ticket barrier.

portion [pɔʀsjɔ̃] nf **1.** [part - de nourriture] portion, helping ; [- d'argent] share, cut ▸ **portion congrue** (income providing) a meagre living **2.** [segment - de ligne, d'autoroute] stretch.

✣ **en portions** loc adj in individual helpings.

portique [pɔʀtik] nm **1.** ARCHIT portico **2.** SPORT crossbeam **3.** [dispositif de sécurité] security gate **4.** INDUST gantry crane.

portland [pɔʀtlɑ̃d] nm ▸ **(ciment) portland** Portland cement.

Port Louis [pɔʀlwi] npr Port Louis.

porto [pɔʀto] nm port (wine).

Porto [pɔʀto] npr Porto.

Port of Spain [pɔʀtɔvspɛn] npr GÉOGR Port of Spain.

portor [pɔʀtɔʀ] nm yellow-veined black marble.

portoricain, e [pɔʀtɔʀikɛ̃, ɛn] adj Puerto Rican.

✣ **Portoricain, e** nm, f Puerto Rican.

Porto Rico [pɔʀtɔʀiko] npr Puerto Rico / *à Porto Rico* in Puerto Rico.

portrait [pɔʀtʀɛ] nm **1.** [dessin, peinture, photo] portrait / *le portrait n'est pas très ressemblant* it is not a very good likeness ▸ **faire le portrait de qqn a)** [dessinateur] to draw sb's portrait **b)** [peintre] to paint sb's portrait / **'votre portrait en 5 minutes'** [photo] 'your photo in 5 minutes' ▸ **portrait de famille** family portrait ▸ **être tout le portrait** ou **le portrait vivant de qqn** to be the spitting image of sb **2.** ART : *l'art du portrait, le portrait* portraiture **3.** *fam* [figure] : *il lui a abîmé le portrait* he rearranged his face (for him) *hum* / *elle s'est fait arranger le portrait* she got her face rearranged **4.** [description] portrayal, description, portrait ▸ **faire** ou **tracer le portrait de qqn** to portray sb **5.** JEUX ≃ Botticelli ▸ **portrait chinois** ≃ animal, vegetable or mineral.

portrait-interview [pɔʀtʀɛɛ̃tɛʀvju] *(pl* **portraits-interviews**) nm close-up *(interview)*.

portraitiste [pɔʀtʀɛtist] nmf portraitist.

portrait-robot [pɔʀtʀɛʀɔbo] *(pl* **portraits-robots**) nm **1.** [d'un criminel] Photofit ou Identikit picture **2.** [caractéristiques] typical profile.

portraiturer [3] [pɔʀtʀɛtyʀe] vt *litt* to portray, to depict.

Port-Saïd [pɔʀsaid] npr Port Said.

portuaire [pɔʀtɥɛʀ] adj port *(modif)*, harbour *(modif)* UK, harbor *(modif)* US.

portugais, e [pɔʀtygɛ, ɛz] adj Portuguese.

✣ **Portugais, e** nm, f Portuguese ▸ **les Portugais** the Portuguese.

✣ **portugais** nm LING Portuguese.

✣ **portugaise** nf [huître] Portuguese oyster.

✣ **portugaises** nfpl *arg crime* lugholes UK, ears / *avoir les portugaises ensablées* to be deaf as a post.

Portugal [pɔʀtygal] npr m ▸ **le Portugal** Portugal ▸ **au Portugal** in Portugal.

portulan [pɔʀtylɑ̃] nm portolano.

POS, Pos [pɔs] nm abr de **plan d'occupation des sols.**

pose [poz] nf **1.** [mise en place] putting in, installing / *la pose de la fenêtre vous coûtera 85 €* it will cost you 85 € to have the window put in / *la pose d'un carrelage* laying tiles / *la pose d'une moquette* fitting ou laying (wall-to-wall) carpet / *train de pose* track-laying train **2.** [attitude] position, posture / *dans une pose peu élégante* in a rather inelegant position ou posture ▸ **prendre une pose avantageuse** to strike a flattering pose ; [pour un artiste] pose ▸ **prendre la pose** to start posing, to take up a pose ▸ **garder** ou **tenir la pose** to hold the pose **3.** PHOT [cliché, durée] exposure / *24/36 poses* 24/36 exposures **4.** *sout* [affectation] affectation.

posé, e [poze] adj **1.** [mesuré - personne] self-possessed, collected, composed ; [- manières, ton] calm, cool, tranquil **2.** MUS : *voix bien / mal posée* steady / unsteady voice.

Poséidon [pɔzeidɔ̃] npr Poseidon.

posément [pozemɑ̃] adv calmly, coolly.

posemètre [pozmɛtʀ] nm exposure meter.

poser[1] [poze] nm MIL landing *(of a helicopter)*.

poser[2] [3] [poze] ◆ vt **1.** [mettre] to put, to lay, to place / *poser ses coudes sur la table* to rest ou to put one's elbows on the table / *je ne sais plus où j'ai posé la clef* I can't remember where I've put ou left the key / *poser un sac par terre* to put a bag (down) on the floor / *elle avait posé sa bicyclette contre la palissade* she'd leant ou put her bike against the fence / *ne pose pas ton chapeau sur le lit* don't put your hat (down) on the bed / *elle a posé le pied sur la première marche* she placed ou put her foot on ou onto the first step / *j'ai tellement mal que je ne peux plus poser le pied par terre* my foot hurts so much, I can't put my weight on it any longer / *dès que je pose la tête sur l'oreiller, je m'endors* I fall asleep as soon as my head touches the pillow / *il posa un baiser sur ses paupières* he kissed her on the eyelids / *je ne sais pas où poser mes fesses* *fam & hum* I don't know where to sit ; *(en usage absolu)* : *à toi de poser!* [aux dominos] your turn! ; [cesser d'utiliser] to put away ou down *(sép)* / *pose ton ballon et viens dîner* put away your ball and come and have dinner / *posez vos stylos et écoutez-moi* put your pens down and listen to me **2.** [installer - papier peint, cadre, tentures, affiche] to put up *(sép)* ; [- antenne] to put up *(sép)*, to install ; [- radiateur, alarme] to put in *(sép)*, to install ; [- verrou] to fit ; [- cadenas] to put on *(sép)* ; [- moquette] to fit, to lay ; [- carrelage, câble, mine, rail, tuyau] to lay ; [- vitre] to put in ; [- placard] to put in, to install ; [- prothèse] to fit, to put in ; [- enduit] to put on / *faire poser un double vitrage* to have double-glazing put in ou fitted / *se faire poser une couronne* to have a crown fitted **3.** [énoncer - question] to ask ; [- devinette] to ask, to set ▸ **poser une question à qqn** to ask sb a question, to put a question to sb / *je peux poser la question autrement* I can put ou ask the question another way ▸ **poser sa candidature a)** to apply **b)** POL to stand UK ou run US for election ▸ **poser un problème a)** [causer des difficultés] to raise ou to pose a problem **b)** [l'énoncer] to set a problem / *de la façon dont il m'avait posé le problème…* the way he'd put ou outlined the problem to me… / *elle me pose de gros problèmes* she's a great problem ou source of anxiety to me / *si ça ne pose pas de problème, je viendrai avec mon chien* if it's not a problem (for you) I'll bring my dog **4.** [établir - condition] to state, to lay down ; [- principe, règle] to lay ou to set down *(sép)*, to state / *une fois posées les bases du projet* once the foundations of the project have been laid down ▸ **poser qqch comme condition / principe** to lay sthg down as a condition / principle / *si l'on pose que…* if we assume ou suppose that… / *si l'on pose comme hypothèse que…* if we take as a hypothesis that… / *cela posé,* *nous pouvons dire que...* taking this as read, we can say that... / *posons cela comme acquis* let's take that as read **5.** *fam* [mettre en valeur] to establish the reputation of, to give standing to / *il n'y a rien qui pose un chercheur comme le Nobel* there's nothing quite like the Nobel prize to get a scientist noticed ou to boost a scientist's reputation / *une voiture comme ça, ça vous pose* that kind of car gives you a certain status **6.** MATH to put down *(sép)* / *je pose 2 et je retiens 1* put down 2, carry 1 ▸ **poser une opération** to set out a sum **7.** MUS ▸ **poser sa voix** to pitch one's voice **8.** SPORT to place / *il a bien posé sa volée* he placed his volley perfectly **9.** AÉRON [avion, hélicoptère] to land, to set down *(sép).* ◆ vi **1.** [pour un peintre, un photographe] to pose, to sit / *j'ai souvent posé pour elle* I used to pose ou to sit for her regularly / *poser pour une photo / un magazine* to pose for a photo / magazine / *et maintenant, tout le monde va poser pour la photo souvenir* let's have everyone together now for the souvenir photograph ▸ **faire poser qqn** *fam* [le faire attendre] to keep sb hanging around **2.** [fanfaronner] to put on airs, to show off, to pose / *regardez-le poser devant ces dames!* just look at him showing off in front of those ladies! / *il adore poser* he can't resist showing off ; [faire semblant] to put on airs, to strike a pose ou an attitude / *elle n'est pas vraiment malheureuse, elle pose* she's not really unhappy, it's just a façade ou it's all show ▸ **poser à** [se faire passer pour] to pretend to be, to act, to play / *poser au justicier* to act the avenger.

❖ **se poser** ◆ vp *(emploi passif)* ▸ **se poser facilement a)** [chaudière] to be easy to install **b)** [moquette] to be easy to lay. ◆ vpt [faire surgir] ▸ **se poser la question de savoir si...** to ask o.s. ou to wonder whether... / *il va finir par se poser des questions* he's going to start having doubts. ◆ vpi **1.** [descendre - avion, hélicoptère] to land, to touch down ; [- papillon] to land, to alight ; [- oiseau] to land, to perch ▸ **se poser en catastrophe** to make an emergency landing / *se poser en douceur* to make a smooth landing / *les hirondelles se posent sur les fils électriques* the swallows land ou perch on the electric wires / *une plume est venue se poser sur sa tête* a feather floated down onto his head / *tous les regards se posèrent sur elle* all eyes turned to her / *il sentit leurs yeux se poser sur lui* he could feel their eyes on him / *sa main se posa sur la mienne* she put her hand on mine **2.** *fam* [s'asseoir] ▸ **pose-toi là** sit (yourself) down here **3.** [surgir - question, problème] to arise, to come up / *la question s'est déjà posée plusieurs fois* the question has come up several times already / *la question ne se pose plus maintenant* the question is irrelevant now / *la question qui se pose maintenant est la suivante* the question which must now be asked is the following / *le problème qui se pose à moi* the problem I've got to face ou to solve / *le problème se pose de savoir si l'on doit négocier* there's the problem of whether or not we should negotiate / *le problème ne se pose pas exactement en ces termes* that's not exactly where the problem lies **4.** ▸ **se poser en** ou **comme** [se faire passer pour] to pass o.s. off as / *il veut se poser comme arbitre du goût* he wants to pass himself off as ou to pose as an arbiter of taste / *je ne me suis jamais posé en expert* I never set myself up to be ou I never pretended I was an expert **5.** *fam* EXPR **se poser là** [il est brillant] : *pour l'intelligence, son frère se pose là!* her brother's got quite a brain! / *elle se pose là, leur bagnole!* [avec admiration] their car's an impressive bit of machinery! / *comme plombier, tu te poses là!* call yourself a plumber, do you? / *comme enquiquineuse, elle se pose un peu là!* she's such a pain in the neck! / *comme gaffe, ça se pose là!* that's what you might call a blunder!

poseur, euse [pozœʀ, øz] ◆ adj [prétentieux] affected, pretentious, mannered / *elle est très poseuse* she's terribly pretentious. ◆ nm, f **1.** [m'as-tu-vu] poseur, show-off **2.** [installateur] ▸ **poseur de** : *poseur de parquet / carrelage* floor / tile layer / *poseur de mines* mine layer / *poseur de rails* tracklayer / *les poseurs de bombes se sont enfuis* those responsible for planting the bombs ou the bombers ran away.

posidonie [pɔzidɔni] nf posidonia.

positif, ive [pozitif, iv] adj **1.** [constructif - mesures, suggestion, attitude] positive, constructive ; [- réaction, échos, critique] favourable UK, favorable US **2.** [réaliste] pragmatic, practical-minded **3.** [affirmatif - réponse] positive / *si sa réponse est positive* if he says yes **4.** MATH, MÉD, PHOT & PHYS positive.

❖ **positif** nm **1.** [quelque chose de constructif] : *il nous faut du positif* we need something positive **2.** LING, MATH & PHOT positive **3.** MUS [orgue] positive organ ; [clavier secondaire] choir ou positive organ.

position [pozisjɔ̃] nf **1.** MIL [lieu d'où l'on mène une action] position / *une position dominante* a commanding position ▸ **position avancée / défensive** advanced / defensive position ▸ **position clef** key position ▸ **être en position de combat** to be ready to attack ▸ **des positions fortifiées** a fortified position ▸ **position de repli** MIL & *fig* fall-back position **2.** [lieu où l'on se trouve] position / *donnez-nous votre position* what is your position? / *déterminer sa position* to find one's bearings ▸ **déterminer la position de qqch** to locate sthg **3.** [dans un sondage, une course] position, place ▸ **nous sommes en dernière / première position dans le championnat** we're bottom of the league / in the lead in the championship ▸ **arriver en première / dernière position a)** [coureur] to come first / last **b)** [candidat] to come top / be last / *elle est en sixième position* she's in sixth position ou place, she's lying sixth / *ils ont rétrogradé en quatrième position au hit-parade* they went down to number four in the charts **4.** [posture] posture, position / *changer de position* to change (one's) position, to shift / *tu as une mauvaise position* you've got bad posture / *tu as une mauvaise position à cheval / lorsque tu fais le stem* your posture on horseback / when doing the stem turn is incorrect ▸ **la position debout est inconfortable** standing up is uncomfortable ▸ **dans la** ou **en position verticale** when standing up ▸ **dans la** ou **en position allongée** when lying down ▸ **dans la** ou **en position assise** when sitting, in a sitting position ▸ **la position du missionnaire** the missionary position ▸ **position de sécurité** [de passager d'un avion] brace position **5.** [angle, orientation] position, setting / *quelle est la position de l'aiguille?* where is the needle pointing?, what's the position of the needle? / *mettez le siège en position inclinée* tilt the seat back / *éclairage à plusieurs positions* lamp with several settings **6.** [opinion] position, stance, standpoint ▸ **prendre position (sur qqch)** to take a stand ou to take up a position (on sthg) ▸ **prendre position pour** ou **en faveur de qqch** to come down in favour of sthg ▸ **prendre position contre qqch** to come out against sthg ▸ **rester sur ses positions** *pr & fig* to stand one's ground, to stick to one's guns / *quelle est la position de la France dans ce conflit?* what's France's position on this conflict? ▸ **position commune** POL common stance **7.** [situation] position, situation / *vous me mettez dans une position délicate* you're putting me in a difficult situation ou position ▸ **en position de** : *en position de force* in a strong position ou a position of strength ▸ **être en position de faire qqch** to be in a position to do sthg ; [dans une entreprise] position, post / *dans sa position, elle devrait se sentir responsable* a woman in her position should feel responsible / *j'ai une position à tenir* I have my position to think of ▸ **(abus de) position dominante** ÉCON (abuse of) dominant position ▸ **position sociale** social standing **8.** BANQUE balance (of account) / *j'aimerais avoir ma position, s'il vous plaît* could you tell me my balance, please? ▸ **position de place** BOURSE market position ▸ **feuille de position** interim statement **9.** LING [d'un terme, d'une syllabe, d'une voyelle] position ▸ **phonème en position forte / faible** stressed / unstressed phoneme **10.** DANSE position **11.** MUS [accord, doigté] position **12.** GÉOM & PSYCHOL position **13.** DR status.

❖ **de position** loc adj [balise] position *(modif).*

positionnement [pozisjɔnmɑ̃] nm **1.** ÉCON positioning **2.** MÉCAN positioning.

positionner [3] [pozisjɔne] vt **1.** ÉCON [produit] to position **2.** MÉCAN to position **3.** [localiser] to locate, to determine the position of.

❖ **se positionner** vp *(emploi réfléchi)* to position o.s., to get into position.

positionneur [pozisjɔnœʀ] nm positioner.

positive [pozitiv] f ⟶ **positif.**

positivement [pozitivmɑ̃] adv positively.

positiver [pɔzitive] ◆ vt : *positiver son stress / ses angoisses* to channel one's stress / anxiety. ◆ vi to think positive.

positivisme [pozitivism] nm positivism ▸ **positivisme logique** logical positivism.

positiviste [pozitivist] adj & nmf positivist.

positivité [pozitivite] nf positivity.

posit(r)on [pozit(ʀ)ɔ̃] nm positron.

posologie [pozɔlɔʒi] nf **1.** [instructions] dosage ▸ **respectez la posologie** use as directed **2.** [science] posology.

possédant, e [pɔsedɑ̃, ɑ̃t] adj propertied, property-owning.

❖ **possédants** nmpl ▸ **les possédants** people with property, property owners.

possédé, e [pɔsede] nm, f : *comme un possédé* like a man possessed.

posséder [18] [pɔsede] vt **1.** [détenir - demeure, collection, fortune, terres] to own, to possess, to have ; [- colonies] to have ; [- preuve, document, titre, ticket] to hold, to have ; [- arme, armée] to possess / *les gens qui ne possèdent rien* those who have nothing / *le pays ne possédait pas d'armée puissante* the country did not possess a powerful army **2.** [être doté de - talent, mémoire] to possess, to have / *cette région possède de grandes réserves d'eau* this region has large water reserves **3.** [maîtriser - art, langue] to have mastered ▸ **(bien) posséder son sujet** to be master ou on top of one's subject / *un conférencier qui possède parfaitement son sujet* a lecturer who knows exactly what he's talking about ▸ **être possédé par** to be possessed by ou with / *le démon qui le possède* the devil within him **4.** *fam* [tromper - suj: escroc] to con, to have / *je me suis fait posséder* I've been conned ou had **5.** *litt* [sexuellement] to possess, to have carnal knowledge of / *quand il la posséda enfin* when finally she was his.

❖ **se posséder** vpi [se dominer] : *je ne me possédais plus* I was not myself any more, I was no longer master of myself.

In reformed spelling (see p. 16-19), this verb is conjugated like *semer*: *il possèdera, elle possèderait.*

possesseur [pɔsesœʀ] nm **1.** [propriétaire - d'une maison, d'une collection, d'une fortune] owner, possessor ; [- d'un hôtel, d'une ferme] owner, proprietor ; [- d'une charge, d'un ticket] holder ; [- d'un titre] incumbent, holder ; [- de documents] possessor, holder / *être le possesseur d'une propriété* to own ou to possess a property **2.** [détenteur - d'une preuve] possessor.

possessif, ive [pɔsesif, iv] adj LING & PSYCHOL possessive.

❖ **possessif** nm GRAM possessive (form).

possession [pɔsesjɔ̃] nf **1.** [détention - d'une maison, d'un hôtel, d'une collection, d'une fortune] ownership, possession ; [- d'informations] possession ; [- d'actions, d'un diplôme] holding ; [- d'une charge, d'un titre] possession, holding ; [- d'un poste] tenure ▸ **avoir qqch en sa possession** to have sthg in one's possession ▸ **être en possession de** to be in possession of ▸ **prendre possession de a)** [maison] to take possession of **b)** [fonctions] to take up ▸ **entrer en possession de** to come into possession of, to come by / *comment êtes-vous entré en possession de ces documents?* how did you come to have ou come by these documents? ▸ **tomber en la possession de qqn** to come into sb's possession **2.** DR possession ▸ **possession utile** quiet possession **3.** [territoire] possession, dominion **4.** [contrôle] control / *une force étrange a pris possession de lui* a strange force has gained possession of him **5.** PSYCHOL & RELIG possession.

possessivité [pɔsesivite] nf possessiveness.

possessoire [pɔseswaʀ] ◆ adj possessory. ◆ nm **1.** [droit] (right of) possession **2.** [action] possessory action.

possibilité [pɔsibilite] nf **1.** [chose envisageable ou faisable] possibility **2.** [moyen] possibility ; [occasion] opportunity / *il n'a pas vraiment la possibilité de refuser* he can't really refuse / *mon travail me donne la possibilité de voyager* my job gives me the opportunity of travelling **3.** [éventualité] possibility / *le syndicat n'a pas nié la possibilité d'une reprise des négociations* the trade union has not ruled out the possible re-opening of negotiations.

❖ **possibilités** nfpl [financières] means / *20 €, c'est dans mes possibilités* 20 euros, that's within my means / *la maison était au-dessus de nos possibilités* we couldn't afford the house ; [intellectuelles, physiques] possibilities, potential / *c'est un pianiste qui a de grandes possibilités* this pianist has got great possibilities ou potential / *écrire une thèse serait au-dessus de mes possibilités* I couldn't cope with writing a thesis ; [techniques] facilities / *machine qui offre de multiples possibilités d'utilisation* machine with many features.

possible [pɔsibl] ◆ adj **1.** [réalisable -gén] possible ; [-construction] feasible / *est-il possible de vivre sur Mars?* is life possible on Mars? ▸ **rendre qqch possible** to make sthg possible / *il est possible de dire / de faire* it is possible to say / to do / *il est toujours possible d'annuler la réunion* the meeting can always be cancelled / *il ne m'est financièrement pas possible de partir pour l'étranger* I cannot afford to go abroad / *j'ai fait tout ce qu'il m'était techniquement possible de faire* I did everything that was technically possible ; [par exagération] : *ce n'est pas possible d'être aussi maladroit!* how can anyone be so clumsy! / *il faut qu'on divorce, ce n'est pas possible autrement* we've got to get a divorce, it's the only solution / *on a dû le pousser, ce n'est pas possible autrement!* somebody MUST have pushed him! / *il est pas possible, ce mec!* *fam* this guy's just too much! **2.** [probable] possible / *il est possible que je vous rejoigne plus tard* I may ou might join you later / *serait-il possible qu'il m'ait menti?* could he (possibly) have lied to me? / *il t'aime — c'est bien possible, mais moi pas!* he loves you — quite possibly ou that's as may be, but I don't love him! / *tu devrais lui écrire — c'est possible, mais je n'en ai pas envie* you should write to him — maybe (I should), but I don't feel like it **3.** [pour exprimer l'étonnement] : *elle est morte hier — c'est pas possible!* *fam* she died yesterday — I can't believe it! / *pas possible! c'est ta fille?* *fam* is this your daughter? well, I never! / *Noël c'est le 25 — pas possible!* *iron* Christmas is on the 25th — you don't say! **4.** [envisageable -interprétation, explication, option] possible / *le 24 février serait une date possible* the 24th of February would be a possible date ou a possibility / *voici la sélection possible pour le match de demain* here is the possible selection for tomorrow's match **5.** [potentiel] possible / *je l'ai cherché dans tous les endroits possibles* I looked for it everywhere imaginable ou in every possible place / *as-tu considéré tous les cas possibles?* have you considered every possible ou conceivable explanation? / *il a eu tous les problèmes possibles et imaginables pour récupérer son argent* he had all kinds of problems getting his money back ▸ **bougez le moins possible** move as little as possible / *roulez le plus lentement possible* drive as slowly as possible / *je veux un rapport aussi détaillé que possible* I want as detailed a report as possible / *j'ai acheté les moins chers possible* I bought the cheapest I could find / *il mange le plus / le moins de gâteaux possible* ou *possibles* he eats as many / as few cakes as possible. ◆ nm ▸ **le possible** the possible / *c'est dans le domaine du possible* it's within the bounds of possibility, it's quite possible ▸ **faire (tout) son possible** to do one's best ou all one (possibly) can ou one's utmost.

❖ **au possible** loc adv in the extreme ▸ **ennuyeux au possible** extremely boring / *elle a été désagréable / serviable au possible* she couldn't have been more unpleasant / helpful.

possiblement [pɔsibləmɑ̃] adv QUÉBEC arguably.

postal, e, aux [pɔstal, o] adj [colis] (sent) by post UK ou mail ; [frais, service, tarif] postal.

postchèque [pɔstʃɛk] nm Post Office traveller's cheque.

postclassique [pɔstklasik] adj postclassical.

postcombustion [pɔstkɔ̃bystjɔ̃] nf **1.** [combustion] reheat, after-burning **2.** [dispositif] afterburner.

postcommunisme [pɔstkɔmynism] nm postcommunism.

postcommuniste [pɔstkɔmynist] adj postcommunist.

postcure [pɔstkyʀ] nf rehabilitation, aftercare ▸ **foyer de postcure** rehabilitation centre.

postdater [3] [pɔstdate] vt to postdate.

poste¹ [pɔst] nm **1.** RADIO & TV ▸ **poste (de) radio / télévision** (radio) / television set ▸ **poste émetteur / récepteur** transmitting / receiving set **2.** TÉLÉC [appareil] telephone ; [d'un standard] extension / *passez-moi le poste 1421* give me extension 1421 **3.** [métier] post, job, position / *un poste à pourvoir* a post to be filled, a vacancy / *elle a un poste très élevé au ministère* she has a very senior position ou post in the ministry / *il a obtenu le poste de directeur financier* he was given the post of ou he was appointed financial director **4.** [local, installation] ▸ **poste d'aiguillage** signal box ▸ **poste de douane** customs post ▸ **poste d'équipage** crew's quarters ▸ **poste d'essence** petrol UK ou gas US ou filling station ▸ **poste d'incendie** fire point ▸ **poste de pilotage a)** AÉRON flight deck **b)** NAUT cockpit ▸ **poste de police** police station ▸ **poste de ravitaillement** service station ▸ **poste de secours** first-aid post **5.** MIL : *être / rester à son poste* *pr & fig* to be / to stay at one's post ▸ **poste de combat** action ou battle station ▸ **poste de commandement** command post ▸ **poste de contrôle** checkpoint ▸ **poste de garde** guardroom ▸ **poste d'observation / d'écoute / de surveillance** *pr & fig* observation / listening / look-out post **6.** FIN [d'un compte] item, entry ; [d'un budget] item **7.** INDUST [division du temps] shift / *poste de 10 heures* 10-hour shift ▸ **poste de nuit** nightshift ▸ **poste de travail a)** [emplacement] workplace **b)** [emploi] job **8.** CHASSE hide.

poste² [pɔst] nf **1.** [établissement] post office ▸ **poste restante** poste restante UK general delivery US **2.** [moyen d'acheminement] post UK mail US ▸ **envoyer qqch par la poste** to send sthg by post UK to mail sthg US / *mettre une lettre à la poste* to post UK ou to mail US a letter / *je venais de la mettre à la poste quand je m'aperçus que j'avais oublié le timbre* I'd just dropped it in the letter UK ou mail US box when I realized I hadn't put a stamp on it ▸ **poste aérienne** air-mail **3.** ADMIN ▸ **La Poste** the Post Office / *travailler à la Poste* to work for the Post Office ▸ **les Postes et Télécommunications** *former French postal and telecommunications service* **4.** HIST [relais] post.

❖ **postes** nfpl ARCHIT wave moulding.

posté, e [pɔste] adj INDUST shift *(modif)*.

poste-frontière [pɔst(ə)fʀɔ̃tjɛʀ] (*pl* **postes-frontières**) nm customs post.

poster¹ [pɔstɛʀ] nm poster.

poster² [3] [pɔste] vt **1.** [envoyer -colis, courrier] to post UK to mail US / *la lettre a été postée le 2 mai* the letter was sent ou was posted UK ou was mailed US on the 2nd of May **2.** [placer -garde, complice] to post, to station / *l'inspecteur fit poster un homme à chaque issue* the inspector gave orders for a man to be stationed at each exit.

❖ **se poster** vpi [sentinelle] to station ou to post ou to position o.s. / *se poster sur le parcours d'une course / d'un cortège* to go and stand on the route of a race / procession.

postérieur, e [pɔsteʀjœʀ] adj **1.** [ultérieur -date, époque] later ; [-fait, invention] subsequent, later / *le tableau est postérieur à 1930* the picture was painted after 1930 **2.** [de derrière -pattes] hind, rear, back *(modif)* ; [-partie] back, posterior *sout* **3.** PHON [voyelle, articulation] back *(modif)*.

❖ **postérieur** nm *fam* behind, bottom, posterior.

postérieurement [pɔsteʀjœʀmɑ̃] adv later, subsequently, at a later date ▸ **postérieurement à** later than, after.

posteriori [pɔsteʀjɔʀi] ⟶ **a posteriori.**

postériorité [pɔsteʀjɔʀite] nf *sout* posteriority.

postérité [pɔsteʀite] nf **1.** *litt* [lignée] posterity, descendants **2.** [générations futures] posterity ▸ **passer à la postérité a)** [artiste] to become famous, to go down in history **b)** [mot, œuvre] to be handed down to posterity ou to future generations.

postface [pɔstfas] nf postscript, afterword.

postglaciaire [pɔstglasjɛʀ] adj postglacial.

posthume [pɔstym] adj [enfant, ouvrage] posthumous / *médaille décernée à titre posthume* posthumously awarded medal.

posthypophyse [pɔstipɔfiz] nf posthypophysis.

postiche [pɔstiʃ] ◆ adj **1.** [cheveux, barbe, chignon] false **2.** *sout* [fictif] sham, spurious. ◆ nm hairpiece.

postier, ère [pɔstje, ɛʀ] nm, f postal worker.

postillon [pɔstijɔ̃] nm **1.** [de salive] ▸ **postillons** spluttering **2.** [cocher] postilion **3.** PÊCHE slide float.

postillonner [3] [pɔstijɔne] vi to splutter / *« ... », dit-il en postillonnant* " ... ", he spluttered.

postimpressionnisme [pɔstɛ̃pʀesjɔnism] nm Post-impressionism.

postimpressionniste [pɔstɛ̃pʀesjɔnist] adj & nmf Postimpressionist.

postindustriel, elle [pɔstɛ̃dystʀijɛl] adj post-industrial.

Post-it® [pɔstit] nm inv Post-it®.

postmoderne [pɔstmɔdɛʀn] adj postmodern.

postmodernisme [pɔstmɔdɛʀnism] nm postmodernism.

postmoderniste [pɔstmɔdɛʀnist] adj & nmf postmodernist.

post mortem [pɔstmɔʀtɛm] loc adj inv & loc adv post mortem.

postnatal, e, als *ou* **aux** [pɔstnatal, o] adj postnatal.

postopératoire [pɔstɔpeʀatwaʀ] adj postoperative.

post-partum (*pl* **post-partum**), **postpartum*** [pɔstpaʀtɔm] nm postpartum period.

postposer [3] [pɔstpoze] vt to place after / *un adjectif postposé* a postpositive adjective, an adjective that comes after the noun.

postposition [pɔstpozisjɔ̃] nf **1.** [particule] postposition **2.** [fait de postposer] : *la postposition de l'adjectif* placing the adjective after the noun.

postprandial, e, aux [pɔstpʀɑ̃djal, o] adj postprandial.

postproduction [pɔstpʀɔdyksjɔ̃] nf CINÉ & TV postproduction.

postromantique [pɔstʀɔmɑ̃tik] adj post-Romantic.

postscolaire [pɔstskɔlɛʀ] adj postschool *(modif)*.

post-scriptum (*pl* **post-scriptum**), **postscriptum*** [pɔstskʀiptɔm] nm postscript.

postsynchronisation [pɔstsɛ̃kʀɔnizasjɔ̃] nf postsynchronization.

postsynchroniser [3] [pɔstsɛ̃kʀɔnize] vt to postsynchronize.

postulant, e [pɔstylɑ̃, ɑ̃t] nm, f **1.** [à un emploi] applicant, candidate **2.** RELIG postulant.

postulat [pɔstyla] nm **1.** LOGIQUE & MATH postulate / *nous partons du postulat que...* we take it as axiomatic that... **2.** [principe de base] postulate **3.** RELIG postulancy.

postulation [pɔstylasjɔ̃] nf DR representation, proxy.

postuler [3] [pɔstyle] ◆ vt **1.** [poste] to apply for **2.** LOGIQUE & MATH to postulate, to assume. ◆ vi DR to represent.

❖ **postuler à** v + prép to apply for.

*In reformed spelling (see p. 16-19).

postuniversitaire [pɔstynivɛʀsitɛʀ] adj postgraduate.

postural, e, aux [pɔstyʀal, o] adj PHYSIOL postural.

posture [pɔstyʀ] nf **1.** [position du corps] posture, position / *prendre une posture comique* to strike a comic pose / *dans une posture inconfortable* in an uncomfortable position **2.** [situation] position / *être en bonne / en mauvaise posture* to be in a good / in an awkward position ▸ **être en posture de faire qqch** to be in a position to do sthg.

pot [po] nm **1.** [contenant] pot / *pot en étain / verre / terre* tin / glass / earthenware pot ▸ **mettre en pot a)** [plantes] to pot **b)** [fruits, confitures] to put into jars ▸ **pot à eau / lait** water / milk jug ▸ **pot à** ou **de yaourt** yoghurt pot ▸ **pot de chambre a)** (chamber) pot **b)** [pour enfant] pot, potty / *mets-le sur son pot* put him on his potty ▸ **pot à confiture** ou **à confitures** jam jar ▸ **pot de fleurs a)** [vide] flowerpot, plant pot **b)** [planté] flowers in a pot, potted flowers ▸ **pot à moutarde** mustard pot ▸ **pot à tabac a)** *pr* tobacco jar **b)** *fig* tubby little person ▸ **tourner autour du pot** to beat around the bush ▸ **c'est le pot de terre contre le pot de fer** *(allusion à La Fontaine)* that's the danger of confronting someone more powerful than oneself ▸ **c'est dans les vieux pots qu'on fait les bonnes** ou **les meilleures soupes** *prov* experience always wins the day *prov* **2.** [contenu] pot, potful ▸ **pot de confiture / miel** jar of jam / honey ▸ **pot de peinture** pot ou can of paint ▸ **petit pot (pour bébé)** (jar of) baby food / *elle ne lui donne que des petits pots* she only feeds him prepared baby foods **3.** *fam* [boisson] drink, jar UK, snort US / *viens, je t'offre un pot* come on, I'll buy you a drink ; [fête] ▸ **faire un pot** to have a drinks party UK / *ils font un pot pour son départ à la retraite* they're having a little get-together for his retirement / *je suis invité à un pot ce soir* I've been invited out for drinks tonight **4.** *fam* [chance] luck ▸ **avoir du pot a)** [souvent] to be lucky **b)** [à un certain moment] to be in luck ▸ **il n'a pas de pot a)** [jamais] he's unlucky **b)** [en ce moment] he's out of luck ▸ **pas de pot!** hard ou tough luck ! ▸ **coup de pot** stroke of luck ▸ **payer plein pot** *fam* to pay full fare ou full whack UK **5.** *fam* [derrière] backside, bottom, bum UK **6.** CARTES [talon] stock ; [enjeux] pot **7.** AUTO ▸ **pot d'échappement** exhaust (pipe) UK, tail pipe US ▸ **pot catalytique** catalytic converter ; [silencieux] silencer UK, muffler US **8.** NAUT ▸ **pot au noir** doldrums.

❖ **en pot** loc adj [plante] pot *(modif)*, potted ; [confiture, miel] in a jar.

❖ **pot de colle** nm *fam & fig* nuisance ; *(comme adj)* : *elle est pot de colle* she sticks to you like glue, you just can't get rid of her.

potable [pɔtabl] adj **1.** [buvable] ▸ **eau potable** drinking water ▸ **eau non potable** water unsuitable for drinking **2.** *fam* [acceptable - travail] passable, reasonable ; [- vêtement] wearable.

potache [pɔtaʃ] nm *fam* schoolkid / *blague de potache* schoolboy joke.

potage [pɔtaʒ] nm **1.** CULIN soup **2.** *litt & vieilli* : *n'ayant pour tout potage que son diplôme de masseur* with only his masseur's diploma to his name.

potager, ère [pɔtaʒe, ɛʀ] adj [culture] vegetable *(modif)* ; [plante] grown for food, food *(modif)*.

❖ **potager** nm kitchen garden, vegetable plot.

potard [pɔtaʀ] nm *fam & vieilli* [pharmacien] chemist UK, druggist US ; [étudiant] pharmacy student.

potasse [pɔtas] nf **1.** [hydroxyde] potassium hydroxide, (caustic) potash **2.** [carbonate] (impure) potassium carbonate, potash.

potasser [3] [pɔtase] vt *fam* [discipline, leçon] to swot up UK, to bone up on US ; [examen] to swot up for UK, to bone up for US, to cram for.

potassique [pɔtasik] adj potassic.

potassium [pɔtasjɔm] nm potassium.

pot-au-feu [pɔtofø] ◆ nm inv CULIN pot-au-feu, beef and vegetable stew. ◆ adj inv *fam* [pantouflard] ▸ **être pot-au-feu** to be a homebody.

pot-de-vin [podvɛ̃] *(pl* **pots-de-vin***)* nm bribe ▸ **verser des pots-de-vin à qqn** to grease sb's palm, to bribe sb.

pote [pɔt] nm *fam* pal, mate UK, buddy US.

poteau, x [pɔto] nm **1.** [mât] post, pole ▸ **poteau indicateur** signpost ▸ **poteau télégraphique** telegraph pole ou post ▸ **poteau (d'exécution)** (execution) stake ▸ **envoyer qqn au poteau** to sentence sb to execution by firing squad ▸ **le proviseur, au poteau!** *fam* down with the headmaster ! **2.** SPORT [support de but] post, goal-post / *entre les poteaux* between the goal posts ou the uprights ; [dans une course] ▸ **poteau d'arrivée** winning post ▸ **poteau de départ** starting post / *rester au poteau* [cheval] to be left at the starting post ▸ **se faire coiffer au** ou **battre sur le poteau (d'arrivée) a)** *pr* to be beaten at the (finishing) post **b)** *fig* to be pipped at the post UK, to be beaten by a nose US **3.** *fam & vieilli* [ami] mate UK, buddy US.

potée [pɔte] nf **1.** pork hotpot *(with cabbage and root vegetables)* **2.** MÉTALL [pour mouler] moulding clay **3.** TECHNOL [d'étain] putty powder ; [de fer] crocus, jeweller's rouge.

potelé, e [pɔtle] adj plump, chubby / *une petite bonne femme potelée* a dumpy little woman.

potelet [pɔtlɛ] nm bollard.

potence [pɔtɑ̃s] nf **1.** [supplice, instrument] gallows **2.** CONSTR [d'une charpente] post and braces ; [pour une lanterne, une enseigne] support **3.** [d'une grue] crane jib **4.** [pour panneaux de signalisation] overhead signpost.

potentat [pɔtɑ̃ta] nm **1.** *sout* [monarque] potentate **2.** [despote] despot / *il se comporte en vrai potentat avec ses employés* he's a real despot as far as his employees are concerned.

potentialisation [pɔtɑ̃sjalizasjɔ̃] nf potentiation.

potentialiser [pɔtɑ̃sjalize] vt to potentiate.

potentialité [pɔtɑ̃sjalite] nf potentiality.

potentiel, elle [pɔtɑ̃sjɛl] adj potential ▸ **un client potentiel** a prospective client.

❖ **potentiel** nm **1.** ÉLECTR, MATH, PHYS & PHYSIOL potential **2.** [possibilités] potential, potentiality / *avoir un certain potentiel* [personne] to have potential ▸ **potentiel de croissance** growth potential ▸ **potentiel nucléaire** nuclear capability ▸ **potentiel de réchauffement global** ÉCOL global warming potential **3.** LING potential (mood).

potentiellement [pɔtɑ̃sjɛlmɑ̃] adv potentially.

potentiomètre [pɔtɑ̃sjɔmɛtʀ] nm potentiometer.

poterie [pɔtʀi] nf **1.** [art] pottery **2.** [article] piece of pottery / *des poteries grecques* Greek pottery.

poterne [pɔtɛʀn] nf [porte] postern.

potestatif, ive [pɔtɛstatif, iv] adj ▸ **condition potestative** potestative condition.

potiche [pɔtiʃ] nf **1.** [vase] rounded vase **2.** *fam* [personne] figurehead *fig*, puppet *fig*.

potier, ère [pɔtje, ɛʀ] nm, f potter.

potimarron [pɔtimaʀɔ̃] nm *variety of small pumpkin.*

potin [pɔtɛ̃] nm *fam* [bruit] racket, rumpus ▸ **faire du potin a)** [machine, personne] to make a racket **b)** [scandale, affaire] to cause a furore.

❖ **potins** nmpl *fam* [ragots] gossip, idle rumours / *(rubrique des) potins mondains* society gossip (column).

potiner [3] [pɔtine] vi *fam* to gossip, to spread rumours.

potinier, ère [pɔtinje, ɛʀ] adj *fam* gossipy, scandalmongering.

potion [posjɔ̃] nf potion, draft ▸ **potion magique** magic potion.

potiquet [pɔtikɛ] nm BELG pot.

potiron [pɔtiʀɔ̃] nm pumpkin.

potlatch [pɔtlatʃ] nm ANTHR potlatch.

pot-pourri *(pl* **pots-pourris***)*, **potpourri*** [popuʀi] nm **1.** MUS potpourri, medley **2.** LITTÉR potpourri **3.** [fleurs] potpourri.

potron-jaquet [pɔtʀɔ̃ʒakɛ], **potron-minet** [pɔtʀɔ̃minɛ] nm inv *hum ou vieilli* ▸ **dès potron-jaquet** at the crack of dawn.

Potsdam [pɔtsdam] npr Potsdam.

pou, x [pu] nm **1.** [parasite de l'homme] louse ▸ **des poux** lice ▸ **pou de tête / du corps** head / body louse ▸ **poux du pubis** crab ou pubic lice, crabs **2.** ENTOM ▸ **pou collant** ou **des serres** cochineal (insect) ▸ **pou des livres** (common) book louse **3.** EXPR **être laid** ou **moche** *fam* **comme un pou** to be as ugly as sin ▸ **être fier** ou **orgueilleux comme un pou** to be as proud as a peacock.

pouah [pwa] interj ugh, yuck.

poubelle [pubɛl] nf **1.** [récipient à déchets] dustbin UK, trash ou garbage can US ▸ **mettre** ou **jeter qqch à la poubelle** to put ou to throw sthg in the dustbin / *je vais mettre ces vieilles chaussures à la poubelle* I'm going to throw these old shoes out / *bon pour la poubelle* fit for the dustbin / *faire les poubelles* to go scavenging (from the dustbins) ▸ **les poubelles de l'histoire** *fig* the scrap heap of history ▸ **poubelle à pédale** pedal bin **2.** [dépotoir] dumping-ground, rubbish UK ou garbage US dump / *ne prenez pas la mer pour une poubelle* don't use the sea as a dumping-ground.

pouce [pus] nm **1.** ANAT [doigt] thumb ; [orteil] big toe ▸ **se tourner les pouces** *fam* to twiddle one's thumbs ▸ **et le pouce!** *fam* and a bit more besides ! **2.** [dans un jeu] ▸ **pouce!** pax ! UK, time out ! US **3.** [mesure] inch / *on n'avançait pas d'un pouce sur la route* the traffic was solid / *je ne changerai pas d'un pouce les dispositions de mon testament* I won't change one jot ou iota of my will **4.** EXPR **faire du pouce, voyager sur le pouce** QUÉBEC to hitchhike.

pouce-pied *(pl* **pouces-pieds***)*, **poucepied*** [puspje] nm goose barnacle.

Pouchkine [puʃkin] npr Pushkin.

pouding [pudiŋ], **poudingue** [pudɛ̃g] = **pudding.**

poudrage [pudʀaʒ] nm **1.** [gén] (light) powdering ou sprinkling **2.** AGR dusting, crop-dusting.

poudre [pudʀ] nf **1.** [aliment, médicament] powder ; [de craie, d'os, de diamant, d'or] dust, powder ▸ **mettre** ou **réduire qqch en poudre** to reduce sthg to powder, to pulverize ou to powder sthg ▸ **poudre à éternuer** sneezing powder ▸ **poudre à laver** washing UK ou soap powder ▸ **poudre à récurer** scouring powder **2.** ARM powder, gunpowder ▸ **poudre à canon** gunpowder ▸ **faire parler la poudre** to settle the argument with guns ▸ **ça sent la poudre** there's talk of war **3.** [cosmétique - pour le visage] (face) powder ; [- pour une perruque] powder ▸ **poudre de riz** face powder ▸ **poudre compacte / libre** pressed / loose powder / *se mettre de la poudre* to powder one's face ou nose **4.** *arg crime* [héroïne] smack, heroin **5.** EXPR **prendre la poudre d'escampette** to decamp ▸ **jeter de la poudre aux yeux à qqn** to try to dazzle ou to impress sb ▸ **tout ça c'est de la poudre aux yeux** all that's just for show ▸ **poudre de perlimpinpin** [faux remède] quack remedy / *leur politique, c'est de la poudre de perlimpinpin* their policy is just a magic cure-all.

❖ **en poudre** loc adj [amandes, lait] powdered ▸ **chocolat en poudre** drinking chocolate / *noix de muscade en poudre* ground nutmeg.

poudrer [3] [pudʀe] vt **1.** [maquiller] to powder **2.** *litt* [saupoudrer] : *la neige poudrait les arbres* the trees had a light powdering ou sprinkling of snow.

❖ **se poudrer** vp *(emploi réfléchi)* to powder one's nose ou face.

poudrerie [pudʀəʀi] nf **1.** ARM gun-powder factory **2.** QUÉBEC [neige] flurry of snow.

poudreux, euse [pudʀø, øz] adj [terre] dusty ; [substance] powdery.

❖ **poudreuse** nf **1.** [neige] powdery snow, powder **2.** AGR sprinkler, powder-sprinkler.

poudrier [pudʀije] nm (powder) compact.

poudrière [pudʀijɛʀ] nf ARM (gun) powder store / *la maison était une vraie poudrière* the house was packed with explosives ; *fig* power keg.

poudroie v ⟶ **poudroyer.**

* In reformed spelling (see p. 16-19).

poudroiement [pudʀwamɑ̃] nm *litt* [de la neige] sparkle ; [de la poussière] fine cloud.

poudroyer [13] [pudʀwaje] vi *litt* [sable, neige] to rise in clouds ; [soleil, lumière] to shine hazily / *au loin, la route poudroyait* in the distance, fine clouds of dust could be seen rising up from the road.

pouf[1] [puf] nm pouf, pouffe.

pouf[2] [puf] onomat [dans une chute] thump, bump ▸ **faire pouf** to go thump / *et pouf, par terre!* whoops-a-daisy!

pouffer [3] [pufe] vi : *pouffer (de rire)* to titter.

pouf(f)iasse [pufjas] nf *tfam & péj* **1.** [femme vulgaire] cow **2.** *vieilli* [prostituée] tart.

Pouille [puj] npr f ▸ **la Pouille, les Pouilles** Apulia.

pouilleux, euse [pujø,øz] ◆ adj **1.** [couvert de poux] covered in lice, lousy, verminous **2.** [pauvre et sale - individu] grubby, filthy ; [- restaurant, quartier] shabby, seedy. ◆ nm, f *péj* grubby person / *sur ce, arrive une espèce de pouilleux* in comes a scruffy wretch.

pouillot [pujo] nm ▸ **pouillot fitis** / **siffleur** willow / wood warbler ▸ **pouillot véloce** chiffchaff.

pouilly [puji] nm Pouilly (wine).

poujadisme [puʒadism] nm POL & *fig* ▸ **le poujadisme** Poujadism.

poujadiste [puʒadist] ◆ adj Poujadist. ◆ nmf Poujadist.

Poulaga [pulaga] npr *arg crime* ▸ **la maison Poulaga** the cops.

poulailler [pulaje] nm **1.** [hangar] hen house ; [cour] hen-run **2.** *fam* THÉÂTRE ▸ **le poulailler** the gods UK, the peanut gallery US / *nous avons des places au poulailler* we've got seats up in the gods.

poulain [pulɛ̃] nm **1.** ZOOL colt **2.** [protégé] (young) protégé / *il avait plusieurs poulains* he had several young people under his patronage.

poulaine [pulɛn] nf **1.** [chaussure] poulaine **2.** NAUT head.

poularde [pulaʀd] nf fattened hen, poulard, poularde.

poulbot [pulbo] nm (Montmartre) urchin.

poule [pul] nf **1.** ZOOL hen ▸ **poule d'eau** moorhen ▸ **la poule aux œufs d'or** the goose that laid the golden eggs ▸ **se coucher avec les poules** to go to bed very early ▸ **se lever avec les poules** to be an early riser ▸ **poule mouillée** drip, wimp, wet UK ▸ **quand les poules auront des dents** : *ton argent, tu le reverras quand les poules auront des dents* you can kiss your money good-bye / *tu crois qu'on va avoir une augmentation? — c'est ça, quand les poules auront des dents!* do you think we're going to have a pay rise? — and pigs might fly! ▸ **une poule n'y retrouverait pas ses poussins** it's an awful mess ▸ **être comme une poule qui a trouvé un couteau** to be all flustered ▸ **la poule ne doit pas chanter devant le coq** *prov* it's the man who should wear the trousers **2.** CULIN (boiling) fowl ▸ **poule au riz** boiled chicken with rice ▸ **poule au pot** *casseroled chicken with vegetables* **3.** *fam* [maîtresse] mistress ; *fam & péj* [femme] bird UK, broad US ; *vieilli* [prostituée] whore, tart *tfam* ▸ **poule de luxe** high-class call girl **4.** *fam* [terme d'affection] ▸ **ma poule** (my) pet, (my) love **5.** *(comme adj)* ▸ **c'est une mère poule** she's a real mother hen ▸ **c'est un papa poule** he's a real mother hen *hum* **6.** SPORT pool *(in a round robin)* / *en poule A, Metz bat Béziers* in group ou pool A Metz beat Béziers ; ÉQUIT ▸ **poule d'essai** 1,600 m maiden race.

poulet [pulɛ] nm **1.** CULIN & ZOOL chicken ▸ **poulet de grain** corn-fed chicken **2.** *tfam* [policier] cop, copper UK **3.** *fam* [terme d'affection] ▸ **mon poulet** my pet, (my) love **4.** *fam* [lettre galante] love letter.

poulette [pulɛt] nf **1.** ZOOL pullet **2.** *fam* [terme d'affection] ▸ **ma poulette** (my) pet, (my) love **3.** *fam* [femme] bird UK, chick US, broad US.

❖ **à la poulette** loc adj CULIN with a poulette sauce *(made from butter, cream and egg yolks).*

pouliche [pulif] nf filly.

poulie [puli] nf [roue] pulley ; [avec enveloppe] block ▸ **poulie folle** idler ▸ **poulie simple** / **double** / **fixe** single / double / fixed block ▸ **poulie trapézoïdale** V-belt pulley.

pouliner [3] [puline] vi to foal.

poulinière [pulinjɛʀ] ◆ nf brood mare. ◆ adj f ⟶ **jument.**

poulpe [pulp] nm octopus.

pouls [pu] nm MÉD pulse ▸ **prendre le pouls de** [malade] to feel ou to take the pulse of ▸ **prendre** ou **tâter le pouls de a)** [électorat] to feel the pulse of, to sound out **b)** [entreprise, secteur] to feel the pulse of ▸ **pouls veineux** venous pulse.

poumon [pumɔ̃] nm lung ▸ **poumon artificiel** ou **d'acier** artificial ou iron lung.

poupard [pupaʀ] nm [bébé] chubby-cheeked baby.

poupe [pup] nf stern.

poupée [pupe] nf **1.** [figurine] doll ▸ **jouer à la poupée** to play with dolls ▸ **poupée de chiffon** / **cire** / **porcelaine** rag / wax / china doll ▸ **poupée qui parle** / **marche** talking / walking doll ▸ **poupée Barbie®** Barbie® doll ▸ **poupée de son** stuffed doll ▸ **poupée gonflable** blow-up doll ▸ **des poupées gigognes** ou **russes** a set of Russian dolls **2.** *fam* [jolie femme] doll, looker **3.** *fam* [bandage] (large) finger bandage **4.** MÉCAN [gén] headstock ; [d'un tour] poppet.

❖ **de poupée** loc adj : *une chambre de poupée* a doll's bedroom / *un visage de poupée* a doll-like face.

poupin, e [pupɛ̃, in] adj [visage] chubby.

poupon [pupɔ̃] nm **1.** [bébé] little baby **2.** [jouet] baby doll.

pouponner [3] [pupɔne] vi *fam* to look after babies ou a baby.

pouponnière [pupɔnjɛʀ] nf nursery *(for babies and toddlers who can neither stay with their parents nor be fostered).*

pour [puʀ] ◆ prép **1.** [indiquant le lieu où l'on va] for / *partir pour l'Italie* to leave for Italy / *un billet pour Paris* a ticket for ou to Paris / *pour Granville, prendre à gauche* turn left for Granville / *le train pour Séville* the train for Seville, the Seville train ▸ **je m'envole pour Rome** I'm flying to Rome / *partir pour la campagne* to go to the country **2.** [dans le temps - indiquant le moment] for / *pourriez-vous avoir fini pour lundi / demain?* could you have it finished for Monday / tomorrow? / *pour dans une semaine* for a week's time / *pour le 10 mai* for May 10th / *vous partez en Italie pour Pâques?* are you going to Italy for Easter? / *pour la première fois* for the first time ▸ **pour le moment** for the moment / *tu organises quelque chose pour ton anniversaire?* are you doing anything for your birthday? / *j'ai repeint la chambre pour quand tu viendras* I've redecorated the room for when you visit ; [indiquant la durée] for / *partir pour 10 jours* to go away for 10 days / *elle est absente pour une semaine* she's away for a week ▸ **il n'en a plus pour longtemps a)** he won't be long now **b)** [à vivre] he hasn't got long to live / *j'en ai bien pour cinq heures* it'll take me at least five hours **3.** [exprimant la cause] : *je l'ai remercié pour son amabilité* I thanked him for his kindness / *il a été grassement récompensé pour son aide* he was handsomely rewarded for his help / **'fermé pour travaux'** 'closed for repairs' / *un restaurant apprécié pour ses fruits de mer* a restaurant famous for its seafood / *ils se querellent pour des broutilles* they quarrel over trifles / *désolé pour dimanche* sorry about Sunday / *il est tombé malade pour avoir mangé trop d'huîtres* he fell ill after eating ou because he ate too many oysters ▸ **condamné pour vol** found guilty of theft / *elle a obtenu un prix pour son premier film* she won an award for her first film ▸ **y être pour quelque chose** : *sa bonne constitution y est pour quelque chose* his strong constitution had something to do with ou played a part in it / *elle est pour beaucoup dans le succès de la pièce* the success of the play is to a large extent due to her, she has had a great deal to do with the success of the play ▸ **n'y être pour rien** : *ne me remerciez pas, je n'y suis pour rien* don't thank me, I didn't have anything to do with it **4.** [exprimant la conséquence] to / *pour son malheur* to his misfortune / *pour la plus grande joie des enfants* to the children's great delight / *il a erré trois heures en forêt pour se retrouver à son point de départ* he wandered for three hours in the forest, only to find he was back where he'd started from / *ses paroles n'étaient pas pour me rassurer* his words were far from reassuring to me / *ce n'est pas pour me déplaire* I can't say I'm displeased with it **5.** [capable de] : *je me suis trompé et il ne s'est trouvé personne pour me le dire* I made a mistake and nobody was capable of telling me / *il y a toujours des gens pour rire du malheur des autres* there will always be people who'll laugh at other people's misfortune **6.** [par rapport à] for / *il est en avance pour son âge* he's advanced for his age / *pas mal pour un début* not bad for a start / *il fait froid pour un mois de mai* it's cold for May / *c'est cher pour ce que c'est* it's expensive for what it is **7.** [avec une valeur emphatique] ▸ **mot pour mot** word for word / *pour un champion, c'est un champion!* that's what I call a (real) champion! / *pour une surprise, c'est une surprise!* well, talk about (a) surprise! / *perdre pour perdre, autant que ce soit en beauté* if we are going to lose, we might as well do it in style / *pour être en colère, je l'étais!* I was so angry! **8.** [indiquant une proportion, un pourcentage] per ▸ **cinq pour cent** five per cent ▸ **pour mille** per thousand / *il faut 200 g de farine pour une demi-livre de beurre* take 200 g of flour to ou for half a pound of butter **9.** [moyennant] ▸ **pour 50 euros** for 50 euros ▸ **pour la somme de** for the sum of ▸ **pour rien** for nothing / *il y en a bien pour 300 euros de réparation* the repairs will cost at least 300 euros **10.** [à la place de] for / *prendre un mot pour un autre* to mistake a word for another / *on l'a prise pour sa fille* they mistook her for her daughter **11.** [au nom de] for, on behalf of ▸ **parler pour qqn** to speak on sb's behalf ou for sb / *remercie-le pour moi* thank him from me ou for me ou on my behalf / *son tuteur prend toutes les décisions pour lui* his guardian makes all the decisions for him ou on his behalf ▸ **pour le directeur** [dans la correspondance] pp Director **12.** [en guise de, en qualité de] ▸ **prendre qqn pour époux** / **épouse** to take sb to be one's husband / wife ▸ **avoir qqn pour ami** / **professeur** to have sb as a friend / teacher / *j'ai son fils pour élève* his son is one of my pupils / *pour tout remerciement voilà ce que j'ai eu* that's all the thanks I got ▸ **avoir pour conséquence** to have as a consequence ▸ **j'ai pour principe que...** I believe on principle that... / *il se fait passer pour un antiquaire* he claims to be an antique dealer / *le livre a pour titre...* the book's title is..., the book is entitled... **13.** [indiquant l'attribution, la destination, le but] for ▸ **acheter un cadeau pour qqn** to buy a present for sb / *il y a quelqu'un pour vous au téléphone* there's someone on the phone for you / *j'ai beaucoup d'admiration pour lui* I've got a lot of admiration for him / *son amour pour moi* his love for me / *mes sentiments pour elle* my feelings towards ou for her / *tant pis pour lui!* that's too bad (for him)! / *c'est pour quoi faire, ce truc?* what's that thing for? ▸ **sirop pour la toux** cough mixture / *un journal pour enfants* a newspaper for children / *des vêtements chauds pour l'hiver* warm clothes for winter / *tout est bon pour son ambition* everything feeds his ambition / *il est mort pour la patrie* he died for his country / *voyager pour son plaisir* to travel for pleasure / *l'art pour l'art* art for art's sake / *la discipline pour la discipline c'est idiot* discipline (just) for the sake of discipline is stupid ▸ **pour 4 personnes a)** [recette] serves 4 **b)** [couchage] sleeps 4 ▸ **c'est fait pour** that's what it's (there) for **14.** *(suivi de l'infinitif)* [afin de] (in order) to / *je suis venu pour vous voir* I'm here ou I've come to see you / *nous sommes là pour vous informer* we're here to inform you / *pour mieux comprendre* in order to understand more clearly / *pour en finir avec toutes ces rumeurs...* in order to put a stop to these rumours... ; *(elliptiquement)* : *si tu veux réussir, il faut tout faire pour* if you want to succeed you have to do everything possible **15.** [en faveur de] for, in favour of ▸ **voter pour qqn** to vote for ou in favour of sb / *manifester pour les droits de l'homme* to demonstrate for ou in favour of human rights / *il a pour lui de nombreuses qualités* he has a number of qualities in his favour ▸ **être pour** to be in favour / *qui est pour?* who's in favour? / *on est pour ou contre* you're either for or against (it) / *ceux qui sont pour cette solution* the supporters of this solution, those who are in favour of this solution / *je suis pour qu'on s'y mette tout de suite* I'm in favour of getting down to it immediately **16.** [du point de vue de] : *ça compte peu pour toi, mais pour moi c'est tellement important* it matters little to you but to ou for me it's so important / *pour moi, il a dû se réconcilier avec elle* if you ask me, he must have made it up with her / *pour moi, c'est comme s'il était toujours là* to ou for me, it's as though he's still here ou around **17.** [en ce qui concerne] : *et pour le salaire?* and what about the salary? / *ne t'en fais pas pour moi* don't worry about me / *pour certains de nos collègues, la situation est inchangée* as far as some of our colleagues are concerned, the situation has not changed ▸ **pour ce qui est de** : *pour ce qui est de l'avancement, voyez avec le responsable du personnel* as far as promotion is concerned, see the personnel officer **18.** *sout* [exprimant la concession] : *pour être gentil il n'en est pas moins bête* he may be kind but he's still stupid, for all his kindness he's no less stupid / *pour être jeune, elle n'en est pas moins compétente* young though she is she's very able ; [en corrélation avec 'que'] : *pour patient qu'il soit, il ne supportera pas cette situation* for all his patience, he won't put up with this situation **19.** *(suivi de l'infinitif) litt* [sur le point de] about to, on the point of / *il était pour partir* he was about to leave ou on the point of leaving. ◆ nm inv : *il y a du pour et du contre* there are things to be said on both sides (of the argument) / *peser le pour et le contre* to weigh up the pros and cons / *les pour l'emportent hum* POL the argument in favour is overwhelming, the ayes have it.

❖ **pour que** loc conj **1.** [exprimant le but] so that, in order that *sout* / *venez tôt pour que nous ayons le temps de faire connaissance* come early so that we have time to get to know each other / *j'ai pris des places non-fumeurs pour que vous ne soyez pas incommodés par la fumée* I've got non-smoking seats so that you won't be bothered by the smoke **2.** [exprimant la conséquence] : *il est assez malin pour qu'on ne l'arrête pas* he is cunning enough to avoid being caught / *mon appartement est trop petit pour qu'on puisse tous y dormir* my flat is too small for us all to be able to sleep there.

pourboire [puʀbwaʀ] nm tip ▸ **donner un pourboire à qqn** to give a tip to sb, to tip sb / *j'ai laissé 5 euros de pourboire* I left a 5 euro tip.

pourceau, x [puʀso] nm *litt* **1.** [porc] pig, hog US **2.** [homme - sale] pig ; [- vicieux] animal.

pour-cent [puʀsɑ̃] nm inv FIN percentage.

pourcentage [puʀsɑ̃taʒ] nm **1.** FIN & MATH percentage / *ça fait combien, en pourcentage?* what's the percentage figure? **2.** COMM percentage, commission / *travailler au pourcentage* to work on commission ou on a percentage basis / *être payé au pourcentage* to be paid by commission.

pourchasser [3] [puʀʃase] vt **1.** [criminel] to chase, to pursue / *pourchassé par ses créanciers* pursued ou hounded by his creditors **2.** *sout* [erreur, abus] to track down *(sép)* / *nous pourchasserons les injustices* we'll root out injustice wherever we find it.

pourfendeur, euse [puʀfɑ̃dœʀ, øz] nm, f *litt* : *pourfendeur d'idées reçues / de l'hypocrisie* declared ou sworn enemy of received ideas / of hypocrisy.

pourfendre [73] [puʀfɑ̃dʀ] vt *litt* **1.** [avec une épée - ennemi] to kill (by the sword) **2.** [hypocrisie, préjugés] to combat.

Pourim [puʀim] Purim.

pourlécher [18] [puʀleʃe] ❖ **se pourlécher** ◆ vpi to lick one's lips. ◆ vpt ▸ **je m'en pourlèche les babines à l'avance** *hum* my mouth is watering already.

✐ In reformed spelling (see p. 16-19), this verb is conjugated like **semer**: *il se pourlèchera, elle se pourlècherait.*

pourparlers [puʀpaʀle] nmpl negotiations, talks / *les pourparlers vont reprendre* negotiations will be resumed ▸ **être / entrer en pourparlers avec qqn** to have / to enter into talks ou negotiations with sb ▸ **pourparlers de paix** peace talks.

pourpier [puʀpje] nm purslane.

pourpoint [puʀpwɛ̃] nm doublet, pourpoint / *des personnages en pourpoint* characters wearing doublet and hose.

pourpre [puʀpʀ] ◆ adj crimson / *son visage devint pourpre* he went ou turned crimson. ◆ nm **1.** [couleur] crimson **2.** [mollusque] murex, purple fish **3.** MÉD ▸ **pourpre rétinien** visual purple. ◆ nf **1.** [teinte] purple (dye) **2.** RELIG ▸ **la pourpre** [robe] the purple ▸ **revêtir la pourpre cardinalice** to don the red hat.

pourpré, e [puʀpʀe] adj **1.** *litt* crimson **2.** *vieilli* ou MÉD ▸ **fièvre pourprée** hives.

pourquoi [puʀkwa] ◆ adv why / *pourquoi pars-tu?, pourquoi est-ce que tu pars?* why are you going? / *pourquoi m'avoir menti?* why did you lie to me? / *pourquoi cet air triste?* why are you looking so sad? / *pourquoi chercher des difficultés?* why make things more complicated? ▸ **pourquoi lutter?** what's the use of fighting? / *pourquoi tant d'efforts?* why so much effort? / *pourquoi tant de simagrées?* what's the point of all this play-acting? / *mais pourquoi?* but why? ▸ **pourquoi pas?** why not? / *elle a bien réussi l'examen, pourquoi pas moi?* she passed the exam, why shouldn't I? / *pourquoi ça?* why? / *et pourquoi donc?* but why? / *et pourquoi, s'il vous plaît?* and why, may I ask? / *pourquoi je n'ai rien dit? parce que ça ne me regarde pas!* why didn't I say anything? because it's none of my business! / *je ne sais pas pourquoi tu dis ça* I don't know why you're saying that / *voilà pourquoi je démissionne* that's (the reason) why I am resigning, that's the reason for my resignation / *c'est pourquoi je n'y suis pas allée* that's why I didn't go / *personne ne m'a dit pourquoi* nobody has told me why ▸ **il boude, va savoir** ou **comprendre pourquoi!** he's sulking, don't ask me why! / *je l'ai fait sans savoir pourquoi* I did it without knowing why / *c'est une opération délicate, et voici pourquoi* it is a tricky operation and this is why. ◆ nm inv : *nous ne saurons jamais le pourquoi de cette affaire* we'll never get to the bottom of this affair / *il s'interroge toujours sur le pourquoi et le comment des choses* he's always bothered about the whys and wherefores of everything / *dans sa lettre, il explique le pourquoi de son suicide* in his letter, he explains the reason ou reasons for his suicide.

pourra v ⟶ **pouvoir.**

pourri, e [puʀi] ◆ adj **1.** [nourriture] rotten, bad ; [planche, arbre, plante] rotten ; [dent] rotten, decayed ; [chairs] decomposed, putrefied ▸ **complètement pourri** rotten to the core **2.** *fam* [mauvais - climat, saison] rotten ; [- individu, système] stinking, rotten ▸ **quel temps pourri!** what rotten ou lousy weather! / *elle est complètement pourrie ta voiture!* your car is a wreck ou is nothing but a pile of rust! / *votre société est pourrie!* your society is rotten! / *vous pouvez le garder, votre boulot pourri! fam* you can keep your stinking job! **3.** [trop gâté - enfant] spoilt **4.** *fam* ▸ **pourri de** [plein de] : *il est pourri de fric* he's stinking rich ou loaded / *être pourri d'orgueil / d'ambition* to be eaten up with pride / ambition. ◆ nm, f *fam* [terme d'injure] swine / *tas de pourris!* you rotten swine!

❖ **pourri** nm [partie pourrie] rotten ou bad part / *enlève le pourri* cut off the bits that have gone bad ▸ **sentir le pourri** to stink.

pourriel [puʀjɛl] nm QUÉBEC INFORM spam message / *des pourriels* spam.

pourrir [32] [puʀiʀ] ◆ vi **1.** [se gâter - fruit, légume, viande, œuf] to go rotten, to go bad ou UK off ; [- planche, arbre] to rot ; [- végétation, dent] to decay, to rot ; [- chairs] to decay, to putrefy / *pourrir sur pied* to rot on the stalk / *la pluie a fait pourrir toute la récolte* the rain rotted the entire harvest **2.** *fig* ▸ **laisser pourrir une situation** to let a situation deteriorate **3.** *fam* [croupir - personne] to rot / *pourrir en prison* to rot in prison. ◆ vt **1.** [putréfier - nourriture] to rot, to putrefy ; [- végétation, dent] to decay **2.** [gâter - enfant] to spoil **3.** [pervertir - individu] to corrupt, to spoil ; [- société] to corrupt.

pourrissage [puʀisaʒ] nm ageing *(of clay, in humid caves).*

pourrissant, e [puʀisɑ̃, ɑ̃t] adj [chairs] putrescent, putrefying, decaying / *des fruits pourrissants* rotting fruit.

pourrissement [puʀismɑ̃] nm **1.** [de fruits, du bois, de la viande] rotting ; [de chairs] putrefaction ; [d'une dent, de la végétation] decay, rotting, decaying **2.** [d'une situation] deterioration.

pourrissoir [puʀiswaʀ] nm *sout* : *cette prison est un véritable pourrissoir* this prison is just a place where people are left to rot.

pourriture [puʀityʀ] nf **1.** [partie pourrie] rotten part ou bit **2.** [état] rottenness **3.** [corruption] rottenness, corruption **4.** *fam* [personne] rotten swine **5.** ŒNOL ▸ **pourriture noble** noble rot, pourriture noble.

pour-soi [puʀswa] nm inv pour-soi.

poursuit v ⟶ **poursuivre.**

poursuite [puʀsɥit] nf **1.** [pour rattraper - animal, fugitif] chase / *poursuite en voiture* car chase / *les voilà partis dans une poursuite effrénée* off they go in hot pursuit ▸ **ils sont à la poursuite des voleurs a)** [ils courent] they're chasing the thieves **b)** [ils enquêtent] they're on the trail of the thieves ▸ **se mettre** ou **se lancer à la poursuite de qqn** to set off in pursuit of sb, to give chase to sb **2.** [prolongation - de pourparlers, d'études, de recherches] continuation / *la panne d'électricité a empêché la poursuite de l'opération* the power cut prevented the operation from going on ou being carried out / *ils ont décidé la poursuite de la grève* they've decided to carry on ou to continue with the strike **3.** [recherche - du bonheur, d'un rêve] pursuit **4.** ASTRONAUT tracking **5.** SPORT pursuit.

❖ **poursuites** nfpl DR ▸ **poursuites (judiciaires) a)** [en droit civil] legal proceedings **b)** [en droit pénal] prosecution ▸ **entamer** ou **engager des poursuites contre qqn a)** [en droit civil] to institute legal proceedings ou to take legal action against sb **b)** [en droit pénal] to prosecute sb / *vous pouvez faire l'objet de poursuites* you're liable to prosecution.

poursuiteur, euse [puʀsɥitœʀ, øz] nm, f pursuit rider.

poursuivant, e [puʀsɥivɑ̃, ɑ̃t] ◆ adj DR ▸ **la partie poursuivante** the plaintiff. ◆ nm, f **1.** [dans une course] pursuer **2.** DR plaintiff.

poursuivre [89] [puʀsɥivʀ] vt **1.** [courir après - animal, voleur, voiture] to chase (after), to pursue *sout* / *je me suis fait poursuivre par une bande de voyous / une voiture de police* I was chased by a gang of hoodlums / a police car / *il sentait leurs regards qui le poursuivaient* he could feel their eyes following ou on him **2.** [s'acharner contre - suj: créancier, rival] to hound, to harry, to pursue ; [- suj: image, passé, remords] to haunt, to hound, to pursue ▸ **poursuivre qqn de ses assiduités** to pester sb with one's attentions ▸ **poursuivre qqn de sa haine** to hound sb through hatred / *il est poursuivi par la malchance* he is dogged ou pursued by misfortune **3.** [continuer - interrogatoire, récit, recherche, voyage] to go ou to carry on with *(insép)*, to continue ; [- lutte] to continue, to pursue ▸ **poursuivre son chemin** to press on / *elle poursuivit sa lecture* she carried on reading, she read on / *ils poursuivirent la discussion jusqu'à une heure tardive* they went on talking into the night / *poursuivez votre travail* get on with your work / *« quelques années plus tard », poursuivit-il* "a few years later", he went on ; *(en usage absolu)* : *veuillez poursuivre, Monsieur* please proceed, Sir ▸ **bien, poursuivons** right, let's go on ou continue **4.** [aspirer à - objectif] to pursue, to strive towards *(insép)* ; [- rêve] to pursue ; [- plaisirs] to pursue, to seek **5.** DR ▸ **poursuivre qqn (en justice) a)** [en droit civil] to institute (legal) proceedings against ou to sue sb **b)** [en droit pénal] to prosecute sb / *être poursuivi pour détournement de fonds* to be prosecuted for embezzlement ▸ **être poursuivi en diffamation** to be sued for libel.

❖ **se poursuivre** ◆ vp *(emploi réciproque)* [se courir après] to chase one another ou each other. ◆ vpi [se prolonger - pourparlers, recherches] to go on, to continue ; [- opération] to go on.

pourtant [purtɑ̃] adv **1.** [malgré tout] yet, even so, all the same / *elle est pourtant bien gentille* and yet she's very nice / *il faut pourtant bien que quelqu'un le fasse* somebody has to do it all the same / *cette histoire est pourtant vraie* and yet this story is true ▸ **et pourtant** and yet / *c'est une avenue résidentielle, et pourtant bruyante* it's a residential street and yet it's still noisy / *et pourtant, toutes les conditions étaient réunies!* and yet, all the conditions were right! **2.** [emploi expressif] : *c'est pourtant simple!* but it's quite simple! / *ce n'est pourtant pas compliqué!* it's not exactly complicated! / *il n'est pas bête, pourtant!* he's not exactly stupid! / *je t'avais pourtant prévenu...!* I did warn you...! / *ma montre ne s'est pourtant pas envolée!* my watch didn't just vanish into thin air! / *c'est pourtant vrai qu'il est déjà midi!* 12 o'clock already!

pourtour [purtur] nm **1.** [délimitation - d'un terrain] perimeter ; [- d'un globe] circumference **2.** [bordure - d'un plat] edge, rim ; [- d'une feuille] edge ; [- d'une baignoire] surround.

pourvoi [purvwa] nm DR appeal ▸ **il a présenté un pourvoi en cassation** he has taken his case to the Appeal Court ▸ **pourvoi en révision** review.

pourvoir [64] [purvwar] vt **1.** [équiper] ▸ **pourvoir qqn de** ou **en a)** [outils] to equip ou to provide sb with **b)** [vivres, documents] to provide sb with ▸ **pourvoir qqch de** to equip ou to fit sthg with / *la salle est pourvue d'un excellent système acoustique* the auditorium has been fitted with an excellent sound system **2.** [doter] ▸ **pourvoir de** to endow with / *la nature l'a pourvue d'une remarquable intelligence* nature has endowed ou graced her with extraordinary intelligence / *ses parents l'ont pourvu d'une solide éducation* his parents provided him with a sound education / *la cigogne est pourvue d'un long bec* storks have ou possess long beaks **3.** [remplir - emploi] to fill / *le poste est toujours à pourvoir* the post is still vacant ou is still to be filled.

❖ **pourvoir à** v + prép [besoin] to provide ou to cater for ; [dépense] to pay for / *nous pourvoirons au transport des médicaments* we will provide for ou deal with the transport of medicine.

❖ **se pourvoir** vpi DR to appeal ▸ **se pourvoir en cassation** to take one's case to the Supreme Court of Appeal.

❖ **se pourvoir de** vp + prép [se munir de] : *se pourvoir d'outils* to equip o.s. with tools / *se pourvoir de vivres* to provide o.s. with food.

pourvoyeur, euse [purvwajœr, øz] nm, f **1.** [d'armes, de marchandises] supplier ; [de drogue] dealer **2.** *litt* : *pourvoyeur de fausses nouvelles* rumour monger.

❖ **pourvoyeur** nm MIL ammunition server.

pourvoyons v ⟶ **pourvoir**.

pourvu, e [purvy] ◆ pp ⟶ **pourvoir**. ◆ adj ▸ **bien pourvu** well-off, well-provided for.

pourvu que [purvykə] *(devant voyelle ou 'h' muet* [purvyk]*)* loc conj **1.** [exprimant un souhait] ▸ **pourvu qu'il vienne!** I hope ou let's hope he's coming! / *pourvu que ça dure!* let's hope it lasts! / *pourvu qu'il ne pleuve pas!* let's hope it doesn't rain! **2.** [exprimant une condition] provided (that), so ou as long as / *tout ira bien pourvu que vous soyez à l'heure* everything will be fine so long as you're on time.

pourvut v ⟶ **pourvoir**.

poussah [pusa] nm **1.** [figurine] tumbler (toy) **2.** [homme] portly (little) man.

pousse [pus] ◆ nf **1.** ANAT growth **2.** BOT [bourgeon] (young) shoot, sprout ; [début de croissance] sprouting ; [développement] growth / *ma plante fait des pousses* my plant is sprouting new leaves ▸ **pousses de bambou** bamboo shoots ▸ **pousses de soja** beansprouts **3.** [de la pâte à pain] proving **4.** ŒNOL *undesired fermentation of wine, which can spoil a batch* **5.** VÉTÉR broken wind. ◆ nm inv = **pousse-pousse**.

poussé, e [puse] adj **1.** [fouillé - interrogatoire] thorough, probing, searching ; [- recherche, technique] advanced ; [- description] thorough, extensive, exhaustive / *d'une efficacité très poussée* highly efficient / *elle fera des études poussées* she'll go on to advanced studies / *je n'ai pas fait d'études poussées* I didn't stay in education very long **2.** [exagéré] excessive / *60 euros pour une coupe, c'est un peu poussé!* 60 euros for a haircut is a bit steep! **3.** AUTO [moteur] customized.

pousse-café [puskafe] *(pl* **pousse-café** *ou* **pousse-cafés****)* nm *fam* liqueur, pousse-café / *voulez-vous un pousse-café?* would you like a liqueur with your coffee?

poussée [puse] nf **1.** CONSTR, GÉOL & PHYS thrust ▸ **poussée d'Archimède** upthrust buoyancy **2.** [pression] push, shove, thrust / *la barrière a cédé sous la poussée des manifestants* the barrier gave way under the pressure of the demonstrators **3.** MÉD eruption, outbreak / *le bébé fait une petite poussée de boutons rouges* the baby has a red rash / *faire une poussée de fièvre* to have a sudden rise in temperature ▸ **une poussée d'adrénaline** a surge of adrenalin **4.** BOT ▸ **poussée radiculaire** root pressure **5.** [progression] upsurge, rise / *une poussée de racisme* an upsurge of racism / *une poussée de l'inflation* a rise in inflation **6.** [attaque] thrust / *la poussée des troupes hitlériennes contre la Pologne* the thrust ou offensive of Hitler's troops against Poland **7.** AÉRON & ASTRONAUT thrust.

pousse-pousse *(pl* **pousse-pousse***)*, **poussepousse*** [puspus] nm **1.** [en Extrême-Orient] rickshaw **2.** SUISSE [poussette] pushchair UK, baby buggy® UK, stroller US.

pousser [3] [puse] ◆ vt **1.** [faire avancer - caddie, fauteuil roulant, landau] to push, to wheel (along) ; [- moto en panne] to push, to walk ; [- caisse] to push (along) ou forward ; [- pion] to move forward / *j'ai dû pousser mon vélo jusqu'à la maison* I had to push ou to wheel my bike home ▸ **on va pousser la voiture a)** [sur une distance] we'll push the car (along) **b)** [pour la faire démarrer] we'll push-start the car, we'll give the car a push (to start it) / *il poussait son troupeau devant lui* he was driving his flock before him / *ils essayaient de pousser les manifestants vers la place* they were trying to drive ou to push the demonstrators towards the square / *le vent pousse le radeau loin de la côte* the wind is pushing the raft away from the coast / *le courant poussait le canot* the stream was carrying ou pushing the canoe along / *des rafales de vent poussaient les nuages* gusts of wind sent the clouds scudding across the sky / *je me sentais irrésistiblement poussé vers elle* I was irresistibly attracted to her **2.** [enclencher, appuyer sur - bouton, interrupteur] to push (in) *(sép)*, to press on *(insép)* / *pousser un levier vers le haut / bas* to push a lever up / down / *le ressort pousse le percuteur* the spring pushes the hammer in ou home ▸ **pousser un verrou a)** [pour ouvrir] to slide a bolt out **b)** [pour fermer] to slide a bolt in ou home ▸ **pousse le volet a)** [pour l'ouvrir] push the shutter open ou out **b)** [pour le fermer] push the shutter to ▸ **pousser une porte a)** [doucement, pour l'ouvrir] to push a door open **b)** [doucement, pour la fermer] to push a door to ou shut / *la porte à peine poussée, il me racontait ce qu'il avait fait dans la journée* no sooner was he inside the door, than he began telling me all about his day **3.** [bousculer] to push, to shove ▸ **pousser qqn du coude** [pour l'alerter, accidentellement] to nudge sb with one's elbow / *j'ai été obligé de pousser plusieurs personnes pour pouvoir sortir* I had to push past several people to get out / *elle l'a poussé par-dessus bord* she pushed him overboard **4.** [enlever] to push (away), to push ou to shove aside *(sép)* / *pousse le vase / ton pied, je ne vois pas la télévision* move the vase / your foot out of the way, I can't see the television / *pousse ton derrière de là! fam* shift up! UK, shove over! / *pousse le journal, je vais mettre la table* move ou shift the paper, I'm going to lay the table **5.** [inciter, entraîner - personne] to spur on *(sép)*, to drive / *c'est l'orgueil qui le pousse* he is spurred on ou driven by pride / *on n'a pas eu à le pousser beaucoup pour qu'il accepte* he didn't need much pressing ou persuasion to accept ▸ **pousser qqn à qqch** : *pousser qqn à la consommation* to encourage sb to buy ou to consume ▸ **pousser qqn à la dépense** to encourage sb to spend more ▸ **pousser qqn au désespoir / suicide** to drive sb to despair / suicide / *ici, tout pousse à la paresse* this place encourages idleness / *sa curiosité l'a poussé à l'indiscrétion* his curiosity made him indiscreet ▸ **pousser qqn à faire qqch a)** [suj: curiosité, jalousie] to drive sb to do sthg **b)** [suj: pitié soudaine] to prompt sb to do sthg **c)** [suj: personne] to incite sb to do ou to push sb into doing ou to prompt sb to do sthg ▸ **pousser qqn à se droguer** to push sb into taking drugs ▸ **pousser qqn à boire** to drive sb to drink / *sa tyrannie les avait poussés à se révolter* his tyranny had driven them to revolt / *un désir inexplicable me poussa à y retourner* I was mysteriously compelled to go back there / *mes parents ne m'ont jamais poussé à faire des études* my parents never encouraged me to study / *elle le pousse à divorcer* [elle l'en persuade] she's talking him into getting a divorce / *mais qu'est-ce qui a bien pu te pousser à lui dire la vérité?* what on earth possessed you to tell him the truth? **6.** [poursuivre - recherches] to press on ou to carry on with *(insép)* ; [- discussion, études, analyse] to continue, to carry on (with) ; [- argumentation] to carry on (with) *(insép)*, to push further ; [- comparaison, interrogatoire] to take further ; [- avantage] to press home *(insép)* / *en poussant plus loin l'examen de leur comptabilité* by probing deeper into their accounts / *vous auriez dû pousser un peu plus votre réflexion sur ce point* you should have developed that point further / *pousser la plaisanterie un peu loin* to take ou to carry the joke a bit too far / *tu pousses un peu loin le cynisme* you're being a bit too cynical ▸ **pousser... jusqu'à** : *pousser la promenade jusqu'à* to push on to, to walk as far as / *pousser la sévérité jusqu'à la cruauté* to carry severity to the point of cruelty / *elle a poussé l'audace jusqu'à...* she was bold enough to... / *il a poussé le vice jusqu'à ne pas la saluer* his spite was such that he refused even to greet her ; [aux enchères] : *pousser un tableau* to push up the price of a painting **7.** [forcer - moteur] to push ; [- voiture] to drive hard ou fast ; [- chauffage] to turn up *(sép)* ; [- son] to turn up *(sép)* / *je suis à 130, je préfère ne pas pousser le moteur* I'm doing 130, I'd rather not push the engine any further / *pousser la sono à fond fam* to turn the sound up full (blast) ; [exiger un effort de - étudiant, employé] to push ; [- cheval] to urge ou to spur on *(sép)* / *on ne m'a pas assez poussé quand j'étais à l'école* I wasn't pushed hard enough when I was at school ; [encourager - candidat, jeune artiste] to push / *elle a poussé son fils pour qu'il entre dans l'enseignement* she pushed her son towards a teaching career / *si tu la pousses un peu sur le sujet, tu verras qu'elle ne sait pas grand-chose* if you push her a bit on the subject, you'll see that she doesn't know much about it **8.** [émettre] ▸ **pousser un cri a)** [personne] to cry, to utter ou to let out a cry **b)** [oiseau] to call / *pousser une exclamation* to cry out / *pousser un gémissement* to groan / *pousser une plainte* to moan / *pousser un soupir* to sigh, to heave a sigh / *pousser des cris / hurlements de douleur* to scream / to yell with pain ▸ **pousser la chansonnette** *fam* ou **la romance** *fam*, **en pousser une** *fam* to sing a song / *allez, grand-père, tu nous en pousses une?* come on, grandpa, give us a song **9.** AGR & BOT [plante, animal] to force / *les fermiers poussent les veaux* farmers force calves **10.** PHOT to push-process **11.** MIL [troupes] to push forward *(sép)*, to drive on *(sép)* / *pousser une charge* to charge / *pousser une reconnaissance* to go on a (wide-ranging) reconnaissance ▸ **pousser une attaque** *pr & fig* to drive an attack home. ◆ vi **1.** [grandir - arbre, poil, ongle] to grow ; [- dent] to come through / *le banian ne pousse qu'en Inde* banyans only grow ou are only found in India / *pour empêcher les mauvaises herbes de pousser* to stop weeds from growing / *des mauvaises herbes poussées entre les pierres* weeds which have sprung up between the stones / *les plants de tomates poussent bien* the tomato plants are doing well / *ses dents commencent à pousser* he's cutting his teeth, he's teething / *il a poussé trop vite fig* he's grown too fast / *et les enfants, ça pousse? fam* how're the kids (then), growing ou shooting up? / *des tours poussent partout dans mon quartier* there are high-rise blocks springing up all over the place where I live ▸ **faire pousser** [légumes, plantes] to grow / *faire pousser du blé* to grow ou to cultivate wheat / *on fait pousser de la vigne*

* In reformed spelling (see p. 16-19).

dans la région they grow grapes in this region / *mets de l'engrais, ça fera pousser tes laitues plus vite* use fertilizer, it'll make your lettuces grow faster ▸ **laisser pousser** to grow / *et si tu laissais pousser ta barbe?* what about growing ou why don't you grow a beard? / *elle a laissé pousser ses cheveux* she's let her hair grow **2.** [avancer] to push on / *ils ont poussé jusqu'au manoir* they went ou pushed ou carried on as far as the manor house / *poussons un peu plus loin* let's go ou push on a bit further **3.** *fam* [exagérer] : *deux heures de retard, tu pousses!* you're two hours late, that's a bit much! / *70 euros par personne, ils poussent un peu!* 70 euros per person, that's a bit much ou steep! / *je veux 25% d'augmentation — tu ne trouves pas que tu pousses un peu?* I want a 25% pay rise — don't you think that's pushing it a bit? / *faut pas pousser!* enough's enough! **4.** [bousculer] to push, to shove / *ne poussez pas, il y en aura pour tout le monde!* stop shoving ou pushing, there's plenty for everyone! / *ça poussait dans la file d'attente* *fam* there was a lot of shoving ou jostling in the queue **5.** [appuyer] to push / *on a tous poussé en même temps pour désembourber la voiture* we all pushed together to get the car out of the mud ▸ **pousser sur** : *pousser sur un bouton* to push a button / *pousser sur ses pieds / jambes* to push with one's feet / legs / *poussez sur vos bâtons dans la descente* use your poles as you go downhill / **'poussez'** 'push' ▸ **pousser dans le sens de qqn** to push sb's cause **6.** PHYSIOL [à la selle] to strain ; [dans l'enfantement] to push **7.** ŒNOL to undergo secondary fermentation *(in the spring)*.

❖ **se pousser** ◆ vp *(emploi passif)* to be pushed / *la manette se pousse d'un seul doigt* the lever can be pushed with a single finger. ◆ vp *(emploi réciproque)* : *les gens se poussaient pour voir arriver le Président* people were pushing and shoving to get a look at the President. ◆ vpi **1.** [se déplacer] to move ▸ **tu peux te pousser un peu? a)** [dans une rangée de chaises] could you move along a bit ou a few places? **b)** [sur un canapé, dans un lit] could you move over slightly? / *la foule s'est poussée pour laisser passer l'ambulance* the crowd moved out of the way of the ambulance / *pousse-toi de là, tu vois bien que tu gênes!* *fam* move over ou shove over, can't you see you're in the way? / *pousse-toi de devant la télé!* *fam* stop blocking the TV! **2.** *fam* [hiérarchiquement] : *se pousser dans une entreprise* to make one's way up (the ladder) in a firm / *il faut une fortune pour se pousser dans la finance* you need a private fortune to get ahead in the world of finance.

poussette [pusɛt] nf **1.** [pour enfant] pushchair UK, stroller US ; [à provisions] shopping trolley UK ou cart US **2.** *fam* SPORT : *faire la poussette à un coureur cycliste* to give a rider a little push ou shove.

poussette-canne [pusɛtkan] *(pl* **poussettes-cannes**) nf folding pushchair UK ou stroller US.

pousseur [pusœʀ] nm **1.** NAUT push tug **2.** ASTRONAUT booster.

poussier [pusje] nm coal dust.

poussière [pusjɛʀ] nf **1.** [terre sèche, salissures] dust / *la voiture souleva un nuage de poussière* the car raised a cloud of dust / *tu en fais de la poussière en balayant!* you're making ou raising a lot of dust with your broom! ▸ **prendre la poussière** to collect dust / *les tapisseries prennent facilement la poussière* the wall-hangings are dust traps ▸ **recouvert de poussière** dusty, covered with dust ▸ **faire la poussière** to dust, to do the dusting / *essuie la poussière sur les meubles / dans ta chambre* dust the furniture / your room ▸ **mettre** ou **réduire qqch en poussière** to smash sthg to smithereens ▸ **tomber en poussière** to crumble into dust / *les parchemins / os tombent en poussière* the pieces of parchment / the bones are crumbling into dust **2.** [dans l'œil] mote *litt*, piece of grit **3.** [particules -de roche, de charbon, d'or] dust ▸ **poussière cosmique** / **interstellaire** cosmic / interstellar dust ▸ **poussières industrielles** industrial dust ▸ **poussière lunaire** lunar dust ▸ **poussière radioactive** radioactive particles ou dust.

❖ **poussières** nfpl *fam* : *20 euros et des poussières* just over 20 euros / *ça fait 3 kilos et des poussières* it's a little over 3 kilos.

poussiéreux, euse [pusjeʀø, øz] adj **1.** [couvert de poussière] dusty, dust-covered ▸ **vitres poussiéreuses** grimy windows / *de vieux grimoires tout poussiéreux* old volumes all covered with dust **2.** *sout* [dépassé -législation, théorie] outmoded, outdated.

poussif, ive [pusif, iv] adj **1.** [essoufflé -cheval] broken-winded ; [-vieillard] short-winded, wheezy ; [-locomotive] puffing, wheezing **2.** [laborieux -prose] dull, flat, laboured ; [-campagne électorale, émission] sluggish, dull.

poussin [pusɛ̃] nm **1.** ZOOL chick ; COMM poussin **2.** *fam* [terme d'affection] ▸ **mon poussin** my pet ou darling / *pauvre petit poussin!* poor little thing! **3.** SPORT under-eleven *(member of junior team or club)* **4.** *arg mil first-year student in the French Air Force training school.*

poussine [pusin] nf SUISSE pullet.

poussinière [pusinjɛʀ] nf chick house.

poussive [pusiv] f ⟶ **poussif.**

poussivement [pusivmɑ̃] adv ▸ **monter poussivement** to puff ou to wheeze (one's way) up / *le train avançait poussivement* the train was wheezing ou puffing along.

poussoir [puswaʀ] nm **1.** [d'une montre] button **2.** MÉCAN tappet.

poutargue [putaʀg] nf *salted and pressed mullet roe.*

poutraison [putʀɛzɔ̃] nf (framework of) beams.

poutre [putʀ] nf **1.** CONSTR [en bois] beam ; [en fer] girder ▸ **poutre armée** / **en treillis** lattice / trussed girder ▸ **poutre apparente** exposed beam ▸ **poutre de faîte** ridge beam **2.** SPORT beam / *exercices à la poutre* beam exercises.

poutrelle [putʀɛl] nf **1.** CONSTR [en bois] small beam ; [en fer] small girder **2.** MÉTALL I-beam.

poutser [3] [putse] vt SUISSE *fam* to clean.

pouvoir[1] [puvwaʀ] nm **1.** [aptitude, possibilité] power / *avoir un grand pouvoir de concentration / de persuasion* to have great powers of concentration / persuasion / *avoir un grand pouvoir d'adaptation* to be very adaptable / *je n'ai pas le pouvoir de lire l'avenir!* I cannot predict the future! / *il n'est plus en notre pouvoir de décider de la question* we're no longer in a position to decide on this matter / *je ferai tout ce qui est en mon pouvoir pour t'aider* I'll do everything ou all in my power to help you ▸ **pouvoir d'achat** ÉCON purchasing power ▸ **pouvoir libératoire** FIN legal tender **2.** ADMIN & DR [d'un président, d'un tuteur] power / *le pouvoir décisionnaire des actionnaires* the decision-making powers of shareholders / *le roi avait un pouvoir absolu* the king had absolute power ▸ **avoir pouvoir de** : *avoir pouvoir de décision* to have the authority to decide / *je n'ai pas pouvoir de vous libérer* I have no authority ou it is not in my power to release you / *je lui ai donné pouvoir de décider à ma place par-devant notaire* I gave him power of attorney ou proxy ▸ **pouvoir disciplinaire** disciplinary powers **3.** POL ▸ **le pouvoir a)** [exercice] power **b)** [gouvernants] government / *elle est trop proche du pouvoir pour comprendre* she's too close to the seat of power to understand ▸ **arriver au pouvoir** to come to power ▸ **être au pouvoir a)** [parti élu] to be in power ou office **b)** [junte] to be in power / *les gens au pouvoir ne connaissent pas nos problèmes* those in power ou the powers that be don't understand our difficulties ▸ **prendre le pouvoir a)** [élus] to take office **b)** [dictateur] to seize power ▸ **exercer le pouvoir** to exercise power, to govern, to rule ▸ **le pouvoir central** central government ▸ **le pouvoir exécutif** executive power, the executive ▸ **le pouvoir judiciaire** judicial power, the judiciary ▸ **le pouvoir législatif** legislative power, the legislature ▸ **le pouvoir local** local government, the local authorities **4.** [influence] power, influence ▸ **avoir du pouvoir sur qqn** to have power ou influence over sb / *il a beaucoup de pouvoir au sein du comité* he's very influential ou he has a lot of influence within the committee ▸ **avoir qqn en son pouvoir** to have sb in one's power / *la ville est tombée en leur pouvoir* the town has fallen into their hands / *le pouvoir de la télévision / des sens* the power of television / the senses **5.** PHYS & TECHNOL power, quality ▸ **pouvoir absorbant** absorbency ▸ **pouvoir calorifique (inférieur)** / **supérieur** (net) / gross calorific value ▸ **pouvoir couvrant (d'une peinture)** opacity (of a paint) ▸ **pouvoir isolant** insulating capacity.

❖ **pouvoirs** nmpl **1.** [fonctions] powers, authority / *outrepasser ses pouvoirs* to overstep ou to exceed one's authority ▸ **avoir tous pouvoirs pour faire qqch a)** [administrateur] to have full powers to do sthg **b)** [architecte, animateur] to have carte blanche to do sthg ▸ **pouvoirs exceptionnels** POL special powers *(available to the President of the French Republic in an emergency)* **2.** [gouvernants] ▸ **les pouvoirs constitués** the legally constituted government ▸ **les pouvoirs publics** the authorities **3.** [surnaturels] powers.

pouvoir[2] [58] [puvwaʀ] ◆ v aux **1.** [avoir la possibilité, la capacité de] : *je peux revenir en France* I'm able to ou I can return to France / *comme vous pouvez le voir sur ces images* as you can see on these pictures / *je peux vous aider?* [gén, dans un magasin] can I help you? ▸ **on peut toujours s'arranger** some sort of an arrangement can always be worked out / *si seulement je pouvais me souvenir de son nom* if only I could remember his name / *pourriez-vous m'indiquer la gare?* could you tell me the way to the station? / *comment as-tu pu lui mentir!* how could you lie to him! / *je te l'apporte dès que je peux* I'll bring it to you as soon as I can ou as soon as possible / *quand il pourra de nouveau marcher* when he's able to walk again / *c'est plus que je ne peux payer* it's more than I can afford (to pay) / *je ne peux (pas) m'empêcher de penser que...* I can't help thinking that... / *ce modèle peut se ranger dans une valise* this model packs ou can be packed into a suitcase / *l'argument peut aisément être retourné* the argument cuts both ways ou can easily be turned around / *je ne peux pas dormir* I'm unable to ou I can't sleep / *jamais plus elle ne pourra chanter* she'll never be able to sing again ▸ **tout le monde ne peut pas le faire** / **en dire autant!** not everybody can do it / say that! / *le projet ne pourra pas se faire sans sa collaboration* the project can't be carried out without her collaboration / *il ne peut pas suivre d'études universitaires* [il n'est pas assez brillant] he's not up to going to university / *fais ce que tu veux, je ne peux pas mieux te dire!* do as you please, that's all I can say! / *tu ne peux pas ne pas l'aider* you MUST help her, you can't refuse to help her ▸ **ne pas pouvoir voir qqn (en peinture)** *fam* : *il ne peut pas la voir (en peinture)* he can't stand (the sight of) her / *je n'ai jamais pu le voir (en peinture)* *fam* I never could abide him **2.** [parvenir à] to manage ou to be able to / *avez-vous pu entrer en contact avec lui?* did you succeed in contacting ou manage to contact him? / *c'est construit de telle manière que l'on ne puisse pas s'échapper* it's built in such a way that it's impossible to escape ou as to make escape impossible **3.** [avoir la permission de] ▸ **vous pouvez disposer** you may ou can go now ▸ **si je peux** ou *sout* **si je puis m'exprimer ainsi** if I may use the phrase / *vous pouvez dire ce que vous voulez, on ne vous croira pas* say what you will ou you can say whatever you like, nobody'll believe you / *si on ne peut plus plaisanter, maintenant!* it's a pretty sad thing if you can't have a laugh anymore! ; [avoir des raisons de] : *on ne peut que s'en féliciter* one can't but feel happy about it / *je suis désolé — ça, tu peux (l'être)!* *fam* I'm so sorry — so you should be ou and with good reason ou and I should think so too! **4.** [exprime une éventualité, un doute, un risque] : *la maladie peut revenir* the disease can ou may recur / *attention, tu pourrais glisser* careful, you might ou could slip / *ça peut exploser à tout moment* it could ou may ou might explode at any time / *un accident peut toujours se produire* accidents do happen / *il a pu les oublier dans le bus* he could ou may have left them on the bus / *ce ne peut être déjà les invités!* (surely) it can't be the guests already! / *j'aurais pu l'attendre longtemps, elle n'arrive que demain!* I could have waited a long time, she's not coming until tomorrow! / *la gauche pourrait bien ne pas être élue* the left could well not get ou be elected / *après tout, il pourrait bien ne pas avoir menti* he may well have been telling the truth after all / *d'aucuns pourront mettre sa sincérité en doute* some people might question his sincerity / *c'est plus facile qu'on ne pourrait le croire* it's easier than you might think / *elle a très bien pu arriver entre-temps* she may well have arrived in the meantime / *je peux toujours m'être trompé* it's possible I might have got it wrong / *ça aurait pu être pire* it could have been worse / *on a pu dire de lui qu'il était le précurseur du romantisme* some consider him to be the precursor of the Romantic movement ; *(tournure impersonnelle)* ▸ **il pourrait** it could ou may (possibly) / *il pourrait s'agir d'un suicide* it could ou may ou might be a suicide / *il peut arriver que...* it may (so) ou can happen that... / *il ne peut pas y avoir d'erreur* there can't (possibly) be a mistake **5.** [exprime une approximation] : *elle pouvait avoir entre 50 et 60 ans* she could have been between 50 and 60 (years of age) / *il pouvait être 2 h quand nous sommes sortis* it could ou might have been 2 o'clock when we came out **6.** [exprime une suggestion, une hypothèse] : *tu peux toujours essayer de lui téléphoner* you could always try phoning him / *tu pourrais te lever pour donner ta place à la dame, quand même!* you might get up and let the lady have your seat ! / *tu pourrais au moins t'excuser!* you could at least apologize !, the least you could do is (to) apologize ! / *il aurait pu me prévenir!* he could've ou might've warned me ! / *on peut s'attendre à tout avec elle* anything's possible with her **7.** [en intensif] : *où ai-je bien pu laisser mes lunettes?* what on earth can I have done with my glasses? / *qu'a-t-elle (bien) pu leur dire pour les mettre dans cet état?* what can she possibly have said for them to be in such a state ! **8.** *litt* [exprime le souhait] : *puisse ce fléau nous épargner!* let us hope ou pray we may be spared this plague ! / *puisse-t-il vous entendre!* let us hope he can hear you ! / *puissé-je ne jamais revivre des moments pareils!* may I never have to live through that again ! ◆ vt [être capable de faire] ▸ **qu'y puis-je?** what can I do about it? / *vous seul y pouvez quelque chose* only you can do anything about it / *tu y peux quelque chose, toi?* can you do anything about it? ▸ **on n'y peut rien** it can't be helped, nothing can be done about it / *que puis-je pour vous?* what can I do for you? / *elle peut beaucoup pour notre cause* she can do a lot for our cause / *j'ai fait tout ce que j'ai pu* I did my level best ou all I could / *je fais ce que je peux et je peux peu fam & hum* I do what I can and that's not a lot ▸ **ne plus en pouvoir** : *je n'en peux plus* **a)** [physiquement] I'm exhausted **b)** [moralement] I can't take anymore ou stand it any longer **c)** [je suis rassasié] I'm full (up) / *ma voiture n'en peut plus fam* my car's had it / *je n'en peux plus de l'entendre se plaindre sans cesse* I just can't take his continual moaning any more ▸ **regarde-le danser avec elle, il n'en peut plus!** *fam* [il est trop fier] *hum* just look at him dancing with her, he's in seventh heaven !

❖ **se pouvoir** v impers ▸ **ça se peut** it may ou could be / *ça se peut, mais...* that's as may be, but... / *il va pleuvoir — ça se pourrait bien!* it's going to rain — that's quite possible ! / *est-ce qu'ils vont se marier? — cela se pourrait* are they going to get married? — they might ou it's possible / *sois calme, et s'il se peut, diplomate* keep calm and, if (at all) possible, be tactful ▸ **il** ou **ça se peut que** : *il se peut qu'il soit malade* he might be ill, maybe he's ill / *il se peut que je vienne* I might come, maybe I'll come / *il se pourrait bien qu'il n'y ait plus de places* it might ou could well be fully booked.

pouzzolane [puzɔlan] nf pozzuolana, pozzolana.

Poznan [pɔznan] npr Poznan.

pp 1. (abr écrite de pages) pp **2.** (abr écrite de par procuration) pp.

PP (abr de préventive de la pellagre) adj ▸ **vitamine PP** niacin.

ppcm (abr de plus petit commun multiple) nm LCM.

PQ ◆ nm (abr de papier-cul) *tfam* bog paper. ◆ **1.** (abr écrite de province de Québec) PQ **2.** (abr écrite de premier quartier (de lune)) *first quarter.*

PQR nf abr de presse quotidienne régionale.

PR ◆ npr m (abr de Parti républicain) *former right-wing French political party.* ◆ (abr écrite de poste restante) PR.

Pr (abr écrite de professeur) Prof.

Prado [pʀado] npr m : *le (musée national du) Prado* the Prado.

praesidium [pʀezidjɔm] nm praesidium, presidium.

pragmatique [pʀagmatik] ◆ adj [politique] pragmatic ; [personne, attitude] pragmatic, practical. ◆ nf pragmatics *(U).*

pragmatisme [pʀagmatism] nm pragmatism.

pragmatiste [pʀagmatist] adj & nmf pragmatist.

pragois, e [pʀagwa, az] = **praguois.**

Prague [pʀag] npr Prague.

praguois, e [pʀagwa, az] adj from Prague.

❖ **Praguois, e** nm, f *inhabitant of or person from Prague.*

praire [pʀɛʀ] nf clam.

prairie [pʀeʀi] nf **1.** [terrain] meadow **2.** [formation végétale] grassland **3.** [aux États-Unis et au sud du Canada] ▸ **la Prairie** the Prairie ▸ **les Prairies** the Prairies.

pralin [pʀalɛ̃] nm CULIN praline *(toasted almonds in caramelized sugar).*

praline [pʀalin] nf **1.** CULIN [amande] praline, sugared almond ; BELG [chocolat] (filled) chocolate **2.** *tfam* [balle d'arme à feu] slug.

praliné, e [pʀaline] adj [glace, entremets] almond-flavoured ; [amande] sugared ; [chocolat] with (toasted) sugared almonds.

❖ **praliné** nm chocolate with (toasted) sugared almonds.

praticable [pʀatikabl] ◆ adj **1.** [sentier] passable, practicable **2.** [réalisable - suggestion, solution] practicable, feasible. ◆ nm **1.** CINÉ (tray) dolly **2.** THÉÂTRE platform **3.** INDUST cradle **4.** SPORT (floor) mat.

praticien, enne [pʀatisjɛ̃, ɛn] nm, f practitioner.

pratiquant, e [pʀatikɑ̃, ɑ̃t] ◆ adj practising UK, practicing US / *je ne suis pas pratiquant* I don't attend church regularly, I'm not a (regular) churchgoer ▸ **non pratiquant** nonpractising. ◆ nm, f **1.** RELIG churchgoer, practising UK ou practicing US Christian / Jew / Muslim, etc. **2.** [adepte] adherent.

pratique[1] [pʀatik] adj **1.** [utile - gadget, outil, voiture, dictionnaire] practical, handy ; [- vêtement] practical ▸ **peu pratique** not very practical / *quand on a des invités, c'est bien pratique un lave-vaisselle!* when you've got guests, a dishwasher comes in handy ! **2.** [facile] : *il faut changer de bus trois fois, ce n'est pas pratique!* you have to change buses three times, it's very inconvenient ! / *ce n'est pas pratique de courir avec une jupe étroite* it's not easy to run in a tight skirt **3.** [concret - application, connaissance, conseil, formation] practical / *régler les détails pratiques d'une excursion* to sort out the practical details of an excursion **4.** [pragmatique] practical / *avoir le sens* ou *l'esprit pratique* to have a practical turn of mind, to be practical.

pratique[2] [pʀatik] nf **1.** [application - d'une philosophie, d'une politique] practice ; [- de l'autocritique, d'une vertu] exercise ; [- d'une technique, de la censure] application ▸ **mettre en pratique a)** [conseils, préceptes] to put into practice **b)** [vertu] to exercise ▸ **en** ou **dans la pratique** in (actual) practice **2.** [d'une activité] practice / *la pratique régulière du tennis / vélo* playing tennis / cycling on a regular basis / *pratique illégale de la médecine* illegal practice of medicine / *la pratique religieuse* religious observance **3.** [expérience] practical experience / *on voit que tu as de la pratique* you've obviously done this before / *j'ai plusieurs années de pratique* I have several years' practical experience **4.** [usage] practice / *des pratiques religieuses* religious practices / *une pratique courante* common practice / *le marchandage est une pratique courante là-bas* over there, it's common practice to barter ▸ **bonnes pratiques** best practices.

pratiquement [pʀatikmɑ̃] adv **1.** [presque] practically, virtually / *il n'y avait pratiquement personne* there was hardly anybody ou practically nobody **2.** [en fait] in practice ou (actual) fact.

pratiquer [3] [pʀatike] ◆ vt **1.** [faire - entaille] to make, to cut ; [- ouverture] to make ; [- passage] to open up ; [- intervention chirurgicale] to carry out *(sép)*, to perform / *des marches avaient été pratiquées dans la roche* steps had been carved out in the rock ▸ **pratiquer un trou a)** [à la vrille] to bore ou to drill a hole **b)** [aux ciseaux] to cut (out) a hole **2.** [appliquer - préceptes, politique] to practise UK, to practice US ; [- autocritique, vertu] to practise UK, to practice US ; [- technique] to use, to apply ; [- censure] to apply ; [- sélection] to make / *je ne pratiquerai jamais ce genre de chantage* I will never resort to ou use this kind of blackmail / *la vivisection est encore pratiquée dans certains laboratoires* vivisection is still carried out ou practised in some laboratories **3.** [s'adonner à - jeu de ballon] to play ; [- art martial, athlétisme] to do ; [- art, médecine, religion] to practise UK, to practice US ; [- langue] to speak ; [- humour, ironie] to use ▸ **pratiquer un sport** to do ou practise a sport / *est-ce que vous pratiquez un sport?* do you do anything in the way of sport? / *pratiquer la natation* to swim / *pratiquer la boxe* to box **4.** [fréquenter] : *pratiquer un auteur* to read an author's works regularly / *ça fait des années que je pratique l'animal hum* I've known this guy for years **5.** COMM [rabais] to make, to give / *ce sont les prix pratiqués dans tous nos supermarchés* these are the current prices in all our supermarkets. ◆ vi RELIG to be a practising UK ou practicing US Christian / Jew / Muslim, etc., to attend church (regularly), to be a (regular) churchgoer / *il est catholique, mais il ne pratique pas* he is not a practising Catholic.

❖ **se pratiquer** vp *(emploi passif)* : *cette coutume se pratique encore dans certains pays* this custom still exists in certain countries / *les prix qui se pratiquent à Paris* current Paris prices / *cela se pratique couramment dans leur pays* it is common practice in their country.

Pravda [pʀavda] npr f ▸ **la Pravda** Pravda.

praxie [pʀaksi] nf PSYCHOL praxis.

praxis [pʀaksis] nf PHILOS praxis.

Praxitèle [pʀaksitɛl] npr Praxiteles.

pré [pʀe] nm **1.** AGR meadow **2.** EXPR **pré carré** domain, preserve ▸ **aller sur le pré** *litt* to fight a duel.

préaccord [pʀeakɔʀ] nm preliminary agreement.

préadaptation [pʀeadaptasjɔ̃] nf preadaptation.

préadolescence [pʀeadɔlesɑ̃s] nf preadolescence, preteen years.

préadolescent, e [pʀeadɔlesɑ̃, ɑ̃t] nm, f preadolescent, preteen, pre-teenager.

préalable [pʀealabl] ◆ adj [discussion, entrevue, sélection] preliminary ; [travail, formation] preparatory ; [accord, avertissement] prior / *faites un essai préalable sur un bout de tissu* test first ou beforehand on a piece of cloth / *sans avertissement préalable* without prior notice. ◆ nm prerequisite, precondition.

❖ **au préalable** loc adv first, beforehand.

préalablement [pʀealabləmɑ̃] adv first, beforehand / *appliquer sur la plaie préalablement nettoyée* apply after cleansing the wound.

❖ **préalablement à** loc prép prior to, before.

préallumage [pʀealymaʒ] nm AUTO pre-ignition.

Préalpes [pʀealp] npr fpl ▸ **les Préalpes** the Pre-Alps, the Lower Alps.

préalpin, e [pʀealpɛ̃, in] adj of the Pre-Alps.

préambule [pʀeɑ̃byl] nm **1.** [d'une constitution, d'une conférence] preamble / *épargnez-nous les préambules!* spare us the preliminaries !, get straight to the point ! **2.** [prémices] : *cet incident a été le préambule d'une crise grave* this incident was the prelude to a serious crisis.

❖ **sans préambule** loc adv without warning.

préamplificateur [pʀeɑ̃plifikatœʀ] nm preamplifier.

préapprentissage [pʀeapʀɑ̃tisaʒ] nm ≃ sandwich course.

préau, x [pʀeo] nm [d'une école] covered part of the playground ; [d'un pénitencier] yard ; [d'un cloître] inner courtyard.

préavis [pʀeavi] nm (advance) notice / *mon propriétaire m'a donné un mois de préavis* my landlord gave me a month's notice (to move out) ▸ **préavis de grève** strike notice ▸ **déposer un préavis de grève** to give strike notice ▸ **préavis (de licenciement)** notice (of dismissal).

❖ **sans préavis** loc adv ADMIN without prior notice ou notification.

prébende [pʀebɑ̃d] nf **1.** HIST prebend **2.** *litt* [emploi] sinecure ; [argent] handsome payment ou emolument *litt.*

prébendier [pʀebɑ̃dje] nm prebendary.

prébiotique [pʀebjotik] adj [chimie, effet] prebiotic.

précâblé, e [pʀekable] adj prewired.

précaire [pʀekɛʀ] adj [équilibre] fragile, precarious ; [vie, situation] precarious ; [santé] delicate, frail / *il a un emploi précaire* he's got no job security.

précairement [pʀekɛʀmɑ̃] adv precariously.

précambrien, enne [pʀekɑ̃bʀijɛ̃, ɛn] adj Precambrian.

❖ **précambrien** nm Precambrian (era).

précancéreux, euse [pʀekɑ̃seʀø, øz] adj precancerous.

précarisation [pʀekaʀizasjɔ̃] nf loss of security ou stability / *la précarisation du travail* reduced job security.

précariser [pʀekaʀize] vt ▸ **précariser l'emploi** to threaten job security / *la crise a précarisé leur situation* the recession has made them more vulnerable.

précarité [pʀekaʀite] nf precariousness / *la précarité de l'emploi* the lack of job security.

précaution [pʀekosjɔ̃] nf **1.** [disposition préventive] precaution ▸ **prendre la précaution de faire qqch** to take the precaution of doing ou to be especially careful to do sthg ▸ **prendre des** ou **ses précautions** *pr & euphém* to take precautions / *prenez des précautions avant de vous engager dans cette affaire* take all necessary precautions before getting involved / *avec beaucoup de précautions oratoires* in carefully chosen phrases ▸ **précautions d'emploi** caution (before use) **2.** [prudence] caution, care.

❖ **avec précaution** loc adv cautiously, warily.

❖ **par (mesure de) précaution** loc adv as a precaution ou precautionary measure.

❖ **pour plus de précaution** loc adv to be on the safe side, to make absolutely certain.

❖ **sans précaution** loc adv carelessly, rashly / *elle manipule les produits toxiques sans la moindre précaution* she handles toxic substances without taking the slightest precaution.

précautionner [3] [pʀekosjɔne]

❖ **se précautionner contre** vp + prép *litt* to guard against.

précautionneusement [pʀekosjɔnøzmɑ̃] adv **1.** [avec circonspection] cautiously, warily **2.** [avec soin] carefully, with care.

précautionneux, euse [pʀekosjɔnø, øz] adj **1.** [circonspect] cautious, wary **2.** [soigneux] careful.

précédemment [pʀesedamɑ̃] adv before (that), previously / *comme je l'ai dit précédemment* as I have said ou mentioned before.

précédent, e [pʀesedɑ̃, ɑ̃t] adj previous / *la semaine précédente* the week before, the previous week / *lors de rencontres précédentes* during previous ou earlier meetings.

❖ **précédent** nm precedent.

❖ **sans précédent** loc adj without precedent, unprecedented.

précéder [18] [pʀesede] ◆ vt **1.** [marcher devant] to precede / *je vais vous précéder dans le tunnel* I'll go into the tunnel first / *le groupe, précédé par le guide* the group, led ou preceded by the guide **2.** [être placé avant] to precede, to be in front of / *l'adresse doit précéder le numéro de téléphone* the address should come before the telephone number **3.** [avoir lieu avant] to precede / *le film sera précédé par un* ou *d'un documentaire* the film will be preceded by ou will follow a documentary / *le jour qui précéda son arrestation* the day before ou prior to his arrest / *celui qui vous a précédé à ce poste* the person who held the post before you, your predecessor **4.** [arriver en avance sur] to precede, to arrive ahead of ou before / *elle m'a précédé sur le court de quelques minutes* she got to the court a few minutes before me / *il précède le favori de trois secondes* he has a three second lead over the favourite / *il avait été précédé de sa mauvaise réputation* his bad reputation had preceded him. ◆ vi to precede / *as-tu lu ce qui précède?* have you read what comes before? *sout* / *les semaines qui précédèrent* the preceding weeks / *faites précéder votre signature de la mention « lu et approuvé »* before your signature add the words "lu et approuvé".

✐ In reformed spelling (see p. 16-19), this verb is conjugated like *semer*: ***il précèdera, elle précèderait.***

précepte [pʀesɛpt] nm precept.

précepteur [pʀesɛptœʀ] nm private ou home tutor.

préceptorat [pʀesɛptɔʀa] nm private ou home tutorship.

préceptrice [pʀesɛptʀis] nf governess.

précession [pʀesesjɔ̃] nf precession ▸ **précession des équinoxes** precession of the equinoxes.

préchambre [pʀeʃɑ̃bʀ] nf precombustion chamber.

préchauffage [pʀeʃofaʒ] nm preheating.

préchauffer [3] [pʀeʃofe] vt to preheat.

prêche [pʀɛʃ] nm sermon.

prêcher [4] [pʀeʃe] ◆ vt **1.** RELIG [Évangile, religion] to preach ; [carême, retraite] to preach for *(insép)* ; [personne] to preach to *(insép)* ▸ **vous prêchez un converti** you're preaching to the converted **2.** [recommander - doctrine, bonté, vengeance] to preach ▸ **prêcher le faux pour savoir le vrai** to make false statements in order to discover the truth. ◆ vi [prêtre] to preach ; [moralisateur] to preach ▸ **prêcher d'exemple** ou **par l'exemple** to practise what one preaches ▸ **prêcher dans le désert** *allusion* BIBLE to preach in the wilderness ▸ **prêcher pour son saint** ou **son clocher** ou **sa paroisse** to look after one's own interests.

prêcheur, euse [pʀɛʃœʀ, øz] ◆ adj **1.** *fam & péj* [ennuyeux] moralizing, preachy **2.** RELIG ▸ **frères prêcheurs** preaching friars. ◆ nm, f **1.** *fam & péj* [sermonneur] moralizer **2.** RELIG preacher.

prêchi-prêcha (*pl* prêchi-prêcha), **prêchiprêcha*** [pʀeʃipʀeʃa] nm *fam & péj* sermonizing, lecturing.

précieusement [pʀesjøzmɑ̃] adv **1.** [soigneusement] preciously ▸ **conserver qqch précieusement** to keep sthg safe, to look after sthg **2.** [avec affectation] : *c'est écrit un peu précieusement* the style is a little bit precious.

précieux, euse [pʀesjø, øz] adj **1.** [de valeur - temps, santé] precious ; [- pierre, métal] precious ; [- ami, amitié] precious, valued ; [- objet, trésor, bijou] precious, priceless **2.** [très utile] invaluable / *c'était un précieux conseiller* he was an invaluable ou irreplaceable adviser / *elle fut d'une aide précieuse* her help was invaluable / *elle m'a été d'un précieux secours* her help was invaluable to me **3.** [maniéré] mannered, affected, precious **4.** ART & LITTÉR precious.

❖ **précieuse** nf précieuse.

préciosité [pʀesjozite] nf **1.** [maniérisme] affectedness, mannered style **2.** ART & LITTÉR preciosity.

précipice [pʀesipis] nm **1.** [gouffre] precipice **2.** [catastrophe] : *être au bord du précipice* to be on the brink of disaster.

précipitamment [pʀesipitamɑ̃] adv [annuler, changer] hastily, hurriedly / *monter / traverser précipitamment* to dash up / across.

précipitation [pʀesipitasjɔ̃] nf **1.** [hâte] haste / *les ouvriers ont quitté l'usine avec précipitation* the workers rushed ou hurried out of the factory / *dans ma précipitation, j'ai oublié l'adresse* in the rush, I forgot the address / *tout s'est fait dans la plus grande précipitation* everything was done in a great hurry **2.** [irréflexion] rashness / *agir avec précipitation* to act rashly **3.** CHIM precipitation.

❖ **précipitations** nfpl MÉTÉOR precipitation / *fortes précipitations sur l'ouest du pays demain* tomorrow, it will rain heavily in the west.

précipité, e [pʀesipite] adj **1.** [pressé - pas] hurried ; [- fuite] headlong **2.** [rapide - respiration] rapid / *tout cela a été si précipité* it all happened so fast **3.** [hâtif - retour] hurried, hasty ; [- décision] hasty, rash.

❖ **précipité** nm precipitate.

précipiter [3] [pʀesipite] ◆ vt **1.** [faire tomber] to throw ou to hurl (down) / *ils ont précipité leur voiture dans la mer* they hurled their car into the sea / *le choc précipita les passagers vers l'avant* the shock sent the passengers flying ou hurtling to the front **2.** *fig* [plonger] to plunge / *précipiter un pays dans la guerre / crise* to plunge a country into war / a crisis **3.** [faire à la hâte] : *il ne faut rien précipiter* we mustn't rush (into) things ou be hasty / *nous avons dû précipiter notre départ / mariage* we had to leave / get married sooner than planned **4.** [accélérer - pas, cadence] to quicken, to speed up *(sép)* ; [- mouvement, mort] to hasten **5.** CHIM to precipitate (out). ◆ vi CHIM to precipitate (out).

❖ **se précipiter** vpi **1.** [d'en haut] to hurl o.s. / *il s'est précipité du septième étage* he threw ou hurled himself from the seventh floor / *se précipiter dans le vide* to hurl o.s. into space **2.** [se ruer] to rush / *on s'est tous précipités dehors* we all rushed out ▸ **il s'est précipité dans l'escalier pour la rattraper a)** [vers le bas] he rushed downstairs after her **b)** [vers le haut] he rushed upstairs after her / *il s'est précipité dans l'ascenseur* he rushed into the lift ▸ **se précipiter vers** ou **au-devant de qqn** to rush to meet sb ▸ **se précipiter sur qqn** to rush at sb / *ils se sont tous précipités sur moi* they all crowded round me **3.** [s'accélérer - pouls, cadence] to speed up, to quicken / *depuis peu, les événements se précipitent* things have been moving really fast recently **4.** [se dépêcher] to rush, to hurry / *on a tout notre temps, pourquoi se précipiter?* we've got plenty of time, what's the rush? / *ne te précipite pas pour répondre* take your time before answering.

précis, e [pʀesi, iz] adj **1.** [exact - horloge, tir, instrument] precise, exact ; [- description] precise, accurate / *les dimensions précises de la maison* the exact measurements of the house / *la balance n'est pas très précise* the scales aren't very accurate / *le signalement précis du meurtrier* a precise ou an accurate description of the murderer ▸ **à 20 h précises** at precisely 8 p.m., at 8 p.m. sharp / *à cet instant précis* at that precise ou very moment / *il arriva à l'instant précis où je partais* he arrived just as I was leaving **2.** [clair, net] precise, specific ▸ **instructions précises** precise orders / *je voudrais une réponse précise* I'd like a clear answer / *je n'ai aucun souvenir précis de cette année-là* I don't remember that year clearly at all / *le geste précis du chirurgien* the surgeon's sure hand **3.** [particulier] particular, specific / *sans raison précise* for no particular reason / *sans but précis* with no specific aim in mind / *rien de précis* nothing in particular / *tu penses à quelqu'un de précis?* do you have a specific person in mind?

❖ **précis** nm **1.** [manuel] handbook **2.** [résumé] précis, summary.

précisément [pʀesizemɑ̃] adv **1.** [exactement] precisely / *il nous reste très précisément 52 euros* we've got precisely ou exactly 52 euros left / *ce n'est pas précisément ce à quoi je pensais* that's not exactly what I had in mind **2.** [justement, par coïncidence] precisely, exactly / *c'est précisément le problème* that's exactly ou precisely what the problem is / *M. Lebrun? c'est précisément de lui que nous parlions* Mr. Lebrun? that's precisely who we were talking about **3.** [oui] that's right.

préciser [3] [pʀesize] vt **1.** [clarifier - intentions, pensée] to make clear / *cette fois-ci, je me suis bien fait préciser les conditions d'admission* this time I made sure they explained the conditions of entry clearly to me **2.** [spécifier] : *l'invitation ne précise pas si l'on peut venir accompagné* the invitation (card) doesn't specify ou say whether you can bring somebody with

* In reformed spelling (see p. 16-19).

you ▸ **préciser qqch à qqn** to make sthg clear to sb / *j'ai oublié de leur préciser le lieu du rendez-vous* I forgot to tell them where the meeting is taking place / *la Maison-Blanche précise que la rencontre n'est pas officielle* the White House has made it clear that this is not an official meeting / *« cela s'est fait sans mon accord », précisa-t-il* "this was done without my agreement", he pointed out ; *(en usage absolu)* : *vous dites avoir vu quelqu'un, pourriez-vous préciser ?* you said you saw somebody, could you be more specific ?

✧ **se préciser** vpi [idée, projet] to take shape ; [situation, menace] to become clearer.

précision [pʀesizjɔ̃] nf **1.** [exactitude] preciseness, precision / *avec une précision mathématique* with mathematical precision **2.** [netteté] precision, distinctness / *les visages sont peints avec une extraordinaire précision* the faces are painted with extraordinary precision ou attention to detail **3.** [explication] point ▸ **apporter une précision à qqch** to add a point to sthg / *nous y reviendrons dès que nous aurons plus de précisions* we'll come back to that as soon as we have further information ou details / *je vous remercie de vos précisions* thank you for your informative comments ▸ **raconter qqch avec maintes précisions** to tell sthg with a wealth of detail **4.** ARM accuracy.

✧ **de précision** loc adj precision *(modif)* ▸ **instrument de précision** precision instrument ▸ **horlogerie de haute précision** high-precision watchmaking.

précité, e [pʀesite] adj [oralement] aforesaid, aforementioned ; [par écrit] above-mentioned, aforesaid / *les auteurs précités* the authors quoted above.

préclassique [pʀeklasik] adj preclassical.

précoce [pʀekɔs] adj **1.** [prématuré - surdité, mariage] premature **2.** [en avance - intellectuellement] precocious, mature (beyond one's years) ; [- sexuellement] precocious / *les enfants précoces* precocious children / *j'étais un garçon précoce pour mon âge* I was advanced for a boy of my age **3.** BOT & MÉTÉOR early / *les gelées précoces* early frost ▸ **poire précoce** early ou early-fruiting pear.

précocement [pʀekɔsmɑ̃] adv prematurely, precociously / *marié / vieilli précocement* prematurely married / aged.

précocité [pʀekɔsite] nf **1.** [d'un enfant] precociousness, precocity ; [d'une faculté, d'un talent] early manifestation, precociousness **2.** BOT & MÉTÉOR early arrival, earliness.

précolombien, enne [pʀekɔlɔ̃bjɛ̃, ɛn] adj pre-Columbian.

précombustion [pʀekɔ̃bystjɔ̃] nf precombustion.

précompte [pʀekɔ̃t] nm **1.** [retenue] tax deduction (from one's salary) UK, withholding tax US ▸ **précompte mobilier** (withholding) tax on company income **2.** [estimation] (deduction) schedule.

précompter [3] [pʀekɔ̃te] vt **1.** [déduire] to deduct / *vos cotisations sont précomptées sur votre salaire* your contribution is deducted automatically from your salary **2.** [estimer] to schedule, to estimate.

préconception [pʀekɔ̃sɛpsjɔ̃] nf preconception, prejudice.

préconçu, e [pʀekɔ̃sy] adj set, preconceived ▸ **idée préconçue** preconceived idea / *agir sans plan préconçu* to act without a preconceived ou set plan.

préconditionné, e [pʀekɔ̃disjɔne] adj [produit] pre-packed, pre-packaged.

préconisation [pʀekɔnizasjɔ̃] nf **1.** [d'un remède] recommendation ; [d'une méthode] advocacy **2.** RELIG preconization.

préconiser [3] [pʀekɔnize] vt **1.** [recommander - solution, méthode] to advocate ; [- remède] to recommend / *il préconise d'augmenter les tarifs douaniers* he advocates ou is an advocate of higher trade tariffs **2.** RELIG to preconize.

préconscient, e [pʀekɔ̃sjɑ̃, ɑ̃t] adj preconscious.

✧ **préconscient** nm preconscious.

précontraint, e [pʀekɔ̃tʀɛ̃, ɛ̃t] adj prestressed.

✧ **précontraint** nm prestressed concrete.

✧ **précontrainte** nf prestress.

précuisson [pʀekɥisɔ̃] nf pre-cooking.

précuit, e [pʀekɥi, it] adj precooked, ready-cooked.

précurseur [pʀekyʀsœʀ] ◆ adj m warning. ◆ nm forerunner, precursor / *faire figure* ou *œuvre de précurseur* to break new ground.

prédaté, é [pʀedate] adj pre-dated.

prédateur, trice [pʀedatœʀ, tʀis] ◆ adj BOT & ZOOL predatory. ◆ nm, f BOT & ZOOL predator.

prédation [pʀedasjɔ̃] nf predation.

prédécesseur [pʀedesesœʀ] nm predecessor.

✧ **prédécesseurs** nmpl [ancêtres] forebears.

prédécoupé, e [pʀedekupe] adj precut, ready-cut.

prédéfini, e [pʀedefini] adj predefined.

prédélinquant, e [pʀedelɛ̃kɑ̃, ɑ̃t] nm, f predelinquent.

prédestination [pʀedɛstinasjɔ̃] nf predestination.

prédestiné, e [pʀedɛstine] ◆ adj [voué à tel sort] fated. ◆ nm, f RELIG chosen ou predestined one.

prédestiner [3] [pʀedɛstine] vt **1.** [vouer] to prepare, to predestine / *rien ne me prédestinait à devenir acteur* nothing marked me out to become an actor ou for an acting career **2.** RELIG to predestine, to predestinate.

prédétermination [pʀedetɛʀminasjɔ̃] nf predetermination.

prédéterminer [3] [pʀedetɛʀmine] vt to predetermine.

prédicable [pʀedikabl] adj predicable.

prédicat [pʀedika] nm **1.** LING [verbe] predicator ; [adjectif] predicate **2.** LOGIQUE predicate.

prédicateur, trice [pʀedikatœʀ, tʀis] nm, f preacher.

prédicatif, ive [pʀedikatif, iv] adj **1.** LING & LOGIQUE predicative **2.** RELIG predicatory, predicant.

prédication [pʀedikasjɔ̃] nf **1.** RELIG ▸ **la prédication a)** preaching **b)** [prêche] sermon **2.** LING & LOGIQUE predicate.

prédictibilité [pʀediktibilite] nf predictability.

prédictible [pʀediktibl] adj predictable.

prédictif, ive [pʀediktif, iv] adj ▸ **médecine prédictive** predictive medicine.

prédiction [pʀediksjɔ̃] nf [prophétie] prediction / *tes prédictions se sont accomplies* ou *réalisées* what you predicted came true.

prédigéré, e [pʀediʒeʀe] adj predigested.

prédilection [pʀedilɛksjɔ̃] nf predilection, partiality ▸ **avoir une prédilection pour qqch** to be partial to sthg, to have a predilection for sthg.

✧ **de prédilection** loc adj favourite *(avant nom)* UK, favorite *(avant nom)* US.

prédiquer [3] [pʀedike] vt to predicate.

prédire [103] [pʀediʀ] vt to predict, to foretell / *ils avaient prédit la guerre* they'd predicted the war ou that there would be a war ▸ **prédire l'avenir a)** [par hasard ou estimation] to predict the future **b)** [voyant] to tell fortunes / *je lui prédis des jours difficiles* I can see difficult times ahead for her.

prédisposer [3] [pʀedispoze] vt **1.** [préparer] to predispose / *sa taille la prédisposait à devenir mannequin* her height made modelling an obvious choice for her **2.** [incliner] ▸ **être prédisposé en faveur de qqn** to be favourably disposed to sb ; *(en usage absolu)* : *cette époque-là ne prédisposait pas à la frivolité* that period was not conducive to frivolity.

prédisposition [pʀedispozisjɔ̃] nf **1.** [tendance] predisposition / *avoir une prédisposition au diabète* to have a predisposition to diabetes **2.** [talent] gift, talent.

prédit, e [pʀedi, it] pp ⟶ **prédire.**

prédominance [pʀedɔminɑ̃s] nf predominance.

prédominant, e [pʀedɔminɑ̃, ɑ̃t] adj [principal - couleur, trait] predominant, main ; [- opinion, tendance] prevailing ; [- souci] chief, major.

prédominer [3] [pʀedɔmine] vi [couleur, trait] to predominate ; [sentiment, tendance] to prevail / *le soleil va prédominer sur presque tout le pays* the weather will be sunny in most parts of the country / *c'est ce qui prédomine dans tous ses romans* that's the predominant feature of all his novels.

préélectoral, e, aux [pʀeelɛktɔʀal, o] adj pre-electoral.

préélémentaire [pʀeelemɑ̃tɛʀ] adj pre-primary UK, pre-elementary US.

préemballé, e [pʀeɑ̃bale] adj prepacked.

prééminence [pʀeeminɑ̃s] nf pre-eminence, dominance ▸ **donner la prééminence à qqch** to put sthg first.

prééminent, e [pʀeeminɑ̃, ɑ̃t] adj pre-eminent / *occuper un rang prééminent* to hold a prominent position.

préempter [pʀeɑ̃pte] vt to pre-empt.

préemption [pʀeɑ̃psjɔ̃] nf pre-emption ▸ **droit de préemption** pre-emptive right.

préencollé, e [pʀeɑ̃kɔle] adj prepasted.

préenregistré, e [pʀeɑ̃ʀəʒistʀe] adj prerecorded.

préenregistrer [pʀeɑ̃ʀəʒistʀe] vt to prerecord.

préétabli, e [pʀeetabli] adj pre-established.

préétablir [32] [pʀeetabliʀ] vt to pre-establish, to establish in advance.

préexistant, e [pʀeɛgzistɑ̃, ɑ̃t] adj existing / *les immeubles préexistants seront détruits* existing buildings will be torn down.

préexistence [pʀeɛgzistɑ̃s] nf preexistence.

préexister [3] [pʀeɛgziste] ✧ **préexister à** v + prép to go before, to preexist / *toutes les civilisations qui ont préexisté à la nôtre* all the civilizations that came before ours.

préfabrication [pʀefabʀikasjɔ̃] nf prefabrication.

préfabriqué, e [pʀefabʀike] adj prefabricated.

✧ **préfabriqué** nm **1.** [construction] prefab **2.** [matériau] prefabricated material ▸ **en préfabriqué** prefabricated.

préface [pʀefas] nf preface.

préfacer [16] [pʀefase] vt [livre, texte] to preface / *préfacer un ouvrage* to write a preface to ou to preface a book.

préfacier, ère [pʀefasje, ɛʀ] nm, f prefacer, preface writer.

préfectoral, e, aux [pʀefɛktɔʀal, o] adj prefectorial, prefectural / *par arrêté préfectoral, par mesure préfectorale* by order.

préfecture [pʀefɛktyʀ] nf **1.** ADMIN [chef-lieu] prefecture ; [édifice] prefecture building ; [services] prefectural office ; [emploi] post of préfet / *briguer la préfecture* to aspire to the prefecture ▸ **préfecture maritime** port prefecture ▸ **préfecture de police** (Paris) police headquarters **2.** ANTIQ prefecture.

Préfecture

The main administrative office of each **département** and **Région**. The word has also come to refer to the town where the office is located. One goes to the **préfecture** to get a driving licence or a **carte de séjour**, for example.

préférable [pʀefeʀabl] adj preferable / *cette solution est nettement préférable* that solution is preferable ou to be preferred / *ne va pas trop loin, c'est préférable* it'd be better if you didn't go too far away ▸ **préférable à** preferable to, better than / *tout est préférable à cette vie de reclus* anything is better than this hermit's life.

préférablement [pʀefeʀabləmɑ̃] adv *litt* ▸ **préférablement à** [de préférence à] in preference to.

préféré, e [pʀefeʀe] ◆ adj favourite UK, favorite US / *quel est ton passe-temps préféré ?* what is your favourite hobby ? ◆ nm, f favourite / *la petite dernière est* *la préférée de mon mari* our youngest child is my husband's favourite.

préférence [prefeʀɑ̃s] nf **1.** [prédilection] preference ▸ **donner la préférence à** to give preference to ▸ **avoir une préférence pour** to have a preference for / *ma préférence va aux tissus unis* I prefer ou have a preference for plain fabrics / *ça m'est égal, je n'ai pas de préférence* it doesn't matter to me, I've no particular preference ▸ **avoir la préférence sur qqn** to have preference over sb / *sur 200 candidates, c'est elle qui a eu la préférence* she was chosen out of 200 candidates **2.** DR ▸ **droit de préférence** right to preferential treatment **3.** ÉCON ▸ **préférence douanière** preferential duties.

❖ **de préférence** loc adv preferably / *donne-moi un verre de vin, et du bon de préférence* give me a glass of wine, preferably a good one / **'à consommer de préférence avant fin...'** 'best before end...'.

❖ **de préférence à** loc prép in preference to, rather than.

préférentiel, elle [prefeʀɑ̃sjɛl] adj **1.** [traitement, tarif, taux, vote] preferential **2.** BOURSE ▸ **actions préférentielles** preference shares UK, preferred stock US.

préférentiellement [prefeʀɑ̃sjɛlmɑ̃] adv preferentially.

préférer [18] [prefeʀe] vt to prefer / *la bruyère préfère une terre tourbeuse* heather prefers peaty soil / *ils préfèrent les échecs aux cartes* they prefer chess to playing cards / *préférez-vous du vin ou de la bière?* would you rather have wine or beer? / *je me préfère avec un chignon* I think I look better with my hair in a bun / *il préférait mourir plutôt que (de) partir* he would rather die than leave / *il y a des moments où l'on préfère rester seul* there are times when one would rather be alone / *je préfère que tu n'en dises rien à personne* I'd prefer it if ou I'd rather you didn't tell anybody ; *(en usage absolu)* : *si tu préfères, nous allons rentrer* if you'd rather, we'll go home.

In reformed spelling (see p. 16-19), this verb is conjugated like *semer*: *il préfèrera, elle préfèrerait.*

préfet [prefɛ] nm **1.** ADMIN préfet, prefect / *elle était préfet du Lot* she used to be prefect ou préfet of the Lot department ▸ **le préfet de Paris** the prefect of Paris ▸ **préfet de police** prefect ou chief of police ; ≃ chief constable UK ; ≃ head of the constabulary UK ▸ **préfet de Région** regional prefect ou préfet **2.** RELIG prefect ▸ **préfet apostolique** prefect apostolic ▸ **préfet des études** master of studies *(in a religious school)* **3.** NAUT ▸ **préfet maritime** *port admiral overseeing the defence of certain maritime departments* **4.** BELG head teacher UK ou principal US *(of a secondary school)* **5.** ANTIQ prefect.

Préfet

One of a body of civil servants which was created by Napoleon in 1800. The **préfet**, who is appointed by a **décret of the président de la République**, is the government representative of a **département** or a **Région**.

préfète [prefɛt] nf **1.** [épouse] prefect's ou préfet's wife **2.** [titulaire] préfète, woman prefect **3.** BELG headmistress UK ou principal US *(of a secondary school)*.

préfiguration [prefigyʀasjɔ̃] nf *sout* prefiguration, foreshadowing / *ce rêve était-il la préfiguration de mon avenir?* was this dream a premonition?

préfigurer [3] [prefigyʀe] vt *sout* [annoncer] to prefigure / *cette nouvelle ne préfigure rien de bon* this news bodes ill for the future.

préfinancement [prefinɑ̃smɑ̃] nm bridging loan.

préfixal, e, aux [prefiksal, o] adj prefixal, prefix *(modif).*

préfixation [prefiksasjɔ̃] nf prefixing, prefixation / *la préfixation d'un morphème* the use of a morpheme as a prefix.

préfixe [prefiks] nm prefix.

préfixé, e [prefikse] adj **1.** LING prefixed **2.** DR [date, délai] prescribed, set.

préfixer [3] [prefikse] vt to prefix.

préformage [prefɔʀmaʒ] nm preforming.

préformation [prefɔʀmasjɔ̃] nf preformation.

préformer [3] [prefɔʀme] vt to preform.

prégénital, e, aux [preʒenital, o] adj pregenital.

préglaciaire [preglasjɛʀ] adj preglacial.

prégnance [preɲɑ̃s] nf **1.** *litt* significance, meaningfulness **2.** PSYCHOL pregnance, Prägnanz.

prégnant, e [preɲɑ̃, ɑ̃t] adj *litt* significant, pregnant (with meaning).

préhellénique [preelenik] adj pre-Hellenic.

préhenseur [preɑ̃sœʀ] adj m prehensile.

préhensile [preɑ̃sil] adj prehensile.

préhension [preɑ̃sjɔ̃] nf prehension / *doué de préhension* able to grip.

préhispanique [preispanik] adj [culture, civilisation] pre-Hispanic.

préhistoire [preistwaʀ] nf prehistory.

préhistorien, enne [preistɔʀjɛ̃, ɛn] nm, f prehistorian.

préhistorique [preistɔʀik] adj **1.** [ère, temps] prehistoric, prehistorical **2.** *fam* [dépassé] ancient, prehistoric / *elle est préhistorique, sa bagnole!* his car's virtually an antique!

préhominien [preɔminjɛ̃] nm prehominid.

préindustriel, elle [preɛ̃dystʀijɛl] adj preindustrial.

préinscription [preɛ̃skʀipsjɔ̃] nf preregistration.

préinstallé, e [preɛ̃stale] adj INFORM preinstalled.

préjudice [preʒydis] nm harm *(U)*, wrong *(U)* ▸ **subir un préjudice matériel** / **financier** to sustain damage / financial loss ▸ **subir un préjudice moral** to suffer mental distress ▸ **causer un** ou **porter préjudice à qqn** to harm sb, to do sb harm / *les magnétoscopes ont-ils porté préjudice au cinéma?* have videorecorders been detrimental to the cinema?

❖ **au préjudice de** loc prép to the detriment ou at the expense of / *on développe le tourisme au préjudice des traditions locales* tourism is being developed at the expense of local traditions.

❖ **sans préjudice de** loc prép DR without prejudice to / *vous devez payer 30 000 euros, sans préjudice de vos dettes antérieures* you must pay 30,000 euros, without prejudice to the money previously owed.

⚠ Le mot anglais **prejudice** signifie généralement «préjugé» et, en dehors du domaine du droit, ne doit pas être employé pour traduire préjudice.

préjudiciable [preʒydisjabl] adj *sout* prejudicial, detrimental / *de telles déclarations seraient préjudiciables à votre candidature* such statements would be harmful ou injurious to your candidature.

préjudiciel, elle [preʒydisjɛl] adj [question] interlocutory ; [action] prejudicial.

préjugé [preʒyʒe] nm prejudice ▸ **avoir un préjugé contre qqn** to be prejudiced ou biased against sb ▸ **avoir un préjugé favorable pour qqn** to be prejudiced in sb's favour, to be biased towards sb ▸ **n'avoir aucun préjugé** to be totally unprejudiced ou unbiased.

préjuger [17] [preʒyʒe] vt *litt* to prejudge / *autant qu'on puisse préjuger* as far as one can judge beforehand.

❖ **préjuger de** v + prép *litt* ▸ **préjuger de qqch** to judge sthg in advance, to prejudge sthg / *son attitude ne laisse rien préjuger de sa décision* his attitude gives us no indication of what he is going to decide / *je crains d'avoir préjugé de mes forces* I'm afraid I've overestimated my strength.

prélasser [3] [prelase] ❖ **se prélasser** vpi to be stretched out, to lounge (around), to laze around.

prélat [prela] nm prelate.

prélatin, e [prelatɛ̃, in] adj pre-Latin.

prélature [prelatyʀ] nf prelacy.

prélavage [prelavaʒ] nm prewash.

prélaver [3] [prelave] vt to prewash.

prêle, prèle [prɛl] nf horsetail.

prélegs [prelɛg] nm preference legacy.

prélèvement [prelɛvmɑ̃] nm **1.** MÉD [échantillon - de sang] sample ; [- sur les tissus] swab / *il faut faire un prélèvement dans la partie infectée* we have to take a swab of the infected area ▸ **faire des prélèvements à qqn** to do tests on sb **2.** BANQUE [retrait] ▸ **prélèvement automatique** ou **bancaire** direct debit ▸ **prélèvement en espèces** cash withdrawal **3.** FIN [retenue - sur le salaire] deduction ; [- sur les biens] levy ▸ **prélèvement sur le capital** capital levy ▸ **prélèvement de l'impôt à la source** taxation at source, pay-as-you-earn UK ▸ **les cotisations sont payées par prélèvement à la source** contributions are deducted at source ▸ **prélèvements fiscaux** tax deductions ▸ **prélèvements obligatoires** tax and social security contributions ▸ **prélèvements sociaux** social security contributions.

prélever [19] [prelәve] vt **1.** MÉD [échantillon] to take / *prélever du sang* to take a blood sample **2.** FIN [somme - au distributeur] to withdraw ; [- sur un salaire] to deduct, to withdraw / *la somme sera prélevée sur votre compte tous les mois* the sum will be deducted ou debited from your account every month / *aller à la banque prélever de l'argent* to go to the bank and withdraw some money.

préliminaire [preliminɛʀ] adj preliminary ▸ **remarque préliminaire** preliminary ou prefatory remark.

❖ **préliminaires** nmpl [préparatifs] preliminaries ; [discussions] preliminary talks.

prélogique [prelɔʒik] adj prelogical.

prélude [prelyd] nm **1.** MUS prelude **2.** *sout* [préliminaire] prelude / *cette première rencontre fut le prélude de bien d'autres* this was the first of many meetings.

préluder [3] [prelyde] vi MUS to warm up, to prelude / *préluder par des vocalises* to warm up by doing vocal exercises.

❖ **préluder à** v + prép to be a prelude to.

prématuré, e [prematyʀe] ◆ adj **1.** [naissance, bébé] premature **2.** [décision] premature ; [décès] untimely / *il est prématuré de dresser un bilan de la situation* it is too early to assess the situation. ◆ nm, f premature baby ou infant.

prématurément [prematyʀemɑ̃] adv prematurely / *il nous a quittés prématurément* his was an untimely death.

prématurité [prematyʀite] nf prematurity.

prémédication [premedikasjɔ̃] nf premedication.

préméditation [premeditasjɔ̃] nf premeditation ▸ **avec préméditation** with malice aforethought / *meurtre avec préméditation* premeditated murder / *si on ne peut pas prouver la préméditation* if proof of intent cannot be shown.

prémédité, e [premedite] adj **1.** DR [crime] premeditated, wilful **2.** [insulte, réponse] deliberate.

préméditer [3] [premedite] vt [crime, vol] to premeditate ▸ **préméditer de faire qqch** to plan to do sthg / *ils avaient bien prémédité leur coup* they'd thought the whole thing out really well.

prémenstruel, elle [premɑ̃stʀyɛl] adj premenstrual.

prémices [premis] nfpl **1.** *litt* [début] beginnings / *les prémices de l'été* the first ou early signs of summer / *les prémices d'un grand talent* the first ou early stirrings of a great talent **2.** ANTIQ [récolte] premices, primices, first fruits ; [animaux] premices, primices.

premier, ère [prәmje, ɛʀ] ◆ adj num **1.** *(souvent avant le nom)* [initial] early ▸ **les premiers hommes** early man / *ses premières œuvres* her early works ▸ **les premiers temps** at the beginning, early on / *il n'est plus de la première jeunesse* he's not as young as he used to be / *un Matisse de la première période* an early Matisse **2.** [proche] nearest / *je réussis à attraper les premières branches* I managed to grasp the nearest branches ▸ **au premier rang a)** CINÉ & THÉÂTRE in the first ou front row **b)** ÉDUC in the first row **3.** [à venir] next, first ▸ **le premier venu** the first person who comes along / *ce n'est pas le premier venu* he's not just anybody / *le premier imbécile venu pourrait le faire* any idiot could do it / *on s'est arrêtés dans le premier hôtel venu* we stopped at the first hotel we came to ou happened to come to **4.** [dans une série] first ▸ **chapitre premier** Chapter One ▸ **à la première heure** first thing, at first light / *à première vue* at first (sight) ▸ **au premier abord** at first / *au premier abord, on le prendrait pour un prêtre* on first meeting him you'd think he was a priest / *au premier chant du coq litt* when the cock crows, at cock crow ▸ **dans un premier temps** (at) first, to start with, to begin with / *de la première à la dernière ligne* from beginning to end / *de la première à la dernière page* from cover to cover / *le premier nom d'une liste* the top name on a list ▸ **du premier coup** *fam* first off, at the first attempt ▸ **faire ses premières armes** to make one's debut / *il a fait ses premières armes à la «Gazette du Nord»* he cut his teeth at the "Gazette du Nord" / *j'ai fait mes premières armes dans le métier comme apprenti cuisinier* I started in the trade as a cook's apprentice ▸ **premier amour** first love / *le premier arrivé* the first person to arrive ▸ **première prise** CINÉ first take ou shot ▸ **premier jet** (first) ou rough ou initial draft ▸ **premiers secours a)** [personnes et matériel] emergency services **b)** [soins] first aid ▸ **première fois** : *c'est la première fois que...* it's the first time that... / *il y a toujours une première fois* there's always a first time ▸ **première page** PRESSE front page / *mets-le en première page* put it on the front page / *faire la première page des journaux* to be headline news ▸ **première partie a)** [gén] first part **b)** [au spectacle] opening act ▸ **qui va (lui) jeter** ou **lancer la première pierre?** *allusion* BIBLE who will cast the first stone? **5.** [principal] main ▸ **de (toute) première nécessité** / **urgence** (absolutely) essential / urgent / *c'est vous le premier intéressé* you're the main person concerned ou the one who's got most at stake / *le premier pays producteur de vin au monde* the world's leading wine-producing country / *la première collection de fossiles au monde* the world's greatest ou foremost collection of fossils **6.** [haut placé - clerc, commis] chief ; [- danseur] leading / *le premier personnage de l'État* the country's Head of State / *sortir premier d'une grande école* to be first on the pass list *(in the final exam of a "grande école")* ▸ **premier maître** chief petty officer ▸ **premier secrétaire (du parti)** first secretary (of the party) ▸ **se prendre pour le premier moutardier du pape** *hum* : *il se prend pour le premier moutardier du pape* he thinks he's God's gift to humanity **7.** *(après le nom)* [originel] first, original, initial / *il n'a jamais retrouvé son inspiration première* he never recovered his initial inspiration / *l'idée première était de...* the original idea was to... **8.** [spontané] first / *son premier mouvement* his first ou spontaneous impulse / *quelles sont vos premières réactions?* what are your first ou initial reactions? **9.** *(après le nom)* [fondamental] first ; MATH [nombre] prime ; [polynôme] irreducible ▸ **cause première** first cause ▸ **principe premier** first ou basic principle **10.** [moindre] : *et ta récitation, tu n'en connais pas le premier mot!* you haven't a clue about your recitation, have you? / *la robe coûte 300 euros et je n'en ai pas le premier sou* the dress costs 300 euros and I haven't a penny UK ou cent US to my name **11.** GRAM ▸ **première personne du singulier** / **pluriel** first person singular / plural **12.** CULIN ▸ **côte** / **côtelette première** prime rib / cutlet. ◆ nm, f **1.** [personne] ▸ **le premier** the first ▸ **entre la première** go in first / *elle a fini dans les cinq premières* she finished amongst the top five ▸ **elle est la première de sa classe** / **au hit-parade** she's top of her class / the charts / *si c'est moi qui pars le premier* if I go first / *mon premier m'a fait une rougeole fam* my eldest has had measles ▸ **jeune premier** CINÉ & THÉÂTRE juvenile lead ▸ **jeune première** young female lead ▸ **le Premier (britannique)** POL the (British) Prime Minister ou Premier ▸ **les premiers seront les derniers** *allusion* BIBLE the first shall be last **2.** [chose] ▸ **le premier** the first (one) / *de toutes les maisons où j'ai vécu, c'est la première que je regrette le plus* of all the houses in which I have lived, I miss the first (one) most of all **3.** ▸ **le premier** [celui-là] the former / *plantez des roses ou des tulipes, mais les premières durent plus longtemps* plant roses or tulips, but the former last longer. **Voir aussi cinquième.**

❖ **premier** nm **1.** [dans une charade] ▸ **mon premier sent mauvais** my first has a nasty smell **2.** [étage] first floor UK second floor US / *la dame du premier* the lady on the first floor **3.** [dans des dates] : *le premier du mois* the first of the month / *tous les premiers du mois* every first (day) of the month ▸ **Aix, le premier juin** Aix, June 1st ▸ **le premier avril** April Fool's ou April Fools Day ▸ **le Premier Mai** May Day ▸ **le premier janvier** ou **de l'an** New Year's Day.

❖ **première** nf **1.** CINÉ & THÉÂTRE first night, opening night ▸ **première mondiale** world première **2.** [exploit] : *c'est une (grande) première chirurgicale* it's a first for surgery / *la première des Grandes Jorasses* the first ascent of the Grandes Jorasses **3.** ÉDUC ≃ lower sixth year ou form UK ; ≃ eleventh grade US ▸ **première supérieure** *class leading to the entrance exam for the École normale supérieure* **4.** AUTO first (gear) / *être* / *passer en première* to be in / to go into first **5.** TRANSP first class ▸ **voyager en première** to travel first class / *billet* / *wagon de première* first-class ticket / carriage **6.** COUT head seamstress **7.** DANSE first (position) **8.** IMPR [épreuve] first proof ; [édition - d'un livre] first edition ; [- d'un journal] early edition **9.** [d'une chaussure] insole.

❖ **de première** loc adj *fam* first-rate / *un imbécile de première iron* a prize idiot.

❖ **en premier** loc adv first, in the first place, first of all / *je dois m'occuper en premier de mon visa* the first thing I must do is to see about my visa.

❖ **premier de cordée** nm leader *(of a roped climbing team)*.

❖ **premier degré** nm **1.** ÉDUC primary UK ou elementary US education **2.** [phase initiale] first step ▸ **brûlure au premier degré** first-degree burn **3.** *fig* : *des gags à ne pas prendre au premier degré* jokes which mustn't be taken at face value.

❖ **premier prix** nm **1.** COMM lowest ou cheapest price / *dans les premiers prix* at the cheaper ou lower end of the scale **2.** [récompense] first prize / *elle a eu le premier prix d'interprétation* she's won the award for best actress.

premièrement [pRəmjɛRmɑ̃] adv **1.** [dans une énumération] in the first place, first / *premièrement il faut de l'argent, deuxièmement il faut du temps* first you need the money, then you need the time **2.** [pour objecter] firstly, in the first place, to start with / *premièrement, ça ne te regarde pas!* to begin ou to start with, it's none of your business! **Voir aussi cinquièmement.**

premier-né, première-née [pRəmjene, pRəmjɛRne] (*mpl* **premiers-nés**, *fpl* **premières-nées**) adj & nm, f first-born.

prémisse [pRemis] nf premise.

prémolaire [pRemɔlɛR] nf premolar.

prémonition [pRemɔnisjɔ̃] nf premonition.

prémonitoire [pRemɔnitwaR] adj premonitory / *j'ai fait un rêve prémonitoire* I had a premonition in my dream.

Prémontrés [pRemɔ̃tRe] nmpl ▸ **les Prémontrés** the Premonstratensians.

prémunir [32] [pRemyniR] vt *sout* ▸ **prémunir qqn contre** to protect sb against.

❖ **se prémunir contre** vp + prép to protect o.s. ou to guard against sthg.

prenable [pRənabl] adj pregnable *litt*

prenait v ⟶ **prendre.**

prenant, e [pRənɑ̃, ɑ̃t] adj **1.** [captivant] engrossing, gripping **2.** [qui prend du temps] time-consuming **3.** [préhensile] prehensile.

prénatal, e, als ou **aux** [pRenatal, o] adj prenatal, antenatal.

prendre [79] [pRɑ̃dR]

◆ vt

- **A. SAISIR**
- **B. AVOIR RECOURS À, SE SERVIR DE**
- **C. PRENDRE POSSESSION DE**
- **D. SURPRENDRE**
- **E. ADMETTRE, RECEVOIR**
- **F. CONSIDÉRER DE TELLE MANIÈRE**
- **G. ENREGISTRER**
- **H. DÉCIDER DE, ADOPTER**

A. SAISIR 1. [saisir] to take / *la chatte prend ses chatons par la peau du cou* the cat picks up her kittens by the scruff of the neck / *elle prit sa guitare sur le sol* she picked her guitar up off the floor / *quand il prend son saxophone, tout le monde se tait* when he picks ou takes up his saxophone, everybody quietens down / *prends la casserole par le manche* pick the pan up by the handle / *il prit son manteau à la patère* he took his coat off the hook / *prends le livre qui se trouve sur la table* take the book on the table ▸ **prendre qqch des mains de qqn** to take sthg off sb / *va prendre du persil* / *des fleurs dans le jardin* go and pick some parsley / flowers in the garden / *prendre un peigne dans sa poche* / *dans un tiroir* to take a comb out of one's pocket / a drawer ▸ **prends le bébé** pick the baby up ; [saisir et garder] to take (hold of), to hold / *tu peux prendre mon sac un instant?* could you hold on to ou take my bag for a minute? / *prendre sa tête entre ses mains* to hold one's head in one's hands / *il m'a pris par les épaules et m'a secoué* he took (hold of) me by the shoulders and shook me / *prenez cette médaille qui vous est offerte par tous vos collègues* accept this medal as a gift from all your colleagues / *prendre un siège* to take a seat, to sit down **2.** [emporter - lunettes, document, en-cas] to take / *tu as pris tes papiers (avec toi)?* have you got your papers (with you)? / *inutile de prendre un parapluie* there's no need to take ou no need for an umbrella / *prendre des vivres pour un mois* to take one month's supply of food / *quand prendrez-vous le colis?* when will you collect the parcel? ; [emmener] to take (along) / *l'inspecteur prit trois hommes avec lui* the inspector took three men with him ▸ **(passer) prendre qqn** : *je suis passé la prendre chez elle à midi* I picked her up at ou collected her from her home at midday ▸ **prendre qqn en voiture** to give sb a lift / *prendre un autostoppeur* to take a hitchhiker a lift, to pick up a hitchhiker / *je fais prendre les enfants à la sortie de l'école par la baby-sitter* I get the baby sitter to pick the children up from school **3.** [trouver] to get / *où as-tu pris ce couteau?* where did you get that knife (from)? / *où as-tu pris cette idée* / *cette citation* / *ces manières?* where did you get that idea / this quotation / those manners? / *où as-tu pris qu'on est plus heureux à la campagne?* where did you get the idea that people are happier in the country? **4.** [se procurer] ▸ **prendre des renseignements** to get some information **5.** [acheter - nourriture, billet de loterie] to get, to buy ; [- abonnement, assurance] to take out *(sép)* ; [réserver - chambre d'hôtel, place de spectacle] to book / *j'ai pris des artichauts pour ce soir* I've got ou bought some artichokes for tonight / *je vais vous prendre un petit poulet aujourd'hui* I'll have ou take a small chicken today / *je ne prends plus de fruits au supermarché* I don't buy fruit at the supermarket any more **6.** [demander - argent] to charge / *je prends une commission de 3%* I take a 3% commission / *mon coiffeur ne prend pas cher fam* my hairdresser isn't too expensive ou doesn't charge too much / *je prends 20 € de l'heure* I charge 20 € per hour / *elle l'a réparé sans rien nous prendre* she fixed it free of charge ou without charging us (anything) for it **7.** [retirer] : *les impôts sont pris à la source* tax is deducted at source / *prendre de l'argent sur son compte* to withdraw money from one's account, to take money out of one's account.

B. AVOIR RECOURS À, SE SERVIR DE **1.** [utiliser - outil] to use / *prends un marteau, ce sera plus facile* use a hammer, you'll find it's easier / *je ne prends jamais de dé pour coudre* I never use a thimble when I'm sewing / *ne prends pas ça, ça raye l'émail* don't use that, it scratches the enamel ; [emprunter] to take, to borrow / *je peux prendre ta voiture?* can I take ou borrow your car? / *tu peux prendre ma jupe* you can take ou borrow my skirt **2.** [consommer - nourriture] to eat ; [- boisson] to drink, to have ; [- médicament] to take ; [- sucre] to take / *je ne prends jamais de somnifères* I never take sleeping pills / *nous en discuterons en prenant le café* we'll discuss it over a cup of coffee / *tu prends du lait?* do you take milk? / *qu'est-ce que tu prends?* what would you like to drink, what will it be? / *je prendrais bien une bière* I could do with a beer / *si on allait prendre un verre?* how about (going for) a drink? / *elle prend de la cocaïne* she takes cocaine / *à prendre matin, midi et soir* to be taken three times a day / *elle n'a rien pris depuis trois jours* she hasn't eaten anything for three days / *tu lui as fait prendre ses médicaments?* did you make sure he took his medicine? ; [comme ingrédient] to take / *prendre 50 g de beurre et 200 g de farine* take 50 g of butter and 200 g of flour **3.** [se déplacer en] to take, to go ou to travel by *(insép)* ▸ **prendre l'avion** to take the plane, to fly / *prendre le bateau* to take the boat, to sail, to go by boat / *prendre le bus / le train* to take the bus / train, to go by bus / train / *prendre un taxi* to take a taxi / *je ne prends jamais la voiture* I never use the car / *elle prend son vélo pour aller au travail* she goes to work on a bike, she cycles to work **4.** [monter dans - bus, train] to catch, to get on *(insép)* / *elle a pris le vol suivant / le mauvais avion* she caught the next plane / got on the wrong plane **5.** [louer] : *on a pris une chambre dans un petit hôtel* we took a room in a small hotel / *j'ai pris un petit studio* I rented a little studio flat **6.** [suivre - voie] to take / *prends la première à droite* take the first (on the) right / *prenez la direction de Lille* follow the signs for Lille / *j'ai pris un sens interdit* I drove ou went down a one-way street.

C. PRENDRE POSSESSION DE **1.** [retenir par la force - fugitif] to capture ; [- prisonnier] to take ; [- animal] to catch ; MIL [ville, position] to take ▸ **prendre qqn en otage** to take sb hostage / *les pêcheurs n'ont rien pris* the fishermen didn't catch anything **2.** [voler] to take / *il a tout pris dans la maison* he took everything in the house / *prendre une citation dans un livre* [sans permission] to lift ou to poach a quotation from a book ▸ **prendre qqch à qqn** : *combien vous a-t-on pris?* how much was taken ou stolen from you? / *elle m'a pris mon tour* she took my turn / *elle m'a pris mon idée / petit ami* she stole my idea / boyfriend **3.** [occuper - temps] to take (up), to require *sout* ; [- place] to take (up) / *pousse-toi, tu prends toute la place* move up, you're taking up all the space / *il prenait le banc à lui tout seul* he was taking up all the space on the bench / *ça prend combien de temps pour y aller?* how long does it take to get there? / *ça (m')a pris deux heures* it took (me) two hours / *ça va te prendre des heures de le coudre à la main!* it's going to take you ages to sew it by hand! / *ça prend du temps de chercher un appartement* it takes time to find a flat, flat-hunting is time-consuming **4.** [envahir - suj: malaise, rage] to come over *(insép)* ; [- suj: peur] to seize, to take hold of / *quand ses quintes de toux le prennent* when he has a bout of coughing / *la fièvre du jeu la prit* she was gripped by gambling fever / *une douleur le prit dans le dos* he suddenly felt a twinge of pain in his back / *quand le doute me prend* when doubt gets a hold of me, when I am seized by doubt ▸ **l'envie le** ou **lui prit d'aller nager** he felt like going for a swim / *je me suis laissé prendre par le charme du lieu* I fell under the spell of the place / *qu'est-ce qui te prend?* what's wrong with ou what's the matter with ou what's come over you? ▸ **qu'est-ce qui le** ou **lui prend de ne pas répondre?** why on earth isn't he answering? / *ça te prend souvent? fam & hum* are you often like this? / *quand ça le* ou *lui prend, il casse tout* *fam* when he gets into this state, he just smashes everything in sight ; *(tournure impersonnelle)* : *il me prend parfois le désir de tout abandonner* I sometimes feel like giving it all up ▸ **bien lui en prit** ou **lui en a pris** : *il est rentré chez lui et bien lui en a pris* he went home and it was just as well he did ▸ **prendre la tête à qqn** *tfam* : *ça me prend la tête* it's a real hassle / *il me prend la tête* he's really getting on my nerves! / *arrête de me prendre la tête* stop being such a pain **5.** JEUX [pion, dame] to take / *le roi prend la dame* the King is higher than ou takes the Queen / *demain, je te prends aux échecs* *fam* tomorrow I'll take you on at ou play you at chess ; *(en usage absolu)* CARTES ▸ **je prends** I'll try it / *j'ai pris à cœur* I went hearts **6.** SPORT ▸ **prendre le service de qqn** to break sb's service ▸ **il est venu prendre la deuxième place a)** [pendant la course] he moved into second place **b)** [à l'arrivée] he came in second.

D. SURPRENDRE [surprendre - voleur, tricheur] to catch / *si tu veux le voir, il faut le prendre au saut du lit* if you want to see him, you must catch him as he gets up / *l'orage / la pluie nous a pris en rase campagne* the storm / rain crept up on us ou caught us unawares in the open countryside / *ils se sont fait prendre à la frontière* they were caught at the border ▸ **prendre qqn à faire qqch** to catch sb doing sthg / *que je ne te prenne plus à écouter aux portes!* don't let me catch you listening at keyholes again! / *on ne me prendra plus à l'aider!* you'll never catch me helping him again! / *je t'y prends, petit galopin!* caught ou got you, you little rascal! / *il se jura qu'on ne l'y prendrait plus* he swore to himself he'd never get caught again.

E. ADMETTRE, RECEVOIR **1.** [recevoir] : *le docteur ne pourra pas vous prendre avant demain* the doctor won't be able to see you before tomorrow / *après 22 heures, nous ne prenons plus de clients* after 10 pm, we don't let anymore customers in **2.** [cours] to take **3.** [accueillir - pensionnaire] to take in *(sép)* ; [- passager] to take ; [admettre par règlement] to take, to allow ; [engager - employé, candidat] to take on *(sép)* / *le lycée prend des pensionnaires* the school takes boarders / *le ferry / train ne prend que les passagers qui ont réservé* the ferry / train only takes passengers with reservations / *nous ne pouvons pas prendre votre chien à bord* we can't allow your dog on board / *nous ne prenons pas les cartes de crédit / les bagages en cabine* we don't take credit cards / cabin baggage / *après son opération, je le prendrai dans mon service* after his operation, I'll have him transferred to my department / *prendre un comptable* to take on ou to hire an accountant / *ils ne prennent que des gens qui ont de l'expérience* they only take ou employ ou use experienced people ▸ **prendre qqn à titre d'essai** ou **à l'essai** to take sb (on) ou to employ sb on a trial basis ▸ **prendre qqn comme stagiaire** to take sb on as a trainee / *on l'a prise comme assistante de direction* she's been taken on as (an) executive assistant **4.** [acquérir, gagner] ▸ **prendre de l'avance / du retard** to be earlier / later than scheduled / *j'ai pris trois centimètres de tour de taille* I've put on three centimetres round the waist / *quand le gâteau commence à prendre une jolie couleur dorée* when the cake starts to take on a nice golden colour / *le projet commence à prendre forme* ou *tournure* the project's starting to take shape ; [terminaison] to take / *« gaz » ne prend pas d'« s » au pluriel* "gaz" doesn't take an "s" in the plural / *ça prend un « e » au féminin* it takes an "e" in the feminine (form) / *le a prend un accent circonflexe* there's a circumflex on the a **5.** [subir] to get / *prendre un coup de soleil* to get sunburnt / *prendre froid* ou *vieilli* *du mal* to catch ou to get a cold / *tu vas prendre une fessée / claque!* *fam* you'll get a smack / a clout! / *prendre des coups de pied* to get kicked / *il prend bien les coups* SPORT & *fig* he can take a lot of punishment / *j'ai pris la tuile en plein sur la tête* the tile hit me right on the head ▸ **c'est elle qui a tout pris a)** *fam* [coups, reproches] she got the worst ou took the brunt of it **b)** [éclaboussures] she got most ou the worst of it ▸ **qu'est-ce qu'on a pris!** *fam*, **on a pris quelque chose!** *fam* **a)** [averse] we got soaked ou drenched! **b)** [réprimande] we got a real dressing down! **c)** [critique] we got panned! **d)** [défaite] we got thrashed! / *qu'est-ce que le gouvernement a pris dans les journaux du matin!* *fam* the government got a roasting in the morning papers! ; *(en usage absolu)* : *quand les deux frères font une bêtise, c'est toujours l'aîné qui prend* *fam* when the two brothers have been up to some mischief, the eldest always gets the blame ou gets it in the neck / *c'est toujours les mêmes qui prennent!* *fam* they always pick on the same ones, it's always the same ones who get it in the neck! / *il en a pris pour 15 ans* *fam* he got 15 years, he got put away for 15 years.

F. CONSIDÉRER DE TELLE MANIÈRE **1.** [accepter] to take / *il faut prendre les choses comme elles viennent / sont* you've got to take things as they come / are / *il a essayé de le prendre avec le sourire* ou *en souriant* he tried to pass it off with a smile / *elle a pris sa défaite avec le sourire* she accepted her defeat with a smile ▸ **bien / mal prendre qqch** to take sthg well / badly / *elle prend très mal la critique* she doesn't take kindly to being criticized ; [interpréter] : *ne prends pas ça pour toi* [ne te sens pas visé] don't take it personally ▸ **prendre qqch en bien / en mal** to take sthg as a compliment / badly / *elle a pris mon silence pour de la désapprobation* she took my silence as a criticism / *c'est ce qu'il a dit, prends-le pour ce que ça vaut* that's what he said, (take it) for what it's worth **2.** [considérer] to take, to consider ▸ **prenons un exemple** let's take ou consider an example / *prends Pierre, il n'est pas brillant, et pourtant il a réussi* take Pierre, he's not very bright but he's got on in life ▸ **prendre qqn / qqch en** : *prendre qqn en amitié* to grow fond of sb ▸ **prendre qqn en pitié** to take pity on sb / *j'ai pris cette maison en horreur* I grew to loathe that house ▸ **prendre qqch / qqn pour a)** [par méprise] to mistake sthg / sb for **b)** [volontairement] to take sthg / sb for, to consider sthg / sb to be / *on me prend souvent pour ma sœur* I'm often mistaken for my sister / *je vous avais pris pour Robert* I thought you were Robert / *de dos, on pourrait le prendre pour mon mari* seen from behind, you could mistake him for my husband / *pour qui me prenez-vous?* what do you take me for?, who do you think I am? / *tu me prends pour ta bonne?* do you think I'm your maid? / *elle va me prendre pour un idiot* she'll think I'm a fool ▸ **prendre qqch / qqn comme** to take sthg / sb as ▸ **prendre qqch comme excuse** to use ou to take sthg as an excuse / *prendre un monument comme point de repère* to use a monument as a landmark ▸ **à tout prendre** all in all, by and large, all things considered / *à tout prendre, je préférerais le faire moi-même* all things considered I'd rather do it myself **3.** [traiter - qqn] to handle, to deal with *(insép)* ▸ **prendre qqn par la douceur** to use gentle persuasion on sb / *elle sait très bien prendre les enfants* she knows how to handle children / *prendre l'ennemi de front / à revers* MIL & *fig* to tackle the enemy head on / from the rear.

G. ENREGISTRER **1.** [consigner - notes] to take ou to write down *(sép)* ; [- empreintes, mesures, température, tension] to take / *je n'ai pas eu le temps de prendre son numéro* I didn't have time to take (down) his number / *je peux prendre jusqu'à 90 mots par minute* I can take down up to 90 words per minute / *prendre les dimensions d'une pièce* to measure a room / *prendre les mensurations d'un client* to take a customer's measurements **2.** PHOT ▸ **prendre qqch / qqn (en photo)** to take a picture ou photo ou photograph of sthg / sb / *ne prends pas la tour, elle est affreuse* don't take (a picture of) the tower, it's hideous.

H. DÉCIDER DE, ADOPTER **1.** [s'octroyer - vacances] to take, to have ; [- bain, douche] to have, to take / *prendre un jour de congé* to take ou to have the day off / *prendre un congé maternité* to take maternity leave ▸ **prendre du repos** to rest, to have a rest ▸ **prendre du bon temps** to have fun ou a good time ▸ **prendre le temps de faire qqch** to take the time to do sthg / *prendre son temps* to take one's time / *prendre un amant* to take a lover / *tu n'as pas le droit! — je le prends!* you've no right! — that's what you think! **2.** [s'engager dans - mesure, risque] to take ▸ **prendre une décision a)** [gén] to make a decision **b)** [après avoir hésité] to make up one's mind, to come to a decision ▸ **prendre la décision de** to make up one's mind to, to decide to ▸ **prendre l'initiative** to take the initiative ▸ **prendre l'initiative de qqch** to initiate sthg ▸ **prendre l'initiative de faire qqch** to take the initiative in doing sthg, to take it upon o.s. to do sthg ▸ **prendre une (bonne) résolution** to make a (good) resolution / *prendre de bonnes résolutions pour l'avenir* to resolve to do better in the future ▸ **prendre la résolution de** to resolve to **3.** [choisir - sujet d'examen, cadeau] to take, to choose, to have / *j'ai pris le docteur Valiet comme médecin* I chose Dr Valiet to be ou as my GP / *je prends la cravate rouge* I'll take ou have the red tie / *je ne sais pas quel poster prendre pour elle* I don't know which poster to choose ou to buy for her / *qu'est-ce qu'on lui prend comme glace?* which ice cream shall we get him? / *ils n'ont pris que les 20 premiers* they only took ou selected the top 20 ▸ **c'est à prendre ou à laisser** (you can) take it or leave it ▸ **il y a à prendre et à laisser** : *il y a à prendre et à laisser dans son livre* his book is a bit of a curate's egg UK ou is good in parts **4.** [se charger de - poste] to take, to accept ▸ **prendre ses fonctions** to start work / *j'ai fini par prendre des ménages fam* in the end I took on some cleaning jobs / *j'ai un appel pour toi, tu le prends?* I've got a call for you, will you take it? **5.** [adopter - air] to put on *(sép)*, to assume ; [- ton] to assume / *elle a pris de grands airs pour me le dire* she told me very condescendingly / *il avait pris une voix doucereuse* he'd assumed a suave tone.

◆ vi **1.** [se fixer durablement - végétal] to take (root) ; [- bouture, greffe, vaccin] to take ; [- mode, slogan] to catch on / *la peinture ne prend pas sur le plastique* the plastic won't take the paint ▸ **ça ne prendra pas avec elle** [mensonge] it won't work with her, she won't be taken in **2.** [durcir - crème, ciment, colle] to set ; [- lac, étang] to freeze (over) ; [- mayonnaise] to thicken **3.** [passer] : *prends à gauche* [tourne à gauche] turn left / *tu peux prendre par Le Mans* you can go via Le Mans / *prendre à travers bois / champs* to cut through the woods / fields **4.** [commencer] to start, to get going / *le feu a pris dans la grange* the fire started in the barn / *je n'arrive pas à faire prendre le feu / les brindilles* I can't get the fire going / the twigs to catch / *le sapin prend bien* pine is easy to get going ou to light **5.** MUS & THÉÂTRE : *prenons avant la sixième mesure / à la scène 2* let's take it from just before bar six / from scene 2.

❖ **prendre sur** v + prép **1.** [entamer] to use (some of) / *désolé d'avoir pris sur votre temps d'antenne* sorry to have encroached on ou cut into your air time ▸ **prendre sur son capital pour payer qqch** to use some of ou to dig into one's capital to pay for sthg / *je ne prendrai pas sur mon week-end pour finir le travail!* I'm not going to give up ou to sacrifice part of my weekend to finish the job! / *après quelques jours sans nourriture, l'organisme prend sur ses réserves* after a few days without food, the body starts using up its reserves **2.** EXPR **prendre sur soi** to grin and bear it ▸ **prendre sur soi de faire qqch** to take (it) upon o.s. to do sthg.

❖ **se prendre** ◆ vp *(emploi passif)* : *ces cachets se prennent avant les repas* the tablets should be taken before meals. ◆ vp *(emploi réciproque)* : *ils se sont pris pour époux* they were united in matrimony. ◆ vpi to get caught ou trapped / *le foulard s'est pris dans la portière* the scarf got caught ou shut in the door. ◆ vpt **1.** [se coincer] : *attention, tu vas te prendre les doigts dans la charnière!* careful, you'll trap your fingers ou get your fingers caught in the hinge! ▸ **se prendre les pieds dans qqch** to trip over sthg **2.** *fam* [choisir] ▸ **se prendre qqch** to get sthg for o.s. / *prends-toi un gâteau* get yourself a cake / *elle s'est pris un nouvel amant* she's taken a new lover.

❖ **se prendre à** vp + prép **1.** [se laisser aller à] ▸ **se prendre à qqch** to get (drawn) into sthg / *on se prend au charme de sa musique* you gradually succumb to the charm of his music ▸ **se prendre à faire qqch** to find o.s. starting to do sthg / *se prendre à rêver* to find o.s. dreaming / *je me pris à l'aimer / le haïr* I found myself falling in love with him / starting to hate him **2.** EXPR **s'y prendre** : *comment pourrions-nous nous y prendre?* how could we go about it? / *tu t'y prends un peu tard pour t'inscrire!* you've left it a bit late to enrol! / *il faut s'y prendre deux mois à l'avance pour avoir des places* you have to book two months in advance to be sure of getting seats / *elle s'y est prise à trois fois pour faire démarrer la tondeuse* she made three attempts before the lawn mower would start ▸ **s'y prendre bien / mal** : *s'y prendre bien / mal avec qqn* to handle sb the right / wrong way / *elle s'y prend bien ou sait s'y prendre avec les enfants* she's good with children / *si tu t'y prends bien avec lui* if you get on the right side of him / *je n'arrive pas à repasser le col — c'est parce que tu t'y prends mal* I can't iron the collar properly — that's because you're going about it the wrong way ou doing it wrong.

❖ **se prendre de** vp + prép ▸ **se prendre d'amitié pour qqn** to grow fond of sb, to feel a growing affection for sb.

❖ **se prendre pour** vp + prép : *elle se prend pour une artiste* she likes to think she's an artist ▸ **il ne se prend pas pour rien** ou **pour n'importe qui** he thinks he's God's gift to humanity / *tu te prends pour qui pour me parler sur ce ton?* who do you think you are, talking to me like that?

❖ **s'en prendre à** vp + prép ▸ **s'en prendre à qqn / qqch a)** [l'attaquer] to attack sb / sthg **b)** [le rendre responsable] to put the blame on sb / sthg / *pourquoi faut-il toujours que tu t'en prennes à moi?* why do you always take it out on me? / *l'équipe perd un match et l'on s'en prend tout de suite à l'entraîneur* the team loses a match and the coach automatically gets the blame / *ne t'en prends qu'à toi-même* you've only (got) yourself to blame ▸ **s'en prendre à une institution / un système a)** [l'accuser] to put the blame on an institution / a system **b)** [le critiquer] to attack an institution / a system.

preneur, euse [prənœr, øz] nm, f **1.** [acheteur] buyer ▸ **trouver preneur pour qqch** to find someone (willing) to buy sthg, to find a buyer for sthg / *si vous me le laissez à 50 €, je suis preneur* I'll buy it if you'll take 50 € for it **2.** [locataire] potential tenant **3.** [ravisseur] ▸ **preneur d'otages** hostage-taker.

❖ **preneur de son, preneuse de son** nm, f sound engineer.

prenne v ⟶ **prendre.**

prénom [prenɔ̃] nm first ou Christian UK ou given US name.

prénommé, e [prenɔme] ◆ adj ▸ **un garçon prénommé Julien** a boy called Julien / *la prénommée Maria* the said Maria *hum.* ◆ nm, f DR above-named (person) ▸ **le prénommé** the above-named.

prénommer [3] [prenɔme] vt to call / *si c'est une fille, nous la prénommerons Léa* if it's a girl, we'll call her Léa.

❖ **se prénommer** vpi ▸ **comment se prénomme-t-il?** what's his first name? / *il se prénomme Robin* his first name is Robin.

prénuptial, e, aux [prenypsjal, o] adj premarital, antenuptial / *la visite prénuptiale obligatoire* the compulsory pre-marriage medical check *(in French law).*

préoccupant, e [preɔkypɑ̃, ɑ̃t] adj worrying / *la situation est préoccupante* the situation gives cause for concern ou is worrying.

préoccupation [preɔkypasjɔ̃] nf **1.** [souci] concern, worry / *le chômage reste notre préoccupation première* unemployment remains our major cause for concern / *ceux pour qui l'argent n'est pas une préoccupation* those who don't have to worry about money ou who don't have money worries / *j'ai été un sujet de préoccupation pour mes parents* I was a worry to my parents ▸ **préoccupations d'ordre moral / esthétique** moral / aesthetic considerations **2.** [priorité] concern, preoccupation / *ma seule préoccupation est de divertir le public* my only concern ou sole preoccupation is keeping the audience entertained / *depuis qu'elle est partie, il n'a plus qu'une préoccupation, la retrouver* since she left his one thought is to find her again.

préoccupé, e [preɔkype] adj [inquiet] worried, preoccupied, concerned / *elle avait l'air préoccupé* she looked worried, there was a look of concern on her face.

préoccuper [3] [preɔkype] vt **1.** [tracasser - suj: avenir, question] to worry / *son avenir professionnel n'a pas l'air de la préoccuper* she doesn't seem to be concerned about her career, her career doesn't seem to worry her **2.** [obséder] to preoccupy, to concern, to be of concern to / *l'environnement est un sujet qui nous préoccupe beaucoup* we are deeply concerned with environmental issues / *il est trop préoccupé de sa petite personne* he's too wrapped up in himself.

❖ **se préoccuper de** vp + prép to be concerned with, to care about / *se préoccuper de l'avenir* to care about the future / *se préoccuper de ses enfants* to worry about one's children / *ne te préoccupe donc pas de ça!* don't you worry ou bother about that!

préœdipien, enne [preødipjɛ̃, ɛn] adj pre-Oedipal.

préolympique [preɔlɛ̃pik] adj pre-Olympic.

préopératoire [preɔperatwar] adj preoperative, presurgical.

prépa [prepa] (abr de **classe préparatoire**) nf *fam class preparing for the competitive entrance exam to a "grande école".*

préparateur, trice [preparatœr, tris] nm, f **1.** ENS *assistant to a professor of science* **2.** PHARM ▸ **préparateur en pharmacie** chemist's assistant UK, assistant to a dispensing chemist UK ou pharmacist US.

préparatifs [preparatif] nmpl preparations / *préparatifs de départ / guerre* preparations for leaving / war / *commencer les préparatifs du voyage* to start preparing for the trip.

préparation [preparasjɔ̃] nf **1.** [réalisation - d'un plat, d'un médicament] preparation / *les moules ne demandent pas une longue préparation* mussels don't take long to prepare ; [apprêt - d'une peau, de la laine] dressing **2.** [organisation - d'un voyage, d'une fête, d'un attentat] preparation / *la randonnée avait fait l'objet d'une soigneuse préparation* the ramble had been carefully thought out ou prepared **3.** [entraînement - pour un examen] preparation ; [- pour une épreuve sportive] training, preparation / *la préparation d'un examen* preparing ou working for an exam / *manquer de préparation* to be insufficiently prepared ▸ **préparation d'artillerie** MIL initial artillery bombardment ▸ **préparation militaire** pre-call-up training **4.** [chose préparée] preparation ▸ **préparation culinaire** dish ▸ **préparation (pharmaceutique)** (pharmaceutical) preparation **5.** ENS : *faire une préparation à une grande école* to attend preparatory classes for the entrance to a "grande école" **6.** *vieilli* [exercice] exercise ; [fait à la maison] homework / *as-tu fait ta préparation latine?* did you do your Latin homework ou UK prep? **7.** MIN ▸ **préparation mécanique** mechanical processing **8.** ART primer.

❖ **en préparation** loc adv being prepared, in hand ▸ **avoir un livre / disque en préparation** to have a book / record in the pipeline.

❖ **sans préparation** loc adv [courir] without preparation, cold *(adv)* ; [parler] extempore, ad lib.

préparatoire [preparatwar] adj ▸ **travail préparatoire** groundwork ▸ **préparatoire à** preparatory to, in preparation for.

préparer [3] [prepare] vt **1.** [réaliser - plat] to prepare, to make ; [- sandwich] to prepare, to make ; [- médicament, cataplasme] to prepare / *qu'est-ce que tu nous as préparé de bon?* what delicious dish have you cooked for us? **2.** [rendre prêt - valise] to pack ; [- repas, chambre, champ] to prepare, to get ready ; [- peaux, laine] to dress ; [- document] to prepare, to draw up *(sép)* / *préparez la monnaie, s'il vous plaît* please have change ready ▸ **plats tout préparés** precooked ou ready-cooked meals / *poulet tout préparé* oven-ready ou dressed chicken / *on dirait qu'il nous prépare une rougeole fam* (it) looks like he's getting the measles ▸ **préparer le terrain (pour) a)** *pr* to prepare the ground ou to lay the ground (for) **b)** *fig* to pave the way (for) **3.** [organiser - attentat, conférence] to prepare, to organize ; [- complot] to prepare, to hatch / *elle avait bien préparé son histoire* she'd got her story off to a T / *elle avait préparé sa réponse* she'd got her ou an answer ready ▸ **préparer une surprise à qqn** to have a surprise in store for sb **4.** [travailler à - œuvre] to be preparing, to be working on ; [- examen] to be preparing for ; [- épreuve sportive] to be in training for / *tu as préparé quelque chose en géographie? fam* did you prepare ou revise any geography? / *il prépare une grande école* he's studying for the entrance exam to a "grande école" **5.** [former - élève] to prepare ; [- athlète] to train ▸ **préparer qqn à qqch** to prepare sb for sthg / *on les prépare intensivement à l'examen* they're being coached for the exam /

rien ne m'avait préparé à l'indépendance nothing had prepared me for independence **6.** [habituer] to accustom / *nous avons préparé les enfants à l'idée qu'ils vont changer d'école* we've accustomed the children to the idea of changing schools.

❖ **se préparer** ◆ vp *(emploi réfléchi)* **1.** [s'apprêter] to get ready / *le temps qu'elle se prépare, on aura raté la séance* by the time she's ready, we'll have missed the show **2.** [s'entraîner] to train / *se préparer pour Roland-Garros* to train ou to prepare for the French Open tennis tournament. ◆ vpi : *un orage se prépare* there's a storm brewing ; *(tournure impersonnelle)* : *je sens qu'il se prépare quelque chose* I can feel there's something afoot ou in the air. ◆ vpt : *se préparer des déceptions* to prepare o.s. for disappointment.

❖ **se préparer à** vp + prép **1.** [être disposé à] to be ready ou prepared for / *préparez-vous à vous faire tremper!* be ready ou prepared to get soaked ! / *je ne m'étais pas préparé à un tel accueil* I wasn't prepared for such a welcome **2.** [être sur le point de] to be about to / *on se préparait à passer à table* we were about to sit down to eat.

prépayer [prepeje] vt to prepay / **'port prépayé'** 'postage paid'.

prépondérance [prepɔ̃derɑ̃s] nf predominance, preponderance, primacy.

prépondérant, e [prepɔ̃derɑ̃, ɑ̃t] adj prominent / *jouer un rôle prépondérant* to play a prominent part ou role.

préposé, e [prepoze] nm, f **1.** [employé] ▸ **préposé des douanes** customs official ou officer ▸ **préposé au vestiaire** cloakroom attendant **2.** ADMIN ▸ **préposé (aux postes)** postman (postwoman) UK mailman US mail ou letter carrier US **3.** DR agent.

préposer [3] [prepoze] vt [affecter] ▸ **préposer qqn à** to place ou to put sb in charge of.

prépositif, ive [prepozitif, iv] = **prépositionnel.**

préposition [prepozisjɔ̃] nf preposition.

prépositionnel, elle [prepozisjɔnel] adj prepositional.

prépositivement [prepozitivmɑ̃] adv prepositionally / *adverbe employé prépositivement* adverb used as a preposition.

prépresse [prepres] nm IMPR pre-press.

préprogrammé, e [preprɔgrame] adj pre-programmed.

prépsychose [prepsikoz] nf prepsychosis.

prépsychotique [prepsikɔtik] adj & nmf prepsychotic.

prépubère [prepybɛr] adj prepubescent.

prépuce [prepys] nm foreskin, prepuce *spéc*

préraphaélisme [prerafaelism] nm Pre-Raphaelism.

préraphaélite [prerafaelit] adj & nmf Pre-Raphaelite.

préréglage [prereglaʒ] nm TECHNOL preselection, presetting.

prérégler [18] [preregle] vt TECHNOL to preselect, to preset.

prérentrée [prerɑ̃tre] nf ÉDUC *start of the new school year for teachers (a few days before the pupils).*

prérequis [prerəki] nm prerequisite.

préretraite [prerətrɛt] nf **1.** [allocation] early retirement allowance **2.** [période] ▸ **partir en préretraite** to take early retirement ▸ **être mis en préretraite** to be retired early.

préretraité, e [prerətrete] nm, f *person who takes or has been given early retirement.*

prérévolutionnaire [prerevɔlysjɔnɛr] adj prerevolutionary.

prérogative [prerɔgativ] nf prerogative, privilege.

préroman, e [prerɔmɑ̃, an] adj pre-Romanesque.

préromantique [prerɔmɑ̃tik] ◆ adj pre-Romantic. ◆ nmf pre-Romantic *(poet or artist).*

préromantisme [prerɔmɑ̃tism] nm pre-Romanticism.

près [prɛ] ◆ adv **1.** [dans l'espace] near, close ▸ **cent mètres plus près** one hundred metres nearer ou closer / *aussi près que* as near ou close as / *le bureau est tout près* the office is very near ou just around the corner **2.** [dans le temps] near, close, soon / *Noël, c'est tout près maintenant* it'll be Christmas very soon now, Christmas will be here very soon now / *jeudi c'est trop près, disons plutôt samedi* Thursday is too soon, let's say Saturday. ◆ prép *sout* : *ambassadeur près le Saint-Siège* ambassador to the Holy See / *expert près la chambre de commerce* expert (appointed) to the Chamber of Commerce.

❖ **à... près** loc corrélative : *c'est parfait, à un détail près* it's perfect but for ou except for one thing / *j'ai raté mon train à quelques secondes près* I missed my train by a few seconds / *vous n'en êtes plus à un procès près* what's one more trial to you ? / *on n'est pas à 10 euros près* we can spare 10 euros / *tu n'es plus à cinq minutes près* another five minutes won't make much difference.

❖ **à cela près que** loc conj except that / *tout s'est bien passé, à cela près que j'ai perdu mon portefeuille* everything went well except that I lost my wallet.

❖ **à peu de chose près** loc adv more or less / *à peu de chose près, il y en a cinquante* there are fifty of them, more or less ou give or take a few.

❖ **à peu près** loc adv **1.** [environ] about, around / *il habite à peu près à 10 km* he lives about ou around 10 km away / *il est à peu près 5 h* it's about ou around 5 o'clock / *on était à peu près cinquante* there were about ou around fifty of us **2.** [plus ou moins] more or less / *il sait à peu près comment y aller* he knows more or less ou roughly how to get there.

❖ **de près** loc adv at close range ou quarters / *elle y voit mal de près* she can't see very well close up ou at close range / *il est rasé de près* he's clean-shaven ▸ **surveiller qqn de près** to keep a close watch ou eye on sb ▸ **frôler qqch de près** to come within an inch of sthg / *les explosions se sont suivies de très près* the explosions took place within seconds of each other / *ses enfants se suivent de près* her children are close together in age ▸ **regarder qqch de (très) près a)** *pr* to look at sthg very closely **b)** *fig* to look (very) closely at sthg, to look carefully into sthg / *avant de donner de l'argent pour la recherche, il faut y regarder de près* before giving money away for research, you must look into it carefully / *étudions la question de plus près* let's take a closer look at the problem / *de près ou de loin* however ou whichever way you look at it / *cela ressemble, de près ou de loin, à une habile escroquerie* however ou whichever way you look at it, it's a skilful piece of fraud / *tout ce qui touche, de près ou de loin à* everything (which is) even remotely connected with.

❖ **près de** loc prép **1.** [dans l'espace] near / *il habite près de Paris* he lives near Paris / *ils habitent près d'ici* they live near here / *il vit près de chez moi* he lives near me / *assieds-toi près de lui* sit near him ou next to him ▸ **naviguer près du vent** NAUT to sail close to the wind / *vêtements près du corps* close-fitting ou tight-fitting clothes ; [affectivement, qualitativement] close to / *il a toujours été près de ses parents* he's always been close to his parents / *les premiers candidats sont très près les uns des autres* there's very little difference between the first few candidates / *ce comportement est plus près de la bêtise que de la méchanceté* this behaviour is more like ou closer to stupidity than malice ▸ **être près de ses sous** ou **de son argent** to be tightfisted **2.** [dans le temps] : *Noël est trop près du jour de l'an* Christmas is too close to New Year's Day / *on est près des vacances* it's nearly the holidays / *il doit être près de la retraite* he must be about to retire / *nous étions près de partir* we were about to leave / *vous êtes près d'avoir deviné* you've nearly guessed / *je ne suis pas près d'oublier ça* I'm not about to ou it'll be a long time before I forget that / *je ne suis pas près de me remarier* I'm not about ou in no hurry to get married again / *ils ne sont pas près de me revoir dans leur restaurant!* I shan't visit their restaurant again in a hurry! **3.** [environ, presque] nearly, almost / *cela fait près d'un mois qu'il est absent* he's been gone for almost a month / *il est près de midi* it's nearly midday / *on était près de cinquante* there were almost ou nearly fifty of us / *ça nous a coûté près de 400 euros* it cost us nearly 400 euros.

présage [prezaʒ] nm **1.** [signe] omen, portent *litt*, presage *litt* / *heureux / mauvais présage* good / bad omen / *j'y ai vu le présage d'un avenir meilleur* I viewed it as a sign of better days to come **2.** [prédiction] prediction ▸ **tirer un présage de qqch** to make a prediction on the basis of sthg.

présager [17] [prezaʒe] vt **1.** [être le signe de] to be a sign of, to portend *litt* / *cela ne présage rien de bon* that's an ominous sign, nothing good will come of it **2.** [prévoir] to predict / *je n'aurais pu présager qu'il en arriverait à cette extrémité* I would never have guessed that he would go so far ▸ **laisser présager qqch** to be a sign of sthg.

présalaire [presalɛr] nm *allowance paid to students.*

pré-salé [presale] *(pl* **prés-salés***)* nm [mouton] salt-meadow sheep ; [viande] salt-meadow ou pré-salé lamb / *un gigot de pré-salé* a salt-meadow leg of lamb.

presbyophrénie [presbjɔfreni] nf presbyophrenia.

presbyte [presbit] ◆ adj longsighted UK farsighted US presbyopic *spéc* ◆ nmf longsighted UK ou farsighted US person, presbyope *spéc*

presbytéral, e, aux [presbiteral, o] adj presbyteral, presbyterial, priestly.

presbytère [presbitɛr] nm presbytery.

presbytérianisme [presbiterjanism] nm Presbyterianism.

presbytérien, enne [presbiterjɛ̃, ɛn] adj & nm, f Presbyterian.

presbytie [presbisi] nf longsightedness UK farsightedness US presbyopia *spéc*

prescience [presjɑ̃s] nf **1.** [pressentiment] prescience *litt*, foreknowledge, foresight **2.** RELIG prescience.

préscientifique [presjɑ̃tifik] adj prescientific.

préscolaire [preskɔlɛr] adj preschool.

prescripteur, trice [preskriptœr, tris] nm, f prescriber.

prescriptible [preskriptibl] adj DR prescriptible.

prescription [preskripsjɔ̃] nf **1.** DR prescription / *prescription de la peine* lapse ou lapsing of the sentence / *y a-t-il prescription pour les crimes de guerre?* is there a statutory limitation relating to war crimes ? ▸ **il y a prescription** *fig* it's all in the past now ▸ **prescription acquisitive** positive ou acquisitive prescription ▸ **prescription extinctive** negative prescription **2.** [instruction] : *se conformer aux prescriptions* to conform to instructions ou regulations / *les prescriptions de la morale* moral dictates **3.** MÉD [gén] orders, instructions ; [ordonnance] prescription / *il ne doit pas y avoir prescription d'antibiotiques dans ce cas* antibiotics should not be prescribed in this case.

prescrire [99] [preskrir] vt **1.** [recommander] to prescribe ▸ **prescrire qqch à qqn** to prescribe sthg for sb / *on lui a prescrit du repos* she was ordered to rest ▸ **prescrire à qqn de faire qqch** to order sb to do sthg **2.** [stipuler] to prescribe, to stipulate / *accomplir les formalités que prescrit le règlement* to go through the procedures stipulated in the regulations **3.** DR [propriété] to obtain by prescription ; *(en usage absolu)* : *on ne prescrit pas contre les mineurs* one cannot obtain property from minors by prescription ; [sanction, peine] to lapse / *il faut 20 ans pour prescrire la peine* the sentence only lapses after 20 years.

❖ **se prescrire** vp *(emploi passif)* DR [s'acquérir] to be obtained by prescription ; [se périmer] to lapse / *la peine se prescrit par cinq ans* the penalty lapses after five years.

prescrit, e [preskri, it] adj **1.** [conseillé -dose] prescribed, recommended / *agir dans les limites prescrites* to act within prescribed limits **2.** [fixé] ▸ **au jour prescrit** on the set day ▸ **à l'heure prescrite** at the agreed hour / *dans le délai prescrit* within the agreed time.

prescrivait v ⟶ **prescrire.**

préséance [preseɑ̃s] nf **1.** [priorité] precedence, priority ▸ **avoir la préséance sur qqn** to have precedence over sb **2.** *sout* [étiquette] : *la préséance veut qu'on le* *serve avant vous* according to (the rules of) etiquette, he should be served before you.

présélecteur [preselɛktœr] nm preselector.

présélection [preselɛksjɔ̃] nf **1.** [choix] preselection, short-listing **2.** AUTO ▸ **boîte de vitesses à présélection** preselector gearbox **3.** RADIO ▸ **poste avec / sans présélection** radio with / without preset.

présélectionné, e [preselɛksjɔne] nm, f short-listed candidate.

présélectionner [3] [preselɛksjɔne] vt **1.** [candidat] to preselect, to short-list **2.** [heure, programme] to preset.

présence [prezɑ̃s] nf **1.** [fait d'être là] presence / *si ma présence vous gêne, je peux partir* if my presence disturbs you, I can leave / *j'ignorais ta présence* I didn't know you were here / *je sentais une présence derrière moi* I could feel a presence behind me / *merci de nous avoir honorés de votre présence* thank you for honouring us with your presence / *cela s'est passé hors de ma présence* I wasn't present when it happened ▸ **faire acte de présence** to put in an appearance / *réunion à 9 h, présence obligatoire* meeting at 9 o'clock, attendance compulsory / *présence assidue aux cours* regular attendance in class **2.** THÉÂTRE [personnalité] presence / *il n'a aucune présence sur scène* he has no stage presence whatsoever **3.** [influence] presence / *la présence française en Afrique* the French presence in Africa **4.** RELIG ▸ **présence réelle** real presence.

❖ **en présence** ◆ loc adj **1.** [en opposition] : *les armées / équipes en présence* the opposing armies / teams **2.** DR : *les parties en présence* the opposing parties, the litigants *spéc.* ◆ loc adv : *mettre deux personnes en présence* to bring two people together ou face-to-face.

❖ **en présence de** loc prép : *la lecture du testament s'est faite en présence de toute la famille* the will was read out in the presence of the entire family / *je ne parlerai qu'en présence de mon avocat* I refuse to talk unless my lawyer is present / *en ma présence* in my presence.

❖ **présence d'esprit** nf presence of mind / *mon voisin a eu la présence d'esprit de me prévenir* my neighbour had the presence of mind to warn me / *conserver sa présence d'esprit* to keep one's presence of mind ou one's wits about one.

présénescence [presenesɑ̃s] nf presenility.

présénile [presenil] adj presenile.

présent, e [prezɑ̃, ɑ̃t] ◆ adj **1.** [dans le lieu dont on parle] present / *les personnes ici présentes* the people here present / *qui était présent quand la bagarre a éclaté?* who was present when the fight broke out? / *le racisme est présent à tous les niveaux* racism can be found at all levels / *croyez bien que je suis présent en pensée* ou *par le cœur* I can assure you I am with you in spirit ou that my thoughts are with you / *être présent à une conférence* to be present at ou to attend a conference / *étaient présents à la cérémonie les amis et proches du défunt* present at ou attending the ceremony were the friends and relatives of the deceased / *être présent à l'appel* MIL to be present at roll call / *Duval? — présent!* Duval? — here ou present! ▸ **avoir qqch présent à l'esprit** to bear ou to keep sthg in mind / *je n'ai pas présent à l'esprit le terme exact qu'il a employé* I can't bring ou call to mind the precise word he used / *des images que nous garderons longtemps présentes à l'esprit* images which will linger in our minds ▸ **répondre présent a)** ÉDUC to answer to one's name, to be present at roll call **b)** *fig* to rise to the challenge / *des centaines de jeunes ont répondu présent à l'appel du pape* hundreds of young people answered the Pope's call **2.** [actif] : *il a été très présent après la mort de mon mari* he was very supportive after my husband died / *les Français ne sont pas du tout présents dans le jeu* the French team is making no impact on the game at all ; THÉÂTRE : *on a rarement vu un chanteur aussi présent sur scène* seldom has one seen a singer with such stage presence **3.** *(après le nom)* [en cours] ▸ **dans le cas présent** in the present case ; *(avant nom)* : *la présente convention* *sout* this agreement. ◆ nm, f : *il y avait 20 présents à la réunion* 20 people were present at ou attended the meeting.

❖ **présent** nm **1.** [moment] present / *vivre dans le présent* to live in the present / *pour le présent* for the time being, for the moment **2.** GRAM present (tense) ▸ **au présent** in the present ▸ **le présent historique** ou **de narration** the historical present ▸ **présent de l'indicatif / du subjonctif** present indicative / subjunctive ▸ **présent historique** historic present ▸ **présent progressif** present progressive ▸ **présent simple** simple present **3.** *litt* [cadeau] gift, present ▸ **faire présent de qqch à qqn** to present sb with sthg.

❖ **présente** nf ADMIN [lettre] the present (letter), this letter / *le porteur de la présente* the bearer of this letter / *je vous informe par la présente que…* I hereby inform you that… / *je joins à la présente un chèque à votre nom* I herewith enclose a cheque payable to you.

❖ **à présent** loc adv now / *tu peux t'en aller à présent* you may go now / *je travaille à présent dans une laiterie* I'm working in a dairy at present.

❖ **à présent que** loc conj now that.

❖ **d'à présent** loc adj modern-day, present-day / *les hommes politiques d'à présent* today's ou present-day politicians, the politicians of today.

présentable [prezɑ̃tabl] adj presentable / *ta tenue n'est pas présentable* you're not fit to be seen in that outfit / *griffonnés comme ça, les documents ne sont pas présentables* these hastily scribbled documents are not fit to be seen.

présentateur, trice [prezɑ̃tatœr, tris] nm, f RADIO & TV [des programmes] announcer, presenter ; [du journal] newscaster, anchorman (anchorwoman) US ; [de variétés] host.

présentation [prezɑ̃tasjɔ̃] nf **1.** [dans un groupe] introduction ▸ **faire la présentation de qqn à la cour** to present sb at Court / *faire les présentations* to do the introductions / *Robert, faites donc les présentations* [entre plusieurs personnes] Robert, could you introduce everybody? / *venez par ici, vous deux, je vais faire les présentations* come over here, you two, I want to introduce you / *maintenant que les présentations sont faites* now that everybody's been introduced **2.** RADIO & TV [des informations] presentation, reading ; [des variétés, d'un jeu] hosting, compering UK / *assurer la présentation d'une séquence* to present a news story **3.** COUT fashion show / *aller à une présentation de collection* ou *couture* ou *mode* to attend a fashion show **4.** [exposition] presenting, showing / *la présentation des modèles a d'abord provoqué une vive controverse* there was fierce controversy when the models were first presented ou unveiled / *la présentation du projet gagnant aura lieu devant la presse* the winning project will be presented to ou unveiled before the press ; COMM [à un client potentiel] presentation **5.** [aspect formel - d'un texte] presentation / *bon devoir mais soignez davantage la présentation* a good piece of work, but take more care with the presentation / *l'idée de départ est bonne mais la présentation des arguments n'est pas convaincante* the original idea is good but the arguments are not presented in a convincing manner ; COMM presentation, packaging / *présentation d'un produit* presentation of a product / *présentation en vrac* bulk display / *leurs chocolats sont vendus dans une présentation originale* the packaging of their chocolates is very unusual **6.** [allure] : *il a une mauvaise / bonne présentation* he doesn't look / he looks very presentable **7.** [d'un document, d'un laissez-passer] showing ; [d'un compte, d'une facture] presentation / *la présentation de la facture a lieu un mois après* the bill is presented a month later **8.** MÉD ▸ **présentation du sommet / siège** head / breech presentation ▸ **présentation céphalique / transversale** cephalic / transverse presentation **9.** RELIG ▸ **la Présentation du Seigneur / de la Vierge** the Presentation of Christ (in the Temple) / of the Virgin Mary.

❖ **sur présentation de** loc prép on presentation of / *vous n'entrerez que sur présentation d'une invitation / de ce coupon* you'll only be admitted on presentation of an invitation / this coupon.

présentement [prezɑ̃tmɑ̃] adv at present, presently US.

présenter [3] [prezɑ̃te] ◆ vt **1.** [faire connaître] to introduce / *je te présente ma sœur Blanche* this is ou let me introduce my sister Blanche / *nous n'avons pas été présentés* we haven't been introduced / *on ne vous présente plus* [personne célèbre] you need no introduction from me ▸ **présenter qqn à la cour / au roi** to present sb at Court / to the King **2.** [décrire] to describe, to portray / *on me l'a présenté comme un homme de parole* he was described to me as a man of his word / *on vous présente souvent comme une mélomane* you're often spoken of ou portrayed as a music lover / *je présente mon héros sous les traits d'un jeune banquier* I have portrayed my hero as a young banker **3.** [remettre - ticket, papiers] to present, to show ; [- facture, devis] to present / *vous pouvez présenter la note* you may bring ou present *sout* the bill **4.** [montrer publiquement] to present / *le nouveau musée sera présenté à la presse demain* the new museum will be presented ou opened to the press tomorrow / *les Ballets de la Lune (vous) présentent…* the Moon Ballet Company presents… **5.** COMM to present, to package / *c'est aussi présenté en granulés* it also comes in granules / *bouteille / vitrine joliment présentée* attractively packaged bottle / dressed window **6.** RADIO & TV [informations] to present, to read ; [variétés, jeu] to host, to compere UK / *les informations vous sont présentées par Claude Mart* the news is presented ou read by Claude Mart / *l'émission de ce soir est présentée par Margot Collet* your host for tonight's programme is Margot Collet **7.** [soumettre - démission] to present, to submit, to hand in *(sép)* ; [- pétition] to put in *(sép)*, to submit ; [- projet de loi] to present, to introduce / *présenter sa candidature à un poste* to apply for a position ; [dans un festival] to present ; [dans un concours] to enter / *pourquoi présentez-vous votre film hors festival?* why aren't you showing your film as part of the festival? ▸ **présenter l'anglais à l'oral** ÉDUC & UNIV to take English at the oral exam / *il a présenté un de ses élèves au Conservatoire* he has entered one of his pupils for the Conservatoire entrance exam ▸ **présenter un candidat a)** [à un concours] to enter a candidate **b)** POL to put up a candidate **8.** [expliquer - dossier] to present, to explain ; [- rapport] to present, to bring in *(sép)* / *vous avez présenté votre cas de manière fort convaincante* you have set out ou stated your case most convincingly / *présentez-leur la chose gentiment* put it to them nicely / *tout dépend de la façon dont on présentera la décision à la réunion* it all depends on the way the decision is put ou explained to the meeting / *présentez vos objections* state your objections **9.** [dans des formules de politesse] to offer ▸ **présenter ses condoléances à qqn** to offer one's condolences to sb, to offer sb one's condolences / *je vous présente mes condoléances* please accept ou I'd like to offer my condolences ▸ **présenter ses hommages à qqn** to pay one's respects to sb / *présenter ses excuses* to offer (one's) apologies ▸ **présenter ses félicitations à qqn** to congratulate sb **10.** [comporter - anomalie, particularité] to present *sout*, to have ; [- symptômes, traces, signes] to show ; [- difficulté, risque] to involve / *la colonne vertébrale présente une déviation* the spine presents *sout* ou shows curvature ▸ **présenter l'avantage de** to have the advantage of / *la cuisine est petite, mais elle présente l'avantage d'être équipée* the kitchen may be small, but it has the advantage of being fully equipped / *cette œuvre présente un intérêt particulier* this work is of particular interest / *les deux systèmes présentent peu de différences* the two systems present *sout* ou display very few differences / *votre compte présente un découvert de 1 000 euros* your account shows a 1,000 euro overdraft ou is overdrawn by 1,000 euros **11.** [offrir] : *présenter son bras à une dame* to offer one's arm to a lady ▸ **présenter sa main à qqn** to hold out one's hand to sb / *présenter des petits-fours* to offer ou to pass round petit fours **12.** MIL [armes] to present / *présentez armes!* present arms! ◆ vi *fam* : *il présente bien, ton ami* your friend looks good / *le type présentait plutôt mal* the guy didn't look too presentable.

❖ **se présenter** ◆ vp *(emploi réfléchi)* [décliner son identité] to introduce o.s. ◆ vp *(emploi passif)* : *ça se présente sous forme de poudre ou de liquide* it comes as a powder or a liquid. ◆ vpi **1.** [se manifester] to appear / *se présenter au QG* to report to HQ / *aucun témoin ne s'est encore présenté* no witness has come forward as yet / *vous devez vous présenter au tribunal à 14 h* you are required to be in court at 2 pm / *elle s'est présentée à son entretien avec une heure de retard* she arrived one hour late for the interview ▸ **se présenter chez qqn** to call on sb, to go to sb's house / *après cette soirée, il n'a pas osé se présenter chez elle* after the party, he didn't dare show his face at her place ; *(tournure impersonnelle)* ▸ **il ne s'est présenté aucun acheteur / volontaire** no buyer / volunteer has come forward / **'ne pas écrire, se présenter'** 'applicants should apply in person', 'no letters please' **2.** [avoir telle tournure] : *les choses se présentent plutôt mal* things aren't looking too good / *ça se présente mal pour qu'on ait fini mardi* it doesn't look as if we'll have finished by Tuesday / *tout cela se présente fort bien* it all looks very promising / *l'affaire se présente sous un jour nouveau* the matter can be seen ou appears in a new light **3.** [être candidat] ▸ **se présenter à la présidentielle** to run for president / *se présenter à un examen* to take an exam / *se présenter à un concours de beauté* to go in for ou to enter a beauty contest / *se présenter pour un poste* to apply for a job / *pour le moment, deux personnes se sont présentées* [pour une offre d'emploi] two people have applied so far **4.** [survenir] to arise / *une image terrible se présenta à mon esprit* a ghastly vision came into ou sprang into my mind ▸ **si l'occasion se présente** if an opportunity arises / *si une difficulté se présente* if any difficulty should arise / *elle a épousé le premier qui s'est présenté* she married the first man that came along / *j'attends que quelque chose d'intéressant se présente* I'm waiting for something interesting to turn up ou to come my way **5.** MÉD to present / *le bébé se présente par le siège* the baby is in a breech position, it's a breech baby / *le bébé se présente par la tête* the baby's presentation is normal, the baby's in a head position.

présentoir [prezɑ̃twaʀ] nm [étagère] (display) shelf ; [support] (display) stand, display unit.

préservatif, ive [prezɛʀvatif, iv] adj *litt* preventive, protective.
◆ **préservatif** nm condom, sheath ▸ **préservatif féminin a)** [gén] female condom, femidom **b)** [diaphragme] diaphragm.

⚠ **Preservative** signifie «conservateur» et non préservatif.

préservation [prezɛʀvasjɔ̃] nf preservation, protection / *la préservation de l'espèce / de la faune* the preservation of the species / of wildlife / *la préservation de l'emploi* safeguarding jobs.

préserver [3] [prezɛʀve] vt **1.** [maintenir] to preserve, to keep / *notre peuple tient à préserver son identité culturelle* our people want to preserve their cultural identity / *pour préserver l'intégrité de notre territoire* in order to retain our territorial integrity **2.** [protéger] ▸ **préserver de** to protect ou to preserve from / **'à préserver de l'humidité / la chaleur'** 'to be kept in a dry / cool place' / *Dieu* ou *le ciel me préserve de tomber jamais aussi bas!* God ou Heaven forbid that I should ever fall so low!
◆ **se préserver de** vp + prép to guard against / *pour se préserver du froid* to guard against ou to protect o.s. from the cold / *tu apprendras à te préserver des dangers* you'll learn to guard against ou to keep yourself safe from danger.

présidence [prezidɑ̃s] nf **1.** POL [fonction] presidency ; UNIV principalship, vice-chancellorship UK, presidency US ; COMM [d'un homme] chairmanship, directorship ; ADMIN chairmanship / *la présidence du jury* UNIV the chief examinership ▸ **une femme a été nommée à la présidence a)** POL a woman was made President **b)** ADMIN a woman was appointed to the chair ou made chairperson **2.** [durée - prévue] term of office ; [- effectuée] period in office / *sa présidence aura duré un an* she'll have been in office for a year **3.** [lieu] presidential residence ou palace **4.** [services] presidential office / *vous avez la présidence en ligne* you're through to the President's ou the Presidential office / *à la présidence, on ne dit rien* presidential aides are keeping silent.

président [prezidɑ̃] nm **1.** POL president ▸ **le président de la République française** the French President ▸ **le président du Conseil** ≃ the Prime Minister *(during the Third and Fourth Republics in France)* **2.** ADMIN chairman (chairwoman), chairperson **3.** COMM chairman (chairwoman) ▸ **président-directeur général** chairman and managing director UK, president and chief executive officer US ▸ **président du conseil d'administration** Chairman of the Board **4.** DR ▸ **président d'audience** presiding magistrate ou judge ▸ **président de section** head of division UK ▸ **président du tribunal** vice-chancellor UK **5.** UNIV principal, vice-chancellor UK, president US ▸ **président du jury (d'examen)** chief examiner **6.** SPORT : *président d'un club de football* president of a football club / *le président du comité olympique* the chairman of the Olympic Committee ▸ **président du jury** chairman of the panel of judges.

présidente [prezidɑ̃t] nf **1.** POL [titulaire] (woman) president ; *vieilli* [épouse du président] president's wife **2.** COMM [titulaire] chairwoman ; *vieilli* [épouse du président] chairman's wife **3.** DR presiding judge.

présidentiable [prezidɑ̃sjabl] nmf would-be presidential candidate.

présidentialisme [prezidɑ̃sjalism] nm presidential (government) system.

présidentiel, elle [prezidɑ̃sjɛl] adj **1.** [du président] presidential, president's / *dans l'entourage présidentiel* among the president's close associates **2.** [centralisé - régime] presidential.
◆ **présidentielle** nf presidential election ou elections.

La présidentielle

Under France's Fifth Republic, the president is elected directly for a renewable five-year term (**le quinquennat**). Candidates are usually nominated by the main political parties, but anyone who collects the requisite number of sponsors can run. If no candidate wins the absolute majority in the first round of voting, a runoff between the two front-runners is held two weeks later.

présider [3] [prezide] vt [diriger - séance] to preside at ou over *(insép)* ; [- œuvre de bienfaisance, commission] to preside over, to be the president of ; [table] to be at the head of.
◆ **présider à** v + prép *sout* : *présider aux destinées d'un pays* to rule over a country, to steer the ship of state *sout* / *un réel esprit de coopération a présidé à nos entretiens* a genuine spirit of cooperation prevailed during our talks / *les règles qui président à cette cérémonie* the rules governing this ceremony.

présidium [prezidjɔm] = **praesidium.**

présocratique [presɔkʀatik] adj & nm pre-Socratic.

présomptif, ive [prezɔ̃ptif, iv] adj presumptive.

présomption [prezɔ̃psjɔ̃] nf **1.** [prétention] presumption, presumptuousness **2.** [supposition] presumption, assumption / *il s'agit là d'une simple présomption de votre part* you're only assuming this (to be the case) **3.** DR presumption ▸ **présomption absolue** ou **irréfragable** irrefutable presumption ▸ **présomption légale** presumption of law ▸ **présomption de paternité** presumption of legitimacy ▸ **présomption simple** rebuttable presumption.

présomptueux, euse [prezɔ̃ptɥø, øz] adj presumptuous.

présonorisation [presɔnɔʀizasjɔ̃] nf playback.

présonoriser [3] [presɔnɔʀize] vt to play back.

presque [prɛsk] adv **1.** [dans des phrases affirmatives] almost, nearly / *les cerises sont presque mûres* the cherries are almost ou nearly ripe / *il a presque tout perdu au jeu* he gambled away almost ou nearly all his money / *l'espèce a presque entièrement disparu* the species is virtually ou all but extinct / *l'ambulance est arrivée presque aussitôt* the ambulance arrived almost immediately ou at once / *il est presque minuit* it's almost ou nearly midnight / *de l'avis de presque tous les collègues,...* in the opinion of almost all of our colleagues... / *il termine presque* he's just finishing / *nous y sommes presque* we're almost there / *il a presque terminé* he has nearly ou almost finished / *c'est presque de l'inconscience!* it's little short of madness! **2.** [dans des phrases négatives] : *ils ne se sont presque pas parlé* they hardly spoke to each other / *je n'avais presque pas mangé de la journée* I'd eaten next to ou almost ou virtually nothing all day / *tu fumes beaucoup en ce moment? — non, presque pas* do you smoke much at the moment? — no, hardly at all / *est-ce qu'il reste des gâteaux? — non, presque pas* are there any cakes left? — hardly any / *je n'ai presque rien fait de la journée* I've done virtually ou almost nothing all day ▸ **c'est presque rien** *fam* it's hardly anything / *il n'y a presque plus de café* there's hardly any coffee left **3.** *sout* [quasi] ▸ **avoir la presque certitude de qqch** to be almost ou practically certain of sthg / *la presque totalité des électeurs* almost ou nearly all the voters.
◆ **ou presque** loc adv : *des écrivains ignorés ou presque* writers who are unknown or almost unknown / *c'est sûr, ou presque* it's almost ou practically certain.

presqu'île, presqu'ile* [prɛskil] nf peninsula.

pressage [prɛsaʒ] nm **1.** [d'un vêtement, d'un tissu] pressing ▸ **pressage à la vapeur** steam pressing **2.** [d'un disque] pressing **3.** TECHNOL press moulding **4.** [du fromage] draining ou pressing of curds.

pressant, e [prɛsɑ̃, ɑ̃t] adj **1.** [urgent] urgent / *un travail pressant* an urgent piece of work **2.** [insistant - question, invitation] pressing, insistent / *elle se faisait de plus en plus pressante* she was becoming more and more insistent.

press-book [prɛsbuk] (*pl* **press-books**) nm portfolio.

presse [prɛs] nf **1.** [journaux, magazines, etc.] ▸ **la presse (écrite)** the press, the papers / *que dit la presse?* what do the papers say? ▸ **presse féminine / financière / sportive** women's / financial / sports magazines ▸ **presse à sensation** ou **à scandale** popular press, gutter press ; ≃ tabloids ▸ **la presse du cœur** romantic fiction (magazines) ▸ **la presse d'opinion** the quality newspapers ▸ **presse quotidienne régionale** local daily press ▸ **avoir bonne / mauvaise presse a)** *pr* to have a good / bad press **b)** *fig* to be well / badly thought of / *le nucléaire n'a pas très bonne presse* nuclear power has a bad image ou press **2.** IMPR press ▸ **sous presse** in the press / *être mis sous presse* to go to press / *au moment où nous mettons sous presse* at the time of going to press ▸ **sortir de presse** to come out ▸ **presse rotative** rotary press ▸ **presse typographique** printing press ou machine ▸ **presse à rogner** plough **3.** AGR, MÉCAN & TEXT press ; MENUIS bench vice ▸ **presse à balancier** (mechanical) fly press ▸ **presse à forger** forging machine ▸ **presse hydraulique / mécanique** hydraulic / power press ▸ **presse à main** ou **à serrer** hand ou screw press ▸ **presse monétaire** coining press **4.** ŒNOL winepress **5.** *litt* [foule, bousculade] press, throng / *au moment de Noël, il y a toujours presse* it's always busy at Christmas.
◆ **de presse** loc adj **1.** [campagne, coupure, attaché] press *(modif)* **2.** *sout* [moment, période] peak *(avant nom)* / *nous avons des moments de presse* we get very busy at times.

Presse

The main national newspapers in France are, in alphabetical order:

l'Équipe: a popular daily sports newspaper;

le Figaro: a quality broadsheet newspaper (it has a predominantly conservative readership);

* In reformed spelling (see p. 16-19).

France-Dimanche: a popular weekend broadsheet with a tendency to sensationalism;

France-Soir: a conservative broadsheet newspaper;

l'Humanité (l'Huma): a quality daily broadsheet (it is the organ of the French Communist Party);

Libération (Libé): a quality daily tabloid. (with a predominantly left-of-centre readership);

le Monde: a quality broadsheet newspaper which appears in the afternoon (its readership is predominantly left-of-centre).

pressé, e [prɛse] adj **1.** [personne] ▸ **être pressé** to be pressed for time, to be in a hurry ou rush / *je suis horriblement pressé* I'm in an awful hurry ou rush / *ils ne sont jamais pressés* they're never in a hurry / *tu n'as pas l'air pressé de la revoir* you seem in no hurry ou you don't seem eager to see her again / *je suis pressé d'en finir* I'm anxious to get the whole thing over with / *je ne suis pas pressée de me remarier!* I'm in no rush to get married again! **2.** [précipité - démarche, geste] hurried **3.** [urgent - réparation, achat] urgent / *cette réparation, c'est pressé?* is this repair urgent? / *il n'a rien trouvé de plus pressé que d'aller tout raconter à sa femme* he wasted no time in telling his wife the whole story / *le plus pressé, c'est de prévenir son mari* the first thing to do is to tell her husband ; [agrume] freshly squeezed / *pressé à froid* cold-pressed **4.** TECHNOL pressed.

presse-agrumes (*pl* **presse-agrumes**), **presse-agrume*** [prɛsagrym] nm electric (orange or lemon) squeezer.

presse-ail [prɛsaj] nm inv garlic press.

presse-bouton [prɛsbutɔ̃] (*pl* **presse-bouton** *ou* **presse-boutons***) adj ⟶ **guerre**.

presse-citron [prɛssitrɔ̃] (*pl* **presse-citron** *ou* **presse-citrons**) nm lemon squeezer.

presse-fruits (*pl* **presse-fruits**), **presse-fruit*** [prɛsfrɥi] nm juicer.

pressens v ⟶ **pressentir**.

pressentiment [prɛsɑ̃timɑ̃] nm premonition, feeling, hunch / *avoir le pressentiment de malheurs à venir* to have a premonition of disaster / *avoir le pressentiment de / que* to have a feeling of / that / *avoir le pressentiment que la mort est proche* to have a feeling of impending death, to have a foreboding of death / *j'ai eu le curieux pressentiment que je reviendrais ici un jour* I had the odd feeling ou a hunch that I'd be back again some day.

pressentir [37] [prɛsɑ̃tir] vt **1.** [prévoir] to sense (in advance), to have a premonition of / *pressentir un danger / des difficultés* to sense danger / trouble / *rien ne laissait pressentir qu'elle allait démissionner* nothing suggested that she would resign **2.** [contacter] to approach, to contact / *il a été pressenti pour jouer le Christ à l'écran* he's been approached about portraying Christ on the screen / *toutes les personnes pressenties* all the people who were contacted.

presse-papiers (*pl* **presse-papiers**), **presse-papier*** [prɛspapje] nm paperweight.

presse-purée [prɛspyre] (*pl* **presse-purée** *ou* **presse-purées***) nm potato masher.

presser [4] [prese] ◆ vt **1.** [extraire le jus de] to squeeze / *presser le raisin* to press grapes ▸ **presser le citron à qqn** *fam*, **presser qqn comme un citron** *fam* to exploit sb to the full, to squeeze sb dry ▸ **on presse l'orange et on jette l'écorce** *(allusion à Frédéric II)* you use people and then cast them aside **2.** [faire se hâter] to rush / *j'ai horreur qu'on me presse* I hate being rushed / *qu'est-ce qui te presse?* what's the hurry?, what's (all) the rush for? ▸ **presser le pas** to speed up / *nous presserons notre départ* *litt* we shall hasten our departure **3.** [serrer] to squeeze / *elle pressait sa poupée dans ses bras* she was hugging her doll / *il pressait sur son cœur la photo de sa fille* he was clasping a picture of his daughter to his heart ▸ **presser la main de qqn** to squeeze sb's hand, to give sb's hand a squeeze / *nous étions pressés contre les barrières* we were pressed ou crushed against the gates **4.** ▸ **presser qqn de faire qqch** [l'inciter à faire] to urge sb to do sthg / *je le pressai de quitter le pays* I urged him to leave the country / *il m'a pressé de lui donner la combinaison du coffre* he pressured me into giving him the combination of the safe **5.** [accabler] ▸ **presser qqn de questions** to ply ou to bombard sb with questions ▸ **être pressé par le temps / l'argent** to be pressed for time / money **6.** TECHNOL [disque, pli] to press. ◆ vi ▸ **le temps presse** time is short ▸ **l'affaire presse** it's an urgent matter ▸ **rien ne presse, ça ne presse pas** there's no (need to) rush ou hurry ▸ **pressons!** come on, let's hurry up!

❖ **se presser** ◆ vpi **1.** [se dépêcher] to hurry / *il n'est que 2 h, il n'y a pas de raison de se presser* it's only 2 o'clock, there's no point in rushing ou no need to hurry / *allons les enfants, pressons-nous un peu* come on children, get a move on ▸ **se presser de faire qqch** to be in a hurry to do sthg / *je ne me pressai pas de répondre* I was in no hurry to reply / *heureusement que tu les as fait se presser un peu, sinon on y serait encore!* thank goodness you hurried them up a bit, otherwise we'd still be there! **2.** [se serrer] : *il se pressait contre moi tant il avait peur* he was pressing up against me from fright / *les gens se pressaient au guichet* there was a crush at the box office / *on se pressait pour entrer* people were pushing to get in / *le temps où les photographes se pressaient à ma porte* the days when photographers would crowd ou press round my door. ◆ vpt ▸ **se presser le citron** *fam* to rack one's brains.

presse-raquette [prɛsrakɛt] (*pl* **presse-raquette** *ou* **presse-raquettes**) nm racket press.

presse-viande [prɛsvjɑ̃d] nm inv juice extractor *(for meat)*.

pressing [presiŋ] nm **1.** [repassage] pressing ▸ **pressing à la vapeur** steam-pressing **2.** [boutique] dry cleaner's **3.** *fam* SPORT ▸ **faire le pressing** to put ou to pile on the pressure.

pression [prɛsjɔ̃] nf **1.** [action] pressure / *une simple pression de la main suffit* you just have to press lightly **2.** PHYS pressure / *la pression de l'eau* water pressure ▸ **mettre sous pression** to pressurize / *récipient sous pression* pressurized container ▸ **à haute / basse pression** high- / low-pressure ▸ **pression acoustique** ACOUST sound pressure ▸ **pression artérielle** MÉD blood pressure ▸ **pression atmosphérique** MÉTÉOR atmospheric pressure ▸ **être sous pression** to be stressed ou under pressure **3.** [contrainte morale] pressure / *céder à la pression populaire / familiale* to give in to popular / family pressure ▸ **faire pression sur qqn, mettre la pression sur ou à qqn** to put pressure on sb / *on a fait pression sur lui pour qu'il démissionne* they put pressure on him to resign, they pressured him into resigning / *il faut exercer une pression sur la classe politique* we must put pressure on ou bring pressure to bear on the political community / *il y a une forte pression sur le dollar / l'équipe belge* the dollar / the Belgian team is under heavy pressure ▸ **mettre la pression** to put ou lay on the pressure ▸ **pression fiscale** tax burden **4.** VÊT press stud UK popper UK snap (fastener) US **5.** [bière] draught UK ou draft (beer) / *garçon, trois pressions!* waiter, three draught beers! **6.** ÉCON ▸ **pression fiscale** tax burden.

❖ **à la pression** loc adj [bière] draught UK draft US.

pressoir [prɛswar] nm **1.** [appareil] : *pressoir (à vin)* winepress ▸ **pressoir à cidre / huile** cider / oil press **2.** [lieu] presshouse.

pressostat [prɛsɔsta] nm manostat, pressure controller.

presspahn [prɛspan] nm press board.

pressurage [presyraʒ] nm ŒNOL pressing.

pressurer [3] [presyre] vt **1.** [raisin] to press ; [citron] to squeeze **2.** *fig* [exploiter] to squeeze, to extort, to exploit.

❖ **se pressurer** vp ▸ **se pressurer les méninges** ou **le cerveau** *fam* to rack one's brains.

pressurisation [presyrizasjɔ̃] nf pressurization.

pressuriser [3] [presyrize] vt to pressurize.

prestance [prɛstɑ̃s] nf : *un jeune homme de belle / noble prestance* a handsome / noble-looking young man / *il a de la prestance* he is a fine figure of a man / *son costume anglais lui donne une certaine prestance* his English suit gives him a certain air of elegance.

prestataire [prɛstatɛr] nmf **1.** [bénéficiaire] recipient *(of an allowance)* / *depuis la majorité de mes enfants, je ne suis plus prestataire des allocations familiales* since my children came of age, I have not been able to claim child benefit **2.** [fournisseur] ▸ **prestataire de service** service provider.

prestation [prɛstasjɔ̃] nf **1.** [allocation] allowance, benefit / *les diverses prestations auxquelles vous avez droit* the various benefits to which you are entitled ▸ **prestation en deniers** MIL allowance in money ▸ **prestation en nature** payment in kind ▸ **prestations familiales** family benefits *(such as child benefit, rent allowance, etc.)* ▸ **prestation d'invalidité** (industrial) disablement benefit ▸ **prestations sociales** social security benefits ▸ **prestation de vieillesse** old-age pension **2.** COMM ▸ **prestation de service** provision ou delivery of a service **3.** [d'un artiste, d'un sportif, etc.] performance / *faire une bonne / mauvaise prestation* to play well / badly / *faire une bonne prestation scénique / télévisuelle* to put on a good stage / television performance **4.** DR & HIST ▸ **prestation de serment** taking the oath / *sa prestation de serment aura lieu mardi* she will be sworn in on Tuesday **5.** DR & ADMIN ▸ **prestations locatives** service charge *(paid by the tenant to the landlord)*.

preste [prɛst] adj swift, nimble / *avoir la main preste* [être adroit] to have a light touch.

prestement [prɛstəmɑ̃] adv [se faufiler] swiftly, nimbly ; [travailler] swiftly, quickly.

prestesse [prɛstɛs] nf *litt* swiftness, nimbleness.

prestidigitateur, trice [prɛstidiʒitatœr, tris] nm, f conjuror, magician.

prestidigitation [prɛstidiʒitasjɔ̃] nf conjuring, prestidigitation *sout* ▸ **faire de la prestidigitation a)** [en amateur] to do conjuring (tricks) **b)** [en professionnel] to be a conjuror.

prestige [prɛstiʒ] nm prestige / *jouir d'un grand prestige* to enjoy great prestige / *redonner du prestige à une institution* to restore prestige to an institution ▸ **le prestige de l'uniforme** the glamour of the uniform.

❖ **de prestige** loc adj [politique] prestige *(modif)* ; [résidence] luxury *(modif)*.

❖ **pour le prestige** loc adv for the sake of prestige / *collectionner les œuvres d'art pour le prestige* to collect works of art for their prestige value.

prestigieux, euse [prɛstiʒjø, øz] adj **1.** [magnifique] prestigious, glamorous / *notre prestigieuse collection «Histoire»* our magnificent History collection **2.** [renommé - produit] renowned, famous, world-famous / *la Californie exporte ses prestigieux produits* California exports its world-famous products.

presto [prɛsto] adv **1.** MUS presto **2.** *fam* [vite] at ou on the double, double-quick / *il faudra que tu me rembourses presto* you'll have to repay me double-quick.

présumable [prezymabl] adj *sout* presumable / *il est présumable que...* it is to be presumed that...

présumé, e [prezyme] adj **1.** [considéré comme] presumed / *tout accusé, en l'absence de preuves, est présumé innocent* in the absence of proof, all defendants are presumed innocent **2.** [supposé] presumed, putative / *Max Dalbon est l'auteur présumé du pamphlet* Max Dalbon is presumed to be the author of this pamphlet.

présumer [3] [prezyme] vt [supposer] to presume, to assume / *je présume que vous êtes sa sœur* I take it ou presume you're his sister.

❖ **présumer de** v + prép [surestimer] : *j'ai un peu présumé de mes forces* I overdid things somewhat / *sans présumer de son intelligence* without overrating his intelligence ▸ **présumer de qqn** to rely on sb too much.

présupposé [presypoze] nm presupposition.

présupposer [3] [pʀesypoze] vt to presuppose / *la question présuppose une grande culture historique* the question calls for ou presupposes a thorough grasp of history.

présupposition [pʀesypozisjɔ̃] nf presupposition.

présure [pʀezyʀ] nf rennet.

présurer [3] [pʀezyʀe] vt to curdle with rennet.

prêt[1] [pʀɛ] nm **1.** [action] lending, loaning ; [chose prêtée] loan / *c'est seulement un prêt* it's only a loan / *le prêt de livres est réservé aux étudiants* the lending of books is restricted to students / *conditions de prêt* lending conditions **2.** [bancaire] loan / *solliciter un prêt* to apply for a loan / *obtenir un prêt d'une banque* to secure a bank loan ▸ **prêt bancaire** bank loan ▸ **prêt gagé** ou **garanti** secured loan ▸ **prêt à la construction** building loan ▸ **prêt conventionné** fixed-rate mortgage ▸ **prêt sur l'honneur** loan on trust ▸ **prêt hypothécaire** mortgage, home loan ▸ **prêt immobilier** mortgage, home loan ; ≃ mortgage ▸ **prêt à intérêt** loan at ou with interest ▸ **prêt sans intérêt** interest-free loan ▸ **prêt relais** bridging loan **3.** DR & NAUT ▸ **prêt à la grosse** bottomry loan **4.** MIL pay ▸ **prêt franc** (subsistence) allowance *(paid in money)* **5.** [dans une bibliothèque - document] loan, issue, book issued / *allez aux prêts fam* go to the issuing desk.

prêt[2], e [pʀɛ, pʀɛt] adj **1.** [préparé] ready / *le dîner / votre costume est prêt* dinner / your suit is ready / *je suis prêt, on peut partir* I'm ready, we can go now / *mes valises sont prêtes* my bags are packed ▸ **prêt à** : *prêt à l'envoi* ready for dispatch ▸ **prêt à emporter** take-away *(avant nom)* / *poulet prêt à cuire* ou *rôtir* ovenready ou dressed chicken / *être (fin) prêt au départ* to be all set to go / *l'armée se tient prête à intervenir* the army is ready to step in ou to intervene ▸ **prêt à l'usage** off-the-shelf ▸ **prêt pour** : *vous n'êtes pas encore prêt pour la compétition* you're not ready for competition yet / *tout est (fin) prêt pour la cérémonie* everything is ready for the ceremony / *j'ai toujours une chambre de prête fam* I always have a spare bedroom ready **2.** [disposé] ▸ **toujours prêt** [devise des scouts] be prepared ▸ **prêt à** ready ou willing to / *ils ne sont pas prêts à vendre* they aren't ready ou willing to sell ▸ **être prêt à tout** to be game for anything / *pour l'argent il est prêt à tout (faire)* he'd do anything ou stop at nothing for money / *Paul est tout prêt à te remplacer* Paul is ready and willing to stand in for you.

prêt-à-coudre [pʀɛtakudʀ] *(pl* **prêts-à-coudre***)* nm ready-to-sew garment, garment in kit form.

prêt-à-manger [pʀɛtamɑ̃ʒe] *(pl* **prêts-à-manger***)* nm **1.** [nourriture] fast food **2.** [restaurant] fast-food restaurant.

prêt-à-monter [pʀɛtamɔ̃te] *(pl* **prêts-à-monter***)* nm kit.

prétantaine [pʀetɑ̃tɛn] nf ▸ **courir la prétantaine** *vieilli* to go gallivanting.

prêt-à-porter [pʀɛtapɔʀte] *(pl* **prêts-à-porter***)* nm (ready-to-wear) fashion / *le salon du prêt-à-porter* the ready-to-wear fashion fair / *une collection de prêt-à-porter féminin* a women's ready-to-wear show / *elle n'achète que du prêt-à-porter* she only buys ready-to-wear ou UK off-the-peg clothes.

prêté [pʀete] nm EXPR ▸ **c'est un prêté pour un rendu** it's tit for tat.

prétendant, e [pʀetɑ̃dɑ̃, ɑ̃t] nm, f : *prétendant au trône* pretender to the throne.

❖ **prétendant** nm *hum* [soupirant] suitor, wooer *vieilli.*

prétendre [73] [pʀetɑ̃dʀ] vt **1.** [se vanter de] to claim / *il prétend qu'il peut rester 10 minutes sans respirer* he claims he can stay 10 minutes without breathing / *je n'ai jamais prétendu détenir la clé de la sagesse* I never claimed to hold the key to wisdom **2.** [affirmer] to claim, to say, to maintain / *il prétendait être un descendant de Napoléon* he claimed to be descended from Napoleon / *elle prétend avoir quelque chose d'important à te dire* she claims to have ou she says she has something important to tell you / *je ne prétends pas être un expert* I don't pretend to be an expert ▸ **prétendre que** : *je ne prétends pas que ce soit* ou *que c'est de ta faute* I'm not saying ou I don't say it's your fault / *on la prétend folle* she's said ou alleged to be mad / *à ce qu'elle prétend, son mari est ambassadeur* according to her, her husband is an ambassador / *ce n'est pas le chef-d'œuvre qu'on prétend* it's not the masterpiece it's made out to be **3.** [avoir l'intention de] to intend, to mean / *qui prétendez-vous choisir comme successeur?* whom do you intend to choose as your successor? / *mon père prétend être respecté de tous* my father means to be respected by all.

❖ **prétendre à** v + prép **1.** [revendiquer] to claim / *vous pouvez prétendre à une indemnisation* you can claim compensation **2.** *litt* [aspirer à] to aspire to / *prétendre aux honneurs* to aspire to honours / *il prétend au titre de champion* he is aiming for the championship.

❖ **se prétendre** vpi [se dire] to claim to be / *il se prétend avocat* he claims to be a lawyer / *elle se prétend infirme* she claims to be disabled / *et ça se prétend original en plus! fam* and what's more it claims to be original !

> ⚠ En anglais moderne, **pretend** signifie généralement « faire semblant » et ne doit pas être employé systématiquement pour traduire prétendre.

prétendu, e [pʀetɑ̃dy] ◆ adj [par soi-même] so-called, self-styled ; [par autrui] so-called, alleged / *le prétendu professeur était en fait un espion* the so-called professor was in fact a spy. ◆ nm, f *régional* [fiancé, fiancée] betrothed, intended.

prétendument [pʀetɑ̃dymɑ̃] adv [par soi-même] supposedly ; [par autrui] supposedly, allegedly.

prête-nom [pʀɛtnɔ̃] *(pl* **prête-noms***)* nm figurehead, man of straw ▸ **servir de prête-nom à qqch** to act as a figurehead for sthg.

pretentaine [pʀətɑ̃tɛn] = **prétantaine.**

prétentieusement [pʀetɑ̃sjøzmɑ̃] adv pretentiously, self-importantly.

prétentieux, euse [pʀetɑ̃sjø, øz] ◆ adj [personne] pretentious ; [style, remarque] pretentious / *mauvaise langue, et en plus prétentieuse!* she's a scandalmonger and pretentious into the bargain! ◆ nm, f conceited ou self-important person, poseur.

prétention [pʀetɑ̃sjɔ̃] nf **1.** [orgueil] pretentiousness, conceit, self-conceit / *il est plein de prétention* he's so conceited **2.** [ambition] pretension, pretence ▸ **avoir la prétention de faire qqch** : *tu n'as tout de même pas la prétention de te représenter?* do you really have the nerve to run again? / *je n'ai pas la prétention d'avoir été complet sur ce sujet* I don't claim to have fully covered the subject / *avoir une prétention à la sagesse* to pretend to wisdom / *l'article a des prétentions littéraires* the article has literary pretensions.

❖ **prétentions** nfpl **1.** [exigences] claims / *avoir des prétentions sur un héritage / une propriété* to lay claim to an inheritance / a property **2.** [financières] ▸ **prétentions (de salaire)** expected salary, target earnings / *vos prétentions sont trop élevées* you're asking for too high a salary / *envoyez une lettre spécifiant vos prétentions* send a letter specifying your salary expectations.

❖ **sans prétention** loc adj unpretentious / *un écrivain sans prétention* an unassuming writer / *c'est un scénario sans prétention* it's an unpretentious script.

prêter [4] [pʀete] ◆ vt **1.** [argent, bien] to lend / *peux-tu me prêter ta voiture?* can you lend me ou can I borrow your car? / *je lui avais prêté 50 euros / mes livres d'art* I had lent her 50 euros / my art books ; *(en usage absolu)* : *la banque prête à 9 %* the bank lends at 9% / *prêter sur gages* to lend (money) against security ▸ **on ne prête qu'aux riches** *prov* to those who have shall be given **2.** [attribuer] to attribute, to accord ▸ **prêter de l'importance à qqch** to attach importance to sthg / *on lui a parfois prêté des pouvoirs magiques* he was sometimes alleged ou claimed to have magical powers / *on me prête des talents que je n'ai malheureusement pas* I am credited with skills that I unfortunately do not possess / *l'opposition vous prête l'intention d'organiser un coup d'État* the opposition claims ou alleges that you intend to stage a coup / *ce sont les propos prêtés au sénateur* these are the words attributed to the senator **3.** [offrir] ▸ **prêter asile à qqn** to give ou to offer sb shelter ▸ **prêter assistance** ou **secours à qqn** to give ou to lend assistance to sb ▸ **prêter attention à** to pay attention to / *ne pas prêter attention à* to ignore ▸ **prêter l'oreille** to listen ▸ **prêter une oreille attentive à qqn** to listen attentively to sb ▸ **prêter une oreille distraite à qqn** to listen to sb with only half an ear ▸ **prêter sa voix à a)** [chanter] to sing the part of **b)** [parler] to speak the part of **c)** [soutenir] to speak on behalf ou in support of ▸ **prêter serment a)** to take the oath **b)** POL to be sworn in ▸ **faire prêter serment à qqn** to put sb under oath / *prêter son nom à une cause* to lend one's name to a cause ▸ **prêter le flanc à** : *prêter le flanc à la critique* to lay o.s. open to ou to invite criticism / *prêter le flanc à l'adversaire* to give the adversary an opening. ◆ vi [tissu, cuir] to give, to stretch.

❖ **prêter à** v + prép [donner lieu à] to give rise to, to invite / *le texte prête à confusion* the text is open to misinterpretation / *la déclaration prête à équivoque* the statement is ambiguous / *il est d'une naïveté qui prête à rire* he is ridiculously naive.

❖ **se prêter à** vp + prép **1.** [consentir à] to lend o.s. to / *se prêter à un arrangement* to lend o.s. to ou to consent to an arrangement / *se prêter à une fraude* to countenance a fraud ▸ **se prêter au jeu** to enter into the spirit of the game **2.** [être adapté à] to be suitable for / *si le temps s'y prête* weather permitting / *les circonstances ne se prêtaient guère aux confidences* it was no time for confidences / *ma petite maison ne se prête pas à une grande réception* my little house is hardly the (ideal) place for a big party.

> **Prêter qqch à qqn**
> *Lend sthg to sb* ou *lend sb sthg.*
>
> Notez la construction à double complément qui en anglais peut prendre deux formes dont le sens est le même :
>
> • une structure identique à celle du français :
> verbe + COD + préposition + COI
> lend sthg to sb
>
> • une structure qui diffère de celle du français, sans préposition, et dans laquelle l'ordre des compléments est inversé :
> verbe + COI + COD
> lend sb sthg
>
> **Ils nous ont prêté leur appartement.** *They lent their flat to us* ou *They lent us their flat.*
> **Pouvez-vous prêter votre voiture à ma mère pour le week-end ?** *Can you lend your car to my mother for the weekend?* ou *Can you lend my mother your car for the weekend?*

prétérit [pʀeteʀit] nm preterite.

prétériter [3] [pʀeteʀite] vt SUISSE [personne] to wrong.

prétérition [pʀeteʀisjɔ̃] nf preterition.

prêteur, euse [pʀɛtœʀ, øz] ◆ adj : *elle n'est pas prêteuse* she doesn't like lending, she's very possessive about her belongings. ◆ nm, f lender, moneylender ▸ **prêteur sur gages** pawnbroker ▸ **prêteur sur hypothèque** mortgagee.

prétexte [pʀetɛkst] ◆ adj f ANTIQ [toge] praetexta. ◆ nm **1.** [excuse] pretext, excuse / *trouver un bon prétexte* to come up with a good excuse / *un mauvais prétexte* a lame ou feeble excuse ▸ **servir de prétexte à qqn** to provide sb with a pretext ▸ **prendre prétexte de qqch** to use sthg as an excuse / *pour toi, tous les prétextes sont bons pour ne pas travailler* any excuse is good for avoiding work as far as you are concerned

2. [occasion] : *pour toi, tout est prétexte à rire / au sarcasme* you find cause for laughter / sarcasm in everything.

❖ **sous aucun prétexte** loc adv on no account / *vous ne quitterez cette pièce sous aucun prétexte* on no account ou under no circumstances will you leave this room, you will not leave this room on any account.

❖ **sous prétexte de, sous prétexte que** loc conj : *il est sorti sous prétexte d'aller acheter du pain* he went out on the pretext of buying some bread / *sous prétexte qu'elle a été malade, on lui passe tout* just because she's been ill, she can get away with anything.

prétexter [4] [pʀetɛkste] vt to give as a pretext, to use as an excuse / *j'ai prétexté un rendez-vous chez le dentiste* I used a dental appointment as an excuse / *tu n'aurais pas pu prétexter autre chose?* couldn't you have found another excuse? ▸ **prétexter que** to pretend (that) / *elle va sûrement prétexter qu'elle n'a pas trouvé de taxi* she'll certainly pretend ou come up with the excuse that she couldn't find a taxi.

prétimbré, e [pʀetɛ̃bʀe] adj prepaid.

pretium doloris [pʀesjɔmdɔlɔʀis] nm inv DR (financial) compensation.

prétoire [pʀetwaʀ] nm **1.** DR court **2.** ANTIQ [tente, palais] praetorium.

Pretoria [pʀetɔʀja] npr Pretoria.

prétorien, enne [pʀetɔʀjɛ̃, ɛn] adj ANTIQ [d'un magistrat] pretorian, praetorian ; [d'un garde] Praetorian.

❖ **prétorien** nm Praetorian Guard.

prétraité, e [pʀetʀete] adj pretreated.

prétraitement [pʀetʀɛtmɑ̃] nm **1.** INFORM preprocessing **2.** TECHNOL pretreatment.

prêtre [pʀɛtʀ] nm **1.** RELIG priest ▸ **les prêtres** the clergy ▸ **grand prêtre** *pr & fig* high priest **2.** ZOOL sand smelt.

prêtre-ouvrier [pʀɛtʀuvʀije] (*pl* **prêtres-ouvriers**) nm worker-priest.

prêtresse [pʀɛtʀɛs] nf RELIG priestess ▸ **grande prêtresse** *pr & fig* high priestess.

prêtrise [pʀɛtʀiz] nf priesthood / *recevoir la prêtrise* to be ordained a priest.

preuve [pʀœv] nf **1.** [indice] proof, (piece of) evidence / *avoir la preuve que* to have proof that / *avez-vous des preuves de ce que vous avancez?* can you produce evidence of ou can you prove what you're saying? / *c'est à nous de fournir la preuve* it's up to us to show proof, the onus of proof is on us ▸ **preuve d'amour** token of love ▸ **preuve littérale** ou **par écrit** written evidence ▸ **preuve par commune renommée** hearsay evidence ▸ **preuve recevable** admissible evidence ▸ **preuve tangible** hard evidence ▸ **preuve testimoniale** testimony **2.** [démonstration] proof / *mon avocat fera la preuve de mon innocence* my lawyer will prove that I'm innocent, my lawyer will prove my innocence / *la preuve de son inexpérience, c'est qu'il n'a pas demandé de reçu* his not asking for a receipt goes to show ou proves that he lacks experience / *il n'est pas fiable, la preuve, il est déjà en retard* *fam* you can never rely on him, look, he's already late / *elle est la preuve vivante que le traitement marche* she's living proof that the treatment works ▸ **faire preuve de** : *faire preuve d'un grand sang-froid* to show ou to display great presence of mind ▸ **faire ses preuves** : *c'est un produit qui a fait ses preuves* it's a tried and tested product / *la mission exige des gens ayant fait leurs preuves* the mission calls for experienced people / *il avait fait ses preuves dans le maquis* he'd won his spurs ou proved himself in the Maquis **3.** TECHNOL *test measuring the alcohol content of a liquid* **4.** MATH ▸ **preuve par neuf** casting out nines / *faire une preuve par neuf* to cast out nines.

❖ **à preuve** loc adv *fam* : *tout le monde peut devenir célèbre, à preuve moi-même* anybody can become famous, take me for instance ou just look at me.

❖ **à preuve que** loc conj *fam* which goes to show that / *il m'a trahi, à preuve qu'on ne peut se fier à personne* he betrayed me, which (just) goes to show that you can't trust anybody.

❖ **preuve en main** loc adv with cast-iron proof available ▸ **affirmer qqch preuve en main** to back up a statement with cast-iron evidence ou proof.

preux [pʀø] *arch* ◆ adj m valiant, gallant. ◆ nm valiant knight.

prévalence [pʀevalɑ̃s] nf prevalence.

prévaloir [61] [pʀevalwaʀ] vi [prédominer] to prevail / *l'optimisme prévaut encore dans les milieux financiers* optimism still prevails in financial circles / *nous lutterons pour faire prévaloir nos droits légitimes* we will fight for our legitimate rights ▸ **prévaloir sur** to prevail over ou against / *en l'occurrence, mon avis a prévalu sur le sien* in the event, my opinion prevailed over ou against hers ▸ **prévaloir contre** to prevail against, to overcome / *rien ne prévalut contre son obstination* nothing could prevail against ou overcome his obstinacy.

❖ **se prévaloir de** vp + prép **1.** [profiter de] : *elle se prévalait de son ancienneté pour imposer ses goûts* she took advantage of her seniority to impose her preferences **2.** [se vanter de] : *il se prévalait de ses origines aristocratiques* he boasted of ou about his aristocratic background.

prévaricateur, trice [pʀevaʀikatœʀ, tʀis] ◆ adj DR corrupt. ◆ nm, f DR corrupt official.

prévarication [pʀevaʀikasjɔ̃] nf DR [corruption] breach of trust, corrupt practice.

prévaudrai, prévaux v ⟶ **prévaloir.**

prévenance [pʀevnɑ̃s] nf kindness, consideration, thoughtfulness ▸ **être plein de prévenance à l'égard de qqn** to show consideration for ou to be considerate towards sb ▸ **entourer qqn de prévenances** to do ou to show sb many kindnesses.

prévenant, e [pʀevnɑ̃, ɑ̃t] adj **1.** kindly, considerate, thoughtful / *des manières prévenantes* attentive manners ▸ **être prévenant à l'égard de qqn** to be considerate ou thoughtful towards sb **2.** *vieilli* [engageant] : *un homme à l'air prévenant* a man of engaging appearance.

prévenir [40] [pʀevniʀ] vt **1.** [informer] ▸ **prévenir qqn** to inform sb, to let sb know / *si tu m'avais prévenu, j'aurais préparé à dîner* if you'd let me know, I'd have prepared something for dinner / *préviens-moi s'il y a du nouveau* let me know if anything new comes up / *en cas d'accident, qui dois-je prévenir?* who should I inform ou notify in case of an accident? ▸ **prévenir la police** to call ou to notify the police **2.** [mettre en garde] to warn, to tell / *on m'avait prévenu de n'ouvrir à personne* I had been warned ou told not to open to anybody / *je te préviens, si tu recommences, c'est la fessée!* I'm warning you, if you do that again I'll spank you! ; *(en usage absolu)* ▸ **partir sans prévenir** to leave without warning ou notice **3.** [empêcher] to prevent, to avert / *prévenir une rechute* to prevent a relapse / *prévenir un danger* to ward ou to stave off a danger / *comment prévenir d'autres tragédies de ce genre?* how can we prevent other such disasters from happening? **4.** [anticiper - désir, besoin] to anticipate ; [- accusation, critique] to forestall / *j'ai écrit cette préface pour prévenir toute accusation de parti pris politique* I've written this preface in order to forestall any charges of political prejudice **5.** *sout* [influencer] ▸ **prévenir qqn en faveur de / contre** to predispose sb towards, to prejudice sb against.

préventif, ive [pʀevɑ̃tif, iv] adj preventive, preventative / *prendre des mesures préventives* to take preventive ou precautionary measures / *prenez ce médicament à titre préventif* take this medicine as a precaution.

❖ **préventive** nf custody *(pending trial)* / *faire de la préventive* to be remanded in custody / *ils ont fait trois mois de préventive* they were imprisoned without trial for three months.

prévention [pʀevɑ̃sjɔ̃] nf **1.** [ensemble de mesures] prevention / *nous nous attachons à la prévention des accidents* we endeavour to prevent accidents / *la prévention joue un grand rôle dans la lutte contre le sida* prevention plays an important role in the fight against AIDS ▸ **la prévention routière** the road safety measures ; ≃ Royal Society for the Prevention of Accidents UK **2.** *sout* [parti pris] prejudice, bias ▸ **avoir des préventions à l'égard de** ou **contre qqn** to be prejudiced or biased against sb / *toute innovation dans ce domaine se heurte aux préventions du public* any innovation in this domain meets with public resistance **3.** DR custody / *il a fait un an de prévention avant d'être jugé* he was remanded in custody for one year before being tried.

préventivement [pʀevɑ̃tivmɑ̃] adv [comme précaution] preventatively, preventively.

préventologie [pʀevɑ̃tɔlɔʒi] nf preventative ou preventive medicine.

préventorium [pʀevɑ̃tɔʀjɔm] nm preventorium.

prévenu, e [pʀevny] ◆ pp ⟶ **prévenir.** ◆ adj **1.** *sout* [partial] biased ▸ **prévenu en faveur de** ou **pour qqn** biased in favour of sb ▸ **prévenu contre qqn** biased against sb **2.** DR [poursuivi judiciairement] charged / *il est prévenu de meurtre avec préméditation* he is charged with premeditated murder. ◆ nm, f [à un procès] defendant ; [en prison] prisoner / *le prévenu nie toute participation aux faits* the defendant denies being involved.

préverbe [pʀevɛʀb] nm preverb.

prévient [pʀevjɛ̃], **prévint** v ⟶ **prévenir.**

prévisibilité [pʀevizibilite] nf foreseeability.

prévisible [pʀevizibl] adj foreseeable, predictable / *ses réactions ne sont pas toujours prévisibles* his reactions are sometimes unexpected ou unpredictable / *son échec était prévisible* it was to be expected that he'd fail.

prévision [pʀevizjɔ̃] nf **1.** *(gén au pl)* [calcul] expectation / *le coût de la maison a dépassé nos prévisions* the house cost more than we expected **2.** ÉCON [processus] forecasting ▸ **prévision budgétaire** budget forecast ou projections ▸ **prévision économique** economic forecasting **3.** MÉTÉOR [technique] (weather) forecasting ▸ **prévisions météorologiques** [bulletin] weather forecast.

❖ **en prévision de** loc prép in anticipation of / *isoler une maison en prévision du froid* to insulate a house in anticipation of cold weather.

prévisionnel, elle [pʀevizjɔnɛl] adj [analyse, étude] forward-looking ; [coût] estimated ; [budget] projected.

prévisionniste [pʀevizjɔnist] nmf forecaster.

prévoir [63] [pʀevwaʀ] vt **1.** [prédire] to foresee, to expect, to anticipate ; MÉTÉOR to forecast / *prévoir une augmentation du trafic* to anticipate ou to expect an increase in traffic / *j'avais prévu que ça arriverait* I anticipated it would happen / *on ne peut pas toujours tout prévoir* you can't always think of everything in advance / *alors ça, ça n'était pas prévu au programme* *fam* we weren't expecting that to happen / *et maintenant, le temps prévu pour demain* and now, tomorrow's weather / *rien ne laissait prévoir pareil accident* nothing indicated that such an accident could happen / *rien ne laissait prévoir qu'il nous quitterait si rapidement* we never expected him to pass away so soon **2.** [projeter] to plan / *tout s'est passé comme prévu* everything went according to plan ou smoothly / *on a dîné plus tôt que prévu* we had dinner earlier than planned / *tout est prévu pour les invités* everything has been laid on ou arranged for the guests / *le repas est prévu pour 100 personnes* a meal for 100 people has been planned / *j'ai prévu d'apporter des boissons chaudes pour tout le monde* I'm planning to bring hot drinks for everyone / *l'ouverture du centre commercial est prévue pour le mois prochain* the opening of the shopping centre is scheduled for next month **3.** [préparer] to allow, to provide ▸ **prévoyez des vêtements chauds** make sure you bring some warm clothes **4.** DR to provide for / *dans tous les cas prévus par la loi* in all cases provided for by law.

prévôt [pʀevo] nm **1.** HIST provost **2.** MIL provost marshal.

prévôté [pʀevote] nf **1.** HIST provostship **2.** MIL military police.

prévoyait v ⟶ **prévoir.**

prévoyance [prevwajɑ̃s] nf foresight, foresightedness, forethought / *faire preuve de prévoyance* to be provident.

prévoyant, e [prevwajɑ̃, ɑ̃t] adj provident, prudent / *ses parents ont été prévoyants* his parents made provision for the future.

prévu, e [prevy] pp ⟶ **prévoir**.

Priam [prijam] npr Priam.

priant [prijɑ̃] nm kneeling statue.

priapisme [prijapism] nm priapism.

prie-Dieu [pridjø] nm inv prie-dieu, prayer stool.

prier [10] [prije] ◆ vt **1.** [ciel, Dieu] to pray to / *prier la Vierge Marie* to pray to the Virgin Mary / *je prie Dieu et tous ses saints que...* I pray (to) God and all his saints that... **2.** [supplier] to beg, to beseech *litt* / *je vous en prie, emmenez-moi* I beg you to take me with you / *je te prie de me pardonner* please forgive me / *les enfants, je vous en prie, ça suffit!* children, please, that's enough! ▸ **se faire prier** : *il adore se faire prier* he loves to be coaxed / *elle ne s'est pas fait prier pour venir* she didn't need any persuasion to come along / *j'ai accepté sans me faire prier* I said yes without any hesitation / *je vous prie de croire qu'il m'a écouté cette fois!* believe (you) me, he listened to me this time! **3.** [enjoindre] to request / *vous êtes priés d'arriver à l'heure* you're requested to arrive on time **4.** [dans des formules de politesse orales] : *merci — je vous en prie* thank you — (please) don't mention it / *je vous remercie d'être venu — je vous en prie* thank you for coming — you're welcome ou (please) don't mention it / *puis-je entrer? — je vous en prie* may I come in? — please do / *pourriez-vous m'indiquer où est le commissariat, je vous prie?* could you please tell me ou would you be kind enough to tell me where the police station is? ; [par écrit] : *M. et Mme Lemet vous prient de bien vouloir assister au mariage de leur fille* Mr and Mrs Lemet request the pleasure of your company at their daughter's wedding / *je vous prie de croire à mes sentiments distingués* ou *les meilleurs* yours sincerely **5.** *litt* [inviter] ▸ **prier qqn à** to ask ou to invite sb for, to request sb to *litt* / *il nous a priés à déjeuner* he asked ou invited us to lunch. ◆ vi to pray / *elle a prié longtemps* she prayed for a long time / *prier de toute son âme* to pray with all one's soul ▸ **prier pour qqn** to pray for sb / *prions pour la paix* let us pray for peace.

prière [prijɛr] nf **1.** RELIG prayer / *dire* ou *faire* ou *réciter ses prières* to pray, to say one's prayers ▸ **être en prière** to be praying / *je l'ai trouvé en prière* I found him at prayer / *pensez à moi dans vos prières* remember me in your prayers / *tu peux faire tes prières* [menace] say your prayers **2.** [requête] request, plea, entreaty / *elle a fini par céder aux prières de ses enfants* she finally gave in to her children's pleas / **'prière de ne pas ouvrir la fenêtre'** 'please keep the window closed' / **'prière de ne pas fumer'** 'no smoking (please)'.

❖ **prière d'insérer** nm & nf insert *(publisher's blurb for press release)*.

prieur, e [prijœr] nm, f ▸ **(père) prieur** prior ▸ **(mère) prieure** prioress.

prieuré [prijœre] nm [communauté] priory ; [église] priory (church).

prima donna (*pl* **prima donna** *ou* **prime donne** [primedɔne]), **primadonna*** [primadɔna] nf prima donna.

primaire [primɛr] ◆ adj **1.** [premier -d'une série] primary ▸ **élection primaire** primary election ▸ **école / enseignement primaire** primary school / education ▸ **ère primaire** GÉOL Palaeozoic (age) **2.** [couleur] primary **3.** [de base] ▸ **connaissances primaires** basic knowledge **4.** [borné -personne] simpleminded ; [-attitude] simplistic, unsophisticated / *faire de l'anticommunisme primaire* to be a dyed-in-the-wool anticommunist / *il est plutôt primaire dans ses raisonnements* his arguments are rather simplistic. ◆ nmf [personne bornée] simpleton / *ces gens sont des primaires, ils voteront pour n'importe quel démagogue* these people aren't very sophisticated, they'll vote for any rabble-rouser. ◆ nm ▸ **le primaire a)** ENS primary education **b)** GÉOL the Palaeozoic age **c)** ÉCON the primary sector ▸ **dans le primaire** ENS in primary schools. ◆ nf POL primary (election) ▸ **les primaires** the primaries.

primal, e, aux [primal, o] adj primal ▸ **cri primal** primal scream.

primarité [primarite] nf simplemindedness.

primat [prima] nm **1.** RELIG primate ▸ **le primat des Gaules** the Archbishop of Lyon **2.** *litt* [supériorité] sway, primacy / *le primat des émotions sur l'esprit* the preeminence of emotions over the mind.

primate [primat] nm **1.** ZOOL primate ▸ **les primates** the Primates **2.** *fam* [homme grossier] ape, brute.

primatologie [primatɔlɔʒi] nf primatology.

primatologue [primatɔlɔg] nmf primatologist.

primauté [primote] nf **1.** [supériorité] primacy / *donner la primauté à la théorie sur la pratique* to accord more importance to theory than to practice **2.** RELIG primacy / *la primauté du pape* the primacy of the Pope.

prime [prim] ◆ adj **1.** MATH prime ▸ **m prime** m prime **2.** *litt* [premier] ▸ **dès sa prime enfance** ou **jeunesse** from her earliest childhood / *elle n'est plus vraiment dans la prime jeunesse* she's not that young anymore. ◆ nf **1.** [gratification] bonus ; [indemnité -par un organisme] allowance ; [-par l'État] subsidy ▸ **prime d'ancienneté** seniority bonus ▸ **prime d'objectif** incentive bonus ▸ **prime de rendement** ou **de résultat** productivity bonus / *prime à l'arrachage (des pommiers)* subsidy for uprooting (apple trees) ▸ **prime de transport / déménagement** travel / relocation allowance ▸ **prime d'intéressement** incentive bonus ▸ **prime de licenciement** redundancy payment, severance pay ▸ **prime de précarité** *bonus paid to compensate for lack of job security* ▸ **prime de risque** danger money ▸ **prime de vie chère** cost-of-living allowance **2.** [incitation] subsidy / *cette mesure est une prime à la délation fig* this measure will only encourage people to denounce others ▸ **prime à l'exportation** export subsidy ▸ **prime au retour** repatriation allowance **3.** FIN [assurances-cotisation] premium ▸ **prime d'assurance** insurance premium / *ils ne toucheront pas la prime* [bonus] they will not qualify for the no-claims bonus **4.** BOURSE [taux] option rate ; [somme] option money / *réponse des primes* declaration of options ▸ **prime d'émission** premium on option to buy shares **5.** EXPR **faire prime** to be at a premium / *les films d'horreur font prime dans les salles parisiennes* horror films are at a premium in Paris cinemas.

❖ **de prime abord** loc adv at first sight ou glance.

❖ **en prime** loc adv as a bonus / *en prime, vous gagnez trois tasses à café* as a bonus, you get a free gift of three coffee cups / *non seulement il fait rien mais en prime il se plaint!* not only does he do nothing, but he complains as well!

primé, e [prime] adj [film, vin, fromage] award-winning ; [animal] prizewinning.

primer [3] [prime] ◆ vt **1.** [récompenser -animal, invention] to award a prize to / *les races traditionnelles ne sont plus souvent primées* awards are seldom given ou seldom go to the traditional breeds nowadays / *elle a été primée au concours du plus beau bébé* she won ou was awarded a prize in the beautiful baby contest / *un film primé à Cannes l'année dernière* a film which won an award at Cannes last year **2.** *sout* [prédominer sur] to take precedence over. ◆ vi [avoir l'avantage] to be dominant / *c'est généralement la main droite qui prime* generally speaking, the right hand is dominant ▸ **primer sur** to take precedence over / *le salaire a primé sur tous les autres avantages* the salary took precedence over all the other advantages / *son dernier argument a primé sur tous les autres* her final argument won out over all the others.

primerose [primroz] nf hollyhock, rose mallow.

primesautier, ère [primsotje, ɛr] adj *sout* **1.** [spontané] impulsive, spontaneous **2.** [vif] jaunty.

prime time [prajmtajm] (*pl* **prime times**) nm TV prime time / *une émission diffusée en prime time* a programme broadcast in prime time.

primeur [primœr] nf *sout* [exclusivité] : *notre chaîne a eu la primeur de l'information* our channel was first with the news / *je vous réserve la primeur de mon reportage* you'll be the first one to have ou you'll have first refusal of my article / *merci de me donner la primeur* thank you for letting me know first.

❖ **primeurs** nfpl early fruit and vegetables.

primeuriste [primœrist] nmf early fruit and vegetable grower.

primevère [primvɛr] nf [sauvage] primrose ; [cultivée] primula ▸ **primevère officinale** cowslip.

primipare [primipar] ◆ adj primiparous. ◆ nf primipara.

primitif, ive [primitif, iv] ◆ adj **1.** [initial] primitive, original / *voici notre projet dans sa forme primitive* here is our project in its original form / *mes gants ont perdu leur teinte primitive* my gloves have lost their original colour / *le sens primitif du mot a disparu* the original meaning of the word has disappeared ▸ **l'Église primitive** the early ou primitive Church ▸ **l'homme primitif** primitive ou early man ▸ **langage primitif** primitive language ▸ **temps primitif** LING basic tense ▸ **terrain primitif** GÉOL primeval ou primitive formations **2.** [non industrialisé -société] primitive / *leur technologie est plus que primitive* their technology is definitely primitive ou archaic / *la vie dans ces montagnes est restée très primitive* life in these mountains is still very primitive / *ton installation électrique est plutôt primitive! fig* the wiring in your place is a bit primitive! **3.** [fruste -personne] primitive, unsophisticated / *il est gentil mais un peu primitif* he's nice but a bit unsophisticated **4.** ART primitive / *la peinture primitive flamande / italienne* primitive Flemish / Italian painting **5.** OPT ▸ **couleurs primitives** major colours **6.** MATH ▸ **fonction primitive** primitive (function). ◆ nm, f **1.** ANTHR (member of a) primitive (society) **2.** ART primitive (painter).

❖ **primitive** nf INFORM & MATH primitive.

primitivement [primitivmɑ̃] adv originally, in the first place / *primitivement, mon intention était de rester une semaine* I originally intended to stay for one week.

primitivisme [primitivism] nm ART primitivism.

primo [primo] adv first (of all), firstly / *primo, je n'en ai pas envie, (et) secundo je n'ai pas le temps* first of all, I don't feel like it, (and) second, I haven't got (the) time.

primo-accédant, e [primoaksedɑ̃, primoaksedɑ̃t] (*mpl* **primo-accédants**, *fpl* **primo-accédantes**) nm, f first-time buyer.

primo-arrivant, e [primoarivɑ̃, primoarivɑ̃t] (*mpl* **primo-arrivants**, *fpl* **primo-arrivantes**) nm, f *child from an immigrant family, often with poor language skills.*

primo-délinquant, e [primodelɛ̃kɑ̃, primodelɛ̃kɑ̃t] (*mpl* **primo-délinquants**, *fpl* **primo-délinquantes**) nm, f first offender.

primogéniture [primɔʒenityr] nf primogeniture.

primo-infection [primoɛ̃fɛksjɔ̃] (*pl* **primo-infections**) nf primary infection.

primordial, e, aux [primɔrdjal, o] adj **1.** [essentiel] fundamental, essential / *elle a eu un rôle primordial dans les négociations* she played a crucial role in the negotiations / *il est primordial que tu sois présent* it's essential for you to be there / *il est primordial de leur faire parvenir de la nourriture* it's essential ou vital to get food to them **2.** *sout* [originel -élément, molécule] primordial, primeval / *les instincts primordiaux de l'homme* man's primal instincts.

primulacée [primylase] nf member of the Primula ou Primulaceae.

prince [prɛ̃s] nm **1.** [souverain, fils de roi] prince ▸ **le prince consort** the prince consort ▸ **le prince héritier** the crown prince ▸ **le prince de Galles** the Prince of Wales / *le Prince Noir* the Black Prince ▸ **le prince régent** the Prince Regent ▸ **les princes du sang** princes of royal blood ▸ **le Prince charmant** Prince Charming ▸ **être** ou **se montrer bon prince** to behave generously / *je suis bon prince, je vous pardonne* I'll be magnani-

* In reformed spelling (see p. 16-19).

mous ou generous and forgive you / *tu as été bon prince* that was generous of you / *il a agi en prince* he behaved royally / *cet enfant est traité / vêtu comme un prince* that child is treated / dressed like a prince / **'le Petit Prince'** *Saint-Exupéry* 'The Little Prince' **2.** [personnage important] prince / *les princes de l'Église* princes of the Church *(cardinals and bishops)* ▸ **le prince des enfers** ou **des ténèbres** Satan, the prince of darkness ▸ **le prince des Apôtres** [saint Pierre] the prince of the Apostles **3.** *sout* [sommité] prince / *le prince des poètes* the prince of poets **4.** *fam* [homme généreux] real gent UK ou gem / *merci, mon prince!* thanks, squire UK ou buddy US !

prince-de-galles [prɛ̃sdəgal] ◆ adj inv Prince-of-Wales check *(modif)*. ◆ nm inv (Prince-of-Wales) check material.

princeps [prɛ̃sɛps] adj inv ▸ **édition princeps** first edition.

princesse [prɛ̃sɛs] nf **1.** [souveraine, fille de roi] princess / *habillée comme une princesse* dressed like a princess / *arrête de faire la princesse, tu veux!* stop giving yourself airs! **2.** VÊT princess dress **3.** BELG [haricot] *(very thin)* string bean.

princier, ère [prɛ̃sje,ɛr] adj **1.** [du prince] prince's, royal / *dans la loge princière* in the royal box **2.** [luxueux -don] princely / *ils ont donné un cadeau princier / une somme princière* they gave a princely gift / sum.

princièrement [prɛ̃sjɛrmɑ̃] adv princely / *nous avons été accueillis princièrement* we were given a (right) royal welcome.

principal, e, aux [prɛ̃sipal,o] ◆ adj **1.** [essentiel] main / *les principaux intéressés* the main parties involved / *la porte / l'entrée principale* the main gate / entrance / *c'est lui l'acteur principal* he's the leading man **2.** GRAM [verbe, proposition] main **3.** [supérieur] principal, chief ▸ **clerc principal** chief clerk. ◆ nm, f ÉDUC headmaster (headmistress) UK, (school) principal US.

❖ **principal** nm **1.** FIN [capital] principal **2.** ▸ **le principal** the most important thing / *le principal, c'est que tu ne sois pas blessé* the most important thing is that you're not hurt / *c'est fini, c'est le principal* it's over, that's the main thing.

❖ **principale** nf LING main clause.

principalement [prɛ̃sipalmɑ̃] adv chiefly, mostly, principally / *nous avons besoin principalement d'un nouveau directeur* what we need most is a new manager.

principat [prɛ̃sipa] nm principate.

principauté [prɛ̃sipote] nf principality.

principe [prɛ̃sip] nm **1.** [règle morale] principle, rule of conduct / *j'ai des principes* I've got principles / *cela ne fait pas partie de mes principes* it's against my principles / *j'ai toujours eu pour principe d'agir honnêtement* I have always made it a principle to act with honesty / *vivre selon ses principes* to live in accordance with one's principles / *manquer à tous ses principes* to fail to live up to one's principles / *elle est sans principes* she has no principles **2.** [axiome] principle, law, axiom / *les principes de la philosophie* the principles of philosophy / *je pars du principe que...* I start from the principle ou I assume that... / *posons comme principe que nous avons les crédits nécessaires* let us assume that we get the necessary credits ▸ **principe de base** basic principle ▸ **le principe d'Archimède** Archimedes' principle ▸ **c'est le principe des vases communicants a)** *pr* it's the principle of communicating vessels **b)** *fig* it's a knock-on effect **3.** [notion -d'une science] principle / *enseigner les principes de la biologie* to teach the basic principles of biology **4.** [fonctionnement] principle / *ces deux appareils sont construits selon le même principe* these two appliances are built according to the same principle / *le principe de la vente par correspondance, c'est...* the (basic) principle of mail-order selling is... **5.** [fondement] principle, constituent / *votre déclaration contredit le principe même de notre Constitution* your statement goes against the very principle ou basis of our Constitution / *le fromage est riche en principes nutritifs* cheese has a high nutritional value **6.** [origine] origin / *le principe de la vie* the origin of life / *remonter au principe des choses* to go back to first principles **7.** CHIM [extrait] principle.

❖ **de principe** loc adj [accord, approbation] provisional.

❖ **en principe** loc adv [en théorie] in principle, in theory, theoretically / *en principe, je devrais pouvoir venir* all being well, I should be able to come ; [d'habitude] : *en principe, nous descendons à l'hôtel* we usually stop at a hotel.

❖ **par principe** loc adv on principle / *il refuse de l'écouter par principe* he refuses to listen to her on principle.

❖ **pour le principe** loc adv on principle / *je viendrai juste pour le principe* I'll come just on principle / *tu refuses de signer pour le principe ou pour des raisons personnelles?* are you refusing to sign for reasons of principle or for personal reasons?

printanier, ère [prɛ̃tanje,ɛr] adj **1.** [du printemps] spring / *il fait un temps printanier* the weather feels like spring, spring is in the air ▸ **une température printanière** springlike weather **2.** [gai et jeune -tenue, couleur] springlike / *vêtue de couleurs printanières* dressed in springlike colours **3.** CULIN [potage, salade] printanier *(garnished with early mixed vegetables, diced)*.

printanisation [prɛ̃tanizasjɔ̃] nf vernalization.

printemps [prɛ̃tɑ̃] nm **1.** [saison] spring ▸ **au printemps** in (the) springtime / *printemps précoce / tardif* early / late spring ▸ **le Printemps de Bourges** *annual music festival in Bourges* / **'le Printemps'** *Botticelli* 'Spring' **2.** *litt* [année] summer *litt*, year / *une jeune fille de vingt printemps* a young girl of twenty summers ou years **3.** *litt* [commencement] spring / *au printemps de la vie* in the springtime of life.

priodonte [prijɔdɔ̃t] nm giant armadillo.

prion [prijɔ̃] nm BIOL & MÉD prion.

priorat [prijɔra] nm priorate.

priori [prijɔri] ⟶ **a priori.**

prioritaire [prijɔritɛr] ◆ adj **1.** TRANSP priority *(modif)*, having priority / *ce véhicule est prioritaire lorsqu'il quitte son arrêt* this vehicle has (the) right of way when leaving a stop **2.** [usager, industrie] priority *(modif)* / *notre projet est prioritaire sur tous les autres* our project has priority over all the others / *mon souci prioritaire, c'est de trouver un logement* my main ou first problem is to find somewhere to live. ◆ nmf person with priority / *cette place est réservée aux prioritaires titulaires d'une carte* this seat is reserved for priority cardholders.

prioritairement [prijɔritɛrmɑ̃] adv as a priority, as a matter of urgency.

priorité [prijɔrite] nf **1.** [sur route] right of way ▸ **avoir la priorité** to have the right of way / *tu as la priorité* it's your right of way / **'priorité à droite'** 'give way' UK , 'yield to right' US *(in France, road law that gives right of way to vehicles coming from the right)* **2.** [en vertu d'un règlement] priority / *les handicapés ont la priorité pour monter à bord* disabled people are entitled to board first **3.** [antériorité] priority, precedence **4.** [primauté] priority ▸ **donner** ou **accorder la priorité à qqch** to prioritize sthg, to give priority to sthg / *la priorité sera donnée à la lutte contre le cancer* top priority will be given to the fight against cancer **5.** BOURSE ▸ **action de priorité** preference share UK, preferred stock US.

❖ **en priorité, par priorité** loc adv as a priority, as a matter of urgency / *nous discuterons en priorité des droits de l'homme* we'll discuss human rights as a priority.

pris, e [pri,iz] ◆ pp ⟶ **prendre.** ◆ adj **1.** [occupé -personne] busy / *une femme très prise* a very busy woman / *aide-moi, tu vois bien que j'ai les mains prises* help me, can't you see my hands are full? **2.** MÉD [gorge] sore ; [nez] blocked **3.** [crème, colle, ciment] set ; [eau, rivière] frozen **4.** [envahi] ▸ **pris de** : *pris de pitié / peur* stricken by pity / fear / *pris de panique* panic-stricken / *pris d'une violente douleur* seized with a terrible pain ▸ **pris de boisson** *sout* under the influence of alcohol.

❖ **prise** nf **1.** [point de saisie] grip, hold / *trouve une prise et dis-moi quand tu es prêt à soulever (le piano)* get a grip (on the piano) and tell me when you're ready to lift it ▸ **avoir prise sur qqn** to have a hold over sb / *je n'ai aucune prise sur mes filles* I can't control my daughters at all ▸ **donner prise à la critique a)** [personne] to lay o.s. open to attack **b)** [idée, réalisation] to be open to attack ▸ **lâcher prise** *pr & fig* to let go **2.** [absorption -d'un médicament] taking / *la prise d'insuline doit se faire aux heures prescrites* insulin must be injected at the prescribed times **3.** [dose -de tabac] pinch ; [-de cocaïne] snort **4.** [capture -de contrebande, de drogue] seizure, catch ; JEUX capture ; PÊCHE catch ; MIL ▸ **la prise de la Bastille** the storming of the Bastille ▸ **prises de guerre** spoils of war **5.** ÉLECTR ▸ **prise (de courant)** ou **électrique a)** [mâle] plug **b)** [femelle] socket ▸ **prise murale** wall socket ▸ **prise multiple** adaptor ▸ **prise Péritel®** SCART socket ▸ **prise de terre** earth UK, ground US / *l'appareil n'a pas de prise de terre* the appliance is not earthed UK ou grounded **6.** TECHNOL ▸ **prise d'air a)** [ouverture] air inlet **b)** [introduction d'air] ventilation ▸ **prise d'eau** water point ▸ **prise directe** AUTO direct drive ▸ **prise de vapeur** steam outlet **7.** [durcissement -du ciment, de la colle] setting ; [-d'un fromage] hardening / *à prise rapide* [ciment, colle] quick-setting **8.** [dans des expressions] ▸ **prise de commandement** taking command (of a regiment) ▸ **prise de conscience** realization / *ma première prise de conscience de la souffrance humaine* the first time I became aware of human suffering ▸ **prise en considération** taking into account / *nous insistons sur la prise en considération des circonstances individuelles* we stress that personal circumstances must be taken into account ▸ **prise de contact** meeting / *ce ne sont que les premières prises de contact entre nous* we're just meeting to get to know each other better ▸ **prise de contrôle** ÉCON takeover ▸ **prise de corps** *vieilli* arrest (by warrant) ▸ **prise d'habit a)** [action] taking the habit **b)** [cérémonie] profession ▸ **prise de mousse** secondary champagne fermentation ▸ **prise d'otages** hostage-taking ▸ **prise de parole** : *encore trois prises de parole avant la fin de la session* three more speeches to go before the end of the session ▸ **prise de participation** ÉCON acquisition of holdings ▸ **prise de position** opinion, stand / *à l'origine, vos prises de position étaient moins libérales* originally, your position was less liberal ou you took a less liberal stand ▸ **prise de possession a)** [d'un héritage] acquisition **b)** [d'un territoire] taking possession ▸ **prise de pouvoir a)** [légale] (political) takeover **b)** [illégale] seizure of power ▸ **prise de tête** *tfam* hassle ▸ **prise de voile** taking the veil / *à sa prise de voile* when she took the veil.

❖ **aux prises avec** loc prép fighting ou battling against, grappling with / *je l'ai laissé aux prises avec un problème de géométrie* I left him grappling ou wrestling with a geometry problem.

❖ **en prise** ◆ loc adv AUTO in gear / *mets-toi en prise* put the car in ou into gear. ◆ loc adj : *être en prise (directe) avec la réalité* *fig* to have a good hold on ou to have a firm grip on reality.

❖ **prise d'armes** nf (military) parade.

❖ **prise de bec** nf row, squabble / *des petites prises de bec* petty squabbles.

❖ **prise à partie** nf DR *civil action against a judge or magistrate.*

❖ **prise de sang** blood test.

❖ **prise de son** nf sound (recording) / *la prise de son est de Raoul Fleck* sound (engineer), Raoul Fleck.

❖ **prise de vues** nf CINÉ & TV [technique] shooting ; [image] (camera) shot / *prise de vues: Marie Vilmet* camera: Marie Vilmet.

❖ **prise en charge** nf **1.** [par la Sécurité sociale] refunding *(of medical expenses through the social security system)* **2.** [par un taxi] minimum (pick-up) charge.

prisé, e [prize] adj valued / *des qualités très prisées* highly valued qualities.

prisée [prize] ◆ nf FIN pricing. ◆ adj f ⟶ **prisé.**

priser [3] [pʀize] ◆ vt **1.** *litt* [estimer] to prize, to value highly / *je ne prise guère sa compagnie* I don't particularly relish his company **2.** [tabac] to take ; [cocaïne] to snort. ◆ vi to take snuff.

priseur, euse [pʀizœʀ,øz] nm, f [de tabac] snuff-taker.

prismatique [pʀismatik] adj prismatic.

prisme [pʀism] nm **1.** SCI prism **2.** *fig* : *tu vois toujours la réalité à travers un prisme* you always distort reality **3.** GÉOL ▸ **prismes basaltiques** (basalt) columnar structure.

prison [pʀizɔ̃] nf **1.** [lieu] prison, jail ▸ **envoyer / mettre qqn en prison** to send sb to / to put sb in jail / *sortir de prison* to get out (of jail) / *l'otage a raconté sa vie dans sa prison* the hostage told of (her) life in captivity / *pour lui, la pension a été une véritable prison* boarding school was like a prison for him ▸ **prison ouverte** open prison **2.** [peine] imprisonment ▸ **faire de la prison** to be in prison ou jail, to serve time / *elle a fait de la prison dans sa jeunesse* she was jailed in her youth / *il a été condamné à cinq ans de prison* he was sentenced to five years in jail ▸ **prison à vie** life sentence ▸ **prison ferme** imprisonment **3.** *fig* prison / *son amour était une prison* I felt caged in by his love.

prisonnier, ère [pʀizɔnje,ɛʀ] ◆ adj **1.** [séquestré] captive / *plusieurs mineurs sont encore prisonniers au fond de la mine* several miners are still trapped at the bottom of the shaft / *je ne sortais pas et restais prisonnier dans mon petit studio* I shut myself away in my little bedsit and never went out / *il gardait ma main prisonnière* he wouldn't let go of my hand **2.** *fig* ▸ **prisonnier de** : *prisonnier de ses promesses* prisoner of ou trapped by one's promises / *on est prisonnier de son éducation* we're prisoners of our upbringing. ◆ nm, f prisoner / *il a été fait prisonnier* he was taken prisoner ▸ **se constituer prisonnier** to give o.s. up, to turn o.s. in / *les prisonniers sont montés sur le toit pour protester* the inmates staged a rooftop protest ▸ **les prisonniers de droit commun et les prisonniers politiques** common criminals and political prisoners ▸ **prisonnier de guerre** prisoner of war, POW.

❖ **prisonnier** nm **1.** [tige filetée] stud (bolt) **2.** [pièce sertie] insert.

prit v ⟶ **prendre.**

privatif, ive [pʀivatif,iv] adj **1.** [privé] private / *avec jardin privatif* with a private garden **2.** [réservé à une personne] exclusive **3.** DR ▸ **peine privative de liberté** detention **4.** LING [élément, préfixe] privative.

privation [pʀivasjɔ̃] nf [perte] loss, deprivation / *pour moi, arrêter de boire n'a pas été une privation* giving up drinking was no deprivation for me ▸ **privation des droits civiques** loss ou deprivation of civil rights.

❖ **privations** nfpl [sacrifices] hardship, hardships / *les privations de la guerre* the hardships of war ▸ **à force de privations** through constant sacrifice, by constantly doing without ▸ **affaibli par les privations** weakened by deprivation.

privatique [pʀivatik] nf stand-alone system.

privatisable [pʀivatizabl] adj privatisable.

privatisation [pʀivatizasjɔ̃] nf privatization, privatizing.

privatiser [3] [pʀivatize] vt to privatize.

❖ **se privatiser** vpi to go private.

privatiste [pʀivatist] nmf private law specialist.

privative [pʀivativ] f ⟶ **privatif.**

privauté [pʀivote] nf [familiarité] ▸ **privauté de langage** crude ou coarse language / *une telle privauté de langage n'est pas de mise* there's no call for that sort of language.

❖ **privautés** nfpl [libertés déplacées] liberties ▸ **avoir** ou **se permettre des privautés avec qqn** to take liberties with sb.

privé, e [pʀive] adj **1.** [personnel] private / *ma correspondance privée* my private correspondence ▸ **ma vie privée** my private life **2.** [non public] private / *une audience privée* a private audience **3.** [officieux] unofficial / *nous avons appris sa démission de source privée* we've learned unofficially that he has resigned **4.** [non géré par l'État] private.

❖ **privé** nm **1.** INDUST private sector / *travailler dans le privé* to work for the private sector ou a private company / *elle est médecin à l'hôpital mais elle fait aussi du privé* *fam* she works as a doctor in a hospital but she also has ou takes private patients **2.** [intimité] private life / *dans le privé, c'est un homme très agréable* in private life, he's very pleasant **3.** *fam* [détective] sleuth, private detective.

❖ **en privé** loc adv in private / *pourrais-je vous parler en privé ?* could I talk to you privately ou in private ? / *intimidante en public, elle est pourtant charmante en privé* she may be intimidating in public, but in private life she's charming.

priver [3] [pʀive] vt **1.** [démunir] to deprive / *prenez mon écharpe, ça ne me prive guère* have my scarf, I won't miss ou don't need it / *ça la prive beaucoup de ne plus fumer* she misses smoking a lot ▸ **être privé de** to be deprived of, to have no / *nous avons été privés de trains pendant quatre semaines à cause de la grève* we had no trains for four weeks because of the strike / *nous sommes privés de voiture depuis une semaine* we've been without a car for a week / *privé d'eau / d'air / de sommeil* deprived of water / air / sleep / *privé de connaissance* *litt* unconscious, bereft of consciousness *litt* / *le cancer / la guerre m'a privé de mon meilleur ami* I lost my best friend to cancer / in the war, cancer / war took my best friend (away) from me **2.** [comme sanction] to deprive ▸ **priver qqn de qqch** to make sb go ou do without sthg ▸ **tu seras privé de dessert / télévision** no dessert / television for you / *il a été privé de ses droits de citoyen* he was deprived ou stripped of his civil rights.

❖ **se priver de** vp + prép **1.** [renoncer à] to deprive o.s. of, to do without / *il se prive d'alcool* he cuts out drink, he goes without drink ; *(en usage absolu)* : *elle s'est privée pour leur payer des études* she made great sacrifices to pay for their education / *il n'aime pas se priver* he hates denying himself anything ▸ **ne pas se priver** to deny o.s. nothing / *un jour de congé supplémentaire, il ne se prive pas !* another day off, he certainly looks after himself ! **2.** [se gêner pour] : *il ne s'est pas privé de se moquer de toi* he didn't hesitate to make fun of you / *je ne vais pas me priver de le lui dire !* I'll make no bones about telling him !

privilège [pʀivilɛʒ] nm **1.** [avantage] privilege / *l'éducation est un droit, non un privilège* education is a right, not a privilege ▸ **le privilège de l'âge** the prerogative of old age / *j'ai eu le privilège de la voir sur scène* I was privileged (enough) to see her perform / *j'ai le triste privilège de vous annoncer...* it is my sad duty to inform you... / *j'ai eu le triste privilège de connaître cet individu* it was once my misfortune to be acquainted with this individual **2.** [exclusivité] : *l'homme a le privilège de la parole* man is unique in being endowed with the power of speech **3.** [faveur] privilege, favour ▸ **accorder des privilèges à qqn** to grant sb favours **4.** HIST ▸ **les privilèges** privileges **5.** FIN & DR ▸ **privilège de créancier** creditor's preferential claim ▸ **privilège général / spécial** general / particular lien **6.** BANQUE ▸ **privilège d'émission** right to issue (banknotes).

privilégié, e [pʀivileʒje] ◆ adj **1.** [avantagé] privileged / *l'île jouit d'un climat privilégié* the island enjoys an excellent climate / *appartenir aux classes privilégiées* to belong to the privileged classes / *la minorité privilégiée* the privileged few **2.** [choisi - client, partenaire] favoured UK, favored US **3.** FIN ⟶ **action 4.** DR ▸ **créancier privilégié** preferential creditor. ◆ nm, f privileged person / *quelques privilégiés ont assisté à la représentation* a privileged few attended the performance.

privilégier [9] [pʀivileʒje] vt **1.** [préférer] to privilege / *nous avons privilégié cette méthode pour l'enseignement de la langue* we've singled out this method for language teaching / *je ne veux pas privilégier telle lecture de « Tartuffe » plutôt que telle autre* I don't wish to favour this particular interpretation of "Tartuffe" over any other **2.** [avantager] to favour UK, to favor US / *les basketteurs adverses sont privilégiés par leur haute taille* the basketball players in the opposing team are helped by the fact that they're taller / *cette augmentation privilégie les hauts salaires* this increase works in favour of high salaries.

prix [pʀi] nm **1.** [tarif fixe] price, cost / **'prix écrasés / sacrifiés !'** 'prices slashed !' / *prix et conditions de transport d'un produit* freight rates and conditions for a product / *le prix de l'essence à la pompe* the cost of petrol UK ou gas US to the motorist / *six yaourts pour le prix de quatre* six yoghurts for the price of four / *ça coûte un prix fou* it costs a fortune ou the earth / *mes bottes, dis un prix pour voir !* how much do you think my boots cost ? / *le prix du voyage comprend le repas de midi* the cost of the trip includes lunch / *laissez-moi au moins régler le prix des places* let me at least pay for the tickets / *à bas* ou *sout vil prix* very cheaply / *j'ai acheté le lot à vil prix* I bought the lot for practically nothing / *à ce prix-là* at that price / *à ce prix-là, ce serait bête de se le refuser* at that price, it would be silly not to buy it ▸ **dans mes prix** within my (price) range / *c'est tout à fait dans mes prix* it's well within what I can afford ou within my price range / *ce n'est déjà plus tout à fait dans ses prix* that's already a little more than he wanted to spend ▸ **le prix fort a)** [maximal] top ou maximum price **b)** [excessif] high price / *j'ai payé le prix fort pour ma promotion* I was promoted but I paid a high price for it ou it cost me dear ▸ **un bon prix** : *je l'ai acheté un bon prix* I bought it for a very reasonable price / *je l'ai vendu un bon prix* I got a good price for it ▸ **prix imposé / libre** fixed / deregulated price ▸ **prix d'achat** purchase price ▸ **prix d'appel** loss leader ▸ **prix courant** going ou market price ▸ **prix comptant** cash price ▸ **prix conseillé** recommended retail price ▸ **prix coûtant** ou **de revient** cost price ▸ **à prix coûtant** at cost price ▸ **prix de détail** retail price ▸ **prix de gros** wholesale price ▸ **prix hors taxes** price before tax ou duties ▸ **prix d'intervention** [dans l'Union européenne] intervention price ▸ **prix au kilo** price per kilo ▸ **prix de lancement** introductory price ▸ **prix marqué** marked price ▸ **prix net** net price ▸ **prix promotionnel** promotional price ▸ **prix public** retail price ▸ **prix de revient** cost price ▸ **prix à l'unité** unit price ▸ **prix usine** factory price ▸ **prix de vente** selling price ▸ **à ce prix** : *il fallait céder tous ses droits d'auteur, et à ce prix j'ai refusé* giving up the copyright was too high a price to pay, so I refused (to do it) ▸ **oui, mais à quel prix !** *fig* yes, but at what cost ! ▸ **à prix d'or** : *on achète aujourd'hui ses esquisses à prix d'or* his sketches are now worth their weight in gold ou now cost the earth / *je l'ai acheté à prix d'or* I paid a small fortune for it ▸ **au prix où sont les choses** ou **où est le beurre** *fam* seeing how expensive everything is ▸ **y mettre le prix** : *j'ai fini par trouver le cuir que je voulais mais j'ai dû y mettre le prix* I finally found the type of leather I was looking for, but I had to pay top price for it / *elle a été reçue à son examen, mais il a fallu qu'elle y mette le prix* *fig* she passed her exam, but she really had to work hard for it **2.** [étiquette] price (tag) ou label / *il n'y avait pas de prix dessus* it wasn't priced, there was no price tag on it **3.** [barème convenu] price / *votre prix sera le mien* name your price ▸ **faire un prix (d'ami) à qqn** to do a special deal for sb / *c'était la fin du marché, elle m'a fait un prix pour les deux cageots* the market was nearly over, so she let me have both boxes cheap ▸ **mettre qqch à prix** [aux enchères] to set a reserve UK ou an upset US price on sthg / *les deux chandeliers mis à prix* the two chandeliers with a reserve UK ou an upset US price / *sa tête a été mise à prix* *fig* there's a price on his head ou a reward for his capture **4.** [valeur] price, value / *le prix de la vie / liberté* the price of life / freedom / *j'ai pris conscience du prix de mon indépendance* I realized how valuable my independence was to me ▸ **donner du prix à qqch** to make sthg worthwhile / *il donne* ou *attache plus de prix à sa famille depuis sa maladie* his family is more important to him since his illness / *on attache plus de prix à la vie quand on a failli la perdre* life is more precious to you when you have nearly lost it / *ça n'a pas de prix* you can't put a price on it / *le sourire d'un enfant, ça n'a pas de prix* a child's smile is the most precious thing in the world **5.** [dans un concours commercial, un jeu] prize ; [dans un concours artistique, un festival] prize, award / *premier / deuxième prix* first / second prize ▸ **prix littéraire** literary prize / *elle a eu le prix de la meilleure interprétation* she got the award for best actress ▸ **le Grand Prix (automobile)** SPORT the Grand Prix ▸ **le film qui a gagné le grand prix d'Avoriaz** the film which won the Grand Prix at the Avoriaz festival ▸ **le prix de l'Arc-de-Triomphe** *annual horserace at Longchamp* ▸ **le prix d'Amérique** *annual trotting race at Vincennes* ▸ **le prix de Diane** *annual horserace at Chantilly* ▸ **le prix Femina** *annual literary prize whose winner is chosen by a jury of women* ▸ **le prix Goncourt** *the most prestigious French annual literary prize* ▸ **le prix Louis-Delluc** the Louis Delluc film UK ou movie US award *(annual prize for a French film)* ▸ **le prix Nobel** the Nobel prize ▸ **le prix de Novembre** *annual literary prize* ▸ **le prix Pulitzer** the Pulitzer prize ▸ **le prix Renaudot** *annual literary prize* ▸ **le prix Veuve-Clicquot** *businesswoman of the year award* **6.** [œuvre primée - livre] award-winning book ou title ; [- disque] award-winning record ; [- film] award-winning film UK ou movie US **7.** [lauréat] prizewinner / *il a été Prix de Rome* he won the Prix de Rome / *Cannes rend hommage à ses Prix d'interprétation féminine* Cannes salutes its award-winning actresses / *nous recevons aujourd'hui le Prix Nobel de la paix* we welcome today the Nobel Peace prizewinner ▸ **prix de vertu** paragon of virtue / *je n'ai jamais été un prix de vertu* I was never a paragon of virtue **8.** ÉDUC [distinction] : *jour de la distribution des prix* prize ou prizegiving day ▸ **prix de consolation** consolation prize ▸ **prix d'excellence** first prize ▸ **prix d'honneur** second prize.

❖ **à aucun prix** loc adv not at any price, not for all the world, on no account / *je ne quitterais le pays à aucun prix!* nothing would induce me to leave the country ! / *il ne se séparera de son chien à aucun prix* nothing would ever make him part with his dog.

❖ **à n'importe quel prix** loc adv at any price, no matter what (the cost) / *il veut se faire un nom à n'importe quel prix* he'll stop at nothing to make a name for himself.

❖ **à tout prix** loc adv **1.** [obligatoirement] at all costs / *tu dois à tout prix être rentré à minuit* you must be back by midnight at all costs **2.** [coûte que coûte] at any cost, no matter what (the cost) / *nous voulons un enfant à tout prix* we want a child no matter what (the cost).

❖ **au prix de** loc prép at the cost of / *ma mère m'a élevé au prix de grands sacrifices* my mother made great sacrifices to bring me up / *je ne veux pas du succès au prix de ma santé / notre amitié* I don't want success at the cost ou expense of my health / our friendship / *collaborer avec eux au prix d'une trahison, jamais!* if collaborating with them means becoming a traitor, never ! / *qu'est-ce qu'un peu de temps perdu, au prix de ta santé?* what's a little wasted time when your health is at stake ?

❖ **de prix** loc adj [bijou, objet] valuable.

❖ **pour prix de** loc prép in return for / *pour prix de sa patience* as a reward for ou in return for her patience.

❖ **sans prix** loc adj invaluable, priceless / *sa flûte du dix-huitième siècle est sans prix* his eighteenth-century flute is priceless / *l'estime de mes amis est sans prix* I value the esteem of my friends above all else.

pro [pʀo] (abr de **professionnel**) *fam* ◆ adj **1.** [émission, film] professional **2.** SPORT professional / *il est joueur pro maintenant* he's now a pro. ◆ nmf pro / *c'est une vraie pro* she's a real pro ▸ **passer pro** to turn pro / *ils ont fait un vrai travail de pro* they did a really professional job.

proactif, ive [pʀɔaktif, iv] adj proactive.

probabilisme [pʀɔbabilism] nm probabilism.

probabiliste [pʀɔbabilist] ◆ adj probabilist, probabilistic. ◆ nmf probabilist.

probabilité [pʀɔbabilite] nf **1.** [vraisemblance] probability, likelihood ▸ **selon toute probabilité** in all probability ou likelihood **2.** [supposition] probability / *je ne dis pas qu'il l'a volé, c'est une probabilité* I'm not saying he stole it, but it's probable / *la probabilité qu'il gagne est plutôt faible* there's little chance of him winning **3.** MATH & PHYS probability.

probable [pʀɔbabl] adj **1.** [vraisemblable] likely, probable / *il est peu probable qu'elle soit sa sœur* it's not very likely that she's his sister / *il est peu probable qu'il réussisse* there is little chance of his succeeding **2.** [possible] probable / *est-il à Paris? — c'est probable* is he in Paris ? — quite probably (he is) / *je parie qu'elle va refuser — probable! fam* I bet she'll say no — more than likely !

probablement [pʀɔbabləmɑ̃] adv probably / *tu as probablement raison* you're probably right / *tu viendras demain? — très probablement* will you come tomorrow ? — very probably ou quite likely / *probablement qu'il acceptera fam* he's likely to accept, he'll probably say yes.

probant, e [pʀɔbɑ̃, ɑ̃t] adj **1.** [convaincant - argument, fait, expérience] convincing **2.** DR [pièce] probative.

probation [pʀɔbasjɔ̃] nf DR & RELIG probation / *être en probation* to be on probation.

probationnaire [pʀɔbasjɔnɛʀ] nmf probationer.

probatoire [pʀɔbatwaʀ] adj probationary ▸ **examen probatoire** probationary examination ▸ **période probatoire** trial period.

probe [pʀɔb] adj *litt* upright, endowed with integrity.

probiotique [pʀɔbjotik] ◆ adj BIOL probiotic. ◆ nm probiotic.

probité [pʀɔbite] nf probity, integrity, uprightness.

problématique [pʀɔblematik] ◆ adj problematic, problematical. ◆ nf set of problems ou issues.

problématiquement [pʀɔblematikmɑ̃] adv problematically.

problème [pʀɔblɛm] nm **1.** MATH problem / *problème de géométrie* geometry problem / *résoudre un problème d'algèbre* to solve an algebraic problem ▸ **problèmes de robinet** *mathematical problems for schoolchildren, typically about the volume of water in a container* **2.** [difficulté] problem, difficulty / *ne t'inquiète pas, tu n'auras aucun problème* don't worry, you'll be all right / *pas de problème, viens quand tu veux* no problem, you can come whenever you want / *nous avons un gros problème* we have a major problem, we're in big trouble here ▸ **un problème personnel** a personal matter / *il a toujours eu des problèmes d'argent* he always had money troubles ou problems / *dis donc, c'est ton problème, pas le mien fam* listen, it's your problem, not mine ▸ **avoir des problèmes psychologiques** to be psychologically disturbed **3.** [question] problem, issue, question / *soulever un problème* to raise a question ou an issue / *la clé du problème* the key to the problem ▸ **faux problème** red herring *fig* / *nous discutons d'un faux problème* we're going around in circles **4.** JEUX problem.

❖ **à problèmes** loc adj problem *(modif)* / *ma cousine, c'est une femme à problèmes fam* my cousin's always got problems.

procédé [pʀɔsede] nm **1.** *sout* [comportement] conduct, behaviour UK, behavior US / *vos procédés sont indignes* your behaviour is shameful / *je n'ai pas du tout apprécié son procédé* I wasn't very impressed with what he did **2.** [technique] process / *mettre un procédé au point* to perfect a process ▸ **procédé de fabrication** manufacturing process **3.** *péj* [artifice] : *toute la pièce sent le procédé* the whole play seems contrived **4.** JEUX [billard] tip.

procéder [18] [pʀɔsede] vi **1.** [progresser] to proceed / *procéder méthodiquement / par tâtonnements* to proceed methodically / by trial and error ▸ **procéder par ordre** to take things in order / *procédons par ordre* let's do one thing at a time **2.** [se conduire] to behave / *j'apprécie sa manière de procéder avec nous* I like the way he deals with us.

❖ **procéder à** v + prép **1.** [effectuer] to conduct / *procéder à une étude* to conduct a study / *procéder à un examen approfondi de la situation* to examine the situation thoroughly / *procéder à l'élection du bureau national du parti* to elect the national executive of the party **2.** DR : *procéder à l'arrestation d'un criminel* to arrest a criminal / *procéder à l'ouverture d'un testament* to open a will.

❖ **procéder de** v + prép **1.** *litt* [provenir de] to proceed from, to originate in / *tous ses problèmes procèdent d'une mauvaise administration* all his problems spring ou derive from poor management **2.** RELIG to proceed from.

In reformed spelling (see p. 16-19), this verb is conjugated like **semer** : ***il procèdera, elle procèderait.***

procédural, e [pʀɔsedyʀal] adj procedural.

procédure [pʀɔsedyʀ] nf **1.** [démarche] procedure, way to proceed / *nous suivrons la procédure habituelle* we'll follow the usual procedure / *voici la procédure à suivre* this is the way to proceed ▸ **procédure d'évaluation** appraisal procedure ▸ **procédure de recrutement** recruitment procedure **2.** DR [ensemble des règles] procedure, practice ▸ **Code de procédure civile / pénale** civil law / criminal law procedure ; [action] proceedings ▸ **entamer une procédure contre qqn** to start proceedings against sb ▸ **procédure de divorce** divorce proceedings **3.** INFORM subroutine, procedure **4.** SCI ▸ **procédure scientifique** scientific procedure.

procédurier, ère [pʀɔsedyʀje, ɛʀ] ◆ adj **1.** *péj* [personne] pettifogging, quibbling ▸ **être procédurier** to be a pettifogger ou a nitpicker **2.** [action, démarche] litigious ▸ **formalités procédurières** procedural formalities, red tape. ◆ nm, f pettifogger, quibbler.

procès [pʀɔsɛ] nm **1.** DR [pénal] trial ; [civil] lawsuit, legal proceedings ▸ **faire** ou **intenter un procès à qqn** to institute legal proceedings against sb ▸ **entreprendre** ou **engager un procès contre qqn** to take sb to court / *instruire un procès* to prepare a lawsuit ▸ **être en procès avec qqn** to be involved in a lawsuit with sb / *il a gagné / perdu son procès contre nous* he won / lost his case against us / *un procès pour meurtre* a murder trial ▸ **procès en diffamation** libel suit ▸ **sans autre forme de procès** without further ado / **'le Procès'** *Kafka* 'The Trial' **2.** [critique] ▸ **faire le procès de qqn / qqch** to put sb / sthg on trial ▸ **procès d'intention** : *vous me faites un procès d'intention* you're assuming too much about my intentions / *pas de procès d'intention, s'il vous plaît!* don't put words in my mouth, please ! ▸ **faire un mauvais procès à qqn** to make groundless accusations against sb / *tu lui fais un mauvais procès* you're being unfair to him **3.** ANAT process ▸ **procès ciliaire** ciliary process **4.** LING process.

processeur [pʀɔsesœʀ] nm INFORM **1.** [organe] (hardware) processor ; [unité centrale] central processing unit **2.** [ensemble de programmes] (language) processor ▸ **processeur à double cœur** dual-core processor ▸ **processeur entrée / sortie** input / output processor, I/O processor ▸ **processeur frontal / graphique / maître / matriciel** front-end / display / master / array processor ▸ **processeur RISC** RISC processor.

processif, ive [pʀɔsesif, iv] adj *litt* litigious.

procession [pʀɔsesjɔ̃] nf **1.** RELIG procession ▸ **procession rituelle** religious procession **2.** [cortège] procession / *une procession de voitures* a motorcade / *les manifestants s'avançaient en procession vers la place* the demonstrators were marching towards the square in procession.

processionnaire [pʀɔsesjɔnɛʀ] ◆ adj ENTOM processionary. ◆ nf processionary caterpillar.

processionnel, elle [pʀɔsesjɔnɛl] adj processional.

processive [pʀɔsesiv] f ⟶ **processif.**

processus [pʀɔsesys] nm **1.** process / *le processus d'acquisition de la lecture* learning how to read / *processus de fabrication* manufacturing process ▸ **processus industriel** industrial processing **2.** PSYCHOL ▸ **processus primaire / secondaire** primary / secondary process **3.** ANAT process.

procès-verbal, aux [pʀɔsɛvɛʀbal, o] nm **1.** DR [acte - d'un magistrat] (official) report, record ; [- d'un agent de police] (police) report **2.** [pour une contravention] parking ticket **3.** [résumé] minutes, proceedings / *le procès-verbal de la dernière réunion* the minutes of the last meeting.

prochain, e [pʀɔʃɛ̃, ɛn] adj **1.** [dans le temps] next / *je te verrai la semaine prochaine* I'll see you next week ▸ **à samedi prochain!** see you next Saturday! / *le mois prochain* next month, this coming month / *ça sera pour une prochaine fois* we'll do it some other time / *la prochaine fois, fais attention* next time, be careful **2.** [dans l'espace] next / *je descends au prochain arrêt* I'm getting off at the next stop / *tourne à gauche au prochain carrefour* turn left at the next crossroads **3.** [imminent] imminent, near / *on se reverra dans un avenir prochain* we will see each other again in the near future / *leur prochain départ* their imminent departure **4.** *sout* [immédiat - cause, pouvoir] immediate.

❖ **prochain** nm ▸ **son prochain** one's fellow man / *aime ton prochain comme toi-même* love your neighbour as yourself.

❖ **prochaine** nf *fam* **1.** [arrêt] next stop / *je descends à la prochaine* I'm getting off at the next stop **2.** EXPR **à la prochaine!** see you (soon)!, be seeing you!, so long! US

Voir encadré à l'article dernier.

prochainement [pʀɔʃɛnmɑ̃] adv shortly, soon / *il revient prochainement* he'll be back soon / **'prochainement sur vos écrans'** 'coming soon'.

proche [pʀɔʃ] ◆ adj **1.** [avoisinant] nearby / *elle entra dans une église proche* she went into a nearby church / *le bureau est tout proche* the office is close at hand ou very near / *le village le plus proche est Pigny* Pigny's the nearest village **2.** [dans l'avenir] near, imminent ; [dans le passé] in the recent past ▸ **dans un avenir proche** in the near future / *le dénouement est proche* the end is in sight / *Noël est proche* we're getting close to Christmas / *lampions et drapeaux dans les rues, la fête est proche* there are lanterns and bunting in the streets, the celebrations are about to begin / *la fin du monde est proche* the end of the world is nigh / *la dernière guerre est encore proche de nous* the last war belongs to the not too distant past **3.** [cousin, parent] close / *adresse de votre plus proche parent* address of your next of kin **4.** [intime] close / *nous sommes plus proches depuis ce deuil* we've grown closer since we were bereaved / *l'un des proches conseillers du président* one of the president's trusted ou close advisors **5.** [semblable] similar / *nos goûts sont très proches* we have very similar tastes. ◆ nm close relative ou relation / *la mort d'un proche* the death of a loved-one / *perdre un proche* to lose a close relative ▸ **ses proches** his friends and relatives.

❖ **de proche en proche** loc adv [petit à petit] gradually, step by step / *l'infection gagne de proche en proche* the infection is spreading gradually / *de proche en proche, j'ai fini par reconstituer les événements* step by step, I finally reconstructed the events.

❖ **proche de** loc prép **1.** [dans l'espace] near (to), close to, not far from / *la villa est proche de la mer* the villa is close to ou near the sea / *plus proche de chez lui* closer to his home **2.** [dans le temps] close / *la guerre est encore proche de nous* the war is still close to us **3.** [en contact avec] close to / *il est resté proche de son père* he remained close to his father / *elle est très proche de ses élèves / malades* she's close to her pupils / patients / *être proche de la nature* to be close to ou in touch with nature / *d'après des sources proches de la Maison-Blanche* according to sources close to the White House **4.** [semblable à - langage, espèce animale] closely related to ; [- style, solution] similar to / *la haine est proche de l'amour* hatred is akin to love / *portrait proche de la réalité* accurate ou lifelike portrait / *une obsession proche de la névrose* an obsession verging on the neurotic / *ils sont proches de nous par la religion et la culture* religiously and culturally they have a lot in common with us **5.** [sans différence de rang, d'âge avec] close to / *les candidats sont proches les uns des autres* there's little to choose between the candidates / *mes frères et moi sommes proches les uns des autres* my brothers and I are close together (in age).

Proche-Orient [pʀɔʃɔʀjɑ̃] npr m ▸ **le Proche-Orient** the Near East.

proche-oriental, e, aux [pʀɔʃɔʀjɑ̃tal, o] adj Near Eastern.

proclamation [pʀɔklamasjɔ̃] nf **1.** [annonce] (official) announcement ou statement / *proclamation du résultat des élections à 20 h* the results of the election will be announced at 8 p.m **2.** [texte] proclamation / *la proclamation sera affichée dans toutes les mairies* the proclamation will be displayed in every town hall.

proclamer [3] [pʀɔklame] vt **1.** [déclarer - innocence, vérité] to proclaim, to declare ▸ **proclamer que** to declare that / *nous proclamons que la paix sera bientôt là* we declare that we will soon be at peace **2.** [annoncer publiquement] to publicly announce ou state, to proclaim / *proclamer la république* to proclaim the republic / *proclamer le résultat des élections* to announce the outcome of the election ▸ **proclamer qqn empereur** to proclaim sb emperor.

proclitique [pʀɔklitik] adj & nm proclitic.

proconsul [pʀɔkɔ̃syl] nm proconsul.

procrastination [pʀɔkʀastinasjɔ̃] nf procrastination.

procréateur, trice [pʀɔkʀeatœʀ, tʀis] *litt* ◆ adj procreant, procreative. ◆ nm, f procreator.

procréation [pʀɔkʀeasjɔ̃] nf procreation ▸ **procréation artificielle** artificial reproduction.

procréer [15] [pʀɔkʀee] vt *litt* to procreate.

proctalgie [pʀɔktalʒi] nf proctalgia.

proctologie [pʀɔktɔlɔʒi] nf proctology.

proctologue [pʀɔktɔlɔg] nmf proctologist.

procuration [pʀɔkyʀasjɔ̃] nf **1.** DR [pouvoir - gén] power ou letter of attorney ; [- pour une élection] proxy (form) ▸ **donner procuration à qqn** to authorize ou to empower sb **2.** BANQUE mandate / *il a une procuration sur mon compte* he has a mandate to operate my account.

❖ **par procuration** loc adv **1.** [voter] by proxy **2.** *fig* vicariously / *vivre / voyager par procuration* to live / to travel vicariously.

procure [pʀɔkyʀ] nf procuracy.

procurer [3] [pʀɔkyʀe] vt **1.** [fournir] to provide ▸ **procurer de l'argent à qqn** to provide sb with money, to obtain money for sb / *je lui ai procuré un emploi* I found her a job / *les places qu'il m'a procurées étaient excellentes* the seats he found ou obtained for me were superb **2.** [occasionner] to bring / *la lecture me procure beaucoup de plaisir* reading brings me great pleasure, I get a lot of pleasure out of reading / *les joies procurées par les sens* pleasures afforded by the senses.

❖ **se procurer** vpt to get, to obtain / *essaye de te procurer son dernier livre* try to get his latest book / *il faut que je me procure un visa* I must obtain a visa.

procureur, e [pʀɔkyʀœʀ] nm, f **1.** DR prosecutor ▸ **procureur général** *public prosecutor at the "parquet"* ; ≃ Director of Public Prosecutions UK ; ≃ district attorney US ▸ **procureur de la République** *public prosecutor at a "tribunal de grande instance"* ; ≃ Attorney General **2.** HIST [syndic] procurer.

❖ **procureur** nm RELIG procurator *arch.*

prodigalité [pʀɔdigalite] nf **1.** [générosité] prodigality *sout*, profligacy *sout*, extravagance **2.** [dépenses] prodigality *sout*, extravagance / *connu pour ses prodigalités* well-known for his extravagance ou for his extravagant spending habits **3.** *litt* [surabondance] (lavish) abundance, prodigality *sout*.

prodige [pʀɔdiʒ] ◆ nm **1.** [miracle] marvel, wonder ▸ **faire des prodiges** to work wonders, to achieve miracles / *ton médicament a fait des prodiges* your medicine worked wonders ▸ **tenir du prodige** to be nothing short of miraculous ou a miracle / *cela tient du prodige que personne ne soit mort* it's nothing short of a miracle that nobody was killed ▸ **un prodige de** a wonder of / *cet appareil est un prodige de la technique* this machine is a wonder of modern technology / *il nous a fallu déployer des prodiges d'ingéniosité pour tout ranger* we had to use boundless ingenuity to find space for everything **2.** [personne] prodigy / *à 10 ans, on la considérait comme un prodige en mathématiques* at 10 years of age she was considered a mathematical genius. ◆ adj ▸ **musicien prodige** musical prodigy.

prodigieusement [pʀɔdiʒjøzmɑ̃] adv **1.** [beaucoup] enormously, tremendously / *je me suis prodigieusement amusé* I enjoyed myself tremendously / *il m'agace prodigieusement* he really gets on my nerves **2.** [magnifiquement] fantastically, magnificently / *elle dessine prodigieusement bien* she draws fantastically well.

prodigieux, euse [pʀɔdiʒjø, øz] adj **1.** [extrême] huge, tremendous / *sa chanson a eu un succès prodigieux* her song was hugely successful / *être d'une bêtise prodigieuse* to be prodigiously stupid / *être d'une force prodigieuse* to be tremendously strong / *une quantité prodigieuse* a huge amount **2.** [peu commun] prodigious, astounding, amazing / *une connaissance prodigieuse du jazz* an astounding knowledge of jazz **3.** *litt* [miraculeux] prodigious, miraculous ▸ **guérison prodigieuse** miracle cure.

prodigue [pʀɔdig] ◆ adj **1.** [dépensier] extravagant, profligate *sout* **2.** *fig* ▸ **prodigue de** generous ou overgenerous with / *elle n'est guère prodigue de détails* she doesn't go in much for detail / *prodigue de compliments* lavish with compliments / *tu es toujours prodigue de bons conseils* you're always full of good advice. ◆ nmf spender, spendthrift.

prodiguer [3] [pʀɔdige] vt [faire don de] to be lavish with / *la nature nous prodigue ses bienfaits* nature is profuse ou lavish in its bounty / *elle a prodigué des soins incessants à son fils* she lavished endless care on her son / *j'ai prodigué tous mes efforts pour te voir réussir* I did all I could to see you succeed / *prodiguant des sourires à tous* smiling bountifully on everybody.

❖ **se prodiguer** vpi *litt* ▸ **il se prodigue sans compter** he gives generously of himself.

pro domo [pʀodomo] loc adj inv : *faire un plaidoyer pro domo* to defend o.s. ou one's own cause.

prodrome [pʀɔdʀom] nm **1.** MÉD prodrome *spéc*, warning symptom **2.** *litt* [signe] forerunner, early sign.

prodromique [pʀɔdʀɔmik] adj prodromal.

producteur, trice [pʀɔdyktœʀ, tʀis] ◆ adj producing / *les pays producteurs de pétrole* oil-producing countries / *zone productrice de betteraves* beetroot-producing ou beetroot-growing area. ◆ nm, f CINÉ, RADIO, THÉÂTRE & TV [personne] producer ; [société] production company.

❖ **producteur** nm AGR & ÉCON producer / *directement du producteur au consommateur* directly from the producer to the consumer / *les producteurs sont mécontents* AGR the farmers are up in arms / *les producteurs de melons* melon growers ou producers.

productibilité [pʀɔdyktibilite] nf maximum energy yield *(from a hydroelectric power station).*

productible [pʀɔdyktibl] adj [marchandise] producible.

productif, ive [pʀɔdyktif, iv] adj **1.** [travailleur] productive ; [auteur] prolific / *de manière productive* productively / *c'est l'un de nos auteurs les plus productifs* he is one of our most prolific ou productive authors **2.** FIN ▸ **capital productif** interest-bearing ou interest-yielding capital **3.** AGR & MIN productive / *le sol est peu productif* the yield from the soil is poor.

production [pʀɔdyksjɔ̃] nf **1.** [activité économique] ▸ **la production** production / *la production ne suit plus la consommation* supply is failing to keep up with demand / *à ce stade de la production, nous perdons de l'argent* at this stage of production, we're losing money **2.** INDUST [rendement] output ; AGR yield ▸ **la production a augmenté / diminué a)** INDUST output has risen / dropped **b)** AGR the yield is higher / lower / *l'usine a une production de 10 000 voitures par an* the factory turns out ou produces 10,000 cars a year **3.** AGR [produits] produce *(U)*, production *(U)* ; INDUST products, production / *les productions maraîchères de la région* the market garden UK ou truck garden US produce of the area / *le pays veut écouler sa production de maïs* the country wants to sell off its maize crop ou the maize it has produced **4.** [fabrication] production, manufacturing ▸ **production textile** textile manufacturing **5.** [d'une œuvre d'art] production, creation ▸ **une importante pro-**

duction littéraire a large literary output ; CINÉ, THÉÂTRE & TV production ▸ **assurer la production de** to produce ▸ **assistant / directeur de production** production assistant / manager **6.** [œuvres] : *la production contemporaine* contemporary works / *la production dramatique / romanesque du XVIIIe siècle* 18th-century plays / novels / *les productions de l'esprit* intellectual work ; CINÉ production, film UK, movie US ; RADIO production, programme ; THÉÂTRE production, play **7.** [présentation] presentation / *sur production d'un acte de naissance* on presentation of a birth certificate **8.** [fait d'occasionner] production, producing, making / *la production d'un son* making a sound **9.** TECHNOL ▸ **production combinée** heat and power (generation).

productique [prɔdyktik] nf computer-aided ou computer-integrated manufacturing.

productive [prɔdyktiv] f ⟶ **productif.**

productivisme [prɔdyktivism] nm ÉCON productivism.

productiviste [prɔdyktivist] adj productivist.

productivité [prɔdyktivite] nf **1.** [fertilité - d'un sol, d'une région] productivity, productiveness **2.** [rentabilité] productivity ▸ **productivité de l'impôt** FIN (net) tax revenue **3.** ÉCOL productivity, production.

produire [98] [prɔdɥir] vt **1.** [fabriquer - bien de consommation] to produce, to manufacture ; [- énergie, électricité] to produce, to generate ; AGR [faire pousser] to produce, to grow **2.** [fournir - suj: usine] to produce ; [- suj: sol] to produce, to yield ; *(en usage absolu)* : *tes arbres ne produiront jamais* your trees will never bear fruit ; FIN [bénéfice] to yield, to return **3.** [causer - bruit, vapeur] to produce, to make, to cause ; [- douleur, démangeaison] to produce, to cause ; [- changement] to effect, to bring about *(sép)* ; [- résultat] to produce / *la lumière produit une illusion spectaculaire* the light creates a spectacular illusion / *l'effet produit par son discours a été catastrophique* the effect of her speech was disastrous **4.** [créer - suj: artiste] to produce / *il a produit quelques bons romans* he has written ou produced a few good novels ; *(en usage absolu)* ▸ **il produit beaucoup a)** [écrivain] he writes a lot **b)** [musicien] he writes ou composes a lot **c)** [cinéaste] he makes a lot of films **5.** CINÉ, RADIO, THÉÂTRE & TV to produce, to be the producer of **6.** [engendrer] to produce / *combien le XIXe siècle / Mexique a-t-il produit de romancières?* how many women novelists did 19th century produce / has Mexico produced? **7.** [présenter - passeport] to produce, to show ; [- preuve] to adduce *sout*, to produce ; [- témoin] to produce.

❖ **se produire** vpi **1.** [événement] to happen, to occur / *ça peut encore se produire* it may happen again / *il s'est produit un très grave accident près d'ici* there was a very serious accident near here / *une transformation majeure s'est produite* a major change has taken place **2.** [personne] to appear, to give a performance / *se produire sur scène* to appear on stage / *se produire en public* to give a public performance.

produit [prɔdɥi] nm **1.** INDUST product ; AGR produce ▸ **produit brut / fini** raw / finished product ▸ **produits de grande consommation** ou **de consommation courante** consumer goods, consumable goods, consumables ▸ **produits alimentaires** food, foodstuffs ▸ **produit de beauté** beauty product ▸ **les produits de beauté** cosmetics, beauty products ▸ **produits chimiques** chemicals ▸ **garanti sans produits chimiques** guaranteed no (chemical) additives ▸ **produit colorant** colouring agent ▸ **produit dérivé** by-product ▸ **produit dopant** performance-enhancing drug ▸ **produit d'entretien** (household) cleaning product ▸ **produits exotiques** exotic goods ▸ **produit générique** own-brand product ▸ **produits de luxe** luxury goods ou articles ▸ **produit manufacturé** manufactured product ▸ **produits manufacturés** manufactured goods ▸ **produits naturels** natural produce ▸ **produits pharmaceutiques** drugs, pharmaceuticals, pharmaceutical products ▸ **produit de substitution** substitute ▸ **produit de synthèse** synthetic product / *produit à vaisselle* washing-up liquid **2.** [résultat] product, outcome / *le produit d'une matinée de travail* the result ou product of a morning's work / *c'est un pur produit de ton imagination* it's a complete figment of your imagination **3.** [bénéfice] profit / *le produit de la vente* the profit made on the sale / *il vit du produit de ses terres* he lives off his land / *vivre du produit de son travail* to work for a living ▸ **produit de l'impôt** tax revenue **4.** FIN ▸ **produits financiers** financial services **5.** ÉCON ▸ **le produit industriel** industrial earnings ▸ **produit intérieur brut** gross domestic product ▸ **produit intérieur net** net domestic product ▸ **produit national brut** gross national product **6.** CHIM & MATH product ▸ **produit cartésien** Cartesian product ▸ **produit vectoriel** vector product **7.** ZOOL offspring **8.** PÉTR ▸ **produits blancs / noirs** white / black products.

proéminence [prɔeminɑ̃s] nf **1.** *litt* [caractère] prominence, conspicuousness **2.** [saillie] protuberance / *la montagne présente une proéminence à gauche du pic* the mountain juts out ou protrudes left of the peak.

proéminent, e [prɔeminɑ̃, ɑ̃t] adj prominent.

prof [prɔf] nmf *fam* **1.** ÉDUC teacher / *ma prof de maths* my maths teacher **2.** UNIV [sans chaire] lecturer UK, instructor US ; [titulaire de chaire] prof / *elle est prof de fac* she's a lecturer **3.** [hors d'un établissement scolaire] teacher, tutor / *ma prof de piano* my piano teacher.

profanateur, trice [prɔfanatœr, tris] *litt* ◆ adj blasphemous, sacrilegious. ◆ nm, f profaner.

profanation [prɔfanasjɔ̃] nf **1.** [sacrilège] blasphemy, sacrilege, profanation ▸ **profanation de sépultures** desecration of graves **2.** *sout* [avilissement] defilement, debasement / *une profanation de la justice* a travesty of justice.

profane [prɔfan] ◆ adj **1.** [ignorant] uninitiated / *je suis profane en la matière* I know nothing about the subject **2.** [non religieux] non-religious, secular, profane *litt.* ◆ nmf **1.** [ignorant] lay person, layman (laywoman) / *pour le profane* to the layman ou uninitiated **2.** [non religieux] lay person, non-initiate. ◆ nm ▸ **le profane** the secular, the profane *litt* / *le profane et le sacré* the profane and the sacred.

profaner [3] [prɔfane] vt **1.** RELIG [tombe, église, hostie] to desecrate, to violate the sanctity of, to profane *sout* **2.** [dégrader - justice, talent] to debase, to defile, to profane *sout.*

proférer [18] [prɔfere] vt [insultes, menaces] to utter ▸ **proférer des injures contre qqn** to heap insults on sb.

In reformed spelling (see p. 16-19), this verb is conjugated like **semer** : *il profèrera, elle profèrerait.*

professer [4] [prɔfese] vt **1.** *litt* [déclarer] to affirm, to claim, to profess / *professer des opinions révolutionnaires* to profess revolutionary opinions / *il a toujours professé qu'il haïssait la religion* he has always professed hatred for ou claimed that he hated religion **2.** *vieilli* [enseigner] to teach / *professer l'anglais / l'histoire à l'université* to teach English / history at university.

professeur, e [prɔfesœr] nm, f **1.** [du primaire, du secondaire] teacher, schoolteacher / *mon professeur d'anglais* my English teacher ▸ **professeur certifié** qualified schoolteacher *(who has passed the CAPES)* ▸ **professeur des écoles** primary school teacher *(formerly called an "instituteur")* ▸ **professeur principal** ≃ form tutor UK ; ≃ homeroom teacher US **2.** [de l'enseignement supérieur - assistant] ≃ lecturer ; [- au grade supérieur] professor / *elle est professeur à l'université de Lyon* she teaches at Lyon University ▸ **professeur agrégé a)** ÉDUC qualified teacher *(who has passed the "agrégation")* **b)** MÉD *professor qualified to teach medicine* **3.** QUÉBEC ▸ **professeur adjoint** assistant professor ▸ **professeur agrégé** associate professor ▸ **professeur titulaire a)** ÉDUC staff teacher, member of (teaching) staff **b)** UNIV full professor **4.** [hors d'un établissement scolaire] teacher, tutor.

profession [prɔfesjɔ̃] nf **1.** [métier] occupation, job, profession ; [d'un commerçant, d'un artisan] trade ; [d'un artiste, d'un industriel] profession / *quelle est votre profession?* what is your occupation?, what do you do (for a living)? ▸ **de profession** professional / *je suis mécanicien de profession* I'm a mechanic by trade / *rebelle de profession hum* professional rebel ▸ **les professions libérales** the professions **2.** [corporation - de commerçants, d'artisans] trade ; [- d'artistes, d'industriels] profession **3.** [déclaration] ▸ **faire profession de** to profess, to declare / *faire profession de libéralisme / socialisme* to declare o.s. a liberal / socialist **4.** RELIG ▸ **profession religieuse** profession ▸ **profession de foi** profession of faith.

❖ **sans profession** loc adj ADMIN unemployed ; *(comme nom)* : *les sans profession recevront une indemnité* the unemployed will receive benefit.

professionnalisation [prɔfesjɔnalizasjɔ̃] nf professionalization.

professionnaliser [3] [prɔfesjɔnalize] vt [joueur, sportif] ▸ **professionnaliser qqn** to make sb into a professional.

❖ **se professionnaliser** vpi to turn professional.

professionnalisme [prɔfesjɔnalism] nm professionalism.

professionnel, elle [prɔfesjɔnɛl] ◆ adj **1.** [lié à une profession - maladie, risque] occupational ; [- enseignement] vocational ▸ **avoir des soucis professionnels** to have work problems / *aucun changement au niveau professionnel* nothing new on the job front / *je suis satisfait sur le plan professionnel* I'm satisfied with my job / *une vie professionnelle satisfaisante* a rewarding job / *améliorer sa vie professionnelle* to improve one's job situation ▸ **école professionnelle** ≃ technical college **2.** [qualifié - musicien, sportif] professional **3.** [compétent] professional, accomplished / *elle a réagi d'une manière très professionnelle* she reacted in a very professional way / *le jeu des jeunes acteurs était très professionnel* the young actors performed like real professionals. ◆ nm, f **1.** SPORT professional / *les professionnels de la boxe* professional boxers ▸ **passer professionnel** to turn professional **2.** [personne expérimentée] professional / *c'est l'œuvre d'un professionnel* this is the work of a professional / *ce n'est pas digne d'un professionnel* it's unworthy of a professional.

❖ **professionnelle** nf *fam* [prostituée] pro *(prostitute).*

professionnellement [prɔfesjɔnɛlmɑ̃] adv professionally / *professionnellement, il a plutôt réussi* he did rather well in his professional life / *je n'ai affaire à elle que professionnellement* I only have a professional relationship with her, my relations with her are strictly business.

professoral, e, aux [prɔfesɔral, o] adj **1.** [de professeur] professorial **2.** [pédant] patronizing, lecturing.

professorat [prɔfesɔra] nm teaching / *il a choisi le professorat* he chose teaching as a ou his profession.

profil [prɔfil] nm **1.** [côté du visage] profile / *mon meilleur profil* my best profile / *avoir un profil de médaille* to have very regular features **2.** [silhouette] profile, outline / *on devinait le profil du volcan dans la brume* the volcano was silhouetted in the mist ▸ **conserver** ou **maintenir un profil bas** to keep a low profile **3.** [caractéristiques] profile / *elle a le profil de l'emploi* she seems right for the job / *il a le profil parfait pour être président* he's ideal presidential material / *le profil du consommateur* the consumer profile ▸ **profil de carrière** : *son profil de carrière* her career profile ▸ **profil psychologique** PSYCHOL psychological profile **4.** GÉOGR profile ▸ **profil d'équilibre** profile of equilibrium ▸ **profil fluvial en long** long profile of a river ▸ **profil fluvial en travers** river section **5.** COMM ▸ **le profil des ventes montre une augmentation** the sales outline ou profile shows a definite increase **6.** ARCHIT (perpendicular) section.

❖ **de profil** loc adv in profile / *être de profil* to be in profile ou side-on / *mettez-vous de profil par rapport à la caméra* show your profile ou stand side-on to the camera.

profilage [prɔfilaʒ] nm streamlining.

profilé, e [prɔfile] adj AUTO streamlined.

❖ **profilé** nm MÉTALL section.

profiler [3] [pʀɔfile] vt **1.** MENUIS to profile, to mould ; MÉTALL to form **2.** *litt* [laisser voir] : *les montagnes au loin profilaient leur silhouette* the mountains were silhouetted in the distance.

❖ **se profiler** vpi **1.** [se découper] to stand out, to be silhouetted / *l'église se profile en haut de la colline* the church stands out on top of the hill **2.** *sout* [apparaître] to emerge / *une solution se profile enfin* a solution is finally emerging / *des nuages noirs se profilent à l'horizon* black clouds are coming up on the horizon / *des périodes difficiles* | *des ennuis se profilent à l'horizon* a difficult time / trouble is looming on the horizon.

profileur, euse [pʀɔfilœʀ, pʀɔfiløz] nm, f profiler.

profit [pʀɔfi] nm **1.** [avantage] profit, advantage / *tirer profit de ses lectures* to benefit from one's reading / *tirer profit de l'expérience des autres* to profit from other people's experience / *j'ai lu ton livre avec profit* reading your book taught me a lot / *il a étudié avec profit* he gained a lot from his studies / *vous étudierez avec profit la préface* you will find it enlightening to study the preface ▸ **mettre qqch à profit** to take advantage of ou to make the most of sthg / *essayez de mettre à profit les connaissances acquises* try to make the most of what you already know / *ta veste t'aura fait du profit* *fam* you certainly got your money's worth out of that jacket / *il y a trouvé son profit, sinon il ne l'aurait pas fait* he got something out of it otherwise he wouldn't have done it **2.** COMM & FIN [bénéfice] profit / *faire* ou *réaliser des profits* to make profits ou a profit / *le profit réalisé sur la vente de la propriété* the return on ou the revenue from the sale of the property / *l'exploitation de la mine ne rapporte que de faibles profits* working the mine brings in only small profits ▸ **profit brut / net** gross / net profit ▸ **profit minimal** minimum trading profit ▸ **profit pur** pure profit **3.** DR ▸ **profit du défaut** *(legal) advantage accruing to the appearing party when the other party is in default.*

❖ **au profit de** loc prép in aid of / *à son* / *mon seul profit* for his / my sole benefit.

profitabilité [pʀɔfitabilite] nf profitability.

profitable [pʀɔfitabl] adj profitable / *la lecture de cet ouvrage vous serait tout à fait profitable* it would be of great benefit to you to read this book / *ce séjour en Italie lui a été profitable* the time she spent in Italy did her a lot of good.

profitablement [pʀɔfitabləmɑ̃] adv profitably.

profiter [3] [pʀɔfite] vi *fam* to thrive, to do well / *cet enfant profite (bien)* this child is thriving.

❖ **profiter à** v + prép to benefit, to be beneficial to / *cet argent ne profite à personne* this money's not benefitting anyone / *les études ne t'ont guère profité* studying didn't do you much good.

❖ **profiter de** v + prép **1.** [financièrement] to profit from / *tous n'ont pas profité de l'expansion* not everybody gained by the expansion **2.** [jouir de] to enjoy / *profiter de sa retraite* to enjoy ou make the most of one's retirement / *vivement Noël que je puisse profiter de mes petits-enfants!* *fam* I can't wait for Christmas so as I can be with my grandchildren! **3.** [tirer parti de] to take advantage of / *profiter du soleil* to make the most of the sun / *profiter du beau temps pour aller se promener* to take advantage of the good weather to go for a walk / *il profite de ce qu'elle est absente* he's taking advantage of the fact that she's away ▸ **profiter de la situation** to take advantage of the situation / *profites-en, ça ne va pas durer!* make the most of it, it won't last! / *comme j'avais un deuxième billet, j'en ai fait profiter ma copine* since I had a second ticket, I took my girlfriend along **4.** [exploiter] to exploit, to take advantage of, to use / *elle a profité de nous tant qu'elle a pu* she exploited us as long as she could / *tu profites de moi, c'est tout!* you're taking advantage of me ou using me, that's all!

profiteroles [pʀɔfitʀɔl] nfpl ▸ **profiteroles (au chocolat)** (chocolate) profiterole.

profiteur, euse [pʀɔfitœʀ, øz] nm, f profiteer.

profond, e [pʀɔfɔ̃, ɔ̃d] adj **1.** [enfoncé -lac, racine, blessure] deep ▸ **peu profond** shallow / *un puits profond de 10 mètres* a well 10 metres deep / *dans les couches profondes du sol* deep in ou in the deepest layers of the earth / *des préjugés dont l'origine est profonde* deep-rooted ou deep-seated prejudices / *la haine de l'ennemi est profonde* hatred of the enemy runs deep **2.** [plongeant -révérence, salut] deep, low ; [-regard] penetrating ; [-décolleté] plunging **3.** [intense -respiration] deep ; [-soupir, sommeil] deep, heavy ; [-silence] profound, utter ; [-changement] profound / *dans une solitude profonde* in extreme isolation / *absorbé dans de profondes pensées* deep in thought / *ma surprise fut profonde* I was extremely surprised / *de profonds changements* ou *bouleversements* profound changes **4.** [grave -voix] deep **5.** [obscur] deep, dark / *dans la nuit profonde* at dead of night **6.** [foncé -couleur] dark ▸ **bleu profond** deep blue **7.** [sagace] deep, profound / *avoir un esprit profond* to have profound insight **8.** [véritable -cause] deep, underlying, primary / *la raison profonde de son acte* his basic ou primary ou underlying motivation **9.** LING deep.

❖ **profond** ◆ adv [aller, creuser] deep. ◆ nm ▸ **au plus profond de** in the depths of / *au plus profond de la terre* in the depths ou bowels of the earth / *au plus profond de mon cœur* deep in my heart.

profondément [pʀɔfɔ̃demɑ̃] adv **1.** [creuser, enfouir] deep / *il salua profondément la foule* he greeted the crowd with a deep bow **2.** [respirer] deeply ; [soupirer] heavily, deeply ▸ **dormir profondément** to be sound asleep / *d'habitude, je dors très profondément* I usually sleep very heavily, I'm usually a sound sleeper **3.** [en intensif] profoundly, deeply / *je suis profondément choqué* I'm deeply shocked / *elle est profondément convaincue de son bon droit* she's utterly convinced she's right / *ce que je ressens pour lui est profondément différent* what I feel for him is completely different ▸ **je regrette profondément!** I'm deeply sorry!

profondeur [pʀɔfɔ̃dœʀ] nf **1.** [dimension] depth / *quelle est la profondeur du puits?* how deep is the well? / *un trou de trois mètres de profondeur* a hole three metres deep / *on s'est arrêtés à huit mètres de profondeur* we stopped eight metres down / *une armoire de 60 centimètres de profondeur* a wardrobe 60 centimetres deep / *la faible profondeur de l'étang* the shallowness of the lake ▸ **de grande profondeur** very deep ▸ **de faible profondeur** shallow **2.** [intensité -d'un sentiment] depth, profundity *sout* **3.** [perspicacité] profoundness, profundity / *sa profondeur d'esprit* her insight **4.** OPT & PHOT ▸ **profondeur de champ** depth of field **5.** AÉRON [d'une aile] chord (length).

❖ **profondeurs** nfpl *litt* depths.

❖ **en profondeur** ◆ loc adj [étude] in-depth, thorough / *il nous faut des changements en profondeur* we need fundamental changes. ◆ loc adv [creuser] deep / *notre crème antirides agit en profondeur* our anti-wrinkle cream works deep into the skin / *il faut agir en profondeur* we need to make fundamental changes.

pro forma [pʀɔfɔʀma] loc adj ▸ **facture pro forma** pro forma invoice.

profus, e [pʀɔfy, yz] adj *sout* profuse.

profusion [pʀɔfyzjɔ̃] nf **1.** *sout* [abondance] profusion, abundance **2.** [excès] excess / *avec une profusion de détails* with too much detail.

❖ **à profusion** loc adv galore, plenty / *il y avait à boire et à manger à profusion* there was food and drink galore, there was plenty to eat and drink.

progéniture [pʀɔʒenityʀ] nf offspring, progeny *sout*, issue *sout* / *que fais-tu de ta nombreuse progéniture le dimanche?* *hum* what do you do with all your offspring on Sundays?

progestatif, ive [pʀɔʒɛstatif, iv] adj progestational.

progestérone [pʀɔʒɛsteʀɔn] nf progesterone.

progiciel [pʀɔʒisjɛl] nm INFORM package.

prognathe [pʀɔgnat] ◆ adj prognathous, prognathic. ◆ nmf prognathous subject.

prognathisme [pʀɔgnatism] nm prognathism.

programmable [pʀɔgʀamabl] adj programmable.

programmateur, trice [pʀɔgʀamatœʀ, tʀis] nm, f RADIO & TV programme UK ou program US planner.

❖ **programmateur** nm [d'une cuisinière] programmer, autotimer ; [d'une machine à laver] programme selector.

programmation [pʀɔgʀamasjɔ̃] nf **1.** RADIO & TV programme UK ou program US planning **2.** INFORM programming ▸ **programmation absolue** / **dynamique** / **linéaire** absolute / dynamic / linear programming ▸ **programmation orientée objet** object-oriented programming **3.** ÉCON programming.

programmatique [pʀɔgʀamatik] adj programmatic.

programme [pʀɔgʀam] nm **1.** [contenu -d'une cérémonie, d'un spectacle] programme UK, program US / *qu'est-ce qu'il y a au programme ce soir à l'Opéra?* what's on tonight at the Opera? ▸ **programmes d'été** TV summer schedule ou programmes ▸ **programme minimum** RADIO & TV minimum programme schedule *(provided during strike actions by journalists and technicians)* **2.** [brochure -d'un concert, d'une soirée] programme ; [-de cinéma, de télévision] listings, guide / *demandez le programme!* programmes on sale here! / *le programme de télévision est en page 4* the TV guide is on page 4 / *il y a un bon programme ce soir à la télé* it's a good night on TV tonight **3.** [emploi du temps] schedule / *notre programme est très chargé cette semaine* we have a busy schedule this week / *qu'avons-nous au programme aujourd'hui?* what's on (our schedule) today? ▸ **remplir son programme** to fulfil (the requirements of) one's schedule ▸ **inscrire qqch au programme** to schedule sthg **4.** ÉDUC [d'une année] curriculum ; [dans une matière] syllabus / *une question hors programme* a question not covered by the syllabus / *Shakespeare figure au programme cette année* Shakespeare is on this year's syllabus / *le programme de première année à l'université* the first-year programme ou syllabus at college **5.** POL [plate-forme] manifesto UK, platform ▸ **programme commun** common ou joint manifesto ▸ **programme de gouvernement** government manifesto ▸ **le Programme commun** [en France] *joint platform adopted by the Communist and Socialist Parties in the 1970s* **6.** [projet] programme ▸ **programme économique** economic programme ou plan / *programme de licenciement* planned redundancy scheme / *lancer un programme de réformes* to launch a package ou programme of reforms / *programme d'investissements à long terme* long-term investment programme / *le programme nucléaire* | *spatial français* the French nuclear / space programme ▸ **tout un programme** *fam* : *ton voyage, c'est tout un programme!* this trip sounds like it's quite something! ▸ **je voudrais l'intéresser à l'actualité — tout un programme!** *hum* I'd like to get him interested in current affairs — that's a tall order! **7.** INFORM program ▸ **programme objet** / **source** object / source program ▸ **programme amorce** initial program loader, bootstrap ▸ **programme d'assemblage** assembler ▸ **programme de chargement** loader / *programme de diagnostic* malfunction routine ▸ **programme de service** utility program ▸ **programme de test** check program.

programmé, e [pʀɔgʀame] adj computerized.

programmer [3] [pʀɔgʀame] ◆ vt **1.** CINÉ, RADIO, THÉÂTRE & TV to bill, to programme / *le débat n'a jamais été programmé* the debate was never shown ou screened / *les deux chaînes programment la même émission* both channels are running the same programme **2.** [planifier] to plan / *j'ai programmé tout le week-end* I planned the entire weekend **3.** ÉLECTRON to set, to programme / *comment programmer votre magnétoscope* how to set (up) your video-recorder **4.** INFORM to program. ◆ vi INFORM to (write a) program.

programmeur, euse [pʀɔgʀamœʀ, øz] nm, f INFORM programmer.

progrès [pʀɔgʀɛ] nm **1.** [amélioration] progress ▸ **faire des progrès** to make progress / *être en progrès* to (make) progress, to improve / *il y a du progrès, continuez* that's better, keep it up **2.** [avancée] breakthrough, advance / *le XXe siècle a connu de grands progrès scientifiques* the 20th century has witnessed some great scientific breakthroughs ▸ **le progrès** progress / *croire au progrès* to believe in progress / *tu vois, c'est ça le progrès!* that's progress for you! *iron* **3.** [développement] ▸ **les progrès de a)** [incendie] the progress of **b)** [criminalité] the upsurge ou increase in **c)** [maladie] the progress ou progression of **4.** MIL advance.

> Attention ! Le mot **progress** est indénombrable. Il ne s'emploie jamais ni au pluriel ni avec l'article indéfini a :
> **Ils ont fait des progrès certains.** *They've made considerable progress.*
> **Considérez-vous cela comme un progrès ?** *Do you consider this to be a sign of progress?*

progresser [4] [pʀɔgʀese] vi **1.** [s'améliorer] to improve, to (make) progress / *vous avez bien progressé depuis le début de l'année* you've improved a lot ou made great strides since the beginning of the year / *elle a progressé en français mais pas en musique* she has made some progress in French but not in music **2.** [gagner du terrain - ennemi] to advance, to gain ground / *je progresse lentement dans ma lecture* I'm getting on ou progressing slowly in my reading ; [maladie] to progress ; [inflation] to creep up, to rise / *nos bénéfices ont progressé de 2% l'année dernière* our profits rose by 2% last year / *la recherche scientifique progresse de jour en jour / à grands pas* scientific research is making progress every day / is advancing by leaps and bounds.

progressif, ive [pʀɔgʀesif, iv] adj **1.** [graduel] gradual, progressive ▸ **exercices progressifs** graded exercises **2.** LING progressive **3.** OPT ▸ **verres progressifs** progressive lenses.

progression [pʀɔgʀesjɔ̃] nf **1.** [avancée] progress, advance / *l'ennemi a poursuivi sa progression vers l'intérieur des terres* the enemy advanced ou progressed inland **2.** [développement - d'une maladie] progression, progress ; [- du racisme] development / *la progression du mal est inévitable* the progression of the disease in unavoidable / *notre chiffre d'affaires est en constante progression* our turnover is constantly increasing ou improving / *un chiffre d'affaires en progression de 22%* turnover up by 22% **3.** MATH & MUS progression.

progressisme [pʀɔgʀesism] nm belief in the possibility of (social) progress, progressivism.

progressiste [pʀɔgʀesist] ◆ adj [politique, parti] progressive. ◆ nmf progressive.

progressivement [pʀɔgʀesivmɑ̃] adv progressively, gradually.

progressivité [pʀɔgʀesivite] nf progressiveness.

prohibé, e [pʀɔibe] adj **1.** [interdit] prohibited, banned, illegal **2.** DR ▸ **temps prohibé** proscribed ou prohibited period.

prohiber [3] [pʀɔibe] vt to prohibit, to ban.

prohibitif, ive [pʀɔibitif, iv] adj [prix, tarif] prohibitive / *pareil prix, c'est prohibitif en ce qui me concerne* it's just too expensive for me.

prohibition [pʀɔibisjɔ̃] nf **1.** [interdiction] prohibition, ban, banning **2.** HIST ▸ **la Prohibition** Prohibition.

prohibitionnisme [pʀɔibisjɔnism] nm prohibitionism.

prohibitionniste [pʀɔibisjɔnist] adj & nmf prohibitionist.

prohibitive [pʀɔibitiv] f ⟶ **prohibitif.**

proie [pʀwa] nf **1.** [animal] prey **2.** [victime] prey / *vu son grand âge, il est une proie facile pour les cambrioleurs* being so old makes him an easy prey for burglars / *la ville devint rapidement la proie des flammes* the city rapidly became engulfed in flames.
❖ **en proie à** loc prép in the grip of ▸ **en proie au doute** racked with ou beset by doubt / *être en proie à des hallucinations* to suffer from hallucinations.

projecteur [pʀɔʒɛktœʀ] nm **1.** [pour illuminer - un spectacle] spotlight ; [- un édifice] floodlight ; [pour surveiller] searchlight / *sous les projecteurs de l'actualité* *fig* in the spotlight **2.** [d'images] projector / *projecteur (de diapositives)* slide projector **3.** AUTO headlight.

projectif, ive [pʀɔʒɛktif, iv] adj GÉOM & PSYCHOL projective.

projectile [pʀɔʒɛktil] nm **1.** ARM projectile **2.** [objet lancé] projectile, missile.

projection [pʀɔʒɛksjɔ̃] nf **1.** CINÉ & PHOT screening, projection, showing / *ils durent interrompre la projection* they had to stop the film / *une projection de diapos* a slide show ▸ **projection privée** private showing **2.** [jet] splash, spatter / *sali par des projections de boue* spattered with mud / *quand vous cuisinez, attention aux projections d'huile* when cooking, be careful of the hot oil splashing ▸ **projection de cendres** GÉOL ash fall ▸ **projections volcaniques** ejecta, volcanic debris **3.** PSYCHOL projection / *tu fais une projection* *fam* you're projecting **4.** MATH projection ▸ **projection orthogonale** orthogonal projection **5.** GÉOM ▸ **projection (cartographique)** (map) projection ▸ **projection de Mercator** Mercator ou Mercator's projection.

projectionniste [pʀɔʒɛksjɔnist] nmf projectionist.

projet [pʀɔʒɛ] nm **1.** [intention] plan ▸ **faire ou former le projet de** to plan to / *j'ai fait le projet de me rendre en Italie* I'm planning on going to Italy / *j'ai formé le projet de m'arrêter de travailler dès que possible* I'm planning on stopping work as soon as possible ▸ **faire des projets** to make plans / *quels sont tes projets de spectacle?* what are your plans for new shows? / *je n'ai pas de projets pour ce soir* I have no plans for tonight **2.** [esquisse] plan, outline / *tous les projets doivent nous parvenir le 4 décembre au plus tard* all outlines to be in by December 4th at the latest / *ma pièce n'est encore qu'à l'état de projet* my play is still only a draft ou at the planning stage ▸ **projet d'accord / de contrat** DR draft agreement / contract ▸ **avoir des projets dans ses cartons a)** *pr* to have some outline plans in one's folder **b)** *fig* to have plans for the future **3.** ARCHIT & TECHNOL plan / *projet de construction* building project.
❖ **en projet** loc adv : *qu'avez-vous en projet pour le printemps?* what are your plans for the spring? / *nous avons un nouveau modèle d'avion en projet* we're working on (the plans for) a new design of aircraft.
❖ **projet de loi** nm bill.

> ⚠ **Project** ne peut pas toujours être employé pour traduire projet. Voir article.

projeter [27] [pʀɔʃte] vt **1.** [prévoir] to plan, to arrange / *j'ai projeté un voyage pour cet été* I've planned a trip for this summer / *je n'ai pas projeté de sortir ce soir* I haven't planned ou arranged to go out tonight / *nous avons projeté de monter une affaire ensemble* we're planning on setting up a business together / *nous avons dû abandonner la promenade projetée* we had to abandon our plans for a walk **2.** [lancer] to throw, to hurl / *être projeté au sol* to be hurled to the ground / *elle a été projetée hors de la voiture* she was thrown out of the car / *le volcan projette des cendres* the volcano throws up ashes **3.** [faire apparaître - ombre, lumière] to project, to cast, to throw / *son chapeau projette une ombre légère sur son visage* her hat is casting a slight shadow on her face **4.** CINÉ & PHOT to show, to project / *si tu nous projetais tes photos d'Italie!* why don't you show us your slides ou pictures of Italy! **5.** PSYCHOL to project ▸ **projeter ses fantasmes sur qqn** to project one's fantasies onto sb **6.** MATH to project / *projeter un cercle / une droite sur un plan* to project a circle / a straight line onto a plane **7.** [voix] to project.
❖ **se projeter** vpi [ombre] to be outlined ou silhouetted / *son ombre se projetait sur l'écran* he was silhouetted against the screen.

projeteur [pʀɔʃtœʀ] nm **1.** [technicien] design engineer **2.** [dessinateur] industrial (design) draughtsman.

projette v ⟶ **projeter.**

Prokofiev [pʀɔkɔfjɛf] npr Prokofiev.

prolactine [pʀɔlaktin] nf prolactin.

prolamine [pʀɔlamin] nf prolamin, prolamine.

prolapsus [pʀɔlapsys] nm prolapse ▸ **prolapsus de l'utérus** prolapse of the womb.

prolégomènes [pʀɔlegɔmɛn] nmpl prolegomena.

prolétaire [pʀɔletɛʀ] ◆ adj **1.** *vieilli* [masse, parti] proletarian **2.** [quartier] working-class. ◆ nmf proletarian, member of the proletariat.

prolétariat [pʀɔletaʀja] nm proletariat.

prolétarien, enne [pʀɔletaʀjɛ̃, ɛn] adj proletarian ▸ **solidarité prolétarienne** solidarity of the working class.

prolétarisation [pʀɔletaʀizasjɔ̃] nf proletarianization.

prolétariser [3] [pʀɔletaʀize] vt to proletarianize.
❖ **se prolétariser** vp [quartier, population] to become more working-class.

prolifération [pʀɔlifeʀasjɔ̃] nf **1.** [gén] proliferation, multiplication / *la prolifération des industries* the mushrooming of industry **2.** BIOL & NUCL proliferation.

prolifère [pʀɔlifɛʀ] adj BOT proliferous.

proliférer [18] [pʀɔlifeʀe] vi to proliferate / *les insectes prolifèrent dans le marécage* insects proliferate in the swamp / *les clichés prolifèrent dans ses derniers poèmes* *fig* his later poems abound in clichés.
✐ In reformed spelling (see p. 16-19), this verb is conjugated like *semer*: *il proliférera, elle proliférerait.*

prolifique [pʀɔlifik] adj **1.** [fécond] prolific **2.** *fig* [auteur, peintre] prolific, productive.

prolixe [pʀɔliks] adj **1.** [description, style] wordy, verbose, prolix *sout* **2.** [écrivain] verbose, prolix *sout* ▸ **il n'est pas prolixe** [pas bavard] he's a man of few words.

prolixité [pʀɔliksite] nf *sout* **1.** [d'un discours] wordiness, verbosity **2.** [d'un auteur] verbosity, prolixity.

prolo [pʀɔlo] *fam* ◆ adj working-class. ◆ nmf ▸ **les prolos** the working class.

PROLOG, prolog [pʀɔlɔg] nm INFORM PROLOG, prolog.

prologue [pʀɔlɔg] nm **1.** LITTÉR, MUS & THÉÂTRE prologue **2.** [début] prologue, prelude, preamble / *en prologue à la réunion* as a prologue ou prelude ou preamble to the meeting **3.** SPORT prologue race.

prolongateur [pʀɔlɔ̃gatœʀ] nm ÉLECTR extension.

prolongation [pʀɔlɔ̃gasjɔ̃] nf **1.** [allongement] extension / *obtenir une prolongation de congé* to get an extension of leave **2.** SPORT extra time UK overtime US ▸ **jouer les prolongations** *pr* to play ou to go into extra time.

prolongé, e [pʀɔlɔ̃ʒe] adj **1.** [long - applaudissements, séjour] lengthy, prolonged **2.** [trop long] protracted, prolonged / *le séjour prolongé au soleil abîme la peau* prolonged exposure to the sun is harmful to the skin / *en cas d'arrêt prolongé entre deux stations* in the event of unduly long halts between stations / *attention à la station debout / assise prolongée* be careful not to spend too much time standing / sitting **3.** [attardé] ▸ **un adolescent prolongé** an overgrown schoolboy / *une jeune fille prolongée* *vieilli* a spinster.

prolongement [pʀɔlɔ̃ʒmɑ̃] nm [extension - d'une route] continuation ; [- d'un mur, d'une période] extension.
❖ **prolongements** nmpl [conséquences] effects, consequences, repercussions / *cette affaire aura des prolongements* this matter will have significant repercussions / *les prolongements du scandale se font encore sentir* the effects of ou ripples from the scandal can still be felt.
❖ **dans le prolongement de** loc prép : *les deux rues sont dans le prolongement l'une de l'autre* the two streets are a continuation of each other / *la maison que vous cherchez se trouve dans le prolongement du parc* the house you're looking for is just past the park on the same side of the road / *c'est tout à fait dans le prolongement de mes préoccupations actuelles* that's along exactly the same lines as what I'm concerned with at the moment.

prolonger [17] [pʀɔlɔ̃ʒe] vt **1.** [dans le temps] to extend, to prolong / *prolonger son séjour* to extend one's stay, to stay longer than planned / *prolonger un délai* to extend a deadline / *comment prolonger la vie* how to live longer **2.** [dans l'espace] to extend, to continue / *la route sera prolongée de deux kilomètres* the road will be made 2 km longer ou will be extended by 2 km / *la ligne de métro nº 7 a été prolongée jusqu'en banlieue* the no. 7 underground line was extended to the suburbs / *il a fallu prolonger le fil de la télévision* we had to extend the lead for the television set **3.** MUS [note] to hold.

❖ **se prolonger** vpi **1.** [dans le temps] to persist, to go on / *la guerre semble se prolonger indéfiniment* the war seems to be going on forever / *notre discussion s'est prolongée tard* our conversation went on until late / *sa maladie se prolonge* his disease is persisting **2.** [dans l'espace] to go on, to continue / *le sentier se prolonge dans la forêt* the path continues through the forest.

promenade [pʀɔmnad] nf **1.** [à pied] walk, stroll ; [à vélo, à cheval] ride ; [en voiture] ride, drive ▸ **aller faire une promenade a)** [à pied] to go for a walk ou stroll **b)** [à vélo, à cheval] to go for a ride / *et si on faisait une promenade en mer?* shall we go for a sail? / *je lui ai fait faire une promenade* I took her out for a walk / *aller en Angleterre de nos jours, c'est presque devenu une promenade* going to England nowadays is almost like going next door ▸ **ça a été une vraie promenade** *fam* [victoire facile] it was a real walkover ▸ **la promenade des Anglais** *fashionable street running along the seafront in Nice* **2.** [allée] walk **3.** DANSE promenade.

❖ **en promenade** loc adv out walking, out for a walk.

promener [19] [pʀɔmne] vt **1.** [sortir - à pied] to take (out) for a walk ou stroll ; [- en voiture] to take (out) for a drive / *j'ai passé le week-end à promener un ami étranger dans Paris* I spent the weekend showing a foreign friend around Paris ▸ **promener le chien** to walk the dog, to take the dog for a walk **2.** *fig* [emmener - personne] : *j'en ai assez d'être promené de poste en poste* I've had enough of being sent from job to job ; [mentir à] : *il m'a promené pendant trois semaines* he kept me hanging on for three weeks **3.** [déplacer] : *elle promène son regard sur la foule* her eyes scan the crowd ▸ **promener ses doigts sur le piano a)** [en jouant] to run one's fingers over the keys **b)** [pour le toucher] to finger the piano / *il promenait le faisceau électrique sur le mur* he ran ou played the torch beam over the wall **4.** *sout* [traîner] : *promener son ennui / désespoir* to go around looking bored / disconsolate **5.** [transporter] to take around / *le roman nous promène dans la France du XIXᵉ siècle* the novel takes us for a stroll round 19th-century France / *ses récits de voyage nous ont promenés dans le monde entier* her travel stories have taken us all around the world.

❖ **se promener** vpi **1.** [à pied] to go for a walk ou stroll ; [en voiture] to go for a drive ; [à vélo, à cheval] to go for a ride ; [en bateau] to go for a sail / *viens te promener avec moi* come for ou on a walk with me / *va te promener!* (go) get lost! **2.** [mains, regard] : *ses doigts se promenaient sur le clavier* her fingers wandered over the keyboard **3.** *fam* [traîner] : *j'en ai assez que tes affaires se promènent dans toute la maison!* I've had enough of your things lying about all over the house! / *où sont-elles encore allées se promener, ces lunettes?* where have those glasses got to this time?

promeneur, euse [pʀɔmnœʀ, øz] nm, f walker, stroller.

promenoir [pʀɔmnwaʀ] nm **1.** THÉÂTRE promenade **2.** [dans un parc] covered walk **3.** CONSTR gallery, arcade, walkway.

promesse [pʀɔmɛs] nf **1.** [engagement] promise, assurance ▸ **faire une promesse** to (make a) promise / *je ne vous fais pas de promesse* I won't promise anything / *il m'a fait la promesse de revenir* he promised me he would come back ▸ **faire des promesses** to make promises ▸ **manquer à / tenir sa promesse** to break / to keep one's promise ▸ **promesse électorale** election promise ▸ **encore une promesse en l'air** ou **d'ivrogne** ou **de Gascon!** promises, promises! **2.** FIN commitment ▸ **promesse (unilatérale) d'achat / de vente** (unilateral) commitment ou undertaking to buy / to sell ▸ **promesse d'action** (debenture) scrip **3.** *litt* [espoir] promise / *la promesse d'une journée magnifique / d'un avenir meilleur* the promise of a beautiful day / a better future.

❖ **promesses** nfpl [avenir] promise / *un jeune joueur plein de promesses* a young player showing great promise, a very promising young player.

promet v ⟶ **promettre.**

prométhazine [pʀɔmetazin] nf promethazine.

Prométhée [pʀɔmete] npr Prometheus.

prométhéen, enne [pʀɔmeteɛ̃, ɛn] adj Promethean.

prométhéum [pʀɔmeteɔm] nm promethium.

prometteur, euse [pʀɔmɛtœʀ, øz] adj **1.** [début, situation] promising, encouraging / *voilà qui est prometteur!* that's a good sign! *iron* **2.** [musicien, acteur] promising, of promise.

promettre [84] [pʀɔmɛtʀ] ◆ vt **1.** [jurer] to promise / *je te l'ai promis* I promised (you) / *je ne peux rien vous promettre* I can't promise anything / *je te promets de ne pas lui en parler* I promise I won't say a word to him about it / *je te promets que je ne dirai rien* I promise (you) I won't say anything / *on nous a promis de l'aide* we were promised help ▸ **promettre une récompense** to offer a reward ▸ **promettre la lune, promettre monts et merveilles** to promise the earth, to promise the moon and stars ▸ **promettre et tenir sont deux** *prov* it's easier to make a promise than to keep one **2.** [annoncer] to promise / *la météo nous promet du beau temps pour toute la semaine* the weather forecast promises nice weather for the whole week / *tout cela ne promet rien de bon* it doesn't look ou sound too good / *voilà une émission qui promet d'être intéressante* this programme should be interesting, it sounds like an interesting programme **3.** [destiner] to destine / *ses récents succès le promettent à une brillante carrière* considering his recent successes, he has a brilliant career ahead of him **4.** *fam* [affirmer] to assure / *je te promets qu'il s'en souviendra, de ce dîner!* I can assure you ou you can take my word for it that he'll remember that dinner! ◆ vi **1.** [faire naître des espérances] to promise / *un jeune auteur qui promet* a promising young author / *des débuts qui promettent* a promising start **2.** *fam* [laisser présager des difficultés] : *ce gamin promet!* that kid's got a great future ahead of him! / *eh bien, ça promet!* *iron* that's a good start!

❖ **se promettre** ◆ vp *(emploi réciproque)* : *ils se sont promis de se revoir* they promised (each other) that they would meet again. ◆ vpt **1.** [espérer] : *je m'étais promis beaucoup de joie de cette rencontre* I'd been looking forward to the meeting / *se promettre du bon temps* to look forward to enjoying o.s. **2.** [se jurer à soi-même] to swear, to promise (to) o.s. / *je me suis bien promis de ne jamais recommencer* I swore never to do it again, I promised myself I would never do it again / *je me suis promis d'aller lui rendre visite un de ces jours* I mean to visit him one of these days.

❖ **se promettre à** vp + prép *vieilli* ▸ **se promettre à qqn** to plight one's troth to sb *arch* / *elle s'était promise à un médecin de province* she was promised ou betrothed to a provincial doctor.

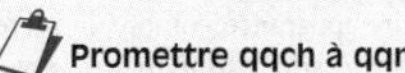

Promettre qqch à qqn

Promise sthg to sb ou promise sb sthg.

Notez la construction à double complément qui en anglais peut prendre deux formes dont le sens est le même :

• une structure identique à celle du français :
verbe + COD + préposition + COI
promise sthg to sb

• une structure qui diffère de celle du français, sans préposition, et dans laquelle l'ordre des compléments est inversé :
verbe + COI + COD
promise sb sthg

Il a promis monts et merveilles à sa femme. *He promised the moon to his wife ou He promised his wife the moon.*

Promets-moi une dernière chose. *Promise one last thing to me ou Promise me one last thing.*

promeut, promeuvent v ⟶ **promouvoir.**

promis, e [pʀɔmi, iz] ◆ adj promised / *voici le document promis* here is the promised document. ◆ nm, f *vieilli & régional* betrothed.

promiscuité [pʀɔmiskɥite] nf promiscuity ▸ **vivre dans la promiscuité** to have no privacy / *la promiscuité des plages en été / de l'hôpital* the overcrowding of beaches in summer / lack of privacy in hospital.

promit v ⟶ **promettre.**

promo [pʀɔmo] nf *fam* **1.** MIL, ÉDUC & UNIV year UK, class US / *la promo 2008* the class of 2008 **2.** COMM special offer ▸ **en promo** : *les canapés sont en promo chez X* sofas are on special offer at X.

promontoire [pʀɔmɔ̃twaʀ] nm **1.** GÉOGR headland, promontory **2.** ANAT promontory.

promoteur, trice [pʀɔmɔtœʀ, tʀis] ◆ adj ▸ **société promotrice privée** development company. ◆ nm, f **1.** *litt* [créateur] promoter, instigator / *le promoteur de la réforme* the instigator of the reform **2.** CONSTR developer.

❖ **promoteur** nm CHIM promoter.

promotion [pʀɔmɔsjɔ̃] nf **1.** [avancement] promotion ▸ **j'ai eu une promotion** I've been promoted ▸ **fêter la promotion de qqn** to celebrate sb's promotion ▸ **promotion au mérite / à l'ancienneté** promotion on merit / by seniority ▸ **promotion sociale** upward mobility **2.** COMM promotion / **'la promotion du jour'** 'today's special offer' ▸ **promotion des ventes** sales promotion **3.** MIL, ÉDUC & UNIV year UK, class US ▸ **ils étaient camarades de promotion** they were in the same class ou year **4.** CONSTR ▸ **promotion immobilière** property development **5.** JEUX queening.

❖ **en promotion** loc adj COMM on special offer.

promotionnel, elle [pʀɔmɔsjɔnɛl] adj promotional / *tarifs promotionnels sur ce voyage en Israël!* special offer on this trip to Israel!

promotionner [pʀɔmɔsjɔne] vt to promote.

promouvoir [56] [pʀɔmuvwaʀ] vt **1.** [faire monter en grade] to promote / *il a été promu capitaine* he was promoted (to the rank of) captain **2.** [encourager - réforme] to advocate, to push for.

prompt, e [pʀɔ̃, pʀɔ̃t] adj prompt, quick, swift / *prompt à répondre* quick with an answer / *vous avez été trop prompt à agir* you acted rashly / *prompt à la colère* easily moved to anger / *avoir l'esprit prompt* to be quick-witted.

promptement [pʀɔ̃tmɑ̃] adv quickly, swiftly ▸ **répondre promptement** to give a prompt reply / *exécuter promptement des ordres* to waste no time in carrying out orders.

prompteur [pʀɔ̃ptœʀ] nm autocue, teleprompt.

promptitude [pʀɔ̃tityd] nf quickness, swiftness.

promu, e [pʀɔmy] ◆ pp ⟶ **promouvoir.** ◆ nm, f promoted person / *voici la liste des promus dans l'ordre de la Légion d'honneur* here is the list of those decorated with the Legion of Honour.

promulgation [pʀɔmylgasjɔ̃] nf promulgation.

promulguer [3] [pʀɔmylge] vt to promulgate.

promyélocyte [pʀɔmjelɔsit] nm promyelocyte.

prône [pʀon] nm RELIG (Sunday) sermon.

prôner [3] [pʀone] vt *sout* to advocate, to extol.

pronom [pʀɔnɔ̃] nm pronoun ▸ **pronom indéfini / interrogatif / personnel / relatif** indefinite / interrogative / personal / relative pronoun.

pronominal, e, aux [pʀɔnɔminal, o] adj [adjectif, adverbe] pronominal ; [verbe] reflexive.

❖ **pronominal, aux** nm reflexive verb.

pronominalement [pʀɔnɔminalmɑ̃] adv : *adjectif fonctionnant pronominalement* adjective functioning as a pronoun ou pronominally / *verbe employé pronominalement* verb employed pronominally ou reflexively.

prononçable [pʀɔnɔ̃sabl] adj pronounceable / *un nom qui n'est pas prononçable* an unpronounceable name.

prononcé, e [pʀɔnɔ̃se] adj pronounced, strongly marked.
❖ **prononcé** nm DR (announcement of) decision.

prononcer [16] [pʀɔnɔ̃se] ◆ vt **1.** [dire - parole] to say, to utter ; [- discours] to make, to deliver ▸ **sans prononcer un mot** without a word / *ne prononce plus jamais son nom* never mention his name again / *il a prononcé son nom entre ses dents* ou *dans sa barbe* he mumbled her name **2.** [proclamer - jugement] to pronounce / *prononcer un divorce* to issue a divorce decree, to pronounce a couple divorced ▸ **prononcer la sentence** to pronounce ou to pass sentence / *prononcer le huis clos de l'audience* to order that the case be heard in camera / *il a prononcé lui-même sa condamnation* he's condemned himself **3.** RELIG : *prononcer ses vœux* to take one's vows **4.** [articuler - mot, langue] to pronounce ; [- phonème] to articulate / *je ne sais pas le prononcer* I don't know how to pronounce ou say it / *c'est un mot que je prononce toujours de travers* I always mispronounce that word ▸ **mal prononcer qqch** to mispronounce sthg ; *(en usage absolu)* ▸ **il prononce mal** his pronunciation is poor / *c'est la mode chez certains acteurs de ne pas prononcer clairement* it is the fashion among certain actors to slur their speech. ◆ vi **1.** DR to deliver ou to give a verdict / *le tribunal a prononcé* the court delivered its verdict **2.** *litt & vieilli* [choisir] to pronounce / *prononcer en faveur de / contre* to pronounce in favour of / against.
❖ **se prononcer** ◆ vp *(emploi passif)* [mot] to be pronounced / *le « a » se prononce en ouvrant la bouche* "a" is pronounced by opening the mouth / *le deuxième « i » ne se prononce pas* the second "i" isn't sounded ou is silent / *comment ça se prononce?* how do you say it? / *ça s'écrit comme ça se prononce* it's spelled as it sounds. ◆ vpi [personne] to come to a decision, to decide / *je ne peux pas encore me prononcer* I can't decide yet ▸ **ils se sont prononcés pour / contre la peine de mort** they pronounced ou declared themselves in favour of / against the death penalty / **'ne se prononcent pas'** 'don't know'.

prononciation [pʀɔnɔ̃sjasjɔ̃] nf **1.** [d'un mot] pronunciation / *un mot avec deux prononciations différentes* a word with two different pronunciations / *la prononciation du « th » anglais est difficile pour un Français* pronouncing the English "th" is difficult for a French person / *la prononciation du « t » final est facultative* the final "t" doesn't have to be sounded **2.** [d'une personne] pronunciation / *elle a une bonne / mauvaise prononciation en allemand* her German pronunciation is good / bad / *étant petit, j'ai eu des leçons particulières pour corriger ma mauvaise prononciation* when I was young, I had private tuition to improve my speech **3.** [d'un jugement] pronouncing / *j'attends la prononciation du divorce* I'm waiting for the divorce to be made final ou to come through.

pronostic [pʀɔnɔstik] nm **1.** SPORT forecast ; [pour les courses] forecast, (racing) tip / *vos pronostics sur le match Bordeaux-Marseille?* what is your prediction for the Bordeaux-Marseille match? **2.** [conjecture] forecast ▸ **les pronostics économiques** economic forecasts **3.** MÉD prognosis.

pronostique [pʀɔnɔstik] adj [gén & MÉD] prognostic.

pronostiquer [3] [pʀɔnɔstike] vt **1.** [prévoir] to forecast, to prognosticate *sout* **2.** *sout* [être signe de] to be a sign ou forerunner of / *le vent d'ouest pronostique la pluie* westerly winds are a sign ou harbinger of rain.

pronostiqueur, euse [pʀɔnɔstikœʀ, øz] nm, f **1.** ÉCON forecaster **2.** SPORT tipster.

pronunciamiento [pʀɔnunsjamjɛnto] nm [gén] military coup ; [en pays de langue espagnole] pronunciamento.

propagande [pʀɔpagɑ̃d] nf **1.** [politique] propaganda ▸ **propagande électorale** electioneering **2.** [publicité] publicity, plugging ▸ **faire de la propagande pour qqn / qqch** to advertise sb / sthg / *tu me fais de la propagande!* you're a good advert for my cause!
❖ **de propagande** loc adj [film, journal] propaganda *(modif)*.

propagandiste [pʀɔpagɑ̃dist] adj & nmf propagandist.

propagateur, trice [pʀɔpagatœʀ, tʀis] nm, f propagator *(person)*.

propagation [pʀɔpagasjɔ̃] nf **1.** *litt* [reproduction] propagation, spreading / *la propagation de l'espèce humaine* the propagation of the human race **2.** [diffusion - d'un incendie, d'une doctrine, etc.] spreading / *la propagation des idées révolutionnaires* the spreading of revolutionary ideas / *ils n'ont pu empêcher la propagation de l'incendie* they couldn't stop the fire (from) spreading **3.** ÉLECTR & PHYS propagation ▸ **propagation en espace libre** propagation in free space, free-space propagation ▸ **propagation guidée** guided (wave) propagation.

propager [17] [pʀɔpaʒe] vt **1.** [répandre - foi, idées] to propagate, to disseminate, to spread ; [- épidémie, feu, rumeur] to spread / *la télévision a propagé la nouvelle très rapidement* television spread the news very quickly / *sa spécialité c'est de propager des rumeurs* she's a specialist in spreading gossip / *le vent a propagé l'incendie jusqu'à la pinède voisine* the wind spread the fire to the nearby pine wood / *propager une maladie* to transmit ou to spread a disease **2.** BOT & ZOOL to propagate / *propager des fleurs par semis* to propagate flowers by sowing seed.
❖ **se propager** vpi **1.** [s'étendre - nouvelle, épidémie, etc.] to spread / *la nouvelle de l'accident s'est propagée à toute allure* the news of the accident spread like wildfire / *l'épidémie se propage dans les bidonvilles* the epidemic is spreading in the slums **2.** PHYS [onde, son] to be propagated.

propane [pʀɔpan] nm propane.

propanier [pʀɔpanje] nm propane tanker ou carrier.

propanol [pʀɔpanɔl] nm propanol.

propène [pʀɔpɛn] = **propylène.**

propension [pʀɔpɑ̃sjɔ̃] nf **1.** [tendance] proclivity, propensity ▸ **avoir une forte propension à faire qqch** to have a strong tendency to do sthg **2.** ÉCON propensity / *propension à consommer / épargner* propensity to spend / to save.

propergol [pʀɔpɛʀgɔl] nm propellant ▸ **propergol liquide / solide** liquid / solid propellant.

propharmacien, enne [pʀɔfaʀmasjɛ̃, ɛn] nm, f dispensing doctor.

prophase [pʀɔfaz] nf prophase.

prophète [pʀɔfɛt] nm prophet / *grands / petits prophètes* major / minor prophets ▸ **le Prophète** the Prophet ▸ **prophète de malheur** prophet of doom ▸ **faux prophète** false prophet.

prophétesse [pʀɔfetɛs] nf prophetess.

prophétie [pʀɔfesi] nf prophecy / *faire une prophétie* to prophesy / *ses prophéties sur l'imminence d'une guerre* her prophecies about a war being imminent.

prophétique [pʀɔfetik] adj **1.** RELIG prophetic **2.** *fig & sout* prophetic, premonitory *sout* / *il a eu une vue prophétique de la catastrophe* he had a premonition of the catastrophe.

prophétiquement [pʀɔfetikmɑ̃] adv prophetically.

prophétiser [3] [pʀɔfetize] ◆ vt **1.** RELIG to prophesy **2.** *fig & sout* to foretell, to predict, to prophesy. ◆ vi *sout* [prédire] to make pompous predictions.

prophétisme [pʀɔfetism] nm RELIG prophetism.

prophylactique [pʀɔfilaktik] adj [mesure] prophylactic.

prophylaxie [pʀɔfilaksi] nf prophylaxis.

propice [pʀɔpis] adj **1.** *sout* [temps, période, vent] favourable UK, favorable US / *les cieux n'ont pas l'air bien propices* the sky looks rather menacing / *l'automne est propice à la méditation* autumn is conducive to ou is an appropriate time for meditation **2.** [opportun] suitable ▸ **peu propice** inauspicious ▸ **au moment propice** at the right moment / *un endroit plus propice* a more suitable place **3.** *sout* [personne] kindly, favourable ▸ **que les dieux vous soient propices!** may the gods smile upon you!

propitiatoire [pʀɔpisjatwaʀ] ◆ adj RELIG propitiatory ▸ **offrande / sacrifice propitiatoire** propitiatory gift / sacrifice. ◆ nm BIBLE ▸ **le propitiatoire** the mercy seat.

proportion [pʀɔpɔʀsjɔ̃] nf **1.** [rapport] proportion, ratio / *une égale proportion de oui et de non dans les deux échantillons* the same ratio ou proportion of yeses to noes in both samples / *dans la proportion de 15 %* in the ratio of 15% / *dans la proportion de cent contre un* in the ratio of a hundred to one ▸ **dans la même proportion** in equal proportions / *dans une juste proportion* in the correct proportion / *tu n'as pas respecté les proportions dans le dessin* your drawing isn't in proportion / *la proportion des maisons individuelles est stationnaire* the proportion ou comparative number of detached houses remains stable **2.** CHIM ▸ **loi des proportions définies** law of constant ou definite proportions ▸ **loi des proportions multiples** law of multiple proportions.
❖ **proportions** nfpl **1.** [importance] (great) importance / *prendre des proportions énormes* to grow out of all proportions / *pourquoi un incident aussi minime a-t-il pris de telles proportions?* why was such a trivial incident blown out of all proportion? **2.** [dimensions] dimensions, size / *tout dépendra des proportions de l'armoire* it will all depend on the size of the wardrobe ▸ **toutes proportions gardées** : *c'est la même chose, toutes proportions gardées* it's the same thing but on a different scale.
❖ **à proportion de** loc prép in proportion to.
❖ **en proportion** ◆ loc adj in proportion / *il a de gros frais, mais son salaire est en proportion* he has a lot of expenses, but he has a correspondingly high salary. ◆ loc adv proportionately, at the same rate / *vous serez récompensé en proportion* you'll be rewarded accordingly.
❖ **en proportion de** loc prép : *son succès est en proportion de son talent* his success is proportional ou in proportion to his talent / *il est payé en proportion des risques qu'il court* he is payed in proportion to the risks he takes.

proportionnalité [pʀɔpɔʀsjɔnalite] nf **1.** MATH proportionality **2.** [rapport] balance, (good) proportions **3.** [répartition] equal distribution.

proportionné, e [pʀɔpɔʀsjɔne] adj **1.** [harmonieux] ▸ **bien proportionné** well-proportioned ▸ **mal proportionné** out of proportion **2.** [adapté] ▸ **proportionné à** commensurate with, in proportion to, proportional to.

proportionnel, elle [pʀɔpɔʀsjɔnɛl] adj **1.** ▸ **proportionnel à** [en rapport avec] proportional to, in proportion with, commensurate with / *ils gagnent un salaire proportionnel à leur travail* they earn a salary in proportion to the work they do ▸ **directement / inversement proportionnel (à)** directly / inversely proportional (to) **2.** COMM & ÉCON [droits, impôt] ad valorem **3.** MATH & POL proportional.
❖ **proportionnelle** nf POL ▸ **la proportionnelle a)** [processus] proportional system **b)** [résultat] proportional representation / *être élu à la proportionnelle* to be elected by proportional representation.

proportionnellement [pʀɔpɔʀsjɔnɛlmɑ̃] adv [gén] proportionately ; MATH & ÉCON proportionally, in direct ratio / *proportionnellement à une valeur donnée* proportionally to ou in ratio to a given value.

proportionner [3] [pʀɔpɔʀsjɔne] vt to match / *il est juste de proportionner le délit et la sanction* the punishment must fit the crime / *il faudrait proportionner la note à l'effort fourni par l'élève* the mark should reflect ou match the amount of effort put in by the pupil.

propos [pʀɔpo] ◆ nm **1.** [sujet] subject, topic ▸ **à ce propos** in this respect ou connection / *à ce propos, que penses-tu de ma suggestion?* which reminds me, what do you think of my suggestion? / *c'est à quel propos?* what's it about? / *à quel propos a-t-elle téléphoné?* what was the reason for her telephone call? **2.** [but] intention, aim / *mon propos n'est pas de vous convaincre* my aim is not to convince you ▸ **là n'est pas le / mon propos** that is not the / my point. ◆ nmpl [paroles] words, talk / *elle tient des propos sibyllins* she talks in riddles / *il était si fatigué que ses propos étaient à peine audibles* he was so tired that his words could hardly be heard ▸ **menus propos** small talk ▸ **tenir des propos injurieux** to make offensive remarks.

❖ **à propos** ◆ loc adj appropriate / *il serait à propos de changer de cap* it would be appropriate ou timely to change course / *elle n'a pas trouvé à propos de nous le dire* she didn't think it appropriate to tell us. ◆ loc adv **1.** [opportunément] at the right moment / *arriver* ou *tomber à propos* to occur at the right time ▸ **répondre à propos a)** [pertinemment] to answer appropriately **b)** [au bon moment] to answer at the right moment ▸ **mal à propos** at the wrong moment ou time / *très mal à propos* at the worst possible moment **2.** [au fait] by the way, incidentally / *à propos, as-tu reçu ma carte?* by the way ou incidentally, did you get my postcard?

❖ **à propos de** loc prép about, concerning, regarding / *j'ai quelques remarques à faire à propos de votre devoir* I have a few things to say to you about your homework / *dis donc, à propos d'argent* hey, (talking) about money ou on the subject of money / *elle se met en colère à propos de tout et de rien* ou *à propos d'un rien* she gets angry for no reason at all.

❖ **à tout propos** loc adv constantly, at the slightest provocation.

❖ **de propos délibéré** loc adv deliberately, on purpose.

proposer [3] [pʀɔpoze] vt **1.** [suggérer] to suggest / *qu'est-ce que tu proposes?* what would ou do you suggest? / *je propose qu'on aille au cinéma* I suggest going to the cinema / *je vous propose de rester dîner* I suggest (that) you stay for dinner / *l'agence nous a proposé un projet original* the agency submitted an original project to us / *proposez vos idées* put forward your ideas / *le chef vous propose sa quiche au saumon* the chef's suggestion ou recommendation is the salmon quiche ; [dire] ▸ **asseyons-nous, proposa-t-elle** let's sit down, she said **2.** [offrir] to offer / *il a proposé sa place à la vieille dame* he offered the old lady his seat / *on m'a proposé une vieille horloge* I have been offered an old clock / *on m'en propose un bon prix* I've been offered a good price for it **3.** [personne] to recommend, to put forward *(sép)* ▸ **proposer la candidature de qqn** to nominate sb ▸ **proposer qqn pour un oscar** to nominate sb for an Oscar **4.** ENS [sujet] to set UK, to assign US / *proposez-leur des exercices gradués* set them increasingly difficult exercises **5.** ADMIN & POL : *proposer une loi* to introduce a bill / *proposer un ordre du jour* to move an agenda / *proposer la suspension de la séance* to move that the session be suspended.

❖ **se proposer** vpi [être volontaire] to offer one's services / *je me propose pour coller les enveloppes* I'm volunteering to stick the envelopes / *se proposer pour un poste* to apply for a post.

❖ **se proposer de** vp + prép [avoir l'intention de] to intend to / *ils se proposaient de passer ensemble une semaine tranquille* they intended to spend a quiet week together.

> ⚠ Attention à ne pas traduire systématiquement proposer par **to propose**. L'article indique les différentes traductions qui s'imposent selon le contexte.

> **Proposer qqch à qqn** *Offer sthg to sb* ou *offer sb sthg*.
>
> Notez la construction à double complément qui en anglais peut prendre deux formes dont le sens est le même :
>
> • une structure identique à celle du français :
> verbe + COD + préposition + COI
> **offer sthg to sb**
>
> • une structure qui diffère de celle du français, sans préposition, et dans laquelle l'ordre des compléments est inversé :
> verbe + COI + COD
> **offer sb sthg**
>
> **Ils ont proposé un poste plutôt intéressant à Pierre.** *They offered quite an interesting job to Pierre* ou *They offered Pierre quite an interesting job.*

proposition [pʀɔpozisjɔ̃] nf **1.** [suggestion] suggestion / *quelqu'un a-t-il une autre proposition à faire?* has anyone any other suggestion ou anything else to suggest? / *vos propositions ne sont pas recevables* what you're suggesting ou proposing is unacceptable ▸ **faire une proposition à qqn** to make sb a proposition / *je vais te faire une proposition, partons dimanche!* I tell you what, why don't we leave on Sunday! **2.** [offre] offer / *refuser une proposition* to turn down an offer / *j'ai déjà eu quelques propositions de tournage* I've already had one or two film offers ▸ **faire des propositions à qqn** *euphém* to proposition sb ▸ **proposition unique de vente** unique selling point **3.** LOGIQUE & PHILOS proposition ▸ **calcul des propositions** propositional calculus **4.** [recommandation] recommendation / *sur proposition du comité* on the committee's recommendation **5.** POL : *propositions et contre-propositions* proposals and counterproposals ▸ **la proposition est votée** the motion is passed ▸ **proposition de loi** private member's bill UK, private bill US ▸ **propositions de paix** peace proposals **6.** GRAM clause ▸ **proposition consécutive** ou **de conséquence** consecutive ou result clause.

propositionnel, elle [pʀɔpozisjɔnɛl] adj propositional ▸ **calcul propositionnel** propositional calculus.

propre [pʀɔpʀ]
◆ adj

A. NET
B. PARTICULIER, ADAPTÉ

A. NET 1. [nettoyé, lavé] clean ; [rangé] neat, tidy / *chez eux c'est bien propre* their house is neat and tidy ▸ **gardez votre ville propre** don't drop litter! UK, don't litter! US ▸ **propre sur lui** *hum* neat and proper ▸ **nous voilà propres!** *iron* now we're in a fine mess! ▸ **propre comme un sou neuf** spick and span, clean as a new pin **2.** *euphém* [éduqué -bébé] toilet-trained, potty-trained ; [-chiot] house-trained UK, house-broken US **3.** [honnête] honest / *de l'argent propre* honest money / *il n'a jamais rien fait de propre* he's never done anything honest / *une affaire pas très propre* a shady business **4.** [bien exécuté -travail] neat, well done **5.** ÉCOL clean, non-polluting, non-pollutant ; NUCL clean.

B. PARTICULIER, ADAPTÉ 1. *(avant nom)* [en intensif] own / *ma propre maison / fille* my own house / daughter / *de mes propres yeux* with my own eyes ▸ **de sa propre main** personally ▸ **de son propre chef** on his own initiative ou authority / *les propres paroles du Prophète* the Prophet's very ou own words ; [privé] own, private / *son propre hélicoptère* his own helicopter, a helicopter of his own, his private helicopter **2.** [légitime] proper, legitimate / *l'objet propre de la diplomatie* the proper ou legitimate purpose of diplomacy **3.** [caractéristique] ▸ **propre à** specific ou peculiar to / *pour des raisons qui lui sont propres* for reasons of his / her own / *sa méthode de travail lui est propre* he has his own particular way of working / *une habitude propre à notre génération* a habit peculiar to ou specific to our generation **4.** [adapté] proper / *le mot propre* the proper ou correct term ▸ **propre à** suited to, fit for, appropriate to / *propre à la consommation humaine* fit for human consumption / *mesures propres à stimuler la production* appropriate measures for boosting production **5.** LING [nom] proper ; [sens] literal **6.** ASTRON ▸ **mouvement propre** proper motion **7.** PHYS ▸ **oscillation propre** natural oscillation **8.** INFORM ▸ **erreur propre** inherent error **9.** MATH [nombre, valeur] characteristic ; [partie] proper **10.** FIN ▸ **capitaux** ou **fonds propres** capital stock.

◆ nm **1.** [propreté] cleanliness, tidiness ▸ **sentir le propre** to smell clean ▸ **c'est du propre! a)** *fam & iron* [gâchis] what a mess! **b)** [action scandaleuse] shame on you! **2.** [caractéristique] peculiarity, distinctive feature / *la raison est le propre de l'homme* reason is unique to man **3.** RELIG proper.

❖ **propres** nmpl DR separate property (of each spouse).

❖ **au propre** loc adv **1.** [en version définitive] ▸ **mettre qqch au propre** to copy sthg out neatly, to make a fair copy of sthg **2.** LING literally / *le mot peut s'employer au propre et au figuré* the word can be used both literally and figuratively.

❖ **en propre** loc adv by rights ▸ **avoir en propre** to possess (by rights) / *la fortune qu'il a en propre* his own fortune, the fortune that's his by rights.

propre-à-rien [pʀɔpʀaʀjɛ̃] (*pl* **propres-à-rien**) nmf good-for-nothing / *ce sera toujours un propre-à-rien* he'll never amount to anything.

proprement [pʀɔpʀəmɑ̃] adv **1.** [avec propreté] cleanly ; [avec netteté] tidily, neatly ▸ **écrire proprement** to write neatly / *l'hôtel est très proprement tenu* the hotel is spotlessly clean ▸ **mange proprement!** eat properly! / *elle rangea proprement ses affaires* she set her things out neatly **2.** [spécifiquement] specifically, strictly / *l'aspect proprement éducatif du projet leur a échappé* they missed the specifically educational significance of the project **3.** [absolument] truly, totally, absolutely / *elle est proprement insupportable!* she's absolutely unbearable! / *il s'est fait proprement éjecter fam* he was thrown out unceremoniously ou well and truly thrown out **4.** *litt* [convenablement] decently, properly, honourably / *elle ne s'est pas conduite très proprement* she didn't behave very properly.

❖ **à proprement parler** loc adv strictly speaking.

❖ **proprement dit, proprement dite** loc adj actual / *la maison proprement dite* the house proper, the actual house, the house itself.

propret, ette [pʀɔpʀɛ, ɛt] adj neat and tidy / *elle est toujours bien proprette* she's always neat and tidy / *un petit jardin bien propret* a neat little garden.

propreté [pʀɔpʀəte] nf **1.** [absence de saleté] cleanness, cleanliness ; [fait d'être rangé] tidiness ; [hygiène] hygiene **2.** ÉCOL cleanness, absence of pollution **3.** *euphém* : *l'apprentissage de la propreté* [chez l'enfant] toilet-training, potty-training.

propriétaire [pʀɔpʀijetɛʀ] nmf **1.** [celui qui possède] owner / *ce sont eux les propriétaires du club / de l'hôtel* they are the owners ou proprietors of the club / hotel / *c'est moi le propriétaire* I am the owner / *ils ont voulu être propriétaires* they wanted to own their (own) place / *tous les propriétaires seront soumis à la taxe* all householders ou homeowners will be liable to tax / *qui est le propriétaire de cette valise?* to whom does this case belong? / *vous êtes maintenant l'heureux propriétaire d'une machine à laver* you are now the proud owner ou possessor of a washing machine ▸ **propriétaire foncier** property owner ▸ **propriétaire terrien** landowner **2.** [celui qui loue] landlord (landlady).

propriétaire-éleveur [pʀɔpʀijetɛʀelvœʀ] (*pl* **propriétaires-éleveurs**) nm AGR & SPORT owner-breeder.

propriétaire-récoltant [pʀɔpʀijetɛʀʀekɔltɑ̃] (*pl* **propriétaires-récoltants**) nm wine grower.

propriété [pʀɔpʀijete] nf **1.** [biens] estate, property / *une très belle / une grande / une petite propriété* an excellent / a large / a small property ▸ **propriété foncière / immobilière** landed / real estate ▸ **propriété**

de l'État government ou state property ▸ **propriété mobilière** DR personal property, movables ▸ **propriété privée** private (property) / **'propriété privée, défense d'entrer'** 'private property, keep out' **2.** [fait de posséder] ownership **3.** DR ownership ▸ **posséder en toute propriété** to hold in fee simple ▸ **propriété collective des moyens de production** collective ownership of the means of production ▸ **propriété commerciale** leasehold ownership *(covenant to extend lease)* ▸ **propriété individuelle** personal ou private property ▸ **propriété indivise** joint ownership ▸ **propriété industrielle** patent rights ▸ **propriété littéraire et artistique** copyright **4.** [propriétaires] property owners ▸ **la grande / petite propriété** the big / small landowners **5.** [qualité] property, characteristic, feature / *la codéine a des propriétés antitussives* codeine suppresses coughing / *ce plastique a la propriété d'être souple* this plastic has the characteristic of being flexible **6.** [exactitude - d'un terme] aptness, appropriateness / *sans propriété dans les termes, pas de clarté* if the correct terms are not used, clarity is lost.

proprio [pʀɔpʀijo] nmf *fam* landlord (landlady).

propriocepteur [pʀɔpʀijosɛptœʀ] nm proprioceptor.

proprioceptif, ive [pʀɔpʀijosɛptif, iv] adj proprioceptive.

proprioception [pʀɔpʀijosɛpsjɔ̃] nf proprioception.

propulser [3] [pʀɔpylse] vt **1.** AUTO to drive ; ASTRONAUT to propel ; MÉCAN to propel, to drive / *propulsé par un moteur puissant* driven by a powerful engine **2.** [pousser] to push, to fling / *il s'est trouvé propulsé sur le devant de la scène* he was pushed towards the front of the stage / *le vélo a été propulsé sous le camion* the bicycle was flung ou thrown under the lorry / *elle s'est trouvée propulsée à la tête de l'entreprise fig* she suddenly found herself in charge of the business.

propulseur [pʀɔpylsœʀ] nm **1.** MÉCAN & NAUT [hélice] (screw) propeller ; [moteur] power unit ; [carburant] propellant ▸ **propulseur d'étrave** bow propeller **2.** ASTRONAUT rocket engine ▸ **propulseur auxiliaire** booster.

propulsif, ive [pʀɔpylsif, iv] adj propellant, propelling, propulsive ▸ **roue propulsive** driving wheel.

propulsion [pʀɔpylsjɔ̃] nf **1.** AÉRON, MÉCAN & NAUT [phénomène] propulsion, propelling force ; [résultat] propulsion, propulsive motion, drive ▸ **fusée à propulsion atomique / nucléaire** atomic-powered / nuclear-powered rocket **2.** ÉLECTR ▸ **propulsion électrique** electric drive ▸ **propulsion turboélectrique** turbo-electric propulsion ▸ **propulsion par photons** photonic drive.

propylée [pʀɔpile] nm propylaeum ▸ **les propylées de l'Acropole** the Propylaea.

propylène [pʀɔpilɛn] nm [hydrocarbure] propylene, propene.

prorata [pʀɔʀata] (*pl* **prorata** *ou* **proratas***) nm proportion / *en respectant le prorata* in due ratio.
❖ **au prorata** loc adv proportionally, pro rata.
❖ **au prorata de** loc prép in proportion to / *bénéfices au prorata du nombre d'actions* profits shared out pro rata to (the number of) shares held.

prorogatif, ive [pʀɔʀɔgatif, iv] adj DR prorogating.

prorogation [pʀɔʀɔgasjɔ̃] nf **1.** ADMIN & DR [d'un délai] extension ; [d'un visa] renewal ▸ **prorogation de compétence** ou **de juridiction** extension of jurisdiction **2.** POL adjournment, prorogation *spéc*.

proroger [17] [pʀɔʀɔʒe] vt **1.** ADMIN & DR [délai, compétence] to extend ; [traité] to renew ; [échéance] to defer **2.** POL [suspendre - assemblée] to prorogue *spéc*, to adjourn.

prosaïque [pʀozaik] adj mundane, pedestrian, prosaic / *pour en revenir à des préoccupations plus prosaïques, qu'est-ce qu'on mange ce soir? hum* to get back to more mundane matters, what are we having for dinner?

prosaïquement [pʀozaikmɑ̃] adv mundanely, prosaically.

prosaïsme [pʀozaism] nm *sout* ordinariness, prosaicness / *quel prosaïsme!* how romantic! *iron*.

prosateur, trice [pʀozatœʀ, tʀis] nm, f prose writer.

proscenium, proscénium* [pʀɔsenjɔm] nm **1.** THÉÂTRE apron, proscenium **2.** ANTIQ proscenium.

proscripteur [pʀɔskʀiptœʀ] nm proscriber.

proscription [pʀɔskʀipsjɔ̃] nf **1.** HIST [exil] exiling, banishment ; ANTIQ proscription **2.** [interdiction] prohibition, banning, proscription *sout*.

proscrire [99] [pʀɔskʀiʀ] vt **1.** [exiler] to banish, to proscribe *sout* **2.** [interdire - gén] to forbid ; [- par la loi] to outlaw ; [déconseiller] to advise against / *cet usage est à proscrire* this expression is to be avoided.

proscrit, e [pʀɔskʀi, it] ◆ adj *sout* **1.** [exilé] proscribed *sout* **2.** [interdit] forbidden ▸ **c'est un usage proscrit a)** [déconseillé] the expression is to be avoided **b)** [tabou] the expression is taboo. ◆ nm, f outlaw.

proscrivait v ⟶ **proscrire**.

prose [pʀoz] nf **1.** LITTÉR prose **2.** *fam* [style] (writing) style / *sa prose se lit sans déplaisir* her work reads quite well **3.** *fam & hum* [écrit] work, masterpiece *iron* / *vous, au fond de la classe, apportez-moi votre prose!* you there, in the back row, bring me over your masterpiece!
❖ **en prose** ◆ loc adj prose / *texte en prose* prose text. ◆ loc adv : *écrire en prose* to write (in) prose.

prosélyte [pʀozelit] nmf **1.** *sout* [adepte] proselyte / *l'idée a fait de nombreux prosélytes* there were many converts to the idea, many people espoused the idea **2.** HIST & RELIG convert, proselyte.

prosélytisme [pʀozelitism] nm **1.** RELIG proselytism **2.** *sout* [propagande] proselytism, missionary zeal / *faire du prosélytisme* to proselytize UK, to proselyte US.

Proserpine [pʀozɛʀpin] npr Proserpina.

prosodie [pʀozɔdi] nf **1.** LITTÉR prosody **2.** MUS rules of musical arrangement.

prosodique [pʀozɔdik] adj prosodic.

prosopopée [pʀozɔpɔpe] nf prosopopoeia.

prospect[1] [pʀɔspɛ] nm COMM prospect, potential customer ou client.

prospect[2] [pʀɔspɛkt] nm CONSTR & DR minimum distance between buildings.

prospecter [4] [pʀɔspɛkte] ◆ vt **1.** COMM & ÉCON [région] to comb ; [clientèle] to canvass ; [marché] to explore, to investigate **2.** MIN to prospect / *prospecter une région pour trouver de l'or* to prospect an area for gold / *on prospecte la région pour trouver du pétrole* they're looking for oil in the area. ◆ vi to comb an area.

prospecteur, trice [pʀɔspɛktœʀ, tʀis] ◆ adj prospecting, investigating. ◆ nm, f **1.** COMM canvasser **2.** MIN prospector.

prospecteur-placier [pʀɔspɛktœʀplasje] (*pl* **prospecteurs-placiers**) nm employment officer.

prospectif, ive [pʀɔspɛktif, iv] adj prospective.
❖ **prospective** nf **1.** ÉCON (long-term) forecasting **2.** [science] futurology.

prospection [pʀɔspɛksjɔ̃] nf **1.** MIN prospecting ▸ **prospection minière / pétrolière** mining / oil exploration **2.** COMM [de la clientèle] canvassing ; [des tendances] exploring ▸ **prospection du marché** surveying ou exploring the market.

prospective f ⟶ **prospectif**.

prospectiviste [pʀɔspɛktivist] nmf futurologist.

prospectrice f ⟶ **prospecteur**.

prospectus [pʀɔspɛktys] nm **1.** COMM [feuillet publicitaire] leaflet, handout / *il n'y a rien que des prospectus dans la boîte aux lettres* there's nothing but advertising leaflets in the letter box / *nous avons envoyé des prospectus à tous nos clients* we have sent a mailshot to ou we have circularized all our customers ▸ **prospectus de publicité directe** fly sheet **2.** DR ▸ **prospectus d'émission** (pathfinder) prospectus.

prospère [pʀɔspɛʀ] adj **1.** [fructueux] flourishing, thriving / *les affaires sont prospères* business is booming **2.** [riche] prosperous.

prospérer [18] [pʀɔspeʀe] vi [entreprise] to flourish, to thrive ; [personne] to fare well, to thrive ; [plante] to thrive / *le tourisme a fait prospérer toute la région* tourism brought wealth to the whole area.

In reformed spelling (see p. 16-19), this verb is conjugated like *semer* : ***il prospèrera, elle prospèrerait.***

prospérité [pʀɔspeʀite] nf prosperity, success / *une période de (grande) prospérité* a boom / *(santé et) prospérité à tous!* here's to health and prosperity!

prostaglandine [pʀɔstaglɑ̃din] nf prostaglandin.

prostate [pʀɔstat] nf prostate (gland) / *se faire opérer de la prostate* to have a prostate operation.

prostatectomie [pʀɔstatɛktɔmi] nf prostatectomy.

prostatique [pʀɔstatik] ◆ adj prostatic ▸ **calcul prostatique** prostatic calculus, prostatolith. ◆ nm prostate sufferer.

prostatite [pʀɔstatit] nf prostatitis *(U)*.

prosternation [pʀɔstɛʀnasjɔ̃] nf **1.** RELIG bowing-down, prosternation *sout* **2.** *fig & litt* toadying.

prosternement [pʀɔstɛʀnəmɑ̃] nm = **prosternation**.

prosterner [3] [pʀɔstɛʀne] ❖ **se prosterner** vpi RELIG to bow down ▸ **se prosterner devant qqn** *fig* to grovel to sb.

prostitué, e [pʀɔstitɥe] nm, f [femme] prostitute ; [homme] male prostitute.

prostituer [7] [pʀɔstitɥe] vt **1.** [personne] to make a prostitute of, to prostitute **2.** *fig & sout* : *prostituer ses talents* to sell ou to prostitute one's talent.
❖ **se prostituer** vp *(emploi réfléchi) pr & fig* to prostitute o.s.

prostitution [pʀɔstitysjɔ̃] nf *pr & fig* prostitution.

prostration [pʀɔstʀasjɔ̃] nf **1.** MÉD & RELIG prostration **2.** ÉCON collapse, crash.

prostré, e [pʀɔstʀe] adj **1.** [accablé] prostrate, despondent **2.** MÉD prostrate.

protagoniste [pʀɔtagɔnist] nmf **1.** [principal participant] protagonist / *les protagonistes du conflit vont entamer des pourparlers* the protagonists in the conflict are to start negotiations **2.** CINÉ & LITTÉR (chief) protagonist, main character **3.** ANTIQ protagonist.

protamine [pʀɔtamin] nf protamine.

protéagineux, euse [pʀɔteaʒinø, øz] adj proteaginous.
❖ **protéagineux** nm proteaginous plant.

protéase [pʀɔteaz] nf protease.

protecteur, trice [pʀɔtɛktœʀ, tʀis] ◆ adj **1.** [qui protège] protective ▸ **crème protectrice** barrier cream **2.** [condescendant] patronizing **3.** ÉCON protectionist. ◆ nm, f **1.** [gardien] custodian, guardian, guarantor **2.** [mécène] patron.
❖ **protecteur** nm [d'une prostituée] procurer.

protection [pʀɔtɛksjɔ̃] nf **1.** [défense] protection ▸ **assurer la protection de qqn** to protect sb / *demander la protection des services de police* to ask for police protection ▸ **prendre qqn sous sa protection** to take sb under one's wing ▸ **protection aérienne** MIL aerial protection ▸ **protection civile a)** [en temps de guerre] civil defence **b)** [en temps de paix] disaster management ▸ **protection contre les rayonnements** NUCL radiological protection ▸ **protection diplomatique** diplomatic protection ▸ **protection de l'emploi** personal security, job protection ▸ **protection de l'enfance** child welfare ▸ **protection des espèces menacées** protection of endangered species ▸ **protection judiciaire** (court) supervision (of a minor), wardship ▸ **protection maternelle et infantile** mother and child care *(including antenatal and postnatal clinics and family planning)* ▸ **protection de la nature** nature conservation ou conservancy ▸ **protection rapprochée** [d'une personne] police protection ▸ **protection sociale** social welfare **2.** [prévention] protection, preservation, conservation / *c'est une bonne protection contre la rouille / les fraudes* it's a good protection against rust / fraud **3.** [soutien] ▸ **solliciter la protection de qqn** to ask for sb's support, to ask sb

* In reformed spelling (see p. 16-19).

to use their influence on one's behalf ▸ **par protection** through (personal) influence **4.** ART & SPORT patronage **5.** [serviette hygiénique] ▸ **protection (féminine)** sanitary towel UK, sanitary napkin US **6.** INFORM security ▸ **protection de fichier** protected file access ▸ **protection mémoire** protected location **7.** MÉTALL coating ▸ **protection cathodique** cathodic protection.
❖ **de protection** loc adj protective, safety *(modif)* ▸ **gaine de protection** protective cover ▸ **couche / vernis de protection** protective coating / varnish.

protectionnisme [prɔtɛksjɔnism] nm protectionism.

protectionniste [prɔtɛksjɔnist] adj & nmf protectionist.

protectorat [prɔtɛktɔra] nm protectorate.

protectrice f ⟶ **protecteur.**

protégé, e [prɔteʒe] ◆ adj **1.** AÉRON ▸ **espace aérien protégé** protected airspace **2.** ÉCOL [espèce, zone] protected **3.** ÉLECTRON protected **4.** INFORM [logiciel] copy-protected **5.** [relations sexuelles] protected ▸ **rapports non protégés** unprotected sex. ◆ nm, f protégé.

protège-bas [prɔtɛʒba] nm inv shoe liner.

protège-cahier [prɔtɛʒkaje] (*pl* **protège-cahiers**) nm exercise-book cover UK, notebook cover US.

protège-couche [prɔtɛʒkuʃ] (*pl* **protège-couches**) nm nappy liner.

protège-dents (*pl* **protège-dents**), **protège-dent*** [prɔtɛʒdɑ̃] nm gum-shield.

protège-matelas [prɔtɛʒmatla] nm inv mattress cover.

protège-poignets [prɔtɛʒpwaɲɛ] nm inv wrist guard, wrist protector.

protéger [22] [prɔteʒe] vt **1.** [assurer - la sécurité de] to protect, to defend ; [- la santé, la survie de] to protect, to look after *(insép)*, to shield against ▸ **protéger qqch contre le** ou **du froid** to protect ou to insulate sthg against the cold ▸ **protéger qqch contre** ou **de la chaleur** to heat-proof sthg, to protect sthg against heat ▸ **protéger qqch contre les radiations** to shield sthg from radiation / *il fit protéger sa fille par des gardes du corps* he employed bodyguards to protect his daughter **2.** COMM & ÉCON to protect ▸ **protéger par un brevet** DR to patent **3.** [favoriser] to encourage, to protect **4.** [faire du racket] to protect **5.** *euphém* [prostituée] to act as a procurer (procuress) for.
❖ **se protéger** vp *(emploi réfléchi)* to protect o.s. / *protégez-vous contre la grippe* protect yourself against the flu / *se protéger contre le* ou *du soleil* to shield o.s. from the sun / *les jeunes sont encouragés à se protéger lors de leurs relations sexuelles* young people are encouraged to protect themselves (by using a condom) / *elle a su se protéger grâce à des relations haut placées* she was able to protect herself thanks to friends in high places.

In reformed spelling (see p. 16-19), this verb is conjugated like *semer*: *il protègera, elle protègerait.*

protège-slip [prɔtɛʒslip] (*pl* **protège-slips**) nm panty liner.

protège-tibia [prɔtɛʒtibja] (*pl* **protège-tibias**) nm shin pad.

protéide [prɔteid] nm protein.

protéiforme [prɔteifɔrm] adj multiform, protean *litt.*

protéine [prɔtein] nf protein ▸ **protéine plasmatique / spécifique** plasma / specific protein ▸ **protéines animales / végétales** animal / vegetable proteins.

protéinique [prɔteinik] adj = **protéique.**

protéinurie [prɔteinyri] nf proteinuria.

protéique [prɔteik], **protéinique** adj proteinic, protein *(modif).*

protèle [prɔtɛl] nm aardwolf.

protéolyse [prɔteoliz] nf proteolysis.

protéolytique [prɔteɔlitik] adj proteolytic.

protérozoïque [prɔterɔzɔik] nm GÉOL proterozoic.

protestable [prɔtɛstabl] adj BANQUE & DR protestable.

protestant, e [prɔtɛstɑ̃, ɑ̃t] adj & nm, f Protestant.

protestantisme [prɔtɛstɑ̃tism] nm Protestantism.

protestataire [prɔtɛstatɛr] ◆ adj [délégué] protesting ; [mesure] protest *(modif).* ◆ nmf protester, protestor.

protestation [prɔtɛstasjɔ̃] nf **1.** [mécontentement] protest, discontent / *grand mouvement / grande manifestation de protestation demain à 14 h* a big protest rally / demonstration will be held tomorrow at 2 pm **2.** [opposition] protest ▸ **en signe de protestation** as a protest / *sans une protestation* without a murmur, without protest **3.** DR protesting, protestation.
❖ **protestations** nfpl *litt* [déclarations] ▸ **protestations d'amitié** protestations ou assurances of friendship ▸ **faire à qqn des protestations d'amour / de loyauté** to profess one's love / loyalty to sb.

protester [3] [prɔtɛste] ◆ vi [dire non] to protest / *je proteste !* I protest !, I object ! ▸ **protester contre qqch** to protest against ou about sthg ▸ **protester mollement** to make a feeble protest. ◆ vt **1.** DR to protest **2.** *vieilli* [affirmer] to protest, to declare / *je proteste avec la dernière énergie que je n'ai pas reçu votre convocation* I strongly protest that ou I solemnly declare that I didn't receive your notification.
❖ **protester de** v + prép *litt* ▸ **protester de son innocence** to protest one's innocence.

protêt [prɔtɛ] nm DR protest / *faire dresser un protêt* to (make a) protest ▸ **protêt faute d'acceptation / faute de paiement** protest for non-acceptance / non-payment.

prothèse [prɔtɛz] nf **1.** [technique] prosthetics *(U)* ▸ **prothèse dentaire** prosthodontics *(U)* **2.** [dispositif] prosthesis ▸ **prothèse dentaire totale** (set of) dentures ▸ **une prothèse dentaire fixe** a bridge, a fixed dental prosthesis *spéc.*

prothésiste [prɔtezist] nmf prosthetist ▸ **prothésiste dentaire** prosthodontist, dental prosthetist.

prothétique [prɔtetik] adj prosthetic.

prothorax [prɔtɔraks] nm prothorax.

prothrombine [prɔtrɔ̃bin] nf prothrombin.

protide [prɔtid] nm protein.

protidique [prɔtidik] adj protein *(modif)*, proteinic.

protiste [prɔtist] nm protist.

proto- [prɔto] préf proto, proto-.

protocolaire [prɔtɔkɔlɛr] adj [respectueux des usages] formal ; [conforme à l'étiquette] mindful of ou conforming to etiquette / *le prince dans une attitude peu protocolaire* the Prince in a relaxed pose.

protocole [prɔtɔkɔl] nm **1.** DR & POL protocol ▸ **protocole d'accord a)** POL draft agreement **b)** ÉCON agreement in principle **2.** INFORM protocol ▸ **protocole Internet** Internet protocol ▸ **protocole multivoie / univoie** multi-channel / single-channel protocol **3.** IMPR style sheet **4.** [cérémonial] ▸ **le protocole** protocole, etiquette / *le bain de foule n'était pas prévu par le protocole* the walkabout was not part of the (prearranged) schedule **5.** SCI ▸ **protocole d'une expérience** experimental procedure **6.** MÉD ▸ **protocole opératoire** protocol.

protoétoile [prɔtoetwal] nf protostar.

protogalaxie [prɔtogalaksi] nf protogalaxy.

protohistoire [prɔtɔistwar] nf protohistory.

protohistorien, enne [prɔtɔistɔrjɛ̃, ɛn] nm, f protohistorian.

protohistorique [prɔtɔistɔrik] adj protohistoric.

proton [prɔtɔ̃] nm proton.

protonique [prɔtɔnik] adj protonic.

protophyte [prɔtɔfit] nm protophyte ▸ **les protophytes** the Protophyta.

protoplanète [prɔtoplanɛt] nf protoplanet.

protoplasma [prɔtɔplasma], **protoplasme** [prɔtɔplasm] nm protoplasm.

protoplasmique [prɔtɔplasmik] adj protoplasmic.

prototypage [prɔtɔtipaʒ] nm prototyping.

prototype [prɔtɔtip] nm **1.** INDUST prototype **2.** [archétype] standard / *c'est le prototype du vieil imprimeur* he's the archetypal old printer **3.** *(comme adjectif, avec ou sans trait d'union)* prototype *(modif).*

protoxyde [prɔtɔksid] nm protoxide.

protozoaire [prɔtɔzɔɛr] nm protozoan, protozoon ▸ **les protozoaires** the Protozoa.

protractile [prɔtraktil] adj protractile.

protrusion [prɔtryzjɔ̃] nf protrusion.

protubérance [prɔtyberɑ̃s] nf **1.** [bosse] bump ; [enflure] bulge, protuberance *spéc* **2.** ANAT protuberance ▸ **protubérance cérébrale** mesencephalon **3.** ASTRON ▸ **protubérance solaire** solar prominence.

protubérant, e [prɔtyberɑ̃, ɑ̃t] adj [muscle] bulging ; [menton, front] prominent ; [œil, ventre] protruding, bulging.

protubérantiel, elle [prɔtyberɑ̃sjɛl] adj ASTRON prominence *(modif).*

prou [pru] adv ⟶ **peu.**

proudhonien, enne [prudɔnjɛ̃, ɛn] ◆ adj Proudhonian. ◆ nm, f follower of Proudhon.

proue [pru] nf NAUT bow, bows, prow.
❖ **en proue** ◆ loc adj projecting. ◆ loc adv : *s'avancer en proue* to protrude.

prouesse [pruɛs] nf exploit, feat / *le convaincre était une prouesse fig* convincing him was quite a feat ▸ **faire des prouesses a)** [briller] to perform outstandingly **b)** [faire des efforts] to do one's utmost / *j'ai fait des prouesses pour finir dans les délais* I did my utmost to finish on time / *il n'a pas / je n'ai pas fait de prouesse hum* he / I didn't exactly shine / *calomnier et diviser, voilà toutes les prouesses dont il est capable* spreading slander and dividing people, that's what he excels at.

proustien, enne [prustjɛ̃, ɛn] adj Proustian.

prouvable [pruvabl] adj provable / *ce n'est pas prouvable* it can't be proved (or disproved).

prouver [3] [pruve] vt **1.** [faire la preuve de] to prove / *cela n'est pas encore prouvé* it remains to be proved / *il n'est pas prouvé que…* there's no proof that… / *les faits ont prouvé qu'elle était bel et bien absente* the facts proved her to have indeed been absent ▸ **prouve-moi le contraire!** give me proof of ou to the contrary! / *il t'a menti — prouve-le-moi!* he lied to you — prove it! / *prouver le bien-fondé d'une accusation* DR to substantiate a charge ▸ **prouver qqch par A + B** : *il m'a prouvé par A + B que j'avais tort* he demonstrated that I was wrong in a very logical way **2.** [mettre en évidence] to show / *cela prouve bien que j'avais raison* it shows that I was right / *tous les tests ont prouvé la supériorité du nouveau système* all the tests showed ou demonstrated the superiority of the new system / *son désintéressement n'est plus à prouver* her impartiality is no longer open to question **3.** [témoigner] to demonstrate ▸ **prouver à qqn son amitié / sa reconnaissance** to demonstrate one's friendship / gratitude to sb, to give sb proof of one's friendship / gratitude.
❖ **se prouver** vpt ▸ **se prouver qqch (à soi-même)** to prove sthg (to o.s.).

provenance [prɔvnɑ̃s] nf [d'un mot] origin ; [d'une rumeur] source / *des marchandises de provenance étrangère* imported goods / *quelle est la provenance de ces légumes ?* where do these vegetables come from?
❖ **en provenance de** loc prép (coming) from / *le train en provenance de Genève* the train from Geneva, the Geneva train / *les voyageurs en provenance de Montréal* passengers (recently arrived) from Montreal.

provençal, e, aux [prɔvɑ̃sal, o] adj Provençal.
❖ **Provençal, e, aux** nm, f Provençal.
❖ **provençal** nm LING Provençal.
❖ **à la provençale** loc adj CULIN à la provençale.

Provence [prɔvɑ̃s] npr f ▸ **(la) Provence** Provence ▸ **herbes de Provence** ≃ mixed herbs.

Provence-Alpes-Côte d'Azur [prɔvɑ̃salpkotdazyr] npr Provence-Alpes-Côte d'Azur.

* In reformed spelling (see p. 16-19).

Provence-Alpes-Côte d'Azur

This administrative region, also known as **PACA**, includes the **départements** of Alpes-de-Haute-Provence, Alpes-Maritimes, Bouches-du-Rhône, Hautes-Alpes, Var and Vaucluse (capital: Marseille).

provenir [40] [pʀɔvniʀ] ❖ **provenir de** v + prép **1.** [lieu] to come from *(insép)* / *d'où provient cette statuette?* where does this statuette come from? **2.** [résulter de] to arise ou to result from, to arise out of.

proverbe [pʀɔvɛʀb] nm proverb, adage ▸ **comme dit le proverbe** as the proverb goes ▸ **passer en proverbe** to become proverbial.

❖ **Proverbes** nmpl Proverbs.

proverbial, e, aux [pʀɔvɛʀbjal, o] adj **1.** [de proverbe] proverbial **2.** [connu] well-known, proverbial / *au lycée, son talent d'imitateur est proverbial* he's become well-known throughout the school for his impersonations.

proverbialement [pʀɔvɛʀbjalmɑ̃] adv proverbially.

providence [pʀɔvidɑ̃s] nf **1.** RELIG Providence / *les voies de la Providence* the ways of Providence **2.** [aubaine] salvation, piece of luck **3.** [personne] : *tu es ma providence!* you're my saviour! / *vous rentrez à Nice en voiture? vous êtes ma providence!* you're driving back to Nice? you've saved my life!

providentiel, elle [pʀɔvidɑ̃sjɛl] adj providential, miraculous / *c'est l'homme providentiel!* he's the man we need! / *sans cette grève providentielle, nous n'aurions jamais fait connaissance* if that strike hadn't happened at just the right time, we'd never have met.

providentiellement [pʀɔvidɑ̃sjɛlmɑ̃] adv providentially, miraculously.

provient v ⟶ **provenir.**

provin [pʀɔvɛ̃] nm layered runner, sucker.

province [pʀɔvɛ̃s] nf **1.** [régions en dehors de la capitale] ▸ **la province a)** [en France] provincial France **b)** [dans d'autres pays] the provinces / *il doit bientôt partir en province* he'll soon be leaving town ▸ **un week-end en province** a weekend out of town ▸ **arriver** ou **débarquer tout droit de sa province** to be fresh from the country ou the provinces / *une petite ville de province* a small country town / *Bordeaux est une grande ville de province* Bordeaux is a major provincial town / *nous avons également des bureaux en province* we also have provincial branches **2.** HIST province / *la Gaule Cisalpine était une province romaine* Cisalpine Gaul was a Roman province ▸ **la province de Bourgogne** the province of Burgundy ▸ **la Belle Province** QUÉBEC Quebec **3.** *(comme adj inv)* : *notre quartier est encore très province* there's still a small-town feeling to our area / *sa famille est restée un peu province* her family's kept up a rather provincial way of life.

Provinces maritimes [pʀɔvɛ̃smaʀitim] npr fpl [au Canada] ▸ **les Provinces maritimes** the Maritime Provinces, the Maritimes.

Provinces-Unies [pʀɔvɛ̃syni] npr fpl HIST [aux Pays-Bas] ▸ **les Provinces-Unies** the United Provinces.

provincial, e, aux [pʀɔvɛ̃sjal, o] ◆ adj **1.** [en dehors de Paris] provincial / *sa tournée provinciale* her tour of the provinces **2.** *péj* [personne, comportement] provincial, parochial. ◆ nm, f provincial.

❖ **provincial, aux** nm **1.** RELIG provincial **2.** QUÉBEC ▸ **le Provincial** the Provincial Government.

provincialisme [pʀɔvɛ̃sjalism] nm **1.** LING provincialism **2.** *péj* [étroitesse d'esprit] small-town ou village-pump mentality, parochialism.

provint v ⟶ **provenir.**

proviseur, e [pʀɔvizœʀ] nm, f **1.** [directeur] ≃ head UK head teacher UK, headmaster (headmistress) UK, principal US **2.** BELG [adjoint] deputy head *(with overall responsibility for discipline within the school).*

provision [pʀɔvizjɔ̃] nf **1.** [réserve] stock, store, supply ▸ **provision d'eau** supply of water / *une provision de pommes de terre* a stock of potatoes / *avoir une bonne provision de chocolat / patience* to have a good supply of chocolate / plenty of patience / *ma grand-mère avait une provision de boutons de nacre* my grandmother had plenty of spare mother-of-pearl buttons ▸ **faire provision de sucre / d'enveloppes** to stock up with sugar / envelopes / *les écureuils font provision de noix pour l'hiver* squirrels store up nuts for the winter ▸ **faire des provisions** to stock up on food, to lay in stocks of food **2.** [acompte] advance ou down payment ; BANQUE (sufficient) funds / *je n'ai pas de provision* I don't have sufficient funds ou enough money in my account **3.** [d'un bilan comptable] provision ▸ **provisions pour créances douteuses** bad debt provision ; [couverture] cover **4.** [honoraires] retainer **5.** DR interim payment, interlocutory relief ▸ **par provision** [décision, acte] provisional, interim ▸ **provision ad litem** security ou provision for costs *(during divorce proceedings).*

❖ **provisions** nfpl [courses] ▸ **provisions (de bouche)** shopping *(U)*, groceries / *qu'est-ce que tu as fait des provisions?* what have you done with the groceries?

❖ **à provisions** loc adj [filet, sac] shopping *(modif)* ; ▸ **armoire à provisions** store cupboard / *c'est mon étagère à provisions* it's the shelf where I keep my food.

provisionnel, elle [pʀɔvizjɔnɛl] adj provisional.

provisionner [3] [pʀɔvizjɔne] vt BANQUE [compte] to deposit funds into / *son compte n'a pas été provisionné depuis plusieurs mois* there has been no money paid into his account for several months.

provisoire [pʀɔvizwaʀ] ◆ adj **1.** [momentané] temporary, provisional / *c'est une solution provisoire* it's a temporary solution ou a stopgap **2.** [précaire] makeshift / *une réparation provisoire* a makeshift repair **3.** [intérimaire - gouvernement] provisional ; [- directeur] acting **4.** DR [jugement] provisional, interlocutory *sout* ; [mise en liberté] conditional. ◆ nm ▸ **le provisoire** that which is temporary.

provisoirement [pʀɔvizwaʀmɑ̃] adv temporarily, provisionally / *la piscine est provisoirement fermée* the swimming-pool is temporarily closed / *je fais repeindre la chambre et, provisoirement, je couche dans le salon* I'm having the bedroom redecorated and I'm sleeping in the living-room for the time being / *provisoirement, je fais des ménages* for the time being, I do cleaning for people.

provisorat [pʀɔvizɔʀa] nm headship UK, principalship US.

provitamine [pʀɔvitamin] nf provitamin.

provo [pʀɔvo] nm **1.** *arg scol* [proviseur] head *(of a school)* **2.** [aux Pays-Bas] provo.

provoc [pʀɔvɔk] nf *fam* provocation / *tu fais de la provoc ou quoi?* are you trying to wind me up UK ou tick me off US ?

provocant, e [pʀɔvɔkɑ̃, ɑ̃t] adj **1.** [agressif] aggressive, provoking / *une remarque provocante* an aggressive remark ▸ **sur un ton provocant** provocatively ▸ **de façon provocante** provocatively **2.** [osé] blatant / *un modernisme provocant* blatant modernism **3.** [excitant] exciting, provocative, teasing.

provocateur, trice [pʀɔvɔkatœʀ, tʀis] ◆ adj [discours, propagande] inflammatory ; [argument, propos] provocative ▸ **geste provocateur** offensive gesture. ◆ nm, f POL provocateur.

provocation [pʀɔvɔkasjɔ̃] nf **1.** [stratégie] provocation, incitement ; [acte] provocation / *c'est de la provocation!* it's an act of provocation! ▸ **faire qqch par provocation** to do sthg as an act of provocation ▸ **se livrer à des provocations à l'égard de qqn** to provoke sb / *les provocations policières* police provocation / *il a dit ça par pure provocation* he only said it to try and shock people **2.** *litt* [séduction] teasing, provocativeness.

provoquer [3] [pʀɔvɔke] vt **1.** [défier] to provoke, to push (to breaking point) / *arrête de me provoquer!* *fam* don't push me! / *c'est lui qui m'a provoqué!* he started it! / *il semblait vouloir provoquer le policier* he seemed to be trying to provoke the policeman / *provoquer le destin* to tempt fate ▸ **provoquer qqn en duel** to challenge sb to a duel **2.** [sexuellement] to tease **3.** [occasionner - maladie, sommeil] to cause, to induce / *les vapeurs d'essence peuvent provoquer des migraines* petrol fumes can cause migraines / *ce médicament peut provoquer une légère somnolence* this medicine may cause drowsiness ▸ **pouvant provoquer la mort** potentially fatal ; [sentiment] to arouse, to stir up *(sép)*, to give rise to / *il ne se doutait pas qu'il allait provoquer sa jalousie* he didn't realize that he would make her jealous / *il disait cela pour provoquer les rires de ses camarades* he said that to make his schoolfriends laugh / *ses dénégations ne provoquèrent aucune réaction chez le juge* his denials brought no reaction from the judge / *l'explosion provoqua la panique générale* the explosion caused general panic ; [réaction, explosion, changement] to cause ; [événement] to cause, to be the cause of, to bring about *(sép)* / *le krach a provoqué de nombreuses faillites* the stock exchange crash caused a great number of bankruptcies / *elle fit cette déclaration pour provoquer une nouvelle enquête* she made that statement so that there would be a new enquiry **4.** MÉD ▸ **provoquer l'accouchement** to induce labour.

prox. (abr écrite de **proximité**) / **'prox. commerces'** 'near shops'.

proxénète [pʀɔksenɛt] nmf procurer (procuress).

proxénétisme [pʀɔksenetism] nm procuring.

proximal, e, aux [pʀɔksimal, o] adj proximal.

proximité [pʀɔksimite] nf **1.** [dans l'espace] closeness, nearness, proximity / *la proximité de la gare est un des avantages de cet appartement* one of the advantages of this apartment is having the station so close / *la proximité du casino est une grande tentation* having the casino so close (by) is very tempting **2.** [dans le temps] closeness, imminence / *la proximité de Noël* Christmas being near / *la proximité du départ les rend fébriles* the approaching departure is making them excited **3.** *vieilli* [parenté] kinship ▸ **proximité du sang** blood kinship.

❖ **à proximité** loc adv nearby, close at hand / *ses parents habitent à proximité* her parents live near ou close by.

❖ **à proximité de** loc prép near, close to, not far from / *la maison est à proximité de la mer* the house is not far from the sea.

❖ **de proximité** loc adj **1.** TECHNOL proximity *(modif)* **2.** [de quartier] ▸ **commerces de proximité** local shops / *des actions de proximité* community work.

pr tjr (abr écrite de **pour toujours**) 4eva, 4E.

pruche [pʀyʃ] nf QUÉBEC hemlock spruce.

prude [pʀyd] ◆ adj prudish, prim and proper / *et pourtant, je ne suis pas prude* and yet I'm not afraid to call a spade a spade. ◆ nf prude, puritan.

prudemment [pʀydamɑ̃] adv **1.** [avec précaution] carefully, cautiously, prudently / *regarde prudemment des deux côtés avant de traverser* be careful to look right and left before crossing **2.** [avec sagesse] wisely, prudently / *il préféra prudemment battre en retraite* he was wise enough to retreat.

prudence [pʀydɑ̃s] nf **1.** [précaution] caution, carefulness / *elle conduit avec la plus grande prudence* she's a very careful driver / *la prudence avant tout!* safety first! ▸ **prudence est mère de sûreté** *prov* look before you leap *prov* **2.** [méfiance] wariness, caginess ; [ruse] cunning / *avoir la prudence du serpent* to be a sly fox **3.** *vieilli* [sagesse] wisdom, good judgment, prudence.

❖ **prudences** nfpl *litt* wariness *(U)*, caginess *(U)* / *ses prudences en matière de musique contemporaine* his wariness of modern music.

❖ **avec prudence** loc adv [avec attention] cautiously, carefully.

❖ **par prudence** loc adv as a precaution / *prends ton parapluie par prudence* take your umbrella just in case.

prudent, e [pʀydɑ̃, ɑ̃t] adj **1.** [attentif] careful, prudent / *sois prudent!* be careful! / *tu peux lui confier tes enfants, elle est très prudente* you can safely leave your children with her, she's very sensible **2.** [mesuré] discreet, circumspect, cautious / *une réponse prudente* a diplomatic ou circumspect answer / *il faut se montrer prudent en matière d'investissements* one should be cautious when investing money ▸ **trop prudent** overcautious **3.** [prévoyant] judicious, wise / *un homme de loi prudent* a wise lawyer / *tu sors sans écharpe, ce n'est pas prudent* you're going out without a scarf, it's not very sensible / *ses parents s'étaient montrés prudents et avaient mis de l'argent de côté pour lui* his parents had looked ahead ou had been provident and had put aside some money for him **4.** [préférable] advisable, better / *il serait prudent de partir avant la nuit* it would be better for us to leave before nightfall / *il est prudent de réserver ses places* advance booking is advisable.

pruderie [pʀydʀi] nf prudishness, prudery.

prud'homal, e, aux, prudhommal*, e, aux [pʀydɔmal, o] adj ▸ **conseiller prud'homal** *member of an elected industrial tribunal* ▸ **élections prud'homales** industrial tribunal election.

prud'homme, prudhomme* [pʀydɔm] nm **1.** [conseiller] *member of an elected industrial tribunal* **2.** *(comme adj)* ▸ **conseiller prud'homme** *member of an elected industrial tribunal.*

❖ **prud'hommes, prudhommes*** nmpl [tribunal] ▸ **les prud'hommes, le conseil de prud'hommes** the elected industrial tribunal.

prune [pʀyn] ◆ nf **1.** BOT plum **2.** [alcool] plum brandy **3.** *tfam* [balle] bullet, slug ; [coup] clout, sock **4.** *fam* EXPR **des prunes!** no way!, nothing doing! ▸ **pour des prunes** for nothing / *je suis allé en classe pour des prunes, le prof n'était pas là* I went to school for nothing, the teacher wasn't there ▸ **aux prunes** *vieilli* : *elle aura 15 ans aux prunes* she'll be 15 next summer. ◆ adj inv plum-coloured UK plum-colored US.

⚠ Le mot anglais **prune** signifie « pruneau » et non prune.

pruneau, x [pʀyno] nm **1.** [fruit sec] prune **2.** SUISSE [prune] red plum **3.** *fam* [personne hâlée] : *c'est un vrai pruneau* he's as brown as a berry **4.** *arg crime* [balle] bullet, slug / *il s'est pris un pruneau dans le buffet* someone filled his belly with lead.

prunelle [pʀynɛl] nf **1.** BOT sloe **2.** [alcool] sloe gin **3.** ANAT pupil ▸ **je tiens à ce livre comme à la prunelle de mes yeux** I wouldn't give this book up ou away for the world **4.** [regard] eye ▸ **jouer de la prunelle** *fam* to make eyes at sb.

prunellier [pʀynelje], **prunelier*** [pʀynəlje] nm sloe, blackthorn.

prunier [pʀynje] nm plumtree ▸ **prunier myrobolan** cherry plum, myrobalan ▸ **prunier du Japon** Japanese cherry.

prurigineux, euse [pʀyʀiʒinø, øz] adj pruritic.

prurigo [pʀyʀigo] nm prurigo.

prurit [pʀyʀit] nm pruritus.

Prusse [pʀys] npr f ▸ **(la) Prusse** Prussia.

prussiate [pʀysjat] nm *vieilli* cyanide ▸ **prussiate jaune** potassium ferrocyanide.

prussien, enne [pʀysjɛ̃, ɛn] adj Prussian.

❖ **Prussien, enne** nm, f Prussian.

prussique [pʀysik] adj prussic.

prytanée [pʀitane] nm **1.** ANTIQ prytaneum **2.** [école] ▸ **le prytanée militaire de La Flèche** the La Flèche military academy *(free school for sons of members of the armed forces).*

PS ◆ npr m (**abr de Parti socialiste**) *French socialist party.* ◆ nm (**abr de post-scriptum**) PS, ps.

PSA (**abr de Prostate Specific Antigen**) nm PSA.

psalliote [psaljɔt] nf ▸ **psalliote des forêts** pine wood mushroom.

psalmodie [psalmɔdi] nf **1.** RELIG psalmody, intoning **2.** *fig & litt* drone.

psalmodier [9] [psalmɔdje] ◆ vi **1.** RELIG to chant **2.** *fig & litt* to drone (on). ◆ vt **1.** RELIG to chant **2.** *fig* to intone, to drone (out).

psaume [psom] nm psalm / *le livre des Psaumes* Psalms ▸ **psaumes pénitentiaux** Penitential Psalms ▸ **Psaume 27** Psalm XXVII.

psautier [psotje] nm psalter.

PSE [peɛsø] (**abr de placement sous surveillance électronique**) nm electronic tagging.

pseudarthrose [psødaʀtʀoz] nf pseudoarthrosis, nearthrosis.

pseudo- [psødo] préf pseudo-, false / *méfie-toi de leur pseudo-contrat* beware of their so-called contract ▸ **ses pseudo-excuses** her fake apologies / *le pseudo-démarcheur attaquait les vieilles dames* the bogus salesman preyed on old ladies / *c'est du pseudo-style anglais* it's in pseudo-English style.

pseudonyme [psødɔnim] nm [nom d'emprunt - gén] assumed name ; [- d'un écrivain] pen name, pseudonym ; [- d'acteur] stage name ; [- de criminel] alias ▸ **sous le pseudonyme de** under the pseudonym of.

pseudopode [psødɔpɔd] nm pseudopod, pseudopodium.

pseudoscience [psødosjɑ̃s] nf PHILOS pseudoscience.

PSG (**abr de Paris Saint Germain**) npr m *Paris football team.*

psi [psi] nm **1.** [lettre grecque] psi **2.** NUCL psi (particle), J.

PSIG (**abr de Peloton de surveillance et d'intervention de la gendarmerie**) npr m *gendarmerie commando squad.*

psitt [psit] interj psst, hey.

psittacidé [psitaside] nm psittacine.

psittacisme [psitasism] nm PSYCHOL parrotlike repetition, psittacism.

psittacose [psitakoz] nf psittacosis.

psoriasis [psɔʀjazis] nm psoriasis.

pst [pst] = **psitt**.

psy [psi] *fam* ◆ nmf [psychanalyste] analyst, shrink / *elle va chez son psy une fois par semaine* she goes to see her analyst ou shrink once a week. ◆ nf [psychanalyse] : *il est très branché psy* he's really into psychoanalysis.

psychanalyse [psikanaliz] nf analysis, psychoanalysis / *il fait une psychanalyse* he's undergoing psychoanalysis.

psychanalyser [3] [psikanalize] vt to psychoanalyse UK to psychoanalyze US to analyse ▸ **elle se fait psychanalyser** she's undergoing psychoanalysis, she's in therapy / *je me suis fait psychanalyser pendant cinq ans* I went to see an analyst for five years.

psychanalyste [psikanalist] nmf analyst, psychoanalyst.

psychanalytique [psikanalitik] adj analytical, psychoanalytical.

psychasthénie [psikasteni] nf psychastenia, psychastheny.

psychasthénique [psikastenik] adj & nmf psychasthenic.

psyché [psiʃe] nf **1.** PSYCHOL psyche **2.** [miroir] cheval glass.

Psyché [psiʃe] npr Psyche.

psychédélique [psikedelik] adj psychedelic.

psychédélisme [psikedelism] nm psychedelic state.

psychiatre [psikjatʀ] nmf psychiatrist.

psychiatrie [psikjatʀi] nf psychiatry ▸ **psychiatrie infantile** child psychiatry.

psychiatrique [psikjatʀik] adj psychiatric.

psychique [psiʃik] ◆ adj **1.** MÉD [blocage] mental ; [troubles] mental, psychic *spéc* / *les maux de tête peuvent être d'origine psychique* headaches may be psychosomatic **2.** *fam* [psychologique] psychological / *je ne peux pas voir une souris sans défaillir, c'est psychique* I feel faint whenever I see a mouse, I know it's all in the mind but I can't help it. ◆ nm *fam* mind, psychological side / *chez lui, c'est le psychique qui va mal* he's got a psychological problem.

psychisme [psiʃism] nm psyche, mind / *son psychisme est perturbé* the balance of her mind is disturbed.

psycho [psiko] nf *fam* [psychologie] : *il a fait des études de psycho* he studied psychology / *il t'a plu, le cours de psycho ?* did you like the psychology lecture ?

psychoaffectif, ive [psikɔafɛktif, iv] adj psychoemotional.

psychoanaleptique [psikɔanalɛptik] adj & nm psychoanaleptic.

psychobiologie [psikɔbjɔlɔʒi] nf psychobiology.

psychochirurgie [psikɔʃiʀyʀʒi] nf psychosurgery.

psychocritique [psikɔkʀitik] nf psychological criticism.

psychodramatique [psikɔdʀamatik] adj psychodramatic.

psychodrame [psikɔdʀam] nm **1.** [thérapie] role-play techniques, psychodrama **2.** [séance] (psychotherapeutic) role-play session.

psychodysleptique [psikɔdislɛptik] adj & nm psychodysleptic.

psychogène [psikɔʒɛn] adj psychogenic.

psychogenèse [psikɔʒənɛz] nf psychogenesis.

psycholeptique [psikɔlɛptik] ◆ adj psycholeptic. ◆ nm psycholeptic drug, tranquillizer.

psycholinguiste [psikɔlɛ̃gɥist] nmf psycholinguist.

psycholinguistique [psikɔlɛ̃gɥistik] ◆ adj psycholinguistic. ◆ nf psycholinguistics *(U).*

psychologie [psikɔlɔʒi] nf **1.** [étude] psychology ▸ **psychologie appliquée** / **comparative** applied / comparative psychology ▸ **psychologie expérimentale** / **sociale** experimental / social psychology ▸ **psychologie des profondeurs** analytical psychology ▸ **psychologie du travail** occupational psychology **2.** [intuition] perception / *tu manques de psychologie* you're not very perceptive **3.** [mentalité] psychology / *la psychologie des citadins* the psychology of the town-dweller ▸ **psychologie des foules** crowd psychology **4.** [dimension psychologique] psychology, mind / *étudiez la psychologie des personnages* study the psychological make-up of the characters / *la psychologie de son dernier film est tout à fait sommaire* the psychological content of his last film leaves a lot to be desired.

psychologique [psikɔlɔʒik] adj **1.** [méthode, théorie] psychological **2.** MÉD [état, troubles] psychological, mental / *il a des problèmes psychologiques* he has psychological problems / *il suffit qu'elle aille parler à son médecin pour aller mieux, c'est psychologique* she only has to talk to her doctor to feel better, it's all in her mind **3.** [dimension] psychological / *la vérité psychologique de ces personnages* his / her true-to-life characters **4.** [propice] ▸ **le moment** ou **l'instant psychologique** the right ou appropriate moment.

psychologiquement [psikɔlɔʒikmɑ̃] adv psychologically.

psychologisme [psikɔlɔʒism] nm psychologism.

psychologue [psikɔlɔg] ◆ adj insightful, perceptive. ◆ nmf psychologist ▸ **psychologue scolaire** educational psychologist ▸ **psychologue du travail** occupational psychologist.

psychométricien, enne [psikɔmetʀisjɛ̃, ɛn] nm, f psychometrist.

psychométrie [psikɔmetʀi] nf psychometrics *(sg).*

psychométrique [psikɔmetʀik] adj psychometric.

psychomoteur, trice [psikɔmɔtœʀ, tʀis] adj psychomotor.

psychomotricité [psikɔmɔtʀisite] nf psychomotricity.

psychopathe [psikɔpat] nmf psychopath.

*In reformed spelling (see p. 16-19).

psychopathie [psikɔpati] nf psychopathy, psychopathic personality.

psychopathologie [psikɔpatɔlɔʒi] nf psychopathology.

psychopathologique [psikɔpatɔlɔʒik] adj psychopathological.

psychopédagogie [psikɔpedagɔʒi] nf educational psychology.

psychopédagogique [psikɔpedagɔʒik] adj ▸ **centre psychopédagogique** centre for educational psychology.

psychopharmacologie [psikɔfarmakɔlɔʒi] nf psychopharmacology.

psychophysiologie [psikɔfizjɔlɔʒi] nf psychophysiology.

psychophysiologique [psikɔfizjɔlɔʒik] adj psychophysiological.

psychophysiologiste [psikɔfizʒɔlɔʒist] nmf psychophysiologist.

psychoprophylactique [psikɔprɔfilaktik] adj ▸ **méthode psychoprophylactique** psychoprophylaxis.

psychorigide [psikɔriʒid] ◆ adj resisting change. ◆ nmf resister.

psychorigidité [psikɔriʒidite] nf resistance to change or progress, pathological conservatism.

psychose [psikoz] nf **1.** PSYCHOL psychosis **2.** [angoisse - individuelle] (obsessive) fear ; [- collective] fear / *il a la psychose du cambriolage* he has an obsession about being burgled / *il règne ici une véritable psychose de guerre* people here are in the grip of war hysteria.

psychosensoriel, elle [psikɔsɑ̃sɔrjɛl] adj psychosensory.

psychosocial, e, aux [psikɔsɔsjal, o] adj psychosocial.

psychosociologie [psikɔsɔsjɔlɔʒi] nf psychosociology.

psychosociologique [psikɔsɔsjɔlɔʒik] adj psychosociological.

psychosociologue [psikɔsɔsjɔlɔg] nmf psychosociologist.

psychosomatique [psikɔsɔmatik] ◆ adj [médecine, trouble] psychosomatic. ◆ nf psychosomatics *(U)*.

psychostimulant [psikɔstimylɑ̃] nm PHARM psychostimulant.

psychotechnicien, enne [psikɔtɛknisjɛ̃, ɛn] nm, f psychotechnician.

psychotechnique [psikɔtɛknik] nf psychotechnology.

psychothérapeute [psikɔterapøt] nmf psychotherapist.

psychothérapeutique [psikɔterapøtik] = **psychothérapique**.

psychothérapie [psikɔterapi] nf psychotherapy ▸ **faire une psychothérapie** to be in therapy / *psychothérapie non directive* nondirective therapy.

psychothérapique [psikɔterapik] adj psychotherapeutic.

psychotique [psikɔtik] adj & nmf psychotic.

psychotonique [psikɔtɔnik] ◆ adj psychotonic. ◆ nm psychotonic (substance).

psychotrope [psikɔtrɔp] ◆ adj psychotropic, psychoactive. ◆ nm psychotropic (drug).

PTA (abr écrite de **peseta**) Pta, P.

PTCA (abr de **poids total en charge autorisé**) nm *maximum authorized load.*

PTDR *fam* TEXTO abr écrite de **pété de rire**.

Pte 1. abr écrite de **porte 2.** abr écrite de **pointe**.

ptérodactyle [pterodaktil] nm pterodactyl.

ptérosaure [pterɔzɔr], **ptérosaurien** [pterɔsɔrjɛ̃] nm pterosaur.

ptolémaïque [ptɔlemaik] adj Ptolemaic.

Ptolémée [ptɔleme] npr Ptolemy.

ptôse, ptose [ptoz] nf ptosis.

PTT (abr de **Postes, télécommunications et télédiffusion**) nfpl *former French post office and telecommunications network.*

pu [py] pp ⟶ **pouvoir**.

puant, e [pɥɑ̃, ɑ̃t] adj **1.** [nauséabond] stinking, foul-smelling **2.** *fam* [prétentieux] insufferably conceited / *tu es vraiment puant!* you really think you're something special !

puanteur [pɥɑ̃tœr] nf foul smell, stench.

pub[1] [pyb] nf *fam* **1.** [publicité] advertising / *il travaille dans la pub* he's in advertising / *faire de la pub pour un produit* to plug ou to push a product ▸ **un coup de pub** a plug / *ils ont fait un gros coup de pub autour de ce livre* they really hyped the book **2.** [annonce - gén] ad, advertisement ; RADIO & TV commercial.

pub[2] [pœb] nm [bar] bar *(in the style of an English pub).*

pubère [pybɛr] adj pubescent / *il est pubère* he's reached (the age of) puberty.

pubertaire [pybɛrtɛr] adj pubertal.

puberté [pybɛrte] nf puberty.

pubescent, e [pybesɑ̃, ɑ̃t] adj BOT pubescent, puberulent.

pubien, enne [pybjɛ̃, ɛn] adj pubic.

pubis [pybis] nm [os] pubis ; [bas-ventre] pubis, pubes *spéc.*

publiable [pyblijabl] adj publishable / *ce n'est guère publiable* it's hardly fit for publication ou to be printed.

public, ique [pyblik] adj **1.** [ouvert à tous] public ▸ **chemin public** public footpath / *la séance est publique* it's an open session **2.** [connu] public, well-known / *sa nomination a été rendue publique ce matin* his nomination was officially announced ou was made public this morning ▸ **l'homme public** the man the public sees **3.** [de l'État] public, state *(modif).*

❖ **public** nm **1.** [population] public ▸ **le grand public** the general public, the public at large **2.** [audience - d'un spectacle] public, audience ; [- d'un écrivain] readership, readers ; [- d'un match] spectators / *public féminin / familial* female / family audience / *s'adresser à un vaste public / à un public restreint* to address a vast / limited audience / *c'est un excellent livre, mais qui n'a pas encore trouvé son public* although the book is excellent, it hasn't yet found the readership it deserves ▸ **public cible** target audience ▸ **être bon public** to be easy to please **3.** [secteur] ▸ **le public** the public sector.

❖ **en public** loc adv publicly, in public / *les livres ont été brûlés en public* the books were publicly burnt ▸ **faire honte à qqn en public** to show sb up in public.

❖ **grand public** loc adj ▸ **produits grand public** consumer goods ▸ **émission grand public** programme designed to appeal to a wide audience ▸ **film grand public** blockbuster ▸ **l'électronique grand public** consumer electronics.

publication [pyblikasjɔ̃] nf **1.** [d'un livre, d'un journal] publication, publishing / *le journal a dû cesser sa publication* the paper had to cease publication ou to fold / *j'attends la publication pour consulter mon avocat* I'm waiting for publication ou for the book to be published before I consult my lawyer ▸ **interdire la publication de qqch** to stop sthg coming out ou being published ▸ **publication assistée par ordinateur** = PAO ▸ **publication à compte d'auteur** vanity publishing **2.** DR [d'un arrêté, d'une loi] promulgation, publication ▸ **la publication des bans** announcement of ou publishing the banns **3.** [document] publication, magazine ▸ **publication scientifique** scientific publication ou journal ▸ **publication spécialisée** specialist review.

publiciste [pyblisist] nmf **1.** DR specialist in public law **2.** [publicitaire] advertiser, advertising man *(nm).*

publicitaire [pyblisitɛr] ◆ adj advertising, promotional ▸ **budget publicitaire** advertising budget ▸ **documents publicitaires** advertising ou promotional material. ◆ nmf : *c'est un publicitaire* he's an advertising man, he's in advertising / *c'est une publicitaire* she's in advertising.

publicité [pyblisite] nf **1.** [action commerciale, profession] advertising ▸ **publicité audiovisuelle / par affichage** audiovisual / poster advertising ▸ **publicité de marque / produit** brand / product advertising ▸ **publicité aérienne** sky writing ▸ **publicité clandestine** underhand advertising ▸ **publicité comparative** comparative advertising ▸ **publicité directe** direct advertising ▸ **publicité rédactionnelle** promotional article, advertorial US ▸ **publicité subliminale** subliminal advertising ▸ **publicité sur le lieu de vente** point-of-sale advertising **2.** [annonce commerciale] advertisement ; RADIO & TV commercial ; [pour une association] publicity / *en ce moment, ils font de la publicité pour les banques* there are a lot of advertisements for banks at the moment / *passer une publicité à la télévision* to advertise on TV / *ça ne peut que lui faire de la publicité* it's bound to be publicity for him / *faire sa propre publicité* to sell o.s. / *faire de la publicité pour* to publicize ▸ **publicité mensongère** misleading advertising **3.** [caractère public] public nature / *la publicité de cette déclaration ne lui laisse pas la possibilité de se rétracter* the fact that she made the statement publicly leaves her no room to retract / *la publicité des débats parlementaires garantit-elle la démocratie?* is democracy safeguarded by the fact that debates in Parliament are (held in) public? **4.** DR [en droit civil] public announcement.

publier [10] [pyblije] vt **1.** [éditer - auteur, texte] to publish / *elle a été publiée aux États-Unis* she's been published in the States / *dans un article qui n'a jamais été publié* in an unpublished article **2.** [rendre public - communiqué] to make public, to release ; [- brochure] to publish, to issue, to release ; [- bans] to publish, to announce ; [- décret, loi] to promulgate, to publish / *le journal publie les cours de l'or* the paper publishes gold prices.

publi-information [pybliɛ̃fɔrmasjɔ̃] (*pl* **publi-informations**) nf special advertising section, advertorial US.

Publiphone® [pyblifɔn] nm cardphone.

publipostage [pyblipɔstaʒ] nm mailshot, mailing ▸ **publipostage d'essai** test ou cold mailing ▸ **publipostage massif** blanket mailing.

publique [pyblik] f ⟶ **public**.

publiquement [pyblikmɑ̃] adv publicly, in public / *il s'est confessé publiquement* he admitted his fault in public / *sa mère lui a fait honte publiquement* her mother showed her up in front of everybody.

publireportage [pyblirapɔrtaʒ] nm special advertising section, advertorial.

puce [pys] ◆ nf **1.** ZOOL flea ▸ **puce de mer** sandflea, sandhopper ▸ **puce d'eau** water flea / *ce nom m'a mis la puce à l'oreille* the name gave me a clue ou set me thinking ▸ **il est excité comme une puce** *fam* he's so excited he can't sit still **2.** *fam* [par affection] ▸ **ma puce** sweetie / *tu veux quelque chose, ma puce?* do you want something, (my) pet? / *où elle est, la petite puce?* where's my little girl then? **3.** ÉLECTRON chip ▸ **puce mémoire** memory chip. ◆ adj inv [couleur] puce.

❖ **puces** nfpl **1.** JEUX : *jeu de puces* tiddlywinks **2.** [marché] flea market / *elle s'habille aux puces* she wears secondhand clothes.

puceau, elle [pyso, ɛl] adj *fam* : *il est puceau* he's a virgin.

❖ **puceau** nm virgin.

❖ **pucelle** nf virgin, maid *litt.*

pucelage [pyslaʒ] nm *fam* [d'un homme] virginity ; [d'une femme] maidenhead *arch ou litt,* virginity / *perdre son pucelage* to lose one's virginity.

pucelle [pysɛl] f ⟶ **puceau**.

Pucelle [pysɛl] npr f ▸ **la Pucelle d'Orléans, Jeanne la Pucelle** the Maid of Orléans, Joan of Arc.

puceron [pysrɔ̃] nm greenfly, aphid, plant louse.

pucier [pysje] nm *tfam* bed / *tu vas me refaire ce pucier!* make that fleabag of a bed!

pudding [pudiŋ] nm *bread pudding.*

pudeur [pydœʀ] nf **1.** [décence] modesty, decency, propriety ▸ **avec pudeur** modestly / *manquer de pudeur* to have no sense of decency ▸ **fausse pudeur** false modesty **2.** [délicatesse] tact, sense of propriety / *il aurait pu avoir la pudeur de se taire* he could have been tactful enough to keep quiet.

pudibond, e [pydibɔ̃, ɔ̃d] ◆ adj prudish, prim. ◆ nm, f prude.

pudibonderie [pydibɔ̃dʀi] nf prudishness.

pudicité [pydisite] nf *litt* modesty.

pudique [pydik] adj **1.** [chaste] chaste, modest / *une jeune fille très pudique* a very demure young lady **2.** [discret] discreet / *quelques remarques pudiques sur ses difficultés financières* a few discreet remarks about her financial difficulties.

pudiquement [pydikmɑ̃] adv **1.** [avec pudeur] modestly / *elle tira pudiquement sa jupe sur ses genoux* she modestly drew her skirt over her knees **2.** [avec tact] discreetly.

Pueblo [pweblo] nmf ▸ **les Pueblo** the Pueblo.

puer [7] [pɥe] ◆ vi to stink / *ça pue ici!* what a stink ou stench! ◆ vt **1.** [répandre - odeur] to stink of / *puer le vin / l'éther* to stink of wine / ether / *il pue l'ail à quinze pas!* he ou his breath reeks of garlic! / *tu pues des pieds* your feet stink / *il pue de la gueule* his breath stinks **2.** [laisser paraître - défaut] : *puer la méchanceté / l'hypocrisie* to be oozing spitefulness / hypocrisy / *il pue l'arriviste* you can smell the social climber (in him) a mile off.

puériculteur, trice [pɥeʀikyltœʀ, tʀis] nm, f **1.** [dans une crèche] nursery nurse **2.** [à l'hôpital] pediatric nurse.

puériculture [pɥeʀikyltyʀ] nf **1.** [gén] child care ou welfare **2.** ENS nursery nursing **3.** [à l'hôpital] pediatric nursing.

puéril, e [pɥeʀil] adj **1.** [enfantin] childlike / *un enthousiasme puéril* a childish excitement **2.** [immature, naïf] childish, infantile, puerile.

puérilement [pɥeʀilmɑ̃] adv childishly.

puérilisme [pɥeʀilism] nm puerilism.

puérilité [pɥeʀilite] nf [non-maturité] childishness, puerility.

❖ **puérilités** nfpl childish ou petty trifles.

puerpéral, e, aux [pɥɛʀpeʀal, o] adj puerperal ▸ **fièvre puerpérale** childbed ou puerperal fever.

pugilat [pyʒila] nm **1.** [bagarre] brawl, scuffle, (bout of) fisticuffs *hum* **2.** ANTIQ boxing.

pugiliste [pyʒilist] nm **1.** *litt* [boxeur] boxer, pugilist *sout* **2.** ANTIQ boxer.

pugilistique [pyʒilistik] adj *sout* boxing *(modif)*, pugilistic *sout*.

pugnace [pygnas] adj *litt* **1.** [combatif] combative, belligerent *litt* **2.** [dans la discussion] argumentative, pugnacious *litt*.

pugnacité [pygnasite] nf *litt* **1.** [combativité] combativeness, belligerence *litt* **2.** [dans la discussion] argumentativeness, pugnacity *litt*.

puîné, e, puiné*, e [pɥine] *vieilli* ◆ adj [de deux enfants] younger ; [de plusieurs enfants] youngest. ◆ nm, f *any child born after the eldest* / *les puînés n'avaient pas droit à l'héritage paternel* the younger children had no right to their father's inheritance.

puis[1] [pɥi] v ⟶ **pouvoir.**

puis[2] [pɥi] adv **1.** [indiquant la succession] then / *il a regardé un moment, puis a semblé s'en désintéresser* he looked for a while, then seemed to lose interest / *il sortit puis se mit à courir* he went out and (then) started to run / *prenez à gauche puis à droite* turn left then right / *vous verrez une grande ferme à droite, puis un groupe de maisons* you'll see a big farm on the right, then a group of houses **2.** [dans une énumération] then / *elle a mangé une cerise, puis une autre, puis une troisième* she ate a cherry, then another, then another.

❖ **et puis** loc adv **1.** [indiquant la succession] : *il a dîné rapidement et puis il s'est couché* he ate quickly and then he went to bed / *en tête du cortège, le ministre et puis les conseillers* at the head of the procession the minister followed by the counsellors ▸ **et puis après?** **a)** [pour solliciter la suite] what then?, what happened next? **b)** *fam* [pour couper court] it's none of your business! **c)** *fam* [exprimant l'indifférence] so what! / *oui, je vais vendre ma voiture, et puis après?* yes, I'll sell my car, if it's any of your business! ▸ **et puis c'est tout!** ou **et puis voilà!** and that's all!, and that's that!, and that's all there's to it! / *tu n'iras pas, et puis c'est tout!* you're not going, and that's that! **2.** [dans une énumération] : *il y avait ses parents, ses frères et puis aussi ses cousins* there were his parents, his brothers and also his cousins **3.** [d'ailleurs] : *je n'ai pas envie de sortir, et puis il fait trop froid* I don't feel like going out, and anyway ou and what's more it's too cold.

puisage [pɥizaʒ] nm drawing (of water).

puisard [pɥizaʀ] nm **1.** [pour l'évacuation] sump ▸ **puisard de rue** catch pit **2.** [pour l'épuration] cesspool, drainage well **3.** NAUT bilge well **4.** MIN sump.

puisatier [pɥizatje] nm **1.** [terrassier] well sinker **2.** MIN sumpman.

puisement [pɥizmɑ̃] = **puisage.**

puiser [3] [pɥize] ◆ vt **1.** [eau] to draw / *puiser l'eau d'un puits / d'une citerne* to draw water from a well / a tank **2.** *sout* [extraire] to get, to take, to derive / *où a-t-il puisé le courage de parler ainsi?* where did he get the nerve to say such things? ▸ **puiser sa force dans** to draw one's strength from ▸ **puiser son inspiration dans** to take ou to draw one's inspiration from **3.** [prélever] to draw, to take / *tu peux puiser de l'argent sur mon compte si tu en as besoin* you can draw some money from my account if you need any. ◆ vi [avoir recours à] to draw / *puiser dans ses économies* to draw on ou upon one's savings / *j'ai trop puisé dans mes économies* I've depleted my savings / *est-ce que je peux puiser dans ta réserve de crayons?* can I dip into ou help myself from your stock of pencils? / *puiser dans son expérience* to draw on one's experience / *ils n'ont pas puisé dans la même documentation* they didn't use the same source material.

puisque [pɥiskə] *(devant voyelle* **puisqu'***)* conj **1.** [parce que] since, because / *tu ne peux pas acheter de voiture, puisque tu n'as pas d'argent* you can't buy a car because ou since you don't have any money / *la terrasse est très ensoleillée puisque exposée au sud* because ou since the terrace faces south it gets a lot of sun **2.** [étant donné que] since / *je viendrai dîner, puisque vous insistez* I will come to dinner, since you insist / *je ne sortirai pas, puisque ça t'inquiète* since it worries you, I won't go out / *puisque vous voulez me parler, allons dans mon bureau* since you wish to speak to me, let's go into my office ▸ **bon, puisque tu le dis / y tiens** alright, if that's what you say / want / *puisque c'est comme ça, je m'en vais!* if that's how it is, I'm leaving! / *puisqu'il en est ainsi* since that's the way things are / *ce chantage, puisqu'il faut l'appeler ainsi...* this blackmail, since there's no other word for it... / *cette erreur, puisque erreur il y a...* this mistake, since there is a mistake... **3.** [emploi exclamatif] : *mais puisque je te dis que je ne veux pas!* but I'm telling you that I don't want to! / *mais puisqu'il m'attend!* but I'm telling you he's waiting for me! / *puisque je te dis que je vais le faire!* I've told you I'm going to do it! / *tu vas vraiment y aller? — puisque je te le dis!* so are you really going? — isn't that what I said?

puissamment [pɥisamɑ̃] adv **1.** [avec efficacité] greatly / *ils ont puissamment contribué à la victoire* their part in the victory was decisive / *puissamment raisonné! iron* brilliant thinking! **2.** [avec force] powerfully, mightily *sout* / *un corps puissamment musclé* a powerfully muscular body.

puissance [pɥisɑ̃s] nf **1.** [force physique] power, force, strength **2.** [pouvoir, autorité] power / *un État au sommet de sa puissance* a state at the height of its power **3.** [capacité] power, capacity / *une grande puissance de travail* a great capacity for work / *une grande puissance de séduction* great powers of seduction **4.** [d'un appareil] power, capacity, capability ; [d'une arme nucléaire] yield / *augmenter / diminuer la puissance* AUDIO to turn the volume up / down ▸ **puissance active / instantanée / réactive** ÉLECTR active / instantaneous / reactive power ▸ **puissance d'entrée / de sortie** ÉLECTR input / output (power) ▸ **puissance de feu** ARM fire power ▸ **puissance fiscale** AUTO engine rating ▸ **puissance nominale / au frein** AUTO nominal / brake horsepower ▸ **puissance nucléaire** nuclear capability **5.** COMM power ▸ **puissance commerciale** sales power ▸ **puissance publicitaire** ou **de vente** selling power **6.** MATH ▸ **puissance d'un nombre** power of a number ▸ **six puissance cinq** six to the power (of) five / *deux (à la) puissance trois égale huit* two cubed ou two to the power (of) three is eight / *c'est comme une étincelle, mais à la puissance mille fig* it's like a spark, but a thousand times bigger **7.** DR authority ▸ **puissance paternelle** paternal authority ▸ **puissance maritale** authority of a husband over a wife ▸ **être en puissance de mari** to be under a husband's authority ou control **8.** ADMIN ▸ **la puissance publique** the authorities **9.** [pays puissant] power ▸ **puissance économique** economic power ▸ **puissance mondiale** world power **10.** OPT (optical) power **11.** ÉQUIT puissance **12.** GÉOL thickness, depth.

❖ **puissances** nfpl powers / *les puissances de l'argent* the moneyed classes ▸ **les puissances** BIBLE the powers / *les puissances des ténèbres* the powers of darkness ▸ **les grandes puissances** POL the great powers.

❖ **en puissance** loc adj [virtuel] potential, prospective / *un candidat en puissance* a potential candidate / *un client en puissance* a prospective customer / *c'est un fasciste en puissance* he's got latent fascist tendencies.

puissant, e [pɥisɑ̃, ɑ̃t] adj **1.** [efficace - remède] powerful, potent, efficacious *sout* ; [- antidote, armée, ordinateur] powerful ; [- membre, mouvement] strong, powerful, mighty *litt* / *une théorie qui soit assez puissante pour expliquer l'évolution* a theory powerful enough to explain evolution **2.** [intense - odeur, voix] strong, powerful **3.** [influent] powerful, mighty *litt* / *riche et puissant* rich and powerful / *ils craignent leurs puissants voisins* they fear their powerful neighbours **4.** [profond] powerful / *un puissant instinct de conservation* a powerful instinct of self-preservation **5.** GÉOL thick.

❖ **puissants** nmpl ▸ **les puissants** the powerful.

puisse v ⟶ **pouvoir.**

puits [pɥi] nm **1.** [pour l'eau] well ▸ **puits à ciel ouvert** open well ▸ **puits perdu** cesspool ▸ **puits artésien** artesian well **2.** PÉTR ▸ **puits de pétrole** oil well ▸ **puits d'exploration** exploration ou wild cat well ▸ **puits d'intervention** relief ou killer well ▸ **puits sec** ou **improductif** duster **3.** MIN shaft, pit ▸ **puits d'aérage** ventilation ou ventilating shaft ▸ **puits d'extraction** extraction shaft **4.** CONSTR ▸ **puits d'amarrage** ou **d'ancrage** anchor block (hole) **5.** *fig* ▸ **un puits de science** a walking encyclopedia, a fount of knowledge, a mine of information **6.** GÉOGR pothole.

❖ **puits d'amour** nm CULIN cream puff.

pull [pyl] = **pull-over.**

pullman [pulman] nm **1.** RAIL Pullman (car) **2.** [autocar] luxury coach UK, luxury touring bus.

pull-over [pylɔvœʀ] *(pl* **pull-overs***)*, **pulloveur*** [pylɔvɛʀ] nm sweater, pullover, jumper UK.

pullulation [pylylasjɔ̃] nf pullulation.

pullulement [pylylmɑ̃] nm **1.** [processus] proliferation / *empêcher le pullulement des bactéries* to stop bacteria from proliferating **2.** *sout* [grand nombre] : *un pullulement d'insectes* swarms of insects / *un pullulement de touristes* hordes of tourists.

pulluler [3] [pylyle] vi **1.** [abonder] to congregate, to swarm / *au lever du jour, les mouettes pullulent sur la falaise* seagulls congregate ou swarm on the cliffs at dawn / *égouts où les rats pullulent* sewers overrun by rats **2.** [se multiplier] to multiply, to proliferate / *les mauvaises herbes pullulaient dans le jardin abandonné* weeds were taking over the abandoned garden **3.** ▸ **pulluler de** [fourmiller de] to swarm ou to be alive with / *la plage pullule de baigneurs* the seashore is swarming with bathers / *ce texte pullule de fautes de frappe* your text is riddled with typing errors.

* In reformed spelling (see p. 16-19).

pulmonaire [pylmɔnɛʀ] ◆ adj **1.** ANAT pulmonary **2.** MÉD pulmonary, lung *(modif).* ◆ nf BOT lungwort.

pulpaire [pylpɛʀ] adj pulpal.

pulpe [pylp] nf **1.** [de fruit] pulp ▸ **pulpe d'agrumes** citrus pulp ▸ **yaourt / boisson à la pulpe de fruit** yoghurt / drink with real fruit **2.** ANAT pulp ; [des doigts] pad, digital pulp *spéc* ▸ **pulpe dentaire** tooth ou dental pulp.

pulpeux, euse [pylpø, øz] adj **1.** ANAT & BOT pulpy **2.** [charnu - lèvres, formes] fleshy, voluptuous / *une blonde pulpeuse* a curvaceous blonde.

pulpite [pylpit] nf pulpitis.

pulsant, e [pylsɑ̃, ɑ̃t] adj ASTRON pulsating.

pulsar [pylsaʀ] nm pulsar.

pulsatif, ive [pylsatif, iv] adj pulsatory, pulsatile.

pulsation [pylsasjɔ̃] nf **1.** ANAT ▸ **pulsations cardiaques** heartbeats **2.** ASTRON pulsation **3.** ÉLECTR pulsatance, angular frequency **4.** PHYS (mechanical) pulsation **5.** MUS beat.

pulser [3] [pylse] ◆ vt [air] to extract, to pump out *(sép).* ◆ vi **1.** MÉD & MUS to throb **2.** ASTRON to pulsate.

pulsion [pylsjɔ̃] nf **1.** [motivation] impulse, unconscious motive / *mû par des pulsions inexplicables* spurred on ou driven by mysterious impulses **2.** PSYCHOL drive, urge ▸ **pulsions sexuelles** sexual desire, sexual urge.

pulsionnel, elle [pylsjɔnɛl] adj drive *(modif).*

pulsoréacteur [pylsɔʀeaktœʀ] nm pulse-jet (engine).

pulvérisateur [pylveʀizatœʀ] nm **1.** [vaporisateur] spray **2.** AGR sprayer ▸ **pulvérisateur rotatif** / **va-et-vient** rotary / travelling sprayer.

pulvérisation [pylveʀizasjɔ̃] nf **1.** [action] spraying **2.** [médicament] spray / *prendre un médicament en pulvérisation* to take a medicine in the form of a spray.

pulvériser [3] [pylveʀize] vt **1.** [broyer] to pulverise, to turn into powder **2.** *fig* [détruire] to demolish, to smash to pieces / *les bombes ont pulvérisé la ville* the bombs reduced the town to ashes ou to a heap of rubble ▸ **pulvériser un record** to smash a record / *je vais le pulvériser, ce type!* *fam* I'm going to flatten ou make mincemeat out of this guy! **3.** [vaporiser] to spray.

pulvériseur [pylveʀizœʀ] nm disc harrow.

pulvérulence [pylveʀylɑ̃s] nf powderiness, dustiness.

pulvérulent, e [pylveʀylɑ̃, ɑ̃t] adj powdery, dusty.

puma [pyma] nm puma, cougar, mountain lion.

punaise [pynɛz] ◆ nf **1.** ZOOL bug ▸ **punaise des lits** bed bug ▸ **punaise des bois** [pentatome] forest bug **2.** [clou] tack, drawing pin UK thumbtack US ▸ **punaise d'architecte** three-pointed tack **3.** *fam* [personne] vixen **4.** *fam & péj* ▸ **punaise de sacristie** sanctimonious person. ◆ interj *fam* ▸ **punaise!** blimey! UK gee whizz! US

punaiser [4] [pyneze] vt to pin up *(sép),* to put up *(sép)* with drawing pins.

punch¹, ponch* [pɔ̃ʃ] nm [boisson] punch.

punch² [pœnʃ] nm **1.** *fam* [dynamisme] pep, get-up-and-go / *avoir du punch* to be full of get-up-and-go / *une politique qui a du punch* a hard-hitting policy **2.** SPORT [d'un boxeur] : *il a le punch* he's got a knock-out ou devastating punch.

puncheur [pœnʃœʀ] nm SPORT powerful boxer.

punching-ball [pœnʃiŋbol] (*pl* **punching-balls**) nm punch ball, speed ball UK

puni, e [pyni] nm, f punished pupil / *les punis resteront dans la classe pendant la récréation* those who have been punished will stay in during break.

punique [pynik] ◆ adj [civilisation] Carthaginian, Punic ; [guerre] Punic. ◆ nm LING Punic.

punir [32] [pyniʀ] vt **1.** [élève, enfant] to punish **2.** DR to punish, to penalize / *être puni par la loi* to be punished by law, to be prosecuted ▸ **être puni de prison** to be sentenced to prison / **'tout abus sera puni'** 'penalty for improper use' / *tu seras puni par où tu as péché* *allusion* BIBLE as you sow, so you shall reap ▸ **punir qqn de qqch** to punish sb for sthg / *le kidnapping est puni de la prison à vie* kidnapping is punishable by life imprisonment / *elle est bien punie de sa méchanceté* she's paying the price for her spitefulness ▸ **se faire punir** to be punished ▸ **c'est le ciel** ou **le bon Dieu qui t'a puni** *fam* it serves you right.

punissable [pynisabl] adj punishable, deserving (of) punishment ▸ **punissable de trois mois de prison** **a)** [délit] carrying a penalty of three months imprisonment **b)** [criminel] liable to three months in jail.

punitif, ive [pynitif, iv] adj punitive / *en agissant ainsi, je n'ai pas d'intentions punitives* I do not intend this as punishment.

punition [pynisjɔ̃] nf **1.** [sanction] punishment / *en guise de punition* as (a) punishment / *il est en punition* he is being kept in detention ▸ **punition corporelle** corporal punishment ▸ **punition de Dieu** ou **du ciel** divine retribution **2.** *fam* [défaite] thrashing / *les Bordelais ont infligé une rude punition aux Parisiens* the Bordeaux team wiped the floor with ou thrashed the Paris club **3.** [conséquence] punishment, penalty / *la punition est lourde* it's a heavy price to pay.

❖ **en punition de** loc prép as a punishment for.

Punjab [pœndʒab] = **Pendjab.**

punk [pœnk] adj inv & nmf punk.

pupillaire [pypilɛʀ] adj **1.** DR pupillary **2.** ANAT pupillary.

pupille [pypij] ◆ nmf **1.** [en tutelle] ward (of court) **2.** [orphelin] orphan ▸ **pupille de l'État** child in care ▸ **pupilles de la nation** war orphans. ◆ nf ANAT pupil.

pupitre [pypitʀ] nm **1.** AÉRON, AUDIO & INFORM console ; [clavier] keyboard ▸ **pupitre de commande** control console ou desk ▸ **pupitre de mélange** mixing-desk, mixing console, audio-mixer ▸ **pupitre de poursuite** tracking console **2.** MUS [support - sur pied] music stand ; [- sur un instrument] music rest ; [groupe] section / *le pupitre des violons* the violin section, the violins ▸ **pupitre d'orchestre** orchestra stand **3.** [tablette de lecture] (table) lectern **4.** *vieilli* [bureau d'écolier] desk.

pupitreur, euse [pypitʀœʀ, øz] nm, f console operator ; [claviste] keyboarder.

pur, e [pyʀ] ◆ adj **1.** [non pollué - eau] pure, clear, uncontaminated ; [- air] clean, pure / *l'air est pur dans nos montagnes* the air is pure ou clean ou unpolluted up in our mountains **2.** [sans mélange - liquide] undiluted ; [- race] pure, [- bonheur, joie] unalloyed, pure ; [- note, voyelle, couleur] pure / *il parle un anglais très pur* he speaks very refined ou polished English / *du lait pur* unadulterated milk / *le cognac se boit pur* cognac should be taken straight ou neat / *pur style dorique* pure Doric style ▸ **pure laine (vierge)** pure (new) wool ▸ **biscuits pur beurre** (100%) butter biscuits / *c'est un pur produit de la bourgeoisie* he's a genuine middle-class product / *ce n'est pas un pur esprit* *euphém* he's made of flesh and blood ▸ **à l'état pur** pure, unalloyed, unadulterated ▸ **pur et dur** **a)** [fidèle] strict **b)** [intransigeant] hard-line / *les amateurs de café purs et durs* *hum* serious ou dedicated coffee drinkers ▸ **pur jus** : *c'est un socialiste pur jus* he's a socialist through and through **3.** [sans défaut] faultless, perfect / *des lignes pures* neat ou perfect lines / *l'ovale pur de son visage* the faultless ou perfect oval of her face / *un style pur* an unaffected style **4.** [innocent] pure, clean ▸ **être pur** to be pure at heart / *ses pensées sont pures* his thoughts are clean ou pure / *une conscience pure* a clear conscience / *le regard pur d'un enfant* a child's innocent gaze / *une jeune fille pure* a young innocent girl **5.** [théorique] pure, theoretical ▸ **sciences pures** pure science **6.** [en intensif] sheer, utter, pure / *c'est de la folie pure!* it's sheer lunacy! ▸ **par pure méchanceté** out of sheer malice / *c'était un pur hasard de le trouver là* I found him there purely by chance ▸ **pur et simple** pure and simple / *c'est de la lâcheté pure et simple* it's sheer cowardice, it's cowardice pure and simple **7.** AUDIO, CHIM & OPT pure **8.** MINÉR flawless. ◆ nm, f **1.** POL [fidèle] dedicated follower ; [intransigeant] hardliner **2.** RELIG true believer.

purée [pyʀe] ◆ nf **1.** CULIN [de légumes] purée / *purée de tomates / carottes* tomato / carrot purée / *purée (de pommes de terre)* mashed potatoes ▸ **purée en flocons** instant mashed potato ▸ **purée Mousseline®** instant mashed potato ▸ **réduire qqch en purée** **a)** CULIN to purée sthg **b)** *fig* to smash sthg to a pulp / *j'ai retrouvé mes coquillages en purée au fond du sac* my shells were all crushed at the bottom of the bag **2.** *tfam* [misère] ▸ **être dans la purée** to be broke. ◆ interj *fam* crumbs, crikey.

❖ **purée de pois** nf *fam* [brouillard] peasouper.

purement [pyʀmɑ̃] adv **1.** [uniquement] purely, only, solely / *ses connaissances sont purement techniques* his knowledge is purely technical **2.** [entièrement] purely, wholly / *une existence purement mystique* a purely mystical life ▸ **purement et simplement** purely and simply / *le contrat est purement et simplement annulé* the contract is purely and simply cancelled / *non, c'est purement et simplement impossible!* no, it's quite simply out of the question!

pure player [pjuʀplejœʀ] nm ÉCON pure player.

pureté [pyʀte] nf **1.** [propreté] cleanness, purity / *la pureté de l'eau* the cleanness of the water **2.** AUDIO, CHIM & OPT purity ; MINÉR purity, flawlessness / *la pureté de l'or* the purity of gold / *une émeraude d'une grande pureté* a perfect ou flawless emerald **3.** [harmonie - d'un contour] neatness, purity ; [- d'une langue, d'un style] purity, refinement / *la pureté de ses traits* the perfection in her face ou of her features **4.** [innocence] purity, chastity / *je doute de la pureté de ses intentions* I doubt whether his intentions are honourable.

purgatif, ive [pyʀgatif, iv] adj purgative.

❖ **purgatif** nm purgative.

purgation [pyʀgasjɔ̃] nf **1.** MÉD [remède] purgative ; [processus] purging, cleansing **2.** RELIG purgation.

purgatoire [pyʀgatwaʀ] nm RELIG & *fig* purgatory ▸ **au purgatoire** in purgatory.

purge [pyʀʒ] nf **1.** TECHNOL [processus] draining, bleeding ; [d'un radiateur] bleeding ; [dispositif] bleed key **2.** MÉD purge, purgative **3.** *fig* [au sein d'un groupe] purge **4.** DR ▸ **purge d'hypothèque** redemption of mortgage **5.** TEXT cleaning.

purger [17] [pyʀʒe] vt **1.** TECHNOL [radiateur] to bleed ; [réservoir] to drain ; [tuyau à gaz] to allow to blow off, to blow off *(sép)* **2.** CHIM [métal] to refine ; [substance] to purify **3.** DR [peine] to serve, to purge *sout* / *il a purgé six mois de prison* he served six months in prison ▸ **purger sa peine** to serve one's sentence **4.** [dette] to pay off *(sép)* ; [hypothèque] to redeem **5.** MÉD to purge, to give a laxative to **6.** [débarrasser] to rid of *(sép)* / *purger un quartier* to clean up an area / *le parti a été purgé de ses contestataires* the party has been purged of disloyal elements **7.** *sout* [nettoyer, purifier] : *ils ont purgé le texte de toute allusion politique* they removed all political references from the text.

❖ **se purger** vp *(emploi réfléchi)* to take a purgative.

purgeur [pyʀʒœʀ] nm [vidange] draincock ; [trop-plein] bleed tap ▸ **purgeur d'air** air cock ▸ **purgeur de vapeur** pet cock.

purifiant, e [pyʀifjɑ̃, ɑ̃t] adj **1.** [crème, lotion] cleansing, purifying **2.** [air] healthy.

purificateur, trice [pyʀifikatœʀ, tʀis] adj purifying.

❖ **purificateur** nm ▸ **purificateur (d'air)** (air) purifier.

purification [pyʀifikasjɔ̃] nf **1.** CHIM purifying ▸ **purification de l'air / l'eau** air / water purifying ; *fig* cleansing ▸ **purification ethnique** ethnic cleansing **2.** RELIG purification ▸ **la Purification** Candlemas, the Purification.

purificatoire [pyʀifikatwaʀ] ◆ adj purificatory. ◆ nm RELIG purificator (napkin).

purifier [9] [pyʀifje] vt **1.** [rendre pur - air] to purify, to clear / *la pluie a purifié l'atmosphère* the rain has cleared the air **2.** [âme] to cleanse **3.** [corriger] to purify

4. CHIM [filtrer] to purify, to decontaminate ▸ **eau purifiée** purified ou decontaminated water **5.** MÉTALL to refine ▸ **or purifié** refined gold.

❖ **se purifier** vpi *sout* **1.** [devenir propre] to become clean ou pure / *plus on monte, plus l'air se purifie* the higher you go, the purer the air becomes **2.** RELIG to be cleansed ou purified / *l'âme se purifie dans la prière* the soul is purified by prayer.

purin [pyʀɛ̃] nm liquid manure.

purisme [pyʀism] nm **1.** [gén & LING] purism **2.** ART Purism.

puriste [pyʀist] adj & nmf **1.** [gén & LING] purist **2.** ART Purist.

puritain, e [pyʀitɛ̃, ɛn] ◆ adj **1.** [strict] puritan, puritanical **2.** HIST Puritan. ◆ nm, f **1.** [personne stricte] puritan **2.** HIST ▸ **les puritains** the Puritans.

puritanisme [pyʀitanism] nm **1.** [austérité] puritanism, austerity **2.** HIST Puritanism.

purpura [pyʀpyʀa] nm purpura.

purpurin, e [pyʀpyʀɛ̃, in] adj *litt* crimson, purpurine *litt.*

pur-sang [pyʀsɑ̃] nm inv ZOOL thoroughbred.

purulence [pyʀylɑ̃s] nf purulence, purulency.

purulent, e [pyʀylɑ̃, ɑ̃t] adj MÉD [plaie] suppurating ; [sinusite] purulent.

pus [py] nm pus.

push-pull [puʃpul] adj inv & nm inv push-pull.

pusillanime [pyzilanim] adj *sout* pusillanimous *sout*, spineless.

pusillanimité [pyzilanimite] nf *sout* pusillanimity *sout*, spinelessness.

pustule [pystyl] nf **1.** MÉD pustule *spéc*, pimple ▸ **pustule maligne** malignant pustule *spéc* **2.** BOT & ZOOL pustule.

pustuleux, euse [pystylø, øz] adj pustulous *spéc*, pimply.

put v ⟶ **pouvoir.**

putain [pytɛ̃] *tfam* ◆ nf [prostituée] whore ▸ **faire la putain a)** [être prostituée] to be on the game UK, to hustle US **b)** [renoncer à ses principes] to sell out ; *péj* [femme facile] tart, slag UK. ◆ adj : *il est très putain* he's a real bootlicker. ◆ interj shit / *putain, j'ai oublié mon portefeuille!* shit, I've forgotten my wallet! / *putain de voiture!* that bloody UK ou goddam US car! / *putain d'autobus, encore en retard!* that bloody UK ou goddam US bus is always turning up late! / *putain de merde!* oh, fuck!

putassier, ère [pytasje, ɛʀ] adj *vulg & péj* **1.** [qui concerne la prostitution] whorish **2.** [servile, obséquieux] ingratiating.

putatif, ive [pytatif, iv] adj **1.** DR putative **2.** [supposé] assumed, supposed.

pute [pyt] nf *vulg* whore / *aller chez les* ou *aux putes* to go (out) whoring / *fils de pute!* you son of a bitch!

putois [pytwa] nm **1.** ZOOL polecat **2.** [fourrure] fitch.

putréfaction [pytʀefaksjɔ̃] nf putrefaction, decomposition.

putréfiable [pytʀefjabl] adj putrefiable.

putréfié, e [pytʀefje] adj putrefied, putrid, rotten.

putréfier [9] [pytʀefje] ❖ **se putréfier** vpi to putrify, to become putrid.

putrescent, e [pytʀesɑ̃, ɑ̃t] adj putrescent, rotting.

putrescibilité [pytʀesibilite] nf putrescibility.

putrescible [pytʀesibl] adj putrescible, putrefiable.

putride [pytʀid] adj **1.** *sout* [pourri -viande, cadavre] decomposed, putrid ; [-eau] putrid, contaminated **2.** [nauséabond] foul, putrid ▸ **odeur putride** putrid smell, foul stench **3.** *sout* [immoral -lettre, pièce] depraved, offensive.

putridité [pytʀidite] nf *litt* rottenness, putridness.

putsch [putʃ] nm military coup, putsch.

putschiste [putʃist] nmf putschist, author of a military coup.

putt [pœt] nm putt.

putter [pœtœʀ] nm putter (club).

putting [pœtiŋ] = **putt.**

puy [pɥi] nm puy, mountain *(in the Auvergne).*

puzzle [pœzl] nm **1.** JEUX (jigsaw) puzzle **2.** [énigme] puzzle, puzzling question, riddle / *je commence à rassembler les morceaux du puzzle* I'm beginning to fit the pieces of the puzzle together / *il ne lui restait plus qu'à placer la dernière pièce du puzzle* he just had the last piece of the jigsaw to put into place.

P-V (abr de **procès-verbal**) nm *fam* (parking) ticket ▸ **mettre un P-V à qqn** to give sb a ticket.

PVC (abr de **polyvinylchloride**) nm PVC.

PVD abr écrite de **pays en voie de développement.**

px (abr écrite de **prix**) : *px à déb.* offers.

Pygmalion [pigmaljɔ̃] npr MYTH Pygmalion.

pygmée [pigme] ◆ adj Pygmy. ◆ nmf **1.** *arch & péj* [nain] pygmy, dwarf **2.** *litt & péj* [personne insignifiante] nobody, pygmy *litt.*

❖ **Pygmée** nmf ANTHR & MYTH Pygmy.

pyjama [piʒama] nm ▸ **un pyjama** (a pair of) pyjamas UK, pajamas *(pl)* US / *encore en pyjama à cette heure-ci?* still in your ou wearing pyjamas at this time of day?

pylône [pilon] nm **1.** ÉLECTR & TÉLÉC pylon **2.** ARCHIT monumental column, pylon **3.** ANTIQ pylon **4.** TRAV PUB tower.

pylore [pilɔʀ] nm pylorus.

pylorique [pilɔʀik] adj pyloric.

Pyongyang [pjɔ̃gjɑ̃g] npr Pyongyang.

pyorrhée [pjɔʀe] nf pyorrhoea.

Pyralène® [piʀalɛn] nm Pyralene®.

pyramidal, e, aux [piʀamidal, o] adj **1.** ARCHIT, ÉCON, GÉOM & MÉD pyramidal **2.** [forme] pyramid-shaped **3.** ANAT ▸ **muscle pyramidal de l'abdomen** pyramidalis ▸ **voie pyramidale** pyramidal tract.

pyramide [piʀamid] nf **1.** ARCHIT & GÉOM pyramid ▸ **la pyramide de Kheops** the (Great) Pyramid of Cheops ▸ **la pyramide du Louvre** *glass pyramid in the courtyard of the Louvre which serves as its main entrance* **2.** [empilement] : *une pyramide de fruits* a pyramid of fruit ▸ **pyramide humaine** human pyramid **3.** SOCIOL ▸ **pyramide des âges** population pyramid **4.** ÉCOL ▸ **pyramide alimentaire** food pyramid **5.** ANAT pyramid ▸ **pyramide de Malpighi** pyramid of Malpighi.

pyranne [piʀan] nm pyran.

pyrénéen, enne [piʀeneɛ̃, ɛn] adj Pyrenean.

❖ **Pyrénéen, enne** nm, f *person from the Pyrenees.*

Pyrénées [piʀene] npr fpl ▸ **les Pyrénées** the Pyrenees.

Pyrex® [piʀɛks] nm Pyrex® ▸ **en Pyrex** Pyrex.

pyrite [piʀit] nf pyrite ▸ **pyrite cuivreuse** copper pyrite ou pyrites ▸ **pyrite blanche** marcasite.

pyroélectricité [piʀɔelɛktʀisite] nf pyroelectricity.

pyrogénation [piʀɔʒenasjɔ̃] nf pyrogenation.

pyrogène [piʀɔʒɛn] adj MÉD pyrogenic.

pyrograver [3] [piʀɔgʀave] vt ▸ **pyrograver qqch** to work sthg with a heated stylus, to pyrograph sthg *spéc.*

pyrograveur, euse [piʀɔgʀavœʀ, øz] nm, f [artisan] pyrographer.

pyrogravure [piʀɔgʀavyʀ] nf pokerwork, pyrography *spéc.*

pyrolyse [piʀɔliz] nf pyrolysis.

pyromane [piʀɔman] nmf arsonist, pyromaniac.

pyromanie [piʀɔmani] nf pyromania.

pyrométrie [piʀɔmetʀi] nf pyrometry.

pyrométrique [piʀɔmetʀik] adj pyrometric.

pyrosis [piʀɔzis] nm heartburn, pyrosis *spéc.*

pyrotechnicien, enne [piʀɔtɛknisjɛ̃, ɛn] nm, f pyrotechnician.

pyrotechnie [piʀɔtɛkni] nf pyrotechnics *(U)*, pyrotechny, fireworks.

pyrotechnique [piʀɔtɛknik] adj pyrotechnic, pyrotechnical / *un spectacle pyrotechnique* a firework display.

pyroxène [piʀɔksɛn] nm pyroxene.

pyroxyle [piʀɔksil] nm *vieilli* pyroxilin, guncotton.

pyrrhonisme [piʀɔnism] nm Pyrrhonism.

Pyrrhus [piʀys] npr Pyrrhus.

Pythagore [pitagɔʀ] npr Pythagoras.

pythagoricien, enne [pitagɔʀisjɛ̃, ɛn] adj & nm, f Pythagorean / *la gamme pythagoricienne* the Pythagorean scale.

pythagorique [pitagɔʀik] adj ▸ **nombres pythagoriques** Pythagorean numbers.

pythie [piti] nf **1.** ANTIQ ▸ **la pythie** Pythia **2.** *litt* [prophétesse] pythoness.

python [pitɔ̃] nm ZOOL python.

pythonisse [pitɔnis] nf **1.** ANTIQ pythoness **2.** *litt* [prophétesse] prophetess, (female) soothsayer.

q, Q [ky] nm q, Q ▸ **fièvre Q** Q fever. **Voir aussi g.**
q abr écrite de **quintal.**
Qatar [kataʀ] npr m ▸ **le Qatar** Qatar, Katar.
qatari, e [kataʀi], **qatarien, enne** [kataʀjɛ̃, ɛn] adj Qatari.
❖ **Qatari, e, Qatarien, enne** nm, f Qatari.
qch abr écrite de **quelque chose.**
QCM (abr de **questionnaire à choix multiple**) nm multiple-choice questionnaire.
qd abr écrite de **quand.**
QG (abr de **quartier général**) nm HQ.
QHS nm abr de **quartier de haute sécurité.**
QI (abr de **quotient intellectuel**) nm IQ.
Qom [kɔm] npr Qom, Qum.
qqch (abr écrite de **quelque chose**) sthg.
qqn (abr écrite de **quelqu'un**) sb.
qsp (abr écrite de **quantité suffisante pour**) qs.
QSR nm abr de **quartier de sécurité renforcée.**
quad [kwad] nm [moto] quad bike ; [rollers] roller skate.
quadra [k(w)adʀa] nmf fortysomething.
quadragénaire [k(w)adʀaʒenɛʀ] ◆ adj ▸ **être quadragénaire a)** [avoir de 40 à 50 ans] to be in one's forties **b)** [avoir 40 ans] to be forty. ◆ nmf [de 40 à 50 ans] person in his / her forties ; [de 40 ans] forty-year-old man (woman), quadragenarian / *un sémillant quadragénaire* a dashing forty-year old.
quadragésime [kwadʀaʒezim] nf Quadragesima Sunday.
quadrangle [k(w)adʀɑ̃gl] nm GÉOM quadrangle.
quadrangulaire [kwadʀɑ̃gylɛʀ] adj quadrangular, four-angled / *une tour quadrangulaire* a four-sided tower.
quadrant [kwadʀɑ̃] nm ANAT & GÉOM quadrant.
quadratique [kwadʀatik] adj quadratic ▸ **système quadratique** tetragonal system.
quadrature [kwadʀatyʀ] nf **1.** GÉOM quadrature, squaring ▸ **quadrature du cercle** squaring the circle ▸ **c'est la quadrature du cercle** it's like trying to square a circle ou to get a quart into a pint pot **2.** ASTRON quadrature **3.** MATH integration.
quadri [kadʀi] (abr de **quadrichromie**) nf *fam* four-colour UK ou four-color US processing ou printing / *en quadri* in four colours UK ou colors US.
quadribande [kwadʀibɑ̃d] adj INFORM quad-band.
quadriceps [kwadʀisɛps] nm quadriceps.
quadrichromie [kwadʀikʀɔmi] nf four-colour UK ou four-color US processing ou printing / *en quadrichromie* in four colours UK ou colors US.
quadriennal, e, aux [kwadʀijenal, o] adj quadrennial, four-year *(avant nom).*
quadrifide [kwadʀifid] adj quadrifid.
quadrige [k(w)adʀiʒ] nm quadriga.

quadrijumeau, elle [k(w)adʀiʒymo, ɛl] adj ANAT quadrigeminal.
quadrilatéral, e, aux [k(w)adʀilateʀal, o] adj quadrilateral, four-sided.
quadrilatère [k(w)adʀilatɛʀ] ◆ adj quadrilateral. ◆ nm GÉOM & MIL quadrilateral.
quadrillage [kadʀijaʒ] nm **1.** [réseau] grid ▸ **quadrillage international** standard grid ▸ **quadrillage des rues** grid arrangement ou layout of streets **2.** [tracé] grid ou criss-cross pattern / *pour dessiner, tu peux utiliser le quadrillage de ton cahier* you can use the squares on your exercise book to make your drawing **3.** [division] division ▸ **quadrillage administratif** division into administrative areas ▸ **quadrillage hospitalier** hospital area division **4.** [contrôle] surveillance / *les gangsters se sont enfuis malgré le quadrillage mis en place par la police* the gangsters got away despite the tight police controls **5.** [sur une carte] grid, graticule.
quadrille [kadʀij] nm quadrille ▸ **le quadrille des lanciers** the lancers.
quadrillé, e [kadʀije] adj squared, cross-ruled.
quadriller [3] [kadʀije] vt **1.** [papier] to criss-cross, to mark into squares **2.** [surveiller] to surround / *la police quadrille le quartier* police presence is heavy in the district **3.** [être réparti sur] to be scattered about ou dotted over / *les pylônes quadrillent la région* pylons criss-cross ou are dotted all over the area.
quadrimoteur [k(w)adʀimɔtœʀ] ◆ adj m four-engined. ◆ nm four-engined plane.
quadripartite [kwadʀipaʀtit] adj **1.** BOT quadripartite **2.** [conférence, commission] quadripartite ▸ **réunion quadripartite a)** [de groupements] quadripartite meeting **b)** [de pays] meeting between four countries **c)** [de partis] four-party meeting.
quadriphonie [kwadʀifɔni] nf quadraphony, quadraphonics *(sg).*
quadriplégie [kwadʀipleʒi] nf quadriplegia, tetraplegia.
quadripolaire [kwadʀipɔlɛʀ] adj quadripolar.
quadripôle [kwadʀipol] nm quadripole.
quadriréacteur [k(w)adʀiʀeaktœʀ] ◆ adj m four-engined. ◆ nm four-engined plane ou jet.
quadrisyllabe [kwadʀisilab] nm quadrisyllable, tetrasyllable.
quadrisyllabique [kwadʀisilabik] adj quadrisyllabic, tetrasyllabic.
quadrivalent, e [kwadʀivalɑ̃, ɑ̃t] adj quadrivalent, tetravalent.
quadrumane [k(w)adʀyman] ◆ adj quadrumanous. ◆ nm quadrumane ▸ **les quadrumanes** the quadrumana.
quadrupède [k(w)adʀypɛd] ◆ adj quadruped, four-footed. ◆ nm quadruped.

quadruple [k(w)adʀypl] ◆ adj quadruple. ◆ nm quadruple / *j'ai gagné 15 euros et le vendeur, le quadruple* I earned 15 euros and the seller four times that.
quadrupler [3] [k(w)adʀyple] ◆ vi to quadruple, to increase fourfold / *ses revenus ont quadruplé depuis l'année dernière* her income has increased fourfold ou quadrupled since last year, she earns four times more than she did last year / *la peur du conflit a fait quadrupler les ventes de boîtes de conserve* fears of war pushed sales of tinned food up by 400%. ◆ vt to increase fourfold, to quadruple.
quadruplés, ées [k(w)adʀyple] nmf pl quadruplets, quads.
quadruplex [kwadʀyplɛks] ◆ adj quadruplex. ◆ nm inv quadruplex system.
quai [ke] nm **1.** [d'une gare] platform / *le train est à quai* the train is in / *arrivée du train quai numéro cinq* train arriving on platform five **2.** NAUT quay, wharf ▸ **arriver** ou **venir à quai** to berth / *le navire est à quai* the ship has berthed **3.** [berge] bank, embankment / *sur les quais de la Seine* on the banks of the Seine **4.** [rue bordant un fleuve] street ▸ **prendre les quais** to drive along the river *(in a town)* ▸ **le Quai a)** [le Quai d'Orsay] the (French) Foreign Ministry **b)** [le Quai des Orfèvres] Police Headquarters *(in Paris)* **5.** TECHNOL platform.

 **Quai**

The names **Quai d'Orsay** and **Quai des Orfèvres** are often used to refer to the government departments situated on the streets of the same name (the foreign office and the police department respectively). **Le Quai de Conti** is sometimes used to refer to the **Académie française.**

quaker, eresse [kwɛkœʀ, kwɛkʀɛs] nm, f Quaker (Quakeress) ▸ **les quakers** the Quakers, the Society of Friends.
qualifiable [kalifjabl] adj **1.** SPORT [athlète, concurrent] liable to qualify **2.** [descriptible] : *son attitude n'est pas qualifiable* his attitude can't be justified / *les atrocités qu'ils ont commises ne sont pas qualifiables* there are no words to describe the atrocities they committed.
qualifiant, e [kalifjɑ̃, ɑ̃t] adj [formation, stage] leading to a qualification.
qualificatif, ive [kalifikatif, iv] adj qualifying.
❖ **qualificatif** nm **1.** [mot] term, word / *ce qualificatif suave ne lui convient guère !* she hardly deserves to be described in such a pleasant way ! **2.** LING qualifier, modifier.
qualification [kalifikasjɔ̃] nf **1.** [formation] qualification, skill / *elle n'a aucune qualification pour s'occuper d'enfants* she's not qualified to look after children ▸ **sans qualification** unskilled / *il n'a pas les qualifi-*

cations requises pour ce poste he's not qualified ou he hasn't got the right qualifications for this job ▸ **qualification professionnelle** professional qualifications **2.** SPORT preliminary, qualifying ▸ **obtenir sa qualification** to qualify ▸ **épreuves / match de qualification** qualifying heats / match **3.** [appellation] name / *la qualification de faussaire paraît exagérée* the term forger seems a bit extreme **4.** DR legal definition.

qualifié, e [kalifje] adj **1.** [compétent] skilled, qualified / *elle est qualifiée pour remplir cette tâche* she's qualified to do this task / *un professeur qualifié* a qualified teacher ▸ **non qualifié pour** ineligible for **2.** SPORT [choisi] qualifying / *les joueurs qualifiés* the qualifying players **3.** DR aggravated.

qualifier [9] [kalifje] vt **1.** [appeler] ▸ **qualifier qqn / qqch de…** to describe sb / sthg as… / *il qualifie tout le monde de snob* he calls ou dubs everybody a snob / *un incident que l'ambassade qualifie de grave* an incident described as serious by the embassy **2.** [apprécier] to consider / *je ne sais comment qualifier son attitude* I don't know what to think of his attitude **3.** [professionnellement] to qualify / *son expérience la qualifie parfaitement pour ce poste* her experience qualifies her perfectly for this job **4.** SPORT to qualify **5.** LING to qualify, to modify.

❖ **se qualifier** ◆ vp *(emploi réfléchi)* ▸ **se qualifier de** [se dire] to call o.s. / *elle se qualifie volontiers d'artiste* she likes to call herself an artist. ◆ vpi [être choisi] to qualify / *se qualifier pour une finale* to qualify for ou to get through to a final.

qualitatif, ive [kalitatif, iv] adj qualitative / *d'un point de vue qualitatif* from a qualitative point of view.

qualitativement [kalitativmɑ̃] adv qualitatively.

qualité [kalite] nf **1.** [côté positif -d'une personne] quality, virtue ; [-d'une chose] good point, positive feature / *elle a beaucoup de qualités* she has many (good) qualities ▸ **les qualités et les défauts** good and bad qualities ▸ **qualités morales / intellectuelles** moral / intellectual qualities ▸ **qualités humaines** ou **de cœur** human qualities ▸ **avoir des qualités de cœur** to have a good heart ▸ **qualités personnelles** personal qualities ▸ **qualités professionnelles** professional skills **2.** [niveau] quality, grade / *qualité ordinaire* standard ou regular grade / *qualité médiocre* poor quality / *la qualité de l'impression est insuffisante / bonne* the quality of the printing is inadequate / good / *10 points pour la qualité artistique* 10 points for artistic merit / *un pneumologue de sa qualité devrait le savoir* a lung specialist of his calibre should know ▸ **qualité inférieure** low grade ▸ **de qualité inférieure** low-quality, shoddy ▸ **de mauvaise qualité** poor quality, substandard ▸ **de première qualité** top-quality, first-rate ▸ **qualité perçue** ÉCON perceived quality ▸ **qualité totale** ÉCON total quality management ▸ **qualité de vie** quality of life **3.** [propriété] quality, property / *cette plante a des qualités laxatives* this plant has laxative properties **4.** [statut] position ; DR quality, capacity ▸ **nom, prénom, âge et qualité** name, first name, age and occupation ▸ **avoir qualité pour faire qqch a)** [être habilité] to be entitled to do sthg **b)** [être capable] to be qualified to do sthg / *qui a qualité pour décider, ici?* who's entitled ou empowered to decide around here? **5.** [supériorité qualitative] quality / *la qualité et la quantité* quality and quantity ▸ **la qualité se paie** you get what you pay for **6.** PHILOS quality **7.** ÉLECTR & TÉLÉC ▸ **facteur de qualité** quality factor.

❖ **qualités** nfpl [mérites] skills, qualifications / *pensez-vous avoir les qualités requises?* do you think you've got the required skills?

❖ **de qualité** loc adj **1.** [de luxe] quality *(modif)*, high-standard / *vêtements de qualité* quality clothes / *un immeuble de qualité dans un cadre agréable* a luxury residence in pleasant surroundings **2.** *vieilli* [noble] noble.

❖ **en qualité de** loc prép : *en qualité de tuteur, je peux intervenir* (in my capacity) as guardian, I can intervene / *en ma qualité de chef de l'opposition, je…* as leader of the opposition, I…

❖ **ès qualités** loc adv ADMIN & DR in one's official capacity / *le ministre n'est pas intervenu ès qualités, mais à titre personnel* the minister intervened in a personal rather than an official capacity.

quand [kɑ̃] ◆ conj **1.** [lorsque] when / *réveille-moi quand tu partiras* wake me when you leave / *quand tu le verras, demande-lui de me téléphoner* when you see him, ask him to ring me / *elle venait de partir quand il arriva* she had just left when he arrived / *je te donnerai une réponse quand j'aurai reçu sa lettre* I'll give you a reply when I get his / her letter / *je le préfère quand il est de bonne humeur* I prefer him when he is in a good mood / *quand j'ai le temps, j'aime bien aller au cinéma* when I have the time, I like to go to the cinema / *quand je te disais qu'il serait en retard!* I TOLD you he'd be late! / *quand je pense à l'argent que j'ai dépensé!* when I think ou to think of the money I spent! ▸ **quand il n'y en a plus il y en a encore** *fam* there's plenty more where that came from ▸ **quand le vin est tiré, il faut le boire** *prov* you've made your bed and must lie in it **2.** [alors que] when / *elle se promène quand elle doit garder la chambre* she's up and about when she should be in bed / *pourquoi rester enfermé quand il fait si beau dehors?* why stay cooped up when it's so lovely outside? / *pourquoi rester ici quand on pourrait partir en week-end?* why stay here when we could go away for the weekend? **3.** [introduisant une hypothèse] even if / *quand il serait le plus riche des hommes, elle n'en voudrait pas* even if he were the richest man in the world, she wouldn't want to have anything to do with him / *et quand ce serait, j'ai bien le droit de rêver* even if that is the case, I'm allowed to dream, aren't I? ◆ adv when / *quand travaille-t-il?* when does he work? / *quand viendras-tu nous voir?* when will you come and visit us? / *je ne sais pas encore quand je pars* I don't know when I'm leaving yet / *depuis quand es-tu là?* how long have you been here? / *à quand le mariage?* when's the wedding? / *c'est pour quand, ce mariage?* when is this wedding going to happen? / *jusqu'à quand restez-vous?* until when ou how long are you staying? / *quand est-ce que tu y vas? fam* when are you going there?

❖ **quand bien même** loc conj even if / *j'irai, quand bien même je devrais y aller à pied!* I'll go, even if I have to go on foot!

❖ **quand même** ◆ loc conj *sout* even though, even if / *quand même tu lui dirais vingt fois, elle oublierait toujours* even if you told her twenty times, she would still forget. ◆ loc adv **1.** [malgré tout] all the same, even so / *c'était quand même bien* it was still good, it was good all the same / *je pense qu'il ne viendra pas, mais je l'inviterai quand même* I don't think he'll come but I'll invite him all the same **2.** [en intensif] : *tu pourrais faire attention quand même!* you really should be more careful!

quant [kɑ̃] ❖ **quant à** loc prép as for ou to / *quant aux photos, je ne les ai même jamais vues* as for the photographs, I never even saw them / *quant à la publication de l'ouvrage, elle devrait avoir lieu en juin* as for ou regarding the publication of the work, it should take place in June / *je partage votre opinion quant à ses capacités* I share your opinion about his ability ▸ **quant à lui** as for him / *quant à vous, tenez-vous tranquilles* as for you, just keep quiet / *quant à ce que vous nous proposez…* as for your proposal…

quanta [kwɑ̃ta] nmpl ⟶ **quantum.**

quanta* [kwɑ̃ta] (*pl* **quantas***) nm = **quantum.**

quant-à-soi [kɑ̃taswa] nm inv ▸ **rester** ou **se tenir sur son quant-à-soi** to remain distant ou aloof / *chacun reste sur son quant-à-soi* everyone remains aloof.

quantième [kɑ̃tjɛm] nm day (and date) of the month / *la lettre ne spécifie pas le quantième du mois pour la livraison* the letter doesn't specify what day of the month delivery is to be made / *dû le jour ayant le même quantième* DR due on the same day and date.

quantifiable [kɑ̃tifjabl] adj quantifiable.

quantificateur [kɑ̃tifikatœʀ] nm quantifier.

quantification [kɑ̃tifikasjɔ̃] nf **1.** [gén & PHILOS] quantification **2.** PHYS quantization.

quantifier [9] [kɑ̃tifje] vt **1.** [gén & PHILOS] to quantify **2.** PHYS to quantize.

quantique [kwɑ̃tik, kɑ̃tik] ◆ adj quantic ▸ **nombre quantique** quantic number. ◆ nf quantum mechanics.

quantitatif, ive [kɑ̃titatif, iv] adj **1.** [concernant la quantité] quantitative / *évaluation quantitative des résultats des tests* quantitative analysis of test results **2.** [reposant sur des statistiques] quantitative ▸ **l'histoire quantitative** quantitative history **3.** LING quantitative ▸ **terme quantitatif** quantifier.

quantitativement [kɑ̃titativmɑ̃] adv quantitatively.

quantité [kɑ̃tite] nf **1.** [mesure] amount, quantity / *quelle quantité de lessive faut-il mettre?* how much detergent do you have to put in? / *petites quantités de peinture / vitamines* small amounts of paint / doses of vitamins ▸ **une quantité de** lots of, a lot of, a great many / *il y a une quantité de boîtes en carton dans le couloir* there are a lot of cardboard boxes in the corridor ▸ **une quantité industrielle de** *fam* masses and masses of, heaps and heaps of ▸ **en quantités industrielles** ou **en grandes quantités** in large quantities **2.** SCI [grandeur] quantity ▸ **quantité constante / variable** constant / variable quantity ▸ **quantité d'électricité** quantity ou charge of electricity ▸ **quantité de lumière** quantity of light ▸ **quantité de mouvement** linear momentum **3.** PHILOS & LING quantity **4.** EXPR ▸ **quantité négligeable** : *tenir qqn / qqch pour quantité négligeable* to disregard sb / sthg / *il considère mon avis comme quantité négligeable* he doesn't care a jot for my opinion ▸ **traiter qqn / qqch comme une quantité négligeable** to treat sb / sthg as unworthy of consideration.

❖ **en quantité** loc adv in abundance, in great amounts ▸ **du vin / des prix en quantité** lots of wine / prizes / *il y avait du saumon en quantité dans le torrent* there was plenty of salmon in the stream.

❖ **quantité de** loc dét *sout* a great many, lots of / *quantité de femmes vous diront que…* a large number of women will tell you that… / *elle trouve quantité de raisons pour ne pas le faire* she finds any amount ou lots of reasons not to do it.

quantum [kwɑ̃tɔm] (*pl* **quanta** [kwɑ̃ta] *ou* **quantums***) nm **1.** MATH & PHYS quantum ▸ **théorie des quanta** quantum theory **2.** [montant] amount / *quantum des dommages et intérêts* sum of damages **3.** [proportion] proportion, ratio.

quarantaine [kaʀɑ̃tɛn] nf **1.** [nombre] about forty / *une quarantaine de chevaux* about forty ou forty or so horses **2.** [âge] ▸ **avoir la quarantaine** to be in one's forties / *elle frise la quarantaine* she's pushing forty **3.** [isolement] quarantine **4.** BOT annual ou hairy stock.

❖ **en quarantaine** ◆ loc adj **1.** MÉD & VÉTÉR in quarantine **2.** *fig* excluded, ostracized. ◆ loc adv ▸ **mettre en quarantaine a)** MÉD & VÉTÉR to quarantine **b)** *fig* to ostracize, to exclude.

quarante [kaʀɑ̃t] ◆ dét forty / *elle a quarante de fièvre* her temperature is 40°C ▸ **en quarante** [en 1940] in 1940. ◆ nm inv **1.** [numéro] forty / *ils habitent au quarante* they live at number 40 ▸ **les Quarante** the French Academy **2.** TENNIS forty ▸ **quarante partout** deuce.

quarante-cinq-tours [kaʀɑ̃tsɛ̃tuʀ] nm inv 45 (rpm), single.

quarantenaire [kaʀɑ̃tnɛʀ] ◆ adj **1.** [qui dure quarante ans] forty-year *(avant nom)* **2.** MÉD ▸ **maladie quarantenaire** notifiable UK ou quarantinable US disease. ◆ nm [lieu] quarantine. ◆ nf [maladie] notifiable UK ou quarantinable US disease. ◆ nmf [personne de quarante ans] forty-year-old.

quarantième [kaʀɑ̃tjɛm] ◆ adj num & nmf fortieth / *la quarantième a été déclassée* the fortieth (one) was relegated. ◆ nm **1.** [fraction] fortieth / *le quarantième de cette somme ne représente pas grand-chose* the fortieth (part) of that sum doesn't amount to much **2.** NAUT ▸ **les quarantièmes rugissants** the roaring forties. Voir aussi **cinquième.**

quark [kwaʀk] nm quark.

quart[1] [kaʀ] nm **1.** [quatrième partie] quarter / *5 est le quart de 20* 5 is a quarter of 20 / *un quart de beurre* a quarter (of a pound) of butter / *un quart de la tarte* one quarter of the tart / *un quart de cidre* a quarter (of a litre) of cider / *un kilo un quart* a kilo and quarter, one and a quarter kilos ▸ **un quart de cercle a)** [gén] a quarter (of a) circle **b)** GÉOM a quadrant ▸ **quart de finale** quarter final ▸ **un quart de tour** a quarter turn ▸ **démarrer** ou **partir au quart de tour** *pr* to start first go / *notre prof a démarré au quart de tour avec les sous-ensembles fam* the teacher wasted no time and got us going on subsets / *il a réagi au quart de tour* he reacted straight away ▸ **au quart de poil** *fam* perfectly / *le frigo rentre au quart de poil* the fridge just fits **2.** MUS ▸ **quart de soupir** semiquaver UK ou sixteenth US rest ▸ **quart de ton** quarter tone **3.** [période de quinze minutes] quarter of an hour, quarter hour US / *l'horloge sonne tous les quarts* the clock chimes on the quarter of every hour / *c'est le quart qui sonne* that's the bell for quarter past ▸ **une heure et quart** (a) quarter past one, (a) quarter after one US / *une heure moins le quart* (a) quarter to one, (a) quarter of one US ▸ **viens au quart** *fam* get here at (a) quarter past / *j'étais là à moins le quart fam* I was there at (a) quarter to ou (a) quarter of US **4.** [petite quantité] fraction ▸ **il dit cela mais il n'en pense pas le quart** that's what he says but he doesn't really mean it **5.** NAUT [garde] watch ; [aire de vent] rhumb / *prendre le quart* to take the watch / *être de quart* to be on watch ou duty ▸ **petit quart** dogwatch ▸ **grand quart** six hour (evening) watch **6.** [bouteille ou pichet] quarter litre **7.** [gobelet] (quarter litre) mug ou beaker **8.** *fam* ▸ **quart de brie** [nez] conk UK, schnoz US.

quart², e [kaʀ, kaʀt] adj *vieilli* fourth.

quart-arrière [kaʀaʀjɛʀ] (*pl* **quart-arrières**) nmf SPORT quarterback.

quart-de-finaliste [kaʀdəfinalist] (*pl* **quart-de-finalistes**) nmf quarterfinalist.

quart-de-rond [kaʀdəʀɔ̃] (*pl* **quarts-de-rond**) nm ARCHIT shoe moulding.

quart d'heure [kaʀdœʀ] (*pl* **quarts d'heure**) nm **1.** [quinze minutes] quarter of an hour / *je suis resté un quart d'heure devant la porte* I stood at the door for a quarter of an hour / *cela va te prendre au moins trois quarts d'heure* it'll take you at least three quarters of an hour **2.** EXPR **le quart d'heure américain** *the time when the girls can invite the boys to dance (at a party)* ▸ **passer un mauvais quart d'heure** *fam* to have a bad time of it ▸ **faire passer un mauvais quart d'heure à qqn** *fam* to give sb hell ▸ **le quart d'heure de Rabelais** the hour of reckoning, the dreaded moment *hum* ▸ **le dernier quart d'heure** the very last minutes.

quarte [kaʀt] ◆ f ⟶ **quart.** ◆ nf **1.** TÉLÉC quad ▸ **câble à quartes** quad cable **2.** MUS fourth **3.** ESCRIME quarte **4.** CARTES quart.

quarté [kaʀte] nm forecast *(of the first four horses)*.

quarteron, onne [kaʀtəʀɔ̃, ɔn] nm, f [métis] quadroon.

❖ **quarteron** nm *péj* [petit nombre] bunch, gang / *un quarteron de politiciens véreux* a bunch of shady politicians.

quartet [kwaʀtɛ] nm INFORM fourbit byte.

quartette [kwaʀtɛt] nm MUS quartet, quartette.

quartier [kaʀtje] nm **1.** [division d'une ville] district, area / *le quartier des affaires* the business district / *le quartier juif* the Jewish quarter ou area ▸ **le quartier chinois** Chinatown ▸ **le quartier** the neighbourhood / *je ne suis pas du quartier* I'm not from around here / *c'est un garçon du quartier* he's a local boy ▸ **les beaux quartiers** fashionable districts ▸ **les bas quartiers** the less salubrious parts of town ▸ **les vieux quartiers** the old town ou quarter (of town) ▸ **le Quartier latin** the Latin Quarter *(area on the Left Bank of the Seine traditionally associated with students and artists)* **2.** MIL quarters / *le quartier est à l'autre bout de la ville* the barracks are on the other side of the town ▸ **quartier général** *pr & fig* headquarters / *la bande a établi son quartier général près de la gare* the gang set up its headquarters near the station ▸ **grand quartier général** General Headquarters ▸ **quartiers d'hiver** winter quarters / *prendre ses quartiers d'hiver à* to winter at ▸ **avoir quartier libre a)** MIL to be off duty **b)** *fig* to be free **3.** [partie d'une prison] wing ▸ **quartier de haute sécurité** ou **de sécurité renforcée** high- ou top-security wing **4.** [quart] quarter / *un quartier de pomme* a quarter of an apple ; [morceau] portion, section / *un quartier d'orange* an orange segment / *un quartier de bœuf* a quarter of beef **5.** ASTRON quarter ▸ **la Lune est dans son premier / dernier quartier** the Moon is in its first / last quarter **6.** HÉRALD quarter **7.** [degré de descendance noble] ▸ **un prince à seize quartiers** *a prince of noble descent through all of his great-great-grandparents* ▸ **quartiers de noblesse** degree of noble descent ▸ **avoir ses quartiers de noblesse** *fig* to be well established **8.** [pitié] mercy, quarter / *l'armée victorieuse n'a pas fait de quartier* the victorious army gave no quarter ▸ **pas de quartier!** no quarter! **9.** [d'une chaussure] quarter ; [d'une selle] (half) panel **10.** ZOOL [partie du sabot] quarter **11.** MIN (overseers) district **12.** BELG [appartement] one-bedroom flat.

❖ **de quartier** loc adj [médecin, cinéma] local.

quartier-maître (*pl* **quartiers-maîtres**), **quartier-maitre*** (*pl* **quartiers-maitres**) [kaʀtjemɛtʀ] nm **1.** HIST & MIL quartermaster **2.** NAUT leading seaman.

quartile [kwaʀtil] nm quartile.

quart-monde [kaʀmɔ̃d] (*pl* **quarts-mondes**) nm ▸ **le quart-monde a)** [ensemble de pays] the least developed countries, the Fourth World **b)** [dans un pays] the poor.

quarto [kwaʀto] adv fourthly.

quartz [kwaʀts] nm quartz.

❖ **à quartz** loc adj quartz *(modif)*.

quartzifère [kwaʀtsifɛʀ] adj quartziferous.

quartzite [kwaʀtsit] nm quartzite.

quasar [kazaʀ] nm quasar.

quasi [kazi] ◆ adv = **quasiment.** ◆ nm chump end.

quasi- [kazi] préf quasi-, near, almost ▸ **j'en ai la quasi-certitude** I'm virtually certain ▸ **la quasi-totalité de...** almost the whole...

quasi-collision [kazikɔlizjɔ̃] (*pl* **quasi-collisions**) nf ▸ **quasi-collision (aérienne)** air miss.

quasi-contrat [kazikɔ̃tʀa] (*pl* **quasi-contrats**) nm quasi-contract, implied contract.

quasi-délit [kazideli] (*pl* **quasi-délits**) nm criminal negligence.

quasiment [kazimɑ̃] adv *fam* almost, practically / *attends-moi, j'ai quasiment fini* wait for me, I've nearly finished / *c'est quasiment la même chose* it's more or less the same.

Quasimodo [kazimɔdo] ◆ nf RELIG Quasimodo, Low Sunday. ◆ npr LITTÉR Quasimodo, the hunchback of Notre-Dame.

quasi-monnaie [kazimɔnɛ] (*pl* **quasi-monnaies**) nf near money, quasi-money.

quaternaire [kwatɛʀnɛʀ] ◆ adj **1.** GÉOL Quaternary ▸ **ère quaternaire** Quaternary era **2.** CHIM & MATH quaternary. ◆ nm GÉOL Quaternary (period).

quaterne [kwatɛʀn] nm *group of four winning numbers on the same line (of a loto ticket)*.

quaternion [kwatɛʀnjɔ̃] nm MATH quaternion.

quatorze [katɔʀz] ◆ dét **1.** fourteen **2.** [dans des séries] fourteenth ▸ **à quatorze heures** at 2 p.m. ▸ **en quatorze** during World War I ▸ **le 14 Juillet** Bastille Day, the fourteenth of July ▸ **la guerre de quatorze** World War I, the First World War ▸ **c'est parti comme en quatorze!** *fam & hum* off we go, lads! ▸ **c'est reparti comme en quatorze!** *hum* once more into the breach! ◆ nm inv fourteen. **Voir aussi cinq.**

quatorzième [katɔʀzjɛm] adj num, nmf & nm fourteenth. **Voir aussi cinquième.**

quatorzièmement [katɔʀzjɛmmɑ̃] adv in (the) fourteenth place.

quatrain [katʀɛ̃] nm quatrain.

quatre [katʀ] ◆ dét **1.** four / *les quatre vertus cardinales* the cardinal virtues **2.** AUTO ▸ **4 x 4 = quatre-quatre 3.** EXPR **il lui fallait se tenir à quatre pour ne pas rire / parler** he had to bite his lip not to laugh / to bite his tongue not to speak ▸ **faire les quatre cents coups** : *il a fait les quatre cents coups dans sa jeunesse* he sowed his wild oats when he was young / *cet enfant fait les quatre cents coups* that child's a bit of a handful ▸ **ne pas y aller par quatre chemins** : *il n'y est pas allé par quatre chemins* he came straight to the point ou didn't beat about the bush ▸ **aux** ou **des quatre coins de** : *aux quatre coins de la chambre* in the four corners of the room / *ils viennent des quatre coins du monde* they come from the four corners of the world ▸ **jouer aux quatre coins** JEUX *to run from one corner of a room to another trying to reach a corner before the player standing in the middle* ▸ **être tiré à quatre épingles** to be immaculately dressed ou dressed to the nines ▸ **les quatre fers en l'air** *fam* flat on one's back / *il s'est retrouvé les quatre fers en l'air* he fell flat on his back ▸ **un de ces quatre matins** one of these days ▸ **être enfermé entre quatre murs** to be shut away indoors ▸ **être entre quatre planches** *fam* to be six foot under ▸ **quatre sous** *fam* : *il a eu vite dépensé ses quatre sous* he soon spent the little money he had / *ça ne vaut pas quatre sous* it's not worth tuppence UK ou a red cent US ▸ **bague de quatre sous** cheap ring ▸ **hôtel de quatre sous** cut-price ou low-rate hotel ▸ **les quatre vents** *litt* [les quatre points cardinaux] the four points of the compass ▸ **être logé aux quatre vents** to live in a draughty old place ▸ **dire ses quatre vérités à qqn** to tell sb few home truths ▸ **faire les quatre volontés de qqn** to pander to sb's every whim ▸ **se mettre en quatre pour qqn** to go to no end of trouble ou to bend over backwards for sb ▸ **se mettre en quatre pour faire qqch** to go out of one's way to do sthg. ◆ nm inv **1.** [nombre] four **2.** NAUT four ▸ **quatre avec / sans barreur** coxed / coxless four. **Voir aussi cinq.**

❖ **à quatre mains** ◆ loc adj MUS : *morceau à quatre mains* piece for four hands. ◆ loc adv MUS ▸ **jouer à quatre mains** to play a duet.

❖ **à quatre pattes** loc adv on all fours / *marcher à quatre pattes* to walk on all fours / *se mettre à quatre pattes* to go down on all fours.

❖ **comme quatre** loc adv ▸ **boire / manger / parler comme quatre** to eat / to drink / to talk a lot / *avoir de l'esprit comme quatre* to be a bit of a wit.

Quatre-Cantons [katʀkɑ̃tɔ̃] npr mpl ▸ **le lac des Quatre-Cantons** lake Lucerne.

quatre-cent-vingt-et-un [kat(ʀə)sɑ̃vɛ̃teœ̃] nm inv *simple dice game usually played in cafés : the loser pays for a round of drinks.*

quatre-épices [katʀepis] nm inv allspice.

quatre-feuilles [katʀəfœj] nm inv quatrefoil.

quatre-heures, quatre heures [katʀœʀ] nm inv *fam* afternoon snack.

quatre-mâts [katʀəma] nm inv four-master.

quatre-quarts [katkaʀ] nm inv ≃ pound cake.

quatre-quatre [katkatʀ] ◆ adj inv four-wheel drive. ◆ nm inv ou nf inv four-wheel drive (vehicle).

quatre-saisons [kat(ʀə)sɛzɔ̃] nf inv [légume] second-crop ou second-cropping vegetable ; [fruit] second-crop ou second-cropping fruit / *une fraise quatre-saisons* a second-crop ou second-cropping strawberry, a perpetual-fruiting strawberry.

quatre-vingt-dix [katʀəvɛ̃dis] ◆ dét ninety. ◆ nm inv [nombre] ninety. **Voir aussi cinquante.**

quatre-vingt-dixième [katʀəvɛ̃dizjɛm] adj num, nmf & nm ninetieth. **Voir aussi cinquième.**

quatre-vingtième [katʀəvɛ̃tjɛm] adj num, nmf & nm eightieth. **Voir aussi cinquième.**

quatre-vingts, quatre-vingt *(si suivi d'un autre adj num)* [katʀəvɛ̃] ◆ dét eighty / *page quatre-vingt* page eighty / *quatre-vingts personnes* eighty people / *quatre-vingt-quatre euros* eighty-four euros. ◆ nm eighty. **Voir aussi cinquante.**

quatrième [katʀijɛm] ◆ adj num & nmf fourth. ◆ nf **1.** ENS ≃ year 9 UK ; ≃ eighth grade US **2.** DANSE fourth position. **Voir aussi cinquième.**

❖ **en quatrième vitesse** loc adv *fam* in a hurry, at breakneck speed / *rapporte ce livre à la bibliothèque, et en quatrième vitesse!* take this book back to the library and be quick about it! / *j'ai bu mon café en quatrième vitesse* I drank my coffee in a rush.

quatrièmement [katʀijɛmmɑ̃] adv fourthly, in (the) fourth place. **Voir aussi cinquièmement.**

quatrillion [katʀiljɔ̃] nm quadrillion UK, septillion US.

quatuor [kwatɥɔʀ] nm **1.** MUS quartet ▸ **quatuor à cordes / vent** string / wind quartet **2.** QUÉBEC *fam* [groupe] foursome.

que [kə] *(devant voyelle ou 'h' muet qu')* ◆ adv **1.** [combien] : *que tu es naïf!* you're so naive!, aren't you naive! / *que de bruit ici!* it's so noisy here!, what a lot of noise there is in here! / *que d'assurance chez une femme si jeune!* so much self-confidence in such a young woman! / *que de choses à faire dans une maison!* there are so many things to do in a house! / *qu'il a un grand nez!* he's got such a big nose! / *qu'est-ce que tu es bête!* *fam* you're (ever) so stupid! / *qu'est-ce que c'est bon!* it's delicious!, it's so good! / *qu'est-ce qu'il m'a déçu!* *fam* he really disappointed me! **2.** [exprimant l'indignation] : *que m'importent ses états d'âme!* what do I care about what he feels! ; *sout* [pourquoi] why / *que ne l'as-tu (pas) dit plus tôt!* why didn't you say so earlier?, I wish you had said so ou that earlier! / *que viens-tu parler de rendement?* why on earth are you talking about productivity? ◆ pron rel **1.** [représente une personne] whom *sout*, who, that / *la fille qu'il a épousée* the girl (whom) he married / *sa sœur, que je n'avais pas vue depuis 10 ans, était là aussi* her sister, whom ou who I hadn't seen for 10 years, was there too / *le responsable que j'ai vu* the official (whom) ou that I saw / *la femme qu'elle était devenue* the woman (that) she'd become **2.** [représente un animal] which, that / *les chenilles que les enfants ont rapportées* the caterpillars (which) ou that the children brought back **3.** [représente une chose, une idée] which, that / *le contrat que j'ai signé* the contract (which) ou that I signed / *la dernière lettre qu'il a écrite* the last letter (which) ou that he wrote / *la chose la plus drôle que j'aie jamais entendue* the funniest thing I've ever heard ▸ **que je sache** : *je ne suis pas la seule, que je sache* I'm not the only one as far as I know **4.** [pour souligner une caractéristique] : *malheureux que vous êtes!* you unfortunate man! / *fatiguée qu'elle était, elle continuait à l'aider* tired though ou as she was, she carried on helping him / *de timide qu'il était, il est devenu expansif* once a shy man, he's now an extrovert / *toute jaune qu'elle était, l'eau!* *fam* the water was all yellow, really it was! / *en bon père / électricien qu'il était* being the good father / electrician he was / *bel exploit que le sien!* what he's done is quite a feat! / *drôles de gens que ces gens-là!* strange people, those! / *une chance, que cette panne!* very lucky, this breakdown! **5.** [dans des expressions de temps, de durée] : *voici 3 mois que je ne joue plus* it's 3 months since I stopped playing, I haven't played for 3 months / *ça fait deux heures que j'attends* I've been waiting for two hours ▸ **un jour que...** one day when... / *un soir qu'il faisait très chaud* one very hot evening, one evening when the weather was very hot / *le temps que tu te prépares, il sera trop tard* by the time you're ready it'll be too late / *il n'y a pas longtemps qu'elle l'a vendu* it wasn't long ago that she sold it / *il y a bien longtemps que je le sais* I've known for a long time / *chaque fois que je m'absente, il téléphone* every time I'm out he phones. ◆ pron interr **1.** [dans le discours direct] what / *que se passe-t-il?* what's happening? / *qu'y a-t-il?* what's the matter? / *que dis-tu?* what are you saying? / *que devient-elle?* what's become of her? / *qu'est-ce que ça veut dire?* what does it mean? / *qu'est-ce que tu lis / fais?* what are you reading / doing? / *qu'est-ce que je vois / j'entends?* [ton menaçant ou humoristique] what is this I see / hear? / *qu'est-ce qui t'arrive?* what's the matter with you? / *qu'est-ce que la liberté?* what is freedom? / *qu'est-ce que c'est que cette horreur?* what's that monstrosity? **2.** [dans le discours indirect] what / *je ne sais plus que penser* I don't know what to think anymore / *je ne sais que devenir* I don't know what to do with myself. ◆ conj **1.** [après des verbes déclaratifs ou des verbes d'évaluation] that / *je sais que je peux le faire* I know (that) I can do it / *crois-tu qu'il se serait excusé?* do you think he'd have apologized? / *ne crains-tu pas qu'il oublie* ou *qu'il n'oublie?* aren't you afraid (that) he might forget? / *il est possible que je revienne* I may come back / *il est surprenant qu'elle n'ait pas téléphoné* it's strange (that) she hasn't phoned / *il est fort dommage que vous n'ayez pas été là* it's a real shame (that) you weren't there / *exigez qu'on vous indemnise* demand compensation ou to be compensated / *je préférerais qu'on me laisse à l'écart de tout cela* I'd rather be left out of all this / *il dit qu'il était déçu* he said (that) he was disappointed / *elle murmura qu'elle devait s'en aller* she whispered that she had to go / *où il est dit que la nature se suffit à elle-même* in which the reader learns that nature is sufficient unto itself ; [en début de proposition] : *que leur fils ait fugué, cela ne devrait pas nous surprendre* the fact that their son ran away shouldn't come as a surprise to us / *que vous ayez raison, c'est bien évident* it's quite obvious (that) you're right / *que tu pleures ne changera rien* your ou you crying won't change anything **2.** *(à valeur circonstancielle)* [et déjà] than / *il n'a pas fini de lire un roman qu'il en commence un autre* no sooner has he finished one novel than he starts reading another ; [afin que] so that / *approche-toi, que je te voie mieux* come closer so that I can see you better / *parle plus fort, que l'on t'entende* speak up so that we can hear you ; [à tel point que] : *elle tousse que ça réveille tout le monde* *fam* she coughs so much (that) she wakes everybody up / *il est têtu que ça en devient un vrai problème* *fam* he's so ou that stubborn (that) it's a real problem / *êtes-vous fou que vous risquiez votre vie pour un inconnu?* *litt* are you so crazy that you're willing to risk your life for a stranger? ; *régional* [parce que] : *ne viens pas, que si je te vois je te tue!* don't come, 'cos if I see you I'll kill you! **3.** *(suivi du subjonctif)* [pour formuler un ordre, un souhait, une éventualité] ▸ **qu'elle parle!** **a)** [faites-la parler] make her talk! **b)** [laissez-la parler] let her speak! / *que l'on apporte à boire!* bring some drinks! / *que le bal commence!* let the dancing begin! / *eh bien, qu'il s'en aille s'il n'est pas content!* he can leave if he doesn't like it! ▸ **que Dieu nous pardonne** may God forgive us / *qu'il m'attaque et je dis tout* just let him (try and) attack me, and I'll reveal everything **4.** *sout* [dans une double hypothèse] : *il me l'interdirait que je le ferais quand même* I would do it even if he forbade me to / *aurais-je le moyen d'y aller que je n'en aurais pas envie* even had I the means of going, I still would not have the will **5.** [répète la conjonction précédente] : *quand je serai grande et que j'aurai un métier* when I'm grown up and (I) have a job ▸ **comme il l'aime / s'il l'aime et qu'elle l'aime...** as / if he loves her and she loves him... / *comme / puisque j'ai horreur de cuisiner et que Pierre aussi...* as / since I hate cooking and Pierre (does) too... **6.** [formule de présentation et d'insistance] : *je croyais l'affaire faite et voilà qu'elle n'est pas d'accord* I thought the deal was clinched and now I find she disagrees / *si je n'ai rien dit, c'est que je craignais de te vexer* if I said nothing, it was because I was afraid of upsetting you / *que oui!* oh yes indeed! / *que non!* certainly not! / *tu n'iras pas — que si!* you won't go — oh yes I will ou I will too! / *tu ne le savais pas? — que si!* didn't you know? — oh yes, I did! ▸ **que tu crois / dis!** *fam* that's what you think / SAY! **7.** [dans une formule interrogative] : *est-ce que tu viendras?* will you come? / *comment qu'il a fait?* *fam* how did he manage? / *où qu'elle est partie?* *fam* where did she go (to)?

❖ **que... ne** loc conj without / *aucune décision n'est prise que je ne sois préalablement consulté* no decision is made without my being consulted first.

❖ **que... ou non** loc conj whether... or not / *que tu me croies ou non* whether you believe me or not.

❖ **que... (ou) que** loc conj whether... or / *que je parte ou que je reste* whether I go or (whether I) stay / *qu'il fasse beau, qu'il pleuve, je sors me promener* come rain or come shine, I go out for a walk.

Voir encadré à l'article quelque.

Québec [kebɛk] npr m **1.** [province] ▸ **le Québec** Quebec ▸ **au Québec** in Quebec ▸ **la province de** ou **du Québec** Quebec State **2.** [ville] Quebec ▸ **à Québec** in (the city of) Quebec.

québécisme [kebesism] nm Quebec French (turn of) phrase.

québécois, e [kebekwa, az] adj from Quebec.

❖ **Québécois, e** nm, f Québecois, Quebecker.

❖ **québécois** nm LING Canadian French.

quechua [ketʃwa], **quichua** [kitʃwa] adj Quechua.

❖ **Quechua, Quichua** nmf Quechua.

❖ **quechua, quichua** nm LING Quechua.

Queensland [kwinslɑ̃d] npr m ▸ **le Queensland** Queensland.

quel, quelle [kɛl] *(mpl* **quels**, *fpl* **quelles)** ◆ dét *(adj interr)* [personne] which ; [animal, chose] which, what / *quelle actrice serait capable de jouer ce rôle?* which actress could play this part? / *de quel côté es-tu?* which ou whose side are you on? / *je ne sais quels sont ses projets* I don't know what his plans are / *quelle heure est-il?* what's the time?, what time is it? / *quelle sorte d'homme est-ce?* what kind of man is he? ◆ dét *(adj excl)* what / *quel dommage!* what a pity! / *quel idiot!* what a fool! / *quel sale temps!* what terrible weather! / *quel talent chez ce peintre!* what talent this painter has!, what a talented painter! / *il s'est exprimé en japonais, et avec quelle aisance!* he spoke in Japanese, and so fluently too! / *quelle ne fut pas ma surprise (quand je le vis entrer)!* *sout* imagine my surprise (when I saw him come in)! ◆ dét *(adj rel)* [en corrélation avec 'que' - personne] whoever ; [- animal] whichever ; [- chose] whichever, whatever / *il a refusé de recevoir les nouveaux arrivants, quels qu'ils fussent* he refused to see the new arrivals, whoever they were / *les mammifères quels qu'ils soient* all mammals / *quelle que soit l'assurance que vous choisissiez...* whichever the insurance policy you choose... / *il se baigne quel que soit le temps* he goes swimming whatever the weather. ◆ pron interr which (one) / *quel est le plus jeune des deux?* which one is the younger of the two? / *de tous vos matches, quel fut le plus difficile?* of all the matches you've played, which (one) was the most difficult ou which was the most difficult one?

quelconque [kɛlkɔ̃k] ◆ dét *(adj indéf)* **1.** [quel qu'il soit] any, some or other / *si, pour une raison quelconque, tu ne pouvais pas venir* if, for some reason or other ou if, for any reason, you can't come / *je trouverai bien une excuse quelconque* I'll find some excuse or other / *une quelconque de ses connaissances* some acquaintance of his / *as-tu une quelconque idée du prix?* have you got any idea of the price? / *a-t-il une chance quelconque de gagner?* has he got any chance ou does he stand the slightest chance of winning? **2.** MATH & SCI any / *un quadrilatère quelconque* any quadrilateral figure. ◆ adj [insignifiant, banal - nourriture, visage] ordinary, plain ; [- personne] average, ordinary ; [- comédien, film, spectacle] run-of-the-mill, second-rate, (pretty) average ; [- exécution, réalisation] mediocre, lacklustre / *moi, je le trouve très quelconque* I don't think there's anything special about him.

quelle [kɛl] f ⟶ **quel.**

quelles [kɛl] fpl ⟶ **quel.**

quelque [kɛlk(ə)] ◆ dét *(adj indéf)* **1.** [un peu de] some / *j'ai eu quelque peine à le reconnaître* I had some difficulty (in) recognizing him / *elle est bizarre depuis quelque temps* she's been acting strangely for a ou some time now **2.** *sout* [n'importe quel] some / *je trouverai bien quelque prétexte* no doubt I'll think of some excuse (or other) / *quelque passant aura ramassé l'argent* some passer-by will have picked up the money / *il trouvera bien une quelque autre excuse* he's bound to find some new excuse or other **3.** [en corrélation avec 'que'] : *dans quelque pays que tu sois* whichever ou whatever country you may be in / *à quelque heure que ce soit* whatever the time, at whatever time. ◆ adv *sout* **1.** [approximativement] around, about / *il y a quelque 40 ans de cela* that was about 40 years ago, that was 40 or so years ago **2.** [en corrélation avec 'que'] : *nous y arriverons, quelque difficile que ce soit* we will manage, however difficult it may be.

❖ **quelques** dét *(adj indéf pl)* **1.** *(sans déterminant)* a few, some / *quelques jours plus tard* a few days later / *amène quelques amis* bring some ou a few friends along / *quelques dizaines de journalistes* a few dozen journalists ▸ **et quelques** *fam* : *ça pèse deux kilos et quelques* it's a little ou a bit over two kilos / *il était cinq heures et quelques* it was just after five o'clock / *250 euros et quelques* just over 250 euros **2.** *(avec déterminant)* few / *les quelques millions de téléspectateurs qui nous regardent* the few million viewers watching us / *elle n'a*

HOW TO TALK ABOUT INDETERMINATE OBJECTS OR IDEAS

Often conveyed in English by words like *whoever*, *whichever*, *whatever*, *whenever*, *wherever*, *however* (as pronoun and adjective) or by phrases like *no matter* (*what* / *when* / *how*, etc.), the notion of indeterminacy can be expressed in many different ways in French. You can see some examples at the above entries in the English-French part of the dictionary, or by consulting entries like **quel** (adjective), **n'importe** or **tout** (adjective) in the French-English part. Here is a summary of the main constructions expressing indeterminacy.

❶ If the indeterminacy is about a person, an object or a place, you may use '**que** + subjunctive', preceded by:

- **Qui**
  On a toujours la même réponse, qui que l'on interroge. You always get the same answer, whoever you ask.
- **Quoi**
  Quoi que tu lui donnes à manger, il se plaint. Whatever you give him to eat, he complains.
- **Où**
  Où que j'aille, je me sens chez moi. I feel at home wherever I go.

Note: the set phrase '**qui** / **quoi que ce soit**' is a particularly frequent version of this construction.

Le coupable, qui que ce soit, sera puni. Whoever the culprit is, they will be punished.

Il ne faut pas laisser quoi que ce soit dans le couloir. You mustn't leave anything (whatsoever) in the corridor.

❷ Place: indeterminacy about '*where*' can additionally be expressed by '**partout où**'.

Partout où nous allons, le chien vient aussi. Wherever we go the dog comes too.

❸ Time: indeterminacy about an occurrence may be expressed by '**à chaque fois (que)**' and about a date or an hour by '**n'importe quand**' (see also section 5).

À chaque fois que je le vois il est malade. Whenever I see him he's unwell.

Je peux vous le faire n'importe quand. I can do it for you whenever (you like) *or* I can do it for you any time.

❹ '**Quel que soit** + noun' followed or not by '**que** + verb':

Quelle que soit la motivation qui l'anime… *or* Quelle que soit sa motivation… Whatever his motivation (may be)…

❺ '**N'importe quel** + noun' or '**n'importe quoi** / **quand** / **où**':

Je prendrai n'importe quelle taille, l'important c'est que ça soit imperméable. I'll take whatever size, the main thing is that it should be waterproof.

Tu peux m'appeler n'importe quand. You can call me whenever (you like).

Note: the alternative construction '**peu importe que** + subjunctive' or '**peu importe** + noun' adds a nuance of indifference.

Il recherche l'efficacité, peu importe la méthode. He's looking for efficiency, regardless of the method used.

❻ '**Tout ce que** + verb' or '**tout** + noun + **qui** / **que** / **dont** / **où**' (indicating that the gist of the sentence applies to all the inderterminate items under consideration):

Il dit non à tout ce qu'on essaie de lui proposer. He says no to whatever you try to offer him.

Elle croit à tout ce que lui racontent ces charlatans. She believes whatever those quacks tell her.

Dans tous les endroits du monde où je suis allé je me suis fait des amis. Wherever I've been in the world I've made friends.

laissé que ces quelques vêtements she only left these few clothes.

❖ **en quelque sorte** loc adv **1.** [en un sens] as it were, so to speak, in a manner of speaking / *c'est en quelque sorte un cheval avec un buste d'homme* it is, as it were ou so to speak, a horse with the head and shoulders of a man **2.** [en résumé] in a nutshell, in fact / *tu veux, en quelque sorte, refaire le monde* in a nutshell ou in fact, you want to set the world to rights.

❖ **quelque chose** pron indéf **1.** [dans une affirmation] something / *elle a quelque chose aux poumons* she's got something wrong with her lungs / *quelque chose me dit que…* something tells me that…, I've got the feeling that… / *ça m'a fait quelque chose de le revoir 20 ans plus tard* it was really weird to see him 20 years later / *quand il est parti, ça m'a vraiment fait quelque chose* when he left, it really affected me / *quelque chose de blanc* / *rouge* something white / red / *quelque chose de beau* something beautiful / *elle a fait quelque chose de bien* she did a very good thing, she did something very good / *il trouvera encore quelque chose de pire à faire* he'll find (still) worse to do ou something even worse to do **2.** [dans une question, une négation, une hypothèse] anything, something / *tu veux quelque chose à manger?* do you want something ou anything to eat? / *s'il m'arrivait quelque chose, contactez mon notaire* if anything ou something should happen to me, contact my solicitor / *quelque chose ne va pas?* is there anything wrong?, is there something wrong?, is anything the matter? / *ça te ferait vraiment quelque chose si je partais?* would it really matter to you ou would you feel anything if I left? / *tu n'as pas quelque chose d'autre?* haven't you got something ou anything else? **3.** *fam* [dans une approximation] : *elle a quelque chose comme 80 ans* she's about 80 ou 80 or so / *c'était une Renault 5 ou quelque chose comme ça* it was a Renault 5 or something (of the kind) ou like that / *elle est quelque chose au parti socialiste* she's something in the Socialist Party / *Anne quelque chose a téléphoné* Anne something phoned **4.** *fam* [emploi expressif] : *tu vas recevoir quelque chose!* you're asking for it! ▸ **je vais te corriger, quelque chose de bien!** I'm going to give you a good ou proper hiding! ▸ **c'est quelque chose! a)** [ton exaspéré] that's a bit much! **b)** [ton admiratif] that's quite something! / *je t'ai dit trois fois de ranger ta chambre, c'est quelque chose!* I've told you three times to tidy up your room, for God's sake! / *partie de rien, elle dirige l'entreprise, c'est quelque chose, non?* she started from nothing and now runs the firm, quite something, eh?

❖ **quelque part** loc adv **1.** [dans un lieu] somewhere, someplace US / *l'as-tu vu quelque part?* did you see him anywhere ou anyplace US ? / *tu vas quelque part à Noël?* are you going anywhere (special) for Christmas? **2.** *fam & euphém* [aux toilettes] : *elle est allée quelque part* she went to wash her hands *euphém* **3.** *fam & euphém* [au derrière] : *il a mal quelque part* he's got a pain in his you-know-what / *c'est mon pied quelque part que tu veux?* do you want a kick up the backside?

❖ **quelque part que** loc conj *litt* : *quelque part qu'elle regardât* wherever she looked.

quelquefois [kɛlkəfwa] adv sometimes, from time to time / *je vais quelquefois au concert* sometimes ou from time to time I go to the concerts / *quelquefois, je me demande si j'ai raison d'insister* sometimes I wonder if I'm right to insist.

quelques-uns, quelques-unes [kɛlkəzœ̃,yn] pron indéf pl **1.** [certains] some / *quelques-uns parmi eux avaient beaucoup lu* some of them had read a lot / *quelques-uns de ses collaborateurs étaient au courant* some of his colleagues knew about it / *il y en a toujours quelques-uns pour se plaindre* certain ou some people always complain **2.** [un petit nombre] a few / *tu connais ses pièces? — seulement quelques-unes* do you know his plays? — only a few of them.

quelqu'un, e [kɛlkœ̃,yn] pron indéf *litt* ▸ **quelqu'un de** one of / *quelqu'une de ces demoiselles va vous conduire* one of these young ladies will show you the way.

❖ **quelqu'un** pron indéf m **1.** [dans une affirmation] someone, somebody / *quelqu'un devra le faire!* somebody ou someone will have to do it! / *quelqu'un te demande au téléphone* there's someone ou somebody on the phone for you / *demande à quelqu'un du village* ask one of the villagers, ask someone from the village / *quelqu'un de très grand est venu* somebody very tall called / *quelqu'un de frisé* / *barbu* somebody with curly hair / a beard ▸ **c'est quelqu'un de bien** he's a nice person / *tu peux lui parler, c'est quelqu'un de sûr* you can talk to him, he's a reliable person / *il faut quelqu'un de plus* one more (person) is needed ▸ **c'est quelqu'un!** [ton admiratif] she's quite somebody! / *ce garçon, c'est quelqu'un! péj* that boy's a little horror! / *elle veut devenir quelqu'un (dans le monde de l'art)* she wants to become someone famous (in the world of art) / *il se prend pour* ou *se croit quelqu'un péj* he thinks he's really something, he thinks he's it **2.** [dans une question, une négation, une hypothèse] anybody, anyone / *il y a quelqu'un?* is (there) anybody in? / *si quelqu'un me demande* if somebody ou anybody asks for me / *quelqu'un parmi vous le connaît-il?* do any of you know him?

quels [kɛl] mpl ⟶ **quel.**

quémander [3] [kemɑ̃de] vt [aide, argent, nourriture] to beg for *(insép)*; [compliment] to fish ou to angle for *(insép)* / *ton chien est toujours à quémander des caresses* your dog is always wanting to be stroked.

quémandeur, euse [kemɑ̃dœʀ,øz] nm, f *litt* [mendiant] beggar.

qu'en-dira-t-on [kɑ̃diʀatɔ̃] nm inv gossip / *elle a peur du qu'en-dira-t-on* she's afraid of what people will say.

quenelle [kənɛl] nf ▸ **quenelle (de poisson)** (fish) quenelle.

quenotte [kənɔt] nf *fam* toothy (peg).

quenouille [kənuj] nf **1.** TEXT distaff ▸ **tomber en quenouille a)** HIST to fall to the distaff **b)** [échouer] to go to rack and ruin **2.** [d'un lit] bedpost **3.** MÉTALL stopper **4.** BOT [tige] bulrush.

quéquette [kekɛt] nf *tfam* willy UK, peter US.

quercinois, e [kɛʀsinwa,az] adj from Quercy.

❖ **Quercinois, e** nm, f *inhabitant of or person from Quercy.*

Quercy [kɛʀsi] npr m ▸ **le Quercy** (the) Quercy (region).

quercynois, e [kɛʀsinwa, az] = **quercinois.**

querelle [kəʀɛl] nf quarrel ; [verbale] quarrel, argument / *une vieille querelle* a long-standing quarrel / *ce n'est qu'une querelle d'amoureux* it's only a lovers' tiff ▸ **querelle de famille a)** [brouille] family squabble **b)** [sérieuse] family feud / *la querelle déclenchée au sein du gouvernement* the row sparked off within the cabinet ▸ **vaines querelles** pointless squabbles ▸ **querelle d'Allemand, mauvaise querelle** quarrel for quarrelling's sake ▸ **querelle de personnes** ad personam quarrel.

quereller [4] [kəʀele] vt *sout* to reprimand.

❖ **se quereller** vp *(emploi réciproque)* to quarrel (with one another) / *elles se querellent pour des riens* they quarrel ou squabble over nothing.

❖ **se quereller avec** vp + prép to have an argument ou to quarrel with.

querelleur, euse [kəʀɛlœʀ, øz] ◆ adj quarrelsome, belligerent / *il est très querelleur* he's always picking fights ou looking for arguments. ◆ nm, f quarrelsome person.

quérir [keʀiʀ] vt *(infinitif seulement) litt* ▸ **envoyer** ou **faire quérir qqn** to summon sb / *le roi le fit quérir* the king bade him come *arch* ▸ **venir** / **aller quérir qqn** to come / to go and fetch sb.

quérulence [keʀylɑ̃s] nf querulousness, whining.

quérulent, e [keʀylɑ̃, ɑ̃t] adj querulous, whining.

qu'est-ce que [kɛskə], **qu'est-ce qui** [kɛski] ⟶ **que** *(pron interr).*

questeur [kɛstœʀ] nm **1.** ANTIQ quaestor **2.** POL parliamentary administrator.

question [kɛstjɔ̃] nf **1.** [interrogation] question ▸ **je ferme la porte à clé ? — bien sûr, quelle** ou **cette question !** shall I lock the door? — of course, what a question! / *y a-t-il des questions ?* are there any questions ou queries? / *peut-on lui faire confiance, toute la question est là* ou *voilà la question !* can she be trusted, that's the question! ▸ **poser une question à qqn** to ask sb a question / *c'est moi qui pose les questions !* I'm (the one) asking the questions!, I do the asking! ▸ **poser une question** POL to table a question / *c'est une question que je me pose depuis longtemps* that's something ou a question I've been asking myself for a long time / *je commence à me poser des questions sur sa compétence* I'm beginning to have (my) doubts about ou to wonder how competent he is / *se poser la question de savoir si* to ask o.s. whether ▸ **question écrite** / **orale** POL written / oral question ▸ **poser la question de confiance** POL to ask for a vote of confidence ▸ **question piège a)** JEUX trick question **b)** [dans un interrogatoire] loaded ou leading question ▸ **question subsidiaire** JEUX tiebreaker **2.** [sujet] question, topic / *j'en connais un bout sur la question !* I know quite a bit about this (topic)! ▸ **être question de** : *de quoi est-il question dans ce paragraphe ?* what is this paragraph about? / *il a beaucoup été question d'échanges culturels à la réunion* during the meeting they talked a lot about cultural exchanges ou the overriding topic was cultural exchanges / *dans notre prochaine émission, il sera question de l'architecture romane* in our next programme, we will examine Roman architecture / *il n'est jamais question de la répression dans son livre* repression is never mentioned in his book / *il ne saurait être question que vous régliez l'addition* there's no question of your settling the bill ▸ **pas question !** *fam* : *prête-moi 1 000 euros — pas question !* lend me 1,000 euros — no way *fam* ou nothing doing *fam* ! ▸ **il n'en est pas question !, c'est hors de question !** it's out of the question! / *avec mon salaire, une voiture c'est hors de question* with my salary, a car is out of the question / *je veux sortir ce soir — c'est hors de question !* I want to go out tonight — you can forget it ou it's out of the question! ▸ **il n'est pas question** ou **il est hors de question que** : *il n'est pas question* ou *il est hors de question que je le voie !* there's no way I'll see him!, there's no question of my seeing him! ▸ **question salaire, je ne me plains pas** *fam* as far as the salary is concerned ou salarywise, I'm not complaining ▸ **question cuisine, il est imbattable** as a cook ou in the kitchen, he's unbeatable **3.** [affaire, difficulté] question, matter, point (at issue) / *la question du nucléaire* the nuclear energy question ou issue / *là n'est pas la question* that's not the point (at issue) ou the issue ▸ **(une) question de** a question of / *ce n'est plus qu'une question de temps* it's only a question ou matter of time ▸ **c'est une question d'habitude** / **de politesse** it's a question of habit / of politeness ▸ **c'est une question de vie ou de mort** it's a matter of life and death / *ils se sont disputés pour des questions d'argent* they had an argument over ou about money ▸ **je ne lis pas les critiques, question de principe !** I don't read reviews on principle! / *ça c'est une autre question !* that's another problem ou story! **4.** *sout* ▸ **faire question** [être douteux] : *son talent ne fait pas (de) question* her talent is beyond (all) question ou (any) doubt / *c'est son passé qui fait question* what's doubtful is his past **5.** HIST question ▸ **mettre** ou **soumettre qqn à la question** to put sb to the question.

❖ **en question** ◆ loc adj in question, concerned / *la personne en question veut garder l'anonymat* the person in question wishes to remain anonymous. ◆ loc adv ▸ **mettez-vous mon honnêteté en question ?** are you questioning my honesty? ▸ **remettre en question a)** [mettre en doute] to (call into) question, to challenge **b)** [compromettre] to call into question / *la moindre querelle et leur couple est remis en question* the slightest argument and their relationship is put in jeopardy ▸ **se remettre en question** to do some soul searching.

questionnaire [kɛstjɔnɛʀ] nm questionnaire ▸ **questionnaire à choix multiple** = **QCM.**

questionnement [kɛstjɔnmɑ̃] nm **1.** [mise en question] questioning / *l'auteur nous livre son questionnement de la morale à notre époque* the author questions current moral values **2.** [questions] questioning / *il existe plusieurs méthodes de questionnement pédagogique* there are several questioning methods in teaching.

questionner [3] [kɛstjɔne] vt [interroger] ▸ **questionner qqn** to question sb, to ask sb questions / *elle m'a questionné sur mon emploi du temps* she asked me questions about ou questioned me on my timetable ▸ **se faire questionner** to be questioned.

questionneur, euse [kɛstjɔnœʀ, øz] nm, f *litt* questioner / *les enfants sont souvent des questionneurs* children often ask a lot of questions.

questure [kɛstyʀ] nf **1.** ANTIQ quaestorship **2.** POL treasury and administrative department of the French Parliament.

quête [kɛt] nf **1.** [d'argent] collection ▸ **faire une quête** to collect money, to make a collection ▸ **faire la quête a)** [à l'église] to take (the) collection **b)** [dans la rue] to go round with the hat, to pass the hat round / *ils font la quête pour la fête de l'école* they're collecting money ou making a collection for the school fete **2.** [recherche] quest, search / *sa quête de vérité* his search for the truth ▸ **la quête du Graal** the Quest for the Holy Grail **3.** CHASSE search.

❖ **en quête de** loc prép *sout* in search ou pursuit of, searching for / *le poète en quête de la beauté* the poet in search ou pursuit of beauty / *se mettre en quête de* to go in search of / *elle est en quête d'un travail* she's job-hunting.

quêter [4] [kete] ◆ vi [à l'église] to take (the) collection ; [parmi un groupe] to collect money, to make a collection ; [dans la rue] to pass the hat round, to go round with the hat / *quêter pour les pauvres* / *handicapés* to collect money for the poor / handicapped. ◆ vt *litt* [pitié, regard approbateur] to beg for *(insép).*

quêteur, euse [kɛtœʀ, øz] nm, f collector.

quetsche [kwɛtʃ] nf **1.** BOT quetsch (plum) **2.** [eau-de-vie] quetsch brandy.

quetzal [kɛtzal] nm [oiseau, monnaie] quetzal.

queue [kø] nf **1.** ZOOL tail ▸ **faire une queue de poisson à qqn** AUTO to cut in in front of sb / *leur relation a fini en queue de poisson* their relationship fizzled out ▸ **il est parti la queue basse** *fam* ou **entre les jambes** *fam* he left with his tail between his legs **2.** BOT [d'une cerise, d'une feuille] stalk ; [d'une fleur] stalk, stem **3.** [extrémité - d'une poêle] handle ; [- d'un avion, d'une comète, d'un cerf-volant] tail ; [- d'une étoile filante] trail ; [- d'un cortège] back, tail (end) ; [- d'un orage, d'un tourbillon] tail (end) ; [- d'une procession, d'un train] rear / *les voitures de queue* the rear carriages / *je monte toujours en queue* I always get on at the rear (of the train) / *il est en queue de peloton* SPORT he is at the back ou rear of the bunch ▸ **pas la queue d'un** *fam* ou **d'une** *fam* : *on pourrait prendre un taxi — je n'en ai pas encore vu la queue d'un* *fam* we could get a taxi — I haven't seen hide nor hair of one yet / *je n'en ai pas la queue d'un* [argent] I'm broke ▸ **n'avoir ni queue ni tête** : *ce que tu dis n'a ni queue ni tête* you make no sense at all, you're talking nonsense / *la pièce n'avait ni queue ni tête* you couldn't make head or ou nor tail of the play / *une histoire sans queue ni tête* a shaggy-dog story **4.** [TYPO - d'une lettre] stem **5.** [dans un classement] bottom / *être à la queue de la classe* / *du championnat* to be at the bottom of the class / league **6.** [file d'attente] queue UK, line US ▸ **faire la queue** to queue (up) *(insép)* UK, to stand in line US / *vous faites la queue ?* are you queuing up? UK, are you in line? US / *allez à la queue* go to the back of the queue UK ou line US ! **7.** *vulg* [pénis] cock, prick **8.** JEUX ▸ **queue (de billard)** (billiard) cue ▸ **(faire une) fausse queue** (to) miscue **9.** CONSTR [d'une marche] tail ; [d'une pierre] (inner) tail ▸ **queue d'aronde** dovetail **10.** PÉTR tails, bottoms **11.** IMPR [d'une lettre] stem, tail, descender *spéc* ; [d'une note de musique] stem ; [d'une page] tail, foot ▸ **tranche de queue** tail edge.

❖ **à la queue leu leu** loc adv in single ou Indian file.

queue-d'aronde [kødaʀɔ̃d] (*pl* **queues-d'aronde**) nf MENUIS [assemblage] dovetail joint.

queue-de-cheval [kødʃəval] (*pl* **queues-de-cheval**) nf **1.** [cheveux] ponytail **2.** ANAT cauda equina.

queue-de-cochon [kødkɔʃɔ̃] (*pl* **queues-de-cochon**) nf **1.** [vrille] auger **2.** [ornement] wrought iron twist.

queue-de-morue [kødmɔʀy] (*pl* **queues-de-morue**) nf flat (paint) brush.

queue-de-pie [kødpi] (*pl* **queues-de-pie**) nf tail coat.

queue-de-rat [kødʀa] (*pl* **queues-de-rat**) nf MENUIS rat-tail file.

queue-de-renard [kødʀənaʀ] (*pl* **queues-de-renard**) nf BOT [amarante] love lies bleeding ; [mélampyre] cow-wheat ; [vulpin] foxtail fescue.

queuter [3] [køte] vi **1.** [au billard] to hit through the ball **2.** *tfam* [rater] to screw up **3.** *vulg* [forniquer] to fuck.

queux [kø] nm ⟶ **maître.**

qui [ki] ◆ pron rel **1.** [représente une personne] who, that / *il y a des gens qui aiment ça* there are people who like that / *toi qui connais le problème, tu pourras m'aider* you who ou as you are acquainted with the problem, you can help me out / *c'est Pierre qui me l'a dit* Pierre told me, it was Pierre who told me ; *(après une prép)* whom, who / *la personne à qui je l'ai prêté* the person to whom I lent it *sout*, the person I lent it to / *il ne peut résister à qui lui fait des compliments* he can't resist anyone who pays him compliments / *c'est à qui aura le dernier mot* each tries ou they all try to have the last word / *c'était à qui crierait le plus fort* it was down to who could shout the loudest / *le collègue avec qui j'ai déjeuné* the colleague with whom I had lunch *sout*, the colleague I had lunch with / *les personnes au nom de qui ils ont agi* the people in whose name they acted / *l'homme en qui j'avais confiance* the man (whom) I trusted / *l'amie par qui j'ai eu cette adresse* the friend from whom I got this address *sout*, the friend I got this address from / *le couturier pour qui elle travaille* the designer she works for ou whom she works for *sout* ou for whom she works *sout* / *c'est rebutant pour qui n'est pas habitué* it's disconcerting for somebody who isn't ou for whoever isn't used to it / *la personne sans qui nous n'aurions jamais pu écrire ce livre* the person without whom this book would never have been written / *le peintre sur qui a été faite cette monographie* the painter whom this monography was written *sout* ou this monography was written about / *je ne sais plus sur qui compter* I don't know whom *sout* ou who to rely on anymore ; [sans antécédent] whoever, anyone (who) / *vienne qui voudra* anyone who wants to can come / *emmenez qui vous voulez* take whoever you like with you / *j'ai peur de négliger qui j'aime* I worry about neglecting those (whom) I love / *faites-vous aider par qui vous voulez* get help from anyone ou whoever you like / *qui tu sais, qui vous savez* you know who / *qui tu sais doit venir ce soir* you know who is coming tonight / *nous avons contacté qui vous savez* we contacted you know who ou whom *sout* / *il est allé chez qui tu sais hier soir* he went to you know who's last night / *c'est la responsabilité de qui vous savez* it's you know who's responsibility **2.** [représente un animal] which, that / *les animaux qui parcourent la jungle* the animals which ou that roam the jungle **3.** [représente une chose, une idée] which, that / *le festival, qui débutera en mai* the festival, which will start in May / *donne-moi le magazine qui est sur la table* give me the magazine (that) ou which is on the table / *elle veut une poupée qui marche* she wants a walking doll, she wants a doll which ou that can walk / *l'année qui suivit son divorce* the year following ou after her divorce / *la seule qui me plaise* the only one (that) I like **4.** [après des verbes de perception] : *je l'ai entendu qui se plaignait* I heard him moaning / *tu ne la vois pas qui descend ?* can't you see her coming down ? **5.** [formule de présentation] : *le voilà qui pleure, maintenant !* now he's crying ! / *voilà qui ne m'aide pas beaucoup* that doesn't help me much / *voilà qui est bien* that is a good thing **6.** [en corrélation avec 'que'] : *qui que tu sois, qui que vous soyez* whoever you are ou you may be *sout* ▸ **qui que ce soit a)** [sujet] whoever **b)** [objet] anybody, anyone / *qui que ce soit qui téléphone, répondez que je suis absent* whoever phones, tell them I'm not here / *je défie qui que ce soit de faire mieux que je n'ai fait* I challenge anybody to improve on what I did **7.** EXPR **qui aime bien châtie bien** spare the rod and spoil the child ▸ **qui a bu boira** a leopard never changes its spots ▸ **qui ne dit mot consent** silence is consent ▸ **qui sème le vent récolte la tempête** he who sows the wind shall reap the whirlwind ▸ **qui vole un œuf vole un bœuf** he that will steal a penny will steal a pound. ◆ pron interr **1.** [sujet ou attribut dans le discours direct] who / *qui m'appelle ?* who's calling (me) ? / *qui sait ?* who knows ? / *qui va là ?* who goes there ? / *qui suis-je ?* who am I ? / *qui est votre médecin ?* who's your doctor ? / *on me l'a donné — qui donc ?* I was given it — by who ou who by ou by whom ? *sout* / *qui donc t'a frappé ?* who hit you ? ▸ **qui est-ce qui** who / *qui est-ce qui en veut ?* who wants some ? / *c'est qui qui fam, qui c'est qui fam* who / *c'est qui qui ou qui c'est qui te l'a dit ? fam* who told you ? ; [objet dans le discours direct] who, whom *sout* / *qui cherchez-vous ?* who are you looking for ? / *c'est à qui ?* whose is it, to whom does it belong ? *sout* / *à qui le tour ?* whose turn (is it) ? / *à qui mens-tu ?* who are you lying to ? / *de qui parles-tu ?* who ou whom *sout* are you talking about ? / *chez qui dors-tu ce soir ?* whose place are you staying at tonight ?, who ou whom *sout* are you staying with tonight ? / *vers qui me tourner ?* to whom can I turn ? *sout*, who ou whom *sout* can I turn to ? ▸ **qui est-ce que** who, whom *sout* / *qui est-ce que tu connais ici ?* who do you know around here ? / *à qui est-ce que je dois de l'argent ?* who do I owe money to ?, to whom do I owe money ? *sout* **2.** [sujet dans le discours indirect] who / *je ne vois pas qui pourrait t'aider* I can't see who could ou I can't think of anyone who could help you ; [objet dans le discours indirect] who, whom *sout* / *sais-tu qui j'ai rencontré ce matin ?* do you know who I met this morning ? / *je ne me souviens pas à qui je l'ai donné* I can't remember who I gave it to / *sais-tu à qui ça appartient ?* do you know who it belongs to ou to whom it belongs ? *sout* / *tu ne m'as pas dit pour qui tu travaillais* you haven't told me who you work for.

❖ **qui... qui** loc corrélative *sout* : *ils étaient déguisés, qui en Pierrot, qui en bergère* they were in fancy dress, some as Pierrots, others as shepherdesses.

Voir encadré à l'article **quelque**.

quia [kɥija] ❖ **à quia** loc adv *sout* ▸ **être à quia** to be at a loss for an answer ▸ **mettre** ou **réduire qqn à quia** to confound sb.

quiche [kiʃ] nf quiche ▸ **quiche lorraine** quiche lorraine.

quiconque [kikɔ̃k] ◆ pron rel whoever / *quiconque frappera par l'épée périra par l'épée* BIBLE he who lives by the sword shall die by the sword. ◆ pron indéf anyone ou anybody (else) / *il connaît les volcans mieux que quiconque* he knows volcanoes better than anybody else ou than anyone alive.

Quid® [kwid] npr m *former comprehensive one-volume encyclopedia of facts and figures, regularly updated, now only available online.*

quid [kwid] pron interr *sout* ou *hum* ▸ **quid de... ?** what about... ?

quidam [kidam] nm *hum* ou *sout* fellow, individual.

qui est-ce que [kiɛskə], **qui est-ce qui** [kiɛski] ⟶ **qui** *(pron interr)*.

quiet, ète [kjɛ, ɛt] adj *litt* calm, tranquil *litt*.

quiétisme [kjetism] nm quietism.

quiétiste [kjetist] adj & nmf quietist.

quiétude [kjetyd] nf *litt* **1.** [d'une demeure] quiet, tranquillity UK, tranquility US, quietude *litt* **2.** [d'esprit] peace of mind / *elle attendait les résultats en toute quiétude* she was calmly waiting for the results.

quignon [kiɲɔ̃] nm ▸ **quignon (de pain) a)** [morceau] (crusty) chunk of bread **b)** [extrémité] heel (of the loaf).

quille [kij] nf **1.** JEUX skittle / *jouer aux quilles* to play ninepins ou skittles **2.** *fam* [jambe] pin UK, leg **3.** *arg mil* [fin du service] demob UK, discharge ▸ **vivement la quille !** *fig* I can't wait to get out of here ! **4.** NAUT keel.

quilleur, euse [kijœr, øz] nm, f QUÉBEC skittle player.

quincaillerie [kɛ̃kajri] nf **1.** [articles, commerce] ironmongery UK, hardware **2.** [boutique] ironmonger's UK, hardware store US ou shop UK **3.** *fam* [bijoux, décorations] (cheap) baubles *péj* ; [armes] guns / *il ne sort jamais sans toute sa quincaillerie* he's always armed to the teeth when he goes out **4.** *fam* INFORM hardware.

quincaillier, ère, quincailler*, ère [kɛ̃kaje, ɛr] nm, f hardware dealer, ironmonger UK.

Quincke [kwink] ▸ **œdème de Quincke** Quincke's oedema UK ou edema US.

quinconce [kɛ̃kɔ̃s] nm HORT quincunx ▸ **en quinconce** quincuncial, arranged in a quincunx.

quinine [kinin] nf quinine.

quinoa [kinɔa] nm quinoa.

quinqua [kɛ̃ka] nmf fiftysomething.

quinquagénaire [kɛ̃kaʒenɛr] ◆ adj ▸ **être quinquagénaire a)** [avoir de 50 à 60 ans] to be in one's fifties **b)** [avoir 50 ans] to be fifty. ◆ nmf [de 50 à 60 ans] person in his / her fifties ; [de 50 ans] 50-year-old man (woman).

Quinquagésime [kɛ̃kaʒezim] nf Quinquagesima Sunday.

quinquennal, e, aux [kɛ̃kenal, o] adj [plan] five-year *(avant nom)* ; [élection, foire] five-yearly, quinquennial.

quinquennat [kɛ̃kena] nm five-year period, quinquennium, lustrum.

quinquet [kɛ̃kɛ] nm (Argand) oil lamp.

❖ **quinquets** nmpl *tfam* [yeux] peepers.

quinquina [kɛ̃kina] nm **1.** BOT & PHARM cinchona **2.** [boisson] quinine tonic wine.

quint, e [kɛ̃, kɛ̃t] adj MÉD ⟶ **fièvre**.

quintal, aux [kɛ̃tal, o] nm (metric) quintal.

quinte [kɛ̃t] nf **1.** MÉD ▸ **quinte (de toux)** coughing fit, fit of coughing **2.** MUS fifth ▸ **quinte juste** perfect fifth **3.** JEUX quint **4.** ESCRIME quinte.

quinté [kɛ̃te] nm *French forecast system involving betting on five horses.*

quintessence [kɛ̃tesɑ̃s] nf *litt* quintessence / *la quintessence du romantisme* the epitome ou quintessence ou very essence of Romanticism.

quintet [kɛ̃tɛt] nm jazz quintet.

quintette [kɛ̃tɛt] nm quintet, quintette ▸ **quintette à cordes / vent** string / wind quintet.

quinteux, euse [kɛ̃tø, øz] adj **1.** MÉD [toux] fitful **2.** *litt* [acariâtre] crotchety, testy.

Quintilien [kɛ̃tiljɛ̃] npr Quintilian.

quintillion [kɛ̃tiljɔ̃] nm quintillion UK, nonillion US.

quinto [kɥɛ̃to] adv in (the) fifth place, fifthly.

quintuple [kɛ̃typl] ◆ adj [somme, quantité] quintuple, five-fold. ◆ nm quintuple / *le quintuple de sa valeur* five times its value.

quintupler [3] [kɛ̃typle] ◆ vt to quintuple, to increase fivefold. ◆ vi to quintuple, to increase fivefold / *la paix a fait quintupler le nombre des naissances* peace has increased the number of births by five.

quintuplés, ées [kɛ̃typle] nmf pl quintuplets, quins.

quinzaine [kɛ̃zɛn] nf **1.** [durée] ▸ **une quinzaine de jours** a fortnight, two weeks / *venez me voir dans une quinzaine* come and see me in a couple of weeks ou in two weeks ou in a fortnight's time **2.** [quantité] ▸ **une quinzaine de** about fifteen / *une quinzaine de crayons* about fifteen pencils, fifteen pencils or so **3.** COMM ▸ **quinzaine commerciale** two-week sale / *la grande quinzaine des prix littéraires* the literary prize season *(two-week period in November and December when all the major French literary prizes are awarded)* **4.** [salaire] fortnight's pay, two-week's pay ou wages.

quinze [kɛ̃z] ◆ dét fifteen ▸ **quinze jours** two weeks, a fortnight. ◆ nm inv **1.** [nombre] fifteen ▸ **lundi en quinze** a fortnight on UK ou two weeks from Monday **2.** SPORT ▸ **le quinze de France** the French Fifteen. **Voir aussi cinq.**

quinzième [kɛ̃zjɛm] adj num, nmf & nm fifteenth. **Voir aussi cinquième.**

quinzièmement [kɛ̃zjɛmmɑ̃] adv in (the) fifteenth place.

quiproquo [kiprɔko] nm [sur l'identité d'une personne] mistake / *l'intrigue est fondée sur un quiproquo* the plot revolves round a case of mistaken identity / *il croyait que j'étais ton frère, j'ai entretenu le quiproquo* he mistook me for your brother and I didn't let on ; [sur le sujet d'une conversation] misunderstanding / *il y a quiproquo, nous ne parlons pas du même étudiant* there is a misunderstanding, we're not talking about the same student.

Quirinal [kirinal] npr m ▸ **le (palais du) Quirinal** the Quirinal (palace).

Quito [kito] npr Quito.

quittance [kitɑ̃s] nf ▸ **quittance de gaz / d'électricité** gas / electricity bill ▸ **quittance de loyer** rent receipt.

quittancer [16] [kitɑ̃se] vt to give a receipt for.

quitte [kit] adj **1.** [libéré - d'une dette, d'une obligation] ▸ **être quitte envers qqn** to be even ou quits ou (all) square with sb ▸ **être quitte d'une dette** to be rid ou clear of a debt / *donne-moi seulement 70 euros, tu es quitte du reste* just give me 70 euros, let's not worry about the rest ou I'll let you off the rest ▸ **considérer** ou **estimer qqn quitte de** to consider sb to be rid ou clear of / *vous êtes tenu quitte de ce que vous me devez* consider your debt to me (to be) paid / *être quitte envers la société* [après une peine de prison] to have paid one's debt to society / *je ne te tiens pas quitte de ta promesse !* I don't consider that you have fulfilled your promise ! **2.** [au même niveau] ▸ **être quittes** to be quits ou all square **3.** ▸ **en être quitte pour qqch** [s'en tirer avec qqch] to get away with sthg / *il en a été quitte pour quelques égratignures / la peur* he got away with a few scratches / a bit of a fright **4.** ▸ **en être quitte pour faire** [devoir faire] : *j'ai oublié mes papiers à la banque, j'en suis quitte pour y retourner* I've left my papers at the bank, so I have to go back there now **5.** JEUX ▸ **quitte ou double** double or quits UK, double or nothing US ▸ **c'est jouer à quitte ou double** *fig* it's a big gamble ou risk.

❖ **quitte à** loc prép **1.** [au risque de] : *je lui dirai, quitte à me faire renvoyer* I'll tell him, even if it means being fired **2.** [puisqu'il faut] since it is necessary to / *quitte à les inviter, autant le faire dans les règles* since we have to invite them, we may as well do things properly.

quitter [3] [kite] vt **1.** [lieu] to leave ; [ami, époux] to leave, to split up with *(insép)* ; [emploi] to leave, to quit, to give up *(sép)* ; [habitude] to drop, to get rid of *(insép)*

* In reformed spelling (see p. 16-19).

/ je quitte (le bureau) à 5 h I leave the office ou I finish at 5 o'clock ▸ **quitter le port** NAUT to leave port / *quitter les rails* RAIL to be derailed, to derail, to leave the track / *la voiture a quitté la route* the car came off ou ran off ou left the road / *il ne peut pas encore quitter son lit* he can't leave his bed yet, he's still confined to bed / *elle ne quitte pratiquement pas son atelier* she hardly ever sets foot outside ou leaves her workshop / *il faut que je te quitte* I must be going, I must go / *je ne te quitterai jamais* I'll never leave ou forsake *litt* you / *il ne la quitta pas des yeux* ou *du regard* he never took his eyes off her, he watched her every move / *il suffit que je la quitte des yeux une seconde pour qu'elle fasse des bêtises* if I let her out of my sight ou if I take my eyes off her for a second, she gets up to some mischief / *il nous a quittés hier* *euphém* he passed away yesterday / *elle a quitté ce monde* *euphém* she has departed this world ou this life **2.** *sout* [abandonner - suj : courage, force] to leave, to forsake *sout*, to desert / *son optimisme ne l'a jamais quitté* he remained optimistic throughout / *son bon sens semblait l'avoir quitté* he seemed to have taken leave of his senses / *la vie le quittait lentement* his life was slowly ebbing away **3.** [retirer - habit] to take off *(sép)* / *il ne quittait jamais son chapeau* he always had his hat on, he never took his hat off / *quitter le deuil* to come out of mourning **4.** [au téléphone] ▸ **ne quittez pas** hold on, hold the line.

❖ **se quitter** vp *(emploi réciproque)* [amis] to part ; [époux] to part, to break ou to split up / *quittons-nous bons amis* let's part on good terms / *depuis qu'ils se sont rencontrés, ils ne se quittent plus* ever since they met they have been inseparable.

quitus [kitys] nm DR (full) discharge, quietus ▸ **donner quitus à qqn** to discharge sb.

qui vive [kiviv] loc interj ▸ **qui vive?** who goes there?

qui-vive [kiviv] nm inv ▸ **être sur le qui-vive a)** [soldat] to be on the alert ou the qui vive **b)** [animal] to be on the alert / *je la sentais sur le qui-vive* I felt she was on edge, I felt she was waiting for something to happen.

quiz [kwiz] nm quiz.

quoi [kwa] ◆ pron rel what, which / *c'est ce à quoi je voulais en venir* that's what I was getting at / *c'est ce à quoi je me suis intéressée* that's what I was interested in / *il a refusé, ce en quoi il a eu raison* he refused, which was quite right of him / *on est allés au jardin, après quoi il a fallu rentrer* we went to the garden, and then we had to come back in ▸ **prends de quoi boire / écrire / payer** get something to drink / to write / to pay with / *il y a de quoi nourrir au moins 10 personnes* there's enough to feed at least 10 people / *il n'y a pas de quoi se faire du souci* there's nothing to worry about / *il y a de quoi être satisfait* there are good grounds for satisfaction / *je suis en colère — il y a de quoi!* *fam* I'm angry — it's no wonder ou with good reason! / *..., sur quoi il se lève et sort* ... whereupon he got up and left ▸ **merci! — il n'y a pas de quoi** thank you! — not at all ou you're welcome ou don't mention it. ◆ adv interr **1.** [quelle chose] what / *c'est quoi?* what's that? / *c'est quoi ton nom?* *fam* what's your name? / *tu fais quoi ce soir?* *fam* what are you doing this evening? / *à quoi penses-tu?* what are you thinking about? / *elle est à quoi ta glace?* *fam* what flavour is your ice cream? / *je me demande à quoi ça sert / il pense* I wonder what it's for / what he's thinking about / *en quoi puis-je vous être utile?* how can I help you? / *par quoi se sent-il concerné?* what does he feel concerned about? / *je voudrais parler au directeur — c'est pour quoi?* I'd like to talk to the manager — what (is it) about? / *sur quoi va-t-elle travailler?* what is she going to work on? / *elle ne sait plus quoi lui dire* she doesn't know what to say to him any more / *salut, alors quoi de neuf?* *fam* hi, what have you been up to ou what's new? / *quoi de plus naturel?* what could be more natural? ▸ **à quoi bon?** what's the use? / *à quoi bon l'attendre?* what's the use of waiting for him? ▸ **quoi encore? a)** what else? **b)** [ton irrité] what is it now? **2.** *fam* [pour faire répéter] ▸ **quoi?** what? / *quoi, qu'est-ce que tu dis?* what did you say? **3.** [emplois expressifs] : *eh bien quoi, qu'est-ce que tu as?* well, what's the matter with you? / *enfin quoi,* ou *eh bien quoi, tu pourrais regarder où tu vas!* come on now, watch where you're going! / *de quoi? tu n'es pas d'accord?* what's that, you don't agree? / *tu viens (oui) ou quoi?* are you coming or not? / *décide-toi, quoi!* well make up your mind! / *mais puisque je l'ai vue, quoi!* but I saw her, I'm telling you! / *si je comprends bien, tu es fauché, quoi!* if I've understood you, you're broke, aren't you? / *je vais lui acheter ce livre, pour lui faire un petit cadeau, quoi* I'm going to buy her this book... you know, just as a little present.

❖ **quoi que** loc conj ▸ **quoi qu'il arrive** whatever happens ▸ **quoi qu'il en soit** be that as it may, however that may be / *quoi qu'il dise* whatever he may say / *quoi que vous en pensiez* whatever you may think of it / *je te défends de lui dire quoi que ce soit!* I forbid you to tell her / him anything (whatsoever)! / *trouve un moyen, quoi que ce soit qui nous tire d'affaire* find a way, any way that will get us out of this mess / *si je peux t'aider en quoi que ce soit* if I can help you in any way ▸ **quoi qu'il en ait** *sout* whatever he feels about it.

quoique [kwakə] *(devant voyelle quoiqu')* conj **1.** [bien que] though, although / *quoiqu'il fût déjà minuit* though ou although it was already midnight / *quoique riche, il n'était guère généreux* although rich, he was hardly generous / *quoique née en France, elle a passé sa vie en Angleterre* though ou although born in France, she spent her life in England **2.** [introduisant une restriction] : *bien sûr, 300 euros, c'est cher, quoique, tu sais, ce n'est pas exagéré* of course 300 euros is a lot of money, although you know ou but mind you it's not excessive / *je vous installerais bien dans cette chambre... quoique vous seriez mieux dans celle qui donne sur la cour* I'd like to put you in this room... although you'd be better off in the one which overlooks the courtyard / *il a l'air compétent... quoique...* he seems competent... mind you...

quolibet [kɔlibɛ] nm *sout* gibe, jeer, taunt / *les enfants le poursuivaient de leurs quolibets* the children jeered at him ou taunted him relentlessly.

quorum [k(w)ɔʀɔm] nm *sout* quorum / *nous avons atteint le quorum* we're quorate *sout*, we have a quorum.

quota [k(w)ɔta] nm quota ▸ **quota à l'exportation** export quota ▸ **quota laitier** milk quota / *échantillon de 300 personnes sélectionnées selon la méthode des quotas* a quota sample of 300 people.

quote-part *(pl* **quotes-parts***)*, **quotepart*** [kɔtpaʀ] nf share.

quotidien, enne [kɔtidjɛ̃, ɛn] adj **1.** [de chaque jour - entraînement, promenade, repas] daily ; [- préoccupations] everyday / *leurs disputes étaient devenues presque quotidiennes* they'd got to the stage where they were arguing almost every day **2.** [routinier - tâche] run-of-the-mill, humdrum.

❖ **quotidien** nm daily (paper) ▸ **un grand quotidien** a (major) national daily.

❖ **au quotidien** loc adv *fam* on a day-to-day basis / *vivre sa vie au quotidien* to live from day to day.

quotidiennement [kɔtidjɛnmɑ̃] adv daily, every day.

quotidienneté [kɔtidjɛnte] nf everyday nature / *la quotidienneté de leur existence* the routine of their everyday life.

quotient [kɔsjɑ̃] nm **1.** MATH quotient **2.** PSYCHOL ▸ **quotient intellectuel** intelligence quotient **3.** DR ▸ **quotient électoral** electoral quota ▸ **quotient familial** tax code **4.** PHYSIOL ▸ **quotient respiratoire** respiratory quotient.

quotité [kɔtite] nf **1.** FIN quota **2.** DR ▸ **quotité disponible** disposable portion (of estate).

QWERTY [kwɛʀti] adj inv ▸ **clavier QWERTY** QWERTY keyboard.

* In reformed spelling (see p. 16-19).

r abr écrite de **rue**.

r, R [ɛʀ] nm r, R. **Voir aussi g**.

R 1. abr écrite de **roentgen 2.** (abr écrite de **rand**) R.

r1 TEXTO (abr écrite de **rien**) nufn.

Râ [ʀa] = **Rê**.

rab [ʀab] nm *fam* : *qui veut du rab?* [à table] anyone for seconds? / *alors, on fait du rab?* [au travail] doing some overtime, are we? / *j'ai eu deux heures de rab au lit* I had an extra two hours in bed.

❖ **en rab** loc adj *fam* : *il y a des patates en rab* there are some spuds left (over) / *un ticket en rab* a spare ticket / *du tissu en rab* some spare material.

rabâchage [ʀabaʃaʒ] nm *fam* : *son cours, c'est vraiment du rabâchage* he's always going over the same old things in class.

rabâcher [3] [ʀabaʃe] *fam* ◆ vt **1.** [conseils] to keep (on) repeating ; [malheurs] to keep harping on about / *tu n'arrêtes pas de rabâcher la même chose* you're like a record that's got stuck, you do go on / *des arguments rabâchés* the same old arguments **2.** [leçon] to go over (and over) *(insép).* ◆ vi to keep repeating o.s., to keep harping on.

rabâcheur, euse [ʀabaʃœʀ, øz] nm, f *fam* drone, bore.

rabais [ʀabɛ] nm reduction, discount / *avec un rabais de 15 %, avec 15 % de rabais* with a 15% discount ou reduction / *faire un rabais de 10 % sur le prix* to knock 10% off the price / *il m'a fait un rabais de 20 %* he gave me 20% off.

❖ **au rabais** ◆ loc adj [vente] cut-price ; *péj* [formation] second-rate ; [travail] underpaid. ◆ loc adv : *vendre au rabais* to sell at a reduced price ou discount / *elle travaille au rabais* she works for a pittance.

rabaissant, e [ʀabɛsɑ̃, ɑ̃t] adj degrading, debasing.

rabaissement [ʀabɛsmɑ̃] nm **1.** [d'un prix] lowering **2.** *sout* [de l'être humain] debasement.

rabaisser [4] [ʀabese] vt **1.** [diminuer -prétentions] to moderate, to reduce ; [-niveau] to lower ; [-orgueil] to humble ; [-prix] to reduce, to lower **2.** [dévaloriser -mérites, personne] to devalue, to belittle / *de tels actes rabaissent l'homme au niveau des animaux* such actions reduce man to the level of an animal **3.** [voilette, jupe] to pull (back) down *(sép).*

❖ **se rabaisser** vp *(emploi réfléchi)* **1.** [se dévaloriser] to belittle o.s., to sell o.s. short **2.** [s'avilir] to degrade o.s.

raban [ʀabɑ̃] nm NAUT (short) rope ou line.

rabane [ʀaban] nf [matière] raffia fabric ; [tapis] raffia mat.

rabat [ʀaba] ◆ v ⟶ **rabattre.** ◆ nm [d'un sac, d'une poche] flap ; [de toge] bands.

Rabat [ʀaba] npr Rabat.

rabat-joie [ʀabaʒwa] (*pl* **rabat-joie** *ou* **rabat-joies***) ◆ nmf killjoy, spoilsport. ◆ adj inv : *ce qu'ils sont rabat-joie!* what a bunch of killjoys they are!

rabattable [ʀabatabl] adj [siège] folding.

rabattage [ʀabataʒ] nm CHASSE beating.

rabattement [ʀabatmɑ̃] nm GÉOM rabatment.

rabatteur, euse [ʀabatœʀ, øz] nm, f **1.** CHASSE beater **2.** COMM tout **3.** POL canvasser.

❖ **rabatteur** nm AGR reel.

rabattre [83] [ʀabatʀ] ◆ vt **1.** [toit ouvrant, strapontin -pour baisser] to pull down *(sép)* ; [-pour lever] to pull up *(sép)* ; [couvercle] to shut down *(sép)*, to close ; [chapeau] to pull down *(sép)* ; [col, visière] to turn down *(sép)* / *rabats le drap sur la couverture* fold the sheet back over the blanket / *rabattez le tissu avant de coudre* fold the material over before sewing / *les cheveux rabattus sur le front* hair brushed forward ou down over the forehead / *rabats le capot de la voiture* close the bonnet of the car / *une bourrasque rabattit le volet contre le mur* a gust of wind blew the shutter back against the wall / *de la fumée rabattue par le vent* smoke blown back by the wind / *le vent rabattait la pluie contre son visage* the wind was driving the rain against his face / *l'oiseau se posa et rabattit ses ailes* the bird landed and folded back its wings **2.** CHASSE to drive / *la police rabattait les manifestants vers* ou *sur la place* the police were driving the demonstrators (back) towards the square ; [racoler] ▸ **rabattre des clients** *fam* to tout for customers **3.** [déduire] to take off *(sép)*, to deduct / *il a rabattu 5 % sur le prix affiché* he took ou knocked 5% off the marked price **4.** [diminuer] ▸ **rabattre l'orgueil de qqn** to humble sb ▸ **en rabattre** *sout* [modérer ses exigences] to climb down *(insép)*, to lower one's sights **5.** COUT to stitch down *(sép)* / *rabattre une couture* to fell a seam ; [en tricot] ▸ **rabattre deux mailles** to decrease two stitches / *rabattre toutes les mailles* to cast off **6.** GÉOM to rabat **7.** HORT to cut (down), to prune away *(sép)* **8.** TEXT to tone down *(sép).* ◆ vi *sout* [quitter la direction suivie] : *nous rabattîmes sur le château* we turned off towards the castle.

❖ **se rabattre** vpi **1.** [véhicule -graduellement] to move back into position ; [-brusquement] to cut in / *le car s'est rabattu juste devant moi* the bus cut in just in front of me **2.** [se fermer -volet] to slam shut ; [-table] to fold away **3.** [oiseau] to land.

❖ **se rabattre sur** vp + prép [se contenter de] to fall back on, to make do with / *il a dû se rabattre sur un emploi de veilleur de nuit* he had to make do with a night watchman's job.

rabbi [ʀabi] nm HIST rabbi.

rabbin [ʀabɛ̃] nm rabbi ▸ **grand rabbin** Chief Rabbi.

rabbinat [ʀabina] nm rabbinate.

rabbinique [ʀabinik] adj rabbinical.

rabbinisme [ʀabinism] nm rabbinism.

rabe [ʀab] *fam* = **rab.**

rabelaisien, enne [ʀablɛzjɛ̃, ɛn] adj Rabelaisian.

rabibocher [3] [ʀabibɔʃe] vt *fam* **1.** [réconcilier] to patch things up between, to bring together again **2.** *vieilli* [réparer] to fix ou to patch up.

❖ **se rabibocher** vpi to make up ▸ **se rabibocher avec qqn** to patch things up with sb.

rabiot [ʀabjo] *fam* = **rab.**

rabioter [3] [ʀabjɔte] vt *fam* **1.** [obtenir en supplément] to wangle / *elle a réussi à rabioter une semaine de congé de maladie* she managed to wangle a week's sick leave **2.** [s'octroyer] : *il m'a rabioté 2 euros sur la monnaie* he pocketed a couple of euros when he gave me my change.

rabique [ʀabik] adj rabies *(modif)*, rabic.

râble [ʀabl] nm **1.** ZOOL back ▸ **râble de lièvre** CULIN saddle of hare ▸ **tomber** ou **sauter sur le râble de qqn a)** *fam* [attaquer] to lay into sb, to go for sb **b)** [critiquer] to go for sb **2.** MÉTALL rabble, rake ; TECHNOL rake.

râblé, e [ʀable] adj **1.** [animal] broad-backed **2.** [personne] stocky.

râbler [3] [ʀable] vt MÉTALL to rabble ; TECHNOL to rake (out).

rabot [ʀabo] nm MENUIS plane ▸ **dent rabot** straight tooth *(in raker set).*

rabotage [ʀabɔtaʒ], **rabotement** [ʀabɔtmɑ̃] nm planing (down).

raboter [3] [ʀabɔte] vt to plane (down).

❖ **se raboter** vpt : *je me suis raboté le genou contre le mur* I scraped my knee on the wall.

raboteur [ʀabɔtœʀ] nm [ouvrier] planer.

raboteux, euse [ʀabɔtø, øz] adj **1.** [sentier] bumpy, rugged ; [plancher] uneven, rough **2.** *litt* [style] rugged, unpolished, rough.

❖ **raboteuse** nf [outil] planing machine, planer.

rabougri, e [ʀabugʀi] adj **1.** [étiolé] scraggy ; [desséché] shrivelled **2.** *fam* [chétif] stunted ; [ratatiné] shrivelled, wizened.

rabougrir [32] [ʀabugʀiʀ] vt [dessécher] to shrivel (up) ; [entraver la croissance de] to stunt (the growth of).

❖ **se rabougrir** vpi **1.** [plante] to shrivel (up) **2.** *fam* [personne] to become wizened, to become shrivelled (with age).

rabouter [3] [ʀabute] vt [tuyaux] to join, to put end to end ; [cordes] to tie together *(sép)*, to put end to end / *ce n'est pas une anthologie, seulement quelques textes raboutés fig* it's not an anthology, only a few bits of prose thrown ou stuck together.

rabrouer [3] [ʀabʀue] vt to send packing ▸ **se faire rabrouer par qqn** to feel the sharp end of sb's tongue.

racage [ʀakaʒ] nm NAUT parrel, parral.

racaille [ʀakaj] nf *péj* rabble, riff-raff.

raccard [rakar] nm SUISSE *grain store typical of the Valais region.*

raccommodable [rakɔmɔdabl] adj mendable, repairable.

raccommodage [rakɔmɔdaʒ] nm [de linge, d'un filet] mending, repairing ; [d'une chaussette] darning, mending / *j'ai du raccommodage à faire* I've got some mending to do / *un raccommodage bien fait* a neat bit of mending.

raccommodement [rakɔmɔdmɑ̃] nm *fam* reconciliation.

raccommoder [3] [rakɔmɔde] vt **1.** [réparer - linge, filet] to repair, to mend ; [- chaussette] to darn, to mend / *peux-tu raccommoder mon pantalon / mes chaussettes ?* can you mend my trousers / darn my socks ? **2.** *fam* [réconcilier] to bring together (again) / *je suis raccommodé avec elle* I've made it up with her, I'm back with her again.

❖ **se raccommoder** vpi *fam* [se réconcilier] to be reconciled, to get together (again) / *ils finiront bien par se raccommoder* they're bound to get back together again.

raccommodeur, euse [rakɔmɔdœr, øz] nm, f mender.

raccompagner [3] [rakɔ̃paɲe] vt **1.** [reconduire à la porte] ▸ **raccompagner qqn** to show ou to see sb out **2.** [accompagner] : *je vais te raccompagner chez toi* **a)** [à pied] I'll walk ou take you back home **b)** [en voiture] I'll give you a lift home, I'll drive ou run you home / *tu me raccompagnes jusqu'au bout de la rue ?* will you walk me ou see me to the end of the street ? / *fais-toi raccompagner* get a lift home / *je me suis fait raccompagner en voiture après la soirée* I asked someone to give me a lift home after the party / *raccompagner qqn à la gare / à l'aéroport* to see sb off at the station / airport.

raccord [rakɔr] nm **1.** [en décoration] join / *papier avec raccord* wallpaper with pattern match / *tissu sans raccord* random match material / *compte 33 cm pour le raccord* allow 33 cm for pattern match **2.** CINÉ [liaison de scènes] continuity ; [plan] link shot / *scène de raccord* link scene ; LITTÉR link **3.** [retouche] touch-up / *la peinture de la cuisine a besoin de quelques raccords* the kitchen paintwork needs some touching up / *elle s'est fait un petit raccord devant la glace* *fam* she touched up her make-up in front of the mirror **4.** TECHNOL [pour tuyaux différents] adaptor ; [joint] connector ▸ **raccord en T** T-union.

raccordement [rakɔrdəmɑ̃] nm **1.** RAIL [opération de connexion] linking, joining ; TRAV PUB connecting, linking, joining ; ÉLECTR joining, connecting / *faire le raccordement (au réseau)* TÉLÉC to connect the phone **2.** [voie ferrée] junction.

raccorder [3] [rakɔrde] vt **1.** [route, chemin de fer] to link ou to join up *(sép)* / *la ville nouvelle est raccordée à l'autoroute* the new town is linked up to the motorway ou has a motorway link-up **2.** [morceaux cassés, papier peint] to align, to join (up) ; [bandes magnétiques] to splice / *les motifs ne sont pas raccordés* the pattern doesn't line up **3.** ÉLECTR [au secteur] to couple ; [à un circuit] to join **4.** TÉLÉC ▸ **raccorder qqn au réseau** to connect (up) sb's phone **5.** *fig* [indices, faits] to link up *(sép)*, to connect **6.** CINÉ [scènes] to link up *(sép)*.

❖ **se raccorder à** vp + prép **1.** [route, voie ferrée] to join up with **2.** [être lié à] to tie in with / *le dernier paragraphe ne se raccorde pas au reste* the last paragraph doesn't tie in with the rest.

raccourci [rakursi] nm **1.** [trajet] shortcut **2.** [énoncé] : *un raccourci saisissant* a pithy turn of phrase **3.** ART foreshortening *(U)* **4.** INFOR ▸ **raccourci clavier** hot key.

❖ **en raccourci** loc adv [en résumé] in brief, in a nutshell ; [en miniature] on a small scale, in miniature.

raccourcir [32] [rakursir] ◆ vt **1.** [vêtement, rideau] to shorten, to take up *(sép)* ; [cheveux, barbe] to trim ; [discours] to shorten ; [film] to shorten / *j'ai raccourci la robe de 3 cm* I've shortened the dress by 3 cm, I've taken the dress up by 3 cm / *tu as trop raccourci les manches* you've made the sleeves too short ; [trajet] to shorten / *le sentier raccourcit le trajet de deux kilomètres* the path shortens the trip by two kilometres ; [séjour] to cut short / *elle a dû raccourcir ses vacances d'une semaine* she had to come back from her holidays a week early **2.** *fam* [décapiter] ▸ **raccourcir qqn** to chop sb's head off. ◆ vi **1.** [durée] : *les jours raccourcissent* the days are growing shorter ou drawing in **2.** [mode] : *les manteaux vont raccourcir à l'automne prochain* coats will be shorter next autumn **3.** [distance] ▸ **ça raccourcit** it's shorter.

❖ **se raccourcir** vpi [diminuer] : *les délais de livraison se sont considérablement raccourcis* delivery times have been considerably shortened ou reduced.

raccourcissement [rakursismɑ̃] nm [des jours] shortening, drawing in ; [des robes] shortening ; [des délais] shortening, reducing.

raccroc [rakro] ❖ **par raccroc** loc adv by a stroke of good luck.

raccrocher [3] [rakrɔʃe] ◆ vt **1.** [remettre en place - habit, rideau] to hang back up ; [- tableau] to put back on the hook, to hang ou to put back up ; [- téléphone] to put down, to hang up ▸ **raccrocher les gants** *fam* [boxeur] to hang up one's glove, to retire **2.** [relier - wagons] to couple, to hitch together / *la remorque a été mal raccrochée à la voiture* the trailer wasn't properly hitched up to the car / *c'est la seule chose qui la raccroche à la vie* *fig* it's the only thing which keeps her going, it's her only lifeline **3.** [rattraper - affaire] to save at the last minute / *ils ont raccroché les négociations* they managed to rescue the negotiations at the last minute **4.** *fam* [obtenir par chance - commande] to pull ou to bring off *(sép)*. ◆ vi **1.** [au téléphone] to hang up, to put the receiver down / *elle m'a raccroché au nez* she hung up ou put the phone down on me **2.** *fam* [prendre sa retraite - boxeur] to hang up one's gloves.

❖ **se raccrocher à** vp + prép **1.** [se rattraper à] to grab ou to catch hold of / *il n'a personne à qui se raccrocher* *fig* he has nobody to turn to / *il se raccrochait à cet espoir* he hung on to that hope **2.** [être relié à] to be linked ou related to.

raccrocheur, euse [rakrɔʃœr, øz] adj [publicité] eye-catching.

raccuser [3] [rakyze] vt BELG *fam* to snitch on *(insép)*.

raccusette [rakyzɛt] nf BELG *fam* snitch.

race [ras] nf **1.** ANTHR race / *la race blanche / noire* the white / black race / *de race blanche* white / *de race noire* black / *il est de race asiatique* he's of Asian origin **2.** [catégorie] : *la race des honnêtes gens est en voie de disparition* decent people are a dying breed / *il est de la race des gens qui se plaignent tout le temps* he's one of those people who are always moaning ▸ **(quelle) sale race !** (what) scum ! **3.** ZOOL breed / *la race canine* dogs / *la race bovine* cattle / *la race porcine* pigs **4.** *litt* [lignée] line / *être de race noble* to be of noble stock ou blood **5.** [distinction] : *avoir de la race* to have breeding.

❖ **de race** loc adj [chien, chat] purebred, pedigree *(modif)* ; [cheval] thoroughbred.

racé, e [rase] adj **1.** ZOOL [chien] purebred, pedigree *(modif)* ; [cheval] thoroughbred **2.** [personne] wellbred **3.** [voilier, voiture] handsome.

racer [rɛsœr] nm racer *(car, boat)*.

rachat [raʃa] nm **1.** [de ce qu'on avait vendu] repurchase, buying back **2.** [achat] / **'nous vous proposons le rachat de votre ancienne voiture !'** COMM 'we offer to take your old car in part-exchange UK ou as a trade-in US !' **3.** FIN [d'actions, d'obligations] buying up ou in ; [d'une affaire] take over ; [d'une franchise, d'une rente] redemption ▸ **rachat d'actions** share buy-out ▸ **rachat d'une entreprise par ses salariés** ≃ leveraged buy-out **4.** *sout* [des péchés] redemption.

Rachel [raʃɛl] npr Rachel.

rachetable [raʃtabl] adj **1.** *fam* [remplaçable] : *un vase, c'est rachetable* you can always buy another vase **2.** *litt* [dette, rente, péché] redeemable.

racheter [28] [raʃte] vt **1.** [en plus] to buy some more (of) / *rachète du pain* buy some more bread ▸ **racheter des actions a)** [en supplément] to buy some more shares **b)** [pour remplacer celles qu'on a vendues] to buy back ou to repurchase shares / *je vais racheter un service à café* I'm going to buy another ou a new coffee set **2.** [acheter] to buy ▸ **racheter qqch à qqn** [à un particulier] to buy sthg from sb / **'on vous rachète vos anciens meubles'** COMM your old furniture taken in part-exchange UK ou as a trade-in US ▸ **j'ai racheté sa part / son affaire** FIN I've bought him out (of the business) / bought him up ▸ **racheter une entreprise** to take over a company **3.** [rente, cotisations] to redeem **4.** [erreur, défaut] to make up for *(insép)*, to compensate for *(insép)* ; [péché] to atone for *(insép)*, to expiate *sout* ; [vie dissolue] to make amends for, to make up for *(insép)* ; [pécheur] to redeem ▸ **il n'y en a pas un pour racheter l'autre** one's as bad as the other **5.** CONSTR to modify, to compensate **6.** HIST [soldat] to buy out *(sép)* ; [prisonnier, esclave] to ransom, to buy the freedom of **7.** ENS : *racheter un candidat* to pass a candidate *(in spite of insufficient marks)* / *racheter une (mauvaise) note* to make up for a (poor) grade.

❖ **se racheter** vp *(emploi réfléchi)* [gén] to make amends, to redeem o.s. ; [pécheur] to redeem o.s. / *ce n'est pas en m'offrant des fleurs que tu vas te racheter !* it'll take more than flowers to bring me around !

rachialgie [raʃjalʒi] nf rachialgia.

rachianalgésie [raʃjanalʒezi], **rachianesthésie** [raʃjanɛstezi] nf rachianesthesia.

rachidien, enne [raʃidjɛ̃, ɛn] adj rachidian, rachidial.

rachis [raʃis] nm rachis.

rachitique [raʃitik] ◆ adj **1.** MÉD suffering from rickets, rachitic *spéc* **2.** [chétif - plante] stunted ; [- chien, personne] puny, scrawny. ◆ nmf person suffering from rickets.

rachitisme [raʃitism] nm rickets *(U)*, rachitis *spéc.*

Rachmaninov [rakmaninɔf] npr Rachmaninoff.

racial, e, aux [rasjal, o] adj racial, race *(modif)* / *attiser la haine raciale* to stir up racial hatred ▸ **émeute raciale** race riot.

racinal, aux [rasinal, o] nm **1.** CONSTR purlin **2.** TRAV PUB member.

racine [rasin] nf **1.** BOT root ▸ **racine aérienne** aerial root ▸ **racine pivotante** taproot ▸ **racines alimentaires** root crops ▸ **racines (comestibles)** root vegetables ▸ **racine de gingembre** root ginger ▸ **il prend racine** *fam* [il s'installe] he's getting a bit too comfortably settled / *tu vas prendre racine !* *fam* [l'attente est longue] you'll take root ! **2.** ANAT [d'un cheveu, d'un poil, d'une dent] root ; [du nez] base **3.** LING & MATH root ▸ **racine carrée / cubique / énième** square / cube / nth root.

❖ **racines** nfpl [origines] roots / *elle a ses racines en Écosse* her roots are in Scotland / *je suis sans racines* I don't have any roots, I don't belong anywhere / *retrouver ses racines* to go back to one's roots / *cette croyance a ses racines dans le folklore breton* this belief is rooted in Breton folklore.

racinien, enne [rasinjɛ̃, ɛn] adj Racinian.

racisme [rasism] nm racism, racial prejudice / *c'est du racisme antivieux* that's ageism / *c'est du racisme antijeunes* that's prejudice against young people.

raciste [rasist] ◆ adj racist, prejudiced. ◆ nmf racist.

rack [rak] nm AUDIO (stereo) rack.

racket [rakɛt] nm (protection) racket / *la lutte contre le racket* the fight against racketeering ▸ **racket scolaire** *bullying other children for money, etc.*

racketter [4] [rakɛte] vt to racketeer, to run a (protection) racket / *il est inadmissible que les enfants se fassent racketter dans les écoles* it is unacceptable for children to be subject to racketeering in schools.

racketteur, euse [rakɛtœr, øz] nm, f racketeer.

raclage [raklaʒ] nm scraping.

racle [rakl] nf [instrument] squeegee.

raclée [rakle] nf *fam* **1.** [coups] thrashing, hiding / *donner une raclée à qqn* to give sb a good thrashing ou hiding / *prendre* ou *recevoir une raclée* to get a good hiding **2.** [défaite] thrashing, hammering / *mettre une* *raclée à qqn* to thrash sb / *il a pris sa raclée en finale* he got thrashed ou hammered in the final.

raclement [Rakləmɑ̃] nm scraping (noise) / *on entendit quelques raclements de gorge* some people could be heard clearing their throats.

racler [3] [Rakle] vt **1.** [frotter] to scrape / *racler la semelle de ses souliers* to scrape the soles of one's shoes / *un petit vin blanc qui racle le gosier* a white wine that is rough on ou that burns your throat ▸ **racler les fonds de tiroir** *fam* to scrape some money together **2.** *péj* [instrument] : *racler du violon* to scrape away at the fiddle.

❖ **se racler** vpt : *se racler la gorge* to clear one's throat.

raclette [Raklɛt] nf **1.** CULIN [plat] *Swiss speciality consisting of melted cheese prepared at the table using a special heater or grill, served with potatoes and cold meats* ; [fromage] raclette *(cheese)* **2.** [grattoir] scraper **3.** [pour vitres] squeegee.

racleur, euse [RaklœR, øz] nm, f : *ce n'est qu'un racleur de violon* he's a third-rate fiddler.

racloir [RaklwaR] nm **1.** MIN scraper **2.** MENUIS scraper plane **3.** MÉTALL strickle **4.** ARCHÉOL racloir, side scraper.

raclure [RaklyR] nf **1.** [résidu] scraping **2.** *tfam* [personne] : *c'est une raclure* he's the lowest of the low.

racolage [Rakɔlaʒ] nm [par une prostituée] soliciting ; [par un vendeur] touting (for customers) ; [par un militant] canvassing ▸ **faire du racolage a)** [prostituée] to solicit **b)** [commerçant] to tout (for customers) **c)** [militant] to canvass (support).

racoler [3] [Rakɔle] vt **1.** [clients - suj : prostituée] to accost ; [- suj : vendeur] to tout for ; [électeurs] to canvass **2.** HIST [soldat] to press-gang.

racoleur, euse [RakɔlœR, øz] adj [sourire] enticing ; [affiche] eye-catching ; [titre, journal] sensationalist ; [campagne électorale] vote-catching.

❖ **racoleur** nm tout.

❖ **racoleuse** nf streetwalker.

racontable [Rakɔ̃tabl] adj : *ce n'est pas racontable devant des enfants* I can't say it in front of children / *alors que s'est-il passé ? — ce n'est pas racontable !* so what happened ? — it defies description !

racontar [Rakɔ̃taR] nm *fam* piece of gossip / *n'écoute pas les racontars* don't listen to gossip / *tout ça, c'est des racontars* that's just gossip ou talk.

raconter [3] [Rakɔ̃te] vt **1.** [conte, histoire] to tell / *la tapisserie de Bayeux raconte la conquête de l'Angleterre* the Bayeux tapestry tells (the story) of the conquest of England / *il a raconté l'histoire à son voisin* he told his neighbour the story, he told the story to his neighbour **2.** [événement, voyage] to tell, to relate / *il a raconté l'accident à sa mère* he told his mother about the accident ▸ **raconter ses malheurs à qqn** to tell sb all one's troubles, to pour one's heart out to sb ▸ **raconter sa vie** *fam* to tell one's (whole) life story / *nous raconte pas ta vie !* *fam* we don't want to hear your life history ! **3.** [dire] to tell / *ne crois pas tout ce qu'on raconte* don't believe everything people tell you / *on raconte beaucoup de choses sur lui* you hear all sorts of stories about him / *on m'avait raconté que vous étiez malade* I heard that you were ill / *on raconte qu'il a été marié plusieurs fois* people say he's been married several times / *à ce qu'on raconte, elle était la maîtresse du docteur* she was the doctor's mistress, at least that's what people say / *elle est allée tout lui raconter* she went and told him everything / *mais enfin qu'est-ce que tu racontes ?* what (on earth) are you on about ? / *ne raconte pas de bêtises* don't be silly ; *(en usage absolu)* ▸ **vite, raconte !** go on !, quick, tell me ! ▸ **qu'est-ce que tu racontes (de beau) ?** so, what's new ?

❖ **se raconter** ◆ vp *(emploi passif)* [événement] : *des choses pareilles ne se racontent pas* such things are best left unsaid / *il faut l'avoir vécu, ça ne se raconte pas* I couldn't describe what it was like. ◆ vpi [personne] to talk about o.s.

raconteur, euse [Rakɔ̃tœR, øz] nm, f storyteller / *c'est un bon raconteur* he tells a good story.

racorni, e [RakɔRni] adj **1.** [vieillard] wizened, shrivelled ; [mains] gnarled ; [plante] shrivelled ; [parchemin] dried-up **2.** *sout* [esprit] hardened.

racornir [32] [RakɔRniR] vt **1.** [peau, mains] to toughen ; [cœur] to harden **2.** [plante] to shrivel up *(sép)*.

❖ **se racornir** vpi **1.** [plante] to shrivel up *(insép)*, to become shrivelled up **2.** *sout* [personne] to become hardened ou hardhearted.

rad [Rad] nm rad.

radar [RadaR] nm radar ▸ **radar de veille** military surveillance radar ▸ **écran / système radar** radar screen / system ▸ **contrôle radar** [sur la route] radar (speed) trap *(on a road)* ▸ **aujourd'hui je suis** ou **je marche au radar** *fam* I'm on automatic pilot today.

radarastronomie [RadaRastRɔnɔmi] nf radar astronomy.

radariste [RadaRist] nmf radar specialist ou engineer.

rade [Rad] ◆ nf **1.** [bassin] (natural) harbour UK ou harbor US, roads *spéc* / *en rade de San Francisco* in San Francisco harbour **2.** *fam* EXPR **laisser qqn en rade** [l'abandonner] to leave sb in the lurch ▸ **rester en rade** : *on est restés en rade* we were left stranded. ◆ nm *arg crime* [bar] joint.

radeau, x [Rado] nm raft ▸ **radeau de sauvetage** life raft ▸ **radeau pneumatique** inflatable raft / **'le Radeau de la Méduse'** *Géricault* 'The Raft of the Medusa'.

radial, e, aux [Radjal, o] adj MATH & ANAT radial.

❖ **radiale** nf [autoroute urbaine] urban expressway *(leading out from the city centre)*.

radian [Radjɑ̃] nm radian.

radiant, e [Radjɑ̃, ɑ̃t] adj radiant.

❖ **radiant** nm radiant.

radiateur [RadjatœR] nm [à eau, d'un véhicule] radiator ▸ **radiateur à gaz** gas heater ▸ **radiateur électrique** electric radiator ou heater ▸ **radiateur soufflant** fan heater.

radiatif, ive [Radjatif, iv] adj radiative.

radiation [Radjasjɔ̃] nf **1.** BIOL & PHYS radiation **2.** [élimination] removal, striking off / *ils ont demandé sa radiation de l'ordre des médecins / du barreau* they asked that he should be struck off the register / that he should be struck off.

radical, e, aux [Radikal, o] ◆ adj **1.** [complet] radical, drastic / *un changement radical* a drastic ou radical change / *une réorganisation radicale* a thoroughgoing ou root and branch reorganization **2.** [efficace] : *l'eucalyptus c'est radical contre le rhume* eucalyptus is just the thing for colds / *il s'endort quand je mets la radio, c'est radical* *fam* he goes to sleep as soon as I put the radio on, it works like a dream **3.** BOT radical, root *(modif)* **4.** LING root *(modif)*. ◆ nm, f POL Radical.

❖ **radical** nm **1.** LING radical, stem **2.** CHIM radical **3.** MATH radical (sign).

radicalaire [RadikalɛR] adj CHIM free radical *(modif)*.

radicalement [Radikalmɑ̃] adv radically, completely ▸ **radicalement faux** completely untrue / *il a radicalement changé* he's completely different, he's a different person.

radicalisation [Radikalizasjɔ̃] nf radicalization / *il est pour la radicalisation des revendications* he wants the demands to be made more radical / *la radicalisation du conflit* the heightening of the conflict.

radicaliser [3] [Radikalize] vt to radicalize, to make more radical.

❖ **se radicaliser** vpi : *le mouvement étudiant s'est radicalisé* the student movement has become more radical.

radicalisme [Radikalism] nm radicalism.

radicalité [Radikalite] nf radicality.

radical-socialisme [Radikalsɔsjalism] nm radical-socialism.

radical-socialiste [Radikalsɔsjalist] (*pl* **radicaux-socialistes** [Radikososjalist]) adj & nmf radical-socialist.

radicant, e [Radikɑ̃, ɑ̃t] adj radicant.

radicelle [Radisɛl] nf radicel *spéc*, rootlet.

radicotomie [Radikɔtɔmi] nf radicotomy.

radiculaire [RadikylɛR] adj radicular.

radicule [Radikyl] nf radicle.

radié, e [Radje] adj **1.** [cadran] marked in rays, radiate *spéc* **2.** BOT radiate, rayed.

❖ **radiée** nf radiate plant.

radier[1] [Radje] nm **1.** CONSTR [dalle] concrete slab ; [revêtement] apron **2.** MIN sill.

radier[2] [9] [Radje] vt to strike off *(sép)* / *elle a été radiée de l'ordre des médecins / du barreau* she was struck off the register / struck off.

radiesthésie [Radjɛstezi] nf divination, divining.

radiesthésiste [Radjɛstezist] nmf diviner.

radieux, euse [Radjø, øz] adj [matinée, temps] glorious ; [soleil, beauté] brilliant, radiant ; [visage, personne] radiant, glowing (with happiness) ▸ **un sourire radieux** a beaming smile / *elle était radieuse à son retour de vacances* she was positively glowing when she got back from her holidays.

radin, e [Radɛ̃, in] *fam* ◆ adj tightfisted, stingy. ◆ nm, f skinflint.

radiner [3] [Radine] vi *tfam* [arriver] to turn ou to show up *(insép)*.

❖ **se radiner** vpi *tfam* : *allez, vite, radine-toi !* come on, get a move on !

radinerie [RadinRi] nf *fam* stinginess, tightfistedness.

radio [Radjo] ◆ nf **1.** [récepteur] radio **2.** [diffusion] ▸ **la radio** radio (broadcasting) ▸ **à la radio** on the radio ▸ **passer à la radio a)** [personne] to be on the radio **b)** [chanson] to be played on the radio **c)** [jeu, concert] to be broadcast (on the radio), to be radiocast US **3.** [station] radio station ▸ **sur toutes les radios** on all stations ▸ **écoutez radio TSW !** tune in to TSW ! ▸ **Radio France** *state-owned radio broadcasting company* ▸ **Radio France Internationale** ≃ BBC World Service ▸ **radio locale privée** ou **libre** independent local radio station ▸ **radio numérique** digital radio ▸ **radio périphérique** *radio station broadcasting from outside national territory* ▸ **radio pirate** pirate radio station ▸ **radio privée** independent ou commercial radio station **4.** *(comme adj inv)* MIL ▸ **message radio** radio message **5.** MÉD X-ray (photograph) ▸ **passer une radio** to have an X-ray (done), to be X-rayed ▸ **faire une radio de qqch** to X-ray sthg. ◆ nm radio operator.

radioactif, ive [Radjɔaktif, iv] adj radioactive.

radioactivation [Radjɔaktivasjɔ̃] nf radioactivation.

radioactivité [Radjɔaktivite] nf radioactivity.

radioalignement [Radjɔaliɲmɑ̃] nm [méthode] radio navigation ; [dispositif] radio direction finder.

radioaltimètre [RadjɔaltimɛtR] nm radio altimeter.

radioamateur [RadjɔamatœR] nm radio ham.

radioastronome [RadjɔastRɔnɔm] nm radio astronomer.

radioastronomie [RadjɔastRɔnɔmi] nf radio astronomy.

radiobalisage [Radjɔbalizaʒ] nm radio beacon signalling.

radiobalise [Radjɔbaliz] nf radio beacon.

radiobaliser [3] [Radjɔbalize] vt to equip with a radio beacon signalling system.

radiobiologie [Radjɔbjɔlɔʒi] nf radiobiology.

radiocarbone [RadjɔkaRbɔn] nm radiocarbon.

radiocassette [Radjɔkasɛt] nf radio cassette player.

radiochirurgie [RadjɔʃiRyRʒi] nf radiosurgery.

radiocobalt [Radjɔkɔbalt] nm radiocobalt.

radiocommande [Radjɔkɔmɑ̃d] nf radio control.

radiocommunication [Radjɔkɔmynikasjɔ̃] nf radiocommunication.

radiocompas [ʀadjɔkɔ̃pa] nm radio compass.

radioconducteur [ʀadjɔkɔ̃dyktœʀ] nm coherer.

radiocristallographie [ʀadjɔkʀistalɔgʀafi] nf radio crystallography.

radiodermite [ʀadjɔdɛʀmit] nf radiodermatitis.

radiodétection [ʀadjɔdetɛksjɔ̃] nf radiodetection.

radiodiagnostic [ʀadjɔdjagnɔstik] nm radiodiagnosis.

radiodiffusé, e [ʀadjɔdifyze] adj RADIO radio *(modif)*.

radiodiffuser [3] [ʀadjɔdifyze] vt to broadcast (on radio), to radiocast US.

radiodiffusion [ʀadjɔdifyzjɔ̃] nf radio broadcasting.

radioélectricien, enne [ʀadjɔelɛktʀisjɛ̃, ɛn] nm, f radio engineer.

radioélectricité [ʀadjɔelɛktʀisite] nf radio engineering.

radioélectrique [ʀadjɔelɛktʀik] adj ÉLECTR radio *(modif)*.

radioélément [ʀadjɔelemɑ̃] nm radioelement.

radiofréquence [ʀadjɔfʀekɑ̃s] nf radio frequency.

radiogalaxie [ʀadjɔgalaksi] nf radio galaxy.

radiogénique [ʀadjɔʒenik] adj ▸ **voix radiogénique** good broadcasting voice.

radiogoniomètre [ʀadjɔgɔnjɔmɛtʀ] nm (radio) direction finder, radiogoniometer.

radiogoniométrie [ʀadjɔgɔnjɔmetʀi] nf (radio) direction finding, radiogoniometry.

radiogramme [ʀadjɔgʀam] nm TÉLÉC radiogram.

radiographie [ʀadjɔgʀafi] nf [technique] radiography ; [image] X-ray, radiograph.

radiographier [9] [ʀadjɔgʀafje] vt to X-ray.

radiographique [ʀadjɔgʀafik] adj [technique] radiographic ; [examen] X-ray *(modif)*.

radioguidage [ʀadjɔgidaʒ] nm **1.** AÉRON radio direction finding, radio guidance **2.** AUTO traffic news.

radioguidé, e [ʀadjɔgide] adj [avion] radio-controlled ; [projectile, missile] guided.

radioguider [3] [ʀadjɔgide] vt to radio-control.

radio-immunologie [ʀadjɔimynɔlɔʒi] nf radioimmunology.

radio-isotope [ʀadjɔizɔtɔp] *(pl* **radio-isotopes***)* nm radioisotope.

radiolésion [ʀadjɔlezjɔ̃] nf radiation injury, radiolesion.

radiolocalisation [ʀadjɔlɔkalizasjɔ̃] nf radiolocation.

radiologie [ʀadjɔlɔʒi] nf radiology.

radiologique [ʀadjɔlɔʒik] adj radiological ▸ **examen radiologique** X-ray examination.

radiologiste [ʀadjɔlɔʒist], **radiologue** [ʀadjɔlɔg] nmf radiologist.

radioluminescence [ʀadjɔlyminɛsɑ̃s] nf radioluminescence.

radiolyse [ʀadjɔliz] nf radiolysis.

radiomessagerie [ʀadjomesaʒʀi] nf paging.

radiométallographie [ʀadjɔmetalɔgʀafi] nf radio metallography.

radiomètre [ʀadjɔmɛtʀ] nm radiometer.

radionavigant, e [ʀadjɔnavigɑ̃, ɑ̃t] nm, f radio officer ou operator.

radionavigation [ʀadjɔnavigasjɔ̃] nf radio navigation ▸ **aide à la radionavigation** radio navigational aid / *techniques de radionavigation* radio navigational techniques.

radiophare [ʀadjɔfaʀ] nm radio beacon.

radiophonie [ʀadjɔfɔni] nf broadcasting.

radiophonique [ʀadjɔfɔnik] adj [émission, feuilleton] radio *(modif)* ; [studio] broadcasting *(modif)*.

radiophotographie [ʀadjɔfɔtɔgʀafi] nf [image] X-ray photograph ; [procédé] radiophotography.

radioprotection [ʀadjɔpʀɔtɛksjɔ̃] nf defence against radiation.

radiorécepteur [ʀadjɔʀesɛptœʀ] nm radio receiver.

radioreportage [ʀadjɔʀəpɔʀtaʒ] nm [émission] (radio) report ; [commentaire] (radio) commentary.

radioreporter [ʀadjɔʀəpɔʀtɛʀ] nm (radio) reporter ou correspondent.

radiorésistance [ʀadjɔʀezistɑ̃s] nf radioresistance.

radioréveil [ʀadjɔʀevɛj] nm radio alarm (clock).

radioscopie [ʀadjɔskɔpi] nf **1.** MÉD radioscopy **2.** [étude] in-depth analysis.

radioscopique [ʀadjɔskɔpik] adj X-ray *(modif)*.

radiosensibilité [ʀadjɔsɑ̃sibilite] nf radiosensitivity.

radiosondage [ʀadjɔsɔ̃daʒ] nm radiosondage, radiosonde sounding / *station de radiosondage* radiosonde station.

radiosonde [ʀadjɔsɔ̃d] nf MÉTÉOR radiosonde, radiometeorograph.

radiosource [ʀadjɔsuʀs] nf radio-source, radio star, star source.

radio-taxi *(pl* **radio-taxis***)*, **radiotaxi*** [ʀadjotaksi] nm radio cab, radio-taxi.

radiotechnique [ʀadjotɛknik] ◆ adj radiotechnical. ◆ nf radiotechnics *(U)*, radio technology.

radiotélégramme [ʀadjotelegʀam] nm radiotelegram.

radiotélégraphie [ʀadjotelegʀafi] nf radiotelegraphy, wireless telegraphy.

radiotélégraphiste [ʀadjotelegʀafist] nmf radio operator, radiotelegrapher.

radiotéléphone [ʀadjotelefɔn] nm radiotelephone.

radiotéléphonie [ʀadjotelefɔni] nf radiotelephony.

radiotéléphoniste [ʀadjotelefɔnist] nmf radiotelephonist.

radiotélescope [ʀadjoteleskɔp] nm radio telescope.

radiotélévisé, e [ʀadjotelevize] adj broadcast simultaneously on radio and TV, simulcast.

radiotélévision [ʀadjotelevizjɔ̃] nf radio and television.

radiothérapeute [ʀadjoteʀapøt] nmf radiotherapist.

radiothérapie [ʀadjoteʀapi] nf radiotherapy.

radiotrottoir [ʀadjotʀɔtwaʀ] nm ou nf AFR *fam* rumour.

radis [ʀadi] nm **1.** BOT radish ▸ **radis noir** black radish **2.** EXPR **n'avoir plus un radis** *tfam* : *je n'ai plus un radis* I haven't got a bean UK ou a red cent US.

radium [ʀadjɔm] nm radium.

radius [ʀadjys] nm radius.

radjah [ʀadʒa] = **raja(h)**.

radôme [ʀadom] nm radome.

radon [ʀadɔ̃] nm CHIM radon.

radotage [ʀadɔtaʒ] nm drivel.

radoter [3] [ʀadɔte] *fam* ◆ vi to witter on / *excuse-moi si je radote, mais...* sorry to go on and on about it, but... / *là, il radote!* he's going soft in the head ! ◆ vt **1.** [raconter] : *qu'est-ce que tu radotes?* what are you wittering UK ou drivelling on about? **2.** [répéter] : *il radote cent fois les mêmes histoires* he's always going on about the same old things.

radoteur, euse [ʀadɔtœʀ, øz] nm, f drivelling fool.

radoub [ʀadu] nm **1.** [réparation] repair, refitting / *le voilier est en radoub* the yacht is being refitted **2.** [cale] dry dock.

radouber [3] [ʀadube] vt **1.** [bateau] to repair, to refit **2.** [filet] to mend.

radoucir [32] [ʀadusiʀ] vt **1.** [caractère] to soften ; [personne] to calm down *(sép)*, to mollify *sout* **2.** MÉTÉOR to make milder / *les chutes de neige ont radouci le temps* there's been a slight rise in temperature due to the snowfall.

❖ **se radoucir** vpi **1.** [voix] to soften, to become gentler ; [personne] to yield, to soften / *elle a fini par se radoucir devant leurs prières* her attitude softened in the face of their pleas **2.** [température] to get milder / *le temps s'est radouci* the weather's milder.

radoucissement [ʀadusismɑ̃] nm **1.** MÉTÉOR (slight) rise in temperature / *net radoucissement des températures ce matin* a marked rise in temperature this morning **2.** [d'une personne] softening.

raf abr écrite de **rien à faire**.

rafale [ʀafal] nf **1.** MÉTÉOR blast, gust / *le vent souffle en rafales* it's blustery **2.** ARM burst ▸ **une rafale de mitraillette** a burst of machine-gun fire **3.** *fig* burst / *par* ou *en rafales* intermittently.

raffermir [32] [ʀafɛʀmiʀ] vt **1.** [muscle, peau] to tone ou to firm up *(sép)* **2.** [consolider] to strengthen, to reinforce / *raffermir sa position* to consolidate one's position ▸ **raffermir le courage de qqn** to bolster up sb's courage.

❖ **se raffermir** vpi **1.** [muscle, peau] to tone ou to firm up **2.** [se consolider] to get stronger / *se raffermir dans ses intentions* to stiffen one's resolve **3.** FIN [monnaie, prix] to strengthen.

raffermissant, e [ʀafɛʀmisɑ̃, ɑ̃t] adj [crème] firming.

raffermissement [ʀafɛʀmismɑ̃] nm [de la peau] firming ; [de la voix] steadying ; [d'une autorité] strengthening, consolidation / *raffermissement des tendances à la Bourse* strengthening of trends on the Stock Exchange.

raffinage [ʀafinaʒ] nm refining.

raffinat [ʀafina] nm refined product.

raffiné, e [ʀafine] ◆ adj **1.** INDUST refined ▸ **pétrole raffiné** refined oil **2.** [élégant] refined, sophisticated **3.** [subtil - raisonnement] subtle ; [- politesse] extreme, exquisite ; [- goût] refined, discriminating. ◆ nm, f person of taste.

raffinement [ʀafinmɑ̃] nm **1.** [élégance] refinement, sophistication **2.** [détail élégant] subtlety, refinement **3.** [surenchère] : *avec un raffinement de cruauté* with exquisite ou refined cruelty.

raffiner [3] [ʀafine] vt **1.** INDUST to refine **2.** [rendre plus délicat] to polish, to refine.

❖ **raffiner sur** v + prép to be overparticular about / *elle raffine beaucoup sur la toilette* she's overparticular about her appearance / *je n'ai pas eu le temps de raffiner sur les détails* I didn't have time to pay that much attention to the details.

raffinerie [ʀafinʀi] nf refinery ▸ **raffinerie de pétrole / sucre** oil / sugar refinery.

raffineur, euse [ʀafinœʀ, øz] nm, f INDUST & PÉTR refiner.

❖ **raffineur** nm (paper) refiner.

raffoler [3] [ʀafɔle] ❖ **raffoler de** v + prép to be crazy ou mad about / *il raffole de ses petits-enfants* he's mad about his grandchildren / *chic, des glaces, j'en raffole!* ooh, ice cream, I LOVE ice cream !

raffut [ʀafy] nm *fam* **1.** [bruit] racket / *pourquoi tout ce raffut?* [voix] what's all this shouting about? **2.** [esclandre] to-do ▸ **faire du raffut à propos de qqch** to make a big to-do about sthg.

raffûter, raffuter* [3] [ʀafyte] vt RUGBY to hand off *(sép)*.

rafiot [ʀafjo] nm *fam* [bateau] ▸ **vieux rafiot** old tub.

rafistolage [ʀafistɔlaʒ] nm *fam* patching up / *c'est le roi du rafistolage* he's always making do.

rafistoler [3] [ʀafistɔle] vt *fam* to patch up *(sép)*, to fix temporarily.

rafle [ʀafl] nf **1.** [arrestation] raid ▸ **une rafle de police** a police raid ▸ **la rafle du Vél' d'Hiv** HIST *the rounding up of Jews in the Paris Vélodrome d'Hiver in 1942* **2.** *fig* : *il y a eu une rafle de tout le sucre disponible*

* In reformed spelling (see p. 16-19).

dans les magasins all the sugar available in the shops was snatched up **3.** BOT stalk ; [du maïs] cob.

rafler [3] [ʀɑfle] vt *fam* **1.** [voler] to nick UK to swipe **2.** [saisir] to grab ; COMM to buy up *(sép)* / *les clients ont tout raflé en moins de deux heures* the customers cleared the shelves in less than two hours **3.** [remporter - prix] to walk off with / *le film a raflé toutes les récompenses* the film made a clean sweep of the awards.

rafraîchir, rafraichir* [32] [ʀafʀeʃiʀ] ◆ vt **1.** [refroidir] to cool (down) / *ces averses ont rafraîchi le temps* the weather's a bit cooler because of the showers / *un verre d'eau te rafraîchira* a glass of water will cool you down **2.** [remettre en état - vêtement] to smarten ou to brighten up *(sép)* ; [- barbe, coupe de cheveux] to trim ; [- peintures] to freshen up *(sép)* / *la cuisine a besoin d'être rafraîchie* the kitchen needs a lick of paint / **'à rafraîchir'** [logement] 'needs some redecoration' **3.** *fam & fig* [raviver] ▸ **rafraîchir la mémoire à qqn** to refresh ou to jog sb's memory. ◆ vi **1.** MÉTÉOR to get cooler ou colder / *le temps rafraîchit* it's getting colder **2.** CULIN to chill ▸ **mettre qqch à rafraîchir** to chill sthg.
⟡ **se rafraîchir, se rafraichir*** vpi **1.** [se refroidir] to get colder **2.** [faire sa toilette] to freshen up **3.** [boire] to have a cool drink.

rafraîchissant, e, rafraichissant*, e [ʀafʀeʃisɑ̃, ɑ̃t] adj **1.** [froid] cool, refreshing ; [tonique] refreshing, invigorating / *une boisson rafraîchissante* a refreshing drink **2.** [charmant] refreshing.

rafraîchissement, rafraichissement* [ʀafʀeʃismɑ̃] nm **1.** [refroidissement] cooling / *net rafraîchissement des températures sur tout le pays* temperatures are noticeably cooler throughout the country **2.** [boisson] cool ou cold drink **3.** INFORM refreshing *(U)*, refresh / *cycle / vitesse de rafraîchissement* refresh cycle / rate.

raft(ing) [ʀaft(iŋ)] nm white water rafting.

ragaillardir [32] [ʀagajaʀdiʀ] vt *fam* to buck ou to perk up *(sép)* / *ragaillardi par une nuit de sommeil* refreshed after a good night's sleep.

rage [ʀaʒ] nf **1.** MÉD & VÉTÉR ▸ **la rage** rabies ▸ **rage de dents** (severe) toothache **2.** [colère - d'adulte] rage, fury ; [- d'enfant] tantrum ▸ **être fou de rage** to be absolutely furious ▸ **mettre qqn en rage** to infuriate sb / *elle est repartie la rage au cœur* she went off boiling ou seething with rage / *j'ai accepté, mais la rage au cœur* I accepted, but actually I was furious about it **3.** [passion] passion, mania ▸ **avoir la rage de vivre** to have an insatiable lust for life **4.** EXPR **faire rage a)** [feu, ouragan] to rage **b)** [mode] to be all the rage.

rageant, e [ʀaʒɑ̃, ɑ̃t] adj infuriating, exasperating ▸ **c'est rageant !** it makes you mad !

rager [17] [ʀaʒe] vi ▸ **rager contre qqn** to be furious with sb / *je rage de la voir se pavaner* it makes me mad ou it infuriates me to see her strutting about / *ça (vous) fait rager !* it's absolutely infuriating ! / *ça me fait rager de voir tout cet argent dépensé pour rien* it makes my blood boil to see all that money just wasted / *je rageais !* I was fuming ou furious !

rageur, euse [ʀaʒœʀ, øz] adj **1.** [irrité - ton] angry, enraged ; [- geste, réponse] bad-tempered, angry **2.** [coléreux] hot-tempered.

rageusement [ʀaʒøzmɑ̃] adv angrily, furiously / *il claqua rageusement la porte* he slammed the door angrily.

raglan [ʀaglɑ̃] ◆ adj inv raglan ▸ **des manches raglan** raglan sleeves. ◆ nm raglan coat.

ragnagnas [ʀaɲaɲa] nmpl *fam* period / *elle a ses ragnagnas* she's on the rag.

ragondin [ʀagɔ̃dɛ̃] nm **1.** ZOOL coypu **2.** [fourrure] nutria.

ragot [ʀago] nm piece of gossip ▸ **des ragots** *fam* gossip, (malicious) rumour UK ou rumor US tittle-tattle / *les ragots ne m'intéressent pas* I'm not interested in gossip.

ragougnasse [ʀaguɲas] nf *fam* pigswill *fig.*

ragoût, ragout* [ʀagu] nm stew, ragout.
⟡ **en ragoût, en ragout*** loc adj stewed.

ragoûtant, e, ragoutant*, e [ʀagutɑ̃, ɑ̃t] adj ▸ **peu ragoûtant a)** [mets] unappetizing **b)** [personne] unsavoury **c)** [lieu] insalubrious.

ragtime [ʀagtajm] nm ragtime.

rahat-loukoum [ʀaatlukum] *(pl* **rahat-loukoums**), **rahat-lokoum** [ʀaatlɔkum] *(pl* **rahat-lokoums**) nm Turkish delight *(U)*.

rai [ʀɛ] nm **1.** *litt* [rayon] ▸ **un rai de lumière** a shaft of light **2.** [d'une roue] spoke.

raï [ʀaj] nm MUS rai *(mixture of North African and Western music)*.

raid [ʀɛd] nm **1.** MIL raid, surprise attack ▸ **raid aérien** air raid **2.** SPORT [avec des véhicules] long-distance rally ; [à pied] trek **3.** BOURSE raid.

raide [ʀɛd] ◆ adj **1.** [rigide - baguette, matériau] stiff, rigid ; [tendu - fil, ficelle] taut, tight ; [droit] straight / *avoir une jambe raide* to have a stiff leg / *assis tout raide sur un tabouret / dans son lit* sitting stiffly on a stool / bolt upright in his bed ▸ **avoir les cheveux raides (comme des baguettes de tambour)** to have straight hair ▸ **se tenir raide comme un piquet** to stand as stiff as a pole ou a poker **2.** [guindé - personne] stiff, starchy ; [- style, jeu de scène] wooden ; [inébranlable - personne, comportement] rigid, inflexible ▸ **être raide comme la justice** *litt* to be totally unbending ou inflexible **3.** [abrupt] steep / *la côte est (en pente) raide* the hill climbs steeply ▸ **la descente est en pente raide a)** [piste de ski] the slope is very steep **b)** [route] the way down is very steep **4.** *fam* [fort - café] strong ; [- alcool] rough / *vraiment raide, cette vodka !* that vodka's really rough ! **5.** *fam* [osé - détail, récit] risqué ; [- scène] explicit, daring ▸ **le vieux canapé a dû en voir de raides** the old sofa has seen a thing or two **6.** *fam* [surprenant] ▸ **elle est raide, celle-là !** that's a bit far-fetched ou hard to believe ▸ **je vais t'en raconter une raide** I'll tell you an amazing story **7.** *tfam* [désargenté] broke, skint UK ▸ **être raide comme un passe-lacet** to be dead broke ou cleaned out. ◆ adv **1.** [à pic] steeply / *ça descend / monte raide derrière chez eux* the ground slopes steeply downward / upward behind their house **2.** [en intensif] ▸ **tomber raide** to drop dead ▸ **raide mort** stone dead UK dead as a doornail.

raider [ʀɛdœʀ] nm raider.

raideur [ʀɛdœʀ] nf **1.** [d'une étoffe, d'une attitude] stiffness ; [d'une baguette] stiffness, rigidity ; [d'une corde] tautness ; [des cheveux] straightness ; [d'un sentier] steepness ; [d'un style, d'un jeu de scène] woodenness / *elle répondit avec raideur* she answered sharply **2.** [d'un muscle] stiffness / *avoir une raideur dans l'épaule* to have a stiff shoulder.

raidillon [ʀɛdijɔ̃] nm steep path ou climb / *juste avant le raidillon* just before the road starts climbing.

raidir [32] [ʀɛdiʀ] vt **1.** [tendre] to stiffen **2.** [faire perdre sa souplesse à] to stiffen / *l'eau calcaire raidit le tissu* hard water stiffens fabric.
⟡ **se raidir** vpi **1.** [perdre sa souplesse] to stiffen, to go stiff, to become stiffer **2.** [se tendre - muscle, corps] to tense (up), to stiffen ; [- cordage] to tighten, to grow taut **3.** [rassembler sa volonté] to steel ou to brace o.s. / *se raidir contre l'adversité* to stand firm in the face of adversity.

raidissement [ʀɛdismɑ̃] nm **1.** [physique] tensing, stiffening **2.** [moral] : *face au raidissement des patrons* faced with the tougher line taken by the employers.

raidisseur [ʀɛdisœʀ] nm **1.** [tendeur] tightener **2.** AÉRON stiffener, stringer **3.** CONSTR & NAUT stringer.

raie [ʀɛ] ◆ v ⟶ **rayer.** ◆ nf **1.** [trait] line ; [rayure] stripe ; [griffure] scratch, mark / *raies creusées dans le bois* marks cut into the wood / *une raie de lumière* a ray of light **2.** [dans les cheveux] parting UK part US / *une raie sur le côté* a side parting / *se coiffer avec la raie à gauche / droite* to part one's hair on the left / right **3.** ANAT slit / *raie des fesses* cleft of the buttocks **4.** AGR furrow **5.** OPT & PHYS line ▸ **raies spectrales** spectrum lines ▸ **raie d'absorption / d'émission** absorption / emission spectrum **6.** ZOOL ray, skate ; CULIN skate ▸ **raie cornue** devilfish, manta ray ▸ **raie électrique / venimeuse** electric / sting ray.

raifort [ʀɛfɔʀ] nm horseradish.

rail [ʀaj] nm **1.** [barre d'acier] rail ▸ **les rails** [la voie] the tracks, the rails / *les rails s'arrêtent en rase campagne* the track comes to an end in the middle of the countryside ▸ **poser des rails** to lay track ▸ **rail conducteur** live rail ▸ **rail fixe** main rail ▸ **rail mobile** switch (rail) ▸ **sortir des rails** to leave the rails, to go ou to come off the rails ▸ **remettre qqch / qqn sur les rails** *fig* to put sthg / sb back on the rails / *elle a remis l'entreprise sur ses rails* she put ou set the firm (back) on the rails again **2.** [moyen de transport] ▸ **le rail** rail / *une grève du rail* a rail strike / *les usagers du rail* rail users / *transport par rail* rail transport **3.** [glissière] track ▸ **rail d'éclairage** lighting track ▸ **rail de travelling** dolly (tracks) **4.** NAUT shipping lane.

railler [3] [ʀaje] *litt* ◆ vt to mock, to laugh ou to scoff at *(insép)* / *il en a eu assez de se faire railler par tout le monde* he was fed up with everyone making fun of him. ◆ vi to jest / *vous raillez ?* *hum* you jest ?
⟡ **se railler de** vp + prép *litt* ▸ **se railler de qqn / qqch** to scoff at sb / sthg.

raillerie [ʀajʀi] nf **1.** [attitude] mocking, raillery *litt* **2.** [remarque] jibe, jest *arch* ou *hum.*

railleur, euse [ʀajœʀ, øz] ◆ adj mocking, scoffing. ◆ nm, f mocker, scoffer / *faire taire les railleurs* to silence the scoffers.

rail-route [ʀajʀut] adj inv road-rail *(modif)*.

rainette [ʀɛnɛt] nf tree frog.

rainurage [ʀɛnyʀaʒ] nm [sur route] grooved surface.

rainure [ʀɛnyʀ] nf **1.** [sillon] groove ; [guide] channel, slot / *les rainures du parquet* the gaps between the floorboards **2.** ANAT groove.

rainurer [3] [ʀɛnyʀe] vt to (cut a) groove (in).

raisin [ʀɛzɛ̃] nm **1.** [en grappes] grapes / *acheter du raisin* to buy grapes ▸ **raisin blanc / noir** white / black grapes ▸ **raisin de cuve / table** wine / eating grapes / **'les Raisins de la colère'** *Steinbeck* 'The Grapes of Wrath' **2.** CULIN ▸ **raisins de Corinthe** currants ▸ **raisins secs** raisins ▸ **raisins de Smyrne** sultanas.

raisiné [ʀɛzine] nm **1.** [confiture] grape jelly **2.** *arg crime* [sang] blood.

raisinet [ʀɛzinɛ] nm SUISSE redcurrant.

raison [ʀɛzɔ̃] nf **1.** [motif] reason / *j'aurais cent raisons de vous mettre à la porte* I could think of a thousand reasons why I should dismiss you / *il n'y a aucune raison pour que vous partiez* there's no reason for you to leave / *y a-t-il une raison de s'inquiéter ?* is there any reason to worry ? / *quelle est la raison de... ?* what's the reason for... ? / *quelle est la raison de son départ ?* why is she leaving ? / *la raison pour laquelle je vous écris* the reason (why) ou that I'm writing to you / *la raison en est que...* the reason is (that)..., it's because... ▸ **pour quelle raison ?** why ? ▸ **pour des raisons familiales / personnelles** for family / personal reasons / *pour raisons de santé* for reasons of ill-health, for health reasons ▸ **avoir de bonnes raisons** ou **des raisons (de faire qqch)** to have good reasons (for doing sthg) / *avoir ses raisons* to have one's reasons / *je n'ai pas de raisons à te donner !* I don't have to tell you why ! ▸ **avec raison** with good reason ▸ **sans raison** for no reason (at all) ▸ **pour une raison ou pour une autre** for one reason or another / *pour la (bonne et) simple raison que* for the simple reason that / *elle n'est pas venue, pour la (bonne et) simple raison qu'elle était malade* the reason she didn't come was simply that she was ill / *ce n'est pas une raison !, c'est pas une raison !* that's no excuse ! / *ce n'est pas une raison pour vous fâcher* there's no need for you to get angry ▸ **raison de vivre** reason to live / *cet enfant c'est sa raison de vivre* he lives for that child ▸ **à plus forte raison** all the more so ▸ **raison de plus** : *mais je suis malade ! — raison de plus !* but I'm not feeling well ! — all the more reason ! / *raison de plus pour le faire* that's one more reason for doing so ▸ **y a pas de raison** *fam* : *qu'elle se débrouille toute seule, y a pas de raison !* there's no reason why she shouldn't sort it out for herself! ▸ **le cœur a ses raisons que la raison ne connaît point** *(allusion à Pascal)* the heart has its reasons that reason ignores ▸ **se rendre aux raisons de qqn** to yield to sb's arguments **2.** [lucidité] ▸ **il n'a pas / plus toute sa raison** he's not / he's no longer in his right mind / *il n'a plus toute sa raison depuis la catastrophe* the disaster affected his mind ▸ **perdre la raison** to lose one's mind / *recouvrer la raison* to recover one's faculties ▸ **troubler la raison de qqn** to affect sb's mind **3.** [bon sens] reason / *agir contre toute raison* to behave quite unreasonably ▸ **faire entendre raison à qqn, ramener qqn à la raison** to make sb see reason ▸ **rappeler qqn à la raison** to bring sb to his / her senses / *revenir à la raison* to come to one's senses ▸ **plus que de raison** to excess, more than is reasonable / *elle boit plus que de raison* she drinks more than is good for her ▸ **il faut raison garder** *allusion* one must keep one's head **4.** [faculté de penser] reason / *l'homme est un être doué de raison* man is a thinking being **5.** MATH proportion ▸ **en raison inverse / directe (de)** in inverse / direct proportion (to) **6.** EXPR **avoir raison** to be right ▸ **avoir (bien) raison de faire qqch** to be (quite) right to do ou justified in doing sthg ▸ **donner raison à qqn a)** [personne] to agree that sb is right **b)** [événement] to prove sb right ▸ **se faire une raison** to resign o.s. / *fais-toi une raison, c'est trop tard* you'll just have to put up with ou to accept the fact that it's too late ▸ **avoir raison de qqn / qqch** *sout* to get the better of sb / sthg, to overcome sb / sthg / *le traitement a finalement eu raison de son eczéma* the treatment finally cured his eczema ▸ **demander raison à qqn (de)** *sout* to demand satisfaction from sb (for) ▸ **rendre raison de qqch à qqn** to justify sthg to sb ▸ **la raison du plus fort est toujours la meilleure** *prov* might is right *prov.*

❖ **à raison de** loc prép at the rate of.

❖ **comme de raison** loc adv and rightly so.

❖ **en raison de** loc prép **1.** [à cause de] on account of, because of / *le vol est annulé en raison du mauvais temps* the flight has been cancelled because of bad weather **2.** [en proportion de] according to.

❖ **raison d'État** nf : *le gouvernement a invoqué la raison d'État pour justifier cette mesure* the government said that it had done this for reasons of State.

❖ **raison d'être** nf raison d'être / *sa présence n'a plus aucune raison d'être* there's no longer any reason for him to be here.

❖ **raison sociale** nf corporate ou company name.

raisonnable [ʀɛzɔnabl] adj **1.** [sensé -personne, solution, décision] sensible / *sois raisonnable!* be reasonable! / *tu n'es (vraiment) pas raisonnable de boire autant* it's not sensible to drink so much / *à cet âge ils sont raisonnables* when they get to that age they know how to behave sensibly / *soyez raisonnables, les enfants, je reviens dans une minute* behave yourselves children, I'll be back in a minute / *il devrait être plus raisonnable* he should know better ▸ **c'est raisonnable** it makes sense / *est-ce bien raisonnable?* *hum* is that wise? **2.** [normal, naturel] reasonable / *il est raisonnable de penser que...* it's reasonable to think that... **3.** [acceptable -prix, taux, heure] reasonable ; [-salaire] decent / *un appartement de taille raisonnable* a reasonably ou fairly large flat / *leurs exigences restent très raisonnables* they're very moderate in their demands **4.** [doué de raison] rational.

raisonnablement [ʀɛzɔnabləmɑ̃] adv **1.** [de manière sensée] sensibly, properly / *quand donc te conduiras-tu raisonnablement?* when are you going to behave sensibly ou properly? **2.** [normalement] reasonably / *elle peut raisonnablement espérer une augmentation* she can reasonably expect a pay rise **3.** [modérément] in moderation / *vous pouvez boire, mais raisonnablement* you may drink, but in moderation.

raisonné, e [ʀɛzɔne] adj **1.** [analyse, projet, décision] reasoned **2.** [grammaire, méthode] structured.

raisonnement [ʀɛzɔnmɑ̃] nm **1.** [faculté, réflexion] ▸ **le raisonnement** reasoning ▸ **raisonnement par l'absurde** reductio ad absurdum ▸ **raisonnement par analogie** analogical reasoning ▸ **raisonnement déductif / inductif** deductive / inductive reasoning **2.** [argumentation] reasoning / *mon raisonnement est le suivant* my reasoning is as follows / *la conclusion de mon raisonnement est la suivante* after careful thought, I have come to the following conclusion / *je ne suis pas bien votre raisonnement* I don't follow your line of argument ou thought / *son raisonnement est assez convaincant* her arguments are quite convincing / *il ne faudra pas tenir ce raisonnement avec lui* we mustn't use that argument with him / *ce n'est pas un raisonnement!* you're wrong to think like that!

❖ **raisonnements** nmpl *litt* (endless) arguing *(U).*

raisonner [3] [ʀɛzɔne] ◆ vi **1.** [penser] to think / *raisonner avant d'agir* to think before doing something ▸ **raisonner comme un tambour** ou **une pantoufle** to talk nonsense, to talk through one's hat **2.** [enchaîner des arguments] : *non, là vous raisonnez mal!* no, your reasoning isn't sound there! ▸ **raisonner par analogie** to use analogy as the basis of one's argument ▸ **raisonner par induction / déduction** to use inductive / deductive reasoning **3.** [discuter] ▸ **raisonner sur** to argue about ▸ **raisonner avec qqn** to reason with sb / *raisonner avec lui, c'est perdre son temps* it's a waste of time trying to reason with him. ◆ vt **1.** [faire appel à la raison de] to reason with *(insép)* / *j'ai essayé de le raisonner, rien à faire* I tried to reason with him ou to make him see reason, but it was no use **2.** *sout* [examiner] to think out ou through *(sép)* / *raisonner ses choix* to make reasoned choices.

❖ **se raisonner** ◆ vp *(emploi réfléchi)* : *raisonne-toi, essaie de manger moins* be reasonable and try not to eat so much. ◆ vp *(emploi passif)* : *la passion ne se raisonne pas* there's no reasoning with passion, passion knows no reason.

raisonneur, euse [ʀɛzɔnœʀ, øz] ◆ adj argumentative. ◆ nm, f arguer, quibbler.

raja(h) [ʀaʒa] nm rajah.

Rajasthan [ʀaʒastɑ̃] npr ▸ **le Rajasthan** Rajasthan.

rajeunir [32] [ʀaʒœniʀ] ◆ vi **1.** [redevenir jeune] to grow young again / *elle voudrait rajeunir* she'd like to be younger **2.** [paraître plus jeune] to look ou to seem younger / *je le trouve rajeuni* he looks younger to me / *nous n'avons pas rajeuni* we're not getting any younger / *il a rajeuni de plusieurs années depuis son mariage* he looks years younger since he got married / *elle rajeunit de jour en jour, on dirait!* she seems to get younger every day! **3.** [retrouver de l'éclat -façade] to look like new. ◆ vt **1.** [rendre jeune] ▸ **rajeunir qqn a)** *pr* to rejuvenate sb, to make sb younger **b)** *fig* to make sb look younger / *cette coiffure / robe la rajeunit* that hairstyle / dress makes her look younger / *il a perdu des kilos, ça le rajeunit* he's lost weight, it takes years off him / *rajeunir le personnel d'une société* to bring new blood into a company **2.** [attribuer un âge moins avancé à] : *très aimable à vous, mais vous me rajeunissez!* that's very kind of you but you're making me younger than I am! / *vous me rajeunissez de cinq ans* I'm five years older than you said **3.** [faire se sentir plus jeune] : *cette soirée m'a rajeuni de dix ans!* this party's made me feel ten years younger! / *ça me rajeunit!* it makes me feel younger! / *ça ne nous rajeunit pas!* it makes you realize how old we are!, it makes you feel your age! **4.** [moderniser -mobilier, équipement] to modernize.

❖ **se rajeunir** vp *(emploi réfléchi)* **1.** [se faire paraître plus jeune] to make o.s. look younger **2.** [se dire plus jeune] to lie about one's age / *elle se rajeunit de cinq ans / d'au moins cinq ans* she claims to be five years younger / at least five years younger than she really is.

rajeunissant, e [ʀaʒœnisɑ̃, ɑ̃t] adj rejuvenating.

rajeunissement [ʀaʒœnismɑ̃] nm **1.** BIOL & PHYSIOL rejuvenation / *elle a fait une cure de rajeunissement* she went to a health farm **2.** [modernisation -d'un équipement, d'une entreprise] modernization **3.** [abaissement de l'âge] : *le rajeunissement de la population* the decreasing average age of the population / *il y a aujourd'hui un net rajeunissement des amateurs de musique classique* there has been a marked drop in the average age of classical music lovers.

rajout [ʀaʒu] nm addition ▸ **faire des rajouts à qqch** to make additions to sthg, to add things to sthg.

rajouter [3] [ʀaʒute] vt **1.** [ajouter] ▸ **rajouter qqch (à)** to add sthg (to) **2.** [dire en plus] ▸ **rajouter qqch (à)** to add sthg (to) / *je n'ai rien à rajouter* I have nothing to add, I have nothing more to say ▸ **rajouter que** to add that **3.** *fam* EXPR **en rajouter** to lay it on a bit thick / *je t'en prie, n'en rajoute pas!* oh, for God's sake, give it a rest!

rajustement [ʀaʒystəmɑ̃] nm adjustment / *un rajustement des salaires* a wage adjustment.

rajuster [3] [ʀaʒyste] vt **1.** [prix, salaires, vêtements] to adjust **2.** [rectifier] : *rajuster le tir* to adjust ou to correct one's aim.

❖ **se rajuster** vpi to tidy o.s. up / *il avait oublié de se rajuster* he'd forgotten to do up his fly ou to adjust his dress *hum.*

râlant, e [ʀɑlɑ̃, ɑ̃t] adj *fam* infuriating, exasperating / *c'est râlant!* it's enough to drive you mad!

râle [ʀal] nm **1.** [d'un agonisant] ▸ **râle (d'agonie)** death rattle **2.** MÉD rale **3.** [oiseau] rail ▸ **râle d'eau** water rail ▸ **râle des genêts** corncrake.

ralenti, e [ʀalɑ̃ti] adj : *mener une vie ralentie* to live quietly / *depuis son infarctus, il mène une vie ralentie* since his coronary, he's been taking things easy.

❖ **ralenti** nm **1.** CINÉ slow motion **2.** AUTO & MÉCAN idling speed ▸ **régler le ralenti** to adjust the idling speed.

❖ **au ralenti** loc adv **1.** CINÉ in slow motion / *passer une scène au ralenti* to show a scene in slow motion **2.** [à vitesse réduite] ▸ **avancer au ralenti** to move slowly forward ▸ **tourner au ralenti** [moteur] to idle ▸ **l'usine tourne au ralenti** the factory is running under capacity / *depuis qu'il est à la retraite, il vit au ralenti* now that he's retired, he doesn't do as much as he used to ▸ **ils travaillent au ralenti a)** [pour protester] they're on a go-slow UK ou a slowdown US **b)** [par nécessité] they're working at a slower pace.

ralentir [32] [ʀalɑ̃tiʀ] ◆ vi to slow down / *l'autobus n'a même pas ralenti* the bus didn't even slow down / **'attention, ralentir'** 'reduce speed now' / **'ralentir, travaux'** 'slow, roadworks ahead'. ◆ vt **1.** [mouvement, effort] to slow down / *ralentir sa course* ou *l'allure* to reduce speed, to slow down ▸ **ralentir le pas** to slow down **2.** [processus] to slow down *(sép).*

❖ **se ralentir** vpi to slow down.

ralentissement [ʀalɑ̃tismɑ̃] nm **1.** [décélération] decrease in speed / *un ralentissement de 10 km sur la N10* slow-moving traffic for 6 miles on the N10 **2.** [diminution] reduction / *un ralentissement des ventes* a falloff in sales / *un ralentissement des fonctions cérébrales* a reduction in brain activity ▸ **un ralentissement de l'économie** economic turndown / *le commerce entre les deux pays a connu un net ralentissement* trade between the two countries has fallen off considerably.

ralentisseur [ʀalɑ̃tisœʀ] nm **1.** [sur une route] speed bump, sleeping policeman UK **2.** AUTO & MÉCAN idler, speed reducer **3.** PHYS moderator ▸ **ralentisseur de particules / neutrons** particle / neutron moderator.

râler [3] [ʀale] vi **1.** [agonisant] to give a death rattle **2.** *fam* [se plaindre] to grumble, to moan ▸ **râler contre qqch** to moan about sthg / *ça me fait râler!* it makes me so mad ou furious! / *juste pour la faire râler* just to make her angry **3.** [tigre] to growl.

râleur, euse [ʀalœʀ, øz] *fam* ◆ adj bad-tempered, grumpy. ◆ nm, f grouch, moaner / *quel râleur!* he never stops moaning!

ralingue [ʀalɛ̃g] nf bolt rope ▸ **voile en ralingue** shivering sail *spéc.*

ralinguer [3] [ʀalɛ̃ge] ◆ vt to rope. ◆ vi NAUT to shiver.

rallié, e [ʀalje] nm, f new supporter.

ralliement [ʀalimɑ̃] nm **1.** [adhésion] : *lors de son ralliement à notre parti / notre cause* when he came over to our party / cause **2.** [rassemblement] rally, gathering ▸ **signe / cri de ralliement** rallying sign / cry / *point de ralliement* rallying point.

rallier [9] [ʀalje] vt **1.** [rejoindre -groupe, poste] to go back to / *des permissionnaires qui rallient leur régi-*

ment soldiers on their way back to their units **2.** [adhérer à] to join / *c'est pour cela que j'ai fini par rallier ce parti* that's why I ended up joining this party **3.** [rassembler - autour de soi, d'un projet] to win over *(sép)* ; [- des troupes] to gather together, to rally / *rallier les indécis* to win over ou to persuade the undecided / *il a su rallier la majorité des actionnaires à son projet* he managed to convince the majority of the shareholders that his project was a good idea ▸ **rallier tous les suffrages** to meet with general approval ▸ **rallier qqn à sa cause** to win sb over **4.** NAUT : *rallier la terre* to haul in for the coast / *rallier le bord* to rejoin ship.

✤ **se rallier à** vp + prép **1.** [se joindre à] ▸ **se rallier à qqn** to join forces with sb / *se rallier à un parti* to join a party ; *(en usage absolu)* : *il a fini par se rallier* he ended up joining ▸ **ralliez-vous à mon panache blanc!** *(allusion à Henri IV)* follow me! **2.** [se montrer favorable à] ▸ **se rallier à un avis** / **un point de vue** to come round to an opinion / a point of view / *se rallier à l'avis général* to come round to ou to rally to the opinion of the majority.

rallonge [ʀalɔ̃ʒ] nf **1.** [électrique] extension (cable) **2.** [planche] extension **3.** [tuyau] extension tube *(of a vacuum cleaner)* **4.** *fam* [délai] extra time *(U)* / *une rallonge de quelques jours* a few extra days **5.** *fam* [supplément] extra money *(U)* / *il nous a donné une rallonge de quarante euros* he gave us an extra forty euros.

✤ **à rallonge(s)** loc adj **1.** ▸ **table à rallonge** ou **rallonges** extending table **2.** [week-end] long ; [histoire] never-ending ; [nom] double-barrelled.

rallongement [ʀalɔ̃ʒmɑ̃] nm [gén] lengthening, extension ; [d'un vêtement] letting down.

rallonger [17] [ʀalɔ̃ʒe] ◆ vt **1.** [gén] to extend ; [durée, liste] to lengthen, to make longer, to extend / *rallonger un article de quelques lignes* to extend an article by a few lines **2.** [vêtement - en défaisant l'ourlet] to let down *(sép)* ; [- en ajoutant du tissu] to make longer **3.** *fam* [suj: trajet, itinéraire] : *ça nous rallonge* it's taking us out of our way / *en passant par Lille, ça te rallonge d'une heure* if you go via Lille, it'll add an hour to your journey time ; *(en usage absolu)* : *ça rallonge de passer par Lille* it takes longer if you go via Lille. ◆ vi : *les jours rallongent* the days are getting longer / *la mode rallonge* hemlines are coming down again.

rallumer [3] [ʀalyme] vt **1.** [feu] to rekindle, to light again ; [lampe, télévision] to put back on, to switch on again ; [électricité] to turn on again ▸ **rallumer une cigarette a)** [éteinte] to relight a cigarette **b)** [une autre] to light up another cigarette ; *(en usage absolu)* ▸ **rallume!** put the light back on! **2.** *sout* [faire renaître - haine, passion] to rekindle / *cet événement a rallumé la guerre* this event sparked the war off again.

✤ **se rallumer** ◆ vpi **1.** [feu, incendie] to flare up again ; [lampe] to come back on **2.** *sout* [espoir] to be revived ; [conflit] to break out again ; [passion] to flare up. ◆ vpt : *elle se ralluma une énième cigarette* she lit yet another cigarette.

rallye [ʀali] nm **1.** [course] ▸ **rallye (automobile)** rally, car-rally **2.** [soirée] *exclusive upper-class ball for young people.*

RAM, Ram [ʀam] (abr de Random Access Memory) nf Ram, ram.

ramadan [ʀamadɑ̃] nm Ramadan, Ramadhan ▸ **faire** ou **observer le ramadan** to observe Ramadan.

ramage [ʀamaʒ] nm *litt* [d'un oiseau] song.

✤ **ramages** nmpl floral pattern ▸ **un tissu à grands ramages** material with a bold floral pattern.

ramassage [ʀamasaʒ] nm **1.** [cueillette - du bois, des fruits] gathering ; [- des pommes de terre] picking, digging up ; [- des champignons] picking, gathering ▸ **ramassage manuel** hand picking **2.** [collecte] ▸ **ramassage du lait** milk collection ▸ **ramassage des ordures** rubbish UK ou garbage US collection **3.** [transport] picking up / *ils se chargent du ramassage des ouvriers* they pick up the workers ▸ **point** / **zone de ramassage** pick-up point / area ▸ **ramassage scolaire** school bus service.

ramasse [ʀamas] *fam* nf ▸ **être à la ramasse** [fatigué] to be shattered / *après la compétition, il était complètement à la ramasse* he was completely shattered after the competition / *l'entreprise est à la ramasse face à ses concurrents* the company is lagging way behind the competition.

ramassé, e [ʀamase] adj **1.** [homme, corps] stocky, squat ; [bâtisse, forme] squat **2.** [style] terse.

ramasse-miettes (*pl* ramasse-miettes), **ramasse-miette*** [ʀamasmjɛt] nm brush and pan *(for sweeping crumbs off a table).*

ramasser [3] [ʀamase] vt **1.** [objet à terre] to pick up *(sép)* ▸ **ramasser qqch à la pelle** *fam* : *ils ramassent des fraises à la pelle dans leur jardin* they get loads of strawberries from their garden / *des mauvaises notes, il en a ramassé à la pelle cette année* he's been getting bad marks by the dozen this year ▸ **ramasser qqn dans le ruisseau** to pick sb up out of the gutter ▸ **il était à ramasser à la petite cuillère a)** *fam* [épuisé] he was all washed out **b)** [blessé] you could have scraped him off the ground / *encore un pas et je serai bon à ramasser à la petite cuillère!* one more step and I'll fall to bits! **2.** [cueillir - champignons] to pick, to gather ; [- pommes de terre] to dig ; [- marrons] to gather **3.** [rassembler - copies] to collect, to take in *(sép)* ; [- cartes à jouer] to gather up *(sép)* ; [- feuilles mortes] to sweep up *(sép)* / *ramasser du bois* to gather wood / *ramasser les débris d'une armée fig* to rally the remnants of an army / *il a ramassé pas mal d'argent fam* he's picked up ou made quite a bit of money ▸ **ramasser ses forces** to gather one's strength ▸ **ramasser la monnaie** to pick up the change ▸ **ramasser le paquet** *fam* to hit the jackpot **4.** [élèves, ouvriers] to collect / *ramasser les ordures* to collect the rubbish UK ou garbage US **5.** [résumer] to condense / *ramassez vos idées en quelques lignes* condense your ideas into just a few lines **6.** *fam* [trouver] to pick up, to dig up / *où as-tu ramassé cet affreux roquet?* where did you pick up ou dig up that ugly mutt? **7.** *fam* [arrêter] to collar, to nab / *se faire ramasser* to get nabbed, to be collared **8.** *fam* [recevoir - mauvais coup, gifle] to get / *qu'est-ce que tu vas ramasser!* you're in for it! **9.** *fam* [attraper - maladie] to catch **10.** *arg scol* : *se faire ramasser* to fail.

✤ **se ramasser** ◆ vp *(emploi passif)* to be picked (up) / *les cèpes se ramassent en automne* ceps are picked in the autumn ▸ **se ramasser à la pelle** *fam* : *les truffes se ramassent à la pelle dans cette région* there are loads of truffles around here. ◆ vp *(emploi réfléchi)* *fam* [se relever] to pick o.s. up. ◆ vpi **1.** [avant de bondir] to crouch **2.** *fam* [tomber] to come a cropper UK, to fall flat on one's face ; [échouer] to fail.

ramassette [ʀamasɛt] nf BELG dustpan.

ramasseur, euse [ʀamasœʀ, øz] nm, f gatherer ▸ **ramasseur** / **ramasseuse de balles** [au tennis] ball boy / girl ▸ **ramasseur de lait** milk collector.

✤ **ramasseur** nm AGR [machine] pick-up.

ramasseuse-presse [ʀamasøzpʀɛs] (*pl* **ramasseuses-presses**) nf pick-up baler.

ramassis [ʀamasi] nm *péj* [d'objets] jumble ; [de personnes] bunch / *un ramassis de petits voyous* a bunch of young louts / *un ramassis de mensonges* a tissue of lies.

ramassoire [ʀamaswaʀ] nf SUISSE dustpan.

rambarde [ʀɑ̃baʀd] nf rail, guardrail.

ramboutan [ʀɑ̃butɑ̃] nm rambutan.

ramdam [ʀamdam] nm *fam* racket ▸ **faire du ramdam** to make a racket.

rame [ʀam] nf **1.** [aviron] oar **2.** [de papier] ream **3.** [train] train / *rame (de métro)* (underground) train UK, subway train US **4.** [branche] prop, stake **5.** EXPR **ne pas en fiche une rame** *fam* : *il n'en a pas fichu une rame* he hasn't done a stroke (of work).

rameau, x [ʀamo] nm **1.** [branche] (small) branch ▸ **rameau d'olivier** olive branch **2.** *fig* [division] branch, subdivision **3.** ANAT ramification.

✤ **Rameaux** nmpl ▸ **les Rameaux, le dimanche des Rameaux** Palm Sunday.

ramée [ʀame] nf **1.** *litt* [feuillage] foliage / *sous la ramée* under the leafy boughs **2.** EXPR **ne pas en fiche une ramée** *fam* : *il n'en a pas fichu une ramée* he hasn't done a stroke (of work).

ramender [3] [ʀamɑ̃de] vt **1.** AGR to add more manure to **2.** [réparer - filet] to mend **3.** [redorer] to gild, to regild.

ramener [19] [ʀamne] vt **1.** [personne, véhicule - au point de départ] to take back *(sép)* ; [- à soi] to bring back *(sép)* ▸ **je vous ramène? a)** [chez vous] shall I give you a lift home? **b)** [à votre point de départ] shall I give you a lift back? / *son chauffeur le ramène tous les soirs* his chauffeur drives him back every evening / *je te ramènerai la voiture lundi* I'll bring the car back on Monday ▸ **ramener à** [un endroit] to take back to / *ramener les enfants à l'école* to take the children back to school / *il a fallu le ramener à l'hôpital* he had to be taken back to the hospital **2.** [rapporter] ▸ **ramène-moi un journal** bring me back a newspaper / *je te ramènerai un souvenir d'Italie* I'll bring you back a souvenir from Italy / *elle a vécu dix ans en Inde et en a ramené mari et enfants* she lived in India for ten years, returning with a husband and children / *il faut que je ramène les clefs à l'agence* I've got to take the keys back to the estate agent **3.** [rétablir] to bring back *(sép)*, to restore / *ramener la paix* to restore peace ▸ **ramener l'espérance** to bring back ou to revive hope **4.** [placer] : *elle ramena le châle sur ses épaules* she pulled the shawl around her shoulders / *ramener ses cheveux en arrière* to draw one's hair back / *ramener ses genoux sous son menton* to pull one's knees up under one's chin **5.** [faire revenir] : *l'été a ramené les visiteurs* the summer has brought back the tourists / *l'orage le ramena chez lui* the storm obliged him to return home / *le film m'a ramené dix ans en arrière* the film took me back ten years ▸ **ramener à** : *ramener le débat au sujet principal* to lead ou to steer the discussion back to the main subject / *ce qui nous ramène au problème de...* which brings us back to the problem of... ▸ **ramener la conversation à** ou **sur qqch** to bring the conversation back (round) to sthg ▸ **ramener qqn à la vie** to bring sb back to life, to revive sb / *ramener un malade à lui* to bring a patient round ▸ **ramener qqn dans le rang** to pull sb back into line *fig* **6.** [réduire] : *cela ramène le problème à sa dimension financière* it reduces the problem to its purely financial aspects / *ne ramenons pas son attitude à de la jalousie* let's not reduce his attitude to simple jealousy / *ramener tout à soi* to bring everything back to ou to relate everything to o.s. **7.** EXPR **la ramener, ramener sa fraise a)** *fam* [vouloir s'imposer] to stick one's oar in **b)** [faire l'important] to show off.

✤ **se ramener** vpi *fam* [arriver] to turn ou to show up / *ramène-toi en vitesse!* come on, hurry up!

✤ **se ramener à** vp + prép [se réduire à] to boil down to / *toute l'affaire se ramenait finalement à une querelle de famille* in the end the whole business boiled down to ou was nothing more than a family quarrel.

ramequin [ʀamkɛ̃] nm **1.** [récipient] ramekin (mould) **2.** [tartelette] (small) cheese tart.

ramer [3] [ʀame] ◆ vi **1.** [pagayer] to row ▸ **ramer en couple** to scull **2.** *fam* [peiner] : *j'ai ramé trop longtemps, maintenant je veux un vrai boulot* I've been slaving away for too long, now I want a decent job / *qu'est-ce qu'on a ramé pour trouver cet appartement!* it was such a hassle finding this flat! ◆ vt HORT to stick, to stake.

ramette [ʀamɛt] nf ream *(of 125 sheets)*, five quires.

rameur, euse [ʀamœʀ, øz] nm, f rower, oarsman (oarswoman) ▸ **rameur en couple** sculler.

rameuter [3] [ʀamøte] vt **1.** [regrouper - foule] to draw / *son manège avait rameuté les gens autour de lui* his antics had attracted ou drawn a crowd of people around him **2.** [mobiliser - militants, partisans] to rouse / *rameuter les populations* to stir people into action **3.** [chiens] to round up *(sép)*.

rami [ʀami] nm rummy ▸ **faire rami** to go rummy.

ramie [ʀami] nm TEXT ramie.

* In reformed spelling (see p. 16-19).

ramier [ʀamje] adj m & nm ▸ **(pigeon) ramier** ring-dove, wood pigeon.

ramification [ʀamifikasjɔ̃] nf **1.** BOT ramification *spéc*, offshoot **2.** ANAT ramification ▸ **ramifications nerveuses** nerve plexus **3.** [d'un fleuve] ramification, distributary ; [d'une voie ferrée] branch line ; [d'un réseau, d'une organisation] branch.

ramifier [9] [ʀamifje] ❖ **se ramifier** vpi **1.** ANAT & BOT to ramify, to divide **2.** [se subdiviser - réseau] to split / *la famille s'est ramifiée en trois branches* the family split into three branches.

ramille [ʀamij] nf twig, branchlet.

ramolli, e [ʀamɔli] ◆ adj **1.** [mou] soft ▸ **beurre ramolli** soft butter / *le beurre est tout ramolli* the butter's (gone) all soft **2.** *fam* [gâteux] soft ▸ **il est un peu ramolli du cerveau** he's gone a bit soft (in the head) ou soft-headed **3.** *fam* [sans énergie] : *se sentir tout ramolli* to feel washed out. ◆ nm, f *fam* : *un vieux ramolli* an old dodderer.

ramollir [32] [ʀamɔliʀ] ◆ vt **1.** *fam* [rendre mou] to soften **2.** [affaiblir] to weaken **3.** *fam* [rendre gâteux] : *l'âge l'a ramolli* he's gone soft in the head with age. ◆ vi to go soft / *faire ramollir du beurre* to soften butter.

❖ **se ramollir** vpi **1.** [devenir mou] to go soft **2.** *fam* [perdre son tonus] : *depuis que j'ai arrêté le sport, je me suis ramolli* I've been out of condition since I stopped doing sport **3.** *fam* [devenir gâteux] : *j'ai l'impression que je me ramollis* I feel like I'm going senile.

ramollissant, e [ʀamɔlisɑ̃, ɑ̃t] adj **1.** PHARM emollient **2.** [climat] debilitating.

ramollissement [ʀamɔlismɑ̃] nm [du beurre, de la cire] softening ▸ **ramollissement cérébral** softening of the brain.

ramollo [ʀamɔlo] adj *fam* **1.** [mou] sluggish / *se sentir tout ramollo* to feel like a wet rag **2.** [gâteux] doddery.

ramonage [ʀamɔnaʒ] nm **1.** [d'une cheminée] chimney-sweeping ; [d'une machine] cleaning **2.** SPORT [en alpinisme] chimneying.

ramoner [3] [ʀamɔne] vt **1.** [cheminée] to sweep ; [machine] to clean ; [pipe] to clean (out) **2.** SPORT [en alpinisme] to climb *(using chimneying method).*

ramoneur [ʀamɔnœʀ] nm chimney sweep.

rampant, e [ʀɑ̃pɑ̃, ɑ̃t] adj **1.** [animal] creeping, crawling ▸ **insecte rampant** flightless insect **2.** BOT creeping ▸ **fraisiers rampants** creeping strawberries ▸ **plante rampante** creeper **3.** [évoluant lentement] ▸ **inflation rampante** creeping inflation **4.** HÉRALD rampant ▸ **lion / dragon rampant** lion / dragon rampant **5.** ARCHIT [arc] rampant ; [pièce] raked.

❖ **rampant** nm **1.** *fam* AÉRON member of the ground staff ▸ **les rampants** the ground staff **2.** ARCHIT pitch.

rampe [ʀɑ̃p] nf **1.** [main courante] handrail, banister ▸ **rampe (d'escalier)** banister ▸ **tiens bon la rampe!** *fam* hang in there!, don't give in! ▸ **lâcher la rampe** *fam & euphém* to kick the bucket **2.** [plan incliné] slope, incline / *rampe d'un échangeur* sloping approach to an interchange ▸ **rampe d'accès** approach ramp **3.** THÉÂTRE footlights ▸ **passer la rampe** to get across to the audience / *il passe mal la rampe* he doesn't come across well **4.** AÉRON : *rampe (de balisage)* marker ou runway lights **5.** TECHNOL ▸ **rampe de chargement** loading ramp ▸ **rampe de graissage** lubricating rack ▸ **rampe de lancement a)** ASTRONAUT launchpad, launching pad **b)** *fig* launchpad.

ramper [3] [ʀɑ̃pe] vi **1.** [lierre] to creep ; [personne] to crawl ; [serpent] to slither, to crawl ; [doute, inquiétude] to lurk **2.** *fig* [s'abaisser] to grovel ▸ **ramper devant qqn** to grovel before sb.

rampon [ʀɑ̃pɔ̃] nm SUISSE lamb's lettuce.

rampon(n)eau, x [ʀɑ̃pɔno] nm *fam* [coup] clout / *recevoir un ramponneau* to get a clout.

Ramsès [ʀamsɛs] npr Ramses, Rameses.

ramure [ʀamyʀ] nf **1.** BOT ▸ **la ramure** the branches, the tree tops **2.** ZOOL ▸ **la ramure** the antlers.

rancard [ʀɑ̃kaʀ] nm *tfam* **1.** [rendez-vous - gén] meeting ; [- amoureux] date / *j'ai rancard avec lui à 15 h* I'm meeting him at 3 ▸ **filer (un) rancard à qqn** to arrange to meet sb **2.** *arg crime* [renseignement] info *(U)*, gen *(U)* UK ; [tuyau] tip, tip-off.

rancarder [3] [ʀɑ̃kaʀde] vt **1.** *arg crime* [renseigner] to fill in *(sép)*, to clue up *(sép)* / *qui t'a rancardé?* who tipped you off? ▸ **rancarder qqn sur qqch** to give sb the lowdown on sthg **2.** *tfam* [donner un rendez-vous à] ▸ **rancarder qqn** to arrange to meet sb.

❖ **se rancarder** vp *(emploi réfléchi) arg crime* to get information.

rancart [ʀɑ̃kaʀ] nm **1.** *tfam* = **rancard** **2.** *fam* EXPR **mettre qqch au rancart** to chuck sthg out, to bin sthg UK / *on a mis le projet au rancart* we scrapped the project.

rance [ʀɑ̃s] ◆ adj [beurre, huile] rancid ; [noix] stale. ◆ nm ▸ **odeur / goût de rance** rancid smell / taste / *sentir le rance* to smell rancid.

ranch [ʀɑ̃tʃ] (*pl* **ranchs** *ou* **ranches**) nm ranch.

ranci [ʀɑ̃si] nm : *enlève le ranci* take off the rancid bit / *sentir le ranci* to have a rancid smell.

rancir [32] [ʀɑ̃siʀ] vi **1.** [beurre, huile] to go rancid ; [noix] to go stale **2.** *fig & litt* to become stale.

rancœur [ʀɑ̃kœʀ] nf *sout* resentment, rancour UK, rancor US ▸ **avoir de la rancœur envers qqn** to feel resentful towards sb.

rançon [ʀɑ̃sɔ̃] nf **1.** [somme d'argent] ransom **2.** [contrepartie] ▸ **c'est la rançon de la gloire / du succès** that's the price you have to pay for being famous / successful.

rançonner [3] [ʀɑ̃sɔne] vt **1.** [exiger une rançon de] to hold to ransom / *ils ont rançonné la ville* they held the town to ransom **2.** *fam* [exploiter] to fleece, to swindle.

rancune [ʀɑ̃kyn] nf rancour UK, rancor US, spite, grudge ▸ **garder rancune à qqn** to bear ou to harbour a grudge against sb / *elle garde rancune à son frère de son refus* she has a grudge against her brother because of his refusal ▸ **sans rancune?** no hard feelings? ▸ **sans rancune!** let's shake hands and forget it!

rancunier, ère [ʀɑ̃kynje, ɛʀ] ◆ adj spiteful ▸ **être rancunier** to bear grudges. ◆ nm, f spiteful person.

rand [ʀɑ̃d] nm [monnaie] rand.

rando [ʀɑ̃do] nf *fam* hiking ▸ **ski de rando** cross-country skiing.

randomisation [ʀɑ̃dɔmizasjɔ̃] nf randomization.

randomiser [3] [ʀɑ̃dɔmize] vt to randomize.

randonnée [ʀɑ̃dɔne] nf ▸ **faire une randonnée** [à pied] to go for a hike / *faire une randonnée à vélo* to go for a (long) bike ride / *faire une randonnée à skis* to go cross-country skiing ▸ **la randonnée (pédestre)** walking, hiking ▸ **grande randonnée** long-distance hiking.

randonner [3] [ʀɑ̃dɔne] vi to walk, to hike.

randonneur, euse [ʀɑ̃dɔnœʀ, øz] nm, f hiker.

rang [ʀɑ̃] nm **1.** [rangée - de personnes] row, line ; [- de fauteuils] row ; [- de crochet, de tricot] row (of stitches) / *sur un rang* in one row / *un collier à double rang de perles* a double string of pearls / *le premier / dernier rang* the front / back row / *on était au premier rang* we were in the front row **2.** [dans une hiérarchie] rank / *notre ville occupe le premier rang dans le respect de l'environnement* our city leads the field in terms of environment-friendly policy / *ce problème devrait être au premier rang de nos préoccupations* this problem should be at the top of our list of priorities / *venir au deuxième / troisième rang* to rank second / third / *par rang d'âge* according to age / *par rang d'ancienneté* in order of seniority / *il a pris rang parmi les meilleurs* he ranks among the best / *avoir rang d'ambassadeur* to hold the office of ambassador / *de rang inférieur / supérieur* low- / high-ranking ▸ **de premier rang** high ranking, first-class, top-class ▸ **de second rang** second-rate **3.** [condition sociale] (social) standing / *le respect qui est dû à son rang* the respect which his position commands / *un homme du meilleur rang* a man of the highest standing / *elle a épousé quelqu'un d'un rang plus élevé* she married above her station ▸ **tenir son rang** to maintain one's position in society ▸ **être digne de son rang** to be worthy of one's standing **4.** MIL ▸ **le rang** the ranks / *les militaires du rang* the rank and file ▸ **sortir du rang a)** *pr* to come up through the ranks **b)** *fig* to stand out / *un officier sorti du rang* an officer who came up through ou was promoted from the ranks ▸ **rentrer dans le rang a)** *pr* to return to the ranks **b)** *fig* to give in, to submit **5.** QUÉBEC long strip of farmland *(at right angles to a road or a river).*

❖ **rangs** nmpl ranks / *à vos rangs fixe!* MIL fall in! / *en rangs serrés* MIL in close order ▸ **être** ou **se mettre sur les rangs** to line up / *trois candidats sont sur les rangs* three candidates are lined up for ou are in the running for the job ▸ **servir dans les rangs d'une armée** to serve in the ranks of an army ▸ **servir dans les rangs d'un parti / syndicat** to be a member ou to serve in the ranks of a party / union ▸ **rentrer dans les rangs** to fall in.

❖ **au rang de** loc prép **1.** [dans la catégorie de] : *une habitude élevée* ou *passée au rang de rite sacré* a habit which has been raised to the status of a sacred rite **2.** [au nombre de] ▸ **mettre qqn au rang de ses amis** to count sb among one's friends **3.** [à la fonction de] ▸ **élever qqn au rang de ministre** to raise ou to promote sb to the rank of minister.

❖ **de rang** loc adv ▸ **trois heures de rang** three hours in a row.

❖ **en rang** loc adv in a line ou row / *entrez / sortez en rang* go in / out in single file ▸ **se mettre en rang** to line up, to form a line ▸ **en rang d'oignons** in a line ou row.

rangé, e [ʀɑ̃ʒe] adj **1.** [en ordre - chambre, vêtements] tidy **2.** [raisonnable - personne] steady, level-headed ; [- vie] settled / *une jeune personne rangée* a very sober ou well-behaved young person / *il mène une petite vie bien rangée* he leads a very settled existence **3.** *fam* [assagi] settled ▸ **être rangé des voitures** to have settled down.

rangée [ʀɑ̃ʒe] nf row.

rangement [ʀɑ̃ʒmɑ̃] nm **1.** [mise en ordre - d'une pièce] tidying (up) / *faire du rangement* to tidy up **2.** [d'objets, de vêtements] putting away **3.** [agencement] arrangement, classification **4.** [meuble] storage unit ; [cagibi] storage room ; [espace] storage space ▸ **quelques solutions de rangement** a few storage ideas.

ranger[1] [ʀɑ̃dʒœʀ] nm MIL ranger.

❖ **rangers** nmpl combat boots.

ranger[2] [17] [ʀɑ̃ʒe] vt **1.** [mettre en ordre - pièce] to tidy (up) **2.** [mettre à sa place - vêtement, objets] to put away *(sép)* ; [- document] to file away *(sép)* / *peux-tu ranger les verres?* can you put the glasses away? / *où range-t-on les photocopies?* where do you keep ou file the photocopies? / *j'ai rangé la voiture au garage* I've put the car in the garage / *je ne sais pas, je l'ai rangé là* I don't know, I put it there **3.** [classer] to sort (out) / *je vais ranger mes cartes postales* I'm going to sort (out) my postcards / *ranger des dossiers par année* to file documents according to year ; *fig* ▸ **ranger qqn parmi** to rank sb amongst / *peut-on le ranger parmi les grands?* can he be ranked ou does he rank amongst the greats? **4.** *litt* [faire adhérer] : *ranger un auditoire à son avis* to win an audience over.

❖ **se ranger** ◆ vp *(emploi passif)* : *où se rangent les serviettes?* where do the towels go?, where are the towels kept? ◆ vpi **1.** [s'écarter - piéton] to stand aside ; [- véhicule] to pull over ▸ **rangez-vous!** stand aside! **2.** [se mettre en rang - élèves, coureurs] to line up / *rangez-vous deux par deux* get into rows of two, line up in twos / *les concurrents se rangent sur la ligne de départ* the competitors are lining up at the start **3.** [se placer] ▸ **se ranger du côté de qqn** to side with sb ▸ **se ranger contre** to pull up next to / *la voiture se rangea le long du trottoir* the car pulled up beside the kerb **4.** [s'assagir] to settle down ▸ **se ranger des voitures** *fam* to settle down **5.** NAUT : *se ranger à quai* to berth.

❖ **se ranger à** vp + prép [adhérer à] ▸ **se ranger à l'avis / au choix de qqn** to go along with sb's opinion /

decision / *ils se sont finalement rangés à mon avis* they ended up coming round to my point of view.

Rangoon [rɑ̃gun] npr Rangoon.

rani [rani] nf rani, ranee.

ranidé [ranide] nm member of the frog family ou the Ranidae *spéc* ▸ **les ranidés** the frogs.

ranimation [ranimasjɔ̃] nf = **réanimation.**

ranimer [3] [ranime] vt **1.** [feu] to rekindle, to relight **2.** [conversation] to bring back to life ; [haine, passion] to rekindle, to revive ; [douleur] to bring back / *ranimer le moral des troupes* to restore the morale of the troops / *on ne peut ranimer le passé* you can't bring back the past / *ranimer le débat* to revive the controversy **3.** [malade] to revive, to bring round *(sép)* ; *fig* [passé] to bring back.

❖ **se ranimer** vpi [conversation] to pick up again ; [personne] to come round UK ou around US, to come to ; [haine, passion] to flare up again, to be rekindled / *leurs espoirs se ranimèrent* their hopes were revived.

rantanplan [rɑ̃tɑ̃plɑ̃], **rataplan** [rataplɑ̃] interj rat-a-tat-tat.

raout [raut] nm *arch* (social) gathering.

rap [rap] nm MUS rap.

rapace [rapas] ◆ adj **1.** ORNITH predatory **2.** *litt* [avare] grasping, avaricious. ◆ nm ORNITH bird of prey.

rapacité [rapasite] nf *litt* **1.** [avarice] rapaciousness, rapacity **2.** [d'un animal] rapacity.

râpage [rapaʒ] nm **1.** [légume, fromage] grating **2.** [bois, métal] filing down.

rapatriable [rapatrijabl] adj : *est-il rapatriable dans l'état où il est ?* can he be repatriated in his present state ?

rapatrié, e [rapatrije] nm, f repatriate ▸ **les rapatriés d'Algérie** *French settlers in Algeria who were repatriated as a result of Algerian independence in 1962.*

rapatriement [rapatrimɑ̃] nm repatriation / *le rapatriement des bénéfices* repatriation of profits ▸ **rapatriement sanitaire** repatriation on medical grounds.

rapatrier [10] [rapatrije] vt [personnes, capitaux] to repatriate ; [objets] to send ou to bring home / *son corps a été rapatrié le mois dernier* his body was sent home last month / *se faire rapatrier* to be sent back to one's home country.

râpe [rap] nf **1.** [de cuisine] grater ▸ **râpe à fromage / muscade** cheese / nutmeg grater **2.** TECHNOL [en distillerie] rotary peeler ; [en outillage] rasp ou rough file **3.** BOT rape **4.** SUISSE *fam* [avare] miserly person / *quelle râpe !* he's such a miser !

râpé, e [rape] adj **1.** [carotte, fromage, etc.] grated **2.** [vêtement] worn out, threadbare **3.** *fam* EXPR **c'est râpé !** that's the end of that ! / *avec cette pluie, c'est râpé pour la promenade* with all this rain, we might as well forget about going for a walk / *moi qui voulais lui faire une surprise, c'est râpé !* to think that I wanted to surprise him, I might as well not have bothered !

❖ **râpé** nm **1.** [fromage] grated cheese **2.** [tabac] scraped tobacco.

râper [3] [rape] vt **1.** [carotte, fromage, etc.] to grate **2.** TECHNOL to file down *(sép)* **3.** *fig* : *un vin qui râpe la gorge* a rough wine.

rapercher [3] [rapɛrʃe] vt SUISSE **1.** [dénicher] to discover **2.** [récupérer] to get back, to recover.

rapetassage [raptasaʒ] nm *fam* patching up.

rapetasser [3] [raptase] vt *fam* to patch up *(sép)*, to mend.

rapetissement [raptismɑ̃] nm **1.** [réduction] : *il observa le rapetissement de l'image sur l'écran* he watched the picture get smaller and smaller on the screen **2.** *fig & sout* belittling.

rapetisser [3] [raptise] ◆ vt **1.** [rendre plus petit] to make smaller **2.** [faire paraître plus petit] ▸ **rapetisser qqn / qqch** to make sb / sthg seem smaller **3.** [dévaloriser] to belittle. ◆ vi to get smaller / *la piste rapetissait à vue d'œil* the runway looked smaller and smaller by the minute.

❖ **se rapetisser** vp *(emploi réfléchi)* [se dévaloriser] ▸ **se rapetisser aux yeux de qqn** to belittle o.s. in front of sb.

râpeux, euse [rapø, øz] adj rough ▸ **vin râpeux** rough wine.

Raphaël [rafaɛl] npr Raphael.

raphaélesque [rafaelɛsk], **raphaélique** [rafaelik] adj Raphaelesque.

raphia [rafja] nm **1.** BOT raffia ou raphia palm **2.** TEXT raffia, raphia.

rapiat, e [rapja, at] nm, f *tfam* skinflint, meany UK.

❖ **rapiat** adj *tfam* [avare] tightfisted, stingy / *qu'est-ce qu'elle est rapiat !* she's so stingy !

rapide [rapid] ◆ adj **1.** [véhicule, sportif] fast ; [cheval] fast ; [courant] fast flowing ▸ **approche rapide** AÉRON fast approach ▸ **décélération / descente rapide** AÉRON rapid deceleration / descent ▸ **une piste rapide** SPORT a quick ou fast track / *piste rapide aujourd'hui sur l'hippodrome d'Auteuil* the going is good today at Auteuil ▸ **rapide comme l'éclair** quick as lightning ▸ **rapide comme une flèche** swift as an arrow **2.** [esprit, intelligence, travail] quick ; [progrès, réaction] rapid / *c'est l'homme des décisions rapides* he's good at reaching quick decisions / *une réponse rapide* a quick ou speedy reply / *il n'a pas l'esprit très rapide* he's a bit slow on the uptake ▸ **être rapide à la détente** to be quick off the mark **3.** [rythme] quick, fast / *marcher d'un pas rapide* to walk at a brisk ou quick pace ▸ **battements de cœur rapides** MÉD rapid heartbeat **4.** TECHNOL ▸ **acier rapide** high-speed steel ▸ **colle à prise rapide** quick-setting adhesive ▸ **déblocage rapide** quick release ▸ **imprimante / lecteur rapide** INFORM high-speed printer / drive ▸ **pellicule rapide** PHOT fast film **5.** [court, sommaire] quick / *le chemin le plus rapide* the shortest ou quickest way / *un examen rapide des dossiers* a quick ou cursory glance through the documents ▸ **jeter un coup d'œil rapide sur qqch** to have a quick glance at sthg **6.** [hâtif - jugement, décision] hurried, hasty / *une visite rapide* a hurried visit **7.** [facile - recette] quick. ◆ nmf *fam* [personne qui comprend vite] : *c'est un rapide* he's really quick on the uptake / *ce n'est pas un rapide* he's a bit slow on the uptake. ◆ nm **1.** [cours d'eau] rapid **2.** [train] express (train), fast train.

rapidement [rapidmɑ̃] adv **1.** [vite] quickly, rapidly / *aussi rapidement que possible* as quickly as possible / *la situation se détériore rapidement* the situation is deteriorating rapidly / *il faut que je réponde rapidement* I must reply quickly **2.** [superficiellement] briefly / *j'ai lu rapidement les journaux de ce matin* I had a quick look at ou I briefly glanced at the papers this morning.

rapidité [rapidite] nf **1.** [vitesse - d'une course, d'une attaque] speed ; [- d'une réponse] quickness ▸ **avec rapidité** quickly, speedily, rapidly / *le chat a une rapidité de détente remarquable* the speed with which the cat is able to pounce is remarkable / *la rapidité de son geste m'étonna* I was surprised at how quickly his hand moved / *la rapidité avec laquelle elle faisait des progrès* the speed ou rapidity with which she progressed ▸ **avec la rapidité de l'éclair** in a flash, with lightning speed **2.** [d'une piste] : *la rapidité de cette piste favorisait les coureurs* the fast surface of the track helped the runners **3.** [du pouls] rapidity.

rapido [rapido] adv *fam* pronto.

rapiéçage [rapjesaʒ] = **rapiècement.**

rapiècement [rapjɛsmɑ̃] nm **1.** [raccommodage] patching (up) **2.** [pièce de tissu, de cuir] patch.

rapiécer [20] [rapjese] vt to patch up *(sép)*.

In reformed spelling (see p. 16-19), this verb is conjugated like *semer* : *il rapiècera, elle rapiècerait.*

rapière [rapjɛr] nf rapier.

rapin [rapɛ̃] nm **1.** *arch* [apprenti chez un artiste] artist's apprentice **2.** *péj* [peintre sans talent] dauber.

rapine [rapin] nf *litt* **1.** [pillage] pillage, plunder **2.** [butin] plunder.

rapiner [rapine] vt & vi *litt* to plunder.

raplapla [raplapla] adj inv *fam* **1.** [fatigué] whacked UK, bushed US **2.** [plat] flat / *il est raplapla, ton ballon !* your ball's as flat as a pancake !

raplatir [32] [raplatir] vt to make flatter, to flatten.

rappareiller [4] [rapareje] vt to match up *(sép)* again.

rappariement [raparimɑ̃] nm matching up, pairing up.

rapparier [9] [raparje] vt to match ou to pair up *(sép)* / *rapparier des gants* to pair gloves.

rappel [rapɛl] nm **1.** [remise en mémoire] reminder / *le rappel de ces événements tragiques la bouleversait* being reminded of those tragic events upset her deeply / *commençons par un rappel historique* let's start with a historical reminder / *rappel des titres de l'actualité* a summary of today's news / **'rappel ! défense de stationner'** 'no parking' / **'rappel ! défense de doubler'** 'no overtaking' UK, 'no passing' US ▸ **rappel d'échéance** reminder of due date ▸ **rappel à l'ordre a)** [gén] call to order **b)** POL ≃ naming UK / *il a fallu trois rappels à l'ordre pour qu'il se taise* he had to be called to order three times before he stopped talking **2.** [d'un ambassadeur] recalling ; [de produits défectueux] recalling ; [de réservistes] ▸ **rappel sous les drapeaux** (reservists') call-up ou recall **3.** THÉÂTRE curtain call **4.** [répétition - dans un tableau, une toilette] : *rappel de couleur* colour repeat **5.** MÉD booster ▸ **dose / vaccination de rappel** booster dose / injection ▸ **piqûre de rappel** booster (shot) / *ne pas oublier le rappel l'an prochain* don't forget to renew the vaccination next year **6.** [arriéré] ▸ **rappel de salaire** back pay ▸ **rappel de cotisation** payment of contribution arrears **7.** TÉLÉC ▸ **rappel automatique** recall **8.** MÉCAN [retour] return ▸ **ressort / vis de rappel** return spring / screw **9.** SPORT [en voile] ▸ **faire du rappel** to sit ou to lean out ; [en alpinisme] abseiling UK, rapelling US ▸ **descendre en rappel** to rope ou to abseil UK down / *faire un rappel* to abseil **10.** MATH ▸ **ligne de rappel** line of projection.

rappelable [raplabl] adj MIL recallable.

rappelé, e [raple] ◆ adj recalled. ◆ nm, f MIL reservist *(who has been recalled).*

rappeler [24] [raple] vt **1.** [remettre en mémoire] ▸ **rappeler qqch à qqn** to remind sb of sthg / *est-il nécessaire de rappeler le talent qu'il a ?* do I need to remind you how talented he is ? ▸ **rappelez-moi votre nom** what was your name again, please ? / *rappelle-moi de lui écrire* remind me to write to him / *rappelle-moi que c'est son anniversaire* remind me it's her birthday ▸ **il faut rappeler que...** it should be borne in mind ou remembered that... / *les portes ferment à 8 h, je vous le rappelle* let me remind you that the doors are closed at 8 / *le premier mouvement n'est pas sans rappeler Brahms* the first movement is somewhat reminiscent of Brahms / *ça m'a rappelé mes vacances en Grèce* it reminded me of my holiday in Greece / *ça me rappelle quelque chose* that rings a bell / **'numéro à rappeler dans toute correspondance'** 'please quote this number in all correspondence' **2.** [faire revenir] to recall, to call back *(sép)* / *rappelez donc votre chien !* call your dog off ! ▸ **rappeler un ambassadeur** to recall an ambassador / *rappeler des réservistes* MIL to recall reservists / *le Seigneur a rappelé à lui son serviteur* *euphém & sout* he has been called to a better ou higher place / *l'acteur a été rappelé plusieurs fois* the actor had several curtain calls / *la mort de sa mère l'a rappelé à Aix* the death of his mother took him back to Aix **3.** [au téléphone] to call back *(sép)*, to ring UK ou to phone back *(sép)* / *rappelez-moi plus tard* call me back later **4.** [faire écho à] : *son collier de turquoise rappelle la couleur de ses yeux* her turquoise necklace echoes the colour of her eyes / *les rideaux rappellent la couleur de la moquette* the curtains pick out the colour of the carpet **5.** INFORM to call up *(sép)* / *rappeler un sous-programme / une procédure* to call up a subroutine / a procedure **6.** SPORT [en alpinisme] to fly back *(sép)* **7.** EXPR **rappeler qqn à la raison** to bring sb back to his / her ▸ **rappeler qqn à la vie** to bring sb back to life ▸ **rappeler qqn à l'ordre** to call sb to order ▸ **se faire rappeler à l'ordre a)** [dans une assemblée] to be called to order **b)** [dans une classe] to get told off.

❖ **se rappeler** ◆ vp *(emploi réciproque)* : *on se rappelle demain?* shall we talk again tomorrow? ◆ vp *(emploi réfléchi)* ▸ **se rappeler au bon souvenir de qqn** *sout* to send sb one's best regards. ◆ vpt [se souvenir de] to remember / *tu te rappelles mon frère?* do you remember my brother? / *rappelle-toi que je t'attends!* remember ou don't forget (that) I'm waiting for you! / *elle se rappelle avoir reçu une lettre* she remembers receiving a letter / *je me rappelle bien que tu étais là* I'm sure ou I well remember that you were here.

Voir encadré à l'article souvenir.

to remember ou **to remind ?**

To remember s'emploie lorsqu'on se rappelle quelque chose :

I've just remembered where I put them. *Je viens de me rappeler où je les ai mis.*

To remind est employé pour rappeler quelque chose à quelqu'un :

Remind him of the time of the meeting. *Rappelez-lui l'heure de la réunion.*

rapper [Rape] vi to rap.

rappeur, euse [RapœR, øz] nm, f rapper.

rappliquer [3] [Raplike] vi *tfam* to show ou to turn up (again).

rapport [RapɔR] nm **1.** [compte rendu -gén] report ; MIL briefing / *faire un rapport sur les conditions de travail* to report on working conditions ▸ **rapport d'activité** annual report ▸ **rapport détaillé** item-by-item report, full rundown ▸ **rapport annuel** annual report ▸ **rapport d'expert** audit report ▸ **rapport financier** annual (financial) report ou statement ▸ **rapport de police** police report ▸ **rapport quotidien** MIL (daily) briefing ▸ **rapport de recherche** research paper ▸ **au rapport! a)** *pr* read! **b)** *fig & hum* let's hear it then! **2.** [profit] profit / *il vit du rapport de son capital* he lives on the income from his investments ▸ **d'un bon rapport** profitable / *cette terre est d'un bon rapport* this land gives a good yield ▸ **rapport annuel** annual return **3.** [ratio] ratio / *dans le rapport de 1 à 5* in a ratio of 1 to 5 ▸ **rapport du changement de vitesse** AUTO gear ratio ▸ **rapport coût-efficacité** cost-effectiveness ▸ **rapport profit-ventes** profit-volume ou profit-to-volume ratio ▸ **rapport qualité-prix a)** [gén] value for money **b)** COMM quality-price ratio / *c'est d'un bon rapport qualité-prix* it's good value for money ▸ **rapport signal-bruit** signal-to-noise ratio **4.** [relation] connection, link ▸ **avoir rapport à** to be connected with, to relate to ▸ **n'avoir aucun rapport avec qqch** to have no connection with ou to bear no relation to sthg / *son dernier album n'a aucun rapport avec les précédents* her latest record is nothing like her earlier ones / *c'est sans rapport avec le sujet* that's beside the point, that's irrelevant / *je ne vois pas le rapport* I don't see the connection / *où est le rapport?* what's that got to do with it? / *mais ça n'a aucun rapport!* but that's got nothing to do with it! / *cette décision n'est pas sans rapport avec les récents événements* this decision isn't totally unconnected with recent events / *établir un rapport entre deux événements* to establish a link ou connection between two events ▸ **rapport de forces** : *le rapport de forces entre les deux pays* the balance of power between the two countries / *il y a un rapport de forces entre eux* they are always trying to see who can get the upper hand **5.** DR ▸ **rapport à succession** hotchpot.

❖ **rapports** nmpl [relations] relationship, relations / *des rapports sociaux / culturels* social / cultural relations / *rapports entre l'Est et l'Ouest* East-West relations ▸ **cesser tous rapports avec qqn** to break off all relations with sb / *nous n'avons plus de rapports avec cette société* we no longer deal with that company ▸ **entretenir de bons rapports avec qqn** to be on good terms with sb ▸ **rapports sexuels** (sexual) intercourse ▸ **avoir des rapports (avec qqn)** to have sex (with sb).

❖ **de rapport** loc adj ⟶ **immeuble**.

❖ **en rapport avec** loc prép **1.** [qui correspond à] in keeping with **2.** [en relation avec] ▸ **mettre qqn en rapport avec qqn** to put sb in touch with sb / *il les a mis en rapport (l'un avec l'autre)* he put them in contact ▸ **mettre qqch en rapport avec** to link sthg to ▸ **se mettre en rapport avec qqn** to get in touch ou contact with sb ▸ **être en rapport avec qqn** to be in touch with sb.

❖ **par rapport à** loc prép **1.** [en ce qui concerne] regarding **2.** [comparativement à] compared with, in comparison to / *on constate un retrait du yen par rapport aux autres devises* the yen has dropped sharply against other currencies.

❖ **sous le rapport de** loc prép as regards / *sous le rapport des prix* as far as prices are concerned, as regards prices / *sous ce rapport* in this respect.

❖ **sous tous (les) rapports** loc adv in every respect / **'jeune homme bien sous tous rapports'** 'respectable young man'.

rapporté, e [RapɔRte] adj added on / *sans élément rapporté* plain ▸ **poche rapportée** patch ou sewn-on pocket ▸ **poignée rapportée** detachable handle ▸ **terre rapportée** made ground.

rapporter [3] [RapɔRte] ◆ vt **1.** [remettre à sa place] to bring ou to put back / *tu rapporteras la clé* bring back the key **2.** [apporter avec soi] to bring / *j'ai rapporté des fleurs du jardin* I brought some flowers in from the garden / *as-tu rapporté le journal?* did you get ou buy the paper? / *le chien rapporte la balle* the dog brings back the ball / *je rapporte une impression favorable de cet entretien* I came away with a favourable impression of that meeting ; [apporter de nouveau ou en plus] : *rapporte-nous un peu plus de vin* bring us a little more wine ; CHASSE to retrieve **3.** [rendre] to take back *(sép)*, to return / *pouvez-vous rapporter ces livres à la bibliothèque?* could you take these books back ou return these books to the library? / *quelqu'un a rapporté le sac que tu avais oublié* somebody has brought back ou returned the bag you left behind **4.** [ajouter] to add ; COUT to sew on *(sép)* / *rapporter un angle* MATH to plot an angle **5.** [produire] to produce, to yield / *rapporter des bénéfices* to yield a profit ▸ **rapporter des intérêts** to yield interest / *le compte d'épargne vous rapporte 3,5 %* the savings account has a yield of 3.5% ou carries 3.5% interest / *sa boutique lui rapporte beaucoup d'argent* her shop brings in a lot of money / *et qu'est-ce que ça t'a rapporté en fin de compte?* what did you get out of it in the end? ▸ **ça peut rapporter gros!** *(allusion à un slogan du Loto)* it could make you a lot of money! **6.** [répéter - propos] to tell, to say / *on m'a rapporté que les travaux n'étaient pas terminés* I was told that the work was not finished / *ce n'est pas ce qui a été rapporté* that's not quite what was said **7.** [faire le compte rendu de] to report (on) / *rapporter les décisions d'une commission* POL to report on the decisions of a committee **8.** ADMIN & DR [annuler] to cancel, to revoke / *rapporter un projet de loi* to throw out a bill **9.** ▸ **rapporter qqch à** [rattacher qqch à] to relate sthg to / *elle rapporte tout à elle* she always brings everything back to herself. ◆ vi **1.** [être rentable] to yield a profit ▸ **ça rapporte** *fam* it pays **2.** CHASSE to retrieve / *rapporte, mon chien!* fetch, boy! **3.** *fam* [enfant] to tell tales, to sneak / *je n'aime pas les enfants qui rapportent!* I don't like children who tell tales!

❖ **se rapporter à** vp + prép **1.** [avoir un lien avec] to refer ou to relate to / *l'affiche ne se rapporte pas au sujet de la pièce* the poster bears no relation to the play itself **2.** GRAM to relate to **3.** *sout* ▸ **s'en rapporter à** [s'en remettre à] to rely on / *je m'en rapporterai à votre expérience* I'll rely on ou trust your experience.

rapporteur, euse [RapɔRtœR, øz] ◆ adj telltale, sneaky UK. ◆ nm, f telltale, sneak UK, tattletale US. ◆ nm, f ADMIN & POL [porte-parole] rapporteur, reporter ▸ **rapporteur officiel** official recorder ▸ **rapporteur de la commission** *committee member who acts as spokesman.*

❖ **rapporteur** nm GÉOM protractor.

rapporteure [RapɔRtœR] nf = **rapporteuse**.

rapprendre [Raprɑ̃dR] = **réapprendre**.

rapproché, e [RapRɔʃe] adj close.

rapprochement [RapRɔʃmɑ̃] nm **1.** [réconciliation -entre groupes, personnes] rapprochement, reconciliation / *des tentatives de rapprochement* attempts at reconciliation **2.** [comparaison] link, connection / *elle fait un rapprochement saisissant entre Mao et Jung* she draws a striking parallel between Mao and Jung / *tu n'avais pas fait le rapprochement?* hadn't you made the connection? / *quand j'ai eu fait le rapprochement* once I made the connection ou put two and two together / *le rapprochement de ces deux textes établit le plagiat* comparing the two texts provides proof of plagiarism **3.** [convergence] coming together / *on assiste à un rapprochement des thèses des deux parties* the arguments of the two parties are coming closer together.

rapprocher [3] [RapRɔʃe] vt **1.** [approcher] to bring closer ou nearer / *il a rapproché son tabouret du piano* he brought ou moved his stool closer to the piano / *rapprochez les deux toiles* bring the two canvases closer together / *rapprocher les morceaux bord à bord* COUT to put the two pieces edge to edge / **'à rapprocher'** IMPR 'close up' **2.** [dans le temps] : *chaque minute le rapprochait du moment fatidique* every minute brought the fateful moment closer / *l'émission / la fête a été rapprochée à cause des événements* the programme / party has been brought forward because of what's happened / *je vais rapprocher mes rendez-vous* I'm going to group my appointments together **3.** [faire paraître proche] to bring closer / *le dessin japonais rapproche les différents plans* Japanese drawing techniques foreshorten perspective ; *(en usage absolu)* : *mon nouveau zoom rapproche quinze fois* my new zoom lens magnifies fifteen times **4.** ▸ **rapprocher qqn** [de sa destination] to take ou to bring sb closer / *je te dépose à Concorde, ça te rapprochera* I'll drop you off at Concorde, that'll get you a bit closer to where you're going **5.** [affectivement] to bring (closer) together / *cette naissance n'a pas suffi à les rapprocher* that baby wasn't enough to bring them together / *ça m'a rapproché de mon père* it's brought me closer to my father, it's brought my father and me closer together / *qu'est-ce qui vous rapproche?* what do you have in common? **6.** [comparer] to compare.

❖ **se rapprocher** ◆ vp *(emploi réciproque)* : *les deux pays cherchent à se rapprocher* the two countries are seeking a rapprochement. ◆ vpi [venir près] to come close ou closer / *la date du mariage / le vacarme des moteurs se rapproche* the wedding day / the roar of the engines is getting closer / *rapprochez-vous de moi* come closer (to me) / *rapprochez-vous de l'estrade* move closer to the stage.

❖ **se rapprocher de** vp + prép **1.** [se réconcilier avec] : *j'ai essayé sans succès de me rapprocher d'elle avant sa mort* I tried in vain to get closer to her before she died / *il se rapproche actuellement des catholiques* he's now moving closer to Catholicism **2.** [être comparable à] to be similar to / *le style se rapproche du reggae* the style is similar to ou resembles reggae.

rapsodie [Rapsɔdi] = **rhapsodie**.

rapt [Rapt] nm [kidnapping] abduction, kidnapping ▸ **rapt d'enfant** abduction of a child.

raquer [3] [Rake] *tfam* ◆ vt to cough up *(insép)*. ◆ vi to foot the bill.

raquette [Rakɛt] nf **1.** TENNIS racket ; [au ping-pong] bat / *c'est une bonne raquette fam* he's a good tennis player **2.** [pour la neige] snowshoe **3.** BOT prickly pear.

raquetteur, euse [RakɛtœR, øz] nm, f QUÉBEC snowshoer.

rare [RaR] adj **1.** [difficile à trouver] rare, uncommon / *ce qui est rare est cher* anything that is in short supply is expensive / *l'amour vrai est un sentiment si rare* true love is such a rare feeling / *un musicien d'un rare talent* an exceptionally talented musician / *plantes / timbres rares* rare plants / stamps ▸ **être d'une beauté rare** to be uncommonly beautiful **2.** [peu fréquent] rare / *à de rares intervalles* at rare ou infrequent intervals / *on le voyait chez nous à de rares intervalles* once in a (very long) while, he'd turn up at our house / *tes visites sont trop rares* you don't visit us nearly often enough / *il est rare qu'elle veuille bien venir avec moi* she rarely ou seldom agrees to come with me / *ça n'a rien de rare* there's nothing unusual about that / *il n'est pas rare de le voir ici* it's not uncommon ou unusual to see him here / *tu te fais rare ces derniers temps* *fam* you've become quite a stranger lately, where have you been hiding lately? / *c'est un mot rare* that's a rare word **3.** [peu nombreux] few / *les rares électeurs qui ont voté pour lui* the few who voted for him / *les rares amis qu'elle s'est faits* the few friends she made / *rares sont ceux qui l'apprécient* not many people like him / *à de rares exceptions près* with only ou apart from a few exceptions / *elle est une des rares personnes que je connaisse à aimer le jazz* she's one of the very few people I know who enjoys jazz / *ces animaux deviennent rares* these animals are becoming rare / *les visiteurs se font rares* there are fewer and fewer visitors / *les bons pâtissiers se font rares* good bakers are hard to find nowadays ; [peu abondant] scarce / *la nourriture était rare pendant la guerre* food was scarce during the war **4.** [clairsemé] thin, sparse / *une herbe rare* sparse clumps of grass / *elle a toujours eu le cheveu rare* she never had much hair / *il a le cheveu rare* his hair is thinning **5.** PHYS [raréfié] rare.

raréfaction [raʀefaksjɔ̃] nf **1.** PHYS [de l'air] rarefaction **2.** [des denrées, de l'argent] increasing scarcity.

raréfiable [raʀefjabl] adj rarefiable.

raréfier [9] [raʀefje] vt **1.** PHYS [air, oxygène] to rarefy, to rarify **2.** [denrées] to make scarce.

❖ **se raréfier** vpi **1.** PHYS [air] to rarefy, to rarify **2.** [argent, denrées] to become scarce ; [visites] to become less frequent.

rarement [raʀmɑ̃] adv rarely, seldom / *elle téléphone rarement, pour ne pas dire jamais* she seldom, if ever, calls.

rareté [raʀte] nf **1.** [d'un fait, d'un phénomène] rarity ; [d'une denrée] scarcity / *une poterie d'une très grande rareté* an extremely rare piece of pottery **2.** [objet - rare] rarity, rare object ; [- bizarre] curio.

rarissime [raʀisim] adj extremely rare, most unusual.

ras[1] [ʀa] nm [radeau] raft.

ras[2] [ʀa] nm [titre éthiopien] ras.

ras[3], **e** [ʀa, ʀaz] adj **1.** [cheveux] close-cropped, very short ; [barbe] very short **2.** [végétation] short ; [pelouse] closely-mown **3.** [plein] ▸ **mesure rase** full measure **4.** TEXT short-piled **5.** EXPR **en rase campagne** in the open countryside / *la voiture est tombée en panne en rase campagne* the car broke down in the middle of nowhere.

❖ **ras** adv **1.** [très court] short / *avoir les ongles coupés ras* to keep one's nails cut short / *une haie taillée ras* a closely-clipped hedge **2.** EXPR **en avoir ras le bol** *fam* ou **ras le cul** *vulg* **de qqch** to be fed up to the (back) teeth with sthg, to have had it up to here with sthg ▸ **ras le bol!** *fam* enough is enough!

❖ **à ras** loc adv ▸ **coupé à ras** cut short.

❖ **à ras bord(s)** loc adv to the brim ou top.

❖ **à ras de** loc prép level with ▸ **à ras de terre** level with the ground.

❖ **au ras de** loc prép : *au ras de l'eau* just above water level, level with the water ▸ **au ras des pâquerettes** *fam* : *ses remarques étaient au ras des pâquerettes* he came out with some very uninspired comments / *le débat est au ras des pâquerettes* *fam* the discussion isn't exactly highbrow.

RAS abr de **rien à signaler**.

rasade [ʀazad] nf glassful.

rasage [ʀazaʒ] nm **1.** [de la barbe] shaving **2.** TEXT shearing **3.** MÉTALL (machine) shaving.

rasant, e [ʀazɑ̃, ɑ̃t] adj **1.** [bas] ▸ **vue rasante** panoramic view / *un soleil rasant* a low sun **2.** MIL ▸ **tir rasant** grazing fire **3.** *fam* [assommant] boring / *il est vraiment rasant!* he's so boring!, he's such a bore!

rascasse [ʀaskas] nf scorpion fish.

ras(-)du(-)cou [ʀadyku] ◆ adj inv round neck *(modif)* ▸ **un pull ras-du-cou** a round neck sweater. ◆ nm inv round neck sweater.

rase-mottes (*pl* rase-mottes), **rase-motte*** [ʀazmɔt] nm **1.** AÉRON hedgehopping ▸ **voler en** ou **faire du rase-mottes** to hedgehop **2.** *péj* runt, shortie.

raser [3] [ʀaze] vt **1.** [cheveux, poils] to shave off *(sép)* ; [crâne] to shave ▸ **raser qqn** to give sb a shave, to shave sb ▸ **mal rasé** ill-shaven ▸ **être rasé de près** to be close-shaven **2.** [détruire] to raze / *la vieille église a été rasée* the old church was razed to the ground **3.** [frôler] : *l'hirondelle rase le sol* the swallow is skimming the ground / *la balle lui rasa l'épaule* the bullet grazed his shoulder ▸ **raser les murs** to hug the walls **4.** *fam* [lasser] to bore / *tu nous rases!* you're boring us to tears! **5.** TEXT to shear.

❖ **se raser** ◆ vp *(emploi réfléchi)* to shave ▸ **se raser de près** to shave closely / *se raser les jambes* to shave one's legs / *se raser la barbe* to shave off one's beard. ◆ vpi *fam* [s'ennuyer] to get bored / *on se rase ici, allons-nous-en* it's deadly boring here, let's go.

❖ **à raser** loc adj shaving *(modif)* ▸ **mousse à raser** shaving foam.

raseur, euse [ʀazœʀ, øz] nm, f *fam* : *c'est un raseur* he's a real drag ou pain.

rash [ʀaʃ] (*pl* **rashs** *ou* **rashes**) nm MÉD rash.

rasibus [ʀazibys] adv *fam* very close.

ras-le-bol [ʀalbɔl] nm inv *fam* : *il y a un ras-le-bol général dans la population* people in general are sick and tired of ou fed up with the way things are going.

rasoir [ʀazwaʀ] ◆ nm razor ▸ **rasoir électrique** (electric) shaver ▸ **rasoir mécanique** ou **de sûreté** safety razor ▸ **demander une coupe au rasoir** to ask for a razor cut / *coupé au rasoir* cut with a razor. ◆ adj *fam* boring / *il est tellement rasoir!* he's so boring!, he's such a bore!

Raspoutine [ʀasputin] npr Rasputin.

rassasiement [ʀasazimɑ̃] nm *sout* satisfaction.

rassasier [9] [ʀasazje] vt **1.** [faim] to satisfy ▸ **je suis rassasié** I'm full **2.** *fig* : *alors, vous êtes rassasiés de plein air?* so, have you had your fill of fresh air? / *il n'est jamais rassasié de la voir* he never tires of seeing her.

❖ **se rassasier** vpi **1.** [apaiser sa faim] to eat one's fill **2.** [assouvir son désir] ▸ **se rassasier de qqch** to get one's fill of sthg.

rassemblement [ʀasɑ̃bləmɑ̃] nm **1.** [réunion sur la voie publique] gathering, group / *disperser un rassemblement* to break up ou to disperse a gathering ; [en politique] rally / *rassemblement pour la paix* peace rally **2.** [dans un nom de parti] party, union, alliance / *votez pour le Rassemblement écologiste* vote for the Green party **3.** [fait de se rassembler] gathering / *tous les rassemblements sont strictement interdits* all rallies ou gatherings are strictly forbidden / *vous devez empêcher le rassemblement des élèves dans le hall* you must prevent the pupils from gathering in the hall **4.** MIL : *sonner le rassemblement* to sound the assembly ▸ **rassemblement!** fall in!

rassembler [3] [ʀasɑ̃ble] vt **1.** [objets, idées, preuves] to collect, to gather ; [documents] to collect, to assemble / *elle rassembla tous les journaux de la semaine passée* she gathered together all the previous week's newspapers / *rassembler des preuves pour une inculpation* to gather ou to collect evidence for a charge / *il a rassemblé des documents pour écrire une biographie* he has collected ou assembled documents to write a biography / *faites rassembler toutes mes affaires et envoyez-les moi* have all my belongings collected together and send them to me / *j'eus à peine le temps de rassembler quelques affaires* I hardly had enough time to gather ou to put a few things together / *rassembler ses forces* to gather ou to muster one's strength / *rassembler ses esprits* to gather ou to collect one's wits / *rassembler ses idées* to gather one's thoughts ▸ **rassembler son courage** to summon up one's courage **2.** [personnes] to gather together *(sép)* ; [animaux] to round up *(sép)* / *puisque nous voici ici rassemblés* since we are (gathered) here together / *leur manifestation a rassemblé des milliers de personnes* their demonstration drew ou attracted thousands of people **3.** ÉQUIT to collect.

❖ **se rassembler** vpi to gather together, to assemble / *ils se sont rassemblés devant chez moi* they gathered together ou assembled outside my home ▸ **rassemblez-vous!** assemble!

rassembleur, euse [ʀasɑ̃blœʀ, øz] nm, f *sout* : *ce fut un grand rassembleur* he was a great unifier of people.

rasseoir, rassoir* [65] [ʀaswaʀ] vt **1.** [asseoir de nouveau] ▸ **rasseoir qqn** to sit sb down (again) / *veuillez rasseoir le malade* [dans son lit] please sit the patient up again / *je vous en prie, faites rasseoir tout le monde* please, have everybody sit down again **2.** [replacer] to put back *(sép)* / *rasseoir une statue sur son socle* to put a statue back on its plinth.

❖ **se rasseoir, se rassoir*** vpi to sit down again / *il a fait se rasseoir tous les invités* he made all the guests sit down again / *allez vous rasseoir* go back to your seat, go and sit down again.

rasséréner [18] [ʀaseʀene] vt *litt* to make calm / *ses déclarations m'ont complètement rasséréné* what he said put my mind completely at rest.

❖ **se rasséréner** vpi *litt* to become calm ou serene again.

In reformed spelling (see p. 16-19), this verb is conjugated like **semer**: *il rassérènera, elle rassérènerait.*

rasseyait, rassied v ⟶ **rasseoir.**

rassir [32] [ʀasiʀ] vi [gâteau, pain] to go stale ; [viande] : *laisser rassir un morceau de bœuf* to let a piece of beef hang / *faire rassir du pain* to let bread go stale.

❖ **se rassir** vpi to go stale.

rassis[1], **e** [ʀasi, iz] pp ⟶ **rasseoir.**

rassis[2], **e** [ʀasi, iz] adj **1.** [gâteau, pain] stale ; [viande] properly hung **2.** *litt* [calme] calm, composed ; [pondéré] balanced.

rassissement [ʀasismɑ̃] nm : *l'humidité provoque le rassissement des aliments* moisture makes food go stale.

rassoit v ⟶ **rasseoir.**

rassortiment [ʀasɔʀtimɑ̃] = **réassortiment.**

rassortir [ʀasɔʀtiʀ] = **réassortir.**

rassoul, rhassoul [ʀasul] nm rhassoul, rassoul.

rassoyait v ⟶ **rasseoir.**

rassurant, e [ʀasyʀɑ̃, ɑ̃t] adj **1.** [personne] reassuring / *le président n'a pas été très rassurant dans ses dernières déclarations* the president's most recent statements were not very reassuring / *elle a été rassurante pour tout le monde* she comforted everybody **2.** [nouvelle, déclaration, ton, voix] reassuring, comforting / *voilà qui est rassurant!* well, that's reassuring! *aussi iron.*

rassurer [3] [ʀasyʀe] vt to reassure / *j'aimerais pouvoir te rassurer* I wish I could reassure you ou put your mind at ease / *va vite rassurer ta mère* go and tell your mother she has nothing to worry about, go and set your mother's mind at ease / *je n'étais pas très rassuré* I felt rather worried.

❖ **se rassurer** ◆ vp *(emploi réfléchi)* to reassure o.s. / *j'essaie de me rassurer en me disant que tout n'est pas fini* I try to reassure myself by saying it's not all over. ◆ vpi : *elle a mis longtemps à se rassurer* it took her a while to calm down ▸ **rassure-toi** don't worry.

rasta [ʀasta] ◆ adj inv Rasta *(inv)*. ◆ nmf Rasta. ◆ nm *injur* = **rastaquouère.**

rastafari [ʀastafaʀi] adj & nmf Rastafarian.

rastaquouère [ʀastakwɛʀ] nm *injur dated and racist term used with reference to wealthy foreigners.*

Rastignac [ʀastiɲak] npr LITTÉR *character from Balzac's "la Comédie humaine", the typical young man from the provinces trying to make good in the capital.*

* In reformed spelling (see p. 16-19).

rat [ʀa] ◆ nm **1.** ZOOL rat / *faire la chasse aux rats* to go ratting ▸ **rat des champs** field mouse ▸ **rat d'eau** water vole ou rat ▸ **rat d'égout** sewer rat ▸ **rat musqué** ou **d'Amérique** muskrat, musquash **2.** *fig* ▸ **rat de bibliothèque** bookworm ▸ **rat d'hôtel** hotel thief ▸ **les rats quittent le navire** the rats are leaving the sinking ship ▸ **être fait comme un rat** *tfam* to have no escape, to be cornered / *vous êtes faits comme des rats!* you're caught like rats in a trap! ▸ **être comme un rat dans un fromage** *fam* to be in clover **3.** DANSE ▸ **petit rat de l'Opéra** ballet student *(at the Opéra de Paris)* **4.** *fam & péj* [avare] miser, skinflint **5.** [par affection] : *mon (petit) rat* my darling. ◆ adj m *fam & péj* [avare] stingy, tightfisted / *il est tellement rat!* he's so stingy!, he's such a miser ou skinflint!

rata [ʀata] nm *arg mil & vieilli* grub, nosh.

ratafia [ʀatafja] nm ratafia (liqueur).

ratage [ʀataʒ] nm failure / *un ratage complet* a complete failure / *après un ou deux ratages, il a réussi son soufflé à la perfection* after one or two disastrous attempts, he got the soufflé just right.

rataplan [ʀataplɑ̃] onomat rat-a-tat.

ratatiné, e [ʀatatine] adj **1.** [fruit] shrivelled UK ou shriveled US (up) **2.** [visage] wrinkled, wizened **3.** *fam* [voiture, vélo] smashed up ; [soufflé] flat.

ratatiner [3] [ʀatatine] vt **1.** *fam* [démolir] : *le bâtiment a été ratatiné en quelques secondes* the building was reduced to a pile of rubble within seconds / *la voiture a été complètement ratatinée* the car was completely smashed up **2.** [flétrir] : *l'âge l'a complètement ratatiné* he has become wizened with age **3.** *fam* [battre] : *je me suis fait ratatiner au tennis / aux échecs* I got thrashed at tennis / chess ; [assassiner] : *il s'est fait ratatiner* he got done in.

❖ **se ratatiner** vpi **1.** [se dessécher] to shrivel / *son visage s'est ratatiné* her face has become all wizened **2.** *fam* [rapetisser] to shrink / *elle se ratatine en vieillissant* she's shrinking with age **3.** *fam* [s'écraser] to crash / *la voiture s'est ratatinée contre un mur* the car crashed ou smashed into a wall.

ratatouille [ʀatatuj] nf **1.** CULIN ▸ **ratatouille (niçoise)** ratatouille **2.** *fam & péj* [ragoût grossier] : *ils ont servi une affreuse ratatouille* they served up some ghastly mess **3.** *fam* [raclée] walloping, hammering.

rate [ʀat] nf **1.** ZOOL female rat **2.** ANAT spleen.

raté, e [ʀate] ◆ adj **1.** [photo, sauce] spoilt ; [coupe de cheveux] disastrous / *il est complètement raté, ce gâteau* this cake is a complete disaster **2.** [attentat] failed ; [vie] wasted ; [occasion] missed ; [tentative] failed, abortive, unsuccessful / *un musicien raté* a failed musician. ◆ nm, f failure, loser.

❖ **raté** nm **1.** [bruit] misfiring *(U)* / *le moteur a des ratés* the engine is misfiring **2.** [défaut] hitch **3.** ARM misfire.

râteau, x [ʀato] nm rake ▸ **râteau faneur** tedder.

râteler [24] [ʀatle] vt **1.** [ratisser] to rake up *(sép)* **2.** [niveler] to rake (over).

In reformed spelling (see p. 16-19), this verb is conjugated like *peler*: *il râtèle, elle râtèlera.*

râtelier [ʀatəlje] nm **1.** [support] rack ▸ **râtelier à fusils / outils / pipes** gun / tool / pipe rack **2.** [mangeoire] rack **3.** *fam* [dentier] dentures, (set of) false teeth.

rater [3] [ʀate] ◆ vi **1.** *fam* [échouer] to fail / *je t'avais dit qu'elle serait en retard, et ça n'a pas raté!* I told you she'd be late, and sure enough she was! / *ça ne rate jamais* it never fails / *tais-toi, tu vas tout faire rater!* shut up or you'll ruin everything! **2.** ARM : *le coup a raté* the gun failed to go off. ◆ vt **1.** [but] to miss / *vous avez de la chance, la balle a bien failli ne pas vous rater* you're lucky, that bullet missed you by a fraction of an inch ou a hair's breadth / *elle a raté la marche* she missed the step ▸ **rater son coup** *fam* : *j'ai raté mon coup* I made a mess of it ▸ **ne pas rater qqn** *fam* : *s'il recommence, je te jure que je ne le raterai pas!* if he does it again, I swear I'll get him! **2.** [avion, rendez-vous, visiteur, occasion] to miss / *je n'ai pas vu le concert — tu n'as rien raté / tu as raté quelque chose!* I didn't see the concert — you didn't miss anything / you really missed something! / *c'est une émission à ne pas rater* this programme is a must / *tu vas nous faire rater la séance!* you're going to make us miss the film! ▸ **ne pas en rater une** *fam* : *tu n'en rates pas une!* you're always putting your foot in it! **3.** [ne pas réussir] : *il a complètement raté son oral* he made a complete mess of his oral / *il a raté son effet* he didn't achieve the desired effect / *il a raté sa sortie* his exit didn't quite come off / *il rate toujours les mayonnaises* his mayonnaise always goes wrong / *rater sa vie* to make a mess of one's life.

❖ **se rater** vp *(emploi réfléchi)* *fam* : *il s'est coupé les cheveux lui-même, il s'est complètement raté!* he cut his hair himself and made a complete mess of it! / *elle est tombée de vélo, elle ne s'est pas ratée!* she didn't half hurt herself when she fell off her bike! / *elle s'est ratée pour la troisième fois* that's her third (unsuccessful) suicide attempt.

ratiboiser [3] [ʀatibwaze] vt *fam* **1.** [voler] to pinch, to nick UK **2.** [ruiner] to clean out *(sép)* / *je suis ratiboisé!* I'm cleaned out! / *on s'est fait ratiboiser au casino* we were cleaned out at the casino **3.** [tuer] to bump off *(sép)*, to do in *(sép)* / *les critiques l'ont ratiboisé* *fig* the critics tore him to shreds, he was slated UK by the critics **4.** [cheveux] : *je suis ressorti ratiboisé de chez le coiffeur* I got scalped at the hairdresser's.

raticide [ʀatisid] nm rat poison.

ratier [ʀatje] adj m & nm ratter.

ratière [ʀatjɛʀ] nf **1.** [piège] rat trap **2.** TEXT dobby.

ratification [ʀatifikasjɔ̃] nf ratification.

ratifier [9] [ʀatifje] vt **1.** DR to ratify / *ils ont fait ratifier le traité par le gouvernement* they put the treaty before Parliament for ratification **2.** *litt* [confirmer] to confirm.

ratine [ʀatin] nf ratine.

rating [ʀatiŋ] nm ÉCON & NAUT rating.

ratio [ʀasjo] nm ÉCON & FIN ratio.

ratiocination [ʀasjɔsinasjɔ̃] nf *sout* quibble / *ce sont des ratiocinations!* you're just splitting hairs!

ratiociner [3] [ʀasjɔsine] vi *sout* to quibble, to split hairs.

ration [ʀasjɔ̃] nf **1.** [portion] ration / *rations de guerre* war rations / *sa ration de problèmes* *fig* his share of problems / *non merci, j'ai eu ma ration!* *hum* no thanks, I've had my fill (of it)! **2.** [quantité nécessaire] daily intake ▸ **ration alimentaire** food (intake) ▸ **ration d'entretien** maintenance ration **3.** MIL rations ▸ **ration de combat** combat rations / *avoir une ration réduite* to be on short rations.

rationalisation [ʀasjɔnalizasjɔ̃] nf rationalization.

rationaliser [3] [ʀasjɔnalize] vt to rationalize.

rationalisme [ʀasjɔnalism] nm rationalism.

rationaliste [ʀasjɔnalist] adj & nmf rationalist.

rationalité [ʀasjɔnalite] nf rationality.

rationnel, elle [ʀasjɔnɛl] adj **1.** MATH & PHILOS rational **2.** [sensé] rational / *il n'a pas une attitude très rationnelle* his attitude is not very rational.

rationnellement [ʀasjɔnɛlmɑ̃] adv **1.** MATH & PHILOS rationally **2.** [avec bon sens] rationally, sensibly, logically.

rationnement [ʀasjɔnmɑ̃] nm rationing.

rationner [3] [ʀasjɔne] vt **1.** [quelque chose] to ration / *on nous rationne même l'électricité!* they're even rationing electricity! **2.** [quelqu'un] to put on rations, to ration / *je vais vous rationner à deux tasses de café par jour* I'm going to ration you to two cups of coffee a day / *il va bientôt falloir le rationner!* *hum* we'll have to put him on (short) rations soon!

❖ **se rationner** vp *(emploi réfléchi)* to ration o.s.

Ratisbonne [ʀatizbɔn] npr Ratisbon.

ratissage [ʀatisaʒ] nm **1.** [nettoyage] raking **2.** [fouille] combing, thorough search.

ratisser [3] [ʀatise] ◆ vt **1.** [gravier, allée] to rake ; [feuilles, herbe coupée] to rake up *(sép)* **2.** *fam* [voler] to pinch, to nick UK / *je me suis fait ratisser mon sac* I got my bag nicked ; [ruiner] to clean out *(sép)* / *il s'est fait ratisser au poker* he got cleaned out playing poker **3.** [fouiller] to comb **4.** SPORT to heel. ◆ vi ▸ **ratisser large** *fam* to cast one's net wide *fig.*

raton [ʀatɔ̃] nm **1.** ZOOL young rat ▸ **raton laveur** raccoon **2.** [par affection] : *mon raton!* my darling! **3.** *(raciste)* *racist term used with reference to North African Arabs.*

ratonnade [ʀatɔnad] nf *violent racist attack on North African Arab immigrants.*

RATP (abr de **Régie autonome des transports parisiens**) npr f *Paris transport authority.*

rattachement [ʀataʃmɑ̃] nm : *le rattachement de la Savoie à la France* the incorporation of Savoy into France / *opérer le rattachement de territoires à la métropole* to bring territories under the jurisdiction of the home country / *demander son rattachement à un service* to ask to be attached to a department.

rattacher [3] [ʀataʃe] vt **1.** [paquet] to tie up *(sép)* again, to do up *(sép)* again ; [ceinture, lacet] to do up *(sép)* again ; [chien] to tie up *(sép)* again ; [plante grimpante] to tie back *(sép)* **2.** ADMIN & POL : *rattacher plusieurs services à une même direction* to bring several departments under the same management / *rattacher un territoire à un pays* to bring a territory under the jurisdiction of a country / *les abonnés ont été rattachés à un nouveau central* the subscribers were connected to a new exchange **3.** [établir un lien] ▸ **rattacher qqch à** to connect ou to link sthg with, to relate sthg to.

❖ **se rattacher à** vp + prép **1.** [découler de] to derive from / *des dialectes qui se rattachent à une langue* dialects which derive from the same language **2.** [avoir un lien avec] to be connected ou linked with, to be related to / *laissez de côté tout ce qui ne se rattache pas au problème central* put everything that isn't (directly) related to the key issue to one side.

ratte [ʀat] nf BOT & CULIN fingerling potato, (La) Ratte potato.

rattrapable [ʀatʀapabl] adj : *une telle erreur ne serait pas rattrapable* a mistake like that couldn't be put right.

rattrapage [ʀatʀapaʒ] nm **1.** [d'un étudiant] passing, letting through / *le rattrapage d'un candidat* letting a candidate through (an exam) ; [remise à niveau] ▸ **rattrapage scolaire** ≃ remedial teaching ▸ **cours de rattrapage** *extra class for pupils who need to catch up* ▸ **je dois passer l'oral de rattrapage** I've got to resit the oral ▸ **session de rattrapage** resit **2.** [d'une maille] picking up **3.** ÉCON ▸ **rattrapage des salaires** wage adjustment.

rattraper [3] [ʀatʀape] vt **1.** [animal, prisonnier] to recapture, to catch again **2.** [objet qui tombe] to catch (hold of) / *je l'ai rattrapé de justesse* I caught (hold of) it just in time / *rattraper la balle au vol / bond* to catch the ball in the air / on the bounce **3.** [quelqu'un parti plus tôt] to catch up with / *passe devant, je te rattraperai* go on ahead, I'll catch up with you ou catch you up **4.** [compenser] ▸ **rattraper le temps perdu** ou **son retard** to make up for lost time / *il a rattrapé les cours manqués* he has caught up on the lessons he missed / *rattraper du sommeil* to catch up on one's sleep / *pour rattraper nos pertes* to make good our losses **5.** [erreur, maladresse] to put right **6.** [étudiant] to let through **7.** [maille] to pick up *(sép).*

❖ **se rattraper** ◆ vp *(emploi passif)* ▸ **le temps perdu ne se rattrape jamais** *prov* you can never make up for lost time. ◆ vpi **1.** [éviter la chute] to catch o.s. (in time) / *heureusement il s'est rattrapé* luckily he managed to avoid falling ▸ **se rattraper à qqn / qqch** to grab ou to catch hold of sb / sthg to stop o.s. falling **2.** [compenser] : *j'ai l'intention de me rattraper!* I'm going to make up for it! / *la limonade est en promotion, mais ils se rattrapent sur le café* lemonade is on special offer, but they've put up the price of coffee to make up for it / *enfant, c'était un ange, mais elle s'est bien rattrapée depuis!* *hum* she used to be an angel when she was a child, but she's certainly made up for it since ! **3.** [élève] to catch up.

raturage [RatyRaʒ] nm crossing out, scoring out *(U)*.

rature [RatyR] nf crossing out, deletion / *tu as fait trop de ratures* you've crossed too many things out / **'sans ratures ni surcharges'** 'without deletions or alterations'.

raturer [3] [RatyRe] vt to cross out *(sép)*, to delete.

RAU (abr de **République Arabe Unie**) npr f UAR, United Arab Republic.

rauque [Rok] adj **1.** [voix] husky **2.** [cri] raucous.

ravage [Ravaʒ] nm [destruction] devastation / *les ravages de la maladie / du temps* the ravages of disease / of time ▸ **faire des ravages** *pr* to wreak havoc / *l'alcoolisme faisait des ravages fig* alcoholism was rife / *notre cousin fait des ravages (dans les cœurs) !* our cousin is a heartbreaker !

ravagé, e [Ravaʒe] adj **1.** [par la fatigue, le désespoir] haggard ; [par la maladie, la douleur] ravaged **2.** *fam* [fou] loopy, barmy UK, nuts / *c'est un mec complètement ravagé !* he's completely loopy !

ravager [17] [Ravaʒe] vt [région, ville] to ravage, to lay waste *(insép)*, to devastate / *la guerre a ravagé leur vie* the war wreaked havoc upon their lives.

ravageur, euse [RavaʒœR, øz] ◆ adj **1.** [destructeur] destructive / *des insectes ravageurs* insect pests **2.** [séducteur - sourire] devastating. ◆ nm, f ravager.

raval, als [Raval] nm MIN (shaft) deepening.

ravalement [Ravalmɑ̃] nm **1.** [d'une façade] cleaning **2.** *tfam & fig* ▸ **se faire un ravalement (de façade)** **a)** [opération] to have a facelift **b)** [maquillage] to put on one's warpaint.

ravaler [3] [Ravale] vt **1.** CONSTR to clean / *ils ont ravalé la façade de la mairie* they've given the front of the town hall a clean ▸ **se faire ravaler la façade** *tfam* ou **le portrait** *tfam* to have a facelift **2.** [salive] to swallow ; [larmes] to hold ou to choke back ; [colère] to stifle, to choke back ; [fierté] to swallow ▸ **faire ravaler ses paroles à qqn** *fam* to make sb eat his words / *je lui ferai ravaler ses insultes ! fam* I'll make him choke on his insults ! **3.** [abaisser] to lower / *de tels sentiments nous ravalent au niveau de la bête* such feelings lower ou reduce us to the level of animals **4.** MIN to deepen.

⟡ **se ravaler** ◆ vp *(emploi réfléchi)* [s'abaisser] to debase ou to lower o.s. / *se ravaler aux pires bassesses* to stoop to the meanest acts / *se ravaler au rang de la brute* to be reduced to the level of animals. ◆ vpt *tfam* ▸ **se ravaler la façade** [se maquiller] to slap some make-up on, to put on one's warpaint.

ravaleur [RavalœR] nm cleaner, stone-cleaner.

ravaudage [Ravodaʒ] nm *vieilli* [de chaussettes] darning ; [de vêtements] mending, repairing.

ravauder [3] [Ravode] vt *vieilli* [chaussettes] to darn ; [vêtements] to sew up *(sép)*, to mend.

rave[1] [Rav] nf BOT rape.

rave[2] [Rɛv] nm [soirée] rave.

ravenelle [Ravnɛl] nf **1.** [radis sauvage] wild radish **2.** [giroflée] wallflower, gillyflower.

Ravenne [Ravɛn] npr Ravenna.

raveur, euse [RɛvœR, øz] nmf raver.

ravi, e [Ravi] adj delighted / *il n'a pas eu l'air ravi* he didn't look too pleased ▸ **être ravi de qqch** to be delighted with sthg / *ravi (de faire votre connaissance)* (I'm) delighted ou very pleased to meet you.

ravier [Ravje] nm hors-d'œuvres dish.

ravigotant, e [Ravigɔtɑ̃, ɑ̃t] adj *fam* [vent] invigorating, bracing ; [soupe, vin] warming.

ravigote [Ravigɔt] nf ravigote sauce *(vinaigrette with herbs and hard-boiled eggs)*.

⟡ **à la ravigote** loc adj with a ravigote sauce.

ravigoter [3] [Ravigɔte] vt *fam* to buck up *(sép)* / *la voilà toute ravigotée* she's full of life again / *ravigoté par une nuit de repos* refreshed ou restored by a night's sleep.

ravin [Ravɛ̃] nm gully, ravine.

ravine [Ravin] nf gully.

ravinement [Ravinmɑ̃] nm **1.** [action] gullying **2.** [résultat] ▸ **ravinements** gullies.

raviner [3] [Ravine] vt **1.** GÉOGR to gully **2.** *fig & sout* to furrow / *un visage raviné* a deeply lined face.

ravioles [Ravjɔl] nfpl CULIN *type of small ravioli.*

ravioli [Ravjɔli] (*pl* **ravioli** *ou* **raviolis**) nm ravioli *(U)*.

ravir [82] [RaviR] vt **1.** [enchanter] to delight / *cette naissance les a ravis* they were thrilled with the new baby **2.** *litt* [enlever] ▸ **ravir qqch à qqn** to rob sb of sthg / *il s'est fait ravir la première place par un jeune inconnu* he was beaten to first place by a youngster nobody had heard of / *prématurément ravi à l'affection des siens* taken too early from (the bosom of) family and friends.

⟡ **à ravir** loc adv [merveilleusement] : *la robe lui va à ravir* the dress looks lovely on her / *il dessine à ravir* he draws beautifully / *elle est belle à ravir* she's ravishing.

raviser [3] [Ravize] ⟡ **se raviser** vpi to change one's mind / *il s'est ravisé* he changed his mind, he thought better of it, he had second thoughts.

ravissant, e [Ravisɑ̃, ɑ̃t] adj [vêtement] gorgeous, beautiful ; [endroit, maison] delightful, beautiful ; [femme] strikingly ou ravishingly beautiful.

ravissement [Ravismɑ̃] nm **1.** [enchantement] : *c'est un véritable ravissement (pour les yeux)* it is an enchanting sight ▸ **avec ravissement** delightedly ▸ **mettre** ou **plonger qqn dans le ravissement** to send sb into raptures / *dans le plus grand ravissement (de tous les sens)* totally enraptured **2.** *litt* [enlèvement] abduction **3.** RELIG rapture.

ravisseur, euse [RavisœR, øz] ◆ adj ZOOL ▸ **patte ravisseuse** grasping tibia. ◆ nm, f abductor *sout*, kidnapper.

ravitaillement [Ravitajmɑ̃] nm **1.** MIL & NAUT supplying ▸ **assurer le ravitaillement de qqn en munitions / carburant / vivres** to supply sb with ammunition / fuel / food ▸ **bateau / véhicule de ravitaillement** supply ship / vehicle **2.** AÉRON refuelling UK, refueling US ▸ **ravitaillement en vol** in-flight ou mid-air refuelling **3.** [denrées] food supplies / *je vais au ravitaillement fam* I'm off to buy some food, I'm going for fresh supplies.

ravitailler [3] [Ravitaje] vt **1.** MIL to supply / *ravitailler un régiment en vivres* to supply a regiment with food, to supply food to a regiment **2.** AÉRON to refuel / *ravitailler un avion en vol* to refuel a plane in flight **3.** [famille, campement] ▸ **ravitailler qqn en** to supply sb with, to give sb fresh supplies of.

⟡ **se ravitailler** vp *(emploi réfléchi)* **1.** [en nourriture] to get (fresh) supplies **2.** [en carburant] to refuel.

ravitailleur, euse [RavitajœR, øz] ◆ adj ▸ **avion ravitailleur** supply plane, (air) tanker ▸ **véhicule / navire ravitailleur** supply vehicle / ship. ◆ nm, f MIL quartermaster ; NAUT supply officer.

⟡ **ravitailleur** nm **1.** AÉRON [avion] tanker aircraft ▸ **ravitailleur d'avions** [camion-citerne] (airport) supply tanker **2.** MIL supply vehicle **3.** NAUT [d'escadre, de sous-marin] supply ship ; [pour travaux en mer] refurbishment ship.

ravivage [Ravivaʒ] nm **1.** MÉTALL [gén] cleaning ; [à l'abrasif] scouring ; [à l'acide] pickling ; [au chalumeau] burning off **2.** TEXT [d'une couleur] brightening up, reviving.

raviver [3] [Ravive] vt **1.** [feu] to rekindle, to revive ; [couleur] to brighten up *(sép)* **2.** [sensation, sentiment] to rekindle, to revive / *le procès va raviver l'horreur / les souffrances de la guerre* the trial will bring back the horrors / sufferings of the war **3.** MÉTALL [gén] to clean ; [à l'abrasif] to scour ; [à l'acide] to pickle ; [au chalumeau] to burn off *(sép)*.

⟡ **se raviver** vpi [sentiment] to return / *sa haine se ravivait dès qu'il le voyait* every time he saw him, his hatred flared up again.

ravoir [RavwaR] vt *(à l'infinitif seulement)* **1.** [récupérer] to get back **2.** *fam* [vêtement] : *ravoir une chemise* to get a shirt clean **3.** [maladie] : *je ne veux pas ravoir la grippe* I don't want to get flu again.

⟡ **se ravoir** vpi BELG [reprendre haleine] to get one's breath back ; [retrouver ses esprits] to come to one's senses.

rayage [Rɛjaʒ] nm **1.** [éraflement] scratching **2.** [rature] scoring **3.** ARM rifling.

rayé, e [Rɛje] adj **1.** [à raies - papier] lined, ruled ; [- vêtement] striped / *tissu rayé bleu et rouge* blue and red striped fabric, fabric with blue and red stripes **2.** [éraflé - verre, disque] scratched **3.** ARM rifled.

rayer [11] [Rɛje] vt **1.** [abîmer] to scratch / *les branches avaient rayé la peinture* the branches had scratched the paintwork **2.** [éliminer - faute, coquille] to cross ou to score out *(sép)* ; [- clause, codicille] to cancel ; [- avocat, médecin] to strike off *(sép)* / **'rayer la mention inutile'** 'delete where inapplicable' / *j'ai rayé son souvenir de ma mémoire* I've erased his memory from my mind / *rayé, balayé, je n'existe plus !* out of sight, out of mind, it's as if I'd never existed ! ▸ **rayé de la carte** wiped off the face of the earth **3.** ARM to rifle.

ray-grass [RɛgRas] nm inv rye grass.

rayon [Rɛjɔ̃]

◆ nm

A. TRAIT, AMPLITUDE
B. SUPERPOSITION

A. TRAIT, AMPLITUDE **1.** OPT & PHYS ray ▸ **rayon cathodique** cathode ray ▸ **rayon laser** laser beam ▸ **rayon lumineux** (light) ray ▸ **rayon vert** green flash **2.** [de lumière] beam, shaft ; [du soleil] ray ▸ **un rayon de lune** a moonbeam ▸ **un rayon de soleil** **a)** a ray of sunshine, a sunbeam **b)** MÉTÉOR a brief sunny spell **c)** *fig* a ray of sunshine **3.** MATH [vecteur] radius vector ; [d'un cercle] radius **4.** [de roue] spoke **5.** [distance] radius / *dans un rayon de vingt kilomètres* within (a radius of) twenty kilometres **6.** AUTO ▸ **rayon de braquage** turning circle **7.** MIL ▸ **rayon d'action** range / *à grand rayon d'action* long-range / *étendre son rayon d'action fig* to increase ou to widen the scope of one's activities **8.** ART ▸ **rayon visuel principal** line of vision.

B. SUPERPOSITION **1.** [étagère - gén] shelf ; [- à livres] shelf, bookshelf **2.** COMM department / *le rayon des jouets / des surgelés* the toy / the frozen food department / *nous n'en avons plus en rayon* we're out of stock **3.** *fam* [domaine] : *demande à ton père, c'est son rayon* ask your father, that's his department / *il en connaît un rayon en électricité* he really knows a thing or two about electricity **4.** ZOOL comb ; [d'abeilles] honeycomb **5.** HORT small furrow, drill.

⟡ **rayons** nmpl **1.** MÉD X-ray treatment *(U)* *(for cancer)* / *on lui fait des rayons fam* he's having radiotherapy ou radiation treatment / *mal* ou *maladie des rayons* radiation sickness **2.** PHYS ▸ **rayons bêta / gamma** beta / gamma rays ▸ **rayons infrarouges / ultraviolets** infrared / ultraviolet light ▸ **rayons cosmiques** cosmic rays ▸ **rayons X** X-rays ▸ **passer qqch aux rayons X** to X-ray sthg.

rayonnage [Rɛjɔnaʒ] nm **1.** [étagères] shelving *(U)*, shelves / *sur les rayonnages* on the shelves **2.** HORT drilling.

rayonnant, e [Rɛjɔnɑ̃, ɑ̃t] adj **1.** [radieux] radiant / *rayonnant de joie* radiant with joy / *rayonnant de santé* glowing ou blooming with health **2.** ARCHIT & ART radiating ▸ **chapelles rayonnantes** radiating chapels ▸ **motif rayonnant** radiating pattern ▸ **gothique rayonnant** High Gothic **3.** PHYS ▸ **chaleur / énergie rayonnante** radiant heat / energy **4.** MÉD ▸ **douleur rayonnante** radiating pain.

rayonne [Rɛjɔn] nf rayon.

rayonnement [Rɛjɔnmɑ̃] nm **1.** [influence] influence / *le rayonnement de la France au siècle des Lumières* the influence of France during the Enlightenment **2.** *litt* [éclat] radiance **3.** [lumière - d'une étoile, du feu] radiance **4.** SCI radiation ▸ **rayonnement électromagnétique / optique / visible** electromagnetic / optical / visible radiation ▸ **chauffage par rayonnement** radiant heating ▸ **énergie de rayonnement** radiant energy.

rayonner [3] [ʀɛjɔne] ◆ vi **1.** [personne, physionomie] to be radiant / *rayonner de joie* to be radiant with joy / *rayonner de santé* to be blooming with health / *son visage rayonnait* / *ses yeux rayonnaient d'allégresse* he was beaming / his eyes were shining with joy **2.** *litt* [soleil] to shine **3.** [circuler - influence] to spread ; [- touriste] to tour around ; [- chaleur] to radiate / *nos cars rayonnent dans toute la région* our coaches cover every corner of the region **4.** [être disposé en rayons] to radiate / *sept avenues rayonnent à partir de la place* seven avenues radiate (out) from the square **5.** OPT & PHYS to radiate **6.** MÉD : *douleur qui rayonne* radiating pain. ◆ vt HORT to furrow.

rayonneur [ʀɛjɔnœʀ] nm drill (tool).

rayure [ʀɛjyʀ] nf **1.** [ligne] line, stripe ; [du pelage] stripe / *papier à rayures* lined ou ruled paper / *tissu à rayures* striped fabric / *une chemise à rayures bleues* a blue-striped shirt / *un drapeau à rayures bleues* a flag with blue stripes **2.** [éraflure] score, scratch **3.** ARM groove, rifling.

raz [ʀa] nm **1.** [détroit] strait *(run by fast tidal races, in Brittany)* **2.** [courant] race.

raz(-)de(-)marée [ʀadmaʀe] nm inv **1.** GÉOGR tidal wave, tsunami *spéc* **2.** *fig* tidal wave ▸ **raz-de-marée électoral** landslide victory.

razzia [ʀazja] nf **1.** MIL foray, raid **2.** *fam & fig* raid ▸ **faire une razzia sur qqch** to raid sthg.

razzier [9] [ʀazje] vt **1.** MIL to raid **2.** *fam & fig* [en prenant] to raid ; [en achetant] to buy up *(insép)*.

RBE nm abr de **revenu brut d'exploitation.**

RBL (abr écrite de **rouble**) R, Rub.

R-C abr écrite de **rez-de-chaussée.**

r.d. abr écrite de **rive droite.**

R-D (abr de **recherche-développement**) nf R & D.

RDA (abr de **République démocratique allemande**) npr f GDR ▸ **en RDA** in the GDR.

RDB nm abr de **revenu disponible brut.**

RdC abr écrite de **rez-de-chaussée.**

RDS (abr de **remboursement de la dette sociale**) nm *tax designed to help pay off the social security budget deficit.*

rdv abr écrite de **rendez-vous.**

ré [ʀe] nm inv D ; [chanté] re, ray. **Voir aussi fa.**

Rê [ʀɛ] npr Râ.

réa [ʀea] nm pulley (wheel).

réabonnement [ʀeabɔnmɑ̃] nm [à un cinéma, théâtre, etc.] renewal of one's season ticket ; [à une revue] subscription renewal ; [à un club] membership renewal / *de réabonnement* renewal *(modif)*.

réabonner [3] [ʀeabɔne] vt ▸ **réabonner qqn à une revue** to renew sb's subscription to a magazine.

❖ **se réabonner** vp *(emploi réfléchi)* [à un cinéma, théâtre, etc.] to renew one's season ticket ; [à une revue] to renew one's subscription.

réabsorber [3] [ʀeapsɔʀbe] vt to reabsorb / *elle commence à réabsorber un peu de nourriture* she has started to take a little food again.

réabsorption [ʀeapsɔʀpsjɔ̃] nf reabsorption.

réac [ʀeak] adj & nmf *fam & péj* reactionary.

réaccoutumer [3] [ʀeakutyme] vt *sout* to reaccustom ▸ **réaccoutumer qqn à qqch** to reaccustom sb to sthg, to get sb used to sthg again.

❖ **se réaccoutumer à** vp + prép to reaccustom o.s. to, to become reaccustomed to.

réacheminer [3] [ʀeaʃmine] vt to forward.

réactance [ʀeaktɑ̃s] nf reactance ▸ **bobine de réactance** reaction coil.

réacteur [ʀeaktœʀ] nm **1.** AÉRON jet (engine) **2.** CHIM, NUCL & PHYS reactor ▸ **réacteur à eau sous pression** pressurized water reactor ▸ **réacteur à neutrons rapides** fast (neutron) reactor ▸ **réacteur nucléaire** nuclear reactor.

réactif, ive [ʀeaktif, iv] adj reactive ▸ **papier réactif** reagent paper ▸ **peinture primaire réactive** primer ▸ **substance réactive** reactant.

❖ **réactif** nm **1.** CHIM reactant **2.** PSYCHOL reactive.

réaction [ʀeaksjɔ̃] nf **1.** [réponse] reaction, response / *la nouvelle l'a laissée sans réaction* she showed no reaction to the news / *il a eu une réaction très violente* he reacted very violently ▸ **réaction à un stimulus** stimulus response, response to a stimulus ▸ **réaction affective** emotional response ▸ **réaction motrice / tactile** motor / tactile response ▸ **temps de réaction a)** MÉD reaction time **b)** PSYCHOL latent period ou time **2.** [riposte] reaction ▸ **en réaction contre** as a reaction against **3.** POL reaction / *gouvernement* / *vote de réaction* reactionary government / vote **4.** AÉRON, ASTRONAUT, CHIM & PHYS reaction ▸ **propulsion par réaction atomique** atomic-powered propulsion ▸ **réaction en chaîne a)** *pr* chain reaction **b)** *fig* chain reaction, domino effect **5.** ÉLECTRON ▸ **réaction négative** negative feedback.

réactionnaire [ʀeaksjɔnɛʀ] adj & nmf reactionary.

réactionnel, elle [ʀeaksjɔnɛl] adj **1.** CHIM & PHYSIOL reactional ▸ **formation réactionnelle** reaction formation **2.** PSYCHOL reactive.

réactivation [ʀeaktivasjɔ̃] nf reactivation.

réactive [ʀeaktiv] f ⟶ **réactif.**

réactiver [3] [ʀeaktive] vt **1.** [feu] to rekindle ; [circulation sanguine] to restore ; [système] to reactivate ; [négociations] to revive **2.** CHIM to reactivate.

réactivité [ʀeaktivite] nf **1.** CHIM reactivity **2.** BIOL reactivity, excitability **3.** [d'un collaboratteur] resourcefulness.

réactogène [ʀeaktɔʒɛn] ◆ adj reactogenic. ◆ nm reactogen, (general) allergen.

réactualisation [ʀeaktɥalizasjɔ̃] nf **1.** [ajustement] adapting, readjustment **2.** [modernisation] updating, bringing up to date.

réactualiser [3] [ʀeaktɥalize] vt **1.** [adapter - système] to adapt, to readjust **2.** [moderniser - dictionnaire] to update, to bring up to date.

réadaptation [ʀeadaptasjɔ̃] nf **1.** [rééducation] reeducation **2.** BIOL readaptation.

réadapter [3] [ʀeadapte] vt [handicapé] to reeducate, to rehabilitate ; [muscle] to reeducate.

❖ **se réadapter** vpi [handicapé, exilé] to readjust / *après vingt ans d'exil, ils ont du mal à se réadapter* after twenty years in exile they have found it hard to adjust ou to readjust ou to adapt ▸ **se réadapter à qqch** to readjust to sthg.

réadmettre [84] [ʀeadmɛtʀ] vt to readmit.

réadmission [ʀeadmisjɔ̃] nf readmission, readmittance.

réaffectation [ʀeafɛktasjɔ̃] nf **1.** [d'une personne] reappointing **2.** [de crédits] reallocating.

réaffecter [4] [ʀeafɛkte] vt **1.** [personne - à une fonction] to reappoint, to renominate ; [- à une région, un pays] to post back *(sép)* **2.** [crédits] to reallocate.

réaffirmation [ʀeafiʀmasjɔ̃] nf reaffirmation.

réaffirmer [3] [ʀeafiʀme] vt to reaffirm, to reassert.

réagir [32] [ʀeaʒiʀ] vi **1.** CHIM, PHOT & PHYS to react **2.** [répondre] to react / *il a bien* / *mal réagi à son départ* he reacted well / badly to her leaving ▸ **il faut absolument réagir** we really have to do something / *et tu restes là sans réagir!* how can you just sit there (and do nothing)? / *au moins ça l'a fait réagir* at least it got a reaction from him / her **3.** MÉD to respond.

réajustement [ʀeaʒystəmɑ̃] = **rajustement.**

réajuster [ʀeaʒyste] = **rajuster.**

réalésage [ʀealezaʒ] nm [action] reboring ; [résultat] rebore.

réaléser [18] [ʀealeze] vt to rebore.

✎ In reformed spelling (see p. 16-19), this verb is conjugated like **semer** : ***il réalèsera, elle réalèserait.***

réalignement [ʀealiɲəmɑ̃] nm ÉCON realignment.

réaligner [ʀealiɲe] vt ÉCON to realign.

réalisable [ʀealizabl] adj **1.** [projet] feasible, workable ; [rêve] attainable / *tu sais bien que ce n'est pas réalisable!* you know it can't ou it won't work! **2.** FIN realizable.

réalisateur, trice [ʀealizatœʀ, tʀis] nm, f **1.** CINÉ director, film-maker ; RADIO & TV producer **2.** [maître d'œuvre] : *il a été le réalisateur du projet* he was the one who brought the project to fruition.

réalisation [ʀealizasjɔ̃] nf **1.** [d'un projet] carrying out, execution ; [d'un rêve] fulfilment ; [d'un exploit] achievement **2.** [chose réalisée] achievement / *le nouveau centre commercial est une réalisation remarquable* the new shopping centre is a major achievement / *être en cours de réalisation* to be under way **3.** DR [d'un contrat] fulfilment ; COMM [d'une vente] clinching, closing ; FIN [liquidation] realization **4.** CINÉ & TV [mise en scène] directing, filmmaking ; [film] production, film UK, movie US / **'réalisation (de) George Cukor'** 'directed by George Cukor' / *beaucoup de comédiens se lancent dans la réalisation (de films)* many actors are taking up film directing / *la réalisation de ce film coûterait trop cher* making this film would cost too much **5.** RADIO [émission] production ; [enregistrement] recording / *à la réalisation, Fred X* sound engineer, Fred X **6.** MUS realization.

réaliser [3] [ʀealize] vt **1.** [rendre réel - projet] to carry out *(sép)* ; [- rêve] to fulfil, to realize ; [- espoir] to realize **2.** [accomplir - œuvre] to complete, to carry out *(sép)* ; [- exploit] to achieve, to perform / *les efforts réalisés* the efforts that have been made **3.** COMM [vente] to make ; FIN [capital, valeurs] to realize ; [bénéfice] to make / *réaliser des économies* to make savings **4.** CINÉ, RADIO & TV to direct **5.** MUS to realize **6.** [comprendre] to realize / *as-tu réalisé que la situation est grave?* do you realize how serious the situation is? ; *(en usage absolu)* : *je ne réalise pas encore* it hasn't sunk in yet / *elle est encore sous le choc, mais quand elle va réaliser!* she's still in a state of shock, but wait till it hits her!

❖ **se réaliser** vpi **1.** [s'accomplir - projet] to be carried out ; [- rêve, vœu] to come true, to be fulfilled ; [- prédiction] to come true **2.** [personne] to fulfil UK ou fulfill US o.s.

> ⚠ Attention, **to realize** ne peut être employé systématiquement pour traduire réaliser. Voir article.

réalisme [ʀealism] nm **1.** [gén] realism ▸ **faire preuve de réalisme** to be realistic **2.** ART & LITTÉR realism.

réaliste [ʀealist] ◆ adj **1.** [gén] realistic **2.** ART & LITTÉR realist. ◆ nmf realist.

réalité [ʀealite] nf **1.** [existence] reality / *douter de la réalité d'un fait* to doubt the reality of a fact **2.** [univers réel] ▸ **la réalité** reality ▸ **regarder la réalité en face** to face up to reality ▸ **la dure réalité quotidienne** the harsh reality of everyday existence ▸ **dans la réalité** in real life ▸ **quand la réalité dépasse la fiction** when fact is stranger than fiction ▸ **réalité augmentée** INFORM augmented reality ▸ **réalité virtuelle** virtual reality **3.** [fait] fact / *n'en doutez pas, c'est une réalité!* you'd better believe it, it's a fact! / *prendre conscience des réalités (de la vie)* to face facts / *les réalités de ce monde* the realities of this world.

❖ **en réalité** loc adv **1.** [en fait] in (actual) fact / *on m'en avait dit beaucoup de mal, mais en réalité c'est une personne charmante* I'd heard a lot of bad things about him, but in (actual) fact he is charming **2.** [vraiment] in real life / *à la scène, elle paraît plus jeune qu'elle n'est en réalité* on stage, she looks younger than she does in real life.

realpolitik [ʀealpɔlitik] nf Realpolitik.

réaménagement [ʀeamenaʒmɑ̃] nm **1.** [modification - d'un bâtiment] refitting *(U)* ; [- d'un projet] reorganization, replanning *(U)* ▸ **réaménagement urbain** urban redevelopment ▸ **le réaménagement du territoire** land redevelopment **2.** FIN readjustment ▸ **réaménagement monétaire** currency readjustment.

réaménager [17] [ʀeamenaʒe] vt **1.** [espace, salle] to refit, to refurbish **2.** [horaire] to replan, to readjust ; [politique] to reshape **3.** FIN [dette] to reschedule.

réamorcer [16] [ʀeamɔʀse] vt **1.** [pompe] to prime again ▸ **réamorcer la pompe** *fig* to get things rolling again **2.** [discussion] to begin ou to start again, to reinitiate.

réanimateur, trice [ʀeanimatœʀ, tʀis] nm, f resuscitator.

réanimation [ʀeanimasjɔ̃] nf [action] resuscitation ▸ **service de réanimation (intensive)** intensive care unit / *admis en réanimation* [service] put in intensive care.

réanimer [3] [ʀeanime] vt **1.** [malade] to resuscitate, to revive **2.** [conversation, intérêt] to revive.

réapparaître, réapparaitre* [91] [ʀeapaʀɛtʀ] vi *(aux être ou avoir)* to come back, to reappear, to appear again / *tous ces facteurs ont contribué à faire réapparaître les conflits entre les ethnies* all of these factors have contributed to the resurgence of ethnic conflicts.

réapparition [ʀeapaʀisjɔ̃] nf **1.** [du soleil] reappearance **2.** [d'une vedette] comeback.

réapparu, e [ʀeapaʀy] pp ⟶ **réapparaître.**

réapprendre [79] [ʀeapʀɑ̃dʀ] vt to learn again.

réapprovisionnement [ʀeapʀɔvizjɔnmɑ̃] nm COMM [d'un magasin] restocking ; [d'un commerçant] re-supplying.

réapprovisionner [3] [ʀeapʀɔvizjɔne] vt COMM [magasin] to restock ; [commerçant] to resupply.
❖ **se réapprovisionner** vp to stock up again / *il s'est réapprovisionné auprès d'un autre fournisseur* he stocked up again by buying from another supplier.

réargenter [3] [ʀeaʀʒɑ̃te] vt to resilver.

réarmement [ʀeaʀməmɑ̃] nm **1.** MIL rearmament, rearming ; POL rearmament **2.** NAUT refitting **3.** ARM cocking.

réarmer [3] [ʀeaʀme] ◆ vt **1.** MIL & POL to rearm **2.** NAUT to refit **3.** ARM to cock. ◆ vi [pays] to rearm.
❖ **se réarmer** vp to rearm.

réarrangement [ʀeaʀɑ̃ʒmɑ̃] nm **1.** [processus] rearranging, rearrangement ; [résultat] rearrangement **2.** CHIM rearrangement.

réarranger [17] [ʀeaʀɑ̃ʒe] vt to rearrange, to redo.

réassignation [ʀeasiɲasjɔ̃] nf DR resummons *(sg).*

réassigner [3] [ʀeasiɲe] vt DR to resummon.

réassort [ʀeasɔʀ] nm COMM new stock.

réassortiment [ʀeasɔʀtimɑ̃] nm **1.** COMM [d'un magasin] restocking ; [d'un stock] renewing ; [de marchandises] new stock, fresh supplies **2.** [de pièces d'un service] matching (up) ; [d'une soucoupe] replacing.

réassortir [32] [ʀeasɔʀtiʀ] vt COMM [magasin] to restock ; [stock] to renew.
❖ **se réassortir** vp *(emploi réfléchi)* to replenish one's stock ▸ **se réassortir en** to renew one's stock of.

réassurance [ʀeasyʀɑ̃s] nf reinsurance.

réassurer [3] [ʀeasyʀe] vt to reinsure.
❖ **se réassurer** vp *(emploi réfléchi)* to reinsure.

réassureur [ʀeasyʀœʀ] nm reinsurer.

rebaisser [4] [ʀəbese] ◆ vi to go down again, to drop ou to fall again. ◆ vt [prix] to bring down *(sép)* again, to lower again ; [chauffage, feu, son] to turn down *(sép)* again, to turn down low again.

rebaptiser [3] [ʀəbatize] vt to rename.

rébarbatif, ive [ʀebaʀbatif, iv] adj **1.** [personne] cantankerous, surly **2.** [idée] off-putting UK daunting.

rebat v ⟶ **rebattre.**

rebâtir [32] [ʀəbatiʀ] vt to rebuild.

rebattre [83] [ʀəbatʀ] vt **1.** [cartes] to reshuffle **2.** EXPR **rebattre les oreilles à qqn de qqch** : *elle m'a rebattu les oreilles de son divorce* she went on and on ou she kept harping on about her divorce.

rebattu, e [ʀəbaty] adj [éculé] hackneyed, worn out.

Rébecca [ʀebeka] npr BIBLE Rebecca.

rebelle [ʀəbɛl] ◆ adj **1.** POL rebel *(modif)* **2.** [indomptable - cheval] rebellious ; [- cœur, esprit] rebellious, intractable ; [- enfant] rebellious, wilful ; [- mèche] unruly, wild **3.** ▸ **rebelle à** [réfractaire à] impervious to / *rebelle à tout conseil* unwilling to heed advice, impervious to advice **4.** [acné, fièvre] stubborn, refractory *spéc* ◆ nmf rebel.

rebeller [4] [ʀəbɛle] ❖ **se rebeller** vpi to rebel ▸ **se rebeller contre** to rebel against / *la jeune génération de cinéastes qui se rebellent contre les conventions* the younger generation of filmmakers who flout established conventions.

rébellion [ʀebɛljɔ̃] nf **1.** [révolte] rebellion **2.** [les rebelles] ▸ **la rébellion** the rebels.

rebelote [ʀəbəlɔt] nf **1.** JEUX rebelote *(said when playing the second card of a pair of king and queen of trumps while playing belote)* **2.** EXPR **rebelote!** *fam* here we go again !

rebiffer [3] [ʀəbife] ❖ **se rebiffer** vpi *fam* : *quand je lui fais une remarque, il se rebiffe* when I say anything to him he reacts really badly ▸ **se rebiffer contre qqch** to kick out against sthg.

rebiquer [3] [ʀəbike] vi *fam* to stick up.

reblanchir [32] [ʀəblɑ̃ʃiʀ] vt [gén] to rewhiten ; [à la chaux] to rewhitewash.

reblochon [ʀəblɔʃɔ̃] nm Reblochon (cheese).

reboisement [ʀəbwazmɑ̃] nm reafforestation, reforestation.

reboiser [3] [ʀəbwaze] vt to reafforest, to reforest.

rebond [ʀəbɔ̃] nm bounce, rebound / *je l'ai attrapé au rebond* I caught it on the rebound.

rebondi, e [ʀəbɔ̃di] adj [joue, face] chubby, plump ; [formes] well-rounded / *à la poitrine rebondie* buxom.

rebondir [32] [ʀəbɔ̃diʀ] vi **1.** [balle, ballon] to bounce / *le ballon rebondit mal* the ball doesn't bounce well / *il fait toujours rebondir la balle trois fois avant de servir* he always bounces the ball three times before serving **2.** [conversation] to get going again ; [intérêt] to be revived ou renewed ; [procès, scandale] to get new impetus ▸ **faire rebondir qqch** to give sthg a fresh start ou a new lease of life **3.** [intrigue] to take off again.

rebondissement [ʀəbɔ̃dismɑ̃] nm **1.** [d'une balle] bouncing **2.** [d'une affaire] (new) development.

rebord [ʀəbɔʀ] nm [d'un fossé, d'une étagère] edge ; [d'une assiette, d'un verre] rim ; [d'une cheminée] mantelpiece ; [d'une fenêtre] (window) ledge ou sill / *le savon est sur le rebord de la baignoire* the soap is on the side ou edge of the bath.

reborder [3] [ʀəbɔʀde] vt **1.** [enfant, drap] to tuck in *(sép)* again **2.** [chapeau] to renew the edging on.

rebouchage [ʀəbuʃaʒ] nm **1.** [d'un trou] filling (in) **2.** CONSTR [d'une surface] stopping, making good **3.** [d'un puits] stopping (up).

reboucher [3] [ʀəbuʃe] vt **1.** [bouteille de vin] to recork ; [flacon, carafe] to restopper / **'reboucher après usage'** 'replace lid after use' **2.** CONSTR [trou] to fill, to plug ; [fissure] to fill, to stop.
❖ **se reboucher** vpi [évier] to get blocked again.

rebours [ʀəbuʀ] ❖ **à rebours** loc adv **1.** [à l'envers - compter, lire] backwards ; [dans le mauvais sens] the wrong way / *il ne faut pas le prendre à rebours!* you mustn't rub him up the wrong way ! / *tu prends tout à rebours!* you're always getting the wrong idea !, you're always getting the wrong end of the stick ! UK **2.** TEXT against the nap ou the pile. ❖ **à rebours de** loc prép : *aller à rebours de tout le monde* to go ou to run counter to the general trend / *elle fait tout à rebours de ce qu'on lui dit* she does the exact opposite of what people tell her.

rebouteur, euse [ʀəbutœʀ, øz], **rebouteux, euse** [ʀəbutø, øz] nm, f bonesetter.

reboutonner [3] [ʀəbutɔne] vt to button up *(sép)* again, to rebutton.
❖ **se reboutonner** vp *(emploi réfléchi)* to do o.s. up again.

rebranding [ʀibʀɑ̃diŋ] nm COMM rebranding.

rebrousse-poil [ʀəbʀuspwal] ❖ **à rebrousse-poil** loc adv **1.** TEXT against the nap ou the pile **2.** [maladroitement] the wrong way / *mieux vaut ne pas prendre le patron à rebrousse-poil* better not rub the boss up the wrong way.

rebrousser [3] [ʀəbʀuse] vt **1.** [cheveux] to ruffle **2.** [poil] to brush the wrong way ▸ **rebrousser le poil à qqn** *fam* to rub sb up the wrong way **3.** TEXT [drap] to brush against the nap **4.** EXPR **rebrousser chemin** to turn back, to retrace one's steps.

rebuffade [ʀəbyfad] nf rebuff / *essuyer une rebuffade* to suffer a rebuff.

rébus [ʀebys] nm rebus / *ce texte est un rébus pour moi* *fig* this text is a real puzzle for me.

rebut [ʀəby] nm **1.** [article défectueux] second, reject / *cette boutique leur sert à écouler les rebuts de fabrication* they use that shop to sell off all their seconds ou rejects **2.** [poubelle, casse] ▸ **mettre** ou **jeter au rebut** to throw away, to discard ▸ **bon à mettre au rebut a)** [vêtement] only fit to be thrown out **b)** [véhicule] ready for the scrapheap **3.** *fig & litt* : *le rebut de la société* the dregs of society **4.** [envoi postal] dead letter.
❖ **de rebut** loc adj **1.** [sans valeur] ▸ **meubles de rebut** unwanted furniture ▸ **vêtements de rebut** cast-offs **2.** [défectueux] ▸ **marchandises de rebut** seconds, rejects.

rebutant, e [ʀəbytɑ̃, ɑ̃t] adj **1.** [repoussant] repulsive / *un visage rebutant* a repulsive face **2.** [décourageant] off-putting UK disheartening / *mon travail est rebutant* my work is very disheartening.

rebuter [3] [ʀəbyte] vt **1.** [décourager] to discourage, to put off *(sép)* / *ses façons ont de quoi vous rebuter* his manners are enough to put you off **2.** [dégoûter] to put off *(sép)* / *cette nourriture rebuterait un homme affamé* even a starving man would be put off by that food **3.** [choquer] : *ses manières me rebutent* I find his behaviour quite shocking.
❖ **se rebuter** vpi [se lasser] : *il était plein d'ardeur mais il s'est vite rebuté* he used to be very keen but he soon lost heart ou his enthusiasm.

recacheter [27] [ʀəkaʃte] vt to reseal.
In reformed spelling (see p. 16-19), this verb is conjugated like *acheter*: *il recachète, elle recachètera.*

recadrage [ʀəkadʀaʒ] nm **1.** CINÉ & PHOT cropping **2.** *fig* [d'une action, d'un projet] redefining.

recadrer [ʀəkadʀe] vt **1.** CINÉ & PHOT to crop **2.** *fig* [action, projet] to redefine ; [collaborateur] : *j'ai été obligé de le recadrer car il prenait des décisions intempestives* I had to bring him back into line because he kept making rash decisions.

recalcification [ʀəkalsifikasjɔ̃] nf recalcification.

recalcifier [9] [ʀəkalsifje] vt to recalcify.

récalcitrant, e [ʀekalsitʀɑ̃, ɑ̃t] ◆ adj [animal] stubborn ; [personne] recalcitrant, rebellious. ◆ nm, f recalcitrant.

recalculer [3] [ʀəkalkyle] vt to work out *(sép)* again, to recalculate.

recalé, e [ʀəkale] *fam* ◆ adj : *recalée en juin, j'ai réussi en septembre* I failed in June but passed in September. ◆ nm, f failed candidate.

recaler [3] [ʀəkale] vt *fam* [candidat] to fail / *il s'est fait recaler à l'examen pour la deuxième fois* he failed the exam for the second time.

recapitalisation [ʀəkapitalizasjɔ̃] nf FIN recapitalization.

recapitaliser [ʀəkapitalize] vt FIN to recapitalize.

récapitulatif, ive [ʀekapitylatif, iv] adj **1.** [note] summarizing ; [tableau] summary *(modif)* **2.** BANQUE ▸ **tableau récapitulatif (d'un compte)** (summary) statement.

*In reformed spelling (see p. 16-19).

❖ **récapitulatif** nm summary, recapitulation, résumé.

récapitulation [rekapitylasjɔ̃] nf **1.** [résumé] recapitulation, summary, résumé ; [liste] recapitulation, summary **2.** BANQUE (summary) statement.

récapituler [3] [rekapityle] vt **1.** [résumer] to summarize, to recapitulate **2.** [énumérer] to go ou to run over *(insép)* / *récapitulons vos arguments* let's run over ou go over your arguments.

recapturer [rəkaptyre] vt to recapture.

recarreler [24] [rəkarle] vt to retile.

recaser [3] [rəkaze] vt *fam* [personne] to find a new job for.

❖ **se recaser** vp *(emploi réfléchi) fam* [retrouver un emploi] to get fixed up with a new job ; [se remarier] to get hitched again.

recéder [18] [rəsede] vt **1.** [à l'ancien propriétaire] to sell back **2.** [vendre] to resell / *les circonstances l'ont obligé à recéder sa maison* circumstances forced him to resell his house.

❖ **recéder à** v + prép ▸ **recéder à qqch** to give o.s. up to sthg again.

In reformed spelling (see p. 16-19), this verb is conjugated like *semer* : *il recèdera, elle recèderait.*

recel [rəsɛl] nm DR **1.** [d'objets] possession of stolen goods ▸ **faire du recel** to deal in stolen goods / *condamné pour recel de bijoux volés* convicted for possession of stolen jewels **2.** [de personnes] ▸ **recel de cadavre / naissance** concealment of a death / birth ▸ **recel de déserteur / malfaiteur** harbouring a deserter / a (known) criminal.

receler [25] [rəsəle], **recéler*** [18] [rəsele] vt **1.** [bijoux, trésor] to receive ; [personne] to harbour **2.** [mystère, ressources] to hold / *la maison recèle un secret* the house holds a secret / *le sous-sol recèle beaucoup de pétrole* the subsoil holds a great deal of oil.

receleur, euse [rəsəlœr, øz], **recéleur*, euse** [rəselœr, øz] nm, f receiver (of stolen goods).

récemment [resamɑ̃] adv **1.** [dernièrement] recently, not (very) long ago / *un journaliste récemment rentré d'Afrique* a journalist just back from Africa / *ils ont emménagé récemment* they moved in recently ou not (very) long ago / *tout récemment encore* just recently ▸ **l'as-tu rencontrée récemment?** have you met her lately? **2.** [nouvellement] recently, newly / *membres récemment inscrits* newly registered members.

recensement [rəsɑ̃smɑ̃] nm **1.** [de population] census / *faire le recensement de la population* to take a census of the population / *employé au recensement* census taker **2.** POL ▸ **recensement des votes** registering ou counting of the votes **3.** MIL [des futurs conscrits] *registering men for military service* ; [des équipements] inventorying.

recenser [3] [rəsɑ̃se] vt **1.** [population] to take ou to make a census of ; [votes] to count, to register **2.** [biens] to inventory, to make an inventory of ; [marchandises] to check, to take stock of / *recenser les marchandises en magasin* to do the stock-taking **3.** MIL [futurs conscrits] to register ; [équipements] to inventory / *se faire recenser* to register for military service.

recenseur, euse [rəsɑ̃sœr, øz] nm, f census taker.

recension [rəsɑ̃sjɔ̃] nf **1.** [compte rendu] critical review **2.** [vérification] checking *(against manuscripts).*

récent, e [resɑ̃, ɑ̃t] adj **1.** [événement] recent / *leur mariage est tout récent* they've just ou recently got married / *ils sont de noblesse récente* they're of recent nobility ▸ **jusqu'à une date récente** until recently / *c'est une mode récente* it's a recent fashion **2.** [bourgeois, immigré] new.

recentrage [rəsɑ̃traʒ] nm **1.** AUTO recentring ; MÉCAN realigning **2.** ÉCON streamlining, rationalization **3.** POL adoption of a moderate stance.

recentrer [3] [rəsɑ̃tre] vt **1.** AUTO to recentre ; MÉCAN to realign **2.** ÉCON to streamline / *la société recentre son activité sur les produits frais* the company is refocusing its business on dairy products **3.** POL to revise, to realign **4.** SPORT to centre again.

❖ **se recentrer** vpi [entreprise, groupe] to refocus / *l'entreprise doit se recentrer sur son cœur de métier* the company has got to refocus on its core business.

recepage [rəsəpaʒ], **recépage** [rəsepaʒ] nm AGR (severe) pruning, lopping.

receper [19] [rəsəpe], **recéper** [18] [rəsepe] vt AGR to prune (severely), to cut ou to lop back.

récépissé [resepise] nm (acknowledgment of) receipt.

réceptacle [resɛptakl] nm **1.** [réservoir] container, vessel, receptacle **2.** *fig & litt* [lieu de rendez-vous] meeting place **3.** BOT receptacle.

récepteur, trice [resɛptœr, tris] adj RADIO, TÉLÉC & TV receiving, receiver *(modif).*

❖ **récepteur** nm **1.** ÉLECTRON receiver ▸ **récepteur électroacoustique** electroacoustic transducer ou receiver **2.** RADIO & TV (receiving) set, receiver ▸ **récepteur de contrôle** TV monitor **3.** [téléphonique] receiver **4.** MÉD receptor ; [en neurologie] receptor (molecule) **5.** LING receiver.

réceptif, ive [resɛptif, iv] adj **1.** [ouvert] receptive ▸ **réceptif à** open ou receptive to **2.** MÉD susceptible (to infection).

réception [resɛpsjɔ̃] nf **1.** [du courrier] receipt / *dès réception de la présente* on receipt of this letter / *acquitter* ou *payer à la réception* to pay on receipt ou delivery **2.** RADIO & TV reception / *ma télévision a une bonne / mauvaise réception* I get good / bad reception on my TV set **3.** [accueil] welcome, reception / *une réception chaleureuse* a warm welcome / *une réception glaciale* an icy reception **4.** [fête, dîner] party, reception ▸ **réception mondaine** society event / *pour toutes vos réceptions* for whenever you have guests **5.** [d'un hôtel, d'une société - lieu] reception area ou desk, front desk US ; [- personnel] reception staff / *demandez à la réception* ask at reception **6.** [cérémonie d'admission] admission **7.** CONSTR ▸ **réception des travaux** acceptance (of work done) **8.** SPORT [d'un sauteur] landing ; [du ballon - avec la main] catch ; [- avec le pied] / *bonne réception de Pareta qui passe à Loval* Pareta traps the ball well and passes to Loval.

réceptionnaire [resɛpsjɔnɛr] nmf **1.** [dans un hôtel] head of reception **2.** COMM [de marchandises] receiving clerk **3.** NAUT receiving agent, receiver, consignee.

réceptionner [3] [resɛpsjɔne] vt **1.** [article] to check and sign for **2.** SPORT [balle - avec la main] to catch ; [- avec le pied] to trap **3.** [recevoir] to receive.

❖ **se réceptionner** vpi to land / *il s'est bien / mal réceptionné* he made a good / poor landing.

réceptionniste [resɛpsjɔnist] nmf receptionist, desk clerk US.

réceptive [resɛptiv] f ⟶ **réceptif.**

réceptivité [resɛptivite] nf **1.** [sensibilité] receptiveness, responsiveness **2.** MÉD susceptibility (to infection) **3.** PSYCHOL receptiveness.

recercler [3] [rəsɛrkle] vt [tonneau] to rehoop.

récessif, ive [resesif, iv] adj **1.** BIOL [gène] recessive **2.** ÉCON recessionary.

récession [resesjɔ̃] nf **1.** [crise économique] recession **2.** ASTRON & GÉOGR receding.

récessivité [resesivite] nf recessiveness.

recette [rəsɛt] nf **1.** COMM takings UK, take US / *on a fait une bonne / mauvaise recette* the takings were good / poor / *la recette était meilleure la semaine dernière* takings were up last week ▸ **faire recette a)** [idée] to catch on **b)** [mode] to be all the rage **c)** [personne] to be a great success, to be a hit **2.** DR & FIN tax (collector's) office ▸ **recette fiscale** [administration] revenue service, Inland Revenue UK ▸ **recette municipale** local tax office ▸ **recette principale a)** [de la poste] main post office **b)** [des impôts] main tax office **3.** CULIN ▸ **recette (de cuisine)** recipe / *elle m'a donné la recette des crêpes* she gave me the recipe for pancakes ▸ **livre de recettes** cookbook, cookery book UK **4.** *fig* [méthode] : *elle a une recette pour enlever les taches* she's got a formula for getting rid of stains ▸ **la recette du bonheur** the secret of ou recipe for happiness **5.** MIN landing ▸ **recette de fond / jour** bottom / top landing.

❖ **recettes** nfpl [sommes touchées] income *(U)*, receipts, incomings ▸ **recettes et dépenses a)** [gén] income and expenses, incomings and outgoings **b)** [en comptabilité] credit and debit ▸ **recettes annuelles** [d'une entreprise] annual earnings ▸ **recettes publicitaires** advertising revenue ▸ **recettes publiques** public revenue ou income.

recevabilité [rəsəvabilite] nf DR admissibility.

recevable [rəsəvabl] adj **1.** [offre, excuse] acceptable **2.** DR [témoignage] admissible ; [demande] allowable ▸ **témoignage non recevable** inadmissible evidence ; [personne] entitled / *être déclaré recevable dans une demande* to be declared entitled to proceed with a claim.

receveur, euse [rəsəvœr, øz] nm, f **1.** TRANSP ▸ **receveur (d'autobus)** (bus) conductor **2.** ADMIN ▸ **receveur (des postes)** postmaster ▸ **receveuse (des postes)** postmistress ▸ **receveur (des impôts)** tax collector ou officer ▸ **receveur des contributions** income tax collector **3.** MÉD recipient ▸ **receveur universel** universal recipient.

recevoir [52] [rəsəvwar] ◆ vt **1.** [courrier, coup de téléphone, compliments] to receive, to get ; [salaire, somme] to receive, to get, to be paid ; [cadeau] to get, to receive, to be given ; [prix, titre] to receive, to get, to be awarded ; [déposition, réclamation, ordre] to receive / *nous n'avons toujours rien reçu* we still haven't received anything / *voilà longtemps que je n'ai pas reçu de ses nouvelles* it's a long time since I last heard from him / *nous avons bien reçu votre courrier du 12 mai* we acknowledge receipt ou confirm receipt of your letter dated May 12th / *je reçois une livraison chaque semaine* I get weekly deliveries / *c'est le nom que j'ai reçu de mes parents* it's the name I was given by my parents / *la rose a reçu le nom de la cantatrice* the rose took its name from ou was named after the singer / *cette hypothèse n'a pas encore reçu de confirmation* that hypothesis has yet to receive confirmation ou to be confirmed / *je n'ai de conseils à recevoir de personne!* I don't have to take advice from anybody! / *je n'ai pas l'habitude de recevoir des ordres* I'm not in the habit of taking orders ▸ **veuillez recevoir, Madame, l'expression de mes sentiments les meilleurs** ou **mes salutations distinguées** yours sincerely / *ma requête n'a pas été reçue* my request was turned down **2.** [obtenir - attention] to receive, to get ; [- affection, soins] to receive ; [- éducation] to get **3.** [subir - coups] to get, to receive / *il a reçu un choc terrible* he got ou had ou received a terrible shock / *recevoir un coup sur la tête* to receive a blow to ou to get hit on the head / *elle a reçu plusieurs coups de couteau* she was stabbed several times / *la bouteille est tombée et c'est lui qui a tout reçu* the bottle fell over and it went all over him **4.** [chez soi - accueillir] to greet, to welcome ; [- inviter] to entertain ; [- héberger] to take in *(sép)*, to put up *(sép)* / *je reçois quelques amis lundi, serez-vous des nôtres?* I'm having a few friends round on Monday, will you join us? ▸ **recevoir qqn à dîner a)** [avec simplicité] to have sb round for dinner, to invite sb to dinner **b)** [solennellement] to entertain sb to dinner / *ils m'ont reçu à bras ouverts* they welcomed me with open arms / *j'ai été très bien reçu* I was made (to feel) most welcome ▸ **j'ai été mal reçu** I was made to feel unwelcome ▸ **elle est reçue partout** she's on visiting terms with all the top people / *ils ont reçu la visite de cambrioleurs* they were visited by burglars / *ils ont reçu la visite de la police* they received a visit from the police / *je reçois mes parents pour une semaine* I'm having my parents to stay for a week / *nous ne pouvons guère recevoir plus de deux personnes* we can hardly have more than two people ▸ **se faire recevoir** *fam* to get told off **5.** [à son lieu de travail - client, représentant] to see / *crois-tu qu'elle va nous recevoir?* do you think she'll see us? / *ils furent reçus par le Pape* they had an audience with ou were received by the Pope **6.** [dans un club, une société - nouveau membre] to admit / *Livot a été reçu à l'Académie française* Livot has been admitted to the Académie Française **7.** [abriter] : *l'école peut recevoir 800 élèves* the school can take up to 800 pupils / *l'hôtel*

* In reformed spelling (see p. 16-19).

peut recevoir 100 personnes the hotel can accommodate 100 people / *le chalet peut recevoir six personnes* the chalet sleeps six (people) / *ce port peut recevoir les gros pétroliers* the port can handle large oil tankers / *le stade peut recevoir jusqu'à 75 000 personnes* the stadium can hold up to 75,000 people ou has a capacity of 75,000 **8.** [eaux de pluie] to collect ; [lumière] to receive **9.** *(surtout au passif)* [candidat] to pass / *elle a été reçue à l'épreuve de français* she passed her French exam / *je ne suis pas reçu* I didn't pass / *cette année on a reçu 60 % des candidats* this year we passed 60% of the candidates **10.** RADIO & TV to receive, to get / *vous recevez la huitième chaîne ?* do you get the eighth channel ? **11.** RELIG [sacrement, vœux] to receive ; [confession] to hear. ◆ vi **1.** [donner une réception] to entertain / *elle sait merveilleusement recevoir* she's marvellous at entertaining, she's a marvellous hostess ; [tenir salon] : *la comtesse recevait le mardi* the countess used to be at home (to visitors) on Tuesdays **2.** [avocat, conseiller, médecin] to be available (to see clients) / *le médecin reçoit / ne reçoit pas aujourd'hui* the doctor is / isn't seeing patients today.

❖ **se recevoir** ◆ vp *(emploi réciproque)* [s'inviter] to visit each other. ◆ vpi SPORT to land / *elle s'est mal reçue* she landed badly ou awkwardly.

réchampir [ʀeʃɑ̃piʀ], **rechampir** [32] [ʀəʃɑ̃piʀ] vt ART & CONSTR to set off *(sép)*.

rechange [ʀəʃɑ̃ʒ] ❖ **de rechange** loc adj **1.** [de secours] spare ; [pour se changer] extra / *elle n'avait même pas de linge de rechange* she didn't even have a change of clothes / *apporte un maillot de rechange* bring an extra ou a spare swimming costume **2.** [de remplacement - solution] alternative.

rechanger [17] [ʀəʃɑ̃ʒe] vt to change (again), to exchange (again).

rechanter [3] [ʀəʃɑ̃te] vt to sing again.

rechapage [ʀəʃapaʒ] nm AUTO retreading.

rechaper [3] [ʀəʃape] vt AUTO to retread ▸ **pneus rechapés** retreads.

réchapper [3] [ʀeʃape] ❖ **réchapper à, réchapper de** v + prép to come ou to pull through ▸ **en réchapper** [rester en vie] to come through, to escape alive.

recharge [ʀəʃaʀʒ] nf **1.** [d'arme] reload ; [de stylo, briquet, parfum] refill **2.** ARM [action] reloading ; ÉLECTR recharging.

rechargeable [ʀəʃaʀʒabl] adj [briquet, stylo] refillable ; [batterie] rechargeable.

rechargement [ʀəʃaʀʒəmɑ̃] nm [d'une arme, d'un appareil photo] reloading ; [d'une batterie] recharging ; [- d'un téléphone portable, d'un ordinateur] charging ; [d'un briquet, d'un stylo] refilling ; [d'un poêle - à mazout] refuelling ; [- à bois, à charbon] refilling.

recharger [17] [ʀəʃaʀʒe] vt **1.** [réapprovisionner - arme, appareil photo] to reload ; [- un téléphone portable, un ordinateur] to charge ; [- briquet, stylo] to refill ; [- poêle à bois, à mazout, à charbon] to refill ; [- batterie] to recharge **2.** [voiture, camion] to load again / *il a fallu recharger les bagages dans la voiture* we had to load the bags back into the car **3.** TRAV PUB to remetal ; RAIL to reballast, to relay **4.** INDUST to strengthen, to consolidate **5.** INFORM to reload.

réchaud [ʀeʃo] nm **1.** [de cuisson] (portable) stove ▸ **réchaud à alcool** spirit stove ▸ **réchaud de camping a)** [à gaz] camping stove **b)** [à pétrole] Primus® (stove) ▸ **réchaud à gaz** (portable) gas stove **2.** [chauffe-plats] plate warmer, chafing dish.

réchauffage [ʀeʃofaʒ] nm reheating.

réchauffé, e [ʀeʃofe] adj **1.** [nourriture] reheated, warmed-up, heated-up **2.** *fig* [plaisanterie] stale.

❖ **réchauffé** nm reheated ou warmed-up food / *ça a un goût de réchauffé* it tastes like it's been heated up again ▸ **c'est du réchauffé** *fig & péj* that's old hat.

réchauffement [ʀeʃofmɑ̃] nm warming up *(U)* / *on annonce un léger réchauffement pour le week-end* temperatures will rise slightly this weekend ▸ **réchauffement climatique** ou **global** ou **de la planète** global warming.

réchauffer [3] [ʀeʃofe] vt **1.** [nourriture] to heat ou to warm up *(sép)* (again) / *je vais faire réchauffer la soupe* I'll heat up the soup **2.** [personne, salle] to warm up *(sép)* / *il frappait ses mains l'une contre l'autre pour les réchauffer* he was clapping his hands together to warm them up / *le soleil commençait à nous réchauffer* we were beginning to feel warmer in the sun ▸ **tu as l'air** ou **tu es bien réchauffé !** don't you feel the cold ? **3.** *fig* [ambiance] to warm up *(sép)* ; [ardeur] to rekindle / *ça vous réchauffe le cœur de les voir* it warms (the cockles of) your heart to see them / *ses bonnes paroles m'avaient réchauffé le cœur* his kind words had warmed my heart.

❖ **se réchauffer** ◆ vp *(emploi passif)* : *un soufflé ne se réchauffe pas* you can't reheat a soufflé. ◆ vpi **1.** [personne] to warm up / *je n'arrive pas à me réchauffer aujourd'hui* I just can't get warm today / *alors, tu te réchauffes ?* well now, are you warming up a bit ? **2.** [pièce, sol, temps] to warm up, to get warmer / *ça ne se réchauffe guère !* the weather isn't exactly getting warmer ! ◆ vpt : *se réchauffer les pieds / mains* to warm one's feet / hands (up).

réchauffeur [ʀeʃofœʀ] nm heater ▸ **réchauffeur d'air / d'eau / d'huile** air / water / oil heater ▸ **réchauffeur à mélange** (liquid) mixture preheater ▸ **réchauffeur à surface** surface preheater.

rechaussement [ʀəʃosmɑ̃] nm **1.** AGR & HORT earthing ou banking up **2.** CONSTR consolidating.

rechausser [3] [ʀəʃose] vt **1.** [personne] ▸ **rechausser qqn** to put sb's shoes back on for him / her **2.** AGR & HORT to earth ou to bank up *(sép)* **3.** CONSTR to consolidate (the base of).

❖ **se rechausser** vp *(emploi réfléchi)* to put one's shoes back on.

rêche [ʀɛʃ] adj **1.** [matière, vin] rough ; [fruit] bitter **2.** *fig* [voix, ton] harsh, rough.

recherche [ʀəʃɛʀʃ] nf **1.** [d'un objet, d'une personne, d'un emploi, etc.] search ; [du bonheur, de la gloire, du plaisir] pursuit ; [d'informations] research / *la recherche du virus devrait être plus systématique* tests to detect the virus should be more systematic / *la recherche d'un bon avocat m'a déjà pris deux mois* I've already spent two months looking for ou searching for a good lawyer ▸ **recherche documentaire** documentary research **2.** SCI & UNIV ▸ **la recherche** research / *le budget de la recherche* the research budget / *bourse / travaux de recherche* research grant / work ▸ **faire de la recherche** to do research ▸ **elle tait de la recherche en chimie a)** [spécialiste] she's a research chemist **b)** [étudiante] she's a chemistry research student ▸ **recherche fondamentale** fundamental research ▸ **recherche opérationnelle** operational UK ou operations US research ▸ **recherche scientifique** scientific research **3.** ÉCON ▸ **recherche et développement** research and development **4.** DR search ▸ **recherche de paternité** paternity proceedings ou suit US ▸ **action en recherche de paternité** paternity suit **5.** INFORM search, searching *(U)* ▸ **faire une recherche globale** to do a global research **6.** [prospection] ▸ **recherche minière** mining ▸ **recherche pétrolière** oil prospecting **7.** [raffinement] sophistication, refinement / *vêtu avec recherche* elegantly dressed / *s'exprimer avec recherche* to be highly articulate ▸ **sans recherche** simple, plain ; [affectation] affectation, ostentatiousness / *trop de recherche nuit à la clarté du style* an overelaborate style works against ou undermines clarity.

❖ **recherches** nfpl [enquête] search / *les recherches de la police pour rattraper le fuyard sont restées vaines* despite a police search, the runaway has not been found ▸ **faire des recherches sur qqch a)** [gén] to inquire into sthg **b)** [chercheur] to do research on sthg / *faire faire des recherches pour retrouver un parent disparu* to have a search carried out for a missing relative ; [travaux - gén] work, research ; [- de médecine] research / *une équipe d'archéologues mène déjà des recherches sur le site* a team of archeologists is already working on ou researching the site.

❖ **à la recherche de** loc prép in search of, looking ou searching for / *être / partir / se mettre à la recherche de* to be / to set off / to go in search of / *nous sommes toujours à la recherche d'un remède* we're still looking for a cure / *je suis toujours à la recherche d'un prétexte pour ne pas y aller* I'm always looking for an excuse not to go / *depuis combien de temps êtes-vous à la recherche d'un emploi ?* how long have you been looking for a job ? / *une vie passée à la recherche des plaisirs / de la fortune* a life spent in pursuit of pleasure / riches / **'À la recherche du temps perdu'** *Proust* 'In Search of Lost Time'.

> Attention ! Le mot research est indénombrable. Il ne s'emploie jamais ni au pluriel ni avec l'article indéfini a :
>
> **Ces recherches sont financées par le conseil général.** *This research is financed by the local council.*

recherché, e [ʀəʃɛʀʃe] adj **1.** [prisé - mets] choice *(modif)* ; [- comédien] in demand, much sought-after ; [- objet rare] much sought-after **2.** [raffiné - langage] studied ; [- tenue] elegant ; [- style] ornate / *dans sa toilette la plus recherchée* in her best finery.

rechercher [3] [ʀəʃɛʀʃe] vt **1.** [document, objet] to look ou to search for *(insép)* ; [disparu] to search for *(insép)* ; [assassin] to look for *(insép)* / *rechercher un passage dans un livre* to try and find a passage in a book ▸ **nous recherchons votre correspondant** TÉLÉC we're trying to connect you / *il est recherché par la police* the police are looking for him / **'on recherche pour meurtre homme brun, 32 ans'** 'wanted for murder brown-haired, 32-year-old man' / *la police recherche les témoins de l'accident* the police are appealing for witnesses of the accident to come forward **2.** [dans une annonce] : *(on) recherche jeunes gens pour travail bien rémunéré* young people wanted for well-paid job **3.** [cause] to look into *(insép)*, to investigate / *on recherche toujours la cause du sinistre* the cause of the fire is still being investigated **4.** [compliment, pouvoir, gloire] to seek (out) ; [sécurité] to look for *(insép)* ; [fortune, plaisirs] to be in search of ; [beauté, pureté] to strive for *(insép)*, to aim at *(insép)* ▸ **rechercher l'affection / la compagnie de qqn** to seek out sb's affection / company **5.** [récupérer - une personne] to collect, to fetch back (again) / *je viendrai te rechercher* I'll come and fetch you **6.** [chercher à nouveau] to search ou to look for *(insép)* again ; [prendre à nouveau] : *va me rechercher du pain chez le boulanger / à la cuisine* go and get me some more bread from the baker's / kitchen **7.** INFORM to search.

rechigner [3] [ʀəʃiɲe] vi **1.** [montrer sa mauvaise humeur] to grimace, to frown **2.** [protester] to grumble ▸ **fais-le sans rechigner** do it without making a fuss.

❖ **rechigner à** v + prép : *elle rechigne à faire cette vérification* she's reluctant to carry out this check / *la vieille Marie, en voilà une qui ne rechignait pas à l'ouvrage !* old Marie didn't mind a bit of hard work !

rechristianiser [3] [ʀəkʀistjanize] vt to reconvert to Christianity.

rechute [ʀəʃyt] nf **1.** MÉD relapse / *avoir* ou *faire une rechute* to (have a) relapse **2.** [d'une mauvaise habitude] relapse **3.** ÉCON : *on craint une rechute de l'activité économique* there are fears of a further slump in economic activity.

rechuter [3] [ʀəʃyte] vi **1.** MÉD to (have a) relapse **2.** [dans une mauvaise habitude] to relapse.

récidivant, e [ʀesidivɑ̃, ɑ̃t] adj recurring.

récidive [ʀesidiv] nf **1.** DR [après première condamnation] second offence UK ou offense US ; [après deuxième condamnation] subsequent offence / *il y a récidive* this is a second offence ▸ **en cas de récidive** in the event of a subsequent offence / *elle n'en est pas à sa première récidive* this is the latest in a long line of offences for her / *à la première récidive, je confisque ton vélo !* *fig* if you do that once more, I'll confiscate your bike ! **2.** MÉD recurrence.

récidiver [3] [ʀeside] vi **1.** DR [après première condamnation] to commit a second offence UK ou offense US ; [après deuxième condamnation] to commit a subsequent offence UK ou offense US **2.** [recommencer] : *il récidive dans ses plaintes* he's bringing up the same complaints again **3.** MÉD to recur, to be recurrent.

récidivisme [ʀesidivism] nm recidivism *spéc*, habitual offending.

récidiviste [ʀesidivist] ◆ adj recidivist. ◆ nmf [pour la première fois] second offender, recidivist *spéc* ; [de longue date] habitual offender, recidivist *spéc*.

récif [ʀesif] nm reef ▸ **récif corallien** ou **de corail** coral reef ▸ **récif frangeant** fringing reef.

récif-barrière [ʀesifbaʀjɛʀ] (*pl* **récifs-barrières**) nm barrier reef.

Recife [ʀesif] npr Recife.

récipiendaire [ʀesipjɑ̃dɛʀ] nmf **1.** [nouveau venu] member elect **2.** [d'une médaille, d'un diplôme] recipient.

récipient [ʀesipjɑ̃] nm container, receptacle *sout*, vessel *litt*.

réciprocité [ʀesipʀɔsite] nf reciprocity / *mais à titre de réciprocité, laissez-moi vous inviter à déjeuner* but allow me to repay you by inviting you to lunch.

réciproque [ʀesipʀɔk] ◆ adj **1.** [mutuel] mutual / *des sentiments réciproques* mutual feelings / *je vous hais ! — c'est réciproque !* I hate you ! — I hate you too ou the feeling's mutual ! / *l'affection qu'elle portait au jeune homme n'était pas réciproque* her affection for the young man was not reciprocated ou returned **2.** [bilatéral -accord] reciprocal ▸ **convention réciproque** reciprocal agreement **3.** LOGIQUE converse ▸ **proposition réciproque** converse (proposition) **4.** GRAM & MATH reciprocal. ◆ nf **1.** ▸ **la réciproque** [l'inverse] the reverse, the opposite / *pourtant la réciproque n'est pas vraie* though the reverse isn't true, but not vice versa / *je ne l'aime pas, et la réciproque est vraie* I don't like him and he doesn't like me **2.** ▸ **la réciproque** [la même chose] the same / *ils vous ont invités, à vous de leur rendre la réciproque* they invited you, now it's up to you to do the same ou to invite them in return **3.** MATH reciprocal function.

réciproquement [ʀesipʀɔkmɑ̃] adv **1.** [mutuellement] : *ils ont le devoir de se protéger réciproquement* it is their duty to protect each other ou one another, they must provide each other with mutual protection **2.** [inversement] vice versa / *ce qui est blanc ici est noir là-bas et réciproquement* what is white here is black over there and vice versa.

réciproquer [3] [ʀesipʀɔke] BELG ◆ vi : *je vous souhaite une bonne année ! — je réciproque !* happy New Year ! — same to you ! ◆ vt [vœux] to return.

récit [ʀesi] nm **1.** [histoire racontée] story, tale, narration *sout* / *le récit de ses aventures* the story of her adventures ▸ **faire le récit de qqch** to narrate sthg / *vous ferez le récit de vos dernières vacances* write an account of your last holidays / *nous avons tous frémi au récit de cette histoire* we all shivered when we heard this tale **2.** [exposé] account / *le récit chronologique des faits* a chronological account of the facts / *un récit circonstancié* a blow-by-blow account **3.** LITTÉR & THÉÂTRE narrative ▸ **récit de voyage** [livre] travel book **4.** MUS [dans un opéra] recitative ; [solo] solo ; [clavier d'orgue] third manual, choir (organ).

récital, als [ʀesital] nm recital / *récital de piano* piano recital.

récitant, e [ʀesitɑ̃, ɑ̃t] ◆ adj MUS solo. ◆ nm, f CINÉ & THÉÂTRE narrator.

récitatif [ʀesitatif] nm recitative.

récitation [ʀesitasjɔ̃] nf **1.** [d'un texte] recitation **2.** ÉDUC [poème] recitation piece / *on leur a fait apprendre une belle récitation* they were given a beautiful poem to learn (by heart).

réciter [3] [ʀesite] vt **1.** [dire par cœur -leçon] to repeat, to recite ; [-discours] to give ; [-poème, prière] to say, to recite ; [-formule] to recite **2.** [dire sans sincérité] : *elle avait l'air de réciter un texte* she sounded as if she was reading from a book / *le témoin a récité sa déposition* the witness reeled off his statement.

réclamation [ʀeklamasjɔ̃] nf **1.** ADMIN [plainte] complaint / *pour toute réclamation, s'adresser au guichet 16* all complaints should be addressed ou referred to desk 16 / *faire une réclamation* to lodge a complaint ▸ **service** / **bureau des réclamations** complaints department / office **2.** DR [demande] claim, demand / *faire une réclamation* to lodge a claim / *faire droit à une réclamation* to allow ou to satisfy a claim ▸ **réclamation d'état** claim of status **3.** [récrimination] complaining *(U)* / *les réclamations continuelles des enfants* the children's incessant complaining **4.** [dans le domaine fiscal] tax adjustment claim.

❖ **réclamations** nfpl TÉLÉC [service] ▸ **appeler les réclamations** to call the (telephone) engineer.

réclame [ʀeklam] nf *vieilli* **1.** ▸ **la réclame** [la publicité] advertising *(U)* ▸ **faire de la réclame pour qqch** to advertize sthg **2.** [annonce] advertisement / *j'ai vu la réclame de cette voiture à la télé fam* I saw the advert UK ou commercial US for this car on TV.

❖ **en réclame** ◆ loc adj on (special) offer / *le café est en réclame cette semaine* there's a special offer on coffee ou coffee's on special offer this week. ◆ loc adv at a discount.

réclamer [3] [ʀeklame] ◆ vt **1.** [argent, augmentation] to demand ; [attention, silence] to call for *(insép)*, to demand ; [personne] to ask ou to clamour for *(insép)* / *l'enfant ne cesse de réclamer sa mère* the child is continually asking for his mother / *je réclame le silence !* silence, please ! / *elle me doit encore de l'argent mais je n'ose pas le lui réclamer* she still owes me money but I daren't ask for it back ▸ **réclamer le secours de qqn** to ask sb for assistance / *ils réclament la semaine de 35 heures* they demand a 35 hour week ; *(en usage absolu)* : *le chien est toujours à réclamer fam* the dog's always begging / *le bébé est toujours à réclamer fam* the baby's always wanting to be fed **2.** [revendiquer -droit] to claim ; [-somme due] to put in for *(insép)*, to claim / *réclamer des dommages et intérêts* to claim compensation ou damages / *réclamer sa part d'héritage* to claim one's share of the inheritance **3.** [nécessiter -précautions] to call for *(insép)* ; [-soins] to require ; [-explication] to require, to demand / *la situation réclame des mesures d'exception* the situation calls for special measures. ◆ vi **1.** [se plaindre] ▸ **réclamer auprès de qqn** to complain to sb **2.** [protester] ▸ **réclamer contre qqch** to cry out against sthg.

❖ **se réclamer de** vp + prép ▸ **se réclamer de qqn a)** [utiliser son nom] to use sb's name **b)** [se prévaloir de lui] to invoke sb's name / *elle ne se réclame d'aucun mouvement politique* she doesn't identify with any political movement / *les organisations se réclamant du marxisme* organizations calling ou labelling themselves Marxist.

reclassement [ʀəklasmɑ̃] nm **1.** [de données -alphabétiques] reordering ; [-numériques] reordering, resequencing ; [d'un dossier -remise en place] refiling ; [-nouveau classement] reclassifying **2.** ADMIN [d'un fonctionnaire] regrading ▸ **reclassement de la fonction publique** restructuring of the state sector **3.** [d'un chômeur] placement ; [d'un handicapé, d'un ex-détenu] rehabilitation.

reclasser [3] [ʀəklase] vt **1.** [par ordre alphabétique] to reorder ; [par ordre numérique] to reorder, to resequence **2.** [ranger] to put back, to refile ; [réorganiser] to reclassify, to reorganize / *reclasser les dossiers par ordre chronologique* to reclassify the files in chronological order **3.** ADMIN [salaires] to restructure ; [fonctionnaire] to regrade **4.** [chômeur] to place ; [handicapé, ex-détenu] to rehabilitate.

reclouer [3] [ʀəklue] vt to nail back together.

reclus, e [ʀəkly, yz] ◆ adj solitary, secluded / *mener une vie recluse* to lead a secluded existence. ◆ nm, f recluse ▸ **vivre en reclus** to live like a hermit ou recluse.

réclusion [ʀeklyzjɔ̃] nf **1.** *litt* reclusion, seclusion **2.** DR imprisonment ▸ **réclusion criminelle** imprisonment with labour / *condamné à la réclusion criminelle à perpétuité* sentenced to life (imprisonment), given a life sentence.

réclusionnaire [ʀeklyzjɔnɛʀ] nmf prisoner.

récognitif, ive [ʀekɔgnitif, iv] adj DR recognitive, recognitory ▸ **acte récognitif** deed of recognition.

récognition [ʀekɔgnisjɔ̃] nf recognition.

recoiffer [3] [ʀəkwafe] vt : *recoiffer ses cheveux* to do ou to redo one's hair ▸ **recoiffer qqn** to do sb's hair (again).

❖ **se recoiffer** vp *(emploi réfléchi)* **1.** [se peigner] to do ou to redo one's hair **2.** [remettre son chapeau] to put one's hat on again ou back on.

recoin [ʀəkwɛ̃] nm **1.** [coin] corner, nook / *elle a dû le cacher dans quelque recoin* she must have hidden it in some corner or other / *chercher dans le moindre recoin* ou *dans tous les (coins et) recoins* to search every nook and cranny **2.** *fig* [partie secrète] recess / *les recoins de l'inconscient* the (hidden) recesses of the unconscious.

reçoit, reçoivent v ⟶ **recevoir.**

recollage [ʀəkɔlaʒ] nm resticking.

récollection [ʀekɔlɛksjɔ̃] nf RELIG recollection.

recollement [ʀəkɔlmɑ̃] = **recollage.**

recoller [3] [ʀəkɔle] vt **1.** [objet brisé] to stick ou to glue back together ; [timbre] to stick back on ; [enveloppe] to stick back down, to restick ; [semelle] to stick ou to glue back on ▸ **recoller les morceaux a)** [avec de la colle] to stick ou to glue the pieces back together (again) **b)** [avec de l'adhésif] to tape the pieces back together (again) **c)** *fig* to patch things up **2.** *fam* [redonner] : *on m'a recollé une amende* I've been landed with another fine / *on nous a recollé un prof nul* we've been landed with another useless teacher **3.** *fam* [remettre] to stick ou to shove back / *ils l'ont recollé à l'hôpital* they stuck him back in hospital.

❖ **recoller à** v + prép SPORT : *recoller au peloton* to catch up with the bunch.

❖ **se recoller** ◆ vp *(emploi passif)* : *ça se recolle très facilement* it can easily be stuck back together. ◆ vpi **1.** [se ressouder -os] to knit (together), to mend ; [-objet] to stick (together) **2.** *fam & fig* ▸ **se recoller avec qqn** [se réinstaller avec qqn] to move back in with sb.

récoltant, e [ʀekɔltɑ̃, ɑ̃t] nm, f grower.

récolte [ʀekɔlt] nf **1.** [des céréales] harvest *(U)* ; [des fruits, des choux] picking *(U)* ; [des pommes de terre] lifting *(U)* ; [du miel] gathering, collecting *(U)* / *ils ont déjà commencé à faire la récolte* they've already started harvesting **2.** [quantité récoltée] harvest ; [denrées récoltées] crop **3.** [de documents, d'information] gathering, collecting.

récolter [3] [ʀekɔlte] vt **1.** [céréales] to harvest, to gather ; [légumes, fruits] to pick ; [miel] to collect, to gather ; [tubercules] to lift, to pick **2.** [informations, argent] to collect, to gather / *la police a pu récolter quelques indices* the police were able to gather a few clues / *récolter une somme importante* to collect a large sum / *récolter des voix* to get sb's votes *(in a transferable vote system)* **3.** *fam* [ennuis, maladie, etc.] to get / *tout ce que j'ai récolté, c'est un bon rhume* all I got (out of it) was a streaming cold / *depuis qu'il a acheté cette maison, il n'a récolté que des ennuis* he's had nothing but trouble since he bought that house.

recombinaison [ʀəkɔ̃binɛzɔ̃] nf BIOL & CHIM recombination.

recombinant, e [ʀəkɔ̃binɑ̃, ɑ̃t] adj BIOL recombinant.

recombiner [ʀəkɔ̃bine] vt BIOL & CHIM to recombine.

recommandable [ʀəkɔmɑ̃dabl] adj commendable ▸ **un individu peu recommandable** a rather disreputable character / *le procédé est peu recommandable* that isn't a very commendable thing to do.

recommandataire [ʀəkɔmɑ̃datɛʀ] nmf COMM case of need, referral drawee.

recommandation [ʀəkɔmɑ̃dasjɔ̃] nf **1.** [conseil] advice, recommendation / *tout ira bien si tu suis mes* *recommandations* everything will be all right if you follow my advice ▸ **faire qqch sur la recommandation de qqn** to do sthg on sb's recommendation / *je lui ai fait mes dernières recommandations* I gave him some last-minute advice / **'recommandation importante, ne pas dépasser la dose prescrite'** 'caution: do not exceed the stated dose' **2.** [appui] recommendation, reference / *je me suis procuré des recommandations* I've got some people to give me a reference **3.** [d'un courrier - sans avis de réception] registering UK, certifying US ; [- avec avis de réception] recording **4.** POL ▸ **recommandation de l'ONU** UN recommendation.

recommandé, e [ʀəkɔmɑ̃de] adj **1.** [conseillé] advisable / *dans votre cas le sport n'est pas recommandé* in your case sport isn't advisable ou recommended ▸ **il est recommandé de...** it is advisable to... / *il est recommandé aux visiteurs de se munir de leurs passeports* visitors are advised to take their passports / *ce n'est pas (très) recommandé d'être constamment en retard* euphém it's not the done thing to be late all the time / *la réservation est fortement recommandée* you are strongly advised to book in advance **2.** [courrier - avec avis de réception] recorded UK, certified US ; [- à valeur assurée] registered.

◆ **recommandé** nm [courrier - avec avis de réception] recorded UK ou certified US delivery item ; [- à valeur assurée] registered item ▸ **en recommandé a)** [avec avis de réception] by recorded delivery UK ou certified mail US **b)** [à valeur assurée] by registered post UK ou mail US.

recommander [3] [ʀəkɔmɑ̃de] vt **1.** [conseiller - produit, personne] to recommend / *cet hôtel est recommandé par tous les guides* this hotel is recommended in all the guides / *je te recommande vivement mon médecin* I (can) heartily recommend my doctor to you / *un homme que ses états de service recommandent* a man with a very commendable service record ou whose service record commends him **2.** [exhorter à] to recommend, to advise / *je vous recommande la prudence* I recommend ou I advise you to be cautious, I advise caution / *je ne saurais trop vous recommander d'être vigilant* I cannot advise you too strongly to be watchful **3.** [confier] ▸ **recommander qqn à qqn** to place sb in sb's care / *recommander son âme à Dieu* RELIG to commend one's soul ou o.s. to God **4.** [courrier - pour attester sa réception] to record ; [- pour l'assurer] to register.

◆ **se recommander à** vp + prép [s'en remettre à] to commend o.s. to / *recommandons-nous à Dieu* let us commend our souls to God.

◆ **se recommander de** vp + prép ▸ **se recommander de qqn** [postulant] to give sb's name as a reference ▸ **tu peux te recommander de moi a)** [chez un marchand] you can say I sent you **b)** [à un postulant] you can quote me as a referee.

Notez que le verbe **recommend** n'est jamais suivi immédiatement d'un complément d'objet indirect :

Ils m'ont recommandé un hôtel dans le centre. *They recommended a good hotel in the centre.*

Pouvez-vous nous recommander un médecin ? *Can you recommend a good doctor?*

Comme le montrent ces exemples, le complément d'objet indirect («to me», «to us») est sous-entendu et par conséquent omis.

recommencement [ʀəkɔmɑ̃smɑ̃] nm renewal, resumption / *la vie est un éternel recommencement* every day is a new beginning.

recommencer [16] [ʀəkɔmɑ̃se] ◆ vt **1.** [refaire - dessin, lettre, travail, etc.] to start ou to begin again ; [- attaque] to renew, to start again ; [- expérience] to repeat ; [- erreur] to repeat, to make again / *recommence ta phrase depuis le début* start your sentence again from the beginning / *ne recommence pas tes bêtises* don't start being silly again / *recommençons la scène 4* let's do scene 4 again / *si seulement on pouvait recommencer sa vie !* if only one could start one's life afresh ou begin one's life all over again ! / *c'est la quatrième fois que je recommence cette rangée de tricot* that's the fourth time I've had to start this row of knitting / *tout est à recommencer, il faut tout recommencer* we have to start ou to begin all over again ; *(en usage absolu)* ▸ **ne recommence pas !** don't do that again ! **2.** [reprendre - histoire, conversation] to resume, to carry on *(insép)* with ; [- lecture, travail] to resume, to go back *(insép)* to ; [- campagne, lutte] to resume, to take up *(sép)* again / *la vie est une lutte toujours recommencée* life is an ongoing ou continuous struggle. ◆ vi **1.** [depuis le début] to start ou to begin again ; [après interruption] to resume / *les cours ne recommencent qu'en octobre* term doesn't begin ou start again until October / *pour moi, la vie va recommencer* my life is about to begin anew, a new life is beginning for me / *tenez-vous tranquilles, ça ne va pas recommencer comme hier, non ?* calm down, you're not going to start behaving like you did yesterday, are you ? / *ça y est, ça recommence !* here we go again ! **2.** [se remettre] ▸ **recommencer à faire qqch** to start doing ou to do sthg again / *elle a recommencé à danser deux mois après son accident* she started dancing again ou she went back to dancing two months after her accident / *depuis quand a-t-il recommencé à boire ?* when did he start drinking again ou go back to drinking ? / *mon genou recommence à me faire mal* my knee's started aching again ; *(tournure impersonnelle)* : *il a recommencé à neiger dans la nuit* it started snowing again during the night / *il recommence à faire froid* it's beginning ou starting to get cold again / *il recommence à y avoir des moustiques* the mosquitoes are back (again).

recommercialiser [ʀəkɔmɛʀsjalize] vt to remarket.

recomparaître [91] [ʀəkɔ̃paʀɛtʀ] vi DR to appear again.

récompense [ʀekɔ̃pɑ̃s] nf **1.** [d'un acte] reward, recompense *sout* ▸ **en récompense de** as a reward ou in return for / *en récompense* ou *pour ta récompense, accepte ce cadeau* please accept this gift as a reward / *il a trimé toute sa vie, et voilà sa récompense !* fam & iron he's slaved away all his life and that's all the thanks ou the reward he gets ! / *qu'il soit heureux, ce serait là ma plus belle récompense* as long as he is happy, that will be ample recompense ou reward for me / **'forte récompense'** 'generous reward' **2.** [prix] award, prize / *la remise des récompenses* the presentation of awards **3.** DR financial provision **4.** MIL award.

récompenser [3] [ʀekɔ̃pɑ̃se] vt **1.** [pour un acte] to reward, to recompense *sout* / *tu mérites d'être récompensé* you deserve a reward ou to be rewarded / *voilà comment je suis récompensé de ma peine !* iron that's all the reward I get for my troubles ! **2.** [primer] to give an award ou a prize to, to reward / *le scénario a été récompensé à Cannes* the script won an award at Cannes.

recomposé, e [ʀəkɔ̃poze] adj [famille] blended.

recomposer [3] [ʀəkɔ̃poze] vt **1.** [reconstituer] to piece ou to put together *(sép)* (again), to reconstruct / *son esprit recomposait peu à peu la scène* he gradually reconstructed the scene in his mind / *recomposer une famille* to build another family **2.** IMPR [page] to reset ; [texte] to rekey **3.** [réarranger - chanson] to rewrite ; [- photo] to compose again **4.** CHIM to recompose **5.** TÉLÉC : *recomposer un numéro* to dial a number again.

recomposition [ʀəkɔ̃pozisjɔ̃] nf **1.** [reconstitution] reconstruction **2.** IMPR [d'une page] resetting ; [d'un texte] rekeying **3.** [d'une chanson] rewriting ; [d'une photo] recomposition **4.** CHIM & LING recomposition.

recompter [3] [ʀəkɔ̃te] vt to count again.

réconciliateur, trice [ʀekɔ̃siljatœʀ, tʀis] nm, f reconciler.

réconciliation [ʀekɔ̃siljasjɔ̃] nf **1.** [entente] reconciliation / *leur réconciliation a été de courte durée* their reconciliation didn't last long **2.** DR & RELIG reconciliation.

réconcilier [9] [ʀekɔ̃silje] vt **1.** [deux personnes] to reconcile / *nous devons les réconcilier* we have to reconcile them with each other **2.** *fig* ▸ **réconcilier qqn avec qqch** to reconcile sb to ou with sthg ▸ **réconcilier qqch avec qqch** to reconcile sthg with sthg / *il voulait réconcilier classicisme et romantisme* he wanted to bridge the gap between classicism and romanticism **3.** RELIG to reconcile.

◆ **se réconcilier** vpi [personnes] to make up ; [pays] to make peace ▸ **se réconcilier sur l'oreiller** hum to make up in bed ▸ **se réconcilier avec soi-même** to come to terms with oneself.

recondamner [3] [ʀəkɔ̃dane] vt to sentence again.

reconductible [ʀəkɔ̃dyktibl] adj DR renewable.

reconduction [ʀəkɔ̃dyksjɔ̃] nf [d'un contrat, d'un budget] renewal ; [d'un bail] renewal, extension.

reconduire [98] [ʀəkɔ̃dɥiʀ] vt **1.** [accompagner] ▸ **reconduire qqn** to see sb home / *laisse-moi te reconduire* let me see you home ▸ **reconduire qqn à pied / en voiture** to walk / to drive sb home ; [vers la sortie] to show to the door / *inutile de me reconduire, je connais le chemin* please don't trouble yourself, I know the way **2.** [expulser] to escort / *ils ont été reconduits à la frontière sous bonne escorte* they were escorted (back) to the border by the police ou were taken (back) to the border under police escort **3.** [renouveler - contrat, budget, mandat] to renew ; [- bail] to renew, to extend.

reconduite [ʀəkɔ̃dɥit] nf ▸ **reconduite à la frontière** escorting back to the border.

reconfiguration [ʀəkɔ̃figyʀasjɔ̃] nf reconfiguration.

reconfigurer [ʀəkɔ̃figyʀe] vt to reconfigure.

réconfort [ʀekɔ̃fɔʀ] nm comfort / *tu m'es d'un grand réconfort* you're a great comfort to me.

réconfortant, e [ʀekɔ̃fɔʀtɑ̃, ɑ̃t] adj **1.** [rassurant] comforting, reassuring **2.** [revigorant] fortifying, invigorating, stimulating.

réconforter [3] [ʀekɔ̃fɔʀte] vt **1.** [consoler] to comfort, to reassure / *tes bonnes paroles m'ont réconfortée* your kind words comforted me ou gave me hope **2.** [revigorer] : *bois ça, ça va te réconforter* drink this, it'll make you feel better.

reconnais v ⟶ **reconnaître.**

reconnaissable [ʀəkɔnɛsabl] adj recognizable / *après trois mois de prison, il était à peine reconnaissable* after three months in prison he was hardly recognizable ou you could hardly recognize him ▸ **reconnaissable à** identifiable by.

reconnaissait v ⟶ **reconnaître.**

reconnaissance [ʀəkɔnɛsɑ̃s] nf **1.** [gratitude] gratitude ▸ **avoir / éprouver de la reconnaissance envers qqn** to be / to feel grateful to ou towards sb / *je lui en ai une vive reconnaissance* I am most grateful to her ▸ **témoigner de la reconnaissance à qqn** to show gratitude to sb / *vous avez toute ma reconnaissance* I'm most grateful to you ▸ **avec reconnaissance** gratefully, with gratitude / *en reconnaissance de votre dévouement* as a token of my / our etc. gratitude for ou in recognition of your devotion ▸ **la reconnaissance du ventre** fam : *il n'a même pas la reconnaissance du ventre !* he'd bite the hand that fed him ! / *le chat vient vers toi mais c'est la reconnaissance du ventre* the cat comes to you but it's only cupboard love **2.** [exploration] reconnaissance / *envoyer des hommes en reconnaissance* to send men out on reconnaissance / *faire une reconnaissance* to go on reconnaissance / *elle est partie en reconnaissance* ou *est allée faire une reconnaissance des lieux* fig she went to check the place out ▸ **patrouille de reconnaissance** reconnaissance patrol ▸ **vol de reconnaissance** reconnaissance flight **3.** [identification] recognition **4.** [aveu] admission / *la reconnaissance de ses torts lui a valu l'indulgence du jury* his admission of his wrongs won him the leniency of the jury **5.** POL [d'un gouvernement] recognition ▸ **reconnaissance d'un État** recognition (of statehood) **6.** DR [d'un droit] recognition, acknowledgment ▸ **reconnaissance de dette** acknowledgment of a debt ▸ **reconnaissance d'enfant** legal recognition of a child ▸ **reconnaissance d'utilité publique** ADMIN official approval **7.** [reçu] ▸ **acte de reconnaissance (du mont-de-piété)** pawn ticket **8.** INFORM recognition ▸ **reconnaissance de formes / de caractères** pattern / character recognition ▸ **reconnaissance vocale** ou **de la parole** speech recognition **9.** PSYCHOL recognition.

reconnaissant, e [ʀəkɔnɛsɑ̃, ɑ̃t] adj grateful ▸ **se montrer reconnaissant** to show gratitude / *je te suis reconnaissant de ta patience* I'm most grateful to you for your patience / *je vous serais reconnaissant de me fournir ces renseignements dans les meilleurs délais* I would be (most) obliged ou grateful if you would provide me with this information as soon as possible.

reconnaître, reconnaitre* [91] [ʀəkɔnɛtʀ] vt **1.** [air, personne, pas] to recognize / *je t'ai reconnu à ta démarche* I recognized you ou I could tell it was you by your walk / *je ne l'aurais pas reconnue, elle a vieilli de dix ans!* I wouldn't have known (it was) her, she looks ten years older! / *on ne le reconnaît plus* you wouldn't recognize ou know him now / *je te reconnais bien (là)!* that's just like you!, that's you all over! / *tu veux fonder une famille? je ne te reconnais plus!* you want to start a family? that's not like you at all ou you've changed your tune! / *il a été reconnu par plusieurs témoins* he was identified by several witnesses / *on reconnaît bien là la marque du génie* you can't fail to recognize the stamp of genius / *je reconnais bien là ta mauvaise foi!* that's just typical of your bad faith! **2.** [admettre - torts] to recognize, to acknowledge, to admit; [- aptitude, talent, vérité] to acknowledge, to recognize / *il faut au moins lui reconnaître cette qualité* you have to say this for him / *l'accusé reconnaît-il les faits?* does the accused acknowledge the facts? / *il est difficile de lui faire reconnaître ses erreurs* it's hard to get him to acknowledge ou see he's wrong / *sa prestation fut décevante, il faut bien le reconnaître* it has to be admitted that his performance was disappointing / *elle est douée, il faut le reconnaître!* she's clever, you've got to admit it ou give her that! / *je reconnais que j'ai eu tort* I admit I was wrong / *elle refuse de reconnaître qu'elle est malade* she won't admit ou acknowledge that she's ill / *il n'a jamais reconnu avoir falsifié les documents* he never admitted to having falsified the documents **3.** DR & POL [État, chef de file] to recognize; [enfant] to recognize legally; [dette, document, signature] to authenticate / *tous le reconnaissent comme leur maître* they all acknowledge him as their master / *la presse a reconnu en lui le futur chef du parti* the press acknowledged him as the future leader of the party / *reconnaître la compétence d'un tribunal* DR to acknowledge the competence of a court ▸ **être reconnu coupable** to be found guilty ▸ **organisme reconnu d'utilité publique** officially approved organization ▸ **reconnaître un droit à qqn** to recognize ou to acknowledge sb's right / *je ne reconnais à personne le droit de me juger* nobody has the right to judge me **4.** [explorer] to reconnoitre / *il envoya dix hommes reconnaître le terrain* he ordered ten men to go and reconnoitre the ground / *l'équipe de tournage est allée reconnaître les lieux* the film crew went to have a look round (the place).

❖ **se reconnaître, se reconnaitre*** ◆ vp *(emploi réfléchi)* [physiquement, moralement] to see o.s. / *je me reconnais dans la réaction de ma sœur* I can see myself reacting in the same way as my sister / *je ne me reconnais pas dans votre description* I don't see myself as fitting your description. ◆ vp *(emploi réciproque)* to recognize each other. ◆ vp *(emploi passif)* to be recognizable / *un poisson frais se reconnaît à l'odeur* you can tell a fresh fish by the smell. ◆ vpi **1.** [se retrouver] : *je ne me reconnais plus dans ma propre ville* I can't even find my way about ou around my own home town any more / *mets des étiquettes sur tes dossiers, sinon comment veux-tu qu'on s'y reconnaisse?* label your files, otherwise we'll get completely confused / *la situation est trop embrouillée, je ne m'y reconnais plus* the situation is too complicated, I'm totally confused **2.** [s'avouer] : *se reconnaître coupable* to admit ou to confess to being guilty.

reconnecter [ʀəkɔnɛkte] vt to reconnect.

❖ **se reconnecter** vpi INFORM to reconnect o.s., to get back on line.

reconnu, e [ʀəkɔny] ◆ pp ⟶ **reconnaître**. ◆ adj **1.** [admis] recognized, accepted / *c'est un fait reconnu* it's a recognized ou an accepted fact / *ce diplôme n'est pas reconnu dans tous les pays* this diploma is not recognized in all countries **2.** [célébré] famous, well-known.

reconquérir [39] [ʀəkɔ̃keʀiʀ] vt **1.** [territoire, peuple] to reconquer, to recapture **2.** [honneur, avantage] to win back *(sép)*, to recover **3.** [personne] to win back *(sép)*.

reconquête [ʀəkɔ̃kɛt] nf **1.** [d'un territoire, d'un peuple] reconquest, recapture **2.** [de l'honneur, d'un avantage] winning back *(U)*, recovery.

reconquiert v ⟶ **reconquérir**.

reconquis, e [ʀəkɔ̃ki, iz] pp ⟶ **reconquérir**.

reconsidérer [18] [ʀəkɔ̃sideʀe] vt to reconsider.

✎ In reformed spelling (see p. 16-19), this verb is conjugated like **semer**: *il reconsidèrera, elle reconsidèrerait.*

reconstituant, e [ʀəkɔ̃stitɥɑ̃, ɑ̃t] adj [aliment, boisson] fortifying; [traitement] restorative.

❖ **reconstituant** nm restorative.

reconstituer [7] [ʀəkɔ̃stitɥe] vt **1.** [reformer - groupe] to bring together *(sép)* again, to reconstitute; [- capital] to rebuild, to build up *(sép)* again; [- fichier] to recreate; [- histoire, meurtre] to reconstruct / *ils ont reconstitué un décor d'époque* they created a period setting ▸ **bois reconstitué** chipboard ▸ **lait reconstitué** reconstituted milk **2.** [réparer] to piece together *(sép)* (again).

reconstitution [ʀəkɔ̃stitysjɔ̃] nf **1.** [d'un groupe] reconstituting *(U)*, bringing together *(sép)* again *(U)*; [d'un capital] rebuilding, building up *(sép)* again; [d'un fichier] recreating *(U)*; [d'une histoire, d'un meurtre] reconstruction **2.** [réparation] piecing together (again).

reconstructeur, trice [ʀəkɔ̃stʀyktœʀ, tʀis] adj rebuilder.

reconstruction [ʀəkɔ̃stʀyksjɔ̃] nf **1.** [gén] reconstruction, rebuilding ▸ **en reconstruction** being rebuilt **2.** LING reconstruction.

reconstruire [98] [ʀəkɔ̃stʀɥiʀ] vt **1.** [bâtiment] to reconstruct, to rebuild; [fortune, réputation] to rebuild, to build up *(sép)* again **2.** LING to reconstruct.

reconvention [ʀəkɔ̃vɑ̃sjɔ̃] nf DR counterclaim.

reconventionnel, elle [ʀəkɔ̃vɑ̃sjɔnɛl] adj DR ▸ **demande reconventionnelle** counterclaim.

reconventionnellement [ʀəkɔ̃vɑ̃sjɔnɛlmɑ̃] adv by counterclaim.

reconversion [ʀəkɔ̃vɛʀsjɔ̃] nf [d'une usine] reconversion; [d'un individu] retraining.

reconvertir [32] [ʀəkɔ̃vɛʀtiʀ] vt **1.** [usine] to reconvert **2.** [armes] to convert.

❖ **se reconvertir** vpi to retrain / *il s'est reconverti dans l'informatique* he retrained and went into computing.

recopiage [ʀəkɔpjaʒ] nm copying.

recopier [9] [ʀəkɔpje] vt **1.** [mettre au propre] to write up *(sép)*, to make ou to take a fair copy of **2.** [copier à nouveau] to copy again, to make another copy of.

record [ʀəkɔʀ] nm **1.** SPORT & *fig* record / *battre un record de vitesse* to break a speed record / *record de hauteur / longueur* high / long jump record / *tu bats tous les records d'idiotie!* *fam* they don't come any more stupid than you! ▸ **le record du monde** the world record ▸ **ça bat tous les records** *fam* that beats everything ou the lot **2.** *(comme adj, avec ou sans trait d'union)* record *(modif)* ▸ **l'inflation a atteint le chiffre-record de 200 %** inflation has risen to a record ou record-breaking 200% ▸ **en un temps-record** in record time.

recordage [ʀəkɔʀdaʒ] nm [d'une raquette] restringing.

recorder [3] [ʀəkɔʀde] vt [raquette] to restring.

recordman [ʀəkɔʀdman] *(pl* **recordmans** *ou* **recordmen** [-mɛn]) nm (men's) record holder / *le recordman du 5 000 m* the record holder for the (men's) 5,000 m.

recordwoman [ʀəkɔʀdwuman] *(pl* **recordwomans** *ou* **recordwomen** [-mɛn]) nf (women's) record holder / *la recordwoman du saut en hauteur* the record holder for the women's high jump.

recorriger [17] [ʀəkɔʀiʒe] vt [erreur] to recorrect, to correct again; [dissertation] to mark again.

recoucher [3] [ʀəkuʃe] vt [personne] to put back to bed; [objet] to lay down again.

❖ **se recoucher** vpi to go back to bed.

recoudre [86] [ʀəkudʀ] vt **1.** [bouton, badge, etc.] to sew on *(sép)* again; [accroc, ourlet, etc.] to sew up *(sép)* again **2.** MÉD to sew ou to stitch up *(sép)* (again).

recoupe [ʀəkup] nf **1.** [boisson] diluted spirits **2.** AGR [de fourrage] aftermath; [en meunerie] middlings.

recoupement [ʀəkupmɑ̃] nm **1.** [vérification] cross-checking ▸ **procéder par recoupements** to carry out a crosscheck **2.** CONSTR [action] stepping; [résultat] retreat **3.** GÉOM resection.

recouper [3] [ʀəkupe] ◆ vt **1.** [couper à nouveau] : *recouper de la viande* to cut ou to carve some more meat **2.** COUT to cut again, to alter the cut of **3.** [concorder avec] to tally with *(insép)*, to match up with *(insép)*. ◆ vi JEUX to cut again.

❖ **se recouper** ◆ vp *(emploi réfléchi)* [personne] to cut o.s. again. ◆ vp *(emploi réciproque)* **1.** [ensembles, routes] to intersect **2.** [statistiques, témoignages] to tally, to confirm one another / *les deux versions ne se recoupent pas* the two stories don't tally.

recourbé, e [ʀəkuʀbe] adj [cils] curved; [nez] hooked.

recourbement [ʀəkuʀbəmɑ̃] nm *sout* [état] curve; [action] curving.

recourber [3] [ʀəkuʀbe] vt to bend, to curve.

recourbure [ʀəkuʀbyʀ] nf bend, curve.

recourir [45] [ʀəkuʀiʀ] ◆ vt to run again / *recourir une course* to (run a) race again. ◆ vi SPORT to run ou to race again / *il n'a pas pu recourir après sa chute* he wasn't able to run again after his fall.

❖ **recourir à** v + prép **1.** [personne] ▸ **recourir à qqn** to appeal ou to turn to sb / *en cas de désaccord, il faudra recourir à un expert* in case of disagreement you will have to turn to ou to seek the help of an expert **2.** [objet, méthode, etc.] ▸ **recourir à qqch** to resort to sthg.

recours [ʀəkuʀ] nm **1.** [ressource] recourse, resort / *c'est notre dernier recours* this is our last resort ou the last course left open to us ▸ **c'est sans recours** there's nothing we can do about it ▸ **avoir recours à a)** [moyen] to resort to **b)** [personne] to turn to / *nous n'aurons recours à l'expulsion qu'en dernière limite* we shall only resort to ou have recourse to eviction if absolutely necessary / *je me vois contraint d'avoir recours à vous* I am forced to turn to you **2.** DR appeal ▸ **recours en cassation** appeal (to the appellate court) ▸ **recours pour excès de pouvoir** (demand for) remedy of ultra vires ▸ **recours en grâce a)** [pour une remise de peine] petition for pardon **b)** [pour une commutation de peine] petition for clemency ou remission ▸ **recours gracieux** application for an ex gratia settlement.

❖ **en dernier recours** loc adv as a last resort.

recouru, e [ʀəkuʀy] pp ⟶ **recourir**.

recousait v ⟶ **recoudre**.

recouvert, e [ʀəkuvɛʀ, ɛʀt] pp ⟶ **recouvrir**.

recouvrable [ʀəkuvʀabl] adj collectable, payable.

recouvrage [ʀəkuvʀaʒ] nm recovering, re-upholstering.

recouvrement [ʀəkuvʀəmɑ̃] nm **1.** [récupération - d'une somme] collecting, collection; [- de la santé] recovering, recovery **2.** FIN [perception] collection; [d'une créance] recovery / *l'impôt est mis en recouvrement après le 31 octobre* payment of tax is due from October 31st ▸ **date de mise en recouvrement** date due, due date ▸ **modalités de recouvrement** methods of payment **3.** [d'une surface] covering (over) **4.** CONSTR &

* In reformed spelling (see p. 16-19).

MENUIS lap **5.** INFORM & MATH overlap **6.** GÉOL overlap, overthrust.

recouvrer [3] [rəkuvʀe] vt **1.** [récupérer] to recover / *elle n'a pas recouvré tous ses moyens* she hasn't recovered ou regained the full use of her faculties / *il a recouvré l'usage de sa jambe* he got back ou recovered the use of his leg / *laissez-lui le temps de recouvrer ses esprits* give her time to recover her wits ou to get her wits back ▸ **recouvrer la liberté** to regain one's freedom **2.** FIN [percevoir] to collect, to recover.

recouvrir [34] [rəkuvʀiʀ] vt **1.** [couvrir] to cover / *recouvrir un gâteau de chocolat* to coat a cake with chocolate / *ajouter suffisamment d'eau pour recouvrir les légumes* add enough water to cover the vegetables / *le mot ne recouvre pas les mêmes notions dans les deux langues* the word doesn't cover the same concepts in both languages **2.** [couvrir à nouveau - personne] to cover (up) *(sép)* again ; [- siège] to re-cover, to reupholster ; [- livre] to re-cover.

❖ **se recouvrir** ◆ vp *(emploi réfléchi)* : *recouvre-toi, le soleil s'est caché* cover yourself up again, the sun's gone in. ◆ vpi **1.** MÉTÉOR to get cloudy again **2.** [surface] : *se recouvrir de moisissure* to become covered with ou in mould / *la glace s'est recouverte de buée* the mirror steamed up.

recracher [3] [rəkʀaʃe] ◆ vt **1.** [cracher] to spit out *(sép)* (again) / *recracher un noyau* to spit out a stone / *le distributeur de billets a recraché ma carte* *fam* the cash dispenser rejected my card **2.** *fam* [cours, leçon] to regurgitate. ◆ vi to spit again.

récré [ʀekʀe] nf *fam* [dans le primaire] playtime UK, recess US ; [dans le secondaire] break.

récréatif, ve [ʀekʀeatif, iv] adj *sout* recreational / *une journée récréative* a day of recreation ou relaxation.

recréation [ʀəkʀeasjɔ̃] nf INFORM : *la recréation de tous les fichiers me prendra des heures* it will take me hours to recreate all the files.

récréation [ʀekʀeasjɔ̃] nf **1.** ÉDUC [dans le primaire] playtime UK, recess US ; [dans le secondaire] break UK, recess US **2.** [délassement] recreation, leisure activity.

recréer [15] [ʀəkʀee] vt **1.** [suivant un modèle] to recreate **2.** [créer] to create / *il recrée un décor à son goût* he is creating a decor more to his liking.

récréer [15] [ʀekʀee] vt *litt* to entertain, to amuse, to divert.

❖ **se récréer** vpi to entertain ou to amuse ou to divert o.s.

recrépir [32] [ʀəkʀepiʀ] vt CONSTR to roughcast.

recrépissage [ʀəkʀepisaʒ] nm resurfacing ou redoing with roughcast.

recreuser [3] [ʀəkʀøze] vt [creuser - davantage] to dig deeper ; [- un nouveau trou] to dig again.

récrier [10] [ʀekʀije] ❖ **se récrier** vpi **1.** [protester] ▸ **se récrier contre qqch** to cry out ou to protest against sthg **2.** *litt* [s'exclamer] : *se récrier de surprise / joie* to cry out ou to exclaim in surprise / joy.

récriminateur, trice [ʀekʀiminatœʀ, tʀis] ◆ adj recriminative, recriminatory. ◆ nm, f recriminator.

récrimination [ʀekʀiminasjɔ̃] nf recrimination, protest.

récriminer [3] [ʀekʀimine] vi [critiquer] ▸ **récriminer (contre qqn)** to recriminate (against sb).

récrire [ʀekʀiʀ] = **réécrire.**

recristallisation [ʀəkʀistalizasjɔ̃] nf recrystallization.

recristalliser [3] [ʀəkʀistalize] vi & vt to recrystallize.

recroquevillé, e [ʀəkʀɔkvije] adj **1.** [confortablement] curled up ; [dans l'inconfort] hunched ou huddled up **2.** [feuille, pétale] curled ou shrivelled up.

recroqueviller [3] [ʀəkʀɔkvije] ❖ **se recroqueviller** vpi **1.** [confortablement] to curl up ; [dans l'inconfort] to hunch ou to huddle up **2.** [feuille, pétale] to shrivel ou to curl (up).

recru, e [ʀəkʀy] adj *litt* ▸ **être recru de fatigue** to be exhausted.

recrudescence [ʀəkʀydesɑ̃s] nf [aggravation - d'une maladie] aggravation, worsening ; [- de la fièvre] new bout ; [- d'une épidémie] fresh ou new outbreak ; [- du froid] new spell / *la recrudescence du terrorisme* the new wave ou outbreak of terrorism / *nous nous attendons à une recrudescence des pluies* we are expecting a new spell of even rainier weather.

recrudescent, e [ʀəkʀydesɑ̃, ɑ̃t] adj *litt* increasing, mounting, recrudescent *sout.*

recrue [ʀəkʀy] nf **1.** MIL recruit **2.** *fig* recruit, new member.

recrutement [ʀəkʀytmɑ̃] nm recruiting, recruitment *(U)* / *le recrutement du personnel s'effectue par concours* staff are recruited by competitive examination.

recruter [3] [ʀəkʀyte] vt **1.** [engager] to recruit / *l'entreprise recrute des ingénieurs en informatique* the firm is recruiting computer engineers / *nous recrutons des bonnes volontés pour déménager* *hum* do we have any volunteers to help with the move? **2.** MIL & POL to recruit, to enlist.

❖ **se recruter** vp *(emploi passif)* **1.** [être engagé] to be recruited / *les ingénieurs se recrutent sur diplôme* engineers are recruited on the basis of their qualifications **2.** [provenir de] to come from / *les futurs ministres se recrutent généralement dans les grandes écoles* future ministers generally come from the "grandes écoles".

recruteur, euse [ʀəkʀytœʀ, øz] nm, f recruiter ; *(comme adjectif, avec ou sans trait d'union)* recruiting ▸ **sergent recruteur** recruiting officer.

recta [ʀɛkta] adv *fam* ▸ **payer recta** to pay on the nail.

rectal, e, aux [ʀɛktal, o] adj rectal.

rectangle [ʀɛktɑ̃gl] ◆ nm **1.** [forme] rectangle, oblong **2.** GÉOM rectangle. ◆ adj ▸ **triangle rectangle** right-angled triangle.

rectangulaire [ʀɛktɑ̃gylɛʀ] adj **1.** [forme] rectangular, oblong **2.** GÉOM rectangular.

recteur, trice [ʀɛktœʀ, tʀis] nm, f ENS [d'académie] *chief administrative officer of an education authority* ; ≃ (Chief) Education Officer UK.

❖ **recteur** nm **1.** ENS [d'une université catholique] ≃ rector **2.** RELIG [chez les jésuites] ▸ **père recteur** rector ; [d'un sanctuaire] ≃ rector ; [en Bretagne] priest, rector.

rectifiable [ʀɛktifjabl] adj **1.** [réparable] rectifiable / *les erreurs ne sont pas rectifiables après coup* mistakes cannot be rectified afterwards **2.** CHIM rectifiable.

rectificatif, ive [ʀɛktifikatif, iv] adj correcting ▸ **mention rectificative** correction.

❖ **rectificatif** nm correction, rectification.

rectification [ʀɛktifikasjɔ̃] nf **1.** [action] rectification, correction **2.** [rectificatif] correction / *apporter une rectification à une déclaration* to correct a statement ▸ **droit de rectification** PRESSE ≃ right of reply **3.** CHIM & MATH rectification **4.** MÉCAN precision grinding.

rectifier [9] [ʀɛktifje] vt **1.** [rajuster] to adjust, to rectify **2.** [corriger] to correct, to rectify **3.** *tfam* [tuer] to bump off *(sép)* **4.** CHIM & MATH to rectify **5.** MÉCAN to precision grind.

rectifieuse [ʀɛktifjøz] nf TECHNOL grinding machine.

rectiligne [ʀɛktiliɲ] ◆ adj rectilinear. ◆ nm MATH rectilinear angle.

rectilinéaire [ʀɛktilineɛʀ] adj rectilinear.

rectite [ʀɛktit] nf proctitis.

rectitude [ʀɛktityd] nf **1.** [justesse] (moral) rectitude, uprightness **2.** *litt* [d'une ligne] straightness.

recto [ʀɛkto] nm first side ou front of a page, recto *sout* / *n'écrivez qu'au recto* write on this side only.

❖ **recto verso** loc adv on both sides.

rectocolite [ʀɛktɔkɔlit] nf proctocolitis.

rectoral, e, aux [ʀɛktɔʀal, o] adj ≃ of the (Chief) Education Officer UK ▸ **décision rectorale** ≃ decision by ou emanating from the Education Office UK.

rectorat [ʀɛktɔʀa] nm ENS [d'une académie - administration] ≃ Education Office UK ; [- bâtiment] ≃ Education offices UK ; [chez les jésuites] rectorship.

rectoscope [ʀɛktɔskɔp] nm proctoscope.

rectoscopie [ʀɛktɔskɔpi] nf proctoscopy.

rectrice [ʀɛktʀis] nf ORNITH rectrix.

rectum [ʀɛktɔm] nm rectum.

reçu, e [ʀəsy] ◆ pp ⟶ **recevoir.** ◆ nm, f [candidat] pass ▸ **les reçus** the successful candidates, the passes.

❖ **reçu** nm [quittance] receipt.

recueil [ʀəkœj] nm collection / *un recueil de poèmes* a collection ou a selection ou an anthology of poems.

recueillement [ʀəkœjmɑ̃] nm contemplation, meditation ▸ **écouter qqch avec recueillement** to listen reverently to sthg.

recueillera v ⟶ **recueillir.**

recueilli, e [ʀəkœji] adj contemplative, meditative / *un public très recueilli* a very attentive audience / *un visage recueilli* a composed expression.

recueillir [41] [ʀəkœjiʀ] vt **1.** [récolter] to gather, to pick / *les abeilles recueillent le pollen* bees collect ou gather pollen / *il a recueilli les félicitations du jury* *fig* he was congratulated by the board of examiners / *recueillir le fruit de son travail* to reap the fruit of one's labour / *elle espère recueillir plus de la moitié des suffrages* she hopes to win more than half the votes / *recueillir les eaux de pluie* to collect rainwater **2.** [renseignements] to collect, to obtain ; [argent] to collect / *recueillir les traditions locales* to collect ou to record local traditions / *j'ai recueilli ses dernières paroles* *litt* I received his last words **3.** [personne] to take in *(sép)* / *recueillir un oiseau tombé du nid* to take care of a bird which has fallen from its nest.

❖ **se recueillir** vpi [penser] to spend some moments in silence ; [prier] to pray / *recueillons-nous un instant avant de nous séparer* before we go our separate ways let us pray for a moment / *le chef de l'État s'est recueilli devant le cénotaphe* the head of state reflected a while in front of the cenotaph ▸ **aller se recueillir sur la tombe de qqn** to spend some moments in silence at sb's graveside.

recuire [98] [ʀəkɥiʀ] ◆ vt **1.** CULIN [à l'eau] to cook longer ; [au four] to cook longer in the oven **2.** MÉTALL to anneal ; [lingot] to soak. ◆ vi : *faire recuire un rôti* to recook a joint / *faire recuire un gâteau* to rebake a cake.

recuit [ʀəkɥi] nm MÉTALL annealing ▸ **recuit de normalisation / recristallisation** full normalizing / annealing.

recul [ʀəkyl] nm **1.** [mouvement] moving back, backward movement ; ARM recoil, kick / *il eut un mouvement de recul* he stepped back **2.** [distance] : *as-tu assez de recul pour juger du tableau / prendre la photo?* are you far enough away to judge the painting / to take the photograph? **3.** [réflexion] ▸ **avec le recul** retrospectively, with (the benefit of) hindsight / *prendre du recul par rapport à un événement* to stand back (in order) to assess an event / *nous n'avons pas assez de recul pour juger des effets à long terme* it's too early ou there's not been enough time to assess what long-term effects there might be **4.** [baisse] fall, drop / *le recul de l'industrie textile* the decline of the textile industry / *le recul du yen par rapport au dollar* the fall of the yen against the dollar / *un recul des valeurs morales* a falling off of moral values.

reculade [ʀəkylad] nf [d'une armée] retreat ; [politique] climb-down, back-tracking *(U).*

reculé, e [ʀəkyle] adj **1.** [dans l'espace] remote, far-off / *ils habitent dans un coin reculé* they live in an out-of-the-way place **2.** [dans le temps] remote, far-off, distant / *les temps les plus reculés* the distant past.

❖ **reculée** nf GÉOGR blind valley.

reculer [3] [ʀəkyle] ◆ vt **1.** [dans l'espace] to push ou to move back *(sép)* / *reculer une clôture d'un mètre* to move a fence back by one metre / *reculer les limites du possible* *fig* to push back the frontiers of what is considered possible **2.** [dans le temps - rendez-vous] to delay, to postpone, to defer ; [- date] to postpone, to put back *(sép)* ; [- décision] to defer, to postpone, to put off *(sép)* / *reculer la date de son départ* to postpone one's departure. ◆ vi **1.** [aller en arrière - à pied] to step ou to go ou to move back ; [- en voiture] to reverse, to move back / *recule d'un pas!* take one step backwards ! / *mets le frein à main, la voiture recule!* put the handbrake on, the car is rolling backwards ! / *il a heurté le mur en reculant* he backed ou reversed into the wall **2.** [céder du terrain - falaise, forêt] to recede **3.** [renoncer] to retreat, to shrink (back), to draw back / *il n'est pas homme à reculer devant les difficultés* he is not the kind of man to shrink back in the face of difficulties / *reculer devant l'ennemi* to retreat in the face of the enemy / *reculer devant le danger* to retreat in the face of danger / *le prix m'a fait reculer* I backed down when I saw the price ▸ **c'est reculer pour mieux sauter** that's just putting off the inevitable **4.** [faiblir - cours, valeur] to fall, to weaken ; [- épidémie, criminalité, mortalité] to recede, to subside / *le yen recule par rapport au dollar* the yen is losing ground ou falling against the dollar / *l'isolement des malades a fait reculer l'épidémie* they managed to get the epidemic under control by putting people in quarantine **5.** ARM to recoil.

❖ **se reculer** vpi *fam* ▸ **recule-toi!** get back !

reculons [ʀəkylɔ̃] ❖ **à reculons** loc adv **1.** [en marche arrière] backwards / *descendre un escalier à reculons* to go downstairs backwards ▸ **sortir à reculons** to back out ▸ **avancer à reculons** *hum* to be getting nowhere **2.** [avec réticence] reluctantly, under protest / *je le fais à reculons* I'm reluctant to do it / *on sent bien qu'il a accepté à reculons* you can tell he wasn't happy about accepting ou he was reluctant to accept.

reculotter [3] [ʀəkylɔte] vt : *reculotter un enfant* to put a child's trousers UK ou pants US back on.

❖ **se reculotter** vp to put one's trousers back on.

récupérable [ʀekypeʀabl] adj **1.** [objet] salvageable, worth rescuing ▸ **vêtements récupérables** (still) serviceable clothes **2.** [personne] redeemable / *les récidivistes sont-ils récupérables?* are second-time offenders beyond redemption ou past saving ? **3.** [temps] recoverable / *ces heures supplémentaires sont récupérables* time off will be given in lieu of overtime worked.

récupérateur, trice [ʀekypeʀatœʀ, tʀis] ◆ adj **1.** [qui recycle] ▸ **industrie récupératrice** *industry based on reclaimed or recycled materials* **2.** [qui repose] ▸ **sommeil récupérateur** refreshing ou restorative *sout* sleep. ◆ nm, f *industrialist or builder working with reclaimed materials.*

❖ **récupérateur** nm ARM & TECHNOL recuperator.

récupération [ʀekypeʀasjɔ̃] nf **1.** [après séparation, perte] recovery / *la récupération de sa voiture à la fourrière lui a coûté cher* it cost him a lot to get his car out of the pound **2.** ÉCOL recycling, reclaiming ▸ **matériau de récupération** scrap *(U)* **3.** PÉTR ▸ **récupération assistée** enhanced recovery ▸ **taux de récupération** (rate of) recovery **4.** INDUST ▸ **chaudière à récupération** recuperative ou regenerative heater **5.** POL takeover / *il y a eu récupération du mouvement par les extrémistes* the extremists have taken over and manipulated the movement **6.** [au travail] making up / *quand je fais des heures supplémentaires, j'ai des jours de récupération* when I work overtime, I get time off in exchange ou in lieu **7.** ASTRON recovery.

récupérer [18] [ʀekypeʀe] ◆ vt **1.** [retrouver] to get back *(sép)* / *il doit récupérer son chien au chenil* he's got to pick up ou to collect his dog from the kennels / *je passe te récupérer en voiture* I'll come and pick you up / *je n'ai jamais pu récupérer mon livre* I never managed to get my book back / *veux-tu récupérer ton anorak?* do you want your anorak back ? / *j'ai récupéré l'usage de ma main gauche* I recovered the use of my left hand / *il a récupéré toutes ses forces* [il s'est reposé] he has recuperated, he's back to normal / *tout a brûlé, ils n'ont rien pu récupérer* everything was destroyed by the fire, they didn't manage to salvage anything ▸ **récupérer sa mise** to recoup one's outlay **2.** [pour utiliser - chiffons, papier, verre, ferraille] to salvage ; [- chaleur, énergie] to save / *j'ai récupéré des chaises dont personne ne voulait* I've rescued some chairs no one wanted / *regarde si tu peux récupérer quelques pommes* see if you can save a few apples **3.** [jour de congé] to make up for, to compensate for / *on récupère ce jour férié samedi prochain* we are making up for this public holiday by working next Saturday ; [jour de travail] : *les jours fériés travaillés seront récupérés* employees will be allowed time off in lieu of public holidays worked **4.** POL to take over *(sép)* / *le mouvement a été récupéré par le gouvernement* the movement has been taken over by the government for its own ends. ◆ vi [se remettre] to recover, to recuperate / *il en a pour plusieurs jours à récupérer, avec le décalage horaire* with the time lag it will take him a few days to get back to normal ou to recover ou to recuperate.

In reformed spelling (see p. 16-19), this verb is conjugated like *semer*: *il récupèrera, elle récupèrerait.*

récurage [ʀekyʀaʒ] nm [nettoyage] scouring ; [avec une brosse] scrubbing.

récurant, e [ʀekyʀɑ̃, ɑ̃t] adj scouring.

❖ **récurant** nm scouring cream ou agent, cleaning cream.

récurer [3] [ʀekyʀe] vt [casserole, évier] to scour, to scrub.

récurrence [ʀekyʀɑ̃s] nf **1.** [gén & MÉD] recurrence **2.** MATH [d'une décimale] recurrence ; [induction] induction.

récurrent, e [ʀekyʀɑ̃, ɑ̃t] adj **1.** [à répétition] recurrent, recurring **2.** MÉD [fièvre] recurrent, relapsing **3.** ANAT ▸ **nerf récurrent** nervus laryngeus recurrens **4.** INFORM & MATH ▸ **suite** ou **série récurrente** recursion series **5.** ÉCON ▸ **chômage récurrent** periodic ou recurrent unemployment ▸ **coûts récurrents** recurrent ou running costs.

récursif, ive [ʀekyʀsif, iv] adj recursive.

récursivité [ʀekyʀsivite] nf recursiveness.

récursoire [ʀekyʀswaʀ] adj ▸ **action récursoire** cross claim.

récusable [ʀekyzabl] adj impugnable *sout*, challengeable.

récusation [ʀekyzasjɔ̃] nf DR challenge, recusal ▸ **droit de récusation** right to challenge.

récuser [3] [ʀekyze] vt **1.** DR [juge, juré, expert] to challenge **2.** [décision, témoignage] to challenge, to impugn *sout*.

❖ **se récuser** vpi **1.** [lors d'un procès] to declare o.s. incompetent **2.** [lors d'une entrevue, d'un débat] to refuse to give an opinion, to decline to (make any) comment.

reçut v ⟶ **recevoir.**

recyclable [ʀəsiklabl] adj recyclable.

recyclage [ʀəsiklaʒ] nm **1.** INDUST recycling **2.** ENS [perfectionnement] refresher course ; [reconversion] retraining **3.** [stage - pour employés] retraining course ; [- pour chômeurs] retraining course, restart (course) UK **4.** ÉCOL ▸ **recyclage des déchets** waste recycling ▸ **recyclage des revenus** revenue recycling.

recycler [3] [ʀəsikle] vt **1.** INDUST to recycle ▸ **papier recyclé** recycled paper / *la municipalité fait recycler le verre, le papier et le plastique* the town council organizes the recycling of glass, paper and plastic **2.** [perfectionner] to send on a refresher course ; [reconvertir] to retrain.

❖ **se recycler** vpi [pour se perfectionner] to go on a refresher course ; [pour se reconvertir] to retrain / *le vocabulaire des jeunes change, j'ai dû me recycler hum* young people speak differently nowadays, I've had to bring myself up to date.

rédacteur, trice [ʀedaktœʀ, tʀis] nm, f **1.** [auteur - d'un livre] writer ; [- d'un guide] compiler ▸ **les rédacteurs de l'encyclopédie** the contributors to the encyclopedia / *le rédacteur du contrat n'a pas prévu cela* the person who drew up the contract didn't foresee this **2.** PRESSE writer, contributor ▸ **rédacteur en chef a)** [d'une revue] (chief) editor **b)** [du journal télévisé] television news editor.

rédaction [ʀedaksjɔ̃] nf **1.** [écriture] writing / *il vient d'achever la rédaction de son roman* he's just finished writing his novel / *la rédaction de la thèse a pris moins de temps que la recherche* writing up the thesis took less time than researching it ▸ **équipe chargée de la rédaction d'un guide / dictionnaire** team responsible for compiling a guide / dictionary ▸ **la rédaction d'un projet de loi / d'un contrat d'assurance** the drafting of a bill / of an insurance contract **2.** PRESSE [lieu] editorial office ; TV newsdesk, newsroom ; [équipe] editorial staff / *la rédaction est en grève* the editorial staff is ou are on strike **3.** ÉDUC [composition] ≃ essay ; ≃ composition.

rédactionnel, elle [ʀedaksjɔnɛl] adj editorial.

❖ **rédactionnel** nm ▸ **le rédactionnel** editorial work.

reddition [ʀedisjɔ̃] nf **1.** MIL surrender **2.** FIN & DR rendering ▸ **reddition de compte** presentation of account.

redécoupage [ʀədekupaʒ] nm POL ▸ **redécoupage électoral** redrawing of electoral ou constituency boundaries.

redécouverte [ʀədekuvɛʀt] nf rediscovery.

redécouvrir [34] [ʀədekuvʀiʀ] vt to rediscover.

redéfaire [109] [ʀədefɛʀ] vt [nœud] to undo again ; [tricot, couture] to unstitch again ; [lit, coiffure] to mess up *(sép)* again.

redéfinir [32] [ʀədefiniʀ] vt to redefine / *redéfinir la politique du logement* to lay down new housing policy guidelines.

redéfinition [ʀədefinisjɔ̃] nf redefinition.

redéfit, redéfont v ⟶ **redéfaire.**

redemander [3] [ʀədəmɑ̃de] vt **1.** [demander à nouveau] to ask again / *je lui ai redemandé son nom* I asked him his name again **2.** [demander davantage] to ask for more / *il a redemandé de la soupe* he asked for some more soup / *sa correction ne lui a pas suffi, il en redemande* one spank obviously wasn't enough because he's asking for another one **3.** [après un prêt] to ask for *(insép)* / *redemande ton vélo dès que tu en as besoin* ask for your bike back as soon as you need it.

redémarrage [ʀədemaʀaʒ] nm **1.** [d'une machine] starting up again *(U)* **2.** [économique] resurgence.

redémarrer [3] [ʀədemaʀe] vi **1.** [moteur] to start up *(sép)* again **2.** [processus] to get going ou to take off again ▸ **l'économie redémarre** the economy is looking up again / *les cours redémarrent fin octobre* classes start again at the end of October.

rédempteur, trice [ʀedɑ̃ptœʀ, tʀis] ◆ adj redeeming, redemptive *sout* ▸ **œuvre rédemptrice** redemptive act, act of redemption. ◆ nm, f redeemer ▸ **le Rédempteur** the Redeemer.

rédemption [ʀedɑ̃psjɔ̃] nf RELIG ▸ **la Rédemption** Redemption.

redéploiement [ʀədeplwamɑ̃] nm **1.** MIL redeployment **2.** ÉCON reorganization, restructuring.

redéployer [13] [ʀədeplwaje] vt **1.** MIL to redeploy **2.** ÉCON to reorganize, to restructure.

redescendre [73] [ʀədesɑ̃dʀ] ◆ vt **1.** [colline, montagne, etc. - en voiture] to drive (back) down ; [- à pied] to walk (back) down ; [suj: alpiniste] to climb back down *(insép)* **2.** [passager, fret] to take ou to drive (back) down *(sép)* ▸ **je redescendrai les cartons plus tard a)** [je suis en haut] I'll take the cardboard boxes back down later **b)** [je suis en bas] I'll bring the cardboard boxes back down later. ◆ vi *(aux être)* **1.** [descendre] to go ou to come ou to get (back) down / *la température / le niveau de l'eau redescend* the temperature / the water level is falling (again) / *je suis redescendu en chasse-neige* I snowploughed (back) down / *et maintenant, comment redescendre?* and now, how do we get back down ? **2.** [descendre à nouveau] to go down again.

redevable [ʀədəvabl] adj **1.** FIN ▸ **être redevable d'une somme d'argent à qqn** to owe sb a sum of money / *vous êtes redevable d'un acompte provision-*

nel you are liable for an interim payment **2.** *fig* ▸ **être redevable de qqch à qqn** to be indebted to sb for sthg / *je lui suis redevable de ma promotion* I owe him my promotion, I owe it to him that I was promoted.

redevait v ⟶ **redevoir.**

redevance [rədəvɑ̃s] nf **1.** TV licence UK ou license US fee ; TÉLÉC rental charge **2.** COMM & FIN [pour un service] dues, fees ; [royalties] royalties **3.** HIST tax.

redevenir [40] [rədəvniʀ] vi *(aux être)* to become again / *le ciel redevient nuageux* the sky is clouding over again ▸ **redevenir amis** to become friends again.

redevoir [53] [rədəvwaʀ] vt *(seulement aux temps simples)* : *il redoit dix mille euros* he still owes ten thousand euros.

rédhibitoire [ʀedibitwaʀ] adj **1.** DR ▸ **action rédhibitoire** remedy for latent defect ▸ **vice rédhibitoire** latent (principal) defect **2.** *fig* : *le prix est élevé mais pas rédhibitoire* the price is high but not prohibitive / *une mauvaise note à l'écrit, c'est rédhibitoire* a bad mark in the written exam is enough to fail the candidate.

rediffuser [3] [ʀadifyze] vt to rebroadcast, to repeat, to rerun / *nous rediffuserons ces images* we'll be showing these scenes again, we'll be rebroadcasting these scenes.

rediffusion [ʀədifyzjɔ̃] nf repeat, rerun, rebroadcast.

rédiger [17] [ʀediʒe] vt [manifeste, contrat] to write, to draw up *(sép)* ; [thèse, rapport] to write up *(sép)* ; [lettre] to write, to compose ; [guide, manuel] to write, to compile / *il a rédigé sa lettre en termes énergiques* he wrote a strongly worded letter ; *(en usage absolu)* ▸ **il rédige bien** he writes well.

redimensionner [3] [ʀadimɑ̃sjɔne] vt INFORM to resize.

redingote [ʀədɛ̃gɔt] nf **1.** [de femme] tailored ou fitted coat **2.** [d'homme] frock coat.

redire [102] [ʀədiʀ] vt **1.** [répéter] to say ou to tell again, to repeat / *je tiens à vous redire combien j'ai été heureux de vous voir* I'd like to tell you again how happy I was to see you / *redites lentement les mots après moi* repeat slowly after me ; [rabâcher] to keep saying, to repeat / *on lui a dit et redit* he's been told again and again / *elle a redit la même chose tout au long de son discours* throughout her speech she repeated the same thing **2.** [rapporter] to (go and) tell, to repeat / *surtout, n'allez pas le lui redire* whatever you do, don't go and tell him **3.** EXPR **quelque chose / rien à redire** something / nothing to object to / *elle ne voit rien à redire aux nouvelles mesures* she can't see anything wrong with the new measures / *il n'y avait rien à redire à cela* there was nothing wrong with ou nothing to object to in that ▸ **trouver à redire (à)** to find fault (with) / *l'organisation était parfaite, je n'y ai pas trouvé à redire* the organization was perfect, there was nothing I could find fault with ou I had no complaint to make.

rediriger [ʀadiʀiʒe] vt to redirect.

rediscuter [3] [ʀədiskyte] vt to discuss again, to have further discussion about.

❖ **rediscuter de** v + prép to talk about ou to discuss again.

redisons v ⟶ **redire.**

redistribuer [7] [ʀədistʀibɥe] vt [cartes] to deal again ; [fortune] to redistribute ; [emplois] to reallocate ▸ **redistribuer les rôles a)** *pr* to recast the show **b)** *fig* to reallocate the tasks.

redistributif, ive [ʀədistʀibytif, iv] adj redistributive.

redistribution [ʀədistʀibysjɔ̃] nf [des revenus, des terres, des richesses] redistribution.

redit, e [ʀədi, it] pp ⟶ **redire.**

❖ **redite** nf superfluous ou needless repetition / *son texte est plein de redites* his text is very repetitive.

redites v ⟶ **redire.**

redoit, redoivent v ⟶ **redevoir.**

redondance [ʀədɔ̃dɑ̃s] nf **1.** [répétition] redundancy **2.** INFORM, LING & TÉLÉC redundancy ▸ **vérification par redondance** redundancy check.

redondant, e [ʀədɔ̃dɑ̃, ɑ̃t] adj **1.** [mot] redundant, superfluous ; [style] redundant, verbose, wordy **2.** INFORM, LING & TÉLÉC redundant.

redonner [3] [ʀədɔne] vt **1.** [donner de nouveau] to give again / *redonnez-lui du sirop* give him some more cough mixture ▸ **redonner à manger / de l'argent / du travail à qqn** to give sb some more food / money / work / *j'ai redonné les chaussures au cordonnier* I took the shoes back ou returned the shoes to the cobbler's / *ma promenade m'a redonné faim* that walk has made me hungry again **2.** [rendre] to give back *(sép)* ▸ **ça m'a redonné confiance** it restored my confidence in myself / *la lessive qui redonne l'éclat du neuf à tout votre linge* the powder that puts the brightness back into your washing **3.** THÉÂTRE to stage again / *redonner « Hamlet » au théâtre* to stage "Hamlet" again.

❖ **redonner dans** v + prép *sout* to lapse ou to fall back into.

redorer [3] [ʀədɔʀe] vt TECHNOL to regild.

redormir [36] [ʀədɔʀmiʀ] vi [plus longtemps] to sleep some more ; [à nouveau] to sleep again.

redoublant, e [ʀədublɑ̃, ɑ̃t] nm, f pupil repeating a year UK ou grade US / *combien y a-t-il de redoublants ?* how many pupils are repeating their year ?

redoublement [ʀədubləmɑ̃] nm **1.** ÉDUC repeating a year UK ou grade US / *son redoublement l'a fait progresser* she's doing much better at school since she was held back a year **2.** LING reduplication **3.** [accroissement] increase, intensification / *seul un redoublement d'efforts lui permettra de réussir* he will only succeed if he works much harder.

redoubler [3] [ʀəduble] ◆ vt **1.** [rendre double] : *redoubler une consonne* to double a consonant ▸ **frapper à coups redoublés a)** [plus fort] to knock even harder ou with renewed vigour **b)** [plus vite] to knock even more urgently **2.** ÉDUC : *redoubler une classe* to repeat a year UK ou grade US ; *(en usage absolu)* : *ils l'ont fait redoubler* they made him do the year again. ◆ vi [froid, tempête] to increase, to intensify, to become more intense.

❖ **redoubler de** v + prép to increase in / *les coups redoublèrent de violence* the blows increased in violence ▸ **redoubler d'efforts** to strive doubly hard, to redouble one's efforts / *redoubler de patience* to be doubly ou extra patient / *redoubler de ruse* to be doubly ou extra cunning.

redoutable [ʀədutabl] adj **1.** [dangereux] formidable / *un ennemi redoutable* a fearsome ou formidable enemy / *une maladie redoutable* a dreadful illness / *la compagnie d'assurances a des enquêteurs redoutables* the insurance company has very able investigators / *elle a un revers redoutable* she has a lethal backhand **2.** [effrayant -aspect, réputation] awesome, fearsome, awe-inspiring.

redoutablement [ʀədutabləmɑ̃] adv extremely / *redoutablement efficace / intelligent* extremely effective / intelligent.

redoute [ʀədut] nf [fortification] redoubt.

Redoute [ʀədut] npr f ▸ **la Redoute** *French mail order firm.*

redouter [3] [ʀədute] vt to dread / *il redoute de te rencontrer* he dreads meeting you.

redoux [ʀədu] nm mild spell *(during winter).*

redox [ʀedɔks] adj ▸ **couple redox** redox couple.

redresse [ʀədʀɛs] ❖ **à la redresse** loc adj *tfam* : *un type à la redresse* a tough guy.

redressement [ʀədʀɛsmɑ̃] nm **1.** [du corps, d'une barre] straightening up **2.** [d'un véhicule] : *son pneu a explosé juste après un redressement dans un virage* his tyre burst just after he straightened up coming out of a bend **3.** COMM & ÉCON recovery ▸ **plan de redressement** recovery programme **4.** FIN ▸ **redressement fiscal** payment of back taxes ▸ **être placé en redressement judiciaire** to be put into receivership ou administration **5.** ÉLECTRON rectification.

redresser [4] [ʀədʀɛse] vt **1.** [arbre, poteau] to straighten (up), to set upright ; [véhicule, volant] to straighten (up) ; [bateau] to right ▸ **redresser la tête a)** [la lever] to lift up one's head **b)** [avec fierté] to hold one's head up high **2.** *(en usage absolu)* AUTO to straighten up, to recover / *il n'a pas redressé assez vite à la sortie du virage* he didn't straighten up quickly enough after the bend **3.** [corriger -courbure] to put right, to straighten out *(sép)* ; [-anomalie] to rectify, to put right ; [-situation] to sort out *(sép)*, to put right, to put back on an even keel **4.** ÉLECTRON to rectify.

❖ **se redresser** vpi **1.** [personne assise] to sit up straight ; [personne allongée] to sit up ; [personne voûtée ou penchée] to straighten up ▸ **redresse-toi ! a)** [personne assise] sit up straight ! **b)** [personne debout] stand up straight ! **2.** *fig* [remonter] to recover / *les résultats se redressent depuis mai* output figures have been looking up ou have been recovering since May / *la situation se redresse un peu* the situation is on the mend / *le dollar se redressait nettement jeudi matin* the dollar made a marked recovery on Thursday morning.

redresseur, euse [ʀədʀɛsœʀ, øz] adj **1.** ÉLECTR rectifying **2.** OPT erecting.

❖ **redresseur** nm ÉLECTR rectifier.

❖ **redresseur de torts** nm *hum ou* HIST righter of wrongs.

redû, ue [ʀədy] pp ⟶ **redevoir.**

réducteur, trice [ʀedyktœʀ, tʀis] adj **1.** [limitatif] simplistic / *une analyse réductrice* an over-simplistic analysis **2.** MÉCAN reduction *(modif)* **3.** CHIM reducing.

❖ **réducteur** nm **1.** MÉCAN reduction gear **2.** CHIM reducer, reductant, reducing agent **3.** ANTHR : *réducteur de têtes* headshrinker.

réductibilité [ʀedyktibilite] nf reducibility.

réductible [ʀedyktibl] adj **1.** [dépenses, dimensions] which can be reduced ; [théorie] which can be reduced ou simplified **2.** CHIM, MATH & MÉD reducible.

réduction [ʀedyksjɔ̃] nf **1.** [remise] discount, rebate / *accorder ou faire une réduction de 8 euros sur le prix total* to give a 8-euro discount on the overall cost ▸ **carte de réduction** discount card **2.** [baisse] cut, drop / *ils nous ont imposé une réduction des dépenses / salaires* they've cut our expenditure / wages / *ils ont promis une réduction des impôts* they promised to reduce ou to lower taxes ▸ **réduction de capital** FIN capital decrease ou reduction ▸ **réductions d'effectifs** staff cuts, downsizing **3.** [copie plus petite -d'une œuvre] (scale) model **4.** BIOL, CHIM & CULIN reduction **5.** MÉD setting, reducing / *la réduction d'une fracture* setting a broken bone **6.** MATH, MUS & PHILOS reduction **7.** LOGIQUE ▸ **réduction à l'absurde** reductio ad absurdum **8.** DR ▸ **réduction de peine** mitigation (of sentence) / *il a eu une réduction de peine* he got his sentence cut ou reduced.

❖ **en réduction** loc adj scaled-down.

réductionnisme [ʀedyksjɔnism] nm reductionism.

réductionniste [ʀedyksjɔnist] adj & nmf reductionist.

réduire [98] [ʀedɥiʀ] ◆ vt **1.** [restreindre -consommation] to reduce, to cut down on ; [-inflation] to reduce, to bring down *(sép)*, to lower ; [-dépenses, effectifs] to reduce, to cut back on ; [-distance] to reduce, to decrease ; [-chauffage] to lower, to turn down *(sép)* / *réduis la flamme* turn down the gas / *il a réduit le prix de 10 %* he cut ou reduced the price by 10 % / *j'ai réduit mon budget vêtements à 50 euros par mois / mon texte à trois pages* I've cut down my spending on clothes to 50 euros a month / my text to three pages / *ils ont réduit leurs délais de deux jours* they've cut the waiting time by two days ▸ **réduire qqch de moitié** to cut sthg by half, to halve sthg **2.** [refaire en petit -photo] to reduce ; [-schéma] to scale down *(sép)* **3.** [changer] ▸ **réduire qqch à l'essentiel** to boil sthg down ▸ **réduire qqch à néant** : *il a réussi à réduire à néant le travail de dix années* he managed to reduce ten years' work to nothing ▸ **réduire qqch en miettes** to smash sthg to bits ou pieces ▸ **réduire qqch en cendres** to reduce sthg to ashes ▸ **réduire qqch à sa plus simple expression** to reduce sthg to its simplest expression **4.** [forcer] ▸ **réduire qqn à** to reduce sb to ▸ **réduire la presse / l'opposition au silence** to silence the press / the opposition / *réduire à la clandestinité* to drive underground ▸ **en être réduit à des expédients / au suicide** to be driven to using expedients / to suicide / *ils en sont réduits aux dernières extrémités* they are in dire straits ▸ **réduire qqn à faire** to force ou to compel ou to drive sb to do **5.** [vaincre] to quell, to subdue, to crush / *réduire les poches de résistance* to crush the last pockets of resistance / *une armée que rien n'a pu réduire* an army which no one ou nothing has been able to beat **6.** CHIM & CULIN to reduce **7.** MÉD to set, to reduce **8.** MATH & MUS to reduce **9.** SUISSE [ranger] to put away *(sép)*. ◆ vi CULIN ▸ **faire réduire** to reduce.

❖ **se réduire** vpi [économiser] to cut down / *il va falloir se réduire sur les sorties au restaurant* we're going to have to cut down on eating out.

❖ **se réduire à** vp + prép [consister en] to amount to / *la rencontre s'est réduite à un échange poli* the meeting amounted to nothing more than a polite exchange of views / *son influence se réduit à peu de chose* her influence amounts to very little.

réduit, e [ʀedɥi,it] adj **1.** [échelle, format, etc.] scaled-down, small-scale **2.** [taille] small ; [tarif] reduced, cut / *à vitesse réduite* at reduced ou low speed ▸ **à prix réduit** cut price / *la fréquentation est réduite l'hiver* attendance is lower in the winter **3.** [peu nombreux - débouchés] limited, restricted.

❖ **réduit** nm **1.** *péj* [logement] cubbyhole / *il vit dans un réduit mal chauffé* he lives in a badly heated little cubbyhole **2.** [recoin] recess ; [placard] cupboard **3.** [fortification] reduit.

rééchelonnement [ʀeeʃlɔnmɑ̃] nm rescheduling ▸ **rééchelonnement des dettes** debt rescheduling.

rééchelonner [ʀeeʃlɔne] vt [dette] to reschedule.

réécouter [3] [ʀeekute] vt ▸ **réécouter qqch** to listen to sthg again / *fais-moi réécouter ce passage* let me listen to that bit again.

réécrire [99] [ʀeekʀiʀ] vt to rewrite ▸ **réécrire l'histoire** to rewrite history.

réécriture [ʀeekʀityʀ] nf rewriting.

réécrivait v ⟶ **réécrire**.

réédification [ʀeedifikasjɔ̃] nf reconstruction, re-erection.

réédifier [9] [ʀeedifje] vt to reconstruct, to re-erect.

rééditer [3] [ʀeedite] vt **1.** IMPR to republish / *son livre a été réédité chez Leroux* his book has been republished by Leroux ou brought out again by Leroux **2.** *fam* [refaire] to repeat / *rééditer la même erreur* to make ou to repeat the same mistake.

réédition [ʀeedisjɔ̃] nf **1.** IMPR [nouvelle édition] new edition ; [action de rééditer] republishing, republication **2.** [répétition] repeat, repetition.

rééducation [ʀeedykasjɔ̃] nf **1.** MÉD [d'un membre] reeducation ; [d'un malade] rehabilitation, reeducation / *faire de la rééducation* to undergo physiotherapy UK ou physical therapy US ▸ **rééducation motrice** motor reeducation **2.** [morale] reeducation ; DR [d'un délinquant] rehabilitation.

rééduquer [3] [ʀeedyke] vt **1.** MÉD [malade] to give physiotherapy UK ou physical therapy US to, to reeducate ; [membre] to reeducate **2.** [délinquant] to rehabilitate.

réel, elle [ʀeɛl] adj **1.** [concret] real ▸ **besoins réels** genuine needs / *dans la vie réelle, c'est différent* it's different in real life ; [prix, profit, salaire] real ; [date] effective ▸ **résultats réels** actual results ▸ **en termes réels** in real terms **2.** *(avant nom)* [appréciable] genuine, real / *une réelle amélioration* real ou genuine progress / *elle a fait preuve d'un réel talent* she's shown true ou genuine talent.

❖ **réel** nm ▸ **le réel** reality, the real.

réélection [ʀeelɛksjɔ̃] nf reelection.

rééligibilité [ʀeeliʒibilite] nf re-eligibility.

rééligible [ʀeeliʒibl] adj reeligible / *ils sont / ne sont pas rééligibles* they are / aren't entitled to stand for election again.

réélire [106] [ʀeeliʀ] vt to reelect / *elle compte bien se faire réélire* she's pretty sure she'll be reelected.

réellement [ʀeɛlmɑ̃] adv really / *ces faits ont réellement eu lieu* these events really did take place.

réélu, e [ʀeely] pp ⟶ **réélire**.

réembaucher [ʀeɑ̃boʃe], **rembaucher** [ʀɑ̃boʃe] [3] ◆ vt to take back on, to take on *(sép)* again, to reemploy / *sa société l'a réembauché* his company took him on again / *le P-DG l'a fait réembaucher dans l'une de ses usines* the managing director made sure (s) he was given another job in one of his factories / *il a réussi à se faire réembaucher* he managed to get another job (in the same company). ◆ vi to hire again ▸ **l'entreprise réembauche** the company is taking people on again.

réémetteur [ʀeemetœʀ] nm relay transmitter.

réemploi [ʀeɑ̃plwa] = **remploi**.

réemployer [ʀeɑ̃plwaje] = **remployer**.

réemprunter [ʀeɑ̃pʀœ̃te] = **remprunter**.

réengagement [ʀeɑ̃gaʒmɑ̃] = **rengagement**.

réengager [ʀeɑ̃gaʒe] = **rengager**.

réenregistrable [ʀeɑ̃ʀəʒistʀabl] adj rerecordable.

réenregistrement [ʀeɑ̃ʀəʒistʀəmɑ̃] nm rerecording.

réenregistrer [ʀeɑ̃ʀəʒistʀe] vt to rerecord.

réensemencement [ʀeɑ̃smɑ̃smɑ̃] nm resowing.

réensemencer [16] [ʀeɑ̃smɑ̃se] vt to sow again, to resow.

réenvisager [17] [ʀeɑ̃vizaʒe] vt [de nouveau] to consider again, to think about *(insép)* again ; [différemment] to rethink, to review.

rééquilibrage [ʀeekilibʀaʒ] nm readjustment, rebalancing / *le rééquilibrage des forces européennes* the restabilizing of power in Europe / *rééquilibrage du budget* balancing the budget again.

rééquilibre [ʀeekilibʀ] nm restoration of balance.

rééquilibrer [3] [ʀeekilibʀe] vt **1.** [budget] to balance again ; [situation] to restabilize **2.** [personne] : *son séjour à l'étranger l'a rééquilibré* his stay abroad has helped him (to) find his feet again.

réescompte [ʀeɛskɔ̃t] nm rediscount.

réescompter [3] [ʀeɛskɔ̃te] vt to rediscount.

réessayer [11] [ʀeeseje] vt [voiture, produit, méthode] to try again ; [vêtement] to try on *(sép)* again.

réétudier [9] [ʀeetydje] vt **1.** [discipline] to study again / *se mettre à réétudier le grec* to go back to studying Greek **2.** [projet, idée] to study ou to examine again / *on va réétudier la question* we're going to give the question some more thought.

réévaluation [ʀeevalɥasjɔ̃] nf **1.** [d'une devise] revaluation **2.** [d'un budget, d'un salaire - gén] reappraisal, reassessment ; [- à la hausse] upgrade, upgrading ; [- à la baisse] downgrade, downgrading.

réévaluer [7] [ʀeevalɥe] vt **1.** FIN [devise, monnaie] to revalue ; [salaire, taux] to reappraise ; [à la hausse] to upgrade ; [à la baisse] to downgrade **2.** [qualité, travail] to reassess, to reevaluate.

réexamen [ʀeɛgzamɛ̃] nm reexamination, reassessment.

réexaminer [3] [ʀeɛgzamine] vt to reexamine, to reassess.

réexpédier [9] [ʀeɛkspedje] vt **1.** [courrier - à l'expéditeur] to return (to sender), to send back *(sép)* ; [- au destinataire] to forward **2.** *fam* [personne] to throw out *(sép)* / *je l'ai réexpédié vite fait* I got rid of him in no time.

réexpédition [ʀeɛkspedisjɔ̃] nf [pour renvoyer] sending back, returning (to sender) ; [pour faire suivre] forwarding, redirecting / *service de réexpédition du courrier* mail forwarding ou redirecting service.

réexportation [ʀeɛkspɔʀtasjɔ̃] nf reexport.

réexporter [3] [ʀeɛkspɔʀte] vt to reexport.

réf. (abr écrite de **référence**) ref.

refaçonner [3] [ʀəfasɔne] vt to reshape, to remodel.

réfaction [ʀefaksjɔ̃] nf **1.** COMM reimbursement, allowance **2.** FIN adjustment.

refaire [109] [ʀəfɛʀ] vt **1.** [à nouveau] to redo, to do again ▸ **refaire une addition** to add a sum up again / *refaire une opération pour la vérifier* to do a calculation again to check it / *refaire un pansement* to redo a bandage / *refaire une piqûre* to give another injection / *j'ai dû refaire le trajet* I had to make the same journey again / *quand pourras-tu refaire du sport?* when will you be able to do some sport again? / *je vais refaire quelques longueurs de bassin* I'm going to swim a few more lengths / *il a refait le dessin en tenant compte de nos remarques* he redid the drawing taking our comments into account ; *fig* : *vous ne la referez pas* you won't change her ▸ **refaire sa vie** to start a new life, to make a fresh start (in life) ▸ **si c'était à refaire, je ne l'épouserais pas** if I could start all over again, I wouldn't marry him / *si c'était à refaire? — je suis prête à recommencer* and if you had to do it all again? — I would do the same thing **2.** [réparer] to redo / *refaire la toiture* to redo the roof / *refaire la peinture* to repaint, to redo the paintwork ▸ **ils refont la route** they are resurfacing the road / *le moteur a été complètement refait à neuf* the engine has had a complete overhaul ; MÉD : *se faire refaire le nez* to have a nose job **3.** *fam* [berner] to take in *(sép)* / *il m'a refait de quinze euros* he did me out of fifteen euros / *tu as été refait* you've been taken in ou had.

❖ **se refaire** ◆ vp *(emploi réfléchi)* [se changer] : *on ne se refait pas* you can't change the way you are. ◆ vpi *fam* [financièrement] to recoup one's losses / *j'ai besoin de me refaire* I need to get hold of some more cash. ◆ vpt : *se refaire une tasse de thé* to make o.s. another cup of tea ▸ **se refaire une beauté** to powder one's nose ▸ **se refaire une santé** to recuperate.

❖ **se refaire à** vp + prép ▸ **se refaire à qqch** to get used to sthg again / *il a du mal à se refaire à la vie urbaine* he's finding it hard getting used to city life again ou getting reaccustomed to city life.

réfection [ʀefɛksjɔ̃] nf [gén] redoing ; [d'une pièce] redecorating ; [d'une maison] redoing, doing up ; [d'une route] repairs ▸ **pendant les travaux de réfection a)** [d'une maison] while the house is being done up **b)** [d'une route] during repairs to the road, while there are roadworks.

réfectoire [ʀefɛktwaʀ] nm [dans une communauté] refectory ; ÉDUC dining hall, canteen ; UNIV (dining) hall.

refend [ʀəfɑ̃] nm ARCHIT & CONSTR ▸ **bois de refend** (wood in) planks ▸ **pierre de refend** corner stone ▸ **mur de refend** partition (wall).

refendre [78] [ʀəfɑ̃dʀ] vt **1.** [ardoise] to split **2.** MENUIS ⟶ **scie**.

refera v ⟶ **refaire**.

référé [ʀefeʀe] nm [procédure] special hearing ; [arrêt] temporary ruling ; [ordonnance] temporary injunction ▸ **introduire un référé** to issue a temporary injunction.

référence [ʀefeʀɑ̃s] nf **1.** [renvoi] reference **2.** ADMIN & COMM reference number / **'référence à rappeler dans toute correspondance'** 'reference number to be quoted when replying ou in all correspondence' **3.** [base d'évaluation] reference / *un prix littéraire, c'est une référence* a literary prize is a good recommendation for a book / *ton ami n'est pas une référence* your friend is nothing to go by ▸ **faire référence à** to refer to, to make (a) reference to / *la biographie fait plusieurs fois référence à son éthylisme* the biography makes several references to his alcoholism / *dans ce passage il fait référence à Platon* in this passage he is referring to Plato **4.** LING reference.

❖ **références** nfpl [pour un emploi - témoignages] references, credentials *fig* ; [- document] reference letter, testimonial / **'sérieuses références exigées'** 'good references required' / *quelles sont les références de votre société?* what are your company's credentials?
❖ **de référence** loc adj reference *(modif)* ▶ **année de référence** FIN base year ▶ **groupe de référence** PSYCHOL reference group ▶ **prix de référence** reference price.

référencement [refeʀɑ̃smɑ̃] nm **1.** COMM listing **2.** INTERNET referencing.

référencer [16] [refeʀɑ̃se] vt **1.** COMM to list **2.** INTERNET to reference.

référendaire [refeʀɑ̃dɛʀ] adj referendum *(modif)* ▶ **conseiller référendaire** ≃ public auditor.

référendum [refeʀɛdɔm] nm referendum.

référent, e [refeʀ, ɑ̃t] adj ⟶ **médecin.**
❖ **référent** nm referent.

référentiel, elle [refeʀɑ̃sjɛl] adj referential.
❖ **référentiel** nm frame of reference.

référer [18] [refeʀe] ❖ **en référer à** v + prép to refer back to / *il ne peut rien décider sans en référer à son supérieur* he can't decide anything without referring back to his boss. ❖ **se référer à** vp + prép to refer to / *l'article se réfère à l'affaire Dreyfus* the article refers to the Dreyfus affair / *nous nous référons à la définition ci-dessus* the reader is referred to the above definition.
✐ In reformed spelling (see p. 16-19), this verb is conjugated like **semer**: ***il (se) réfèrera, elle (se) réfèrerait.***

refermer [3] [ʀəfɛʀme] vt to close ou to shut (again) ▶ **refermer ses mâchoires sur qqch** to clamp one's jaws on sthg.
❖ **se refermer** vpi [porte] to close ou to shut (again) ; [blessure] to close ou to heal up ; [piège] to snap shut / *la porte s'est refermée sur mes doigts* the door closed on my fingers.

refiler [3] [ʀəfile] vt *fam* **1.** [donner] to give / *il m'a refilé sa grippe / son vieux blouson* he gave me the flu / his old jacket / *on s'est fait refiler de la camelote* we got given some real rubbish **2.** EXPR **refiler le bébé à qqn** to unload a problem onto sb.

refinancement [ʀəfinɑ̃smɑ̃] nm refinancing ▶ **plan de refinancement** refinancing plan.

refinancer [ʀəfinɑ̃se] vt to refinance.

refit v ⟶ **refaire.**

réfléchi, e [refleʃi] adj **1.** [caractère, personne] reflective, thoughtful / *une analyse réfléchie* a thoughtful ou well thought-out analysis / *un enfant très réfléchi pour son âge* a child who thinks very seriously for his age **2.** LING reflexive.

réfléchir [32] [refleʃiʀ] ◆ vt PHOT & PHYS to reflect. ◆ vi to think, to reflect / *as-tu bien réfléchi?* have you thought about it carefully? / *je n'ai pas eu le temps de réfléchir* I haven't had time to think / *j'ai demandé à réfléchir avant de répondre* I've asked for time to think it over ou to think about it before giving my answer / *parler sans réfléchir* to speak without thinking / *il fallait réfléchir avant de parler!* you should have thought before you spoke! ▶ **j'ai longuement réfléchi** I gave it a lot of thought ▶ **réfléchir vite** to think quickly / *quand on voit comment ça se passe, ça fait réfléchir* when you see what's happening, it makes you think / *tes mésaventures m'ont donné à réfléchir* your mishaps have given me food for thought ▶ **réfléchir à** to think about *(insép)*, to reflect on *(insép)*, to consider / *réfléchissez à ma proposition* do think about my offer / *as-tu réfléchi aux conséquences de ton départ?* have you thought about ou considered the consequences of your going? ▶ **tout bien réfléchi** all things considered, after careful consideration ▶ **c'est tout réfléchi** it's all settled, my mind's made up / *c'est tout réfléchi, je refuse!* my mind's made up, the answer is no!
❖ **se réfléchir** vpi [lumière, son] to be reflected.

réfléchissant, e [refleʃisɑ̃, ɑ̃t] adj PHYS reflecting.

réflecteur, trice [reflɛktœʀ, tʀis] adj reflecting.
❖ **réflecteur** nm **1.** ASTRON reflector, reflecting telescope **2.** PHYS reflector.

réflectif, ive [reflɛktif, iv] adj PHYSIOL reflexive.

reflet [ʀəflɛ] nm **1.** [lumière] reflection, glint, light / *les reflets du soleil sur l'eau* the reflection of the sun on the water **2.** [couleur] tinge, glint, highlight / *des cheveux châtains avec des reflets dorés* brown hair with tints of gold / *se faire faire des reflets* to have highlights put in ▶ **avoir des reflets changeants** to shimmer **3.** [image] reflection / *je vois ton reflet dans la vitre* I can see your reflection in the window / *on voit le reflet du flash dans la fenêtre* you can see the reflection of the flashlight on the windowpane / *ses lettres sont le reflet de son caractère* her letters reflect ou mirror her character.

refléter [18] [ʀəflete] vt **1.** [renvoyer - lumière] to reflect ; [- image] to reflect, to mirror **2.** [représenter] to reflect, to mirror / *son air perplexe reflétait son trouble intérieur* his puzzled look indicated ou betrayed his inner turmoil / *ce qu'il dit ne reflète pas ce qu'il pense / mon opinion* his words are not a fair reflection of what he thinks / of my opinion.
❖ **se refléter** vpi **1.** [lumière, rayon] to be reflected **2.** [se manifester] to be reflected / *son éducation religieuse se reflète dans sa manière de vivre* his religious education is reflected in the way he lives / *le bonheur se reflète sur son visage* happiness shines in his face.
✐ In reformed spelling (see p. 16-19), this verb is conjugated like **semer**: ***il reflètera, elle reflèterait.***

refleurir [32] [ʀəflœʀiʀ] vi **1.** [plante] to flower again, to blossom again **2.** *fig & litt* to blossom ou to flourish again.

reflex, réflex* [reflɛks] ◆ adj inv reflex *(modif)*. ◆ nm inv reflex (camera).

réflexe [reflɛks] ◆ nm **1.** BIOL & PHYSIOL reflex / *avoir de bons réflexes* to have good reflexes ▶ **réflexe inné / conditionné** instinctive / conditioned reflex **2.** [réaction] reaction ▶ **il a eu / n'a pas eu le réflexe de tirer le signal d'alarme** he instinctively pulled / he didn't think to pull the alarm / *son premier réflexe a été d'appeler à l'aide* her immediate reaction was to call for help / *ses réflexes de conducteur sont émoussés* his reflexes when he's behind the wheel aren't what they used to be. ◆ adj reflex *(modif)*.

réflexible [reflɛksibl] adj reflexible.

réflexif, ive [reflɛksif, iv] adj MATH & PHILOS reflexive.

réflexion [reflɛksjɔ̃] nf **1.** [méditation] thought ▶ **après mûre réflexion** after careful consideration, after much thought / *leur proposition demande réflexion* their offer will need thinking over / *s'absorber dans ses réflexions* to be deep ou lost in thought ▶ **réflexion faite, à la réflexion** on reflection **2.** [discernement] : *agir sans réflexion* to act without thinking, to act thoughtlessly / *son rapport manque de réflexion* his report hasn't been properly thought out ou through **3.** [remarque] remark, comment, reflection *sout* ▶ **faire des réflexions à qqn** to make remarks to sb / *elle a fait d'amères réflexions sur son passé* she made bitter reflections about ou she commented bitterly on her past life / *sa réflexion ne m'a pas plu* I didn't like his remark ou what he said / *elle a eu des réflexions de la direction* the management have had a word with her *euphém* **4.** TECHNOL [de la lumière] reflection / *angle de réflexion* angle of reflection.

⚠ Le mot anglais **reflection** ne doit pas être employé systématiquement pour traduire réflexion, notamment au sens de «pensée» et de «remarque». Voir article.

réflexivité [reflɛksivite] nf reflexivity.

réflexologie [reflɛksɔlɔʒi] nf reflexology.

refluer [3] [ʀəflye] vi **1.** [liquide] to flow back ; [marée] to ebb ; [foule, public] to surge back / *faire refluer les manifestants* to push back the demonstrators **2.** *fig & litt* [pensée, souvenir] to come flooding ou rushing back.

reflux [ʀəfly] nm **1.** [de la marée] ebb **2.** [d'une foule] backward surge **3.** MÉD reflux.

refondation [ʀəfɔ̃dasjɔ̃] nf [d'un parti] radical reform.

refonder [ʀəfɔ̃de] vt [parti] to reform ; [système] to build on new foundations / *refonder une famille* to start a new family.

refondre [75] [ʀəfɔ̃dʀ] vt **1.** [métal] to remelt, to melt down *(sép)* again ; [cloche] to recast **2.** *fig* [remanier] to recast, to reshape, to refashion / *refondre un projet de loi* to redraft ou to recast a bill / *la 3e édition a été entièrement refondue* the third edition has been entirely revised.

refont v ⟶ **refaire.**

refonte [ʀəfɔ̃t] nf **1.** MÉTALL [nouvelle fonte] remelting ; [nouvelle coulée] recasting **2.** *fig* [remaniement] recasting, reshaping, refashioning / *il y a eu refonte de l'ouvrage* the work has been completely ou entirely revised.

reforestation [ʀəfɔʀɛstasjɔ̃] nf reforestation.

réformable [refɔʀmabl] adj **1.** MIL *liable for exemption from military service* **2.** [modifiable] reformable, capable of being modified.

reformage [ʀəfɔʀmaʒ] nm reforming ▶ **reformage catalytique / à la vapeur** catalytic / steam reforming.

réformateur, trice [refɔʀmatœʀ, tʀis] ◆ adj reforming ▶ **idées réformatrices** ideas of reform. ◆ nm, f reformer.

réformation [refɔʀmasjɔ̃] nf **1.** *litt* [action] reform, reformation **2.** *vieilli* RELIG ▶ **la Réformation** the Reformation **3.** DR reversal.

réforme [refɔʀm] nf **1.** [modification] reform ▶ **réformes sociales** social reforms / *nous choisirons la voie des réformes* we shall opt for reformism ou a policy of reform ou reforms ▶ **la réforme de l'orthographe** spelling reform / *nombreux sont ceux qui demandent la réforme de l'orthographe* there are many people calling for spelling reform ▶ **réforme fiscale** tax reform ▶ **réforme monétaire** monetary reform **2.** MIL [de matériel] scrapping ; [d'un soldat] discharge ; [d'un appelé] declaration of unfitness for service ▶ **commission de réforme** ≃ Army Medical Board **3.** RELIG ▶ **la Réforme** the Reformation.

réformé, e [refɔʀme] ◆ adj [religion] Reformed, Protestant. ◆ nm, f [calviniste] Protestant ; [moine] member of a Reformed Order.
❖ **réformé** nm MIL [recrue] *conscript declared unfit for service* ; [soldat] discharged soldier.

reformer [3] [ʀəfɔʀme] vt **1.** [à nouveau] to re-form, to form again / *reformer un groupe* to bring a group back together / *reformez les groupes!* get back into your groups! **2.** PÉTR to reform.
❖ **se reformer** vpi to re-form, to form again / *la fissure se reforme tous les hivers* the crack reappears every winter / *l'association va se reformer autour d'une nouvelle équipe* the association will be set up again ou re-formed around a new team.

réformer [3] [refɔʀme] vt **1.** [modifier] to reform **2.** *litt* [supprimer] to put an end to / *réformer les abus* to put an end to injustice **3.** [mettre au rebut] to scrap, to discard **4.** MIL [recrue] to declare unfit for service ; [soldat] to discharge ; [tank, arme] to scrap / *se faire réformer* to be exempted from military service **5.** RAIL to overhaul.

réformette [refɔʀmɛt] nf *fam & péj* petty reform.

réformisme [refɔʀmism] nm reformism.

réformiste [refɔʀmist] adj & nmf reformist.

reformulation [ʀəfɔʀmylasjɔ̃] nf rewording.

reformuler [3] [ʀəfɔʀmyle] vt to rephrase, to reword / *je ne comprends pas votre question, pouvez-vous la reformuler?* I don't understand your question, could you rephrase it?

refouiller [3] [ʀəfuje] vt to carve out *(sép)*.

refoulant, e [ʀəfulɑ̃, ɑ̃t] adj pumping *(avant nom)* ▶ **pompe refoulante** force pump.

*In reformed spelling (see p. 16-19).

refoulé, e [rəfule] ◆ adj [instinct, sentiment] repressed ; [ambition] frustrated ; [personne] inhibited. ◆ nm, f inhibited person.

❖ **refoulé** nm PSYCHOL ▸ **le refoulé** repressed content.

refoulement [rəfulmɑ̃] nm **1.** [d'assaillants] pushing ou forcing back ; [d'immigrants] turning back ou away **2.** PSYCHOL repression **3.** RAIL backing.

refouler [3] [rəfule] ◆ vt **1.** [assaillants] to drive ou to push back *(sép)*, to repulse ; [immigrants] to turn back ou away *(sép)* / *les forces de police ont refoulé les manifestants hors de la place* the police drove the demonstrators out of the square / *ils se sont fait refouler à la frontière* they were driven back at the border **2.** [liquide] to force to flow back ; [courant] to stem ; [air] to pump out *(sép)* **3.** [retenir] ▸ **refouler ses larmes** to hold ou to choke back one's tears ▸ **refouler sa colère** to keep one's anger in check **4.** PSYCHOL to repress **5.** RAIL to back. ◆ vi **1.** [pieu, cheville] to balk **2.** [mal fonctionner] ▸ **l'égout refoule** a stench is coming up from the sewer / *la cheminée refoule* the fire is blowing back.

réfractaire [refraktɛr] ◆ adj **1.** [matériau] refractory, heat-resistant **2.** [personne] ▸ **réfractaire à** resistant ou unamenable to / *je suis réfractaire aux mathématiques* I'm incapable of understanding mathematics, mathematics is a closed book to me / *réfractaire aux charmes de la nature* impervious to nature's charms **3.** MÉD resistant **4.** PHYSIOL ▸ **période réfractaire** refractory period ou phase. ◆ nm **1.** TECHNOL refractory (material) **2.** HIST *French citizen refusing to work in Germany during World War II.*

réfracter [3] [refrakte] vt to refract.

❖ **se réfracter** vpi to be refracted.

réfracteur, trice [refraktœr, tris] adj refracting.

❖ **réfracteur** nm refracting telescope, refractor.

réfraction [refraksjɔ̃] nf refraction ▸ **indice de réfraction** refractive index.

réfractomètre [refraktomɛtr] nm **1.** OPT refractometer **2.** MÉD optometer.

refrain [rəfrɛ̃] nm **1.** [d'une chanson] chorus, refrain ; [chanson] tune, song **2.** *péj* [sujet] : *change de refrain* can't you talk about something else? / *avec toi c'est toujours le même refrain* it's always the same old story with you.

réfrangibilité [refrɑ̃ʒibilite] nf refrangibility, refrangibleness.

réfrangible [refrɑ̃ʒibl] adj refrangible.

refrènement [rəfrɛnmɑ̃], **réfrènement** [refrɛnmɑ̃] nm *litt* repressing, curbing.

réfréner [18] [refrene], **refréner** [rəfrene] vt to hold back *(sép)*, to hold in check, to curb ▸ **réfréner sa colère** to stifle one's anger.

✐ In reformed spelling (see p. 16-19), this verb is conjugated like **semer**: ***il réfrènera, elle réfrènerait.***

réfrigérant, e [refriʒerɑ̃, ɑ̃t] adj **1.** [liquide] cooling, refrigerant *spéc* ▸ **mélange réfrigérant** refrigerant **2.** *fig* [comportement, individu] frosty, icy.

❖ **réfrigérant** nm INDUST & SCI cooler.

réfrigérateur [refriʒeratœr] nm refrigerator *sout*, fridge, icebox US.

réfrigérateur-congélateur [refriʒeratœrkɔ̃ʒelatœr] (*pl* **réfrigérateurs-congélateurs**) nm fridge-freezer.

réfrigération [refriʒerasjɔ̃] nf refrigeration.

réfrigéré, e [refriʒere] adj **1.** *fam* [personne] frozen **2.** [véhicule] refrigerated.

réfrigérer [18] [refriʒere] vt **1.** [denrée] to cool, to refrigerate **2.** *fig* : *son abord glacial m'a réfrigéré* his icy manner cut me dead.

✐ In reformed spelling (see p. 16-19), this verb is conjugated like **semer**: ***il réfrigèrera, elle réfrigèrerait.***

réfringence [refrɛ̃ʒɑ̃s] nf refringence, refringency.

réfringent, e [refrɛ̃ʒɑ̃, ɑ̃t] adj refringent.

refroidir [32] [rəfrwadir] ◆ vt **1.** TECHNOL to cool **2.** *fig* [personne] to cool (down) ; [sentiment] to dampen, to put a damper on / *cet échec l'a refroidi* this failure has dampened his enthusiasm **3.** *tfam* [assassiner] to bump off. ◆ vi **1.** [devenir froid] to cool (down), to get cold ou colder / *faites refroidir pendant deux heures dans le réfrigérateur* cool ou leave to cool in the refrigerator for two hours / *viens manger, le potage va refroidir!* come and eat, the soup's getting cold! **2.** *fam & fig* ▸ **laisser refroidir qqch** to leave ou to keep ou to put sthg on ice.

❖ **se refroidir** vpi **1.** [devenir froid] to get cold ou colder, to cool down ▸ **le temps va se refroidir a)** [légèrement] it'll get cooler **b)** [sensiblement] it'll get cold ou colder / *attendez que le métal se soit refroidi* wait till the metal has cooled (down) / *ne laissez pas vos muscles se refroidir* don't let your muscles get cold **2.** [diminuer] to cool off / *sa passion s'est refroidie* her love has lost some of its fire.

refroidissement [rəfrwadismɑ̃] nm **1.** TECHNOL cooling ▸ **à refroidissement par circulation d'eau** water-cooled ▸ **à refroidissement par ventilation** air-cooled ▸ **plaque** / **tour de refroidissement** cooling plate / tower **2.** [rhume] chill / *elle a pris un refroidissement* she caught a chill **3.** *fig* [dans une relation] cooling (off) / *il y a eu un net refroidissement dans leurs relations* there's been a definite cooling off in their relationship.

refroidisseur [rəfrwadisœr] nm TECHNOL cooler.

refuge [rəfyʒ] nm **1.** [abri] refuge ▸ **servir de refuge à qqn** to offer refuge to sb, to provide a roof for sb ▸ **chercher** / **trouver refuge dans une grange** to seek / to find shelter in a barn ▸ **donner refuge à** to give shelter to, to shelter ; [en montagne] (mountain) refuge / *l'hébergement est en refuge* accommodation is provided at the mountain refuge **2.** *sout* [réconfort] haven / *chercher refuge dans les livres* to seek refuge in books / *ce quartier est le refuge des artistes* this area is a haven for artists **3.** [dans une rue] refuge, (traffic) island **4.** *(comme adj)* ⟶ **valeur**.

réfugié, e [refyʒje] nm, f refugee ▸ **réfugié climatique** climate refugee ▸ **réfugié politique** political refugee.

réfugier [9] [refyʒje] ❖ **se réfugier** vpi **1.** [s'abriter] to take refuge ou shelter / *ils se sont réfugiés dans une grotte* they took refuge in a cave / *ils se sont réfugiés sous un arbre* they sheltered under a tree **2.** *fig* : *elle se réfugie dans ses livres* she takes refuge in her books.

refumer [3] [rəfyme] vi to start smoking again.

refus [rəfy] nm **1.** [réponse négative] refusal, rebuff / *s'exposer à un refus* to run the risk of a refusal ou of being turned down ▸ **opposer un refus catégorique à qqn** to give an outright refusal to sb ▸ **refus de vente** / **de priorité** / **d'obéissance** refusal to sell / to give way / to comply ▸ **refus de coopérer** noncooperation ▸ **ce n'est pas de refus!** *fam* I wouldn't say no!, I don't mind if I do! **2.** ÉQUIT refusal.

refusable [rəfyzabl] adj [gén] refusable ; [offre] which can be rejected.

refusé, e [rəfyze] nm, f ENS failed candidate.

refuser [3] [rəfyze] ◆ vt **1.** [don, livraison] to refuse to accept, to reject / *refuser une marchandise pour non-conformité* to refuse to accept an unfit ou a faulty product / *il a refusé tous les cadeaux* he's refused to accept any present, he's turned down every gift ; [offre, proposition] to turn down, to refuse / *refuser une invitation* to turn down ou to decline an invitation / *je suis obligé de refuser du travail* I have to turn jobs down ou to refuse work / *le restaurant refuse du monde tous les soirs* the restaurant turns people away every evening **2.** [autorisation] to refuse, to turn down ; [service] to refuse, to deny / *je lui ai refusé l'accès au jardin* I denied him access to the garden / *je lui ai refusé la visite du jardin* I wouldn't allow him to visit the garden / *refuser de payer une somme* to withhold a sum of money / *il refuse de sortir de sa chambre* he refuses to leave his room / *il ne peut rien lui refuser* he can refuse him nothing / *comment peux-tu lui refuser ça?* how can you deny him that? / *on leur a refusé l'entrée du château* they weren't allowed in the castle **3.** [objet] : *le tiroir refuse de s'ouvrir* the drawer refuses to ou won't open **4.** ÉQUIT to refuse **5.** [maladie, responsabilité] to refuse, to reject / *je refusais tout à fait cette idée* I wouldn't accept that idea at all / *refuser le combat* to refuse battle ou to fight / *refuser de lutter contre la maladie* / *d'utiliser la force* to refuse to combat illness / to use force / *refuser les responsabilités* to shun responsibilities, to refuse to take on responsibilities / *on ne peut lui refuser une réelle maîtrise du sujet* *sout* there's no denying he really knows the subject. ◆ vi **1.** CONSTR & TRAV PUB to resist, to balk **2.** NAUT to haul, to turn.

❖ **se refuser** ◆ vp *(emploi passif) (à la forme négative)* : *une telle offre ne se refuse pas* such an offer is not to be refused ou can't be turned down / *un séjour au bord de la mer, ça ne se refuse pas* a stay at the seaside, you can't say no to that. ◆ vpt to deny o.s. / *des vacances au Brésil, on ne se refuse rien!* *fam & hum* a holiday in Brazil, no less!

❖ **se refuser à** vp + prép : *je me refuse à croire de pareilles sornettes!* I refuse to believe such twaddle! / *l'avocat se refuse à tout commentaire* the lawyer is refusing to make any comment ou is declining to comment.

réfutable [refytabl] adj refutable / *arguments qui ne sont pas réfutables* arguments which cannot be refuted.

réfutation [refytasjɔ̃] nf refutation.

réfuter [3] [refyte] vt **1.** [en prouvant] to refute, to disprove **2.** [contredire] to contradict.

refuznik [rəfyznik] nmf refusnik, refusenik.

reg [rɛg] nm GÉOGR reg.

regagner [3] [rəgaɲe] vt **1.** [gagner -à nouveau] to win back *(sép)*, to regain ; [-après perte] to win back / *le dollar regagne quelques centimes sur le marché des changes* the dollar has regained a few cents on the foreign exchange market / *regagner la confiance de ses électeurs* to win back the voters' trust ▸ **regagner le temps perdu** to make up for lost time ▸ **regagner du terrain** to recover lost ground **2.** [retourner à] to go back ou to return to / *regagner la ville* / *la France* to return to (the) town / to France / *il a regagné la côte à la nage* he swam (back) to the shore / *regagner sa place* to get back to one's seat ou place.

regain [rəgɛ̃] nm **1.** [retour, accroissement] renewal, revival / *un regain de vie* a new lease of life / *avec un regain de bonne humeur* with renewed cheerfulness / *un regain d'énergie* fresh energy **2.** AGR aftermath.

régal, als [regal] nm **1.** [délice] delight, treat / *ce repas est un vrai régal* this meal is a real treat **2.** [plaisir] delight / *la mousse au chocolat est son régal* chocolate mousse is his favourite / *c'est un régal pour les yeux* it's a sight for sore eyes.

régalade [regalad] nf ▸ **boire à la régalade** *to drink without letting the bottle touch one's lips.*

régale [regal] adj f CHIM ▸ **eau régale** aqua regia.

régalement [regalmɑ̃] nm (tax) apportioning.

régaler [3] [regale] vt **1.** [offrir à manger, à boire] to treat / *régaler ses amis d'un excellent vin* *sout* to treat one's friends to an excellent wine / *aujourd'hui, c'est moi qui régale* *fam* today it's on me ou I'm treating you ou it's my treat **2.** *fig* to regale / *elle régalait ses collègues d'anecdotes croustillantes* she regaled her colleagues with ou treated her colleagues to spicy anecdotes **3.** [terrain] to level **4.** FIN to apportion (a tax).

❖ **se régaler** vpi **1.** [en mangeant] ▸ **je me suis régalé** it was a real treat, I really enjoyed it **2.** *fig* : *je me régale à l'écouter* it's a real treat for me to listen to her.

régalien, enne [regaljɛ̃, ɛn] adj kingly, royal ▸ **droit régalien** royal prerogative.

regard [rəgar] nm **1.** [expression] look, expression / *son regard était haineux* he had a look of hatred in his eye ou eyes, his eyes were full of hatred / *il a un regard doux* / *torve* he has a gentle / menacing look in his eyes ▸ **un regard vitreux** a glassy stare ▸ **un regard concupiscent** a leer ▸ **un regard méfiant** a suspicious look **2.** [coup d'œil] look, glance, gaze / *mon regard s'arrêta sur une fleur* my eyes fell on a flower ▸ **attirer**

les regards to be the centre of attention ▸ **nos regards se croisèrent** our eyes met / *il a détourné le regard* he averted his gaze, he looked away / *ils échangèrent un regard de connivence* they exchanged knowing looks / *un regard qui en disait long* an eloquent look ▸ **chercher du regard** to look (around) for ▸ **interroger qqn du regard** to give sb a questioning look / *il est parti sans même un regard* he left without even a backward glance ▸ **lancer un regard à qqn** to look at sb, to glance at sb / *il lançait aux visiteurs des regards mauvais* he glared at the visitors ou gave the visitors nasty looks / *caché aux regards du public* out of the public eye / *loin des regards curieux* far from prying eyes ▸ **porter un regard nouveau sur qqn / qqch** *fig* to look at sb / sthg in a new light ▸ **couver qqch / qqn du regard** to stare at sthg / sb with greedy eyes ▸ **suivez mon regard** *hum* mentioning no names **3.** [d'égout] manhole ; [de four] peephole.

❖ **au regard de** loc prép **1.** [aux termes de] in the eyes of / *mes papiers sont en règle au regard de la loi* my papers are in order from a legal point of view **2.** [en comparaison avec] in comparison with, compared to / *ce n'est pas grand-chose au regard de ce que je dois au percepteur* that's not much compared to what I owe the taxman.

❖ **en regard** loc adv : *un texte latin avec la traduction en regard* a Latin text with a translation on the opposite page.

❖ **en regard de** loc prép **1.** [face à] : *en regard de la colonne des chiffres* facing ou opposite the column of figures **2.** [en comparaison avec] compared with.

regardant, e [ʀəgaʀdɑ̃, ɑ̃t] adj **1.** [avare] careful with money *euphém*, sparing, grudging **2.** [pointilleux] demanding / *elle n'est pas très regardante sur la propreté* she's not very particular when it comes to cleanliness.

regarder [3] [ʀəgaʀde] ◆ vt **1.** [voir] to look at *(insép)*, to see ; [observer] to watch, to see ▸ **regarder qqch rapidement** to glance at sthg ▸ **regarder qqch fixement** to stare at sthg ▸ **regarder qqch longuement** to gaze at sthg / *regarde s'il arrive* see if he's coming / *si tu veux t'instruire, regarde-le faire* if you want to learn something, watch how he does it / *il n'aime pas qu'on le regarde manger* he doesn't like people watching him eat / *as-tu regardé le match?* did you watch ou see the match? / *regarde voir dans la chambre* *fam* go and look ou have a look in the bedroom / *regarde voir si ton petit frère dort* *fam* look ou check and see if your little brother is sleeping, will you? / *regarde-moi ça!* *fam* just look at that! / *regarde-moi ce travail!* *fam* just look at this mess! ▸ **tu ne m'as pas regardé!** *fam* what do you take me for?, who do you think I am? / *tu veux que j'y aille à ta place? non mais, tu m'as bien regardé?* *fam* you want me to go instead of you? what sort of a sucker do you take me for? **2.** [examiner - moteur, blessure] to look at *(insép)*, to check ; [- notes, travail] to look over ou through *(sép)* ; [- causes] to examine, to consider, to look into *(insép)* / *as-tu eu le temps de regarder le dossier?* did you have time to look at ou to examine the file? / *regarde un peu ça!* check this out! **3.** [vérifier] to look up *(sép)* / *regarde son prénom dans le dictionnaire* look up her first name in the dictionary / *tu regardes constamment la pendule!* you're always looking at ou watching the clock! / *non mais, tu as regardé l'heure?* *fam* [il est tard] have you seen the time?, do you realize what time it is? / *je vais regarder quelle heure il est* ou *l'heure* I'm going to see ou to check what time it is ; *(en usage absolu)* : *regarde à la lettre D* look through the D's, look at the letter D **4.** [concerner] to concern / *bien sûr que ça me regarde!* of course it concerns me! / *ceci ne regarde que toi et moi* this is (just) between you and me / *ça ne te regarde pas!* that's ou it's none of your business! / *cette affaire ne me regarde plus* this affair is no longer any concern ou business of mine / *cela ne les regarde en rien* it's absolutely no business of theirs / *en quoi est-ce que ça me regarde?* what's that got to do with me? **5.** [considérer - sujet, situation] to look at *(insép)*, to view / *elle ne regarde pas les choses de la même façon que moi* she looks at ou sees things differently from me / *si l'on regarde la situation de son point de vue* if you look at ou view the situation from his standpoint / *un projet que l'on regardait avec suspicion* a project which was regarded ou viewed with suspicion at the time / *nous regardons l'avenir avec confiance* we look to the future with confidence / *il regarde avec envie la réussite de son frère* he casts an envious eye upon his brother's success, he looks upon his brother's success with envy ▸ **ne regarder que** [ne penser qu'à] to be concerned only with, to think only about / *il ne regarde que ses intérêts* he thinks only about his own interests ▸ **regarder qqn comme** to consider sb as, to regard sb as, to look upon sb as / *je l'ai toujours regardé comme un frère* I've always looked upon him as a brother / *on le regarde comme un futur champion* he is seen ou regarded as a future champion ▸ **regarder qqch comme** to regard sthg as, to look upon sthg as, to think of sthg as. ◆ vi **1.** [personne] to look / *nous avons regardé partout* we looked ou searched everywhere / *il passe des heures à regarder dans son télescope* he spends hours peering into his telescope / *tu ne sais pas regarder* you should learn to use your eyes / *ne reste pas là à regarder, fais quelque chose!* don't just stand there (staring), do something! **2.** [bâtiment, pièce] : *regarder à l'ouest* to face West / *le balcon regarde vers la mer* the balcony looks out over ou faces the sea.

❖ **regarder à** v + prép [morale, principes] to think of ou about, to take into account ; [apparence, détail] to pay attention to / *je regarde avant tout à la qualité* I'm particularly ou primarily concerned with quality / *nous regardons d'abord au bien-être de nos patients* we are primarily concerned with the welfare of our patients / *regarde à ne pas faire d'erreur* watch you don't make a mistake ▸ **regarder à la dépense** to be careful with one's money / *ne regardons pas à la dépense!* let's not think about the money! / *acheter sans regarder à la dépense* to buy things regardless of the expense / *tu ne vas pas regarder à cinq euros, non!* you're not going to worry about five euros, are you? ▸ **y regarder à deux** ou **à plusieurs fois avant de faire qqch** to think twice before doing sthg ▸ **à y bien regarder, à y regarder de plus près** when you think it over, on thinking it over ▸ **il ne faut pas y regarder de trop près a)** *pr* don't look too closely **b)** *fig* don't be too fussy.

❖ **se regarder** ◆ vp *(emploi réfléchi)* *pr & fig* to look at oneself / *se regarder dans un miroir* to look at o.s. in a mirror / *elle se regardait sans complaisance* she examined herself critically ▸ **tu ne t'es pas regardé!** *fam* you should take a (good) look at yourself! ◆ vp *(emploi réciproque)* [personnes] to look at each other ou at one another ; [bâtiments] to be opposite one another, to face each other / *elles se regardaient dans les yeux* they were looking ou staring into each other's eyes. ◆ vp *(emploi passif)* [spectacle] : *cette émission se regarde en famille* this is a family show, this show is family viewing / *ça se regarde volontiers* it's quite pleasant to watch.

regarnir [32] [ʀəgaʀniʀ] vt [rayons] to refill, to restock, to stock up *(sép)* again ; [maison] to refurnish.

régate [ʀegat] nf NAUT regatta / *faire une régate* to sail in a regatta.

régater [3] [ʀegate] vi to race ou to sail in a regatta ▸ **régater avec qqn** to race sb in a regatta.

régatier [ʀegatje] nm entrant ou competitor in a regatta.

regel [ʀəʒɛl] nm fresh spell of freezing weather.

regeler [25] [ʀəʒəle] ◆ vi & vt to freeze again. ◆ v impers ▸ **il regèle** it's freezing again.

régence [ʀeʒɑ̃s] nf regency.

❖ **Régence** ◆ nf ▸ **la Régence** the Regency of Philippe II *(in France)*. ◆ adj inv (French) Regency / *un fauteuil Régence* a Regency armchair.

Regency [ʀeʒɑ̃nsi] adj inv [style britannique] Regency.

régendat [ʀeʒɑ̃da] nm BELG *teacher training course for "régents".*

régénérant, e [ʀeʒeneʀɑ̃, ɑ̃t] adj regenerative.

régénérateur, trice [ʀeʒeneʀatœʀ, tʀis] adj regenerative.

❖ **régénérateur** nm regenerator.

régénération [ʀeʒeneʀasjɔ̃] nf regeneration.

régénérer [18] [ʀeʒeneʀe] vt **1.** BIOL & CHIM to regenerate ▸ **caoutchouc régénéré** regenerated rubber (fibres) **2.** *litt* [rénover] to regenerate, to restore.

✎ In reformed spelling (see p. 16-19), this verb is conjugated like *semer*: *il régénèrera, elle régénèrerait.*

régent, e [ʀeʒɑ̃, ɑ̃t] nm, f regent.

❖ **régent** nm BELG *qualified secondary school teacher.*

régenter [3] [ʀeʒɑ̃te] vt to rule over *(insép)*, to run / *il veut régenter tout le monde* he wants everybody to be at his beck and call.

reggae [ʀege] nm reggae.

régicide [ʀeʒisid] adj, nmf & nm regicide.

régie [ʀeʒi] nf **1.** [d'une entreprise publique] ▸ **(société) en régie a)** [par l'État] state-controlled (corporation) **b)** [par le département] local authority controlled (company) **c)** [par la commune] ≃ local district controlled (company) ▸ **il travaille à la régie municipale des eaux** he works for the local water board **2.** [pièce - dans un studio de télévision ou de radio] control room ; [- dans un théâtre] lighting box **3.** CINÉ, THÉÂTRE & TV [équipe] production team **4.** ÉCON ▸ **travaux en régie** (net) time-work **5.** FIN excise.

regimber [3] [ʀəʒɛ̃be] vi **1.** [cheval] to rear up, to jib **2.** [personne] to rebel, to grumble ▸ **faire qqch sans regimber** to do sthg without complaining / *inutile de regimber* it's no use grumbling.

régime [ʀeʒim] nm **1.** POL [système] regime, (system of) government / *régime militaire / parlementaire / totalitaire* military / parliamentary / totalitarian regime ; [gouvernement] regime / *la chute du régime* the fall of the regime ou the government **2.** ADMIN & DR [système] system, scheme ; [règlement] rules, regulations / *le régime des visites à l'hôpital* hospital visiting hours and conditions ▸ **régime de Sécurité sociale** *subdivision of the French social security system applying to certain professional groups* ▸ **être marié sous le régime de la communauté** to opt for a marriage based on joint ownership of property ▸ **régime complémentaire** additional retirement cover ▸ **régime douanier** customs regulations ▸ **le régime général de la Sécurité sociale** the social security system ▸ **régime matrimonial** marriage settlement ▸ **régime pénitentiaire** prison system ▸ **régime de retraite** retirement scheme **3.** ÉCON ▸ **régime préférentiel** special arrangements **4.** MÉD ▸ **faire un régime** to go on a diet / *être au régime* to be on a diet, to be dieting ▸ **régime (alimentaire)** diet ▸ **régime amaigrissant** slimming UK ou reducing US diet ▸ **régime lacté** milk diet ▸ **régime sec** *fam & hum* : *je suis au régime sec* I'm on an alcohol-free diet ▸ **régime sans sel** salt-free diet ▸ **se mettre au régime jockey** to go on a starvation diet **5.** INDUST & MÉCAN engine speed ▸ **fonctionner à plein régime** [usine] to work to full capacity / *travailler à plein régime* [personne] to work flat out / *à ce régime vous ne tiendrez pas longtemps* at this rate you won't last long ▸ **régime de croisière** economic ou cruising speed ▸ **régime de production** production rate **6.** GÉOGR ▸ **régime d'un fleuve** rate of flow, regimen of a river ▸ **régime glaciaire / nivo-glaciaire / nivo-pluvial** glacial / snow and ice / snow and rain regime ▸ **régime des pluies** rainfall pattern ▸ **le régime des vents** the prevailing winds ou wind system **7.** LING ▸ **régime direct / indirect** direct / indirect object **8.** PHYS regimen, flow rate ▸ **régime laminaire** laminary flow **9.** BOT ▸ **un régime de bananes** a hand ou stem ou bunch of bananas ▸ **un régime de dattes** a bunch ou cluster of dates.

 **Régime de Sécurité sociale**

The French **Sécurité sociale** system is divided into the following types of **régimes**:

1. **Le régime général des salariés**, which provides social security cover for people in paid employment.
2. **Le régime agricole**, for farmers.

3. **Le régime social des indépendants**, for the self-employed.

In addition to these main **régimes**, there are the **régimes spéciaux**, which provide tailor-made cover for certain socioprofessional groups (civil servants, miners, students, etc.), and the **régimes complémentaires**, which provide additional retirement cover for wage-earners.

régiment [ʀeʒimɑ̃] nm **1.** MIL [unité] regiment ▸ **régiment d'infanterie** infantry regiment **2.** *fam & vieilli* [service militaire] : *faire son régiment dans l'infanterie* ≃ to do one's military service in the infantry UK ; ≃ to be drafted into the infantry US / *un de mes camarades de régiment* a friend from my military service days **3.** *fam* [grande quantité] : *il a tout un régiment de cousins* he's got a whole army of cousins.

régimentaire [ʀeʒimɑ̃tɛʀ] adj MIL regimental.

région [ʀeʒjɔ̃] nf **1.** GÉOGR region / *région industrielle / agricole* industrial / agricultural region / *les régions tempérées / polaires* the temperate / polar regions / *la Sologne est une région marécageuse* the Sologne is a marshy area ou region / *les habitants de Paris et sa région* the inhabitants of Paris and the surrounding region ou area / *le nouveau médecin n'est pas de la région* the new doctor isn't from the area ou from around here ▸ **la région parisienne** the Paris area, the area around Paris **2.** ANAT ▸ **région cervicale / lombaire** cervical / lumbar region / *une douleur dans la région du foie* a pain somewhere around ou near the liver.

❖ **Région** nf ADMIN region *(French administrative area made up of several departments)*.

Région

One of the three main administrative divisions in France, the **Région** was created in 1982. There are twenty-six in all, four of which are overseas. Each **Région** groups together several **départements** and is administered by a **conseil régional**, headed by the **président du conseil régional**.

régional, e, aux [ʀeʒjɔnal, o] adj **1.** [de la région] regional ; [de la localité] local **2.** [sur le plan international] local, regional / *un conflit régional* a regional conflict.

régionalisation [ʀeʒjɔnalizasjɔ̃] nf regionalization.

régionaliser [3] [ʀeʒjɔnalize] vt to regionalize.

régionalisme [ʀeʒjɔnalism] nm regionalism.

régionaliste [ʀeʒjɔnalist] adj & nmf regionalist.

régir [32] [ʀeʒiʀ] vt to govern.

régisseur, euse [ʀeʒisœʀ, øz] nm, f **1.** [d'un domaine] steward **2.** CINÉ & TV assistant director ; THÉÂTRE stage manager / *régisseur de plateau* floor manager **3.** ÉCON comptroller.

registraire [ʀeʒistʀɛʀ] nmf QUÉBEC ÉDUC registrar.

registre [ʀəʒistʀ] nm **1.** ADMIN & DR register ▸ **noter qqch dans un registre** to write sthg down in ou to enter sthg into a register ▸ **registre d'audience** DR record ▸ **s'inscrire au registre du commerce** to register one's company ▸ **registre de l'état civil** ≃ register of births, marriages and deaths **2.** IMPR & INFORM register **3.** MUS [d'un orgue] stop ; [d'une voix] range, register / *avoir un registre étendu* to have a wide range / *un registre aigu / grave* a high / low pitch **4.** LING register, level of language / *le livre est écrit dans un registre plaisant* *fig* the book is written in a humorous style **5.** TECHNOL damper.

réglable [ʀeglabl] adj **1.** [adaptable] adjustable / *position / hauteur réglable* adjustable position / height / *le dossier est réglable en hauteur* the height of the seat is adjustable / *température / intensité réglable* adjustable temperature / intensity **2.** [payable] payable / *réglable par mensualités* payable in monthly instalments.

réglage [ʀeglaʒ] nm **1.** [mise au point] adjustment, regulation / *procéder au réglage des phares* to adjust the headlights / *réglage d'un thermostat* thermostat setting ▸ **levier de réglage** adjusting lever **2.** AUTO, RADIO & TV tuning / *réglage de la luminosité de l'écran* brightness control / *le réglage de l'appareil est automatique* PHOT the camera is fully automatic **3.** MIL ▸ **réglage du tir** range finding ou adjustment **4.** [du papier] ruling.

règle [ʀɛgl] nf **1.** [instrument] ruler ▸ **règle à calcul** slide rule **2.** [principe, code] rule / *se plier à une règle* to abide by a rule / *les règles de l'honneur* the rules ou code of honour / *enfreindre la règle* to break the rule ou rules / *il est de règle de porter une cravate ici* it's usual to wear a tie here / *les règles de base en grammaire* the basic rules of grammar / *les règles des échecs* the rules of chess ▸ **la règle du jeu** the rules of the game ▸ **respecter la règle du jeu** to play by the rules ▸ **règle d'or** golden rule ▸ **règle de trois** rule of three ▸ **dans les règles (de l'art)** according to the (rule) book.

❖ **règles** nfpl PHYSIOL [en général] periods ; [d'un cycle] period / *avoir ses règles* to be menstruating, to be having one's period / *je n'ai plus de* ou *mes règles depuis trois mois* I haven't had a period for three months / *avoir des règles douloureuses* to suffer from period ou pains UK, to suffer from menstrual cramps US, to have painful periods.

❖ **en règle** loc adj ▸ **être en règle a)** [document] to be in order **b)** [personne] to have one's papers in order, to be in possession of valid papers ▸ **se mettre en règle** to sort out one's situation / *recevoir un avertissement en règle* to be given an official warning.

❖ **en règle générale** loc adv generally, as a (general) rule.

réglé, e [ʀegle] adj **1.** [organisé] regular, well-ordered / *une vie bien réglée* a well-ordered existence **2.** [rayé ou quadrillé] ▸ **papier réglé** ruled ou lined paper ▸ **être réglé comme du papier à musique** : *c'est réglé comme du papier à musique* it's completely predictable.

❖ **réglée** adj f ▸ **être réglée** [avoir ses règles] : *depuis combien de temps êtes-vous réglée?* how long have you been having your periods? / *est-elle réglée?* has she started to menstruate (yet)?

règlement [ʀɛgləmɑ̃] nm **1.** ADMIN regulation, rules / *observer le règlement* to abide by the rules / *d'après le règlement, il est interdit de...* it's against the regulations to... / *le règlement a été affiché dans chaque classe* to have the rules pinned up in each classroom ▸ **règlement administratif** ≃ statutory policy ▸ **règlement d'administration publique** ≃ statutory decree ou declaration ▸ **règlement intérieur** house rules ▸ **règlement de police municipale** ou **municipal** ≃ by-law ▸ **règlement sanitaire** health regulations **2.** [paiement] payment, settlement / *règlement par carte de crédit* payment by credit card **3.** [résolution] settlement, settling ▸ **règlement de compte** ou **comptes** settling of scores / *il y a eu des règlements de comptes* some old scores were settled ▸ **règlement judiciaire** DR compulsory liquidation, winding-up UK.

réglementaire, règlementaire* [ʀɛgləmɑ̃tɛʀ] adj **1.** [conforme] regulation *(modif)* ▸ **longueur réglementaire** regulation length ▸ **modèle de chaudière réglementaire** approved ou standard type of boiler / *il a passé l'âge réglementaire* he's above the statutory age limit / *sa tenue n'était pas des plus réglementaires* *fam* her outfit was somewhat unorthodox **2.** DR ▸ **pouvoir réglementaire** statutory ou regulative power **3.** ADMIN [décision] statutory.

réglementairement, règlementairement* [ʀɛgləmɑ̃tɛʀmɑ̃] adv according to regulations, statutorily.

réglementation, règlementation* [ʀɛgləmɑ̃tasjɔ̃] nf **1.** [mesures] regulations **2.** [limitation] control, regulation / *la réglementation des prix* price controls.

réglementer, règlementer* [3] [ʀɛgləmɑ̃te] vt to regulate, to control / *la vente des boissons alcoolisées est très réglementée* the sale of alcoholic drinks is under strict control ou is strictly controlled.

régler [18] [ʀegle] vt **1.** [résoudre - litige] to settle, to resolve ; [- problème] to solve, to iron out *(sép)*, to sort out *(sép)* / *alors c'est réglé, nous irons au bord de la mer* it's settled then, we'll go to the seaside / *c'est une affaire réglée* it is (all) settled now **2.** [payer - achat] to pay (for) ; [- facture, mensualité] to settle ; [- créancier] to settle up *(insép)* with / *mon salaire ne m'a pas été réglé* my salary hasn't been paid (in) ▸ **régler l'addition** to pay ou settle the bill ▸ **régler qqch en espèces** to pay cash for sthg ▸ **régler qqch par chèque / par carte de crédit** to pay for sthg by cheque / by credit card / *désirez-vous régler par chèque ou par carte de crédit?* cash or credit card? UK, cash or charge? US ▸ **régler ses comptes (avec qqn) a)** *pr* to settle up *(insép)* (with sb) **b)** *fig* to settle (one's) scores (with sb) ▸ **régler quelques comptes** to settle a few scores ▸ **avoir un compte à régler avec qqn** : *j'ai un compte à régler avec toi* I've got a bone to pick with you ▸ **régler son compte à qqn a)** *fam* [se venger de lui] to get even with sb **b)** [le tuer] to take care of sb *euphém* **3.** [volume, allumage, phare, etc.] to adjust ; [vitesse, thermostat] to set ; [température] to regulate ; [circulation] to control ; [moteur] to tune / *j'ai réglé mon réveil sur 7 h / le four à 200 °* I've set my alarm for seven o'clock / the oven at 200 degrees / *comment régler la radio sur France-Musique?* how do you tune in to France-Musique? ▸ **régler qqch sur** [accorder par rapport à] to set sthg by / *régler sa montre sur l'horloge parlante* to set one's watch by the speaking clock / *régler son rythme sur celui du soleil* to model one's rhythm of life on the movement of the sun **4.** [déterminer] to decide (on), to settle / *quelques détails à régler* a few details to be settled / *régler les pas d'un ballet* to set (down) the steps for a ballet **5.** [papier] to rule.

❖ **se régler** vp *(emploi passif)* [mécanisme] to be set ou regulated ; [luminosité, phare] to be adjusted ; [récepteur] to be tuned.

❖ **se régler sur** vp + prép [imiter] to model o.s. on, to follow (the example of) / *elle a tendance à se régler sur (l'exemple de) sa mère* she has a tendency to model herself on her mother.

In reformed spelling (see p. 16-19), this verb is conjugated like *semer*: *il règlera, elle règlerait.*

réglette [ʀeglɛt] nf **1.** [petite règle] short ruler, straight-edge **2.** IMPR lead, reglet **3.** [au Scrabble] rack.

régleur, euse [ʀeglœʀ, øz] ◆ adj adjusting. ◆ nm, f setter.

❖ **régleur** nm **1.** [dans l'industrie du froid] regulator *(of freezing mixture)* **2.** [dans les assurances] ▸ **(inspecteur) régleur** loss adjuster.

❖ **régleuse** nf INDUST ruling machine.

réglisse [ʀeglis] nf liquorice UK, licorice US / *bâton de réglisse* stick of liquorice.

réglo [ʀeglo] adj inv *tfam* regular, OK, on the level / *un type réglo* an OK ou a regular guy / *il trempe toujours dans des affaires pas très réglo* he's always mixed up in some kind of shady business.

régnant, e [ʀeɲɑ̃, ɑ̃t] adj **1.** [qui règne] reigning **2.** *sout* [qui prédomine] prevailing, reigning, dominant / *la mode régnante* prevailing fashion.

règne [ʀɛɲ] nm **1.** [gouvernement] reign / *sous le règne de Catherine II* in the reign of Catherine II **2.** [domination - de la bêtise, de la justice] rule, reign **3.** BIOL ▸ **règne animal / végétal** animal / plant kingdom.

régner [8] [ʀeɲe] vi **1.** [gouverner] to reign, to rule **2.** [dominer - idée] to predominate, to prevail ; [- ordre, silence] to reign, to prevail / *le chaos règne* chaos reigns ou prevails / *la courtoisie qui règne dans nos rapports* the courtesy which prevails in our dealings with each other ▸ **régner sur** to rule over ▸ **régner en maître (sur)** to rule supreme (over) / *faire régner la paix* to keep the peace / *faire régner le silence* to keep everybody quiet ▸ **faire régner l'ordre** to keep things under control / *un dictateur qui a fait régner la terreur* a dictator who established a reign of terror ▸ **la confiance règne!** *iron* there's trust ou confidence for you! ; *(tournure impersonnelle)* : *il règne enfin une paix profonde* a great peace reigns at last / *il règne dans la famille une atmosphère de haine* an atmosphere of hatred reigns in the family.

* In reformed spelling (see p. 16-19).

✎ In reformed spelling (see p. 16-19), this verb is conjugated like *semer*: *il règnera, elle règnerait.*

regonflage [rəgɔ̃flaʒ], **regonflement** [rəgɔ̃fləmɑ̃] nm blowing ou pumping up again, reinflating.

regonfler [3] [rəgɔ̃fle] ◆ vt **1.** [gonfler de nouveau - ballon, bouée] to blow up *(sép)* (again), to reinflate ; [- matelas pneumatique] to pump up *(sép)* (again), to reinflate / *son séjour à la mer l'a regonflée à bloc* fam & fig her stay at the seaside has bucked her up (no end) **2.** [gonfler davantage - pneus] to put more air in ou into / *faites le plein et regonflez les pneus avant* fill her up and put some air in the front tyres. ◆ vi [gén & MÉD] to swell (up) again.

❖ **se regonfler** vp *(emploi réfléchi)* fam : *je me suis regonflé en allant passer un week-end à la mer* I spent a week-end at the seaside and it really did me good.

regorgement [rəgɔrʒəmɑ̃] nm litt overflow, overflowing.

regorger [17] [rəgɔrʒe] vi litt [liquide] to overflow.

❖ **regorger de** v + prép to overflow with *(insép)*, to abound in *(insép)* / *la terre regorge d'eau* the ground is waterlogged / *les vitrines regorgent de marchandises* the shop windows are packed with goods / *les cafés regorgent de clients* the cafés are packed with customers.

regratter [3] [rəgrate] vt to scrape again.

regréer [15] [rəgree] vt to rig again.

regreffer [4] [rəgrefe] vt to regraft.

régresser [4] [regrese] vi **1.** [baisser - chiffre, population] to drop / *le chiffre d'affaires a régressé* there has been a drop in turnover ; [civilisation] to regress **2.** [s'atténuer] : *la maladie a régressé* the patient's condition has improved **3.** PSYCHOL to regress.

régressif, ive [regresif, iv] adj regressive ▸ **impôt régressif** degressive tax.

régression [regresjɔ̃] nf **1.** [recul] decline, decrease, regression ▸ **régression sociale** downward mobility **2.** PSYCHOL & SCI regression **3.** GÉOGR ▸ **régression (marine)** (marine) regression.

regret [rəgrɛ] nm **1.** [remords] regret / *elle m'a fait part de ses regrets* she expressed her regret to me / *tu l'achètes, pas de regrets?* so you're buying it, no regrets? / *sans un regret* without a single regret / **'regrets éternels'** 'deeply regretted', 'greatly lamented' **2.** [tristesse] regret / *je vous quitte avec beaucoup de regret* I leave you with great regret, I'm sorry I have to leave you ▸ **nous sommes au** ou **nous avons le regret de vous annoncer que...** we are sorry ou we regret to have to inform you that... / *j'ai le regret de te le dire* I'm sorry ou I regret to have to tell you this.

❖ **à regret** loc adv [partir, sévir] regretfully, with regret / *il s'éloigna comme à regret* he walked away with apparent reluctance.

regrettable [rəgrɛtabl] adj regrettable, unfortunate / *il est regrettable que...* it's unfortunate that... / *il est regrettable que tu n'aies pas été informée à temps* it is unfortunate ou a pity (that) you were not informed in time.

regretter [4] [rəgrɛte] vt **1.** [éprouver de la nostalgie pour - personne, pays] to miss ; [- jeunesse, passé] to be nostalgic for / *son regretté mari* her late lamented husband **2.** [se repentir de] to be sorry about, to regret / *tu n'as rien à regretter* you've got nothing to feel sorry about ou to regret / *je ne regrette pas le temps passé là-dessus* / *l'argent que ça m'a coûté* I'm not sorry I spent time / money on it / *je ne regrette rien* I've no regrets / *je saurai te faire regretter ta plaisanterie* I'll make you regret that joke ou sorry for that joke / *vous regretterez vos paroles!* you'll be sorry that you said that!, you'll regret those words!

❖ **regretter de** v + prép **1.** [se reprocher de] : *tu ne regretteras pas de m'avoir écoutée* you won't be sorry you listened to me **2.** [dans des expressions de politesse] : *nous regrettons de ne pouvoir donner suite à votre appel* we regret ou we are sorry we are unable to connect you ; *(en usage absolu)* : *pouvez-vous venir? — non, je regrette!* will you be able to come? — no, I'm afraid not ou — sorry, no! / *ah non! je regrette! j'étais là avant toi!* I'm sorry but I was here first!

> ⚠ Attention, **to regret** ne doit pas être employé systématiquement pour traduire regretter. Voir article.

regrimper [3] [rəgrɛ̃pe] ◆ vt to climb (up) again. ◆ vi to go up ou to rise again.

regrossir [32] [rəgrosir] vi to put on weight again.

regroupement [rəgrupmɑ̃] nm : *regroupement de troupes* gathering ou grouping together of troops / *le regroupement des différentes tendances politiques* the rallying (together) of various shades of political opinion.

regrouper [3] [rəgrupe] vt **1.** [rassembler] to bring together *(sép)*, to group ou to gather together *(sép)* **2.** [contenir] to contain / *le centre culturel regroupe sous un même toit un cinéma et un théâtre* the arts centre accommodates ou has a cinema and a theatre (under the same roof).

❖ **se regrouper** vpi **1.** [institutions] to group together ; [foule] to gather / *les sociétés se sont regroupées pour mieux faire face à la concurrence* the companies have joined forces to deal more effectively with the competition / *les manifestants se regroupent devant la mairie* demonstrators are gathering ou assembling in front of the town hall **2.** MIL to regroup.

régularisation [regylarizasjɔ̃] nf **1.** [d'une situation] straightening out, regularization **2.** FIN : *paiement de dix mensualités avec régularisation annuelle* ten monthly payments with end-of-year adjustments **3.** GÉOGR grading.

régulariser [3] [regylarize] vt **1.** [rendre légal] to regularize / *il a fait régulariser son permis de séjour* he got his residence permit sorted out ou put in order / *ils ont régularisé leur situation* they've regularized ou legalized their situation, they've made their situation legal **2.** [rendre régulier] to regulate / *des pilules qui régularisent le rythme cardiaque* pills which regulate the heartbeat.

régularité [regylarite] nf **1.** [dans le temps] regularity, steadiness / *la régularité des battements de son cœur* the regularity of her heartbeat / *un emploi du temps d'une parfaite régularité* a schedule that is (as) regular as clockwork / *les factures tombent avec régularité* there's a steady flow of bills to pay / *les lettres me parvenaient sans aucune régularité* letters would reach me fairly erratically **2.** [dans l'espace - de la dentition] evenness ; [- d'une surface] smoothness ; [- de plantations] straightness **3.** [en valeur, en intensité] consistency / *élève d'une grande régularité* very consistent pupil / *travailler avec régularité* to work steadily ou consistently **4.** [légalité] lawfulness, legality.

régulateur, trice [regylatœr, tris] adj regulating, control *(modif)*.

❖ **régulateur** nm **1.** [dispositif, horloge] regulator **2.** BIOL [gène] regulator ou regulatory gene **3.** ÉLECTRON controller.

régulation [regylasjɔ̃] nf **1.** [contrôle] control, regulation ; [réglage] regulation, correction / *régulation de la circulation* traffic control / *régulation de la consommation électrique* regulation ou control of electricity consumption **2.** BIOL regulation ▸ **régulation thermique** (body) temperature control **3.** ÉLECTRON regulation **4.** RAIL control.

réguler [3] [regyle] vt to control.

régulier, ère [regylje, ɛr] adj **1.** [fixe] regular / *des revenus réguliers* a regular ou steady income / *manger à heures régulières* to eat regularly ou at regular intervals / *de façon régulière* on a regular basis ; [permanent] regular ▸ **liaisons régulières** [en avion] regular flights ▸ **les vols réguliers** scheduled flights ▸ **armée régulière** regular ou standing army **2.** [dans l'espace - gén] regular, even ; [- plantations] evenly distributed / *des espacements réguliers* regular intervals / *une écriture régulière* regular ou neat handwriting **3.** [montée, déclin] steady ; [distribution] even / *être régulier dans son travail* to be a steady worker **4.** [harmonieux - traits] regular **5.** [conforme à la règle - transaction] legitimate ; [- procédure] correct, fair ; [conforme à la loi] legal / *l'expulsion n'était pas régulière* the eviction wasn't legal / *c'est un procédé pas très régulier* that's not quite above board ▸ **être en situation régulière** to be in line with the law **6.** fam [honnête] on the level, straight / *ils sont réguliers en affaires* they're straight ou honest in business **7.** BOT, GÉOM, LING & ZOOL regular.

❖ **régulier** nm MIL & RELIG regular.

❖ **régulière** nf fam & hum ▸ **ma régulière a)** [épouse] my missus, my old lady **b)** [maîtresse] my girlfriend.

❖ **à la régulière** loc adv fam fair and square, above board / *ça a été fait à la régulière* it was all (done) above board, there was nothing shady about it.

régulièrement [regyljɛrmɑ̃] adv **1.** [dans l'espace - disposer] evenly, regularly, uniformly / *les arbres sont plantés régulièrement* the trees are evenly ou regularly spaced **2.** [dans le temps - progresser] steadily ▸ **régulièrement révisé** updated regularly ou at regular intervals / *donne de tes nouvelles régulièrement* write often ou regularly ou on a regular basis / *elle avait régulièrement de bonnes notes* she got consistently good marks / *je la vois assez régulièrement* I see her quite regularly ou quite frequently **3.** [selon la règle] lawfully / *assemblée élue régulièrement* lawfully ou properly elected assembly **4.** fam [normalement] in principle, normally / *régulièrement, c'est lui qui devrait gagner* ordinarily ou in principle, he should win.

régurgitation [regyrʒitasjɔ̃] nf regurgitation.

régurgiter [3] [regyrʒite] vt to regurgitate.

réhabilitable [reabilitabl] adj [condamné] who can be rehabilitated.

réhabilitation [reabilitasjɔ̃] nf **1.** DR rehabilitation ▸ **réhabilitation d'un failli** discharge of a bankrupt ▸ **réhabilitation judiciaire** judicial discharge **2.** [d'une personne] rehabilitation, clearing the name of **3.** [d'un quartier] rehabilitation.

réhabilité, e [reabilite] ◆ adj rehabilitated. ◆ nm, f DR rehabilitated person.

réhabiliter [3] [reabilite] vt **1.** DR [condamné] to rehabilitate ; [failli] to discharge ▸ **réhabiliter la mémoire de qqn** to clear sb's name ▸ **réhabiliter qqn dans ses fonctions** to reinstate sb **2.** [revaloriser - profession] to rehabilitate, to restore to favour UK ou favor US ; [- quartier] to rehabilitate.

réhabituer [7] [reabitɥe] vt ▸ **réhabituer qqn à qqch** to get sb used to sthg again / *il va falloir réhabituer les enfants à un peu plus de discipline* the children are going to have to get used to a little more discipline again.

❖ **se réhabituer à** vp + prép to get used to again / *j'ai eu du mal à me réhabituer à la vie à Paris* I had a hard time getting used to life in Paris again ou getting reaccustomed to life in Paris ▸ **se réhabituer à faire qqch** to get back into the habit of doing sthg.

rehaussement [rəosmɑ̃] nm **1.** CONSTR [d'un mur] raising, building up ou higher ; [d'un plafond] raising **2.** FIN upward adjustment, increment.

rehausser [3] [rəose] vt **1.** [surélever - plafond] to raise ; [- mur] to make higher / *nous avons rehaussé la clôture* we made the fence higher **2.** [faire ressortir - goût] to bring out ; [- beauté, couleur] to emphasize, to enhance / *du velours noir rehaussé de broderies* black velvet set off by embroidery **3.** [revaloriser] to enhance, to increase / *une nouvelle victoire pour rehausser le prestige de l'équipe* a further victory which will increase ou enhance the team's prestige.

rehausseur [rəosœr] nm AUTO [siège] booster seat.

réhydratation [reidratasjɔ̃] nf moisturizing, rehydration spéc / *pour une meilleure réhydratation de votre peau* to ensure that your skin retains its moisture.

réhydrater [3] [reidrate] vt [peau] to moisturize, to rehydrate spéc.

❖ **se réhydrater** vp to rehydrate oneself / *pensez à vous réhydrater pendant la course* don't forget to drink plenty of water during the race.

réification [ʀeifikasjɔ̃] nf reification.

réifier [9] [ʀeifje] vt to reify.

réimperméabiliser [3] [ʀeɛ̃pɛʀmeabilize] vt to re-proof.

réimplantation [ʀeɛ̃plɑ̃tasjɔ̃] nf **1.** MÉD reimplantation **2.** [d'une entreprise] reestablishment ; [d'une tribu] resettling.

réimplanter [3] [ʀeɛ̃plɑ̃te] vt **1.** MÉD to reimplant **2.** [industrie, usine] to set up *(sép)* again, to reestablish ; [tribu] to resettle.

réimportation [ʀeɛ̃pɔʀtasjɔ̃] nf reimportation.

réimporter [3] [ʀeɛ̃pɔʀte] vt to reimport.

réimposer [3] [ʀeɛ̃poze] vt **1.** [taxer à nouveau] to tax again **2.** IMPR to reimpose.

réimposition [ʀeɛ̃pozisjɔ̃] nf **1.** [taxe] further taxation **2.** IMPR reimposition.

réimpression [ʀeɛ̃pʀɛsjɔ̃] nf [processus] reprinting ; [résultat] reprint / *ce livre est en cours de réimpression* this book is being reprinted.

réimprimer [3] [ʀeɛ̃pʀime] vt to reprint.

Reims [ʀɛ̃s] npr Reims, Rheims.

rein [ʀɛ̃] nm **1.** ANAT kidney ▸ **rein artificiel** artificial kidney, kidney machine ▸ **coup de rein** heave / *il donna un violent coup de rein pour soulever l'armoire* he heaved the wardrobe up **2.** CONSTR springer.

❖ **reins** nmpl [dos] back, loin *sout* ; *litt* [taille] waist ▸ **avoir mal aux reins** to have (a) backache / *avoir mal dans le bas des* ou *au creux des reins* to have a pain in the small of one's back ▸ **avoir les reins solides** to have good financial backing ▸ **je lui briserai** ou **casserai les reins** I'll break him.

réincarcération [ʀeɛ̃kaʀseʀasjɔ̃] nf reimprisonment / *après sa réincarcération* after he was sent back to jail.

réincarcérer [18] [ʀeɛ̃kaʀseʀe] vt ▸ **réincarcérer qqn** to send sb back to jail, to reimprison sb.

✎ In reformed spelling (see p. 16-19), this verb is conjugated like **semer** : *il réincarcèrera, elle réincarcèrerait.*

réincarnation [ʀeɛ̃kaʀnasjɔ̃] nf RELIG reincarnation.

réincarner [3] [ʀeɛ̃kaʀne] ❖ **se réincarner** vpi to be reincarnated / *il voulait se réincarner en oiseau* he wanted to be reincarnated as a bird.

réincorporer [3] [ʀeɛ̃kɔʀpɔʀe] vt [militaire, soldat] to reenlist.

reine [ʀɛn] nf **1.** [femme du roi] queen (consort) ; [souveraine] queen / *la reine de Suède / des Pays-Bas* the Queen of Sweden / of the Netherlands / *la reine de Saba* the Queen of Sheba ▸ **la reine mère** the Queen Mother ▸ **comme une reine** : *s'habiller comme une reine* to be dressed up to the nines ou like a princess / *elle est heureuse comme une reine* she is as happy as a lark **2.** JEUX queen / *la reine de cœur / pique* the queen of hearts / spades **3.** *fig* [qui domine] queen / *la reine de la soirée* the belle of the ball, the star of the party / *tu es vraiment la reine des imbéciles* you're the most stupid woman I've ever come across ; *(en apposition)* : *l'épreuve reine des JO* the ultimate Olympic event ▸ **reine de beauté** beauty queen ▸ **la petite reine** *vieilli* the bicycle **4.** ZOOL queen / *la reine des abeilles / termites* the queen bee / termite **5.** HORT ▸ **reine des reinettes** rennet.

reine-claude [ʀɛnklod] (*pl* **reines-claudes**) nf (Reine Claude) greengage.

reine-des-prés [ʀɛndepʀe] (*pl* **reines-des-prés**) nf meadowsweet *(U)*.

reine-marguerite [ʀɛnmaʀgəʀit] (*pl* **reines-marguerites**) nf (China ou annual) aster.

reinette [ʀɛnɛt] nf ≃ pippin ▸ **reinette grise** russet *(apple)*.

réinfecter [4] [ʀeɛ̃fɛkte] vt to reinfect.

❖ **se réinfecter** vpi to become reinfected.

réinfection [ʀeɛ̃fɛksjɔ̃] nf reinfection.

réinitialiser [ʀeinisjalize] vt INFORM to reinitialize.

réinscriptible [ʀeɛ̃skʀiptibl] adj [disque compact] rewritable.

réinscription [ʀeɛ̃skʀipsjɔ̃] nf reregistration.

réinscrire [99] [ʀeɛ̃skʀiʀ] vt [étudiant] to reregister, to reenrol UK, re-enroll US ; [électeur] to reregister ; [sur un agenda] to put down *(sép)* again.

❖ **se réinscrire** vp *(emploi réfléchi)* to reregister, to reenrol UK ou re-enroll US / *je me suis réinscrit pour la poterie* I put my name down for ou I joined the pottery class again / *se réinscrire au chômage* to reregister as unemployed.

réinsérer [18] [ʀeɛ̃seʀe] vt **1.** [paragraphe] to reinsert **2.** [détenu, drogué] to rehabilitate, to reintegrate.

❖ **se réinsérer** vp *(emploi réfléchi)* to rehabilitate o.s., to become rehabilitated.

✎ In reformed spelling (see p. 16-19), this verb is conjugated like **semer** : *il réinsèrera, elle réinsèrerait.*

réinsertion [ʀeɛ̃sɛʀsjɔ̃] nf **1.** [d'un paragraphe] reinsertion **2.** [d'un détenu] rehabilitation ▸ **la réinsertion sociale** social rehabilitation, reintegration into society / *pour eux, la réinsertion sociale est très difficile* they find it very difficult to get back into the community (again).

réinstallation [ʀeɛ̃stalasjɔ̃] nf : *notre réinstallation en Europe a été facile* settling in Europe again ou moving back to Europe was easy.

réinstaller [3] [ʀeɛ̃stale] vt [chauffage, électricité, téléphone] to reinstall, to put back *(sép)* / *j'ai réinstallé mon bureau au premier étage* I've moved my office back to the first floor.

❖ **se réinstaller** vpi **1.** [retourner] to go back, to settle again / *il s'est réinstallé dans son ancien bureau* he's gone ou moved back to his old office **2.** [se rasseoir] to settle (back) down in one's seat.

réintégrable [ʀeɛ̃tegʀabl] adj : *il est difficilement réintégrable* he cannot be easily reinstated.

réintégration [ʀeɛ̃tegʀasjɔ̃] nf **1.** [d'un fonctionnaire] reinstatement **2.** [d'un évadé] reimprisonment **3.** [recouvrement d'un droit] reintegration.

réintégrer [18] [ʀeɛ̃tegʀe] vt **1.** [employer à nouveau] to reinstate / *il a été réintégré dans l'Administration* he was reinstated in the Civil Service **2.** [regagner] to go back ou to return to / *réintégrer le domicile conjugal* to return to the marital home.

✎ In reformed spelling (see p. 16-19), this verb is conjugated like **semer** : *il réintègrera, elle réintègrerait.*

réinterpréter [ʀeɛ̃tɛʀpʀete] vt to reinterpret.

réintroduction [ʀeɛ̃tʀɔdyksjɔ̃] nf reintroduction.

réintroduire [98] [ʀeɛ̃tʀɔdɥiʀ] vt [dans un texte] ▸ **réintroduire qqch** to reintroduce sthg, to put sthg back in ; [projet de loi] to put up *(sép)* again, to reintroduce.

réinventer [3] [ʀeɛ̃vɑ̃te] vt to reinvent / *il a su réinventer la mise en scène* he has a totally new approach to production.

réinvestir [32] [ʀeɛ̃vɛstiʀ] vt to reinvest.

réinvestissement [ʀeɛ̃vɛstismɑ̃] nm reinvestment.

réinviter [3] [ʀeɛ̃vite] vt to reinvite / *il faudra les réinviter* we'll have to ask ou invite them (round) again.

réitératif, ive [ʀeiteʀatif, iv] adj *sout* reiterative.

réitération [ʀeiteʀasjɔ̃] nf *sout* reiteration.

réitérer [18] [ʀeiteʀe] vt *sout* [interdiction, demande] to reiterate, to repeat.

✎ In reformed spelling (see p. 16-19), this verb is conjugated like **semer** : *il réitèrera, elle réitèrerait.*

rejaillir [32] [ʀəʒajiʀ] vi **1.** [gicler - gén] to splash (back) ; [- violemment] to spurt (up) / *le champagne lui a rejailli à la figure* champagne spurted up into his face / *avec le vent, l'eau de la fontaine rejaillit sur la place* because of the wind, the water from the fountain is splashing on to the square **2.** *sout* [se répercuter] ▸ **rejaillir sur** to reflect on ou upon / *sa notoriété a rejailli sur nous tous* his fame reflected on ou was shared by all of us / *la honte rejaillit sur lui* he was covered in shame.

rejaillissement [ʀəʒajismɑ̃] nm *litt* **1.** [d'une fontaine] splashing up **2.** *fig* [retombées] repercussion, reflection.

rejet [ʀəʒɛ] nm **1.** [physique] throwing back ou up, driving back / *interdire le rejet de substances polluantes* to prohibit the discharge of pollutants **2.** [refus] rejection / *elle a été très déçue par le rejet de son manuscrit / de son offre* she was very disappointed when her manuscript / her offer was turned down / *il y a eu rejet de toutes les accusations par le juge* the judge dismissed all charges / *on constate un rejet des idées modernes* a rejection of modern ideas is apparent ▸ **phénomène de rejet** : *les enfants handicapés sont parfois victimes d'un phénomène de rejet à l'école* handicapped children are sometimes rejected by other children at school **3.** LITTÉR [enjambement] run-on / *il y a rejet du verbe à la fin de la proposition subordonnée* GRAM the verb is put ou goes at the end of the subordinate clause **4.** MÉD rejection ▸ **rejet d'une greffe** rejection of a transplant **5.** GÉOL throw ▸ **rejet horizontal** heave **6.** BOT shoot **7.** INFORM ignore (character) **8.** ZOOL cast (swarm).

rejetable [ʀəʒtabl] adj DR which can be rejected ou dismissed.

rejeter [27] [ʀəʒte] ◆ vt **1.** [relancer] to throw back *(sép)* ; [violemment] to hurl back *(sép)* ; *fig* : *les cahots les ont rejetés à l'arrière de la camionnette* they were thrown to the back of the van by the jolting / *il rejeta son chapeau en arrière* he tilted his hat back / *elle rejeta ses cheveux en arrière* she tossed her hair back / *rejeter la tête en arrière* to throw one's head back / *rejeter les épaules en arrière* to put one's shoulders back / *rejeter un verbe en fin de phrase* to put a verb at the end of a sentence **2.** [repousser - ennemi] to drive ou to push back *(sép)* / *rejeter une armée au-delà des frontières* to drive an army back over the border / *elle a été rejetée par sa famille* her family rejected ou disowned her ; [bannir] to reject, to cast out *(sép)*, to expel / *la société les rejette* society rejects them ou casts them out / *se faire rejeter* to be rejected **3.** [rendre - nourriture] to spew out *(sép)*, to throw up *(sép)*, to reject ; [- déchets] to throw out *(sép)*, to expel / *son estomac rejette tout ce qu'elle absorbe* she can't keep anything down / *rejeter de la bile / du sang* to throw up ou to bring bile / blood / *la mer a rejeté plusieurs épaves* several wrecks were washed up ou cast up by the sea **4.** [refuser] to reject, to turn down *(sép)* / *rejeter une offre / une demande* to reject an offer / a request / *ne rejette pas d'emblée cette idée / hypothèse* don't dismiss this idea / hypothesis out of hand / *rejeter un projet de loi* to throw out a bill **5.** [déplacer] ▸ **rejeter la faute / la responsabilité sur qqn** to shift the blame / responsibility on to sb **6.** INFORM to reject. ◆ vi BOT to shoot.

❖ **se rejeter** ◆ vpi : *se rejeter en arrière* to jump backwards. ◆ vpt [se renvoyer] : *ils se rejettent mutuellement la responsabilité de l'accident* they blame each other for the accident.

rejeton [ʀəʒtɔ̃] nm **1.** *péj* ou *hum* [enfant] kid / *que fais-tu de tes rejetons cet été?* what will you do with your offspring ou kids this summer? **2.** BOT offshoot, shoot.

rejette v ⟶ **rejeter.**

rejoindre [82] [ʀəʒwɛ̃dʀ] vt **1.** [retrouver] to meet (up with) *(insép)*, to join ; [avec effort] to catch up with / *tu me rejoins au café en bas?* can you meet (up with) me in the café downstairs? / *je viendrai vous rejoindre dans le Midi dès que je pourrai* I'll come and meet up with you ou join you in the Midi as soon as I can / *il est parti rejoindre sa femme* he went to meet up with ou join ou rejoin his wife / *il a rejoint le gros du peloton* he's caught up with the pack **2.** [retourner à] to get back ou to return to / *elle a rejoint Paris* she got back ou she returned to Paris / *l'ambassadeur a rejoint son poste à Moscou* the ambassador has returned to his post in Moscow / *il a reçu l'ordre de rejoindre son régiment* he was ordered to rejoin his regiment **3.** [aboutir à] to join ou to meet (up with) / *le chemin rejoint la route à la hauteur de la borne* the path meets ou joins (up with) the road at the milestone **4.** [être d'accord avec] to agree with **/** *mon point de vue rejoint entièrement le vôtre* my point of view is much the same as ou very similar to yours **/** *je ne peux vous rejoindre sur ce point* I cannot agree ou see eye to eye with you (on this matter) **/** *elle rejoint un peu les vues du parti socialiste* to some extent she agrees with the views held by the socialist party ; POL [adhérer à] to join **/** *elle a fini par rejoindre l'opposition* she ended up joining the opposition.

❖ **se rejoindre** vp *(emploi réciproque)* **1.** [se réunir] to meet again ou up **/** *nous nous rejoindrons à Marseille* we'll meet up in Marseille **2.** [concorder] : *nos opinions se rejoignent entièrement* our views concur perfectly, we are in total agreement **/** *nous avons voulu faire se rejoindre différents témoignages* we aimed to bring together different accounts.

rejointoyer [13] [ʀəʒwɛ̃twaje] vt to repoint.

rejouer [6] [ʀəʒwe] ◆ vt **1.** [refaire - jeu] to play again ; [- match] to replay, to play again **/** *rejouer le même cheval* to bet on the same horse again **/** *elle a rejoué toute sa fortune sur le 7* she gambled her whole fortune on the 7 again **/** *tu devrais rejouer atout* you should lead trumps again **2.** [pièce de théâtre] to perform again ; [morceau] to play again **/** *il leur a fait rejouer la scène au moins 50 fois* he made them go through the scene at least 50 times. ◆ vi JEUX to start gambling again ; SPORT to play again.

réjoui, e [ʀeʒwi] adj joyful, happy, pleased **/** *avoir* ou *prendre un air réjoui* to look cheerful.

réjouir [32] [ʀeʒwiʀ] vt to delight **/** *la nouvelle a réjoui tout le monde* everyone was delighted at the news **/** *ça ne me réjouit guère d'y aller* I'm not particularly keen on ou thrilled at going **/** *ça lui a réjoui le cœur* it gladdened her heart.

❖ **se réjouir** vpi to be delighted **/** *je me réjouis de vous accueillir chez moi* I'm delighted to welcome you to my home **/** *se réjouir du malheur des autres* to gloat over other people's misfortunes **/** *je me réjouis de votre succès* I'm glad to hear of your success **/** *je me réjouis à la pensée de les retrouver* I'm thrilled at the idea of meeting them again **/** *je m'en réjouis d'avance* I'm really looking forward to it.

réjouissance [ʀeʒwisɑ̃s] nf [gaieté] rejoicing **/** *les occasions de réjouissance manquent* opportunities for rejoicing are scarce.

❖ **réjouissances** nfpl [fête] festivities **/** *quel est le programme des réjouissances?* *hum* what exciting things lie in store for us today?

réjouissant, e [ʀeʒwisɑ̃, ɑ̃t] adj joyful, cheerful ▸ **peu réjouissant** rather grim **/** *c'est réjouissant!* *iron* that's just great! **/** *je ne vois pas ce que tu trouves de si réjouissant à cette histoire* I don't see what you find so funny ou amusing about this story.

rejuger [ʀəʒyʒe] vt DR to retry.

relâche [ʀəlaʃ] nf **1.** *sout* [pause] respite, rest **/** *accordons-nous un peu de relâche* let's rest a while ou take a short break **2.** CINÉ & THÉÂTRE [fermeture] : *le dimanche est notre jour de relâche* there is no performance on Sundays **/** *nous ferons relâche en août* no performances in August **/** **'relâche le mardi'** 'no performance on Tuesdays' **3.** NAUT : *le navire a fait relâche à Nice* the boat called in at Nice ▸ **(port de) relâche** port of call.

❖ **sans relâche** loc adv without respite, continuously **/** *travailler sans relâche* to work continuously ou without respite **/** *il écrit sans relâche jusqu'à l'aube* he writes without letting up ou without any break till dawn.

relâché, e [ʀəlaʃe] adj **1.** [négligé - discipline, effort] lax, loose ; [- style] flowing, loose *péj* **/** *la surveillance était plutôt relâchée* surveillance was a bit lax **2.** [détendu - muscle, corde] lax, relaxed ▸ **intestin relâché** MÉD lax bowels.

relâchement [ʀəlaʃmɑ̃] nm **1.** [laisser-aller] laxity, loosening **/** *il y a du relâchement dans votre travail* you're letting your work slide **/** *le relâchement des mœurs* the laxity of ou decline in moral standards **2.** MÉD [de l'intestin] loosening ; [d'un muscle] relaxation **3.** [d'une corde, d'un lien] loosening, slackening.

relâcher [3] [ʀəlaʃe] ◆ vt **1.** [libérer - animal] to free ; [- prisonnier] to release, to set free *(sép)* **/** *les otages ont été relâchés* the hostages have been released ou set free **/** *il a relâché l'oiseau* he let the bird go, he freed the bird **/** *le ministre l'a fait relâcher immédiatement* the minister arranged for his / her immediate release **2.** [diminuer] to relax, to slacken **/** *relâcher son attention* to let one's attention wander **/** *ne relâchons pas nos efforts* we must not relax ou slacken our efforts **3.** [détendre - câble] to loosen, to slacken ; [- muscle] to relax **/** *elle a relâché son étreinte* she relaxed ou loosened her grip **4.** *litt* [abandonner] to give up *(sép)* **/** *il n'a rien relâché de ses exigences* he didn't let up in ou didn't give up any of his demands **5.** MÉD [intestin] to loosen. ◆ vi NAUT to put into port **/** *nous avons relâché à Cannes* we put in at Cannes.

❖ **se relâcher** vpi **1.** [muscle] to relax, to loosen ; [câble] to loosen, to slacken **2.** [devenir moins rigoureux] to become lax ou laxer **/** *se relâcher dans son travail* to become lax about one's work **/** *elle se relâche en tout* she's letting things slide **/** *son attention se relâche* his attention is flagging.

relaie v ⟶ **relayer.**

relais, relai* [ʀəlɛ] nm **1.** [succession] shift **/** *travail par relais* shift work ▸ **prendre le relais (de qqn)** to take over (from sb) **/** *j'ai commencé le travail, tu n'as plus qu'à prendre le relais* I started the job, just carry on ou take over **/** *il m'a déjà réprimandé, ne prends pas le relais!* he's already told me off, don't you start as well! **2.** SPORT relay **/** *courir le relais 4 x 400 mètres* to run the 4 x 400 metres relay **3.** HIST [lieu] coaching inn ; [chevaux] relay **4.** [auberge] inn, post house ▸ **relais autoroutier** motorway café UK, truck stop US ▸ **ce restaurant est donné comme relais gastronomique dans le guide** this restaurant is recommended in the guide as an excellent place to eat **5.** *(comme adjectif, avec ou sans trait d'union)* ÉLECTR [appareil, station] relay *(modif)* ; [processus] relaying **6.** SCI ▸ **relais statique** / **de mesure** / **de tout ou rien** static / measuring / all-or-nothing relay **7.** TÉLÉC ▸ **relais hertzien** radio relay **8.** BANQUE ▸ **(crédit) relais** bridging loan.

relance [ʀəlɑ̃s] nf **1.** [nouvelle impulsion] revival, boost **2.** ÉCON : *il y a une relance de la production sidérurgique* steel production is being boosted ou increased ▸ **politique de relance** reflationary policy ▸ **relance économique** reflation **3.** ADMIN & COMM : *des relances téléphoniques* follow-up calls **/** *lettre de relance* follow-up letter **4.** JEUX raise ▸ **faire une relance** to raise (the stakes) **/** *limiter la relance* to limit the raise.

relancer [16] [ʀəlɑ̃se] ◆ vt **1.** [donner un nouvel essor à] to relaunch, to revive ▸ **relancer l'économie d'un pays** to give a boost to ou to boost ou to reflate a country's economy **2.** [solliciter] to chase up UK, to chase after *fig* **/** *il faudra le relancer pour obtenir un rendez-vous* you'll have to chase him up UK ou chase after him if you want an appointment **/** *c'est à lui de relancer ses clients* it's his job to chase up UK ou follow up on his clients **/** *arrête de me relancer!* stop badgering me! **/** *elle s'est déjà fait relancer trois fois par la banque* she's already had three reminders from her bank **3.** [jeter à nouveau] to throw again **4.** CHASSE to start again. ◆ vi JEUX ▸ **relancer (de)** : *je relance de 100 euros* I raise (the bid) by 100 euros.

❖ **se relancer dans** vp + prép : *se relancer dans le tissage* to take up weaving again **/** *se relancer dans de longues explications* to reembark on a long explanation.

relaps, e [ʀəlaps] ◆ adj relapsed. ◆ nm, f RELIG relapsed person, backslider.

relater [3] [ʀəlate] vt **1.** *sout* [raconter] to relate, to recount **/** *les faits ont été relatés dans la presse* the facts were reported ou detailed in the papers **2.** DR [consigner] to record.

relatif, ive [ʀəlatif, iv] adj **1.** [gén, GRAM & MATH] relative **/** *donner une valeur relative* to give a relative value **/** *comparer les mérites relatifs de...* to compare the relative merits of... ▸ **tout est relatif** it's all relative **2.** ▸ **relatif à** [concernant] relating to, concerning **3.** [approximatif] : *les élèves sont rentrés dans un ordre relatif* the pupils went back inside in a more or less orderly fashion ▸ **un confort très relatif** very limited comfort **/** *nous avons goûté un repos tout relatif* we enjoyed a rest of sorts **/** *un isolement relatif* relative ou comparative isolation **4.** MUS relative.

❖ **relatif** nm **1.** GRAM relative pronoun **2.** [proportions] : *avoir le sens du relatif* to have a sense of proportion.

❖ **relative** nf relative clause.

relation [ʀəlasjɔ̃] nf **1.** [corrélation] relationship, connection **/** *relation de cause à effet* relation ou relationship of cause and effect **/** *mettre deux questions en relation l'une avec l'autre, faire la relation entre deux questions* to make the connection between ou to connect two questions **/** *c'est sans relation avec..., il n'y a aucune relation avec...* there's no connection with..., it's nothing to do with... **2.** [rapport] relationship ▸ **nouer des relations professionnelles** to form professional contacts ▸ **les relations sino-japonaises** relations between China and Japan, Sino-Japanese relations ▸ **avoir de bonnes / mauvaises relations avec qqn** to be on good / bad terms with sb ▸ **en relation** ou **relations** : *nous sommes en relation d'affaires depuis des années* we've had business dealings ou a business relationship for years **/** *en excellentes / mauvaises relations avec ses collègues* on excellent / bad terms with one's colleagues ▸ **entrer en relation avec qqn** [le contacter] to get in touch ou to make contact with sb ▸ **mettre qqn en relation avec un ami / une organisation** to put sb in touch with a friend / an organization ▸ **relations diplomatiques** diplomatic relations ou links ▸ **relations humaines a)** [gén] dealings between people **b)** SOCIOL human relations ▸ **relations internationales** international relations ▸ **relations publiques** public relations ▸ **relations sexuelles** sexual relations **3.** [connaissance] acquaintance **/** *une relation d'affaires* a business acquaintance ou connection ▸ **avoir de nombreuses relations** to know a lot of people **/** *utilise tes relations* use your connections **/** *heureusement que j'ai des relations!* it's a good thing I'm well connected ou I know the right people! **/** *j'ai trouvé à me loger par relations* I found a place to live through knowing the right people ou through the grapevine **4.** MATH relation **5.** *sout* [compte rendu] relation, narration **/** *sa relation des faits* his account of the story **6.** DR account.

relation ou **relationship ?**

Attention à ne pas traduire une relation par **a relation**, qui signifie «un parent». Une relation est le plus souvent **a relationship**. Le nom pluriel **relations** en anglais se réfère principalement aux échanges diplomatiques ou professionnels (**public relations, customer relations, diplomatic relations**).

relationnel, elle [ʀəlasjɔnɛl] adj **1.** PSYCHOL relationship *(modif)* **/** *avoir des difficultés relationnelles* to have trouble relating to people **2.** LING relational, relation *(modif)*.

❖ **relationnel** nm rapport **/** *il a un bon relationnel avec ses clients* he has a good rapport with his clients.

relationniste [ʀəlasjɔnist] nmf QUÉBEC public relations officer.

relative [ʀəlativ] f ⟶ **relatif.**

relativement [ʀəlativmɑ̃] adv **1.** [passablement] relatively, comparatively, reasonably **2.** *sout* [de façon relative] relatively, contingently *sout.*

❖ **relativement à** loc prép **1.** [par rapport à] compared to, in relation to **2.** [concernant] concerning **/** *entendre un témoin relativement à une affaire* to hear a witness in relation to a case.

relativisation [ʀəlativizasjɔ̃] nf relativization.

relativiser [3] [ʀəlativize] vt ▸ **relativiser qqch** to consider sthg in context, to relativize sthg *spéc* **/** *il faut relativiser tout ceci, ça pourrait être pire* you've got to keep things in perspective, it could be worse.

relativisme [ʀəlativism] nm relativism.

* In reformed spelling (see p. 16-19).

relativiste [ʀəlativist] ◆ adj **1.** PHYS relativistic **2.** PHILOS relativist, relativistic. ◆ nmf PHILOS relativist.

relativité [ʀəlativite] nf **1.** [gén] relativity / *la relativité des connaissances humaines* the relative nature ou relativeness of human knowledge **2.** PHYS relativity ▸ **(théorie de) la relativité générale / restreinte** general / special (theory of) relativity.

relaver [3] [ʀəlave] vt **1.** [laver de nouveau] to wash again, to rewash **2.** SUISSE [vaisselle] to wash.

relax [ʀəlaks] adj inv *fam* [personne, ambiance] easy-going, laid back ; [activité, vacances] relaxing / *c'est une fille plutôt relax* she's an easy-going sort of girl ▸ **fauteuil relax** reclining chair.

relaxant, e [ʀəlaksɑ̃, ɑ̃t] adj relaxing, soothing.

relaxation [ʀəlaksasjɔ̃] nf **1.** [détente] relaxation, relaxing / *faire de la relaxation* to do relaxation exercises **2.** PHYS & PSYCHOL relaxation.

relaxe [ʀəlaks] ◆ adj *fam* = **relax.** ◆ nf DR discharge, release.

relaxer [3] [ʀəlakse] vt **1.** [relâcher - muscle] to relax **2.** DR [prisonnier] to discharge, to release.

❖ **se relaxer** vpi to relax.

relayer [11] [ʀəlɛje] vt **1.** [suppléer] to relieve, to take over from / *il l'a relayée au chevet du malade* he took over from her at the patient's bedside **2.** RADIO & TV to relay **3.** SPORT to take over, to take the baton.

❖ **se relayer** vp *(emploi réciproque)* to take turns / *se relayer auprès d'un malade* to take turns at a sick person's bedside / *se relayer au volant* to take turns at the wheel.

relayeur, euse [ʀəlɛjœʀ, øz] nm, f SPORT relay runner.

releasing factor [ʀəliziŋfaktɔʀ] *(pl* **releasing factors***)* nm PHYSIOL releasing factor.

relecture [ʀəlɛktyʀ] nf : *une relecture de sa lettre m'a donné l'impression que quelque chose n'allait pas* a closer (second) reading of his letter gave me the impression something was wrong / *la relecture du manuscrit a pris une heure* it took an hour to reread the manuscript / *à la relecture, j'ai trouvé que...* on reading it again ou when I reread it, I found that... / *le metteur en scène nous propose une véritable relecture de la pièce* the director gives us a totally new interpretation to the play ▸ **relecture d'épreuves** IMPR proofreading.

relégation [ʀəlegasjɔ̃] nf **1.** SPORT relegation **2.** HIST & DR banishment, relegation.

relégué, e [ʀəlege] ◆ adj **1.** SPORT relegated **2.** HIST & DR banished, relegated. ◆ nm, f **1.** SPORT relegated team **2.** DR relegated person **3.** HIST banished person.

reléguer [18] [ʀəlege] vt **1.** [cantonner] to relegate ▸ **reléguer qqn au second plan** to put sb in the background / *leur équipe a été reléguée en deuxième division cette année* SPORT their team went down into the second division this year **2.** HIST & DR to banish, to relegate.

In reformed spelling (see p. 16-19), this verb is conjugated like **semer**: *il relèguera, elle relèguerait.*

relent [ʀəlɑ̃] nm **1.** *(gén au pl)* [mauvaise odeur] stink *(U)*, stench *(U)* / *des relents de tabac froid* a stench of stale tobacco **2.** *sout* [trace] residue, hint, trace.

relevable [ʀələvabl] adj (vertically) adjustable / *siège à dossier relevable* reclinable seat.

relevailles [ʀələvaj] nfpl churching.

relève [ʀəlɛv] nf **1.** [manœuvre] relieving, changing ▸ **prendre la relève (de qqn)** to take over (from sb) ▸ **la relève de la garde** the changing of the guard **2.** [groupe] replacement, stand-in ▸ **la relève a)** [au travail] the relief team **b)** MIL the relief troops **c)** [garde] the relief guard.

relevé, e [ʀəlve] adj **1.** [redressé - col, nez] turned-up / *ses manches étaient relevées jusqu'au coude* his sleeves were rolled up to the elbows / *elle portait un chapeau à bords relevés* she wore a hat with a turned-up brim **2.** CULIN [assaisonné] seasoned, well-seasoned ; [pimenté] spicy, hot ▸ **plats relevés** spicy food **3.** *sout* [distingué] elevated, refined.

❖ **relevé** nm **1.** [de recettes, de dépenses] summary, statement ; [de gaz, d'électricité] reading ; [de noms] list ▸ **relevé mensuel** BANQUE monthly statement ▸ **demander son relevé (de compte)** to ask for one's bank statement ▸ **relevé d'identité bancaire** ≃ particulars of one's bank account ; ≃ bank details ▸ **relevé de notes** ÉDUC examination results **2.** GÉOGR survey **3.** ARCHIT layout **4.** DANSE relevé.

relèvement [ʀəlɛvmɑ̃] nm **1.** [rétablissement] recovery, restoring / *mesures prises pour favoriser le relèvement d'une société* measures adopted to help put a company back on its feet ou to help a company recover **2.** [fait d'augmenter] raising ; [résultat] increase, rise / *le relèvement des impôts / des salaires* tax / salary increase **3.** [reconstruction] reerecting, rebuilding **4.** [rehaussement] raising, increase / *le relèvement du niveau des eaux* the rise in the water level **5.** DR release **6.** NAUT bearing *(U)* / *faire un relèvement (de sa position)* to plot ou to chart one's position **7.** RADIO (radio) direction finding **8.** TRAV PUB ▸ **station de relèvement** pumping station.

relever [19] [ʀəlve] ◆ vt **1.** [redresser - lampe, statue] to stand up *(sép)* again ; [- chaise] to pick up *(sép)* ; [- tête] to lift up *(sép)* again ▸ **ils m'ont relevé a)** [debout] they helped me (back) to my feet **b)** [assis] they sat me up ou helped me to sit up **2.** [remonter - store] to raise ; [- cheveux] to put up *(sép)* ; [- col, visière] to turn up *(sép)* ; [- pantalon, manches] to roll up *(sép)* ; [- rideaux] to tie back *(sép)* ; [- strapontin] to lift up *(sép)* / *le virage est trop relevé* the banking on the bend has been made too steep **3.** [augmenter - prix, salaires] to increase, to raise, to put up *(sép)* ; [- notes] to put up, to raise / *ils ont relevé les notes d'un point* they put up ou raised the marks by one point **4.** [ramasser, recueillir] to pick up *(sép)* / *relever les copies* ÉDUC to collect the papers **5.** [remettre en état - mur] to rebuild, to re-erect ; [- pylône] to re-erect, to put up *(sép)* again ▸ **relever des ruines a)** [ville] to reconstruct ou to rebuild a ruined city **b)** [maison] to rebuild a ruined house / *c'est lui qui a relevé la nation fig* he's the one who put the country back on its feet (again) ou got the country going again ▸ **relever l'économie** to rebuild the economy / *relever le moral des troupes* to boost the troops' morale **6.** [mettre en valeur] to enhance **7.** CULIN to season, to spice up *(sép)* ▸ **relevez l'assaisonnement** make the seasoning more spicy **8.** [remarquer] to notice / *relever des fautes* to notice ou to pick out mistakes ▸ **elle n'a pas relevé l'allusion a)** [elle n'a pas réagi] she didn't pick up the hint **b)** [elle l'a sciemment ignorée] she pretended not to notice the hint ; *(en usage absolu)* : *ce ne sont que des ragots, il vaut mieux ne pas relever* it's just gossip, (best) ignore it / *je ne relèverai pas !* I'll ignore that ! **9.** [enregistrer - empreinte digitale] to record ; [- cote, mesure] to take down *(sép)*, to plot ; [- informations] to take ou to note down ; [- plan] to sketch / *on a relevé des traces de boue sur ses chaussures* traces of mud were found ou discovered on his shoes ▸ **relever l'eau** *fam* ou **le compteur d'eau** to read the water meter / *relever le gaz fam* ou *le compteur de gaz* to read the gas meter / *ayant relevé les détails dans son carnet...* having noted down ou recorded the details in his notebook... / *les faits relevés ne plaident pas en ta faveur* the facts as they have been recorded do not help your case / *températures relevées à 16 h* MÉTÉOR temperatures recorded at 4 p.m. / *relever sa position* to plot ou to chart one's position ▸ **relever un point** to take a bearing **10.** [relayer - garde] to relieve ; [- coéquipier] to take over *(insép)* from ▸ **relever qqn de** : *relever qqn de ses vœux* to release sb from his / her vows ▸ **relever qqn de ses fonctions** to relieve sb of his / her duties **11.** DR [prisonnier] to release **12.** [en tricot] to pick up *(sép)* **13.** CONSTR [parquet] to lift, to raise **14.** JEUX to pick up (one's cards) **15.** NAUT ▸ **relever un navire** to refloat a ship. ◆ vi [remonter - vêtement] to ride up ▸ **ta jupe relève derrière** your skirt rides up at the back.

❖ **relever de** v + prép **1.** [être de la compétence de - juridiction] to fall ou to come under ; [- spécialiste] to be a matter for ; [- magistrat] to come under the jurisdiction of / *cela relève des tribunaux / de la psychiatrie* it's a matter for the courts / the psychiatrists **2.** [tenir de] ▸ **cela relève du miracle** it's truly miraculous **3.** *sout* [se rétablir de] : *relever de couches* to come out of confinement *sout* / *elle relève d'une grippe* she is recovering from flu.

❖ **se relever** ◆ vp *(emploi passif)* [être inclinable] to lift up. ◆ vpi **1.** [se remettre - debout] to get ou to stand up again ; [- assis] to sit up again / *il l'aida à se relever* he helped her to her feet again / *se relever la nuit* to get up in the night / *je ne veux pas avoir à me relever !* I don't want to have to get up (again) ! **2.** [remonter] : *les commissures de ses lèvres se relevèrent* the corners of his mouth curled up.

❖ **se relever de** vp + prép to recover from, to get over / *le parti se relève de ses cendres* ou *ruines* the party is rising from the ashes / *je ne m'en relèverai / ils ne s'en relèveront pas* I'll / they'll never get over it.

releveur, euse [ʀəlvœʀ, øz] ◆ adj ANAT ▸ **muscle releveur** levator muscle. ◆ nm, f [employé] meter reader.

❖ **releveur** nm **1.** ANAT levator **2.** [sur une moissonneuse] elevator.

relief [ʀəljɛf] nm **1.** ART, GÉOGR & OPT relief / *la région a un relief accidenté* the area is hilly / *pays sans (aucun) relief* flat country / *un relief calcaire* limestone relief **2.** [contraste] relief, highlight ▸ **donner du relief à qqch** to highlight sthg / *son discours manquait de relief* his speech was a rather lacklustre affair / *le personnage est brossé avec beaucoup de relief* the character is brought out ou stands out very well **3.** ACOUST ▸ **relief acoustique** spatial effect (of a sound).

❖ **reliefs** nmpl *litt* ▸ **les reliefs** [d'un repas] the remnants ou leftovers.

❖ **en relief** ◆ loc adj ART & IMPR relief *(modif)*, raised / *impression en relief* relief printing ▸ **lettres en relief** embossed letters / *motif en relief* raised design, design in relief. ◆ loc adv [en valeur] ▸ **mettre qqch en relief** to bring sthg out / *le jus de citron met en relief le goût des fraises* lemon juice brings out ou accentuates the taste of strawberries.

relier [9] [ʀəlje] vt **1.** [faire communiquer] to link up *(sép)*, to link (together), to connect / *les deux pièces sont reliées par un long couloir* the two rooms are linked (together) ou connected by a long corridor / *un vol quotidien relie Paris à Lourdes* a daily flight links Paris to Lourdes / *la route qui relie Bruxelles à Ostende* the road running from ou linking Brussels to Ostend **2.** [mettre en rapport] to connect, to link (together), to relate / *les deux paragraphes ne sont pas reliés* there is no link ou connection between the two paragraphs **3.** [livre] to bind / *relié en cuir* leather-bound ▸ **relié toile** cloth-bound **4.** [tonneau] to hoop.

relieur, euse [ʀəljœʀ, øz] nm, f bookbinder.

religieusement [ʀəliʒjøzmɑ̃] adv **1.** [pieusement] religiously ▸ **se marier religieusement** to get married in church **2.** [soigneusement] religiously, rigorously, scrupulously ; [avec vénération] reverently, devoutly.

religieux, euse [ʀəliʒjø, øz] adj **1.** [cérémonie, éducation, ordre, art] religious ▸ **l'état religieux** the religious state ▸ **un mariage religieux** a church wedding **2.** [personne] religious / *il n'a jamais été très religieux* he was never very religious **3.** [empreint de gravité] religious / *un silence religieux se fit dans la salle* a reverent silence fell on the room.

❖ **religieux** nm member of a religious order.

❖ **religieuse** nf **1.** RELIG nun **2.** CULIN cream puff / *religieuse au chocolat / au café* chocolate / coffee cream puff.

religion [ʀəliʒjɔ̃] nf **1.** [croyance] religion ▸ **l'histoire de la religion** the history of religion ▸ **la religion juive** the Jewish religion ou faith / *être sans* ou *n'avoir pas de religion* to have no religion, to be of no religious faith ▸ **se convertir à la religion catholique / musulmane** to be converted to Catholicism / Islam ▸ **entrer en religion** to join a religious order ▸ **la religion est l'opium du peuple** *(allusion à Marx)* religion is the opium of the people **2.** [piété] religious faith / *avoir de la religion litt* to be religious ou devout / *connu pour sa religion* well-known for the strength of his religious faith ▸ **se**

faire une religion de qqch *arch* to be obsessed with sthg.

religiosité [Rəliʒjozite] nf religiosity, religiousness.

reliquaire [RəlikɛR] nm reliquary.

reliquat [Rəlika] nm remainder, balance ▸ **un reliquat de vacances** outstanding leave ▸ **reliquat d'impôts** outstanding taxes / *après apurement des comptes, il n'y a plus aucun reliquat* after balancing the accounts, there is nothing left over ou there is no surplus.

relique [Rəlik] nf RELIG relic ▸ **conserver qqch comme une relique** to treasure sthg.

relire [106] [RəliR] vt to read again, to reread.
◈ **se relire** vp *(emploi réfléchi)* to read (over) what one has written / *j'ai du mal à me relire* I have difficulty reading my own writing.

reliure [RəljyR] nf **1.** [technique] binding, bookbinding **2.** [couverture] binding ▸ **reliure d'amateur** amateur ou threequarter binding ▸ **reliure à nerfs** band ou banded binding ▸ **reliure pleine** full binding ▸ **reliure sans couture** perfect binding.

relocalisation [Rəlokalizasjɔ̃] nf relocation.

relocaliser [Rəlokalize] vt to relocate.

relogement [Rələʒmɑ̃] nm rehousing.

reloger [17] [Rələʒe] vt to rehouse.

relookage [Rəlukaʒ] nm makeover / *ils ont fait un relookage de leur site* they've given their website a makeover.

relooker [Rəluke] vt [personne] to give a makeover to ; [produit, journal, site Web] to give a new look to ▸ **se faire relooker** [personne] to have a makeover.

relou [Rəlu] adj *fam* [idiot] stupid / *elle est relou, ta blague* that's a really stupid joke / *tu deviens relou avec tes questions* [agaçant] your questions are starting to get on my nerves.

relouer [6] [Rəlwe] vt [suj: propriétaire] to rent out *(sép)* again, to relet ; [suj: locataire] to rent again.

relu, e [Rəly] pp ⟶ **relire.**

réluctance [Relyktɑ̃s] nf PHYS reluctance.

reluire [97] [RəlɥiR] vi [casque, casserole] to gleam, to shine ; [pavé mouillé] to glisten / *faire reluire ses cuivres* to do ou to polish the brasses.

reluisant, e [Rəlɥizɑ̃, ɑ̃t] adj **1.** *(gén nég)* *fam* : *peu* ou *pas reluisant* [médiocre] shabby / *un individu peu reluisant* an unsavoury character / *notre avenir n'apparaît guère reluisant* our future hardly looks bright **2.** [brillant] shining, shiny, gleaming.

reluisent v ⟶ **reluire.**

reluquer [3] [Rəlyke] vt *fam* [personne] to ogle, to eye up ; [objet] to have one's eye on, to covet / *se faire reluquer* to be ou get stared at.

relut v ⟶ **relire.**

rem [Rɛm] nm rem.

remâcher [3] [Rəmaʃe] vt **1.** [mâcher de nouveau] to chew again ; [suj: ruminant] to ruminate **2.** [ressasser] to brood over *(insép)*.

remaillage [Rəmajaʒ] nm [d'un filet] mending ; [d'une chaussette, d'un bas] darning.

remailler [3] [Rəmaje] vt [filet] to mend ; [bas, chaussette] to darn.

remake [Rimɛk] nm CINÉ remake / *à quand le remake?* when are you doing the remake?

rémanence [Remanɑ̃s] nf **1.** PHYS remanence, retentivity **2.** PHYSIOL [durabilité] persistence **3.** OPT afterimage.

rémanent, e [Remanɑ̃, ɑ̃t] adj **1.** PHYS [aimantation] remanent, retentive ; [magnétisme] residual **2.** [gén & CHIM] persistent ▸ **image rémanente** after-image.

remanger [17] [Rəmɑ̃ʒe] ◆ vt to have ou to eat again / *je n'ai plus jamais remangé d'huîtres depuis* I've never eaten oysters since. ◆ vi to eat again.

remaniable [Rəmanjabl] adj [discours, projet, texte] revisable, amendable / *son plan sera difficilement remaniable* his plan is going to be hard to revise ou to rework.

remaniement [Rəmanimɑ̃] nm **1.** [d'un projet de loi] redrafting, altering, amending ; [d'un discours] revision, altering ; [d'un programme] modification **2.** [d'un gouvernement, d'un ministère] reshuffle ▸ **remaniement ministériel** cabinet reshuffle.

remanier [9] [Rəmanje] vt **1.** [texte, discours] to revise ; [projet de loi] to draft again, to redraft **2.** [gouvernement, ministère] to reshuffle / *l'équipe a été complètement remaniée* the team was completely reshuffled.

remaquiller [3] [Rəmakije] vt to make up *(sép)* again.
◈ **se remaquiller** vp *(emploi réfléchi)* [entièrement] to reapply one's make-up ; [partiellement] to touch up one's make-up.

remarcher [3] [RəmaRʃe] vi **1.** [accidenté, handicapé] to walk again **2.** [mécanisme] to work again.

remariage [RəmaRjaʒ] nm remarriage / *son remariage avec...* his remarriage to...

remarier [9] [RəmaRje] vt to remarry / *finalement, il a réussi à remarier son fils* he eventually managed to marry off his son again.
◈ **se remarier** vpi to get married ou to marry again, to remarry.

remarquable [RəmaRkabl] adj **1.** [marquant] striking, notable, noteworthy / *un événement remarquable* a noteworthy event ▸ **de façon remarquable** remarkably **2.** [émérite -personne] remarkable, outstanding, exceptional / *un travail remarquable* a remarkable ou an outstanding piece of work **3.** [particulier] conspicuous, prominent / *la girafe est remarquable par la longueur de son cou* the giraffe is notable for its long neck.

remarquablement [RəmaRkabləmɑ̃] adv remarkably, strikingly, outstandingly / *elle joue remarquablement du violon* she plays the violin outstandingly well.

remarque [RəmaRk] nf **1.** [opinion exprimée] remark, comment ; [critique] (critical) remark / *je l'ai trouvée insolente et je lui en ai fait la remarque* I thought she was insolent and (I) told her so / *j'en ai assez de tes remarques* I've had enough of your criticisms ▸ **faire une remarque à qqn sur qqch** to pass a remark to sb about sthg / *si le service n'est pas assez rapide, fais-en la remarque au garçon* if service isn't fast enough, have a word with ou complain to the waiter about it **2.** [commentaire écrit] note / *j'ai ajouté quelques remarques grammaticales en fin de chapitre* I have added a few grammatical notes at the end of the chapter **3.** *litt & vieilli* : *digne de remarque* noteworthy, (worthy) of note *sout.*

remarqué, e [RəmaRke] adj conspicuous, noticeable, striking / *il a fait une intervention très remarquée* the speech he made attracted a great deal of attention / *une entrée remarquée* a conspicuous entrance.

remarquer [3] [RəmaRke] vt **1.** [constater] to notice ▸ **faire remarquer qqch à qqn** to point sthg out to sb / *on m'a fait remarquer que...* it's been pointed out to me ou it's been drawn to my attention that... / *je n'ai même pas remarqué que tu étais parti* I didn't even notice you had left / *puis-je vous faire remarquer que nous sommes en retard?* may I point out to you that we're late? ▸ **je te ferais remarquer qu'il est déjà minuit** look, it's already midnight ▸ **remarque, je m'en moque éperdument** mind you, I really couldn't care less ▸ **remarque qu'elle** ou **remarque, elle a sûrement raison** mind you, she's most probably right ; [distinguer] to notice / *il l'avait déjà remarquée la semaine précédente* he'd already noticed ou spotted her the week before / *elle a été remarquée par un metteur en scène* she attracted the attention of a producer ▸ **se faire remarquer** to draw attention to o.s. / *elle partit sans se faire remarquer* she left unnoticed ou without drawing attention to herself **2.** [dire] to remark / *« il ne viendra pas », remarqua-t-il* "he won't come", he remarked **3.** [marquer de nouveau -date, adresse] to write ou to note down *(sép)* again ; [-linge] to tag ou to mark again.
◈ **se remarquer** vp *(emploi passif)* [être visible] to be noticed, to show / *le défaut du tissu se remarque à peine* the flaw in the material is scarcely noticeable ou hardly shows / *si elle continue à bouder, ça va se remarquer* if she keeps (on) sulking, people are going to notice.

> ⚠ Attention, **to remark** signifie remarquer au sens de «dire». Il ne doit pas être employé systématiquement pour traduire les autres sens de remarquer.

remastiquer [3] [Rəmastike] vt [vitre] to reapply putty to.

remballage [Rɑ̃balaʒ] nm [d'affaires personnelles] packing up again ; [d'un paquet] rewrapping.

remballer [3] [Rɑ̃bale] vt **1.** [marchandise] to pack up *(sép)* again **2.** *fam & fig* : *tu peux remballer tes compliments* you can keep your compliments to yourself.

rembarquement [Rɑ̃baRkəmɑ̃] nm [de passagers] re-embarkation ; [de produits] reloading.

rembarquer [3] [Rɑ̃baRke] ◆ vt [produits] to reload. ◆ vi [passagers] to re-embark.
◈ **se rembarquer** vpi **1.** [passagers] to re-embark **2.** *fig* ▸ **se rembarquer dans qqch** to get involved in sthg again / *tu ne vas pas te rembarquer dans une histoire pareille* you're not going to get mixed up in a mess like that again.

rembarrer [3] [Rɑ̃baRe] vt *fam* ▸ **rembarrer qqn** to put sb in his place, to tell sb where to get off / *je me suis fait (drôlement) rembarrer!* I was told (in no uncertain terms) where to get off!

rembaucher [Rɑ̃boʃe] = **réembaucher.**

remblai [Rɑ̃blɛ] nm **1.** RAIL & TRAV PUB embankment ; [terre rapportée] ballast ▸ **terre de remblai** backfill **2.** MIN packing, backfill.

remblaie v ⟶ **remblayer.**

remblaiement [Rɑ̃blɛmɑ̃] nm GÉOL depositing.

remblayage [Rɑ̃blɛjaʒ] nm **1.** TRAV PUB banking up **2.** MIN backfilling, stowing.

remblayer [11] [Rɑ̃bleje] vt **1.** TRAV PUB to bank up *(sép)* / *remblayer un fossé* to fill up a ditch **2.** MIN to backfill, to pack.

rembobiner [3] [Rɑ̃bɔbine] vt [film, bande magnétique] to rewind, to spool back *(sép)*.

remboîtage, remboitage* [Rɑ̃bwataʒ], **remboîtement, remboitement*** [Rɑ̃bwatmɑ̃] nm **1.** MÉD [d'une articulation, d'un os] repositioning, resetting **2.** IMPR [d'un livre] recasing.

remboîter, remboiter* [3] [Rɑ̃bwate] vt **1.** MÉD [articulation, os] to reposition, to reset **2.** IMPR [livre] to recase.

rembourrage [Rɑ̃buRaʒ] nm [d'un vêtement] padding ; [d'un siège] stuffing.

rembourrer [3] [Rɑ̃buRe] vt [coussin, manteau] to pad ; [siège] to stuff ; [personne] well-padded / *il est bien rembourré* *fam & hum* he's very well-padded ▸ **rembourré avec des noyaux de pêches** *fam & hum* to be rock hard.

rembourrure [Rɑ̃buRyR] nf = **rembourrage.**

remboursable [Rɑ̃buRsabl] adj [billet] refundable ; [prêt] repayable / *remboursable en 20 mensualités* repayable in 20 monthly instalments ▸ **non remboursable** non-redeemable.

remboursement [Rɑ̃buRsəmɑ̃] nm [d'un billet, d'un achat] refund ; [d'un prêt] repayment, settlement ; [d'une dépense] reimbursement ; FIN [d'une obligation] redemption / *le remboursement de ses dettes lui a pris deux ans* it took her two years to pay off her debts ▸ **envoi** ou **expédition contre remboursement** cash on delivery.

rembourser [3] [Rɑ̃buRse] vt [argent] to pay back ou off *(sép)*, to repay ; [dépense, achat] to reimburse, to refund ; [personne] to pay back, to reimburse ; FIN [obligation] to redeem / *les billets non utilisés seront rem-*

* In reformed spelling (see p. 16-19).

boursés unused tickets will be reimbursed ou refunded / *frais de port remboursés* postage refunded / *tous les délégués seront remboursés de leurs frais* we will refund all delegates' expenses / *est-ce que tu peux me rembourser?* can you pay me back? ▸ **se faire rembourser** to get a refund / *tu t'es fait rembourser pour ton trajet en taxi?* did they reimburse you for your taxi journey? / *remboursez, remboursez!* we want a refund!, give us our money back! / *ce médicament n'est remboursé qu'à 40% (par la Sécurité sociale)* only 40% of the price of this drug is refunded (by the Health Service).

Rembrandt [rɑ̃brɑ̃] npr Rembrandt.

rembrunir [32] [rɑ̃brynir] ❖ **se rembrunir** vpi **1.** *litt* [s'assombrir] to darken, to cloud (over) / *le ciel s'est rembruni* the sky has clouded over **2.** [se renfrogner] to darken / *son visage s'est rembruni à l'annonce de la nouvelle* his face darkened when he heard the news.

remède [rəmɛd] nm **1.** [solution] remedy, cure / *trouver un remède au désespoir / à l'inflation* to find a cure for despair / for inflation / *le chômage est-il sans remède?* *fig* is there no cure for ou no answer to unemployment? ▸ **porter remède à qqch** to cure ou to find a cure for sthg **2.** [thérapeutique] cure, remedy / *un remède contre le cancer / le SIDA* a cure for cancer / for AIDS / *le remède est pire que le mal* *fig* the remedy is worse than the disease / *c'est un (vrai) remède contre l'amour* *fam* he's / she's a real turn-off **3.** *vieilli* [médicament] remedy ▸ **un remède de bonne femme** a traditional ou an old-fashioned remedy ▸ **un remède de cheval** a drastic remedy ▸ **aux grands maux les grands remèdes** *prov* desperate situations call for desperate remedies.

remédiable [rəmedjabl] adj curable, remediable *litt*.

remédier [9] [rəmedje] ❖ **remédier à** v + prép **1.** [maladie] to cure; [douleur] to alleviate, to relieve **2.** *sout* [problème] to remedy, to find a remedy ou solution for / *nous ne savons pas comment remédier à la situation* we don't know how to remedy the situation / *remédier à ses défauts* to make up for ou to compensate for one's shortcomings / *remédier à une erreur* to put right a mistake.

remembrement [rəmɑ̃brəmɑ̃] nm land consolidation ou reallotment.

remembrer [3] [rəmɑ̃bre] vt to redistribute ou to reallot.

remémoration [rəmemɔrasjɔ̃] nf *litt* recalling.

remémorer [3] [rəmemɔre] vt *sout* ▸ **remémorer qqch à qqn** to remind sb of sthg, to bring sthg to sb's mind.

❖ **se remémorer** vpt *sout* to recollect, to recall, to remember.

Voir encadré à l'article souvenir.

remerciement [rəmɛrsimɑ̃] nm **1.** [action] thanks, thanking / *une lettre de remerciement* a letter of thanks, a thank-you letter / *un geste / un mot de remerciement* a gesture / a word of thanks **2.** [parole] thanks / *(je vous adresse) tous mes remerciements pour ce que vous avez fait* (I) thank you for what you did / *il a balbutié quelques remerciements et s'est enfui* he mumbled a few words of thanks and ran off / *avec mes remerciements* with (many) thanks.

remercier [9] [rəmɛrsje] vt **1.** [témoigner sa gratitude à] to thank ▸ **je te remercie** thank you / *comment vous remercier pour ce que vous avez fait?* I don't know how to thank you for what you did / *tu peux remercier le Ciel!* you can count yourself lucky! / *elle nous a remerciés par un superbe bouquet de fleurs* she thanked us with a beautiful bunch of flowers / *je te remercie de m'avoir aidé* thank you for helping me ou for your help / *et c'est comme ça que tu me remercies!* and that's all the thanks I get! **2.** [pour décliner une offre] : *encore un peu de thé? — je vous remercie* would you like some more tea? — no, thank you / *je te remercie mais je n'ai que faire de ton aide* I can do without your help, thanks all the same / *je te remercie du conseil* *iron* thanks for the advice **3.** *euphém* [licencier] to dismiss, to let go / *ils ont décidé de la remercier* they decided to dispense with her services.

réméré [remere] nm DR repurchase (clause) ▸ **vente à réméré** sale with option of repurchase.

remettre [84] [rəmɛtr] ◆ vt **1.** [replacer - gén] to put back *(sép)*; [- horizontalement] to lay, to put / *remets le livre où tu l'as trouvé* put the book back where you found it / *remets les cartes face dessous* lay ou place the cards face down again / *il remit son fusil par terre* he laid ou put his gun down on the floor again ▸ **remettre qqch à plat** to lay sthg flat again ou back (down) flat / *l'oiseau remit sa tête sous son aile* the bird put ou tucked its head back under its wing; [personne] ▸ **remettre qqn debout** to stand sb up again ou sb back up / *je l'ai remis en pension* I sent him back to boarding school ▸ **remettre qqn sur la voie** to put sb back on the right track ▸ **remettre qqn sur le droit chemin** to set sb on the straight and narrow again ▸ **remettre qqch à** : *remettre qqch à cuire* to put sthg back on to cook ▸ **remettre qqch à sécher / tremper** to put sthg back up to dry / back in to soak; [pour remplacer] : *il faut simplement lui remettre des piles* you just have to put new batteries in (it) / *faire remettre un verre à ses lunettes* to have a lens replaced ou to have a new lens put in one's glasses **2.** [rétablir dans un état] ▸ **remettre qqch en marche** to get sthg going again ▸ **remettre qqch en état** to repair sthg ▸ **remettre qqch à neuf** to restore sthg / *remettre une pendule à l'heure* to set a clock right (again) / *ces mots me remirent en confiance* those words restored my faith / *elle a remis la pagaille dans toute la maison* *fam* she plunged the whole household into chaos again **3.** [rajouter] to add / *remets un peu de sel* put in a bit more salt, add some (more) salt ▸ **en remettre** *fam* [exagérer] to overstate one's case / *il est assez puni comme ça, n'en remets pas* *fam* he's been punished enough already, no need to rub it in **4.** [vêtements, chaussures] to put on *(sép)* again, to put back on *(sép)* / *remets tes skis / ta casquette* put your skis / cap back on **5.** [recommencer] : *la balle est à remettre* TENNIS play a let ▸ **remettre ça** *fam* : *voilà qu'elle remet ça!* there she goes again!, she's at it again! / *tu ne vas pas remettre ça avec ma mère!* don't you start going on again about my mother! / *les voilà qui remettent ça avec leur grève!* here they go striking again! / *je n'ai pas envie de remettre ça!* I don't want to go through that again! / *allez, on remet ça!* [au café] come on, let's have another round ou another one! ▸ **remettez-nous ça!** same again please! **6.** [donner - colis, lettre, message] to deliver, to hand over *(sép)*; [- objet, dossier à régler, rançon] to hand over *(sép)*, to give; [- dossier d'inscription, dissertation] to hand ou to give in *(sép)*; [- pétition, rapport] to present, to hand in; [- démission] to hand in, to tender; [- médaille, récompense] to present, to give / *on nous a remis 20 euros à chacun* we were each given 20 euros ▸ **remettre qqn aux autorités** to hand ou to turn sb over to the authorities / *on lui a remis le prix Nobel* he was presented with ou awarded the Nobel prize **7.** [confier] to place ▸ **remettre son sort / sa vie entre les mains de qqn** to place one's fate / life in sb's hands / *remettre son âme à Dieu* to commit one's soul to God, to place one's soul in God's keeping **8.** [rendre - copies] to hand ou to give back *(sép)*; [- clés] to hand back *(sép)*, to return / *l'enfant a été remis à sa famille* the child was returned to his family **9.** [ajourner - entrevue] to put off *(sép)*, to postpone, to put back *(sép)* UK; [- décision] to put off *(sép)*, to defer ▸ **remettre qqch à huitaine** to postpone sthg ou to put sthg off for a week / *la réunion a été remise à lundi* the meeting has been put off ou postponed until Monday ▸ **remettre qqch à plus tard** to put sthg off until later **10.** MÉD [replacer - articulation, os] to put back *(sép)* in place / *sa cheville n'est pas vraiment encore remise* her ankle isn't reset yet **11.** [reconnaître - personne] to remember / *je ne la remets pas* I don't remember her, I can't place her **12.** [faire grâce de - peine de prison] to remit ▸ **remettre une dette à qqn** to let sb off a debt; [pardonner - péché] to forgive, to remit *sout*; [- offense] to forgive, to pardon **13.** BELG [vomir] to vomit. ◆ vi NAUT : *remettre à la route* to get back on course / *remettre à la voile* to hoist sail again.

❖ **se remettre** ◆ vp *(emploi réfléchi)* [se livrer] : *se remettre à la police* to give o.s. up to the police ▸ **se remettre entre les mains de qqn** to put ou to place o.s. in sb's hands. ◆ vpt *vieilli* ▸ **se remettre qqn** [reconnaître qqn] to remember ou to place sb. ◆ vpi **1.** [se replacer - dans une position, un état] : *se remettre au lit* to go back to bed / *se remettre debout* to stand up again, to get back up / *se remettre en route* to get started ou going again / *tu ne vas pas te remettre en colère!* don't go getting angry again! ▸ **se remettre avec qqn a)** [se réconcilier] to make it up with sb **b)** [se réinstaller] to go ou to be back with sb again **2.** [guérir] to recover, to get better / *je vais me remettre, c'est simplement que je suis encore sous le choc* I'll be all right, it's just that I'm still in shock ▸ **elle se remettra, ne t'inquiète pas a)** [d'un choc] she'll get over it, don't worry **b)** [d'une dépression] she'll pull out of it, don't worry ▸ **se remettre de qqch** to get over sthg / *se remettre d'un accident* to recover from ou to get over an accident / *il ne s'est pas encore complètement remis de son opération* he's not fully recovered from his operation yet / *allons, remets-toi!* come on, pull yourself together ou get a grip on yourself! / *je ne m'en remets pas* I can't get over it / *elle va s'en remettre* she'll get over it.

❖ **se remettre à** vp + prép **1.** [recommencer à] ▸ **se remettre à (faire) qqch** to start (doing) sthg again, to take up (doing) sthg again / *il s'est remis à fumer* he started smoking again / *je me suis remis à l'espagnol* I've taken up Spanish again **2.** MÉTÉOR : *la pluie se remet à tomber, il se remet à pleuvoir* the rain's starting again, it's started raining again / *le temps se remet au beau* it's brightening up / *le temps se remet à la neige* it looks like snow again.

❖ **s'en remettre à** vp + prép [se fier à] to rely on, to leave it (up) to / *tu peux t'en remettre à moi* you can rely on me ou leave it (up) to me / *je m'en remets à lui pour tout ce qui concerne le financement du projet* I'm leaving the financial arrangements of the plan to him ou in his hands ▸ **s'en remettre à la décision de qqn** to leave it (up) to sb to decide ▸ **s'en remettre au bon sens de qqn** to rely on sb's common sense.

remeubler [5] [rəmœble] vt [de nouveau] to refurnish; [avec de nouveaux meubles] to put new furniture into.

rémige [remiʒ] nf remex ▸ **les rémiges** remiges.

remilitarisation [rəmilitarizasjɔ̃] nf remilitarization.

remilitariser [3] [rəmilitarize] vt to remilitarize.

reminéraliser [rəmineralize] vt [eau, organisme] to re-mineralize.

réminiscence [reminisɑ̃s] nf **1.** [souvenir] reminiscence, recollection / *quelques réminiscences de ce qu'elle avait appris à l'école* a few vague memories of what she'd learned at school / *des réminiscences de mon enfance* reminiscences ou recollections of my childhood **2.** [influence] overtone / *il y a des réminiscences de Mahler dans ce morceau* there are some echoes of Mahler in this piece, this piece is reminiscent of Mahler **3.** PHILOS & PSYCHOL reminiscence.

remis, e [rəmi, iz] ◆ pp ⟶ **remettre.** ◆ adj ▸ **être remis** to be well again / *une semaine de repos et me voilà remise* a week's rest and I'm back on my feet (again) ▸ **être remis de** to have recovered from, to have got over / *il n'est pas encore remis de sa frayeur / son cauchemar* he hasn't yet got over his fright / nightmare.

❖ **remise** nf **1.** [dans un état antérieur] : *la remise en place des meubles / en ordre des documents nous a pris du temps* putting all the furniture back into place / sorting out the papers again took us some time / *la remise en marche du moteur* restarting the engine ▸ **remise en cause** ou **question** calling into question ▸ **remise en jeu** ou **en touche a)** HOCKEY push-in **b)** RUGBY line-out **c)** FOOT throw-in ▸ **remise à neuf** restoration ▸ **remise à niveau** : *il a besoin d'une remise à niveau* he needs to be brought up to scratch ▸ **remise à zéro a)** INFORM [effacement] core flush **b)** [réinitialisation] resetting / *la remise à zéro du compteur kilométrique a été faite récemment* AUTO the mileometer has recently been put back to zero **2.** [livraison] delivery / *remise d'une lettre / d'un paquet en mains propres* personal delivery of a letter / package / *la remise des clés sera faite par* *l'agence* the agency will be responsible for handing over the keys / *la remise de la rançon aura lieu derrière le garage* the ransom will be handed over ou paid behind the garage ▸ **remise des prix** ÉDUC prize-giving **3.** COMM [réduction] discount, reduction, remittance *spéc* / *une remise de 15 %* a 15% discount ▸ **faire une remise à qqn** to give sb a discount ou a reduction **4.** [d'effet, de chèque, de banque] remittance ▸ **faire une remise de fonds à qqn** to send sb a remittance, to remit funds to sb / *faire une remise de chèque* to pay in a cheque **5.** FIN [d'un impôt] allowance **6.** DR remission / *faire remise d'une dette* to discharge a debt / *faire remise d'une amende* to remit ou to reduce a fine ▸ **remise de peine** reduction of (the) sentence **7.** *sout* [ajournement] putting off, postponement / *la remise à huitaine de l'ouverture du procès* the postponement ou deferment *sout* of the opening of the trial for a week **8.** [resserre] shed **9.** AUTO ▸ **voiture de grande remise** chauffeur-driven hire limousine **10.** CHASSE covert.

remisage [ʀəmizaʒ] nm [gén] putting away, storing (away).

remise [ʀəmiz] f ⟶ **remis.**

remiser [3] [ʀəmize] ◆ vt **1.** [ranger] to store away *(sép)*, to put away *(sép)* **2.** *fam & vieilli* [rabrouer] ▸ **remiser qqn** to send sb packing. ◆ vi JEUX to place another bet.

remisier [ʀəmizje] nm BOURSE intermediate broker.

rémissible [ʀemisibl] adj *litt* [crime, faute, péché] remissible, subject to remission.

rémission [ʀemisjɔ̃] nf **1.** RELIG remission, forgiveness ▸ **la rémission des péchés** the remission of sins **2.** DR remission ▸ **la rémission d'une peine** the remission of a sentence **3.** MÉD remission / *la rémission fut de courte durée* the remission didn't last.

❖ **sans rémission** *sout* ◆ loc adj [implacable] merciless, pitiless / *ses jugements sont sans rémission* her judgments are merciless. ◆ loc adv **1.** [sans pardon possible] mercilessly, without mercy / *tu seras puni sans rémission* you will be mercilessly punished **2.** [sans relâche] unremittingly, relentlessly / *travailler sans rémission* to work unremittingly ou relentlessly.

remit v ⟶ **remettre.**

rémittent, e [ʀemitɑ̃, ɑ̃t] adj [fièvre] remittent.

remix [ʀəmiks] nm remix.

remixer [ʀəmikse] vt to remix.

remmaillage [ʀɑ̃majaʒ] = **remaillage.**

remmailler [ʀɑ̃maje] = **remailler.**

remmailloter [3] [ʀɑ̃majɔte] vt [bébé] to wrap in swaddling clothes again.

remmancher [3] [ʀɑ̃mɑ̃ʃe] vt to put a handle back on.

remmener [19] [ʀɑ̃mne] vt [au point de départ] to take back ; [à soi] to bring back *(sép)* / *je te remmènerai chez toi en voiture* I'll drive you back home.

remmoulage [ʀɑ̃mulaʒ] nm mould assembly ou reassembly.

remodelage [ʀəmɔdlaʒ] nm **1.** [d'une silhouette] remodelling **2.** [d'un quartier] replanning **3.** [d'une institution] reorganization ; [d'un projet] redesigning, revising.

remodeler [25] [ʀəmɔdle] vt **1.** [silhouette, traits] to remodel **2.** [quartier] to replan **3.** [institution] to reorganize ; [projet] to redesign, to revise.

rémois, e [ʀemwa, az] adj from Rheims ou Reims.

❖ **Rémois, e** nm, f *inhabitant of or person from Rheims.*

remontage [ʀəmɔ̃taʒ] nm **1.** [d'une pendule] winding up, rewinding **2.** [d'une étagère] reassembly, reassembling.

remontant, e [ʀəmɔ̃tɑ̃, ɑ̃t] adj **1.** BOT [fraisier] double-cropping, remontant *spéc* ; [rosier] remontant **2.** [fortifiant] invigorating.

❖ **remontant** nm tonic.

remonte [ʀəmɔ̃t] nf **1.** MIL remount **2.** NAUT sailing upstream ou upriver.

remonté, e [ʀəmɔ̃te] adj *fam* **1.** [plein d'énergie] full of beans **2.** [irrité] ▸ **remonté contre qqn / qqch** up in arms about sb / sthg.

❖ **remontée** nf **1.** [d'une côte] ascent, climb ▸ **la remontée du fleuve** the trip upriver ou upstream / *la remontée des mineurs a lieu à 4 h* the miners are brought back up at 4 o'clock **2.** [rattrapage] catching up / *le coureur colombien a fait une belle remontée face à ses adversaires* the Colombian competitor is catching up with his opponents / *on constate une brusque remontée de la cote du président* the popularity of the President has shot up **3.** GÉOGR upwelling.

❖ **remontée mécanique** nf ski lift.

remonte-pente [ʀəmɔ̃tpɑ̃t] (*pl* **remonte-pentes**) nm ski tow.

remonter [3] [ʀəmɔ̃te] ◆ vt **1.** [côte, étage] to go ou to climb back up ▸ **remonter l'escalier** to go ou to climb back up the stairs **2.** [porter à nouveau] to take back up / *remonter une valise au grenier* to take a suitcase back up to the attic **3.** [parcourir - en voiture, en bateau, etc.] to go up *(insép)* ▸ **remonter le Nil** to sail up the Nile / *les saumons remontent le fleuve* the salmon are swimming upstream / *nous avons remonté la Seine en voiture jusqu'à Rouen* we drove along the Seine (upriver) to Rouen / *remonter le défilé* [aller en tête] to work one's way to the front of the procession / *remonter la rue* to go ou to walk back up the street ▸ **en remontant le cours des siècles** ou **du temps** going back several centuries **4.** [relever - chaussette] to pull up *(sép)* ; [- manche] to roll up *(sép)* ; [- col, visière] to raise, to turn up *(sép)* ; [- robe] to raise, to lift ; [- store] to pull up, to raise ▸ **remonter qqch** to put sthg higher up, to raise sthg / *remonte ton pantalon* pull your trousers UK ou pants US up / *elle a remonté la vitre* she wound the window up ; [augmenter - salaire, notation] to increase, to raise, to put up *(sép)* / *tous les résultats des examens ont été remontés de 2 points* all exam results have been put up ou raised by 2 marks **5.** [assembler à nouveau - moteur, kit] to reassemble, to put back *(sép)* together (again) ; [- étagère] to put back *(sép)* up ; CINÉ [film] to reedit **6.** COMM [rouvrir] to set up *(sép)* again / *à sa sortie de prison, il a remonté une petite affaire de plomberie* when he came out of prison he started up another small plumbing business ; [faire prospérer à nouveau] : *il a su remonter l'entreprise* he managed to set ou to put the business back on its feet / *elle a remonté la scierie après la mort de son père* she got the sawmill going again after her father died **7.** [renouveler] to restock, to stock up again / *remonter sa cave* to stock up one's cellar again, to restock one's cellar / *remonter son stock (de cassettes vidéo)* to stock up again (on video cassettes) / *il faut que je remonte ma garde-robe pour l'hiver* I must buy myself some new clothes ou a new wardrobe for the winter **8.** [mécanisme, montre] to wind (up) / *pas besoin de la remonter, elle est à piles* there's no need to wind it (up), it's battery-operated / *continue à la remonter* keep on winding it (up) **9.** [ragaillardir - physiquement] to pick up *(sép)* ; [- moralement] to cheer up *(sép)* / *prends un whisky, ça te remontera* *fam* have a whisky, it'll make you feel better ▸ **remonter le moral à qqn** to cheer sb up **10.** SPORT [concurrent] to catch up (with) **11.** THÉÂTRE to stage again, to put on (the stage) again / *une pièce oubliée que personne n'avait jamais remontée* a forgotten play which had never been revived. ◆ vi *(surtout aux être)* **1.** [monter de nouveau] to go back up, to go up again / *l'enfant remonta dans la brouette / sur l'escabeau* the child got back into the wheelbarrow / up onto the stool / *remonte dans ta chambre* go back up to your room / *remonter au troisième étage* to go back up to the third floor / *remonter à Paris* to go back to Paris **2.** TRANSP ▸ **remonter dans a)** [bateau, bus, train] to get back onto **b)** [voiture] to get back into ▸ **remonter à cheval a)** [se remettre en selle] to remount **b)** [refaire de l'équitation] to take up riding again **3.** [s'élever - route] to go back up, to go up again / *le sentier remonte jusqu'à la villa* the path goes up to the villa ; [avoir un niveau supérieur] : *la rivière a remonté cette nuit* the level of the river rose again last night ▸ **la mer remonte** the tide's coming in (again) ▸ **le baromètre remonte** the barometer is rising / *le prix du sucre a remonté* [après une baisse] the price of sugar has gone back up again / *sa fièvre remonte de plus belle* his temperature is going up even higher / *tu remontes dans mon estime* you've gone up in my esteem / *sa cote remonte* *fig* he's becoming more popular ▸ **ses actions remontent** *fig* things are looking up ou picking up for him **4.** [jupe] to ride ou to go up **5.** [faire surface - mauvaise odeur] to come back up ▸ **remonter à la surface a)** [noyé] to float back (up) to the surface **b)** [plongeur] to resurface **c)** [scandale] to reemerge, to resurface / *un sentiment de culpabilité remontait à sa conscience de temps en temps* a guilty feeling used to well up in him from time to time **6.** [retourner vers l'origine] ▸ **remonter dans le temps** to go back in time / *il avait beau remonter dans ses souvenirs, il ne la reconnaissait pas* however far back he tried to remember, he couldn't place her / *il est remonté très loin dans l'histoire de sa famille* he delved back a long way into his family history / *si l'on remonte encore plus loin dans le passé* looking ou going back even further into the past ▸ **remonter à** [se reporter à] to go back to, to return to ▸ **remonter à la cause première / à l'origine de qqch** to go back to the primary cause / the origins of sthg / *le renseignement qui nous a permis de remonter jusqu'à vous* the piece of information which enabled us to trace you / *remonter de l'effet à la cause* to trace the effect back to the cause ▸ **remonter à** [dater de] to go ou to date back to / *cela remonte à plusieurs mois* this goes ou dates back several months / *cela remonte à 1958* this goes ou dates back to 1958 / *les recherches font remonter sa famille à 1518* research shows that his family goes back to 1518 / *on fait généralement remonter la crise à 1910* the crisis is generally believed to have started in 1910 **7.** HORT [framboisier] to crop twice ; [dahlia] to reflower **8.** THÉÂTRE to go upstage **9.** NAUT [navire] to sail north ; [vent] to come round the north / *remonter au vent* to tack into the wind.

❖ **se remonter** ◆ vp *(emploi passif)* : *ces nouvelles montres ne se remontent pas* these new watches don't have to be wound up / *ça se remonte avec une clé* you wind it up with a key. ◆ vp *(emploi réfléchi)* [physiquement] to recover one's strength ; [moralement] to cheer o.s. up / *elle dit qu'elle boit pour se remonter* she says she drinks to cheer herself up ou to make herself feel better / *il s'est bien remonté depuis hier* he's cheered up a lot since yesterday / *se remonter le moral* to cheer o.s. up.

❖ **se remonter en** vp + prép *fam* [se réapprovisionner en] to replenish one's stock of / *il s'est remonté en cravates / chaussettes* he's replenished his stock of ties / socks.

remontoir [ʀəmɔ̃twaʀ] nm [d'une montre] winder.

remontrance [ʀəmɔ̃tʀɑ̃s] nf **1.** *(gén au pl) sout* [reproche] remonstrance, reproof ▸ **faire des remontrances à qqn** to reprimand ou to admonish sb **2.** HIST remonstrance.

remontrer [3] [ʀəmɔ̃tʀe] vt **1.** [montrer de nouveau] to show again / *tu peux me remontrer ton livre?* can you show me your book again? / *j'aimerais que tu me remontres comment tu as fait* I'd like you to show me again ou once more how you did it **2.** *litt* [faute, tort] to point out *(sép)* **3.** EXPR **en remontrer à qqn** : *crois-tu vraiment pouvoir m'en remontrer?* do you really think you have anything to teach me? / *il veut toujours en remontrer à tout le monde* he's always trying to show off to people.

❖ **se remontrer** vpi to show up again / *et ne t'avise pas de te remontrer ici!* and don't ever show your face (around) here again!

rémora [ʀemɔʀa] nm remora.

remords [ʀəmɔʀ] nm **1.** [repentir] remorse / *avoir des remords* to be full of remorse / *être bourrelé de* ou *torturé par le remords* to be stricken with remorse / *elle est rongée par le remords* she is consumed with remorse / *il a été pris de remords* his conscience got the better of him ▸ **sans aucun remords** without a qualm, without any compunction, without (the slightest) remorse **2.** [regret] : *tu ne veux vraiment pas l'acheter, c'est sans remords* you're sure you won't regret not buying it?

remorquage [Rəmɔrkaʒ] nm towing.

remorque [Rəmɔrk] nf **1.** [traction - d'une voiture] towing ; [- d'un navire] tugging, towing / *câble de remorque* towline, towrope / *prendre une voiture en remorque* to tow a car ▸ **être en remorque** to be on tow UK ou in tow US / **'véhicule accidenté en remorque'** 'on tow' **2.** [voiture] trailer **3.** *fig* ▸ **être à la remorque de qqn** to tag (along) behind sb / *toujours à la remorque de ton frère !* always tagging (along) behind your brother ! / *il est toujours à la remorque* he always lags behind.

remorquer [3] [Rəmɔrke] vt **1.** [voiture] to tow ; [navire] to tug, to tow ; [masse] to haul / *se faire remorquer jusqu'au garage* to get a tow to the garage **2.** *fam* [traîner - enfant, famille] to drag along *(sép).*

remorqueur, euse [Rəmɔrkœr, øz] adj [avion, bateau, train] towing.

❖ **remorqueur** nm **1.** NAUT towboat, tug **2.** ASTRONAUT space tug.

remouiller [3] [Rəmuje] vt **1.** [éponge, linge] to wet again **2.** NAUT : *nous avons remouillé l'ancre à Nice* we anchored in Nice again.

rémoulade [Remulad] nf rémoulade (sauce).

remoulage [Rəmulaʒ] nm **1.** [du café] regrinding **2.** [en meunerie - action] remilling ; [- résultat] middlings.

rémouleur [RemulœR] nm (itinerant) knife grinder.

remous [Rəmu] nm **1.** [tourbillon] swirl, eddy ; [derrière un bateau] wash, backwash **2.** [mouvement] ripple, stir / *un remous parcourut la foule* a ripple ou stir went through the crowd **3.** *sout* [réaction] stir, flurry / *l'article va sûrement provoquer quelques remous dans la classe politique* the article will doubtless cause a stir ou raise a few eyebrows in the political world / *sa nomination n'a pas provoqué de remous* his appointment didn't cause a stir.

rempaillage [Rɑ̃pajaʒ] nm [d'une chaise] reseating (with rushes), rushing.

rempailler [3] [Rɑ̃paje] vt [chaise] to reseat (with rushes).

rempailleur, euse [Rɑ̃pajœR, øz] nm, f chair-rusher.

rempaqueter [27] [Rɑ̃pakte] vt to wrap (up) again, to rewrap.

In reformed spelling (see p. 16-19), this verb is conjugated like *acheter* : *il rempaquète, elle rempaquètera.*

rempart [Rɑ̃paR] nm **1.** [enceinte] rampart, bulwark ▸ **les remparts** [d'une ville] ramparts, city walls **2.** *fig & litt* bulwark, bastion / *elle lui fit un rempart de son corps* she shielded him with her body.

rempiètement [Rɑ̃pjɛtmɑ̃] nm CONSTR underpinning.

rempiler [3] [Rɑ̃pile] ◆ vt to pile (up) again. ◆ vi *arg mil* to re-enlist, to sign up again.

remplaçable [Rɑ̃plasabl] adj replaceable ▸ **difficilement remplaçable** hard to replace.

remplaçant, e [Rɑ̃plasɑ̃, ɑ̃t] nm, f **1.** [gén] replacement, stand-in ; UNIV supply UK ou substitute US teacher ; [d'un médecin] replacement, locum UK **2.** SPORT reserve ; [au cours du match] substitute **3.** MUS, THÉÂTRE & TV understudy.

remplacement [Rɑ̃plasmɑ̃] nm **1.** [substitution] replacement / *le juge a procédé au remplacement de deux jurés* the judge has replaced two members of the jury / *il y a eu quelques remplacements dans le personnel* some members of staff have been replaced / *le remplacement des pneus va me coûter cher* it's going to cost me a lot to replace the tyres **2.** [suppléance] : *je ne trouve que des remplacements* I can only find work standing in ou covering for other people ▸ **faire un remplacement** to stand in *(insép)*, to fill in *(insép)* ▸ **faire des remplacements a)** [gén] to do temporary replacement work **b)** [comme secrétaire] to do temporary secretarial work **c)** [comme enseignant] to work as a supply UK ou substitute US teacher.

❖ **de remplacement** loc adj ▸ **un avion arrive avec du matériel de remplacement** a plane is arriving with replacement equipment ou with spares ▸ **produit de remplacement** substitute product ▸ **solution de remplacement** alternative ou fallback (solution).

remplacer [16] [Rɑ̃plase] vt **1.** [renouveler - pièce usagée] to replace, to change / *remplacer une tuile cassée / un fusible* to replace a broken tile / a fuse / *il va falloir remplacer les poignées de porte* we'll have to replace the door handles **2.** [mettre à la place de] to replace / *nous avons remplacé les vieux bâtiments par un grand jardin* we have made a big garden where the old buildings used to be / *remplacez les adjectifs par d'autres expressions* replace the adjectives with other phrases **3.** [prendre la place de] to replace, to take the place of / *dans de nombreuses tâches, la machine remplace maintenant l'homme* in a lot of tasks, machines are now taking over from men / *le pétrole a remplacé le charbon* oil has taken the place of coal **4.** [suppléer] to stand in ou to substitute for / *tu dois absolument trouver quelqu'un pour le remplacer* you must find someone to replace him / *rien ne peut remplacer une mère* there is no substitute for a mother / *personne ne peut la remplacer* she's irreplaceable / *si vous ne pouvez pas venir, faites-vous remplacer* if you can't come, get someone to stand in for you / *il l'a remplacé deux fois comme capitaine de l'équipe nationale* he's stood in for him twice as captain of his country's team / *on l'a remplacé pendant la seconde mi-temps* he was taken off ou substituted during the second half / *tu as l'air épuisé, je vais te remplacer* you look exhausted, I'll take over from you / *je me suis fait remplacer par une collègue pendant mon absence* I got a colleague to replace me while I was away.

❖ **se remplacer** vp *(emploi passif)* to be replaced / *une sœur, ça ne se remplace pas* there's no substitute for a sister / *une secrétaire comme ça, ça ne se remplace pas* you won't find another secretary like her.

rempli, e [Rɑ̃pli] adj : *j'ai eu une journée bien remplie* I've had a very full ou busy day ▸ **un emploi du temps très** ou **bien rempli** a very busy schedule / *j'ai le ventre bien rempli, ça va mieux !* *fam* I feel a lot better for that meal !

remplir [32] [Rɑ̃pliR] vt **1.** [emplir] to fill / *il a rempli mon verre d'un excellent vin* he filled my glass with an excellent wine / *remplissez votre casserole d'eau* fill your saucepan with water / *le vase est rempli à ras bord* the vase is full to the brim / *la foule a rapidement rempli la rue* the crowd quickly filled the street / *on ne remplit plus les salles avec des comédies* comedy doesn't pull audiences ou fill the house anymore / *la cave est remplie de bons vins* the cellar is filled ou stocked with good wines / *l'accident a rempli les premières pages des journaux* the front pages of the newspapers were full of news about the accident **2.** [compléter - questionnaire, dossier] to fill in ou out *(sép)* ; [- chèque] to fill ou to make out *(sép)* / *je n'ai pas rempli le formulaire* I didn't fill in the form / *elle a rempli des pages et des pages* she wrote pages and pages **3.** [combler - trou] to fill in *(sép)* **4.** [accomplir - engagement] to fulfil ; [- fonction, mission] to carry out *(sép)* / *dès que j'aurai rempli mes obligations, je vous rejoindrai* as soon as I've fulfilled my obligations I'll join you **5.** [satisfaire - condition] to fulfil, to satisfy, to meet ; [- besoin] to meet, to satisfy / *elle ne remplit pas les conditions nécessaires* she doesn't fulfil ou meet the necessary conditions **6.** [d'émotion] ▸ **remplir qqn de joie / d'espoir** to fill sb with joy / with hope / *être rempli de colère / de désespoir* to be filled with anger / with despair ▸ **être rempli de soi-même / de son importance** to be full of o.s. / of one's own importance.

❖ **se remplir** ◆ vpi to fill (up) / *le ciel s'est rapidement rempli de nuages noirs* the sky quickly filled with dark clouds / *le fossé s'est rempli d'eau en quelques minutes* the ditch filled (up) with water within a few minutes. ◆ vpt ▸ **se remplir l'estomac** *fam* ou **la panse** *fam* to stuff o.s. ou one's face *tfam.*

remplissage [Rɑ̃plisaʒ] nm **1.** [d'une fosse, d'un récipient] filling (up) **2.** *fig* [d'un texte] padding / *faire du remplissage* to pad **3.** CONSTR studwork ▸ **remplissage en briques** nogging **4.** MUS filling-in.

remploi [Rɑ̃plwa] nm **1.** [d'un travailleur] re-employment **2.** [d'une machine, de matériaux] reuse **3.** FIN reinvestment.

remployer [13] [Rɑ̃plwaje] vt **1.** [travailleur] to take on *(sép)* again, to re-employ **2.** [machine] to reuse, to use again **3.** FIN to reinvest.

remplumer [3] [Rɑ̃plyme] ❖ **se remplumer** vpi *fam* **1.** [physiquement] to fill out again, to put weight back on / *elle s'est bien remplumée depuis l'année dernière* she's put a bit of weight back on since last year **2.** [financièrement] to improve one's cash flow, to straighten out one's cash situation / *il a réussi à se remplumer en vendant ses tableaux* he managed to improve his cash flow situation by selling his paintings.

rempocher [3] [Rɑ̃pɔʃe] vt to pocket again, to put back in one's pocket.

rempoissonnement [Rɑ̃pwasɔnmɑ̃] nm restocking (with fish).

rempoissonner [3] [Rɑ̃pwasɔne] vt to restock (with fish).

remporter [3] [Rɑ̃pɔRte] vt **1.** [reprendre] to take back *(sép)* / *n'oublie pas de remporter ton disque* don't forget to take your record with you **2.** [obtenir] to win, to get / *remporter un prix* to carry off ou to win a prize ▸ **remporter un succès** to be successful **3.** SPORT to win.

rempotage [Rɑ̃pɔtaʒ] nm repotting.

rempoter [3] [Rɑ̃pɔte] vt to repot.

remprunter [3] [Rɑ̃pRœ̃te] vt **1.** [emprunter - de nouveau] to borrow again ; [- en supplément] to borrow more **2.** [route] : *remprunter le même chemin* to take the same road again.

remuage [Rəmɥaʒ] nm **1.** AGR [du blé] turning (over) **2.** ŒNOL turning *(of Champagne bottles)*, remuage.

remuant, e [Rəmɥɑ̃, ɑ̃t] adj **1.** [agité] restless, fidgety / *que cet enfant est remuant !* that child never sits still ! **2.** [entreprenant] energetic, active, lively / *son parti trouve qu'il est un peu trop remuant* his party finds him somewhat over-enthusiastic *euphém.*

remue-ménage [Rəmymenaʒ] *(pl* **remue-ménage** *ou* **remue-ménages***) nm **1.** [d'objets] jumble, disorder / *il a fallu tout déménager, tu aurais vu le remue-ménage dans le bureau hier* we had to move out all the furniture, you should've seen the mess ou shambles in the office yesterday **2.** [agitation bruyante] commotion, hurly-burly, rumpus / *les gens du dessus font leur remue-ménage habituel* the people upstairs are making their usual rumpus.

remue-méninges, remue-méninge* [Rəmymenɛ̃ʒ] nm brainstorming.

remuement [Rəmymɑ̃] nm *litt* movement, moving, stirring.

remuer [7] [Rəmɥe] ◆ vt **1.** [agiter] to move, to shift / *je l'entends remuer ses livres / son tabouret* I can hear her shifting her books / her stool (about) / *remuer les lèvres* to move one's lips / *remuer les bras* to wave one's arms (about) / *la brise remue les branches / les herbes* the breeze is stirring the branches / the grass / *le chien remuait la queue* the dog was wagging its tail **2.** [déplacer - objet] to move, to shift / *il faudrait pouvoir remuer ces meubles* it would be better if we could move the furniture **3.** [retourner - cendres] to poke ; [- terre, compost] to turn over *(sép)* ; [- salade] to toss ; [- boisson, préparation] to stir / *remuez délicatement le chocolat et les blancs d'œufs* gently fold the chocolate into the egg whites / *remuer des fortunes* ou *de grosses sommes* to handle huge amounts of money ▸ **remuer l'or à la pelle** *fam* to be rolling in money ▸ **remuer ciel et terre** to move heaven and earth, to leave no stone unturned **4.** *sout* [ressasser] to stir up *(sép)*, to brood over *(sép)* / *à quoi bon remuer le passé ?* what's the good of stirring up ou raking over the past ? ▸ **remuer des souvenirs** to turn ou to go over memories **5.** [troubler] to move / *être (tout) / profondément remué* to be (very) / deeply moved / *ton histoire m'a remué* your story moved me. ◆ vi **1.** [s'agiter

* In reformed spelling (see p. 16-19).

-nez, oreille] to twitch ▸ **la queue du chien / du chat / du cheval remuait** the dog was wagging / the cat was wagging / the horse was flicking its tail **2.** [branler - dent, manche] to be loose **3.** [bouger] to move ; [gigoter] to fidget / *les gosses, ça remue tout le temps* *fam* kids can't stop fidgeting ou never keep still / *qu'est-ce qui remue dans le panier?* what's that moving about in the basket? **4.** *fig* to get restless / *les mineurs commencent à remuer* the miners are getting restless.

⬥ **se remuer** vpi **1.** [bouger] to move ▸ **j'ai besoin de me remuer un peu a)** *pr* I need to move around ou to walk around a bit **b)** *fig* I need to wake myself up a bit **2.** [se démener] to put o.s. out / *il a fallu que je me remue pour t'inscrire* I had to go to a lot of trouble to get you on the course.

remueur, euse [ʀəmɥœʀ, øz] nm, f *litt* ▸ **un remueur d'idées** an ideas man.

remugle [ʀəmygl] nm *litt* mustiness, fustiness.

rémunérateur, trice [ʀemyneʀatœʀ, tʀis] adj [investissement] remunerative ; [emploi] lucrative, well-paid.

rémunération [ʀemyneʀasjɔ̃] nf remuneration, payment / *sa rémunération* his income ou earnings / *la rémunération de ses services* payment for her services ▸ **rémunération de départ** starting salary.

rémunératoire [ʀemyneʀatwaʀ] adj DR remunerative ▸ **legs rémunératoire** legacy in consideration of service rendered.

rémunérer [18] [ʀemyneʀe] vt to remunerate, to pay / *travail bien / mal rémunéré* well-paid / badly-paid work / *vous êtes-vous fait rémunérer pour ce travail?* did you get paid for this job?

In reformed spelling (see p. 16-19), this verb is conjugated like *semer*: *il rémunèrera, elle rémunèrerait.*

renâcler [3] [ʀənakle] vi **1.** [cheval] to snort **2.** [personne] to grumble, to moan / *il a un peu renâclé* he dragged his feet a bit *fig* / *il a accepté en renâclant* he reluctantly accepted ▸ **renâcler à faire qqch** to be (very) loath ou reluctant to do sthg / *renâcler à une tâche* to recoil from a task.

renais, renaissait v ⟶ **renaître.**

renaissance [ʀənɛsɑ̃s] nf **1.** [réincarnation] rebirth **2.** [renouveau] revival, rebirth.

Renaissance [ʀənɛsɑ̃s] ⬥ nf ▸ **la Renaissance** the Renaissance (period). ⬥ adj inv ARCHIT & ART Renaissance *(modif).*

renaissant, e [ʀənɛsɑ̃, ɑ̃t] adj **1.** [intérêt, enthousiasme] renewed ; [douleur] recurring ; [économie] reviving / *leur amour renaissant* their new-found love ▸ **sans cesse renaissant a)** [espoir] ever renewed **b)** [problème] ever recurring **2.** ARCHIT & ART Renaissance *(modif)* ▸ **l'art renaissant** Renaissance art, the art of the Renaissance.

renaître, renaitre* [92] [ʀənɛtʀ] vi *(inusité aux temps composés)* **1.** [naître de nouveau - gén] to come back to life, to come to life again ; [- végétation] to spring up again ▸ **se sentir renaître** to feel like a new person / *renaître par le baptême / la pénitence* RELIG to be born again through baptism / repentance ▸ **renaître à** *litt* : *renaître à la vie* to come alive again ▸ **renaître à l'espoir / l'amour** to find new hope / a new love ▸ **renaître de ses cendres** to rise from the ashes **2.** [revenir - jour] to dawn ; [- courage, économie] to revive, to recover ; [- bonheur, espoir] to return / *faire renaître le passé / un antagonisme* to revive the past / an antagonism / *l'espoir renaît dans l'équipe / le village* the team / the village has found fresh hope ▸ **l'espoir** ou **l'espérance renaît toujours** hope springs eternal.

rénal, e, aux [ʀenal, o] adj kidney *(modif)*, renal *spéc.*

renaquit v ⟶ **renaître.**

renard [ʀənaʀ] nm **1.** ZOOL fox ▸ **renard argenté / bleu** silver / blue fox ▸ **renard roux** common ou red fox **2.** [fourrure] fox fur / *un manteau en renard argenté* a silver fox fur coat **3.** *fig* ▸ **vieux renard** (sly) old fox, cunning old devil **4.** TRAV PUB [brèche] breach, leakage.

renarde [ʀənaʀd] nf ZOOL vixen.

renardeau, x [ʀənaʀdo] nm fox cub.

renardière [ʀənaʀdjɛʀ] nf **1.** [tanière] fox's earth ou den **2.** QUÉBEC [élevage] fox farm.

Renaudot [ʀənodo] npr ▸ **le prix Renaudot** *annual literary prize for a work of fiction.*

rencaissage [ʀɑ̃kɛsaʒ] nm [d'une plante] reboxing.

rencaissement [ʀɑ̃kɛsmɑ̃] nm FIN cashing (in) again.

rencaisser [4] [ʀɑ̃kɛse] vt **1.** HORT to plant in a tub **2.** FIN [toucher] to cash again ; [remettre en caisse] to put back in the till.

rencard [ʀɑ̃kaʀ] *tfam* = **rancard.**

rencarder [ʀɑ̃kaʀde] *tfam* = **rancarder.**

renchérir [32] [ʀɑ̃ʃeʀiʀ] ⬥ vi **1.** [devenir plus cher] to become more expensive, to go up **2.** [faire une surenchère] to make a higher bid, to bid higher. ⬥ vt [rendre plus cher] : *la crise a renchéri les produits courants* the crisis has pushed up the price of everyday goods.

⬥ **renchérir sur** v + prép [obj: personne] to outbid ; [obj: enchère] to bid higher than ; [en actes ou en paroles] to go further than, to outdo / *il renchérit toujours sur ce que dit sa femme* he always goes further ou one better than his wife.

renchérissement [ʀɑ̃ʃeʀismɑ̃] nm increase, rise / *un renchérissement des produits laitiers* an increase ou a rise in the price of dairy products.

renchérisseur, euse [ʀɑ̃ʃeʀisœʀ, øz] nm, f [aux enchères] outbidder.

rencogner [3] [ʀɑ̃kɔɲe] vt *fam* to corner.

rencontre [ʀɑ̃kɔ̃tʀ] nf **1.** [entrevue] meeting, encounter / *une rencontre de hasard* a chance meeting ou encounter / *c'était une rencontre tout à fait inattendue* it was a completely unexpected encounter ▸ **faire la rencontre de qqn** to meet sb ▸ **faire beaucoup de rencontres** to meet a lot of people / *faire une rencontre* to meet someone / *faire une mauvaise rencontre* to have an unpleasant encounter / *faire des mauvaises rencontres* to meet the wrong kind of people ▸ **aller** ou **marcher à la rencontre de qqn** to go to meet sb / *je pars à sa rencontre* I'm going to go and meet him / **'Rencontres du troisième type'** *Spielberg* 'Close Encounters of the Third Kind' **2.** [conférence] meeting, conference / *une rencontre internationale sur l'énergie nucléaire* an international meeting ou conference on nuclear energy ▸ **rencontre au sommet** summit meeting **3.** SPORT match, game, fixture UK / *une rencontre de tennis* a tennis fixture UK ou match ▸ **une rencontre d'athlétisme** an athletics meeting **4.** [combat] engagement, encounter ; HIST duel **5.** [jonction - de deux fleuves] confluence ; [- de deux routes] junction.

⬥ **de rencontre** loc adj [liaison] passing, casual ; [amitié] chance *(modif).*

rencontrer [3] [ʀɑ̃kɔ̃tʀe] vt **1.** [croiser] to meet, to encounter *sout* ; [faire la connaissance de] to meet / *je l'ai rencontré (par hasard) au marché* I met him (by chance) ou ran into him at the market / *je lui ai fait rencontrer quelqu'un qui peut l'aider professionnellement* I've put him in touch with somebody who can offer him professional help / *c'est moi qui lui ai fait rencontrer son mari* I was the one who introduced her to her future husband **2.** [donner audience à] to meet, to have a meeting with / *il ne peut pas vous rencontrer avant lundi* he can't meet you before Monday **3.** [affronter] to meet ; SPORT to play against *(insép)*, to meet / *attention, vous allez rencontrer les meilleurs* watch out, you're going to be up against the best / *Nantes rencontre Bordeaux samedi* Nantes are UK ou is US playing against Bordeaux on Saturday **4.** [heurter] to strike, to hit / *la fourche rencontra une grosse pierre* the fork struck ou hit a big stone **5.** [trouver] to meet with, to come across / *rencontrer l'assentiment de tous* to meet with everyone's approval / *sans rencontrer la moindre résistance* without meeting with ou experiencing the least resistance / *l'une des plus belles villes qu'il m'ait été donné de rencontrer* one of the most beautiful cities I've had the opportunity to visit ▸ **rencontrer l'amour / Dieu** to find love / God **6.** BELG [opinion, objection] to agree with.

⬥ **se rencontrer** ⬥ vp *(emploi réciproque)* **1.** [se trouver en présence] to meet / *c'est elle qui les a fait se rencontrer* she arranged for them to meet / *où vous êtes-vous rencontrés?* where did you meet? ▸ **comme on se rencontre!** it's a small world! **2.** SPORT to play (against), to meet **3.** [se rejoindre - fleuves] to meet, to join ; [- routes] to meet, to merge / *leurs yeux* ou *regards se sont rencontrés* their eyes met. ⬥ vp *(emploi passif)* : *un homme intègre, ça ne se rencontre pas souvent* it's not often you come across ou meet an honest man ; *(tournure impersonnelle)* : *il se rencontrera toujours des gens pour nier la vérité* you will always find people who deny the truth.

⬥ **se rencontrer avec** vp + prép *litt & fig* to see eye to eye with.

rendement [ʀɑ̃dmɑ̃] nm **1.** [production] output / *le rendement d'un puits de pétrole* the output of an oil well **2.** [rentabilité] productivity / *le rendement de cette machine est supérieur* this machine is more productive **3.** [efficacité] efficiency / *mon rendement s'en est trouvé affecté* I'm not as efficient because of it **4.** AGR yield / *le rendement de ces champs est faible* those fields give a low yield / *une terre sans aucun rendement* a land that yields no return **5.** FIN yield, return / *à haut / bas rendement* high- / low-yield ▸ **rendement actuariel** actuarial return **6.** CHIM yield **7.** ÉLECTR & PHYS efficiency.

rendez-vous [ʀɑ̃devu] nm **1.** [rencontre] appointment ▸ **prendre rendez-vous** to make an appointment / *j'ai rendez-vous chez le médecin* I have an appointment with the doctor ▸ **donner rendez-vous à qqn** to make an appointment with sb ▸ **se donner rendez-vous** to arrange to meet ▸ **avez-vous rendez-vous?** do you have an appointment? / *le réceptionniste m'a pris rendez-vous pour 11 h* the receptionist made an appointment for me for 11 o'clock / *rendez-vous chez mes parents à 10 h* let's meet at 10 o'clock at my parents' (house) ▸ **un rendez-vous manqué** a missed meeting / *c'était un rendez-vous manqué* we / they didn't meet up ▸ **son premier rendez-vous** [amoureux] her first date ▸ **rendez-vous spatial** ASTRONAUT docking in space **2.** [endroit] meeting place / *j'étais le premier au rendez-vous* I was the first one to turn up ou to arrive / *ici, c'est le rendez-vous des étudiants* this is where all the students meet ▸ **rendez-vous de chasse a)** [lieu de rassemblement] meet **b)** [bâtiment] hunting lodge.

rendormir [36] [ʀɑ̃dɔʀmiʀ] vt to put ou to send back to sleep.

⬥ **se rendormir** vpi to go back to sleep, to fall asleep again / *je n'arrive pas à me rendormir* I can't get back to sleep.

rendosser [ʀɑ̃dose] vt [un vêtement] to put on again.

rendre [73] [ʀɑ̃dʀ] ⬥ vt **1.** [restituer - objet prêté ou donné] to give back *(sép)*, to return ; [- objet volé] to give back *(sép)*, to return ; [- objet défectueux] to take back *(sép)*, to return ; [- somme] to pay back *(sép)* ; [- réponse] to give / *il est venu rendre la chaise* he brought the chair back / *donne-moi cinq euros, je te les rendrai demain* give me five euros, I'll pay you back ou I'll give it back to you tomorrow ▸ **rendre un devoir a)** [élève] to hand ou to give in a piece of work **b)** [professeur] to hand ou to give back a piece of work / *l'enfant a été rendu à sa famille* the child was handed back ou returned to his family / *rendre un otage* to return ou to hand over a hostage **2.** [donner en retour] to return ▸ **rendre un baiser à qqn** to kiss sb back / *rendre le bien pour le mal / coup pour coup* to return good for evil / blow for blow / *rends-moi trois euros* give me three euros back ou three euros change / *elle m'a rendu un euro de trop* she gave me back one euro too much ▸ **rendre la monnaie (sur)** to give change (out of ou from) / *elle me méprise, mais je le lui rends bien* she despises me, but the feeling's mutual **3.** *(suivi d'un adj)* [faire devenir] to make ▸ **rendre qqch public** to make sthg public / *la nouvelle n'a pas encore été rendue publique* the news hasn't been made public ou been released yet ▸ **rendre qqn aveugle a)** *pr* to make sb (go) blind, to blind sb **b)** *fig* to blind sb ▸ **rendre qqn célè-**

bre to make sb famous ▸ **rendre qqn fou** to drive ou to make sb mad ▸ **rendre qqn heureux** / **idiot** / **malade** to make sb happy / stupid / ill / *rien que de penser aux examens, ça me rend malade* just thinking about the exams makes me (feel) ill ▸ **rendre qqn responsable** to make ou to hold sb responsible ▸ **rendre qqn sourd** to make sb (go) deaf / *l'absence de ponctuation rend le texte incompréhensible* the lack of punctuation makes the text incomprehensible / *ils veulent rendre la Loire navigable* they want to make the river Loire navigable **4.** [faire recouvrer] ▸ **rendre l'ouïe** / **la santé** / **la vue à qqn** to restore sb's hearing / health / sight, to give sb back his hearing / health / sight / *l'opération ne lui a pas rendu l'usage de la parole* / *de son bras* the operation did not give him back the power of speech / the use of his arm ▸ **tu m'as rendu l'espoir** you've given me new hope ▸ **rendre son honneur à qqn** to restore sb's honour / *rendre sa forme à un chapeau* to pull a hat back into shape / *Brillax rend à vos sols l'éclat du neuf!* Brillax puts the shine back into your floors! **5.** [exprimer - personnalité] to portray, to capture ; [- nuances, pensée] to convey, to render *sout*, to express / *la traduction rend bien sa pensée* the translation successfully conveys ou *sout* renders his thought / *voyons comment il a rendu cette scène à l'écran* [metteur en scène] let's see how he transferred this scene to the screen / *l'enregistrement ne rend pas la qualité de sa voix* the recording doesn't do justice to the quality of her voice **6.** [produire] ▸ **rendre un son métallique** / **cristallin** to sound metallic / like glass / *ici le mur rend un son creux* the wall sounds hollow here / *ça ne rend rien* ou *pas grand-chose* [décor, couleurs] it doesn't look much / *les photos n'ont pas rendu grand-chose* the pictures didn't come out very well / *mes recherches n'ont encore rien rendu* my research hasn't come up with anything yet ou hasn't produced any results yet **7.** CULIN to give out *(sép)* / *quand les champignons ont rendu toute leur eau* when the mushrooms have released all their juices **8.** [vomir - repas] to vomit, to bring up *(sép)* / *il a tout rendu* he's brought everything back up **9.** SPORT : *rendre du poids* to have a weight handicap / *rendre 150 m* to have a 150 m handicap / *rendre 5 kg* to give ou to carry 5 kg **10.** [prononcer - jugement, arrêt] to pronounce ; [- verdict] to deliver, to return / *rendre une sentence* to pass ou to pronounce sentence / *rendre un oracle* to prophesy **11.** AGR & HORT [produire] to yield, to have a yield of / *cette terre rend peu de blé à l'hectare* this land doesn't yield much wheat per hectare / *ce blé rend beaucoup de farine* this wheat has a high flour yield. ◆ vi **1.** AGR & HORT to be productive / *les vignes ont bien rendu* the vineyards have given a good yield ou have produced well / *cette terre ne rend pas* this land is unproductive ou yields no return / *le verger rend peu* the orchard is not very productive **2.** [ressortir] to be effective / *ce tapis rend très bien* / *ne rend pas très bien avec les rideaux* this carpet looks really good / doesn't look much with the curtains / *le tableau rendrait mieux sous un autre éclairage* the picture would be more effective ou would look better with different lighting **3.** [vomir] to vomit, to be sick / *j'ai envie de rendre* I want to be ou I feel sick / *il a rendu la nuit dernière* he was sick last night.

❖ **se rendre** vpi **1.** [criminel] to give o.s. up, to surrender ; [ville] to surrender / *se rendre à la police* to give o.s. up to the police ▸ **rendez-vous!** give yourself up!, surrender! / *il a fini par se rendre fig* he finally gave in **2.** *(suivi d'un adj)* [devenir] to make o.s. / *elle sait se rendre indispensable* she knows how to make herself indispensable / *rends-toi utile!* make yourself useful! / *tu vas te rendre malade* you'll make yourself ill / *ne te rends pas malade pour ça!* it's not worth making yourself ill about ou over it! **3.** [aller] to go ▸ **je me rends à l'école à pied** / **à vélo** / **en voiture** I walk / ride (my bike) / drive to school, I go to school on foot / by bike / by car / *il s'y rend en train* he goes ou gets ou travels there by train / *je me rendais chez elle quand je l'ai vue* I was going to ou I was on my way to her place when I saw her / *les pompiers se sont rendus sur les lieux* the fire brigade went to ou arrived on the scene.

❖ **se rendre à** vp + prép [accepter] to yield to / *se rendre à l'avis de ses supérieurs* to bow to the opinion of one's superiors / *se rendre à la raison* to give in to reason / *il ne s'est pas rendu à leurs raisons* he didn't give in to their arguments ▸ **se rendre à l'évidence a)** [être lucide] to face facts **b)** [reconnaître les faits] to acknowledge ou to recognize the facts ▸ **se rendre aux prières de qqn** to give way ou to yield to sb's entreaties.

rendu, e [rɑ̃dy] adj **1.** [arrivé] ▸ **nous** / **vous voilà rendus** here we / you are **2.** [harassé] exhausted, worn ou tired out / *les chevaux étaient rendus* the horses were worn out.

❖ **rendu** nm **1.** COMM return **2.** ART rendering.

rêne [rɛn] nf [courroie] rein ; *fig* ▸ **lâcher les rênes** to slacken the reins ▸ **prendre les rênes** to take over the reins ▸ **c'est lui qui tient les rênes (à la direction)** he's the one who's really in charge (up in management).

renégat, e [rənega, at] nm, f *sout* renegade.

renégociation [rənegɔsjasjɔ̃] nf [d'un contrat] renegotiation ; [d'une dette] rescheduling.

renégocier [9] [rənegɔsje] vt [contrat] to renegotiate ; [dette] to reschedule.

reneiger [23] [rəneʒe] v impers to snow again ▸ **il reneige** it's snowing again.

rénette [renɛt] = **rainette**.

renfermé, e [rɑ̃fɛrme] adj uncommunicative, withdrawn, silent / *elle est du genre renfermé* she's the uncommunicative type.

❖ **renfermé** nm : *une odeur de renfermé* a stale ou musty smell / *ça sent le renfermé ici* it smells musty in here.

renfermer [3] [rɑ̃fɛrme] vt to hold, to contain / *son histoire renferme une part de vérité* there's some truth in what he says.

❖ **se renfermer** vpi to withdraw (into o.s.).

renfiler [3] [rɑ̃file] vt [aiguille] to rethread, to thread again ; [perles] to restring ; [vêtement] to slip back into.

renflé, e [rɑ̃fle] adj [colonne, forme] bulging, bulbous.

renflement [rɑ̃fləmɑ̃] nm [d'une colonne, d'un vase] bulge / *la poche forme un renflement à hauteur de la hanche* the pocket bulges (out) at the hip.

renfler [3] [rɑ̃fle] vt : *le pigeon renfla ses plumes* the pigeon fluffed up its feathers.

❖ **se renfler** vpi to bulge out *(insép)*.

renflouage [rɑ̃fluaʒ], **renflouement** [rɑ̃flumɑ̃] nm **1.** NAUT refloating **2.** ÉCON bailing out, refloating.

renflouer [3] [rɑ̃flue] vt **1.** NAUT to refloat **2.** [entreprise, projet] to bail out *(sép)* / *ça va renflouer nos finances* that will bail us out.

renfoncement [rɑ̃fɔ̃smɑ̃] nm **1.** [dans un mur] recess, hollow **2.** IMPR indentation.

renfoncer [rɑ̃fɔ̃se] vt [bouchon] to push further in ; [clou] to knock further in ; [chapeau] to pull down.

renforçateur [rɑ̃fɔrsatœr] nm **1.** PHOT intensifier **2.** [de mise en pli] setting lotion **3.** PSYCHOL reinforcer.

renforcement [rɑ̃fɔrsəmɑ̃] nm **1.** [augmentation] reinforcement / *le renforcement des pouvoirs du président* the strengthening of the President's powers **2.** PHOT intensification **3.** PSYCHOL reinforcement.

renforcer [16] [rɑ̃fɔrse] vt **1.** CONSTR & COUT to reinforce **2.** [grossir - effectif, service d'ordre] to reinforce, to strengthen / *le candidat choisi viendra renforcer notre équipe de chercheurs* the ideal candidate will join our team of researchers **3.** [affermir - conviction] to reinforce, to strengthen, to intensify / *sa méchanceté a renforcé ma détermination* his nastiness made me all the more ou even more determined / *il m'a renforcé dans mon opinion* he confirmed me in my belief **4.** [mettre en relief] to set off *(sép)*, to enhance / *utilisez un adverbe pour renforcer l'adjectif* use an adverb to reinforce ou underline the adjective **5.** PSYCHOL to reinforce.

❖ **se renforcer** vpi [devenir plus fort] to become stronger, to be consolidated / *sa popularité s'est beaucoup renforcée* his popularity has greatly increased ou has grown considerably / *notre équipe se renforce maintenant de plusieurs jeunes ingénieurs* our team has now been strengthened by the arrival of several young engineers.

renfort [rɑ̃fɔr] nm **1.** [aide] reinforcement / *nous avons reçu le renfort de bénévoles* we were aided by volunteers, we had backup from a team of volunteers / *j'ai besoin de renfort pour faire la cuisine hum* I need some extra pairs of hands to help me do the cooking / *il amène toujours sa sœur en renfort* he always brings his sister along to back him up **2.** [pièce de tissu] lining / *collant avec renforts aux talons* / *à l'entrejambe* tights with reinforced heels / gusset **3.** TECHNOL reinforcement.

❖ **renforts** nmpl MIL [soldats] reinforcements ; [matériel] (fresh) supplies.

❖ **à grand renfort de** loc prép with a lot of, with much / *ils ont fait sortir tout le monde à grand renfort de hurlements* they got everyone out with much yelling (and shouting) / *il s'expliquait à grand renfort de gestes* he expressed himself with the help of a great many gestures.

❖ **de renfort** loc adj reinforcement *(modif)*.

renfrogné, e [rɑ̃frɔɲe] adj [air, visage] sullen, dour ; [personne] sulky, dour / *il est toujours renfrogné* he's always sulking.

renfrogner [3] [rɑ̃frɔɲe] ❖ **se renfrogner** vpi to scowl, to frown / *elle se renfrognait quand on parlait de lui* she became sullen whenever his name was mentioned.

rengagé, e [rɑ̃gaʒe] nm, f re-enlisted man ou woman.

rengagement [rɑ̃gaʒmɑ̃] nm [d'un soldat] reenlistment ; [d'un combat] re-engagement ; [d'argent] reinvestment / *la banque a annoncé son rengagement* [employé] the bank announced it was taking him on again.

rengager [17] [rɑ̃gaʒe] vt [combat] to re-engage ; [conversation] to start again, to take up *(sép)* again ; [employé] to re-engage, to take on *(sép)* again ; [argent] to reinvest, to plough back *(sép)*.

❖ **se rengager** vpi MIL to re-enlist, to join up again.

rengaine [rɑ̃gɛn] nf **1.** [refrain] (old) tune, (old) song **2.** *fig* : *avec eux, c'est toujours la même rengaine* they never change their tune, with them it's always the same (old) story / *tais-toi, je la connais, ta rengaine!* save your breath, I know what you're going to say!

rengainer [4] [rɑ̃gene] vt **1.** [arme] ▸ **rengainer un revolver** to put a revolver back in its holster / *rengainer une épée* to put a sword back in its sheath **2.** *fig* to hold back *(sép)*, to contain / *tu peux rengainer tes compliments* you can keep your compliments to yourself.

rengorger [17] [rɑ̃gɔrʒe] ❖ **se rengorger** vpi **1.** [volatile] to puff out its throat **2.** [personne] to puff o.s. up / *il se rengorge quand on lui parle de sa pièce* he puffs up with pride when you talk to him about his play.

rengraisser [4] [rɑ̃grese] vi to put weight back on, to put on weight again.

rengréner [18] [rɑ̃grene], **rengrener** [19] [rɑ̃grəne] vt [pignon] to re-engage, to put into gear again.

reniement [rənimɑ̃] nm [d'une promesse] breaking ; [de sa famille] disowning, repudiation *sout* ; [d'un principe] renouncing, abandonment, giving up.

renier [9] [rənje] vt [promesse] to break ; [famille, patrie] to disown, to repudiate *sout* ; [religion] to renounce / *il a renié ses engagements* he's reneged on ou broken his promises / *Pierre a renié Jésus par trois fois* Peter denied Christ three times.

❖ **se renier** vpi to retract.

reniflard [rəniflar] nm AUTO breather ; [dans une canalisation] breather, vent.

reniflement [rənifləmɑ̃] nm [action - en pleurant] sniffing, sniffling ; [- à cause d'un rhume] snuffling ; [bruit] sniff, sniffle, snuffle ▸ **reniflements** snivelling.

renifler [3] [rənifle] ◆ vt **1.** [humer] to sniff at *(insép)* / *renifler le bouquet d'un vin* to smell a wine's bouquet **2.** [aspirer par le nez] : *renifler de la cocaïne* to sniff cocaine **3.** *fam & fig* to sniff out *(sép)* / *renifler une histoire louche* to smell a rat. ◆ vi [en pleurant] to sniffle ; [à cause d'un rhume] to snuffle, to sniff / *arrête de renifler* stop sniffling ou snuffling.

renifleur, euse [ʀəniflœʀ, øz] *fam* ◆ adj sniffing, sniffling, snuffling. ◆ nm, f sniffer, sniffler, snuffler.

réniforme [ʀenifɔʀm] adj reniform *spéc*, kidney-shaped.

rénine [ʀenin] nf renin.

rennais, e [ʀɛnɛ, ɛz] adj from Rennes.

❖ **Rennais, e** nm, f *inhabitant of or person from Rennes.*

renne [ʀɛn] nm reindeer.

Rennes [ʀɛn] npr Rennes.

renom [ʀənɔ̃] nm **1.** [notoriété] fame, renown / *il doit son renom à son invention* he became famous thanks to his invention **2.** *litt* [réputation] reputation / *votre attitude est préjudiciable à votre renom* your attitude is detrimental to your reputation.

❖ **de renom** loc adj famous, renowned / *un musicien de (grand) renom* a musician of high renown ou repute / *une école de renom* a famous ou renowned school.

renommé, e [ʀənɔme] adj [célèbre] famous, renowned, celebrated / *chez un fourreur renommé* at a celebrated ou famous furrier's ▸ **renommé pour** : *elle est renommée pour ses omelettes* she's famous for her omelettes.

❖ **renommée** nf **1.** [notoriété] fame, repute / *un musicien de renommée internationale* a world-famous musician, a musician of international repute / *ce vin est digne de sa renommée* this wine is worthy of its reputation / *de bonne / fâcheuse renommée* of good / ill repute ▸ **bonne renommée vaut mieux que ceinture dorée** *prov* a good name is worth more than wealth **2.** *litt* [rumeur publique] public opinion.

renommer [3] [ʀənɔme] vt **1.** [à un poste] to reappoint, to renominate **2.** INFORM to rename.

renon [ʀənɔ̃] nm BELG lease cancellation / *il a donné son renon* he has terminated his lease.

renonce [ʀənɔ̃s] nf JEUX : *je fais une renonce* I can't follow suit.

renoncement [ʀənɔ̃smɑ̃] nm renunciation / *vivre dans le renoncement* to live a life of renunciation ou abnegation.

renoncer [16] [ʀənɔ̃se] ◆ vi JEUX to give up ou in. ◆ vt BELG [bail] to cancel.

❖ **renoncer à** v + prép [gén] to renounce, to give up ; [projet, métier] to give up, to abandon ; [habitude] to give up ; [pouvoir] to relinquish / *il a renoncé au trône* he renounced ou gave up the throne / *elle ne veut à aucun prix renoncer à son indépendance* nothing would make her give up her independence / *renonce à ton projet* give up ou abandon your plan / *renoncer au tabac* to give up smoking / *renoncer au monde* RELIG to renounce the world / *je ne renoncerai jamais* I'll never give up.

renonciataire [ʀənɔ̃sjatɛʀ] nmf *person in favour of whom a right has been renounced.*

renonciateur, trice [ʀənɔ̃sjatœʀ, tʀis] nm, f DR renouncer.

renonciation [ʀənɔ̃sjasjɔ̃] nf **1.** *sout* [renoncement] renunciation **2.** DR release.

renonculacée [ʀənɔ̃kylase] nf member of the Ranunculaceae *spéc* ou buttercup family.

renoncule [ʀənɔ̃kyl] nf buttercup, ranunculus *spéc* ▸ **renoncule des marais** marsh marigold, kingcup ▸ **fausse renoncule** lesser celandine.

renouer [6] [ʀənwe] ◆ vt **1.** [rattacher - ruban, cravate] to retie, to tie again, to reknot **2.** [reprendre - discussion] to resume, to renew / *renouer une liaison* to rekindle ou to revive an old affair. ◆ vi to get back together again ▸ **renouer avec** : *j'ai renoué avec mes vieux amis* I've taken up with my old friends again ▸ **renouer avec la tradition / l'usage** to revive traditions / customs.

renouveau, x [ʀənuvo] nm **1.** [renaissance] revival / *connaître un renouveau* to undergo a revival **2.** [recrudescence] : *un renouveau de succès* renewed success **3.** *litt* [retour du printemps] springtime, springtide.

renouvelable [ʀənuvlabl] adj **1.** [offre] repeatable ; [permis, bail, abonnement] renewable / *l'expérience est facilement renouvelable* the experience is easy to repeat / *l'offre ne sera pas renouvelable* it's an unrepeatable offer / *l'abonnement n'est pas renouvelable par téléphone* the subscription cannot be renewed by phone ▸ **énergie renouvelable** renewable energy ▸ **non renouvelable** nonrenewable **2.** ADMIN & POL : *le comité est renouvelable tous les ans* the committee must stand UK ou run US for office each year ▸ **mon mandat est renouvelable** I am eligible to stand UK ou run US (for office) again **3.** ÉCOL & DR renewable.

renouveler [24] [ʀənuvle] vt **1.** [prolonger] to renew / *renouveler un abonnement / un permis de séjour* to renew a subscription / a residence permit / *le crédit a été renouvelé pour six mois* the credit arrangement was extended for a further six months ▸ **ordonnance à renouveler** repeat prescription, prescription to be renewed **2.** [répéter] to renew, to repeat / *renouveler un exploit / une tentative* to repeat a feat / an attempt / *renouveler une question* to repeat a question, to ask a question again / *renouveler une promesse / une plainte* to repeat a promise / a complaint / *il nous a renouvelé ses vœux pour la nouvelle année* he wished us all a happy New Year again / *je vous renouvelle mes félicitations* I congratulate you once more ou again / *il faudra renouveler votre candidature* you'll have to apply again ou to reapply / *avec une ardeur renouvelée* with renewed vigour / *j'ai préféré ne pas renouveler l'expérience* I chose not to repeat the experience **3.** [changer] to renew, to change / *renouveler l'eau d'un l'aquarium* to change the water in an aquarium ▸ **renouveler l'air d'une pièce** to let some fresh air into a room / *elle a renouvelé son stock de confitures* she renewed ou replenished her stock of jams ▸ **renouveler sa garde-robe** to get ou to buy some new clothes / *on a renouvelé mon plâtre* they gave me a new plaster / *renouveler la composition d'un groupe* to change the line-up of a band / *il nous revient avec un répertoire entièrement renouvelé* he's back with an entirely new repertoire / *elle a renouvelé le genre policier* she gave the detective story new life **4.** [réélire - groupe, assemblée] to re-elect.

❖ **se renouveler** vpi **1.** [se reproduire] to recur, to occur again and again / *les appels anonymes se sont renouvelés pendant un mois* the anonymous phone calls persisted for a month / *je te promets que cela ne se renouvellera pas* I promise you it won't happen again **2.** [changer de style] to change one's style / *c'est un bon acteur mais il ne se renouvelle pas assez* he's a good actor but he doesn't vary his roles enough **3.** [groupe, assemblée] to be re-elected ou replaced.

In reformed spelling (see p. 16-19), this verb is conjugated like *peler*: ***il renouvèle, elle renouvèlera.***

renouvellement, renouvèlement* [ʀənuvɛlmɑ̃] nm **1.** [reconduction] renewal / *renouvellement d'une traite / d'un passeport* renewal of a draft / of a passport / *solliciter le renouvellement d'un mandat* to stand UK ou to run US for re-election **2.** [répétition] repetition, recurrence **3.** [changement] : *procéder au renouvellement d'une équipe* to change the line-up of a team / *procéder au renouvellement de sa garde-robe* to buy some new clothes / *la marée assure le renouvellement de l'eau dans les viviers* the water in the tanks is changed by the action of the tide / *dans la mode actuelle, il n'y a aucun renouvellement* there are no new ideas in (the world of) fashion today ▸ **renouvellement de stock** restocking **4.** RELIG : *faire son renouvellement* to undergo confirmation.

renouvellerai v ⟶ renouveler.

rénovateur, trice [ʀenɔvatœʀ, tʀis] ◆ adj reformist, reforming. ◆ nm, f reformer / *les grands rénovateurs de la science* the people who revolutionized ou radically transformed science.

❖ **rénovateur** nm [pour nettoyer] restorer.

rénovation [ʀenɔvasjɔ̃] nf **1.** [d'un meuble, d'un immeuble] renovation ; [d'un quartier] redevelopment, renovation / *la maison est en rénovation* the house is being done up ou is having a complete facelift ▸ **rénovation urbaine** urban renewal **2.** *fig* [rajeunissement] updating.

rénové, e [ʀenɔve] adj [quartier, bâtiment] renovated.

rénover [3] [ʀenɔve] vt **1.** [remettre à neuf - meuble] to restore, to renovate ; [- immeuble] to renovate, to do up *(sép)* ; [- quartier] to redevelop, to renovate ; [- salle de bains] to modernize / *toute la façade ouest a été rénovée* the whole of the west front has been done up ou has been given a facelift **2.** [transformer en améliorant] : *rénover des méthodes pédagogiques* to update teaching methods / *rénover les institutions politiques* to reform political institutions.

renseignement [ʀɑ̃sɛɲəmɑ̃] nm **1.** [information] piece of information, information *(U)* / *un précieux renseignement* an invaluable piece of information, some invaluable information / *de précieux renseignements* (some) invaluable information / *pour avoir de plus amples renseignements, s'adresser à...* for further information ou details, apply to... ▸ **demander un renseignement** ou **des renseignements à qqn** to ask sb for information ▸ **prendre des renseignements sur** to make enquiries about / *ayant pris des renseignements sur le prix, il a fait sa réservation* having found out about the price, he made his reservation / *renseignements pris, elle était la seule héritière* after making some enquiries it turned out (that) she was the sole heir / *tu n'obtiendras aucun renseignement* you won't get any information ▸ **merci pour le renseignement** thanks for letting me know *aussi iron* ▸ **aller aux renseignements** to go and (see what one can) find out **2.** [surveillance] ▸ **être / travailler dans le renseignement** to be / to work in intelligence.

❖ **renseignements** nmpl **1.** ADMIN [service] enquiries UK (department), information ; [réception] information ou enquiries UK ou (desk) / *appeler les renseignements* TÉLÉC to phone directory enquiries UK ou information US **2.** [espionnage] ▸ **agent / services de renseignements** intelligence agent / services ▸ **la direction centrale du renseignement intérieur** ≃ Special Branch UK ; ≃ the FBI US.

> Attention ! Le mot anglais information est indénombrable. Il ne s'emploie jamais ni au pluriel ni avec l'article indéfini an :
>
> **Je recherche des renseignements sur l'histoire de cette église.** *I'm looking for (some) information about the history of the church.*
>
> **Ces renseignements me seront très utiles.** *This information will be extremely useful.*
>
> **Chaque renseignement est payant.** *Each piece / item of information has to be paid for.*

> **Les renseignements généraux**
>
> Created under Vichy, this agency is the intelligence arm of the Ministry of the Interior. It keeps tabs on political parties, lobby groups, and various individuals. In 2008, the RG and the Direction de la surveillance du territoire (DST) were merged to create the Direction centrale du renseignement intérieur (DCRI), although the term **les RG** is still commonly used to refer to the intelligence service.

renseigner [4] [ʀɑ̃seɲe] vt **1.** [mettre au courant - étranger, journaliste] to give information to, to inform ; [- automobiliste] to give directions to / *elle vous renseignera sur les prix* she'll tell you the prices, she'll give you more information about the prices / *pardon, Monsieur, pouvez-vous me renseigner?* excuse me, Sir, could you help me, please? ▸ **renseigner qqn sur** to tell sb about ▸ **bien renseigné** well-informed ▸ **mal renseigné** misinformed / *je suis mal renseigné sur l'horaire des marées*

* In reformed spelling (see p. 16-19).

I don't have much information about the times of the tides **2.** [donner des indices à] : *ça ne me renseigne pas sur ses motivations* that doesn't tell me anything about her motives **/** *seule sa biographie peut nous renseigner sur son passé militaire* only his biography can tell us something of ou about his military career **/** *nous voilà bien renseignés!* *iron* that doesn't get us very far!, that doesn't give us much to go on! **3.** [compléter - rubrique, champ] to fill in **4.** BELG [indiquer] : *pouvez-vous me renseigner le chemin?* could you show me the way?; [conseiller] : *pouvez-vous me renseigner un livre?* could you recommend a book?

❖ **se renseigner** vpi to make enquiries ▸ **se renseigner sur qqn / qqch** to find out about sb / sthg **/** *il aurait fallu se renseigner sur son compte* you should have made (some) enquiries about him **/** *renseignez-vous auprès de votre agence de voyages* ask your travel agent for further information.

rentabilisation [rɑ̃tabilizasjɔ̃] nf : *la rentabilisation de l'affaire prendra peu de temps* it will not be long before the business becomes profitable ou starts to make a profit.

rentabiliser [3] [rɑ̃tabilize] vt to make profitable.

rentabilité [rɑ̃tabilite] nf profitability ▸ **taux de rentabilité** rate of profit ▸ **rentabilité d'un investissement** FIN return on investment ▸ **rentabilité de l'entreprise** FIN return on capital employed, return on equity.

rentable [rɑ̃tabl] adj profitable **/** *l'opération s'est avérée rentable* the operation turned out to be profitable ou has paid off **/** *si je les vends moins cher, ce n'est plus rentable* if I sell them any cheaper, I no longer make a profit ou any money **/** *c'est plus rentable d'acheter que de louer en ce moment* you're better off buying than renting at the moment.

rentamer [3] [rɑ̃tame] vt [recommencer] to start ou to begin again.

rente [rɑ̃t] nf **1.** [revenu] private income **/** *avoir des rentes* to have a private income, to have independent means **/** *vivre de ses rentes* to live on ou off one's private income ▸ **rente de situation** secure income **2.** [pension] pension, annuity, rente *spéc* ▸ **servir une rente à qqn** to pay sb an allowance ▸ **rente viagère** life annuity **3.** ÉCON rent ▸ **rente foncière** ground rent **4.** BOURSE (government) bond ▸ **rentes amortissables** redeemable securities ou bonds ▸ **rentes consolidées** BANQUE consols ▸ **rentes perpétuelles** undated ou irredeemable securities.

> ⚠ **Rent** signifie « loyer » et non rente.

rentier, ère [rɑ̃tje, ɛʀ] nm, f person of private means **/** *mener une vie de rentier* to live a life of ease ▸ **rentier viager** life annuitant.

rentrage [rɑ̃tʀaʒ] nm **1.** [du bois, du foin] taking ou bringing in **2.** TEXT looming, healding.

rentrant, e [rɑ̃tʀɑ̃, ɑ̃t] adj **1.** MATH ⟶ **angle** **2.** AÉRON ▸ **train d'atterrissage rentrant** retractable undercarriage **3.** INFORM re-entrant.

rentré, e [rɑ̃tʀe] adj **1.** [refoulé] suppressed **/** *colère / jalousie rentrée* suppressed anger / jealousy **2.** [creux] : *des joues rentrées* hollow ou sunken cheeks **/** *des yeux rentrés* sunken ou deep-set eyes.

❖ **rentré** nm COUT turn in.

rentre-dedans [rɑ̃tʀədədɑ̃] nm inv ▸ **faire du rentre-dedans à qqn** *fam* to come on strong with sb.

rentrée [rɑ̃tʀe] nf **1.** ENS ▸ **rentrée (scolaire ou des classes)** start of the (new) academic year ▸ **depuis la rentrée de Noël / Pâques** since the spring / summer term began, since the Christmas / Easter break **/** *la rentrée est fixée au 6 septembre* school starts again ou schools reopen on September 6th **/** *j'irai le mardi de la rentrée* I'll go on the first Tuesday of the (new) term **/** *c'est quand, la rentrée, chez vous?* when do you go back? *(to school, college, etc.)* **/** *les vitrines de la rentrée* back-to-school window displays **2.** [au Parlement] reopening (of Parliament), new (parliamentary) session **/** *les députés vont devoir avancer leur rentrée* Parliament will have to start the new session earlier than usual ▸ **rentrée parlementaire** : *à la prochaine rentrée parlementaire* at the beginning of the new parliamentary session ▸ **faire sa rentrée politique a)** [après les vacances] to start the new political season *(after the summer)* **b)** [après une absence] to make one's (political) comeback **3.** [saison artistique] ▸ **la rentrée musicale / théâtrale** the new musical / theatrical season *(after the summer break)* **/** *le disque sortira à la rentrée* the record will be released in the autumn UK ou fall US ▸ **pour votre rentrée parisienne a)** [après les vacances] for the start of your autumn UK ou fall US season in Paris **b)** [après une absence] for your Paris comeback **4.** [retour - des vacances d'été] (beginning of the) autumn UK ou fall US ; [- de congé ou de week-end] return to work **/** *la rentrée a été dure* it was hard to get back to work after the summer holidays UK ou vacation US ; TRANSP city-bound traffic **/** *grosses rentrées prévues ce soir* inbound traffic will be heavy tonight **5.** FIN : *j'attends une rentrée pour la fin du mois* I've got some money coming in at the end of the month ▸ **rentrées de fonds** income **6.** ASTRONAUT ▸ **rentrée (atmosphérique)** re-entry (into the atmosphere) **7.** JEUX pick-up **8.** [des foins] bringing ou taking in.

❖ **rentrées** nfpl FIN income, money coming in **/** *avoir des rentrées (d'argent) régulières* to have a regular income ou money coming in regularly ▸ **rentrées de caisse** cash receipts ▸ **rentrées fiscales** tax receipts ou revenue.

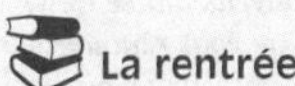

> **La rentrée**
>
> The time of the year when children go back to school has considerable cultural significance in France; coming after the long summer break or **grandes vacances**, it is the time when academic, political, social and commercial activity begins again in earnest.

rentrer [3] [rɑ̃tʀe] ◆ vi *(aux être)* **1.** [personne - vue de l'intérieur] to come in ; [- vue de l'extérieur] to go in ; [chose] to go in **/** *une souris essayait de rentrer dans le placard* a mouse was trying to get into the cupboard **/** *tu es rentré dans Lyon par quelle route?* which way did you come to Lyon, which road did you take into Lyon? **/** *impossible de faire rentrer ce clou dans le mur* I can't get this nail to go into the wall **/** *la clé ne rentre pas dans la serrure* the key won't go in **/** *tu n'arriveras pas à tout faire rentrer dans cette valise* you'll never fit everything in this case **/** *c'est par là que l'eau rentre* that's where the water is coming ou getting in **/** *fais rentrer le chien* bring the dog back inside ; [s'emboîter] to go ou to fit in **/** *les rallonges rentrent sous la table* the leaves fit in under the table ▸ **rentrer dans a)** [poteau] to crash into **b)** [véhicule] to collide with **/** *les deux voitures sont rentrées l'une dans l'autre* the two cars crashed into each other ▸ **rentrer dedans** : *je lui suis rentré dedans* **a)** [en voiture] I drove straight ou right into him **b)** *fam* [verbalement] I laid into him **/** *rentre-lui dedans!* *fam* [frappe-le] smack him one! *tfam* **/** *il n'a pas arrêté de me rentrer dedans* *fam* [verbalement] he was constantly knocking me ou UK having a go at me **2.** [faire partie de] to be part of, to be included in **/** *la mesure en question ne rentre pas dans le cadre de la réforme* the measure under discussion is not part of the reform **/** *cela ne rentre pas dans mes attributions* that is not part of my duties **3.** [pour travailler] : *rentrer dans les affaires / la police* to go into business / join the police **/** *il est rentré dans la société grâce à son oncle* he got a job with the company thanks to his uncle **4.** [retourner - gén] to return, to come ou to get back ; [revenir chez soi] to come ou to get (back) home ; [aller chez soi] to go (back) ou to return home **/** *nous rentrerons dimanche* we'll come ou be back home on Sunday **/** *je rentre tout de suite!* I'm on my way home!, I'm coming home straightaway! **/** *les enfants, rentrez!* children, get ou come back in! **/** *il n'est pas encore rentré de (faire) ses commissions* he hasn't got back from shopping yet **/** *je ne rentrerai pas dîner* I won't be home for dinner **/** *je rentre chez moi pour déjeuner* [tous les jours] I have lunch at home **/** *je suis inquiète, elle n'est pas rentrée hier soir* I'm worried, she didn't come home last night **/** *les élèves sont rentrés au lycée enchantés de leur visite* the students got back to school thrilled by their visit **/** *il est rentré à cinq heures* he got in at five o'clock **/** *je vous laisse, il faut que je rentre* I'll leave you now, I must go home ou get (back) home **/** *en rentrant de l'école* on the way home ou back from school **/** *rentrer dans son pays* to go back ou to return home (to one's country) **/** *le bateau n'est pas rentré au port* the boat hasn't come (back) in **5.** [reprendre ses occupations - lycéen] to go back to school, to start school again ; [- étudiant] to go back, to start the new term ; [- école] to start again, to go back ; [- parlementaire] to start the new session, to return to take one's seat ; [- parlement] to reopen, to reassemble ; [- cinéaste] to start the season **6.** [recouvrer] to come in **/** *l'argent rentre mal* there isn't much money coming in **/** *faire rentrer l'argent / les devises* to bring in money / foreign currency **/** *faire rentrer l'impôt / les cotisations* to collect taxes / dues **/** *faire rentrer ses créances* to collect one's money ou debts **/** *la commande n'est pas encore rentrée* COMM the order isn't in ou hasn't come in yet **7.** *fam* [explication, idée, connaissances] to sink in **/** *ça rentre, l'informatique?* are you getting the hang of computing? ▸ **le russe, ça rentre tout seul avec Sophie! a)** [elle apprend bien] Sophie is having no trouble picking up Russian! **b)** [elle enseigne bien] Sophie makes learning Russian easy **/** *je le lui ai expliqué dix fois, mais ça n'est toujours pas rentré* I've told him ten times but it hasn't gone ou sunk in yet ▸ **faire rentrer qqch dans la tête de qqn** to get sthg into sb's head, to drum sthg into sb **/** *tu ne lui feras jamais rentrer dans la tête que c'est impossible!* you'll never get it into his head ou convince him that it's impossible! **8.** JEUX & SPORT : *rentrer dans la mêlée* RUGBY to scrum down **/** *faire rentrer le ballon dans les buts* FOOT to get the ball into the back of the net ▸ **faire rentrer une bille** BILLARD to pot a ball.

◆ vt *(aux avoir)* **1.** [mettre à l'abri - linge, moisson] to bring ou to get in *(sép)* ; [- bétail] to bring ou to take in *(sép)* ; [- véhicule] to put away *(sép)* ; [- chaise] to carry ou to take in *(sép)* **/** *il faut rentrer les plantes avant les grands froids* we must bring the plants in before it gets really cold **/** *rentre ta moto au garage* put your motorbike (away) in the garage **/** *rentrer les foins* to bring in the hay **2.** [mettre - gén] to put in *(sép)* ; [faire disparaître - antenne] to put down *(sép)* ; [- train d'atterrissage] to raise, to retract ; [- griffes] to draw in *(sép)*, to retract **/** *rentrer une clé dans une serrure* to put a key in a lock **/** *rentrer son chemisier dans sa jupe* to tuck one's blouse into one's skirt **/** *elle rentra ses mains sous sa cape / dans son manchon* she put her hands under her cloak / into her muff **/** *rentre ton ventre / tes fesses!* pull your stomach / bottom in! **/** *rentrer la tête dans les épaules* to hunch (up) one's shoulders **/** *avec la tête rentrée dans les épaules* with hunched shoulders **3.** [réprimer - colère] to hold back *(sép)*, to suppress **/** *rentrer ses larmes / son humiliation* to swallow one's tears / humiliation **4.** INFORM to input, to key in *(sép)* **5.** IMPR ▸ **rentrer une ligne** to indent a line **6.** NAUT ▸ **rentrer le pavillon** to lower the colours ▸ **rentrez!** ship oars!

❖ **rentrer dans** v + prép [recouvrer] to recover ▸ **rentrer dans ses frais** to recover one's money / expenses, to get one's money / expenses back ▸ **rentrer dans ses fonds** to recoup (one's) costs ▸ **rentrer dans ses droits** to recover one's rights ▸ **rentrer dans la légalité a)** [criminel] to reform **b)** [opération, manœuvre] to become legal.

❖ **rentrer en** v + prép ▸ **rentrer en grâce auprès de qqn** to get back into sb's good graces ou good books ▸ **rentrer en faveur auprès de qqn** to regain favour with sb ▸ **rentrer en possession de** to regain possession of.

❖ **se rentrer** vp *(emploi passif)* : *les foins ne se rentrent pas avant juillet* the hay isn't brought in until July **/** *les rallonges se rentrent sous la table* the extension leaves fit in under the table.

❖ **se rentrer dedans** vp *(emploi réciproque)* *fam* ▸ **ils se sont rentrés dedans a)** [heurtés] they smashed ou banged into one another **b)** [disputés] they laid into one another.

renuméroter [3] [rənymerɔte] vt [gén] to renumber ; TECHNOL to reserialize.

renversant, e [rɑ̃vɛrsɑ̃, ɑ̃t] adj [nouvelle] astounding, amazing, staggering ; [personne] amazing, incredible.

renverse [rɑ̃vɛrs] nf NAUT [du vent] change ; [du courant] turn (of tide).

❖ **à la renverse** loc adv ▸ **tomber à la renverse** [sur le dos] to fall flat on one's back / *j'ai failli tomber à la renverse* I almost fell over backwards / *il y a de quoi tomber à la renverse fig* it's amazing ou staggering.

renversé, e [rɑ̃vɛrse] adj **1.** [image] reverse *(modif)*, reversed, inverted ; [objet] upside down, overturned **2.** [penché] : *le corps renversé en arrière* with the body leaning ou tilted back **3.** [stupéfait] ▸ **être renversé** to be staggered.

renversement [rɑ̃vɛrsəmɑ̃] nm **1.** [inversion] reversal / *renversement d'une image* inversion of an image **2.** [changement] ▸ **renversement des alliances** reversal ou switch of alliances / *il y eut un brusque renversement du vent / du courant* the wind / the current changed direction suddenly ▸ **renversement des rôles** role reversal ▸ **renversement de situation** reversal of the situation ▸ **renversement de tendance** shift ou swing (in the opposite direction) **3.** [chute - d'un régime] overthrow **4.** [inclinaison - du buste, de la tête] tipping ou tilting back **5.** MUS inversion.

renverser [3] [rɑ̃vɛrse] vt **1.** [répandre - liquide] to spill ; [faire tomber - bouteille, casserole] to spill, to knock over *(sép)*, to upset ; [- table, voiture] to overturn ; [retourner exprès] to turn upside down **2.** [faire tomber - personne] to knock down *(sép)* ▸ **être renversé par qqn** to be knocked down ou run over by sb / *il m'a renversé de mon tabouret* he tipped me off my stool / *se faire renverser par une voiture* to get ou be knocked over by a car **3.** [inverser] to reverse / *renverser l'ordre des mots* to reverse the word order / *renverser une fraction* to invert a fraction / *le Suédois renversa la situation au cours du troisième set* the Swedish player managed to turn the situation round during the third set ▸ **renverser les rôles** to reverse the roles ▸ **renverser la vapeur a)** *pr* to reverse engines **b)** *fig* to change direction **4.** [détruire - obstacle] to overcome ; [- valeurs] to overthrow ; [- régime] to overthrow, to topple / *le président a été renversé* the President was thrown out of ou removed from office ▸ **renverser un gouvernement a)** [par la force] to overthrow ou to topple a government **b)** [par un vote] to bring down ou to topple a government **5.** [incliner en arrière] to tilt ou to tip back *(sép)* **6.** [stupéfier] to amaze, to astound / *la nouvelle de leur divorce m'a renversé* I was thoroughly taken aback ou amazed when I heard they'd got divorced.

❖ **se renverser** vpi **1.** [bouteille] to fall over ; [liquide] to spill ; [véhicule] to overturn ; [bateau] to overturn, to capsize ; [marée] to turn **2.** [personne] to lean over backwards / *l'acrobate se renverse en arrière et touche le sol avec ses mains* the acrobat bends over backwards and touches the floor with his hands / *se renverser sur sa chaise* to tilt back on one's chair / *se renverser dans un fauteuil* to lie back in an armchair.

renvoi [rɑ̃vwa] nm **1.** [d'un colis - gén] return, sending back ; [- par avion] flying back ; [- par bateau] shipping back / **'renvoi à l'expéditeur'** 'return to sender' **2.** TÉLÉC ▸ **renvoi automatique** call forwarding **3.** SPORT ▸ **renvoi (de la balle)** return ▸ **renvoi aux 22 mètres** 22 metre drop-out ▸ **renvoi en touche** touch kick, kick for touch **4.** [congédiement - d'un employé] dismissal, sacking UK ; [- d'un élève] expulsion ▸ **demander le renvoi d'un élève / d'un employé** to ask for a pupil to be expelled / an employee to be dismissed **5.** [ajournement] postponement / *le tribunal décida le renvoi du procès à huitaine* the court decided to put off ou to adjourn the trial for a week **6.** [transfert] transfer / *ordonnance de renvoi aux assises* order of transfer to the assizes / *après le renvoi du texte en commission* after the text was sent to a committee **7.** [indication] cross-reference ; [note au bas du texte] footnote ▸ **faire un renvoi à** to make a cross-reference to, to cross-refer to **8.** [éructation] belch, burp / *avoir un renvoi* to belch, to burp / *ça me donne des renvois* it makes me belch ou burp, it repeats on me **9.** DR amendment ▸ **renvoi des fins de poursuite** discharge of case ▸ **demande de renvoi** application for removal of action **10.** MUS repeat mark **11.** MÉCAN ▸ **levier de renvoi** reversing lever ▸ **poulie de renvoi** return pulley.

renvoyer [30] [rɑ̃vwaje] vt **1.** [colis, formulaire] to send back *(sép)* ; [cadeau] to return, to give back *(sép)* ; [importun] to send away *(sép)* ; [soldat, troupes] to discharge / *on les a renvoyés chez eux* they were sent (back) home ou discharged / *je le renvoie chez sa mère demain* I'm sending him back ou off to his mother's tomorrow **2.** [lancer de nouveau - ballon] to send back *(sép)*, to return / *j'étais renvoyé de vendeur en vendeur* I was being passed ou shunted around from one salesman to the next ▸ **renvoyer la balle à qqn a)** FOOT to kick ou to pass the ball back to sb **b)** RUGBY to throw ou to pass the ball back to sb **c)** TENNIS to return to sb **d)** *fig* to answer sb tit for tat ▸ **savoir renvoyer la balle** *fig* to give as good as one gets ▸ **renvoyer l'ascenseur à qqn a)** *pr* to send the lift back to sb **b)** *fig* to return sb's favour **3.** [congédier] to dismiss ▸ **tu vas te faire renvoyer a)** [de ton travail] you're going to lose your job **b)** [de ton lycée] you're going to get yourself expelled **4.** [différer] to postpone, to put off *(sép)* / *renvoyer une affaire* to postpone a case / *la réunion est renvoyée à mardi prochain* the meeting has been put off until ou put back to next Tuesday **5.** [transférer] to refer / *l'affaire a été renvoyée en cour d'assises* the matter has been referred to the assize court **6.** [faire se reporter] to refer / *je vous renvoie à l'article publié dans « La Tribune »* I refer you to the article published in "La Tribune" / *les numéros renvoient aux notes de fin de chapitre* the numbers refer to notes at the end of each chapter **7.** [refléter] to reflect / *la glace lui renvoyait son image* she saw her reflection in the mirror ; [répercuter] : *la falaise nous renvoyait nos cris* the cliff echoed our cries.

❖ **se renvoyer** vp *(emploi réciproque)* EXPR ▸ **se renvoyer la balle** : *on peut se renvoyer la balle comme ça longtemps!* we could go on forever blaming each other like this ! / *dans cette affaire d'évasion, Français et Suisses se renvoient la balle* in this escape business, the French and Swiss authorities are trying to make each other carry the can.

réoccupation [reɔkypasjɔ̃] nf [action militante] reoccupation ; [réinstallation] moving (back) in again / *nous envisageons la réoccupation immédiate du bâtiment* [pour y vivre] we expect people to move straight back into the building.

réoccuper [3] [reɔkype] vt [usine, lieu public] to reoccupy ; [habitation] to move back into ; [emploi] to take up *(sép)* again.

reopérer [18] [reɔpere] vt to operate again on / *il va falloir vous réopérer* you're going to require further surgery *sout*, you'll have to have another operation.

✐ In reformed spelling (see p. 16-19), this verb is conjugated like **semer** : *il réopèrera, elle réopèrerait.*

réorchestration [reɔrkɛstrasjɔ̃] nf reorchestration.

réorchestrer [3] [reɔrkɛstre] vt to reorchestrate.

réorganisation [reɔrganizasjɔ̃] nf reorganization.

réorganiser [3] [reɔrganize] vt to reorganize.

❖ **se réorganiser** vpi to reorganize o.s., to get reorganized.

réorientation [reɔrjɑ̃tasjɔ̃] nf **1.** POL redirecting **2.** ENS changing to a different course.

réorienter [3] [reɔrjɑ̃te] vt **1.** POL to reorientate, to redirect **2.** ENS to put onto a different course.

réouverture [reuvɛrtyr] nf **1.** [d'un magasin, d'un guichet, d'un musée, d'une route, d'un col] reopening / **'réouverture du cabinet médical à 14 h'** 'surgery reopens at 2 p.m' **2.** [reprise - d'un débat] resumption / *à la réouverture des marchés ce matin* BOURSE when trading resumed this morning.

repaie v ⟶ **repayer.**

repaire [rəpɛr] nm **1.** [d'animaux] den, lair **2.** [d'individus] den, haunt / *un repaire d'espions / de malfaiteurs* a den of spies / of criminals.

repairer [4] [rəpere] vi [animal] to hide in its den ou lair.

repaître, repaitre* [91] [rəpɛtr] vt *litt* [nourrir] to feed / *repaître son esprit de connaissances nouvelles* to feast one's mind on knowledge.

❖ **se repaître de, se repaitre de*** vp + prép **1.** *litt* [manger] to feed on *(insép)* **2.** *fig* [savourer] : *se repaître de bandes dessinées* to feast on comic strips / *se repaître de sang* to wallow in blood.

répandre [74] [repɑ̃dr] vt **1.** [renverser - liquide] to spill ; [verser - sable, sciure] to spread, to sprinkle, to scatter ▸ **répandre des larmes** to shed tears / *répandre le sang* to spill ou to shed blood **2.** [propager - rumeur, terreur, usage] to spread **3.** [dégager - odeur] to give off *(insép)* ; [- lumière] to shed, to give out *(insép)* ; [- chaleur, fumée] to give out ou off *(insép)* **4.** [dispenser - bienfaits] to pour out *(sép)*, to spread (around).

❖ **se répandre** vpi **1.** [eau, vin] to spill / *les eaux se sont répandues dans toute la ville* the water spread throughout the town ; [se disperser] : *les supporters se sont répandus sur le terrain* the fans spilled (out) ou poured onto the field **2.** [se propager - nouvelle, mode, coutume] to spread, to become widespread / *les boutons rouges se répandent ensuite sur tout l'abdomen* the red pimples then spread to the whole abdominal area / *l'usage de la carte de crédit s'est répandu parmi les jeunes* credit card use has become widespread among young people ▸ **se répandre comme une traînée de poudre** to spread like wildfire **3.** [se dégager - odeur] to spread, to be given off / *la fumée se répandit dans la carlingue* smoke spread through the cabin ; *(tournure impersonnelle)* : *il se répandit une odeur de brûlé* the smell of burning filled the air.

❖ **se répandre en** vp + prép *sout* ▸ **se répandre en compliments / en propos blessants** to be full of compliments / hurtful remarks ▸ **se répandre en invectives / en louanges contre qqn** to heap abuse / praise on sb / *inutile de se répandre en commentaires là-dessus* no need to keep on (making comments) about it.

répandu, e [repɑ̃dy] adj widespread / *un préjugé (très) répandu* a very widespread ou widely held prejudice / *une vue (très) répandue* a commonly held ou widely found view / *la technique n'est pas encore très répandue ici* the technique isn't widely used here yet.

réparable [reparabl] adj **1.** [appareil] repairable / *j'espère que c'est réparable* I hope it can be mended ou repaired, I hope it's not beyond repair ▸ **la voiture n'est pas réparable a)** [après un accident] the car is a write-off **b)** [à cause de sa vétusté] the car isn't worth repairing **2.** [erreur, perte] reparable / *une maladresse difficilement réparable* a blunder which will be hard to correct ou to put right.

reparaître, reparaitre* [91] [rəparɛtr] vi **1.** [journal, revue] to be out again, to be published again **2.** = **réapparaître.**

réparateur, trice [reparatœr, tris] ◆ adj ▸ **un sommeil réparateur** restorative ou refreshing sleep. ◆ nm, f repairer, repairman (repairwoman) ▸ **réparateur de radios** radio repairman ▸ **réparateur d'antiquités** antiques restorer.

réparation [reparasjɔ̃] nf **1.** [processus] repairing, fixing, mending ; [résultat] repair / *pendant les réparations* during (the) repairs / *toutes les réparations sont à la charge du locataire* the tenant is liable for all repair work ou all repairs ▸ **atelier / service de réparation** repair shop / department **2.** [compensation] redress, compensation / *en réparation des dégâts occasionnés* in compensation for ou to make up for the damage caused ▸ **demander / obtenir réparation** *litt* to demand / to obtain redress / *demander / obtenir réparation par les armes* to demand / to obtain satisfaction by a duel **3.** DR damages, compensation ▸ **réparation pénale** *type of community service to encourage minors to make amends for delinquent behaviour* ▸ **les réparations** HIST (war) reparations **4.** [correction - d'une négligence] correction ; [- d'une omission] rectification.

❖ **de réparation** loc adj SPORT penalty *(modif)* ▸ **surface de réparation** penalty area ▸ **point de répara-**

* In reformed spelling (see p. 16-19).

tion penalty spot ▸ **coup de pied de réparation** penalty (kick).

❖ **en réparation** loc adj under repair, being repaired.

réparer [3] [ʀepaʀe] vt **1.** [appareil, chaussure] to repair, to mend ; [défaut de construction] to repair, to make good ; [meuble, porcelaine] to restore ▸ **faire réparer qqch** to get sthg repaired ou put right ; *(en usage absolu)* : *aujourd'hui, les gens ne réparent plus, ils jettent* people today don't mend things, they just throw them away **2.** [compenser] to make up for *(insép)*, to compensate for *(insép)* / *il est encore temps de réparer le mal qui a été fait* there's still time to make up for ou to undo the harm that's been done ▸ **réparer les dégâts a)** *pr* to repair the damage **b)** *fig* to pick up the pieces **3.** [corriger - omission] to rectify, to repair *sout* ; [- négligence, erreur] to correct, to rectify / *c'était une négligence qu'il ne pouvait plus réparer* it was too late to correct the mistake **4.** *sout* [santé, forces] to restore.

❖ **se réparer** vp *(emploi passif)* to mend / *ça ne se répare pas* it can't be mended.

reparler [3] [ʀəpaʀle] ◆ vt [langue] : *ce voyage m'a donné l'occasion de reparler arabe* this trip gave me the opportunity to speak Arabic again. ◆ vi to speak again ▸ **reparler de** : *il a reparlé de son roman* he talked about his novel again / *retenez bien son nom, c'est un chanteur dont on reparlera* remember this singer's name, you'll be hearing more of him / *je laisse là les Incas, nous allons en reparler* I won't say any more about the Incas now, we'll come back to them later / *il n'en a plus reparlé* he never mentioned it again ▸ **reparler à** : *reparler à qqn (de qqch)* to speak to sb (about sthg) again.

❖ **se reparler** vp *(emploi réciproque)* to get back on speaking terms.

repars v ⟶ **repartir.**

repartager [17] [ʀəpaʀtaʒe] vt to share out *(sép)* again.

repartie, répartie* [ʀepaʀti] nf [réplique] retort, repartee / *une repartie adroite* / *spirituelle* a clever / witty retort ▸ **avoir de la repartie** to have a good sense of repartee.

repartir[1], répartir* [43] [ʀepaʀtiʀ] vt *(aux avoir) litt* [répliquer] to retort, to reply, to rejoin / *on me repartit que le maître serait bientôt de retour* I received the reply that the master would soon be back.

repartir[2] [43] [ʀəpaʀtiʀ] vi *(aux être)* **1.** [se remettre en route] to start ou to set off again / *quand repars-tu?* when are you off ou leaving again? ▸ **l'économie est bien repartie** the economy has picked up again / *votre carrière semble être bien repartie* your career seems to have taken off well again / *c'est reparti, encore une hausse de l'électricité!* here we go again, another rise in the price of electricity! ▸ **repartir à l'assaut** ou **à l'attaque a)** *pr* to mount a fresh assault **b)** *fig* to try again ▸ **repartir à zéro** to start again from scratch, to go back to square one ▸ **repartir du bon pied** to make a fresh start **2.** HORT to start growing ou to sprout again.

répartir [32] [ʀepaʀtiʀ] vt **1.** [distribuer - encouragements, sanctions] to give ; [- héritage, travail] to share out *(sép)*, to divide up *(sép)* ; [- soldats, policiers] to deploy, to spread out *(sép)* ; [- chaleur, ventilation] to distribute / *les bénéfices seront répartis entre les actionnaires* profits will be shared out ou distributed amongst the shareholders / *le tout, c'est de bien répartir les livres dans les cartons* the important thing is for the books to be evenly ou properly distributed in the boxes / *répartissez les enfants en trois groupes* get ou split up the children into three groups **2.** [étaler - confiture, cirage] to spread **3.** [dans le temps] : *répartir des remboursements* to pay back in instalments / *répartir des paiements* to spread out the payments **4.** INFORM ▸ **être réparti** to be distributed *(over a network)*.

❖ **se répartir** ◆ vpi [se diviser] to split, to divide (up) / *répartissez-vous en deux équipes* get yourselves ou split into two teams / *les dépenses se répartissent en trois catégories* expenditure falls under three headings. ◆ vpt [partager] ▸ **se répartir le travail** / **les responsabilités** to share out the work / the responsibility.

répartiteur, trice [ʀepaʀtitœʀ, tʀis] nm, f **1.** *litt* distributor, apportioner **2.** FIN tax assessor.

répartition [ʀepaʀtisjɔ̃] nf **1.** [partage - de l'impôt, des bénéfices] distribution ; [- d'un butin] sharing out, dividing up ; [- d'allocations, de prestations] allotment, sharing out / *comment se fera la répartition des frais?* how will the expenses be shared out? / *comment se fera la répartition des tâches?* how will the tasks be shared out ou allocated? / *la répartition des portefeuilles ministériels* the distribution of ministerial posts **2.** [agencement - dans un appartement] layout / *la répartition des pièces est la suivante* the layout of the rooms is as follows, the rooms are laid out as follows **3.** [étalement - dans l'espace] distribution / *la répartition géographique des gisements* the geographical distribution of the deposits **4.** ÉCON assessment.

reparu, e [ʀəpaʀy] pp ⟶ **reparaître.**

reparution [ʀəpaʀysjɔ̃] nf [d'un journal] republishing, reappearance / *le jour de sa reparution, le quotidien s'est vendu à un million d'exemplaires* on the day the paper was back on the newstands ou resumed publication, it sold a million copies.

repas [ʀəpa] nm **1.** [gén] meal ; [d'un nourrisson, d'un animal] feed UK, feeding US / *faire un bon repas* to have a square ou good meal / *faire quatre repas par jour* to have four meals a day, to eat four times a day ▸ **prendre ses repas à la cantine a)** [de l'école] to have school lunches ou dinners UK **b)** [de l'usine] to eat in the (works) canteen ▸ **à l'heure des repas** at mealtimes ▸ **repas à la carte** à la carte meal ▸ **repas livrés à domicile** meals on wheels ▸ **repas de midi** lunch, midday UK ou noon US meal ▸ **repas de noces** wedding meal ▸ **repas du soir** dinner, evening meal **2.** *(comme adjectif, avec ou sans trait d'union)* ▸ **ticket-repas** luncheon voucher UK, meal ticket US.

repassage [ʀəpasaʒ] nm **1.** [du linge] ironing / *faire un premier repassage avant de bâtir la couture* go over it with an iron before tacking the seam / **'repassage superflu'** 'wash and wear', 'non-iron' **2.** [aiguisage - gén] sharpening ; [- avec une pierre] whetting.

repasser [3] [ʀəpase] ◆ vi **1.** [passer à nouveau dans un lieu] to go (back) again ▸ **elle repassera** she'll drop by again / *je suis repassé la voir à l'hôpital* I went to see her in the hospital again / *je ne suis jamais plus repassé dans cette rue* I never again went down ou visited that street / *si tu repasses à Berlin, fais-moi signe* if you're in ou passing through Berlin again, let me know / *repasser par le même chemin* to go back the way one came / *il passait et repassait sous l'horloge de la gare* he kept walking up and down under the station clock / *faire repasser le fromage* to pass the cheese round again / *fig repasser sur un dessin* to go over a drawing again, to go back over a drawing / *j'ai horreur qu'on repasse derrière moi* I hate to have people go over what I've done / *le dollar est repassé au-dessous d'un euro* the dollar has fallen ou dropped below the euro again ▸ **tu peux toujours repasser!** *fam* no chance!, nothing doing!, not on your life! / *s'il veut être payé, il peut toujours repasser* *fam* if he wants to be paid, he's got another think coming! **2.** CINÉ & TV to be on ou to be shown again. ◆ vt **1.** [défriper] to iron / *repasser les plis* to iron out the creases **2.** [aiguiser - gén] to sharpen ; [- avec une pierre] to whet **3.** [réviser] : *repasser ses leçons* / *le programme de physique* ÉDUC to go over one's homework / the physics course / *repasser des comptes* to reexamine a set of accounts **4.** *fam* [donner] : *elle m'a repassé sa tunique* she let me have her smock **5.** [traverser à nouveau] : *repasser un fleuve* to go back across a river, to cross a river again **6.** [subir à nouveau] ▸ **repasser un examen** to resit an exam UK, to take an exam again ▸ **je dois repasser l'allemand** / **le permis demain** I have to retake German / my driving test tomorrow / *repasser une échographie* to go for another ultrasound scan **7.** [à nouveau] to pass again / *repasse-moi la confiture* pass me (over) the jam again / *voulez-vous repasser la salade?* would you hand ou pass the salad round again? / *repasse-moi mon mouchoir* hand me back my handkerchief **8.** [remettre] : *repasser une couche de vernis* to put on another coat of varnish / *repasser un manteau* [le réessayer] to try a coat on again / *repasser un poisson sur le gril* to put a fish back on the grill, to give a fish a bit more time on the grill / *repasse ta sauce au mixer* put your sauce through the blender again / *repasse les chaussettes en machine* stick the socks in the washing machine again / *repasse-moi la diapo 3* show me slide 3 again / *repasse-moi la face A du disque* play me the A-side of the record again **9.** [au téléphone] ▸ **je te repasse Paul** I'll put Paul on again, I'll hand you back to Paul ▸ **repassez-moi le standard** put me through to the switchboard again.

❖ **se repasser** vp *(emploi passif)* to iron ▸ **le voile ne se repasse pas a)** [ne doit pas être repassé] the veil mustn't be ironed **b)** [n'a pas besoin de repassage] the veil doesn't need ironing.

repasseur, euse [ʀəpasœʀ, øz] nm, f **1.** [de linge] ironer **2.** [rémouleur] knife-grinder, knife-sharpener.

❖ **repasseuse** nf [machine] ironing machine.

repavage [ʀəpavaʒ] nm repaving.

repaver [3] [ʀəpave] vt to repave.

repayer [11] [ʀəpeje] vt [payer à nouveau] to pay again ; [payer en plus] to pay more for / *si l'on veut visiter la maison des reptiles, il faut repayer* if you wish to visit the reptile house, you have to pay extra.

repêchage [ʀəpeʃaʒ] nm **1.** [d'un objet] fishing out ; [d'un corps] recovery **2.** ENS letting through **3.** SPORT repechage.

repêcher [4] [ʀəpeʃe] vt **1.** [noyé] to fish out *(sép)*, to recover / *repêcher un corps* / *une voiture dans le fleuve* to fish a body / a car out of the river **2.** ENS to let through *(sép)* / *j'ai été repêché à deux points* I was let through though I was two points short of the pass mark / *j'ai été repêché à l'oral* I passed on my oral **3.** SPORT to let through on the repechage.

repeindre [81] [ʀəpɛ̃dʀ] vt to repaint, to paint again.

rependre [73] [ʀəpɑ̃dʀ] vt to rehang, to hang again.

repens v ⟶ **repentir.**

repenser [3] [ʀəpɑ̃se] vt to reconsider, to rethink / *l'entrepôt a été complètement repensé* the layout of the warehouse has been completely redesigned / *il faudra repenser notre stratégie* we'll have to rethink our strategy.

❖ **repenser à** v + prép to think about again ▸ **en y repensant** thinking back on it all / *je n'ai plus jamais repensé à elle* I never thought of her again ou gave her another thought / *ah mais oui, j'y repense, elle t'a appelé ce matin* oh yes, now I come to think of it, she phoned you this morning / *tout à coup, ça m'a fait repenser à ce qu'il avait dit* suddenly it made me think of what he had said.

repentant, e [ʀəpɑ̃tɑ̃, ɑ̃t] adj repentant, penitent ▸ **pécheur repentant** repentant sinner.

repenti, e [ʀəpɑ̃ti] ◆ adj repentant, penitent / *alcoolique* / *fumeur repenti* reformed alcoholic / smoker. ◆ nm, f penitent ▸ **les repentis du terrorisme** repentant terrorists.

repentir[1] [ʀəpɑ̃tiʀ] nm **1.** [remords] remorse ▸ **verser des larmes de repentir** to shed tears of remorse ou regret **2.** RELIG repentance / *mener une vie de repentir* to live a life of repentance ou penance **3.** [correction] alteration **4.** ART reworking, retouching.

repentir[2] [37] [ʀəpɑ̃tiʀ] ❖ **se repentir** vpi to repent *sout.* ❖ **se repentir de** vp + prép to regret, to be sorry for / *elle se repent d'avoir été trop sévère* she's sorry for having been too harsh / *il s'en repentira, crois-moi* believe me, he'll regret that ou he'll be sorry for that / *j'ai refusé son offre et je m'en suis amèrement repenti* I turned down his offer and I've lived to rue the day ou I bitterly regret it ▸ **se repentir d'une faute** / **d'avoir péché** to repent of a fault / of having sinned.

repérable [ʀəpeʀabl] adj [maison] easily found ; [changement, signe] easily spotted / *le bar est facilement repérable* the bar is easy to find / *les oiseaux de cette espèce sont repérables à leur bec coloré* birds of this species are recognizable ou identifiable by their coloured beaks.

* In reformed spelling (see p. 16-19).

repérage [ʀəpeʀaʒ] nm **1.** [gén] spotting, pinpointing **2.** MIL location **3.** CINÉ ▶ **être en repérage** to be looking for locations ou choosing settings **4.** IMPR registry, laying.

répercussion [ʀepɛʀkysjɔ̃] nf **1.** [conséquence] repercussion, consequence, side-effect **2.** [renvoi - d'un son] repercussion, echo **3.** FIN : *le coût final est aggravé par la répercussion de l'impôt* the final cost is increased because taxes levied are passed on (to the buyer).

répercuter [3] [ʀepɛʀkyte] vt **1.** [renvoyer - son] to echo, to reflect / *un coup de feu répercuté par l'écho* the sound of an echoing shot **2.** FIN : *répercuter l'impôt sur le prix de revient* to pass a tax on in the selling price **3.** [transmettre] to pass on ou along *(sép)*.
❖ **se répercuter** vpi [bruit] to echo.
❖ **se répercuter sur** vp + prép to have an effect on ou upon, to affect / *les problèmes familiaux se répercutent sur le travail scolaire* family problems have repercussions on ou affect children's performance at school.

reperdre [77] [ʀəpɛʀdʀ] vt to lose again / *j'ai reperdu 2 kilos* my weight's gone back down by 2 kilos.

repère [ʀəpɛʀ] nm **1.** [gén] line, mark ; [indice - matériel] landmark ; [- qui permet de juger] benchmark, reference mark / *verser le liquide jusqu'au repère* pour in the liquid until it reaches the mark ▶ **point de repère** landmark **2.** TECHNOL (index) mark / *repère de montage* assembly ou match mark **3.** [référence] reference point, landmark ▶ **servir de repère à qqn** to serve as a (guiding) light to sb / *j'ai l'impression de n'avoir plus aucun (point de) repère* I've lost my bearings **4.** MATH ▶ **repère projectif** projective point **5.** *(comme adjectif, avec ou sans trait d'union)* reference *(modif)* ▶ **date / point repère** reference date / point.

repérer [18] [ʀəpeʀe] vt **1.** [indiquer par un repère] to mark ; TECHNOL to mark out ou off *(sép)* **2.** [localiser] to locate, to pinpoint / *repérer d'abord l'église sur la carte* first locate the church on the map **3.** [remarquer] to spot, to pick out *(sép)*, to notice / *je l'avais repéré au premier rang* I'd noticed ou spotted him in the first row / *tu vas nous faire repérer avec tes éternuements* you'll get us caught ou spotted with your sneezing / *les ravisseurs se sont fait repérer près de l'hôpital* the kidnappers were spotted near the hospital **4.** [dénicher] to discover / *j'ai repéré un très bon petit restaurant* I've discovered a really nice little restaurant.
❖ **se repérer** vpi **1.** [déterminer sa position] to find ou to get one's bearings / *on n'arrive jamais à se repérer dans un aéroport* you can never find your way about ou around in an airport **2.** *fig* : *beaucoup de jeunes ont du mal à se repérer dans la jungle universitaire* many young people find it difficult to get ou to find their bearings in the jungle of the university / *je n'arrive plus à me repérer dans ses mensonges* I don't know where I am any more with all those lies she tells.

In reformed spelling (see p. 16-19), this verb is conjugated like *semer*: *il repèrera, elle repèrerait.*

répertoire [ʀepɛʀtwaʀ] nm **1.** [liste] index, list ▶ **répertoire alphabétique** / **thématique** alphabetical / thematic index **2.** [livre] notebook, book / *ils notent le vocabulaire dans un répertoire* they write down the vocabulary in a notebook ▶ **répertoire d'adresses** address book ▶ **répertoire à onglets** thumb-index notebook ou book ▶ **répertoire des rues** street index **3.** DANSE & MUS repertoire ; THÉÂTRE repertoire, repertory ▶ **jouer une pièce du répertoire a)** [acteur] to be in rep **b)** [théâtre] to put on a play from the repertoire ou a stock play / *elle a joué tout le répertoire classique* she's played every part in the classical repertory / *on a inscrit une pièce de Brecht à notre répertoire* we have put a play by Brecht on ou in our repertoire / *tu devrais ajouter ça à ton répertoire* *fig* that could be another string to your bow **4.** DR ▶ **répertoire civil** civil register ▶ **répertoire général** record of cases **5.** INFORM directory ▶ **répertoire racine** root directory.

répertorier [9] [ʀepɛʀtɔʀje] vt **1.** [inventorier] to index, to list / *répertorier les erreurs* to list ou to pick out the mistakes **2.** [inscrire dans une liste] to list / *répertorié par adresses / professions* listed under addresses / professions.

répéter [18] [ʀepete] vt **1.** [dire encore] to repeat / *je n'arrête pas de vous le répéter* that's what I've been trying to tell you / *elle ne se l'est pas fait répéter (deux fois)* she didn't need telling twice ; *(en usage absolu)* : *répétez après moi* repeat after me / *répète un peu pour voir?* let's hear you repeat that (if you dare)! **2.** [révéler par indiscrétion - fait] to repeat ; [- histoire] to retell, to relate / *ne lui répète pas* don't tell her, don't repeat this to her / *ne va pas le répéter (à tout le monde)* don't go telling everybody **3.** [recommencer] to repeat, to do again / *des tentatives répétées de chantage* repeated attempts to blackmail people **4.** [mémoriser - leçon] to go over *(insép)*, to practise ; [- morceau de musique] to practise ; [- pièce, film] to rehearse / *répétons la séquence une dernière fois* let's run through the sequence one more time ; *(en usage absolu)* : *on ne répète pas demain* there's no rehearsal tomorrow **5.** [reproduire - motif] to repeat, to duplicate ; [- refrain] to repeat / *l'écho répétait nos rires à l'infini* our laughter echoed ou reverberated endlessly **6.** DR to obtain recovery of.
❖ **se répéter** vpi **1.** [redire la même chose] to repeat o.s. / *au risque de me répéter* at the risk of repeating myself / *depuis son premier roman, elle se répète* since her first novel, she's just been rewriting the same thing **2.** [se reproduire] to recur, to reoccur, to be repeated / *et que ça ne se répète plus!* don't let it happen again! / *la disposition des locaux se répète à tous les étages* the layout of the rooms is the same on every floor / *l'histoire se répète* history repeats itself.

In reformed spelling (see p. 16-19), this verb is conjugated like *semer*: *il répètera, elle répèterait.*

répéteur [ʀepetœʀ] nm TÉLÉC repeater.

répétiteur, trice [ʀepetitœʀ, tʀis] nm, f *vieilli* coach *(at home or in school)*.

répétitif, ive [ʀepetitif, iv] adj repetitive, repetitious.

répétition [ʀepetisjɔ̃] nf **1.** [d'un mot, d'un geste] repetition **2.** [séance de travail] rehearsal ▶ **être en répétition** to be rehearsing ▶ **répétition générale** dress rehearsal **3.** DR ▶ **répétition de l'indu** recovery of payment made in error.
❖ **à répétition** loc adj **1.** [en armurerie, en horlogerie] repeater *(modif)* **2.** *fam* [renouvelé] : *il fait des bêtises à répétition* he keeps doing stupid things.

répétitivité [ʀepetitivite] nf repetitiveness, repetitiousness.

repeuplement [ʀəpœpləmɑ̃] nm [par des hommes] repopulation ; [par des animaux] restocking ; [par des plantes] replantation, replanting *(U)* ; [par des arbres] reafforestation UK, reforestation US.

repeupler [5] [ʀəpœple] vt [secteur] to repopulate ; [étang] to restock ; [forêt] to reafforest UK, to reforest US.
❖ **se repeupler** vpi : *cette région commence à se repeupler* people are starting to move back to the area / *la rivière se repeuple* life is coming back to the river.

repiquage [ʀəpikaʒ] nm **1.** AGR planting ou bedding out **2.** AUDIO [sur bande] rerecording, taping ; [sur disque] transfer.

repiquer [3] [ʀəpike] ◆ vt **1.** [planter - riz, salades] to plant ou to pick ou to bed out **2.** *tfam* [attraper de nouveau] to catch ou to nab again **3.** [enregistrer - sur disque] to transfer ; [- sur cassette] to rerecord, to tape **4.** COUT to restitch **5.** *arg scol* [classe] to repeat **6.** [repaver] to repave **7.** PHOT to touch up. ◆ vi *fam* [recommencer] to start again / *repiquer à un plat* to have a second helping.

répit [ʀepi] nm respite, rest ▶ **un moment de répit** a breathing space / *mes enfants ne me laissent pas un instant de répit* my children never give me a minute's rest / *s'accorder quelques minutes de répit* to give o.s. a few minutes' rest.
❖ **sans répit** loc adv [lutter] tirelessly ; [poursuivre, interroger] relentlessly, without respite.

replacer [16] [ʀəplase] vt **1.** [remettre] to replace, to put back *(sép)* / *replace ça là où tu l'as trouvé* put that back where you found it / *replacer les événements dans leur contexte* to put events into their context **2.** *fam* [réutiliser] to put in *(sép)* again / *elle est bonne, celle-là, je la replacerai!* that's a good one, I must remember it ou use it myself sometime! **3.** [trouver un nouvel emploi pour - domestique] to find a new position for ; [- employé] to reassign.
❖ **se replacer** vpi **1.** [se remettre en place] to take up one's position again / *les joueurs se replacent sur le terrain* the players are taking up their positions again on the field **2.** [domestique] to find (o.s.) a new job **3.** [dans une situation déterminée] to imagine o.s., to visualize o.s. / *il faut se replacer dans les conditions de l'examen pour comprendre son échec* you have to imagine yourself in the exam situation to understand why she failed.

replantation [ʀəplɑ̃tasjɔ̃] nf replanting *(U)*.

replanter [3] [ʀəplɑ̃te] vt to replant / *replanter une forêt en sapins* to replant a forest with firs / *après le phylloxéra, ils ont replanté en blé* after the phylloxera epidemic they planted the area with wheat.

replat [ʀəpla] nm GÉOGR sloping ledge, shoulder.

replâtrage [ʀəplatʀaʒ] nm **1.** CONSTR replastering **2.** *fam* [réconciliation] patching-up ; [réarrangement] tinkering.

replâtrer [3] [ʀəplatʀe] vt **1.** CONSTR to replaster **2.** *fam & fig* to patch up *(sép)* / *ces capitaux ne suffiront pas à replâtrer les finances de l'entreprise* this capital won't be sufficient to paper over the cracks in the company's finances / *ils n'ont fait que replâtrer le texte* they just rejigged UK ou doctored the text a bit.

replet, ète [ʀəplɛ, ɛt] adj [personne] plump, podgy, portly ; [visage] plump, chubby ; [ventre] full, rounded.

repleuvoir [68] [ʀəpløvwaʀ] v impers ▶ **il repleut** it's (started) raining again / *il n'a pas replu depuis* it hasn't rained (again) since.

repli [ʀəpli] nm **1.** [pli - du terrain] fold ; [courbe - d'une rivière] bend, meander **2.** MIL withdrawal, falling back *(U)* ▶ **solution** ou **stratégie de repli** fallback option **3.** *fig & litt* [recoin] recess / *les sombres replis de l'âme* the dark recesses ou reaches of the soul **4.** [baisse] fall, drop / *on note un léger repli de la livre sterling* sterling has fallen slightly ou has eased (back) **5.** [introversion] ▶ **repli sur soi** a turning in on o.s. ▶ **repli identitaire** exagerated sense of identity, recourse to identity politics.

repliable [ʀəplijabl] adj folding.

réplication [ʀeplikasjɔ̃] nf BIOL replication.

repliement [ʀəplimɑ̃] nm *sout* [introversion] withdrawal / *repliement sur soi-même* withdrawal (into o.s.), turning in on o.s., self-absorption.

replier [10] [ʀəplije] vt **1.** [plier - journal] to fold up *(sép)* again ; [- couteau] to close again / *replie le bas de ton pantalon* turn up the bottom of your trousers **2.** [ramener - ailes] to fold ; [- jambes] to tuck under *(sép)* **3.** MIL : *replier des unités derrière le fleuve* to withdraw units back to the other side of the river / *replier les populations civiles* to move the civilian population back.
❖ **se replier** ◆ vp *(emploi passif)* to fold back / *la lame se replie dans le manche* the blade folds back into the handle. ◆ vpi **1.** MIL to withdraw, to fall back **2.** BOURSE [monnaie] to fall back.
❖ **se replier sur** vp + prép : *se replier sur soi-même* to withdraw into o.s., to turn in on o.s. / *il est trop replié sur lui-même* he's too much of an introvert / *la secte s'est repliée sur elle-même* the sect has cut itself off from the outside world.

réplique [ʀeplik] nf **1.** [réponse] reply, retort, rejoinder *sout* / *ce gamin a la réplique facile* this kid is always ready with ou is never short of an answer / *je cite toujours la réplique de de Gaulle le jour où...* I like to quote the reply made by de Gaulle when... / *avoir le sens de la réplique* to be always ready with an answer ▶ **argument sans réplique** irrefutable ou unanswerable argument / *c'est sans réplique* what can you say to that!, there's no answer to that! / *quand elle a décidé quelque chose, c'est sans réplique* when she's made up her mind about something, she's quite adamant! / *obéissez, et pas de réplique* do as you're told and no argument! / *un échange de répliques assez vives* a rather lively exchange **2.** [dans une pièce, un film] line, cue / *manquer une réplique* to miss a cue / *oublier sa répli-*

que to forget one's lines ▸ **donner la réplique à un acteur a)** [en répétition] to give an actor his cues **b)** [dans une distribution] to play opposite an actor **3.** [reproduction] replica, studio copy / *il est la réplique vivante de son père* he's the spitting image of ou a dead ringer for his father ▸ **réaliser la réplique de qqch** to design a replica of sthg **4.** GÉOL aftershock.

répliquer [3] [Replike] vt [répondre] to reply, to retort / *elle répliqua que ça ne le regardait pas* she replied ou retorted that it was none of his business / *il n'y a rien à répliquer à un tel argument* there's no answer to an argument like that / *que répliquer à ça?* how can you reply to that? / *il n'en est pas question, répliqua-t-il* it's out of the question, he replied ou retorted.

❖ **répliquer à** v + prép **1.** [répondre à] to reply to / *répliquer à une insulte* to reply to an insult / *répliquer à une critique* to reply to ou to answer criticism / *ne t'avise plus de me répliquer* don't you ever dare answer me back again! ; *(en usage absolu)* : *monte te coucher et ne réplique pas!* go upstairs to bed and no argument! **2.** [contre-attaquer] to respond to / *la France a répliqué à cette déclaration en rappelant son ambassadeur* France has responded to this declaration by recalling her ambassador ; *(en usage absolu)* : *le pays a été attaqué et a répliqué immédiatement* the country was attacked and immediately retaliated.

replisser [3] [Rəplise] vt [tissu] to pleat again.

replonger [17] [Rəplɔ̃ʒe] ◆ vt **1.** [plonger à nouveau] to dip back *(sép)* / *replonger la louche dans la marmite* to dip the ladle back into the pot / *l'enfant replongea ses doigts dans la confiture* the child plunged ou stuck his fingers back into the jam **2.** *fig* [faire sombrer à nouveau] to plunge back *(sép)*, to push back / *le choc la replongea dans la démence* the shock pushed ou tipped her back into madness. ◆ vi **1.** [plonger à nouveau] to dive again / *on replonge?* shall we dive in again ou have another dive? **2.** *fig* ▸ **replonger dans l'alcool / la délinquance** to relapse into drinking / delinquency / *replonger dans la dépression* to sink back ou to relapse into depression / *un rien peut faire replonger un alcoolique* it doesn't take much to push an alcoholic back into his old ways **3.** *arg crime* [retourner en prison] to go back inside.

❖ **se replonger dans** vp + prép to go back to / *se replonger dans son travail* to immerse o.s. in work again, to go back to one's work / *se replonger dans ses recherches* to get involved in one's research again.

replu v ⟶ **repleuvoir.**

repolir [32] [RəpɔliR] vt to polish up *(sép)* again.

repolissage [Rəpɔlisaʒ] nm repolishing, polishing up again.

répondant, e [Repɔ̃dɑ̃, ɑ̃t] nm, f [garant] guarantor, surety ▸ **être le répondant de qqn a)** [financièrement] to stand surety for sb, to be sb's guarantor **b)** [moralement] to answer ou to vouch for sb.

❖ **répondant** nm **1.** *vieilli* RELIG server **2.** ARCHÉOL shawabti **3.** EXPR **avoir du répondant** to have money.

répondeur, euse [Repɔ̃dœR, øz] adj [insolent] who answers back / *il est déjà répondeur à son âge* he's got a lot of cheek UK ou he's very sassy US for his age.

❖ **répondeur** nm ▸ **répondeur (téléphonique)** (telephone) answering machine ▸ **répondeur enregistreur** Ansafone® UK, answering machine ▸ **répondeur interrogeable à distance** remote-control (telephone) answering machine.

répondre [75] [Repɔ̃dR] ◆ vi **1.** [répliquer] to answer, to reply / *réponds quand je t'appelle!* answer (me) when I call you! / *ma sœur a répondu pour moi* my sister answered for me ou in my place / *bien répondu!* well said ou spoken! / *répondez par oui ou par non* answer ou say yes or no / *il n'a répondu que par des grognements* his only answer ou reply was a series of grunts / *elle répondit en riant* she answered ou replied with a laugh / *il lui a répondu par un crochet du gauche* he answered ou replied with a left hook / *répondre par un clin d'œil / hochement de tête* to wink / to nod in reply ▸ **répondre par l'affirmative / la négative** to answer in the affirmative / negative / *seul l'écho lui répondit* the only reply was an echo ▸ **répondre à qqn** to answer sb / *réponds à la dame* answer the lady ▸ **répondre à qqch** to answer sthg / *vous ne répondez pas à ma question* you haven't answered my question / *je ne répondrai pas à cet interrogatoire* I refuse to answer these questions ou to undergo this interrogation **2.** [être insolent] to answer back / *répondre à ses parents / professeurs* to answer one's parents / teachers back / *et ne réponds pas!* and no answering back!, and no backchat UK ou backtalk US ! **3.** [à une lettre] to answer, to reply, to write back ▸ **répondre par écrit** to answer ou to reply in writing / *il faut leur répondre par écrit* you must give them a written answer ou reply / *je n'ai jamais répondu* I never wrote back ou answered ou replied / *il ne m'a pas encore répondu* he hasn't written back to me yet, I still haven't had a reply from him / *répondre à une note* to answer ou to reply to a note ▸ **répondez au questionnaire suivant** answer the following questions, fill in the following questionnaire / *je réponds toujours aux vœux qu'on m'envoie* I always reply to any messages of goodwill that people send me / *répondre à une invitation* [dire qu'on l'a reçue] to reply to ou to answer an invitation / *je suis ravie que vous ayez pu répondre à mon invitation* [que vous soyez venu] I'm delighted that you were able to accept my invitation / *vous devez répondre à la convocation* [dire que vous l'avez reçue] you must acknowledge receipt of the notification ▸ **répondre à une citation à comparaître a)** DR [témoin] to comply with a subpoena, to answer a court summons **b)** [inculpé] to attend a summons **4.** [à la porte, au téléphone] to answer / *ne réponds pas!* don't answer! ▸ **je vais répondre a)** [à la porte] I'll go **b)** [au téléphone] I'll answer it, I'll get it ▸ **ça ne répond pas** nobody's answering, there's no answer / *répondre au téléphone* to answer the phone ou telephone **5.** [réagir -véhicule, personne, cheval] to respond / *les gens répondent par milliers* people are responding in their thousands / *le public répond mal* there is a low level of public response / *les freins répondent bien* the brakes respond well / *une voiture qui répond bien* a car that responds well ▸ **répondre à** to respond to / *son organisme ne répond plus au traitement* her body isn't responding to treatment any more / *répondre à l'amitié de qqn* to respond to ou to return sb's friendship / *répondre au sourire / à l'amour de qqn* to return sb's smile / love / *elle répondit à son accueil par un sourire glacial* she responded to ou met his welcome with an icy smile / *répondre à un coup* ou *à une attaque* to fight back, to retaliate / *répondre à une accusation / critique* to counter an accusation / a criticism / *répondre à la force par la force* to meet ou to answer force with force ▸ **répondre aux aides** ÉQUIT to respond (well) to aids. ◆ vt **1.** [gén] to answer, to reply ; [après une attaque] to retort ▸ **répondre (que) oui / non** to say yes / no in reply, to answer yes / no / *à trois heures et demie, répondit-elle* at half past three, she answered ou replied / *qu'as-tu répondu?* what did you say?, what was your answer? / *que puis-je répondre à cela?* what can I say to that? / *je n'ai rien trouvé à répondre* I could find no answer ou reply / *est-ce qu'elle a répondu quelque chose?* did she give any answer?, did she say anything in reply? / *si on me demande pourquoi, je répondrai ceci* if I'm asked the reason why, this is what I'll say ou answer / *ils m'ont répondu des bêtises* they answered me with a lot of nonsense / *j'ai répondu à Joseph que je ne le ferais pas* I told Joseph I wouldn't do it / *je me suis vu répondre que cela ne me regardait pas* I was told it was none of my business / *elle m'a répondu de le faire moi-même* she told me to do it myself / *que répondre à cela?* there's no answer to that(,is there?) / *il répondit ne pas s'en soucier* sout he answered ou replied that he did not care about it **2.** [par lettre] to answer ou to reply (in writing ou by letter) ▸ **répondre que...** to write (back) that... **3.** RELIG : *répondre la messe* to give the responses (at Mass).

❖ **répondre à** v + prép **1.** [satisfaire -besoin, demande] to answer, to meet ; [-attente, espoir] to come up to live up to, to fulfil ; [correspondre à -norme] to meet ; [-condition] to fulfil ; [-description, signalement] to answer, to fit / *nos produits répondent à ces exigences de qualité* our products meet these quality requirements / *les dédommagements ne répondent pas à l'attente des sinistrés* the amount offered in compensation falls short of the victims' expectations **2.** [s'harmoniser avec] to match / *au bleu du ciel répond le bleu de la mer* the blue of the sky matches the blue of the sea / *la frise de la nef répond à celle du transept* the frieze in the nave harmonizes with the one in the transept **3.** ▸ **répondre au nom de** [s'appeler] to answer to the name (of).

❖ **répondre de** v + prép **1.** [cautionner -filleul, protégé] to answer for ▸ **répondre de l'exactitude de qqch / de l'intégrité de qqn** to vouch for the accuracy of sthg / sb's integrity / *je réponds de lui comme de moi-même* I can fully vouch for him / *je ne réponds plus de rien* I am no longer responsible for anything / *elle répond des dettes de son mari jusqu'au divorce* she's responsible ou answerable for her husband's debts until the divorce **2.** *sout* [assurer] : *elle cédera, je vous en réponds!* she'll give in, you can take it from me ou take my word for it! / *je vous réponds que cela ne se renouvellera pas!* I guarantee (you) it won't happen again! **3.** [expliquer] to answer ou to account for, to be accountable for / *je n'ai pas à répondre de mes décisions* I do not have to account for my decisions / *les ministres répondent de leurs actes devant le Parlement* ministers are accountable for their actions before Parliament / *répondre d'un crime* DR to answer for a crime / *il lui faudra répondre de plusieurs tentatives de viol* he'll have to answer several charges of attempted rape.

❖ **se répondre** vp *(emploi réciproque)* [instruments de musique] to answer each other ; [sculptures, tableaux] to match each other ; [couleurs, formes, sons] to harmonize.

répons [Repɔ̃] nm RELIG response.

réponse [Repɔ̃s] nf **1.** [réplique] answer, reply ▸ **avoir (toujours) réponse à tout** : *elle a toujours réponse à tout* **a)** [elle sait tout] she has an answer for everything **b)** [elle a de la repartie] she's never at a loss for ou she's always ready with an answer / *pour toute réponse, elle me claqua la porte au nez* her only answer was to slam the door in my face ▸ **une réponse de Normand** an evasive answer ▸ **c'est la réponse du berger à la bergère** it's tit for tat **2.** [à un courrier] reply, answer, response / *en réponse à votre courrier du 2 mai* in reply ou response to your letter of May 2nd / *leur lettre est restée sans réponse* their letter remained ou was left unanswered / *leur demande est restée sans réponse* there was no reply ou response to their request / *réponse par retour du courrier* reply by return of post ▸ **je lui ai donné une réponse positive a)** [à son offre] I accepted his offer **b)** [à sa candidature] I told him his application had been successful / *je lui ai donné une réponse négative* I turned him down ▸ **réponse payée** TÉLÉC reply paid / *télégramme avec réponse payée* reply-paid telegram **3.** [réaction] response / *la réponse du gouvernement fut d'imposer le couvre-feu* the government's response was to impose a curfew **4.** ÉDUC & UNIV [solution] answer / *la réponse à la question n° 5 est fausse* the answer to number 5 is wrong **5.** TECHNOL response / *temps de réponse d'un appareil* response time of a device **6.** MUS answer **7.** PSYCHOL response, reaction.

 **response** ou **reply ?**

Response et **reply** peuvent tous deux être employés pour traduire réponse (voir article). Au sens de «réaction», c'est **response** qu'il faut employer.

repopulation [Rəpɔpylasjɔ̃] nf repopulation.

report [RəpɔR] nm **1.** [renvoi à plus tard] postponement, deferment / *report du jugement sine die* deferment of the verdict to an unspecified date ▸ **report d'échéance** FIN extension of due date **2.** COMPTA carrying forward ou over / *faire le report d'une somme* to carry forward ou over an amount ▸ **report d'écritures** posting ▸ **report à nouveau a)** balance (carried forward) **b)** [en haut de colonne] brought forward **c)** [en bas de colonne] carried forward **3.** [au turf] rebetting **4.** [transfert] ▸ **report des voix** transfer of votes **5.** BOURSE contango, carry over **6.** TÉLÉC ▸ **report de minutes** rollover minutes **7.** PHOT transfer **8.** IMPR ▸ **papier à report** transfer paper.

reportage [ʀəpɔʀtaʒ] nm **1.** [récit, émission] report / *reportage télévisé / photo* television / photo report ▸ **faire un reportage sur qqch** to do a report on sthg / *j'ai fait mon premier grand reportage pour Nice-Matin* I covered my first big story for Nice-Matin **2.** [métier] (news) reporting, reportage ▸ **faire du reportage** to be a news reporter ▸ **être en reportage** to be on an assignment ▸ **faire du grand reportage** to do international reporting, to cover stories from all over the world.

reporter[1] [ʀəpɔʀtɛʀ] nmf (news) reporter ▸ **grand reporter** international reporter ▸ **reporter sportif** sports commentator ▸ **sac (de) reporter** organizer bag.

reporter[2] [3] [ʀəpɔʀte] vt **1.** [rapporter] to take back *(sép)* / *reporter un livre à la bibliothèque* to take a book back to the library **2.** [transcrire - note, insertion] to transfer, to copy out / *reporter votre appréciation sous la photo du candidat* copy out your assessment under the candidate's photograph ; COMPTA to carry forward *(sép)* / *tu dois reporter le total à la page suivante* you must carry the total forward to the next page / *reporter à nouveau* to carry forward (to new account) / *reporter le montant des exportations dans le livre des comptes* to post exports (to the ledger) **3.** [retarder - conférence, rendez-vous] to postpone, to put off *(sép)* ; [- annonce, verdict] to put off, to defer ; [- date] to defer, to put back UK ▸ **reporter qqch à une prochaine fois** to put sthg off until another time ; [en arrière dans le temps] to take back *(sép)* / *ces photos me reportent à l'été 43* these photographs take me back to the summer of '43 **4.** [transférer] to shift, to transfer ▸ **reporter qqch sur** : *les votes ont été reportés sur le candidat communiste* the votes were transferred to the Communist candidate / *il a reporté toute son amertume sur sa fille* he's transferred ou shifted all his bitterness onto his daughter **5.** [miser] to put, to place, to transfer / *reporter tous ses gains sur le 8* to put ou to place all one's winnings on the 8 **6.** BOURSE to carry over *(sép)* / *faire reporter des titres* to give on ou to lend stock.

❖ **se reporter à** vp + prép [se référer à] to turn ou to refer to, to see / *reportez-vous à notre dernier numéro* see our last issue.

❖ **se reporter sur** vp + prép [se transférer sur] to be transferred to / *tout son amour s'est reporté sur sa fille* all his love was switched to his daughter.

reporter-cameraman [ʀəpɔʀtɛʀkameʀaman] *(pl* **reporters-cameramans** *ou* **reporters-cameramen** [-mɛn]) nmf television news reporter.

reporter-photographe [ʀəpɔʀtɛʀfɔtɔgʀaf] *(pl* **reporters-photographes**) nmf news photographer, photojournalist.

reporteur, trice [ʀəpɔʀtœʀ, tʀis] nm, f **1.** BOURSE taker (of stock) **2.** IMPR transfer printer (person) **3.** PRESSE ▸ **reporteur d'images** television news reporter.

repos [ʀəpo] nm **1.** [détente] rest / *prendre quelques jours de repos* to take ou to have a few days' rest ▸ **un moment de repos** a short rest / *j'ai besoin d'un peu de repos* I need a bit of a rest, I need to rest a little / *mon médecin m'a conseillé le repos* my doctor has advised me to take a rest **2.** [période d'inactivité] rest (period), time off / *trois jours de repos, un repos de trois jours* three days off ▸ **repos compensateur** ≃ time off in lieu ▸ **repos dominical** Sunday rest ▸ **repos hebdomadaire** weekly time off **3.** *litt* [tranquillité - de la nature] peace and quiet ; [- intérieure] peace of mind / *la peur d'être expulsé lui ôtait tout repos* fear of expulsion took away his peace of mind / *je n'aurai pas de repos tant que...* I won't rest as long as... **4.** *litt* [sommeil] sleep, rest / *respecte le repos des autres* let other people sleep (in peace) ▸ **repos éternel** eternal rest / *le repos de la tombe ou de la mort* the sleep of the dead **5.** MUS cadence ; LITTÉR break **6.** MIL ▸ **repos!** at ease! **7.** CONSTR (small) landing **8.** GÉOL dormancy **9.** PHYS rest **10.** SPORT break.

❖ **au repos** ◆ loc adj [moteur, animal] at rest ; [volcan] dormant, inactive ; [muscle, corps] relaxed. ◆ loc adv **1.** AGR : *laisser un champ au repos* to let a field lie fallow **2.** MIL : *mettre la troupe au repos* to order the troops to stand at ease.

❖ **de tout repos** loc adj : *le voyage n'était pas de tout repos* it wasn't exactly a restful journey / *des placements de tout repos* gilt-edged investments.

❖ **en repos** loc adj **1.** [inactif] : *l'imagination de l'artiste ne reste jamais en repos* an artist's imagination never rests ou is never at rest **2.** [serein] : *elle a la conscience en repos* she has an easy ou a clear conscience.

reposant, e [ʀəpozɑ̃, ɑ̃t] adj [vacances] relaxing ; [ambiance, lumière, musique] soothing.

repose [ʀəpoz] nf [d'une serrure, d'une porte] refitting *(U)* ; [d'un tissu, d'une moquette] relaying *(U)*, putting (back) down again *(U)*.

reposé, e [ʀəpoze] adj fresh, rested / *on repartira quand tu seras bien reposé* we'll set off again once you've had a good rest / *tu as l'air reposé* you look rested.

repose-pieds [ʀəpozpje] nm inv footrest.

repose-poignets [ʀəpozpwaɲɛ] nm inv INFORM wrist rest, wrist pillow, wrist pad.

reposer [3] [ʀəpoze] ◆ vt **1.** [question] to ask again, to repeat ; [problème] to raise again, to bring up *(sép)* again **2.** [objet] to put down (again) ou back down / *on a dû faire reposer de la moquette* we had to have the carpet relaid / *reposer une serrure* to refit a lock **3.** [personne, corps, esprit] to rest / *reposer ses jambes* to rest one's legs / *la peinture me repose les nerfs* painting rests my nerves / *ça le repose de tous ses soucis* it gives him a rest from all his worries **4.** MIL ▸ **reposez armes!** order arms! ◆ vi **1.** [être placé] to rest, to lie / *sa tête reposait sur l'oreiller* her head rested ou lay on the pillow **2.** *litt* [dormir] to sleep ; [être allongé] to rest, to be lying down / *reposer sur son lit de mort* to be lying on one's deathbed ; [être enterré] : *elle repose non loin de son village natal* she rests ou she's buried not far from her native village / *ici reposent les victimes de la guerre* here lie the victims of the war **3.** [être posé] to rest, to lie, to stand / *l'épave reposait par cent mètres de fond* the wreck lay one hundred metres down **4.** [liquide, mélange] ▸ **laissez le vin reposer** leave the wine to settle, let the wine stand ▸ **laissez reposer la pâte / colle** leave the dough to stand / glue to set **5.** AGR ▸ **laisser la terre reposer** to let the land lie fallow.

❖ **reposer sur** v + prép **1.** [être posé sur] to rest on, to lie on, to stand on / *la statue repose sur un socle de marbre* the statue stands ou sits on a marble pedestal ; CONSTR to be built ou to rest on **2.** [être fondé sur - suj : témoignage, conception] to rest on / *sur quelles preuves repose votre affirmation?* what evidence do you have to support your assertion?, on what evidence do you base your assertion? / *l'ordre social repose sur la famille* social order hinges ou is based on the family.

❖ **se reposer** vpi [se détendre] to rest / *va te reposer une heure* go and rest ou go take a rest for an hour / *se reposer des fatigues de la journée* to rest after a tiring day ▸ **se reposer sur ses lauriers** to rest on one's laurels.

❖ **se reposer sur** vp + prép [s'en remettre à] to rely on / *le Président se repose trop sur ses conseillers* the President relies ou depends too much on his advisers / *je me repose sur elle pour les histoires d'argent* I rely on her as far as money matters are concerned.

repose-tête [ʀəpoztɛt] *(pl* **repose-tête** *ou* **repose-têtes***) nm headrest.

repositionnable [ʀəpozisjɔnabl] adj repositionable, removable.

repositionnement [ʀəpozisjɔnmɑ̃] nm [d'un produit, d'une marque, d'une entreprise] repositioning.

repositionner [3] [ʀəpozisjɔne] vt **1.** [remettre en position] to reposition **2.** COMM : *repositionner un produit* to reposition a product.

❖ **se repositionner** vpi : *se repositionner sur le marché* to reposition o.s. in the market.

reposoir [ʀəpozwaʀ] nm [dans une église] repository ; [dans une maison] (temporary) altar.

repourvoir [64] [ʀəpuʀvwaʀ] vt SUISSE to entrust with responsibility.

repoussage [ʀəpusaʒ] nm **1.** ART repoussé (work) *(U)*, chasing *(U)*, embossing *(U)* ; [travail du cuir] embossing *(U)* **2.** MÉTALL repoussé.

repoussant, e [ʀəpusɑ̃, ɑ̃t] adj repulsive, repellent / *être d'une laideur repoussante* to be repulsively ou horribly ugly.

repousse [ʀəpus] nf new growth / *des pilules qui facilitent la repousse des cheveux* hair-restoring pills.

repoussé [ʀəpuse] ◆ adj m repoussé *(modif)*. ◆ nm [technique - gén] repoussé (work) ; [- au marteau] chasing ; [relief] repoussé.

repousse-peaux [ʀəpuspo] nm inv cuticle remover.

repousser [3] [ʀəpuse] ◆ vt **1.** [faire reculer - manifestants] to push ou to drive back *(sép)* ▸ **repousser un agresseur** to drive off ou to beat off ou to repel an attacker / *repousser une attaque* to drive back ou to repel an attack / *repousser les frontières de l'imaginaire / l'horreur* to push back the frontiers of imagination / horror **2.** [écarter] to push aside ou away *(sép)* / *elle repoussa violemment l'assiette* she pushed the plate away violently ▸ **repousser qqn d'un geste brusque** to push ou to shove sb out of the way roughly ▸ **il repoussa du pied la bouteille vide a)** [violemment] he kicked the empty bottle away **b)** [doucement] he nudged ou edged the empty bottle out of the way with his foot / *repoussons les meubles* let's push back the furniture **3.** [refuser - offre, mesure, demande en mariage] to turn down *(sép)*, to reject ; [- solution, thèse] to reject, to dismiss, to rule out *(sép)* ; [- tentation, idées noires] to resist, to reject, to drive away *(sép)* / *repousser un projet de loi* to throw out ou to reject a bill ▸ **repousser les avances de qqn** to reject sb's advances **4.** [mendiant] to turn away *(sép)* ; [prétendant] to reject **5.** [dégoûter] to repel, to put off *(sép)* / *il me repousse* he repels me **6.** [retarder - conférence, travail] to postpone, to put off *(sép)* ; [- date] to defer, to put back *(sép)* UK ; [- décision, jugement] to defer / *repoussé au 26 juin* postponed until the 26th of June **7.** TECHNOL [cuir] to emboss ; [métal] to chase, to work in repoussé. ◆ vi **1.** [barbe, plante] to grow again ou back **2.** EXPR ▸ **repousser du goulot** *tfam* : *il repousse du goulot* his breath stinks, he's got foul breath.

❖ **se repousser** vp *(emploi réciproque)* [particules] to repel each other.

repoussoir [ʀəpuswaʀ] nm **1.** [faire-valoir] foil ▸ **servir de repoussoir à (la beauté de) qqn** to act as a foil to sb's beauty **2.** [laideron] ugly duckling / *sa sœur est un véritable repoussoir* his sister's really ugly **3.** ART repoussoir **4.** CONSTR [ciseau] drift (chisel) **5.** [spatule de manucure] orange stick.

répréhensible [ʀepʀeɑ̃sibl] adj reprehensible, blameworthy / *un acte répréhensible* a reprehensible ou an objectionable deed / *je ne vois pas ce que ma conduite a de répréhensible* I don't see what's reproachable about my behaviour.

reprendre [79] [ʀəpʀɑ̃dʀ] ◆ vt **1.** [saisir à nouveau - objet] to pick up *(sép)* again, to take again / *reprenez vos crayons et notez* pick up your pencils again and write ▸ **reprendre les rênes a)** *pr* to take in the reins **b)** *fig* to resume control **2.** [s'emparer à nouveau de - position, ville] to retake, to recapture ; [- prisonnier] to recapture, to catch again **3.** [suj : maladie, doutes] to take hold of again / *quand la douleur me reprend* when the pain comes back / *l'angoisse me reprit* anxiety took hold of me again / *ça y est, ça le reprend!* there he goes again! **4.** [aller rechercher - personne] to pick up *(sép)* ; [- objet] to get back *(sép)*, to collect ; [remporter] to take back *(sép)* / *va reprendre ton argent* go and collect your money ou get your money back / *je (te) reprendrai mon écharpe demain* I'll get my scarf back (from you) tomorrow / *ils reprennent aux uns ce qu'ils donnent aux autres* they take away from some in order to give to others / *tu peux reprendre ton cadeau, je n'en ai que faire* you can keep your present, I don't want it / *tu peux reprendre ton parapluie, je n'en ai plus besoin* I

* In reformed spelling (see p. 16-19).

don't need your umbrella anymore, you can take it back / *je te reprendrai à la sortie de l'école* I'll pick you up ou I'll collect you ou I'll come and fetch you after school / *je suis venu reprendre Nathalie* I've come to pick Nathalie up, I've come to fetch Nathalie / *reprendre ses bagages à la consigne* to collect ou to pick up one's luggage from the left-luggage office / *vous pouvez (passer) reprendre votre montre demain* you can come (by) and collect ou pick up your watch tomorrow / *je laisserai la voiture à l'aéroport et je la reprendrai en revenant* I'll leave the car at the airport and I'll pick it up ou collect it on the way back **5.** [réengager - employé] to take ou to have back *(sép)*; [réadmettre - élève] to take ou to have back / *nous ne pouvons reprendre votre enfant en septembre* we can't take ou have your child back in September **6.** [retrouver - un état antérieur] to go back to / *elle a repris son nom de jeune fille* she went back to her maiden name / *il a repris sa bonhomie coutumière* he has recovered his usual good spirits / *je n'arrivais plus à reprendre ma respiration* I couldn't get my breath back ▸ **reprendre son sang-froid** to calm down ▸ **reprendre courage** to regain ou to recover courage / *si tu le fais sécher à plat, il reprendra sa forme* if you dry it flat, it'll regain its shape ou it'll get its shape back **7.** [à table] ▸ **reprends un biscuit** have another biscuit / *reprenez-en (un peu)* have some more ou a little more / *reprends un comprimé dans deux heures* take another tablet in two hours' time ; [chez un commerçant] to have ou to take more (of) / *j'ai changé d'avis, je vais en reprendre trois* I've changed my mind, I'll have another three / *votre poulet était bon la dernière fois, je vais en reprendre* your chicken was good last time, I'll have some again ou more **8.** [recommencer, se remettre à - recherche, combat] to resume ; [- projet] to take up again ; [- enquête] to restart, to reopen ; [- lecture] to go back to, to resume ; [- hostilités] to resume, to reopen ; [- discussion, voyage] to resume, to carry on (with), to continue ▸ **reprendre ses études** to take up one's studies again, to resume one's studies / *je reprends l'école le 15 septembre* I start school again ou I go back to school on September 15th ▸ **reprendre le travail a)** [après des vacances] to go back to work, to start work again **b)** [après une pause] to get back to work, to start work again **c)** [après une grève] to go back to work ▸ **reprendre contact avec qqn** to get in touch with sb again ▸ **reprendre la plume / la caméra / le pinceau** to take up one's pen / movie camera / brush once more / *les évadés ont repris leur course vers la mer* the fugitives have resumed their flight towards the coast ▸ **reprendre la route** ou **son chemin** to set off again, to resume one's journey / *elle a repris le volant après quelques heures* she took the wheel again after a few hours / *je reprends des antibiotiques depuis une semaine* I've been taking antibiotics again for a week ▸ **reprendre la mer a)** [marin] to go back to sea **b)** [navire] to (set) sail again / *Dupin reprendra sa chronique en janvier* PRESSE Dupin will resume his regular column again in January / *reprendre une instance* DR to resume a hearing **9.** [répéter - texte] to read again ; [- argument, passage musical] to repeat ; [- refrain] to take up *(sép)* / *il reprend toujours les mêmes thèmes* he always repeats the same themes, he always harps on the same themes *péj* / *j'ai inlassablement repris mes arguments* I repeated ou used the same arguments over and over again / *elle leur a fait reprendre en chœur les trois dernières mesures* she made them repeat the last three bars in chorus ▸ **on reprend tout depuis le** ou **au début** [on recommence] let's start (all over) again from the beginning / *reprends la lecture depuis le début du paragraphe* start reading again from the beginning of the paragraph / *un sujet repris par tous vos hebdomadaires* an issue taken up by all your weeklies ; TV to repeat ; CINÉ to rerun ; THÉÂTRE to revive, to put on again, to put back on the stage ▸ **quand j'ai repris le rôle de Tosca a)** [que j'avais déjà chanté] when I took on the part of Tosca again **b)** [que je n'avais jamais chanté] when I took on ou over the part of Tosca ; [récapituler - faits] to go over *(insép)* again / *il faut reprendre les événements bien plus loin* we have to take up the story much earlier **10.** [dire] to go ou to carry on / *« et lui ? », reprit-elle* "what about him?" she went on **11.** COMM [article refusé] to take back *(sép)* / *les vêtements ne sont ni repris ni échangés* clothes cannot be returned or exchanged / *nous vous reprenons votre vieux salon pour tout achat de plus de 1 000 euros* your old lounge suite accepted in part exchange for any purchase over 1,000 euros / *ils m'ont repris ma voiture pour 3 000 euros* I traded my car in for 3,000 euros ; [prendre à son compte - cabinet, boutique] to take over *(sép)* / *après l'accident de son père, elle a repris l'entreprise / le stock* she took over the firm / stock after her father's accident **12.** [adopter - idée, programme politique] to take up *(sép)* / *j'ai repris leur devise* I've taken up their motto, I've made their motto mine ▸ **reprendre à son compte les idées de qqn** to take up sb's ideas **13.** [modifier - texte] to rework, to go over *(insép)* again ; [- peinture] to touch up *(sép)* / *il a fallu tout reprendre* it all had to be gone over ou done again / *c'était parfait, je n'ai rien eu à reprendre* it was perfect, I didn't have to make a single correction ou alteration / *il faudra que tu reprennes le début du premier paragraphe* you'll have to rework the beginning of the first paragraph / *il faudra reprendre le projet de fond en comble* the plan has to be completely reviewed ; COUT [gén] to alter ; [rétrécir] to take in / *je vais reprendre le pantalon à la taille* I'll take in the trousers at the waist ; [en tricot] : *reprendre une maille* to pick up a stitch ; CONSTR to repair / *reprendre un mur en sous-œuvre* to underpin a wall ; MÉCAN [pièce] to rework, to machine **14.** [réprimander] to pull up, to reprimand *sout*, to tell off *(sép)* ; [corriger] to correct, to pull up *(sép)* / *j'ai été obligée de la reprendre en public* I had to put her straight in front of everybody / *sa femme est toujours en train de le reprendre* his wife is always pulling him up **15.** [surprendre] ▸ **reprendre qqn à voler / fumer** to catch sb stealing / smoking again / *que je ne t'y reprenne plus !* don't let me catch you at it again ! / *on ne m'y reprendra plus !* that's the last time you'll catch me doing that ! **16.** SPORT to return / *reprendre la balle en revers* to take ou to return the ball on one's backhand / *reprendre un cheval* ÉQUIT to rein a horse / *reprendre la voie* CHASSE [chien] to pick up the scent again. ◆ vi **1.** [s'améliorer - affaires] to improve, to recover, to pick ou to look up ▸ **les affaires reprennent** business is picking ou looking up / *avec le nouveau gérant, le restaurant a bien repris* with the new manager, the restaurant is picking up well ; [repousser - plante] to pick up, to recover **2.** [recommencer - lutte] to start (up) again, to resume ; [- pluie, vacarme] to start (up) again ; [- cours, école] to start again, to resume ; [- feu] to rekindle ; [- fièvre, douleur] to return, to start again / *si la fièvre reprend, donnez-lui un comprimé* if his temperature goes up again ou if the fever returns give him a tablet / *le feu ne veut pas reprendre* the fire just won't get going again ou rekindle / *je n'arrive pas à faire reprendre le feu* I can't get the fire going again / *l'incendie a repris au dernier étage* the fire has started again on the top floor / *la tempête reprit de plus belle* the storm started again with renewed ferocity ▸ **le froid a repris** the cold weather has set in again ou has returned **3.** [retourner au travail - employé] to start again / *je reprends à 2 h* I'm back (at work) at 2, I start again at 2.

❖ **se reprendre** vpi **1.** [recouvrer ses esprits] to get a grip on o.s., to pull o.s. together ; [retrouver son calme] to settle down / *ils ne nous laissent pas le temps de nous reprendre entre deux questions* they don't give us time to take a breather between questions **2.** SPORT [au cours d'un match] to make a recovery, to rally / *après un mauvais début de saison, il s'est très bien repris* he started the season badly but has come back strongly ou has staged a good comeback **3.** [se ressaisir - après une erreur] to correct o.s. ▸ **se reprendre à temps** [avant une bévue] to stop o.s. in time.

❖ **se reprendre à** vp + prép : *elle se reprit à divaguer* she started rambling again / *je me repris à l'aimer* I started to fall in love with her again ▸ **s'y reprendre** [recommencer] : *je m'y suis reprise à trois fois* I had to start again three times ou to make three attempts.

repreneur, euse [ʀəpʀənœʀ, øz] nm, f ÉCON buyer / *les repreneurs de la chaîne* the people who bought up ou acquired the channel.

reprennent, reprenons v ⟶ reprendre.

représailles [ʀəpʀezaj] nfpl reprisals, retaliation *(U)* / *user de représailles contre un pays* to take retaliatory measures ou to retaliate against a country ▸ **exercer des représailles contre** ou **envers qqn** to take reprisals against sb / *en (guise de) représailles contre* in retaliation for, as a reprisal for / *nos représailles seront militaires et économiques* we shall retaliate both militarily and economically.

représentable [ʀəpʀezɑ̃tabl] adj representable.

représentant, e [ʀəpʀezɑ̃tɑ̃, ɑ̃t] nm, f **1.** POL (elected) representative / *les représentants du peuple* the people's representatives **2.** [porte-parole] representative / *un des derniers représentants de la nouvelle vague* one of the last representatives of New Wave cinema **3.** [délégué] delegate, representative / *le représentant de la France à l'ONU* France's ou the French representative at the UN / *où sont les représentants des élèves ?* where are the class ou student delegates ? ▸ **représentant du personnel** staff delegate ou representative ▸ **représentant syndical** shop steward UK, union representative **4.** COMM ▸ **représentant (de commerce)** (sales) representative, commercial traveller, travelling salesman / *je suis représentant en électroménager* I'm a sales representative for an electrical appliances firm.

représentatif, ive [ʀəpʀezɑ̃tatif, iv] adj representative / *vous ne pouvez prétendre être représentatif* you cannot claim to represent anybody ▸ **être représentatif de qqn / qqch** to be representative of sb / sthg / *un échantillon représentatif de la population* a representative sample of the population / *c'est assez représentatif de la mentalité des jeunes* it's fairly typical of the way young people think.

représentation [ʀəpʀezɑ̃tasjɔ̃] nf **1.** [image] representation, illustration / *c'est une représentation très fidèle des lieux* it's a very accurate description of the place **2.** THÉÂTRE performance / *représentation en matinée* matinee (performance) / *représentation en soirée* evening performance / *il y aura 150 représentations* there will be 150 performances **3.** [évocation] description, portrayal / *une représentation féroce des milieux d'affaires* a vitriolic portrayal of the business world **4.** [matérialisation par un signe] representing *(U)* / *l'écriture est un système de représentation de la langue* writing is a way of representing language **5.** ADMIN & POL representation / *assurer la représentation d'un pays* to represent a country, to act as a country's representative / *réduire sa représentation diplomatique dans un pays* to cut down on ou to reduce one's diplomatic representation in a country ▸ **représentation proportionnelle** proportional representation **6.** DR : *représentation en justice* legal representation **7.** [métier] commercial travelling UK ou traveling US ; COMM sales representation, agency / *avoir la représentation exclusive de X* to be sole agents for X / *avoir une représentation à l'étranger* to have an office abroad / *faire de la représentation* to be a sales representative / *je fais de la représentation en chaussures* I'm a footwear salesman **8.** PSYCHOL representation **9.** ART representation / *une représentation de la Vierge* a representation of the Virgin **10.** GÉOGR ▸ **représentation plane** projection.

❖ **représentations** nfpl *arch* ▸ **faire des représentations à qqn** to make representations to sb.

❖ **en représentation** loc adj **1.** [personne] : *il est toujours en représentation* he's always trying to project a certain image of himself **2.** [pièce de théâtre] in performance.

représentativité [ʀəpʀezɑ̃tativite] nf representativeness / *quelle est la représentativité de cet exemple ?* how representative ou typical is this example ?

représenter [3] [ʀəpʀezɑ̃te] ◆ vt **1.** [montrer] to depict, to show, to represent ▸ **représenter qqch par un graphique** to show sthg with a diagram / *le tableau représente une femme assise* the picture shows a seated woman / *la scène représente un intérieur bourgeois* the scene is ou represents a middle-class interior / *je ne vois pas ce que cette sculpture est censée représenter* I can't see what this sculpture is supposed to be ou to represent **2.** [incarner] to represent / *elle représentait* *pour lui l'idéal féminin* she represented ou symbolized ou embodied the feminine ideal for him / *tu ne représentes plus rien pour moi* you don't mean anything to me anymore ; [symboliser] to represent, to stand for *(insép)* / *chaque signe représente un son* each sign stands for ou represents a sound **3.** [constituer] to represent, to account for *(insép)* / *les produits de luxe représentent 60 % de nos exportations* luxury items account for ou make up 60% of our exports / *le loyer représente un tiers de mon salaire* the rent amounts ou comes to one third of my salary / *les immigrés représentent 10 % de l'échantillon* immigrants account for ou make up ou represent 10% of the sample / *cela représente 200 heures de travail* 200 hours of work went into this, this represents 200 hours' work **4.** THÉÂTRE [faire jouer] to stage, to put on *(sép)* ; [jouer] to play, to perform **5.** [être le représentant de] to represent / *120 athlètes représentent la France aux jeux Olympiques* 120 athletes are representing France in the Olympic Games / *le maire s'est fait représenter par son adjoint* the mayor was represented by his deputy, the mayor sent his deputy to represent him / *si vous n'êtes pas disponible, faites-vous représenter* if you are not available, have someone stand in for you ou delegate someone **6.** COMM to be a representative of ou for **7.** *litt* [faire remarquer] to explain, to outline ; [mettre en garde quant à] to point out *(sép)* / *elle me représenta les avantages fiscaux de son plan* she pointed out to me the tax benefits of her plan **8.** [traite] to present for payment again. ◆ vi *litt* [présenter] : *il représente bien* he certainly has presence.

❖ **se représenter** ◆ vpi **1.** [à une élection] to stand UK ou to run US (for election) again ; [à un examen] to sit UK ou to take an examination again, to resit UK **2.** [se manifester à nouveau - problème] to crop ou to come up again / *une occasion qui ne se représentera sans doute jamais* an opportunity which doubtless will never again present itself / *la même pensée se représenta à mon esprit* the same thought crossed my mind once more. ◆ vpt [imaginer] to imagine, to picture / *j'essaie de me la représenter avec 20 ans de moins* I try to imagine ou picture her (as she was) 20 years ago / *le métier d'actrice n'est pas comme je me l'étais représenté* being an actress isn't what I imagined ou thought it would be / *représentez-vous le scandale que c'était à l'époque !* just imagine ou think how scandalous it was in those days !

répresseur [ʀepʀesœʀ] nm BIOL repressor.

répressif, ive [ʀepʀesif, iv] adj repressive / *par des moyens répressifs* through coercion.

répression [ʀepʀesjɔ̃] nf **1.** [punition] : *ils exigent une répression plus sévère des actes terroristes* they are demanding a crackdown on terrorist activities **2.** [étouffement - d'une révolte] suppression, repression / *la répression ne mène à rien* coercive methods are no use **3.** PSYCHOL repression.

réprimande [ʀepʀimɑ̃d] nf [semonce - amicale] scolding, rebuke ; [- par un supérieur hiérarchique] reprimand ▸ **faire** ou **adresser une réprimande à qqn** to rebuke ou to reprimand sb / *face aux réprimandes de toute la famille* reprimanded by the whole family.

réprimander [3] [ʀepʀimɑ̃de] vt [gronder] to reprimand, to rebuke ▸ **il s'est fait réprimander a)** [par son père] he was told off **b)** [par son patron] he was given a reprimand.

réprimer [3] [ʀepʀime] vt **1.** [étouffer - rébellion] to suppress, to quell, to put down *(sép)* **2.** [punir - délit, vandalisme] to punish / *réprimer le banditisme / terrorisme* to crack down on crime / terrorism **3.** [sourire, colère] to suppress ; [larmes] to hold ou to choke back *(sép)* ; [bâillement] to stifle / *des rires réprimés* repressed ou stifled laughter.

repris, e [ʀəpʀi, iz] pp ⟶ **reprendre.**

❖ **repris** nm ▸ **repris de justice** ex-convict.

❖ **reprise** nf **1.** [d'une activité, d'un dialogue] resumption / *reprise des hostilités hier sur le front oriental* hostilities resumed on the eastern front yesterday / *la reprise du travail a été votée à la majorité* the majority voted in favour of going back ou returning to work / *à la reprise des cotations* when trading resumed ▸ **une reprise des affaires** an upturn ou a recovery in business activity ▸ **reprise (économique)** (economic) recovery **2.** RADIO & TV repeat, rerun ; CINÉ rerun, reshowing ; THÉÂTRE revival, reprise ; MUS [d'un passage] repeat, reprise / *une reprise d'une chanson des Beatles* a cover (version) of a Beatles' song **3.** [rachat] : *deux hommes sont candidats à la reprise de la chaîne* two men have put in an offer to take over ou to buy out the channel **4.** COMM [action - de reprendre] taking back ; [- d'échanger] trade-in, part exchange UK / *nous ne faisons pas de reprise* goods cannot be returned ou exchanged / *il m'offre une reprise de 1 000 euros pour ma vieille voiture* he'll give me 1,000 euros as a trade-in ou in part exchange UK for my old car **5.** [entre locataires] *payment made to an outgoing tenant (when renting property)* / *la reprise comprend l'équipement de la cuisine* the sum due to the former tenant includes the kitchen equipment / *ils demandent une reprise de 1 500 euros* they're asking 1,500 euros for furniture and fittings UK ou for the furnishings **6.** AUTO speeding up, acceleration / *une voiture qui a de bonnes reprises* a car with good acceleration / *je n'ai plus de reprise* I've got no acceleration **7.** SPORT [à la boxe] round ; ÉQUIT [leçon] riding lesson ; [cavaliers] riding team ▸ **reprise de volée** TENNIS return volley / *à la reprise, la Corée menait 2 à 0* FOOT Korea was leading 2-0 when the game resumed after halftime ou at the start of the second half **8.** COUT [dans la maille] darn ; [dans le tissu] mend / *faire une reprise à une chemise* to mend a shirt **9.** CONSTR [des fondations] consolidation **10.** DR ▸ **droit de reprise** right of repossession ou reentry ▸ **reprise des propres** recovery of personal property **11.** HORT regrowth **12.** INDUST overhauling, repairing ▸ **reprise d'usinage** remachining **13.** MÉTALL misrun, scabling **14.** TEXT ▸ **taux de reprise** regain.

❖ **reprises** nfpl : *à diverses / multiples reprises* on several / numerous occasions ▸ **à maintes reprises** on several ou many occasions / *à trois ou quatre reprises* three or four times, on three or four occasions.

reprisage [ʀəpʀizaʒ] nm darning, mending.

reprise [ʀəpʀiz] f ⟶ **repris.**

repriser [3] [ʀəpʀize] vt [raccommoder - bas, moufle] to darn, to mend ; [- pantalon] to mend.

reprit v ⟶ **reprendre.**

réprobateur, trice [ʀepʀɔbatœʀ, tʀis] adj reproving, reproachful ▸ **jeter un regard réprobateur à qqn** to give sb a reproving look, to look at sb reprovingly ou reproachfully / *..., dit-elle sur un ton réprobateur* ..., she said reproachfully ou in a reproving tone.

réprobation [ʀepʀɔbasjɔ̃] nf **1.** [blâme] reprobation *sout*, disapproval / *soulever la réprobation générale* to give rise to general reprobation, to be unanimously reproved / *encourir la réprobation générale* to meet with general disapproval **2.** RELIG reprobation.

reproche [ʀəpʀɔʃ] nm **1.** [blâme] reproach ▸ **accabler qqn de reproches** to heap reproaches on sb ▸ **faire un reproche à qqn** to reproach sb / *les reproches qu'on lui fait sont injustifiés* the reproaches levelled ou directed at him are unjustified / *il y avait un léger reproche dans sa voix / remarque* there was a hint of reproach in her voice / remark ▸ **faire reproche à qqn de qqch** *sout* to upbraid sb for sthg / *je ne vous fais pas reproche de vous être trompé, mais d'avoir menti* what I hold against you is not the fact that you made a mistake, but the fact that you lied **2.** [critique] : *le seul reproche que je ferais à la pièce, c'est sa longueur* the only thing I'd say against the play ou my only criticism of the play is that it's too long.

❖ **sans reproche** ◆ loc adj [parfait] above ou beyond reproach, irreproachable ; [qui n'a pas commis d'erreur] blameless. ◆ loc adv : *soit dit sans reproche, tu n'aurais pas dû y aller* I don't mean to blame ou to reproach you, but you shouldn't have gone.

reprocher [3] [ʀəpʀɔʃe] vt **1.** ▸ **reprocher qqch à qqn** [erreur, faute] to blame ou to reproach sb for sthg / *je lui reproche son manque de ponctualité* what I don't like about her is her lack of punctuality / *on ne peut pas reprocher au gouvernement son laxisme* you can't criticize the government for being too soft ▸ **reprocher à qqn de faire qqch** to blame sb for doing sthg / *il lui a toujours reproché de l'avoir quitté* he always blamed her for leaving him / *il s'est fait reprocher un certain laisser-aller dans le service* he was accused of a certain slackness in his department **2.** ▸ **reprocher qqch à qqch** [défaut] to criticize sthg for sthg / *ce que je reproche à ce beaujolais, c'est sa verdeur* the criticism I would make of this Beaujolais is that it's too young / *je n'ai rien à reprocher à son interprétation* in my view her interpretation is faultless, I can't find fault with her interpretation / *tu lui reproches quelque chose à ma moto ?* *fam* something wrong with my bike is there ? ▸ **reprocher à qqch d'être...** to criticize sthg for being... / *on a reproché à ma thèse d'être trop courte* my thesis was criticized for being too short.

❖ **se reprocher** vpt : *n'avoir rien à se reprocher* to have nothing to feel guilty about / *tu n'as pas à te reprocher son départ* you shouldn't blame yourself for her departure.

reproducteur, trice [ʀəpʀɔdyktœʀ, tʀis] ◆ adj [organe, cellule] reproductive ▸ **cheval reproducteur** stud-horse, stallion ▸ **poule reproductrice** breeder hen. ◆ nm, f [poule] breeder ; [cheval] stud.

❖ **reproducteur** nm MÉCAN template.

❖ **reproductrice** nf [machine] : *reproductrice de cartes* (card) reproducer.

reproductibilité [ʀəpʀɔdyktibilite] nf reproducibility, repeatability.

reproductible [ʀəpʀɔdyktibl] adj reproducible, repeatable.

reproductif, ive [ʀəpʀɔdyktif, iv] adj reproductive.

reproduction [ʀəpʀɔdyksjɔ̃] nf **1.** BIOL & BOT reproduction ; AGR breeding ▸ **cycle / organes de la reproduction** reproductive cycle / organs ▸ **reproduction sexuée / asexuée** sexual / asexual reproduction **2.** [restitution] reproduction, reproducing / *techniques de reproduction des sons* sound reproduction techniques **3.** IMPR [nouvelle publication] reprinting, reissuing ; [technique] reproduction, duplication / **'reproduction interdite'** 'all rights reserved' **4.** [réplique] reproduction, copy / *la qualité des reproductions dans un ouvrage d'art* the quality of the reproduction ou reproductions in an art book / *une reproduction du Baiser de Rodin / de Guernica* a copy of Rodin's Kiss / of Guernica ▸ **une reproduction en couleur** a colour print ▸ **une reproduction en plâtre** a plaster cast ▸ **une reproduction en résine** a resin replica **5.** [département] reprographic department / *les documents sont partis à la reproduction* the documents have gone off to repro.

reproduire [98] [ʀəpʀɔdɥiʀ] vt **1.** [faire un autre exemplaire de] to copy / *reproduire une médaille par moulage* to copy a medal by taking a mould of it ▸ **reproduire une clé** to cut a key **2.** [renouveler] to repeat / *cette expérience peut être reproduite* this experiment can be repeated **3.** [imiter] to reproduce, to copy / *les enfants reproduisent les attitudes des adultes* children copy ou mimic adult attitudes / *peintre qui reproduit le réel* painter who reproduces reality **4.** [représenter] to show, to depict, to portray / *la tapisserie reproduit une scène de chasse* the tapestry depicts a hunting scene **5.** [restituer - son] to reproduce **6.** IMPR [republier - texte] to reissue ; [- livre] to reprint ; [photocopier] to photocopy ; [reprographier] to duplicate, to reproduce ; [polycopier] to duplicate **7.** HORT to reproduce, to breed / *plantes reproduites en serre* plants propagated in a greenhouse.

❖ **se reproduire** vpi **1.** BIOL & BOT to reproduce, to breed **2.** [se renouveler] to recur / *ces tendances se reproduisent de génération en génération* these trends recur ou are repeated with each successive generation / *que cela ne se reproduise plus !* don't let it happen again !

reprogrammer [3] [ʀəpʀɔgʀame] vt **1.** CINÉ & TV to reschedule **2.** INFORM to reprogramme.

reprographie [ʀəpʀɔgʀafi] nf reprography, repro.

reprographier [9] [ʀəpʀɔgʀafje] vt [polycopier] to duplicate ; [photocopier] to photocopy.

réprouvé, e [ʀepʀuve] ◆ adj RELIG reprobate. ◆ nm, f **1.** RELIG reprobate **2.** *sout* [personne rejetée] : *vivre en réprouvé* to live as an outcast.

réprouver [3] [ʀepʀuve] vt **1.** [attitude, pratique] to condemn, to disapprove of ▸ **réprouver l'attitude de qqn** to reprove ou to condemn sb's attitude / *nous réprouvons l'usage qui a été fait de cet argent* we disapprove of ou condemn the way this money has been used ▸ **des pratiques / tendances que la morale réprouve** morally unacceptable practices / tendencies **2.** RELIG to reprobate, to damn.

reps [ʀɛps] nm rep, repp.

reptation [ʀɛptasjɔ̃] nf crawling, reptation *spéc.*

reptile [ʀɛptil] nm reptile.

reptilien, enne [ʀɛptiljɛ̃, ɛn] adj reptilian.

repu, e [ʀəpy] ◆ pp ⟶ **repaître.** ◆ adj [rassasié] sated *sout*, satiated *sout* ▸ **être repu** to be full (up), to have eaten one's fill / *je suis repu de films policiers* I've had my fill of detective films.

républicain, e [ʀepyblikɛ̃, ɛn] ◆ adj [esprit, système] republican. ◆ nm, f [gén] republican ; [aux États-Unis, en Irlande] Republican.

républicanisme [ʀepyblikanism] nm republicanism.

république [ʀepyblik] nf **1.** [régime politique] republic ▸ **vivre en république** to live in a republic / *je fais ce que je veux ; on est en république, non ? fam* I'll do as I like, it's a free country, isn't it ? / **'la République'** *Platon* 'The Republic' **2.** [État] Republic ▸ **la République française** the French Republic ▸ **la République arabe unie** the United Arab Republic ▸ **la République d'Irlande** the Irish Republic, the Republic of Ireland ▸ **la République démocratique allemande** HIST the German Democratic Republic ▸ **la République fédérale d'Allemagne** the Federal Republic of Germany ▸ **la République islamique d'Iran** the Islamic Republic of Iran ▸ **la République populaire de Chine** the People's Republic of China ▸ **république bananière** *péj* banana republic **3.** [confrérie] : *dans la république des lettres* in the literary world, in the world of letters.

répudiation [ʀepydjasjɔ̃] nf **1.** [d'une épouse] repudiation, disowning **2.** [d'un principe, d'un devoir] renunciation, renouncement.

répudier [9] [ʀepydje] vt **1.** [renvoyer - épouse] to repudiate, to disown / *se faire répudier* to be rejected **2.** [renoncer à - nationalité, héritage] to renounce, to relinquish ; [- foi] to renounce / *répudier ses convictions* to go back on ou to renounce one's beliefs.

répugnance [ʀepyɲɑ̃s] nf **1.** [dégoût] repugnance, disgust, loathing ▸ **avoir de la répugnance pour qqch / qqn** to loathe sthg / sb **2.** [mauvaise volonté] reluctance ▸ **éprouver une certaine répugnance à faire qqch** to be somewhat reluctant ou loath to do sthg / *je m'attelai à la tâche avec répugnance* I set about the task reluctantly ou unwillingly / *la répugnance du syndicat à relancer le dialogue* the union's reluctance to resume talks.

répugnant, e [ʀepyɲɑ̃, ɑ̃t] adj **1.** [physiquement] repugnant, loathsome, disgusting / *avoir un physique répugnant* to be repulsive ▸ **odeur répugnante** disgusting smell ▸ **tâche répugnante** revolting task / *une chambre d'une saleté répugnante* a revoltingly ou disgustingly filthy room **2.** [moralement - individu, crime] repugnant ; [- livre, image] disgusting, revolting.

répugner [3] [ʀepyɲe] ❖ **répugner à** v + prép **1.** [être peu disposé à] ▸ **répugner à faire qqch** to be reluctant ou loath to do sthg / *elle répugnait à le revoir* she was reluctant to see him again / *je répugne à accuser un ami* I am reluctant ou loath to accuse a friend / *il ne répugnait pas à faire ce voyage* he didn't hesitate to make this trip **2.** [dégoûter] ▸ **répugner à qqn** to repel sb, to be repugnant to sb / *tout ce qui est tâche domestique me répugne* I can't bear anything to do with housework / *ça ne te répugne pas, l'idée de manger du serpent ?* doesn't the idea of eating snake disgust you ou put you off ? / *tout en cet homme me répugne* everything about that man is repulsive (to me) ; *(tournure impersonnelle) sout* : *il me répugne de travailler avec lui* I hate ou loathe working with him.

répulsif, ive [ʀepylsif, iv] adj **1.** PHYS repulsive **2.** *litt* [répugnant] repulsive, repugnant, repellent.

répulsion [ʀepylsjɔ̃] nf **1.** [dégoût] repulsion, repugnance ▸ **éprouver de la répulsion pour qqch** to feel repulsion for sthg, to find sthg repugnant / *leurs méthodes m'inspirent une grande répulsion* I find their methods repugnant **2.** PHYS repulsion.

réputation [ʀepytasjɔ̃] nf **1.** [renommée] reputation, repute / *jouir d'une bonne réputation* to have ou to enjoy a good reputation / *se faire une réputation* to make a reputation ou name for o.s. / *un hôtel de bonne / mauvaise réputation* a hotel of good / ill repute / *il n'a pas volé sa réputation de frimeur fam* they don't call him a show-off for nothing / *elle a la réputation de noter sévèrement* she has a reputation ou she's well-known for being a tough marker ▸ **marque de réputation mondiale** ou **internationale** world-famous brand, brand of international repute / *tu me fais une sale réputation fam* you're giving me a bad name / *leur réputation n'est plus à faire* their reputation is well-established / *je vous présente un restaurateur dont la réputation n'est plus à faire* here is someone who has built up a fine reputation as a restaurant owner ▸ **connaître qqn de réputation** to know sb by repute ou reputation **2.** [honorabilité] reputation, good name / *je suis prêt à mettre ma réputation en jeu* I'm willing to stake my reputation on it ▸ **porter atteinte à la réputation de qqn** to damage ou to blacken sb's good name.

réputé, e [ʀepyte] adj **1.** [illustre - orchestre, restaurant] famous, renowned / *l'un des musiciens les plus réputés de son temps* one of the most famous musicians of his day ▸ **des vins très réputés** wines of great repute / *un écrivain pas très réputé* a little-known writer / *elle est réputée pour ses colères* she's famous ou renowned for her fits of rage / *il est réputé pour être un avocat efficace* he has the reputation of being ou he's reputed to be a good lawyer **2.** [considéré comme] reputed / *elle est réputée intelligente* she has a reputation for intelligence, she's reputed to be intelligent.

requérant, e [ʀəkeʀɑ̃, ɑ̃t] ◆ adj DR claiming ▸ **la partie requérante** the claimant, the petitioner. ◆ nm, f DR claimant, petitioner.

requérir [39] [ʀəkeʀiʀ] vt **1.** [faire appel à] to call for, to require / *ce travail requiert beaucoup d'attention* the work requires ou demands great concentration ▸ **requérir la force publique** to ask the police to intervene / *requérir les civils* to call upon civilian help / *requérir de l'aide* to request help **2.** DR to call for, to demand / *le juge a requis une peine de deux ans de prison* the judge recommended a two-year prison sentence ; *(en usage absolu)* : *pendant qu'il requérait* during his summing up **3.** *sout* [sommer] ▸ **requérir qqn de faire qqch** to request that sb do sthg.

requête [ʀəkɛt] nf **1.** [demande] request, petition / *soumettre une requête à un service* to put in ou to submit a request to a department ▸ **à la** ou **sur la requête de qqn** *sout* at sb's request ou behest / *elle est venue à ma requête* she came at my request **2.** DR petition / *adresser une requête au tribunal* to petition the court, to apply for legal remedy ▸ **requête en cassation** application for appeal ▸ **requête civile** extraordinary petition *(against a judgment)* ▸ **requête conjointe** joint petition **3.** INFORM query.

requiem [ʀekɥijɛm] nm inv requiem.

requiert v ⟶ **requérir.**

requin [ʀəkɛ̃] nm **1.** ZOOL shark ▸ **requin bleu** blue shark ▸ **(grand) requin blanc** (great) white shark **2.** [personne] shark / *les requins du show-business* the sharks of the show business world.

requin-baleine [ʀəkɛ̃balɛn] (*pl* **requins-baleines**) nm whale shark.

requin-marteau [ʀəkɛ̃maʀto] (*pl* **requins-marteaux**) nm hammerhead (shark).

requin-pèlerin [ʀəkɛ̃pɛlʀɛ̃] (*pl* **requins-pèlerins**) nm basking shark.

requinquer [3] [ʀəkɛ̃ke] vt *fam* [redonner des forces à] to pep ou to buck up *(sép).*

❖ **se requinquer** vpi to recover, to perk up / *il a eu du mal à se requinquer* it took him a while to recover ou to get back to his old self again.

requis, e [ʀəki, iz] ◆ pp ⟶ **requérir.** ◆ adj **1.** [prescrit] required, requisite / *remplir les conditions requises* to meet the required ou prescribed conditions / *les conditions requises sont simples* the requirements are simple / *avoir l'âge requis* to meet the age requirements / *avoir les qualifications requises* to have the requisite ou necessary qualifications **2.** [réquisitionné] commandeered, requisitioned ▸ **fonctionnaire requis** commandeered civil servant ▸ **gréviste requis** requisitioned striker.

❖ **requis** nm commandeered civilian / *les requis du travail (obligatoire)* labour conscripts.

réquisit [ʀekwizit] nm PHILOS necessary condition, requisite.

réquisition [ʀekizisjɔ̃] nf **1.** MIL & *fig* requisition, requisitioning, commandeering / *on a annoncé la réquisition des ouvriers grévistes* it has been announced that the striking workers are to be requisitioned / *il y a eu réquisition de tous les véhicules par l'armée* the army has requisitioned ou commandeered all vehicles **2.** DR ▸ **réquisition d'audience** petition to the court **3.** FIN ▸ **réquisition de paiement** demand for payment.

❖ **réquisitions** nfpl DR [conclusions] closing speech (for the prosecution) ; [réquisitoire] charge.

réquisitionner [3] [ʀekizisjɔne] vt **1.** [matériel, troupe, employé] to requisition, to commandeer **2.** [faire appel à] ▸ **réquisitionner qqn pour faire qqch** to rope sb into doing sthg.

réquisitoire [ʀekizitwaʀ] nm **1.** DR [dans un procès] prosecutor's arraignment ou speech ou charge **2.** *fig* : *ces résultats constituent un véritable réquisitoire contre la politique du gouvernement* these results are an indictment of the government's policy.

réquisitorial, e, aux [ʀekizitɔʀjal, o] adj accusatorial.

requit v ⟶ **requérir.**

RER (abr de **Réseau express régional**) nm *Paris metropolitan and regional rail system.*

RES (abr de **rachat d'entreprise par ses salariés**) nm MBO.

resaler [3] [ʀəsale] vt to put more salt in, to add more salt to.

resalir [32] [ʀəsaliʀ] vt : *j'ai resali le tailleur que je viens de faire nettoyer* I've just got my suit back from the cleaners and I've got it dirty again / *évitez de resalir des assiettes* try not to dirty any more plates.

❖ **se resalir** vp *(emploi réfléchi)* to get o.s. dirty again.

rescapé, e [ʀɛskape] ◆ adj surviving. ◆ nm, f **1.** [d'un accident] survivor / *les rescapés de la catastrophe* the survivors of the catastrophe **2.** *fig* : *les quelques rescapés du Tour de France* the few remaining participants in the Tour de France.

rescindable [ʀəsɛ̃dabl] adj rescindable.

rescindant, e [ʀəsɛ̃dɑ̃, ɑ̃t] adj rescissory.

rescinder [3] [ʀəsɛ̃de] vt to rescind.

rescousse [ʀɛskus] ❖ **à la rescousse** loc adv ▸ **aller / venir à la rescousse de qqn** to go / to come to sb's rescue *fig* / *nous avons appelé quelques amis à la rescousse* we called on a few friends for help / *tout le monde à la rescousse !* rally round, everybody !

réseau, x [ʀezo] nm **1.** TRANSP network / *réseau aérien / ferroviaire / routier* air / rail / road network ▸ **réseau urbain** city bus network ▸ **Réseau express régional** = **RER 2.** TÉLÉC & TV network ▸ **réseau téléphonique** telephone network ▸ **réseau de télévision** television network **3.** [organisation] network ▸ **développer un réseau commercial** to develop ou to expand a sales network ▸ **réseau de distribution** distribution network ▸ **réseau d'espionnage** spy ring, network of spies ▸ **réseau de résistance** HIST resistance network ou group ▸ **réseau social** ou **de socialisation** social network **4.** *litt* network, web / *je suis pris dans un réseau de contraintes* I'm caught in a network ou web of constraints **5.** ARCHIT tracery **6.** ÉLECTR grid ▸ **réseau bouclé** ring main **7.** GÉOGR ▸ **réseau fluvial** river system

8. INFORM network ▸ **réseau local** local area network ▸ **réseau étoilé / maillé** star / mesh network ▸ **réseau à commutation par paquets** packet-switching network ▸ **en réseau** networked 9. OPT (diffraction) grating.

réseautage [ʀesɔtaʒ] nm *fam* / *j'ai fait du réseautage* I've been networking.

réseauter [ʀesɔte] vi *fam* to network.

résection [ʀesɛksjɔ̃] nf resection.

réséda [ʀezeda] nm reseda.

réséquer [18] [ʀeseke] vt to resect.

In reformed spelling (see p. 16-19), this verb is conjugated like *semer*: *il réséquera, elle réséquerait.*

réserpine [ʀezɛʀpin] nf reserpine.

réservataire [ʀezɛʀvatɛʀ] ◆ adj DR : *elle est réservataire pour un tiers* a third of the legacy devolves to her by law ▸ **héritier réservataire** heir who cannot be totally disinherited. ◆ nmf heir who cannot be totally disinherited.

réservation [ʀezɛʀvasjɔ̃] nf 1. [d'un billet, d'une chambre, d'une table] reservation, booking ▸ **faire une réservation a)** [à l'hôtel] to make a reservation **b)** [au restaurant] to reserve a table / *faut-il faire une réservation?* is it necessary to reserve ou to book? / *souhaitez-vous un billet avec ou sans réservation?* do you wish to reserve a seat with your ticket or not? 2. DR reservation.

réserve [ʀezɛʀv] nf 1. [stock] reserve, stock / *nous ne disposons pas d'une réserve suffisante d'eau potable* we do not have sufficient reserves of drinking water / *une réserve d'argent* some money put by ▸ **faire des réserves de** to lay in supplies ou provisions of / *il a des réserves!* *fam & hum* he's got plenty of fat in reserve! ▸ **réserve légale** ÉCON reserve assets 2. [réticence] reservation / *permettez-moi de formuler quelques réserves* I have some reservations which I should like to express / *avoir des réserves au sujet d'un projet* to have (some) reservations about a project ▸ **faire** ou **émettre des réserves** to express reservations 3. [modestie, retenue] reserve / *une jeune femme pleine de réserve* a very reserved young woman ▸ **elle est** ou **demeure** ou **se tient sur la réserve** she's being ou remaining reserved (about it) / *il a accueilli mon frère avec une grande réserve* he welcomed my brother with great restraint 4. ANTHR reservation ; ÉCOL reserve ▸ **réserve de chasse / pêche** hunting / fishing preserve ▸ **réserve naturelle** nature reserve ▸ **réserve ornithologique** ou **d'oiseaux** bird sanctuary 5. [resserre - dans un magasin] storeroom ; [collections réservées - dans un musée, une bibliothèque] reserve collection 6. DR [clause] reservation ▸ **réserve (héréditaire)** *that part of a legacy legally apportioned to a rightful heir* 7. MIL ▸ **la réserve** the reserve 8. NAUT ▸ **réserve de flottabilité** reserves buoyancy 9. PHYSIOL : *réserve alcaline (du sang)* concentration of alkaline substance (in the blood) 10. TEXT resist.

❖ **réserves** nfpl FIN reserves / *réserves de change* monetary reserves / *réserves monétaires / de devises* monetary / currency reserves ▸ **les réserves de charbon d'un pays a)** MIN [gisements] a country's coal reserves **b)** [stocks] a country's coal stocks ▸ **réserves obligatoires** FIN statutory reserves ▸ **réserves prouvées** PÉTR proven reserves.

❖ **de réserve** loc adj 1. [conservé pour plus tard] reserve *(modif)* / *nous avons un stock de réserve* we have a reserve supply 2. FIN ▸ **monnaie de réserve** reserve currency 3. MIL ▸ **officier de réserve** officer of the reserve ▸ **régiment de réserve** reserve regiment.

❖ **en réserve** loc adv 1. [de côté] in reserve / *avoir de la nourriture en réserve* to have food put by, to have food in reserve / *mettre de la nourriture en réserve* to put food aside / *je tiens en réserve quelques bouteilles pour notre anniversaire* I've put a few bottles aside ou to one side for our anniversary 2. COMM in stock ▸ **avoir qqch en réserve** to have sthg in stock / *nous avons du papier en réserve pour un mois* we have one month's supply ou stock of paper in reserve.

❖ **sans réserve** ◆ loc adj [admiration] unreserved ; [dévotion] unreserved, unstinting ; [approbation] unreserved, unqualified. ◆ loc adv without reservation, unreservedly.

❖ **sous réserve de** loc prép subject to / *sous réserve de vérification* subject to verification, pending checks / *le départ aura lieu à 8 heures sous réserve d'annulation* departure, subject to cancellation, will be at 8 o'clock.

❖ **sous toute réserve** loc adv with all proper reserves / *attention, c'est sous toute réserve!* there's no guarantee as to the accuracy of this! / *la nouvelle a été publiée sous toute réserve* the news was published with no guarantee as to its accuracy.

réservé, e [ʀezɛʀve] adj 1. [non public] / **'chasse réservée'** 'private hunting' ▸ **cuvée réservée** reserved vintage, vintage cuvée ▸ **quartier réservé** *euphém* red-light district 2. [retenu] reserved, booked UK / *désolé Monsieur, cette table est réservée* I'm sorry, Sir, this table is reserved / **'réservé'** 'reserved' 3. [distant] reserved / *une jeune fille très réservée* a very reserved ou demure young girl / *il a toujours eu une attitude très réservée à mon égard* he was always very reserved towards me 4. DR reserved.

réserver [3] [ʀezɛʀve] vt 1. [retenir à l'avance] to reserve, to book / *on vous a réservé une chambre* a room has been reserved for you / *réserver une place de concert* to book ou to reserve a ticket for a concert / *nous réservons toujours cette table à nos meilleurs clients* we always reserve this table for our best customers / *Mesdames, bonsoir, avez-vous réservé?* good evening, ladies, have you booked UK ou do you have a reservation? 2. [garder - pour un usage particulier] to save, to keep, to set ou to put aside / *il a réservé une partie de sa maison pour peindre* he keeps ou he's set aside part of his house to paint in / *il a promis de nous réserver une partie de sa récolte* he promised to put aside ou to keep part of his crop for us / *j'avais réservé des fonds pour l'achat d'une maison* I had put ou set some money aside to buy a house ▸ **réserver qqn pour une mission spéciale** to keep sb for a special mission / *les nouvelles installations seront réservées aux superpétroliers* the new installations will be reserved for the use of supertankers ; [conserver] to reserve, to keep / *réserver le meilleur pour la fin* to keep ou to save the best till last ▸ **réserver sa réponse** to delay one's answer / *réserver son opinion* to reserve one's opinion ▸ **être réservé à qqn** to be reserved for sb / *un privilège / sport réservé aux gens riches* a privilege / sport enjoyed solely by rich people / *toilettes réservées aux handicapés* toilets (reserved) for the disabled / *emplacements réservés aux médecins* parking (reserved) for doctors only 3. [destiner] to reserve, to have in store ▸ **réserver une surprise à qqn** to have a surprise (in store) for sb ▸ **réserver un accueil glacial / chaleureux à qqn** to reserve an icy / a warm welcome for sb / *que nous réserve l'avenir?* what does the future have in store for us?

❖ **se réserver** ◆ vpi 1. [par prudence] to hold back / *je me réserve pour le fromage* I'm keeping some room ou saving myself for the cheese 2. SPORT & *fig* to save one's strength. ◆ vpt ▸ **se réserver qqch** to reserve ou to keep sthg (for o.s.) / *je me suis réservé le blanc du poulet / la chambre du haut* I've saved the chicken breast / I've kept the top bedroom for myself / *se réserver un droit de regard sur* to retain the right to inspect sthg ▸ **se réserver le droit de faire qqch** to reserve the right to do sthg.

réserviste [ʀezɛʀvist] nm reservist.

réservoir [ʀezɛʀvwaʀ] nm 1. [d'essence, de mazout] tank ; AUTO (petrol) tank UK, (fuel) tank ; [d'eau] (water) tank ; [des W-C] cistern / *réservoir d'eau chaude* hot water tank 2. [étang, lac] reservoir / *un réservoir de jeunes talents* *fig* a breeding ground for young talent 3. BIOL reservoir.

résidanat [ʀezidana] nm housemanship UK, internship US.

résidant, e [ʀezidɑ̃, ɑ̃t] adj & nm, f resident.

résidence [ʀezidɑ̃s] nf 1. [domicile] residence / *établir sa résidence à Nice* to take up residence in Nice ▸ **résidence d'été** summer quarters ▸ **résidence principale / secondaire** main / second home ▸ **résidence officielle** official residence 2. [bâtiment] block of (luxury) flats UK, (luxury) apartment block US ▸ **résidence universitaire** UNIV hall of residence UK, dormitory US 3. [maison] residential property / *il a acheté une jolie petite résidence pas trop loin de Paris* he bought a nice little place not too far from Paris 4. DR residence ▸ **assigner qqn à résidence** to put sb under house arrest ▸ **être en résidence surveillée** to be under house arrest.

résident, e [ʀezidɑ̃, ɑ̃t] ◆ nm, f resident, (foreign) national / *tous les résidents français de Londres* all French nationals living in London. ◆ adj INFORM resident.

résidentiel, elle [ʀezidɑ̃sjɛl] adj residential.

résider [3] [ʀezide] vi 1. [habiter] ▸ **résider à** to reside *sout* ou to live in / *résider à l'étranger / à Genève* to live abroad / in Geneva 2. *fig* ▸ **résider dans** to lie in / *sa force réside dans son influence sur l'armée* his strength lies in ou is based on his influence over the army / *c'est là que réside tout l'intérêt du film* that is where the strength of the film lies.

résidu [ʀezidy] nm 1. [portion restante] residue / *résidus de raffinage* waste oil 2. [détritus] residue, remnants.

résiduaire [ʀezidɥɛʀ] adj residuary.

résiduel, elle [ʀezidɥɛl] adj 1. [qui constitue un résidu - huile, matière] residual 2. [persistant - chômage] residual ▸ **fatigue résiduelle** constant tiredness.

résignation [ʀeziɲasjɔ̃] nf 1. [acceptation] resignation, resignedness / *accepter son destin avec résignation* to accept one's fate resignedly ou with resignation 2. DR abandonment (of a right).

résigné, e [ʀeziɲe] ◆ adj resigned / *prendre un air résigné* to look resigned / *parler d'un ton résigné* to speak in a resigned ou philosophical tone of voice. ◆ nm, f resigned person ▸ **les résignés** people who have accepted their fate.

résigner [3] [ʀeziɲe] vt *sout* [se démettre de] to resign, to relinquish.

❖ **se résigner à** vp + prép to resign o.s. to / *il s'est résigné à vivre dans la pauvreté* he has resigned himself to living in poverty / *se résigner à une perte* to resign o.s. to a loss ; *(en usage absolu)* : *il n'a jamais voulu se résigner* he would never give up ou in, he would never submit / *il faut se résigner* you must resign yourself to it ou accept it.

résiliable [ʀeziljabl] adj DR [bail, contrat, marché] cancellable, terminable, voidable ▸ **non résiliable** indefeasible.

résiliation [ʀeziljasjɔ̃] nf [d'un bail, d'un contrat, d'un marché - en cours] cancellation, avoidance ; [- arrivant à expiration] termination.

résilience [ʀeziljɑ̃s] nf 1. MÉTALL resilience ▸ **résilience d'impact** impact toughness ou strength 2. PSYCHOL resilience.

résilier [9] [ʀezilje] vt [bail, contrat, marché - en cours] to cancel ; [- arrivant à expiration] to terminate.

résille [ʀezij] nf 1. [à cheveux] hairnet 2. [d'un vitrail] cames.

résine [ʀezin] nf BOT & TECHNOL resin / *résine époxyde* ou *époxy* epoxy resin ▸ **résine synthétique** synthetic resin ▸ **résine thermodurcissable** thermosetting resin.

résiné, e [ʀezine] adj flavoured UK ou flavored US with resin, resinated.

❖ **résiné** nm retsina, resinated wine.

résiner [3] [ʀezine] vt 1. [enduire] to resin 2. [gemmer] to tap.

résineux, euse [ʀezinø, øz] adj 1. [essence, odeur] resinous 2. [arbre, bois] resiniferous.

❖ **résineux** nm resiniferous tree.

résinier, ère [ʀezinje, ɛʀ] ◆ adj [industrie] resin *(modif)* ; [produit] resin-based. ◆ nm, f (resin) tapper.

résinifère [ʀezinifɛʀ] adj [arbre] resiniferous ▸ **canal résinifère** resin duct ou canal.

résipiscence [ʀesipisɑ̃s] nf *litt* resipiscence ▸ **venir à résipiscence** to see the error of one's ways.

résistance [Rezistɑ̃s] nf **1.** [combativité] resistance / *la résistance de l'armée* resistance by the troops, the troops' resistance / *elle a opposé une résistance farouche à ses agresseurs* she put up a fierce resistance to her attackers / *il s'est laissé emmener sans résistance* he let himself be taken away quietly ou without resistance **2.** [rébellion] resistance / *résistance active / passive* active / passive resistance ▸ **la Résistance** HIST the (French) Resistance / *il est entré dans la Résistance dès 1940* he joined the Resistance as early as 1940 **3.** [obstacle] resistance / *son projet n'a pas rencontré de résistance* her project met no opposition ou was unopposed / *venir à bout de toutes les résistances* to overcome all obstacles ou all resistance / *en fermant le tiroir j'ai senti une résistance* when I shut the drawer I felt some resistance **4.** [robustesse] resistance, stamina / *elle a survécu grâce à sa résistance exceptionnelle* she survived thanks to her great powers of resistance / *résistance à la fatigue / au froid* resistance to tiredness / cold / *les limites de la résistance humaine* the limits of human resistance ou endurance **5.** TECHNOL resistance, strength ▸ **résistance aux chocs** resilience / *la résistance d'un pont / d'une poutre* the resistance of a bridge / beam / *résistance des matériaux* strength of materials **6.** ÉLECTR resistance ; [dispositif chauffant] element / *quelle est l'unité de résistance en électricité?* what's the unit of electrical resistance? **7.** PSYCHOL resistance.

La Résistance

Calls for resistance following the French-German armistice in 1940, for instance General de Gaulle's radio call from London on 18th June of the same year largely went unheeded. It was not until 1941 that large-scale coordinated action began. The movement won the active support of the French Communist Party after German troops invaded the USSR. In his ambition to impose himself as the leader of a united resistance movement, General de Gaulle integrated all major clandestine groups into the **Conseil national de la Résistance**. In May 1943, he created the French Committee of National Liberation in Algeria, which later became the provisional government for France in 1944.

résistant, e [Rezistɑ̃, ɑ̃t] ◆ adj **1.** [personne] resistant, tough ; [emballage] resistant, strong, solid ; [couleur] fast / *c'est une enfant peu résistante* she's not a very strong child / *nos soldats sont résistants, bien entraînés* our soldiers are tough and well-trained **2.** ÉLECTR & PHYS resistant / *résistant au froid / gel* cold / frost resistant ▸ **résistant aux chocs** shockproof ▸ **résistant à la chaleur** heatproof, heat-resistant. ◆ nm, f HIST (French) Resistance fighter.

résister [3] [Reziste] ❖ **résister à** v + prép **1.** [agresseur, attaquant] to resist, to hold out against ; [autorité] to resist, to stand up to ; [pression] to resist ; [gendarme, huissier] to put up resistance to / *il a résisté aux officiers venus l'arrêter* he resisted arrest / *j'ai toujours résisté à ses caprices* I've always stood up to ou opposed his whims / *je ne peux pas lui résister, il est si gentil* I can't resist him, he's so nice **2.** [fatigue, faim] to withstand, to put up with ; [solitude, douleur] to stand, to withstand ▸ **résister à la tentation** to resist temptation / *résister à ses désirs / penchants* to fight against one's desires / inclinations **3.** [à l'usure, à l'action des éléments] to withstand, to resist, to be proof against ▸ **qui résiste au feu** fireproof / *qui résiste à la chaleur* heatproof / *qui résiste aux chocs* shockproof / *résister au temps* to stand the test of time / *couleurs qui résistent au lavage* fast colours / *la porte a résisté à ma poussée* the door wouldn't open when I pushed it ; *(en usage absolu)* : *la serrure résiste* the lock is sticking / *la toiture / théière n'a pas résisté* the roof / teapot didn't stand up to the shock **4.** [suj : livre, projet] to stand up / *résister à l'analyse / l'examen* to stand up to analysis / investigation / *son œuvre ne résistera pas à la critique* his work won't stand up to criticism **5.** *(en usage absolu)* [faire partie de la Résistance] to be a member of the Resistance.

résistivité [Rezistivite] nf resistivity, specific resistance.

résistor [RezistɔR] nm resistor.

résolu, e [Rezɔly] ◆ pp ⟶ **résoudre.** ◆ adj **1.** [personne] resolute, determined / *il m'a paru plutôt résolu* he looked quite determined to me / *je suis résolu à ne pas céder* I'm determined not to give in **2.** [attitude] : *une foi résolue en l'avenir* an unshakeable faith in the future.

résoluble [Rezɔlybl] adj **1.** [question, situation] soluble, solvable / *le problème est aisément résoluble* the problem is easy to solve ou can be solved easily **2.** DR [bail, contrat] annullable, cancellable.

résolument [Rezɔlymɑ̃] adv **1.** [fermement] resolutely, firmly, determinedly / *je m'oppose résolument à cette décision* I'm strongly ou firmly opposed to this decision **2.** [vaillamment] resolutely, steadfastly, unwaveringly.

résolut v ⟶ **résoudre.**

résolutif, ive [Rezɔlytif, iv] adj [médicament, substance] resolvent.

❖ **résolutif** nm resolvent.

résolution [Rezɔlysjɔ̃] nf **1.** [décision] resolution ▸ **prendre une résolution** to make a resolution ▸ **prendre la résolution de faire qqch** to make up one's mind ou to resolve to do sthg ▸ **sa résolution est prise** her mind is made up ▸ **bonnes résolutions a)** [gén] good intentions **b)** [du Nouvel An] New Year resolutions **2.** [solution] solution, resolution ▸ **la résolution d'une énigme / d'un problème** the solution to an enigma / a problem **3.** POL resolution / *la résolution a été votée à l'unanimité par l'Assemblée* the resolution was unanimously adopted by the Assembly **4.** DR annulment, cancellation **5.** [d'un écran] resolution / *mauvaise / bonne résolution* poor / high resolution **6.** CHIM & MUS resolution **7.** MÉD resolution / *résolution des membres* muscular relaxation **8.** OPT ▸ **pouvoir de résolution** resolving power.

résolutive f ⟶ **résolutif.**

résolutoire [RezɔlytwaR] adj DR resolutive.

résolvait v ⟶ **résoudre.**

résolvante [Rezɔlvɑ̃t] nf resolvant equation.

résonance [Rezɔnɑ̃s] nf **1.** PHYS & TÉLÉC resonance ▸ **entrer en résonance** to start resonating ▸ **avoir une résonance** ou **des résonances (dans)** *fig* to find an echo (in) / *sa déclaration a eu quelque résonance dans la classe politique* his statement found an echo ou had a certain effect amongst politicians ▸ **résonance magnétique** magnetic resonance ▸ **résonance magnétique nucléaire** nuclear magnetic resonance **2.** *litt* [écho] connotation, colouring *(U)* / *un poème de Donne aux résonances très modernes* a poem by Donne with very modern overtones.

résonant, e [Rezɔnɑ̃, ɑ̃t] = **résonnant.**

résonateur [RezɔnatœR] nm resonator.

résonnant, e [Rezɔnɑ̃, ɑ̃t] adj resonant.

résonner [3] [Rezɔne] vi **1.** [sonner] to resonate, to resound / *la cloche résonne faiblement* the bell rings feebly **2.** [renvoyer le son] to resound, to be resonant / *la pièce résonne* sound reverberates ou echoes in the room / *la halle résonnait des cris des vendeurs* the hall resounded with the cries of the traders.

résorbable [RezɔRbabl] adj **1.** MÉD resorbable **2.** [qui peut être éliminé] : *un surplus difficilement résorbable* a surplus (which is) difficult to reduce ou to absorb.

résorber [3] [RezɔRbe] vt **1.** [éliminer - chômage, déficit] to reduce, to bring down *(sép)*, to curb **2.** MÉD to resorb.

❖ **se résorber** vpi **1.** [chômage, inflation] to be reduced / *la crise ne va pas se résorber toute seule* the crisis isn't going to just disappear **2.** MÉD to be resorbed.

résorption [RezɔRpsjɔ̃] nf **1.** [de l'inflation, du chômage] curbing, reduction / *la résorption des dépenses* bringing down ou curbing spending / *la résorption des excédents prendra plusieurs années* it will take several years for the surplus to be absorbed **2.** MÉD resorption.

résoudre [88] [RezudR] vt **1.** [querelle] to settle, to resolve ; [énigme, mystère] to solve ; [difficulté] to resolve, to sort out *(sép)* ; [problème] to solve, to resolve / *le problème a été résolu en cinq minutes / après des années* the problem was solved in five minutes / was resolved over the years ▸ **non résolu** unresolved **2.** MATH to resolve ▸ **résoudre une équation** to solve an equation / *résoudre une parenthèse* to remove the brackets **3.** *sout* [décider] to decide (on) / *ils ont résolu sa perte* they decided on his ruin / *je résolus finalement de rentrer chez moi* in the end I decided to go back home **4.** *sout* [entraîner] ▸ **résoudre qqn à faire qqch** to induce ou to move sb to do sthg **5.** CHIM, MÉD & MUS to resolve **6.** DR [bail, contrat] to annul, to avoid.

❖ **se résoudre** vpi MÉD to resolve / *la tumeur s'est résolue lentement* the tumor slowly resolved itself.

❖ **se résoudre à** vp + prép **1.** [accepter de] to reconcile o.s. to / *il faudra te résoudre à voir tout le monde* you will have to reconcile yourself to seeing everyone / *je ne peux m'y résoudre* I can't reconcile myself to doing it **2.** [consister en] to amount to, to result in / *son aide se résout à peu de chose* his help amounts to little (in the end).

respect [Rɛspɛ] nm [estime] respect ▸ **avec respect** with respect, respectfully / *respect de soi* self-respect / *elle m'inspire beaucoup de respect* I have a great deal of respect for her / *élevé dans le respect des traditions* brought up to respect traditions ▸ **manquer de respect à qqn** to be disrespectful to sb ▸ **marquer son respect à qqn** to show respect to sb ▸ **avec (tout)** ou **sauf le respect que je vous dois** with all due respect ▸ **sauf votre respect** with respect ▸ **tenir qqn en respect** to keep sb at bay ou at a (respectful) distance / *il nous tenait en respect avec un couteau* he kept us back ou at bay with a knife.

❖ **respects** nmpl respects, regards ▸ **présenter ses respects à qqn** to present one's respects to sb / *mes respects à madame votre mère* please give my respects to your mother.

respectabilité [Rɛspɛktabilite] nf respectability.

respectable [Rɛspɛktabl] adj **1.** [estimable] respectable, deserving of respect ; *hum* respectable / *c'est une dame fort respectable!* *hum* she's a real pillar of society! **2.** [important] respectable / *un nombre respectable de manifestants* a respectable ou fair number of demonstrators / *avec une avance respectable* SPORT with an impressive lead / *une calvitie respectable* *hum* a fair-sized bald patch.

respecter [4] [Rɛspɛkte] vt **1.** [honorer] to respect, to have ou to show respect for / *dans le pays, tout le monde le respecte* everyone respects him in our country / *il a un nom respecté dans notre ville* his name is held in respect in our city / *elle sait se faire respecter* she commands respect / *il faut savoir se faire respecter dans son travail* you have to earn people's respect at work / *il n'a pas su se faire respecter* he was unable to gain respect **2.** [se conformer à] to respect, to keep to *(insép)* / *si les formes sont respectées, vous obtiendrez ce que vous voulez* if the conventions are adhered to ou respected, you'll get what you want ▸ **respecter les dernières volontés de qqn** to abide by sb's last wishes / *respecter l'ordre alphabétique* to keep to alphabetical order / *respecter la parole donnée* to keep one's word / *respecter les lois* to respect ou to obey the law **3.** [ne pas porter atteinte à] to show respect for / *les jeunes d'aujourd'hui ne respectent plus rien* today's young people do not show any respect for anything ▸ **respecter la tranquillité / le repos de qqn** to respect sb's need for peace and quiet / rest / *respecter une femme* *vieilli* to respect a woman's honour.

❖ **se respecter** vp *(emploi réfléchi)* to respect o.s. / *il s'est toujours respecté* he's always had self-respect ou self-esteem / *elle ne se respecte plus* she's lost all her self-respect / *une chanteuse qui se respecte ne prend* *pas de micro* no self-respecting singer would use a microphone.

respectif, ive [rɛspɛktif, iv] adj respective / *nous sommes rentrés dans nos foyers respectifs* we went back to our respective homes.

respectivement [rɛspɛktivmɑ̃] adv respectively / *Paul et Jean sont âgés respectivement de trois et cinq ans* Paul and John are three and five years old respectively.

respectueusement [rɛspɛktɥøzmɑ̃] adv respectfully, with respect / *puis-je vous faire respectueusement remarquer que vous vous êtes trompé?* may I respectfully point out that you have made a mistake?

respectueux, euse [rɛspɛktɥø, øz] adj **1.** [personne] respectful ▸ **se montrer respectueux envers qqn** to be respectful to sb ▸ **respectueux de** respectful of / *respectueux des lois* law-abiding **2.** [lettre, salut] respectful ▸ **prendre un ton respectueux pour parler à qqn** to adopt a respectful tone towards sb **3.** [dans des formules de politesse] : *je vous prie d'agréer mes respectueuses salutations* yours faithfully.

❖ **respectueuse** nf *fam & euphém* lady of the night.

respirable [rɛspirabl] adj **1.** [qu'on peut respirer] breathable / *l'air est difficilement respirable ici* it's hard to breathe in here **2.** *fig* [supportable] : *l'ambiance du bureau est à peine respirable* the atmosphere at the office is almost unbearable.

respirateur [rɛspiratœr] nm **1.** [masque] gas mask, respirator **2.** MÉD [poumon d'acier] iron lung ; [à insufflation] positive-pressure respirator.

respiration [rɛspirasjɔ̃] nf **1.** PHYSIOL [action] breathing, respiration *spéc* ; [résultat] breath / *reprendre sa respiration* to get one's breath back / *retenir sa respiration* to hold one's breath / *j'en ai eu la respiration coupée* it took my breath away ▸ **respiration artificielle** artificial respiration **2.** MUS phrasing.

respiratoire [rɛspiratwar] adj breathing, respiratory *spéc.*

respirer [3] [rɛspire] ◆ vi **1.** PHYSIOL to breathe / *ça l'empêche de respirer* it prevents him from breathing / *il a du mal à respirer, il respire avec difficulté* he has difficulty breathing, he's breathing with difficulty ▸ **respirer par la bouche / le nez** to breathe through one's mouth / nose / *respirez à fond, expirez!* breathe in, and (breathe) out! **2.** [être rassuré] to breathe again / *il est sauf, je respire* he's safe, I can breathe again ▸ **ouf, je respire!** phew, thank goodness for that! **3.** [marquer un temps d'arrêt] : *du calme, laissez-moi respirer!* give me a break! / *on n'a jamais cinq minutes pour respirer* you can't even take a breather for five minutes. ◆ vt **1.** PHYSIOL to breathe (in), to inhale *spéc* ; [sentir] to smell **2.** [exprimer] to radiate, to exude / *elle respire la santé* she radiates good health / *il respire le bonheur* he's the very picture of happiness / *la maison respire la douceur de vivre* the whole house is bathed in ou alive with the joy of living.

resplendir [32] [rɛsplɑ̃dir] vi *litt* **1.** [étinceler - casque, chaussure] to gleam, to shine / *resplendir de propreté* to be spotlessly clean / *la mer resplendit au soleil* the sea is glinting in the sun **2.** [s'épanouir] : *son visage resplendit de bonheur* her face is shining ou radiant with happiness / *les jeunes mariés resplendissent de joie* the newly-weds are radiant with joy.

resplendissant, e [rɛsplɑ̃disɑ̃, ɑ̃t] adj **1.** [éclatant - meuble, parquet] shining ; [- casserole, émail] gleaming ; [- soleil, temps] glorious **2.** [radieux] radiant, shining, resplendent *litt* / *tu as une mine resplendissante* you look radiant / *resplendissant de santé* radiant ou blooming with health.

resplendissement [rɛsplɑ̃dismɑ̃] nm *litt* resplendence *litt*, radiance, brilliance.

responsabilisation [rɛspɔ̃sabilizasjɔ̃] nf : *développer la responsabilisation des jeunes* to make young people aware of their responsibilities.

responsabiliser [3] [rɛspɔ̃sabilize] vt **1.** [donner des responsabilités à] : *tu ne le responsabilises pas assez* you don't give him enough responsibility **2.** [rendre conscient de ses responsabilités] ▸ **responsabiliser qqn** to make sb aware of their responsibilities.

responsabilité [rɛspɔ̃sabilite] nf **1.** [obligation morale] responsibility / *nous déclinons toute responsabilité en cas de vol* we take no responsibility in the event of theft / *c'est une grosse responsabilité!* it's a big responsibility! ▸ **prends tes responsabilités!** face up to your responsibilities! ▸ **faire porter la responsabilité de qqch à qqn** to hold sb responsible for sthg / *ils ont une responsabilité morale vis-à-vis de nous* they have a moral obligation towards us ▸ **assumer entièrement la responsabilité de qqch** to take on ou to shoulder the entire responsibility for sthg **2.** [charge administrative] function, position ▸ **des responsabilités gouvernementales / ministérielles** a post in the government / cabinet / *il a accepté de nouvelles responsabilités au sein de notre compagnie* he took on new responsibilities within our company / *démis de ses responsabilités* relieved of his responsibilities ou position / *elle a la responsabilité du département publicité* she's in charge of the advertising department **3.** DR liability, responsibility ; [acte moral] responsibility ▸ **responsabilité civile a)** [d'un individu] civil liability, strict liability **b)** [d'une société] business liability ▸ **responsabilité contractuelle / délictuelle** contractual / negligence liability ▸ **responsabilité du fait d'autrui** ≃ parental liability ▸ **responsabilité collective** collective responsibility ▸ **responsabilité pénale** legal responsibility **4.** [rapport causal] : *la responsabilité du tabac dans les affections respiratoires a été démontrée* it has been proved that tobacco is the main contributing factor in respiratory diseases.

responsable [rɛspɔ̃sabl] ◆ adj **1.** ▸ **responsable de** [garant de] responsible (for) / *j'en suis responsable* I'm responsible for it / *les parents sont également responsables de leurs enfants* parents are legally responsible for their children / *il n'est pas responsable de ses actes* DR he cannot be held responsible for his (own) actions **2.** ▸ **responsable de** [chargé de] in charge of, responsible for / *il est responsable du service après-vente* he's in charge of the after-sales department **3.** ▸ **responsable de** [à l'origine de] : *on l'a toujours considéré comme responsable de nos problèmes* he has always been considered responsible for our problems / *l'abus des graisses animales est largement responsable des affections cardiaques* the main contributing factor to heart disease is over-consumption of animal fats / *il est responsable de l'accident* he is responsible for (causing) the accident **4.** DR liable ▸ **responsable civilement** liable in civil law **5.** [réfléchi] responsible / *ce n'est pas très responsable de sa part* that isn't very responsible of him / *elle s'est toujours comportée en personne responsable* she has always acted responsibly. ◆ nmf **1.** [coupable] : *le responsable* the person responsible or to blame / *qui est le responsable de l'accident?* who's responsible for the accident? / *nous retrouverons les responsables* we will find the people ou those responsible / *il n'y a jamais de responsables!* nobody is ever to blame! **2.** [dirigeant - politique] leader ; [- administratif] person in charge / *parler avec les responsables politiques* to speak with the political leaders / *réunion avec les responsables syndicaux* meeting with the union representatives / *je veux parler au responsable* I want to speak to the person in charge.

resquillage [rɛskijaʒ] nm *fam* [sans payer] sneaking in ; TRANSP fare-dodging ; [sans attendre son tour] queue-jumping UK, line-jumping US.

resquille [rɛskij] nf *fam* = **resquillage.**

resquiller [3] [rɛskije] *fam* ◆ vi [ne pas payer] to sneak in ; TRANSP to dodge the fare UK ; [ne pas attendre son tour] to push in, to jump the queue UK, to cut in the line US. ◆ vt : *resquiller une place pour le concert* to fiddle ou to wangle o.s. a seat for the concert.

resquilleur, euse [rɛskijœr, øz] nm, f *fam* [qui ne paie pas] person who sneaks in without paying ; TRANSP fare-dodger UK ; [qui n'attend pas son tour] queue-jumper UK, line-jumper US.

ressac [rəsak] nm backwash *(of a wave).*

ressaisir [32] [rəsezir] vt **1.** [agripper de nouveau] to catch ou to grab again, to seize again / *le chien ressaisit sa proie* the dog got hold of ou caught his prey again **2.** *fig* [occasion] to seize again **3.** INFORM to rekey.

❖ **se ressaisir** vpi [se calmer] to pull o.s. together ▸ **ressaisis-toi!** pull yourself together!, get a hold of ou a grip on yourself! / *il s'est ressaisi et a finalement gagné le deuxième set* he recovered ou rallied and finally won the second set.

ressasser [3] [rəsase] vt **1.** [répéter] to go ou harp on about / *ressasser les exploits de sa jeunesse* to go ou to harp on about one's youthful exploits / *les mêmes histoires ressassées l'amusent toujours* he's still amused by the same worn-out old stories **2.** [repenser à] to turn over in one's mind.

ressaut [rəso] nm **1.** GÉOGR rise ; ALPINISME step, projection **2.** CONSTR [en saillie] step ; [en recul] offset ▸ **faire ressaut** to jut out **3.** [niveau des eaux] jump.

ressauter [3] [rəsote] ◆ vt [barrière] to jump again / *le cavalier revint sur ses pas et ressauta l'obstacle* the rider retraced his steps and jumped over the fence again. ◆ vi to jump again / *tous les enfants ont ressauté dans l'eau en même temps* all the children jumped into the water again at the same time.

ressayer [reseje] = **réessayer.**

ressemblance [rəsɑ̃blɑ̃s] nf **1.** [entre êtres humains] likeness, resemblance / *la ressemblance entre la mère et la fille est étonnante* mother and daughter look amazingly alike / *il y a une ressemblance entre les deux cousins* the two cousins look alike / **'toute ressemblance avec des personnages réels ne peut être que fortuite'** 'any resemblance to persons living or dead is purely accidental' **2.** [entre choses] similarity / *il existe une certaine ressemblance entre les deux livres* both books are somehow similar / *il n'y a aucune ressemblance entre ta situation et la mienne* there's no similarity ou comparison between your situation and mine.

ressemblant, e [rəsɑ̃blɑ̃, ɑ̃t] adj [photo, portrait] true to life, lifelike / *ta photo n'est pas très ressemblante* your photo doesn't look like you / *elle est très ressemblante sur le dessin* the drawing really looks like her.

ressembler [3] [rəsɑ̃ble] ❖ **ressembler à** v + prép **1.** [avoir la même apparence que] to resemble, to look like / *il ressemble à sa mère* he looks like his mother, he favours his mother *sout* / *elle me ressemble un peu* she looks a bit like me / *ça ne ressemble en rien à une maison* that doesn't look like a house at all / *la moustache le fait ressembler à son père* his moustache makes him look like his father **2.** [avoir la même nature que] to resemble, to be like / *il a toujours cherché à ressembler à son père* he always tried to be like his father / *je n'ai rien qui ressemble à une tenue de soirée* I have nothing that you could even vaguely call evening wear **3.** EXPR ▸ **ne ressembler à rien** *fam* : *ça ne ressemble à rien* it makes no sense at all / *son tableau ne ressemble à rien* *fam* her painting looks like nothing on earth / *ça ne ressemble à rien de ne pas vouloir venir* *fam* there's no sense in not wanting to come ▸ **à quoi ça ressemble de...** *fam* : *à quoi ça ressemble de quitter la réunion sans même s'excuser?* what's the idea ou meaning of leaving the meeting without even apologizing? ▸ **cela ne me / te / leur ressemble pas** that's not like me / you / them ▸ **ça lui ressemble bien de...** : *ça lui ressemble bien d'oublier mon anniversaire* it's just like him to forget my birthday.

❖ **se ressembler** ◆ vp *(emploi réciproque)* to look alike, to resemble each other / *ils se ressemblent* they look alike ou like each other / *tous les amoureux se ressemblent* all lovers are alike, lovers are all alike ▸ **se ressembler comme deux gouttes d'eau** to be as like as two peas (in a pod) ▸ **qui se ressemble s'assemble** *prov* birds of a feather flock together *prov.* ◆ vpi *sout* : *depuis sa maladie, il ne se ressemble plus* he's not been himself since his illness.

ressemelage [rəsəmlaʒ] nm [action] soling, resoling ; [nouvelle semelle] new sole.

ressemeler [24] [rəsəmle] vt to sole, to resole.

In reformed spelling (see p. 16-19), this verb is conjugated like *acheter* : *il ressemèlera, elle ressemèlerait.*

ressemer [19] [rəsəme] vt [graine, champ] to resow, to sow again.

ressens v ⟶ ressentir.

ressentiment [ʀəsɑ̃timɑ̃] nm *sout* resentment, ill will ▸ **éprouver du ressentiment à l'égard de qqn** to feel resentment against sb, to feel resentful towards sb / *je n'ai aucun ressentiment à ton égard* I don't bear you any resentment ou ill will / *c'est un homme aigri, plein de ressentiment* he's embittered and full of resentment.

ressentir [37] [ʀəsɑ̃tiʀ] vt **1.** [éprouver - bienfait, douleur, haine] to feel / *j'ai ressenti la même impression que vous quand je l'ai vu* I felt the same way you did ou I had the same feeling as you when I saw him **2.** [être affecté par] to feel, to be affected by / *il a ressenti très vivement la perte de son père* he was deeply affected by his father's death / *j'ai ressenti ses propos comme une véritable insulte* I felt ou was extremely insulted by his remarks.

❖ **se ressentir de** vp + prép to feel the effect of / *je me ressens encore des suites de mon accident* I still feel ou I'm still suffering from the effects of my accident / *la production a été accélérée et la qualité s'en ressent* they've speeded up production at the expense of quality / *elle est inquiète et son travail s'en ressent* she's worried and it shows in her work.

resserre [ʀəsɛʀ] nf [à outils] shed, outhouse ; [à produits] storeroom ; [à provisions] store cupboard, larder.

resserré, e [ʀəseʀe] adj [étroit] narrow.

resserrement [ʀəsɛʀmɑ̃] nm **1.** [passage étroit] narrow part / *il y a un resserrement de la route après le pont* the road narrows after the bridge **2.** [limitation] tightening / *le resserrement du crédit* the credit squeeze, the tightening of credit controls **3.** [consolidation - d'un lien affectif] strengthening **4.** [des pores] closing.

resserrer [4] [ʀəseʀe] vt **1.** [boulon, nœud - serrer de nouveau] to retighten, to tighten again ; [- serrer davantage] to tighten up *(sép)* / *resserre-le* tighten it (up) **2.** [renforcer - amitié] to strengthen **3.** [fermer] to close (up) / *pour resserrer les pores* to close the pores **4.** [diminuer - texte, exposé] to condense, to compress.

❖ **se resserrer** vpi **1.** [devenir plus étroit] to narrow / *la route se resserre après le village* the road narrows past the village **2.** [se refermer] to tighten / *les mailles du filet se resserrent* fig the police are closing in **3.** [devenir plus fort] : *nos relations se sont resserrées depuis l'année dernière* we have become closer (to each other) ou our relationship has grown stronger since last year.

resservir [38] [ʀəsɛʀviʀ] ◆ vt **1.** [de nouveau] to serve again / *elle nous a resservi les pâtes d'hier en gratin* she served up yesterday's pasta in a gratin **2.** [davantage] to serve (out) some more ou another helping / *donne-moi ton assiette, je vais te resservir* give me your plate, I'll give you another helping **3.** *fam* [répéter] : *il nous ressert la même excuse tous les ans* he comes out with ou he trots out the same (old) excuse every year. ◆ vi **1.** [être utile] : *j'ai une vieille robe longue qui pourra bien resservir pour l'occasion* I have an old full-length dress which would do for this occasion / *garde-le, ça pourra toujours resservir* keep it, it might come in handy ou useful again (one day) **2.** MIL & TENNIS to serve again.

❖ **se resservir** vp *(emploi réfléchi)* [reprendre à manger] to help o.s. to some more ou to a second helping / *ressers-toi* help yourself to (some) more / *puis-je me resservir?* may I help myself to some more ou take a second helping?

❖ **se resservir de** vp + prép [réutiliser] to use again.

ressors v ⟶ ressortir.

ressort [ʀəsɔʀ] nm **1.** [mécanisme] spring ▸ **faire ressort** to act as a spring ▸ **ressort hélicoïdal / spiral** helical / spiral spring ▸ **ressort à boudin** coil spring ▸ **ressort à lames** leaf ou coach spring ▸ **ressort de montre** watch spring, hairspring ▸ **ressort de sommier** bedsprings **2.** [force morale] spirit, drive / *manquer de ressort* to lack drive **3.** [mobile] motivation / *les ressorts de l'âme humaine* the deepest motivations of the human soul ou spirit **4.** PHYS [propriété] springiness, elasticity *spéc* **5.** [compétence] : *les problèmes qui sont de mon ressort* problems I am qualified to deal with ▸ **ce n'est pas de mon / son ressort** it is not my / his responsibility **6.** DR jurisdiction ▸ **juger en premier ressort** to judge (a case) in the first instance.

❖ **à ressort(s)** loc adj spring-loaded ▸ **matelas à ressorts** spring mattress.

❖ **en dernier ressort** loc adv as a last resort.

ressortir[1] [43] [ʀəsɔʀtiʀ] ◆ vt *(aux avoir)* **1.** [vêtement, ustensile] to take out *(sép)* again **2.** [film] to rerelease, to bring out *(sép)* again ; [pièce de théâtre] to rerun **3.** *fam* [répéter] to trot out *(sép)* again / *tu ne vas pas ressortir cette vieille histoire?* you're not going to come out with that old story again, are you? ◆ vi *(aux être)* **1.** [sortir de nouveau] to go out ou to leave again / *je n'ai pas envie de ressortir, il fait trop froid* I don't feel like going out again, it's too cold ; [sortir] to go out, to leave / *je suis ressorti de la maison vers minuit* I left the house around midnight / *il n'est pas encore ressorti de chez le médecin* he hasn't left the doctor's yet **2.** [se détacher] to stand out / *le rouge ressortira mieux* red will stand out better / *le foulard qu'elle porte fait ressortir ses yeux bleus* the scarf she's wearing brings out the blue of her eyes / *faire ressortir les avantages d'une solution* to stress ou to highlight the advantages of a solution / *ce rapport fait ressortir un certain nombre de problèmes importants* the report brings out a number of important points **3.** [réapparaître] : *la pointe est ressortie de l'autre côté du mur* the tip came through the other side of the wall **4.** [film] to show again, to be re-released / *ses films viennent de ressortir à Paris* her movies have just started showing again in Paris ou have just been rereleased in Paris **5.** JEUX [chiffre, carte] to come up *(insép)* again.

❖ **ressortir de** v + prép to emerge ou to flow from / *il ressort de votre analyse que les affaires vont bien* according to your analysis, business is good / *il ressort de tout cela qu'il a menti* the upshot of all this is that he's been lying.

ressortir[2] [32] [ʀəsɔʀtiʀ] ❖ **ressortir à** v + prép **1.** DR : *ressortir à la juridiction de* to come under the jurisdiction of **2.** *litt* [relever de] to pertain to / *pareil sujet ressortit au roman plutôt qu'à l'essai* such a subject pertains to the novel rather than to the essay (genre).

ressortissant, e [ʀəsɔʀtisɑ̃, ɑ̃t] nm, f national / *ressortissant d'un État membre de l'UE* EU national.

ressouder [3] [ʀəsude] vt **1.** [tuyau] to resolder, to reweld, to weld together *(sép)* again **2.** *fig* [alliance, couple] to bring ou to get together *(sép)* again, to reunite.

ressource [ʀəsuʀs] nf **1.** [secours] recourse, resort / *tu es mon unique ressource* you're the only person who can help me ou my only hope / *elle n'a eu d'autre ressource que de le lui demander* there was no other course (of action) open ou left to her but to ask him ▸ **en dernière ressource** as a last resort **2.** [présence d'esprit] ▸ **un homme / une femme de ressource(s)** a resourceful man / woman **3.** [endurance, courage] ▸ **avoir de la ressource** to have strength in reserve.

❖ **ressources** nfpl **1.** [fonds] funds, resources, income / *25 ans et sans ressources* 25 years old and no visible means of support ▸ **ressources financières** financial resources ▸ **ressources personnelles** private means **2.** [réserves] resources / *ressources naturelles / minières d'un pays* natural / mineral resources of a country ▸ **ressources humaines** human resources, personnel ▸ **des ressources en hommes** manpower resources ▸ **ressources renouvelables** renewable resources **3.** [moyens] resources, possibilities / *nous mobilisons toutes nos ressources pour retrouver les marins disparus* we're mobilizing all our resources ou all the means at our disposal to find the missing sailors / *toutes les ressources de notre langue* all the possibilities ou resources of our language.

ressourcer [16] [ʀəsuʀse] ❖ **se ressourcer** vpi **1.** [retourner aux sources] to go back to one's roots **2.** [reprendre des forces] to recharge one's batteries.

ressouvenir [40] [ʀəsuvniʀ] ❖ **se ressouvenir de** vp + prép *litt* to remember, to recall / *à chaque retour dans son village natal, il se ressouvenait de son enfance* each time he returned to his home village, he would recall his childhood.

ressurgir [32] [ʀəsyʀʒiʀ] vi **1.** [source] to reappear **2.** [problème] to arise again, to reoccur / *faire ressurgir de vieux souvenirs* to bring back old memories.

ressuscité, e [ʀesysite] nm, f **1.** RELIG resurrected person ▸ **les ressuscités** those who have risen again, the risen **2.** *fig* : *tu as l'air d'un ressuscité* you look like death warmed up.

ressusciter [3] [ʀesysite] ◆ vt *(aux avoir)* **1.** RELIG to resurrect, to raise from the dead / *le Christ ressuscitera les morts* Christ will raise the dead to life **2.** [ranimer] to resuscitate ; MÉD to bring back to life, to revive / *vos piqûres m'ont littéralement ressuscité* those injections you gave me literally brought me back to life / *un whisky à ressusciter les morts* fam & hum whisky strong enough to bring the dead back to life / *le fait qu'il se repente ne va pas faire ressusciter la victime* the fact that he is sorry won't bring the victim back to life / *ressusciter une mode* to bring back a fashion **3.** *litt* [faire resurgir] to revive, to resurrect ▸ **ressusciter le passé** to summon up ou to revive the past. ◆ vi **1.** *(aux être)* RELIG to rise again ou from the dead / *le Christ est ressuscité* Christ has risen (from the dead) **2.** *(aux avoir)* [revivre - sentiment, nature] to come back to life, to revive.

> ⚠ Le verbe anglais **resuscitate** signifie «ranimer» et non ressusciter.

restant, e [ʀɛstɑ̃, ɑ̃t] adj remaining / *ils se sont partagé les chocolats restants* they shared the chocolates that were left / *c'est le seul héritier restant* he's the sole remaining heir.

❖ **restant** nm [reste] rest, remainder / *dépenser le restant de son argent* to spend the rest of one's money ou one's remaining money ▸ **pour le restant de mes / ses jours** until my / his dying day.

restau [ʀɛsto] nm *fam* restaurant.

restaurant [ʀɛstɔʀɑ̃] nm restaurant ▸ **manger au restaurant** to eat out / *ce soir, on dîne au restaurant* we're dining out tonight / *ils vont souvent au restaurant* they often eat out ▸ **restaurant d'entreprise** (staff) canteen UK ou cafeteria US ▸ **restaurant universitaire** ≃ university cafeteria ou refectory.

restaurateur, trice [ʀɛstɔʀatœʀ, tʀis] nm, f **1.** [d'œuvres d'art] restorer **2.** [qui tient un restaurant] restaurant owner, restaurateur *sout*.

restauration [ʀɛstɔʀasjɔ̃] nf **1.** [d'œuvres d'art] restoration / *la restauration des vitraux a pris plusieurs années* it took several years to restore the stained-glass windows **2.** [rétablissement] restoration ▸ **la Restauration** HIST the Restoration **3.** [hôtellerie] catering / *dans la restauration* in the restaurant trade ou the catering business ▸ **la restauration rapide** the fast-food business.

restaurer [3] [ʀɛstɔʀe] vt **1.** [édifice, œuvre d'art] to restore **2.** *litt* [rétablir] to restore, to reestablish / *restaurer la paix* to restore peace **3.** *litt* [nourrir] to feed.

❖ **se restaurer** vp *(emploi réfléchi)* to have something to eat / *on s'arrêtera vers midi pour se restaurer un peu* we'll stop around noon to have a bite to eat.

reste [ʀɛst] nm **1.** [suite, fin] rest / *il en a mangé une partie et a jeté le reste* he ate part of it and threw the rest away / *puis-je vous payer le reste à la fin du mois?* can I pay you the rest at the end of the month? / *il a dormi le reste de la journée* he slept for the rest of the day / *le reste de ta vie* the rest of your life / *si vous êtes sages, je vous raconterai le reste demain* if you're good, I'll tell you the rest of the story tomorrow / *pour le reste* ou *quant au reste* for the rest / *et (tout) le reste!* and so on (and so forth)! ▸ **tout le reste n'est que littérature / qu'illusion** everything else is just insignificant / an illusion ▸ **sans attendre** ou **demander son reste** without (any) further ado / *elle s'est enfuie sans demander son reste* she left without further ado / *j'irai encaisser le chèque sans attendre mon reste* I'll go and cash in the cheque and have done with it ▸ **être** ou **demeurer en reste** to be outdone, to be at a loss **2.** [résidu - de nourriture] food left over, leftovers (of food) ; [- de boisson] drink left over ; [- de tissu, de papier] remnant, scrap ; CINÉ out-takes / *un reste de jour* ou *de lumière* a glimmer of daylight / *un reste de courage / d'espoir* some remnants of courage / hope / *un reste de sa gloire passée* a vestige ou remnant of his past glory **3.** MATH remainder / *le reste égale cinq* the remainder is five.

❖ **restes** nmpl **1.** [d'un repas] leftovers / *on mangera les restes ce soir* we'll have the leftovers tonight / *je ne veux pas de ses restes! fig* I don't want his leftovers! **2.** [vestiges] remains **3.** [ossements] (last) remains **4.** EXPR **avoir de beaux restes** *fam* : *elle a de beaux restes* she's still beautiful despite her age.

❖ **au reste** = du reste.

❖ **de reste** loc adj surplus *(modif)*, spare / *passez me voir demain, j'aurai du temps de reste* come and see me tomorrow, I'll have some spare time / *il a de la patience de reste* he has patience to spare.

❖ **du reste** loc adv besides, furthermore, moreover / *inutile de discuter, du reste, ça ne dépend pas de moi* there's no point in arguing and, besides, it's not up to me to decide / *du reste, je ne suis pas d'accord avec toi* what's more, I don't agree with you.

reste-à-vivre [ʀɛstavivʀ] nm inv subsistence allowance *(for person paying off debts)*.

rester [3] [ʀɛste] vi **1.** [dans un lieu, une situation] to stay, to remain / *le dard est resté dans son doigt* the sting is still ou has stayed in her finger / *c'est mieux si la voiture reste au garage* it's better if the car stays in the garage / *malgré mes efforts, la tache est restée* despite my efforts, the stain wouldn't go / *ceci doit rester entre nous* this is strictly between me and you, this is for our ears only / *restez donc à déjeuner / dîner* do stay for lunch / dinner / *je ne reste pas* I'm not staying ou stopping / *savoir rester à sa place fig* to know one's place / *rester debout / assis* to remain standing / seated / *elle est restée debout toute la nuit* she stayed up all night ▸ **rester paralysé** to be left paralysed ▸ **rester fidèle à qqn** to be ou to stay faithful to sb ▸ **rester en fonction** to remain in office / *rester dans l'ignorance* to remain in ignorance ▸ **rester célibataire** to remain single ▸ **rester sans rien faire** to sit around doing nothing / *elle ne reste pas en place* she never keeps still / *tu veux bien rester tranquille!* will you keep still! ▸ **rester en contact avec qqn** to keep ou to stay in touch with sb / *je reste sur une impression désagréable* I'm left with an unpleasant impression / *je n'aime pas rester sur un échec* I don't like to stop at failure ▸ **rester dans les mémoires** ou **les annales** to go down in history ▸ **en rester à** : *nous en sommes restés à la page 160* we left off at ou got as far as page 160 / *nous en resterons à cet accord* we will limit ourselves to ou go no further than this agreement ▸ **restons-en là!** let's leave it at that! ▸ **rester en rade** *fam* ou **en plan**, *fam* ou **en chemin**, *fam* ou **en carafe** *fam* to be left high and dry ou stranded ▸ **rester sur le cœur** : *ça m'est resté sur le cœur* it still rankles with ou galls me ▸ **j'y suis, j'y reste!** here I am and here I stay! **2.** [subsister] to be left ▸ **rester sans résultat** to remain ineffective / *c'est tout ce qui me reste* that's all I have left / *cette mauvaise habitude lui est restée* he still has that bad habit / *restent les deux dernières questions à traiter* the last two questions still have to be dealt with / *reste à savoir qui ira* there still remains the problem of deciding who is to go ; *(tournure impersonnelle)* : *il me reste une bague de ma grand-mère* I still have a ring my grandmother left me / *il nous reste un peu de pain et de fromage* we have a little bit of bread and cheese left / *il me reste la moitié à payer* I (still) have half of it to pay / *il nous reste de quoi vivre* we have enough left to live on / *lisez beaucoup, il en restera toujours quelque chose* do a lot of reading, there will always be something to show for it ou there's always something to be got out of it / *cinq ôté de quinze, il reste dix* five (taken away) from fifteen leaves ten ▸ **il reste un doute** a doubt still remains / *il reste encore à examiner les points a et c* points a and c still remain to be examined / *il ne reste plus rien à faire* there's nothing left to be done / *il reste à faire l'ourlet* the hem is all that remains ou that's left to be done / *il reste encore 12 km à faire* there's still 12 km to go ▸ **il reste que, il n'en reste pas moins que** : *il reste que le problème de succession n'est pas réglé* the fact remains that the problem of the inheritance hasn't been solved / *il n'en reste pas moins que vous avez tort* you are nevertheless wrong ▸ **et s'il n'en reste qu'un, je serai celui-là** *(allusion à Victor Hugo)* and if anyone will be there at the finish, it will be me **3.** AFR [habiter] to live **4.** *euphém* [mourir] to meet one's end / *il est resté sur le champ de bataille* he died on the battlefield ▸ **y rester** *fam* to kick the bucket **5.** [durer] to live on *(insép)*, to endure / *son souvenir restera* his memory will live on.

restituable [ʀɛstitɥabl] adj [somme] repayable.

restituer [7] [ʀɛstitɥe] vt **1.** [rendre - bien] to return, to restore ; [- argent] to refund, to return ▸ **restituer qqch à qqn** to return sthg to sb / *elle dut restituer les fonds détournés* she had to pay back ou to return the embezzled funds **2.** [reconstituer - œuvre endommagée] to restore, to reconstruct ; [- ambiance] to reconstitute, to render / *restituer fidèlement les sons* to reproduce sounds faithfully **3.** [vomir] to bring up *(sép)* / *restituer son repas* to bring up one's meal.

restitution [ʀɛstitysjɔ̃] nf **1.** [d'un bien] return, restitution ; [d'argent] refund **2.** [d'un son, d'une couleur] reproduction.

resto [ʀɛsto] nm *fam* restaurant ▸ **les Restos du cœur** *charity food distribution centres.*

Les Restos du cœur

Set up by the comedian Coluche, the **Restos du cœur** (full name, **les Restaurants du cœur**) are run by volunteers who distribute free meals to the poor and homeless, particularly during the winter months.

Restoroute® [ʀɛstoʀut] nm [sur autoroute] ≃ motorway UK ou freeway & US restaurant ; [sur route] roadside restaurant.

resto-U [ʀɛstoy] nm *fam* **abr de restaurant universitaire.**

restreindre [81] [ʀɛstʀɛ̃dʀ] vt [ambition, dépense] to restrict, to limit, to curb ; [budget] to restrict ; [consommation] to cut down *(sép)* / *restreindre les libertés* to restrict liberties / *en raison de son âge, il a dû restreindre ses activités* he had to limit his activities because of his age / *elle a dû restreindre ses recherches à un domaine précis* she had to limit her research to a precise field.

❖ **se restreindre** vpi **1.** [se rationner] to cut down / *tu ne sais pas te restreindre* you don't know when to stop **2.** [diminuer] : *le champ d'activités de l'entreprise s'est restreint* the company's activities have become more limited / *son cercle d'amis s'est restreint* his circle of friends has got smaller.

restreint, e [ʀɛstʀɛ̃, ɛ̃t] adj **1.** [réduit] limited / *l'espace est restreint* there's not much room ▸ **édition à tirage restreint** limited edition **2.** [limité] restricted / *la distribution de ces produits est restreinte à Paris et à sa région* these products are sold exclusively in Paris and in the Paris area.

restrictif, ive [ʀɛstʀiktif, iv] adj restrictive.

restriction [ʀɛstʀiksjɔ̃] nf **1.** [réserve] reservation / *émettre quelques restrictions à l'égard d'un projet* to express some reservations about a project ▸ **restriction mentale** mental reservation **2.** [limitation] restriction, limitation ▸ **restriction de crédit** restriction on credit, credit squeeze.

❖ **restrictions** nfpl restrictions / *les restrictions en temps de guerre* wartime restrictions ou austerity.

❖ **sans restriction** loc adv [entièrement] : *je vous approuve sans restriction* you have my unreserved approval.

restructuration [ʀəstʀyktyʀasjɔ̃] nf **1.** [d'un quartier, d'une ville] redevelopment **2.** [d'une société, d'un service] restructuring, reorganization.

restructurer [3] [ʀəstʀyktyʀe] vt [société, organisation] to restructure, to reorganize.

resucée [ʀəsyse] nf *fam* **1.** [de boisson] ▸ **une resucée de** another swig ou slug of **2.** [répétition] rehash / *ils ne montrent que des resucées à la télévision* all they ever show on TV is (old) repeats.

résultant, e [ʀezyltɑ̃, ɑ̃t] adj resulting.

❖ **résultante** nf **1.** [résultat] result, outcome **2.** PHYS resultant.

résultat [ʀezylta] nm **1.** [réalisation positive] result ▸ **sans résultat** [action] fruitless / *ne donner aucun résultat* to have no effect / *il n'y a pas que le résultat qui compte* the (end) result is not the only important thing **2.** [aboutissement] result, outcome ▸ **le résultat final** the end result / *voici le résultat de nombreuses années de recherche* this is the result of several years of research / *son attitude a eu pour résultat de rapprocher le frère et la sœur* her attitude led to ou resulted in closer ties between brother and sister / *j'ai eu les résultats de mes analyses* I got my lab results back ▸ **les résultats du Loto** the winning lottery numbers **3.** *fam* [introduisant une conclusion] : *il a voulu trop en faire, résultat, il est malade* he tried to do too much and sure enough he fell ill / *résultat, je n'ai toujours pas compris* so I'm still none the wiser **4.** MATH result / *peux-tu me donner le résultat de la soustraction?* can you give me the result of ou the answer to the subtraction? / *j'ai le même résultat que toi* I get the same result as you **5.** POL & SPORT result / *nous avons un dernier résultat en tennis* here is the latest tennis score / *résultat partiel pour la Corse et les Alpes-Maritimes* by-election result for Corsica and the Alpes-Maritimes ▸ **le résultat des courses a)** SPORT the racing results **b)** *fig* the outcome (of the situation) **6.** COMPTA profit ▸ **résultat brut d'exploitation** gross trading profit ▸ **résultat net** net profit / *dégager un résultat* to make a profit.

❖ **résultats** nmpl POL, SPORT & ÉDUC results.

résulter [3] [ʀezylte] ❖ **résulter de** v + prép to result ou to ensue from / *il est difficile de dire ce qui en résultera* at the moment it's difficult to say what the result ou outcome will be / *je ne sais pas ce qui en résultera* I don't know what the end result will be ou what's going to come out of this / *le travail / souci qui en résulte* the ensuing work / worry ; *(tournure impersonnelle)* : *il résulte de l'enquête que…* the result of the investigation shows that… / *il en a résulté que…* the result ou the outcome was that…

résumé [ʀezyme] nm **1.** [sommaire] summary, résumé / *faites un résumé du passage suivant* write a summary ou a précis of the following passage ▸ **résumé des épisodes précédents** the story so far **2.** [bref exposé] summary / *faites-nous le résumé de la situation* sum up ou summarize the situation for us **3.** [ouvrage] summary, précis.

❖ **en résumé** loc adv [en conclusion] to sum up ; [en bref] in short, in brief, briefly / *en résumé, nous ne sommes d'accord sur aucun des points soulevés* in short, we do not agree on any of the points raised.

résumer [3] [ʀezyme] vt **1.** [récapituler] to summarize, to sum up *(sép)* / *je vais vous résumer notre conversation* let me summarize our conversation / *voici le problème résumé en quelques chiffres* here is the problem summed up in a few figures / *résume-lui l'histoire en quelques mots* sum up the story for him in a few words **2.** [symboliser] to typify, to symbolize / *ce cas résume tous les autres du même genre* this case sums up all others of the same type.

❖ **se résumer** vpi [récapituler] to sum up / *pour me résumer, je dirai que nous devons être vigilants* to sum up, I would say that we must be vigilant.

❖ **se résumer à** vp + prép to come down to / *cela se résume à peu de chose* it doesn't amount to much.

⚠ **Resume** signifie «reprendre», «poursuivre» et non résumer.

resurchauffer [3] [ʀəsyʀʃofe] vt to reheat, to resuperheat *spéc.*

résurgence [ʀezyʀʒɑ̃s] nf **1.** GÉOGR resurgence **2.** *sout* [réapparition] resurgence, revival.

resurgir [ʀəsyʀʒiʀ] = ressurgir.

résurrection [ʀezyʀɛksjɔ̃] nf **1.** RELIG resurrection ▸ **la Résurrection (du Christ)** the Resurrection (of Christ) ▸ **résurrection de la chair** resurrection of the body **2.** [renaissance] revival / *nous attendons la résurrection du cinéma français* we're waiting for French cinema to take on a new lease of life **3.** [guérison] : *depuis qu'il sait que sa fille est saine et sauve, c'est une véritable résurrection!* now he knows his daughter is safe, he's made a miraculous recovery!

retable [ʀətabl] nm [sur l'autel] retable ; [derrière l'autel] reredos.

rétablir [32] [ʀetabliʀ] vt **1.** [établir de nouveau] to restore / *le courant a été rétabli dans l'après-midi* the power was reconnected ou restored in the afternoon / *rétablir le calme* / *l'ordre* / *une vieille coutume* to restore calm / order / an old custom ▸ **rétablir l'équilibre** to redress the balance / *nous prendrons les mesures nécessaires pour rétablir la situation* we'll take the measures required to restore the situation to normal / *rétablir un texte* to restore a text *(to its original form)* ▸ **rétablir qqn dans son emploi** to reinstate sb / *elle a été rétablie dans tous ses droits* all her rights were restored **2.** [guérir] ▸ **rétablir qqn** to restore sb to health / *c'est un traitement assez long mais il vous rétablira* it's a rather long treatment but it will restore you to health / *son séjour l'a complètement rétabli* his holiday brought about his complete recovery **3.** [rectifier] to reestablish / *rétablissons les faits* let's reestablish the facts, let's get down to what really happened.
❖ **se rétablir** vpi **1.** [guérir] to recover / *il ne se rétablit pas très vite* he's not recovering very quickly / *elle est partie se rétablir à la campagne* she went to the country to recuperate ou to recover **2.** [revenir - ordre, calme] to be restored / *l'ordre s'est rétabli lentement* order was gradually restored **3.** [reprendre son équilibre] to get one's balance back.

rétablissement [ʀetablismɑ̃] nm **1.** [action] restoration ; [résultat] restoration, reestablishment / *le rétablissement du courant prendra deux heures* it will be two hours before the power comes back on / *nous souhaitons tous le rétablissement de la paix* we all want peace to be restored **2.** [guérison] recovery / *nous vous souhaitons un prompt rétablissement* we wish you a speedy recovery **3.** SPORT : *faire un rétablissement à la barre fixe* to do a pull-up on the horizontal bar.

retailler [3] [ʀətaje] vt [rosier, vigne] to reprune ; [diamant, vêtement] to recut ; [crayon] to resharpen ; [haie] to retrim ; [cartes à jouer] to shuffle and cut again.

rétamage [ʀetamaʒ] nm retinning.

rétamé, e [ʀetame] adj **1.** [étamé de nouveau] retinned **2.** *tfam* [épuisé] worn out, knackered UK ; [ivre] pissed UK, wrecked ; [démoli] wrecked, smashed up.

rétamer [3] [ʀetame] vt **1.** [étamer de nouveau] to retin **2.** *tfam* [enivrer] to knock out *(sép)* / *un verre de champagne suffit à me rétamer* one glass of champagne is enough to knock me out **3.** *tfam* [battre au jeu] to clean out / *je me suis fait rétamer au casino* I got cleaned out at the casino **4.** *tfam* [fatiguer] to wreck **5.** *tfam* [démolir] to wreck / *il a complètement rétamé sa voiture* he wrote his car off UK, he totalled his car **6.** *tfam* [refuser - candidat] to fail / *ils ont rétamé la moitié des candidats* they failed half the candidates.
❖ **se rétamer** vpi **1.** *fam* [tomber] to come a cropper UK, to take a tumble / *je me suis drôlement rétamé au ski* I took a real tumble when I went skiing **2.** [échouer] to flunk / *je me suis rétamée à l'oral* I messed up ou flunked my oral exam.

rétameur [ʀetamœʀ] nm tinker, tinsmith.

retapage [ʀətapaʒ] nm *fam* [d'un lit] straightening, making ; [d'une maison, d'une voiture] doing up.

retape [ʀətap] nf *tfam* **1.** [racolage] : *faire (de) la retape* to be on the game UK, to hustle US **2.** [publicité] loud advertising, hyping (up), plugging.

retaper [3] [ʀətape] vt **1.** [lit] to straighten, to make **2.** *fam* [maison] to do up *(sép)* ; [voiture] to fix ou to do up *(sép)* **3.** *fam* [malade] to buck up *(sép)* / *mon séjour à la montagne m'a retapé* my stay in the mountains set me back on my feet again **4.** [lettre] to retype, to type again.
❖ **se retaper** *fam* ◆ vp *(emploi réfléchi)* **1.** [physiquement] to get back on one's feet again / *elle a grand besoin de se retaper* she badly needs to recharge her batteries **2.** [financièrement] to sort out one's finances, to get straightened out (financially). ◆ vpt : *j'ai dû me retaper la lecture du rapport* I had to read through the blasted report again.

retard [ʀətaʀ] ◆ nm **1.** [manque de ponctualité] lateness / *il ne s'est même pas excusé pour son retard* he didn't even apologize for being late / *mon retard est dû à…* I'm late because of… ▸ **avoir du retard** to be late / *j'avais plus d'une heure de retard* I was over ou more than an hour late / *l'avion Londres-Paris est annoncé avec deux heures de retard* a two-hour delay is expected on the London to Paris flight / *rapportez vos livres sans retard* return your books without delay / *tout retard dans le paiement des intérêts sera sanctionné* all late payments of interest ou any delay in paying interest will incur a penalty ▸ **retard de paiement** late payment **2.** [intervalle de temps, distance] : *il a un tour de retard sur son principal adversaire* he's a lap behind his main opponent / *le peloton est arrivé avec cinq minutes de retard sur le vainqueur* the pack arrived five minutes after ou behind the winner **3.** [d'une horloge] : *ma montre a plusieurs minutes de retard* my watch is several minutes slow **4.** [d'un élève] backwardness *péj* / *il a du retard en allemand* he's behind in German / *il doit combler son retard en physique* he's got to catch up in physics ▸ **retard scolaire** learning difficulties **5.** [handicap] : *nous avons comblé notre retard industriel en quelques années* we caught up on ou we closed the gap in our industrial development in a few years / *nous avons des années de retard (sur eux)* we're years behind (them) ▸ **retard mental** backwardness **6.** MÉCAN ▸ **retard à l'allumage** retarded ignition. ◆ adj inv delayed(-action), retarded ▸ **insuline** / **pénicilline retard** slow-release insulin / penicillin.
❖ **en retard** ◆ loc adj ▸ **être en retard** to be late / *j'ai des lettres* / *du tricot en retard* I'm behind with my mail / knitting / *un élève en retard dans ses études* a pupil who is behind in his studies ▸ **elle est très en retard pour son âge a)** PSYCHOL she's rather immature ou slow for her age **b)** ENS she's rather behind for her age ▸ **paiement en retard a)** [qui n'est pas fait] arrears, overdue payment **b)** [qui est fait] late payment ▸ **être en retard dans ses paiements** : *il est en retard dans ses paiements* he's behind ou in arrears with (his) payments ▸ **être en retard sur son époque** ou **son temps** to be behind the times. ◆ loc adv ▸ **arriver en retard** to arrive late / *elle s'est mise en retard* she made herself late / *nous avons rendu nos épreuves en retard* we were late handing in our tests.

retardataire [ʀətaʀdatɛʀ] ◆ adj **1.** [qui n'est pas à l'heure] late ; [qui a été retardé] delayed **2.** [désuet] obsolete, old-fashioned / *vous avez vraiment des méthodes retardataires* your methods are completely obsolete ou outdated. ◆ nmf latecomer.

retardateur, trice [ʀətaʀdatœʀ, tʀis] adj retarding ▸ **action retardatrice** MIL delaying tactics ▸ **frottement retardateur** SCI & TECHNOL (friction) drag.
❖ **retardateur** nm **1.** CHIM retarder, negative catalyst **2.** CONSTR retarding agent, retarder **3.** PHOT (camera) self-timer.

retardé, e [ʀətaʀde] ◆ adj *fam* [arriéré] retarded, backward, slow. ◆ nm, f ▸ **retardé (mental)** (mentally) retarded person.

retardement [ʀətaʀdəmɑ̃] ❖ **à retardement** ◆ loc adj [mécanisme] delayed-action *(modif).* ◆ loc adv ▸ **comprendre à retardement** to understand after the event.

retarder [3] [ʀətaʀde] ◆ vt **1.** [ralentir - visiteur, passager] to delay, to make late / *la pluie* / *grève m'a retardé* the rain / strike made me late ; [entraver - enquête, progrès, travaux] to delay, to hamper, to slow down *(sép)* / *les problèmes financiers l'ont retardé dans ses études* financial problems slowed him down ou hampered him in his studies **2.** [ajourner] to postpone, to put back *(sép)* / *nous avons dû retarder la date d'ouverture du congrès* we had to put back the date for ou postpone the start of the congress / *elle retarde par tous les moyens le moment de le rencontrer* she's using every opportunity to put off ou to postpone ou to delay meeting him **3.** [montre] to put back *(sép)* / *j'ai retardé la pendule de quelques minutes* I put the clock back a few minutes. ◆ vi **1.** [montre] to be slow / *la pendule retarde* the clock is slow / *mon réveil retarde de cinq minutes* my alarm (clock) is five minutes slow / *je retarde de quelques minutes fam* I'm ou my watch is a few minutes slow **2.** *fam* [personne] to be out of touch / *retarder sur son temps* ou *son siècle* to be behind the times / *il retarde de vingt ans sur notre époque* ou *temps* he's twenty years behind the times ▸ **retarder (d'un métro)** to be out of touch.
❖ **se retarder** vpi to make o.s. late / *ne te retarde pas pour ça* don't let this hold you up ou delay you.

retâter [3] [ʀətate] vt [étoffe] to feel again.
❖ **retâter de** v + prép *fam* : *il n'a pas envie de retâter de la prison* he doesn't want to sample the delights of prison life again.

reteindre [81] [ʀətɛ̃dʀ] vt to dye again, to redye.

retendre [73] [ʀətɑ̃dʀ] vt [corde, câble] to retighten, to tauten (again) ; [ressort] to reset ; [muscle] to brace ou to tense again ; [corde de raquette] to tauten (again).

retenir [40] [ʀətəniʀ] vt **1.** [immobiliser] to hold, to keep / *retiens le chien, il va sauter!* hold the dog back, it's going to jump! / *j'ai retenu la chaise juste à temps* I caught the chair just in time / *le mur est retenu par un échafaudage* the wall is held up by scaffolding ▸ **retenir le regard de qqn** to arrest sb's gaze ▸ **retenir l'attention de qqn** to hold sb's attention / *votre CV a retenu toute mon attention* I studied your CV with great interest ▸ **retenir qqn prisonnier** to hold sb prisoner ▸ **retenir qqn en otage** to hold sb hostage ▸ **retenir qqn à dîner** to invite sb for dinner / *je ne vous retiens pas, je sais que vous êtes pressé* I won't keep you, I know you're in a hurry **2.** [empêcher d'agir] to hold back *(sép)* / *quand il est en colère, personne ne peut le retenir* when he's angry, there's no holding him ou nobody can stop him / *je ne sais pas ce qui me retient de l'envoyer promener fam* I don't know what's stopping ou keeping me from telling him to go to hell / *retiens-moi ou je fais un malheur fam* hold me back or I'll do something desperate **3.** [refouler - émotion] to curb, to hold in check, to hold back *(sép)* ; [- larmes, sourire] to hold back ; [- cri] to stifle / *elle ne pouvait retenir ses larmes* / *un sourire* she couldn't hold back her tears / a smile / *retenir un geste d'impatience* to hold back ou to check a gesture of impatience / *retenir son souffle* ou *sa respiration* to hold one's breath **4.** [réserver] to book, to reserve / *retenir une chambre dans un hôtel* to book a room in a hotel / *retiens la date du 20 juin pour notre réunion* keep June the 20th free for our meeting **5.** [se rappeler] to remember ▸ **retenir qqch** to remember ou to recall sthg / *et surtout, retiens bien ce qu'on t'a dit* and above all, remember ou don't forget what you've been told ▸ **je te retiens, toi et tes soi-disant bonnes idées!** *fam* I'll remember you and your so-called good ideas! **6.** [candidature, suggestion] to retain, to accept ▸ **retenir une accusation contre qqn** to uphold a charge against sb **7.** [décompter] to deduct, to keep back *(sép)* / *j'ai retenu 60 euros sur votre salaire* I've deducted 60 euros from your salary ▸ **sommes retenues à la base** ou **source** sums deducted at source **8.** [conserver - chaleur] to keep in *(sép)*, to retain, to conserve ; [- eau] to retain ; [- lumière] to reflect / *un filtre retient les impuretés* a filter retains the impurities **9.** MATH to carry / *je pose 5 et je retiens 4* I put down 5 and carry 4.
❖ **se retenir** ◆ vp *(emploi réfléchi)* **1.** [se contrôler] to restrain o.s. ▸ **se retenir de pleurer** to stop o.s. crying **2.** *fam & euphém* to hold on / *il n'a pas pu se retenir* he couldn't wait (to go to the toilet). ◆ vpi [s'agripper] to hold on / *retiens-toi à la branche* hold on to the branch.

retenter [ʀətɑ̃te] vt : *retenter sa chance* to try one's luck again.

rétention [retɑ̃sjɔ̃] nf **1.** MÉD retention ▸ **faire de la rétention d'urines / d'eau** to suffer from urine / water retention **2.** DR reservation **3.** PSYCHOL retention.

retentir [32] [rətɑ̃tiʀ] vi **1.** [résonner] to resound, to ring / *de bruyants applaudissements retentirent dans la salle* loud applause burst forth in the hall / *la voix des enfants retentissait dans l'escalier* the children's voices were ringing out in the stairway / *la maison retentit du bruit des ouvriers* the house is filled with the noise of the workers / *faire retentir qqch* [instrument musical] to blow sthg **2.** [avoir des répercussions] ▸ **retentir sur** to have an effect on / *l'accident de sa femme a retenti sur son moral* his wife's accident shook him a great deal.

retentissant, e [rətɑ̃tisɑ̃, ɑ̃t] adj **1.** [éclatant -cri, bruit, gifle] resounding, ringing ; [-voix] ringing ; [-sonnerie] loud **2.** [remarquable] tremendous ▸ **un succès retentissant** resounding success / *un bide retentissant* *fam* a resounding flop / *faire une découverte retentissante* to make a tremendous ou sensational discovery.

retentissement [rətɑ̃tismɑ̃] nm **1.** [contrecoup] repercussion / *ça n'a aucun retentissement sur notre pouvoir d'achat* it doesn't affect our purchasing power in any way **2.** [impact] effect, impact / *le retentissement dans l'opinion publique a été considérable / nul* there was considerable / no effect on public opinion / *cette déclaration devrait avoir un certain retentissement* this statement should create quite a stir **3.** *litt* [bruit] ringing, resounding.

retenu, e [rətəny] ◆ pp ⟶ **retenir.** ◆ adj [discret] subdued.

❖ **retenue** nf **1.** [déduction] deduction / *opérer une retenue de 9 % sur les salaires* to deduct ou to stop 9% from salaries / *on a fait une retenue de 40 euros sur son salaire* 40 euros have been docked from his wages / *moins 5,6 % en retenues diverses* less 5.6% in deductions ou stoppages UK ▸ **retenue à la source** payment (of income tax) at source ; ≃ PAYE UK **2.** [réserve] reserve, self-control, restraint ▸ **se confier à qqn sans retenue** to confide in sb unreservedly ou freely / *c'est une jeune femme pleine de retenue* she's a very reserved young woman / *un peu de retenue!* show some restraint!, keep a hold of yourself! **3.** ÉDUC [punition] detention ▸ **mettre qqn en retenue** to keep sb in after school, to put sb in detention / *j'ai 4 heures de retenue la semaine prochaine* I've got 4 hours detention next week **4.** MATH ▸ **reporter la retenue** to carry over / *la retenue, c'est combien?* how much is there to carry over? **5.** CONSTR [d'une poutre] pinning **6.** NAUT [entre écluses] reach **7.** TRAV PUB damming up *(U)* ▸ **retenue d'eau** volume of water *(in dam)*.

réticence [retisɑ̃s] nf reluctance, reticence / *avec quelque réticence* with some reticence ou reservations ▸ **avoir des réticences (sur qqch)** to feel reticent ou to have reservations (about sthg) / *j'ai remarqué un peu de réticence dans son accord* I noticed she agreed somewhat reluctantly / *parler avec réticence* to speak reticently ▸ **parlez sans réticence** don't be reticent, feel free to speak quite openly.

réticent, e [retisɑ̃, ɑ̃t] adj **1.** [hésitant] reticent, reluctant, reserved / *je suis un peu réticent à l'égard de votre proposition* I feel slightly reluctant about your proposal / *se montrer réticent* to seem rather doubtful **2.** *litt* [discret] reticent.

réticulaire [retikylɛʀ] adj reticular.

réticulation [retikylasjɔ̃] nf CHIM cross-linkage.

réticule [retikyl] nm **1.** [sac] reticule **2.** OPT reticle.

réticulé, e [retikyle] adj **1.** ARCHIT reticulated, reticular **2.** ANAT & BOT reticulate.

réticulocyte [retikylɔsit] nm reticulocyte.

réticulum [retikylɔm] nm reticulum.

retient v ⟶ **retenir.**

rétif, ive [retif, iv] adj **1.** [cheval] stubborn **2.** [enfant] restive, fractious, recalcitrant *sout*.

rétine [retin] nf retina.

rétinien, enne [retinjɛ̃, ɛn] adj retinal.

rétinite [retinit] nf **1.** MINÉR retinite **2.** MÉD retinitis.

retint v ⟶ **retenir.**

retirage [rətiʀaʒ] nm reprint / *je voudrais faire un retirage de ces photos* I'd like prints of these photos.

retiré, e [rətiʀe] adj **1.** [isolé] remote, secluded, out-of-the-way / *ils cherchent une maison retirée* they're looking for a secluded house / *elle habite un quartier retiré* she lives in an out-of-the-way neighbourhood **2.** [solitaire] secluded / *mener une vie retirée à la campagne* to live a secluded life in the country / *vivre retiré du monde* to live in seclusion **3.** [à la retraite] retired.

retirer [3] [rətiʀe] ◆ vt **1.** [ôter] to take off ou away *(sép)*, to remove / *retire tes gants* take off your gloves / *il aida l'enfant à retirer son manteau* he helped the child off with his coat **2.** [ramener à soi] : *retire ta main* take your hand away / *retire tes jambes* move your legs back **3.** [faire sortir] to take out *(sép)*, to remove / *on a retiré de nombreux corps du bâtiment* a large number of bodies were removed from ou taken out of the building / *elle a été obligée de retirer son fils de l'école* she had to remove her son from the school **4.** [annuler -droit] to take away *(sép)* ; [-plainte, offre] to withdraw ; [-accusation] to take back *(sép)* ▸ **retirer sa candidature** to withdraw one's candidature, to stand down / *d'accord, je retire tout ce que j'ai dit sur lui* OK, I take back all I said about him / *retirer un magazine de la circulation* to withdraw a magazine (from circulation) / *la pièce a été retirée de l'affiche après une semaine* the play came off ou closed after a week **5.** [confisquer] ▸ **retirer qqch à qqn** to take sthg away from sb / *retire-lui le verre des mains* take the glass away from him / *on lui a retiré la garde des enfants* he lost custody of the children / *on lui a retiré son permis de conduire* he's been banned from driving ▸ **retirer son emploi à qqn** to take away sb's job ▸ **retirer sa confiance à qqn** to no longer trust sb **6.** [récupérer -argent] to withdraw, to take out *(sép)*, to draw ; [-bagage, ticket] to pick up *(sép)*, to collect / *j'ai retiré un peu d'argent de mon compte* I drew ou withdrew some money from my bank account / *retire 130 euros, ça suffira* take ou get 130 euros out, that will be enough **7.** [obtenir] to gain, to get / *retirer un bénéfice important d'une affaire* to make a large profit out of a deal / *je n'ai retiré que des désagréments de cet emploi* I got nothing but trouble from that job **8.** [coup de feu] to fire again **9.** IMPR to reprint / *retirer une photo* to make a new ou fresh print (from a photo). ◆ vi **1.** ARM to fire again **2.** SPORT to shoot again.

❖ **se retirer** vpi **1.** [s'éloigner] to withdraw / *il est tard, je vais me retirer* *sout* it's late, I'm going to retire ou to withdraw / *ils se sont retirés discrètement pour pouvoir parler entre eux* they withdrew discreetly so that they could talk together / *les manifestants se sont retirés* the demonstrators withdrew ▸ **se retirer de** to withdraw from / *se retirer de la politique / compétition* to withdraw from politics / the competition / *se retirer de la vie active* to retire ▸ **se retirer dans ses appartements** *hum* to retire ou to withdraw to one's room **2.** [s'établir] to retire / *il s'est retiré dans le Midi* he retired to the South of France ; [se cloîtrer] to retire, to withdraw / *se retirer du monde* to cut o.s. off from the world **3.** [mer] to recede, to ebb **4.** [disparaître] to disappear, to vanish / *toute joie s'est retirée de leur maison à la mort de leur fille* joy vanished from their home when their daughter died.

retisser [3] [rətise] vt to weave again, to reweave.

rétive [retiv] f ⟶ **rétif.**

retombant, e [rətɔ̃bɑ̃, ɑ̃t] adj hanging, trailing, drooping *péj*.

retombé [rətɔ̃be] nm DANSE landing.

retombée [rətɔ̃be] nf **1.** *litt* [déclin] : *la retombée de l'enthousiasme populaire* the decline in popular enthusiasm **2.** ARCHIT & CONSTR springing.

❖ **retombées** nfpl NUCL fallout ; *fig* [répercussions] repercussions, effects / *les retombées d'une campagne publicitaire* the results of an advertising campaign.

retomber [3] [rətɔ̃be] vi *(aux être)* **1.** [bouteille, balai] to fall over again ; [mur, livres empilés] to fall down again ou back down ; [ivrogne, bambin] to fall over ou down again / *se laisser retomber par terre / sur une chaise* to fall ou to drop back onto the ground / onto a chair / *se laisser retomber sur son lit* to flop ou to fall back onto one's bed / *se laisser retomber sur son oreiller* to sink back into one's pillow / *retomber de cheval* to fall off a horse again ▸ **faire retomber qqch** to drop sthg again / *le savon est retombé dans l'eau* the soap has fallen into the water again **2.** [atterrir -chat, sauteur, parachutiste, missile] to land ; [-balle] to come (back) down ; [redescendre -couvercle, rideau de fer, clapet] to close ; [-soufflé, mousse] to collapse / *laissez retomber votre main droite* let your right hand come down ou drop down **3.** [devenir moins fort -fièvre, prix] to drop ; [-agitation] to fall, to tail off, to die away ; [-enthousiasme] to fall, to wane / *le dollar est retombé* the dollar has fallen ou dropped again **4.** [dans un état, une habitude] to fall back, to lapse *sout* / *retomber dans la pénurie / l'ennui* to fall back into poverty / boredom / *retomber dans les mêmes erreurs* to make the same mistakes again ▸ **retomber en enfance** to go into one's second childhood **5.** MÉTÉOR [vent] to fall (again), to drop, to die down ; [brume] to disappear, to be dispelled ; *(tournure impersonnelle)* : *il retombe de la pluie / neige / grêle* it's raining / snowing / hailing again **6.** [pendre -drapé, guirlande, ourlet] to hang / *les fleurs retombent en lourdes grappes* the flowers are hanging in heavy clusters **7.** [redevenir] ▸ **retomber amoureux** to fall in love again ▸ **retomber d'accord** to come to ou to reach an agreement again ▸ **retomber enceinte** to get pregnant again ▸ **retomber malade** to become ou to fall ill again **8.** [dans l'expression des dates] : *mon anniversaire retombe un lundi cette année* my birthday falls on a Monday again this year.

❖ **retomber sur** v + prép **1.** [rejaillir] : *la responsabilité retombe sur moi* the blame for it falls on me / *tous les torts sont retombés sur elle* she had to bear the brunt of all the blame / *la malédiction retombera sur votre tête* the curse shall be visited upon you *litt* ou will fall on your head ▸ **retomber sur le nez de qqn** *fam* : *un de ces jours ça va te retomber sur le nez!* one of these days you'll get your come-uppance ou what's coming to you! **2.** *fam* [rencontrer à nouveau] ▸ **retomber sur qqn** to bump into ou to come across sb again ▸ **retomber sur qqch** to come across sthg again / *je suis retombé sur le même prof / sujet à l'oral* *fam* I got the same examiner / question for the oral exam / *en tournant à droite, vous retombez sur l'avenue* if you turn right you're back on the avenue again.

retordre [76] [rətɔʀdʀ] vt **1.** TEXT to twist **2.** [linge] to wring out *(sép)* again.

rétorquer [3] [retɔʀke] vt to retort / *certainement pas!, rétorqua-t-elle vivement* certainly not! she snapped back.

retors, e [rətɔʀ, ɔʀs] adj **1.** [machiavélique] crafty, tricky / *méfie-toi, il est retors* be careful, he's a wily customer ou he knows all the tricks of the trade **2.** TEXT ▸ **fil retors** twisted ou warp yarn.

rétorsion [retɔʀsjɔ̃] nf **1.** [représailles] retaliation ▸ **par rétorsion** in retaliation ▸ **user de rétorsion envers** to retaliate against **2.** DR retortion.

retouche [rətuʃ] nf **1.** [correction] alteration / *faire des retouches à un texte* to make alterations to a text / *je dois apporter quelques retouches à mon texte* I need to make a few alterations to my text ▸ **sans retouches** unaltered **2.** ART retouching *(U)* / *je veux faire des retouches à cette sculpture avant de l'exposer* I want to work a little more on this sculpture before exhibiting it **3.** COUT alteration / *faire des retouches à un vêtement* to make alterations to a garment **4.** PHOT touching up *(U)* / *l'agrandissement demande quelques retouches* the enlargement needs a little touching up.

retoucher [3] [rətuʃe] vt [modifier -texte, vêtement] to alter ; [-œuvre] to retouch ; [-photo] to retouch, to touch up *(sép)* / *j'ai seulement retouché les ombres* I just touched up the shadows.

❖ **retoucher à** v + prép [se remettre à] to go back to / *et depuis, tu n'as plus jamais retouché à une cigarette?* and since then you haven't touched a ou another cigarette? / *il n'a plus jamais retouché à son piano* he never touched ou played his piano again / *n'avez-vous pas envie de retoucher à la peinture, à présent?* don't you feel like doing a bit of painting again, now?

retoucheur, euse [ʀətuʃœʀ, øz] nm, f **1.** COUT alterer **2.** PHOT retoucher.

retour [ʀətuʀ] ◆ nm **1.** [chez soi, au point de départ] return ▸ **à ton retour** when you return home ou get back / *à son retour de l'hôpital nous l'inviterons au restaurant* when he gets out of hospital we'll take him out for a meal / *à son retour de l'usine il prenait le temps de lire le journal* when he got back from the factory he would take the time to read the newspaper / *nous comptons sur ton retour pour Noël* we expect you back (home) for Christmas / *après dix années d'exil, c'est le retour au pays* after a ten-year exile he's coming home / *retour à un stade antérieur* reverting ou returning to an earlier stage ▸ **sur le chemin** ou **la route du retour** on the way back ▸ **retour à la normale** return to normal ▸ **retour aux sources** return to one's roots / *c'est un retour aux sources qu'il fait en se rendant à Varsovie* he's going back to his roots on this trip to Warsaw ▸ **retour à la terre** return to the land ▸ **être sur le retour a)** *pr* to be about to return, to be on the point of returning **b)** *fig* to be past one's prime / *ils doivent être sur le retour à présent* they must be on their way back now / *un don Juan sur le retour* an ageing Don Juan / *une beauté sur le retour* a waning beauty **2.** [nouvelle apparition - d'une célébrité] return, reappearance / *ses retours répétés sur la scène londonienne* her regular reappearances on the London stage ; [récurrence - d'une mode, d'un thème] return, recurrence / *on note un retour des jupes longues* long skirts are back (in fashion) / *le retour d'un thème* the recurrence of a theme **3.** [mouvement inverse] : *faire un retour sur soi-même* to review one's past life ▸ **retour arrière** IMPR backspace ▸ **retour de bâton** kickback ▸ **retour (de) chariot** carriage return ▸ **retour de flamme** TECHNOL & *fig* backfire ▸ **retour offensif** renewed outbreak ▸ **retour rapide** [DVD] fast reverse ▸ **retour par la terre** ÉLECTR earthing UK, grounding US ▸ **retour à la case départ a)** JEUX back to the start **b)** *fig* back to square one ou to the drawing board ▸ **par un juste retour des choses** : *par un juste retour des choses il a été licencié* he was sacked, which seemed fair enough under the circumstances **4.** [réexpédition] return ▸ **retour à l'envoyeur** ou **à l'expéditeur** return to sender ▸ **par retour du courrier** by return of post **5.** TRANSP [trajet] return (journey), journey back / *combien coûte le retour?* how much is the return fare? **6.** DR reversion ▸ **faire retour à** to revert to **7.** TENNIS return ▸ **retour de service** return of serve, service return **8.** INFORM ▸ **retour (d'information)** (information) feedback **9.** ÉCON ▸ **retour sur investissement** return on investment **10.** ARCHIT return, (corner) angle ▸ **en retour d'équerre** right-angle *(modif)* **11.** FIN ▸ **retour sur investissements** return on investments **12.** COMM return / *avec possibilité de retour* on a sale or return basis **13.** [meuble] ▸ **bureau avec retour** desk with a right-angled extension unit. ◆ adj inv SPORT ▸ **match retour** return match.

❖ **retours** nmpl [de vacances] return traffic *(from weekends, etc.)* / *il y a beaucoup de retours ce soir* many people are driving back to the city tonight.

❖ **de retour** loc adv back / *je serai de retour demain* I'll be back tomorrow / *les hirondelles sont de retour* the swallows are back (again) ou with us again / *de retour chez lui, il réfléchit* (once he was) back home, he thought it over.

❖ **de retour de** loc prép back from / *de retour de Rio, je tentai de la voir* on my return from Rio, I tried to see her.

❖ **en retour** loc adv in return.

❖ **sans retour** loc adv *litt* [pour toujours] forever, irrevocably.

❖ **retour d'âge** nm change of life.

❖ **retour de manivelle** nm **1.** MÉCAN kickback **2.** [choc en retour] backlash ; [conséquence néfaste] backlash, repercussion.

❖ **retour en arrière** nm **1.** CINÉ & LITTÉR flashback **2.** [régression] step backwards *fig.*

retournage [ʀətuʀnaʒ] nm turning inside out *(and repairing).*

retourne [ʀətuʀn] nf CARTES : *la retourne est à cœur* hearts are trumps.

retournement [ʀətuʀnəmɑ̃] nm **1.** [revirement] ▸ **un retournement de situation** a turnaround ou a reversal (of the situation) **2.** GÉOM turning (over).

retourner [3] [ʀətuʀne] ◆ vt *(aux avoir)* **1.** [orienter dans le sens contraire] to turn round ou around *(sép)* / *retourne le plan* turn the map round ou around ou the other way round ▸ **retourner une arme contre** ou **sur qqn** to turn a weapon on sb / *puis il a retourné son arme contre lui-même* then he turned his weapon on himself, then he shot himself ; [renverser - situation] to reverse, to turn inside out ou back to front ▸ **je lui ai retourné son** ou **le compliment** I returned the compliment **2.** [renvoyer - colis, lettre] to send back *(sép)* **3.** [mettre à l'envers - literie] to turn round ou around ; [- carte à jouer] to turn up *(sép)* ; [- champ, paille] to turn over *(sép)* ; [- verre] to turn upside down ; [- grillade] to turn over *(sép)* ; [- gant, poche] to turn inside out / *il a retourné la photo contre le mur* he turned the photo against the wall ▸ **retourner sa veste** to sell out ▸ **retourner qqn comme une crêpe** ou **un gant** : *il te retournera comme une crêpe* ou *un gant* he'll twist you round his little finger **4.** [mélanger - salade] to toss **5.** [fouiller - maison, pièce] to turn upside down **6.** [examiner - pensée] : *tourner et retourner une idée dans sa tête* to mull over an idea (in one's head) **7.** *fam* [émouvoir] : *j'en suis encore tout retourné!* I'm still reeling from the shock! ◆ vi *(aux être)* **1.** [aller à nouveau] to return, to go again ou back / *jamais je ne retournerai là-bas* I will never go there again ou go back there / *je n'y étais pas retourné depuis des années* I had not been back there for years / *si tu étais à ma place, tu retournerais le voir?* if you were me, would you (ever) go and see him again? / *je retournai la voir une dernière fois* I paid her one ou my last visit / *la pièce m'a tellement plu que je suis retourné la voir* I liked the play so much that I went (back) to see it again **2.** [revenir] to go back, to return / *retourner chez soi* to go (back) home / *retourner à sa place* [sur son siège] to go back to one's seat. ◆ v impers : *peut-on savoir de quoi il retourne?* what is it all about?, what exactly is going on?

❖ **retourner à** v + prép [reprendre, retrouver] to return to, to go back to / *retourner à l'ouvrage* to go back to work / *retourner à un stade antérieur* to revert to an earlier stage / *retourner à ses premières amours* to go back to one's first loves.

❖ **se retourner** ◆ vpi **1.** [tourner la tête] to turn round UK ou around ▸ **partir sans se retourner** to leave without looking back / *tout le monde se retournait sur eux* everybody turned round to look at them **2.** [se mettre sur l'autre face] to turn over / *se retourner sur le dos / ventre* to turn over on one's back / stomach / *je me suis retourné dans mon lit toute la nuit* I tossed and turned all night ▸ **se retourner dans sa tombe** : *elle doit se retourner dans sa tombe* she must be turning in her grave **3.** [se renverser - auto, tracteur] to overturn, to turn over **4.** [réagir] to sort things out UK ▸ **ils ne me laissent pas le temps de me retourner a)** [de décider] they won't give me time to make a decision **b)** [de me reprendre] they won't give me time to sort things out **5.** [situation] to be reversed, to change completely / *le lendemain, la situation s'était retournée* the following day, the situation had changed beyond recognition **6.** ▸ **s'en retourner a)** [partir] to depart, to leave **b)** [rentrer] to make one's way back. ◆ vpt : *se retourner un ongle / doigt* to twist a nail / finger.

❖ **se retourner contre** vp + prép **1.** [agir contre] ▸ **se retourner contre qqn** to turn against sb / *tout cela finira par se retourner contre toi* all this will eventually backfire on you **2.** DR to take (legal) action against.

retracer [16] [ʀətʀase] vt **1.** [relater] to relate, to recount *sout*, to tell of *(insép) sout* ▸ **retraçons les faits** let's go back over the facts **2.** [dessiner à nouveau] to draw again, to redraw.

rétractable [ʀetʀaktabl] adj **1.** DR retractable, revocable **2.** [emballage] ▸ **film rétractable** shrink wrap ou film.

rétractation [ʀetʀaktasjɔ̃] nf withdrawal, retraction *spéc*, retractation *spéc.*

rétracter [3] [ʀetʀakte] vt **1.** ZOOL [griffes] to retract, to draw back *(sép)* ; [cornes] to retract, to draw in *(sép)* **2.** *sout* [aveux, témoignage] to retract, to withdraw.

❖ **se rétracter** vpi **1.** [griffes] to draw back, to retract *spéc* **2.** [témoin] to recant *sout*, to retract / *il lui a fallu se rétracter* he had to withdraw his statement.

rétractif, ive [ʀetʀaktif, iv] adj retractive.

rétractile [ʀetʀaktil] adj retractile.

rétractilité [ʀetʀaktilite] nf retractility.

rétraction [ʀetʀaksjɔ̃] nf **1.** MÉD retraction **2.** TECHNOL shrink-wrapping.

rétractive f ⟶ **rétractif.**

retraduction [ʀətʀadyksjɔ̃] nf **1.** [d'un texte traduit d'une autre langue] retranslation **2.** [nouvelle traduction] new translation.

retraduire [98] [ʀətʀadɥiʀ] vt **1.** [texte traduit d'une autre langue] to retranslate **2.** [à nouveau] to make a new translation of.

retrait [ʀətʀɛ] nm **1.** [annulation - d'une licence] cancelling ; [- d'un mot d'ordre] calling off ▸ **retrait de candidature a)** [par un prestataire] withdrawal of application **b)** [par un député] standing down, withdrawal ▸ **retrait de permis (de conduire)** DR revocation of driving licence **2.** BANQUE withdrawal ▸ **faire un retrait** to withdraw money / *je veux faire un retrait de 500 euros* I want to take out ou to withdraw 500 euros ▸ **retrait d'espèces** cash withdrawal **3.** [récupération] ▸ **le retrait des billets / bagages se fera dès 11 h** tickets / luggage may be collected from 11 o'clock onwards **4.** [départ - d'un joueur, du contingent] withdrawal **5.** [recul - des eaux d'inondation] subsiding, receding ; [- de la marée] ebbing ; [- des glaces] retreat **6.** DR [d'un acte administratif] revocation ; [d'un acte de vente] redemption ▸ **retrait successoral** redemption of an estate **7.** TECHNOL shrinkage.

❖ **en retrait** loc adv set back ▸ **en retrait par rapport au mur a)** [clôture] set back from the wall **b)** [étagère] recessed ▸ **rester en retrait a)** *pr* to stand back **b)** *fig* to remain in the background / *vivre en retrait* to lead a quiet life.

❖ **en retrait de** loc prép below, beneath / *son offre est en retrait de ce qu'il avait laissé entendre* his offer doesn't come up to what he'd led us to expect.

retraite [ʀətʀɛt] nf **1.** [pension] pension / *retraite des fonctionnaires / des non-salariés* public service / self-employed pension / *toucher* ou *percevoir sa retraite* to get ou to draw one's pension ▸ **retraite complémentaire** supplementary pension ▸ **retraite par répartition** contributory pension scheme ▸ **retraite par capitalisation** self-funded pension scheme **2.** [cessation d'activité] retirement ▸ **il est à la** ou **en retraite** he has retired ▸ **prendre sa retraite** to retire / *être mis à la retraite* to be retired ▸ **l'âge de la retraite** retirement age ▸ **retraite anticipée** early retirement ▸ **retraite d'office** compulsory retirement **3.** MIL & RELIG retreat / *suivre* ou *faire une retraite* RELIG to go on a retreat **4.** *litt* [cachette] hiding place, refuge, shelter **5.** CONSTR tapering, offsetting.

retraité, e [ʀətʀete] ◆ adj [qui est à la retraite] retired. ◆ nm, f ADMIN pensioner ; [personne ne travaillant plus] retired person.

retraitement [ʀətʀɛtmɑ̃] nm reprocessing ▸ **centre** ou **usine de retraitement (des déchets nucléaires)** (nuclear) reprocessing plant.

retraiter [4] [ʀətʀete] vt INDUST & NUCL to reprocess.

retranchement [ʀətʀɑ̃ʃmɑ̃] nm MIL retrenchment, entrenchment ; *fig* ▸ **pousser qqn dans ses derniers retranchements** to force sb to the wall.

retrancher [3] [ʀətʀɑ̃ʃe] vt **1.** MATH to subtract / *retrancher 10 de 20* to take 10 away from 20, to subtract 10 from 20 **2.** *sout* [enlever] to remove, to excise /

retrancher un passage d'un livre to remove ou to excise a passage from a book **3.** [déduire - pour des raisons administratives] to deduct ; [- par sanction] to deduct, to dock.

❖ **se retrancher** vpi **1.** [se protéger] ▸ **se retrancher derrière a)** [se cacher] to hide behind **b)** [se réfugier] to take refuge behind / *ils se sont retranchés derrière la raison d'État / les statistiques* they hid behind the public interest / statistics / *se retrancher sur ses positions* to remain entrenched in one's position **2.** MIL to entrench o.s.

retranscription [ʀətʀɑ̃skʀipsjɔ̃] nf **1.** [processus] retranscription **2.** [résultat] new transcript.

retranscrire [99] [ʀətʀɑ̃skʀiʀ] vt to retranscribe.

retransmettre [84] [ʀətʀɑ̃smɛtʀ] vt RADIO to broadcast ; TV to broadcast, to screen, to show ▸ **concert retransmis en direct** live concert / *retransmettre une émission en direct / différé* to broadcast a programme live / a recorded programme.

retransmission [ʀətʀɑ̃smisjɔ̃] nf RADIO broadcast ; TV broadcast, screening, showing ▸ **retransmission en direct / différé** live / recorded broadcast.

retransmit v ⟶ **retransmettre.**

retravailler [3] [ʀətʀavaje] ◆ vt to work on *(insép)* again. ◆ vi to (start) work again.

retraverser [3] [ʀətʀavɛʀse] vt **1.** [à nouveau] to cross again, to recross / *là où la voie ferrée retraverse la route* where the railway crosses the road again **2.** [en sens inverse] to go ou to cross back over / *l'ayant saluée, il retraversa la rue* once he'd said hello to her, he crossed back over the road / *elle a retraversé l'estuaire à la nage* she swam back across the estuary.

rétrécir [32] [ʀetʀesiʀ] ◆ vt TEXT & VÊT to shrink ▸ **rétrécir une jupe** COUT to take in a skirt. ◆ vi TEXT & VÊT to shrink / *rétrécir au lavage* to shrink in the wash.

❖ **se rétrécir** vpi [allée, goulot] to narrow, to get narrower ; [cercle, diaphragme] to contract, to get smaller ; [budget] to shrink, to dwindle.

rétrécissement [ʀetʀesismɑ̃] nm **1.** [d'un couloir, d'un diaphragme] narrowing *(U)* / *en haut de la ruelle, il y a un rétrécissement* the lane narrows at the top ▸ **rétrécissement de la chaussée** bottleneck **2.** MÉD stricture **3.** TEXT & VÊT shrinkage.

retrempe [ʀətʀɑ̃p] nf MÉTALL requenching.

retremper [3] [ʀətʀɑ̃pe] vt **1.** MÉTALL to requench **2.** [doigt] to dip again ; [linge] to soak again **3.** *sout & fig* : *cette épreuve lui a retrempé le caractère* this experience gave him new strength.

❖ **se retremper** vpi ▸ **se retremper dans a)** *pr* to have another dip into **b)** *fig* to go back into ▸ **se retremper aux sources** *litt* to go back to basics.

rétribuer [7] [ʀetʀibɥe] vt [employé] to pay, to remunerate ; [travail, service rendu] to pay for *(insép)*.

rétribution [ʀetʀibysjɔ̃] nf **1.** [salaire] remuneration, salary **2.** *sout* [récompense] recompense, reward.

> ⚠ Le mot anglais **retribution** signifie «punition», «châtiment» et non rétribution.

retriever [ʀetʀivœʀ] nm retriever (dog).

rétro [ʀetʀo] ◆ adj inv retro ▸ **mode rétro** retro fashion. ◆ nm **1.** *fam* **abr de rétroviseur 2.** ▸ **le rétro** retro style **3.** [au billard] screw shot.

rétroactes [ʀetʀoakt] nmpl BELG antecedents / *j'ignore tout des rétroactes de cette affaire* I know nothing of the events which gave rise to this situation.

rétroactif, ive [ʀetʀoaktif, iv] adj retroactive / *avec effet rétroactif au 1er janvier* backdated to January 1st / *la loi a été votée, avec effet rétroactif à dater de mars* the bill was passed, retroactive ou retrospective to March.

rétroaction [ʀetʀoaksjɔ̃] nf **1.** *sout* [action en retour] retrospective effect **2.** BIOL feedback.

rétroactivement [ʀetʀoaktivmɑ̃] adv retrospectively, with retrospective ou retroactive effect.

rétroactivité [ʀetʀoaktivite] nf retroactivity ; DR retrospectiveness.

rétrocéder [18] [ʀetʀosede] vt to cede back *(sép)*, to retrocede.

✎ In reformed spelling (see p. 16-19), this verb is conjugated like **semer** : ***il rétrocèdera, elle rétrocèderait.***

rétrocession [ʀetʀosɛsjɔ̃] nf retrocedence, retrocession.

rétrocontrôle [ʀetʀokɔ̃tʀol] nm negative feedback control *(of endocrine system)*.

rétroflexe [ʀetʀoflɛks] ◆ adj retroflex. ◆ nf retroflex consonant.

rétrofusée [ʀetʀofyze] nf retrorocket.

rétrogradation [ʀetʀogʀadasjɔ̃] nf **1.** ADMIN demotion, downgrading ; MIL demotion **2.** AUTO changing down UK ou shifting down US (to a lower gear) **3.** ASTRON retrogradation, retrograde motion.

rétrograde [ʀetʀogʀad] adj **1.** [passéiste - esprit] reactionary, backward ; [- mesure, politique] reactionary, backward-looking, retrograde *sout* **2.** [de recul - mouvement] backward, retrograde *sout* **3.** ASTRON, GÉOL, MÉD & MUS retrograde **4.** BILLARD ▸ **effet rétrograde** screw.

rétrograder [3] [ʀetʀogʀade] ◆ vt [fonctionnaire] to downgrade, to demote ; [officier] to demote / *il a été rétrogradé* he was demoted. ◆ vi **1.** AUTO to change down UK, to shift down, to downshift US **2.** [dans une hiérarchie] to move down **3.** ASTRON to retrograde.

rétrogression [ʀetʀogʀɛsjɔ̃] nf retrogression.

rétropédalage [ʀetʀopedalaʒ] nm backpedalling *pr.*

rétroprojecteur [ʀetʀopʀoʒɛktœʀ] nm overhead projector.

rétropropulsion [ʀetʀopʀopylsjɔ̃] nf reverse thrust.

rétrospectif, ive [ʀetʀospɛktif, iv] adj [étude] retrospective ▸ **examen rétrospectif** retrospective study.

❖ **rétrospective** nf ART retrospective ; CINÉ season / *une rétrospective Richard Burton* a Richard Burton season.

rétrospectivement [ʀetʀospɛktivmɑ̃] adv in retrospect, retrospectively, looking back.

retroussé, e [ʀətʀuse] adj **1.** [jupe] bunched ou pulled up ; [manches, pantalon] rolled ou turned up **2.** [nez] turned up **3.** [babines] curled up ; [moustache] curled ou twisted up.

retrousser [3] [ʀətʀuse] vt **1.** [jupe] to bunch ou to pull up *(sép)* ; [pantalon] to roll ou to turn up *(sép)* ; [manches] to roll up *(sép)* / *il va falloir retrousser nos manches pr & fig* we'll have to roll our sleeves up **2.** [babines] to curl up *(sép)* ; [moustache] to curl ou to twist up *(sép)*.

❖ **se retrousser** ◆ vp *(emploi réfléchi)* to pull ou to hitch up one's skirt / trousers, etc. / *j'ai dû me retrousser jusqu'aux genoux pour ne pas mouiller ma robe* I had to pull my dress up around my knees to stop it getting wet. ◆ vpi [bords, feuille] to curl up.

retroussis [ʀətʀusi] nm [revers] lapel ; [d'un uniforme] lappet ▸ **chapeau à retroussis** cocked hat.

retrouvailles [ʀətʀuvaj] nfpl **1.** [après une querelle] getting back on friendly terms again ; [après une absence] reunion, getting together again **2.** [retour - dans un lieu] rediscovery, return ; [- à un travail] return / *mes retrouvailles avec le train-train quotidien* getting back into my daily routine.

retrouver [3] [ʀətʀuve] vt **1.** [clés, lunettes] to find (again) / *je ne le retrouve plus* I can't find it / *il a retrouvé ma bague* he found my ring ▸ **a-t-elle retrouvé sa clef? a)** [elle-même] did she find her key? **b)** [grâce à autrui] did she get her key back? / *elle n'a toujours pas retrouvé de travail* she still hasn't found any work ▸ **retrouver un poste** to find a (new) job ▸ **retrouver son (ancien) poste** to get one's (old) job back / *retrouver son chemin* to find one's way (again) / *là vous retrouvez la Nationale* that's where you join up with the main road ▸ **retrouver la trace de qqch** to find trace of sthg / *on n'a rien retrouvé après l'explosion* there was nothing left after the blast ; [après un changement] to find / *retrouver tout propre / sens dessus dessous* to find everything clean / upside down ▸ **retrouver qqn affaibli / changé** to find sb weaker / a different person **2.** [ami, parent] to be reunited with, to meet up with *(insép)* (again) ; [voleur] to catch up with *(insép)* (again), to find / *et que je ne vous retrouve pas ici!* don't let me catch you (around) here again! / *celle-là, je la retrouverai* I'll get even with her (one day) ; [revoir par hasard] to come across *(insép)* (again), to run into *(insép)* again ; [rejoindre] to meet up with again / *retrouve-moi en bas* meet me downstairs **3.** [se rappeler] to remember, to recall *sout* / *ça y est, j'ai retrouvé le mot!* that's it, the word's come back to me now! **4.** [redécouvrir - secret, parchemin, formule] to uncover **5.** [jouir à nouveau de] to enjoy again / *à partir de la semaine prochaine nous allons retrouver nos émissions littéraires* our book programmes will be back on as from next week / *nous avons retrouvé notre petite plage / maison* here we are back on our little beach / in our little house ▸ **retrouver son calme** to regain one's composure ▸ **retrouver l'appétit / ses forces / sa santé** to get one's appetite / strength / health back / *retrouver la forme* to get fit again, to be back on form / *retrouver la foi* to find (one's) faith again / *retrouver la mémoire* to get one's memory back again / *retrouver le sommeil* to go back to sleep / *il a retrouvé le sourire* he's smiling again now, he's found his smile again / *j'avais retrouvé mes vingt ans* I felt twenty years old again / *le bonheur / l'amour retrouvé* new-found happiness / love / *elle m'a fait retrouver la joie de vivre* she made me feel ou thanks to her I began to feel that life was worth living again **6.** [reconnaître] to recognize, to trace / *on retrouve dans le premier mouvement des accents mozartiens* the influence of Mozart is recognizable ou noticeable in the first movement / *on retrouve les mêmes propriétés dans les polymères* the same properties are to be found in polymers / *je n'ai pas retrouvé la jeune fille gaie d'autrefois* she's not the happy young girl I used to know / *enfin, je te retrouve!* I'm glad to see you're back to your old self again!

❖ **se retrouver** ◆ vp *(emploi réciproque)* **1.** [avoir rendez-vous] to meet (one another) ▸ **on se retrouve demain** see you tomorrow / *retrouvons-nous sous l'horloge* let's meet under the clock **2.** [se réunir] to get together / *ils aiment se retrouver entre eux* they like to get together / *on se retrouve entre gourmets / jeunes au Cheval Blanc* food-lovers / young people get together at the Cheval Blanc **3.** [se rencontrer à nouveau] to meet again / *on se retrouvera, mon bonhomme! fam* I'll get even with you, chum! ▸ **comme on se retrouve!** fancy meeting you here!, well, well, well, look who's here! ◆ vpi **1.** [être de nouveau] to find o.s. back (again) / *se retrouver dans la même situation (qu'avant)* to find o.s. back in the same situation (as before) **2.** [par hasard] to end up / *je me suis retrouvé de l'autre côté de la frontière* I ended up on the other side of the border / *se retrouver dans la même situation (que quelqu'un d'autre)* to find o.s. in ou to end up in the same situation (as someone else) / *à quarante ans, il s'est retrouvé veuf* he (suddenly) found himself a widower at forty / *tu vas te retrouver à l'hôpital* you'll end up in hospital **3.** [se repérer] to find one's way / *je ne m'y retrouve plus dans tous ces formulaires à remplir* I can't make head or tail of all these forms to fill in ▸ **s'y retrouver a)** [résoudre un problème] to sort things out **b)** [faire un bénéfice] to make a profit / *il s'y retrouve (largement)!* he does more than break even! **4.** [se ressourcer] to find o.s. again, to go back to one's roots.

rétroversion [ʀetʀovɛʀsjɔ̃] nf retroversion.

rétrovirus [ʀetʀoviʀys] nm retrovirus.

rétroviseur [ʀetʀovizœʀ] nm ▸ **rétroviseur central** (rearview) mirror ▸ **rétroviseur extérieur** wing mirror ▸ **rétroviseur latéral** wing mirror UK, side-view mirror US.

rets [ʀɛ] nm **1.** *(gén au pl) litt* [piège] snare ▸ **attraper** ou **prendre qqn dans ses rets** to ensnare sb ▸ **tomber dans les rets de qqn** to be caught in sb's trap **2.** [filet - de chasse] net, snare ; [- de pêche] (fishing) net.

retsina [ʀɛtsina] nm retsina.

réunification [reynifikasjɔ̃] nf reunification.

réunifier [9] [reynifje] vt to reunify, to reunite.

réunion [reynjɔ̃] nf **1.** [rassemblement] gathering, get-together ▸ **réunion de famille** family reunion ou gathering ▸ **c'est l'occasion d'une réunion familiale** it's an opportunity to bring the family together **2.** [fête] gathering, party / *j'organise une petite réunion entre amis* I'm having a small party for my friends, I'm entertaining a few friends **3.** [retrouvailles] reunion / *réunion d'anciens élèves* reunion of former pupils **4.** [congrès] meeting ▸ **réunion publique** public ou open meeting / *dites que je suis en réunion* say that I'm at ou in a meeting ; [séance] session, sitting ▸ **réunion de la Cour** court session ▸ **réunion du Parlement** Parliamentary session UK **5.** [regroupement - de faits, de preuves] bringing together, assembling, gathering ; [- de sociétés] merging ; [- d'États] union / *la réunion de ces territoires à la France a eu lieu en 1823* these territories were united with France in 1823 **6.** SPORT meeting ▸ **réunion (sportive)** sports meeting, sporting event ▸ **réunion d'athlétisme** athletics meeting ▸ **réunion hippique** horse show **7.** MATH union.

Réunion [reynjɔ̃] **(La)** npr f ▸ **(l')île de La Réunion** Réunion / *à La Réunion* in Réunion. ⟶ **île**

réunionnais, e [reynjɔnɛ, ɛz] adj from Réunion.
⬥ **Réunionnais, e** nm, f *inhabitant of Réunion.*

réunionnite [reynjɔnit] nf *fam* meeting mania.

réunir [32] [reyniʀ] vt **1.** [relier - pôles, tuyaux] to join (together) ; [- brins, câbles] to tie together **2.** [mettre ensemble - objets] to collect together *(sép)* ; [- bétail] to round up *(sép)* / *le spectacle réunit ses meilleures chansons* the show is a collection of her best hits ; [province] ▸ **réunir à** to join to / *propriétés réunies au domaine royal en 1823* land acquired by the crown in 1823 **3.** [combiner - goûts, couleurs] to combine **4.** [recueillir - statistiques, propositions] to put ou to collect together ; [- preuves] to put together ; [- fonds] to raise **5.** [rassembler - personnes] to bring together, to reunite ▸ **nous sommes enfin réunis a)** [après rendez-vous manqué] at last we are together **b)** [après querelle] we are reunited at last / *le séminaire réunira des chercheurs émérites* the conference will bring together some of the most talented researchers / *réunissez les élèves par groupes de dix* gather ou put the pupils into groups of ten.
⬥ **se réunir** vpi **1.** [se retrouver ensemble] to meet, to get together **2.** [fusionner] to unite, to join (together).

réunis, ies [reyni] adj pl **1.** [rassemblés] combined / *les influences lunaire et solaire réunies* the combined influence of the Moon and the Sun **2.** [dans un titre commercial] : *les Cavistes / Mareyeurs Réunis* United Vintners / Fisheries.

réussi, e [reysi] adj successful / *ton tricot / soufflé est très réussi* your sweater / soufflé is a real success / *ce fut un retour réussi* the homecoming was a success / *comme fête, c'était réussi!* *iron* call that a party!

réussir [32] [reysiʀ] ◆ vt [manœuvre, œuvre, recette] to make a success of, to carry off *(sép)* ; [exercice] to succeed in doing ; [examen] to pass ▸ **il a réussi son saut périlleux / sa nature morte** his somersault / still life was a success / *j'ai bien réussi mon coup* *fam* it worked out (well) for me, I managed to pull it off / *réussir sa vie* to make a success of one's life / *réussir son effet* to achieve the desired effect / *avec ce concert, il réussit un tour de force* his concert is a great achievement. ◆ vi **1.** [dans la vie, à l'école] to do well, to be successful / *je veux réussir* I want to succeed ou to be a success ou to be successful / *il a réussi dans la vie* he's done well in life, he's a successful man / *un jeune acteur qui va réussir* an up-and-coming young actor ▸ **réussir à un examen** to pass an exam / *nous sommes ravis d'apprendre que vous avez réussi* we're delighted to hear of your success **2.** [affaire, entreprise] to succeed, to be a success / *l'opération n'a pas vraiment réussi* the operation wasn't really a success **3.** [parvenir] ▸ **réussir à faire qqch** to manage to do sthg, to succeed in doing sthg / *j'ai réussi à le réparer / à me couper* I managed to mend it / to cut myself / *il réussit finalement à s'échapper* he finally managed to escape **4.** [convenir] ▸ **réussir à qqn** [climat, nourriture] to agree with sb, to do sb good / *le café lui réussit / ne lui réussit pas* coffee agrees / doesn't agree with him / *on dirait que ça te réussit, le mariage!* being married seems to make you thrive ou to suit you! / *il a essayé de les rouler, mais ça ne lui a pas réussi* he tried to swindle them but it didn't do him any good ou it didn't get him very far ▸ **rien ne lui réussit** he can't do anything right **5.** AGR & HORT to thrive, to do well.

réussite [reysit] nf **1.** [affaire, entreprise] success / *c'est une réussite!* it's a (real) success! / *son premier album est une réussite* his first album is a success / *à quoi attribuez-vous votre réussite?* what is the secret of your success? ▸ **réussite à un examen** exam pass **2.** JEUX patience UK, solitaire US ▸ **faire une réussite** to have a game of patience.

réutilisable [reytilizabl] adj reusable ▸ **non réutilisable** disposable, throwaway.

réutilisation [reytilizasjɔ̃] nf reuse ; TECHNOL reutilization.

réutiliser [3] [reytilize] vt to reuse, to use again.

revaccination [ʀəvaksinasjɔ̃] nf revaccination.

revacciner [3] [ʀəvaksine] vt to revaccinate.

revaloir [60] [ʀəvalwaʀ] vt ▸ **je te revaudrai ça a)** [en remerciant] I'll repay you some day **b)** [en menaçant] I'll get even with you for that, I'll pay you back for that.

revalorisation [ʀəvalɔʀizasjɔ̃] nf **1.** [d'une monnaie] revaluation **2.** [des salaires] raising, revaluation, increment **3.** [d'une théorie, d'une fonction] upgrading, reassertion / *on assiste à une revalorisation du rôle des pères* the role of the father is becoming more important.

revaloriser [3] [ʀəvalɔʀize] vt **1.** [monnaie] to revaluate **2.** [salaires] to raise, to revalue **3.** [théorie, fonction] to improve the status ou prestige ou standing of, to upgrade.

revanchard, e [ʀəvɑ̃ʃaʀ, aʀd] *péj* ◆ adj [attitude, politique] of revenge, revengeful, revanchard *spéc* ; [personne] revengeful, set on revenge, revanchist *spéc.* ◆ nm, f revanchist.

revanche [ʀəvɑ̃ʃ] nf **1.** [sur un ennemi] revenge ▸ **prendre sa revanche (sur qqn)** to take ou to get one's revenge (on sb) **2.** JEUX & SPORT return game ▸ **donner sa revanche à qqn** to give sb his revenge.
⬥ **en revanche** loc adv on the other hand.

revanchisme [ʀəvɑ̃ʃism] nm revanchism, spirit of revenge.

revascularisation [ʀəvaskylaʀizasjɔ̃] nf revascularization.

revasculariser [3] [ʀəvaskylaʀize] vt to revascularize.

rêvasser [3] [ʀɛvase] vi to daydream, to dream away, to muse / *arrête de rêvasser* stop daydreaming!

rêvasserie [ʀɛvasʀi] nf daydream / *des rêvasseries sans fin* endless musing ou daydreaming.

rêvasseur, euse [ʀɛvasœʀ, øz] ◆ nm, f *sout* daydreamer. ◆ adj dreamlike, dreamy.

revaudra v ⟶ **revaloir.**

rêve [ʀɛv] nm **1.** [d'un dormeur] dream / *un mauvais rêve* a nightmare, a bad dream ▸ **faire un rêve** to have a dream / *je l'ai vu en rêve* I saw him in my ou in a dream ▸ **comme dans un rêve** as if in a dream / *bonne nuit, fais de beaux rêves!* good night, sweet dreams! ▸ **le rêve** PSYCHOL dreams, dreaming **2.** [d'un utopiste] dream, fantasy, pipe dream / *mon rêve, ce serait d'aller au Japon* my dream is to go to Japan, I dream of going to Japan / *tout ça, ce sont des rêves* that's all (just) fantasy ou cloud-cuckoo-land / *dans mes rêves les plus fous* in my wildest dreams ou imaginings ▸ **perdu dans son rêve** ou **ses rêves** lost in his dream world **3.** *fam* ▸ **le rêve** [l'idéal] the ideal thing / *c'est / ce n'est pas le rêve* it's / it isn't ideal / *c'est le rêve pour un pique-nique, ici!* this place is just perfect for a picnic! / *ce n'est pas le rêve mais il faudra faire avec* it's not exactly what I'd dreamt of but it'll have to do.
⬥ **de mes rêves, de ses rêves** loc adj of my / his etc. dreams / *j'ai le métier de mes rêves* I've got the job I always dreamed of having / *la maison de leurs rêves* the house of their dreams, their dream house / *la femme de ses rêves* the woman of his dreams.
⬥ **de rêve** loc adj ideal / *une vie de rêve* a sublime ou an ideal existence ▸ **un mariage de rêve** a perfect marriage / *il fait un temps de rêve* the weather is perfect.

rêvé, e [ʀɛve] adj perfect, ideal / *c'est l'endroit rêvé pour camper* this is the ideal place ou just the place to camp.

revêche [ʀəvɛʃ] adj [personne] surly, cantankerous, tetchy ; [voix, air] surly, grumpy.

revécu, e [ʀəveky] pp ⟶ **revivre.**

réveil [revɛj] nm **1.** [après le sommeil] waking (up), awakening *litt* / *je déteste l'heure du réveil* I hate waking up ou having to wake up (in the morning) / *j'attendrai ton réveil pour partir* I'll wait until you have woken up ou until you are awake before I leave / *j'ai des réveils difficiles* ou *le réveil difficile* I find it hard to wake up / *à mon réveil il était là* when I woke up he was there **2.** [prise de conscience] awakening **3.** MIL reveille ▸ **réveil au clairon** (bugle) reveille ▸ **j'ai eu droit à un réveil en fanfare, ce matin!** *fig* I was treated to a very noisy awakening this morning! **4.** [de la mémoire, de la nature] reawakening ; [d'une douleur] return, new onset ; [d'un volcan] (new) stirring, fresh eruption **5.** [pendule] alarm (clock) / *j'ai mis le réveil (à 7 h)* I've set the alarm (for 7 o'clock) ▸ **réveil téléphonique** wake-up service ▸ **réveil de voyage** travel alarm (clock).

réveille-matin [revɛjmatɛ̃] (*pl* **réveille-matin** *ou* **réveille-matins***) nm *vieilli* alarm (clock).

réveiller [4] [reveje] vt **1.** [tirer - du sommeil, de l'évanouissement] to wake (up) *(sép)* ; [- d'une réflexion, d'une rêverie] to rouse, to stir / *il faut que l'on se fasse réveiller à 7 heures si on ne veut pas rater l'avion* we need to make sure somebody wakes us up at 7 a.m. if we don't want to miss the plane / *un bruit / une explosion à réveiller les morts* a noise / an explosion loud enough to wake the dead / *le soleil réveillait peu à peu la nature* nature gradually began to stir under the sun's rays **2.** [faire renaître - enthousiasme, rancœur, envie] to reawaken, to revive.
⬥ **se réveiller** vpi **1.** [sortir - du sommeil, de l'évanouissement] to wake (up), to awake, to awaken *litt* ; [- d'une réflexion, de la torpeur] to wake up, to stir ou to rouse o.s. / *se réveiller en sursaut* to wake up with a start / *il faut vous réveiller!* you'd better pull yourself together! **2.** [se ranimer - passion, souvenir] to revive, to be stirred up ou aroused (again) ; [- volcan] to stir ou to erupt again ; [- maladie, douleur] to start up again, to return.

réveillon [revɛjɔ̃] nm *family meal eaten on Christmas Eve or New Year's Eve* ▸ **réveillon (de Noël) a)** [fête] Christmas Eve party **b)** [repas] Christmas Eve supper ▸ **réveillon de la Saint-Sylvestre** ou **du Jour de l'An a)** [fête] New Year's Eve party **b)** [repas] New Year's Eve supper.

réveillonner [3] [revɛjɔne] vi [faire une fête - à Noël] to have a Christmas Eve party ; [- pour la Saint-Sylvestre] to have a New Year's Eve party ; [faire un repas - à Noël] to have a Christmas Eve supper ; [- pour la Saint-Sylvestre] to have a New Year's Eve supper / *nous avons trop bien réveillonné* we had too much to eat and drink *(on Christmas Eve or New Year's Eve).*

révélateur, trice [revelatœʀ, tʀis] ◆ adj [détail] revealing, indicative, significant ; [lapsus, sourire] revealing, telltale / *une interview révélatrice* a revealing interview ▸ **les chiffres sont révélateurs** the figures speak volumes / *ce sondage est très révélateur de la tendance actuelle* this poll tells us ou reveals a lot about the current trend / *c'est tout à fait révélateur de notre époque* it says a lot about our times / *un décolleté révélateur* a plunging neckline. ◆ nm, f revealer.
⬥ **révélateur** nm **1.** *sout* [indice] telltale sign **2.** PHOT developer.

révélation [revelasjɔ̃] nf **1.** [information] revelation, disclosure ▸ **faire des révélations à la presse / police** to give the press a scoop / the police important information

* In reformed spelling (see p. 16-19).

/ *Mylène Jauvert nous fait ses révélations!* Mylène Jauvert tells ou reveals all (her secrets)! **2.** [personne] revelation / *il pourrait bien être la révélation musicale de l'année* he could well turn out to be this year's musical revelation ou discovery **3.** [prise de conscience] revelation / *ce voyage en Égypte a été une révélation* that trip to Egypt was an eye-opener ou a revelation / *avoir une révélation* to have a brainwave **4.** [divulgation] disclosure, revealing / *la révélation d'un complot* the revealing ou uncovering of a plot **5.** RELIG revelation.

révélé, e [revele] adj [religion] revealed.

révéler [18] [revele] vt **1.** [secret, information, intention] to reveal ; [état de fait] to reveal, to bring to light ; [vérité] to reveal, to tell / *j'ai des choses importantes à révéler à la police* I have important information to give to the police / *qui sait ce que ces murs révéleraient s'ils pouvaient parler!* who knows what these walls would tell if they could speak! ▸ **elle a révélé mon secret a)** [intentionnellement] she revealed my secret **b)** [involontairement] she gave away my secret / *le nom de la victime n'a toujours pas été révélé* the victim's name has still not been disclosed ou released / *il refuse de révéler son identité* he's refusing to disclose his identity ou to say who he is / *le monde de corruption révélé par cette enquête* the world of corruption brought to light by this investigation **2.** [montrer - don, qualité, anomalie] to reveal, to show / *ce comportement révèle une nature violente* this behaviour reveals a violent temperament / *la mauvaise gestion révélée par ces chiffres* the bad management brought to light ou evidenced by these results / *une grosseur que les radios n'avaient pas révélée* a growth which hadn't shown up on the X-rays / *l'actrice révèle dans cette scène un talent prometteur* the actress shows promising talent in this scene **3.** [faire connaître] ▸ **révéler qqn** to make sb famous / *révélé par un important metteur en scène* discovered by an important director / *dans l'album qui l'a révélé (au public)* on the album which brought him fame **4.** PHOT to develop.

❖ **se révéler** vpi **1.** [s'avérer] ▸ **se révéler coûteux / utile** to prove (to be) expensive / useful / *il s'est révélé d'un égoïsme effrayant* he proved to be dreadfully selfish / *l'expérience ne s'est pas révélée concluante* the experiment wasn't conclusive ou turned out to be inconclusive / *elle se révéla piètre vendeuse* she turned out ou proved to be a poor salesgirl **2.** [se faire connaître] to be revealed ou discovered, to come to light / *tu t'es révélé sous ton vrai jour* you've showed yourself in your true colours / *elle s'est révélée (au grand public) dans Carmen* she had her first big success in Carmen.

✐ In reformed spelling (see p. 16-19), this verb is conjugated like *semer*: *il révèlera, elle révèlerait.*

revenant, e [rəvnɑ̃, ɑ̃t] nm, f *fam & hum* ▸ **tiens, un revenant!** hello, stranger!, long time no see! *hum.*

❖ **revenant** nm [fantôme] ghost, spirit.

revendeur, euse [rəvɑ̃dœr, øz] nm, f **1.** [détaillant] retailer, dealer / *vous trouverez le dernier modèle chez votre revendeur habituel* you'll find the latest model at your local dealer **2.** [de billets, de tickets] tout UK, scalper US ; [d'articles d'occasion] (second-hand) dealer ▸ **revendeur de drogue** drug dealer ▸ **revendeur de voitures** second-hand car dealer.

revendicateur, trice [rəvɑ̃dikatœr, tris] ◆ adj : *des discours revendicateurs* speeches setting out demands ou claims. ◆ nm, f : *les revendicateurs demandaient une augmentation de salaire* the claimants ou protestors were pushing for a wage increase.

revendicatif, ive [rəvɑ̃dikatif, iv] adj protest *(modif)* / *un mouvement revendicatif* a protest movement.

revendication [rəvɑ̃dikasjɔ̃] nf **1.** [réclamation] demand ▸ **journée de revendication** day of action ou of protest ▸ **revendications salariales** wage demands ou claims **2.** DR claim ▸ **mener une action en revendication contre qqn** to set up ou to lodge a claim against sb.

revendiquer [3] [rəvɑ̃dike] vt **1.** [réclamer - dû, droit, part d'héritage] to claim ; [- hausse de salaire] to demand / *il revendique le droit de s'exprimer librement* he claims the right to express himself freely ; *(en usage absolu)* : *le personnel revendique* the staff are making demands ou have put in a claim **2.** [assumer] to lay claim to, to claim ▸ **revendiquer la responsabilité de qqch** to claim responsibility for sthg / *l'attentat n'a pas été revendiqué* nobody has claimed responsibility for the attack / *c'est un nom que je revendique* it's a name I am proud to carry / *il n'a jamais revendiqué cette paternité* he never claimed this child as his / *j'ai eu ma part de misère et je la revendique!* I've known what it is to be poor and I'm not ashamed of it! **3.** DR to lay claim to, to claim.

revendre [73] [rəvɑ̃dr] vt **1.** [vendre - gén] to sell ; [suj: détaillant] to retail / *j'ai revendu ma maison plus cher que je ne l'avais achetée* I sold my house for more than what I paid for it / *revends ta voiture, si tu as besoin d'argent* if you need money sell your car **2.** *fam* EXPR ▸ **avoir de qqch à revendre** : *des crayons, j'en ai à revendre* I've got loads of pencils / *elle a du talent / de l'ambition à revendre* she's got masses of talent / ambition.

❖ **se revendre** vp *(emploi passif)* : *ce genre d'appareil ne se revend pas facilement* this sort of equipment isn't easy to resell / *dans cinq ans, cette maison se revendra beaucoup plus cher* in five years this house will be worth far more than it is now.

revenez-y [rəvnezi] nm inv **1.** *litt* [retour vers le passé] reversion, throwback **2.** EXPR ▸ **un goût de revenez-y** *fam* : *ce vin a un petit goût de revenez-y!* this wine is rather moreish!

revenir [40] [rəvnir] vi **1.** [venir à nouveau - gén] to come back ; [- chez soi] to come back, to come (back) home, to return home ; [- au point de départ] to return, to come ou to get back / *pouvez-vous revenir plus tard?* could you come back later? / *elle est passée ce matin et a dit qu'elle reviendrait* she popped in this morning and said she would be ou come back / *une fois revenue chez elle* once she'd got (back) ou returned home / *je suis revenue de Rome hier* I came ou I got back from Rome yesterday / *passe me voir en revenant du bureau* call in to see me on your way back ou home from the office / *je reviens (tout de suite)* I'll be (right) back / *les gens sont revenus à leur place* people are back in ou have returned to their seats / *il n'est pas encore revenu de faire ses commissions* he hasn't come ou got back from the shops yet / *je suis revenue déçue de la visite* I came back disappointed after the visit / *le boomerang revient vers celui qui l'a lancé* boomerangs return to the thrower / *la lettre m'est revenue* the letter was returned to me / *ça ne sert à rien de pleurer, ça ne va pas la faire revenir!* it's no use crying, it's not going to bring him back! ▸ **revenir à qqn** [renouer le contact avec] to come back to sb / *enfin tu me reviens!* at last, you've come back to me! / *d'où nous revenez-vous?* and where have you been? / *nous aimons revenir ici* we like coming (back) here / *je ne reviendrai jamais chez ce coiffeur* I'll never come back to this hairdresser again / *je suis très satisfaite de mes achats, je reviendrai* I'm very pleased with what I've bought, I'll be back ▸ **revenir en arrière a)** [dans le temps] to go back (in time) **b)** [dans l'espace] to retrace one's steps, to go back / *revenons en arrière, au début de l'année 1914* let's go back to the beginning of (the year) 1914 ▸ **revenir au point de départ a)** to go back to the starting point **b)** *fig* to be back to square one ▸ **revenir de loin** : *elle revient de loin!* **a)** [elle a failli mourir] it was touch and go (for her)! *euphém* **b)** [elle a eu de graves ennuis] she's had a close shave! **2.** [se manifester à nouveau - doute, inquiétude] to return, to come back ; [- calme, paix] to return, to be restored ; [- symptôme] to recur, to return, to reappear ; [- problème] to crop up ou to arise again ; [- occasion] to crop up again ; [- thème, rime] to recur, to reappear ; [- célébration] to come round again ; [- saison] to return, to come back ; [- soleil] to come out again, to reappear / *le temps des fêtes est revenu* the festive season is with us again ou has come round again / *la question qui revient le plus fréquemment dans les entretiens* the most commonly asked question ou the question that crops up most often in interviews / *la question revient toujours sur le tapis* that question always comes up for discussion / *c'est un thème qui revient toujours dans ses romans* it's a recurring theme in his novels / *c'est une erreur qui revient souvent dans vos devoirs* you often make this mistake in your homework / *ses crises reviennent de plus en plus souvent* her fits are becoming more and more frequent / *j'ai désherbé, mais les orties reviennent de plus belle* I've weeded, but the nettles are even worse than before **3.** SPORT [dans une course] to come back, to catch up / *le peloton est en train de revenir sur les échappés* the pack is catching up with ou gaining on the breakaway group / *et voici Bapow qui revient pour prendre la 3ᵉ place!* and it's Bapow who comes back to take the 3rd place! **4.** [coûter] ▸ **revenir cher** to be expensive / *elle a dû te revenir cher, ta petite sortie!* your little night out must have cost you a lot! ▸ **revenir à** to cost, to amount to, to come to / *le voyage nous est revenu à 400 euros* the trip cost us 400 euros / *le tout ne reviendra pas à plus de 330 euros* it won't come to ou cost any more than 330 euros for everything **5.** CULIN ▸ **faire revenir** to brown / *une fois les oignons revenus* once the onions have browned ou are brown **6.** *fam* [retrouver son état normal - tissu] : *les draps sont bien revenus au lavage* the sheets came up like new in the wash.

❖ **revenir à** v + prép **1.** [équivaloir à] to come down to, to amount to / *cela reviendrait à une rupture de contrat* that would amount to ou mean a breach of contract / *cela revient toujours à une question de relations* it always boils ou comes down to having the right connections / *ce qui revient à dire que...* which amounts to saying that... / *ça revient au même!* (it) amounts to ou comes to the same thing! / *pour moi, ça revient au même, il faudra que j'y aille* it's all the same to me, I'll have to go anyway **2.** [reprendre - mode, procédé, thème] to go back to, to revert to, to return to / *le gouvernement veut revenir à la liberté des prix* the government wants to return to price deregulation / *on revient aux* ou *à la mode des cheveux courts* short hair is coming back ou on its way back ▸ **revenir à une plus juste vision des choses** to come round to a more balanced view of things ▸ **revenir à de meilleures dispositions** ou **à de meilleurs sentiments** to return to a better frame of mind ▸ **(en) revenir à** : *on (en) revient à des formes d'énergie naturelles* natural sources of energy are coming back into use, we're reverting to natural sources of energy ▸ **mais revenons** ou **revenons-en à cette affaire** but let's get ou come back to this matter / *bon, pour (en) revenir à notre histoire...* right, to get back to ou to go on with our story... ▸ **j'en** ou **je reviens à ma question, où étiez-vous hier?** I'm asking you again, where were you yesterday? / *et si nous (en) revenions à vous, M. Lebrun?* now what about you, Mr Lebrun? ▸ **y revenir** : *voilà dix euros, et n'y reviens plus!* here's ten euros, and don't ask me again! ▸ **il n'y a pas** ou **plus à y revenir!** and that's final ou that's that! ▸ **revenir à soi** to come to, to come round **3.** [suj: part, récompense] to go ou to fall to, to devolve on ou upon *sout* ; [suj: droit, tâche] to fall to / *à chacun ce qui lui revient* to each his due / *avec les honneurs qui lui reviennent* with the honours (which are) due to her / *ses terrains sont revenus à l'État* his lands passed ou went to the State / *il devrait encore me revenir 200 euros* I should still get 200 euros / *si, il m'est quand même revenu un rang de perles* yes, I was left a string of pearls all the same / *ce titre lui revient de droit* this title is his by right / *tout le mérite t'en revient* the credit is all yours, you get all the credit for it / *la décision nous revient, il nous revient de décider* it's for us ou up to us to decide **4.** [suj: faculté, souvenir] to come back to ▸ **l'appétit lui revient** she's recovering her appetite ou getting her appetite back / *l'usage de son bras gauche ne lui est jamais revenu* he never recovered the use of his left arm / *la mémoire lui revient* her memory is coming back / *son nom ne me revient pas (à la mémoire)* his name escapes me ou has slipped my mind / *attends, ça me revient!* wait, I've got it now ou it's coming back to me now! / *ça me revient seulement maintenant, ils ont divorcé* I've just remembered, they got divorced / *tu ne te souviens pas de cet article? — si, ça me revient maintenant!* don't you remember that article? — yes, I'm with you now ou it's coming back to me now! ; *(tournure impersonnelle)* : *il me revient que tu étais riche à l'époque sout* as I recall, you were rich at the time

▸ **revenir à qqn** ou **aux oreilles de qqn** to get back to sb, to reach sb's ears / *il m'est revenu que...* word has got back to me ou has reached me that... **5.** *fam* [plaire à] : *ses manières ne me reviennent pas* her manners aren't to my liking / *elle a une tête qui ne me revient pas* I don't really like the look of her.

❖ **revenir de** v + prép **1.** [émotion, étonnement, maladie] to get over, to recover from ; [évanouissement] to come round from, to come to after / *alors, tu es revenue de ta grande frayeur?* so, are you less frightened now ou have you got over the fright now? ▸ **en revenir a)** [guérir] to come ou to pull through (it), to recover **b)** [échapper à un danger] to come through (it) ▸ **ne pas en revenir** : *je n'en reviens pas!* I can't get over it! / *je n'en reviens pas qu'il ait dit ça!* it's amazing he should say that!, I can't get over him saying that! / *quand je vais te le raconter, tu n'en reviendras pas* when I tell you the story you won't believe your ears **2.** [idée, préjugé] to put ou to cast aside *(sép)*, to throw over *(sép)* ; [illusion] to shake off *(sép)* ; [principe] to give up *(sép)*, to leave behind / *revenir de ses erreurs* to realize ou to recognize one's mistakes / *moi, l'homéopathie, j'en suis revenu!* *fam* as far as I'm concerned, I've done ou I'm through with homeopathy! / *ce type-là, j'en suis bien revenue!* *fam* I couldn't care less for that guy now! / *il est revenu de tout* he's seen it all (before).

❖ **revenir sur** v + prép **1.** [question] to go back over, to hark back to / *elle ne peut s'empêcher de revenir sur cette triste affaire* she can't help going ou mulling over that sad business / *la question est réglée, ne revenons pas dessus* the matter's settled, let's not go back over it again **2.** [décision, déclaration, promesse] to go back on / *ma décision est prise, je ne reviendrai pas dessus* my mind is made up and I'm not going to change it / *revenir sur sa parole* ou *sur la parole donnée* to go back on one's word, to break one's promise.

❖ **s'en revenir** vpi *sout* to be on one's way back / *nous nous en revenions tranquillement lorsque...* we were slowly making our way home when...

revente [ʀəvɑ̃t] nf resale / *la revente d'un tableau* the resale of a painting.

revenu[1] [ʀəvəny] nm **1.** [rétribution - d'une personne] income *(U)* / *elle a de gros / petits revenus* she has a large / small income ▸ **sans revenus** without any income ▸ **revenu annuel** annual earnings ou income ▸ **revenu disponible** disposable income ▸ **revenu disponible brut** gross disposable income ▸ **revenu foncier** income from real estate ▸ **revenu par habitant** ou **par tête** per capita income ▸ **revenu imposable** taxable income ▸ **revenu minimum d'activité** minimum guaranteed income *(for people with no other sources of income)* ▸ **revenu minimum d'insertion** minimum guaranteed income *(now replaced by the 'revenu de solidarité active')* ▸ **revenu de solidarité active** minimum guaranteed income **2.** [recettes - de l'État] revenue ▸ **revenu national** gross national product ▸ **revenus publics** ou **de l'État** public revenue **3.** [intérêt] income, return / *un investissement produisant un revenu de 7%* an investment with a 7% rate of return ; [dividende] yield / *le revenu d'une action* the yield on a share **4.** [bénéfice] ▸ **revenu brut d'exploitation** gross profit **5.** MÉTALL tempering.

revenu[2], e [ʀəvəny] pp ⟶ **revenir.**

rêver [4] [ʀɛve] ◆ vi **1.** [en dormant] to dream / *rêver tout haut* to talk in one's sleep / *j'ai l'impression d'avoir rêvé!* I feel as if I've been dreaming! / *elle rêve (tout) éveillée* she's a daydreamer, she's lost in a dream ou daydream / *c'est ce qu'il m'a dit, je n'ai pas rêvé!* that's what he said, I didn't dream it up ou imagine it! / *toi ici? (dites-moi que) je rêve!* you here? I must be dreaming! ▸ **rêver de** to dream of / *j'ai rêvé d'un monstre* I dreamed of ou had a dream about a monster ▸ **on croit rêver!** [ton irrité] is this a joke? ▸ **en rêver la nuit** : *elle en rêve la nuit* **a)** *pr* she has dreams about it at night **b)** *fig* she's obsessed by it **2.** [divaguer] to be imagining things, to be in cloud-cuckoo-land / *dis-moi aussi que je rêve!* go ahead, tell me I'm imagining things! / *toi, gagner ta vie tout seul, non mais tu rêves!* you, earn your own living? you must be joking! ▸ **ça fait rêver!** that's the stuff that dreams are made of! / *13% d'intérêt, ça fait rêver, hein?* 13% interest, isn't that just great? / *des plages / salaires à faire rêver* dream beaches / wages / *(quand on voit) des paysages comme ça, ça fait rêver* scenery like that is just out of this world / *des mots qui font rêver* words that fire the imagination ▸ **on peut toujours rêver** there's no harm in dreaming!, there's no harm in a little fantasizing! ▸ **tu peux toujours rêver!** in your dreams! ▸ **faut pas rêver!** let's not get carried away! / *la semaine de 25 heures? faut pas rêver!* the 25 hour week? that'll be the day! **3.** [songer] to dream, to daydream / *aide-nous, au lieu de rêver!* give us a hand instead of dreaming ou daydreaming! ▸ **rêver à** to dream of *(insép)*, to muse over *(insép)* *sout* / *j'étais en train de rêver à ma jeunesse* I was lost in thoughts of my youth. ◆ vt **1.** [suj: dormeur] to dream / *rêver que...* to dream that... **2.** [souhaiter] to dream of *(insép)* / *on ne saurait rêver (une) occasion plus propice* you couldn't wish for a more appropriate occasion / *je n'ai jamais rêvé mariage / fortune!* I've never dreamed of marriage / being wealthy! / *il ne rêve que plaies et bosses* he's always spoiling for a fight ; [inventer de toutes pièces] to dream up *(sép)* / *il a dû rêver toute cette histoire* he must have dreamt up the whole story.

❖ **rêver de** v + prép [espérer] to dream of / *j'avais tellement rêvé de ton retour* I so longed for your return / *l'homme dont toutes les femmes rêvent* the man every woman dreams about ou desires / *je n'avais jamais osé rêver d'un bonheur pareil!* I'd never have dared dream of such happiness! ▸ **rêver de faire qqch** to be longing to do sthg.

réverbérant, e [ʀevɛʀbeʀɑ̃, ɑ̃t] adj reverberating, reverberant.

réverbération [ʀevɛʀbeʀasjɔ̃] nf **1.** [du son] reverberation ; [de la chaleur, de la lumière] reflection / *à cause de la réverbération du soleil sur la neige* because of the glare of the sun on the snow **2.** ACOUST ▸ **durée** ou **temps de réverbération** reverberation time.

réverbère [ʀevɛʀbɛʀ] nm **1.** [lampe] street lamp, streetlight **2.** [réflecteur] reflector.

réverbérer [18] [ʀevɛʀbeʀe] vt [chaleur, lumière] to reflect ; [son] to reverberate, to send back *(sép)*.

✎ In reformed spelling (see p. 16-19), this verb is conjugated like *semer*: ***il réverbèrera, elle réverbèrerait.***

reverdir [32] [ʀəvɛʀdiʀ] vi to grow ou to turn green again.

révérence [ʀeveʀɑ̃s] nf **1.** *litt* [déférence] reverence ▸ **traiter qqn avec révérence** to treat sb with reverence ou reverently ▸ **révérence parler** saving your reverence *arch*, begging your pardon **2.** [salut] bow, curtsy, curtsey / *elle fit une révérence à Son Altesse* she curtseyed to Her Highness ▸ **tirer sa révérence à qqn** to walk out on sb ▸ **tirer sa révérence à qqch** to bow out of sthg **3.** RELIG ▸ **Votre Révérence** Your Reverence.

révérencieux, euse [ʀeveʀɑ̃sjø, øz] adj *litt* reverent *sout*, respectful.

révérend, e [ʀeveʀɑ̃, ɑ̃d] adj reverend / *la Révérende Mère Supérieure* the Reverend Mother (Superior) / *le Révérend Père Thomas* (the) Reverend Father Thomas.

❖ **révérend** nm reverend.

révérendissime [ʀeveʀɑ̃disim] adj [archevêque] Most Reverend.

révérer [18] [ʀeveʀe] vt *sout* to revere, to reverence *sout* / *il révère son frère* he's devoted to ou he reveres his brother.

✎ In reformed spelling (see p. 16-19), this verb is conjugated like *semer*: ***il révèrera, elle révèrerait.***

rêverie [ʀɛvʀi] nf **1.** [réflexion] daydreaming *(U)*, reverie / *plongé dans ses rêveries* ou *sa rêverie* deep in thought **2.** [chimère] dream, daydream, delusion.

revérifier [9] [ʀəveʀifje] vt to check again, to double-check.

reverra v ⟶ **revoir.**

revers [ʀəvɛʀ] nm **1.** [d'une blouse, d'un veston] lapel ; [d'un pantalon] turn-up UK, cuff US ; [d'une manche] (turned-back) cuff ; [d'un uniforme] facing / *peignoir à revers de soie* dressing gown with silk lapels / *col / bottes à revers* turned-down collar / boots **2.** [d'une feuille, d'un tissu, d'un tableau, de la main] back / *essuyant d'un revers de main la sueur qui coulait de son front* wiping the sweat from his forehead with the back of his hand ; [d'une médaille, d'une pièce] reverse (side) ▸ **c'est le revers de la médaille** that's the other side of the coin, there's the rub **3.** [échec, défaite] setback / *essuyer un revers* to suffer a setback ▸ **revers économiques** economic setbacks ▸ **revers de fortune** reverse of fortune, setback (in one's fortunes) **4.** TENNIS backhand (shot) / *faire un revers* to play a backhand shot / *jouer en revers* to play backhand.

❖ **à revers** loc adv MIL from ou in the rear.

reversement [ʀəvɛʀsəmɑ̃] nm FIN transfer.

reverser [3] [ʀəvɛʀse] vt **1.** [verser - de nouveau] to pour again, to pour (out) more (of) ; [- dans le récipient d'origine] to pour back *(sép)* **2.** FIN [reporter] to transfer / *reverser des intérêts sur un compte* to pay interest on an account / *la prime d'assurance vous sera intégralement reversée au bout d'un an* the total premium will be paid back to you after one year.

reversi [ʀəvɛʀsi] nm [avec des cartes] reversis ; [avec des pions] reversi.

réversibilité [ʀevɛʀsibilite] nf DR revertibility.

réversible [ʀevɛʀsibl] adj **1.** [vêtement] reversible **2.** DR [bien, pension] revertible ▸ **annuité réversible** reversionary annuity **3.** CHIM & PHYS reversible.

réversion [ʀevɛʀsjɔ̃] nf BIOL, DR & MÉTALL reversion.

revêtement [ʀəvɛtmɑ̃] nm **1.** CONSTR [intérieur - peinture] covering ; [- enduit] coating ; [extérieur - gén] facing ; [- crépi] rendering ▸ **revêtement de sol** flooring *(U)* **2.** TRAV PUB : *refaire le revêtement d'une route* to resurface a road **3.** TECHNOL [d'un câble électrique] housing, sheathing ; [d'un pneu] casing ; [d'un conduit] lining ▸ **revêtement calorifuge** lagging ▸ **revêtement galvanique** electroplating **4.** AÉRON skin **5.** ARCHIT revetment **6.** MIN lining.

revêtir [44] [ʀəvɛtiʀ] vt **1.** *sout* [endosser] to don *sout*, to array o.s. in *sout*, to put on / *revêtir ses plus beaux atours* to array o.s. in ou to don one's finest attire / *la montagne a revêtu son habit de bruyère* the mountain is clad in its cloak of heather **2.** *sout* [habiller] ▸ **revêtir qqn de** to dress ou to array sb in, to clothe sb in ou with / *on l'avait revêtue d'une lourde cape* she had been arrayed ou garbed in a heavy cloak / *un mur revêtu de lierre* an ivy-clad ou ivy-hung wall **3.** *sout* [importance, signification] to take on *(insép)*, to assume ; [forme] to appear in, to take on, to assume / *ses propos revêtent un caractère dangereux* there's something dangerous in what he says / *Merlin revêtit l'aspect d'une souris* Merlin took on ou assumed the appearance of a mouse **4.** ARCHIT, CONSTR & TRAV PUB [rue - asphalter] to surface ; [- paver] to pave ▸ **revêtir une surface de** to cover a surface with **5.** TECHNOL [chaudière] to line, to lag ; [puits de mine] to line **6.** DR : *revêtir un contrat de signatures* to append signatures to a contract / *laissez-passer revêtu du tampon obligatoire* authorization bearing the regulation stamp.

reveulent v ⟶ **revouloir.**

rêveur, euse [ʀɛvœʀ, øz] ◆ adj **1.** [distrait] dreamy / *avoir un caractère rêveur* to be a daydreamer / *d'un air rêveur* dreamily **2.** [perplexe] ▸ **laisser qqn rêveur** to leave sb baffled ou in a state of bafflement / *cette dernière phrase me laissa rêveur* these last words puzzled ou baffled me ▸ **ça laisse rêveur!** it makes you wonder! ◆ nm, f dreamer, daydreamer.

rêveusement [ʀɛvøzmɑ̃] adv dreamily / *regarder rêveusement par la fenêtre* to gaze absentmindedly out of the window.

reveut, reveux v ⟶ **revouloir.**

revient[1] [ʀəvjɛ̃] v ⟶ **revenir.**

revient[2] [ʀəvjɛ̃] nm ⟶ **prix.**

revigorant, e [ʀəvigɔʀɑ̃, ɑ̃t] adj invigorating.

revigorer [3] [ʀəvigɔʀe] vt **1.** [stimuler - personne] to invigorate, to liven up *(sép)* / *une petite promenade pour vous revigorer?* how about a bracing little walk? **2.** [relancer - économie] to boost, to give a boost to / *les* *subventions ont revigoré l'entreprise* the subsidies gave the company a new lease of life.

revint v ⟶ revenir.

revirement [ʀəviʀmɑ̃] nm [changement - d'avis] about-face, change of mind ; [- de situation] turnaround, about-face, sudden turn / *un revirement dans l'opinion publique* a complete swing ou turnaround in public opinion / *un revirement de la tendance sur le marché des valeurs* a sudden reversal of stock market trends.

révisable [ʀevizabl] adj **1.** [gén] revisable **2.** DR reviewable.

réviser [3] [ʀevize] vt **1.** ÉDUC & UNIV to revise UK, to review US, to go over *(insép)* (again) **2.** [réévaluer - jugement, situation] to review, to reexamine, to reappraise ▸ **réviser à la baisse / hausse** to downgrade / upgrade, to scale down / up / *il a fallu réviser à la baisse les prévisions pour l'an prochain* the projected figures for next year have had to be scaled down **3.** DR ▸ **réviser un procès** to reopen a trial ▸ **réviser le procès de qqn** to retry sb ▸ **réviser un jugement** to review a judgment **4.** [voiture] to service ; [machine] to overhaul / *faire réviser une voiture* to have a car serviced / *la voiture a été révisée récemment* the car was serviced not long ago / *faire réviser les freins* to have the brakes checked **5.** [clause] to revise ; [liste électorale] to update, to revise ; [manuscrit] to check, to go over *(insép)* ; [épreuves] to revise, to line edit *spéc.*

réviseur, euse [ʀevizœʀ, øz] nm, f **1.** ÉCON ▸ **réviseur comptable** auditor **2.** IMPR reviser, checker.

révision [ʀevizjɔ̃] nf **1.** ÉDUC & UNIV revision *(U)* UK, revising *(U)* UK, review *(sg)* US / *actuellement, où en es-tu de tes révisions?* how much have you revised so far? **2.** [d'une clause] revision ; [d'une liste électorale] updating, revision ; [d'un manuscrit] checking ; [d'épreuves] checking, revising **3.** [d'une voiture] service ; [d'une machine] overhaul, overhauling **4.** [fait de réestimer] reevaluation, reappraisal ▸ **la révision à la baisse / hausse des prévisions** the downgrading / upgrading of the forecast figures **5.** DR [d'un procès] rehearing ; [d'un jugement] reviewing.

révisionnel, elle [ʀevizjɔnɛl] adj revisionary, review *(modif).*

révisionnisme [ʀevizjɔnism] nm revisionism.

révisionniste [ʀevizjɔnist] adj & nmf revisionist.

revisser [3] [ʀəvise] vt to screw back again.

revit v **1.** ⟶ revivre **2.** ⟶ revoir.

revitalisant, e [ʀəvitalizɑ̃, ɑ̃t] adj revitalizing.

revitalisation [ʀəvitalizasjɔ̃] nf revitalization.

revitaliser [3] [ʀəvitalize] vt **1.** [ranimer - économie] to revitalize / *ce nouveau plan économique est destiné à revitaliser la région* this new economic programme is designed to revitalize ou bring new life to the area **2.** [régénérer - peau] to revitalize / *cette crème revitalisera votre épiderme* this cream will revitalize your skin.

revivifiant, e [ʀəvivifjɑ̃, ɑ̃t] adj bracing, revivifying.

revivifier [9] [ʀəvivifje] vt **1.** [personne] to revivify, to revitalize **2.** *litt* [souvenir] to bring back to life, to revive.

reviviscence [ʀəvivisɑ̃s] nf **1.** BIOL anabiosis, reviviscence *sout* **2.** *litt* revival, reappearance.

reviviscent, e [ʀəvivisɑ̃, ɑ̃t] adj BIOL anabiotic, reviviscent *sout.*

revivre [90] [ʀəvivʀ] ◆ vi **1.** [renaître] to come alive (again) / *les examens sont terminés, je revis!* the exams are over, I can breathe again ou what a weight off my mind! / *quel calme, je me sens revivre!* how quiet it is around here, I feel like a new person! **2.** [nature, campagne] to come alive again **3.** [personne ou animal mort] to come back to life ▸ **revivre dans** ou **par qqn** *sout* to live again in ou through sb **4.** [redevenir actuel] ▸ **faire revivre qqch: faire revivre la tradition** to restore ou to revive tradition / *faire revivre les années de guerre* to bring back the war years. ◆ vt **1.** [se souvenir de] to relive, to live ou to go through *(insép)* (again) / *toutes les nuits je revis l'accident* I relive the accident every night **2.** [vivre à nouveau] to relive / *avec lui, elle revit un grand amour* with him, she's reliving a grand passion.

révocabilité [ʀevɔkabilite] nf **1.** ADMIN [d'un fonctionnaire] dismissibility **2.** DR [d'un acte juridique] revocability **3.** POL [d'un élu] recallability.

révocable [ʀevɔkabl] adj **1.** ADMIN [fonctionnaire] dismissible **2.** DR [acte juridique] revocable, subject to repeal **3.** POL [élu] recallable, subject to recall.

révocation [ʀevɔkasjɔ̃] nf **1.** ADMIN [d'un fonctionnaire] dismissal ; [d'un dirigeant] removal **2.** DR [d'un acte juridique] repeal, revocation ; [d'un testament] revocation ; [d'un ordre] rescinding / *la révocation de l'édit de Nantes* the Revocation of the Edict of Nantes **3.** POL [d'un élu] removal, recall.

révocatoire [ʀevɔkatwaʀ] adj revocatory.

revoici [ʀəvwasi] prép : *me revoici!* here I am again!, it's me again!

revoilà [ʀəvwala] prép : *revoilà le printemps!* it looks like spring's here again! / *enfin, te revoilà!* you're back at last! / *les revoilà!* there they are again! ▸ **nous y revoilà** : *nous y revoilà, je m'y attendais!* here we go again! I just knew it.

revoir[1] [ʀəvwaʀ] nm **1.** *litt* : *le charme du revoir* the delights of meeting again **2.** CHASSE trail.

❖ **au revoir** ◆ interj goodbye. ◆ nm : *ce n'est qu'un au revoir* we'll meet again.

revoir[2] [62] [ʀəvwaʀ] vt **1.** [rencontrer à nouveau] to see ou to meet again / *il y a longtemps que tu le revois?* is it a long time since you started seeing him again? / *tu ne croyais pas me revoir de sitôt, hein?* you didn't expect to see me again so soon, did you? / *et que je ne te revoie plus ici, compris?* and don't let me see ou catch you around here again, is that clear? ; [retourner à] to see again, to go back to / *c'est bon de revoir son pays* it's good to be back in ou to see one's country (again) / *elle ne devait plus revoir sa terre natale* she was never to see her native land again **2.** [examiner à nouveau - images] to see again, to have another look at ; [- exposition, spectacle] to see again ; [- dossier] to reexamine, to look at *(insép)* again ; [- vidéocassette] to watch again / *c'est un documentaire qu'il faut revoir* the documentary is well worth seeing a second time / *je l'ai revu trois fois à la télévision* I've seen it three times on television **3.** [assister de nouveau à - incident] to see ou to witness again / *nous ne voulons plus jamais revoir ces scènes sur nos écrans* we never want to witness ou to see such scenes on our screens again **4.** [par l'imagination] : *je nous revois encore, autour du feu de camp* I can still see ou picture us around the campfire / *quand je revois ces moments de bonheur* when I think back to those happy times **5.** [vérifier - installation, mécanisme, moteur] to check, to look at *(insép)* again **6.** [modifier - texte] to reexamine, to revise ; [- opinion] to modify, to revise / *la première partie de ta thèse est à revoir* the first part of your thesis will have to be gone over again ou revised / **'édition revue et corrigée'** 'revised edition' / *revoir à la hausse / baisse* to revise upwards / downwards **7.** ÉDUC [cours] to go over *(insép)* (again), to revise UK, to review US / *revoyez les racines carrées pour demain* go over the section on square roots for tomorrow ▸ **tu ferais bien de revoir ta physique! a)** [réviser] you'd better revise your physics! **b)** [réapprendre] you'd better study ou learn your physics again!

❖ **se revoir** ◆ vp *(emploi réciproque)* to meet again / *nous reverrons-nous?* will we see each other ou meet again? ◆ vp *(emploi réfléchi)* to see ou to picture o.s. again / *je me revois enfant, chez ma grand-mère* I can still see myself as a child at my grandmother's.

révoltant, e [ʀevɔltɑ̃, ɑ̃t] adj [violence, lâcheté] appalling, shocking ; [grossièreté] revolting, outrageous, scandalous.

révolte [ʀevɔlt] nf **1.** [sédition] revolt, rebellion / *la révolte fut durement réprimée* the revolt was harshly repressed **2.** [insoumission] rebellion, revolt ▸ **être en révolte contre qqn** to be in revolt against sb / *elle est en révolte contre ses parents* she's rebelling ou revolting against her parents **3.** [réprobation] outrage / *nous manifestons notre révolte contre la vivisection* we're expressing our outrage against vivisection.

révolté, e [ʀevɔlte] ◆ adj **1.** [rebelle] rebellious, rebel *(avant nom)* **2.** [indigné] outraged **3.** MIL mutinous. ◆ nm, f **1.** [gén] rebel **2.** MIL rebel, mutineer.

révolter [3] [ʀevɔlte] vt [scandaliser] to appal, to revolt, to shock / *ça ne te révolte pas, toi?* don't you think that's disgusting ou revolting ou shocking? ▸ **révolté par la misère / tant de violence** outraged by poverty / at so much violence.

❖ **se révolter** vpi **1.** [gén] to revolt / *les mineurs se révoltent contre leurs syndicats* the miners are revolting ou are in revolt against their unions / *adolescent, il s'est révolté contre ses parents* he rebelled against his parents when he was a teenager **2.** [marin, soldat] to mutiny.

révolu, e [ʀevɔly] adj **1.** *litt* [d'autrefois] : *aux jours révolus de ma jeunesse* in the bygone days of my youth / *en des temps révolus* in days gone by **2.** [fini] past / *l'époque des hippies est révolue* the hippie era is over **3.** ADMIN : *âgé de 18 ans révolus* over 18 (years of age) / *au bout de trois années révolues* after three full years.

révolution [ʀevɔlysjɔ̃] nf **1.** POL revolution ▸ **la révolution industrielle** the Industrial Revolution ▸ **une révolution de palais** a palace coup ou revolution ▸ **la première / seconde révolution d'Angleterre** the English / Glorious Revolution ▸ **la Révolution culturelle** the Cultural Revolution ▸ **la Révolution (française)** the French Revolution ▸ **la révolution d'Octobre** the October Revolution **2.** [changement] revolution ▸ **une révolution dans** a revolution in ▸ **faire** ou **causer une révolution dans qqch** to revolutionize sthg **3.** [agitation] turmoil / *tous ces cambriolages ont mis la ville en révolution* the town is up in arms ou in uproar because of all these burglaries **4.** ASTRON & MATH revolution.

 **La Révolution française**

One of the most important events in the history of modern France, from which it emerged as a Republic with an egalitarian constitution. Precipitated by the social and financial abuses of the **Ancien Régime**, it was a turbulent period lasting from the Fall of the Bastille in 1789 until the end of the century. It was marked by the Declaration of Human Rights, the execution of Louis XVI, the Reign of Terror (1793-1794) and war against the other European powers.

révolutionnaire [ʀevɔlysjɔnɛʀ] ◆ adj **1.** POL revolutionary **2.** HIST revolutionary **3.** *fig* revolutionary / *une découverte révolutionnaire* a revolutionary discovery. ◆ nmf **1.** POL revolutionary, revolutionist US **2.** HIST ▸ **un révolutionnaire** a revolutionary **3.** *fig* innovator.

révolutionnairement [ʀevɔlysjɔnɛʀmɑ̃] adv in a revolutionary manner.

révolutionnarisation [ʀevɔlysjɔnaʀizasjɔ̃] nf revolutionizing, revolutionization.

révolutionnarisme [ʀevɔlysjɔnaʀism] nm revolutionism.

révolutionnariste [ʀevɔlysjɔnaʀist] adj & nmf revolutionist.

révolutionner [3] [ʀevɔlysjɔne] vt **1.** [système, domaine] to revolutionize ; [vie] to change radically **2.** *fam* [bouleverser - personne] to upset (deeply) / *cette nouvelle l'a révolutionnée* the news made a deep impression on her.

revolver, révolver* [ʀevɔlvɛʀ] nm **1.** ARM revolver ▸ **un coup de revolver** a gunshot **2.** OPT revolving nose piece **3.** TECHNOL capstan, turret.

revolving [ʀevɔlviŋ] adj inv BANQUE revolving ▸ **crédit revolving** revolving credit.

révoquer [3] [ʀevɔke] vt **1.** ADMIN [fonctionnaire] to dismiss ; [dirigeant] to remove (from office) **2.** DR [acte juridique] to revoke, to repeal ; [testament] to revoke ; [ordre] to revoke, to rescind **3.** POL [élu] to recall.

* In reformed spelling (see p. 16-19).

revoter [3] [ʀəvɔte] ◆ vi to vote again. ◆ vt to vote for again.

revouloir [57] [ʀəvulwaʀ] vt *fam* to want some more / *j'en reveux!* I want some more!

revoyait v ⟶ **revoir.**

revoyure [ʀəvwajyʀ] nf *tfam* ▸ **à la revoyure!** see you (around)!, so long!, toodle-oo!

revu, e [ʀəvy] pp ⟶ **revoir.**

revue [ʀəvy] nf **1.** [publication - gén] magazine ▸ **revue économique** economic journal ou review ▸ **revue financière** financial review ▸ **revue de linguistique** review of linguistics ▸ **revue de mode** fashion magazine ▸ **revue porno** *fam* porno ou porn magazine ▸ **revue scientifique** science journal ▸ **revue spécialisée** trade paper, journal, review **2.** [de music-hall] variety show ; [de chansonniers] revue ▸ **revue à grand spectacle** spectacular **3.** MIL [inspection] inspection, review ; [défilé] review, march-past / *la revue du 14 Juillet* the 14th of July (military) parade ▸ **revue de détail / d'armement** kit / arms inspection ▸ **passer en revue a)** [troupes] to hold a review of, to review **b)** [uniformes] to inspect **4.** [inventaire] ▸ **faire la revue de, passer en revue a)** [vêtements, documents] to go ou to look through **b)** [solutions] to go over in one's mind, to review.

❖ **revue de presse** nf review of the press ou of what the papers say.

revuiste [ʀəvyist] nmf revue ou sketch writer.

révulsé, e [ʀevylse] adj [traits, visage] contorted / *révulsé de douleur* [visage] contorted with pain ▸ **les yeux révulsés** with his eyes rolled upwards.

révulser [3] [ʀevylse] vt **1.** [dégoûter] to revolt, to fill with loathing, to disgust **2.** [crisper] to contort.

❖ **se révulser** vpi [traits, visage] to contort, to become contorted ; [yeux] to roll upwards.

révulsif, ive [ʀevylsif, iv] adj revulsant.

❖ **révulsif** nm revulsant, revulsive.

révulsion [ʀevylsjɔ̃] nf **1.** MÉD revulsion **2.** [dégoût] revulsion, loathing.

rewriter¹ [ʀiʀajtœʀ] nm rewriter.

rewriter² [3] [ʀiʀajte] vt to rewrite.

rewriting [ʀiʀajtiŋ] nm rewriting.

rexisme [ʀɛksism] nm rexism.

Reykjavik [ʀɛkjavik] npr Reykjavik.

rez-de-chaussée [ʀedʃose] nm inv ground floor UK, first floor US ▸ **au rez-de-chaussée** on the ground floor ▸ **habiter un rez-de-chaussée** to live in a ground-floor flat UK ou first-floor apartment US.

rez-de-jardin [ʀedʒaʀdɛ̃] nm inv ground ou garden level / *pièces en rez-de-jardin* ground-level rooms.

RF abr écrite de **République française.**

RFA (abr de **République fédérale d'Allemagne**) npr f FRG, West Germany.

RFI (abr de **Radio France Internationale**) npr *French World Service radio station.*

RFO (abr de **Réseau France Outre-mer**) npr *French overseas broadcasting service.*

r.g. abr écrite de **rive gauche.**

RG npr mpl abr de **Renseignements généraux.**

Rh (abr écrite de **Rhésus**) Rh.

rhabillage [ʀabijaʒ] nm **1.** [d'une meule] dressing ; [d'une montre] overhaul **2.** [d'une personne] : *le rhabillage des enfants après la gymnastique prend beaucoup de temps* the children take a long time getting dressed again after gym.

rhabiller [3] [ʀabije] vt **1.** [habiller à nouveau] to dress again / *rhabille-le* put his clothes back on (for him) **2.** ARCHIT to revamp, to refurbish / *on a rhabillé tout le foyer du théâtre* the entire foyer of the theatre has been refurbished **3.** TECHNOL [montre] to overhaul ; [meule] to dress.

❖ **se rhabiller** vp *(emploi réfléchi)* **1.** [s'habiller à nouveau] to put one's clothes back on, to dress ou to get dressed again **2.** EXPR **tu peux aller te / il peut aller se rhabiller!** *fam* you've / he's got another think coming!

rhapsodie [ʀapsɔdi] nf MUS rhapsody.

rhénan, e [ʀenɑ̃, an] adj **1.** [du Rhin] of the Rhine, Rhenish ▸ **le pays rhénan** the Rhineland **2.** [de la Rhénanie] of the Rhineland.

Rhénan [ʀenɑ̃] npr m ▸ **le Rhénan** the Rhineland (Mountains).

Rhénanie [ʀenani] npr f ▸ **la Rhénanie** the Rhineland.

Rhénanie-du-Nord-Westphalie [ʀenanidynɔʀvɛsfali] npr f ▸ **la Rhénanie-du-Nord-Westphalie** North Rhine-Westphalia.

Rhénanie-Palatinat [ʀenanipalatina] npr f ▸ **la Rhénanie-Palatinat** Rhineland-Palatinate.

rhénium [ʀenjɔm] nm rhenium.

rhéobase [ʀeɔbaz] nf rheobase.

rhéologie [ʀeɔlɔʒi] nf rheology.

rhéologique [ʀeɔlɔʒik] adj rheological.

rhéologue [ʀeɔlɔg] nmf rheologist.

rhéomètre [ʀeɔmɛtʀ] nm rheometer.

rhéophile [ʀeɔfil] adj rheophilic.

rhéostat [ʀeɔsta] nm rheostat ▸ **rhéostat de glissement** slip regulator.

rhésus [ʀezys] nm ZOOL rhesus monkey.

Rhésus [ʀezys] nm [système sanguin] ▸ **facteur Rhésus** Rhesus ou Rh factor ▸ **Rhésus positif / négatif** Rhesus positive / negative.

rhéteur [ʀetœʀ] nm **1.** ANTIQ rhetor **2.** *litt* rhetorician.

rhétoricien, enne [ʀetɔʀisjɛ̃, ɛn] ◆ adj rhetorical. ◆ nm, f **1.** [spécialiste] rhetorician **2.** BELG ÉDUC ≃ pupil in year 12 UK ; ≃ student in sixth grade US.

rhétorique [ʀetɔʀik] ◆ adj rhetoric, rhetorical. ◆ nf **1.** [art] rhetoric **2.** *péj* [affectation] : *ce n'est que de la rhétorique* that's just posturing **3.** BELG ÉDUC ≃ year 12 UK ; ≃ sixth grade US.

Rhin [ʀɛ̃] npr m ▸ **le Rhin** the Rhine.

rhinanthe [ʀinɑ̃t] nm yellow rattle, rhinanthus *spéc.*

rhinencéphale [ʀinɑ̃sefal] nm rhinencephalon.

rhinite [ʀinit] nf rhinitis.

rhinocéros [ʀinɔseʀɔs] nm **1.** ZOOL rhinoceros, rhino **2.** ENTOM rhinoceros beetle.

rhino-pharyngien, enne [ʀinɔfaʀɛ̃ʒjɛ̃, ɛn] *(mpl* **rhino-pharyngiens,** *fpl* **rhino-pharyngiennes**), **rhino-pharyngé, e** [ʀinɔfaʀɛ̃ʒe] *(mpl* **rhino-pharyngés,** *fpl* **rhino-pharyngées**) adj rhinopharyngal, rhinopharyngeal.

rhino-pharyngite [ʀinɔfaʀɛ̃ʒit] *(pl* **rhino-pharyngites**) nf rhinopharyngitis.

rhinopharynx [ʀinɔfaʀɛ̃ks] nm rhinopharynx.

rhinoplastie [ʀinɔplasti] nf rhinoplasty.

rhinoscopie [ʀinɔskɔpi] nf rhinoscopy.

rhizome [ʀizom] nm rhizome.

rhodanien, enne [ʀɔdanjɛ̃, ɛn] adj [du Rhône] from the Rhone ▸ **le couloir rhodanien** the Rhone corridor.

❖ **rhodanien** nm LING *Rhone valley variety of Provençal.*

Rhode Island [ʀɔdajlɑ̃d] npr m ▸ **le Rhode Island** Rhode Island.

Rhodes [ʀɔd] npr Rhodes. ⟶ **île**

Rhodésie [ʀɔdezi] npr f ▸ **(la) Rhodésie** Rhodesia / *Rhodésie du Nord* Northern Rhodesia / *Rhodésie du Sud* Southern Rhodesia.

rhodésien, enne [ʀɔdezjɛ̃, ɛn] adj Rhodesian.

❖ **Rhodésien, enne** nm, f Rhodesian.

rhodien, enne [ʀɔdjɛ̃, ɛn] adj Rhodian.

❖ **Rhodien, enne** nm, f Rhodian.

rhodium [ʀɔdjɔm] nm rhodium.

rhododendron [ʀɔdɔdɛ̃dʀɔ̃] nm rhododendron.

Rhodoïd® [ʀɔdɔid] nm Rhodoid®.

rhombencéphale [ʀɔ̃bɑ̃sefal] nm rhombencephalon.

rhombique [ʀɔ̃bik] adj rhombic.

rhomboèdre [ʀɔ̃bɔɛdʀ] nm rhombohedron.

rhomboïdal, e, aux [ʀɔ̃bɔidal, o] adj rhomboid, rhomboidal.

rhomboïde [ʀɔ̃bɔid] nm **1.** GÉOM rhomboid **2.** ANAT rhomboideus.

Rhône [ʀon] npr m [fleuve] ▸ **le Rhône** the (River) Rhône.

Rhône-Alpes [ʀonalp] npr Rhône-Alpes.

> **Rhône-Alpes**
>
> This administrative region includes the **départements** of Ain, Ardèche, Drôme, Haute-Savoie, Isère, Loire, Rhône and Savoie (capital: Lyon).

Rhovyl® [ʀɔvil] nm *man-made fibre used in warm clothing.*

rhubarbe [ʀybaʀb] nf rhubarb.

rhum [ʀɔm] nm rum ▸ **au rhum a)** [dessert] rum-flavoured **b)** [boisson] rum-based.

rhumatisant, e [ʀymatizɑ̃, ɑ̃t] adj & nm, f rheumatic.

rhumatismal, e, aux [ʀymatismal, o] adj rheumatic.

rhumatisme [ʀymatism] nm rheumatism *(U)* / *avoir un rhumatisme* ou *des rhumatismes au genou* to have rheumatism in one's knee ▸ **rhumatisme articulaire aigu** rheumatic fever ▸ **rhumatisme déformant** polyarthritis.

rhumatoïde [ʀymatɔid] adj rheumatoid.

rhumatologie [ʀymatɔlɔʒi] nf rheumatology.

rhumatologique [ʀymatɔlɔʒik] adj rheumatological.

rhumatologue [ʀymatɔlɔg] nmf rheumatologist.

rhume [ʀym] nm cold / *je tiens un bon rhume!* *fam* I've got a nasty cold! / *tu vas attraper un rhume* you're going to catch (a) cold ▸ **rhume de cerveau** head cold ▸ **rhume des foins** hay fever.

rhumerie [ʀɔmʀi] nf rum distillery.

rhynchite [ʀɛ̃kit] nm rhynchites.

rhythm and blues [ʀitmɛ̃dbluz] nm rhythm and blues.

ri [ʀi] pp ⟶ **rire.**

RI ◆ nm abr de **régiment d'infanterie.** ◆ npr mpl abr de **Républicains indépendants.**

ria [ʀija] nf ria.

Riad [ʀijad] = **Riyad.**

Rialto [ʀialto] npr m ▸ **le (pont du) Rialto** the Rialto Bridge.

riant, e [ʀijɑ̃, ɑ̃t] adj **1.** [visage, yeux] smiling **2.** [nature, paysage] pleasant / *une riante vallée* a pleasant valley **3.** *litt* [heureux] happy.

RIB, Rib [ʀib] nm abr de **relevé d'identité bancaire.**

ribambelle [ʀibɑ̃bɛl] nf **1.** [quantité] flock, swarm / *suivie d'une ribambelle de gamins* *fam* followed by a long flock of ou a swarm of kids **2.** [papier découpé] paper dolls.

❖ **en ribambelle** loc adv : *les enfants sortent de l'école en ribambelle* the children stream out of the school.

ribaud, e [ʀibo, od] *arch* ◆ adj ribald. ◆ nm, f ▸ **un ribaud** a ribald fellow ▸ **une ribaude** a brazen wench.

riboflavine [ʀiboflavin] nf riboflavin, riboflavine.

ribonucléase [ʀibonykleaz] nf ribonuclease.

ribonucléique [ʀibonykleik] adj ribonucleic ▸ **acide ribonucléique** ribonucleic acid.

ribose [ʀiboz] nm ribose.

ribosome [ribozom] nm ribosome.

ribote [ʀibɔt] nf *arch* high living ▸ **en ribote** [ivre] drunk ▸ **faire ribote** [s'enivrer] to go drinking.

ribouldingue [ribuldɛ̃g] nf *fam & vieilli* : *une sacrée ribouldingue* a real do ou shindig.

ricain, e [rikɛ̃, ɛn] nm, f *tfam pejorative or humorous term used with reference to Americans* ; ≃ Yank *fam*.

ricanant, e [rikanɑ̃, ɑ̃t] adj sniggering.

ricanement [rikanmɑ̃] nm [rire - méchant] sniggering *(U)*, snigger ; [- nerveux] nervous ou jittery laugh ; [- bête] giggle, giggling *(U)* ▸ **ricanements** sniggering.

ricaner [3] [rikane] vi [rire - méchamment] to snigger ; [- nerveusement] to laugh nervously ; [- bêtement] to giggle.

ricaneur, euse [rikanœr, øz] ◆ adj [riant - méchamment] sniggering ; [- bêtement] giggling. ◆ nm, f [méchant] sniggerer ; [sot] giggler / *les ricaneurs en seront pour leurs frais* anybody who laughs ou sniggers gets it.

Ricard® [rikar] nm *brand of pastis*.

riccie [riksi] nf riccia.

RICE, Rice (abr de relevé d'identité de caisse d'épargne) nm *savings account identification slip*.

richard, e [riʃar, ard] nm, f *fam & péj* rich person / *un gros richard* a fat cat.

Richard [riʃar] npr ▸ **Richard Cœur de Lion** Richard the Lion-Heart, Richard Cœur de Lion.

riche [riʃ] ◆ adj **1.** [fortuné - famille, personne] rich, wealthy, well-off ; [- nation] rich, wealthy / *une riche héritière* a wealthy heiress / *ils ont l'air riche* they look wealthy / *elle a fait un riche mariage* she's married into a rich family ou into money / *on n'est pas bien riche chez nous* we're not very well-off / *je te paie le restaurant, aujourd'hui, je suis riche* I'll treat you to a meal, I'm feeling rich today / *je suis plus riche de 1 000 euros maintenant* I'm 1,000 euros better off now ▸ **être riche comme Crésus** ou **à millions** to be as rich as Croesus ou Midas / *elle est riche à millions* she's extremely wealthy **2.** *(avant nom)* [demeure, décor] lavish, sumptuous, luxurious ; [étoffe, enluminure] magnificent, splendid / *un riche cadre doré* a heavy gilt frame / *elle le couvre de riches présents* she lavishes fabulous ou expensive gifts on him **3.** [végétation] lush, luxuriant, profuse ; [terre] fertile, rich / *un sol riche* a rich soil ; [aliment] rich / *ce qu'il vous faut, c'est une alimentation riche* what you need is a nutritious diet / *le gâteau est un peu trop riche* the cake is a little too rich ; [vie] rich / *c'est une riche nature* *fam* he is a hearty ou an exuberant person / *la ville a une histoire très riche* the town has had a very varied history / *vous y trouverez une documentation très riche sur Proust* you'll find a wide range of documents on Proust there / *c'est une riche idée que tu as eue là* *fam* ou *iron* that's a wonderful ou great idea you've just had **4.** [complexe] rich / *des tons riches* rich hues / *elle a un vocabulaire* / *une langue riche* she has a rich vocabulary / a tremendous command of the language / *une imagination riche* a fertile imagination **5.** ▸ **riche en a)** [vitamines, minerais] rich in **b)** [événements] full of ▸ **riche en lipides** with a high lipid content ▸ **régime riche en calcium** calcium-rich diet / *texte riche en superlatifs* text overflowing with superlatives / *la journée fut riche en émotions* the day was packed full of excitement / *la journée fut riche en rebondissements* spectacular things happened all day / *leur bibliothèque n'est pas riche en livres d'art* they don't have a very large collection ou choice of art books / *je ne suis pas riche en papier* / *farine!* *fam* I'm not very well-off for paper / flour ! **6.** ▸ **riche de** [qualités, possibilités] : *un livre riche d'enseignements* a very informative book / *un magazine féminin riche d'idées* a women's magazine packed full of / *son premier roman est riche de promesses* his first novel is full of promise ou shows great promise. ◆ nmf rich person ▸ **les riches** the rich, the wealthy / *voiture de riche* rich man's car. ◆ adv *fam* : *ça fait riche* it looks posh.

richelieu [riʃəljø] *(pl* **richelieu** *ou* **richelieus***)* nm lace-up shoe.

richement [riʃmɑ̃] adv **1.** [luxueusement] richly, handsomely / *cette pièce est richement meublée* this room is richly ou handsomely furnished **2.** [abondamment] lavishly, sumptuously, richly ▸ **richement illustré** lavishly illustrated **3.** [de manière à rendre riche] : *il a richement marié sa fille* ou *marié sa fille richement* he married his daughter into a wealthy family.

richesse [riʃɛs] nf **1.** [fortune - d'une personne] wealth ; [- d'une région, d'une nation] wealth, affluence, prosperity / *ses livres sont sa seule richesse* his books are all he has / *ces traditions ancestrales font la richesse de ce peuple* these ancestral traditions make up the rich cultural heritage of this people **2.** [d'un décor] luxuriousness, lavishness, sumptuousness ; [d'un tissu] beauty, splendour **3.** [luxuriance - de la végétation] richness, lushness, profuseness, luxuriance ▸ **la richesse du sous-sol** the wealth of (underground) mineral deposits ▸ **richesse en** : *la richesse en fer d'un légume* the high iron content of a vegetable / *pour préserver notre richesse en forêts* in order to protect our many forests **4.** [complexité - du vocabulaire, de la langue] richness ; [- de l'imagination] creativeness, inventiveness / *la richesse culturelle de notre capitale* the cultural wealth of our capital city **5.** *sout* [réconfort] blessing / *avoir un ami fidèle est une grande richesse* to have a faithful friend is to be rich indeed.

❖ **richesses** nfpl [biens, capital] riches, wealth *(U)* ; [articles de valeur] treasures, wealth ; [ressources] resources / *richesses minières* / *naturelles* mining / natural resources / *les richesses que recèle ce site archéologique* the treasures contained in this archeological site.

richissime [riʃisim] adj fantastically wealthy.

Richter [riʃtɛr] npr ▸ **échelle de Richter** Richter scale.

ricin [risɛ̃] nm castor-oil plant, ricinus *spéc*.

riciné, e [risine] adj containing castor oil.

rickettsie [rikɛtsi] nf rickettsia.

ricocher [3] [rikɔʃe] vi **1.** [caillou] to ricochet, to bounce, to glance / *les enfants font ricocher des pierres sur l'eau* the children are skimming stones across the water ou are playing ducks and drakes **2.** [balle] to ricochet / *la balle a ricoché sur le mur* the bullet ricocheted ou glanced off the wall.

ricochet [rikɔʃɛ] nm **1.** [d'un caillou] bounce, rebound / *j'ai fait trois ricochets!* I made the pebble bounce three times ! ▸ **faire des ricochets** to skim pebbles, to play ducks and drakes ▸ **par ricochet** *fig* indirectly / *les épargnants ont perdu de l'argent par ricochet* savers lost money as an indirect consequence / *ces mesures feront ricochet* *fig* these measures will have a knock-on effect **2.** [d'une balle] ricochet.

ric-rac, ricrac* [rikrak] adv *fam* **1.** [très exactement] : *il nous a payés ric-rac* he paid us right down to the last penny **2.** [de justesse] : *avec mon petit salaire, à la fin du mois c'est ric-rac* on my salary, money gets a bit tight at the end of the month.

rictus [riktys] nm grimace, rictus *sout* / *un affreux rictus déformait son visage* his face was twisted into a hideous grimace / *un rictus de colère* an angry scowl ou grimace.

ridage [ridaʒ] nm tightening, hauling taut.

ride [rid] nf **1.** [d'un visage] line, wrinkle / *creusé de rides* furrowed with wrinkles / *prendre des rides* to age / *le documentaire n'a pas pris une ride* *fig* the documentary hasn't dated in the slightest **2.** [sur l'eau, sur le sable] ripple, ridge / *les dunes où le vent traçait ses rides* the dunes ridged by the wind **3.** NAUT ▸ **ride de hauban** shroud lanyard.

ridé, e [ride] adj **1.** [visage] wrinkled, lined ; [pomme] wrinkled / *un front ridé* a deeply lined forehead ▸ **ridé comme une vieille pomme** wrinkled like a prune **2.** [eau, sable] ridged, rippled.

rideau, x [rido] nm **1.** [en décoration intérieure] curtain, drape US ▸ **fermé par un rideau** curtained off / *mettre des rideaux aux fenêtres* to put curtains up / *tirer* ou *ouvrir les rideaux* to draw ou to open the curtains / *tirer* ou *fermer les rideaux* to draw ou to close the curtains ▸ **rideau de douche** shower curtain ▸ **doubles rideaux** thick curtains ▸ **rideaux bonne femme** tieback curtains ▸ **tirer le rideau sur qqch** to draw a veil over sthg ▸ **faire grimper qqn au rideaux** *fam* : *ça risque de le faire grimper aux rideaux* he'll hit the roof **2.** THÉÂTRE curtain / *le rideau se lève sur un jardin japonais* the curtain rises on a Japanese garden ▸ **rideau à la guillotine** / **à la grecque** drop / draw curtain ▸ **rideau!** curtain ! ▸ **ça suffit, rideau!** *fam* (that's) enough !, lay off ! **3.** [écran] screen, curtain / *rideau de bambou* bamboo curtain / *rideau de cyprès* screen of cypress trees ▸ **rideau de fumée** smokescreen ▸ **rideau de pluie** sheet of rain ▸ **rideau de feu** MIL covering fire ▸ **rideau de troupes** MIL screen of troops.

❖ **rideau de fer** nm **1.** [d'un magasin] (metal) shutter **2.** THÉÂTRE safety curtain **3.** HIST & POL Iron Curtain **4.** CONSTR [de cheminée] damper, flue shutter **5.** PHOT shutter **6.** GÉOGR embankment.

ridelle [ridɛl] nf [d'un camion] side panel.

rider [3] [ride] vt **1.** [peau] to wrinkle, to line, to furrow *litt* **2.** [eau, sable] to ripple, to ruffle the surface of **3.** NAUT to tighten.

❖ **se rider** vpi **1.** [fruit] to shrivel, to go wrinkly ; [visage] to become wrinkled **2.** [eau] to ripple, to become rippled.

ridicule [ridikyl] ◆ adj **1.** [risible - personne] ridiculous, laughable ; [- tenue] ridiculous, ludicrous / *se sentir ridicule* to feel ridiculous / *tu es ridicule avec cette perruque* you look ridiculous with that wig on **2.** [absurde] ridiculous, ludicrous, preposterous / *c'est ridicule d'avoir peur de l'avion* it's ridiculous to be afraid of flying **3.** [dérisoire] ridiculous, laughable, derisory / *un salaire ridicule* [trop bas] a ridiculously low salary. ◆ nm ridicule ▸ **se couvrir de ridicule** to make o.s. a laughing stock, to make a complete fool of o.s. ▸ **couvrir qqn de ridicule** to heap ridicule on sb ▸ **tourner qqn** / **qqch en ridicule** to ridicule sb / sthg, to hold sb / sthg up to ridicule ▸ **c'est d'un ridicule (achevé** ou **fini)!** it's utterly ridiculous !, it's a farce ! / *s'exposer au ridicule* to lay o.s. open to ridicule / *tomber* ou *donner dans le ridicule* to become ridiculous ▸ **le ridicule ne tue pas** ridicule never did anyone any real harm.

❖ **ridicules** nmpl *litt* ridiculous ways.

ridiculement [ridikylmɑ̃] adv **1.** [dérisoirement] ridiculously, ludicrously / *ridiculement petit* / *bas* / *grand* ridiculously small / low / big **2.** [risiblement] ridiculously, laughably.

ridiculiser [3] [ridikylize] vt to ridicule, to hold up to ridicule.

❖ **se ridiculiser** vp *(emploi réfléchi)* to make o.s. (look) ridiculous, to make a fool of o.s.

ridule [ridyl] nf small wrinkle.

rien [rjɛ̃] ◆ pron indéf **1.** [nulle chose] nothing ▸ **créer qqch à partir de rien** to create something out of nothing ▸ **faire qqch à partir de rien** to do sthg from scratch ▸ **passer son temps à ne rien faire** to spend one's time doing nothing ▸ **réduire à rien** to reduce to nothing ▸ **la tisane, rien de tel pour dormir!** there's nothing like herbal tea to help you sleep ! ▸ **rien de tel qu'un bon (roman) policier** there's nothing like a good detective story ▸ **rien de cassé** / **grave, j'espère?** nothing broken / serious, I hope ? ▸ **rien d'autre** nothing else ▸ **rien de nouveau** no new developments ▸ **rien de plus** nothing else ou more / *j'ai fait mon devoir, rien de plus* I've done my duty, nothing more ▸ **rien de moins** nothing less / *il veut le poste de directeur, rien de moins* he wants the post of director, nothing less ou no less ; [en réponse négative à une question] : *qu'est-ce qui ne va pas? — rien!* what's wrong ? — nothing ! / *à quoi tu penses? — à rien!* what are you thinking about ? — nothing ! ▸ **qu'est-ce que tu lui laisses? — rien de rien!** what are you leaving him — not a thing ! ▸ **rien du tout** nothing at all ▸ **de rien** : *je vous remercie — de rien!* thanks — you're welcome ou not at all ou don't mention it / *une fille de rien* *péj* a worthless girl ▸ **de rien du tout** : *une affaire de rien du tout* a trifling ou trivial matter / *une égratignure de rien du tout* a little scratch ▸ **c'est ça ou rien** take it or leave it ▸ **c'est tout ou rien** it's all or nothing / *avec lui c'est toujours tout ou rien* with him it's always all or nothing ▸ **rien à déclarer** nothing to declare ▸ **rien à dire** : *rien à dire, c'est parfait!* what can I say, it's perfect ! ▸ **rien à faire** : *rien à faire, il n'entend pas* it's no good, he can't hear / *rien à faire, la voiture ne veut pas démarrer* it's

* In reformed spelling (see p. 16-19).

no good, the car (just) won't start ▸ **n'en avoir rien à faire** *fam* ou **à cirer** *tfam* : *j'en ai rien à faire* ou *à cirer* I don't give a damn ou a toss ▸ **faire semblant de rien** to pretend that nothing happened **2.** [en corrélation avec 'ne'] : *rien n'est plus beau que...* there's nothing more beautiful than... / *rien ne la fatigue* nothing tires her ou makes her tired ▸ **plus rien n'a d'importance** nothing matters any more / *rien de grave n'est arrivé* nothing serious happened / *rien n'y a fait, elle a refusé* (there was) nothing doing, she said no / *ce n'est rien, ça va guérir* it's nothing, it'll get better ▸ **ce n'est pas rien** it's no small thing ou matter / *repeindre la cuisine, ce n'est pas rien* redecorating the kitchen is no small thing ou no easy task / *ce n'est rien en comparaison de* ou *à côté de...* it's nothing compared to... / *je croyais avoir perdu, il n'en est rien* I thought I'd lost, but not at all ou quite the contrary / *ils se disaient mariés, en fait il n'en est rien* they claimed they were married but they're nothing of the sort / *sans elle il n'est rien* without her he's nothing / *je ne suis rien sans mes livres* I'm lost without my books / *il n'est (plus) rien pour moi* he's ou he means nothing to me (anymore) / *et moi alors, je ne suis rien (dans tout ça)?* and what about me (in all this), don't I count for anything ou don't I matter? / *je ne comprends rien* I don't understand anything / *je n'ai rien compris* I haven't understood anything, I've understood nothing / *je ne me souviens de rien* I remember nothing, I don't remember anything / *on ne voit rien avec cette fumée* you can't see anything ou a thing with all this smoke / *il ne croit à rien* he doesn't believe in anything / *ce soupçon ne repose sur rien* the suspicion is without foundation ou based on nothing / *il n'y a rien entre nous* there is nothing between us ▸ **cela** ou **ça ne fait rien** it doesn't matter / *ça ne (te) fait rien si je te dépose en dernier?* would you mind if I dropped you off last?, is it OK with you if I drop you off last? / *cela ne fait rien à l'affaire* that makes no difference (to the matter in hand) / *dis-lui — je n'en ferai rien* tell him — I shall do nothing of the sort / *ça n'a rien à voir* it's got nothing to do with it / *ça n'a rien à voir avec toi* it's got nothing to do with you, it doesn't concern you / *Paul et Fred n'ont rien à voir l'un avec l'autre* there's no connection between Paul and Fred ▸ **n'avoir rien contre qqn / qqch** to have nothing against sb / sthg / *je n'ai rien contre lui* I have nothing against him, I don't have anything against him / *elle veut déménager, je n'ai rien contre* she wants to move, I've got nothing against it ▸ **n'y être pour rien** : *ne t'inquiète pas, tu n'y es pour rien* don't worry, it's not your fault / *ça n'a rien d'un chef-d'œuvre* it's far from being a masterpiece / *il n'a rien du séducteur* there's nothing of the lady-killer about him / *il n'y a rien de moins sûr* nothing could be less certain ▸ **rien de moins que** nothing less than / *elle n'est rien de moins qu'une sotte* she's nothing less than an idiot / *ils ne veulent rien de moins que sa démission* they want nothing less than her resignation ▸ **rien tant que** nothing so much as / *je ne méprise rien tant que le mensonge* I despise nothing so much as lying / *elle n'aime rien tant qu'à rester à lire sur le balcon* she likes nothing better than sitting reading on the balcony / *elle n'a rien fait que ce qu'on lui a demandé* she only did what she was asked to do / *il n'y a plus rien à faire* there's nothing more to be done / *pour ne rien vous cacher...* to be completely open with you... / *elle n'avait jamais rien vu de semblable* she had never seen such a thing ou anything like it / *je ne sais rien de rien* I don't know a thing ▸ **rien ne sert de courir (il faut partir à point)** *(allusion à La Fontaine)* slow and steady wins the race *prov* **3.** [quelque chose] anything / *y a-t-il rien d'autre?* is there anything else? / *y a-t-il rien que je puisse faire?* is there nothing I can do? / *y a-t-il eu jamais rien de plus beau?* was there ever anything more beautiful? / *je me demande s'il y entend rien* *sout* I wonder whether he actually knows anything about it / *j'ai compris sans qu'il dise rien* I understood without him having to say anything / *j'ai compris avant qu'il dise rien* I understood before he said anything / *on ne peut pas vivre sans rien faire* you can't live without doing anything / *appelle-moi avant de rien faire* call me before you do ou before doing anything / *il fait trop chaud pour rien manger* it's too hot to eat anything **4.** JEUX ▸ **rien ne va plus** rien ne va plus **5.** [au tennis] love ▸ **rien partout** love all / *40 à rien* 40 love **6.** EXPR ▸ **rien moins que** [bel et bien] : *elle est rien moins que décidée à le poursuivre en justice* she's well and truly determined to take him to court / *elle est rien moins que sotte* [nullement] she is far from stupid. ◆ adv *tfam* really / *elle est rien moche* she's really ugly / *ils sont rien riches* they really are rolling in it UK, they sure as hell are rich US. ◆ nm **1.** [néant] ▸ **le rien** nothingness **2.** [chose sans importance] ▸ **un rien** the merest trifle ou slightest thing / *un rien la met en colère* the slightest thing ou every little thing makes her angry ▸ **un rien l'habille** she looks good in anything / *on se faisait gronder pour un rien* we used to be scolded for the merest trifle ou the slightest thing / *il se fâche pour un rien* he loses his temper over the slightest little thing / *il a passé son examen comme un rien* he took the exam in his stride / *perdre son temps à des riens* to waste one's time over trivia ou trifles / *les petits riens dont la vie est faite* the little things in life **3.** ▸ **un rien de** [très peu de] a touch of / *un rien de cannelle* a touch ou pinch of cinnamon / *un rien de canard / vin* a taste of duck / wine / *un rien de frivolité* a touch ou tinge ou hint of frivolity ▸ **en un rien de temps** in (next to) no time / *tout a été exécuté en un rien de temps* everything was done in next to no time.

❖ **en rien** loc adv : *ça ne me dérange en rien* that doesn't bother me at all ou in the least / *il ne ressemble en rien à son père* he looks nothing like his father / *ça n'a en rien affecté ma décision* it hasn't influenced my decision at all ou in the least ou in any way.

❖ **pour rien** loc adv : *ne le dérange pas pour rien* don't disturb him for no reason / *il est venu pour rien* he came for nothing / *ça compte pour rien* that doesn't mean anything / *j'ai acheté ça pour rien chez un brocanteur* I bought it for next to nothing in a second-hand shop ▸ **pour deux / trois fois rien** for next to nothing.

❖ **rien du tout** nmf ▸ **un / une rien du tout** a nobody.

❖ **rien que** loc adv ▸ **rien que pour toi** just ou only for you / *rien que cette fois* just this once / *rien qu'une fois* just ou only once / *viens, rien qu'un jour* do come, (even) if only for a day / *rien que le billet coûte une fortune* the ticket alone costs a fortune / *rien que d'y penser, j'ai des frissons* the mere thought of it ou just thinking about it makes me shiver / *la vérité, rien que la vérité* the truth and nothing but the truth ▸ **rien que ça?** *iron* is that all?

❖ **un rien** loc adv a touch, a shade, a tiny bit / *sa robe est un rien trop étroite* her dress is a touch ou a shade ou a tiny bit too tight / *c'est un rien trop sucré pour moi* it's a trifle ou shade ou tiny bit too sweet for me / *elle est un rien farce!* *fam & vieilli* she's a bit of a clown!

riesling [risliŋ] nm Riesling.

rieur, euse [rijœr, øz] ◆ adj [enfant] cheery, cheerful ; [visage, regard] laughing. ◆ nm, f laugher ▸ **les rieurs** those who laugh ▸ **avoir les rieurs de son côté** to have the last laugh.

❖ **rieuse** nf ORNITH black-headed gull.

Rif [rif] npr m ▸ **le Rif** Er Rif.

riff [rif] nm MUS ▸ **riffs de guitare** riffage.

rififi [rififi] nm *arg crime* [bagarre] aggro UK.

riflard [riflar] nm **1.** CONSTR paring chisel **2.** MENUIS jack (plane) **3.** MÉTALL coarse file **4.** *fam & vieilli* [parapluie] umbrella, brolly UK.

rifle [rifl] nm rifle ▸ **carabine (de).22 long rifle** .22 calibre (rifle).

rift [rift] nm rift valley.

Rift Valley [riftvalɛ] npr m ▸ **le Rift Valley** the Rift Valley.

Riga [riga] npr Riga.

rigide [riʒid] adj **1.** [solide] rigid **2.** [intransigeant] rigid, inflexible, unbending **3.** [austère] rigid, strict / *une éducation rigide* a strict upbringing.

rigidement [riʒidmɑ̃] adv rigidly, inflexibly, strictly.

rigidifier [9] [riʒidifje] vt to rigidify, to stiffen.

rigidité [riʒidite] nf **1.** [raideur] rigidity, stiffness ▸ **rigidité cadavérique** rigor mortis **2.** [austérité] strictness, inflexibility.

rigolade [rigɔlad] nf *fam* **1.** [amusement] fun / *il n'y a pas que la rigolade dans la vie* there's more to life than just having fun ou a good laugh ▸ **prendre qqch à la rigolade** to make a joke of sthg / *chez eux, l'ambiance n'est pas / est franchement à la rigolade* it isn't exactly / it's a laugh a minute round their place / *la vie n'est qu'une vaste rigolade* life is one big joke ou farce / *élever quatre enfants, ce n'est pas une (partie de) rigolade* raising four children is no laughing matter / *soulever des poids est une rigolade pour elle* lifting weights is child's play for her ▸ **c'est de la rigolade! a)** [ce n'est pas sérieux] it's a joke! **b)** [c'est sans importance] it's nothing! **c)** [c'est très facile] it's a piece of cake! **2.** [fou rire] fit of laughter / *t'aurais vu la rigolade!* it was a right UK ou good laugh!

rigolard, e [rigɔlar, ard] *fam* ◆ adj joking, laughing. ◆ nm, f : *c'est un rigolard* he likes a good laugh.

rigole [rigɔl] nf **1.** [fossé] rivulet, rill **2.** CONSTR [d'un mur] ditch ; [d'une fenêtre] drainage groove **3.** HORT [sillon] furrow ; [conduit] trench, channel ▸ **rigole d'irrigation** irrigation channel.

rigoler [3] [rigɔle] vi *fam* **1.** [rire] to laugh / *moi, il ne me fait pas rigoler du tout* I don't find him funny ou he doesn't make me laugh at all / *tu me fais rigoler avec tes remords* you, sorry? don't make me laugh! **2.** [plaisanter] to joke / *il a dit ça pour rigoler* he said that in jest, he meant it as a joke / *tu rigoles!* you're joking ou kidding! **3.** [s'amuser] to have fun / *on a bien rigolé cette année-là* we had some good laughs ou great fun that year / *avec lui comme prof, tu ne vas pas rigoler tous les jours* it won't be much fun for you having him as a teacher.

rigolo, ote [rigɔlo, ɔt] *fam* ◆ adj **1.** [amusant] funny / *(je trouve qu')il est rigolo, ce gosse!* that kid is so funny! / *elle a des copains très rigolos* her friends are a scream / *ce serait rigolo que tu aies des jumeaux* wouldn't it be funny if you had twins / *c'est pas rigolo de bosser avec lui* working with him is no joke **2.** [étrange] funny, odd / *c'est rigolo, mais est-ce pratique?* it's certainly funny, but is it useful? ◆ nm, f **1.** [rieur] laugh, scream / *c'est une rigolote* she's a hoot **2.** [incompétent] phoney UK, phony US, joker, clown, comedian *péj* / *c'est un (petit) rigolo* he's a real comedian.

rigorisme [rigɔrism] nm rigorism.

rigoriste [rigɔrist] ◆ adj rigid, rigoristic. ◆ nmf rigorist.

rigotte [rigɔt] nf ≃ cottage cheese *(made from cow's and goat's milk)*.

rigoureusement [rigurøzmɑ̃] adv **1.** [sévèrement] harshly, severely **2.** [scrupuleusement] rigorously / *son classement est rigoureusement fait* his filing system is very thorough **3.** [complètement] ▸ **rigoureusement interdit** strictly forbidden / *les deux portraits sont rigoureusement identiques* the two portraits are exactly the same ou absolutely identical ▸ **c'est rigoureusement vrai** it's perfectly true.

rigoureux, euse [rigurø, øz] adj **1.** [sévère - personne] severe, rigorous ; [- sanction] harsh, severe ; [- principe] strict **2.** [scrupuleux - analyse, définition, raisonnement] rigorous ; [- contrôle] strict ; [- description] minute, precise ; [- discipline] strict / *observer une rigoureuse neutralité* to remain strictly neutral / *soyez plus rigoureux dans votre travail* be more thorough in your work **3.** [rude - climat] harsh.

rigueur [rigœr] nf **1.** [sévérité] harshness, severity, rigour UK, rigor US ▸ **tenir rigueur à qqn de qqch** to hold sthg against sb / *elle me tient rigueur d'avoir oublié son anniversaire* I forgot her birthday, and now she holds it against me **2.** [austérité - d'une gestion] austerity, stringency ; [- d'une morale] rigour UK, rigor US, strictness, sternness ▸ **politique de rigueur** austerity (measures) **3.** [âpreté - d'un climat, d'une existence] rigour UK, rigor US, harshness, toughness / *l'hiver a été d'une rigueur exceptionnelle* the winter has been exceptionally harsh **4.** [précision - d'un calcul] exactness, precision ; [- d'une logique, d'un esprit] rigour UK, rigor US ▸ **rigueur professionnelle** professionalism.

❖ **rigueurs** nfpl *litt* rigours UK, rigors US / *les rigueurs de l'hiver / de la vie carcérale* the rigours of winter / of prison life.

❖ **à la rigueur** loc adv **1.** [peut-être] : *il a bu deux verres à la rigueur, mais pas plus* he may possibly have had two drinks but no more **2.** [s'il le faut] at a pinch, if need be / *à la rigueur, on pourrait y aller à pied* at a pinch ou if need be ou if the worst comes to the worst we could walk there.

❖ **de rigueur** loc adj : *la ponctualité est de rigueur* punctuality is insisted upon, it's de rigueur to be on time *sout* / **'tenue de soirée de rigueur'** 'dress formal'.

rikiki [rikiki] *fam* = **riquiqui.**

rillettes [rijɛt] nfpl rillettes *(potted meat).*

Rilsan® [rilsɑ̃] nm Rilsan®.

rimailler [3] [rimaje] vi *fam, vieilli & péj* to write poetry of a sort, to dabble in writing poetry.

rimailleur, euse [rimajœr, øz] nm, f *fam, vieilli & péj* rhymester, versifier, poetaster.

rime [rim] nf **1.** LITTÉR rhyme / *créer un mot pour la rime* to coin a word for the sake of rhyme ▸ **rime masculine** / **féminine** masculine / feminine rhyme ▸ **rime pour l'œil** eye rhyme ▸ **rime pour l'oreille** rhyme for the ear ▸ **rime pauvre** poor rhyme ▸ **rime riche** rich ou perfect rhyme ▸ **rimes croisées** ou **alternées** alternate rhymes ▸ **rimes embrassées** abba rhyme scheme ▸ **rimes plates** rhyming couplets ▸ **rimes tiercées** terza rima **2.** EXPR **sans rime ni raison** : *il me tenait des propos sans rime ni raison* what he was telling me had neither rhyme nor reason to it, there was neither rhyme nor reason in what he was telling me.

rimer [3] [rime] ◆ vt to versify, to put into verse. ◆ vi **1.** *litt* [faire de la poésie] to write poetry ou verse **2.** [finir par le même son] to rhyme / *les premier et dernier vers riment* the first and last lines rhyme **3.** *sout* ▸ **rimer avec** [équivaloir à] : *amour ne rime pas toujours avec fidélité* love and fidelity don't aways go together ou hand in hand.

❖ **rimer à** v + prép : *à quoi rime cette scène de jalousie?* what's the meaning of this jealous outburst? / *tout cela ne rime à rien* none of this makes any sense, there's no sense in any of this.

rimeur, euse [rimœr, øz] nm, f *péj* versifier, rhymester, poetaster.

Rimmel® [rimɛl] nm mascara.

Rimski-Korsakov [rimskikɔrsakɔf] npr Rimsky-Korsakov.

rinçage [rɛ̃saʒ] nm **1.** [au cours d'une lessive] rinse, rinsing / *les draps ont besoin d'un rinçage* the sheets need rinsing (out) ou a rinse **2.** [pour les cheveux] (colour) rinse.

rinceaux [rɛ̃so] nmpl rinceau *(sg)*, foliated pattern.

rince-bouteilles [rɛ̃sbutɛj] nm inv **1.** [brosse] bottlebrush **2.** [machine] bottle-washing machine.

rince-doigts, rince-doigt* [rɛ̃sdwa] nm finger bowl.

rincée [rɛ̃se] nf *fam* **1.** *vieilli* [défaite] licking, hammering, thrashing **2.** [averse] downpour / *prendre une rincée* to get caught in a downpour.

rincer [16] [rɛ̃se] vt **1.** [passer à l'eau] to rinse ▸ **rincer qqch abondamment** to rinse sthg thoroughly, to give sthg a thorough rinse **2.** *fam* [mouiller] : *se faire rincer* to get soaked ou drenched **3.** *fam* [ruiner] : *il s'est fait rincer au jeu* he got cleaned out at the gambling table.

❖ **se rincer** vpt : *se rincer la bouche / les mains* to rinse one's mouth (out) / one's hands ▸ **se rincer le bec** ou **la dalle** ou **le gosier** *fam* [boire] to wet one's whistle ▸ **se rincer l'œil** *fam* [regarder] to get an eyeful / *alors, on se rince l'œil?* seen enough, have you?

rincette [rɛ̃sɛt] nf *fam* [eau-de-vie] nip of brandy, brandy chaser *(after coffee).*

rinceuse [rɛ̃søz] nf bottle-washing machine.

rinçure [rɛ̃syr] nf **1.** [eau de vaisselle] dishwater **2.** *fam & vieilli* [mauvaise boisson] : *leur vin, c'est de la rinçure* their wine tastes like dishwater.

ring [riŋ] nm **1.** [estrade] (boxing) ring / *monter sur le ring* [au début d'un combat] to get into the ring / *quand il est monté sur le ring* [quand il a débuté] when he took up boxing **2.** [boxe] ▸ **le ring** the ring / *une légende du ring* a boxing legend, a legend of the ring **3.** BELG [rocade] ring road.

ringard¹ [rɛ̃gar] nm MÉTALL poker, rabble.

ringard², e [rɛ̃gar, ard] *fam* ◆ adj *péj* [démodé - gén] corny, naff UK ; [- chanson] corny ; [- décor] naff UK, tacky US / *elle est ringarde* she's such a fuddy-duddy. ◆ nm, f **1.** [acteur] second-rate actor **2.** [individu démodé] has-been.

Rio de Janeiro [rijodədʒanero] npr Rio de Janeiro.

Rio de la Plata [rijodlaplata] npr m : *le Rio de la Plata* the River Plate.

Rio Grande [rijogrɑ̃de] npr m ▸ **le Rio Grande** the Rio Grande.

Rio Negro [rijonegro] npr m ▸ **le Rio Negro** the Rio Negro.

ripage [ripaʒ] nm **1.** CONSTR scraping **2.** NAUT cargo displacement.

ripaille [ripaj] nf *fam & arch* ▸ **faire ripaille** to have a feast.

ripailler [3] [ripaje] vi *fam & arch* to have a feast.

ripailleur, euse [ripajœr, øz] *fam & arch* ◆ nm, f reveller. ◆ adj revelling, feasting.

ripaton [ripatɔ̃] nm *arg crime* foot / *attention les ripatons!* mind your feet!

ripe [rip] nf CONSTR scraper.

riper [3] [ripe] ◆ vt **1.** CONSTR to scrape **2.** NAUT : *riper un cordage* to let a rope out ou slip **3.** RAIL : *riper une voie* to shift a track. ◆ vi **1.** [glisser] to slip **2.** *tfam* [s'en aller] to clear off.

Ripolin® [ripɔlɛ̃] nm enamel paint, Ripolin®.

ripoliner [3] [ripɔline] vt to paint *(with enamel paint)* ▸ **murs ripolinés** walls painted with enamel paint ou with Ripolin®.

riposte [ripɔst] nf **1.** [réplique] retort, riposte ▸ **avoir la riposte rapide** to be good at repartee / *elle a été prompte à la riposte* she was quick to retort, she was ready with an answer **2.** [réaction] reaction / *quand on l'attaque, la riposte ne se fait pas attendre* when he's attacked, he doesn't take long to react **3.** MIL [contre-attaque] counterattack, reprisal ▸ **riposte graduée** flexible response **4.** ESCRIME riposte.

riposter [3] [ripɔste] ◆ vi **1.** [rétorquer] to answer back **2.** [réagir] to respond / *il a riposté à son insulte par une gifle* he countered his insult with a slap / *ils ont riposté par une rafale de mitraillette* they responded with a burst of machine-gun fire ▸ **nous riposterons immédiatement** we will take immediate retaliatory action **3.** [contre-attaquer] to counterattack / *riposter à un assaut* to counterattack / *riposter à une agression* to counter an aggression **4.** ESCRIME to riposte. ◆ vt : *elle riposta que ça ne le regardait pas* she retorted that it was none of his business.

ripou [ripu] *(pl* **ripoux** *ou* **ripous)** *fam* ◆ adj rotten / *ce monde ripou* this rotten lousy world. ◆ nm : *ce flic est un ripou* he's a bent copper UK ou a crooked cop US.

ripper [ripœr] nm TRAV PUB ripper.

riquiqui [rikiki] adj inv *fam* **1.** [minuscule] tiny / *une portion riquiqui* a minute ou minuscule helping / *une natte riquiqui* a dinky little plait **2.** [étriqué - mobilier] shabby, grotty ; [- vêtement] skimpy.

rire¹ [rir] nm laugh, laughter *(U)* / *j'adore son rire* I love her laugh ou the way she laughs / *le rire est une bonne thérapie* laughter is the best medicine / *j'entends des rires* I hear laughter ou people laughing ▸ **rire jovial** hearty laugh ▸ **gros rire** guffaw ▸ **rire gras** coarse laugh, cackle / *un petit rire sot* a silly giggle / *un petit rire méchant* a wicked little laugh / *ce n'est pas avec des rires que vous me ferez taire* I won't be laughed down ▸ **rires préenregistrés** ou **en boîte** *fam* RADIO & TV prerecorded ou canned laughter.

rire² [95] [rir] vi **1.** [de joie] to laugh / *ta lettre nous a beaucoup fait rire* your letter made us all laugh a lot / *ça ne me fait pas rire* that's not funny / *fais-moi rire* make me laugh, say / do something funny / *c'est vrai, dit-il en riant* that's true, he said with a laugh / *sa gêne / tenue prêtait à rire* his embarrassment / outfit was really funny / *rire de bon cœur* to laugh heartily ▸ **rire bruyamment** to guffaw ▸ **rire de** to laugh ou to scoff at / *il n'y a pas de quoi rire* this is no joke ou no laughing matter / *un jour nous rirons de tout cela* we'll have a good laugh over all this some day / *je ris de voir que toi aussi tu t'es trompé* it makes me laugh to see that ou I find it funny that you made a mistake too / *je n'en pouvais plus de rire* I was helpless with laughter ▸ **j'étais morte de rire** *fam* I nearly died laughing, I was doubled up with laughter ▸ **c'est à mourir de rire** it's a hoot ou a scream ▸ **il vaut mieux en rire qu'en pleurer** you have to laugh or else you cry ▸ **rire aux éclats** ou **à gorge déployée** to howl with laughter ▸ **rire aux larmes** : *il m'a fait rire aux larmes avec ses histoires* his jokes made me laugh until I cried ▸ **rire du bout des dents** ou **des lèvres** to force a laugh ▸ **rire dans sa barbe** ou **sous cape** to laugh up one's sleeve, to laugh to o.s. ▸ **rire au nez** ou **à la barbe de qqn** to laugh in sb's face ▸ **rire comme un bossu** *fam* ou **une baleine** *fam* to laugh like a drain UK, to laugh o.s. silly ▸ **se tenir les côtes** ou **se tordre de rire** to split one's sides (with laughter), to be in stitches ▸ **rire jaune** to give a hollow laugh ▸ **tu me fais rire, laisse-moi rire, fais-moi rire!** *iron* don't make me laugh! / *tu me fais rire toi, avec tes principes* you don't really think I take your so-called principles seriously, do you? ▸ **rira bien qui rira le dernier** *prov* he who laughs last laughs longest UK ou best US *prov* **2.** [plaisanter] ▸ **j'ai dit ça pour rire** ou **pour de rire** *fam* I (only) said it in jest, I was only joking / *elle a pris ça en riant* it just made her laugh ▸ **tu veux rire!** you must be joking!, you've got to be kidding! ▸ **sans rire, tu comptes y aller?** joking apart ou aside, do you intend to go? **3.** [se distraire] to have fun / *qu'est-ce qu'on a pu rire pendant ses cours!* we had such fun in his lessons! **4.** *litt* [yeux] to shine ou to sparkle (with laughter) ; [visage] to beam (with happiness).

❖ **se rire de** vp + prép **1.** [conseil, doute] to laugh off *(sép)*, to make fun of *(insép)* ; [danger, maladie, difficultés] to make light of *(insép)* **2.** *litt* [se moquer de] to laugh ou to scoff at.

ris [ri] nm **1.** CULIN sweetbread / *ris de veau* calf sweetbreads **2.** NAUT reef / *prendre / larguer un ris* to take in / to shake out a reef / *prendre les ris* to reef the sails **3.** *arch* [rire] laughter / *aimer les jeux et les ris* [les amusements] to enjoy the pleasures of life.

risée [rize] nf **1.** [moquerie] : *être un objet de risée* to be a laughing stock / *devenir la risée du village / de la presse* to become the laughing stock of the village / the butt of the press's jokes / *tu t'exposerais à la risée de tout le monde* you'd lay yourself open to public ridicule **2.** [brise] flurry (of wind).

riser [rajzœr] nm PÉTR riser.

risette [rizɛt] nf *fam* **1.** [sourire d'enfant] : *allez, fais risette à mamie* come on, give grandma a nice little smile **2.** [flagornerie] ▸ **faire risette** ou **des risettes à qqn** to smarm up UK ou to play up US to sb.

risible [rizibl] adj **1.** [amusant] funny, comical **2.** [ridicule] ridiculous, laughable.

risotto [rizɔto] nm risotto.

risque [risk] nm **1.** [danger] risk, hazard, danger / *il y a un risque de contagion / d'explosion* there's a risk of contamination / of an explosion / *au risque de te décevoir / de le faire souffrir* at the risk of disappointing you / of hurting him ▸ **risque naturel** natural risk ▸ **risque professionnel** occupational hazard ▸ **risque technologique** technological risk ▸ **zone / population à haut risque** high-risk area / population ▸ **à mes / tes risques et périls** at my / your own risk ▸ **ce sont les risques du métier** it's an occupational hazard ▸ **évaluation des risques** risk assessment **2.** [initiative hasardeuse] risk, chance / *il y a une part de risque* there's an element of risk / *courir*

* In reformed spelling (see p. 16-19).

ou *prendre un risque* to run a risk, to take a chance / *ne prenez pas de risques inutiles* don't take any unnecessary risks ou chances / *courir le risque de se faire prendre* to run the risk of getting caught / *j'ai toujours gagné en ne prenant pas de risques* I've always won by playing safe / *avoir le goût du risque, aimer le risque* to enjoy taking chances ▸ **risque calculé** calculated risk **3.** [préjudice] risk ▸ **risque d'incendie** fire hazard ou risk / *risque de cambriolage* risk of burglary ▸ **risque de change** FIN foreign exchange risk ▸ **risque locatif** tenant's thirdparty risk ▸ **capitaux à risques** FIN risk ou venture capital ▸ **la délégation aux Risques majeurs** the commission on natural disasters.

risqué, e [riske] adj **1.** [dangereux] risky, dangerous / *c'est une entreprise risquée* it's a risky business **2.** [osé] risqué, racy.

risquer [3] [riske] vt **1.** [engager - fortune, crédibilité] to risk ▸ **risquer sa peau** *fam* ou **sa vie** to risk one's neck ou life ▸ **risquer le paquet** *fam* to chance one's arm, to stake one's all ▸ **on risque le coup** ou **la partie?** shall we have a shot at it?, shall we chance it? ▸ **qui ne risque rien n'a rien** *prov* nothing ventured nothing gained *prov* **2.** [s'exposer à] to risk ▸ **elle risque la mort / la paralysie** she runs the risk of dying / of being left paralysed / *on ne risque rien à essayer* we can always try ▸ **tu ne risques rien avec ce masque / avec moi à tes côtés** you'll be safe with this mask / with me beside you / *tu peux laisser ça dehors, ça ne risque rien* you can leave it outside, it'll be safe / *ne t'en fais pas, ces gants ne risquent rien* don't worry, I'm not bothered about those gloves ▸ **qu'est-ce qu'on risque?** what are the dangers? **3.** [oser] to venture / *risquer une comparaison* to venture a comparison / *risquerai-je la question?* shall I be bold enough to put ou shall I risk putting the question? / *risquer un regard* ou *un œil fam* to venture a look ou a peep / *risquer le nez dehors fam* to poke one's nose outside.

❖ **risquer de** v + prép to risk / *ton idée risque de ne pas marcher* there's a chance your idea mightn't work / *il risque de se faire mal* he might hurt himself ▸ **ils risquent d'être renvoyés** they run the risk of being sacked / *le plafond risquait de s'écrouler d'une minute à l'autre* the ceiling was likely to collapse at any minute / *ne m'attends pas, je risque d'être en retard* don't wait for me, I'm likely to be late ou the chances are I'll be late / *je ne risque pas de me remarier! hum* (there's) no danger of my getting married again! / *ça ne risque pas de se faire!* there's no chance of that happening! / *ça risque d'être long* this might take a long time / *ça ne risque pas!* no chance!

❖ **se risquer** vpi : *se risquer dehors* to venture outside ▸ **se risquer à faire qqch** to venture ou to dare to do sthg / *je ne m'y risquerais pas si j'étais toi* I wouldn't take a chance on it if I were you ▸ **se risquer dans qqch** to get involved in sthg.

risque-tout (*pl* risque-tout), **risquetout*** [riskətu] nmf daredevil.

riss [ris] nm Riss.

rissole [risɔl] nf **1.** CULIN rissole **2.** PÊCHE *close-meshed fishing net for sardine and anchovy fishing.*

rissoler [3] [risɔle] ◆ vt to brown ▸ **pommes rissolées** sauté ou sautéed potatoes. ◆ vi ▸ **faire rissoler** to brown.

ristourne [risturn] nf **1.** [réduction] discount, reduction / *j'ai eu une ristourne de 20% sur la moto* I got a 20% discount on the motorbike **2.** [remboursement] refund, reimbursement **3.** DR cancellation *(of a maritime policy)* **4.** COMM [versement] bonus.

ristourner [3] [risturne] vt **1.** [réduire] to give a discount on **2.** [rembourser] to refund, to give a refund of **3.** DR to cancel *(a maritime policy)* **4.** *(en usage absolu)* COMM ▸ **ristourner à qqn** to give a bonus to sb.

ristrette [ristrɛt], **ristretto** [ristreto] nm SUISSE very strong black coffee *(served in a small cup).*

rital, als [rital] nm *injur offensive term used with reference to Italians* ; ≃ Eyetie UK *tfam* ; ≃ Macaroni US *fam.*

rite [rit] nm **1.** ANTHR & RELIG rite ▸ **rite de passage** rite of passage **2.** [coutume] ritual.

ritournelle [riturnɛl] nf **1.** *fam* [histoire] : *avec lui c'est toujours la même ritournelle* he's always giving us the same old story **2.** MUS ritornello.

ritualisation [ritɥalizasjɔ̃] nf ritualization.

ritualiser [3] [ritɥalize] vt to ritualize.

ritualisme [ritɥalism] nm ritualism.

ritualiste [ritɥalist] ◆ adj ritualistic. ◆ nmf ritualist.

rituel, elle [ritɥɛl] adj **1.** [réglé par un rite] ritual **2.** [habituel] ritual, usual, customary.

❖ **rituel** nm **1.** [ensemble de règles] ritual, rite **2.** RELIG [livre] ceremonial.

rituellement [ritɥɛlmɑ̃] adv **1.** [selon un rite] ritually **2.** [invariablement] invariably.

riv. abr écrite de **rivière.**

rivage [rivaʒ] nm **1.** [littoral] shore **2.** [plage] : *rivage de sable / de galets* sand / pebble beach.

rival, e, aux [rival, o] ◆ adj [antagonique] rival *(avant nom).* ◆ nm, f **1.** [adversaire] rival, opponent ▸ **rival politique** political rival ou opponent **2.** [concurrent] rival / *elle n'a pas eu de rivale en son temps* she was unrivalled in her day.

❖ **sans rival, e** loc adj unrivalled.

rivaliser [3] [rivalize] vi ▸ **rivaliser avec** to compete with, to vie with, to rival / *ils rivalisent avec nous pour la conquête du marché* they're competing ou vying with us for domination of the market / *nos vins peuvent rivaliser avec les meilleurs crus français* our wines can compare with ou hold their own against ou rival French vintages ▸ **rivaliser de** : *elles rivalisent d'élégance* they are trying to outdo each other in elegance / *ne rivalise pas de vitesse avec lui* don't try to match his pace.

rivalité [rivalite] nf [gén] rivalry ; [en affaires] competition / *des rivalités d'intérêts* conflicting interests.

rive [riv] nf **1.** [bord - d'un lac, d'une mer] shore ; [- d'une rivière] bank ▸ **rive droite / gauche** [gén] right / left bank / *mode / intellectuels rive gauche* [à Paris] Left Bank fashion / intellectuals *(in Paris)* **2.** TRAV PUB ▸ **poutre de rive** continuous girder ou beam **3.** MÉTALL face ▸ **rive d'un four** lip of an oven.

Rive droite, rive gauche

The Right (north) Bank of the Seine is traditionally associated with business and trade, and has a reputation for being more conservative than the Left Bank. The Left (south) Bank includes districts traditionally favoured by artists, students and intellectuals, and has a reputation for being bohemian and unconventional.

river [3] [rive] vt **1.** [joindre - plaques] to rivet ; [- clou] to clinch ▸ **river son clou à qqn** *fam* to shut sb up **2.** *fig* [fixer] to rivet ▸ **il avait les yeux rivés sur elle / les diamants** he couldn't take his eyes off her / the diamonds / *être rivé à la télévision / à son travail* to be glued to the television / chained to one's work / *rester rivé sur place* to be riveted ou rooted to the spot / *ils étaient rivés au sol par une force invisible* an invisible force held ou pinned them to the ground.

riverain, e [rivrɛ̃, ɛn] ◆ adj [d'un lac] lakeside, waterside ; [d'une rivière] riverside, waterside, riparian *sout* / *les restaurants riverains de la Seine* the restaurants along the banks of the Seine / *les maisons riveraines de la grande route* the houses stretching along ou bordering the main road. ◆ nm, f [qui vit au bord - d'un lac] lakeside resident ; [- d'une rivière] riverside resident / *les riverains du parc s'opposent au concert* residents living near the park are against the concert / **'interdit sauf aux riverains'** 'residents only', 'no entry except for access'.

riveraineté [rivrɛnte] nf DR riparian rights.

rivesaltes [rivzalt] nm Rivesaltes (wine).

rivet [rivɛ] nm rivet ▸ **rivet bifurqué / fendu** slotted / split rivet.

rivetage [rivtaʒ] nm riveting.

riveter [27] [rivte] vt to rivet.

In reformed spelling (see p. 16-19), this verb is conjugated like *acheter* : *il rivète, elle rivètera.*

riveteuse [rivtøz] nf riveting machine, rivet gun.

riveur, euse [rivœr, øz] nm, f riveter.

Riviera [rivjera] npr f ▸ **la Riviera** the (Italian) Riviera.

rivière [rivjɛr] nf **1.** GÉOGR river / *remonter / descendre une rivière* to go up / down a river / *une rivière de feu coule du Vésuve fig* a river of fire is flowing from Vesuvius **2.** JOAILL ▸ **rivière de diamants** (diamond) rivière **3.** ÉQUIT water jump.

rivulaire [rivylɛr] nf rivularia.

rivure [rivyr] nf **1.** [tête de rivet] rivet head **2.** [opération] riveting ▸ **rivure simple / double** single / double riveting.

rixe [riks] nf brawl, scuffle.

Riyad [rijad] npr Riyadh.

riz [ri] nm rice ▸ **riz court / long** short-grain / long-grain rice ▸ **riz pilaf / cantonnais / créole** pilaff / Cantonese / Creole rice ▸ **riz complet** brown rice ▸ **riz au lait** rice pudding ▸ **riz parfumé** fragrant rice ▸ **riz rond** pudding rice.

rizerie [rizri] nf rice-processing plant.

rizicole [rizikɔl] adj [région] rice-producing, rice-growing ; [production] rice *(modif).*

riziculteur, trice [rizikyltœr, tris] nm, f rice grower.

riziculture [rizikyltyr] nf [processus] rice-growing ; [secteur] rice production.

rizière [rizjɛr] nf rice field, paddyfield.

riz-pain-sel [ripɛ̃sɛl] nm inv *arg mil* quartermaster UK, commissary US.

RMA nm abr de **revenu minimum d'activité.**

RMC (abr de **Radio Monte-Carlo**) npr *independent radio station.*

RMI nm abr de **revenu minimum d'insertion.**

RMiste [ɛrɛmist] nmf *vieilli person receiving the "RMI".*

RMN (abr de **résonance magnétique nucléaire**) nf NMR.

RN (abr de **route nationale**) nf ≃ A-road UK ; ≃ highway US.

RNIS (abr de **réseau numérique à intégration de services**) nm ISDN.

ro abr écrite de **recto.**

roadster [rodstœr] nm AUTO roadster.

rob [rɔb] nm **1.** PHARM syrup **2.** JEUX rubber.

robe [rɔb] nf **1.** VÊT dress / *je me mets en robe ou en jupe?* shall I wear a dress or a skirt? ▸ **robe de bal** ballgown ▸ **robe de baptême** christening robe ▸ **robe de chambre** dressing gown UK, (bath)robe US ▸ **pomme de terre en robe de chambre** jacket potato ▸ **robe-chasuble** pinafore dress ▸ **robe-chemisier** shirtwaister UK, shirtwaist US ▸ **robe de grossesse** maternity dress ▸ **robe d'intérieur** housecoat ▸ **robe de mariée** wedding dress, bridal gown ▸ **une robe à paniers** a dress with panniers ▸ **robe de plage** sundress ▸ **robe-sac** sack-dress ▸ **robe du soir** evening dress **2.** [tenue - d'un professeur] gown ; [- d'un cardinal, d'un magistrat] robe ▸ **la robe** *sout* the legal profession **3.** [pelage] coat **4.** [enveloppe - d'un fruit] skin ; [- d'une plante] husk **5.** [feuille de tabac] wrapper leaf **6.** ŒNOL colour UK, color US *(general aspect of wine in terms of colour and clarity).*

roberts [rɔbɛr] nmpl *tfam* tits, boobs.

robin [rɔbɛ̃] nm *litt & péj* lawyer, gownsman.

Robin des Bois [rɔbɛ̃debwa] npr Robin Hood.

robinet [rɔbinɛ] nm **1.** [à eau, à gaz] tap UK, faucet US ; [de tonneau] spigot ▸ **robinet d'eau chaude / froide** hot / cold water tap ▸ **robinet d'arrivée d'eau** stopcock ▸ **robinet mélangeur / mitigeur** mixer tap ▸ **robinet**

* In reformed spelling (see p. 16-19).

à tournant plug cock **2.** *fam* [sexe masculin] willy UK, peter US.

robinetier [ʀɔbintje], **robinétier*** [ʀɔbinetje] nm **1.** [fabricant] tap UK ou faucet US manufacturer **2.** [commerçant] *supplier of taps and plumbing accessories.*

robinetterie [ʀɔbinɛtʀi] nf **1.** [dispositif] plumbing **2.** [usine] tap UK ou faucet US factory ; [commerce] tap UK ou faucet US trade.

robinier [ʀɔbinje] nm acacia ▸ **robinier faux acacia** false acacia, robinia, locust tree.

Robinson Crusoé [ʀɔbɛ̃sɔ̃kʀyzɔe] npr Robinson Crusoe.

robogiciel [ʀobɔʒisjɛl] nm INFORM bot.

roboratif, ive [ʀɔbɔʀatif, iv] adj *litt* [activité] invigorating ; [mets] hearty ; [climat] bracing.

robot [ʀɔbo] nm robot / *comme un robot* robot-like, like an automaton ▸ **robot ménager** ou **de cuisine, Robot Marie®** food processor ▸ **avion-robot** robot plane.

robotique [ʀɔbɔtik] nf robotics *(U).*

robotisation [ʀɔbɔtizasjɔ̃] nf automation, robotization US.

robotiser [3] [ʀɔbɔtize] vt **1.** [atelier, usine, travail] to automate, to robotize **2.** [personne] to robotize.

robre [ʀɔbʀ] = **rob.**

robusta [ʀɔbysta] nm robusta (coffee).

robuste [ʀɔbyst] adj **1.** [personne] robust, sturdy, strong / *des jambes robustes* sturdy legs **2.** [santé] sound / *doté d'une robuste constitution* blessed with a robust ou sound constitution **3.** [arbre, plante] hardy **4.** [meuble] sturdy ; [voiture, moteur] rugged, heavy-duty **5.** *sout* [conviction] firm, strong.

robustesse [ʀɔbystɛs] nf [d'une personne] robustness ; [d'un meuble] sturdiness ; [d'un arbre] hardiness.

roc [ʀɔk] nm **1.** [pierre] rock ▸ **dur** ou **ferme comme un roc** solid ou firm as a rock **2.** JEUX [pièce] rook, castle ; [action] castling.

rocade [ʀɔkad] nf **1.** TRAV PUB bypass **2.** MIL communications line.

rocaille [ʀɔkaj] nf **1.** [pierraille] loose stones ; [terrain] stony ground **2.** [jardin] rock garden, rockery **3.** ARCHIT rocaille ▸ **style rocaille** rocaille style / *grotte / fontaine en rocaille* rocaille grotto / fountain.

rocailleux, euse [ʀɔkajø, øz] adj **1.** [terrain] rocky, stony **2.** [voix] gravelly **3.** *sout* [style] rough, rugged.

rocambole [ʀɔkɑ̃bɔl] nf rocambole, sand leek.

rocambolesque [ʀɔkɑ̃bɔlɛsk] adj [aventures] fantastic ; [histoire] incredible ▸ **le scénario est rocambolesque** the script is all thrills and spills.

rochage [ʀɔʃaʒ] nm MÉTALL spitting.

roche [ʀɔʃ] nf **1.** GÉOL rock ▸ **roche ignée / métamorphique / sédimentaire** igneous / metamorphic / sedimentary rock ▸ **roche mère** parent rock **2.** [pierre] rock, boulder ▸ **sculpté à même la roche** ou **dans la roche a)** [bas-relief] carved in the rock **b)** [statue] carved out of the rock ▸ **la roche Tarpéienne** ANTIQ the Tarpeian Rock.

roche-magasin [ʀɔʃmagazɛ̃] (*pl* **roches-magasins**) nf reservoir rock.

rocher[1] [ʀɔʃe] nm **1.** GÉOL rock / *grimper / pousser à flanc de rocher* to climb up / to grow on the rock face / *côte hérissée de rochers* rocky coast ▸ **rocher branlant** rocking ou logan stone ▸ **le Rocher** *the town of Monaco* ▸ **le rocher de Gibraltar** the Rock of Gibraltar **2.** SPORT : *faire du rocher* to go rock-climbing **3.** ANAT petrous bone **4.** [en chocolat] rocher *(rock-shaped chocolate).*

rocher[2] [3] [ʀɔʃe] vi **1.** MÉTALL to spit **2.** [bière] to froth.

roche-réservoir [ʀɔʃʀezɛʀvwaʀ] (*pl* **roches-réservoirs**) = **roche-magasin.**

rochet [ʀɔʃɛ] nm **1.** TEXT spool **2.** MÉCAN ▸ **roue à rochet** ratchet wheel.

Rocheuses [ʀɔʃøz] npr fpl ▸ **les (montagnes) Rocheuses** the (Great) Rocky Mountains, the Rockies.

rocheux, euse [ʀɔʃø, øz] adj rocky.

Roch ha-Shana [ʀɔʃaʃana] nm Rosh Hashana ou Hashanah.

rock [ʀɔk] ◆ adj inv MUS rock. ◆ nm **1.** MUS rock **2.** LITTÉR roc.

rock and roll [ʀɔkɛnʀɔl] nm inv rock and roll, rock'n'roll / *danser le rock and roll* to jive, to rock (and roll).

rocker [ʀɔkœʀ] nm **1.** [artiste] rock singer ou musician **2.** *fam* [fan] rocker.

rocket [ʀɔkɛt] = **roquette.**

rockeur, euse [ʀɔkœʀ, øz] nm, f **1.** [artiste] rock singer ou musician / *les plus grands rockeurs* the greatest rock stars **2.** *fam* [fan] rocker.

rocking-chair [ʀɔkiŋtʃɛʀ] (*pl* **rocking-chairs**) nm rocking chair.

rococo [ʀɔkoko] ◆ adj inv **1.** ART rococo **2.** *péj* [tarabiscoté] over-ornate, rococo ; [démodé] antiquated, rococo. ◆ nm ART rococo.

rodage [ʀɔdaʒ] nm **1.** [d'un moteur, d'une voiture] running in UK, breaking in US / *tant que la voiture est en rodage* while the car is being run in UK ou broken in US **2.** *fig* [mise au point] : *la démocratie est récente et demande un certain rodage* democracy is in its infancy and needs time to get over its teething troubles / *le rodage de ce service va prendre plusieurs mois* it'll take several months to get this new service running smoothly **3.** TECHNOL grinding ▸ **rodage de soupape** valve grinding.

rôdailler [3] [ʀodaje] vi *fam* [traînasser] to roam ou to wander about.

rodéo [ʀɔdeo] nm **1.** [à cheval] rodeo **2.** *fam* [en voiture] : *les policiers et les gangsters ont fait un rodéo dans le quartier* the police and the gangsters had a high-speed car chase through the streets.

roder [3] [ʀɔde] vt **1.** [moteur, voiture] to run in UK *(sép),* to break in US *(sép)* **2.** *fig* [mettre au point] ▸ **roder un service** / **une équipe** to get a department / a team up and running / *il est rodé maintenant* he knows the ropes now / *tout est bien rodé* everything is running smoothly **3.** TECHNOL [surface] to grind.

rôder [3] [ʀode] vi [traîner - sans but] to hang around, to roam ou to loiter about ; [- avec une mauvaise intention] to lurk ou to skulk around / *il rôdait autour du magasin* he was lurking ou loitering around the shop ▸ **l'animal rôde toujours** the animal is still on the prowl ou prowling about / *arrêtez de rôder autour de ma fille* stop hanging round my daughter.

rôdeur, euse [ʀodœʀ, øz] nm, f prowler.

rodomontade [ʀɔdɔmɔ̃tad] nf *litt* bragging *(U),* swaggering *(U)* / *il est connu pour ses rodomontades* he's notorious for being a braggart / *faire des rodomontades* to brag, to bluster.

Rodrigue [ʀɔdʀig] npr *character from Corneille's play "le Cid", a dashing hero torn between passion for Chimène and duty towards his family and country.*

rœsti, rœstis* [ʀøsti] nmpl SUISSE rœsti, potato pancake.

rogations [ʀɔgasjɔ̃] nfpl rogations.

rogatoire [ʀɔgatwaʀ] adj rogatory.

rogaton [ʀɔgatɔ̃] nm *fam & arch* [objet de rebut] rubbish *(U).*

❖ **rogatons** nmpl *fam* [restes de nourriture] scraps (of food), leftovers.

rogne [ʀɔɲ] nf *fam* anger ▸ **être / se mettre en rogne (contre qqn)** to be / to get hopping mad (with sb) ▸ **mettre qqn en rogne** to make sb hopping mad.

rogner [3] [ʀɔɲe] ◆ vt **1.** [couper - métal] to pare, to clip ; [- cuir] to pare, to trim ; [- papier] to trim ; [- livre] to guillotine, to trim / *rogner les griffes à un oiseau* to clip ou to pare a bird's claws **2.** [réduire - budget, salaire] to cut (back) ▸ **rogner sur** to cut back ou down on / *rogner sur la nourriture* to cut back ou to skimp on food. ◆ vi *fam* [être en colère] to be hopping mad.

rognon [ʀɔɲɔ̃] nm **1.** CULIN kidney **2.** GÉOL nodule.

rognonnade [ʀɔɲɔnad] nf ▸ **rognonnade de veau** *loin of veal cooked with kidneys.*

rognonner [3] [ʀɔɲɔne] vi *fam & vieilli* to grumble, to grouse.

rognures [ʀɔɲyʀ] nfpl [de métal, de carton, d'étoffe] clippings, trimmings ; [d'ongles] clippings, parings ; [de viande] scraps, offcuts.

rogomme [ʀɔgɔm] nm *fam* ▸ **voix de rogomme** hoarse ou gruff voice.

rogue [ʀɔg] ◆ adj *sout* [arrogant] arrogant, haughty. ◆ nf ZOOL roe.

roi [ʀwa] nm **1.** [monarque] king ; *(en apposition)* : *les enfants rois* children who rule the household ▸ **roi constitutionnel** constitutional monarch ▸ **roi de droit divin** king by divine right ▸ **le roi de Rome** the King of Rome ▸ **le Roi des rois** the King of Kings ▸ **le Roi Très Chrétien** the King of France ▸ **les rois fainéants** *the last Merovingian kings, in the seventh century* ▸ **les Rois mages** the Magi, the Three Wise Men ▸ **les Rois** [Épiphanie] Twelfth Night ▸ **tirer les rois** to eat "galette des rois" ▸ **digne d'un roi** fit for a king ▸ **être heureux comme un roi** to be as happy as a sandboy UK ou a king ▸ **vivre comme un roi** to live like a king ou a lord ▸ **le roi n'est pas son cousin** he's terribly stuck-up ▸ **le roi dit « nous voulons »** "I want" doesn't get ▸ **je vais où le roi va à pied** *euphém* I'm going to the toilet ou to sit on the throne ▸ **le roi est mort, vive le roi** the King is dead, long live the King ! ▸ **le roi est nu** the emperor has no clothes **2.** *fig* [personne qui domine] : *le roi de notre petite fête* the prince of our little gathering / *le roi des animaux* the king of beasts / *les rois du pétrole* the oil tycoons ou magnates / *le roi du surgelé hum* the leading name in frozen food, the frozen food king / *tu es vraiment le roi de la gaffe !* you're an expert at putting your foot in it ! / *c'est vraiment le roi des imbéciles* he's a prize idiot **3.** JEUX king ▸ **roi de carreau / pique** king of diamonds / spades.

ROI (abr de **return on investment**) ROI.

roiller [3] [ʀɔje] vi SUISSE *fam* to pour with rain.

Roi-Soleil [ʀwasɔlɛj] npr m ▸ **le Roi-Soleil** the Sun King *(Louis XIV).*

Roissy [ʀwasi] npr [aéroport] *commonly-used name for Charles-de-Gaulle airport.*

roitelet [ʀwatlɛ] nm **1.** *péj* [roi] kinglet **2.** [oiseau] wren UK, winter wren US ▸ **roitelet huppé** goldcrest.

Roland [ʀɔlɑ̃] npr / **'la Chanson de Roland'** 'The Chanson de Roland'.

Roland-Garros [ʀɔlɑ̃gaʀos] npr ▸ **(le stade) Roland-Garros** *stadium in Paris where international tennis championships are held.*

rôle [ʀol] nm **1.** CINÉ, THÉÂTRE & TV role, part ▸ **apprendre son rôle** to learn one's part ou lines / *il joue le rôle d'un espion* he plays (the part of) a spy ▸ **distribuer les rôles** to do the casting, to cast / *il a toujours des rôles de névropathe* he's always cast as a neurotic, he always gets to play neurotics / *avec Jean Dumay dans le rôle du Grand Inquisiteur* starring Jean Dumay as the Inquisitor General ▸ **rôle de composition** character part ou role ▸ **rôle muet** non-speaking part ▸ **petit rôle** walk-on part ▸ **premier rôle a)** [acteur] leading actor (actress) **b)** [personnage] lead ▸ **avoir le premier rôle** ou **le rôle principal a)** *pr* to have the starring role, to play the leading role **b)** *fig* to be the star of the show ▸ **second rôle** secondary ou supporting role ▸ **jouer les seconds rôles (auprès de qqn)** to play second fiddle (to sb) ▸ **meilleur second rôle masculin / féminin** best supporting actor / actress ▸ **jeu de rôle** role play ▸ **avoir le beau rôle** to have it ou things easy **2.** [fonction] role ▸ **jouer un rôle important dans qqch** to play an important part in sthg / *le rôle du cœur dans la circulation du sang* the role ou the part played by the heart in blood circulation / *le rôle de l'exécutif* the role ou function of the executive / *il prend très à cœur son rôle de père* he takes his role as father ou his paternal duties very seriously / *ce n'est pas* *mon rôle de m'occuper de ça* it's not my job ou it's not up to me to do it **3.** [liste] roll ▸ **rôle d'équipage** muster roll, crew list ▸ **rôle des malades** sick list **4.** DR : *mettre une affaire au* ou *sur le rôle* to put a case on the cause list ▸ **rôle nominatif** FIN income tax (units) list **5.** SOCIOL role.

rôle-titre [roltitʀ] (*pl* **rôles-titres**) nm title role.

rollers [ʀɔlœʀs] nmpl rollerskates.

rollmops [ʀɔlmɔps] nm rollmop (herring).

rom [ʀɔm] adj Romany *(modif)*.

ROM, Rom [ʀɔm] (abr de **read only memory**) nf ROM, Rom.

romain, e [ʀɔmɛ̃, ɛn] adj Roman.

❖ **Romain, e** nm, f Roman.

❖ **romaine** nf **1.** [salade] cos (lettuce) UK, romaine (lettuce) US **2.** *fam* EXPR **être bon comme la romaine** to be too kind-hearted for one's own good ▸ **on est bons comme la romaine a)** [on a perdu] we've had it **b)** [on va supporter les conséquences] we're in for it.

roman¹ [ʀɔmɑ̃] nm **1.** LITTÉR novel / *il n'écrit que des romans* he only writes novels ou fiction / *on dirait un mauvais roman* it sounds like something out of a cheap novel / *sa vie est un vrai roman* you could write a book about his life / *tout ça c'est du roman* it's all fantasy ou make-believe ▸ **roman d'aventures** / **d'amour** adventure / love story ▸ **roman didactique** ou **d'initiation** didactic ou educational novel ▸ **roman d'anticipation** science-fiction novel ▸ **roman de cape et d'épée** swashbuckling tale ▸ **roman de chevalerie** tale of chivalry ▸ **roman à clef** roman à clef ▸ **roman d'épouvante** horror novel ▸ **roman d'espionnage** spy story ▸ **roman de gare** *péj* airport ou US dime novel ▸ **roman historique** historical novel ▸ **roman de mœurs** social novel ▸ **roman noir** Gothic novel ▸ **roman policier** detective story ou novel ▸ **roman psychologique** psychological novel ▸ **roman de science-fiction** science-fiction ou sci-fi novel ▸ **roman à thèse** roman à thèse, novel of ideas **2.** [genre médiéval] romance / **'le Roman de la Rose'** 'The Romance of the Rose'.

roman², e [ʀɔmɑ̃, an] adj **1.** LING Romance *(modif)* **2.** ARCHIT Romanesque.

❖ **roman** nm **1.** LING Romance **2.** ARCHIT ▸ **le roman** the Romanesque.

romance [ʀɔmɑ̃s] nf [poème, musique] romance ; [chanson sentimentale] sentimental love song ou ballad.

romancer [16] [ʀɔmɑ̃se] ◆ vt [histoire] to novelize / *romancer une biographie* to write a biography in the form of a novel. ◆ vi *fig* : *tu as tendance à romancer* you have a tendency to embroider the facts.

romancero, romancéro* [ʀɔmɑ̃seʀo] nm ▸ **le romancero du Cid** the romances of El Cid.

romanche [ʀɔmɑ̃ʃ] adj & nm Romansh.

romancier, ère [ʀɔmɑ̃sje, ɛʀ] nm, f novelist, novel ou fiction writer.

romand, e [ʀɔmɑ̃, ɑ̃d] adj of French-speaking Switzerland.

❖ **Romand, e** nm, f French-speaking Swiss ▸ **les Romands** the French-speaking Swiss.

romanesque [ʀɔmanɛsk] ◆ adj **1.** LITTÉR [héros] fiction *(modif)*, fictional ; [technique, style] novelistic **2.** *fig* [aventure] fabulous, fantastic ; [imagination, amour] romantic. ◆ nm LITTÉR : *les règles du romanesque* the rules of fiction writing.

roman-feuilleton [ʀɔmɑ̃fœjtɔ̃] (*pl* **romans-feuilletons**) nm serialized novel, serial / *sa vie est un vrai roman-feuilleton* his life is a real adventure story.

roman-fleuve [ʀɔmɑ̃flœv] (*pl* **romans-fleuves**) nm roman-fleuve, saga / *il m'a écrit un roman-fleuve* the letter he sent me was one long ou endless saga.

romani [ʀɔmani] nm Romany.

romanichel, elle [ʀɔmaniʃɛl] nm, f *péj* **1.** [Tsigane] Romany, Gipsy **2.** [nomade] Gipsy.

romanisation [ʀɔmanizasjɔ̃] nf romanization.

romaniser [3] [ʀɔmanize] vt to romanize.

romaniste [ʀɔmanist] nmf **1.** DR & LING Romanist **2.** ART romanist.

romanité [ʀɔmanite] nf **1.** [civilisation] the (Ancient) Roman civilization ou way of life **2.** [pays] Roman Empire.

roman-photo [ʀɔmɑ̃fɔto] (*pl* **romans-photos**) nm photo novel, photo romance.

romantique [ʀɔmɑ̃tik] ◆ adj **1.** ART & LITTÉR Romantic **2.** [sentimental] romantic. ◆ nmf **1.** ART & LITTÉR Romantic ▸ **les romantiques** the Romantics **2.** [personne] romantic.

romantisme [ʀɔmɑ̃tism] nm **1.** ART & LITTÉR Romanticism **2.** [sentimentalisme] romanticism.

romarin [ʀɔmaʀɛ̃] nm rosemary.

rombière [ʀɔ̃bjɛʀ] nf *fam* : *une vieille rombière* a stuck-up old bat.

Rome [ʀɔm] npr Rome ▸ **la Rome antique** Ancient Rome.

Roméo [ʀɔmeo] npr / **'Roméo et Juliette'** *Shakespeare* 'Romeo and Juliet'.

rompre [78] [ʀɔ̃pʀ] ◆ vt **1.** [mettre fin à -jeûne, silence, contrat] to break ; [-fiançailles, relations] to break off *(sép)* ; [-marché] to call off *(sép)* ; [-équilibre] to upset / *rompre le charme* to break the spell / *prenez des vacances pour rompre la monotonie quotidienne!* take a holiday to break the monotony of everyday life ! / *désolé de rompre ce doux entretien hum* sorry to break in on your tête-à-tête **2.** [briser] to break / *le fleuve a rompu ses digues* the river has burst its banks / *rompre ses chaînes* ou *fers litt* to break one's chains ▸ **rompre les amarres** NAUT to break (free from) the moorings ▸ **rompre le pain** to break bread ▸ **rompre le pain avec qqn** *litt* to break bread with sb ▸ **rompre des lances contre qqn** to cross swords with sb ▸ **rompre en visière avec qqn** *litt* to quarrel openly with sb **3.** *sout* [accoutumer] to break in *(sép)* ▸ **rompre qqn à qqch** to break sb in to sthg ▸ **rompre qqn à une discipline** to initiate sb into ou to train sb in a discipline / *sa vie à la ferme l'a rompu aux travaux pénibles* life on the farm has inured him to hard labour **4.** MIL to break / *rompre les rangs* to break ranks ▸ **rompez (les rangs)!** dismiss !, fall out ! ◆ vi **1.** [se séparer] to break up ▸ **rompre avec** to break with / *rompre avec ses amis* / *son milieu* to break with one's friends / one's milieu / *rompre avec l'étiquette* / *la tradition* to break with etiquette / tradition **2.** *sout* [se briser -corde] to break, to snap ; [-digue] to break, to burst **3.** SPORT [reculer] to break.

❖ **se rompre** ◆ vpi [se briser -branche] to break ou to snap (off) ; [-digue] to burst, to break. ◆ vpt ▸ **se rompre les os** to break one's neck.

rompu, e [ʀɔ̃py] adj **1.** [épuisé] ▸ **rompu (de fatigue)** tired out, worn out, exhausted / *j'ai les jambes rompues* my legs are giving way under me **2.** *sout* [habitué] ▸ **rompu à** : *rompu aux affaires* / *à la diplomatie* experienced in business / in diplomacy / *il est rompu à ce genre d'exercice* he's accustomed ou used to this kind of exercise / *je suis peu rompu au droit anglais* I'm not well-grounded in ou I have little experience of English law / *rompu aux rigueurs de* accustomed ou inured to the rigours of.

❖ **rompu** nm BOURSE fraction.

romsteck [ʀɔmstɛk] nm [partie du bœuf] rump steak ; [morceau coupé] slice of rump steak.

Romulus [ʀɔmylys] npr ▸ **Romulus et Rémus** Romulus and Remus.

ronce [ʀɔ̃s] nf **1.** BOT blackberry bush ▸ **les ronces** [buissons] the brambles ▸ **ronce artificielle** barbed wire **2.** [nœud dans le bois] burr, swirl *spéc* ▸ **ronce de noyer** figured walnut, walnut burr.

ronceraie [ʀɔ̃sʀɛ] nf bramble patch, brambles.

ronceux, euse [ʀɔ̃sø, øz] adj **1.** [bois] knotty **2.** *litt* [chemin] brambly, thorny.

Roncevaux [ʀɔ̃svo] npr Roncesvalles.

ronchon, onne [ʀɔ̃ʃɔ̃, ɔn] *fam* ◆ adj crotchety, grumpy, grouchy. ◆ nm, f grumbler, grouse, grouch US.

ronchonnement [ʀɔ̃ʃɔnmɑ̃] nm *fam* grousing *(U)*, grouching *(U)*, griping *(U)*.

ronchonner [3] [ʀɔ̃ʃɔne] vi *fam* ▸ **ronchonner (après qqn)** to grouse ou to gripe ou to grouch (at sb).

ronchonneur, euse [ʀɔ̃ʃɔnœʀ, øz] *fam* = **ronchon.**

roncier [ʀɔ̃sje] nm bramble (bush).

roncière [ʀɔ̃sjɛʀ] nf = **roncier.**

rond, e [ʀɔ̃, ʀɔ̃d] adj **1.** [circulaire] round, circular ▸ **faire** ou **ouvrir des yeux ronds** to stare in disbelief **2.** [bien en chair] round, full, plump / *un petit bébé tout rond* a chubby little baby / *un petit nez rond* a button nose / *de jolies épaules bien rondes* well-rounded ou well-turned shoulders / *des seins ronds* full breasts / *un visage tout rond* a round face, a moon face *péj* / *un petit homme rond* a podgy UK ou pudgy US little man **3.** *fam* [ivre] tight, well-oiled ▸ **rond comme une queue de pelle** three sheets to the wind **4.** [franc] straightforward, straight / *il est rond en affaires* he's very direct ou straightforward ou up front when it comes to business / *elle me l'a dit de façon très ronde* she told me straight (out) **5.** [chiffre, somme] round.

❖ **rond** ◆ nm **1.** [cercle] circle, ring / *faire des ronds de fumée* to blow ou to make smoke rings ▸ **faire des ronds dans l'eau a)** *pr* to make rings in the water **b)** *fig* to fritter away one's time **2.** [anneau] ring ▸ **rond de serviette** napkin ring ▸ **rond central** FOOT centre circle **3.** *fam* [sou] : *je n'ai plus un rond* I'm flat broke, I'm skint UK / *je n'ai pas un rond sur moi* I don't have a penny UK ou cent US on me / *ils ont des ronds* they're rolling in it, they're loaded **4.** BOT ▸ **rond de sorcière** fairy ring *(on ground)* **5.** DANSE ▸ **rond de jambe** rond de jambe ▸ **faire des ronds de jambe** *fig* to bow and scrape. ◆ adv *fam* EXPR **tourner rond** to go well, to run smoothly ▸ **ne pas tourner rond** : *qu'est-ce qui ne tourne pas rond?* what's the matter ?, what's the problem ? / *ça ne tourne pas rond* things aren't going (very) well / *il ne tourne pas rond* he's got a screw loose ▸ **tout rond** [exactement] exactly / *tu me dois 100 euros tout rond* you owe me exactly 100 euros.

❖ **en rond** loc adv [se placer, s'asseoir] in a circle ; [danser] in a ring ▸ **tourner en rond** *pr & fig* to go round (and round) in circles.

rondade [ʀɔ̃dad] nf SPORT run-up.

rond-de-cuir [ʀɔ̃dkɥiʀ] (*pl* **ronds-de-cuir**) nm *péj* pen pusher.

ronde [ʀɔ̃d] nf **1.** [inspection -d'un vigile] round, rounds, patrol ; [-d'un soldat] patrol ; [-d'un policier] beat, round, rounds ▸ **faire sa ronde a)** [veilleur] to make one's round ou rounds **b)** [policier] to be on patrol ou on the beat / *croiser une ronde de police* to come across a police patrol / **'la Ronde de nuit'** *Rembrandt* 'The Night Watch' **2.** [mouvement circulaire] circling, turning / *nous regardions la ronde incessante des voitures* we were watching the cars go round and round **3.** MUS semibreve UK, whole note US **4.** [danse] round (dance), ronde ▸ **faire la ronde** to dance round in a circle ou ring / *allez les enfants, on fait la ronde!* come on children, let's join hands in a ring ! **5.** [écriture] round hand.

❖ **à la ronde** loc adv : *il n'y a pas une seule maison à 20 km à la ronde* there's no house within 20 km, there's no house within ou in a 20-km radius ▸ **boire à la ronde** to pass the bottle round / *répétez-le à la ronde* go round and tell everybody.

❖ **rondes** nfpl SUISSE jacket potatoes.

rondeau, x [ʀɔ̃do] nm **1.** LITTÉR rondeau **2.** MUS rondo.

ronde-bosse [ʀɔ̃dbɔs] (*pl* **rondes-bosses**) nf sculpture in the round.

rondelet, ette [ʀɔ̃dlɛ, ɛt] adj *fam* **1.** [potelé] chubby, plump, plumpish **2.** [important] ▸ **une somme rondelette** a tidy ou nice little sum.

rondelle [ʀɔ̃dɛl] nf **1.** [de salami, de citron] slice ▸ **couper qqch en rondelles** to slice sthg, to cut sthg into slices **2.** TECHNOL disc ; [d'un écrou] washer ; [d'une canette] ring **3.** HOCKEY puck.

* In reformed spelling (see p. 16-19).

rondement [ʀɔ̃dmɑ̃] adv **1.** [promptement] briskly, promptly, quickly and efficiently ▸ **des négociations rondement menées** competently conducted negotiations **2.** [franchement] frankly, outspokenly / *il me l'a dit rondement* he told me straight out.

rondeur [ʀɔ̃dœʀ] nf **1.** [forme - d'un visage, d'un bras] roundness, plumpness, chubbiness ; [- d'un sein] fullness ; [- d'une épaule] roundness **2.** [franchise] straightforwardness, directness.

✧ **rondeurs** nfpl *euphém* curves ▸ **rondeurs disgracieuses** unsightly bulges.

rondin [ʀɔ̃dɛ̃] nm [bois] round billet, log.

rondo [ʀɔ̃do] nm rondo.

rondouillard, e [ʀɔ̃dujaʀ, aʀd] adj *fam* tubby, podgy UK, pudgy US.

rond-point (*pl* ronds-points), **rondpoint*** [ʀɔ̃pwɛ̃] nm roundabout UK, traffic circle US.

Ronéo® [ʀɔneo] nf Roneo®.

ronéoter [ʀɔneɔte], **ronéotyper** [3] [ʀɔneɔtipe] vt to Roneo®, to duplicate.

ronflant, e [ʀɔ̃flɑ̃, ɑ̃t] adj **1.** [moteur] purring, throbbing ; [feu] roaring **2.** *péj* [discours] bombastic, high-flown ; [promesses] grand ▸ **titre ronflant** grand-sounding title.

ronflement [ʀɔ̃fləmɑ̃] nm **1.** [d'un dormeur] snore, snoring *(U)* **2.** [bruit - sourd] humming *(U)*, droning *(U)* ; [- fort] roar, roaring *(U)*, throbbing *(U)*.

ronfler [3] [ʀɔ̃fle] vi **1.** [en dormant] to snore ▸ **ronfler comme un soufflet de forge** to snore like anything **2.** *fam* [dormir] to snooze, to snore away **3.** [vrombir] to roar, to throb ▸ **faire ronfler le moteur** to rev up the engine.

ronfleur, euse [ʀɔ̃flœʀ, øz] nm, f snorer.

✧ **ronfleur** nm ÉLECTR & TÉLÉC buzzer.

rongement [ʀɔ̃ʒmɑ̃] nm *litt* gnawing.

ronger [17] [ʀɔ̃ʒe] vt **1.** [mordiller] to gnaw (away) at *(insép)*, to eat into *(insép)* / *ronger un os* to gnaw at a bone / *rongé par les vers / mites* worm- / moth-eaten ▸ **ronger son frein** *pr & fig* to champ at the bit **2.** [corroder - suj: mer] to wear away *(sép)* ; [- suj: acide, rouille] to eat into *(insép)* / *rongé par la rouille* eaten away with rust, rusted away / *être rongé par la maladie* to be wasted by disease / *le mal qui ronge la société* the evil that eats away at society / *être rongé par les soucis* to be careworn / *le chagrin qui me ronge le cœur litt* the sorrow that eats away ou gnaws at my heart.

✧ **se ronger** vpt ▸ **se ronger les ongles** to bite one's nails.

rongeur, euse [ʀɔ̃ʒœʀ, øz] adj gnawing.

✧ **rongeur** nm rodent.

ronron [ʀɔ̃ʀɔ̃] nm **1.** [d'un chat] purr, purring *(U)* ▸ **faire ronron** *fam* to purr **2.** [routine] routine / *le ronron de la vie quotidienne* the daily routine.

ronronnement [ʀɔ̃ʀɔnmɑ̃] nm **1.** [d'un chat] purr(ing) **2.** *fam* [d'une machine] drone, whirr, droning *(U)*, whirring *(U)*.

ronronner [3] [ʀɔ̃ʀɔne] vi **1.** [chat] to purr ; [machine] to drone, to hum **2.** *fig* to tick over, to chug along.

röntgen [ʀœntgɛn] nm roentgen, rontgen, röntgen.

roof [ʀuf] = **rouf**.

roque [ʀɔk] nm JEUX castling ▸ **petit / grand roque** king's / queen's side castling.

roquefort [ʀɔkfɔʀ] nm Roquefort (cheese).

roquer [3] [ʀɔke] vi JEUX to castle.

roquet [ʀɔkɛ] nm **1.** [chien] yappy ou noisy dog **2.** *fam & péj* [personne] pest / *espèce de petit roquet* you little runt !

roquette [ʀɔkɛt] nf **1.** [projectile] rocket **2.** BOT rocket, aragula US ▸ **roquette blanche / de mer** wall / sea rocket.

ROR [ɛʀoɛʀ, ʀɔʀ] (abr de **rougeole oreillons rubéole**) nm MMR (vaccine).

rorqual, als [ʀɔʀkwal] nm rorqual, fin whale.

rosace [ʀozas] nf ARCHIT [moulure] (ceiling) rose ; [vitrail] rose window, rosace ; [figure] rosette.

rosacée [ʀozase] nf **1.** BOT rosaceous plant, rosacean ▸ **les rosacées** the Rosaceae **2.** MÉD rosacea.

rosaire [ʀozɛʀ] nm **1.** [chapelet] rosary / *égrener un rosaire* to count ou to tell one's beads **2.** [prières] : *dire* ou *réciter le rosaire* to recite the rosary.

rosâtre [ʀozatʀ] adj pinkish, roseate *litt.*

rosbif [ʀɔzbif] nm **1.** [cru] roasting beef *(U)*, joint ou piece of beef *(for roasting)* ; [cuit] roast beef *(U)*, joint of roast beef **2.** *fam* [Anglais] *pejorative or humorous term used with reference to British people.*

rose [ʀoz] ◆ adj **1.** [gén] pink ; [teint, joue] rosy ▸ **rose bonbon / saumon** candy / salmon pink ▸ **rose fluo** *fam* fluorescent ou dayglo pink ▸ **rose thé** tea rose ▸ **vieux rose** old rose **2.** [agréable] : *la vie d'un athlète n'est pas toujours rose* an athlete's life isn't all roses / *ce n'est pas (tout) rose* it isn't exactly a bed of roses **3.** [érotique] erotic, soft-porn *(modif)* **4.** POL left-wing. ◆ nf **1.** BOT rose / *rose blanche / rouge* white / red rose ▸ **rose de Damas** damask rose ▸ **rose de Jéricho** rose of Jericho, resurrection plant ▸ **rose de Noël** Christmas rose ▸ **rose pompon** fairy rose ▸ **rose sauvage** wild rose ▸ **rose trémière** hollyhock UK, rose mallow ▸ **ça ne sent pas la rose ici** *euphém* it's a bit smelly in here ▸ **il n'y a pas de rose sans épines** *prov* there's no rose without a thorn *prov* **2.** ARCHIT rose window, rosace **3.** JOAILL ▸ **(diamant en) rose** rose (diamond). ◆ nm **1.** [couleur] pink ▸ **rose nacré** oyster pink **2.** EXPR **voir la vie ou les choses en rose** to see things through rose-tinted spectacles UK ou glasses US.

✧ **rose des sables, rose du désert** nf gypsum flower.

✧ **rose des vents** nf wind rose.

rosé, e [ʀoze] adj **1.** [teinte] pinkish, rosy **2.** [vin] rosé.

✧ **rosé** nm rosé (wine).

roseau, x [ʀozo] nm reed / *le roseau plie mais ne rompt pas (allusion à La Fontaine)* the reed bends but does not break ▸ **l'homme est un roseau pensant** *(allusion à Pascal)* man is a thinking reed.

rose-croix [ʀozkʀwa] nm inv Rosicrucian ▸ **les rose-croix** the Rosicrucians.

rosé-des-prés [ʀozedepʀe] (*pl* rosés-des-prés) nm [champêtre] field mushroom ; [des jachères] horse mushroom.

rosée [ʀoze] nf dew.

roséole [ʀozeɔl] nf roseola.

roseraie [ʀozʀɛ] nf rose garden, rosery.

rosette [ʀozɛt] nf **1.** [nœud] bow / *faire une rosette* to tie a bow **2.** [cocarde] rose, rosette ▸ **avoir / recevoir la rosette** to be / to be made an officer *(of an order of knighthood or merit)* **3.** CULIN ▸ **rosette (de Lyon)** *broad type of salami* **4.** BOT rosette ▸ **en rosette** rosulate.

Rosette [ʀozɛt] npr ▸ **la pierre de Rosette** the Rosetta stone.

rosicrucien, enne [ʀozikʀysjɛ̃, ɛn] adj Rosicrucian.

rosier [ʀozje] nm rosebush, rose tree ▸ **rosier grimpant / nain** climbing / dwarf rose.

rosière [ʀozjɛʀ] nf *young girl traditionally awarded a crown of roses and a prize for virgin purity* / *quelle rosière, celle-là !* *fam & vieilli* she's pure as the driven snow !

rosiériste [ʀozjeʀist] nmf rose grower, rosarian.

rosir [32] [ʀoziʀ] ◆ vt to give a pink hue to / *l'air de la montagne avait rosi ses joues* the mountain air had tinged ou suffused her cheeks with pink. ◆ vi to turn pink / *son visage rosit à la première gorgée de champagne* her face went pink as she took her first mouthful of champagne.

rossard, e [ʀɔsaʀ, aʀd] nm, f *fam & péj* rotter UK, blighter UK, cad.

rosse [ʀɔs] *fam* ◆ adj [chanson, portrait] nasty, vicious ; [conduite] rotten, lousy, horrid ; [personne] nasty, horrid, catty ▸ **être rosse envers** ou **avec qqn** to be horrid ou nasty to sb / *un professeur rosse* a hard ou tough teacher. ◆ nf **1.** [personne] rotter UK, rotten beast **2.** *vieilli* [cheval] nag, jade.

rossée [ʀɔse] nf *fam* thrashing ▸ **flanquer une rossée à qqn** to give sb a good hiding ou thrashing.

rosser [3] [ʀɔse] vt **1.** [frapper] to thrash **2.** [vaincre] to thrash, to hammer / *se faire rosser* to get thrashed, to get hammered.

rosserie [ʀɔsʀi] nf *fam* **1.** [remarque] nasty remark ; [acte] dirty trick ▸ **dire des rosseries sur qqn** to say nasty ou rotten things about sb **2.** [caractère] horridness, nastiness, rottenness.

rossignol [ʀɔsiɲɔl] nm **1.** [oiseau] nightingale ▸ **rossignol des murailles** redstart **2.** [clef] picklock, skeleton key **3.** *fam* [objet démodé] piece of junk / *on t'a refilé un rossignol* they've sold you a dud ou a piece of junk.

rossinante [ʀɔsinɑ̃t] nf *litt* scrag, nag.

rösti [ʀøsti] = **rœsti**.

Rostov-sur-le-Don [ʀɔstɔfsyʀlədɔ̃] npr Rostov.

rostre [ʀɔstʀ] nm ANTIQ & ZOOL rostrum.

✧ **rostres** nmpl [tribune] rostrum.

rot[1] [ʀɔt, ʀo] nm BOT rot.

rot[2] [ʀɔt, ʀo] nm [renvoi] belch, burp / *faire* ou *lâcher un rot* to (let out a) belch ou burp / *il a fait son rot?* [bébé] has he burped? / *faire faire son rot à un bébé* to burp a baby.

rôt [ʀo] nm *arch* roast.

rotang [ʀɔtɑ̃g] nm rattan.

rotary [ʀɔtaʀi] nm **1.** PÉTR rotary drill **2.** TÉLÉC uniselector system **3.** ▸ **Rotary-Club** Rotary Club.

rotateur [ʀɔtatœʀ] ◆ adj m ▸ **muscle rotateur** rotator. ◆ nm rotator.

rotatif, ive [ʀɔtatif, iv] adj rotary, rotating ▸ **moteur rotatif** rotary engine ▸ **mouvement rotatif** rotary ou rotating motion.

✧ **rotative** nf IMPR (rotary) press / *faire tourner* ou *marcher les rotatives* *fig* to give the newspapers something to write about.

rotation [ʀɔtasjɔ̃] nf **1.** [mouvement] rotation ; [sur un axe] spinning ▸ **angle / sens / vitesse de rotation** angle / direction / speed of rotation ▸ **mouvement de rotation** rotational *spéc* ou rotary motion ▸ **masse en rotation** rotating mass ; SPORT turn, turning *(U)* **2.** [renouvellement] turnover ▸ **rotation des stocks / du personnel** inventory / staff turnover ▸ **rotation des postes** job rotation **3.** FIN turnover **4.** TRANSP turnround UK, turnaround US **5.** AGR ▸ **la rotation des cultures** crop rotation.

rotatoire [ʀɔtatwaʀ] adj **1.** [mouvement] rotatory, rotary **2.** CHIM ▸ **pouvoir rotatoire** rotatory power.

rote [ʀɔt] nf [tribunal] Rota.

roter [3] [ʀɔte] vi to belch, to burp.

rôti [ʀoti] nm **1.** [viande - crue] joint *(of meat for roasting)* ; [- cuite] joint, roast ▸ **rôti de porc a)** [cru] joint ou piece of pork for roasting **b)** [cuit] piece of roast pork **2.** [poisson] ▸ **rôti de lotte** baked monkfish *(U)*.

rôtie [ʀoti] nf [pain grillé] slice of toast ; [pain frit] slice of fried bread.

rotin [ʀɔtɛ̃] nm rattan / *chaise en rotin* rattan chair.

rôtir [32] [ʀotiʀ] ◆ vt **1.** [cuire] to roast / *faire rôtir une viande* to roast a piece of meat ▸ **dinde rôtie** roast turkey / *quand la viande est bien rôtie* when the meat is done to a turn **2.** *fam* [dessécher] to parch. ◆ vi [cuire] to roast / *mettre une oie à rôtir* to roast a goose / *baisse le thermostat, on va rôtir fam* lower the thermostat or we'll roast.

✧ **se rôtir** vp *(emploi réfléchi)* *fam* : *se rôtir au soleil* to bask ou to fry in the sun / *se rôtir les jambes devant le feu* to roast one's legs in front of the fire.

rôtissage [ʀotisaʒ] nm CULIN roasting.

rôtisserie [ʀotisʀi] nf **1.** [restaurant] grillroom, steakhouse, rotisserie **2.** [magasin] rotisserie.

rôtisseur, euse [ʀotisœʀ, øz] nm, f **1.** [restaurateur] grillroom ou steakhouse owner ; [commis de cuisine] roaster (chef) **2.** [vendeur] seller of roast meat.

rôtissoire [ʀotiswaʀ] nf [appareil] roaster ; [broche] (roasting) spit, rotisserie.

rotogravure [ʀɔtɔgʀavyʀ] nf rotogravure.

rotonde [ʀɔtɔ̃d] nf **1.** ARCHIT rotunda / *disposition en rotonde* circular layout **2.** [dans les autobus] semicircular bench seat *(at rear)*.

rotondité [ʀɔtɔ̃dite] nf **1.** [forme sphérique] rotundity, roundness **2.** [corpulence] plumpness, roundness.

rotor [ʀɔtɔʀ] nm AÉRON & ÉLECTR rotor.

Rotterdam [ʀɔtɛʀdam] npr Rotterdam.

rotule [ʀɔtyl] nf **1.** ANAT kneecap, patella *spéc* ▸ **être sur les rotules** *fam* to be on one's last legs **2.** TECHNOL ball-and-socket joint ▸ **à rotule** ball-and-socket *(modif)*.

rotulien, enne [ʀɔtyljɛ̃, ɛn] adj patellar ▸ **réflexe rotulien** knee jerk.

roture [ʀɔtyʀ] nf *litt* commonalty *sout* / *né dans la roture* born a commoner / *elle a épousé quelqu'un de la roture* she married a commoner.

roturier, ère [ʀɔtyʀje, ɛʀ] ◆ adj **1.** HIST [non noble] common / *être d'origine roturière* to be of common birth ou stock **2.** *sout* [vulgaire] low, common, vulgar / *des façons roturières* plebeian manners. ◆ nm, f HIST commoner, plebeian.

rouage [ʀwaʒ] nm **1.** TECHNOL moving part, movement ; [engrenage] cogwheel / *les rouages d'une horloge* the works ou movement of a clock **2.** *fig* cog / *il n'était qu'un rouage dans la vaste machine politique* he was only a cog in the huge political machine / *les rouages de la Justice* the wheels of Justice.

rouan, anne [ʀwɑ̃, an] adj roan.

❖ **rouan** nm roan (horse).

roublard, e [ʀublaʀ, aʀd] *fam* ◆ adj [rusé] sly, wily, crafty. ◆ nm, f dodger / *c'est un fin roublard* he's a sly (old) fox ou devil, he's an artful dodger.

roublardise [ʀublaʀdiz] nf *fam* **1.** [habileté] slyness, craftiness, wiliness **2.** [manœuvre] clever ou crafty trick, dodge.

rouble [ʀubl] nm rouble.

roucoulade [ʀukulad] nf **1.** [d'un pigeon] (billing and) cooing *(U)* **2.** *fam* [d'un amoureux] cooing, sweet nothings.

roucoulement [ʀukulmɑ̃] nm **1.** [cri du pigeon] (billing and) cooing *(U)* **2.** *fam* [propos tendres] cooing, sweet nothings **3.** *péj* [d'un chanteur] crooning *(U)*.

roucouler [3] [ʀukule] ◆ vi **1.** [pigeon] to (bill and) coo **2.** *fam* [amoureux] to coo, to whisper sweet nothings **3.** *péj* [chanteur] to croon. ◆ vt **1.** [suj : amoureux] to coo **2.** *péj* [suj : chanteur] to croon.

roudoudou [ʀududu] nm *fam* hard sweet UK, candy US *(licked out of a small round box or shell)*.

roue [ʀu] nf **1.** TRANSP wheel / *véhicule à deux / trois roues* two-wheeled / three-wheeled vehicle ▸ **j'étais dans sa roue** I was right behind him ▸ **roue directrice** guiding ou leading wheel ▸ **roue motrice** drive ou driving wheel ▸ **roue de secours** spare (wheel) ▸ **pousser à la roue** to give a helping hand / *je voudrais les empêcher de s'engager dans l'armée mais leur père pousse à la roue* I'd like to stop them joining up but their father is egging them on **2.** MÉCAN (cog ou gear) wheel ▸ **roue d'angle** bevel gear wheel ▸ **roue crantée** toothed wheel ▸ **roue dentée** cogwheel ▸ **roue folle** idle wheel ▸ **roue de friction** friction gear wheel ▸ **roue à godets** bucket wheel ▸ **roue hydraulique** waterwheel ▸ **roue libre** freewheel / *j'ai descendu la côte en roue libre* I freewheeled down the hill ▸ **roue à réaction** reaction wheel **3.** [objet circulaire] wheel ▸ **une roue de gruyère** a large round Gruyère cheese ▸ **la grande roue** the big wheel UK, the Ferris wheel US ▸ **la roue de la Fortune** the wheel of Fortune ▸ **la roue tourne** the wheel of Fortune is turning ▸ **faire la roue a)** [paon] to spread ou to fan its tail **b)** [gymnaste] to do a cartwheel **c)** [séducteur] to strut about *péj* **4.** HIST : *(le supplice de) la roue* the wheel **5.** IMPR ▸ **roue à caractères** ou **d'impression** print ou type wheel **6.** NAUT ▸ **roue à aubes** ou **à palettes** paddle wheel ▸ **roue du gouvernail** helm.

roué, e [ʀwe] ◆ adj sly, tricky, wily. ◆ nm, f **1.** [fripon] sly dog, tricky customer ; [friponne] sly ou tricky customer **2.** HIST [homme] roué, rake ; [femme] hussy, trollop, jezebel.

rouelle [ʀwɛl] nf **1.** CULIN ▸ **rouelle (de veau)** thick round of veal **2.** [rondelle] (round) slice.

Rouen [ʀwɑ̃] npr Rouen.

rouennais, e [ʀwanɛ, ɛz] adj from Rouen.

❖ **Rouennais, e** nm, f *inhabitant of or person from Rouen.*

roue-pelle [ʀupɛl] (*pl* **roues-pelles**) nf bucket dredge ou dredger.

rouer [6] [ʀwe] vt **1.** HIST ▸ **rouer qqn** to break sb on the wheel **2.** EXPR ▸ **rouer qqn de coups** [le frapper] to pummel sb.

rouerie [ʀuʀi] nf *litt* **1.** [caractère] cunning, foxiness, wiliness **2.** *sout* [manœuvre] sly ou cunning trick.

rouet [ʀuɛ] nm **1.** [pour filer] spinning wheel **2.** [de serrure] key plate.

rouf [ʀuf] nm deckhouse.

rouflaquette [ʀuflakɛt] nf *fam* [accroche-cœur] kiss UK ou spit US curl.

❖ **rouflaquettes** nfpl *fam* [favoris] sideburns, sidewhiskers, sideboards UK.

rouge [ʀuʒ] ◆ adj **1.** [gén] red ▸ **être rouge a)** [après un effort] to be flushed, to be red in the face **b)** [de honte] to be red in the face (with shame), to be red-faced **c)** [de plaisir, de colère] to be flushed ▸ **rouge brique** brick-red ▸ **rouge sang** bloodred ▸ **rouge vermillon** vermilion ▸ **être rouge comme un coq** ou **un coquelicot** ou **une écrevisse** ou **un homard** ou **une pivoine** ou **une tomate** to be as red as a beetroot UK ou a lobster ▸ **la mer Rouge** the Red Sea ▸ **la place Rouge** Red Square / **'le Rouge et le noir'** *Stendhal* 'Scarlet and Black' **2.** [pelage, cheveux] red, ginger, carroty *péj* **3.** MÉTALL red-hot **4.** *péj* [communiste] red. ◆ nmf *péj* [communiste] Red. ◆ nm **1.** [couleur] red / *le rouge lui monta au visage* he went red in the face, his face went red ▸ **rouge cerise** cherry red **2.** TRANSP : *le feu est passé au rouge* the lights turned to ou went red / *la voiture est passée au rouge* the car went through a red light **3.** RADIO & TV : *le rouge est mis!* you're on (the) air! **4.** *fam* [vin] red wine ▸ **du gros rouge** rough red wine / *du gros rouge qui tache* (red) plonk **5.** [cosmétique] ▸ **rouge (à joues)** blusher, rouge **6.** MÉTALL ▸ **porté au rouge** red-hot / *portez le métal au rouge* heat the metal until it's red-hot **7.** JEUX red / *tout miser sur le rouge* to stake all on the red ▸ **le rouge est mis** *fam* the die is cast **8.** BANQUE red / *je suis dans le rouge* I'm in the red ou overdrawn / *sortir du rouge* [cesser d'être en déficit] to get out of the red, to get rid of one's overdraft. ◆ nf [au billard] red (ball). ◆ adv **1.** POL ▸ **voter rouge** *péj* to vote communist **2.** EXPR **voir rouge** to see red.

❖ **rouge à lèvres** nm lipstick.

rougeâtre [ʀuʒatʀ] adj reddish, reddy.

rougeaud, e [ʀuʒo, od] ◆ adj red-faced, ruddy, ruddy-cheeked. ◆ nm, f red-faced ou ruddy ou ruddy-faced person.

rouge-gorge [ʀuʒgɔʀʒ] (*pl* **rouges-gorges**) nm (robin) redbreast, robin.

rougeoie v ⟶ rougeoyer.

rougeoiement [ʀuʒwamɑ̃] nm reddish glow.

rougeole [ʀuʒɔl] nf MÉD measles *(sg)* / *avoir la rougeole* to have (the) measles.

rougeoyant, e [ʀuʒwajɑ̃, ɑ̃t] adj glowing (red) ▸ **lueur rougeoyante** flush of red, red glow.

rougeoyer [13] [ʀuʒwaje] vi to turn red, to redden, to take on a reddish hue.

rouge-queue [ʀuʒkø] (*pl* **rouges-queues**) nm redstart.

rouget [ʀuʒɛ] nm **1.** ZOOL ▸ **rouget barbet (de vase)** red mullet ▸ **rouget grondin** red gurnard ▸ **rouget de roche** surmullet **2.** VÉTÉR swine erysipelas.

rougeur [ʀuʒœʀ] nf **1.** [couleur - du ciel] redness, glow ; [- des joues] redness, ruddiness **2.** [rougissement] flush, blush / *sa rougeur l'a trahie* her blush gave her away **3.** MÉD red patch ou blotch / *être sujet aux rougeurs* to be prone to developing red patches *(on one's skin)*.

rough [ʀœf] nm **1.** SPORT ▸ **le rough** the rough **2.** [avant-projet] mock-up.

rougir [32] [ʀuʒiʀ] ◆ vt **1.** [colorer en rouge] : *un dernier rayon de soleil rougissait le firmament* one last ray of sun spread a red glow across the skies / *rougir son eau* to put a drop of (red) wine in one's water / *des yeux rougis par les larmes / la poussière* eyes red with weeping / with the dust **2.** MÉTALL to heat to red heat ou until red-hot **3.** *fig & litt* : *mes mains sont rougies de (son) sang* my hands are stained with (his) blood. ◆ vi **1.** [chose, personne - gén] to go ou to turn red ; [personne - de gêne] to blush / *les pommes / ses joues rougissent* the apples / his cheeks are turning red / *au moment où rougit l'horizon litt* when the horizon reddens ou becomes suffused with red / *menteur, tu rougis!* you liar, you're blushing! ▸ **rougir de plaisir** to flush with pleasure ▸ **rougir de honte** to blush with shame / *il se rassit en rougissant de honte* red-faced with shame, he sat down again / *je vous aime, dit-il en rougissant* I love you, he said, blushing ou with a blush / *je me sentais rougir* I could feel myself going red (in the face) ▸ **faire rougir qqn** to make sb blush / *arrête, tu vas me faire rougir hum* spare my blushes, please ▸ **rougir jusqu'au blanc des yeux** ou **jusqu'aux oreilles** to blush to the roots of one's hair **2.** *fig* ▸ **rougir de** [avoir honte de] to be ashamed of / *j'en ai rougi pour elle* I felt ashamed for her / *tu n'as pas / il n'y a pas à en rougir* there's nothing for you / nothing to be ashamed of / *je n'ai pas à rougir de ma conduite* I'm not ashamed of what I did / *ne rougir de rien* to be shameless **3.** MÉTALL to become red-hot.

rougissant, e [ʀuʒisɑ̃, ɑ̃t] adj **1.** [de honte] blushing ; [d'excitation] flushing **2.** [horizon, forêt] reddening.

rougissement [ʀuʒismɑ̃] nm *sout* [gén] reddening ; [de honte] blushing ; [d'excitation] flushing.

rouille [ʀuj] ◆ nf **1.** [corrosion d'un métal] rust / *couche de rouille* layer of rust / *tache de rouille* spot of rust / *traiter une surface contre la rouille* to rustproof a surface **2.** BOT ▸ **rouille blanche** white rust ▸ **rouille du blé** wheat rust ▸ **rouille des feuilles** leaf mould **3.** CULIN rouille sauce *(served with fish soup and bouillabaisse)*. ◆ adj inv rust, rust-coloured.

rouillé, e [ʀuje] adj **1.** [grille, clef] rusty, rusted / *la serrure est complètement rouillée* the lock is rusted up **2.** *fig* [muscles] stiff ▸ **être rouillé a)** [physiquement] to feel stiff **b)** [intellectuellement] to feel a bit rusty / *mes réflexes au volant sont un peu rouillés* my driving reflexes are a bit rusty **3.** BOT [blé] affected by rust, rusted ; [feuille] mouldy.

rouiller [3] [ʀuje] ◆ vt **1.** [métal] to rust **2.** [intellect, mémoire] to make rusty. ◆ vi to rust, to go rusty.

❖ **se rouiller** vpi **1.** [machine] to rust up, to get rusty **2.** [esprit] to become ou to get rusty **3.** [muscle] to grow ou to get stiff ; [athlète] to get rusty.

rouillure [ʀujyʀ] nf **1.** CHIM rustiness **2.** BOT rust, rusting *(U)* **3.** MIN kerf.

rouir [32] [ʀwiʀ] vt to ret.

rouissage [ʀwisaʒ] nm ▸ **rouissage à l'eau / à terre** water / ground retting.

roulade [ʀulad] nf **1.** MUS roulade, run **2.** [d'un oiseau] trill **3.** CULIN rolled meat, roulade ▸ **roulade de bœuf** rolled (piece of) beef, beef roulade **4.** [culbute] roll ▸ **roulade avant / arrière** forward / backward roll.

roulage [ʀulaʒ] nm **1.** AGR & MÉTALL rolling **2.** MIN haulage, hauling **3.** NAUT ▸ **manutention par roulage** roll-on roll-off.

roulant, e [ʀulɑ̃, ɑ̃t] adj **1.** [surface] moving ; [meuble] on wheels **2.** RAIL ▸ **matériel roulant** rolling stock ▸ **personnel roulant** train crews.

❖ **roulant** nm *fam* TRANSP crewman.

❖ **roulante** nf field ou mobile kitchen.

roulé, e [ʀule] adj **1.** COUT rolled / *foulard roulé main* hand-rolled scarf **2.** LING ▸ **r roulé** rolled ou trilled

R **3.** CULIN [gâteau, viande] rolled **4.** EXPR **être bien roulé** *fam* : *elle est bien roulée* she's got curves in all the right places.

❖ **roulé** nm **1.** CULIN [gâteau] Swiss roll ; [viande] rolled meat **2.** CONSTR rolled pebbles.

rouleau, x [Rulo] nm **1.** [de papier, de tissu, etc.] roll / *rouleau de parchemin* roll ou scroll of parchment / *rouleau de papier hygiénique* toilet roll UK, roll of toilet paper / *rouleau de pièces* roll of coins **2.** [outil - de peintre, de jardinier, de relieur] roller ▸ **rouleau imprimeur** ou **encreur** (press) cylinder ▸ **rouleau de machine à écrire** barrel, platen ▸ **rouleau à pâtisserie** rolling pin **3.** [bigoudi] roller, curler **4.** CULIN ▸ **rouleau de printemps** spring roll, egg roll US **5.** SPORT ▸ **rouleau costal** western roll ▸ **rouleau ventral** straddle **6.** [vague] roller **7.** ART [vase] rouleau **8.** CONSTR arch moulding **9.** TRAV PUB roller ▸ **rouleau compresseur a)** *pr* [à gazole] road-roller **b)** [à vapeur] steamroller **c)** *fig* steamroller.

roulé-boulé [Rulebule] (*pl* **roulés-boulés**) nm [culbute] roll / *faire des roulés-boulés* to roll.

roulement [Rulmɑ̃] nm **1.** [mouvement] ▸ **un roulement d'yeux** a roll of the eyes / *un roulement de hanches* a swing of the hips **2.** [grondement] rumble, rumbling *(U)* / *le roulement du tonnerre* the rumble ou roll ou peal of thunder / *le roulement des canons* the rumble ou roar of the cannons ▸ **roulement de tambour** drum roll **3.** [rotation] rotation / *établir un roulement* to set up a rota UK ou a rotation system US **4.** MÉCAN [déplacement] rolling ▸ **roulement à billes / à rouleaux / à aiguilles** ball / roller / needle bearings ▸ **frottement de roulement** rolling friction **5.** FIN ▸ **roulement des capitaux** circulation of capital **6.** TRANSP rolling motion **7.** ARM [d'un char] bogie and tread, tracking **8.** MÉD ▸ **roulement diastolique** diastolic murmur.

rouler [3] [Rule] ◆ vt **1.** [faire tourner] to roll ▸ **rouler les yeux** to roll one's eyes / *les graviers que roulait le fleuve* the gravel that was being rolled along by the river / *rouler de sombres pensées* to turn dark thoughts over in one's mind ▸ **rouler un patin** *tfam* ou **une pelle** *tfam* **à qqn** to snog UK ou to neck US sb ▸ **rouler qqn dans la farine** to pull the wool over sb's eyes **2.** [poster, tapis, bas de pantalon] to roll up *(sép)* ; [corde, câble] to roll up, to wind up *(sép)* ; [cigarette] to roll / *aide-moi à rouler la laine en pelote* help me to wind the wool up into a ball / *rouler du fil sur une bobine* to spool ou to wind thread around a reel / *rouler un blessé dans une couverture* to wrap an injured person in a blanket **3.** [déplacer - Caddie] to push (along) ; [- balle, tronc, fût] to roll (along) / *il a roulé le rocher jusqu'en bas de la colline* he rolled the rock right down the hill ▸ **rouler carrosse** *vieilli* to have an expensive lifestyle ▸ **avoir roulé sa bosse** : *j'ai roulé ma bosse* I've been around, I've seen it all **4.** *fam* [escroquer - lors d'un paiement] to diddle ; [- dans une affaire] to swindle / *elle m'a roulé de 10 euros* she diddled ou did me out of 10 euros / *se faire rouler* to be conned ou had / *ce n'est pas du cuir, je me suis fait rouler* it's not genuine leather, I've been done ou had **5.** [balancer] : *rouler des* ou *les épaules* to sway one's shoulders / *rouler des* ou *les hanches* to swing one's hips ▸ **rouler des mécaniques a)** *fam* to sway one's shoulders **b)** *fig* to come ou to play the hard guy **6.** [aplatir - gazon, court de tennis] to roll ; CULIN [pâte] to roll out *(sép)* **7.** LING ▸ **rouler les « r »** to roll one's r's **8.** MÉTALL to roll. ◆ vi **1.** [véhicule] to go, to run ; [conducteur] to drive ▸ **une voiture qui a peu / beaucoup roulé** a car with a low / high mileage / *et ta Renault, elle roule toujours?* is your Renault still going ou running? / *la moto roulait au milieu de la route* the motorbike was going ou driving down the middle of the road / *à quelle vitesse rouliez-vous?* what speed were you travelling at?, what speed were you doing?, how fast were you going? / *il est interdit de rouler sur la bande d'arrêt d'urgence* do not drive on the hard shoulder / *j'ai beaucoup roulé quand j'étais jeune* I did a lot of driving when I was young / *seulement deux heures? tu as bien roulé!* only two hours? you've made good time! ▸ **rouler au pas** to go at a walking pace, to crawl along / **'roulez au pas'** 'dead slow' / *roule moins vite* slow down, drive more slowly / *elle roule en Jaguar* she drives (around in) a Jaguar ▸ **rouler à moto / à bicyclette** to ride a motorbike / a bicycle / *ça roule mal / bien dans Anvers* there's a lot of traffic / there's no traffic through Antwerp ▸ **ça roule!** *fam* everything's going alright! / *salut! ça roule?* hi, how's life? **2.** [balle, dé, rocher] to roll / *ses billes allèrent rouler dans le caniveau* his marbles rolled down into the gutter / *des larmes roulaient sur sa joue* tears were rolling down her cheeks ▸ **faire rouler a)** [balle] to roll **b)** [chariot] to wheel (along) **c)** [roue] to roll along / *il a roulé jusqu'en bas du champ* he rolled ou tumbled down to the bottom of the field ▸ **rouler sous la table** to end up (dead drunk) under the table **3.** NAUT to roll **4.** [gronder - tonnerre] to roll, to rumble ; [- tambour] to roll **5.** [se succéder] to take turns / *nous ferons rouler les équipes dès janvier* as from January, we'll start the teams off on a rota system UK ou rotation US **6.** [argent] to circulate / *il sait faire rouler l'argent* he knows how to make money work **7.** ▸ **rouler sur** [conversation] to be centred upon / *la conversation a d'abord roulé sur la politique* we started off talking about politics **8.** *fam* EXPR **rouler pour qqn** to be for sb, to back sb ▸ **rouler sur l'or** to be rolling in money ou in it / *mon salaire est correct, mais je ne roule pas sur l'or* I've got a decent salary, but I'm not exactly well-off ou rolling in it.

❖ **se rouler** ◆ vpi [se vautrer] ▸ **se rouler par terre a)** [de colère] to have a fit **b)** [de douleur] to be doubled up with pain **c)** [de rire] to be doubled up with laughter ▸ **c'était à se rouler par terre a)** [de rire] it was hysterically funny **b)** [de douleur] it was so painful. ◆ vpt : *se rouler une pelle* *tfam* to snog.

roulette [Rulɛt] nf **1.** [roue - libre] wheel ; [- sur pivot] caster ▸ **à roulettes** on wheels ▸ **marcher** ou **aller comme sur des roulettes a)** *fam* [opération] to go off without a hitch **b)** [organisation, projet] to proceed smoothly, to go like clockwork / *et ton entrevue? — ça a marché comme sur des roulettes* *fam* what about your interview? — it all went off very smoothly ou without a hitch **2.** [ustensile - de relieur] fillet (wheel) ; [- de graveur] roulette ; COUT tracing wheel ▸ **roulette de dentiste** dentist's drill ▸ **roulette à pâte** pastry cutting wheel **3.** JEUX [jeu] roulette ; [roue] roulette wheel ▸ **roulette russe** Russian roulette / *jouer à la roulette russe* *pr & fig* to play Russian roulette.

rouleur [Rulœr] nm **1.** SPORT flat racer **2.** *fam* : *rouleur de mécaniques* [fanfaron] poser.

roulier [Rulje] nm **1.** HIST cart driver **2.** NAUT roll-on roll-off ship.

roulis [Ruli] nm AÉRON & NAUT roll, rolling / *il y a du roulis* the ship is rolling ▸ **coup de roulis** strong roll / *il y eut un grand coup de roulis* the ship started to roll violently.

roulotte, roulote* [Rulɔt] nf **1.** [tirée par des chevaux] horse-drawn caravan **2.** [caravane] caravan UK, mobile home, trailer US.

roulotté, e, rouloté*, e [Rulɔte] adj [ourlet] rolled.

roulure [RulyR] nf *tfam & péj* slut, slag UK.

roumain, e [Rumɛ̃, ɛn] adj Rumanian, Ro (u) manian.

❖ **Roumain, e** nm, f Rumanian, Ro (u) manian.

❖ **roumain** nm LING Romanian.

Roumanie [Rumani] npr f ▸ **la Roumanie** Rumania, Ro (u) mania.

round [Rawnd] nm [à la boxe, dans un débat] round.

roupettes [Rupɛt] nfpl *tfam* nuts, balls.

roupie [Rupi] nf **1.** [monnaie] rupee **2.** EXPR **c'est de la roupie de sansonnet** that's (worthless) rubbish ▸ **ce n'est pas de la roupie de sansonnet** it's not to be sniffed at.

roupiller [3] [Rupije] vi *fam* to have a kip UK *tfam*, to get some shut-eye US *tfam* / *c'est pas le moment de roupiller!* this is no time for lying down on the job!

roupillon [Rupijɔ̃] nm *fam* ▸ **faire** ou **piquer un roupillon** to have a snooze ou a nap ou a kip UK.

rouquette [Rukɛt] = **roquette.**

rouquin, e [Rukɛ̃, in] *fam* ◆ adj [personne] red-haired ; [chevelure] red, ginger *(modif)*, carroty *péj* / *elle est rouquine* she has red ou ginger ou carroty hair. ◆ nm, f redhead.

❖ **rouquin** nm *tfam* [vin] (red) plonk UK, cheap red wine.

rouscailler [3] [Ruskaje] vi *tfam* to bellyache, to whinge / *arrête de rouscailler* stop moaning ou bellyaching!

rouspétance [Ruspetɑ̃s] nf *fam* grumbling, moaning (and groaning) / *et vous, pas de rouspétance* and no backchat UK ou backtalk US from you!

rouspéter [18] [Ruspete] vi *fam* to grumble, to complain, to make a fuss.

In reformed spelling (see p. 16-19), this verb is conjugated like *semer*: ***il rouspètera, elle rouspèterait.***

rouspéteur, euse [Ruspetœr, øz] nm, f *fam* grumbler, moaner, groucher / *il n'y a que les rouspéteurs qui obtiennent satisfaction* you only get what you want if you complain.

roussâtre [RusatR] adj [eau] reddish ; [feuilles] reddish-brown, russet *sout.*

rousse [Rus] ◆ f ⟶ **roux.** ◆ nf *arg crime & vieilli* ▸ **la rousse** the fuzz.

rousseau, x [Ruso] nm (common ou red) sea bream.

roussette [Rusɛt] nf **1.** [requin] large spotted dogfish ; CULIN rock salmon **2.** [chauve-souris] flying fox.

rousseur [Rusœr] nf *sout* [teinte] redness, gingery colour.

❖ **rousseurs** nfpl [pigmentation] freckles.

roussi [Rusi] nm ▸ **ça sent le roussi a)** *pr* something's burning **b)** *fam & fig* there's trouble ahead ou brewing / *il a démissionné quand ça a commencé à sentir le roussi* he resigned when things started going wrong.

roussir [32] [RusiR] ◆ vt **1.** [rendre roux] ▸ **roussir qqch** to turn sthg brown **2.** [brûler] to scorch, to singe / *la gelée a roussi l'herbe* the grass has turned brown with the frost. ◆ vi **1.** [feuillage, arbre] to turn brown ou russet *sout* **2.** CULIN ▸ **faire roussir** to brown.

rouste [Rust] nf *tfam* thrashing, walloping ▸ **flanquer une rouste à qqn** to give sb a good hiding.

routage [Rutaʒ] nm **1.** IMPR sorting and mailing **2.** NAUT steering.

routard, e [RutaR, aRd] nm, f *fam* [auto-stoppeur] hitchhiker ; [marcheur] trekker ; [touriste avec sac à dos] backpacker.

route [Rut] nf **1.** [voie de circulation] road / *les petites routes (de campagne)* small country roads / *c'est la route de Genève* it's the road to Geneva / *sur route, la voiture consomme moins* when cruising ou on the open road, the car's fuel consumption is lower / *il va y avoir du monde sur la route* ou *les routes* there'll be a lot of cars ou traffic on the roads / *je n'aime pas le savoir sur la route* I don't like the idea of him driving ▸ **tenir la route** [voiture] to hold the road / *cette politique ne tient pas la route* *fig* there's no mileage in that policy ▸ **route départementale** secondary road ▸ **route nationale** major road, trunk road UK ; ≃ A road UK ; ≃ highway US ▸ **route de montagne** mountain road **2.** [moyen de transport] ▸ **par la route** by road / *les transports sur route* road transport / *les accidents de la route* road accidents / *les victimes de la route* road casualties **3.** [itinéraire] way / *chercher sa route* to try and find one's way / *c'est sur ma route* it's on my way ▸ **faire route vers a)** [bateau] to be headed for, to be en route for, to steer a course for **b)** [voiture, avion] to head for ou towards **c)** [personne] to be on one's way to, to head for ▸ **en route pour** ou **vers** bound for ▸ **faisant route vers a)** [bateau, avion] bound for, heading for, on its way to **b)** [personne] on one's way to, heading for / *prendre la route des vacances / du soleil* to set off on holiday / to the south ▸ **route aérienne** air route ▸ **route maritime** shipping ou sea route ▸ **la route des épices** the spice trail ou route ▸ **la route des Indes** the road to India ▸ **la route de la soie** the silk road ▸ **la Route des vins** *tourist trail passing through wine country* ▸ **faire fausse route a)** [conducteur] to go the wrong way, to take the wrong road **b)** [dans un raisonnement] to be on the wrong track **4.** [trajet] journey / *j'ai fait la route*

* In reformed spelling (see p. 16-19).

à pied I did the journey on foot ▸ **il y a six heures de route a)** [en voiture] it's a six-hour drive ou ride ou journey **b)** [en vélo] it's a six-hour ride ou journey / *il y a une bonne heure de route* it takes at least an hour to get there ▸ **(faites) bonne route!** have a good ou safe journey! ▸ **faire route avec qqn** to travel with sb / *faire de la route* to do a lot of driving ou mileage ▸ **en route** on the way / *j'ai dû perdre ma montre en route* I must have lost my watch on the way ▸ **prendre la** ou **se mettre en route** to set off, to get going / *reprendre la route, se remettre en route* to set off again, to resume one's journey / *allez, en route!* come on, let's go! ▸ **en route, mauvaise troupe!** *(allusion à Hector Malot) fam & hum* come on you lot, we're off! **5.** *fig* [voie] road, way, path / *la route du succès* the road to success / *la route est toute tracée pour lui* the path is all laid out for him **6.** ▸ **en route** [en marche] : *mettre en route* **a)** [appareil, véhicule] to start (up) *(sép)* **b)** [projet] to set in motion, to get started ou under way / *se mettre en route* [machine] to start (up) / *j'ai du mal à me mettre en route le matin fam* I find it hard to get started ou going in the morning.

router [3] [ʀute] vt **1.** IMPR to sort and mail **2.** NAUT [navire] to plot a course for.

routeur [ʀutœʀ] nm INFORM router.

routier, ère [ʀutje, ɛʀ] ◆ adj road *(modif).* ◆ nm, f [chauffeur] (long-distance) lorry UK ou truck US driver / *c'est un vieux routier du journalisme fig* he's a veteran journalist.

❖ **routier** nm **1.** *fam* [restaurant] transport café UK, truck-stop US **2.** SPORT [cycliste] road racer ou rider **3.** NAUT (plotting) chart.

❖ **routière** nf AUTO touring car / *c'est une excellente routière* it's an ideal car for long-distance trips, it's an excellent touring car.

routine [ʀutin] nf **1.** [habitude] routine / *la routine quotidienne* the daily routine ou grind *péj* / *se laisser enfermer dans la routine* to get into a rut **2.** INFORM routine.

❖ **de routine** loc adj [contrôle, visite] routine *(avant nom)* / *c'est une procédure de routine* it's routine procedure / *une vérification de routine* a routine check.

routinier, ère [ʀutinje, ɛʀ] ◆ adj [tâche, corvée] routine *(avant nom)*, humdrum *péj* ; [vérification, méthode] routine *(avant nom)* ; [personne] routine-minded, conventional / *de façon routinière* routinely. ◆ nm, f : *c'est un routinier* he's a creature of habit, he's tied to his routine.

rouvert, e [ʀuvɛʀ, ɛʀt] pp ⟶ **rouvrir.**

rouvre [ʀuvʀ] nm robur.

rouvrir [34] [ʀuvʀiʀ] ◆ vt **1.** [livre, hôtel, débat, dossier] to reopen **2.** *fig* [raviver] ▸ **rouvrir une blessure** ou **plaie** to open an old wound. ◆ vi [magasin] to reopen, to open again.

❖ **se rouvrir** vpi [porte, fenêtre] to reopen ; [blessure] to reopen, to open up again.

roux, rousse [ʀu, ʀus] ◆ adj [feuillage, fourrure] reddish-brown, russet ; [chevelure, moustache] red, ginger. ◆ nm, f redhead.

❖ **rousse** nf *arg crime & vieilli* ▸ **la rousse** [la police] the Old Bill UK, the fuzz.

❖ **roux** nm **1.** [teinte - d'un feuillage] reddish-brown (colour), russet ; [- d'une chevelure, d'une moustache] reddish ou gingery colour **2.** CULIN roux.

royal, e, aux [ʀwajal, o] adj **1.** HIST & POL [puissance] royal, regal ; [bijoux, insignes, appartements, palais, académie] royal ▸ **la famille royale a)** [en Grande-Bretagne] the Royal Family **b)** [ailleurs] the royal family ▸ **prince royal** crown prince, heir apparent **2.** [somptueux - cadeau] magnificent, princely ; [- pourboire] lavish ; [- salaire] princely ; [- accueil] royal / *un train de vie royal* a sumptuous lifestyle **3.** [extrême - mépris] total / *il m'a fichu une paix royale fam* he left me in total peace **4.** CARTES ▸ **quinte royale** royal flush.

❖ **royale** nf **1.** [barbe] royale, imperial **2.** *fam* [marine] ▸ **la Royale** *the French Navy.*

❖ **à la royale** loc adj CULIN ▸ **lièvre à la royale** hare royale.

royalement [ʀwajalmɑ̃] adv **1.** [avec magnificence] royally, regally / *ils nous ont reçus royalement* they treated us like royalty / *il l'a royalement payé* he paid him a princely sum **2.** *fam* [complètement] totally ▸ **je m'en fiche** ou **moque royalement!** I really couldn't care less!, I don't give a damn!

royalisme [ʀwajalism] nm royalism.

royaliste [ʀwajalist] ◆ adj royalist ▸ **il ne faut pas être plus royaliste que le roi** one mustn't try to out-Herod Herod ou to be more Catholic than the Pope. ◆ nmf royalist.

royalties* [ʀwajalti] nfpl royalties ▸ **toucher des royalites** to receive royalties.

royaume [ʀwajom] nm **1.** HIST & POL kingdom **2.** RELIG ▸ **le royaume céleste** ou **des cieux** the kingdom of Heaven ▸ **le royaume des morts** *litt* the kingdom of the dead **3.** *fig* [domaine] realm / *le royaume de l'imagination* the realm of the imagination / *le cinéaste nous fait entrer dans le royaume de la fantaisie* the filmmaker takes us into the realm of fantasy / *mon atelier, c'est mon royaume* my workshop is my private world ou domain ▸ **le royaume éternel** the here after ▸ **le royaume des ombres** the nether world **4.** EXPR **je ne le ferais pas / je n'en voudrais pas pour un royaume** I wouldn't do it / have it for all the tea in China.

Royaume-Uni [ʀwajomyni] npr m ▸ **le Royaume-Uni (de Grande-Bretagne et d'Irlande du Nord)** the United Kingdom (of Great Britain and Northern Ireland), the UK.

royauté [ʀwajote] nf **1.** [monarchie] monarchy **2.** [rang] royalty, kingship / *il aspirait à la royauté* he had designs on the throne.

RP ◆ nfpl (abr de **relations publiques**) PR. ◆ nf **1.** abr de **recette principale 2.** abr de **région parisienne.** ◆ (abr écrite de **Révérend Père**) Rev.

RPR (abr de **Rassemblement pour la République**) npr m *former right-wing French political party.*

RSA nm abr de **revenu de solidarité active.**

RSFSR (abr de **République socialiste fédérative soviétique de Russie**) npr f HIST ▸ **(la) RSFSR** RSFSR.

RSS (abr de **really simple syndication**) nm ou nf RSS.

RSVP (abr de **répondez s'il vous plaît**) RSVP.

RTB (abr de **Radiotélévision belge**) npr f *Belgian broadcasting company.*

rte abr écrite de **route.**

RTL ◆ npr (abr de **Radio-Télé-Luxembourg**) *Luxembourg broadcasting company.* ◆ nf (abr de **résistance transistor logique**) RTL.

RTT [ɛʀtete] (abr de **réduction du temps de travail**) ◆ nf (statutory) reduction in working hours. ◆ nm (extra) day off *(as a result of shorter working hours)* / *poser* ou *prendre un jour de RTT* to take a day off.

> **RTT**
>
> Initially planned as a measure to reduce unemployment, the law on a 35-hour working week known as **les trente-cinq heures** has not entirely succeeded but it has generated more leisure time for people in paid employment in the form of days off known as **journées (de) RTT.**

RTTiste [ɛʀtetist] nmf *person taking a day off as a result of the reduction in working hours.*

ru [ʀy] nm *litt ou régional* rill *litt*, brook.

RU [ʀy] nm abr de **restaurant universitaire.**

ruade [ʀyad] nf kick / *lancer* ou *décocher une ruade à* to kick ou to lash out at.

Ruanda [ʀwɑ̃da] npr m ▸ **le Ruanda** Rwanda ▸ **au Ruanda** in Rwanda.

ruandais, e [ʀwɑ̃dɛ, ɛz] adj Rwandan.

❖ **Ruandais, e** nm, f Rwandan.

ruban [ʀybɑ̃] nm **1.** [ornement] ribbon ; [liseré] ribbon, tape ; [bolduc] tape ; [sur chapeau] band ▸ **le ruban bleu** *sout* the blue ribbon ▸ **le ruban rouge** the ribbon of the Légion d'honneur ▸ **le ruban violet** *fam decoration for services to education in France* **2.** *litt* : *la rivière déroule son long ruban* the river winds before us like a long ribbon **3.** [de cassette] tape ; [de machine à écrire] ribbon ▸ **ruban adhésif** adhesive tape ▸ **ruban correcteur** correction tape ▸ **ruban isolant** insulating tape ▸ **ruban perforé** INFORM perforated tape.

rubéfaction [ʀybefaksjɔ̃] nf MÉD rubefaction.

rubéfier [9] [ʀybefje] vt to rubefy.

rubéole [ʀybeɔl] nf German measles *(U)*, rubella *spéc.*

rubéoleux, euse [ʀybeɔlø, øz] ◆ adj rubella *(modif)* ; [patient] suffering from German measles ; [symptômes] of German measles. ◆ nm, f German measles sufferer.

rubiacée [ʀybjase] nf rubiacea ▸ **les rubiacées** the Rubiaceae.

rubican [ʀybikɑ̃] adj m & nm roan.

Rubicon [ʀybikɔ̃] npr m Rubicon ▸ **franchir** ou **passer le Rubicon** to cross the Rubicon / *le passage du Rubicon* the crossing of the Rubicon.

rubicond, e [ʀybikɔ̃, ɔ̃d] adj *litt* rubicund *litt*, ruddy, rosy-cheeked.

rubidium [ʀybidjɔm] nm rubidium.

rubigineux, euse [ʀybiʒinø, øz] adj *litt* **1.** [couvert de rouille] rust-covered **2.** [couleur de rouille] rust-coloured.

rubis [ʀybi] nm **1.** JOAILL ruby **2.** [couleur] ruby (colour) **3.** [d'une montre] jewel, ruby **4.** ORNITH red colibri.

rubrique [ʀybʀik] nf **1.** [dans la presse] column / *la rubrique scientifique* the science column ▸ **la rubrique littéraire** the book page ▸ **la rubrique nécrologique** the obituaries / *elle tient la rubrique cinéma* [critiques] she writes the film UK ou movie US pages **2.** [catégorie] heading / *la somme se trouve dans la rubrique frais généraux* the sum comes under the heading of overheads ou is entered as an overhead **3.** [d'un livre liturgique] rubric ; [d'un dictionnaire] field label.

ruche [ʀyʃ] nf **1.** ENTOM [abri - en bois] beehive ; [- en paille] beehive, skep *spéc* ; [colonie d'abeilles] hive **2.** *fig* hive of activity.

ruché [ʀyʃe] nm ruche, rouche / *des ruchés* ruching.

rucher [ʀyʃe] nm apiary.

rude [ʀyd] adj **1.** [rugueux - surface, vin] rough ; [- toile] rough, coarse ; [- peau] rough, coarse ; [- son] rough, harsh ; [- voix] gruff ; [- manières, personne] uncouth, unrefined ; [- traits] rugged **2.** [difficile - climat, hiver] harsh, severe ; [- conditions, concurrent] tough ; [- concurrence] severe, tough ; [- vie, tâche] hard, tough ; [- côte] hard, stiff ▸ **être mis à rude épreuve a)** [personne] to be severely tested, to be put through the mill **b)** [vêtement, matériel] to get a lot of wear and tear / *ma patience a été mise à rude épreuve* it was a severe strain on my patience **3.** [sévère - ton, voix] rough, harsh, hard ; [- personne] harsh, hard, severe **4.** *fam* [important, remarquable] : *avoir un rude appétit* to have a hearty appetite / *un rude gaillard* a hearty fellow / *ça a été un rude coup pour lui* it was a hard blow for him.

> ⚠ L'adjectif anglais **rude** signifie « impoli », « grossier » et non rude.

rudement [ʀydmɑ̃] adv **1.** *fam* [diablement] ▸ **c'est rudement bon** it's really good / *c'est rudement beau* it's really lovely / *c'est rudement cher* it's incredibly ou awfully expensive / *elle est rudement culottée!* she's got some cheek UK ou gall! / *ça m'a fait rudement mal!* it was awfully painful! / *ils étaient rudement nombreux* there were a heck of a lot of them **2.** [sans ménagement] roughly, harshly / *tu lui parles trop rudement* you talk

* In reformed spelling (see p. 16-19).

to him too roughly **3.** [brutalement] hard / *il a frappé à la porte rudement* he banged hard on the door.

rudesse [rydɛs] nf **1.** [rugosité - d'une surface, de la peau] roughness ; [- d'une toile] roughness, coarseness ; [- d'une voix, d'un son] roughness, harshness **2.** [rusticité - des manières] roughness, uncouthness ; [- des traits] ruggedness **3.** [sévérité - d'un ton, d'une voix] roughness, harshness, hardness ; [- d'un maître] severity, harshness / *traiter qqn avec rudesse* to treat sb brusquely **4.** [dureté - d'un climat, d'un hiver] hardness, harshness, severity ; [- d'une concurrence, d'une tâche] toughness.

rudiment [rydimɑ̃] nm **1.** *litt* [début, ébauche] rudiment / *il en est encore au rudiment* he's still learning the basics / *je n'ai encore acquis qu'un rudiment de technique* my technique is still rudimentary **2.** BIOL rudiment ▸ **un rudiment de queue** a rudimentary tail.

❖ **rudiments** nmpl [d'un art, d'une science] basics, rudiments *sout* / *tu apprendras vite les rudiments* you'll soon learn the basics / *apprendre les rudiments de la grammaire* to learn some basic grammar, to get a basic (working) knowledge of grammar / *je n'ai que des rudiments d'informatique* I have only a rudimentary knowledge of computing.

rudimentaire [rydimɑ̃tɛʀ] adj **1.** [élémentaire] rudimentary, basic / *des notions rudimentaires d'informatique* basic notions of computing **2.** [commençant] rudimentary, undeveloped / *cette technique est encore rudimentaire* the technique is still in its infancy **3.** [succinct] basic / *des informations trop rudimentaires* inadequate information **4.** BIOL rudimentary.

rudoie v ⟶ **rudoyer**.

rudoiement [rydwamɑ̃] nm *litt* harsh treatment.

rudoyer [13] [rydwaje] vt to treat harshly / *il les a un peu rudoyés* he was a bit harsh with them.

rue [ry] nf **1.** [voie] street / *de la rue, des rues* street *(modif)* / *c'est la rue qui dicte sa loi aujourd'hui fig* it's mob rule these days ▸ **rue pavée** paved street *(with small, flat paving stones)* ▸ **rue piétonnière** pedestrian street ▸ **rue à sens unique** one-way street ▸ **la grande rue** the high UK ou main street ▸ **les petites rues** the side streets ▸ **être à la rue** to be on the streets ▸ **mettre** ou **jeter qqn à la rue** to turn ou to put sb out into the street **2.** BOT rue.

 **Rue**

The names of some Paris streets are used to refer to the establishments situated there: la rue de Grenelle the Ministry of Education; la rue de Valois the Ministry of Culture; la rue d'Ulm the École normale supérieure.

ruée [rɥe] nf rush / *à l'heure de la ruée hors des bureaux* during the evening rush hour / *il y a eu une ruée vers le buffet* everybody made a mad dash for the buffet ▸ **la ruée vers l'or** HIST the gold rush / **'la Ruée vers l'or'** *Chaplin* 'The Goldrush'.

ruelle [rɥɛl] nf **1.** [voie] lane, narrow street, alley **2.** [de lit] space between bed and wall, ruelle *arch* **3.** HIST [pour réception] ruelle.

ruer [7] [rɥe] vi **1.** [animal] to kick (out) **2.** EXPR **ruer dans les brancards** *fam* **a)** [verbalement] to kick up a fuss **b)** [par ses actions] to kick ou to lash out.

❖ **se ruer** vpi ▸ **se ruer sur qqn a)** [gén] to rush at sb **b)** [agressivement] to hurl ou to throw o.s. at sb / *se ruer vers la sortie* to dash ou to rush towards the exit / *ils se sont tous rués sur le buffet* they made a mad dash for the buffet / *dès qu'une chambre se libère, tout le monde se rue dessus* as soon as a room becomes vacant, everybody pounces on it / *on se rue pour aller voir son dernier film* people are flocking to see his latest film / *se ruer à l'attaque* SPORT to rush into the attack.

ruf(f)ian [ʀyfjɑ̃] nm **1.** *arch* [souteneur] whoremonger **2.** [aventurier] adventurer.

rugby [rygbi] nm rugby (football) ▸ **rugby à quinze** Rugby Union ▸ **rugby à treize** Rugby League.

rugbyman [rygbiman] (*pl* **rugbymans** *ou* **rugbymen** [mɛn]) nm rugby player.

rugir [32] [ryʒiʀ] ◆ vi **1.** [fauve] to roar **2.** [personne] to bellow. ◆ vt [insultes, menaces] to bellow ou to roar out *(sép)*.

rugissant, e [ryʒisɑ̃, ɑ̃t] adj **1.** [fauve, moteur] roaring **2.** *litt* [flots] roaring ; [vent, tempête] roaring, howling.

rugissement [ryʒismɑ̃] nm **1.** [d'un lion, d'un moteur] roar, roaring **2.** *litt* [des flots] roar, roaring ; [du vent, de la tempête] roar, roaring, howling **3.** [d'une personne] roar / *rugissement de fureur* roar ou howl of anger / *rugissement de douleur* howl of pain.

rugosité [rygozite] nf [d'une écorce, d'un plancher, de la peau] roughness ; [d'une toile] roughness, coarseness.

❖ **rugosités** nfpl bumps, rough patches / *de petites rugosités sur la main* little rough patches (of skin) on the hand.

rugueux, euse [rygø, øz] adj [écorce, planche, peau] rough ; [toile] rough, coarse.

Ruhr [ruʀ] npr f ▸ **la Ruhr** the Ruhr.

ruine [rɥin] nf **1.** [faillite financière] ruin / *le jeu a causé sa ruine* gambling ruined him ou caused his ruin / *courir à la ruine* to head for ruin **2.** *fam* [dépense exorbitante] ruinous expense / *30 €, ce n'est pas la ruine!* 30 € won't break ou ruin you! / *l'entretien du bateau est une ruine* maintaining the boat is ruinously expensive **3.** [bâtiment délabré] ruin **4.** [personne usée] wreck / *c'est une vraie ruine* he's a real wreck **5.** [destruction - d'une institution] downfall, ruin ; *fig* ruin / *ce fut la ruine de notre mariage* it wrecked or ruined our marriage / *il veut ma ruine* he wants to ruin ou finish me / *le scandale fut la ruine de sa carrière politique* the scandal ruined his political career.

❖ **ruines** nfpl ruins / *les ruines d'un vieux château* the ruins ou remains of an old castle.

❖ **en ruine** ◆ loc adj ruined / *la ferme est en ruine* the farmhouse is in ruins / *il y a beaucoup de moulins en ruine dans la région* there're a lot of ruined windmills in the area. ◆ loc adv in ruins ▸ **tomber en ruine** to go to ruin.

ruine-de-Rome [rɥindəʀɔm] (*pl* **ruines-de-Rome**) nf ivy-leaved toadflax.

ruiner [3] [rɥine] vt **1.** [financièrement] to ruin, to cause the ruin of, to bring ruin upon *sout* / *les études de mes enfants me ruinent* my children's education is ruining me / *ça ne va pas te ruiner!* it won't break ou ruin you! / *tu vas me ruiner!* you'll be the ruin ou the ruination of me! **2.** *litt* [endommager - architecture, cultures] to ruin, to destroy ; [- espérances] to ruin, to dash ; [- carrière, santé] to ruin, to wreck / *cet échec ruine tous ses espoirs* this failure wrecks all his hopes.

❖ **se ruiner** ◆ vpi [perdre sa fortune] to ruin ou to bankrupt o.s. ; [dépenser beaucoup] to spend a fortune / *il s'est ruiné aux courses* he ruined ou bankrupted himself at the races / *je me ruine à te payer des études* I'm bleeding myself white ou ruining myself paying for your studies ▸ **se ruiner en** to spend a fortune on / *elle se ruine en vêtements / disques* she spends a fortune on clothes / records. ◆ vpt : *se ruiner la santé* to ruin one's health / *se ruiner la vue* to destroy one's eyesight.

ruineux, euse [rɥinø, øz] adj extravagantly expensive, ruinous / *30 €, ce n'est pas ruineux* 30 € is hardly extravagant.

ruiniforme [rɥinifɔʀm] adj ruiniform.

ruisseau, x [rɥiso] nm **1.** [ru] brook, stream **2.** [lit du cours d'eau] bed of a stream / *un ruisseau à sec* a dried-up stream **3.** *litt* [torrent] stream / *ruisseaux de sang / sueur* streams of blood / sweat / *ruisseaux de larmes* floods of tears ▸ **les petits ruisseaux font les grandes rivières** *prov* tall oaks from little acorns grow *prov* **4.** [rigole] gutter **5.** *péj* gutter ▸ **tirer qqn du ruisseau** to pull ou to drag sb out of the gutter.

ruisselant, e [rɥislɑ̃, ɑ̃t] adj **1.** [inondé] ▸ **ruisselant (d'eau) a)** [imperméable, personne] dripping (wet) **b)** [paroi] streaming ou running with water / *le visage ruisselant de sueur* her face streaming ou dripping with sweat / *les joues ruisselantes de larmes* his cheeks streaming with tears / *une pièce ruisselante de lumière* a room bathed in ou flooded with light **2.** [qui ne cesse de couler] ▸ **eaux ruisselantes** running waters.

ruisseler [24] [rɥisle] vi [couler - eau, sang, sueur] to stream, to drip / *la sueur ruisselait sur son front* his brow was streaming ou dripping with sweat / *la lumière ruisselait par la fenêtre fig* light flooded in through the window ▸ **ruisseler sur a)** *litt* [suj : chevelure] to flow over **b)** [suj : air, lumière] to stream.

❖ **ruisseler de** vp + prép [être inondé de] : *ruisseler de sang / sueur* to stream with blood / sweat / *les murs ruisselaient d'humidité* the walls were streaming ou oozing with damp / *le palais ruisselait de lumière fig* the palace was bathed in ou flooded with ou awash with light.

In reformed spelling (see p. 16-19), this verb is conjugated like *peler* : *il ruissèle, elle ruissèlera.*

ruisselet [rɥislɛ] nm little stream, brook.

ruisselle v ⟶ **ruisseler**.

ruissellement, ruissèlement* [rɥisɛlmɑ̃] nm **1.** [écoulement] : *le ruissellement de la pluie sur les vitres* the rain streaming ou running down the window panes / *ruissellement de lumière litt* stream of light **2.** GÉOL ▸ **ruissellement pluvial, eaux de ruissellement** (immediate) runoff.

rumba [rumba] nf rumba.

rumen [rymɛn] nm rumen.

rumeur [rymœʀ] nf **1.** [information] rumour / *il y a des rumeurs de guerre* there's talk of war / *selon certaines rumeurs, le réacteur fuirait toujours* rumour has it ou it's rumoured that the reactor is still leaking **2.** *sout* [bruit - d'un stade, d'une classe] hubbub, hum ; [- de l'océan] murmur ; [- de la circulation] rumbling, hum **3.** [manifestation] ▸ **rumeur de mécontentement** rumblings of discontent **4.** [opinion] ▸ **la rumeur publique** : *la rumeur publique le tient pour coupable* rumour has it that he is guilty.

ruminant [ryminɑ̃] nm ruminant.

rumination [ryminasjɔ̃] nf rumination.

ruminer [3] [rymine] ◆ vi ZOOL to ruminate *spéc*, to chew the cud. ◆ vt **1.** [ressasser - idée] to ponder, to chew over *(sép)* ; [- malheurs] to brood over *(insép)* ; [- vengeance] to ponder **2.** ZOOL to ruminate.

rumsteck [rɔmstɛk] = **romsteck**.

runabout [rœnabawt] nm NAUT runabout.

rune [ryn] nf rune.

Rungis [rœ̃ʒis] npr *large wholesale food market in the Paris suburbs.*

runique [rynik] adj runic.

ruolz [rɥɔlts] nm *gold or silver plating.*

rupestre [rypɛstʀ] adj **1.** ARCHÉOL & ART [dessin] rock *(modif)* ; [peinture] cave *(modif)* **2.** BOT rock *(modif)*, rupestrine *spéc*.

RUPI (abr écrite de **roupie indienne**) Re.

rupicole [rupikɔl] nm rock cock.

rupin, e [rypɛ̃, in] *tfam* ◆ adj [quartier] posh ; [intérieur] ritzy, posh ; [famille] well-heeled, posh. ◆ nm, f : *c'est des rupins* they're rolling in money ou rolling in it ▸ **les rupins** the rich.

RUPP (abr écrite de **roupie du Pakistan**) Re, Pre.

rupteur [ryptœʀ] nm **1.** ÉLECTR [d'une bobine] circuit breaker **2.** AUTO ▸ **rupteur (d'allumage)** (contact) breaker.

rupture [ryptyʀ] nf **1.** MÉD [dans une membrane] breaking, tearing, splitting ; [dans un vaisseau] bursting / *il y a eu rupture du ligament* the ligament tore ▸ **rupture d'anévrysme** aneurysmal rupture **2.** TECHNOL ▸ **rupture de circuit** circuit break **3.** [cessation - de négociations, de fiançailles] breaking off / *la rupture des pourparlers était inévitable* the talks were bound to break down / *une rupture avec le passé* a break with the past / *la rupture est complète avec ma famille* I've broken off ou severed all ties with my family **4.** [dans un couple] break-up / *leur couple semble toujours au bord de la rupture* they always seem on the verge of splitting ou breaking up **5.** [changement] break ▸ **rupture de cadence** sudden break in rhythm ▸ **rupture de ton** sudden change in ou of tone **6.** COMM ▸ **rupture de stock** : *être en rupture de stock* to be out of stock **7.** DR ▸ **rupture de ban** illegal return (from banishment) ▸ **être en rupture de ban avec son milieu / sa famille** *fig* to be at odds with one's environment / one's family ▸ **rupture de contrat** breach of contract ▸ **rupture prolongée de la vie commune** estrangement ▸ **rupture abusive (de contrat)** ≃ illegal dismissal **8.** POL ▸ **rupture des relations diplomatiques** breaking off of diplomatic relations **9.** INDUST ▸ **rupture de charge** break of load **10.** MIL breakthrough.

rural, e, aux [RyRal, o] ◆ adj [droit, population] rural ; [vie, paysage] country *(modif)*, rural / *en milieu rural* in rural areas. ◆ nm, f country person ▸ **les ruraux** country people, countryfolk. ◆ nm SUISSE farm building.

ruse [Ryz] nf **1.** [trait de caractère] cunning, craftiness, slyness ▸ **s'approprier qqch par ruse** to obtain sthg through ou by trickery / *elle a dû recourir à la ruse pour s'échapper* she had to resort to cunning to escape **2.** [procédé] trick, ruse, wile ▸ **ruse de guerre a)** *pr* tactics, stratagem **b)** *fig* good trick ▸ **ruses de Sioux** *fam* crafty tactics, fox's cunning.

rusé, e [Ryze] ◆ adj [personne] crafty, sly, wily ; [air, regard] sly ▸ **il est rusé comme un renard** he's as sly ou cunning ou wily as a fox. ◆ nm, f : *tu es une petite rusée !* you're a crafty one ou a sly one, my girl !

ruser [3] [Ryze] vi to use cunning ou trickery ou guile *sout* ▸ **il va falloir ruser** we'll have to be clever ! ▸ **ruser avec qqn** to outsmart sb ▸ **ruser avec qqch** to get round sthg by using cunning.

rush [Rœʃ] (*pl* **rushs** *ou* **rushes**) nm **1.** [ruée] rush, stampede **2.** SPORT [effort soudain] spurt.

rushes [Rœʃ] nmpl CINÉ rushes.

russe [Rys] adj Russian.

❖ **Russe** nmf Russian ▸ **Russe blanc** White Russian.

❖ **russe** nm LING Russian.

❖ **à la russe** loc adv Russian-style ▸ **boire à la russe** to drink Russian-style.

Russie [Rysi] npr f ▸ **(la) Russie** Russia ▸ **la Russie soviétique** Soviet Russia.

russification [Rysifikasjɔ̃] nf russification, russianization.

russifier [9] [Rysifje] vt to Russianize, to Russify.

russkof [Ryskɔf] nmf *injur offensive term used with reference to Russian people* ; ≃ Russky.

russophile [Rysɔfil] adj & nmf Russophile.

russophone [Rysɔfɔn] ◆ adj Russian-speaking. ◆ nmf Russian speaker.

russule [Rysyl] nf russula ▸ **russule émétique** sickener.

rustaud, e [Rysto, od] *péj* ◆ adj yokelish. ◆ nm, f yokel, (country) bumpkin / *les rustauds du coin fam* the locals.

rusticité [Rystisite] nf **1.** [d'un comportement, d'une personne] uncouthness, boorishness **2.** [d'un mobilier] rusticity **3.** AGR hardiness.

Rustine® [Rystin] nf **1.** *pr (bicycle tyre) rubber repair patch* **2.** *fig* makeshift solution.

rustique [Rystik] ◆ adj **1.** *sout* [de la campagne - vie] rustic, rural **2.** [meubles] rustic ; [poterie] rusticated **3.** *litt* [fruste - manières, personne] country *(épithète)*, rustic **4.** AGR hardy **5.** ARCHIT rusticated. ◆ nm ▸ **le rustique a)** [style] rustic style **b)** [mobilier] rustic furniture.

rustre [RystR] ◆ adj boorish, uncouth. ◆ nmf boor, lout.

rut [Ryt] nm rut / *au moment du rut* during the rutting season / *être en rut* to (be in) rut.

rutabaga [Rytabaga] nm swede, rutabaga US.

rutacée [Rytase] nf rutaceous plant ▸ **les rutacées** the Rutaceae.

ruthène [Rytɛn] adj Ruthenian.

❖ **Ruthène** nmf Ruthenian.

Ruthénie [Ryteni] npr f ▸ **la Ruthénie** Ruthenia.

ruthénium [Rytenjɔm] nm ruthenium.

rutilant, e [Rytilɑ̃, ɑ̃t] adj **1.** [propre - carrosserie, armure] sparkling, gleaming **2.** *litt* [rouge - cuivre] rutilant *litt* ; [- visage] ruddy.

rutile [Rytil] nm rutile.

rutiler [3] [Rytile] vi *sout* [étinceler] to gleam, to shine.

rutine [Rytin] nf rutin.

rutoside [Rytɔzid] nm = **rutine**.

R V abr écrite de **rendez-vous**.

Rwanda [Rwɑ̃da] = **Ruanda**.

rythme [Ritm] nm **1.** MUS rhythm / *ils dansaient sur* / *à un rythme endiablé* they were dancing to / at a furious rhythm / *avoir du rythme* [musique] to have a good (strong) beat ou rhythm / *avoir le sens du rythme* [personne] to have rhythm ▸ **marquer le rythme** to mark time ▸ **suivre le rythme** to keep in time (with the beat), follow the beat **2.** CINÉ, THÉÂTRE & LITTÉR rhythm / *le rythme du film est trop lent* the film is too slow-moving / *le spectacle manque de rythme* the show is a bit slow-moving ou lacks pace **3.** [allure - d'une production] rate ; [- des battements du cœur] rate, speed ; [- de vie] tempo, pace / *travailler à un rythme soutenu* to work at a sustained pace / *au rythme auquel il écrit ses romans* at the rate at which he writes novels ▸ **à ce rythme-là** at that rate ▸ **suivre le rythme** to keep up (the pace) **4.** [succession - de marées, de saisons] rhythm **5.** ANAT & BIOL ▸ **rythme biologique** biorhythm ▸ **rythme cardiaque** heartbeat, cardiac rhythm *spéc* ▸ **rythme respiratoire** breathing rate.

❖ **au rythme de** loc prép **1.** [au son de] to the rhythm of / *ils défilaient au rythme d'une marche militaire* they paraded to the rhythm of a military march **2.** [à la cadence de] at the rate of / *au rythme d'un milliard d'habitants en plus par décennie* at the rate of an extra one billion inhabitants per decade.

rythmé, e [Ritme] adj [musique] rhythmic, rhythmical ; [prose] rhythmical / *musique très rythmée* music with a good rhythm ou beat.

rythmer [3] [Ritme] vt **1.** [mouvements de danse, texte] to put rhythm into, to give rhythm to **2.** *sout* [ponctuer] : *ces événements ont rythmé sa vie* these events gave a certain rhythm to ou punctuated his life.

rythmicité [Ritmisite] nf *sout* rhythmicity.

rythmique [Ritmik] ◆ adj rhythmic, rhythmical. ◆ nf **1.** LITTÉR rhythmics *(U)* **2.** [gymnastique] rhythmic gymnastics *(U)*.

s, S [ɛs] nm inv **1.** [lettre] s, S **2.** [forme] S-shape ▸ **faire des S a)** [voiture] to zigzag **b)** [sentier] to twist and turn / *à cet endroit, la route fait un S* at this point, there's a double ou an S bend in the road **3.** (abr de **seconde**) s. Voir aussi **g**.

❖ **en S** loc adj [crochet] S-shaped ; [voie] winding, zigzagging ; [rivière] meandering.

s' [s] **1.** ⟶ **se 2.** ⟶ **si** *(conj).*

s/ abr écrite de **sur**.

S (abr écrite de **Sud**) S.

sa [sa] f ⟶ **son**.

SA (abr de **société anonyme**) nf ≃ plc UK ; ≃ Inc US ▸ **une SA** a limited company.

S.A. (abr écrite de **Son Altesse**) HH.

Saba [saba] npr Sheba.

sabayon [sabajɔ̃] nm [entremets] zabaglione ; [sauce] sabayon sauce.

sabbat [saba] nm **1.** RELIG Sabbath / *que faites-vous le jour du sabbat?* what do you do on the Sabbath? **2.** [de sorcières] witches' sabbath **3.** *fam & vieilli* [raffut] din, racket.

sabbatique [sabatik] adj **1.** RELIG sabbatical **2.** UNIV sabbatical / *demander une année sabbatique* to ask for a sabbatical (year) **3.** *litt* [digne d'un sabbat, très agité] chaotic, tumultuous.

Sabin, e [sabɛ̃, in] nm, f Sabine / *l'enlèvement des Sabines* the rape of the Sabine women.

sabine [sabin] nf savin (bush).

sabir [sabiʀ] nm **1.** LING lingua franca **2.** *fam* [jargon] gobbledygook, mumbo-jumbo ▸ **dans leur sabir** in their lingo.

sablage [sablaʒ] nm **1.** TRAV PUB gritting **2.** CONSTR sandblasting.

sable [sabl] ◆ nm **1.** GÉOL sand ▸ **sable fin** fine sand ▸ **sable de construction** coarse sand ▸ **être sur le sable a)** *fam & fig* [sans argent] to be skint UK ou broke ou strapped **b)** [sans emploi] to be out of a job ▸ **mettre qqn sur le sable** [le ruiner] : *ils m'ont mis sur le sable* they've ruined ou bankrupted me **2.** MÉTALL (moulding) sand **3.** HÉRALD sable. ◆ adj inv sand-coloured, sandy.

❖ **sables** nmpl : *les sables (du désert)* the desert sands ▸ **sables mouvants** quicksand *(U).*

❖ **de sable** loc adj [château] sand *(modif)* ; [dune] sand *(modif)*, sandy ; [fond] sandy.

sablé, e [sable] adj [allée] sandy.

❖ **sablé** nm (shortbread-type) biscuit UK ou cookie US.

sabler [3] [sable] vt **1.** TRAV PUB to grit **2.** CONSTR to sandblast **3.** EXPR **sabler le champagne** to crack a bottle of champagne.

sableur [sablœʀ] nm **1.** TRAV PUB sander (person) **2.** CONSTR sandblaster operator **3.** MÉTALL (sand) moulder UK.

sableux, euse [sablø, øz] adj **1.** [mêlé de sable - eau, terrain] sandy ; [- champignons, moules] gritty ▸ **alluvions sableuses** sandy alluvium **2.** [rugueux - pâte] grainy.

❖ **sableuse** nf **1.** TRAV PUB sander, sand spreader **2.** CONSTR sandblaster.

sablier, ère [sablije, ɛʀ] adj [industrie, commerce] sand *(modif).*

❖ **sablier** nm **1.** [gén] hourglass, sand glass ; [de cuisine] egg timer **2.** [pour sécher l'encre] sandbox **3.** BOT sandbox tree.

❖ **sablière** nf **1.** [lieu] sand quarry, sandpit **2.** CONSTR [de toiture] inferior purlin ; [dans un mur] wall plate ▸ **sablière haute** head rail.

sablonneux, euse [sablɔnø, øz] adj sandy.

sablonnière [sablɔnjɛʀ] nf sand quarry, sandpit.

sabord [sabɔʀ] nm port *(square opening in ship's side).*

sabordage [sabɔʀdaʒ], **sabordement** [sabɔʀdəmɑ̃] nm NAUT & *fig* scuttling.

saborder [3] [sabɔʀde] vt **1.** NAUT to scuttle, to sink **2.** [stopper - entreprise, journal] to scuttle, to sink, to wind up *(sép)* **3.** [faire échouer - plans, recherche] to scuttle, to put paid to UK, to scupper UK.

❖ **se saborder** vp *(emploi réfléchi)* **1.** [navire] to go down *(by the deliberate actions of the crew)* **2.** [entreprise] to fold, to close down ; [parti] to wind (o.s.) up.

sabot [sabo] nm **1.** [soulier] clog, sabot ▸ **je te vois venir avec tes gros sabots** *fam* I know what you're after, I can see you coming a mile off ▸ **comme un sabot** *fam* : **elle danse comme un sabot** she's got two left feet / *je chante comme un sabot* I can't sing to save my life **2.** ZOOL hoof ▸ **animaux à sabots** hoofed animals **3.** *fam & péj* [instrument, machine] pile of junk **4.** JEUX shoe *(for cards)* **5.** MÉCAN ▸ **sabot de frein** brake shoe ▸ **sabot de Denver** wheel clamp UK, Denver boot US / *mettre le sabot de Denver à une voiture* to clamp ou to (Denver) boot US a car **6.** [d'un meuble] metal shoe ; [d'un tube] ferrule **7.** [jouet] whipping top **8.** TRAV PUB [d'un pilot] shoe.

sabotage [sabɔtaʒ] nm **1.** [destruction - de matériel] sabotage / *c'est du sabotage!* *fig* this is sheer sabotage! **2.** [acte organisé] ▸ **un sabotage** an act ou a piece of sabotage **3.** [travail bâclé] botched job **4.** RAIL chairing **5.** TRAV PUB shoeing.

sabot-de-Vénus [sabodvenys] (*pl* **sabots-de-Vénus**) nm lady's slipper.

saboter [3] [sabɔte] vt **1.** [détruire volontairement] to sabotage / *saboter une voie ferrée* to sabotage a train line / *des manifestants sont venus saboter l'émission* demonstrators came to sabotage ou to disrupt the programme **2.** [bâcler] to bungle ; *(en usage absolu)* : *tu sabotes!* you're making a mess of the whole thing! **3.** RAIL to chair **4.** TRAV PUB to shoe.

saboteur, euse [sabɔtœʀ, øz] nm, f **1.** [destructeur] saboteur **2.** [mauvais travailleur] bungler.

sabotier, ère [sabɔtje, ɛʀ] nm, f **1.** [fabricant] clog-maker **2.** [vendeur] clog seller.

sabre [sabʀ] nm **1.** ARM & SPORT sabre UK, saber US / *tirer son sabre* to draw one's sword ▸ **sabre d'abattis** machete ▸ **sabre d'abordage** cutlass ▸ **sabre de cavalerie** cavalry sabre ▸ **sabre au clair** : *aller / charger sabre au clair* to go / to charge with drawn sword ▸ **le sabre et le goupillon** the Army and the Church **2.** ZOOL scabbard-fish.

sabre-baïonnette [sabʀəbajɔnɛt] (*pl* **sabres-baïonnettes**) nm sword bayonet.

sabrer [3] [sabʀe] vt **1.** [texte] to make drastic cuts in ; [paragraphe, phrases] to cut, to axe / *sabrer tout un passage dans un chapitre* to slash ou to hack a whole section out of a chapter ; *(en usage absolu)* : *je vais devoir sabrer* I'll have to do some drastic editing **2.** *fam* [critiquer - étudiant, copie] to savage, to lay into *(insép)* ; [- projet] to lay into **3.** *fam* [renvoyer - employé] to fire, to sack UK, to can US / *se faire sabrer* to get the chop ou sack UK ou boot **4.** [marquer vigoureusement] to slash / *la toile avait été sabrée à coups de crayon* *fig* great pencil slashes marked the canvas **5.** [bâcler] to botch, to bungle **6.** [ouvrir] : *sabrer le champagne* to break open a bottle of champagne *(originally, using a sabre).*

sabreur, euse [sabʀœʀ, øz] nm, f ESCRIME fencer (specializing in the sabre).

❖ **sabreur** nm MIL swordsman *(using a sabre).*

sac [sak] nm **1.** [contenant - petit, léger] bag ; [- grand, solide] sack ▸ **sac de billes** bag of marbles ▸ **sac de classe** ou **d'école** *vieilli* satchel, school bag ▸ **sac de couchage** sleeping bag ▸ **sac à dos** rucksack, knapsack ▸ **sac gonflable** AUTO airbag® ▸ **sac à main a)** [à poignée] handbag UK, purse US **b)** [à bandoulière] shoulder bag ▸ **sac de marin** kitbag ▸ **sac à ouvrage** workbag, sewing bag ▸ **sac à pain** bread bag *(made of cloth)* ▸ **sac en papier** paper bag ▸ **sac de plage** beach bag ▸ **sac (en) plastique a)** [petit] plastic bag **b)** [solide et grand] plastic carrier (bag) UK, large plastic bag US ▸ **sac à pommes de terre** potato sack ▸ **sac à provisions** shopping bag ▸ **sac de sable a)** MIL sandbag **b)** SPORT punchbag ▸ **sac à viande** *fam* inner sheet (of a sleeping bag) ▸ **sac à vomi** sickbag ▸ **sac de voyage** overnight ou travelling UK ou traveling US bag / *je ne prendrai pas de valise, juste un sac* I won't pack a suitcase, just an overnight bag **2.** [contenu - petit, moyen] bag, bagful ; [- grand] sack, sackful **3.** *tfam & vieilli* [argent] ▸ **dix sacs** a hundred francs **4.** ANAT & BOT sac ▸ **sac lacrymal** lachrymal sac **5.** RELIG ▸ **le sac et la cendre** sackcloth and ashes **6.** [pillage] sack, pillage ▸ **mettre qqch à sac** to ransack ou to plunder ou to pillage sthg **7.** *fam* EXPR **sac d'embrouilles** ou **de nœuds** : *méfie-toi, c'est un sac de nœuds, leur affaire* be careful, that business of theirs is a real hornets' nest / *voyons un peu ce sac d'embrouilles!* let's try and sort out this muddle! ▸ **sac à malices** bag of tricks ▸ **sac d'os** : *c'est un sac d'os* he's all skin and bones ou a bag of bones ▸ **sac à puces** [chien] fleabag ▸ **sac à vin** drunk, lush ▸ **homme de sac et de corde** *litt* rogue, jailbird ▸ **être fagoté** ou **ficelé comme un sac** to look like a feather bed tied in the middle ▸ **ça y est, l'affaire est** ou **c'est dans le sac!** it's as good as done!, it's in the bag ! ▸ **dans le même sac** : *ils sont tous à mettre dans le même sac* they're all as bad as each other / *attention, ne mettons pas le racisme et le sexisme dans le même sac !* let's not lump racism and sexism together !

saccade [sakad] nf jerk, jolt, (sudden) start / *après quelques saccades, le moteur s'arrêta* the engine jolted to a halt.

❖ **par saccades** loc adv jerkingly, joltingly, in fits and starts / *la voiture avançait par saccades* the car was lurching ou jerking forward / *elle parlait par saccades* she spoke haltingly ou in a disjointed manner.

saccadé, e [sakade] adj [pas] jerky ; [mouvement] disjointed ; [voix] halting.

saccage [sakaʒ] nm (wanton) destruction / *quel saccage !* what a mess !

saccager [17] [sakaʒe] vt [maison, parc] to wreck, to wreak havoc in, to devastate ; [matériel, livres] to wreck, to ruin ; [cultures] to lay waste, to devastate ; [ville] to lay waste, to sack / *le village a été saccagé par l'inondation / le tourbillon* the village was devastated by the flood / hurricane / *les cambrioleurs ont (tout) saccagé (dans) le salon* the burglars wrecked (everything in) the living room.

saccageur, euse [sakaʒœʀ, øz] nm, f *sout* vandal.

saccharase, saccarase* [sakaʀaz] nf saccharase.

saccharide, saccaride* [sakaʀid] nm saccharide.

saccharifère, saccarifère* [sakaʀifɛʀ] adj sacchariferous.

saccharification, saccarification* [sakaʀifikasjɔ̃] nf saccharification, saccharization.

saccharifier, saccarifier* [9] [sakaʀifje] vt to saccharify, to saccharize.

saccharimètre, saccarimètre* [sakaʀimɛtʀ] nm saccharimeter.

saccharimétrie, saccarimétrie* [sakaʀimetʀi] nf saccharimetry.

saccharimétrique, saccarimétrique* [sakaʀimetʀik] adj saccharimetric.

saccharin, e, saccarin*, e [sakaʀɛ̃, in] adj sugar *(modif).*

❖ **saccharine, saccarine*** nf saccharin.

sacchariné, e, saccariné*, e [sakaʀine] adj saccharined.

saccharose, saccarose* [sakaʀoz] nm saccharose.

sacco [sako] nm beanbag.

SACEM, Sacem [sasɛm] (abr de **Société des auteurs, compositeurs et éditeurs de musique**) npr f *body responsible for collecting and distributing royalties in the music industry* ; ≃ Performing Rights Society UK ; ≃ Copyright Royalty Tribunal US.

sacerdoce [sasɛʀdɔs] nm **1.** RELIG priesthood **2.** [vie de dévouement] vocation ou calling *(requiring the utmost dedication)* / *la vie d'un militant est un sacerdoce* being a militant calls for great dedication.

sacerdotal, e, aux [sasɛʀdɔtal, o] adj priestly, sacerdotal.

sachant p prés ⟶ **savoir.**

sachem [saʃɛm] nm sachem.

sachet [saʃɛ] nm **1.** [petit sac] (small) bag **2.** [dose - de soupe, d'entremets] packet, sachet ; [- d'herbes aromatiques] sachet ▸ **un sachet d'aspirine** a dose of aspirin ▸ **un sachet de thé** a teabag ▸ **du thé en sachets** teabags ▸ **soupe en sachets** packet soup UK, package soup US.

sachet-cuisson [saʃɛkɥisɔ̃] (*pl* **sachets-cuissons**) nm ▸ **en sachet-cuisson** boil-in-the-bag.

sacoche [sakɔʃ] nf **1.** [de facteur] bag, post bag UK, mail bag **2.** [de vélo] pannier **3.** [d'encaisseur] money bag **4.** BELG handbag, purse US.

sac-poubelle [sakpubɛl] (*pl* **sacs-poubelle**) nm [petit] dustbin UK ou garbage can US liner, binbag ; [grand] rubbish bag UK, garbage bag US.

sacquer [3] [sake] vt *tfam* **1.** [employé] ▸ **sacquer qqn** to give sb the sack UK ou ax US, to sack UK ou to can US sb ▸ **se faire sacquer** to get the sack UK ou axe US **2.** [étudiant] to fail, to flunk / *elle va se faire sacquer à l'examen* she'll get slaughtered in the exam **3.** EXPR ▸ **ne pas (pouvoir) sacquer qqn** : *il ne peut pas te sacquer* he can't stand (the sight of) you.

sacral, e, aux [sakʀal, o] adj sacred.

sacralisation [sakʀalizasjɔ̃] nf **1.** [d'une chose profane] : *notre époque voit la sacralisation de la liberté individuelle* today, individual freedom is considered to be sacred / *la sacralisation des ancêtres permet à cette société de faire face à la mort* the sacred value they attach to their ancestors is this society's way of coping with death **2.** MÉD sacralization.

sacraliser [3] [sakʀalize] vt to regard as sacred.

sacramental, aux [sakʀamɑ̃tal, o] nm sacramental.

sacramentel, elle [sakʀamɑ̃tɛl] adj **1.** RELIG sacramental **2.** *fig & litt* [moment, paroles] ritual, sacramental *sout.*

sacre [sakʀ] nm **1.** [d'un empereur] coronation and anointment ; [d'un évêque] consecration **2.** MUS / **'le Sacre du printemps'** *Stravinski* 'The Rite of Spring' **3.** ORNITH saker **4.** QUÉBEC [juron] expletive *(usually the name of a religious object).*

sacré, e [sakʀe] adj **1.** RELIG [édifice] sacred, holy ; [art, textes, musique] sacred, religious ; [animal] sacred / *dans l'enceinte sacrée* within the place of worship ▸ **le Sacré Collège** the Sacred College (of Cardinals) **2.** [devoir, promesse] sacred, sacrosanct ; [droit] sacred, hallowed / *les lois sacrées de l'hospitalité* the sacred laws of hospitality / *sa voiture, c'est sacré !* her car is sacred ! / *rien de plus sacré que sa promenade après le repas* his after-dinner walk is sacrosanct **3.** *(avant nom) fam* [en intensif] : *j'ai un sacré mal de dents !* I've got (an) awful toothache ! / *j'ai un sacré boulot en ce moment !* I've got a hell of a lot of work on at the moment ! / *c'est un sacré cuisinier, ton mari !* your husband is a damn good cook ou a terrific cook ! / *sacré Marcel, toujours le mot pour rire !* good old Marcel, never a dull moment with him ! *aussi iron* / *sacré farceur !* you old devil ! / *t'as eu une sacrée veine !* you were damn lucky ! **4.** *(avant nom) tfam* [satané] damned, blasted ▸ **sacré nom de nom !** damn and blast it ! ▸ **sacré nom de Dieu !** bloody hell ! ▸ **sacré nom d'un chien !** damn it ! UK, goddamn ! US **5.** ANAT sacral ▸ **plexus sacré** sacral plexus.

❖ **sacré** nm ▸ **le sacré** the sacred.

sacrebleu [sakʀəblø] interj *arch* zounds *arch*, hell's bells *hum.*

Sacré-Cœur [sakʀekœʀ] npr m **1.** [édifice] ▸ **le Sacré-Cœur, la basilique du Sacré-Cœur** Sacré-Cœur *(one of the landmarks of Paris, the church situated on the butte Montmartre)* **2.** [fête] ▸ **le Sacré-Cœur, la fête du Sacré-Cœur** the (Feast of the) Sacred Heart.

sacredieu [sakʀədjø] *arch* = **sacrebleu.**

sacrement [sakʀəmɑ̃] nm sacrament ▸ **les derniers sacrements** the last rites.

sacrément [sakʀemɑ̃] adv *fam & vieilli* : *c'est sacrément bon !* it's jolly UK ou damn good ! / *il était sacrément furieux !* he was awfully angry.

sacrer [3] [sakʀe] ◆ vt **1.** [empereur] to crown and anoint, to sacre *arch* ; [évêque] to consecrate **2.** [nommer, instituer] to consecrate / *on l'a sacré meilleur acteur du siècle* he was acclaimed ou hailed as the greatest actor of the century. ◆ vi *vieilli* to swear, to curse.

sacrificateur, trice [sakʀifikatœʀ, tʀis] nm, f ANTIQ sacrificer.

sacrifice [sakʀifis] nm **1.** RELIG sacrifice, offering ▸ **offrir qqch en sacrifice à Dieu** to offer sthg as a sacrifice to God, to sacrifice sthg to God ▸ **offrir qqn en sacrifice aux divinités** to sacrifice sb to the gods ▸ **le sacrifice de la Croix** the Sacrifice of the Cross **2.** [effort, compromis] sacrifice / *faire des sacrifices / un sacrifice* to make sacrifices / a sacrifice ▸ **sacrifices financiers** financial sacrifices ▸ **elle a fait de grands sacrifices pour monter la pièce / pour ses enfants** she's sacrificed a lot to put on the play / for her children ▸ **faire le sacrifice de sa vie pour qqn** to lay down ou to sacrifice one's life for sb.

❖ **au sacrifice de** loc prép at the cost of / *au sacrifice de sa vie* at the cost of her own life / *au sacrifice de mon bien-être personnel* to the detriment of ou at the cost of my personal well-being.

sacrificiel, elle [sakʀifisjɛl] adj **1.** RELIG sacrificial **2.** MÉTALL sacrificial.

sacrifié, e [sakʀifje] ◆ adj sacrificed, lost / *la génération sacrifiée* the lost generation. ◆ nm, f (sacrificial) victim.

sacrifier [9] [sakʀifje] vt **1.** RELIG to sacrifice / *c'est toute une génération qui a été sacrifiée fig* a whole generation was sacrificed **2.** [renoncer à - carrière, santé] to sacrifice ; [- loisirs] to give up *(sép)* ▸ **sacrifier sa vie** to make the ultimate sacrifice / *il a sacrifié sa vie pour sa patrie* he sacrificed ou laid down his life for his country / *sacrifier ses amis à sa carrière* to sacrifice one's friends to one's career **3.** COMM [articles] to sell at rock-bottom prices / *je les sacrifie, Mesdames !* Ladies, I'm giving them away !

❖ **sacrifier à** v + prép **1.** RELIG to sacrifice to / *sacrifier aux idoles* to sacrifice to idols **2.** *sout* [se conformer à] to conform to / *sacrifier à la mode* to conform to ou to go along with (the dictates of) fashion / *à Noël, sacrifiez à la tradition* keep tradition alive at Christmas.

❖ **se sacrifier** vpi to sacrifice o.s. / *se sacrifier pour son pays / ses enfants* to sacrifice o.s. for one's country / children / *il reste des frites — allez, je me sacrifie ! fam & hum* there are some chips left over — oh well, I suppose I'll have to eat them myself !

sacrilège [sakʀilɛʒ] ◆ adj sacrilegious. ◆ nmf profaner. ◆ nm **1.** RELIG sacrilege, profanation **2.** *fig* [crime] sacrilege, crime *fig* / *ce serait un sacrilège de retoucher la photo* it would be criminal ou a sacrilege to touch up the photograph / *je mets toujours un peu d'eau dans mon vin — sacrilège ! hum* I always put a drop of water in my wine — that's sacrilege !

sacripant [sakʀipɑ̃] nm *vieilli* scoundrel, rogue, scallywag.

sacristain [sakʀistɛ̃] nm **1.** RELIG [catholique] sacristan ; [protestant] sexton **2.** CULIN *small puff pastry cake in the shape of a paper twist.*

sacristi [sakʀisti] *vieilli* = **sapristi.**

sacristie [sakʀisti] nf [d'une église - catholique] sacristy ; [- protestante] vestry.

sacro-iliaque [sakʀɔiljak] (*pl* **sacro-iliaques**) adj sacroiliac.

sacro-saint, e (*mpl* **sacro-saints,** *fpl* **sacro-saintes**), **sacrosaint*, e** [sakʀɔsɛ̃, ɛ̃t] adj **1.** *vieilli* sacrosanct **2.** *fam* [intouchable] sacred, sacrosanct.

sacrum [sakʀɔm] nm sacrum.

sadique [sadik] ◆ adj sadistic. ◆ nmf sadist.

sadique-anal, e [sadikanal, o] (*mpl* **sadiques-anaux,** *fpl* **sadiques-anales**) adj anal, anal-sadistic.

sadiquement [sadikmɑ̃] adv sadistically.

sadisme [sadism] nm sadism.

sado [sado] *fam* ◆ adj sadistic / *il est un peu sado* he's a bit of a sadist. ◆ nmf sadist.

sadomaso [sadɔmazo] *fam* ◆ adj sadomasochistic. ◆ nmf sadomasochist.

sadomasochisme [sadɔmazɔʃism] nm sadomasochism.

sadomasochiste [sadɔmazɔʃist] ◆ adj sadomasochistic. ◆ nmf sadomasochist.

saducéen, enne [sadyseɛ̃, ɛn] ◆ adj Sadducean. ◆ nm, f Sadducee.

SAE (abr de **Society of Automotive Engineers**) npr f SAE.

safari [safaʀi] nm safari / *faire un safari* to go on (a) safari.

safari-photo [safaʀifɔto] (*pl* **safaris-photos**) nm photographic ou camera safari.

SAFER, Safer [safɛʀ] (abr de **Société d'aménagement foncier et d'établissement rural**) npr f *agency entitled to buy land and earmark it for agricultural use.*

safran [safʀɑ̃] ◆ nm **1.** BOT & CULIN saffron **2.** NAUT rudder blade. ◆ adj inv saffron *(modif)*, saffron-yellow.

safrané, e [safʀane] adj **1.** [teinte] saffron *(modif)*, saffron-yellow **2.** CULIN saffron-flavoured.

saga [saga] nf saga.

sagace [sagas] adj sharp, acute, sagacious *sout.*

* In reformed spelling (see p. 16-19).

sagacité [sagasite] nf sagacity *sout*, judiciousness, wisdom ▸ **avec sagacité** shrewdly, judiciously.

sagaie [sagɛ] nf assagai, assegai.

sage [saʒ] ◆ adj **1.** [tranquille, obéissant] good, well-behaved ▸ **sois sage, Paul! a)** [recommandation] be a good boy, Paul **b)** [remontrance] behave yourself, Paul / *les enfants ont été sages* the children behaved themselves ▸ **être sage comme une image** to be as good as gold **2.** [sensé, raisonnable -personne] wise, sensible ; [-avis, conduite, décision] wise, sensible, reasonable / *le plus sage serait de...* the most sensible thing (to do) would be... / *il serait plus sage que tu prennes une assurance* it would be wiser for you to take out insurance **3.** [sobre -tenue] modest, sober ; [-vie sentimentale] quiet ; [-film, livre] restrained, understated ; [-goûts] tame, unadventurous *péj* / *elle était habillée de façon très sage* she was very soberly dressed **4.** *euphém & vieilli* [chaste] : *elle est sage* she's a good girl. ◆ nmf **1.** [personne] wise person **2.** POL : *une commission de sages* an advisory committee. ◆ nm ANTIQ sage.

sage-femme (*pl* **sages-femmes**), **sagefemme*** [saʒfam] nf midwife ▸ **homme sage-femme** male midwife.

sagement [saʒmɑ̃] adv **1.** [tranquillement] quietly, nicely / *attends-moi sagement ici, Marie* wait for me here like a good girl, Marie / *il est en train de dessiner bien sagement* he's drawing nice and quietly **2.** [raisonnablement] wisely, sensibly / *il a sagement refusé* he quite wisely ou sensibly refused **3.** [pudiquement] : *elle baissa sagement les yeux* she modestly lowered her eyes.

sagesse [saʒɛs] nf **1.** [discernement -d'une personne] good sense, insight, wisdom ; [-d'une décision, d'une suggestion] good sense, wisdom / *la sagesse voudrait que tu refuses* you'd be better advised ou it'd be wiser to refuse / *elle n'a pas eu la sagesse d'attendre* she wasn't sensible enough ou didn't have the good sense to wait / *agir avec sagesse* to act wisely ou sensibly ▸ **la sagesse des nations** popular wisdom **2.** [obéissance] good behaviour UK ou behavior US / *elle n'a pas été d'une grande sagesse aujourd'hui!* she wasn't particularly well behaved today! **3.** [sobriété -d'une toilette, d'un livre] soberness, tameness ; [-d'une vie sentimentale] quietness / *la trop grande sagesse de son projet lui fera du tort* the unimaginativeness of his project will be to his disadvantage **4.** *euphém* [chasteté] proper behaviour.

sagittaire [saʒitɛʀ] nf arrowhead.

Sagittaire [saʒitɛʀ] npr m **1.** ASTRON Sagittarius **2.** ASTROL Sagittarius / *elle est Sagittaire* she's Sagittarius ou a Sagittarian.

sagittal, e, aux [saʒital, o] adj ANAT & MATH sagittal.

sagitté, e [saʒite] adj sagittate.

sagou [sagu] nm sago.

sagouin, e [sagwɛ̃, in] nm, f *fam* [personne -malpropre] filthy pig ; [-incompétente] slob ▸ **faire qqch comme un sagouin** to make a complete mess of sthg.

✧ **sagouin** nm ZOOL sagoin, marmoset.

Sahara [saaʀa] npr m ▸ **le (désert du) Sahara** the Sahara (desert) ▸ **au Sahara** in the Sahara / *le Sahara occidental* the Western Sahara.

saharien, enne [saaʀjɛ̃, ɛn] adj Saharan.

✧ **Saharien, enne** nm, f Saharan.

✧ **saharien** nm LING Saharan.

✧ **saharienne** nf VÊT safari jacket.

Sahel [saɛl] npr m ▸ **le Sahel** the Sahel.

sahélien, enne [saeljɛ̃, ɛn] adj Sahelian.

✧ **Sahélien, enne** nmf Sahelian.

sahraoui, e [saʀawi] adj Sahrawi, from Western Sahara, of Western Sahara.

✧ **Sahraoui, e** nm, f Sahrawi, Western Saharan.

Saïda [saida] npr Saida.

saignant, e [sɛɲɑ̃, ɑ̃t] adj **1.** CULIN [steak] rare **2.** [blessure] bleeding.

saignée [sɛɲe] nf **1.** MÉD bleeding *(U)*, bloodletting *(U)* ▸ **faire une saignée à qqn** to bleed sb, to let sb's blood **2.** *sout* [pertes humaines] : *la terrible saignée de la Première Guerre mondiale* the terrible slaughter of the First World War **3.** ANAT : *à la saignée du bras* at the crook of the arm **4.** [dépenses] drain / *des saignées dans le budget* drains on the budget **5.** [entaille] notch / *faire une saignée sur un pin* to tap a pine tree **6.** TECHNOL [de tournage] sideways kerf **7.** MIN kerf, undercut **8.** TRAV PUB (surface) drainage channel.

saignement [sɛɲmɑ̃] nm bleeding ▸ **saignement de nez** nosebleed.

saigner [4] [sɛɲe] ◆ vi **1.** [plaie, blessé] to bleed ▸ **je saigne du nez** my nose is bleeding, I've got a nosebleed ▸ **il saigne de la bouche a)** [coupure superficielle] his mouth is bleeding **b)** [hémorragie interne] he's bleeding from the mouth ▸ **saigner comme un bœuf** to bleed profusely ▸ **ça va saigner!** *tfam* : *c'est France-All Blacks aujourd'hui, ça va saigner!* France are playing the All Blacks today, the fur's going to fly! **2.** *fig & litt* : *son cœur saigne à cette pensée* his heart bleeds at the thought. ◆ vt **1.** [malade, animal] to bleed **2.** [faire payer -contribuable] to bleed, to fleece ; [épuiser -pays] to drain the resources of, to drain ou to suck the lifeblood from ▸ **saigner qqn à blanc** to bleed sb dry, to clean sb out **3.** TRAV PUB [fossé] to cut.

✧ **se saigner** vp *(emploi réfléchi)* ▸ **se saigner pour qqn** to work one's fingers to the bone for sb ▸ **se saigner aux quatre veines pour qqn** to bleed o.s. dry for sb.

saillant, e [sajɑ̃, ɑ̃t] adj **1.** [en relief -veines] prominent ; [-os, tendon, menton] protruding ; [-muscle, yeux] bulging, protruding ; [-rocher] protruding ; [-corniche] projecting ▸ **avoir les pommettes saillantes** to have prominent ou high cheekbones **2.** [remarquable -trait, fait] salient, outstanding / *l'ouvrage est plein de traits saillants* the work is full of striking features.

✧ **saillant** nm **1.** [de fortification] salient **2.** [angle] salient angle.

saillie [saji] nf **1.** [d'un mur, d'une montagne] ledge ; [d'un os] protuberance / *faire saillie, être en saillie* [balcon, roche] to jut out, to project / *une des briques faisait saillie* one of the bricks was jutting ou sticking out **2.** CONSTR projection **3.** *litt* [trait d'esprit] sally, witticism, flash of wit **4.** ZOOL covering, serving.

saillir[1] [32] [sajiʀ] vt ZOOL to cover, to serve.

saillir[2] [50] [sajiʀ] vi [rocher, poutre] to project, to jut out ; [menton] to protrude ; [os] to protrude, to stick out ; [yeux] to bulge, to protrude ; [muscle, veine] to stand out, to bulge / *l'effort faisait saillir les veines de son cou* the veins on his neck were swelling ou bulging with the strain.

sain, e [sɛ̃, sɛn] adj **1.** [robuste -enfant] healthy, robust ; [-cheveux, peau] healthy ; [-dent] sound, healthy ▸ **être sain d'esprit** to be sane / *sain de corps et d'esprit* sound in mind and body / *des dents très saines* teeth in perfect condition, healthy teeth **2.** [en bon état -charpente, fondations, structure] sound ; [-situation financière, entreprise, gestion] sound, healthy ; [-viande] good / *ne gardez que les parties saines de l'ananas* keep only the unblemished parts of the pineapple / *la gestion de l'entreprise n'était pas saine* the company was mismanaged **3.** [salutaire -alimentation, mode de vie] wholesome, healthy ; [-air, climat] healthy, invigorating / *tu ne devrais pas rester enfermé toute la journée, ce n'est pas sain* you shouldn't stay in all day long, it's not good for you ou it's unhealthy **4.** [irréprochable -opinion] sane, sound ; [-lectures] wholesome / *son rapport avec sa fille n'a jamais été très sain* her relationship with her daughter was never very healthy **5.** NAUT safe.

✧ **sain et sauf, saine et sauve** loc adj safe and sound, unhurt, unharmed / *j'en suis sorti sain et sauf* I escaped unharmed ou without a scratch.

saindoux [sɛ̃du] nm lard.

sainement [sɛnmɑ̃] adv **1.** [hygiéniquement] healthily / *se nourrir sainement* to eat wholesome ou healthy food ▸ **vivre sainement** to lead a healthy life **2.** [sagement] soundly ▸ **juger sainement (de)** to make a sound judgment (on).

sainfoin [sɛ̃fwɛ̃] nm sainfoin.

saint, e [sɛ̃, sɛ̃t] ◆ adj **1.** *(après le nom)* [sacré -lieu, livre, image, guerre] holy ▸ **la semaine sainte** Holy Week ; *(avant nom)* ▸ **le saint chrême** chrism ▸ **la Sainte Famille** the Holy Family ▸ **les Saintes Écritures** the Scriptures ▸ **les saints Innocents** the Innocents ▸ **leur saint patron** their patron saint ▸ **le saint sacrement** the sacrament of Holy Communion, the Eucharist ▸ **le saint sacrifice de la messe** the Holy Sacrifice of the Mass ▸ **le saint suaire (de Turin)** the Turin Shroud **2.** [canonisé] Saint / *saint Pierre / Paul* Saint Peter / Paul ▸ **prions sainte Édith** let us pray to Saint Edith **3.** *(avant nom)* [exemplaire] holy / *le curé est un saint homme* the priest is a holy man / *sa mère était une sainte femme* his mother was a real saint **4.** [en intensif] : *toute la sainte journée* the whole blessed day / *j'ai une sainte horreur des araignées* I have a real horror of spiders. ◆ nm, f **1.** RELIG saint / *le saint du jour* the Saint of the day ▸ **les saints de glace** *the three Saints (Mamert, Gervase and Pancras) on whose name days (11th, 12th and 13th May) late frosts often occur according to tradition* ▸ **les saints du dernier jour** the Latter-Day Saints, the Mormons ▸ **il lasserait la patience d'un saint** he'd try the patience of a saint ▸ **ne (plus) savoir à quel saint se vouer** : *je ne sais (plus) à quel saint me vouer* I don't know which way to turn (any more) ▸ **comme on connaît ses saints on les honore** *prov* treat each person according to ou on his merits **2.** ART *(statue or effigy of a)* saint **3.** *fig* saint / *vous êtes une sainte* you're a saint / *les promoteurs ne sont pas des petits saints* property developers are no angels.

✧ **saint** nm ▸ **le saint des saints a)** RELIG the Holy of Holies **b)** *fig* the inner sanctum.

✧ **Saint, e** adj **1.** RELIG ▸ **la Sainte Vierge** the Blessed Virgin, the Virgin Mary **2.** *(avec trait d'union)* [dans des noms de lieux, de fêtes] : *c'est la Saint-Marc aujourd'hui* it's Saint Mark's day today, it's the feast of Saint Mark today / *ils vont à la messe à Saint-Augustin* they attend Mass at Saint Augustine's (church).

saint-amour [sɛ̃tamuʀ] nm inv Saint-Amour (wine).

Saint-Barthélemy [sɛ̃baʀtelemi] ◆ npr f : *(le massacre de) la Saint-Barthélemy* the Saint Bartholomew's Day Massacre. ◆ npr GÉOGR Saint Bart's.

saint-bernard [sɛ̃bɛʀnaʀ] nm inv **1.** ZOOL Saint Bernard (dog) **2.** *hum* [personne généreuse] : *c'est un vrai saint-bernard* he's a good Samaritan.

saint-cyrien, enne [sɛ̃siʀjɛ̃, ɛn] (*mpl* **saint-cyriens**, *fpl* **saint-cyriennes**) nm, f [élève] *cadet training at the Saint-Cyr military academy.*

Saint-Cyr-l'École [sɛ̃siʀlekɔl] npr *military school near Versailles.*

Saint-Domingue [sɛ̃dɔmɛ̃g] npr Santo Domingo.

Sainte-Catherine [sɛ̃tkatʀin] npr ▸ **coiffer Sainte-Catherine** *to be 25 and still unmarried on Saint Catherine's Day (25th November).*

Sainte-Chapelle [sɛ̃tʃapɛl] npr f ▸ **la Sainte-Chapelle** *thirteenth-century church within the Palais de Justice on the île de la Cité.*

Sainte-Hélène [sɛ̃telɛn] npr St Helena ▸ **à Sainte-Hélène** on St Helena.

Sainte-Lucie [sɛ̃tlysi] npr St Lucia ▸ **à Sainte-Lucie** in St Lucia.

saintement [sɛ̃tmɑ̃] adv ▸ **vivre saintement** to lead a saintly life ▸ **mourir saintement** to die a saintly death.

Sainte-Mère-Église [sɛ̃tmɛʀegliz] npr *the first place to experience the Normandy landings when American parachute troops landed there on the night of 5-6 June, 1944.*

saint-émilion [sɛ̃temiljɔ̃] nm inv Saint Emilion (wine).

Saint Empire romain germanique [sɛ̃tɑ̃piʀʀɔmɛ̃ʒɛʀmanik] npr m Holy Roman Empire.

sainte-nitouche [sɛ̃tnituʃ] (*pl* **saintes-nitouches**) nf *péj* hypocrite / *avec ses airs de sainte-nitouche* looking as if butter wouldn't melt in her mouth.

Saintes [sɛ̃t] npr fpl ▸ **les (îles des) Saintes** the Îles des Saintes. ⟶ **île**

Saint-Esprit [sɛ̃tɛspʀi] npr m ▸ **le Saint-Esprit** the Holy Spirit ou Ghost.

sainteté [sɛ̃tte] nf **1.** [d'une personne] saintliness, godliness ; [d'une action, d'une vie] saintliness ; [d'un édifice, des Écritures, de la Vierge] holiness, sanctity ; [du mariage] sanctity **2.** [titre] : *Sa / Votre Sainteté* His / Your Holiness.

Saint-Étienne [sɛ̃tetjɛn] npr Saint-Étienne.

Sainte-Trinité [sɛttʀinite] npr f RELIG ▸ **la Sainte-Trinité** the Holy Trinity.

saint-florentin [sɛ̃flɔʀɑ̃tɛ̃] nm inv Saint-Florentin cheese.

saint-frusquin [sɛ̃fʀyskɛ̃] nm inv *fam* : *elle a débarqué hier avec tout son saint-frusquin* she turned up yesterday with all her worldly goods ▸ **j'ai jeté la vaisselle, les meubles et tout le saint-frusquin** I've thrown away the plates, the furniture, the whole lot ou caboodle.

Saint-Gall [sɛ̃gal] npr Saint Gall.

Saint-Germain-des-Prés [sɛ̃ʒɛʀmɛ̃depʀe] npr Saint-Germain-des-Prés *(area of Paris)*.

Saint-Germain-des-Prés

This is the literary centre of Paris near the oldest church in the city. Situated on the Left Bank of the Seine, it is famous for its bookshops, publishing houses, literary cafés and nightclubs. Its heyday was in the years following the Second World War, when Sartre and other existentialist intellectuals met regularly in its cafés.

saint-glinglin [sɛ̃glɛ̃glɛ̃] ❖ **à la saint-glinglin** loc adv *fam* : *je t'écrirai — c'est ça, à la saint-glinglin!* I'll write to you — and pigs might fly! / *elle te remboursera à la saint-glinglin* she'll never pay you back in a month of Sundays / *je ne vais pas attendre jusqu'à la saint-glinglin!* I'm not hanging around all day!

Saint-Gothard [sɛ̃gɔtaʀ] npr ⟶ **col.**

Saint-Graal [sɛ̃gʀal] = **Graal.**

Saint-Guy [sɛ̃gi] npr ▸ **danse de Saint-Guy** Saint Vitus's dance.

saint-honoré [sɛ̃tɔnɔʀe] nm inv Saint Honoré gateau.

Saint-Jacques [sɛ̃ʒak] npr ▸ **coquille Saint-Jacques** scallop.

Saint-Jacques-de-Compostelle [sɛ̃ʒakdəkɔ̃pɔstɛl] npr Santiago de Compostela.

Saint-Jean [sɛ̃ʒɑ̃] npr f ▸ **la Saint-Jean** Midsummer's Day.

Saint-Kitts-et-Nevis [sɛ̃kitsenevis] npr Saint Kitts and Nevis.

Saint-Laurent [sɛ̃lɔʀɑ̃] npr m ▸ **le Saint-Laurent** [fleuve] the St Lawrence (River) ▸ **le (golfe du) Saint-Laurent** the St Lawrence Seaway.

Saint-Malo [sɛ̃malo] npr Saint-Malo.

Saint-Marc [sɛ̃maʀ] npr ▸ **la place Saint-Marc** Saint Mark's Square.

saint-marcellin [sɛ̃maʀsəlɛ̃] nm inv *small round cheese produced in the Lyon area.*

Saint-Marin [sɛ̃maʀɛ̃] npr San Marino ▸ **à Saint-Marin** in San Marino.

saint-marinais, e [sɛ̃maʀinɛ, ɛz] adj San Marinese.

❖ **Saint-Marinais, e** nm, f San Marinese ▸ **les Saint-Marinais** the San Marinese.

Saint-Médard [sɛ̃medaʀ] npr f *prov* ▸ **s'il** ou **quand il pleut à la Saint-Médard, il pleut quarante jours plus tard** if it rains on Saint Medard's day it will rain for forty days and forty nights.

saint-nectaire [sɛ̃nɛktɛʀ] nm inv Saint Nectaire cheese.

Saint-Nicolas [sɛ̃nikɔla] npr f ▸ **la Saint-Nicolas** Saint Nicholas' Day *(December 6th, celebrated especially in Belgium and the north of France)*.

Saint-Office [sɛ̃tɔfis] npr m HIST ▸ **le Saint-Office** the Holy Office.

Saint-Patrick [sɛ̃patʀik] npr ▸ **la Saint-Patrick** Saint Patrick's Day.

saintpaulia [sɛ̃polja] nm African violet, saintpaulia.

saint-paulin [sɛ̃polɛ̃] nm inv Saint Paulin cheese.

Saint-Père [sɛ̃pɛʀ] nm Holy Father.

Saint-Pétersbourg [sɛ̃petɛʀsbuʀ] npr St Petersburg.

saint-pierre [sɛ̃pjɛʀ] nm inv John Dory, dory.

Saint-Pierre [sɛ̃pjɛʀ] npr ▸ **la basilique Saint-Pierre** Saint Peter's Basilica.

Saint-Pierre-et-Miquelon [sɛ̃pjɛʀemiklɔ̃] npr St Pierre and Miquelon.

Saint-Sébastien [sɛ̃sebastjɛ̃] npr San Sebastian.

Saint-Sépulcre [sɛ̃sepylkʀ] npr m ▸ **le Saint-Sépulcre** the Holy Sepulchre.

Saint-Siège [sɛ̃sjɛʒ] npr m ▸ **le Saint-Siège** the Holy See.

saint-simonien, enne [sɛ̃simɔnjɛ̃, ɛn] (*mpl* **saint-simoniens**, *fpl* **saint-simoniennes**) nm, f & adj Saint-Simonian.

saint-simonisme [sɛ̃simɔnism] nm Saint-Simonism.

Saint-Sylvestre [sɛ̃silvɛstʀ] npr f ▸ **la Saint-Sylvestre** *New Year's Eve* ▸ **le réveillon de la Saint-Sylvestre** *traditional French New Year's Eve celebration.*

Saint-Synode [sɛ̃sinɔd] nm RELIG ▸ **le Saint-Synode** the Holy Synod.

Saint-Valentin [sɛ̃valɑ̃tɛ̃] npr f ▸ **la Saint-Valentin** Saint Valentine's Day.

Saint-Vincent-de-Paul [sɛ̃vɛ̃sɑ̃dəpɔl] npr ▸ **la société Saint-Vincent-de-Paul** *Catholic charity founded in 1833.*

Saint-Vincent-et-les Grenadines [sɛ̃vɛ̃sɑ̃elegʀənadin] npr Saint Vincent and the Grenadines.

saisi, e [sezi] nm, f distrainee.

❖ **saisie** nf **1.** INFORM ▸ **saisie de données** keyboarding of data **2.** IMPR [clavetage] keyboarding **3.** DR [d'une propriété, d'un bien mobilier] seizure, distraint, distress ; [de produits d'une infraction] seizure, confiscation ; [d'un bien pour non-paiement des traites] repossession ▸ **saisie conservatoire** sequestration ou seizure of goods *(to prevent sale)* ▸ **saisie immobilière** seizure of property ▸ **saisie mobilière** seizure ou distraint of goods / *faire* ou *opérer une saisie* to levy a distress **4.** NAUT seizure, embargo.

saisie-arrêt [seziaʀɛ] (*pl* **saisies-arrêts**) nf garnishment.

saisie-exécution [seziɛgzekysjɔ̃] (*pl* **saisies-exécutions**) nf distraint (for an auction).

saisine [sezin] nf **1.** DR [d'un héritier] seisin ▸ **saisine d'un tribunal** referral (of a case) to a court **2.** NAUT lashing.

saisir [32] [seziʀ] vt **1.** [avec brusquerie] to grab (hold of), to seize, to grasp ; [pour porter, déplacer] to catch (hold of), to take hold of, to grip ; [pour s'approprier] to snatch ▸ **saisir qqch au vol** to catch sthg in mid-air / *saisir un outil par le manche* to take (hold of) a tool by the handle ▸ **saisir qqn aux épaules** to grab ou to grip sb by the shoulders / *il m'a saisi par la manche* he grabbed me by the sleeve / *elle saisit ma main* she gripped my hand **2.** [mettre à profit] to seize, to grab / *saisir le moment propice* to choose the right moment ▸ **saisir l'occasion de faire qqch** to seize ou to grasp the opportunity to do sthg ▸ **saisir sa chance** to seize an opportunity / *je n'ai pas su saisir ma chance* I missed (out on) my chance, I didn't seize the opportunity / **'à saisir'** [achat] 'a real bargain' **3.** [envahir -suj: colère, terreur, dégoût] to take hold of, to seize, to grip / *elle a été saisie d'un malaise* she suddenly felt faint / *saisi de terreur* terror-stricken / *elle fut saisie de panique* she suddenly panicked / *le froid me saisit* the cold hit me **4.** [impressionner] to strike, to stun / *la ressemblance entre les deux frères nous a saisis* we were struck by the resemblance between the two brothers / *quand j'ai vu le mort je suis resté saisi* when I saw the dead man, I was (quite) overcome **5.** [percevoir -bribes de conversation, mot] to catch, to get / *je n'ai pas bien saisi son nom* I didn't quite catch her name **6.** [comprendre -explications, sens d'une phrase] to understand, to get, to grasp ▸ **saisir la nuance** to see the difference / *as-tu saisi l'allusion?* did you get the hint? **7.** DR [débiteur, biens] to seize, to levy distress (upon) ; [articles prohibés] to seize, to confiscate ; [tribunal] to submit ou to refer a case to / *la justice, saisie de l'affaire, annonce que...* the judicial authorities, apprised of the case, have indicated that... / *la juridiction compétente a été saisie* the case was referred to the appropriate jurisdiction / *l'huissier a fait saisir tous ses biens* the bailiff ordered all his / her goods to be seized **8.** INFORM to capture / *saisir des données (sur clavier)* to keyboard data **9.** CULIN to seal, to sear.

❖ **se saisir de** vp + prép **1.** [prendre] to grab (hold of), to grip, to seize / *saisissez-vous de votre arme* grab (hold of) your weapon / *se saisir du pouvoir / d'une ville* to seize power / a town **2.** *sout* [étudier] to examine / *le conseil doit se saisir du dossier* the council will put the file on its agenda.

saisissable [sezisabl] adj **1.** DR distrainable **2.** *sout* [perceptible] perceptible.

saisissant, e [sezisɑ̃, ɑ̃t] ◆ adj **1.** [vif -froid] biting, piercing **2.** [surprenant -ressemblance] striking, startling ; [-récit, spectacle] gripping ; [-contraste] startling **3.** DR [qui opère ou fait opérer une saisie] seizing. ◆ nm, f [opérant une saisie] distrainer, distrainor.

saisissement [sezismɑ̃] nm **1.** [surprise] astonishment, amazement / *tous étaient sous le coup du saisissement* all were rooted to the spot in amazement / *je suis resté muet de saisissement devant tant de beauté* I was dumbfounded by so much beauty **2.** [sensation de froid] sudden chill / *il éprouva un saisissement au contact de l'eau glacée* he shivered as he entered the icy water.

saison [sɛzɔ̃] nf **1.** [période de l'année] season ▸ **en cette saison** at this time of (the) year ▸ **en toutes saisons** all year round / *la saison n'est pas très avancée cette année* the season's a bit late this year ▸ **la belle saison a)** [printemps] the spring months **b)** [été] the summer months ▸ **la mauvaise saison, la saison froide** the winter months ▸ **à la belle / mauvaise saison** when the weather turns warm / cold ▸ **la nouvelle saison** *litt* springtime, springtide *litt* ▸ **la saison sèche** the dry season ▸ **la saison des pluies** the rainy season, the rains **2.** [époque pour certains travaux, certains produits] : *ce n'est pas encore la saison des jonquilles* the daffodils aren't out yet / *ce n'est pas encore la saison des aubergines* aubergines aren't in season yet ▸ **la saison des cerises** the cherry season / *la saison des vendanges* grape-harvesting time ▸ **la saison des amours** the mating season ▸ **la saison de la chasse a)** [à courre] the hunting season **b)** [à tir] the shooting season ▸ **la saison de la pêche** the fishing season **3.** [temps d'activité périodique] season / *la saison théâtrale* the theatre season / *la saison touristique* the tourist season ▸ **une saison sportive** a season / *il a fait deux saisons au club de Nice* he played two seasons for Nice ; COMM season / *les restaurateurs ont fait une bonne saison* restaurateurs had a good season / *ici la saison commence en juin* the season starts in June here ▸ **en basse** ou **morte saison** off season ▸ **en haute saison** during the high season ▸ **la pleine saison** the busy season ▸ **en pleine saison** at the height of the season **4.** [cure] season *sout* / *le médecin lui a recommandé une saison dans une station thermale* the doctor recommended that he spend a season at a spa **5.** *litt* [âge de la vie] age, time of life / *quarante ans est une saison cruelle* forty is a cruel age.

❖ **de saison** loc adj **1.** [adapté à la saison] seasonal / *ce n'est pas un temps de saison* this weather's unusual for the time of the year ▸ **être de saison a)** [fruit] to be in season **b)** [vêtement] to be seasonable **2.** *sout* [opportun] timely / *tes critiques ne sont pas de saison* your criticism is out of place.

saisonnalité [sɛzɔnalite] nf seasonality.

saisonnier, ère [sɛzɔnje, ɛʀ] adj seasonal, seasonable / *nous avons un temps bien saisonnier* this is just the (right) sort of weather for the time of year.

❖ **saisonnier** nm [employé] seasonal worker ▸ **les saisonniers** seasonal staff.

sait v ⟶ **savoir.**

sajou [saʒu] = **sapajou.**

saké [sake] nm sake.

Sakhaline [sakalin] npr Sakhalin.

sal, s [sal] nm sal (tree).

salace [salas] adj [histoire, allusion] salacious *sout*, lewd, lascivious *sout* ; [individu] salacious, lecherous, lewd.

salacité [salasite] nf *litt* salaciousness *sout*, lewdness.

salade [salad] nf **1.** BOT lettuce / *acheter une salade* to buy a (head of) lettuce **2.** CULIN salad / *salade de concombre* / *haricots* cucumber / bean salad ▸ **en salade** : *champignons en salade* mushroom salad ▸ **salade composée** mixed salad ▸ **salade de fruits** fruit salad ▸ **salade niçoise** salade niçoise, niçoise salad ▸ **salade russe** Russian salad ▸ **salade verte** green salad **3.** *fam* [embrouillamini] muddle, tangle / *il fait une de ces salades en calcul!* he gets his sums into a total muddle !

❖ **salades** nfpl *fam* [mensonges] tall stories, fibs / *dis-moi tout, et ne me raconte pas de salades!* tell me everything and spare me the fairy tales ! / *c'est des salades tout ça!* all that's a load of tripe !

saladier [saladje] nm **1.** [récipient] (salad) bowl **2.** [contenu] : *un saladier de haricots* a bowlful of beans.

salage [salaʒ] nm CULIN & TRAV PUB salting.

salaire [salɛʀ] nm **1.** ÉCON [gén] pay ; [d'un ouvrier] wages, pay ; [d'un cadre] salary ▸ **un salaire de famine** starvation wages ▸ **salaire à la tâche** ou **aux pièces** pay for piece work, piece rate ▸ **salaire de base** basic salary ou pay ▸ **salaire brut** gross pay ▸ **salaire d'embauche** starting salary ▸ **salaire horaire** hourly wage ▸ **salaire mensuel** monthly pay ▸ **salaire au mérite** performance-related pay ▸ **salaire minimal** minimum wage ▸ **salaire minimum interprofessionnel de croissance** = SMIC ▸ **salaire net** take-home pay, net salary ▸ **salaire nominal** nominal wage ▸ **salaire réel** actual wage ▸ **à salaire unique** single-income / *je n'ai pas droit au salaire unique* I'm not entitled to supplementary benefit UK ou the welfare benefit US for single-income families ▸ **les gros salaires** high earners **2.** *fig* [dédommagement] reward ; [punition] retribution / *nous touchons maintenant le salaire des années d'inflation* this is the price we have to pay for years of inflation / *et pour tout salaire il reçut quelques coups* his only reward was a beating.

salaison [salɛzɔ̃] nf [opération] salting.

❖ **salaisons** nfpl [gén] salted foods ; [viande, charcuterie] salt ou salted meat.

salamalecs [salamalɛk] nmpl *fam* ▸ **faire des salamalecs à qqn** to kowtow to sb, to bow and scrape before sb / *épargnez-moi tous ces salamalecs* spare me the soft soap.

salamandre [salamɑ̃dʀ] nf **1.** ZOOL salamander **2.** [poêle] ▸ **Salamandre®** slow combustion stove.

Salamanque [salamɑ̃k] npr Salamanca

salami [salami] nm salami.

salangane [salɑ̃gan] nf salangane.

salant [salɑ̃] ◆ adj m salt *(modif)* ▸ **puits salant** brine well. ◆ nm salt marsh.

salarial, e, aux [salaʀjal, o] adj [politique, revendications] pay *(modif)*, wage *(modif)*, salary *(modif)* ▸ **masse salariale** wage bill ▸ **revenus salariaux** income from salaries.

salariat [salaʀja] nm **1.** [personnes] wage earners **2.** [mode de rémunération - à la semaine] (weekly) wages ; [- au mois] (monthly) salary **3.** [état] : *le salariat ne lui convient pas* being an employee doesn't suit her.

salarié, e [salaʀje] ◆ adj **1.** [au mois] salaried ; [à la semaine] wage-earning ▸ **êtes-vous salarié? a)** [non chômeur] are you in paid employment? **b)** [non libéral] are you paid a salary? **2.** [travail] paid ; [emploi, poste] salaried. ◆ nm, f [au mois] salaried employee ; [à la semaine] wage-earner ▸ **les salariés** the employees / *les salariés de ce pays* this country's workforce.

salarier [9] [salaʀje] vt to put on one's salaried staff / *je voudrais me faire salarier* I'd like to get a permanent (salaried) job / *nous préférons ne pas les salarier* we'd rather they didn't go on the payroll.

salaud [salo] *tfam* ◆ nm bastard, swine / *c'est un beau salaud* he's a real bastard / *je pars à Tahiti — ben mon salaud!* I'm off to Tahiti — you lucky sod UK ou bastard ! ◆ adj m : *il est salaud* he's a bastard ou a swine.

sale [sal] ◆ adj **1.** [malpropre - visage] dirty, filthy ; [- eau] dirty, murky ; [- mur] dirty, grimy / *les rues de la ville sont sales* the city streets are dirty ▸ **blanc sale** dirty white / *la façade est blanc sale* the façade is dirty white / *oh que tu es sale!* [à un enfant] you mucky pup ! / *elle est sale dans son travail* she's messy in her work, she's a messy worker ▸ **être sale comme un cochon** ou **peigne** ou **porc** : *il est sale comme un cochon* ou *peigne* ou *porc* he's filthy dirty **2.** [salissant] dirty / *un travail sale* dirty work **3.** [obscène] filthy, dirty / *raconter des histoires sales* to tell dirty stories **4.** *(avant nom) fam* [mauvais, désagréable] nasty / *c'est une sale affaire* it's a nasty business / *elle a un sale caractère* she has a filthy ou rotten temper ▸ **quel sale temps!** what rotten ou foul weather ! / *il m'a joué un sale tour* he played a dirty trick on me ▸ **sale bête a)** [insecte] nasty creature, creepy crawly *hum* **b)** [personne] nasty character ou piece of work UK ▸ **avoir une sale tête** ou **gueule** *tfam* [à faire peur] to look evil, to be nasty-looking / *il a une sale tête ce matin* **a)** [malade] he looks under the weather ou UK off-colour this morning **b)** [renfrogné] he's got a face like a thundercloud this morning ▸ **faire une sale tête** : *quand je vais lui dire, il va faire une sale tête* he's not going to be very pleased when I tell him ▸ **ce n'est pas sale** [c'est appréciable] it's not to be sneezed at. ◆ nmf [personne] dirty person. ◆ nm ▸ **au sale** *fam* in ou with the dirty washing / *ton pantalon est au sale* your trousers are with the dirty washing.

salé, e [sale] adj **1.** CULIN [beurre, cacahuètes, gâteaux secs] salted ; [non sucré - mets] savoury UK, savory US ; [- goût] salty ; [conservé dans le sel - morue, porc] salt *(modif)*, salted / *ta soupe est trop salée* your soup's too salty **2.** [lac] salt *(modif)* ▸ **eau salée** salt water **3.** *fam* [exagéré - condamnation] stiff, heavy ; [- addition] steep, stiff / *on a eu une addition salée* the bill was a bit steep **4.** *fam* [osé - histoire, plaisanterie] spicy, risqué.

❖ **salé** ◆ nm **1.** ▸ **le salé a)** [non sucré] savoury UK ou savory US food **b)** [avec adjonction de sel] salty food / *il vaut mieux manger le salé avant le sucré* it's better to eat savoury dishes before sweet ones **2.** CULIN salt pork ▸ **petit salé** salted (flank end of) belly pork. ◆ adv : *je ne mange pas salé* I don't like too much salt in my food / *je mange salé* I like my food well salted.

salement [salmɑ̃] adv **1.** [malproprement] dirtily / *qu'il mange salement!* he's such a messy eater ! **2.** *tfam* [en intensif] : *je suis salement embêté* I'm in a hell of a mess / *ça m'a fait salement mal* it hurt like hell, it was damn ou UK bloody painful.

saler [3] [sale] vt **1.** CULIN [assaisonner] to salt, to add salt to ; [en saumure] to pickle, to salt (down) ; *(en usage absolu)* : *je ne sale presque pas* I hardly use any salt **2.** TRAV PUB [chaussée] to salt **3.** *fam* [inculpé] to throw the book at **4.** *fam* [facture] to inflate / *c'était bon, mais ils ont salé l'addition!* it was good but the bill was a bit steep ! ▸ **je me suis fait saler!** I paid through the nose !, I've been stung ou fleeced !

salésien, enne [salezjɛ̃, ɛn] adj & nm, f Salesian.

saleté [salte] nf **1.** [manque de propreté] dirtiness / *les rues sont d'une saleté incroyable* the streets are incredibly dirty ou filthy / *rajoutez de la lessive en fonction de la saleté des vêtements* add more washing powder according to how dirty ou soiled the clothes are **2.** [tache, crasse] speck ou piece of dirt / *il y a des petites saletés dans l'eau* there's some dirt in the water / *tu as une saleté sur ta veste* you've got some dirt on your jacket / *il y a des saletés qui bloquent le tuyau* the pipe is blocked up with muck / *faire des saletés* to make a mess / *ne rentre pas avec tes bottes, tu vas faire des saletés* don't come in with your boots on, you'll get dirt everywhere **3.** *fam* [chose de mauvaise qualité] rubbish UK, trash US / *c'est de la saleté* it's rubbish / *c'est de la vraie saleté, ces chaussures en plastique* these plastic shoes are really rubbish / *à la récréation, ils ne mangent que des saletés* all they eat at break is junk food **4.** [chose nuisible] foul thing, nuisance / *le liseron, c'est de la saleté, ça étouffe toutes les fleurs* bindweed is a damned nuisance, it chokes all the flowers / *j'ai attrapé cette saleté à la piscine* I caught this blasted thing at the swimming pool / *je dois prendre cette saleté avant chaque repas!* I have to take this foul stuff before every meal ! **5.** *tfam* [en injure] ▸ **saleté! a)** [à un homme] swine !, bastard ! **b)** [à une femme] bitch !, cow ! UK / *c'est une vraie saleté* he's a real louse / *saleté de chien!* damned dog ! / *quelle saleté de temps!* what foul ou lousy weather ! / *cette saleté de voiture ne veut pas démarrer* this blasted ou damned car won't start **6.** [calomnie] (piece of) dirt / *tu as encore raconté des saletés sur mon compte* you've been spreading filthy rumours about me again **7.** [acte] dirty ou filthy trick / *il m'a fait une saleté* he played a dirty trick on me.

❖ **saletés** nfpl [grossièretés] dirt, filth, smut / *raconter des saletés* to say dirty things ; *euphém* : *les chiens font leurs saletés dans les jardins publics* dogs do their business in the parks.

saleur, euse [salœʀ, øz] nm, f CULIN salter.

❖ **saleuse** nf TRAV PUB salt spreader.

salicorne [salikɔʀn] nf glasswort.

salicylate [salisilat] nm salicylate.

salicylé, e [salisile] adj containing salicylic acid.

salicylique [salisilik] adj salicylic.

salière [saljɛʀ] nf **1.** [petit bol] saltcellar ; [avec trous] salt cellar, salt shaker US ; [à couvercle] salt box, salt pot **2.** *fam* [d'une personne maigre] saltcellar.

salifère [salifɛʀ] adj saliferous.

salifiable [salifjabl] adj salifiable.

salification [salifikasjɔ̃] nf salification.

salifier [9] [salifje] vt to salify, to form into a salt.

saligaud, e [saligo, od] nm, f *tfam* **1.** [homme méprisable] swine ; [femme méprisable] cow UK, bitch US **2.** *vieilli* [homme sale] filthy pig ; [femme sale] slut.

salin, e [salɛ̃, in] adj saline.

❖ **salin** nm **1.** GÉOGR salt marsh **2.** CHIM saline.

❖ **saline** nf **1.** [établissement] saltworks, saltpan **2.** [marais] salt marsh.

salinier, ère [salinje, ɛʀ] ◆ adj salt *(modif)*, salt-producing. ◆ nm, f salt producer.

salinisation [salinizasjɔ̃] nf [du sol] salinization.

salinité [salinite] nf **1.** [degré] (degree of) salinity **2.** [fait d'être salé] salinity.

salique [salik] adj salic.

salir [32] [saliʀ] vt **1.** [eau, surface] to (make) dirty ; [vêtements] to (make) dirty, to mess up *(sép)*, to soil / *tu as sali beaucoup de vaisselle* you've dirtied a lot of dishes / *salir ses draps* ou *son lit euphém* to soil one's bed **2.** [honneur, amitié] to besmirch *litt* ; [réputation] to smear, to besmirch, to sully *litt* / *ils cherchent à salir le leader de l'opposition* they're trying to smear ou to sully the reputation of the leader of the opposition.

❖ **se salir** ◆ vp *(emploi réfléchi)* to get dirty, to dirty o.s. ; *fig* to lose one's reputation ▸ **se salir les mains** *pr & fig* to get one's hands dirty / *c'est lui qui décide des licenciements, à moi de me salir les mains* he decides who'll get fired and I do the dirty work. ◆ vpi to get soiled ou dirty / *ne prends pas un manteau beige, ça se salit vite* don't buy a beige coat, it shows the dirt ou it gets dirty very quickly.

salissant, e [salisɑ̃, ɑ̃t] adj **1.** [qui se salit] ▸ **c'est une teinte salissante** this shade shows the dirt ▸ **c'est très salissant** [couleur, vêtement] it marks easily **2.** [qui salit - travail] dirty, messy.

salissure [salisyʀ] nf [restée en surface] speck of dirt, piece of grime ; [ayant pénétré le tissu] dirty mark, stain / *le papier peint est couvert de salissures* the wallpaper's stained all over / *l'abat-jour est couvert de salissures* the lampshade is covered in dirt.

salivaire [salivɛʀ] adj salivary.

salivation [salivasjɔ̃] nf salivation.

salive [saliv] nf **1.** PHYSIOL saliva, spit **2.** *fam* EXPR ▸ **gaspiller sa salive** to waste one's breath / *je ne vais pas gaspiller ma salive à lui expliquer tout cela* I won't waste my breath telling him / her all that ▸ **ne gaspillez pas** ou **épargnez votre salive** save ou don't waste your breath ▸ **dépenser** ou **user beaucoup de salive** : *avant d'obtenir les subventions, j'ai dû dépenser* ou *user beaucoup de salive* before getting the subsidies, I had to do a lot of (fast) talking ▸ **avaler** ou **ravaler sa salive** [se taire] to keep quiet.

saliver [3] [salive] vi **1.** PHYSIOL to salivate **2.** [avoir l'eau à la bouche] : *le menu me fait saliver* the menu makes my mouth water / *le chien salivait devant sa pâtée* the dog was drooling ou dribbling at the sight of his food **3.** *fam* [d'envie] to drool / *il salivait devant les voitures de sport* he was drooling over the sports cars / *il me fait saliver en me parlant de ses vacances aux Caraïbes* he makes me green with envy talking about his holidays in the Caribbean.

salle [sal] nf **1.** [dans une habitation privée] room ▸ **salle de bains a)** [lieu] bathroom **b)** [mobilier] bathroom suite ▸ **salle d'eau** shower room ▸ **salle de jeu a)** [d'une maison] playroom UK, rumpus room US **b)** [d'un casino] gaming room ▸ **salle à manger a)** [lieu] dining room **b)** [mobilier] dining room suite ▸ **salle de séjour** living room **2.** [dans un édifice public] hall, room ; [dans un café] room ; [dans un musée] room, gallery ▸ **salle d'armes a)** MIL arms room **b)** ESCRIME fencing hall ▸ **salle d'attente** waiting room ▸ **salle d'audience** courtroom ▸ **salle de bal** ballroom ▸ **salle des banquets** banqueting hall ▸ **salle capitulaire** chapter house ▸ **salle de cinéma** cinema UK, movie theater US ▸ **salle de classe** classroom ▸ **salle des coffres** strongroom ▸ **salle des commandes** control room ▸ **salle de concert** concert hall, auditorium ▸ **salle de conférences a)** UNIV lecture theatre UK ou hall US **b)** [pour colloques] conference room ▸ **salle de cours** classroom ▸ **salle d'embarquement** departure lounge ▸ **salle d'études** prep room UK, study hall US ▸ **salle des fêtes** village hall ▸ **salle de garde** (hospital) staffroom ▸ **salle d'hôpital, salle commune** *vieilli* hospital ward ▸ **salle de jeu a)** [pour enfants] playroom **b)** [de casino] gaming room ▸ **salle d'opération a)** [à l'hôpital] operating theatre UK ou room US **b)** MIL operations room ▸ **salle paroissiale** church hall ▸ **salle des pas perdus a)** RAIL (station) concourse **b)** [au tribunal] waiting room ou hall ▸ **salle de police** MIL guardroom ▸ **salle des professeurs a)** ÉDUC (school) staffroom **b)** UNIV senior common room UK, professors' lounge US ▸ **salle de projection** projection room ▸ **salle de réanimation** resuscitation unit ▸ **salle de rédaction** [d'un journal] newsroom ▸ **salle de restaurant** (restaurant) dining room ▸ **salle de réception a)** [dans un hôtel] function room **b)** [dans un palais] stateroom ▸ **salle de réunion** assembly room ▸ **salle de spectacle** auditorium, theatre UK, theater US ▸ **salle de travail** labour ward ▸ **salle du trône** stateroom, throne room ▸ **salle des tortures** torture chamber ▸ **salle des ventes** auction room UK, auction gallery US **3.** CINÉ & THÉÂTRE [lieu] theatre, auditorium ; [spectateurs] audience ▸ **faire salle comble** to pack the house / *le cinéma a cinq salles* it's a five-screen cinema UK ou movie theater US / *sa dernière production sort en salle en septembre* her latest production will be released ou out in September ▸ **dans les salles d'art et d'essai** ou **les petites salles** in art cinemas UK ou movie theaters US ▸ **dans les salles obscures** in the cinemas UK ou movie theaters US **4.** SPORT ▸ **athlétisme en salle** indoor athletics ▸ **jouer en salle** to play indoors.

salmigondis [salmigɔ̃di] nm **1.** *sout* [embrouillamini] mish-mash, hotchpotch UK, hodgepodge US **2.** *arch* CULIN hotchpotch UK, hodgepodge US.

salmis [salmi] nm salmi, salmis / *salmis de pintade, pintades en salmis* salmi of guinea fowl.

salmonelle [salmɔnɛl] nf salmonella.

salmonellose [salmɔneloz] nf salmonellosis.

salmoniculture [salmɔnikyltyʀ] nf salmon farming.

salmonidé [salmɔnide] nm salmonid ▸ **les salmonidés** the Salmonidiae.

saloir [salwaʀ] nm **1.** [récipient] salting ou brine tub **2.** [pièce] salting room.

Salomé [salɔme] npr Salome.

Salomon [salɔmɔ̃] ◆ npr BIBLE (King) Solomon. ◆ npr fpl GÉOGR ▸ **les (îles) Salomon** the Solomon Islands. ⟶ île

salon [salɔ̃] nm **1.** [chez un particulier - pièce] living ou sitting room, lounge UK ; [- meubles] living room suite / *salon en cuir* leather suite ▸ **salon de jardin** garden set ▸ **salon de réception** reception room **2.** [dans un hôtel] lounge ; [pour réceptions, fêtes] function room ; [d'un paquebot] saloon, lounge ▸ **salon d'attente** waiting room **3.** [boutique] ▸ **salon de beauté** beauty parlour ou salon ▸ **salon de coiffure** hairdressing salon ▸ **salon de thé** tearoom ▸ **salon d'essayage** fitting room, changing room **4.** COMM [exposition] ▸ **Salon de l'Agriculture** *agricultural show* / *Salon des arts ménagers* ≃ Ideal Home Exhibition UK ; ≃ home crafts exhibition ou show US / *Salon de l'automobile* Motor UK ou Car ou Automobile US Show ▸ **Salon du livre** *annual book fair in Paris* / *Salon du Prêt-à-porter* ready-to-wear fashion show / *Salon nautique* ou *de la navigation* Boat Show **5.** ART salon **6.** LITTÉR salon ▸ **tenir salon** to hold a salon / *alors, mesdemoiselles, on fait* ou *tient salon ?* *fig* busy discussing important matters, are we young ladies? / *conversation de salon* idle chatter.

Salonique [salɔnik] = **Thessalonique.**

salonnard, e [salɔnaʀ, aʀd] nm, f *péj* lounge lizard, socialite.

saloon [salun] nm saloon *(bar in the Wild West).*

salopard [salɔpaʀ] nm *tfam* bastard, swine, sod UK ▸ **salopard !** bastard !

salope [salɔp] *vulg* ◆ nf **1.** [femme de mauvaise vie] slut, slag UK **2.** [femme méprisable] bitch, cow UK. ◆ adj f : *tu as été salope avec moi* you were a bitch to me.

saloper [3] [salɔpe] vt *tfam* **1.** [réparation, travail] to make a mess ou hash of, to cock up UK *(sép)* **2.** [souiller - vêtements, mur] to mess up *(sép).*

saloperie [salɔpʀi] nf *tfam* **1.** [camelote] rubbish UK, trash US / *c'est de la saloperie, ces ouvre-boîtes* these can-openers are absolute rubbish ou trash / *toutes ces saloperies vous détraquent l'estomac* all this rubbish ou junk food upsets your stomach **2.** [chose désagréable, nuisible] : *c'est de la saloperie à poser, ce papier peint* this wallpaper's a real pain to put on / *quelles saloperies, ces taupes !* these moles are a damn nuisance ! / *le chien a avalé une saloperie* the dog has eaten something nasty / *depuis que j'ai cette saloperie au poumon...* since I've had this blasted thing on my lung... ▸ **saloperie de** : *saloperie de neige !* damn ou bloody UK ou blasted snow ! / *saloperie de voiture, elle ne veut pas démarrer !* the damn ou bloody UK ou blasted car won't start ! **3.** [chose sale] : *tu as une saloperie sur ta manche* you've got something dirty on your sleeve / *j'ai une saloperie dans mon verre* I've got some crap in my drink **4.** [calomnie] nasty ou catty remark ; [action méprisable] nasty ou dirty trick ▸ **faire une saloperie à qqn** to play a dirty ou nasty trick on sb.

❖ **saloperies** nfpl [grossièretés] filthy language *(U).*

salopette [salɔpɛt] nf [de ville] dungarees UK, overalls US ; [de ski] salopette ; [d'un plombier] overalls.

Salouen [salwɛn] npr ▸ **le** ou **la Salouen** the (River) Salween.

salpêtre [salpɛtʀ] nm saltpetre UK, saltpeter US ▸ **salpêtre du Chili** Chile saltpetre.

salpêtrer [4] [salpetʀe] vt **1.** [champ] to treat with saltpetre ; [fromage] to cover with saltpetre **2.** [humidité] to treat with saltpetre.

Salpêtrière [salpetʀijɛʀ] npr f ▸ **la Salpêtrière** *hospital in Paris.*

salpicon [salpikɔ̃] nm CULIN salpicon.

salpingite [salpɛ̃ʒit] nf salpingitis.

salsa [salsa] nf salsa.

salsepareille [salsəpaʀɛj] nf sarsaparilla.

salsifis [salsifi] nm salsify.

SALT [salt] (abr de **Strategic Arms Limitations Talks**) npr SALT.

saltation [saltasjɔ̃] nf saltation.

saltatoire [saltatwaʀ] adj **1.** ZOOL [organe] saltatorial ; [mouvement] saltatory **2.** DANSE ▸ **art saltatoire** dance.

saltimbanque [saltɛ̃bɑ̃k] nmf **1.** [acrobate] acrobat **2.** [forain] fairground ou travelling entertainer **3.** [professionnel du spectacle] entertainer.

salto [salto] nm SPORT somersault, flip ▸ **salto avant** / **arrière** forward / backward somersault.

salubre [salybʀ] adj **1.** [climat] salubrious, hygienic, wholesome ; [logement] salubrious **2.** *fig & sout* [mesures] salubrious, hygienic.

salubrité [salybʀite] nf **1.** [d'un local] salubrity ; [d'un climat] salubriousness, salubrity, healthiness **2.** DR ▸ **salubrité publique** public health.

saluer [7] [salɥe] ◆ vt **1.** [dire bonjour] to say hello to ▸ **saluer qqn a)** [de la main] to wave to sb **b)** [de la tête] to nod to sb **c)** [en arrivant] to greet sb **d)** [en partant] to take one's leave of sb ▸ **l'acteur salue le public** the actor bows to the audience ou takes his bow / *il m'a demandé de vous saluer* he asked me to give you his regards / *comment doit-on saluer le pape ?* how should one address the Pope ? / *Messieurs, je vous salue (bien) !* good day (to you), gentlemen ! **2.** MIL to salute **3.** RELIG ▸ **je vous salue Marie** Hail Mary **4.** [accueillir] to greet / *je voudrais tout d'abord saluer tous ceux qui nous ont aidés à préparer cette conférence* first of all I'd like to welcome all those who have helped us prepare this conference / *son film a été unanimement salué par la presse* her film was unanimously acclaimed by ou met with unanimous acclaim from the press / *sa suggestion fut saluée par des cris de joie* his suggestion was greeted with cheers / *des protestations ont salué sa nomination* her appointment met with protests **5.** [rendre hommage à - courage, génie] to salute, to pay homage ou tribute to ; [reconnaître en tant que] to hail / *on a salué en elle le chef de file du mouvement* she was hailed as the leader of the movement ▸ **saluer la mémoire** ou **le souvenir de qqn** to salute sb's memory. ◆ vi NAUT : *saluer du pavillon* ou *des pavillons* to dip a flag (in salute).

❖ **se saluer** vp *(emploi réciproque)* to say hello.

salure [salyʀ] nf [état] saltness ; [teneur en sel] salinity.

salut [saly] ◆ nm **1.** [marque de politesse] ▸ **faire un salut de la main à qqn** to wave (one's hand) to sb ▸ **faire un salut de la tête à qqn** to nod to sb ▸ **il lui retourna son salut a)** [en paroles] he returned her greeting **b)** [de la main] he waved back at her ▸ **répondre au salut de qqn** to return sb's greeting ▸ **en guise** ou **signe de salut** as a greeting **2.** MIL salute / *faire le salut* to (give the military) salute ▸ **salut au drapeau** saluting the colours **3.** [survie - d'une personne, d'un pays] salvation, safety ; [- d'une entreprise, d'une institution] salvation / *je dois mon salut à son arrivée* I was saved by his arrival, his arrival was my salvation / *chercher* / *trouver le salut dans la fuite* to seek / to find safety in flight **4.** *litt* [sauveur] saviour / *Jeanne d'Arc fut le salut de la France* Joan of Arc was the saviour of France **5.** RELIG salvation / *prions pour le salut de son âme* let us pray for the salvation of his soul / *faire son salut (sur la terre)* to earn one's salvation on earth **6.** NAUT [du pavillon] dipping the flag. ◆ interj **1.** *fam* [en arrivant] hi ou hello ou hullo (there) ; [en partant] bye, see you, so long US / *salut la compagnie !* [en partant] bye everybody ! **2.** *litt* : *salut à vous, noble ami !* hail to thee, noble friend !

salutaire [salytɛʀ] adj **1.** [physiquement - air] healthy ; [- remède] beneficial ; [- exercice, repos] salutary, beneficial / *cette semaine dans les Alpes m'a été salutaire* that week in the Alps did my health a power of good **2.** [moralement - conseil, épreuve] salutary ; [- lecture, effet] beneficial.

salutations [salytasjɔ̃] nfpl greetings, salutation ▸ **elle t'envoie ses salutations** she sends you her regards, she sends her regards to you / *les salutations d'usage* the usual greetings / *je vous prie d'agréer mes salutations distinguées* yours sincerely ou faithfully UK, sincerely ou truly yours US.

salutiste [salytist] adj & nmf Salvationist.

Salvador [salvadɔʀ] npr m ▸ **le Salvador** El Salvador ▸ **au Salvador** in El Salvador.

salvadorien, enne [salvadɔʀjɛ̃, ɛn] adj Salvadorian, Salvadorean.

❖ **Salvadorien, enne** nm, f Salvadorian, Salvadorean.

salvagnin [salvaɲɛ̃] nm SUISSE *red wine from the Vaud region.*

salvateur, trice [salvatœʀ, tʀis] adj *litt* saving *(avant nom)* ▸ **mesures salvatrices** safeguards.

salve [salv] nf **1.** MIL salvo, volley **2.** *fig* ▸ **salve d'applaudissements** round ou burst of applause.

Salzbourg [salzbuʀ] npr Salzburg.

Sam [sam] npr ▸ **Oncle Sam** [citoyen, gouvernement des USA] Uncle Sam.

SAM [sam] (abr de **Sol-Air Missile**) nm surface-to-air missile, SAM.

Samarie [samaʀi] npr f ▸ **la Samarie** Samaria.

samaritain, e [samaʀitɛ̃, ɛn] adj Samaritan.

❖ **samaritain** nm SUISSE [secouriste] *person qualified to give first aid.*

❖ **Samaritain, e** nm, f Samaritan ▸ **le bon samaritain** the good Samaritan ▸ **les Samaritains** the Samaritans.

❖ **Samaritaine** nf RELIG ▸ **la Samaritaine** the Samaritan woman.

samba [sɑ̃ba] nf samba.

samedi [samdi] nm Saturday / *samedi 13 septembre* Saturday 13th September UK, Saturday September 13th US ▸ **samedi en huit** a week on Saturday UK, Saturday week UK, a week from Saturday US ▸ **samedi en quinze** two weeks on UK ou from US Saturday ▸ **Samedi saint** Holy ou Easter Saturday. **Voir aussi mardi.**

samit [samit] nm samite.

samizdat [samizdat] nm samizdat.

Samoa [samɔa] npr fpl Samoa ▸ **les Samoa occidentales / orientales** Western / Eastern Samoa.

samoan, e [samɔɑ̃, an] adj Samoan.

❖ **Samoan, e** nm, f Samoan.

Samothrace [samɔtʀas] npr Samothrace ▸ **la Victoire de Samothrace** the Victory of Samothrace.

samouraï [samuʀaj] nm samurai.

samoussa [samusa], **samosa** [samɔsa] nm samosa.

samovar [samɔvaʀ] nm samovar.

Samoyèdes [samɔjɛd] npr mpl ▸ **les Samoyèdes** the Samoyed, the Samoyeds.

❖ **samoyède** nm LING Samoyed.

sampan(g) [sɑ̃pɑ̃] nm sampan.

sampler [sɑ̃plœʀ] nm MUS sampler.

sampling [sɑ̃pliŋ] nm MUS sampling.

Samson [sɑ̃sɔ̃] npr ▸ **Samson et Dalila** Samson and Delilah.

SAMU, Samu [samy] (abr de **Service d'aide médicale d'urgence**) npr m *French ambulance and emergency service* ; ≃ ambulance service UK ; ≃ Paramedics US.

 **SAMU**

The **SAMU** coordinates medical emergency calls within a department and decides how best to deal with a situation. The **SAMU social** deals with the homeless and assists people in need. Its volunteers help those with nowhere to live find emergency housing and help for them.

samurai [samuʀaj] nm inv = **samouraï**.

sana [sana] *fam* abr de **sanatorium**.

Sanaa [sanaa] npr Sana'a.

sanatorium [sanatɔʀjɔm] nm sanatorium UK, sanatarium US.

san-benito [sɑ̃benito] (*pl* **san-benitos**) nm HIST [casaque] sanbenito.

sancerre [sɑ̃sɛʀ] nm Sancerre (wine).

sanctification [sɑ̃ktifikasjɔ̃] nf sanctification.

sanctifier [9] [sɑ̃ktifje] vt **1.** RELIG [rendre sacré] to sanctify ; [célébrer] to hallow **2.** *fig* [patrie, valeurs] to hold sacred.

sanction [sɑ̃ksjɔ̃] nf **1.** [mesure répressive] sanction ▸ **imposer des sanctions à** to apply sanctions against, to impose sanctions on / *lever des sanctions (prises) contre* to raise (the) sanctions against ▸ **prendre des sanctions contre** to take sanctions against ▸ **sanctions diplomatiques / économiques** diplomatic / economic sanctions **2.** ÉDUC & SPORT punishment, disciplinary action *(U)* *sout* / *prendre des sanctions contre un élève* to punish a pupil / *prendre des sanctions contre un sportif* to take disciplinary action against an athlete **3.** DR sanction, penalty ▸ **sanction pénale** penal sanction **4.** [approbation] sanction, ratification / *l'expression a reçu la sanction de l'usage* the expression has been given the sanction of usage **5.** *sout* [conséquence] result, outcome / *l'échec est la sanction de la paresse* failure is the result of laziness.

sanctionner [3] [sɑ̃ksjɔne] vt **1.** [punir - délit, élève] to punish ; [- sportif, haut fonctionnaire] to take disciplinary action against ; [- pays] to impose sanctions on / *il s'est fait sanctionner pour sa grossièreté envers l'arbitre* he was penalized for being rude to the umpire **2.** [ratifier - loi] to sanction, to ratify ; [- décision] to sanction, to agree with *(insép)* / *sa théorie a été sanctionnée par le temps* time has proved her theory to be correct / *un cursus de trois années d'études sanctionné pas un diplôme* a three-year diploma course / *le stage est sanctionné par un examen* the course leads to an exam.

sanctuaire [sɑ̃ktɥɛʀ] nm **1.** RELIG sanctuary **2.** *sout* [asile] sanctuary / *l'île est un sanctuaire pour les oiseaux* the island is a favorite haunt for birds **3.** [foyer, centre vital] hub, centre / *un sanctuaire de la civilisation inca* a centre of Inca civilization **4.** *litt* [tréfonds] innermost part / *dans le sanctuaire de mon cœur* in my innermost being **5.** POL territory under the nuclear umbrella.

sanctuariser [sɑ̃ktɥaʀize] vt to preserve.

sanctus [sɑ̃ktus] nm Sanctus.

sandale [sɑ̃dal] nf sandal.

sandalette [sɑ̃dalɛt] nf (light) sandal.

sandiniste [sɑ̃dinist] adj & nmf Sandinista.

Sandow® [sɑ̃do] nm **1.** [tendeur] elastic luggage strap **2.** AÉRON catapult.

sandre [sɑ̃dʀ] nm zander, pikeperch.

sandwich [sɑ̃dwitʃ] (*pl* **sandwichs** *ou* **sandwiches**) nm sandwich / *sandwich au fromage* cheese sandwich ▸ **prendre qqn en sandwich** *fam* to sandwich sb / *j'étais pris en sandwich entre eux* *fam* I was sandwiched between them.

sandwicherie [sɑ̃dwitʃʀi] nf sandwich shop ; [avec possibilité de manger sur place] sandwich bar.

San Francisco [sɑ̃fʀɑ̃sisko] npr San Francisco.

sang [sɑ̃] nm **1.** BIOL blood ▸ **à sang froid / chaud** cold- / warm-blooded / *fais un garrot pour arrêter le sang* make a tourniquet to stop the bleeding / *ça se transmet par le sang* it's transmitted in the blood / *du sang à la une* gory front-page news ▸ **sang artériel / veineux** arterial / venous blood ▸ **avoir du sang sur les mains** to have blood on one's hands ▸ **répandre** ou **verser** ou **faire couler le sang** *sout* to shed ou to spill blood / *le sang a coulé* ou *a été répandu* blood was shed ▸ **noyer une révolte dans le sang** to put down a revolt ruthlessly ▸ **en sang** : *être en sang, nager* ou *baigner dans son sang* to be covered in blood ▸ **se mordre les lèvres jusqu'au sang** to bite one's lips until one draws blood ▸ **griffer jusqu'au sang** : *il m'a griffé jusqu'au sang* he scratched me and drew blood ▸ **avoir du sang dans les veines** to have courage ou guts ▸ **ne pas avoir de sang dans les veines, avoir du sang de poulet** *fam*, **avoir du sang de navet** *fam* to have no guts, to be a complete wimp ▸ **avoir le sang chaud a)** [colérique] to be ou to have a short fuse **b)** [impétueux] to be hot-headed **c)** [sensuel] to be hot-blooded ▸ **avoir qqch dans le sang** : *avoir la chanson dans le sang* to be a born singer / *il a ça dans le sang* it's in his blood ▸ **mon sang s'est glacé** ou **figé dans mes veines** my blood ran cold ou turned to ice in my veins ▸ **le sang lui est monté au visage** ou **à la tête** the blood rushed to her cheeks ▸ **mon sang n'a fait qu'un tour a)** [d'effroi] my heart missed ou skipped a beat **b)** [de rage] I saw red ▸ **se faire du mauvais sang** ou **un sang d'encre, se manger** ou **se ronger les sangs** to worry o.s. sick, to be worried stiff, to fret / *je me fais du mauvais sang pour lui* I'm worried sick about him ▸ **ça m'a tourné le sang** ou **les sangs** it gave me quite a turn **2.** *litt* [vie] (life) blood / *donner son sang pour son pays* to shed one's blood ou to sacrifice one's life for one's country / *payer de son sang* to pay with one's life ▸ **du sang frais** ou **nouveau** ou **neuf a)** [personnes] new blood **b)** [argent] new ou fresh money ▸ **l'affaire du sang contaminé** *highly controversial case involving the attribution of responsibility for the transfusion of haemophiliacs with HIV-infected blood and in which four doctors received prison sentences* **3.** *sout* [race, extraction] blood ▸ **épouser qqn de son sang** to marry sb of the same blood ou a blood relative ▸ **de sang royal** of royal blood ▸ **sang noble** noble ou blue blood ▸ **avoir du sang noble** to be of noble blood ▸ **sang bleu** blue blood / *lorsque l'on a du sang bleu dans les veines...* when one is blue-blooded... ▸ **bon sang ne saurait mentir** *prov* blood is thicker than water *prov* **4.** EXPR **bon sang (de bonsoir)!** *fam* damn and blast it !

❖ **au sang** loc adj CULIN [canard] *served with a sauce incorporating its own blood.*

❖ **du sang** loc adj [princier] of the blood (royal).

sang-froid [sɑ̃fʀwa] nm inv composure, calm, sang-froid ▸ **garder** ou **conserver son sang-froid** to stay calm, to keep one's cool ▸ **perdre son sang-froid** to lose one's self-control ou cool.

❖ **de sang-froid** loc adv ▸ **tuer qqn de sang-froid** to kill sb in cold blood ou cold-bloodedly / *commis de sang-froid* cold-blooded.

sanglant, e [sɑ̃glɑ̃, ɑ̃t] adj **1.** [blessure, bataille, règne] bloody ; [bras, mains] covered in blood, bloody ; [linge] bloody, blood-soaked ; [spectacle] gory **2.** [blessant - critiques] scathing ; [- affront] cruel **3.** *litt* [couleur de sang] blood-red.

sangle [sɑ̃gl] nf **1.** [lanière - gén] strap ; [- d'un lit, d'une chaise] webbing ; [- d'un cheval] girth ; [- d'un parachute] ▸ **sangle d'ouverture automatique** static line **2.** ANAT ▸ **sangle abdominale** abdominal muscles.

sangler [3] [sɑ̃gle] vt **1.** [cheval] to girth **2.** [paquet, valise] to strap up *(sép)* **3.** *fig* [serrer] : *sanglée dans son corset* tightly corseted.

sanglier [sɑ̃glije] nm ZOOL (wild) boar.

sanglot [sɑ̃glo] nm **1.** [hoquet, pleurs] sob / *non, dit-il dans un sanglot* no, he sobbed / *avec des sanglots dans la voix* with a sob in one's voice **2.** *litt* [bruit plaintif] lamentation / *les sanglots de l'océan* the sighing of the deep / *les sanglots du vent* the moaning of the wind.

sangloter [3] [sɑ̃glɔte] vi **1.** [pleurer] to sob / *elle s'endormit en sanglotant* she cried herself to sleep **2.** *litt* [océan, vent] to sob, to sigh ; [accordéon] to sigh.

sang-mêlé [sɑ̃mele] nmf *vieilli* half-caste.

sangria [sɑ̃gʀija] nf sangria.

sangsue [sɑ̃sy] nf **1.** ZOOL leech **2.** *sout & vieilli* [profiteur] bloodsucker **3.** *fam* [importun] leech / *son frère est une véritable sangsue!* her brother sticks ou clings to you like a leech !

sanguin, e [sɑ̃gɛ̃, in] ◆ adj **1.** [groupe, plasma, transfusion, vaisseau] blood *(modif)* ; [système] circulatory **2.** [rouge] blood-red **3.** [humeur, tempérament] sanguine. ◆ nm, f fiery person.

❖ **sanguine** nf **1.** ART [crayon] red chalk, sanguine ; [dessin] red chalk drawing, sanguine **2.** GÉOL haematite **3.** BOT blood orange.

sanguinaire [sɑ̃ginɛʀ] ◆ adj **1.** [assoiffé de sang] bloodthirsty / *une foule sanguinaire réclamait la mort de l'accusé* a bloodthirsty crowd was screaming for the death of the accused **2.** *litt* [féroce - bataille, conquête] bloody, sanguinary *sout.* ◆ nf bloodroot, sanguinaria *spéc.*

Sanguinaires [sɑ̃ginɛʀ] npr fpl ▸ **les (îles) Sanguinaires** the Sanguinaires islands. ⟶ **île**

sanguinolent, e [sɑ̃ginɔlɑ̃, ɑ̃t] adj **1.** [sécrétion] spotted ou streaked with blood, sanguinolent *litt* ; [linge, pansement] soiled ou tinged with blood, sanguinolent ; [personne] covered in blood, blood-streaked **2.** *litt* [rouge - lèvres] blood-red.

sanhédrin [sanedʀɛ̃] nm Sanhedrin.

Sanibroyeur® [sanibʀwajœʀ] nm Saniflo® *(toilet with macerator unit).*

Sanisette® [sanizɛt] nf superloo.

sanitaire [sanitɛʀ] ◆ adj **1.** ADMIN & MÉD [conditions] sanitary, health *(modif)*; [règlement] health ▸ **campagne sanitaire** campaign to improve sanitary conditions ▸ **cordon sanitaire** quarantine line **2.** CONSTR sanitary, plumbing *(U)* ▸ **l'équipement sanitaire** the plumbing. ◆ nm **1.** [installations] plumbing (for bathroom and toilet) **2.** [profession] sanitary ware (dealing).

❖ **sanitaires** nmpl (bathroom and) toilet / *les sanitaires du camp sont tout à fait insuffisants* the sanitary arrangements in the camp are totally inadequate.

San José [sɑ̃ʒoze] npr GÉOGR San José.

sans [sɑ̃] ◆ prép **1.** [indiquant l'absence, la privation, l'exclusion] without / *il est parti sans argent* he left without any money / *avec ou sans sucre?* with or without sugar? / *le jus d'orange, avec de la glace ou sans?* do you want the orange juice with ice or without? / *j'ai trouvé sans problème* I found it without any difficulty ou with no difficulty / *on ira sans elle* we'll go without her / *ne partez pas sans moi* don't leave without me / *je voudrais te parler sans témoins* I'd like to speak to you alone / *son comportement est sans reproche* his behaviour is beyond reproach / *être sans scrupules* to have no scruples, to be unscrupulous / *tu as oublié le rendez-vous? tu es sans excuse!* you forgot the appointment? that's unforgivable! ▸ **homme sans cœur** / **pitié** heartless / pitiless man ▸ **couple sans enfants** childless couple ▸ **mur sans fenêtre** blind wall ▸ **sans additif** additive-free / *essence sans plomb* unleaded ou lead-free petrol / *bonbons sans sucre* sugar-free sweets / *régime sans sel* salt-free diet / *marcher sans but* to walk aimlessly ▸ **sans commentaire!** no comment! / *c'est 22 euros, sans les frais de transport* it's 22 euros, exclusive of transport charges / *la chambre fait 30 euros, sans le petit déjeuner* the room costs 30 euros, breakfast not included ou exclusive of breakfast / *nous y sommes arrivés sans difficultés* ou *mal* we managed it without any difficulty / *il n'est pas sans charme* he's not without charm, he's not lacking in charm ▸ **être sans un** *tfam* to be skint ou broke **2.** [exprimant la condition] but for / *sans toi, je ne l'aurais jamais fait* if it hadn't been for you ou but for you, I would never have done it / *sans la pluie, tout aurait été parfait* had it not been raining ou but for the rain, everything would have been perfect / *sans son entêtement, l'affaire serait déjà réglée* if he were not so stubborn ou but for his stubbornness, the matter would have been settled by now **3.** [avec un infinitif] without / *elle a réussi sans travailler beaucoup* she passed without doing much work ▸ **sans être vu** without being seen / *venir sans être invité* to come without being invited / *partons sans plus attendre* come on, let's not wait any more / *sans plus attendre, je passe la parole à M. Blais* without further ado, I'll hand you over to Mr Blais / *cette découverte n'est pas sans l'inquiéter* she's somewhat worried by this discovery / *tu n'es pas sans savoir qu'il est amoureux d'elle* you must be aware that he's in love with her / *je ne suis pas sans avoir de craintes* I am somewhat anxious / *il est responsable sans l'être tout à fait* it's his responsibility, but only to a certain extent / *je comprends sans comprendre* I understand, but only up to a point. ◆ adv without / *il faudra faire sans!* we'll have to go without! / *passe-moi mon manteau, je ne peux pas sortir sans* hand me my coat, I can't go out without it ▸ **c'est un jour sans!** [tout va mal] it's one of those days!

❖ **non sans** loc prép not without / *il l'a persuadé, mais non sans mal* he persuaded her, but not without difficulty, he had quite a job persuading her / *on est arrivés non sans peine* we got there, not without difficulty / *non sans protester* not without protesting / *je suis parti non sans leur dire ma façon de penser* I didn't leave without telling them what I thought.

❖ **sans cela, sans ça** loc conj *fam* otherwise / *je serai absente; sans cela, j'aurais accepté votre invitation* I won't be here, otherwise I would have accepted your invitation / *il a intérêt à le faire, sans ça...!* he'd better do it, otherwise...!

❖ **sans que** loc conj : *ils ont réglé le problème sans que nous ayons à intervenir* they dealt with the problem without us having to intervene / *le projet était passé sans que personne (ne) s'y opposât* the bill was passed without any opposition.

❖ **sans quoi** loc conj : *soyez ponctuels, sans quoi vous ne pourrez pas vous inscrire* be sure to be on time, otherwise you won't be able to register.

> Notez la différence entre les constructions française et anglaise :
> Sans + infinitif
> without + -ing
> **Ne partez pas sans me dire au revoir.** *Don't leave without saying goodbye.*
> **Elles ont travaillé une semaine entière sans réclamer la moindre récompense.** *They worked for a whole week without asking for anything in return.*
> Attention, on ne dit pas **without to...**

sans-abri [sɑ̃zabʀi] *(pl* **sans-abri** *ou* **sans-abris***) nmf homeless person ▸ **les sans-abri** the homeless.

San Salvador [sɑ̃salvadɔʀ] npr San Salvador.

sans-cœur [sɑ̃kœʀ] *(pl* **sans-cœur** *ou* **sans-cœurs***) ◆ adj heartless / *ne sois pas sans-cœur!* have a heart! ◆ nmf heartless person / *donne-le-lui, espèce de sans-cœur!* give it to her, you heartless monster!

sanscrit, e [sɑ̃skʀi, it] = **sanskrit.**

sans-culotte [sɑ̃kylɔt] *(pl* **sans-culottes**) nm sans-culotte ▸ **les sans-culottes** HIST the sans-culottes.

> **Les sans-culottes**
> The name given to the Republican revolutionaries during the Convention (1792-1795) because, instead of the short breeches **(culotte)** worn by the upper classes, they adopted the trousers of the ordinary people.

sans-emploi [sɑ̃zɑ̃plwa] *(pl* **sans-emploi** *ou* **sans-emplois***) nmf unemployed ou jobless person ▸ **les sans-emploi** the unemployed.

sans-façon [sɑ̃fasɔ̃] *(pl* **sans-façon** *ou* **sans-façons***) nm *litt* casualness, offhandedness.

sans-faute [sɑ̃fot] *(pl* **sans-faute** *ou* **sans-fautes***) nm ▸ **faire un sans-faute a)** ÉQUIT to do ou to have a clear round **b)** ENS to get a series of answers right / *pour l'instant c'est un sans-faute!* [dans un jeu] so far so good!

sans-fil [sɑ̃fil] *(pl* **sans-fil** *ou* **sans-fils***) nm cordless telephone.

sans-filiste [sɑ̃filist] *(pl* **sans-filistes**) nmf radio ham.

sans-gêne [sɑ̃ʒɛn] *(pl* **sans-gêne** *ou* **sans-gênes***) ◆ nm lack of consideration, casualness. ◆ nmf ill-mannered person / *en voilà une sans-gêne!* well, she's a cool customer!

sans-grade [sɑ̃gʀad] *(pl* **sans-grade** *ou* **sans-grades***) nmf underling, minion / *nous sommes les sans-grade ici!* we're the small fry around here! / *tous les sans-grade de l'hôtellerie provinciale* all the unsung heroes of provincial hotel-keeping.

sanskrit, e [sɑ̃skʀi, it] adj Sanskrit.

❖ **sanskrit** nm LING Sanskrit.

sans-le-sou [sɑ̃lsu] nmf inv *fam* pauper, penniless person ▸ **les sans-le-sou** the have-nots.

sans-logis [sɑ̃lɔʒi] nmf homeless person ▸ **les sans-logis** the homeless.

sansonnet [sɑ̃sɔnɛ] nm starling.

sans-papiers, sans-papier* [sɑ̃papje] nmf illegal immigrant worker.

sans-parti [sɑ̃paʀti] *(pl* **sans-parti** *ou* **sans-partis***) nmf POL [gén] independent member *(of an assembly or a Parliament)*; [dans un système de parti unique] non-party member.

sans-plomb [sɑ̃plɔ̃] *(pl* **sans-plomb** *ou* **sans-plombs***) nm unleaded, unleaded petrol UK ou gasoline US, lead-free petrol UK ou gas US.

sans-souci [sɑ̃susi] *(pl* **sans-souci** *ou* **sans-soucis***) nmf *litt* happy-go-lucky person.

Santa Fé [sɑ̃tafe] npr Santa Fe.

santal, als [sɑ̃tal] nm BOT sandal ▸ **bois de santal** sandalwood.

santé [sɑ̃te] nf **1.** [de l'esprit, d'une économie, d'une entreprise] health, soundness; [d'une personne, d'une plante] health / *comment va la santé?* *fam* how are you keeping? / *c'est mauvais pour la santé* it's bad for your health ou for you ▸ **en bonne santé a)** [personne] healthy, in good health **b)** [plante] healthy **c)** [économie] healthy, sound **d)** [monnaie] strong / *je vous espère en bonne santé* I hope you're quite well, I hope you're in good health / *vous êtes en parfaite santé* you're perfectly healthy ou there's nothing wrong with you / *meilleure santé!* hope you're better soon ou you get well soon! ▸ **en mauvaise santé a)** [animal, personne] in bad ou poor health **b)** [plante] unhealthy **c)** [économie, monnaie] weak / *le bon air lui a rendu* ou *redonné la santé* the fresh air has restored him to health ▸ **état de santé** health ▸ **santé mentale** mental health ▸ **avoir la santé** *fam* [être infatigable] to be a bundle of energy ▸ **avoir une santé de fer** to have an iron constitution, to be (as) strong as a horse ▸ **avoir une petite santé** to be very delicate **2.** ADMIN ▸ **la santé publique** public health ▸ **services de santé** health services **3.** NAUT ▸ **la santé** the quarantine service **4.** MIL ▸ **service de santé des armées** medical corps.

❖ **Santé** npr f ▸ **la Santé** [prison] *men's prison in Paris.*

❖ **à la santé de** loc prép [en portant un toast] : *à votre santé!, à ta santé!* cheers!, your (good) health! / *à la santé de ma femme!* (here's) to my wife! / *je lève mon verre à la santé de la mariée!* I raise my glass to the bride!

santiag [sɑ̃tjag] nf cowboy boot.

Santiago [sɑ̃tjago] npr ▸ **Santiago (du Chili)** Santiago.

santon [sɑ̃tɔ̃] nm crib ou manger figurine *(in Provence).*

Santorin [sɑ̃tɔʀɛ̃] npr Santorini.

Saône [son] npr f ▸ **la Saône** the (River) Saône.

São Paulo [saopolo] npr **1.** [ville] Sao Paulo **2.** [État] ▸ **l'État de São Paulo** Sao Paulo (State).

Sào Tomé-et-Principe [saotɔmeepʀɛ̃sip] npr Sào Tomé and Principe.

saoudien, enne [saudjɛ̃, ɛn] adj Saudi (Arabian).

❖ **Saoudien, enne** nm, f Saudi (Arabian).

saoudite [saudit] adj Saudi (Arabian).

saoul, e [su, sul] = **soûl.**

saouler [sule] = **soûler.**

sapajou [sapaʒu] nm **1.** ZOOL sapajou **2.** *fam & vieilli* [homme petit et laid] troglodyte *fig.*

sape [sap] nf **1.** MIL & TRAV PUB [travaux] sapping; [tranchée] sap ▸ **la sape** *arg mil* [les hommes du génie] sappers **2.** *fig* ▸ **travail de sape** (insidious) undermining / *par un patient travail de sape, ils ont fini par avoir raison de lui* they chipped away at him until he gave in **3.** *(gén au pl) fam* [vêtement] rig-out UK, gear.

saper [3] [sape] vt **1.** [miner] to sap, to undermine / *la mine lui a sapé la santé* working down the mines undermined his health ▸ **saper le moral à qqn** to get sb down / *se faire saper le moral* to get depressed **2.** *fam* [habiller] to dress / *il est toujours bien sapé* he's always really smartly turned out ou dressed.

❖ **se saper** *fam* ◆ vp *(emploi réfléchi)* to do ou to tog o.s. up, to rig o.s. out UK. ◆ vpi : *où est-ce que tu te sapes?* where do you buy your togs ou gear?

saperlipopette [sapɛʀlipɔpɛt] interj *fam & vieilli* zounds *arch*, struth *arch hum.*

sapeur [sapœʀ] nm sapper.

sapeur-pompier [sapœʀpɔ̃pje] *(pl* **sapeurs-pompiers**) nm fireman ▸ **les sapeurs-pompiers** the fire brigade UK, the fire department US.

saphène [safɛn] ◆ adj ANAT saphenous. ◆ nf ANAT saphena.

saphique [safik] adj Sapphic ▸ **vers saphique** Sapphic metre.

* In reformed spelling (see p. 16-19).

saphir [safiR] ◆ adj inv *litt* sapphire *(modif).* ◆ nm **1.** JOAILL sapphire **2.** [d'un tourne-disque] needle, stylus **3.** *litt* [bleu] sapphire.

saphisme [safism] nm *litt* sapphism, lesbianism.

Sapho [safo] = **Sappho.**

sapide [sapid] adj sapid.

sapidité [sapidite] nf sapidity.

sapience [sapjɑ̃s] nf *arch* wisdom, sapience *litt.*

sapin [sapɛ̃] nm **1.** BOT fir (tree) **2.** MENUIS fir, deal ▸ **en sapin** fir *(modif)*, deal *(modif)* ▸ **sapin blanc** ou **pectiné** (common) silver fir ▸ **sentir le sapin** *fam* to have one foot in the grave.

❖ **sapin de Noël** nm Christmas tree ▸ **faire un sapin de Noël a)** [chez soi] to have a Christmas tree **b)** [dans une collectivité] to have a Christmas party for the staff's children *(with presents).*

sapine [sapin] nf **1.** [planche] fir plank **2.** CONSTR jib crane **3.** NAUT flat-bottomed deal boat.

sapinette [sapinɛt] nf **1.** BOT ▸ **sapinette blanche / noire / rouge** white / black / red spruce **2.** QUÉBEC [boisson] spruce beer **3.** NAUT flat-bottomed deal boat.

sapinière [sapinjɛR] nf **1.** [plantation] fir plantation **2.** [forêt] fir forest.

saponacé, e [sapɔnase] adj saponaceous.

saponaire [sapɔnɛR] nf soapwort.

saponifiable [sapɔnifjabl] adj saponifiable.

saponification [sapɔnifikasjɔ̃] nf saponification.

saponifier [9] [sapɔnifje] vt to saponify.

saponite [sapɔnit] nf saponite, bowlingite.

sapotacée [sapɔtase] nf member of the Sapotaceae, sapota *spéc.*

sapote [sapɔt] nf sapota.

sapotier [sapɔtje] nm sapota.

sapotille [sapɔtij] nf sapodilla plum.

sapotillier [sapɔtilje] nm sapodilla.

Sappho [safo] npr Sappho.

sapristi [sapRisti] interj *vieilli* ▸ **sapristi ! a)** [étonnement] Heavens ! **b)** [colère] Great Scott ! *vieilli.*

saprophyte [sapRɔfit] ◆ adj saprophytic. ◆ nm saprophyte.

saquer [sake] *tfam* = **sacquer.**

SAR (abr écrite de **Son Altesse Royale**) HRH.

sarabande [saRabɑ̃d] nf **1.** DANSE & MUS saraband **2.** *fam* [tapage] racket, row UK / *les enfants font la sarabande dans la salle de jeux* the children are making a racket in the playroom **3.** *sout* [ribambelle] string, succession.

Saragosse [saRagɔs] npr Saragossa.

sarajévien, enne [saRajevjɛ̃, ɛn] adj Sarajevan.

❖ **Sarajévien, enne** nm, f Sarajevan.

Sarajevo [saRajevo] npr Sarajevo.

Sarawak [saRawak] npr Sarawak.

sarbacane [saRbakan] nf blowpipe.

sarcasme [saRkasm] nm **1.** [ironie] sarcasm / *tu n'arriveras à rien par le sarcasme* being sarcastic won't get you anywhere **2.** [remarque] sarcastic remark ▸ **essuyer les sarcasmes de qqn** to put up with sb's sarcasm.

sarcastique [saRkastik] adj sarcastic / *d'un ton sarcastique* sarcastically.

sarcastiquement [saRkastikmɑ̃] adv sarcastically.

sarcelle [saRsɛl] nf ▸ **sarcelle d'été** garganey ▸ **sarcelle d'hiver** teal.

sarclage [saRklaʒ] nm weeding.

sarcler [3] [saRkle] vt **1.** [mauvaises herbes - à la main] to pull up *(sép)*, to weed out *(sép)* ; [- avec une houe] to hoe ; [- avec une bêche] to spud **2.** [betteraves, champ - à la main] to weed ; [- avec une houe] to hoe.

sarcloir [saRklwaR] nm (Dutch) hoe, spud.

sarcomateux, euse [saRkɔmatø, øz] adj sarcomatous.

sarcome [saRkom] nm sarcoma.

sarcophage [saRkɔfaʒ] nm **1.** [cercueil] sarcophagus **2.** ENTOM fleshfly.

sarcopte [saRkɔpt] nm itch mite, sarcoptid *spéc.*

Sardaigne [saRdɛɲ] npr f ▸ **la Sardaigne** Sardinia.

sardane [saRdan] nf sardana.

sarde [saRd] adj Sardinian.

❖ **Sarde** nmf Sardinian.

❖ **sarde** nm LING Sardinian.

sardine [saRdin] nf **1.** [poisson] sardine ▸ **sardines à l'huile** sardines in oil **2.** *arg mil* stripe.

sardinerie [saRdinRi] nf sardine cannery.

sardinier, ère [saRdinje, ɛR] nm, f **1.** [pêcheur] sardine fisher **2.** [ouvrier] sardine canner.

❖ **sardinier** nm **1.** [bateau] sardine boat ou fisher **2.** [filet] sardine net.

sardoine [saRdwan] nf sard ▸ **sardoine rubanée** sardonyx.

sardonique [saRdɔnik] adj sardonic.

sardoniquement [saRdɔnikmɑ̃] adv sardonically.

sargasse [saRgas] nf sargasso, gulfweed.

Sargasses [saRgas] npr fpl ⟶ **mer.**

sari [saRi] nm sari, saree.

sarigue [saRig] nf possum, opossum.

SARL, Sarl (abr de **société à responsabilité limitée**) nf [cotée en Bourse] limited liability company UK, public limited company ▸ **Balacor, SARL** ≃ Balacor Ltd UK ; ≃ Balacor plc UK ; ≃ Balacor Inc. US

sarment [saRmɑ̃] nm [tige] twining ou climbing stem, bine ▸ **sarment de vigne** vine shoot.

sarmenteux, euse [saRmɑ̃tø, øz] adj climbing *(avant nom)*, sarmentous.

sarong [saRɔ̃g] nm sarong.

saroual [saRwal] nm *wide-legged canvas trousers (worn generally in North Africa).*

sarrasin¹ [saRazɛ̃] nm BOT buckwheat.

sarrasin², e [saRazɛ̃, in] adj Saracen.

❖ **Sarrasin, e** nm, f Saracen.

sarrau, s [saRo] nm **1.** [d'artiste] smock **2.** [de paysan] smock frock **3.** [d'écolier] overalls.

Sarre [saR] npr f **1.** [région] ▸ **la Sarre** Saarland, the Saar **2.** [rivière] ▸ **la Sarre** the (River) Saar.

Sarrebruck [saRbRyk] npr Saarbrücken.

sarriette [saRjɛt] nf savory ▸ **sarriette commune** wild basil.

sarrois, e [saRwa, az] adj from the Saar.

❖ **Sarrois, e** nm, f *inhabitant of or person from the Saar.*

sartrien, enne [saRtRijɛ̃, ɛn] adj Sartrean.

sas [sas] nm **1.** [crible] sieve, screen **2.** AÉRON airlock **3.** NAUT [d'écluse] lock (chamber) ; [passage] airlock **4.** [d'une banque] security (double) door.

SAS (abr écrite de **Son Altesse Sérénissime**) HSH.

sashimi [saʃimi] nm CULIN sashimi.

Saskatchewan [saskatʃewan] npr m ▸ **le Saskatchewan** Saskatchewan.

sassafras [sasafRa] nm sassafras.

Satan [satɑ̃] npr Satan.

satané, e [satane] adj *(avant nom) fam* **1.** [détestable] : *faites donc taire ce satané gosse !* shut that blasted kid up ! / *satané temps !* what dreadful weather ! **2.** [en intensif] : *c'est un satané menteur* he's a downright liar.

satanique [satanik] adj **1.** [de Satan] satanic **2.** [démoniaque, pervers] fiendish, diabolical, satanic / *avoir l'œil satanique* to have an evil glint in one's eye.

satanisme [satanism] nm **1.** [culte] satanism **2.** [méchanceté] fiendishness, evil.

sataniste [satanist] ◆ adj satanic. ◆ nmf Satanist.

satay [sate] nm CULIN satay.

satellisable [satelizabl] adj which can be put into orbit.

satellisation [satelizasjɔ̃] nf **1.** ASTRONAUT [d'une fusée] putting ou launching into orbit **2.** *fig* [d'une nation, d'une ville, d'une organisation] satellization.

satelliser [3] [satelize] vt **1.** ASTRONAUT ▸ **satelliser qqch** to put ou to launch sthg into orbit, to orbit sthg ▸ **fusée satellisée** orbiting rocket **2.** *fig* [pays, ville] to satellize.

satellitaire [satelitɛR] adj satellite *(modif).*

satellite [satelit] ◆ nm **1.** ASTRON, ASTRONAUT & TÉLÉC satellite / *en direct par satellite* live via satellite ▸ **satellite artificiel / météorologique / de télécommunications** artificial / meteorological / communications satellite ▸ **satellite antisatellite** MIL killer satellite ▸ **satellite lunaire / terrestre** moon-orbiting / earth-orbiting satellite ▸ **satellite d'observation** observation satellite ▸ **transmission par satellite** satellite transmission **2.** POL [personne, pays, ville] satellite / *les satellites du bloc socialiste* the satellite countries of the socialist bloc **3.** [d'une aérogare] satellite **4.** MÉCAN bevel (wheel) ▸ **engrenage à satellite** planetary gear ▸ **satellite de différentiel** differential gear **5.** BIOL satellite. ◆ adj [ville, pays] satellite *(modif)* ▸ **ordinateur satellite** satellite computer.

satello-opérateur [satelɔɔpeRatœR] (*pl* **satello-opérateurs**) nm satellite TV company, satellite broadcaster.

sati [sati] (*pl* **sati** ou **satis***) ◆ nm suttee (rite). ◆ nf suttee (woman).

satiété [sasjete] nf satiety ▸ **à satiété, jusqu'à satiété** : *manger à satiété* to eat one's fill ▸ **redire jusqu'à satiété** to repeat ad nauseam.

satin [satɛ̃] nm **1.** TEXT satin ▸ **satin de coton** satin cotton, sateen ▸ **de satin** satin *(modif)* / *une peau de satin fig* a satin-smooth skin **2.** [douceur - gén] softness, silkiness ; [- de la peau] silky softness.

satinage [satinaʒ] nm **1.** TEXT satining **2.** IMPR calandering **3.** [en peausserie] (satin) glazing.

satiné, e [satine] adj [étoffe, reflets] satiny, satin *(modif)* ; [papier] calendered ; [peau] satin *(modif)*, satin-smooth / *un fini satiné* a satin finish ▸ **peinture satinée** silk finish emulsion.

❖ **satiné** nm [d'une peinture] silk finish ; [d'un papier, d'un tissu] satin finish / *la lumière mettait en valeur le satiné de sa peau* the light showed off her satin-like complexion.

satiner [3] [satine] vt [tissu] to give a satin finish to, to put a satin finish on ; [papier] to surface, to glaze ; [peau] to make smooth.

satinette [satinɛt] nf [en coton] sateen ; [en soie et coton] (silk and cotton) satinet.

satire [satiR] nf **1.** LITTÉR satire **2.** [critique] satire, send up UK, spoof / *sa satire du Premier ministre est excellente* he's good at taking off the Prime Minister.

satirique [satiRik] ◆ adj satirical. ◆ nmf satirist.

satiriquement [satiRikmɑ̃] adv satirically.

satiriste [satiRist] nmf satirist.

satisfaction [satisfaksjɔ̃] nf **1.** [plaisir] satisfaction, gratification ▸ **éprouver de la satisfaction / une grande satisfaction à faire qqch** to feel satisfaction / great satisfaction in doing sthg / *il a la satisfaction d'être utile* he has the satisfaction of being useful, he can rest assured that he's being useful ▸ **donner (entière** ou **toute) satisfaction à qqn a)** [personne] to give sb (complete) satisfaction **b)** [travail] to fulfil UK ou to fulfill US sb completely, to give sb a lot of (job) satisfaction ▸ **donner de la satisfaction à qqn** to be a source of satisfaction ou gratification for sb / *mon travail me donne peu de satisfaction* my work is not very satisfying ou fulfilling ou gratifying ▸ **à ma grande satisfaction** to my great satisfaction, to my gratification / *le problème fut résolu à la satisfaction générale* the problem was solved to everybody's satisfaction ▸ **je constate / vois avec satisfaction que...** I am pleased to note / to see that... **2.** [sujet de contentement] source ou cause for satisfaction / *mon travail m'apporte de nombreuses satisfactions* my job gives me great satisfaction / *mon fils m'apporte de nombreuses satisfactions* my son is a great satisfaction to me ▸ **satisfaction professionnelle** job satisfaction / *avoir des satisfactions professionnelles / financières* to be rewarded professionally / financially **3.** [assouvissement - d'un désir] satisfaction, gratification, fulfilment ; [- d'ambitions, d'un besoin] satisfying, fulfilment ; [- de la faim] appeasement, satisfying ; [- de la soif] quenching, slaking / *c'est pour elle une satisfaction d'amour-propre* it flatters her self-esteem **4.** [gain de cause] satisfaction ▸ **accorder** ou **donner satisfaction à qqn** to give sb satisfaction ▸ **obtenir satisfaction** to obtain satisfaction **5.** [réparation] satisfaction ▸ **exiger / obtenir satisfac-**

tion (de qqch) *sout* to demand / to obtain satisfaction (for sthg) / ***obtenir satisfaction d'un affront*** *sout* to obtain satisfaction for an affront **6.** RELIG ▸ **satisfaction sacramentelle** (penitential) satisfaction.

satisfaire [109] [satisfɛʀ] vt **1.** [contenter -suj: résultat, travail] to satisfy, to give satisfaction to; [-suj: explication] to satisfy / ***rien ne le satisfait*** nothing satisfies him, he's never satisfied / ***elle est difficile à satisfaire*** she's hard to please / ***votre rapport ne me satisfait pas du tout*** I'm not satisfied at all with your report, I don't find your report at all satisfactory / ***ce que j'ai me satisfait pleinement*** I'm quite content with what I've got / ***j'espère que cet arrangement vous satisfera*** I hope (that) you'll find this arrangement satisfactory ou to your satisfaction / ***la réunion a été fixée au 3 mars, pour satisfaire tout le monde*** the date for the meeting has been fixed for March 3rd, so as to satisfy ou to accommodate everybody; [sexuellement] to satisfy **2.** [répondre à -attente] to come ou to live up to; [-désir] to satisfy, to fulfil; [-besoin] to satisfy, to answer; [-curiosité] to satisfy; [-demande] to meet, to satisfy, to cope with *(insép)*, to keep up with *(insép)*; [-faim] to satisfy, to appease; [-soif] to satisfy, to quench, to slake / ***il reste des revendications non satisfaites*** there are still a few demands which haven't been met ▸ **satisfaire un besoin naturel** *euphém* to relieve o.s.

❖ **satisfaire à** v + prép [conditions] to fulfil UK, to fulfill US, to meet, to satisfy; [besoin, exigences] to meet, to fulfil; [désir] to satisfy, to gratify; [attente] to live ou to come up to; [promesse] to fulfil, to keep; [goût] to satisfy; [norme] to comply with *(insép)*, to satisfy / ***avoir satisfait à ses obligations militaires*** to have fulfilled one's national service commitments.

❖ **se satisfaire** ◆ vp *(emploi réfléchi)* [sexuellement] to have one's pleasure. ◆ vpi [uriner] to relieve o.s.

❖ **se satisfaire de** vp + prép to be satisfied ou content with / ***tu te satisfais de peu!*** you're content with very little!, it doesn't take much to make you happy! / ***il ne se satisfait pas de promesses*** he's not content with promises, promises aren't good enough for him.

satisfaisant, e [satisfəzɑ̃, ɑ̃t] adj [réponse, travail, devoir scolaire] satisfactory / ***de manière satisfaisante*** satisfactorily / ***en quantité satisfaisante*** in sufficient quantities / ***ce n'est pas une excuse / raison satisfaisante*** it's not a good enough excuse / reason ▸ **peu satisfaisant a)** [résultat, travail] unsatisfactory **b)** ÉDUC poor / ***cette solution n'était satisfaisante pour personne*** this solution pleased nobody.

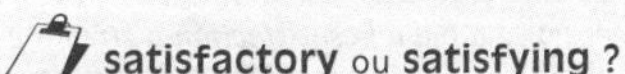

satisfactory ou **satisfying ?**

Satisfactory signifie «convenable», «qui donne satisfaction», tandis que **satisfying** se réfère à «ce qui contente, fait plaisir».

satisfaisons v ⟶ satisfaire.

satisfait, e [satisfɛ, ɛt] ◆ pp ⟶ satisfaire. ◆ adj [air, personne, regard] satisfied, happy ▸ **être satisfait de qqn** to be satisfied ou happy with sb / ***es-tu satisfait de ta secrétaire?*** are you satisfied with your secretary? / ***être satisfait de soi*** ou ***de soi-même*** to be satisfied with o.s., to be self-satisfied ▸ **être satisfait de a)** [arrangement, résultat] to be satisfied with, to be happy with ou about **b)** [voiture, service] to be satisfied with / ***je suis très satisfait de ma prestation*** I'm quite satisfied ou pleased with my performance / ***elle est partie maintenant, tu es satisfait?*** now she's gone, are you satisfied? / ***d'accord, j'ai menti, tu es satisfait?*** OK, I've lied, are you satisfied now?

satisfecit *(pl* satisfecit), **satisfécit*** [satisfesit] nm **1.** ÉDUC star, credit **2.** *sout* full credit ▸ **décerner un satisfecit à qqn pour qqch** to congratulate sb for (having done) sthg.

satisfera v ⟶ satisfaire.

satisfiable [satisfjabl] adj LOGIQUE satisfiable.

satisfont v ⟶ satisfaire.

satrape [satʀap] nm **1.** HIST satrap **2.** *litt* [tyran] satrap, despot; [homme riche] nabob.

saturabilité [satyʀabilite] nf saturability.

saturable [satyʀabl] adj saturable.

saturant, e [satyʀɑ̃, ɑ̃t] adj saturating, saturant.

saturateur [satyʀatœʀ] nm **1.** CHIM saturator, saturater **2.** [pour radiateur] humidifier.

saturation [satyʀasjɔ̃] nf **1.** SCI saturation ▸ **saturation en eau** water saturation ▸ **saturation magnétique** (magnetic) saturation **2.** [d'une autoroute, d'un aéroport] saturation, paralysis, gridlocking; [d'un circuit] saturation, overloading; [d'un marché] saturation (point) ▸ **arriver** ou **parvenir à saturation a)** [marché, aéroport] to reach saturation point **b)** [marcheur, travailleur] to reach saturation point, to be unable to take anymore / ***nous arrivons à la saturation totale du réseau*** the network has reached saturation point.

saturé, e [satyʀe] adj **1.** [imprégné -gén] impregnated; [-d'un liquide] saturated / ***sol saturé de sel*** very salty soil **2.** [encombré -marché] saturated, glutted **3.** [rassasié, écœuré] ▸ **saturé de** sated with / ***des enfants saturés de télévision*** children who have had too much television **4.** [engorgé -autoroute] saturated, blocked, gridlocked; [-circuit de communication] saturated **5.** SCI & TECHNOL saturated.

saturer [3] [satyʀe] ◆ vt **1.** CHIM to saturate ▸ **saturer qqch de** to saturate sthg with **2.** [surcharger, remplir en excès] to saturate, to glut / ***saturer un marché de produits agricoles*** to glut ou to saturate a market with agricultural products / ***nous sommes saturés de publicités pour des lessives*** we're swamped with washing powder adverts / ***être saturé de travail*** to be up to one's eyes in work, to be swamped with work / ***saturé d'eau / de sang*** saturated with water / with blood / ***le jardin est saturé d'eau*** the garden is waterlogged ou saturated with water. ◆ vi *fam* [marché] to become saturated; [lignes téléphoniques] to overload; [sonorisation] : ***ça sature*** we're getting distortion; [personne] : ***deux heures d'informatique et je sature*** after two hours of computer science, I can't take anything in any more.

saturnales [satyʀnal] nfpl **1.** *litt* [débauche] saturnalia *(pl)*, (wild) orgies **2.** ANTIQ saturnalia *(pl)*.

saturne [satyʀn] nm Saturn *(in alchemy)*.

Saturne [satyʀn] npr ASTRON & MYTH Saturn.

saturnie [satyʀni] nf emperor moth.

saturnien, enne [satyʀnjɛ̃, ɛn] adj **1.** ASTRON Saturnian **2.** *litt* [morose] saturnine, gloomy, glum, taciturn.

saturnin, ine [satyʀnɛ̃, in] adj **1.** CHIM lead *(modif)* **2.** MÉD saturnine.

saturnisme [satyʀnism] nm (chronic) lead poisoning, saturnism *spéc.*

satyre [satiʀ] nm **1.** MYTH & ENTOM satyr **2.** [homme lubrique] lecher **3.** BOT ▸ **satyre puant** stinkhorn.

satyriasis [satiʀjazis] nm satyriasis.

satyrique [satiʀik] adj satyric, satyrical.

sauce [sos] nf **1.** CULIN sauce; [de salade] salad dressing; [vinaigrette] French dressing; [jus de viande] gravy / ***sauce / à la moutarde / aux câpres*** mustard / caper sauce ▸ **sauce béarnaise / hollandaise** béarnaise / hollandaise sauce ▸ **sauce madère / piquante** Madeira / hot sauce ▸ **sauce Béchamel** béchamel ou white sauce ▸ **sauce bordelaise** sauce bordelaise ▸ **sauce mousseline** sauce mousseline ▸ **sauce de soja** soy sauce ▸ **sauce suprême** sauce suprême ▸ **sauce tartare** tartar sauce ▸ **pâtes à la sauce tomate** pasta with tomato sauce ▸ **mettre** ou **servir qqch à toutes les sauces** to make sthg fit every occasion ▸ **mettre une citation / théorie à toutes les sauces** to make a quotation / theory fit every (available ou possible) occasion / ***une expression qui a été mise à toutes les sauces*** a hackneyed phrase ▸ **je me demande à quelle sauce nous allons être mangés** I wonder what lies in store for us ou what they're going to do to us ▸ **la sauce fait passer le poisson** *prov* a spoonful of sugar helps the medicine go down ▸ **allonger** ou **rallonger la sauce** *fam* to pad sthg out **2.** *fam* [pluie] : ***prendre*** ou ***recevoir la sauce*** to get soaked ou drenched **3.** *fam* [courant électrique] juice / ***il n'y a pas assez de sauce*** there's not enough juice ou power / ***envoie la sauce*** turn on the power ou juice! **4.** ART soft black crayon.

❖ **en sauce** loc adj with a sauce / ***viande / poisson en sauce*** meat / fish served in a sauce.

saucée [sose] nf *fam* downpour / ***prendre*** ou ***recevoir la saucée*** to get drenched ou soaked (to the skin) / ***il va y avoir une saucée*** it's going to bucket down.

saucer [16] [sose] vt **1.** *vieilli* [tremper] : ***saucer son pain*** to dip one's bread in sauce **2.** [essuyer] : ***saucer son assiette (avec un morceau de pain)*** to wipe (off) one's plate (with a piece of bread) **3.** EXPR ▸ **se faire saucer** *fam* to get soaked (to the skin) ou drenched.

saucier [sosje] nm **1.** [employé] sauce cook ou chef **2.** [appareil] sauce-maker.

saucière [sosjɛʀ] nf [pour sauce] sauce boat; [pour jus] gravy boat.

sauciflard [sosiflaʀ] nm *tfam* sausage.

saucisse [sosis] nf **1.** CULIN sausage ▸ **saucisse de Francfort** frankfurter ▸ **saucisse de Strasbourg** Strasbourg (pork) sausage, knack-wurst **2.** *arg mil* [ballon captif] sausage **3.** *fam* [imbécile] : ***espèce de grande saucisse*** you great lump!, you numbskull!

saucisson [sosisɔ̃] nm **1.** CULIN ▸ **saucisson (sec)** (dry) sausage ▸ **saucisson à l'ail** garlic sausage **2.** [pain] sausage-shaped loaf **3.** [charge de poudre] powder hose.

saucissonnage [sosisɔnaʒ] nm *fam* chopping up / ***la publicité opère un saucissonnage de l'information*** advertising breaks mean news programmes are constantly being interrupted / ***il faut éviter le saucissonnage des savoirs*** we must avoid knowledge being chopped up into bite-sized chunks.

saucissonner [3] [sosisɔne] *fam* ◆ vi to picnic, to have a snack. ◆ vt **1.** [attacher -personne] to tie up *(sép)* / ***ils ont saucissonné le gardien sur la chaise*** they trussed up the caretaker and tied him to a chair **2.** [diviser] to chop up / ***le film a été saucissonné*** the film was divided up into episodes.

sauf[1] [sof] prép **1.** [à part] except, apart from, save *sout* / ***tout le monde sauf Paul*** everyone except (for) ou apart from Paul / ***ils y ont tous cru, sauf moi*** they all believed it, except me / ***nous avons parlé de tout, sauf de ce point précis*** we spoke about everything except ou apart from this one particular point / ***j'ai voyagé partout en Allemagne, sauf en Bavière*** I've been everywhere in Germany except (for) Bavaria / ***il a pensé à tout, sauf à ça*** he thought of everything, except that / ***il sait tout faire sauf cuisiner*** he can do everything except ou but cook / ***il s'arrête toujours ici sauf s'il n'a pas le temps*** he always stops here except if ou unless he's in a hurry / ***j'y vais régulièrement sauf quand il ne fait pas beau*** I go there regularly except when the weather's bad **2.** [à moins de] unless ▸ **sauf avis contraire** unless otherwise instructed / ***sauf indications contraires*** unless otherwise stated ▸ **sauf erreur ou omission** errors and omissions excepted / ***sauf accord ou convention contraire*** DR unless otherwise agreed.

❖ **sauf à** loc prép *sout* : ***il a pris cette décision, sauf à changer plus tard*** he took this decision, but reserved the right to change it later.

❖ **sauf que** loc conj except (for the fact) that, apart from the fact that / ***il n'a pas changé, sauf que ses cheveux ont blanchi*** he hasn't changed, except (for the fact) that he has gone grey.

sauf[2], **sauve** [sof, sov] adj **1.** [indemne -personne] safe / ***elle est sauve*** she's safe, she escaped unhurt ou unharmed **2.** *fig* [intact] : ***au moins, les apparences sont sauves*** at least appearances have been kept up ou saved.

sauf-conduit *(pl* sauf-conduits), **saufconduit*** [sofkɔ̃dɥi] nm safe-conduct.

sauge [soʒ] nf **1.** BOT salvia ▸ **sauge officinale** sage **2.** CULIN sage.

saugrenu, e [sogʀəny] adj peculiar, weird / ***en voilà une idée saugrenue!*** what a cranky ou daft idea!

Saül [sayl] npr Saul.

saulaie [solɛ] nf willow plantation.

saule [sol] nm willow ▸ **saule cassant / marsault** crack / goat willow ▸ **saule pleureur / blanc** weeping / white willow.

* In reformed spelling (see p. 16-19).

saumâtre [somatʀ] adj **1.** [salé] brackish, briny **2.** *fam* [désagréable] bitter, nasty / ***il l'a trouvée saumâtre!*** he wasn't amused!, he was unimpressed! *euphém.*

saumon [somɔ̃] ◆ nm **1.** ZOOL salmon ▸ **saumon fumé** CULIN smoked salmon UK, lox US **2.** [couleur] salmon-pink **3.** MÉTALL pig. ◆ adj inv salmon *(modif)*, salmon-pink.

saumoné, e [somɔne] adj [rose] salmon, salmon-pink.

saumoneau, x [somɔno] nm young salmon, parr.

saumonette [somɔnɛt] nf CULIN rock salmon.

saumur [somyʀ] nm Saumur (wine).

Saumur [somyʀ] npr *town in western France with a military academy famous as a centre for cavalry training.*

saumure [somyʀ] nf brine ▸ **conserver du poisson / des cornichons dans la saumure** to pickle fish / gherkins (in brine).

saumurer [3] [somyʀe] vt to pickle (in brine).

sauna [sona] nm [cabine] sauna (bath) ; [établissement] sauna.

saunage [sonaʒ] nm **1.** [fabrication] salt making **2.** [saison] salt (making) season **3.** [vente] salt trade.

saunaison [sonɛzɔ̃] nf = **saunage.**

sauner [3] [sone] vi to yield salt.

saunier [sonje] nm **1.** [ouvrier] salt worker **2.** [marchand] salt merchant ▸ **faux saunier** HIST contraband salt merchant.

saupiquet [sopikɛ] nm CULIN [sauce] *spicy sauce.*

saupoudrage [sopudʀaʒ] nm **1.** CULIN sprinkling, dusting **2.** FIN & POL [de crédits] *allocation of small amounts of finance to numerous posts.*

saupoudrer [3] [sopudʀe] vt **1.** CULIN to dust, to sprinkle / ***saupoudrer un gâteau de sucre*** to sprinkle ou to dust sugar over a cake **2.** FIN & POL : ***saupoudrer des crédits*** to allocate small amounts of finance to numerous posts **3.** *fig & litt* [parsemer] to scatter, to sprinkle / ***saupoudrer un discours de citations*** to pepper a speech with quotations.
✧ **se saupoudrer** vpt : ***se saupoudrer les mains de talc*** to dust one's hands with talcum powder.

saupoudreuse [sopudʀøz] nf sprinkler.

saur [sɔʀ] adj m smoked, cured.

saura v ⟶ **savoir.**

saurage [sɔʀaʒ] nm smoking, curing.

saurer [3] [sɔʀe] vt to smoke, to cure.

saurien [sɔʀjɛ̃] nm saurian ▸ **les sauriens** the saurians, the Sauria *spéc.*

saurisserie [sɔʀisʀi] nf smokery.

saut [so] nm **1.** SPORT jump ▸ **le saut** jumping / ***championnat / épreuves de saut*** jumping championship / events ▸ **saut en hauteur / longueur** high / long jump ▸ **saut de l'ange** swallow UK ou swan US dive ▸ **saut de carpe** jack-knife dive ▸ **saut en chute libre** free fall jump ▸ **saut en ciseaux** scissors jump ▸ **saut à la corde** skipping ▸ **saut à l'élastique** bungee jumping ▸ **saut groupé** tuck ▸ **saut de haies** hurdling ▸ **saut de la mort** death jump ▸ **saut d'obstacles** show jumping ▸ **saut en parachute a)** [discipline] parachuting, skydiving **b)** [épreuve] parachute jump ▸ **saut à la perche a)** [discipline] pole vaulting **b)** [épreuve] pole vault ▸ **saut périlleux** somersault ▸ **saut à pieds joints** standing jump ▸ **saut en rouleau** western roll ▸ **saut à skis a)** [discipline] ski jumping **b)** [épreuve] (ski) jump **2.** [bond] leap / ***se lever d'un saut*** to leap ou to jump to one's feet ▸ **saut de puce** step ▸ **au saut du lit a)** [en se levant] on ou upon getting up **b)** [tôt] first thing in the morning **3.** [chute] drop / ***elle a fait un saut de cinq mètres dans le vide*** she fell ou plunged five metres into the void **4.** [brève visite] flying visit / ***elle a fait un saut chez nous hier*** she dropped by (our house) yesterday ▸ **je ne fais qu'un saut a)** [quelques instants] I'm only passing, I'm not staying **b)** [quelques heures] I'm only on a flying visit / ***fais un saut chez le boucher*** pop over ou along ou across to the butcher's **5.** *fig* leap / ***faire un saut dans l'inconnu*** to take a leap in the dark / ***faire un saut dans le passé*** to go back into the past / ***faire un saut d'un siècle*** to jump a century ▸ **le grand saut** [la mort] the big sleep ▸ **faire le saut** to take the plunge **6.** GÉOGR falls, waterfall ▸ **le saut du Doubs** the Doubs falls **7.** INFORM & MATH jump.

saut-de-lit [sodli] (*pl* **sauts-de-lit**) nm dressing-gown, light robe.

saut-de-loup [sod(ə)lu] (*pl* **sauts-de-loup**) nm (wide) ditch.

saut-de-mouton [sodmutɔ̃] (*pl* **sauts-de-mouton**) nm flyover UK, overpass US.

saute [sot] nf **1.** MÉTÉOR ▸ **saute de vent** shift (of the wind) ▸ **saute de température** sudden change in temperature **2.** *fig* ▸ **saute d'humeur** mood swing / ***sujet à de fréquentes sautes d'humeur*** prone to frequent changes of mood.

sauté [sote] nm sauté ▸ **sauté de veau** sauté of veal.

saute-mouton [sotmutɔ̃] (*pl* **saute-mouton** *ou* **saute-moutons***) nm leapfrog ▸ **jouer à saute-mouton** to play leapfrog / ***il jouait à saute-mouton par-dessus les tréteaux*** he was leapfrogging over the trestles.

sauter [3] [sote] ◆ vi **1.** [bondir -personne] to jump, to spring up ; [-chat] to jump, to leap ; [-oiseau, insecte] to hop ; [-grenouille, saumon] to leap ; [-balle, curseur] to bounce, to jump / ***sauter dans une tranchée / dans un puits*** to jump into a trench / down a well / ***sauter en selle*** to jump ou to leap into the saddle / ***sauter d'une branche / falaise*** to leap off a branch / cliff / ***sauter par-dessus une corde / un ruisseau*** to leap over a rope / across a stream / ***il faut sauter pour atteindre l'étagère*** you've got to jump up to reach the shelf ▸ **sauter par la fenêtre** to jump out of the window / ***quand je pense que je la faisais sauter sur mes genoux il n'y a pas si longtemps*** when I think that not so long ago, I was bouncing ou dandling her on my knee ; *fig* ▸ **sauter de joie** to jump for joy ▸ **sauter au plafond** *fam*, **sauter en l'air** *fam* **a)** [de colère] to hit the roof **b)** [de joie] to be thrilled to bits ▸ **sauter comme un cabri** to frolic **2.** JEUX & SPORT ▸ **sauter à cloche-pied** to hop ▸ **sauter à la corde** to skip (with a rope) UK, to skip ou to jump rope US ▸ **sauter en parachute** to (parachute) jump, to parachute ▸ **sauter en hauteur / longueur** to do the high / long jump ▸ **sauter à la perche** to pole-vault ▸ **sauter à skis** to ski-jump ▸ **sauter en ciseaux** to do a scissors jump **3.** [se ruer] to jump, to pounce / ***sauter (à bas) du lit*** to jump ou to spring out of bed / ***sauter dans un taxi*** to jump ou to leap into a taxi / ***il sauta sur le malheureux passant*** he pounced on the wretched passer-by ; *fig* : ***je lui sauterai dessus dès qu'il reviendra*** *fam* I'll grab him as soon as he gets back / ***sauter sur l'occasion*** to jump at the chance / ***c'est une excellente occasion, je saute dessus*** it's a great opportunity, I'll grab it ▸ **se faire sauter dessus** to be jumped on ▸ **sauter à la gorge** ou **au collet de qqn** to jump down sb's throat / ***va te laver les mains, et que ça saute!*** *fam* go and wash your hands and get a move on ou get your skates on UK ▸ **sauter aux yeux** : ***ça saute aux yeux*** it's plain for all to see ou as the nose on your face **4.** [exploser] to blow up, to explode, to go off / ***faire sauter un pont / char*** to blow up a bridge / tank / ***faire sauter une mine*** to explode a mine / ***les plombs ont sauté*** ÉLECTR the fuses have blown / ***faire sauter les plombs*** to blow the fuses / ***la lampe / le circuit a sauté*** the lamp / circuit has fused UK, the lamp fuse / the circuit has blown US ; [être projeté] : ***les boutons ont sauté*** the buttons flew off ou popped off / ***faire sauter le bouchon d'une bouteille*** to pop a cork ▸ **se faire sauter la cervelle** *fam* ou **le caisson** *fam* to blow one's brains out ▸ **faire sauter la banque** *pr & fig* to break the bank **5.** [changer sans transition] to jump **6.** [cesser de fonctionner -chaîne, courroie] to come off ; [-image de télévision] to flicker ; [-serrure] to snap **7.** *fam* [être renvoyé] to fall / ***le gouvernement a sauté*** the government has fallen / ***le ministre a sauté*** the minister got fired ou got the sack UK / ***faire sauter un directeur*** to kick out ou to fire a manager **8.** CULIN : ***faire sauter des pommes de terre*** to sauté potatoes ▸ **faire sauter des crêpes** to toss pancakes **9.** NAUT [vent] to change. ◆ vt **1.** [obstacle] to jump ou to leap over *(insép)* ▸ **sauter le pas** *fig* to take the plunge **2.** [omettre] to skip, to leave out *(sép)* / ***sauter une danse*** to sit out a dance **3.** *vulg* [sexuellement] : ***sauter qqn*** to lay sb / ***se faire sauter*** to get laid **4.** EXPR **la sauter** *tfam* to be starving.

sauterelle [sotʀɛl] nf **1.** ENTOM grasshopper ; [criquet] locust **2.** *fam* [femme osseuse] ▸ **grande sauterelle** beanpole **3.** [en manutention] travelling belt, conveyor (belt) **4.** MENUIS bevel (square).

sauterie [sotʀi] nf *hum* party / ***donner une petite sauterie*** to throw a party.

sauternes [sotɛʀn] nm Sauternes UK ou Sauterne US (wine).

saute-ruisseau [sotʀɥiso] (*pl* **saute-ruisseau** *ou* **saute-ruisseaux***) nm *vieilli* errand boy.

sauteur, euse [sotœʀ, øz] ◆ adj jumping, hopping. ◆ nm, f SPORT jumper ▸ **sauteur en hauteur / longueur** high / long jumper ▸ **sauteur à la perche** polevaulter.
✧ **sauteuse** nf **1.** CULIN high-sided frying pan **2.** MENUIS jigsaw, scroll saw.

sautillant, e [sotijɑ̃, ɑ̃t] adj **1.** [démarche, oiseau] hopping, skipping / ***d'un pas sautillant*** with a dancing step **2.** *fig* [style] light ; [refrain] gay, bouncy.

sautillement [sotijmɑ̃] nm **1.** [petit saut] hop, skip, skipping *(U)* **2.** [changement constant] jumping around, chopping and changing.

sautiller [3] [sotije] vi **1.** [faire de petits sauts] to hop, to skip / ***marcher en sautillant*** to skip along / ***sautiller sur un pied*** to hop **2.** [papillonner] to flit / ***sa pensée sautille sans cesse*** his mind flits from one thing to another.

sautoir [sotwaʀ] nm **1.** JOAILL chain ▸ **en sautoir** on a chain ▸ **sautoir de perles** string of pearls **2.** SPORT jumping pit **3.** CULIN high-sided frying pan **4.** HÉRALD saltire.

sauvage [sovaʒ] ◆ adj **1.** ZOOL [non domestique] wild ; [non apprivoisé] untamed ▸ **il est redevenu sauvage a)** [chat] he's gone feral ou wild **b)** [jeune fauve] he's gone back to the wild **2.** [non cultivé] wild / ***le jardin est redevenu sauvage depuis leur départ*** since they left the garden has become overgrown **3.** [peu fréquenté -lieu] wild, remote / ***les régions sauvages du nord de l'Écosse*** the wilds ou the remote regions of northern Scotland **4.** [réservé, timide] shy **5.** *vieilli ou* ANTHR savage, uncivilized / ***une peuplade sauvage*** an uncivilized people **6.** [incontrôlé -geste, violence] savage, vicious, brutal / ***une attaque sauvage*** a savage attack **7.** [illégal -camping, vente] unauthorized ; [-urbanisme] unplanned. ◆ nmf **1.** *vieilli* ANTHR savage / ***leurs premiers contacts avec les sauvages des îles*** their first contacts with the island savages / ***le bon sauvage*** the noble savage **2.** [personne fruste, grossière] boor, brute ▸ **comme un sauvage** : ***il se conduit comme un sauvage*** he's a real brute **3.** [personne farouche] unsociable person, recluse.

sauvagement [sovaʒmɑ̃] adv savagely, viciously ▸ **sauvagement assassiné** savagely ou brutally murdered.

sauvageon, onne [sovaʒɔ̃, ɔn] nm, f wild child.
✧ **sauvageon** nm [arbre] wildling.

sauvagerie [sovaʒʀi] nf **1.** [méchanceté] viciousness, brutality **2.** [misanthropie] unsociableness.

sauvagine [sovaʒin] nf **1.** CHASSE wildfowl *(U)* **2.** [fourrure] common pelts, fur skins.

sauve [sov] f ⟶ **sauf.**

sauvegarde [sovgaʀd] nf **1.** [protection] safeguard, safeguarding *(U)* / ***sauvegarde des ressources naturelles*** conservation of natural resources / ***sous la sauvegarde de la justice*** DR under the protection of the Court **2.** [sécurité] safety **3.** INFORM backup *(U)* ▸ **faire une sauvegarde** to make a backup **4.** NAUT safety rope.

sauvegarder [3] [sovgaʀde] vt **1.** [protéger -bien] to safeguard, to watch over *(insép)* ; [-honneur, réputation] to protect **2.** INFORM to save.

sauve-qui-peut [sovkipø] nm inv panic / ***ce fut un sauve-qui-peut général*** there was a general stampede.

sauver [3] [sove] vt **1.** [personne -gén] to save, to rescue ; [-dans un accident, une catastrophe] to rescue ▸ **sauver la vie à qqn** to save sb's life ▸ **sauver qqn de la noyade / faillite** to rescue sb from drowning / bankruptcy ▸ **être sauvé a)** [sain et sauf] to be safe **b)** [par quelqu'un] to have been saved ou rescued / ***ils ont atteint la côte, ils sont sauvés!*** they've reached the shore, they're safe! ; *fig* : ***il y a une banque ouverte, je suis sauvé!*** there's a bank open, saved again! / ***tout est***

prêt pour la kermesse demain, nous sommes sauvés! everything is ready for tomorrow's fete, we're home and dry UK ou home free US ! ▸ **sauver sa peau** *fam* to save one's skin ou hide **2.** [protéger] : *pour sauver l'honneur* so that honour may be saved / *sauver la situation* to save ou to retrieve the situation / *la musique sauve le film* the music saves the film ▸ **sauver les apparences** to keep up appearances ▸ **je lui ai sauvé la mise** *fam* I've got him out of trouble, I've bailed him out **3.** [préserver] to salvage, to save / *on n'a pu sauver qu'un morceau du toit* only part of the roof survived ou could be salvaged ▸ **sauver qqch de l'oubli** to rescue sthg from oblivion ▸ **sauver les meubles** *fam* to salvage something from the situation **4.** RELIG to save.

❖ **se sauver** ◆ vp *(emploi réfléchi)* RELIG to be saved. ◆ vpi **1.** [animal] to escape ; [pensionnaire] to run away ; [prisonnier] to escape, to break out *(insép)* ; [matelot] to jump ship / *se sauver à toutes jambes* to take to one's heels (and run) **2.** *fam* [lait] to boil over **3.** *fam* [s'en aller] to leave, to split US / *il est l'heure, il faut que je me sauve* it's time, I must get going ▸ **sauve-toi!** run along now! / *bon, je me sauve!* right, I'm off ou on my way!

❖ **sauve qui peut** interj run for your life, every man for himself.

sauvetage [sovtaʒ] nm **1.** [d'un accidenté] rescue / *opérer* ou *effectuer le sauvetage d'un équipage* to rescue a crew / *sauvetage d'une entreprise fig* financial rescue of a company ▸ **sauvetage aérien** / **en montagne** air / mountain rescue **2.** NAUT [de l'équipage] life saving, sea rescue ; [de la cargaison] salvage.

❖ **de sauvetage** loc adj life *(modif)*.

sauveteur [sovtœʀ] nm rescuer.

sauvette [sovɛt] ❖ **à la sauvette** ◆ loc adj ▸ **marchand** ou **vendeur à la sauvette** (illicit) street peddler ou hawker ▸ **vente à la sauvette** (illicit) street peddling ou hawking. ◆ loc adv **1.** [illégalement] ▸ **vendre qqch à la sauvette** to hawk ou to peddle sthg (without authorization) **2.** [discrètement] ▸ **faire qqch à la sauvette** to do sthg stealthily / *il m'a glissé un mot à la sauvette* he slipped me a note.

sauveur [sovœʀ] ◆ nm **1.** [bienfaiteur] saviour UK, savior US / *tu es mon sauveur! hum* you've saved my life! **2.** RELIG ▸ **le Sauveur** Our Saviour. ◆ adj m saving *(avant nom)*.

sauvignon [soviɲɔ̃] nm **1.** BOT Sauvignon plant **2.** ŒNOL Sauvignon (wine).

SAV nm abr de **service après-vente.**

sava abr écrite de **ça va.**

savamment [savamɑ̃] adv **1.** [avec érudition] learnedly **2.** [habilement] cleverly, cunningly, skilfully UK, skillfully US / *des tresses savamment enroulées* cleverly arranged tresses **3.** [par expérience] ▸ **j'en parle savamment** I know what I'm talking about, I have first-hand experience (in this matter).

savane [savan] nf **1.** [dans les pays chauds] bush, savanna, savannah **2.** QUÉBEC [marécage] swamp.

savant, e [savɑ̃, ɑ̃t] ◆ adj **1.** [érudit - livre, moine, société] learned ; [- traduction, conversation] scholarly / *être savant en peinture / grec* to be well-versed in painting / Greek / *c'est trop savant pour lui!* that's (totally) beyond his grasp! **2.** [habile] skilful, clever / *un savant édifice de paquets de lessive* a cleverly constructed tower of soap powder packs **3.** [dressé - chien, puce] performing. ◆ nm, f [lettré] scholar.

❖ **savant** nm [scientifique] scientist / *Marie Curie fut un grand savant* Marie Curie was a great scientist.

savarin [savaʀɛ̃] nm savarin (cake).

savate [savat] nf **1.** [chaussure] worn-out (old) shoe ; [pantoufle] old slipper / *il est en savates toute la journée* he pads around in his old slippers all day long ▸ **comme une savate** appallingly badly / *chanter / peindre comme une savate* to be a lousy singer / painter **2.** SPORT ▸ **la savate** French boxing.

savetier [savtje] nm *arch* [cordonnier] cobbler.

saveur [savœʀ] nf **1.** [goût] savour UK, savor US, flavour UK, flavor US / *ce fruit est sans saveur* this fruit is tasteless ou has no flavour / *une poire pleine de saveur* a tasty pear / *quelle saveur!* very tasty! **2.** [trait particulier] flavour UK, flavor US / *il y a toute la saveur de l'Italie dans son accent* there is all the flavour of Italy in his accent **3.** [attrait] : *la saveur du péché* the sweet taste of sin.

savoir¹ [savwaʀ] nm knowledge.

savoir² [59] [savwaʀ] ◆ vt **1.** [connaître - donnée, réponse, situation] to know / *nous ne savons toujours pas le nom du vainqueur* we still don't know the winner's name / *que savez-vous de lui?* what do you know about ou of him? / *tu sais la nouvelle?* have you heard the news? / *on le savait malade* we knew ou we were aware (that) he was ill / *on le savait alcoolique* he was known to be an alcoholic, he was a known alcoholic / *je ne te savais pas si susceptible* I didn't know ou I didn't realize ou I never thought you were so touchy / *je sais un moyen d'y parvenir sout* I know a way to do it / *je ne sais rien de plus apaisant que la musique sout* I don't know anything more soothing than music **2.** [être informé de] : *comment sais-tu que j'habite ici?* how do you know I live here? / *que va-t-il arriver à Tintin? pour le savoir, lisez notre prochain numéro!* what's in store for Tintin? find out in our next issue! / *c'est toujours bon à savoir* it's (always) worth knowing / *je sais des choses... fam* [sur un ton taquin] I know a thing or two, I know what I know! / *c'est sa maîtresse — tu en sais des choses!* she's his mistress — you seem well informed! / *je sais ce que je sais! fam* I know what I know! / *je sais ce que j'ai vu* I know what I saw / *je n'en sais pas plus que toi* I don't know any more than you do / *pour en savoir plus, composez le 34 15* for more information ou (if you want) to know more, phone 34 15 / *il en savait trop* he knew too much / *ce n'est pas elle qui l'a dénoncé — qu'en savez-vous?* she wasn't the one who turned him in — what do you know about it ou how do you know? / *je n'en sais rien du tout* I don't know anything about it, I haven't got a clue / *après tout, tu n'en sais rien!* after all, what do you know about it! / *il est venu ici, mais personne n'en a rien su* he came here, but nobody found out about it / *chercher à en savoir davantage* to try and find out more ▸ **en savoir long sur qqn** / **qqch** to know a great deal about sb / sthg / *j'en sais long sur lui* I know a lot about him / *on n'en sait pas long sur son enfance* we don't know much about her childhood ▸ **en savoir quelque chose** to have some knowledge (of a subject) / *oh oui ça fait mal, j'en sais quelque chose!* yes, it's very painful, I can tell you! / *il n'aime pas les cafardeurs — tu dois en savoir quelque chose!* he doesn't like sneaks — you'd know all about that! / *pour ce que j'en sais* for all I know / *je sais à quoi m'en tenir sur lui* I know what kind of (a) person he is / *je ne sais pas si elle a eu mon message* I don't know whether she got my message / *sais-tu où / pourquoi il est parti?* do you know where / why he went? / *je crois savoir qu'ils ont annulé la conférence* I have reason ou I'm led to believe that they called off the conference / *tout le monde sait que...* it's a well-known fact ou everybody knows that... / *je ne sais combien, on ne sait combien* [d'argent] who knows how much / *ça a coûté je ne sais combien* it cost who knows ou I don't know how much / *il y a je ne sais combien de temps* a very long time ago / *il a fallu je ne sais combien de soldats* God knows how many soldiers were needed / *je ne sais comment, on ne sait comment* God knows how / *elle y est arrivée on ne sait comment* she managed God knows how ou somehow or other / *je ne sais où, on ne sait où* God knows where / *il est je ne sais où* God knows where he is / *je ne sais pourquoi, on ne sait pourquoi* God ou who knows why / *sans (trop) savoir pourquoi* without really knowing why / *je ne sais quel / quelle...* some... or other / *retenu par je ne sais quelle affaire* held up by some business or other / *sans trop savoir quoi faire* [attendre, marcher] aimlessly / *je ne sais qui, on ne sait qui* somebody or other ▸ **je ne sais quoi** ou **on ne sait quoi** : *il y a je ne sais quoi de bizarre chez lui* there's something a bit weird about him / *il vendait des tapis, des bracelets et que sais-je encore* he was selling carpets, bracelets and goodness / God knows what else / *sachant que x = y, démontrez que...* MATH if x = y, show that... ; *(en usage absolu)* ▸ **ceux qui savent** informed people ou sources / *oui, oui, je sais!* yes, yes, I'm aware of that ou I know ou I realize! / *où est-elle? — est-ce que je sais, moi? fam* where is she? — search me ou don't ask me ou how should I know? ▸ **si je savais, si j'avais su** : *si j'avais su, je ne t'aurais rien dit* if I'd known, I wouldn't have said a word (to you) ; *(au subjonctif)* ▸ **je ne sache pas que, que je sache** *sout & hum* : *je ne sache pas qu'on ait modifié le calendrier, on n'a pas modifié le calendrier, que je sache* the calendar hasn't been altered that I know of ou as far as I know / *a-t-elle la permission? — pas que je sache* has she got permission? — not to my knowledge ou not as far as I know / *Napoléon, qu'on sache, n'avait pas demandé leur reddition* Napoleon had not asked them to surrender, as far as is known ▸ **va / allez savoir** : *va savoir ce qui lui a pris!* who knows what possessed her? / *pourquoi est-elle partie? — allez savoir?* why did she leave? — who knows? **3.** [être convaincu de] to know, to be certain ou sure / *je savais bien que ça ne marcherait pas!* I knew it wouldn't work! / *je sais parfaitement qu'il est innocent* I know for sure he's innocent / *je ne sais pas si ça en vaut la peine* I don't know if it's worth it / *je n'en sais trop rien* I'm not too sure, I don't really know ; *(en usage absolu)* : *comment savoir?* how can you tell ou know? / *qui sait?* who knows? / *peut-être guérira-t-il, qui sait?* he might recover, who knows? ou you never can tell! / *on ne sait jamais, sait-on jamais* you never know / *prends un parapluie, on ne sait jamais* take an umbrella, just in case ou you never know **4.** [apprendre] ▸ **savoir qqch par qqn** to hear sthg from sb / *je l'ai su par son frère* I heard it from her brother / *on a fini par savoir qu'un des ministres était compromis* it finally leaked out that one of the ministers was compromised ▸ **faire savoir qqch à qqn** to inform sb ou to let sb know of sthg / *si elle arrive, faites-le-moi savoir* if she comes, let me know **5.** [se rappeler] to know, to remember / *je ne sais plus la fin de l'histoire* I can't remember the end of the story / *le jour de l'examen, je ne savais plus rien* on the day of the exam I'd forgotten everything ▸ **est-ce que tu sais ton rôle? a)** THÉÂTRE do you know your lines? **b)** *fig* do you know what you are supposed to do? **6.** [pouvoir] to know how to, to be able to ▸ **savoir faire qqch** to know how to ou to be able to do sthg ▸ **tu sais plonger / conduire?** can you dive / drive? / *elle ne sait ni lire ni écrire* she can't read or write / *j'ai su danser le charleston* I used to know how to ou I used to be able to dance the charleston / *elle sait (parler) cinq langues* she can speak ou she knows five languages ▸ **il ne sait pas / sait bien faire la cuisine** he's a bad / good cook ▸ **si je sais bien compter / lire** if I count / read right / *il sait parler / vendre* he's a good talker / salesman / *quand on lui a demandé qui était président à l'époque, il n'a pas su répondre* when asked who was President at the time, he didn't know (what the answer was) / *je ne sais pas mentir* I can't (tell a) lie / *il ne sait pas se faire obéir de ses enfants* he can't get his children to do as they are told / *il sait se contenter de peu* he can make do with very little / *je n'ai pas su la réconforter* I wasn't able to comfort her / *il faut savoir écouter le patient* you have to be able to listen to your patient / *je sais être discret* I can be ou I know when to be discreet / *elle ne sait pas se reposer* [elle travaille trop] she doesn't know when to stop / *il a su rester jeune / modeste* he's managed to remain young / modest ▸ **savoir s'y prendre** : *savoir s'y prendre avec les enfants* to know how to handle children, to be good with children / *je n'ai jamais su m'y prendre avec les filles* I've never known how to behave with girls! ▸ **savoir y faire** : *laisse-moi découper le poulet, tu ne sais pas y faire* let me carve the chicken, you don't know how to do it ▸ **savoir y faire avec qqn** to know how to handle sb / *elle sait y faire avec le patron!* she knows how to get round ou to handle the boss! / *il sait y faire avec les filles!* he knows how to get his (own) way with girls! / *on ne saurait tout prévoir* you can't think of everything / *je ne saurais te le dire* I couldn't tell you ▸ **on ne saurait être plus aimable / déplaisant** you couldn't be nicer / more unpleasant **7.** [être conscient de] to know, to be aware of / *si tu savais combien j'ai souffert!* if you knew how much I suffered! / *je sais que c'est un escroc* I know he's a crook ▸ **sachez-le bien** make no ou let there be no mistake about this / *il faut savoir que le parti n'a pas toujours suivi Staline* you've

SAVOIR OR CONNAÎTRE?

There are two differences between these verbs. One is semantic and relates to different types of knowing. The other is syntactic: only **savoir** can be followed by different constructions (**savoir que**..., **savoir si**..., **savoir comment**...), whereas both **savoir** and **connaître** can be followed by a noun.

WITH VERB: SAVOIR BUT NOT CONNAÎTRE

Savoir used with a verb means *'to know'*.

Je ne savais pas qu'il pleuvait. I didn't know it was raining.

Tu sais si Fred a pris la voiture aujourd'hui ? Do you know whether Fred took the car out today?

Je ne sais pas comment le lui dire. I don't know how I'm going to tell him.

Savoir in the context of practical activities like hobbies or occupations, expressed by a verb in the infinitive, means ***to be able to / to know how to*** and thus also corresponds to *'can'*:

Il ne sait pas encore conduire. He can't drive yet.

Tu sais faire une mayonnaise ? Can you / Do you know how to make mayonnaise?

WITH NOUN

❶ Connaître but not savoir

- For talking about knowing people:

Leila ? Oui, je la connais vaguement. Leila? Yes, I vaguely know her.

Je n'ai pas connu mon grand-père. I never knew my grandfather.

On ne connaît jamais vraiment la personne aimée. You don't ever really know the person you love.

Kurosawa, tu connais ? Do you know Kurosawa?

- For talking about things you're familiar with because you've experienced them or learned about them in detail:

Rome ? Oui, je connais. Rome? Yes, I've been there. / Yes, I know Rome.

Je connais cette odeur ! I know that smell!

Tu connais *le Songe d'une nuit d'été* ? Do you know / Are you familiar with *A Midsummer Night's Dream*?

Je ne connaissais pas ce morceau. I didn't know that song. / I'd never heard that song before.

Il connaît très bien l'œuvre de Jeff Koons. He knows Jeff Koons' work very well.

Tu connais le fonctionnement de cette machine ? Do you know how this machine works?

Je ne connais pas le HTML. I'm not familiar with HTML.

❷ Savoir or connaître

When talking about knowledge of facts rather than in-depth knowledge, both **savoir** and **connaître** can be used:

Tu sais / tu connais les résultats ? Do you know the results?

Je connais / Je sais déjà le nom du gagnant. I already know the name of the winner.

Je connais / Je sais les numéros de tous les départements de France. I know the numbers of all the French 'départements'.

Je ne connais pas / Je ne sais pas la réponse. I don't know the answer.

---

got to remember that the Party didn't always toe the Stalinist line / *sache qu'en fait, c'était son idée* you should know that in fact, it was his idea / *sachez que je le fais bénévolement* for your information, I do it for nothing ▸ **elle ne sait plus ce qu'elle fait ni ce qu'elle dit a)** [à cause d'un choc, de la vieillesse] she's become confused **b)** [sous l'effet de la colère] she's beside herself (with anger) / *il est tellement soûl qu'il ne sait plus ce qu'il dit* he's so drunk he doesn't know what he's saying / *je sais ce que je dis* I know what I'm saying / *elle sait ce qu'elle veut* she knows (exactly) what she wants / *tu ne sais pas ce que tu rates* you don't know what you're missing / *tu ne sais pas ce que tu veux / dis* you don't know what you want / what you're talking about / *il faudrait savoir ce que tu dis!* make up your mind! / *il faudrait savoir ce que tu dis, c'est demain ou c'est après-demain?* (come on,) which is it to be, tomorrow or the day after? / *laisse-la, elle sait ce qu'elle fait* let her be, she knows what she's doing / *sais-tu au moins pourquoi tu pleures?* do you even know why you're crying? ; *(en usage absolu)* ▸ **faudrait savoir!** make up your mind! **8.** [imaginer] ▸ **ne (plus) savoir que** ou **quoi faire** to be at a loss as to what to do, not to know what to do / *elle ne savait que faire pour le rassurer* she didn't know what to do to reassure him / *les médecins ne savent plus quoi faire pour la sauver* the doctors don't know what to do to save her / *je ne sais (plus) que faire avec ma fille* I just don't know what to do with my daughter / *il ne sait plus quoi faire pour se rendre intéressant* he'd stop at nothing ou there's nothing he wouldn't do to attract attention to himself / *je ne savais plus où me mettre* [de honte] I didn't know where to put myself **9.** BELG : *il ne sait pas venir demain* [il ne peut pas venir demain] he can't make it tomorrow / *je ne sais pas l'attraper* I can't reach it / *ses résultats ne sont pas brillants, savez-vous?* [n'est-ce pas] his results aren't very good, are they ou am I right? / *sais-tu, cette petite fête était charmante* it was a delightful little party, wasn't it? **10.** [pour prendre l'interlocuteur à témoin] : *ce n'est pas toujours facile, tu sais!* it's not always easy, you know! / *tu sais, je ne crois pas à ses promesses* to tell you the truth, I don't believe in her promises / *tu sais que tu commences à m'énerver?* *fam* you're getting on my nerves, you know that ou d'you know that? ◆ adv namely, specifically, i.e. / *le personnel se compose de 200 hommes, savoir 160 employés et 40 cadres* the staff is made up of 200 people, i.e. 160 employees and 40 executives.

❖ **se savoir** ◆ vp *(emploi passif)* [nouvelle] to become known / *tout se sait dans le village* news travels fast in the village / *ça finira par se savoir* people are bound to find out / *je ne veux pas que ça se sache* I don't want it to be publicized ou to get around ▸ **cela** ou **ça** *fam* **se saurait** : *ça se saurait s'il était si doué que ça* *fam* if he was that good, you'd know about it. ◆ vpi [personne] : *il se sait malade* he knows he's ill.

❖ **à savoir** loc adv namely, that is, i.e. / *son principal prédateur, à savoir le renard* its most important predator, namely the fox.

❖ **à savoir que** loc conj meaning ou to the effect that *sout* / *il nous a donné sa réponse, à savoir qu'il accepte* he's given us his answer, that is, he accepts ou to the effect that he accepts.

❖ **savoir si** loc conj *fam* but who knows whether / *elle a bien affirmé que oui, savoir si elle était réellement informée* she did say yes, but who knows whether ou but it remains to be seen whether she really knew what she was talking about.

savoir-faire [savwaʀfɛʀ] nm inv know-how / *elle a du savoir-faire* she's got the know-how.

savoir-vivre [savwaʀvivʀ] nm inv good manners, savoir vivre *sout*, breeding / *avoir du savoir-vivre* to have (good) manners / *manquer de savoir-vivre* to have no manners / *manque de savoir-vivre* bad manners, ill-breeding / *quel manque de savoir-vivre!* how rude!

savon [savɔ̃] nm soap ▸ **un (morceau de) savon** a bar of soap ▸ **savon blanc / liquide** white / liquid soap ▸ **savon en paillettes / poudre** soap flakes / powder ▸ **savon à barbe** shaving soap ▸ **savon de Marseille** ≃ household soap ▸ **savon noir** soft soap ▸ **passer un (bon) savon à qqn** *fam* to give sb a (good) telling-off / *il lui a passé un bon savon!* he tore him off a strip!, he gave him a good dressing-down! ▸ **tu vas encore recevoir** ou **te faire passer un savon!** you'll get it in the neck again!

Savon de Marseille

The soap industry has existed in Marseille since the 16th century, and soap from Marseille, usually sold in large square bricks, is renowned for its purity.

savonnage [savɔnaʒ] nm [de linge] washing (with soap).

savonnée [savɔne] nf BELG soapy water.

savonner [3] [savɔne] vt **1.** [linge, surface] to soap **2.** [barbe] to lather **3.** EXPR **savonner la tête de qqn** *fam* to give sb the rough edge of one's tongue.

❖ **se savonner** vp *(emploi réfléchi)* to soap o.s. (down) / *se savonner le visage / les mains* to soap (up) one's face / one's hands.

savonnerie [savɔnʀi] nf **1.** [usine] soap factory **2.** [tapis] Savonnerie (carpet) ▸ **la Savonnerie** *historic carpet manufacturing centre (now part of the Manufacture des Gobelins).*

savonnette [savɔnɛt] nf **1.** [savon] (small) bar of soap, bar of toilet soap **2.** *fam* [pneu usagé] bald tyre **3.** [montre] hunter.

savonneux, euse [savɔnø, øz] adj soapy.

savonnier, ère [savɔnje, ɛʀ] adj soap *(modif).*

❖ **savonnier** nm BOT soapberry (tree).

savourer [3] [savuʀe] vt **1.** [vin, mets, repas] to enjoy, to savour UK, to savor US **2.** *fig* [moment, repos, etc.] to relish, to savour UK, to savor US / *elle savoure sa vengeance* she is savouring her revenge.

savoureux, euse [savuʀø, øz] adj **1.** [succulent] tasty, flavoursome, full of flavour **2.** *fig* [anecdote, plaisanterie] good, delightful / *je vais te raconter une histoire savoureuse* let me tell you a really lovely story.

savoyard, e [savwajaʀ, aʀd] adj from Savoie.

❖ **Savoyard, e** nm, f *inhabitant of or person from Savoie* ▸ **petit Savoyard** *arch* boy chimney sweep *(from Savoie).*

saxe [saks] nm **1.** [matière] Dresden china *(U),* Meissen porcelain **2.** [objet] piece of Dresden china ou of Meissen porcelain.

Saxe [saks] npr f ▸ **(la) Saxe** Saxony ▸ **(la) Basse-Saxe** Lower Saxony.

saxhorn [saksɔʀn] nm saxhorn.

saxicole [saksikɔl] adj saxicolous.

saxifragacée [saksifʀagase] nf member of the Saxifragaceae.

saxifrage [saksifʀaʒ] nf saxifrage.

saxo [sakso] nm *fam* **1.** [instrument] sax **2.** [musicien] sax (player).

saxon, onne [saksɔ̃, ɔn] adj Saxon.

❖ **Saxon, onne** nm, f Saxon ▸ **les Saxons** the Saxons.

❖ **saxon** nm LING Saxon.

saxophone [saksɔfɔn] nm saxophone.

saxophoniste [saksɔfɔnist] nmf saxophone player, saxophonist.

Sayda [saida] = **Saïda.**

saynète [sɛnɛt] nf playlet, sketch.

SBB (abr de **Schweizerische Bundesbahn**) npr f *Swiss federal railways.*

sbire [sbiʀ] nm henchman.

sc. (abr écrite de **scène**) sc.

scabieux, euse [skabjø, øz] adj scabious.

scabinal [skabinal] adj BELG *of the "échevin".*

scabreux, euse [skabʀø, øz] adj **1.** [indécent] obscene **2.** *litt* [dangereux] risky, tricky.

scaferlati [skafɛʀlati] nm (semi-fine) cut tobacco.

scalaire [skalɛʀ] ◆ adj MATH scalar. ◆ nm **1.** MATH scalar **2.** ZOOL angel fish, scalare *spéc.*

scalène [skalɛn] ◆ adj **1.** ANAT scalenus *(modif)* **2.** MATH scalene. ◆ nm ANAT scalenus (muscle).

scalp [skalp] nm **1.** [chevelure] scalp **2.** [action] scalping *(U).*

scalpel [skalpɛl] nm scalpel.

scalper [3] [skalpe] vt to scalp / *se faire scalper* to get scalped.

scampi* [skɑ̃pi] (*pl* **scampi** *ou* **scampis***) nm scampi.

scandale [skɑ̃dal] nm **1.** [indignation] scandal / *au grand scandale de...* to the indignation of... ▸ **faire scandale** : *son discours a fait scandale* his speech caused a scandal **2.** [scène] scene, fuss / *il va encore faire un scandale* he's going to make a fuss again **3.** [honte] : *c'est un scandale!* (it's) outrageous!, it's an outrage! **4.** DR : *pour scandale sur la voie publique* for causing a public disturbance, for disturbing the peace.

❖ **à scandale** loc adj [journal, presse] sensationalist.

scandaleusement [skɑ̃daløzmɑ̃] adv scandalously, outrageously ▸ **scandaleusement riche** outrageously rich.

scandaleux, euse [skɑ̃dalø, øz] adj [attitude, mensonge] disgraceful, outrageous, shocking ; [article, photo] sensational, scandalous ▸ **vie scandaleuse** life of scandal, scandalous life ; [prix] outrageous, shocking / *les loyers ont atteint des prix scandaleux* rents have reached outrageously high levels.

scandaliser [3] [skɑ̃dalize] vt to shock, to outrage / *elle a scandalisé tout le monde par sa grossièreté* she shocked everyone by her vulgarity / *son cynisme a scandalisé la classe politique* his cynicism scandalized the politicians / *Picasso a scandalisé le public de son époque* Picasso shocked the public of his day.

❖ **se scandaliser** vpi ▸ **se scandaliser de qqch** to be shocked ou scandalized by sthg / *elle ne se scandalise de rien* nothing shocks her, she's unshockable.

scander [3] [skɑ̃de] vt **1.** LITTÉR to scan **2.** [slogan] to chant ; [mots, phrases] to stress.

scandinave [skɑ̃dinav] adj Scandinavian.

❖ **Scandinave** nmf [personne] Scandinavian.

❖ **scandinave** nm LING Scandinavian, Northern Germanic.

Scandinavie [skɑ̃dinavi] npr f ▸ **(la) Scandinavie** Scandinavia.

scandium [skɑ̃djɔm] nm scandium.

Scanie [skani] npr f ▸ **(la) Scanie** Scandia.

scanner[1] [skanɛʀ] nm **1.** IMPR scanner **2.** MÉD scanner / *passer un scanner* to have a CAT scan.

scanner[2] [3] [skane] vt to scan.

scanneur [skanœʀ] nm = **scanner.**

scanographe [skanɔgʀaf] = **scanner.**

scanographie [skanɔgʀafi] nf **1.** [technique] scanning *(U),* computerized (axial) tomography *spéc* **2.** [image] scan, scanner image, tomogram *spéc.*

scansion [skɑ̃sjɔ̃] nf scanning *(U),* scansion.

scaphandre [skafɑ̃dʀ] nm **1.** NAUT diving gear, frogman suit ▸ **scaphandre autonome** aqualung **2.** ASTRONAUT spacesuit.

scaphandrier [skafɑ̃dʀije] nm NAUT (deep-sea) diver.

scapulaire [skapylɛʀ] adj & nm scapular.

scapulo-huméral, e, aux, scapulohuméral*, e, aux [skapyloymeʀal, o] adj scapulohumeral.

scarabée [skaʀabe] nm **1.** ENTOM beetle, scarabaeid *spéc* **2.** ARCHÉOL scarab, scarabaeus.

Scaramouche [skaʀamuʃ] npr Scaramouche.

scare [skaʀ] nm parrot fish, scar *spéc,* scarus *spéc.*

scarieux, euse [skaʀjø, øz] adj scarious.

scarifiage [skaʀifjaʒ] nm AGR & HORT scarifying.

scarificateur [skaʀifikatœʀ] nm **1.** MÉD scarificator **2.** AGR & HORT scarifier.

scarification [skaʀifikasjɔ̃] nf **1.** MÉD scarring *(U),* scarification *spéc* **2.** [d'un arbre] scarifying.

scarifier [9] [skaʀifje] vt to scarify.

scarlatine [skaʀlatin] nf scarlet fever, scarlatina *spéc.*

scarole [skaʀɔl] nf escarole.

scat [skat] nm MUS scat.

scato [skato] *fam* = **scatologique.**

scatol(e) [skatɔl] nm skatol, skatole.

scatologie [skatɔlɔʒi] nf scatology.

scatologique [skatɔlɔʒik] adj [goûts, écrit] scatological ; [humour] lavatorial.

scatophile [skatɔfil] adj coprophilous.

sceau, x [so] nm **1.** [cachet] seal / *apposer* ou *mettre son sceau sur un document* to affix one's seal on ou to a document / *sous le sceau du secret* under the seal of secrecy ▸ **Grand Sceau** HIST Great Seal, Broad Seal **2.** *litt* [empreinte] mark / *le sceau du génie* the mark ou stamp of genius.

scélérat, e [seleʀa, at] *litt* ◆ adj heinous, villainous. ◆ nm, f villain, scoundrel, rogue.

scélératesse [seleʀatɛs] nf *litt* **1.** [caractère] villainy *litt,* wickedness **2.** [action] villainy *litt,* evil ou wicked deed, heinous crime.

scellage [sɛlaʒ] nm embedding, setting.

scellement [sɛlmɑ̃] nm embedding, sealing.

sceller [4] [sele] vt **1.** [officialiser] to seal / *le mariage scella leur alliance fig* the marriage set the seal on their alliance **2.** [fermer] to put seals on, to seal up *(sép)* **3.** [fixer] to fix, to set, to embed / *sceller une couronne sur une dent* to crown a tooth.

scellés [sele] nmpl seals ▸ **mettre les scellés sur qqch** to seal sthg off.

❖ **sous scellés** loc adv under seal.

scénarimage [senaʀimaʒ] nm story-board.

scénario [senaʀjo] (*pl* **scénarios** *ou* **scenarii** [-ʀii]) nm **1.** CINÉ [histoire, trame] screenplay, scenario ; [texte] (shooting) script, scenario / *tout s'est déroulé selon le scénario prévu fig* everything went as scheduled ou according to plan **2.** THÉÂTRE scenario **3.** [d'une bande dessinée] story, storyboard, scenario **4.** ÉCON [cas de figure] case, scenario.

scénariser [senaʀize] vt to turn into a film script.

scénariste [senaʀist] nmf scriptwriter.

scène [sɛn] nf **1.** [plateau d'un théâtre, d'un cabaret, etc.] stage / *la scène de l'Opéra de Paris* the stage of the Paris Opera / *(tout le monde) en scène, s'il vous plaît!* the whole cast on stage, please! ▸ **monter sur scène** to go on the stage / *remonter sur scène* to go back on the stage / *sortir de scène* to come off stage, to exit / *Arlequin sort de scène* exit Harlequin / *il sera sur la scène du Palladium à partir du 3 mars* [chanteur, comique] he'll be appearing at the Palladium from March 3rd onwards ▸ **scène tournante** revolving stage ▸ **entrer en scène a)** THÉÂTRE to come on stage **b)** *fig* to come ou to step in / *le Duc entre en scène* enter the Duke / *c'est là que tu entres en scène fig* that's where you come in **2.** [art dramatique] ▸ **la scène** the stage / *il a beaucoup écrit pour la scène* he's written a lot of plays ou pieces for the stage / *adapter un livre pour la scène* to adapt a book for the stage ou theatre ▸ **mettre « Phèdre » en scène a)** [monter la pièce] to stage "Phèdre" **b)** [diriger les acteurs] to direct "Phèdre" / *la façon dont il met Polonius en scène* the way he presents Polonius / *l'écrivain met en scène deux personnages hauts en couleur* the writer portrays two colourful characters **3.** CINÉ & THÉÂTRE [séquence] scene / *la première scène* the first ou opening scene / *la scène finale* the last ou closing scene / *dans la scène d'amour / du balcon* in the love / balcony scene / *scène de violence* scene of violence / *la scène se passe à Montréal* the action takes place in ou the scene is set in Montreal **4.** [décor] scene / *la scène représente une clairière* the scene represents a clearing **5.** [moment, événement] scene / *ce fut une scène déchirante* it was a heartbreaking scene / *une scène de la vie quotidienne* a scene of everyday life **6.** [dispute] scene ▸ **faire une scène (à qqn)** to make a scene ▸ **scène de ménage** row ▸ **scène de rupture** break-up scene **7.** ART scene ▸ **scène de genre** genre painting **8.** *fig* ▸ **la scène internationale / politique** the international / political scene / *un nouveau venu sur la scène politique* a newcomer on the political scene **9.** PSYCHOL ▸ **scène primitive** ou **originaire** primal scene.

scénique [senik] adj theatrical.

scéniquement [senikmɑ̃] adv theatrically.

scénographe [senɔgʀaf] nmf **1.** [peintre] scenographer **2.** THÉÂTRE stage designer **3.** [d'expositions] exhibition designer.

scénographie [senɔgʀafi] nf **1.** [peinture] scenography **2.** THÉÂTRE stage design **3.** [d'expositions] exhibition design.

scénographique [senogʀafik] adj **1.** [travail - pour une représentation] stage design ; [- pour une exposition]] exhibition design / *le parcours scénographique permet aux visiteurs de mieux comprendre...* the way the exhibition is designed gives visitors an insight into... **2.** [production] stage production **3.** [espace - pour représentations] performance space ; [- pour expositions] exhibition area.

scepticisme [sɛptisism] nm scepticism UK, skepticism US ▸ **avec scepticisme** sceptically.

sceptique [sɛptik] ◆ adj [incrédule] sceptical UK, skeptical US. ◆ nmf [personne qui doute] sceptic UK, skeptic US ; PHILOS Sceptic UK, Skeptic US.

sceptre [sɛptʀ] nm **1.** [d'un roi] sceptre UK, scepter US **2.** *litt* [autorité] authority, royalty ▸ **disputer son sceptre à qqn** to try to usurp sb's authority.

SCH (abr écrite de **schilling**) S, Sch.

Schaffhouse [ʃafuz] npr Schaffhausen.

Schéhérazade [ʃeeʀazad] npr Scheherazade.

schéma [ʃema] nm **1.** TECHNOL diagram ; [dessin] sketch / *faire un schéma* to make ou to draw a diagram / *comme le montre le schéma* as shown in the diagram ▸ **schéma de câblage / montage** wiring / set-up diagram **2.** ADMIN & DR ▸ **schéma directeur** urban development plan **3.** [aperçu] (broad) outline **4.** [système] pattern / *il se comporte selon un schéma relativement simple* his behaviour follows a relatively simple pattern **5.** PHYS ▸ **schéma fonctionnel** block diagram **6.** LING schema.

schématique [ʃematik] adj **1.** TECHNOL diagrammatical, schematic **2.** [simplificateur] schematic, simplified / *présenter un projet de façon schématique* to present a project in a simplified form / *un peu trop schématique* oversimplified, simplistic.

* In reformed spelling (see p. 16-19).

schématiquement [ʃematikmɑ̃] adv **1.** TECHNOL diagrammatically, schematically **2.** [en simplifiant] : *décrire un projet / une opération schématiquement* to give the basic outline of a project / an operation / *schématiquement, voici comment nous allons nous y prendre* in broad outline, this is how we're planning to handle it.

schématisation [ʃematizasjɔ̃] nf **1.** TECHNOL schematization, presenting as a diagram **2.** [simplification] simplification, simplifying *(U)*, oversimplification *péj.*

schématiser [3] [ʃematize] vt **1.** TECHNOL to schematize, to present in diagram form **2.** [simplifier] to simplify ; *(en usage absolu)* : *il schématise à l'extrême* he's being much too oversimplistic.

schématisme [ʃematism] nm **1.** PHILOS schema **2.** [simplification] simplification.

schème [ʃɛm] nm **1.** PHILOS & PSYCHOL schema **2.** ART scheme.

schismatique [ʃismatik] adj & nmf schismatic.

schisme [ʃism] nm **1.** RELIG schism ▸ **le grand schisme d'Occident** the Great (Western) Schism **2.** *fig* schism, split.

schiste [ʃist] nm **1.** MINÉR schist ▸ **schiste bitumineux** oil shale **2.** MIN [déchets] deads.

schisteux, euse [ʃistø, øz] adj schistose, schistous.

schistosité [ʃistɔzite] nf schistosity / *plan de schistosité* schistosity plane.

schistosomiase [ʃistɔzɔmjaz] nf schistosomiasis.

schizo [skizo] (abr de **schizophrène**) adj *fam* schizo.

schizogamie [skizɔgami] nf schizogamy.

schizogonie [skizɔgɔni] nf schizogony.

schizoïde [skizɔid] ◆ adj schizoid. ◆ nmf schizoid.

schizophasie [skizɔfazi] nf schizophasia.

schizophrène [skizɔfʀɛn] adj & nmf schizophrenic.

schizophrénie [skizɔfʀeni] nf schizophrenia.

schizophrénique [skizɔfʀenik] adj schizophrenic.

schizothyme [skizɔtim] = **schizothymique**.

schizothymie [skizɔtimi] nf schizothymia.

schizothymique [skizɔtimik] ◆ adj schizothymic. ◆ nmf schizothyme.

schlague [ʃlag] nf **1.** HIST flogging **2.** *fam* [autorité brutale] : *elle mène son monde à la schlague* she rules everybody with a rod of iron.

schlass [ʃlas] adj *tfam* [ivre] pissed ; [fatigué] knackered UK, beat US.

Schleswig-Holstein [ʃlɛsvigɔlstɛn] npr m ▸ **le Schleswig-Holstein** Schleswig-Holstein.

schlinguer [ʃlɛ̃ge] = **chlinguer**.

schlitte [ʃlit] nf sledge *(for carrying lumber)*.

schmilblick [ʃmilblik] nm *fam* ▸ **ça ne fait pas avancer le schmilblick** it doesn't get us any further.

schnaps [ʃnaps] nm schnapps.

schnock [ʃnɔk] *tfam* ◆ adj inv [cinglé] nuts. ◆ nm [imbécile] blockhead / *espèce de vieux schnock!* you old fogey ou duffer ! / *alors, tu viens, du schnock?* are you coming, dumbo ?

schnorchel [ʃnɔʀkɛl] nm snorkel *(of submarine)*.

schnouf [ʃnuf] nf *arg crime* dope.

schooner [ʃunœʀ] nm NAUT schooner.

schorre [ʃɔʀ] nm salt meadow.

Schtroumpf [ʃtʀumf] npr Smurf ▸ **les Schtroumpfs** the Smurfs.

Schubert [ʃubɛʀ] npr Schubert.

schuss [ʃus] ◆ nm schuss. ◆ adv : *descendre (tout) schuss* to schuss down.

SCI (abr de **société civile immobilière**) nf property investment partnership.

sciable [sjabl] adj that can be sawed ou sawn.

sciage [sjaʒ] nm sawing ▸ **(bois de) sciage** sawn timber.

Scialytique® [sjalitik] nm operating light.

sciant, e [sjɑ̃, ɑ̃t] adj *fam* [étonnant] staggering ; [drôle] hilarious.

sciatique [sjatik] ◆ adj sciatic ▸ **nerf petit / grand sciatique** small / great sciatic nerve. ◆ nf sciatica.

scie [si] nf **1.** TECHNOL saw ▸ **scie à bois** wood saw ▸ **scie à chaîne** chainsaw ▸ **scie à chantourner** fretsaw ▸ **scie circulaire** circular saw ▸ **scie égoïne** (carpenter's) handsaw ▸ **scie électrique** power saw ▸ **scie à guichet** compass ou keyhole saw ▸ **scie à métaux** hacksaw ▸ **scie à ruban** bandsaw, ribbon saw ▸ **scie sabre** ou **sauteuse** jigsaw, scroll saw ▸ **scie universelle** ou **à refendre** frame ou bow ou turning saw **2.** MUS ▸ **scie musicale** musical saw **3.** ZOOL sawfish **4.** *fam* [chanson] song played ad nauseam ; [message] message repeated again and again **5.** *fam & péj* [personne ou chose ennuyeuse] bore, drag.

sciemment [sjamɑ̃] adv **1.** [consciemment] knowingly **2.** [délibérément] deliberately, on purpose.

science [sjɑ̃s] nf **1.** [connaissances] ▸ **la science** science / *dans l'état actuel de la science* in the current state of (our) knowledge **2.** *(gén au pl)* [domaine spécifique] science ▸ **les sciences appliquées / physiques** the applied / physical sciences ▸ **les sciences économiques** economics ▸ **les sciences exactes** exact sciences ▸ **les sciences humaines a)** [gén] human sciences, the social sciences **b)** UNIV ≃ Arts ▸ **les sciences mathématiques, la science mathématique** *sout* mathematics, the mathematical sciences ▸ **les sciences naturelles a)** [gén] the natural sciences **b)** ENS biology ▸ **science occulte, sciences occultes** the occult (sciences) ▸ **les sciences politiques** politics, political sciences ▸ **les sciences sociales** UNIV social studies **3.** [technique] science, art ; [habileté] skill / *la science militaire* ou *de la guerre* the art ou science of war / *sa science des effets dramatiques* her skill in producing dramatic effects **4.** [érudition] knowledge / *il croit qu'il a la science infuse* he thinks he's a fount of knowledge ou he's omniscient / *je n'ai pas la science infuse!* I don't know everything ! ▸ **étaler sa science** : *il faut toujours qu'il étale sa science* he's always trying to impress everybody with what he knows **5.** RELIG ▸ **Science chrétienne** Christian Science.

❖ **sciences** nfpl UNIV [par opposition aux lettres] science, sciences / *être bon en sciences* to be good at science ou sciences / *une université réputée pour les sciences* a university famous for its science departments ou for science.

❖ **de science certaine** loc adv *litt* ▸ **savoir qqch de science certaine** to know sthg for certain ou for a fact.

science-fiction [sjɑ̃sfiksjɔ̃] *(pl* **sciences-fictions***)* nf science fiction / *livre / film de science-fiction* science fiction book / film.

Sciences-Po [sjɑ̃spo] npr *grande école for political sciences.*

scientificité [sjɑ̃tifisite] nf scientificity, scientific quality.

scientifique [sjɑ̃tifik] ◆ adj scientific / *une importante découverte scientifique* an important scientific discovery / *une expédition scientifique au pôle Sud* a scientific expedition to the South pole / *de manière scientifique* scientifically. ◆ nmf scientist.

scientifiquement [sjɑ̃tifikmɑ̃] adv scientifically.

scientisme [sjɑ̃tism] nm **1.** PHILOS scientism **2.** RELIG Christian Science.

scientiste [sjɑ̃tist] ◆ adj PHILOS & RELIG scientistic. ◆ nmf **1.** PHILOS proponent of scientism **2.** RELIG (Christian) Scientist.

scientologie [sjɑ̃tɔlɔʒi] nf Scientology®.

scier [9] [sje] ◆ vt **1.** [couper] to saw / *scier une planche en deux* to saw through a plank, to saw a plank in two / *scier la branche d'un arbre* to saw a branch off a tree / *scier un tronc en rondins* to saw up a tree trunk (into logs) **2.** [blesser] to cut into *(insép)* / *la ficelle du paquet me scie les doigts* the string around the parcel is cutting into my fingers **3.** *fam* [surprendre] ▸ **sa réponse m'a scié** I couldn't believe my ears when I heard his answer. ◆ vi NAUT to row backwards, to back water.

scierie [siʀi] nf sawmill.

scieur [sjœʀ] nm **1.** [ouvrier] sawyer ▸ **scieur de long** pit sawyer **2.** [patron] sawmill owner.

Scilly [sili] npr = **Sorlingues**.

scinder [3] [sɛ̃de] vt to divide, to split (up) ▸ **scinder qqch en deux** to divide ou to split sthg (up) into two.

❖ **se scinder** vpi to split / *le parti s'est scindé en deux tendances* the party split into two.

scintigraphie [sɛ̃tigʀafi] nf scintigraphy.

scintillant, e [sɛ̃tijɑ̃, ɑ̃t] adj [yeux] sparkling, twinkling ; [bijoux, reflet] glittering, sparkling, scintillating ; [étoile] twinkling.

scintillateur [sɛ̃tijatœʀ] nm scintillator.

scintillation [sɛ̃tijasjɔ̃] nf **1.** [éclat lumineux] scintillation **2.** NUCL ▸ **compteur** ou **détecteur à scintillation** scintillation counter.

scintillement [sɛ̃tijmɑ̃] nm **1.** [des yeux] sparkling, twinkling ; [de bijoux, d'un reflet] glittering, scintillating ; [d'une étoile] twinkling **2.** TV : *écran sans scintillement* flicker-free screen.

scintiller [3] [sɛ̃tije] vi [lumière, bijoux, eau, reflet] to sparkle, to glitter ; [yeux] to sparkle, to twinkle ; [étoile] to twinkle / *le ciel tout entier scintillait* the whole of the sky was aglitter *litt.*

scion [sjɔ̃] nm **1.** BOT [pousse] (year's) shoot ; [à greffer] scion **2.** PÊCHE tip (of rod).

Scipion [sipjɔ̃] npr Scipio ▸ **Scipion l'Africain** Scipio Africanus.

scission [sisjɔ̃] nf **1.** POL & RELIG scission, split, rent ▸ **faire scission** to split off *(insép)*, to secede **2.** BIOL & PHYS fission, splitting.

scissionniste [sisjɔnist] adj & nmf secessionist.

scissipare [sisipaʀ] adj fissiparous.

scissiparité [sisipaʀite] nf fissiparousness, scissiparity, schizogenesis.

scissure [sisyʀ] nf [du cerveau] fissure, sulcus ; [du foie] scissura, scissure ▸ **scissure de Sylvius** fissure of Sylvius.

sciure [sjyʀ] nf sawdust.

sciuridé [sjyʀide] nm sciurine (rodent), member of the Sciuridae.

scléral, e, aux [skleʀal, o] adj sclerotic.

sclérenchyme [skleʀɑ̃ʃim] nm sclerenchyma.

scléreux, euse [skleʀø, øz] adj sclerotic.

sclérodermie [skleʀɔdɛʀmi] nf scleroderma.

sclérogène [skleʀɔʒɛn] adj sclerogenic.

scléromètre [skleʀɔmɛtʀ] nm sclerometer.

sclérophylle [skleʀɔfil] adj sclerophyllous.

scléroprotéine [skleʀɔpʀɔtein] nf scleroprotein.

sclérosant, e [skleʀozɑ̃, ɑ̃t] adj **1.** MÉD sclerosing, sclerosis-causing **2.** *fig* ossification.

sclérose [skleʀoz] nf **1.** MÉD sclerosis ▸ **sclérose artérielle** arteriosclerosis ▸ **sclérose en plaques** multiple sclerosis **2.** *fig* ossification.

sclérosé, e [skleʀoze] ◆ adj **1.** MÉD sclerotic **2.** *fig* antiquated, ossified, creaky (with age) ▸ **avoir l'esprit sclérosé** to have become set in one's ways. ◆ nm, f sclerosis sufferer.

scléroser [3] [skleʀoze] vt **1.** MÉD to cause sclerosis of / *molécule qui sclérose les tissus* tissue-sclerosing molecule **2.** *fig* [système] to ossify, to paralyze ; [esprit] to make rigid / *le parti a été sclérosé par des années d'inactivité* years of inertia have brought the party to a political standstill.

❖ **se scléroser** vpi **1.** MÉD to sclerose **2.** *fig* [se figer] to ossify, to become paralyzed / *se scléroser dans ses habitudes* to become set in one's ways.

sclérote [skleʀɔt] nm sclerotium.

sclérothérapie [skleʀoteʀapi] nf MÉD sclerotherapy.

sclérotique [skleʀɔtik] nf sclerotic, sclera.

scolaire [skɔlɛʀ] ◆ adj **1.** [de l'école] school *(modif)* ; [du cursus] school, academic ▸ **le milieu scolaire** the school environment ▸ **en milieu scolaire** in schools ▸ **établissement scolaire** school ▸ **niveau / succès scolaire** academic standard / achievement ▸ **livre** ou **manuel scolaire** (school) textbook **2.** *péj* [écriture, raisonnement] dry, unimaginative / *il a un style très scolaire* his style is very unoriginal / *à l'université, il faut être moins scolaire et organiser soi-même son travail* university students shouldn't expect to be spoon-fed like they were at school. ◆ nmf [enfant] schoolchild / *les scolaires rentrent demain* schoolchildren go back tomorrow.

scolarisable [skɔlaʀizabl] adj ▸ **population scolarisable** school-age population.

scolarisation [skɔlaʀizasjɔ̃] nf **1.** [éducation] schooling, (formal) education / *l'histoire de la scola-*

risation the history of schooling **2.** ADMIN & DR school attendance, schooling / *la scolarisation est obligatoire à partir de six ans* (attendance at) school ou schooling is compulsory from the age of six **3.** [d'une région, d'un pays] school-building programme.

scolariser [3] [skɔlaʀize] vt **1.** [enfant] to send to school, to provide with formal education / *l'enfant est-il déjà scolarisé?* is the child already at school? **2.** [région, pays] to equip with schools.

scolarité [skɔlaʀite] nf **1.** ADMIN & DR school attendance, schooling / *la scolarité est gratuite et obligatoire* schooling is free and compulsory **2.** [études] school career ; [période] schooldays / *j'ai eu une scolarité difficile* I had a difficult time at school.

scolasticat [skɔlastika] nm **1.** [bâtiment] theological college **2.** [études] theological course.

scolastique [skɔlastik] ◆ adj **1.** HIST scholastic **2.** *sout* [formaliste] scholastic, pedantic *péj.* ◆ nf PHILOS & RELIG scholasticism. ◆ nm **1.** HIST Scholastic, Schoolman **2.** RELIG theology student.

scoliose [skɔljoz] nf scoliosis.

scoliotique [skɔljɔtik] ◆ adj scoliotic. ◆ nmf scoliosis sufferer.

scolopendre [skɔlɔpɑ̃dʀ] nf **1.** BOT hart's-tongue, scolopendrium *spéc* **2.** ZOOL centipede, scolopendra *spéc.*

sconse [skɔ̃s] nm **1.** ZOOL skunk **2.** [fourrure] skunk (fur).

scoop [skup] nm scoop / *faire un scoop* to get a scoop.

scooter, scooteur* [skutœʀ] nm (motor) scooter.

scootériste [skuteʀist] nmf scooter rider.

SCOP [skɔp] (abr de **Société coopérative ouvrière de production**) nf *manufacturing cooperative.*

scopie [skɔpi] nf *fam* X-ray.

scorbut [skɔʀbyt] nm scurvy.

scorbutique [skɔʀbytik] ◆ adj scorbutic. ◆ nmf scurvy sufferer.

score [skɔʀ] nm **1.** SPORT score / *où en est* ou *quel est le score?* what's the score? **2.** [résultat] : *faire un bon score aux élections* to get a good result in the election.

scoriacé, e [skɔʀjase] adj scoriaceous.

scorie [skɔʀi] nf **1.** MÉTALL slag ; [laitier] cinders ; [de fer] (iron) clinker ou dross **2.** GÉOL ▸ **scories (volcaniques)** scoria **3.** *litt* [déchet] : *toutes les scories d'une vie* the waste ou dregs of a lifetime.

scorpion [skɔʀpjɔ̃] nm **1.** ZOOL scorpion ▸ **scorpion d'eau** water scorpion ▸ **scorpion de mer** scorpion fish **2.** ARM scorpion.

Scorpion [skɔʀpjɔ̃] npr m **1.** ASTRON Scorpio **2.** ASTROL Scorpio ▸ **être Scorpion** to be Scorpio ou a Scorpian.

scorsonère [skɔʀsɔnɛʀ] nf **1.** BOT scorzoneral ▸ **scorsonère basse** viper's grass **2.** CULIN black salsify.

Scotch® [skɔtʃ] nm adhesive tape, Sellotape® UK, Scotchtape® US.

scotch [skɔtʃ] (*pl* **scotchs** *ou* **scotches**) nm Scotch (whisky).

scotché, e [skɔtʃe] adj : *être scotché devant la télévision* to be glued to the television.

scotcher [3] [skɔtʃe] vt to tape, to sellotape UK, to scotchtape US.

scotch-terrier [skɔtʃtɛʀje] (*pl* **scotch-terriers**) = **scottish-terrier.**

scotomiser [3] [skɔtɔmize] vt to scotomize.

scottish-terrier [skɔtiʃtɛʀje] (*pl* **scottish-terriers**) nm Scottish terrier, Scottie.

scoumoune [ʃkumun] nf *tfam* rotten luck ▸ **avoir la scoumoune** to be jinxed.

scout, e [skut] ◆ adj **1.** [relatif au scoutisme] scout (*modif*) ▸ **camp / mouvement scout** scout camp / movement **2.** *fig* boy scout (*modif*) / *il a un petit côté scout* he's a boy scout at heart. ◆ nm, f [personne] (Boy) Scout, (Girl) Guide / *des scouts* (a troop of) Boy Scouts / *des scoutes* (a troop of) Girl Guides ▸ **scout, toujours prêt! a)** [devise des scouts] be prepared! **b)** *hum* always at your service!

scoutisme [skutism] nm **1.** [activité] scouting **2.** [association -pour garçons] Boy Scout movement ; [-pour filles] Girl Guide movement.

SCP (abr de **société civile professionnelle**) nf professional partnership.

SCPI (abr de **Société civile de placement immobilier**) nf *company that owns and manages rented accommodation.*

Scrabble® [skʀabl] nm Scrabble®.

scrabbleur, euse [skʀablœʀ, skʀabløz] nm, f Scrabble® player.

scraper [skʀapœʀ] nm scraper.

scratch [skʀatʃ] adj inv SPORT scratch (*modif*).

scratcher [3] [skʀatʃe] vt SPORT to scratch, to withdraw.

❖ **se scratcher** vp *fam* to crash / *il s'est scratché contre un arbre* he crashed into a tree.

scribe [skʀib] nm **1.** ANTIQ & RELIG scribe **2.** [écrivain public] copyist, public writer **3.** *péj & vieilli* [gratte-papier] pen pusher *péj.*

scribouillard, e [skʀibujaʀ, aʀd] nm, f *fam & péj* pen pusher.

scribouilleur, euse [skʀibujœʀ, øz] nm, f *fam & péj* hack, scribbler.

script [skʀipt] nm **1.** [écriture] script (*modif*) / *écrire en script* to write in block letters, to print (in block letters) **2.** CINÉ & RADIO script **3.** BOURSE scrip.

scripte [skʀipt] nmf continuity man (continuity girl) (script girl).

scripteur [skʀiptœʀ] nm **1.** RELIG composer of Papal Bulls **2.** LING writer.

script-girl [skʀiptgœʀl] (*pl* **script-girls**) nf continuity ou script girl.

scripturaire [skʀiptyʀɛʀ] adj *sout ou* RELIG scriptural ▸ **exégèse scripturaire** scriptural exegesis.

scriptural, e, aux [skʀiptyʀal, o] adj scriptural.

scrofulaire [skʀɔfylɛʀ] nf figwort ▸ **scrofulaire noueuse** common figwort.

scrofule [skʀɔfyl] nf scrofula.

scrotal, e, aux [skʀɔtal, o] adj scrotal.

scrotum [skʀɔtɔm] nm scrotum.

scrupule [skʀypyl] nm **1.** [cas de conscience] scruple, qualm (of conscience) / *avoir des scrupules* to have scruples / *n'aie pas de scrupules* don't have any qualms / *elle n'a aucun scrupule* she has no scruples / *ce ne sont pas les scrupules qui l'étouffent* *fam* he's completely unscrupulous ▸ **se faire scrupule de qqch** *sout* to have scruples ou qualms about doing sthg / *il ne s'est pas embarrassé de scrupules pour le renvoyer* he didn't have any scruples about firing him ▸ **avoir scrupule à faire qqch** *sout* to have scruples ou qualms about doing sthg / *n'ayez aucun scrupule à faire appel à moi* don't hesitate to ask for my help / *vos scrupules vous honorent* your scruples do you credit **2.** [minutie] punctiliousness / *exact jusqu'au scrupule* scrupulously ou punctiliously exact.

❖ **sans scrupules** loc adj [individu] unscrupulous, unprincipled, without scruples / *il est vraiment sans scrupules* he's totally unprincipled.

scrupuleusement [skʀypyløzmɑ̃] adv scrupulously, punctiliously.

scrupuleux, euse [skʀypylø, øz] adj **1.** [honnête] scrupulous, scrupulously honest ▸ **peu scrupuleux** unscrupulous / *il est très scrupuleux dans le remboursement de ses dettes* when it comes to paying off his debts, he's scrupulously honest / *d'une honnêteté scrupuleuse* scrupulously honest **2.** [minutieux] scrupulous, meticulous / *sa secrétaire est très scrupuleuse* his secretary is very meticulous in all she does.

scrutateur, trice [skʀytatœʀ, tʀis] ◆ adj searching (*avant nom*) / *d'un air scrutateur* searchingly. ◆ nm, f ADMIN scrutineer UK, teller US.

scruter [3] [skʀyte] vt **1.** [pour comprendre] to scrutinize, to examine ▸ **scruter qqn du regard** to give sb a searching look / *il scruta son visage* he searched her face **2.** [en parcourant des yeux] to scan, to search / *elles scrutaient l'horizon* they scanned ou searched the horizon / *tous les matins, il scrute les petites annonces* every morning he scans ou scours the small ads.

scrutin [skʀytɛ̃] nm **1.** [façon d'élire] vote, voting (*U*), ballot / *procéder au scrutin* to take a ballot / *dépouiller le scrutin* to count the votes ▸ **scrutin plurinominal** ou **de liste** voting for a list ou ticket ▸ **scrutin d'arrondissement** district election system ▸ **scrutin majoritaire** first past the post election UK, election on a majority basis ▸ **scrutin proportionnel** ou **à la proportionnelle** (voting using the system of) proportional representation ▸ **scrutin secret** secret ballot ▸ **voter au scrutin secret** to have a secret ballot ▸ **scrutin uninominal** voting for a single candidate **2.** [fait de voter] ballot ▸ **par (voie de) scrutin** by ballot ▸ **scrutin de ballottage** second ballot, run-off election US **3.** [consultation électorale] election / *le dernier scrutin a été favorable à la gauche* the last election showed a swing to the left.

sculpter [3] [skylte] vt **1.** ART to sculpt ; [orner de sculptures] to sculpture ▸ **sculpter qqch dans le marbre** to sculpt sthg out of marble ▸ **escalier sculpté** sculptured staircase **2.** [bois] to carve ; [bâton] to scrimshaw **3.** *sout* [façonner] to sculpt, to carve, to fashion / *la mer a sculpté la falaise* the cliff has been sculpted by the sea.

sculpteur [skyltœʀ] nm sculptor.

sculptural, e, aux [skyltyʀal, o] adj **1.** ART sculptural **2.** [beauté, formes] statuesque.

sculpture [skyltyʀ] nf **1.** ART sculpture (*U*), sculpting (*U*) ▸ **faire de la sculpture** to sculpt / *il fait de la sculpture* he's a sculptor ▸ **sculpture sur bois** woodcarving **2.** [œuvre] sculpture, piece of sculpture.

❖ **sculptures** nfpl AUTO [d'un pneu] tread pattern.

Scylla [sila] ⟶ **Charybde.**

scyphozoaire [sifɔzɔɛʀ] nm scyphozoan ▸ **les scyphozoaires** the Scyphozoa.

scythe [sit], **scythique** [sitik] adj Scythian.

❖ **Scythe** nmf Scythian.

sdb abr écrite de **salle de bains.**

SDF (abr de **sans domicile fixe**) nmf homeless person ▸ **les SDF** the homeless.

SDN npr f abr de **Société des Nations.**

se [sə] (*devant voyelle ou 'h' muet* **s'** [s]) pron pers (*emploi réfléchi, 3e pers sg et pl, m et f*) **1.** [avec un verbe pronominal réfléchi] ▸ **se salir** to get dirty ▸ **s'exprimer** to express o.s. / *elle se coiffe* she's doing her hair / *le chat s'est brûlé* the cat burnt itself / *elles s'en sont persuadées* they've convinced themselves of it / *il s'écoute parler* he listens to his own voice / *il s'est acheté une voiture* he bought himself a car / *elle s'est donné une heure pour le faire* she gave herself one hour to do it / *il s'attribuera tout le mérite de l'affaire* he'll take all the credit for it ; [se substituant à l'adjectif possessif] : *elle se lave les mains* she washes her hands / *il s'est fracturé deux côtes* he broke two ribs / *se mordre la langue* to bite one's tongue **2.** [avec un verbe pronominal réciproque] : *pour s'aider, ils partagent le travail* to help each other ou one another, they share the work / *ils ne se supportent pas* they can't stand each other ou one another / *ils s'aiment profondément* they love each other deeply / *ils se rendent des services* they help each other / *elles se sont envoyé des lettres* they sent letters to each other, they exchanged letters **3.** [avec un verbe pronominal passif] : *cette décision s'est prise sans moi* this decision has been taken without me / *ce modèle se vend bien* this model sells well / *le champagne se sert frappé* Champagne should be served well chilled ▸ **ça se mange?** can you eat it? / *ça se trouve où?* where can you find that? **4.** [avec un verbe pronominal intransitif] : *ils s'en vont* they're leaving ▸ **ils s'enfuient** they're running away / *elle s'est évanouie* she fainted / *ils s'en sont emparés* they grabbed ou snatched it / *il se sentit défaillir* he felt himself becoming faint / *ils s'y voient contraints* they find themselves forced to do it / *il se laisse convaincre trop facilement* he is too easily persuaded / *il s'est fait avoir!* *fam* he's been had! / *il se croyait lundi* he thought it was Monday today / *elle se croyait en sécurité* she thought she was safe ▸ **elle se sait perdue** she knows (that) she's incurable ▸ **il se dit médecin** he claims to be a doctor **5.** [dans des tournures impersonnelles] : *il s'en est vendu*

* In reformed spelling (see p. 16-19).

plusieurs millions d'exemplaires several million copies have been sold ▸ **il se fait tard** it's getting late / *il s'est mis à neiger* it started to snow / *il se peut qu'ils arrivent plus tôt* it's possible that they'll arrive earlier, they might arrive earlier / *il s'est glissé une erreur dans la dernière page* a mistake slipped into the last page **6.** *fam* [emploi expressif] : *il se fait 5 000 euros par mois* he's got 5,000 euros coming in per month / *elle se l'est écouté au moins trente fois, ce disque* she listened to this record at least thirty times.

SE (abr écrite de **Son Excellence**) HE.

S-E (abr écrite de **Sud-Est**) SE.

sea-line [silajn] (*pl* **sea-lines**) nm undersea pipeline.

séance [seɑ̃s] nf **1.** [réunion] session ▸ **être en séance a)** [comité, Parlement] to be sitting ou in session **b)** [tribunal] to be in session ▸ **lever la séance a)** [groupe de travail] to close the meeting **b)** [comité] to end ou to close the session **c)** [Parlement] to adjourn / *la séance est levée!* [au tribunal] the court will adjourn ! / *on lève la séance?* *fam* [après une période de travail] shall we call it a day? ▸ **suspendre la séance** [au Parlement, au tribunal] to adjourn ▸ **la séance est ouverte!** [au tribunal] this court is now in session ! ▸ **en séance publique** [au tribunal] in open court **2.** BOURSE : *ce fut une bonne / mauvaise séance aujourd'hui à la Bourse* it was a good / bad day today on the Stock Exchange ▸ **en début / fin de séance, les actions Roman étaient à 130 €** the Roman shares opened / closed at 130 € **3.** [période - d'entraînement, de traitement] session ▸ **séance de pose** sitting ▸ **séance de projection** slide show ▸ **séance de rééducation** (session of) physiotherapy ▸ **séance de spiritisme** seance ▸ **séance de travail** working session ▸ **séance d'information** briefing session **4.** CINÉ showing / *séance à 19 h 10, film à 19 h 30* program 7.10, film starts 7.30 / *je vais à la séance de 20 h* I'm going to the 8 o'clock showing ▸ **la dernière séance** the last showing **5.** *fam* [crise] scene, fuss, tantrum / *il nous a fait une de ces séances!* he made such a scene !

❖ **séance tenante** loc adv forthwith, right away, without further ado / *il l'épousa séance tenante* he married her without further ado.

séant, e [seɑ̃, ɑ̃t] adj *litt* [convenable] becoming, seemly / *il n'est pas séant de partir sans un mot de remerciement* it's not done to leave without a word of thanks.

❖ **séant** nm [postérieur] : *se mettre sur son séant* to sit up / *tomber sur son séant* to fall on one's behind.

seau, x [so] nm **1.** [récipient] bucket, pail ▸ **seau à champagne** Champagne bucket ▸ **seau à charbon** coal scuttle ▸ **seau d'enfant** child's bucket ▸ **seau à glace** ice-bucket [UK], ice-pail [US] ▸ **seau hygiénique** slop pail **2.** [contenu] bucketful / *un seau de lait* a bucket of milk.

❖ **à seaux** loc adv *fam* : *il pleut à seaux, la pluie tombe à seaux* it's pouring ou bucketing [UK] down.

sébacé, e [sebase] adj sebaceous.

Sébastopol [sebastɔpɔl] npr Sebastopol.

sébile [sebil] nf *litt* begging bowl.

séborrhée [sebɔʀe] nf seborrhoea.

sébum [sebɔm] nm sebum.

sec, sèche [sɛk, sɛʃ] adj **1.** [air, bois, endroit, vêtement, etc.] dry / *il fait un froid sec* it's cold and dry, there's a crisp cold air ▸ **avoir l'œil sec** ou **les yeux secs a)** MÉD to have dry eyes **b)** *fig* to be dry-eyed / *ma jupe n'est pas tout à fait sèche* my skirt isn't quite dry **2.** [légume, fruit] dried ; [alcool] neat ▸ **shampooing sec** dry shampoo **3.** [non gras - cheveux, peau, mine de crayon] dry ; [maigre - personne] lean ▸ **être sec comme un coup de trique** *fam* to be all skin and bone ou as thin as a rake **4.** [désagréable - ton, voix] harsh, curt, terse ; [- explication, refus, remarque] curt, terse ; [- rire] dry ▸ **avoir le cœur sec** to be hard-hearted ou cold-hearted ▸ **un bruit sec** a snap ou crack ▸ **ouvrir / fermer qqch avec un bruit sec** to snap sthg open / shut ▸ **d'un coup sec** smartly, sharply / *retire le sparadrap d'un coup sec* pull the sticking plaster off smartly ▸ **l'avoir sec** *fam* [être déçu] to be cut up ou miffed **5.** ART [graphisme, style] dry **6.** ŒNOL [champagne, vin] dry **7.** CARTES ▸ **atout / roi sec** singleton trumps / king / *ma dame était sèche* my queen was a singleton.

❖ **sec** ◆ adv **1.** MÉTÉOR : *il fera sec toute la semaine* the weather will be dry for the whole week **2.** [brusquement] hard ▸ **démarrer sec a)** [conducteur] to shoot off at top speed **b)** [course] to get a flying start / *il a pris son virage assez sec* he took the bend rather sharply. ◆ nm AGR dry feed.

❖ **à sec** ◆ loc adj **1.** [cours d'eau, source, etc.] dry, dried-up ; [réservoir] empty / *le ruisseau est à sec* the brook has dried up ou is dry **2.** *fam* [sans argent - personne] hard up, broke, cleaned out ; [- caisse] empty **3.** CONSTR ▸ **maçonnerie à sec** dry-stone (work). ◆ loc adv **1.** [sans eau] : *on met la piscine à sec chaque hiver* the pool's drained (off) every winter / *le réservoir a été mis à sec* the reservoir has been drained / *le soleil a mis le marais à sec* the sun has dried up the marsh **2.** *fam* [financièrement] ▸ **mettre une entreprise à sec** to ruin a firm.

❖ **au sec** loc adv ▸ **garder** ou **tenir qqch au sec** to keep sthg in a dry place, to keep sthg dry / *rester au sec* to stay dry.

sécable [sekabl] adj **1.** PHARM breakable **2.** GÉOM divisible.

SECAM, Secam [sekam] (abr de **séquentiel couleur à mémoire**) nm SECAM.

sécant, e [sekɑ̃, ɑ̃t] adj intersecting, secant.

❖ **sécante** nf secant.

sécateur [sekatœʀ] nm ▸ **un sécateur a)** [pour les fleurs] (a pair of) secateurs **b)** [pour les haies] pruning shears.

sécession [sesesjɔ̃] nf secession ▸ **faire sécession** to secede.

sécessionniste [sesesjɔnist] adj & nmf secessionist.

séchage [seʃaʒ] nm **1.** [du linge, des cheveux, du foin] drying **2.** [du bois] seasoning.

sèche [sɛʃ] ◆ f ⟶ **sec.** ◆ nf *fam* cig, fag [UK].

sèche-cheveux, sèche-cheveu* [sɛʃʃəvø] nm hair dryer.

sèche-linge [sɛʃlɛ̃ʒ] (*pl* **sèche-linge** ou **sèche-linges***) nm [à tambour] tumble-drier ; [placard] airing cupboard.

sèche-mains, sèche-main* [sɛʃmɛ̃] nm hand-dryer.

sèchement [sɛʃmɑ̃] adv **1.** [durement] dryly, curtly, tersely / *ne comptez pas sur moi, répondit-elle sèchement* don't count on me, she snapped back **2.** [brusquement] sharply / *prendre un virage un peu sèchement* to take a bend rather sharply **3.** [sans fioritures] dryly / *il expose toujours ses arguments un peu sèchement* he always sets out his arguments rather unimaginatively.

sécher [18] [seʃe] ◆ vt **1.** [gén] to dry ; [avec un torchon, une éponge] to wipe dry / *sèche tes larmes* ou *tes yeux* dry your tears ou your eyes ▸ **sécher les larmes** ou **les pleurs de qqn** *sout* to console sb **2.** VÊT to dry / *sécher ses vêtements devant le feu* to dry one's clothes in front of the fire / **'ne pas sécher près d'une source de chaleur'** 'dry away from direct heat' / **'sécher en machine'** 'to tumble dry' **3.** [suj: chaleur, soleil - terrain, plante] to dry up *(sép)* ; [déshydrater - fruits] to dry (up) / *figues séchées au soleil* sun-dried figs **4.** *arg scol* [manquer] ▸ **sécher les cours a)** ÉDUC to play truant [UK] ou hooky [US] **b)** UNIV to cut lectures [UK] ou class [US] **5.** *fam* [boire] : *il a séché trois cognacs* he knocked back three brandies. ◆ vi **1.** [surface] to dry (off) ; [linge] to dry ; [éponge] to dry (out) ; [sol, puits] to dry up ; [cours d'eau] to dry up, to run dry **2.** VÊT ▸ **faire sécher du linge** to leave clothes to dry, to let linen dry / *mettre le linge à sécher* to put the washing out to dry / **'faire sécher sans essorer'** 'do not spin dry', 'dry flat' / **'faire sécher à plat'** 'dry flat' **3.** [plante] to dry up ou out ; [bois] to dry out ; [fruits, viande] to dry ▸ **faire sécher du bois** to season wood / *faire sécher du poisson / des haricots* to dry fish / beans ▸ **sécher sur pied** [plante] to wilt, to wither / *on a séché sur pied tout l'été* *fam* we've been bored out of our minds all summer **4.** *fam* [ne pas savoir] : *j'ai séché en physique / sur la deuxième question* I drew a blank in the physics exam / on the second question.

❖ **se sécher** vp *(emploi réfléchi)* to dry o.s. / *se sécher avec une serviette / au soleil* to dry o.s. with a towel / in the sun / *sèche-toi bien derrière les oreilles* dry (yourself) carefully behind your ears / *se sécher les mains / cheveux* to dry one's hands / hair.

In reformed spelling (see p. 16-19), this verb is conjugated like **semer**: ***il sèchera, elle sècherait.***

sécheresse, sècheresse* [sɛʃʀɛs] nf **1.** [d'un climat, d'un terrain, d'un style] dryness ; [d'un trait] dryness, harshness ; [d'une réplique, d'un ton] abruptness / *répondre avec sécheresse* to answer curtly ou abruptly ou tersely / *la sécheresse de sa remarque* the curtness ou terseness of his remark / *montrer une grande sécheresse de cœur* to show great heartlessness **2.** MÉTÉOR drought / *pendant la* ou *les mois de sécheresse* during the dry months.

sécherie, sècherie* [sɛʃʀi] nf **1.** [lieu] drying room ; [d'une machine] dryer ; [industrie] drying plant **2.** IMPR dry end.

sécheur [seʃœʀ] nm [à tabac] dryer.

sécheuse [seʃøz] nf [de linge] tumble-drier.

séchoir [seʃwaʀ] nm **1.** AGR & TECHNOL [salle] drying room ; [hangar] drying shed ; [râtelier] drying rack **2.** [à usage domestique] dryer ▸ **séchoir à cheveux** hair dryer ▸ **séchoir à linge a)** [à tambour] tumble-drier **b)** [pliant] clotheshorse **c)** [suspendu] ceiling airer **3.** IMPR : *séchoir à plat* sheet dryer.

second, e [səgɔ̃, ɔ̃d] ◆ adj **1.** [dans l'espace, le temps] second / *c'est la seconde rue à droite* it's the second street on the right / *pour la seconde fois* for the second time ▸ **en second lieu** secondly, in the second place ▸ **le Second Empire** HIST the French Second Empire / *meubles / style Second Empire* (French) Second Empire furniture / style **2.** [dans une hiérarchie] second ; [éclairagiste, maquilleur] assistant *(modif)* / *la seconde ville de France* France's second city ▸ **seconde classe** TRANSP second class ▸ **second maître** NAUT petty officer ▸ **le second marché** BOURSE the unlisted securities market ▸ **à nul autre second** *litt* [sans pareil] second to none, unparalleled **3.** [autre - chance, jeunesse, vie] second / *l'Angleterre, c'est une seconde patrie pour elle* England's a second home for her / *c'est une seconde nature chez lui* it's second nature to him / *elle a été une seconde mère pour moi* she was like a mother to me ▸ **seconde vue** clairvoyance, second sight / *don de seconde vue* clairvoyance / *être doué de seconde vue* to be clairvoyant **4.** MATH ▸ **a seconde** a double point, a″. ◆ nm, f **1.** [dans l'espace, le temps] second / *je lis le premier paragraphe, et toi le second* I read the first paragraph, and you the second one ou the next one **2.** [dans une hiérarchie] second / *la seconde de ses filles* his second daughter ▸ **arriver le second** [dans une course, une élection] to come second.

❖ **second** nm **1.** [assistant - d'un directeur] right arm ; [- dans un duel] second ; NAUT first mate ; MIL second in command **2.** [dans une charade] : *mon second est...* my second is... **3.** [étage] second floor [UK], third floor [US].

❖ **seconde** nf **1.** AUTO second gear / *passe en seconde* change into ou to second gear **2.** TRANSP [classe] second class ; [billet] second-class ticket / *les secondes, les wagons de seconde* second-class carriages / *voyager en seconde* to travel second class **3.** ÉDUC ≃ year eleven [UK] ; ≃ tenth grade [US] **4.** ESCRIME seconde **5.** DANSE second position **6.** MUS second.

❖ **secondes** nfpl IMPR second proofs.

❖ **en second** ◆ loc adj ▸ **capitaine en second** first mate. ◆ loc adv second, secondly / *passer en second* to be second.

secondaire [səgɔ̃dɛʀ] ◆ adj **1.** [question, personnage, route] secondary ▸ **c'est secondaire** it's of secondary importance ou of minor interest **2.** ENS & SCI secondary ▸ **ère secondaire** GÉOL Mesozoic era. ◆ nm **1.** GÉOL ▸ **le secondaire** the Mesozoic **2.** ENS secondary [UK] ou high [US] school *(U)* **3.** ÉLECTR secondary winding **4.** ÉCON ▸ **le secondaire** secondary production.

secondairement [səgɔ̃dɛʀmɑ̃] adv secondarily.

seconde [səgɔ̃d] nf **1.** [division horaire] second **2.** [court instant] ▸ **(attendez) une seconde!** just a second ! / *je reviens dans une seconde* I'll be back in a second, I'll be right back ▸ **une seconde d'inattention** a momentary lapse in concentration / *à une seconde près, je ratais le train* I was within a second of missing the train ▸ **à la seconde** instantly, there and then / *avec lui, il faut que ce soit fait à la seconde* he wants things done instantly.

secondement [səgɔ̃dmɑ̃] adv second, secondly.

seconder [3] [səgɔ̃de] vt **1.** [assister] to assist, to back up *(sép)* **2.** *sout* [action, dessein] to second.

secouement [səkumɑ̃] nm *litt* shaking.

secouer [6] [səkwe] vt **1.** [arbre, bouteille, personne] to shake ; [tapis] to shake (out) / *il / le vent secouait l'arbre* he / the wind was shaking the tree / *les trous d'air / les cahots secouaient les passagers* the air pockets / the bumps were shaking the passengers around / *l'explosion secoua l'immeuble* the explosion shook ou rocked the building ▸ **secouer la tête a)** [acquiescer] to nod one's head **b)** [refuser] to shake one's head ▸ **secouer qqn comme un prunier** *fam* to shake sb like a rag doll ▸ **secouer le cocotier** to get rid of the dead wood *fig* **2.** [poussière, sable, miettes] to shake off *(sép)* ; *fig* [paresse, torpeur, etc.] to shake off ▸ **secouer les puces** *fam* **à qqn** [le gronder] to tell sb off, to give sb a good ticking-off UK ou chewing out US **3.** *fam* [houspiller -personne] to shake up *(sép)* / *il a besoin d'être secoué pour travailler* he needs to be jolted out of his inertia before he gets down to work **4.** [bouleverser -personne] to shake up *(sép)*, to give a jolt ou shock to / *la nouvelle l'a beaucoup secoué* the news really shook him up.

❖ **se secouer** vp *(emploi réfléchi) fam* to shake o.s. up, to snap out of it / *il serait grand temps de te secouer!* it's high time you pulled yourself together!

secoueur [səkwœʀ] nm **1.** MÉTALL form-breaker **2.** AGR ▸ **secoueur de paille** straw shaker.

secourable [səkuʀabl] adj helpful / *un automobiliste secourable* a helpful driver.

secourir [45] [səkuʀiʀ] vt **1.** [blessé] to help ; [personne en danger] to rescue / *les skieurs avaient perdu tout espoir d'être secourus* the skiing party had lost all hope of being rescued ou of a rescue **2.** *sout* [pauvre, affligé] to aid, to help **3.** *litt* [misères] to relieve, to ease.

secourisme [səkuʀism] nm first aid.

secouriste [səkuʀist] nmf **1.** [d'une organisation] first-aid worker **2.** [personne qualifiée] *person who is qualified in first aid.*

secourra v ⟶ **secourir.**

secours [səkuʀ] nm **1.** [assistance] help, assistance, aid / *appeler* ou *crier au secours* to call out for help ▸ **au secours!** help! ▸ **appeler qqn à son secours** [blessé, entreprise] to call upon sb for help, to call sb to the rescue / *allez chercher du secours!* go and get (some) help! ▸ **porter secours à qqn** to give sb assistance / *porter secours à un blessé* to give first aid to an injured person / *personne ne s'est arrêté pour me porter secours* nobody stopped to (come and) help me ▸ **venir au secours de qqn** to come to sb's aid / *venir au secours d'une entreprise* to rescue a company ▸ **le Secours catholique** ou **le Secours populaire (français)** *charity organizations giving help to the poor* **2.** [sauvetage] aid, assistance / *le* ou *les secours aux brûlés* aid ou assistance for burn victims ▸ **envoyer des secours à qqn** to send relief to sb / *les secours ne sont pas encore arrivés* aid ou help hasn't arrived yet ▸ **le secours en montagne / en mer** sea / mountain rescue ▸ **le** ou **les secours d'urgence** emergency aid **3.** [appui] help ▸ **être d'un grand secours à qqn** to be of great help to sb / *la calculette ne m'a pas été d'un grand secours* the calculator was of (very) little help ou use to me / *avec le secours du dictionnaire, je devrais me débrouiller* with the help ou aid of the dictionary, I should be able to get by **4.** DR emergency payment ou allowance.

❖ **de secours** loc adj [équipement, porte, sortie] emergency *(modif)* ; [équipe, poste] rescue *(modif).*

secouru, e [səkuʀy] pp ⟶ **secourir.**

secousse [səkus] nf **1.** [saccade] jerk, jolt / *la secousse du train qui démarrait la réveilla* she was woken by the jolt when the train started / *elle se dégagea d'une secousse* she shook ou jerked herself free / *elle réussit à déplacer la malle par secousses* she managed to jerk the trunk along **2.** *fig* [bouleversement] jolt, shock, upset / *toutes ces secousses ont fini par ébranler sa santé* all these upsets finished by weakening his health **3.** GÉOL ▸ **secousse (sismique** ou **tellurique)** (earth) tremor.

secret, ète [səkʀɛ, ɛt] adj **1.** [inconnu - accord, code, document, etc.] secret / *cela n'a rien de secret* it's no secret ▸ **garder** ou **tenir qqch secret** to keep sthg secret **2.** [caché - escalier, passage, tiroir] secret / *une vie secrète* a secret life **3.** [intime - ambition, désir, espoir, pensée] secret, innermost / *ses sentiments les plus secrets* his innermost feelings **4.** [personne] secretive, reserved / *il est assez secret* he's fairly reserved, he keeps himself to himself.

❖ **secret** nm **1.** [confidence] secret / *c'est un secret!* it's a secret! / *ce n'est un secret pour personne* it's no secret, everybody knows about it / *elle n'en fait pas un secret* she makes no secret of the fact / *c'est un bien lourd secret* it's a weighty secret indeed ▸ **confier un secret à qqn** to let sb into a secret ▸ **être dans le secret** to be in on the secret ▸ **mettre qqn dans le secret** to let sb in on the secret ▸ **ne pas avoir de secrets pour qqn a)** [personne] to have no secrets from sb **b)** [question, machine] to hold no secret for sb / *faire un secret de tout* *sout* to be secretive about everything ▸ **secret d'État** state secret ▸ **être dans le secret des dieux** to have privileged information ▸ **c'est un secret de Polichinelle** it's an open secret ou not much of a secret **2.** [mystère - d'un endroit, d'une discipline] secret / *les secrets du cœur / de la nature* secrets of the heart / of nature **3.** [recette] secret, recipe ▸ **le secret du bonheur** the secret of ou recipe for happiness / *ses secrets de beauté* her beauty secrets ou tips / *un soufflé dont lui seul a le secret* a soufflé for which he alone knows the secret ▸ **secret de fabrication** COMM trade secret **4.** [discrétion] secrecy *(U)* / *exiger / promettre le secret (absolu)* to demand / to promise (absolute) secrecy / *je vous demande le secret sur cette affaire* I want you to keep silent about this matter ▸ **secret professionnel** professional confidence / *trahir le secret professionnel* to commit a breach of (professional) confidence **5.** RELIG ▸ **le secret de la confession** the seal of confession.

❖ **à secret** loc adj [cadenas] combination *(modif)* ; [tiroir] with a secret lock ; [meuble] with secret drawers.

❖ **au secret** loc adv : *être au secret* to be (detained) in solitary confinement ▸ **mettre qqn au secret** to detain sb in solitary confinement.

❖ **en secret** loc adv **1.** [écrire, économiser] in secret, secretly **2.** [croire, espérer] secretly, privately.

secrétaire [səkʀetɛʀ] ◆ nmf **1.** [dans une entreprise] secretary / *ma secrétaire, mon secrétaire* my (private) secretary ou personal assistant ▸ **secrétaire du conseil d'administration** secretary to the Board of Directors ▸ **secrétaire de direction** executive secretary, personal assistant ▸ **secrétaire général** company secretary ▸ **secrétaire juridique** legal secretary ▸ **secrétaire médicale** medical secretary ▸ **secrétaire de rédaction a)** [dans l'édition] desk ou assistant editor **b)** PRESSE subeditor **2.** POL ▸ **secrétaire général a)** [auprès d'un ministre] ≃ permanent secretary UK **b)** [dans un parti] general-secretary ▸ **secrétaire général de l'ONU** Secretary ou Secretary-General of the UN / *secrétaire général de l'Assemblée* ≃ Clerk of the House UK / *secrétaire général du Sénat* ≃ Clerk of the House UK ▸ **secrétaire d'État** ≃ Junior Minister UK ; ≃ State Secretary US ▸ **secrétaire perpétuel** Permanent Secretary **3.** ADMIN ▸ **secrétaire de mairie** ≃ chief executive UK. ◆ nm [meuble] secrétaire *sout*, writing desk.

secrétariat [səkʀetaʀja] nm **1.** [fonction] secretaryship / *apprendre le secrétariat* to learn to be a secretary, to do a secretarial course / *pendant son secrétariat* during her term of office as secretary ▸ **secrétariat de rédaction a)** [dans l'édition] desk ou assistant editorship **b)** PRESSE post of subeditor **2.** [employés] secretarial staff / *tout le secrétariat est en grève* all the secretarial staff are on strike / *le budget du secrétariat* budgeting for secretarial services / *faire partie du secrétariat* to be a member of the secretarial staff **3.** [bureau] secretariat / *aller au secrétariat* to go to the secretariat ou secretary's office **4.** [tâches administratives] secretarial work / *le secrétariat est assuré par dix personnes* the administrative ou secretarial work is carried out by ten people **5.** POL ▸ **secrétariat d'État a)** [fonction] ≃ post of Junior Minister UK ; ≃ post of State Secretary US **b)** [ministère] ≃ Junior Minister's Office UK ▸ **secrétariat général de l'ONU** UN Secretary-Generalship **6.** ADMIN ▸ **secrétariat de mairie a)** [fonction] function of chief executive **b)** [bureau] chief executive's office.

secrètement [səkʀɛtmɑ̃] adv **1.** [en cachette] secretly, in secret / *elle avait vendu ses bijoux secrètement* she had sold her jewels in secret **2.** [intérieurement] secretly / *je souhaite secrètement qu'il échoue* I secretly wish that he'll fail.

sécréter [18] [sekʀete] vt **1.** BOT & PHYSIOL to secrete **2.** *fig & sout* [ennui] to exude *sout*, to ooze ; [passion, désir] to cause, to release.

✐ In reformed spelling (see p. 16-19), this verb is conjugated like **semer** : ***il sécrètera, elle sécrèterait.***

sécréteur, euse ou **trice** [sekʀetœʀ, øz, tʀis] adj secretory.

sécrétion [sekʀesjɔ̃] nf secretion.

sécrétoire [sekʀetwaʀ] adj secretory.

sectaire [sɛktɛʀ] adj & nmf sectarian.

sectarisme [sɛktaʀism] nm sectarianism.

sectateur, trice [sɛktatœʀ, tʀis] nm, f **1.** *litt* [partisan d'une doctrine] partisan **2.** [membre d'une secte] follower, adept.

secte [sɛkt] nf sect.

secteur [sɛktœʀ] nm **1.** ÉCON sector ▸ **secteur d'activité** sector / *le secteur de l'élevage* the livestock breeding sector ▸ **secteur primaire** primary sector ou production ▸ **secteur privé** private sector ou enterprise ▸ **secteur public** public sector ▸ **secteur secondaire** manufacturing ou secondary sector ▸ **secteur tertiaire** service ou tertiary sector **2.** [zone d'action - d'un policier] beat ; [- d'un représentant] area, patch ; [- de l'urbanisme] district, area ; MIL & NAUT sector ; ADMIN *local area covered by the French health and social services department* ▸ **secteur sauvegardé** area of listed buildings, buildings zoned for preservation **3.** *fam* [quartier] ▸ **se trouver dans le secteur** *fam* to be somewhere ou someplace US around / *c'est dans le secteur* it's around here / *ça fait longtemps que je ne l'ai pas vu dans le secteur* I haven't seen him around here for ages / *changer de secteur* to make o.s. scarce / *tu ferais mieux de changer de secteur* [partir] you'd better make yourself scarce **4.** ÉLECTR ▸ **le secteur** the mains (supply) **5.** MATH ▸ **secteur (angulaire)** sector ▸ **secteur sphérique** sector of a sphere **6.** INFORM sector.

section [sɛksjɔ̃] nf **1.** [d'une autoroute, d'une rivière] section, stretch ; [de ligne de bus, de tramway] fare stage ; [d'un livre] part, section ; [d'une bibliothèque] section ; [d'un service] branch, division, department **2.** ENS department / *il a changé de section* he has transferred to another department ▸ **section économique / scientifique / littéraire** courses in economics / science / arts **3.** [d'un parti] local branch ▸ **section syndicale a)** *local branch of a union* **b)** [dans l'industrie de la presse et du livre] (union) chapel **4.** MATH & GÉOM section / *un câble de 12 mm de section* a 12 mm (section) cable ▸ **dessiner la section de qqch** to draw the section of sthg ou sthg in section ▸ **section conique / plane** conic / plane section **5.** NUCL ▸ **section efficace** cross section **6.** [coupure] cutting *(U)*, severing *(U)* ; MÉD amputation **7.** BIOL [groupe, coupe] section **8.** ÉLECTR ▸ **section morte** dummy coil **9.** MIL section **10.** MUS ▸ **section rythmique** rhythm section **11.** NAUT ▸ **section mouillée** wetted section **12.** POL ▸ **section électorale** ward.

sectionnement [sɛksjɔnmɑ̃] nm **1.** [coupure] cutting *(U)*, severing *(U)* **2.** ÉLECTR sectioning (and isolation).

sectionner [3] [sɛksjɔne] vt **1.** [tendon, câble, ligne] to sever, to cut ; MÉD to amputate / *la lame avait sectionné le ligament* the blade had cut through the ligament **2.** [diviser] to section, to divide ou to split (into sections).

sectionneur [sɛksjɔnœʀ] nm section switch.

sectoriel, elle [sɛktɔʀjɛl] adj sector-based ▸ **revendications sectorielles** sector-based demands / *application sectorielle d'une mesure* the application of a measure to a certain sector (only).

sectorisation [sɛktɔʀizasjɔ̃] nf [gén] division into sectors ; [des services de santé] *division into areas of responsibility for health and social services.*

sectoriser [3] [sɛktɔʀize] vt [gén] to sector, to divide into areas ou sectors ; [services de santé] to divide into areas of health and social services responsibility.

Sécu [seky] nf *fam* **abr de Sécurité sociale.**

séculaire [sekylɛʀ] adj **1.** [vieux] age-old ▸ **un chêne séculaire** an ancient oak ; [de cent ans] a hundred years' old **2.** [cyclique] secular **3.** ASTRON secular.

sécularisation [sekylaʀizasjɔ̃] nf secularization, secularizing *(U).*

séculariser [3] [sekylaʀize] vt to secularize.

séculier, ère [sekylje, ɛʀ] adj secular.

❖ **séculier** nm secular.

secundo [səgɔ̃do] adv in the second place, second, secondly.

sécurisant, e [sekyʀizɑ̃, ɑ̃t] adj **1.** [qui rassure] reassuring **2.** PSYCHOL security *(modif).*

sécurisation [sekyʀizasjɔ̃] nf : *la sécurisation des citoyens est du ressort de la police* it is the responsibility of the police to make the public feel safe.

sécurisé, e [sekyʀize] adj INFORM [transaction, paiement] secure.

sécuriser [3] [sekyʀize] vt **1.** [rassurer] ▸ **sécuriser qqn** to make sb feel secure ou safe, to reassure sb, to give sb a feeling of security **2.** [stabiliser] to (make) secure / *des mesures visant à sécuriser l'emploi* employment-conserving measures.

Securit® [sekyʀit] nm ▸ **(verre) Securit** Triplex glass®.

sécuritaire [sekyʀitɛʀ] adj ▸ **programme sécuritaire** security-conscious programme ▸ **mesures sécuritaires** drastic security measures ▸ **idéologie sécuritaire** law-and-order ideology.

sécurité [sekyʀite] nf **1.** [protection d'une personne - physique] safety, security ; [- matérielle, affective, etc.] security ▸ **assurer la sécurité de qqn** to ensure the safety of sb / *l'installation offre une sécurité totale* the plant is completely safe / *un bon contrat d'assurance, c'est une sécurité* a good insurance policy makes you feel safe ou puts your mind at rest ou gives you peace of mind / *mon travail m'apporte une sécurité matérielle* my job gives me financial security ▸ **la sécurité de l'emploi** job security ▸ **sécurité alimentaire** food safety ▸ **sécurité civile** *public services dealing with natural disasters, bomb disposal, etc.* ▸ **sécurité publique** public safety ▸ **sécurité routière** road safety **2.** [surveillance - de bâtiments, d'installations] security **3.** ARM [d'un tank, d'un navire] safety catch ou mechanism.

❖ **de sécurité** loc adj [dispositif, mesure] safety *(modif).*

❖ **en sécurité** ◆ loc adj safe / *être / se sentir en sécurité* to be / to feel safe. ◆ loc adv in a safe place ▸ **mettre qqch en sécurité dans un coffre** to keep sthg in a safe.

❖ **en toute sécurité** loc adv in complete safety.

❖ **Sécurité sociale** nf **1.** [système] *French social security system* **2.** [organisme] ≃ DWP UK ; ≃ Social Security US.

Sécurité sociale

The **sécu**, as it is popularly known, created in 1945-1946, provides public health benefits, pensions, maternity leave, etc. These benefits are paid for by obligatory insurance contributions (**cotisations**) made by employers (**cotisations patronales**) and employees (**cotisations salariales**). Many French people have complementary health insurance provided by a **mutuelle**, which guarantees payment of all or part of the expenses not covered by the **Sécurité sociale**.

sédatif, ive [sedatif, iv] adj sedative.

❖ **sédatif** nm sedative.

sédation [sedasjɔ̃] nf sedation, sedating *(U).*

sédentaire [sedɑ̃tɛʀ] ◆ adj **1.** [travail, habitude] sedentary ; [employé] desk-bound **2.** ANTHR settled, non-nomad, sedentary. ◆ nmf [personne] sedentary person.

sédentarisation [sedɑ̃taʀizasjɔ̃] nf : *la sédentarisation d'une population* a people's adoption of a sedentary lifestyle.

sédentariser [3] [sedɑ̃taʀize] vt [tribu] to turn into a sedentary population, to settle.

sédentarité [sedɑ̃taʀite] nf sedentary lifestyle.

sédiment [sedimɑ̃] nm **1.** GÉOL sediment, deposit **2.** MÉD & ŒNOL sediment.

sédimentaire [sedimɑ̃tɛʀ] adj sedimentary.

sédimentation [sedimɑ̃tasjɔ̃] nf sedimentation.

sédimenter [sedimɑ̃te] vi to deposit sediment.

❖ **se sédimenter** vp to form a sediment.

sédimentologie [sedimɑ̃tɔlɔʒi] nf sedimentology.

séditieux, euse [sedisjø, øz] ◆ adj *sout* **1.** [propos] seditious, rebellious **2.** [troupe, armée] insurrectionary, insurgent. ◆ nm, f insurgent, rebel.

sédition [sedisjɔ̃] nf *sout* rebellion, revolt, sedition.

séducteur, trice [sedyktœʀ, tʀis] ◆ adj [personne, sourire, etc.] seductive, irresistible. ◆ nm, f seducer (seductress) / *c'est un grand séducteur* he's a real lady's man / *c'est une grande séductrice* she's a real seductress ou a femme fatale.

séduction [sedyksjɔ̃] nf **1.** [d'une personne] charm ; [d'une musique, d'un tableau] appeal, captivating power / *elle ne manque pas de séduction* she's very seductive / *pouvoir de séduction* powers of seduction **2.** DR ▸ **séduction de mineur** corruption of a minor ▸ **séduction dolosive** *obtaining sexual favours by deceit* **3.** [d'une chose] attraction, attractiveness / *le pouvoir de séduction de l'argent* the seductive power of money.

séduire [98] [sedɥiʀ] vt **1.** [charmer - suj : personne] to attract, to charm ; [- suj : beauté, gentillesse, sourire] to win over *(sép)* ; [- suj : livre, tableau] to appeal to *(insép)* / *la ferme m'a tout de suite séduit* I immediately fell in love with the farmhouse **2.** [tenter - suj : idée, projet, style de vie] to appeal to *(insép)*, to be tempting to / *sa proposition ne me séduit pas beaucoup* her proposal doesn't tempt me ou appeal to me very much **3.** [tromper - suj : politicien, promesses, publicité] to lure, to seduce / *j'ai envie de me laisser séduire* I'm very tempted / *ne vous laissez pas séduire par leurs beaux discours!* don't let yourselves be led astray by their fine words! **4.** [attirer - client] to attract **5.** [sexuellement] to seduce.

séduisant, e [sedɥizɑ̃, ɑ̃t] adj **1.** [charmant - personne] attractive ; [- beauté] seductive, enticing ; [- sourire, parfum, mode, etc.] appealing, seductive / *de manière séduisante* seductively **2.** [alléchant - offre, idée, projet] attractive, appealing / *la proposition était séduisante* the offer was appealing.

séduisit v ⟶ **séduire.**

séduit, e [sedɥi, it] pp ⟶ **séduire.**

séfarade [sefaʀad] ◆ adj Sephardic. ◆ nmf Sephardi ▸ **les Séfarades** the Sephardim.

sefardi [sefaʀdi] (*pl* **sefardim** [-dim]) = **séfarade.**

segment [sɛgmɑ̃] nm **1.** MATH segment **2.** ÉCON ▸ **segment de marché** market segment **3.** MÉCAN ring ▸ **segment de piston** piston ring ▸ **segment racleur** scraperring ▸ **segment de frein** AUTO (segmental) brake shoe **4.** INFORM segment ▸ **segment de programme** program segment.

segmentaire [sɛgmɑ̃tɛʀ] adj segmental.

segmentation [sɛgmɑ̃tasjɔ̃] nf **1.** ÉCON [d'un marché] segmentation **2.** BIOL & PHYSIOL segmentation **3.** INFORM segmentation.

segmenter [3] [sɛgmɑ̃te] vt [diviser] to segment.

❖ **se segmenter** vpi to segment, to break into segments.

Ségovie [segɔvi] npr Segovia.

ségrégatif, ive [segʀegatif, iv] adj segregative ▸ **lois ségrégatives** laws aimed at maintaining segregation.

ségrégation [segʀegasjɔ̃] nf **1.** [discrimination] segregation / *une ségrégation au niveau des salaires* a discriminatory wage policy ▸ **ségrégation raciale / sociale** racial / social segregation **2.** BIOL, MÉTALL & TECHNOL segregation.

ségrégationnisme [segʀegasjɔnism] nm racial segregation.

ségrégationniste [segʀegasjɔnist] ◆ adj [personne] segregationist ; [politique] segregationist, segregational, discriminatory. ◆ nmf segregationist.

ségrégative [segʀegativ] f ⟶ **ségrégatif.**

ségrégé, e [segʀeʒe] adj MÉTALL segregated.

séguedille [segədij], **seguidilla** [segidija] nf seguidilla.

seguia [segja] nf open channel *(for bringing water to Saharan oases).*

seiche [sɛʃ] nf **1.** ZOOL cuttlefish **2.** GÉOGR seiche.

séide [seid] nm *litt* [partisan] zealot, fanatically dedicated henchman.

seigle [sɛgl] nm rye.

seigneur [sɛɲœʀ] nm **1.** HIST feudal lord ou overlord **2.** [maître] lord / *le seigneur de ces lieux* *aussi hum* the lord of the manor ▸ **mon seigneur et maître** *hum* my lord and master ▸ **grand seigneur** : *agir en grand seigneur* to play the fine gentleman ▸ **vivre en grand seigneur** to live like a lord ▸ **comme un seigneur, en grand seigneur a)** [avec luxe] like a lord **b)** [avec noblesse] nobly / *être grand seigneur, faire le grand seigneur* to spend money like water ou as if there were no tomorrow ▸ **à tout seigneur tout honneur** *prov* give honour where honour is due **3.** [magnat] tycoon, baron / *les seigneurs de l'industrie* captains of industry / *les seigneurs de la guerre* the war lords **4.** RELIG ▸ **le Seigneur** the Lord ▸ **Notre Seigneur Jésus-Christ** Our Lord Jesus Christ ▸ **Seigneur (Dieu)!** *litt* Good Lord! ▸ **le jour du Seigneur** the Lord's Day.

seigneuriage [sɛɲœʀjaʒ] nm seigniorage.

seigneurial, e, aux [sɛɲœʀjal, o] adj **1.** HIST seigniorial **2.** *litt* [digne d'un seigneur] stately, lordly.

seigneurie [sɛɲœʀi] nf **1.** HIST [propriété] seigneury, lord's domain ou estate ; [pouvoir, droits] seigneury **2.** [titre] ▸ **Votre Seigneurie** Your Lordship.

sein [sɛ̃] nm **1.** ANAT breast / *elle se promène les seins nus* she walks about topless ▸ **le sein** [pour allaiter] the breast ▸ **donner le sein à** to breast-feed / *être nourri au sein* to be breast-fed / *prendre le sein* to take the breast **2.** *litt* [ventre] womb / *porter un enfant dans son sein* to carry a child in one's womb **3.** *litt* [buste] bosom ▸ **serrer qqch / qqn contre son sein** to press sthg / sb against one's bosom ▸ **dans le sein de** [au centre de] in ou at the heart of, in the bosom of *litt* / *s'épancher dans le sein d'une amie* [auprès de] to open one's heart to a friend.

❖ **au sein de** loc prép *sout* within / *au sein du parti* within the party / *au sein de la famille* in the bosom ou midst of the family.

seine [sɛn] = **senne.**

Seine [sɛn] npr f ▸ **la Seine** the (River) Seine.

seing [sɛ̃] nm [signature] signature.

❖ **sous seing privé** loc adj ▸ **acte sous seing privé** private agreement, simple contract.

séismal, e, aux [seismal, o] adj seismic.

séisme [seism] nm **1.** GÉOL earthquake, seism *spéc* / *le séisme a atteint sept degrés sur l'échelle de Richter* the earthquake reached seven on the Richter scale **2.** *fig* [bouleversement] upheaval.

séismicité [seismisite] = **sismicité.**

séismique [seismik] = **sismique.**

séismographe [seismɔgʀaf] = **sismographe.**

séismologie [seismɔlɔʒi] = **sismologie.**

SEITA, Seita [seita] (abr de **Société nationale d'exploitation industrielle des tabacs et allumettes**) npr f *French government tobacco and matches monopoly.*

seize [sɛz] dét & nm inv sixteen. **Voir aussi cinq.**

seizième [sɛzjɛm] ◆ adj num sixteenth. ◆ nmf sixteenth. ◆ nm **1.** [arrondissement] ▸ **le seizième** the sixteenth arrondissement *(wealthy district of Paris)* **2.** [partie] : *le seizième de la somme globale* the sixteenth part of the total sum. **Voir aussi cinquième.**

❖ **seizièmes** nmpl SPORT ▸ **les seizièmes de finale** the first round *(of a 4-round knockout competition)*, the second round *(of a 5-round knockout competition)*.

Le seizième

This term often refers to the upper class social background, lifestyle, way of dressing, etc., associated with the sixteenth arrondissement in Paris.

seizièmement [sɛzjɛmmɑ̃] adv in the sixteenth place.

séjour [seʒuʀ] nm **1.** [durée] stay, sojourn *litt* / *il a fait un séjour de deux mois à la mer* he spent two months at the seaside / *il fait un séjour linguistique aux États-Unis* he is spending some time in the United States learning the language / *je te souhaite un bon séjour à Venise* I hope you have a nice time ou I hope you enjoy your stay in Venice / *il a fait plusieurs séjours en hôpital psychiatrique* he's been in a psychiatric hospital several times / *il a fait un séjour à l'ombre* *fam & fig* he's been inside, he's done time **2.** [pièce] ▸ **(salle de) séjour** living ou sitting room, lounge UK ▸ **séjour-cathédrale** great room US, room with a cathedral ceiling UK **3.** *litt* [habitation] abode, dwelling place.

séjourner [3] [seʒuʀne] vi **1.** [habiter] to stay, to sojourn *litt* / *séjourner à l'hôtel / chez un ami* to stay at a hotel / with a friend **2.** [eau, brouillard] to lie / *les neiges séjournent longtemps en altitude* the snow stays for a long time at high altitude.

sel [sɛl] nm **1.** CULIN salt / *mettre du sel dans une sauce* to add salt to a sauce / *vous devriez supprimer le sel* you should cut out salt altogether ▸ **gros sel** coarse salt ▸ **sel de céleri** celery salt ▸ **sel de cuisine** kitchen salt ▸ **sel de table, sel fin** table salt ▸ **sel de mer** sea salt **2.** CHIM salt ▸ **sel acide / basique** acid / basic salt **3.** GÉOL salt ▸ **sel gemme** rock salt ▸ **le sel de la terre** *litt* BIBLE the salt of the earth **4.** PHARM salt ▸ **sel d'Epsom** ou **d'Angleterre** Epsom salts ▸ **sel de Vichy** sodium bicarbonate **5.** [piquant] wit *(U)* ▸ **sel attique** *litt* Attic salt, wit / *une remarque pleine de sel* a witty remark / *la situation ne manque pas de sel!* the situation is not without a certain piquancy.

❖ **sels** nmpl PHARM (smelling) salts / *respirer des sels* to smell salts ▸ **sels de bain** bath salts.

❖ **sans sel** loc adj [régime, biscotte] salt-free ; [beurre] unsalted.

sélacien [selasjɛ̃] nm selachian ▸ **les sélaciens** the Selachii.

sélect, e [selɛkt] adj *fam* select, highclass, posh UK.

sélecteur [selɛktœʀ] nm **1.** RADIO & TÉLÉC selector ▸ **sélecteur de programmes** program selector **2.** MÉCAN gear shift ; [d'une moto] (foot) gearshift control.

sélectif, ive [selɛktif, iv] adj selective.

sélection [selɛksjɔ̃] nf **1.** [fait de choisir] selection / *opérer une sélection parmi 200 candidats* to make a selection ou to choose from 200 candidates ▸ **sélection à l'entrée** UNIV selective entry UK ou admission US ▸ **sélection professionnelle** professional recruitment **2.** [échantillon] selection, choice / *une sélection des meilleurs fromages de la région* a choice of cheeses, a cheese selection **3.** SPORT [équipe] team, squad **4.** BIOL ▸ **sélection naturelle** natural selection ▸ **sélection artificielle** artificial selection **5.** RADIO (signal) separation.

sélectionné, e [selɛksjɔne] ◆ adj [choisi] selected / *sélectionné pour les jeux Olympiques* selected for the Olympics / *des vins sélectionnés* selected ou choice wines. ◆ nm, f **1.** [candidat] selected candidate ou contestant **2.** SPORT squad member, team member.

sélectionner [3] [selɛksjɔne] vt **1.** [gén] to select **2.** *(en usage absolu)* UNIV : *ils sélectionnent à l'entrée* they have a selection process for admission.

sélectionneur, euse [selɛksjɔnœʀ, øz] nm, f SPORT selector.

sélectivement [selɛktivmɑ̃] adv selectively.

sélectivité [selɛktivite] nf ÉLECTR, OPT & RADIO selectivity.

Selené [selene] npr Selene.

séléniate [selenjat] nm selenate.

sélénieux [selenjø] adj m selenious.

sélénique [selenik] adj m selenic.

sélénite [selenit] nmf *imaginary inhabitant of the Moon.*

sélénium [selenjɔm] nm selenium.

séléniure [selenjyʀ] nm selenide.

sélénographie [selenɔgʀafi] nf selenography.

sélénographique [selenɔgʀafik] adj selenographic.

sélénologie [selenɔlɔʒi] nf selenology.

self [sɛlf] ◆ nf ÉLECTR self inductance. ◆ nm **1.** PSYCHOL self **2.** *fam* = **self-service**.

self-control [sɛlfkɔ̃tʀol] *(pl* **self-controls***)* nm self-control, self-command.

self-inductance [sɛlfɛ̃dyktɑ̃s] *(pl* **self-inductances***)* nf self-inductance.

self-induction [sɛlfɛ̃dyksjɔ̃] *(pl* **self-inductions***)* nf self-induction.

self-made-man [sɛlfmɛdman] *(pl* **self-made-mans** *ou* **self-made-men** [-mɛn]) nm self-made man.

self-service [sɛlfsɛʀvis] *(pl* **self-services***)* nm **1.** [restaurant] self-service (restaurant), cafeteria **2.** [service] self-service / *beaucoup de pompes à essence sont en self-service* a lot of petrol pumps are self-service.

selle [sɛl] nf **1.** [de cheval] saddle ▸ **monter sans selle** to ride bareback ▸ **être bien en selle** *pr & fig* to be firmly in the saddle ▸ **mettre qqn en selle a)** *pr* to put sb in the saddle **b)** *fig* to give sb a leg up ▸ **remettre qqn en selle** *fig* to put sb back on the rails ▸ **se mettre en selle a)** *pr* to get into the saddle, to mount **b)** *fig* to get down to the job ▸ **se remettre en selle** *pr & fig* to get back in ou into the saddle **2.** [de vélo] saddle **3.** CULIN saddle ▸ **selle de mouton / chevreuil** saddle of mutton / venison **4.** [escabeau] turntable **5.** ANAT ▸ **selle turcique** sella turcica **6.** MÉD ▸ **aller à la selle** to have a bowel movement / *allez-vous à la selle régulièrement?* are you regular? **7.** RAIL bearing ou sole plate **8.** ZOOL [d'un lombric] saddle.

❖ **selles** nfpl MÉD [excréments] faeces, stools.

seller [4] [sele] vt to saddle (up).

sellerie [sɛlʀi] nf **1.** [équipement] saddlery **2.** [lieu] saddle room, tack-room **3.** [commerce] saddlery trade.

sellerie-bourrellerie [sɛlʀibuʀɛlʀi] *(pl* **selleries-bourrelleries***)* nf manufacture and repair of saddlery.

sellerie-maroquinerie [sɛlʀimaʀɔkinʀi] *(pl* **selleries-maroquineries***)* nf **1.** [articles] (fine) leather goods **2.** [magasin] leather-goods shop UK ou store US.

sellette [sɛlɛt] nf **1.** HIST [siège] (high) stand ou table ▸ **mettre qqn sur la sellette** to put sb in the hot seat ▸ **être sur la sellette a)** [critiqué] to be in the hot seat, to come under fire **b)** [examiné] to be undergoing reappraisal **2.** CONSTR slung cradle **3.** ART [pour sculpteur] turntable.

sellier [selje] nm [fabricant, marchand] saddler.

sellier-maroquinier [seljemaʀɔkinje] *(pl* **selliers-maroquiniers***)* nm **1.** [fabricant] fancy leather goods manufacturer **2.** [commerçant] dealer in fancy leather goods.

selon [səlɔ̃] prép **1.** [conformément à] in accordance with ▸ **agir selon les vœux de qqn** to act in accordance with sb's wishes ▸ **agir selon les règles** to act ou to go by the rules ▸ **selon toute apparence** by ou from ou to all appearances **2.** [en fonction de] according to / *dépenser selon ses moyens* to spend according to one's means / *à chacun selon ses besoins* to each according to his needs ▸ **selon le cas** as the case may be / *selon les circonstances / les cas* depending on the circumstances / each individual case ▸ **on se reverra? — c'est selon!** *fam* shall we see each other again? — it all depends! ▸ **elle y allait à pied ou en voiture, c'était selon** she went on foot or used the car, depending **3.** [d'après] according to / *selon les experts* according to the experts ▸ **selon moi / vous** in my / your opinion, to my / your mind / *l'Évangile selon saint Matthieu* the Gospel according to Saint Matthew / *selon vos propres termes* in your own words / *selon l'expression consacrée* as the hallowed expression has it.

❖ **selon que** loc conj : *selon qu'on est étudiant ou non* depending on whether one is a student or not / *selon qu'il fera beau ou qu'il pleuvra* depending on whether it's fine or rainy.

Seltz [sɛlts] ⟶ **eau.**

SEM [sɛm] (abr de **société d'économie mixte**) nf *company financed by state and private capital.*

S.Em. (abr écrite de **Son Éminence**) HE.

semailles [səmaj] nfpl **1.** [action] sowing **2.** [graines] seeds **3.** [période] sowing season / *les semailles d'automne* autumn sowing.

semaine [səmɛn] nf **1.** [sept jours] week ▸ **toutes les semaines a)** [nettoyer, recevoir] every ou each week **b)** [publier, payer] weekly, on a weekly basis / *deux visites par semaine* two visits a week ou per week ▸ **dans une semaine** in a week's time / *je serai de retour dans une semaine* I'll be back in a week ou in a week's time / *faire des semaines de 50 heures* to work a 50-hour week / *qui est de semaine?* who's on duty this week? ▸ **la semaine anglaise** the five-day (working) week ▸ **la semaine de 35 heures** the 35-hour working week ▸ **il te remboursera la semaine des quatre jeudis** he'll never pay you back in a month of Sundays **2.** RELIG week ▸ **la semaine sainte** Holy Week ▸ **la semaine pascale** Easter week **3.** COMM : *la semaine du tapis d'Orient* Oriental carpet week / *la promotion de la semaine* this week's special offer / *la semaine de la photo* photography week ▸ **semaine commerciale** week-long promotion ou sale ▸ **c'est sa semaine de bonté** *hum* he's been overcome by a fit of generosity **4.** [argent de poche] : *il est allé demander sa semaine à son père* he went to ask his father for his pocket money / *je lui donne 5 euros pour sa semaine* I give her 5 euros a week pocket money **5.** JOAILL [bracelet] seven-band bangle.

❖ **à la petite semaine** *fam* ◆ loc adj [politique] short-sighted, day-to-day. ◆ loc adv : *prêter à la petite semaine* to make short-term loans *(with high interest)* / *vivre à la petite semaine* to live from day to day ou from hand to month.

❖ **à la semaine** loc adv [payer] weekly, on a weekly basis, by the week.

❖ **en semaine** loc adv during the week, on weekdays, on a weekday.

semainier, ère [səmenje, ɛʀ] nm, f [personne] weekly worker.

❖ **semainier** nm **1.** [calendrier] page-a-week diary **2.** [meuble] semainier (chest) **3.** INDUST weekly time sheet **4.** JOAILL seven-band bangle.

sémanticien, enne [semɑ̃tisjɛ̃, ɛn] nm, f semanticist.

sémantique [semɑ̃tik] ◆ adj semantic. ◆ nf semantics *(sg)* ▸ **sémantique générative** generative semantics.

sémantiquement [semɑ̃tikmɑ̃] adv semantically.

sémaphore [semafɔʀ] nm **1.** RAIL semaphore signal **2.** NAUT [poste] signal station.

sémasiologie [semazjɔlɔʒi] nf semasiology.

semblable [sɑ̃blabl] ◆ adj **1.** [pareil] similar, alike / *nous avons un cas semblable* we have a similar case / *ils sont semblables* they are similar ou alike / *je n'ai rien dit de semblable* I said nothing of the sort ou no such thing / *je n'avais jamais rien vu de semblable* I had never seen anything like it ou the like of it ▸ **semblable à** similar to, like **2.** GÉOM & MATH similar. ◆ nmf *(avec possessif)* **1.** [être humain] ▸ **vous et vos semblables** you and your kind / *partager le sort de ses semblables* to share the lot of one's fellow man **2.** [animal] related species.

semblablement [sɑ̃blabləmɑ̃] adv similarly, likewise.

semblant [sɑ̃blɑ̃] nm **1.** [apparence] ▸ **un semblant de** : *un semblant d'intérêt / d'affection* a semblance of interest / affection / *offrir un semblant de résistance* to put on a show of ou to put up a token resistance /

j'ai un semblant de bronzage I have a semblance of a tan ou an apology for a tan **2.** ▸ **faire semblant** [feindre] to pretend / *il ne dort pas, il fait semblant* he's not asleep, he's just pretending / *ne fais pas semblant d'avoir oublié* don't pretend to have forgotten ou (that) you've forgotten ▸ **faire semblant d'être malade** to sham illness, to malinger ▸ **ne faire semblant de rien** to pretend not to notice.

sembler [3] [sɑ̃ble] vi to seem, to appear / *son histoire semble (être) vraie* his story seems ou appears to be true / *elle semble plus âgée que lui* she seems (to be) ou she looks older than him / *ils semblaient bien s'entendre* they seemed ou appeared to be getting on well / *tu sembles préoccupé* you look ou seem worried / *ça peut sembler drôle à certains* this may seem ou sound funny to some.

✧ **il semble** v impers **1.** ▸ **il semble que...** [on dirait que] it seems... / *il semble qu'il y a* ou *ait eu un malentendu* it seems that ou it looks as if there's been a misunderstanding, there seems to have been a misunderstanding / *il semblait pourtant que tout allait bien* and yet everything seemed to be all right / *il semblerait qu'il ait décidé de démissionner* reports claim ou it has been reported that he intends to resign **2.** ▸ **il me / te semble (que)** [je / tu crois que] : *cela ne te semble-t-il pas injuste?* don't you find this unfair?, doesn't this strike you as being unfair? / *c'est bien ce qu'il m'a semblé* I thought as much / *il ne me semblait pas te l'avoir dit* I didn't think I'd told you about it / *il était, me semblait-il, au courant de tout* it seemed ou appeared to me that he was aware of everything / *il me semble qu'on s'est déjà vus* I think we've met before ▸ **ce me semble** *sout* : *je vous l'ai déjà dit, ce me semble* it would seem to me that I have already told you that ▸ **comme / quand / qui bon me semble** : *faites comme bon vous semble* do as you think fit ou best, do as you please / *je sors quand / avec qui bon me semble* I go out whenever / with whoever I please.

✧ **à ce qu'il semble, semble-t-il** loc adv seemingly, apparently / *ils sont blessés, semble-t-il* they seem to be hurt, it seems (as though) they're hurt, apparently, they're hurt.

sème [sɛm] nm seme.

séméiologie [semejɔlɔʒi] = **sémiologie.**

séméiologique [semejɔlɔʒik] = **sémiologique.**

semelle [səmɛl] nf **1.** [d'une chaussure, d'un ski] sole / *bottes à semelles fines / épaisses* thin-soled / thick-soled boots / *chaussures à semelles compensées* platform shoes ▸ **semelle intérieure** insole, inner sole **2.** *fam* [viande dure] : *c'est de la semelle, ce steak!* this steak is like (shoe) leather ou old boots UK **3.** CONSTR [de plancher] sill ou sole plate ; [de toiture] inferior (roof) purlin ; [d'une marche] tread ▸ **semelle filante** (wall) footing **4.** MIN [élément] sole (piece) ; [banc] sole **5.** RAIL ▸ **semelle de frein** brake shoe (insert) ▸ **semelle de crosse** crosshead slipper ou shoe **6.** TECHNOL bedplate **7.** [d'un fer à repasser] base, sole **8.** EXPR (pas) **d'une semelle** : *ne la lâchez pas d'une semelle* don't let her out of your sight ▸ **on n'a pas avancé** ou **bougé d'une semelle** we haven't moved a single inch, we haven't made any progress whatsoever / *je ne reculerai pas d'une semelle* I won't give an inch / *ne la quitte pas d'une semelle* don't loose track of her, keep on her trail.

sémème [semɛm] nm sememe.

semence [səmɑ̃s] nf **1.** [graine] seed ▸ **pomme de terre / blé de semence** seed potato / corn **2.** *litt* [germe] : *les semences d'une révolte* the seeds of a revolt **3.** *litt* [sperme] semen, seed *litt* **4.** JOAILL ▸ **semence de perles** seed pearls ▸ **semence de diamants** diamond sparks **5.** [clou] tack.

semer [19] [səme] vt **1.** AGR & HORT to sow / *semer un champ* to sow a field ; *(en usage absolu)* : *semer à la volée* to sow broadcast / *semer en ligne* to drill ▸ **Je sème à tout vent** *slogan of the Larousse publishing house* **2.** *fig* [disperser -fleurs, paillettes] to scatter, to strew ▸ **semé de** scattered ou strewn with ▸ **parcours semé d'embûches** course littered with obstacles / *il sème ses affaires partout* he leaves his things everywhere **3.** *fam* [laisser tomber] to drop / *il a semé tous ses papiers dans l'escalier* he dropped all his papers on the stairs **4.** [distancer] to lose, to shake off *(sép)* ▸ **semer le peloton** to leave the pack behind **5.** [propager] to bring / *semer le désordre* ou *la pagaille fam* to wreak havoc / *semer la discorde* to sow the seeds of discord / *semer la terreur / mort* to bring terror / death ▸ **semer le doute dans l'esprit de qqn** to sow ou to plant a seed of doubt in sb's mind.

semestre [səmɛstʀ] nm **1.** [dans l'année civile] half-year, six-month period / *pour le premier semestre* for the first half of the year ou six months of the year **2.** UNIV half-year, semester **3.** [rente] half-yearly pension ; [intérêt] half-yearly interest.

semestriel, elle [səmɛstʀijɛl] adj **1.** [dans l'année civile] half-yearly **2.** UNIV semestral.

semestriellement [səmɛstʀijɛlmɑ̃] adv **1.** [dans l'année civile] half-yearly, every six months **2.** UNIV per ou every semester.

semeur, euse [səmœʀ, øz] nm, f **1.** AGR sower **2.** *fig* [propagateur] ▸ **semeur de trouble** troublemaker.

semi- [səmi] préf semi-.

semi-aride [səmiaʀid] adj semiarid.

semi-automatique [səmiotɔmatik] adj semiautomatic.

semi-auxiliaire [səmioksiljɛʀ] (*pl* **semi-auxiliaires**) ◆ adj GRAM semiauxiliary. ◆ nm semiauxiliary verb.

semi-chenillé, e [səmiʃənije] adj half-tracked.

✧ **semi-chenillé** nm half-track.

semi-circulaire [səmisiʀkylɛʀ] adj semicircular.

semi-conducteur, trice [səmikɔ̃dyktœʀ, tʀis] adj semiconducting.

✧ **semi-conducteur** nm semiconductor.

semi-conserve [səmikɔ̃sɛʀv] nf semipreserve.

semi-consonne [səmikɔ̃sɔn] nf semiconsonant, semivowel.

semi-convergente [səmikɔ̃vɛʀʒɑ̃t] adj f semiconvergent.

semi-durable [səmidyʀabl] adj semiperishable.

semi-fini, e [səmifini] adj semifinished, semi-manufactured.

semi-globale [səmiglɔbal] (*pl* **semi-globales**) adj f ⟶ **méthode.**

semi-grossiste [səmigʀosist] nmf *wholesaler who also deals in retail.*

semi-liberté [səmilibɛʀte] nf temporary release *(from prison).*

sémillant, e [semijɑ̃, ɑ̃t] adj sprightly, spirited.

sémillon [semijɔ̃] nm Sémillon.

semi-lunaire [səmilynɛʀ] adj half-moon shaped, semilunar ▸ **os semi-lunaire** semi-lunar.

séminaire [seminɛʀ] nm **1.** [réunion] seminar, workshop ▸ **séminaire en ligne** INTERNET webinar **2.** RELIG seminary ▸ **grand / petit séminaire** major / minor seminary.

séminal, e, aux [seminal, o] adj seminal.

séminariste [seminaʀist] nm seminarist, seminarian US.

séminifère [seminifɛʀ] adj seminiferous ▸ **conduits séminifères** seminiferous tubules.

Séminole [seminɔl] npr mpl ▸ **les Séminoles** the Seminole.

semi-nomade [səminɔmad] ◆ adj seminomadic. ◆ nmf seminomad.

semi-nomadisme [səminɔmadism] nm seminomadism.

séminome [seminom] nm seminoma.

semi-officiel, elle [səmiɔfisjɛl] adj semiofficial.

sémiologie [semjɔlɔʒi] nf semiology, semeiology.

sémiologique [semjɔlɔʒik] adj semiological, semeiological.

sémiologue [semjɔlɔg] nmf semiologist.

sémioticien, enne [semjɔtisjɛ̃, ɛn] nm, f semiotician.

sémiotique [semjɔtik] nf semiotics *(sg).*

semi-ouvert, e [səmiuvɛʀ, ɛʀt] adj ▸ **intervalle semi-ouvert** half-open interval.

semi-ouvré, e [səmiuvʀe] adj semimanufactured, semi-finished.

semi-perméable [səmipɛʀmeabl] adj semipermeable.

semi-polaire [səmipɔlɛʀ] adj semipolar.

semi-précieux, euse [səmipʀesjø, øz] adj semiprecious.

semi-professionnel, elle [səmipʀɔfɛsjɔnɛl] adj semiprofessional.

semi-public, ique [səmipyblik] adj semipublic.

sémique [semik] adj semic.

Sémiramis [semiʀamis] npr Semiramis.

semi-remorque [səmiʀəmɔʀk] ◆ nf semitrailer. ◆ nm articulated lorry UK, trailer truck US, semitrailer US, rig US.

semi-rigide [səmiʀiʒid] adj semirigid.

semis [səmi] nm **1.** [action] sowing / *semis à la volée* broadcast sowing **2.** [terrain] seedbed **3.** *fig* ▸ **un semis de** : *c'était un tissu à fond blanc avec un semis de petites fleurs bleues* the material had a pattern of small blue flowers on a white background.

semi-submersible [səmisybmɛʀsibl] adj semisubmersible.

sémite [semit] adj Semitic.

✧ **Sémite** nmf Semite ▸ **les Sémites** the Semites.

sémitique [semitik] adj Semitic.

sémitisant, e [semitizɑ̃, ɑ̃t] nm, f Semitist.

sémitisme [semitism] nm [études] Semitics *(sg)* ; [phénomène] Semitism.

semi-voyelle [səmivwajɛl] (*pl* **semi-voyelles**) nf semivowel, semiconsonant.

semnopithèque [sɛmnɔpitɛk] nm semnopithecus.

semoir [səmwaʀ] nm **1.** [panier] seed-bag **2.** [machine] sower, seeder.

semonce [səmɔ̃s] nf **1.** *sout* [réprimande] reprimand, rebuke **2.** NAUT ▸ **coup de semonce** warning shot.

semoule [səmul] nf semolina ▸ **semoule de riz** rice flour ▸ **semoule de maïs** cornflour ▸ **semoule blanche** rice flour ▸ **semoule de blé dur** durum wheat flour.

semoulerie [səmulʀi] nf **1.** [usine] semolina processing factory **2.** [commerce] semolina industry.

semper virens [sɛ̃pɛʀviʀɛ̃s] ◆ adj inv evergreen. ◆ nm inv evergreen honeysuckle.

sempiternel, elle [sɑ̃pitɛʀnɛl] adj never-ending, endless.

sempiternellement [sɑ̃pitɛʀnɛlmɑ̃] adv eternally, forever.

sénat [sena] nm **1.** [assemblée] senate ▸ **le Sénat** the (French) Senate **2.** [lieu] senate (house).

Le Sénat

The **Sénat** is the upper house of the French Parliament. Its members, the **sénateurs,** are elected in each **département** for a six-year mandate by the deputies of the **Assemblée nationale** and certain other government officials. The president of the Senate may deputise for the president of the Republic.

sénateur, trice [senatœʀ, tʀis] nm, f senator.

sénatorial, e, aux [senatɔʀjal, o] adj senatorial, senate *(modif).*

✧ **sénatoriales** nfpl senatorial elections.

sénatus-consulte [senatyskɔ̃sylt] (*pl* **sénatus-consultes**) nm ANTIQ & HIST senatus consultum.

séné [sene] nm senna.

sénéchal, aux [seneʃal, o] nm seneschal.

séneçon, sèneçon* [sɛnsɔ̃] nm ▸ **séneçon cinéraire** ragwort ▸ **séneçon commun** groundsel.

Sénégal [senegal] npr m ▸ **le Sénégal** Senegal ▸ **au Sénégal** in Senegal.

sénégalais, e [senegalɛ, ɛz] adj Senegalese.

✧ **Sénégalais, e** nm, f Senegalese ▸ **les Sénégalais** the Senegalese.

Sénèque [senɛk] npr Seneca.

* In reformed spelling (see p. 16-19).

sénescence [senesɑ̃s] nf senescence.

sénescent, e [senesɑ̃, ɑ̃t] adj senescent.

sénevé, sènevé* [senve] nm (wild) mustard, charlock.

sénile [senil] adj senile.

sénilité [senilite] nf senility.

senior, sénior* [senjɔʀ] adj & nmf SPORT senior.

senne [sɛn] nf seine.

sénologie [senɔlɔʒi] nf senology.

señorita, séniorita* [seɲɔʀita] nm [cigare] *French-made cigarillo.*

sens [sɑ̃s] ◆ v ⟶ **sentir.** ◆ nm **1.** PHYSIOL sense / *le sens du toucher* the sense of touch ▸ **sixième sens** sixth sense ▸ **reprendre ses sens a)** *pr* to come to **b)** *fig* to come to one's senses **2.** [instinct] sense ▸ **sens moral / pratique** moral / practical sense ▸ **avoir le sens de la mesure** to have a sense of proportion ▸ **avoir le sens pratique** to be practical ▸ **avoir le sens de la nuance** to be subtle / *elle n'a pas le sens de la nuance* she's rather unsubtle ▸ **avoir le sens de l'humour** to have a sense of humour UK ou humor US ▸ **avoir le sens de l'orientation** to have a good sense of direction ▸ **avoir le sens des affaires** to have a good head for business ▸ **ne pas avoir le sens des réalités** to have no grasp of reality ▸ **avoir le sens du rythme** to have natural rhythm ou a natural sense of rhythm ▸ **bon sens** common sense ▸ **plein de bon sens** very sensible ▸ **faire preuve de bon sens** to be sensible ▸ **manquer de bon sens** to lack common sense ▸ **gros bon sens** horse sense, (good) common sense / *avec son gros bon sens, il avait tout de suite vu que...* he had the good sense to see straightaway that... ▸ **ça tombe sous le sens** it's obvious, it stands to reason **3.** [opinion] : *à mon / son sens* according to me / him / *à mon sens, c'est impossible* as I see it ou to my mind, it's impossible **4.** [signification - d'un mot, d'une phrase] meaning *(C)*, sense ; [- d'une allégorie, d'un symbole] meaning *(C)* ▸ **le sens** LING meaning *(U)*, signification / *quel est le sens de ce mot?* what does this word mean? / *le mot a plusieurs sens* the word has several senses ou meanings / *ce que tu dis n'a pas de sens* [c'est inintelligible, déraisonnable] what you're saying doesn't make sense ▸ **porteur de sens** meaningful ▸ **lourd** ou **chargé de sens** meaningful ▸ **vide de sens** meaningless ▸ **au sens propre / figuré** in the literal / figurative sense ▸ **au sens strict** strictly speaking ▸ **le sens caché des choses** the hidden meaning of things ▸ **chercher / trouver un sens à la vie** to look for / to find a meaning to life **5.** [direction] direction / *pose l'équerre dans ce sens-là / l'autre sens* lay the set square down this way / the other way round / *dans le sens du bois* with the grain (of the wood) / *dans le sens du tissu* along the weave (of the cloth) ▸ **dans tous les sens** *pr* in all directions, all over the place ▸ **chercher dans tous les sens** to look everywhere ▸ **arrête de t'agiter dans tous les sens!** keep still for a minute! ▸ **en sens inverse** the other way round ou around / *le train qui venait en sens inverse* the oncoming train ▸ **scier une planche dans le sens de la largeur / longueur** to saw a board widthwise / lengthwise ▸ **dans le sens nord-sud / est-ouest** in a southerly / westerly direction ▸ **installer qqch dans le bon sens** to fix sthg the right way up ▸ **fais demi-tour, on va dans le mauvais sens!** turn round, we're going the wrong way ou in the wrong direction! ▸ **il n'y a plus de trains dans le sens Paris-Lyon** there are no more trains from Paris to Lyon ▸ **la circulation est bloquée dans le sens Paris-province** traffic leaving Paris is at a standstill ▸ **dans le sens de la marche** facing the front *(of a vehicle)* / *dans le sens contraire de la marche* facing the rear *(of a vehicle)* ▸ **dans le sens du courant** with the current ▸ **dans le sens des aiguilles d'une montre** clockwise ▸ **dans le sens inverse des aiguilles d'une montre** anticlockwise UK, counterclockwise US ▸ **sens giratoire** TRANSP roundabout UK, traffic circle US ▸ **sens interdit a)** [panneau] no-entry sign **b)** [rue] one-way street ▸ **être** ou **rouler en sens interdit** to be going the wrong way up / down a one-way street ▸ **(rue à) sens unique** one-way street ▸ **à sens unique a)** *fig* [amour] unrequited *sout* **b)** [décision] unilateral, one-sided **6.** *fig* [orientation] line / *nous agirons dans le même sens* we'll move along the same lines, we'll take the same sort of action / *des mesures allant dans le sens d'une plus grande justice* measures directed at greater justice / *nous avons publié une brochure dans ce sens* we have published a brochure along those (same) lines ou to that effect / *leur politique ne va pas dans le bon sens* their policy's going down the wrong road. ◆ nmpl [sensualité] (carnal) senses / *pour le plaisir des sens* for the gratification of the senses.

❖ **dans le sens où** loc conj in the sense that, in so far as.

❖ **dans un certain sens** loc adv in a way, in a sense, as it were.

❖ **en ce sens que** = **dans le sens où.**

❖ **sens dessus dessous** loc adv upside down / *la maison était sens dessus dessous* [en désordre] the house was all topsy-turvy.

❖ **sens devant derrière** loc adv back to front, the wrong way round.

sensass [sɑ̃sas] adj inv *fam* [sensationnel] terrific, sensational.

sensation [sɑ̃sasjɔ̃] nf **1.** [impression] sensation, feeling / *sensation de fraîcheur* feeling of freshness, fresh sensation / *j'avais la sensation qu'on reculait* I had the feeling we were going backwards / *privé de sensation* numb, insensate *litt* ▸ **sensations fortes** : *les amateurs de sensations fortes* people who like thrills **2.** [impact] ▸ **faire sensation** to cause a stir ou sensation **3.** PHYSIOL sensation.

❖ **à sensation** loc adj sensational ▸ **un reportage à sensation** a shock ou sensation-seeking report / *un titre à sensation* a sensational headline.

sensationnalisme [sɑ̃sasjɔnalism] nm sensationalism.

sensationnel, elle [sɑ̃sasjɔnɛl] adj **1.** [spectaculaire - révélation, image] sensational **2.** *fam* [remarquable] sensational, terrific, great.

❖ **sensationnel** nm ▸ **le sensationnel** the sensational / *journal qui donne dans le sensationnel* sensationalist newspaper.

sensé, e [sɑ̃se] adj sensible, well-advised, wise / *dire des choses sensées* to talk sense / *ce qu'il a dit n'est pas très sensé* what he said doesn't make much sense.

sensément [sɑ̃semɑ̃] adv *litt* sensibly, wisely.

senseur [sɑ̃sœʀ] nm TECHNOL sensor.

sensibilisateur, trice [sɑ̃sibilizatœʀ, tʀis] adj sensitizing.

❖ **sensibilisateur** nm PHOT sensitizer.

sensibilisation [sɑ̃sibilizasjɔ̃] nf **1.** [prise de conscience] awareness / *il y a une grande sensibilisation des jeunes aux dangers du tabagisme* young people are alert to ou aware of the dangers of smoking / *la sensibilisation de l'opinion publique à l'environnement* raising public awareness of the environment ▸ **campagne / techniques de sensibilisation** consciousness-raising campaign / techniques **2.** MÉD & PHOT sensitization.

sensibiliser [3] [sɑ̃sibilize] vt **1.** [gén] ▸ **sensibiliser qqn à qqch** to make sb conscious ou aware of sthg / *il faudrait essayer de sensibiliser l'opinion* we'll have to try and make people aware **2.** MÉD & PHOT to sensitize.

sensibilité [sɑ̃sibilite] nf **1.** [physique] sensitiveness, sensitivity ▸ **sensibilité à la douleur / au soleil** sensitivity to pain / to the sun ; [intellectuelle] sensibility / *avoir une sensibilité littéraire* to have a literary sensibility ; [émotive] sensitivity / *elle est d'une sensibilité maladive* she's painfully ou excruciatingly sensitive / *tu manques totalement de sensibilité* you're utterly insensitive **2.** ÉCON : *la sensibilité du marché des changes* the sensitivity of the foreign exchange market **3.** ÉCOL ▸ **sensibilité climatique** climate sensitivity **4.** PHOT, PHYSIOL & RADIO sensitivity **5.** POL : *toutes sensibilités confondues* all political tendencies.

sensible [sɑ̃sibl] ◆ adj **1.** [physiquement, émotivement] sensitive / *avoir l'ouïe sensible* to have sensitive hearing ▸ **sensible à** sensitive to ▸ **trop sensible** oversensitive / *être sensible au chaud* to be sensitive to ou to feel the heat / *être sensible aux souffrances d'autrui* to be sensitive to other people's sufferings / *sera-t-il sensible à cette preuve d'amour?* will he be touched by this proof of love? ▸ **sensible à la beauté de qqn** susceptible to sb's beauty / *nous avons été très sensibles à son geste* we really appreciated what (s)he did ▸ **c'est une nature sensible** he's the sensitive kind, he's easily affected by things ▸ **personnes sensibles s'abstenir** not recommended for people of a nervous disposition **2.** [peau, gencive] delicate, sensitive ; [balance, microphone] sensitive, responsive ; [direction de voiture] responsive **3.** [phénomène - perceptible] perceptible ; [- notable] noticeable, marked, sensible *sout* / *sensible à l'ouïe* perceptible to the ear / *la crise est le plus sensible dans le Nord* the crisis is most acutely felt in the North / *hausse / baisse sensible* marked rise / fall / *il n'y a pas eu de progrès sensible* there's been no appreciable ou noticeable progress **4.** [difficile - quartier, établissement scolaire] problem *(modif)* ; [- dossier] sensitive **5.** PHILOS sensory / *un être sensible* a sentient being ▸ **le monde sensible** the world as perceived by the senses **6.** MUS [note] leading **7.** PHOT sensitive. ◆ nf MUS leading note, subtonic.

> ⚠ L'adjectif anglais **sensible**, qui signifie avant tout «sensé», «judicieux», ne peut que très rarement être employé pour traduire sensible.

sensiblement [sɑ̃sibləmɑ̃] adv **1.** [beaucoup] appreciably, noticeably, markedly / *il fait sensiblement plus chaud dans ton bureau* it's noticeably warmer in your office **2.** [à peu près] about, approximately, more or less, roughly / *nos fils sont sensiblement de la même taille* our sons are roughly the same height.

sensiblerie [sɑ̃sibləʀi] nf oversensitiveness, squeamishness.

sensitif, ive [sɑ̃sitif, iv] ◆ adj **1.** ANAT sensory **2.** PSYCHOL oversensitive. ◆ nm, f PSYCHOL oversensitive subject / *c'est un sensitif* he's oversensitive.

❖ **sensitive** nf BOT sensitive plant.

sensitomètre [sɑ̃sitɔmɛtʀ] nm sensitometer.

sensitométrie [sɑ̃sitɔmetʀi] nf sensitometry.

sensoriel, elle [sɑ̃sɔʀjɛl] adj [organe, appareil] sense *(modif)* ; [nerf, cortex] sensory.

sensorimétrique [sɑ̃sɔmetʀik] adj sensorimetric.

sensorimoteur, trice [sɑ̃sɔʀimɔtœʀ, tʀis] adj sensorimotor, sensomotor.

sensualisme [sɑ̃sɥalism] nm sensualism.

sensualiste [sɑ̃sɥalist] ◆ adj sensual. ◆ nmf sensualist.

sensualité [sɑ̃sɥalite] nf sensuality.

sensuel, elle [sɑ̃sɥɛl] ◆ adj **1.** [plaisir, personne] sensual, sybaritic *litt* **2.** [musique] sensuous, voluptuous. ◆ nm, f sensualist, sybarite *litt.*

sente [sɑ̃t] nf *litt* path, footpath, track.

sentence [sɑ̃tɑ̃s] nf **1.** [jugement] sentence ▸ **prononcer une sentence** to pass ou to give ou to pronounce sentence **2.** [maxime] maxim, saying.

sentencieusement [sɑ̃tɑ̃sjøzmɑ̃] adv sententiously, moralistically.

sentencieux, euse [sɑ̃tɑ̃sjø, øz] adj sententious, moralistic, moralizing.

senteur [sɑ̃tœʀ] nf *litt* fragrance, scent, aroma.

senti, e [sɑ̃ti] adj ▸ **bien senti** [lecture, interprétation] appropriate, apposite *sout* / *c'était une repartie bien sentie* it was a retort that struck home ▸ **une vérité bien sentie** a home truth.

sentier [sɑ̃tje] nm **1.** [allée] path, footpath **2.** SPORT ▸ **sentier de grande randonnée** long-distance hiking path **3.** *fig & litt* path, way / *les sentiers de la gloire* the paths of glory ▸ **être sur le sentier de la guerre** *fig* to be on the warpath ▸ **suivre les sentiers battus** to keep to well-trodden paths ▸ **sortir des sentiers battus** to get ou to wander off the beaten track **4.** ▸ **le Sentier** *predominantly Jewish district of Paris famous as a centre for the clothing trade* **5.** POL : *le Sentier lumineux* the Shining Path, the Sendero Luminoso.

sentiment [sɑ̃timɑ̃] nm **1.** [émotion] feeling / *un sentiment de honte* a feeling of shame ▸ **prendre qqn par les sentiments** to appeal to sb's feelings / *si tu me prends par les sentiments!* *hum* if you go for the heart-

* In reformed spelling (see p. 16-19).

strings ! **2.** *(toujours au sg)* [sensibilité] feeling *(U)* / *le sentiment religieux* religious feeling ou fervour / *chanter avec sentiment* to sing with feeling ; [sensiblerie] (silly) sentimentalism ▸ **faire du sentiment** : *ce n'est pas le moment de faire du sentiment* this is no time to get sentimental ▸ **avoir qqn au sentiment** *fam* to get around sb / *n'essaie pas de m'avoir* ou *de me la faire au sentiment* *fam* don't try to get around me by appealing to my better nature **3.** [opinion] feeling, opinion / *si vous voulez savoir mon sentiment* if you want to know what I think ou feel / *mon sentiment est que la guerre ne va pas durer* my feeling is that the war won't last / *j'ai ce sentiment-là aussi* my feelings exactly **4.** [conscience] ▸ **avoir le / un sentiment de** to have the / a feeling of / *avoir le sentiment de sa solitude* to have a feeling of loneliness / *j'ai le sentiment très net de m'être trompé / qu'il m'a menti* I have a distinct feeling that I made a mistake / that he lied to me **5.** CHASSE scent.

❖ **sentiments** nmpl **1.** [disposition] ▸ **faire appel aux bons sentiments de qqn** to appeal to sb's better ou finer feelings ▸ **ramener qqn à de meilleurs sentiments** to bring sb round to a more generous point of view / *revenir à de meilleurs sentiments* to be in a better frame of mind **2.** [dans la correspondance] : *veuillez agréer l'expression de mes sentiments distingués* yours faithfully UK, sincerely yours US / *nos sentiments les meilleurs* kindest regards.

sentimental, e, aux [sɑ̃timɑ̃tal, o] ◆ adj **1.** [affectif] sentimental / *la valeur sentimentale d'une broche* the sentimental value of a brooch ▸ **vie sentimentale** love life / *la pièce ne compte que pour l'intrigue sentimentale* the play's only saved by its love interest **2.** *péj* sentimental, mawkish *péj.* ◆ nm, f : *c'est un grand sentimental* he's a sentimentalist, he's very sentimental / *pourtant, je ne suis pas un sentimental* yet I'm not given to sentimentality.

sentimentalement [sɑ̃timɑ̃talmɑ̃] adv sentimentally, mawkishly *péj.*

sentimentalisme [sɑ̃timɑ̃talism] nm emotionalism, sentimentalism.

sentimentalité [sɑ̃timɑ̃talite] nf sentimentality, mawkishness *péj.*

sentinelle [sɑ̃tinɛl] nf MIL sentinel, sentry ▸ **faire sentinelle** *vieilli* to keep watch, to stand guard, to be on the lookout ▸ **en sentinelle** on guard ▸ **être en sentinelle** to stand sentinel ou sentry, to be on sentry duty / *les cambrioleurs ont mis un homme en sentinelle à la sortie de la banque* the robbers have put a lookout in front of the bank.

sentir [37] [sɑ̃tiʀ]

◆ vt

A. RESSENTIR, PERCEVOIR
B. EXHALER, RENDRE PERCEPTIBLE

A. RESSENTIR, PERCEVOIR **1.** [par l'odorat] to smell ; [par le toucher] to feel ; [par le goût] to taste / *avec mon rhume, je ne sens rien* with this cold, I can't smell anything ou I've no sense of smell (left) / *sens-moi cette soupe !* *fam* just smell this soup ! / *je sens une odeur de gaz* I can smell gas / *as-tu senti le goût du romarin ?* did you taste the rosemary ? / *sentir un caillou dans sa chaussure* to feel a stone in one's shoe / *il marche sur les braises sans paraître rien sentir* he walks on burning coals without showing any sign of pain / *je n'ai rien senti !* I didn't feel a thing ! / *je ne sens plus mon nez* [de froid] my nose has gone numb / *je ne sens plus ma main* [d'ankylose] my hand's gone numb ou dead / *je ne sens plus mes jambes* [de fatigue] my legs are killing me / *quand je monte l'escalier, je sens mon genou* *fam* [douleur ancienne] my knee plays up when I walk up the stairs / *je sens une lourdeur dans mes jambes* my legs feel heavy / *elle commence à sentir son âge* she's starting to feel her age / *sentir son visage s'empourprer* to feel o.s. blushing / *il sentit les larmes lui monter aux yeux* he could feel tears coming to his eyes / *elle sentait le sommeil la gagner* she felt sleepier and sleepier / *je sentais battre mon cœur* I could feel my heart beating ▸ **je n'ai pas senti l'après-midi / les années passer** the afternoon / years just flashed by / *j'ai senti qu'on essayait de mettre la main dans ma poche* I was aware ou I felt that someone was trying to reach into my pocket ▸ **la** ou **le sentir passer** *fam* [douleur, claque] : *je l'ai sentie passer* that really hurt / *je l'ai sentie passer, la piqûre !* I really felt that jab ! / *vous allez la sentir passer, l'amende !* you'll certainly know about it when you get the fine ! / *c'est lui qui a payé le repas, il a dû le sentir passer !* he paid for the meal, it must have cost him an arm and a leg ! **2.** [avoir l'intuition de - mépris, présence, réticence] to feel, to sense, to be aware of ; [- danger, menace] to be aware ou conscious of, to sense / *on ne m'a pas dit qu'il était mort, mais je l'ai senti* I wasn't told he was dead but I sensed it ou I had a feeling he was / *tu ne sens pas ta force* you don't know your own strength / *ça devait arriver, je le sentais venir de loin* *fam* I could see it coming a mile off / *je le sentais venir (de loin) avec son petit air innocent !* *fam* I could see him coming (a mile off) with that innocent look on his face ! / *ils n'ont pas senti venir le danger* they didn't smell ou sense (the) danger / *elle sentait le pouvoir lui échapper* she could feel (that) power was slipping away from her / *je le sentais prêt / résolu* I could feel ou tell he was ready / determined / *je sens bien qu'il m'envie* I can feel ou tell that he envies me / *j'ai senti qu'on me suivait* I felt ou sensed (that) I was being followed / *sens-tu à quel point il t'aime ?* do you realize how much he loves you ? ▸ **faire sentir qqch à qqn** to make sb aware of sthg, to show sb sthg / *il m'a fait sentir que j'étais de trop* he made me understand ou he hinted that I was in the way / *elle nous le fait sentir, qu'elle est le chef !* *fam* she makes sure we know who's the boss ! ▸ **tu fais comme tu sens, coco !** *fam & hum* just do your own thing, pal ! **3.** *sout* [éprouver - joie, chagrin, remords] to feel / *je ne sens rien pour lui* I feel nothing for him **4.** [apprécier - art, musique] to feel, to have a feeling for **5.** *fam* [être convaincu par] : *je ne la sens pas pour le rôle* my feeling is that she's not right for the part / *je ne le sens pas, ton projet* I'm not convinced by your project **6.** [maîtriser - instrument, outil] to have a feel for ; [- rôle, mouvement à exécuter] to feel at ease with / *sentir sa monture* to feel good in the saddle / *je ne sentais pas bien mon service aujourd'hui* [au tennis] my service wasn't up to scratch today / *tu ne pourras pas sculpter tant que tu ne sentiras pas la pierre* you won't become a sculptor until you have the right feeling for stone / *cet acteur n'est pas convaincant, il ne sent pas son texte* this actor isn't very convincing, he doesn't get inside the role **7.** *fam* [tolérer] : *je ne peux pas sentir sa sœur* I can't bear the sight of ou stand her sister / *je ne peux pas sentir ses blagues sexistes* I can't stomach ou I just can't take his sexist jokes.

B. EXHALER, RENDRE PERCEPTIBLE **1.** [dégager - odeur, parfum] to smell (of), to give off a smell of / *qu'est-ce que ça sent ?* what's that smell ? / *sentir le gaz* to smell of gas / *ça sent le poisson* it smells fishy ou of fish / *les roses ne sentent rien* the roses don't smell (of anything) ou have no smell / *ça sent bon le lilas, ici* there's a nice smell of lilac in here **2.** [annoncer] : *ça sent l'automne* there's a hint ou trace of autumn in the air / *ça sent la pluie / neige* it feels like rain / snow / *ça sentait la mutinerie* there was mutiny in the air / *ses propositions sentent le traquenard* there's something a bit suspect about his proposals ▸ **se faire sentir** [devenir perceptible] to be felt, to become obvious / *les conséquences de votre décision se feront sentir tôt ou tard* the implications of your decision will be felt sooner or later / *la fatigue se fait sentir chez les coureurs* the runners are showing signs of tiredness / *l'hiver commençait à se faire sentir* winter was coming on ou making its approach felt **3.** [laisser deviner] to smack of *(insép)*, to savour of *(insép)* / *son livre sent la morale catholique* his book smacks of Catholic morality / *son interprétation / style sent un peu trop le travail* her performance / style is rather too constrained / *il sent le policier à des kilomètres* *fam* you can tell he's a policeman a mile off / *ce n'est pas un acte de vandalisme, ça sentirait plutôt la vengeance* it's not pure vandalism, it feels more like revenge / *ça sent sa province / les années trente !* *fam* it smacks of provincial life / the thirties ! / *son accent sentait bon le terroir* he had a wonderfully earthy accent.

◆ vi **1.** [avoir une odeur] to smell / *le fromage sent fort* the cheese smells strong ▸ **ça sent bon a)** [fleur, parfum] it smells nice **b)** [nourriture] it smells good ou nice / *tu sens bon* you smell nice ou lovely ▸ **ça sent mauvais** *pr* it doesn't smell very nice / *ça commence à sentir mauvais, filons !* *fam & fig* things are beginning to turn nasty, let's get out of here ! **2.** [puer] to smell, to stink, to reek / *la viande commence à sentir* the meat is starting to smell / *il sent des pieds* his feet smell, he's got smelly feet.

❖ **se sentir** ◆ vp *(emploi réciproque)* *fam* : *ils ne peuvent pas se sentir* they can't stand each other. ◆ vp *(emploi passif)* to show / *lorsqu'elle est déprimée, cela se sent dans ses lettres* when she's depressed, you can sense it ou it shows in her letters / *il ne l'aime pas — ça se sent* he doesn't like her — you can tell (he doesn't) ou you can sense it / *il était de langue maternelle russe, mais cela ne se sent pas dans ses romans* his mother tongue was Russian but you wouldn't know it from his novels. ◆ vpi to feel / *se sentir fatigué / bafoué* to feel tired / the object of ridicule / *est-ce que tu te sens visé ?* do you feel this was meant for you ? / *je me sens rajeuni de 20 ans* I feel 20 years younger / *se sentir en sécurité / danger* to feel safe / threatened / *elle se sentait revivre* she felt (she'd been) born again / *je me sentais glisser* I could feel myself slipping ▸ **se sentir mal a)** [s'évanouir] to feel faint **b)** [être indisposé] to feel ill ▸ **se sentir bien** to feel good ou all right / *je me sens mieux maintenant* I feel better now / *je ne m'en sens pas capable* I don't feel up to it ou equal to it ▸ **non mais, tu te sens bien ?** *fam* have you gone mad ?, are you off your rocker ? ▸ **se sentir de** *fam* [avoir le courage de] : *tu te sens d'y aller ?* do you feel up to going ? / *je ne me sens pas de le lui dire* I don't feel like telling him / her ▸ **ne plus se sentir** *fam* : *elle ne se sent plus depuis qu'elle a eu le rôle* she's been really full of it since she landed the part / *du caviar ? tu te sens plus, toi !* *fam* caviar ? hey, steady on ! / *ne plus se sentir de joie* to be bursting ou beside o.s. with joy. ◆ vpt : *je ne me sens pas le courage / la force de marcher* I don't feel up to walking / have the strength to walk / *te sens-tu le cœur d'y aller ?* do you feel up to going ?

seoir [67] [swaʀ] ❖ **seoir à** v + prép *litt* **1.** [être seyant] to become, to suit / *le noir ne te sied pas* black doesn't become you **2.** [convenir] to suit / *cet air de gravité seyait à sa personne* this solemn air suited her ou went well with her personality ; *(tournure impersonnelle)* ▸ **il sied de** *litt* [il convient de] it is right ou proper to / *il sied d'envoyer un mot de remerciement* it is proper ou fitting to send a note of thanks ▸ **il sied à qqn de...** it is proper for sb to..., it behoves sb to... *sout* / *il ne vous sied pas* ou *il vous sied mal de protester* it ill becomes ou befits you to complain / *comme il sied* as is proper ou fitting.

Séoul [seul] npr Seoul.

SEP (abr de **sclérose en plaques**) nf MS.

sépale [sepal] nm sepal.

séparable [sepaʀabl] adj separable ▸ **séparable de** separable from / *l'intelligence n'est pas séparable de la sensibilité* intelligence cannot be separated ou divorced from the emotions.

séparateur, trice [sepaʀatœʀ, tʀis] adj separating, separative.

❖ **séparateur** nm **1.** ÉLECTR & TECHNOL separator ▸ **séparateur d'eau et de vapeur** water trap ▸ **séparateur d'huile** oil separator **2.** INFORM separator, delimiter.

séparation [sepaʀasjɔ̃] nf **1.** [éloignement] separation, parting / *elle n'a pas supporté la séparation d'avec ses enfants* she couldn't bear to be parted ou separated from her children / *quand arriva le jour de notre séparation* when the day of our separation arrived, when the day came for us to part **2.** [rupture] break-up, split-up / *leur séparation est imminente* they are on the brink of splitting ou breaking up **3.** DR separation (agreement) ▸ **séparation amiable** ou **de fait** voluntary separation ▸ **le régime de la séparation de biens** (marriage settlement based on) separate ownership of property ▸ **séparation de biens judiciaire** judicial separation of property ▸ **séparation de corps** divorce a mensa et thoro *vieilli* **4.** POL : *la séparation des pouvoirs* the separation of powers / *la séparation de l'Église et de l'État* the separation of Church and State **5.** [cloison] partition, division **6.** CHIM separating, isolating **7.** NUCL ▸ **séparation isotopique** isotope separation.

séparatisme [sepaʀatism] nm separatism.

séparatiste [sepaʀatist] adj & nmf separatist.

séparé, e [sepaʀe] adj **1.** [éléments, problèmes, courrier] separate **2.** [époux] separated / *nous sommes séparés depuis un an* we've been separated for a year ▸ **époux séparés de biens / corps** couple living under a judicial separation order / a decree of divorce a mensa et thoro *vieilli*.

séparément [sepaʀemɑ̃] adv separately ▸ **vivre séparément** to live apart ou separately / *c'est un problème à traiter séparément* this problem must be dealt with separately.

séparer [3] [sepaʀe] vt **1.** [isoler] to separate / *séparer des gaz / isotopes* to separate gases / isotopes / *séparer le blanc et le jaune d'un œuf* to separate the yolk and ou from the white ▸ **séparer qqch de** : *séparer les raisins gâtés des raisins sains* to separate the bad grapes from the good ones, to pick the bad grapes out from amongst the good ones ▸ **séparer le bon grain de l'ivraie** *allusion* BIBLE to separate the wheat from the chaff **2.** [éloigner - gens] to part, to separate, to pull apart *(sép)* / *rien ne peut nous séparer, mon amour* nothing can come between us, my love / *la guerre a séparé beaucoup de familles* many families were separated ou broken up by the war / *séparez-les, ils vont se tuer!* pull them apart or they'll kill each other! ▸ **séparer qqn de** : *on les a séparés de leur père* they were separated from ou taken away from their father **3.** [différencier] : *séparer l'amour et l'amitié amoureuse* to distinguish between love and a loving friendship ▸ **tout les sépare** they're worlds apart, they have nothing in common **4.** [diviser] to separate, to divide / *la piste de ski est séparée en deux* the ski slope is divided into two / *le coin travail est séparé du lit par un paravent* a screen provides a partition between the work area and the bed / *le Nord est séparé du Sud* ou *le Nord et le Sud sont séparés par un désert* the North is separated from the South by a desert / *deux heures / cinq kilomètres nous séparaient de la frontière* we were two hours / five kilometres away from the border.

❖ **se séparer** ◆ vp *(emploi réciproque)* [se quitter] to break up / *les Beatles se sont séparés en 1970* the Beatles split up ou broke up in 1970 / *on se sépara sur le pas de la porte* we parted on the doorstep. ◆ vpi to divide, to branch (off) / *le fleuve se sépare en plusieurs bras* the river divides ou splits into several channels.

❖ **se séparer de** vp + prép **1.** [se priver de] to part with / *j'ai dû me séparer de mes disques de jazz / de mon jardinier* I had to part with my jazz records / let my gardener go / *je ne me sépare jamais de mon plan de Paris* I'm never without my Paris street map / *il ne se sépare pas si facilement de son argent* he and his money are not so easily parted **2.** [quitter] : *se séparer de son mari* to separate ou to part from one's husband.

sépharade [sefaʀad] = **séfarade**.

sépia [sepja] ◆ nf **1.** ZOOL cuttlefish ink **2.** ART [couleur] sepia ; [dessin] sepia (drawing). ◆ adj inv sepia, sepia-coloured.

sept [sɛt] ◆ dét **1.** seven ▸ **les Sept Merveilles du monde** the Seven Wonders of the World **2.** [dans des séries] seventh ▸ **le tome sept** volume seven **3.** JEUX ▸ **le jeu des sept familles** Happy Families. ◆ nm inv **1.** [numéro] seven **2.** JEUX [carte] seven **3.** TV ▸ **les Sept d'or** *annual television awards.* ◆ nf inv ▸ **la Sept** *former French television channel.* **Voir aussi cinq.**

septain [sɛtɛ̃] nm LITTÉR *seven-line stanza or poem.*

septal, e, aux [sɛptal, o] adj ANAT septal.

septantaine [sɛptɑ̃tɛn] nf *régional* about seventy / *il a la septantaine* he's about seventy.

septante [sɛptɑ̃t] dét *régional* seventy.

Septante [sɛptɑ̃t] npr f ▸ **la (version des) Septante** the Septuagint.

septantième [sɛptɑ̃tjɛm] nmf & adj *régional* seventieth.

septembre [sɛptɑ̃bʀ] nm September. **Voir aussi mars.**

septennal, e, aux [sɛptenal, o] adj **1.** [qui a lieu tous les sept ans] septennial **2.** [qui dure sept ans] septennial, seven-year *(avant nom).*

septennat [sɛptena] nm **1.** POL (seven year) term of office / *pendant son premier septennat* during his first term of office **2.** [période] seven-year period.

septentrion [sɛptɑ̃tʀijɔ̃] nm *litt* north, septentrion *arch.*

septentrional, e, aux [sɛptɑ̃tʀijɔnal, o] adj northern, septentrional *arch.*

septicémie [sɛptisemi] nf blood poisoning, septicaemia UK *spéc*, septicemia US *spéc.*

septicémique [sɛptisemik] adj septicaemic UK, septicemic US.

septicité [sɛptisite] nf septicity.

septième [sɛtjɛm] ◆ adj num seventh ▸ **le septième art** the cinema ▸ **être au septième ciel** to be in seventh heaven / **'le Septième Sceau'** *Bergman* 'The Seventh Seal'. ◆ nmf seventh. ◆ nm **1.** [partie] seventh (part) **2.** [étage] seventh floor UK, sixth story US. ◆ nf **1.** ÉDUC year six UK ou fifth grade US *(in primary school)* **2.** MUS seventh. **Voir aussi cinquième.**

septièmement [sɛtjɛmmɑ̃] adv seventhly, in the seventh place.

septique [sɛptik] adj septic.

septuagénaire [sɛptɥaʒenɛʀ] ◆ adj seventy-year-old *(avant nom)*, septuagenarian. ◆ nmf septuagenarian, seventy-year-old man / woman.

septuagésime [sɛptɥaʒezim] nf Septuagesima.

septuor [sɛptɥɔʀ] nm septet, septette.

septuple [sɛptypl] ◆ adj septuple, sevenfold. ◆ nm septuple.

septupler [3] [sɛptyple] ◆ vt ▸ **septupler qqch** to increase sthg sevenfold, to septuple sthg. ◆ vi to increase sevenfold, to septuple.

sépulcral, e, aux [sepylkʀal, o] adj *litt* sepulchral ▸ **un silence sépulcral** the silence of the grave / *une voix sépulcrale* a cavernous ou sepulchral voice.

sépulcre [sepylkʀ] nm *litt* sepulchre UK, sepulcher US.

sépulture [sepyltyʀ] nf **1.** [lieu] burial place **2.** *litt* [enterrement] burial, sepulture *litt.*

séquelle [sekɛl] nf [d'une maladie] aftereffect ; [d'un bombardement, d'une guerre] aftermath, sequel / *sa bronchite n'a pas laissé de séquelles* she suffered no aftereffects from her bronchitis.

séquençage [sekɑ̃saʒ] nm BIOL sequencing ▸ **séquençage du génome humain** human genome sequencing.

séquence [sekɑ̃s] nf **1.** CINÉ, GÉOL, MUS & RELIG sequence **2.** JEUX ▸ **séquence de cartes** run, sequence of cards **3.** INFORM sequence ▸ **séquence d'appel** call sequence.

séquencer [sekɑ̃se] vt BIOL to sequence.

séquenceur [sekɑ̃sœʀ] nm sequencer.

séquentiel, elle [sekɑ̃sjɛl] adj **1.** [ordonné] sequential **2.** INFORM [accès] sequential, serial ; [traitement] sequential.

séquestration [sekɛstʀasjɔ̃] nf **1.** DR [d'une personne] illegal confinement ou restraint ; [de biens] sequestration (order) **2.** CHIM & MÉD sequestration.

séquestre [sekɛstʀ] nm **1.** DR [saisie] sequestration ; [personne] sequestrator **2.** MÉD sequestrum.

❖ **sous séquestre** loc adj & loc adv ▸ **biens (mis ou placés) sous séquestre** sequestrated property.

séquestrer [3] [sekɛstʀe] vt **1.** [personne] to confine illegally **2.** DR [bien] to sequestrate.

sequin [səkɛ̃] nm sequin.

séquoia [sekɔja] nm sequoia wellingtonia, giant sequoia.

sera v ⟶ être.

sérac [seʀak] nm serac.

sérail [seʀaj] nm **1.** [harem] seraglio, harem **2.** [palais d'un sultan] seraglio / *nourri dans le sérail, j'en connais les détours (allusion à Racine)* I've been around long enough to know what I'm talking about / *fils de ministre, il a été élevé dans le sérail (politique)* as a cabinet minister's son, he was brought up in a political environment.

> **Nourri dans le sérail**
>
> This is a quote from the play *Bajazet* (1672), by Jean Racine. The Vizier Acomat is plotting to have his brother Bajazet usurp the throne. The plot is foiled, and Bajazet is condemned to death and imprisoned. The Vizier declares that he knows where his brother is being held, uttering the famous line: **Nourri dans le sérail, j'en connais les détours.** *(Brought up in the seraglio [ie, the Sultan's palace], I know its hidden ways).* The expression **nourri dans le sérail** is used to refer to someone who knows a particular field very well because they have spent their life or career there.
>
> **Nourri dans le sérail du cinéma français – son père était un célèbre réalisateur –, il n'a pas eu de mal à se faire connaître comme acteur.** *No stranger to French cinema – his father was a famous filmmaker –, he has had no difficulty making a name for himself as an actor.*
>
> **Fils de député, nourri dans le sérail de la politique, il n'est pas étonnant qu'il se soit présenté aux élections pour devenir maire de sa ville...** *He's the son of an MP and no stranger to the political scene, so the fact that he's running for mayor comes as no surprise.*

séraphin [seʀafɛ̃] nm seraph.

séraphique [seʀafik] adj seraphic, seraphical.

serbe [sɛʀb] adj Serbian.

❖ **Serbe** nmf Serb, Serbian.

❖ **serbe** nm LING Serb, Serbian.

Serbie [sɛʀbi] npr f ▸ **la Serbie** Serbia.

serbo-croate [sɛʀbɔkʀɔat] *(pl* **serbo-croates)** ◆ adj Serbo-Croat, Serbo-Croatian. ◆ nm LING Serbo-Croat, Serbo-Croatian.

Sercq [sɛʀk] npr (isle of) Sark.

séré [seʀe] nm SUISSE fromage frais.

serein, e [səʀɛ̃, ɛn] adj **1.** [esprit, visage] serene, peaceful **2.** *litt* [eau, ciel] serene, clear, tranquil **3.** *sout* [jugement] unbiased, dispassionate ; [réflexion] undisturbed, unclouded.

sereinement [səʀɛnmɑ̃] adv **1.** [tranquillement] serenely, peacefully **2.** *sout* [impartialement] dispassionately.

sérénade [seʀenad] nf **1.** MUS serenade ; [concert] serenade ▸ **donner une sérénade à qqn** to serenade sb **2.** *fam* [scène] row, din / *il fait une de ces sérénades à chaque fois!* he kicks up such a fuss every time!

sérénissime [seʀenisim] adj ▸ **la Sérénissime République** La Serenissima, the Venetian Republic.

sérénité [seʀenite] nf **1.** [d'une personne] serenity, peacefulness ; [d'un jugement] dispassionateness ; [des pensées] clarity **2.** *litt* [du ciel] serenity, tranquillity, clarity.

séreux, euse [seʀø, øz] adj serous.

serf, serve [sɛʀf, sɛʀv] ◆ adj **1.** *litt* [soumis] serflike, servile **2.** HIST : *la condition serve* serfdom. ◆ nm, f HIST serf / *le serf attaché à la glèbe* the serf bound to the land.

serfouette [sɛʀfwɛt] nf hoe-fork.

serfouir [32] [sɛʀfwiʀ] vt to hoe.

serge [sɛʀʒ] nf serge / *tailleur en serge* serge suit.

sergent [sɛʀʒɑ̃] nm **1.** MIL sergeant ▸ **sergent instructeur** drill sergeant **2.** *vieilli* [agent de police] ▸ **sergent de ville** police constable UK, police officer.

sergent-chef [sɛʀʒɑ̃ʃɛf] *(pl* **sergents-chefs)** nm [de l'armée - de terre] staff sergeant ; [- de l'air] flight sergeant UK, senior master sergeant US.

sergente [sɛʀʒɑ̃t] nf MIL *(woman)* sergeant.

sergent-major [sɛʀʒɑ̃maʒɔʀ] (*pl* **sergents-majors**) nm quartermaster sergeant, sergeant major.
sérialisme [seʀjalism] nm serialism.
séricicole [seʀisikɔl] adj silkworm-breeding.
sériciculteur, trice [seʀisikyltœʀ, tʀis] nm, f silkworm breeder, sericulturist *spéc.*
sériciculture [seʀisikyltyʀ] nf silkworm breeding, sericulture *spéc.*
séricigène [seʀisiʒɛn] adj [insecte] silk-producing ; [glande] silk *(modif).*
série [seʀi] nf **1.** [suite - de questions, d'articles] series *(sg)* ; [- d'attentats] series, spate, string ; [- d'échecs] series, run, string ; [- de tests] series, battery / *il y a eu récemment une série de descentes de police* there's been a spate of police raids recently **2.** [ensemble - de clefs, de mouchoirs] set ; [- de poupées russes, de tables gigognes] nest ; COMM & INDUST (production) batch ▸ **série limitée** limited run ▸ **série de prix** rates, list of charges **3.** [catégorie] class, category / *classé dans la série des récidivistes / chefs-d'œuvre* belonging to the class of recidivists / masterpieces / *dans la série «scandales de l'été», tu connais la dernière? hum* have you heard the latest in the line of summer scandals? **4.** CINÉ ▸ **film de série B** B-movie **5.** TV ▸ **série (télévisée)** television series **6.** SPORT [classement] series ; [épreuve] qualifying heat ou round **7.** GÉOL, MATH, MUS & NUCL series *(sg).*
❖ **de série** loc adj **1.** INDUST mass-produced **2.** COMM [numéro] serial *(modif)* **3.** AUTO [modèle] production *(modif).*
❖ **en série** ◆ loc adj **1.** INDUST [fabrication] mass *(modif)* **2.** ÉLECTR [couplage, enroulement] series *(modif).* ◆ loc adv **1.** INDUST ▸ **fabriquer qqch en série** to mass-produce sthg **2.** ÉLECTR ▸ **monté en série** connected in series **3.** [à la file] one after the other / *en ce moment les malheurs arrivent en série* it's just one disaster after another at the moment.
❖ **série B** nm B-movie.
❖ **série noire** nf **1.** LITTÉR crime thriller ▸ **c'est un vrai personnage de série noire** he's like something out of a detective novel **2.** *fig* catalogue of disasters.
sériel, elle [seʀjɛl] adj serial ▸ **musique sérielle** serial music.
sérier [9] [seʀje] vt to arrange, to classify, to grade.
sérieusement [seʀjøzmɑ̃] adv **1.** [consciencieusement] seriously / *as-tu étudié la question sérieusement?* have you looked at the matter thoroughly? **2.** [sans plaisanter] seriously, in earnest / *tu ne dis pas ça sérieusement?* you don't actually mean it?, you're not saying this in earnest? / *je pense me présenter aux élections — sérieusement?* I think I'll stand in the election — really? **3.** [gravement] seriously, gravely ▸ **sérieusement blessé** seriously ou severely injured **4.** [vraiment] : *ça commençait à bouchonner sérieusement* traffic was really building up.
sérieux, euse [seʀjø, øz] adj **1.** [grave - ton, visage] serious, solemn ▸ **être sérieux comme un pape** to look as solemn as a judge / *ne prends pas cet air sérieux!* don't look so serious! ; [important - lecture, discussion] serious / *on a discuté de choses sérieuses* we discussed serious topics, we had a serious discussion / *entre elle et moi, c'est sérieux* we have a serious relationship **2.** [consciencieux - employé] serious, responsible ; [- élève] serious, serious-minded, earnest ; [- travail] conscientious / *être sérieux dans son travail* to be a conscientious worker, to take one's work seriously / *être sérieux pour son âge* to be serious for one's age / *ça ne fait pas très sérieux* it doesn't look good / *arriver au bureau à midi, ça ne fait pas très sérieux* turning up at the office just before lunch doesn't look good **3.** [digne de foi - offre] genuine ; [- candidature, revue] serious ; [- personne] reliable, dependable ; [- analyse, enquête] serious, thorough, in-depth / *c'est l'ouvrage le plus sérieux sur la question* it's the most thorough work on the subject / *il me faut quelqu'un de sérieux* I need someone reliable **4.** [dangereux - situation, maladie] grave, serious ; [- blessure] severe **5.** [sincère] serious / **'pas sérieux s'abstenir'** 'only genuine inquirers need apply', 'no time-wasters' / *c'est sérieux, cette histoire d'augmentation? fam* is this talk about getting a rise serious? ; [vrai] : *c'est sérieux, cette histoire?* is it all true? / *c'est sérieux, tu pars?* it's true that you are leaving? **6.** *(avant nom)* [important - effort] real ; [- dégâts, difficultés, risques] serious / *il a de sérieuses chances de gagner* he stands a good chance of winning / *on a de sérieuses raisons de le penser* we have good reasons to think so / *de sérieux progrès techniques* considerable technical advances / *ils ont une sérieuse avance sur nous* they are well ahead of us.
❖ **sérieux** nm **1.** [gravité - d'une personne] seriousness ; [- d'une situation] gravity ▸ **garder son sérieux** to keep a straight face **2.** [application] seriousness, serious-mindedness / *elle fait son travail avec sérieux* she's serious about her work **3.** [fiabilité - d'une intention] seriousness, earnestness ; [- d'une source de renseignements] reliability, dependability.
❖ **au sérieux** loc adv ▸ **prendre qqch / qqn au sérieux** to take sthg / sb seriously / *se prendre (trop) au sérieux* to take o.s. (too) seriously.
sérigraphie [seʀigʀafi] nf **1.** [procédé] silk-screen ou screen process printing **2.** [ouvrage] silk-screen print.
sérigraphier [seʀigʀafje] vt to screenprint.
serin, e [səʀɛ̃, in] nm, f **1.** ZOOL canary **2.** *fam* [personne] nitwit.
❖ **serin** adj m inv [couleur] ▸ **jaune serin** bright ou canary yellow.
seriner [3] [səʀine] vt **1.** *fam* [répéter] ▸ **seriner qqch à qqn** to drill ou to drum ou to din sthg into sb / *il m'a seriné ça toute la soirée* he kept telling me the same thing all evening **2.** [instruire] : *seriner un oiseau* to teach a bird to sing *(using a bird-organ).*
seringa(t) [səʀɛ̃ga] nm mock orange, syringa.
seringue [səʀɛ̃g] nf **1.** MÉD needle, syringe ▸ **seringue hypodermique** hypodermic needle **2.** HORT garden syringe, (garden) pump spray **3.** CULIN syringe **4.** *tfam & vieilli* [pistolet] pistol, gat US.
serment [sɛʀmɑ̃] nm **1.** [parole solennelle] oath / *témoigner sous serment* to testify under oath / *déclarer sous la foi du serment* to declare on ou upon oath / *faire un serment sur l'honneur* to pledge one's word of honour ▸ **serment d'Hippocrate** MÉD Hippocratic oath ▸ **serment judiciaire** oath ou affirmation *(in a court of law)* ▸ **serment politique** oath of allegiance ▸ **le serment du Jeu de paume** HIST the Tennis Court Oath **2.** [promesse] pledge / *des serments d'amour* pledges ou vows of love / *on a fait le serment de ne pas se quitter* we've pledged ou sworn never to part / *j'ai fait le serment de ne rien dire* I'm pledged ou sworn to secrecy ▸ **serment d'ivrogne** ou **de joueur** vain promise / *tout ça, ce sont des serments d'ivrogne! fam* I'll believe that when I see it!
sermon [sɛʀmɔ̃] nm **1.** RELIG sermon ▸ **faire un sermon** to deliver ou to preach a sermon / *le sermon sur la montagne* BIBLE the Sermon on the Mount **2.** *fig & péj* lecture / *épargne-moi tes sermons* spare me the lecture.
sermonner [3] [sɛʀmɔne] vt [morigéner] to lecture, to sermonize, to preach at.
sermonneur, euse [sɛʀmɔnœʀ, øz] ◆ adj sermonizing, lecturing. ◆ nm, f sermonizer.
SERNAM, Sernam® [sɛʀnam] (**abr de Service national des messageries**) npr m *rail delivery service* ; ≃ Red Star® UK.
séroconversion [seʀokɔ̃vɛʀsjɔ̃] nf MÉD seroconversion.
sérodiagnostic [seʀɔdjagnɔstik] nm serodiagnosis, serum diagnosis.
sérodiscordant, e [seʀɔdiskɔʀdɑ̃, ɑ̃t] adj serodiscordant.
sérologie [seʀɔlɔʒi] nf serology.
sérologique [seʀɔlɔʒik] adj serologic, serological.
sérologiste [seʀɔlɔʒist] nmf serologist.
séronégatif, ive [seʀɔnegatif, iv] ◆ adj [gén] seronegative ; [HIV] HIV negative. ◆ nm, f ▸ **les séronégatifs** HIV negative people.
séronégativité [seʀɔnegativite] nf [gén] seronegativity ; [au HIV] HIV-negative status.
séropositif, ive [seʀɔpozitif, iv] ◆ adj [gén] seropositive ; [HIV] HIV positive. ◆ nm, f ▸ **les séropositifs** HIV positive people.
séropositivité [seʀɔpozitivite] nf [gén] seropositivity ; [HIV] HIV infection.
sérosité [seʀozite] nf serous fluid.
sérothérapie [seʀɔteʀapi] nf serotherapy.
sérotonine [seʀɔtɔnin] nf serotonin.
sérovaccination [seʀɔvaksinasjɔ̃] nf serovaccination.
serpe [sɛʀp] nf bill, billhook ▸ **un visage taillé à la serpe** a rough-hewn face.
serpent [sɛʀpɑ̃] nm **1.** ZOOL snake / *avec la ruse du serpent* with fox's cunning ▸ **serpent cracheur** spitting snake ▸ **serpent d'eau** water snake ▸ **serpent à lunettes** Indian cobra ▸ **serpent de mer a)** MYTH sea monster ou serpent **b)** PRESSE silly-season story UK, flupp story US / *le vieux serpent de mer de la nationalisation* the old chestnut of nationalization ▸ **serpent à plumes** ANTIQ plumed serpent ▸ **serpent à sonnette** rattlesnake ▸ **c'est (comme) le serpent qui se mord la queue** it's a vicious circle **2.** *litt* [personne] viper ▸ **réchauffer un serpent dans son sein** to nourish a viper in one's bosom **3.** [forme sinueuse] : *serpent de fumée* ribbon of smoke / *le long serpent des véhicules sur la route* the long trail of vehicles winding up the road **4.** FIN ▸ **le serpent monétaire européen** the (European currency) Snake **5.** MUS serpent.
serpentaire [sɛʀpɑ̃tɛʀ] ◆ nm ORNITH secretary bird. ◆ nf BOT snakeroot.
serpenteau, x [sɛʀpɑ̃to] nm **1.** ZOOL young snake **2.** [feu d'artifice] serpent.
serpentement [sɛʀpɑ̃tmɑ̃] nm meandering, winding course.
serpenter [3] [sɛʀpɑ̃te] vi to wind along, to meander.
serpentin, e [sɛʀpɑ̃tɛ̃, in] adj *litt* twisting, winding, sinuous.
❖ **serpentin** nm **1.** [de papier] (paper) streamer **2.** PHYS coil ▸ **serpentin de réchauffage** heating coil.
❖ **serpentine** nf MINÉR serpentine.
serpette [sɛʀpɛt] nf pruning hook ou knife.
serpigineux, euse [sɛʀpiʒinø, øz] adj serpiginous.
serpillière, serpillère* [sɛʀpijɛʀ] nf floorcloth UK, mop US / *il faudrait passer la serpillière dans la cuisine* the kitchen floor needs cleaning / *cette robe ressemble à une serpillère!* this dress looks like an old rag!
serpolet [sɛʀpɔlɛ] nm mother-of-thyme, wild thyme.
serrage [sɛʀaʒ] nm [d'une vis] screwing down, tightening ; [d'un joint] clamping.
serran [sɛʀɑ̃] nm sea perch.
serre [sɛʀ] nf **1.** HORT & AGR [en verre] greenhouse, glasshouse UK ; [en plastique] greenhouse / *cultures en serre* greenhouse plants ▸ **légumes poussés en serre** vegetables grown under glass / *ils élèvent leurs enfants en* ou *sous serre fig* they wrap their children in cotton wool ▸ **serre chaude** hothouse ▸ **effet de serre** greenhouse effect **2.** ORNITH claw, talon **3.** TECHNOL [d'une substance] pressing, squeezing **4.** MÉTALL ramming **5.** NAUT stringer.
serré, e [seʀe] adj **1.** [nœud, ceinture] tight **2.** VÊT : *serré à la taille* fitted at the waist, tight-waisted **3.** [contracté] ▸ **les lèvres / dents serrées** with set lips / clenched teeth ▸ **c'est le cœur serré que j'y repense** when I think of it, it gives me a lump in my throat **4.** [dense - style] tight, concise ; [- emploi du temps, planning] tight, busy ; [- réseau] dense ; [- débat] closely-conducted, closely-argued ; [- écriture] cramped **5.** [café] strong / *je bois mon café très serré* I like my coffee very strong **6.** SPORT [arrivée, peloton] close ; [match] tight, close-fought / *on a eu une fin de course serrée* it was a close finish ▸ **jouer** ou **mener un jeu serré** to play a tight game.
❖ **serré** adv ▸ **tricoter serré** to knit a tight stitch ▸ **jouer serré** to play a tight game.
serre-file [sɛʀfil] (*pl* **serre-files**) nm **1.** MIL serrefile **2.** NAUT rear ship *(of a line ahead).*
serre-fils, serre-fil* [sɛʀfil] nm [vis] binding screw ; [pince] wire grip.

* In reformed spelling (see p. 16-19).

serre-joint(s) [sɛʀʒwɛ̃] nm inv (builder's) clamp.

serre-livres, serre-livre* [sɛʀlivʀ] nm bookend / *deux serre-livres* a pair of bookends.

serrement [sɛʀmɑ̃] nm **1.** *sout* [action] ▸ **serrement de cœur** pang of anguish, tug at the heartstrings ▸ **serrement de main** handshake **2.** MIN dam.

serrer [4] [sɛʀe] ◆ vt **1.** [presser] to hold tight / *il serrait la clé dans sa main* he was holding the key tight ou he was clutching the key in his hand / *serre-moi fort dans tes bras* hold me tight in your arms ▸ **serrer qqch contre son cœur** to clasp sthg to one's breast ▸ **serrer qqn contre son cœur** to clasp sb to one's bosom ▸ **serrer qqn à la gorge** to grab sb by the throat ▸ **serrer le kiki à qqn** *fam* to try to strangle sb ▸ **serrer la main** ou **la pince** *fam* **à qqn** to shake hands with sb, to shake sb's hand **2.** [suj: vêtement] to be tight / *la chaussure droite / le col me serre un peu* the right shoe / the collar is a bit tight / *ton jean te serre trop aux cuisses* your jeans are too tight round the thighs **3.** [bien fermer - nœud, lacets] to tighten, to pull tight ; [- joint] to clamp ; [- écrou] to tighten (up) ; [- frein à main] to put on tight ▸ **serrer la vis à qqn** *fam* to crack down hard on sb **4.** [contracter] to clench ▸ **serrer les lèvres** to set ou to tighten one's lips / *serrer les dents* to clench ou to set ou to grit one's teeth / *serrer les mâchoires* to clench one's jaws ▸ **en serrant les poings a)** *pr* clenching one's fists **b)** *fig* barely containing one's anger / *des images qui vous serrent le cœur* heart-rending images / *avoir la gorge serrée par l'émotion* to be choked with emotion ▸ **serrer les fesses** *fam* to have the jitters **5.** [rapprocher] : *en les serrant bien, une boîte suffira* if we pack them in tight, one box will do ▸ **serrer les rangs** MIL & *fig* to close ranks / *serrer le jeu* SPORT to play a tight game ▸ **être serrés comme des sardines** ou **des harengs** to be squashed up like sardines **6.** [suivre] : *serrer le trottoir* AUTO to hug the kerb ▸ **serrer qqn de près** to follow close behind sb, to follow sb closely / *serrer un problème de plus près* to study a problem more closely **7.** NAUT ▸ **serrer le vent** to sail close to ou to hug the wind ▸ **serrer une voile** to take in (and reef) a sail **8.** *litt* [enfermer] to put away / *serrez bien vos bijoux* put your jewels away in a safe place. ◆ vi AUTO ▸ **serrer à droite / gauche** to keep to the right / left.

⇎ **se serrer** ◆ vpi **1.** [se rapprocher] to squeeze up / *si on se serre un peu, on pourra tous entrer* if we squeeze up a bit, we can all get in ▸ **se serrer contre qqn a)** [par affection] to cuddle ou to snuggle up to sb **b)** [pour se protéger] to huddle up against sb / *se serrer les uns contre les autres* to huddle together **2.** [se contracter] to tighten up / *je sentais ma gorge se serrer* I could feel a lump in my throat / *mon cœur se serra en les voyant* my heart sank when I saw them. ◆ vpt ▸ **se serrer la main** to shake hands.

serre-tête [sɛʀtɛt] (*pl* **serre-tête** *ou* **serre-têtes***) nm **1.** [accessoire] headband, hairband **2.** SPORT [d'athlète] headband ; [de rugbyman] scrum cap.

serriculture [seʀikyltyʀ] nf hothouse growing.

serriste [seʀist] nmf greenhouse gardener.

serrure [seʀyʀ] nf lock / *laisser la clef dans la serrure* to leave the key in the lock ou door ▸ **serrure à combinaison** combination lock ▸ **serrure encastrée** mortise lock ▸ **serrure à pompe** high security spring lock (*with pump action mechanism*) ▸ **serrure de sécurité** AUTO childproof lock ▸ **serrure de sûreté** safety lock.

serrurerie [seʀyʀʀi] nf **1.** [métier] locksmithing, locksmithery **2.** [ferronnerie] ironwork ▸ **grosse serrurerie** heavy ironwork ▸ **serrurerie d'art** decorative ironwork.

serrurier [seʀyʀje] nm **1.** [qui pose des serrures] locksmith **2.** [en ferronnerie] iron manufacturer.

sert v ⟶ **servir.**

sertão [sɛʀtɑ̃] nm sertão.

serti [sɛʀti] nm [de pierre précieuse] setting.

sertir [32] [sɛʀtiʀ] vt **1.** JOAILL to set / *couronne sertie de diamants* crown set with diamonds **2.** MÉTALL [tôles] to crimp over (*sép*) ; [rivet] to clinch **3.** ARM to crimp.

sertissage [sɛʀtisaʒ] nm **1.** JOAILL setting **2.** MÉTALL [de tôles] crimping together ; [d'un rivet] clinching.

sertisseur, euse [sɛʀtisœʀ, øz] nm, f **1.** JOAILL (jewel) setter **2.** MÉTALL crimper.

⇎ **sertisseur** nm [appareil] closing ou sealing ou double seaming machine.

sertissure [sɛʀtisyʀ] nf **1.** [sertissage] setting **2.** [partie du chaton] bezel.

sérum [seʀɔm] nm **1.** PHYSIOL ▸ **sérum (sanguin)** (blood) serum **2.** PHARM serum ▸ **sérum antivenimeux** antivenin serum ▸ **sérum antilymphocytaire** antilymphocytic serum, ALS ▸ **sérum physiologique** saline ▸ **sérum de vérité** truth drug.

servage [sɛʀvaʒ] nm **1.** HIST serfdom **2.** *litt* [esclavage] bondage, thraldom.

serval, als [sɛʀval] nm serval.

servant [sɛʀvɑ̃] ◆ adj m RELIG ▸ **frère servant** lay brother (*with domestic tasks*). ◆ nm **1.** RELIG ▸ **servant (de messe)** server **2.** MIL ▸ **servant (de canon)** gunner.

servante [sɛʀvɑ̃t] nf **1.** [domestique] servant, maidservant **2.** MENUIS vice ▸ **servante d'établi** bench vice **3.** [table] dumbwaiter UK, serving table **4.** THÉÂTRE [éclairage] small lamp.

serve [sɛʀv] f ⟶ **serf.**

serveur [sɛʀvœʀ] nm **1.** [de restaurant] waiter ; [de bar] barman (barmaid) UK, bartender US **2.** SPORT server **3.** JEUX dealer **4.** INDUST [ouvrier] feeder (worker) **5.** INFORM server ▸ **(centre) serveur** information retrieval centre ▸ **serveur de courrier électronique** mail server ▸ **serveur de données** on-line data service ▸ **serveur Internet** Internet server ▸ **serveur de liste (de diffusion)** list server ▸ **serveur proxy** proxy server ▸ **serveur de réseau** network server ▸ **serveur vocal** voicemail service ▸ **serveur Web** web server.

serveuse [sɛʀvøz] nf waitress.

serviabilité [sɛʀvjabilite] nf helpfulness, obligingness, willingness to help.

serviable [sɛʀvjabl] adj helpful, obliging, amenable.

service [sɛʀvis] nm **1.** [travail] duty, shift / *mon service commence à 18 h* I go on duty ou I start my shift ou I start work at 6 p.m. / *l'alcool est interdit pendant le service* drinking is forbidden while on duty / *il n'a pu assurer son service* he wasn't able to go to work ▸ **être de service** : *qui est de service ce soir?* who's on duty tonight? / *il n'est pas de service* he's off-duty / *elle a 22 ans de service dans l'entreprise* she's been with the company for 22 years ▸ **finir son service** to come off duty ▸ **prendre son service** to go on ou to report for duty / *il ne plaisante pas avec le service* he sticks to the rule book ▸ **reprendre du service** to be employed for a supplementary period / *mon vieux manteau a repris du service* *fam & hum* my old coat has been saved from the bin ; [pour la collectivité] service, serving ▸ **ses états de service** his service record **2.** [pour un client, un maître] service ▸ **prendre qqn à son service** to take sb into service / *elle a deux ans de service comme femme de chambre* she's been in service for two years as a chambermaid ▸ **à votre service** at your service / *elle a passé sa vie au service des autres* she spent her life helping others / *il a mis son savoir-faire au service de la société* he put his expertise at the disposal of the company / *je ne suis pas à ton service!* I'm not your slave! / *qu'y a-t-il pour votre service?* what can I do for you? / *entrons ici, le service est rapide* let's go here, the service is quick / *le service laissait plutôt à désirer* the service left a lot to be desired / *demander 15 % pour le service* to impose a 15% service charge ▸ **après dix ans de bons et loyaux services** after ten years of good and faithful service / **'service compris / non compris'** 'service included / not included' ▸ **faire le service** : *prends ces cacahuètes et fais le service* take these peanuts and hand them round **3.** [série de repas] sitting / *nous irons au premier / deuxième service* we'll go to the first / second sitting **4.** [département - d'une entreprise, d'un hôpital] department ▸ **service clientèle** customer services ▸ **service du contentieux a)** [département] legal department **b)** [personnes] legal experts ▸ **les services commerciaux** the sales department ou division ▸ **les services généraux** the maintenance department ▸ **service du personnel** personnel department ou division ▸ **service de presse a)** [département] press office **b)** [personnes] press officers, press office staff ▸ **je les ai eus par le service de presse a)** [livres] I got them free as review copies **b)** [places de spectacle] they're complimentary tickets I got for reviewing purposes ▸ **service des urgences** casualty (department) UK, emergency room US ; ADMIN ▸ **service postal** postal service ▸ **les services sociaux** the social services **5.** [aide] favour UK, favor US / *puis-je te demander un petit / grand service?* could I ask you to do me a small / big favour? ▸ **rendre un service à qqn** [suj: personne] to do sb a favour, to help sb out / *elle n'aime pas rendre service* she's not very helpful / *tu m'as bien rendu service* you were a great help to me / *tu m'as rendu bien service en me le prêtant* you did me a great favour by lending it to me ▸ **rendre un mauvais service à qqn** to do sb a disservice / *lui faire tous ses devoirs, c'est un mauvais service à lui rendre!* it won't do her any good if you do all her homework for her! / *le congélateur me rend de grands services* I find the freezer very useful / *ton dictionnaire m'a bien rendu service* your dictionary was of great use to me / *ça peut encore / toujours rendre service* it can still / it'll always come in handy **6.** [assortiment - de linge, de vaisselle] set / *un service (de table) de 20 pièces* a 20-piece dinner set ou service / *acheter un service de 6 couverts en argent* to buy a 6-place canteen of silver cutlery ▸ **service à café / thé** coffee / tea set ▸ **son service trois pièces** *tfam & hum* his equipment ou wedding tackle **7.** TRANSP service / *le service de nuit des autobus* the night bus service ▸ **service d'été / d'hiver** summer / winter timetable / *service non assuré le dimanche* no service on Sundays, no Sunday service / *le service a été interrompu* the service has been suspended **8.** MIL ▸ **le service de l'aide technique** ou **de la coopération** *organization providing technical assistance to developing countries* ▸ **service militaire** ou **national** military / national service ▸ **service actif** active service ▸ **service civil** non-military national service / *faire son service (militaire)* to do one's military service ▸ **bon pour le service** fit for military duties / *allez, bon / bons pour le service!* *fig & hum* it'll / they'll do! ▸ **en service commandé** on an official assignment / *tué en service commandé* killed in action ou whilst on active duty ▸ **le service de santé** the (army) medical corps ▸ **le service des transmissions** signals **9.** SPORT service, serve / *avoir un bon / mauvais service* to have a good / poor service, to serve well / badly / *Pichot au service!, service Pichot!* Pichot to serve! ▸ **prendre le service de qqn** to break sb's serve ou service **10.** ÉLECTR duty ▸ **facteur de service** duty factor **11.** FIN servicing ▸ **service de la dette extérieure** servicing the foreign debt / *assurer le service de la dette* to service the debt **12.** RELIG ▸ **service (divin)** service ▸ **service funèbre** funeral service **13.** [d'un étalon] serving, mating **14.** NAUT ▸ **service à la mer** HIST service before the mast.

⇎ **services** nmpl **1.** ÉCON services, service industries, tertiary sector ▸ **biens et services** goods and services **2.** [collaboration] services ▸ **se passer des services de qqn a)** to do without sb's help **b)** *euphém* [le licencier] to dispense with sb's services ▸ **offrir ses services à qqn** to offer one's services to sb, to offer to help sb out **3.** POL ▸ **services secrets** ou **spéciaux** secret service **4.** SUISSE [couverts] knives and forks (*for laying at table*).

⇎ **en service** ◆ loc adj in service, in use. ◆ loc adv : *mettre un appareil en service* to put a machine into service / *cet hélicoptère / cette presse entrera en service en mai* this helicopter will be put into service / this press will come on stream in May.

⇎ **service après-vente** nm **1.** [prestation] after-sales service **2.** [département] after-sales department ; [personnes] after-sales staff.

⇎ **service minimum** nm skeleton service / *assurer le service minimum* to provide a skeleton service.

⇎ **service d'ordre** nm **1.** [système] policing / *assurer le service d'ordre dans un périmètre* to police a perimeter / *mettre en place un service d'ordre dans un quartier* to establish a strong police presence in an area **2.** [gendarmes] police (contingent) ; [syndiqués, manifestants] stewards.

⇎ **service public** nm public service ou utility / *service public de l'audiovisuel* the publicly-owned channels (*on French television*) / *la poste est un service public* postal services are state-controlled / *la distribution des eaux est un service public* water is a public utility.

* In reformed spelling (see p. 16-19).

Service militaire ou national

Until 1996, all French men aged 18 and over were required to do ten months national service unless declared unfit. The system has been phased out and replaced by an obligatory **journée d'appel de préparation à la défense**, one day spent learning about the army and army career opportunities. The **JAPD** is obligatory for men and for women. The object of this reform is to professionalize the army.

serviette [sɛʀvjɛt] nf **1.** [linge] ▸ **serviette de bain** bath towel ▸ **serviette en papier** paper napkin ▸ **serviette de plage** beach towel ▸ **serviette de table** table napkin ▸ **serviette de toilette a)** towel **b)** [pour s'essuyer les mains] (hand) towel **2.** [protection] ▸ **serviette hygiénique** ou **périodique** sanitary towel UK ou napkin US **3.** [cartable] briefcase.

serviette-éponge [sɛʀvjɛtepɔ̃ʒ] (*pl* **serviettes-éponges**) nf (terry) towel.

servile [sɛʀvil] adj **1.** [esprit, attitude] servile, subservient, sycophantic *sout* ; [manières] servile, cringing, fawning **2.** *vieilli* [d'esclave] servile.

servilement [sɛʀvilmɑ̃] adv **1.** [bassement] obsequiously, subserviently **2.** *sout* [sans originalité] slavishly.

servilité [sɛʀvilite] nf **1.** [bassesse] obsequiousness, subservience **2.** [manque d'originalité] slavish imitativeness.

servir [38] [sɛʀviʀ] ◆ vt **1.** [dans un magasin] to serve / *on vous sert?* [dans un café, une boutique] are you being attended to *sout* ou served? ▸ **servir qqn de** ou **en qqch** to serve sb with sthg, to serve sthg to sb ▸ **c'est une bonne cliente, sers-la bien a)** [en poids] be generous, she's a good customer **b)** [en qualité] give her the best, she's a good customer / *c'est difficile de se faire servir ici* it's difficult to get served here / *il y a une cliente, allez la servir* here comes a customer, go and see ou attend to her / *tu voulais du changement, tu es* ou *te voilà servi!* *fig* you wanted some changes, now you've got more than you bargained for ou now how do you like it? ; [approvisionner] ▸ **servir qqn en** to supply sb with / *c'est toujours lui qui me sert en huîtres* I always get my oysters from him **2.** [donner -boisson, mets] to serve ; [dans le verre] to pour (out) *(sép)* ; [dans l'assiette] to dish out ou up *(sép)*, to serve up *(sép)* / *sers le café* pour the coffee / *puis-je te servir du poulet?* can I help you to some chicken? / *elle nous a servi un très bon cassoulet* she gave us ou served up some lovely cassoulet / *le dîner est servi!* dinner's ready ou served! / *Monsieur est servi* *sout* [au dîner] dinner is served, Sir / *une collation sera servie dans le hall* light refreshments will be served in the hall ▸ **servir qqch à qqn** to serve sb with ou to help sb to sthg / *sers-moi à boire* give ou pour me a drink / *faites-vous servir à boire* get the waiter to pour you a drink / *on nous a servi le petit déjeuner dans la chambre* our breakfast was brought up to ou served in our room / *vous nous servirez le thé au salon* we'll take tea in the drawing room ; *(en usage absolu)* : *nous ne servons plus après 23 h* we don't take orders after 11 p.m., last orders are at 11 p.m. ▸ **servez chaud** serve hot / *démoulez juste avant de servir* turn out just before serving / **'(à) servir frais / frappé'** 'serve cool / chilled' **3.** *fam* [raconter] to give / *si tu avais entendu les injures qu'il nous a servies!* you should have heard the way he insulted us! / *si tu n'as que cette excuse à lui servir, tu ferais mieux de ne rien dire* if that's the only excuse you can give him ou come up with, you'd better keep quiet / *ils nous servent toujours les mêmes histoires aux informations* they always dish out the same old stories on the news **4.** [travailler pour -famille] to be in service with ; [-communauté, pays, parti] to serve ; [-justice] to be at the service of ; [-patrie, cause] to serve / *à la fin de la guerre, la grande bourgeoisie dut renoncer à se faire servir* by the end of the war the upper classes had to give up having servants / *j'aime bien me faire servir* I like to be waited on / *vous avez bien / mal servi votre entreprise* you have served your company well / haven't given your company good service ▸ **servir l'intérêt public a)** [loi, mesure] to be in the public interest **b)** [personne] to serve the public interest ▸ **servir l'État a)** POL to serve the state **b)** [être fonctionnaire] to be employed by the state ▸ **servir Dieu** to serve God, to be a servant of God / *Charles Albert, pour vous servir* *hum* Charles Albert, at your service ▸ **on n'est jamais si bien servi que par soi-même** *prov* if you want something doing, do it yourself **5.** [aider -suj: circonstances] to be of service to, to be ou to work to the advantage of ▸ **servir les ambitions de qqn** to serve ou to aid ou to further sb's ambitions / *le mauvais temps l'a servi* the bad weather served him well ou worked to his advantage ou was on his side / *si la chance nous sert, nous réussirons* if our luck is in ou if luck is on our side, we'll succeed / *sa mémoire la sert beaucoup* her memory's a great help to her / *finalement, son culot ne l'a pas servi* *fam* his cheek didn't get him anywhere in the end **6.** [payer -pension, rente] to pay (out) *(sép)* / *servir les intérêts d'une dette* to service a debt **7.** SPORT to serve / *servir une deuxième balle* to serve a second ball, to second-serve / *servir un ace* to serve an ace **8.** [préparer -arme] to serve **9.** RELIG : *servir la messe* to serve mass **10.** JEUX [cartes] to deal (out) *(sép)* ; [joueur] to serve, to deal to *(sép)* / *c'est à toi de servir* it's your turn to deal ▸ **servi!** [au poker] stick! **11.** CHASSE to dispatch **12.** VÉTÉR & ZOOL [saillir] to cover, to serve **13.** SUISSE [utiliser] to use / *c'est un manteau que je ne sers plus* I don't wear this coat any more. ◆ vi **1.** [être utile -outil, vêtement, appareil] to be useful ou of use, to come in handy / *garde la malle, ça peut toujours servir* keep the trunk, you might need it ou it might come in handy one day / *le radiateur électrique peut encore servir* the electric heater can still be of use / *ça me servira pour ranger mes lettres* I can use it to put my letters in / *il a servi, ce manteau!* I got a lot of use out of this coat! / *cet argument a beaucoup servi* this argument has been put forward many times / *cela fait longtemps que cette gare ne sert plus* this station has been out of use ou been disused for a long time / *ça n'a jamais servi* it's never been used **2.** [travailler] : *elle sert au château depuis 40 ans* she's worked as a servant ou been in service at the castle for 40 years / *servir comme cuisinière / jardinier* to be in service as a cook / gardener ▸ **servir dans un café / restaurant a)** [homme] to be a waiter (in a) café / restaurant **b)** [femme] to be a waitress (in a) café / restaurant ; MIL to serve / *être fier de servir* to be proud to serve (one's country) / *il a servi sous MacArthur* he served under MacArthur / *il a servi sous l'Empire / la République* he served under the Empire / the Republic **3.** SPORT to serve / *à toi de servir!* your serve ou service! ▸ **elle sert bien a)** [gén] she has a good service ou serve **b)** [dans ce match] she's serving well / *à Dancy de servir* Dancy to serve.

❖ **servir à** v + prép **1.** [être destiné à] to be used for / *ça sert à quoi, cette machine?* what's this machine (used) for? / *le sonar sert à repérer les bateaux* the sonar is used to locate ships **2.** [avoir pour conséquence] ▸ **servir à qqch** : *ça ne sert à rien de lui en parler* it's useless ou of no use to talk about it with him / *ne pleure pas, ça ne sert à rien* don't cry, it won't make any difference / *crier ne sert à rien* there's no point in shouting / *à quoi servirait de lui en parler?* what would be the good ou point of killing him? / *à quoi ça sert que je parle si personne ne m'écoute?* *fam* what's the point ou use of me talking if nobody listens? / *tu vois bien que ça a servi à quelque chose de faire une pétition!* as you see, getting up a petition did serve some purpose! / *ça n'a servi qu'à le rendre encore plus furieux* it only served to make him ou it only made him even more furious **3.** [être utile à] ▸ **servir à qqn** : *merci, ça m'a beaucoup servi* thanks, it was really useful ou a great help / *sa connaissance du russe lui a servi dans son métier* her knowledge of Russian helped her ou was of use to her in her job / *les circonstances m'ont beaucoup servi* the circumstances were in my favour / *ce recoin sert la nuit aux clochards du quartier* this corner is used at night by the local tramps / *ça me servira à couper la pâte* I'll use it to cut the dough.

❖ **servir de** v + prép [article, appareil] to be used as ; [personne] to act as, to be / *le coffre me sert aussi de table* I also use the trunk as a table / *et qu'est-ce qui te sert de lit?* and what do you use for a bed? / *un vieux sac lui servait de manteau* he was wearing an old sack as a coat / *le proverbe qui sert d'exergue au chapitre* the proverb which heads the chapter / *les principes qui me servent de règles de conduite* the principles which dictate my conduct / *je lui ai servi d'interprète* I acted as his interpreter / *il lui a servi de père* he was like a father to her.

❖ **se servir** ◆ vp *(emploi réfléchi)* [à table, dans un magasin] to help o.s. ▸ **servez-vous de** ou **en légumes** help yourself to vegetables / *elle se servit de la soupe* she helped herself to (some) soup / *je me suis servi un verre de lait* I poured myself a glass of milk ▸ **sers-toi!** help yourself! / *il s'est servi dans la caisse* *euphém* he helped himself to the money in the till / *je l'ai surpris à se servir dans la caisse* I caught him with his fingers in the till ; [s'approvisionner] : *je me sers chez le boucher de l'avenue* I buy my meat at the butcher's on the avenue / *où te sers-tu en fromage?* where do you shop for ou buy your cheese? ◆ vp *(emploi passif)* CULIN to be served / *ça se sert chaud ou froid* it can be served ou you can serve it either hot or cold / *le vin rouge se sert chambré* red wine should be served at room temperature.

❖ **se servir de** vp + prép ▸ **se servir de qqch** to use sthg / *il ne peut plus se servir de son bras droit* he can't use his right arm anymore / *c'est une arme dont on ne se sert plus* it's a weapon which is no longer used ou in use / *quand tu auras fini de te servir du sèche-cheveux* when you've finished using ou with the hairdryer / *je ne sais pas me servir de la machine à coudre* I don't know how to work ou to use the sewing machine / *j'ai appris le chinois, mais je ne m'en sers jamais* I learnt Chinese but I never use it ou put it to any use / *elle se sert toujours des mêmes arguments* she always uses the same old arguments / *l'opportunisme est l'art de se servir des circonstances* opportunism is the art of turning circumstances to one's own advantage ▸ **se servir de qqch comme** to use sthg as / *il s'est servi de sa grippe comme prétexte* he used flu as an excuse / *tu te sers de ta raquette comme d'une poêle à frire!* *hum* you hold ou handle your racket like a frying pan! ▸ **se servir de qqn** to make use of ou to use sb / *on s'est servi de vous (comme appât)!* you've been used (as bait)!

serviteur [sɛʀvitœʀ] nm (male) servant / *votre (humble) serviteur!* *hum* your (humble) servant!, at your service! / *si vous n'êtes pas satisfait, adressez-vous à votre serviteur!* if you're not happy, please complain to yours truly!

servitude [sɛʀvityd] nf **1.** [soumission] servitude **2.** [contrainte] constraint / *se plier aux servitudes de la mode* to be a slave to fashion **3.** DR easement ▸ **servitude de passage** right of way ▸ **servitude de vue** easement of light.

servocommande [sɛʀvɔkɔmɑ̃d] nf servocontrol, power-assisted control, power booster US.

servodirection [sɛʀvɔdiʀɛksjɔ̃] nf servo steering, power steering.

servofrein [sɛʀvɔfʀɛ̃] nm servo brake, servo-assisted brake.

servomécanisme [sɛʀvɔmekanism] nm servomechanism, servosystem.

servomoteur [sɛʀvɔmɔtœʀ] nm servomotor.

ses [se] pl ⟶ **son.**

sésame [sezam] nm **1.** BOT & CULIN sesame / *graine de sésame* sesame seed ▸ **huile de sésame** sesame oil **2.** EXPR **Sésame, ouvre-toi!** open, Sesame! ▸ **le sésame (ouvre-toi) de la réussite** the key to success.

sessile [sesil] adj BOT sessile.

session [sesjɔ̃] nf **1.** [réunion -d'une assemblée] session, sitting / *pendant la session de printemps du Parlement* during Parliament's spring session ▸ **session extraordinaire** extraordinary session **2.** UNIV exam period / *il a été collé à la session de juin* he failed the June exams ▸ **la session de repêchage** the repeat examinations, the resits UK.

set [sɛt] nm **1.** [objet] ▸ **set (de table)** table mat / *six sets de table* a set of six table mats **2.** SPORT set ▸ **balle de set** set point.

setter [setɛʀ] nm ZOOL setter ▸ **setter anglais / irlandais** English / Irish setter.

seuil [sœj] nm **1.** [dalle] doorstep ; [entrée] doorway, threshold / *il était debout sur le seuil* he was standing in the doorway **2.** *sout* [début] threshold, brink / *être au seuil d'une ère nouvelle* to be on the brink of a new era / *être au seuil de la mort* to be on the verge of death **3.** [limite] threshold / *la population a atteint le seuil critique d'un milliard* population has reached the critical level ou threshold of one billion **4.** SCI threshold ▸ **seuil de tolérance** threshold of tolerance **5.** PSYCHOL threshold, limen *spéc* **6.** PHYSIOL ▸ **seuil absolu / différentiel** absolute / difference threshold ▸ **seuil d'élimination** renal threshold **7.** ÉCON ▸ **seuil de rentabilité / saturation** break-even / saturation point ▸ **le seuil de pauvreté** the poverty line **8.** GÉOGR sill.

seul, e [sœl] ◆ adj **1.** [sans compagnie] alone, on one's own / *seul au monde* ou *sur la Terre* (all) alone in the world ▸ **laissons-le seul** let's leave him alone ou on his own ou by himself / *il n'est bien que seul* he prefers his own company / *enfin seuls!* alone at last! / *nous nous sommes retrouvées seules* we found ourselves alone (together ou with each other) ▸ **seul à seul** [en privé] in private, privately / *je voudrais te parler seul à seul* I'd like to talk to you in private ▸ **se retrouver seul à seul avec qqn** to find o.s. alone with sb / *elle vit seule avec sa mère* she lives alone with her mother / *un homme seul a peu de chances de réussir* [sans aucune aide] it's unlikely that anybody could succeed on their own / *je dois d'abord y aller seule, tu entreras après* I must go in alone ou on my own first and then you can come in ▸ **agir seul** to act alone ou on one's own / *tu seras seul à défendre le budget* you'll be the only one speaking for the budget / *prends donc un verre, je n'aime pas boire seul* have a drink, I don't like drinking on my own / *je préfère me promener seul* I prefer solitary walks ou to walk on my own ▸ **tout seul, toute seule** : *elle parle toute seule* she's talking to herself / *il a bâti sa maison tout seul* he built his house all by himself / *leur entrevue ne s'est pas passée toute seule!* their meeting didn't go smoothly! / *le dîner ne se préparera pas tout seul!* dinner isn't going to make itself! / *laisse des pommes de terre, t'es pas tout seul!* *fam* leave some potatoes, you're not the only one eating! **2.** [abandonné, esseulé] lonely, lonesome US / *se sentir seul* to feel lonely / *on se sent si seul dans le phare* it's so lonely ou you're so cut off in the lighthouse **3.** [sans partenaire, non marié] alone, on one's own ▸ **un homme seul a)** [non accompagné] a man on his own **b)** [célibataire] a single man, a bachelor / *elle s'est retrouvée seule à 30 ans* she found herself on her own at 30 / *elle est seule avec trois enfants* she's bringing up three children on her own / *les personnes seules ne toucheront pas l'allocation* single ou unmarried people will not be eligible for the allowance / *un club pour personnes seules* a singles club **4.** *(avant nom)* [unique] only, single, sole / *une seule pensée l'obsédait* he was obsessed by one idea (and one idea alone) ou by one sole idea / *c'est l'homme d'une seule passion* he's a man with one overriding ou ruling passion / *c'est l'homme d'une seule femme* he's a one-woman man / *une seule erreur et tout est à refaire* a single ou one mistake and you have to start all over again / *un seul mot et tu es mort* one word and you're dead / *il n'a qu'un seul défaut* he's only got one fault / *je n'ai été en retard qu'une seule fois* I was late only once / *pas un seul..., pas une seule...* not one..., not a single... / *pas un seul élève ne l'a oublié* not one pupil has forgotten him / *un seul et même..., une seule et même...* one and the same... / *il s'agit d'une seule et même personne* it is one and the same person / *un seul et unique..., une seule et unique...* only one (and one only)... / *vous avez droit à un seul et unique essai* you may have only one attempt / *je l'ai vue une seule et unique fois* I saw her only once / *le seul et unique exemplaire* the one and only copy / *le seul problème* ou *la seule chose, c'est que...* the only problem ou thing is that... / *la seule fois que je l'ai vue* the only ou one time I saw her / *c'est la seule possibilité* it's the only possibility, there's no other possibility / *c'est la seule clef qui ouvre cette porte* it's the one ou only key that opens this door / *mon seul passe-temps* my only ou sole ou one hobby **5.** [sans autre chose] : *le numéro seul* ou *sout le seul numéro permet de retrouver le dossier* the number alone is enough to trace the file / *mon salaire seul* ou *sout mon seul salaire ne suffit pas à faire vivre ma famille* my salary alone is not enough to support my family / *le vase seul vaut combien?* how much is it for just the vase? / *la propriété à elle seule leur donne de quoi vivre* the property alone brings in enough for them to live on **6.** *(comme adverbe)* only / *seul Pierre a refusé* only Pierre refused, Pierre was the only one to refuse / *seul l'écho lui répondit* only the echo answered him / *seuls les nouveaux n'ont pas été interrogés* only the newcomers weren't questioned **7.** *(avant nom)* [simple] mere / *la seule évocation de la scène lui donnait des frissons* the mere mention of ou merely talking about the scene gave him goose pimples. ◆ nm, f **1.** [personne] only one (person) / *tu es la seule à qui je puisse me confier* you're the only one I can confide in / *je te crois mais je dois être la seule!* I believe you, but thousands wouldn't! / *il est le seul en France qui connaisse encore cette recette* he's the only person in France who still knows this recipe / *tu voudrais t'arrêter de travailler? t'es pas le seul!* *fam* you'd like to stop work? you're not the only one! / *tout dépend des caprices d'un seul* *litt* everything hinges on one person's whims ▸ **pas un seul** : *pas un seul (de ses camarades) n'était prêt à l'épauler* not a single one (of her friends) was prepared to help her / *pas un seul n'a survécu* not one (of them) lived / *pas une seule n'a voté pour lui* not one (of them) voted for him **2.** [animal, objet] only one / *prends le chaton noir, c'est le seul qui me reste* have the black kitten, it's the only one I've got left.

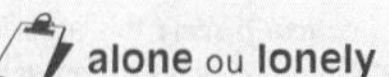
alone ou **lonely ?**

L'adjectif **alone** se réfère à la solitude objective, au fait d'être sans compagnie. L'adjectif **lonely** fait référence au sentiment de solitude, au fait de se sentir seul :
Though I live *alone*, **I'm never** *lonely*. *Bien que je vive seul, je ne me sens jamais seul.*

seulement [sœlmɑ̃] adv **1.** [uniquement] only / *il y avait seulement deux personnes* there were only two people / *j'ai dit ça seulement pour rire* I only meant it as a joke / *il ne s'agit pas seulement d'argent* it's not only ou just a question of money **2.** [dans le temps] : *il arrive seulement ce soir* he won't arrive before this evening / *il est arrivé seulement ce matin* he only arrived this morning / *je viens seulement de finir* I've only just finished / *le télex vient seulement de partir* the telex has (only) just been sent **3.** [même] even / *sais-tu seulement de quoi tu parles?* do you even know what you're talking about? / *il est parti sans seulement dire au revoir à ses hôtes* he left without even saying goodbye to his hosts **4.** [mais] only, but / *je veux y aller, seulement voilà, avec qui?* I'd love to go, but ou only the problem is who with?

❖ **non seulement..., mais encore** loc corrélative not only... but also / *nous voulons conquérir non seulement le marché européen, mais encore des parts du marché mondial* we want not only to capture the European market, but also part of the world market (too).

seulet, ette [sœlɛ, ɛt] adj *fam, vieilli* ou *hum* (all) on one's own / *j'étais toute seulette ce jour-là* I was all by myself ou all alone that day.

sève [sɛv] nf **1.** BOT sap ▸ **sans sève** sapless / *plein de sève* full of sap, sappy ▸ **sève ascendante** ou **brute** rising ou ascending ou crude sap ▸ **sève descendante** ou **élaborée** falling ou descending ou elaborated sap **2.** [énergie] vigour UK, vigor US / *la sève de la jeunesse* the vigour of youth.

sévère [sevɛʀ] adj **1.** [personne, caractère, règlement] strict, stern, severe **2.** [critique, verdict] severe, harsh / *ne sois pas trop sévère avec lui* don't be too hard on him **3.** [style, uniforme] severe, austere, unadorned / *une coiffure trop sévère* a rather severe hairstyle **4.** [important - pertes] severe, heavy ; [- dégâts] major.

sévèrement [sevɛʀmɑ̃] adv severely, harshly, strictly.

sévérité [seveʀite] nf **1.** [d'un parent, d'un juge] severity, harshness **2.** [d'un verdict, d'un code, d'une éducation] severity, rigidness, strictness **3.** [d'une tenue, d'un style] severity, austerity.

sévices [sevis] nmpl ▸ **exposer qqn à des sévices** to expose sb to ill-treatment ou physical cruelty / *être victime de sévices* to suffer cruelty, to be ill-treated ▸ **faire subir des sévices à qqn** to ill-treat sb.

sévillan, e [sevijɑ̃, an] adj from Seville.

❖ **Sévillan, e** nm, f *inhabitant of or person from Seville.*

Séville [sevij] npr Seville.

sévir [32] [seviʀ] vi **1.** [personne] : *si tu continues à tricher, je vais devoir sévir* if you keep on cheating, I'll have to do something about it / *sévir contre la fraude fiscale* to deal ruthlessly with tax evasion **2.** [fléau, épidémie] to rage, to be rampant ou rife, to reign supreme / *Morin ne sévira pas longtemps comme directeur à la comptabilité* *hum* Morin won't reign long as head of accounts / *c'est une idée qui sévit encore dans les milieux économiques* unfortunately the idea still has currency among economists.

sevrage [səvʀaʒ] nm **1.** [d'un bébé] weaning **2.** [d'un drogué] coming off (drugs) / *quand je me suis retrouvé en prison, le sevrage a été brutal* when I found myself in prison, I had to come off drugs suddenly.

sevrer [19] [səvʀe] vt **1.** [bébé] to wean **2.** [drogué] ▸ **sevrer qqn** to get sb off drugs **3.** *fig* ▸ **sevrer qqn de** to deprive sb of / *on a été sevrés de musique / liberté* we were deprived of music / freedom **4.** HORT to sever *(a layer).*

❖ **se sevrer** vp **1.** [animal] to be weaned **2.** [drogué, alcoolique] to (manage to) give up.

sèvres [sɛvʀ] nm **1.** [matière] Sèvres (china) ▸ **un service de sèvres** a Sèvres china service **2.** [objet] piece of Sèvres china.

sévrienne [sevʀijɛn] nf UNIV *student or ex-student of the École Normale Supérieure de Jeunes Filles (formerly situated in Sèvres).*

sexage [sɛksaʒ] nm [des poussins] sexing.

sexagénaire [sɛksaʒenɛʀ] ◆ adj sixty-year-old *(avant nom)*, sexagenarian. ◆ nmf sexagenarian, sixty-year-old person.

sexagésimal, e, aux [sɛgzaʒezimal, o] adj sexagesimal.

sexagésime [sɛgzaʒezim] nf Sexagesima (Sunday).

sex-appeal [sɛksapil] (*pl* **sex-appeals**) nm sex appeal / *avoir du sex-appeal* to be sexy, to have sex appeal.

S. Exc. (abr écrite de Son Excellence) HE.

sexe [sɛks] nm **1.** [caractéristique] sex ▸ **enfant du sexe masculin / féminin** male / female child ▸ **le sexe opposé** the opposite sex ▸ **le (beau) sexe** the fair ou gentle sex ▸ **le sexe fort / faible** the stronger / weaker sex **2.** ANAT sex (organs), genitals **3.** ▸ **le sexe** [sexualité] sex / *il ne pense qu'au sexe* all he ever thinks of is sex.

sexisme [sɛksism] nm **1.** [idéologie] sexism **2.** [politique] sexual discrimination.

sexiste [sɛksist] adj & nmf sexist.

sexologie [sɛksɔlɔʒi] nf sexology.

sexologue [sɛksɔlɔg] nmf sexologist.

sexothérapie [sɛksɔteʀapi] nf sex therapy.

sex-shop [sɛksʃɔp] (*pl* **sex-shops**) nm sex shop.

sex-symbol [sɛkssɛ̃bɔl] (*pl* **sex-symbols**) nm sex symbol.

sextant [sɛkstɑ̃] nm sextant.

sextet [sɛkstɛt] nm six-bit byte.

sexto [sɛksto] adv sixthly, in the sixth place.

sextuor [sɛkstɥɔʀ] nm sextet, sextette.

sextuple [sɛkstypl] ◆ adj sextuple, sixfold. ◆ nm sextuple.

sextupler [3] [sɛkstyple] ◆ vt ▸ **sextupler qqch** to sextuple sthg, to increase sthg sixfold. ◆ vi to sextuple, to increase sixfold.

sextuplés, es [sɛkstyple] nmf pl sextuplets.
sexualisation [sɛksɥalizasjɔ̃] nf sexualization.
sexualiser [3] [sɛksɥalize] vt to sexualize / *sexualiser la publicité* to put sex into advertising.
sexualité [sɛksɥalite] nf sexuality.
sexué, e [sɛksɥe] adj [animal] sexed ; [reproduction] sexual.
sexuel, elle [sɛksɥɛl] adj [comportement] sexual ; [organes, éducation, hormone] sex *(modif)* ▸ **l'acte sexuel** the sex ou sexual act.
sexuellement [sɛksɥɛlmɑ̃] adv sexually.
sexy [sɛksi] *(pl* **sexy** *ou* **sexys****)* adj *fam* sexy.
seyait v ⟶ **seoir.**
seyant, e [sɛjɑ̃, ɑ̃t] adj becoming ▸ **peu seyant** unbecoming / *sa nouvelle coiffure est peu seyante* his new hairstyle doesn't suit him.
Seychelles [sɛʃɛl] npr fpl ▸ **les (îles) Seychelles** the Seychelles ▸ **aux Seychelles** in the Seychelles. ⟶ **île**
seychellois, e [sɛʃɛlwa, az] adj Seychellois.
✧ **Seychellois, e** nm, f Seychellois(Seychelloise).
sézigue [sezig] pron pers *tfam* [soi] his nibs.
SF (abr de **science-fiction**) nf sci-fi ▸ **film de SF** sci-fi movie.
SFIO (abr de **Section française de l'Internationale ouvrière**) npr f *the French Socialist Party between 1905 and 1971.*
SFP (abr de **Société française de production**) npr f *French audiovisual and film services group.*
SG nm abr de **secrétaire général.**
SGA nm abr de **secrétaire général adjoint.**
SGBD (abr de **système de gestion de base de données**) nm DBMS.
SGEN (abr de **Syndicat général de l'Éducation nationale**) npr m *teachers' trade union.*
SGML (abr de **Standard Generalized Mark-up Language**) nm SGML.
Shaba [ʃaba] npr Shaba.
shabbat [ʃabat] nm = **sabbat.**
shah [ʃa] nm shah, Shah.
shaker, shakeur* [ʃɛkœʀ] nm (cocktail) shaker.
shakespearien, enne [ʃɛkspiʀjɛ̃, ɛn] adj Shakespearean, Shakespearian.
shako [ʃako] nm shako, shacko.
shampoing, shampooing [ʃɑ̃pwɛ̃] nm **1.** [produit] shampoo ▸ **shampoing antipelliculaire** antidandruff shampoo ▸ **shampoing colorant** shampoo in-hair colourant UK ou colorant US ▸ **shampoing crème / liquide** cream / liquid shampoo ▸ **shampoing traitant** medicated shampoo ▸ **shampoing pour moquettes** carpet shampoo **2.** [lavage] shampoo ▸ **se faire un shampoing** to shampoo ou to wash one's hair.
shampouiner [3] [ʃɑ̃pwine] vt to shampoo.
shampouineur, euse [ʃɑ̃pwinœʀ, øz] nm, f [personne] shampooer.
✧ **shampouineur, shampouineuse** nm & nf [machine] carpet cleaner ou shampooer.
Shanghai [ʃɑ̃gaj] npr Shanghai.
shantung [ʃɑ̃tuŋ] nm shantung (silk).
Shéhérazade [ʃeeʀazad] npr Scheherazade.
shekel [ʃekɛl] nm shekel.
shérif [ʃeʀif] nm **1.** [aux États-Unis] sheriff **2.** [en Grande-Bretagne] sheriff *(representative of the Crown).*
sherpa [ʃɛʀpa] ◆ nm [guide] sherpa. ◆ nmf [conseiller] personal advisor.
✧ **Sherpas** npr mpl Sherpas.
sherry [ʃeʀi] *(pl* **sherrys** *ou* **sherries***)* nm sherry.
shetland [ʃɛtlɑ̃d] nm **1.** TEXT Shetland (wool) **2.** VÊT Shetland jumper **3.** ZOOL Shetland pony.
Shetland [ʃɛtlɑ̃d] npr fpl ▸ **les (îles) Shetland** the Shetland Islands, the Shetlands ▸ **les (îles) Shetland du Sud** the South Shetland Islands. ⟶ **île**
shiatsu [ʃiatsu] nm shiatsu.
shilling [ʃiliŋ] nm shilling.
shilom [ʃilɔm] nm = **chilom.**
shingle [ʃiŋgœl] nm (roofing) shingle.
shinto [ʃinto], **shintoïsme** [ʃintɔism] nm Shinto.
shintoïste [ʃintɔist] adj & nmf Shintoist.
shipchandler [ʃipʃɑ̃dlœʀ] nm ship chandler.
shirting [ʃœʀtiŋ] nm shirting (material).
shit [ʃit] nm *arg crime* hasch, dope.
shivaïsme, sivaïsme [ʃivaism] nm shivaism.
shog(o)un [ʃɔgun] nm shogun.
shoot [ʃut] nm **1.** SPORT shot **2.** *tfam* [injection] fix.
shooter [3] [ʃute] vi SPORT to shoot.
✧ **se shooter** vpi *tfam* [drogué] to shoot up, to fix / *se shooter à l'héroïne* to shoot ou to mainline heroin / *il se shoote au café hum* he has to have his fix of coffee.
shopping [ʃɔpiŋ] nm shopping ▸ **faire du shopping** to go shopping / *je fais toujours mon shopping chez eux* I always shop there.
short [ʃɔʀt] nm (pair of) shorts / *être en short* to be in ou wearing shorts / *un petit garçon en short* a little boy wearing shorts.
shorthorn [ʃɔʀtɔʀn] nm shorthorn, Durham (breed).
short ton [ʃɔʀttɔn] *(pl* **short tons***)* nf [unité] short ou net ton, ton US.
short-track [ʃɔʀttʀak] *(pl* **short-tracks***)* nm SPORT short track.
show [ʃo] nm **1.** [variétés] show **2.** [d'un homme politique] performance / *le show télévisé du Premier ministre* the Prime Minister's TV performance.
show-biz [ʃobiz] nm inv *fam* show biz.
show-business [ʃobiznɛs] nm inv show business.
showroom [ʃoʀum] nm COMM showroom.
shrapnel(l) [ʃʀapnɛl] nm shrapnel (shell).
shunt [ʃœ̃t] nm **1.** ÉLECTR shunt ▸ **moteur shunt** shunt motor **2.** MÉD shunt.
shunter [3] [ʃœ̃te] vt ÉLECTR to shunt.
si¹ [si] nm inv MUS B ; [chanté] si, ti. **Voir aussi fa.**
si² [si] ◆ adv **1.** [tellement -avec un adjectif attribut, un adverbe, un nom] so ; [-avec un adjectif épithète] such / *elle est si belle* she's so beautiful / *il est si mignon!* he's (ever) so sweet! / *tout cela est si inattendu* all this is so unexpected / *il a un langage si vulgaire* his language is so crude / *elle est si femme* she's so womanly / *je la vois si peu* I see so little of her, I see her so rarely / *ça fait si mal!* it hurts so much! / *elle a de si beaux cheveux!* she has such beautiful hair! / *il est prétentieux — oh, si peu! iron* he's pretentious — oh isn't he just ou I don't know what you mean! ; *(en corrélation avec 'que')* ▸ **si... que** so that / *c'est si petit qu'on ne peut le voir à l'œil nu* it's so small that it can't be seen with the naked eye / *tu n'es pas si timide que tu n'oses lui parler! sout* surely you're not so shy that you daren't talk to her! / *elle travaille si bien qu'on l'a augmentée* she works so well that she got a rise **2.** [exprimant la concession] however / *si aimable soit-il...* however nice he may be... / *si occupé soit-il, il n'en reste pas moins aimable* however busy he is, he's always friendly ; *(en corrélation avec 'que')* : *si dur que ça puisse paraître, je ne céderai pas* however hard it may seem ou hard as it may seem I won't give way / *si incroyable que ce soit, il nous a menti* however unbelievable it may be ou unbelievable as it may be, he lied to us / *si vous le vexez si peu que ce soit, il fond en larmes* if you upset him even the slightest bit, he bursts into tears **3.** [dans une comparaison] ▸ **si... que** as... as / *elle n'est pas si blonde que sa sœur* she's not as blonde as her sister / *il n'est pas si malin que tu le disais* he's not as sharp as you said / *il n'est pas si bête qu'il en a l'air* he's not as stupid as he seems **4.** [en réponse affirmative] yes / *ce n'est pas fermé? — si* isn't it closed? — yes (it is) / *tu ne me crois pas? — si(, je te crois)* don't you believe me? — yes (I do) / *ça n'a pas d'importance — si, ça en a!* it doesn't matter — it DOES ou yes it does! / *tu n'aimes pas ça? — si, si!* don't you like that? — oh yes I DO! / *je ne veux pas que tu me rembourses — si, si, voici ce que je te dois* I don't want you to pay me back — no, I insist, here's what I owe you ▸ **si, si, acceptez!** DO accept!, oh but you must accept! / *je te dérange, si, si, je le vois bien!* I'm disturbing you, don't say I'm not, I can tell! / *tu ne l'as pas jeté tout de même? — eh si!* you didn't throw it away, did you? — yes I did! / *je n'y arriverai jamais — mais si!* I'll never manage — of course you will! / *le spectacle n'est pas gratuit — il paraît que si* the show isn't free — apparently it is / *vous n'allez pas me disqualifier? — que si!* you're not going to disqualify me, are you? — oh yes we are! / *tu ne vas quand même pas lui dire? — oh que si!* still, you're not going to tell him, are you? — oh yes I am! / *ne voyez-vous pas un moyen de parvenir à vos fins? — si fait! litt* can you not see a way whereby you might succeed? — indeed I can! ◆ conj *(devant 'il' ou 'ils' s')* **1.** [exprimant une condition] if / *si tu veux, on y va* we'll go if you want / *si vous approchez, je crie* if you come near me I'll scream / *si tu l'as cru, tu as eu tort* if you believed it you were mistaken / *si vous avez joué le 4, vous avez gagné* if you played the 4 you've won / *si je m'en sors, je te revaudrai ça* if I get out of this, I'll repay you for it / *si tu ne réfléchis pas par toi-même et si* ou *que tu crois tout ce qu'on te dit...* if you don't think for yourself and you believe everything people tell you... / *je ne lui dirai que si tu es d'accord* I'll tell him only if you agree, I won't tell him unless you agree / *s'il est d'accord, qu'il signe* if he agrees, let him sign / *s'ils ont quelque chose à dire, qu'ils le disent* if they have something to say, let them say it / *si tu oses...!* [ton menaçant] don't you dare! / *avez-vous des enfants? si oui, remplissez le cadre ci-dessous* do you have any children? if yes, fill in the box below **2.** [exprimant une hypothèse] if / *si tu venais de bonne heure, on pourrait finir avant midi* if you came early we would be able to finish before midday / *s'il m'arrivait quelque chose, prévenez John* should anything happen to me ou if anything should happen to me, call John / *si j'étais toi, je ne m'en vanterais pas* if I were you I wouldn't boast about it / *si j'avais le temps, je viendrais volontiers avec vous* if I had the time I'd love to come with you / *ah toi, si je ne me retenais pas...!* just count yourself lucky I'm restraining myself! / *si l'on croyait tout ce qu'on lit dans les journaux!* if we believed everything we read in the papers! / *si j'avais su, je me serais méfié* if I had known ou had I known, I would have been more cautious / *si tu étais arrivé plus tôt, tu en aurais eu* had you arrived ou if you'd arrived earlier, you would've got some **3.** [exprimant une éventualité] what if / *et si tu te trompais?* what if you were wrong? **4.** [exprimant une suggestion] what about / *et si on jouait aux cartes?* what about playing cards? **5.** [exprimant un souhait, un regret] : *ah, si j'étais plus jeune!* I wish ou if only I were younger! / *si ça pouvait marcher!* if only it worked! / *si seulement il avait accepté!* if only he'd accepted! **6.** [dans l'interrogation indirecte] if, whether / *dites-moi si vous venez* tell me if ou whether you're coming / *je ne t'ai pas demandé si tu étais d'accord* I didn't ask you if ou whether you agreed or not / *peux-tu me dire s'ils seront nombreux?* can you tell me if ou whether there will be a lot of them? **7.** [introduisant une complétive] if, that / *je dois vérifier si tout est en ordre* I must check if ou whether ou that everything is in order / *ne sois pas surprise s'il a échoué* don't be surprised that ou if he failed **8.** [introduisant une explication] if / *si quelqu'un a le droit de se plaindre, c'est bien moi!* if anyone has reason to complain, it's me! / *c'est de ta faute si ça a raté fam* it's your fault if it didn't work / *si ça ne répond pas, c'est qu'il n'est pas là* if there's no answer, it's because he's not there / *si je me répète, c'est pour que tu comprennes bien* if I'm repeating myself it's so that you understand properly ou it's because I want you to understand properly **9.** [exprimant la répétition] if, when / *si l'on excite le nerf, le muscle se contracte* if ou when the nerve is stimulated, the muscle contracts / *si je prends une initiative, elle la désapprouve* whenever ou every time I take the initiative, she disapproves (of it) **10.** [exprimant la concession, l'opposition] : *comment faire des économies si je gagne le salaire minimum?* how can I save if I'm only earning the minimum wage? / *si elle fut exigeante avec nous, elle l'était encore plus avec elle-même* if she was demanding with us, she was still more so with herself / *si son premier roman a été un succès, le second a été éreinté par la critique* though her first novel was a success, the second was slated by

* In reformed spelling (see p. 16-19).

the critics **11.** [emploi exclamatif] : *tu penses s'il était déçu / heureux!* you can imagine how disappointed / happy he was! / *tu as l'intention de continuer? — si j'ai l'intention de continuer? bien sûr!* do you intend to go on? — of course I do ou I certainly do ou I do indeed! / *si ce n'est pas mignon à cet âge-là!* aren't they cute at that age! / *si je m'attendais à te voir ici!* well, I (certainly) didn't expect to meet you here ou fancy meeting you here! ◆ nm inv : *avec des si, on mettrait Paris en bouteille* *prov* if ifs and buts were pots and pans, there'd be no trade for tinkers *prov*.

❖ **si bien que** loc conj [de telle sorte que] so / *elle travaille, si bien qu'elle est aujourd'hui indépendante* she works, and so she is now independent / *il ne sait pas lire une carte, si bien qu'on s'est perdus* he can't read a map, and so we got lost.

❖ **si ce n'est** loc prép **1.** [pour rectifier] if not / *ça a duré une bonne heure, si ce n'est deux* it lasted at least an hour, if not two **2.** [excepté] apart from, except / *tout vous convient? — oui, si ce n'est le prix* is everything to your satisfaction? — yes, apart from ou except the price / *si ce n'était sa timidité, c'est un garçon très agréable* he's a nice young man, if a little shy / *qui aurait pu écrire cela, si ce n'est elle?* who could have written that, apart from her?, who but her could have written that? / *si ce n'est toi, c'est donc ton frère (allusion à La Fontaine)* if it's not you, then it must be your double ou your twin brother *hum*.

❖ **si ce n'est que** loc conj apart from the fact that, except (for the fact) that / *il n'a pas de régime, si ce n'est qu'il ne doit pas fumer* he has no special diet, except that he mustn't smoke.

❖ **si tant est que** loc conj provided that / *on se retrouvera à 18 h, si tant est que l'avion arrive à l'heure* we'll meet at 6 p.m. provided (that) ou if the plane arrives on time / *essaie, si tant est que tu en as le courage* try, if you've got the courage (that is) ▸ **si tant est qu'il nous ait** ou **a vus** if he saw us at all / *je l'aiderai, si tant est qu'il en ait besoin* I'll help him, that is ou provided (that) ou if he needs help.

Voir encadré à l'article conditionnel.

SI 1. abr de **syndicat d'initiative 2.** (abr de **Système international**) SI.

sial [sjal] nm sial.

Sialkot [sialkɔt] npr Sialkot.

Siam [sjam] npr m ▸ **le Siam** Siam ▸ **au Siam** in Siam.

siamois, e [sjamwa, az] adj **1.** GÉOGR Siamese **2.** MÉD Siamese ▸ **frères siamois** (male) Siamese twins ▸ **sœurs siamoises** (female) Siamese twins.

❖ **Siamois, e** nm, f Siamese ▸ **les Siamois** the Siamese.

❖ **siamois** nm ZOOL Siamese (cat).

Sibérie [siberi] npr f ▸ **(la) Sibérie** Siberia.

sibérien, enne [siberjɛ̃, ɛn] adj Siberian.

❖ **Sibérien, enne** nm, f Siberian.

sibilant, e [sibilɑ̃, ɑ̃t] adj sibilant, hissing.

sibylle [sibil] nf sibyl.

sibyllin, e [sibilɛ̃, in] adj **1.** *litt* [mystérieux] enigmatic, cryptic **2.** MYTH sibylic, sibyllic **3.** ANTIQ ▸ **livres sibyllins** Sibylline Books ▸ **oracles sibyllins** Sibylline Prophecies.

sic [sik] adv sic.

SICAV, Sicav [sikav] (abr de **société d'investissement à capital variable**) nf **1.** [société] open-ended investment trust ; ≃ unit trust UK ; ≃ mutual fund US ▸ **SICAV monétaire** money market fund **2.** [action] *share in an open-ended investment trust.*

siccatif, ive [sikatif, iv] adj siccative.

❖ **siccatif** nm (paint) dryer, siccative.

Sicile [sisil] npr f ▸ **(la) Sicile** Sicily.

sicilien, enne [sisiljɛ̃, ɛn] adj Sicilian.

❖ **Sicilien, enne** nm, f Sicilian.

❖ **sicilien** nm LING Sicilian.

❖ **sicilienne** nf MUS siciliano.

SIDA, Sida [sida] (abr de **syndrome d'immunodéficience acquise**) nm AIDS, Aids ▸ **SIDA déclaré** full-blown Aids.

side-car [sidkar, sajdkar] (*pl* **side-cars**) nm **1.** [habitacle] sidecar **2.** [moto] motorbike and sidecar.

sidéen, enne [sideɛ̃, ɛn] ◆ adj suffering from Aids. ◆ nm, f Aids sufferer.

sidéral, e, aux [sideral, o] adj sidereal.

sidérant, e [siderɑ̃, ɑ̃t] adj *fam* staggering, amazing, stunning / *c'est sidérant!* it's mind-blowing!

sidération [siderasjɔ̃] nf sideration.

sidérer [18] [sidere] vt **1.** *fam* [abasourdir] to stagger / *j'étais sidéré d'apprendre cela* I was staggered to hear that, you could have knocked me down with a feather when I heard that **2.** MÉD to siderate.

In reformed spelling (see p. 16-19), this verb is conjugated like **semer**: ***il sidèrera, elle sidèrerait.***

sidérographie [siderɔgrafi] nf siderography, steel engraving.

sidérolit(h)ique [siderɔlitik] adj siderolithic.

sidérose [sideroz] nf siderosis.

sidérostat [siderɔsta] nm siderostat.

sidérurgie [sideryrʒi] nf **1.** [technique] (iron and) steel metallurgy **2.** [industrie] (iron and) steel industry.

sidérurgique [sideryrʒik] adj (iron and) steel *(modif)* ▸ **usine sidérurgique** steelworks, steel factory.

sidérurgiste [sideryrʒist] nmf **1.** [ouvrier] steel worker **2.** [industriel] steelworks owner.

sidologue [sidɔlɔg] nmf Aids specialist.

Sidon [sidɔ̃] npr Sidon.

siècle [sjɛkl] nm **1.** [100 ans] century / *l'église a plus de quatre siècles* the church is more than four centuries old / *au début du siècle* at the turn of the century / *au IIe siècle avant / après J.-C.* in the 2nd century BC / AD / *les écrivains du seizième siècle* sixteenth-century writers **2.** [époque] age / *vivre avec son siècle* to keep up with the times, to be in tune with one's age / *le siècle de Périclès* the age of Pericles / *ça fait des siècles que je ne suis pas allé à la patinoire* *fam* I haven't been to the ice-rink for ages / *l'affaire du siècle* the bargain of the century ▸ **le siècle des Lumières** the Enlightenment, the Age of Reason ▸ **le Grand Siècle, le siècle de Louis XIV** the grand siècle, the age of Louis XIV ▸ **de siècle en siècle** through the ages, from age to age, down the ages **3.** RELIG ▸ **le siècle** worldly life, the world / *abandonner le siècle* to leave one's worldly life behind.

sied v ⟶ **seoir.**

siège [sjɛʒ] nm **1.** [chaise] seat / *prenez donc un siège* (do) take a seat, do sit down / *une chaise à siège en cuir* a leather-seated chair ▸ **siège avant / arrière / baquet** AUTO front / back / bucket seat ▸ **siège éjectable** AÉRON ejector UK ou ejection US seat ▸ **siège du passager** passenger seat ▸ **siège auto bébé** baby car seat ▸ **siège auto enfant** child car seat **2.** POL seat / *perdre / gagner des sièges* to lose / to win seats ▸ **siège vacant** ou **à pourvoir** vacant seat **3.** [centre - gén] seat ; [- d'un parti] headquarters / *le siège du gouvernement* the seat of government / *localiser le siège de la douleur* to locate the seat of the pain / *au siège du PS* POL at (the) PS headquarters ▸ **siège d'exploitation** COMM (company) works ▸ **siège social** registered ou head office / *la société a son siège (social) à Nanterre* the company's head office is in Nanterre **4.** MIL siege / *faire le siège d'une ville* to lay siege to ou to besiege a town / *lever le siège* to raise a siege / *guerre de siège* siege warfare / *engin de siège* engine of war **5.** MÉD : *l'enfant s'est présenté par le siège* it was a breech birth **6.** DR ▸ **le siège** the bench **7.** RELIG ▸ **siège épiscopal** (episcopal) see.

siéger [22] [sjeʒe] vi **1.** [député] to sit / *siéger au Parlement* to have a seat ou to sit in Parliament / *siéger à un comité* to sit on a committee **2.** [organisme] to be based in / *l'UNESCO siège à Paris* UNESCO's headquarters are in Paris **3.** *sout* [se trouver] to be located in / *chercher où siège la difficulté / l'infection* to seek to locate the difficulty / the infection.

In reformed spelling (see p. 16-19), this verb is conjugated like **semer**: ***il siègera, elle siègerait.***

siemens [sjemɛ̃s] nm siemens.

sien, sienne [sjɛ̃, sjɛn] (*mpl* **siens** [sjɛ̃], *fpl* **siennes** [sjɛn]) adj poss : *il a fait sienne cette maxime* *sout* he made this maxim his own / *une sienne cousine* *litt* a cousin of his / hers.

❖ **le sien, la sienne** (*mpl* **les siens**, *fpl* **les siennes**) pron poss his *m*, hers *f* ; [en se référant à un objet, un animal] its / *il préfère mon rôle au sien* he likes my part better than his (own) / *j'ai pris ma voiture et lui la sienne* I took my car and he took his / *elle est partie avec une valise qui n'était pas la sienne* she left with a suitcase that wasn't hers ou that didn't belong to her ; *(emploi nominal)* ▸ **les siens** one's family and friends ▸ **y mettre du sien a)** [faire un effort] to make an effort **b)** [être compréhensif] to be understanding ▸ **faire des siennes** *fam* : *Jacques a encore fait des siennes* Jacques has (gone and) done it again / *ma voiture ne cesse de faire des siennes!* my car's always playing up!

Sienne [sjɛn] npr Sienna.

siennes fpl ⟶ **sien.**

siens ⟶ **sien.**

siéra v ⟶ **seoir.**

sierra [sjera] nf sierra ▸ **la sierra Madre** the Sierra Madre ▸ **la sierra Nevada** the Sierra Nevada.

sierra-léonais, e [sjeraleɔnɛ, ɛz] adj Sierra Leonean.

❖ **Sierra-Léonais, e** nm, f Sierra Leonean.

Sierra Leone [sjeraleɔn] npr f ▸ **(la) Sierra Leone** Sierra Leone.

sieste [sjɛst] nf [repos] (afternoon) nap ou rest / *faire la sieste* to have ou to take a nap (in the afternoon) / *faire une petite sieste* to have a little nap / *dans les pays chauds, à l'heure de la sieste* in hot countries, at siesta time.

sieur [sjœr] nm **1.** DR ▸ **le sieur Pichard** Mr Pichard Esquire **2.** *fam & hum* : *le sieur Dupond* old Dupond.

sifflant, e [siflɑ̃, ɑ̃t] adj **1.** [respiration] hissing, whistling, wheezing **2.** LING sibilant.

❖ **sifflante** nf LING sibilant.

sifflement [sifləmɑ̃] nm **1.** [action - gén] whistling *(U)* ; [- d'un serpent] hiss, hissing / *entendre le sifflement du vent dans les arbres* to hear the wind whistling through the trees / *j'évite de me retourner sur les sifflements des maçons* I don't turn round when I hear builders wolf-whistling at me **2.** [bruit] whistle ▸ **sifflement d'oreilles** ringing in the ears.

siffler [3] [sifle] ◆ vi **1.** [serpent] to hiss ; [oiseau] to whistle ▸ **siffler comme un merle** ou **un pinson** *fig* to sing like a lark **2.** [personne] to whistle ; [gendarme, arbitre] to blow one's whistle **3.** [respirer difficilement] to wheeze **4.** [vent, train, bouilloire] to whistle / *les balles sifflaient de tous côtés* bullets were whistling all around us. ◆ vt **1.** [chanson] to whistle **2.** [chien, personne] to whistle for / *siffler les filles* to whistle at girls **3.** [suj: gendarme] to blow one's whistle at ; [suj: arbitre] to whistle for / *siffler la mi-temps* to blow the half-time whistle, to whistle for half-time / *siffler un penalty* to whistle for a penalty **4.** [orateur, pièce] to hiss, to boo, to catcall **5.** *fam* [boire] to swill down *(sép)*, to swig, to knock back *(sép)* / *il a sifflé toute la bouteille* he knocked back the whole bottle.

sifflet [siflɛ] nm [instrument] whistle / *donner un coup de sifflet* to (blow the) whistle / *donner le coup de sifflet final* SPORT to blow the final whistle ▸ **sifflet à roulette** (pea) whistle ▸ **sifflet à vapeur** steam whistle.

❖ **sifflets** nmpl [huées] hisses, catcalls / *quitter la scène sous les sifflets* to be booed off the stage.

siffleur, euse [siflœr, øz] ◆ adj [oiseau] whistling ; [serpent] hissing ▸ **merle siffleur** whistling blackbird. ◆ nm, f [à un spectacle] catcaller, heckler.

❖ **siffleur** nm ORNITH wigeon, widgeon.

siffleux [siflø] nm QUÉBEC [marmotte] groundhog, woodchuck.

sifflotement [siflɔtmɑ̃] nm whistling.

siffloter [3] [siflɔte] ◆ vt ▸ **siffloter qqch a)** [doucement] to whistle sthg to o.s. **b)** [gaiement] to whistle sthg happily. ◆ vi [doucement] to whistle to o.s. ; [gaiement] to whistle away happily.

sigillographie [siʒilɔgrafi] nf sigillography.

sigisbée [siʒizbe] nm *litt* escort ▸ **ses sigisbées** her gallant retinue *litt*.

sigle [sigl] nm acronym, initials.

sigma [sigma] *(pl* **sigma** *ou* **sigmas***) nm **1.** [lettre] sigma **2.** CHIM sigma bond.

signal, aux [siɲal,o] nm **1.** [signe] signal / *trois coups de pistolet servaient de signal* three pistol shots served as the signal ▸ **signal d'alerte** warning signal ▸ **donner le signal du départ a)** to give the signal for departure **b)** SPORT to give the starting signal ▸ **envoyer un signal de détresse** to send out a distress signal ou an SOS **2.** [annonce] : *cette loi a été le signal d'un changement de politique* this law signalled ou was the signal for a shift in policy **3.** [dispositif] signal ▸ **signal d'alarme** / **d'incendie** alarm / fire signal ▸ **actionner le signal d'alarme** to pull the alarm cord ▸ **signal optique** light signal ▸ **signal sonore** / **lumineux** sound / light signal ▸ **signal d'arrêt** stop sign ▸ **signal à bras** hand signal ▸ **signaux lumineux** AUTO traffic signals ou lights **4.** NAUT signal ▸ **signaux de port** port ou harbour signals **5.** RAIL signal ▸ **signal fermé** / **ouvert** on / off signal **6.** INFORM & TÉLÉC signal ▸ **signal analogique** / **numérique** analog / digital signal ▸ **signal d'appel** call waiting function **7.** ÉCON : *signal du marché* market indicator.

signalé, e [siɲale] adj *litt* [remarquable] signal, notable.

signalement [siɲalmɑ̃] nm description, particulars / *donner le signalement de son agresseur* to describe one's attacker.

signaler [3] [siɲale] vt **1.** [faire remarquer -faute, détail] to point out *(sép)*, to indicate, to draw attention to ; [-événement important] to draw attention to ; [-accident, cambriolage] to report ; [-changement d'adresse] to notify / *la serrure est cassée, il faudra le signaler* the lock's broken, we'll have to report it / *je l'ai signalé au propriétaire* I told the owner ▸ **signaler qqch à la police** to report sthg to the police / *on signale des secousses telluriques dans la région* there are reports of earth tremors in the area ▸ **rien à signaler** nothing to report / *à signaler encore, une exposition à Beaubourg* another event worth mentioning is an exhibition at the Pompidou Centre / *la qualité de la gravure est à signaler* the quality of the print is well worth noting ou worthy of note / *permettez-moi de vous signaler qu'il est interdit de...* allow me to draw your attention to the fact that ou to point out that it's forbidden to... / *il est déjà 11 h, je te signale!* for your information, it's already 11 o'clock ! / *son ouvrage n'est signalé nulle part dans votre thèse* his book is not mentioned anywhere in your thesis **2.** [suj: drapeau, sonnerie] to signal ; [suj: panneau indicateur] to signpost, to point to *(insép)* / *passage à niveau non signalé* unsignalled level crossing / *le village n'est même pas signalé au croisement* the village is not even signposted ou there's not even a signpost for the village at the junction / *la chapelle n'est pas signalée sur le plan* the chapel isn't indicated ou marked ou shown on the map / *il n'a pas signalé qu'il tournait* he didn't signal ou indicate that he was turning **3.** [dénoter] to indicate, to be the sign of / *c'est le symptôme qui nous signale la présence du virus* this symptom tells us that the virus is present.

❖ **se signaler à** vp + prép ▸ **se signaler à l'attention de qqn** to draw sb's attention to o.s. / *je me permets de me signaler à votre attention* I would like to draw your attention to my case.

❖ **se signaler par** vp + prép : *le mâle se signale par son long bec* the male is recognizable by its long beak / *elle ne s'est jamais signalée par quoi que ce soit* she's never done anything remarkable / *elle se signale surtout par son absence* she's remarkable mostly by her absence / *elle se signale surtout par sa bonne volonté* what sets her apart is her willingness to cooperate.

signalétique [siɲaletik] adj [plaque] descriptive, identification *(modif)*.

signaleur [siɲalœr] nm **1.** MIL signaller **2.** RAIL signalman.

signalisateur, trice [siɲalizatœr,tris] adj signalling.

signalisation [siɲalizasjɔ̃] nf **1.** [matériel] ▸ **signalisation aérienne** markings and beacons ▸ **signalisation maritime** naval signalling ▸ **signalisation routière a)** [sur la chaussée] (road) markings **b)** [panneaux] roadsigns **2.** [aménagement] : *faire la signalisation d'une section de route* to provide a stretch of road with signs and markings / *faire la signalisation d'une section de voie ferrée* to put signals along a stretch of railway line **3.** PSYCHOL signals **4.** RAIL signals ▸ **signalisation automatique** automatic signalling.

signaliser [3] [siɲalize] vt [route] to provide with roadsigns and markings ; [voie ferrée] to equip with signals ; [piste d'aéroport] to provide with markings and beacons ▸ **c'est bien** / **mal signalisé** [route] it's been well / badly signposted.

signataire [siɲatɛr] ◆ adj signatory. ◆ nmf signatory / *les signataires du traité* the signatories of the treaty.

signature [siɲatyr] nf **1.** [signe] signature / *elle a apposé sa signature au bas de la lettre* she signed the letter at the bottom of the page / *il ne manque plus que votre signature sur le contrat* it only remains for you to put your signature to *sout* ou to sign the contract ▸ **avoir la signature** DR to be an authorized signatory *(on behalf of a company)* ▸ **signature électronique** INFORM digital signature, e-signature **2.** [marque distinctive] signature / *cet attentat à la bombe porte leur signature* this bomb attack bears their mark ou imprint **3.** [artiste] : *les plus grandes signatures de la mode sont représentées dans le défilé* the greatest fashion houses ou designers are represented on the catwalk **4.** [acte] signing / *le courrier est parti à la signature* the letters have been sent for signing ou for signature / *vous serez payé à la signature du contrat* you'll be paid once the contract has been signed **5.** PHYS ▸ **signature spectrale** (characteristic) spectral signature **6.** IMPR signature, quire.

signe [siɲ] nm **1.** [geste] sign, gesture / *parler par signes* to communicate by sign language ou signs ▸ **faire un signe à qqn** to signal to sb ▸ **faire un signe de tête à qqn a)** [affirmatif] to nod to sb **b)** [négatif] to shake one's head at sb ▸ **faire un signe de la main à qqn** [pour saluer, attirer l'attention] to wave to sb, to wave one's hand at sb / *agiter la main en signe d'adieu* to wave goodbye / *elle me fit approcher d'un signe du doigt* she beckoned to me to come nearer ▸ **faire signe à qqn** to signal to sb / *il m'a fait signe d'entrer* he beckoned me in / *il m'a fait signe de sortir* he signalled to me to go out / *le douanier nous a fait signe de passer* the customs officer waved us through / *fais-lui signe de se taire* signal (to) him to be quiet ▸ **faire signe que oui** to nod (in agreement) ▸ **faire signe que non a)** [de la tête] to shake one's head (in refusal) **b)** [du doigt] to wave one's finger in refusal / *quand vous serez à Paris, faites-moi signe* *fig* when you're in Paris, let me know ▸ **signe de la croix** RELIG sign of the cross / *faire un signe de croix* ou *le signe de la croix* to cross o.s., to make the sign of the cross **2.** [indication] sign ▸ **c'est un signe a)** [mauvais] that's ominous **b)** [bon] that's a good sign ▸ **c'est signe de** : *c'est signe de pluie* / *de beau temps* it's a sign of rain / of good weather / *c'est signe de grands fléaux à venir* it portends *sout* ou signals evil days ahead ▸ **c'est signe que...** it's a sign that... / *il ne nous a pas téléphoné, c'est signe que tout va bien* he hasn't phoned us, it means ou it's a sign that everything's all right / *c'est signe qu'il est coupable* it shows ou it's a sign that he's guilty ▸ **c'est bon signe** it's a good sign, it augurs well *sout* ▸ **c'est mauvais signe** it's a bad sign, it's ominous ▸ **(un) signe de** : *il n'y a aucun signe d'amélioration* there's no sign of (any) improvement ▸ **c'est un signe des temps** / **des dieux** it's a sign of the times / from the Gods ▸ **il n'a pas donné signe de vie depuis janvier** there's been no sign of him since January ▸ **présenter des signes d'essoufflement** to show signs of being out of breath ▸ **donner des signes d'impatience** to give ou to show signs of impatience ▸ **la voiture donne des signes de fatigue** the car is beginning to show its age ▸ **signe annonciateur** ou **avant-coureur** ou **précurseur** forerunner, portent *litt* ▸ **signe prémonitoire** premonitory sign ▸ **signes extérieurs de richesse** DR outward signs of wealth **3.** [marque] mark ▸ **signe cabalistique** cabalistic sign ▸ **signes particuliers** ou **distinctifs** ADMIN distinguishing marks, special peculiarities / **'signes particuliers: néant'** 'distinguishing marks: none' **4.** LING, MATH, MÉD & MUS sign / *signe d'égalité* ou *d'équivalence* equals sign / *le signe moins* / *plus* the minus / plus sign **5.** IMPR ▸ **signe de correction** proofreading mark ou symbol ▸ **signe de ponctuation** punctuation mark **6.** ASTROL ▸ **signe (du zodiaque)** sign (of the zodiac) / *tu es de quel signe?* what sign are you ? ▸ **signe d'air** / **de terre** / **d'eau** / **de feu** air / earth / water / fire sign.

❖ **en signe de** loc prép as a sign ou mark of / *en signe de respect* as a sign ou mark of respect / *mettre un brassard en signe de deuil* to wear an armband as a sign of mourning.

❖ **sous le signe de** loc prép **1.** ASTROL under the sign of / *je suis né sous le signe du Cancer* I was born under the sign of Cancer **2.** *fig* : *la réunion s'est tenue sous le signe de la bonne humeur* the atmosphere at the meeting was good-humoured.

signé, e [siɲe] adj [exemplaire] signed ; [argenterie, bijoux] hallmarked.

signer [3] [siɲe] ◆ vt **1.** [chèque, formulaire, lettre] to sign ; [pétition] to sign, to put one's name to / *signer son nom* to sign one's name / *n'oubliez pas de signer le chèque* don't forget to sign the cheque / **'signer ici'** '(please) sign here' / *signer son arrêt de mort* *fig* to sign one's (own) death warrant **2.** [laisser sa marque personnelle] to sign, to put one's signature to / *en étranglant sa victime, il a signé son crime* by strangling his victim, he put his signature to the crime ▸ **c'est signé!** it's easy to guess who did that ! / *cette pagaille, c'est signé Maud!* *fam* this mess is obviously Maud's handiwork ! **3.** [officialiser -contrat, traité] to sign / *nous allons signer un accord commercial avec Dandy* we're going to sign a commercial agreement with Dandy / *il a signé un contrat de deux ans avec Marseille* FOOT he's signed up with Marseille for two years **4.** [être l'auteur de -argenterie] to hallmark ; [-pièce, film] to be the author of ; [-tableau] to sign ; [-ligne de vêtements] to be the creator of / *elle a signé les meilleures chansons de l'époque* she wrote all the best songs of that era / *il a signé ses derniers tableaux d'un pseudonyme* he signed his latest pictures with a pseudonym / *c'est un bronze signé Degas* it's one of Degas' bronzes **5.** [dédicacer -livre] to sign copies of / *X signera son livre demain* tomorrow, X will be signing copies of his book. ◆ vi **1.** [tracer un signe] to sign ▸ **signer d'une croix** / **de son sang** to sign with a cross / in one's blood / *c'est écrit «je reviens» et c'est signé Paul* it says "I'll be back" and it's signed Paul / *elle signe toujours «Julie B»* she always signs herself "Julie B" **2.** [établir un acte officiel] to sign / *nous signons demain pour la maison* we're signing (the papers) for the house tomorrow.

❖ **se signer** vpi to cross o.s., to make the sign of the cross.

signet [siɲɛ] nm [d'un livre] bookmark, INTERNET ▸ **mettre un signet sur** to bookmark.

signifiant [siɲifjɑ̃] nm signifier.

significatif, ive [siɲifikatif,iv] adj **1.** [riche de sens -remarque, geste, symbole] significant ; [-regard] significant, meaningful / *de façon significative* significantly / *il est significatif que la radio n'en parle pas* it's significant that the radio's kept quiet about it **2.** [révélateur] ▸ **significatif de** revealing ou suggestive of ▸ **c'est très significatif de son caractère** / **ses goûts** it says a lot about her character / her taste **3.** [important -écart, différence, changement] significant **4.** MATH ▸ **chiffre significatif** significant figure.

signification [siɲifikasjɔ̃] nf **1.** [sens -d'un terme, d'une phrase, d'un symbole] meaning, signification *sout* ; [-d'une action] meaning / *lourd de signification* pregnant with meaning *sout* **2.** [importance -d'un événement, d'une déclaration] import, significance / *il n'y a eu que des changements sans signification* there were only inconsequential changes / *c'est une mesure sans signification pour la suite du travail* this measure has no significance for the rest of the work **3.** DR (official) notification ▸ **signification à domicile** service to an address **4.** LING ▸ **la signification** signifying, the signifying processes.

significativement [siɲifikativmɑ̃] adv significantly / *la récession affecte significativement la consommation* the recession is significantly affecting consumption.

signifié [siɲifje] nm ▸ **le signifié** the signified.

signifier [9] [siɲifje] vt **1.** [avoir tel sens -suj: mot, symbole] to mean, to signify / *que signifie ce dicton?*

* In reformed spelling (see p. 16-19).

what does this saying mean? / *les statistiques ne signifient rien pour moi* figures don't mean anything ou a thing to me / *le signe x signifie « multiplié par »* the x sign means "multiplied by" **2.** [indiquer - suj: mimique, geste, acte] to mean / *que signifie ce sourire?* what does that smile mean? / *il y a peu d'espoir de le retrouver, mais cela ne signifie pas que l'on va abandonner* there's little hope of finding him, but it doesn't mean ou imply that we're giving up / *il ne m'a pas encore téléphoné — cela ne signifie rien* he hasn't phoned me yet — that doesn't mean anything / *de telles menaces ne signifient rien de sa part* such threats mean nothing coming from him; [pour exprimer l'irritation] : *que signifie ceci?* what's the meaning of this? / *ils donnent de l'argent d'une main et le reprennent de l'autre, qu'est-ce que ça signifie?* what do they think they're doing giving out money with one hand and taking it back with the other? **3.** [être le signe avant-coureur de] to mean, to betoken *sout* / *les brumes matinales signifient que l'automne approche* the morning mists mean that autumn will soon be here / *cela signifierait sa ruine* that would spell ruin for her **4.** [impliquer] to mean, to imply / *sa promotion signifie un surcroît de travail pour moi* her promotion means a lot more work for me **5.** *sout* [notifier] to notify ▸ **signifier ses intentions à qqn** to make one's intentions known ou to state one's intentions to sb / *il m'a signifié son départ / son accord* he has informed me that he is leaving / that he agrees / *il lui a signifié que...* he informed him / her that... / *j'ai écrit au ministre pour lui signifier mon indignation* I've written to the Minister to express my indignation ▸ **signifier son congé à qqn** to give sb notice of dismissal *sout*, to give sb his / her notice **6.** DR [jugement] to notify ▸ **signifier à qqn que...** to serve notice on ou upon sb that...

sikh [sik] adj & nm Sikh.

sikhisme [sikism] nm Sikhism.

sil [sil] nm ochreous clay.

silence [silɑ̃s] nm **1.** [absence de bruit] silence ▸ **un peu de silence, s'il vous plaît! a)** [avant un discours] (be) quiet please! **b)** [dans une bibliothèque, une salle d'étude] quiet ou silence, please! / *mais papa, je... — silence* but Daddy, I... — (be) quiet ou not another word (out of you)! / *demander* ou *réclamer le silence* to call for silence / *à son arrivée, tout le monde fit silence* there was a hush ou everyone fell silent when she arrived ▸ **garder le silence** to keep silent ou quiet ▸ **faire** ou **obtenir le silence** to make everyone keep quiet ▸ **silence on tourne!** CINÉ quiet on the set! / *dans le silence de la nuit* in the still ou silence of the night / *le silence de la mer* the stillness ou calm of the sea / *il régnait un silence de mort* it was as quiet ou silent as the grave ▸ **silence radio** radio silence **2.** [secret] ▸ **acheter le silence de qqn** to buy sb's silence, to pay sb to keep quiet ▸ **garder le silence sur qqch** to keep quiet about sthg / *gardez le silence là-dessus* keep this very quiet ▸ **imposer le silence à qqn** to shut sb up ▸ **passer qqch sous silence** to pass over sthg in silence, to keep quiet about sthg **3.** [lacune] : *le silence de la loi en la matière* the absence of legislation regarding this matter **4.** [pause] silence; [dans la conversation] : *une lettre vint enfin rompre son silence* a letter came, thus breaking his silence / *après 15 ans de silence, elle publia un roman* after a 15-year silence ou break, she published a novel / *son récit était entrecoupé de nombreux silences* his story was interrupted by numerous pauses **5.** MUS rest.

❖ **en silence** loc adv [se regarder] in silence, silently; [se déplacer] silently, noiselessly; [souffrir] in silence, uncomplainingly.

silencieusement [silɑ̃sjøzmɑ̃] adv [se regarder] silently, in silence; [se déplacer] in silence, noiselessly; [souffrir] in silence, uncomplainingly.

silencieux, euse [silɑ̃sjø, øz] adj **1.** [où règne le calme - trajet, repas, salle] quiet, silent **2.** [qui ne fait pas de bruit - pendule, voiture] quiet, noiseless; [- mouvement] noiseless **3.** [qui ne parle pas] silent, quiet / *la majorité silencieuse* the silent majority; [taciturne] quiet, silent, uncommunicative *péj*.

❖ **silencieux** nm **1.** ARM silencer **2.** AUTO silencer UK, muffler US.

silène [silɛn] nm BOT ▸ **silène acaule** bladder campion.

Silésie [silezi] npr f ▸ **(la) Silésie** Silesia ▸ **(la) basse / haute Silésie** Lower / Upper Silesia.

silex [silɛks] nm **1.** GÉOL flint, flintstone **2.** ARCHÉOL flint, flint tool.

silhouette [silwɛt] nf **1.** [ligne générale - du corps] figure; [- d'un véhicule] lines / *elle a une jolie silhouette* she's got a nice ou good figure **2.** [contours] silhouette, outline; [forme indistincte] (vague) form / *leurs silhouettes se détachaient sur le soleil couchant* they were silhouetted against the sunset / *je vis une silhouette dans le brouillard / derrière les rideaux* I saw a shape in the fog / behind the curtains **3.** MIL ▸ **silhouette de tir** figure ou silhouette target **4.** ART silhouette.

silhouetter [4] [silwete] vt ART [dessiner les contours de] to outline; [découper dans du papier] to silhouette.

❖ **se silhouetter sur** vp + prép *litt* to stand out ou to be silhouetted against.

silicate [silikat] nm silicate.

silice [silis] nf silica ▸ **verre de silice** silica glass, vitreous silica.

siliceux, euse [silisø, øz] adj siliceous ▸ **roches siliceuses** siliceous deposits.

silicium [silisjɔm] nm silicon.

siliciure [silisjyʀ] nm silicide.

silicone [silikon] nf silicone.

siliconer [silikɔne] vt to coat with silicone.

silicose [silikoz] nf silicosis.

silicosé, e [silikoze] ◆ adj silicotic. ◆ nm, f silicosis sufferer.

sillage [sijaʒ] nm **1.** NAUT [trace] wake; [remous] wash **2.** [d'une personne, d'un véhicule] wake / *il y avait toujours deux ou trois gamins dans son sillage* she always had two or three kids following her around / *les troupes n'avaient laissé que désolation dans leur sillage* the troops had left total devastation in their wake / *cette mesure entraîne dans son sillage une refonte de nos structures hospitalières* this decision carries along with it a restructuring of our hospital system ▸ **marcher dans le sillage de qqn** *pr & fig* to follow in sb's footsteps ou wake **3.** AÉRON [trace] (vapour) trail; [remous] wake **4.** PHYS wake.

sillon [sijɔ̃] nm **1.** AGR [de gros labours] furrow; [petite rigole] drill **2.** *litt* [ride] furrow **3.** [d'un disque] groove **4.** ANAT [du cerveau] fissure, sulcus ▸ **sillon fessier** anal cleft.

sillonner [3] [sijɔne] vt **1.** [parcourir - suj: canaux, voies] to cross, to criss-cross / *des éclairs sillonnaient le ciel* flashes of lightning were streaking the sky / *j'ai sillonné la Bretagne* I've visited every corner of ou I've travelled the length and breadth of Brittany / *il sillonnait les mers depuis 20 ans* he'd been ploughing the (ocean) waves for 20 years / *le pays est sillonné de rivières* the country is criss-crossed by rivers **2.** *sout* [marquer] to furrow, to groove / *son visage sillonné de rides* his furrowed ou deeply lined face **3.** AGR to furrow.

silo [silo] nm **1.** AGR silo / *mettre en silo* to silo **2.** MIL silo.

silotage [silɔtaʒ] nm ensilage.

silt [silt] nm silt.

silure [silyʀ] nm [glane] sheatfish; [poisson-chat] catfish.

silurien, enne [silyʀjɛ̃, ɛn] adj Silurian.

❖ **silurien** nm Silurian.

sima [sima] nm sima.

simagrées [simagʀe] nfpl ▸ **faire des simagrées** [minauder] to put on airs / *tu l'aurais vue faire ses simagrées!* you should've seen her simpering!

simien, enne [simjɛ̃, ɛn] adj ZOOL simian.

❖ **simien** nm simian, ape.

simiesque [simjɛsk] adj monkey-like, ape-like, simian.

similaire [similɛʀ] adj similar.

similarité [similaʀite] nf *sout* similarity, likeness.

simili [simili] ◆ préf ▸ **simili marbre** imitation marble ▸ **simili pierre** artificial stone. ◆ nm **1.** [imitation] ▸ **c'est du simili** it's artificial ou an imitation **2.** [cliché] half-tone engraving. ◆ nf [procédé] half-tone process.

similicuir [similikɥiʀ] nm imitation leather, Leatherette®.

similigravure [similigʀavyʀ] nf **1.** [procédé] half-tone process **2.** [cliché] half-tone engraving.

similitude [similityd] nf **1.** [d'idées, de style] similarity, similitude *sout*; [de personnes] similarity, likeness ▸ **leur similitude** the likeness between them **2.** MATH similarity.

simonie [simɔni] nf simony.

simoun [simun] nm simoon.

simple [sɛ̃pl] ◆ adj **1.** [facile - exercice, système] straightforward, simple, easy / *pour aller à Paris, c'est tout ce qu'il y a de plus simple* the way to Paris is very straightforward ou extremely simple / *ce n'est pas simple d'élever des enfants!* bringing up children isn't easy! / *c'est très simple à utiliser* it's very easy ou simple to use ▸ **c'est simple comme bonjour** it's as easy as ABC ou as pie **2.** *(avant nom)* [avec une valeur restrictive] mere, simple / *c'est une simple question d'argent* it's simply ou only a matter of money / *pour la simple raison que...* for the simple reason that... / *réduit à sa plus simple expression* reduced to its simplest form / *vous aurez une démonstration gratuite sur simple appel* all you need do is (to) ou simply phone this number for a free demonstration / *ce n'est qu'une simple formalité* it's merely a ou it's a mere formality / *ça s'ouvre d'une simple pression du doigt* it opens simply by pressing on it / *d'un simple bond, il franchit le fossé* with one bound, he was on the other side of the ditch / *ce n'est qu'un simple employé de bureau* he's just an ordinary office worker **3.** [non raffiné - gens] unaffected, uncomplicated; [- objets, nourriture, goûts] plain, simple / *ils ont des goûts très simples* they have very simple tastes ▸ **elle est apparue dans le plus simple appareil** she appeared in her birthday suit *hum* **4.** [ingénu] simple, simple-minded **5.** [non composé - mot, élément, fleur, fracture] simple; [- chaînette, nœud] single **6.** CHIM ▸ **liaison simple** single bond. ◆ nm **1.** [ce qui est facile] : *aller du simple au complexe* to progress from the simple to the complex **2.** [proportion] : *augmenter du simple au double* to double / *les prix varient du simple au double* prices can double / *passer du simple au triple* to triple **3.** SPORT singles / *jouer en simple* to play a singles match ▸ **simple messieurs / dames** men's / ladies' singles.

❖ **simples** nmpl medicinal herbs ou plants.

❖ **simple d'esprit** ◆ nm simpleton, halfwit. ◆ loc adj : *il est un peu simple d'esprit* he's a bit simple.

simplement [sɛ̃pləmɑ̃] adv **1.** [seulement] simply, merely, just / *je l'ai simplement touchée et elle s'est mise à crier* I simply ou merely touched her and she started to scream / *je te demande simplement de me dire la vérité* I'm simply ou just asking you to tell me the truth **2.** [sans apprêt - parler] unaffectedly, simply; [- s'habiller] simply, plainly / *elle nous a reçus très simplement* she received us simply ou without ceremony / *la chambre est décorée très simplement* the room is plainly decorated / *nous avons déjeuné très simplement* we had a very simple ou plain lunch **3.** [clairement] :*expliquer qqch simplement* to explain sthg in simple ou straightforward terms.

simplet, ette [sɛ̃plɛ, ɛt] adj **1.** [personne - peu intelligente] simple, simple-minded; [- ingénue] naïve / *elle est un peu simplette* she's a bit simple **2.** [sans finesse - jugement, réponse, scénario] simplistic, black-and-white.

simplex [sɛ̃plɛks] nm INFORM simplex.

simplicité [sɛ̃plisite] nf **1.** [facilité] simplicity, straightforwardness / *l'exercice est d'une simplicité enfantine* the exercise is child's play / *l'opération est d'une grande simplicité* the operation is very straightforward / *cette machine est la simplicité même* this machine is simplicity itself **2.** [de vêtements, d'un décor, d'un repas] plainness, simplicity ▸ **avec simplicité** simply, plainly / *nous avons dîné en toute simplicité* we had a very simple dinner **3.** [naturel] unaffectedness, lack of affectation / *j'aimais sa simplicité* her lack of affectation appealed to me **4.** [naïveté] naivety / *il fallait être d'une grande simplicité pour y croire* it would have taken a great deal of naivety to believe it.

simplifiable [sɛ̃plifjabl] adj **1.** MATH reducible **2.** [procédé] which can be simplified ou made simpler.

simplificateur, trice [sɛ̃plifikatœʀ, tʀis] adj simplifying.

simplification [sɛ̃plifikasjɔ̃] nf **1.** MATH reduction **2.** [d'un système] simplification, simplifying.

simplifier [9] [sɛ̃plifje] vt **1.** [procédé] to simplify ; [explication] to simplify, to make simpler / *en simplifiant le texte à outrance* ou *à l'excès* by oversimplifying the text / *si tu me disais la vérité, cela simplifierait les choses* it would make things easier if you told me the truth **2.** MATH [fraction] to reduce, to simplify ; [équation] to simplify.

❖ **se simplifier** ◆ vpi to become simplified ou simpler / *avec l'automatisation, les procédés de fabrication se simplifient* automation has simplified manufacturing processes. ◆ vpt to simplify / *elle se simplifie l'existence en refusant de prendre des responsabilités* she makes her life simpler by refusing to take any responsibility.

simplisme [sɛ̃plism] nm simplism.

simpliste [sɛ̃plist] adj simplistic, oversimple.

Simplon [sɛ̃plɔ̃] npr m ▸ **le Simplon** the Simplon Pass.

simulacre [simylakʀ] nm **1.** [par jeu, comme méthode] imitation **2.** [pour tromper] ▸ **un simulacre de négociations** mock ou sham negotiations ▸ **un simulacre de résistance** a (poor) show of resistance / *ce n'était qu'un simulacre de procès* it was a mockery of a trial.

simulateur, trice [simylatœʀ, tʀis] nm, f **1.** [imitateur] simulator / *simulateur, va!* hum you're such a fraud ! **2.** [faux malade] malingerer.

❖ **simulateur** nm AÉRON, INFORM & MIL simulator ▸ **simulateur de vol** flight simulator.

simulation [simylasjɔ̃] nf **1.** [d'un sentiment] feigning, faking, simulation ; [d'une maladie] malingering **2.** MIL & TECHNOL simulation ▸ **simulation sur ordinateur** computer simulation **3.** DR nondisclosure ou concealment of contract.

simulé, e [simyle] adj **1.** [pitié, douleur] faked, feigned **2.** AÉRON, INFORM & MIL simulated **3.** DR ▸ **acte simulé** bogus deed *(concealing a contract).*

simuler [3] [simyle] vt **1.** [feindre -douleur, ivresse, folie] to feign ▸ **simuler l'innocence** to put on an air ou a show of innocence / *il simule la cécité* he feigns blindness ▸ **simuler la maladie a)** [appelé, employé] to malinger **b)** [enfant] to pretend to be ill / *l'animal simule la mort* the animal is playing dead ; *(en usage absolu)* : *je ne pense pas qu'elle simule* I don't think she's pretending **2.** MIL & TECHNOL to simulate **3.** DR [acte] to deceive *(by nondisclosure of a contract).*

simultané, e [simyltane] adj simultaneous.

❖ **simultanée** nf JEUX simultaneous game (of chess).

simultanéisme [simyltaneism] nm LITTÉR use of simultaneous narratives.

simultanéité [simyltaneite] nf simultaneity, simultaneousness.

simultanément [simyltanemɑ̃] adv simultaneously.

Sinaï [sinaj] npr m ▸ **le Sinaï** Sinai ▸ **le mont Sinaï** Mount Sinai.

sinanthrope [sinɑ̃tʀɔp] nm Sinanthropus, Peking Man.

sinapisme [sinapism] nm sinapism, mustard plaster.

sincère [sɛ̃sɛʀ] adj **1.** [amitié, chagrin, remords] sincere, genuine, true ; [personne] sincere, genuine ; [réponse] honest, sincere / *tu n'es pas sincère quand tu dis cela* you're being insincere in saying that **2.** [dans les formules de politesse] : *nos vœux les plus sincères* our very best wishes / *je vous présente mes sincères condoléances* please accept my sincere ou heartfelt condolences / *veuillez agréer mes sincères salutations* yours sincerely, yours truly US **3.** DR [acte] genuine, authentic.

sincèrement [sɛ̃sɛʀmɑ̃] adv **1.** [franchement] sincerely, genuinely, truly / *je crois sincèrement en son repentir* I genuinely believe she has repented **2.** *(en tête de phrase)* [réellement] honestly, frankly / *sincèrement, tu me déçois* you really disappoint me / *sincèrement, ça ne valait pas le coup* to tell you the truth, it wasn't worth it.

sincérité [sɛ̃seʀite] nf **1.** [franchise] sincerity / *je ne remets pas en cause sa sincérité* I'm not saying she wasn't sincere ou genuine / *en toute sincérité* in all sincerity, to be quite honest / *manque de sincérité* lack of sincerity, disingenuousness **2.** [authenticité -d'une amitié, de remords] genuineness ; [-d'une réponse] honesty **3.** [absence de truquage -d'une élection, d'un document] honesty, genuineness.

sinécure [sinekyʀ] nf sinecure / *ce n'est pas une sinécure* fam it's no picnic.

sine die [sinedje] loc adv sine die ▸ **remettre qqch sine die** to postpone sthg indefinitely.

sine qua non [sinekwanɔn] loc adj inv ▸ **condition sine qua non** essential condition / *c'est la condition sine qua non de ma participation* it's an essential condition if I am to take part at all.

Singapour [sɛ̃gapuʀ] npr Singapore ▸ **à Singapour** in Singapore.

singapourien, enne [sɛ̃gapuʀjɛ̃, ɛn] adj Singaporean.

❖ **Singapourien, enne** nm, f Singaporean.

singe [sɛ̃ʒ] nm **1.** ZOOL [à longue queue] monkey ; [sans queue] ape ▸ **les grands singes** the (great) apes ▸ **faire le singe a)** [faire des grimaces] to make faces **b)** [faire des pitreries] to clown ou to monkey around ▸ **le singe imite l'homme!** copy cat ! **2.** tfam [chef] boss **3.** tfam [bœuf en conserve] corned beef.

singe-araignée [sɛ̃ʒaʀɛɲe] (*pl* **singes-araignées**) nm ZOOL spider monkey.

singer [17] [sɛ̃ʒe] vt **1.** [personne] to ape, to mimic **2.** [manières distinguées, passion] to feign, to fake.

singerie [sɛ̃ʒʀi] nf [section d'un zoo] monkey ou ape house.

❖ **singeries** nfpl [tours et grimaces] clowning ; [d'un clown] antics ; péj [manières affectées] affectedness, airs and graces ▸ **faire des singeries** to clown ou to monkey around.

single [siŋgəl] nm **1.** [disque] single **2.** RAIL single sleeper **3.** SPORT singles (game) **4.** [dans un hôtel] single (room).

singlet [sɛ̃glɛ] nm BELG singlet.

singleton [sɛ̃glətɔ̃] nm **1.** CARTES singleton **2.** MATH singleton (set).

singulariser [3] [sɛ̃gylaʀize] vt ▸ **singulariser qqn** to make sb conspicuous ou stand out.

❖ **se singulariser** ◆ vp *(emploi réfléchi)* [se faire remarquer] to make o.s. conspicuous / *il faut toujours que tu te singularises!* you always have to be different from everyone else, don't you ? ◆ vpi [être remarquable] ▸ **se singulariser par** : *il s'est singularisé par son courage* he stood out thanks to his courage.

singularité [sɛ̃gylaʀite] nf **1.** [étrangeté -d'un comportement, d'idées, d'une tenue] oddness, strangeness **2.** [trait distinctif -d'une personne] peculiarity ; [-d'un système] distinctive feature, peculiarity / *la boîte présentait cette singularité de s'ouvrir par l'arrière* the box was unusual in that it opened at the back **3.** litt [unicité] uniqueness **4.** MATH & PHYS singularity.

singulier, ère [sɛ̃gylje, ɛʀ] adj **1.** [comportement, idées] odd, strange, singular sout / *je trouve singulier que...* I find it odd ou strange that... **2.** [courage, beauté] remarkable, rare, unique **3.** LING singular **4.** [d'un seul] singular, single.

❖ **singulier** nm LING singular.

singulièrement [sɛ̃gyljɛʀmɑ̃] adv **1.** [beaucoup] very much / *il m'a singulièrement déçu* I was extremely disappointed in him ▸ **singulièrement beau** extremely ou remarkably handsome ▸ **singulièrement réussi** hugely successful **2.** [bizarrement] oddly, in a strange ou peculiar way **3.** [notamment] especially, particularly.

sinisant, e [sinizɑ̃, ɑ̃t] nm, f **1.** [sinologue] specialist in the subject of China **2.** [qui parle chinois] Chinese speaker.

sinisation [sinizasjɔ̃] nf sinicization.

siniser [3] [sinize] vt to bring under Chinese influence.

sinistre [sinistʀ] ◆ adj **1.** [inquiétant -lieu, bruit] sinister ; [-personnage] sinister, evil-looking / *un sinistre présage* an ill omen **2.** [triste -personne, soirée] dismal / *comment c'était, Noël avec tes parents? — sinistre!* how was Christmas with your parents ? — gruesome ! hum **3.** *(avant nom)* [en intensif] : *c'est un sinistre imbécile / une sinistre canaille* he's a total idiot / crook. ◆ nm **1.** [incendie] fire, blaze ; [inondation, séisme] disaster / *les pompiers se sont rendus maîtres du sinistre* the firemen have the fire under control **2.** DR [incendie] fire ; [accident de la circulation] accident ▸ **déclarer un sinistre** to put in a claim / *évaluer un sinistre* to estimate a claim.

sinistré, e [sinistʀe] ◆ adj [bâtiment, village, quartier -gén] damaged, stricken ; [-brûlé] burnt-out ; [-bombardé] bombed-out ; [-inondé] flooded / *la ville est sinistrée* [après un tremblement de terre] the town has been devastated by the earthquake ▸ **les personnes sinistrées a)** the disaster victims **b)** [après des inondations] the flood victims ▸ **région** ou **zone (déclarée) sinistrée** ADMIN disaster area. ◆ nm, f disaster victim.

sinistrement [sinistʀəmɑ̃] adv sinisterly, in a sinister way ▸ **rire sinistrement** to give a sinister laugh.

sinistrose [sinistʀoz] nf fam (systematic) pessimism / *le pays est en proie à la sinistrose* the country's morale is very low.

Sinn Féin [sinfɛjn] npr m Sinn Féin.

sinn-feiner [sinfɛjnœʀ] (*pl* **sinn-feiners**) nmf Sinn Feiner.

sinologie [sinɔlɔʒi] nf sinology.

sinologue [sinɔlɔg] nmf specialist in Chinese studies, sinologist.

sinon [sinɔ̃] conj **1.** [sans cela] otherwise, or else / *je ne peux pas me joindre à vous, sinon je l'aurais fait avec plaisir* I can't join you, otherwise I would have come with pleasure / *j'essaierai d'être à l'heure, sinon partez sans moi* I'll try to be on time, but if I'm not go without me / *tiens-toi tranquille, sinon je me fâche* keep still, or else ou otherwise I'll get angry ▸ **tais-toi, sinon...!** be quiet or else... ! **2.** [si ce n'est] if not / *elle était, sinon jolie, du moins gracieuse* she was, if not pretty, at least graceful / *faites-le, sinon avec plaisir, du moins de meilleure grâce* if you can't do it with pleasure, at least do it with better grace / *elle l'a, sinon aimé, du moins apprécié* although ou if she didn't like it she did at least appreciate it / *elle est une des rares, sinon la seule, à y avoir cru* she was one of the few, if not the only one, who believed it **3.** [excepté] except, other than / *que faire, sinon attendre?* what can we do other than ou except wait ?

❖ **sinon que** loc conj except that / *je ne sais rien, sinon qu'il est parti* I don't know anything, except that ou only that he's left.

sinoque [sinɔk] adj tfam nutty, loony / *t'es sinoque!* you're off your rocker !

sino-tibétain, e [sinɔtibetɛ̃, ɛn] (*mpl* **sino-tibétains,** *fpl* **sino-tibétaines**) adj Sino-Tibetan.

❖ **sino-tibétain** nm LING Sino-Tibetan.

sinueux, euse [sinɥø, øz] adj **1.** [chemin] winding, sinuous ; [fleuve] winding, meandering / *rivière au cours sinueux* meandering ou sinuous river **2.** [pensée] convoluted, tortuous.

sinuosité [sinɥozite] nf **1.** [fait d'être courbé -chemin] winding ; [-rivière] winding, meandering **2.** [courbe -d'un chemin] curve, bend ; [-d'une rivière] meander.

❖ **sinuosités** nfpl fig tortuousness, convolutions.

sinus [sinys] nm **1.** ANAT sinus ▸ **sinus du cœur** sinus venosus ▸ **sinus veineux** venous sinuses **2.** MATH sine.

sinusal, e, aux [sinyzal, o] adj sinoauricular.

sinusien, enne [sinyzjɛ̃, ɛn] adj sinus *(modif)*, sinusal.

sinusite [sinyzit] nf sinusitis.

sinusoïdal, e, aux [sinyzɔidal, o] adj sinusoidal.

sinusoïde [sinyzɔid] ◆ nm ANAT sinusoid. ◆ nf MATH sine curve.

Sion [sjɔ̃] npr Zion, Sion.

sionisme [sjɔnism] nm Zionism.

sioniste [sjɔnist] adj & nmf Zionist.

sioux [sju] adj **1.** ANTHR Siouan **2.** fam [astucieux] sharp.

❖ **Sioux** nmf Sioux ▸ **les Sioux** the Sioux (Indians).

❖ **sioux** nm LING Sioux.

siphoïde [sifɔid] adj siphon-shaped, siphonal.
siphon [sifɔ̃] nm **1.** MÉD, PHYS & ZOOL siphon **2.** [d'appareils sanitaires] trap, U-bend **3.** [carafe] soda siphon UK, siphon bottle US **4.** TRAV PUB (inverted) siphon.
siphonné, e [sifɔne] adj *fam* [fou] batty, crackers.
siphonner [3] [sifɔne] vt to siphon / *siphonner de l'eau / un réservoir* to siphon off water / a reservoir.
sire [siʀ] nm **1.** [seigneur] lord ▸ **un triste sire** a dubious character **2.** [titre] ▸ **Sire a)** [roi] Sire *arch*, Your Majesty **b)** [empereur] Sire *arch*, Your Imperial Majesty.
sirène [siʀɛn] nf **1.** [des pompiers] fire siren ; [d'une voiture de police, d'une ambulance, d'une usine] siren ; [d'un navire] siren, (fog) horn **2.** MYTH siren **3.** [femme séduisante] siren.
sirénien [siʀenjɛ̃] nm sirenian ▸ **les siréniens** the Sirenia.
Sirius [siʀjys] npr ASTRON Sirius.
sirocco [siʀɔko] nm sirocco.
sirop [siʀo] nm **1.** CULIN [concentré] syrup, cordial ; [dilué] (fruit) cordial ou drink ▸ **sirop d'érable** maple syrup ▸ **sirop de fraise / de menthe** strawberry / mint cordial ▸ **sirop d'orgeat** barley water **2.** PHARM syrup ▸ **sirop pour** ou **contre la toux** cough mixture **3.** *fig & péj* mawkishness, schmaltz / *son film, c'est du sirop* his film is pure schmaltz **4.** BELG CULIN *thick apple or pear syrup.*
siroperie [siʀɔpʀi] nf BELG *place where "sirop" is made.*
siroter [3] [siʀɔte] ◆ vt to sip, to take sips of. ◆ vi *fam* to booze / *il sirote bien* he likes a drop of the hard stuff.
SIRPA, Sirpa [siʀpa] (abr de **Service d'information et de relations publiques des armées**) npr m *French army public information service.*
sirtaki [siʀtaki] nm DANSE sirtaki.
sirupeux, euse [siʀypø, øz] adj **1.** [visqueux et sucré] syrupy **2.** *sout & péj* [sentiment] schmaltzy *péj*, syrupy *péj.*
sis, e [si, siz] adj *sout ou* DR ▸ **sis à** located ou situated at.
sisal, als [sizal] nm sisal.
sismal, e, aux [sismal, o] = **séismal.**
sismicité [sismisite] nf seismicity.
sismique [sismik] adj seismic.
sismogramme [sismɔgʀam] nm seismogram.
sismographe [sismɔgʀaf] nm seismograph.
sismologie [sismɔlɔʒi] nf seismology.
sismologique [sismɔlɔʒik] adj seismological.
sismologue [sismɔlɔg] nmf seismologist.
sismomètre [sismɔmɛtʀ] nm seismometer.
sismométrie [sismɔmetʀi] nf seismometry.
sismothérapie [sismɔteʀapi] nf shock therapy.
sistre [sistʀ] nm sistrum.
Sisyphe [sizif] npr Sisyphus ▸ **le mythe de Sisyphe** the myth of Sisyphus ▸ **le rocher de Sisyphe** the rock of Sisyphus ▸ **un travail de Sisyphe** a never-ending task.
sitar [sitaʀ] nm sitar.
sitariste [sitaʀist] nmf sitar player, sitarist.
sitcom [sitkɔm] nf ou nm sitcom.
site [sit] nm **1.** [panorama] beauty spot / *il y a plusieurs sites touristiques par ici* there are several tourist spots ou places of interest for tourists round here ▸ **site classé** ADMIN conservation area ; ≃ National Trust area UK ▸ **site historique** historical site **2.** [environnement] setting **3.** [emplacement] site, siting / *le choix du site de la centrale a posé problème* the siting of the power station has caused problems ▸ **site archéologique a)** [gén] archeological site **b)** [en cours d'excavation] archeological dig ▸ **site de lancement** launch area **4.** INTERNET site ▸ **site FTP** FTP site ▸ **site périmé** cobweb site ▸ **site Web** ou **Internet** website **5.** CHIM, ÉCON & INFORM site **6.** TRANSP ▸ **site propre** bus lane.
❖ **de site** loc adj MIL ▸ **angle / ligne de site** angle / line of sight.
sit-in [sitin] nm inv sit-in ▸ **faire un sit-in** to stage a sit-in.
sitôt [sito] ◆ adv **1.** [avec une participiale] : *sitôt levé, je me mettais au travail* no sooner was I up than I'd start work, I'd start work as soon as I was up / *sitôt le dîner fini, il partit* as soon as dinner was over, he left ▸ **sitôt dit, sitôt fait** no sooner said than done **2.** *litt* [aussitôt] immediately / *sitôt après l'orage* immediately after the storm / *sitôt après la gare* just ou immediately past the station **3.** *litt* [si rapidement] : *une rose épanouie et sitôt fanée* a rose in full bloom and yet so quick to wither. ◆ prép *litt* : *sitôt son élection…* as soon as she was elected…, no sooner was she elected…
❖ **pas de sitôt** loc adv : *on ne se reverra pas de sitôt* we won't be seeing each other again for a while / *je n'y retournerai pas de sitôt!* I won't go back there ou you won't catch me going back there in a hurry! / *la société idéale n'existera pas de sitôt* the ideal society is a long way off.
❖ **sitôt que** loc conj *litt* as soon as / *sitôt qu'il la vit, il se mit à rire* as soon as he saw her he started to laugh.
situation [sitɥasjɔ̃] nf **1.** [circonstances] situation / *situation économique / politique* economic / political situation / *quelle est votre situation financière exacte?* what is your precise ou exact financial position? / *ma situation financière n'est pas brillante!* my financial situation is ou my finances are none too healthy! / *se trouver dans une situation délicate* to find o.s. in an awkward situation ou position / *je n'aimerais pas être dans ta situation* I wouldn't like to be in your position / *tu vois un peu la situation!* do you get the picture? / *c'est l'homme de la situation* he's the right man for the job / *étranger en situation irrégulière* foreigner whose papers are not in order ▸ **situation de famille** ADMIN marital status **2.** [emploi rémunéré] job / *chercher / trouver une situation* to look for / to find a job ▸ **avoir une bonne situation a)** [être bien payé] to have a well-paid job **b)** [être puissant] to have a high-powered job / *elle s'est fait une belle situation* she worked her way up to a very good position ▸ **être sans situation** to have no job ▸ **situation sociale** [d'une personne] social position, standing in society **3.** [lieu] situation, position, location / *le manoir jouit d'une magnifique situation* the manor house is beautifully situated **4.** BANQUE ▸ **situation de compte** account balance **5.** FIN report of assets ▸ **situation de trésorerie** cash budget **6.** LITTÉR & THÉÂTRE situation / *comique de situation* situation comedy.
❖ **en situation** loc adv in real life / *voyons comment elle va aborder les choses en situation* let's see how she gets on in real life ou when faced with the real thing.
❖ **en situation de** loc prép ▸ **être en situation de faire qqch** to be in a position to do sthg / *je ne suis pas en situation de décider* I'm not in a position to decide.
situationnisme [sitɥasjɔnism] nm situationism.
situationniste [sitɥasjɔnist] adj & nmf situationist.
situé, e [sitɥe] adj : *maison bien / mal située* well- / poorly-situated house.
situer [7] [sitɥe] vt **1.** [dans l'espace, le temps - gén] to place ; [- roman, film, etc.] to set / *je connais la ville mais je ne saurais pas la situer* I know the name of the town but I wouldn't be able to place it ou to say where it is / *à quelle époque situez-vous l'action de votre roman?* in what period have you set your novel? / *on situe l'apparition de l'écriture à cette époque* writing is believed to have appeared during this period / *je n'arrive pas à le situer* I'm afraid I can't place him **2.** [classer] to place, to situate / *il est difficile de le situer dans l'architecture / la politique française* it's difficult to know where to place him in French architecture / politics / *sa prise de position le situe dans l'opposition* the stand he has taken places him amongst the opposition **3.** *fam* [cerner - personne] to define / *on a du mal à la situer* it's difficult to know what makes her tick.
❖ **se situer** ◆ vp *(emploi réfléchi)* ▸ **se situer par rapport à qqn / qqch** to place o.s. in relation to sb / sthg / *où vous situez-vous dans ce conflit?* where do you stand in this conflict? ◆ vpi [gén] to be situated ou located ; [scène, action] to take place / *leur groupe se situe très à gauche* their group is on the far left / *où se situe-t-elle dans le mouvement expressionniste?* where would you place her in the expressionist movement? / *l'augmentation se situera aux alentours de 3 %* the increase will be in the region of 3%.
sivaïsme [ʃivaism] nm = **shivaïsme.**
SIVOM, Sivom [sivɔm] (abr de **Syndicat intercommunal à vocation multiple**) npr m *group of local authorities pooling public services.*
SIVP nm abr de **stage d'initiation à la vie professionnelle.**
six [sis] *(devant consonne ou 'h' aspiré* [si], *devant voyelle ou 'h' muet* [siz] *)* ◆ dét **1.** six / *le six janvier* (on) the sixth of January UK, (on) January sixth US / *daté du six septembre* dated the sixth of September UK ou September sixth US ▸ **les Six Jours** SPORT the Six Day Race ▸ **le groupe des Six** MUS *group of French composers (Durey, Honegger, Milhaud, Poulenc, Auric and Tailleferre) founded in Paris in 1918* **2.** [dans des séries] : *tout le chapitre six* all of chapter six. ◆ nm six. **Voir aussi cinq.**
sixain [sizɛ̃] = **sizain.**
six-huit [sisɥit] nm inv MUS six-eight (time) ▸ **mesure à six-huit** bar in six-eight (time).
sixième [sizjɛm] ◆ adj num sixth. ◆ nmf sixth. ◆ nm **1.** [partie] sixth **2.** [étage] sixth floor UK, seventh floor US. ◆ nf ÉDUC year seven UK, sixth grade US / *entrer en sixième* to start attending "collège".
sixièmement [sizjɛmmɑ̃] adv sixthly, in the sixth place.
six-quatre-deux [siskatdø] ❖ **à la six-quatre-deux** loc adv *fam* ▸ **faire qqch à la six-quatre-deux** to do sthg in a slapdash way, to bungle sthg / *encore une dissertation faite à la six-quatre-deux* another slapdash ou rushed essay.
sixte [sikst] nf **1.** MUS sixth **2.** ESCRIME sixte.
Sixte [sikst] npr [pape] Sixtus.
Sixtine [sikstin] npr ▸ **la chapelle Sixtine** the Sistine Chapel.
sixtus [sikstys] nm SUISSE hairpin.
sizain [sizɛ̃] nm **1.** LITTÉR sextain **2.** CARTES set of six packs of cards.
Skaï® [skaj] nm Skai®, Leatherette®.
skate [skɛt], **skateboard** [skɛtbɔʀd] nm skateboard / *faire du skate* to skateboard.
skateboard [skɛtbɔʀd], **skate** [skɛt] nm **1.** [activité] skateboarding ▸ **faire du skatebord** to skateboard **2.** [planche] skateboard.
sketch [skɛtʃ] *(pl* **sketchs** *ou* **sketches**) nm CINÉ, THÉÂTRE & TV sketch.
ski [ski] nm **1.** LOISIRS & SPORT [activité] skiing ▸ **faire du ski** to go skiing ▸ **ski alpin / nordique** Alpine / Nordic skiing ▸ **ski acrobatique** hot-dogging ▸ **ski artistique** freestyle skiing ▸ **ski de descente** downhill skiing ▸ **ski de fond** cross-country skiing ▸ **ski nautique** water-skiing ▸ **faire du ski nautique** to water-ski ▸ **ski de randonnée** ski-touring ▸ **ski sauvage** ou **hors piste** off-piste skiing **2.** [matériel] ski ▸ **ski compact** ou **court** short ski ▸ **ski évolutif** [technique] (graduated) short-ski method **3.** AÉRON landing skid.
❖ **de ski** loc adj [chaussures, lunettes] ski *(modif)* ; [vacances, séjour] skiing *(modif).*
skiable [skjabl] adj skiable / *la piste noire n'est plus skiable* it's now impossible to ski down ou to use the black run / *la station a un grand domaine skiable* the resort has many ski slopes.
ski-bob [skibɔb] *(pl* **ski-bobs**) nm skibob / *faire du ski-bob* to go skibobbing.
skier [10] [skje] vi to ski / *je vais skier tous les dimanches* I go skiing every Sunday.
skieur, euse [skjœʀ, øz] nm, f skier.
skiff [skif] nm skiff.
skinhead [skinɛd] nm skinhead.
skip [skip] nm INDUST skip.
skipper [skipœʀ] nm NAUT skipper.
skippeur, euse [skipœʀ, øz] nm, f = **skipper.**
skunks [skɔ̃s] = **sconse.**
skye-terrier [skajtɛʀje] *(pl* **skye-terriers**) nm Skye terrier.

sky-surfing [skajsœʀfiŋ] *(pl* **sky-surfings)**, **sky-surf** *(pl* **sky-surfs)** nm SPORT sky-surfing.

slalom [slalɔm] nm **1.** SPORT [course] slalom / *descendre une piste en slalom* to slalom down a slope ▸ **slalom nautique** water-ski slalom ▸ **slalom spécial / géant** special / giant slalom **2.** *fam* [zigzags] zigzagging ▸ **faire du slalom entre** to zigzag between / *la moto faisait du slalom entre les voitures* the motorbike was dodging in and out among the cars ou dodging through the traffic.

slalomer [3] [slalɔme] vi **1.** SPORT to slalom **2.** *fam* [zigzaguer] ▸ **slalomer entre** to zigzag ou to weave in and out of / *il est dangereux de slalomer entre les voitures* weaving in and out of the traffic is dangerous.

slalomeur, euse [slalɔmœʀ, øz] nm, f slalom skier.

slam [slam] nm [poésie] slam.

slameur, euse [slamœʀ, øz] nm, f slammer.

slave [slav] adj Slavonic, Slavic US.

❖ **Slave** nmf Slav ▸ **les Slaves** the Slavs.

❖ **slave** nm LING Slavonic, Slavic.

slavisant, e [slavizɑ̃, ɑ̃t] nm, f Slavicist, Slavist.

slaviser [3] [slavize] vt to submit to a Slavonic influence, to Slavonicize.

slaviste [slavist] = **slavisant.**

slavistique [slavistik] nf Slavistics *(sg)*.

slavon [slavɔ̃] nm Slavic, Slavonic.

Slavonie [slavɔni] npr f ▸ **(la) Slavonie** Slavonia.

slavophile [slavɔfil] adj & nmf Slavophil, Slavophile.

SLBM (abr de **Submarine Launched Ballistic Missile**) nm SLBM.

SLCM (abr de **Submarine Launched Cruise Missile**) nm SLCM.

sleeping-car [slipiŋkaʀ] *(pl* **sleeping-cars)**, **sleeping** [slipiŋ] *(pl* **sleepings)** nm sleeping car.

slibard [slibaʀ] nm *tfam* underpants.

slim [slim] nm [pantalon] slim-fit ou skinny jeans.

slip [slip] nm **1.** VÊT [d'homme] (pair of) underpants, shorts US ; [de femme] briefs UK, panties, knickers / *où est mon slip?* where are my underpants? ▸ **slip de bain** [d'homme] bathing ou swimming trunks **2.** NAUT slip, slipway.

s.l.n.d. (abr écrite de **sans lieu ni date**) *date and origin unknown.*

slogan [slɔgɑ̃] nm slogan.

sloop [slup] nm sloop.

sloughi [slugi] nm saluki.

slt abr écrite de **salut.**

slovaque [slɔvak] adj Slovak, Slovakian.

❖ **Slovaque** nmf Slovak, Slovakian.

❖ **slovaque** nm LING Slovak.

Slovaquie [slɔvaki] npr f ▸ **(la) Slovaquie** Slovakia.

slovène [slɔvɛn] adj Slovene, Slovenian.

❖ **Slovène** nmf Slovene, Slovenian.

❖ **slovène** nm LING Slovene.

Slovénie [slɔveni] npr f ▸ **(la) Slovénie** Slovenia.

slow [slo] nm **1.** [gén] slow number / *le slow de l'été* the slow number everyone's dancing to this summer ▸ **danser un slow avec qqn** to dance (to) a slow number with sb **2.** [fox-trot] slow fox trot.

SM ◆ (abr écrite de **Sa Majesté**) HM. ◆ nm (abr de **sadomasochisme**) S&M.

smala(h) [smala] nf **1.** [d'un chef arabe] retinue **2.** *fam* [famille] ▸ **avec toute sa smalah** with her whole tribe.

smart [smaʀt] adj inv *fam & vieilli* chic, smart.

smartphone [smaʀtfon] nm smartphone.

smash [smaʃ] *(pl* **smashs** *ou* **smashes)** nm SPORT smash / *faire un smash* to smash (the ball).

smasher [3] [smaʃe] vi & vt SPORT to smash.

SME (abr de **Système monétaire européen**) npr m EMS.

SMIC, Smic [smik] (abr de **salaire minimum interprofessionnel de croissance**) nm *index-linked guaranteed minimum wage.*

smicard, e [smikaʀ, aʀd] nm, f *fam* minimum-wage earner ▸ **les smicards** people earning ou on the minimum wage.

smiley [smaɪlɪ] nm smiley.

smocks [smɔk] nmpl COUT smocking / *faire des smocks sur une robe* to smock a dress.

smog [smɔg] nm smog.

smoking [smɔkiŋ] nm dinner suit UK, tuxedo US ▸ **veste de smoking** dinner jacket, tuxedo US.

SMUR, Smur [smyʀ] (abr de **Service médical d'urgence et de réanimation**) npr m *French ambulance and emergency unit.*

smurf [smœʀf] nm break-dancing.

smurfer [3] [smœʀfe] vi to break-dance.

Smyrne [smiʀn] npr Smyrna.

snack [snak] nm **1.** = **snack-bar 2.** [collation] snack.

snack-bar *(pl* **snack-bars)**, **snackbar*** [snakbaʀ], **snack** [snak] nm snack bar, self-service restaurant, cafeteria.

SNC abr écrite de **service non compris.**

SNCB (abr de **Société nationale des chemins de fer belges**) npr f *Belgian railways board.*

SNCF (abr de **Société nationale des chemins de fer français**) npr f *French railways board / la SNCF est en grève* the (French) railwaymen are on strike / *il travaille à la SNCF* he works for the (French) railways.

SNES, Snes [snɛs] (abr de **Syndicat national de l'enseignement secondaire**) npr m *secondary school teachers' union.*

Sne-sup [snɛsyp] (abr de **Syndicat national de l'enseignement supérieur**) npr m *university teachers' union.*

SNI [sni] (abr de **Syndicat national des instituteurs**) npr m *primary school teachers' union.*

sniff [snif] ◆ interj boo hoo. ◆ nm *tfam* [de cocaïne] snort.

sniffer [3] [snife] *tfam* ◆ vi to snort. ◆ vt [cocaïne] to snort / *sniffer de la colle* to gluesniff, to sniff glue.

sniper [snajpœʀ] nm sniper.

SNJ (abr de **Syndicat national des journalistes**) npr m *national union of journalists.*

snob [snɔb] ◆ adj snobbish, snobby. ◆ nmf snob.

snober [3] [snɔbe] vt [personne] to snub ; [chose] to turn one's nose up at / *certains libraires snobent les bandes dessinées* some booksellers think it beneath them to stock comics.

snobinard, e [snɔbinaʀ, aʀd] *fam* ◆ adj snobbish, hoity-toity. ◆ nm, f snob.

snobisme [snɔbism] nm snobbery, snobbishness / *il joue au golf par snobisme* he plays golf out of snobbery ou purely for the snob value.

snowboard [snobɔʀd] nm [planche] snowboard ; [sport] snowboarding ▸ **faire du snowboard** to snowboard.

snow-boot [snobut] *(pl* **snow-boots)** nm snow boot.

SNSM (abr de **Société nationale de sauvetage en mer**) npr f *national sea-rescue association.*

s.o. (abr écrite de **sans objet**) na.

S-O (abr écrite de **Sud-Ouest**) SW.

soap opera [sopɔpeʀa] *(pl* **soap operas)**, **soap** [sop] *(pl* **soaps)** nm TV soap opera.

sobre [sɔbʀ] adj **1.** [personne - tempérante] abstemious ; [- non ivre] sober / *tu es sobre maintenant?* have you sobered up?, are you sober now? ▸ **être sobre comme un chameau** to be as sober as a judge **2.** [modéré, discret - architecture, tenue, style] sober, restrained ; [- vêtement] simple / *elle est toujours sobre dans ses déclarations* she always speaks with restraint.

sobrement [sɔbʀəmɑ̃] adv **1.** [avec modération] temperately, soberly **2.** [avec discrétion, retenue] soberly.

sobriété [sɔbʀijete] nf **1.** [tempérance] soberness, temperance **2.** [discrétion, retenue] soberness / *il mit de la sobriété dans ses félicitations* he was restrained in his congratulations **3.** [dépouillement - d'un style, d'un décor] bearness.

sobriquet [sɔbʀikɛ] nm nickname / *un petit sobriquet affectueux* a pet name.

soc [sɔk] nm ploughshare UK, plowshare US.

Sochaux [sɔʃo] npr *site of the Peugeot car factory.*

sociabiliser [1] [sɔsjabilize] vt to make sociable.

sociabilité [sɔsjabilite] nf sociableness, sociability.

sociable [sɔsjabl] adj **1.** [individu, tempérament] sociable, gregarious / *j'ai été un enfant très sociable* I was a very outgoing child / *je ne suis pas d'humeur sociable ce soir* I don't feel very sociable this evening **2.** [vivant en société] social.

social, e, aux [sɔsjal, o] adj **1.** [réformes, problèmes, ordre, politique] social / *c'est une menace sociale* it represents a threat to society **2.** ADMIN social, welfare *(modif)* ▸ **avantages sociaux** welfare benefits ▸ **logements sociaux** public housing ▸ **services sociaux** social services **3.** ENTOM & ZOOL social **4.** DR company *(modif)* / *un associé peut être tenu responsable des dettes sociales* a partner may be liable for company debts.

❖ **social** nm ▸ **le social** social issues ou matters.

❖ **Sociale** nf *vieilli* ▸ **la Sociale** socialism.

social-chrétien, sociale-chrétienne [sɔsjalkʀetjɛ̃, ɛn] *(mpl* **sociaux-chrétiens,** *fpl* **sociales-chrétiennes)** ◆ adj Social Christian. ◆ nm, f Social Christian.

social-démocrate [sɔsjaldemɔkʀat] *(pl* **sociaux-démocrates** [sɔsjodemɔkʀat]) ◆ adj social democratic. ◆ nmf [gén] social democrat ; [adhérent d'un parti] Social Democrat.

social-démocratie [sɔsjaldemɔkʀasi] *(pl* **social-démocraties)** nf social democracy.

socialement [sɔsjalmɑ̃] adv socially.

social-impérialisme [sɔsjalɛ̃peʀjalism] nm social imperialism.

socialisant, e [sɔsjalizɑ̃, ɑ̃t] ◆ adj **1.** POL left-leaning, with left-wing tendencies **2.** [préoccupé de justice sociale] socialistic. ◆ nm, f **1.** POL socialist sympathizer **2.** [contestataire social] advocate of social equality.

socialisation [sɔsjalizasjɔ̃] nf **1.** ÉCON collectivization **2.** POL : *depuis la socialisation du pays* since the country went socialist **3.** PSYCHOL socialization.

socialiser [3] [sɔsjalize] vt **1.** ÉCON to collectivize **2.** PSYCHOL to socialize.

socialisme [sɔsjalism] nm socialism ▸ **socialisme d'État** State socialism.

socialiste [sɔsjalist] adj & nmf socialist.

socialité [sɔsjalite] nf social instinct.

socialo [sɔsjalo] adj & nmf *fam* socialist.

social-révolutionnaire [sɔsjalʀevɔlysjɔnɛʀ] *(pl* **sociaux-révolutionnaires** [sɔsjoʀevɔlysjɔnɛʀ]) adj & nmf social-revolutionary.

sociétaire [sɔsjetɛʀ] nmf [d'une association] member ▸ **sociétaire de la Comédie-Française** *actor co-opted as a full member of the Comédie-Française.*

sociétal, e, aux [sɔsjetal, o] adj relating to society / *notre responsabilité sociétale* our responsibility to society / *l'engagement sociétal des entreprises* corporate commitment to society / *le réseautage est un phénomène sociétal* networking is a phenomenon that reflects society.

sociétariat [sɔsjetaʀja] nm membership.

société [sɔsjete] nf **1.** SOCIOL ▸ **la société** society / *vivre en société* to live in society / *les insectes qui vivent en société* social insects ▸ **la société d'abondance** the affluent society ▸ **la société de consommation** the consumer society **2.** *litt* [présence] company, society ▸ **rechercher la société de qqn** to seek (out) sb's company / *je me plais dans sa société* I enjoy (being in) her company ▸ **être dans la société de qqn** to be in company with ou the society of sb **3.** *fam* [personnes réunies] company, gathering **4.** [catégorie de gens] society ▸ **cela ne se fait pas dans la bonne société** it's not done in good company ou in the best society ▸ **la haute société** high society **5.** [association - de gens de lettres, de savants] society ; [- de sportifs] club ▸ **société littéraire / savante** literary /

* In reformed spelling (see p. 16-19).

learned society ▸ **société secrète** secret society ▸ **société de tempérance** temperance society ▸ **la Société des Amis** the Society of Friends, the Quakers ▸ **la Société de Jésus** the Society of Jesus ▸ **la Société de Marie** the Society of Mary ▸ **la Société des Nations** the League of Nations ▸ **la Société protectrice des animaux** = SPA **6.** COMM, DR & ÉCON company, firm / *le matériel appartient à la société* the equipment belongs to the firm ou company ▸ **société anonyme** (public) limited company ▸ **société à capital variable** company with variable capital ▸ **société de capitaux (à responsabilité limitée)** limited liability company ▸ **société de capitaux par actions (à responsabilité limitée)** (limited liability) joint-stock company ▸ **société civile professionnelle** professional ou non-trading partnership ▸ **société en commandite** limited partnership ▸ **société en commandite simple** ≃ general partnership ▸ **société d'économie mixte** government-controlled corporation ▸ **société familiale** family business ▸ **société d'intérêt collectif agricole** agricultural cooperative ▸ **société d'investissement à capital variable** = SICAV ▸ **société en nom collectif** ≃ (unlimited) private company ▸ **société de personnes** partnership ▸ **société de placement** investment trust ▸ **société de prévoyance** provident society ▸ **société à responsabilité limitée** ≃ limited liability company ▸ **société de services** service company ▸ **société de transport** carrier, transport firm ▸ **Société nationale des chemins de fer français** = SNCF **7.** BANQUE ▸ **société financière / de crédit** finance / credit company ▸ **société de crédit immobilier** building society UK, savings and loan association US **8.** DR ▸ **société d'acquêts** joint (matrimonial) assets **9.** INFORM ▸ **société de services et d'ingénierie informatique** services and software organization **10.** LOISIRS ▸ **jeux de société** games *(for playing indoors, often with boards or cards).*

société-écran [sɔsjeteekʀɑ̃] (*pl* **sociétés-écrans**) nf DR bogus company.

sociobiologie [sɔsjɔbjɔlɔʒi] nf sociobiology.

sociocentrisme [sɔsjɔsɑ̃tʀism] nm sociocentrism.

sociocritique [sɔsjɔkʀitik] nf sociocriticism.

socioculturel, elle [sɔsjɔkyltyʀɛl] adj sociocultural.

sociodramatique [sɔsjɔdʀamatik] adj sociodramatic.

sociodrame [sɔsjɔdʀam] nm sociodrama.

socio-économique (*pl* **socio-économiques**), **socioéconomique*** [sɔsjɔekɔnɔmik] adj socio-economic.

socio-éducatif, ive (*mpl* **socio-éducatifs**, *fpl* **socio-éducatives**), **socioéducatif*, ive** [sɔsjɔedykatif, iv] adj socioeducational.

sociogramme [sɔsjɔgʀam] nm sociogram.

sociolinguistique [sɔsjɔlɛ̃gɥistik] nf sociolinguistics *(U).*

sociologie [sɔsjɔlɔʒi] nf sociology ▸ **sociologie religieuse** sociology of religion.

sociologique [sɔsjɔlɔʒik] adj sociological.

sociologiquement [sɔsjɔlɔʒikmɑ̃] adv sociologically.

sociologisme [sɔsjɔlɔʒism] nm sociologism.

sociologiste [sɔsjɔlɔʒist] adj sociologistic.

sociologue [sɔsjɔlɔg] nmf sociologist.

sociométrie [sɔsjɔmetʀi] nf sociometry.

sociométrique [sɔsjɔmetʀik] adj sociometric.

sociopolitique [sɔsjɔpɔlitik] adj sociopolitical.

socioprofessionnel, elle [sɔsjɔpʀɔfɛsjɔnɛl] adj socio-professional.

sociothérapie [sɔsjɔteʀapi] nf sociotherapy.

socle [sɔkl] nm **1.** [d'une statue, d'une colonne] base, plinth ; [d'un objet décoratif, d'une lampe] base **2.** CONSTR [d'un mur] footing / *socle de béton* concrete base course **3.** *fig* base ▸ **le socle commun des connaissances et compétences** ÉDUC the common base of knowledge and skills **4.** GÉOL basement ▸ **socle continental** continental shelf.

socque [sɔk] nm **1.** ANTIQ sock / *le socque et le cothurne litt* sock and buskin **2.** [chaussure] clog, sock *litt.*

socquette [sɔkɛt] nf ankle sock, bobby sock US.

Socrate [sɔkʀat] npr Socrates.

socratique [sɔkʀatik] adj Socratic.

soda [sɔda] nm **1.** [boisson gazeuse] fizzy drink, soda US / *soda à l'orange* orangeade, orange soda US **2.** [eau de Seltz] soda (water) ▸ **whisky soda** whisky and soda.

sodé, e [sɔde] adj sodium *(modif).*

sodique [sɔdik] adj sodic, sodium *(modif).*

sodium [sɔdjɔm] nm sodium.

Sodome [sɔdɔm] npr Sodom ▸ **Sodome et Gomorrhe** Sodom and Gomorrah.

sodomie [sɔdɔmi] nf sodomy.

sodomiser [3] [sɔdɔmize] vt to sodomize, to bugger.

sodomite [sɔdɔmit] nm sodomite.

sœur [sœʀ] nf **1.** [parente] sister / *c'est une vraie sœur pour moi* she's like a sister to me / *nous étions comme des sœurs* we were like sisters / *l'envie et la calomnie sont sœurs* envy and slander are sisters / *je n'ai qu'une chaussette, où est sa sœur? hum* I've got only one sock, where's its partner? ▸ **ma grande sœur** my big sister ▸ **ma petite sœur** my little sister ▸ **ma sœur aînée** my elder ou older sister ▸ **ma sœur cadette** my younger sister ▸ **les sœurs filandières** the Fates ▸ **sœur de lait** foster sister / *sœur de sang* blood sister ▸ **et ta sœur!** *tfam* mind your own (damn) business! **2.** RELIG sister, nun / *chez les sœurs* with the nuns, in a convent / *bien, ma sœur* very well, sister ▸ **sœur Thérèse** Sister Theresa ▸ **bonne sœur** *fam* nun ▸ **les Petites Sœurs des pauvres** the Little Sisters of the Poor.

sœurette [sœʀɛt] nf *fam* (little) sister / *ça va, sœurette?* alright, sis?

sofa [sɔfa] nm sofa.

Sofia [sɔfja] npr Sofia.

SOFRES, Sofres [sɔfʀɛs] (abr de **Société française d'enquêtes par sondages**) npr f *French market research company.*

soft [sɔft] ◆ nm inv *fam* INFORM software. ◆ adj inv [film, roman] softcore.

softball [sɔftbol] nm SPORT softball.

software [sɔftwɛʀ] nm software.

soi [swa] ◆ pron pers **1.** [représentant un sujet indéterminé] oneself / *n'aimer que soi* to love only oneself / *être content de soi* to be pleased with oneself / *il ne faut pas penser qu'à soi* one shouldn't think only of oneself ▸ **marmonner qqch pour soi seul** to mumble sthg to oneself ou under one's breath / *ne pas regarder derrière soi* not to look back ▸ **prendre sur soi** to get a grip on oneself ▸ **prendre sur soi de faire qqch** to take it upon oneself to do sthg **2.** [représentant un sujet déterminé] : *on ne pouvait lui reprocher de ne penser qu'à soi* he couldn't be reproached for thinking only of himself **3.** EXPR ▸ **en soi** in itself, per se *sout* / *ce geste en soi n'est pas condamnable* the gesture is not blameworthy in itself ▸ **cela va de soi** that goes without saying / *tu lui diras? — cela va de soi!* will you tell her? — of course ou that goes without saying! / *il va de soi que…* it goes without saying that… ◆ nm ▸ **le soi** the self.

soi-disant [swadizɑ̃] ◆ adj inv **1.** [qu'on prétend tel - liberté, gratuité] so-called ; [- coupable, responsable] alleged **2.** [qui se prétend tel - aristocrate] self-styled ; [- ami, héritier, génie] so-called / *ce soi-disant plombier était en fait un espion* the so-called plumber turned out to be a spy. ◆ adv *fam* [à ce qu'on prétend] supposedly / *elle l'a soi-disant tué* they say she killed ou she's alleged to have killed him / *tu étais soi-disant absent!* you were supposed to be out! / *elle est sortie, soi-disant pour acheter du fromage* she went out, ostensibly to get some cheese ou to get some cheese, she said.

❖ **soi-disant que** loc conj *fam* apparently / *soi-disant qu'il ne nous aurait pas vus!* he didn't see us, or so he said!

soie [swa] nf **1.** TEXT silk ▸ **soie grège / naturelle / sauvage** raw / natural / wild silk ▸ **soie moirée** watered silk ▸ **dormir** ou **vivre dans la soie** *fig* to live in the lap of luxury **2.** ZOOL [de sanglier, de chenille] bristle ; [de bivalves] byssus / *blaireau en soies de sanglier* bristle shaving brush **3.** [d'un couteau] tang **4.** *litt* [douceur] : *la soie de sa peau* the silken texture of her skin.

❖ **de soie** loc adj [étoffe, tapis] silk *(modif)* ; [peau] silky.

soierie [swaʀi] nf **1.** [étoffe] silk **2.** [activité] silk trade.

soif [swaf] nf **1.** [envie de boire] thirst ▸ **avoir soif** to be thirsty ▸ **avoir grand-soif** to be parched / *ça m'a donné soif* it made me thirsty / *ça donne soif de bêcher au soleil* digging away in the sun works up a thirst ▸ **jusqu'à plus soif a)** [boire] till one's thirst is quenched **b)** *fig* till one can take no more **2.** *fig* ▸ **soif de** : *soif de pouvoir / de richesses* craving for power / wealth / *soif de connaissances* thirst for knowledge / *avoir soif de sang* to thirst for blood.

soiffard, e [swafaʀ, aʀd] nm, f *fam* boozer, alkie.

soignant, e [swaɲɑ̃, ɑ̃t] adj caring / *le personnel soignant est en grève* the nursing staff are on strike.

soigné, e [swaɲe] adj **1.** [propre - apparence, personne] neat, tidy, well-groomed ; [- vêtements] neat ; [- ongles] well kept ; [- mains] well cared for / *être très soigné de sa personne* to be very well-groomed ▸ **peu soigné a)** [apparence, personne, tenue] untidy **b)** [coiffure] unkempt / *très peu soigné* slovenly **2.** [fait avec soin - décoration] carefully done ; [- style] polished ; [- écriture, coiffure] neat, tidy ; [- travail] neat, careful ; [- dîner] carefully prepared ; [- jardin] neat, well-kept ▸ **peu soigné a)** [jardin] badly kept **b)** [dîner] carelessly put together **c)** [écriture] untidy **d)** [travail] careless, shoddy / *les acteurs évoluent dans des décors très soignés* the set for the play is highly sophisticated **3.** *fam* [en intensif] : *elle lui a passé une correction soignée!* she thrashed him black and blue! / *j'ai un mal de tête soigné!* I've got a splitting headache! / *le devoir de chimie était soigné!* the chemistry paper was a real stinker!

soigner [3] [swaɲe] vt **1.** [malade] to treat, to nurse, to look after *(insép)* ; [maladie] to treat / *à l'hôpital où on la soignait pour une anorexie* at the hospital where she was being treated for anorexia / *il ne veut pas se faire soigner* he refuses (any) treatment / *ils m'ont soigné aux antibiotiques* they treated me with antibiotics / *c'est le docteur Jean qui la soigne* [d'habitude] she's under ou in the care of Dr. Jean / *je n'arrive pas à soigner mon rhume* I can't get rid of my cold / *il a dû aller se faire soigner en Suisse* he had to go to Switzerland for treatment / *il faut te faire soigner! fam* you need (to get) your head examined! **2.** [bien traiter - ami, animal, plantes] to look after *(insép)*, to take care of ; [- jardin] to look after / *elle soigne son petit mari fam* she takes good care of ou looks after her hubbie **3.** [être attentif à - apparence, tenue, présentation, prononciation] to take care ou trouble over ; [- écriture, style] to polish (up) ; [- image de marque] to take good care of, to nurse ; [- repas] to prepare carefully, to take trouble over (the preparation of) ▸ **soigner sa mise** to dress with care **4.** *fam* [exagérer] : *ils ont soigné l'addition!* the bill's a bit steep! **5.** *fam* [frapper] : *tu aurais vu ses bleus, le mec l'a soigné!* you should've seen his bruises, the guy made mincemeat of him!

❖ **se soigner** ◆ vp *(emploi réfléchi)* : *il se soigne à l'homéopathie* he relies on homeopathic treatment when he's ill / *quand j'ai un rhume, je ne me soigne jamais* when I've got a cold, I never take anything for it / *je suis timide mais je me soigne! hum* I'm shy but I'm doing my best to get over it! ◆ vp *(emploi passif)* to be susceptible to treatment / *ça se soigne bien* it can be easily treated / *ça se soigne difficilement* it's difficult to treat (it) / *ça se soigne, tu sais! fam & hum* they have a cure for that these days, you know!

soigneur [swaɲœʀ] nm [d'un boxeur] second ; [d'un cycliste] trainer ; [d'une équipe de football, de rugby] physiotherapist UK, physical therapist US.

soigneusement [swaɲøzmɑ̃] adv [écrire, plier] neatly, carefully ; [rincer, laver] carefully / *elle ferma très soigneusement la porte* she closed the door very carefully ou with great care / *sa chambre est toujours rangée très soigneusement* his room is always very neat (and tidy) / *il a soigneusement omis de me le dire* he was very careful not to tell me.

soigneux, euse [swaɲø, øz] adj **1.** [propre et ordonné] tidy / *il n'est pas du tout soigneux dans son travail* he's quite untidy ou messy in his work / *tu n'es pas assez soigneux de tes habits* you're not care-

* In reformed spelling (see p. 16-19).

ful enough with ou you don't take enough care of your clothes **2.** [consciencieux - employé] meticulous ; [- recherches, travail] careful, meticulous / *elle est très soigneuse dans ce qu'elle fait* she's very careful in what she does, she takes great care over her work **3.** ▸ **soigneux de** [soucieux de] : *soigneux de sa réputation* mindful of his reputation.

soi-même [swamɛm] pron pers oneself / *être / rester soi-même* to be / to remain oneself / *il faut tout faire soi-même ici* you have to do everything yourself around here / *c'est Antoine ? — soi-même !* *fam & hum* is it Antoine ? — in person ou none other ! ▸ **faire qqch de soi-même** to do sthg spontaneously ▸ **par soi-même** by oneself, on one's own / *se replier sur soi-même* to withdraw into oneself.

soin [swɛ̃] nm **1.** [attention] care ▸ **avoir** ou **prendre soin de qqch** to take care of sthg / *ne vous en faites pas, j'aurai bien* ou *grand soin de vos plantes* don't worry, I'll take good care of your plants ▸ **prendre soin de qqn** to look after ou to take care of sb ▸ **avoir** ou **prendre soin de faire qqch** to take care to do ou to make a point of doing sthg / *prends soin de fermer toutes les portes à clé* take care to ou make sure that you lock all the doors / *elle a bien pris soin de lui cacher son identité* she took great care to conceal ou went to a great deal of trouble concealing her identity from him / *on dirait qu'elle met un soin tout particulier à m'agacer* it's as if she was making a point of annoying me ▸ **avec soin** carefully, with care / *nettoyez la plaie avec le plus grand soin* clean the wound very carefully / *être sans soin (dans son travail)* to be careless (in one's work) ▸ **faire qqch sans soin** to do sthg carelessly ▸ **manque de soin** carelessness **2.** *sout* [souci] care, concern / *mon premier soin fut de tout ranger* my first concern ou the first thing I did was to put everything back into place **3.** [propreté] neatness / *avoir beaucoup de soin* to be very tidy ou orderly / *elle n'a aucun soin* she's totally untidy ou messy ▸ **avec soin** neatly, tidily / *sa maison est toujours rangée avec soin* his house is always very neat ou tidy / *être sans soin* to be untidy / *il a peint le cadre sans aucun soin* he made a mess of painting the frame **4.** [responsabilité] task / *je te laisse le soin de la convaincre* I leave it (up) to you to convince her ▸ **confier à qqn le soin de faire qqch** to entrust sb with the task of doing sthg / *il lui a confié le soin de gérer son garage* he entrusted her with the management of his garage.

❖ **soins** nmpl **1.** [de routine] care ; [médicaments] treatment / *cela ne requiert pas de soins particuliers* it doesn't require any special medical attention ou care / *donner* ou *dispenser des soins à* [médicaux] to give medical care to / *prodiguer des soins à un nouveau-né* to care for a newborn baby ▸ **premiers soins, soins d'urgence** first aid ▸ **soins de beauté** beauty care ▸ **soins du corps** skin care *(for the body)* ▸ **soins dentaires** dental treatment ou care ▸ **soins intensifs** intensive care ▸ **soins (médicaux)** medical care ou treatment ▸ **soins du visage** skin care *(for the face)* **2.** [attention] care, attention / *nous apporterons tous nos soins au règlement de cette affaire* we'll do our utmost to settle this matter ▸ **confier qqn aux (bons) soins de qqn** to leave sb in the care of sb / *ils avaient confié l'enfant aux bons soins de sa tante* they had placed the child in the care of his aunt ▸ **aux bons soins de** [dans le courrier] care of ▸ **être aux petits soins pour** *fam* : *sa grand-mère est aux petits soins pour lui* his grandma waits on him hand and foot.

soir [swaʀ] nm **1.** [fin du jour] evening ; [début de la nuit] night / *les soirs d'été* summer evenings / *le soir tombe* night is falling, the evening is drawing in / *le soir de ses 20 ans* on the evening of her 20th birthday / *au soir de sa vie* *litt* in the evening of her life ▸ **quand le grand soir sera arrivé** when the revolution comes **2.** [dans des expressions de temps] ▸ **ce soir** tonight, this evening ▸ **lundi soir** Monday evening ou night ▸ **hier soir** yesterday evening, last night ▸ **le 11 au soir** on the 11th in the evening, on the evening of the 11th ▸ **le soir** in the evening, in the evenings / *tous les soirs, chaque soir* every evening / *vers 6 h du soir* around 6 (o'clock) in the evening, around 6 p.m. / *à 10 h du soir* at 10 (o'clock) at night, at 10 p.m. **3.** PRESSE ▸ **Le Soir** *Belgian daily newspaper.*

❖ **du soir** loc adj **1.** [journal] evening *(modif)* ; [prière] night *(modif)* **2.** *fam* [personne] ▸ **il est du soir** he's a night owl.

soirée [swaʀe] nf **1.** [fin de la journée] evening / *les longues soirées d'hiver* the long winter evenings ▸ **viens dans la soirée a)** [aujourd'hui] come this evening **b)** [un jour quelconque] come in the evening ▸ **bonne soirée !** have a nice evening !, enjoy your evening ! **2.** [fête, réunion] party ▸ **soirée dansante** (evening) dance ▸ **soirée de gala** gala evening ▸ **soirée musicale** musical evening **3.** CINÉ & THÉÂTRE evening performance / *elle n'a pas joué en soirée* she didn't play in the evening performance.

sois v ⟶ **être.**

soit [swa] ◆ conj **1.** [c'est-à-dire] that is to say / *il a perdu toute sa fortune, soit plus d'un million d'euros* he has lost his entire fortune, that is to say over one million euros / *ça fait 15 euros plus 15 euros, soit 30 euros* 15 euros plus 15 euros, that makes 30 euros **2.** [introduisant une hypothèse] ▸ **soit une droite AB** let AB be a line, given a line AB. ◆ adv ▸ **soit, j'accepte vos conditions** very well then, I accept your conditions / *tu préfères cela ? eh bien soit !* all right ou very well then, if that's what you prefer ! / *puisque vous y tenez, soit, mais je vous aurai prévenu* very well, since you're so determined, but don't say I didn't warn you.

❖ **soit que... ou que** loc corrélative either... or / *soit que le train ait eu du retard ou qu'il y ait eu des embouteillages, ils arrivèrent après minuit* either the train was late or they were held up in traffic, but they arrived after midnight.

❖ **soit que..., soit que** loc corrélative either... or / *soit que vous veniez chez moi, soit que j'aille chez vous, nous nous retrouverons demain* either you come to my place or I'll go to yours, but we'll meet up tomorrow.

❖ **soit..., soit** loc corrélative either... or / *soit toi, soit moi* either you or me / *c'est soit l'un, soit l'autre* it's (either) one or the other / *soit distraction, soit malveillance, il avait omis de les avertir* either through absent-mindedness or carelessness he had forgotten to warn them.

soixantaine [swasɑ̃tɛn] nf ▸ **une soixantaine** about sixty / *avoir la soixantaine* to be about sixty. **Voir aussi cinquantaine.**

soixante [swasɑ̃t] dét & nm inv sixty. **Voir aussi cinquante.**

soixante-dix [swasɑ̃tdis] dét & nm inv seventy. **Voir aussi cinquante.**

soixante-dix-huit tours [swasɑ̃tdizɥituʀ] nm inv 78 rpm, seventy-eight (record).

soixante-dixième [swasɑ̃tdizjɛm] adj num, nmf & nm seventieth. **Voir aussi cinquième.**

soixante-huitard, e [swasɑ̃tɥitaʀ,aʀd] *fam* ◆ adj [réforme] *brought about by the students' revolt of 1968* ; [tendance] anti-establishment. ◆ nm, f veteran of the 1968 students' revolt.

soixantième [swasɑ̃tjɛm] adj num, nmf & nm sixtieth. **Voir aussi cinquième.**

soja [sɔʒa] nm **1.** BOT soya **2.** CULIN ▸ **graines de soja** soya beans UK, soybeans US ▸ **germes de soja** bean sprouts.

sol[1] [sɔl] nm inv MUS G ; [chanté] sol, so, soh ; ⟶ **clé. Voir aussi fa.**

sol[2] [sɔl] nm **1.** AGR & HORT [terre] soil ▸ **sol calcaire** chalky soil / *le sol est détrempé par les pluies* the soil is soaked with rainwater **2.** [surface - de la Terre] ground ; [- d'une planète] surface / *l'avion s'est écrasé au sol* the plane crashed / *le sol lunaire* the surface of the Moon **3.** [surface aménagée - à l'intérieur] floor / *le sol du hangar* the floor of the shed / *pour l'entretien des sols* for cleaning floors / *spécialiste des sols* flooring specialist **4.** *litt* [patrie] soil / *sur le sol américain* on American soil / *son sol natal* her native soil **5.** GÉOL soil, solum *spéc* **6.** SPORT floor **7.** CHIM sol **8.** *arch* [sou] sol.

❖ **au sol** loc adj **1.** SPORT [exercice] floor *(modif)* **2.** AÉRON [vitesse, ravitaillement] ground *(modif).*

sol-air [sɔlɛʀ] adj inv ground-to-air.

solaire [sɔlɛʀ] ◆ adj **1.** ASTRON solar ▸ **le rayonnement solaire** the Sun's radiation **2.** [qui a trait au soleil] solar / *les symboles solaires dans l'Égypte ancienne* the solar symbols of Ancient Egypt **3.** [qui utilise le soleil - capteur, four] solar ; [- habitat] solar, solar-heated **4.** [qui protège du soleil] sun *(modif)* ▸ **crème / huile solaire** suntan lotion / oil **5.** ANAT ⟶ **plexus.** ◆ nm ▸ **le solaire** solar energy.

solanacée [sɔlanase] nf member of the Solanacea.

solarigraphe [sɔlaʀigʀaf] nm solarimeter, pyranometer.

solarisation [sɔlaʀizasjɔ̃] nf solarization.

solarium [sɔlaʀjɔm] nm solarium.

soldat [sɔlda] nm **1.** MIL soldier, serviceman ▸ **simple soldat** ou **soldat de deuxième classe a)** [armée de terre] private **b)** [armée de l'air] aircraftman UK, airman basic US ▸ **soldat de première classe a)** [armée de terre] lance corporal UK, private first class US **b)** [armée de l'air] leading aircraftman UK, airman third class US ▸ **bon (petit) soldat** good little soldier ▸ **le Soldat inconnu** the Unknown Soldier ou Warrior **2.** JEUX ▸ **(petits) soldats de plomb** tin ou lead ou toy soldiers ▸ **jouer aux petits soldats** to play with toy soldiers ▸ **jouer au petit soldat** *fam* to swagger **3.** ENTOM soldier (ant).

soldate [sɔldat] nf *fam* woman soldier, servicewoman.

soldatesque [sɔldatɛsk] *litt* ◆ adj : *des manières soldatesques* rough soldierly manners. ◆ nf *péj* ▸ **la soldatesque** army rabble.

solde[1] [sɔld] nf **1.** MIL pay **2.** AFR [salaire] salary, wages.

❖ **à la solde de** loc prép *péj* in the pay of / *il était à la solde de l'ennemi* he was in the pay of the enemy ▸ **avoir qqn à sa solde** to be sb's paymaster.

solde[2] [sɔld] nm **1.** FIN [d'un compte] (bank) balance ; [à payer] outstanding balance / *vous serez remboursés du solde en janvier* you'll be paid the balance in January ▸ **solde commercial** balance of trade ▸ **solde créditeur** credit balance, balance in hand ▸ **solde débiteur** debit balance, balance owed ▸ **solde à reporter** balance carried forward ▸ **pour solde de tout compte** in (full) settlement **2.** COMM [vente] sale, sales, clearance sale ; [marchandise] sale item ou article ▸ **acheter** ou **avoir qqch en solde** to buy sthg in the sales UK ou on sale US ou at sale price / *le bonnet était en solde* the hat was reduced ▸ **mettre qqch en solde** to sell sthg at sale price.

❖ **soldes** nmpl sale, sales / *au moment des soldes* during the sales, when the sales are on / *il y a de belles affaires pendant les soldes chez eux* they have really good bargains in their sales / *ils font des soldes toute l'année* they have sales ou a sale on all year round.

solder [3] [sɔlde] vt **1.** COMM to sell (off) at sale price ou at a reduced price / *toutes nos chemises sont soldées* all our shirts are at a reduced ou at sale price / *elle me l'a soldé pour 49 euros* she knocked the price down to 49 euros, she let me have it for 49 euros / *tout est soldé à 30 euros* everything is reduced to 30 euros ; *(en usage absolu)* : *on solde !* the sales are on !, there's a sale on ! **2.** [dette] to settle **3.** BANQUE [compte] to close.

❖ **se solder par** vp + prép **1.** [se terminer par] to result in / *se solder par un échec* to result in failure, to come to nothing / *encore une soirée qui se solde par une querelle* yet again, the party's ended in an argument / *leurs cinq derniers matches se sont soldés par une défaite* their last five matches ended in defeat **2.** COMM, ÉCON & FIN ▸ **se solder par un excédent / un déficit de** to show a surplus / a deficit of.

solderie [sɔldəʀi] nf discount store.

soldeur, euse [sɔldœʀ,øz] nm, f discount trader.

sole [sɔl] nf **1.** [d'un four] hearth **2.** AGR break (field) **3.** MIN sill, sole **4.** [d'un cheval] sole **5.** MÉCAN sole piece **6.** CONSTR (trowel) throw **7.** CULIN & ZOOL sole.

solécisme [sɔlesism] nm solecism.

soleil [sɔlɛj] nm **1.** [étoile qui éclaire la Terre] ▸ **le Soleil** the Sun / *se lever avec le soleil* to be up with the lark ▸ **le soleil levant / couchant** the rising / setting sun ▸ **au soleil levant / couchant** at sunrise / sunset ▸ **le soleil de minuit** the midnight sun ▸ **le soleil brille pour tout le monde** *prov* the sun shines for everyone **2.** [étoile quelconque] sun **3.** [chaleur] sun, sunshine ; [clarté] sun, sunlight, sunshine / *quelques brèves apparitions du soleil* some sunny spells / *il y aura beaucoup de soleil sur le sud de la France* it'll be very sunny in ou over southern France / *une journée sans soleil* a day with no sunshine / *un soleil de plomb* a blazing sun / *ma chambre manque de soleil* my room doesn't get enough sun ou sunlight / *on a le soleil sur le balcon jusqu'à midi* the balcony gets the sun until noon / *c'est une plante qui adore le soleil* this plant thrives in sunlight ▸ **au soleil** in the sun / *tu es en plein soleil* you're right in the sun ▸ **prendre le soleil** to sunbathe **4.** BOT sunflower **5.** SPORT (backward) grand circle **6.** [feu d'artifice] Catherine wheel **7.** HÉRALD sol.

solen [sɔlɛn] nm razor (shell), Solen *spéc.*

solennel, elle [sɔlanɛl] adj **1.** [obsèques, honneurs, silence] solemn **2.** [déclaration, occasion, personne, ton] solemn, formal **3.** DR [contrat] solemn.

solennellement [sɔlanɛlmɑ̃] adv **1.** [en grande pompe] formally, ceremoniously **2.** [cérémonieusement] solemnly, in a solemn voice **3.** [officiellement] solemnly.

solenniser [3] [sɔlanize] vt to solemnize.

solennité [sɔlanite] nf **1.** [d'une réception] solemnity **2.** [d'un ton, d'une personne] solemnity, formality **3.** *sout* [fête] solemn ceremony ou celebration / *la solennité de Pâques* the solemn celebration of Easter **4.** DR solemnity.

solénoïdal, e, aux [sɔlenɔidal, o] adj solenoidal.

solénoïde [sɔlenɔid] nm solenoid.

Soleure [sɔlœʀ] npr Solothurn.

Solex® [sɔlɛks] nm ≃ moped.

solfatare [sɔlfataʀ] nf solfatara.

solfège [sɔlfɛʒ] nm **1.** [notation] musical notation ; [déchiffrage] sight-reading / *faire du solfège* to study musical notation **2.** [manuel] music primer.

solfier [9] [sɔlfje] vt to sol-fa / *solfiez correctement le morceau suivant* sol-fa the following piece of music accurately.

solidaire [sɔlidɛʀ] adj **1.** [personnes] ▸ **être solidaires a)** [les uns des autres] to stand ou to stick together **b)** [l'un de l'autre] to show solidarity with each other / *nous sommes solidaires de nos camarades* we support ou stand by our comrades / *ne cherchez pas à diviser les dockers, ils sont tous solidaires* don't try to split the dockers, they're in complete solidarity / *deux syndicats peu solidaires* two unions showing little solidarity **2.** [reliés - processus, pièces mécaniques] interdependent ▸ **être solidaire de** to interact with **3.** [interdépendants] interdependent / *ces deux questions sont solidaires (l'une de l'autre)* these two questions are interdependent **4.** DR joint and several.

solidairement [sɔlidɛʀmɑ̃] adv **1.** [conjointement] jointly, in solidarity with each other **2.** *fig* : *les processus fonctionnent solidairement* the processes are interdependent **3.** MÉCAN [par engrenage] in a mesh ; [directement] locked (together) **4.** DR jointly and severally.

solidariser [3] [sɔlidaʀize] vt **1.** [faire partager les mêmes intérêts] to unify, to bring together **2.** [relier - processus] to make interdependent **3.** MÉCAN [par engrenage] to mesh ; [directement] to lock (together), to interlock.

❖ **se solidariser avec** vp + prép to show solidarity with.

solidarité [sɔlidaʀite] nf **1.** [entre personnes] solidarity ▸ **par solidarité avec** out of a fellow-feeling for, in order to show solidarity with ▸ **solidarité ministérielle** ministerial responsibility ▸ **Solidarité** [syndicat polonais] Solidarity **2.** [de processus] interdependence **3.** MÉCAN [engrenage] meshing ; [entraînement] locking, interlocking **4.** DR joint and several liability.

solide [sɔlid] ◆ adj **1.** [résistant - meubles, matériel] solid, sturdy, strong ; [- papier] tough, strong ; [- vêtements] hard-wearing ; [- bâtiment] solid, strong ; [- verrou, nœud] secure ▸ **peu solide** [chaise, pont] rickety / *attention, cette chaise n'est pas très solide* careful, that chair's not very safe **2.** [établi, stable - formation, culture, technique] sound ; [- entreprise] well-established ; [- institution, argument] solid, sound ; [- professionnalisme, réputation] solid ; [- bases] sound, firm ; [- amitié] firm, enduring ; [- foi] firm, staunch ; [- principes, qualités] staunch, sound, sterling *(modif)* ; [- monnaie] strong, firm / *attitude empreinte d'un solide bon sens* no-nonsense attitude, attitude based on sound common sense / *elle s'est entourée d'une solide équipe de chercheurs* she's surrounded herself with a reliable ou strong research team **3.** [robuste - personne, membre] sturdy, robust ; [- santé] sound / *avoir une solide constitution* to have an iron constitution / *le poulain n'est pas encore très solide sur ses pattes* the foal isn't very steady on its legs yet / *le cœur n'est plus très solide* the heart's getting weaker / *la tête n'est plus très solide* his / her mind's going **4.** *(avant nom) fam* [substantiel] substantial, solid / *un solide petit déjeuner* a substantial ou solid breakfast / *un solide coup de poing* a mighty punch / *avoir une solide avance sur ses concurrents* to enjoy a secure ou comfortable lead over one's rivals ▸ **avoir un solide coup de fourchette** to have a hearty appetite **5.** [non liquide - aliments, corps, état] solid / *la lave devient solide en refroidissant* lava solidifies ou hardens as it cools down / *elle ne peut rien manger de solide* she can't eat solid foods ou solids **6.** TEXT [tissu] resistant ; [teinture] fast **7.** MATH solid. ◆ nm **1.** [ce qui est robuste] : *les voitures suédoises, c'est du solide* Swedish cars are built to last / *son dernier argument, c'est du solide!* *fam* her last argument is rock solid ! **2.** [sol ferme] solid ground / *marcher sur du solide* to walk on solid ground **3.** [aliments solides] solids, solid food **4.** MATH & PHYS solid.

solidement [sɔlidmɑ̃] adv **1.** [fortement] securely, firmly / *attache-le solidement à cet arbre* tie it securely to this tree **2.** [profondément] firmly / *c'est une croyance solidement ancrée* it's a deeply-rooted ou deep-seated idea **3.** *fam* [en intensif] seriously / *je l'ai solidement grondé* I gave him a good talking-to.

solidification [sɔlidifikasjɔ̃] nf solidification.

solidifier [9] [sɔlidifje] vt to solidify, to harden.

❖ **se solidifier** vpi to solidify, to harden.

solidité [sɔlidite] nf **1.** [d'un meuble] solidity, sturdiness ; [d'un vêtement] sturdiness, durability ; [d'un bâtiment] solidity **2.** [d'une institution, de principes, d'arguments] solidity, soundness ; [d'une équipe] reliability ; [d'une monnaie] strength / *la solidité technique de son jeu* the soundness of her playing technique **3.** [force d'une personne] sturdiness, robustness **4.** TEXT [d'un tissu] resistance ; [d'une teinture] fastness.

soliflore [sɔliflɔʀ] nm bud vase.

soliloque [sɔlilɔk] nm soliloquy.

soliloquer [3] [sɔlilɔke] vi to soliloquize.

Soliman [sɔlimɑ̃] npr ▸ **Soliman Ier** ou **le Magnifique** Suleiman the Magnificent.

solipsisme [sɔlipsism] nm solipsism.

soliste [sɔlist] nmf soloist.

solitaire [sɔlitɛʀ] ◆ adj **1.** [personne, existence, activité] solitary, lonely **2.** [isolé - île, quartier, retraite] solitary, lone / *une maison solitaire dans la forêt* a solitary house in the forest **3.** ARCHIT [colonne] isolated **4.** BOT & ZOOL solitary ▸ **ver solitaire** tapeworm. ◆ nmf **1.** [misanthrope] loner, lone wolf / *c'est une solitaire* she is a loner, she enjoys her own company **2.** [navigateur, voyageur] : *c'est une course de solitaires* it's a single-handed race. ◆ nm **1.** [anachorète] hermit, recluse **2.** JEUX & JOAILL solitaire **3.** CHASSE old boar.

❖ **en solitaire** ◆ loc adj [course, vol] solo *(modif)* ; [navigation] single-handed. ◆ loc adv [vivre, travailler] on one's own ; [naviguer] single-handed / *il vit en solitaire dans sa vieille maison* he lives on his own in his old house.

solitairement [sɔlitɛʀmɑ̃] adv ▸ **se promener solitairement** to walk alone ▸ **vivre solitairement** to lead a solitary life.

solitude [sɔlityd] nf **1.** [d'une personne - momentanée] solitude ; [- habituelle] loneliness / *la solitude lui pèse* solitude weighs heavily upon her / *j'aime la solitude* I like to be alone ou on my own / *dans une grande solitude morale* morally isolated ▸ **la solitude à deux** the loneliness of a couple *(when the two stop communicating with each other)* **2.** [d'une forêt, d'un paysage] loneliness, solitude **3.** *litt* [lieu solitaire] : *les grandes solitudes désertiques* the vast lonely expanses of the desert.

solive [sɔliv] nf CONSTR joist ▸ **solive apparente** exposed joist.

soliveau, x [sɔlivo] nm small joist.

Soljenitsyne [sɔlʒenitsin] npr Solzhenitsyn.

sollicitation [sɔlisitasjɔ̃] nf **1.** [requête] request, entreaty / *j'ai fini par céder à leurs sollicitations* I ended up giving in to their requests **2.** [tentation] temptation **3.** [poussée, traction] : *les freins répondent à la moindre sollicitation* the brakes are extremely responsive **4.** CONSTR stress ▸ **sollicitation de compression / torsion / traction** compressive / torsion / tensile stress.

solliciter [3] [sɔlisite] vt **1.** [requérir - entrevue] to request, to solicit, to beg the favour of *sout* ; [- aide, conseils] to solicit, to seek (urgently) ; [- emploi] to apply for *(insép)* ▸ **solliciter qqch de qqn** to request sthg from sb / *je me permets de solliciter votre bienveillance* may I appeal to your kindness **2.** [mettre en éveil - curiosité, attention] to arouse ; [- élève] to spur ou to urge on *(sép)* / *le problème qui nous sollicite* ou *qui sollicite notre attention actuellement* the problem currently before us **3.** [texte] to overinterpret **4.** [faire appel à] to approach, to appeal to *(insép)* ▸ **être très sollicité** to be (very much) in demand / *sollicité par les chasseurs de tête* head-hunted / *on m'a déjà sollicité pour une séance de pose* I've already been approached for a photocall **5.** [faire fonctionner - mécanisme] to put a strain on / *dès que les freins sont sollicités* as soon as you touch the brakes **6.** ÉQUIT [cheval] to spur ou to urge on *(sép)*.

solliciteur, euse [sɔlisitœʀ, øz] nm, f [quémandeur] suppliant, supplicant.

sollicitude [sɔlisityd] nf [intérêt - affectueux] (excessive) care, solicitude *sout* ; [- soucieux] concern, solicitude *sout* / *il m'écoutait avec sollicitude* he was listening to me with solicitude *sout* ▸ **plein de sollicitude** solicitous, attentive ▸ **être plein de sollicitude envers qqn** to be very attentive to ou towards sb.

solo [sɔlo] *(pl* **solos** *ou* **soli** [-li]) nm **1.** MUS solo ▸ **solo de piano / harpe** piano / harp solo / *elle joue / chante en solo* she plays / sings solo / *une escalade en solo* *fig* a solo climb **2.** THÉÂTRE [spectacle] one-man-show.

Sologne [sɔlɔɲ] npr f ▸ **(la) Sologne** the Sologne.

Solon [sɔlɔ̃] npr Solon.

sol-sol [sɔlsɔl] adj inv ground-to-ground.

solstice [sɔlstis] nm solstice ▸ **solstice d'été / d'hiver** summer / winter solstice.

solsticial, e, aux [sɔlstisjal, o] adj solsticial.

solubilisation [sɔlybilizasjɔ̃] nf solubilization.

solubiliser [3] [sɔlybilize] vt to solubilize.

solubilité [sɔlybilite] nf solubility ▸ **produit de solubilité** solubility product.

soluble [sɔlybl] adj **1.** CHIM soluble / *soluble dans l'eau* water-soluble **2.** [problème] solvable, soluble.

soluté [sɔlyte] nm solute ▸ **soluté physiologique** saline solution, (artificial) serum.

solution [sɔlysjɔ̃] nf **1.** [résolution, clé] solution, answer ▸ **la solution d'un exercice** ÉDUC the solution ou answer to an exercise ▸ **la solution d'une énigme** the key to an enigma ou a mystery / *l'envoyer en prison ne serait pas une solution* sending him to prison wouldn't solve anything ou wouldn't be a solution / *apporter une solution à un problème* to find a solution to ou to solve a problem ▸ **une solution de facilité** an easy way out **2.** [terme - d'une crise] resolution, settling ; [- d'une situation complexe] resolution **3.** HIST ▸ **la solution finale** the Final Solution **4.** MATH solution **5.** *sout* [gén & MÉD] ▸ **solution de continuité** solution of continuity **6.** CHIM & PHARM solution ▸ **en solution** dissolved, in (a) solution.

solutionner [3] [sɔlysjɔne] vt to solve, to resolve.

Solutré [sɔlytʀe] npr *prehistoric site in Burgundy where François Mitterrand traditionally used to take a much-publicized annual walk.*

solutréen, enne [sɔlytʀeɛ̃, ɛn] adj Solutrean.

❖ **Solutréen** nm Solutrean (period).

solvabilité [sɔlvabilite] nf solvency / *degré de solvabilité* credit rating.

solvable [sɔlvabl] adj solvent.

solvant [sɔlvɑ̃] nm solvent.

soma [sɔma] nm BIOL soma.

somali, e [sɔmali] adj Somalian, Somali.
✣ **Somali, e** nm, f Somali.
✣ **somali** nm LING Somali.

Somalie [sɔmali] npr f ▸ **(la) Somalie a)** [république] Somalia **b)** [bassin] Somaliland.

somalien, enne [sɔmaljɛ̃, ɛn] = **somali.**

somatique [sɔmatik] adj somatic ▸ **affection somatique** somatic disorder.

somatisation [sɔmatizasjɔ̃] nf somatization.

somatiser [3] [sɔmatize] vt to somatize.

somatotrope [sɔmatɔtʀɔp] adj somatotropic, somatotrophic ▸ **hormone somatotrope** growth ou somatotrophic hormone.

somatotrophine [sɔmatɔtʀɔfin] nf somatotropin, somatotrophin.

sombre [sɔ̃bʀ] adj **1.** [pièce, ruelle, couleur, robe] dark / *il fait très sombre* it's very dark **2.** [personne, caractère, humeur, regard] gloomy, melancholy, sombre ; [avenir, perspectives] gloomy / *de sombres réflexions* sombre ou gloomy thoughts / *les jours les plus sombres de notre histoire* the gloomiest ou darkest days of our history **3.** *(avant nom) fam* [en intensif] : *c'est une sombre crapule / un sombre crétin* he's the scum of the earth / a prize idiot / *il m'a raconté une sombre histoire de fraude fiscale* he told me some murky story about tax evasion / *ce sombre individu reparut deux jours plus tard* that unsavoury character was seen again two days later **4.** LING [voyelle] dark.

sombrement [sɔ̃bʀəmɑ̃] adv gloomily, sombrely / *« rien », fit-il sombrement* "nothing", he said gloomily.

sombrer [3] [sɔ̃bʀe] vi **1.** [bateau] to sink, to founder **2.** *sout* [être anéanti -civilisation] to fall, to decline, to collapse ; [-entreprise] to go bankrupt, to fail, to collapse ; [-projet] to collapse, to fail ; [-espoir] to fade, to be dashed / *sa raison a sombré* he lost his reason **3.** ▸ **sombrer dans** [s'abandonner à] to sink into / *sombrer dans le sommeil / le désespoir* to sink into sleep / despair / *sombrer dans la folie / l'alcoolisme* to sink into insanity / alcoholism / *ça l'a fait sombrer dans l'alcool / la dépression* it drove him / her to drink / plunged him / her into depression.

sombrero, sombréro* [sɔ̃bʀeʀo] nm sombrero.

sommaire [sɔmɛʀ] ◆ adj **1.** [succinct] brief, succinct / *voici une description sommaire des lieux* here is a brief description of the premises **2.** [rudimentaire -réparation] makeshift / *il n'a reçu qu'une éducation sommaire* his education was rudimentary, to say the least **3.** [superficiel -analyse] summary, basic ; [-examen] superficial, perfunctory / *son analyse est trop sommaire* his analysis is too superficial ou doesn't go far enough **4.** [expéditif -procès] summary / *après un jugement sommaire* after a summary trial. ◆ nm [d'un magazine] summary ; [d'un livre] summary, synopsis / *au sommaire de notre journal ce soir* our main news stories tonight.

sommairement [sɔmɛʀmɑ̃] adv **1.** [brièvement] briefly / *analysez sommairement ce texte* make a brief analysis of this text **2.** [rudimentairement] basically / *leur appartement est très sommairement meublé* their flat is very basic **3.** [rapidement] hastily, rapidly / *il a sommairement inventorié le contenu des poches de la victime* he made a rapid inventory of the contents of the victim's pockets **4.** [expéditivement] summarily / *les prisonniers ont été sommairement exécutés* the prisoners were summarily executed.

sommation [sɔmasjɔ̃] nf **1.** MIL [avant de tirer] warning, challenge ▸ **faire une sommation** to challenge ▸ **après les sommations d'usage** after the standard warning (had been given) **2.** DR summons ▸ **sommation de se présenter au tribunal** summons to appear (in court) ▸ **sommation sans frais** (tax) reminder **3.** *sout* [requête] demand / *je me rendis à ses sommations courtoises mais pressantes* I gave in to his polite but insistent demands **4.** MATH summation **5.** PHYSIOL convergence.

somme¹ [sɔm] nm nap ▸ **faire un (petit) somme** to have a nap.

somme² [sɔm] nf **1.** FIN ▸ **somme (d'argent)** sum ou amount (of money) / *pour la somme de 200 euros* for (the sum of) 200 euros / *elle me doit une somme importante* she owes me quite a large sum ou quite a lot of money / *j'ai dépensé des sommes folles* I spent huge amounts of money ▸ **c'est une somme!** that's a lot of money! / *le papier peint, la peinture, ça fait des sommes tout ça!* wallpaper, paint, it all adds up! **2.** MATH sum ▸ **la somme totale** the grand total / *faire une somme* to add up (figures) / *faire la somme de 15 et de 16* to add (up) 15 and 16 ▸ **somme algébrique** algebraic sum **3.** [quantité] : *somme de travail / d'énergie* amount of work / energy / *ça représente une somme de sacrifices / d'efforts importante* it means great sacrifices / a lot of effort / *quand on fait la somme de tout ce que j'ai remué comme archives* when you add up the number of archive documents I've handled **4.** [œuvre] general survey / *son « Histoire de France », c'est une somme* his "French History" is an essential reference work ▸ **somme philosophique** general survey of philosophy ▸ **la Somme théologique** RELIG the Summa Theologica.

✣ **en somme** loc adv **1.** [en bref] in short / *en somme, tu refuses* in short, your answer is no **2.** [en définitive] all in all / *c'est assez simple en somme* all in all, it's quite easy.

✣ **somme toute** loc adv all things considered, when all is said and done / *somme toute, tu as eu de la chance* all things considered, you've been lucky.

Somme [sɔm] npr f **1.** [fleuve] ▸ **la Somme** the (River) Somme **2.** HIST ▸ **la bataille de la Somme** the (battle of the) Somme.

sommeil [sɔmɛj] nm **1.** PHYSIOL [repos] sleep / *je manque de sommeil* I haven't been getting enough sleep / *il cherchait le sommeil* he was trying to sleep ▸ **j'ai le sommeil léger / profond** I'm a light / heavy sleeper / *tu as les yeux pleins de sommeil fam* your eyes are all sleepy ou full of sleep / *une nuit sans sommeil* a sleepless night, a night without sleep / *trois jours sans sommeil* three days without sleep ▸ **avoir sommeil** to be ou to feel sleepy ▸ **tomber de sommeil** to be ready to drop, to be falling asleep (on one's feet) / *sommeil lent / paradoxal* NREM / REM sleep ▸ **le premier sommeil** the first hours of sleep ▸ **le sommeil éternel, le dernier sommeil** *litt* eternal rest ▸ **dormir d'un sommeil de plomb a)** [d'habitude] to be a heavy sleeper, to sleep like a log **b)** [ponctuellement] to be sleeping like a log ou fast asleep **2.** *fig* [inactivité] inactivity, lethargy, sluggishness / *il a tiré l'artisanat de son profond sommeil* he's given the stagnant arts and crafts market a new impetus.

✣ **en sommeil** ◆ loc adj [volcan, économie] inactive, dormant. ◆ loc adv ▸ **rester en sommeil** to remain dormant ou inactive / *mettre un secteur économique en sommeil* to put an economic sector in abeyance.

sommeiller [4] [sɔmɛje] vi **1.** [personne] to doze / *je commençais à sommeiller au volant* I was falling asleep at the wheel **2.** [affaire, passion, volcan] to lie dormant.

sommelier, ère [sɔməlje, ɛʀ] nm, f sommelier, wine waiter (waitress).

✣ **sommelière** nf SUISSE waitress.

sommer [3] [sɔme] vt **1.** DR ▸ **sommer qqn de faire qqch** to summon sb to do sthg **2.** *sout* [ordonner à] ▸ **sommer qqn de faire qqch** to order sb to do sthg **3.** ARCHIT to crown, to top **4.** MATH to add up *(sép).*

sommes v ⟶ être.

sommet [sɔmɛ] nm **1.** [plus haut point -d'un mont] summit, highest point, top ; [-d'un bâtiment, d'un arbre] top **2.** [partie supérieure -d'un arbre, d'une colline] crown ; [-d'une montagne] top, summit ; [-d'une vague] crest ; [-de la tête] crown, vertex *spéc* / *les sommets neigeux* the snowy heights ou summits ou mountain tops / *leurs émissions n'atteignent pas des sommets fig* their programmes don't aim very high ou aren't exactly intellectually ambitious **3.** [degré suprême -d'une hiérarchie] summit, top ; [-d'une carrière] top, summit, acme *sout* / *une décision prise au sommet* a decision taken from the top / *le sommet de la perfection* the acme of perfection *sout* / *le sommet de la gloire* the pinnacle of fame / *elle est au sommet de son talent* she's at the height of her talent **4.** ÉLECTR node **5.** MATH [d'un angle, d'une hyperbole] vertex **6.** POL summit (meeting).

sommier [sɔmje] nm **1.** [de lit] (bed) base ▸ **sommier à lattes** slatted base ▸ **sommier métallique** wire mattress ▸ **sommier tapissier (à ressorts)** (sprung) bed base **2.** ARCHIT [d'une voûte -poutre] springer, skewback ; [-pierre] impost ; [d'un clocher] stock **3.** CONSTR [d'une porte] lintel ; [d'une grille] crossbar **4.** MUS [d'un orgue] windchest ; [d'un piano] frame ▸ **sommier de chevilles** pinblock **5.** [de comptabilité] register, ledger ▸ **sommier de police technique** central register of criminal records.

sommité [sɔmite] nf authority / *les sommités de la médecine* leading medical experts / *ce n'est pas une sommité* he's no genius!

somnambule [sɔmnɑ̃byl] ◆ adj ▸ **être somnambule** to sleepwalk, to be a sleepwalker. ◆ nmf sleepwalker, somnambulist *spéc.*

somnambulique [sɔmnɑ̃bylik] adj sleepwalking, somnambulistic *spéc.*

somnambulisme [sɔmnɑ̃bylism] nm sleepwalking, somnambulism *spéc.*

somnifère [sɔmnifɛʀ] ◆ adj soporific, sleep-inducing. ◆ nm [substance] soporific ; [comprimé] sleeping pill ou tablet.

somniloquie [sɔmnilɔki] nf sleeptalking.

somnolence [sɔmnɔlɑ̃s] nf **1.** [d'une personne] drowsiness, sleepiness, somnolence *sout* **2.** [d'une économie] lethargy, sluggishness.

somnolent, e [sɔmnɔlɑ̃, ɑ̃t] adj **1.** [personne] drowsy, sleepy, somnolent *sout* **2.** [village] sleepy ; [voix] droning ; [esprit] dull, lethargic, apathetic ; [économie] lethargic, sluggish ; [faculté intellectuelle] dormant.

somnoler [3] [sɔmnɔle] vi **1.** [personne] to doze **2.** [ville] to be sleepy ; [économie] to be lethargic ou in the doldrums ; [faculté intellectuelle] to lie dormant, to slumber.

somptuaire [sɔ̃ptɥɛʀ] adj **1.** [dépenses] extravagant **2.** ART ▸ **arts somptuaires** decorative arts **3.** ANTIQ & HIST sumptuary.

somptueusement [sɔ̃ptɥøzmɑ̃] adv [décorer, illustrer] sumptuously, lavishly, richly ; [vêtir] sumptuously, magnificently.

somptueux, euse [sɔ̃ptɥø, øz] adj **1.** [luxueux -vêtements, cadeau] sumptuous, splendid ; [-décor, salon, palais] magnificent, splendid **2.** [superbe -banquet] sumptuous, lavish ; [-illustration] lavish / *la pièce a une somptueuse distribution* the play has a glittering cast.

somptuosité [sɔ̃ptɥozite] nf *litt* [d'une toilette] sumptuousness, magnificence ; [d'un décor, d'une pièce, d'illustrations] sumptuousness, splendour, lavishness.

son¹ [sɔ̃] nm **1.** LING, MUS & PHYS sound / *un son pur* a pure sound / *un son étouffé* a muffled sound / *un son sourd* a thump, a thud / *un son strident* [klaxon, trompette] a blast / *émettre* ou *produire un son* to give out a sound / *les sons inarticulés qui sortaient de sa bouche* the inarticulate sounds he was uttering / *le mur rend un son creux* the wall has a hollow sound / *ça ressemble au son de la harpe* it sounds like a harp ▸ **son de cloche** : *c'est un autre son de cloche* that's (quite) another story / *j'ai entendu plusieurs sons de cloche* I've heard several variants ou versions of that story ▸ **à son de trompe** : *clamer* ou *annoncer qqch à son de trompe* to trumpet sthg abroad ▸ **spectacle son et lumière** son et lumière **2.** AUDIO sound, volume / *baisser / monter le son* to turn the sound up / down / *on a le son mais pas l'image* we've got sound but no picture ▸ **son seul** sound only, wild track / *le son était épouvantable* CINÉ the soundtrack was terrible / *au son, Marcel Blot* sound (engineer), Marcel Blot **3.** AGR bran ▸ **son d'avoine** oat bran ▸ **flocons de son** bran flakes / *pain au son* bran loaf.

✣ **au son de** loc prép to the sound of / *danser au son de l'accordéon* to dance to the music ou sound ou sounds of the accordion / *ils défilèrent aux sons* ou *au son des tambours* they marched to the beat ou sound ou sounds of drums / *ils se lèvent tous les matins au son du clairon* every morning, they wake to the sound ou call of the bugle.

* In reformed spelling (see p. 16-19).

son², sa [sɔ̃, sa] *(pl* **ses** [se]) *(devant nf ou adj f commençant par voyelle ou 'h' muet* **son** [sɔn] *)* dét *(adj poss)* **1.** [d'un homme] his ; [d'une femme] her ; [d'une chose] its ; [d'un bateau, d'une nation] its, her / *son frère et sa sœur, ses frère et sœur* his / her brother and sister / *un de ses amis* a friend of his / hers, one of his / her friends ▸ **donne-lui son biberon a)** [à un petit garçon] give him his bottle **b)** [à une petite fille] give her her bottle / *le bébé, dès ses premiers contacts avec le monde* the baby, from its first experience of the world / *ce n'est pas son genre* he / she isn't like that, that's not his / her style / *ce n'est pas son travail* it's not his / her job / *la police est à sa recherche* the police are looking for him / her / it / *à sa vue, elle s'évanouit* on seeing him / her, she fainted / *son propre fils* his / her own son / *dans sa maison à lui* fam in HIS house, in his own house **2.** [d'un sujet indéfini] : *il faut faire ses preuves* one has to show one's mettle *sout*, you have to show your mettle / *tout le monde a ses problèmes* everybody has (his ou their) problems **3.** [dans des titres] : *Son Altesse Royale* His / Her Royal Highness ▸ **Sa Majesté** His / Her Majesty / *Sa Sainteté le Pape* His Holiness the Pope **4.** [d'une abstraction] : *avant de prendre une décision, il faut penser à ses conséquences* before taking a decision, one *sout* ou you must think about the consequences (of it) / *dans cette affaire, tout a son importance* in this affair everything is of importance **5.** [emploi expressif] : *ça a son charme* it's got its own charm ou a certain charm / *il fait son intéressant* fam he's trying to draw attention to himself / *elle fait sa timide* fam she's being all shy / *elle se fait ses 4 000 euros par mois* fam she brings in 4,000 euros a month / *il va encore piquer sa colère!* he's going to have another one of his outbursts! / *il a réussi à avoir son samedi* fam he managed to get Saturday off.

sonal [sɔnal] *(pl* **sonals**) nm jingle.

sonar [sɔnaʀ] nm sonar.

sonate [sɔnat] nf sonata.

sonatine [sɔnatin] nf sonatina.

sondage [sɔ̃daʒ] nm **1.** [enquête] poll, survey / *faire un sondage auprès d'un groupe* to poll a group, to carry out a survey among a group / *j'ai fait un petit sondage parmi mes amis* I sounded out some of my friends ▸ **sondage d'opinion** opinion poll **2.** [d'un terrain] sampling, sounding **3.** MÉD probe, probing ▸ **sondage vésical** urethral catheterization **4.** MIN & PÉTR [puits] bore hole **5.** NAUT sounding **6.** GÉOL ▸ **sondage sismique** sonoprobing.

sonde [sɔ̃d] nf **1.** ASTRON & MÉTÉOR sonde ▸ **sonde aérienne** balloon sonde ▸ **sonde spatiale** ASTRONAUT (space) probe **2.** NAUT ▸ **(ligne de) sonde** lead (line), sounding line / *être sur les sondes* to be on soundings **3.** MÉD probe, sound ▸ **sonde (d'alimentation)** feeding tube ▸ **sonde (creuse)** catheter ▸ **sonde œsophagienne** probing **4.** COMM [pour les liquides, le beurre] taster ; [pour les grains] sampler ; [de douanier] probe ▸ **sonde à fromage** cheese taster **5.** TECHNOL ▸ **sonde pyrométrique** ou **thermométrique** thermometer probe **6.** PÉTR drill.

Sonde [sɔ̃d] npr f ⟶ **archipel.**

sondé, e [sɔ̃de] nm, f person (who has been) polled.

sonder [3] [sɔ̃de] vt **1.** [personne - gén] to sound out *(sép)* ; [- dans une enquête] to poll / *je vais tâcher de la sonder là-dessus* I'll try and sound her out on that / *nous n'avons sondé que des étudiants* we polled students only ▸ **sonder l'opinion** to make a survey of public opinion **2.** NAUT to sound / *sonder la côte* to take soundings along the coast **3.** MÉTÉOR to probe **4.** MÉD [plaie] to probe ; [malade, vessie] to catheterize **5.** PÉTR to bore, to drill ▸ **sonder le terrain** *fig* to test the ground ou the waters **6.** [bagages] to probe ; [fromage, liquides] to taste ; [grains] to sample **7.** [âme] to sound out *(sép)*, to probe.

sondeur, euse [sɔ̃dœʀ, øz] nm, f **1.** [pour une enquête] pollster **2.** GÉOL probe.

❖ **sondeur** nm **1.** NAUT depth finder, sounder **2.** MÉTÉOR ▸ **sondeur acoustique** echo sounder ▸ **sondeur ionosphérique** ionosonde.

❖ **sondeuse** nf PÉTR boring ou drilling machine.

songe [sɔ̃ʒ] nm *litt* **1.** [rêve] dream ▸ **voir qqch / qqn en songe** to see sthg / sb in one's dreams ▸ **songes, mensonges** *prov*, **songe est mensonge** *prov* dreams never tell the truth / **'le Songe d'une nuit d'été'** *Shakespeare* 'A Midsummer Night's Dream' **2.** [chimère] dream, daydream, illusion.

songe-creux [sɔ̃ʒkʀø] nm inv dreamer, daydreamer.

songer [17] [sɔ̃ʒe] *sout* ◆ vt to muse, to reflect, to think / *il est charmant, songeait-elle* he's charming, she mused ou reflected / *comment aurais-je pu songer qu'ils nous trahiraient?* how could I have imagined that they'd betray us? ◆ vi [rêver] to dream.

❖ **songer à** v + prép *sout* **1.** [penser à] to think about *(insép)* / *à quoi songes-tu?* what are you thinking about?, what's on your mind? ; [en se souvenant] to muse over *(insép)*, to think back to / *je songeais aux Noëls passés* I was musing over ou thinking back to Christmases past **2.** [prendre en considération - carrière, personne] to think of *(insép)*, to have regard for / *songe un peu plus à toi-même!* think of yourself more! / *songe un peu plus aux autres!* be a bit more considerate (of others)! **3.** [envisager] to contemplate, to think of *(insép)* / *voyons, vous n'y songez pas!* come now, you can't mean it ou be serious! / *il songe sérieusement à se remarier* he's seriously considering ou contemplating remarriage / *la seule issue à laquelle nous n'avions pas songé* the only outcome we never expected **4.** [s'occuper de] to remember / *as-tu songé aux réservations?* did you remember to make reservations? **5.** [réfléchir à - offre, suggestion] to think over *(sép)*, to consider.

songerie [sɔ̃ʒʀi] nf *litt* daydreaming.

songeur, euse [sɔ̃ʒœʀ, øz] adj pensive, thoughtful, reflective / *d'un air songeur* dreamily ▸ **ça vous laisse songeur** it makes you wonder.

sonnaille [sɔnaj] nf **1.** [pour le bétail] cowbell **2.** [bruit] jangling.

sonnant, e [sɔnɑ̃, ɑ̃t] adj sharp ▸ **à trois heures sonnantes** at three (o'clock) sharp, at three on the dot, at the stroke of three (o'clock).

sonné, e [sɔne] adj **1.** [annoncé par la cloche] gone, past ▸ **il est midi sonné** it's gone UK ou past twelve **2.** *fam* [révolu] : *elle a la cinquantaine bien sonnée* she's on the wrong side of fifty **3.** *fam* [fou] cracked, nuts **4.** *fam* [assommé] groggy, punch-drunk / *un boxeur sonné* a punch-drunk boxer.

sonner [3] [sɔne] ◆ vi **1.** [téléphone, cloche] to ring ; [minuterie, réveil] to go off ; [carillon, pendule] to chime ; [glas, tocsin] to toll, to sound / *la cloche n'a pas encore sonné* [à l'école] the bell hasn't gone ou rung yet / *j'ai mis le réveil à sonner pour* ou *à 8 h* I've set the alarm for 8 o'clock ▸ **sonner à toute volée** to peal ou to ring (out) **2.** [instrument en cuivre] to sound ; [clefs, pièces métalliques] to jingle, to jangle ; [pièces de monnaie] to jingle, to chink ; [enclume, marteau] to ring, to resound ; [rire] to ring, to peal (out) ; [voix] to resound, to ring ; [personne] ▸ **sonner de** [clairon, trompette] to sound / *sonner du cor* to sound the horn / *il faisait sonner des pièces dans sa poche* he was jingling coins in his pocket ▸ **sonner clair a)** [monnaie] to ring true **b)** [marteau] to give ou to have a clear ring ▸ **sonner creux a)** to sound hollow, to give a hollow sound **b)** *fig* to have a hollow ring ▸ **sonner faux** *pr & fig* to ring false **3.** [heure] to strike / *4 h ont sonné* it has struck 4 o'clock, 4 o'clock has struck / *attendez que la fin du cours sonne!* wait for the bell!, wait till the bell goes ou rings! / *l'heure de la vengeance a sonné* *fig* the time for revenge has come **4.** [personne] to ring ▸ **on a sonné** there's someone at the door ▸ **sonner chez qqn** to ring sb's doorbell / *j'ai sonné plusieurs fois (à ta porte)* I rang your doorbell ou at your door several times / **'(prière de) sonner ici'** 'ring here (for attention)' / *sonner puis entrer* please ring before entering **5.** ▸ **faire sonner** [accentuer] : *faire sonner une consonne* to sound a consonant / *«pour la gloire», dit-il en faisant sonner le dernier mot* "for glory" he said, making the last word ring out. ◆ vt **1.** [cloche] to ring, to chime ; [glas, tocsin] to sound, to toll ▸ **sonner les cloches à qqn** *fam* to give sb a telling-off ou roasting / *tu vas te faire sonner les cloches!* you'll catch it! **2.** [pour faire venir - infirmière, valet] to ring for / *je ne t'ai pas sonné!* *fam* who asked you? ; *(en usage absolu)* : *Madame a sonné?* you rang, Madam? **3.** [pour annoncer - messe, vêpres] to ring (the bells) for ; [MIL - charge, retraite, rassemblement] to sound / *sonnez le dîner* ring the bell for dinner, ring the dinner-bell / *sonner le réveil* MIL to sound the reveille **4.** [suj: horloge] to strike / *l'horloge sonne les heures / demi-heures* the clock strikes the hours / every half-hour / *la pendule vient de sonner 2 h* the clock has just struck two **5.** *fam* [assommer] to knock out *(sép)*, to stun ; [abasourdir] to stun, to stagger, to knock (out) / *ça l'a sonné!* he was reeling under the shock! **6.** TECHNOL [sonder - installation, monnaie] to sound **7.** BELG [appeler] to telephone.

sonnerie [sɔnʀi] nf **1.** TÉLÉC ring / *la sonnerie du téléphone / réveil la fit sursauter* the telephone / alarm clock gave her a start ▸ **sonnerie de clairon** bugle call ; [de téléphone mobile] ringtone ▸ **sonnerie polyphonique** polyphonic ringtone **2.** MIL call ▸ **la sonnerie du réveil** the sounding of reveille **3.** [mécanisme - d'un réveil] alarm, bell ; [- d'une pendule] chimes ; [- d'une sonnette] bell **4.** [alarme] alarm (bell).

sonnet [sɔnɛ] nm sonnet.

sonnette [sɔnɛt] nf **1.** [avertisseur] bell ▸ **sonnette d'alarme** alarm bell ▸ **tirer la sonnette d'alarme a)** RAIL to pull the communication cord **b)** *fig* to blow the whistle **2.** [son] ▸ **(coup de) sonnette** ring (of the bell) **3.** TRAV PUB piledriver.

sonneur [sɔnœʀ] nm **1.** [de cloches] bell-ringer **2.** MUS player **3.** TECHNOL pile-driver operator.

sono [sɔno] nf [d'un groupe, d'une discothèque] sound system, sound ; [d'une salle de conférences] public-address system, PA (system).

sonomètre [sɔnɔmɛtʀ] nm sound-level meter.

sonore [sɔnɔʀ] ◆ adj **1.** ACOUST [signal] acoustic, sound *(modif)* ; [onde] sound **2.** [bruyant - rire, voix] loud, ringing, resounding ; [- claque, baiser] loud, resounding **3.** [résonnant - escalier, voûte] echoing / *le vestibule est sonore* sound reverberates ou echoes in the hall **4.** LING [phonème] voiced / *le «d» est sonore* the "d" is voiced. ◆ nf LING voiced consonant.

sonorisation [sɔnɔʀizasjɔ̃] nf **1.** [action] wiring for sound **2.** [équipement] sound system **3.** CINÉ ▸ **la sonorisation d'un film** dubbing a film **4.** LING voicing.

sonoriser [3] [sɔnɔʀize] vt **1.** [discothèque] to fit with a sound system ; [salle de conférences] to fit with a PA system ; [film] to (add the) sound track (to) **2.** LING to voice.

sonorité [sɔnɔʀite] nf **1.** [d'un instrument de musique] tone ; [de la voix] sonority *sout*, tone ; [d'une langue] sonority *sout* **2.** [résonance - de l'air] resonance, sonority *sout* ; [- d'une pièce] acoustics *(U)* ; [- d'un lieu] sonority *sout* **3.** LING voicing.

sonothèque [sɔnɔtɛk] nf sound (effects) library.

sont v ⟶ **être.**

Sopalin® [sɔpalɛ̃] nm kitchen roll UK, paper towels US, kitchen paper.

sophisme [sɔfism] nm sophism.

sophiste [sɔfist] nmf **1.** [raisonneur] sophist **2.** ANTIQ Sophist.

sophistication [sɔfistikasjɔ̃] nf **1.** [raffinement] refinement, sophistication **2.** [affectation] affectation, sophistication **3.** [complexité technique] sophistication, complexity.

sophistique [sɔfistik] ◆ adj sophistic. ◆ nf sophistry.

sophistiqué, e [sɔfistike] adj **1.** [raffiné] sophisticated, refined **2.** [affecté] affected, sophisticated **3.** [complexe] complex, sophisticated.

sophistiquer [3] [sɔfistike] vt **1.** [raffiner à l'extrême] to refine **2.** [perfectionner] to make more sophisticated, to perfect.

Sophocle [sɔfɔkl] npr Sophocles.

sophrologie [sɔfʀɔlɔʒi] nf sophrology *(form of autogenic relaxation).*

sophrologue [sɔfʀɔlɔg] nmf sophrologist *(practitioner of sophrology).*

soporifique [sɔpɔʀifik] ◆ adj **1.** PHARM soporific **2.** [ennuyeux] boring, soporific. ◆ nm *vieilli* soporific.

soprane [sɔpʀan] nf = **soprano** *(nmf).*

sopraniste [sɔpʀanist] nm male soprano.

soprano [sɔpʀano] (*pl* **sopranos** *ou* **soprani** [-ni]) ◆ nm [voix - de femme] soprano ; [- d'enfant] soprano, treble. ◆ nmf soprano.

sorbe [sɔʀb] nf sorb (apple).

sorbet [sɔʀbɛ] nm sorbet UK, sherbet US.

sorbetière [sɔʀbətjɛʀ] nf [de glacier] ice-cream churn ; [de ménage] ice-cream maker.

sorbier [sɔʀbje] nm sorb ▸ **sorbier domestique** ou **cultivé** service (tree) ▸ **sorbier des oiseleurs** rowan tree, mountain ash.

sorbitol [sɔʀbitɔl] nm sorbitol.

sorbonnard, e [sɔʀbɔnaʀ, aʀd] *fam* ◆ adj [esprit] niggling, pedantic. ◆ nm, f [professeur] Sorbonne academic ; [étudiant] Sorbonne student.

Sorbonne [sɔʀbɔn] npr f ▸ **la Sorbonne** the Sorbonne.

sorcellerie [sɔʀsɛlʀi] nf **1.** [pratique] sorcery, witchcraft **2.** *fam* [effet surprenant] bewitchment, magic / *c'est de la sorcellerie !* it's magic !

sorcier, ère [sɔʀsje, ɛʀ] nm, f **1.** [magicien] wizard (witch) / *il ne faut pas être (grand) sorcier pour comprendre cela fam* you don't need to be a genius to understand that **2.** ANTHR sorcerer (sorceress).

❖ **sorcier** adj m *fam* ▸ **ce n'est pourtant pas sorcier** you don't need to be a genius to understand.

❖ **sorcière** nf [mégère] harpy, witch.

sordide [sɔʀdid] adj **1.** [misérable - taudis, vêtements] wretched, squalid **2.** [vil - égoïsme] petty ; [- crime] foul, vile **3.** [mesquin - motif] squalid, sordid / *de sordides bagarres autour de l'héritage* sordid arguments over the legacy.

sordidement [sɔʀdidmɑ̃] adv sordidly, squalidly.

Sorel [sɔʀɛl] npr ▸ **Julien Sorel** *the hero of Stendhal's "Le Rouge et le Noir", a working-class intellectual exasperated with the bourgeois mediocrity around him.*

sorgho, sorgo* [sɔʀgo] nm sorghum.

Sorlingues [sɔʀlɛ̃g] npr fpl ▸ **les (îles) Sorlingues** the Scilly Isles. ⟶ **île**

sornettes [sɔʀnɛt] nfpl balderdash *(U)*, twaddle *(U)* ▸ **débiter** ou **raconter des sornettess** to talk nonsense.

sororal, e, aux [sɔʀɔʀal, o] adj sororal.

sororat [sɔʀɔʀa] nm sororate.

sors v ⟶ **sortir.**

sort [sɔʀ] nm **1.** [condition] fate, lot / *être content de son sort* to be happy with one's lot / *tu n'es jamais content de ton sort !* you're never happy with your lot ou what you've got ! / *des mesures ont été prises pour améliorer le sort des immigrés* steps were taken to improve the lot ou status of immigrants / *je n'envie pas son sort !* I wouldn't like to be in her shoes ! / *tu m'abandonnes à mon triste sort !* you've left me to my fate ! ▸ **faire un sort à a)** *fam* [plat] to make short work of, to polish off **b)** [bouteille] to polish off, to drink up **2.** [destin] fate, destiny / *mon sort est entre vos mains* my future depends on you, my fate is in your hands *sout* / *toutes les demandes d'emploi subissent le même sort* all letters of application meet with the same fate ou receive the same treatment **3.** [puissance surnaturelle] ▸ **le sort** Fate, Fortune, Destiny / *le sort lui fut enfin favorable* Fate ou Fortune smiled upon him at last / *je me demande ce que le sort nous réserve* I wonder what fate has in store for us / *mais le sort en a décidé autrement* but fate decided otherwise ▸ **le mauvais sort** misfortune ▸ **le sort en est jeté** the die is cast **4.** [sortilège - gén] spell ; [- défavorable] curse ▸ **jeter un sort à qqn** to cast a spell on sb.

sortable [sɔʀtabl] adj : *tu n'es vraiment pas sortable !* I can't take you anywhere !

sortant, e [sɔʀtɑ̃, ɑ̃t] ◆ adj **1.** POL outgoing / *le maire sortant* the outgoing mayor **2.** JEUX ▸ **les numéros sortants** the numbers chosen **3.** INFORM output *(modif).* ◆ nm, f **1.** POL incumbent / *tous les sortants ont été réélus au premier tour* all the incumbents were re-elected in the first round **2.** [personne qui sort] : *on contrôle également les sortants* those leaving are also screened.

sorte [sɔʀt] nf **1.** [genre] sort, kind, type / *vous n'avez que cette sorte de jupes ?* is that the only style of skirt you have ? / *on a souvent cette sorte de temps en automne* we often get this kind ou sort of weather in autumn / *pour moi, il y a deux sortes de gens* in my opinion, there are two kinds ou sorts ou types of people ▸ **toutes sortes de** all kinds ou sorts ou manner of **2.** [pour exprimer une approximation] ▸ **une sorte de** a sort ou kind of / *c'est une sorte de gelée* it's a sort of jelly / *une sorte de grand dadais péj* a big clumsy oaf **3.** IMPR sort.

❖ **de la sorte** loc adv that way / *comment osez-vous me traiter de la sorte ?* how dare you treat me in that way ou like that ! / *je n'ai jamais été humiliée de la sorte !* I've never been so humiliated !

❖ **de sorte à** loc conj in order to, so as to.

❖ **de (telle) sorte que** loc conj **1.** *(suivi du subjonctif)* [de manière à ce que] so that, in such a way that / *disposez vos plantes de telle sorte qu'elles reçoivent beaucoup de lumière* arrange your plants so that they receive maximum light **2.** *(suivi de l'indicatif)* [si bien que] so that / *elle m'a montré la ville, de sorte que le temps a passé très vite* she showed me round the town, so the time just flew by.

❖ **en aucune sorte** loc adv *litt* not in the least / *en avez-vous parlé à quelqu'un ? — en aucune sorte* did you tell anyone ? — not at all ou by no means.

❖ **en (quelque) sorte** loc adv as it were, in a way, somewhat / *immobile, pétrifié en quelque sorte* motionless, as it were paralysed / *alors, on repart à zéro ? — oui, en quelque sorte* so, we're back to square one ? — yes, in a manner of speaking.

❖ **en sorte de** loc conj so as to / *fais en sorte d'arriver à l'heure* try to be there on time.

❖ **en sorte que** *litt* = **de (telle) sorte que.**

sortie [sɔʀti] nf **1.** [action] exit ; THÉÂTRE exit / *sa sortie fut très remarquée* her exit ou departure did not go unnoticed / *essaie de faire une sortie discrète* try to make a discreet exit ou to leave discreetly / *faire sa sortie* THÉÂTRE to leave the stage, to exit / *faire une fausse sortie* to make as if to leave **2.** [moment] ▸ **à ma sortie de prison / d'hôpital** when I come (ou came) out of prison / hospital, on my release from prison / discharge from hospital / *les journalistes l'ont assaillie dès sa sortie de l'hôtel* the journalists thronged round her as soon as she stepped ou came out of the hotel ▸ **à la sortie des bureaux / usines, la circulation est infernale** when the offices / factories come out, the traffic is hell / *c'est la sortie de l'école* it's home-time UK, school's out / *retrouvons-nous à la sortie du travail / spectacle* let's meet after work / the show / *le voilier a heurté la bouée à la sortie du port* the yacht hit the buoy as she was leaving port / *il s'est retourné à la sortie du virage* he rolled (his car) over just after ou as he came out of the bend **3.** [fin] end / *à la sortie de l'hiver* when winter was (nearly) over / *à ma sortie de l'école* [à la fin de mes études] when I left school **4.** [excursion, promenade] outing ; [soirée en ville] evening ou night out / *on a organisé une petite sortie en famille / à vélo* we've organized a little family outing / cycle ride ▸ **priver qqn de sortie** [adulte] to confine sb to quarters / *mes parents m'ont privé de sortie trois dimanches de suite* my parents grounded me three Sundays in a row ▸ **sortie éducative** ou **scolaire** school outing **5.** AÉRON & MIL sortie / *faire une sortie* to make a sortie / *les pompiers font jusqu'à vingt sorties par semaine* the firemen are called out up to twenty times a week ▸ **sortie offensive** sally **6.** [porte, issue - d'une école, d'une usine] gates ; [- d'une salle de spectacles] exit, way out / *par ici la sortie !* this way out, please ! / *poussé vers la sortie* pushed towards the exit ▸ **attends-moi à la sortie** wait for me outside / *gagner la sortie* to reach the exit / *il gagna la sortie sans encombre* he made his way out unimpeded / *le supermarché se trouve à la sortie de la ville* the supermarket is on the outskirts of the town / **'attention, sortie de garage / véhicules'** 'caution, garage entrance / vehicle exit' ▸ **sortie de secours** emergency exit ▸ **sortie de service** service entrance ▸ **sortie des artistes** stage door **7.** [sur route] exit ▸ **sortie d'autoroute** motorway junction ou exit UK, freeway exit US ▸ **sortie (de route)** turnoff / *j'ai raté la sortie* I've missed the exit / *à toutes les sorties de Paris* at every major exit from Paris **8.** BANQUE & ÉCON [de produits, de devises] export ; [de capital] outflow ; [sujet de dépense] item of expenditure ; [dépense] outgoing / *la sortie de devises est limitée à 2 000 euros par personne* currency export is limited to 2,000 euros per person **9.** [d'un disque, d'un film] release ; [d'un roman] publication ; [d'un modèle] launch / *au moment de sa sortie dans les salles parisiennes* when released in Parisian cinemas / *à sa sortie, cette voiture paraissait révolutionnaire* when first launched, this car seemed revolutionary **10.** INFORM [de données] output, readout ; [option sur programme] exit ▸ **sortie sur imprimante** printout ▸ **sortie papier** output **11.** SPORT [aux jeux de ballon] : *sortie en touche* going out of play ou into touch / *il y a sortie en touche !* the ball's gone into touch ! ▸ **faire une sortie** [gardien de but] to come out of goal, to leave the goalmouth ; [en gymnastique] exit / *préparer sa sortie* to prepare one's exit **12.** [d'un cheval] outing / *c'est sa première sortie de la saison* it's his first race ou outing of the season **13.** *fam* [remarque] quip, sally ; [emportement] outburst / *elle a parfois de ces sorties !* she sometimes comes out with the most amazing stuff ! **14.** [d'eau, de gaz] outflow, outlet **15.** ART [gravure] fading, tailing off **16.** IMPR [des presses] delivery.

❖ **de sortie** loc adj : *c'est son jour de sortie* [d'un domestique] it's his / her day off / *être de sortie* [domestique] to have one's day off / *la cuisinière est de sortie le lundi* Monday is the cook's day off / *je suis de sortie demain fam* [au restaurant, au spectacle] I'm going out tomorrow.

sortie-de-bain [sɔʀtidbɛ̃] (*pl* **sorties-de-bain**) nf bathrobe.

sortie-de-bal [sɔʀtidbal] (*pl* **sorties-de-bal**) nf evening wrap, opera cloak.

sortilège [sɔʀtilɛʒ] nm charm, spell.

sortir¹ [sɔʀtiʀ] nm *litt* [fin] : *dès le sortir de l'enfance, il dut apprendre à se défendre* he was barely out of his childhood when he had to learn to fend for himself.

❖ **au sortir de** loc prép **1.** [dans le temps] ▸ **au sortir de l'hiver** as winter draws to a close / *au sortir de la guerre* towards the end of the war **2.** [dans l'espace] : *je vis la cabane au sortir du bois* as I was coming out of the woods, I saw the hut.

sortir² [32] [sɔʀtiʀ] ◆ vi *(aux être)* **1.** [quitter un lieu - vu de l'intérieur] to go out ; [- vu de l'extérieur] to come out / *ne sors pas sans manteau* don't go out without a coat (on) / *il vient de sortir* [d'ici] he's just gone out / *vous trouverez la boîte aux lettres en sortant* you'll find the letter box on your way out / *sortir par la fenêtre* to get out ou to leave by the window ▸ **sors !** get out (of here) ! / *fais sortir la guêpe* get the wasp out (of here) / *Madame, je peux sortir ?* please Miss, may I leave the room ? / *une méchante grippe l'empêche de sortir* a bad bout of flu is keeping him indoors ou at home / *le médecin lui a dit de ne pas sortir* the doctor told him to stay indoors ou not to go out / *je commence à pouvoir sortir un peu* I can go out ou outdoors a little now / *vivement que je puisse sortir !* I can't wait to get out ! / *elle est sortie déjeuner / se promener* she's gone (out) for lunch / for a walk ▸ **être sorti** [ne pas être chez soi] to be out / *si elle se présente, dites-lui que je suis sorti* if she calls, tell her I'm out ou I've gone out ou I'm not in / *il était si mauvais que le public est sorti* he was so bad that the audience walked out (on him) / *il y a trop d'encombrements, on va essayer de sortir par le pont Bouvier* there's too much traffic, we'll try to get out via Bouvier bridge ▸ **sortir de** : *sortir d'une pièce* to leave a room / *il est sorti de son examen avant la fin* he left his exam before the end / *les gens sortaient du théâtre* people were coming out of ou leaving the theatre / *sortir d'une voiture* to get out of a car / *je l'ai vu qui sortait de l'hôpital / l'école vers 16 h* I saw him coming out of the hospital / school at about 4 pm / *fais sortir ce chien de la voiture* get that dog out of the car / *faites-les sortir !* send them out ! / *il faisait sortir des lapins de son chapeau* he pulled rabbits out of his hat / *sors de ta cachette !* come out wherever you are ! / *sortir de l'eau* to emerge from the water / *sors de l'eau !* get out of the water ! / *sortir du lit* to get out of bed / *sortir du bain* to get out of the bath / *alors que l'ex-*

* In reformed spelling (see p. 16-19).

press sortait de la gare as the express train was pulling out of ou leaving the station / *les bolides sortent du virage à 150 km/h* the racing cars come out of the bend at 150 km/h ▸ **il est sorti de sa vie** he's out of her life ▸ **ça me sort par les yeux** *fam* I'm sick and tired of it, I've had it up to here **2.** [marquant la fin d'une activité, d'une période] ▸ **sortir de table** to leave the table / *elle sort de l'hôpital demain* she's coming out of hospital tomorrow ▸ **laisser qqn sortir de l'hôpital** to let sb out of ou to discharge sb from hospital ▸ **sortir de l'école / du bureau** [finir sa journée] to finish school / work / *à quelle heure sors-tu?* [du bureau, du lycée] what time do you finish? / *sortir de prison* to come out of ou to be released from prison **3.** [pour se distraire] : *je sors très peu* I hardly ever go out / *ils sortent au restaurant tous les soirs* they eat out every night ▸ **sortir avec qqn** to go out with sb / *tu sors avec quelqu'un demain?* are you going out with someone tomorrow? / *je ne sors plus avec lui* *fam* I'm not going out with him ou I'm not seeing him anymore / *ils sortent ensemble depuis trois ans* *fam* they've been going out together for three years **4.** [apparaître - dent, bouton] to come through ; [- pousse] to come up, to peep through / *l'antenne sort quand on appuie sur le bouton* the aerial comes out when you press the button **5.** [se répandre] to come out / *le son sort par là* the sound comes out here / *des flammes sortaient de la gueule du dragon* flames were coming out of the dragon's mouth / *c'est pour que la fumée sorte* it's to let the smoke out ou for the smoke to escape **6.** [s'échapper] to get out / *des pensionnaires réussissaient parfois à sortir* some boarders would manage to get out ou to escape from time to time ▸ **sortir de** : *aucun dossier ne doit sortir de l'ambassade* no file may be taken out of ou leave the embassy ▸ **faire sortir qqn / des marchandises d'un pays** to smuggle sb / goods out of a country / *je vais te confier quelque chose, mais cela ne doit pas sortir d'ici* I'm going to tell you something, but it mustn't go any further than these four walls **7.** [être mis en vente - disque, film] to be released, to come out ; [- livre] to be published, to come out / *le film sortira (sur les écrans) en septembre* the film will be released ou will be out in September / *à l'heure où les journaux sortent* when the papers come off the presses / *ce nouveau type de revêtement devrait bientôt sortir* this new type of flooring material should be on the market fairly soon / *ça vient de sortir!* it's just (come) out!, it's (brand) new! **8.** [être révélé au public - sujet d'examen] to come up ; [- numéro de loterie] to be drawn ; [- numéro à la roulette] to turn ou to come up ; [- tarif, barème] to be out / *je ne révise pas la crise de 29, ça ne sortira pas* *fam* I'm not going to revise the Wall Street crash, it won't come up **9.** [être promulgué] : *la loi a été votée mais le décret d'application ne sortira qu'en septembre* the bill has been passed, but it won't become law until September **10.** *fam* [être dit] to come out / *il fallait que ça sorte!* it had to come out ou to be said! / *c'est sorti comme ça, je n'ai pas pu m'en empêcher* I just came out with it ou blurted it out, I couldn't help myself **11.** INFORM : *sortir (d'un système)* to exit (from a system) **12.** NAUT & AÉRON ▸ **sortir du port** to leave harbour ▸ **sortir en mer** to put out to sea / *aujourd'hui, les avions / bateaux ne sont pas sortis* the planes were grounded / the boats stayed in port today **13.** SPORT [balle] to go out / *la balle est sortie (du court)* the ball was out / *le ballon est sorti en corner / touche* the ball went out for a corner / went into touch ▸ **on a fait sortir le joueur (du terrain) a)** [pour faute] the player was sent off **b)** [il est blessé] the player had to go off because of injury / *et voilà le dernier Français qui sort du tournoi!* now the last Frenchman's out of the tournament! **14.** THÉÂTRE ▸ **le roi sort** exit the King ▸ **les sorcières sortent** exeunt (the) witches **15.** IMPR : *faire sortir une ligne* to run on a line. ◆ vt *(aux avoir)* **1.** [mener dehors - pour se promener, se divertir] to take out *(sép)* / *sortir un enfant* to take a child out for a walk / *sors le chien* take the dog out (for a walk) / *il faut sortir les chiens régulièrement* dogs have to be walked regularly / *viens avec nous au concert, ça te sortira* come with us to the concert, that'll get you out (of the house) **2.** [mettre dehors - vu de l'intérieur] to put out ou outside ; [- vu de l'extérieur] to bring out ou outside *(sép)* ▸ **sortir la poubelle** to take out the rubbish bin UK ou the trash US **3.** [présenter - crayon, outil] to take out *(sép)* ; [- pistolet] to pull out ; [- papiers d'identité] to produce / *on va bientôt pouvoir sortir les vêtements d'été* we'll soon be able to get out our summer clothes / *sors le jeu d'échecs* take ou get the chess set out / *l'escargot sort ses cornes* the snail is putting out its horns ▸ **il a toujours du mal à les sortir** *fam* he's never too keen to put his hand in his pocket **4.** [extraire] ▸ **sortir qqch de** to take ou to get sthg out of / *sors un verre du placard* get a glass out of ou from the cupboard / *il a sorti quelque chose de sa poche* he drew ou took ou got sthg out of his pocket / *sors les mains de tes poches!* take ou get your hands out of your pockets! / *ils ont eu du mal à sortir le car du lac* they had problems getting ou pulling ou hauling the coach out of the lake / *des mesures ont été prises pour sortir le pays de la crise* measures have been taken in order to get the country out of ou to rescue the country from the present crisis ▸ **sortir qqn de** to get ou to pull sb out of / *ils ont sorti les blessés des décombres* they pulled the injured out of the rubble / *j'ai eu du mal à le sortir de son lit* [le faire lever] I had trouble getting him out of bed ▸ **je vais te sortir d'affaire** ou **d'embarras** ou **de là** I'll get you out of it **5.** *fam* [expulser] to get ou to throw out *(sép)* / *sortez-le ou je fais un malheur!* get him out of here before I do something I'll regret! / *sortez l'arbitre!* get off, ref! / *elle a sorti la Suédoise en trois sets* she disposed of ou beat the Swedish player in three sets **6.** [mettre sur le marché] to launch, to bring out ▸ **sortir un disque / film a)** [auteur] to bring out a record / film **b)** [distributeur] to release a record / film / *sortir un livre* to bring out ou to publish a book / *nous devons sortir un produit nouveau chaque mois* we have to bring out a new product every month **7.** *fam* [dire] to say, to come out with / *elle n'a sorti que des banalités* she just came out with a load of clichés / *tu sais ce qu'elle m'a sorti?* you know what she came out with? / *il m'a sorti que j'étais trop vieille!* he told me I was too old, just like that! / *vas-y, sors tout ce que tu as sur le cœur!* come on, out with it, what's bothering you? **8.** [roue, train d'atterrissage] to drop ; [volet] to raise.

❖ **sortir de** v + prép **1.** [emplacement, position] to come out of, to come off / *la porte coulissante est sortie de la rainure* the sliding door has come out of the groove / *sortir des rails* to go off ou to jump the rails ▸ **sortir de la piste a)** [voiture] to come off ou to leave the track **b)** [skieur] to come off the piste ▸ **ça m'était complètement sorti de la tête** ou **de l'esprit** it had gone right out of my head ou mind ▸ **l'incident est sorti de ma mémoire** ou **m'est sorti de la mémoire** I've forgotten the incident **2.** [venir récemment de] to have (just) come from / *elle sort de chez moi* she's just left my place / *je sortais de chez le coiffeur* I was just coming out of the hairdresser's / *d'où sors-tu?* *fam* where have you been? / *il sort de son entretien / examen* he has just got out of his interview / exam / *je sors d'une grippe* I'm just recovering from a bout of flu ▸ **sortir de faire qqch** *fam* to have just done sthg / *je sors de lui parler* I was just this minute talking to him ▸ **je sors d'en prendre** *fam* I've had quite enough of that, thank you **3.** [venir à bout de] to come out of / *nous avons eu une période difficile mais heureusement nous en sortons* we've had a difficult time but fortunately we're now emerging from it ou we're seeing the end of it now ▸ **en sortir** *fam* : *est-ce qu'on va enfin en sortir?* when are we going to see an end to all this? ▸ **on n'en sortira pas** we'll be there till kingdom come ou the cows come home **4.** [se tirer de, se dégager de] : *elle est sortie indemne de l'accident* she came out of the accident unscathed / *le président n'est pas sorti indemne de ce face à face* the president didn't emerge unscathed from this encounter / *elle est sortie première de sa promotion* she came out first in her class / *qui sortira victorieux de ce match?* who will win this match? / *le linge sort tout blanc de la machine* the washing is really white when it comes out of the machine / *sortir de sa rêverie* to emerge from one's reverie / *sortir du sommeil* to emerge from ou to wake from sleep / *lorsqu'on sort de l'adolescence pour entrer dans l'âge adulte* when one leaves adolescence (behind) to become an adult **5.** [se départir de] : *il est sorti de sa réserve après quelques verres de vin* he opened ou loosened up after a few glasses of wine / *elle est sortie de son silence pour écrire son second roman* she broke her silence to write her second novel **6.** [s'écarter de] : *attention à ne pas sortir du sujet!* be careful not to get off ou to stray from the subject! / *cela sort de mes compétences* that's not my field ▸ **sortir de l'ordinaire** to be out of the ordinary / *enfin une collection de mode qui sort de l'ordinaire!* at last a fashion show with a difference! ▸ **il ne veut pas sortir** ou **il ne sort pas de là** he won't budge ▸ **il n'y a pas à sortir de là** [c'est inévitable] there's no way round it, there's no getting away from it **7.** [être issu de] : *sortir d'une bonne famille* to come from ou to be of a good family / *pour ceux qui sortent des grandes écoles* for those who have studied at ou are the products of the grandes écoles / *il ne faut pas être sorti de Polytechnique pour savoir ça* you don't need a PhD to know that ▸ **mais d'où sors-tu? a)** [tu es mal élevé] where did you learn such manners?, where were you brought up? **b)** [tu ne connais rien] where have you been all this time? **8.** [être produit par] to come from / *la veste sortait de chez un grand couturier* the jacket was made by a famous designer / *mes personnages sortent tout droit de mon imagination* my characters are straight out of my imagination **9.** *(tournure impersonnelle)* [résulter de] : *que sortira-t-il de tout cela?* what will come of all this? / *il n'est rien sorti de son interrogatoire* his interrogation revealed nothing / *il ne sortira rien de bon de toutes leurs manigances* no good will come of all their schemes.

❖ **se sortir de** vp + prép to get out of / *j'ai du mal à me sortir du lit le matin* I find it difficult to get out of bed in the morning / *se sortir d'une situation embarrassante* to get (o.s.) out of ou *sout* to extricate o.s. from an embarrassing situation ▸ **s'en sortir** *fam* : *aide-moi à finir, je ne m'en sortirai jamais seul!* give me a hand, I'll never get this finished on my own / *donne-lui une fourchette, il ne s'en sort pas avec des baguettes* give him a fork, he can't manage with chopsticks / *tu t'en es très bien sorti* you did very well / *la voiture a fait un tonneau mais il s'en est sorti sans une égratignure* his car turned right over but he escaped without a scratch / *elle s'en est sortie avec quelques bleus* she got away with a few bruises ▸ **il s'en est finalement sorti a)** [il a survécu] he pulled through in the end **b)** [il a réussi] he won through in the end / *s'en sortir à peu près* [financièrement] to get by ▸ **s'en sortir très bien** to manage very well / *on ne s'en sort pas avec une seule paie* it's impossible to manage on ou to get by on a single wage / *malgré les allocations, on ne s'en sort pas* in spite of the benefit, we're not making ends meet ▸ **s'en sortir pour** *fam* [avoir à payer] to be stung for / *tu t'en es sorti pour combien?* how much were you stung for? / *on s'en est sortis pour 150 euros à quatre* we had to cough up 150 euros among the four of us.

SOS (abr de save our souls) nm **1.** [signal de détresse] SOS ▸ **lancer un SOS** to put ou to send out an SOS **2.** *fam* [demande d'argent] : *envoyer un SOS à ses parents* to send an urgent request for money to one's parents ▸ **SOS dépannage** emergency repair service ▸ **SOS Médecins** emergency medical ▸ **S.O.S Amitié** *charity providing support for people in despair* ; ≃ the Samaritans ▸ **SOS Racisme** *voluntary organization set up to combat racism in French society.*

sosie [sɔzi] nm double, doppelganger / *c'est ton sosie!* he's the spitting image of you!

sot, sotte [so, sɔt] ◆ adj **1.** [idiot] stupid / *il n'est pas sot* he's no fool **2.** *litt* [embarrassé] dumbfounded. ◆ nm, f fool, idiot / *petite sotte!* little fool!

sotie [sɔti] = sottie.

sot-l'y-laisse [solilɛs] nm inv oyster *(in poultry).*

sottement [sɔtmɑ̃] adv foolishly, stupidly.

sottie, sotie [sɔti] nf LITTÉR *satirical farce of 15th and 16th centuries.*

sottise [sɔtiz] nf **1.** [caractère] stupidity, silliness / *a-t-on idée d'une pareille sottise!* how can anyone be so silly? **2.** [acte] stupid ou foolish action / *arrête de faire des sottises* [à un enfant] stop messing about / *je viens de faire une grosse sottise* I've just done something very stupid ou silly **3.** [parole] stupid remark / *ne dis pas de sottises, le soleil se couche à l'ouest* don't be silly ou talk nonsense, the sun sets in the west.

❖ **sottises** nfpl [injures] insults / *elle m'a dit des sottises* she insulted me.

sottisier [sɔtizje] nm collection of howlers.

sou [su] nm **1.** HIST [sol] sol, sou ; [5 centimes] five centimes ▸ **cent sous** five francs **2.** *fam* [argent] penny, cent US / *tu n'auras pas un sou!* you won't get a penny! / *ça ne vaut pas un sou fam* it's not worth tuppence UK ou a red cent US ▸ **économiser sou à** ou **par sou** to save every spare penny / *il a dépensé jusqu'à son dernier sou* he's spent every last penny he had ▸ **ils n'ont pas le sou** they haven't got a penny (to their name) ▸ **être sans le sou** to be broke ▸ **je suis sans un sou** I haven't got any money (on me) ▸ **ne pas avoir un sou vaillant** : *elle n'a jamais eu un sou vaillant* she never had two pennies to rub together ▸ **un sou est un sou** a penny saved is a penny gained **3.** EXPR **elle n'a pas (pour) un sou** ou **deux sous de jugeote** *fam* she hasn't an ounce of sense ▸ **elle n'est pas méfiante pour un sou** ou **deux sous** she's not in the least suspicious ▸ **être propre comme un sou neuf** to be as clean as a new pin.

❖ **sous** nmpl *fam* [argent] cash / *donne-moi des sous pour les courses* give me some money ou a bit of cash to do the shopping / *des sous, toujours des sous!* money for this, money for that! ▸ **c'est une affaire** ou **une histoire de gros sous** there's a lot of cash involved.

Souabe [swab] npr f ▸ **(la) Souabe** Swabia.

souahéli, e [swaeli] = **swahili**.

soubassement [subasmɑ̃] nm **1.** ARCHIT & CONSTR foundation **2.** GÉOL bedrock **3.** [base - d'une théorie] basis, underpinnings.

soubresaut [subʀəso] nm **1.** [secousse] jerk, jolt **2.** [haut-le-corps] shudder, convulsion **3.** [saccade] : *les derniers soubresauts de la bataille* the last throes of the battle.

soubrette [subʀɛt] nf **1.** THÉÂTRE soubrette, maid ▸ **jouer les soubrettes** to play minor roles **2.** *litt* [servante] lady's maid.

souche [suʃ] nf **1.** BOT [d'un arbre en terre] stock, bole ; [d'un arbre coupé] stump ; [d'une vigne] stock ▸ **comme une souche** : *ne reste pas là planté comme une souche!* don't just stand there like a lemon UK ou a turkey US **2.** [d'un carnet] stub, counterfoil UK **3.** [origine] descent, stock / *de souche paysanne* of peasant stock / *mot de souche saxonne* word with a Saxon root ou of Saxon origin ▸ **faire souche** [ancêtre] to found ou to start a line / *un mot de souche indo-européenne* a word with an indo-european root **4.** *fam* [crétin] idiot, dumbo **5.** CONSTR base ▸ **souche de cheminée** chimney stack **6.** BIOL strain **7.** DR stock.

❖ **de souche** loc adj : *ils sont français de souche* they're of French extraction ou origin.

❖ **de vieille souche** loc adj of old stock.

souci [susi] nm **1.** [inquiétude] worry ▸ **se faire du souci** to worry, to fret / *se faire du souci pour* to worry ou to be worried about / *elle n'a pas le moindre souci à se faire quant à son avenir* she needn't worry in the slightest about her future / *ne te fais donc pas tant de souci!* don't worry so much! ▸ **donner du souci à qqn** to worry sb / *mon fils me donne bien du souci!* my son is a great worry to me / *eh oui, tout ça c'est bien du souci!* oh dear, what a worry it all is! **2.** [préoccupation] worry / *avoir des soucis* to have worries / *c'est un souci de moins!* that's one thing less to worry about! / *des soucis d'argent / de santé* money / health worries ▸ **c'est le dernier** ou **le cadet de mes soucis!** it's the least of my worries!, I couldn't care less! / *avoir le souci de bien faire* to be concerned ou to care about doing things well **3.** BOT marigold ▸ **souci d'eau** marsh marigold ▸ **souci des jardins** garden marigold.

❖ **dans le souci de** loc conj : *je l'ai fait dans le souci de t'aider* I was (only) trying to help you when I did it.

❖ **sans souci** ◆ loc adj [vie, personne - insouciant] carefree / *être sans souci* [sans tracas] to be free of worries. ◆ loc adv ▸ **vivre sans souci a)** [de façon insouciante] to live a carefree life **b)** [sans tracas] to live a life free of worries.

soucier [9] [susje] ❖ **se soucier de** vp + prép [s'inquiéter de] to worry about ; [s'intéresser à] to care about / *je ne m'en soucie guère* I don't worry much about it ▸ **il s'en soucie comme d'une guigne** ou **de sa première chemise** ou **de l'an quarante** *fam* he doesn't give a damn about it.

soucieusement [susjøzmɑ̃] adv anxiously, worriedly.

soucieux, euse [susjø, øz] adj **1.** [préoccupé] worried, preoccupied / *elle m'a regardé d'un air soucieux* she looked at me worriedly / *assis devant le feu, le front soucieux* sitting in front of the fire with a worried look on his face ou with a furrowed brow *litt* **2.** ▸ **soucieux de** [attaché à] concerned about, mindful of *litt* / *peu soucieux du qu'en-dira-t-on* indifferent to ou unconcerned about what people (may) say ▸ **soucieux que** [attentif à] anxious that / *elle était soucieuse que tout se passe bien* she was anxious that everything should go well.

soucoupe [sukup] nf saucer ▸ **soucoupe volante** flying saucer ▸ **faire** ou **ouvrir des yeux comme des soucoupes** to open one's eyes wide.

soudabilité [sudabilite] nf [par soudage - hétérogène] solderability ; [- autogène] weldability.

soudable [sudabl] adj [par soudage - hétérogène] solderable ; [- autogène] weldable.

soudage [sudaʒ] nm ▸ **soudage à l'arc / au gaz** arc / gas welding ▸ **soudage autogène** welding ▸ **soudage par fusion / pression** fusion / pressure welding ▸ **soudage hétérogène** soldering.

soudain, e [sudɛ̃, ɛn] adj sudden, unexpected / *un revirement soudain de la situation* an unexpected reversal of the situation.

❖ **soudain** adv all of a sudden, suddenly / *soudain la porte s'ouvrit* all of a sudden ou suddenly, the door opened.

soudainement [sudɛnmɑ̃] adv suddenly, all of a sudden / *pourquoi est-il parti si soudainement?* why did he leave so hurriedly?

soudaineté [sudɛnte] nf suddenness / *la soudaineté de son départ* her hurried ou sudden departure.

Soudan [sudɑ̃] npr m ▸ **le Soudan** the Sudan ▸ **au Soudan** in the Sudan.

soudanais, e [sudanɛ, ɛz], **soudanien, enne** [sudanjɛ̃, ɛn] adj GÉOGR Sudanese.

❖ **Soudanais, e, Soudanien, enne** nm, f Sudanese (person) ▸ **les Soudanais** the Sudanese.

soudant, e [sudɑ̃, ɑ̃t] adj welding.

soudard [sudaʀ] nm **1.** HIST ill-disciplined soldier **2.** *litt* [individu grossier et brutal] brute.

soude [sud] nf **1.** CHIM soda ▸ **soude caustique** caustic soda ▸ **soude du commerce** sodium carbonate **2.** BOT barilla.

souder [3] [sude] vt **1.** TECHNOL [par soudure - hétérogène] to solder ; [- autogène] to weld / *souder à l'arc* to arc-weld **2.** [unir] to bring ou to bind ou to join together / *le malheur les avait soudés* misfortune had united them / *communautés soudées par la religion* communities solidly linked by religion.

❖ **se souder** vpi [vertèbres, mots] to become fused.

soudeur, euse [sudœʀ, øz] nm, f [par soudure - hétérogène] solderer ; [- autogène] welder.

❖ **soudeuse** nf [machine] welder, welding machine.

soudier, ère [sudje, ɛʀ] adj soda *(modif)*.

soudoyer [13] [sudwaje] vt to bribe / *on a su par la suite que le gardien s'était fait soudoyer* we discovered later that the guard had been bribed.

soudure [sudyʀ] nf **1.** [soudage - autogène] welding ; [- hétérogène] soldering **2.** [résultat - autogène] weld ; [- hétérogène] soldered joint **3.** [jonction] join / *ça s'est cassé à (l'endroit de) la soudure* it broke along the join ▸ **assurer** ou **faire la soudure** to bridge the gap **4.** [soudage - autogène] weld ; [- hétérogène] solder **5.** ANAT & BOT suture.

souffert, e [sufɛʀ, ɛʀt] pp ⟶ **souffrir**.

soufflage [suflaʒ] nm **1.** [modelage - du verre] blowing ; [- des polymères] inflation **2.** RAIL ▸ **soufflage mesuré** measured shovel packing **3.** NAUT sheathing **4.** MIN heave **5.** MÉTALL blow **6.** ÉLECTR ▸ **soufflage magnétique** magnetic blowout (phenomenon).

soufflant, e [suflɑ̃, ɑ̃t] adj **1.** [appareil] ▸ **radiateur soufflant** fan heater **2.** *fam* [étonnant] staggering, amazing / *ça alors, c'est soufflant!* well I never!

❖ **soufflant** nm *tfam* [pistolet] gun.

❖ **soufflante** nf **1.** [dans un haut fourneau] blower **2.** [dans un turboréacteur] turbofan.

soufflard [suflaʀ] nm GÉOL fumarole (jet).

souffle [sufl] nm **1.** [air expiré - par une personne] blow / *elle dit oui dans un souffle* she breathed her assent ▸ **dernier souffle** *litt* last breath ▸ **jusqu'à mon dernier souffle** as long as I live and breathe, to my dying day **2.** [respiration] breath ; [rythme respiratoire] breathing / *je sentis un souffle sur ma nuque* I felt a breath on my neck ▸ **avoir du souffle** to have a lot of breath / *avoir le souffle court, manquer de souffle* to be short-winded / *être à bout de souffle, n'avoir plus de souffle* [haletant] to be out of breath / *l'entreprise est à bout de souffle fig* the company is on its last legs ▸ **reprendre son souffle** to get one's breath ou wind back ▸ **retenir son souffle** *pr & fig* to hold one's breath ▸ **trouver un deuxième** ou **second souffle a)** *pr* to get ou to find one's second wind **b)** *fig* to get a new lease of life **3.** [courant d'air] ▸ **souffle d'air** ou **de vent** breath of air / *il n'y a pas un souffle de vent* there isn't a breath of air, the air is completely still / *un souffle de vent agita les roseaux* a puff of wind blew through the reeds **4.** *litt* [force] breath, spirit / *un souffle épique traverse le poème* the poem is imbued with an epic spirit **5.** [d'une explosion] blast / *le magasin a été détruit par le souffle* the shop was destroyed by the blast / *le souffle d'un sèche-cheveux / ventilateur* warm air blown by a hairdryer / fan **6.** AUDIO (thermal) noise ▸ **souffle du signal** modulation noise **7.** MÉD ▸ **souffle au cœur** heart murmur **8.** ZOOL [d'un cétacé] blow.

soufflé, e [sufle] adj **1.** TECHNOL blown **2.** *fam* [étonné] amazed, staggered, dumbfounded ▸ **j'étais soufflé!** I was speechless!, you could have knocked me down with a feather! **3.** CULIN soufflé *(modif)* / *pommes de terre soufflées* soufflé potatoes **4.** [boursouflé - visage, main] puffy, swollen.

❖ **soufflé** nm **1.** CULIN soufflé ▸ **soufflé au fromage** cheese soufflé **2.** TECHNOL blowing.

soufflement [sufləmɑ̃] nm hissing sound.

souffler [3] [sufle] ◆ vi **1.** [expirer - personne] to breathe out / *inspirez, soufflez!* breathe in, breathe out! ▸ **soufflez dans le ballon** [Alcootest] blow into the bag / *ils m'ont fait souffler dans le ballon* they gave me a breath test / *souffler dans un cor / trombone* to blow (into) a horn / trombone / *il soufflait sur ses mains / doigts* he was blowing on his hands / fingers / *souffle sur ton potage si c'est trop chaud* blow on your soup if it's too hot ▸ **ça ne se fait pas en soufflant dessus!** *fam* you can't do it just like that! ▸ **souffler sur le feu a)** *pr* to blow on the fire **b)** *fig* to add fuel to the flames **2.** MÉTÉOR [vent] to blow / *le vent soufflera sur tout le pays* it'll be windy all over the country / *le vent soufflait en rafales* ou *bourrasques* there were gusts of wind, the wind was gusting / *le vent souffle à plus de 120 km/h par endroits* there are gusts of wind reaching 120 km/h in places / *quand le vent souffle de l'ouest* when the wind blows ou comes from the west **3.** [respirer avec difficulté] to blow, to puff, to breathe hard ▸ **suant et soufflant** puffing and blowing ▸ **souffler comme un bœuf** ou **un cachalot** ou **une forge** ou **une locomotive** ou **un phoque** *fam* to wheeze like a pair of old bagpipes **4.** [retrouver sa respiration - personne] to get one's breath back ; [- cheval] to get its breath back / *souffle un peu, avant de soulever l'armoire* get your breath back before you move the cupboard / *laisser souffler son cheval* to blow ou to wind one's horse **5.** [se reposer] to have a break / *ça fait trois semaines que je travaille sans arrêt, j'ai besoin de souffler un peu* I've been working for three weeks non-stop, I need a break / *au bureau, on n'a pas le temps de souffler!* it's all go at the office! / *tu ne prends donc jamais le temps de souffler?* don't you ever let up ou give yourself a break? **6.** ZOOL [cétacé] to blow. ◆ vt **1.** [bougie]

to blow out *(sép)* / *elle a soufflé toutes les bougies d'un seul coup* she blew all the candles out in one go **2.** [exhaler] : *va souffler ta fumée de cigarette ailleurs* blow your smoke elsewhere ▸ **souffler le chaud et le froid** to blow hot and cold **3.** [murmurer - mot, réponse] to whisper ; THÉÂTRE to prompt ▸ **souffler qqch à qqn** to whisper sthg to sb / *il a fallu qu'on lui souffle son rôle* she had to have a prompt / *évidemment qu'il a gagné, il s'est fait souffler toutes les réponses* of course he won, somebody was whispering all the answers to him ! ; *(en usage absolu)* : *on ne souffle pas!* no whispering !, don't whisper (the answer) ! ▸ **ne pas souffler mot (de qqch)** not to breathe a word (about sthg) / *il a juré de n'en souffler mot à personne* he swore not to breathe a word about it to anyone **4.** [suggérer - idée, conseil] to whisper, to suggest / *et qui t'a soufflé cette brillante idée?* who did you get that bright idea from? **5.** *fam* [époustoufler - suj: événement, personne] to take aback, to stagger, to knock out *(sép)* / *son insolence m'a vraiment soufflé!* I was quite staggered at her rudeness ! / *ça t'a soufflé, hein, qu'il refuse?* him saying no stumped you, didn't it? **6.** *fam* [dérober] ▸ **souffler qqch à qqn** to pinch sthg from sb / *je me suis fait souffler ma place* someone's pinched my seat **7.** JEUX [pion] to huff ▸ **souffler n'est pas jouer!** to huff doesn't count as a move! **8.** [suj: bombe, explosion] to blow up *(sép)*, to blast away *(sép)* / *l'explosion a soufflé la toiture* the blast blew the roof off ou away **9.** MÉTALL & TECHNOL to blow.

soufflerie [sufləʀi] nf **1.** AÉRON wind tunnel **2.** INDUST blower ; [d'une forge] bellows **3.** MUS [d'un orgue] bellows.

soufflet [suflɛ] nm **1.** [instrument] (pair of) bellows ▸ **soufflet de forge** (forge ou blacksmith's) bellows **2.** [d'un cartable] extendible pocket **3.** *litt* [gifle] slap ; [affront] snub / *sa remarque lui fit l'effet d'un soufflet* his remark was like a slap in the face **4.** COUT (pocket) gusset **5.** PHOT bellows **6.** RAIL (wagon) communication bellows.

souffleter [27] [suflәte] vt *litt* to slap in the face.

In reformed spelling (see p. 16-19), this verb is conjugated like *acheter*: *il soufflète, elle soufflètera.*

souffleur, euse [suflœʀ, øz] nm, f **1.** THÉÂTRE prompter **2.** TECHNOL ▸ **souffleur de verre** glassblower.

❖ **souffleur** nm ZOOL blower dolphin.

❖ **souffleuse** nf QUÉBEC [chasse-neige] snowblower, snow thrower.

soufflure [suflyʀ] nf **1.** MÉTALL [à la surface] blister ; [à l'intérieur] blowhole **2.** [dans un enduit, une peinture] blister **3.** [dans le verre] blister, bubble.

souffrance [sufʀɑ̃s] nf **1.** [fait de souffrir] suffering **2.** [mal - physique] pain ; [- psychologique] pain, torment ▸ **abréger les** ou **mettre fin aux souffrances de qqn** to put an end to sb's suffering / **'les Souffrances du jeune Werther'** *Goethe* 'The Sorrows of Young Werther'.

❖ **en souffrance** loc adv : *être* ou *rester en souffrance* to be held up ▸ **dossiers en souffrance** files pending.

souffrant, e [sufʀɑ̃, ɑ̃t] adj **1.** [malade] ▸ **être souffrant** to be unwell **2.** [malheureux] suffering ▸ **l'humanité souffrante** the downtrodden masses.

souffre-douleur [sufʀәdulœʀ] *(pl* **souffre-douleur** *ou* **souffre-douleurs***) nmf scapegoat / *à l'école, c'était toujours lui le souffre-douleur* at school, he was always the one who got bullied.

souffreteux, euse [sufʀәtø, øz] adj **1.** [malingre] sickly, puny *péj* / *un enfant souffreteux* a sickly ou delicate child **2.** [maladif - air] sickly / *une mine souffreteuse* an unhealthy ou a sickly complexion **3.** [rabougri - plante] stunted, scrubby.

souffrir [34] [sufʀiʀ] ◆ vt **1.** [endurer - épreuves] to endure, to suffer / *si tu avais souffert ce que j'ai souffert!* if you'd suffered as much as I have!, if you had gone through what I have! ▸ **souffrir le martyre** to go through ou to suffer agonies / *son dos lui fait souffrir le martyre* he has terrible trouble with his back ▸ **j'ai souffert mille morts** I felt I was dying a thousand deaths **2.** *litt* [tolérer] : *elle ne souffre pas d'être critiquée* ou *qu'on la critique* she can't stand ou take criticism / *il ne souffrait pas la contradiction* he couldn't stand being contradicted **3.** *litt* [admettre - suj: personne] to allow, to tolerate ; [- suj: règlement] to allow (for), to admit of / *souffrez au moins que je vous accompagne* at least allow me to accompany you / *le règlement de son dossier ne peut souffrir aucun délai* the settlement of his case simply cannot be postponed / *cette règle ne souffre aucune exception* the rule admits of no exception **4.** *fam* [supporter] : *elle ne peut pas le souffrir* she can't stand him. ◆ vi **1.** [avoir mal] to be in pain, to suffer / *tu souffres?* are you in pain?, does it hurt? / *souffre-t-il beaucoup?* is he in much pain?, is he suffering a lot? / *où souffrez-vous?* where is the pain?, where does it hurt? / *elle a beaucoup souffert lors de son accouchement* she had a very painful delivery / *c'est une intervention bénigne, vous ne souffrirez pas* it's a very minor operation, you won't feel any pain / *souffrir en silence* to suffer in silence / *il est mort sans souffrir* he felt no pain when he died / *elle a cessé de souffrir euphém, elle ne souffrira plus euphém* she's out of pain (now) / *il faut souffrir pour être belle! hum* one must suffer to be beautiful! ▸ **faire souffrir** [faire mal] to cause pain to, to hurt / *mon dos me fait souffrir ces temps-ci* my back's been hurting (me) lately / *si ça vous fait encore souffrir, revenez me voir* if it starts hurting again, come back and see me again / *elle l'a fait terriblement souffrir* she's caused him / her a lot of pain **2.** ▸ **souffrir de** [avoir mal à cause de] : *souffrir de la hanche* to have trouble with one's hip / *pour tous les gens qui souffrent du dos / du diabète* for all people with back problems / diabetes sufferers ▸ **souffrir de la faim** / **soif** to suffer from hunger / thirst ▸ **souffrir de la chaleur a)** [être très sensible à] to suffer in the heat **b)** [être atteint par] to suffer from the heat ▸ **souffrir de** *fig* [pâtir de] : *sa renommée a souffert du scandale* his reputation suffered from the scandal / *la crédibilité de l'intrigue en souffre* it makes the plot less plausible / *dût ton amour-propre en souffrir* even though your pride may be hurt by it ; *(en usage absolu)* : *les récoltes n'ont pas trop souffert* the crops didn't suffer too much ou weren't too badly damaged / *seule la carrosserie a souffert* only the bodywork was damaged / *c'est le sud du pays qui a le plus souffert* the southern part of the country was the worst hit **3.** *fam* [peiner] to toil, to have a hard time (of it) / *notre équipe a souffert pendant la première mi-temps* our team had a rough time ou was put through the mill during the first half.

❖ **se souffrir** vp *(emploi réciproque)* *litt* : *ils ne peuvent pas se souffrir* they can't stand ou bear each other.

soufi, e [sufi] nm, f Sufi.

soufisme [sufism] nm Sufism.

soufrage [sufʀaʒ] nm **1.** [des allumettes] sulphuring **2.** AGR & TEXT sulphuration.

soufre [sufʀ] ◆ nm **1.** CHIM sulphur UK, sulfur US ▸ **soufre octaédrique** / **prismatique** monoclinic / rhombic sulphur **2.** EXPR ▸ **sentir le soufre** to be highly unorthodox. ◆ adj inv sulphur (yellow).

soufrer [3] [sufʀe] vt **1.** [allumettes] to sulphur **2.** AGR to (treat ou spray with) sulphur **3.** TEXT to sulphurate.

soufrière [sufʀijɛʀ] nf sulphur mine.

souhait [swɛ] nm wish / *si je pouvais formuler un souhait* if I had one wish / *tous nos souhaits de bonheur* all our best wishes for your future happiness / *envoyer ses souhaits de bonne année* to send New Year greetings / *à tes souhaits!, à vos souhaits!* bless you! *(after a sneeze).*

❖ **à souhait** loc adv *litt* extremely well, perfectly / *tout marche à souhait* everything's going well ou perfectly / *rôti à souhait* cooked to perfection ou a turn.

souhaitable [swɛtabl] adj desirable / *ce n'est guère souhaitable* this is not to be desired.

souhaiter [4] [swete] vt **1.** [espérer] to wish ou to hope for *(insép)* / *il ne reviendra plus — souhaitons-le* ou *c'est à souhaiter!* he won't come back — let's hope not! / *ce n'est pas à souhaiter!* it's not something we would wish for! ▸ **souhaiter la mort** / **la ruine** / **le bonheur de qqn** to wish sb dead / for sb's ruin / for sb's happiness / *je souhaiterais pouvoir t'aider* I wish I could ou I'd like to be able to help (you) ▸ **souhaiter que** to hope that / *souhaitons que tout aille bien* let's hope everything goes all right / *il est à souhaiter que...* it's to be hoped that... **2.** [formuler un vœu de] to wish / *en vous souhaitant un prompt rétablissement / un bon anniversaire* wishing you a swift recovery / a happy birthday / *nous vous souhaitons un joyeux Noël* with our best wishes for a happy Christmas ▸ **souhaiter sa fête** / **son anniversaire à qqn** to wish sb a happy saint's day / a happy birthday / *je te souhaite beaucoup de réussite / d'être heureux* I wish you every success / happiness ▸ **souhaite-moi bonne chance!** wish me luck! ▸ **je ne leur ai pas encore souhaité la bonne année a)** [par écrit] I haven't sent them my wishes for the New Year yet **b)** [oralement] I haven't wished them a happy New Year yet / *je vous souhaite bonne nuit* I'll say good night to you / *je te souhaite bien du plaisir! fam, je t'en souhaite! iron* best of luck to you! ▸ **je te la souhaite bonne et heureuse!** *fam* all my best wishes for a happy New Year!

❖ **se souhaiter** vp *(emploi réciproque)* : *nous nous sommes souhaité la bonne année* we wished each other a happy New Year.

souillard [sujaʀ] nm CONSTR [trou] sinkhole ; [dalle] sink-stone.

souille [suj] nf **1.** CHASSE (boar's) wallow, soil *arch* **2.** ARM strike **3.** NAUT [d'un navire] bed, impression.

souiller [3] [suje] vt *litt* **1.** [maculer] to soil **2.** [polluer] to contaminate, to pollute, to taint **3.** [entacher - réputation] to ruin, to sully *litt*, to tarnish *litt* ; [- innocence] to defile *litt*, to taint *litt*.

souillon [sujɔ̃] nmf [gén] slob ; [femme] slut.

souillure [sujyʀ] nf **1.** *litt* [tache] stain **2.** *litt* [flétrissure] blemish, taint / *la souillure du péché* the stain of sin **3.** CHASSE (boar's) wallow.

souk [suk] nm **1.** [marché] souk **2.** *fam* [désordre] shambles *(sg)* / *c'est le souk ici!* what a mess ou shambles here!

Soukkot [sukɔt] Sukkot.

soul [sul] ◆ adj inv MUS soul *(modif).* ◆ nm [jazz] hard bop. ◆ nf [pop] soul (music).

soûl, e, soul*, e [su, sul] adj **1.** [ivre] drunk ▸ **soûl comme une bourrique** ou **un cochon** ou **une grive** ou **un Polonais** *fam* (as) drunk as a lord UK, stewed to the gills US **2.** *fig* ▸ **soûl de a)** [rassasié de] sated with **b)** [étourdi par] drunk ou intoxicated with *fig*.

❖ **soûl, soul*** nm ▸ **tout son soûl** to one's heart's content / *en avoir tout son soûl* to have one's fill / *dormir tout son soûl* to sleep as much as one wants.

soulagement [sulaʒmɑ̃] nm relief, solace *sout* / *c'est un soulagement de le savoir sain et sauf* it's a relief to know he's safe and sound / *c'est un soulagement de t'avoir ici* it helps ou it's a comfort to have you around / *le soulagement se lisait sur son visage* you could see from his face how relieved he was / *à mon grand soulagement, il partit enfin* I was greatly relieved when he left at last.

soulager [17] [sulaʒe] vt **1.** [personne - physiquement] to relieve, to bring relief to / *les comprimés ne me soulagent plus* the pills don't bring me relief anymore / *cela devrait vous soulager de votre mal de tête* this should relieve ou help your headache / *on l'a soulagée de son chéquier hum* she was relieved of her chequebook **2.** [personne - moralement] to relieve, to soothe / *pleure, ça te soulagera* have a good cry, you'll feel better afterwards / *ça me soulage de savoir qu'il est bien arrivé* it's a relief to know he got there safely ▸ **soulager la conscience de qqn** to ease sb's conscience **3.** [diminuer - misère, souffrances] to relieve ; [- douleur] to relieve, to soothe / *j'aimerais pouvoir soulager ta peine* I wish I could relieve your sorrow ou bring you some comfort **4.** [décharger] to relieve / *nous allons réduire certains impôts pour soulager les entreprises* some taxes will be reduced to relieve companies ▸ **soulager de** : *mon collègue me soulage parfois d'une partie de mon travail* my colleague sometimes relieves me of part of my work **5.** CONSTR [étayer] to shore up *(sép)* **6.** NAUT [ancre] to weigh.

❖ **se soulager** ◆ vp *(emploi réfléchi)* [d'une charge de travail] to lessen the strain on o.s. / *prends un collaborateur pour te soulager* take somebody on to take some

* In reformed spelling (see p. 16-19).

of the pressure of work off you. ◆ vpi **1.** [moralement] to get ou to find relief, to take comfort / *il m'arrive de crier pour me soulager* sometimes I shout to let ou to blow off steam **2.** *fam & euphém* to relieve o.s.

soûlant, e, soulant*, e [sulɑ̃, ɑ̃t] adj *fam* exhausting, harrassing / *elle parle, elle parle, c'en est soûlant!* she goes on and on, it makes your head spin!

soûlard, e, soulard*, e [sulaʀ, aʀd], **soûlaud, e, soulaud*, e** [sulo, od] nm, f *fam* boozer, drunkard / *c'est une vieille soûlarde* she's an old soak / *c'était un fameux soûlard!* he was a renowned drunkard!

soûler, souler* [3] [sule] vt **1.** *fam* [rendre ivre] ▸ **soûler qqn** to get sb drunk **2.** [étourdir] to make dizzy ou giddy / *tu me soûles, avec tes questions!* you're making me dizzy with all these questions! / *le grand air m'a soûlé* the fresh air made me dizzy.

❖ **se soûler, se souler*** vpi **1.** *fam* [s'enivrer] to get drunk, to booze / *je vais me soûler à mort pour oublier!* I'm going to get dead drunk to forget! **2.** [s'étourdir] ▸ **se soûler de** to get intoxicated with *fig* / *il se soûle de paroles* he talks so much that it goes to his head.

soûlerie, soulerie* [sulʀi] nf *fam* bender, drinking session.

soulèvement [sulɛvmɑ̃] nm **1.** [mouvement] : *déclenché par le soulèvement du clapet* triggered by the lifting of the valve **2.** [insurrection] uprising **3.** GÉOL ▸ **soulèvement de terrain** upheaval ou uplift (of the ground).

soulever [19] [sulve] vt **1.** [pour porter, élever -charge] to lift (up); [-couvercle, loquet] to lift; [-capot] to lift, to open; [-personne allongée] to raise (up); [-personne debout] to lift (up); [-voile] to lift; [-chapeau] to raise; [-voiture] to lift; [-voiture sur cric] to jack up *(sép)*; [-avec effort] to heave / *soulever le couvercle d'une casserole* to lift (up) the lid of a saucepan / *de gros sanglots soulevaient sa poitrine* his chest was heaving with sobs ▸ **soulever qqn / qqch de terre** to lift sb / sthg off the ground / *le vent m'a presque soulevée de terre!* the wind nearly lifted me off the ground ou off my feet! **2.** [remuer -poussière, sable] to raise / *le vent soulevait les feuilles mortes* the wind was stirring up dead leaves **3.** [provoquer -protestations, tollé] to raise; [-enthousiasme, émotion] to arouse; [-difficulté] to bring up *(sép)*, to raise / *son imitation souleva une tempête de rires* her impersonation caused gales of laughter **4.** [poser -question, objection] to raise, to bring up *(sép)* / *je voudrais soulever le point suivant* I'd like to raise the following point **5.** [pousser à se révolter -population] to stir up *(sép)* / *ils ont tout fait pour soulever le peuple contre la monarchie* they did everything they could to stir up the people against the monarchy / *une vague de protestation a soulevé le pays tout entier* a wave of protest swept the country **6.** [retourner] ▸ **soulever le cœur** : *ça m'a soulevé le cœur* it turned my stomach, it made me sick / *une puanteur à vous soulever le cœur* a sickening stench **7.** *tfam* [prendre -chose] to pinch; [-mari, maîtresse] to steal / *elle lui a soulevé une bonne partie de sa clientèle* she took most of his customers away from him.

❖ **se soulever** vpi **1.** [se redresser] to lift ou to raise o.s. up / *il l'aida à se soulever* he helped her to sit up **2.** [mer] to swell (up), to heave; [poitrine] to heave **3.** [peuple] to rise up *(insép)*, to revolt.

soulier [sulje] nm **1.** [chaussure] shoe **2.** EXPR **être dans ses petits souliers** *fam* to feel (very) small.

soulignage [suliɲaʒ], **soulignement** [suliɲmɑ̃] nm underlining.

souligner [3] [suliɲe] vt **1.** [mettre un trait sous] to underline ▸ **souligner qqch deux fois** to underline sthg twice **2.** [accentuer] to enhance, to emphasize / *souligner son regard d'un trait de khôl* to enhance ou to emphasize one's eyes with a touch of kohl / *une robe qui souligne la taille* a dress which emphasizes ou sets off the waist / *volant souligné d'un liséré bleu* flounce trimmed with blue ribbon **3.** [faire remarquer] to emphasize, to stress / *je souligne que je n'y suis pour rien* let me stress that I have no responsibility in this business / *soulignons que l'auteur a lui-même connu la prison* let's note ou let's not forget that the author himself spent some time in prison.

soûlographe, soulographe* [sulɔgʀaf] nmf *fam* drunkard.

soûlographie, soulographie* [sulɔgʀafi] nf *fam* [ivrognerie] drunkenness.

soûlon, soulon* [sulɔ̃] nm SUISSE *fam* drunk.

soûlot, ote, soulot*, ote [sulo, ɔt] *fam* = **soûlard.**

soulte [sult] nf DR & FIN adjustment, compensation.

soumettre [84] [sumɛtʀ] vt **1.** [se rendre maître de -nation] to subjugate; [-mutins] to take control of, to subdue, to bring to heel; [-passion] to control, to tame **2.** [à une épreuve, à un règlement] ▸ **soumettre qqn à** to subject sb to ▸ **soumettre qqn à sa volonté** to subject ou to bend sb to one's will ▸ **soumettre qqn à une règle stricte** to subject sb to a strict rule, to impose a strict rule on sb ▸ **soumettre qqch à un examen** to subject sthg to an examination / *nos voitures sont soumises à des tests très stricts* our cars have to go through ou are subjected to stringent tests **3.** [présenter -loi, suggestion, texte] to submit / *je lui soumettrai votre demande* I'll refer your request to her / *je voulais d'abord le soumettre à votre approbation* I wanted to submit it for your approval first / *le projet de loi sera ensuite soumis au Sénat* the bill will then be brought before the Senate ou be submitted to the Senate (for approval).

❖ **se soumettre** vpi to give in, to submit, to yield / *les rebelles ont fini par se soumettre* the rebels finally gave in ▸ **se soumettre à a)** [se plier à] to submit ou to subject o.s. to **b)** [s'en remettre à] to abide by ▸ **se soumettre à la décision de qqn** to abide by sb's decision ▸ **il faudra se soumettre ou se démettre!** *(allusion à Gambetta)* give in or go!

soumis, e [sumi, iz] adj submissive, obedient, dutiful.

soumission [sumisjɔ̃] nf **1.** [obéissance -à un pouvoir] submission, submitting; [-à une autorité] acquiescence, acquiescing / *faire acte de soumission* to submit / *il exigeait une totale soumission au règlement* he demanded rigid adherence to the rules **2.** [asservissement] submissiveness / *vivre dans la soumission* to live a submissive life, to live one's life in a state of submission **3.** COMM tender / *par (voie de) soumission* by tender ▸ **soumission cachetée** sealed-bid tender **4.** DR ▸ **soumission cautionnée** customs bond.

soumissionnaire [sumisjɔnɛʀ] nmf tenderer.

soumissionner [3] [sumisjɔne] vt to bid ou to tender for *(insép)*.

soumit v ⟶ soumettre.

soupape [supap] nf **1.** AUTO & MÉCAN valve ▸ **soupape d'admission / d'échappement** inlet / outlet valve ▸ **soupape automatique** automatic control ▸ **soupape de sécurité** ou **sûreté** *pr & fig* safety valve ▸ **soupapes en tête** overhead valves **2.** [bonde] plug **3.** ÉLECTR valve, tube **4.** MUS pallet.

soupçon [supsɔ̃] nm **1.** [suspicion] suspicion / *de graves soupçons pèsent sur lui* grave suspicions hang over him / *éveiller les soupçons* to arouse ou to excite suspicion ▸ **avoir des soupçons sur qqn / qqch** to be suspicious of sb / sthg / *j'ai eu des soupçons dès le début* I suspected something from the beginning / *être à l'abri* ou *au-dessus de tout soupçon* to be free from ou above all suspicion **2.** [idée, pressentiment] suspicion, inkling **3.** [petite quantité] ▸ **un soupçon de** : *un soupçon de crème* a touch ou dash of cream / *un soupçon de maquillage* a hint ou touch of make-up / *un soupçon d'ironie* a touch ou hint of irony / *un soupçon de rhum* a dash ou a (tiny) drop of rum.

soupçonnable [supsɔnabl] adj open to suspicion, suspicious.

soupçonner [3] [supsɔne] vt **1.** [suspecter] to suspect ▸ **soupçonner qqn de meurtre / trahison** to suspect sb of murder / treason / *soupçonné d'avoir fait de l'espionnage* suspected of having been a spy ou of espionage **2.** [pressentir -piège] to suspect / *je ne lui aurais jamais soupçonné autant de talent* I would never have suspected ou thought that he was so talented ▸ **soupçonner que** to have a feeling ou to suspect that / *comment pouvais-je soupçonner qu'il ferait une fugue?* how could I possibly have foreseen ou predicted that he'd run away? **3.** [douter de] to doubt / *il n'y a aucune raison de soupçonner sa bonne foi* there's no reason to doubt his good faith **4.** [imaginer] to imagine, to suspect.

soupçonneusement [supsɔnøzmɑ̃] adv suspiciously, with suspicion.

soupçonneux, euse [supsɔnø, øz] adj suspicious / *un mari soupçonneux* a suspicious husband / *il la regarda d'un air soupçonneux* he looked at her suspiciously.

soupe [sup] nf **1.** CULIN soup ▸ **soupe aux choux / au crabe** cabbage / crab soup ▸ **soupe au lait** *pr* bread and milk ▸ **c'est une soupe au lait, elle est (très) soupe au lait** *fig* she flies off the handle easily ▸ **il est rentré tard hier soir et a eu droit à la soupe à la grimace** he got home late last night, so now he's in the doghouse ▸ **aller à la soupe** *fig* to have an eye to the main chance **2.** *fam* [repas] grub, nosh ▸ **soupe populaire** soup kitchen / *je suis bon pour la soupe populaire! hum* I might as well go and beg on the streets! ▸ **à la soupe!** grub's up!, come and get it! **3.** *fam* [neige] slushy snow.

soupente [supɑ̃t] nf **1.** [dans un grenier] loft; [sous un escalier] cupboard ou closet US *(under the stairs)* **2.** TECHNOL [barre de soutien] supporting bar.

souper[1] [supe] nm **1.** *régional* [dîner] dinner, supper **2.** [après le spectacle] (late) supper.

souper[2] [3] [supe] vi **1.** *régional* **ou** *vieilli* [dîner] to have dinner ▸ **souper de** to dine on / *nous avons soupé d'un peu de pain et de fromage* we dined on a morsel of bread and cheese **2.** [après le spectacle] to have a late supper **3.** EXPR **en avoir soupé de** *fam* to be sick of ou fed up with.

soupeser [19] [supəze] vt **1.** [en soulevant] to feel the weight of, to weigh in one's hand ou hands **2.** [juger] to weigh up *(sép)*.

soupeur, euse [supœʀ, øz] nm, f diner *(after a show)*.

soupière [supjɛʀ] nf (soup) tureen.

soupir [supiʀ] nm **1.** [expiration] sigh / *soupir de soulagement* sigh of relief / *pousser des soupirs* to sigh / *«oui», murmura-t-elle dans un soupir* "yes", she sighed ▸ **dernier soupir** *litt* last breath / *rendre le dernier soupir* to breathe one's last / *elle a recueilli son dernier soupir* she was with him when he breathed his last **2.** MUS crotchet rest UK, quarter ou quarter-note rest US.

❖ **soupirs** nmpl *litt* [désirs] : *l'objet de mes soupirs* the one I yearn for.

soupirail, aux [supiʀaj, o] nm [d'une cave] (cellar) ventilator; [d'une pièce] basement window.

soupirant [supiʀɑ̃] nm suitor.

soupiraux [supiʀo] pl ⟶ **soupirail.**

soupirer [3] [supiʀe] ◆ vi **1.** [pousser un soupir] to sigh ▸ **soupirer d'aise** to sigh with contentment **2.** *litt* [être amoureux] to sigh, to yearn / *il soupire pour une jeune beauté* he's sighing for a young beauty. ◆ vt [dire] to sigh / *«c'est impossible», soupira-t-elle* "it's impossible", she sighed.

❖ **soupirer après** v + prép *litt* to long ou to sigh ou to yearn for.

souple [supl] adj **1.** [lame] flexible, pliable, supple; [plastique] non-rigid **2.** [malléable] ▸ **argile souple** plastic clay **3.** [agile -athlète, danseur, corps] supple; [-démarche] fluid, flowing **4.** [doux -cuir, peau, brosse à dents] soft / *pour rendre votre linge plus souple* to make your wash softer / *gel fixation souple* light-hold hair gel / *voiture dotée d'une suspension souple* car with smooth suspension **5.** [aménageable] flexible, adaptable / *la réglementation / l'horaire est souple* the rules / hours are flexible **6.** [qui sait s'adapter] flexible, adaptable **7.** [docile] docile, obedient / *à cet âge-là, ils sont encore assez souples* they're still quite docile at that age ▸ **être souple comme un gant** to be very docile **8.** [écriture, style] flowing **9.** ŒNOL smooth **10.** AÉRON non-rigid.

souplement [supləmɑ̃] adv smoothly / *le chat retomba souplement sur ses pattes* the cat landed smoothly on its feet.

souplesse [suplɛs] nf **1.** [d'une personne, d'un félin, d'un corps] suppleness ; [d'une démarche] suppleness, springiness / *admirez la souplesse du trait chez Degas* observe the easy flow of Degas' lines **2.** [douceur - d'un cuir, d'un tissu] softness ; [- de la peau] smoothness **3.** [malléabilité - d'une matière] flexibility, pliability ▸ **souplesse d'esprit a)** [agilité] nimble-mindeness **b)** [adaptabilité] versatility ; *péj* [servilité] servility **4.** [d'un horaire, d'une méthode] flexibility, adaptability.

❖ **en souplesse** loc adv smoothly ▸ **retomber en souplesse sur ses jambes a)** [après une chute] to land nimbly on one's feet **b)** [en gymnastique] to make a smooth landing / *on recommence, et cette fois en souplesse!* one more time, and smoothly now!

souquer [3] [suke] ◆ vt **1.** [amarrage] to pull taut **2.** [bateau] to push to its limits. ◆ vi to pull at the oars, to stretch out ▸ **souquer ferme** to pull hard at the oars.

sourate [suʀat] = surate.

source [suʀs] nf **1.** [point d'eau] spring / *la source est tarie* the spring has dried up ▸ **source chaude** hot spring **2.** [origine] spring, source / *où la Seine prend-elle sa source?* where is the source of the Seine?, where does the Seine originate? ▸ **remonter jusqu'à la source a)** [d'un fleuve] to go upriver until one finds the source **b)** [d'une habitude, d'un problème] to go back to the root ▸ **à la source** [au commencement] at the source, in the beginning / *retenir les impôts à la source* to deduct tax at source, to operate a pay-as-you-earn system UK / *il nous faut aller à la source (même) du mal* we must go to the very root ou heart of the trouble / *une tradition qui prend sa source dans une culture ancienne* a tradition originating in ou springing from an ancient culture **3.** [cause] source ▸ **être source de** to give rise to / *cette formulation peut être source de malentendus* the way it's worded could give rise to misinterpretations / *cette maison n'a été qu'une source d'ennuis* this house has been nothing but trouble ▸ **source de revenus** a source of income, revenue stream ▸ **source de chaleur** source of heat ▸ **source d'énergie** source of energy **4.** PRESSE : *tenir ses renseignements de source sûre ou de source bien informée* to have information on good authority ▸ **nous savons** ou **tenons de source sûre que...** we have it on good authority that..., we are reliably informed that... ▸ **de source officielle / officieuse, on apprend que...** official / unofficial sources reveal that... / *quelles sont vos sources?* what sources did you use? **5.** ASTRON ▸ **source de rayonnement** radiation source **6.** ÉLECTR ▸ **source de courant** power supply **7.** INFORM source **8.** *(comme adj)* LING source *(modif)* **9.** MÉTALL ▸ **coulée en source** bottom casting **10.** NUCL ▸ **source radioactive** radioactive source **11.** PHYS ▸ **source lumineuse** ou **de lumière** light source / *source de chaleur / d'énergie* source of heat / energy, heat / energy source **12.** PÉTR oil deposit.

sourcer [suʀse] vt [citation, information] to source.

sourcier, ère [suʀsje, ɛʀ] nm, f dowser, water-diviner.

sourcil [suʀsi] nm eyebrow / *il a des sourcils bien fournis* he's beetle-browed.

sourcilier, ère [suʀsilje, ɛʀ] adj superciliary.

sourciller [3] [suʀsije] vi to frown ▸ **sans sourciller** without batting an eyelid ou turning a hair.

sourcilleux, euse [suʀsijø, øz] adj *litt* [pointilleux] pernickety, finicky.

sourd, e [suʀ, suʀd] ◆ adj **1.** [personne] deaf / *être sourd de naissance* to be born deaf / *sourd de l'oreille gauche* deaf in the left ear / *arrête de crier, je ne suis pas sourd!* stop shouting, I'm not deaf ou I can hear (you)! / *grand-père devient sourd / est un peu sourd* grandpa is losing his hearing / is a bit deaf ▸ **faire la sourde oreille** to pretend not to hear ▸ **être sourd comme un pot** *fam* to be as deaf as a post **2.** [indifférent] ▸ **sourd à** : *le gouvernement est resté sourd à leurs revendications* the government turned a deaf ear to their demands **3.** [atténué - son, voix] muffled, muted / *il y eut trois coups sourds à la porte* there were three muffled knocks on the door / *la poire tomba avec un bruit sourd* the pear fell with a (dull) thud **4.** [vague - douleur] dull ; [- sentiment] muted, subdued / *j'éprouvais une sourde inquiétude* I felt vaguely worried **5.** [clandestin] hidden, secret **6.** ACOUST ▸ **chambre** ou **salle sourde** dead room **7.** LING unvoiced, voiceless. ◆ nm, f deaf person ▸ **les sourds** the deaf / *c'est comme si on parlait à un sourd* it's like talking to a brick wall ▸ **crier** ou **hurler comme un sourd** to scream ou to shout at the top of one's voice ▸ **frapper** ou **taper comme un sourd** to bang with all one's might.

❖ **sourde** nf LING unvoiced ou voiceless consonant.

sourdement [suʀdəmɑ̃] adv *litt* **1.** [sans bruit] dully, with a muffled noise **2.** [secrètement] silently.

sourdine [suʀdin] nf MUS [d'une trompette, d'un violon] mute ; [d'un piano] soft pedal ▸ **mettre la sourdine** *fig* to tone it down.

❖ **en sourdine** ◆ loc adj muted. ◆ loc adv **1.** MUS [jouer] quietly, softly ▸ **mets-la en sourdine!** *fam & fig* shut up! **2.** [en secret] quietly, on the quiet.

sourdingue [suʀdɛ̃g] *tfam* ◆ adj cloth-eared. ◆ nmf cloth-ears.

sourd-muet, sourde-muette [suʀmɥɛ, suʀdmɥɛt] (*mpl* **sourds-muets**, *fpl* **sourdes-muettes**) ◆ adj deaf and dumb. ◆ nm, f deaf-mute, deaf-and-dumb person.

sourdre [73] [suʀdʀ] vi *litt* **1.** [liquide] to rise (up) **2.** [idée, sentiment] to well up / *le mécontentement commençait à sourdre dans la population* discontent was beginning to make itself felt among the population.

souri [suʀi] pp ⟶ **sourire.**

souriant, e [suʀjɑ̃, ɑ̃t] adj **1.** [regard, visage] smiling, beaming ; [personne] cheerful **2.** *sout* [agréable - paysage] pleasant, welcoming ; [- pensée] agreeable / *un avenir souriant* a bright future.

souriceau, x [suʀiso] nm baby mouse.

souricière [suʀisjɛʀ] nf **1.** [ratière] mousetrap **2.** [piège] trap / *dresser une souricière* to set a trap / *se jeter dans la souricière* to fall into a trap.

sourire[1] [suʀiʀ] nm smile / *il a un beau sourire* he's got a nice smile / *elle esquissa un sourire* she smiled faintly / *il entra, le sourire aux lèvres* he came in with a smile on his lips ou face / *avec un grand* ou *large sourire* beaming, with a broad smile ▸ **faire un sourire à qqn** to smile at sb / *fais-moi un petit sourire* give me a smile! / *elle était tout sourire* she was wreathed in ou all smiles ▸ **avoir le sourire** to have a smile on one's face / *elle n'a pas le sourire, aujourd'hui* she doesn't look very happy today / *il a toujours le sourire!* he always looks cheerful! / *il a pris la nouvelle avec le sourire* he took the news cheerfully / *quand vous répondez aux clients, faites-le avec le sourire* when you answer the customers, do it with a smile / *il faut savoir garder le sourire* you have to learn to keep smiling.

sourire[2] [95] [suʀiʀ] vi to smile ▸ **souriez!** [pour une photo] smile! / *je vais lui faire passer l'envie de sourire!* I'll knock ou wipe the smile off her face! / *la remarque peut faire sourire* this remark may bring a smile to your face ou make you smile / *les dialogues m'ont à peine fait sourire* the dialogue hardly even made me smile / *quand tu vois la manière dont ils agissent, ça fait sourire* it is amusing to see the way they behave ▸ **sourire à qqn** to smile at sb, to give sb a smile / *elle lui sourit poliment* she gave him a polite smile, she smiled at him politely.

❖ **sourire à** v + prép **1.** [être favorable à] to smile on / *la fortune lui sourit enfin* fortune is smiling on him at last / *la chance ne te sourira pas toujours!* you won't always be (so) lucky! **2.** [plaire à - suj: idée, perspective] to appeal to / *passer le jour de l'An en famille ne me sourit guère!* the idea of spending New Year's Day with my family doesn't really appeal to me!, I don't relish (the thought of) spending New Year's Day with my family!

❖ **sourire de** v + prép [se moquer de] to smile ou to laugh at / *il souriait de mon entêtement* my stubbornness made him smile / *ne souris pas de sa naïveté* don't laugh at her naivety.

souris [suʀi] ◆ nf **1.** ZOOL mouse ▸ **souris blanche** white mouse ▸ **j'aurais aimé être une petite souris!** I'd like to have been a fly on the wall! ▸ **on entendrait trotter une souris** you could hear a pin drop **2.** *tfam* [femme] bird UK, chick US **3.** CULIN ▸ **souris d'agneau** lamb shank **4.** INFORM mouse **5.** [poisson] ▸ **souris de mer** dragonet. ◆ adj inv mousy, mouse-coloured.

❖ **souris d'hôtel** nf (female) hotel thief.

sournois, e [suʀnwa, az] ◆ adj **1.** [personne, regard] cunning, shifty, sly **2.** [attaque, procédé] underhand **3.** [douleur] dull, gnawing. ◆ nm, f sly person.

sournoisement [suʀnwazmɑ̃] adv slyly ▸ **regarder sournoisement qqn** to look shiftily at sb / *il approcha sournoisement sa main du tiroir* he slyly reached out his hand towards the drawer.

sournoiserie [suʀnwazʀi] nf **1.** [caractère] shiftiness, slyness, underhand manner **2.** [acte] sly piece of work ; [parole] sly remark.

sous [su] prép **1.** [dans l'espace] under, underneath, beneath / *le plancher grinçait sous ses pieds* the floor creaked beneath ou under his feet / *se mettre un oreiller sous la nuque* to put a pillow under one's head / *son journal sous le bras* (with) her newspaper under her arm ▸ **être sous la douche** to be in the ou having a shower / *se promener sous la pluie* to walk in the rain / *un paysage sous la neige* a snow-covered landscape ▸ **Londres sous les bombes** London during the air raids / *nager sous l'eau* to swim underwater ▸ **sous terre** underground, below ground / *assis sous le parasol* sitting under ou underneath ou beneath the parasol / *il venait chanter sous sa fenêtre* he'd come and sing under her window / *enlève ça de sous la table* *fam* get it out from under the table ▸ **sous l'équateur** at the equator ▸ **sous les tropiques** in the tropics / *ça s'est passé sous nos yeux* it took place before our very eyes / *les expressions figées sont données sous le premier mot* set phrases are given under the first word / *sous quel numéro est enregistré son dossier?* what number is her file (registered) under? **2.** *fig* [derrière] behind, under, beneath / *il cache beaucoup de bienveillance sous des airs indifférents* he hides a lot of goodwill behind a cold exterior / *sous des dehors taciturnes* behind a stern exterior / *sous son air calme...* beneath his calm appearance... **3.** [à l'époque de] : *sous Louis XV* during the reign of ou under Louis XV / *sous sa présidence / son ministère* under his presidency / ministry / *sous la Commune* during ou at the time of the Paris Commune **4.** [dans un délai de] within / *sous huitaine / quinzaine* within a week / fortnight **5.** [marquant un rapport de dépendance] under / *sous ses ordres* under his command / *il est placé sous ma responsabilité* I'm in charge of him / *le festival est placé sous l'égide de l'UNESCO* the festival is held under the auspices of UNESCO ▸ **sous contrat** under contract ▸ **sous serment** under oath ▸ **sous surveillance** under surveillance ▸ **sous escorte** under escort / *tomber sous le coup de la loi* to be within the law **6.** MÉD : *être sous anesthésie* to be under anaesthetic ▸ **être sous antibiotiques / perfusion** to be on antibiotics / a drip **7.** [marquant la manière] : *emballé sous vide* vacuum-packed / *emballé sous plastique* plastic-wrapped / *sous globe* in a glass case / *sous pli scellé* in a sealed envelope / *elle a acheté le billet sous un faux nom* she bought the ticket under an assumed name / *elle se présente aux élections sous l'étiquette libérale* she's running as a candidate on the liberal ticket / *vu sous cet angle* seen from this angle / *vu sous cet éclairage nouveau* considered in this new light / *parfait sous tous rapports* perfect in every respect **8.** [avec une valeur causale] under / *sous la torture / canonnade* under torture / fire / *sous le coup du choc...* with the shock... / *sous le coup de l'émotion* in the grip of the emotion / *sous l'influence de l'alcool* under the influence of alcohol / *elle le tient sous son charme* she has him under her spell / *sous le poids de* under the weight of / *sous la pression des événements* under the pressure of events.

sous-affrètement [suzafʀɛtmɑ̃] nm sub-chartering.

sous-alimentation [suzalimɑ̃tasjɔ̃] nf malnutrition, undernourishment.

sous-alimenté, e [suzalimɑ̃te] adj undernourished, underfed / *des enfants sous-alimentés* children suffering from malnutrition.

sous-alimenter [3] [suzalimɑ̃te] vt to undernourish.

sous-amendement [suzamɑ̃dmɑ̃] nm amendment to an amendment.

sous-assurer [3] [suzasyʀe] vt to underinsure.

sous-bas [suba] nm inv understocking.

sous-bois [subwa] nm undergrowth, underwood / *se promener dans les sous-bois* to walk in the undergrowth.

sous-brigadier [subʀigadje] nm deputy sergeant.

sous-capacité [sukapasite] nf under-capacity / *l'usine est en sous-capacité de production à cause des réductions d'effectifs* reductions in the workforce mean the plant is working under capacity.

sous-catégorie [sukategɔʀi] nf subcategory.

sous-caver [3] [sukave] vt MIN to undercut.

sous-chef [suʃɛf] nmf **1.** [gén] second-in-command **2.** [dans un restaurant] sous-chef, underchef **3.** RAIL ▸ **sous-chef de gare** assistant station master.

sous-chemise [suʃəmiz] (*pl* **sous-chemises**) nf undershirt.

sous-classe [suklas] nf subclass.

sous-comité [sukɔmite] nm subcommittee.

sous-commission [sukɔmisjɔ̃] nf subcommittee.

sous-consommation [sukɔ̃sɔmasjɔ̃] nf underconsumption, underconsuming *(U)*.

sous-continent [sukɔ̃tinɑ̃] nm subcontinent ▸ **sous-continent indien** Indian subcontinent.

sous-couche [sukuʃ] nf **1.** [de peinture, de vernis] undercoat **2.** GÉOL underlayer **3.** NUCL subshell **4.** PHOT subbing, substratum ▸ **sous-couche antihalo** antihalation backing **5.** PHYS ▸ **sous-couche laminaire** lower boundary layer.

souscripteur [suskʀiptœʀ] nm FIN subscriber.

souscription [suskʀipsjɔ̃] nf **1.** [engagement] subscription, subscribing *(U)* **2.** [somme] subscription ▸ **lancer** ou **ouvrir une souscription** to start a fund **3.** [signature] signing *(U)* **4.** BOURSE & ÉCON application, subscription.

❖ **en souscription** loc adv : *publier une revue en souscription* to publish a journal on a subscription basis ▸ **uniquement en souscription** available to subscribers only.

souscrire [99] [suskʀiʀ] vt **1.** DR [signer -acte] to sign, to put one's signature to, to subscribe *sout* ; [-billet, chèque] to draw, to sign **2.** [abonnement, police d'assurance] to take out *(insép)*.

❖ **souscrire à** v + prép **1.** [approuver] to approve, to subscribe to, to go along with / *je souscris entièrement à ce qui vient d'être dit* I go along totally with what's just been said **2.** [suj: lecteur] to take out a subscription to **3.** BOURSE & ÉCON [emprunt] to subscribe to ; *(en usage absolu)* : *pour combien souscrivez-vous?* how much will you subscribe?

sous-cutané, e [sukytane] adj subcutaneous.

sous-déclarer [3] [sudeklaʀe] vt **1.** [revenus] to underdeclare **2.** [bien] to declare less than the value of.

sous-développé, e [sudevlɔpe] adj underdeveloped.

sous-développement [sudevlɔpmɑ̃] nm underdevelopment.

sous-diacre [sudjakʀ] nm subdeacon.

sous-directeur, trice [sudiʀɛktœʀ, tʀis] nm, f assistant manager (manageress).

sous-dominante [sudɔminɑ̃t] nf subdominant.

sous-effectif [suzefɛktif] (*pl* **sous-effectifs**) nm understaffing ▸ **en sous-effectif a)** [entreprise, usine] understaffed / *nous ne pouvons plus travailler en sous-effectif* we can no longer work understaffed.

sous-embranchement [suzɑ̃bʀɑ̃ʃmɑ̃] (*pl* **sous-embranchements**) nm BIOL sub-branch.

sous-emploi [suzɑ̃plwa] nm underemployment.

sous-employer [13] [suzɑ̃plwaje] vt [travailleur] to underemploy ; [appareil] to underuse.

sous-ensemble [suzɑ̃sɑ̃bl] nm subset.

sous-entendre [73] [suzɑ̃tɑ̃dʀ] vt to imply / *que sous-entendez-vous par là?* what are you hinting or driving at?, what are you trying to imply? / *sous-entendu, je m'en moque!* meaning I don't care!

sous-entendu [suzɑ̃tɑ̃dy] nm innuendo, hint, insinuation / *en fixant sur moi un regard lourd de sous-entendus* giving me a meaningful look.

sous-entrepreneur [suzɑ̃tʀəpʀənœʀ] nm subcontractor.

sous-équipé, e [suzekipe] adj underequipped.

sous-équipement [suzekipmɑ̃] nm underequipment.

sous-espace [suzɛspas] (*pl* **sous-espaces**) nm MATH subspace.

sous-espèce [suzɛspɛs] nf subspecies.

sous-estimation [suzɛstimasjɔ̃] nf **1.** [jugement] underestimation, underestimating, underrating **2.** FIN [d'un revenu] underestimation, underassessment ; [d'un bien] undervaluation.

sous-estimer [3] [suzɛstime] vt **1.** [une qualité, un bien] to underestimate, to underrate **2.** FIN to undervalue.

sous-évaluation [suzevalɥasjɔ̃] nf FIN undervaluation.

sous-évaluer [7] [suzevalɥe] vt FIN to undervalue.

sous-exploitation [suzɛksplwatasjɔ̃] nf underexploitation, underexploiting *(U)*, underuse.

sous-exploiter [3] [suzɛksplwate] vt to underexploit.

sous-exposer [3] [suzɛkspoze] vt to underexpose.

sous-exposition [suzɛkspozisjɔ̃] nf underexposure.

sous-famille [sufamij] nf subfamily.

sous-fifre [sufifʀ] nm underling, minion.

sous-genre [suʒɑ̃ʀ] nm subgenus.

sous-glaciaire [suglasjɛʀ] adj subglacial.

sous-gouverneur [suguvɛʀnœʀ] nm deputy governor, vice-governor.

sous-groupe [sugʀup] nm subgroup.

sous-homme [suzɔm] nm subhuman.

sous-industrialisé, e [suzɛ̃dystʀijalize] adj underindustrialized.

sous-jacent, e [suʒasɑ̃, ɑ̃t] adj **1.** [caché] underlying / *l'urbanisation et les problèmes sous-jacents* urbanization and its underlying problems **2.** GÉOL subjacent.

Sous-le-Vent [suləvɑ̃] npr ▸ **les îles Sous-le-Vent a)** [en Polynésie] the Leeward Islands, the Western Society Islands **b)** [aux Antilles] the Netherlands (and Venezuelan) Antilles. ⟶ **île**

sous-lieutenant, e [suljøtnɑ̃, ɑ̃t] nm, f [dans l'armée de terre] second lieutenant ; [dans l'aviation] pilot officer UK, second lieutenant US ; [dans la marine] sublieutenant UK, lieutenant junior grade US.

sous-locataire [sulɔkatɛʀ] nmf subtenant.

sous-location [sulɔkasjɔ̃] nf **1.** [action] subletting **2.** [bail] subtenancy.

sous-louer [6] [sulwe] vt to sublet.

sous-main [sumɛ̃] (*pl* **sous-main** *ou* **sous-mains***) nm **1.** [buvard] desk blotter **2.** [carton, plastique] pad.

❖ **en sous-main** loc adv secretly / *il y a eu des tractations en sous-main* some underhand deals were struck.

sous-marin, e [sumaʀɛ̃, in] adj [câble, plante] submarine, underwater ; [navigation] submarine ; [courant] submarine, undersea ; [photographie] underwater, undersea.

❖ **sous-marin** nm **1.** NAUT submarine **2.** *fam* [espion] mole **3.** QUÉBEC [sandwich] long sandwich, sub US.

sous-marinier, ère [sumaʀinje, ɛʀ] nm, f submariner.

sous-marque [sumaʀk] nf sub-brand.

sous-maxillaire [sumaksilɛʀ] adj submaxillary.

sous-médicalisé, e [sumedikalize] adj with insufficient medical facilities.

sous-ministre [suministʀ] nm QUÉBEC undersecretary (of state).

sous-multiple [sumyltipl] nm submultiple.

sous-munitions [sumynisjɔ̃] nfpl MIL submunition.

sous-nappe [sunap] nf undercloth.

sous-nutrition [sunytʀisjɔ̃] nf malnutrition.

sous-œuvre [suzœvʀ] nm : *reprendre un bâtiment en sous-œuvre* to underpin a building / *reprise en sous-œuvre* underpinning.

sous-off [suzɔf] nm *fam* NCO.

sous-officier [suzɔfisje] nm non-commissioned officer.

sous-orbitaire [suzɔʀbitɛʀ] adj ANAT suborbital.

sous-orbital, e, aux [suzɔʀbital, o] adj ASTRONAUT suborbital.

sous-ordre [suzɔʀdʀ] nm **1.** ZOOL suborder **2.** [subordonné] subordinate, underling, minion.

❖ **en sous-ordre** loc adj [opposant, créancier] subsidiary.

sous-payer [11] [supeje] vt to underpay.

sous-peuplé, e [supœple] adj underpopulated.

sous-peuplement [supœpləmɑ̃] nm underpopulation.

sous-pied [supje] nm understrap.

sous-plat [supla] nm BELG table mat.

sous-préfectoral, e, aux [supʀefɛktɔʀal, o] adj subprefectorial.

sous-préfecture [supʀefɛktyʀ] nf subprefecture.

sous-préfet [supʀefɛ] nm subprefect.

sous-préfète [supʀefɛt] nf **1.** [fonctionnaire] (female) subprefect **2.** [épouse] subprefect's wife.

sous-production [supʀɔdyksjɔ̃] nf underproduction.

sous-produit [supʀɔdɥi] nm **1.** INDUST by-product **2.** [ersatz] poor imitation, (inferior) derivative.

sous-programme [supʀɔgʀam] nm subroutine ▸ **sous-programme ouvert** open subroutine.

sous-prolétaire [supʀɔletɛʀ] nmf member of the urban underclass.

sous-prolétariat [supʀɔletaʀja] nm urban underclass.

sous-pull [supyl] nm (light-weight) sweater.

sous-refroidi, e [suʀəfʀwadi] adj supercooled.

sous-répertoire [suʀepɛʀtwaʀ] (*pl* **sous-répertoires**) nm INFORM sub-directory.

sous-saturé, e [susatyʀe] adj GÉOL undersaturated.

sous-secrétaire [susəkʀetɛʀ] nm ▸ **sous-secrétaire (d'État)** Under-Secretary (of State).

sous-secrétariat [susəkʀetaʀja] nm **1.** [bureau] Under-Secretary's office **2.** [poste] Under-Secretaryship.

sous-secteur [susɛktœʀ] nm subsection.

sous-seing (*pl* **sous-seing** *ou* **sous-seings***) [susɛ̃] = **seing.**

soussigné, e [susiɲe] ◆ adj undersigned / *je soussigné Robert Brand, déclare avoir pris connaissance de l'article 4* I, the undersigned Robert Brand, declare that I have read clause 4. ◆ nm, f : *les soussignés déclarent que...* the undersigned declare that...

sous-sol [susɔl] nm **1.** GÉOL subsoil **2.** [d'une maison] cellar ; [d'un magasin] basement, lower ground floor / *voir notre grand choix d'affaires au sous-sol* visit our bargain basement!

sous-système [susistɛm] nm subsystem.

sous-tangente [sutɑ̃ʒɑ̃t] nf subtangent.

sous-tasse [sutas] nf saucer.

sous-tendre [73] [sutɑ̃dʀ] vt **1.** GÉOM to subtend **2.** [être à la base de] to underlie, to underpin.

sous-tension [sutɑ̃sjɔ̃] nf undervoltage.

sous-titrage [sutitʀaʒ] nm subtitling / *le sous-titrage est excellent* the subtitles are very good.

sous-titre [sutitʀ] nm **1.** PRESSE subtitle, subheading, subhead **2.** CINÉ subtitle.

sous-titré, e [sutitʀe] adj subtitled, with subtitles.

sous-titrer [3] [sutitʀe] vt **1.** [article de journal] to subtitle, to subhead ; [livre] to subtitle **2.** [film] to subtitle.

sous-total [sutɔtal] (*pl* **sous-totaux**) nm subtotal.

soustracteur [sustʀaktœʀ] nm subtracter.

soustractif, ive [sustʀaktif, iv] adj subtractive.

* In reformed spelling (see p. 16-19).

soustraction [sustʀaksjɔ̃] nf **1.** MATH subtraction / *il ne sait pas encore faire les soustractions* he can't subtract yet **2.** DR [vol] removal, removing *(U)*, purloining *(U)* *sout* ▸ **soustraction de documents** abstraction of documents.

soustraire [112] [sustʀɛʀ] vt **1.** MATH to subtract, to take away *(sép)* / *soustraire 10 de 30* to take 10 away from 30 **2.** *sout* [enlever] ▸ **soustraire qqn / qqch à** to take sb / sthg away from ▸ **soustraire qqn à la justice** to shield sb from justice, to protect sb from the law ▸ **soustraire qqn / qqch aux regards indiscrets** to hide sb / sthg from prying eyes / *on dut soustraire ces tableaux à la vue du public* these pictures have had to be withdrawn from public view **3.** [subtiliser] to remove / *de grosses sommes ont été soustraites du fonds d'entraide* large sums of money have gone missing from the charity fund / *soustraire un dossier aux archives* to remove a file from the archives.

❖ **se soustraire à** vp + prép *sout* : *se soustraire à l'impôt / une obligation / un devoir* to evade tax / an obligation / a duty / *se soustraire à la justice* to escape the law.

sous-traitance [sutʀɛtɑ̃s] nf subcontracting / *donner un travail en sous-traitance* to subcontract a job / *je fais ce travail en sous-traitance* I'm on this job as subcontractor.

sous-traitant, e [sutʀɛtɑ̃, ɑ̃t] adj [entreprise] subcontracting.

❖ **sous-traitant** nm subcontractor / *donner un travail à un sous-traitant* to farm out a piece of work.

sous-traiter [4] [sutʀete] vt ▸ **sous-traiter un travail a)** [entrepreneur principal] to subcontract a job, to contract a job out **b)** [sous-entrepreneur] to contract into ou to subcontract a job.

soustrayait v ⟶ **soustraire.**

sous-utilisation [suzytilizasjɔ̃] *(pl* **sous-utilisations)** nf underuse / *cela s'explique par la sous-utilisation que font les entreprises de cette technique* it can be explained by the fact that companies make insufficient use of the technique.

sous-utiliser [3] [suzytilize] vt to underuse, to underutilize.

sous-ventrière [suvɑ̃tʀijɛʀ] nf girth *(for a horse)*.

sous-verre [suvɛʀ] *(pl* **sous-verres)** nm glass mount.

sous-vêtement [suvɛtmɑ̃] nm piece of underwear, undergarment ▸ **en sous-vêtements** in one's underwear ou underclothes.

sous-virer [3] [suviʀe] vi to understeer.

soutane [sutan] nf cassock ▸ **porter (la) soutane** to be in Holy Orders ▸ **prendre la soutane** to enter the Church, to take (Holy) Orders.

soute [sut] nf hold ▸ **soute à bagages** luggage hold ▸ **soute à charbon** coal hole UK, coal bunker ▸ **soute à mazout** oil tank ▸ **soute à voiles** sail locker.

❖ **soutes** nfpl [combustible] fuel oil.

soutenable [sutnabl] adj **1.** [défendable] defensible, tenable **2.** [supportable] bearable.

soutenance [sutnɑ̃s] nf ▸ **soutenance (de thèse)** *oral examination for thesis* ; viva UK.

soutènement [sutɛnmɑ̃] nm **1.** CONSTR support **2.** MIN timbering.

❖ **de soutènement** loc adj support *(modif)*, supporting.

souteneur [sutnœʀ] nm [proxénète] pimp *fam.*

soutenir [40] [sutniʀ] vt **1.** [maintenir - suj: pilier, poutre] to hold up *(sép)*, to support ; [- suj: attelle, gaine, soutien-gorge] to support / *il lui tendit la main pour la soutenir* he gave her his hand for support / *un médicament pour soutenir le cœur* a drug to sustain the heart ou to keep the heart going **2.** [réconforter] to support, to give (moral) support to / *sa présence m'a beaucoup soutenue dans cette épreuve* his presence was a great comfort to me in this ordeal **3.** [être partisan de - candidature, cause, politique, etc.] to support, to back (up), to stand by *(insép)* / *nous vous soutiendrons!* we'll be right up there with ou we'll stand by you! / *tu soutiens toujours ta fille contre moi!* you always stand up for ou you're always siding with your daughter against me! / *soutenir une équipe* to be a fan of ou to support a team ▸ **soutenir qqn comme la corde soutient le pendu** to be more of a hindrance than a help to sb **4.** [faire valoir - droits] to uphold, to defend ; [- argument, théorie] to uphold, to support **5.** [affirmer] to assert, to claim / *je pense que nous sommes libres mais elle soutient le contraire* I think that we are free but she claims (that) the opposite is true / *il soutient que tu mens* he keeps saying that you're a liar / *elle m'a soutenu mordicus qu'il était venu ici* *fam* she swore blind ou she insisted that he'd been here **6.** [résister à - attaque] to withstand ; [- regard] to bear, to support / *ils ont soutenu l'assaut des produits japonais* they were able to bear the onslaught of Japanese products ▸ **soutenir la comparaison avec** to stand ou to bear comparison with / *les champignons de culture ne soutiennent pas la comparaison* cultivated mushrooms just don't compare / *soutenir un siège* MIL to last out ou to withstand a siege **7.** [prolonger - attention, discussion, suspense, etc.] to keep up *(sép)*, to sustain ; [- réputation] to maintain, to keep up / *il est difficile de soutenir une conversation lorsque les enfants sont présents* it's difficult to keep a conversation going ou to keep up a conversation when the children are around **8.** MUS [note] to sustain, to hold **9.** UNIV ▸ **soutenir sa thèse** to defend one's thesis, to take one's viva UK.

❖ **se soutenir** ◆ vp *(emploi réciproque)* to stand by each other, to stick together / *entre amis, il faut bien se soutenir!* friends must stick together! ◆ vpi **1.** [se tenir] to hold o.s. up, to support o.s. / *le vieillard n'arrivait plus à se soutenir sur ses jambes* the old man's legs could no longer support ou carry him / *elle se soutenait avec peine* she could hardly stay upright / *se soutenir dans l'eau* to keep (o.s.) afloat **2.** [se prolonger - attention, intérêt, suspense] to be kept up ou maintained.

soutenu, e [sutny] adj **1.** [sans faiblesse - couleur] intense, deep ; [- note de musique] sustained ; [- attention, effort] unfailing, sustained, unremitting ; [- rythme] steady, sustained **2.** LING formal / *en langue soutenue* in formal speech.

souterrain, e [sutɛʀɛ̃, ɛn] adj **1.** [sous la terre] underground, subterranean ▸ **câble souterrain** underground cable ▸ **des eaux souterraines** ground water **2.** [dissimulé] hidden, secret **3.** MIN deep, underground.

❖ **souterrain** nm **1.** [galerie] underground ou subterranean passage **2.** [en ville] subway UK, underpass US.

soutien [sutjɛ̃] nm **1.** [soubassement] supporting structure, support **2.** [aide] support ▸ **apporter son soutien à qqn** to support sb, to back sb up ▸ **soutien financier** financial backing / *mesures de soutien à l'économie* measures to bolster the economy **3.** [défenseur] supporter / *c'est l'un des plus sûrs soutiens du gouvernement* he's one of the mainstays of the government **4.** ÉCON ▸ **soutien des prix** price support **5.** MIL support ▸ **soutien logistique** logistic support.

soutien-gorge [sutjɛ̃gɔʀʒ] *(pl* **soutiens-gorge)** nm bra, brassiere *sout* ▸ **soutien-gorge d'allaitement** nursing bra.

soutient v ⟶ **soutenir.**

soutier [sutje] nm stoker.

soutif [sutif] nm *fam* bra.

soutint v ⟶ **soutenir.**

soutirage [sutiʀaʒ] nm **1.** [action] decanting, decantation **2.** [vin] decanted wine.

soutirer [3] [sutiʀe] vt **1.** [vin] to draw off *(sép)*, to decant **2.** [extorquer] ▸ **soutirer qqch à qqn** to get sthg from ou out of sb ▸ **soutirer une promesse à qqn** to extract a promise from sb ▸ **soutirer des renseignements à qqn** to get ou to squeeze some information out of sb / *il s'est fait soutirer pas mal d'argent par ses petits enfants* his grandchildren managed to squeeze a lot of money out of him.

souvenance [suvnɑ̃s] nf *litt* ▸ **à ma souvenance** as far as I can recall ou recollect / *je n'ai pas souvenance de cela* I don't recall this, I have no recollection of this / *je n'ai pas souvenance que nous ayons signé* I don't recall our having signed.

souvenir[1] [suvniʀ] nm **1.** [impression] memory, recollection / *l'été 89 m'a laissé un souvenir impérissable* the summer of 89 has left me with lasting memories / *votre opération ne sera bientôt plus qu'un mauvais souvenir* your operation will soon be nothing but a bad memory / *je garde un excellent souvenir de ce voyage* I have excellent memories of that trip ▸ **n'avoir aucun souvenir de** to have no remembrance ou recollection of / *elle n'en a qu'un vague souvenir* she has only a dim ou vague recollection of it / *cela n'éveille donc aucun souvenir en toi?* doesn't it remind you of anything? / *mes souvenirs d'enfance* my childhood memories / *au souvenir de ces événements, il se mit à pleurer* when he thought back to the events, he started to cry ▸ **avoir le souvenir de** to have a memory of, to remember / *j'ai le souvenir d'un homme grand et fort* I remember a tall strong man / *je garderai jusqu'à ma mort le souvenir de cette journée* I'll remember that day until I die **2.** [dans des formules de politesse] ▸ **avec mon affectueux souvenir** yours (ever) / *mes meilleurs souvenirs à votre sœur* (my) kindest regards to your sister ▸ **meilleurs souvenirs de Rome** greetings from Rome **3.** [objet - donné par qqn] keepsake ; [- rappelant une occasion] memento ; [- pour touristes] souvenir / *cette broche est un souvenir de ma grand-mère* this brooch is a keepsake from my grandmother / *souvenir de Lourdes* souvenir of Lourdes / *il m'a laissé ses dettes comme souvenir* *hum* he left me his debts to remember him by **4.** *(comme adjectif, avec ou sans trait d'union)* souvenir *(modif)* / *poser pour la photo-souvenir* to pose for a commemorative photograph.

❖ **en souvenir de** loc prép [afin de se remémorer] : *prenez ce livre en souvenir de cet été / de moi* take this book as a souvenir of this summer / as something to remember me by.

souvenir[2] [40] [suvniʀ] ❖ **se souvenir de** vp + prép [date, événement] to remember, to recollect, to recall ; [personne, lieu] to remember / *on se souviendra d'elle comme d'une grande essayiste* she'll be remembered as a great essay-writer / *je ne me souviens jamais de son adresse* I keep forgetting ou I can never remember his address / *je ne me souviens pas de l'avoir lu* I can't remember ou I don't recall ou I don't recollect having read it / *je m'en souviendrai, de ses week-ends reposants à la campagne!* *fam & iron* I won't forget his restful weekends in the countryside in a hurry! / *je ne veux pas te le prêter — je m'en souviendrai!* I don't want you to borrow it — I'll remember that! ; *(en usage absolu)* : *mais si, souviens-toi, elle était toujours au premier rang* come on, you must remember her, she was always sitting in the front row / *je me souviens que j'ai crié en la voyant* I remember (that) I shouted when I saw her.

❖ **il me souvient, il lui souvient** v impers *litt* : *il me souvient un détail / de l'avoir aperçu* I remember a detail / having seen him.

souvent [suvɑ̃] adv often / *il va souvent au cinéma* he often goes to the cinema / *il va très souvent au cinéma* he goes to the cinema very often / *on se voit de moins en moins souvent* we see less and less of each other / *pas* ou *peu souvent* not often, seldom / *il ne vient pas souvent nous voir* he doesn't often come and see us, he seldom comes to see us / *le plus souvent c'est elle qui conduit* most often ou more often than not ou usually, she's the one who does the driving / *c'est (bien) souvent ce qui arrive si l'on va trop vite* it's what (very) often happens when you go too fast ▸ **plus souvent qu'à son tour** far too often.

> Notez les différentes positions possibles de often dans la phrase.
>
> • Avec un verbe autre que be, often s'insère couramment comme suit:
>
> sujet + [aux/modal] + often + verbe
>
> **Il m'arrive souvent de penser à elle.** *I often think about her.*
>
> **On peut souvent voir des baleines ici.** *You can often see whales here.*

• Avec le verbe be, often se place couramment comme suit :

sujet + be + often

Elle est souvent en retard. *She is often late.*

Les gens sont souvent surpris quand je leur dis ça. *People are often surprised when I tell them that.*

• Often peut également se rencontrer en début de proposition :

Souvent les gens qui travaillent devant un ordinateur ont des problèmes de vue. *Often people who work with computers have eye problems.*

Souvent il ne savait pas quoi faire. *Often he didn't know what to do.*

• Plus rarement, often peut se placer en fin de proposition :

J'y vais souvent. *I go there often.*

Je pense souvent à toi. *I think of you often.*

souvenu, e [suvny] pp ⟶ **souvenir.**

souverain, e [suvʀɛ̃,ɛn] ◆ adj **1.** [efficace - remède] excellent, sovereign / *c'est souverain contre les maux de gorge* it works like a charm on sore throats, it's perfect for sore throats **2.** POL [pouvoir, peuple] sovereign / *la Chambre est souveraine* the House is a sovereign authority **3.** [suprême] supreme ▸ **avoir un souverain mépris pour qqch** to utterly despise sthg / *avec une souveraine méconnaissance des faits* supremely ignorant of the facts **4.** PHILOS ▸ **le souverain bien** the sovereign good **5.** RELIG ▸ **le souverain pontife** the Pope, the Supreme Pontiff. ◆ nm, f monarch, sovereign ▸ **notre souveraine** our Sovereign ▸ **souverain absolu** absolute monarch.

❖ **souverain** nm [monnaie] sovereign (coin).

souverainement [suvʀɛnmɑ̃] adv **1.** [suprêmement] utterly, totally, intensely ▸ **être souverainement indifférent à** to be utterly ou supremely indifferent to **2.** [sans appel] with sovereign ou final power.

souveraineté [suvʀɛnte] nf sovereignty ▸ **la souveraineté nationale** national sovereignty.

souverainisme [suvʀɛnism] nm POL separatism.

souverainiste [suvʀɛnist] adj [au Canada] Quebec separatist.

souvient, souvint v ⟶ **souvenir.**

soviet [sɔvjɛt] nm [assemblée] soviet ▸ **le Soviet suprême** the Supreme Soviet.

soviétique [sɔvjetik] adj Soviet.

❖ **Soviétique** nmf Soviet.

soviétisation [sɔvjetizasjɔ̃] nf sovietization, sovietizing *(U)*.

soviétiser [3] [sɔvjetize] vt to sovietize.

soviétologue [sɔvjetɔlɔg] nmf Sovietologist.

sovkhoze [sɔvkoz] nm sovkhoz.

soyeux, euse [swajø,øz] adj silky.

❖ **soyeux** nm *régional* **1.** [fabricant] silk manufacturer **2.** [négociant] silk merchant.

soyons v ⟶ **être.**

SPA (abr de Société protectrice des animaux) npr f *society for the protection of animals* ; ≃ RSPCA UK ; ≃ SPCA US.

space opera [spesɔpeʀa] (*pl* **space operas**) nm space opera.

spacieusement [spasjøzmɑ̃] adv : *ils sont très spacieusement installés* they've got a very roomy ou spacious place.

spacieux, euse [spasjø,øz] adj spacious, roomy.

spadassin [spadasɛ̃] nm **1.** *arch* swordsman **2.** *litt* [tueur] (hired) killer / *un mafioso et ses spadassins* a Mafia boss and his hit-men.

spaghetti [spagɛti] (*pl* **spaghetti** *ou* **spaghettis**) nm : *un spaghetti* a strand of spaghetti / *des spaghettis* spaghetti.

TALKING ABOUT REMEMBERING THINGS

The difference between **se souvenir** and **se rappeler** does not lie in their meaning or their register (both covering formal to neutral styles) but in their construction. **Se souvenir** is followed by **de** whereas **se rappeler** is followed by a direct object.

Tu te souviens de nos vacances au Canada ? *[indirect object]*
Tu te rappelles nos vacances au Canada ? *[direct object]*
Do you remember our holiday in Canada?

Here is the same example, with a pronoun standing in as object:

Nos vacances au Canada ? Non, je ne m'en souviens pas. *[indirect object]*
Nos vacances au Canada ? Non, je ne me les rappelle pas. *[direct object]*
Our holiday in Canada? No, I don't remember it.

However, in everyday conversations you will either hear the first of these two forms, or you will hear a form apparently made from a mix of both, which is criticised by many as incorrect but nevertheless is widely used: je ne m'en rappelle pas.

Se remémorer behaves exactly like **se rappeler**, but is more literary or formal in register:

Elle rêvait sur la terrasse, se remémorant leur première rencontre. She was daydreaming on the patio, recalling the first time they met.

Of these three verbs, **rappeler** is the only one that can be used as a transitive verb. (**Remémorer** was also used transitively in the past but is a pronominal verb in contemporary usage.)

Je dois lui rappeler notre rendez-vous / que nous avons rendez-vous. I must remind her of our appointment / that we have an appointment.

Rappeler as a transitive verb can also mean 'to be evocative of':

C'est délicieux, ça rappelle un peu la mangue. It's delicious, it tastes a bit like mango.

Les costumes et les décors rappellent l'univers de Stendhal. The costumes and the set are evocative of the world of Stendhal.

spahi [spai] nm spahi *(native member of the Algerian, Moroccan or Tunisian cavalry in the French Service).*

spam [spam] nm INTERNET spam.

spambot [spambɔt] nm INFORM spambot.

sparadrap [spaʀadʀa] nm (sticking) plaster UK, band aid, Band aid® US.

spart [spaʀt] nm esparto (grass).

Spartacus [spaʀtakys] npr Spartacus.

spartakisme [spaʀtakism] nm Spartacism.

spartakiste [spaʀtakist] adj & nmf Spartacist.

sparte [spaʀt] = **spart.**

Sparte [spaʀt] npr Sparta.

spartiate [spaʀsjat] adj **1.** [de Sparte] Spartan *pr* **2.** [austère] Spartan *fig*, ascetic.

❖ **Spartiate** nmf Spartan.

❖ **spartiates** nfpl [sandales] (Roman) sandals.

❖ **à la spartiate** loc adv austerely / *élever ses enfants à la spartiate* to give one's children a Spartan upbringing.

spasme [spasm] nm spasm.

spasmodique [spasmɔdik] adj spasmodic.

spasmolytique [spasmɔlitik] adj & nm spasmolytic.

spasmophile [spasmɔfil] ◆ adj suffering from spasmophilia. ◆ nmf *person suffering from spasmophilia.*

spasmophilie [spasmɔfili] nf spasmophilia.

spasmophilique [spasmɔfilik] ◆ adj spasmophilic. ◆ nmf spasmophile.

spatangue [spatɑ̃g] nm spatangoid.

spath [spat] nm spar ▸ **spath calcaire** ou **d'Islande** Iceland spar ▸ **spath fluor** fluor spar, fluorite ▸ **spath pesant** barytes, barite.

spatial, e, aux [spasjal,o] adj **1.** [de l'espace] spatial **2.** ASTRONAUT, AUDIO & MIL space *(modif).*

❖ **spatial** nm space industry.

spatialisation [spasjalizasjɔ̃] nf spatialization.

spatialiser [spasjalize] vt to spatialize.

spatialité [spasjalite] nf spatiality.

spationaute [spasjɔnot] nmf spaceman (spacewoman).

spationef [spasjɔnɛf] nm spaceship.

spatio-temporel, elle (*mpl* **spatio-temporels**, *fpl* **spatio-temporelles**), **spatiotemporel*, elle** [spasjɔtɑ̃pɔʀɛl] adj spatiotemporal.

spatule [spatyl] nf **1.** CULIN spatula **2.** [d'un ski] tip **3.** ART (pallet) knife **4.** CONSTR jointer **5.** ZOOL [poisson] spoonbill, paddle-fish ; [oiseau] spoonbill.

spatulé, e [spatyle] adj spatulate.

speaker, speakerine [spikœʀ, spikʀin] nm, f announcer, link man (woman) UK.

❖ **speaker** nm POL [en Grande-Bretagne, aux États-Unis] ▸ **le speaker** the Speaker.

spécial, e, aux [spesjal,o] adj **1.** [d'une catégorie particulière] special, particular, specific, distinctive / *une clef spéciale* a special key / *des caractéristiques spéciales* distinctive features **2.** [exceptionnel - gén] special, extraordinary, exceptional ; [- numéro, édition] special / *instituer une procédure spéciale* to set up a special procedure ▸ **bénéficier d'une faveur spéciale** to be especially favoured **3.** [bizarre] peculiar, odd / *ils ont une mentalité spéciale* they're a bit eccentric ou strange / *ce livre est spécial, on aime ou on n'aime pas* this book is very particular, either you like it or you don't / *toi, t'es spécial!* you're a bit weird! **4.** ÉCON ▸ **commerce spécial** import-export trade (balance) **5.** SPORT [slalom] special.

❖ **spécial, aux** nm *fam* SPORT (special) slalom.

❖ **spéciale** nf **1.** ENS *second year of a two year entrance course for a "grande école"* **2.** [huître] *type of cultivated oyster* **3.** SPORT (short) off-road rally.

spécialement [spesjalmɑ̃] adv **1.** [à une fin particulière] specially, especially / *je me suis fait faire un costume spécialement pour le mariage* I had a suit made specially for the wedding / *parlez-nous de l'Italie et (plus) spécialement de Florence* tell us about Italy, especially Florence **2.** [très] particularly, specially / *ça n'a pas été spécialement drôle* it wasn't particularly amusing ▸ **pas spécialement** : *tu veux lui parler? — pas spécialement* do you want to talk to her? — not particularly.

spécialisation [spesjalizasjɔ̃] nf specialization, specializing.

spécialisé, e [spesjalize] adj [gén] specialized ; INFORM dedicated, special-purpose / *notre personnel hautement spécialisé* our highly specialized staff / *des chercheurs spécialisés dans l'intelligence artificielle* researchers specializing in artificial intelligence.

spécialiser [3] [spesjalize] vt **1.** [étudiant, travailleur] to turn ou to make into a specialist / *nous spécialisons des biochimistes* we train specialists in biochemistry

* In reformed spelling (see p. 16-19).

2. [usine, activité] to make more specialized / *on a décidé de spécialiser les usines de la région* it was decided to make the factories in the area more specialized.

❖ **se spécialiser** vpi to specialize / *14 ans, c'est trop tôt pour se spécialiser* ÉDUC 14 is too young to start specializing / *se spécialiser dans la dermatologie* to specialize in dermatology.

spécialiste [spesjalist] nmf **1.** [gén & MÉD] specialist **2.** *fam* [habitué] : *c'est un spécialiste des gaffes* he's an expert at putting his foot in it.

spécialité [spesjalite] nf **1.** CULIN speciality UK, specialty US / *spécialités de la région* local specialities ou products / *fais-nous une de tes spécialités* cook us one of your special recipes ou dishes / **'la spécialité du chef'** '(the) chef's speciality' **2.** PHARM ▸ **spécialité pharmaceutique** branded pharmaceutical ou (patented) pharmaceutical product **3.** SCI & UNIV field, area, specialism ▸ **spécialité médicale** area of medicine / *quelle est votre spécialité ?* what area do you specialize in? / *ma spécialité, c'est la botanique* I specialize in botany / *le meilleur dans* ou *de sa spécialité* the best in his field **4.** [manie, habitude] : *le vin, c'est sa spécialité* he's the wine expert / *c'est ta spécialité, ma parole !* you seem to be making a habit of it!

spéciation [spesjasjɔ̃] nf BIOL speciation.

spécieusement [spesjøzmɑ̃] adv speciously, fallaciously.

spécieux, euse [spesjø, øz] adj specious, fallacious.

spécification [spesifikasjɔ̃] nf specification ▸ **sans spécification de** without specifying, without mention of / *une réunion a été décidée sans spécification d'heure ni de lieu* a meeting was arranged, but the time and place were not specified.

spécificité [spesifisite] nf specificity.

spécifier [9] [spesifje] vt to specify, to state, to indicate / *spécifier les conditions d'un prêt* to specify ou to indicate the conditions of a loan / *je lui ai bien spécifié l'heure du rendez-vous* I made sure I told him the time of the appointment / *j'avais pourtant bien spécifié que je voulais une peinture mate !* I had quite specifically asked for matt paint! / *elle a tenu à faire spécifier ce point dans le contrat* she wanted this point to be specified in the contract.

spécifique [spesifik] adj specific.

spécifiquement [spesifikmɑ̃] adv specifically.

spécimen [spesimɛn] nm **1.** [élément typique] specimen, example / *ce poème est un très beau spécimen de l'art pour l'art* this poem is a fine example of art for art's sake / *le type était un parfait spécimen d'avocat véreux fam* the man was a perfect example of a ou your typical corrupt lawyer **2.** IMPR specimen ▸ **spécimen gratuit** [d'un livre] presentation copy **3.** *fam* [individu bizarre] queer fish UK, odd duck US / *méfie-toi, c'est un drôle de spécimen !* be careful, he's a queer fish!

spectacle [spɛktakl] nm **1.** CINÉ, DANSE, MUS & THÉÂTRE show / *aller au spectacle* to go to (see) a show / *faire un spectacle* to do a show / *monter un spectacle* to put on a show / *consulter la page (des) spectacles* to check the entertainment ou entertainments page ▸ **le spectacle** show business ▸ **le spectacle est dans la salle** the real show's in the auditorium ▸ **le spectacle continue** the show must go on **2.** [ce qui se présente au regard] sight, scene / *le spectacle qui s'offrait à nous* the sight before our eyes / *sur le port nous attendait un spectacle affligeant* on the quayside, a heart-breaking scene met our eyes / *elle présentait un bien triste / curieux spectacle* she looked a rather sorry / odd sight ▸ **au spectacle de** at the sight of / *au spectacle de sa mère blessée, il s'évanouit* at the sight of ou on seeing his injured mother, he fainted.

❖ **à grand spectacle** loc adj grandiose ▸ **film à grand spectacle** blockbuster.

❖ **en spectacle** loc adv : *on nous les donne en spectacle* they are paraded in front of us ▸ **se donner** ou **s'offrir en spectacle** to make an exhibition ou a spectacle of o.s.

spectaculaire [spɛktakylɛʀ] adj **1.** [exceptionnel, frappant] spectacular, impressive / *de manière spectaculaire* dramatically / *elle a fait une chute spectaculaire* she had a spectacular fall **2.** [notable] spectacular / *des progrès spectaculaires* spectacular progress.

spectateur, trice [spɛktatœʀ, tʀis] nm, f **1.** CINÉ, DANSE, MUS & THÉÂTRE spectator, member of the audience ▸ **les spectateurs** the audience / *plusieurs spectateurs ont quitté la salle* several people in the audience walked out **2.** [d'un accident, d'un événement] spectator, witness / *les spectateurs finirent par se disperser* the crowd eventually began to disperse **3.** [simple observateur] onlooker / *il a participé à nos réunions en spectateur* he just came to our meetings as an onlooker.

spectral, e, aux [spɛktʀal, o] adj **1.** *litt* [fantomatique] ghostly, ghostlike, spectral *litt* **2.** PHYS spectral ▸ **analyse spectrale** spectrum ou spectroscopic analysis.

spectre [spɛktʀ] nm **1.** [fantôme] ghost, phantom, spectre UK, specter US **2.** *fam* [personne maigre] pale, thin figure **3.** [représentation effrayante] spectre UK, specter US ▸ **le spectre de** the spectre of / *le spectre de la famine* the spectre of famine / *agiter le spectre de la révolution* to invoke the spectre of rebellion **4.** CHIM, ÉLECTR & PHYS spectrum ▸ **spectre d'absorption** absorption spectrum ▸ **spectre électrique / magnétique** electric / magnetic spectrum ▸ **spectre de masse** mass spectrum ▸ **spectre de résonance** resonance spectrum ▸ **spectre visible** visible spectrum **5.** PHARM [d'un antibiotique] spectrum.

spectrochimique [spɛktʀɔʃimik] adj spectrochemical.

spectrogramme [spɛktʀɔgʀam] nm spectrogram.

spectrographe [spɛktʀɔgʀaf] nm spectrograph.

spectrographie [spɛktʀɔgʀafi] nf CHIM & PHYS spectrography.

spectrographique [spɛktʀɔgʀafik] adj spectrographic.

spectrohéliographe [spɛktʀoeljɔgʀaf] nm spectroheliograph.

spectromètre [spɛktʀɔmɛtʀ] nm spectrometer.

spectrométrie [spɛktʀɔmetʀi] nf spectrometry ▸ **spectrométrie de masse** mass spectrometry.

spectrométrique [spɛktʀɔmetʀik] adj spectrometric.

spectrophotomètre [spɛktʀɔfɔtɔmɛtʀ] nm spectrophotometer.

spectrophotométrie [spɛktʀɔfɔtɔmetʀi] nf spectrophotometry.

spectroscope [spɛktʀɔskɔp] nm spectroscope.

spectroscopie [spɛktʀɔskɔpi] nf spectroscopy.

spectroscopique [spɛktʀɔskɔpik] adj spectroscopic.

spéculaire [spekylɛʀ] ◆ adj specular ▸ **image spéculaire** mirror image. ◆ nf BOT Venus's looking glass.

spéculateur, trice [spekylatœʀ, tʀis] nm, f speculator / *spéculateur à la baisse* bear / *spéculateur à la hausse* bull / *spéculateur sur devises* currency speculator.

spéculatif, ive [spekylatif, iv] adj speculative.

spéculation [spekylasjɔ̃] nf speculation.

spéculativement [spekylativmɑ̃] adv speculatively.

spéculer [3] [spekyle] vi **1.** BOURSE to speculate / *spéculer en Bourse* to speculate on the stock exchange / *spéculer sur l'or* to speculate in gold **2.** *litt* [méditer] to speculate.

❖ **spéculer sur** v + prép [compter sur] to count ou to bank ou to rely on *(insép)* / *le gouvernement spécule sur une hausse de la natalité* the government is banking ou relying on a rise in the birthrate.

spéculoos [spekylos] nm BELG *ginger biscuit.*

spéculum [spekylɔm] nm MÉD speculum.

speech [spitʃ] (*pl* **speechs** *ou* **speeches**) nm *fam* (short) speech / *il nous a refait son speech sur l'importance des bonnes manières* he made the same old speech about the importance of good manners.

speed [spid] adj *fam* hyper / *il est complètement speed* he's really hyper.

speed-dating [spidetiŋ] nm speed dating.

speedé, e [spide] adj *fam* hyper.

speeder [spide] vi *fam* to hurry, to rush / *elle est toujours en train de speeder* she's always in a mad rush / *il faut speeder* we've got to get a move on UK ou to move it US.

spéléologie [speleɔlɔʒi] nf [science et étude] speleology ; [sport] potholing UK, spelunking US.

spéléologique [speleɔlɔʒik] adj speleologic.

spéléologue [speleɔlɔg] nmf [savant, chercheur] speleologist ; [sportif] potholer UK, spelunker US.

spencer [spɛnsœʀ] nm VÊT spencer.

spermaceti, spermacéti* [spɛʀmaseti] nm spermaceti.

spermaphyte [spɛʀmafit] = **spermatophyte.**

spermatide [spɛʀmatid] nm spermatid.

spermatie [spɛʀmati] nf spermatium.

spermatique [spɛʀmatik] adj [du sperme] spermatic.

spermatocyte [spɛʀmatɔsit] nm spermatocyte.

spermatogenèse [spɛʀmatɔʒenɛz] nf spermatogenesis.

spermatophore [spɛʀmatɔfɔʀ] nm spermatophore.

spermatophyte [spɛʀmatɔfit] nm spermatophyte.

spermatozoïde [spɛʀmatɔzɔid] nm spermatozoid.

sperme [spɛʀm] nm sperm.

spermicide [spɛʀmisid] ◆ adj spermicidal. ◆ nm spermicide, spermatocide.

spermogramme [spɛʀmɔgʀam] nm sperm count.

spermophile [spɛʀmɔfil] nm spermophile.

sphénoïde [sfenɔid] adj sphenoid.

sphère [sfɛʀ] nf **1.** ASTRON & GÉOM sphere ▸ **sphère céleste** celestial sphere ▸ **sphère terrestre** terrestrial sphere **2.** [zone] field, area, sphere ▸ **sphère d'activité** field ou sphere of activity ▸ **sphère d'influence** sphere of influence ▸ **les hautes sphères** the higher realms *litt.*

sphéricité [sfeʀisite] nf sphericity.

sphérique [sfeʀik] adj spheric, spherical.

sphéroïde [sfeʀɔid] nm spheroid.

sphincter [sfɛ̃ktɛʀ] nm sphincter.

sphinctérien, enne [sfɛ̃kteʀjɛ̃, ɛn] adj sphincteral, sphincter *(modif).*

sphingidé [sfɛ̃ʒide] nm sphingid.

sphinx [sfɛ̃ks] nm **1.** ART & MYTH sphinx ▸ **le Sphinx** the Sphinx **2.** [personne énigmatique] sphinx / *son impassibilité de sphinx me déroutait* his sphinx-like inscrutability disconcerted me **3.** ENTOM hawkmoth, sphinx (moth).

spi [spi] = **spinnaker.**

spider [spidɛʀ] nm AUTO spider, spyder.

spin [spin] nm PHYS spin.

spina-bifida (*pl* **spina-bifida**), **spinabifida*** [spinabifida] nm spina bifida.

spinal, e, aux [spinal, o] adj spinal.

spinnaker [spinekəʀ] nm spinnaker, balloon sail.

spiral, e, aux [spiʀal, o] adj spiral, helical.

❖ **spiral, aux** nm [ressort] spiral, spring ; [d'une montre] hairspring.

❖ **spirale** nf **1.** [circonvolution] spiral, helix / *des spirales de fumée* coils of smoke **2.** [hausse rapide] spiral / *la spirale des prix et des salaires* the wage-price spiral.

❖ **à spirale** loc adj [cahier] spiral, spiralbound.

❖ **en spirale** ◆ loc adj [escalier, descente] spiral. ◆ loc adv in a spiral, spirally / *s'élever / retomber en spirale* to spiral upwards / downwards.

spiralé, e [spiʀale] adj spiral, helical.

spire [spiʀ] nf [d'un coquillage] whorl ; [d'une spirale, d'une hélice] turn, spire.

spirille [spiʀij] nm spirillum.

spirite [spiʀit] ◆ adj spiritualistic. ◆ nmf spiritualist.

spiritisme [spiʀitism] nm spiritualism, spiritism.

spiritual, als [spiʀitwol, olz] nm (Negro) spiritual.

spiritualisation [spiʀitɥalizasjɔ̃] nf spiritualization, spiritualizing *(U).*

spiritualiser [3] [spiʀitɥalize] vt to give a spiritual dimension to, to spiritualize.

spiritualisme [spiʀitɥalism] nm spiritualism.

* In reformed spelling (see p. 16-19).

spiritualiste [spiʀitɥalist] ◆ adj spiritualistic. ◆ nmf spiritualist.

spiritualité [spiʀitɥalite] nf spirituality.

spirituel, elle [spiʀitɥɛl] adj **1.** PHILOS spiritual / *la nature spirituelle de l'âme* the spiritual nature of the soul **2.** [non physique] spiritual ▸ **père spirituel** spiritual father **3.** [plein d'esprit] witty / *elle est très spirituelle* she's very witty / *une repartie spirituelle* a witty reply / *comme c'est spirituel!* how clever! **4.** RELIG spiritual ▸ **chef spirituel** spiritual head ▸ **pouvoir spirituel** spiritual power ▸ **concert spirituel** concert of sacred music.
❖ **spirituel** nm RELIG spiritual.

spirituellement [spiʀitɥɛlmɑ̃] adv **1.** PHILOS & RELIG spiritually **2.** [brillamment] wittily.

spiritueux, euse [spiʀitɥø, øz] adj [boisson] spirituous *spéc*, strong.
❖ **spiritueux** nm spirit ▸ **vins et spiritueux** wines and spirits.

spirographe [spiʀɔgʀaf] nm Spirograph.

spiroïdal, e, aux [spiʀɔidal, o] adj spiroid ▸ **fracture spiroïdale** spiral fracture.

spiromètre [spiʀɔmɛtʀ] nm spirometer.

Spirou [spiʀu] npr PRESSE *popular weekly cartoon magazine.*

spitant, e [spitɑ̃, ɑ̃t] adj BELG **1.** [personne] lively **2.** [gazeux] ▸ **eau spitante** carbonated water.

Spitsberg, Spitzberg [spidzbɛʀg] npr Spitsbergen, Spitzbergen.

spleen [splin] nm *litt* spleen *arch*, melancholy.

splendeur [splɑ̃dœʀ] nf **1.** [somptuosité] magnificence, splendour UK, splendor US **2.** [merveille] : *son collier est une splendeur* her necklace is magnificent / *les splendeurs des églises baroques* the splendours of baroque churches **3.** [prospérité, gloire] grandeur, splendour / *Rome, au temps de sa splendeur* Rome at the peak of its splendour / *voilà le macho dans toute sa splendeur hum* that's macho man in all his glory **4.** *litt* [du soleil] brilliance, splendour.

splendide [splɑ̃did] adj **1.** [somptueux - décor, fête, étoffe] splendid, magnificent **2.** [beau] magnificent, wonderful, splendid / *une splendide créature entra* a gorgeous ou magnificent creature entered / *tu es splendide aujourd'hui* you look wonderful today / *elle avait une mine splendide* she was blooming **3.** [rayonnant - soleil] radiant **4.** *litt* [glorieux] splendid.

splendidement [splɑ̃didmɑ̃] adv splendidly, magnificently.

splénectomie [splenɛktɔmi] nf splenectomy.

splénique [splenik] adj splenic.

splog [splɔg] nm INFORM slog.

spoiler [spɔjlœʀ] nm AUTO & AÉRON spoiler.

spoliateur, trice [spɔljatœʀ, tʀis] ◆ adj *litt* spoliatory, despoiling. ◆ nm, f *sout* spoliator *litt*, despoiler *litt*.

spoliation [spɔljasjɔ̃] nf *sout* spoliation *litt*, despoilment *litt*.

spolier [9] [spɔlje] vt *sout* to spoliate *litt*, to despoil *litt* / *spoliés de leurs droits / possessions* stripped of their rights / possessions.

spondée [spɔ̃de] nm spondee.

spondylarthrite [spɔ̃dilaʀtʀit] nf rheumatoid spondylitis.

spongiaire [spɔ̃ʒjɛʀ] nm sponge, poriferan ▸ **les spongiaires** the Porifera.

spongieux, euse [spɔ̃ʒjø, øz] adj **1.** ANAT spongy **2.** [sol, matière] spongy, sponge-like.

spongiforme [spɔ̃ʒifɔʀm] adj spongiform ; ⟶ **encéphalopathie.**

spongiosité [spɔ̃ʒjozite] nf sponginess.

sponsor [spɔ̃sɔʀ] nm (commercial) sponsor.

sponsoring [spɔ̃sɔʀiŋ], **sponsorat** [spɔ̃sɔʀa] nm (commercial) sponsorship.

sponsorisation [spɔ̃sɔʀizasjɔ̃] nf sponsoring.

sponsoriser [3] [spɔ̃sɔʀize] vt to sponsor (commercially).

spontané, e [spɔ̃tane] adj spontaneous.

spontanéisme [spɔ̃taneism] nm POL belief in spontaneous political action.

spontanéiste [spɔ̃taneist] nmf POL believer in spontaneous political action.

spontanéité [spɔ̃taneite] nf spontaneity, spontaneousness.

spontanément [spɔ̃tanemɑ̃] adv spontaneously / *elle a avoué spontanément* she owned up of her own accord.

Sporades [spɔʀad] npr fpl ▸ **les Sporades** the Sporades.

sporadicité [spɔʀadisite] nf *sout* sporadic nature ou character.

sporadique [spɔʀadik] adj [attaque, effort] sporadic, occasional ; [symptôme, crise] sporadic, isolated ; [averse] scattered.

sporadiquement [spɔʀadikmɑ̃] adv sporadically.

sporange [spɔʀɑ̃ʒ] nm sporangium.

spore [spɔʀ] nf spore.

sport [spɔʀ] ◆ adj inv **1.** VÊT [pratique, de détente] casual / *manteau / chaussures sport* casual coat / shoes **2.** [fair-play] sporting. ◆ nm **1.** [ensemble d'activités, exercice physique] sport ; [activité de compétition] (competitive) sport / *faire du sport* to do sport / *un peu de sport te ferait du bien* some physical exercise would do you good / *il y a trop de sport à la télé* there's too much sport on TV ▸ **sport cérébral** ou **intellectuel** brainteasers ▸ **sports aquatiques** water sports ▸ **sport de combat** combat sport ▸ **sport de compétition** competitive sport ▸ **sport de contact** contact sport ▸ **sport équestre** equestrian sport, equestrianism ▸ **sport extrême** extreme sport ▸ **sport individuel** individual sport ▸ **sports d'équipe** team sports ▸ **sports d'hiver** winter sports / *aller aux sports d'hiver* to go skiing, to go on a winter sports holiday UK ou vacation US ▸ **sports nautiques** water sports ▸ **le journal des sports** TV the sports news ▸ **la page des sports** the sports page **2.** *fam* EXPR **c'est du sport** it's no picnic / *c'est du sport de faire démarrer la tondeuse!* getting the mower started is no picnic ou is the devil's own job! ▸ **il va y avoir du sport!** the sparks are going to fly! ▸ **faire qqch pour le sport** to do sthg for the fun ou the hell of it.
❖ **de sport** loc adj [terrain, vêtement] sports *(modif).*

sportif, ive [spɔʀtif, iv] ◆ adj **1.** [association, club, magazine, reportage] sports *(modif)* ▸ **reporter sportif** sports reporter, sportscaster **2.** [événement, exploit] sporting **3.** [personne] sporty ▸ **elle est très sportive** she does a lot of sport / *je ne suis pas très sportif* I'm not very sporty / *avoir une allure sportive* to look athletic **4.** [loyal - public] sporting, fair ; [- attitude, geste] sporting, sportsmanlike / *avoir l'esprit sportif* to show sportsmanship / *ce n'était pas très sportif de sa part* it wasn't very sporting of him. ◆ nm, f sportsman (sportswoman) / *c'est un sportif en chambre hum* his idea of (doing) sport is watching it on TV, he's an armchair sportsman.

sportivement [spɔʀtivmɑ̃] adv sportingly / *très sportivement, il l'a aidé à se relever* he helped him up, which was very sporting of him.

sportivité [spɔʀtivite] nf [d'une personne] sportsmanship / *le match a manqué de sportivité* it wasn't a very sporting match.

sportswear [spɔʀtswɛʀ] nm sportswear.

sporulation [spɔʀylasjɔ̃] nf sporulation, sporulating *(U).*

spot [spɔt] nm **1.** [projecteur, petite lampe] spotlight **2.** PHYS light spot **3.** ÉLECTRON spot **4.** [publicité] ▸ **spot (publicitaire)** commercial.

SPOT, Spot [spɔt] (abr de **satellite pour l'observation de la Terre**) npr m earth observation satellite.

Spoutnik [sputnik] npr m Sputnik.

sprat [spʀat] nm ZOOL sprat.

spray [spʀɛ] nm spray / *parfum en spray* spray ou spray-on perfume.

springbok [spʀiŋbɔk] nm **1.** ZOOL springbok, springbuck **2.** SPORT ▸ **les Springboks** the Springboks.

sprint [spʀint] nm SPORT [course] sprint (race) ; [pointe de vitesse - gén] spurt ; [- en fin de parcours] final spurt ou sprint ▸ **piquer un sprint** to put on a spurt, to sprint / *j'ai dû piquer un sprint pour avoir mon train fam* I had to sprint to catch my train.

sprinter[1] [spʀintœʀ] nm sprinter.

sprinter[2] [3] [spʀinte] vi to sprint ; [en fin de parcours] to put on a burst of speed.

sprinteur, euse [spʀintœʀ, øz] nm, f = **sprinter.**

sq. (abr écrite de **sequiturque**) f.

sqq. (abr écrite de **sequuntur que**) ff.

squale [skwal] nm shark.

squame [skwam] nm MÉD scale, squama *spéc.*

squameux, euse [skwamø, øz] adj MÉD squamous, scaly.

square [skwaʀ] nm **1.** [jardin] (small) public garden ou gardens **2.** [place] square / *il habite square Blériot* he lives in Blériot Square.

squash [skwaʃ] nm squash / *jouer au squash* to play squash.

squat [skwat] nm [habitation] squat.

squatter[1] [skwatœʀ] nm squatter.

squatter[2] [skwate], **squattériser** [3] [skwateʀize] vt [bâtiment] to squat in *(insép).*

squaw [skwo] nf squaw.

squeeze [skwiz] nm BRIDGE squeeze.

squeezer [3] [skwize] vt **1.** JEUX to squeeze **2.** *fam* [mettre en difficulté] to put the squeeze on.

squelette [skəlɛt] nm **1.** ANAT skeleton / *c'est un squelette ambulant* he's nothing but skin and bone, he's a walking skeleton **2.** [d'un discours] skeleton, broad outline **3.** CHIM skeleton **4.** CONSTR & NAUT carcass, skeleton.

squelettique [skəletik] adj **1.** [animal, enfant] skeleton-like, skeletal ; [plante] stunted / *elle a des jambes squelettiques* she's got legs like matchsticks **2.** [troupes] decimated ; [équipe] skeleton *(modif)* **3.** ANAT skeletal.

SRAS [sʀas] (abr écrite de **syndrome respiratoire aigu sévère**) nm MÉD SARS.

Sri Lanka [sʀilɑ̃ka] npr m ▸ **le Sri Lanka** Sri Lanka / *au Sri Lanka* in Sri Lanka.

sri lankais, e [sʀilɑ̃kɛ, ɛz] adj Sri Lankan.
❖ **Sri Lankais, e** nm, f Sri Lankan.

SRPJ (abr de **service régional de la police judiciaire**) nm ≃ regional crime squad.

SS ◆ **1.** (abr écrite de **Sécurité sociale**) SS ; ≃ DWP UK ; ≃ SSA US **2.** (abr écrite de **Sa Sainteté**) HH. ◆ npr f (abr de **SchutzStaffel**) SS. ◆ nm (abr de **SchutzStaffel**) ▸ **un SS** a member of the SS.

S/S (abr écrite de **steamship**) S/S.

SSBS (abr de **sol-sol balistique stratégique**) nm ≃ MRBM.

S-S-E (abr écrite de **sud-sud-est**) SSE.

SSII [ɛsɛsdøzi] (abr de **société de services et d'ingénierie en informatique**) nf computer engineering and maintenance company.

S-S-O (abr écrite de **sud-sud-ouest**) SSW.

st (abr écrite de **stère**) st.

St (abr écrite de **saint**) St., St.

stabilisant, e [stabilizɑ̃, ɑ̃t] adj stabilizing.
❖ **stabilisant** nm stabilizing agent, stabilizer.

stabilisateur, trice [stabilizatœʀ, tʀis] adj stabilizing.
❖ **stabilisateur** nm **1.** [de vélo] stabilizer **2.** AÉRON [horizontal] horizontal stabilizer US, tail plane ; [vertical] vertical stabilizer US, fin **3.** AUTO antiroll ou torsion bar **4.** CHIM stabilizer **5.** ÉLECTR ▸ **stabilisateur de tension** voltage regulator ou stabilizer.

stabilisation [stabilizasjɔ̃] nf **1.** AÉRON & ASTRONAUT stabilization, stabilizing *(U)* **2.** CHIM stabilization **3.** ÉCON supporting *(U)* **4.** MÉTALL & TRAV PUB stabilizing *(U).*

stabiliser [3] [stabilize] vt **1.** [échafaudage - donner un équilibre à] to stabilize ; [- maintenir en place] to hold steady **2.** [consolider - situation] to stabilize, to normalize / *le traité devrait stabiliser les relations entre les deux pays* the treaty should stabilize relationships between the two countries **3.** [personne] : *son mariage va le stabiliser* marriage will make him settle down **4.** [monnaie, devise, prix] to stabilize **5.** [malade, maladie] to stabilize.

❖ **se stabiliser** vpi **1.** [situation] to stabilize ; [objet] to steady ; [athlète] to regain one's balance / *la situation militaire semble se stabiliser* the military situation seems to be stabilizing **2.** [personne] to settle down / *elle s'est stabilisée depuis qu'elle a un emploi* she's settled down since she got a job.

stabilité [stabilite] nf **1.** [d'un véhicule, d'un échafaudage, d'une monnaie, d'un marché] stability, steadiness **2.** [d'un caractère] stability, steadiness **3.** CHIM, MÉTÉOR & PHYS stability **4.** POL ▸ **stabilité gouvernementale** (governmental) stability.

stable [stabl] adj **1.** [qui ne bouge pas - position, structure] steady, stable / *la table n'est pas très stable* the table's a bit rocky / *tu n'as pas l'air d'être dans une position très stable* you look a bit precarious **2.** [constant - personne, marché, emploi] stable, steady / *l'état du malade est stable* the patient's condition is stable **3.** CHIM & PHYS stable.

stabulation [stabylasjɔ̃] nf **1.** [entretien] stalling (of cattle) **2.** [bâtiment] stalls.

staccato [stakato] adv & nm staccato.

stade [stad] nm **1.** SPORT stadium **2.** [étape, phase] stage / *à ce stade de l'enquête* at this stage of the investigation / *j'en suis arrivé au stade où...* I've reached the stage where... **3.** ANTIQ stadium **4.** PSYCHOL stage ▸ **le stade du miroir** the mirror stage ▸ **le stade oral** the oral stage.

stadier, ière [stadje, stadjɛʀ] nm, f steward *(at sports stadium)*.

staff [staf] nm **1.** CONSTR staff **2.** [personnel] staff.

staffeur, euse [stafœʀ, øz] nm, f plasterer *(working in staff)*.

stage [staʒ] nm **1.** COMM work placement UK, internship US ; [sur le temps de travail] in-service training / *un stage de trois mois* a three-month training period ▸ **faire un stage a)** [cours] to go on a training course **b)** [expérience professionnelle] to go on a work placement UK, to undergo an internship US / *faire un stage de traitement de texte* to do a word-processing course ▸ **stage en entreprise** work experience ou placement / *faire un stage en entreprise* to do an internship in a company ▸ **stage de formation** training course ▸ **stage de recyclage** retraining period / *stage d'insertion à la vie professionnelle* training scheme for young unemployed people **2.** LOISIRS ▸ **faire un stage de plongée a)** [cours] to have scuba diving lessons **b)** [vacances] to go on a scuba diving holiday UK ou vacation US.

> ⚠ Le mot anglais **stage** signifie « scène » ou « étape » et non stage.

stagflation [stagflasjɔ̃] nf stagflation.

stagiaire [staʒjɛʀ] ◆ adj [officier] trainee *(avant nom)* ; [avocat] pupil ; [journaliste] cub / *un instituteur stagiaire* a student teacher. ◆ nmf [gén] trainee, intern US / *un stagiaire en comptabilité* a trainee accountant.

stagnant, e [stagnɑ̃, ɑ̃t] adj **1.** [eau] stagnant **2.** [affaires] sluggish.

stagnation [stagnasjɔ̃] nf stagnation, stagnating.

stagner [3] [stagne] vi **1.** [liquide] to stagnate / *des bancs de brume stagnaient dans la vallée* patches of mist were lying in the valley **2.** [économie, affaires] to stagnate, to be sluggish / *l'industrie du textile stagne* the textile industry is stagnating **3.** [personne] to stagnate, to get into a rut / *stagner dans son ignorance* to be bogged down in one's own ignorance.

stakhanovisme [stakanɔvism] nm Stakhanovism.

stakhanoviste [stakanɔvist] adj & nmf Stakhanovite.

stalactite [stalaktit] nf stalactite.

stalag [stalag] nm stalag.

stalagmite [stalagmit] nf stalagmite.

Staline [stalin] npr Stalin.

Stalingrad [stalingʀad] npr Stalingrad.

stalinien, enne [stalinjɛ̃, ɛn] adj & nm, f Stalinist.

stalinisme [stalinism] nm Stalinism.

stalle [stal] nf [de cheval, d'église] stall.

stambouliote [stɑ̃buljɔt] adj Istanbulite.

❖ **Stambouliote** nmf Istanbulite.

staminé, e [stamine] adj staminate.

stance [stɑ̃s] nf LITTÉR stanza.

❖ **stances** nfpl *lyrical poem composed of stanzas.*

stand [stɑ̃d] nm **1.** [de foire] stall, stand **2.** JEUX & MIL ▸ **stand (de tir)** (shooting) range **3.** SPORT ▸ **stand (de ravitaillement)** pit.

standard [stɑ̃daʀ] ◆ adj **1.** [normalisé - modèle, pièce, taille] standard *(modif)* **2.** [non original - discours, goûts] commonplace, unoriginal, standard **3.** LING standard. ◆ nm **1.** COMM & INDUST standard **2.** ÉCON ▸ **standard de vie** living standard **3.** TÉLÉC switchboard **4.** MUS (jazz) standard.

standardisation [stɑ̃daʀdizasjɔ̃] nf standardization, standardizing.

standardiser [3] [stɑ̃daʀdize] vt [normaliser, uniformiser] to standardize.

standardiste [stɑ̃daʀdist] nmf (switchboard) operator.

stand-by [stɑ̃dbaj] ◆ adj inv **1.** AÉRON [billet, passager, siège] standby *(modif)* **2.** FIN standby *(modif)* ▸ **crédit stand-by** standby credit. ◆ nmf standby.

standing [stɑ̃diŋ] nm **1.** [d'une personne - position sociale] social status ou standing ; [- réputation] (good) reputation, standing **2.** [confort] ▸ **appartement (de) grand standing** luxury flat / *immeuble de grand standing* prestigious block of flats UK, luxury apartment building US.

stand-up [stɑ̃dœp] nm : *le stand-up* stand-up comedy.

stannifère [stanifɛʀ] adj [gén] staniferous ; [alluvion] tin-bearing.

staphylin [stafilɛ̃] nm ▸ **staphylin diable** devil's coach horse.

staphylococcie [stafilɔkɔksi] nf staphylococcia.

staphylocoque [stafilɔkɔk] nm staphylococcus ▸ **staphylocoque doré** staphylococcus aureus.

star [staʀ] nf **1.** CINÉ (film) star ; MUS & THÉÂTRE star / *en une semaine, elle était devenue une star* within one week, she'd risen to stardom **2.** [du monde politique, sportif] star / *la star du football français* the star of French football **3.** [favorite] number one / *la star des routières de la décennie* the top touring car of the decade.

starisation [staʀizasjɔ̃] nf : *la starisation de la politique / du milieu littéraire* the fact that so many politicians / writers have become media stars.

stariser [3] [staʀize] vt to make a star of, to bring to stardom.

starking [staʀkiŋ] nf starking (apple).

starlette [staʀlɛt] nf starlet.

star-system [staʀsistɛm] (*pl* **star-systems**) nm CINÉ, MUS & THÉÂTRE star system.

starter [staʀtɛʀ] nm **1.** AUTO choke ▸ **mettre le starter** to pull the choke out / *j'ai roulé avec le starter* I drove with the choke out **2.** SPORT starter / *les chevaux sont sous les ordres du starter* the horses are under starter's orders.

starting-block [staʀtiŋblɔk] (*pl* **starting-blocks**) nm starting block.

starting-gate [staʀtiŋgɛt] (*pl* **starting-gates**) nf starting gate.

start-up [staʀtœp] nf inv ÉCON start-up.

stase [staz] nf MÉD stasis.

station [stasjɔ̃] nf **1.** TRANSP ▸ **station d'autobus** bus stop ▸ **station de métro** underground UK ou subway US station ▸ **station de taxis** taxi rank UK ou stand US **2.** [centre] ▸ **station agronomique** agricultural research station ▸ **station d'épuration** sewerage plant ▸ **station de lavage** carwash ▸ **station météorologique** weather station **3.** RADIO & TV station ▸ **station d'émission** broadcasting station ▸ **station périphérique** private radio station ▸ **station de télévision** television station **4.** [lieu de séjour] resort ▸ **station balnéaire** sea ou seaside resort ▸ **station d'altitude** mountain resort ▸ **station de sports d'hiver** ski resort ▸ **station thermale** (thermal) spa ▸ **station verte** *rural tourist centre* **5.** INFORM ▸ **station de travail** workstation **6.** [position] posture ▸ **station verticale** upright position ▸ **la station debout est déconseillée** standing is not advisable **7.** [pause] stop / *j'ai dû faire de longues stations avant d'arriver au sommet* I had to make long rest stops before reaching the summit ▸ **les stations du chemin de croix** the Stations of the Cross **8.** ASTRON stationary point **9.** ASTRONAUT ▸ **station orbitale** orbital station ▸ **station spatiale** space station **10.** [de téléphone] ▸ **station d'accueil** base station.

station-aval [stasjɔ̃aval] (*pl* **stations-aval**) nf ASTRONAUT down-range station.

stationnaire [stasjɔnɛʀ] ◆ adj **1.** MATH & SCI stationary **2.** MÉD [état] stable ; ASTRON ▸ **théorie de l'état** ou **de l'Univers stationnaire** steady-state theory **3.** PHYS [phénomène] stable ; [onde] stationary, standing ; [état] stationary. ◆ nm NAUT station ship.

stationnement [stasjɔnmɑ̃] nm **1.** [arrêt] parking ▸ **stationnement bilatéral** parking on both sides of the road ▸ **stationnement en double file** double-parking ▸ **stationnement unilatéral** parking on one side (only) ▸ **stationnement payant** parking fee payable / **'stationnement interdit'** 'no parking' / **'stationnement gênant'** 'restricted parking' **2.** QUÉBEC car park.

❖ **en stationnement** loc adj **1.** [véhicule] parked **2.** MIL stationed.

stationner [3] [stasjɔne] vi **1.** [véhicule] to be parked / *une voiture stationnait en double file* a car was double-parked **2.** MIL : *les troupes stationnées en Allemagne* troops stationed in Germany **3.** [rester sur place - personne] to stay, to remain / **'ne pas stationner devant la sortie'** 'keep exit clear' / *la police empêche les manifestants de stationner devant l'ambassade* the police are making the demonstrators move on from outside the embassy.

station-service [stasjɔ̃sɛʀvis] (*pl* **stations-service**) nf service station, petrol station UK, gas station *(U)* US.

statique [statik] ◆ adj **1.** [immobile] static / *tu es trop statique dans cette scène* you don't move around enough during the scene **2.** [inchangé] static, unimaginative / *une politique statique* an unimaginative policy **3.** ÉLECTR static. ◆ nf statics *(U)*.

statiquement [statikmɑ̃] adv statically.

statisme [statism] nm static state ou character.

statisticien, enne [statistisjɛ̃, ɛn] nm, f statistician.

statistique [statistik] ◆ adj statistical. ◆ nf **1.** [étude] statistics *(U)* **2.** [donnée] statistic, figure / *des statistiques* statistics, a set of figures.

statistiquement [statistikmɑ̃] adv statistically.

stator [statɔʀ] nm stator.

stats [stat] nfpl *fam* stats ▸ **faire des stats** to do stats.

statuaire [statɥɛʀ] ◆ adj statuary. ◆ nmf sculptor (sculptress). ◆ nf statuary.

statue [staty] nf **1.** ART statue ▸ **statue équestre** equestrian statue / *statue en pied* ou *pédestre* standing ou pedestrian statue ▸ **droit** ou **raide comme une statue** stiff as a poker **2.** *fig* : *son attitude de statue grecque me glace* her haughty attitude makes me feel uncomfortable ▸ **statue de sel** pillar of salt / *la réponse de son père l'a changée en statue de sel* her father's reply rooted her to the spot.

statuer [7] [statɥe] vt to rule / *le tribunal a statué qu'il y avait eu faute grave* the court ruled that gross misconduct had taken place.

❖ **statuer sur** v + prép ▸ **statuer sur un litige** to rule on a lawsuit / *la cour n'a pas statué sur le fond* the court pronounced no judgement ou gave no ruling on the merits of the case.

statuette [statɥɛt] nf statuette.

statufier [9] [statyfje] vt **1.** [représenter en statue] to erect a statue of ou to **2.** [faire un éloge excessif de] to lionize **3.** *litt* [pétrifier] to petrify / *statufié par la peur* transfixed with fear, petrified.

statu quo (*pl* statu quo), **statuquo*** [statykwo] nm [état actuel des choses] status quo / *maintenir le statu quo* to maintain the status quo.

stature [statyʀ] nf **1.** [carrure] stature **2.** [envergure] stature, calibre / *son frère a une autre stature* his brother is in a different league (altogether).

staturo-pondéral, e, aux [statyʀopɔ̃deʀal, o] adj : *développement staturo-pondéral* height and weight development / *retard de croissance staturo-pondérale* slow height and weight gain.

statut [staty] nm DR & SOCIOL status / *mon statut de femme mariée* my status as a married woman ▸ **statut social** social status / *il réclame le statut de réfugié politique* he is asking for political refugee status.

❖ **statuts** nmpl [règlements] statutes ; ≃ Articles (and Memorandum) of Association.

statutaire [statytɛʀ] adj **1.** [conforme aux statuts] statutory **2.** [désigné par les statuts - gérant] registered.

statutairement [statytɛʀmɑ̃] adv statutorily.

Stavisky [staviski] npr m ▸ **l'affaire Stavisky** the Stavisky case.

Ste (abr écrite de sainte) St., St.

Sté (abr écrite de société) Co.

steak [stɛk] nm steak ▸ **steak frites** steak and chips UK ou fries US ▸ **un steak haché** a beefburger UK, a hamburger US ▸ **steak au poivre** pepper steak ▸ **steak tartare** steak tartare.

stéarate [steaʀat] nm stearate.

stéarine [steaʀin] nf stearin.

stéarique [steaʀik] adj stearic ▸ **acide stéarique** stearic ou stearin ou stearine acid.

stéatite [steatit] nf MINÉR steatite.

steeple(-chase) [stip(ə)l(tʃɛz)] (*pl* **steeples** *ou* **steeple-chases**) nm steeplechase.

stéganographie [steganɔgʀafi] nf steganography.

stégomyie [stegɔmii] nf aedes.

stégosaure [stegɔzɔʀ] nm stegosaurus.

steinbock [stɛjnbɔk] nm steinbok, steenbok.

stèle [stɛl] nf stele.

stellaire [stelɛʀ] ◆ adj **1.** ASTRON stellar **2.** ANAT [ganglion] stellate. ◆ nf BOT stitchwort.

stem(m) [stɛm] nm SPORT stem (turn).

stencil [stɛnsil] nm stencil.

stendhalien, enne [stɛ̃daljɛ̃, ɛn] adj Stendhalian.

sténo [steno] *fam* ◆ nmf = **sténographe.** ◆ nf = **sténographie.**

sténodactylo [stenɔdaktilo] ◆ nmf [personne] shorthand typist. ◆ nf [activité] shorthand typing.

sténodactylographie [stenɔdaktilɔgʀafi] nf shorthand typing.

sténographe [stenɔgʀaf] nmf stenographer, shorthand note-taker.

sténographie [stenɔgʀafi] nf shorthand.

sténographier [9] [stenɔgʀafje] vt to take down in shorthand ▸ **notes sténographiées** shorthand notes, notes in shorthand.

sténographique [stenɔgʀafik] adj shorthand *(modif).*

sténopé [stenɔpe] nm PHOT pinhole.

sténose [stenoz] nf stenosis.

sténotype [stenɔtip] nf Stenotype®.

sténotyper [3] [stenɔtipe] vt to take down on a Stenotype.

sténotypie [stenɔtipi] nf stenotypy.

sténotypiste [stenɔtipist] nmf stenotypist.

stentor [stɑ̃tɔʀ] nm ZOOL stentor.

Stentor [stɑ̃tɔʀ] npr Stentor.

step [stɛp] nm SPORT step.

stéphanois, e [stefanwa, az] adj from Saint-Étienne.

❖ **Stéphanois, e** nm, f *inhabitant of Saint-Étienne.*

steppe [stɛp] nf steppe.

stepper, steppeur [stɛpœʀ] nm SPORT [appareil] stepper.

steppique [stɛpik] adj steppe *(modif).*

stercoraire [stɛʀkɔʀɛʀ] nm **1.** ENTOM dung beetle **2.** ORNITH skua.

stère [stɛʀ] nm stere *(cubic metre of wood).*

stéréo [steʀeo] ◆ adj inv stereo. ◆ nf **1.** [procédé] stereo **2.** *fam* [récepteur] stereo.

❖ **en stéréo** ◆ loc adj stereo *(modif).* ◆ loc adv in stereo.

stéréochimie [steʀeɔʃimi] nf stereochemistry.

stéréochimique [steʀeɔʃimik] adj stereochemical.

stéréogramme [steʀeɔgʀam] nm stereogram.

stéréographique [steʀeɔgʀafik] adj stereographic, stereographical.

stéréo-isomère [steʀeɔizɔmɛʀ] (*pl* **stéréo-isomères**) ◆ adj stereoisometric. ◆ nm stereoisomer.

stéréo-isomérie [steʀeɔizɔmeʀi] (*pl* **stéréo-isoméries**) nf stereoisomerism.

stéréométrie [steʀeɔmetʀi] nf stereometry.

stéréométrique [steʀeɔmetʀik] adj stereometric.

stéréophonie [steʀeɔfɔni] nf stereophony.

❖ **en stéréophonie** ◆ loc adj stereo *(modif).* ◆ loc adv in stereo, in stereophonic sound.

stéréophonique [steʀeɔfɔnik] adj stereophonic.

stéréophotographie [steʀeɔfɔtɔgʀafi] nf 3-D photography, stereophotography.

stéréoscope [steʀeɔskɔp] nm stereoscope.

stéréoscopie [steʀeɔskɔpi] nf stereoscopy.

stéréoscopique [steʀeɔskɔpik] adj stereoscopic.

stéréospécifique [steʀeɔspesifik] adj stereospecific.

stéréotaxie [steʀeɔtaksi] nf stereotaxis.

stéréotaxique [steʀeɔtaksik] adj stereotaxic.

stéréotomie [steʀeɔtɔmi] nf stereotomy.

stéréotomique [steʀeɔtɔmik] adj stereotomic.

stéréotype [steʀeɔtip] nm **1.** [formule banale] stereotype, cliché **2.** IMPR stereotype.

stéréotypé, e [steʀeɔtipe] adj [comportement] stereotyped ; [tournure] clichéd, hackneyed.

stéréotypie [steʀeɔtipi] nf stereotypy.

stéréovision [steʀeɔvizjɔ̃] nf stereovision.

stérer [18] [steʀe] vt **1.** [mesurer] to divide into steres **2.** [entasser] to stack in steres.

✎ In reformed spelling (see p. 16-19), this verb is conjugated like **semer**: **il stèrera, elle stèrerait.**

stérile [steʀil] ◆ adj **1.** [femme] infertile, sterile, barren *litt* ; [homme] sterile ; [sol] barren ; [végétal] sterile **2.** [improductif - artiste] unproductive ; [- imagination] infertile, barren ; [- hypothèse] unproductive, vain ; [- rêve] vain, hopeless ; [- effort] vain, fruitless **3.** MÉD [aseptique] sterile, sterilized **4.** MIN & MINÉR dead. ◆ nm MIN & MINÉR dead ground.

❖ **stériles** nmpl GÉOL deads, waste rock.

stérilet [steʀilɛ] nm IUD, coil / *se faire poser / enlever un stérilet* to have a coil put in / taken out.

stérilisant, e [steʀilizɑ̃, ɑ̃t] adj **1.** [procédure, technique] sterilizing **2.** [idéologie, mode de vie] numbing, brain-numbing.

❖ **stérilisant** nm sterilant.

stérilisateur [steʀilizatœʀ] nm sterilizer.

stérilisation [steʀilizasjɔ̃] nf **1.** [action de rendre infécond] sterilization **2.** [désinfection] sterilization **3.** *litt* [de la créativité] stifling.

stérilisé, e [steʀilize] adj sterilized.

stériliser [3] [steʀilize] vt **1.** [rendre infécond] to sterilize **2.** [rendre aseptique] to sterilize **3.** [appauvrir, tuer - créativité] to stifle.

stérilité [steʀilite] nf **1.** [d'une femme] sterility, infertility, barrenness *litt* ; [d'un homme] infertility, sterility ; [d'un sol] barrenness **2.** [de l'esprit] barrenness, unproductiveness **3.** MÉD [asepsie] sterility.

stérique [steʀik] adj steric.

sterlet [stɛʀlɛ] nm sterlet.

sterling [stɛʀliŋ] adj inv & nm sterling.

sterne [stɛʀn] nf tern ; ORNITH ▸ **sterne naine** little tern.

sternum [stɛʀnɔm] nm **1.** ANAT breastbone, sternum *spéc* **2.** ZOOL sternum.

stéroïde [steʀɔid] ◆ adj steroidal. ◆ nm steroid.

stéroïdien, enne [steʀɔidjɛ̃, ɛn], **stéroïdique** [steʀɔidik] adj BIOL steroid.

stérol [steʀɔl] nm sterol.

stéthoscope [stetɔskɔp] nm stethoscope.

steward [stiwaʀt] nm AÉRON steward.

stibine [stibin] nf **1.** [nom générique] stibine **2.** [sulfure d'antimoine] stibnite.

stick [stik] nm **1.** [de fard, de colle] stick **2.** SPORT [au hockey] (hockey) stick ; [de cavalier] (riding) stick ; [de parachutistes] stick.

❖ **en stick** loc adj [déodorant] stick *(modif).*

sticker [stikœʀ] nm sticker.

stigma [stigma] nm ZOOL eyespot, stigma.

stigmate [stigmat] nm **1.** MÉD mark, stigma *spéc* **2.** [marque] : *porter les stigmates de la guerre / débauche* to bear the cruel marks of war / the marks of debauchery **3.** BOT eyespot, stigma **4.** ZOOL (respiratory) stigma.

❖ **stigmates** nmpl RELIG stigmata.

stigmatique [stigmatik] adj stigmatic.

stigmatisation [stigmatizasjɔ̃] nf stigmatization, stigmatizing.

stigmatisé, e [stigmatize] ◆ adj RELIG stigmatized. ◆ nm, f stigmatized person.

stigmatiser [3] [stigmatize] vt **1.** [dénoncer] to stigmatize, to condemn, to pillory *fig* **2.** *litt* [marquer - condamné] to brand, to stigmatize.

stigmatisme [stigmatism] nm stigmatism.

stilligoutte [stiligut] nm dropper.

stimulant, e [stimylɑ̃, ɑ̃t] adj **1.** [fortifiant - climat] bracing, stimulating ; [- boisson] stimulant *(modif)* **2.** [encourageant - résultat, paroles] encouraging.

❖ **stimulant** nm **1.** [remontant, tonique] stimulant **2.** [aiguillon] stimulus, spur.

stimulateur, trice [stimylatœʀ, tʀis] adj stimulative.

❖ **stimulateur** nm MÉD stimulator ▸ **stimulateur (cardiaque)** pacemaker.

stimulation [stimylasjɔ̃] nf **1.** CHIM, PHYSIOL & PSYCHOL stimulation, stimulus ▸ **stimulations sensorielles** sensory stimulation ou stimuli **2.** [d'une fonction organique] stimulation / *pour la stimulation de leur appétit* to stimulate ou to whet their appetite **3.** [incitation] stimulus / *une parole gentille peut être une stimulation efficace* a kind word can be an effective stimulus.

stimuler [3] [stimyle] vt **1.** [activer - fonction organique] to stimulate ▸ **stimuler l'appétit** to stimulate ou to whet the appetite / *stimuler la croissance des plantes* to encourage ou to stimulate the growth of plants **2.** [enflammer - sentiment] to stimulate / *les difficultés stimulent l'imagination* difficulties stimulate the imagination **3.** [encourager - personne] to encourage, to motivate / *stimuler les élèves par des récompenses* to motivate pupils by a system of rewards **4.** [intensifier - activité] to stimulate / *stimuler l'industrie / l'économie* to stimulate industry / the economy.

stimuline [stimylin] nf stimulin.

stimulus [stimylys] (*pl* **stimulus** *ou* **stimuli** [-li]) nm stimulus.

stipe [stip] nm BOT stipe.

stipendié, e [stipɑ̃dje] adj *litt & péj* venal, corrupt.

stipendier [9] [stipɑ̃dje] vt *litt & péj* to bribe, to buy.

stipulation [stipylasjɔ̃] nf **1.** *sout* stipulation, stipulating **2.** DR stipulation ▸ **stipulation pour autrui** third-party provision.

stipule [stipyl] nf stipule.

stipuler [3] [stipyle] vt **1.** DR to stipulate **2.** [spécifier] to stipulate, to specify / *la circulaire stipule que l'augmentation sera appliquée à partir du mois prochain* the circular stipulates that the rise will be applicable as from next month / *j'avais bien stipulé que j'en voulais deux* I'd made it clear I wanted two of them / *ils ont bien fait stipuler cette condition dans l'accord* they made very sure that this condition was clearly stated in the agreement.

* In reformed spelling (see p. 16-19).

STO (abr de **service du travail obligatoire**) nm HIST forced labour *(by French workers requisitioned during the Second World War)*.

stock [stɔk] nm **1.** COMM stock ; ÉCON stock, supply **2.** [réserve personnelle] stock, collection, supply / *tu peux prendre des confitures, j'en ai tout un stock* you can take some jam, I've got plenty of it ou a whole stock of it ▸ **faire des stocks (de)** to stock up (on) **3.** BIOL stock.
❖ **en stock** ◆ loc adj [marchandise] in stock. ◆ loc adv ▸ **avoir qqch en stock** to have sthg in stock / *nous n'avons plus de shampooing en stock* shampoo is out of stock, we're out of shampoo.

stockage [stɔkaʒ] nm **1.** [constitution d'un stock] stocking (up) **2.** [conservation -d'énergie, d'informations, de liquides, d'armes] storage **3.** TECHNOL storage ▸ **stockage dynamique** flow storage.

stock-car [stɔkkaʀ] (*pl* **stock-cars**) nm [voiture] stock car ; [course] stock car racing / *faire du stock-car* to go stock car racing.

stocker [3] [stɔke] vt [s'approvisionner en] to stock up on ou with ; [avoir -en réserve] to (keep in) stock ; [-en grande quantité] to stockpile, to hoard.

stockfisch [stɔkfiʃ] nm **1.** [poisson] stockfish **2.** [morue] dried cod.

Stockholm [stɔkɔlm] npr Stockholm.

stockholmois, e [stɔkɔlmwa, az] adj Stockholmer.
❖ **Stockholmois, e** nm, f Stockholmer.

stock-option [stɔkɔpsjɔ̃] (*pl* **stock-options**) nf stock option.

stock-outil [stɔkuti] (*pl* **stocks-outils**) nm running stock ou stocks.

stoïcien, enne [stɔisjɛ̃, ɛn] ◆ adj **1.** PHILOS Stoic **2.** *litt* [courageux, impassible] stoic, stoical. ◆ nm, f PHILOS Stoic.

stoïcisme [stɔisism] nm stoicism.

stoïque [stɔik] ◆ adj stoical. ◆ nmf stoic.

stoïquement [stɔikmɑ̃] adv stoically.

stolon [stɔlɔ̃] nm **1.** BOT runner, stolon *spéc* **2.** ZOOL stolon.

stomacal, e, aux [stɔmakal, o] adj stomach *(modif)*, gastric.

stomachique [stɔmaʃik] adj stomachic, stomachical.

stomate [stɔmat] nm BIOL stoma.

stomatite [stɔmatit] nf stomatitis.

stomatologie [stɔmatɔlɔʒi] nf stomatology.

stomatologiste [stɔmatɔlɔʒist], **stomatologue** [stɔmatɔlɔg] nmf stomatologist.

stomatoplastie [stɔmatɔplasti] nf stomatoplasty.

stomisé, e [stɔmize] nm, f ostomate.

stop [stɔp] ◆ nm **1.** [panneau] stop sign **2.** [lumière] brake light, stoplight **3.** *fam* [auto-stop] hitchhiking ▸ **faire du stop** to hitch, to thumb a lift ou it / *je suis descendu à Nice en stop* I thumbed it to Nice **4.** [dans un télégramme] stop. ◆ interj stop (it) / *j'ai dit stop !* I said that's enough ! / *tu me diras stop — stop !* [en versant à boire] say when — when !

stop-and-go [stɔpɛndgo] nm inv ÉCON stop-and-go method.

stoppage [stɔpaʒ] nm TEXT invisible mending.

stopper [3] [stɔpe] ◆ vt **1.** [train, voiture] to stop, to bring to a halt ; [engin, maladie] to stop ; [développement, processus, production] to stop, to halt ; [pratique] to put a stop to, to stop **2.** TEXT to mend *(using invisible mending)*. ◆ vi [marcheur, véhicule, machine, processus, production] to stop, to come to a halt ou standstill / *la voiture a stoppé net* the car stopped dead.

stoppeur, euse [stɔpœʀ, øz] nm, f **1.** *fam* [en voiture] hitchhiker, hitcher **2.** TEXT invisible mender.

store [stɔʀ] nm [intérieur] blind ; [extérieur -d'un magasin] awning ▸ **store vénitien** Venetian blind.

> ⚠ Le mot anglais **store** signifie « magasin » et non store.

story-board [stɔʀibɔʀd] nm storyboard.

stoupa [stupa] = **stupa**.

STP, stp (abr écrite de **s'il te plaît**) pls ; PLZ, PLS.

strabique [stʀabik] adj strabismic, strabismal, strabismical.

strabisme [stʀabism] nm squint, strabismus *spéc* / *elle a un léger strabisme* she has a slight squint ▸ **strabisme convergent** esotropia, convergent strabismus ▸ **strabisme divergent** exotropia, divergent strabismus.

stradivarius [stʀadivaʀjys] nm Stradivarius.

strangulation [stʀɑ̃gylasjɔ̃] nf strangulation, strangling *(U)* / *il est mort par strangulation* he died by strangulation, he was strangled to death.

strapontin [stʀapɔ̃tɛ̃] nm **1.** [siège] jump ou folding seat **2.** EXPR ▸ **avoir un strapontin** to hold a minor position / *elle n'a obtenu qu'un strapontin au conseil* she was given only minor responsibilities on the board.

strapping [stʀapiŋ] nm MÉD strapping.

stras [stʀas] = **strass**.

Strasbourg [stʀazbuʀ] npr Strasbourg.

strasbourgeois, e [stʀazbuʀʒwa, az] adj from Strasbourg.
❖ **Strasbourgeois, e** nm, f *inhabitant of or person from Strasbourg.*

strass [stʀas] nm paste *(U)*, strass.

stratagème [stʀataʒɛm] nm stratagem, ruse.

strate [stʀat] nf **1.** GÉOL stratum **2.** *sout* [niveau] layer / *les strates de la personnalité* the layers ou strata of the personality **3.** BOT zone.

stratège [stʀatɛʒ] nm **1.** MIL strategist **2.** *fig* : *un fin stratège* a cunning strategist.

stratégie [stʀateʒi] nf **1.** JEUX & MIL strategy **2.** *fig* : *sa stratégie électorale* her electoral strategy ▸ **stratégie marketing** marketing strategy ▸ **stratégie de positionnement** positioning strategy ▸ **stratégie de sortie** exit strategy.

stratégique [stʀateʒik] adj **1.** MIL strategic, strategical **2.** *fig* : *un repli stratégique* a strategic retreat / *matières premières stratégiques* strategic raw materials.

stratégiquement [stʀateʒikmɑ̃] adv strategically.

stratification [stʀatifikasjɔ̃] nf stratification, stratifying *(U)* / *la stratification sociale* social stratification.

stratifié, e [stʀatifje] adj stratified.
❖ **stratifié** nm laminate.

stratifier [9] [stʀatifje] vt to stratify.

stratiforme [stʀatifɔʀm] adj stratiform.

stratigraphie [stʀatigʀafi] nf GÉOL stratigraphy.

stratigraphique [stʀatigʀafik] adj stratigraphic, stratigraphical.

stratocumulus [stʀatɔkymylys] nm stratocumulus.

stratoforteresse [stʀatɔfɔʀtəʀɛs] nf flying fortress.

stratopause [stʀatɔpoz] nf stratopause.

stratosphère [stʀatɔsfɛʀ] nf stratosphere.

stratosphérique [stʀatɔsfeʀik] adj stratospheric.

stratus [stʀatys] nm stratus.

Stravinski [stʀavinski] npr Stravinsky.

strelitzia [stʀelitzja] nm strelitzia.

streptococcie [stʀɛptɔkɔksi] nf streptococcicosis.

streptococcique [stʀɛptɔkɔksik] adj streptococcic, streptococcal.

streptocoque [stʀɛptɔkɔk] nm streptococcus.

streptomycine [stʀɛptɔmisin] nf streptomycin.

stress [stʀɛs] nm stress / *les maladies liées au stress* stress-related illnesses.

stressant, e [stʀɛsɑ̃, ɑ̃t] adj stressful, stress-inducing.

stressé, e [stʀɛse] adj stressed / *les gens stressés* people under stress.

stresser [4] [stʀɛse] vt to put under stress.

Stretch® [stʀɛtʃ] ◆ adj inv stretch *(modif)*, stretchy. ◆ nm inv stretch material.

stretching [stʀɛtʃiŋ] nm stretching / *cours de stretching* stretch class / *faire du stretching* to do stretching exercises.

striation [stʀijasjɔ̃] nf striation.

strict, e [stʀikt] adj **1.** [astreignant, précis -contrôle, ordre, règle, principe] strict, exacting / *la loi est très stricte à ce sujet* the law's very strict on that **2.** [minimal] strict ▸ **le strict nécessaire** ou **minimum** the bare minimum / *il a le strict nécessaire pour vivre* he lives on the bare minimum ▸ **faire le strict minimum** to do only what is strictly necessary / *les obsèques seront célébrées dans la plus stricte intimité* the funeral will take place strictly in private **3.** [sévère -éducation, personne] strict ; [-discipline] strict, rigorous / *tu es trop strict avec les enfants* you're too hard on ou too strict with the children **4.** [austère -intérieur, vêtement] severe, austere / *elle est coiffée de manière très stricte* she wears her hair in a very severe style **5.** [rigoureux, absolu] strict, absolute / *c'est ton droit le plus strict* it's your lawful right / *c'est la stricte vérité !* it's absolutely true !

strictement [stʀiktəmɑ̃] adv **1.** [rigoureusement] strictly, scrupulously / *vous devez observer strictement le règlement* you must scrupulously obey the rules, you must obey the rules to the letter **2.** [absolument] strictly, absolutely / *c'est strictement confidentiel* it's strictly ou highly confidential **3.** [sobrement] severely / *sa robe strictement boutonnée jusque sous le cou* her dress severely buttoned right up to the neck.

striction [stʀiksjɔ̃] nf **1.** MÉD stricture **2.** MÉTALL contraction, necking (down).

stricto sensu [stʀiktosɛ̃sy] loc adv strictly speaking, stricto sensu *sout.*

stridence [stʀidɑ̃s] nf *litt* stridence, stridency.

strident, e [stʀidɑ̃, ɑ̃t] adj [son, voix] strident, shrill, piercing.

stridor [stʀidɔʀ] nm stridor.

stridulant, e [stʀidylɑ̃, ɑ̃t] adj stridulous, stridulant.

stridulation [stʀidylasjɔ̃] nf stridulation, stridulating.

striduler [3] [stʀidyle] vi to stridulate.

striduleux, euse [stʀidylø, øz] adj stridulous.

strie [stʀi] nf **1.** [sillon] stria *spéc*, (thin) groove **2.** [ligne de couleur] streak **3.** ARCHIT stria, fillet **4.** GÉOL & MINÉR stria.

strié, e [stʀije] adj **1.** [cannelé -roche, tige] striated **2.** [veiné -étoffe, marbre] streaked **3.** ANAT striated ▸ **muscles striés** striated muscles ▸ **corps strié** (corpus) striatum.

strier [10] [stʀije] vt **1.** [creuser] to striate, to groove **2.** [veiner] to streak / *strié de bleu* streaked with blue.

string [stʀiŋ] nm G-string.

strioscopie [stʀijɔskɔpi] nf schlieren photography.

strioscopique [stʀijɔskɔpik] adj schlieric.

strip [stʀip] nm *fam* striptease.

stripage [stʀipaʒ] nm NUCL stripping.

stripping [stʀipiŋ] nm MÉD & PÉTR stripping.

strip-poker [stʀippɔkɛʀ] (*pl* **strip-pokers**) nm strip poker.

strip-tease (*pl* **strip-teases**), **striptease*** [stʀiptiz] nm striptease act / *faire un strip-tease* to do a striptease.

strip-teaseur, strip-teaseuse (*mpl* **strip-teaseurs**, *fpl* **strip-teaseuses**), **stripteaseur*, euse** [stʀiptizœʀ, øz] nm, f stripper, striptease artist.

striure [stʀijyʀ] nf striation.

stroboscope [stʀɔbɔskɔp] nm stroboscope, strobe (light).

stroboscopie [stʀɔbɔskɔpi] nf stroboscopy.

stroboscopique [stʀɔbɔskɔpik] adj stroboscopic.

stroma [stʀɔma] nm stroma.

Stromboli [stʀɔ̃bɔli] npr ▸ **(le) Stromboli** (the) Stromboli.

strombolien, enne [stʀɔ̃bɔljɛ̃, ɛn] adj Strombolian.

strontium [stʀɔ̃sjɔm] nm strontium.

strophe [stʀɔf] nf **1.** [d'un poème] stanza **2.** [de tragédie grecque] strophe.

structurable [stʀyktyʀabl] adj which can be structured.

structural, e, aux [stʀyktyʀal, o] adj structural.

structuralisme [stʀyktyʀalism] nm structuralism.

structuraliste [stʀyktyʀalist] adj & nmf structuralist.

structurant, e [stʀyktyʀɑ̃, ɑ̃t] adj structuring.

* In reformed spelling (see p. 16-19).

structuration [stRyktyRasjɔ̃] nf [action] structuring ; [résultat] structure.

structure [stRyktyR] nf **1.** [organisation - d'un service, d'une société, d'un texte] structure / *votre devoir manque de structure* your essay is badly organized ou structured ▸ **réformes de structure** structural reforms **2.** [institution] system, organization ▸ **structures administratives** / **politiques** administrative / political structures **3.** [ensemble de services] facility ▸ **structures d'accueil** reception facilities *(for recently arrived tourists, refugees, etc.)* **4.** CONSTR building, structure **5.** LING structure ▸ **structure profonde** / **superficielle** deep / surface structure.

structuré, e [stRyktyRe] adj structured, organized.

structurel, elle [stRyktyRɛl] adj structural.

structurellement [stRyktyRɛlmɑ̃] adv structurally.

structurer [3] [stRyktyRe] vt to structure, to organize / *c'est une ébauche de scénario qu'il faudrait structurer* it's the idea for a scenario which needs to be given some shape.

❖ **se structurer** vpi to take shape / *un parti politique qui se structure* a political party taking shape.

strychnine [stRiknin] nf strychnine.

stuc [styk] nm stucco.

❖ **en stuc** loc adj stucco *(modif).*

stud-book [stœdbuk] *(pl* **stud-books***)* nm studbook.

studette [stydɛt] nf small studio flat UK ou apartment US, bedsitter UK.

studieusement [stydjøzmɑ̃] adv studiously.

studieux, euse [stydjø, øz] adj **1.** [appliqué - élève] hard-working, studious **2.** [consacré à l'étude] studious / *une soirée studieuse* an evening of study, a studious evening / *une retraite studieuse* [endroit] a place of study.

studio [stydjo] nm **1.** [appartement] studio flat UK, studio apartment US **2.** AUDIO, CINÉ & TV studio ▸ **studio d'enregistrement** recording studio **3.** PHOT photography ou photographic studio.

❖ **en studio** loc adv : *tourné en studio* shot in studio / *scène tournée en studio* studio scene.

stupa [stupa] nm stupa.

stupéfaction [stypefaksjɔ̃] nf stupefaction *litt*, astonishment / *à sa* / *ma (grande) stupéfaction* to his / my utter amazement.

stupéfaire [109] [stypefɛR] vt to amaze, to astound.

stupéfait, e [stypefɛ, ɛt] adj [personne] astounded, stunned, stupefied *litt* / *je suis stupéfait de voir qu'il est revenu* I'm amazed to see he came back.

stupéfiant, e [stypefjɑ̃, ɑ̃t] adj **1.** [nouvelle, réaction] astounding, amazing, stupefying *litt* **2.** PHARM narcotic.

❖ **stupéfiant** nm [drogue] drug, narcotic.

stupéfier [9] [stypefje] vt **1.** [abasourdir] to astound, to stun / *sa décision a stupéfié sa famille* his family was stunned by his decision **2.** *litt* [suj : froid, peur] to stupefy.

stupeur [stypœR] nf **1.** [ahurissement] amazement, astonishment / *le public était plongé dans la stupeur* the audience was dumbfounded ou stunned **2.** MÉD & PSYCHOL stupor.

stupide [stypid] adj **1.** [inintelligent - personne, jeu, initiative, réponse, suggestion] stupid, silly, foolish ; [- raisonnement] stupid / *il eut un rire stupide* he laughed stupidly **2.** [absurde - accident, mort] stupid / *ce serait trop stupide de rater le début* it'd be stupid ou a shame to miss the beginning **3.** [ahuri] stunned, dumbfounded / *je restai stupide devant son aveu* his confession left me speechless.

stupidement [stypidmɑ̃] adv stupidly, absurdly, foolishly.

stupidité [stypidite] nf **1.** [d'une action, d'une personne, d'un propos] stupidity, foolishness **2.** [acte] piece of foolish behaviour **3.** [parole] stupid ou foolish remark / *arrête de dire des stupidités !* stop talking nonsense !

stupre [stypR] nm *litt* depravity.

stups [styp] nmpl *arg crime* ▸ **les stups** the narcotics ou drugs squad.

stuquer [3] [styke] vt to stucco.

Stuttgart [ʃtutgaRt] npr Stuttgart.

style [stil] nm **1.** [d'un écrivain, d'un journal] style / *dans un style très pompeux* in a highly pompous ou bombastic style / *c'est écrit dans le plus pur style administratif* / *journalistique* it's written in purest bureaucratic jargon *péj* / *journalese péj* ▸ **en style télégraphique** in a telegraphic style **2.** [d'un artiste, d'un sportif] style, (characteristic) approach, touch / *son style de jeu* his (particular) way of playing, his style **3.** ART style / *un opéra (de) style italien* an opera in the Italian style ▸ **style gothique** / **Régence** Gothic / Regency style **4.** [genre, ordre d'idée] style / *dis-lui que tu vas réfléchir, ou quelque chose dans* ou *de ce style* tell him you'll think about it, or something along those lines ou in that vein **5.** *fam* [manière d'agir] style / *tu aurais pu l'avoir dénoncé — ce n'est pas mon style* you could have denounced him — it's not my style ou that's not the sort of thing I'd do / *serait-il parti sans nous prévenir ? — ce n'est pas son style* he may have gone without telling us — it's not like him ▸ **style de vie** lifestyle **6.** [élégance] style, class / *avoir du style* to have style / *elle a beaucoup de style* she's very stylish ou chic / *leur maison manque de style* / *a du style* their house lacks / has style **7.** BOT & ENTOM style **8.** [d'un cadran solaire] style, gnomon ; [d'un cylindre enregistreur] needle, stylus ; ANTIQ & HIST [poinçon] style, stylus **9.** [système chronologique] ▸ **vieux** / **nouveau style** Old / New Style **10.** ENTOM [d'une antenne] style, seta **11.** LING ▸ **style direct** / **indirect** direct / indirect speech.

❖ **de style** loc adj [meuble, objet] period *(modif)* / *un fauteuil de style* a period chair.

stylé, e [stile] adj [personnel] well-trained.

stylet [stilɛ] nm **1.** MÉD stilet, stylet **2.** [dague] stiletto **3.** ENTOM stylet.

stylisation [stilizasjɔ̃] nf stylization.

styliser [3] [stilize] vt to stylize ▸ **oiseau stylisé** stylized (drawing of a) bird.

stylisme [stilism] nm fashion design.

styliste [stilist] nmf **1.** [de mode, dans l'industrie] designer **2.** [auteur] stylist.

stylistique [stilistik] ◆ adj stylistic. ◆ nf stylistics *(sg).*

stylo [stilo] nm pen ▸ **stylo (à bille)** ballpoint (pen), Biro® UK ▸ **stylo à encre** / **cartouche** fountain / cartridge pen ▸ **stylo correcteur** correction pen.

stylo-feutre [stiloføtR] *(pl* **stylos-feutres***)* nm felt-tip pen.

stylographe [stilɔgRaf] *vieilli* = **stylo.**

styrax [stiRaks] nm storax, styrax.

styrène [stiRɛn] nm styrene.

Styrie [stiRi] npr f ▸ **(la) Styrie** Styria.

styrolène [stiRɔlɛn] = **styrène.**

su, e [sy] pp ⟶ **savoir.**

❖ **su** nm ▸ **au vu et au su de tout le monde** in front of everybody, quite openly.

suaire [sɥɛR] nm shroud.

suant, e [sɥɑ̃, sɥɑ̃t] adj **1.** *fam* [ennuyeux] dull, boring ; [énervant] annoying / *ce que tu peux être suant !* you're a pain (in the neck) ! **2.** [en sueur] sweaty.

suave [sɥav] adj [manières, ton] suave, sophisticated ; [senteur] sweet ; [teintes] subdued, mellow / *de sa voix suave* in his suave voice, in dulcet tones *hum.*

suavement [sɥavmɑ̃] adv suavely, smoothly.

suavité [sɥavite] nf [de manières, d'un ton] suaveness, suavity, smoothness ; [d'une musique, de senteurs] sweetness ; [de teintes] mellowness.

subaérien, enne [sybaeRjɛ̃, ɛn] adj subaerial.

subaigu, subaiguë *ou* **subaigüe*** [sybegy] adj [douleur] subacute.

subalpin, e [sybalpɛ̃, in] adj subalpine.

subalterne [sybaltɛRn] ◆ adj **1.** [position] secondary / *un rôle subalterne* a secondary or minor role **2.** [personne] subordinate, junior *(modif)* / *j'ai eu affaire à un fonctionnaire subalterne* I saw a junior clerk. ◆ nmf subordinate, subaltern, underling *péj.*

subaquatique [sybakwatik] adj subaquatic.

subatomique [sybatɔmik] adj subatomic.

subconscient, e [sybkɔ̃sjɑ̃, ɑ̃t] adj subconscious.

❖ **subconscient** nm subconscious.

subculture [sybkyltyR] nf subculture.

subdéléguer [18] [sybdelege] vt to subdelegate.

In reformed spelling (see p. 16-19), this verb is conjugated like *semer*: *il subdélèguera, elle subdélèguerait.*

subdésertique [sybdezɛRtik] adj semi-desert *(modif).*

subdiviser [3] [sybdivize] vt to subdivide / *chapitre subdivisé en deux parties* chapter subdivided into two parts.

❖ **se subdiviser** vpi ▸ **se subdiviser (en)** to subdivide (into).

subdivision [sybdivizjɔ̃] nf **1.** [processus] subdivision, subdividing **2.** [catégorie] subdivision.

subdivisionnaire [sybdivizjɔnɛR] adj subdivisional.

subduction [sybdyksjɔ̃] nf subduction.

subéquatorial, e, aux [sybekwatɔRjal, o] adj subequatorial.

subéreux, euse [sybeRø, øz] adj subereous *spéc*, cork *(modif).*

subir [32] [sybiR] vt **1.** [dommages, pertes] to suffer, to sustain ; [conséquences, défaite] to suffer ; [attaque, humiliation, insultes, sévices] to be subjected to, to suffer / *la maison a subi quelques dégâts pendant les orages* the house sustained some storm damage ▸ **faire subir une punition à qqn** to inflict a punishment on sb ▸ **faire subir une torture à qqn** to subject sb to torture / *après tout ce qu'elle m'a fait subir* after all she inflicted on me ou made me go through / *il lui a fait subir les pires humiliations* he made him / her suffer ou endure the most terrible humiliations / *nous allons encore subir ses histoires de guerre !* hum we'll be subjected to his war stories yet again ! **2.** [influence] to be under ; [situation, personne] to put up with / *je ne pouvais que subir son envoûtement* I could not free myself of her spell / *il a l'air de subir le match* he looks as though he's just letting the match go on around him **3.** [opération, transformation] to undergo / *le métal subit un traitement avant d'être laminé* the metal undergoes ou is subjected to treatment before it's laminated.

subit, e [sybi, it] adj sudden.

subitement [sybitmɑ̃] adv suddenly, all of a sudden.

subito [sybito] adv *fam* **1.** [tout à coup] suddenly, all of a sudden **2.** EXPR **subito presto** [tout de suite] at once, immediately / *va me chercher le journal, allez, subito presto !* go and get me the paper, chop-chop !

subjacent, e [sybʒasɑ̃, ɑ̃t] adj subjacent.

subjectif, ive [sybʒɛktif, iv] adj subjective.

subjectivement [sybʒɛktivmɑ̃] adv subjectively.

subjectivisme [sybʒɛktivism] nm subjectivism.

subjectiviste [sybʒɛktivist] ◆ adj subjectivistic. ◆ nmf subjectivist.

subjectivité [sybʒɛktivite] nf subjectivity, subjectiveness.

subjonctif, ive [sybʒɔ̃ktif, iv] adj subjunctive.

❖ **subjonctif** nm subjunctive.

Voir encadré page 957.

subjuguer [3] [sybʒyge] vt **1.** *sout* [suj : discours, lecture] to enthral, to captivate ; [suj : beauté, charme, regard] to enthral, to beguile ; [suj : éloquence] to enthral ▸ **elle le subjuguait** she held him spellbound / *je restai subjugué devant tant de grâce* I was enthralled by so much grace **2.** *vieilli & litt* [asservir - esprits, peuple] to subjugate.

sublimation [syblimasjɔ̃] nf **1.** [élévation morale] sublimation, sublimating **2.** CHIM & PSYCHOL sublimation.

sublimatoire [syblimatwaR] adj sublimatory.

sublime [syblim] ◆ adj **1.** *sout* [noble, grand] sublime, elevated / *une beauté sublime* sublime beauty **2.** [exceptionnel, parfait] sublime, wonderful, magnificent / *tu as été sublime* you were magnificent / *un repas sublime* a wonderful meal / *un tableau sublime* a sublime painting. ◆ nm ▸ **le sublime** the sublime.

sublimé, e [syblime] adj sublimated.

❖ **sublimé** nm CHIM sublimate.

sublimement [syblimmɑ̃] adv sublimely.

Sublime-Porte [syblimpɔʀt] npr f ▶ **la Sublime-Porte** the (Sublime) Porte.

sublimer [3] [syblime] vt **1.** PSYCHOL to sublimate **2.** CHIM to sublimate, to sublime.

subliminal, e, aux [sybliminal, o], **subliminaire** [sybliminɛʀ] adj subliminal.

sublimité [syblimite] nf *litt* sublimeness.

sublingual, e, aux [syblɛ̃gwal, o] adj sublingual.

sublunaire [syblynɛʀ] adj sublunary.

subluxation [syblyksasjɔ̃] nf subluxation.

submergé, e [sybmɛʀʒe] adj **1.** [rochers] submerged ; [champs] submerged, flooded **2.** [surchargé, accablé] inundated ▶ **submergé de travail** snowed under with work / *submergé de réclamations* inundated with complaints **3.** [incapable de faire face] swamped, up to one's eyes / *depuis que ma secrétaire est partie, je suis submergé* since my secretary left, I've been up to my eyes in work.

submerger [17] [sybmɛʀʒe] vt **1.** [inonder] to flood, to submerge / *des villages entiers sont submergés* entire villages have been flooded ou are under water **2.** [envahir - suj: angoisse, joie] to overcome, to overwhelm ; [- suj: réclamations] to inundate, to swamp ; [- suj: dettes] to overwhelm, to swamp / *notre standard est submergé d'appels* our switchboard's swamped with ou jammed by calls / *je suis submergé de travail* I'm snowed under with work ▶ **se laisser submerger** to allow o.s. to be overcome **3.** [écraser - défenseur] to overwhelm, to overrun / *le service d'ordre fut rapidement submergé par les manifestants* the police were soon unable to contain the demonstrators.

submersible [sybmɛʀsibl] ◆ adj submersible, submergible. ◆ nm submersible.

submersion [sybmɛʀsjɔ̃] nf *litt* submersion, submerging.

subodorer [3] [sybɔdɔʀe] vt *hum* [danger] to scent, to smell, to sense / *je subodore un canular* I can smell a hoax.

suborbital, e, aux [sybɔʀbital, o] adj ASTRONAUT suborbital.

subordination [sybɔʀdinasjɔ̃] nf **1.** [dans une hiérarchie] subordination, subordinating / *il a refusé sa subordination au directeur commercial* he refused to work under the sales manager **2.** LING & LOGIQUE subordination.

❖ **de subordination** loc adj ▶ **relation de subordination** relation of subordination.

subordonnant [sybɔʀdɔnɑ̃] nm subordinating word.

subordonné, e [sybɔʀdɔne] ◆ adj **1.** [subalterne] subordinate **2.** LING subordinate, dependent. ◆ nm, f [subalterne] subordinate, subaltern.

❖ **subordonnée** nf LING subordinate ou dependent clause.

subordonner [3] [sybɔʀdɔne] vt **1.** [hiérarchiquement] ▶ **subordonner qqn à** to subordinate sb to / *les statuts subordonnent le directeur au conseil d'administration* the director is answerable to the board **2.** [faire dépendre] ▶ **subordonner qqch à** to subordinate sthg to, to make sthg dependent on / *il fallait tout subordonner à ses désirs* her wishes had to come before everything else **3.** [faire passer après] ▶ **subordonner qqch à** to subordinate sthg to / *je ne subordonnerai jamais mes devoirs de père à ma carrière* I'll never allow my career to come before my duties as a father **4.** LING [proposition] to subordinate.

subornation [sybɔʀnasjɔ̃] nf subornation ▶ **subornation de témoins** subornation of witnesses.

suborner [3] [sybɔʀne] vt **1.** DR [témoin] to suborn **2.** *vieilli* [avec des pots-de-vin] to bribe **3.** *litt* [jeune fille] to seduce.

suborneur, euse [sybɔʀnœʀ, øz] nm, f DR suborner.

❖ **suborneur** nm *litt* seducer.

subpolaire [sybpɔlɛʀ] adj sub-polar.

subprime [sœpraim] nf FIN subprime.

subreptice [sybʀɛptis] adj **1.** *litt* [manœuvre] surreptitious, stealthy **2.** DR ▶ **acte subreptice** subreption.

subrepticement [sybʀɛptismɑ̃] adv *litt* surreptitiously, stealthily.

subrogateur [sybʀɔgatœʀ] adj m ▶ **acte subrogateur** subrogation.

subrogatif, ive [sybʀɔgatif, iv] adj subrogate.

subrogation [sybʀɔgasjɔ̃] nf subrogation, subrogating *(U)*.

subrogatoire [sybʀɔgatwaʀ] adj [acte] of subrogation ; [action] subrogation *(modif)*.

subrogé, e [sybʀɔʒe] adj **1.** [remplaçant] surrogate **2.** DR ▶ **subrogé tuteur** deputy ou surrogate guardian.

subroger [17] [sybʀɔʒe] vt to subrogate.

subsaharien, enne [sybsaaʀjɛ̃, ɛn] adj sub-Saharan.

subséquemment [sybsekamɑ̃] adv subsequently, later on.

subséquent, e [sybsekɑ̃, ɑ̃t] adj **1.** *litt* [qui suit] subsequent **2.** GÉOGR ▶ **affluent subséquent** subsequent stream.

subside [sypsid] nm [de l'État] grant, subsidy / *il vivait des subsides de ses parents* he lived on the allowance he received from his parents.

subsidence [sybzidɑ̃s] nf subsidence.

subsidiaire [sybzidjɛʀ] adj subsidiary.

subsidiarité [sybzidjaʀite] nf subsidiarity.

subsidier [9] [sybzidje] vt BELG to subsidise.

subsistance [sybzistɑ̃s] nf **1.** [existence matérielle] subsistence ▶ **pourvoir à** ou **assurer la subsistance de qqn** to support ou to maintain ou to keep sb / *elle arrive tout juste à assurer sa subsistance* she just manages to survive, she has just enough to keep body and soul together **2.** MIL ▶ **mise en subsistance** secondment.

subsistant, e [sybzistɑ̃, ɑ̃t] ◆ adj remaining, subsisting. ◆ nm, f [assuré social] transferred (benefit) claimant.

❖ **subsistant** nm MIL [soldat] seconded soldier ; [officier] seconded officer.

subsister [3] [sybziste] vi **1.** [demeurer - doute, espoir, rancœur, traces] to remain, to subsist *litt* ; [- tradition] to live on / *plus rien ne subsiste de ces magnifiques monuments* nothing is left ou remains of those magnificent buildings / *quelques questions subsistent auxquelles on n'a pas répondu* there are still a few questions which remain unanswered **2.** [survivre] to survive / *ces nomades trouvent à peine de quoi subsister dans le désert* these nomads can barely eke out an existence in the desert / *je n'ai que 50 euros par semaine pour subsister* I only have 50 euros a week to live on.

subsonique [sypsɔnik] adj subsonic.

substance [sypstɑ̃s] nf **1.** [matière] substance ▶ **substance active** active ingredient ▶ **substance biodégradable / solide / liquide** biodegradable / solid / liquid substance ▶ **substance organique / vivante** organic / living matter ▶ **substance alimentaire** food **2.** [essentiel - d'un texte] substance, gist ; [- d'une idéologie] substance / *je ne peux pas traduire toute la lettre — donne-nous-en juste la substance* I can't translate the whole letter — just give us the gist of it **3.** [profondeur, signification] substance / *quelques exemples auraient donné un peu plus de substance à votre exposé* a few examples would've given more substance to your talk / *des mots vides de toute substance* words empty of substance, meaningless words **4.** PHILOS & RELIG substance ; [matérialité] substance, reality / *des créatures sans substance* insubstantial ou ghostly beings.

❖ **en substance** loc adv in substance / *c'est, en substance, ce qu'elle m'a raconté* that's the gist of what she told me.

substantialisme [sypstɑ̃sjalism] nm substantialism.

substantialiste [sypstɑ̃sjalist] adj & nmf substantialist.

substantialité [sypstɑ̃sjalite] nf substantiality, substantialness.

substantiel, elle [sypstɑ̃sjɛl] adj **1.** [nourriture, repas] substantial, filling **2.** [argument] substantial, sound / *je cherche des lectures un peu plus substantielles* I'm looking for books with a bit more substance (to them) **3.** [avantage, différence] substantial, significant, important ; [somme] substantial, considerable.

substantiellement [sypstɑ̃sjɛlmɑ̃] adv substantially.

substantif, ive [sypstɑ̃tif, iv] adj substantive.

❖ **substantif** nm substantive.

substantifique [sypstɑ̃tifik] adj ▶ **la substantifique moelle** *(allusion à Rabelais)* the pith, the very substance.

substantivation [sypstɑ̃tivasjɔ̃] nf substantivization, substantivizing.

substantivement [sypstɑ̃tivmɑ̃] adv substantively.

substantiver [3] [sypstɑ̃tive] vt to turn into a substantive.

substituable [sypstitɥabl] adj replaceable.

substituer [7] [sypstitɥe] vt **1.** ▶ **substituer qqch à** [remplacer par qqch] to substitute sthg for, to replace by sthg / *le mot « sournois » a été substitué à « rusé »* the word "sly" was substituted for "cunning", "cunning" was replaced by the word "sly" **2.** CHIM to substitute **3.** DR : *substituer un héritage* to entail an estate.

❖ **se substituer à** vp + prép [pour aider, représenter] to substitute for, to stand in for, to replace ; [de façon déloyale] to substitute o.s. for / *personne ne peut se substituer à la mère* no one can replace the mother.

substitut [sypstity] ◆ nm [produit, personne] ▶ **substitut de** substitute for / *un substitut de la graisse de baleine* a substitute for whale fat. ◆ nmf DR deputy ou assistant public prosecutor.

substitutif, ive [sypstitytif, iv] adj substitutive.

substitution [sypstitysjɔ̃] nf **1.** [d'objets, de personnes] substitution / *il y a eu substitution de documents* documents have been substituted / *il y a eu substitution d'enfant* the babies were switched round **2.** CHIM, LING & MATH substitution.

❖ **de substitution** loc adj [réaction] substitution *(modif)* ▶ **produit de substitution** substitute.

substrat [sypstʀa] nm **1.** CHIM & ÉLECTRON substrate **2.** LING & PHILOS substratum.

substratum [sypstʀatɔm] nm subsoil, substratum.

substructure [sypstʀyktyʀ] nf substructure.

subterfuge [syptɛʀfyʒ] nm subterfuge, ruse, trick.

subtil, e [syptil] adj **1.** [argument, esprit, raisonnement, personne] subtle, discerning / *ses plaisanteries ne sont pas très subtiles* his jokes aren't very subtle ou are a bit heavy-handed **2.** [allusion, différence] subtle ; [nuance, distinction] subtle, fine, nice **3.** [arôme, goût, parfum] subtle, delicate **4.** [alambiqué] subtle, over-fine / *il recourt toujours à de subtiles arguties* he always splits hairs.

subtilement [syptilmɑ̃] adv subtly.

subtilisation [syptilizasjɔ̃] nf spiriting away.

subtiliser [3] [syptilize] ◆ vt [voler] to steal, to spirit away *(sép)* / *ils lui ont subtilisé sa montre* they relieved him of his watch *hum*. ◆ vi *litt & péj* to subtilize.

subtilité [syptilite] nf **1.** [d'un raisonnement, d'un parfum, d'une nuance] subtlety, subtleness, delicacy **2.** [argutie] hairsplitting / *je ne comprends rien à ces subtilités* all these fine ou fine-drawn distinctions are beyond me.

subtropical, e, aux [syptʀɔpikal, o] adj subtropical.

suburbain, e [sybyʀbɛ̃, ɛn] adj suburban.

subvenir [40] [sybvəniʀ] ❖ **subvenir à** v + prép [besoins] to provide for ; [dépenses] to meet.

subvention [sybvɑ̃sjɔ̃] nf subsidy / *notre troupe reçoit une subvention de la mairie* our company gets a subsidy from ou is subsidized by the city council.

subventionné, e [sybvɑ̃sjɔne] adj [cinéma, théâtre, recherches] subsidized ▶ **école privée subventionnée** ≃ grant-aided ou state-aided private school.

subventionner [3] [sybvɑ̃sjɔne] vt [entreprise, théâtre] to subsidize, to grant funds to ; [recherche] to subsidize, to grant funds towards.

subvenu [sybvəny] pp ⟶ **subvenir**.

subversif, ive [sybvɛʀsif, iv] adj subversive.

subversion [sybvɛʀsjɔ̃] nf subversion, subverting *(U)*.

THE SUBJUNCTIVE AFTER QUE: MANDATORY OR A MATTER OF CHOICE?

❶ Mandatory uses

With certain conjunctions (like **quoique**, **bien que**, **sans que**, etc.) or verbs (**craindre que**, **s'étonner que**) and impersonal expressions (**il faut que**, **il suffit que**, etc.), the use of the subjunctive after **que** is mandatory.

Je n'arrive pas à dormir, bien que je **sois** fatiguée. I can't sleep, although I'm tired.

In such cases, the situation is clear-cut: all you need to do, when learning the particular conjunction or verb phrase, is to remember that it requires a following verb in the subjunctive. You will find notes on the English-French side of the dictionary to help you with this, for example under ***accept*** and ***fear***.

❷ Uses governed by choice, indicating the speaker's subjective view

With other verbs in subordinate clauses, it is up to the speaker to decide whether to use an indicative or a subjunctive. The decision depends on the nuance of subjectivity (e.g. doubting, hoping, guessing, etc.) that the speaker wishes to convey. Compare these two examples:

Elle cherche un pull qui **a** *[indicative]* des boutons de nacre.

Elle cherche un pull qui **ait** *[subjunctive]* des boutons de nacre.

Both mean ***she is looking for a jumper with mother-of-pearl buttons***, but the first example implies that this jumper is part of an objective reality (maybe she has one but she has mislaid it, or maybe she has seen one, and she is setting out to find it). In the second example, it is not certain whether she has ever seen one, or whether such a thing exists.

When a verb or verb phrase expresses certainty (**penser que**, **croire que**, **être certain que**) the indicative is used, except when the clause is in the form of a negation or a question. In those cases, the decision whether to use an indicative or a subjunctive is up to the speaker, as above. In these two pairs of examples, the subjunctive conveys greater doubt than the indicative would have done:

Je ne crois pas qu'il **a** *[indicative]* assez d'argent. I don't think he has enough money.

Je ne crois pas qu'il **ait** *[subjunctive]* assez d'argent. I'm not sure he has enough money.

Es-tu certaine qu'elle **est** *[indicative]* prête à se présenter au permis de conduire ? Are you sure she is ready to take her driving test?

Es-tu certaine qu'elle **soit** *[subjunctive]* prête à se présenter au permis de conduire ? Are you really sure she's ready to take her driving test?

❸ The imperfect subjunctive: a relic from the past

The imperfect of the subjunctive is hardly ever heard in conversation and rarely encountered even in writing, except in the most formal of genres.

Il ne parut pas utile à l'Empereur que ses officiers fussent présents. It did not seem to the Emperor that it was useful for his officers to be present.

When narrating stories in the past in less formal contexts, the use of the present subjunctive is tolerated:

Il ne m'avait pas paru utile que tu sois présent. I hadn't thought it useful for you to be present.

subvertir [32] [sybvɛʀtiʀ] vt *litt* to overthrow, to subvert.

subvient, subvint v ⟶ subvenir.

suc [syk] nm **1.** BOT & PHYSIOL juice ▸ **sucs gastriques** gastric juices **2.** *litt* : *le suc de la science* the essence of scientific knowledge.

succédané [syksedane] nm **1.** [ersatz] substitute / *un succédané de café* coffee substitute, ersatz coffee **2.** [personne ou chose de second ordre] second rate / *un succédané de comédie musicale* a second-rate musical **3.** PHARM substitute.

succéder [18] [syksede] ❖ **succéder à** v + prép **1.** [remplacer dans une fonction] to succeed, to take over from ▸ **qui lui succédera?** who will take over from her, who will be her successor? / *tous ceux qui lui ont succédé* all his successors, all those who came after him ▸ **succéder à qqn sur le trône** to succeed sb to the throne **2.** [suivre] to follow / *un épais brouillard a succédé au soleil* the sun gave way to thick fog / *les pleurs avaient succédé aux rires* laughter had given way to tears / *puis les défaites succédèrent aux victoires* after the victories came defeats / *le désert succéda à la steppe* the steppe gave way to desert **3.** DR [hériter de] to inherit from. ❖ **se succéder** vpi **1.** [se suivre] to follow each other ▸ **les crises se succèdent** it's just one crisis after another / *les hypothèses les plus folles se succédaient dans sa tête* the wildest suppositions ran through her head **2.** [alterner] : *les Ravit se sont succédé à la tête de l'entreprise depuis 50 ans* the Ravit family has been running the company for 50 years.

In reformed spelling (see p. 16-19), this verb is conjugated like *semer* : *il succèdera, elle succèderait.*

succès [syksɛ] nm **1.** [heureux résultat, réussite personnelle] success / *il lui en veut de son succès* he resents her for being successful ou for her success / *être couronné de succès* to be crowned with success, to be successful / *cette voix qui a fait le succès de Maria Petit* the voice which has made Maria Petit so successful **2.** [exploit, performance] success ; [en amour] conquest / *l'opération est un succès total* the operation is a complete success / *aller* ou *voler de succès en succès* to go from one success to another / *leurs nombreux succès en coupe d'Europe* their many victories in the European Cup **3.** [approbation -du public] success, popularity ; [-d'un groupe] success / *son film a toutes les chances de succès* her film has every chance of being a success ▸ **remporter un immense succès** to be a huge success ▸ **avoir du succès a)** [œuvre, artiste] to be successful **b)** [suggestion] to be very well received / *le livre qui aura du succès cet été* this (forthcoming) summer's bestseller ▸ **avoir du succès auprès de qqn** : *sa pièce a eu beaucoup de succès auprès des critiques mais peu auprès du public* his play was acclaimed by the critics but the public was less than enthusiastic / *il a beaucoup de succès auprès des femmes / jeunes* he's very popular with women / young people / *eh bien, il a du succès, mon soufflé!* well, I see you like my soufflé ou my soufflé appears to be a success! **4.** [chanson] hit ; [film, pièce] (box-office) hit ou success ; [livre] success, bestseller ▸ **succès d'estime** critical acclaim, succès d'estime / *l'ouvrage a été un succès d'estime* the book was well-received by the critics (but not by the public) ▸ **succès de librairie** bestseller ▸ **sa comédie musicale a été un immense succès commercial** his musical was a box office hit ou a runaway success ▸ **un gros succès a)** [film] a big success **b)** [livre] a best seller **c)** [disque] a hit.

❖ **à succès** loc adj [auteur, chanteur] popular / *chanson à succès* hit record ou song / *romancier à succès* popular ou best-selling novelist.

❖ **avec succès** loc adv successfully, with success / *il a tenté avec succès d'escalader la face nord* he was successful in his attempt to climb the north face.

❖ **sans succès** loc adv [essayer] unsuccessfully, without (any) success / *elle s'est présentée plusieurs fois sans succès à ce poste* she made several unsuccessful applications for this job.

successeur [syksesœʀ] nm **1.** [remplaçant] successor ▸ **ses successeurs** her successors, the people who succeeded her **2.** DR heir **3.** MATH successor.

successibilité [syksesibilite] nf **1.** [droit de succéder] right to inherit **2.** [ordre de succession] order of inheriting.

successible [syksesibl] ◆ adj **1.** [qui a droit à la succession] entitled to inherit **2.** [qui donne droit à la succession] : *à défaut de parents au degré successible* in the absence of relations close enough to inherit the estate. ◆ nmf eventual heir, remainderman *spéc.*

successif, ive [syksesif, iv] adj successive / *trois essais successifs* three successive attempts.

succession [syksesjɔ̃] nf **1.** DR [héritage] succession, inheritance ▸ **droits de succession** death duties UK, inheritance tax US ; [biens] estate ▸ **liquider une succession** to settle a succession / *elle a laissé une succession énorme* she left a large estate **2.** [remplacement] succession / *prendre la succession d'un directeur* to take over from ou to succeed a manager / *prendre la succession d'un monarque* to succeed a monarch (to the throne) **3.** [suite] succession, series *(sg)* / *la succession des événements est difficile à suivre* the succession of events is difficult to follow / *cet hiver-là, il y eut une succession d'accidents aériens* that winter, there was a succession ou series of air disasters.

successivement [syksesivmɑ̃] adv successively, one after the other.

successoral, e, aux [syksesɔʀal, o] adj [accroissement, loi] successoral ▸ **droit successoral** right of succession.

succin [syksɛ̃] nm yellow amber.

succinct, e [syksɛ̃, ɛ̃t] adj **1.** [bref, concis] succinct, brief, concise / *un rapport succinct* a brief ou concise report **2.** [laconique] brief, laconic / *soyez succinct, nous n'avons pas beaucoup de temps* be brief, we haven't much time **3.** [sommaire, réduit] : *un auditoire succinct* a sparse audience / *un repas succinct* a light meal.

succinctement [syksɛ̃tmɑ̃] adv **1.** [brièvement] briefly, succinctly / *résumer succinctement une discussion* to sum up a discussion briefly **2.** [sommairement] frugally ▸ **déjeuner succinctement** to have a light lunch.

succion [sy(k)sjɔ̃] nf **1.** [aspiration] sucking, suction / *l'instinct de succion chez le nouveau-né* the sucking instinct of the newborn baby / *des bruits de succion* sucking noises **2.** BOT & MÉCAN suction.

succomber [3] [sykɔ̃be] vi *sout* **1.** [décéder] to die, to succumb *sout* **2.** [céder -personne] to succumb / *il a succombé sous le nombre* he was forced to yield to greater numbers ou because he was outnumbered / *succomber sous un fardeau* to collapse under a burden / *l'entreprise a succombé sous la concurrence* the company couldn't hold out against the competition / *le nounours était si adorable, j'ai succombé* the teddy bear was so cute I couldn't resist it ▸ **succomber à a)** [désir] to succumb to *sout*, to yield to **b)** [désespoir, émotion] to succumb to *sout*, to give way to **c)** [fatigue, sommeil] to succumb to *sout* **d)** [blessures] to die from, to succumb to *sout* / *j'ai succombé à ses charmes* I fell (a) victim ou I succumbed to her charms / *ne nous laisse pas succomber à la tentation* BIBLE let us not yield to temptation.

succube [sykyb] nm succubus.

succulence [sykylɑ̃s] nf *litt* succulence, succulency.

succulent, e [sykylɑ̃, ɑ̃t] adj **1.** [savoureux - mets, viande] succulent / *son autobiographie est remplie d'anecdotes succulentes fig* her autobiography is full of delicious anecdotes **2.** BOT succulent.

succursale [sykyRsal] nf **1.** COMM branch **2.** RELIG succursal church.

succursalisme [sykyRsalism] nm retail chain.

succursaliste [sykyRsalist] ◆ adj chain *(modif).* ◆ nmf retail (chain) outlet.

succussion [sykysjɔ̃] nf MÉD succussion.

sucement [sysmɑ̃] nm sucking.

sucer [16] [syse] vt **1.** [liquide] to suck ; [bonbon, glace, sucette] to eat, to suck / *sucer le venin d'une blessure* to suck the venom out of a wound / *pastilles à sucer* lozenges to be sucked **2.** [doigt, stylo] to suck (on) / *sucer son pouce* to suck one's thumb ▸ **avoir sucé qqch avec le lait** *vieilli* : *la religion, je l'ai sucée avec le lait* I took in religion with my mother's milk **3.** *vulg* [comme pratique sexuelle] to suck off *(sép)* / *se faire sucer* to be given a blow job **4.** *tfam* [boisson] to tipple / *qu'est-ce qu'il suce, son frère!* his brother's a real boozer!

❖ **se sucer** vpt : *se sucer les doigts* to suck one's fingers ▸ **se sucer la pomme** *tfam* ou **la poire**, *tfam* ou **le museau** *tfam* to neck, to snog UK, to make out US.

sucette [sysɛt] nf **1.** [friandise] lollipop, lolly UK **2.** [tétine] dummy UK, pacifier US.

suceur, euse [sysœR, øz] ◆ adj sucking. ◆ nm, f *litt* ▸ **suceur de sang** bloodsucker.

❖ **suceur** nm **1.** [d'aspirateur] hozzle **2.** ENTOM sucking insect.

❖ **suceuse** nf AGR suction dredger.

suçoir [syswaR] nm BOT & ENTOM sucker.

suçon [sysɔ̃] nm lovebite, hickey US ▸ **faire un suçon à qqn** to give sb a lovebite.

suçoter [3] [sysɔte] vt to suck (slowly) / *il suçotait sa pipe* he was sucking at his pipe.

sucrage [sykRaʒ] nm **1.** [gén] sugaring **2.** ŒNOL chaptalization.

sucrant, e [sykRɑ̃, ɑ̃t] adj sweetening ▸ **agent sucrant** sweetener.

sucrase [sykRaz] nf sucrase, invertase.

sucre [sykR] nm **1.** [produit de consommation] sugar / *enrobé de sucre* sugar-coated / *confiture sans sucre* sugar-free jam ▸ **sucre de betterave** / **canne** beet / cane sugar ▸ **sucre roux** ou **brun** brown sugar ▸ **sucre candi** candy sugar ▸ **sucre cristallisé** (coarse) granulated sugar ▸ **sucre d'érable** maple sugar ▸ **sucre glace** icing sugar UK, confectioner's ou powdered sugar US ▸ **sucre en morceaux** lump ou cube sugar ▸ **sucre d'orge a)** [produit] barley sugar **b)** [bâton] stick of barley sugar ▸ **sucre en poudre** (fine) caster sugar ▸ **sucre semoule** (fine) caster sugar ▸ **sucre vanillé** vanilla sugar **2.** [sucreries] : *évitez le sucre* avoid sugar ou sweet things **3.** [cube] sugar lump ou cube / *tu prends ton café avec un ou deux sucres?* do you take your coffee with one or two sugars ou lumps? / *je prends toujours mon thé sans sucre* I always take my tea unsweetened ou without sugar **4.** BIOL, CHIM & MÉD sugar ▸ **sucre d'amidon** starch sugar **5.** *(comme adj)* ▸ **confiture pur sucre** jam made with pure sugar ▸ **il est tout sucre tout miel** he's all sweetness and light.

❖ **au sucre** loc adj [fruits, crêpes] (sprinkled) with sugar.

❖ **en sucre** loc adj **1.** [confiserie] sugar *(modif)*, made with sugar **2.** *fam & fig* ▸ **ne touche pas au bébé — il n'est pas en sucre!** don't touch the baby — don't worry, he's not made of glass!

sucré, e [sykRe] ◆ adj **1.** [naturellement] sweet ; [artificiellement] sweetened / *je n'aime pas le café sucré* I don't like sugar in my coffee ▸ **un verre d'eau sucrée** a glass of sugar water ▸ **non sucré** unsweetened **2.** [doucereux - paroles] sugary, sweet, honeyed ; [- voix] suave, sugary / *il a son petit air sucré* he looks as if butter wouldn't melt in his mouth. ◆ nm, f ▸ **faire le sucré** / **la sucrée** to go all coy.

❖ **sucré** nm ▸ **le sucré** sweet things / *j'ai envie de sucré* I'd like something sweet to eat / *c'est une sauce qui combine le sucré et le salé* it's a sauce which is sweet and savoury at the same time / *aimer le sucré* to have a sweet tooth.

sucrer [3] [sykRe] ◆ vt **1.** [avec du sucre - café, thé] to sugar, to put sugar in ; [- vin] to add sugar to, to chaptalize ; [- fruits] to sprinkle with sugar / *sucrez à volonté* add sugar to taste / *je ne sucre jamais mon thé* I never put sugar in my tea ▸ **sucrer les fraises** *tfam* to be doddery **2.** [avec une matière sucrante] to sweeten / *il sucre son lait avec du miel* he sweetens his milk with honey **3.** *tfam* [supprimer - prime] to stop ; [- réplique, passage] to do away with *(insép)* / *on lui a sucré son permis de conduire après son accident* his driving licence was revoked after the accident. ◆ vi : *le miel sucre moins bien que le sucre* sugar is a better sweetener than honey.

❖ **se sucrer** vpi *tfam* [s'enrichir] to feather one's own nest.

sucrerie [sykRəRi] nf **1.** [friandise] sweet thing, sweetmeat, sweet UK, candy US / *elle adore les sucreries* she has a sweet tooth ou loves sweet things **2.** [raffinerie] sugar refinery ; [usine] sugar house **3.** QUÉBEC [forêt d'érables] maple forest **4.** AFR [boisson] soft drink.

Sucrette® [sykRɛt] nf (artificial) sweetener.

sucrier, ère [sykRije, ɛR] adj [industrie, betterave] sugar *(modif)* ; [région] sugar-producing.

❖ **sucrier** nm **1.** [pot] sugar basin ou bowl **2.** [producteur] sugar producer.

sud [syd] ◆ nm inv **1.** [point cardinal] south / *où est le sud?* which way is south? / *la partie la plus au sud de l'île* the southernmost part of the island / *il habite dans le sud de Paris* he lives in the South of Paris / *il habite au sud de Paris* he lives to the south of Paris / *aller au* ou *vers le sud* to go south ou southwards / *les trains qui vont vers le sud* trains going south, southbound trains / *rouler vers le sud* to drive south ou southwards / *la cuisine est plein sud* ou *exposée au sud* the kitchen faces due south ou has a southerly aspect *sout* / *le vent est au sud* MÉTÉOR the wind is blowing from the south, a southerly wind is blowing **2.** [partie d'un pays, d'un continent] south, southern area ou regions / *le sud de l'Italie* Southern Italy / *elle habite dans le Sud* she lives in the south ou down south ▸ **les gens du Sud** Southerners. ◆ adj inv **1.** [qui est au sud - façade de maison] south, southfacing ; [- côte, côté, versant] south, southern ; [- portail] south / *dans la partie sud de la France* in the South of France, in southern France / *la chambre est côté sud* the bedroom faces south **2.** [dans des noms géographiques] South ▸ **le Pacifique sud** the South Pacific.

sud-africain, e [sydafRikɛ̃, ɛn] *(mpl* **sud-africains,** *fpl* **sud-africaines)** adj South African.

❖ **Sud-Africain, e** nm, f South African.

sud-américain, e [sydameRikɛ̃, ɛn] *(mpl* **sud-américains,** *fpl* **sud-américaines)** adj South American.

❖ **Sud-Américain, e** nm, f South American.

sudation [sydasjɔ̃] nf sweating, sudation *spéc.*

sudatoire [sydatwaR] adj sudatory.

sud-coréen, enne [sydkɔReɛ̃, ɛn] *(mpl* **sud-coréens,** *fpl* **sud-coréennes)** adj South Korean.

❖ **Sud-Coréen, enne** nm, f South Korean.

sud-est [sydɛst] ◆ adj inv southeast. ◆ nm inv **1.** [point cardinal] southeast / *au sud-est de Lyon* southeast of Lyon / *vent de sud-est* southeast ou southeasterly wind **2.** GÉOGR ▸ **le Sud-Est asiatique** South East Asia.

Sudètes [sydɛt] npr fpl ▸ **les Sudètes** the Sudetes, the Sudeten Mountains.

sudiste [sydist] adj & nmf HIST Confederate.

sudoku [sydɔku] nm sudoku.

sudoral, e, aux [sydɔRal, o] adj sudoral.

sudorifère [sydɔRifɛR] = **sudoripare.**

sudorifique [sydɔRifik] adj & nm sudorific.

sudoripare [sydɔRipaR] adj sudoriferous.

sud-ouest [sydwɛst] ◆ adj inv southwest. ◆ nm inv southwest / *au sud-ouest de Tokyo* southwest of Tokyo / *vent de sud-ouest* southwest ou southwesterly wind.

sud-sud-est [sydsydɛst] adj inv & nm inv south-southeast.

sud-sud-ouest [sydsydwɛst] adj inv & nm inv south-southwest.

Sud Viêt Nam [sydvjɛtnam] npr m HIST ▸ **le Sud Viêt Nam** South Vietnam.

sud-vietnamien, enne [sydvjɛtnamjɛ̃, ɛn] *(mpl* **sud-vietnamiens,** *fpl* **sud-vietnamiennes)** ◆ adj South Vietnamese. ◆ nm, f South Vietnamese.

suède [sɥɛd] nm suede / *des gants en suède* suede ou kid gloves.

Suède [sɥɛd] npr f ▸ **(la) Suède** Sweden.

suédine [sɥedin] nf suedette.

suédois, e [sɥedwa, az] adj Swedish.

❖ **Suédois, e** nm, f Swede.

❖ **suédois** nm LING Swedish.

suée [sɥe] nf *fam* [transpiration] sweat / *attraper* ou *prendre une (bonne) suée* [en faisant un effort] to work up quite a sweat.

suer [7] [sɥe] ◆ vi **1.** [transpirer - personne] to sweat, to get sweaty / *suer à grosses gouttes* to be streaming with sweat, to be sweating profusely **2.** [bois, plâtres] to ooze, to sweat / *faire suer des oignons* CULIN to sweat onions **3.** *fam* [fournir un gros effort] to slog UK, to slave (away) / *j'en aurai sué toute ma vie pour rien* I'll have slogged all my life for nothing / *j'en ai sué pour faire démarrer la tondeuse!* I had the devil's own job trying to get the mower started! ▸ **faire suer le burnous** *tfam* to use sweated labour **4.** *tfam* EXPR **faire suer** [importuner] : *il nous fait suer!* he's a pain in the neck! / *ça me ferait suer de devoir y retourner* I'd hate to have to go back there / *elle m'a fait suer toute la matinée pour que je joue avec elle* she pestered me all morning to play with her ▸ **se faire suer** [s'ennuyer] to get bored (stiff) ou to death / *je me suis fait suer toute la journée* I was bored stiff all day long. ◆ vt **1.** [sueur] to sweat ▸ **suer sang et eau** [faire de grands efforts] to sweat blood / *ils ont sué sang et eau pour restaurer la maison* they sweated blood over the renovation of the house ▸ **en suer une** *tfam* [danser au bal] to have a bop **2.** [humidité] to ooze **3.** *litt* [laisser paraître - bêtise, ennui, égoïsme] to exude, to reek of / *cette banlieue sue la tristesse* this suburb positively exudes dreariness.

Suétone [sɥetɔn] npr Suetonius.

sueur [sɥœR] nf **1.** [transpiration] sweat / *sa chemise était mouillée par la sueur* his shirt was sweaty ou was damp with sweat ▸ **sueurs froides** : *j'en ai eu des sueurs froides* I was in a cold sweat ▸ **donner des sueurs froides à qqn** to put sb in a cold sweat **2.** [effort intense] sweat / *vivre de la sueur du peuple* to live off the sweat of the people / *à la sueur de son front* by the sweat of one's brow ▸ **gagner qqch à la sueur de son front** to earn sthg with the sweat of one's brow.

❖ **en sueur** loc adj in a sweat / *être en sueur* to be in a sweat, to be sweating.

Suez [sɥɛz] npr Suez.

suffire [100] [syfiR] vi **1.** [en quantité] to be enough, to be sufficient, to suffice *sout* / *quelques gouttes suffisent* a few drops are enough ou sufficient / *deux bouteilles pour cinq, ça ne suffira pas* two bottles for five people won't be enough / *une cuillerée, ça te suffit?* is one spoonful enough for you? / *mon salaire ne nous suffit plus* we can no longer survive on my salary / *la fessée ne semble pas t'avoir suffi!* you obviously want your bottom smacked again! ▸ **suffire à** ou **pour faire qqch** : *deux minutes suffisent pour le cuire* it just takes two minutes to cook / *une heure me suffira pour tout ranger* one hour will be enough for me to put everything away / *je ne lui rendrai plus service, cette expérience m'a suffi* I won't help her again, I've learned my lesson ▸ **y suffire** : *il faut doubler l'effectif — le budget n'y suffira jamais* the staff has to be doubled — the budget won't cover it **2.** [en qualité] to be (good) enough / *parler ne suffit pas, il faut agir* words aren't enough, we must act / *des excuses ne me suffisent pas* I'm not satisfied with an apology / *ma parole devrait vous suffire* my word should be good enough for you / *l'amitié ne lui suffisait pas* he wanted more than friendship / *pas besoin de tralala, un sandwich me suffit* there's no need for anything fancy, a sandwich will do ▸ **suffire à qqch** : *suffire aux besoins de qqn* to meet sb's needs / *ça suffit à mon bonheur* it's enough to make me happy **3.** *(tournure impersonnelle)* ▸ **il suffit de** *(suivi d'un nom)* : *je n'avais jamais volé — il suffit d'une fois!* I've never stolen before — once is enough! / *il suffit d'une erreur pour que tout soit à recommencer* one single mistake means starting all over again / *il suffirait de quelques euros* a few euros would be enough ou be sufficient ou suffice *sout* / *il suffirait de peu pour que le régime s'écroule* it wouldn't take much to bring down the regime ▸ **il suffit de** *(suivi de l'infinitif)* : *s'il suffisait de travailler pour réussir!* if only work was enough to guarantee success! / *il te suffit de dire que nous arriverons en retard* just say we'll be late ▸ **il suffit que** : *il suffit qu'on me dise ce que je dois faire* I just have ou need to be told what to do / *il suffit que je tourne le dos pour qu'elle fasse des bêtises* I only have to turn my back and she's up to some mischief / *(ça) suffit! fam* (that's) enough! / *ça suffit comme ça!* that's enough now! / *il suffit! sout* it's enough!

❖ **se suffire** ◆ vp *(emploi réciproque)* : *ils se suffisent l'un à l'autre* they've got each other and that's all they need. ◆ vpi ▸ **se suffire à soi-même a)** [matériellement] to be self-sufficient **b)** [moralement] to be quite happy with one's own company.

suffisamment [syfizamɑ̃] adv sufficiently, enough / *le travail n'est pas suffisamment rémunéré* the work isn't sufficiently well paid, the pay isn't adequate / *je t'ai suffisamment prévenu* I've warned you often enough.

suffisance [syfizɑ̃s] nf **1.** [vanité] self-importance, self-satisfaction / *c'est un homme plein de suffisance* he's a very self-satisfied man **2.** *litt* ▸ **avoir sa suffisance de qqch, avoir qqch à suffisance** to have plenty of sthg.

❖ **en suffisance** loc adv *litt* : *de l'argent en suffisance* plenty of ou sufficient money.

suffisant, e [syfizɑ̃, ɑ̃t] adj **1.** [en quantité] sufficient / *sa retraite est suffisante pour deux* his pension's sufficient ou enough for two / *trois bouteilles pour cinq, c'est bien* ou *amplement suffisant* three bottles for five, that's plenty ou that's quite enough **2.** [en qualité] sufficient, good enough / *votre accord n'est pas suffisant, nous avons aussi besoin de celui de son père* your consent isn't enough, we also need his father's / *des excuses ne seront pas suffisantes, il veut un démenti* apologies won't be sufficient ou won't do, he wants a denial / *tes résultats à l'école sont tout juste suffisants* your school results are just about satisfactory ▸ **suffisant pour** : *il n'a pas l'envergure suffisante pour diriger l'entreprise* he isn't of a high enough calibre to run the company / *c'est une raison suffisante pour qu'il accepte* it's a good enough reason ou it's reason enough to make him accept **3.** [arrogant - air, personne] self-important, conceited / *d'un air suffisant* smugly.

suffisons v ⟶ **suffire.**

suffixal, e, aux [syfiksal, o] adj suffixal.

suffixation [syfiksasjɔ̃] nf suffixation, suffixing *(U)*.

suffixe [syfiks] nm suffix.

suffixer [3] [syfikse] vt to suffix.

suffocant, e [syfɔkɑ̃, ɑ̃t] adj **1.** [atmosphère, chaleur, odeur] suffocating, stifling **2.** [ahurissant] astounding, staggering, stunning.

suffocation [syfɔkasjɔ̃] nf suffocation / *j'ai des suffocations* I feel as if I am choking.

suffoquer [3] [syfɔke] ◆ vi [étouffer] to suffocate, to choke / *on suffoque ici!* it's stifling in here! ▸ **suffoquer de** to choke ou to suffocate with / *suffoquer de colère* to be choking with anger / *suffoquer de joie* to be overcome with happiness. ◆ vt **1.** [suj: atmosphère, fumée, odeur] to suffocate, to choke / *la chaleur nous suffoquait* the heat was suffocating, it was stiflingly hot / *le fou rire la suffoquait* she was choking with laughter **2.** [causer une vive émotion à] to choke / *la colère le suffoquait* he was choking with anger **3.** [choquer - suj: attitude, prix] to stagger, to stun, to confound / *ma réponse l'avait suffoqué* my answer left him speechless ou fairly took his breath away.

suffrage [syfraʒ] nm **1.** POL [système] vote ▸ **suffrage censitaire** HIST suffrage with property qualification ou for householders (only) ▸ **être élu au suffrage direct / indirect** to be elected by direct / indirect suffrage ▸ **suffrage restreint** restricted suffrage ▸ **suffrage universel** universal suffrage **2.** [voix] vote / *obtenir beaucoup / peu de suffrages* to poll heavily / badly / *c'est leur parti qui a remporté le plus de suffrages* their party headed the poll **3.** *litt* [approbation] approval, approbation, suffrage *litt* ▸ **avoir le suffrage de qqn** to win sb's approval ▸ **sa dernière pièce a enlevé** ou **remporté tous les suffrages** his last play was an unqualified success ▸ **accorder son suffrage à** to give one's approval to.

suffragette [syfraʒɛt] nf suffragette.

suffusion [syfyzjɔ̃] nf MÉD suffusion.

suggérer [18] [sygʒere] vt **1.** [conseiller, proposer - acte] to suggest ; [- nom, solution] to suggest, to put forward *(sép)*, to propose / *que suggères-tu?* what do you suggest? / *nous lui avons suggéré de renoncer* we suggested he should give up / *je suggère que nous partions tout de suite* I suggest that we go right away **2.** [évoquer] to suggest, to evoke / *que vous suggèrent ces images?* what do these pictures suggest to you? / *sa peinture suggère plus qu'elle ne représente* his painting is more evocative than figurative.

✐ In reformed spelling (see p. 16-19), this verb is conjugated like *semer* : *il suggèrera, elle suggèrerait.*

> Notez que le verbe suggest n'est jamais suivi immédiatement d'un complément d'objet indirect :
> **Ils nous ont suggéré plusieurs approches possibles.** *They suggested several possible approaches [to us].*
> **Quel type d'améliorations nous suggéreriez-vous ?** *What type of improvements would you suggest [to us]?*
> Dans l'usage, « to us », « to me », etc., sont le plus souvent omis.

suggestibilité [sygʒɛstibilite] nf suggestibility.

suggestible [sygʒɛstibl] adj suggestible.

suggestif, ive [sygʒɛstif, iv] adj **1.** [évocateur] suggestive, evocative / *de façon suggestive* suggestively **2.** [érotique] suggestive, provocative.

suggestion [sygʒɛstjɔ̃] nf **1.** [conseil, proposition] suggestion / *faire une suggestion* to make a suggestion / *je vais te faire une suggestion* let me make a suggestion **2.** PSYCHOL suggestion.

suggestionner [3] [sygʒɛstjɔne] vt to influence by suggestion.

suggestivité [sygʒɛstivite] nf **1.** [évocation] evocativeness **2.** [érotisme] suggestiveness.

suicidaire [sɥisidɛr] ◆ adj **1.** [instinct, personne, tendance] suicidal **2.** [qui conduit à l'échec] suicidal / *de si gros investissements, ce serait suicidaire!* such large investments would be suicidal ou courting disaster! ◆ nmf suicidal person, potential suicide.

suicidant, e [sɥisidɑ̃, ɑ̃t] nm, f person who has attempted suicide.

suicide [sɥisid] nm **1.** [mort] suicide / *faire une tentative de suicide* to try to commit suicide, to attempt suicide ▸ **suicide assisté** assisted suicide **2.** [désastre] suicide / *ce serait un suicide politique* it would be political suicide / *n'y va pas, c'est du suicide! fig* don't go, it would be madness ou it's suicide!

suicidé, e [sɥiside] nm, f suicide.

suicider [3] [sɥiside] vt : *le prisonnier a été suicidé dans sa cellule* the murder of the prisoner in his cell was made to look like suicide.

❖ **se suicider** vpi **1.** [se tuer] to commit suicide, to kill o.s. / *tenter de se suicider* to attempt suicide, to try to commit suicide **2.** *fig* [causer soi-même sa perte] to commit suicide.

suie [sɥi] nf soot / *être couvert* ou *noir de suie* to be all sooty ou black with soot.

suif [sɥif] nm **1.** [de bétail] fat ; CULIN suet ; [pour chandelle] tallow **2.** *fam* [bagarre] ▸ **chercher du suif à qqn** to try to pick a fight with sb / *il va y avoir du suif* there's going to be a scrap.

sui generis [sɥiʒeneris] loc adj sui generis, unique / *une odeur sui generis euphém* a rather distinctive smell.

suint [sɥɛ̃] nm suint.

suintant, e [sɥɛ̃tɑ̃, ɑ̃t] adj sweating, oozing / *des murs suintants* damp walls.

suintement [sɥɛ̃tmɑ̃] nm **1.** [écoulement] sweating *(U)*, oozing *(U)* **2.** PÉTR oozing (forth) *(U)*.

suinter [3] [sɥɛ̃te] ◆ vi **1.** [s'écouler] to ooze, to seep / *l'humidité suinte des murailles* the walls are dripping with moisture **2.** [laisser échapper un liquide - plaie] to weep / *ce mur suinte* this wall is running with moisture **3.** *litt* [se manifester] to ooze / *l'ennui suinte dans cette petite ville* this little town oozes boredom. ◆ vt *litt* to ooze.

suis v **1.** ⟶ **être 2.** ⟶ **suivre.**

suisse [sɥis] ◆ adj Swiss ▸ **suisse allemand / romand** Swiss German / French. ◆ nm **1.** [au Vatican] Swiss guard **2.** [bedeau] beadle **3.** QUÉBEC chipmunk.

❖ **Suisse** nmf Swiss (person) ▸ **Suisse allemand / romand** German-speaking / French-speaking Swiss ▸ **les Suisses** the Swiss.

❖ **en suisse** loc adv ▸ **boire / manger en suisse** to drink / to eat on one's own.

Suisse [sɥis] npr f ▸ **(la) Suisse** Switzerland ▸ **la Suisse allemande / romande** the German-speaking / French-speaking part of Switzerland.

Suissesse [sɥisɛs] nf Swiss woman.

suit v ⟶ **suivre.**

suite [sɥit] nf **1.** [prolongation - gén] continuation ; [- d'un film, d'un roman] sequel ; [- d'une émission] follow-up / *elle a écrit une suite à « Autant en emporte le vent »* she wrote a sequel to "Gone with the Wind" ▸ **suite page 17** continued on page 17 / *la suite au prochain numéro* to be continued (in our next issue) / *ceci n'est qu'un préambule, lis la suite* [le reste] this is just a preamble, read what comes afterwards ▸ **suite et fin** final instalment / *apportez-moi la suite* [pendant un repas] bring me the next course ▸ **écoute la suite a)** [du discours] listen to what comes next **b)** [de mon histoire] listen to what happened next / *je n'ai pas pu entendre la suite* I couldn't hear the rest / *on entendra demain la suite des témoignages* further ou more evidence will be heard tomorrow / *attendons la suite des événements* let's wait to see what happens next ▸ **faire suite à** to follow / *de violents orages ont fait suite à la sécheresse* the drought was followed by violent storms / *le logement fait suite à l'arrière-boutique* the flat is connected to the back of the shop ▸ **prendre la suite de qqn** to take over from sb, to succeed sb **2.** [série] series, succession / *une suite de malheurs* a run ou series of misfortunes **3.** [cortège] suite, retinue **4.** [dans un hôtel] suite / *la suite présidentielle / royale* the presidential / royal suite **5.** [répercussion] consequence / *la suite logique / naturelle de mon adhésion au parti* the logical / natural consequence of my joining the party ▸ **donner suite à a)** [commande, lettre, réclamation] to follow up *(sép)*, to deal with *(insép)* **b)** [projet] to carry on with ▸ **avoir des suites** to have repercussions / *elle est morte des suites de ses blessures* she died of her wounds **6.** [lien logique] coherence / *ses propos n'avaient guère de suite* what he said wasn't very logical / *avoir de la suite dans les idées* to be coherent ou consistent / *tu as de la suite dans les idées! hum* you certainly know what you want! **7.** DR pursuit ▸ **droit de suite a)** [d'un belligérant] right of (hot) pursuit **b)** [d'un créancier] right to follow property **8.** LING & MATH sequence **9.** MUS suite.

❖ **à la suite** loc adv **1.** [en succession] one after the other / *nous avons fait plusieurs voyages à la suite* we made several trips one after the other **2.** [après] : *un nom avec plusieurs chiffres inscrits à la suite* a name followed by a string of numbers.

❖ **à la suite de** loc prép **1.** [derrière - dans l'espace] behind ; [- dans un écrit] after / *il entra et nous à sa suite* he went in and we followed / *cinq chambres les unes à la suite des autres* five rooms in a row **2.** [à cause de] following / *à la suite de son discours télévisé, sa cote a remonté* following her speech on TV, her popularity rating went up.

❖ **de suite** loc adv **1.** *fam* [immédiatement] straightaway, right away / *il revient de suite* he'll be right back **2.** [à la file] in a row, one after the other, in succession / *il a mangé dix œufs durs de suite* he ate ten hard-boiled eggs in a row / *elle est restée de garde 48 heures de suite* she was on duty for 48 hours on end / *on n'a pas eu d'électricité pendant cinq jours de suite* we didn't have any electricity for five whole days ou five days running.

❖ **par la suite** loc adv [dans le passé] afterwards, later ; [dans le futur] later / *il se l'est beaucoup reproché par la suite* he very much blamed himself for it afterwards ou later / *ils se sont mariés par la suite* they eventually got married.

❖ **par suite** loc adv therefore / *c'est encore une enfant, et par suite, elle est impulsive* she's still a child and therefore impulsive.

❖ **par suite de** loc prép due to, owing to / *par suite d'un arrêt de travail des techniciens* due to industrial action by technical staff.

❖ **sans suite** loc adj **1.** [incohérent] disconnected / *il tenait des propos sans suite* his talk was incoherent **2.** COMM discontinued / *produit sans suite* discontinued product.

❖ **suite à** loc prép ADMIN ▸ **suite à votre lettre** further to ou in response to ou with reference to your letter / *suite à votre appel téléphonique* further to your phone call.

suivait v ⟶ suivre.

suivant¹ [sɥivɑ̃] prép **1.** [le long de] : *découper suivant le pointillé* cut out following the dotted line **2.** [d'après] according to / *suivant son habitude, elle s'est levée très tôt* as is her habit ou wont *sout*, she got up very early **3.** [en fonction de] according to, depending on / *vous donnerez suivant vos possibilités* you'll give according to your means / *suivant votre âge / vos besoins* depending on your age / your needs.

❖ **suivant que** loc conj according to whether / *suivant que vous parlez avec l'un ou l'autre* according to which one you talk to.

suivant², e [sɥivɑ̃, ɑ̃t] ◆ adj **1.** [qui vient après - chapitre, mois, semaine] following, next ; [- échelon, train] next / *les trois jours suivants* the next three days / *quel est le chiffre suivant ?* what's the next number?, what number comes next? / *quelle est la personne suivante ?* [dans une file d'attente] who's next? **2.** [qui va être précisé] following / *il m'a raconté l'histoire suivante* he told me the following story / *procédez de la manière suivante* follow these instructions. ◆ nm, f **1.** [dans une succession] next one / *(au) suivant, s'il vous plaît* next, please / *son premier roman, et même les suivants* his first novel and even the following ones ou the ones that followed / *pas mardi prochain mais le suivant* not this coming Tuesday but the next one ou the one after **2.** *(comme adj)* [ce qui va être précisé] : *la raison est la suivante* here is why / *les résultats sont les suivants* here are the results, the results are as follows.

❖ **suivant** nm [membre d'une escorte] attendant.

❖ **suivante** nf THÉÂTRE lady's maid.

suiveur, euse [sɥivœʀ, øz] adj [véhicule] following.

❖ **suiveur** nm **1.** [de femmes - gén] skirt-chaser ; [- en voiture] kerb-crawler **2.** SPORT follower, fan **3.** [inconditionnel, imitateur] slave, uncritical follower.

suivi, e [sɥivi] ◆ pp ⟶ suivre. ◆ adj **1.** [ininterrompu - effort] sustained, consistent ; [- correspondance] regular ; [- qualité] consistent ; [- activité] steady / *nous avons eu une correspondance très suivie pendant des années* we wrote to each other very regularly for years **2.** [logique - propos, raisonnement] coherent ; [- politique] consistent **3.** [qui a la faveur du public] : *mode très suivie* very popular fashion / *conférence peu / très suivie* poorly attended / well-attended conference ▸ **la grève a été peu / très suivie** there was little / a lot of support for the strike.

❖ **suivi** nm [d'un cas, d'un dossier] follow-up ▸ **assurer le suivi de a)** [cas, dossier] to follow through *(sép)* **b)** [commande] to deal with *(insép)* **c)** COMM [article] to continue to stock / *je m'occuperai personnellement du suivi de votre dossier* I'll deal with your case personally / *le travail en petits groupes assure un meilleur suivi* working in small groups means that individual participants can be monitored more successfully.

suivisme [sɥivism] nm [attitude d'imitation servile] follow-my-leader attitude.

suiviste [sɥivist] ◆ adj sheep-like. ◆ nmf sheep-like follower.

suivre [89] [sɥivʀ]
◆ vt

A. DANS L'ESPACE, LE TEMPS
B. ADOPTER, OBÉIR À
C. OBSERVER, COMPRENDRE

A. DANS L'ESPACE, LE TEMPS **1.** [pour escorter, espionner, rattraper] to follow / *les enfants suivaient leurs parents en courant* the children were running behind their parents / *suivez-moi* follow me ▸ **suivez le guide** this way (for the guided tour), please / *ils sont entrés, suivis de leur chien* they came in followed by their dog / *la police les a suivis sur plusieurs kilomètres* the police chased them for several kilometres / *il l'a fait suivre par un détective privé* he had her followed by a private detective / *tu t'es fait suivre en venant ici ?* were you followed on your way here? ▸ **suivre qqn de près a)** [gén] to follow close behind sb **b)** [pour le protéger] to stick close to sb / *le coureur anglais, suivi de très près par le Belge* the English runner, with the Belgian close on his heels ▸ **suivre la piste de qqn** to follow sb's trail ▸ **suivre qqn à la trace** to follow sb's tracks ▸ **suivre qqn comme son ombre** to follow sb like a shadow ▸ **suivre qqn des yeux** ou **du regard** to follow sb with one's eyes / *il suivait des yeux ses moindres gestes* he was watching her every move ▸ **suivez mon regard** : *certaines personnes, suivez mon regard, n'ont pas fait leur travail* certain people, who shall be ou remain nameless, haven't done their work ; *(en usage absolu)* : *marche moins vite, je ne peux pas suivre* slow down, I can't keep up ▸ **ils ne suivent plus** they're not behind (us) any more **2.** [se dérouler après] to follow (on from), to come after / *la réunion sera suivie d'une collation* refreshments will be served after the meeting ; *(en usage absolu)* : *pendant l'heure qui a suivi* during the hour that followed / *le jour qui suivit* (the) next day, the following day ; *(tournure impersonnelle)* ▸ **il suit de** it follows from / *il suit de votre déclaration que le témoin ment* it follows from your statement that the witness is lying **3.** [être placé après] to follow, to come after / *votre nom suit le mien sur la liste* your name is right after mine on the list / *les conjonctions toujours suivies du subjonctif* the conjunctions always followed by ou that always govern the subjunctive ; *(en usage absolu)* : *suit un résumé du roman précédent* then comes a summary of the previous novel / *dans les pages qui suivent* in the following pages.

B. ADOPTER, OBÉIR À **1.** [emprunter - itinéraire, rue] to follow / *en suivant un long couloir, on arrive au cloître* at the end of a long corridor, one comes to the cloister / *il vous suffit de suivre la grande avenue* just follow the main avenue **2.** [longer - à pied] to walk along ; [- en voiture] to drive along ; [- en bateau] to sail along / *la route suit la rivière sur plusieurs kilomètres* the road runs along ou follows (the course of) the river for several kilometres / *le circuit suit ce tracé* here is the outline of the course / *découper en suivant les pointillés* cut along the dotted line **3.** [se soumettre à - traitement] to undergo / *suivre des cours de cuisine* to attend a cookery course ▸ **suivre un régime** to be on a diet **4.** [se conformer à - conseil, personne, instructions] to follow ; [règlement] to comply with *(insép)* / *vous n'avez qu'à suivre les panneaux* just follow the signs / *son exemple n'est pas à suivre* he's not a good example / *j'ai toujours suivi la même ligne de conduite* I always followed the same line of conduct / *je préfère suivre mon idée* I prefer to do it my way / *je ne te suivrai jamais sur cette voie* I'll never follow you down that road ▸ **suivre le mouvement** *fam* to (just) go ou tag along with the crowd ; *(en usage absolu)* : *la majorité n'a pas suivi* the majority didn't follow **5.** CARTES ▸ **je suis** I'm in **6.** COMM [stocker] to stock ; [produire] to produce.

C. OBSERVER, COMPRENDRE **1.** [observer - carrière, progrès, feuilleton] to follow ; [- actualité] to keep up with *(insép)* / *il suit le feuilleton à la radio tous les jours* he tunes in to the serial every day / *je ne suis pas les sports* I don't follow sport **2.** [se concentrer sur - exposé, messe] to listen to *(insép)*, to pay attention to / *maintenant, suivez-moi bien* now, listen to me carefully ou pay close attention / *suis bien mes gestes* watch my gestures closely ; *(en usage absolu)* : *encore un qui ne suivait pas !* [distrait] so, someone else wasn't paying attention ! / *je vais suivre avec Pierre* [sur son livre] I'll share Pierre's book **3.** [comprendre - explications, raisonnement] to follow / *il est difficile parfois de le suivre dans ses divagations* it's sometimes difficult to follow the vagaries of his mind / *je ne te suis plus* I'm not with you any more **4.** [s'occuper de - dossier, commande] to deal with *(insép)* ; [- élève] to follow the progress of / *elle suit ses patients de près* she follows her patients' progress closely / *je suis suivie par un très bon médecin* I'm with ou under a very good doctor.

◆ vi **1.** ÉDUC [assimiler le programme] to keep up / *il a du mal à suivre en physique* he's having difficulty keeping up in physics / *elle suit très bien (en classe) ou à l'école* she keeps up well with her schoolwork / *il n'arriverait pas à suivre dans la classe supérieure* he wouldn't be able to keep up if he was put in the next class **2.** [être acheminé après] : *les bagages vont suivre* luggage follows / **'lettre suit'** 'will write soon, letter follows' ▸ **faire suivre** [lettre] to forward, to send on / **'faire suivre'** 'forward please' ▸ **faire suivre son courrier** to have one's mail forwarded / *veux-tu que je fasse suivre les factures ?* do you want me to send the bills on to you? **3.** [être ci-après] to follow / *sont reçus les candidats dont les noms suivent* the names of the successful candidates are as follows / *procéder comme suit* proceed as follows.

❖ **se suivre** vpi **1.** [être l'un derrière l'autre - personnes, lettres] to follow one another / *par temps de brouillard, ne vous suivez pas de trop près* in foggy conditions, keep your distance (from other vehicles) / *les trois coureurs se suivent de très près* the three runners are very close behind one another ou are tightly bunched **2.** [être dans l'ordre - pages] to be in the right order, to follow on from one another **3.** [se succéder dans le temps] ▸ **les jours se suivent et ne se ressemblent pas** *prov* who knows what tomorrow holds *loc*, every day is a new beginning ou dawn **4.** [s'enchaîner logiquement - raisonnement] to be coherent.

❖ **à suivre** ◆ loc adj : *c'est une affaire à suivre* it's something we should keep an eye on. ◆ loc adv / **'à suivre'** 'to be continued'.

sujet, ette [syʒɛ, ɛt] ◆ adj **1.** ▸ **sujet à** [susceptible de] : *sujet à des attaques cardiaques / à des migraines* subject to heart attacks / migraines / *sujet au mal de mer* liable to become seasick, prone to seasickness / *sujet à des crises de larmes* liable to burst into tears / *nous sommes tous sujets à l'erreur* we're all prone to making mistakes / *nos prix sont sujets à révision* our prices are subject to revision **2.** ▸ **sujet à** [soumis à] : *sujet à caution* questionable / *leurs informations sont sujettes à caution* their information should be taken warily **3.** *litt* [assujetti] subjugated, enslaved / *peuple sujet de Rome* people subject to Rome. ◆ nm, f [citoyen] subject.

❖ **sujet** nm **1.** [thème - d'une discussion] subject, topic ; [- d'une pièce, d'un roman] subject ; [- d'un exposé, d'une recherche] subject / *le sujet de notre débat ce soir est...* the question we'll be debating tonight is... / *quel est le sujet du livre ?* what's the book about? / *je tiens le sujet d'une pièce* I have an idea ou a subject for a play / *tu tiens là un bon sujet de thèse* you have a good subject for your PhD / *sujet de conversation* topic (of conversation) / *changeons de sujet* let's change the subject / *sujet de plainte* grievance / *c'est devenu un sujet de plaisanterie* it has become a standing joke ▸ **sujet d'examen** examination question **2.** [motif] ▸ **sujet de** cause of, ground for, grounds for / *ils ont de nombreux sujets de discorde* they have many reasons to disagree / *leur* *salaire est leur principal sujet de mécontentement* the main cause of their dissatisfaction is their salary / *sa santé est devenue un gros sujet de préoccupation* her condition is now giving serious grounds for concern ou has become a great source of anxiety / *tu n'as pas sujet de te plaindre* you have no cause ou grounds for complaint **3.** ART & MUS subject / *peindre des sujets allégoriques* to paint allegorical subjects **4.** [figurine] figurine / *des petits sujets en porcelaine* little china figures **5.** GRAM [fonction] subject ; LING ▸ **le sujet parlant** the speaker **6.** MÉD, PHILOS & PSYCHOL subject ▸ **sujet d'expérience** experimental subject **7.** DR ▸ **sujet de droit** possessor of a right **8.** HORT stock.

❖ **au sujet de** loc prép about, concerning / *c'est au sujet de Martha?* is it about Martha? / *la décision qu'ils ont prise au sujet du projet* the decision they made about ou concerning the project / *j'aimerais vous faire remarquer, à ce sujet, que...* concerning this matter, I'd like to point out to you that... / *je voudrais parler au directeur — c'est à quel sujet?* I'd like to talk to the manager — what about?

sujétion [syʒesjɔ̃] nf **1.** POL [d'un peuple] subjection, enslavement / *vivre dans la sujétion* to live in subjection / *tenir en sujétion* to hold ou to have in one's power **2.** *sout* [à une règle] subjection, subjecting *(U)*.

sulfamide [sylfamid] nm **1.** CHIM sulphamide **2.** PHARM sulphonamide, sulpha drug.

sulfatage [sylfataʒ] nm sulphating.

sulfate [sylfat] nm sulphate UK, sulfate US.

sulfaté, e [sylfate] adj sulphated.

sulfater [3] [sylfate] vt **1.** AGR to spray with sulphur **2.** ÉLECTR to sulphate.

sulfateuse [sylfatøz] nf **1.** AGR sulphur sprayer **2.** *arg mil* [mitrailleuse] typewriter UK, submachine ou machine gun.

sulfhydrique [sylfidʀik] adj m ▸ **acide sulfhydrique** hydrogen sulphide.

sulfitage [sylfitaʒ] nm sulphidizing.

sulfite [sylfit] nm sulphite.

sulfurage [sylfyʀaʒ] nm sulphuration.

sulfure [sylfyʀ] nm sulphide UK, sulfide US.

sulfuré, e [sylfyʀe] adj sulphuretted UK, sulfuretted US.

sulfurer [3] [sylfyʀe] vt to sulphuret UK, to sulfuret US.

sulfureux, euse [sylfyʀø, øz] adj **1.** CHIM sulphurous UK, sulfurous US **2.** [démoniaque] demonic.

sulfurique [sylfyʀik] adj sulphuric UK, sulfuric US.

sulfurisé, e [sylfyʀize] adj sulphurized UK, sulfurised US ▸ **papier sulfurisé** greaseproof paper UK, wax paper US.

sulky [sylki] nm sulky.

sultan [syltɑ̃] nm sultan.

sultanat [syltana] nm sultanate.

sultane [syltan] nf **1.** [titre] sultana, sultaness **2.** [canapé] sultana.

sumac [symak] nm sumach (tree).

Sumatra [symatʀa] npr Sumatra ▸ **à Sumatra** in Sumatra.

Sumer [symɛʀ] npr Sumer.

sumérien, enne [symeʀjɛ̃, ɛn] adj Sumerian.

❖ **Sumérien, enne** nm, f Sumerian.

❖ **sumérien** nm LING Sumerian.

summum [sɔmɔm] nm **1.** [d'une carrière] peak, zenith *sout* ; [d'une civilisation] acme ; [de l'élégance, du luxe, de l'arrogance] height / *au summum de sa puissance* at the peak of its power / *elle était au summum de son art quand elle peignit ce tableau* her art was at its peak ou height when she painted this picture **2.** EXPR **c'est le summum!** *fam* **a)** [on ne peut faire mieux] it's the tops! **b)** [on ne peut faire pire] it's the end!

sumo [sumo] nm sumo.

sunlight [sœnlajt] nm CINÉ (artificial) sunlight.

sunna [syna] nf Sunna.

sunnisme [synism] nm Sunnism.

sunnite [synit] ◆ adj Sunni. ◆ nmf Sunnit, Sunnite.

sup [syp] adj inv *fam* [supplémentaire] : *faire des heures sup* to work overtime.

super [sypɛʀ] *fam* ◆ adj inv [personne, idée] great, terrific ; [maison, moto] fantastic, great / *ce serait super si tu pouvais venir!* it'd be great ou super if you could come! / *c'est de la qualité super* it's exceptional quality / *super réductions sur tout le stock!* massive reductions on the whole stock! ◆ adv [compliqué, bon, cher, propre] really, amazingly ; [gentil] really / *elle est super organisée* she's incredibly well-organized. ◆ nm [essence] four-star (petrol) UK, premium US.

superalliage [sypɛʀaljaʒ] nm superalloy.

superamas [sypɛʀama] nm ▸ **superamas local** supergalaxy.

superbe [sypɛʀb] ◆ adj **1.** [magnifique -yeux, bijou, ville] superb, beautiful, magnificent ; [-bébé, femme] beautiful, gorgeous, fine-looking ; [-homme] good-looking, handsome ; [-voix] superb, beautiful ; [-journée] glorious, beautiful ; [-temps] wonderful / *tu as une mine superbe aujourd'hui* you look radiant today / *il a fait un temps superbe* the weather was wonderful **2.** ▸ **superbe de** [sublime] : *il a été superbe de cynisme / d'indifférence* he was superbly cynical / indifferent **3.** *litt* [altier -air] haughty. ◆ nf *litt* haughtiness / *cela va lui faire perdre de sa superbe* he won't be quite so proud after this.

superbement [sypɛʀbəmɑ̃] adv **1.** [splendidement] superbly, magnificently, beautifully **2.** *litt* [arrogamment] arrogantly, haughtily.

superbénéfice [sypɛʀbenefis] nm enormous profit.

superbombe [sypɛʀbɔ̃b] nf superbomb.

supercalculateur [sypɛʀkalkylatœʀ] nm INFORM supercomputer.

supercarburant [sypɛʀkaʀbyʀɑ̃] nm four-star ou high-octane petrol UK, premium US.

superchampion, onne [sypɛʀʃɑ̃pjɔ̃, ɔn] nm, f sports superstar.

supercherie [sypɛʀʃəʀi] nf [tromperie] deception, trick ; [fraude] fraud ▸ **supercherie littéraire** literary hoax.

supercritique [sypɛʀkʀitik] adj supercritical.

supérette [sypeʀɛt] nf mini-market, superette US.

superfétatoire [sypɛʀfetatwaʀ] adj *litt* superfluous, unnecessary, redundant.

superficie [sypɛʀfisi] nf **1.** [d'un champ] acreage, area ; [d'une maison] surface area, floor space / *l'entrepôt fait 3 000 m² de superficie* ou *a une superficie de 3 000 m²* the warehouse has a surface area of 3,000 m² **2.** *litt* [apparence] superficial ou external appearance / *s'arrêter à la superficie des choses* to do no more than skim the surface of things **3.** AGR ▸ **superficie agricole utile** ou **utilisée** utilized agricultural area.

superficiel, elle [sypɛʀfisjɛl] adj **1.** [brûlure] superficial, surface *(modif)* **2.** [connaissances, personne] shallow, insubstantial ; [étude, travail] superficial, perfunctory ; [contrôle] superficial, cursory.

superficiellement [sypɛʀfisjɛlmɑ̃] adv **1.** [blesser] superficially **2.** [inspecter, corriger] cursorily, superficially.

superfin, e [sypɛʀfɛ̃, in] adj extrafine.

superfinition [sypɛʀfinisjɔ̃] nf superfinishing.

superflu, e [sypɛʀfly] adj **1.** [non nécessaire -biens, excuse, recommandation] superfluous, unnecessary **2.** [en trop -détails, exemple] redundant, superfluous / *un grand lessivage ne serait pas superflu* a good scrub wouldn't do any harm! / *pour vous débarrasser de vos poils superflus* to get rid of unwanted hair.

❖ **superflu** nm ▸ **le superflu** that which is superfluous / *se passer du superflu* to do without non-essentials.

superfluide [sypɛʀflyid] adj & nm superfluid.

superfluidité [sypɛʀflyidite] nf superfluidity.

superforme [sypɛʀfɔʀm] nf *fam* : *être en superforme, tenir la superforme* to be in great form ou on top form ou bursting with health / *une équipe en superforme* a team at the top of its form.

superforteresse [sypɛʀfɔʀtəʀɛs] nf superfortress.

super-géant [sypɛʀʒeɑ̃], **super-g** [sypɛʀʒe] nm inv SKI super-giant slalom.

supergéante [sypɛʀʒeɑ̃t] nf ASTRON supergiant.

supergrand [sypɛʀgʀɑ̃] nm *fam* superpower.

super-huit [sypɛʀɥit] ◆ adj inv super eight. ◆ nm inv [format] super eight. ◆ nf inv [caméra] super-eight (film) camera.

supérieur, e [sypeʀjœʀ] ◆ adj **1.** [plus haut que le reste -étagère, étage] upper, top ; [-ligne] top / *le bord supérieur droit de la page* the top right-hand corner of the page / *la partie supérieure de l'immeuble* the top ou upper part of the building ; [juste au-dessus -étagère, ligne] above / *les jouets sont à l'étage supérieur* toys are on the next floor ou the floor above **2.** [quantitativement -efficacité] higher, greater ; [-prix, rendement, vitesse] higher ; [-volume] bigger, greater / *j'ai fait une offre supérieure* I bid more ou made a higher bid ▸ **supérieur en nombre** : *troupes supérieures en nombre* troops superior in number / *leurs joueurs se retrouvent maintenant supérieurs en nombre* their players now outnumber the opposition ▸ **supérieur à a)** [prix] higher than **b)** [volume] bigger than / *donne-moi un chiffre supérieur à huit* give me a number higher than eight / *taux légèrement supérieur à 8 %* rate slightly over 8% / *une note supérieure à 10* a mark above 10 ▸ **d'une longueur / largeur supérieure à...** longer / wider than... / *il est d'une taille supérieure à la moyenne* he's taller than average **3.** [dans une hiérarchie -échelons] upper, topmost ; [-classes sociales] upper ▸ **enseignement supérieur** higher education / *les autorités supérieures* the powers above ; [juste au-dessus -niveau] next ; [-grade, rang] senior ; [-autorité] higher / *vous passerez à l'échelon supérieur dans deux mois* you'll move up to the next grade in two months' time / *passer dans la classe supérieure* ÉDUC to move up one class / *je lui suis hiérarchiquement supérieur* I'm his superior ou senior **4.** [dans une échelle de valeurs -intelligence, esprit, être] superior ; [-intérêts] higher ▸ **de qualité supérieure** top quality ▸ **supérieur à** : *intelligence supérieure à la moyenne* above-average intelligence / *leur lessive est-elle vraiment supérieure à toutes les autres?* is their washing powder really better than all the others? / *il est techniquement supérieur au Suédois* SPORT his technique is superior to that of the Swedish player **5.** [hautain -air, ton] superior / *ne prends pas cet air supérieur!* don't look so superior! **6.** ANAT [membre, mâchoire] upper **7.** ASTRON [planète] superior **8.** BIOL [animal, espèce, végétal] higher **9.** GÉOGR [en amont] upper **10.** MATH superior ▸ **supérieur ou égal à** superior or equal to, greater than or equal to **11.** RELIG : *le Père supérieur* the father superior / *la Mère supérieure* the mother superior. ◆ nm, f **1.** [dans une hiérarchie] ▸ **supérieur (hiérarchique)** superior **2.** RELIG father (mother) superior.

❖ **supérieur** nm UNIV ▸ **le supérieur** higher education.

supérieurement [sypeʀjœʀmɑ̃] adv exceptionally / *elle est supérieurement douée* she's exceptionally gifted.

supériorité [sypeʀjɔʀite] nf **1.** [en qualité] superiority / *ils vantent la supériorité des transports en commun* they praise the superiority of public transport / *découvrez la supériorité de notre nouvelle lessive!* see for yourself how much better our new washing powder is! **2.** [en quantité] superiority ▸ **supériorité militaire** military superiority ▸ **supériorité numérique** superiority in numbers / *la supériorité que donne l'argent* the power that money confers **3.** [arrogance] patronizing attitude, superiority / *un air de supériorité* a superior air.

superlatif, ive [sypɛʀlatif, iv] adj superlative.

❖ **superlatif** nm LING superlative ▸ **superlatif relatif / absolu** relative / absolute superlative.

❖ **au superlatif** loc adv **1.** LING in the superlative **2.** [très] extremely / *il est paresseux au superlatif* he's extremely lazy.

superléger [sypɛʀleʒe] nm light welterweight.

superman [sypɛʀman] (*pl* **supermans** *ou* **supermen** [-mɛn]) nm *fam* superman.

supermarché [sypɛʀmaʀʃe] nm supermarket.

supermolécule [sypɛʀmɔlekyl] nf supermolecule.

supernova [sypɛʀnɔva] (*pl* **supernovae** [sypɛʀnɔve] *ou* **supernovas***) nf supernova.

superordinateur [supɛʀɔʀdinatœʀ] nm supercomputer.

superordre [sypɛʀɔʀdʀ] nm superorder.

superpétrolier [sypɛʀpetʀɔlje] nm supertanker.

* In reformed spelling (see p. 16-19).

superphosphate [sypɛʀfɔsfat] nm superphosphate.
superplasticité [sypɛʀplastisite] nf superplasticity.
superplastique [sypɛʀplastik] adj superplastic.
superposable [sypɛʀpozabl] adj **1.** GÉOM superposable **2.** [chaise, lit] stacking *(avant nom)*.
superposer [3] [sypɛʀpoze] vt **1.** [meubles] to stack (up) ; [images, couleurs] to superimpose / *cette année la mode superpose les épaisseurs* layered fabrics are fashionable this year **2.** GÉOM to superpose.
❖ **se superposer** ◆ vp *(emploi passif)* [étagères] to stack / *les plateaux se superposent facilement* the trays are easy to stack. ◆ vpi **1.** [se mêler - images, sons, couleurs] to be superimposed / *leurs deux visages se superposent dans ma mémoire* their two faces have become indistinguishable in my memory **2.** GÉOM to be superposed.
superposition [sypɛʀpozisjɔ̃] nf **1.** [d'étagères, de plats] stacking **2.** GÉOM superposition **3.** [de photos, de sons] superimposition, superimposing *(U)* / *la superposition de deux images* the superimposing of two images **4.** GÉOL ▸ **principe de superposition** principle of superposition.
superproduction [sypɛʀpʀɔdyksjɔ̃] nf CINÉ big-budget film UK ou movie US.
superprofit [sypɛʀpʀɔfi] nm enormous profit.
superpuissance [sypɛʀpɥisɑ̃s] nf superpower.
supersonique [sypɛʀsɔnik] ◆ adj supersonic. ◆ nm supersonic aircraft.
superstar [sypɛʀstaʀ] nf superstar.
superstitieusement [sypɛʀstisjøzmɑ̃] adv superstitiously.
superstitieux, euse [sypɛʀstisjø, øz] ◆ adj superstitious / *ils ont un attachement superstitieux aux traditions* they have an exaggerated respect for tradition. ◆ nm, f superstitious person.
superstition [sypɛʀstisjɔ̃] nf superstition / *j'évite les échelles par pure superstition* I walk round ladders simply because I'm superstitious / *la superstition religieuse* religious superstition / *avoir la superstition du passé* to be excessively attached to the past.
superstructure [sypɛʀstʀyktyʀ] nf superstructure.
supertanker [sypɛʀtɑ̃kœʀ] nm supertanker.
superviser [3] [sypɛʀvize] vt to supervise, to oversee.
superviseur [sypɛʀvizœʀ] nm **1.** [personne] supervisor **2.** INFORM supervisor, scheduler.
supervision [sypɛʀvizjɔ̃] nf supervision ▸ **être sous la supervision de qqn** to be supervised by sb, to be under sb's supervision.
super-welter [sypɛʀwɛltœʀ] *(pl* **super-welters***)* nm light middleweight.
supin [sypɛ̃] nm LING supine.
supinateur [sypinatœʀ] ◆ adj m ANAT supine. ◆ nm ANAT supinator.
supination [sypinasjɔ̃] nf supination.
supplanter [3] [syplɑ̃te] vt **1.** [rival] to supplant, to displace, to supersede / *un autre l'avait supplanté dans son cœur* another man had supplanted him in her affections / *il s'est fait supplanter à la tête de la société* he was replaced at the head of the company **2.** [machine, système] to supplant, to take over from *(insép)* / *l'auto va-t-elle supplanter le train?* will the car make the train obsolete?
suppléance [sypleɑ̃s] nf **1.** ENS [poste de remplaçant] supply post UK, substitute post US ; [poste d'adjoint] assistantship ▸ **assurer la suppléance de qqn a)** [le remplacer] to deputize for sb **b)** [l'assister] to assist sb ; [activité - de remplaçant] supply UK ou substitute US teaching ; [- d'adjoint] assistantship **2.** DR & POL deputy **3.** LING suppletion.
suppléant, e [sypleɑ̃, ɑ̃t] ◆ adj **1.** ENS [remplaçant] supply UK, substitute US ; [adjoint] assistant **2.** DR & POL deputy. ◆ nm, f **1.** ENS [remplaçant] supply teacher UK, substitute teacher US ; [adjoint] assistant teacher **2.** DR & POL deputy.
suppléer [15] [syplee] vt **1.** *litt* [remédier à - manque] to make up for *(insép)*, to compensate for *(insép)* ; [- lacune] to fill in *(sép)* **2.** *litt* [ajouter - réponse manquante] to provide, to supply **3.** [compléter] to complement, to supplement / *là où l'intelligence artificielle peut suppléer l'intelligence humaine* the areas where artificial intelligence can take over from human intelligence ▸ **suppléer qqch par** to complete sthg with **4.** ENS to replace, to stand in for *(insép)* **5.** DR & POL to deputize for.
❖ **suppléer à** v + prép **1.** [remédier à - insuffisance] to make up for, to compensate for / *sa curiosité suppléait à son manque de formation* his curiosity made up for his lack of training **2.** [remplacer - suj: personne] to replace / *l'énergie nucléaire a peu à peu suppléé aux énergies traditionnelles* nuclear energy has gradually taken over from ou replaced traditional forms of energy.
supplément [syplemɑ̃] nm **1.** [coût] extra ou additional charge / *ils demandent un supplément de 4 euros pour le vin* they charge 4 euros extra for wine ▸ **payer un supplément** to pay extra / *prévoyez un supplément pour les valises de plus de 20 kg* please note that there is a charge for luggage weighing over 20 kg **2.** RAIL [réservation] supplement ▸ **supplément couchette** sleeper charge ▸ **un train à supplément** a train with a fare surcharge ou supplement **3.** [de nourriture] extra portion ; [de crédits] additional facility ▸ **un supplément d'informations** additional ou further information / *le juge a demandé un supplément d'enquête* the judge asked that the investigation be pursued further ▸ **un supplément d'âme** : *ajoutez un supplément d'âme à votre jardin en y installant un bassin ou une fontaine* add a little extra something to your garden by including a water feature **4.** [à un livre, un journal] supplement / *supplément illustré* ou *en couleurs* colour supplement ▸ **supplément détachable** pullout **5.** DR ▸ **supplément de revenu familial** ≃ family income supplement **6.** MATH supplement.
❖ **en supplément** loc adv extra / *c'est en supplément* it comes as an extra, it's an extra / *menu 15 euros, boisson en supplément* menu 15 euros, drinks extra.
supplémentaire [syplemɑ̃tɛʀ] adj **1.** [crédit, dépense] additional, supplementary, extra ▸ **un délai supplémentaire** an extension (of deadline) / *nous avons obtenu des rations supplémentaires* we got extra rations / *ce sera une charge supplémentaire pour les contribuables* it will mean even more of a burden to the taxpayer **2.** RAIL relief *(modif)* **3.** MATH supplementary.
supplétif, ive [sypletif, iv] adj **1.** [gén] auxiliary, additional **2.** DR [loi] supplementary **3.** MIL auxiliary **4.** LING suppletive.
❖ **supplétif** nm MIL auxiliary.
supplétoire [sypletwaʀ] adj ▸ **serment supplétoire** suppletory oath.
suppliant, e [syplijɑ̃, ɑ̃t] ◆ adj begging, imploring, beseeching *litt* / *d'un air suppliant* pleadingly / *d'un ton suppliant* ou *d'une voix suppliante* imploringly, pleadingly. ◆ nm, f supplicant.
supplication [syplikasjɔ̃] nf entreaty, supplication *sout* / *malgré toutes mes supplications* despite all my pleading.
supplice [syplis] nm **1.** HIST torture / *conduire* ou *mener un prisonnier au supplice* to take a prisoner to his place of execution / *il va à l'école comme au supplice* when he goes to school, it's as if he was going to his own funeral ▸ **supplice chinois a)** *pr* Chinese water torture **b)** *fig* extreme torment ▸ **subir le supplice de la roue** to be broken on the wheel ▸ **le supplice de Tantale** the punishment of Tantalus ▸ **le dernier supplice** [la peine de mort] execution **2.** [douleur physique] agony, torture / *ce mal de tête est un vrai supplice* I'm going through agony ou agonies with this headache ; [douleur morale] torture, torment, agony / *la conversation était devenue un supplice* the conversation had become sheer torture ▸ **être au supplice** to be in agonies / *je suis au supplice, quand rentrera-t-il?* this is sheer torture, when will he be back? ▸ **mettre qqn au supplice** to torture sb **3.** RELIG ▸ **les supplices éternels** the torments of the damned.
supplicié, e [syplisje] nm, f [personne - qui a subi la peine de mort] execution victim ; [- qui a été torturée] torture victim / *les corps des suppliciés étaient entassés dans des charrettes* the bodies of those executed were piled onto carts.
supplicier [9] [syplisje] vt **1.** *litt* [exécuter] to execute ; [torturer] to torture **2.** [tourmenter] to torment, to rack, to plague / *les remords la suppliciaient* she was racked by remorse.
supplier [10] [syplije] vt to beg, to implore, to beseech *litt* ▸ **supplier qqn (à genoux) de faire qqch** to beg sb (on bended knee) to do sthg / *épargnez-le, je vous en supplie* spare him, I beseech you *sout* ou I beg you.
supplique [syplik] nf DR & RELIG petition ▸ **présenter une supplique à qqn** to petition sb.
support [sypɔʀ] nm **1.** [de colonne, de meuble] base, support ; [de statuette] stand, pedestal ; [pour un échafaudage] support ▸ **support mural** wall bracket **2.** [de communication] medium / *le gouvernement se sert de la télévision comme support pour la campagne électorale* the government is using television to get its election campaign across ▸ **support pédagogique** teaching aid ▸ **support publicitaire** advertising medium **3.** ACOUST ▸ **support magnétique** magnetic support **4.** CULIN base **5.** HÉRALD supporter **6.** IMPR support ▸ **support d'impression** *material on which printing is done* **7.** INFORM medium ▸ **support de données** data carrier ▸ **support d'information** data support ▸ **support individuel d'information** smart card, individual data support ▸ **supports optiques** optical media ▸ **sur support papier** hard copy **8.** MATH & PHOT support.
supportable [sypɔʀtabl] adj **1.** [douleur] bearable / *il fait froid, mais c'est supportable* it's cold but not unbearably so **2.** [conduite, personne] tolerable / *tu n'es plus supportable!* I can't take any more of this from you!
supporter[1] [sypɔʀtɛʀ] nm SPORT supporter.
supporter[2] [3] [sypɔʀte] vt **1.** [servir d'assise à] to support, to hold up *(sép)* / *cinq piliers supportent la voûte* the roof is held up by five pillars **2.** [assumer - responsabilité, obligation] to assume ; [prendre en charge - dépense] to bear / *l'acheteur supporte les frais* the fees are borne by the purchaser / *tu apprendras à supporter les conséquences de tes actes* you'll learn to assume ou to take responsibility for what you do **3.** [être assujetti à - impôt] to be subject to / *les articles de luxe supportent de lourdes taxes* luxury goods are subject to heavy taxes **4.** [résister à] to stand up to *(insép)*, to withstand / *la porcelaine fine ne supporte pas la chaleur excessive* fine china will not withstand excessive heat / *des plantes qui supportent / ne supportent pas le froid* plants that do well / badly in the cold ▸ **elle a bien supporté la route a)** [personne] she came through the journey all right **b)** [voiture] it stood up to the journey all right / *bien supporter une opération* to come through an operation in good shape / *mal supporter une opération* to have trouble recovering from an operation ▸ **je ne supporte pas l'alcool / la pilule** drink / the pill doesn't agree with me / *on supporterait bien une petite laine* it's cold enough to wear a pullover **5.** [subir sans faillir - épreuve, privation] to bear, to endure, to put up with *(insép)* ; [- insulte, menace] to bear / *elle supporte tout de lui* she puts up with anything from him / *elle supporte bien la douleur* she bears pain well / *elle supporte mal la douleur* she can't cope with pain / *je ne supporte pas son départ* I can't bear ou endure *sout* her leaving / *comment supporter tant de misère / d'ineptie?* how can one possibly endure such poverty / stand for such nonsense? **6.** [tolérer, accepter] to bear, to stand / *je ne supporte pas la fumée* I can't bear ou stand cigarette smoke / *je ne supporte pas de perdre* I can't stand losing / *c'est plus que je ne peux supporter* it's more than I can bear ; [personne] to put up with *(insép)*, to stand, to bear / *décidément, je ne la supporte pas!* I just can't stand her! / *il faudra le supporter encore deux jours* we'll have to put up with him for two more days / *j'arrive tout juste à les supporter* I can just about tolerate them **7.** [résister à] to withstand / *leur nouvelle voiture supporte la comparaison avec la concurrence* their new car will bear ou stand comparison with anything produced by their competitors / *sa théorie ne supporte pas une critique sérieuse* his theory won't stand up to serious criticism **8.** AFR [personne, famille] to support **9.** SPORT [encourager] to support.

❖ **se supporter** ◆ vp *(emploi réfléchi)* : *je ne me supporte plus en blonde / en noir* blonde hair / black just isn't right for me any more. ◆ vp *(emploi réciproque)* to bear ou to stand each other. ◆ vp *(emploi passif)* to be bearable / *le froid sec se supporte plus facilement* when it's cold and dry, it's more bearable.

supporteur, trice [sypɔrtœr, tris] nm, f SPORT supporter.

supposable [sypozabl] adj imaginable.

supposé, e [sypoze] adj **1.** [faux - testament] false, forged ; [- nom] assumed **2.** [admis] : *la vitesse est supposée constante* the speed is assumed to be constant **3.** [présumé - vainqueur] supposed, presumed ; [- père] putative ; [- dimension] estimated / *l'auteur supposé du pamphlet* the supposed author of the pamphlet / *le nombre supposé des victimes* the presumed number of casualties.

❖ **supposé que** loc conj supposing (that), assuming that.

supposer [3] [sypoze] vt **1.** [conjecturer, imaginer] to suppose, to assume / *je suppose qu'il t'a emprunté de l'argent* I suppose ou I assume he borrowed money from you / *je suppose que tu n'es pas prêt* I take it ou I suppose you're not ready / *cela laisse supposer que...* this suggests that... / *sa réponse laisse supposer qu'il était au courant* his answer leads one to assume he knew all about it / *tout laisse supposer qu'il avait été contacté par la CIA* everything points to his having been contacted by the CIA / *en supposant que tu échoues* suppose (that) ou supposing (that) ou let's suppose (that) you fail ▸ **à supposer que** assuming that, supposing **2.** [estimer, penser] : *et tu la supposes assez bête pour se laisser faire?* so you think she's stupid enough to let it happen? ▸ **supposer qqch à qqn** to credit sb with sthg / *vous lui supposez une grandeur d'âme qu'il n'a pas* you credit him with a magnanimity he doesn't possess **3.** [impliquer] to imply, to require, to presuppose / *une mission qui suppose de la discrétion* an assignment where discretion is required ou is a must / *la liberté de parole suppose le pluralisme* freedom of speech implies pluralism / *cela suppose la connaissance des mathématiques* it presupposes a knowledge of mathematics.

supposition [sypozisjɔ̃] nf **1.** [hypothèse] supposition, assumption / *des suppositions gratuites* mere ou gratuitous suppositions / *faire des suppositions* to speculate / *dans cette supposition* if this is the case ▸ **une supposition (que)** *fam* : *une supposition : il s'enfuit* suppose he runs away / *une supposition qu'elle dise la vérité* supposing (that) she's telling the truth **2.** DR ▸ **supposition de nom** false personation ▸ **supposition d'enfant** ou **de part** setting up of a suppositious child.

suppositoire [sypozitwar] nm suppository.

suppôt [sypo] nm *litt* henchman ▸ **suppôt de Satan** ou **du diable** fiend.

suppression [sypresjɔ̃] nf **1.** [abrogation] abolition / *la suppression de la peine de mort* the abolition of the death penalty **2.** [dans un texte] deletion **3.** [élimination] elimination / *suppression de la douleur par piqûres* elimination of pain by injections **4.** [assassinat] elimination, liquidation / *la suppression des témoins gênants* the elimination of awkward witnesses **5.** ÉCON ▸ **suppression d'emploi** : *il y a eu beaucoup de suppressions d'emploi dans la région* there were many job losses in the area **6.** DR ▸ **suppression d'enfant** ou **de part** concealment of birth ▸ **suppression d'état** *destruction of proof of somebody's civil status.*

supprimer [3] [syprime] vt **1.** [faire cesser - cause, effet] to do away with *(insép)* ; [- habitude, obstacle] to get rid of *(insép)* ; [- pauvreté, racisme] to put an end to *(insép)*, to do away with *(insép)* ; [- douleur] to kill, to stop ; [- fatigue] to eliminate **2.** [démolir - mur, quartier] to knock ou to pull down *(sép)*, to demolish **3.** [annuler - loi] to repeal, to annul ; [- projet] to do away with *(insép)* ; [- allocation, prime] to withdraw, to stop **4.** [retirer] ▸ **supprimer des emplois** to lay people off, to make people redundant UK / *on va te supprimer ton permis de conduire* they'll take away ou they'll withdraw your driving licence / *j'ai partiellement supprimé le sel* I cut down on salt / *j'ai totalement supprimé le sel* I cut out salt (altogether) / *ils vont supprimer des trains dans les zones rurales* train services will be cut in rural areas / *le médecin lui a supprimé le tabac* the doctor told him to stop smoking **5.** [enlever - opération, séquence] to cut (out), to take out *(sép)* ; [- mot, passage] to delete ▸ **supprimer les étapes / intermédiaires** to do away with the intermediate stages / the middlemen **6.** [tuer] to eliminate, to do away with *(insép)* / *il s'est fait supprimer par la Mafia* the Mafia did away with him.

❖ **se supprimer** vp *(emploi réfléchi)* to take one's own life.

suppurant, e [sypyrɑ̃, ɑ̃t] adj suppurating.

suppuration [sypyrasjɔ̃] nf suppuration.

suppurer [3] [sypyre] vi to suppurate.

supputation [sypytasjɔ̃] nf *sout* calculation, estimation.

supputer [3] [sypyte] vt [quantité] to estimate ; [possibilités] to assess / *supputer les possibilités d'aboutir à un accord* to assess the likelihood of reaching an agreement.

supra [sypra] adv supra ▸ **voir supra** supra, see above.

supraconducteur, trice [syprakɔ̃dyktœr, tris] adj supraconductive.

❖ **supraconducteur** nm supraconductor.

supraconduction [syprakɔ̃dyksjɔ̃] nf supraconduction.

supraconductivité [syprakɔ̃dyktivite] nf supraconductivity.

supramoléculaire [sypramɔlekylɛr] adj supramolecular.

supranational, e, aux [sypranasjɔnal, o] adj supranational.

supranationalité [sypranasjɔnalite] nf supranationality.

suprasegmental, e, aux [syprasɛgmɑ̃tal, o] adj PHON suprasegmental.

suprasensible [syprasɑ̃sibl] adj supersensible.

supraterrestre [sypratɛrɛstr] adj superterrestrial.

suprématie [sypremasi] nf supremacy.

suprématisme [sypremetism] nm ART Suprematism.

suprême [syprɛm] ◆ adj **1.** [supérieur] supreme ▸ **le pouvoir suprême** the supreme power ▸ **l'Être suprême** RELIG the Supreme Being **2.** [extrême - importance, bonheur, plaisir] extreme, supreme ; [- ignorance] utter, blissful, sublime ; [- mépris] sublime / *au suprême degré* to the highest ou greatest degree **3.** [dernier] supreme, final / *dans un suprême effort* in a final attempt ▸ **à l'heure** ou **au moment suprême** *sout* at the hour of reckoning, at the moment of truth **4.** CULIN supreme. ◆ nm CULIN suprême ▸ **suprême de volaille** chicken suprême.

suprêmement [syprɛmmɑ̃] adv supremely.

sur¹ [syr] prép **1.** [dans l'espace - dessus] on ; [- par-dessus] over ; [- au sommet de] on top of ; [- contre] against / *sur la table* on the table / *étendu sur le lit / le sol* lying on the bed / the floor / *dormir sur le dos* to sleep on one's back / *un visage est dessiné sur le sable* a face has been drawn in the sand / *elle avait des bleus sur tout le visage* she had bruises all over her face, her face was covered in bruises / *sur la place du village* on the village green / *sur le continent* on the continent ▸ **sur l'île** on the island ▸ **sur le bateau** on the boat / *il a jeté ses affaires sur le lit* he threw his things onto the bed ▸ **monter sur un escabeau** to climb (up) a stepladder / *monter sur un manège / un vélo* to get on a roundabout / bicycle / *marcher sur les mains* to walk on one's hands / *mets un châle sur tes épaules* put a scarf round ou over your shoulders / *versez le rhum sur le gâteau* pour the rum over the cake / *retire tes pieds de sur la chaise* *fam* take your feet off the chair / *jeter une passerelle sur une rivière* to build a footbridge over ou across a river / *demain, du soleil sur le nord* tomorrow, there will be sunshine in the north / *ouragan sur la ville* hurricane over the city / *une chambre avec vue sur la mer* a room with a view of ou over the sea / *des fenêtres qui donnent sur la rue* windows giving onto ou overlooking the street / *sur le toit* on the roof ▸ **sur pilotis** on stilts / *sur la pile de livres* on (top of) the pile of books / *sur la colline* on the top of the hill / *sur la cime de l'arbre* at the top of the tree / *je lui ai mis les mains sur les yeux* I put my hands over his eyes / *mettre un doigt sur sa bouche* to put a finger to one's lips / *il y a des graffiti partout sur le mur* there's graffiti all over the wall / *la peinture est appliquée directement sur le plâtre* the paint is applied directly onto the plaster / *sa silhouette se détachait sur le ciel* he was silhouetted against the sky / *j'ai toujours mon agenda sur moi* I always have my diary with ou on me / *je n'ai pas d'argent sur moi* I haven't got any money on me ▸ **s'appuyer sur un mur** to lean against a wall / *il y avait un monde fou, on était tous les uns sur les autres* there was a huge crowd, we were all crushed up together ou one on top of the other / *vivre les uns sur les autres* to live in overcrowded conditions ou on top of one another / *sur la page de garde* on the flyleaf / *je l'ai lu sur le journal* I read it in the paper / *les données étaient sur le réseau / sur disquette* the data was on the network / on disc / *la ville n'est pas sur la carte* the town isn't on the map / *la clef est sur la porte* the key's in the door / *je n'ai plus d'argent sur mon compte* I haven't any money left in my account ▸ **sculpture sur bois** ART wood carving / *sculpture sur marbre* ART marble sculpture / *il est sur le chantier* he's on the (building) site / *je cherche un logement sur Paris* I'm looking for somewhere to live in Paris **2.** [indiquant la direction] towards, toward US / *sur votre gauche, le Panthéon* on ou to your left, the Pantheon / *en allant sur Rennes* going towards Rennes / *ils avançaient sur Moscou* they were advancing towards ou on Moscow ▸ **obliquer sur la droite** to turn ou to bear right ▸ **diriger son regard sur qqn** to look in sb's direction ▸ **tirer sur qqn** to shoot at sb / *les policiers se sont jetés sur eux* the police charged (at) them / *le malheur s'est abattu sur cette famille* unhappiness has fallen upon this family / *la porte s'est refermée sur elle* the door closed behind ou after her **3.** [indiquant une distance] over, for / **'virages sur 3 km'** 'bends for 3 km' / *il est le plus rapide sur 400 mètres* he's the fastest over 400 metres / *la foire s'étend sur 3 000 m²* the fair covers 3,000 m² / *sur toute la longueur du parcours* over the whole ou entire length of the course / *travaux sur 10 kilomètres* roadworks for 10 kilometres UK ou kilometers US **4.** [dans le temps - indiquant l'approximation] towards, around / *sur les quatre heures, quelqu'un a téléphoné* (at) around ou about four, somebody phoned / *sur le soir, un orage éclata* a thunderstorm broke towards evening ; [indiquant la proximité] : *sur le moment* ou *le coup, je me suis étonné* at the time ou at first, I was surprised ▸ **être sur le départ** to be about to leave / *il va sur ses 40 ans* he's approaching ou nearly 40 **5.** [indiquant la durée] : *c'est un contrat sur cinq ans* it's a five-year contract, the contract runs for five years / *les versements sont étalés sur plusieurs mois* the instalments are spread over several months **6.** [indiquant la répétition] after, upon / *il commet gaffe sur gaffe* he makes blunder after ou upon blunder / *je lui ai envoyé lettre sur lettre* I sent him letter after ou upon letter / *elle écrit roman sur roman* she writes one novel after another / *entasser pierre sur pierre* to pile stone upon stone **7.** [indiquant la cause] : *condamné sur faux témoignage* condemned on false evidence ▸ **juger qqn sur ses propos / son apparence** to judge sb by his words / appearance / *j'ai agi sur vos ordres* I acted on your orders / *il est venu sur votre invitation* he came at your invitation **8.** [indiquant la manière, l'état, la situation] ▸ **jurer qqch sur la Bible** to swear sthg on the Bible ▸ **prendre modèle sur qqn** to model o.s. on sb ▸ **faire pression sur qqn** to put pressure on sb ▸ **avoir un effet sur qqn / qqch** to have an effect on sb / sthg / *être sur ses gardes / la défensive / le qui-vive* to be on one's guard / the defensive / the look-out / *être sur des charbons ardents* to be on tenterhooks / *sur la base de 2 000 euros par mois* on the basis of 2,000 euros per month / *danser sur un air connu* to dance to a well-known tune ▸ **sur le mode majeur / mineur** MUS in the major / minor key ▸ **c'est sur la première chaîne / France Inter** it's on channel one / France Inter / *sur 100,4 kHz* on 100.4 kHz **9.** [indiquant le moyen] ▸ **vivre sur ses économies / un héritage** to live off one's savings / a legacy / *je n'aime pas choisir sur catalogue* I don't like choosing from a catalogue / *on peut tailler deux jupes sur le même patron* you can make two skirts out of ou from the same pattern / *ça s'ouvre sur simple pression* you open it by just pressing it / *vous obtiendrez le renseignement sur (un) simple coup de téléphone* just phone for information / *fait sur traitement de texte* done on a word-processor / *le film se termine sur une vue du Lido* the film ends with ou on a view of the Lido **10.** [indiquant le domaine, le sujet] : *on a un dossier sur lui* we've got a file on him / *je sais peu de choses sur elle* I don't know much about her / *sur ce point, nous sommes d'accord* we agree on that point ▸ **travailler sur qqch** to work on sthg / *140 personnes sont sur le projet* there are 140 people on ou involved in the project ▸ **faire des recherches sur qqch** to do some research into sthg / *un essai sur la métaphysique* an essay on metaphysics / *un poème sur la solitude* a poem about solitude ▸ **questionner qqn sur ses projets** to ask sb about his / her plans / *elle s'est expliquée sur ses choix politiques* she explained her political choices / *médite sur ce qu'elle t'a dit* think about what she told you / *elle pleurait sur ses jeunes années* she was crying over her lost youth ▸ **s'apitoyer sur soi-même** to feel sorry for oneself / *il y a des réductions sur les meubles* there are discounts on furniture / *impôt sur le tabac / l'alcool* tax on tobacco / alcohol / *je prends une commission de 12 % sur les ventes* I take a 12% commission on sales / *prélever un pourcentage sur une somme* to deduct a percentage from a sum / *les cotisations sont prises sur le salaire* contributions are deducted from one's salary **11.** [indiquant - une proportion] out of ; [- une mesure] by ▸ **un homme sur deux** one man in two, every second man ▸ **un jour sur deux** every other day ▸ **un lundi sur trois** every third Monday / *sur 100 candidats, 15 ont été retenus* 15 out of 100 candidates were shortlisted / *99 fois sur 100* 99 times out of 100 / *tu as une chance sur deux de gagner* you've got a 50-50 chance of winning ▸ **cinq mètres sur trois** five metres by three / *12 sur 3 égale 4* MATH 12 divided by ou over 3 equals 4 ▸ **noter sur 20** to mark out of 20 / *j'ai eu 12 sur 20* I got 12 out of 20 / *faire une enquête sur 1 000 personnes* to do a survey of ou involving 1,000 people **12.** [indiquant une relation de supériorité] over / *régner sur un pays* to rule over a country ▸ **avoir de l'autorité sur qqn** to have authority over sb / *son emprise sur moi* his influence over me / *c'est une victoire sur la maladie* it's a victory over illness ▸ **l'emporter sur qqn** to defeat sb / *son pouvoir s'exerce sur tous* he has power over everybody / *avoir des droits sur un héritage* to have rights over ou on an inheritance.

sur², e [syʀ] adj sour.

sûr, e [syʀ] adj **1.** [certain, convaincu] sure, certain / *j'en suis tout à fait sûr, j'en suis sûr et certain* I'm absolutely sure, I'm positive / *c'est sûr et certain* it's 100% sure ▸ **j'en étais sûr!** I knew it! / *n'en sois pas si sûr* don't be so sure / *c'est sûr qu'il pleuvra* it's bound to rain / *c'est sûr qu'ils ne viendront pas* it's certain that they won't come ▸ **une chose est sûre** one thing's for sure / *tu viendras? — ce n'est pas sûr* are you coming? — I don't know for sure ▸ **rien n'est moins sûr** nothing is less certain ▸ **être sûr de** to be sure of / *être sûr de son fait* to be positive / *le public est sûr du dénouement* the audience can (confidently) predict the outcome ▸ **elle est sûre du succès a)** [du sien propre] she's sure she'll succeed **b)** [de celui d'autrui] she's sure it'll be a success / *je suis sûr d'avoir raison* I'm sure I'm right / *je ne suis pas sûr d'avoir gardé un double* [d'un document] I'm not sure (whether) I kept a copy **2.** [confiant] sure, confident ▸ **être sûr de qqn** to have (every) confidence in sb / *le général n'était plus sûr de ses hommes* the general had lost confidence in his men ▸ **sûr de soi** : *être sûr de soi* **a)** [en général] to be self-assured ou self-confident **b)** [sur un point particulier] to be confident / *il n'est plus sûr de ses réflexes* he has lost confidence in his reflexes **3.** [fiable - personne, ami] trustworthy, reliable ; [- données, mémoire, raisonnement] reliable, sound ; [- alarme, investissement] safe ; [- main, pied] steady ; [- oreille] keen ; [- goût] reliable / *avoir le coup d'œil / de crayon sûr* to be good at sizing things up / at capturing a likeness *(in drawing)* / *le temps n'est pas sûr* the weather is unreliable **4.** [sans danger] safe / *l'avion est plus sûr que la voiture* flying is safer than travelling by car / *des rues peu sûres* unsafe streets / *le plus sûr est de...* the safest thing is to... / *cache l'argent, c'est plus sûr* it's safer to hide the money / *appelle-moi, c'est plus sûr!* call me, just to be on the safe side!

❖ **sûr** adv *fam* ▸ **sûr que** : *sûr qu'il va gagner!* he's bound to win! ▸ **pas sûr** : *il va accepter — pas sûr!* he'll accept — don't count on it!

❖ **à coup sûr** loc adv definitely, no doubt / *elle sera à coup sûr en retard* she's sure to be late.

❖ **pour sûr** loc adv *fam* for sure.

surabondamment [syʀabɔ̃damɑ̃] adv overabundantly, profusely.

surabondance [syʀabɔ̃dɑ̃s] nf overabundance, profusion, wealth ▸ **une surabondance de** a wealth of / *une surabondance de céréales* an overabundance of cereals.

surabondant, e [syʀabɔ̃dɑ̃, ɑ̃t] adj overabundant, profuse.

surabonder [3] [syʀabɔ̃de] vi : *les minéraux surabondent dans la région* the region is rich in minerals / *les activités culturelles surabondent dans cette ville* the town offers a wide range of cultural activities / *les campeurs surabondent dans la région* the area is overrun with campers.

❖ **surabonder de, surabonder en** v + prép to abound with ou in.

suraccumulation [syʀakymylasjɔ̃] nf overaccumulation.

suractivé, e [syʀaktive] adj [produit, crème] superactive.

suractivité [syʀaktivite] nf hyperactivity.

suraigu, suraiguë ou **suraigüe*** [syʀegy] adj **1.** [voix, son] very shrill **2.** [douleur] intense, acute.

surajouter [3] [syʀaʒute] vt to add / *il surajoute toujours des détails inutiles* he always adds unnecessary details.

❖ **se surajouter** vpi to come on top ▸ **se surajouter à** to come on top of.

suralimentation [syʀalimɑ̃tasjɔ̃] nf **1.** [d'une personne] overeating ; [d'un animal] overfeeding **2.** MÉCAN boosting, supercharging **3.** MÉD superalimentation.

suralimenté, e [syʀalimɑ̃te] adj **1.** [personne] overfed **2.** [moteur] supercharged.

suralimenter [3] [syʀalimɑ̃te] vt **1.** [personne, animal] to overfeed **2.** MÉCAN to supercharge.

suramplificateur [syʀɑ̃plifikatœʀ] nm booster.

suranné, e [syʀane] adj [style] old-fashioned, outmoded / *une mode surannée* an outdated fashion.

surarmement [syʀaʀməmɑ̃] nm stockpiling of weapons.

surate [syʀat] nf sura.

surbaissé, e [syʀbese] adj **1.** [plafond] lowered ; [arc, voûte] surbased **2.** AUTO ▸ **voiture à carrosserie surbaissée** car with a low (wheelbase) clearance.

surbaissement [syʀbɛsmɑ̃] nm ARCHIT surbasement.

surbaisser [4] [syʀbese] vt [plafond] to lower ; [arc, voûte] to surbase.

surbooké, e [syʀbuke] adj overbooked.

surbooking [syʀbukiŋ] nm overbooking.

surboum [syʀbum] nf *vieilli* party *(amongst teenagers)*.

surbrillance [syʀbʀijɑ̃s] nf ▸ **mettre qqch en surbrillance** INFORM to highlight sthg.

surcapacité [syʀkapasite] nf overcapacity.

surcapitalisation [syʀkapitalizasjɔ̃] nf overcapitalization, overcapitalizing *(U)*.

surcharge [syʀʃaʀʒ] nf **1.** [excédent de poids] overload, overloading ▸ **surcharge de bagages** excess luggage / *la surcharge de la voiture est à l'origine de l'accident* the accident occurred because the car was overloaded **2.** [excès] overabundance, surfeit ▸ **surcharge de travail** extra work / *les parents se plaignent de la surcharge des programmes scolaires* parents are complaining that the school curriculum is overloaded **3.** [sur un mot] alteration / *un acte public ne doit comporter ni rature ni surcharge* official documents must include neither deletions nor alterations **4.** [sur un timbre] surcharge, overprint **5.** CONSTR [d'un enduit] overthick coat ; [ornementation] frills, over-embellishment **6.** ÉLECTR overload **7.** IMPR overprint **8.** [d'un cheval de course] (weight) handicap.

❖ **en surcharge** loc adj excess *(avant nom)*, extra *(avant nom)*.

surcharger [17] [syʀʃaʀʒe] vt **1.** [véhicule] to overload **2.** [accabler] to overburden ▸ **surchargé de travail** overworked **3.** [alourdir] to weigh down **4.** [raturer] to alter / *un rapport surchargé de ratures* a report containing too many deletions.

surchauffe [syʀʃof] nf **1.** PHYS superheating **2.** [d'un moteur, d'un appareil] overheating **3.** ÉCON overheating **4.** MÉTALL [technique] superheating ; [défaut] overheating.

surchauffé, e [syʀʃofe] adj **1.** [trop chauffé] overheated / *l'air était toujours surchauffé dans l'atelier* the air in the workshop was always too hot **2.** [surexcité] overexcited / *un public surchauffé* an overexcited audience ▸ **des esprits surchauffés** reckless individuals **3.** PHYS ▸ **vapeur surchauffée** superheated steam.

surchauffer [3] [syʀʃofe] vt **1.** [pièce, appareil] to overheat **2.** PHYS to superheat.

surchauffeur [syʀʃofœʀ] nm superheater.

surchemise [syʀʃəmiz] nf overshirt.

surchoix [syʀʃwa] nm best ou top quality, choice *(avant nom)*.

surclassement [syʀklasmɑ̃] nm [de voyageur aérien] bumping up *(to business or first class)*.

surclasser [3] [syʀklase] vt to outclass ; [voyageur aérien] to bump up *(to business or first class)*.

surcompensation [syʀkɔ̃pɑ̃sasjɔ̃] nf overcompensation.

surcompenser [syʀkɔ̃pɑ̃se] vt to overcompensate.

surcomposé, e [syʀkɔ̃poze] adj GRAM *which uses an auxiliary twice*.

surcompression [syʀkɔ̃pʀesjɔ̃] nf [procédé] superpressurizing ; [état] superpressure.

surcomprimé, e [syʀkɔ̃pʀime] adj ▸ **moteur surcomprimé a)** [par modification] supercompression engine **b)** [avec compresseur] supercharged engine.

surcomprimer [3] [syʀkɔ̃pʀime] vt to supercharge.

surconsommation [syʀkɔ̃sɔmasjɔ̃] nf overconsumption, excess ou excessive consumption.

surcontre [syʀkɔ̃tʀ] nm CARTES redouble.

surcontrer [3] [syʀkɔ̃tʀe] vt CARTES to redouble.

surcote [syʀkɔt] nf FIN premium.

surcoupe [syʀkup] nf CARTES overtrumping.

surcouper [3] [syʀkupe] vt CARTES to overtrump.

surcoût, surcout* [syʀku] nm [supplément prévu] surcharge, overcharge ; [dépense] overspend, overexpenditure.

surcroît, surcroit* [syʀkʀwa] nm : *un surcroît de travail* extra ou additional work.

❖ **de surcroît, de surcroit*** loc adv moreover, what's more / *il est beau, et intelligent de surcroît* he is handsome, and moreover ou what's more, he's bright.

❖ **en surcroît, en surcroit*** loc adv [en plus] in addition ▸ **venir** ou **être donné en surcroît** to come on top / *il y a cinq jours de vacances, le lundi de Pentecôte vient en surcroît* there are five days' holiday, plus Whit Monday.

❖ **par surcroît, par surcroit*** = **de surcroît.**

surcuit [syʀkɥi] nm overburnt lime.

surdétermination [syʀdetɛʀminasjɔ̃] nf overdetermination.

surdéterminer [3] [syʀdetɛʀmine] vt to overdetermine.

surdéveloppé, e [syʀdevlɔpe] adj overdeveloped.

surdéveloppement [syʀdevlɔpmɑ̃] nm over-development.

surdévelopper [syʀdevlɔpe] vt to overdevelop.

surdimensionné, e [syʀdimɑ̃sjɔne] adj oversized.

surdimutité, surdi-mutité [syʀdimytite] (*pl* **surdimutités** ou **surdi-mutités**) nf deaf-muteness, deaf-mutism.

* In reformed spelling (see p. 16-19).

surdiplômé, e [syʀdiplome] adj overqualified.
surdité [syʀdite] nf deafness ▸ **surdité de perception / transmission** perceptive / conductive deafness.
surdosage [syʀdozaʒ] nm overdosage, overdosing.
surdose [syʀdoz] nf overdose.
surdoué, e [syʀdwe] ◆ adj hyperintelligent *spéc*, gifted. ◆ nm, f hyperintelligent *spéc* ou gifted child.
sureau, x [syʀo] nm elder, elderberry tree.
sureffectif [syʀefɛktif] nm overmanning *(U)* ▸ **en sureffectif** [entreprise] overstaffed.
surélévation [syʀelevasjɔ̃] nf CONSTR [action] heightening ; [état] additional ou extra height.
surélever [19] [syʀelve] vt CONSTR [mur] to heighten, to raise / *surélever un immeuble de deux étages* to add two floors to a building / *on a surélevé la voie ferrée* the railway has been raised above ground level.
sûrement, surement* [syʀmɑ̃] adv **1.** [en sécurité] safely **2.** [efficacement] efficiently, with a sure hand / *conduire sûrement ses affaires* to run one's affairs with a sure hand **3.** [certainement] certainly, surely / *ce que tu as dit l'a condamné plus sûrement que s'il avait été pris sur le fait* what you said condemned him even more surely than if he'd been caught red-handed / *il sera sûrement en retard* he's bound to ou sure to be late / *ils ont sûrement été pris dans les embouteillages* they must have been caught in the traffic / *oui, sûrement, il vaudrait mieux le prévenir* yes, no doubt, it would be better to warn him ▸ **sûrement que** *fam* : *sûrement qu'il vaudrait mieux attendre, mais...* sure it's better to wait, but... **4.** [oui] : *va-t-elle accepter?* — *sûrement* will she accept? — she certainly will ou she's bound to / *sûrement pas!* certainly not!
suréminent, e [syʀeminɑ̃, ɑ̃t] adj very eminent, egregious *litt.*
surémission [syʀemisjɔ̃] nf overissue.
suremploi [syʀɑ̃plwa] nm overemployment.
surenchère [syʀɑ̃ʃɛʀ] nf **1.** [prix] higher bid, overbid / *faire une surenchère* to overbid / *une surenchère de 50 euros à ma droite* another 50 euros on my right **2.** *fig* : *la surenchère électorale* exaggerated political promises *(during an election campaign)* / *la surenchère publicitaire* / *médiatique* advertising / media exaggeration ▸ **faire de la surenchère** to go one better than everybody else / *d'accord, il a été courageux, pas besoin de faire de la surenchère* *fam* OK, so he was brave, no need to overdo it ou to lay it on so thick.
surenchérir [32] [syʀɑ̃ʃeʀiʀ] vi **1.** [offrir de payer plus] to overbid, to raise one's bid, to make a higher bid / *si personne ne vient surenchérir* if nobody makes a higher bid / *il y aura un délai pour surenchérir* a period of time will be set aside for any higher bids **2.** *fig* ▸ **surenchérir sur** to go one better than / *surenchérir sur une offre* to make a better offer.
surenchérissement [syʀɑ̃ʃeʀismɑ̃] nm fresh rise ou increase (in price).
surenchérisseur, euse [syʀɑ̃ʃeʀisœʀ, øz] nm, f higher bidder.
surendetté, e [syʀɑ̃dɛte] adj heavily ou deeply indebted.
surendettement [syʀɑ̃dɛtmɑ̃] nm debt burden; [d'une société] overborrowing.
surentraînement, surentrainement* [syʀɑ̃tʀɛnmɑ̃] nm overtraining.
surentraîner, surentrainer* [4] [syʀɑ̃tʀɛne] vt to overtrain.
suréquipement [syʀekipmɑ̃] nm [action] overequipping ; [état] overequipment ; [excès] excess equipment.
suréquiper [3] [syʀekipe] vt to overequip.
surestimation [syʀɛstimasjɔ̃] nf **1.** [action] overestimation ; COMM overvaluing **2.** [résultat] overestimate ; COMM overvaluation.
surestimer [3] [syʀɛstime] vt **1.** [objet] to overvalue **2.** [valeur, personne] to overestimate.
❖ **se surestimer** vp to overestimate one's abilities.
suret, ette [syʀɛ, ɛt] adj sourish, slightly tart / *un petit vin suret* a wine with a hint of tartness.

sûreté, sureté* [syʀte] nf **1.** [sécurité] safety ▸ **la sûreté de l'État** state security ▸ **sûreté nucléaire** nuclear safety / *par mesure de sûreté, pour plus de sûreté* as a precaution **2.** [fiabilité - de la mémoire, d'une méthode, d'un diagnostic, des freins] reliability ; [- d'une serrure] security **3.** [système de protection] safety device / *équiper sa porte d'une sûreté* to fit one's door with a security system **4.** DR ▸ **sûreté personnelle** guarantee, surety ▸ **sûreté individuelle** (rights of) personal security *(against arbitrary detention)* ▸ **sûreté réelle** (valuable) security ▸ **la Sûreté (nationale)** HIST *former French criminal investigation department* ; ≃ CID UK ; ≃ FBI US.
❖ **de sûreté, de sureté*** loc adj safety *(modif)*.
❖ **en sûreté, en sureté*** loc adv ▸ **mettre qqch en sûreté** to put sthg in a safe place ou away for safekeeping.
surévaluation [syʀevalɥasjɔ̃] nf overvaluation, overestimation.
surévaluer [7] [syʀevalɥe] vt **1.** [donner une valeur supérieure à] to overvalue / *le conseil municipal a surévalué les terrains* the council overvalued the land **2.** [accorder une importance excessive à] to overestimate / *surévaluer un joueur de football* to overestimate a football player.
❖ **se surévaluer** vp to overestimate one's abilities.
surexcitable [syʀɛksitabl] adj **1.** [gén] overexcitable **2.** PSYCHOL hyperexcitable.
surexcitant, e [syʀɛksitɑ̃, ɑ̃t] adj overexciting.
surexcitation [syʀɛksitasjɔ̃] nf overexcitement.
surexcité, e [syʀɛksite] adj overexcited.
surexciter [3] [syʀɛksite] vt **1.** [personne] to overexcite **2.** [sentiment, faculté] to overexcite, to overstimulate, to inflame ▸ **surexciter l'imagination de qqn** to overexcite ou to overstimulate sb's imagination.
surexploitation [syʀɛksplwatasjɔ̃] nf **1.** [d'une terre, de ressources] overexploitation **2.** [de la main-d'œuvre] exploitation.
surexploiter [3] [syʀɛksplwate] vt **1.** [terre, ressources] to overexploit **2.** [ouvrier] to exploit **3.** [idée] to overuse.
surexposer [3] [syʀɛkspoze] vt to overexpose.
surexposition [syʀɛkspozisjɔ̃] nf overexposure.
surf [sœʀf] nm **1.** [planche] surfboard **2.** [sport] surfing / *faire du surf* to go surfing.
surfaçage [syʀfasaʒ] nm surfacing.
surface [syʀfas] nf **1.** [aire] (surface) area / *calculer la surface d'une pièce* to calculate the (surface) area of a room ▸ **surface corrigée** DR surface area *(used in the evaluation of a reasonable rent)* ▸ **surface de travail** work surface **2.** [espace utilisé] surface / *quelle est la surface de l'entrepôt?* how big is the warehouse? **3.** [partie extérieure] surface, outside / *la surface de la Terre* the Earth's surface / *la surface de l'étang est gelée* the surface of the pond is frozen, the pond is frozen over / *une peau se forme à la surface du lait* skin forms on the surface ou on top of the milk / *remonter à la surface, faire surface* [sous-marin, nageur] to surface ▸ **refaire surface, revenir à la surface a)** [après évanouissement] to come to ou round **b)** [après anesthésie] to come out of anaesthetic, to come round **c)** [après une dépression] to pull out of it **d)** [après une absence] to reappear / *le corps du mineur a été remonté à la surface* the miner's body was brought up to the surface **4.** [apparence] surface, (outward) appearance / *la surface des choses* the surface of things **5.** *fam* [position sociale] status / *avoir de la surface* to be influential **6.** AÉRON ▸ **surface portante** aerofoil UK, airfoil US **7.** ÉLECTR ▸ **surface d'onde** wavefront **8.** GÉOGR, LING & MATH surface **9.** PHOT ▸ **surface sensible** sensitized surface **10.** SPORT ▸ **surface de réparation** penalty area **11.** TECHNOL ▸ **surface de chauffe** heating surface.
❖ **grande surface** nf hypermarket UK, supermarket US.
❖ **moyenne surface** nf high-street store UK, superette US.
❖ **de surface** loc adj **1.** NAUT & PHYS surface *(modif)* **2.** [amabilité, regrets] superficial, outward.

❖ **en surface** loc adv **1.** [à l'extérieur] on the surface **2.** [superficiellement] on the face of things, superficially.
surfacer [16] [syʀfase] vt to surface.
surfacique [syʀfasik] adj surface *(modif)*.
surfacturation [syʀfaktyʀasjɔ̃] nf overbilling.
surfaire [109] [syʀfɛʀ] vt **1.** [marchandise] to overprice **2.** [ouvrage, talent] to overrate, to overvalue.
surfait, e [syʀfɛ, ɛt] adj **1.** [auteur, œuvre] overrated ; [réputation] inflated / *c'est un peu surfait* it's not what it's cracked up to be **2.** [surévalué] overvalued / *leurs prix sont surfaits* their prices are too high.
surfer [3] [sœʀfe] vi to surf.
surfeur, euse [sœʀfœʀ, øz] nm, f surfer.
surfil [syʀfil] nm [technique] whipping ; [point] overcasting stitch.
surfilage [syʀfilaʒ] nm COUT whipping.
surfiler [3] [syʀfile] vt COUT to whip.
surfin, e [syʀfɛ̃, in] adj superfine.
surfondu, e [syʀfɔ̃dy] adj superfused, supercooled.
surfréquençage [syʀfʀekɑ̃saʒ] nm INFORM overclocking.
surfréquentation [syʀfʀekɑ̃tasjɔ̃] nf : *la surfréquentation du site* the fact that too many visitors come to the site.
surfusion [syʀfyzjɔ̃] nf superfusion, supercooling.
surgélateur [syʀʒelatœʀ] nm (industrial) deep freeze ou freezer.
surgélation [syʀʒelasjɔ̃] nf (industrial) deep-freezing.
surgelé, e [syʀʒəle] adj frozen, deep-frozen.
❖ **surgelé** nm frozen food / *j'ai acheté un surgelé pour ce soir* I've bought a frozen dinner for tonight.
surgeler [25] [syʀʒəle] vt to deep-freeze *(industrially)*.
surgénérateur [syʀʒeneʀatœʀ] = **surrégénérateur**.
surgénération [syʀʒeneʀasjɔ̃] = **surrégénération**.
surgeon [syʀʒɔ̃] nm BOT sucker.
surgir [32] [syʀʒiʀ] vi **1.** [personne, animal, objet] to appear ou to materialize suddenly, to loom up ; [hors du sol et rapidement] to shoot ou to spring up / *des gens, surgis d'on ne sait où* people who had sprung from nowhere / *l'eau surgit du sol entre deux rochers* the water springs ou gushes out of the ground between two rocks **2.** [conflit] to arise ; [difficultés] to crop up, to arise / *la situation a fait surgir un certain nombre de problèmes annexes* the situation gave rise to a number of related problems.
surgissement [syʀʒismɑ̃] nm *litt* sudden appearance, looming up ; [hors du sol et rapide] shooting ou springing up.
surhaussé, e [syʀose] adj CONSTR stilted.
surhaussement [syʀosmɑ̃] nm CONSTR raising.
surhausser [3] [syʀose] vt CONSTR to raise.
surhomme [syʀɔm] nm **1.** [gén] superman **2.** PHILOS übermensch, overman.
surhumain, e [syʀymɛ̃, ɛn] adj superhuman / *ce qu'on me demande est surhumain* I'm being asked to do something beyond human endurance.
surimi [syʀimi] nm surimi.
surimposer [3] [syʀɛ̃poze] vt FIN to overtax.
surimposition [syʀɛ̃pozisjɔ̃] nf **1.** FIN overtaxation **2.** GÉOGR superimposition.
surimpression [syʀɛ̃pʀesjɔ̃] nf superimposition.
❖ **en surimpression** loc adj superimposed / *les deux images sont en surimpression* the two pictures are superimposed.
surin [syʀɛ̃] nm **1.** BOT young appletree stock **2.** *arg crime* [couteau] knife.
surinamais, e [syʀinamɛ, ɛz], **surinamien, enne** [syʀinamjɛ̃, ɛn] adj Surinamese.
❖ **Surinamais, e, Surinamien, enne** nm, f Surinamese.
Surinam(e) [syʀinam] npr m ▸ **le Suriname** Surinam ▸ **au Suriname** in Surinam.
suriner [syʀine] vt *arg crime* to stab to death.
surinfection [syʀɛ̃fɛksjɔ̃] nf secondary infection.

surinformation [syʀɛ̃fɔʀmasjɔ̃] nf information overload.

surinformer [syʀɛ̃fɔʀme] vt to overinform / *le public a tendance à être constamment surinformé* the public tends to be constantly overinformed.

surintendance [syʀɛ̃tɑ̃dɑ̃s] nf HIST superintendency.

surintendant, e [syʀɛ̃tɑ̃dɑ̃, ɑ̃t] nm, f (in-house) social worker.

❖ **surintendant** nm HIST ▸ **surintendant général des Finances** ≃ Lord High Treasurer ▸ **surintendant général des Bâtiments du roi** ≃ Surveyor General of the King's Works.

❖ **surintendante** nf HIST First Lady-in-Waiting.

surintensité [syʀɛ̃tɑ̃site] nf (current) overload.

surinvestissement [syʀɛ̃vɛstismɑ̃] nm FIN & PSYCHOL overinvestment.

surir [32] [syʀiʀ] vi to (become ou turn) sour.

surjectif, ive [syʀʒɛktif, iv] adj surjective.

surjection [syʀʒɛksjɔ̃] nf surjection.

surjet [syʀʒɛ] nm [point] overcast stitch ; [couture] overcast seam.

surjeter [27] [syʀʒəte] vt to overcast.

surjouer [syʀʒwe] vt & vi to overact.

sur-le-champ [syʀləʃɑ̃] loc adv immediately, at once, straightaway.

surlendemain [syʀlɑ̃dmɛ̃] nm : *le surlendemain de la fête* two days after the party / *il m'a appelé le lendemain, et le surlendemain* he called me the next day, and the day after / *et le surlendemain, j'étais à Paris* and two days later, I was in Paris.

surligner [3] [syʀliɲe] vt to highlight *(with a fluorescent pen)*.

surligneur [syʀliɲœʀ] nm highlighter.

surlouer [6] [syʀlwe] vt [donner ou prendre en location] to rent at an unreasonable ou excessive price.

surloyer [syʀlwaje] nm additional rental expenses.

surmédicalisation [syʀmedikalizasjɔ̃] nf overmedicalization.

surmédicaliser [3] [syʀmedikalize] vt to overmedicalize.

surmenage [syʀmənaʒ] nm [nerveux] overstrain, overexertion ; [au travail] overwork, overworking / *souffrir de surmenage* to be overworked, to suffer from overwork ▸ **surmenage intellectuel** mental strain.

surmené, e [syʀməne] nm, f [nerveusement] person suffering from nervous exhaustion ; [par le travail] overworked person.

surmener [19] [syʀməne] vt **1.** [bête de somme, cheval] to overwork, to drive too hard **2.** [personne - physiquement] to overwork ; [- nerveusement] to overtax.

❖ **se surmener** vp *(emploi réfléchi)* to overtax o.s., to work too hard, to overdo it.

sur-mesure [syʀməzyʀ] nm inv : *c'est du sur-mesure* it's custom made.

surmoi [syʀmwa] *(pl* **surmoi** *ou* **surmois****)* nm superego.

surmontable [syʀmɔ̃tabl] adj surmountable, superable *sout*, which can be overcome.

surmonter [3] [syʀmɔ̃te] vt **1.** [être situé sur] to surmount, to top / *un dôme surmonte l'édifice* the building is crowned by a dome / *une église surmontée d'un clocher* a church with a steeple **2.** [triompher de - difficulté] to get over, to surmount, to overcome ; [- peur, émotion] to overcome, to get the better of, to master ; [- fatigue] to overcome.

surmortalité [syʀmɔʀtalite] nf comparatively high death rate.

surmouler [3] [syʀmule] vt ▸ **surmouler qqch** to cast sthg into a working mould.

surmulet [syʀmylɛ] nm red mullet, surmullet US.

surmulot [syʀmylo] nm brown ou Norway rat.

surmultiplication [syʀmyltiplikasjɔ̃] nf overdrive (device).

surmultiplié, e [syʀmyltiplije] adj ▸ **vitesse surmultipliée** overdrive.

❖ **surmultipliée** nf overdrive.

surnager [17] [syʀnaʒe] vi **1.** [flotter] to float / *le pétrole surnage à la surface de la mer* oil is floating on the sea **2.** [subsister - ouvrage] to remain ; [- souvenir] to linger on / *seuls quelques noms surnagent dans ma mémoire* only a few names linger on in my memory.

surnatalité [syʀnatalite] nf comparatively high birth rate.

surnaturel, elle [syʀnatyʀɛl] adj **1.** [d'un autre monde] supernatural **2.** [fabuleux, prodigieux] uncanny / *le clair de lune donnait au paysage une beauté surnaturelle* the landscape was uncannily beautiful in the moonlight **3.** [divin] spiritual / *la vie surnaturelle* the spiritual life.

❖ **surnaturel** nm ▸ **le surnaturel** the supernatural.

surnom [syʀnɔ̃] nm **1.** [appellation] nickname / *Cœur de Lion était le surnom du roi Richard* King Richard was known as the Lionheart **2.** ANTIQ agnomen.

> ⚠ **Surname** signifie «nom de famille» et non surnom.

surnombre [syʀnɔ̃bʀ] nm excessive numbers.

❖ **en surnombre** loc adj redundant, excess *(avant nom)* / *des ouvriers en surnombre* too many workers / *nous étions en surnombre* there were too many of us.

surnommer [3] [syʀnɔme] vt to nickname / *elles l'ont surnommé «le Tombeur»* they nicknamed him "Ladykiller" / *dans sa famille, on la surnomme «Rosita»* her family's pet name for her is "Rosita".

surnuméraire [syʀnymeʀɛʀ] adj & nmf supernumerary.

suroffre [syʀɔfʀ] nf **1.** [offre plus avantageuse] higher bid ou offer **2.** ÉCON oversupply.

suroît, suroit* [syʀwa] nm **1.** [vent] southwester, southwesterly **2.** [chapeau] sou'wester.

suroxygéné, e [syʀɔksiʒene] adj hyperoxygenated.

surpaie v ⟶ surpayer.

surpassement [syʀpasmɑ̃] nm : *le surpassement de soi* ou *de soi-même* excelling o.s.

surpasser [3] [syʀpase] vt **1.** [surclasser] to surpass, to outdo / *il a surpassé ses concurrents* he outdid his competitors ▸ **surpasser qqn en habileté** to be more skilful than sb **2.** [aller au-delà de] to surpass, to go beyond / *leur enthousiasme surpasse toutes mes espérances* their enthusiasm is beyond all my expectations, they're far more enthusiastic than I expected.

❖ **se surpasser** vp *(emploi réfléchi)* to excel o.s. / *quel gâteau, tu t'es surpassé!* what a cake, you've really surpassed yourself !

surpâturage [syʀpatyʀaʒ] nm overgrazing.

surpaye, surpaie [syʀpɛj] nf overpayment.

surpayer [11] [syʀpeje] vt **1.** [employé] to overpay **2.** [marchandise] to be overcharged for.

surpêche [syʀpɛʃ] nf overfishing.

surpeuplé, e [syʀpœple] adj overpopulated.

surpeuplement [syʀpœpləmɑ̃] nm overpopulation.

surpiquer [3] [syʀpike] vt to oversew.

surpiqûre, surpiqure* [syʀpikyʀ] nf oversewn seam.

surplace [syʀplas] nm ▸ **faire du surplace a)** [à vélo] to go dead slow **b)** [en voiture] to come to a standstill ou a complete stop / *l'économie fait du surplace* fig the economy is marking time ou treading water / *en allemand, je fais du surplace* I'm not getting anywhere with German.

surplis [syʀpli] nm surplice.

surplomb [syʀplɔ̃] nm overhang.

❖ **en surplomb** loc adj overhanging.

surplombant, e [syʀplɔ̃bɑ̃, ɑ̃t] adj overhanging.

surplombement [syʀplɔ̃bmɑ̃] nm overhang.

surplomber [3] [syʀplɔ̃be] ◆ vt to overhang / *des falaises qui surplombent la mer* overhanging cliffs / *de chez elle on surplombe tout Paris* from her window you have a bird's-eye view of the whole of Paris. ◆ vi to overhang.

surplus [syʀply] nm **1.** [excédent] surplus, extra / *le surplus de la récolte* the surplus crop **2.** [supplément - à une quantité] supplement ; [- à un prix] surcharge / *vous paierez le surplus le mois prochain* you'll pay the extra next month **3.** ÉCON [stock excédentaire] surplus (stock) ; [gain] surplus **4.** [boutique] (army) surplus (store) / *les surplus américains* US army surplus.

❖ **au surplus** loc adv moreover, what's more.

surpoids [syʀpwa] nm excess weight.

surpopulation [syʀpɔpylasjɔ̃] nf overpopulation.

surprenait v ⟶ surprendre.

surprenant, e [syʀpʀənɑ̃, ɑ̃t] adj **1.** [inattendu, étonnant] surprising, odd **2.** [exceptionnel] astonishing, amazing.

surprendre [79] [syʀpʀɑ̃dʀ] vt **1.** [dans un acte délictueux] ▸ **surprendre qqn** to catch sb in the act / *on l'a surprise à falsifier la comptabilité* she was caught (in the act of) falsifying the accounts **2.** [prendre au dépourvu] : *ils sont venus nous surprendre à la maison* they paid us a surprise visit at home / *ils réussirent à surprendre la sentinelle* they managed to take the sentry by surprise ▸ **surprendre qqn au saut du lit** to catch sb when he / she has just got up / *la mort l'a surpris dans son sommeil* he died in his sleep ▸ **se laisser surprendre par a)** [orage] to get caught in **b)** [marée] to get caught by **c)** [crépuscule] to be overtaken by / *il s'est fait surprendre en train de regarder par le trou de la serrure* he was caught looking through the keyhole **3.** [conversation] to overhear / *j'ai surpris leur regard entendu* I happened to see the knowing look they gave each other **4.** [déconcerter] to surprise ▸ **être surpris de qqch** to be surprised at sthg / *cela ne surprendra personne* this will come as a surprise to nobody / *cela ne vous surprendra pas d'apprendre que je pars* you won't be surprised ou it will come as no surprise to you to hear that I'm leaving / *là, vous me surprenez!* well, you astound me ! **5.** *litt* [tromper] ▸ **surprendre la confiance de qqn** to violate sb's trust / *votre bonne foi a été surprise* your good faith was taken advantage of.

❖ **se surprendre à** vp + prép ▸ **se surprendre à faire** to find ou to catch o.s. doing / *je me surprends à en douter* I catch myself having doubts about it.

surpression [syʀpʀesjɔ̃] nf very high pressure.

surprime [syʀpʀim] nf extra ou additional premium.

surpris, e [syʀpʀi, iz] ◆ pp ⟶ surprendre. ◆ adj **1.** [pris au dépourvu] surprised / *l'ennemi, surpris, n'opposa aucune résistance* caught off their guard, the enemy put up no resistance **2.** [déconcerté] surprised / *en apercevant son père, elle parut extrêmement surprise* when she saw her father, she looked extremely surprised / *je suis surpris de son absence | de ne pas la voir | qu'elle ne réponde pas | de ce qu'elle ne réagisse pas* I'm surprised (that) she's not here / not to see her / (that) she doesn't reply / (that) she hasn't reacted / *être agréablement | désagréablement surpris* to be pleasantly / unpleasantly surprised ▸ **je serais bien surpris si** : *je serais bien surpris si elle ne demandait pas une augmentation* I'd be surprised if she didn't ask for a rise ▸ **être le premier surpris** : *quand on m'a dit que ma fille se mariait, j'ai été le premier surpris* when I heard that my daughter was getting married, it came as a real surprise **3.** [vu, entendu par hasard] : *quelques mots surpris entre deux portes* a snatch of overheard conversation.

❖ **surprise** nf **1.** [étonnement, stupéfaction] surprise / *cette information causa une grande surprise* this information was received with amazement ou caused much surprise / *à la grande surprise de* to the great surprise of / *à la grande surprise de toute la famille, il s'est marié* to his family's great surprise, he got married ▸ **à ma grande surprise** to my great surprise, much to my surprise ▸ **à la surprise générale** to everybody's surprise ▸ **regarder qqn avec surprise** to look at sb in surprise / *on va de surprise en surprise avec eux* with them it's just one surprise after another **2.** [événement inattendu] surprise ▸ **quelle (bonne) surprise!** what a (nice ou pleasant) surprise ! ▸ **avoir une surprise** to be surprised / *tout le monde a eu la surprise d'avoir une*

* In reformed spelling (see p. 16-19).

prime everyone was surprised to get a bonus ▸ **faire une surprise à qqn** to spring a surprise on sb / *ne lui dis pas, je veux lui faire la surprise* don't tell him, I want it to be a surprise / *on a souvent de mauvaises surprises avec lui* you often have unpleasant surprises with him ▸ **attaque surprise** surprise attack ▸ **visite surprise** surprise ou unexpected visit ▸ **voyage surprise** unplanned trip **3.** [cadeau] surprise ; [pour les enfants] lucky bag / *j'ai une petite surprise pour toi* I brought you a little surprise **4.** MIL surprise / *ce qui compte dans une offensive, c'est la surprise* surprise ou the surprise element is the most important thing in an attack.

❖ **par surprise** loc adv MIL : *prendre une ville par surprise* to take a town by surprise.

❖ **sans surprise(s)** loc adj : *ce fut un voyage sans surprise* it was an uneventful trip / *son père est sans surprise* his father is very predictable.

surprise-partie [syʀpʀizpaʀti] (*pl* **surprises-parties**) nf *vieilli* party.

surprit v ⟶ **surprendre**.

surproducteur, trice [syʀpʀɔdyktœʀ, tʀis] adj overproducing.

surproduction [syʀpʀɔdyksjɔ̃] nf overproduction.

surproduire [98] [syʀpʀɔdɥiʀ] vt to overproduce.

surprotection [syʀpʀɔtɛksjɔ̃] nf [d'un enfant] over-protection.

surprotéger [22] [syʀpʀɔteʒe] vt to overprotect.

surpuissant, e [syʀpɥisɑ̃, ɑ̃t] adj **1.** MÉCAN ultra-powerful **2.** [personne] too powerful.

surqualifié, e [syʀkalifje] adj overqualified.

surréalisme [syʀʀealism] nm surrealism.

surréaliste [syʀʀealist] ◆ adj **1.** ART & LITTÉR surrealist **2.** [magique] surreal. ◆ nmf surrealist.

surrection [syʀʀɛksjɔ̃] nf GÉOL uplift.

surréel [syʀʀeɛl] nm surreal.

surrégénérateur [syʀʀeʒeneʀatœʀ] ◆ nm breeder reactor ▸ **surrégénérateur à neutrons rapides** fast breeder reactor. ◆ adj m fast breeder *(modif)*.

surrégénération [syʀʀeʒeneʀasjɔ̃] nf NUCL breeding.

surrénal, e, aux [syʀʀenal, o] adj suprarenal, adrenal.

❖ **surrénale** nf suprarenal ou adrenal gland.

surreprésenté, e [syʀʀəpʀezɑ̃te] adj overrepresented.

surréservation [syʀʀezɛʀvasjɔ̃] nf overbooking.

sursalaire [syʀsalɛʀ] nm bonus.

sursaturation [syʀsatyʀasjɔ̃] nf **1.** ÉCON oversaturation **2.** PHYS supersaturation.

sursaturé, e [syʀsatyʀe] adj oversaturated.

sursaturer [3] [syʀsatyʀe] vt **1.** ÉCON to oversaturate **2.** PHYS to supersaturate.

sursaut [syʀso] nm **1.** [tressaillement] start, jump / *elle eut un sursaut de peur* she jumped in alarm **2.** [regain subit] burst / *un sursaut d'énergie* a burst of energy / *après un dernier sursaut* after a final burst (of activity).

❖ **en sursaut** loc adv [brusquement] with a start / *elle se réveilla en sursaut* she woke up with a start.

sursauter [3] [syʀsote] vi to start, to jump ▸ **faire sursauter qqn** to give sb a start, to make sb start ou jump.

surseoir, sursoir* [66] [syʀswaʀ] ❖ **surseoir à, sursoir à*** v + prép **1.** *litt* [différer -publication, décision] to postpone, to defer **2.** DR ▸ **surseoir à statuer** to defer a judgment ▸ **surseoir à une exécution** to stay an execution.

sursimulation [syʀsimylasjɔ̃] nf : *sursimulation d'une maladie* exaggerating one's symptoms.

sursis, e [syʀsi, iz] pp ⟶ **surseoir**.

❖ **sursis** nm **1.** [délai] reprieve, extension / *ils bénéficient d'un sursis pour payer leurs dettes* they've been granted an extension of the time limit for paying their debts **2.** DR reprieve ▸ **bénéficier d'un sursis** to be granted ou given a reprieve ▸ **sursis simple** ≃ conditional discharge ▸ **sursis avec mise à l'épreuve** ≃ probation order **3.** [ajournement] deferment, extension ▸ **sursis à statuer** stay of proceedings ▸ **sursis d'incorporation** MIL deferment ou deferral of call-up.

❖ **avec sursis** loc adj suspended / *il est condamné à (une peine de) cinq ans avec sursis* he's been given a five year suspended (prison) sentence.

❖ **en sursis** loc adj **1.** DR in remission **2.** [en attente] : *c'est un mort en sursis* he's living on borrowed time.

sursitaire [syʀsitɛʀ] nm MIL provisionally exempted conscript.

sursoit, sursoyait v ⟶ **surseoir**.

surtaux [syʀto] nm excessively high rate.

surtaxe [syʀtaks] nf surcharge.

surtaxer [3] [syʀtakse] vt [frapper d'une taxe -supplémentaire] to surcharge ; [-excessive] to overcharge.

surtension [syʀtɑ̃sjɔ̃] nf (voltage) overload, overvoltage.

surtitre [syʀtitʀ] nm PRESSE head.

surtitrer [syʀtitʀe] vt **1.** [article] to head **2.** [au théâtre, à l'opéra] to surtitle / *la pièce est surtitrée en français* the play is surtitled in French.

surtout[1] [syʀtu] adv **1.** [avant tout, par-dessus tout] above all ; [plus particulièrement] particularly, especially / *il leur faut naturellement de l'argent, mais surtout de l'aide* they obviously need money, but above all ou but most important of all, they need help / *il y avait surtout des touristes dans la salle* most of the audience were tourists / *elle aime surtout l'art moderne* she particularly likes modern art / *j'adore la viande, surtout bien cuite* I love meat, especially when it's well done / *c'est un endroit merveilleux, surtout l'été* it's a wonderful place, especially in summer / *ils sont pingres, surtout lui!* they're tight-fisted, especially him ! / *il est agréable surtout quand il a besoin d'aide!* he's very nice, especially when he needs help ! **2.** [renforçant un conseil, un ordre] : *surtout, téléphonez-moi dès que vous serez arrivé* you MUST ring ou call me as soon as you get there / *surtout, dis au médecin que tu as de l'asthme* be sure to tell the doctor that you've got asthma / *surtout, pas de panique!* whatever you do, don't panic ! / *ne faites surtout pas de bruit* don't you make ANY noise / *je vais lui dire — surtout pas!* I'll tell her — you'll do nothing of the sort !

❖ **surtout que** loc conj *fam* especially as / *il ne devrait pas fumer, surtout qu'il a les poumons fragiles* he shouldn't smoke, especially as he has weak lungs.

surtout[2] [syʀtu] nm **1.** [décor de table] epergne, centrepiece **2.** *vieilli* VÊT overcoat.

survécu pp ⟶ **survivre**.

surveillance [syʀvɛjɑ̃s] nf **1.** [contrôle de travaux] supervision, overseeing ; [-médical] monitoring / *c'est Jane qui est chargée de la surveillance des enfants ce matin* Jane's looking after the children this morning ▸ **tromper** ou **déjouer la surveillance de qqn** to evade sb *sout*, to give sb the slip ▸ **être chargé de la surveillance de qqch** to be responsible for supervising sthg / *chargé de la surveillance des travaux / de l'examen* responsible for overseeing the work / invigilating UK ou proctoring US the examination / *cet appareil est destiné à la surveillance des contractions / du rythme cardiaque* this machine monitors contractions / the heartbeat **2.** ADMIN & DR surveillance ▸ **surveillance légale** sequestration (by the courts) ▸ **surveillance de la pêche** fisheries protection service ▸ **surveillance du territoire** counterespionage ou counterintelligence section.

❖ **de surveillance** loc adj **1.** [service, salle] security *(modif)* ; [avion, équipe] surveillance *(modif)* ; [appareil] supervisory ; [caméra] surveillance *(modif)*, closed-circuit *(avant nom)* **2.** MÉD monitoring.

❖ **en surveillance** loc adv : *le malade est en surveillance à l'hôpital* the patient's progress is being monitored in hospital.

❖ **sans surveillance** loc adj & loc adv unattended, unsupervised.

❖ **sous la surveillance de** loc prép under the surveillance of, under observation by / *sous la surveillance de la police* under police surveillance.

❖ **sous surveillance** loc adv **1.** [par la police] under surveillance ▸ **mettre** ou **placer qqch sous surveillance** to put sthg under surveillance / *banque sous surveillance électronique* bank under electronic surveillance **2.** MÉD under observation.

surveillant, e [syʀvɛjɑ̃, ɑ̃t] nm, f **1.** [de prison] prison guard ; [d'hôpital] charge nurse UK, sister UK, head nurse US ; [de magasin] store detective ; [de chantier] supervisor, overseer **2.** ENS (paid) monitor ; [d'examen] invigilator UK, proctor US ▸ **surveillant d'internat** boarders' supervisor ▸ **surveillant général** *vieilli* head supervisor *(person who was in charge of discipline in a school)*.

surveiller [4] [syʀveje] vt **1.** [garder -bébé, bagages] to watch, to keep an eye on ; [-prisonnier] to guard ▸ **surveiller un malade a)** [personne] to watch over a patient **b)** [avec une machine] to monitor a patient / *vas-y, je surveille tes affaires* go ahead, I'll keep an eye on your things / *j'aurais dû le surveiller davantage* I should have kept a closer watch on him **2.** [épier] to watch / *il fait surveiller sa femme par un détective privé* he's having his wife watched by a private detective / *on nous surveille* we're being watched ; *(en usage absolu)* to keep watch / *je surveille, vous pouvez y aller* go ahead, I'm keeping watch **3.** [contrôler -travaux, ouvriers] to oversee, to supervise ; [-cuisson] to watch ; [-examen] to invigilate UK, to proctor US / *surveille le lait, il ne doit pas bouillir* watch that the milk doesn't boil / *vous devriez surveiller les fréquentations de vos enfants* you should keep an eye on the company your children keep / *voilà ce qui arrive aux adolescents que leurs parents ne surveillent pas* that's what happens to unsupervised adolescents **4.** [observer] to watch, to keep watch on ou over / *surveiller les mouvements de troupes à la frontière* to keep watch on enemy troop movements along the border / *surveiller un territoire* to keep watch over a territory ▸ **surveiller qqn de près a)** [gén] to watch sb closely **b)** [police] to keep sb under close surveillance / *la situation est à surveiller de près* the situation should be very closely monitored **5.** [prendre soin de -santé, ligne] to watch.

❖ **se surveiller** vp *(emploi réfléchi)* **1.** [se contrôler] to be careful what one does / *dans ce pays, il faut sans cesse se surveiller* you have to be very careful in this country **2.** [se restreindre] to watch o.s., to keep a watch on o.s. / *tu as grossi, tu devrais te surveiller* you've put on weight, you should watch yourself.

survenance [syʀvənɑ̃s] nf unexpected arrival ou appearance ▸ **survenance d'enfant** unforeseen childbirth.

survenir [40] [syʀvəniʀ] vi **1.** [problème, complication] to arise, to crop up ; [événement, incident] to happen, to occur, to take place **2.** *litt* [personne] to appear ou to arrive unexpectedly.

survente [syʀvɑ̃t] nf **1.** COMM overcharging **2.** NAUT increase of wind force.

survenu, e [syʀvəny] pp ⟶ **survenir**.

❖ **survenue** nf *litt* **1.** [d'une personne] unexpected arrival ou appearance **2.** [d'une complication] appearance.

survêt [syʀvɛt] nm *fam* tracksuit.

survêtement [syʀvɛtmɑ̃] nm SPORT & LOISIRS tracksuit.

survie [syʀvi] nf **1.** [continuation de la vie] survival / *quelques jours de survie* a few more days to live / *donner à un malade quelques mois de survie* to prolong a patient's life for a few more months / *la survie d'une tradition* the continuance ou survival of a tradition / *nous luttons pour la survie de notre entreprise* we are fighting for the survival of our company ▸ **expérience de survie** survival experiment **2.** [au-delà de la mort] afterlife **3.** DR ▸ **droits** ou **gains de survie** (stipulated ou contractual) rights of survivorship **4.** ÉCOL survival.

survient, survint v ⟶ **survenir**.

survirage [syʀviʀaʒ] nm oversteer.

survirer [3] [syʀviʀe] vi to oversteer.

survit v ⟶ **survivre**.

survitesse [syʀvitɛs] nf excessive speed.

survitrage [syʀvitʀaʒ] nm double glazing / *poser un survitrage* to fit double glazing.

survivance [syʀvivɑ̃s] nf **1.** [d'une coutume] trace, survival / *c'est une survivance des rites païens* it's a relic ou a survival from pagan rites **2.** *litt* [survie] survival / *survivance de l'âme* the survival of the soul after death **3.** LING archaicism.

survivant, e [syʀvivɑ̃, ɑ̃t] ◆ adj [conjoint, coutume] surviving *(avant nom)*. ◆ nm, f **1.** [rescapé] survivor / *les survivants du tremblement de terre* the survivors of the earthquake / *il est le seul survivant* he is the sole survivor **2.** *fig* survivor / *un survivant du surréalisme* a survivor from the surrealist era.

survivre [90] [syʀvivʀ] vi **1.** [réchapper] to survive, to live on / *ceux qui ont survécu* those who survived, the survivors **2.** [continuer à exister] to survive / *une coutume qui a survécu à travers les siècles* a custom that has survived ou endured through the ages / *dans le monde des affaires, il faut lutter pour survivre* in business, it's a struggle for survival ▸ **survivre à** [accident] to survive ; [personne] to survive, to outlive / *elle a survécu à tous ses enfants* she has survived ou outlived all her children / *il a survécu à sa femme* he has outlived his wife / *je ne veux pas lui survivre* I don't want to live on after his death / *l'association n'a pas survécu à son créateur* the association did not outlive its founder / *le régime a survécu au putsch* the government survived the putsch / *la statue a survécu aux bombardements* the statue has survived the bombing.

❖ **se survivre** vpi **1.** [artiste, célébrité] to outlive one's fame ou success **2.** *litt* ▸ **se survivre dans qqn / qqch** to live through sb / sthg / *se survivre dans ses enfants* to live on through one's children.

survol [syʀvɔl] nm **1.** AÉRON : *l'Espagne a refusé le survol de son territoire* Spain refused to allow the aircraft to fly over ou to overfly its territory **2.** [d'un texte] skimming through ; [d'une question] skimming over / *un survol du roman montre que...* a quick look at the novel shows that...

survoler [3] [syʀvɔle] vt **1.** AÉRON to overfly, to fly over **2.** [texte] to skim through ; [question] to skim over / *vous ne faites que survoler la question* your treatment of the question is (too) cursory ou superficial.

survoltage [syʀvɔltaʒ] nm (voltage) overload, overvoltage.

survolter [3] [syʀvɔlte] vt **1.** ÉLECTR to boost **2.** [exciter] to work ou to stir up, to overexcite.

survolteur [syʀvɔltœʀ] nm [transformateur] booster, step-up transformer.

survolteur-dévolteur [syʀvɔltœʀdevɔltœʀ] (*pl* **survolteurs-dévolteurs**) nm reversible booster.

sus [sy(s)] ◆ adv *litt* ▸ **courir sus à qqn** to give chase to sb. ◆ interj *arch* : *sus, mes amis !* come, my friends ! / *sus à l'ennemi !* have at them !

❖ **en sus** loc adv *sout* in addition.

❖ **en sus de** loc prép *sout* in addition to.

susceptibilité [sysɛptibilite] nf **1.** [sensibilité] touchiness, sensitiveness ▸ **ménager la susceptibilité de qqn** to humour sb **2.** PHYS ▸ **susceptibilité magnétique** magnetic susceptibility.

susceptible [sysɛptibl] adj **1.** [sensible] touchy, oversensitive, thinskinned / *ne sois pas si susceptible* don't be so ready to take offence **2.** [exprime la possibilité] ▸ **susceptible de** : *ce cheval est susceptible de gagner* that horse is capable of winning / *votre offre est susceptible de m'intéresser* I might be interested in your offer / *une situation susceptible de se produire* a situation likely to occur / *projet susceptible d'être amélioré* project open to improvement / *texte susceptible de plusieurs interprétations* text open to a number of interpretations / *c'est la seule personne susceptible de nous aider* (s)he's the only person who might be able to help us.

susciter [3] [sysite] vt **1.** [envie, jalousie, haine, intérêt, sympathie] to arouse ; [mécontentement, incompréhension, étonnement] to cause, to give rise to *(insép)* ; [problèmes] to give rise to *(insép)*, to create **2.** [déclencher - révolte] to stir up *(sép)* ; [- dispute] to provoke ; [- malveillance] to incite.

suscription [syskʀipsjɔ̃] nf **1.** [adresse] address, superscription *sout* **2.** [sur un acte diplomatique] superscription **3.** DR ▸ **acte de suscription** (testamentary) superscription.

susdénommé, e [sysdenɔme] adj & nm, f DR above-named, aforenamed.

susdit, e [sysdi, it] adj & nm, f DR aforesaid.

sus-dominante [sysdɔminɑ̃t] nf MUS submediant, sixth.

sus-hépatique [syzepatik] adj suprahepatic.

sushi [suʃi] nm CULIN sushi.

sus-jacent, e [syʒasɑ̃, ɑ̃t] adj GÉOL overlying.

sus-maxillaire [sysmaksilɛʀ] adj supramaxillary.

susmentionné, e [sysmɑ̃sjɔne] adj above-mentioned, aforementioned.

susnommé, e [sysnɔme] adj & nm, f DR above-named, aforenamed.

suspect, e [syspɛ, ɛkt] ◆ adj **1.** [attitude, objet] suspicious, suspect ; [aliment] liable to be unfit for consumption / *un individu suspect* a suspicious-looking person ▸ **se rendre suspect à qqn** to arouse sb's suspicions **2.** [dont on peut douter] : *je trouve ses progrès soudains très suspects* I'm rather suspicious of her sudden progress **3.** [suspecté] ▸ **être suspect de qqch** to be suspected ou under suspicion of sthg ; [susceptible] : *elle était peu suspecte de sympathie envers le terrorisme* she was hardly likely to approve of terrorism. ◆ nm, f suspect.

suspecter [4] [syspɛkte] vt **1.** [soupçonner] to suspect / *on le suspecte d'avoir commis un meurtre* he's suspected of murder, he's under suspicion of murder / *je suspecte un mauvais coup* I suspect there's some foul play going on **2.** [douter de] to doubt, to have doubts about *(insép)* / *je suspecte la véracité de son témoignage* I doubt the truth of his testimony ▸ **suspecter la sincérité de qqn** to doubt sb's sincerity.

suspendre [73] [syspɑ̃dʀ] vt **1.** [accrocher - lustre, vêtement] to hang / *suspends ta veste à la patère* hang your jacket (up) on the hook / *on suspend les poulets par les pattes* chickens are hung (up) by the feet **2.** ▸ **être suspendu à** [dépendre de] to depend ou to be dependent on / *l'avenir de l'entreprise est suspendu à votre décision* the future of the firm depends entirely on your decision, your decision holds the key to the future of the firm **3.** [interrompre - hostilités] to suspend ; [- négociations] to break off *(sép)* ; [- séance, audience] to adjourn ; [- récit] to interrupt **4.** [différer - décision] to defer, to postpone ▸ **suspendre son jugement** to suspend ou to reserve judgement **5.** [interdire - émission, journal] to ban ; [révoquer - fonctionnaire, prêtre, juge] to suspend / *l'administration l'a suspendu* he's been suspended.

❖ **se suspendre à** vp + prép to hang from.

suspendu, e [syspɑ̃dy] adj **1.** CONSTR hanging *(modif)* **2.** TRAV PUB [pont] suspension *(modif)* **3.** AUTO : *voiture bien / mal suspendue* car with good / bad suspension **4.** BOT suspended **5.** GÉOGR ▸ **vallée suspendue** hanging valley.

suspens [syspɑ̃] adj m RELIG suspended.

❖ **en suspens** ◆ loc adj **1.** [affaire, dossier] pending, unfinished ; [intrigue] unresolved ; [lecteur] uncertain **2.** [flocons, planeur] suspended, hanging. ◆ loc adv ▸ **tenir qqn en suspens** to keep sb in suspense / *laisser un dossier en suspens* to keep a file pending / *laisser une question en suspens* to leave a question unanswered ou unresolved.

suspense[1] [syspɑ̃s] nf RELIG suspension.

suspense[2] [syspɛns] nm suspense / *il y a un suspense terrible dans le livre* the book's full of suspense / *prolonger* ou *faire durer le suspense* to prolong the suspense / *ne fais pas durer le suspense, raconte-nous la fin !* the suspense is killing us, do tell us the ending !

❖ **à suspense** loc adj suspense *(modif)* ▸ **film à suspense** thriller ▸ **roman à suspense** thriller, suspense story.

suspenseur [syspɑ̃sœʀ] ◆ adj m ANAT suspensory. ◆ nm BOT suspensor.

suspensif, ive [syspɑ̃sif, iv] adj DR suspensive.

suspension [syspɑ̃sjɔ̃] nf **1.** [d'un objet] hanging **2.** DR [interruption] suspension ▸ **suspension d'audience** adjournment (of hearing) ▸ **suspension d'instance** deferment of proceedings ▸ **suspension de paiement** suspension ou withholding of payment ▸ **suspension de peine** ≃ deferred sentence ▸ **suspension de séance** adjournment / *demander une suspension de séance* to ask for an adjournment **3.** ADMIN [sanction] suspension **4.** AUTO, CHIM, GÉOGR, MUS & RAIL suspension **5.** IMPR ▸ **points de suspension** suspension points **6.** MIN ▸ **suspension dense** dense ou heavy medium **7.** [luminaire] ceiling light fitting.

❖ **en suspension** loc adj **1.** [poussière] hanging / *en suspension dans l'air* hanging in the air **2.** CHIM in suspension.

suspensoir [syspɑ̃swaʀ] nm athletic support (er).

suspente [syspɑ̃t] nf **1.** NAUT sling **2.** [de parachute] suspending ropes **3.** CONSTR (wire) support **4.** TRAV PUB suspender.

suspicieux, euse [syspisjø, øz] adj *litt* suspicious, suspecting.

suspicion [syspisjɔ̃] nf **1.** [défiance] suspicion, suspiciousness ▸ **jeter la suspicion sur qqn** to cast suspicion on sb **2.** DR [supposition d'un délit] suspicion ▸ **suspicion de fraude** suspicion of fraud ▸ **suspicion légitime** *reasonable suspicion that a fair trial will not be given.*

sustentation [systɑ̃tasjɔ̃] nf **1.** AÉRON lift **2.** PHYS sustentation.

sustenter [3] [systɑ̃te] vt **1.** *vieilli* [nourrir - personne] to sustain **2.** AÉRON to lift.

❖ **se sustenter** vp *(emploi réfléchi) hum* to feed, to take sustenance / *nous nous sustentions de quelques morceaux de pain* we fed on a few pieces of bread.

susurrant, e [sysyʀɑ̃, ɑ̃t] adj susurrant *litt*, whispering, softly murmuring.

susurrement [sysyʀmɑ̃] nm whispering.

susurrer [3] [sysyʀe] ◆ vt [chuchoter] to whisper ▸ **susurrer des mots doux à l'oreille de qqn** to whisper sweet nothings in sb's ear. ◆ vi **1.** [bruire - vent] to whisper **2.** [chuchoter] to whisper.

susvisé, e [sysvize] adj DR abovementioned, aforementioned.

sut v ⟶ **savoir**.

sutural, e, aux [sytyʀal, o] adj sutural.

suture [sytyʀ] nf **1.** BOT, GÉOL & ZOOL suture **2.** ANAT & MÉD suture ▸ **point de suture** stitch / *on lui a fait cinq points de suture* he had five stitches (put in).

suturer [3] [sytyʀe] vt to stitch up *(sép)*, to suture *spéc.*

SUV (abr de **sport utility vehicle**) nm SUV.

suzerain, e [syzʀɛ̃, ɛn] ◆ adj suzerain. ◆ nm, f suzerain, (feudal) overlord.

suzeraineté [syzʀɛnte] nf suzerainty.

svastika [zvastika] nm swastika.

svelte [zvɛlt] adj [membre] slender ; [personne] slender, slim.

sveltesse [zvɛltɛs] nf *litt* svelteness, slenderness, slimness.

SVP abr de **s'il vous plaît**.

SVT (abr de **sciences de la vie et de la terre**) nfpl ENS biology.

swahili, e [swaili] adj Swahili.

❖ **Swahili** nmf Swahili.

❖ **swahili** nm LING Swahili.

swap [swap] nm FIN swap.

swastika [swastika] = **svastika**.

Swazi [swazi] nmf Swazi.

Swaziland [swazilɑ̃d] npr m ▸ **le Swaziland** Swaziland.

sweat [swit] nm sweatshirt.

sweater [switœʀ] nm sweater.

sweat-shirt [switʃœʀt] (*pl* **sweat-shirts**) nm sweatshirt.

sweepstake [swipstɛk] nm sweepstake.

swing [swiŋ] nm **1.** MUS [rythme] swing, swinging ; [style] swing **2.** SPORT swing.

swinguer [3] [swiŋge] vi to swing / *quel orchestre, ça swingue !* that band really swings !

SWOT [swɔt] (abr de **strengths, weaknesses, opportunities and threats**) nm SWOT ▸ **analyse SWOT** SWOT analysis.

sybarite [sibarit] ◆ adj *litt* sybaritic. ◆ nmf **1.** *litt* [hédoniste] hedonist, sybarite *litt*, pleasure-seeker **2.** ANTIQ ▸ **Sybarite** Sybarite.

sybaritique [sibaritik] adj *litt* sybaritic.

sybaritisme [sibaritism] nm *litt* sybaritism.

sycomore [sikɔmɔr] nm sycamore.

sycophante [sikɔfɑ̃t] nm **1.** *litt* [dénonciateur] informer ; [calomniateur] scandal-monger **2.** ANTIQ sycophant.

Sydney [sidnɛ] npr Sydney.

syllabaire [silabɛr] nm **1.** [livre] (syllabic) spelling-book **2.** LING syllabary.

syllabation [silabasjɔ̃] nf syllabification.

syllabe [silab] nf **1.** LING syllable **2.** [parole] : *elle n'a pas prononcé une syllabe* she never opened her mouth.

syllabique [silabik] adj syllabic.

syllabus [silabys] nm BELG [polycopié] handout *(for a university class)*.

syllogisme [silɔʒism] nm syllogism.

syllogistique [silɔʒistik] ◆ adj syllogistic, syllogistical. ◆ nf syllogistic.

sylphe [silf] nm MYTH sylph.

sylphide [silfid] nf *litt* MYTH sylph.

❖ **de sylphide** loc adj [corps, taille] sylph-like.

sylvaner [silvanɛr] nm **1.** BOT Sylvaner grape **2.** ŒNOL Sylvaner.

sylve [silv] nf GÉOGR rainforest.

sylvestre [silvɛstr] adj *litt* sylvan *litt*, forest *(modif)*.

Sylvestre [silvɛstr] npr ▸ **saint Sylvestre** Saint Sylvester.

sylvicole [silvikɔl] adj forestry *(modif)*, silvicultural *spéc*.

sylviculteur, trice [silvikyltœr, tris] nm, f forester, silviculturist *spéc*.

sylviculture [silvikyltyr] nf forestry, silviculture *spéc*.

symbiose [sɛ̃bjoz] nf BIOL & *fig* symbiosis.

❖ **en symbiose** loc adv in symbiosis, symbiotically / *ils vivent en symbiose fig* they're inseparable.

symbiote [sɛ̃bjɔt] nm symbiont, symbiote.

symbiotique [sɛ̃bjɔtik] adj symbiotic.

symbole [sɛ̃bɔl] nm **1.** [signe] symbol / *le drapeau est le symbole de la nation* the flag is the symbol of the nation **2.** [personnification] symbol, embodiment / *il est le symbole du respect filial* he's the embodiment of filial duty, he's filial duty personified **3.** RELIG ▸ **Symbole** Creed ▸ **le Symbole des Apôtres / de Nicée** the Apostles' / Nicene Creed **4.** CHIM, INFORM & MATH symbol.

symbolique [sɛ̃bɔlik] ◆ adj **1.** [fait avec des symboles] symbolic ▸ **langage / logique symbolique** symbolic language / logic ▸ **écriture symbolique** writing in symbols **2.** [sans valeur réelle] token, nominal / *une somme symbolique* a nominal amount ▸ **un geste symbolique** a symbolic ou token gesture. ◆ nm ▸ **le symbolique** the symbolic. ◆ nf **1.** [ensemble des symboles] symbolic system, symbolism **2.** [étude des symboles] interpretation of symbols, symbology.

symboliquement [sɛ̃bɔlikmɑ̃] adv symbolically / *on leur a donné symboliquement un euro à chacun* they each got a token one-euro piece.

symbolisation [sɛ̃bɔlizasjɔ̃] nf **1.** [mise en symboles] symbolization **2.** MATH symbolization.

symboliser [3] [sɛ̃bɔlize] vt to symbolize / *on symbolise la justice par une balance* justice is symbolized by a pair of scales / *la colombe symbolise la paix* the dove symbolizes peace ou is the symbol of peace.

symbolisme [sɛ̃bɔlism] nm **1.** [système] symbolism **2.** ART & LITTÉR Symbolism.

symboliste [sɛ̃bɔlist] ◆ adj **1.** [relatif aux symboles] symbolistic **2.** ART & LITTÉR Symbolist. ◆ nmf Symbolist.

symétrie [simetri] nf **1.** [gén] symmetry / *la parfaite symétrie des fenêtres sur la façade* the perfect symmetry of the windows on the front of the building / *son visage manque de symétrie* his face lacks symmetry **2.** GÉOM ▸ **symétrie de révolution / d'axes** rotational / axial symmetry ▸ **symétrie à droite / gauche** right / left inverse.

symétrique [simetrik] ◆ adj **1.** [gén] symmetrical / *deux parties symétriques* two symmetrical parts / *une rangée symétrique de l'autre* one row symmetrical to the other **2.** GÉOM symmetrical ; MATH symmetric. ◆ nm [point] symmetrical point ; [figure] symmetrical figure / *x est un symétrique de y* x and y are symmetrical. ◆ nmf symmetrical element.

symétriquement [simetrikmɑ̃] adv symmetrically.

sympa [sɛ̃pa] adj *fam* [personne, attitude] friendly, nice ; [lieu] nice, pleasant ; [idée, mets] nice / *merci, c'était une soirée super sympa* thank you, that was a really nice evening / *il n'est vraiment pas sympa* he's not very nice at all.

sympathectomie [sɛ̃patɛktɔmi] nf sympathectomy.

sympathie [sɛ̃pati] nf **1.** [cordialité] friendship, fellow feeling / *il y a une grande sympathie entre eux* they get on very well ▸ **être en sympathie avec qqn** to be on friendly terms with sb **2.** [penchant] liking *(C)* / *je n'ai aucune sympathie pour lui* I don't like him at all, I have no liking for him at all ▸ **inspirer la sympathie** to be likeable **3.** [bienveillance] sympathy *(U)* ▸ **témoigner de la sympathie à qqn** to be friendly towards sb / *recevoir des témoignages de sympathie* to receive expressions of sympathy **4.** [pour une idée] sympathy / *je n'ai pas beaucoup de sympathie pour ce genre d'attitude* I don't have much time for that kind of attitude **5.** MÉD sympathy.

❖ **sympathies** nfpl [tendances] sympathies / *ses sympathies vont vers les républicains* his sympathies are ou lie with the Republicans.

> ⚠ Le mot anglais **sympathy** signifie «compassion» et non sympathie.

sympathique [sɛ̃patik] ◆ adj **1.** [personne] nice, pleasant, likeable / *c'est vrai, elle est très sympathique* you're right, she's very nice ou she's a very pleasant person / *je ne le trouve pas spécialement sympathique* I don't find him particularly friendly / *elle m'est très sympathique* I like her very much **2.** [visage] friendly ; [idée] good ; [lieu] pleasant, nice ; [mets] appetizing ; [ambiance, réunion, spectacle] pleasant ; [attitude] kind, friendly / *il est bien sympathique, ce petit vin / fromage !* nice little wine / cheese, this ! **3.** PHYSIOL sympathetic. ◆ nm ANAT sympathetic nervous system.

> ⚠ **Sympathetic** signifie «compatissant» et non sympathique.

sympathiquement [sɛ̃patikmɑ̃] adv nicely, in a kindly way.

sympathisant, e [sɛ̃patizɑ̃, ɑ̃t] ◆ adj sympathizing. ◆ nm, f sympathizer.

sympathiser [3] [sɛ̃patize] vi **1.** [s'entendre] ▸ **sympathiser avec** to get on with UK, to get along with US / *il n'a pas sympathisé avec les autres enfants* he didn't get on with the other children / *nous avons tout de suite sympathisé* we took to ou liked each other right away **2.** POL : *elle sympathise avec les communistes* she's a communist sympathizer.

> ⚠ **To sympathize with someone** signifie «compatir avec quelqu'un» et non sympathiser avec quelqu'un.

sympathomimétique [sɛ̃patɔmimetik] adj & nm sympathomimetic.

symphonie [sɛ̃fɔni] nf **1.** MUS symphony / *les symphonies de Mozart* Mozart's symphonies / **'Symphonie du Nouveau Monde'** *Dvorak* 'New World Symphony' ▸ **symphonie concertante** sinfonia concertante / **'Symphonie fantastique'** *Berlioz* 'Symphonie fantastique' / **'Symphonie héroïque'** *Beethoven* 'Eroica Symphony' / **'Symphonie inachevée'** *Schubert* 'Unfinished Symphony' / **'Symphonie pastorale'** *Beethoven* 'Pastoral Symphony' / **'Symphonie pathétique'** *Tchaïkovski* 'Pathétique', 'Tchaikovsky's 6th Symphony' **2.** *litt* [harmonie] symphony / *le paysage offrait toute une symphonie de verts* the countryside was a harmonious blend of greens.

symphonique [sɛ̃fɔnik] adj symphonic.

symphoniste [sɛ̃fɔnist] nmf symphonist.

symphyse [sɛ̃fiz] nf **1.** ANAT symphysis ▸ **symphyse mentonnière** symphisis mandibulae **2.** MÉD ▸ **symphyse cardiaque** cardiac symphisis ▸ **symphyse pleurale** adherent pleura.

symposium [sɛ̃pozjɔm] nm [colloque] symposium.

symptomatique [sɛ̃ptɔmatik] adj **1.** MÉD symptomatic **2.** [caractéristique] symptomatic, indicative / *c'est symptomatique de leurs relations* it's symptomatic of ou it tells you something about their relationship.

symptomatologie [sɛ̃ptɔmatɔlɔʒi] nf symptomatology.

symptôme [sɛ̃ptom] nm **1.** MÉD symptom / *quand avez-vous ressenti les premiers symptômes ?* when did you first notice the symptoms ? **2.** [signe] symptom, sign ▸ **les premiers symptômes de qqch** the forerunners ou first signs of sthg.

synagogue [sinagɔg] nf synagogue.

synapse [sinaps] nf **1.** ANAT synapse **2.** BIOL synapsis.

synaptique [sinaptik] adj synaptic.

synarchie [sinarʃi] nf synarchy.

synarthrose [sinartroz] nf synarthrosis.

synchrone [sɛ̃kron] adj synchronous.

synchronie [sɛ̃krɔni] nf synchrony.

synchronique [sɛ̃krɔnik] adj synchronic.

synchroniquement [sɛ̃krɔnikmɑ̃] adv synchronically.

synchronisation [sɛ̃krɔnizasjɔ̃] nf synchronization.

synchroniser [3] [sɛ̃krɔnize] vt to synchronize.

synchroniseur [sɛ̃krɔnizœr] nm **1.** AUTO synchromesh (device) **2.** CINÉ, ÉLECTR & PHOT synchronizer **3.** ÉCOL biorhythm trigger ou signal.

synchronisme [sɛ̃krɔnism] nm synchronism.

synchrotron [sɛ̃krɔtrɔ̃] nm synchrotron.

syncinésie [sɛ̃sinezi] nf syncinesis, synkinesis.

synclinal, e, aux [sɛ̃klinal, o] adj synclinal.

❖ **synclinal, aux** nm syncline.

syncopal, e, aux [sɛ̃kɔpal, o] adj syncopal.

syncope [sɛ̃kɔp] nf **1.** MÉD syncope faint, fainting / *tomber en syncope, avoir une syncope* to faint **2.** LING syncope **3.** MUS syncopation.

syncopé, e [sɛ̃kɔpe] adj syncopated.

syncrétique [sɛ̃kretik] adj syncretic.

syncrétisme [sɛ̃kretism] nm syncretism.

syncrétiste [sɛ̃kretist] adj & nmf syncretist.

syndactyle [sɛ̃daktil] adj syndactyl.

syndactylie [sɛ̃daktili] nf syndactyly, syndactylism.

syndic [sɛ̃dik] nm **1.** ADMIN ▸ **syndic (d'immeuble)** managing agent **2.** DR [de faillite] (official) receiver *(before 1985)* **3.** HIST syndic **4.** BOURSE president **5.** SUISSE [président de commune] *high-ranking civic official, similar to a mayor, in certain Swiss cantons.*

Syndic

A **syndic** is an administrative body which represents the interests of the owners of all the flats in a building, collectively known as the **syndicat de copropriété.** The role of the **syndic** is to ensure the upkeep of the building and to organize meetings during which a vote is taken on any repairs, improvements, etc., that are deemed necessary. The services of the **syndic** are paid for by the owners of the flats.

syndical, e, aux [sɛ̃dikal, o] adj **1.** POL (trade) union *(modif)* UK, labor union *(modif)* US **2.** ADMIN management *(modif)* ▸ **droit syndical** right of association.

syndicalisation [sɛ̃dikalizasjɔ̃] nf unionization.

syndicaliser [3] [sɛ̃dikalize] vt to unionize.

syndicalisme [sɛ̃dikalism] nm **1.** [mouvement] (trade) unionism **2.** [ensemble des syndicats] trade unions **3.** [action] (trade) union UK ou labor union US activity / *faire du syndicalisme* to be active in a union **4.** [doctrine] unionism.

syndicaliste [sɛ̃dikalist] ◆ adj **1.** [mouvement] (trade) union *(modif)* UK, labor union *(modif)* US **2.** [doctrine] unionist. ◆ nmf (trade) unionist UK, union activist US.

syndicat [sɛ̃dika] nm **1.** POL [travailleurs] (trade) union UK, labor union US / *se former* ou *se regrouper en syndicat* to form a trade union ▸ **syndicat ouvrier** trade union ▸ **syndicat patronal** employers' confederation ou association **2.** DR [association] association ▸ **syndicat de communes** association of communes ▸ **syndicat interdépartemental** association of regional administrators ▸ **syndicat de copropriétaires** co-owners' association **3.** FIN ▸ **syndicat d'émission** / **de garantie** issuing / underwriting syndicate ▸ **syndicat financier** financial syndicate.

❖ **syndicat d'initiative** nm tourist office, tourist information bureau.

syndication [sɛ̃dikasjɔ̃] nf [de contenus] syndication.

syndiqué, e [sɛ̃dike] ◆ adj (belonging to a trade) union / *ouvriers syndiqués* / *non syndiqués* union / non-union workers. ◆ nm, f (trade) unionist.

syndiquer [3] [sɛ̃dike] vt to unionize, to organize / *syndiquer les travailleurs d'un atelier* to organize the workers in a workshop.

❖ **se syndiquer** vp *(emploi réfléchi)* **1.** [personne] to join a (trade) UK ou (labor) US union **2.** [groupe] to form a (trade) UK ou (labor) US union.

syndrome [sɛ̃drom] nm syndrome ▸ **syndrome du canal carpien** carpal tunnel syndrome ▸ **syndrome du choc toxique** toxic shock syndrome ▸ **syndrome immunodéficitaire acquis** acquired immunodeficiency syndrome ▸ **syndrome prémenstruel** premenstrual tension ou syndrome.

synecdoque [sinɛkdɔk] nf synecdoche.

synectique [sinɛktik] nf synectics *(sg).*

synérèse [sinerɛz] nf CHIM & PHON synaeresis.

synergie [sinɛrʒi] nf **1.** MÉD & PHYSIOL synergism **2.** ÉCON synergy.

synergique [sinɛrʒik] adj synergic, synergetic.

synergiste [sinɛrʒist] adj synergist.

synesthésie [sinɛstezi] nf synaesthesia.

syngnathe [sɛ̃gnat] nm pipefish.

synodal, e, aux [sinɔdal, o] adj RELIG synodal, synodical.

synode [sinɔd] nm RELIG synod.

synodique [sinɔdik] ◆ adj ASTRON & RELIG synodic. ◆ nm RELIG synodal.

synonyme [sinɔnim] ◆ adj synonymous ▸ **être synonyme de** to be synonymous with. ◆ nm synonym / *cherchez un synonyme de « beau »* find another word ou a synonym for "beautiful".

synonymie [sinɔnimi] nf synonymy.

synonymique [sinɔnimik] adj synonymic, synonymous.

synopsis [sinɔpsis] ◆ nf SCI & ÉDUC [bref aperçu] synopsis. ◆ nm CINÉ synopsis.

synoptique [sinɔptik] adj synoptic, synoptical.

❖ **synoptiques** nmpl ▸ **les synoptiques** the Synoptic Gospels.

synovectomie [sinɔvɛktɔmi] nf synovectomy.

synovial, e, aux [sinɔvjal, o] adj synovial.

❖ **synoviale** nf synovium, synovial membrane.

synovie [sinɔvi] nf synovia, synovial fluid.

synovite [sinɔvit] nf synovitis.

syntacticien, enne [sɛ̃taktisjɛ̃, ɛn] nm, f syntactician.

syntactique [sɛ̃taktik] adj CHIM & LING syntactic.

syntagmatique [sɛ̃tagmatik] ◆ adj syntagmatic. ◆ nf syntagmatic analysis.

syntagme [sɛ̃tagm] nm phrase, syntagm *spéc* ▸ **syntagme nominal** / **verbal** / **adjectival** noun / verb / adjectival phrase.

syntaxe [sɛ̃taks] nf INFORM & LING syntax.

syntaxique [sɛ̃taksik] adj INFORM & LING syntactic.

synthé [sɛ̃te] nm *fam* synthesizer.

synthèse [sɛ̃tɛz] nf **1.** [structuration de connaissances] synthesis **2.** [exposé, ouvrage] summary, résumé / *écrire une synthèse sur l'histoire de l'après-guerre* to write a brief history of the post-war years **3.** BIOL, CHIM & PHILOS synthesis **4.** INFORM synthesis ▸ **synthèse de la parole** speech synthesis.

❖ **de synthèse** loc adj **1.** [non analytique] : *avoir l'esprit de synthèse* to have a systematic mind **2.** [fibre, parole] synthetic.

synthétique [sɛ̃tetik] ◆ adj **1.** [raisonnement, approche] synthetic, synthesizing **2.** CHIM [fibre] synthetic, man-made, artificial **3.** LING & PHILOS synthetic. ◆ nm [matière] synthetic ou man-made fibres.

synthétiquement [sɛ̃tetikmɑ̃] adv synthetically.

synthétiser [3] [sɛ̃tetize] vt **1.** [idées, résultats, relevés] to synthesize, to bring together **2.** CHIM to synthesize.

synthétiseur [sɛ̃tetizœr] nm synthesizer.

synthétisme [sɛ̃tetism] nm Synthetism.

syntone [sɛ̃tɔn] adj syntonic.

syntonie [sɛ̃tɔni] nf PSYCHOL & RADIO syntony.

syntonisation [sɛ̃tɔnizasjɔ̃] nf ÉLECTR tuning.

syntoniseur [sɛ̃tɔnizœr] nm tuner.

syphilide [sifilid] nf syphilid, syphilide.

syphilis [sifilis] nf syphilis.

syphilitique [sifilitik] adj & nmf syphilitic.

Syracuse [sirakyz] npr Syracuse.

syriaque [sirjak] adj & nm Syriac.

Syrie [siri] npr f ▸ **(la) Syrie** Syria.

syrien, enne [sirjɛ̃, ɛn] adj Syrian.

❖ **Syrien, enne** nm, f Syrian.

❖ **syrien** nm LING Syrian.

systématicien, enne [sistematisjɛ̃, ɛn] nm, f taxonomist, systematist.

systématique [sistematik] ◆ adj **1.** [méthodique] methodical, orderly, systematic / *de façon systématique* systematically **2.** [invariable - réaction] automatic, invariable ; [- refus] automatic / *c'est systématique, quand je dis oui, il dit non* when I say yes, he invariably says no **3.** [inconditionnel - soutien] unconditional, solid **4.** MÉD systemic. ◆ nf SCI systematics *(sg).*

systématiquement [sistematikmɑ̃] adv systematically.

systématisation [sistematizasjɔ̃] nf systematization.

systématisé, e [sistematize] adj PSYCHOL systematized.

systématiser [3] [sistematize] vt **1.** [organiser en système] to systemize, to systematize **2.** *(en usage absolu)* [être de parti pris] to systemize, to systematize / *il a trop tendance à systématiser* he's too inclined to reduce everything to a system / *il ne faut pas systématiser* we mustn't generalize.

système [sistɛm] nm **1.** [structure] system ▸ **système philosophique** philosophical system / *le système d'éducation* / *de santé français* the French educational system / health services / *système de production* system of production / *système de valeurs* system of values / *il refuse d'entrer dans le système* he refuses to be part of the system ▸ **système solaire** solar system **2.** [méthode] way, means / *il faut trouver un système pour sortir de là* we've got to find a way of getting out of here / *je connais un bon système pour faire fortune* I know a good way of making a fortune / *il a trouvé le système pour ne pas être dérangé* he's found a way to avoid being disturbed ▸ **système D** resourcefulness **3.** [appareillage] system / *système de chauffage* / *d'éclairage* heating / lighting system / *système de fermeture* / *de freinage* locking / braking system **4.** ANAT & MÉD system ▸ **système nerveux** / **digestif** nervous / digestive system ▸ **système nerveux central** central nervous system ▸ **système osseux** bone structure ▸ **système pileux** hair *(on body and head)* ▸ **système végétatif** vegetative system **5.** ARM ▸ **système d'arme** weapon ou weapons system **6.** CONSTR ▸ **système de construction** system **7.** ÉCON ▸ **système monétaire européen** European Monetary System ▸ **analyse de système** systems analysis **8.** GÉOL system **9.** INFORM system ▸ **système d'information** information system ▸ **système expert** expert system ▸ **système d'exploitation** (operating) system ▸ **système de navigation** browser **10.** MATH ▸ **système décimal** decimal system ▸ **système d'équations** simultaneous equations **11.** MÉTÉOR ▸ **système nuageux** cloud system **12.** SCI ▸ **système international d'unités** SI unit ▸ **système métrique** metric system **13.** EXPR ▸ **il me court** ou **porte** ou **tape sur le système** *fam* he's really getting on my nerves.

❖ **par système** loc adv as a matter of principle.

systémique [sistemik] ◆ adj systemic. ◆ nf systems analysis.

systole [sistɔl] nf systole.

systolique [sistɔlik] adj systolic.

t, T [te] nm [lettre] t, T. **Voir aussi g.**

❖ **en T** loc adj T-shaped / *bandages en t* T bandage.

t (abr écrite de **tonne**) t.

t. (abr écrite de **tome**) vol.

t' [t] pron pers **1.** ⟶ **te 2.** ⟶ **tu.**

T 1. (abr écrite de **tesla**) T **2.** (abr écrite de **téra**) T **3.** abr écrite de **t'es.**

ta [ta] f ⟶ **ton.**

TAA (abr de **train autos accompagnées**) nm *car sleeper train* ; ≃ Motorail UK.

TAB nm TAB (vaccine).

tabac [taba] ◆ adj inv [couleur] tobacco brown, tobacco-coloured. ◆ nm **1.** BOT tobacco plant **2.** [produit] tobacco / *elle a les doigts jaunis par le tabac* she's got tobacco-stained fingers / *le tabac peut provoquer le cancer* smoking can cause cancer ▸ **campagne contre le tabac** anti-smoking campaign ▸ **tabac blond** / **brun** mild / dark tobacco ▸ **tabac à chiquer** chewing tobacco ▸ **tabac à priser** snuff **3.** [magasin] tobacconist's UK, tobacco store US / *si tu passes devant un tabac* if you pass a tobacconist's ▸ **un bar tabac, un bar-tabac** *a bar with a tobacco counter* **4.** MÉTÉOR ▸ **coup de tabac** squall, gale **5.** *fam* EXPR **c'est toujours le même tabac** it's always the same old thing ou story ▸ **faire un tabac** to be a smash hit ▸ **passer qqn à tabac** to beat sb up, to lay into sb.

❖ **du même tabac** loc adj *fam* of the same kind / *ils sont du même tabac* they're tarred with the same brush / *et autres ennuis du même tabac* and troubles of that ilk.

tabacologie [tabakɔlɔʒi] nf tobacco science.

tabagie [tabaʒi] nf **1.** [lieu enfumé] : *c'est une vraie tabagie ici* you can't see for smoke around here **2.** QUÉBEC [magasin] tobacconist's UK, tobacco store US.

tabagique [tabaʒik] ◆ adj tobacco *(modif)*, nicotine-related. ◆ nmf tobacco addict, chain-smoker.

tabagisme [tabaʒism] nm tobacco addiction, nicotinism *spéc.*

tabasser [3] [tabase] vt *fam* to beat up *(sép)* / *se faire tabasser* to be ou get beaten up.

tabatière [tabatjɛʀ] nf **1.** [boîte] snuffbox **2.** CONSTR skylight (opening), roof light **3.** ANAT ▸ **tabatière anatomique** (anatomical) snuffbox **4.** ARCHIT [rosace] (double) rosette.

TABDT nm *vaccine against typhoid, paratyphoid A & B, diphtheria and tetanus.*

tabellaire [tabelɛʀ] adj xylographic, xylographical.

tabelle [tabɛl] nf SUISSE register, list.

tabellion [tabeljɔ̃] nm **1.** HIST scrivener, tabellion **2.** *litt & péj* [notaire] lawyer.

tabernacle [tabɛʀnakl] nm **1.** NAUT & RELIG tabernacle **2.** CONSTR (tap) chamber.

tabès [tabɛs] nm tabes.

tablar(d) [tablaʀ] nm SUISSE shelf.

tablature [tablatyʀ] nf tablature.

table [tabl] nf **1.** [pour les repas] table / *débarrasser* ou *desservir la table* to clear the table / *dresser* ou *mettre la table* to set the table / *une table de six couverts* a table set for six / *retenir une table* to book ou to reserve a table / *qui sera mon voisin de table?* who will I be sitting next to (for the meal)? / *sortir* ou *se lever de table* to leave the table, to get up from the table / *nous nous sommes levés de table à minuit* we finished dinner at midnight / *propos de table* table talk ▸ **table anglaise** gate-leg table ▸ **la table d'honneur** the top ou head table ▸ **table d'hôte** table d'hôte / *nous avons pris notre repas à la table d'hôte* we ate with the other guests in the hotel dining room ▸ **tenir table ouverte** to keep open house **2.** [nourriture] ▸ **la table** food / *sa table et sa cave sont bonnes* he serves good food and wine / *aimer la table* to enjoy ou to like good food ; [restaurant] : *une des meilleures tables de Paris* one of the best restaurants in Paris **3.** [tablée] table, tableful / *présider la table* to preside over the guests *(at a meal)* / *il a fait rire toute la table* he made the whole table laugh **4.** [meuble à usages divers] table ▸ **table de chevet** ou **de nuit** bedside table ▸ **table de cuisine** / **de salle à manger** kitchen / dining-room table ▸ **table basse** coffee table ▸ **table de billard** billiard table ▸ **table de cuisson** hob ▸ **table à dessin** drawing board ▸ **table de jeu** gambling table ▸ **table à langer** baby changing table ▸ **table de lecture** turntable ▸ **table de montage a)** IMPR & PHOT light table **b)** CINÉ cutting table ▸ **table des négociations** negotiating table ▸ **table d'opération** operating table ▸ **table d'orientation** viewpoint indicator ▸ **table à ouvrage** work table ▸ **table de ping-pong** table-tennis table ▸ **table à rallonges** extension ou draw table ▸ **table à repasser** ironing board ▸ **table ronde** *pr & fig* round table ▸ **table roulante** trolley UK, tea wagon US ▸ **table de toilette** dressing table ▸ **table tournante** *table used for séances* ▸ **faire tourner les tables** to hold a séance ▸ **table de travail** work surface / *table à volets* drop-leaf table ▸ **tables gigognes** nest of tables **5.** [liste, recueil] table ▸ **table de logarithmes** / **mortalité** / **multiplication** log / mortality / multiplication table ▸ **table alphabétique** alphabetical table ou list ▸ **table des matières** (table of) contents ▸ **table de vérité** LOGIQUE truth table ▸ **les Tables de la Loi** BIBLE The Tables of the Law ▸ **table rase** PHILOS tabula rasa ▸ **faire table rase** to wipe the slate clean, to make a fresh start **6.** ASTRONAUT ▸ **table de lancement** launch pad, launching pad ou platform **7.** CONSTR [plaque] panel ; [panneau] panel, table **8.** ÉCOL ▸ **table de survie** expectation of life table **9.** GÉOL table, mesa **10.** IMPR table ▸ **table de réception** delivery table **11.** INFORM table ▸ **table traçante** plotter ▸ **table de corrélation** / **correspondance** / **décision** correlation / function / decision table **12.** JOAILL table ▸ **diamant en table** table (diamond) **13.** MUS ▸ **table d'harmonie** soundboard **14.** RAIL ▸ **table de roulement** running ou rail surface **15.** RELIG ▸ **table d'autel** (altar) table ▸ **la table de communion, la sainte table** the communion ou the Lord's table.

❖ **à table** ◆ loc adv at table ▸ **passer à** ou **se mettre à table** to sit down to a meal / *nous pouvons passer à table* the meal is ready now / *nous serons dix à table* there will be ten of us at table / *je te rappelle plus tard, je suis à table* I'll call you later, I'm eating ▸ **se mettre à table** *arg crime* [parler] to spill the beans ▸ **il se tient mieux à table qu'à cheval** he's a hearty eater. ◆ interj ▸ **à table!** it's ready!

❖ **table d'écoute** nf wiretapping set ou equipment ▸ **elle est sur table d'écoute** her phone is tapped ▸ **mettre qqn sur table d'écoute** to tap sb's phone.

tableau, x [tablo] nm **1.** ÉDUC ▸ **aller au tableau** to go to the front of the classroom *(and answer questions or recite a lesson)* / *Paul, au tableau!* Paul, please come up to the blackboard ou to the front of the class! ▸ **tableau blanc interactif** interactive whiteboard ▸ **tableau noir** blackboard **2.** [support mural] rack, board / *mettre ses clés au tableau* to hang one's keys on the rack / *tableau pour fusibles* fuseboard **3.** [panneau d'information] board ▸ **tableau d'affichage** notice board UK, bulletin board US ▸ **tableau des arrivées** / **départs** arrivals / departures board ▸ **tableau électronique** electronic noticeboard **4.** ART painting, picture / *un tableau de Goya* a painting by Goya ▸ **un tableau ancien** an old master ▸ **vieux tableau** *vieilli* [vieille femme] old dear **5.** [spectacle] scene, picture / *ils formaient un tableau touchant* they were a touching sight / *vous voyez d'ici le tableau!* *fam* you can imagine ou picture the scene! **6.** [description] picture / *vous nous faites un tableau très alarmant de la situation* you've painted an alarming picture of the situation ▸ **pour achever le tableau** to cap it all **7.** [diagramme] table / *remplir un tableau* to fill in a table / *trois tableaux illustrent le texte* the text is illustrated with three tables **8.** [liste - gén] list, table ; [- d'une profession] roll ▸ **tableau d'avancement** promotions roster ou list ▸ **tableau des avocats** roll of lawyers ▸ **tableau des éléments** CHIM periodic table ▸ **tableau de gonflage** tyre-pressure table ▸ **tableau horaire** [des trains] timetable **9.** CONSTR reveal **10.** ÉLECTR ▸ **tableau de contrôle** control board ▸ **tableau de distribution** distribution board ou switchboard **11.** IMPR tabular, table matter **12.** INFORM array **13.** MATH table **14.** MÉD ▸ **tableau clinique** overall clinical picture **15.** NAUT transom **16.** PHARM (French) drugs classification ▸ **tableau A** toxic drugs (list) ▸ **tableau B** narcotics (list) ▸ **tableau C** dangerous drugs (list) **17.** THÉÂTRE scene / *premier tableau du troisième acte* act three, scene one ▸ **tableau de service a)** [répétitions] rehearsal roster **b)** [représentations] performances roster ▸ **tableau vivant** tableau vivant **18.** EXPR **gagner sur les deux** / **tous les tableaux** to win on both / all counts.

❖ **tableau de bord** nm **1.** AUTO dashboard **2.** AÉRON & NAUT instrument panel **3.** ÉCON (list of) indicators.

❖ **tableau de chasse** nm **1.** CHASSE bag **2.** AÉRON list of kills **3.** *fam* [conquêtes amoureuses] conquests.

◆ **tableau d'honneur** nm ÉDUC roll of honour UK, honor roll US / *elle a eu le tableau d'honneur ce mois-ci* she was on the roll of honour this month.

tableautin [tablotɛ̃] nm [peinture] small painting.

tablée [table] nf table / *toute la tablée s'est levée* the whole table ou company stood up / *une tablée de jeunes* a tableful ou party of youngsters.

tabler [3] [table] ◆ **tabler sur** v + prép to bank ou to count on / *ne table pas sur une augmentation* don't bank on getting a rise.

tablette [tablɛt] nf **1.** [petite planche] shelf **2.** CULIN [de chewing-gum] stick ; [de chocolat] bar **3.** CONSTR slab ; [de radiateur] top ; [de cheminée] mantelpiece ; [d'une maçonnerie] coping **4.** INFORM ▸ **tablette graphique** graphic tablet **5.** PHARM tablet.

◆ **tablettes** nfpl ANTIQ tablets ▸ **je vais l'inscrire** ou **le noter dans mes tablettes** *fig* I'll make a note of it.

tabletterie [tablɛtʀi] nf **1.** [fabrication] fancy goods manufacturing **2.** [objets] fancy goods **3.** [métier] fancy goods trade.

tableur [tablœʀ] nm spreadsheet.

tablier [tablije] nm **1.** VÊT apron ; [blouse] overall UK, work coat US ; [d'enfant] smock / *je mets toujours un tablier pour faire la cuisine* I always put on an apron to do the cooking ▸ **rendre son tablier a)** [démissionner] to hand in one's resignation **b)** *fig* to give up, to throw in the towel ▸ **ça lui va comme un tablier à une vache** *fam* it looks like a sack on him **2.** [rideau - de cheminée] register ; [- de magasin] steel shutter **3.** TRAV PUB deck and beams, superstructure *(of a bridge)* **4.** AUTO [d'une voiture] cowl ; [d'un scooter] footrest **5.** RAIL foot plate **6.** TECHNOL [de machine-outil] apron.

tabloïd(e) [tablɔid] adj & nm tabloid.

tabou, e [tabu] adj **1.** ANTHR & RELIG taboo **2.** [à ne pas évoquer] forbidden, taboo **3.** [à ne pas critiquer] untouchable.

◆ **tabou** nm ANTHR & RELIG taboo / *ce sont des tabous* these are taboo subjects.

taboulé [tabule] nm tabbouleh.

tabouret [tabuʀɛ] nm **1.** [siège] stool ▸ **tabouret de bar / cuisine / piano** bar / kitchen / piano stool **2.** [pour les pieds] foot stool.

Tabriz [tabʀiz] npr Tabriz.

tabulaire [tabylɛʀ] adj tabular.

tabulateur [tabylatœʀ] nm tabulator.

tabulation [tabylasjɔ̃] nf **1.** [positionnement] tabulation **2.** [taquets] tabs.

tabulatrice [tabylatʀis] nf tabulator.

tac [tak] interj **1.** [bruit sec] tap, rat-a-tat **2.** EXPR **et tac!** so there! ▸ **du tac au tac** tit for tat / *répondre du tac au tac* to answer tit for tat.

TAC abr de train auto-couchettes.

tacaud [tako] nm bib, pout.

tachant, e [taʃɑ̃, ɑ̃t] adj **1.** [qui tache] staining **2.** [qui se tache] easily soiled.

tache [taʃ] nf **1.** [marque] stain / *tache de graisse* grease stain ou mark / *je me suis fait une tache* I've stained my clothes / *je n'ai pas pu faire partir la tache* I couldn't remove the stain / *la tache ne partira pas* the stain won't come out ▸ **tache de sang** bloodstain ▸ **tache de vin** wine stain ▸ **faire tache** *fam* to jar / *le piano moderne fait tache dans le salon* the modern piano looks out of place in the living room ▸ **faire tache d'huile** to spread **2.** [partie colorée] patch, spot / *le soleil faisait des taches de lumière sur le sol* the sun dappled the ground with light / *des taches bleues dans un ciel gris* patches of blue in a grey sky **3.** [sur un fruit] mark, blemish / *les pommes sont pleines de taches* the apples are all marked **4.** [sur la peau] mark, spot / *la rougeole donne des taches rouges sur la peau* measles causes the skin to come out in red spots ▸ **tache de rousseur** ou **de son** freckle ▸ **tache de vin** strawberry mark *(birthmark)* **5.** [souillure morale] blot, stain, blemish / *cette fraude est une tache à sa réputation* this fraud has stained his reputation ▸ **tache originelle** RELIG stain of original sin **6.** ASTRON ▸ **tache solaire** sunspot **7.** ART patch, tache **8.** MÉD [sur une radiographie] opacity ; [coloration anormale] spot ▸ **taches auditives** auditory spots, maculae acusticae *spéc* ▸ **tache jaune** yellow spot, macula lutea *spéc* ▸ **taches lenticulaires** rose ou typhoid spots ▸ **tache de Mariotte** blind ou Mariotte's spot **9.** ZOOL patch, spot, mark.

◆ **sans tache** loc adj **1.** [fruit] unblemished **2.** [réputation] spotless.

tâche [taʃ] nf **1.** [travail] task, job / *remplir une tâche* to fulfil a task ▸ **assigner une tâche à qqn** to give sb a task ou a job ou a piece of work to do ▸ **faciliter / compliquer la tâche à qqn** to make things easier / more complicated for sb ▸ **tâches ménagères** housework **2.** [mission, rôle] task, mission / *faire régner la paix, voilà la tâche qu'il s'est fixée* the task he has set for himself is to bring peace / *la tâche des scientifiques d'aujourd'hui* the mission of today's scientists ▸ **prendre à tâche de faire qqch** *litt* to undertake to do sthg **3.** INFORM task.

◆ **à la tâche** ◆ loc adj ▸ **travail à la tâche** piecework. ◆ loc adv INDUST ▸ **travailler à la tâche** to be on piecework / *il est à la tâche* he's a pieceworker / *on n'est pas à la tâche!* *fam* what's the rush? / *mourir à la tâche* to die in harness.

tachéomètre [takeɔmɛtʀ] nm GÉOGR tacheometer, tachymeter.

tachéométrie [takeɔmetʀi] nf GÉOGR tacheometry, tachymetry.

tacher [3] [taʃe] ◆ vt **1.** [salir - vêtement, tapis] to stain / *taché de sang* blood-stained **2.** *sout* [ternir - réputation, nom, honneur] to stain **3.** *sout* [colorer] to spot, to dot / *le soleil tache de rose les cimes neigeuses* the sun tints the snowy mountain tops a rosy hue. ◆ vi [encre, sauce, vin, etc.] to stain.

◆ **se tacher** ◆ vp *(emploi réfléchi)* to get o.s. dirty, to stain one's clothes. ◆ vp *(emploi passif)* [tissu] to soil ; [bois, peinture, moquette] to mark ; [fruit] to become marked / *le blanc se tache facilement* white soils ou gets dirty easily / *le noir ne se tache pas* black doesn't show the dirt.

tâcher [3] [taʃe] vt ▸ **tâcher que** to make sure that / *tâche qu'elle ne l'apprenne pas* make sure she doesn't hear about it.

◆ **tâcher de** v + prép to try to / *tâche d'être à l'heure* try to be on time.

tâcheron, onne [taʃʀɔ̃, ɔn] nm, f **1.** [petit entrepreneur] jobber ; [ouvrier agricole] hired hand **2.** *péj* [travailleur] drudge, workhorse *péj* ; [écrivaillon] hack / *les tâcherons d'Hollywood* Hollywood hacks.

tacheter [27] [taʃte] vt to spot, to speckle, to fleck / *une robe blanche tachetée de vert* a white dress spotted with green / *des champs tachetés de lumière* fields flecked ou dappled with sunlight / *un chat blanc tacheté de noir* a white cat with black markings.

In reformed spelling (see p. 16-19), this verb is conjugated like **acheter**: *il tachète, elle tachètera.*

tachisme [taʃism] nm tachism, tachisme.

tachiste [taʃist] adj & nmf tachist, tachiste.

tachycardie [takikaʀdi] nf tachycardia.

tachygraphe [takigʀaf] nm tachograph.

tachyphémie [takifemi] nf tachyphemia, tachyphrasia.

tachypsychie [takipsiʃi] nf tachypsychia.

tacite [tasit] adj tacit / *c'était un aveu tacite* it was a tacit admission ▸ **(par) tacite reconduction** (by) tacit agreement to renew.

Tacite [tasit] npr Tacitus.

tacitement [tasitmɑ̃] adv tacitly.

taciturne [tasityʀn] adj taciturn, silent, uncommunicative.

tacle [takl] nm tackle ▸ **tacle glissé** sliding tackle.

tacler [3] [takle] vt FOOT to tackle.

tacon [takɔ̃] nm SUISSE [pièce en tissu] patch *(for repairing clothes)*.

tacot [tako] nm *fam* banger UK, (old) heap.

TacOTac® [takɔtak] npr m *public lottery with a weekly prize draw.*

tact [takt] nm **1.** PHYSIOL (sense of) touch **2.** [délicatesse] tact, delicacy ▸ **avoir du tact** to be tactful ▸ **manque de tact** tactlessness / *quel manque de tact!* how tactless! ▸ **manquer de tact** to be tactless / *annoncer la nouvelle avec / sans tact* to break the news tactfully / tactlessly.

tacticien, enne [taktisjɛ̃, ɛn] nm, f **1.** MIL (military) tactician **2.** *fig* [stratège] strategist / *en fine tacticienne, elle a laissé parler tout le monde avant d'intervenir* she very cunningly allowed everyone else to speak before intervening.

tactile [taktil] adj tactile.

tactique [taktik] ◆ adj tactical. ◆ nf **1.** MIL tactics *(sg)* **2.** [moyens] tactics *(pl)*.

tactiquement [taktikmɑ̃] adv tactically.

tactisme [taktism] nm tropism, taxis.

tadjik [tadʒik] adj Tadzhiki.

◆ **Tadjik** nmf Tadzhik.

◆ **tadjik** nm LING Tadzhiki.

Tadjikie [tadʒiki] npr f = **Tadjikistan.**

Tadjikistan [tadʒikistɑ̃] npr m ▸ **le Tadjikistan** Tadzhikistan.

Tadj Mahall [tadʒmaal] = **Taj Mahal.**

tadorne [tadɔʀn] nm [femelle] shelduck ; [mâle] sheldrake.

taekwondo [tekwɔ̃do] nm SPORT taekwondo.

tænia [tenja] = **ténia.**

taf [taf] nm *fam* work / *je ne sors pas ce soir, j'ai du taf* I can't go out tonight, I've got to work.

taffe [taf] nf *fam* [de cigarette] drag, puff.

taffetas [tafta] nm **1.** TEXT taffeta / *une robe en* ou *de taffetas* a taffeta dress **2.** PHARM ▸ **taffetas gommé** adhesive bandage.

tafia [tafja] nm tafia.

tag [tag] nm tag *(graffiti)*.

tagalog [tagalɔg], **tagal** [tagal] nm LING Tagalog.

Tage [taʒ] npr m ▸ **le Tage** the (River) Tagus.

tagetes [taʒetɛs], **tagète, tagette** [taʒɛt] nm marigold, tagetes *spéc.*

tagine [taʒin] nm = **tajine.**

tagliatelle, taliatelle* [tagljatɛl] nf tagliatelle *(U)*.

taguer [3] [tage] vt to tag *(with graffiti)*.

tagueur, euse [tagœʀ, øz] nm, f tagger *(graffitist)*.

Tahiti [taiti] npr Tahiti ▸ **à Tahiti** in Tahiti.

tahitien, enne [taisjɛ̃, ɛn] adj Tahitian.

◆ **Tahitien, enne** nm, f Tahitian.

◆ **tahitien** nm LING Tahitian.

taïaut [tajo] interj tally-ho.

Taibei [tajbɛj] npr = **Taipei.**

tai-chi(-chuan) [tajʃiʃwan] nm inv T'ai Chi (Ch'uan).

taie [tɛ] nf **1.** [enveloppe] ▸ **taie d'oreiller** pillowcase, pillow slip ▸ **taie de traversin** bolster case **2.** MÉD leucoma.

taïga [tajga] nf taiga.

taillable [tajabl] adj **1.** HIST subject to tallage **2.** EXPR **être taillable et corvéable à merci a)** [sujet à l'impôt] to be subject to tallage **b)** [soumis à des travaux] to be a drudge / *je ne suis pas taillable et corvéable à merci, moi!* I won't be treated like a drudge!

taillade [tajad] nf **1.** [estafilade] slash, gash **2.** HORT [sur un arbre] gash.

taillader [3] [tajade] vt to gash ou to slash (through).

◆ **se taillader** vpt : *se taillader les poignets* to slash one's wrists.

taillage [tajaʒ] nm INDUST milling, cutting.

taillanderie [tajɑ̃dʀi] nf **1.** [fabrication, commerce] edge-tool industry **2.** [outils] edge-tools.

taillandier [tajɑ̃dje] nm edge-tool maker.

* In reformed spelling (see p. 16-19).

taillant [tajɑ̃] nm **1.** [tranchant] (cutting) edge **2.** MIN & TRAV PUB bit.

taille [taj]

◆ nf

A. COUP, COUPE

B. MESURES, AMPLEUR

A. COUP, COUPE **1.** HORT [d'un arbre - gén] pruning ; [- importante] cutting back ; [- légère] trimming ; [d'une haie] trimming, clipping ; [de la vigne] pruning / *la taille de la vigne commence en février* the pruning of the vines begins in February ▸ **taille longue** pinching, light pruning **2.** ARM [tranchant] edge / *frapper de taille* to strike ou to slash with the edge of one's sword **3.** ART [du bois, du marbre] carving ; [en gravure] etching ▸ **taille au burin** chiselling / *l'art de la taille* carving **4.** CONSTR [à la carrière] hewing, cutting ; [sur le chantier] dressing **5.** HIST [impôt] taille, tallage **6.** INDUST [d'un engrenage] milling, cutting ▸ **taille bâtarde / croisée / simple** bastard / cross-cut / float cut **7.** JOAILL cutting ▸ **taille à angles** step-cut **8.** *vieilli* MÉD cystotomy, lithotomy **9.** MIN longwall, working face **10.** MUS tenor (line).

B. MESURES, AMPLEUR **1.** [d'une personne, d'un animal] height / *une femme de haute taille* a tall woman, a woman of considerable height / *un homme de petite taille* a short man / *un enfant de taille moyenne* a child of average height / *ils ont à peu près la même taille* they're about the same height ▸ **de la taille de** as big as, the size of **2.** [d'un endroit, d'un objet] size / *une pièce de taille moyenne* an average-sized room / *il te faudrait un plat d'une taille plus grande* you need a larger-sized dish **3.** [importance] size / *une erreur de cette taille est impardonnable* a mistake of this magnitude is unforgivable **4.** VÊT size / *quelle est votre taille?* what size do you take? / *ce n'est pas ma taille* it's not my size / *donnez-moi la taille en dessous / au-dessus* give me one size down / up / *les grandes / petites tailles* the large / small sizes / *elles font toutes deux la même taille* they both wear the same size ▸ **taille XL** size XL / *deux tailles de plus / de moins* two sizes bigger / smaller / *je n'ai plus votre taille* I'm out of your size ▸ **elle a la taille mannequin** she's got a real model's figure **5.** [partie du corps] waist / *avoir la taille longue / courte* to be long- / short-waisted / *avoir la taille fine* to be slim-waisted ou slender-waisted / *sa robe est serrée / trop serrée à la taille* her dress is fitted / too tight at the waist / *elle avait la taille prise dans une robe de soie violette* her slim waist was set off by a purple silk dress / *elle n'a pas de taille* she's got no waist ▸ **avoir une taille de guêpe** ou **de nymphe** to have an hourglass figure ▸ **avoir la taille bien prise** to have a nice ou good figure **6.** [partie d'un vêtement] waist / *robe à taille haute / basse* high- / low-waisted dress / *un jean (à) taille basse* low-waisted ou hipster UK ou hip-hugger US jeans **7.** INFORM ▸ **taille mémoire** storage capacity.

❖ **à la taille de** loc prép in keeping with / *ses moyens ne sont pas à la taille de ses ambitions* his ambitions far exceed his means.

❖ **de taille** loc adj **1.** [énorme] huge, great / *le risque est de taille* the risk is considerable / *une fraude de taille* a major fraud / *une surprise de taille* a big surprise **2.** [capable] ▸ **être de taille** to measure up / *face à un adversaire comme lui, tu n'es pas de taille* you're no match for an opponent like him ▸ **de taille à** capable of, able to / *elle n'est pas de taille à se défendre* she's not capable of defending herself / *je ne suis pas de taille à écrire une thèse* I'm not up to writing a thesis.

taillé, e [taje] adj **1.** [bâti] : *un homme bien taillé* a well-built man ▸ **taillé en** ou **comme** : *un gaillard taillé en hercule* a great hulk of a man **2.** [apte à] ▸ **taillé pour** cut out for / *tu n'es pas taillé pour ce métier* you're not cut out for this job **3.** [coupé - arbre] trimmed, pruned ; [- haie] trimmed, clipped ; [- cristal] cut ; [- crayon] sharpened ; [- barbe, moustache] trimmed / *une barbe taillée en pointe* a goatee (beard) / *un costume bien / mal taillé* a well-cut / badly-cut suit.

taille-crayon [tajkʀɛjɔ̃] (*pl* **taille-crayon** *ou* **taille-crayons**) nm pencil sharpener.

taille-douce [tajdus] (*pl* **tailles-douces**) nf intaglio / *une gravure* ou *impression en taille-douce* an intaglio.

taille-haie [tajɛ] (*pl* **taille-haie** *ou* **taille-haies**) nm hedge trimmer.

tailler [3] [taje] ◆ vt **1.** [ciseler - pierre] to cut, to hew *sout* ; [- verre] to engrave ; [- bois, marbre] to carve ; [- diamant] to cut ▸ **tailler en pièces** *fig* : *tailler en pièces une armée* to cut an army to pieces / *la critique l'a taillé en pièces* the reviewers made mincemeat out of him **2.** [barbe, moustache] to trim ; [crayon] to sharpen / *tailler sa barbe en pointe* to trim one's beard into a goatee **3.** [façonner] to cut, to hew *sout* / *il a taillé un escalier dans la pente* he cut some steps into the hillside **4.** COUT [vêtement] to cut (out) / *tailler une jupe dans du velours* to cut a skirt out of a piece of velvet ▸ **tailler une bavette** *fam* to have a chat ou a chinwag **5.** HORT [arbre] to prune, to cut back *(sép)* ; [haie] to trim, to clip ; [vigne] to prune **6.** INDUST [engrenage] to mill, to cut.

◆ vi **1.** [inciser] to cut / *tailler dans les chairs avec un scalpel* to cut into the flesh with a scalpel **2.** VÊT ▸ **cette robe taille grand / petit** this dress is cut UK ou runs large / small **3.** *vieilli* JEUX to keep the bank, to be banker.

❖ **se tailler** ◆ vpi *tfam* [partir] to scram / *allez, on se taille!* come on, let's clear off! ▸ **taille-toi!** scram!, beat it! ◆ vpt : *se tailler un chemin à travers les ronces* to hack one's way through the brambles / *se tailler un chemin à travers la foule* to force one's way through the crowd / *se tailler un (beau) succès* to be a great success.

taillerie [tajʀi] nf **1.** [art] gem-cutting **2.** [atelier] gem-cutting workshop.

tailleur [tajœʀ] nm **1.** COUT [artisan] tailor ▸ **tailleur pour dames** ladies' tailor ▸ **tailleur à façon** bespoke UK ou custom US tailor **2.** VÊT (lady's) suit / *un tailleur sur mesure* a tailor-made suit ▸ **un tailleur Chanel** a Chanel suit *(the expression is often used to evoke a wealthy, conservative but fashionable lifestyle)* **3.** [ouvrier] ▸ **tailleur de diamants** diamond ou gem cutter ▸ **tailleur de pierres / de pavés / de marbre** stone / paving stone / marble cutter ▸ **tailleur de verre** glass engraver.

❖ **en tailleur** loc adv cross-legged.

tailleur-pantalon [tajœʀpɑ̃talɔ̃] (*pl* **tailleurs-pantalons**) nm trouser suit UK, pantsuit US.

taillis [taji] nm coppice, copse, thicket ▸ **taillis sous futaie** coppice with standards.

tailloir [tajwaʀ] nm ARCHIT abacus.

tain [tɛ̃] nm **1.** [pour miroir] silvering **2.** MÉTALL [bain] tin bath.

Taipei [tajpɛ] npr Taipei.

taire [111] [tɛʀ] vt **1.** [passer sous silence - raisons] to conceal, to say nothing about ; [- information] to hush up *(sép)* ; [- plan, projet] to keep secret, to say nothing about, to keep quiet about / *je tairai le nom de cette personne* I won't mention this person's name / *il a préféré taire ses projets* he preferred to keep his plans secret / *à quoi bon taire la vérité maintenant?* what's the use of concealing ou not telling the truth now? ▸ **faire taire qqn** [empêcher qqn de parler] to silence sb, to force sb to be quiet / *faites taire les enfants* make the children be quiet / *mais faites-le taire!* somebody shut him up for goodness' sake! ▸ **faire taire qqch** to stifle sthg / *fais taire tes scrupules* forget your scruples **2.** *litt* [cacher - sentiment] : *elle sait taire ses émotions* she's able to keep her emotions to herself.

❖ **se taire** vpi **1.** [s'abstenir de parler] to be ou to keep quiet ▸ **tais-toi!** be quiet! / *elle sait se taire et écouter les autres* she knows when to be silent and listen to others **2.** [cesser de s'exprimer] to fall silent / *l'opposition s'est tue* the opposition has gone very quiet **3.** *litt* [cesser de faire du bruit] to fall *litt* ou to become silent / *les oiseaux / canons se turent* the birds / cannon fell silent **4.** *fam* EXPR **tais-toi!, taisez-vous!** (oh) don't / *et quand il t'a invitée à danser? — tais-toi, je ne savais plus où me mettre!* and when he asked you to dance? — don't, I felt so embarrassed!

taiseux, euse [tɛzø, øz] adj & nm, f BELG quiet.

taisons v ⟶ **taire.**

Taïwan [tajwan] npr Taiwan ▸ **à Taïwan** in Taiwan.

taïwanais, e [tajwanɛ, ɛz] adj Taiwanese.

❖ **Taïwanais, e** nm, f Taiwanese ▸ **les Taïwanais** the Taiwanese.

tajine [taʒin] nm **1.** [mets] *Moroccan lamb (or chicken) stew* **2.** [récipient] tajine.

Taj Mahal [taʒmaal] npr m ▸ **le Taj Mahal** the Taj Mahal.

take-off [tɛkɔf] nm inv ÉCON takeoff.

talc [talk] nm talcum powder, talc.

talé, e [tale] adj [fruit] bruised.

talent [talɑ̃] nm **1.** [capacité artistique] talent ▸ **avoir du talent** to have talent, to be talented / *son second album est plein de talent* his second album is quite inspired **2.** [don, aptitude particulière] talent, skill, gift / *essaie de la raisonner — je n'ai jamais eu ce talent!* try to make her see reason — that's a skill I've never had! / *ses talents de communicateur* his talents as a communicator / *elle exerçait ses talents de dentiste dans une ville de province* she practised as a dentist in a provincial town / *votre fille a vraiment tous les talents* your daughter is really talented **3.** [personne] talent / *il est à la recherche de jeunes / nouveaux talents* he's looking for young / new talent **4.** HIST talent.

❖ **de talent** loc adj talented / *un jeune écrivain de talent* a talented young writer / *un styliste de grand talent* a designer of great talent, a highly talented designer.

❖ **sans talent** loc adj untalented / *chanteur sans talent* untalented singer.

talentueux, euse [talɑ̃tɥø, øz] adj *fam* talented, gifted.

taler [tale] vt [fruit] to bruise.

taliban [talibɑ̃] adj & nmf Taliban ▸ **les talibans** the Taliban.

talion [taljɔ̃] nm talion.

talisman [talismɑ̃] nm **1.** [amulette] talisman **2.** *litt* [sortilège] spell, charm.

talismanique [talismanik] adj *sout* talismanic.

talkie-walkie [tokiwɔki] (*pl* **talkies-walkies**) nm walkie-talkie.

talk-show [tɔkʃo] nm talk-show.

talle [tal] nf BOT sucker.

Talmud [talmyd] npr m Talmud.

talmudique [talmydik] adj Talmudic.

talmudiste [talmydist] nmf Talmudist.

taloche [talɔʃ] nf **1.** CONSTR float **2.** *fam* [gifle] cuff, wallop ▸ **filer une taloche à qqn** to clout sb / *il s'est pris une belle taloche!* he got a real wallop!

talocher [3] [talɔʃe] vt *fam* ▸ **talocher qqn** to clip ou to cuff sb round the ear.

talon [talɔ̃] nm **1.** ANAT heel / *accroupi sur ses talons* crouching (on his haunches ou heels) ▸ **talon d'Achille** : *son talon d'Achille* his Achilles' heel ▸ **être** ou **marcher sur les talons de qqn** to follow close on sb's heels ▸ **montrer** ou **tourner les talons** [s'enfuir] to show a clean pair of heels ▸ **tourner les talons** [faire demi-tour] to (turn round and) walk away **2.** [d'une chaussure] heel / *mettre un talon à une chaussure* to put a heel on ou to heel a shoe ▸ **talons aiguilles** spike ou stiletto UK heels / *chaussures à talons aiguilles* stilettos ▸ **talons bottiers** medium heels ▸ **porter des talons hauts** ou **des hauts talons** to wear high heels / *chaussures à talons hauts* high-heeled shoes ▸ **porter des talons plats** to wear flat heels **3.** [d'une chaussette] heel / *tes chaussettes sont trouées au talon* your socks have got holes in the heels **4.** [d'un fromage, d'un jambon] heel **5.** [d'un chèque] stub, counterfoil ; [d'un carnet à souches] counterfoil **6.** ARCHIT [moulure] talon ou ogee moulding **7.** CARTES stock, talon **8.** MUS heel, nut **9.** RAIL heel **10.** TECHNOL [de quille, de serrure, de ski] heel.

talonnade [talɔnad] nf FOOT backheel.

talonnage [talɔnaʒ] nm **1.** SPORT heeling *(U)* / *faire un talonnage* to heel (the ball) **2.** NAUT touching *(U)*.

talonner [3] [talɔne] ◆ vt **1.** [poursuivre] ▸ **talonner qqn** to follow on sb's heels / *le coureur marocain,* *talonné par l'Anglais* the Moroccan runner, with the Englishman close on his heels **2.** [harceler - suj : créancier] to hound ; [- suj : gêneur] to pester / *le directeur me talonne pour que je remette mon rapport* the manager's after me to get my report in **3.** [tourmenter - suj : faim] to gnaw at *(insép)* **4.** [cheval] to spur with one's heels **5.** SPORT to heel, to hook. ◆ vi NAUT [navire] to touch the bottom.

talonnette [talɔnɛt] nf **1.** [d'une chaussure] heel-piece, heel cap **2.** [d'un pantalon] binding strip.

talonneur, euse [talɔnœʀ, øz] nm, f SPORT hooker.

talonnière [talɔnjɛʀ] nf **1.** ART block *(placed under the heel during a pose)* **2.** MYTH talaria.

talquer [3] [talke] vt to put talcum powder ou talc on.

talqueux, euse [talkø, øz] adj talcose.

talus [taly] ◆ adj m ▸ **pied talus** talipes calcaneus *(sort of club foot)*. ◆ nm **1.** [d'un chemin] (side) slope **2.** CONSTR [de mur] batter, talus **3.** MIL talus **4.** GÉOL ▸ **talus d'éboulis** scree, talus **5.** IMPR shoulder ▸ **talus de pied** beard **6.** TRAV PUB ▸ **talus de déblai / remblai** excavation / embankment slope.

talweg [talvɛg] nm talweg, thalweg.

tamanoir [tamanwaʀ] nm (great) anteater.

Tamanrasset [tamanʀasɛt] npr Tamanrasset.

tamarin [tamaʀɛ̃] nm **1.** ZOOL tamarin **2.** BOT tamarind.

tamarinier [tamaʀinje] nm tamarind (tree).

tamaris [tamaʀis], **tamarix** [tamaʀiks] nm tamarisk.

tambouille [tɑ̃buj] nf *tfam* grub / *faire la tambouille* to cook (the grub).

tambour [tɑ̃buʀ] nm **1.** MUS [instrument] drum / *jouer du tambour* to play the drum / *on entendait les tambours de la fanfare* we could hear the drumming of the band ▸ **tambour de basque** tambourine ▸ **au son du tambour** [bruyamment] noisily ▸ **sans tambour ni trompette** discreetly, unobtrusively / *il a quitté le parti sans tambour ni trompette* he left the party quietly ou without making any fuss ▸ **tambour battant** briskly / *elle a mené l'affaire tambour battant* she got it done briskly / **'le Tambour'** *Grass* 'The Tin Drum' **2.** [son] drumbeat / *le matin on les réveille au tambour* they're woken in the morning by the sound of a drum **3.** [joueur] drummer / *les tambours battent la retraite* the drummers are beating the retreat ▸ **tambour de ville** town crier **4.** ARCHIT, AUTO & ÉLECTR drum ▸ **tambour de frein** brake drum **5.** CONSTR [sas] tambour (door) **6.** COUT [à broder] tambour **7.** INFORM ▸ **tambour magnétique** magnetic drum **8.** PÊCHE ▸ **tambour fixe** fixed reel **9.** TECHNOL [de lave-linge] drum ; [en horlogerie] barrel.

tambourin [tɑ̃buʀɛ̃] nm [de basque] tambourine ; [provençal] tambourin.

tambourinage [tɑ̃buʀinaʒ] nm drumming.

tambourinaire [tɑ̃buʀinɛʀ] nm tambourin player.

tambourinement [tɑ̃buʀinmɑ̃] = **tambourinage.**

tambouriner [3] [tɑ̃buʀine] ◆ vi **1.** [frapper] to drum (on) / *il est venu tambouriner à notre porte à six heures du matin* he came beating ou hammering on our door at six in the morning / *la grêle tambourinait à la fenêtre* hailstones were drumming on ou beating against the window pane **2.** *vieilli* MUS to drum. ◆ vt **1.** MUS [air, cadence] to drum (out) **2.** [proclamer] to cry out *(sép)*.

tambourineur, euse [tɑ̃buʀinœʀ, øz] nm, f tambourine player.

tambour-major [tɑ̃buʀmaʒɔʀ] *(pl* **tambours-majors***)* nm drum major.

Tamenghest [tamɛngɛst] = **Tamanrasset.**

Tamerlan [tamɛʀlɑ̃] npr ▸ **Tamerlan le Grand** Tamerlane ou Tamburlaine the Great.

tamil [tamil] = **tamoul** *(nm)*.

tamis [tami] nm **1.** [à farine] sieve ; [en fil de soie, de coton] tammy (cloth), tamis ▸ **passer au tamis a)** [farine, sucre] to put through a sieve, to sift, to sieve **b)** [dossier] to go through with a fine-tooth comb **2.** CHIM ▸ **tamis moléculaire** molecular sieve **3.** CONSTR [à sable] sifter, riddle *spéc* **4.** SPORT [d'une raquette] strings.

tamisage [tamizaʒ] nm [de farine] sifting, sieving ; [de sable] sifting, riddling *spéc*.

Tamise [tamiz] npr f ▸ **la Tamise** the Thames.

tamisé, e [tamize] adj **1.** [farine, terre] sifted, sieved **2.** [éclairage] soft, subdued ; [lumière naturelle] soft.

tamiser [3] [tamize] vt **1.** [farine, poudre] to sift, to sieve **2.** [lumière naturelle] to filter ; [éclairage] to subdue **3.** CONSTR [sable] to sift, to riddle *spéc*.

tamoul, e [tamul] adj Tamil.

❖ **Tamoul, e** nm, f Tamil.

❖ **tamoul** nm LING Tamil.

tamouré [tamuʀe] nm tamure.

tampico [tɑ̃piko] nm Tampico fibre.

tampon [tɑ̃pɔ̃] ◆ nm **1.** [pour absorber] wad ▸ **tampon périodique** tampon **2.** [pour imprégner] pad ▸ **tampon encreur** ink pad **3.** [pour nettoyer] pad ▸ **tampon Jex®** Brillo pad® ▸ **tampon à récurer** scouring pad, scourer **4.** [pour obturer] plug, bung / *il a bouché la fissure avec un tampon de papier* he stopped up the crack with a wad of paper **5.** [plaque gravée] rubber stamp ; [oblitération] stamp / *faites apposer le tampon de la mairie sur votre certificat* have the town hall stamp your certificate / *le tampon de la poste* the postmark ▸ **tampon dateur** date stamp **6.** *fig* buffer / *il sert de tampon entre la direction et le personnel* he acts as a buffer between the management and the staff **7.** ART dabber, dauber **8.** CONSTR [dalle] cover ; [cheville] wall plug ▸ **tampon d'égout** manhole cover **9.** INFORM & RAIL buffer **10.** MÉCAN plug gauge **11.** MÉD swab, tampon. ◆ adj inv **1.** POL ▸ **État / zone tampon** buffer state / zone **2.** CHIM ▸ **substance tampon** buffer.

tampon-buvard [tɑ̃pɔ̃byvaʀ] *(pl* **tampons-buvards***)* nm blotter.

tamponnade [tɑ̃pɔnad] nf ▸ **tamponnade du cœur** (cardiac) tamponade.

tamponnage [tɑ̃pɔnaʒ] nm **1.** MÉD dabbing **2.** CHIM buffering.

tamponnement [tɑ̃pɔnmɑ̃] nm **1.** [accident] collision **2.** MÉD tamponage **3.** [obturation] plugging.

tamponner [3] [tɑ̃pɔne] vt **1.** [document, passeport] to stamp ; [lettre timbrée] to postmark **2.** [télescoper] to collide with *(insép)*, to hit, to bump into *(insép)* ; [violemment] to crash into *(insép)* **3.** [sécher - front, lèvres, yeux] to dab (at) **4.** [enduire - meuble] to dab **5.** CHIM to buffer **6.** CONSTR [mur] to plug **7.** MÉD [plaie] to tampon.

❖ **se tamponner** ◆ vp *(emploi réciproque)* to collide, to bump into one another / *ils se sont tamponnés* they collided. ◆ vp *(emploi réfléchi) tfam* ▸ **je m'en tamponne (le coquillard) !** I don't give a damn !

tamponneur, euse [tɑ̃pɔnœʀ, øz] adj colliding / *le train tamponneur* the train which crashed into the back of the other one.

tamponnoir [tɑ̃pɔnwaʀ] nm pin ou wall bit.

tam-tam *(pl* **tam-tams***)*, **tamtam*** [tamtam] nm **1.** MUS [d'Afrique] tom-tom ; [gong] tam-tam **2.** *fam* [publicité tapageuse] hype ; [vacarme] fuss, to-do / *quel tam-tam pour le divorce de la princesse !* what a fuss they're making about the princess's divorce !

tan [tɑ̃] nm tanbark.

tanagra [tanagʀa] nm ou nf Tanagra figurine.

Tananarive [tananaʀiv] npr Antananarivo.

tancer [16] [tɑ̃se] vt *litt* to scold ▸ **tancer vertement qqn** to berate sb *sout*.

tanche [tɑ̃ʃ] nf tench.

tandem [tɑ̃dɛm] nm **1.** [vélo] tandem **2.** [couple] pair / *le tandem qu'ils forment est redoutable* together, they make a formidable pair.

❖ **en tandem** ◆ loc adj [attelage] tandem *(modif)*. ◆ loc adv [agir, travailler] in tandem, as a pair.

tandis que [tɑ̃dikə], **tandis qu'** [tɑ̃dik] loc conj **1.** [pendant que] while, whilst *sout* ; [au même moment que] as / *il l'observait tandis qu'elle parlait* he was watching her while she was talking ou as she talked / *le téléphone sonna tandis qu'il ouvrait la porte* the phone rang as he opened the door **2.** [alors que] whereas / *elle aime l'opéra tandis que lui préfère le jazz* she likes opera whereas he likes jazz.

tandoori [tɑ̃dɔʀi] nm tandoori.

tangage [tɑ̃gaʒ] nm AÉRON & NAUT pitching / *il y avait du tangage* the boat was pitching.

Tanganyika [tɑ̃ganika] npr ⟶ **lac.**

tangara [tɑ̃gaʀa] nm tanager.

tangence [tɑ̃ʒɑ̃s] nf tangency ▸ **point de tangence** point of tangency *spéc* ou contact.

tangent, e [tɑ̃ʒɑ̃, ɑ̃t] adj **1.** GÉOM & MATH tangent, tangential **2.** *fam* [limite - cas, candidat] borderline / *ses notes sont tangentes* her grades put her on the borderline / *je ne l'ai pas renvoyé, mais c'était tangent* I didn't fire him but I was very close to doing so.

❖ **tangente** nf **1.** GÉOM & MATH tangent / *une tangente à la courbe* a tangent to the curve **2.** EXPR **prendre la tangente a)** *fam* [se sauver] to make off **b)** [esquiver une question] to dodge the issue.

tangentiel, elle [tɑ̃ʒɑ̃sjɛl] adj tangential.

tangentiellement [tɑ̃ʒɑ̃sjɛlmɑ̃] adv tangentially.

Tanger [tɑ̃ʒe] npr Tangier, Tangiers.

tangerine [tɑ̃ʒɔʀin] nf tangerine.

tangibilité [tɑ̃ʒibilite] nf tangibility, tangibleness.

tangible [tɑ̃ʒibl] adj **1.** [palpable] tangible, palpable *sout* / *la réalité tangible* tangible reality **2.** [évident] tangible, real / *l'amélioration des résultats est tangible* there has been a real improvement in the results.

tangiblement [tɑ̃ʒibləmɑ̃] adv *litt* tangibly, palpably *sout*.

tango [tɑ̃go] ◆ adj inv bright orange. ◆ nm tango.

tangue [tɑ̃g] nf sea sand.

tanguer [3] [tɑ̃ge] vi **1.** NAUT to pitch / *la tempête faisait tanguer le navire* the storm was tossing the boat around, the boat was tossed about in the storm **2.** *fam* [tituber] to reel, to sway **3.** *fam* [vaciller - décor] to spin / *tout tanguait autour d'elle, elle sentit qu'elle allait s'évanouir* everything around her was spinning and she felt she was going to faint.

tanière [tanjɛʀ] nf **1.** [d'un animal] den, lair **2.** [habitation] retreat / *il ne sort jamais de sa tanière* he never leaves his den.

tanin [tanɛ̃] nm tannin.

tanisage [tanizaʒ] nm ŒNOL adding of tannin.

taniser [3] [tanize] vt **1.** [poudre] to add tan to **2.** ŒNOL to add tannin to.

tank [tɑ̃k] nm INDUST & MIL tank.

tanker [tɑ̃kœʀ] nm NAUT tanker.

tankiste [tɑ̃kist] nmf member of a tank crew.

tannage [tanaʒ] nm tanning.

tannant, e [tanɑ̃, ɑ̃t] adj **1.** [produit] tanning **2.** *fam* [importun] annoying ; [énervant] maddening / *ce que tu peux être tannant avec tes questions !* you're a real pain with all these questions !

tanné, e [tane] adj **1.** [traité - cuir] tanned **2.** [hâlé - peau] weathered, weather-beaten.

❖ **tannée** nf **1.** [écorce] tanbark **2.** *tfam* [correction] hiding, thrashing / *prendre une tannée* to get a hiding **3.** *tfam* [défaite humiliante] drubbing, trouncing / *il a pris ou s'est ramassé une tannée aux présidentielles* he got well and truly thrashed in the presidential election.

tanner [3] [tane] vt **1.** [traiter - cuir] to tan **2.** [hâler - peau] to tan **3.** *fam* [harceler] to pester, to hassle / *son fils le tanne pour avoir une moto* his son keeps pestering him for a motorbike / *je me suis fait tanner pour acheter ce ping-pong et maintenant personne ne s'en sert !* they pestered the life out of me to buy this ping pong table, and now nobody uses it !

tannerie [tanʀi] nf **1.** [établissement] tannery **2.** [industrie, opérations] tanning.

tanneur, euse [tanœʀ, øz] nm, f tanner.

tannin [tanɛ̃] = **tanin.**

tannique [tanik] adj tannic.

tannisage [tanizaʒ] = **tanisage.**

* In reformed spelling (see p. 16-19).

tanniser [tanize] = taniser.

tant [tɑ̃] ◆ adv **1.** [avec un verbe] : *il l'aime tant* he loves her so much / *ne fume pas tant!* don't smoke so much! / *il a tant travaillé sur son projet* he's worked so hard on his project / *j'en ai tant rêvé* I've dreamt about it so much ou often ; [en corrélation avec 'que'] : *ils ont tant fait qu'ils ont obtenu tout ce qu'ils voulaient* they worked so hard that they ended up getting everything they wanted / *j'ai tant crié que je suis enroué* I shouted so much that I've lost my voice ▸ **tant va la cruche à l'eau (qu'à la fin elle se casse)** *prov* the pitcher will go to the well once too often **2.** [avec un participe passé] : *le jour tant attendu arriva enfin* the long-awaited day arrived at last **3.** *sout* [introduisant la cause] : *les plantes ont gelé tant il a fait froid* it was so cold the plants froze / *deux personnes se sont évanouies, tant il faisait chaud* it was so hot (that) two people fainted **4.** [exprimant une quantité imprécise] so much / *ce sera tant par mois* that will be so much per month / *tu lui dis simplement «ça fait tant»* just tell him "it costs so much" / *il gagne tant de l'heure* he earns so much per hour **5.** [introduisant une comparaison] ▸ **tant... que** : *le spectacle peut plaire tant aux enfants qu'aux parents* the show is aimed at children as well as adults / *pour des raisons tant économiques que politiques* for economic as well as political reasons / *ce n'est pas tant sa colère qui me fait mal que son mépris* it is not much her anger that hurts me as her contempt **6.** EXPR *vous m'en direz tant!* *fam, tu m'en diras tant!* *fam* you don't say! ▸ **comme il y en a tant** : *une maison de banlieue comme il y en a tant* one of those suburban houses that you come across so often. ◆ nm : *suite à votre lettre du tant* with reference to your letter of such and such a date / *vous serez payé le tant de chaque mois* you'll be paid on such and such a date every month.

❖ **en tant que** loc conj **1.** [en qualité de] as / *en tant que directeur, la décision vous revient* as director, the decision is yours / *en tant que père, tu dois prendre tes responsabilités* you must face up to your responsibilities as a father **2.** [dans la mesure où] as long as / *il ne s'intéresse à nous qu'en tant que nous lui rendons service* *sout* he's only interested in us as long as ou while we can be of use to him.

❖ **tant bien que mal** loc adv after a fashion / *je l'ai repassé tant bien que mal* I've ironed it after a fashion ou as best I could / *le moteur est reparti, tant bien que mal* somehow, the engine started up again.

❖ **tant de** loc dét **1.** *(suivi d'un nom non comptable)* [tellement de] so much, such ; *(suivi d'un nom comptable)* so many / *il y a tant de livres à lire* there are so many books to read ▸ **tant de bonheur** such ou so much happiness ▸ **tant de gens** so many people ; [en corrélation avec 'que'] : *elle a tant de travail qu'elle n'a même plus le temps de faire les courses* she has so much work that she doesn't even have the time to go shopping anymore / *vous m'avez reçu avec tant de générosité que je ne sais quoi dire* you've made me so welcome that I'm lost for words / *tant d'années ont passé que j'ai oublié* so many years have gone by that I've forgotten **2.** [exprimant une quantité imprécise] : *il y a tant de lignes par page* there are so many lines to a page / *tant de centimètres* so many centimetres / *tant de grammes* so many grammes.

❖ **tant et plus** loc adv over and over again, time and time again / *j'ai insisté tant et plus* I insisted over and over again ou time and time again.

❖ **tant et si bien que** loc conj : *ils ont fait tant et si bien qu'ils ont réussi* they worked so hard that they succeeded / *tant et si bien que je ne lui parle plus* so much so that we're no longer on speaking terms.

❖ **tant il est vrai que** loc conj : *il s'en remettra, tant il est vrai que le temps guérit tout* he'll get over it, for it's true that time is a great healer.

❖ **tant mieux** loc adv good, fine, so much the better / *vous n'avez rien à payer — tant mieux!* you don't have anything to pay — good ou fine! / *il est parti et c'est tant mieux* he's left and just as well ou and a good thing too / *tant mieux pour lui* good for him.

❖ **tant pis** loc adv never mind, too bad / *il n'est pas là — tant pis!* he isn't in — never mind! / *je reste, tant pis s'il n'est pas content* I'm staying, too bad if he doesn't like it / *tant pis pour lui* too bad (for him).

❖ **tant soit peu** loc adv : *s'il est tant soit peu intelligent, il comprendra* if he is even the slightest bit intelligent, he'll understand.

❖ **tant que** loc conj **1.** [autant que] as ou so much as / *elle ne travaille pas tant que les autres* she doesn't work as much ou as hard as the others / *il sort tant qu'il peut* he goes out as much ou often as he can / *manges-en tant que tu veux* have as many ou much as you like ▸ **tu l'aimes tant que ça?** do you love him that much? ▸ **ça fait mal! — tant que ça?** it hurts! — that much? ▸ **elle est jolie — pas tant que ça** she's pretty — not really ▸ **il y a 15 ans — tant que ça?** that was 15 years ago — that long ago? ▸ **vous irez, tous tant que vous êtes** every last one of you will go ▸ **tous tant que nous sommes** all of us, every single ou last one of us ▸ **il pleut tant que ça peut** it's raining like anything **2.** [aussi longtemps que] as long as ; [pendant que] while / *tu peux rester tant que tu veux* you can stay as long as you like / *tant que ce n'est pas grave!* *fam* as long as it's not serious! ▸ **tant qu'il y aura des hommes** as long as there are men ▸ **tant qu'on y est** while we're at it ▸ **tant que j'y pense, as-tu reçu ma carte?** while I think of it, did you get my card? ▸ **sois grossier tant que tu y es!** be rude (as well) while you're at it! ▸ **pourquoi pas un château avec piscine tant que tu y es!** why not a castle with a swimming pool while you're at it! ▸ **tant qu'il y a de la vie, il y a de l'espoir** while there's life there's hope.

❖ **tant qu'à** loc conj : *tant qu'à partir, autant partir tout de suite* if I / you, etc., must go, I / you, etc., might as well do it right away / *tant qu'à m'expatrier, j'aime mieux que ce soit dans un beau pays* if I have to go and live abroad, I'd rather go somewhere nice ▸ **tant qu'à faire** : *tant qu'à faire, je préférerais du poisson* I'd rather have fish if I have the choice / *tant qu'à faire, sortons maintenant* we might as well go out now.

❖ **un tant soit peu** loc adv : *si tu étais un tant soit peu observateur* if you were the least bit observant / *si elle avait un tant soit peu de bon sens* if she had the slightest bit of common sense / *s'il voulait être un tant soit peu plus aimable* if he would only be just the slightest ou tiniest bit more friendly.

tantale [tɑ̃tal] nm **1.** ORNITH tantalus, wood stock **2.** CHIM tantalum.

Tantale [tɑ̃tal] npr Tantalus.

tante [tɑ̃t] nf **1.** [dans une famille] aunt ▸ **tante Marie** Aunt Marie **2.** *tfam* [mont-de-piété] ▸ **chez ma tante** at my uncle's, at the pawnshop **3.** *tfam* [homosexuel] fairy.

tantième [tɑ̃tjɛm] ◆ adj : *la tantième partie des bénéfices* so much of the profits. ◆ nm [part proportionnelle] proportion ; [quote-part de bénéfice] director's fee ou percentage.

tantine [tɑ̃tin] nf *fam* aunty.

tantinet [tɑ̃tinɛ] nm tiny bit.

❖ **un tantinet** loc adv a tiny (little) bit / *un tantinet stupide* a tiny bit stupid.

tantôt [tɑ̃to] adv **1.** *fam* [cet après-midi] this afternoon / *je dois le voir tantôt* I have to see him this afternoon **2.** *régional* [plus tard] later ▸ **à tantôt** see you later **3.** *régional* [plus tôt] earlier / *je l'ai vu tantôt* I saw him earlier.

❖ **tantôt..., tantôt** loc corrélative sometimes..., sometimes / *nous passons le week-end tantôt chez mes parents, tantôt chez les siens* sometimes we spend the weekend with my parents, sometimes with his.

tantouze [tɑ̃tuz] nf *tfam & péj* fairy, queen.

tantrique [tɑ̃trik] adj Tantric.

tantrisme [tɑ̃trism] nm Tantrism.

Tanzanie [tɑ̃zani] npr f ▸ **(la) Tanzanie** Tanzania.

tanzanien, enne [tɑ̃zanjɛ̃, ɛn] adj Tanzanian.

❖ **Tanzanien, enne** nm, f Tanzanian.

tao [tao] nm Tao.

TAO (abr de traduction assistée par ordinateur) nf CAT.

taoïsme [taɔism] nm Taoism.

taoïste [taɔist] adj & nmf Taoist.

taon [tɑ̃] nm horsefly.

tapage [tapaʒ] nm **1.** [bruit] din, uproar ▸ **faire du tapage** to make a racket **2.** [scandale] scandal, fuss / *ça a fait tout un tapage* there was quite a fuss about it **3.** DR ▸ **tapage nocturne** *disturbance of the peace at night.*

tapageur, euse [tapaʒœʀ, øz] adj **1.** [bruyant] noisy, rowdy / *les enfants sont un peu tapageurs* the children are a bit rowdy **2.** [voyant - vêtement] showy, flashy ; [- publicité] obtrusive **3.** [dont on parle beaucoup] ▸ **une liaison tapageuse** a much-talked-about affair.

tapageusement [tapaʒøzmɑ̃] adv flashily, showily.

tapant, e [tapɑ̃, ɑ̃t] adj : *je serai là à dix heures tapantes* I'll be there at ten o'clock sharp ou on the dot / *il est rentré à minuit tapant* he came home on the stroke of midnight.

tapas [tapas] nfpl CULIN tapas.

tape [tap] nf **1.** [pour punir] (little) slap, tap / *je lui ai donné une petite tape sur les fesses* I gave him a little smack ou slap on the bottom **2.** [amicale] pat ▸ **donner une petite tape sur le dos / bras de qqn** to pat sb's back / arm **3.** [pour attirer l'attention] tap ▸ **donner une petite tape sur l'épaule de qqn** to tap sb's shoulder.

tapé, e [tape] adj **1.** *fam* [fou] crackers, cracked **2.** [fruit - abîmé] bruised **3.** *fam* [juste et vigoureux - réplique] smart / *ça c'est une réponse bien tapée!* that's really hit the nail on the head! **4.** *fam* [marqué par l'âge - visage] aged.

❖ **tapée** nf *fam* [multitude] : *une tapée de dossiers* heaps of files / *il y avait une tapée de photographes* there was a swarm of photographers.

tape-à-l'œil [tapalœj] ◆ adj inv [couleur, bijoux, toilette] flashy, showy. ◆ nm inv : *c'est du tape-à-l'œil* [objets, toilette] it's all show / *il aime le tape-à-l'œil* he likes showy things.

tape-cul (*pl* tape-culs), **tapecul** [tapky] nm **1.** [tilbury] gig **2.** *fam* [voiture] rattletrap **3.** *fam* [balançoire] seesaw **4.** *fam* NAUT [voile] jigger ; [mât] jigger mast.

tapée [tape] f ⟶ tapé.

tapement [tapmɑ̃] nm **1.** [action] tapping, drumming **2.** [bruit] tapping.

tapenade [tapənad] nf tapenade *(hors d'œuvre made from olives, anchovies and capers, blended with olive oil and lemon juice and served on toast).*

taper [3] [tape] ◆ vt **1.** [personne - gén] to hit ; [- d'un revers de main] to slap / *ne tape pas ton petit frère* don't hit your little brother **2.** [marteler - doucement] to tap ; [- fort] to hammer, to bang / *elle tapait rageusement le sol avec son pied* she was stamping her foot angrily ▸ **taper le carton** *fam* to play cards, to have a game of cards **3.** [heurter] : *taper un coup à une porte* to knock once on a door / *il est venu taper plusieurs coups sur ma vitre* he came and knocked (several times) on my window **4.** [dactylographier] to type / *taper un document à la machine* to type (out) a document / *taper 40 mots à la minute* to type 40 words per minute **5.** TÉLÉC [code] to dial / *tapez le 36 15* dial 36 15 **6.** *fam* [jouer - air de musique] to thump ou to hammer out *(sép)* / *il tapait une valse sur le piano* he was hammering out a waltz on the piano **7.** *tfam* [demander de l'argent à] : *il m'a tapé de 50 euros* he touched me for 50 euros, he cadged UK ou bummed US 50 euros off me **8.** *fam* [atteindre] : *sa voiture tape le 200* his car can do 200. ◆ vi **1.** [donner un coup à quelque chose] ▸ **taper sur a)** [clavier] to bang ou to thump away at **b)** [clou, pieu] to hit **c)** [avec un marteau] to hammer (away at) / *elle a tapé du poing sur la table* she banged ou thumped her fist on the table ▸ **taper dans une balle a)** [lui donner un coup] to kick a ball **b)** [s'amuser avec] to kick a ball around ▸ **taper du pied** ou **des pieds** to stamp one's foot ou feet ▸ **taper des mains** to clap one's hands **2.** [battre, frapper] ▸ **taper sur qqn a)** [une fois] to hit sb **b)** [à coups répétés] to beat sb up / *c'est un bon boxeur et il tape dur* he's a good boxer and he hits hard ou packs a powerful punch ▸ **se faire taper sur les doigts** to get rapped over the knuckles ▸ **la petite veste rose m'avait tapé dans l'œil** *fam* I was really taken with the little pink jacket ▸ **elle**

lui a tapé dans l'œil dès le premier jour *fam* he fancied her from day one **3.** [dactylographier] ▸ **taper (à la machine)** to type / *il tape bien / mal* he types well / badly, he's a good / bad typist / *tape sur cette touche* press this key **4.** *fam* [soleil] to beat down / *ça tapait sur la plage cet après-midi* it was scorching hot on the beach this afternoon / *le vin rouge m'a tapé sur la tête* the red wine knocked me out **5.** *fam* [critiquer] ▸ **taper sur** [personne, film] to run down *(sép)*, to knock / *elle s'est fait taper dessus dans la presse* ou *par les journaux* the newspapers really panned her **6.** *fam* [puiser] ▸ **taper dans a)** [réserves, économies] to dig into *(insép)* **b)** [tiroir-caisse] to help o.s. from / *voilà la viande, tapez dedans!* here's the meat, dig ou tuck UK in! / *elle ne pouvait pas s'empêcher de taper dans la caisse* she couldn't keep her fingers out of the till **7.** *tfam* [sentir mauvais] to reek, to stink / *ça tape dans ta chambre!* your room stinks! **8.** AFR *fam* [aller à pied] to walk / *elle a manqué le car et a dû taper* she missed the coach and had to walk.

❖ **se taper** ◆ vp *(emploi réciproque)* to hit each other / *ils ont fini par se taper dessus* eventually, they came to blows ▸ **se taper sur le ventre** *tfam* [être en bonnes relations] to be very close / *lui et le ministre se tapent sur le ventre* he and the minister are great buddies. ◆ vpt **1.** *fam* [consommer - dîner, petits-fours] to put away *(sép)*, to scoff UK ; [- boisson] to knock back *(sép)* **2.** *tfam* [sexuellement] to lay, to have it off with **3.** *fam* [subir - corvée, travail, gêneur] to get landed UK ou lumbered UK ou stuck with / *je me suis tapé les cinq étages à pied* I had to walk up the five floors **4.** EXPR **se taper les cuisses** *fam* [de satisfaction, de rire] to slap one's thighs ▸ **c'était à se taper le derrière** *fam* ou **le cul** *tfam* **par terre** it was a scream ou hoot ▸ **c'est à se taper la tête contre les murs** *fam* it's enough to drive you stark raving mad ▸ **se taper la cloche** *fam* to have a blow-out UK, to pig out. ◆ vpi ▸ **se taper sur les cuisses** [de satisfaction, de rire] to slap one's thighs ▸ **je m'en tape** *tfam* I don't give a damn (about it) / *tu peux (toujours) te taper!* *tfam* you can whistle for it!

tapette [tapɛt] nf **1.** [petite tape] pat, tap **2.** [piège à souris] mousetrap **3.** *fam* [bagou] : *il a une bonne tapette* he's a real chatterbox **4.** *tfam & péj* [homosexuel] poof UK, fag US **5.** [contre les mouches] flyswatter ; [pour les tapis] carpet beater **6.** ART [de graveur] dauber, dobber.

tapeur, euse [tapœʀ, øz] nm, f *fam* cadger UK, scrounger, mooch US.

tapi, e [tapi] adj **1.** [accroupi] crouching, hunched up ; [en embuscade] lurking **2.** *litt* [blotti, dissimulé] lurking, skulking, lying low / *une chaumière tapie au cœur de la forêt* a cottage hidden ou lying in the heart of the forest **3.** [retiré] buried, shut away / *tapie chez elle, elle tente de finir son roman* she's shut herself away at home, in an attempt to finish her novel.

tapin [tapɛ̃] nm *tfam* : *faire le tapin* to be on the game UK, to work the streets US / *elle fait le tapin rue Saint-Denis* she works the rue Saint-Denis.

tapiner [3] [tapine] vi *tfam* to be on the game UK, to work the streets US.

tapinois [tapinwa] ❖ **en tapinois** loc adv [entrer, se glisser] sneakily, furtively.

tapioca [tapjɔka] nm tapioca / *potage au tapioca* tapioca soup.

tapir[1] [tapiʀ] nm tapir.

tapir[2] [32] [tapiʀ] ❖ **se tapir** vpi **1.** [se baisser] to crouch (down) ; [se dissimuler - par peur] to hide ; [- en embuscade] to lurk / *il se tapit derrière un buisson et l'attendit* he lay in wait for her behind a bush **2.** *sout* [se retirer] to hide away / *depuis son accident, elle se tapit dans un petit village à la montagne* since her accident, she's been hiding away in a small mountain village.

tapis [tapi] nm **1.** [pièce de tissu - gén] carpet ; [- de taille moyenne] rug ; [- de petite taille] mat / *tapis chinois / persan* Chinese / Persian carpet ▸ **tapis de bain** bath mat ▸ **tapis de haute laine** deep-pile carpet ▸ **tapis d'Orient** oriental carpet ▸ **tapis de prière** prayer mat ▸ **tapis rouge** *pr & fig* red carpet / *tu ne veux pas le tapis rouge aussi?* what do you want, the red-carpet treatment? ▸ **tapis de selle** saddlecloth ▸ **tapis de sol** ground sheet ▸ **tapis de souris** INFORM mouse mat ou pad ▸ **tapis de table** table cover ▸ **tapis volant** flying ou magic carpet **2.** *litt* [couche - de feuilles, de neige] carpet / *un tapis d'aiguilles de pin / de fleurs* a carpet of pine needles / of flowers / *tapis de verdure* grassy expanse **3.** GÉOGR ▸ **tapis végétal** plant cover **4.** HORT ▸ **tapis de gazon** smooth, even lawn **5.** JEUX [de billard, d'une table de jeu] cloth, baize ▸ **tapis vert a)** [table de jeu] green baize **b)** [de conférence] baize ▸ **Tapis Vert** *game of chance organized by the French national lottery* ▸ **le tapis brûle** ou **crie** there's a stake missing **6.** SPORT [dans une salle de sport] mat ; [à la boxe] canvas ▸ **aller au tapis** [boxeur] to be knocked down / *envoyer son adversaire au tapis* to floor one's opponent **7.** TECHNOL ▸ **tapis roulant** [pour piétons] moving pavement UK ou sidewalk US, travolator ▸ **tapis transporteur** [pour bagages, pièces de montage] conveyor (belt) **8.** TRAV PUB (bituminous) carpet.

❖ **sur le tapis** loc adv **1.** JEUX on the table / *il y avait plus de 3 000 euros sur le tapis* there were more than 3,000 euros on the table **2.** *fig* : *l'affaire est de nouveau sur le tapis* the matter is being discussed again / *à quoi bon remettre toutes nos vieilles querelles sur le tapis?* what's the use of bringing up ou raking over all our old quarrels again?

tapis-brosse [tapibʀɔs] *(pl* **tapis-brosses***)* nm doormat.

tapisser [3] [tapise] vt **1.** [mur - avec du papier peint] to wallpaper ; [- avec du tissu] to hang with material ; [- avec des tentures] to hang with curtains ou drapes US ; [fauteuil, étagère] to cover / *tapisser une cloison de posters* to cover a partition with posters **2.** CULIN [garnir] to line / *tapissez votre moule de papier d'aluminium* line your tin with foil **3.** *litt* [couvrir - suj: bruyère, neige] to cover, to carpet / *le trèfle tapissait le champ* the field was carpeted with clover / *un banc tapissé de mousse / neige* a moss-clad *litt / snow-covered bench* / *un nid tapissé de feuilles* a nest lined with leaves **4.** ANAT & BOT to line.

tapisserie [tapisʀi] nf **1.** [art, panneau] tapestry / *les tapisseries des Gobelins* the Gobelins tapestries ▸ **la tapisserie de Bayeux** ou **de la reine Mathilde** the Bayeux tapestry ▸ **faire tapisserie a)** [dans une réunion] to be left out **b)** [au bal] to be a wallflower **2.** [petit ouvrage] tapestry / *faire de la tapisserie* to do tapestry ou tapestry-work ▸ **point de tapisserie** canvas stitch **3.** [papier peint] wallpaper *(U)* / *refaire les tapisseries d'une chambre* to repaper a bedroom **4.** [métier] tapestry-making.

tapissier, ère [tapisje, ɛʀ] nm, f **1.** [fabricant] tapestry-maker **2.** [vendeur] upholsterer **3.** [décorateur] interior decorator.

tapon [tapɔ̃] nm *vieilli* [bouchon] plug, bung ▸ **rouler qqch en tapon** to roll sthg into a ball.

tapotement [tapɔtmɑ̃] nm [avec les doigts] tapping ; [avec la main] patting.

tapoter [3] [tapɔte] ◆ vt **1.** [dos, joue] to pat ; [surface] to tap / *elle lui a tapoté amicalement la joue* she gave his cheek a friendly pat / *il tapota son pupitre avec sa baguette* he tapped the rostrum with his baton **2.** [air de musique] to bang out. ◆ vi **1.** [tambouriner] to tap / *elle tapotait sur la table avec un crayon* she was drumming (on) the table with a pencil **2.** [jouer médiocrement] : *il tapotait sur le vieux piano* he was banging out a tune on the old piano.

tapuscrit [tapyskʀi] nm typescript.

taque [tak] nf **1.** CONSTR fireback (plate) **2.** TECHNOL cast iron plate.

taquet [takɛ] nm **1.** [cale - de meuble] wedge ; [- de porte] wedge, stop **2.** CONSTR [coin en bois] (wood) angle block ; [d'une porte] catch ▸ **taquet d'échelle** ladder jack **3.** IMPR jogger **4.** NAUT cleat **5.** RAIL ▸ **taquet d'arrêt** Scotch block **6.** TECHNOL [d'une machine à écrire] tabulator stop **7.** TEXT picker.

taquin, e [takɛ̃, in] ◆ adj teasing / *il est un peu taquin par moments* he's a bit of a tease sometimes ▸ **d'un air taquin** teasingly, playfully. ◆ nm, f [personne] teaser, tease.

❖ **taquin** nm JEUX *puzzle consisting of sliding plates in a frame which have to be arranged in a set order.*

taquiner [3] [takine] vt **1.** [faire enrager] to tease / *cesse de la taquiner* stop teasing her / *se faire taquiner* to be teased **2.** [être légèrement douloureux] to bother / *j'ai une dent qui me taquine* one of my teeth is bothering me ou giving me a bit of bother **3.** *fam* EXPR *taquiner le piano / violon* to play the piano / violin a bit ▸ **taquiner le goujon** to do a bit of fishing.

❖ **se taquiner** vp *(emploi réciproque)* to tease each other.

taquinerie [takinʀi] nf **1.** [action] teasing / *il m'a dit que j'étais gros — c'était par taquinerie* he said I was fat — he was just teasing (you) **2.** [parole] : *cesse tes taquineries* stop teasing.

tarabiscoté, e [taʀabiskɔte] adj *fam* **1.** [bijou] over-ornate **2.** [style, phrases] fussy, affected **3.** [explication, récit] complicated, involved, convoluted / *ton histoire est bien tarabiscotée!* your story is pretty complicated!

tarabuster [3] [taʀabyste] vt *fam* **1.** [houspiller - personne] to pester, to badger / *elle m'a tarabusté jusqu'à ce que j'accepte* she just wouldn't leave me alone until I said yes **2.** [tracasser] to bother / *elle doit se faire opérer et ça la tarabuste* she's got to have an operation and it's preying on her mind.

tarage [taʀaʒ] nm COMM taring.

tarama [taʀama] nm taramasalata.

taratata [taʀatata] interj *fam* [exprime - la méfiance, l'incrédulité] nonsense, rubbish ; [- la contrariété] fiddlesticks / *taratata, tu as dit que tu viendrais, tu viendras!* no, no, you said you'd come, so come you will!

taraud [taʀo] nm [pour filetage] tap, screw tap.

taraudage [taʀodaʒ] nm **1.** [action] tapping **2.** [trou] female thread.

tarauder [3] [taʀode] vt to tap, to thread.

taraudeuse [taʀodøz] nf tapping machine, tapper.

tarbouch(e) [taʀbuʃ] nm tarboosh.

tard [taʀ] adv **1.** [à la fin de la journée, d'une période] late / *il se couche / lève tard* he goes to bed / gets up late / *il est tard* it's late / *il se fait tard* it's getting late / *tard dans la matinée / l'après-midi* late in the morning / afternoon ▸ **il a fait chaud tard dans la saison a)** [en retard] the hot weather came late in the season **b)** [longtemps] the weather remained hot until late in the season **2.** [après le moment fixé ou opportun] late / *j'ai déjeuné tard aujourd'hui* I had a late lunch ou had lunch late today / *les magasins restent ouverts tard* the shops stay open late ou keep late opening hours / *il est un peu tard pour changer d'avis* it's a little late to change your mind / *tu arrives bien tard aujourd'hui* you're very late today ▸ **c'est trop tard** it's too late ▸ **plus tard** later / *il est arrivé encore plus tard que moi* he came in even later than I did / *je reviendrai plus tard* I'll come back later / *je m'en occuperai un peu plus tard* I'll deal with it a little later / *nous parlions de lui pas plus tard que ce matin* we were talking about him only ou just this morning / *il ne fallait pas attendre si tard pour m'en parler* you shouldn't have left it so late before talking to me about it / *elle est venue tard à la danse classique* she was a latecomer to ballet.

❖ **au plus tard** loc adv at the latest / *donnez-moi votre réponse lundi au plus tard* give me your answer on Monday at the latest.

❖ **sur le tard** loc adv late (on) in life / *elle s'est mariée sur le tard* she married late in life.

tarder [3] [taʀde] vi **1.** [être lent à se décider - personne] to delay / *je n'aurais pas dû tant tarder* I shouldn't have left it so late ou have put it off so long / *ne pars pas maintenant — j'ai déjà trop tardé* don't go now — I should be gone already **2.** [être long à venir - événement] to be a long time coming, to take a long time to come / *sa décision n'a pas tardé* his decision wasn't long coming / *ça ne tardera plus maintenant* it won't be long now / *je t'avais dit qu'on le reverrait, ça n'a pas tardé!* I told you we'd see him again, we didn't have to wait long ! / *la réponse tardait à venir* the answer took a long time to come / *aujourd'hui, le soleil tarde à se montrer* it's taking a long time for the sun to come out today / *un conflit ne tardera pas à éclater entre les deux pays* it won't be long before the two countries enter into conflict ; [mettre du temps - personne] : *elle devrait être rentrée, elle ne va pas tarder* she should be back by now, she won't be long / *il a trop tardé à donner son accord* he waited too long before giving his approval ▸ **ne pas tarder à** : *nous ne tarderons pas à le savoir* we'll soon know / *elle n'a pas tardé à se rendre compte que...* it didn't take her long to realize that..., she soon realized that...

❖ **il tarde** v impers : *il me tarde d'avoir les résultats* I'm longing to get the results / *il nous tarde tant que tu reviennes* we are so longing for your return.

❖ **sans (plus) tarder** loc adv without delay / *partons sans plus tarder* let's leave without further delay.

tardif, ive [taʀdif, iv] adj **1.** [arrivée] late ; [remords] belated *sout*, tardy *litt* / *l'arrivée tardive des secours sur le lieu de l'accident* the late arrival of the emergency services at the scene of the accident / *tes regrets sont trop tardifs pour être sincères* your regrets are too late to be sincere **2.** [heure] late, advanced *sout* **3.** AGR late, late-developing.

tardivement [taʀdivmɑ̃] adv **1.** [à une heure tardive] late **2.** [trop tard] belatedly, tardily *litt*.

tardiveté [taʀdivte], **tardivité** [taʀdivite] nf **1.** *litt* [d'un développement] lateness ; [d'un regret] belatedness *sout*, tardiness *litt* **2.** AGR lateness.

tare [taʀ] nf **1.** [défectuosité - physique] (physical) defect ; [- psychique] abnormality / *tous les chiots de la portée sont sans tare* all of the puppies in the litter are perfectly normal **2.** *fig* defect, flaw / *l'agressivité est la tare de la société moderne* aggressiveness is the ugliest feature of modern society **3.** COMM [perte de valeur] loss, shrinkage **4.** VÉTÉR [tumeur du cheval] : *cheval sans tare* sound horse **5.** [d'une balance, d'un poids brut, d'un prix] tare / *faire la tare* to allow for the tare.

taré, e [taʀe] ◆ adj **1.** [gâté - fruit] imperfect **2.** [atteint d'une tare] abnormal **3.** [corrompu] corrupt / *un politicien taré* a corrupt politician **4.** *fam* [fou] soft in the head, touched, mad ; [imbécile] stupid **5.** VÉTÉR unsound. ◆ nm, f **1.** MÉD imbecile **2.** [vicieux] pervert **3.** *fam* [fou] loony, nutter ; [imbécile] moron, idiot.

Tarente [taʀɑ̃t] npr Taranto.

tarentelle [taʀɑ̃tɛl] nf tarantella.

tarentule [taʀɑ̃tyl] nf (European) tarantula.

tarer [3] [taʀe] vt COMM to tare.

targette [taʀʒɛt] nf small bolt.

targuer [3] [taʀge] ❖ **se targuer de** vp + prép *sout* [se vanter de] to boast about ou of ; [s'enorgueillir de] to pride o.s. on / *il se targue de connaître plusieurs langues* he claims he knows ou to know several languages / *un risque que je me targue d'avoir pris* a risk I'm proud to have taken ou I pride myself on having taken.

targui, e [taʀgi] = **touareg** *(nm, f)*.

tarière [taʀjɛʀ] nf **1.** AGR drill **2.** ENTOM terebra **3.** MENUIS (centre) auger.

tarif [taʀif] nm **1.** [liste de prix] price list ; [barème] rate, rates ▸ **tarif douanier** customs rate ▸ **tarif postal** postal ou postage rates ▸ **il est payé au tarif syndical** he's paid the union rate ▸ **augmentation du tarif horaire** increase in ou of the hourly rate **2.** [prix pratiqué] ▸ **quel est votre tarif?, quels sont vos tarifs? a)** [femme de ménage, baby-sitter, mécanicien, professeur particulier] how much do you charge? **b)** [conseiller, avocat] what fee do you charge?, what are your fees? / *les compagnies d'assurances ne communiquent pas leurs tarifs au téléphone* insurance companies don't quote premiums over the phone / *quel est le tarif courant pour une traduction?* what's the usual ou going rate for translation? ▸ **tarif heures creuses / pleines** [gaz, électricité] off-peak / full tariff rate ▸ **le tarif étudiant est de 6 €** the price for students is 6 € ▸ **tarif normal** standard rate ▸ **tarif de nuit** night ou off-peak rate ▸ **à plein tarif a)** TRANSP full-fare **b)** LOISIRS full-price ▸ **à tarif réduit a)** TRANSP reduced-fare **b)** LOISIRS reduced-price ▸ **tarif réduit le lundi** reduced price on Mondays / **'tarif réduit pour étudiants'** 'concessions for students' **3.** *fam* [sanction] fine, penalty / *75 € d'amende? — ah, c'est le tarif!* a 75 euro fine? — that's how much it is, I'm afraid! / *10 jours de prison, c'est le tarif* 10 days in the cooler is what it's usually worth ou what you usually get.

tarifaire [taʀifɛʀ] adj [disposition, réforme] tariff *(modif)*.

tarifé, e [taʀife] adj fixed-price.

tarifer [3] [taʀife] vt [marchandises] to fix the price of.

tarification [taʀifikasjɔ̃] nf pricing.

tarin [taʀɛ̃] nm **1.** ORNITH siskin **2.** *tfam* [nez] hooter UK, conk UK, shnozz US.

tarir [32] [taʀiʀ] ◆ vi **1.** [cesser de couler] to dry up, to run dry / *les torrents de montagne ne tarissent jamais* mountain streams never run dry / *le puits de pétrole a tari* the oil well has run dry **2.** *sout* [pleurs] to dry (up) **3.** [s'épuiser - conversation] to dry up ; [- enthousiasme, inspiration] to dry up, to run dry / *son imagination est tarie* his imagination has dried up on him ▸ **ne pas tarir de** to be full of, to bubble with ▸ **ne pas tarir d'éloges sur qqn** to be full of praise for sb / *elle ne tarissait pas de détails* she gave a wealth of detail ▸ **ne pas tarir sur** : *les journaux ne tarissent pas sur la jeune vedette* the papers are full of stories about the young star. ◆ vt **1.** [assécher - puits, source] to dry up *(insép)* **2.** *sout* [faire cesser - pleurs] to dry **3.** [épuiser - fortune, inspiration] to dry up *(insép)*.

❖ **se tarir** vpi **1.** [mare, puits] to dry up ; [rivière] to run dry / *son lait s'est tari* her milk dried up **2.** [inspiration, enthousiasme, fortune] to dry up, to peter out.

tarissable [taʀisabl] adj : *une source tarissable* a spring which can dry up.

tarissement [taʀismɑ̃] nm **1.** [d'une source, d'un puits] drying up / *le tarissement des ressources minières a accéléré le déclin de la région* the gradual exhaustion of mining resources hastened the decline of the region **2.** [d'une conversation, de l'imagination] running dry, drying up **3.** VÉTÉR [d'une vache] petering out.

tarlatane [taʀlatan] nf tarlatan.

tarmac [taʀmak] nm tarmac.

Tarn [taʀn] npr m [fleuve] ▸ **le Tarn** the (River) Tarn.

taro [taʀo] nm BOT taro.

tarot [taʀo] nm **1.** JEUX [carte, jeu] tarot / *jouer au tarot* to play tarot **2.** [cartomancie] Tarot, tarot.

Tarpéienne [taʀpejɛn] adj f ⟶ **roche**.

tarpon [taʀpɔ̃] nm tarpon.

Tarquin [taʀkɛ̃] npr Tarquin.

Tarragone [taʀagɔn] npr Tarragona.

tarse [taʀs] nm tarsus.

tarsien, enne [taʀsjɛ̃, ɛn] adj tarsal.

tarsier [taʀsje] nm tarsier.

Tartan® [taʀtɑ̃] nm Tartan®.

tartan [taʀtɑ̃] nm tartan.

tartane [taʀtan] nf NAUT tartan, tartane, tartana.

tartare [taʀtaʀ] ◆ adj **1.** HIST Tatar, Tartar **2.** CULIN tartar, tartare. ◆ nm CULIN steak tartare.

❖ **Tartare** nmf HIST Tartar.

tartarin [taʀtaʀɛ̃] nm *fam* braggart / *quel tartarin!* he's so full of himself!

❖ **Tartarin** npr *character created by Alphonse Daudet: a braggart with a heart of gold.*

tarte [taʀt] ◆ nf **1.** CULIN tart, pie US / *tarte aux pommes* apple tart UK ou pie US / *tarte aux prunes / fraises* plum / strawberry tart ▸ **tarte à la crème a)** CULIN custard pie ou tart **b)** [cliché] stock reply, cliché / *humour tarte à la crème* custard pie humour UK, slapstick ▸ **tarte Tatin** *upside-down apple tart* **2.** *tfam* [gifle] clip, clout ▸ **flanquer une tarte à qqn** to give sb a clip round the ear **3.** *fam* EXPR **c'est pas de la tarte** it's easier said than done, it's no picnic / *gagner chez eux, ça n'a pas été de la tarte!* winning the away match wasn't exactly a pushover! ◆ adj *fam* **1.** [ridicule - personne] plain-looking UK, plain UK, homely US ; [- chapeau, robe] naff UK, stupid-looking / *ce que tu as l'air tarte!* you look a (real) idiot! **2.** [stupide - personne] dim, dumb US ; [- film, histoire, roman] daft, dumb US / *un film tarte* a stupid film.

tartelette [taʀtəlɛt] nf tartlet, little tart.

Tartempion [taʀtɑ̃pjɔ̃] npr *fam* so-and-so / *c'est euh, Tartempion, qui me l'a donné* it's er... what's-his-name who gave it to me.

tartiflette [taʀtiflɛt] nf *cheese and potato gratin from the Savoy region.*

tartine [taʀtin] nf **1.** CULIN slice of bread ▸ **une tartine de beurre / pâté** a slice of bread and butter / with pâté **2.** *fam & fig* : *c'est juste une carte postale, pas la peine d'en mettre une tartine* ou *des tartines* it's only a postcard, there's no need to write your life story.

tartiner [3] [taʀtine] vt **1.** CULIN to spread / *commence à tartiner les canapés* start getting the canapés ready / *sors le beurre et tartine les toasts* take the butter out and spread it on the toast **2.** *fam & fig* to churn out / *il a fallu qu'elle tartine des pages et des pages* she had to write page after page.

tartre [taʀtʀ] nm **1.** [dans une bouilloire, une machine à laver] fur, scale **2.** [sur les dents] tartar **3.** [sur un tonneau] tartar, argol **4.** CHIM ▸ **crème de tartre** cream of tartar.

tartré, e [taʀtʀe] adj tartarized.

tartreux, euse [taʀtʀø, øz] adj tartarous.

tartrique [taʀtʀik] adj tartaric.

tartuf(f)e [taʀtyf] ◆ adj *litt* [hypocrite] : *il est un peu tartuffe* he's a bit of a hypocrite ou Tartuffe *litt*. ◆ nm hypocrite, Tartuffe *litt*.

❖ **Tartuffe** npr *main character in Molière's play of the same name: the archetypal hypocrite.*

tartuf(f)erie [taʀtyfʀi] nf **1.** [caractère] hypocrisy **2.** [parole, acte] piece of hypocrisy.

Tarzan [taʀzɑ̃] npr Tarzan.

tas [ta] nm **1.** [amoncellement - de dossiers, de vêtements] heap, pile ; [- de sable, de cailloux] heap ; [- de planches, de foin] stack / *mettre en tas* [feuilles, objets] to pile ou to heap up / *faites des petits tas de pâte* shape the dough into small mounds / *tas de fumier* dung heap ▸ **tas d'ordures** rubbish UK ou garbage US heap / *son vieux tas de boue fam* ou *ferraille fam* his rusty old heap ▸ **un tas** ou **des tas de** [beaucoup de] a lot of / *elle nous a donné des tas de détails* she gave us a lot of details / *il y a des tas de vieilleries à la cave* there are piles of old things in the cellar ▸ **tas de paresseux / menteurs!** *fam* you lazy / lying lot! UK, you bunch of lazybones / liars! **2.** CONSTR constructed fabric ▸ **tas de charge** springing stones **3.** MÉTALL [enclume] (stake) anvil ; [pour emboutir, former] dolly.

❖ **dans le tas** loc adv *fam* **1.** [dans un ensemble] : *il y aura bien quelqu'un dans le tas qui pourra me renseigner* one of them's bound to be able to tell me / *l'armoire est pleine de vêtements, tu en trouveras bien un ou deux qui t'iront dans le tas* the wardrobe's full of clothes, you're bound to find something there that will fit you **2.** [au hasard] : *la police a tiré / tapé dans le tas* the police fired into the crowd / hit out at random.

❖ **sur le tas** *fam* ◆ loc adj **1.** [formation] on-the-job **2.** CONSTR on-site. ◆ loc adv **1.** [se former] on the job / *il a appris son métier sur le tas* he learned his trade as he went along **2.** CONSTR [tailler] on site.

taser [tazœʀ] nm taser.

Tasman [tasman] npr ⟶ **mer**.

Tasmanie [tasmani] npr f ▸ **(la) Tasmanie** Tasmania.

tasmanien, enne [tasmanjɛ̃, ɛn] adj Tasmanian.

❖ **Tasmanien, enne** nm, f Tasmanian.

Tass [tas] npr TASS.

tasse [tas] nf **1.** [récipient] cup ▸ **tasse à café** coffee cup ▸ **tasse à thé** teacup **2.** [contenu] cup, cupful / *ajouter deux tasses de farine* add two cupfuls of flour / *voulez-vous une tasse de thé?* would you like a cup of tea? / *ce n'est pas ma tasse de thé* it's not my cup of tea.

Tasse [tas] npr m ▸ **le Tasse** Tasso.

tassé, e [tase] adj **1.** [serrés - voyageurs] packed ou crammed in **2.** [ratatiné, voûté - personne] wizened.

❖ **bien tassé, e** loc adj *fam* **1.** [café] strong ; [scotch, pastis] stiff ; [verre] full (to the brim), well-filled **2.** [dépassé - âge] : *elle a soixante ans bien tassés* she's sixty if she's a day **3.** [féroce - remarque] well-chosen / *il lui a envoyé quelques remarques bien tassées* he came out with a few well-chosen remarks ; [grave - maladie] bad, nasty / *je me tenais une grippe bien tassée* I had a nasty bout of flu.

tasseau, x [taso] nm **1.** MENUIS [de lattis] brace, strut ; [de tiroir] batten, strip **2.** CONSTR [d'une couverture métallique] roll **3.** MÉTALL (stake) anvil.

tassement [tasmɑ̃] nm **1.** [affaissement - de neige, de terre] packing down **2.** [récession] slight drop, downturn / *l'augmentation de la TVA a provoqué un léger tassement de nos ventes* the rise in VAT has caused a slight drop in our sales / *un tassement des voix de gauche aux dernières élections* a slight fall in the numbers of votes for the left in the last elections **3.** BOURSE easing, falling back **4.** CONSTR subsidence **5.** MÉD ▸ **tassement de vertèbres** compression of the vertebrae.

tasser [3] [tase] ◆ vt **1.** [neige, terre] to pack ou to tamp down *(sép)* **2.** [entasser] to cram, to squeeze / *tasse les vêtements dans le sac* press the clothes down in the bag / *ils nous ont tassés dans une cellule* they crammed ou packed us into a cell **3.** [faire paraître plus petit] to shrink / *cette robe la tasse* that dress makes her look dumpy **4.** SPORT to box in *(sép)*. ◆ vi HORT to thicken.

❖ **se tasser** ◆ vpi **1.** [s'effondrer - fondations, terrain] to subside **2.** [se voûter - personne] to shrink / *elle commence à se tasser avec l'âge* she's beginning to shrink as she gets older **3.** [s'entasser - voyageurs, spectateurs] to cram, to squeeze up / *tout le monde s'est tassé dans la salle à manger* everybody crammed into the dining room / *en se tassant on peut tenir à quatre à l'arrière (de la voiture)* if we squeeze up, four of us can get in the back (of the car) **4.** *fam* [s'arranger - situation] to settle down / *je crois que les choses vont se tasser* I think things will settle down **5.** [ralentir - demande, vente] to fall, to drop ; [- production] to slow down / *le marché des valeurs s'est tassé* the securities market has levelled off. ◆ vpt *tfam* [aliment, boisson] to down / *ils se sont tassé tous les gâteaux* they've guzzled all the cakes.

tassili [tasili] nm sandstone massif *(in the Sahara)*.

taste-vin [tastəvɛ̃] *(pl* **taste-vin** *ou* **taste-vins***) nm wine-tasting cup.

tata [tata] nf **1.** *langage enfantin* [tante] aunty, auntie **2.** *tfam & péj* [homosexuel] poofter UK, fag US.

tatami [tatami] nm tatami.

tatane [tatan] nf *tfam* shoe.

Tataouine-les-Bains [tatawinlebɛ̃] npr *fam* ▸ **à Tataouine-les-Bains** in the middle of nowhere.

tatar, e [tataʀ] adj Tatar, Tartar.

❖ **Tatar, e** nm, f Tatar, Tartar.

❖ **tatar** nm LING Tatar, Tartar.

Tatarie [tataʀi] npr f ▸ **(la) Tatarie** Tartary.

tâter [3] [tate] vt **1.** [fruit, membre, tissu] to feel / *ne tâtez pas les tomates* don't handle ou squeeze the tomatoes / *elle avançait en tâtant les objets de la chambre* she was groping her way across the room / *tâte l'eau avec ton coude* test (the temperature of) the water with your elbow **2.** *fig* [sonder] ▸ **tâter le terrain** to see how the land lies / *tâte le terrain avant de leur faire une proposition* put some feelers out before making them an offer / *tu lui as demandé une augmentation ? — non, mais j'ai tâté le terrain* did you ask him for a rise ? — no, but I tried to sound him out **3.** [tester - personne] to sound out *(sép)* ▸ **tâter l'opinion** to sound out attitudes, to put out feelers.

❖ **tâter de** v + prép **1.** *hum* [nourriture, vin] to try, to taste **2.** [faire l'expérience de] : *elle a déjà tâté de la prison* she's already had a taste of prison / *il a tâté de plusieurs métiers* he's tried his hand at several jobs.

❖ **se tâter** ◆ vp *(emploi réfléchi)* [après un accident] to feel o.s. / *se tâter la jambe / le bras* to feel one's leg / one's arm. ◆ vpi to be in UK ou of US two minds / *je ne sais pas si je vais accepter, je me tâte encore* I don't know whether I'll accept, I haven't made up my mind (about it) yet.

tâte-vin [tatvɛ̃] *(pl* **tâte-vin** *ou* **tâte-vins***) = **taste-vin**.

Tati® [tati] npr *name of a chain of cut-price stores.*

tatie [tati] nf *fam* auntie.

tatillon, onne [tatijɔ̃, ɔn] *fam* ◆ adj [vétilleux] pernickety / *son côté tatillon m'exaspère* his fussiness really gets on my nerves. ◆ nm, f [personne] nitpicker, fusspot.

tâtonnant, e [tatɔnɑ̃, ɑ̃t] adj **1.** [personne] groping **2.** [style] hesitant / *nos recherches sont encore tâtonnantes* our research is still proceeding by trial and error.

tâtonnement [tatɔnmɑ̃] nm ▸ **avancer par tâtonnements a)** *pr* to grope one's way along **b)** *fig* to proceed by trial and error / *nous n'en sommes encore qu'aux tâtonnements* we're still trying to find our way.

tâtonner [3] [tatɔne] vi **1.** [pour marcher] to grope ou to feel one's way (along) ; [à la recherche de qqch] to grope about ou around **2.** [hésiter] to grope around ; [expérimenter] to proceed by trial and error / *nous avons beaucoup tâtonné avant de trouver l'explication* we groped around a lot before finding the solution.

tâtons [tatɔ̃] ❖ **à tâtons** loc adv **1.** [à l'aveuglette] : *avancer à tâtons* to grope ou to feel one's way along / *elle chercha l'interrupteur à tâtons* she felt ou groped around for the switch **2.** *fig* : *c'est un domaine nouveau, nous devons avancer à tâtons* it's a new field, we have to feel our way (along).

tatou [tatu] nm armadillo.

tatouage [tatwaʒ] nm **1.** [action] tattooing / *se faire faire un tatouage* to get tattooed **2.** [dessin] tattoo / *il est couvert de tatouages* he's tattooed all over.

tatouer [6] [tatwe] vt [dessin, personne] to tattoo.

tatoueur, euse [tatwœʀ, øz] nm, f tattoo artist, tattooist.

tau [to] *(pl* **tau** *ou* **taus***) nm **1.** [lettre grecque] tau **2.** HÉRALD tau cross, Saint Anthony's cross.

taud [to] nm NAUT (rain) awning.

taudis [todi] nm slum, hovel / *c'est un vrai taudis chez lui !* his place is a real slum ou pigsty !

taulard, e [tolaʀ, aʀd] nm, f *arg crime* convict, jailbird.

taule [tol] nf *tfam* **1.** [prison] nick UK, clink / *elle a fait un an de taule* she did a one year stretch (inside) **2.** [chambre] pad.

❖ **en taule** loc adv *tfam* inside / *je ne veux pas me retrouver en taule* I don't want to wind up inside.

taulier, ère [tolje, ɛʀ] nm, f *tfam* owner ou boss *(of a hotel or restaurant)*.

taupe [top] nf **1.** ZOOL [mammifère] mole ; [poisson] porbeagle ▸ **vieille taupe** *fam* old hag ou bat **2.** [fourrure] moleskin **3.** *arg scol second year of a two-year entrance course for the Science sections of the Grandes Écoles* **4.** *arg mil* sapper **5.** *fam* [agent secret] mole **6.** TRAV PUB mole.

taupière [topjɛʀ] nf [piège] mole trap.

taupin [topɛ̃] nm **1.** *arg scol pupil preparing for entry to the Science sections of the Grandes Écoles* **2.** ENTOM click beetle, skipjack.

taupinière [topinjɛʀ], **taupinée** [topine] nf [monticule] molehill ; [tunnel] (mole) burrow.

taure [tɔʀ] nf *régional* heifer.

taureau, x [tɔʀo] nm bull ▸ **taureau de combat** fighting bull / *il a un cou de taureau* he's got a neck like a bull / *son frère a une force de taureau* his brother is as strong as an ox ▸ **prendre le taureau par les cornes** to take the bull by the horns.

Taureau, x [tɔʀo] npr m **1.** ASTRON Taurus **2.** ASTROL Taurus / *elle est Taureau* she's (a) Taurus ou a Taurean.

taurillon [tɔʀijɔ̃] nm bull calf.

taurin, e [tɔʀɛ̃, in] adj bull-fighting.

tauromachie [tɔʀɔmaʃi] nf bullfighting, tauromachy *spéc*.

tauromachique [tɔʀɔmaʃik] adj bullfighting, tauromachian *spéc*.

Taurus [tɔʀys] npr m ▸ **le Taurus** the Taurus Mountains.

tautologie [tɔtɔlɔʒi] nf tautology.

tautologique [tɔtɔlɔʒik] adj tautological.

taux [to] nm **1.** [tarif] rate **2.** [proportion] rate ▸ **taux de clics** INTERNET click-through rate ▸ **taux de conversion** INTERNET conversion rate ▸ **taux d'échec / de réussite** failure / success rate ▸ **taux de mortalité / natalité** death / birth rate ▸ **taux de fréquentation** attendance rate ▸ **taux de fécondité** reproduction rate ▸ **taux d'absentéisme** ÉDUC truancy rate **3.** COMM rate ▸ **taux de couverture** margin ratio ▸ **taux de marque** mark-up (percentage) **4.** ÉCON & FIN : *à quel taux prêtent-ils ?* what is their lending rate ? ▸ **taux de base bancaire** bank base lending rate ▸ **taux de change** exchange rate ▸ **taux de couverture** reserve ratio ▸ **taux court** short-term rate ▸ **taux de crédit** lending rate ▸ **taux de croissance** growth rate ▸ **taux directeur** intervention rate ▸ **taux d'escompte** discount rate ▸ **taux d'inflation** inflation rate ▸ **taux d'intérêt** interest rate, rate of interest ▸ **taux effectif global** annualized percentage rate ▸ **taux fixe** fixed rate ▸ **taux flottant** floating rate ▸ **taux horaire** hourly rate ▸ **taux hypothécaire** mortgage rate ▸ **taux long** long-term rate ▸ **taux du marché monétaire** money market rate ▸ **taux de rendement** rate of return ▸ **taux zéro** zero-rating **5.** AUTO ▸ **taux de compression** compression ratio **6.** MÉD [d'albumine, de cholestérol] level / *son taux d'invalidité est de 50 %* he's 50% disabled.

tauzin [tozɛ̃] nm Pyrenean oak.

tavel [tavɛl] nm Tavel (wine).

taveler [24] [tavle] vt **1.** [fruit] to mark **2.** [peau] to speckle.

❖ **se taveler** vpi [fruit] to become marked.

✐ In reformed spelling (see p. 16-19), this verb is conjugated like *peler* : *il se tavèle, elle se tavèlera.*

tavelure [tavlyʀ] nf **1.** [d'un fruit] mark **2.** [sur une main] speckle, (old-age) freckle.

taverne [tavɛʀn] nf **1.** HIST inn, public house **2.** QUÉBEC [bistrot] tavern.

tavernier, ère [tavɛʀnje, ɛʀ] nm, f HIST innkeeper.

tavillon [tavijɔ̃] nm SUISSE [bardeau] *thin, rounded wooden slat used for covering walls and roofs in Switzerland.*

taxable [taksabl] adj ÉCON taxable, liable to duty.

taxation [taksasjɔ̃] nf **1.** FIN taxation, taxing *(U)* ▸ **taxation d'office** estimation of tax *(in the case of failure to file a tax return)* **2.** DR [réglementation - des prix] statutory price fixing ; [- des salaires] statutory wage fixing.

taxe [taks] nf **1.** FIN tax ▸ **toutes taxes comprises** inclusive of tax ▸ **taxe sur le chiffre d'affaires** sales ou turnover tax ▸ **taxe de luxe** luxury tax ▸ **taxe à la valeur ajoutée** value added tax ▸ **taxe intérieure sur les produits pétroliers** domestic tax on petroleum products **2.** ADMIN tax ▸ **taxe d'aéroport** airport tax ▸ **taxe carbone** carbon tax ▸ **taxe de douane** customs duty ▸ **taxe foncière** property tax ▸ **taxe d'habitation** *tax paid on residence* ; ≃ council tax UK ; ≃ local tax US ▸ **taxe locale a)** [pour une entreprise] uniform business rate UK ou tax US **b)** [pour un particulier] local (property) tax ▸ **taxe parafiscale** additional levy ▸ **taxe professionnelle** business tax ▸ **taxe de séjour** visitor's ou tourist tax ▸ **taxe Tobin** Tobin tax ▸ **taxe verte** green tax **3.** DR [montant des dépens] costs.

taxer [3] [takse] vt **1.** ÉCON & FIN to tax / *taxer les disques à 10 %* to tax records at 10%, to put a 10% tax on records **2.** DR ▸ **taxer les dépens** to fix ou to tax costs **3.** [accuser] ▸ **taxer qqn de** to accuse sb of, to tax sb with *sout* / *vous m'avez taxé d'hypocrisie* you accused me of being a hypocrite **4.** [qualifier] ▸ **taxer qqn / qqch de** : *on l'a taxé d'opportuniste* he's been called an opportunist / *une politique que je taxerais de rétrograde* a policy I would call backward-looking **5.** *fam* [emprunter] to cadge.

* In reformed spelling (see p. 16-19).

taxi [taksi] nm **1.** [voiture] taxi, cab US **2.** *fam* [conducteur] cabby, taxi ou cab driver / *faire le taxi* to be a taxi driver **3.** *(comme adjectif, avec ou sans trait d'union)* ▸ **avion-taxi** taxi plane **4.** HIST ▸ **les taxis de la Marne** the taxis of the Marne.

taxi-brousse [taksibʀus] (*pl* **taxis-brousse**) nm AFR bush taxi.

taxidermie [taksidɛʀmi] nf taxidermy.

taxidermiste [taksidɛʀmist] nmf taxidermist.

taxie [taksi] nf taxis.

taxi-girl [taksigœʀl] (*pl* **taxi-girls**) nf taxi-dancer, hostess *(hired for dancing)*.

taximan [taksiman] nm BELG taxi driver.

taximètre [taksimɛtʀ] nm taximeter.

taxinomie [taksinɔmi] nf taxonomy.

taxinomique [taksinɔmik] adj taxonomic.

taxinomiste [taksinɔmist] nmf taxonomist, taxonomer.

Taxiphone® [taksifɔn] nm public phone, pay-phone.

taxiway [taksiwɛ] nm taxiway, taxi strip ou track.

taxon [taksɔ̃] nm BIOL taxon.

taxonomie [taksɔnɔmi] = **taxinomie.**

taxonomique [taksɔnɔmik] = **taxinomique.**

taxonomiste [taksɔnɔmist] = **taxinomiste.**

tayaut [tajo] = **taïaut.**

taylorisation [tɛlɔʀizasjɔ̃] nf Taylorization.

tayloriser [3] [tɛlɔʀize] vt to Taylorize.

taylorisme [tɛlɔʀism] nm Taylorism.

TB, tb (abr écrite de **très bien**) vg.

TBE, tbe (abr écrite de **très bon état**) vgc.

Tbilissi [tbilisi] npr Tbilis(s)i.

TCA nf **1.** abr de **trouble du comportement alimentaire 2.** abr de **taxe sur le chiffre d'affaires.**

TCF (abr de **Touring Club de France**) npr m *French motorists' club.*

Tchad [tʃad] npr m ▸ **le Tchad** Chad ▸ **au Tchad** in Chad ▸ **le lac Tchad** Lake Chad.

tchadien, enne [tʃadjɛ̃, ɛn] adj Chadian.

❖ **Tchadien, enne** nm, f Chadian.

❖ **tchadien** nm LING Chadic.

tchador [tʃadɔʀ] nm chador, chuddar.

Tchaïkovski [tʃajkɔfski] npr Tchaikovsky.

Tchang Kaï-chek [tʃɑ̃ŋkajtʃɛk] npr Chiang Kai-shek.

tchao [tʃao] *fam* = **ciao.**

tchatche [tʃatʃ] nf *fam* : *avoir la tchatche* to have the gift of the gab.

tchatcher [tʃatʃe] vi *fam* to chatter UK, to jazz US.

tchatcheur, euse [tʃatʃœʀ, øz] nm, f *fam* smooth talker.

tchécoslovaque [tʃekɔslɔvak] adj Czechoslovakian, Czechoslovak.

❖ **Tchécoslovaque** nmf Czechoslovakian, Czechoslovak.

Tchécoslovaquie [tʃekɔslɔvaki] npr f ▸ **(la) Tchécoslovaquie** Czechoslovakia.

Tchekhov [tʃekɔf] npr ▸ **Anton Tchekhov** Anton Chekhov.

tchèque [tʃɛk] adj Czech.

❖ **Tchèque** nmf Czech.

❖ **tchèque** nm LING Czech.

Tchernenko [tʃɛʀnɛnko] npr Chernenko.

Tchernobyl [tʃɛʀnɔbil] npr Chernobyl.

tchétchène [tʃetʃɛn] adj Chechen.

❖ **Tchétchène** nmf Chechen.

Tchétchénie [tʃetʃeni] npr ▸ **la Tchétchénie** Chechnya.

tchin-tchin, tchintchin* [tʃintʃin] interj *fam* cheers.

TCS (abr de **Touring Club de Suisse**) npr m *Swiss motorists' club.*

TD (abr de **travaux dirigés**) nmpl **1.** ÉDUC *supervised practical work* **2.** UNIV *university class where students do exercises set by the teacher.*

TdF (abr de **Télévision de France**) npr *French broadcasting authority.*

te [tə] *(devant voyelle ou « h » muet t')* pron pers *(2e pers sg)* **1.** [avec un verbe pronominal] ▸ **tu te lèves tard** you get up late / *tu te dépêches un peu?* hurry up, will you? / *tu te prends pour qui?* who do you think you are? / *tu vas te faire mal* you'll hurt yourself **2.** [complément] you / *je te crois* I believe you / *elle t'a envoyé un colis* she's sent you a parcel / *le film t'a-t-il plu?* did you like the film? / *elle t'est devenue indispensable* she has become indispensable to you ▸ **il te court après** *fam* he's after you / *ne te laisse pas faire* don't let yourself be pushed around **3.** *fam* [emploi expressif] : *je te l'ai envoyé balader, celui-là!* I sent HIM packing! / *je vais te lui dire ce que je pense!* I'm going to give him a piece of my mind!

té [te] ◆ nm **1.** [équerre] T-square **2.** MENUIS tee. ◆ interj *régional* : *té! voilà Martin!* hey, here comes Martin!

❖ **en té** loc adj T-shaped.

teaser [tizœʀ] nm MARKETING teaser.

teasing [tiziŋ] nm MARKETING teasing.

tec [tɛk] (abr de **tonne d'équivalent charbon**) nf TCE.

technicien, enne [tɛknisjɛ̃, ɛn] ◆ adj [esprit, civilisation] technically-oriented. ◆ nm, f **1.** [en entreprise] technician, engineer / *il est technicien en informatique* he's a computer technician **2.** [dans un art, un sport] : *c'est une excellente technicienne mais elle gagne peu de matchs* she's got an excellent technique ou technically speaking, she's excellent but she doesn't win many matches.

techniciser [3] [tɛknisize] vt [processus] to make technical.

technicité [tɛknisite] nf **1.** [d'un mot, d'un texte] technical nature ou quality, technicality *sout* / *la technicité d'une expression* / *d'un article de journal* the technical nature of an expression / of a newspaper article **2.** [avance technologique] technological sophistication / *matériel d'une haute technicité* very advanced equipment **3.** [savoir-faire] skill / *les ingénieurs ont mis leur technicité au service de l'entreprise* the engineers have put their skills at the company's disposal.

technico-commercial, e [tɛknikokɔmɛʀsjal, o] *(mpl* **technico-commerciaux***, fpl* **technico-commerciales***)* adj : *notre personnel technico-commercial* our technical salesmen ▸ **agent technico-commercial** sales technician, sales engineer.

Technicolor® [tɛknikɔlɔʀ] nm Technicolor® ▸ **en Technicolor** Technicolor *(modif).*

technique [tɛknik] ◆ adj **1.** [pratique] technical, practical / *elle a une certaine habileté technique* she's got a certain knack of doing things **2.** [mécanique] technical ▸ **incident technique** technical hitch / *ce n'est qu'un problème technique* it's only a technical problem **3.** [technologique] technical / *les progrès techniques en informatique* technical advances in computer science **4.** [spécialisé] technical / *le sens technique d'un mot* the technical sense ou meaning of a word. ◆ nm ENS ▸ **le technique** vocational education. ◆ nf **1.** [d'un art, d'un métier] technique / *la technique de l'aquarelle* the technique of watercolour painting **2.** [savoir-faire] technique / *un très jeune joueur de tennis qui doit améliorer sa technique* a very young tennis player who has to improve his technique **3.** [méthode] technique / *c'est toute une technique d'ouvrir les huîtres* there's quite an art to opening oysters / *répondre à une question par une autre question, c'est sa technique* answering a question by another question is his speciality **4.** [de production] technique / *de nouvelles techniques industrielles* new industrial techniques ▸ **technique de pointe** state-of-the-art technique **5.** [applications de la science] ▸ **la technique** applied science.

techniquement [tɛknikmɑ̃] adv technically ▸ **techniquement faisable** technically feasible.

techno [tɛkno] adj & nf techno ▸ **la (musique) techno** techno.

technobureaucratique [tɛknɔbyʀɔkʀatik] adj technobureaucratic.

technocrate [tɛknɔkʀat] nmf technocrat.

technocratie [tɛknɔkʀasi] nf technocracy.

technocratique [tɛknɔkʀatik] adj technocratic.

technocratisation [tɛknɔkʀatizasjɔ̃] nf : *combattre la technocratisation de notre société* to fight against the spread of technocracy in our society.

technocratiser [3] [tɛknɔkʀatize] vt [pays] to turn into a technocracy ; [système, processus] to make technocratic.

technocratisme [tɛknɔkʀatism] nm technocratism.

technologie [tɛknɔlɔʒi] nf **1.** ENS technology, applied science **2.** [technique] technology / *la technologie de l'informatique* computer technology ▸ **technologie alimentaire** food technology ▸ **technologie de substitution** alternative technology ▸ **nouvelle technologie** new technology ▸ **technologies avancées** advanced technology, high technology **3.** [théorie] technology, technological theory, technologies.

technologique [tɛknɔlɔʒik] adj technological.

technologue [tɛknɔlɔg], **technologiste** [tɛknɔlɔʒist] nmf technologist.

technopole [tɛknɔpɔl] nf *large urban centre with teaching and research facilities to support development of hi-tech industries.*

technopôle [tɛknopol] nm *area specially designated to accommodate and foster hi-tech industries.*

technostructure [tɛknostʀyktyʀ] nf technostructure.

teck [tɛk] nm teak.

❖ **en teck** loc adj teak *(modif).*

teckel [tekɛl] nm dachshund.

tectonique [tɛktɔnik] ◆ adj tectonic. ◆ nf tectonics *(sg)* ▸ **tectonique des plaques** plate tectonics.

tectrice [tɛktʀis] nf tectrix.

Te Deum [tedeɔm] nm inv Te Deum.

tee [ti] nm SPORT tee / *poser la balle sur le tee* to tee up / *partir du tee* to tee off.

TEE (abr de **Trans-Europ-Express**) nm TEE.

teen-ager [tinedʒœʀ] (*pl* **teen-agers**) nmf teenager.

tee-shirt (*pl* **tee-shirts**), **teeshirt*** [tiʃœʀt] nm tee-shirt, T-shirt.

Téflon® [teflɔ̃] nm Teflon®.

TEG (abr de **taux effectif global**) nm APR.

tégénaire [teʒenɛʀ] nf house spider, Tegenaria *spéc.*

tégument [tegymɑ̃] nm BOT & ZOOL tegument.

tégumentaire [tegymɑ̃tɛʀ] adj tegumental, tegumentary.

Téhéran [teeʀɑ̃] npr Tehran, Teheran.

teignait v ⟶ **teindre.**

teigne [tɛɲ] nf **1.** ENTOM tineid **2.** MÉD ringworm, tinea *spéc* ▸ **teigne tondante** ringworm of the scalp, tinea captis *spéc* **3.** BOT burdock **4.** *fam* [homme] louse ; [femme] vixen / *quelle teigne, celle-là!* wretched woman! ▸ **être mauvais** ou **méchant comme une teigne** to be a nasty piece of work UK, to be real ornery US.

teigneux, euse [tɛɲø, øz] ◆ adj **1.** MÉD suffering from ringworm **2.** *fam* [hargneux] nasty, ornery US. ◆ nm, f **1.** MÉD ringworm sufferer **2.** *fam* [homme] bastard ; [femme] cow UK bitch.

teindre [81] [tɛ̃dʀ] vt **1.** [soumettre à la teinture] to dye / *j'ai fait teindre mon tee-shirt en bleu* I had my T-shirt dyed blue / *se faire teindre les cheveux* to have one's hair dyed **2.** *litt* [colorer] to tint / *la lumière du soleil teignait la mer en vert émeraude* the sunlight turned the sea to emerald green.

❖ **se teindre** ◆ vp *(emploi passif)* : *c'est une étoffe qui se teint facilement* it's a material which is easy to dye ou which takes dye well ou which dyes well. ◆ vp *(emploi réfléchi)* : *se teindre les cheveux / la barbe en roux* to dye one's hair / beard red / *elle se teint pour paraître plus jeune* she dyes her hair to make herself look younger.

❖ **se teindre de** vp + prép **1.** *litt* [se colorer en] : *au coucher du soleil, les cimes se teignent de rose et d'or* at sunset, the mountain tops are tinted pink and gold **2.** *litt & fig* : *sa grande courtoisie se teignait d'un peu de condescendance* his excessive politeness smacked somewhat of condescension.

teint [tɛ̃] nm [habituel] complexion ; [momentané] colour, colouring / *avoir le teint pâle / jaune / mat* to have a pale / sallow / matt complexion.

❖ **bon teint** loc adj **1.** TEXT colourfast UK, colorfast US ▸ **tissu bon** ou **grand teint** colourfast UK ou colorfast US material **2.** [pur] staunch / *des royalistes bon teint* staunch ou dyed-in-the-wool royalists.

❖ **grand teint** loc adj [couleur] fast ; [tissu] colourfast UK, colorfast US.

teinte [tɛ̃t] nf **1.** [couleur franche] colour UK, color US ; [ton] shade, tint, hue ▸ **une teinte grise** a greyish tinge / *du tissu aux teintes vives* brightly coloured material **2.** [petite quantité - de libéralisme, de sadisme] tinge ; [- d'ironie, de mépris] hint / *avec une teinte de mépris dans la voix* with a hint ou touch of scorn in her voice.

teinté, e [tɛ̃te] adj **1.** [lunettes] tinted ; [verre] tinted, stained **2.** [bois] stained.

teinter [3] [tɛ̃te] vt **1.** [verre] to tint, to stain ; [lunettes, papier] to tint ; [boiseries] to stain **2.** [mêler] to tinge / *son amitié était teintée de pitié* her friendship was tinged with pity, there was a hint of pity in her friendship **3.** [colorer] to tint / *le soleil couchant teintait le lac de rose* the setting sun gave the lake a pinkish tinge.

❖ **se teinter de** vp + prép **1.** [se colorer en] : *se teinter d'ocre* to take on an ochre tinge ou hue **2.** *fig* [être nuancé de] to be tinged with ; [se nuancer de] to become tinged with / *son intérêt se teinte de condescendance* there's a hint of condescension in the interest he's showing.

teinture [tɛ̃tyʀ] nf **1.** [action] dyeing / *se faire faire une teinture* to have one's hair dyed **2.** [produit] dye / *teinture pour coton* cotton dye **3.** PHARM tincture ▸ **teinture d'arnica / d'iode** tincture of arnica / of iodine **4.** *sout* [connaissance superficielle] smattering / *avoir une vague teinture d'allemand* to have a smattering of German / *elle a une teinture d'histoire* she has a vague knowledge of history.

teinturerie [tɛ̃tyʀʀi] nf **1.** [activité] dyeing **2.** [boutique] dry cleaner's.

teinturier, ère [tɛ̃tyʀje, ɛʀ] nm, f [qui nettoie] dry cleaner ; [qui colore] dyer.

tek [tɛk] = **teck.**

tel, telle [tɛl] *(mpl* **tels**, *fpl* **telles**)

◆ dét *(adj indéf)*

A. EMPLOYÉ SEUL

B. AVEC 'QUE'

A. EMPLOYÉ SEUL **1.** [avec une valeur indéterminée] : *tel jour, tel endroit, à telle heure* on such and such a day, at such and such a place, at such and such a time / *il m'a demandé de lui acheter tel et tel livres* he asked me to buy him such and such books / *pourrais-tu me conseiller tel ou tel plat?* could you recommend any particular dish? / *cela peut se produire dans telle ou telle circonstance* it can happen under certain circumstances **2.** [semblable] such / *je n'ai rien dit de tel* I never said such a thing, I said nothing of the sort / *un tel homme peut être dangereux* a man like that can be dangerous / *tu ne retrouveras jamais une telle occasion* you'll never have such an opportunity ou an opportunity like that again / *de telles gens sont rares* such people are few / *pourquoi un tel aveu?* why this confession? ▸ **comme tel / telle** as such / *il était médecin et comme tel, il avait des passe-droits* he was doctor and as such he had special dispensations / *il n'est pas avare, mais il passe pour tel* he's not mean, but people think he is ▸ **en tant que tel** as such / *elle est médecin, en tant que telle elle saura te conseiller* she's a doctor, as such she'll be able to advise you **3.** [ainsi] : *telle fut l'histoire qu'il nous raconta* such was the story he told us / *telle avait été sa vie, telle fut sa fin* as had been his / her life, such was his / her death ▸ **pourquoi ça? — parce que tel est mon bon plaisir!** *hum* and why is that? — because I say so! **4.** [introduisant un exemple, une énumération, une comparaison] like / *des métaux tels le cuivre et le fer* metals such as copper and iron / *les révolutionnaires qui, tel Danton, croyaient à la démocratie* the revolutionaries who, like Danton, believed in democracy / *elle a filé tel l'éclair* she shot off like a bolt of lightning / *il pleurait, tel un enfant* he was crying like a child ▸ **tel père, tel fils** *prov* like father, like son *prov* **5.** [en intensif] such / *c'est un tel honneur pour nous...* it is such an honour for us... / *un tel génie / une telle gentillesse est rare* such a genius / such kindness is rare / *c'est un tel pianiste!* he's such a wonderful pianist! / *une telle insolence dépasse les bornes* such insolence is intolerable / *elle est d'une telle générosité!* she's so generous! / *c'est d'un tel ennui!* it's so boring!

B. AVEC 'QUE' **1.** [introduisant une comparaison] : *il est tel que je l'ai toujours connu* he's just the same as when I knew him / *un homme tel que lui* a man like him / *la maison était telle qu'il l'avait décrite* the house was exactly how he had described it / *telle que je la connais, elle va être en retard* knowing her, she's bound to be late / *telle que vous me voyez, je reviens de chez lui* I've just been to see him this very minute / *tel que tu me vois, je viens de décrocher un rôle* the person you see before you has just got a part ▸ **tu prends le lot tel que** *fam* take the batch as it is ▸ **il me l'a dit tel que!** *fam* he told me just like that! **2.** [introduisant un exemple ou une énumération] ▸ **tel que** such as, like / *les fauves, tels que le lion et le tigre* big cats like ou such as lions and tigers / *un philosophe tel que Descartes* a philosopher such as ou like Descartes **3.** [avec une valeur intensive] : *son bonheur était tel qu'il ne pouvait y croire* his happiness was such that he could hardly believe it / *la douleur fut telle que je faillis m'évanouir* the pain was so bad that I nearly fainted / *il a fait un tel bruit qu'il a réveillé toute la maisonnée* he made such a noise ou so much noise that he woke the whole house up.

◆ pron indéf [désignant des personnes ou des choses non précisées] : *telle ou telle de ses idées aurait pu prévaloir* one or other of his ideas might have prevailed / *c'est en manœuvrant tel et tel qu'il a réussi à se faire élire* he managed to get himself elected by manipulating various people ▸ **tel est pris qui croyait prendre** *prov* it's the biter bitten ▸ **tel qui rit vendredi, dimanche pleurera** *prov* you can be laughing one day and crying the next.

❖ **tel quel, telle quelle** loc adj : *tout est resté tel quel depuis son départ* everything is just as he left it / *tu peux manger les huîtres telles quelles ou avec du citron* you can eat oysters on their own or with lemon.

tél. (abr écrite de **téléphone**) tel.

Tel-Aviv [tɛlaviv] npr Tel Aviv ▸ **Tel-Aviv-Jaffa** Tel Aviv-Jaffa.

télé [tele] nf *fam* [poste, émissions] TV / *il n'y a rien ce soir à la télé* there's nothing on TV ou telly tonight / *réaliser des documentaires pour la télé* to make TV documentaries ou documentaries for TV.

❖ **de télé** loc adj *fam* [chaîne, émission] TV *(modif).*

téléachat [teleaʃa] nm teleshopping.

téléacheteur, euse [teleaʃtœʀ, øz] nm, f teleshopper.

téléacteur, trice [teleaktœʀ, tʀis] nm, f telesales person.

téléaffichage [teleafiʃaʒ] nm telecontrolled signboarding.

téléalarme [telealaʀm] nf telemonitored alarm (system).

téléassistance [teleasistɑ̃s] nf remote assistance.

télébenne [telebɛn] nf cable car.

Téléboutique® [telebutik] nf ≃ Telecom shop® UK ; ≃ telephone store US.

télécabine [telekabin] nf **1.** [cabine] cable car / *les skieurs montent en télécabine* skiers go up in a cable car **2.** [installation] cableway.

Télécarte® [telekaʀt] nf phonecard.

téléchargeable [teleʃaʀʒabl] adj downloadable.

téléchargement [teleʃaʀʒəmɑ̃] nm INFORM downloading.

télécharger [teleʃaʀʒe] vt to download.

télécinéma [telesinema] nm **1.** [procédé] telecine **2.** [appareil] telecamera.

télécommande [telekɔmɑ̃d] nf **1.** AUDIO & TV [procédé, appareil] remote control **2.** [par radio] radio-control **3.** INFORM telecommand.

télécommandé, e [telekɔmɑ̃de] adj **1.** TECHNOL [engin, mise à feu] remote-controlled / *la porte du garage est télécommandée* the garage door is remote-controlled ou works by remote control **2.** *fig* [ordonné de loin] masterminded ou manipulated from afar.

télécommander [3] [telekɔmɑ̃de] vt **1.** [engin, mise à feu, télévision] to operate by remote control **2.** [ordonner de loin] to mastermind, to manipulate / *ces mouvements ont été télécommandés depuis l'Europe* these movements have been masterminded from Europe.

télécommunication [telekɔmynikasjɔ̃] nf telecommunication ▸ **les télécommunications** telecommunications.

télécoms [telekɔm] (abr de **télécommunications**) nfpl *fam* ▸ **les télécoms** the telecommunications industry, telecommunications.

téléconférence [telekɔ̃feʀɑ̃s] nf **1.** [procédé] teleconferencing **2.** [conférence] teleconference.

téléconseiller, ère [telekɔ̃seje, ɛʀ] nm, f call centre person.

télécopie [telekɔpi] nf fax ▸ **envoyer qqch par télécopie** to fax sthg.

télécopier [9] [telekɔpje] vt to fax.

télécopieur [telekɔpjœʀ] nm facsimile machine *spéc*, fax (machine).

télédétection [teledetɛksjɔ̃] nf remote sensing ▸ **satellite de télédétection** spy satellite.

télédiagnostic [teledjagnɔstik] nm telediagnosis.

télédiffuser [3] [teledifyze] vt to broadcast (by television), to televise.

télédiffusion [teledifyzjɔ̃] nf (television) broadcasting.

télédistribution [teledistʀibysjɔ̃] nf cable television.

téléécriture [teleekʀityʀ] nf telewriting.

téléenseignement, télé-enseignement [teleɑ̃sɛɲmɑ̃] *(pl* **téléenseignements** *ou* **télé-enseignements**) nm distance learning.

téléférique [telefeʀik] = **téléphérique.**

téléfilm [telefilm] nm film made for television.

télégénique [teleʒenik] adj telegenic ▸ **être télégénique** to look good on television.

télégestion [teleʒɛstjɔ̃] nf remote management.

télégramme [telegʀam] nm telegram, wire US, cable US ▸ **envoyer un télégramme à qqn** to send a telegram to sb.

télégraphe [telegʀaf] nm telegraph.

télégraphie [telegʀafi] nf telegraphy ▸ **télégraphie optique** visual signalling.

télégraphier [9] [telegʀafje] vt to cable UK, to telegraph, to wire US ▸ **télégraphier qqch à qqn** to cable sb sthg.

télégraphique [telegʀafik] adj **1.** TÉLÉC [poteau] telegraph *(modif)* ; [message] telegraphic **2.** *fig* : *(en) langage* ou *style télégraphique* (in) telegraphic language ou style.

télégraphiquement [telegʀafikmɑ̃] adv telegraphically.

télégraphiste [telegʀafist] nmf telegrapher, telegraphist.

téléguidage [telegidaʒ] nm radio control.

téléguidé, e [telegide] adj **1.** [piloté à distance - engin, avion] radiocontrolled **2.** *fig* [manipulé] manipulated.

téléguider [3] [telegide] vt **1.** TECHNOL [maquette] to control by radio **2.** [inspirer] to manipulate / *c'est lui qui a téléguidé la campagne de presse* he's the one who masterminded the press campaign from behind the scenes.

téléimpression [teleɛ̃pʀesjɔ̃] nf teleprinting.

téléimprimeur [teleɛ̃pʀimœʀ] nm teleprinter.

téléinformatique [teleɛ̃fɔʀmatik] nf teleprocessing.

téléjournal [teleʒuʀnal] nm QUÉBEC television news.

télékinésie [telekinezi] nf telekinesis.

télémaintenance [telemɛ̃tnɑ̃s] nf remote maintenance.

télémanipulateur [telemanipylatœʀ] nm remote manipulator.

télémanipulation [telemanipylasjɔ̃] nf remote handling.

Télémaque [telemak] npr Telemachus.

télémarketing [telemaʀkɛtiŋ] nm telemarketing, telesales.

télématique [telematik] ◆ adj telematic. ◆ nf data communications, telematics *(U)*.

télématiser [3] [telematize] vt to provide with telematic facilities.

❖ **se télématiser** vp *(emploi réfléchi)* to equip o.s. with telematic facilities.

télémessage [telemɛsaʒ] nm TÉLÉC text message.

télémessagerie [telemesaʒʀi] nf electronic mail, e-mail.

télémesure [telemɔzyʀ] nf telemetry, telemetering.

télémètre [telemɛtʀ] nm telemeter.

télémétrie [telemetʀi] nf telemetry.

télémétrique [telemetʀik] adj telemetrical.

télencéphale [telɑ̃sefal] nm telencephalon.

téléobjectif [teleɔbʒɛktif] nm telephoto (lens).

téléologie [teleɔlɔʒi] nf teleology.

téléologique [teleɔlɔʒik] adj teleological.

télépaiement [telepemɑ̃] nm electronic payment.

télépathe [telepat] ◆ adj telepathic. ◆ nmf telepathist.

télépathie [telepati] nf telepathy / *communiquer par télépathie* to communicate via telepathy.

télépathique [telepatik] adj telepathic.

télépéage [telepeaʒ] nm AUTO tele-toll system.

téléphérique [telefeʀik], **téléférique** nm [cabine] cable-car ; [système] cable-way.

téléphone [telefɔn] nm **1.** [instrument] phone, telephone / *repose le téléphone* put down the receiver ▸ **téléphone à carte** cardphone ▸ **téléphone cellulaire** cellphone, cellular phone ▸ **téléphone à clapet** flip phone, clamshell ▸ **téléphone à clapet pivotant** swivel phone ▸ **téléphone avec appareil photo** camera phone, cam phone ▸ **téléphone à glissière** slide phone ▸ **téléphone intelligent** smart phone ▸ **téléphone intérieur** internal telephone ▸ **téléphone sans fil / à touches** cordless / pushbutton telephone ▸ **téléphone mobile** mobile phone ▸ **téléphone monobloc** (candy)bar phone ▸ **téléphone à pièces** payphone ▸ **téléphone portable** portable phone ▸ **téléphone public** public telephone, payphone ▸ **le téléphone rouge** [entre présidents] the hot line ▸ **téléphone de voiture** carphone **2.** [installation] phone, telephone ▸ **il a / n'a pas le téléphone** he's / he isn't on the phone UK, he has a / has no phone US / *j'ai demandé à avoir le téléphone* I asked to have a phone put in / *installer le téléphone* to connect the phone / *combien payes-tu de téléphone par mois?* what's your monthly phone bill? **3.** [service] : *le téléphone marche plutôt mal chez nous* we have a rather bad telephone service **4.** *fam* [numéro] (phone) number / *donne-moi ton téléphone* give me your phone number.

❖ **au téléphone** loc adv ▸ **je suis au téléphone** I'm on the phone / *je l'ai eu au téléphone* I talked to him on the phone / *je ne peux pas te le dire au téléphone* I can't tell you over the phone.

❖ **de téléphone** loc adj [facture, numéro] phone *(modif)*, telephone *(modif)*.

❖ **par téléphone** loc adv : *il a réservé par téléphone* he booked over the phone ▸ **réservation possible par téléphone** phone booking available / *faites vos achats par téléphone* do your shopping by phone.

❖ **téléphone arabe** nm grapevine / *j'ai appris par le téléphone arabe qu'il était rentré* I heard on the grapevine that he was back.

téléphoné, e [telefɔne] adj **1.** TÉLÉC ⟶ **message**, ⟶ **télégramme 2.** *fam* [prévisible] predictable, obvious ▸ **des gags téléphonés** jokes that you can see coming a mile off **3.** SPORT : *sa passe était téléphonée* he telegraphed his pass.

téléphoner [3] [telefɔne] ◆ vi to make a phone call / *puis-je téléphoner?* can I make a phone call?, may I use the phone? / *combien est-ce que ça coûte pour téléphoner en Angleterre?* how much does it cost to call England? / *ne me dérangez pas quand je téléphone* please do not disturb me when I'm on the phone ▸ **téléphoner à qqn** to phone sb, to call sb. ◆ vt to phone / *je te téléphonerai la nouvelle dès que je la connaîtrai* I'll phone and tell you the news as soon as I get it / *elle m'a téléphoné de venir les rejoindre pour dîner* she called to ask me to join them for dinner.

❖ **se téléphoner** vp *(emploi réciproque)* to call each other / *on se téléphone, d'accord?* we'll talk on the phone later, OK?

téléphonie [telefɔni] nf telephony / *téléphonie sans fil* wireless telephony.

téléphonique [telefɔnik] adj [message, ligne, réseau] telephone *(modif)*, phone *(modif)* / *nous avons eu un entretien téléphonique* we had a discussion over the phone.

téléphoniquement [telefɔnikmɑ̃] adv by telephone.

téléphoniste [telefɔnist] nmf telephonist UK, (telephone) operator US.

téléphotographie [telefɔtɔgʀafi] nf telephotography.

téléporter [telepɔʀte] vt to teleport.

téléprompteur [telepʀɔ̃ptœʀ] nm Teleprompter®, Autocue®.

téléprospecteur, trice [telepʀɔspɛktœʀ, tʀis] nm, f telesalesperson.

téléradio [teleʀadjo], **téléradiographie** [teleʀadjɔgʀafi] nf teleradiography.

téléréalité [teleʀealite] nf reality TV ▸ **émission de téléréalité** reality show.

téléreportage [teleʀəpɔʀtaʒ] nm **1.** [émission] television report **2.** [activité] television reporting.

téléreporter [teleʀəpɔʀtɛʀ] nm television reporter.

télescopage [teleskɔpaʒ] nm **1.** [de véhicules] collision **2.** [d'idées, de souvenirs] intermingling **3.** LING telescoping, blending.

télescope [teleskɔp] nm telescope ▸ **télescope coudé** coudé telescope ▸ **télescope électronique** electron telescope.

télescoper [3] [teleskɔpe] vt [véhicule] to collide with, to crash into *(insép)*.

❖ **se télescoper** vp *(emploi réciproque)* **1.** [véhicules] to crash into one another **2.** [idées, souvenirs] to intermingle.

télescopique [teleskɔpik] adj [antenne] telescopic.

téléscripteur [teleskʀiptœʀ] nm teleprinter UK, teletypewriter US.

téléservice [teleseʀvis] nf on-line service.

télésiège [telesjɛʒ] nm chair ou ski lift / *on y monte en télésiège* you get there by chair lift, you take the chair lift up there.

téléski [teleski] nm drag lift, ski tow.

téléspectateur, trice [telespɛktatœʀ, tʀis] nm, f television ou TV viewer / *la majorité des téléspectateurs* the majority of viewers ou of the viewing audience.

télésurveillance [telesyʀvejɑ̃s] nf (security) telemonitoring.

Télétel® [teletɛl] nm *(French) public videotex.*

Télétex® [teletɛks] nm teletex.

télétexte [teletɛkst] nm teletext.

téléthon [teletɔ̃] nm telethon.

télétraitement [teletʀɛtmɑ̃] nm teleprocessing.

télétransmission [teletʀɑ̃smisjɔ̃] nf remote transmission.

télétravail, aux [teletʀavaj, o] nm teleworking, telecommuting.

télétravailler [teletʀavaje] vi to telework, to telecommute.

télétravailleur, euse [teletʀavajœʀ, øz] nmf teleworker, telecommuter.

Télétype [teletip] nm Teletype®.

télévangéliste [televɑ̃ʒelist] nmf televangelist, television ou TV evangelist.

télévendeur, euse [televɑ̃dœʀ, øz] nm, f telesales operator.

télévente [televɑ̃t] nf telesales.

télévérité [televeʀite] nf reality TV.

télévisé, e [televize] adj [discours, match] televised.

téléviser [3] [televize] vt to broadcast on television, to televise.

téléviseur [televizœʀ] nm television ou TV set.

télévision [televizjɔ̃] nf **1.** [entreprise, système] television / *il regarde trop la télévision* he watches too much television ▸ **les télévisions européennes** European television companies ▸ **télévision câblée** ou **par câble** cable television ▸ **télévision en circuit fermé** closed circuit television ▸ **télévision cryptée** coded UK ou scrambled US television ▸ **la télévision à la carte** ou **à la séance** pay-per-view television ▸ **télévision numérique** digital television ▸ **télévision par satellite** satellite television **2.** [appareil] television / *allumer la télévision* to turn the television on.

❖ **à la télévision** loc adv on television ou TV ▸ **à la télévision ce soir a)** [annonce orale] tonight on television **b)** [comme titre] tonight's television / *passer à la télévision* to go on television.

télévision-réalité [televizjɔ̃ʀealite] nf TV reality TV, fly-on-the-wall television ▸ **une émission de télévision-réalité a)** a fly-on-the-wall documentary **b)** [de style feuilleton] a docusoap.

télévisuel, elle [televizɥɛl] adj televisual.

télex [telɛks] nm telex / *envoyer un télex* to (send a) telex ▸ **envoyer qqch par télex** to telex sthg.

télexer [4] [telɛkse] vt to telex.

télexiste [telɛksist] nmf telex operator.

tell [tɛl] nm ARCHÉOL tell.

tellement [tɛlmɑ̃] adv **1.** [avec un adverbe, un adjectif] : *c'est tellement loin* it's so far / *il parle tellement doucement* he speaks so softly / *je n'ai pas tellement mal* it doesn't hurt that ou so much / *il est tellement têtu* he's so stubborn / *c'est tellement mieux comme ça* it's so much better like that / *tu es tellement plus jolie quand tu souris!* you're so much prettier when you smile! / *ce ne sera pas tellement pire* it won't be so much worse **2.** [avec un verbe] ▸ **il l'aime tellement** he loves her so much / *j'ai tellement pleuré!* I cried so much! ; [en corrélation avec 'que'] : *j'en ai tellement rêvé que j'ai l'impression d'y être déjà allée* I've dreamt about it so much ou so often that I feel I've been there already / *elle n'est pas tellement malade qu'elle ne puisse se lever* sout she's not so ill that she can't get up **3.** [introduisant la cause] : *personne ne l'invite plus tellement il est ennuyeux* he's so boring (that) nobody invites him anymore / *j'ai mal aux yeux tellement j'ai lu* my eyes hurt from reading so much **4.** EXPR **pas tellement** *fam* not really / *je n'aime pas tellement me presser* I don't really like to hurry ▸ **plus tellement** *fam* not really any more / *je n'aime plus tellement ça* I don't really like that any more / *des jeunes au chômage, comme on en voit tellement dans la rue* young people on the dole such as you often come across on the street.

❖ **tellement de** loc dét ▸ **j'ai tellement de travail / de soucis en ce moment** I've got so much work / so many worries at the moment ; [en corrélation avec 'que'] : *il y avait tellement de bruit que l'on ne s'entendait plus* there was so much noise that we could no longer hear ourselves speak / *il y a tellement d'hôtels que je ne sais lequel choisir* there are so many hotels that I don't know which one to choose.

tellure [tɛlyʀ] nm tellurium.

tellurien, enne [telyʀjɛ̃, ɛn] adj tellurian.

tellurique [telyʀik] adj telluric ▸ **courants telluriques** telluric currents.

téloche [telɔʃ] nf *fam* telly.

téméraire [temeʀɛʀ] adj **1.** [imprudent - personne] foolhardy, rash, reckless / *c'est un jeune homme téméraire* he is a foolhardy young man **2.** [aventuré - tentative] rash, reckless / *l'entreprise est téméraire, mais elle peut réussir* it's a reckless ou foolhardy venture, but it may (just) succeed **3.** [fait à la légère] rash / *voici une remarque bien téméraire* this is an extremely rash comment.

témérairement [temeʀɛʀmɑ̃] adv bravely / *le film s'intitule témérairement...* the film has the audacious title of...

témérité [temeʀite] nf **1.** [hardiesse] boldness, temerity *litt* **2.** [imprudence - d'une initiative, d'une personne] foolhardiness, recklessness ; [- d'un jugement] rashness.

témoignage [temwaɲaʒ] nm **1.** DR [action de témoigner] testimony, evidence / *les témoignages ont duré toute la journée* the hearing went on all day ▸ **faux témoignage** perjury, false evidence, false witness / *faire un faux témoignage* to give false evidence / *condamné pour faux témoignage* found guilty of perjury ou of giving false evidence ▸ **rendre témoignage à qqch** [rendre hommage] to pay tribute to ou to hail *sout* ou to salute sthg / *je rends témoignage à son courage* I salute his courage ▸ **rendre témoignage à qqn** [témoigner publiquement en sa faveur] to testify in sb's favour / *la presse unanime a rendu témoignage au Premier ministre* all the newspapers testified in the Prime Minister's favour **2.** [contenu des déclarations] deposition, (piece of) evidence / *le témoignage du chauffeur de taxi est accablant pour elle* the taxi driver's statement is conclusive evidence against her / *un témoignage de bonne conduite* a statement of (good) character, a character reference ▸ **porter témoignage de qqch** to bear witness to sthg **3.** [preuve] gesture, expression, token / *un témoignage d'amitié* a token of friendship / *leur comportement est un témoignage vivant de leur foi* their conduct is a living expression of ou a living testimony to their faith ▸ **recevoir des témoignages de sympathie a)** [après un deuil] to receive messages of sympathy **b)** [pendant une épreuve] to receive messages of support **4.** [récit - d'un participant, d'un observateur] (eyewitness) account / *des témoignages sur les conditions de vie des paysans* accounts of the living conditions of peasants / *cette pièce sera un jour considérée comme un témoignage sur la vie des années 80* this play will one day be considered as an authentic account of life in the 80s.

témoigner [3] [temwaɲe] ◆ vi DR to testify, to give evidence / *témoigner en faveur de / contre l'accusé* to give evidence for / against the defendant ▸ **témoigner contre ses complices** to turn King's ou Queen's evidence UK, to turn State's evidence US / *témoigner par oral / écrit* to give oral / written evidence / *nous ferons témoigner la personne qui a filmé la scène* we'll get the person who filmed the scene to testify. ◆ vt **1.** DR [certifier] ▸ **témoigner que** to testify that / *j'irai témoigner que je ne l'ai pas vu ce soir-là* I'll go and testify that I didn't see him that night / *il a témoigné avoir passé la soirée avec l'accusé* he testified to spending the evening with the defendant **2.** [montrer - sympathie] to show ; [- dégoût, goût] to show ; [- intérêt] to show, to evince *sout* / *il ne m'a témoigné que du mépris en retour* he showed me nothing but contempt in return.

❖ **témoigner de** v + prép **1.** DR to testify to / *je suis prêt à témoigner de son innocence* I'm ready to testify ou to swear to his innocence **2.** [indiquer - bonté, générosité, intérêt] to show, to indicate / *sa réponse témoigne d'une grande maturité* his answer shows great maturity ; [prouver] to show, to bear witness ou to testify to, to attest *sout* / *le problème ne fait qu'empirer, comme en témoignent ces statistiques* the problem is only getting worse, witness these statistics ou as these statistics show.

témoin [temwɛ̃] nm **1.** DR [qui fait une déposition] witness / *il a été cité comme témoin* he was called as a witness / *le témoin est à vous* your witness ▸ **témoin auriculaire** ear witness ▸ **témoin à charge / décharge** witness for the prosecution / defence ▸ **témoin de moralité** character reference ▸ **témoin instrumentaire** witness to a deed ▸ **témoin oculaire** eyewitness ▸ **faux témoin** perjurer **2.** [à un mariage, à la signature d'un contrat] witness ; [à un duel] second / *c'est le témoin du marié* he's the best man ▸ **devant témoins** in front of witnesses **3.** [spectateur] witness, eyewitness / *l'accident s'est passé sans témoin* there were no witnesses to the accident / *elle m'a arraché mon sac — vous avez des témoins?* she grabbed my bag — have you any witnesses? ▸ **être témoin de qqch** to be witness to ou to witness sthg / *j'ai été un témoin involontaire de leur dispute* I was an unwitting witness to their quarrel / *Stendhal, témoin de son temps* Stendhal, a witness of his time ▸ **prendre qqn à témoin** to call upon sb as a witness / *Dieu / le ciel m'est témoin que j'ai tout fait pour l'en empêcher* as God / heaven is my witness, I did all I could to stop him **4.** [preuve] witness / *elle a bien mené sa carrière, témoin sa réussite* she has managed her career well, her success is a testimony to that **5.** CONSTR (plaster) tell-tale **6.** RELIG ▸ **Témoin de Jéhovah** Jehovah's Witness **7.** SPORT baton / *passer le témoin* to hand over ou to pass the baton **8.** *(comme adj)* ▸ **appartements témoins** show flats UK, model apartments US ▸ **groupe / sujet témoin** SCI control group / subject.

tempe [tɑ̃p] nf temple / *un coup à la tempe* a blow to the side of the head / *ses tempes commencent à grisonner* he's going grey at the temples.

tempérament [tɑ̃peʀamɑ̃] nm **1.** [caractère] temperament, disposition, nature / *ce n'est pas dans mon tempérament* it's not like me, it's not in my nature / *il est d'un tempérament plutôt anxieux* he's the worrying kind / *il est d'un tempérament plutôt instable* he's got a rather unstable character / *il a un tempérament de vendeur* he's commercially-minded / *elle a un tempérament d'artiste* she has an artistic temperament, she's of an artistic disposition **2.** [disposition physique] temperament, constitution / *tempérament bilieux / sanguin* bilious / sanguine temperament / *tempérament lymphatique / nerveux* lymphatic / nervous disposition ▸ **s'abîmer** *fam* ou **s'esquinter**, *fam* ou **se crever** *tfam* **le tempérament à faire qqch** to wreck one's health doing sthg **3.** *fam* [sensualité] sexual nature / *être d'un tempérament fougueux / exigeant* to be an ardent / a demanding lover / *il a du tempérament!* *euphém* he's hot-blooded! **4.** *fam* [forte personnalité] strong-willed person / *alors elle, c'est un tempérament!* she's a force to be reckoned with! **5.** MUS temperament ▸ **tempérament égal / inégal** equal / unequal temperament.

❖ **à tempérament** ◆ loc adj [achat] on deferred payment. ◆ loc adv [acheter] on hire purchase UK, on an installment plan US ▸ **acheter qqch à tempérament** to buy sthg on hire purchase UK ou on an installment plan US.

❖ **par tempérament** loc adv naturally, by nature / *plus musicien que son frère par tempérament* more musical than his brother by nature.

tempérance [tɑ̃peʀɑ̃s] nf **1.** RELIG temperance **2.** [sobriété] temperance, moderation.

tempérant, e [tɑ̃peʀɑ̃, ɑ̃t] ◆ adj temperate, sober. ◆ nm, f temperate person.

température [tɑ̃peʀatyʀ] nf **1.** MÉD & PHYSIOL temperature ▸ **avoir** ou **faire** *fam* **de la température** to have a temperature ▸ **prendre la température de a)** [patient] to take the temperature of **b)** [assemblée, public] to gauge (the feelings of) **2.** MÉTÉOR temperature / *il y eut une brusque chute de la température* ou *des températures* there was a sudden drop in temperature / *on a atteint des températures de 45 °C* temperatures reached 45°C **3.** [d'une pièce, d'une serre, d'un bain] temperature / *avant d'aller nager, je prends la température de l'eau* before going swimming, I test the water **4.** PHYS temperature ▸ **température absolue / critique / thermodynamique** absolute / critical / thermodynamic temperature ▸ **température d'ébullition** boiling point.

tempéré, e [tɑ̃peʀe] adj **1.** GÉOGR [climat, région] temperate **2.** MUS [gamme] tempered.

tempérer [18] [tɑ̃peʀe] vt **1.** *litt* [température excessive] to temper *sout*, to ease **2.** [atténuer - colère] to soften, to appease ; [- ardeurs, passion, sévérité] to soften, to temper *sout* / *tempère ton enthousiasme, je n'ai pas encore dit oui* don't get carried away, I haven't said yes yet.

❖ **se tempérer** vp *(emploi réfléchi)* to restrain o.s. / *apprends à te tempérer* learn to restrain yourself!

❖ **se tempérer de** vp + prép to be softened ou tempered with / *sa colère se tempérait d'un peu de pitié* a hint of pity softened his anger.

✎ In reformed spelling (see p. 16-19), this verb is conjugated like *semer*: *il tempèrera, elle tempèrerait.*

tempête [tɑ̃pɛt] nf **1.** MÉTÉOR storm, tempest *litt* / *le vent souffle en tempête* it's blowing a gale, a gale force wind is blowing ▸ **tempête magnétique** magnetic storm ▸ **tempête de neige** snowstorm ▸ **tempête de sable** sandstorm / **'la Tempête'** *Shakespeare* 'The Tempest' **2.** [troubles] storm / *son livre a provoqué une véritable tempête dans les milieux politiques* his book raised quite a storm in political circles / *nous avons traversé la tempête* we've managed to weather the storm ▸ **une tempête dans un verre d'eau** a storm in a teacup UK, a tempest in a teapot US **3.** [déferlement] wave, tempest, storm / *tempête d'applaudissements / de critiques / de protestations* storm of applause / criticism / protest ▸ **tempête d'insultes** hail of abuse / *une tempête de rires accueillait chaque réplique* each line unleashed gales of laughter.

tempêter [4] [tɑ̃pete] vi to rage, to rant (and rave) / *il a eu beau tempêter, elle a maintenu son refus* despite his raving at her, she kept saying no / *ils ne cessent de tempêter contre les syndicats* they're always railing against the unions.

tempétueux, euse [tɑ̃petɥø, øz] adj *litt* **1.** [côte, mer] tempestuous *litt*, stormy ; [courant] turbulent **2.** [amour, passion] tempestuous, stormy.

temple [tɑ̃pl] nm **1.** RELIG [gén] temple ; [chez les protestants] church ▸ **le Temple a)** [ordre] the Order of the Temple, the Knights Templar **b)** [à Paris] *densely-populated district in the 3rd arrondissement of Paris, well known for the gardens and covered market built on the site of the old stronghold of the Knights Templars* **2.** [haut lieu] ▸ **le temple de la mode / musique** the Mecca of fashion / music.

templier [tɑ̃plije] nm HIST (Knight) Templar.

tempo [tempo] nm **1.** MUS tempo **2.** [rythme - d'un film, d'un roman] tempo, pace ; [- de la vie] pace.

temporaire [tɑ̃pɔʀɛʀ] adj temporary / *c'est une employée temporaire* she's a temporary worker.

temporairement [tɑ̃pɔʀɛʀmɑ̃] adv temporarily.

temporal, e, aux [tɑ̃pɔʀal, o] adj ANAT temporal.

❖ **temporal, aux** nm ANAT temporal bone.

❖ **temporale** nf ANAT temporal artery.

temporalité [tɑ̃pɔʀalite] nf *litt* temporality, temporalness.

temporel, elle [tɑ̃pɔʀɛl] adj **1.** RELIG [autorité, pouvoir] temporal ; [bonheur] temporal, earthly ; [biens] worldly, temporal **2.** LING temporal.

temporisateur, trice [tɑ̃pɔʀizatœʀ, tʀis] ◆ adj [politique, tendance] temporizing *sout*, delaying ; [stratégie, tactique] delaying. ◆ nm, f temporizer *sout*.

❖ **temporisateur** nm **1.** SCI retarder **2.** INFORM timer.

temporisation [tɑ̃pɔʀizasjɔ̃] nf **1.** [fait de retarder] delaying tactics, temporization *sout* **2.** ÉLECTR delay time.

temporiser [3] [tɑ̃pɔʀize] vi to use delaying tactics, to temporize *sout* / *notre équipe devrait temporiser* *pour conserver son but d'avance* our team should now play for time to retain its one-goal lead.

temps [tɑ̃]

◆ nm

A. CLIMAT

B. DURÉE

A. CLIMAT weather / *le temps s'améliorera lundi* there will be an improvement in the weather on Monday / *quel temps fait-il à Nîmes?* what's the weather like in Nîmes? / *avec le temps qu'il fait, par ce temps* in this weather / *demain, le temps sera variable* tomorrow, the weather will be changeable ou unsettled / *vous nous amenez le beau / mauvais temps* you've brought the fine / bad weather with you / *il fait un temps gris* it's overcast, the weather's dull UK ou gloomy / *par beau temps ou par temps clair, on voit la côte anglaise* when it's fine ou on a clear day, you can see the English coast / *par temps humide* in wet weather / *par temps de pluie / neige / brouillard* in wet / snowy / foggy weather / *par temps froid* in cold weather, when it's cold ▸ **par gros temps** in rough weather at sea, in rough seas ▸ **par tous les temps** in all weathers.

B. DURÉE **1.** [écoulement des jours] ▸ **le temps** time / *la fuite* ou *course du temps* the passing of time ▸ **comme le temps passe!, comme** ou **que le temps passe vite!** how time flies! ▸ **le Temps** Old Father Time **2.** [durée indéterminée] time *(U)* / *c'est du temps perdu* it's a waste of time / *nous avons gâché un temps précieux* we've wasted a lot of precious time ▸ **mettre du temps à faire qqch** to take time to do sthg / *mettre du temps à se décider* to take a long time deciding ou to decide ▸ **passer son temps à** : *je passe mon temps à lire* I spend (all) my time reading ▸ **pour passer le temps** to while away ou to pass the time ▸ **prendre du temps** to take time / *cela ne m'a pas pris beaucoup de temps pour apprendre la chanson* it didn't take me long to learn the song / *chercher une maison prend beaucoup de temps* househunting is very time-consuming / *ça prendra le temps qu'il faudra* ou *que ça prendra* fam it'll take as long as it takes ▸ **trouver le temps long** to feel time dragging by ▸ **je commençais à trouver le temps long a)** [d'impatience] I was growing impatient ou restless **b)** [d'ennui] I was getting bored **3.** [durée nécessaire] time *(C)* ▸ **le temps que** : *calculer le temps que met la lumière pour aller du Soleil à la Terre* to compute the time that light takes to go from the Sun to the Earth / *va chercher du lait, le temps que je fasse du thé* go and get some milk while I make some tea ▸ **le temps de** : *le temps de faire qqch* (the) time to do sthg / *laissez-lui le temps de répondre / de réfléchir* give her time to answer / to think / *le temps d'enfiler un manteau et j'arrive* just let me put on a coat and I'll be with you / *juste le temps de les entendre* just long enough to hear them ▸ **avoir le temps de faire qqch** to have (the) time to do sthg / *je n'ai même pas eu le temps de lui dire au revoir* I didn't even have time to say goodbye to him / *auras-tu le temps de venir me chercher?* will you have time to come and collect me? / *elle voudrait venir te voir mais elle n'a pas le temps* she'd like to come and see you but she hasn't got (the) time / *fais-le quand tu en auras le temps* do it at your leisure ou when you've got (the) time ▸ **prendre son temps** to take one's time / *je dois étudier le dossier — prenez votre temps* I have to take a close look at the file — take your time (over it) / *surtout prends ton temps!* iron take your time, won't you?, don't hurry, will you? ▸ **prendre le temps de faire qqch** to take the time to do sthg / *prends le temps de manger* take the time to eat / *il faut prendre le temps de vivre* you should take time to enjoy life ▸ **temps d'antenne** TV air time ▸ **temps de charge** [d'appareil électronique] charge time ▸ **temps de communication** [sur téléphone portable] airtime ▸ **temps de cuisson / préparation** CULIN cooking / preparation time ▸ **un temps partiel** a part-time job ▸ **un temps plein** ou **plein temps** a full-time job ▸ **être** ou **travailler à temps partiel** to work part-time ▸ **être** ou **travailler à plein temps** ou **à temps plein** to work full-time ▸ **travailler à temps complet** to work full-time ▸ **faire un trois quarts (de) temps** ≃ to work 30 hours per week ▸ **temps de pose** PHOT exposure time ▸ **temps de réaction** PSYCHOL response latency, reaction time ▸ **le temps de la réflexion** time to think ▸ **le temps de révolution d'une planète** ASTRON the period of a planet's orbit ▸ **réduire le temps de travail** to reduce working hours **4.** [loisir] time *(C)* / *maintenant qu'elle est à la retraite, elle ne sait plus quoi faire de son temps* now that she's retired, she doesn't know how to fill her time / *les enfants prennent tout mon temps* the children take up all my time / *pour aller à la pêche, il trouve toujours le temps!* if it's a question of going fishing, he can always find time! ▸ **avoir du temps** ou **le temps** to have time / *je n'ai pas beaucoup de / j'ai besoin d'un peu plus de temps* I haven't got much / I need a bit more time / *mon train est à 7 h, j'ai grandement* ou *tout le temps* my train is at 7, I've plenty of time (to spare) ▸ **avoir tout son temps** to have all the time in the world / *ne nous pressons pas, on a tout notre temps!* iron couldn't you go (just) a little bit slower? / *avoir du temps devant soi* to have time to spare ou on one's hands ▸ **temps libre** free time ▸ **avoir du temps libre** to have some spare time **5.** [moment favorable] ▸ **il est temps** : *il est (grand) temps!* it's high time!, it's about time! / *la voilà — il était temps!* here she is — it's about time ou and not a minute too soon ou and about time too! / *il était temps, le bol allait tomber* that was close, the bowl was about to fall ▸ **il n'est plus temps** time's run out / *je voulais tout recopier mais il n'est plus temps* I wanted to write it all out again but there's no time for that now / *cours vite prendre ton train, il n'est que temps* run and catch your train, there's not much time ▸ **il est temps de** now's the time for / *il est temps d'y penser* now's the time to think about it / *il n'est plus temps de discuter, il faut agir* the time for discussion is past ou enough talking, we must act ▸ **il est temps que** : *il est temps que tu t'inscrives* you'd better enrol soon, it's time you enrolled / *le temps est venu de nous ressaisir* it's time ou the time has come for us to pull ourselves together / *le temps était venu pour moi de partir* the time had come for me to ou it was time for me to leave **6.** [époque déterminée] time *(C)* / *le temps n'est plus aux querelles* we should put quarrels behind us, the time for quarelling is past / *il fut un temps où...* there was a time when... / *le temps n'est plus où...* gone are the days when... / *la plus grande découverte de notre temps* the biggest discovery of our time / *être en avance / en retard sur son temps* to be ahead of / behind one's time ▸ **aller** ou **marcher avec son temps** to keep up ou to move with the times / *être de son temps* to move with the times / *tu es bien de ton temps, toi!* you really are a child of the times! ▸ **il n'était pas de son temps a)** [en retard] he was out of step with his time **b)** [en avance] he was ahead of his time ▸ **dans mon jeune temps** when I was young, in my younger days ▸ **un temps** for a (short) while / *j'ai cru, un temps, que...* I thought, for a while, that... / *il y a un temps pour tout* there's a time for everything ▸ **n'avoir** ou **ne durer qu'un temps** to last but a short time / *elle est fidèle — ça n'aura* ou *ne durera qu'un temps* she's faithful — it won't last / *un tel chagrin n'aura qu'un temps* such sorrow can't last (for ever) ▸ **faire son temps** [détenu, soldat] to do ou to serve one's time / *la cafetière / mon manteau a fait son temps* fam the coffee machine's / my coat's seen better days / *des idées qui ont fait leur temps* outmoded ideas / *les diligences ont fait leur temps* the days of stagecoaches are gone ▸ **en temps normal** ou **ordinaire** usually, in normal circumstances / *en temps opportun* at an appropriate time, in due season sout ▸ **en temps voulu** in good time ▸ **en temps utile** in due time ou course ▸ **en son temps** in due course / *chaque chose en son temps* there's a right time for everything **7.** [saison, période de l'année] time *(C)*, season / *le temps des moissons* harvest (time) / *le temps des cerises / pêches* the cherry / peach season **8.** [phase - d'une action, d'un mouvement] stage / *faire un temps de galop* to gallop for a while / *l'épaulé-jeté s'exécute en trois temps* the clean and jerk is done in three stages ou movements ▸ **dans un premier temps** first ▸ **dans un deuxième temps** secondly ▸ **dans un troisième temps** thirdly **9.** ASTRON ▸ **temps astronomique / sidéral** astronomical / sidereal time ▸ **temps absolu** absolute time ▸ **temps atomique international** international atomic time ▸ **temps solaire** solar time, Greenwich Mean Time **10.** DR ▸ **temps civil / légal** civil / standard time **11.** INFORM time ▸ **temps d'accès / d'amorçage** access / start-up time ▸ **temps critique / de connexion** critical / connecting time ▸ **temps de libération** clearing time ▸ **temps partagé** time sharing ▸ **temps réel** real time / *traitement en temps réel* real-time processing / *travailler en temps réel* to work in real time ▸ **temps de retournement** turn-around time ▸ **temps total** elapsed time **12.** LING tense ▸ **temps composé / simple / du passé** compound / simple / past tense **13.** MÉCAN stroke / *moteur à quatre temps* four-stroke engine **14.** MUS beat / *valse à trois temps* waltz in three-four time **15.** RELIG ▸ **le temps de l'avent / du carême** (the season of) Advent / Lent / *le temps pascal* Easter time, Eastertide **16.** SPORT [d'une course] time / *quel est son temps sur 100 m?* what's her time over 100 m? / *elle a fait le meilleur temps aux essais* hers was the best time ou she was the fastest in the trials ; ESCRIME [durée - d'une action] time, temps ; [- d'un combat] bout.

◆ nmpl [époque] times, days / *les temps sont durs* ou *difficiles!* times are hard! / *les temps modernes / préhistoriques* modern / prehistoric times / *les temps anciens* ancient times ou days / **'les Temps modernes'** Chaplin 'Modern Times'.

❖ **à temps** loc adv in time / *se ressaisir à temps* to pull o.s. together just in time / *ils m'ont fait payer le billet, je ne me suis pas décommandé à temps* I had to pay for the ticket since I didn't cancel it early enough / *je n'arriverai / je ne finirai jamais à temps!* I'll never make it / I'll never finish in time!

❖ **à temps perdu** loc adv in one's spare time, in a spare moment.

❖ **au même temps** = en même temps.

❖ **au même temps que** = en même temps que.

❖ **au temps de** loc prép in ou at the time of, in the days of / *au temps de Voltaire* in Voltaire's time ou day / *au temps du cinéma muet* in the days of silent movies.

❖ **au temps jadis** loc adv in times past, in the old days.

❖ **au temps où, au temps que** loc conj in the days when, at the time when.

❖ **avec le temps** loc adv with the passing of time / *avec le temps, tout s'arrange* time is a great healer.

❖ **ces temps-ci** loc adv these days, lately / *il était malade ces temps-ci* he's been ill lately.

❖ **dans ce temps-là** loc adv in those days, at that time.

❖ **dans le même temps** = en même temps.

❖ **dans le même temps que** = en même temps que.

❖ **dans le temps** loc adv before, in the old days.

❖ **dans les temps** loc adv on time ▸ **être dans les temps a)** [pour un travail] to be on schedule ou time **b)** [pour une course] to be within the time (limit) / *vous devez finir dans les temps* you must finish on time.

❖ **de temps à autre, de temps en temps** loc adv from time to time, occasionally, (every) now and then.

❖ **de temps immémorial** loc adv from time immemorial.

❖ **du temps de** loc prép : *du temps de Louis XIV* in the days of Louis the XIVth / *du temps de notre père, tu n'aurais pas osé* when our father was (still) alive, you wouldn't have dared / *de mon temps, ça n'existait pas* when I was young ou in my day, there was no such thing.

❖ **du temps où, du temps que** = au temps où.

❖ **en ce temps-là** = dans ce temps-là.

❖ **en même temps** loc adv at the same time.

❖ **en même temps que** loc conj at the same time as.

❖ **en temps de** loc prép ▸ **en temps de guerre / paix** in wartime / peacetime / *en temps de prospérité / récession* in times of prosperity / recession.

❖ **en temps et lieu** loc adv in due course ou time, at the proper time and place.

❖ **en un temps où** loc conj at a time when.

❖ **par les temps qui courent** loc adv *fam* these days, nowadays.
❖ **tout le temps** loc adv all the time, always / *elle est tout le temps là* she's always there, she's there all the time / *ne me harcèle pas tout le temps!* don't keep on pestering me!
❖ **temps fort** nm MUS strong beat ; *fig* high point, highlight / *un des temps forts du festival* one of the high points ou highlights of the festival / *ce fut un des temps forts de ma vie / de la représentation* it was one of the high points of my life / of the performance.
❖ **temps mort** nm **1.** [au basketball, volleyball] time-out **2.** *fig* lull, slack period ; [dans une conversation] lull, pause **3.** SCI time-out (interval).

tempura [tɑ̃puʀa] nm inv tempura.

tenable [tənabl] adj **1.** [supportable] bearable / *la situation n'est plus tenable, il faut agir* the situation's become untenable ou unbearable, we must take action / *la chaleur / le froid est à peine tenable* the heat / the cold is hardly bearable **2.** [contrôlable] : *à l'approche de Noël, les enfants ne sont plus tenables* as Christmas gets nearer, the children are going wild.

tenace [tənas] adj **1.** [obstiné - travailleur] tenacious, obstinate ; [- chercheur] tenacious, dogged ; [- ennemi] relentless ; [- résistance, volonté] tenacious ; [- refus] dogged ; [- vendeur] tenacious, insistent **2.** [durable - fièvre, grippe, toux] persistent, stubborn ; [- parfum, odeur] persistent, lingering ; [- tache] stubborn ; [- préjugé, impression, superstition] deep-rooted, stubborn, tenacious **3.** [qui adhère fortement - colle] strong ; [- plante, lierre] clinging.

tenacement [tənasmɑ̃] adv tenaciously, persistently, stubbornly, doggedly.

ténacité [tenasite] nf **1.** [d'une personne, d'une volonté] tenacity, tenaciousness ▸ **avec ténacité** doggedly ▸ **faire preuve de ténacité** to be persistent **2.** [d'une fièvre, d'une toux, d'une odeur] persistence ; [d'une tache] stubbornness ; [d'un préjugé, d'une superstition] deep-rootedness, persistence **3.** TECHNOL resilience.

tenaille [tənaj] nf **1.** ▸ **tenaille, tenailles a)** [de charpentier, de menuisier] pincers **b)** [de cordonnier] pincers, nippers **c)** [de forgeron] tongs **2.** [fortification] tenaille.
❖ **en tenaille(s)** loc adv ▸ **prendre qqn en tenaille** ou **tenailles** to catch ou to trap sb in a pincer movement.

tenaillement [tənajmɑ̃] nm *litt* [du doute, du remords] tormenting, gnawing, nagging.

tenailler [3] [tənaje] vt *sout* [faim, soif] to gnaw ; [doute, inquiétude, remords] to gnaw (at), to rack, to torment / *être tenaillé par la faim / par le remords* to be racked with hunger / tormented by remorse.

tenancier, ère [tənɑ̃sje, ɛʀ] nm, f **1.** [d'un café, d'un hôtel, d'une maison de jeu] manager **2.** [fermier] tenant farmer **3.** HIST (feudal) tenant.

tenant, e [tənɑ̃, ɑ̃t] ◆ adj ▸ **chemise à col tenant** shirt with a collar attached. ◆ nm, f SPORT ▸ **tenant (du titre)** holder, titleholder.
❖ **tenant** nm **1.** [d'une doctrine, d'une idéologie, d'un principe] supporter, upholder **2.** HÉRALD supporter.
❖ **tenants** nmpl [d'une terre] adjacent parts ; DR abuttals ▸ **les tenants et les aboutissants** [d'une affaire] the ins and outs, the full details / *je suis seul à connaître les tenants et les aboutissants de leur accord* only I know all the ins and outs of their agreement.
❖ **d'un (seul) tenant** loc adj all in one block / *trois hectares d'un seul tenant* three adjoining hectares.

tendance [tɑ̃dɑ̃s] nf **1.** [disposition, propension] tendency ▸ **avoir tendance à** to tend to, to have a tendency to / *ayant tendance à l'autoritarisme* tending towards authoritarianism / *elle a tendance à se laisser aller* she has a tendency ou she's inclined to let herself go / *tu as un peu trop tendance à croire que tout t'est dû* you're too inclined to think that the world owes you a living **2.** [orientation, évolution - gén] trend ; [- d'un créateur] leanings ; [- d'un livre, d'un discours] drift, tenor / *les nouvelles tendances de l'art / la mode* the new trends in art / fashion ▸ **tendances de l'automne** VÊT the autumn fashions ; *(comme adj)* ▸ **une coupe très tendance** a very fashionable cut **3.** [position, opinion] allegiance, leaning, sympathy / *un parti de tendance libérale* a party with liberal tendencies / *des partis de toutes tendances étaient représentés* the whole spectrum of political opinion was represented ; [fraction d'un parti] : *la tendance centriste au sein du parti* the middle-of-the-road tendency within the party / *le groupe a décidé, toutes tendances réunies, de voter l'amendement* all the factions within the group voted in favour of supporting the amendment / *à quelle tendance appartiens-tu?* what are your political leanings?, where do your (political) sympathies lie? **4.** BOURSE & ÉCON trend / *quelle est la tendance du marché?* what's the market trend? ▸ **tendance inflationniste** inflationary trend / *une tendance baissière* ou *à la baisse* a downward trend, a downswing / *une tendance haussière* ou *à la hausse* an upward trend, an upswing **5.** PSYCHOL tendency ▸ **tendances affectives / vitales** affective / vital tendencies **6.** [résultat d'une étude] trend ▸ **tendance générale** (general) trend.

tendanciel, elle [tɑ̃dɑ̃sjɛl] adj : *une évolution tendancielle* a trend-setting development.

tendancieusement [tɑ̃dɑ̃sjøzmɑ̃] adv tendentiously, tendenciously.

tendancieux, euse [tɑ̃dɑ̃sjø, øz] adj [film, récit, interprétation] tendentious, tendencious ; [question] loaded.

tender [tɑ̃dɛʀ] nm PÉTR & RAIL tender.

tendeur [tɑ̃dœʀ] nm **1.** [pour tendre - un câble] tensioner ; [- une toile de tente] guy rope ; [- une chaîne de vélo] chain adjuster **2.** [pour porte-bagages] luggage strap **3.** RAIL ▸ **tendeur d'attelage** coupling screw.

tendineux, euse [tɑ̃dinø, øz] adj **1.** ANAT tendinous **2.** [viande] stringy.

tendinite [tɑ̃dinit] nf tendinitis.

tendon [tɑ̃dɔ̃] nm tendon, sinew ▸ **tendon d'Achille** Achilles' tendon.

tendre[1] [tɑ̃dʀ] ◆ adj **1.** [aimant - personne] loving, gentle, tender ; [- voix] gentle ; [- yeux] gentle, loving ; [affectueux - lettre] loving, affectionate ▸ **chanson tendre** love song / *elle n'est pas tendre avec lui* she's hard on him / *les critiques n'ont pas été tendres pour son film* the reviewers were very hard on his film / *la presse n'est pas tendre pour elle ce matin* she's been given a rough ride in the papers this morning **2.** [moelleux - viande, légumes] tender / *je voudrais quatre steaks bien tendres* I'd like four nice tender steaks ▸ **tendre comme la rosée** (as) fresh as the morning dew **3.** [mou - roche, mine de crayon, métal] soft ▸ **bois tendre** softwood **4.** *litt* [délicat - feuillage, bourgeons] tender, delicate ; [- herbe] soft / *de tendres boutons de rose* tender rosebuds **5.** [doux - teinte] soft, delicate / *un tissu rose / vert tendre* a soft pink / green material **6.** [jeune] early ▸ **nos tendres années** our early years ▸ **âge tendre, tendre enfance** early childhood / *dès sa plus tendre enfance* since his earliest childhood. ◆ nmf tender-hearted person.
❖ **Tendre** npr m ▸ **la Carte du Tendre** the Carte de Tendre, the Map of the Land of Love.

tendre[2] [73] [tɑ̃dʀ] vt **1.** [étirer - câble, corde de raquette] to tighten, to tauten ; [- élastique, ressort] to stretch ; [- corde d'arc] to draw back *(sép)* ; [- arc] to bend ; [- arbalète] to arm ; [- voile] to stretch, to brace ; [- peau d'un tambour] to pull, to stretch / *tendre fortement une corde* to strain a rope **2.** [disposer - hamac, fil à linge, tapisserie] to hang ; [- collet, souricière] to set / *ils ont tendu une corde en travers de la route* they stretched ou tied a rope across the road / *tendre des lignes* to put out (fishing) lines ▸ **tendre une embuscade** ou **un piège à qqn** to set an ambush ou a trap for sb ▸ **tendre ses filets a)** *pr* to set one's nets **b)** *fig* to set a trap **3.** [revêtir - mur] to cover / *tendre une pièce de toile de jute* to cover the walls of a room with hessian / *les murs étaient tendus de papier peint à fleurs* there was flowered paper on the walls **4.** [allonger - partie du corps] ▸ **tendre le cou** to crane ou to stretch one's neck / *il tendit un doigt accusateur vers l'enfant* he pointed an accusing finger at the child / *elle tendit son front / sa joue à sa mère pour qu'elle l'embrasse* she offered her forehead / her cheek for her mother to kiss ▸ **tendre les bras (vers qqn)** to stretch out one's arms (towards sb) / *il m'a tendu les bras en signe de pardon* he held out his arms to me in forgiveness / *assieds-toi, il y a un fauteuil qui te tend les bras* sit down, there's an armchair waiting for you / *vas-y, le poste de directeur te tend les bras* go ahead, the director's job is yours for the taking ▸ **tendre la main** [pour recevoir qqch] to hold out one's hand ▸ **tendre la main à qqn a)** [pour dire bonjour] to hold out one's hand to sb **b)** [pour aider] to offer a helping hand to sb **c)** [pour se réconcilier] to extend a ou the hand of friendship to sb ▸ **tendre l'autre joue** *allusion* BIBLE to turn the other cheek ▸ **tendre le dos** ou **l'échine** : *tout ce qu'il sait faire c'est tendre le dos* all he does (in time of trouble) is to lie back and take it all **5.** [offrir, présenter] to offer / *il lui tendit la boîte de chocolats / un miroir* he offered her the box of chocolates / held out the mirror to her / *elle tendit une pomme à l'enfant* she offered the child an apple **6.** [concentrer] : *tendre sa volonté vers la réussite* to strive for success / *tendre ses efforts vers un but* to strive to achieve an aim.
❖ **tendre à** v + prép **1.** [avoir tendance à] : *c'est une pratique qui tend à disparaître* it's a custom which is dying out **2.** [contribuer à] : *cela tendrait à prouver que j'ai raison* this would seem to prove that I'm right **3.** [aspirer à] : *tendre à la perfection* to aim at perfection **4.** [arriver à] ▸ **tendre à sa fin** to near an end / *la période de crise tend à sa fin* the end of the crisis is in sight, the crisis is nearing its end.
❖ **tendre vers** v + prép **1.** [viser à] : *tendre vers la perfection* to aim at perfection, to strive towards perfection **2.** [approcher de] : *le rythme de la production tend vers son maximum* maximum output is close to being reached **3.** MATH ▸ **tendre vers zéro / l'infini** to tend to zero / infinity.
❖ **se tendre** vpi **1.** [courroie, câble] to tighten (up), to become taut, to tauten **2.** [atmosphère, relations] to become strained.

tendrement [tɑ̃dʀəmɑ̃] adv [embrasser, regarder, sourire] tenderly, lovingly / *ils s'aiment tendrement* they love each other dearly.

tendresse [tɑ̃dʀɛs] nf **1.** [attachement - d'un amant] tenderness ; [- d'un parent] affection, tenderness / *une enfance sans tendresse* a childhood deprived of affection, a loveless childhood ▸ **avec tendresse** tenderly ▸ **avoir de la tendresse pour qqn** to feel affection for sb **2.** [inclination, penchant] : *je n'ai aucune tendresse pour les menteurs* I have no love for liars, I don't think much of liars.
❖ **tendresses** nfpl : *je vous envoie mille tendresses ainsi qu'aux enfants* much love to you and to the children.

tendreté [tɑ̃dʀəte] nf [d'un légume, d'une viande] tenderness.

tendron [tɑ̃dʀɔ̃] nm **1.** CULIN ▸ **tendron de veau** middle-cut breast of veal **2.** BOT shoot **3.** *fam* [jeune fille] ▸ **un tendron** a slip of a girl.

tendu, e [tɑ̃dy] ◆ pp ⟶ **tendre.** ◆ adj **1.** [nerveux - de tempérament] tense ; [- dans une situation] tense, strained, fraught ; [- avant un événement, un match] keyed up, tense / *jamais, dit-il d'une voix tendue* never, he said in a strained voice **2.** [atmosphère] strained ; [rapports] strained, fraught UK ; [situation] tense, fraught UK **3.** [partie du corps, muscle] tensed up ▸ **avoir les nerfs tendus a)** [habituellement] to be tense **b)** [momentanément] to be tense ou on edge **4.** [étiré - corde, courroie] tight, taut ; [- corde d'arc] drawn ; [- arc] drawn, bent ; [- voile, peau de tambour] stretched / *la chaîne est mal tendue* ou *n'est pas assez tendue* the chain isn't tight enough ou is a bit slack / *ma raquette de tennis est trop tendue / n'est pas assez tendue* my tennis racket strings are too tight / too slack **5.** [allongé] : *avancer le doigt tendu / le poing tendu / les bras tendus* to advance with pointed finger / raised fist / outstretched arms **6.** LING tense.

ténèbres [tenɛbʀ] nfpl **1.** [nuit, obscurité] darkness *(U)*, dark *(U)* / *être plongé dans les ténèbres* to be in total darkness **2.** *fig* : *les ténèbres de la superstition* the dark age of superstition **3.** RELIG Tenebrae.

ténébreux, euse [tenebʀø, øz] ◆ adj *litt* **1.** [forêt, maison, pièce] dark, gloomy, tenebrous *litt* ; [recoin, cachot] dark, murky **2.** [inquiétant - intrigue, complot] dark ; [- époque, situation] obscure, murky / *de ténébreux projets* devious plans **3.** [incompréhensible] mysterious, unfathomable ▸ **une ténébreuse affaire** a shady business / *le ténébreux langage de la loi* the obscure language of the legal profession **4.** [personne, caractère] melancholic, saturnine *litt.* ◆ nm, f **1.** *litt* [personne mélancolique] melancholic **2.** *hum* ▸ **un beau ténébreux** a tall, dark, handsome stranger.

Tenerife, Ténériffe [teneʀif] npr Tenerife.

teneur[1] [tənœʀ] nf **1.** [contenu - d'un document] content ; [- d'un traité] terms / *quelle est exactement la teneur de son article?* what exactly is her article about? **2.** CHIM content / *teneur en eau / fer* water / iron content / *teneur en alcool* alcohol content, alcoholic strength **3.** MIN content, grade, tenor / *teneur en carbone* percentage of carbon, carbon content / *minerai à forte teneur en plomb* ore with a high lead content **4.** NUCL ▸ **teneur isotopique** abundance ratio, isotopic abundance.

teneur[2], **euse** [tənœʀ, øz] nm, f **1.** COMM ▸ **teneur de livres** bookkeeper **2.** IMPR ▸ **teneur de copie** copyholder.

ténia [tenja] nm tapeworm, taenia *spéc.*

tenir [40] [təniʀ]

◆ vt

- **A. AVOIR DANS LES MAINS**
- **B. CONSERVER**
- **C. POSSÉDER**
- **D. OCCUPER, PRONONCER**
- **E. EXPRIME UNE MESURE**
- **F. ÊTRE CONSTANT DANS**
- **G. CONSIDÉRER**

A. AVOIR DANS LES MAINS **1.** [retenir] to hold (on to) ▸ **tenir la main de qqn** to hold sb's hand / *il tenait sa casquette sous le bras* he was holding his cap under his arm / *tiens mon sac deux minutes* hold my bag for a moment / *tiens bien le livre* hold on tight to the book / *je tenais mal la bouteille et elle m'a échappé* I wasn't holding the bottle tightly enough and it slipped **2.** [manier] to hold / *tu tiens mal ta raquette / ton arc* you're not holding your racket / your bow properly / *tiens mieux ton verre / pinceau* hold your glass / brush properly / *apprendre à tenir le ciseau* to learn the correct way to hold a chisel / *tenez la lime horizontale* hold the file flat ou horizontal ou horizontally / *tenez la bouteille verticale* hold the bottle up ou vertical ou vertically.

B. CONSERVER **1.** [maintenir - dans une position] to hold, to keep ; [- dans un état] to keep / *enlève les vis qui tiennent le panneau* undo the screws which hold the panel in place / *l'amarre qui tient le bateau* the cable tying up the boat / *tiens-lui la porte, il est chargé* hold the door open for him, he's got his hands full / *il tenait les yeux baissés* he kept his eyes lowered / *cette étoffe ne tient pas le pli* this material won't hold its crease / *tenez-lui la tête hors de l'eau* hold her head above the water ▸ **tenir les fenêtres fermées / ouvertes** to keep the windows shut / open / *elle tient ses chiens attachés* she keeps her dogs tied up ▸ **tenir chaud** to keep warm / *je veux une robe qui tienne chaud* I'd like a warm dress / *tenir un plat au chaud* to keep a dish hot / *tenez le bois au sec* keep the wood in a dry place / *tenir une chambre en ordre* to keep a room tidy / *tenez-le prêt (à partir)* make sure he's ready (to leave) / *ils tiennent le pont sous le feu de leurs mitraillettes* they're keeping the bridge under machine-gun fire **2.** [garder - note] to hold ▸ **tenir l'accord** to stay in tune / **'tenez votre droite' a)** [sur la route] 'keep (to the) right' **b)** [sur un Escalator®] 'keep to the right' **3.** *vieilli* [conserver - dans un lieu] to keep / *où tenait-il les bijoux?* where did he keep the jewels? / *dans nos nouveaux locaux, nous tenons une plus grande sélection d'articles* we keep a larger selection of goods in our new premises **4.** BELG [collectionner] to collect.

C. POSSÉDER **1.** [avoir reçu] ▸ **tenir qqch de qqn** [par hérédité] to get sthg from sb / *je tiens mes yeux bleus de mon père* I get my blue eyes from my father / *une passion pour les affaires qu'elle tient de famille* a taste for business which she inherited from her family / *les propriétés que je tenais de ma mère* [par héritage] the properties I'd inherited from my mother **2.** [avoir capturé] to have caught, to have got hold of ; [avoir à sa merci] to have got / *nous tenons son chien, qu'il vienne le chercher* we've got his dog, let him come and fetch it / *je tiens une truite!* I've caught ou I've got a trout! / *c'est un cul-de-sac, nous le tenons* it's a dead end, he's trapped ou we've got him / *ah, ah, petit coquin, je te tiens!* got you, you little devil! / *si je tenais celui qui a défoncé ma portière!* just let me get ou lay my hands on whoever smashed in my car door! / *la police tient un des coupables* the police have caught one of the culprits / *vous avez trouvé un nouveau collaborateur? — oui, je tiens mon homme* have you found a new assistant? — yes, I've got the man I need / *elle m'a tenu une heure avec ses histoires de divorce* I had to listen to her going on about her divorce for a whole hour / *pendant que je vous tiens (au téléphone), pourrais-je vous demander un service?* since I'm speaking to you (on the phone), may I ask you a favour? **3.** [détenir - indice, information, preuve] to have ; [- contrat] to have, to have won ; [- réponse, solution] to have (found) ou got / *ça y est, je tiens la solution!* hurrah, I've found ou got the answer! / *je crois que je tiens un scoop!* I think I've got a scoop! / *je tiens enfin l'édition originale* I've finally got my hands on the original edition ▸ **tenir qqch de** [l'apprendre] to have (got) sthg from / *il a eu des troubles psychologiques — de qui tenez-vous cela?* he's had psychological problems — who told you that? / *nous tenons de source sûre / chinoise que...* we have it on good authority / we hear from Chinese sources that... ▸ **tenir qqch de** [le tirer de] : *je tiens mon autorité de l'État* I derive my power from the state / *qu'est-ce que je tiens comme rhume!* *fam* I've got a stinking UK ou horrible cold! ▸ **elle en tient une couche!** *fam* she's as thick as two short planks UK, what a dumb bell! US ▸ **il en tient une bonne ce soir** *fam* he's had a skinful UK ou he's three sheets to the wind tonight ▸ **qu'est-ce qu'il tient! a)** *fam* [il est stupide] what a twit UK ou blockhead! **b)** [il est ivre] he's really plastered! **c)** [il est enrhumé] he's got a stinking UK ou horrible cold! **4.** [transmettre] ▸ **faire tenir qqch à qqn** *sout* : *nous vous ferons tenir une copie des documents* we will make sure you receive a copy of the documents / *faites-le-lui tenir en mains propres* make sure it's handed to him personally.

D. OCCUPER, PRONONCER **1.** [avoir prise sur, dominer] to hold / *quand la colère le tient, il peut être dangereux* he can be dangerous when he's angry / *la jalousie le tenait* jealousy had him in its grip, he was gripped by jealousy / *ce rhume me tient depuis deux semaines* I've had this cold for two weeks ; MIL to control / *les Anglais tenaient la mer* the English ruled the sea / *qui tient la presse tient le pays* whoever controls the press controls the country ; [avoir de l'autorité sur - classe, élève] to (keep under) control / *quand Noël approche, on ne peut plus les tenir* when Christmas is near, you just can't control them **2.** [diriger, s'occuper de - commerce, maison, hôtel] to run ; [- comptabilité, registre] to keep ▸ **tenir la caisse** to be at the cash desk, to be the cashier / *tenir les livres* to keep the books / *je tiens la maison pendant son absence* I look after ou I mind the house while she's away / *elle tient la rubrique artistique à « Madame »* she has a regular Arts column in "Madame" / *le soir, il tenait le bar* at night he used to serve behind the bar / *je tiens l'orgue de l'église* I'm the church organist ▸ **tenir la marque** JEUX & SPORT to keep score **3.** [donner - assemblée, conférence, séance] to hold, to have / *elle va tenir une conférence de presse* she is going to hold ou to have a press conference / *le tribunal tiendra audience dans le nouveau bâtiment* the court hearings will be held in the new building **4.** [prononcer - discours] to give ; [- raisonnement] to have ; [- langage] to use / *elle m'a tenu tout un discours sur la ponctualité* she gave me a lecture about being on time / *il me tint à peu près ce langage* *(allusion à La Fontaine)* here's roughly what he said to me ▸ **tenir des propos désobligeants / élogieux** to make offensive / appreciative remarks / *comment peux-tu tenir un tel raisonnement?* how can you possibly think this way? **5.** ▸ **être tenu à qqch** [astreint à] : *être tenu au secret professionnel* to be bound by professional secrecy / *nous sommes tenus à la discrétion* we're obliged to be very discreet ▸ **être tenu de faire** to have to / *le conseil n'est pas tenu / est tenu de respecter la recommandation du comité* the committee's recommendation is not / is binding on the council / *je me sens tenu de la prévenir* I feel morally obliged ou duty-bound to warn her **6.** THÉÂTRE [rôle] to play, to have / *tenir des emplois secondaires* to play minor parts ▸ **tenir un rôle dans** *fig* to play a part in / *il a bien tenu son rôle de fils* he acted as a son should **7.** ÉQUIT [cheval] to keep in hand / *tenir un cheval serré* to keep a tight rein on a horse / *tenir un cheval court* to ride a horse on a short rein.

E. EXPRIME UNE MESURE **1.** [occuper] to take up *(sép)*, to occupy / *le fauteuil tient trop de place* the armchair takes up too much room / *la barricade tenait toute la rue* the barricade took up the whole width of the street ▸ **tenir une place importante** to have ou to hold an important place **2.** [contenir] to hold / *le réservoir ne tient pas plus de 40 litres* the tank doesn't hold more than 40 litres.

F. ÊTRE CONSTANT DANS **1.** [résister à] (to be able) to take / *il tient l'alcool* he can take UK ou hold his drink / *je ne tiens pas le vin* I can't take wine UK, wine doesn't agree with me ▸ **tenir le coup a)** *fam* [assemblage, vêtements] to hold out **b)** [digue] to hold (out) **c)** [personne] (to be able) to take it / *le soir, je ne tiens pas le coup* I can't take late nights / *elle travaillait trop et n'a pas tenu le coup longtemps* she was overworked and couldn't cope ou take it for long / *sa foi l'a aidé à tenir le coup* his faith helped him to keep going ▸ **tenir la mer** to keep the sea (well) ▸ **tenir la route** [véhicule] to have good road-holding UK, to hold the road well / *ton raisonnement ne tient pas la route* *fig* your argument doesn't stand up to scrutiny **2.** [respecter] to keep to, to stand by, to uphold ▸ **tenir (sa) parole** to keep one's word / *tenir une promesse* to keep ou to fulfil a promise ; [s'engager dans - pari] : *je tiens la gageure* ou *le pari!* I'll take up the challenge! / *tenu!, je tiens!* JEUX you're on!

G. CONSIDÉRER *sout* to hold, to consider / *je tiens que les romanciers sont les historiens du présent* it is my belief ou I hold that novelists are the chroniclers of our time ▸ **tenir qqn / qqch pour** to consider sb / sthg to be, to look upon sb / sthg as / *on la tenait pour une divinité* she was considered to be ou as a deity / *nous tenons ce procès / cette élection pour une supercherie* we consider this trial / this election (to be) a sham.

◆ vi **1.** [rester en position - attache] to hold ; [- chignon] to stay up, to hold ; [- bouton, trombone] to stay on ; [- empilement, tas] to stay up / *tenir en place* to stay in place / *mets du gel, tes cheveux tiendront mieux* use gel, your hair'll hold its shape better / *la porte du placard ne tient pas fermée* the cupboard door won't stay shut / *tout ça tient avec de la colle* all this is held together with glue / *ces sandales ne tiennent pas aux pieds* these sandals keep slipping off ou won't stay on / *le porridge vous tient au corps* ou *à l'estomac* porridge keeps you going ▸ **faire tenir qqch avec de la colle / des clous** to glue / to nail sthg into position ▸ **tenir à a)** [être fixé à] to be fixed on ou to **b)** [être contigu à] to be next to / *assurez-vous que les ventouses tiennent bien au mur* make sure that the suction pads are securely fixed to the wall / *les bureaux tenant à l'atelier* the offices next to ou adjoining the workshop ; [personne] : *essaie de tenir le plus longtemps possible sur un pied* try to remain standing on one foot as long as possible / *il ne tient pas encore bien sur sa bicyclette / ses skis / ses jambes* he's not very steady on his bike / his skis / his legs yet / *je ne tiens plus sur mes jambes* [de fatigue] I can hardly stand up any more / *cet enfant ne tient pas sur sa chaise* this child can't sit still ou is always fidgeting in his chair / *elle ne tient pas en place* she can't sit still **2.** [résister - union] to last, to hold out ; [- chaise, vêtements] to hold ou to last out ; [- digue] to hold out ; [- personne] to hold ou to last out / *leur mariage n'a pas tenu deux ans* their marriage didn't even last two years / *ce manteau a bien tenu* that coat lasted well / *je ne tiens plus au soleil, je* *rentre* I can't stand the sun any more, I'm going in / *je ne tiendrais pas longtemps sous la torture* I wouldn't hold out very long under torture / *on peut tenir plusieurs jours sans manger* you can survive several days without eating / *le cœur ne tiendra pas* his heart won't take it / *il n'a pas tenu longtemps au gouvernement* he didn't stay ou last long in office / *tes arguments ne tiendront pas longtemps face à la réalité* your arguments won't hold for very long when faced with reality / *malgré une deuxième vague de bombardements, l'armée a tenu* despite a second bombing raid, the troops held out ou stood their ground ▸ **tenir bon** ou **ferme a)** [s'agripper] to hold firm ou tight **b)** [ne pas céder] to hold out / *tenez bon, les secours arrivent* hold ou hang on, help's on its way / *il me refusait une augmentation, mais j'ai tenu bon* he wouldn't give me a rise but I held out ou stood my ground / *la défense lyonnaise tient bon* the Lyon defence is holding fast ou is standing firm / *le dollar tient toujours bon* the dollar is still holding firm ▸ **ne pas y tenir, ne (pas) pouvoir y tenir** : *n'y tenant plus, je l'appelai au téléphone* unable to stand it any longer, I phoned him / *soudain, elle n'y tint plus et se jeta dans ses bras* suddenly she lost control and threw herself in his arms / *ça sent si bon le chocolat, je ne vais pas pouvoir y tenir* there's such a gorgeous smell of chocolate, I just won't be able to resist it ▸ **c'est à n'y pas tenir!** [mauvaise odeur, mauvaise ambiance] it's unbearable ou intolerable! **3.** [durer, ne pas s'altérer - fleurs] to keep, to last ; [- tissu] to last (well) ; [- beau temps] to last, to hold out ; [- bronzage] to last ; [- neige] to settle, to stay / *les coquelicots ne tiennent pas dans l'eau* poppies don't last in water / *aucun parfum ne tient sur moi* perfumes don't stay on me / *pour que votre rouge à lèvres tienne plus longtemps* so that your lipstick stays on longer **4.** [être valable, être d'actualité - offre, pari, rendez-vous] to stand ; [- promesse] to hold / *l'invitation tient pour samedi* the invitation for Saturday is still on ou still stands / *ça tient toujours pour demain?* is it still on for tomorrow? ▸ **il n'y a pas de... qui tienne** : *il n'y a pas de congé qui tienne* there's no question of having leave / *il n'y a pas de « mais ma tante » qui tienne, tu vas te coucher!* there's no "but Auntie" about it, off to bed with you! **5.** [pouvoir être logé] to fit / *une fois plié, le sac tient dans la poche* when folded up, the bag fits in your pocket / *il ne tiendra pas sur cette chaise* he'll never fit in ou get into that chair / *le compte rendu tient en une page* the report takes up one page ▸ **tenir en hauteur / largeur (dans)** to fit vertically / widthwise (in) / *trois enfants peuvent tenir sur la banquette arrière* three children can fit on the back seat / *on tient facilement à cinq dans la barque* the boat sits five in comfort / *on ne tiendra jamais à 30 dans ton salon* you'll never get 30 people into your living-room / *on n'arrivera jamais à tout faire tenir dans cette valise* we'll never get everything into this suitcase / *il faudrait arriver à faire tenir tous les meubles dans la camionnette pour ne faire qu'un voyage* if we only want to make one journey, we'll have to get all the furniture to fit into the van at once / *ma conclusion tiendra en deux mots* I will conclude in just two words / *son histoire tient en peu de mots* his story can be summed up in a few words **6.** EXPR **en tenir pour qqn** *fam* to have a crush on sb ▸ **en tenir pour qqch a)** *fam* [aimer] to be hooked on sthg **b)** [ne considérer que] to stick to sthg / *il en tient pour la varappe* he's really hooked on ou mad about rock climbing / *elle en tient vraiment pour l'hypothèse de l'assassinat* she seems convinced it was murder ▸ **tiens, tenez** [en donnant qqch] here / *tiens, reprends ta bague* here, have your ring back / *tu me passes le sel? — tiens* can you pass me the salt? — here you are ▸ **tiens, tenez** [pour attirer l'attention, pour insister] : *tiens, le tonnerre gronde* listen, it's thundering / *tenez, les voilà justement* look, here they come / *tenez, je vais tout vous raconter* look ou listen, I'll tell you everything / *tiens, rends-toi utile* here, make yourself useful / *tiens, je préférerais le jeter que de lui donner!* see, I'd rather throw it away than give it to him! / *tenez, je ne vous ferai même pas payer l'électricité* look, I won't even charge you for the electricity / *s'il est intéressé par le salaire? tiens, bien sûr que oui!* is he interested in the salary? you bet he is! ▸ **tiens, tenez** [exprime la surprise, l'incrédulité] : *tiens, Bruno! que fais-tu ici?* (hello) Bruno, what are you doing here? / *tiens, je n'aurais jamais cru ça de lui* well, well, I'd never have expected it of him / *tiens, c'est bizarre* hmm, that's strange / *tiens, tiens, ça serait bien dans son style* hmm, that's just the sort of thing he'd do / *elle a refusé? tiens donc!* *fam & iron* she said no? you amaze me! ou surprise, surprise! ▸ **un tiens vaut mieux que deux tu l'auras** *prov* a bird in the hand is worth two in the bush *prov*.

❖ **tenir à** v + prép **1.** [être attaché à - personne] to care for, to be very fond of ; [- objet] to be attached to ; [- réputation] to care about ; [- indépendance, liberté] to value / *je tiens énormément à sa confiance* I set great store by ou I greatly value his trust / *je ne ferai pas la grève, je tiens à mon emploi* I won't go on strike, I want to keep my job / *si tu tiens à la vie...* if you value your life... **2.** [vouloir] ▸ **tenir à faire qqch** to be eager to do ou to be keen on doing sthg / *je tiens à être présent à la signature du contrat* I insist on being there when the contract is signed / *il tenait tellement à monter cette pièce* he was so keen on the idea of staging this play / *tu veux lui parler? — je n'y tiens pas vraiment* would you like to talk to him? — not really ou not particularly ▸ **tenir à ce que** : *je tiens à ce qu'ils aient une bonne éducation* I'm most concerned that they should have a good education / *je ne tiens pas à ce qu'on me reconnaisse* I'm not particularly anxious to be recognized / *tiens-tu à ce que cela se sache?* do you really want it to become known? / *je voudrais t'aider — je n'y tiens pas* I'd like to help you — I'd rather you didn't / *venez dîner, j'y tiens absolument!* come and have dinner, I insist! **3.** [résulter de] to stem ou to result from, to be due to, to be caused by / *ses erreurs tiennent surtout à son manque d'expérience* his mistakes are mainly due to ou stem mainly from his lack of experience / *à quoi tient son charisme?* what's the secret of his charisma? / *sa défaite aux élections a tenu à trois voix* she was defeated in the election by just three votes / *le bonheur tient parfois à peu de chose* sometimes it's the little things that give people the most happiness / *à quoi ça tient?* *fam* what's the reason for it?, what's it due to? ▸ **qu'à cela ne tienne** never mind, fear not *hum* / *vous n'avez pas votre voiture? qu'à cela ne tienne, je vais vous reconduire* you haven't got your car? never mind, I'll give you a lift **4.** *(tournure impersonnelle)* [être du ressort de] : *il ne tient qu'à toi de mettre fin à ce désordre* it's entirely up to you to sort out this shambles / *il ne tient qu'à vous de choisir* the choice rests ou lies with you, it's entirely up to you / *il tenait à lui seul que ma nomination fût effective* it was entirely up to him to validate my appointment / *s'il ne tenait qu'à moi* if it was up to me ou my decision / *il a tenu à peu de chose que je ne rate mon train* I very nearly missed my train.

❖ **tenir de** v + prép **1.** [ressembler à] to take after / *elle tient de moi* she takes after me / *ce chien tient à la fois de l'épagneul et du setter* this dog is a sort of cross between a spaniel and a setter ▸ **elle est vraiment têtue / douée — elle a de qui tenir!** she's so stubborn / gifted — it runs in the family! **2.** [relever de] : *sa guérison tient du miracle* his recovery is something of a miracle / *ça tient de l'exploit* it's something of ou quite a feat / *des propos qui tiennent de l'injure* remarks verging on the insulting / *le paysage tenait de la féerie* the scenery was like something out of a fairytale.

❖ **se tenir** ◆ vp *(emploi réciproque)* : *ils marchaient en se tenant la main* they were walking hand in hand / *se tenir par le cou / la taille* to have one's arms round each other's shoulders / waists. ◆ vp *(emploi passif)* [se dérouler - conférence] to be held, to take place ; [- festival, foire] to take place / *la réunion se tiendra dans la salle de bal* the meeting will be held in the ballroom / *le festival se tient en plusieurs endroits* there are several venues for the festival / *le congrès des sidologues se tient deux fois par an* the AIDS specialists' convention is held twice a year. ◆ vpt : *se tenir la tête à deux mains* to hold ou to clutch one's head in one's hands. ◆ vpi **1.** [se retenir] to hold on (tight) / *tenez-vous bien, on démarre!* hold on tight ou fast, here we go! ▸ **se tenir à a)** to hold on to **b)** [fortement] to cling to, to clutch, to grip / *tiens-toi à la rampe pour descendre* hold on to the rail on the way down **2.** [se trouver - en position debout] to stand, to be standing ; [- en position assise] to sit, to be sitting ou seated / *il se tenait sur le seuil / dans l'embrasure de la porte* he was standing on the doorstep / in the doorway / *ne te tiens pas si près de la cheminée* don't stand so close to the fireplace / *se tenir (légèrement) en retrait* to stand back (slightly) / *se tenir debout* to be standing (up) ▸ **se tenir droit a)** [debout] to stand up straight **b)** [assis] to sit up straight ▸ **tiens-toi droit** straighten up ▸ **tenez-vous droites! a)** [à des personnes assises] sit up (straight) ou properly! **b)** [à des personnes debout] stand up straight! / *tiens-toi mieux sur ta chaise* sit properly on your chair / *c'est parce que tu te tiens mal que tu as mal au dos* you get backaches because of bad posture / *se tenir aux aguets* to be on the lookout, to watch out / *se tenir coi* to remain silent / *se tenir immobile* to remain ou to be still **3.** [se conduire] to behave / *elle ne sait pas se tenir quand il y a des invités* she doesn't know how to behave when there are guests ▸ **bien se tenir** to behave o.s. ▸ **mal se tenir** to behave o.s. badly / *Superman est là, les méchants n'ont qu'à bien se tenir!* *fam* Superman is around, watch out, all you baddies! **4.** [être cohérent] ▸ **se tenir (bien) a)** [argumentation, intrigue] to hold together, to stand up **b)** [raisonnement] to hold water, to hold together / *l'intrigue du roman ne se tient pas* the plot doesn't stand up ou hang together / *je voudrais trouver un alibi qui se tienne* I'm looking for a plausible excuse ; [coïncider - indices, événements] to hang together, to be linked / *ça se tient, elle servait au bar et lui était client, c'est comme ça qu'ils se sont rencontrés!* but of course, she was a barmaid and he was a customer, that's how they met! **5.** EXPR **s'en tenir à** : *tenez-vous-en aux ordres* confine yourself to carrying out orders / *d'abord ingénieur puis directrice d'usine, elle ne s'en est pas tenue là* she started out as an engineer, then became a factory manager, but she didn't stop there ▸ **tenons-nous-en là pour aujourd'hui** let's leave it at that for today, let's call it a day / *je ne m'en tiendrai pas à ses excuses* I won't be content with a mere apology from him ▸ **ne pas se tenir de** [joie, impatience] to be beside o.s. with / *la presse ne se tenait plus de curiosité* the newspapers were beside themselves with curiosity / *on ne se tenait plus de rire* we were in absolute fits (of laughter) ▸ **tiens-toi bien, tenez-vous bien** : *ils ont détourné, tiens-toi bien, 4 millions d'euros!* they embezzled, wait for it, 4 million euros! / *elle a battu le record, tenez-vous bien, de plus de deux secondes!* she broke the previous record and by over two seconds, would you believe! / *et, tiens-toi bien, elle voulait en plus que je lui paie ses frais!* and would you believe, she wanted me to pay her expenses as well!

❖ **se tenir pour** vp + prép **1.** [se considérer comme] : *je ne me tiens pas encore pour battu* I don't reckon I'm ou I don't consider myself defeated yet / *se tenir pour satisfait* to feel satisfied / *je ne me tiens pas pour un génie* I don't regard myself as ou think of myself as ou consider myself a genius **2.** EXPR **se le tenir pour dit** : *je ne supporterai pas tes insolences, tiens-le-toi pour dit!* I'll say this only once, I won't put up with your rudeness! / *on lui a ordonné de ne plus revenir et il semble qu'il se le soit tenu pour dit* he was told never to come back and he seems to have got the message.

Tennessee [tenesi] npr m ▸ **le Tennessee** Tennessee.

tennis [tenis] ◆ nm **1.** [activité] tennis ▸ **jouer au tennis** to play tennis ▸ **tennis sur gazon** lawn tennis ▸ **jouer au tennis sur terre battue** to play (tennis) on clay ▸ **tennis en salle** indoor tennis **2.** [court] (tennis) court. ◆ nmpl ou nfpl [chaussures - pour le tennis] tennis shoes ; [- pour la marche] trainers, sneakers US.

❖ **tennis de table** nm table tennis.

tennis-elbow [teniselbo] (*pl* **tennis-elbows**) nm tennis elbow.

tennisman [tenisman] (*pl* **tennismans** *ou* **tennismen** [-men]) nm (male) tennis player.

tennistique [tenistik] adj [exploit, magazine, tournoi] tennis *(modif)*.

tenon [tənɔ̃] nm TECHNOL tenon.

❖ **à tenon** ◆ loc adj ▸ **assemblage à tenon** tenon joint. ◆ loc adv : *assembler à tenon* to tenon.

ténor [tenɔʀ] nm **1.** MUS tenor ▸ **ténor léger** light tenor ▸ **fort ténor** operatic tenor **2.** [vedette] big name / *tous les grands ténors de la politique seront là* all the big political names will be there.

tenseur [tɑ̃sœʀ] ◆ adj m ANAT tensor. ◆ nm ANAT & MATH tensor.

tensioactif, ive [tɑ̃sjɔaktif, iv] adj surface-active.

tensiomètre [tɑ̃sjɔmɛtʀ] nm **1.** MÉCAN tensometer, tensiometer **2.** MÉD sphygmomanometer **3.** PHYS & TEXT tensiometer.

tension [tɑ̃sjɔ̃] nf **1.** [étirement] tension, tightness / *ça sert à régler la tension de la courroie* it's for adjusting the tension of the drive belt **2.** [état psychique] : *elle est dans un tel état de tension qu'un rien la met en colère* she's so tense that the slightest thing makes her lose her temper ▸ **tension (nerveuse)** tension, strain, nervous stress **3.** [désaccord, conflit, difficulté] tension / *la tension monte entre les deux pays* tension is mounting between the two countries / *des tensions au sein de la majorité* tension ou strained relationships within the majority **4.** [effort intellectuel intense] ▸ **tension d'esprit** mental effort **5.** ÉLECTR voltage, tension ▸ **tension de coupure** / **grille** cut-off / grid voltage ▸ **basse tension** low voltage / **'danger, haute tension'** 'beware, high voltage' **6.** MÉD : *avoir* ou *faire fam de la tension* to have high blood pressure ▸ **prendre la tension de qqn** to check sb's blood pressure ▸ **tension artérielle** ou **vasculaire** blood pressure **7.** PHON tenseness **8.** PHYS [d'un liquide] tension ; [d'un gaz] pressure ▸ **tension de vapeur** (saturated) vapour pressure.

❖ **à basse tension** loc adj ÉLECTR low-voltage, low-tension.

❖ **à haute tension** loc adj ÉLECTR high-tension / *câbles à haute tension* high-tension cables.

❖ **sous tension** ◆ loc adj **1.** ÉLECTR [fil] live / *la télécommande s'utilise quand le récepteur est sous tension* use the remote control switch when the set is in standby mode **2.** [nerveux] tense, under stress / *tout le monde était sous tension* everybody was under stress. ◆ loc adv : *mettre un appareil sous tension* to switch on an appliance.

tensoriel, elle [tɑ̃sɔʀjɛl] adj ▸ **calcul tensoriel** tensor calculus.

tentaculaire [tɑ̃takylɛʀ] adj **1.** ZOOL tentacular **2.** [ville] sprawling ; [industrie, structure] gigantic / *traverser des banlieues tentaculaires* to cross the vast sprawl of the suburbs / *une entreprise tentaculaire* a massive ou gigantic organization.

tentacule [tɑ̃takyl] nm ZOOL tentacle.

tentant, e [tɑ̃tɑ̃, ɑ̃t] adj [nourriture] tempting ; [projet, pari, idée] tempting ; [offre, suggestion] tempting, attractive / *il est très tentant de penser que...* it is very tempting to think that... / *ce que tu me proposes est très tentant* I'm very tempted by your offer.

tentateur, trice [tɑ̃tatœʀ, tʀis] ◆ adj [propos] tempting ; [sourire, charme] alluring. ◆ nm, f tempter ▸ **le Tentateur** RELIG the Tempter.

tentation [tɑ̃tasjɔ̃] nf **1.** [attrait, désir] temptation / *céder* ou *succomber à la tentation* to yield to temptation / *avoir* ou *éprouver la tentation de faire* to be tempted to do **2.** RELIG ▸ **induire qqn en tentation** to lead sb into temptation *sout*.

tentative [tɑ̃tativ] nf [essai] attempt ▸ **faire une tentative** to make an attempt ▸ **de vaines tentatives** vain attempts ▸ **tentative d'assassinat** assassination attempt ▸ **tentative d'évasion** escape attempt ▸ **tentative de suicide a)** [gén] suicide attempt **b)** DR attempted suicide ▸ **faire une tentative de suicide** to try to commit suicide ▸ **tentative de meurtre a)** [gén] murder attempt **b)** DR attempted murder.

tente [tɑ̃t] nf **1.** [de camping] tent ; [à une garden-party] marquee / *monter une tente* to put up ou to pitch a tent / *passer une semaine sous la tente* to go camping for a week / *se retirer sous sa tente fig* to retire into splendid isolation ; [chapiteau de cirque] (circus) tent / *la grande tente* the big top **2.** ANAT ▸ **tente du cervelet** tentorium (cerebelli) **3.** MÉD ▸ **tente à oxygène** oxygen tent.

tente-abri [tɑ̃tabʀi] (*pl* **tentes-abris**) nf shelter tent.

tenter [3] [tɑ̃te] vt **1.** [risquer, essayer] to try, to attempt / *tentons une dernière démarche* let's make a last attempt / *tenter une expédition de secours* to mount a rescue attempt / *tenter une ascension difficile* to attempt a difficult climb / *je vais tout tenter pour la convaincre* I'll try everything to convince her ▸ **tenter de faire** [chercher à faire] to try ou to attempt ou to endeavour *sout* to do / *elle s'est blessée en tentant de se dégager* she was hurt while trying to free herself / *il a tenté de battre le record* / *de se donner la mort* he tried to beat the record / to kill himself ▸ **tenter Dieu** to embark on a superhuman enterprise ▸ **tenter le diable** to tempt fate ▸ **tenter (la) fortune** ou **la chance** ou **le sort** to try one's luck **2.** [soumettre à une tentation] to tempt / *le serpent tenta Ève* the serpent tempted Eve / *le gâteau me tentait* the cake looked very tempting / *une petite jupe noire m'avait tentée* my eye had been caught by a little black skirt / *le mariage, cela ne te tente pas?* don't you ever feel like getting married? ▸ **se laisser tenter** to give in to temptation / *il te propose une sortie, laisse-toi tenter* he's offering to take you out, why not accept? ▸ **être tenté de** to be tempted ou to feel inclined to / *je suis tenté de tout abandonner* I feel like dropping the whole thing.

tenture [tɑ̃tyʀ] nf **1.** [tapisserie] hanging ▸ **tenture murale** wall-covering **2.** [rideaux] curtain, drape US **3.** [pour un service funèbre] funeral hanging.

tenu, e [təny] ◆ pp ⟶ **tenir.** ◆ adj **1.** [soigné, propre] ▸ **bien tenu** tidy, well-kept / *une maison mal tenue* an untidy ou a badly kept house / *des enfants bien* / *mal tenus* well / poorly turned-out children / *des comptes bien tenus* well-kept accounts **2.** [soumis à une stricte surveillance] : *les élèves sont très tenus* the pupils are kept on a tight rein **3.** BOURSE [actions] firm **4.** MUS sustained, held **5.** PHON tense.

❖ **tenu** nm SPORT play-the-ball.

ténu, e [teny] adj **1.** [mince - fil, pointe] fine, slender ; [- voix, air, brume] thin **2.** [subtil - raison, distinction] tenuous.

tenue [təny] nf **1.** [habits - gén] clothes, outfit, dress ; [- de policier, de militaire, de pompier] uniform ▸ **une tenue de sport** sports gear ou kit / *dans ma tenue de travail* in my work clothes / **'tenue correcte exigée'** 'dress code' ▸ **tenue de cérémonie, grande tenue** full-dress ou dress uniform ▸ **tenue de soirée** evening dress **2.** [aspect extérieur d'une personne] appearance / *sa tenue négligée* / *stricte* his slovenly / austere appearance / *ils exigent de leurs employés une tenue correcte* they require their employees to be smartly dressed **3.** [comportement, conduite] behaviour / *manquer totalement de tenue* to behave appallingly / *voyons, un peu de tenue!* come now, behave yourself! / *puni pour sa mauvaise tenue* punished for his bad behaviour ou his misbehaviour **4.** [attitude corporelle] posture, position / *trop d'élèves ont une mauvaise tenue lorsqu'ils écrivent* too many pupils adopt a bad posture when writing **5.** [rigueur intellectuelle] quality / *un roman d'une haute tenue* a fine novel / *un magazine d'une haute tenue* a quality magazine **6.** [d'une séance, d'un rassemblement] : *ils ont interdit la tenue de la réunion dans nos locaux* they banned the meeting from being held on our premises / *pendant la tenue du concile* while the council was in session **7.** [gestion - d'une maison, d'un établissement] running / *je ne peux pas m'occuper en plus de la tenue de la maison* I can't look after the running of the house as well / *l'école est réputée pour sa tenue* the school is renowned for being well-run **8.** AUTO ▸ **tenue de route** road holding / *avoir une bonne tenue de route* to hold the road well / *avoir une mauvaise tenue de route* to have poor road holding **9.** BOURSE [fermeté] firmness ▸ **la bonne** / **mauvaise tenue des valeurs** the strong / poor performance of the stock market **10.** COMM ▸ **tenue des livres** bookkeeping **11.** ÉQUIT [attitude - d'un cheval] stamina ; [d'un cavalier] seat **12.** PHON tenseness **13.** MUS holding **14.** TEXT firmness **15.** NAUT [qualité de mouillage] hold, holding.

❖ **en grande tenue** loc adj MIL in full dress ou dress uniform / *officiers en grande tenue* officers in dress uniform / *en grande tenue de demandeur d'emploi fig & hum* all dressed up for a job interview.

❖ **en petite tenue** loc adj scantily dressed ou clad, in one's underwear / *se promener en petite tenue* to walk around with hardly a stitch on.

❖ **en tenue** loc adj [militaire, policier] uniformed ▸ **ce jour-là, je n'étais pas en tenue a)** [militaire] I was in civilian clothes that day **b)** [policier] I was in plain clothes that day.

❖ **en tenue légère** = **en petite tenue.**

ténuité [tenɥite] nf *litt* **1.** [minceur] slenderness, thinness **2.** [subtilité] tenuousness.

tenure [tənyʀ] nf HIST tenure.

tep [tɛp] (abr de **tonne d'équivalent pétrole**) nf TOE.

TEP[1] [tɛp] npr m (abr de **Théâtre de l'Est parisien**) *theatre in Paris.*

TEP[2] (abr de **tomographie à émission de positrons**) nf MÉD PET.

tépale [tepal] nm tepal.

tequila, téquila* [tekila] nf tequila.

ter [tɛʀ] adv **1.** [dans des numéros de rue] b **2.** [à répéter trois fois] three times.

TER (abr de **transport express régional**) nm *French regional network of trains and coaches.*

tératogène [teʀatɔʒɛn] adj teratogenic.

tératogenèse [teʀatɔʒənɛz], **tératogénie** [teʀatɔʒeni] nf teratogenesis.

tératogénie [teʀatɔʒeni] nf (embryological) teratology.

tératologie [teʀatɔlɔʒi] nf teratology.

tératologique [teʀatɔlɔʒik] adj teratological.

tercet [tɛʀsɛ] nm tercet.

térébenthine [teʀebɑ̃tin] nf turpentine.

térébinthe [teʀebɛ̃t] nm BOT terebinth.

Teresa [teʀeza] npr ▸ **Mère Teresa** Mother Teresa.

Tergal® [tɛʀgal] nm Tergal® *(synthetic fibre made in France).*

tergiversation [tɛʀʒivɛʀsasjɔ̃] nf prevarication / *cessez vos tergiversations* stop avoiding the issue ou beating about the bush.

tergiverser [3] [tɛʀʒivɛʀse] vi to prevaricate.

terme [tɛʀm] nm **1.** [dans l'espace] end, term *sout* / *ils arrivèrent enfin au terme de leur voyage* they finally reached the end of their journey / *le terme de la course est une île du Pacifique* the race ends on the shores of a Pacific island **2.** [dans le temps] end, term *sout* / *sa convalescence touche à son terme* his convalescence will soon be over / *parvenir à son terme* [aventure, relation] to reach its conclusion ou term *sout* / *la restructuration doit aller jusqu'à son terme* the restructuring must be carried through to its conclusion ▸ **mettre un terme à qqch** to put an end to sthg / *mets un terme à tes récriminations* stop complaining / *mettre un terme à l'injustice* to put an end to injustice **3.** [date-butoir] term, deadline / *passé ce terme, vous devrez payer des intérêts* after that date, interest becomes due **4.** [échéance d'un loyer] date for payment of rent ; [montant du loyer] rent / *l'augmentation prendra effet au terme de janvier* the increase applies to rent paid as from January ▸ **payer à terme échu** to pay at the end of the rental period / *avoir plusieurs termes de retard* to be several months behind (with one's rent) **5.** [date d'un accouchement] : *le terme est prévu pour le 16 juin* the baby is due on the 16th June / *elle a dépassé le terme* she is overdue **6.** BANQUE & BOURSE term, date for payment **7.** DR term ▸ **terme de rigueur** latest due date ▸ **terme de grâce** days of grace *sout* **8.** [mot] term, word / *employer le terme propre* to use the right word / *il utilise trop de termes étrangers* he uses too many foreign terms / *ce furent ses propres termes* those were her very words / *choisissez les termes propres* choose the right words ▸ **en termes simples** in plain ou simple terms / *je ne me suis pas exprimé en ces termes* that's not (quite) what I said / *puis, elle s'exprima en ces termes* then she said

* In reformed spelling (see p. 16-19).

this ▸ **en d'autres termes** in other words / *s'exprimer en termes orduriers* to use filthy language ▸ **parler de qqn en bons / mauvais termes** to speak well / ill of sb ▸ **terme technique** technical term ▸ **terme argotique** slang expression / *terme de métier* professional ou technical term / *un terme de médecine / droit* a medical / legal term **9.** ART, LOGIQUE & MATH term.

termes nmpl **1.** [sens littéral d'un écrit] wording *(U)*, terms / *les termes de la loi sont indiscutables* the wording of the law leaves no room for doubt **2.** [relations] terms ▸ **être en bons / mauvais termes avec qqn** to be on good / bad terms with sb / *nous sommes en très bons termes* we get along splendidly / *en quels termes êtes-vous?* what kind of terms are you on?

à court terme ◆ loc adj [prêt, projet] short-term. ◆ loc adv in the short term ou run.

à long terme ◆ loc adj [prêt, projet] long-term. ◆ loc adv in the long term ou run.

à terme ◆ loc adj **1.** BANQUE ▸ **compte à terme** *deposit account requiring notice for withdrawals*; time deposit US / *compte à terme de 30 jours* 30-days account ▸ **assurance à terme** term insurance **2.** BOURSE ▸ **opérations à terme** forward transactions ▸ **marché à terme a)** forward market **b)** [change] futures market. ◆ loc adv **1.** [à la fin] to the end, to its conclusion ▸ **arriver à terme a)** [délai] to expire **b)** [travail] to reach completion **c)** [paiement] to fall due / *conduire* ou *mener à terme une entreprise* to bring an undertaking to a successful conclusion, to carry an undertaking through successfully **2.** [tôt ou tard] sooner or later, in the end, in the long run / *sa politique est condamnée à terme* his policy is doomed to failure in the long run **3.** COMM [à la date prévue] on credit **4.** FIN ▸ **acheter à terme** to buy forward **5.** MÉD at term / *bébé né à terme* baby born at full term.

au terme de loc prép [à la fin de] at the end of, in the final stage of / *parvenir au terme de son existence / aventure* to reach the end of one's life / adventure.

aux termes de loc prép [selon] under the terms of / *aux termes de la loi / du traité* under the terms of the law / of the treaty.

avant terme loc adv prematurely / *bébé né avant terme* premature baby / *il est né six semaines avant terme* he was six weeks premature.

terminaison [tɛʀminɛzɔ̃] nf **1.** [dénouement, fin] end / *la terminaison de difficiles négociations* the end of difficult negotiations **2.** ANAT ▸ **terminaisons nerveuses** nerve endings **3.** LING ending / *mot à terminaison en «al»* word ending in "al".

terminal, e, aux [tɛʀminal, o] adj **1.** [qui forme l'extrémité] terminal / *un bourgeon terminal* a terminal bud **2.** [final] last, final **3.** MÉD terminal **4.** ÉDUC ▸ **classe terminale** final year *(in a lycée)*; ≃ year thirteen UK ; ≃ senior year US.

terminal, aux nm **1.** INFORM terminal ▸ **terminal bancaire / industriel** bank / manufacturing terminal ▸ **terminal portable / vocal** portable / voice terminal ▸ **terminal graphique** graphic terminal, graphic display device ▸ **terminal intelligent** smart terminal, remote station ▸ **terminal lourd** high-speed terminal ▸ **terminal point de vente** point of sale terminal **2.** TRANSP terminal **3.** PÉTR ▸ **terminal pétrolier** oil terminal.

terminale nf ÉDUC final year *(in a lycée)*; ≃ year thirteen UK ; ≃ senior year US.

terminateur [tɛʀminatœʀ] nm ASTRON terminator.

terminer [3] [tɛʀmine] vt **1.** [mener à sa fin - repas, tâche, lecture] to finish (off), to end / *c'est terminé, rendez vos copies* time's up, hand in your papers; *(en usage absolu)* : *j'ai presque terminé* I've nearly finished / *pour terminer, je remercie tous les participants* finally, let me thank all those who took part / *je terminerai en vous demandant encore une fois d'être très prudents* finally, I'd like to ask you once again to be very careful **2.** [stopper - séance, débat] to end, to close, to bring to an end ou a close **3.** [être le dernier élément de] to end / *le volume qui termine la série comprend un index* the last volume in the series includes an index / *un clip termine l'émission* the programme ends with a pop video **4.** [finir - plat, boisson] to finish (off), to eat up *(sép)* / *termine tes tomates!* eat up your tomatoes!

(en) terminer avec v + prép to finish with / *je termine avec M. Dubois et je suis à vous* I'll just finish with Mr Dubois and then I'll be with you / *je suis bien soulagé d'en avoir terminé avec cette affaire* I'm really glad to have seen the end of this business.

se terminer vpi **1.** [arriver à sa fin - durée, période, saison] to draw to a close / *la chanson / guerre vient de se terminer* the song / war has just finished / *heureusement que ça se termine, j'ai hâte de retrouver ma maison* thank God the end is in sight, I can't wait to get back home **2.** [se conclure] ▸ **se terminer bien / mal a)** [film, histoire] to have a happy / an unhappy ending **b)** [équipée, menée] to turn out well / disastrously / *comment tout cela va-t-il se terminer?* where's it all going to end? / *leur aventure s'est terminée au poste* the adventure wound up with them down at the (police) station ▸ **se terminer en** to end in / *se terminer en pointe / spirale / v* to end in a point / spiral / v / *ça s'est terminé en drame* it ended in a tragedy ▸ **se terminer par** to end in / *la queue du scorpion se termine par un dard* the scorpion's tail has a sting at the end / *l'histoire se termine par la mort du héros* the story ends with the death of the hero.

> Notez la différence entre les constructions française et anglaise :
>
> terminer de + infinitif
>
> finish + -ing
>
> **Je vais préparer à manger pendant que tu termines de décharger la voiture.** *I'll make us something to eat while you finish unloading the car.*
>
> **Avez-vous terminé d'écrire votre rapport ?** *Have you finished writing your report?*

terminisme [tɛʀminism] nm terminism, nominalism.

terminologie [tɛʀminɔlɔʒi] nf terminology.

terminologique [tɛʀminɔlɔʒik] adj terminological.

terminologue [tɛʀminɔlɔg] nmf terminologist.

terminus [tɛʀminys] nm terminus / *terminus! tout le monde descend!* last stop! all change!

termite [tɛʀmit] nm termite.

termitière [tɛʀmitjɛʀ] nf termite mound, termitarium *spéc*.

ternaire [tɛʀnɛʀ] adj ternary.

terne [tɛʀn] ◆ adj **1.** [sans éclat - cheveux, regard] dull; [teint] sallow / *les dorures sont devenues ternes avec le temps* the gilt has become tarnished over the years / *mes cheveux sont ternes en ce moment* my hair's lost it's shine **2.** [ennuyeux] dull, drab, dreary / *il a eu une vie bien terne* he led a very dull ou dreary life / *son style est terne* his style is dull ou lacklustre **3.** [inintéressant] dull / *un élève terne* a slow pupil / *une intelligence terne* a slow mind. ◆ nm **1.** [à la loterie] tern **2.** [au loto] three numbers (on one line) **3.** [aux dés] two treys ou threes **4.** ÉLECTR three-phase transmission line.

ternir [32] [tɛʀniʀ] vt **1.** [métal, argenterie] to tarnish; [glace] to dull **2.** [honneur, réputation] to tarnish, to stain, to smear; [souvenir, beauté] to cloud, to dull / *la nouvelle vint ternir l'éclat de cette belle soirée d'été* the news cast a shadow ou a cloud over that fine summer's evening / *un amour que les ans n'ont pu ternir* a love undimmed by the passing years.

se ternir vpi **1.** [métal] to tarnish; [miroir] to dull / *l'argenterie se ternit si on ne l'entretient pas* silverware loses its shine ou becomes tarnished unless it is regularly cleaned **2.** [honneur, réputation] to become tarnished ou stained; [beauté, nouveauté] to fade; [souvenir] to fade, to grow dim.

ternissement [tɛʀnismɑ̃] nm [d'un métal] tarnishing; [d'une glace] dulling.

ternissure [tɛʀnisyʀ] nf **1.** [condition] tarnish, tarnished appearance **2.** [tache] tarnished ou dull spot.

Terpsichore [tɛʀpsikɔʀ] npr Terpsichore.

terrain [tɛʀɛ̃]

◆ nm

A. SOL, TERRE
B. LIEU À USAGE SPÉCIFIQUE
C. SENS ABSTRAIT

A. SOL, TERRE 1. GÉOL soil, ground ▸ **terrains alluviaux** alluvial land ▸ **terrains calcaires** limestone soil ou areas ▸ **terrains crétacés** Cretaceous formations / *terrain sédimentaire / volcanique* sedimentary / volcanic formations **2.** AGR soil ▸ **terrain meuble** loose soil / *terrain gras / humide / sec* sticky / damp / dry soil / *terrain argileux / fertile* clayey / fertile soil **3.** [relief] ground, terrain ▸ **terrain accidenté** uneven terrain / *terrain en pente* sloping ground.

B. LIEU À USAGE SPÉCIFIQUE 1. CONSTR piece ou plot of land / *le terrain coûte cher à Genève* land is expensive in Geneva ▸ **terrain à bâtir** development land *(U)*, building plot ▸ **terrain loti** developed site **2.** AGR land / *terrain cultivé / en friche* cultivated / uncultivated land ▸ **terrain vague** waste ground *(U)* ou land *(U)* UK, vacant lot US **3.** LOISIRS & SPORT [lieu du jeu] field, pitch UK ; [moitié défendue par une équipe] half; [installations] ground / *terrain de football / rugby* football / rugby pitch UK ou field / *notre correspondant sur le terrain* SPORT our correspondent on the spot / *terrain de golf* golf course ou links ▸ **terrain d'aventure** adventure playground ▸ **terrain de boules** *ground for playing boules* ▸ **terrain de camping** campsite ▸ **terrain de jeu(x)** playground ▸ **terrain de sports** sports field ou ground **4.** AÉRON field ▸ **terrain (d'aviation)** airfield ▸ **terrain d'atterrissage** landing field **5.** MIL ground ▸ **terrain d'exercice** ou **militaire** training ground ▸ **terrain miné** minefield; *(toujours au sg)* [d'une bataille] battleground; [d'une guerre] war ou combat zone / *l'armée occupe le terrain conquis* the army is occupying the captured territory / *la prochaine offensive nous permettra de gagner du terrain* the next offensive will enable us to gain ground **6.** [lieu d'un duel] duelling place.

C. SENS ABSTRAIT 1. [lieux d'étude] field / *vous n'êtes pas allé sur le terrain, vous ne savez pas de quoi vous parlez* you've not been in the field ou you've no practical experience, you don't know what you're talking about / *les jeunes députés n'hésitent pas à aller sur le terrain* young MPs are always ready to go out and meet people ▸ **un homme de terrain** a man with practical experience **2.** [domaine de connaissances] : *être sur son terrain* to be on familiar ground *fig* / *ils discutent de chiffres et je ne peux pas les suivre sur ce terrain* they're discussing figures, so I'm out of my depth / *tu n'as pas intérêt à porter le débat sur le terrain financier* it's not in your interest to bring the debate around to financial matters / *situons la discussion sur le terrain juridique / psychologique* let's discuss this from the legal / psychological angle **3.** [ensemble de circonstances] ▸ **il a trouvé là un terrain favorable à ses idées** he found there a breeding ground for his ideas ▸ **elle connaît le terrain, laissons-la** she knows the situation, let her decide ▸ **tâte le terrain avant d'agir** see how the land lies before making a move ▸ **se placer sur un bon / mauvais terrain** to argue from a position of strength / weakness / *je ne te suis pas sur ce terrain* I'm not with you there ▸ **être en terrain neutre / sur un terrain glissant** to be on neutral / on a dangerous ground / *être sur un terrain mouvant* to be on shaky ground ▸ **trouver un terrain d'entente** to find common ground ▸ **terrain brûlant** dangerous ground **4.** MÉD ground / *l'enfant présente un terrain favorable aux angines* the child is susceptible to throat infections / *quand le virus trouve un terrain favorable* when the virus finds its ideal breeding conditions.

terrain vague nm piece of waste ground ou land, empty lot US.

terra incognita [tɛʀainkɔɲita] nf sg *litt* terra incognita.

terrarium [tɛʀaʀjɔm] nm terrarium.

terrassant, e [tɛʀasɑ̃,ɑ̃t] adj **1.** [nouvelle, révélation] staggering, stunning, crushing **2.** [coup] staggering, crushing.

terrasse [tɛʀas] nf **1.** [grand balcon] balcony ; [entre maison et jardin] terrace, patio ; [sur le toit] (roof) terrace **2.** [d'un café, d'un restaurant] : *être assis à la terrasse* to sit outside / *elle attendait à la terrasse d'un café* she was waiting at a table outside a café **3.** [d'un jardin, d'un parc] terrace, terraced garden **4.** [d'une pierre, d'un marbre] terrace.

en terrasse ◆ loc adj ▸ **cultures en terrasse** terrace cultivation ▸ **rizières en terrasse** terraced rice fields. ◆ loc adv : *nous prendrons le café en terrasse* we'll have our coffee at one of the outside tables.

terrassement [tɛʀasmɑ̃] nm TRAV PUB excavation, excavation work, earthworks.

de terrassement loc adj [travail] excavation *(modif)* ; [engin] earth-moving ; [outil] digging.

terrasser [3] [tɛʀase] vt **1.** [jeter à terre, renverser] to bring ou to strike down *(sép)* / *on y voit un homme terrassant un taureau* it shows a man striking down a bull **2.** [foudroyer] to strike down *(sép)* / *être terrassé par une crise cardiaque* to be struck down by a heart attack **3.** [atterrer, accabler] to crush, to shatter / *l'annonce de leur mort l'a terrassé* he was shattered by the news of their death **4.** TRAV PUB to excavate, to dig.

terrassier [tɛʀasje] nm workman *(employed for excavation work)*.

terre [tɛʀ]
◆ nf

A. GLOBE
B. SOL
C. MATIÈRE

A. GLOBE **1.** [planète] ▸ **la Terre** the Earth / *la Terre est ronde / tourne autour du Soleil* the Earth is round / moves around the Sun ▸ **sciences de la Terre** earth sciences **2.** [monde terrestre] earth / *le bonheur existe-t-il sur la terre ?* is there such a thing as happiness on this earth ou in this world ? / *si je suis encore sur cette terre* if I am still alive / *sur le point de quitter cette terre* about to give up the ghost.

B. SOL **1.** [surface du sol] ground / *j'avais l'impression que la terre se dérobait sous moi* I felt as if the ground was giving way beneath me / *la neige couvrait la terre* the ground was covered in snow / *elle souleva l'enfant de terre* she picked the child up (from the ground) ▸ **terre battue a)** [dans une habitation] earth ou hard-earth ou mud floor **b)** [dans une cour] bare ground **c)** [sur un court de tennis] clay (surface) ▸ **mettre qqn plus bas que terre a)** [en actes] to treat sb like dirt **b)** [en paroles] to tear sb to shreds **2.** [élément opposé à la mer] land *(U)* / *on les transporte par voie de terre* they are transported overland ou by land / *nous sommes en vue de la terre* we are in sight of land / *nous avons navigué sans nous éloigner des terres* we sailed close to the coast ▸ **terre !** NAUT land ahoy ! ▸ **prendre terre** to make land ▸ **sur la terre ferme** on dry land, on terra firma **3.** [région du monde] land ▸ **les terres arctiques** the Arctic regions / *les terres australes* the Southern lands / *il reste des terres inexplorées* there are still some unexplored regions **4.** [pays] land, country / *la terre de France* French soil ▸ **(la) terre Adélie** Adelie Land ▸ **(la) terre de Baffin** Baffin Island ▸ **terre d'accueil** host country ▸ **terre d'exil** place of exile ▸ **terre natale** native land ou country ▸ **la Terre promise** the Promised Land ▸ **la Terre sainte** the Holy Land **5.** [terrain] land *(U)*, estate / *acheter une terre* to buy a piece of land **6.** [symbole de la vie rurale] ▸ **la terre** the land, the soil / *homme de la terre* man of the soil / *revenir à / quitter la terre* to return to / to leave the land **7.** ART ▸ **ligne de terre** ground line **8.** ÉLECTR earth UK, ground US ▸ **mettre** ou **relier qqch à la terre** to earth UK ou to ground US sthg.

C. MATIÈRE **1.** [substance -gén] earth, soil / *ne joue pas avec la terre* don't play in the dirt / *l'odeur de la terre fraîchement retournée* the smell of freshly-dug earth ou soil ▸ **mettre** ou **porter qqn en terre** to bury sb ; AGR earth, soil / *terre à vigne / à blé* soil suitable for wine-growing / for wheat ▸ **terre arable** farmland ▸ **terre de bruyère** peaty soil ▸ **terre grasse** heavy ou clayey soil ▸ **terre noire** chernozem, black earth ▸ **terre végétale** topsoil ▸ **terre vierge** virgin soil **2.** [matière première] clay, earth ▸ **terre glaise** (brick) clay, brickearth UK ▸ **terre de pipe** pipeclay ▸ **terre à foulon** fuller's earth ▸ **terre à polir** earth tripolite ▸ **terre rouge** terracotta ▸ **terre cuite** earthenware / *en terre cuite* earthenware *(modif)* / *des terres cuites* earthenware *(U)* **3.** [pigment] ▸ **terre de Cassel** Cassel earth ▸ **terre de Sienne** sienna ▸ **terre d'ombre** terra ombra, raw umber ▸ **terre verte** green earth, terra verde ▸ **terres rares** CHIM rare earths.

terres nfpl [domaine, propriété] estate, estates / *vivre sur / de ses terres* to live on / off one's estates.

à terre loc adv **1.** [sur le sol] on the ground / *poser un fardeau à terre* to put a load down (on the ground) ▸ **frapper qqn à terre** to strike sb when he's down **2.** NAUT on land ▸ **descendre à terre** to land / *vous pourrez rester à terre deux heures* you may stay ashore for two hours.

en pleine terre loc adv AGR in the open, in open ground.

par terre ◆ loc adj [ruiné, anéanti] spoilt, wrecked / *avec la pluie, notre promenade est par terre* the rain has put paid to our walk UK ou ruined our plans for a walk. ◆ loc adv [sur le plancher] on the floor ; [sur le sol] on the ground / *pose-le par terre* put it (down) on the floor ▸ **tomber par terre** to fall down / *j'ai lavé par terre* fam I've washed the floor.

sous terre loc adv **1.** [sous le sol] underground / *ils durent établir des abris sous terre* they had to build shelters underground ou underground shelters **2.** EXPR **j'aurais voulu être à cent pieds sous terre** ou **rentrer sous terre** I wished the earth would swallow me up / *je l'ai fait rentrer sous terre* I made him eat humble pie.

sur terre loc adv **1.** [ici-bas] on (this) earth / *pourquoi sommes-nous sur terre ?* why were we put on this earth ? **2.** EXPR **revenir** ou **redescendre sur terre** to come back to earth (with a bump).

terre à terre [tɛʀatɛʀ] loc adj inv [esprit, personne] down-to-earth, matter-of-fact ; [pensée, occupation, vie] mundane.

terreau, x [tɛʀo] nm compost *(U)* ▸ **terreau de couche** garden mould ▸ **terreau de feuilles** leaf mould.

terreautage [tɛʀotaʒ] nm spreading with compost, composting.

terreauter [3] [tɛʀote] vt to compost.

Terre de Feu [tɛʀdəfø] npr f ▸ **(la) Terre de Feu** Tierra del Fuego / *en Terre de Feu* in Tierra del Fuego.

terre-neuvas [tɛʀnœva] nm inv **1.** [navire] fishing boat (off Newfoundland) **2.** [marin] fisherman (off Newfoundland).

terre-neuve [tɛʀnœv] nm inv **1.** ZOOL Newfoundland terrier **2.** [personne dévouée] : *avoir une mentalité de terre-neuve* to be a Good Samaritan.

Terre-Neuve [tɛʀnœv] npr Newfoundland ▸ **à Terre-Neuve** in Newfoundland.

terre-neuvien, enne [tɛʀnœvjɛ̃,ɛn] *(mpl* **terre-neuviens**, *fpl* **terre-neuviennes**) adj from Newfoundland.

Terre-Neuvien, enne nm, f Newfoundlander.

terre-neuvier [tɛʀnœvje] *(pl* **terre-neuviers**) = **terre-neuvas**.

terre-plein *(pl* **terre-pleins**), **terreplein*** [tɛʀplɛ̃] nm **1.** [sur route] ▸ **terre-plein central** central reservation UK, center divider strip US **2.** CONSTR backing, (relieving) platform **3.** MIL terreplein.

terrer [4] [tɛʀe] vt **1.** AGR & HORT [arbre, plante] to earth up *(sép)* ; [recouvrir de terre] to cover over with soil ; [semis] to earth over *(sép)* **2.** TEXT to full.

se terrer vpi **1.** [se mettre à l'abri, se cacher] to go to ground ou to earth, to lie low ; [se retirer du monde] to hide away **2.** [dans un terrier] to go to ground ou to earth, to burrow.

terrestre [tɛʀɛstʀ] adj **1.** [qui appartient à notre planète] earth *(modif)*, earthly, terrestrial ▸ **la croûte** ou **l'écorce terrestre** the Earth's crust ▸ **le globe terrestre** the terrestrial globe **2.** [qui se passe sur la terre] earthly, terrestrial ▸ **durant notre vie terrestre** during our life on earth **3.** [vivant sur la terre ferme] land *(modif)* / *animaux / plantes terrestres* land animals / plants **4.** [établi au sol -transport] land *(modif)* **5.** [d'ici-bas -joie, plaisir] worldly, earthly.

terreur [tɛʀœʀ] nf **1.** [effroi] terror, dread / *vivre dans la terreur de* to live in dread of ▸ **avoir la terreur de faire qqch** to have a terror of doing sthg / *le tremblement de terre a provoqué la terreur dans la population* the earthquake caused terror among the population ▸ **climat de terreur** climate of terror ▸ **régime de terreur** reign of terror **2.** [terrorisme] ▸ **la terreur** terror (tactics) ▸ **la Terreur** HIST the (Reign of) Terror **3.** [voyou] : *jouer les terreurs* to act the bully **4.** [personne ou chose effrayante] : *le patron est sa terreur* she's terrified of the boss / *le bac est sa terreur* the baccalaureat exam is her greatest fear **5.** PSYCHOL ▸ **terreurs nocturnes** night terrors.

terreux, euse [tɛʀø,øz] adj **1.** [couvert de terre -chaussure, vêtement] muddy ; [-mains] dirty ; [-légume] caked with soil **2.** [brun -couleur, teint] muddy / *avoir le visage terreux* to be ashen faced **3.** [qui rappelle la terre -odeur, goût] earthy.

terri [tɛʀi] = **terril.**

terrible [tɛʀibl] ◆ adj **1.** [affreux -nouvelle, accident, catastrophe] terrible, dreadful **2.** [insupportable -chaleur, douleur] terrible, unbearable ; [-déception, conditions de vie] terrible / *elle est terrible avec sa façon de bouder sans raison* it's awful the way she sulks for no reason / *ces enfants sont terribles* those children are little terrors **3.** [en intensif -bruit, vent, orage] terrific, tremendous / *elle a eu une chance terrible* she's been incredibly lucky **4.** [terrifiant -colère, cri, rage] terrible **5.** [pitoyable] terrible, awful, dreadful / *c'est terrible de penser que...* how dreadful ou it is terrible to think that... / *ce qui est terrible, c'est de dire que...* the terrible thing about it is saying that... / *le plus terrible, c'est de savoir que...* the worst thing ou part of it is knowing that... **6.** fam [fantastique] terrific, great ▸ **terrible !** great !, smashing ! / *son concert ? pas terrible !* her concert ? it was nothing to write home about ! ◆ adv fam [très bien] great / *son nouveau spectacle marche terrible* his new show is going great / *ça ne va pas terrible* things aren't too great.

terriblement [tɛʀibləmɑ̃] adv terribly, dreadfully.

terricole [tɛʀikɔl] adj terricolous.

terrien, enne [tɛʀjɛ̃,ɛn] ◆ adj **1.** [qui possède des terres] landowning ▸ **noblesse terrienne** landed aristocracy ▸ **propriétaire terrien** landowner **2.** [rural] rural / *les habitudes terriennes* rural customs. ◆ nm, f **1.** [habitant de la Terre] inhabitant of the Earth ; [dans un récit de science-fiction] earthling **2.** [paysan] countryman **3.** [opposé au marin] landsman, landlubber *péj.*

terrier [tɛʀje] nm **1.** [abri -d'un lapin] (rabbit) hole ou burrow ; [-d'un renard] earth, hole, foxhole ; [-d'un blaireau] set **2.** [chien] terrier.

terrifiant, e [tɛʀifjɑ̃,ɑ̃t] adj **1.** [effrayant] terrifying **2.** fam [extraordinaire] amazing / *c'est terrifiant ce qu'il a grandi en quelques mois !* it's amazing how much he's grown in just a few months !

terrifier [9] [tɛʀifje] vt to terrify ▸ **absolument terrifié** absolutely terrified.

terrigène [tɛʀiʒɛn] adj terrigenous.

terril [tɛʀil] nm slag heap.

terrine [tɛʀin] nf **1.** [récipient] terrine dish **2.** CULIN terrine / *terrine de lapin* rabbit terrine ou pâté.

territoire [tɛʀitwaʀ] nm **1.** GÉOGR territory / *sur le territoire français* on French territory / *en territoire ennemi* in enemy territory / *le Territoire du Nord* Northern Territory ▸ **les territoires occupés** POL the occupied territories ▸ **le Territoire de Belfort** Territoire de Belfort *(département in Franche-Comté)* **2.** ADMIN area ▸ **territoires d'outre-mer** (French) overseas territories **3.** DR jurisdiction **4.** ZOOL territory ▸ **marquer son territoire a)** [animal] to mark its territory **b)** fig to mark one's territory / *les animaux marquent leur territoire* animals mark (out) their territory **5.** [secteur, fief] territory / *sa*

*In reformed spelling (see p. 16-19).

chambre, c'est son territoire his room is his kingdom ▸ **défendre son territoire** to defend one's patch.

territorial, e, aux [tɛʀitɔʀjal, o] adj territorial.
✧ **territorial, aux** nm territorial.
✧ **territoriale** nf territorial army.

territorialement [tɛʀitɔʀjalmɑ̃] adv territorially.

territorialité [tɛʀitɔʀjalite] nf DR territoriality ▸ **territorialité des lois / de l'impôt** *laws / tax regulations applying to people in a given territory.*

terroir [tɛʀwaʀ] nm **1.** [région agricole] region / *le terroir de la Beauce* the Beauce region / *le terroir de Vosne-Romanée* the Vosne-Romanée region **2.** [campagne, ruralité] country / *il a gardé l'accent du terroir* he has retained his rural accent / *c'est un écrivain du terroir* he's a regional author / *avoir un goût de terroir* *fig* to be evocative ou redolent of the soil / *ses livres ont un goût de terroir* his books are evocative of rural ou country life / *toute son œuvre sent le terroir* his entire work is richly evocative of his native soil.

terrorisant, e [tɛʀɔʀizɑ̃, ɑ̃t] adj terrorizing.

terroriser [3] [tɛʀɔʀize] vt **1.** [martyriser] to terrorize / *il terrorisait ses camarades de classe* he terrorized his classmates **2.** [épouvanter] to terrify / *l'idée de la mort la terrorise* the idea of death terrifies her.

terrorisme [tɛʀɔʀism] nm terrorism ▸ **acte de terrorisme** act of terrorism.

terroriste [tɛʀɔʀist] adj & nmf terrorist.

tertiaire [tɛʀsjɛʀ] ◆ adj **1.** CHIM & MÉD tertiary ; GÉOL ▸ **ère tertiaire** Tertiary era **2.** ADMIN & ÉCON ▸ **secteur tertiaire** tertiary sector, service industries. ◆ nm **1.** GÉOL ▸ **le tertiaire** the Tertiary era **2.** ADMIN & ÉCON ▸ **le tertiaire** the tertiary sector.

tertiairisation [tɛʀsjɛʀizasjɔ̃], **tertiarisation** [tɛʀsjaʀizasjɔ̃] nf expansion of the tertiary sector.

tertio [tɛʀsjo] adv third, thirdly / *tertio, je n'ai pas le temps* thirdly, I haven't got time.

tertre [tɛʀtʀ] nm **1.** [monticule] hillock, mound **2.** [sépulture] ▸ **tertre (funéraire)** burial mound.

Tertullien [tɛʀtyljɛ̃] npr Tertullian.

Térylène® [teʀilɛn] nm Terylene®.

tes [te] pl ⟶ **ton.**

tesla [tɛsla] nm tesla.

Tessin [tɛsɛ̃] npr m **1.** [rivière] ▸ **le Tessin** the (River) Ticino **2.** [canton] ▸ **le Tessin** Ticino.

tessiture [tɛsityʀ] nf tessitura.

tesson [tɛsɔ̃] nm [de verre, de poterie] fragment ▸ **un mur hérissé de tessons de bouteille** a wall with broken glass all along the top.

test [tɛst] nm **1.** [essai, vérification] test ▸ **soumettre qqn à un test, faire passer un test à qqn** to give sb a test ▸ **test d'aptitude** aptitude test ▸ **test de discrimination** discrimination test ▸ **test du lendemain** [en publicité] day after recall ▸ **test statistique** ou **d'hypothèse** statistical test **2.** [épreuve] test / *sa réponse sera un test de sa bonne volonté* her answer will be a test of her good will **3.** INFORM test ▸ **test automatique** automatic testing **4.** MÉD test ▸ **test allergologique** allergy test ▸ **test cutané** cutaneous reaction test ▸ **test de dépistage** screening test / *test de dépistage du SIDA* AIDS test ▸ **test de grossesse** pregnancy test **5.** PSYCHOL test ▸ **test projectif** projective test **6.** *(comme adjectif, avec ou sans trait d'union)* test *(modif)* ▸ **population test** test population ▸ **région test** test region **7.** SPORT [test-match] (rugby) test (match) **8.** ZOOL test.

testable [tɛstabl] adj testable.

testacé, e [tɛstase] adj shelled, testaceous *spéc.*

testage [tɛstaʒ] nm progeny-test.

testament [tɛstamɑ̃] nm **1.** DR will, testament / *faire son testament* to make one's will ▸ **léguer qqch à qqn par testament** to leave sthg to sb in one's will ▸ **ceci est mon testament** this is my last will and testament / *il peut faire son testament!* *fam & fig* he'd better make (out) his will ! ▸ **testament authentique** ou **public** executed will ▸ **testament mystique** ou **secret** sealed will ▸ **testament olographe** holograph will **2.** [ultime message d'un artiste] testament.

testamentaire [tɛstamɑ̃tɛʀ] adj testamental.

testateur, trice [tɛstatœʀ, tʀis] nm, f testator.

tester [3] [tɛste] ◆ vt **1.** [déterminer les aptitudes de -élèves] to test / *nous testerons tous les candidats* we will be testing all the candidates **2.** [vérifier le fonctionnement de -appareil, produit] to test / *ils testent le nouveau produit auprès des médecins* they're testing the new product with doctors **3.** [mettre à l'épreuve] to put to the test / *elle a voulu tester ma loyauté / sa collègue* she wanted to put my loyalty / her colleague to the test. ◆ vi DR to make out one's will.

testeur [tɛstœʀ] nm [personne, machine] tester.

testiculaire [tɛstikylɛʀ] adj testicular.

testicule [tɛstikyl] nm testicle, testis *spéc.*

testimonial, e, aux [tɛstimɔnjal, o] adj testimonial.

testing [tɛstiŋ] nm testing.

test-match [tɛstmatʃ] *(pl* **test-match(e)s)** nm (rugby) test (match).

testostérone [tɛstɔsteʀɔn] nf testosterone.

têt [tɛ] nm ▸ **têt à gaz** beehive shelf ▸ **têt à rôtir** roasting crucible.

tétanie [tetani] nf tetany.

tétanique [tetanik] ◆ adj tetanic ▸ **bacille tétanique** tetanus bacillus. ◆ nmf tetanus sufferer.

tétanisation [tetanizasjɔ̃] nf tetanization.

tétaniser [3] [tetanize] vt **1.** MÉD to tetanize **2.** [paralyser -de peur] to paralyse UK, to paralyze US, to petrify ; [-d'étonnement] to stun / *la fureur de leur père les avait tétanisés* they were stunned by their father's anger.

tétanos [tetanos] nm lockjaw, tetanus *spéc.*

têtard [tɛtaʀ] nm **1.** ZOOL tadpole **2.** HORT pollard.

tête [tɛt]
◆ nf

- **A. PARTIE DU CORPS**
- **B. SIÈGE DE LA PENSÉE**
- **C. PERSONNE, ANIMAL**
- **D. PARTIE HAUTE, PARTIE AVANT**

A. PARTIE DU CORPS 1. ANAT head / *dresser* ou *redresser la tête* to raise one's head ▸ **la tête haute** with (one's) head held high ▸ **la tête la première** head first / *de la tête aux pieds* from head to foot ou toe / *avoir mal à la tête* to have a headache ▸ **avoir la tête lourde** to have a thick head UK, to feel fuzzy / *j'ai la tête qui tourne* [malaise] my head is spinning / *la tête me tourne* [panique] I'm in a spin / *ne tourne pas la tête, elle nous regarde* don't look round, she's watching us / *dès qu'il m'a vu, il a tourné la tête* as soon as he saw me, he looked away ▸ **en avoir par-dessus la tête** *fam* to be sick (and tired) of it ▸ **avoir la tête sur les épaules** to have a good head on one's shoulders ▸ **faire une grosse tête** *fam* ou **la tête au carré** *fam* **à qqn** to smash sb's head ou face in ▸ **j'en donnerais** ou **j'en mettrais ma tête à couper** I'd stake my life on it ▸ **être tombé sur la tête** *fam* to have a screw loose ▸ **il ne réfléchit jamais, il fonce tête baissée** he always charges in ou ahead without thinking ▸ **se cogner** ou **se taper la tête contre les murs** to bang one's head against a (brick) wall ▸ **se jeter à la tête de qqn** to throw o.s. at sb **2.** [en référence à la chevelure, à la coiffure] ▸ **se laver la tête** to wash one's hair ▸ **tête nue** bareheaded ▸ **nos chères têtes blondes** [les enfants] our little darlings ▸ **têtes rondes** HIST Roundheads **3.** [visage, expression] face ▸ **avoir une bonne tête** to look like a nice person / *ne fais pas cette tête!* don't pull UK ou make such a long face ! / *tu en fais une tête!* what's that look for ? / *il a fait une de ces têtes quand je lui ai dit!* you should have seen his face when I told him ! / *elle ne savait plus quelle tête faire* she didn't know how to react / *il a une tête à se faire rouler* he looks like he could be conned easily / *elle n'a pas une tête à se laisser faire* she doesn't look the sort to be pushed around ▸ **jeter** ou **lancer qqch à la tête de qqn** to throw sthg in sb's face ▸ **il a** ou **c'est une tête à claques** *fam* you just want to smack him in the mouth ▸ **tête de nœud** *vulg* dickhead ▸ **faire la tête** to sulk ▸ **faire la tête à qqn** to ignore sb ▸ **avec lui, c'est à la tête du client a)** [restaurant] he charges what he feels like **b)** [professeur] he gives you a good mark if he likes your face **4.** [mesure] head / *il a une tête de plus que son frère* he's a head taller than his brother / *le favori a été battu d'une courte tête* the favourite was beaten by a short head **5.** CULIN head ▸ **de la tête de veau** calf's head ▸ **tête pressée** BELG [fromage de tête] pork brawn UK, headcheese US **6.** SPORT header ▸ **faire une tête** to head the ball.

B. SIÈGE DE LA PENSÉE 1. [siège des pensées, de l'imagination, de la mémoire] mind, head / *il a la tête bourrée de chiffres / dates* his head is stuffed with figures / dates / *il a des rêves plein la tête* he's a dreamer / *une drôle d'idée m'est passée par la tête* I had a strange idea ▸ **se mettre qqch dans la tête** to get sthg into one's head / *se mettre dans la tête que* to get it into one's head that ▸ **se mettre dans la tête** ou **en tête de faire qqch** to make up one's mind to do sthg / *elle s'est mis en tête de terminer son livre avant l'automne* she's made up her mind to finish her book before the autumn ▸ **une tête bien faite** *(allusion à Montaigne)* a good mind ▸ **avoir la grosse tête** *fam* to be big-headed ▸ **avoir toute sa tête** to have all one's faculties ▸ **faire sa mauvaise tête** to dig one's heels in ▸ **ce qu'il a dans la tête il ne l'a pas aux pieds** ou **aux talons** *fam* when he's made up his mind ou he wants something, there's no stopping him ▸ **avoir la tête chaude, avoir la tête près du bonnet** to be quick-tempered ▸ **monter la tête à qqn** to give sb (big) ideas ▸ **monter à la tête de qqn a)** [succès] to go to sb's head **b)** [chagrin] to unbalance sb ▸ **se monter la tête** to get carried away ▸ **tourner la tête à qqn** to turn sb's head ▸ **avoir la tête vide / dure** to be empty-headed / stubborn ▸ **il est tête en l'air** he's got his head in the clouds ▸ **excuse-moi, j'avais la tête ailleurs** sorry, I was thinking about something else ou I was miles away ▸ **il n'a pas de tête** [il est étourdi] he is scatterbrained ou a scatterbrain ▸ **ça m'est sorti de la tête** I forgot, it slipped my mind ▸ **il ne sait plus où donner de la tête** he doesn't know whether he's coming or going ▸ **n'en faire qu'à sa tête** to do exactly as one pleases ▸ **je le lirai à tête reposée** I'll take the time to read it in a quiet moment **2.** [sang-froid, présence d'esprit] head / *elle a gardé toute sa tête devant le danger* she kept her head in the face of danger ▸ **avoir** ou **garder la tête froide** to keep a cool head.

C. PERSONNE, ANIMAL 1. [individu] person ▸ **plusieurs têtes connues** several familiar faces / *prendre un viager sur deux têtes* to buy a property in return for a life annuity for two people ▸ **prendre une assurance sur la tête de qqn** to take out an insurance policy on sb ▸ **être une tête de lard** ou **de mule** to be as stubborn as a mule, to be pigheaded ▸ **tête de linotte** ou **d'oiseau** ou **sans cervelle** scatterbrain ▸ **tête de cochon** bloody-minded individual ▸ **tête couronnée** crowned head ▸ **forte tête** rebel ▸ **une grosse tête** *fam* a brain ▸ **petite tête** *fam* pinhead ▸ **avoir ses têtes** *fam* to have one's favourites **2.** [vie d'une personne] head, neck / *le procureur réclame la tête de l'accusé* the prosecution is demanding the prisoner's execution ▸ **jouer** ou **risquer sa tête** to risk one's skin ▸ **sauver sa tête** to save one's skin ou neck **3.** [meneur, leader] head, leader / *il est la tête du mouvement* he's the leader of the movement ▸ **les têtes pensantes du comité** the brains of the committee **4.** [animal d'un troupeau] head *(inv)* / *un cheptel de plusieurs centaines de têtes* several hundred head of cattle / *cinquante têtes de bétail* fifty head of cattle.

D. PARTIE HAUTE, PARTIE AVANT 1. [faîte] top / *la tête d'un arbre* a treetop / *la tête d'un mât* the top of a mast **2.** [partie avant] front end / *la tête du train* the front of the train ▸ **tête de lit** bedhead / *mets la tête du lit vers le nord* turn the head of the bed towards the north / *prendre la tête du défilé* to head ou to lead the procession ▸ **prendre la tête a)** [marcher au premier rang] to take the lead **b)** [commander, diriger] to take over / *elle prendra la tête de l'entreprise* she'll take over the (running of the) firm ▸ **tête de ligne a)** [gén] terminus, end of the line **b)** RAIL railhead **3.** [début] : *faites ressor-*

tir les têtes de chapitres make the chapter headings stand out **4.** [dans un classement] top, head / *les dix élèves qui forment la tête de la classe* the ten best pupils in the class ▸ **tête d'affiche** top of the bill / *être en tête d'affiche* to top the bill ▸ **tête de liste** leading candidate UK, head of the ticket US ▸ **tête de série** SPORT seeded player / *tête de série numéro huit* number eight seed **5.** [extrémité - d'un objet, d'un organe] head ; [- d'un os] head, caput / *la tête d'un clou* the head of a nail ▸ **tête d'ail** head of garlic ▸ **tête de bielle** big end ▸ **tête de cylindre** cylinder head ▸ **tête d'épingle** pinhead ▸ **gros comme une tête d'épingle** the size of a pinhead **6.** ACOUST head ▸ **tête d'effacement** erase head ▸ **tête de lecture** head ▸ **tête magnétique** magnetic head **7.** IMPR head, top **8.** INFORM head ▸ **tête de lecture-écriture** read-write head ▸ **tête d'impression** print head **9.** MIL head ▸ **tête de pont a)** [sur rivière] bridgehead **b)** [sur plage] beachhead **10.** NUCL head ▸ **tête chercheuse** homing device ▸ **tête nucléaire** nuclear warhead **11.** PÉTR ▸ **tête d'injection** swivel.

❖ **à la tête de** loc prép **1.** [en possession de] : *elle s'est trouvée à la tête d'une grosse fortune* she found herself in possession of a great fortune **2.** [au premier rang de] at the head ou front of / *à la tête du cortège* at the head of the procession / *à la tête d'un groupe de mécontents* heading a group of protesters **3.** [à la direction de] in charge of, at the head of / *être à la tête d'une société* to head a company / *il est à la tête d'un cabinet d'assurances* he runs an insurance firm.

❖ **de tête** ◆ loc adj **1.** [femme, homme] able **2.** [convoi, voiture] front *(avant nom)* **3.** IMPR head *(modif).* ◆ loc adv [calculer] in one's head / *de tête, je dirais que ça fait 600* working it out in my head, I'd say it comes to 600 / *de tête, je dirais que nous étions vingt* at a guess I'd say there were twenty of us.

❖ **en tête** loc adv **1.** [devant] : *monter en tête* to go to the front ▸ **être en tête a)** [gén] to be at the front **b)** [dans une course, une compétition] to (be in the) lead **2.** [à l'esprit] ▸ **avoir qqch en tête** to have sthg in mind / *j'ai encore en tête le souvenir de notre dernière rencontre* I can still remember our last meeting / *je ne l'ai plus en tête* I can't remember it.

❖ **en tête à tête** loc adv alone together / *nous avons passé deux heures en tête à tête* we spent two hours alone together ▸ **dîner en tête à tête avec qqn** to have a quiet dinner (alone) with sb.

❖ **en tête de** loc prép **1.** [au début de] at the beginning ou start of / *tous les mots placés en tête de phrase* the first word of every sentence **2.** [à l'avant de] at the head ou front of / *les dirigeants syndicaux marchent en tête du défilé* the union leaders are marching at the head of the procession **3.** [au premier rang de] at the top of / *en tête du palmarès* at the top of the hit-parade ▸ **en tête des sondages** leading the polls.

❖ **par tête** loc adv per head, a head, apiece / *ça coûtera 30 € par tête* it'll cost 30 € a head ou per head ou apiece.

❖ **par tête de pipe** *fam* = **par tête.**

❖ **sur la tête de** loc prép **1.** [sur la personne de] : *le mécontentement populaire s'est répercuté sur la tête du Premier ministre* popular discontent turned towards the Prime Minister **2.** [au nom de] in the name of / *il a mis tous ses biens sur la tête de sa femme* he's put all his possessions in his wife's name **3.** [en prêtant serment] : *je le jure sur la tête de mes enfants* I swear on my mother's grave.

❖ **tête brûlée** nf hothead.

❖ **tête de mort** nf **1.** [crâne] skull **2.** [emblème] death's head, skull and crossbones.

❖ **tête de nègre** = **tête-de-nègre** *(nf).*

❖ **tête de Turc** nf whipping boy, scapegoat.

tête-à-queue [tɛtakø] nm inv (180°) spin / *faire un tête-à-queue* to spin round, to spin 180°.

tête-à-tête [tɛtatɛt] nm inv **1.** [réunion] tête-à-tête, private talk ▸ **avoir un tête-à-tête avec qqn** to have a tête-à-tête with sb **2.** [sofa] tête-à-tête, vis-à-vis **3.** [service - à thé] tea set for two ; [- à café] coffee set for two.

tête-bêche, têtebêche* [tɛtbɛʃ] ◆ adv [lits, personnes] head to foot ou to tail. ◆ nm inv tête-bêche stamp.

tête-de-loup [tɛtdəlu] *(pl* **têtes-de-loup***)* nf ceiling brush.

tête-de-nègre [tɛtdənɛgʀ] *(pl* **têtes-de-nègre***)* ◆ adj inv dark brown, chocolate-brown. ◆ nm inv [couleur] dark brown. ◆ nf **1.** CULIN chocolate-coated meringue **2.** BOT Boletus aereus.

tétée [tete] nf **1.** [action de téter] feeding, breast-feeding **2.** [repas] feed UK, feeding US / *six tétées par jour* six feeds UK ou feedings US a day / *l'heure de la tétée* feeding time UK, nursing time US.

téter [8] [tete] vt **1.** [sein, biberon] to suck (at) / *téter sa mère* to suck (at) one's mother's breast, to feed ou to breast-feed from one's mother ; *(en usage absolu)* : *il tète encore* he's still being breast-fed, he's still suckling ou US nursing **2.** [crayon] to suck on ; [pouce] to suck / *il m'écoutait en tétant sa pipe* he puffed at his pipe as he listened to me.

In reformed spelling (see p. 16-19), this verb is conjugated like *semer* : ***il tètera, elle tèterait.***

têtière [tɛtjɛʀ] nf **1.** [d'un fauteuil, d'un sofa] antimacassar **2.** [d'un cheval] headstall, crownpiece **3.** NAUT [d'une voile] head **4.** [d'une serrure] faceplate.

tétin [tetɛ̃] nm **1.** ZOOL teat **2.** *vieilli* ANAT [d'une femme] nipple.

tétine [tetin] nf **1.** ZOOL [mamelle] teat **2.** [d'un biberon] teat UK, nipple US ; [sucette] dummy UK, pacifier US.

téton [tetɔ̃] nm **1.** *fam* [sein] tit *tfam* **2.** MÉCAN stud, nipple.

tétrachlorure [tetʀaklɔʀyʀ] nm tetrachloride ▸ **tétrachlorure de carbone** carbon tetrachloride.

tétracycline [tetʀasiklin] nf tetracycline.

tétradactyle [tetʀadaktil] adj four-toed, tetradactyl *spéc*, tetradactylous *spéc*.

tétraèdre [tetʀaɛdʀ] nm tetrahedron.

tétraédrique [tetʀaedʀik] adj tetrahedral.

tétralogie [tetʀalɔʒi] nf tetralogy / **'la Tétralogie'** *Wagner* '(The) Ring Cycle'.

tétramètre [tetʀamɛtʀ] nm LITTÉR tetrameter.

tétraplégie [tetʀapleʒi] nf quadriplegia, tetraplegia.

tétraplégique [tetʀapleʒik] ◆ adj quadriplegic, tetraplegic. ◆ nmf quadriplegic.

Tétrapode® [tetʀapɔd] nm TRAV PUB tetrapod.

tétrapode [tetʀapɔd] ◆ adj tetrapod. ◆ nm ZOOL tetrapod.

tétrarque [tetʀaʀk] nm ANTIQ tetrarch.

tétras [tetʀa] nm grouse ▸ **grand tétras** capercaillie.

tétras-lyre [tetʀasliʀ] nm black grouse.

tétrasyllabe [tetʀasilab] ◆ adj tetrasyllabic. ◆ nm tetrasyllable.

tétrasyllabique [tetʀasilabik] adj tetrasyllabic.

tétratomique [tetʀatɔmik] adj tetratomic.

têtu, e [tety] adj stubborn, obstinate / *il a un air têtu* he has a stubborn look about him ▸ **têtu comme une mule** ou **un âne** ou **une bourrique** stubborn as a mule.

❖ **têtu** nm TECHNOL sledgehammer.

teuf [tœf] nf *fam* party.

teufeur, euse [tœfœʀ, øz] nm, f *fam* partygoer.

teuf-teuf *(pl* **teufs-teufs***)*, **teufteuf*** [tœftœf] *fam* ◆ nm [train] choo-choo train. ◆ nm ou nf [vieille voiture] old banger UK, jalopy. ◆ onomat [bruit du train] puff-puff, choo-choo.

teuton, onne [tøtɔ̃, ɔn] adj Teutonic.

❖ **Teuton, onne** nm, f **1.** HIST Teuton **2.** *péj* [Allemand] Jerry *injur.*

teutonique [tøtɔnik] adj Teutonic ▸ **les chevaliers teutoniques** the Teutonic knights.

texan, e [tɛksɑ̃, an] adj Texan.

❖ **Texan, e** nm, f Texan.

Texas [tɛksas] npr m ▸ **le Texas** Texas ▸ **au Texas** in Texas.

tex mex [tɛksmɛks] adj inv & nm inv [plat, restaurant] Tex-Mex.

texte [tɛkst] nm **1.** [écrit] text ▸ **reportez-vous au texte original** consult the original / *ce n'était pas dans le texte* it was not in the text ou in the original / *commenter / résumer un texte* to do a commentary on / to do a précis of a text **2.** [œuvre littéraire] text / *les grands textes classiques* the great classical texts ou works ; [extrait d'une œuvre] passage ▸ **textes choisis** selected passages **3.** MUS [paroles d'une chanson] lyrics ; CINÉ & THÉÂTRE lines / *un jeune chanteur qui écrit lui-même ses textes* a young singer who writes his own lyrics / *apprendre / savoir son texte* to learn / to know one's lines **4.** DR [teneur d'une loi, d'un traité] text, terms, wording ; [la loi elle-même] law, act ; [le traité lui-même] treaty / *selon le texte de la loi / du traité* according to the terms of the law / treaty / *le texte est paru au Journal officiel* the act was published in the official gazette **5.** IMPR [opposé aux marges, aux illustrations] text / *il y a trop de texte et pas assez de photos* there's too much text and not enough pictures **6.** LING [corpus, énoncé] text **7.** LITTÉR text, work / *elle a proposé son texte à plusieurs éditeurs* she sent her work to several publishers ▸ **texte de présentation** introduction / *écrire un court texte d'introduction* to write a short introduction **8.** ÉDUC & UNIV [sujet de devoir] question *(for work in class or homework)* / *je vais vous lire le texte de la dissertation* I'll give you the essay question ▸ **texte libre** free composition.

❖ **dans le texte** loc adv in the original / *lire Platon dans le texte* to read Plato in the original ▸ **en français dans le texte a)** *pr* in French in the original **b)** *fig* to quote the very words used.

textile [tɛkstil] ◆ adj textile / *fibre / verre textile* textile fibre / glass. ◆ nm **1.** [tissu] fabric, material / *elle s'y connaît dans les textiles* she knows her fabrics ▸ **les textiles synthétiques** synthetic ou man-made fibres **2.** [industrie] : *le textile, les textiles* the textile industry.

texting [tɛkstiŋ] nm TÉLÉC text-messaging.

texto [tɛksto] ◆ adv *fam* word for word, verbatim. ◆ nm TÉLÉC text-message.

textuel, elle [tɛkstɥɛl] adj **1.** [conforme - à ce qui est écrit] literal, word-for-word ; [- à ce qui a été dit] verbatim **2.** LITTÉR textual ▸ **analyse textuelle** textual analysis.

❖ **textuel** adv *fam* quote unquote / *elle m'a dit qu'elle s'en fichait, textuel* she told me she didn't care, those were her exact words.

textuellement [tɛkstɥɛlmɑ̃] adv word for word.

texturation [tɛkstyʀasjɔ̃] nf texturizing.

texture [tɛkstyʀ] nf **1.** [d'un bois, de la peau] texture **2.** GÉOL, MÉTALL & TEXT texture **3.** *litt* [structure] : *la texture du roman est dense / lâche* it's a tightly-structured / loosely-structured novel.

TF1 (abr de Télévision Française 1) npr *French independent television company.*

TG npr f **abr de Trésorerie générale.**

TGI nm **abr de tribunal de grande instance.**

TGV (abr de train à grande vitesse) nm *French high-speed train.*

th abr écrite de **thermie.**

thaï, e [taj] adj Thai.

❖ **Thaï, e** nm, f Thai.

❖ **thaï** nm LING Thai.

thaïlandais, e [tajlɑ̃dɛ, ɛz] adj Thai / *un restaurant thaïlandais* a Thai restaurant / *un ressortissant thaïlandais* a Thai (national).

❖ **Thaïlandais, e** nm, f Thai / *j'ai rencontré un Thaïlandais* I met someone from Thailand.

Thaïlande [tajlɑ̃d] npr f ▸ **(la) Thaïlande** Thailand ▸ **le golfe de Thaïlande** the Gulf of Siam.

thalamique [talamik] adj thalamic.

thalamus [talamys] nm thalamus.

thalassémie [talasemi] nf thalassaemia.

thalasso [talasɔ] nf *fam* **abr de thalassothérapie.**

thalassothérapie [talasɔteʀapi] nf seawater therapy, thalassotherapy *spéc.*

* In reformed spelling (see p. 16-19).

Thalès [talɛs] npr Thales.
thalidomide [talidɔmid] nf thalidomide.
thalle [tal] nm thallus.
thallium [taljɔm] nm thallium.
thallophyte [talɔfit] nf thallophyte.
thalweg [talvɛg] *arch* = **talweg.**
thanatologie [tanatɔlɔʒi] nf thanatology.
thanatos [tanatɔs] nm Thanatos.
thatchérien, enne [tatʃeʀjɛ̃, ɛn] adj & nm, f Thatcherite.
thatchérisme [tatʃeʀism] nm Thatcherism.
thaumaturge [tomatyʀʒ] nmf thaumaturge, thaumaturgist.
thaumaturgie [tomatyʀʒi] nf thaumaturgy.
thé [te] nm **1.** [boisson] tea / *faire du thé* to make (a pot of) tea ▸ **prendre le thé** to have tea / *boire du thé* to drink tea ▸ **thé de Chine / Ceylan** China / Ceylon tea ▸ **thé des jésuites** ou **du Paraguay** maté ▸ **thé noir / vert** black (leaf) / green tea ▸ **thé citron** lemon tea UK, tea with lemon ▸ **thé au lait** tea with milk ▸ **thé à la menthe** the mint tea ▸ **thé nature** tea without milk **2.** [feuilles] tea, tea-leaves / *une cuillerée de thé* a spoonful of tea **3.** [réception] tea party ; [repas] (afternoon) tea **4.** BOT tea, tea-plant **5.** BELG & SUISSE [infusion] herbal tea.
théâtral, e, aux [teatʀal, o] adj **1.** [relatif au théâtre] theatrical, stage *(modif)*, theatre *(modif)* / *une représentation théâtrale* theatrical production ▸ **production théâtrale** stage production **2.** [scénique] stage *(modif)* / *l'adaptation théâtrale du roman* the stage adaptation of the novel / *il aurait fallu utiliser une écriture théâtrale* it should have been written in a style more suitable for the stage **3.** [spectaculaire - geste, action] dramatic, theatrical / *faire une entrée théâtrale* to make a dramatic ou grand entrance / *avec de grands gestes théâtraux* with a lot of histrionics ou drama.
théâtralement [teatʀalmɑ̃] adv [avec affectation] theatrically.
théâtralisation [teatʀalizasjɔ̃] nf [d'un roman] dramatization / *la théâtralisation de la vie politique* the way political life seems more and more like theatre.
théâtraliser [3] [teatʀalize] vt to theatricalize.
théâtralisme [teatʀalism] nm PSYCHOL histrionism.
théâtralité [teatʀalite] nf LITTÉR stageworthiness.
théâtre [teatʀ]
◆ nm

A. SPECTACLE
B. ZONE

A. SPECTACLE 1. [édifice - gén] theatre UK, theater US ; ANTIQ amphitheatre ▸ **aller au théâtre** to go to the theatre / *elle va souvent au théâtre* she's a regular theatregoer ▸ **théâtre d'eau** ornamental fountains ▸ **le Théâtre-Français** the Comédie-Française ▸ **théâtre lyrique** opera house ▸ **théâtre d'ombres** shadow theatre ▸ **théâtre de poche** small theatre ▸ **théâtre en rond** theatre-in-the-round ▸ **théâtre de verdure** open-air theatre **2.** [compagnie théâtrale] theatre UK ou theater US company ▸ **théâtre municipal** local theatre ▸ **théâtre national** national theatre ▸ **théâtres subventionnés** state-subsidized theatres **3.** [art, profession] drama, theatre UK, theater US / *elle veut faire du théâtre* she wants to go on the stage ou to become an actress ou to act / *je vis pour le théâtre* [acteur] I live for the theatre ou stage / *quand j'étais étudiant j'ai fait un peu de théâtre* when I was a student I did some acting ▸ **théâtre filmé** film of a play **4.** [genre] drama, theatre UK, theater US / *je préfère le théâtre au cinéma* I prefer theatre ou plays to films / *le théâtre dans le théâtre* a play within a play ▸ **le théâtre élisabéthain / romantique** Elizabethan / Romantic theatre ou drama ▸ **le théâtre de l'absurde** the theatre of the absurd ▸ **le théâtre de boulevard** mainstream popular theatre *(as first played in theatres on the Paris boulevards)* ▸ **théâtre musical** musicals ▸ **le théâtre de rue** street theatre ▸ **théâtre total** total theatre **5.** [œuvres d'un auteur] works, plays / *le théâtre complet d'Anouilh* the complete plays ou dramatic works of Anouilh **6.** [attitude pleine d'outrance] histrionics / *tout ça c'est du théâtre* it's all just histrionics ou a show / *le voilà qui fait son théâtre* there he goes, putting on his usual act **7.** AFR [représentation] play / *les étudiants de première année présenteront un théâtre* the first-year students will put on a play.
B. ZONE 1. [lieu d'un événement] scene / *le juge a demandé à se rendre sur le théâtre du crime* the magistrate asked to go to the scene of the crime / *notre région a été le théâtre de nombreuses mutations* our part of the country has seen a lot of changes / *une entreprise en perte de vitesse n'était pas le théâtre qui convenait à ses ambitions* he was too ambitious to stay in a company on the decline **2.** MIL ▸ **le théâtre d'opérations** ou **des opérations** the theatre UK ou theater US of operations ▸ **théâtre d'opérations extérieur** *theatre of operations situated outside home territory.*
❖ **de théâtre** loc adj [critique, troupe] drama *(modif)*, theatre *(modif)* ; [cours] drama *(modif)* ; [agence] booking ; [jumelles] opera *(modif)* ; [accessoire, décor] stage *(modif)* / *une femme de théâtre* a woman of the stage ou theatre / *écrivain de théâtre* playwright / *metteur en scène de théâtre* (stage) director.
théâtreux, euse [teatʀø, øz] nm, f *péj* ou *hum* [comédien amateur] amateur actor, Thespian *hum.*
thébaïde [tebaid] nf *litt* solitary retreat.
thébain, e [tebɛ̃, ɛn] adj Theban.
❖ **Thébain, e** nm, f Theban.
thébaïne [tebain] nf thebaine.
Thèbes [tɛb] npr Thebes.
théier, ère [teje, ɛʀ] adj tea *(modif)* / *la production théière* tea production.
❖ **théier** nm tea plant.
❖ **théière** nf teapot.
théine [tein] nf theine.
théisme [teism] nm **1.** [consommation excessive] excessive tea drinking ; [empoisonnement] tea poisoning **2.** RELIG theism.
théiste [teist] ◆ adj theist, theistic. ◆ nmf theist.
thématique [tematik] ◆ adj thematic. ◆ nf **1.** LITTÉR themes / *la thématique des contes de fées* the themes developed in fairy tales / *la thématique de Kafka* themes in Kafka **2.** MUS themes.
thème [tɛm] nm **1.** ART, LITTÉR & MUS theme ▸ **sur le thème de** on the theme of **2.** [traduction] translation into a foreign language ; ÉDUC prose / *thème latin / allemand* translation *(from one's language)* into Latin / German / *faire du thème* to translate into a foreign language **3.** LING stem, theme.
❖ **thème astral** nm ASTROL birth chart.
Thémis [temis] npr Themis.
Thémistocle [temistɔkl] npr Themistocles.
théocentrisme [teɔsɑ̃tʀism] nm theocentrism.
théocratie [teɔkʀasi] nf theocracy.
théocratique [teɔkʀatik] adj theocratic.
Théocrite [teɔkʀit] npr Theocritus.
théodolite [teɔdɔlit] nm theodolite.
théogonie [teɔgɔni] nf theogony.
théologal, e, aux [teɔlɔgal, o] adj theological.
théologie [teɔlɔʒi] nf theology.
théologien, enne [teɔlɔʒjɛ̃, ɛn] nm, f theologian.
théologique [teɔlɔʒik] adj theological.
théologiquement [teɔlɔʒikmɑ̃] adv theologically.
Théophraste [teɔfʀast] npr Theophrastus.
théorématique [teɔʀematik] adj theorematic.
théorème [teɔʀɛm] nm theorem ▸ **le théorème de Pythagore** Pythagoras' theorem.
théorétique [teɔʀetik] adj theoretical.
théoricien, enne [teɔʀisjɛ̃, ɛn] nm, f **1.** [philosophe, chercheur, etc.] theorist, theoretician / *un théoricien de la mécanique quantique* an expert in quantum theory **2.** [adepte - d'une doctrine] theorist / *les théoriciens du libéralisme / marxisme* the theorists of the free market / of Marxism.
théorie [teɔʀi] nf **1.** SCI theory ▸ **théorie de la contingence** [en management] contingency theory ▸ **théorie du chaos** chaos theory ▸ **théorie du complot** conspiracy theory ▸ **théorie des ensembles** set theory ▸ **théorie de la relativité** the theory of relativity **2.** [ensemble de concepts] theory / *la théorie du surréalisme* the theory of surrealism **3.** [ensemble des règles] theory / *avant de commencer le piano, il faut faire un peu de théorie* before playing the piano you have to study a bit of theory / *il possède bien la théorie des échecs* he has a good theoretical knowledge of chess **4.** [opinion] theory / *c'est la théorie du gouvernement* that's the government's theory ou that's what the government claims **5.** [connaissance spéculative] theory / *le fossé qui existe entre la théorie et la pratique* the gap between theory and practice / *tout cela, c'est de la théorie* this is all purely theoretical **6.** *litt* [défilé] procession / *une longue théorie de fidèles progressait vers le sanctuaire* a long procession of worshippers was moving towards the sanctuary **7.** ANTIQ theory.
❖ **en théorie** loc adv in theory, theoretically / *en théorie, tu as raison, en fait le système est inapplicable* in theory you're right, but in actual fact the system is unworkable.
théorique [teɔʀik] adj theoretical.
théoriquement [teɔʀikmɑ̃] adv **1.** *sout* [d'un point de vue spéculatif] theoretically, in theory / *le principe est théoriquement acceptable* the principle is acceptable in theory **2.** [en toute hypothèse] in theory / *théoriquement, je devrais arriver à 21 h* in theory, I ought to arrive at 9 p.m.
théorisation [teɔʀizasjɔ̃] nf theorization, theorizing.
théoriser [3] [teɔʀize] ◆ vt to theorize. ◆ vi to theorize, to speculate.
théosophe [teɔzɔf] nmf theosophist.
théosophie [teɔzɔfi] nf theosophy.
théosophique [teɔzɔfik] adj theosophic.
thérapeute [teʀapøt] nmf **1.** [spécialiste des traitements] therapist **2.** *litt* [médecin] doctor, physician **3.** [psychothérapeute] therapist.
thérapeutique [teʀapøtik] ◆ adj therapeutic. ◆ nf **1.** [traitement] therapy, treatment / *le choix entre plusieurs thérapeutiques* the choice between several courses of treatment **2.** [discipline médicale] therapeutics *(U).*
thérapie [teʀapi] nf **1.** [traitement] therapy, treatment **2.** PSYCHOL therapy ▸ **thérapie cognitive** cognitive therapy ▸ **thérapie familiale** family therapy ▸ **thérapie de groupe** group therapy.
Thérèse [teʀɛz] npr ▸ **sainte Thérèse d'Ávila** Saint Teresa of Avila.
thermal, e, aux [tɛʀmal, o] adj [eau] thermal ; [source] thermal, hot.
thermalisme [tɛʀmalism] nm balneology / *l'argent de la commune provient du thermalisme* the commune derives its revenue from its spa facilities.
thermes [tɛʀm] nmpl **1.** [établissement de cure] thermal baths **2.** ANTIQ thermae.
thermicien, enne [tɛʀmisjɛ̃, ɛn] nm, f heat engineer.
thermicité [tɛʀmisite] nf heat balance.
thermidor [tɛʀmidɔʀ] nm *11th month of the French Revolutionary calendar (from July 19 to August 17).*
thermidorien, enne [tɛʀmidɔʀjɛ̃, ɛn] adj Thermidorian, of the 9th Thermidor.
❖ **Thermidoriens** nmpl revolutionaries of the 9th Thermidor, Thermidorians.
thermie [tɛʀmi] nf [ancienne unité de mesure] 10^6 calories.
thermique [tɛʀmik] ◆ adj [réacteur, équilibre, signature, papier] thermal ; [énergie] thermic. ◆ nf heat sciences. ◆ nm thermal.
thermocautère [tɛʀmɔkotɛʀ] nm thermocautery.
thermochimie [tɛʀmɔʃimi] nf thermochemistry.

thermochimique [tɛʀmɔʃimik] adj thermochemical.

thermocollant, e [tɛʀmokɔlɑ̃, ɑ̃t] adj [tissu] thermo-adhesive.

❖ **thermocollant** nm [tissu] thermo-adhesive.

thermocouple [tɛʀmɔkupl] nm thermocouple.

thermodurcissable [tɛʀmɔdyʀsisabl] ◆ adj thermosetting. ◆ nm thermoset (substance).

thermodynamicien, enne [tɛʀmɔdinamisjɛ̃, ɛn] nm, f thermodynamics specialist.

thermodynamique [tɛʀmɔdinamik] ◆ adj thermodynamic. ◆ nf thermodynamics *(U)*.

thermoélectricité [tɛʀmoelɛktʀisite] nf thermoelectricity.

thermoélectrique [tɛʀmoelɛktʀik] adj thermoelectric.

thermoélectronique [tɛʀmoelɛktʀɔnik] adj thermoelectronic.

thermoformage [tɛʀmɔfɔʀmaʒ] nm thermoforming.

thermogène [tɛʀmɔʒɛn] adj thermogenous, thermogenetic.

thermogenèse [tɛʀmɔʒenɛz] nf thermogenesis.

thermographe [tɛʀmɔgʀaf] nm thermograph.

thermographie [tɛʀmɔgʀafi] nf thermography.

thermoïonique [tɛʀmɔjɔnik] adj ▸ **effet thermoïonique** thermionic emission.

Thermolactyl® [tɛʀmɔlaktil] nm *thermal clothing fabric.*

thermoluminescence [tɛʀmɔlyminesɑ̃s] nf thermoluminescence.

thermolyse [tɛʀmɔliz] nf thermolysis.

thermomécanique [tɛʀmɔmekanik] adj thermomechanical.

thermomètre [tɛʀmɔmɛtʀ] nm **1.** [appareil] thermometer / *le thermomètre indique 5°* the thermometer stands at ou registers 5° / *le thermomètre monte / descend* the temperature (on the thermometer) is rising / falling ▸ **thermomètre digital / médical** digital / clinical thermometer ▸ **thermomètre à gaz** (constant volume) gas thermometer ▸ **thermomètre à maximum et minimum** maximum and minimum thermometer **2.** [indice] barometer *fig*, gauge / *la Bourse est le thermomètre de l'activité économique et financière* the Stock Exchange is a barometer of economic and financial activity.

thermométrie [tɛʀmɔmetʀi] nf thermometry.

thermométrique [tɛʀmɔmetʀik] adj thermometric.

thermonucléaire [tɛʀmɔnykleɛʀ] adj thermonuclear.

thermoplastique [tɛʀmɔplastik] adj thermoplastic.

thermoplongeur [tɛʀmɔplɔ̃ʒœʀ] nm portable immersion heater.

thermopompe [tɛʀmɔpɔ̃p] nf heat pump.

thermopropulsé, e [tɛʀmɔpʀɔpylse] adj thermopropulsion *(modif)*.

thermopropulsif, ive [tɛʀmɔpʀɔpylsif, iv] adj thermopropulsive.

thermopropulsion [tɛʀmɔpʀɔpylsjɔ̃] nf thermopropulsion.

Thermopyles [tɛʀmɔpil] npr mpl ▸ **les Thermopyles** Thermopylae.

thermorécepteur [tɛʀmɔʀeseptœʀ] nm thermoreceptor.

thermorégulateur, trice [tɛʀmɔʀegylatœʀ, tʀis] adj thermoregulator.

thermorégulation [tɛʀmɔʀegylasjɔ̃] nf thermoregulation.

thermorésistant, e [tɛʀmɔʀezistɑ̃, ɑ̃t] adj heat-resistant, thermoresistant.

Thermos® [tɛʀmos] nf ⟶ **bouteille.**

thermoscope [tɛʀmɔskɔp] nm thermoscope.

thermosiphon [tɛʀmɔsifɔ̃] nm thermosiphon.

thermosphère [tɛʀmɔsfɛʀ] nf thermosphere.

thermostat [tɛʀmɔsta] nm thermostat.

thermostatique [tɛʀmɔstatik] adj thermostatic.

thermotactisme [tɛʀmɔtaktism] nm thermotaxis.

thermothérapie [tɛʀmɔteʀapi] nf thermotherapy.

thésard, e [tezaʀ, aʀd] nm, f *fam* research student, postgrad.

thésaurisation [tezɔʀizasjɔ̃] nf [gén & ÉCON] hoarding.

thésauriser [3] [tezɔʀize] ◆ vi to hoard money. ◆ vt to hoard (up).

thésauriseur, euse [tezɔʀizœʀ, øz] ◆ adj hoarding. ◆ nm, f hoarder.

thésaurus [tezɔʀys] nm **1.** [lexique] lexicon **2.** [outil de classement] thesaurus.

thèse [tɛz] nf **1.** ENS thesis ▸ **thèse de doctorat d'État** ≃ PhD ; ≃ doctoral thesis UK ; ≃ doctoral ou PhD dissertation US ▸ **thèse de troisième cycle a)** [en lettres] ≃ MA UK ; ≃ master's thesis US **b)** [en sciences] ≃ MSc UK ; ≃ master's thesis US **2.** [théorie] argument, thesis, theory ▸ **thèse, antithèse, synthèse** thesis, antithesis, synthesis / *leur thèse est que…* their argument is that…, they argue that… / *la thèse de l'accident n'est pas écartée* the possibility that it may have been an accident hasn't been ruled out / *la famille rejette la thèse du suicide* the family rejects ou will not countenance *sout* the idea of suicide.

Thésée [teze] npr Theseus.

Thessalie [tɛsali] npr f ▸ **(la) Thessalie** Thessaly.

thessalien, enne [tɛsaljɛ̃, ɛn] adj Thessalian.

❖ **Thessalien, enne** nm, f Thessalian.

Thessalonique [tɛsalɔnik] npr Salonika, Salonica.

thêta [tɛta] *(pl* **thêta** *ou* **thêtas****)* nm theta.

thiamine [tjamin] nf thiamin.

thiazole [tjazɔl] nm thiazole.

thibaude [tibod] nf carpet underlay felt.

thioacide [tjɔasid] nm thioacid.

thioalcool [tjɔalkɔl] nm thioalcohol.

thiocarbonate [tjɔkaʀbɔnat] nm thiocarbonate.

thiol [tjɔl] = **thioalcool.**

thiosulfate [tjɔsylfat] nm thiosulphate.

thiosulfurique [tjɔsylfyʀik] adj thiosulphuric.

Thomas [tɔma] npr ▸ **saint Thomas** Saint Thomas ▸ **saint Thomas d'Aquin** Thomas Aquinas.

thomisme [tɔmism] nm Thomism.

thomiste [tɔmist] ◆ adj Thomistic, Thomistical. ◆ nmf Thomist.

thon [tɔ̃] nm tuna (fish), tunny UK ▸ **thon blanc** long-fin ou white-meat tuna ▸ **thon rouge** (blue fin) tuna, (red) tunny UK ▸ **thon en boîte** tinned tuna fish ▸ **thon à l'huile** tuna in oil ▸ **thon au naturel** tuna in brine.

thonier [tɔnje] nm tuna boat.

Thor [tɔʀ] npr Thor.

Thora [tɔʀa] = **Tora(h).**

thoracentèse [tɔʀasɛ̃tɛz] nf thoracentesis, thoracocentesis, pleurocentesis.

thoracique [tɔʀasik] adj thoracic.

thoracoplastie [tɔʀakɔplasti] nf thoracoplasty.

thoracotomie [tɔʀakɔtɔmi] nf thoracotomy.

thorax [tɔʀaks] nm thorax.

thorium [tɔʀjɔm] nm CHIM thorium.

Thoune [tun] npr Thun.

Thrace [tʀas] npr f ▸ **(la) Thrace** Thrace.

thriller, thrilleur* [sʀilœʀ, tʀilœʀ] nm thriller.

thrombine [tʀɔ̃bin] nf thrombin.

thrombocyte [tʀɔ̃bɔsit] nm thrombocyte.

thromboembolique [tʀɔ̃bɔɑ̃bɔlik] adj thromboembolic.

thrombokinase [tʀɔ̃bɔkinaz] nf thrombokinase, thromboplastin.

thrombolyse [tʀɔ̃bɔliz] nf thrombolysis.

thrombophlébite [tʀɔ̃bɔflebit] nf thrombophlebitis.

thromboplastine [tʀɔ̃bɔplastin] = **thrombokinase.**

thrombose [tʀɔ̃boz] nf thrombosis.

THS [teaʃɛs] (**abr de traitement hormonal substitutif**) nm HRT.

Thucydide [tysidid] npr Thucydides.

thulium [tyljɔm] nm thulium.

thune [tyn] nf *tfam* **1.** *vieilli* five franc coin **2.** [argent] : *je n'avais pas une thune* I was broke / *mon père me filera de la thune* my father will give me some cash ou a few quid UK.

Thurgovie [tyʀgɔvi] npr f ▸ **(la) Thurgovie** Thurgovia.

thuriféraire [tyʀifeʀɛʀ] nm **1.** RELIG thurifer **2.** *litt* flatterer, sycophant *litt.*

Thuringe [tyʀɛ̃ʒ] npr f ▸ **(la) Thuringe** Thuringia.

thuya [tyja] nm thuja ▸ **thuya occidental** white cedar.

thym [tɛ̃] nm thyme.

thymique [timik] adj thymic.

thymol [timɔl] nm thymol.

thymus [timys] nm thymus.

thyroïde [tiʀɔid] ◆ adj thyroid. ◆ nf thyroid (gland).

thyroïdectomie [tiʀɔidɛktɔmi] nf thyroidectomy.

thyroïdien, enne [tiʀɔidjɛ̃, ɛn] adj thyroid *(modif)*.

thyroïdite [tiʀɔidit] nf thyroiditis.

thyroxine [tiʀɔksin] nf BIOL & CHIM thyroxine.

thyrse [tiʀs] nm BOT & ANTIQ thyrsus.

TI nm **abr de tribunal d'instance.**

tiaffe [tjaf] nf SUISSE *fam* **1.** [chaleur] heatwave **2.** [neige fondante] slush.

tiare [tjaʀ] nf **1.** [coiffure] tiara **2.** [dignité papale] ▸ **la tiare** the Papal tiara.

Tibère [tibɛʀ] npr Tiberius.

Tibériade [tibeʀjad] npr ▸ **le lac de Tibériade** Lake Tiberias, the Sea of Galilee.

Tibesti [tibɛsti] npr m ▸ **le Tibesti** the Tibesti (Massif).

Tibet [tibɛ] npr m ▸ **le Tibet** Tibet ▸ **au Tibet** in Tibet.

tibétain, e [tibetɛ̃, ɛn] adj Tibetan.

❖ **Tibétain, e** nm, f Tibetan.

❖ **tibétain** nm LING Tibetan.

tibia [tibja] nm **1.** ANAT [os] shinbone, tibia *spéc* ; [devant de la jambe] shin ▸ **donner à qqn un coup de pied dans les tibias** to kick sb in the shins **2.** ZOOL tibia.

tibial, e, aux [tibjal, o] adj tibial.

Tibre [tibʀ] npr m ▸ **le Tibre** the (River) Tiber.

tic [tik] nm **1.** [au visage] tic, (nervous) twitch / *il a un tic à la bouche / à l'œil* he has a twitch at the corner of his mouth / in his eye / *son visage était agité de tics* his face twitched nervously **2.** [manie gestuelle] (nervous) tic, twitch / *il est bourré de tics fam* he's got a lot of nervous tics **3.** [répétition stéréotypée] habit / *il a un tic, il répète toujours le dernier mot de ses phrases* he has a habit of always repeating the last word of his sentences ▸ **un tic de langage** a (speech) mannerism **4.** VÉTÉR [avec déglutition d'air] wind sucking.

TIC [tik] (**abr de technologies de l'information et de la communication**) nfpl ICT.

tichodrome [tikɔdʀɔm] nm ORNITH wall creeper.

ticket [tikɛ] nm **1.** [de bus, de métro] ticket ; [de vestiaire, de consigne] slip, ticket / *les tickets, s'il vous plaît!* tickets please! ▸ **ticket de caisse** sales receipt, bill ▸ **ticket de quai** platform ticket **2.** [coupon - de rationnement, de pain] coupon **3.** *tfam & vieilli* [10 francs] : *cette montre m'a coûté 100 tickets* this watch set me back a thousand francs **4.** POL [aux États-Unis] ticket **5.** *fam* EXPR *tu as le ticket* he fancies you UK, he is sweet on you US / *il a un ticket avec elle* she fancies him UK, she's sweet on him US.

* In reformed spelling (see p. 16-19).

◆ **ticket modérateur** nm [pour la Sécurité sociale] *proportion of medical expenses payable by the patient.*

Ticket-Restaurant® [tikɛʀɛstɔʀɑ̃] (*pl* **Tickets-Restaurant**) nm *voucher given to employees to cover part of luncheon expenses* ; ≃ Luncheon Voucher® UK.

tic-tac, tictac* [tiktak] nm inv [d'une pendule, d'une bombe] ticking *(U)*, tick-tock ▸ **faire tic-tac** to tick (away), to go tick-tock.

tie-break [tajbʀɛk] (*pl* **tie-breaks**) nm tie break.

tiédasse [tjedas] adj lukewarm, tepid.

tiède [tjɛd] ◆ adj **1.** [ni chaud ni froid] lukewarm, warm, tepid / *délayez la poudre dans de l'eau tiède* mix the powder with warm water / *un vent tiède et agréable* a nice warm breeze ▸ **salade tiède** warm salad ; [pas suffisamment chaud] lukewarm, not hot enough / *le thé va être tiède, bois-le vite* drink your tea before it gets cold ou while it's hot **2.** *fig* [peu enthousiaste -accueil, réaction] lukewarm, unenthusiastic, half-hearted ; [-sentiment] half-hearted / *les syndicalistes sont tièdes* the union members lack conviction ou are apathetic **3.** *(avant nom) sout* [doux, calme] pleasant, sweet. ◆ nmf *fam* [indifférent, mou] wet UK, wimp. ◆ adv : *je préfère boire / manger tiède* I don't like drinking / eating very hot things / *il fait tiède aujourd'hui* it's mild ou warm today / *la tarte Tatin doit se manger tiède* tarte Tatin should be eaten warm. ◆ nf SUISSE heatwave.

tièdement [tjɛdmɑ̃] adv [accueillir] coolly, unenthusiastically ; [soutenir] half-heartedly.

tiédeur [tjedœʀ] nf **1.** [d'un liquide] lukewarmness ; [d'un solide] warmth ; [de l'air] mildness / *la tiédeur d'un matin de juin* the mildness of a June morning **2.** *fig* [d'un accueil] lukewarmness, coolness ; [d'un sentiment] half-heartedness **3.** *sout* [agréable douceur] warmth / *il se réfugia dans la tiédeur de la vie familiale* he took refuge in the warmth of family life.

tiédir [32] [tjediʀ] ◆ vi **1.** [se refroidir -boisson, métal, air] to cool (down) / *laisser tiédir le gâteau / lait* leave the cake / milk to cool down **2.** [se réchauffer] to grow warmer / *faire tiédir du lait* to warm up some milk **3.** *fig & sout* [faiblir -conviction, sentiment] to wane, to weaken, to cool. ◆ vt **1.** [refroidir légèrement] to cool (down) / *le vent du soir a tiédi l'air* the evening breeze has cooled the air **2.** [réchauffer légèrement] to warm (up) / *pose-le un instant sur le radiateur pour le tiédir* put it on the radiator for a minute to warm it up / *passez la tarte au four une minute pour la tiédir* put the tart in the oven for a minute to warm it through ou up.

tiédissement [tjedismɑ̃] nm **1.** [refroidissement] cooling (down ou off) **2.** [réchauffement] warming (up).

tien, tienne [tjɛ̃, tjɛn] (*mpl* **tiens** [tjɛ̃], *fpl* **tiennes** [tjɛn]) adj poss *litt* : *je suis tienne pour toujours* I am yours forever / *ce devait être un tien cousin* it must have been a cousin of yours.

◆ **le tien, la tienne** (*mpl* les tiens, *fpl* les tiennes) pron poss yours / *prends ma voiture, si la tienne est au garage* use my car, if yours is at the garage / *mes enfants sont plus âgés que les tiens* my children are older than yours (are) / *ce parapluie n'est pas le tien* this is not your umbrella, this umbrella is not yours ou doesn't belong to you / *je me mêle de mes affaires, mêle-toi des tiennes* I'll mind my business and you mind yours ; *(emploi nominal)* ▸ **les tiens** your family and friends ▸ **à la tienne! a)** *fam* [à ta santé] good health !, cheers ! **b)** [bon courage] all the best ! / *tu comptes la convaincre? eh bien, à la tienne!* so you think you can convince her? well all I can say is, good luck to you ou rather you than me ! ▸ **mets-y du tien a)** [fais un effort] make an effort **b)** [sois compréhensif] try to be understanding ▸ **tu as encore fait des tiennes!** *fam* you've (gone and) done it again ! ▸ **ici, il n'y a pas de tien et de mien** it's share and share alike here.

tient v ⟶ **tenir.**

tierce [tjɛʀs] f ⟶ **tiers** *(adj).*

tiercé, e [tjɛʀse] adj **1.** AGR third ploughed **2.** HÉRALD tierced, en tierce.

◆ **tiercé** ◆ adj m ▸ **pari tiercé** triple forecast. ◆ nm **1.** LOISIRS triple forecast / *gagner le tiercé (dans l'ordre / le désordre)* to win on three horses (with the right placings / without the right placings) / *toucher un gros tiercé* to win a lot of money on the horses **2.** [gén -trois gagnants] ▸ **le tiercé gagnant a)** *pr* the first three, the three winners **b)** *fig* the winning three ou trio ▸ **toucher le tiercé gagnant a)** *pr* to win on horses **b)** *fig* to hit the jackpot.

tiercelet [tjɛʀsəlɛ] nm tercel.

tierceron [tjɛʀsəʀɔ̃] nm ARCHIT tierceron.

tiers[1] [tjɛʀ] nm **1.** [partie d'un tout divisé en trois] third / *elle en a lu un tiers* she's a third of the way through (reading it) / *tu as droit aux deux tiers de la somme* you're entitled to two thirds of the sum / *cinq est le tiers de quinze* five is a third of fifteen, five goes into fifteen three times / *la maison était brûlée aux deux tiers* two-thirds of the house had been destroyed by fire **2.** *sout* [troisième personne] third person ; [personne étrangère à un groupe] stranger, outsider, third party / *elle l'a dit devant des tiers* she said it in front of people it had nothing to do with ▸ **il se fiche** ou **se moque du tiers comme du quart** he couldn't care less **3.** DR third party / *les dommages causés à un tiers* third party damages ▸ **tiers acquéreur** subsequent purchaser ▸ **tiers opposant** (opposing) third party ▸ **tiers saisi** garnishee **4.** COMM ▸ **tiers porteur** holder in due course, (second) endorser **5.** FIN ▸ **tiers provisionnel** *thrice-yearly income tax payment based on estimated tax due for the previous year* **6.** HIST ▸ **le tiers** the Third Estate **7.** [pour la Sécurité sociale] ▸ **tiers payant** *system by which a proportion of the fee for medical treatment is paid directly to the hospital, doctor or pharmacist by the patient's insurer* ▸ **tiers responsable** third party (responsible).

◆ **au tiers** loc adj DR third-party *(modif).*

◆ **en tiers** loc adv *sout* [en tant qu'étranger à un groupe] as an outsider / *assister en tiers à un entretien* to attend an interview as an outside observer.

tiers[2], **tierce** [tjɛʀ, tjɛʀs] adj **1.** [étranger à un groupe] third ▸ **tierce personne** third party / *je n'en parlerai pas devant une tierce personne* I will not speak of it in front of a third party **2.** ▸ **pays tiers** third ou non-EU country ▸ **produits tiers** non-community products **3.** DR ▸ **tierce collision** third-party *(modif)* **4.** ENS ▸ **tiers temps pédagogique** *in French nursery and primary schools before 1985, division of the weekly timetable into three parts, each corresponding to a different educational field* **5.** HIST ▸ **le tiers état** the Third Estate **6.** MATH ▸ **a tierce, a‴** "a" triple dash **7.** RELIG ▸ **tiers ordre** third order.

◆ **tierce** nf **1.** JEUX tierce ▸ **tierce à la dame** three-card run with queen as the highest card ▸ **tierce majeure** tierce major **2.** ESCRIME & HÉRALD tierce **3.** IMPR press proof **4.** MUS third ▸ **tierce majeure / mineure** major / minor third.

tiers-monde [tjɛʀmɔ̃d] (*pl* **tiers-mondes**) nm Third World.

tiers-mondialisation [tjɛʀmɔ̃djalizasjɔ̃], **tiers-mondisation** [tjɛʀmɔ̃dizasjɔ̃] nf : *la tiers-mondialisation du pays* the country's economic decline to Third World levels.

tiers-mondisme [tjɛʀmɔ̃dism] (*pl* **tiers-mondismes**) nm *support for the Third World.*

tiers-mondiste [tjɛʀmɔ̃dist] (*pl* **tiers-mondistes**) ◆ adj **1.** [du tiers-mondisme] favouring UK ou favoring US the Third World, pro-Third World **2.** [du tiers-monde] Third World *(modif).* ◆ nmf **1.** [spécialiste du tiers-monde] Third World expert **2.** [idéologue du tiers-mondisme] Third Worldist.

tiers-point [tjɛʀpwɛ̃] (*pl* **tiers-points**) nm [lime] saw-file.

tifs [tif] nmpl *fam* hair ▸ **mes tifs** my hair.

TIG (abr de **travail d'intérêt général**) nm ≃ community service.

tige [tiʒ] nf **1.** BOT [d'une feuille] stem, stalk ; [de blé, de maïs] stalk ; [d'une fleur] stem / *tulipe à longue tige* long-stemmed tulip ▸ **tige aérienne / souterraine** aerial / underground stem ; [arbre] ▸ **haute / basse tige** tall / half standard **2.** [axe -d'une épingle, d'une aiguille, d'un clou, d'un candélabre, d'une flèche] shaft ; [-d'un cadran solaire] finger, pointer ; [-d'un guéridon] pedestal / *une tige de bois* a wooden shaft, a dowel ▸ **une tige de fer** an iron rod ▸ **clef à tige creuse / pleine** key with a hollow / solid shank **3.** *fam* [cigarette] fag UK, smoke US **4.** [d'une chaussure] upper / *la tige est doublée* the upper is lined / *bottes à tige basse* ankle boots / *baskets à tige haute* high tops **5.** [origine d'une famille] stock, line / *la tige des Bourbon-Parme* the Bourbon-Parma line **6.** ARCHIT [de colonne] shaft **7.** AUTO rod ▸ **tige de culbuteur / piston** push / piston rod **8.** PÉTR ▸ **tige de forage** drill pipe.

tiglon [tiglɔ̃] = **tigron.**

tignasse [tiɲas] nf *fam* **1.** [chevelure mal peignée] mop ou shock (of hair) **2.** [chevelure] hair / *il l'a attrapée par la tignasse* he grabbed (hold of) her by the hair.

tigre [tigʀ] nm **1.** ZOOL tiger ▸ **un tigre royal** ou **du Bengale** a Bengal tiger **2.** *litt* [homme cruel] : *c'est un vrai tigre* he's a real ogre ▸ **tigre de papier** paper tiger **3.** ÉCON ▸ **les tigres asiatiques** the Asian tiger economies.

Tigre [tigʀ] npr m **1.** GÉOGR ▸ **le Tigre** the (River) Tigris **2.** HIST ▸ **le Tigre** *nickname of Georges Clemenceau.*

tigré, e [tigʀe] adj **1.** [pelage] striped, streaked ; [chat] tabby *(modif)*, tiger *(modif)* **2.** [moucheté] ▸ **bananes tigrées** (dessert) bananas.

tigresse [tigʀɛs] nf **1.** ZOOL tigress **2.** *litt* [femme très jalouse] tigress.

tigron [tigʀɔ̃] nm tigon, tiglon.

tilbury [tilbyʀi] nm tilbury.

tilde [tild] nm [en espagnol] tilde ; [en phonétique, pour remplacer un mot] swung dash.

tillac [tijak] nm NAUT upper deck.

tillandsia [tijɑ̃dsja] nf tillandsia.

tilleul [tijœl] ◆ nm **1.** BOT lime (tree) **2.** [feuilles séchées] lime-blossom *(U)* ; [infusion] lime ou lime-blossom tea. ◆ adj inv ▸ **(vert) tilleul** lime green.

tilt [tilt] nm **1.** JEUX tilt signal **2.** *fam* EXPR **faire tilt** [je me suis souvenu] : *le mot a fait tilt* the word rang a bell / *et soudain, ça a fait tilt* [j'ai compris] and suddenly it clicked ou the penny dropped UK.

tilter [tilte] vi *fam* to understand, to twig / *j'ai entendu un bruit en démarrant mais je n'ai pas tout de suite tilté* I heard a noise when I started the engine but I didn't twig what it was.

timbale [tɛ̃bal] nf **1.** [gobelet] (metal) cup **2.** CULIN [moule] timbale mould ; [préparation] timbale ▸ **timbale de saumon** salmon timbale ▸ **timbale milanaise** *timbale of macaroni, veal sweetbreads and truffles* **3.** MUS kettledrum / *une paire de timbales* tympani, a set of kettledrums.

timbalier [tɛ̃balje] nm timpanist.

timbrage [tɛ̃bʀaʒ] nm **1.** [action de timbrer] stamping **2.** [procédé d'impression] embossing.

timbre [tɛ̃bʀ]

◆ nm

A. MARQUAGE

B. SON

A. MARQUAGE **1.** = **timbre-poste 2.** [vignette -au profit d'une œuvre] sticker *(given in exchange for a donation to charity)* ; [-attestant un paiement] stamp *(certifying receipt of payment)* **3.** [sceau, marque] stamp / *apposer son timbre sur un document* to put one's stamp on ou to rubber-stamp a document **4.** [instrument marqueur] stamp ▸ **timbre dateur** date stamp ▸ **timbre en caoutchouc** rubber stamp ▸ **timbre sec** embossing stamp **5.** DR ▸ **timbre fiscal** revenue stamp **6.** MÉD ▸ **timbre tuberculinique** tuberculosis patch.

B. SON **1.** ACOUST [qualité sonore -d'un instrument] tone, timbre, colour ; [-d'une voix] tone, resonance / *un beau timbre de voix* beautiful mellow tones, a beautiful rich voice / *ce n'est pas moi, dit-elle d'une voix sans timbre* it wasn't me, she said tonelessly **2.** [sonnette] bell ; [de porte] doorbell / *timbre de bicyclette* bicycle bell **3.** MUS [instrument] (small) bell.

timbré, e [tɛ̃bʀe] adj **1.** *fam* [fou] nuts, cracked **2.** DR stamped **3.** [d'une bonne sonorité] : *de sa voix bien timbrée* in his mellow ou rich tones.

* In reformed spelling (see p. 16-19).

timbre-amende [tɛ̃bʀamɑ̃d] (*pl* **timbres-amendes**) nm *stamp purchased to certify payment of a fine.*

timbre-poste [tɛ̃bʀəpɔst] (*pl* **timbres-poste**) nm (postage) stamp.

timbre-prime [tɛ̃bʀəpʀim] (*pl* **timbres-primes**) nm trading (discount) stamp.

timbre-quittance [tɛ̃bʀəkitɑ̃s] (*pl* **timbres-quittances**) nm receipt stamp.

timbrer [3] [tɛ̃bʀe] vt **1.** [lettre, colis] to stamp, to stick ou to put a stamp on **2.** DR [document] to stamp, to put a stamp on, to affix a stamp to *sout.*

timbre-ristourne [tɛ̃bʀəʀistuʀn] (*pl* **timbres-ristournes**) = **timbre-prime.**

time-sharing [tajmʃɛʀiŋ] (*pl* **time-sharings**) nm INFORM time sharing.

timide [timid] ◆ adj **1.** [embarrassé - sourire, air, regard] timid, shy ; [- personne] bashful, diffident / *il est timide avec les femmes* he's shy of ou he shrinks away from women ▸ **faussement timide** coy **2.** [faible] slight, feeble, tiny ▸ **une critique timide** hesitant criticism / *timide amélioration du dollar* slight improvement in the position of the US dollar / *l'auteur de quelques timides réformes* the author of a handful of half-hearted ou feeble reforms. ◆ nmf shy person / *c'est un timide* he's a shy person, he's shy of people.

timidement [timidmɑ̃] adv **1.** [avec embarras] timidly, shyly, diffidently ; [gauchement] self-consciously, bashfully **2.** [de façon peu perceptible] slightly, feebly *péj,* faint-heartedly *péj* / *l'euro remonte timidement* the euro is rising slightly.

timidité [timidite] nf **1.** [manque d'assurance] timidity, shyness, diffidence ; [gaucherie] self-consciousness, bashfulness **2.** [d'un projet, d'une réforme] feebleness *péj,* half-heartedness *péj.*

timing [tajmiŋ] nm timing *(of a technical process).*

timon [timɔ̃] nm **1.** AGR [d'une charrette] shaft ; [d'une charrue] (draught) beam **2.** *vieilli* NAUT tiller.

timonerie [timɔnʀi] nf **1.** NAUT [abri] wheelhouse ; [service] wheelhouse, steering ; [personnel] wheelhouse crew **2.** AUTO steering and braking gear.

timonier [timɔnje] nm **1.** NAUT helmsman **2.** AGR wheel horse, wheeler **3.** HIST ▸ **le Grand Timonier** the Great Helmsman / *le grand timonier du Parti républicain hum* the Grand Panjandrum of the Republican party.

Timor [timɔʀ] npr Timor.

timorais, e [timɔʀɛ, ɛz] adj Timorese.
❖ **Timorais, e** nm, f Timorese.

timoré, e [timɔʀe] ◆ adj timorous, fearful, unadventurous. ◆ nm, f timorous ou fearful ou unadventurous person.

Timor-Oriental [timɔʀɔʀjɑ̃tal] npr East Timor.

Timothée [timɔte] npr BIBLE Timothy.

tinctorial, e, aux [tɛ̃ktɔʀjal, o] adj tinctorial, dye *(modif).*

tinette [tinɛt] nf [récipient] mobile latrine.
❖ **tinettes** nfpl *tfam* loo UK, bog UK, john US.

tint v ⟶ **tenir.**

tintamarre [tɛ̃tamaʀ] nm [vacarme] racket, din / *écoute-moi ce tintamarre!* listen to this racket ou din! / *on a fait du tintamarre autour de son livre* there was a lot of hooha ou a big to-do about his book.

tintement [tɛ̃tmɑ̃] nm **1.** [d'une cloche, d'une sonnette] ringing *(U)* ; [d'un lustre] tinkling *(U)* ; [de clefs, de pièces de monnaie] jingle, jingling *(U)* ; [de verres] chink, clinking *(U)* **2.** MÉD ▸ **tintement d'oreilles** ringing in the ears, tinnitus *spéc.*

tinter [3] [tɛ̃te] ◆ vi **1.** [sonner lentement] to ring (out), to peal / *minuit tinte au clocher* the church bell is ringing midnight **2.** [produire des sons clairs] to tinkle, to jingle / *tous les verres tintaient sur le plateau* all the glasses were clinking on the tray / *faire tinter des pièces de monnaie* to jingle coins **3.** EXPR *les oreilles doivent lui tinter* his ears must be burning. ◆ vt **1.** [sonner - cloche] to chime **2.** [coup] : *la cloche du village tintait les coups de midi* the church bell was striking twelve **3.** [annoncer - glas, messe] to toll the bell for / *tinter le tocsin* to sound the tocsin ▸ **tinter l'angélus** to toll the bell for the Angelus.

tintin [tɛ̃tɛ̃] interj *fam* no go, no way / *les cadres ont eu une augmentation, et nous tintin!* the executives got a rise, and we didn't get a blessed thing! ▸ **faire tintin** : *tu peux faire tintin pour tes places gratuites!* as for your free tickets, forget it ou no way!

tintinnabuler [3] [tɛ̃tinabyle] vi *litt* to tinkle, to jingle, to tintinnabulate *litt.*

Tintoret [tɛ̃tɔʀɛ] npr ▸ **le Tintoret** Tintoretto / *un tableau du Tintoret* a painting by Tintoretto.

tintouin [tɛ̃twɛ̃] nm *fam* **1.** [inquiétude, souci] hassle, (fuss and) bother / *les gosses, ça vous donne bien du tintouin!* kids can be such a hassle ou headache! / *se faire du tintouin* to get all worked up **2.** [vacarme] racket, din / *quel tintouin à côté!* what a racket they're making next door! **3.** EXPR *sa canne à pêche, ses bottes, son chapeau et tout le tintouin* his fishing rod, boots, hat and all the rest of it.

TIP [tip] (abr de **titre interbancaire de paiement**) nm *payment slip for bills.*

tiper [3] [tipe] vt SUISSE [enregistrer un achat] to ring up *(sép)* / *est-ce que vous l'avez tipé?* have you counted that?, have you rung that up?

tipi [tipi] nm tepee, teepee.

TIPP (abr de **taxe intérieure sur les produits pétroliers**) nf domestic tax on petroleum products.

tipper [tipe] = **tiper.**

Tipp-Ex® [tipɛks] nm Tipp-Ex®.

ti-punch [tipɔ̃ʃ] (*pl* **ti-punchs**) nm rum punch.

tique [tik] nf tick.

tiquer [3] [tike] vi [réagir] to flinch / *le prix l'a fait tiquer* he flinched ou baulked when he saw the price ▸ **tiquer sur qqch** to baulk at sthg / *j'ai tiqué sur la somme* I baulked at the sum.

tiqueté, e [tikte] adj speckled, mottled, dotted.

tir [tiʀ] nm **1.** ARM & MIL [action de lancer au moyen d'une arme] shooting, firing ; [projectiles envoyés] fire / *les tirs cessèrent* the firing stopped ▸ **un tir bien / mal ajusté** a well-aimed / badly-aimed launch ou shot / *un tir intense / nourri / sporadique* heavy / sustained / sporadic fire / *il y eut des tirs sporadiques puis plus rien* there were occasional bursts of gunfire then the firing stopped altogether ▸ **tir direct / indirect** direct / indirect fire ▸ **tir précis** ou **groupé** grouped fire ▸ **tir d'accompagnement** cover (fire) ▸ **tir de barrage** barrage fire ▸ **tir courbe** high-angle fire ▸ **tir instinctif** firing at random ▸ **tir par rafales** firing in bursts ▸ **rectifier le tir a)** *pr* to adjust one's aim **b)** *fig* to change one's approach to a problem **2.** [endroit - pour l'entraînement] rifle ou shooting range ; [- à la foire] shooting gallery **3.** MIN & TRAV PUB blasting **4.** SPORT ▸ **le tir** [discipline olympique] shooting ▸ **tir à la carabine / au pistolet** rifle- / pistol-shooting ▸ **tir à l'arbalète** crossbow archery ▸ **tir à l'arc** archery ▸ **tir aux pigeons** clay pigeon shooting **5.** FOOT shot ▸ **tir (au but)** shot at goal.
❖ **de tir** loc adj [concours, champion] shooting ; [position, vitesse] firing ▸ **angle / ligne de tir** angle / line of fire.

TIR [teiɛʀ ou tiʀ] (abr écrite de **transport international routier**) TIR.

tirade [tiʀad] nf **1.** CINÉ & THÉÂTRE monologue, speech **2.** *péj* [discours] speech, tirade *péj.*

tirage [tiʀaʒ] nm **1.** IMPR [action] printing ; [ensemble d'exemplaires] print run, impression ; [d'une gravure] edition / *un tirage de 50 000 exemplaires* a print run of 50,000 / *écrivain qui fait de gros tirages* bestselling author ▸ **tirage limité / numéroté** limited / numbered edition ▸ **tirage à part** offprint **2.** PRESSE [action] printing, running ; [exemplaires mis en vente] circulation / *un tirage de 50 000* circulation figures ou a circulation of 50,000 / *le tirage a baissé* circulation is down ou has fallen ou has dropped ▸ **à fort** ou **grand tirage** with large circulation figures ▸ **la presse à grand tirage** the popular press **3.** INFORM [sur imprimante] printout **4.** PHOT [action] printing ; [copies] prints / *deux tirages sur papier brillant* two sets of prints on gloss paper **5.** BANQUE drawing ▸ **droits de tirage spéciaux** ÉCON special drawing rights **6.** JEUX [d'une carte] taking, picking ; [d'une tombola] draw ▸ **tirage au sort** drawing of lots / *nous t'avons désigné par tirage au sort* we drew lots and your name came up **7.** [d'une cheminée, d'un poêle] draught UK, draft US / *le tirage est bon / mauvais* it draws well / doesn't draw well **8.** [action de - traîner] dragging ; [- haler] hauling **9.** MÉTALL drawing **10.** TEXT reeling **11.** CINÉ copying **12.** ACOUST [d'un disque] pressing **13.** EXPR ▸ **il y a du tirage** *fam* : *il y a du tirage entre eux* there's some friction between them.

tiraillement [tiʀajmɑ̃] nm **1.** [sur une corde] tug **2.** [d'estomac] gnawing pain ; [de la peau, d'un muscle] tightness / *quand on m'a enlevé les fils, je n'ai senti qu'un tiraillement* when they removed the stitches, I only felt a slight pulling ou tugging / *sentir les tiraillements de la faim* to feel pangs of hunger.
❖ **tiraillements** nmpl [conflit] struggle, conflict / *il y a des tiraillements dans la famille / le syndicat* there is friction within the family / the union.

tirailler [3] [tiʀaje] ◆ vt **1.** [tirer sur] to tug at, to pull on, to give little pulls on / *il tiraillait nerveusement sa moustache* he was pulling nervously at his moustache **2.** [faire souffrir légèrement] to prick / *la faim lui tiraillait l'estomac* he was feeling pangs of hunger **3.** [solliciter] to dog, to plague / *être tiraillé entre l'espoir et l'inquiétude* to be torn between hope and anxiety. ◆ vi to fire at random / *on entendait tirailler dans les bois* random fire could be heard in the woods, people could be heard firing away in the woods.

tirailleur [tiʀajœʀ] nm **1.** [éclaireur] scout **2.** HIST & MIL (native) infantryman / *les tirailleurs algériens* the Algerian (Infantry) corps **3.** *fig* [personne qui agit isolément] : *dans une grève, il y a toujours quelques tirailleurs* during a strike, there are always some who don't play by the book.
❖ **en tirailleur(s)** loc adv [avancer] in extended order.

tiramisu [tiʀamisu] nm CULIN tiramisu.

Tirana [tiʀana] npr Tirana, Tiranë.

tirant [tiʀɑ̃] nm **1.** NAUT ▸ **tirant d'eau** draught / *avoir cinq pieds de tirant d'eau* to draw five feet (of water) / *barque à faible tirant d'eau* shallow draught barge **2.** [d'une botte] (boot) strap ; [d'une chaussure] (heel) strap **3.** [d'une bourse] purse string **4.** CONSTR [entrait] tie beam ; [fer plat] rod **5.** MIN strap, tie beam **6.** TRAV PUB ▸ **tirant d'air** (maximum) headroom.

tire [tiʀ] nf **1.** *tfam* [voiture] car **2.** QUÉBEC [friandise] maple toffee ou taffy ▸ **tire d'érable** maple candy.

tiré, e [tiʀe] adj **1.** [fatigué et amaigri - visage] drawn, pinched / *avoir les traits tirés* to look drawn **2.** EXPR ▸ **tiré par les cheveux** contrived, far-fetched / *tes arguments sont complètement tirés par les cheveux* your arguments are terribly far-fetched.
❖ **tiré** nm **1.** BANQUE drawee **2.** PRESSE ▸ **tiré à part** off-print **3.** MUS down-bow.

tire-au-cul [tiʀoky] *tfam* = **tire-au-flanc.**

tire-au-flanc [tiʀoflɑ̃] nm inv *fam* skiver, dodger, shirker.

tire-bonde [tiʀbɔ̃d] (*pl* **tire-bondes**) nm bung-drawer.

tire-botte [tiʀbɔt] (*pl* **tire-bottes**) nm **1.** [pour mettre] boot hook **2.** [pour enlever] bootjack.

tire-bouchon (*pl* tire-bouchons), **tirebouchon*** [tiʀbuʃɔ̃] nm corkscrew.
❖ **en tire-bouchon, en tirebouchon*** loc adj corkscrew *(modif)* / *cochon à la queue en tire-bouchon* pig with a corkscrew tail / *elle a toujours ses chaussettes en tire-bouchon* her socks are always twisted round her ankles.

tire-bouchonner, tirebouchonner* [3] [tiʀbuʃɔne] ◆ vt [mèche] to twiddle ou to twist (round and round) ; [fil de fer] to twist ▸ **chaussettes tire-bouchonnées** socks twisted round the ankles. ◆ vi to twist round and round / *ses chaussettes tire-bouchonnent* his socks are all twisted round his ankles.

tire-clou [tiʀklu] (*pl* **tire-clous**) nm nail puller.

tire-d'aile [tiʀdɛl] ◆ **à tire-d'aile** loc adv **1.** [en volant] : *les corbeaux passèrent au-dessus de la maison à tire-d'aile* the crows flew over the house with strong, regular wingbeats **2.** *fig* [à toute vitesse] : *il s'est enfui à tire-d'aile* he took to his heels.

tire-fesses (*pl* **tire-fesses**), **tire-fesse*** [tiʀfɛs] nm *fam* ski tow.

tire-fond (*pl* **tire-fond**), **tirefond*** [tiʀfɔ̃] nm **1.** CONSTR [vis] long screw ; [anneau] eye bolt **2.** RAIL sleeper screw.

tire-jus [tiʀʒy] nm inv *tfam* snot rag.

tire-laine [tiʀlɛn] (*pl* **tire-laine** *ou* **tire-laines***) nm *litt & vieilli* highwayman.

tire-lait [tiʀlɛ] (*pl* **tire-lait** *ou* **tire-laits***) nm breast-pump.

tire-larigot, tirelarigot* [tiʀlaʀigo] ◆ **à tire-larigot, à tirelarigot*** loc adv *fam* : *boire à tire-larigot* to drink ou to have one's fill.

tire-ligne [tiʀliɲ] (*pl* **tire-lignes**) nm drawing pen.

tirelire [tiʀliʀ] nf **1.** [en forme de cochon] piggy bank US ; [boîte] moneybox UK **2.** *tfam* [estomac] belly, gut **3.** *fam* [tête] mug.

tire-nerf [tiʀnɛʀ] (*pl* **tire-nerfs**) nm broach *(for extracted tooth)*.

tirer [3] [tiʀe]

 vt

A. DÉPLACER
B. EXTRAIRE, OBTENIR
C. PROJETER
D. PASSER
E. TRACER, IMPRIMER

A. DÉPLACER 1. [traîner - avec ou sans effort] to pull, to drag ; [- en remorquant] to draw, to tow / *tire la table au milieu de la pièce* pull the table out into the centre of the room / *un cheval tirait la péniche le long du canal* a horse was towing ou pulling the barge along the canal / *tiré par un cheval* horse-drawn / *tiré par des bœufs* ox-drawn / *le skieur est tiré par un hors-bord* a speed boat pulls ou tows the skier (along) ▸ **tirer qqn par le bras / les cheveux / les pieds** to drag sb by the arm / hair / feet **2.** [amener à soi] to pull ; [étirer - vers le haut] to pull (up) ; [- vers le bas] to pull (down) / *je sentis que quelqu'un tirait ma veste* I felt a tug at my jacket / *elle me tira doucement par la manche* she tugged ou pulled at my sleeve / *tirez doucement le levier de vitesse* pull the gear lever gently (back) ▸ **tirer les cheveux à qqn** to pull sb's hair / *tirer ses cheveux en arrière* to draw ou to pull one's hair back / *tire bien le drap* stretch the sheet (taut) ▸ **tirer un fil a)** [accidentellement] to pull a thread **b)** [pour faire un jour] to draw a thread / *tirer une vache* *régional* to milk a cow ▸ **tirer la couverture à soi a)** [s'attribuer le mérite] to take all the credit **b)** [s'attribuer le profit] to take the lion's share **3.** [pour actionner - cordon d'appel, élastique] to pull ; [- tiroir] to pull (open ou out) / *tirer les rideaux* to pull ou to draw the curtains / *tire le portail derrière toi* close the gates behind you, pull the gates to ▸ **tirer un verrou a)** [pour ouvrir] to slide a bolt open **b)** [pour fermer] to slide a bolt to, to shoot a bolt ▸ **tirer la chasse d'eau** to flush the toilet **4.** NAUT to draw / *tirer 5 mètres* to draw 5 metres of water.

B. EXTRAIRE, OBTENIR 1. [faire sortir] ▸ **tirer qqch de** to pull ou to draw sthg out of / *tirer des billets / un revolver de son sac* to pull banknotes / a gun out of one's bag / *la valise dont il tirait des jouets* the suitcase from which he pulled out toys / *tirer de l'eau d'un puits* to draw water (out of a well) / *tirer le vin / cidre (du tonneau)* to draw wine / cider (off from the barrel) ▸ **tirer qqn de** [le faire sortir de] to get sb out of ▸ **tirer qqn d'un asile / de prison** to get sb out of an asylum / prison ▸ **tirer qqn d'une voiture en feu** to drag ou to pull sb out of a blazing car / *va le tirer du lit* go and get ou drag him out of bed ▸ **tirer qqn d'un cauchemar** *fig* to rouse sb from a nightmare ▸ **tirer qqn du sommeil** to wake sb up ▸ **tirer qqn du coma** to pull sb out of a coma ▸ **tirer qqn de sa rêverie** to rouse sb from his / her daydream ▸ **tirer qqn de son silence** to draw sb out (of his / her silence) / *tirer une œuvre de l'oubli* to rescue a work from oblivion ▸ **tirer qqn d'une situation difficile** to get sb out of a difficult situation ▸ **tire-moi de là** help me out **2.** [fabriquer] ▸ **tirer qqch de** to derive ou to get ou to make sthg from / *les produits que l'on tire du pétrole* oil-based products / *tirer des sons d'un instrument* to get ou to draw sounds from an instrument / *tirer un film d'une pièce de théâtre* to adapt a play for the screen ▸ **photos tirées d'un film** movie stills **3.** [percevoir - argent] : *elle tire sa fortune de ses terres* she makes her money from her land / *elle savait ce qu'on peut tirer d'un placement judicieux* she knew what could be got out of ou made from a wise investment / *il a bien tiré 5 millions de la vente de l'appartement* he must have made at least 5 million from the sale of the flat / *tu ne tireras pas grand-chose de ta vieille montre* you won't get much (money) for your old watch ; [retirer - chèque, argent liquide] to draw / *tirer de l'argent d'un compte* to draw money out of ou to withdraw money from an account **4.** [extraire, dégager] ▸ **tirer la morale / un enseignement de qqch** to learn a lesson from sthg / *ce vers est tiré d'un poème de Villon* this line is (taken) from a poem by Villon / *ce que j'ai tiré de ce livre / cet article* what I got out of this book / article / *tirer sa force de sa foi* to derive ou to draw one's strength from one's faith / *ce roman tire son titre d'une chanson populaire* the title of this novel is taken from a popular song / *les mots que le français a tirés du latin* French words taken from Latin ▸ **tirer satisfaction de** to derive satisfaction from ▸ **tirer vanité de** to be proud of ▸ **tirer fierté de** to pride o.s. on ou in ▸ **tirer vengeance de qqch** to avenge sthg **5.** [obtenir, soutirer] ▸ **tirer qqch de** : *tirer de l'argent de qqn* to extract money from sb, to get money out of sb / *la police n'a rien pu tirer de lui* the police couldn't get anything out of him / *tu auras du mal à lui tirer des excuses* you'll be hard pressed to get an apology out of her / *tu auras du mal à lui tirer des remerciements* you'll get no thanks from her / *j'ai réussi à lui tirer un sourire* I managed to get a smile out of her ▸ **tirer des larmes à qqn** to make sb cry ▸ **en tirer quelque chose** : *il est rebelle à l'apprentissage, mais je suis sûr qu'on peut en tirer quelque chose* he's a poor learner but I'm sure we can make something of him ▸ **on n'en tirera jamais rien, de ce gosse a)** *fam* [il n'est bon à rien] we'll never make anything out of this kid **b)** [il ne parlera pas] we'll never get this kid to talk, we'll never get anything out of this kid / *je n'ai pas pu en tirer davantage* I couldn't get any more out of her **6.** *fam* [voler] : *je me suis fait tirer mon portefeuille au cinéma !* somebody nicked UK ou swiped US my wallet at the cinema ! **7.** JEUX [billet, numéro] to draw, to pick ; [loterie] to draw, to carry out the draw for ; [carte] to draw, to take / *tirez une carte postale au hasard* pick any postcard / *qui va tirer le nom du gagnant ?* who will draw (out) the name of the winner ? ▸ **tirer au sort** : *le gagnant sera tiré au sort* there will be a draw to decide the winner.

C. PROJETER 1. ARM [coup de fusil, missile] to fire ; [balle, flèche] to shoot / *tirer un coup de feu* to fire a shot **2.** [feu d'artifice] to set off / *ce soir, on tirera un feu d'artifice* there will be a fireworks display tonight **3.** CHASSE [lapin, faisan] to shoot / *tirer un animal* to shoot an animal **4.** [à la pétanque - boule en main] to throw ; [boule placée] to knock out *(sép)* ; FOOT to take / *tirer un corner* to take a corner / *tirer un coup franc* to take a free kick / *le penalty va être tiré par le capitaine* the penalty will be taken by the captain ; TENNIS [passing-shot, volée] to hit ; [en haltérophilie] to lift / *il tire 150 kilos à l'épaulé-jeté* he can clean and jerk 150 kilos ; ESCRIME : *tirer des armes* to fence **5.** EXPR **tirer un coup avec qqn** *vulg* to have it off with sb.

D. PASSER *fam* to spend, to do, to get through *(insép)* / *il a tiré six ans (en prison) à cause de toi* he did a six-year stretch ou six years (in prison) because of you / *j'ai encore trois semaines à tirer avant mon congé* I've another three weeks to go before my leave.

E. TRACER, IMPRIMER 1. [dessiner - ligne] to draw ; [- plan] to draw up *(sép)* / *tirez deux traits sous les verbes* underline the verbs twice **2.** PHOT to print / *je voudrais que cette photo soit tirée sur du papier mat* I'd like a matt print of this picture **3.** IMPR [livre] to print ; [estampe, lithographie] to print, to draw ; [tract] to print, to run ; [gravure] to strike, to pull, to print / *tirer un tract à 5 000 exemplaires* to print 5,000 copies of a tract / *ce magazine est tiré à plus de 200 000 exemplaires* this magazine has a print run ou a circulation of 200,000 / **'bon à tirer'** 'passed for press' ▸ **bon à tirer** [épreuve] final corrected proof ▸ **signer le bon à tirer** to pass for press **4.** EXPR **tirer son plan** BELG : *tu es assez grand, tu tires ton plan* you're old enough to look after yourself.

◆ vi **1.** MIL [faire feu] to fire, to shoot / *ne tirez pas, je me rends !* don't shoot, I surrender ! ▸ **ne tirez plus !** hold your fire !, stop shooting ! / *tirez dans les jambes* shoot at ou aim at the legs ▸ **il tire mal** he's a bad shot / *tirer à la cible* to aim ou to shoot at the target / *tirer à balles / à blanc* to fire bullets / blanks ▸ **tirer en l'air / à vue** to shoot in the air / on sight ▸ **tirer sur qqn** to take a shot ou to shoot ou to fire at sb / *ils ont l'ordre de tirer sur tout ce qui bouge* they've been ordered to shoot ou to fire at anything that moves / *on m'a tiré dessus* I was fired ou shot at / *cette carabine tire juste* this rifle shoots straight **2.** ARM & SPORT ▸ **tirer à l'arc / l'arbalète a)** [activité sportive] to do archery / crossbow archery **b)** [action ponctuelle] to shoot a bow / crossbow ▸ **tirer à la carabine / au pistolet a)** [activité sportive] to do rifle / pistol shooting **b)** [action ponctuelle] to shoot with a rifle / pistol **3.** FOOT & GOLF to shoot / *il a tiré dans le mur / petit filet* he sent the ball against the wall / into the side netting ; ESCRIME to fence **4.** [exercer une traction] to pull / *à mon signal, tirez tous dans le même sens* when I give the signal, all pull in the same direction ▸ **tire !** pull !, heave ! / *ça tire dans les genoux à la montée* *fam* going up is tough on the knees / *elle tire bien, ta voiture !* *fam* it goes well, your car ! / *la moto tire à droite* the motorbike pulls to the right / *la direction tire d'un côté* the steering pulls to one side / *tirer sur un câble* to pull ou to heave on a cable / *tirer sur un levier* to pull (back) a lever / *tirer sur les rênes* to pull on the reins / *tirer sur un élastique* to stretch ou to pull on an elastic band / *ne tire pas sur ton gilet* don't pull your cardigan out of shape / *ne tire pas (sur la laisse), Rex !* stop pulling (on your lead) Rex ! / *il tira violemment sur le fil du téléphone* he gave the phone wire a sharp pull ▸ **tirer sur** *fig* [délais, budget] to stretch / *elle tire un peu sur sa permission de minuit* she's stretching it a bit with her midnight curfew ▸ **tirer sur la ficelle** to go a bit far **5.** [aspirer - fumeur] : *tirer sur une pipe* to draw on ou to pull at a pipe / *tirer sur une cigarette* to puff at ou to draw on a cigarette **6.** [avoir un bon tirage - cheminée, poêle] ▸ **tirer (bien)** to draw (well) / *la cheminée / pipe tire mal* the fireplace / pipe doesn't draw properly **7.** [peau] to feel tight ; [points de suture] to pull / *ma peau me tire* *fam* my skin feels tight / *aïe, ça tire !* ouch, it's pulling ! **8.** JEUX ▸ **tirer au sort** to draw ou to cast lots **9.** IMPR : *tirer à 50 000 exemplaires* to have a circulation of ou to have a (print) run of 50,000 (copies) / *à combien le journal tire-t-il ?* what are the paper's circulation figures ? **10.** EXPR **ça tire** BELG & SUISSE there's a draught.

◆ **tirer à** v + prép **1.** PRESSE ▸ **tirer à la ligne** to pad out an article *(because it is being paid by the line)* **2.** NAUT : *tirer au large* to make for the open sea **3.** EXPR **tirer à sa fin** to come to an end.

◆ **tirer sur** v + prép [couleur] to verge ou to border on / *ses cheveux tirent sur le roux* his hair is reddish ou almost red.

◆ **se tirer** ◆ vp *(emploi passif)* : *le store se tire avec un cordon* the blind pulls down with a cord. ◆ vpi *fam* **1.** [partir, quitter un endroit] to clear off, to make tracks ; [s'enfuir] to beat it, to clear off / *s'il n'est pas là dans 5 minutes, je me tire* if he's not here in 5 minutes I'm going ▸ **tire-toi !** [ton menaçant] beat it !, clear ou push off ! / *on se tire, voilà les flics !* it's the cops, let's get out of here ! / *il s'est tiré de chez lui* he's left home / *dès que je peux, je me tire de cette boîte* as soon as I can, I'll get out of this dump **2.** [toucher à sa fin - emprisonnement, service militaire] to draw to a close / *plus qu'une semaine, ça se tire quand même !* only a week to go, it's nearly over after all !

* In reformed spelling (see p. 16-19).

❖ **se tirer de** vp + prép [se sortir de] to get out of / *elle sait se tirer de situations délicates* she knows how to get out of ou to extricate herself from tricky situations / *il s'est bien / mal tiré de l'entrevue* he did well / badly at the interview ▸ **s'en tirer** *fam* [s'en sortir] : *avec son culot, elle s'en tirera toujours* with her cheek, she'll always come out on top / *si tu ne m'avais pas aidé à finir la maquette, je ne m'en serais jamais tiré* if you hadn't given me a hand with the model, I'd never have managed / *les débuts furent difficiles, mais elle s'en tire très bien maintenant* it was difficult for her in the beginning, but she's getting along fine now / *on n'avait qu'un seul salaire, mais on s'en est tirés* we had just the one salary, but we got by ou scraped by / *rien à faire, je ne m'en tire pas!* [financièrement] it's impossible, I just can't make ends meet! / *il y a peu de chances qu'il s'en tire* [qu'il survive] the odds are against him pulling through ▸ **s'en tirer avec** : *je m'en suis tiré avec une suspension de permis* I got away with my licence being suspended / *il s'en tire avec des égratignures* he came through with just a few scratches / *tu ne t'en tireras pas avec de simples excuses* [être quitte] you won't get away ou off with just a few words of apology ▸ **s'en tirer à** ou **avec** ou **pour** [devoir payer] to have to pay / *je m'en suis tiré avec ou pour 1 000 euros de réparations* I had to cough up ou fork out 1,000 euros for the repairs / *à quatre, on ne s'en tirera pas à moins de 200 euros le repas* the meal will cost at least 200 euros for the four of us / *il ne s'en tirera pas comme ça* he won't get off so lightly, he won't get away with it ▸ **bien / mal s'en tirer** : *on n'a encaissé qu'un seul but, on ne s'en est pas trop mal tirés* they scored only one goal against us, we didn't do too badly / *je n'aime pas faire de discours — tu t'en es très bien tiré* I don't like to make speeches — you did very well.

tiret [tiʀɛ] nm **1.** IMPR [de dialogue] dash ; [en fin de ligne] rule **2.** [trait d'union] hyphen.

tirette [tiʀɛt] nf **1.** *vieilli* [cordon -de sonnette] bellpull ; [-de stores] cord ; [-de rideaux] draw string **2.** ÉLECTR pull knob **3.** [d'un meuble] (sliding) leaf **4.** BELG [fermeture Éclair] zip UK, zipper US.

tireur, euse [tiʀœʀ, øz] nm, f **1.** [criminel, terroriste] gunman ; [de la police] marksman / *bon / mauvais tireur* good / bad shot ▸ **tireur isolé** ou **embusqué** sniper ▸ **tireur d'élite** sharpshooter **2.** [aux boules] driver **3.** BANQUE drawer **4.** ESCRIME fencer **5.** FOOT shooter **6.** PHOT printer **7.** ▸ **tireur de cartes, tireuse de cartes** fortune-teller *(who reads cards).*

❖ **tireuse** nf **1.** PHOT printer **2.** [pour le vin] bottle filling machine.

tire-veine [tiʀvɛn] (*pl* **tire-veines**) nm (surgical) stripper.

tiroir [tiʀwaʀ] nm **1.** [de meuble] drawer **2.** RAIL siding **3.** MÉCAN slide valve ▸ **tiroir rond** ou **à pistons** piston valve.

❖ **à tiroirs** loc adj **1.** [à épisodes] *containing episodes independent of the main action* **2.** *fam* [à rallonge] ▸ **un nom à tiroirs** a double-barrelled name.

tiroir-caisse [tiʀwaʀkɛs] (*pl* **tiroirs-caisses**) nm till.

tisane [tizan] nf **1.** [infusion] herb tea, herbal tea **2.** *tfam* [raclée, volée] thrashing, hiding.

tisanière [tizanjɛʀ] nf teapot *(for herbal tea).*

tison [tizɔ̃] nm brand.

tisonner [3] [tizɔne] vt to poke.

tisonnier [tizɔnje] nm poker / *donner un coup de tisonnier dans le feu* to give the fire a poke.

tissage [tisaʒ] nm **1.** [procédé] weaving ; [entrecroisement de fils] weave / *un tissage serré / lâche* a close / loose weave **2.** [bâtiment] cloth mill.

tisser [3] [tise] vt **1.** TEXT [laine, coton, tissu] to weave / *tisser le lin / une nappe* to weave linen / a tablecloth ▸ **l'habitude tisse des liens** [entre des personnes] the more you get to know someone, the closer you feel to them **2.** [toile d'araignée] to spin **3.** *sout* [élaborer] to weave, to construct / *l'auteur a subtilement tissé son intrigue* the playwright subtly wove ou constructed the plot.

tisserand, e [tisʀɑ̃, ɑ̃d] nm, f weaver.

tisserin [tisʀɛ̃] nm ORNITH weaver, weaverbird.

tisseur, euse [tisœʀ, øz] nm, f **1.** [artisan] weaver **2.** [industriel] mill owner.

tissu [tisy] nm **1.** TEXT fabric, material, cloth / *une longueur de tissu* a length of fabric / *du tissu pour faire des vêtements* dressmaking material ou fabric ▸ **du tissu d'ameublement** furnishing fabric ou material / *le rayon des tissus d'ameublement* the soft furnishings department ▸ **tissu matelassé** quilted material **2.** *fig & sout* [enchevêtrement] ▸ **un tissu de** : *un tissu de mensonges* a pack ou tissue *sout* of lies / *un tissu d'incohérences* a mass of contradictions **3.** SOCIOL fabric, make-up / *le tissu culturel de la nation* the cultural make-up ou fabric of our country ▸ **le tissu social** the social fabric ▸ **le tissu urbain** the urban infrastructure **4.** BIOL tissue ▸ **tissu conjonctif** connective tissue ▸ **tissu musculaire** muscle tissue **5.** BOT tissue.

❖ **de tissu, en tissu** loc adj fabric *(modif)*, cloth *(modif)*.

tissu-éponge [tisyepɔ̃ʒ] (*pl* **tissus-éponges**) nm terry, terry-towelling ▸ **en tissu-éponge** terry *(modif)*, terry-towelling *(modif)*, terry cloth US.

tissulaire [tisylɛʀ] adj tissual, tissue *(modif)*.

titan [titɑ̃] nm *litt* [colosse] titan / *c'est un titan* he's got superhuman strength.

❖ **de titan** loc adj [travail] Herculean.

Titan [titɑ̃] npr **1.** ASTRON Titan **2.** MYTH ▸ **les Titans** the Titans **3.** ARM ▸ **(missile) Titan** Titan missile.

titane [titan] nm titanium.

titanesque [titanɛsk], **titanique** [titanik] adj *litt* [force] massive, superhuman ; [travail] Herculean ; [ouvrage] monumental.

Tite [tit] npr Titus.

Tite-Live [titliv] npr Livy.

titi [titi] nm *fam* ▸ **titi parisien** Parisian urchin.

Titicaca [titikaka] npr ▸ **le lac Titicaca** Lake Titicaca.

Titien [tisjɛ̃] npr ▸ **(le) Titien** Titian.

titillation [titijasjɔ̃] nf **1.** [léger chatouillement] tickling, tickle **2.** *fig* [excitation de l'esprit] titillation.

titiller [3] [titije] vt **1.** [chatouiller agréablement] to tickle / *le champagne me titillait le palais* the champagne tickled my palate **2.** *fig* [exciter légèrement] to titillate **3.** [énerver] to pester, to aggravate / *arrête de titiller ta sœur!* stop pestering your sister!

titisme [titism] nm Titoism.

titiste [titist] adj & nmf Titoist.

titrage [titʀaʒ] nm **1.** [d'un film] titling **2.** CHIM titration, titrating **3.** MIN [d'un minerai] assaying **4.** TEXT counting.

titraille [titʀaj] nf *fam* headlines.

titre [titʀ]

◆ nm

- **A. TEXTE EN EXERGUE**
- **B. QUALITÉ, GRADE**
- **C. DOCUMENT**
- **D. COMPOSITION**
- **E. EXPRESSIONS**

A. TEXTE EN EXERGUE **1.** [d'un roman, d'un poème] title ; [d'un chapitre] title, heading / *je n'ai pas encore trouvé de titre pour mon roman* I haven't come up with a title for my novel yet / *il a proposé un titre pour une nouvelle émission de télévision* he suggested a title for a new television programme **2.** IMPR ▸ **titre courant** running title ▸ **faux titre** half-title ▸ **grand titre** full title ▸ **(page de) titre** title page **3.** PRESSE headline / *titre sur cinq colonnes à la une* five column front page headline ▸ **les gros titres** the main headlines / *faire les gros titres des quotidiens* to hit ou to make the front page of the daily newspapers.

B. QUALITÉ, GRADE **1.** [désignation d'un rang, d'une dignité] title ▸ **le titre de roi / d'empereur** the title of king / emperor / *porter un titre* to have a title, to be titled / *porter le titre de duc* to have the title of duke / *il revendique le titre de libérateur fig* he insists on being called a liberator ▸ **un titre de noblesse** ou **nobiliaire** a title / *avoir des titres de noblesse* to be titled **2.** [nom de charge, de grade] qualification ▸ **conférer le titre de docteur à qqn** to confer the title of doctor on ou upon sb **3.** SPORT title / *mettre son titre en jeu* to risk one's title / *le boxeur défendra son titre* the boxer will defend his title ▸ **disputer le titre de champion du monde à qqn** [boxeur] to fight sb for the world championship title.

C. DOCUMENT **1.** [certificat] credentials / *il a produit des titres authentiques* he produced genuine credentials / *voici les titres à présenter à l'appui de votre demande* the following documents must accompany your application ▸ **décliner ses titres universitaires** to list one's academic ou university qualifications / *recruter sur titres* to recruit on the basis of (paper) qualifications ▸ **titre de pension** pension book ▸ **titre de permission** (leave) pass ▸ **titre de transport** ticket / *les voyageurs doivent présenter leur titre de transport à la sortie* passengers must show their tickets at the exit **2.** *fig* : *il s'est acquis des titres de reconnaissance du peuple* he won the people's gratitude ▸ **titre de gloire** : *son titre de gloire est d'avoir introduit l'informatique dans l'entreprise* his proudest achievement is to have computerized the company **3.** BANQUE (transferable) security ▸ **avance sur titres** advance on ou against securities ▸ **titre interbancaire de paiement** *payment slip used to settle bills* **4.** BOURSE [certificat] certificate ; [valeur] security ▸ **les titres** securities, bonds ▸ **titre de créance** proof of debt ▸ **titre nominatif** registered bond ▸ **titre de participation** investment trust certificate ▸ **titre de placement** investment security ▸ **titre au porteur a)** [action] bearer share **b)** [obligation] floater ou bearer security **5.** DR title ▸ **titre de propriété** title deed, document of title ▸ **juste titre** good title **6.** FIN ▸ **titre budgétaire** ≃ budget item *(one of the seven categories into which public spending is divided in the French budget).*

D. COMPOSITION **1.** JOAILL fineness, titre *spéc* / *le titre des monnaies d'or et d'argent est fixé par la loi* the precious metal content of gold and silver coins is determined by law **2.** PHARM titre ▸ **titre d'une solution** titre of a solution **3.** TEXT count.

E. EXPRESSIONS ▸ **à titre amical** as a friend ▸ **à titre consultatif** in an advisory capacity ▸ **à titre d'essai** on a trial basis ▸ **à titre exceptionnel** exceptionally ▸ **à titre privé / professionnel** in a private / professional capacity / *décoration attribuée à titre posthume* posthumous award / *à titre provisoire* on a provisional basis / *présidence accordée à titre honorifique* honorary title of president ▸ **à titre gracieux** free of charge, without charge / *à titre onéreux* for a fee ou consideration ▸ **à titre de** [en tant que] : *à titre de journaliste, vous pourrez entrer* you will be allowed in because you are from the press ▸ **consulter qqn à titre d'ami** to consult sb as a friend / *demander une somme à titre d'avance* to ask for some money by way of an advance ▸ **à titre d'exemple** by way of an example, as an example ▸ **à titre indicatif** for information only ▸ **à quel titre? a)** [en vertu de quel droit] in what capacity? **b)** [pour quelle raison] on what grounds? ▸ **à quel titre vous occupez-vous de ses affaires? a)** [gén] in what capacity are you looking after his affairs? **b)** [avec irritation] who told you you could ou who gave you permission to look after his affairs? / *à quel titre lui fais-tu ces reproches?* on what grounds do you criticize him?

❖ **à aucun titre** loc adv on no account / *il n'est à aucun titre mon ami* he is no friend of mine.

❖ **à ce titre** loc adv [pour cette raison] for this reason, on this account / *l'accord est signé et à ce titre je suis satisfait* the agreement has been signed and for this reason I am satisfied.

❖ **à de nombreux titres, à divers titres** loc adv for several reasons, on more than one account / *je me félicite à plus d'un titre du résultat de ces négociations* I have more than one reason to be pleased with the outcome of these negotiations.

❖ **à juste titre** loc adv [préférer] understandably, rightly ; [croire] correctly, justly, rightly / *elle s'est empor-*

tée, (et) à juste titre she lost her temper and understandably ou rightly so.

❖ **à plus d'un titre** = à de nombreux titres.

❖ **au même titre** loc adv for the same reasons / *elle a obtenu une prime, j'en réclame une au même titre* she got a bonus, I think I should have one too for the same reasons.

❖ **au même titre que** loc conj for the same reasons as / *je proteste au même titre que mon voisin* I protest for the same reasons as my neighbour.

❖ **en titre** loc adj **1.** ADMIN titular **2.** [officiel - fournisseur, marchand] usual, appointed / *le fournisseur en titre de la cour de Hollande* the official ou appointed supplier to the Dutch Court / *son amant en titre* hum her official lover.

titré, e [titʀe] adj **1.** [anobli] titled **2.** PHARM [liqueur, solution] standard *(modif)*.

titrer [3] [titʀe] vt **1.** PRESSE ▸ **titrer qqch** to run sthg as a headline **2.** PHARM to titrate **3.** MIN to assay **4.** [anoblir] to confer a title upon **5.** [œuvre d'art, roman] to give a title to, to entitle.

titrisation [titʀizasjɔ̃] nf BANQUE securitization.

titubant, e [titybɑ̃, ɑ̃t] adj [démarche] unsteady, weaving, wobbly / *un ivrogne titubant* a drunkard staggering about.

tituber [3] [titybe] vi [ivrogne] to stagger ou to reel ou (along) ; [malade] to stagger (along).

titulaire [titylɛʀ] ◆ adj **1.** [enseignant] tenured ; [évêque] titular ▸ **être titulaire a)** [professeur d'université] to have tenure **b)** [sportif] to be under contract **2.** [détenteur] ▸ **être titulaire de** [permis, document, passeport] to hold / *être titulaire d'un compte en banque* to be an account holder **3.** DR : *être titulaire d'un droit* to be entitled to a right. ◆ nmf **1.** ADMIN incumbent **2.** [détenteur - d'un permis] holder ; [- d'un passeport] bearer, holder **3.** DR ▸ **le titulaire d'un droit** the person entitled to a right **4.** SPORT player under contract.

titularisation [titylaʀizasjɔ̃] nf [d'un professeur d'université] granting tenure to ; [d'un enseignant] appointment to a permanent post ; [d'un sportif] giving a contract to.

titulariser [3] [titylaʀize] vt [enseignant] to appoint to a permanent post ; [sportif] to give a contract to ; [professeur d'université] ▸ **être titularisé** to be given ou to be granted tenure ▸ **il attend d'être titularisé** he's waiting for tenure.

Titus [titys] npr MYTH Titus.

tjr, tjrs. (abr écrite de **toujours**) Alwz.

TMS [teɛmɛs] (abr de **troubles musculo-squelettiques**) nmpl MÉD RSI.

TNP (abr de **Théâtre national populaire**) npr m ▸ **le TNP** the French National Theatre *(based at the Palais de Chaillot in Paris until 1972 and at Villeurbanne near Lyon since then)*.

TNT ◆ nf (abr de **télévision numérique terrestre**) DTTV. ◆ nm (abr de **trinitrotoluène**) TNT.

TO (abr écrite de **toit ouvrant**) sunroof.

toast [tost] nm **1.** [en buvant] toast ▸ **toast de bienvenue** toast of welcome ▸ **porter un toast** to propose a toast ▸ **porter un toast à qqn** to drink (a toast) to sb, to toast sb **2.** [pain grillé] piece of toast ▸ **des toasts au saumon** salmon canapés.

toaste(u)r [tostœʀ] nm toaster.

toboggan [tɔbɔgɑ̃] nm **1.** [glissière - sur terre] slide ; [- dans l'eau] chute / *les enfants qui font du toboggan* the children going down the slide / *tu veux faire du toboggan?* do you want to go on the slide? ▸ **toboggan de secours** escape chute **2.** [luge] toboggan / *faire du toboggan* to go tobogganing **3.** AUTO [armature de pneu] (type) casing reinforcement.

❖ **Toboggan®** nm [pont] flyover UK, overpass US.

Tobrouk [tɔbʀuk] npr Tobruk.

toc [tɔk] ◆ nm fam **1.** [imitation sans valeur - d'un matériau] fake, worthless imitation ; [- d'une pierre] rhinestone, paste ; [- d'un bijou] fake ▸ **en toc** fake, imitation / *sa bague, c'est du toc* her ring is fake **2.** fig [ce qui est factice] sham / *sa culture / son amitié, c'est du toc* his so-called education / friendship is just a sham ou is all on the surface. ◆ adj inv fam rubbishy UK, trashy, tacky / *ça fait toc* it looks cheap ou tacky. ◆ interj **1.** [coups à la porte] ▸ **toctoc!** knock knock! **2.** fam [après une remarque] ▸ **et toc!** so there!, put that in your pipe and smoke it! / *et toc, bien fait pour toi / lui / eux!* and (it) serves you / him / them right!

TOC [teose, tɔk] (abr de **trouble obsessionnel compulsif**) nmpl MÉD OCD.

tocade [tɔkad] = **toquade**.

tocante [tɔkɑ̃t] nf tfam watch.

tocard, e [tɔkaʀ, aʀd] adj fam [tableau, décor] naff UK, tacky.

❖ **tocard** nm fam **1.** [cheval] old nag **2.** [personne] dead loss, (born) loser.

toccata [tɔkata] nf toccata.

tocsin [tɔksɛ̃] nm alarm bell, tocsin sout / *sonner le tocsin* to ring the alarm, to sound the tocsin sout.

tofu [tɔfu] nm CULIN tofu.

toge [tɔʒ] nf **1.** ANTIQ toga ▸ **toge prétexte / virile** toga praetexta / virilis **2.** [de magistrat] gown.

Togo [tɔgo] npr m ▸ **le Togo** Togo ▸ **au Togo** in Togo.

togolais, e [tɔgɔlɛ, ɛz] adj Togolese.

❖ **Togolais, e** nm, f Togolese ▸ **les Togolais** the Togolese.

tohu-bohu (pl tohu-bohu), **tohubohu*** (pl tohubohus*) [tɔybɔy] nm **1.** [désordre et confusion] confusion, chaos **2.** [bruit - de voitures, d'enfants] racket, din ; [- d'un marché, d'une gare] hustle and bustle ; [- d'une foule] hubbub ; [- d'une foire] hurly-burly.

toi [twa] pron pers **1.** [sujet] you / *qui va le faire? — toi* who's going to do it? — you (are) / *toi parti, il ne restera personne* when you're gone there'll be nobody left / *qu'est-ce que tu en sais, toi?* what do YOU know about it? / *toi, tu l'as vu!* you saw it / him! / *tu en veux, toi?* do you want some? / *tu t'amuses, toi, au moins* at least YOU'RE having fun / *et toi qui lui faisais confiance!* and you trusted him! / *viendrez-vous, Pierre et toi?* will you and Pierre come? / *toi et moi* you and I / *toi et les tiens êtes les bienvenus* you and your family are welcome / *toi seul peux la convaincre* you're the only one who can persuade her **2.** [avec un présentatif] you / *c'est toi?* is it you? / *je veux que ce soit toi qui y ailles* I want it to be you who goes / *c'est toi qui le dis!* that's what YOU say! **3.** [complément] you / *il vous a invités, Pierre et toi* he's invited you and Pierre / *toi, je te connais!* I know you! ; [après une préposition] : *on lui a parlé de toi* he's heard about you / *c'est à toi qu'on l'a demandé* you were the one who was asked, YOU were asked / *qui te l'a dit, à toi?* who told YOU about it? / *je te fais confiance, à toi* I trust you / *eh, je te parle, à toi!* hey, I'm talking to you! / *un ami à toi* fam a friend of yours ▸ **c'est à toi?** is this yours? / *à toi de jouer!* your turn! / *plus gentil que toi* nicer than you / *j'ai d'aussi bonnes raisons que toi* I've got just as good reasons as you **4.** [pronom réfléchi] yourself / *alors, tu es content de toi?* I hope you're pleased with yourself, then!

Voir encadré à l'article lui.

toilage [twalaʒ] nm COUT ground.

toile [twal] nf **1.** TEXT [matériau brut] canvas, (plain) fabric ▸ **toile de coton / lin** cotton / linen cloth ▸ **toile anglaise** binding cloth ▸ **toile à bâches** tarpaulin ▸ **toile de Jouy** toile de Jouy ▸ **toile de jute** gunny, (jute) hessian ▸ **toile à matelas** ticking ▸ **toile métis** cotton-linen mix ▸ **toile à sac** sackcloth, sacking ▸ **toile à voiles** sailcloth ▸ **grosse toile** rough ou coarse canvas ; [tissu apprêté] cloth ▸ **toile caoutchoutée** rubberized cloth ▸ **toile cirée** waxcloth ▸ **toile émeri** emery cloth ▸ **toile plastifiée** plastic-coated cloth ▸ **toile de tente** tent canvas **2.** fam [film] : *se payer une toile* to go to the flicks **3.** ART [vierge] canvas ; [peinte] canvas, painting / *quelques toiles du jeune peintre* some paintings by the young artist **4.** COUT cloth ▸ **toile à patron** toile **5.** NAUT [ensemble des voiles d'un navire] sails ▸ **bien porter la toile** to bear sail arch ▸ **réduire la toile** to take in sail **6.** [couverture d'un livre] cloth **7.** THÉÂTRE (painted) curtain ▸ **toile de fond** pr & fig backdrop **8.** ZOOL web ▸ **toile d'araignée** cobweb, spider's web.

❖ **toiles** nfpl tfam [draps de lit] sheets / *se mettre dans les toiles* to hit the sack ou the hay.

❖ **Toile** nf ▸ **la Toile** the Web.

❖ **de toile, en toile** loc adj [robe, pantalon] cotton *(modif)* ; [sac] canvas *(modif)*.

toilerie [twalʀi] nf **1.** [atelier] canvas mill **2.** [commerce] canvas trade ; [fabrication] canvas manufacturing, canvas-making.

toilettage [twalɛtaʒ] nm [d'un chat, d'un chien] grooming.

toilette [twalɛt] nf **1.** [soins de propreté] ▸ **faire sa toilette** to (have a) wash UK, to wash up US, to get washed / *faire une toilette rapide* to have a quick wash / *faire une toilette de chat* to give o.s. a lick and a promise / *être à sa toilette* sout to be at one's toilet litt / *faire la toilette d'un malade* to wash a sick person / *faire la toilette d'un mort* to lay out a corpse / *produits pour la toilette de bébé* baby-care products ▸ **articles** ou **produits de toilette** toiletries **2.** [lustrage du pelage, des plumes] grooming / *le chat fait sa toilette* the cat's washing ou licking itself **3.** sout [tenue vestimentaire] clothes, outfit / *changer de toilette* to change (one's outfit ou clothes) / *encore une nouvelle toilette!* ANOTHER new outfit! / *elle est en grande toilette* she is (dressed) in all her finery **4.** [table] dressing table ; [avec vasque] washstand **5.** TECHNOL reed packaging.

❖ **toilettes** nfpl [chez un particulier] toilet(s) UK, bathroom US ; [dans un café] toilet, toilets UK, restroom US ▸ **toilettes (publiques)** (public) toilets UK, restroom US ▸ **aller aux toilettes** to go to the toilet ▸ **je cherche les toilettes a)** [pour dames] I'm looking for the ladies UK ou ladies room US **b)** [pour hommes] I'm looking for the gents UK ou the men's room US.

toiletter [4] [twalete] vt **1.** [chien, chat] to groom / *je fais toiletter le chien au moins une fois par mois* I take the dog to be groomed at least once a month **2.** fam [modifier légèrement - texte] to amend, to doctor.

toi-même [twamɛm] pron pers yourself / *tu l'as vu toi-même* you saw it yourself / *il faut que tu le comprennes de toi-même* you must understand it (for) yourself / *vérifie par toi-même* check for yourself / *imbécile toi-même!* fam same to you!, look who's talking!

toise [twaz] nf **1.** [règle graduée] height gauge ▸ **passer qqn à la toise** to measure sb's height **2.** arch *former French unit of measure equal to 1.949 m.*

toiser [3] [twaze] vt **1.** vieilli [personne] to measure sb's height **2.** fig ▸ **toiser qqn** to look sb up and down, to eye sb from head to foot.

toison [twazɔ̃] nf **1.** ZOOL fleece **2.** [chevelure] mane **3.** fam [poils] bushy (tuft of) hair **4.** MYTH ▸ **la Toison d'or** the Golden Fleece.

toit [twa] nm **1.** ARCHIT & CONSTR roof ▸ **habiter sous les toits a)** [dans une chambre] to live in an attic room ou in a garret **b)** [dans un appartement] to live in a top-floor flat UK ou top-storey apartment US with a sloping ceiling ▸ **toit plat / en pente** flat / sloping roof ▸ **toit d'ardoises** slate roof ▸ **toit de chaume** thatched roof / *une maison au toit de chaume* a thatched cottage ▸ **toit en terrasse** terrace roof ▸ **toit de tuiles** tiled roof ▸ **le toit du monde** the Roof of the World **2.** [demeure] roof ▸ **avoir un toit** to have a roof over one's head / *je n'ai plus de toit* I've no longer got a roof over my head, I haven't got anywhere to live anymore ▸ **chercher un toit** to look for somewhere to live ▸ **sous le toit de qqn** under sb's roof, in sb's house / *vivre sous le même toit* to live under the same roof **3.** AUTO ▸ **toit ouvrant** sunroof / *une voiture à toit ouvrant* a car with a sunroof **4.** MIN roof.

toiture [twatyʀ] nf **1.** [ensemble des matériaux] roofing ; [couverture] roof / *toute la toiture du manoir* all the roofs of the manor house **2.** ARCHIT ▸ **toiture à redents** sawtooth roof.

* In reformed spelling (see p. 16-19).

toiture-terrasse [twatyʀtɛʀas] (*pl* **toitures-terrasses**) nf cut ou terrace roof.

TOK? TEXTO abr écrite de **tu es d'accord?**

tokaj [tɔkaj] nm (Hungarian) Tokay.

tokamak [tokamak] nm tokamak.

tokay [tɔkɛ] nm **1.** ŒNOL (Alsatian) Tokay **2.** ZOOL tokay.

Tokyo [tɔkjo] npr Tokyo.

tokyote [tɔkjɔt], **tokyoïte** [tɔkjɔit] adj Tokyoan.
❖ **Tokyote, Tokyoïte** nmf Tokyoan.

tôlard, e [tolaʀ, aʀd] *arg crime* = **taulard.**

tôle [tol] nf **1.** MÉTALL [non découpée] sheet metal ; [morceau] metal sheet ▸ **tôle d'acier** / **d'aluminium** sheet steel / aluminium ▸ **tôle ondulée** corrugated iron ▸ **tôle galvanisée** / **laminée** galvanized / laminated iron **2.** *fam* [mauvais revêtement de route] uneven surface **3.** ÉLECTR ▸ **tôle magnétique** magnetized strip **4.** *tfam* = **taule.**

tôlé, e [tole] adj AUTO metal-panelled.
❖ **tôlée** adj f ▸ **neige tôlée** crusted snow.

Tolède [tɔlɛd] npr Toledo.

tolérable [tɔleʀabl] adj [bruit, chaleur, douleur] bearable, tolerable ; [attitude, entorse à une règle] tolerable, permissible / *son impertinence n'est plus tolérable* her impertinence can no longer be tolerated.

tolérance [tɔleʀɑ̃s] nf **1.** [à l'égard d'une personne] tolerance / *sans tolérance, pas de convivialité* without (a measure of) tolerance, people cannot live in harmony ; [à l'égard d'un règlement] latitude / *ce n'est pas un droit, c'est une simple tolérance* this is not a right, it is merely something which is tolerated / *il y a une tolérance d'un litre d'alcool par personne* each person is allowed to bring in a litre of spirits free of duty ▸ **tolérance orthographique** permitted variation in spelling **2.** BOT & PHYSIOL tolerance ▸ **tolérance au bruit | à la chaleur | à une drogue** tolerance to noise / to heat / to a drug / *pour étudier la tolérance du sujet aux glucides* to study the tolerance of an individual to glucides / *tolérance des greffes tissulaires* acceptance ou tolerance of tissue grafts ▸ **tolérance congénitale** / **acquise** congenital / acquired tolerance ▸ **tolérance immunitaire** immunological tolerance **3.** FIN [d'une monnaie] tolerance **4.** MÉCAN tolerance / *affecter une tolérance à une cote* to allow a margin of tolerance *(when determining dimensions)* **5.** RELIG toleration / *la loi institua une tolérance alors presque unique en Europe* the law established a form of toleration which was almost unique in Europe at that time.

tolérant, e [tɔleʀɑ̃, ɑ̃t] adj **1.** [non sectaire] tolerant, broad-minded / *il est tolérant et éloigné de tout fanatisme* he is tolerant and a stranger to all forms of extremism **2.** [indulgent] lenient, indulgent, easygoing / *une mère trop tolérante* an overindulgent ou excessively lenient mother.

tolérer [18] [tɔleʀe] vt **1.** [permettre -infraction] to tolerate, to allow / *ils tolèrent le stationnement bilatéral à certaines heures* you're allowed to park on both sides of the street at certain times of the day / *nous tolérons un petit excédent de bagages* we allow a small amount of excess luggage / *le directeur ne tolère pas les retards* the boss will not have people arriving late **2.** [admettre -attitude, personne] to tolerate, to put up with *(insép)* / *je ne tolérerai pas son insolence* I won't stand for ou put up with ou tolerate his rudeness / *la loi peut-elle tolérer l'injustice?* can the law tolerate injustice? / *elle ne l'aimait pas, elle tolérait juste sa présence à ses côtés* she didn't like him, she just put up with having him around / *ici, on la tolère, c'est tout* we put up with her and that's about all **3.** [supporter -médicament, traitement] to tolerate / *son foie ne tolère plus l'alcool* his liver can no longer tolerate alcohol / *les femmes enceintes tolèrent bien ce médicament* pregnant women can take this drug without adverse effects.

✎ In reformed spelling (see p. 16-19), this verb is conjugated like **semer**: *il tolèrera, elle tolèrerait.*

tôlerie [tolʀi] nf **1.** [fabrique] sheet metal workshop **2.** [technique] sheet metal manufacture **3.** [commerce] sheet metal trade **4.** [d'un véhicule] panels, bodywork ; [d'un réservoir] plates, (steel) cladding.

tolet [tɔlɛ] nm NAUT rowlock, thole.

tôlier, ère [tolje, ɛʀ] *tfam* = **taulier.**
❖ **tôlier** ◆ nm INDUST sheet metal worker ; AUTO panel beater. ◆ adj m ▸ **ouvrier tôlier** sheet metal worker.

tollé [tɔle] nm general outcry / *soulever un tollé général* to provoke a general outcry.

Tolstoï [tɔlstɔj] npr ▸ **Léon Tolstoï** Leon Tolstoy.

toltèque [tɔltɛk] adj Toltec.
❖ **Toltèque** nmf Toltec.

tolu [tɔly] nm Tolu balsam.

toluène [tɔlɥɛn] nm toluene.

TOM [tɔm] (abr de **territoire d'outre-mer**) nm former French overseas territory.

tomahawk [tɔmaok] nm tomahawk.

tomaison [tɔmezɔ̃] nf IMPR volume numbering.

tomate [tɔmat] nf **1.** BOT [plante] tomato (plant) ; [fruit] tomato / *la sauce a un goût de tomate très prononcé* the sauce tastes strongly of tomatoes ▸ **tomate cerise** cherry tomato ▸ **tomates farcies** CULIN stuffed tomatoes ▸ **envoyer des tomates (pourries) à qqn** [conspuer] to boo sb **2.** *fam* [boisson] *pastis drink with grenadine.*
❖ **à la tomate** loc adj [soupe, sauce] tomato *(modif).*

tombac [tɔ̃bak] nm tombac.

tombal, e, als *ou* **aux** [tɔ̃bal, o] adj funerary, tomb *(modif)*, tombstone *(modif)* ▸ **inscription tombale** funerary ou tomb ou tombstone inscription.

tombant, e [tɔ̃bɑ̃, ɑ̃t] adj **1.** [oreille, moustache] floppy ; [seins, fesses] sagging ; [épaules] sloping ; [tentures] hanging **2.** [jour] failing, dwindling.

tombe [tɔ̃b] nf [fosse] grave ; [dalle] tombstone ; [monument] tomb ▸ **aller sur la tombe de qqn** [pour se recueillir] to visit sb's grave ▸ **muet** ou **silencieux comme une tombe** as silent ou quiet as the grave ▸ **sa femme est morte, il la suivra sans doute d'ici peu dans la tombe** his wife has died, he probably won't outlive her long.

tombé [tɔ̃be] nm **1.** DANSE tombé **2.** SPORT fall.

tombeau, x [tɔ̃bo] nm **1.** [sépulcre] grave, tomb, sepulchre *litt* ▸ **suivre qqn au tombeau** to follow sb to the grave ▸ **descendre au tombeau** to go to one's grave ▸ **conduire** ou **mettre qqn au tombeau** [causer sa mort] to send sb to his / her grave **2.** *fig & litt* [endroit] morgue ; [fin] death, end / *la guerre fut le tombeau de la dictature* the war spelt the end for the dictatorship **3.** [personne discrète] : *parle sans crainte, c'est un tombeau* you can speak freely, he's the soul of discretion **4.** EXPR ▸ **à tombeau ouvert** at breakneck speed.

tombée [tɔ̃be] nf : *à la tombée du jour* ou *de la nuit* at nightfall ou dusk.

tomber[1] [3] [tɔ̃be]
◆ vi *(aux être)*

A. ÊTRE ENTRAÎNÉ
B. SE PRODUIRE, ARRIVER

A. ÊTRE ENTRAÎNÉ **1.** [personne] to fall (down), to fall over ; [meuble, pile de livres] to fall over, to topple over ; [cloison] to fall down, to collapse ; [avion, bombe, projectile] to fall / *il l'a entraînée en tombant* he dragged her down as he fell / *j'ai buté contre la racine et je suis tombé* I tripped over the root and fell / *ne monte pas à l'échelle, tu vas tomber* don't go up the ladder, you'll fall off / *la tuile tomba à ses pieds* the tile fell at his feet / *des cascades qui tombent de plusieurs dizaines de mètres* waterfalls dropping hundreds of feet / *tomber dans un fauteuil* to fall ou to collapse into an armchair / *tomber par terre* to fall on the floor, to fall down / *tomber à plat ventre* to fall flat on one's face / *tomber dans l'eau* to fall into the water / *tomber d'un échafaudage* to fall off some scaffolding / *tomber dans l'escalier* to fall down the stairs / *tomber dans un ravin* to fall into a ravine / *tomber de cheval* to fall off ou from a horse / *tomber de moto* to fall off a motorbike / *tomber d'un arbre* to fall out of a tree ou from a tree ▸ **tomber sous les coups de qqn** to fall under sb's blows ▸ **tomber de fatigue** to be ready to drop (from exhaustion) ▸ **tomber de sommeil** to be asleep on one's feet ▸ **faire tomber qqn a)** [en lui faisant un croche-pied] to trip sb up **b)** [en le bousculant] to knock ou to push sb over / *le vent a fait tomber des arbres* the wind blew some trees over ou down / *elle l'a fait tomber de la table* she pushed him off the table ▸ **faire tomber qqch a)** [en poussant] to push sthg over **b)** [en renversant] to knock sthg over **c)** [en lâchant] to drop sthg **d)** [en donnant un coup de pied] to kick sthg over / *j'ai fait tomber mes lunettes* I've dropped my glasses / *le vent a fait tomber mon chapeau* the wind blew my hat off ▸ **à tomber par terre** *fam* to die for ▸ **tu es tombé bien bas** *fig* you've sunk very low ▸ **es-tu tombé si bas que tu réclames cet argent?** have you really sunk so low as to ask for this money back? ▸ **tombé du camion** *fam* : *des produits tombés du camion* stuff that's fallen off the back of a lorry UK ou a truck US **2.** *sout* [mourir] to fall, to die / *tomber sur le champ de bataille* to fall on the battlefield / *ceux qui sont tombés au champ d'honneur* those killed in action / *ceux qui sont tombés pour la France* those who died for France **3.** [se détacher -feuille, pétale, fruit] to fall ou to drop off ; [-cheveu, dent] to fall ou to come out / *ne ramasse pas les cerises qui sont tombées* don't pick the cherries which are on the ground / *on a le droit de prendre les pommes qui sont tombées* we're allowed to collect windfalls / *du plâtre tombait du plafond* plaster was falling ou peeling off the ceiling / *une boule est tombée du sapin de Noël* a bauble has come ou fallen off the Christmas tree / *des paroles méprisantes tombaient de ses lèvres* *fig* words of contempt fell from his lips **4.** [pendre -cheveux, tentures] to hang ; [-moustaches] to droop ; [-seins] to sag, to droop / *ses longs cheveux lui tombaient dans le dos* her long hair hung down her back / *une mèche lui tombait sur un œil* a lock of hair hung over one eye / *de lourdes grappes de raisin tombaient de la tonnelle* heavy bunches of grapes were hanging from the bower / *il a les épaules qui tombent* he's got sloping shoulders ▸ **bien tomber** VÊT to hang well ou nicely / *la robe tombe bien sur toi* the dress hangs well ou nicely on you **5.** [s'abattre, descendre -rayon de soleil, radiations, nuit] to fall ; [-brouillard, gifle, coup] to come down ▸ **la neige** / **pluie tombait** it was snowing / raining / *une petite bruine tombait* it was drizzling / *une goutte est tombée dans mon cou* a drop trickled ou rolled down my neck / *quand la pluie aura fini de tomber* when it stops raining, when the rain has stopped ; *(tournure impersonnelle)* : *il tombe en moyenne 3 mm d'eau par jour* the average daily rainfall is 3 mm / *il en est tombé, de la pluie!* *fam* it tipped ou threw it down! UK it poured! / *il tombera de la neige sur l'est* there will be snow in the east / *il tombe quelques gouttes* it's spitting / *il tombe de grosses gouttes* / *gros flocons* big drops / flakes are falling / *il tombe de la grêle* it's hailing / *il tombera de la grêle* hail is expected / *toi, tu as ta paie qui tombe tous les mois* *fam* you have a regular salary coming in (every month) / *il lui tombe au moins 6 000 euros par mois* *fam* he has at least 6,000 euros coming in every month / *il m'est tombé deux factures* / *amendes hier* *fam* I was landed with a couple of bills / fines yesterday ▸ **ça va tomber! a)** [il va pleuvoir] it's going to pour (with rain)! **b)** [il va y avoir des coups] you're / we're etc. going to get it! / *son père s'est mis en colère et c'est tombé!* *fam* her father got angry and she didn't half cop it UK ou she caught hell US ▸ **des têtes vont tomber!** heads will roll! ▸ **tomber sous les yeux de qqn** to come to sb's attention **6.** [déboucher] : *là où la rue Daneau tombe dans le boulevard Lamain* at the point where Rue Daneau joins ou meets Boulevard Lamain / *continuez tout droit et vous tomberez sur le marché* keep going straight on and you'll come to the market **7.** [diminuer -prix, température, voix, ton] to fall, to drop ; [-fréquentation] to drop (off) ; [-fièvre] to come down, to drop ; [-colère] to die down, to subside ; [-inquiétude] to melt away, to vanish ; [-enthousiasme, agitation, intérêt] to fall ou to fade away, to subside ; [-tempête] to subside, to abate, to die away ; [-vent] to drop, to fall, to die down ; [-jour] to draw to a close / *la température est tombée de*

10 degrés the temperature has dropped ou fallen (by) 10 degrees / *sa cote de popularité est tombée très bas / à 28 %* his popularity rating has plummeted / has dropped to 28% / *faire tomber la fièvre* to bring down ou to reduce sb's temperature **8.** [disparaître - obstacle] to disappear, to vanish ; [- objection, soupçon] to vanish, to fade / *sa réticence est tombée devant mes arguments* she gave way in the face of my arguments / *sa joie tomba brusquement* his happiness suddenly vanished ou evaporated / *ses défenses sont tombées* he dropped his guard **9.** [s'effondrer - cité] to fall ; [- dictature, gouvernement, empire] to fall, to be brought down, to be toppled ; [- record] to be broken ; [- concurrent] to go out, to be defeated ; [- plan, projet] to fall through / *les candidats de droite sont tombés au premier tour* the right-wing candidates were eliminated in the first round / *le chef du gang est tombé hier* the ringleader was arrested yesterday / *le dernier joueur français est tombé en quart de finale* the last French player was knocked out in the quarter final ▸ **faire tomber a)** [cité] to bring down **b)** [gouvernement] to bring down, to topple **c)** [record] to break **d)** [concurrent] to defeat **10.** [devenir] ▸ **tomber amoureux** to fall in love ▸ **tomber enceinte** to become pregnant ▸ **tomber malade** to become ou to fall ill ▸ **tomber fou** *fam* to go mad ▸ **tomber (raide) mort** to drop dead, to fall down dead **11.** JEUX [carte] : *tous les atouts sont tombés* all the trumps have been played / *le roi n'est pas encore tombé* the king hasn't been played yet / *faire tomber la dame* to make one's opponent to play the queen.

B. SE PRODUIRE, ARRIVER 1. [événement] to fall ou to be on / *mon anniversaire tombe un dimanche* my birthday is ou falls on a Sunday ▸ **tomber juste** [calcul] to work out exactly ▸ **bien tomber** to come at the right moment ou time / *l'héritage n'aurait pas pu mieux tomber* the legacy couldn't have come at a better moment ou more convenient time ! / *ton bureau l'intéresse — ça tombe bien, je voulais m'en débarrasser* he's interested in your desk — that's good, I wanted to get rid of it ▸ **mal tomber** to come at the wrong moment ou at a bad time / *les jours chômés tombent mal cette année* public holidays fall badly this year / *cette grossesse tombe vraiment mal* this pregnancy comes at a very inconvenient time / *le mardi tombe assez mal pour moi* Tuesday's not a good day ou very convenient for me ; [personne] : *je tombe toujours aux heures de fermeture* I always get there when it's closed / *on est tombés en plein pendant la grève des trains* we got there right in the middle of the rail strike ▸ **tomber juste** [deviner] to guess right ▸ **bien tomber a)** [opportunément] to turn up at the right moment **b)** [avoir de la chance] to be lucky ou in luck / *ah, vous tombez bien, je voulais justement vous parler* ah, you've come just at the right moment, I wanted to speak to you / *tu ne pouvais pas mieux tomber !* you couldn't have come at a better time ! / *il est excellent, ce melon, je suis bien tombé* this melon's excellent, I was lucky / *elle est bien tombée avec Hugo, c'est le mari parfait* she was lucky to meet Hugo, he's the perfect husband ▸ **mal tomber a)** [inopportunément] to turn up at the wrong moment **b)** [ne pas avoir de chance] to be unlucky ou out of luck / *tu tombes mal, on doit partir cet après-midi* you've picked a bad time, we're leaving this afternoon / *il ne pouvait pas plus mal tomber* he couldn't have picked a worse time / *travailler pour Fanget ? tu aurais pu plus mal tomber* working for Fanget ? it could be worse ▸ **tu tombes à point !** you've timed it perfectly !, perfect timing ! **2.** [nouvelles] to be ou to come out / *l'édition du soir tombe à cinq heures* the evening edition comes out at five / *les dernières nouvelles qui viennent de tomber font état de 143 victimes* news just out ou released puts the number of victims at 143 / *à 20 h, la nouvelle est tombée* the news came through at 8 p.m.

◆ vt *(aux avoir)* **1.** [triompher de - candidat, challenger] to defeat **2.** *fam* [séduire] to seduce / *il les tombe toutes* he's got them falling at his feet **3.** EXPR *tomber la veste fam* to slip off one's jacket.

❖ **tomber dans** v + prép [se laisser aller à - découragement, désespoir] to sink ou to lapse into *(insép)* / *elle tombe souvent dans la vulgarité* she often lapses into vulgarity / *comment en parler sans tomber dans le jargon scientifique ?* how can we talk about it without lapsing into scientific jargon ? / *sans tomber dans l'excès inverse* without going to the other extreme / *des traditions qui tombent dans l'oubli* traditions which are falling into oblivion / *tomber dans la dépression* to become depressed / *tomber dans l'erreur* to commit an error.

❖ **tomber en** v + prép : *tomber en lambeaux* to fall to bits ou pieces / *tomber en décadence* to fall into decline ▸ **tomber en ruine** to go to rack and ruin / *tomber en morceaux* to fall to pieces.

❖ **tomber sur** v + prép *fam* **1.** [trouver par hasard - personne] to come across, to run ou to bump into, to meet up with US ; [- objet perdu, trouvaille] to come across ou upon, to stumble across / *je suis tombé sur ton article dans le journal* I came across your article in the newspaper / *je suis tombé sur une arête* I bit on a fishbone / *on a tiré au sort et c'est tombé sur elle* lots were drawn and her name came up **2.** [avoir affaire à - examinateur, sujet d'examen] to get / *quand j'ai téléphoné, je suis tombé sur sa mère / un répondeur* when I phoned, it was her mother who answered (me) / I got an answering machine **3.** [assaillir - personne] to set about, to go for / *il tombe sur les nouveaux pour la moindre erreur* he comes down on the newcomers (like a ton of bricks) if they make the slightest mistake / *la cavalerie est tombée sur l'ennemi* the cavalry swooped down on the enemy ▸ **il a fallu que ça tombe sur moi !** it had to be me ! **4.** [se porter sur - regard, soupçon] to fall on ; [- conversation] to turn to / *les soupçons sont tombés sur la nièce* suspicion fell on the niece / *la conversation est tombée sur la religion* the conversation turned to religion / *mes yeux sont tombés sur un objet qui brillait* my eyes fell on a shiny object.

Être tombé dedans quand on était petit

This expression is an allusion to the Astérix comic book series, in which a village in ancient Gaul resists Roman invasion largely thanks to a mysterious potion that gives those who drink it superhuman strength. Astérix's trusty friend Obélix is not allowed to drink the potion as he is already fantastically strong, having fallen into a vat of the brew when he was a little boy. In everyday usage, the expression refers to someone's outstanding ability in a particular field thanks to long experience:

La cuisine ? Je suis tombée dedans quand j'étais petite ! *I've been cooking for as long as I can remember.*

L'anglais ? Je suis tombé dedans quand j'étais petit ! Nous passions toutes nos vacances en Angleterre à cette époque. *I was introduced to English at a very early age – we used to spend all our holidays in the UK when I was little.*

tomber² [tɔ̃be] nm *litt* : *au tomber du jour* ou *de la nuit* at nightfall ou dusk.

tombereau, x [tɔ̃bʀo] nm **1.** [benne] dumper, dump truck **2.** [contenu] truckload **3.** RAIL *high-sided open wagon.*

tombeur, euse [tɔ̃bœʀ, øz] nm, f *fam* **1.** [lutteur] killer **2.** SPORT : *le tombeur du champion d'Europe* the man who defeated the European champion.

❖ **tombeur** nm *fam* [séducteur] ladykiller.

tombola [tɔ̃bɔla] nf raffle, tombola.

Tombouctou [tɔ̃buktu] npr Timbuktu.

tome [tɔm] ◆ nm [section d'un ouvrage] part ; [volume entier] volume. ◆ nf = **tomme.**

tomette [tɔmɛt] = **tommette.**

tomme [tɔm] nf Tomme cheese.

tommette [tɔmɛt] nf *red hexagonal floor tile.*

tommy [tɔmi] (*pl* **tommies**) nm *fam* Tommy *(soldier)* UK, doughboy US.

tomographie [tɔmɔgʀafi] nf MÉD tomography ▸ **tomographie par émission (de positrons)** MÉD positron-emitting tomography ▸ **tomographie sismique** GÉOL seismic tomography.

ton¹ [tɔ̃] nf [mesure de masse] ton.

ton² [tɔ̃]

◆ nm

A. QUALITÉ SONORE, STYLE
B. TONALITÉ
C. NUANCE

A. QUALITÉ SONORE, STYLE 1. [qualité de la voix] tone ▸ **ton monocorde** drone / *sur un ton monocorde* monotonously **2.** [hauteur de la voix] pitch (of voice) ▸ **ton nasillard** twang **3.** [intonation] tone, intonation / *ton arrogant / amical / implorant* arrogant / friendly / pleading tone / *je voudrais que le ton reste à la courtoisie* I'd like the (tone of the) discussion to remain courteous / *le ton des entretiens est resté cordial* the atmosphere of the talks remained cordial / *d'un ton sec* curtly / *hausser le ton* to up the tone / *pas la peine de prendre un ton ironique / méchant pour me répondre !* there's no need to be so ironic / spiteful when you answer me ! / *ne me parle pas sur ce ton !* don't speak to me like that ou in that tone of voice ! / *ne le prends pas sur ce ton !* don't take it like that ! **4.** [style - d'une lettre, d'une œuvre artistique] tone, tenor / *j'aime le ton badin de ses lettres* I like the playful tone of her letters / *le ton de ses plaisanteries ne me plaît guère* I don't much like the tone of his jokes / *le ton général de la pièce est assez optimiste* the overall tone of the play is fairly optimistic **5.** [manière de se comporter] : *le ton des milieux artistiques* the lifestyle of artistic circles / *un ton provincial* a small-town flavour ▸ **le bon ton** good form **6.** LING [en phonétique] tone, pitch ; [dans une langue tonale] pitch ▸ **les langues à ton** tonal languages.

B. TONALITÉ 1. ACOUST tone **2.** MUS [d'une voix, d'un instrument] tone ; [tube] crook, shank / *le ton d'une sonate* the tone of a sonata / *prendre le ton* to tune (up) / *baisser / élever le ton en chantant* to lower / to raise the pitch while singing ; [mode musical] key ▸ **le ton majeur / mineur** major / minor key ▸ **donner le ton a)** MUS to give the chord **b)** *fig* to set the tone / *elle a très vite donné le ton de la conversation* she quickly set the tone of the conversation / *ils donnent le ton de la vie dans notre petite ville* they set the tone in our little town.

C. NUANCE 1. [couleur] tone, shade / *dans les tons verts* in shades ou tones of green / *les verts sont en tons dégradés* the greens are shaded (from dark to light) / *être dans le même ton que* to tone in with **2.** ART shade ▸ **les tons chauds / froids** warm / cold tones.

❖ **dans le ton** loc adv : *tu crois que je serai dans le ton ?* do you think I'll fit in ? / *ici on ne fait pas de manières, il faudra te mettre dans le ton* we don't stand on ceremony here, you'll just have to take us as you find us ▸ **se mettre dans le ton de qqn** to take on sb's ways.

❖ **de bon ton** loc adj in good taste / *il est de bon ton de mépriser l'argent* it's quite the thing ou good form to despise money.

❖ **sur le ton de** loc prép : *sur le ton de la conversation* conversationally, in a conversational tone / *sur le ton de la plaisanterie* jokingly, in jest, in a joking tone.

❖ **sur tous les tons** loc adv in every possible way / *on nous répète sur tous les tons que...* we're being told over and over again that..., it's being drummed into us that...

❖ **ton sur ton** loc adj [en camaïeu] in matching tones ou shades.

ton³, ta *(devant nom ou adj commençant par voyelle ou « h » muet* **ton** [tɔ̃n]) [tɔ̃, ta] (*pl* **tes** [te]) dét *(adj poss)* **1.** [indiquant la possession] your / *ton ami / amie* your friend / *ta meilleure amie* your best friend / *ton père et ta mère* your father and mother / *tes frères et sœurs* your brothers and sisters / *un de tes amis* one of your friends, a friend of yours **2.** *fam* [emploi expressif] : *eh bien regarde-la,* TON *émission!* all right then, watch your (damned) programme! / *arrête de faire ton intéressant!* stop trying to draw attention to yourself! / *il pleut souvent dans ta Bretagne!* it rains a lot in your beloved Brittany! / *alors, tu as réussi à avoir ton lundi?* so you managed to get Monday off, then? **3.** RELIG Thy.

tonal, e, als [tɔnal] adj **1.** LING pitch *(modif)* **2.** MUS tonal.

tonalité [tɔnalite] nf **1.** ART tonality **2.** MUS [organisation] tonality ; [d'un morceau] key **3.** [atmosphère] tone / *le film prend vite une tonalité tragique* the film soon becomes tragic in tone **4.** ACOUST tonality ; [d'une radio] tone **5.** TÉLÉC ▸ **tonalité (d'invitation à numéroter)** dialling tone UK, dial tone US / *je n'ai pas de tonalité* I'm not getting a ou there's no dialling tone ▸ **tonalité d'appel** ringing tone.

tondeur, euse [tɔ̃dœʀ, øz] nm, f shearer.

❖ **tondeuse** nf **1.** HORT ▸ **tondeuse (à gazon)** (lawn) mower ▸ **tondeuse électrique / à main** electric / hand mower **2.** [de coiffeur] (pair of) clippers **3.** [pour moutons] (pair of) sheep shears **4.** TEXT (pair of) shears.

tondre [75] [tɔ̃dʀ] vt **1.** [cheveux] to crop ; [laine de mouton] to shear (off) / *il a les cheveux tondus* he's got close-cropped hair ou a crew cut **2.** [mouton] to shear ; [chien] to clip / *tondre un caniche* to clip a poodle **3.** [pelouse] to mow, to cut ; [haie] to clip **4.** *fam* [dépouiller, voler] to fleece ; [exploiter] to fleece, to take to the cleaners ▸ **tondre qqn** [au jeu] to clean sb out / *ils se sont laissé tondre sans protester* they got taken to the cleaners and they didn't say a word.

tondu, e [tɔ̃dy] ◆ adj **1.** [crâne] closely cropped **2.** [mouton] shorn ; [caniche] clipped **3.** [pelouse] mowed, mown ; [haie] clipped. ◆ nm, f [personne tondue] *person with close-cropped hair.*

❖ **tondu** nm **1.** *fam & vieilli* [moine] monk **2.** HIST ▸ **le Petit Tondu** Napoleon (Bonaparte).

❖ **tondue** nf HIST ▸ **les tondues** *French women whose heads were shaved at the end of World War II for fraternizing with Germans.*

toner [tɔnɛʀ] nm TECHNOL toner.

tong [tɔ̃g] nf ▸ **des tongs** (a pair of) flip-flops UK ou thongs US.

Tonga [tɔ̃ga] npr Tonga ▸ **à Tonga** in Tonga.

tonicardiaque [tɔnikaʀdjak] adj & nm cardiotonic.

tonicité [tɔnisite] nf **1.** PHYSIOL tonicity *spéc,* muscular tone **2.** [de l'air, de la mer] tonic ou bracing effect.

tonie [tɔni] nf PHYSIOL pitch.

tonifiant, e [tɔnifjɑ̃, ɑ̃t] adj **1.** [air, climat] bracing, invigorating ; [promenade] invigorating ; [crème, exercice, massage] tonic, toning **2.** [influence, conseils] stimulating, inspiring.

tonifier [9] [tɔnifje] vt [corps, peau] to tone up *(sép)* ; [cheveux] to give new life to ; [esprit] to stimulate / *une marche au grand air tonifie l'organisme* a walk in the open air does wonders for the constitution.

tonique [tɔnik] ◆ adj **1.** [air, climat] bracing ; [médicament] tonic, fortifying ; [lotion] toning, tonic ; [boisson] tonic ; [activité] stimulating, invigorating **2.** PHYSIOL tonic **3.** LING [syllabe] tonic, stressed. ◆ nm **1.** MÉD tonic **2.** [lotion] toning lotion, skin tonic. ◆ nf MUS tonic, keynote.

tonitruant, e [tɔnitʀyɑ̃, ɑ̃t] adj thundering, resounding, stentorian *litt.*

tonitruer [3] [tɔnitʀye] vi to thunder, to resound.

Tonkin [tɔ̃kɛ̃] npr ▸ **le Tonkin** GÉOGR Tonkin.

tonkinois, e [tɔ̃kinwa, az] adj Tonkinese.

❖ **Tonkinois, e** nm, f Tonkinese.

tonnage [tɔnaʒ] nm **1.** [d'un bateau] ▸ **tonnage brut / net** gross / net tonnage **2.** [d'un port] tonnage.

tonnant, e [tɔnɑ̃, ɑ̃t] adj [voix] thundering.

tonne [tɔn] nf **1.** [unité de masse] ton, tonne / *un bateau de mille tonnes* a thousand-ton ship ▸ **tonne (métrique)** (metric) ton ou tonne ▸ **tonne américaine** short ton ▸ **un (camion de) deux tonnes** a two-ton lorry UK ou truck US ▸ **tonne d'équivalent charbon** ton coal equivalent ▸ **tonne d'équivalent pétrole** ton oil equivalent ▸ **tonne fret** NAUT rate of freight **2.** *fam* : *des tonnes* [beaucoup] tons, heaps, loads / *j'ai des tonnes de choses à vous raconter* I've loads of things to tell you ▸ **en faire des tonnes** [en rajouter] to lay it on (really) thick **3.** AGR [réservoir] tank ; [grand tonneau] large cask ou barrel ; [son contenu] cask, barrel.

tonneau, x [tɔno] nm **1.** [contenant pour liquide] cask, barrel / *vin au tonneau* wine from the barrel ou cask / *vin en tonneau* wine in the barrel ou cask / *mettre du vin en tonneau* to pour wine in ou into barrels ▸ **c'est le tonneau des Danaïdes a)** [travail interminable] it's an endless task **b)** [gouffre financier] it's a bottomless pit ▸ **le tonneau de Diogène** Diogenes' tub **2.** [quantité de liquide] caskful, barrelful **3.** [accident] somersault ▸ **faire un tonneau** to roll over, to somersault / *la voiture a fait quatre tonneaux* the car rolled over ou turned over four times **4.** AÉRON roll **5.** NAUT ton ▸ **tonneau d'affrètement** measurement ton ▸ **tonneau de jauge** *vieilli* ton, tonnage.

❖ **du même tonneau** loc adj *fam* of the same ilk *péj.*

tonnelet [tɔnlɛ] nm keg, small cask.

tonnelier [tɔnəlje] nm cooper.

tonnelle [tɔnɛl] nf **1.** [abri] bower, arbour **2.** CHASSE tunnel net *(for partridges).*

tonnellerie [tɔnɛlʀi] nf [fabrication] cooperage.

tonner [3] [tɔne] ◆ vi [artillerie] to thunder, to roar, to boom / *on entendait tonner les canons* you could hear the thunder ou roar of the cannons. ◆ v impers ▸ **il tonne** it's thundering / *il a tonné plusieurs fois aujourd'hui* it's been thundering quite a bit today.

❖ **tonner contre** v + prép [suj: personne] to fulminate against.

tonnerre [tɔnɛʀ] ◆ nm **1.** [bruit de la foudre] thunder / *le tonnerre gronda dans le lointain* there was a rumble of thunder in the distance / *une voix de tonnerre* a thunderous voice ▸ **coup de tonnerre** *pr* thunderclap ▸ **ce fut un véritable coup de tonnerre** *fig* it caused a real storm / *ses révélations ont eu l'effet d'un coup de tonnerre dans l'assemblée* the meeting was thunderstruck by her revelations **2.** [tumulte soudain] storm, tumult, commotion ▸ **un tonnerre d'applaudissements** thunderous applause. ◆ interj *fam* ▸ **tonnerre (de Dieu)!** hell and damnation! ▸ **tonnerre de Brest!, mille tonnerres!** hang ou damn it all!

❖ **du tonnerre (de Dieu)** *fam & vieilli* ◆ loc adj [voiture, fille] terrific, great ; [repas, spectacle] terrific, fantastic / *un solo de batterie du tonnerre* a really mean drum solo. ◆ loc adv tremendously ou terrifically well / *ça a marché du tonnerre* it went like a dream.

tonographie [tɔnɔgʀafi] nf tonography.

tonométrie [tɔnɔmetʀi] nf tonometry.

tonométrique [tɔnɔmetʀik] adj tonometric.

tonsure [tɔ̃syʀ] nf **1.** RELIG [partie rasée] tonsure ; [cérémonie] tonsuring / *porter la tonsure* to be tonsured **2.** *fam* [calvitie] bald patch / *il commence à avoir une petite tonsure* he's going a bit thin on top.

tonsuré [tɔ̃syʀe] ◆ adj m tonsured. ◆ nm monk, cleric.

tonsurer [3] [tɔ̃syʀe] vt to tonsure.

tonte [tɔ̃t] nf **1.** [de moutons - activité] shearing ; [- époque] shearing time **2.** [laine tondue] fleece **3.** [d'une pelouse] mowing.

tontine [tɔ̃tin] nf DR tontine.

tonton [tɔ̃tɔ̃] nm **1.** *fam* [oncle] uncle **2.** HIST ▸ **tonton macoute** Tonton Macoute, Haitian secret policeman *(under the Duvalier regime).*

❖ **Tonton** npr *one of the nicknames of François Mitterrand.*

tonus [tɔnys] nm **1.** [dynamisme] dynamism, energy / *avoir du tonus* to be full of energy **2.** PHYSIOL tonus ▸ **tonus musculaire** muscle tone.

top [tɔp] ◆ nm **1.** [signal sonore] pip, beep / *au quatrième top il sera exactement 1 h* at the fourth stroke, it will be 1 o'clock precisely **2.** [dans une course] : *top, partez!* ready, steady, go! ▸ **donner le top de départ** to give the starting signal. ◆ adj *fam* [excellent] : *c'est top!* that's brilliant!

topaze [tɔpaz] nf topaz ▸ **couleur topaze** topaz.

toper [3] [tɔpe] vi ▸ **tope là!** *fam* it's a deal!, you're on!

topinambour [tɔpinɑ̃buʀ] nm Jerusalem artichoke.

topique [tɔpik] ◆ adj **1.** *sout* [argument] relevant ; [remarque] pertinent, apposite, relevant **2.** PHARM topical. ◆ nm **1.** LING topic **2.** PHARM topical remedy. ◆ nf PHILOS topics *(U).*

topless [tɔplɛs] ◆ adj topless. ◆ nm : *faire du topless* to go topless.

top modèle (*pl* **top modèles**), **top model** (*pl* **top models**) [tɔpmɔdɛl] nm top model.

top niveau [tɔpnivo] (*pl* **top niveaux**) nm *fam* ▸ **elle est au top niveau a)** [sportive] she's a top-level sportswoman **b)** [cadre] she's a top-flight executive.

topo [tɔpo] nm *fam* **1.** [discours, exposé] report / *il a fait un long topo sur la situation financière* he gave an extensive report on the financial situation ▸ **c'est toujours le même topo!** it's always the same old story! ▸ **tu vois (d'ici) le topo!** (do) you get the picture? **2.** *vieilli* [croquis] sketch, draft.

topographe [tɔpɔgʀaf] nmf topographer.

topographie [tɔpɔgʀafi] nf topography.

topographique [tɔpɔgʀafik] adj topographic, topographical.

topographiquement [tɔpɔgʀafikmɑ̃] adv topographically.

topo-guide [tɔpogid] (*pl* **topo-guides**) nm topographical guide.

topologie [tɔpɔlɔʒi] nf topology.

topologique [tɔpɔlɔʒik] adj topologic(al).

topométrie [tɔpɔmetʀi] nf land surveying.

toponyme [tɔpɔnim] nm place name, toponym *spéc.*

toponymie [tɔpɔnimi] nf toponymy / *elle s'intéresse à la toponymie* she's interested in place names.

toponymique [tɔpɔnimik] adj toponymical.

top secret [tɔpsəkʀɛ] adj inv top secret, highly confidential.

toquade [tɔkad] nf **1.** [lubie] fad, whim / *les casquettes, c'est sa dernière toquade!* caps are his latest fad! **2.** [passade] crush ▸ **avoir une toquade pour qqn** to have a crush on sb.

toquante [tɔkɑ̃t] = **tocante.**

toquard, e [tɔkaʀ, aʀd] *fam* = **tocard.**

toque [tɔk] nf **1.** [de femme] pill-box hat, toque / *toque de fourrure* (pill-box shaped) fur-hat **2.** [de liftier, de jockey, de magistrat] cap ▸ **toque de cuisinier** chef's hat.

toqué, e [tɔke] *fam* ◆ adj **1.** [cinglé] dotty UK, flaky US / *un vieil oncle un peu toqué* a slightly dotty old uncle **2.** ▸ **toqué de** [passionné de] : *être toqué de qqn* to be mad ou nuts about sb. ◆ nm, f loony, nutter UK, screwball US / *un toqué d'écologie* an ecology crank ou freak.

toquer [3] [tɔke] ❖ **toquer à** v + prép *vieilli* : *toquer à la porte* to tap on ou to knock on the door.

❖ **se toquer de** vp + prép *fam* ▸ **se toquer de qqn** to become besotted with sb ▸ **se toquer de qqch** to have a sudden passion for sthg.

Tora(h) [tɔʀa] npr f ▸ **la Torah** the Torah.

torche [tɔʀʃ] nf **1.** [bâton résineux] torch / *elle n'était plus qu'une torche vivante* ou *vive* she'd become a human torch, her whole body was ablaze **2.** ÉLECTR & TECHNOL ▸ **torche électrique** torch UK, flashlight US ▸ **torche de soudage** soldering torch **3.** AÉRON : *le parachute s'est mis en torche* the parachute didn't open properly **4.** PÉTR flare.

torcher [3] [tɔʀʃe] vt **1.** *fam* [essuyer - plat, casserole] to wipe clean **2.** *fam* [vider entièrement] : *ils avaient torché leurs assiettes* they'd scraped their plates clean **3.** *tfam* [nettoyer - fesses] to wipe / *j'ai envie de faire autre chose que de torcher des mômes* I don't want to spend my life cleaning up after kids **4.** *fam* [bâcler - lettre, exposé] to botch ; [-réparation] to make a pig's ear of, to botch **5.** CONSTR to cob.

❖ **se torcher** vp *(emploi réfléchi) tfam* to wipe one's bottom.

torchère [tɔʀʃɛʀ] nf **1.** PÉTR flare **2.** [candélabre] candle-stand, torchère.

torchis [tɔʀʃi] nm CONSTR cob.

torchon [tɔʀʃɔ̃] nm **1.** [linge de maison] ▸ **torchon (à vaisselle)** tea towel ▸ **le torchon brûle a)** [dans un parti, un gouvernement, une entreprise] tempers are getting frayed **b)** [dans un couple, entre des collègues, des amis] there's a bit of friction between them **2.** *fam* [écrit mal présenté] mess / *qu'est-ce que c'est que ce torchon?* [devoir scolaire] do you call that mess homework? **3.** *fam* [mauvais journal] rag **4.** BELG [serpillière] floorcloth.

torchonner [3] [tɔʀʃɔne] vt *fam* [travail] to make a mess of, to foul up.

tordant, e [tɔʀdɑ̃, ɑ̃t] adj *fam* hilarious / *elle est tordante, ta fille* your daughter's a scream ou riot ou hoot.

tord-boyaux (*pl* **tord-boyaux**), **tord-boyau*** [tɔʀbwajo] nm *fam* rotgut, hooch US.

tordre [76] [tɔʀdʀ] vt **1.** [déformer -en courbant, en pliant] to bend ; [-en vrillant] to twist / *tu as tordu le clou en tapant de travers* you've bent the nail by not hitting it straight **2.** [linge mouillé] to wring (out) / *elle tordait nerveusement son mouchoir* she was playing with ou twiddling her handkerchief nervously **3.** [membre] to twist ▸ **tordre le bras à qqn** to twist sb's arm / *tordre le cou à une volaille* to wring a bird's neck ▸ **tordre le cou à qqn** *fam* to wring sb's neck **4.** [défigurer] : *le dégoût lui tordait la bouche* he screwed up his mouth in disgust / *les traits tordus par la douleur* his features twisted ou his face contorted with pain **5.** [faire mal à] : *les brûlures qui lui tordaient l'estomac* the burning pains which were knotting his stomach / *la peur lui tordait les boyaux fam* his stomach was churning with fear **6.** TEXT to twist.

❖ **se tordre** ◆ vpi [ver] to twist ; [pare-chocs] to buckle ▸ **se tordre de douleur** to be doubled up with pain ▸ **se tordre (de rire)** to be doubled ou creased UK up with laughter / *tout le monde se tordait derrière moi* they were doubled up with laughter behind me. ◆ vpt : *se tordre le pied* to sprain ou to twist one's foot / *se tordre les mains (de désespoir)* to wring one's hands (in despair).

tordu, e [tɔʀdy] ◆ adj **1.** [déformé -bouche] twisted ; [-doigt] crooked / *un vieil homme tout tordu* a crooked old man / *avoir les jambes tordues* to have crooked legs **2.** [plié, recourbé -clef] bent ; [-roue de vélo, pare-chocs] buckled ; [vrillé] twisted **3.** *fam* [extravagant -idée, logique] twisted, weird ; [-esprit] twisted, warped / *tu es complètement tordu!* you're off your head! / *c'est un plan tordu* it's a crazy idea **4.** *fam* [vicieux] ▸ **coup tordu** [acte malveillant] mean ou nasty ou dirty trick / *c'est la spécialiste des coups tordus* she's always playing dirty tricks on people. ◆ nm, f *fam* [personne bizarre ou folle] loony, nutter UK, screwball US / *où il va, l'autre tordu?* where's that idiot off to?

tore [tɔʀ] nm **1.** ARCHIT & MATH torus **2.** INFORM ▸ **tore magnétique** magnetic core.

toréador [tɔʀeadɔʀ] nm *vieilli* toreador, torero.

toréer [15] [tɔʀee] vi [professionnel] to be a bullfighter / *il doit toréer demain* he'll be bullfighting tomorrow.

torero, ra, toréro*, ra [tɔʀeʀo, ʀa] nm, f bullfighter, torero.

torgnole [tɔʀɲɔl] nf *tfam* wallop.

toril [tɔʀil] nm toril, bull pen.

tornade [tɔʀnad] nf **1.** MÉTÉOR tornado **2.** *litt* [tourmente, catastrophe] catastrophe, disaster / *sa fortune fut engloutie dans la tornade boursière* his fortune was swallowed up in the stock market crash.

toron [tɔʀɔ̃] nm strand.

Toronto [tɔʀɔ̃to] npr Toronto.

torpédo [tɔʀpedo] nf open tourer UK, open touring car US.

torpeur [tɔʀpœʀ] nf torpor ▸ **sortir de sa torpeur** to shake o.s. up, to rouse o.s. ▸ **tirer qqn de sa torpeur** to shake sb out of his / her torpor, to rouse sb.

torpide [tɔʀpid] adj *litt* torpid.

torpillage [tɔʀpijaʒ] nm **1.** MIL torpedoing **2.** *fig* [sabotage] scuppering UK, sabotage / *le torpillage de la négociation* the wrecking of the negotiations.

torpille [tɔʀpij] nf **1.** ARM [projectile sous-marin] torpedo ▸ **torpille aérienne** aerial torpedo **2.** ZOOL torpedo (ray).

torpiller [3] [tɔʀpije] vt **1.** MIL to torpedo **2.** [projet] to torpedo, to scupper.

torpilleur [tɔʀpijœʀ] nm torpedo boat.

torr [tɔʀ] nm torr.

torrée [tɔʀe] nf SUISSE barbecue.

torréfacteur [tɔʀefaktœʀ] nm **1.** [machine -pour le café] roaster, coffee-roaster ; [-pour le tabac] (tobacco) toaster **2.** [commerçant] coffee merchant.

torréfaction [tɔʀefaksjɔ̃] nf [du café, du cacao] roasting ; [du tabac] toasting.

torréfier [9] [tɔʀefje] vt [café, cacao] to roast ; [tabac] to toast ▸ **grains torréfiés** roasted beans.

torrent [tɔʀɑ̃] nm **1.** [ruisseau de montagne] torrent, (fast) mountain stream **2.** [écoulement abondant] torrent, stream / *un torrent de lave* a torrent ou stream of lava ▸ **des torrents d'eau a)** [inondation] a flood **b)** [pluie] torrential rain, a torrential downpour / *des torrents de larmes* floods of tears / *un torrent d'injures* a stream ou torrent of abuse / *des torrents de lumière* a flood of light / *des torrents de musique jaillissaient des haut-parleurs* loud music was booming from the loudspeakers.

❖ **à torrents** loc adv ▸ **il pleut à torrents** it's pouring down.

torrentiel, elle [tɔʀɑ̃sjɛl] adj **1.** [d'un torrent -eau, allure] torrential **2.** [très abondant] ▸ **des pluies torrentielles** torrential rain.

torrentueux, euse [tɔʀɑ̃tɥø, øz] adj *litt* **1.** [rivière] rushing, onrushing, fast **2.** [rythme] frantic ; [vie] hectic.

torride [tɔʀid] adj [chaleur, après-midi] torrid, scorching ; [soleil] scorching ; [région, climat] torrid.

tors, e [tɔʀ, tɔʀs] adj **1.** [laine, soie] twisted **2.** [colonne] wreathed ; [pied de meuble] twisted **3.** [membre] crooked, bent **4.** MENUIS [bois] spiral grained.

❖ **tors** nm TEXT twist.

torsade [tɔʀsad] nf **1.** [de cordes] twist / *torsade de cheveux* twist ou coil of hair / *cheveux en torsades* braided ou twisted hair **2.** [en tricot] ▸ **(point) torsade** cable stitch **3.** ARCHIT cabling, cable moulding.

❖ **à torsades** loc adj **1.** ARCHIT cabled **2.** VÊT ▸ **pull à torsades** cablestitch sweater.

torsadé, e [tɔʀsade] adj **1.** ARCHIT ▸ **colonne torsadée** cabled column **2.** ÉLECTR ▸ **paire torsadée** twisted pair.

torsader [3] [tɔʀsade] vt [fil] to twist ; [cheveux] to twist, to coil.

torse [tɔʀs] ◆ f ⟶ **tors.** ◆ nm **1.** ANAT trunk, torso ▸ **torse nu** : *mettez-vous torse nu, s'il vous plaît* strip to the waist, please / *il était torse nu* he was bare-chested **2.** ART torso.

torseur [tɔʀsœʀ] nm torque.

torsion [tɔʀsjɔ̃] nf **1.** [d'un cordage, d'un bras] twisting **2.** MATH, PHYS & TECHNOL torsion **3.** TEXT twist (level).

tort [tɔʀ] nm **1.** *(sans article)* ▸ **avoir tort** [se tromper] to be wrong / *j'ai tort, je le reconnais* I admit that I'm (in the) wrong / *tout de même, il n'a pas toujours tort!* he can't be wrong all the time! / *tu as tort de ne pas la prendre au sérieux* you're making a mistake in not taking her seriously, you're wrong not to take her seriously / *tu n'avais pas tout à fait tort / pas tort de te méfier* you weren't entirely wrong / you were quite right to be suspicious ▸ **donner tort à qqn** [désapprouver] to disagree with sb / *elle me donne toujours tort contre son fils* she always sides with her son against me / *les faits lui ont donné tort* events proved her (to be) wrong ou showed that she was (in the) wrong **2.** [défaut, travers] fault, shortcoming ▸ **je reconnais mes torts** I admit I was wrong / *elle a le tort d'être trop franche* the trouble ou problem with her is (that) she's too direct ▸ **c'est un tort (de)** it's a mistake (to) / *tu ne fais pas de sport? c'est un tort* don't you do any exercise? you definitely ought to ou should / *c'est un tort d'agir sans réfléchir* it's a mistake to act without due reflexion ▸ **avoir le tort de** to make the mistake of / *il a eu le tort de lui faire confiance* he made the mistake of trusting her **3.** [dommage] wrong / *réparer le tort qu'on a causé* to right the wrong one has caused, to make good the wrong one has done ▸ **réparer un tort** to make amends ▸ **faire du tort à qqn** to do harm to sb, to wrong sb, to harm sb ▸ **faire du tort à une cause a)** [personne] to harm a cause **b)** [initiative] to be detrimental to a cause **4.** [part de responsabilité] fault ▸ **avoir tous les torts a)** [gén] to be entirely to blame **b)** [dans un accident] to be fully responsible **c)** [dans un divorce] to be the guilty party ▸ **les torts sont partagés** both parties are equally to blame / *j'ai des torts envers eux* I have done them wrong.

❖ **à tort** loc adv **1.** [faussement] wrongly, mistakenly ▸ **croire / affirmer qqch à tort** to believe / to state sthg wrongly **2.** [injustement] wrongly ▸ **condamner qqn à tort** to blame sb wrongly.

❖ **à tort ou à raison** loc adv right or wrong, rightly or wrongly / *on croit à tort ou à raison que c'est contagieux* it is believed, rightly or wrongly, to be contagious.

❖ **à tort et à travers** loc adv : *tu parles à tort et à travers* you're talking nonsense / *elle dépense son argent à tort et à travers* money burns a hole in her pocket, she spends money like water.

❖ **dans mon tort, dans son tort** loc adv ▸ **être dans son tort** to be in the wrong ▸ **mettre qqn dans son tort** to make sb appear to be in the wrong / *se mettre dans son tort* to put o.s. in the wrong / *en ne la prévenant pas, tu t'es mis dans ton tort* you put yourself in the wrong by not warning her.

❖ **en tort** loc adv in the wrong / *dans cet accident, c'est lui qui est en tort* he is to blame for the accident.

torticolis [tɔʀtikɔli] nm stiff neck, torticollis *spéc* / *avoir un torticolis* to have a stiff neck.

tortillard [tɔʀtijaʀ] nm *fam* slow (local) train / *ce train est un vrai tortillard* this train stops at every cowshed UK ou cow town US.

tortillement [tɔʀtijmɑ̃] nm [d'un ver] wriggling, squirming ; [des hanches] wiggling.

tortiller [3] [tɔʀtije] ◆ vt **1.** [mèche, mouchoir, fil, papier] to twist ; [doigts] to twiddle ; [moustache] to twirl **2.** [fesses] to wiggle. ◆ vi **1.** [onduler] : *tortiller des fesses / hanches* to wiggle one's bottom / hips **2.** EXPR ▸ **il n'y a pas à tortiller** *fam* there's no getting out of ou away from it.

❖ **se tortiller** vpi [ver] to wriggle, to squirm ; [personne -par gêne, de douleur] to squirm ; [-d'impatience] to fidget, to wriggle ▸ **se tortiller sur sa chaise comme un ver** to wriggle in one's chair like a worm.

tortillon [tɔʀtijɔ̃] nm **1.** [de papier] twist / *des tortillons de pâte à choux* choux pastry twists **2.** ART [estompe] tortillon, stump.

tortionnaire [tɔʀsjɔnɛʀ] nmf torturer.

tortue [tɔʀty] nf **1.** ZOOL tortoise ▸ **tortue marine** turtle ▸ **tortue d'eau douce** terrapin **2.** *fam* [traînard] slowcoach UK, slowpoke US ▸ **avancer comme une tortue** to go at a snail's pace, to crawl along **3.** ANTIQ & MIL testudo.

tortueux, euse [tɔʀtɥø, øz] adj **1.** [en lacets -sentier] winding, tortuous *sout* ; [-ruisseau] meandering, winding, sinuous *litt* **2.** [compliqué -raisonnement, esprit] tortuous, devious ; [-moyens] crooked, devious, tortuous ; [-style] convoluted, involved.

torturant, e [tɔʀtyʀɑ̃, ɑ̃t] adj [pensée] tormenting, agonising.

torture [tɔʀtyʀ] nf **1.** [supplice infligé] torture **2.** *fig* [souffrance] torture, torment / *l'attente des résultats fut pour lui une véritable torture* he suffered agonies waiting for the results.

* In reformed spelling (see p. 16-19).

❖ **à la torture** loc adv ▸ **être à la torture** to suffer agonies ▸ **mettre qqn à la torture** to put sb through hell.

❖ **sous la torture** loc adv under torture / *elle n'a pas parlé, même sous la torture* she refused to talk, even under torture.

torturé, e [tɔRtyRe] adj [marqué par la souffrance] tortured, tormented / *les traits torturés* tortured ou tormented features / *un regard torturé* a tormented look.

torturer [3] [tɔRtyRe] vt **1.** [supplicier -suj: bourreau] to torture **2.** [tourmenter -suj: angoisse, faim] to torture, to torment, to rack ; [-suj: personne] ▸ **torturer qqn** to put sb through torture / *la jalousie le torturait* he was tortured by jealousy / *torturé par sa conscience* tormented by his conscience **3.** [style, texte] to labour.

❖ **se torturer** vp *(emploi réfléchi)* to torture o.s., to worry o.s. sick / *ne te torture pas, ce n'est pas ta faute* don't torture yourself, it isn't your fault / *ne te torture pas l'esprit!* don't rack your brains (too much)!

torve [tɔRv] adj : *il m'a lancé un regard torve* he shot me a murderous sideways look.

tory [tɔRi] (*pl* **torys** *ou* **tories**) nm Tory.

toscan, e [tɔskɑ̃, an] adj Tuscan.

❖ **Toscan, e** nm, f Tuscan.

❖ **toscan** nm LING Tuscan.

Toscane [tɔskan] npr f ▸ **(la) Toscane** Tuscany.

tôt [to] adv **1.** [de bonne heure le matin] early ▸ **se lever tôt a)** [ponctuellement] to get up early **b)** [habituellement] to be an early riser / *elle part tôt le matin* she leaves early in the morning / *je prendrai l'avion tôt demain* I'll catch an early plane tomorrow ou a plane early tomorrow ; [de bonne heure le soir] ▸ **se coucher tôt** to go to bed early ; [au début d'une période] : *tôt dans l'après-midi* early in the afternoon, in the early afternoon / *tôt dans la saison* / *le mois* early in the season / month **2.** [avant le moment prévu ou habituel] soon / *il est trop tôt pour le dire* it's too early ou soon to say that / *arrive suffisamment tôt ou il n'y aura pas de place* be there in good time or there won't be any seats left / *il fallait y penser plus tôt* you should have thought about it earlier ou before / *je voudrais passer les prendre plus tôt* I would like to come and collect them sooner ou earlier / *je suis arrivée plus tôt que toi* I arrived earlier than you / *elle a dû partir plus tôt que prévu* she had to leave earlier than expected / *ce n'est pas trop tôt!* at last!, (it's) about time too! **3.** [rapidement] soon / *je ne m'attendais pas à le revoir si tôt* I didn't expect to see him again so soon ▸ **le plus tôt possible** as early ou as soon as possible / *le plus tôt sera le mieux* the sooner, the better ▸ **avoir tôt fait de** *sout* to be quick to / *ils eurent tôt fait de s'emparer du sac* they lost no time in seizing the bag ▸ **je n'avais pas plus tôt raccroché qu'il me rappela** no sooner had I put the receiver down than he phoned me back.

❖ **au plus tôt** loc adv **1.** [rapidement] as soon as possible / *partez au plus tôt* leave as soon as possible ou as soon as you can **2.** [pas avant] at the earliest / *samedi au plus tôt* on Saturday at the earliest, no earlier than Saturday.

❖ **tôt ou tard** loc adv sooner or later / *tôt ou tard, quelqu'un se plaindra* sooner or later ou one of these days, someone's bound to complain.

total, e, aux [tɔtal, o] adj **1.** [entier -liberté] total, complete / *un silence total* complete ou total ou absolute silence / *j'ai une confiance totale en elle* I trust her totally ou implicitly **2.** [généralisé -destruction, échec] total, utter, complete **3.** [global -hauteur, poids, dépenses] total ▸ **somme totale** total (amount) **4.** ASTRON [éclipse] total **5.** THÉÂTRE ▸ **spectacle total** total theatre.

❖ **total** adv *fam* the net result is that / *total, je n'ai plus qu'à recommencer* the net result (of all that) is that I've got to start all over again.

❖ **total, aux** nm total (amount) / *le total s'élève à 130 euros* the total comes to 130 euros ▸ **faire le total** to work out the total ▸ **faire le total de** to total up, to add up, to reckon up / *fais le total de ce que je te dois* work out everything I owe you / *le total d'une vie fig* the sum total of one's experiences ▸ **total général** sum total, grand total ▸ **total partiel** subtotal.

❖ **totale** *fam* nf **1.** [opération] (total) hysterectomy **2.** EXPR ▸ **c'est la totale!** that's the last straw!

❖ **au total** loc adv **1.** [addition faite] in total / *au total, il vous revient 4 000 euros* in total you are entitled to 4,000 euros **2.** [tout bien considéré] all in all, all things (being) considered, on the whole.

totalement [tɔtalmɑ̃] adv [ignorant, libre, ruiné] totally, completely ; [détruit] utterly / *il est totalement incapable de gagner sa vie* he is totally ou quite incapable of earning a living.

totalisant, e [tɔtalizɑ̃, ɑ̃t] adj PHILOS synthetic.

totalisateur, trice [tɔtalizatœR, tRis] adj totalizing.

❖ **totalisateur** nm **1.** [appareil] adding machine, totalizer **2.** [au turf] totalizator.

totalisation [tɔtalizasjɔ̃] nf adding up, addition, totalizing.

totaliser [3] [tɔtalize] vt **1.** [dépenses, recettes] to add up *(sép)*, to total up *(sép)*, to reckon up *(sép)*, to totalize **2.** [atteindre le total de] to have a total of, to total / *il totalise 15 victoires* he has won a total of 15 times / *qui totalise le plus grand nombre de points?* who has the highest score?

totaliseur [tɔtalizœR] nm **1.** [appareil] adding machine, totalizer **2.** [au turf] totalizator.

totalitaire [tɔtalitɛR] adj totalitarian.

totalitarisme [tɔtalitaRism] nm totalitarianism.

totalité [tɔtalite] nf **1.** [ensemble] / *la totalité des marchandises* all the goods / *la presque totalité des tableaux* almost all the paintings **2.** [intégralité] whole / *la totalité de la somme* the whole (of the) sum **3.** PHILOS totality, wholeness.

❖ **en totalité** loc adv ▸ **somme remboursée en totalité** sum paid back in full / *le navire a été détruit en totalité* the ship was completely destroyed, the whole ship was destroyed.

totem [tɔtɛm] nm totem.

totémique [tɔtemik] adj totemic ▸ **mât** ou **poteau totémique** totem (pole).

totémisme [tɔtemism] nm totemism.

toto [toto] nm *fam* [pou] louse.

toton [tɔtɔ̃] nm teetotum.

touage [twaʒ] nm NAUT warping.

touareg, ègue [twaRɛg] adj Tuareg.

❖ **Touareg, ègue** nm, f Tuareg.

❖ **touareg** nm LING Tuareg.

toubib [tubib] nmf *fam* doctor.

toucan [tukɑ̃] nm toucan.

touchant[1] [tuʃɑ̃] prép [concernant] concerning, about.

touchant[2], e [tuʃɑ̃, ɑ̃t] adj [émouvant] touching, moving ▸ **une scène touchante** a sight to melt the heart / *être touchant de maladresse* / *sincérité* to be touchingly awkward / earnest.

touche [tuʃ] nf **1.** [gén] key ; [d'un téléviseur] button ; [d'un téléphone] key, button ; [d'un ordinateur, d'une machine à écrire] key / *touche entrée* / *contrôle* enter / control key **2.** ÉLECTR [plot de contact] contact **3.** MUS [de clavier] key ; [d'instrument à cordes] fingerboard **4.** ESCRIME hit **5.** JOAILL touch **6.** PÊCHE bite / *j'ai eu des touches mais je n'ai rien pris* I've had some bites but I haven't caught anything ▸ **avoir une touche avec qqn** *fam* to have something going with sb ▸ **faire une touche** *fam* to score / *je crois que j'ai une touche avec elle* I think I'm in with her **7.** EXPR ▸ **la sainte touche** *tfam & vieilli* [le jour de la paie] payday **8.** [coup de pinceau] touch, (brush) stroke / *du vert en touches légères* light strokes of green / *quelle finesse de touche!* what delicate brushwork! / *en quelques touches* using just a few brush strokes ▸ **mettre la touche finale à qqch** to put the finishing touches to sthg **9.** [cachet, style] touch / *il était loin d'avoir la touche d'un Dickens* he lacked the Dickens touch **10.** [trace] note, touch ▸ **une touche de** : *une touche de couleur* a touch of colour / *une touche de cynisme* a touch ou tinge ou hint of cynicism **11.** *fam* [apparence] look / *on avait une de ces touches avec nos cheveux mouillés!* we did look funny with our hair all wet! ▸ **quelle touche!** what a sight! / *ton prof a une drôle de touche!* your teacher looks a bit weird! / *il a la touche d'un ancien militaire* he looks like an ex-army man, he has the look of an ex-army man (about him) **12.** [sports de balle - ligne] touchline ; RUGBY [remise en jeu] line-out ; FOOT throw-in ; [-sortie de ballon] : *il y a touche* the ball is in touch ou is out / *jouer la touche* to play for time *(by putting the ball into touch).*

❖ **en touche** loc adv into touch / *envoyer le ballon en touche* to kick the ball into touch / *il a mis le ballon en touche* he kicked the ball into touch / *ils ne prennent aucune balle en touche* they never win a line-out.

❖ **sur la touche** loc adv SPORT : *rester sur la touche* to stay on the bench ▸ **être** ou **rester sur la touche** *fam & fig* to be left out, to be / remain on the sidelines / *quand il a eu 50 ans, ils l'ont mis sur la touche* when he was fifty, they put him out to grass ou they threw him on the scrap heap.

touche-à-tout [tuʃatu] nmf **1.** [importun] meddler **2.** [dilettante] dabbler, Jack-of-all-trades (and master of none).

toucher[1] [tuʃe] nm **1.** [sens] (sense of) touch ; [palpation] touch **2.** [sensation] feel / *le toucher rugueux de l'écorce* the rough feel of bark / *le toucher onctueux de l'argile* the smooth feel of clay **3.** [manière de toucher] touch / *avoir un toucher délicat* / *vigoureux* [gén & MUS] to have a light / energetic touch **4.** MÉD (digital) palpation *spéc*, examination ▸ **toucher buccal** / **rectal** / **vaginal** oral / rectal / vaginal examination **5.** SPORT touch ▸ **il a un bon toucher de balle** he's got a nice touch.

❖ **au toucher** loc adv : *doux* / *rude au toucher* soft / rough to the touch / *c'est facile à reconnaître au toucher* it's easy to tell what it is by touching it ou by the feel of it.

toucher[2] [3] [tuʃe]

◆ vt

A. ÊTRE AU CONTACT DE

B. OBTENIR, ATTEINDRE

C. ÊTRE PROCHE DE

A. ÊTRE AU CONTACT DE **1.** [pour caresser, saisir] to touch ; [pour examiner] to feel / *tu m'as fait mal — je t'ai à peine touché* you hurt me — I hardly touched you / *ne touchez pas les fruits!* don't touch ou handle the fruit! / *ne me touche pas!* get your hands off me!, don't touch me! / *le parchemin s'effrite dès qu'on le touche* the parchment crumbles at the first touch ▸ **toucher qqch du pied** to touch sthg with one's foot / **'prière de ne pas toucher'** 'please do not touch' ▸ **pas touche!** *fam* hands off! ▸ **touchez avec les yeux!** don't touch, just look! **2.** [entrer en contact avec] to touch / *il a touché le filet avec sa raquette* he touched the net with his racket, his racket touched ou hit the net / *ma main a touché sa main* my hand brushed (against) his / *sa robe touchait presque le sol* her dress reached almost to the ground / *au moment où la navette spatiale touche le sol* when the space shuttle touches down ou lands / *les ailes de la libellule touchaient à peine l'eau* the wings of the dragonfly barely skimmed the water **3.** *fam* [joindre -suj: personne] to contact, to reach, to get in touch with / *où peut-on vous toucher en cas d'urgence?* where can you be contacted ou reached in an emergency? ; [suj: lettre] to reach / *si notre message l'avait touché* if our message had got (through) to him ou reached him **4.** MÉD to palpate *spéc*, to examine **5.** NAUT [port] to put in at, to call at ; [rochers, fonds] to hit, to strike / *nous toucherons Marseille lundi* we'll put in at ou reach Marseille on Monday **6.** JOAILL to touch.

B. OBTENIR, ATTEINDRE **1.** [se servir de -accessoire, instrument] to touch / *il n'a pratiquement pas touché le ballon pendant la première mi-temps* he hardly touched ou played the ball during the first half / *cela fait des années que je n'ai pas touché une guitare* I haven't touched a guitar for years / *son service est si puissant que je ne touche pas une balle fam* his serve is so powerful I can't get anywhere near the ball **2.** [consommer] to touch / *il n'a même pas touché son repas / la bouteille* he never even touched his meal / the bottle **3.** [blesser] to hit / *la balle l'a touché à la jambe* the bullet hit him in the leg / *touché à l'épaule* hit in the shoulder ▸ **touché!** ESCRIME touché! ▸ **touché, coulé!** JEUX hit, sunk! ▸ **toucher juste** to hit the target *fig* **4.** [atteindre - suj: mesure] to concern, to affect, to apply to; [- suj: crise, krach boursier, famine] to affect, to hit; [- suj: incendie, épidémie] to spread to *(insép)* / *la marée noire a touché tout le littoral* the oil slick spread all along the coast / *reste-t-il un secteur que l'informatique n'ait pas touché?* are there still any areas untouched by computerization? / *les personnes touchées par l'impôt sur les grandes fortunes* people in the top tax bracket **5.** [émouvoir - suj: film, geste, gentillesse, spectacle] to move, to touch / *ses chansons ne me touchent pas* her songs leave me cold / *vos compliments me touchent beaucoup* I'm very touched by your kind words / *ses prières avaient touché mon cœur* her entreaties had moved ou stirred me; [affecter - suj: décès] to affect, to shake; [- suj: critique, propos désobligeants] to affect, to have an effect on / *elle a été très touchée par sa disparition* she was badly shaken by his death **6.** *fam* [s'en prendre à - personne] to touch / *c'est le plus gros notable du pays, on ne peut pas le toucher* he's the most important public figure in the region, we can't touch him **7.** [percevoir - allocation, honoraires, pension, salaire] to receive, to get, to draw; [- indemnité, ration] to receive, to get; [- chèque] to cash (in) *(sép)* / *combien touches-tu par an?* how much do you get a year?, what's your yearly salary? ▸ **toucher beaucoup d'argent a)** [salarié] to earn a good wage **b)** [artiste, médecin] to earn large fees / *les saisonniers ne touchent presque rien* seasonal workers don't get paid much / *elle touche 100 000 euros par an* she earns 100,000 euros a year ▸ **toucher gros** *fam* to line one's pockets, to make a packet / *touchez-vous les allocations familiales?* do you get child benefit? ▸ **toucher des droits d'auteur** to get royalties / *il a dû toucher pas mal d'argent* *fam* he must've been slipped a tidy sum ▸ **toucher le tiercé** to win the tiercé ▸ **toucher le chômage** to be on the dole UK, to be on welfare US.

C. ÊTRE PROCHE DE **1.** [être contigu à] to join onto, to adjoin *sout*, to be adjacent to *sout* / *ma maison touche la sienne* my house is adjacent to *sout* ou joins onto his **2.** [concerner] : *il s'occupe de tout ce qui touche le financement* he deals with all matters connected with financing ou with all finance-related matters / *une affaire qui touche la défense nationale* a matter related to defence, a defence-related matter / *en ce qui touche les vacances* *sout* concerning ou as regards the holidays **3.** [être parent avec] to be related to / *elle ne nous touche ni de loin ni de près* she is not related to us in any way at all.

◆ vi **1.** NAUT to touch bottom **2.** PÊCHE to bite **3.** *tfam* [exceller] : *elle touche en informatique!* she's a wizard at ou she knows a thing or two about computers! / *ça y est, au saxo, je commence à toucher!* I'm beginning to get the hang of the sax now! **4.** EXPR **touchez là!** it's a deal!, (let's) shake on it!

❖ **toucher à** v + prép **1.** [porter la main sur - objet] to touch / *évitez de toucher aux fruits* try not to handle the fruit / *que je ne te reprenne pas à toucher aux allumettes!* don't let me catch you playing with matches again!; [adversaire, élève] to touch, to lay hands ou a finger on / *si tu touches à un seul cheveu de sa tête…!* if you so much as lay a finger on her…!; [porter atteinte à] to interfere with *(insép)*, to harm, to touch / *ils ne veulent pas vraiment toucher au gouvernement* their aim isn't really to harm the government / *ne touchez pas aux parcs nationaux!* hands off the national parks! **2.** [modifier - appareil, documents, législation] to tamper ou to interfere with / *quelqu'un a dû toucher aux freins* someone must have tampered with the brakes / *ton dessin est parfait, n'y touche plus* your drawing is perfect, leave it as it is **3.** [utiliser - aliment, instrument] to touch; [- somme d'argent] to touch, to break into / *je n'ai jamais touché à la drogue* I've never been on ou touched drugs / *et la drogue? — elle n'y touche plus* what about drugs? — she's given them up / *tu n'as pas touché à ton repas / assiette?* you haven't touched your meal / what was on your plate, have you? / *il ne touche plus à la bouteille* *fam* he never touches a drop now / *cela fait longtemps que je n'ai pas touché à un volant / piano* I haven't touched a steering wheel / a piano for a long time ▸ **toucher à tout a)** *pr* to fiddle with ou to touch everything **b)** *fig* to dabble (in everything) ▸ **je touche un peu à tout a)** [artisan] I'm a Jack-of-all-trades, I do a little bit of everything **b)** [artiste] I'm a man of many parts **4.** [être proche de - suj: pays, champ] to adjoin *sout*, to border (upon); [- suj: maison, salle] to join on *(insép)* to, to adjoin *sout* / *notre propriété touche aux salines* our property borders on the salt marsh; [confiner à] : *toucher à la perfection* to be close to perfection / *sa prudence touche à la lâcheté* *sout* his caution borders on cowardice **5.** [concerner, se rapporter à - activité, sujet] to have to do with, to concern / *les questions touchant à l'environnement* questions related to the environment, environment-related questions / *tout ce qui touche au sexe est tabou* everything connected ou to do with sex is taboo **6.** [aborder - sujet, question] to bring up *(sép)*, to come onto *(insép)*, to broach / *vous venez de toucher au point essentiel du débat* you've put your finger on the key issue in the debate **7.** *sout* [atteindre - un point dans l'espace, dans le temps] to reach / *nous touchons au terme du voyage / aux portes de la ville* we've reached the end of our trip / the city gates / *le navire touche au port ce soir* the ship will enter ou reach harbour tonight / *le projet touche à son terme* the project is nearing its end ▸ **toucher à sa fin** : *notre séjour touche à sa fin* our stay is nearing its end.

❖ **se toucher** ◆ vp *(emploi réciproque)* [être en contact] to touch, to be in contact; [entrer en contact] to touch, to come into contact; [jardins, communes] to touch, to be adjacent (to each other), to adjoin each other *sout* / *à l'endroit où les deux lignes se touchent* where the two lines meet / *leurs corps se touchèrent à peine* their bodies (merely) brushed against each other ou barely touched / *ils se touchèrent de l'épaule* their shoulders touched. ◆ vp *(emploi réfléchi)* *euphém* [se masturber] to play with o.s.

touche-touche [tuʃtuʃ] ❖ **à touche-touche** loc adv *fam* : *être à touche-touche* to be nose to tail ou bumper to bumper.

touer [twe] vt NAUT to warp.

toueur [twœʀ] nm NAUT warping tug.

touffe [tuf] nf **1.** [de cheveux, de poils] tuft **2.** [d'arbustes] clump, cluster **3.** [de fleurs] clump ▸ **touffe d'herbe** tussock.

touffeur [tufœʀ] nf *litt* sultry ou sweltering heat.

touffu, e [tufy] adj **1.** [bois, feuillage, haie] thick, dense; [barbe, sourcils] thick, bushy; [arbre] thickly-covered, with dense foliage **2.** [texte] dense.

touillage [tujaʒ] nm *fam* [d'une sauce] stirring; [d'une salade] tossing.

touille [tuj] nf ZOOL porbeagle, mackerel shark.

touiller [3] [tuje] vt *fam* [sauce] to stir; [salade] to toss.

touillette [tujɛt] nf *fam* stirrer.

toujours [tuʒuʀ] adv **1.** [exprimant la continuité dans le temps] always / *je l'ai toujours dit / cru* I've always said / thought so / *elle regrettera toujours d'avoir dit non* she will always regret having said no / *il est toujours à se plaindre* he's always ou he never stops complaining / *ils n'ont pas toujours été aussi riches* they haven't always been so rich / *ça ne durera pas toujours* it won't last forever ▸ **le ciel toujours bleu** the eternally blue sky ▸ **la toujours charmante Sophie** the ever charming Sophie / *Sophie, toujours plus belle* Sophie, ever more beautiful / *toujours plus haut, toujours plus vite, toujours plus loin* ever higher, ever faster, ever farther ▸ **toujours plus** more and more, still more / *ils sont toujours plus exigeants* they are more and more demanding **2.** [marquant la fréquence, la répétition] always / *elle est toujours en retard* she is always late / *il termine toujours à 5 h* he always finishes at 5 o'clock / *c'est toujours moi qu'on punit* I'm always the one who gets punished / *cette expérience ne réussit pas toujours* this experiment is not always successful / *les erreurs ne sont pas toujours où on les attend* mistakes sometimes occur where we least expect them / *elle trouve toujours un bon prétexte* she always finds a good excuse / *on a presque toujours habité la même ville* we have almost always lived in the same town / *tu as toujours raison, enfin presque toujours* you're always right, well, nearly always! **3.** [encore] still / *tu travailles toujours* are you still working? / *tu écris toujours des poèmes?* do you still write poems? / *es-tu toujours décidé à le faire?* are you still determined to do it? / *il est toujours fâché* he's still cross / *il fait toujours aussi chaud* it is as hot as ever / *tu es toujours aussi serviable!* *iron* you're just ou still as helpful as ever (,I see)! / *il travaillait toujours quand je suis arrivée* he was still working when I arrived ▸ **toujours pas** still not / *je ne suis toujours pas satisfait* I'm still not satisfied / *ta leçon n'est toujours pas sue* you still don't know your lesson / *elle n'a toujours pas téléphoné* she hasn't phoned yet, she still hasn't phoned **4.** [dans des emplois expressifs] : *on peut toujours y aller, on verra ce qu'il se passera* we can always go and see what happens / *on peut toujours lui demander* we can always ask him / *tu peux toujours essayer* you can always try, you might as well try / *prends-le, tu peux toujours en avoir besoin* take it, you may ou might need it (some day) ▸ **ça peut toujours servir** it might come in handy ou useful / *c'est toujours mieux que rien* still, it's better than nothing / *on trouvera toujours un moyen* we're sure ou bound to find a way / *tu peux toujours pleurer, je ne céderai pas* (you can) cry as much as you like, I won't give in / *tu trouveras toujours quelqu'un à qui demander* you're bound to find somebody you can ask / *tu lui fais confiance? — pas dans le travail, toujours!* do you trust him? — not when it comes to work, anyway! / *tu la connais? — pas sous cet angle, toujours!* do you know her? — not that side of her, anyway! / *c'est toujours ça de pris* that's something (at least).

❖ **comme toujours** loc adv as always, as ever / *il a été charmant, comme toujours* he was charming as always / *comme toujours, il est en retard* as always ou as ever, he's late.

❖ **de toujours** loc adj : *elle se retrouvait face à son public de toujours* she found herself before her faithful audience of old / *une amitié de toujours* a lifelong friendship / *ces coutumes sont de toujours* these customs date from time immemorial.

❖ **pour toujours** loc adv forever / *tu me le donnes pour toujours?* can I keep it forever ou for good?

❖ **toujours est-il que** loc conj the fact remains that / *j'ignore pourquoi elle a refusé, toujours est-il que le projet tombe à l'eau* I don't know why she refused, but the fact remains that the plan has had to be abandoned.

Notez la position de always dans la phrase.

• Avec un verbe autre que be conjugué, always s'insère comme suit :

sujet + [aux/modal] + always + verbe

Il essaie toujours de me contredire. *He always tries to contradict me.*

J'ai toujours aimé ce qu'il écrivait. *I've always loved what he wrote.*

Vous devriez toujours avoir une pièce d'identité sur vous. *You should always carry ID.*

• Avec le verbe be conjugué, always se place comme suit :

sujet + be + always

Elle est toujours disposée à donner un coup de main. *She's always willing to lend a hand.*

Il est toujours très aimable avec les clients. *He's always very friendly with customers.*

Lorsqu'il signifie « encore », toujours se traduit par still.

• Avec un verbe autre que be conjugué, still s'insère comme suit :

sujet + [aux/modal] + still + verbe

Je ne comprends toujours pas. *I still don't understand.*
Tu travailles toujours dans l'édition ? *Do you still work in publishing?*
• Avec le verbe be conjugué, still se place comme suit :
sujet + be + still
Il est toujours à Marseille ? *Is he still in Marseille?*

toulonnais, e [tulɔnɛ, ɛz] adj from Toulon.
❖ **Toulonnais, e** nm, f *inhabitant of or person from Toulon.*

toulousain, e [tuluzɛ̃, ɛn] adj from Toulouse.
❖ **Toulousain, e** nm, f *inhabitant of or person from Toulouse.*

toundra [tundʀa] nf tundra.

toupet [tupɛ] nm **1.** *fam* [audace] impudence, nerve, cheek UK / *elle a du toupet* ou *un sacré toupet* she's got some nerve ou UK cheek ! / *il a eu le toupet de...* he had the nerve ou UK cheek to... **2.** [de cheveux] tuft of hair, quiff UK ▸ **faux toupet** toupee, hairpiece **3.** ZOOL [d'un cheval] forelock.

toupie [tupi] nf **1.** JEUX (spinning) top ▸ **toupie d'Allemagne** humming top ▸ **tourner comme une toupie** to spin like a top ▸ **vieille toupie** *fam* [harpie] old ratbag UK, old hen US **2.** MENUIS spindle moulder **3.** [en plomberie] turnpin, reamer.

tour[1] [tuʀ] nf **1.** ARCHIT & CONSTR tower ▸ **la tour de Babel** BIBLE the Tower of Babel / *le palais de l'Unesco est une vraie tour de Babel* you can hear a real mixture of languages at Unesco headquarters ▸ **tour de bureaux** office (tower) block ▸ **tour de contrôle** AÉRON control tower ▸ **la tour Eiffel** the Eiffel tower / *tour de guet* observation tower ▸ **tour d'habitation** tower ou high-rise block ▸ **tour d'ivoire** *fig* ivory tower / *s'enfermer dans une tour d'ivoire fig* to remain aloof ▸ **la tour de Londres** the Tower of London ▸ **la tour (penchée) de Pise** the Leaning Tower of Pisa ▸ **tour de refroidissement** INDUST cooling tower ▸ **immeuble tour** tower block **2.** *fam* [personne grande et corpulente] ▸ **c'est une vraie tour** he's / she's built like the side of a house **3.** JEUX castle, rook **4.** CHIM ▸ **tour de fractionnement** fractionating column ▸ **tour de Gay-Lussac / Glover** Gay-Lussac / Glover tower **5.** PÉTR ▸ **tour de forage** drilling rig.

tour[2] [tuʀ]
◆ nm

- **A. CERCLE**
- **B. PÉRIODE, ÉTAPE**
- **C. ACTION HABILE OU MALICIEUSE**
- **D. ASPECT**
- **E. ROTATION**
- **F. TECHNOLOGIE**

A. CERCLE **1.** [circonférence - d'un fût, d'un arbre] girth ; [- d'un objet, d'une étendue] circumference / *mesurer le tour d'une piscine* to measure round a swimming pool, to measure the circumference of a swimming pool ; [bord, contour] : *le tour de ses yeux était souligné d'un trait* she'd drawn a line round her eyes / *le tour du lac est planté d'arbres* trees have been planted all round ou around the lake **2.** [mensuration] ▸ **tour de taille / hanches** waist / hip measurement / *elle fait 55 cm de tour de taille* her waist (measurement) is 55 cm / *prends ton tour de taille* measure (round) your waist / *quel est votre tour de taille / hanches?* what size waist / hips are you ? ▸ **tour de cou** collar size / *il fait (un) 42 de tour de cou* he takes a size 42 collar ▸ **tour de poitrine a)** [d'une femme] bust measurement ou size **b)** [d'un homme] chest measurement ou size ▸ **tour de tête** head measurement ▸ **tour de tête** hat size **3.** [parure] ▸ **tour de cou a)** JOAILL choker **b)** VÊT [en fourrure] fur collar ▸ **tour de lit** (bed) valance **4.** [circuit] tour, circuit / *j'ai fait le grand tour pour venir ici* I came here the long way round ▸ **faire le tour de** *pr* : *faire le tour d'un parc* **a)** to go round a park **b)** [à pied] to walk round a park **c)** [en voiture] to drive round a park / *nous avons fait le tour du vieux quartier* we went round the old part of the town / *faire le tour du monde* to go round the world ▸ **faire le tour du monde en auto-stop / voilier** to hitch-hike / to sail round the world / *une jeune Américaine faisant son tour d'Europe* a young American travelling round Europe ▸ **faire le tour de** *fig* : *l'anecdote a fait le tour des bureaux* the story went round the offices ou did the rounds of the offices / *faire le tour d'une question* to consider a problem from all angles / *j'ai fait le tour de toutes les options* I've explored all the possibilities / *je sais ce qu'il vaut, j'en ai vite fait le tour* I know what he's worth, it didn't take me long to size him up ▸ **tour de circuit** lap ▸ **le Tour de France a)** [cycliste] the Tour de France **b)** [des compagnons] the Tour de France *(carried out by an apprentice to become a journeyman)* ▸ **tour d'honneur** lap of honour ▸ **tour de piste a)** [en athlétisme] lap **b)** ÉQUIT round ▸ **faire un tour de piste** [en athlétisme] to run a lap ▸ **faire un tour de piste sans faute** ÉQUIT to have a clear round ▸ **le tour du propriétaire** : *on a fait le tour du propriétaire* we went ou looked round the property / *fais-moi faire le tour du propriétaire* show me round your property ▸ **j'ai fait le tour du cadran** *fam* I slept round the clock ▸ **faire un tour d'horizon** to deal with all aspects of a problem **5.** [promenade - à pied] walk, stroll ; [- en voiture] drive, ride ; [- à vélo, à cheval, en hélicoptère] ride ; [court voyage] trip, outing *(U)* ▸ **faire un tour a)** [à pied] to go for a walk **b)** [en voiture] to go for a drive ou ride **c)** [à vélo] to go for a ride / *faire un tour en ville* to go into town / *je vais faire un petit tour près de la rivière* I'm going for a short walk near the river / *nous irons faire un tour dans les Pyrénées* we'll go for a trip in the Pyrenees.

B. PÉRIODE, ÉTAPE **1.** [moment dans une succession] turn ; JEUX [gén] turn, go ; [aux échecs] move ▸ **c'est (à) ton tour a)** [gén] it's your turn ou go **b)** [échecs] it's your move ▸ **à qui le tour** whose turn is it?, who's next? ▸ **chacun son tour** everyone will have his turn ▸ **prendre le tour de qqn** to take sb's turn ▸ **laisser passer son tour** to miss one's turn / *attendre son tour* to wait one's turn / *tu attendras ton tour pour poser une question* you'll have to wait until it's your turn to ask a question / *c'est à ton tour de mettre la table* it's your turn to lay ou to set the table / *tu parleras à ton tour* you'll have your chance to say something / *nous veillons chacun à notre tour* we take turns to be on watch ▸ **tour de garde** [d'un médecin] spell ou turn of duty ▸ **tour de scrutin** ballot ▸ **au premier tour** in the first ballot ou round **2.** SPORT [série de matches] round / *le second tour de la coupe d'Europe* the second round of the European Cup.

C. ACTION HABILE OU MALICIEUSE **1.** [stratagème] trick / *elle prépare un mauvais tour* she's up to some mischief / *j'en ai fait, des tours, quand j'étais petit!* I was always up to no good when I was a child ! ▸ **jouer un tour à qqn** to play a trick on sb ▸ **jouer un sale** ou **mauvais tour à qqn** to play a nasty ou dirty trick on sb ▸ **jouer un tour pendable à qqn** to play a really nasty trick on sb / *ça vous jouera un mauvais* ou *vilain tour* you'll be sorry for it !, it'll catch up with you (one day) ! / *ma mémoire / vue me joue des tours* my memory / sight is playing tricks on me ▸ **et le tour est joué!** and there you have it ! ▸ **avoir plus d'un tour dans son sac** to have more than one trick up one's sleeve **2.** [numéro, technique] ▸ **tour d'adresse** skilful trick, feat of skill ▸ **tour de cartes** card trick ▸ **tour de passe-passe** sleight of hand ▸ **tour de prestidigitation** conjuring trick.

D. ASPECT **1.** [orientation] turn / *cette affaire prend un très mauvais tour* this business is going very wrong / *la discussion prend un très mauvais tour* the discussion is taking a nasty turn / *je n'aime pas le tour qu'a pris la situation* I don't like the turn the situation has taken ou the way the situation is developing / *la manifestation prit un tour tragique* the demonstration took a tragic turn ▸ **tour d'esprit** turn ou cast of mind / *ce n'était pas dans son tour d'esprit* this wasn't the way her mind worked ▸ **donner le tour a)** SUISSE [maladie] to take a turn for the better **b)** [personne] to wrap up **2.** LING [expression] expression, phrase ; [en syntaxe] construction ▸ **un tour de phrase maladroit** an awkward turn of phrase.

E. ROTATION **1.** [d'une roue, d'un cylindre] turn, revolution ; [d'un outil] turn ; ASTRON revolution / *la Terre fait un tour sur elle-même en 24 heures* the Earth completes a revolution in 24 hours ou revolves on its axis once every 24 hours / *faire un tour / trois tours sur soi-même* to spin round once / three times (on o.s.) ▸ **il n'y a qu'un tour de clef** the key's only been turned once ▸ **donner deux tours de clef** to give a key two turns, to turn a key twice ▸ **n'oublie pas de donner un tour de clef (à la porte)** don't forget to lock the door ▸ **tour de manège** ride on a roundabout UK ou a merry-go-round ▸ **tour de vis** (turn of the) screw ▸ **il suffit de donner un seul tour de vis** all it needs is one turn of the screw **2.** AUTO revolution, rev **3.** MÉD ▸ **tour de reins** : *attraper* ou *se donner un tour de reins* to put one's back out, to rick one's back **4.** CULIN folding *(U)* / *donner trois tours à la pâte* fold the pastry over three times.

F. TECHNOLOGIE lathe ▸ **tour parallèle** centre lathe ▸ **tour de potier** potter's wheel ▸ **tour vertical** vertical milling machine ▸ **fait au tour** *fig* beautifully made.

❖ **à tour de bras** loc adv [frapper] with all one's strength ou might.

❖ **à tour de rôle** loc adv in turn / *ils président la réunion à tour de rôle* they chair the meeting in turn ou turns, they take turns at chairing the meeting / *on peut le faire à tour de rôle si tu veux* we can take (it in) turns if you like.

❖ **tour à tour** loc adv alternately, by turns / *tour à tour charmant et odieux* alternately ou by turns charming and obnoxious.

❖ **tour de chant** nm (song) recital / *au programme de mon tour de chant ce soir* among the songs I'm going to sing tonight.

❖ **tour de force** nm tour de force, (amazing) feat / *il a réussi le tour de force de la convaincre* he managed to convince her, and it was quite a tour de force ou quite an achievement.

❖ **tour de main** nm **1.** [savoir-faire] knack / *avoir / prendre le tour de main* to have / to pick up the knack / *c'est un tour (de main) à prendre* it's just a knack one has to pick up **2.** EXPR *en un tour de main* in no time (at all), in the twinkling of an eye.

❖ **tour de table** nm **1.** ÉCON *a meeting of shareholders or investors to decide a course of action* **2.** [débat] : *faisons un tour de table* I'd like each of you in turn to give his or her comments / *réunir un tour de table* to organize a brainstorming session.

Le Tour de France

The world-famous annual cycle race starts in a different town each year, but the home stretch is always the Champs-Élysées in Paris. The widespread excitement caused by the race, along with the heroic status of many **coureurs cyclistes**, reflects the continuing fondness of the French for cycling in general. In recent years, this positive image has been tarnished by a series of doping scandals.

Touraine [tuʀɛn] npr f ▸ **(la) Touraine** the Touraine (region).

tourangeau, elle, x [tuʀɑ̃ʒo, ɛl] adj **1.** [de Touraine] from the Touraine **2.** [de Tours] from Tours.
❖ **Tourangeau, elle, x** nm, f **1.** [de Touraine] *inhabitant of or person from the Touraine* **2.** [de Tours] *inhabitant of or person from Tours.*

tourbe [tuʀb] nf [matière] peat, turf.

tourbeux, euse [tuʀbø, øz] adj [sol] peat *(modif)*, peaty, boggy.

tourbière [tuʀbjɛʀ] nf peat bog.

tourbillon [tuʀbijɔ̃] nm **1.** MÉTÉOR [vent tournoyant] whirlwind, vortex *litt* **2.** [masse d'air, de particules] : *tourbillon de poussière / sable* eddy of dust / sand / *tourbillon de fumée* twist ou coil ou eddy of smoke / *tourbillon de feuilles* flutter of whirling leaves / *tourbillon de neige* snow flurry **3.** [dans l'eau - important] whirlpool ; [- petit] swirl / *l'eau faisait des tourbillons* the water was eddying ou swirling **4.** [rotation rapide] whirling, spinning / *les tourbillons de la valse* the whirling motion of a waltz **5.** *litt* [vertige, griserie] whirl / *le tourbillon de la vie moderne* the whirl of modern life / *un tourbillon de plaisirs* a giddy round of pleasures / *emporté par un tourbillon de souvenirs* carried away by a rush of memories **6.** MÉCAN & PHYS vortex.

en tourbillons loc adv : *monter / descendre en tourbillons* to swirl up / down.

tourbillonnaire [tuʀbijɔnɛʀ] adj vortical.

tourbillonnant, e [tuʀbijɔnɑ̃, ɑ̃t] adj **1.** [vent, poussière] whirling ; [feuilles, flocons] swirling, whirling, fluttering **2.** [existence] whirlwind *(modif)*, hectic.

tourbillonnement [tuʀbijɔnmɑ̃] nm [de feuilles, de flocons] whirling, swirling.

tourbillonner [3] [tuʀbijɔne] vi **1.** [eau, rivière] to swirl, to make eddies / *l'eau tourbillonnait autour des piles du pont* the water was swirling around the bridge supports **2.** [tournoyer - flocons, feuilles, sable] to whirl, to swirl, to flutter ; [- fumée] to whirl, to eddy ; [- danseur] to spin ou to whirl ou to twirl (round) / *les tracts tombaient en tourbillonnant* the pamphlets were fluttering ou spiralling down (to the ground) / *le vent faisait tourbillonner les feuilles mortes* the dead leaves were fluttering in the wind **3.** [défiler rapidement - pensées] : *les idées tourbillonnaient dans sa tête* ideas were whirling ou dancing around in his head.

tourelle [tuʀɛl] nf **1.** ARCHIT turret, tourelle **2.** MIL [abri] (gun) turret ; [d'un bateau] conning tower **3.** CINÉ (lens) turret **4.** MÉCAN [d'un tour] turret.

Tourgueniev [tuʀgenjɛf] npr Turgenev.

tourière [tuʀjɛʀ] adj f & nf ▸ **(sœur) tourière** *sister responsible for a convent's external relations.*

tourillon [tuʀijɔ̃] nm **1.** MÉCAN [d'une pièce] pivot, trunnion **2.** ARM trunnion **3.** MENUIS (fixing) dowel.

tourisme [tuʀism] nm **1.** [fait de voyager] touring ▸ **faire du tourisme a)** [dans un pays] to go touring **b)** [dans une ville] to go sightseeing **2.** [commerce] ▸ **le tourisme** tourism, the tourist industry / *notre région vit du tourisme* we are a tourist area ▸ **tourisme culturel** cultural tourism ▸ **tourisme de masse** mass tourism ▸ **tourisme sexuel** sexual tourism ▸ **tourisme vert** green tourism, ecotourism **3.** AUTO ▸ **(voiture) grand tourisme** tourer.

de tourisme loc adj **1.** [ville] tourist *(modif)* ; [agence] travel *(modif)* **2.** [à usage personnel - avion, voiture] private.

tourista [tuʀista] nf *fam* traveller's UK ou traveler's US tummy, t(o)urista US ▸ **avoir la tourista** to have traveller's tummy.

touriste [tuʀist] nmf **1.** [gén] tourist ; [pour la journée] day-tripper / *il y a trop de touristes ici* there are too many tourists around here **2.** *fam* [dilettante, amateur] (outside) observer / *vous allez participer au débat ? — non, je suis là en touriste* are you going to take part in the discussion ? — no, I'm just watching ou just an observer ou just sitting in.

touristique [tuʀistik] adj **1.** [pour le tourisme - brochure, guide] tourist *(modif)* ▸ **route touristique** scenic route ▸ **pendant la saison touristique** in season, during the tourist season **2.** [qui attire les touristes] tourist *(modif)* / *c'est un village très touristique* this village is very popular with tourists ou is a very popular spot / *cette ville est beaucoup trop touristique à mon goût* there are too many tourists in this town for my taste.

tourmaline [tuʀmalin] nf tourmaline.

tourment [tuʀmɑ̃] nm **1.** *litt* [physique] intense suffering, agony / *dans les tourments de la soif* suffering the pangs of thirst / *les tourments de la maladie* the torments ou throes of illness **2.** *sout* [moral] agony, torment / *les tourments de l'incertitude* torments of uncertainty / *en proie aux tourments de la création* in the throes of creation.

tourmente [tuʀmɑ̃t] nf *litt* **1.** [tempête] tempest *litt*, storm ▸ **tourmente de neige** blizzard **2.** *fig* [bouleversements] turmoil.

tourmenté, e [tuʀmɑ̃te] adj **1.** [angoissé - personne] tormented, troubled, anguished ; [- conscience] tormented, troubled **2.** [visage] tormented / *les traits tourmentés* tormented features / *un regard tourmenté* a haunted ou tormented look **3.** [agité - époque] troubled / *la période tourmentée des guerres de Religion* the troubled period of the Wars of Religion **4.** *sout* [accidenté - paysage, côte] wild, rugged, craggy ; [changeant - ciel] changing, shifting / *un paysage d'orage sous un ciel tourmenté* a stormy landscape under a shifting sky **5.** LITTÉR & ART tortuous / *un bâtiment aux sculptures tourmentées* a building with contorted ou convoluted sculptures **6.** MÉTÉOR & NAUT ▸ **mer tourmentée** rough ou heavy sea.

tourmenter [3] [tuʀmɑ̃te] vt *sout* **1.** [martyriser - animal, personne] to torment, to ill-treat / *veux-tu cesser de tourmenter cette pauvre bête !* will you stop tormenting ou baiting that poor animal ! **2.** [harceler] to harass / *tourmenté par ses héritiers* plagued ou harassed by his heirs **3.** [suj : faim, soif, douleur] to torment, to plague, to rack ; [suj : incertitude, remords] to torment, to haunt, to rack ; [suj : jalousie] to plague, to torment ; [suj : obsession] to torment, to haunt / *ses rhumatismes le tourmentent* he's plagued by rheumatism / *les souvenirs le tourmentent* he is tormented by his memories.

se tourmenter vpi *sout* [s'inquiéter] to worry o.s., to fret, to be anxious / *elle se tourmente pour son fils* she's worried sick about her son / *ne vous tourmentez pas, nous la raccompagnerons* there's no need to be anxious, we'll take her home.

tourmentin [tuʀmɑ̃tɛ̃] nm **1.** NAUT storm jib **2.** ORNITH storm petrel.

tournage [tuʀnaʒ] nm **1.** CINÉ shooting, filming ▸ **sur le tournage** during filming **2.** BANQUE interbank loan **3.** TECHNOL turning **4.** RAIL turntabling.

tournailler [3] [tuʀnaje] vi *fam* to wander round and round ▸ **tournailler autour de** to hang ou to prowl around / *les gamins tournaillaient devant l'entrée du bar* the kids were loitering outside the bar.

tournant[1] [tuʀnɑ̃] nm **1.** [virage] bend, turn / *série de tournants dangereux* a series of dangerous bends **2.** *fig* turning point, watershed / *elle est à un tournant de sa carrière* she is at a turning point in her career / *le tournant du match* the turning point in ou the decisive moment of the match / *la Révolution est un tournant de notre histoire* the Revolution was a turning point in our history ▸ **marquer un tournant** to indicate ou to mark a change of direction / *son discours marque un tournant dans la politique du gouvernement* her speech marks a watershed ou the beginning of a new direction in government policy ▸ **prendre le** ou **un tournant** to adapt to changing circumstances / *quand la société s'est informatisée, il a su prendre le tournant* when they computerized the company, he took to it really well ▸ **attendre qqn au tournant** *fam* to be waiting for a chance to get even with sb, to have it in for sb ▸ **avoir** ou **attraper qqn au tournant** *fam* to get one's own back on sb, to get even with sb.

tournant[2]**, e** [tuʀnɑ̃, ɑ̃t] adj **1.** [dispositif, siège] swivel *(modif)*, swivelling **2.** [scène] revolving ; [escalier, route] winding **3.** MIL [manœuvre] outflanking.

tournante [tuʀnɑ̃t] nf *fam* [viol collectif] gang bang.

tourné, e [tuʀne] adj **1.** [façonné au tour] turned ▸ **un pied de lampe en bois tourné** hand-turned wooden lamp base **2.** CULIN [altéré - produits laitiers] sour, curdled ; [- vin] sour / *ce lait est tourné* this milk is off UK ou bad, US ou has gone off, UK ou bad US / *ce bouillon est tourné* this soup has gone bad ou off UK **3.** EXPR **bien tourné a)** [taille] neat **b)** [remarque, missive] well-phrased ▸ **mal tourné** : *avoir l'esprit mal tourné* to have a dirty mind.

tournebouler [3] [tuʀnəbule] vt *fam* [troubler] to confuse, to mix up *(sép)* / *il était tout tourneboulé* he was in a real dither.

tournebroche [tuʀnəbʀɔʃ] nm **1.** [gén] roasting jack ou spit ; [d'un four] rotisserie / *canard / agneau au tournebroche* spit-roasted duck / lamb **2.** *arch* [marmiton] turnspit.

tourne-disque [tuʀnədisk] *(pl* **tourne-disques***)* nm record-player.

tournedos [tuʀnədo] nm tournedos.

tournée [tuʀne] ◆ f ⟶ **tourné.** ◆ nf **1.** [d'un facteur, d'un commerçant] round ▸ **faire sa tournée a)** [facteur, livreur] to do ou to make one's round **b)** [représentant] to be on the road ▸ **tournée de conférences** lecture tour / *en tournée de conférences aux États-Unis* on the American (lecture) circuit ▸ **faire une tournée électorale a)** [candidat député] to canvass one's constituency **b)** [dans une élection présidentielle] to go on the campaign trail ▸ **tournée d'inspection** tour of inspection **2.** [d'un artiste, d'une troupe] tour ▸ **faire une tournée** to go on tour / *il achèvera sa tournée à Biarritz* his tour will finish (up) in Biarritz / *faire une tournée en Europe* to go on a European tour ▸ **être en tournée** to be on tour **3.** [visite] : *faire la tournée des galeries* to do the rounds of ou to go round the art galleries ▸ **faire la tournée des grands ducs** to go out on the town **4.** *fam* [au bar] round ▸ **tournée générale !** drinks all round ! ▸ **c'est ma tournée** it's my round / *c'est la tournée du patron* drinks are on the house **5.** *fam* [volée de coups] hiding.

en tournée loc adv ▸ **être en tournée a)** [facteur, représentant] to be off on one's rounds **b)** [chanteur] to be on tour.

tournemain [tuʀnəmɛ̃] **en un tournemain** loc adv in no time at all.

tourner [3] [tuʀne]

◆ vi

A. DÉCRIRE DES CERCLES
B. CHANGER D'ORIENTATION, D'ÉTAT
C. MARCHER, RÉUSSIR

A. DÉCRIRE DES CERCLES 1. [se mouvoir autour d'un axe - girouette] to turn, to revolve ; [- disque] to revolve, to spin ; [- aiguille de montre, manège] to turn, to go round UK ou around US ; [- objet suspendu, rouet, toupie] to spin around, to spin (round) UK ; [- aile de moulin] to turn ou to spin round UK ou around ; [- clef, pédale, poignée] to turn ; [- hélice, roue, tour] to spin, to rotate ▸ **tourner sur soi-même a)** to turn round **b)** [vite] to spin (round and round) / *la Terre tourne sur elle-même* the Earth spins on its axis / *tourne pour que je voie si l'ourlet est droit* turn round, so I can see whether the hem's straight ▸ **je voyais tout tourner** everything was spinning ou swimming ▸ **faire tourner a)** [pièce de monnaie, manège, roue] to spin **b)** [clef] to turn / *le croupier fit tourner la roulette* the croupier spun the roulette wheel ▸ **faire tourner les tables** to do table-turning / *j'ai la tête qui tourne* my head's spinning / *ça me fait tourner la tête* it makes my head spin ▸ **tourner de l'œil** *fam* to pass out, to faint **2.** [se déplacer en cercle - personne] to go round UK ou around ; [- oiseau] to fly ou to wheel round UK ou around, to circle (round) UK ou around ; [- insecte] to fly ou to buzz round UK ou around ; [- avion] to fly round UK ou around (in circles), to circle ; [- astre, satellite] to revolve, to go round UK ou around / *les prisonniers tournaient dans la cour* the prisoners were walking round (and round) the yard / *l'avion a tourné plusieurs fois au-dessus de la piste* the plane circled the runway several times / *j'ai tourné 10 minutes avant de trouver à me garer* I drove round for 10 minutes before I found a parking space / *les voiliers ont tourné autour de la bouée* the yachts went round ou rounded the buoy **3.** *fam* [être en tournée - chanteur] to (be on) tour / *notre représentant tourne dans votre région en ce moment* our representative is in your area at the moment.

B. CHANGER D'ORIENTATION, D'ÉTAT 1. [changer de direction - vent] to turn, to veer, to shift ; [- personne] to turn (off) ; [- véhicule] to turn (off), to make a turn ; [- route] to turn, to bend / *si le vent tourne, il pleuvra* if there's a change in the wind ou if the wind turns, it'll rain ▸ **tournez à droite** turn (off to the) right / *la rue tourne* *légèrement après le parc* the road turns ou bends slightly beyond the park / *tourne dans l'allée* turn into the drive / *tourner au coin de la rue* to turn at the corner (of the street) ▸ **la chance** ou **la fortune a tourné (pour eux)** their luck has changed **2.** [faire demi-tour] to turn around, to turn (round) UK / *tourne dans le parking* turn round in the car park UK ou parking lot US **3.** *fam* [se succéder - équipes] to rotate / *les médecins tournent pour assurer les urgences* the doctors operate a rota system to cover emergencies **4.** [évoluer] to go, to turn out / *la course aurait tourné autrement si...* the race would've had a different outcome if... / *attends de voir comment les choses vont tourner* wait and see how things turn out ou go ▸ **bien tourner** [situation, personne] to turn out well ou satisfactorily ▸ **mal tourner** [initiative, plaisanterie] to turn out badly, to go wrong / *la révolution est en train de mal tourner* the revolution's going badly wrong / *tout ça va mal tourner!* no good will come of it! / *la conversation a très mal tourné* the discussion took a very nasty turn / *un jeune qui a mal tourné* a youngster who turned out badly ou went off the straight and narrow **5.** [s'altérer - lait] to go off UK ou bad US, to turn (sour) ; [- viande] to go off UK ou bad ; [- crème, mayonnaise] to curdle / *faire tourner du lait / une mayonnaise* to curdle milk / mayonnaise.

C. MARCHER, RÉUSSIR **1.** [fonctionner - compteur] to go round UK ou around ; [- taximètre] to tick away ; [- programme informatique] to run / *le moteur tourne* the engine's running ou going / *faire tourner un moteur (à plein régime)* to run an engine (at full throttle) ▸ **l'heure** ou **la pendule tourne** time passes / *l'heure tourne et vous ne faites rien* time's running out and you're not doing anything / *l'usine tourne à plein (rendement)* the factory's working at full capacity ▸ **faire tourner une entreprise** [directeur] to run a business / *ce sont les commandes étrangères qui font tourner l'entreprise* orders from abroad keep the business going / *je ne peux pas sauvegarder pendant que mon programme tourne* INFORM I can't save while my program's running **2.** [réussir - affaire, entreprise, économie] to be running well / *alors, les affaires, ça tourne?* *fam* so, how's business (going)? / *ça ne tourne pas très bien entre eux* *fam* it's not going too well between them.

◆ vt

A. FAIRE CHANGER D'ORIENTATION
B. CINÉMA & TÉLÉVISION
C. METTRE EN FORME

A. FAIRE CHANGER D'ORIENTATION **1.** [faire pivoter - bouton, clé, poignée, volant] to turn / *tourne le bouton jusqu'au 7* turn the knob to 7 / *il faut tourner le couvercle pour ouvrir le bocal* it's a jar with a twist-off top **2.** [mélanger - sauce, café] to (give a) stir ; [- salade] to toss / *ajoutez la farine tout en tournant* add the flour while stirring **3.** [diriger - antenne, visage, yeux] to turn ▸ **tourner qqch vers la droite / gauche** to turn sthg to the right / left / *tourne la télévision vers moi* turn the set towards me / *tourner son regard* ou *les yeux vers* to turn one's eyes ou to look towards ▸ **tourner ses pensées vers** to turn one's thoughts to ou towards ▸ **tourner son attention vers** to focus one's attention on, to turn one's attention to **4.** [retourner - carte] to turn over ou up *(sép)* ; [- page] to turn (over) *(sép)* ; [- brochette, grillade] to give a turn, to turn (over) *(sép)* / *tournez la page, s'il vous plaît* please turn (over) the page / *il tournait sa casquette entre ses mains* he was turning his cap round and round between his hands ▸ **tourner qqch contre un mur** to turn sthg against ou to face a wall ▸ **tourner et retourner, tourner dans tous les sens a)** [boîte, gadget] to turn over and over **b)** [problème] to turn over and over (in one's mind), to mull over ▸ **tourner la mêlée** SPORT to wheel the scrum (round) **5.** [contourner - cap] to round ; [- coin de rue] to turn ; [- ennemi] to get round *(insép)* / *ils ont réussi à tourner la cavalerie* they managed to outflank the cavalry / *tourner la difficulté / le règlement / la loi* *fig* to get round the problem / regulations / law **6.** EXPR **tourner le cœur à qqn a)** *pr* to nauseate sb, to turn sb's stomach **b)** *fig* to break sb's heart / *ça m'a tourné le cœur quand je l'ai entendu pleurer* my heart went out to him when I heard him crying.

B. CINÉMA & TÉLÉVISION **1.** ▸ **tourner un film a)** [cinéaste] to shoot ou to make a film UK ou movie US **b)** [acteur] to make a film UK ou movie US ▸ **tourner une scène a)** [cinéaste] to shoot ou to film a scene **b)** [acteur] to play ou to act a scene / *la dramatique a été tournée au Kenya / en studio / en extérieur* the TV play was shot in Kenya / in studio / on location / *on a tourné la scène du départ plus de 10 fois* the farewell scene was shot over 10 times, there were over 10 takes of the farewell scene **2.** *(en usage absolu)* : *elle a tourné plusieurs fois avec Pasolini* she played in several of Pasolini's films UK ou movies US ▸ **silence, on tourne!** quiet please, action!

C. METTRE EN FORME **1.** MENUIS & MÉTALL to turn / *tourner le bois* to work wood on the lathe, to turn wood **2.** [formuler - compliment] to turn ; [- critique] to phrase, to express / *je ne sais pas comment tourner cela* I don't know how to put it / *il tourne bien ses phrases* he's got a neat turn of phrase / *sa demande était bien tournée* his request was well phrased **3.** [transformer] : *elle tourne tout au tragique* she always makes a drama out of everything ▸ **tourner qqch à son avantage / désavantage** to turn sthg to one's advantage / disadvantage ▸ **tourner qqch / qqn en ridicule** to ridicule sthg / sb, to make fun of sthg / sb.

❖ **tourner à** v + prép ▸ **tourner au burlesque / drame** to take a ludicrous / tragic turn / *tourner à la catastrophe* to take a disastrous turn / *tourner au ridicule* to become ridiculous / *la retraite a vite tourné à la débâcle* the retreat rapidly turned into a rout / *ça tourne à la farce!* it's turning into a farce! / *le temps tourne à la pluie / neige* it looks like rain / snow / *le ciel commençait à tourner au rouge* the sky was beginning to turn red.

❖ **tourner autour de** v + prép **1.** [axe] to move ou to turn round / *les planètes qui tournent autour du Soleil* the planets revolving round the Sun / *l'escalier tourne autour de l'ascenseur* the staircase spirals ou winds round the lift **2.** [rôder] ▸ **tourner autour de qqn a)** [gén] to hang ou to hover round sb **b)** [pour le courtiser] to hang round sb ▸ **les enfants tournaient autour du magasin depuis un moment a)** [par désœuvrement] the children had been hanging around outside the shop for a while **b)** [avec de mauvaises intentions] the children had been loitering outside the shop for a while **3.** [valoir environ] to be around ou about, to be in the region of / *les réparations devraient tourner autour de 90 €* the repairs should cost around ou should cost about ou should be in the region of 90 € **4.** [concerner - suj : conversation] to revolve round, to centre ou to focus on ; [- suj : enquête policière] to centre on / *tout le poème tourne autour de ce souvenir* the whole poem revolves round this memory.

❖ **tourner en** v + prép to turn ou to change into / *la neige tourne en gadoue* the snow's turning into slush.

❖ **se tourner** vpi **1.** [faire un demi-tour] to turn round / *tourne-toi, que je voie si l'ourlet est droit* turn round, so that I can see whether the hem's straight / *tourne-toi, je me déshabille* turn round ou turn your back, I'm getting undressed **2.** [changer de position] to turn / *il se tournait et se retournait dans son lit* he was tossing and turning in his bed / *tourne-toi sur le ventre* turn over onto your belly ; *fig* : *de quelque côté qu'on se tourne* wherever ou whichever way you turn / *je ne sais plus de quel côté me tourner* I don't know which way to turn any more.

❖ **se tourner contre** vp + prép to turn against / *le peuple ne tarda pas à se tourner contre lui* the people soon turned against him.

❖ **se tourner en** vp + prép *litt* to turn into / *leur amertume se tourna en sédition* their bitterness turned into sedition.

❖ **se tourner vers** vp + prép **1.** [s'orienter vers] to turn towards ou toward UK ou around US / *les feuilles se tournent vers la lumière* the leaves turn towards ou follow the light / *tous les regards se tournèrent vers elle* all eyes turned to look at her **2.** *fig* ▸ **se tourner vers qqn / Dieu** to turn to sb / God / *se tourner vers une carrière* to take up a career / *se tourner vers la religion* to turn to religion.

tournesol [turnəsɔl] nm **1.** BOT sunflower **2.** CHIM [colorant] litmus ▸ **(papier de) tournesol** litmus (paper).

tourneur, euse [turnœr, øz] nm, f turner ▸ **tourneur sur bois / métal** wood / metal turner.

tournevis [turnəvis] nm screwdriver ▸ **tournevis cruciforme** Phillips screwdriver.

tournicoter [3] [turnikɔte], **tourniquer** [3] [turnike] vi *fam* to flit ou to buzz around.

tourniquet [turnike] nm **1.** [à l'entrée d'un établissement] turnstile **2.** [présentoir] revolving (display) stand **3.** [pour arroser] rotary sprinkler **4.** MÉD tourniquet **5.** [de volet] (shutter) winder **6.** NAUT roller.

tournis [turni] nm **1.** VÉTÉR turnsick, gid, coenuriasis *spéc* **2.** EXPR **avoir le tournis** to feel giddy ou dizzy ▸ **donner le tournis à qqn** to make sb (feel) giddy.

tournoi [turnwa] nm **1.** JEUX & SPORT tournament / *tournoi de tennis de table* table tennis tournament ▸ **tournoi open** open (tournament) ▸ **le tournoi des Six-Nations** the Six Nations Tournament **2.** HIST tournament, tourney **3.** *litt* [compétition] challenge ▸ **tournoi d'éloquence** contest of eloquence.

tournoie v ⟶ tournoyer.

tournoiement [turnwamɑ̃] nm [de feuilles, de papiers] whirling, swirling ; [d'un danseur] twirling, swirling, whirling.

tournoyer [13] [turnwaje] vi [feuilles, fumée, flocons] to whirl, to swirl ; [aigle] to wheel ou to circle round ; [danseur] to swirl ou to twirl ou to whirl round / *le radeau tournoyait dans les rapides* the raft was tossed round (and round) in the rapids ▸ **faire tournoyer qqch** to whirl ou to swing sthg.

tournure [turnyr] nf **1.** [allure, aspect] demeanour / *elle avait une tournure un peu gauche* she was of a somewhat awkward demeanour **2.** [évolution, tendance] trend, tendency / *d'après la tournure que prend la situation* from the way the situation is developing ou going / *attendons de voir quelle tournure prennent les événements* let's wait and see how the situation develops ▸ **prendre tournure** to take shape ▸ **tournure d'esprit** turn ou cast of mind **3.** LING [expression] turn of phrase, expression ; [en syntaxe] form, construction ▸ **tournure impersonnelle / interrogative** impersonal / interrogative form ▸ **tournure fautive** incorrect construction **4.** MÉTALL turning, turnings **5.** VÊT bustle.

touron [turɔ̃ ou turɔn] nm *kind of nougat.*

tour-opérateur [turɔperatœr] *(pl* **tour-opérateurs***)* nm tour operator.

tourte [turt] nf **1.** [tarte] pie / *tourte aux poires / épinards* pear / spinach pie **2.** [pain rond] round loaf **3.** *fam & vieilli* [balourd] dumbo, thicko UK, dumbbell US.

tourteau, x [turto] nm **1.** [crabe] ▸ **tourteau (dormeur)** (edible) crab **2.** AGR oil cake, cattle-cake **3.** CULIN ▸ **tourteau fromagé** ≃ baked cheesecake.

tourtereau, x [turtəro] nm ORNITH young turtledove.

❖ **tourtereaux** nmpl *hum* lovebirds / *où sont les tourtereaux?* [à un mariage] where's the happy couple?

tourterelle [turtərɛl] nf turtledove ▸ **tourterelle turque** collared dove.

tourtière [turtjɛr] nf **1.** [plat] pie dish ou plate **2.** QUÉBEC CULIN meat pie.

tous *(adj* [tu], *pron* [tus]*)* adj & pron indéf mpl ⟶ tout.

Toussaint [tusɛ̃] nf RELIG ▸ **(le) jour de la Toussaint** All Saints' Day ▸ **un temps de Toussaint** miserable weather.

La Toussaint

All Saints' Day is a public holiday in France. It is the traditional occasion for a visit to the cemetery to lay flowers (usually chrysanthemums) on the graves.

tousser [3] [tuse] vi **1.** MÉD to cough / *je tousse beaucoup / un peu* I have a bad / slight cough **2.** [moteur] to splutter / *le moteur toussa plusieurs fois puis démarra* the engine spluttered several times then came to life.

toussotement [tusɔtmɑ̃] nm (slight) coughing ou cough.

toussoter [3] [tusɔte] vi **1.** MÉD to have a bit of a cough ou a slight cough **2.** [pour prévenir] to give a little ou discreet cough.

tout [tu] *(devant voyelle ou « h » muet* [tut]*)*, **toute** [tut] *(mpl* **tous** *(adj* [tu]*, pron* [tus]*), fpl* **toutes** [tut]*)*

◆ adj qualificatif *(au singulier)* **1.** [entier] all (the), the whole (of the) ▸ **toute la nuit** all night / *elle a parcouru toute la distance en 2 heures* she covered the full distance in 2 hours ▸ **pendant tout le concert** throughout the concert, during the whole concert / *il se plaint toute la journée* he complains all the time ou the whole day long / *tout le village a participé* the whole village took part / *tout le pays était à l'écoute* the whole country was listening / *tout l'intérêt de la pièce réside dans la mise en scène* the whole ou the sole interest of the play is in the production / *la grève a duré tout un mois* the strike lasted a whole month ▸ **toute une journée** a whole day / *tout ceci / cela* all (of) this / that / *toute cette histoire* this whole story / *tout ce travail pour rien!* all this work for nothing! ▸ **j'ai tout mon temps** I've plenty of time ou all the time in the world / *tout mon courage / enthousiasme a disparu* all my courage / enthusiasm has gone ▸ **toute ma fortune** my whole fortune / *il doit venir avec toute sa famille* he's supposed to be coming with his whole family / *ils se sont aimés toute leur vie* they loved each other all their lives ▸ **avec lui, c'est tout l'un ou tout l'autre** with him, it's either (all) black or (all) white **2.** [devant un nom propre] all / *tout Vienne l'acclamait* she was the toast of all Vienna / *j'ai visité tout Paris en huit jours* I saw all ou the whole of Paris in a week / *il a lu tout Racine* he's read the whole ou the complete works of Racine ▸ **il a lu tout «les Misérables» / tous les «Mémoires» de Saint-Simon** he's read the whole of "Les Misérables" / all of Saint-Simon's "Mémoires" **3.** [devant un nom sans article] : *on a tout intérêt à y aller* it's in our every interest to go / *c'est en toute liberté que j'ai choisi* I made the choice completely of my own free will ▸ **rouler à toute vitesse** to drive at full ou top speed / *en toute franchise / simplicité* in all sincerity / simplicity ▸ **c'est de toute beauté** it's extremely beautiful **4.** [avec une valeur emphatique] : *c'est toute une affaire!* it's quite a to-do! / *c'est toute une expédition pour y aller!* getting there involves quite a trek! / *c'est tout un travail de le nourrir!* feeding him's quite a job! **5.** *(comme adv)* [entièrement] completely / *elle était toute à son travail* she was completely absorbed in her work / *elle était toute de bleu vêtue* she was dressed completely in blue **6.** [unique, seul] only / *c'est tout l'effet que ça te fait?* is that all it means to you? / *ma fille est tout mon bonheur* my daughter is my sole ou only source of happiness / *pour tout remerciement on m'a renvoyé* by way of thanks I got fired / *pour toute indemnité, j'ai reçu 300 euros* 300 euros was the only compensation I got / *pour toute famille il n'avait qu'une cousine éloignée* one distant cousin was all the family he had **7.** [suivi d'une relative] ▸ **tout ce qu'on dit** everything people say / *il représente tout ce que je déteste* he embodies all the things ou everything I hate / *tout ce qui me gêne, c'est la différence d'âge* the only thing ou all I'm worried about is the age difference / *tout ce que l'entreprise compte de personnel qualifié* the company's entire qualified workforce ▸ **ils s'amusaient tout ce qu'ils savaient** they were having a whale of a time ▸ **tout ce qu'il y a de** : *ses enfants sont tout ce qu'il y a de bien élevés* his children are very well-behaved ou are models of good behaviour / *tout ce qu'il y a de gens honnêtes a signé la pétition* all decent and upright people signed the petition / *ce projet est tout ce qu'il y a de plus sérieux* this project couldn't be more serious.

◆ dét *(adj indéf)*

A. AU SINGULIER

B. AU PLURIEL

A. AU SINGULIER [chaque, n'importe quel] any, all, every / *tout citoyen a des droits* every citizen has rights, all citizens have rights / *toute personne ayant vu l'accident* any person who witnessed the accident ▸ **tout changement les inquiète** the slightest change worries them / *toute faute sera pénalisée* all mistakes will be penalized without exception ▸ **pour tout renseignement, écrivez-nous** for further information, write to us ▸ **pour éviter tout tracas** to avoid any worries / *à tout âge* at any age / *à toute heure* at any hour, at any time / *à toute heure du jour et de la nuit* at any hour of the day or night / **'sandwiches à toute heure'** 'sandwiches available at all times' ▸ **de tout temps** since time immemorial, from the beginning of time / *en toute occasion, il cherche à rendre service* he takes any opportunity to be of service, he is always eager to be of service ▸ **en tout temps** throughout ou all through history ▸ **tout autre** anybody else / *tout autre que lui aurait refusé* anyone other than him ou anybody else would have refused ▸ **toute peine mérite salaire** *prov* the labourer is worthy of his hire *prov.*

B. AU PLURIEL **1.** [exprimant la totalité] all / *tous les hommes* all men, the whole of mankind ▸ **tous les gens** everybody, everyone / *pour toutes les personnes concernées* for all (the people) concerned / *je veux tous les détails* I want all the details ou the full details / *nous avons essayé tous les traitements* we've tried all the treatments ou every (single) treatment available / *tous vos commentaires et remarques seront publiés* all your comments and remarks will be published / *ça se vend maintenant à tous les coins de rue* it's now sold on every street corner / *tous ceux-ci / ceux-là* all (of) these / those **2.** [devant un numéral] : *ils viennent tous les deux* both of them ou the two of them are coming / *quand nous sommes tous les deux* when we're on our own, when there's just the two of us / *ils nous ont invitées toutes les quatre* they've invited the ou all four of us / *toutes deux iront* both of them will go / *nous avons tous deux les mêmes goûts* we both have the same tastes ▸ **tous (les) trois** all three of them **3.** [devant un nom sans article] : *ils étaient 150 000, toutes disciplines / races confondues* there were 150,000 of them, taking all disciplines / races together ▸ **champion toutes catégories** overall champion / *il roulait tous feux éteints* he was driving with his lights off / *je dois le rencontrer toutes affaires cessantes* I must meet him forthwith / *Munich, Mexico, Séoul, toutes villes qui ont reçu les jeux Olympiques* Munich, Mexico, Seoul, all (of them) cities which have hosted the Olympic Games / *il est mon préféré à tous égards* I like him best in every respect **4.** [exprimant la périodicité] every ▸ **tous les jours** every day / *tous les lundis* every Monday / *le magazine paraît toutes les semaines / tous les mois* the magazine comes out every week / month / *toutes les deux semaines* every other week, every second week, every two weeks / *à prendre toutes les quatre heures* to be taken every four hours ou at four-hourly intervals / *toutes les fois qu'on s'est rencontrés* every time we've met / *tous les 100 mètres* every 100 metres.

◆ pron indéf

A. AU SINGULIER

B. AU PLURIEL

A. AU SINGULIER everything, all; [n'importe quoi] anything / *j'ai tout jeté* I threw everything away / *c'est moi qui ai tout fait* I did it all / *il se plaint toujours de tout* he's always complaining about everything / *il me dit tout* he tells me everything, he has no secrets from me ▸ **dis-moi tout** tell me all about it / *t'as tout compris!* *fam* that's it!, that's right! / *c'est tout dire* that says it all / *elle est bonne en tout* she's good at everything, she's a good all-rounder ▸ **il mange de tout** he eats anything / *il est prêt à tout* he's ready for anything / *capable de tout* capable of anything / *pour lui tout était prétexte à plaisanter* he would make a joke out of anything ▸ **c'est tout** that's all / *ce sera tout pour aujourd'hui* that will be all for today ▸ **ce sera tout?** [dans un magasin] will be that all?, anything else? / *ce n'est pas tout* that's not all / *il a du culot! — attendez, ce n'est pas tout!* he's got some nerve! — wait, there's more to come ou that's not all! / *ce n'est pas tout de faire des enfants, il faut les élever ensuite* having children is one thing, but then you've got to bring them up ▸ **être tout pour qqn** to be everything for sb, to mean everything to sb / *et tout et tout* *fam* and all that (sort of thing) / *elle t'envoie ses amitiés et tout et tout* she sends her regards and all that sort of thing / *il y avait des bougies, de la musique et tout et tout* there were candles, music and all that sort of thing ou and the whole works *hum* / *on aura tout vu!* now I've ou we've seen everything! ▸ **tout est là a)** [objets] that's everything **b)** [problème] that's the whole point ou the crux of the matter ▸ **tout ou partie** all or part / *vous serez remboursé tout ou partie* you'll get all or part of your money back ▸ **tout ou rien** all or nothing / *avec toi c'est tout ou rien* with you, it's all or nothing ou one extreme or the other / *c'est tout sauf du foie gras* it's anything but foie gras / *il est tout sauf un génie* call him anything but not a genius / *tout se passe comme si…* it's as though… ▸ **à tout faire** [produit] all-purpose / *tout bien considéré, tout bien réfléchi* all things considered ▸ **tout bien pesé** after weighing up the pros and the cons / *il a tout de l'escroc* he's your typical crook / *il a tout de son père* he's every bit like his father.

B. AU PLURIEL **1.** [désignant ce dont on a parlé] : *il y a plusieurs points de vue, tous sont intéressants* there are several points of view, they are all interesting / *j'adore les prunes — prends-les toutes* I love plums — take them all ou all of them **2.** [avec une valeur récapitulative] all / *Jean, Pierre, Jacques, tous voulaient la voir* Jean, Pierre, Jacques, they all wanted to see her / *ce sont tous banquiers et gens de finance* they're all bankers and financiers / *c'est tous feignants et compagnie!* *fam* they're just a bunch of idlers! **3.** [tout le monde] : *vous m'entendez tous?* can you all hear me? / *à vous tous qui m'avez aidé, merci* to all of you who helped me, thank you / *écoutez-moi tous!* listen to me, all of you! ▸ **des émissions pour tous** programmes suitable for all (audiences) / *jeu pour tous* game suitable for all ages ou any age-group ▸ **tous ensemble** all together ▸ **tous tant ou autant que nous sommes** all of us, every (single) one of us.

❖ **tout, toute, toutes** adv *(s'accorde en genre et en nombre devant un adj f commençant par une consonne ou un 'h' aspiré)* **1.** [entièrement, tout à fait] quite, very, completely / *ils étaient tout seuls* they were quite ou completely alone ▸ **la ville tout entière** the whole town ▸ **tout neuf** brand new ▸ **tout nu** stark naked ▸ **tout cru** (totally) raw ▸ **un tout jeune homme** a very young man / *elle était tout émue* she was very moved / *sa chevelure était toute hérissée* his / her hair was all messy / *elle est rentrée toute contente* she came back very happy / *ses tout premiers mots* his / her very first words / *les tout premiers temps* at the very beginning / *une robe tout en dentelle* a dress made of lace / *être tout en sueur* to be running with ou bathed in sweat, to be all sweaty / *le jardin est tout en longueur* the garden is just one long strip / *le porche est tout en marbre* the porch is all in marble ou made entirely of marble / *un de nos tout meilleurs acteurs* one of our very best actors / *arriver parmi les tout premiers* to be one of the very first to arrive / *j'étais tout gêné* I was quite ou most ou very embarrassed ▸ **toute mouillée** wet ou soaked through, drenched ▸ **être tout occupé à faire qqch** to be very busy doing sthg / *elles étaient toutes surprises de le voir* they were most ou very surprised to see him / *je t'aime tout autant qu'autrefois* I love you just as much as I did before / *tout simplement / autrement* quite simply / differently / *téléphone-moi, tout simplement* just phone me, that's the easiest (way) ▸ **une toile tout coton** a 100% cotton cloth, an all cotton material / *elle était tout efficacité* she was the very model of efficiency / *il est toute bonté / générosité* he is goodness / generosity itself / *ça, c'est tout lui!* that's typical of him ou just like him! **2.** [en intensif] ▸ **tout en haut / bas** right at the top / bottom / *tout au début* right at the beginning ▸ **c'est tout près** it's very close / *il roulait tout doucement* he was driving very ou extremely slowly / *tout à côté de moi* right next to me / *c'est tout près d'ici* it's very close to here, it's a stone's throw (away) from here / *tout contre le mur* right up against the wall / *c'est tout le contraire!* it's quite the opposite! **3.** [déjà] ▸ **tout prêt** ou **préparé** ready-made / *tout bébé, elle dansait déjà* even as a baby, she was already dancing ▸ **on verra — c'est tout vu!** we'll see — it's already decided! **4.** *(avec un gérondif)* [indiquant la simultanéité] : *on mangera tout en marchant* we'll eat while we're walking / *tout en tricotant* while knitting ; [indiquant la concession] : *tout en avouant son ignorance dans ce domaine, il continuait à me contredire* although he'd confessed his ignorance in that field, he kept on contradicting me.

❖ **tout** nm **1.** [ensemble] whole ▸ **former un tout** to make up a whole / *je vous vends le tout pour 90 euros* you can have the whole lot for 90 euros / *versez le tout dans un bol* put the whole mixture into a bowl / *mon tout est un instrument de musique* [dans une charade] my whole ou all is a musical instrument **2.** ▸ **le tout** [l'essentiel] the main ou the most important thing / *le tout c'est de ne pas bafouiller* the most important thing is not to stutter ▸ **ce n'est pas le tout, mais je dois partir** *fam* that's all very well, but I've got to go now ▸ **ce n'est pas le tout de critiquer, il faut pouvoir proposer autre chose** it's not enough to criticize, you've got to be able to suggest something else ▸ **le tout pour le tout** : *jouer* ou *risquer le tout pour le tout* to risk (one's) all ▸ **tenter le tout pour le tout** to make a (final) desperate attempt ou a last ditch effort ▸ **c'est un tout** it's all the same, it makes no difference ▸ **à quand le tout informatique?** when will everything be computerized? ▸ **la politique du tout ou rien** an all-or-nothing policy ▸ **changer du tout au tout** to change completely.

❖ **du tout** loc adv not at all / *je vous dérange? — du tout, du tout!* am I disturbing you? — not at all ou not in the least! / *elle finissait son café sans du tout se soucier de notre présence* she was finishing her coffee without paying any attention to us at all ou whatsoever.

❖ **en tout** loc adv **1.** [au total] in total, in all / *cela fait 38 euros en tout* that comes to 38 euros in all ou in total **2.** [exactement] exactly, entirely / *la copie est conforme en tout à l'original* the copy matches the original exactly.

❖ **en tout et pour tout** loc adv (all) in all / *en tout et pour tout, nous avons dépensé 400 euros* all in all, we've spent 400 euros.

❖ **tout à coup** loc adv all of a sudden, suddenly.

❖ **tout à fait** loc adv **1.** [complètement] quite, fully, absolutely / *je suis tout à fait rassuré* I'm fully ou quite reassured / *en es-tu tout à fait conscient?* are you fully aware of it? / *je vous comprends tout à fait* I understand you perfectly well / *ce n'est pas tout à fait exact* it's not quite correct / *n'ai-je pas raison? — tout à fait!* am I right? — absolutely! **2.** [exactement] exactly / *c'est tout à fait ce que je cherche / le même* it's exactly what I've been looking for / the same **3.** [oui] certainly / *vous faites les retouches? — tout à fait* do you do alterations? — certainly (we do).

❖ **tout de même** loc adv **1.** [malgré tout] all the same, even so / *j'irai tout de même* all the same, I'll still go **2.** [en intensif] : *tout de même, tu exagères!* steady on!, that's a bit much!

❖ **tout de suite** loc adv **1.** [dans le temps] straight away, right away, at once / *apporte du pain — tout de suite!* bring some bread — right away! **2.** [dans l'espace] immediately / *tournez à gauche tout de suite après le pont* turn left immediately after the bridge.

❖ **tout... que** loc conj ▸ **tout directeur qu'il est** ou **qu'il soit,...** he may well be the boss,... / *tout policier qu'il est, je n'ai pas peur de lui* I don't care if he is a policeman, I'm still not afraid of him / *toute enthousiaste qu'elle soit, elle n'en devra pas moins attendre* however enthusiastic she is, she'll still have to wait.

tout-à-l'égout [tutalegu] nm inv main ou mains drainage, main sewer / *avez-vous le tout-à-l'égout?* are you connected to the main sewer?

Toutankhamon [tutɑ̃kamɔ̃] npr Tutankhamen, Tutankhamun.

toute [tut] ⟶ **tout** *(adj qualificatif, dét, pron, etc.)*.

toute-épice [tutepis] (*pl* **toutes-épices** [tutepis]) nf allspice.

toutefois [tutfwa] adv however, nevertheless / *toutefois, j'ai* ou *j'ai toutefois omis un détail important* I have however ou nevertheless omitted an important detail / *c'est un homme généreux, toutefois peu l'apprécient* he's a generous man, yet he's disliked by many / *je lui parlerai, si toutefois il veut bien me recevoir* I'll talk to him, that is, if he'll see me / *elle n'est guère patiente, sauf, toutefois, avec ses enfants* she's not exactly patient, except, however, with her children.

toute-puissance [tutpɥisɑ̃s] nf sg omnipotence, all-powerful influence.

toutes [tut] fpl ⟶ **tout** *(dét et pron indéf)*.

toutou [tutu] nm *fam* **1.** [chien] doggie, bow-wow **2.** [personne docile] lapdog ▸ **filer** ou **obéir comme un (petit) toutou** to be a lapdog.

Tout-Paris [tupaʀi] nm ▸ **le Tout-Paris** the Parisian smart set / *le Tout-Paris y était* everyone who's anyone in Paris was there.

tout-petit [tup(ə)ti] (*pl* **tout-petits**) nm [qui ne marche pas] infant ; [qui marche] toddler / *un livre / une émission pour les tout-petits* a book / a programme for the very young.

tout-puissant, toute-puissante [tupɥisɑ̃, tutpɥisɑ̃t] (*mpl* **tout-puissants**, *fpl* **toutes-puissantes**) adj **1.** [influent] omnipotent, all-powerful **2.** RELIG almighty.

Tout-Puissant [tupɥisɑ̃] npr m ▸ **le Tout-Puissant** the Almighty.

tout(-)terrain [tuteʀɛ̃] ◆ adj inv cross-country *(modif)*. ◆ nm inv dirt-track driving ou riding. ◆ nf inv cross-country car ou vehicle.

tout-venant [tuvnɑ̃] nm inv **1.** [choses] everyday things ; [personnes] ordinary people / *des places d'opéra qui ne sont pas pour le tout-venant* opera tickets that are beyond the means of ordinary people **2.** MIN crude ore.

toux [tu] nf cough / *toux grasse / nerveuse / sèche* loose / nervous / dry cough.

toxémie [tɔksemi] nf toxaemia UK, toxemia US.

toxicité [tɔksisite] nf toxicity.

toxico [tɔksiko] nmf *fam* druggie.

toxicologie [tɔksikɔlɔʒi] nf toxicology.

toxicologique [tɔksikɔlɔʒik] adj toxicological.

toxicologue [tɔksikɔlɔg] nmf toxicologist.

toxicomane [tɔksikɔman] ◆ adj drug-addicted. ◆ nmf drug addict.

toxicomaniaque [tɔksikɔmanjak] adj drug-addiction-related, toxicomaniac *spéc.*

toxicomanie [tɔksikɔmani] nf drug addiction.

toxicose [tɔksikoz] nf infant toxicosis.

toxidermie [tɔksidɛʀmi] nf toxicodermatitis.

toxi-infectieux, euse [tɔksiɛ̃fɛksjø, øz] (*mpl* **toxi-infectieux**, *fpl* **toxi-infectieuses**) adj toxi-infectious.

toxine [tɔksin] nf toxin.

toxique [tɔksik] ◆ adj toxic, poisonous. ◆ nm poison, toxin.

toxoplasmose [tɔksɔplasmoz] nf toxoplasmosis.

TP ◆ nmpl **1.** abr de **travaux pratiques 2.** abr de **travaux publics.** ◆ npr m abr de **Trésor public.**

TPE [tepeø] ◆ nmpl (abr de **travaux personnels encadrés**) ÉDUC GIS. ◆ nf (abr de **très petite entreprise**) VSB.

TPG nm abr de **trésorier payeur général.**

tps abr écrite de **temps.**

tr (abr écrite de **tour**) rev.

trac¹ [tʀak] nm [devant un public] stage fright ou nerves ; [à un examen] exam nerves ▸ **avoir le trac** to have the jitters / *j'avais le trac avant mon entretien* I had butterflies before the interview.

trac² [tʀak] ❖ **tout à trac** loc adv *vieilli* out of the blue, just like that / *elle a dit ça tout à trac* she just came out with it, she blurted it out all of a sudden.

traçabilité [tʀasabilite] nf traceability.

traçage [tʀasaʒ] nm **1.** [d'un trait, d'une figure] drawing ; [d'une inscription] writing ou tracing (out) ; [d'un itinéraire] plotting (out) **2.** MIN horizontal working **3.** TECHNOL marking, scribing.

traçant, e [tʀasɑ̃, ɑ̃t] adj **1.** ARM [projectile] tracer *(modif)* **2.** BOT running, creeping.

tracas [tʀaka] ◆ nm [ennui, embarras] ▸ **du tracas** worry, upset / *cette affaire lui cause bien du tracas* this business is causing her a lot of worry ou upset. ◆ nmpl [soucis matériels ou financiers] troubles / *tous les tracas engendrés par le chômage* all the troubles caused by being unemployed.

tracasser [3] [tʀakase] vt [suj: situation] to worry, to bother ; [suj: enfant] to worry / *son état de santé actuel me tracasse* I'm worried about the current state of his health.

❖ **se tracasser** vpi to worry / *ne te tracasse plus pour cela* don't give it another thought.

tracasserie [tʀakasʀi] nf *(souvent au pl)* petty annoyance / *faire face à des tracasseries administratives* to put up with a lot of frustrating redtape.

tracassier, ère [tʀakasje, ɛʀ] adj [administration, fonctionnaire] pettifogging ; [personne] awkward, difficult.

trace [tʀas] nf **1.** [empreinte - d'un animal] track, trail, spoor ; [- d'un fugitif] trail ▸ **des traces de pas** footprints, footmarks ▸ **des traces de pneus** tyre ou wheel marks ▸ **suivre la trace** ou **les traces de qqn, marcher sur les traces de qqn** *fig* to follow in sb's footsteps **2.** [d'un coup, de brûlures, d'une maladie] mark / *il portait des traces de coups* his body showed signs of having been beaten / *elle a quelques traces de varicelle* she's got some chickenpox scars **3.** [marque, indice] trace, smear / *mon manteau a des traces d'usure* my coat is showing signs of wear / *il y a des traces de doigts sur la vitre* there are fingermarks on the window pane / *des traces de sang sur le sol* traces of blood on the ground / *ses larmes n'avaient laissé aucune trace sur son visage* her face bore no trace of the tears she had shed / *sans laisser de traces* without (a) trace / *pas la moindre trace d'effraction* no sign ou evidence ou trace of a break-in / *on dirait des traces de préparatifs* it looks as if somebody is getting ready for something / *quelques traces de lutte* some signs of fighting / *elle a laissé des traces de son passage* you can see she's been here / *il n'y a pas trace d'elle* ou *aucune trace d'elle* no sign of her (anywhere) ▸ **ne pas trouver trace de qqch** to find no trace of sthg / *on ne trouve pas trace de votre dossier* your file cannot be traced, there's no trace of your file **4.** [quantité infime] trace / *on a retrouvé des traces d'arsenic dans le thé* traces of arsenic have been found in the tea / *elle parle sans la moindre trace d'accent* she speaks without the slightest trace ou hint of an accent **5.** [vestige] trace / *on y a retrouvé les traces d'une civilisation très ancienne* traces of a very ancient civilization have been discovered there **6.** [marque psychique] mark / *la mort de son père a laissé en lui des traces profondes* his father's death left an indelible mark on him / *une telle épreuve laisse forcément des traces* such an ordeal is bound to take its toll **7.** *(comme adj)* CHIM ▸ **élément trace** trace element **8.** ÉLECTRON ▸ **trace acoustique** sound track **9.** MATH & PSYCHOL trace **10.** SPORT trail / *faire la trace* to break a trail ▸ **trace directe** straight running.

❖ **à la trace** loc adv **1.** [d'après les empreintes] ▸ **suivre à la trace** [fuyard, gibier] to track (down) / *il était blessé, ils l'ont suivi à la trace* he was wounded and they followed his trail **2.** *fam & fig* ▸ **on peut le suivre à la trace, il sème ses stylos partout** he's easy to track down, he leaves his pens lying around all over the place.

❖ **sur la trace de** loc prép [à la recherche de] on the trail of ou track of / *ils sont sur la trace du bandit / d'un manuscrit* they are on the bandit's trail / tracking down a manuscript.

tracé [tʀase] nm **1.** [représentation - d'une ville, d'un réseau] layout, plan / *faire le tracé d'une route* to lay out ou to plan a road *(on paper)* **2.** [chemin suivi - par un fleuve] course ; [- par une voie] route **3.** [ligne - dans un graphique] line ; [- dans un dessin] stroke, line ; [contour

-d'un littoral] outline **4.** TRAV PUB tracing, marking out *(on site)*.

tracer [16] [tʀase] ◆ vt **1.** [trait, cercle, motif] to draw / ***tracer une circonférence / ligne*** to draw a circumference / line / ***vous nous tracez un tableau pessimiste de l'avenir*** you're painting a less than rosy picture of our future **2.** [inscription, mot] to write / ***à 5 ans, ils ont encore du mal à tracer les chiffres et les lettres*** at 5 years old they still have difficulty forming numbers and letters / ***au bas du tableau, il avait tracé quelques mots*** he had written a few words at the bottom of the blackboard **3.** [marquer l'emplacement de -itinéraire] to trace, to plot ; [-chemin, terrain] to mark ou to stake ou to lay out *(sép)* / ***tracer les allées d'un parc*** to lay out the paths in a park / ***tracer une route à travers la brousse*** to plot the course of a road through the bush **4.** *fig* [indiquer] to map out *(sép)*, to plot ▸ **tracer une ligne de conduite pour qqn** to plot a course of action for sb ▸ **tracer le chemin** ou **la route** ou **la voie à qqn** to mark out ou to pave the way for sb **5.** MATH : ***tracer le graphe d'une fonction*** to plot the graph of a (mathematical) function **6.** MIN to open up *(sép)* **7.** TECHNOL to mark, to scribe. ◆ vi **1.** *fam* [aller très vite] to shift UK, to barrel along US / ***elle trace, ta bagnole !*** your car goes like a bomb !, your car doesn't half shift UK ou barrels right along US **2.** SUISSE ▸ **tracer après qqn** [le poursuivre] to chase sb **3.** BOT [racine] to spread.

traceur, euse [tʀasœʀ, øz] ◆ adj ARM & PHYS tracer *(modif)*. ◆ nm, f TECHNOL scriber.

❖ **traceur** nm **1.** NUCL & PHYS tracer **2.** [pour dessins] tracer ; [d'un appareil enregistreur] pen **3.** INFORM ▸ **traceur de courbes** graph plotter **4.** IMPR [machine] wide format printer ; [épreuve] printer's proof.

trachéal, e, aux [tʀakeal, o] adj tracheal.

trachée [tʀaʃe] nf **1.** ANAT trachea *spéc*, windpipe **2.** ZOOL trachea **3.** BOT trachery elements, trachea.

trachée-artère [tʀaʃeaʀtɛʀ] *(pl* **trachées-artères**) nf ANAT trachea.

trachéen, enne [tʀakeɛ̃, ɛn] adj tracheal.

trachéite [tʀakeit] nf tracheitis.

trachéo-bronchite *(pl* **trachéo-bronchites**), **trachéobronchite*** [tʀakeɔbʀɔ̃ʃit] nf tracheobronchitis.

trachéotomie [tʀakeɔtɔmi] nf tracheotomy.

trachomateux, euse [tʀakɔmatø, øz] adj trachomatous.

trachome [tʀakom] nm trachoma.

trachyte [tʀakit] nf trachyte.

tract [tʀakt] nm pamphlet, leaflet, tract ▸ **distribuer des tracts (à)** to leaflet.

tractable [tʀaktabl] adj towable.

tractations [tʀaktasjɔ̃] nfpl dealings, negotiations / ***des tractations eurent lieu et l'affaire fut étouffée*** negotiations took place and the whole business was hushed up.

tracté, e [tʀakte] adj motor-drawn.

tracter [3] [tʀakte] vt to tow, to pull.

tracteur, trice [tʀaktœʀ, tʀis] adj **1.** AUTO towing *(avant nom)* **2.** [en hydrologie] ▸ **force** ou **puissance tractrice** (critical) tractive force.

❖ **tracteur** nm **1.** AGR tractor **2.** AUTO ▸ **tracteur routier** tractor.

traction [tʀaksjɔ̃] nf **1.** [mode de déplacement] traction, haulage ▸ **traction animale / mécanique** animal / mechanical traction, animal / mechanical haulage **2.** AUTO ▸ **une Traction** a vintage Citroën, an old front-wheel drive Citroën ▸ **traction avant** [système] front-wheel drive **3.** MÉD traction **4.** PHYS traction ▸ **force de traction** tractive force ▸ **résistance à la traction** tensile strength **5.** RAIL [force] traction ▸ **la traction** *department dealing with the maintenance and driving of engines* ▸ **traction électrique / à vapeur** electric / steam traction ▸ **traction en unité multiple** multiple-unit traction **6.** SPORT [sur une barre] pull-up ; [au sol] press-up UK, push-up US.

tractopelle [tʀaktɔpɛl] nf backhoe.

tractoriste [tʀaktɔʀist] nmf tractor driver.

tractus [tʀaktys] nm tract ▸ **tractus digestif** digestive tract.

trad. [tʀad] nf *fam* **abr de traduction.**

trader [tʀedœʀ] nm trader.

trade-union [tʀɛdjunjɔn] *(pl* **trade-unions**) nf (trade) union.

tradition [tʀadisjɔ̃] nf **1.** [ensemble des coutumes] tradition / ***la tradition veut qu'elle soit née ici*** tradition has it that she was born here / ***selon la tradition bretonne*** according to Breton tradition / ***c'est dans la plus pure tradition écossaise*** it's in the best Scottish tradition ▸ **tradition populaire** folk tradition **2.** [usage] tradition, custom / ***dans notre famille, c'est une tradition*** it's a family tradition **3.** DR tradition, transfer **4.** RELIG ▸ **la Tradition** Tradition.

❖ **de tradition** loc adj traditional / ***c'est de tradition*** it's traditional ou a tradition / ***il est de tradition de / que…*** it's a tradition to / that…

traditionalisme [tʀadisjɔnalism] nm **1.** [gén] traditionalism **2.** RELIG Traditionalism.

traditionaliste [tʀadisjɔnalist] adj & nmf traditionalist.

traditionnel, elle [tʀadisjɔnɛl] adj **1.** [fondé sur la tradition] traditional / ***une interprétation traditionnelle d'un texte*** a conventional interpretation of a text **2.** [passé dans les habitudes] usual, traditional / ***la date traditionnelle de la remise des prix*** the traditional ou usual date for the prize-giving / ***le traditionnel baiser de la mariée*** the time-honoured tradition of kissing the bride.

traditionnellement [tʀadisjɔnɛlmɑ̃] adv **1.** [selon la tradition] traditionally **2.** [comme d'habitude] as usual, as always / ***un secteur industriel traditionnellement déficitaire*** an industrial sector which usually ou traditionally runs at a loss.

traducteur, trice [tʀadyktœʀ, tʀis] nm, f translator.

❖ **traducteur** nm **1.** TECHNOL transducer **2.** INFORM translator.

❖ **traductrice** nf translating ou translation machine.

traduction [tʀadyksjɔ̃] nf **1.** [processus] translating, translation / ***son roman perd beaucoup à la traduction*** her novel loses a lot in translation / ***traduction de l'espagnol en allemand*** translation from Spanish into German ▸ **traduction assistée par ordinateur** computer ou machine (assisted) translation ▸ **traduction automatique** automatic translation ▸ **traduction littérale** literal ou word-for-word translation ▸ **traduction simultanée** simultaneous translation **2.** [texte] translation / ***acheter une traduction de « Guerre et Paix »*** to buy a translation of "War and Peace" **3.** [transposition] expression / ***la traduction musicale de sa passion*** the expression of his passion in music, the musical expression of his passion.

traduire [98] [tʀadɥiʀ] vt **1.** [écrivain, roman, terme] to translate / ***livre traduit de l'anglais*** book translated from (the) English / ***traduire du russe en chinois*** to translate from Russian ou out of Russian into Chinese / ***la première phrase est mal traduite*** the first sentence is badly translated, the translation of the first sentence is wrong / ***elle est peu traduite en Europe*** very few of her works are translated in Europe **2.** [exprimer -pensée, sentiment] to express, to reflect, to convey ; [-colère, peur] to reveal, to indicate / ***la gourmandise ne traduit pas toujours un manque d'affection*** greediness isn't always an indication ou a sign of a lack of affection **3.** DR ▸ **traduire qqn en justice** to bring sb before the courts, to prosecute sb.

❖ **se traduire** vp *(emploi passif)* : ***la phrase peut se traduire de différentes façons*** the sentence can be translated ou rendered in different ways.

❖ **se traduire par** vp + prép **1.** [avoir pour résultat] : ***cela se traduit par des changements climatiques profonds*** it results in ou entails radical changes in the climate / ***la sécheresse s'est traduite par une baisse de la production agricole*** agricultural production fell as a result of the drought **2.** [être exprimé par] : ***son émotion se traduisit par des larmes*** his emotion found expression in tears.

traduisible [tʀadɥizibl] adj translatable / ***le proverbe n'est pas traduisible*** the proverb cannot be translated.

traduisons v ⟶ **traduire.**

traduit, e [tʀadɥi, it] pp ⟶ **traduire.**

Trafalgar [tʀafalgaʀ] npr Trafalgar ▸ **coup de Trafalgar** *fam* underhand trick.

Un coup de Trafalgar

A reference to the French and Spanish naval defeat at the hands of Admiral Nelson's fleet in 1805, the expression **un coup de Trafalgar** is used to refer to any unexpected and damaging setback:

Alors que la société était déjà au plus mal, l'incendie dans les entrepôts a été un véritable coup de Trafalgar. *The company wasn't doing too well, and the fire in the warehouse was just the kind of disaster it didn't need.*

Il nous a fait un coup de Trafalgar en annulant ses vacances à la dernière minute : nous nous sommes retrouvés seuls à régler le montant de la location. *He landed us right in it by cancelling his holiday at the last minute – we had to pay the full price of the let ourselves.*

trafic [tʀafik] nm **1.** [commerce illicite] traffic, trafficking ▸ **trafic d'armes** arms dealing, gunrunning ▸ **le trafic de drogue** ou **de stupéfiants** drug trafficking ▸ **faire du trafic de drogue a)** [gén] to be involved in drug trafficking **b)** [organisateur] to traffic in drugs **c)** [revendeur] to deal in ou to push ou to peddle drugs ▸ **faire trafic de son corps** to sell one's body **2.** *fam* [manigance] fishy business / ***il y a tout un trafic dans le recrutement des cadres*** executive recruitment is a real racket **3.** DR ▸ **trafic d'influence** (bribery and) corruption ou corrupt receiving **4.** TRANSP traffic ▸ **trafic aérien / ferroviaire / maritime / portuaire / routier** air / rail / sea / port / road traffic / ***le trafic est dense / fluide sur l'autoroute*** traffic is heavy / light on the motorway.

traficoter [3] [tʀafikɔte] *fam* ◆ vi ▸ **il traficote** he's a small-time crook, he's into petty dealing. ◆ vt [manigancer] to be up to / ***qu'est-ce que tu traficotes dans ma chambre ?*** what do you think you're up to in my room ?

trafiquant, e [tʀafikɑ̃, ɑ̃t] nm, f dealer, trafficker ▸ **trafiquant de drogue** drug dealer ou trafficker ▸ **trafiquant d'armes** gunrunner, arms dealer.

trafiquer [3] [tʀafike] ◆ vi [faire du commerce illicite] to traffic, to racketeer / ***il a fait fortune en trafiquant pendant la guerre*** he made a fortune on the black market during the war / ***trafiquer de sa fonction / de ses relations*** *litt* to make corrupt use of one's position / of one's relationships. ◆ vt *fam* **1.** [falsifier, altérer -comptabilité, résultats électoraux] to doctor ; [-vin] to adulterate ; [-compteur électrique] to tamper with *(insép)* ; [-compteur kilométrique] to rig **2.** *fam* [manigancer] to be up to / ***qu'est-ce que tu trafiques là-dedans ?*** what are you doing ou what are you up to in there ? / ***je me demande ce qu'ils trafiquent*** I wonder what they're up to.

tragédie [tʀaʒedi] nf **1.** LITTÉR tragedy / ***les tragédies d'Euripide*** the tragedies of Euripides **2.** THÉÂTRE tragedy / ***c'est dans la tragédie qu'elle a atteint au sublime*** she reached the summit of her art in tragic roles / ***c'est dans la tragédie qu'elle a créé ses plus beaux rôles*** her greatest roles were tragic ones **3.** [événement funeste] tragedy, disaster, calamity / ***l'émeute a tourné à la tragédie*** the riot had a tragic outcome.

tragédien, enne [tʀaʒedjɛ̃, ɛn] nm, f tragedian (tragedienne), tragic actor (actress).

*In reformed spelling (see p. 16-19).

tragi-comédie (*pl* tragi-comédies), **tragicomédie*** [tʀaʒikɔmedi] nf **1.** LITTÉR tragi-comedy **2.** *fig* tragi-comic saga / *leur liaison est une perpétuelle tragi-comédie* their love affair is one long series of ups and downs.

tragi-comique (*pl* tragi-comiques), **tragicomique*** [tʀaʒikɔmik] ◆ adj LITTÉR & *fig* tragicomic / *un incident tragi-comique* an incident that inspires both laughter and tears ou that makes you laugh and cry. ◆ nm LITTÉR ▸ **le tragi-comique** the tragicomic.

tragique [tʀaʒik] ◆ adj **1.** LITTÉR tragic ▸ **le genre tragique** the tragic genre ▸ **un auteur tragique** a tragic author, an author of tragedies, a tragedian **2.** [dramatique] tragic / *un sort tragique* a tragic destiny / *elle a eu une fin tragique* she came to a sad ou tragic end / *ce n'est pas tragique* it's not the end of the world / *ce n'est qu'une chute de vélo, ce n'est pas tragique!* it's only a fall from a bicycle, nothing to worry about! **3.** [angoissé - regard] anguished / *d'une voix tragique, elle commença son récit* she began her story in a doom-laden voice. ◆ nm **1.** LITTÉR ▸ **le tragique** tragedy, tragic art **2.** [auteur de tragédies] tragic author, tragedian / *les tragiques grecs* the Greek tragedians **3.** *fig* tragedy / *le tragique de sa situation* the tragic side ou the tragedy of his situation ▸ **prendre qqch au tragique** to make a tragedy out of sthg / *elle ne prend jamais rien au tragique* she never looks on the dark side of things, she never makes a drama out of things / *tourner au tragique* to take a tragic turn, to go tragically wrong.

tragiquement [tʀaʒikmɑ̃] adv tragically.

trahir [32] [tʀaiʀ] vt **1.** [son camp] to betray / *il a trahi son pays* he was a traitor to ou he betrayed his country ; *(en usage absolu)* : *ceux qui trahissent* traitors, those who betray their country **2.** [renier - idéal, foi] to betray / *elle a trahi la cause de notre jeunesse / de notre parti* she has betrayed the ideals of our youth / the cause of our party **3.** *litt* [tromper - ami, amant] ▸ **trahir qqn** to deceive sb, to be unfaithful to sb **4.** [manquer à] to break, to go against / *trahir sa promesse / ses engagements* to break one's promise / one's commitments / *trahir sa foi* to go against ou to betray one's faith / *trahir la vérité* to distort ou to twist the truth **5.** *sout* [décevoir] to betray ▸ **trahir l'attente de qqn** to fail to live up to sb's expectations ▸ **trahir les intérêts de qqn** to betray sb's interests / *les résultats ont trahi nos espoirs* the results failed to live up to our hopes ou betrayed our hopes **6.** [dénaturer - pensée] to misinterpret, to distort, to do an injustice to ; [- en traduisant] to give a false rendering of / *je ne crois pas trahir votre pensée en disant cela* I don't think I'm misinterpreting your ideas by saying that **7.** [ne pas correspondre à] : *mes paroles ont trahi ma pensée* my words failed to express my true thoughts **8.** [faire défaut à - suj: forces, mémoire] to fail / *si ma mémoire ne me trahit pas* if my memory serves me right / *mes yeux m'auraient-ils trahi?* could my eyes have deceived me? **9.** [révéler] to betray, to give away *(sép)* / *je faillis trahir mes sentiments* I almost revealed my feelings / *trahir un secret* to give away a secret **10.** [démasquer] to give away *(sép)* / *les empreintes qu'ils ont laissées les ont trahis* the fingerprints they left gave them away / *son silence l'a trahie* her silence gave her away **11.** [exprimer] to betray / *son visage ne trahit aucun émoi* he remained stony-faced / *elle s'efforçait de sourire pour ne pas trahir son inquiétude* she did her best to smile so as not to betray her anxiety / *un léger tremblement trahissait sa nervosité* a slight tremble betrayed his nervousness.

❖ **se trahir** vpi **1.** [se révéler] : *l'angoisse se trahissait dans sa voix* her voice betrayed her anxiety **2.** [laisser voir une émotion] to betray o.s., to give o.s. away / *en apprenant la nouvelle elle s'est trahie* when she heard the news she gave herself away **3.** [se faire découvrir] to give o.s. away / *il s'est trahi en faisant du bruit* he gave himself away by making a noise.

trahison [tʀaizɔ̃] nf **1.** DR treason ▸ **haute trahison a)** MIL high treason **b)** POL high treason *(by the President)* **2.** [infidélité] infidelity, unfaithfulness / *elle me soupçonne des pires trahisons* she thinks I'm always being unfaithful to her **3.** [déloyauté] betrayal, disloyalty ▸ **acte de trahison** betrayal / *c'est une pure trahison de ta part de ne pas l'avoir soutenu* you have quite simply betrayed him by not supporting him.

train [tʀɛ̃]

◆ nm

A. TRANSPORTS & TECHNIQUES
B. VITESSE
C. PARTIE DU CORPS

A. TRANSPORTS & TECHNIQUES **1.** [convoi] train ▸ **j'irai t'attendre au train** I'll wait for you at the station / *le train de 9 h 40* the 9:40 train / *il y a beaucoup de trains pour Lyon* there's a very good train service to Lyon / *je prends le train à Arpajon* I catch the train at Arpajon ▸ **être dans le train** to be on the train / **'attention, un train peut en cacher un autre'** 'beware of oncoming trains' ▸ **train autocouchette** car-sleeper train ▸ **train automoteur** motorcoach train ▸ **train de banlieue** suburban ou commuter train ▸ **train direct** non-stop ou through train ▸ **train électrique** JEUX train set ▸ **train express** express train ▸ **train de grande ligne** long distance train, intercity train UK ▸ **train à grande vitesse** high-speed train ▸ **train de marchandises** goods UK ou freight train ▸ **train mixte** goods UK ou freight and passenger train ▸ **les trains de neige** *trains taking holidaymakers to ski resorts* ▸ **train omnibus** slow ou local train / *ce train est omnibus entre Paris et Vierzon* this train stops ou calls at all stations between Paris and Vierzon ▸ **train postal** mail train ▸ **train rapide** fast train ▸ **train supplémentaire** relief train ▸ **train de voyageurs** passenger train ▸ **monter dans** ou **prendre le train en marche** to climb onto ou to jump on the bandwagon / **'Le train sifflera trois fois'** *Zinnemann* 'High Noon' **2.** [moyen de transport] ▸ **le train** rail (transport), train ▸ **j'irai par le** ou **en train** I'll go (there) by train / *elle voyage beaucoup en train* she travels by train a great deal / *j'aime (prendre) le train* I like rail travel ou travelling by train **3.** [voyageurs] train / *tout le train s'est mis à chanter* the whole train started to sing **4.** [file de véhicules] line (of cars) ▸ **train de camions** convoy ou line of lorries UK ou trucks US / *train de flottage* timber raft ▸ **train de péniches** train ou string of barges ▸ **train routier** road train **5.** [ensemble, série] set, batch ▸ **train de réformes** set of reforms ▸ **train de mesures économiques / fiscales** set of economic / tax measures **6.** AÉRON ▸ **train d'atterrissage** landing gear, undercarriage **7.** AGR ▸ **train de bois** logging raft **8.** ASTRONAUT ▸ **train spatial** space train **9.** AUTO ▸ **train avant / arrière** front / rear wheel-axle unit ▸ **train de pneus** set of tyres **10.** MIL ▸ **train des équipages** HIST ≃ the Army Service Corps ▸ **train de combat** (combat ou unit) train ▸ **train régimentaire** supply train ▸ **train sanitaire** hospital train **11.** INFORM [de travaux] stream **12.** MÉCAN ▸ **train d'engrenages** gear train ou set ▸ **train de roulement** set of bearings **13.** MÉTALL ▸ **train de laminoirs** (mill) train **14.** PÉTR ▸ **train de forage** ou **de sonde** (set of) drilling pipes **15.** PHYS ▸ **train d'ondes** wave train.

B. VITESSE **1.** [allure] pace ▸ **accélérer le train a)** [marcheur, animal] to quicken the pace **b)** [véhicule] to speed up / *aller à un train soutenu* to go at a brisk pace ▸ **au** ou **du train où vont les choses** the way things are going, at this rate ▸ **aller à fond de train** ou **à un train d'enfer** to speed ou to race along / *nous sommes rentrés à un train d'enfer* we sped ou raced home ▸ **aller à un train de sénateur** to have a stately gait ▸ **aller bon train** [en marchant] to walk at a brisk pace / *les négociations ont été menées bon train* the negotiations made good progress ▸ **aller son petit train a)** [marcher] to jog along **b)** [agir posément] to do things at one's own pace ▸ **aller son train** to carry on (as normal) **2.** [manière de vivre] ▸ **train de vie** lifestyle, standard of living ▸ **train de maison** (retinue of) servants ▸ **mener grand train** to live in grand style / *on menait grand train chez les Duparc* the Duparcs had a lavish lifestyle ou lived like kings **3.** *litt* [enchaînement de faits] : *le train de la vie quotidienne* the daily grind ou round UK **4.** SPORT [dans une course - de personnes, de chevaux] pacemaker ▸ **gagner au train** to win after setting the pace throughout the race / *mener le train* to set the pace.

C. PARTIE DU CORPS **1.** ZOOL quarters ▸ **train avant** ou **de devant** forequarters ▸ **train arrière** ou **de derrière** hindquarters **2.** *fam* [fesses] backside, butt US ▸ **il nous faisait avancer à coups de pied dans le train** he pushed us on with the occasional kick up the backside ▸ **courir** ou **filer au train de qqn a)** [le suivre partout] to stick to sb like glue **b)** [le prendre en filature] to tail ou to shadow sb.

❖ **en train** ◆ loc adj **1.** [en cours] ▸ **être en train** [ouvrage, travaux] to be under way / *j'ai un tricot en train* I'm knitting something **2.** [personne] ▸ **être en train a)** [plein d'allant] to be full of energy **b)** [de bonne humeur] to be in good spirits ou in a good mood / *je ne me sens pas vraiment en train en ce moment* I don't feel my usual perky self, I am not feeling especially perky at the moment. ◆ loc adv **1.** [en route] ▸ **mettre qqch en train** : *mettre un projet en train* to get a project started / *mettre un roman en train* to start a novel ▸ **se mettre en train** to warm up **2.** [en forme] ▸ **mettre qqn en train** : *le repas m'avait mis en train* the meal had put me in good spirits.

❖ **en train de** loc prép ▸ **être en train de faire qqch** to be (busy) doing sthg / *il est toujours en train de taquiner sa sœur* he's always teasing his sister / *l'opinion publique est en train d'évoluer* public opinion is changing.

traînage, trainage* [tʀɛnaʒ] nm transport by sledge UK ou sled US, sledging *(U)* UK, sledding *(U)* US.

traînailler, trainailler* [tʀɛnaje] *fam* = traînasser.

traînant, e, trainant*, e [tʀɛnɑ̃, ɑ̃t] adj **1.** [lent - élocution] drawling, lazy / *je m'en moque, dit-elle d'une voix traînante* I don't care, she drawled **2.** [qui traîne à terre] trailing / *une robe traînante* a dress that drags along the floor.

traînard, e, trainard*, e [tʀɛnaʀ, aʀd] nm, f *fam* **1.** [lambin] slowcoach UK, slowpoke US **2.** [dans une marche] straggler.

❖ **traînard, trainard*** nm MÉCAN saddle.

traînasser, trainasser* [3] [tʀɛnase] vi *fam* **1.** [errer paresseusement] to loaf ou to hang about / *elle est toujours à traînasser dans les rues* she's always hanging around in the streets **2.** [lambiner dans son travail] to fall behind **3.** [élocution] to drawl / *sa voix traînassait* his voice drawled on.

train-auto [tʀɛ̃oto] (*pl* **trains-autos**) nm car-sleeper train.

traîne, traine* [tʀɛn] nf **1.** VÉT train **2.** MÉTÉOR ▸ **ciel de traîne** cloudy sky *(after a storm)* **3.** NAUT tow **4.** PÊCHE dragnet ▸ **pêche à la traîne** trolling **5.** QUÉBEC ▸ **traîne sauvage** toboggan.

❖ **à la traîne, à la traine*** loc adj : *être* ou *rester à la traîne* [coureur, pays, élève] to lag ou to drag behind / *j'ai beaucoup de travail à la traîne* I've got a big backlog of work.

traîneau, x, traineau*, x [tʀɛno] nm **1.** [véhicule] sleigh, sledge UK, sled US **2.** PÊCHE dragnet.

traînée, trainée* [tʀene] nf **1.** [trace - au sol, sur un mur] trail, streak ; [- dans le ciel] trail / *une traînée de sable* a trail of sand / *l'escargot a laissé une traînée visqueuse derrière lui* the snail has left a slimy trail behind it / *une traînée de sang / peinture* a streak of blood / paint / *une traînée de fumée* a trail of smoke ▸ **se propager** ou **se répandre comme une traînée de poudre** to spread like wildfire **2.** *fam & péj* [prostituée] tart UK, whore **3.** AÉRON ▸ **traînée de condensation** (vapour) trail.

traîner, trainer* [4] [tʀene] ◆ vt **1.** [tirer - gén] to pull ; [- avec effort] to drag, to haul / *elle descendait les escaliers en traînant le sac derrière elle* she was dragging the sack down the stairs (behind her) ▸ **traîner qqn par les pieds** to drag sb (along) by the feet / *traîner les pieds* to shuffle along, to drag one's feet *pr* ▸ **traîner la jambe** ou *fam* **patte** to hobble ou to limp along / *traîner la savate* *fam* to bum around ▸ **traîner qqn dans la boue** ou **la fange** *fig* to drag sb's name through the mud ▸ **traîner un boulet** to have a millstone round one's neck ▸ **traîner ses guêtres** *fam* ou **bottes** *fam* to loaf ou to hang about **2.** [emmener - personne réticente] to drag along *(sép)* ; [- personne non désirée] to trail, to drag about *(sép)* ▸ **traîner qqn chez le dentiste** to drag sb along to the dentist's / *j'ai dû le traîner au concert* I had to drag him with me to the concert **3.** [garder avec soi - fétiche, jouet] to drag around *(sép)* / *elle traîne son nounours partout* she never goes anywhere without her teddy bear **4.** *fam* [avoir] : *toute ma jeunesse, j'ai traîné ce sentiment de culpabilité* throughout my youth I carried around this sense of guilt / *ça fait des semaines que je traîne cette angine* this sore throat has been with ou plaguing me for weeks / *je traîne ce prof depuis trois ans! fam* I've had to put up with this teacher for three years! ◆ vi **1.** [pendre] : *traîner (par terre)* to drag on the floor ou ground **2.** [ne pas être rangé - documents, vêtements] to lie around, to be scattered around ▸ **laisser traîner qqch** to leave sthg lying around **3.** [s'attarder, flâner] to dawdle ; [rester en arrière] to lag ou to drag behind / *ne traîne pas, Mamie nous attend* stop dawdling ou do hurry up, Grandma's expecting us / *traîner en chemin* ou *en route* to dawdle on the way / *j'aime bien traîner sur les quais fam* I like strolling along the banks of the river / *on a traîné dans les musées toute la journée fam* we've been wandering around the museums all day long ; *péj* [errer] to hang about ou around / *il traîne dans tous les bistrots* he hangs around in all the bars / *des chiens traînent dans le village* dogs roam around the village / *fais attention, il y a toujours des flics qui traînent par ici fam* be careful, there are always cops hanging around here / *qu'est-ce que tu fais? — je traîne* what are you doing? — I'm just hanging about **4.** *fig & péj* [maladie, idée] : *elle attrape toutes les maladies qui traînent* she catches every bug that's going around / *des statistiques périmées qui traînent dans tous les livres* outdated statistics still found in every book **5.** *fam & péj* [s'éterniser - affaire, conversation, procédure] to drag on ; [- superstition, maladie] to linger ou to drag on ▸ **traîner en longueur** [discours, négociations] to drag on / *les choses commencent à traîner en longueur!* things are beginning to drag on! / *ça n'a pas traîné!* it didn't take long!, it wasn't long coming! / *déjà mariés? vous n'avez pas traîné!* married already? you didn't hang around, did you? / *faire traîner des pourparlers* / *un procès* to drag out negotiations / a trial **6.** [ralentir - voix] to drawl (out) / *elle a la voix qui traîne* she drawls.

❖ **se traîner, se trainer*** vpi **1.** [blessé] to crawl / *se traîner par terre* to crawl on the floor ou ground / *je me suis traînée jusque chez le docteur fig* I dragged myself to the doctor's ; [manquer d'énergie] : *depuis sa mort, elle se traîne* she just mopes around the place now he's dead **2.** *fam* [conducteur, véhicule] to crawl along, to go at a crawl / *on se traîne!* we're just crawling along!

traîne-savates *(pl* **traîne-savates)**, **traine-savate*** *(pl* **traine-savates)** [tʀɛnsavat] nmf *fam* dosser UK, bum US.

train-ferry [tʀɛ̃feʀi] *(pl* **trains-ferrys** *ou* **trains-ferries)** nm train ferry.

training [tʀeniŋ] nm **1.** VÊT [chaussure] sports shoe, trainer ; [survêtement] tracksuit **2.** PSYCHOL ▸ **training autogène** self-induced relaxation.

train-train *(pl* **train-train)**, **traintrain** *(pl* **train-train** *ou* **traintrains*)** [tʀɛ̃tʀɛ̃] nm routine / *il est venu interrompre mon train-train* he came and disrupted my (daily) routine ▸ **le train-train quotidien** the daily grind.

traire [112] [tʀɛʀ] vt [vache] to milk ; [lait] to draw / *machine à traire* milking machine.

trait [tʀɛ] nm **1.** [ligne] line / *tirer* ou *tracer un trait (à la règle)* to draw a line (with a ruler) / *tout l'esprit de l'affiche est dans le trait* the whole effect of the poster lies in the use of line ▸ **trait ondulé** wavy line ▸ **trait de soulignement** underscore ▸ **d'un trait de plume** with a stroke of the pen ▸ **tirer un trait sur** : *tirons un trait sur cette dispute* let's forget this argument, let's put this argument behind us / *cela fait longtemps que j'ai tiré un trait sur notre relation* I gave up all hope for our relationship long ago / *tirer un trait sur le passé* to turn over a new leaf, to make a complete break with the past / *allez, on tire un trait là-dessus* come on, let's forgive and forget **2.** [marque distinctive - d'un système, d'une œuvre, d'un style] (characteristic) feature ▸ **trait de caractère** (character) trait ▸ **trait pertinent** LING significant feature **3.** [acte] ▸ **trait de bravoure** act of bravery, brave deed ▸ **trait d'esprit** witticism, flash of wit ▸ **trait de générosité** act of generosity ▸ **trait de génie** stroke of genius **4.** *litt* [projectile] shaft, spear ▸ **partir** ou **filer comme un trait** to set off like a shot **5.** [repartie] shaft ▸ **trait satirique** shaft of satire ▸ **trait railleur** taunt, gibe **6.** MUS [psaume] tract ; [passage] run **7.** EXPR ▸ **avoir trait à** [avoir un rapport avec] to have to do ou to be connected with ▸ **ayant trait à** regarding, concerning.

❖ **traits** nmpl [du visage] features / *il a des traits fins* / *grossiers* he has delicate / coarse features / *avoir des* ou *les traits réguliers* to be (classically) good-looking, to have classical good looks ▸ **avoir les traits tirés** to look drawn ▸ **sous les traits de** *fig* : *on l'a présenté sous les traits d'un maniaque* he was portrayed as a maniac.

❖ **à grands traits** loc adv [dessiner, esquisser] roughly, in broad outline / *voici l'intrigue, résumée à grands traits* here's a broad ou rough outline of the plot.

❖ **à longs traits** loc adv [boire] in long draughts.

❖ **de trait** loc adj [bête, cheval] draught.

❖ **d'un (seul) trait** loc adv [avaler] in one gulp, in one go ; [réciter] (all) in one breath ; [dormir] uninterruptedly.

❖ **trait pour trait** loc adv [exactement] exactly / *c'est sa mère trait pour trait* she's the spitting image of her mother.

❖ **trait d'union** nm hyphen ; *fig* link / *ce mot prend un trait d'union* this word is hyphenated ou takes a hyphen, this is a hyphenated word / *mettre un trait d'union à un mot* to hyphenate a word ▸ **servir de trait d'union entre** *fig* to bridge the gap between, to link.

traitable [tʀɛtabl] adj **1.** [sujet, question] treatable ; [problème] manageable / *la question n'est pas traitable en une demi-heure* the question cannot be dealt with in half an hour **2.** *litt* [accommodant] amenable, helpful.

traitant, e [tʀɛtɑ̃, ɑ̃t] adj [shampooing] medicated.

traite [tʀɛt] nf **1.** COMM, FIN & DR draft, bill ; [lettre de change] bill of exchange ▸ **tirer une traite sur** to draw a bill ou draft on / *escompter une traite* to discount a bill ou draft ▸ **traite du Trésor** bill issued by public bodies **2.** [versement] instalment, payment / *on n'arrive plus à payer les traites de la maison* we can't pay the mortgage (on the house) any longer **3.** [commerce, trafic] ▸ **traite des Noirs** slave trade ▸ **traite des Blanches** white slave trade ou traffic **4.** AGR [action] milking *(U)* ; [lait] milk (yield) ▸ **traite mécanique** machine milking.

❖ **de traite** loc adj [poste, salle] milking.

❖ **d'une (seule) traite** loc adv [voyager] in one go, without stopping ; [avaler] at one go, in one gulp ; [lire, réciter] in one stretch ou breath ; [dormir] uninterruptedly ; [travailler] without interruption, at a stretch.

traité [tʀete] nm **1.** [accord] treaty ▸ **traité de paix** peace treaty ▸ **le traité de Rome** the Treaty of Rome **2.** [ouvrage] treatise ▸ **traité de philosophie sur** philosophical treatise on ou upon.

traitement [tʀɛtmɑ̃] nm **1.** MÉD & PHARM treatment / *un bon traitement contre les poux* a cure for lice ▸ **donner un traitement à qqn** to prescribe (a treatment) for sb / *suivre le traitement d'un médecin* to follow the treatment prescribed by a doctor / *un traitement homéopathique* a course of homeopathic treatment **2.** [d'un fonctionnaire] salary, wage, wages **3.** [façon d'agir envers quelqu'un] treatment ▸ **mauvais traitements** ill-treatment ▸ **faire subir de mauvais traitements à qqn** to ill-treat sb ▸ **traitement de choc** shock treatment ▸ **traitement de faveur** special ou preferential treatment / *avoir un* ou *bénéficier d'un traitement de faveur* to enjoy preferential treatment **4.** INFORM processing ▸ **traitement automatique des langues** natural language processing ▸ **traitement de données** data processing ▸ **traitement différé** off-line processing ▸ **traitement par lots** batch processing ▸ **traitement d'images** image processing ▸ **traitement de texte a)** word processing **b)** [logiciel] word processing package **5.** INDUST treatment, processing / *le traitement des matières premières* / *des aliments* the processing of raw materials / of foodstuffs ▸ **le traitement des récoltes a)** the treating of crops **b)** [par avion] the spraying of crops ▸ **le traitement d'une lentille** / **surface** the coating of a lens / surface ▸ **traitement superficiel** TRAV PUB surfacing **6.** [d'un problème, d'une question] treatment, presentation / *le traitement de l'information dans la presse* the way the news is presented in the press.

❖ **en traitement, sous traitement** loc adj under treatment / *être en* ou *sous traitement* to be being treated ou having treatment ou under treatment.

traiter [4] [tʀete] vt **1.** [se comporter avec] to treat ▸ **traiter qqn avec égard** to treat sb with consideration, to show consideration to sb ▸ **traiter qqn durement** / **complaisamment** to be harsh / accommodating towards sb / *tout dépend de la façon dont tu traites les élèves* it all depends on how you treat the pupils / *il me traite comme un ami* / *gamin fam* he treats me like a friend / kid ▸ **bien traiter qqn** to treat sb well ▸ **mal traiter qqn** to treat sb badly, to ill-treat sb ▸ **traiter qqn d'égal à égal** to treat sb as an equal / *tous les actionnaires sont traités de la même façon* all shareholders are treated equally ou get the same treatment / *nous avons été très bien traités* we were very well looked after, we had very good service / *ils l'ont plutôt mal traitée dans son nouveau service!* she got a rather raw deal in her new department! **2.** [soigner - patient, maladie] to treat ▸ **se faire traiter pour** to undergo treatment ou to be treated for / *on me traite à l'homéopathie* I'm having homeopathy ▸ **je le traite à l'aspirine a)** [patient] I prescribe aspirin for him **b)** [mal] I treat it with aspirin, I use aspirin for it **3.** INDUST to treat, to process ; [aliments] to process ; [récoltes - gén] to treat ; [- par avion] to spray ; [lentille] to coat **4.** [qualifier] ▸ **traiter qqn de** : *traiter qqn d'imbécile* to call sb an idiot / *se faire traiter de menteur* to be called a liar ▸ **traiter qqn de tous les noms** to call sb all the names under the sun **5.** COMM [affaire, demande, dossier] to deal with *(insép)*, to handle **6.** [étudier - thème] to treat, to deal with *(insép)* / *vous ne traitez pas le sujet* you're not addressing the question **7.** INFORM [données, texte, images] to process ▸ **traiter qqch par lots** to batch process sthg.

❖ **traiter avec** v + prép to negotiate ou to deal / *nous ne traiterons pas avec des terroristes* we won't bargain ou negotiate with terrorists.

❖ **traiter de** v + prép [suj: roman, film, thèse] to deal with *(insép)*, to be about ; [suj: auteur] to deal with.

❖ **se traiter** ◆ vp *(emploi passif)* [maladie] : *ça se traite aux antibiotiques* it can be treated with antibiotics. ◆ vp *(emploi réciproque)* [personne] : *ils se traitaient de menteurs* they were calling each other liars.

traiteur [tʀɛtœʀ] nm [qui livre] caterer ▸ **chez le traiteur** [magasin] at the delicatessen.

traître, esse, traitre*, esse [tʀɛtʀ, ɛs] ◆ adj **1.** [déloyal - personne] traitorous, treacherous / *être traître à sa patrie* to be a traitor to ou to betray one's country **2.** [trompeur - visage, sourire] deceptive ; [- paroles] treacherous / *il est traître, ce petit vin de pays! fam* this little local wine is stronger than you'd think! **3.** EXPR ▸ **pas un traître mot** not a single word / *elle n'a pas dit un traître mot* she didn't breathe ou say a (single) word / *je n'ai pas compris un traître mot de ce qu'il a dit* I didn't understand a single word of what he said. ◆ nm, f **1.** [gén & POL] traitor (traitress) **2.** THÉÂTRE villain.

❖ **en traître, en traitre*** loc adv ▸ **prendre qqn en traître** to play an underhand trick on sb / *agir en traître* to act treacherously.

traîtreusement, traitreusement* [tʀɛtʀøzmɑ̃] adv treacherously, traitorously, perfidiously *sout.*

traîtrise, traitrise* [tʀɛtʀiz] nf **1.** [caractère] treacherousness, treachery **2.** [acte - perfide] (piece of) treachery ; [- déloyal] betrayal.

Trajan [tʀaʒɑ̃] npr Trajan.

trajectographie [tʀaʒɛktɔgʀafi] nf trajectory calculation.

trajectoire [tʀaʒɛktwaʀ] nf **1.** [d'une balle, d'un missile] trajectory, path ; [d'une planète, d'un avion] path ▸ **trajectoire de vol** flight path **2.** [carrière professionnelle] career path.

* In reformed spelling (see p. 16-19).

trajet [tʀaʒɛ] nm **1.** [chemin parcouru] distance ; [voyage] journey ; [d'un car, d'un autobus] route / *j'ai beaucoup de trajet de chez moi au bureau* I have a long journey from home to the office / *je fais tous les jours le trajet Paris-Egly* I commute everyday between Paris and Egly / *il a fait le trajet en huit heures* he covered the distance in eight hours / *trajet par mer* crossing **2.** ANAT course **3.** ARM [d'un projectile] path.

tralala [tʀalala] nm *fam* fuss, frills / *pas besoin de tant de tralala* no need to make so much fuss / *se marier en grand tralala* to get married with all the works ou trimmings ▸ **(et) tout le tralala** : *il y avait des petits-fours, du champagne, tout le tralala !* there were petits fours, champagne, the (whole) works !

tram [tʀam] nm **1.** [moyen de transport] tram UK, streetcar US **2.** [véhicule] tram UK, tramcar UK, streetcar US.

tramage [tʀamaʒ] nm weaving.

tramail [tʀamaj] nm trammel (net).

trame [tʀam] nf **1.** TEXT [base] weft, woof ; [fil] weft, weft thread, pick **2.** [d'un livre, d'un film] thread, basic outline ou framework **3.** ARCHIT & IMPR screen **4.** TV [lignes] raster ; [ensemble] field ; [pour lignes paires et impaires] frame.

tramer [3] [tʀame] vt **1.** [conspiration] to hatch ; [soulèvement] to plot / *elle trame quelque chose !* *fig* she's plotting something ! **2.** TEXT to weave **3.** IMPR & PHOT to screen ▸ **phototype tramé** screened phototype.

❖ **se tramer** vp *(emploi passif)* to be afoot / *un complot se tramait contre l'empereur* a plot was being hatched against the emperor / *qu'est-ce qui se trame ?* what's going on ? / *il se trame quelque chose* something's afoot.

traminot [tʀamino] nm tram(way) UK ou streetcar US worker.

tramontane [tʀamɔ̃tan] nf tramontane, transmontane.

tramp [tʀɑ̃p] nm tramp (steamer).

trampoline [tʀɑ̃pɔlin] nm trampoline / *faire du trampoline* to do trampolining.

tramway [tʀamwɛ] nm **1.** [moyen de transport] tramway (system) **2.** [véhicule] tramcar UK, streetcar US / **'Un tramway nommé Désir'** *Williams* 'A Streetcar Named Desire'.

tranchant, e [tʀɑ̃ʃɑ̃, ɑ̃t] adj **1.** [lame] sharp, keen, cutting ; [outil] cutting ; [bord] sharp, cutting **2.** [personne, réponse, ton] curt, sharp.

❖ **tranchant** nm **1.** [d'une lame] sharp ou cutting edge ▸ **le tranchant de la main** the edge of the hand **2.** [d'apiculteur] hive tool **3.** [de tanneur] fleshing knife, flesher.

tranche [tʀɑ̃ʃ] nf **1.** [de pain, de viande, de pastèque] slice ▸ **tranche de bacon** [à frire] rasher (of bacon) ▸ **tranche de saumon a)** [darne] salmon steak **b)** [fumée] slice ou leaf of (smoked) salmon / *une tranche fine* a sliver, a thin slice / *une tranche de rôti* a slice cut off the joint / *coupez-moi une tranche près de l'entame s'il vous plaît* slice off a piece near the end for me please ▸ **tranche napolitaine** CULIN Neapolitan slice ou ice-cream ▸ **une tranche de vie** a slice of life **2.** [en boucherie] ▸ **la tranche (grasse)** top rump ▸ **tranche au petit os** middle of silverside UK **3.** [subdivision -d'un programme de construction] stage, phase ▸ **tranche horaire** ADMIN period of time ▸ **tranche d'âge** age bracket ▸ **tranche de salaires / de revenus** salary / income bracket / *elle est dans la tranche des 40 000 euros par an* she's in the 40,000 (euros a year) bracket ▸ **tranche d'imposition** tax band / *j'ai sauté de tranche (d'impôts)* *fam* I've moved up into the next tax bracket **4.** BOURSE & FIN [d'actions] block, tranche ; [d'emprunt] instalment UK, installment US ; [loterie] ▸ **tranche d'émission** issue **5.** ÉLECTR [unité de production] tranche **6.** RAIL portion **7.** RADIO & TV slot **8.** [outil] chisel **9.** [de marbre] slab **10.** [bord -d'un livre] edge ; [-d'une médaille, d'une pièce] edge, rim ▸ **doré sur tranche** gilt-edged.

❖ **en tranche(s)** ◆ loc adj [pain, saucisson] sliced. ◆ loc adv ▸ **débiter** ou **couper qqch en tranches** to slice sthg (up), to cut sthg into slices.

tranché, e [tʀɑ̃ʃe] adj **1.** [sans nuances -couleurs] distinct, clear, sharply contrasted **2.** [distinct -catégories] distinct ; [-caractères] distinct, well-defined, clear-cut **3.** [péremptoire -position] clear-cut, uncompromising, unequivocal **4.** HÉRALD tranché, party per bend.

❖ **tranché** nm HÉRALD tranché, party per bend.

❖ **tranchée** nf **1.** MIL & TRAV PUB trench / *creuser une tranchée* to (dig a) trench / *il était dans les tranchées pendant la guerre* he fought in the trenches **2.** [en forêt] cutting *(U)* ; [pare-feu] firebreak.

❖ **tranchées** nfpl MÉD colic *(U)*, gripe *(U)*, gripes ▸ **tranchées utérines** after-pains.

tranchefile [tʀɑ̃ʃfil] nf headband.

trancher [3] [tʀɑ̃ʃe] ◆ vt **1.** [couper] to cut, to sever *sout*, to slice through ▸ **trancher la gorge de qqn** to cut ou to slit sb's throat / *la hache lui a tranché le doigt* the axe sliced ou chopped his finger off **2.** [différend] to settle ; [difficulté] to solve ; [question] to decide / *je ne peux pas trancher ce problème* I can't be the judge in this matter **3.** *sout* [discussion] to bring to a sudden end, to cut short *(sép)*. ◆ vi [décider] to make ou to take a decision, to decide / *qui va trancher ?* who's going to decide ? / *trancher dans le vif* to take drastic action.

❖ **trancher avec, trancher sur** v + prép [suj: couleur] to stand out against, to contrast sharply with ; [suj: attitude] to be in sharp contrast ou to contrast strongly with / *sa déclaration tranche avec les propos apaisants du gouvernement* his remarks are in sharp contrast to the pacifying words of his government.

❖ **se trancher** vpt : *se trancher le doigt* to chop one's finger off.

tranchet [tʀɑ̃ʃɛ] nm **1.** [de cordonnier] leather ou skiving knife ▸ **tranchet à parer** paring knife **2.** [de forgeron] hardy.

trancheuse [tʀɑ̃ʃøz] nf **1.** [à jambon, à pain] slicer **2.** MENUIS veneer saw **3.** TRAV PUB trench excavator, trencher, ditcher.

tranchoir [tʀɑ̃ʃwaʀ] nm [planche] chopping board.

tranquille [tʀɑ̃kil] adj **1.** [sans agitation -quartier, rue] quiet ; [-campagne] quiet, peaceful, tranquil *litt* ; [-soirée] calm, quiet, peaceful ; [-sommeil, vie] peaceful, tranquil *litt* ; [-air, eau] still, quiet, tranquil *litt* / *dormir d'un sommeil tranquille* to sleep peacefully / *alors, on ne peut pas dormir tranquille, ici !* (come on now,) people are trying to sleep here ! / *aller* ou *marcher d'un pas tranquille* to stroll unhurriedly **2.** [en paix] : *on ne peut même plus être tranquille chez soi !* you can't even get some peace and quiet at home any more ! / *allons dans mon bureau, nous y serons plus tranquilles pour discuter* let's go into my office, we can talk there without being disturbed ▸ **laisser qqn tranquille** to leave sb alone ou in peace / *elle veut qu'on la laisse tranquille quand elle travaille* she wants to be left in peace ou she doesn't want to be disturbed when she's working / *le bébé ne la laisse jamais tranquille* the baby gives her no peace / *laisse-le tranquille avec tes problèmes !* stop bothering him with your problems ! / *laisse-moi tranquille, je suis assez grand pour ouvrir la boîte tout seul !* leave me alone, I'm old enough to open the box on my own ! ▸ **laisser qqch tranquille** *fam* [ne pas y toucher] to leave sthg alone / *laisse ma maquette tranquille !* hands off my model !, leave my model alone ! / *laisse ma vie de famille tranquille !* leave my family life out of it ! **3.** [calme, sage] quiet ▸ **se tenir** ou **rester tranquille a)** to keep quiet ou still **b)** [ne pas se faire remarquer] to keep a low profile / *il n'y a que la télé pour les faire tenir tranquille s* TV's the only thing that keeps them quiet / *il a été un enfant tranquille jusqu'à l'âge de 11 ans* he was a very placid child until the age of 11 **4.** [serein -personne, foi] calm, serene ▸ **tranquille comme Baptiste** perfectly calm **5.** [rassuré] ▸ **être tranquille** to feel ou to be easy in one's mind / *sois tranquille, elle va bien* don't worry ou set your mind at rest, she's all right / *je ne suis pas* ou *ne me sens pas tranquille quand il est sur les routes* I worry when he's on the road / *je serais plus tranquille s'il n'était pas seul* I'd feel easier in my mind knowing that he wasn't on his own / *fais-le maintenant, comme ça tu seras tranquille* do it now, that way you won't have to worry about it **6.** [sûr] : *tu peux être tranquille (que)...* you can rest assured (that)... / *ils n'auront pas mon argent, sois tranquille !* they won't get my money, that's for sure !

tranquillement [tʀɑ̃kilmɑ̃] adv **1.** [calmement -dormir, jouer] quietly, peacefully ; [-répondre, regarder] calmly, quietly **2.** [sans se presser -marcher, travailler] unhurriedly / *on est allés tranquillement jusqu'à l'église avec grand-mère* we walked slowly to the church with grandma.

tranquillisant, e [tʀɑ̃kilizɑ̃, ɑ̃t] adj [paroles, voix, présence] soothing, reassuring.

❖ **tranquillisant** nm PHARM tranquillizer UK, tranquilizer US / *bourré de tranquillisants* *fam* doped up to the eyeballs (with tranquillizers).

tranquilliser [3] [tʀɑ̃kilize] vt ▸ **tranquilliser qqn** to set sb's mind at rest, to reassure sb.

❖ **se tranquilliser** vp *(emploi réfléchi)* to stop worrying, to be reassured / *tranquillise-toi, je ne rentrerai pas en auto-stop* don't worry, I won't hitch-hike home.

tranquillité [tʀɑ̃kilite] nf **1.** [calme -d'un lieu] quietness, peacefulness, tranquillity UK, tranquility US ; [-d'une personne] peace, tranquillity UK *sout*, tranquility US / *les enfants ne me laissent pas un seul moment de tranquillité* the children don't give me a single moment's peace / *elle a besoin d'une parfaite tranquillité pour écrire* she needs (complete) peace and quiet to write **2.** [sérénité] ▸ **tranquillité d'esprit** peace of mind.

❖ **en toute tranquillité** loc adv [sereinement] with complete peace of mind.

transaction [tʀɑ̃zaksjɔ̃] nf **1.** BOURSE, COMM & ÉCON transaction, deal ▸ **transactions** transactions, dealings ▸ **transactions commerciales / financières / boursières** commercial / financial / stock exchange transaction ou dealings ▸ **transactions boursières électroniques** electronic trading **2.** DR (formal) settlement **3.** INFORM transaction.

transactionnel, elle [tʀɑ̃zaksjɔnɛl] adj **1.** DR [formule, règlement] compromise *(modif)* **2.** PSYCHOL transactional.

transafricain, e [tʀɑ̃zafʀikɛ̃, ɛn] adj transafrican.

transalpin, e [tʀɑ̃zalpɛ̃, in] adj transalpine.

transaminase [tʀɑ̃zaminaz] nf transaminase.

transat [tʀɑ̃zat] ◆ nm deck chair. ◆ nf SPORT transatlantic race / *la transat en solitaire* the single-handed transatlantic race.

transatlantique [tʀɑ̃zatlɑ̃tik] ◆ adj transatlantic. ◆ nm **1.** NAUT (transatlantic) liner **2.** [chaise longue] deck chair. ◆ nf SPORT transatlantic race.

transbahuter [3] [tʀɑ̃sbayte] vt *fam* to move, to shift, to cart / *les bagages ont été transbahutés dans une autre voiture* the luggage was moved into another car.

❖ **se transbahuter** vpi *fam* to shift o.s.

transbordement [tʀɑ̃sbɔʀdəmɑ̃] nm [de marchandises] transshipment ; [de voyageurs] transferring *(of passengers to another vessel or vehicle)*.

transborder [3] [tʀɑ̃sbɔʀde] vt [marchandises] to transship ; [voyageurs] to transfer.

transbordeur [tʀɑ̃sbɔʀdœʀ] ◆ nm [navire] transporter bridge. ◆ adj m ▸ **pont transbordeur** transporter bridge.

transcanadien, enne [tʀɑ̃skanadjɛ̃, ɛn] adj trans-Canadian, trans-Canada *(avant nom)*.

Transcaucasie [tʀɑ̃skokazi] npr f ▸ **(la) Transcaucasie** Transcaucasia.

transcaucasien, enne [tʀɑ̃skokazjɛ̃, ɛn] adj transcaucasian.

transcendance [tʀɑ̃sɑ̃dɑ̃s] nf **1.** PHILOS transcendence, transcendency **2.** MATH transcendence.

transcendant, e [tʀɑ̃sɑ̃dɑ̃, ɑ̃t] adj **1.** *fam* [génial] brilliant / *ce n'est pas transcendant !* [livre, film] it's not exactly brilliant ! / *il n'est pas transcendant !* he's no genius ! **2.** MATH & PHILOS transcendental.

transcendantal, e, aux [tʀɑ̃sɑ̃dɑ̃tal] adj transcendental.

transcendantalisme [tʀɑ̃sɑ̃dɑ̃talism] nm transcendentalism.

transcender [3] [tʀɑ̃sɑ̃de] vt to transcend.

❖ **se transcender** vpi to transcend o.s.

transcodage [tʀɑ̃skɔdaʒ] nm [gén] transcoding, code translation ; INFORM compiling.

transcoder [3] [tʀɑ̃skɔde] vt to transcode.

transconteneur [tʀɑ̃skɔ̃tənœʀ] nm international container.

transcontinental, e, aux [tʀɑ̃skɔ̃tinɑ̃tal, o] adj transcontinental.

transcripteur [tʀɑ̃skʀiptœʀ] nm transcriber.

transcription [tʀɑ̃skʀipsjɔ̃] nf **1.** [fait d'écrire - gén] transcription, transcribing, noting (down) ; [- des notes] copying out (in longhand) ; [- un document officiel] recording **2.** [copie] copy, transcript ; [document officiel] record **3.** LING & MUS [gén] transcribing, transcription ; [translittération] transliteration / *la transcription de son nom russe / chinois en caractères romains* the Romanization of her Russian / Chinese name / *faire une transcription phonétique* to transcribe a word into phonetic symbols.

transcrire [99] [tʀɑ̃skʀiʀ] vt **1.** [conversation] to transcribe, to note ou to take down *(sép)* ; [notes] to copy ou to write out (in longhand) *(sép)* ; [dans un registre] to record / *je transcris tout ce que vous dites* I'm taking down everything you're saying **2.** LING : *transcrire un mot d'un alphabet dans un autre* to transliterate a word / *transcrire un nom russe / chinois en caractères romains* to Romanize a Russian / Chinese name **3.** MUS to transcribe.

transculturel, elle [tʀɑ̃skyltyʀɛl] adj transcultural, cross-cultural.

transcutané, e [tʀɑ̃skytane] adj MÉD transcutaneous.

transdermique [tʀɑ̃sdɛʀmik] adj PHARM transdermal ▸ **timbre transdermique** skin ou transdermal patch.

transducteur [tʀɑ̃sdyktœʀ] nm transducer.

transduction [tʀɑ̃sdyksjɔ̃] nf transduction.

transe [tʀɑ̃s] nf **1.** [état d'hypnose] trance **2.** [exaltation] trance, exaltation.

❖ **transes** nfpl [mouvements] convulsions / *être pris de transes* to go into convulsions.

❖ **en transe(s)** loc adj & loc adv : *être en transe* to be in a trance ▸ **entrer en transe a)** [médium] to go ou to fall into a trance **b)** *fig & hum* to get all worked up ▸ **faire entrer qqn en transe** to put sb into a trance.

transept [tʀɑ̃sɛpt] nm transept.

transférable [tʀɑ̃sfeʀabl] adj transferable.

transférase [tʀɑ̃sfeʀaz] nf transferase.

transfèrement [tʀɑ̃sfɛʀmɑ̃] nm transfer, transferring.

transférer [18] [tʀɑ̃sfeʀe] vt **1.** [prisonnier, sportif] to transfer ; [diplomate] to transfer, to move ; [évêque] to translate ▸ **transférer qqn de… à** to transfer sb from… to ▸ **être transféré a)** [sportif] to be transferred **b)** [diplomate] to move, to be moved ; [magasin, siège social] to transfer, to move ; [fonds] to transfer ; [reliques] to translate / *il a transféré son argent sur un compte suisse* he's transferred ou switched his money to a Swiss account / **'succursale transférée au nº 42'** 'our branch is now at no. 42' **2.** INFORM [information] to transfer **3.** DR [droits] to transfer, to convey ; [propriété - gén] to transfer, to convey ; [- par legs] to demise ; [pouvoirs] to transfer, to pass on *(sép)* **4.** PSYCHOL ▸ **transférer qqch sur qqn** to transfer sthg onto sb **5.** ART ▸ **transférer un motif sur** to transfer a design on ou onto / *transférer un motif au pochoir* to stencil a motif.

✎ In reformed spelling (see p. 16-19), this verb is conjugated like **semer**: *il transfèrera, elle transfèrerait.*

transfert [tʀɑ̃sfɛʀ] nm **1.** [gén & COMM] transfer ▸ **transfert de fonds** transfer of funds ▸ **transfert de compétences** training transfer ▸ **transfert de connaissances** knowledge transfer **2.** RELIG [d'un évêque, de reliques] translation **3.** INFORM transfer ▸ **transfert de données** data transfer **4.** DR [de propriété] transfer, conveyance ; [de droits, de pouvoirs] transfer ▸ **transfert par legs** demise **5.** PSYCHOL transference ▸ **faire un transfert sur qqn** : *elle fait un transfert sur toi* she's using you as the object of her transference **6.** TÉLÉC ▸ **transfert d'appel** call forwarding.

transfiguration [tʀɑ̃sfigyʀasjɔ̃] nf **1.** [changement profond] transfiguration **2.** RELIG ▸ **la Transfiguration** the Transfiguration.

transfigurer [3] [tʀɑ̃sfigyʀe] vt to transfigure.

transfiler [3] [tʀɑ̃sfile] vt NAUT : *transfiler deux voiles* to lace two sails together.

transfo [tʀɑ̃sfo] nm *fam* abr de **transformateur**.

transformable [tʀɑ̃sfɔʀmabl] adj **1.** [modifiable] changeable, alterable / *des décors transformables* flexible sets **2.** SPORT convertible.

transformateur, trice [tʀɑ̃sfɔʀmatœʀ, tʀis] adj [influence] transforming.

❖ **transformateur** nm ÉLECTR transformer ▸ **transformateur de traversée** bushing (current) transformer.

transformation [tʀɑ̃sfɔʀmasjɔ̃] nf **1.** [d'une personnalité, d'un environnement] transformation ; [d'une matière première, d'énergie] conversion **2.** [résultat d'un changement] transformation, alteration, change ▸ **nous avons fait des transformations dans la maison a)** [travaux] we've made some alterations to the house **b)** [décor, ameublement] we've made some changes in the house **3.** SPORT conversion **4.** LING & MATH transformation.

transformationnel, elle [tʀɑ̃sfɔʀmasjɔnɛl] adj transformational.

transformer [3] [tʀɑ̃sfɔʀme] vt **1.** [faire changer - bâtiment, personnalité, institution, paysage] to transform, to change, to alter ; [- matière première] to transform, to convert ; [- vêtement] to make over *(sép)*, to alter / *sa maternité l'a complètement transformée* motherhood has completely transformed her ▸ **transformer qqch en** [faire devenir] to convert sthg into / *transformer une pièce en bureau* to convert a room into an office **2.** LING & MATH to transform **3.** SPORT to convert.

❖ **se transformer** vpi [quartier, personnalité, paysage, institution] to change / *l'environnement se transforme lentement / rapidement* the environment is changing slowly / rapidly ▸ **se transformer en** to turn into / *elle se transforma en cygne* she turned ou changed into a swan / *ce voyage se transformait en cauchemar* the trip was turning into a nightmare.

transformisme [tʀɑ̃sfɔʀmism] nm transformism.

transformiste [tʀɑ̃sfɔʀmist] ◆ adj & nmf [évolutionniste] transformist. ◆ nm [travesti] drag artist / *spectacle de transformistes* drag show.

transfrontalier, ère [tʀɑ̃sfʀɔ̃talje, ɛʀ] adj cross-border *(épithète)*.

transfuge [tʀɑ̃sfyʒ] nmf MIL & POL renegade, turncoat ; [qui change de camp] defector.

transfusé, e [tʀɑ̃sfyze] nm, f [personne] transfusion recipient.

transfuser [3] [tʀɑ̃sfyze] vt **1.** MÉD [sang] to transfuse / *elle se fait transfuser régulièrement à cause de sa maladie* she has regular blood transfusions because of her illness **2.** *litt* [sentiment] to instill, to communicate, to pass on *(sép)*.

transfusion [tʀɑ̃sfyzjɔ̃] nf ▸ **transfusion sanguine** ou **de sang** blood transfusion ▸ **centre de transfusion sanguine** blood transfusion center ▸ **faire une transfusion à qqn** to give sb a (blood) transfusion.

transfusionnel, elle [tʀɑ̃sfyzjɔnɛl] adj transfusional.

transgène [tʀɑ̃sʒɛn] nm transgene.

transgénérationnel, elle [tʀɑ̃sʒeneʀasjɔnɛl] adj transgenerational.

transgenèse [tʀɑ̃sʒənɛz], **transgénose** [tʀɑ̃sʒenoz] nf transgenesis.

transgénique [tʀɑ̃sʒenik] adj transgenic.

transgresser [4] [tʀɑ̃sgʀese] vt [loi, règle] to infringe, to contravene, to break ; [ordre] to disobey, to go against / *transgresser la loi* to contravene ou to break the law / *transgresser les interdits* to break the taboos.

transgresseur [tʀɑ̃sgʀɛsœʀ] nm *litt* transgressor.

transgressif, ive [tʀɑ̃sgʀɛsif, iv] adj transgressive.

transgression [tʀɑ̃sgʀɛsjɔ̃] nf **1.** [d'une règle, d'une loi] infringement, contravention, transgression ; [d'un ordre] contravention **2.** GÉOL transgression.

transhorizon [tʀɑ̃sɔʀizɔ̃] adj inv forward-scatter.

transhumance [tʀɑ̃zymɑ̃s] nf **1.** [de troupeaux] seasonal migration, transhumance *spéc* / *au moment de la transhumance* when the herds are moved to the grazing grounds **2.** [d'abeilles] migratory beekeeping.

transhumant, e [tʀɑ̃zymɑ̃, ɑ̃t] adj transhumant *spéc*.

transhumer [3] [tʀɑ̃zyme] ◆ vi [vers les pâturages] to move up to (summer) grazing grounds ; [vers la vallée] to move down to the wintering grounds. ◆ vt **1.** [troupeaux] to move **2.** HORT to transplant.

transi, e [tʀɑ̃zi] adj : *être transi (de froid)* to be chilled to the bone ou to the marrow / *être transi de peur* to be paralysed UK ou paralyzed US ou transfixed by fear.

transiger [17] [tʀɑ̃ziʒe] vi to (come to a) compromise / *il n'a pas voulu transiger* he refused all compromise ▸ **transiger avec qqn** to seek a compromise ou to bargain with sb / *nous ne transigerons pas avec les terroristes* we will not bargain with the terrorists ▸ **transiger avec sa conscience** to make a deal with one's conscience / *ne pas transiger sur la ponctualité* to be uncompromising in matters of punctuality, to be a stickler for punctuality / *les circonstances m'ont fait transiger en sa faveur* the circumstances led me to compromise in his / her favour.

transir [32] [tʀɑ̃ziʀ] vt : *le froid m'avait transi* the cold had gone right through me.

transistor [tʀɑ̃zistɔʀ] nm **1.** RADIO transistor (radio) **2.** ÉLECTRON transistor ▸ **transistor à effet de champ** field-effect transistor, FET.

❖ **à transistors** loc adj transistorized.

transistorisation [tʀɑ̃zistɔʀizasjɔ̃] nf transistorization.

transistoriser [3] [tʀɑ̃zistɔʀize] vt to transistorize.

transit [tʀɑ̃zit] nm **1.** COMM [de marchandises, de touristes] transit **2.** PHYSIOL ▸ **transit intestinal** intestinal transit / **'favorise le transit intestinal'** 'relieves constipation'.

❖ **de transit** loc adj transit *(modif)* ▸ **salle de transit** [d'un aéroport] transit lounge.

❖ **en transit** loc adj in transit, transitting.

transitaire [tʀɑ̃zitɛʀ] ◆ adj [commerce, port] transit *(modif)*. ◆ nmf forwarding agent.

transiter [3] [tʀɑ̃zite] ◆ vt [marchandises] to pass through *(sép)*, to transit. ◆ vi [voyageurs, marchandises] ▸ **transiter par** to pass through in transit / *transiter par Anchorage* to transit ou to go via Anchorage / *ces dossiers transitent par mon service* those files come through my department.

transitif, ive [tʀɑ̃zitif, iv] adj transitive.

❖ **transitif** nm LING transitive verb.

transition [tʀɑ̃zisjɔ̃] nf **1.** [entre deux états] transition **2.** [entre deux paragraphes, deux scènes] transition, link **3.** [entre deux gouvernements] interim **4.** PHYS transition.

❖ **de transition** loc adj **1.** [administration, gouvernement] interim *(modif)* ▸ **période de transition** period of transition, transition ou transitional period **2.** AÉRON & CHIM transition *(modif)*.

❖ **sans transition** loc adv without transition / *le journaliste est passé sans transition de l'accident d'avion à la météo* the newsreader went from the plane crash to the weather forecast without any transition ou a break / *elle passait sans transition de l'enthousiasme à la fureur* her mood used to change ou to switch abruptly from enthusiasm to rage.

transitionnel, elle [tʀɑ̃zisjɔnɛl] adj **1.** [gén] transitional **2.** PSYCHOL ▸ **objet transitionnel** transitional object.

transitivement [tʀɑ̃zitivmɑ̃] adv transitively.

transitivité [tʀɑ̃zitivite] nf transitivity.

transitoire [tʀɑ̃zitwaʀ] adj **1.** [administration, dispositions, régime] interim, transitional ; [charge] temporary **2.** [situation] transitory, transient.

Transjordanie [tʀɑ̃sʒɔʀdani] npr f HIST ▸ **(la) Transjordanie** Transjordan.

Transkei [tʀɑ̃skɛj] npr m ▸ **le Transkei** Transkei.

translatif, ive [tʀɑ̃slatif, iv] adj DR conveyance *(modif)*.

translation [tʀɑ̃slasjɔ̃] nf **1.** RELIG [de cendres, de reliques] translation ; [d'une fête] transfer **2.** DR [d'une juridiction, d'un dignitaire] transfer ; [de propriété] conveyance, transfer **3.** INFORM ▸ **translation dynamique** dynamic relocation **4.** MATH & PHYS translation ▸ **mouvement de translation** translation movement.

translittération [tʀɑ̃sliteʀasjɔ̃] nf LING transliteration.

translittérer [18] [tʀɑ̃sliteʀe] vt to transliterate.

translocation [tʀɑ̃slɔkasjɔ̃] nf BIOL translocation.

translucide [tʀɑ̃slysid] adj translucent.

translucidité [tʀɑ̃slysidite] nf translucence, translucency.

transmanche [tʀɑ̃smɑ̃ʃ] adj inv cross-Channel.

transmet v ⟶ **transmettre.**

transmetteur [tʀɑ̃smɛtœʀ] nm **1.** TÉLÉC transmitter **2.** NAUT ▸ **transmetteur d'ordres** telegraph, transmitter **3.** MIL ≃ soldier in the Signals Corps.

transmettre [84] [tʀɑ̃smɛtʀ] vt **1.** TÉLÉC to transmit **2.** RADIO & TV [émission] to transmit, to relay, to broadcast **3.** PHYS to transmit ▸ **transmettre un mouvement à qqch** to set sthg in motion **4.** [de la main à la main] to hand (on), to pass on *(sép)* / *transmettez-lui ce colis* give him this parcel / *l'ailier transmet le ballon à l'avant-centre* the wing-forward passes the ball to the centre-forward ; [de génération en génération] to pass on *(sép)*, to hand down *(sép)* **5.** [communiquer -information, ordre, remerciement] to pass on *(sép)*, to convey *sout* ; [-pli] to send on *(sép)*, to forward ; [-secret] to pass on *(sép)* ▸ **transmettez mes amitiés** / **mes respects à votre frère a)** [à l'oral] please remember me to / convey my respects to *sout* your brother **b)** [dans une lettre] please send my regards / my respects to your brother / *avez-vous fait transmettre le message au Président?* have you made sure that the president has been given the message? / *(en usage absolu) écrire au journal, qui transmettra* write care of the newspaper **6.** [faire partager -goût, émotion] to pass on *(sép)*, to put over *(sép)* / *il m'a transmis son enthousiasme pour l'art abstrait* he communicated his enthusiasm for abstract art to me **7.** MÉD to transmit, to pass on *(sép)* **8.** DR [propriété] to pass on *(sép)*, to transfer ; [pouvoirs] to pass on *(sép)*, to hand over *(sép)*, to transfer.

❖ **se transmettre** vp *(emploi passif)* to be transmitted / *le virus se transmet par contact* / *par la salive* the virus is transmitted by (direct) contact / through saliva / *la vibration se transmet à la membrane* the vibration spreads ou is transmitted to the membrane.

transmigration [tʀɑ̃smigʀasjɔ̃] nf **1.** *litt* [émigration] migration **2.** [réincarnation] transmigration.

transmigrer [3] [tʀɑ̃smigʀe] vi **1.** *litt* [émigrer] to migrate **2.** [âme] to transmigrate.

transmis, e [tʀɑ̃smi, iz] pp ⟶ **transmettre.**

transmissibilité [tʀɑ̃smisibilite] nf transmissibility.

transmissible [tʀɑ̃smisibl] adj **1.** MÉD transmittable, transmissible / *c'est transmissible par contact* / *par la salive* it can be transmitted by (direct) contact / through saliva **2.** DR [biens, droit] transferable, transmissible.

transmission [tʀɑ̃smisjɔ̃] nf **1.** AUTO & MÉCAN [pièces] ▸ **organes de transmission** transmission (system) **2.** PHYS [de chaleur, de son] transmission **3.** TÉLÉC transmission ; RADIO & TV [d'une émission] transmission, relaying, broadcasting **4.** MÉD passing on, transmission, transmitting **5.** INTERNET ▸ **transmission à large bande** broadband transmission **6.** [d'une information, d'un ordre] passing on, conveying ; [d'un secret] passing on ; [d'une lettre] forwarding, sending on ▸ **transmission de pensée** telepathy, thought transference **7.** [legs -d'un bijou, d'une histoire] handing down, passing on ; [-d'un état d'esprit] passing on **8.** DR [de pouvoirs, de biens] transfer.

❖ **transmissions** nfpl MIL ▸ **les transmissions** ≃ the Signals Corps.

transmit v ⟶ **transmettre.**

transmodulation [tʀɑ̃smɔdylasjɔ̃] nf cross modulation.

transmuable [tʀɑ̃smɥabl] adj transmutable.

transmuer [tʀɑ̃smɥe] vt to transmute ▸ **transmuer qqch en** to transmute sthg into.

❖ **se transmuer** vpi to be transmuted.

transmutabilité [tʀɑ̃smytabilite] nf transmutability.

transmutable [tʀɑ̃smytabl] = **transmuable.**

transmutation [tʀɑ̃smytasjɔ̃] nf transmutation.

transmuter [3] [tʀɑ̃smyte] = **transmuer.**

transnational, e, aux [tʀɑ̃snasjɔnal, o] adj transnational.

transocéanique [tʀɑ̃zɔseanik] adj transoceanic.

transpalette [tʀɑ̃spalɛt] nf pallet truck, stacker.

transparaître, transparaitre* [91] [tʀɑ̃spaʀɛtʀ] vi [lumière, couleur, sentiment] to show ou to filter through / *son visage ne laissa rien transparaître* (s)he remained impassive, his / her face showed no emotion / *l'auteur laisse transparaître son désenchantement* the author allows his / her disenchantment to show ou to filter through.

transparence [tʀɑ̃spaʀɑ̃s] nf **1.** [propriété -d'une porcelaine, d'une surface] transparence, transparency ; [-d'une peau] clearness, transparence, transparency ; [-d'un regard, d'un liquide] transparency, clearness / *la transparence de son teint* her clear complexion ▸ **regarder qqch par transparence** to look at sthg against the light / *on voit son soutien-gorge par transparence* her bra is showing through **2.** *sout* [caractère d'évidence -d'un dessein, d'une personnalité] transparency, obviousness **3.** [caractère public -de transactions, d'une comptabilité] public accountability / *dans notre pays, la transparence des revenus n'est pas de règle* in our country, it is not usual for people to reveal what they earn **4.** DR ▸ **transparence fiscale** open taxation **5.** CINÉ back projection.

transparent, e [tʀɑ̃spaʀɑ̃, ɑ̃t] adj **1.** [translucide -porcelaine, papier, surface] transparent ; [-regard, eau] transparent, limpid ; [-vêtement] transparent, see-through / *ta robe est très transparente* your dress is very transparent ou see-through ; [lumineux, clair -peau] transparent, clear **2.** [évident -dessein, motif] obvious, transparent **3.** [public -comptabilité, transaction] open.

❖ **transparent** nm **1.** [de projection] transparency **2.** [pour écrire droit] ruled sheet.

transparu [tʀɑ̃spaʀy] pp ⟶ **transparaître.**

transpercer [16] [tʀɑ̃spɛʀse] vt **1.** [suj: flèche, épée] to pierce (through), to transfix *litt* ▸ **transpercer qqn d'un coup d'épée** to run sb through with a sword / *il a eu le pied transpercé par la flèche* the arrow went (right) through his foot **2.** [pénétrer -suj: pluie] to get through *(insép)* ▸ **un froid qui transperce** piercing cold.

transpirant, e [tʀɑ̃spiʀɑ̃, ɑ̃t] adj perspiring, sweating.

transpiration [tʀɑ̃spiʀasjɔ̃] nf **1.** PHYSIOL [sudation] perspiration ; [sueur] perspiration, sweat **2.** BOT transpiration.

transpirer [3] [tʀɑ̃spiʀe] vi **1.** PHYSIOL to perspire, to sweat / *transpirer des mains* / *pieds* to have sweaty hands / feet / *je transpirais à grosses gouttes* great drops ou beads of sweat were rolling off my forehead ; *fig* [faire des efforts] to sweat blood, to be hard at it ▸ **transpirer sur qqch** to sweat over sthg **2.** [être divulgué] to leak out, to come to light / *la nouvelle a transpiré* the news has got ou leaked out **3.** BOT to transpire.

transplant [tʀɑ̃splɑ̃] nm [avant l'opération] organ for transplant ; [après l'opération] transplant, transplanted organ.

transplantable [tʀɑ̃splɑ̃tabl] adj transplantable.

transplantation [tʀɑ̃splɑ̃tasjɔ̃] nf **1.** MÉD [d'un organe -méthode] transplantation ; [-opération] transplant ▸ **transplantation cardiaque** / **rénale** / **hépatique** heart / kidney / liver transplant ▸ **transplantation embryonnaire** surgical transplantation of an embryo **2.** AGR & HORT transplantation, transplanting / *faire des transplantations* to do some transplanting **3.** [déplacement -de personnes] moving, resettling ; [-d'animaux] transplantation.

transplanté, e [tʀɑ̃splɑ̃te] nm, f receiver *(of a transplant)*.

transplanter [3] [tʀɑ̃splɑ̃te] vt **1.** MÉD [organe] to transplant ; [embryon] to implant **2.** AGR & HORT to transplant **3.** [populations] to move, to transplant ; *péj* to uproot.

transpolaire [tʀɑ̃spɔlɛʀ] adj transpolar.

transport [tʀɑ̃spɔʀ] nm **1.** [acheminement -de personnes, de marchandises] transport UK, transportation US ; [-d'énergie] conveyance, conveying / *assurer le transport des blessés* to be responsible for transporting the wounded / *engagé pour le transport du matériel* hired to carry the equipment ▸ **transport par air** ou **avion** air transport ▸ **transport par mer** shipping ▸ **transport par route** road transport ou haulage ▸ **transport terrestre** land transport ▸ **transport de troupes a)** MIL [acheminement] troop transportation **b)** [navire, avion] (troop) carrier, troop transport **2.** [émotion] transport, burst / *transport de joie* transport ou burst of joy ▸ **transport d'enthousiasme** burst ou gush of enthusiasm / *transport de colère* burst ou outburst of anger / *dans un transport d'admiration, elle me dit...* fairly carried away ou transported with admiration, she said to me... ▸ **transports amoureux** *litt ou hum* amorous transports **3.** DR ▸ **transport sur les lieux** visit to the scene of the accident ou crime.

❖ **transports** nmpl ADMIN transport network ▸ **transports (publics** ou **en commun)** public transport *(U)* / *je passe beaucoup de temps dans les transports pour aller au travail* I spend a lot of time commuting / *prendre les transports en commun* to use public transport / *les transports aériens* (the) airlines / *les transports ferroviaires* the rail (transport) network / *les transports fluviaux* the waterways (transport) network / *les transports maritimes* the shipping lines ▸ **les transports routiers** road transport / *les transports urbains* the urban transport system.

❖ **de transport** loc adj transport UK *(modif)*, transportation US *(modif)*.

transportable [tʀɑ̃spɔʀtabl] adj [denrées] transportable ; [blessé] fit to be moved / *elle n'est pas transportable* she's not fit to be moved, she can't be moved.

transportation [tʀɑ̃spɔʀtasjɔ̃] nf HIST transportation.

transporter [3] [tʀɑ̃spɔʀte] vt **1.** [faire changer d'endroit -cargaison, passager, troupes] to carry, to transport, to convey *sout* ; [-blessé] to move ▸ **transporter des vivres par avion** / **par bateau** to fly / to ship food supplies ▸ **transporter qqch par camion** to send sthg by lorry UK ou by truck US ▸ **transporter qqch par train** to transport sthg by rail ▸ **transporter qqch dans une brouette** to cart sthg in a wheelbarrow ▸ **transporter qqn à l'hôpital** / **d'urgence à l'hôpital** to take / to rush sb to hospital ▸ **les personnes transportées** [passagers] passengers / *transporter une caisse à la cave* to move a crate to the cellar ; *fig* [par l'imaginaire] to take / *le premier acte nous transporte en Géorgie* / *au XVIe siècle* the first act takes us to Georgia / takes us back to the 16th century **2.** [porter] to carry / *les alluvions transportées par le fleuve* the sediment carried (along) by the river **3.** PHYS to convey **4.** *litt* [enthousiasmer] to carry away *(sép)*, to send into raptures / *je me sentais transporté par la musique* the music sent me into raptures /

* In reformed spelling (see p. 16-19).

être transporté de joie to be overjoyed ou in transports of delight **5.** FIN [fonds] to transfer **6.** HIST [condamné] to transport.

❖ **se transporter** vpi **1.** [se déplacer] to move **2.** *fig* [en imagination] to imagine o.s. / *transportez-vous maintenant au Moyen Âge* now let your imagination take you back to the Middle Ages **3.** DR : *se transporter sur les lieux* to visit the scene of the accident ou crime.

transporteur, euse [tʀɑ̃spɔʀtœʀ, øz] adj carrying ▸ **benne transporteuse** skip.

❖ **transporteur** nm **1.** [entreprise] haulage contractor, haulier UK, hauler US ; [en langage juridique] carrier ▸ **transporteur aérien** airline company ▸ **transporteur routier** road haulage contractor, road haulier UK ou hauler US **2.** [outil] conveyor **3.** NAUT ▸ **transporteur de vrac** bulk carrier **4.** PÉTR ▸ **transporteur de gaz** gas transporter (ship).

transposable [tʀɑ̃spozabl] adj transposable.

transposée [tʀɑ̃spoze] nf MATH ▸ **transposée d'une matrice** transpose of a matrix.

transposer [3] [tʀɑ̃spoze] vt **1.** [intervertir - mots] to switch (round), to transpose **2.** [adapter] : *transposer un sujet antique à l'époque moderne* to adapt an ancient play to a contemporary setting **3.** MUS to transpose.

transposition [tʀɑ̃spozisjɔ̃] nf **1.** [commutation] transposition **2.** [adaptation] adaptation **3.** ÉLECTR, IMPR, MATH, MÉD & MUS transposition.

transputeur [tʀɑ̃spytœʀ] nm transputer.

transpyrénéen, enne [tʀɑ̃spiʀeneɛ̃, ɛn] adj **1.** [qui traverse] transpyrenean **2.** [venant de l'autre côté] from across the Pyrenees.

transsaharien, enne [tʀɑ̃ssaaʀjɛ̃, ɛn] adj Trans-saharan.

transsexualisme [tʀɑ̃ssɛksɥalism] nm transsexualism.

transsexuel, elle [tʀɑ̃ssɛksɥɛl] adj transexual, transsexual.

transsibérien, enne [tʀɑ̃ssibeʀjɛ̃, ɛn] adj Trans-Siberian ▸ **le Transsibérien** the Trans-Siberian (Railway).

transsonique [tʀɑ̃ssɔnik] adj transsonic.

transsubstantiation [tʀɑ̃ssypstɑ̃sjasjɔ̃] nf transubstantiation.

transsudation [tʀɑ̃ssydasjɔ̃] nf transudation.

transsuder [3] [tʀɑ̃ssyde] vi to transude.

transuranien [tʀɑ̃zyʀanjɛ̃] adj m transuranic.

Transvaal [tʀɑ̃sval] npr m ▸ **le Transvaal** the Transvaal ▸ **au Transvaal** in the Transvaal.

transvasement [tʀɑ̃svazmɑ̃] nm **1.** [d'un liquide] decanting **2.** [d'abeilles] transferral.

transvaser [3] [tʀɑ̃svaze] vt to decant / *transvasez le bouillon dans un verre gradué* pour the stock into a measuring jug.

transversal, e, aux [tʀɑ̃svɛʀsal, o] adj **1.** [qui est en travers - onde, axe] transverse ▸ **coupe transversale** cross-section ▸ **poutre transversale** crossbeam ▸ **rue** ou **voie transversale** cross street **2.** [qui recoupe plusieurs domaines] cross-disciplinary ▸ **enseignement transversal** cross-disciplinary teaching **3.** [qui concerne plusieurs services d'une entreprise] cross-functional ▸ **management transversal, gestion transversale** cross-functional management ▸ **structure transversale** cross-functional structure **4.** MÉCAN ▸ **moteur transversal** transverse engine.

❖ **transversale** nf **1.** FOOT [barre] crossbar **2.** GÉOM transversal **3.** [route] cross-country trunk road UK ou highway US **4.** RAIL [entre régions] cross-country line ; [de ville à ville] Inter-City UK ou interurban US line **5.** NAUT & PÉTR transverse (frame).

transversalement [tʀɑ̃svɛʀsalmɑ̃] adv transversally, across.

transversalité [tʀɑ̃svɛʀsalite] nf transversality / *la transversalité de sa fonction* the fact that his / her role involves working with several different departments.

transverse [tʀɑ̃svɛʀs] adj ANAT & GÉOM transverse.

transvestisme [tʀɑ̃svɛstism] = **travestisme.**

transvider [3] [tʀɑ̃svide] vt to decant.

transylvain, e [tʀɑ̃silvɛ̃, ɛn] = **transylvanien.**

Transylvanie [tʀɑ̃silvani] npr f ▸ **(la) Transylvanie** Transylvania.

transylvanien, enne [tʀɑ̃silvanjɛ̃, ɛn] adj Transylvanian.

❖ **Transylvanien, enne** nm, f Transylvanian.

trapèze [tʀapɛz] ◆ nm **1.** GÉOM trapezium UK, trapezoid US **2.** ANAT [muscle] trapezius **3.** LOISIRS trapeze / *faire du trapèze* to perform on the trapeze ▸ **trapèze volant** flying trapeze. ◆ adj ANAT ▸ **muscle trapèze** trapezius ▸ **os trapèze** trapezium.

trapéziste [tʀapezist] nmf trapezist, trapeze artist.

trapézoïdal, e, aux [tʀapezɔidal, o] adj trapezoidal.

trapézoïde [tʀapezɔid] nm trapezoid (bone).

trappage [tʀapaʒ] nm QUÉBEC trapping.

trappe [tʀap] nf **1.** [piège] trap **2.** [sur le sol - porte] trap door ; [- ouverture] hatch ; [d'une scène de théâtre] trap opening ; [pour parachutiste] exit door ▸ **passer à la trappe** to be whisked away (without trace).

Trappe [tʀap] npr f **1.** [abbaye] Trappist monastery **2.** [ordre] ▸ **la Trappe** the Trappist order.

trapper [3] [tʀape] vt & vi QUÉBEC to trap.

trappeur [tʀapœʀ] nm trapper.

trappiste [tʀapist] ◆ nm [moine] Trappist monk. ◆ nf BELG [bière] beer *(made by Trappist monks).*

trappistine [tʀapistin] nf **1.** [religieuse] Trappistine, Trappist nun **2.** [liqueur] Trappistine.

trapu, e [tʀapy] adj **1.** [personne] stocky, thickset **2.** [bâtiment] squat **3.** *fam* [difficile - devoir, exercice] tough, stiff / *l'examen était vraiment trapu !* the exam was a real stinker ! **4.** *fam* [savant] brainy / *il est trapu en chimie* he's brilliant at chemistry.

traque [tʀak] nf CHASSE ▸ **la traque** beating (game).

traquenard [tʀaknaʀ] nm **1.** [machination] snare, trap / *tomber dans un traquenard* to fall into a trap **2.** [pour les oiseaux] bird trap ; [pour les souris] trap **3.** ÉQUIT [trot] rack ; [cheval] racker.

traquer [3] [tʀake] vt **1.** [criminel, fuyard] to track ou to hunt down *(sép)* ; [vedette] to hound ; [erreur] to hunt down *(sép)* / *en le traquant, ils ont découvert où il habitait* they tracked him down to his home / *se faire traquer* to be tracked ou hunted **2.** CHASSE [rechercher] to track down *(sép)* ; [rabattre] to drive ▸ **animal traqué** hunted animal.

traqueur, euse [tʀakœʀ, øz] nm, f CHASSE beater, driver.

trash [tʀaʃ] ◆ adj inv trashy / *un film trash* a (deliberately) trashy film. ◆ nm trash / *elle fait dans le trash* she's pretty trashy.

trauma [tʀoma] nm trauma.

traumatique [tʀomatik] adj traumatic.

traumatisant, e [tʀomatizɑ̃, ɑ̃t] adj traumatizing.

traumatiser [3] [tʀomatize] vt to traumatize.

traumatisme [tʀomatism] nm trauma, traumatism ▸ **traumatisme crânien** cranial trauma.

traumatologie [tʀomatɔlɔʒi] nf traumatology.

traumatologique [tʀomatɔlɔʒik] adj traumatological.

traumatologiste [tʀomatɔlɔʒist] nmf traumatologist.

travail[1]**, ails** [tʀavaj] nm VÉTÉR trave.

travail[2]**, aux** [tʀavaj, o]

◆ nm

A. ACTION
B. RÉSULTAT, EFFET
C. LIEU D'ACTIVITÉ

A. ACTION **1.** [occupation] ▸ **le travail** work / *le travail de bureau* office work / *le travail de jour / nuit* day / night work / *alterner travail et repos* to alternate between work and rest ou working and resting / *je finis le travail à cinq heures* I stop ou finish work at five / *je fais des vitraux — et vous vivez de votre travail ?* I make stained-glass windows — and can you earn a living from your work ? / *être lent au travail* to be slow in one's work, to be a slow worker / *écrire un dictionnaire est un travail collectif* writing a dictionary involves working as a team / *un corps usé par le travail* a work-weary body / *travail de force* hard physical work / *un travail de longue haleine* a long-term work ou project ▸ **le travail scolaire** / **universitaire** school / academic work ▸ **le travail posté** ou **par roulement** shift work ▸ **travail aérien** AÉRON aerial work ▸ **le travail à domicile** outwork / *faire* ou *prendre du travail à domicile* to take work in ▸ **travail d'intérêt général** DR community service ▸ **le travail manuel** manual work ou labour UK ou labor US ▸ **le travail au noir a)** [occasionnel] undeclared casual work, moonlighting **b)** [comme pratique généralisée] black economy ▸ **travail à la pièce** piecework ▸ **travail précaire** casual labour UK ou labor US ▸ **le travail saisonnier** seasonal work ▸ **le travail salarié** paid work ▸ **le travail temporaire a)** [gén] temporary work **b)** [dans un bureau] temping **2.** [tâches imposées] work ▸ **son travail** his work ou workload / *avoir beaucoup de travail* to have a lot of work / *cela me fait du travail en plus* it's extra work for me ▸ **donner du travail à qqn** to give sb (some) work to do / *leur professeur leur donne trop de travail* their teacher gives ou sets them too much work ou homework **3.** [tâche déterminée] job / *faire un travail de recherche / traduction* to do a piece of research / a translation ▸ **c'est un travail de bagnard** ou **forçat** it's back-breaking work ou a back-breaking job ▸ **c'est un travail de bénédictin** it's painstaking work ▸ **c'est un travail de fourmi** it's a painstaking task ▸ **c'est un travail de Romain** ou **de titan** it's a colossal job **4.** [efforts] (hard) work / *c'est du travail d'élever cinq enfants !* bringing up five children is a lot of (hard) work ! / *tout ce travail pour rien !* all this (hard) work for nothing ! / *c'est tout un travail, de vous réunir tous les huit !* it's quite a job, getting the eight of you together ! / *il a encore du travail s'il veut devenir champion* he's still got a lot of work to do if he wants to be champion **5.** [exécution] work / *en électronique, le travail doit être minutieux* electronics work calls for extreme precision / *admirez le travail du pinceau* admire the brushwork / *une dentelle d'un travail très délicat* a very delicate piece of lacework / *on lui a confié les peintures et elle a fait du bon / mauvais travail* she was responsible for doing the painting and she made a good / bad job of it ▸ **regarde-moi ce travail !** just look at this mess ! ▸ **tu n'es pas encore prête, là, mais qu'est-ce que c'est que ce travail ?** aren't you ready yet, what's wrong with you ? ▸ **et voilà le travail !** *fam* and Bob's your uncle ! **6.** [façonnage] working / *elle est attirée par le travail du bois / de la soie* she's interested in working with wood / with silk ▸ **travail au tour** lathework **7.** [poste] job, occupation, post ; [responsabilité] job ▸ **chercher du** ou **un travail** to be job-hunting, to be looking for a job / *trouver un travail à mi-temps / plein temps* to find a part-time / full-time job ▸ **sans travail** unemployed, jobless, out of work / *le suivi des commandes, c'est son travail* following up orders is his job / *je n'aurais pas à m'en occuper si tu faisais ton travail* I wouldn't have to worry about it if you did your job (properly) **8.** [dans le système capitaliste] labour / *le travail et le capital* labour and capital / *cherchons une nouvelle organisation du travail* let's devise a new organization ou a different distribution of labour **9.** [contrainte exercée - par la chaleur, l'érosion] action **10.** PHYSIOL [accouchement] labour UK, labor US / *le travail n'est pas commencé / est commencé* she has not yet gone / has gone into labour ; [activité] work / *réduire le travail du cœur / des reins* to lighten the strain on the heart / on the kidneys **11.** MÉCAN & PHYS work / *l'unité de travail est le joule* the joule is the unit of work / *évaluer le travail d'une machine* to measure the work done by a machine **12.** PSYCHOL work, working through ▸ **travail du deuil** grieving process ▸ **travail du rêve** dreamwork.

B. RÉSULTAT, EFFET **1.** [écrit] piece / *il a publié un travail très intéressant sur Proust* he published a very interesting piece on Proust **2.** [transformation - gén] work ; [modification interne - dans le bois] warping ; [- dans le fromage] maturing ; [- dans le vin] working ▸ **travail des liaisons** NAUT working, labouring.

C. LIEU D'ACTIVITÉ work, workplace / *aller à son travail* to go to (one's) work / *je te téléphone du travail* I'm phoning you from work.

❖ **travaux** nmpl **1.** [tâches] work, working ▶ **gros travaux** heavy work ▶ **petits travaux** odd ou small jobs / *j'ai fait des petits travaux* I did some odd jobs / *faire faire des travaux* to have some work carried out ou done / *ils font des travaux après le pont* there are roadworks after the bridge ▶ **être en travaux** : *nous sommes en travaux à la maison* we're having some work done on the house, we've got (the) workmen in / **'fermé pendant les travaux'** 'closed for ou during alterations' / **'travaux'** 'roadworks ahead' UK, 'roadwork ahead' US / **'attention, travaux'** 'caution, work in progress' ▶ **travaux domestiques** ou **ménagers** housework ▶ **travaux agricoles** ou **des champs** farm ou agricultural work ▶ **travaux d'aiguille** COUT needlework ▶ **travaux d'aménagement** alterations ▶ **travaux d'approche a)** MIL approaches **b)** *fig* manoeuvring / *tout le monde a remarqué ses travaux d'approche pour obtenir le poste* everyone noticed how he was lining himself up for the job ▶ **travaux d'assainissement** drainage work ▶ **travaux de construction** building work ▶ **travaux d'entretien** maintenance work ▶ **travaux d'éveil** ÉDUC learning exercises ▶ **travaux forcés** hard labour ▶ **travaux d'Hercule a)** MYTH labours of Hercules **b)** *fig* Herculean tasks ▶ **travaux manuels a)** [gén] arts and crafts **b)** ÉDUC handicraft ▶ **travaux d'utilité collective** ≃ YTS ▶ **grands travaux** large-scale public works ▶ **les travaux publics** civil engineering / *entrer aux travaux publics* to become a civil engineer **2.** [d'une commission] work / *nous publierons le résultat de nos travaux* we'll publish our findings / *l'Assemblée nationale reprendra ses travaux le mois prochain* the new session of the National Assembly begins next month **3.** UNIV ▶ **travaux scientifiques** research (work) ▶ **travaux sociologiques** sociology research ▶ **travaux universitaires** academic research ▶ **travaux dirigés** UNIV seminar ▶ **travaux pratiques a)** [gén] practical work **b)** [en laboratoire] lab work / *on nous l'a donné à faire en travaux pratiques* we had to do it for our practical.

❖ **au travail** loc adv **1.** [en activité] at work, working / *se mettre au travail* to get down ou to set to work / *se remettre au travail* to start work again, to get down to one's work again / *allez, au travail!* come on, get to work! **2.** [sur le lieu d'activité] at work, in the workplace / *je vous donne mon numéro au travail* I'll give you my work number.

❖ **de travail** loc adj **1.** [horaire, séance] working ; [vêtement, camarade, permis] work *(modif)* ▶ **mes instruments de travail** the tools of my trade ▶ **contrat de travail** employment contract **2.** [d'accouchement -période] labour *(modif)* ; [-salle] labour *(modif)*, delivery *(modif)*.

❖ **du travail** loc adj [accident, sociologie, législation] industrial ▶ **conflit du travail** employment dispute ▶ **droit du travail** employment law.

❖ **en travail** adv PHYSIOL in labour / *alors que j'étais en plein travail* when I was in the middle of labour / *entrer en travail* to go into ou to start labour.

> Attention ! Le mot work est généralement indénombrable lorsqu'il désigne le travail. Il ne s'emploie ni au pluriel ni avec l'article indéfini a dans ce contexte :
>
> **C'est un travail épuisant.** *It's exhausting work.*
>
> **J'ai un petit travail à faire ce matin.** *I've got a little job to do this morning* ou *I've got a bit of work to do this morning.*
>
> **Ils font des travaux sur la route.** *They're doing some work on the road.*

travaillé, e [tʀavaje] adj **1.** [élaboré -style] polished, laboured UK, labored US ; [-façade, meuble] finely ou elaborately worked ; [-fer] wrought **2.** SPORT : *des balles très travaillées* balls with a lot of spin.

travailler [3] [tʀavaje] ◆ vi **1.** [être actif] to work / *tu as le temps de travailler avant dîner* you've got time to do some work ou to get some work done before dinner / *elle travaille beaucoup trop!* she's working (herself) too hard! ▶ **travailler dur** to work hard / *elle travaille vite* she's a fast worker / *le maçon a bien travaillé* the bricklayer made a good job of it / *travailler à* ou *sur une chanson* to work at ou on a song / *travailler sur ordinateur* to work on a computer ▶ **travailler comme un bœuf** ou **forçat** to slave away, to work like a Trojan ▶ **travailler du chapeau** *fam* ou **de la touffe** *fam* to have a screw loose ▶ **travailler comme un nègre** *vieilli* to work hard **2.** [avoir une profession] to work / *vous travaillez?* do you work?, do you have a job? / *où travailles-tu?* where do you work? / *j'ai arrêté de travailler à 55 ans* I stopped work ou retired at 55 / *travailler pour payer ses études* to work one's way through college / university / *les enfants travaillaient dans les mines dès l'âge de six ans* children were put to work in the mines at the age of six ▶ **aller travailler** to go to work / *elle n'est pas venue travailler hier* she didn't come to work yesterday / *travailler en usine* to work in a factory / *travailler dans un bureau* to work in an office / *travailler comme chauffeur de taxi* to work as a taxi driver / *elle travaille dans l'informatique* she works with computers / *elle travaille dans la maroquinerie* she's in the leather trade ▶ **travailler en indépendant** to be self-employed ▶ **travailler en free-lance** to do freelance work, to be a freelancer ▶ **travailler à la pièce** to do piecework ▶ **travailler à son compte** to have one's own business ▶ **travailler pour le roi de Prusse** : *j'ai travaillé pour le roi de Prusse!* I got nothing whatsoever for it! **3.** [faire des affaires] to do (good) business / *entreprise qui travaille bien / mal / à perte* thriving / stagnating / lossmaking firm **4.** [pratiquer son activité -artiste, athlète] to practise, to train ; [-boxeur] to work out, to train / *faire travailler ses muscles* to make one's muscles work / *faire travailler ses jambes* to make one's legs work, to exercise one's legs / *les marins syndiqués refusent de travailler sur les navires de la compagnie* union seamen are refusing to handle the company's vessels / *faire travailler son argent* *fig* to make one's money work / *c'est ton imagination qui travaille* your imagination's working overtime, you're imagining things **5.** [changer de forme, de nature -armature, poutre] to warp ; [-fondations, vin] to work **6.** [suivi d'une préposition] ▶ **travailler à** [succès] to work ou to strive for ▶ **travailler contre / pour** to work against / for / *le temps travaille contre / pour nous* time is working against us / is on our side. ◆ vt **1.** [façonner -bois, bronze, glaise] to work ; [CULIN -mélange, sauce] to stir ▶ **travailler la pâte a)** CULIN to knead ou to work the dough **b)** [peintre] to work the paste / *travailler la terre* to work ou to till *sout* the land **2.** [perfectionner -discours, style] to work on *(insép)*, to polish up *(sép)*, to hone ; [-matière scolaire] to work at ou on *(insép)*, to go over *(insép)* ; [-concerto, scène] to work on, to rehearse ; [SPORT -mouvement] to practise, to work on ; [-balle] to put (a) spin on / *cet élève devra travailler la trigonométrie* this pupil should work (harder) at trigonometry / *travaillez votre revers* work on your backhand **3.** [obséder] to worry / *ça me travaille de le savoir malheureux* it worries me to know that he's unhappy / *l'idée de la mort le travaillait* (the idea of) death haunted him / *être travaillé par le remords / l'angoisse* to be tormented by remorse / anxiety **4.** [tenter d'influencer] to work on *(insép)* / *travailler les délégués pour les convaincre* to work on ou to lobby the delegates in order to persuade them **5.** ÉQUIT to work **6.** PÊCHE to work, to play.

travailleur, euse [tʀavajœʀ, øz] ◆ adj hard-working, industrious. ◆ nm, f **1.** [exerçant un métier] worker ▶ **travailleur intellectuel** white-collar worker ▶ **travailleur manuel** manual ou US blue-collar worker ▶ **les travailleurs a)** [gén] working people, the workers **b)** [ouvriers] labour **c)** [prolétariat] the working classes ▶ **travailleur agricole** agricultural ou farm worker ▶ **travailleur à domicile** outworker, homeworker ▶ **travailleur immigré** migrant ou immigrant worker ▶ **les travailleurs immigrés** immigrant labour ▶ **travailleur indépendant** self-employed person, freelance worker ▶ **travailleur au noir a)** [gén] undeclared worker **b)** [en plus de son activité principale] moonlighter ▶ **travailleur posté** shift worker ▶ **travailleur saisonnier** seasonal worker **2.** ADMIN ▶ **travailleur social** social worker ▶ **travailleuse familiale** home help **3.** [personne laborieuse] hard worker / *c'est un gros travailleur* he's a hard worker ou very hard-working.

❖ **travailleuse** nf work table *(for needlework)*.

travaillisme [tʀavajism] nm Labour doctrine ou philosophy.

travailliste [tʀavajist] ◆ adj Labour *(modif)* ▶ **être travailliste** to be a member of the Labour Party ou party ▶ **le Parti travailliste** the Labour Party ou party. ◆ nmf member of the Labour Party / *les travaillistes se sont opposés à cette mesure* Labour opposed the move.

travailloter [3] [tʀavajɔte] vi *fam* to potter around.

travée [tʀave] nf **1.** [rangée de sièges, de personnes assises] row **2.** ARCHIT & CONSTR [d'une voûte, d'une nef] bay ; [solivage] girder ; [d'un pont] span.

traveller's cheque, traveller's check [tʀavlœʀʃɛk] (*pl* **traveller's cheques** *ou* **traveller's checks**) nm traveller's cheque UK, traveler's check US.

travelling [tʀavliŋ] nm CINÉ **1.** [déplacement -gén] tracking ; [-sur plate-forme] dollying ▶ **faire un travelling** [caméra, cameraman] to track, to dolly ▶ **travelling avant / arrière / latéral** tracking ou dollying in / out / sideways **2.** [plate-forme] dolly, travelling platform **3.** [prise de vue] tracking shot.

travelo [tʀavlo] nm *tfam* transvestite, drag queen / *habillé en travelo* in drag.

travers [tʀavɛʀ] nm **1.** [largeur] breadth / *sa voiture m'a heurté par le travers* her car hit me broadside on **2.** [viande] ▶ **travers (de porc)** spare rib **3.** NAUT ▶ **par le travers** abeam, on the beam **4.** *sout* [défaut] fault, shortcoming, failing / *elle tombait dans les mêmes travers que ses prédécesseurs* she displayed the same shortcomings as her predecessors ▶ **un petit travers** a minor fault / *tous les travers de son père* all the shortcomings of her father's character.

❖ **à travers** loc prép through, across / *à travers la fenêtre / le plancher / les barreaux* through the window / the floor / the bars / *à travers la forêt* across ou through the forest ▶ **à travers les âges** throughout the centuries / *on voit à travers sa robe* you can see through her dress / *il jeta les livres à travers la chambre* he flung the books across the room / *on entend tout à travers les cloisons* you can hear everything through these partitions ▶ **prendre** ou **passer à travers champs** to go through the fields ou across country / *couper à travers bois* to cut across ou through the woods / *ils ont prêché à travers tout le pays* they went preaching throughout the length and breadth of the country / *passer à travers les mailles du filet* PÊCHE & *fig* to slip through the net / *j'ai réussi à passer à travers le contrôle fiscal* I managed to escape the tax inspection.

❖ **au travers de** loc prép **1.** [en franchissant] through / *passer au travers des dangers* to escape danger **2.** [par l'intermédiaire de] through, by means of / *son idée se comprend mieux au travers de cette comparaison* his idea is easier to understand by means of this comparison.

❖ **de travers** ◆ loc adj crooked. ◆ loc adv **1.** [en biais -couper] askew, aslant ; [-accrocher] askew / *marcher de travers* [ivrogne] to stagger ou to totter along / *la remorque du camion s'est mise de travers* the truck jack-knifed / *j'ai avalé mon pain de travers* the bread went down the wrong way **2.** [mal] : *tu fais tout de travers!* you do everything wrong! / *elle comprend tout de travers!* she gets everything wrong!, she always gets the wrong end of the stick! ▶ **regarder qqn de travers** to give sb a funny look ▶ **tout va de travers** everything's going wrong / *répondre de travers* to give the wrong answer / *il prend tout ce qu'on lui dit de travers* he takes everything the wrong way.

❖ **en travers** loc adv **1.** [en largeur] sideways, across, crosswise / *le wagon s'est mis en travers* the carriage ended up sideways (across the tracks) / *la remorque du camion s'est mise en travers* the truck jack-knifed **2.** NAUT abeam.

❖ **en travers de** loc prép across / *le couteau posé en travers de l'assiette* the knife laid crosswise on the plate ou across the plate / *l'arbre était tombé en travers du chemin* the tree had fallen across the path ▸ **s'il se met en travers de mon chemin** ou **de ma route** *fig* if he stands in my way.

traversable [tʀavɛʀsabl] adj which can be crossed ▸ **la rivière est traversable a)** [à gué] the river is fordable **b)** [en bateau] the river can be crossed by boat.

traverse [tʀavɛʀs] nf **1.** RAIL sleeper UK, crosstie US **2.** CONSTR [de charpente] crossbeam, crosspiece ; [entre deux montants] (cross) strut.

traversée [tʀavɛʀse] nf **1.** [d'une route, d'un pont, d'une frontière] crossing ; [d'une agglomération, d'un pays] going ou getting through ou across / *combien de temps dure la traversée?* how long is the crossing ou does it take to get across ? / *il a fait la traversée du canyon en deltaplane* he flew across the canyon on a hang-glider ▸ **faire sa traversée du désert** [politicien] to be in the political wilderness **2.** SPORT [en alpinisme - épreuve] through route ; [- passage] traverse ; [au ski] traverse / *faire une traversée* to traverse **3.** RAIL crossing point.

traverser [3] [tʀavɛʀse] vt **1.** [parcourir - mer, pièce, route] to go across *(insép)*, to cross, to traverse *sout* ; [- pont] to go over ou across *(insép)* ; [- tunnel] to go ou to pass through *(insép)* ▸ **traverser qqch à la nage / à cheval / en voiture / en bateau / en avion** to swim / to ride / to drive / to sail / to fly across sthg / *traverser une rivière à gué* to ford a river / *traverser une pièce en courant / en sautillant* to run / to skip through a room ▸ **aider qqn à traverser la route** to help sb across the road / *faire traverser une vieille dame* to help an old lady across the road / *il n'a fait que traverser ma vie fig* he only passed through my life / *tu m'as fait traverser tout Paris pour ça?* you mean you made me come from the other side of Paris for this ? **2.** [s'étirer d'un côté à l'autre de - suj : voie] to cross, to run ou to go across *(insép)* ; [- suj : pont] to cross, to span ; [- suj : tunnel] to cross, to run ou to go under *(insép)* **3.** [vivre - époque] to live ou to go through *(insép)* ; [- difficultés] to pass ou to go through *(insép)* / *son nom a traversé l'histoire* her name lived (on) through history / *son divorce lui a fait traverser une période difficile* (s)he went through a difficult period because of the divorce **4.** [transpercer - suj : épée] to run through *(insép)*, to pierce ; [- suj : balle] to go through *(insép)* ; [- suj : pluie, froid] to come ou to go through *(insép)* / *pour empêcher la pluie de traverser la toile* to stop the rain soaking through the canvas / *une image me traversa l'esprit* an image passed ou flashed through my mind / *mon cœur fut traversé d'une joie soudaine* my heart was filled with a sudden feeling of joy.

traversier [tʀavɛʀsje] nm QUÉBEC ferry.

traversin [tʀavɛʀsɛ̃] nm [oreiller] bolster.

travertin [tʀavɛʀtɛ̃] nm travertine.

travesti, e [tʀavɛsti] adj **1.** [pour tromper] in disguise, disguised ; [pour s'amuser] dressed up (in fancy dress) **2.** THÉÂTRE [comédien] playing a female part ▸ **rôle travesti** female part played by a man **3.** [vérité] distorted ; [propos] twisted, misrepresented.

❖ **travesti** nm **1.** THÉÂTRE actor playing a female part ; [dans un cabaret] female impersonator, drag artist / *numéro ou spectacle de travesti* drag act **2.** [homosexuel] transvestite **3.** [vêtement - d'homosexuel] drag *(U)* ; [- de bal] fancy dress *(U)*.

travestir [32] [tʀavɛstiʀ] vt **1.** [pour une fête] to dress up *(sép)* ; [comédien] to cast in a female part ▸ **travestir qqn en** to dress sb up as **2.** [pensées] to misrepresent ; [vérité] to distort ; [propos] to twist.

❖ **se travestir** vp *(emploi réfléchi)* **1.** [homme] to dress as a woman, to put on drag ; [femme] to dress as a man **2.** [pour une fête] to dress up (in fancy dress), to put fancy dress on / *se travestir en punk* to dress up as a punk.

travestisme [tʀavɛstism] nm transvestism.

travestissement [tʀavɛstismɑ̃] nm **1.** [pour une fête] dressing up, wearing fancy dress **2.** PSYCHOL cross-dressing **3.** [de propos, de la vérité] twisting, distortion, distorting ; [de pensées] misrepresentation.

traviole [tʀavjɔl] ❖ **de traviole** ◆ loc adj *fam* [tableau] aslant, crooked ; [dents] crooked, badly set. ◆ loc adv **1.** [en biais] : *marcher de traviole* [ivrogne] to stagger ou to totter along / *j'écris de traviole* my handwriting's all crooked ou cockeyed / *tu as mis ton chapeau de traviole* you've put your hat on crooked ou UK skew-wiff **2.** [mal] : *il fait tout de traviole* he can't do anything right / *tout va de traviole* everything's going wrong / *tu comprends toujours tout de traviole* you always get hold of the wrong end of the stick.

trax [tʀaks] nm SUISSE bulldozer.

trayait v ⟶ **traire.**

trayeur, euse [tʀɛjœʀ, øz] nm, f milker, milkman (milkwoman) US.

❖ **trayeuse** nf milking machine.

trayon [tʀɛjɔ̃] nm teat.

trébuchant, e [tʀebyʃɑ̃, ɑ̃t] adj staggering, stumbling, tottering.

trébucher [3] [tʀebyʃe] ◆ vi **1.** [perdre l'équilibre] to stumble, to totter, to stagger / *trébucher sur une pierre* to stumble on a stone ▸ **trébucher contre une marche** to trip over a step ▸ **faire trébucher qqn** to trip sb up **2.** [achopper] to stumble / *trébucher sur un mot* to stumble over a word **3.** [balance] to turn. ◆ vt TECHNOL to weigh.

trébuchet [tʀebyʃɛ] nm **1.** [piège] bird-trap **2.** [balance] assay balance.

tréfilage [tʀefilaʒ] nm wiredrawing.

tréfiler [3] [tʀefile] vt to wiredraw, to draw *(a wire)*.

trèfle [tʀɛfl] nm **1.** BOT clover, trefoil ▸ **trèfle blanc** white ou Dutch clover ▸ **trèfle rouge** red clover ▸ **trèfle à quatre feuilles** four-leaved UK ou four-leaf US clover **2.** JEUX clubs / *la dame de trèfle* the Queen of clubs / *j'ai joué trèfle* I played clubs ou a club **3.** ARCHIT trefoil **4.** TRAV PUB ▸ **carrefour en trèfle** cloverleaf (junction) **5.** [emblème irlandais] shamrock.

tréflière [tʀeflijɛʀ] nf clover field.

tréfonds [tʀefɔ̃] nm **1.** *litt* [partie profonde] : *être ému jusqu'au tréfonds de son être* to be moved to the depths of one's soul / *dans le tréfonds de son âme* in the (innermost) depths of her soul **2.** DR subsoil.

treillage [tʀɛjaʒ] nm HORT trellis ou lattice (work) ; [d'une vigne] wire trellis.

treillager [17] [tʀejaʒe] vt [plante, vigne] to trellis.

treille [tʀɛj] nf **1.** [vigne] climbing vine **2.** [tonnelle] arbour.

treillis [tʀɛji] nm **1.** TEXT canvas **2.** MIL (usual) outfit **3.** [en lattes] trellis ; [en fer] wire-mesh.

treillisser [3] [tʀɛjise] vt to trellis.

treize [tʀɛz] ◆ dét thirteen ▸ **acheter / vendre qqch treize à la douzaine** to buy / to sell thirteen of sthg for the price of twelve / *il y en a treize à la douzaine* it's a baker's dozen. ◆ nm inv thirteen. **Voir aussi cinq.**

treizième [tʀɛzjɛm] adj num & nmf thirteenth. **Voir aussi cinquième.**

treizièmement [tʀɛzjɛmmɑ̃] adv in the thirteenth place.

trek [tʀɛk], **trekking** [tʀɛkiŋ] nm trekking ▸ **faire un trek** to go on a trek ▸ **faire du trekking** to go trekking.

trekkeur, euse [tʀɛkœʀ, øz] nm, f trekker.

tréma [tʀema] nm diaeresis UK, dieresis US ▸ **e tréma** e (with) diaeresis.

tremblant, e [tʀɑ̃blɑ̃, ɑ̃t] adj [flamme] trembling, flickering ; [feuilles] fluttering, quivering ; [main, jambes] shaking, trembling, wobbly ; [voix] tremulous, quavering, shaky / *tremblant de peur* trembling ou shaking ou shuddering with fear / *tremblant de froid* trembling ou shivering with cold / *écrire d'une main tremblante* to write shakily / *répondre d'une voix tremblante* to answer tremulously.

tremblante [tʀɑ̃blɑ̃t] nf ▸ **tremblante du mouton** scrapie.

tremble [tʀɑ̃bl] nm aspen.

tremblé, e [tʀɑ̃ble] adj **1.** [écriture] shaky, wobbly ; [trait] wobbly, wavy, shaky **2.** ACOUST ▸ **sons tremblés** quavering **3.** IMPR ▸ **filet tremblé** wavy rule.

❖ **tremblé** nm IMPR wavy rule.

tremblement [tʀɑ̃bləmɑ̃] nm **1.** [d'une personne - de froid] shiver ; [- de peur] tremor, shudder / *son corps était secoué ou parcouru de tremblements* his whole body was shaking ou trembling **2.** [de la main] shaking, trembling, tremor ; [de la voix] trembling, quavering, tremor ; [des paupières] twitch, twitching ; [des lèvres] trembling, tremble / *avoir des tremblements* to shake / *avec un tremblement dans la voix* with a tremor in his voice, in a tremulous voice ▸ **et tout le tremblement** and all the rest / *l'église, la robe blanche et tout le tremblement* the church, the white dress, the whole works **3.** [du feuillage] trembling, fluttering ; [d'une lueur, d'une flamme] trembling, flickering ; [d'une cloison, de vitres] shaking, rattling.

❖ **tremblement de terre** nm earthquake.

trembler [3] [tʀɑ̃ble] vi **1.** [personne] : *trembler de peur* to tremble ou to shake ou to shudder with fear / *trembler de froid* to shiver ou to tremble with cold / *trembler de rage* to tremble ou to quiver with anger ▸ **trembler de tout son corps** ou **de tous ses membres** to be shaking ou to be trembling all over, to be all of a tremble ▸ **trembler comme une feuille** to be shaking like a leaf **2.** [main, jambes] to shake, to tremble ; [voix] to tremble, to shake, to quaver ; [menton] to tremble, to quiver ; [paupière] to twitch **3.** [feuillage] to tremble, to quiver, to flutter ; [flamme, lueur] to flicker ; [gelée] to wobble ; [cloison, vitre] to shake, to rattle ; [terre] to quake, to shake / *les trains font trembler la maison* the trains are shaking the house ▸ **la terre a tremblé** there's been an earthquake ou an earth tremor **4.** [avoir peur] to tremble (with fear) / *l'armée faisait trembler tout le pays* the whole country lived in fear of the troops ▸ **trembler devant qqn / qqch** to stand in fear of sb / sthg ▸ **trembler pour (la vie de) qqn** to fear for sb ou sb's life ▸ **trembler à la pensée de / que a)** [de crainte] to tremble at the thought of / that **b)** [d'horreur] to shiver at the thought of / that / *il tremblait d'apprendre la vérité* he feared the truth ou was afraid to learn the truth.

trembleur [tʀɑ̃blœʀ] nm ÉLECTR trembler.

tremblotant, e [tʀɑ̃blɔtɑ̃, ɑ̃t] adj [main] shaking, trembling ; [voix] tremulous, quavering, shaking ; [lueur] flickering, trembling.

tremblote [tʀɑ̃blɔt] nf *fam* ▸ **avoir la tremblote a)** to have the shakes **b)** [de peur] to have the jitters **c)** [de froid] to have the shivers.

tremblotement [tʀɑ̃blɔtmɑ̃] nm **1.** [d'une personne - gén] shaking ; [- de fièvre, de froid] shivering ; [- de peur] shivering, shuddering **2.** [d'une main] (faint) shaking ou trembling ; [d'une voix] slight tremor ou quavering ; [d'une lueur] flicker.

trembloter [3] [tʀɑ̃blɔte] vi [gén] to tremble ; [vieillard, main] to shake ; [voix] to quaver ; [lueur] to flicker ; [de froid] to shiver ; [de peur] to shudder (with fear).

trémie [tʀemi] nf **1.** [pour les raisins, les betteraves] hopper ; [pour le blé] tank ; [pour les volailles] feed hopper **2.** CONSTR [pour béton] tremie ▸ **trémie d'ascenseur** lift UK ou elevator US shaft ▸ **trémie de cheminée** hearth cavity ▸ **trémie d'escalier** stair well **3.** [de sel] pyramid salt formation **4.** [accès à un tunnel] mouth, well, entrance.

trémière [tʀemjɛʀ] adj f ⟶ **rose.**

trémolo [tʀemɔlo] nm **1.** MUS tremolo **2.** [de la voix] : *avec des trémolos dans la voix* with a tremor in his voice.

trémoussement [tʀemusmɑ̃] nm wiggle, wriggle, wriggling *(U)*.

trémousser [3] [tʀemuse] ❖ **se trémousser** vpi to wiggle, to wriggle / *elle marchait en se trémoussant* she wiggled her hips as she walked / *arrête de te trémousser sur ta chaise* stop wriggling round ou fidgeting on your chair.

trempabilité [tʀɑ̃pabilite] nf quenchability.

trempage [tʀɑ̃paʒ] nm **1.** [de l'orge] soaking ; [de vêtements] soaking **2.** IMPR damping, wetting.

trempe [tʀɑ̃p] nf **1.** [caractère] : *une femme de sa trempe* a woman with such moral fibre / *son frère est d'une autre trempe* his brother is cast in a different mould **2.** *fam* [punition] hiding, thrashing, belting / *recevoir une bonne trempe* to get a good hiding ou thrashing **3.** MÉTALL [traitement] quenching ; [résultat] temper / *de bonne trempe* well-tempered.

trempé, e [tʀɑ̃pe] adj **1.** [personne, vêtements] soaked, drenched ; [chaussures, jardin] waterlogged / *trempé de sueur* soaked with sweat / *trempé de larmes* [mouchoir] tear-stained ▸ **trempé jusqu'aux os** ou **comme une soupe** *fam* soaked to the skin, wet through **2.** [vin, lait] watered-down **3.** [énergique] ▸ **avoir le caractère bien trempé** to be resilient **4.** MÉTALL quenched **5.** [verre] toughened.

tremper [3] [tʀɑ̃pe] ◆ vt **1.** [plonger - chiffon] to dip, to soak ; [- sucre, tartine] to dip, to dunk ; [- linge, vaisselle] to soak / *je n'ai fait que tremper les lèvres dans le champagne* I just had a taste ou took a sip of the champagne / *je n'ai fait que me tremper les pieds dans l'eau* I only dipped my feet in the water **2.** *vieilli* : *tremper la soupe* [la verser] to pour soup over bread **3.** [mouiller] : *j'ai trempé ma chemise, tellement je transpirais* I sweated so much (that) my shirt got soaked / *tu as trempé la nappe!* you've made the tablecloth (all) wet! **4.** MÉTALL to quench **5.** *litt* [affermir - personnalité, caractère] to steel *litt*, to toughen, to harden / *cela va lui tremper le caractère* this'll toughen him up. ◆ vi [vêtement, vaisselle, lentilles] to soak ▸ **faire tremper qqch** : *j'ai fait tremper les draps* I put the sheets in to soak ▸ **faire tremper des haricots** to soak beans, to leave beans to soak ▸ **tremper dans** : *les clichés trempent dans un bain spécial* the photographs (are left to) soak in a special solution / *attention, tes manches trempent dans la soupe* careful, you've got your sleeves in the soup.

❖ **tremper dans** v + prép [être impliqué dans] to be involved in, to have a hand in / *elle a trempé dans une sordide affaire* she was involved in a sordid affair.

❖ **se tremper** ◆ vpi to have a quick dip. ◆ vpt : *il s'est trempé les pieds en marchant dans l'eau* he stepped into a puddle and got his feet wet.

trempette [tʀɑ̃pɛt] nf *fam* ▸ **faire trempette** to have a (quick) dip.

tremplin [tʀɑ̃plɛ̃] nm **1.** SPORT [de gymnastique] springboard ; [de plongeon] diving board, springboard ▸ **tremplin de ski** ski-jump **2.** [impulsion initiale] springboard, stepping stone, launching pad ▸ **servir de tremplin à qqn** to be a springboard for sb / *cet opéra a servi de tremplin à sa carrière* this opera was a springboard for her career ou launched her career.

trémulant, e [tʀemylɑ̃, ɑ̃t] adj *litt* tremulant, tremulous.

trémulation [tʀemylasjɔ̃] nf tremulousness.

trench-coat [tʀɛnʃkot] (*pl* **trench-coats**), **trench** [tʀɛnʃ] nm trench coat.

trentaine [tʀɑ̃tɛn] nf ▸ **une trentaine (de)** around ou about thirty / *avoir la trentaine* to be thirtyish ou thirty-something.

trente [tʀɑ̃t] dét & nm inv thirty ▸ **être sur son trente et un** to be dressed up to the nines ▸ **se mettre sur son trente et un** to get all dressed up. **Voir aussi cinq.**

Trente [tʀɑ̃t] npr Trent, Trento.

trente-et-quarante [tʀɑ̃tekaʀɑ̃t] nm inv JEUX (game of) trente et quarante.

trentenaire [tʀɑ̃tnɛʀ] adj & nmf thirty-year-old.

trente-six (*en fin de phrase* [tʀɑ̃tsis], *devant consonne ou «h» aspiré* [tʀɑ̃tsi], *devant voyelle ou «h» muet* [tʀɑ̃tsiz]) ◆ dét **1.** [gén] thirty six **2.** *fam* [pour exprimer la multitude] umpteen, dozens of / *il n'y a pas trente-six solutions!* there aren't all that many solutions! / *j'ai trente-six mille choses à faire* I've a hundred and one things to do ▸ **voir trente-six chandelles** to see stars. ◆ nm inv *fam* ▸ **tous les trente-six du mois** once in a blue moon. **Voir aussi cinquante.**

trente-sixième [tʀɑ̃tsizjɛm] adj num **1.** [gén] thirty-sixth **2.** EXPR ▸ **être dans le trente-sixième dessous** *fam* to feel really down.

trente-trois-tours [tʀɑ̃ttʀwatuʀ] nm inv LP.

trentième [tʀɑ̃tjɛm] adj num & nmf thirtieth. **Voir aussi cinquième.**

trépan [tʀepɑ̃] nm **1.** MÉD trephine **2.** PÉTR & TECHNOL trepan.

trépanation [tʀepanasjɔ̃] nf trephination, trepanation, trepanning.

trépané, e [tʀepane] nm, f trephined ou trepanned patient.

trépaner [3] [tʀepane] vt to trephine, to trepan.

trépas [tʀepa] nm *litt* ▸ **le trépas** death.

trépassé, e [tʀepase] nm, f **1.** *litt* deceased ▸ **les trépassés** the departed *sout*, the dead **2.** RELIG ▸ **le jour** ou **la fête des Trépassés** All Souls' Day.

trépasser [3] [tʀepase] vi *litt* to depart this life, to pass away ou on *euphém*.

trépidant, e [tʀepidɑ̃, ɑ̃t] adj **1.** [animé - époque] frantic, hectic ; [- vie] hectic ; [- danse, rythme] wild, frenzied **2.** [véhicule] vibrating, throbbing.

trépidation [tʀepidasjɔ̃] nf **1.** [d'un moteur] vibration **2.** MÉD tremor **3.** [agitation] bustle, whirl.

trépider [3] [tʀepide] vi [moteur] to vibrate, to throb ; [surface] to vibrate.

trépied [tʀepje] nm tripod.

trépignement [tʀepiɲmɑ̃] nm stamping (of feet) / *dès qu'on lui refuse quelque chose, ce sont des trépignements* when he can't get his own way, he throws a tantrum.

trépigner [3] [tʀepiɲe] vi to stamp one's feet / *trépigner de colère* to stamp one's feet in anger ▸ **trépigner d'impatience** to be hopping up and down with impatience.

tréponème [tʀepɔnɛm] nm treponema.

très [tʀɛ] adv **1.** [avec un adverbe, un adjectif] very / *c'est très bon* it's very good / *c'est très aimable à vous* that's very kind of you / *une entreprise très compétitive* a highly competitive company / *un poste très convoité* a much ou highly coveted job / *c'est très douloureux / cher* it's very painful / expensive / *il est très snob* he's a real snob / *je ne l'ai pas vu depuis très longtemps* I haven't seen him for ages ou for a very long time / *il travaille très bien* he works very well / *très bien payé* very well ou highly paid / *tu comprends ce que je veux dire? — non, pas très bien* do you see what I mean? — not very well ou not really / *très bien, je m'en vais* all right (then) ou very well (then) ou OK (then), I'm going / *il est très enfant* he's such a child / *nous sommes tous très famille* we're all very much into family life / *ce sont des gens très comme il faut* they are very ou highly respectable people / *c'est très à la mode* it's very fashionable **2.** [dans des locutions verbales] : *avoir très peur / faim* to be very frightened / hungry / *il fait très froid* it's very cold, it's freezing / *j'ai très envie de lui dire ses quatre vérités* I very much want to give him a few home truths **3.** [employé seul, en réponse] very / *fatiguée? — oui, très* tired? — yes, very / *il y a longtemps qu'il est parti? — non, pas très* has he been gone long? — no, not very ▸ **faire des heures supplémentaires? très peu pour moi!** me, do overtime? not likely!

Très-Haut [tʀeo] npr m ▸ **le Très-Haut** God, the Almighty.

trésor [tʀezɔʀ] nm **1.** [argent] treasure **2.** DR treasure trove **3.** [chose précieuse] treasure / *son grenier est plein de trésors* her attic is full of treasures ou is a real treasure-house / *les trésors du Prado* the treasures ou riches of the Prado **4.** ARCHÉOL [d'un sanctuaire] treasure, treasury **5.** *(gén au pl)* [grande quantité] ▸ **des trésors de bienfaits / de patience** a wealth of good / patience **6.** *fam* [terme d'affection] : *mon (petit) trésor* my treasure ou darling ou pet / *tu es un trésor* you're a treasure ou a darling ou an angel **7.** FIN ▸ **le Trésor (public) a)** [service] *the French Treasury* **b)** [moyens financiers] state finances **8.** HIST exchequer.

trésorerie [tʀezɔʀʀi] nf **1.** [argent - gén] treasury, finances ; [- d'une entreprise] liquid assets ; [- d'une personne] budget ▸ **ses problèmes de trésorerie** his cash (flow) problems **2.** [gestion] accounts **3.** [bureaux - gouvernementaux] public revenue office ; [- privés] accounts department **4.** [fonction - gén] treasurership ; [- d'un trésorier-payeur] paymastership.

trésorier, ère [tʀezɔʀje, ɛʀ] nm, f **1.** ADMIN treasurer **2.** MIL paymaster.

trésorier-payeur [tʀezɔʀjepɛjœʀ] (*pl* **trésoriers-payeurs**) nm ▸ **trésorier-payeur général** paymaster *(for a "département" or "Région")*.

tressage [tʀɛsaʒ] nm [de rotin] weaving ; [de cheveux] plaiting, braiding.

tressaillement [tʀesajmɑ̃] nm [de joie] thrill ; [de peur] shudder, quiver, quivering.

tressaillir [47] [tʀesajiʀ] vi **1.** [personne, animal - de surprise, de peur] to (give a) start ; [- de douleur] to flinch, to wince / *tressaillir de joie* to thrill **2.** *litt* [feuillage] : *un souffle soudain vint faire tressaillir les peupliers* a sudden breeze set the leaves of the poplars rustling.

tressautement [tʀesotmɑ̃] nm **1.** [sursaut] start, jump **2.** [secousse] jolting / *les tressautements du vieux tramway* the jolting ou juddering UK of the old tram.

tressauter [3] [tʀesote] vi **1.** [sursauter] to jump, to start / *la sonnette m'a fait tressauter* the bell made me jump ou startled me **2.** [être cahoté - passager] to be tossed about / *les cahots du chemin faisaient tressauter les voyageurs* the passengers were thrown ou jolted around by the bumps in the road.

tresse [tʀɛs] nf **1.** [de cheveux, de fils] plait, braid **2.** ARCHIT strapwork *(U)* **3.** ÉLECTR braid, braiding **4.** NAUT vinnet.

tresser [4] [tʀese] vt [cheveux, rubans, fils] to plait, to braid ; [corbeille] to weave ; [câble] to twist ; [guirlande] to wreathe ▸ **tresser des couronnes à qqn** *fig* to praise sb to the skies.

tréteau, x [tʀeto] nm trestle ▸ **monter sur les tréteaux** *vieilli* to become an actor, to tread the boards.

treuil [tʀœj] nm winch, windlass.

treuillage [tʀœjaʒ] nm winching.

treuiller [5] [tʀœje] vt to winch ▸ **treuiller une charge a)** [vers le haut] to winch up a load **b)** [vers le bas] to winch down a load.

trêve [tʀɛv] nf **1.** MIL truce ▸ **la trêve de Dieu** HIST the Truce of God **2.** [repos] rest, break / *ses rhumatismes ne lui laissent aucune trêve* his rheumatisms give him no respite / *elle s'est accordée une trêve dans la rédaction de sa thèse* she took a break from writing her thesis ▸ **faire trêve à** *sout* to suspend ▸ **la trêve des confiseurs** *the lull in political activities between Christmas and the New Year in France* / *c'est la trêve des confiseurs* it's the seasonal truce in political activity.

❖ **trêve de** loc prép enough / *trêve de bavardages!* we must stop chatting!, enough of this chatting! / *allez, trêve de plaisanteries, où est la clef?* come on, stop messing about, where's the key?

❖ **sans trêve** loc adv unceasingly, without end, neverendingly.

Trèves [tʀɛv] npr Trier.

trévise [tʀeviz] nf radicchio lettuce.

tri [tʀi] nm **1.** [de fiches] sorting out, sorting, classifying ; [de renseignements] sorting out, selecting ; [de candidats] picking out, screening / *il faut faire le tri dans ce qu'il dit* you have to sift out the truth in what he says ▸ **le tri sélectif des ordures ménagères** selective sorting of household waste **2.** [postal] sorting.

triacide [tʀiasid] nm triacid.

triade [tʀijad] nf [groupe de trois] triad.

triage [tʀijaʒ] nm **1.** [pour répartir] sorting (out) / *triage à la main* hand sorting **2.** [pour choisir] grading, selecting, sifting **3.** MIN picking *(U)* **4.** [en papeterie] assorting, sorting **5.** RAIL marshalling *(U)*.

trial, s [tʀijal] ◆ nm (motorbike) trial ou trials. ◆ nf trial motorbike.

triangle [tʀijɑ̃gl] nm **1.** GÉOM triangle / *soit un triangle quelconque ABC* take any triangle ABC ▸ **triangles semblables** similar triangles **2.** GÉOGR ▸ **le triangle des Bermudes** the Bermuda Triangle ▸ **le Triangle d'or** the Golden Triangle **3.** MUS triangle **4.** AUTO ▸ **triangle de sécurité** warning triangle.

❖ **en triangle** loc adv in a triangle / *le jardin se termine en triangle* the garden ends in a triangle.

triangulaire [tʀijɑ̃gylɛʀ] adj **1.** [gén & GÉOM] triangular ; [tissu, salle] triangular, triangular-shaped **2.** [à trois éléments] triangular ▸ **élection triangulaire** three-cornered election ▸ **commerce triangulaire** HIST triangular trade.

triangulation [tʀijɑ̃gylasjɔ̃] nf triangulation, triangulating.

trianguler [tʀijɑ̃gyle] vt to triangulate.

Trianon [tʀijanɔ̃] npr *the name of two châteaux in the grounds of the palace of Versailles, le Grand Trianon (1687) and le Petit Trianon (1766), later the favourite residence of Marie-Antoinette.*

trias [tʀijas] nm ▸ **le trias** the Triassic ou Trias.

triasique [tʀiazik] adj triassic.

triathlète [tʀijatlɛt] nmf triathlete.

triathlon [tʀijatlɔ̃] nm triathlon.

triatomique [tʀiatɔmik] adj triatomic.

tribadisme [tʀibadism] nm *litt* tribadism.

tribal, e, aux [tʀibal, o] adj tribal.

tribalisme [tʀibalism] nm tribalism.

tribande [tʀibɑ̃d] adj TÉLÉC tri-band.

triboélectricité [tʀibɔelɛktʀisite] nf triboelectricity.

triboélectrique [tʀibɔelɛktʀik] adj triboelectric.

triboluminescence [tʀibɔlyminɛsɑ̃s] nf triboluminescence.

tribord [tʀibɔʀ] nm starboard ▸ **à tribord** (to) starboard, on the starboard side.

tribu [tʀiby] nf **1.** ANTHR, ANTIQ & INTERNET tribe **2.** *fam* [groupe nombreux] ▸ **toute la tribu a)** [famille] the entire clan *hum* **b)** [amis] the (whole) crowd ou gang *hum* **3.** [d'animaux] tribe, swarm.

tribulations [tʀibylasjɔ̃] nfpl (trials and) tribulations *litt* / *tu n'es pas au bout de tes tribulations !* you're not out of the woods yet !

tribun [tʀibœ̃] nm **1.** [orateur] eloquent (public) speaker **2.** ANTIQ tribune.

❖ **de tribun** loc adj [éloquence] spellbinding / *il a un talent de tribun* he's very good at public speaking.

tribunal, aux [tʀibynal, o] nm **1.** DR [édifice] court, courthouse ; [magistrats] court, bench ▸ **porter une affaire devant le tribunal** ou **les tribunaux** to take a matter to court ou before the Courts / *comparaître devant le tribunal* to appear before the Court ▸ **traîner qqn devant les tribunaux** to take sb to court / *nous irons au tribunal s'il le faut* we'll go as far as the Courts if necessary ▸ **tribunal administratif** administrative tribunal ▸ **tribunal de commerce a)** [litiges] commercial court **b)** [liquidations] bankruptcy court ▸ **tribunal des conflits** jurisdictional court ▸ **tribunal correctionnel** ≃ magistrates' court UK ; ≃ county court US ▸ **tribunal pour enfants** juvenile court ▸ **tribunal d'exception** special court ▸ **tribunal de grande instance** ≃ crown court UK ; ≃ circuit court US ▸ **tribunal d'instance** ≃ magistrates' court UK ; ≃ county court US ▸ **tribunal de police** police court **2.** MIL ▸ **tribunal militaire** court martial / *passer devant le tribunal militaire* to be court-martialled **3.** *fig & litt* tribunal / *le tribunal de l'histoire jugera* History will judge.

tribune [tʀibyn] nf **1.** [places -assises] grandstand ; [-debout] stand ; [-dans un stade de football] terraces, bleachers US **2.** [estrade] rostrum, platform, tribune *sout* ▸ **monter à la tribune a)** [gén] to go to the rostrum **b)** [au Parlement] to address the House **3.** [lieu de discussions] forum / *notre émission offre une tribune aux écologistes* our program provides a platform for the green party / *à la tribune de ce soir, le racisme* on the agenda of tonight's debate, racism **4.** PRESSE ▸ **tribune libre a)** [colonne] opinion column **b)** [page] opinions page **5.** ARCHIT gallery, tribune.

tribut [tʀiby] nm **1.** *litt* tribute / *la population a payé un lourd tribut à l'épidémie* the epidemic took a heavy toll of the population **2.** HIST tribute.

tributaire [tʀibytɛʀ] ◆ adj **1.** [dépendant] ▸ **tributaire de** reliant ou dependent on / *mon invalidité m'empêchant de sortir, je suis tributaire du téléphone* I depend on ou I rely heavily on the telephone, as my disability keeps me at home **2.** GÉOGR ▸ **être tributaire de** to be a tributary of, to flow into **3.** HIST tributary. ◆ nm GÉOGR tributary.

tricalcique [tʀikalsik] adj tricalcic, tricalcium.

tricard, e [tʀikaʀ, aʀd] nm, f *arg* outcast.

tricennal, e, aux [tʀisenal, o] adj tricennial *sout*, thirty-year long.

tricentenaire [tʀisɑ̃tnɛʀ] ◆ adj three-hundred-year-old. ◆ nm tercentenary.

tricéphale [tʀisefal] adj three-headed.

triceps [tʀisɛps] nm triceps (muscle) ▸ **triceps brachial** triceps brachii.

tricératops [tʀiseʀatɔps] nm triceratops.

triche [tʀiʃ] nf *fam* : *c'est le roi de la triche* he's a prize cheat ▸ **c'est de la triche** that's cheating.

tricher [3] [tʀiʃe] vi to cheat ▸ **il triche** he's cheating, he's not playing by the rules ▸ **tricher sur** to cheat on ▸ **tricher sur le poids** to give short weight ▸ **tricher sur les prix** to overcharge / *il triche sur son âge* he lies about his age ▸ **tricher avec** to play around with / *on ne peut pas tricher avec la maladie* you can't fool around with illness.

tricherie [tʀiʃʀi] nf cheating *(U)*.

tricheur, euse [tʀiʃœʀ, øz] nm, f [au jeu, aux examens] cheat, cheater ; [en affaires] trickster, con man ; [en amour] cheat.

trichine [tʀikin] nf trichinella, trichina.

trichloréthylène [tʀiklɔʀetilɛn] nm trichlorethylene, trichloroethylene.

trichocéphale [tʀikɔsefal] nm whipworm, trichocephalus *spéc*.

trichomonas [tʀikɔmɔnas] nm trichomonad, Trichomonas.

trichophyton [tʀikɔfitɔ̃] nm trichophyte, trichophyton.

trichoptère [tʀikɔptɛʀ] nm caddis fly, trichopteran *spéc* ▸ **les trichoptères** the Trichoptera.

trichrome [tʀikʀom] adj trichromatic *spéc*, three-colour.

trichromie [tʀikʀomi] nf **1.** IMPR trichromatism *spéc*, three-colour printing **2.** TEXT trichrome printing **3.** TV three-colour process.

trick [tʀik] nm trick made *(in bridge)*.

triclinique [tʀiklinik] adj triclinic ▸ **système triclinique** triclinic ou anorthic system.

tricolore [tʀikɔlɔʀ] ◆ adj **1.** [aux couleurs françaises] red, white and blue **2.** [français] French ▸ **l'équipe tricolore** the French team **3.** [à trois couleurs] three-coloured UK, three-colored US. ◆ nm French player ▸ **les tricolores** the French (team).

tricorne [tʀikɔʀn] nm tricorn, cocked hat.

tricorps [tʀikɔʀ] nm AUTO three-volume car.

tricot [tʀiko] nm **1.** [technique] knitting / *apprendre le tricot* to learn to knit / *faire du tricot* to knit, to do some knitting ▸ **tricot plat** flat knitting ▸ **tricot rond** circular knitting **2.** [étoffe] knitted ou worsted fabric **3.** VÊT [gén] knitted garment ; [pull] jumper UK, pullover, sweater ; [gilet] cardigan ▸ **tricot de corps** ou **de peau** vest UK, undershirt US.

❖ **en tricot** loc adj [cravate, bonnet] knitted.

tricotage [tʀikɔtaʒ] nm knitting.

tricoter [3] [tʀikɔte] ◆ vt [laine, maille] to knit ; [vêtement] to knit (up) / *je lui tricote des gants* I'm knitting her some gloves / *tricotez une maille à l'endroit, une maille à l'envers* knit one, purl one. ◆ vi **1.** TEXT to knit / *apprendre à tricoter* to learn to knit / *tricoter à la machine* to machine-knit **2.** *fam* [s'activer -coureur] to scramble ; [-danseur, cheval] to prance ; [-cycliste] to peddle hard.

❖ **à tricoter** loc adj [aiguille, laine, machine] knitting.

tricoteur, euse [tʀikɔtœʀ, øz] nm, f knitter.

❖ **tricoteur** nm knitting worker.

❖ **tricoteuse** nf **1.** [machine à tricoter] knitting machine **2.** [table à ouvrage] small worktable.

trictrac [tʀiktʀak] nm **1.** [activité] trictrac, tricktrack **2.** [plateau] trictrac ou tricktrack board.

tricycle [tʀisikl] ◆ nm tricycle. ◆ adj AÉRON tricycle.

tricyclique [tʀisiklik] adj tricyclic.

tridactyle [tʀidaktil] adj tridactyl, tridactylous.

trident [tʀidɑ̃] nm **1.** PÊCHE three-pronged fish spear, trident **2.** AGR three-pronged (pitch) fork **3.** GÉOM & MYTH trident.

tridenté, e [tʀidɑ̃te] adj tridentate *spéc*, tridental *spéc*, three-pronged.

tridimensionnel, elle [tʀidimɑ̃sjɔnɛl] adj [gén & CHIM] three-dimensional.

trièdre [tʀiɛdʀ] ◆ adj trihedral. ◆ nm trihedron, trihedral.

triennal, e, aux [tʀijenal, o] adj **1.** [ayant lieu tous les trois ans] triennial *sout*, three-yearly **2.** [qui dure trois ans] three-year, three-year-long, triennial *sout* ▸ **comité triennal** committee appointed for three years **3.** AGR three-yearly.

trier [10] [tʀije] vt **1.** [sortir d'un lot -fruits] to pick (out) ; [-photos, candidats] to select / *triez les plus beaux fruits* pick out the best fruit / *triez les grains pour en extraire les cailloux* separate the grit from the grain ▸ **ses amis sont triés sur le volet** his friends are hand-picked **2.** [répartir par catégories -lettres] to sort (out) *(sép)* ; [-œufs] to grade ; [-lentilles] to pick over *(sép)* **3.** RAIL [wagons] to marshal.

Trieste [tʀijɛst] npr Trieste.

trieur, euse [tʀijœʀ, øz] nm, f sorter, grader.

❖ **trieur** nm **1.** AGR sorting ou grading machine **2.** MIN picker (machine) ▸ **trieur magnétique** magnetic separator.

❖ **trieuse** nf INFORM sorting machine.

trifolié, e [tʀifɔlje] adj trifoliate *spéc*, trifoliated *spéc*, three-leafed.

trifouiller [3] [tʀifuje] vt *fam* [papiers] to mess ou to jumble up *(sép)*.

❖ **trifouiller dans** v + prép *fam* **1.** [fouiller dans -papiers, vêtements] to rummage, to rifle through **2.** [tripoter -moteur] to tinker with.

trigémellaire [tʀiʒemelɛʀ] adj ▸ **grossesse trigémellaire** triplet pregnancy.

triglycéride [tʀigliseʀid] nm triglyceride.

trigone [tʀigon] ◆ adj trigonal, triquetrous. ◆ nm ASTROL trigon.

trigonocéphale [tʀigɔnɔsefal] nm trigonocephalus.

trigonométrie [tʀigɔnɔmetʀi] nf trigonometry.

trigonométrique [tʀigɔnɔmetʀik] adj trigonometric, trigonometrical.

trijumeau, x [tʀiʒymo] ◆ adj m trigeminal. ◆ nm trigeminal nerve.

trilatéral, e, aux [tʀilateʀal, o] adj trilateral, three-sided.

trilingue [tʀilɛ̃g] ◆ adj trilingual. ◆ nmf trilingual person.

trille [tʀij] nm trill / *faire des trilles* to trill.

trillion [tʀiljɔ̃] nm trillion.

trilobe [tʀilɔb] nm trefoil.

trilobé, e [tʀilɔbe] adj **1.** ARCHIT trefoil *(modif)* **2.** BOT trilobate.

trilobite [tʀilɔbit] nm ZOOL trilobite.

trilogie [tʀilɔʒi] nf **1.** [groupe de trois] triad **2.** ANTIQ & LITTÉR trilogy / *son roman est une trilogie* her novel is a trilogy.

trim. 1. abr écrite de trimestre **2.** abr écrite de trimestriel.

trimaran [trimarɑ̃] nm trimaran.

trimard [trimar] nm *fam & vieilli* road ▸ **prendre le trimard** to take to the road.

trimarder [3] [trimarde] vi *fam & vieilli* to be on the road *(tramp)*.

trimardeur, euse [trimardœr, øz] nm, f *fam & vieilli* tramp.

trimbal(l)age [trɛ̃balaʒ], **trimbal(l)ement** [trɛ̃balmɑ̃] nm *fam* lugging ou dragging ou carting around / *le trimballage du matériel a duré toute la nuit* it took all night to shift the equipment.

trimbal(l)er [3] [trɛ̃bale] vt *fam* **1.** [porter] to lug ou to cart around / *le chien trimballe une casserole attachée à sa queue* the dog's dragging around a saucepan tied to its tail / *elle dut trimballer ses valises jusqu'à la gare* she had to lug her suitcases all the way to the station **2.** [emmener] to take / *il nous y a trimballés dans sa nouvelle voiture* he ran us there in his new car / *qui les trimballe chaque jour à l'école?* who ferries them to and from school every day? / *le pauvre gosse s'est fait trimballer toute la journée de musée en musée* the poor kid was dragged about from museum to museum all day long **3.** EXPR **qu'est-ce qu'elle trimballe!** *tfam* she's as thick as two short planks! UK, what a lamebrain! US

❖ **se trimbal(l)er** vpi *fam* **1.** [aller et venir] to go about / *t'as pas honte de te trimballer en short?* how can you prance about in your shorts? **2.** [se déplacer] to go / *elle se trimballe toujours avec son frère* she drags that brother of hers around with her everywhere.

trimer [3] [trime] vi *fam* to slave away / *il a trimé toute sa vie* he's spent his entire life slaving away ou working his fingers to the bone.

trimestre [trimɛstr] nm **1.** ÉDUC term UK, trimester US, quarter US ▸ **premier trimestre** Autumn term ▸ **deuxième trimestre** Spring term ▸ **troisième trimestre** Summer term / *passer un test tous les trimestres* to sit a termly test **2.** [trois mois] quarter / *payer tous les trimestres* to pay on a quarterly basis **3.** [somme payée ou reçue] quarterly instalment.

trimestriel, elle [trimɛstrijɛl] adj **1.** ÉDUC [bulletin] end-of-term ; [réunion] termly **2.** [réunion, magazine, loyer] quarterly.

trimestriellement [trimɛstrijɛlmɑ̃] adv **1.** ÉDUC once a term, on a termly basis **2.** [payer, publier] quarterly, on a quarterly basis, every three months.

trimétal, aux [trimetal, o] nm trimetal.

trimmer [trimœr] nm PÊCHE & RADIO trimmer.

trimoteur [trimɔtœr] ◆ adj m three-engined. ◆ nm three-engined aircraft.

tringle [trɛ̃gl] nf **1.** [pour pendre] rail ▸ **tringle à rideaux** curtain rail **2.** [pour tenir] rod / *tringle de tapis d'escalier* stair rod **3.** TECHNOL control rod **4.** [d'une crémone] rod **5.** ARCHIT tringle.

tringler [3] [trɛ̃gle] vt *vulg* to screw.

trinidadien, enne [trinidadjɛ̃, ɛn] adj Trinidadian.

❖ **Trinidadien, enne** nm, f Trinidadian.

trinitaire [trinitɛr] adj Trinitarian.

trinité [trinite] nf **1.** RELIG ▸ **la Trinité a)** the (Holy) Trinity **b)** [fête] Trinity Sunday **2.** *litt* [trois éléments] trinity.

Trinité-et-Tobago [triniteetɔbago] npr Trinidad and Tobago ▸ **à Trinité-et-Tobago** in Trinidad and Tobago. ⟶ **île**

trinitrine [trinitrin] nf [usuel] nitroglycerine ; PHARM trinitrin, trinitrine.

trinitrotoluène [trinitrɔtɔlɥɛn] nm TNT, trinitrotoluene.

trinôme [trinom] adj & nm MATH trinomial.

trinquart [trɛ̃kar] nm herring boat.

trinquer [3] [trɛ̃ke] vi **1.** [choquer les verres] to clink glasses ▸ **trinquer à qqch / qqn** to drink (a toast) to sthg / sb ▸ **trinquons!** let's drink to that! **2.** *fam* [subir un dommage] to get the worst of it, to get it in the neck, to cop it UK / *c'est ma voiture qui a trinqué* my car got the worst of it / *c'est lui qui va trinquer* he'll be the one who suffers **3.** *fam* [boire] to drink / *on a trinqué ensemble* we had a few drinks together.

trinquet [trɛ̃kɛ] nm foremast.

trinquette [trɛ̃kɛt] nf forestaysail.

trio [trijo] nm **1.** [trois personnes] trio, threesome / *notre trio n'en eut pas pour longtemps à résoudre le mystère* our three heroes solved the mystery in no time **2.** MUS trio.

triode [trijɔd] ◆ adj triode *(modif)*. ◆ nf triode.

triolet [trijɔlɛ] nm MUS & LITTÉR triolet.

triomphal, e, aux [trijɔ̃fal, o] adj [entrée] triumphant ; [victoire, succès] resounding ; [arc, procession] triumphal.

triomphalement [trijɔ̃falmɑ̃] adv [sourire, dire] triumphantly ; [traiter, recevoir] in triumph / *descendre triomphalement les Champs-Élysées* to parade down the Champs-Élysées in triumph.

triomphalisme [trijɔ̃falism] nm overconfidence / *dans un moment de triomphalisme* in a moment of self-congratulation.

triomphaliste [trijɔ̃falist] adj [discours, vainqueur] complacent, self-congratulatory, gloating ; [attitude] overconfident.

triomphant, e [trijɔ̃fɑ̃, ɑ̃t] adj triumphant / *un sourire triomphant* a triumphant smile / *il est sorti triomphant de l'épreuve* he came out the winner.

triomphateur, trice [trijɔ̃fatœr, tris] ◆ adj triumphant. ◆ nm, f winner, victor *litt*.

triomphe [trijɔ̃f] nm **1.** [d'une armée, d'un groupe] triumph, victory ; [d'un artiste, d'une idée] triumph / *l'album est un triomphe* the album is a great success / *remporter un triomphe sur le parti adverse* to win a sweeping victory over the opposing party **2.** [jubilation] triumph / *son triomphe fut de courte durée* his triumph was short-lived ▸ **avoir le triomphe modeste** to be modest in victory **3.** [ovation] ▸ **faire un triomphe à qqn** to give sb a triumphant welcome / *ils lui ont fait un triomphe à la fin de son discours* they gave her a standing ovation at the end of her speech.

triompher [3] [trijɔ̃fe] vi **1.** [armée] to triumph ; [parti] to win (decisively) **2.** [idée] to triumph, to prevail ; [bêtise, corruption, racisme] to be rife / *son point de vue a fini par triompher* her point of view finally won the day ou prevailed **3.** [artiste] to be a great success / *il triomphe à l'Apollo tous les soirs* he's playing to packed houses at the Apollo every night **4.** [jubiler] to rejoice, to exult *litt*, to gloat / *elle triomphe maintenant que tu es parti!* she's gloating now that you've gone! / *gardons-nous de triompher trop vite* let's not celebrate too quickly **5.** ANTIQ to triumph.

❖ **triompher de** v + prép [ennemi, rival] to triumph over *(insép)*, to beat, to vanquish *litt* ; [malaise, obstacle] to triumph over, to overcome / *sa persévérance l'a fait triompher de toutes ces épreuves* his perseverance helped him through all these ordeals.

trip [trip] nm *fam* **1.** *arg crime* trip ▸ **faire un mauvais trip a)** *pr* to have a bad trip **b)** *fig* to have a rough time **2.** EXPR **c'est pas mon trip** it's not my bag, I'm not into that kind of thing ▸ **il est dans son trip écolo** he's going through a green phase at the moment.

tripaille [tripaj] nf *fam* guts, insides.

tripant, e [tripɑ̃, ɑ̃t] adj QUÉBEC *fam* great, fantastic.

triparti, e [triparti] adj [traité] tripartite ; [négociations] three-way ; [alliance électorale] three-party *(avant nom)*.

tripartisme [tripartism] nm three-party government.

tripartite [tripartit] ◆ = **triparti.** ◆ nf BELG tripartite coalition.

tripartition [tripartisjɔ̃] nf tripartition, splitting into three.

tripatouillage [tripatujaʒ] nm *fam* **1.** [malaxage] messing around **2.** [truquage] tampering, fiddling UK, fiddle UK / *tripatouillage des comptes* cooking the books / *tripatouillage des résultats* massaging ou fixing the results.

tripatouiller [3] [tripatuje] *fam* ◆ vt **1.** [truquer -document] to tamper with *(insép)* ; [-chiffres, résultats] to fiddle UK, to doctor US / *tripatouiller les comptes* to cook the books / *tripatouiller les statistiques* to massage the figures **2.** [modifier -textes] to alter **3.** [nourriture] to play with *(insép)*. ◆ vi : *les enfants adorent tripatouiller dans le sable* children love messing around in the sand.

tripatouilleur, euse [tripatujœr, øz] nm, f *fam* ▸ **c'est un tripatouilleur a)** [mauvais bricoleur] he's a botcher **b)** [mauvais écrivain] he's a hack, he just cobbles other people's ideas together.

triperie [tripri] nf **1.** [boutique] tripe and offal shop **2.** [activité] tripe (and offal) trade **3.** [abats] offal.

tripes [trip] nfpl **1.** CULIN : *des tripes* tripe **2.** *fam* ANAT guts, insides / *la peur m'a pris aux tripes fig* I was petrified with fear / *ce film m'a remué les tripes fig* that film really got me going ▸ **rendre tripes et boyaux** to throw one's guts up.

tripette [tripɛt] nf *fam* ▸ **ça ne vaut pas tripette** it's not worth a straw ou bean UK ou red cent US.

triphasé, e [trifaze] adj three-phase.

triphénylméthane [trifenilmetan] nm triphenylmethane.

triphtongue [triftɔ̃g] nf triphthong.

tripier, ère [tripje, ɛr] nm, f tripe (and offal) butcher.

triplace [triplas] ◆ adj three-seater. ◆ nm AÉRON three-seater (plane).

triplan [triplɑ̃] nm triplane.

triple [tripl] ◆ adj **1.** [à trois éléments] triple / *une triple collision ferroviaire* a crash involving three trains ▸ **une triple semelle** a three-layer sole / *un triple menton* a triple chin / *un triple rang de perles* three rows ou a triple row of pearls ▸ **en triple exemplaire** in triplicate ▸ **triple saut** triple jump ▸ **triple saut périlleux** triple somersault **2.** [trois fois plus grand] treble, triple / *ton jardin est triple du mien* your garden is treble the size of mine ▸ **une triple dose** three times the usual amount **3.** *fam* [en intensif] : *triple imbécile!* you stupid idiot! **4.** MUS ▸ **triple croche** demi-semiquaver UK, thirty-second note US. ◆ nm : *neuf est le triple de trois* nine is three times three / *il fait le triple de travail* he does three times as much work / *on a payé le triple* we paid three times that amount / *le triple de poids / longueur* three times as heavy / long / *ça a pris le triple de temps* it took three times as long / *ça coûte le triple* it's three times the price.

❖ **en triple** loc adv [copier, signer] in triplicate.

triplé [triple] nm **1.** [aux courses] treble / *gagner le triplé* to win a treble **2.** [d'un athlète] triple win.

triplement [tripləmɑ̃] ◆ adv in three ways, on three counts ▸ **triplement déçu** disappointed on three counts. ◆ nm trebling, tripling / *le triplement de mes ressources* the threefold increase in ou the trebling of my income.

tripler [3] [triple] ◆ vt **1.** [dépenses, dose] to treble, to triple **2.** ÉDUC : *tripler une classe* to repeat a year UK ou class US for a second time, to do a year UK ou class US for a third time. ◆ vi to treble, to triple / *la population a triplé* the population has tripled ou has increased threefold.

triplés, ées [triple] nmf pl triplets.

triplet [triplɛ] nm **1.** MATH triplet **2.** OPT & PHOT triple lens **3.** ARCHIT triplet.

triplette [triplɛt] nf [d'hommes] three-man team ; [de femmes] three-woman team ; [mixte] three-person team.

Triplex® [triplɛks] nm Triplex® (glass).

triplex [triplɛks] nm **1.** [carton] triplex **2.** [papier] three-sheet paper **3.** [appartement] three-storey flat UK, triplex (apartment) US.

triploïde [triplɔid] adj triploid.

tripode [tripɔd] ◆ adj **1.** NAUT tripod *(modif)* **2.** [meuble] three-legged, tripod *(modif)* *spéc*. ◆ nm automatic ticket barrier *(in Paris métro)*.

Tripoli [tʀipɔli] npr Tripoli.

triporteur [tʀipɔʀtœʀ] nm delivery tricycle.

tripot [tʀipo] nm *péj* **1.** [lieu mal famé] *disreputable bar, nightclub, etc.* **2.** [maison de jeu] gambling den.

tripotage [tʀipɔtaʒ] nm *fam* **1.** [de fruits] handling ; [d'une breloque] fiddling **2.** [attouchements] fondling, groping **3.** [pratique louche] scam, fiddle UK.

tripotée [tʀipɔte] nf *fam* **1.** [grand nombre] crowd ▸ **une tripotée de** lots of / *ils ont toute une tripotée d'enfants* they've got loads of kids **2.** [coups] thrashing, belting ; [défaite] thrashing, clobbering.

tripoter [3] [tʀipɔte] *fam* ◆ vt **1.** [toucher distraitement -crayon, cheveux] to twiddle, to play ou to fiddle with **2.** [palper -fruit, objet] to handle, to finger / *ne tripote pas ton bouton* don't keep picking at ou touching your spot **3.** [personne] to fondle, to grope. ◆ vi **1.** [fouiller] to rummage ou to root around, to root about **2.** [en affaires] to be up to some dodgy UK ou funny US business.
✧ **se tripoter** vp *(emploi réfléchi) fam* to play with o.s.

tripoteur, euse [tʀipɔtœʀ, øz] nm, f *fam* **1.** [qui trafique] shady dealer, crook **2.** [qui caresse] fondler, groper.

tripous, tripoux [tʀipu] nmpl CULIN *dish made of sheep's offal.*

triptyque [tʀiptik] nm triptych.

trique [tʀik] nf [bâton] cudgel ▸ **donner des coups de trique à qqn** to thrash sb / *elle nous mène à la trique fig* she rules us with a rod of iron.

trirectangle [tʀiʀɛktɑ̃gl] adj trirectangular.

trirème [tʀiʀɛm] nf trireme.

trisaïeul, e [tʀizajœl] nm, f great-great-grandfather (great-great-grandmother).

trisannuel, elle [tʀizanɥɛl] adj **1.** [qui a lieu tous les trois ans] three-yearly, triennial *sout* **2.** [qui dure trois ans] three-year-long, triennial *sout.*

trisecteur, trice [tʀisɛktœʀ, tʀis] adj trisecting.

trisection [tʀisɛksjɔ̃] nf trisection.

trisomie [tʀizɔmi] nf trisomy ▸ **trisomie 21** trisomy 21.

trisomique [tʀizɔmik] ◆ adj ▸ **enfant trisomique** Down's syndrome child. ◆ nmf Down's syndrome child.

trisser [tʀise] vi to clear off, to skedaddle.
✧ **se trisser** vp *fam* to clear off, to skedaddle.

Tristan [tʀistɑ̃] npr **1.** LITTÉR ▸ **Tristan et Iseut** Tristram ou Tristan and Iseult **2.** MUS / **'Tristan et Isolde'** *Wagner* 'Tristan and Isolde'.

triste [tʀist] adj **1.** [déprimé -personne] sad ; [-sourire, visage] sad, unhappy, sorrowful / *un clown triste* a sad-looking clown / *d'un air triste* bleakly / *ne prends pas cet air triste* don't look so glum ▸ **triste comme un bonnet de nuit** as miserable as sin ▸ **triste comme la mort** utterly dejected ▸ **faire triste figure** ou **mine** *litt* to look pitiful ▸ **faire triste figure** ou **mine à qqn** to give sb a cold reception **2.** [pénible] sad, unhappy / *tel est mon triste devoir* such is my painful duty ▸ **son triste sort** his sad ou unhappy fate **3.** [attristant] sad / *un film triste* a sad film ▸ **c'est triste à dire** it's sad to say ▸ **triste comme un lendemain de fête** a real anticlimax ▸ **c'est pas triste!** *fam* what a hoot ou laugh! ▸ **il est pas triste, avec sa chemise à fleurs** he's a scream in his flowery shirt ▸ **ils font voter les réformes sans avoir le financement, ça va pas être triste!** they're pushing the reforms through without funds, what a farce! **4.** [terne -couleur] drab, dull ; [morne -rue, saison] bleak ▸ **une ville triste à pleurer** a dreadfully bleak town **5.** *(avant nom)* [déplorable] deplorable, sorry, sad / *elle était dans un triste état* she was in a sorry state / *nous vivons une bien triste époque* we're living through pretty grim times ; [méprisable] ▸ **un triste sire** an unsavoury character.

tristement [tʀistəmɑ̃] adv **1.** [en étant triste] sadly **2.** [de façon terne] drearily **3.** [de manière pénible] sadly, regrettably ▸ **tristement célèbre** notorious / *le tristement célèbre Barbe-Bleue* the infamous ou notorious Bluebeard.

tristesse [tʀistɛs] nf **1.** [sentiment] sadness / *sourire avec tristesse* to smile sadly / *quelle tristesse de voir une telle déchéance!* how sad to see such decrepitude! **2.** [d'un livre, d'une vie] sadness / *la tristesse du paysage* the bleakness of the landscape **3.** [manque de vitalité] dreariness, dullness / *ma vie est d'une grande tristesse* my life is very dreary.

tristounet, ette [tʀistunɛ, ɛt] adj *fam* **1.** [triste] down, low / *il est un peu tristounet aujourd'hui* he's a bit low today / *une petite figure tristounette* a sad little face **2.** [qui rend triste] gloomy, dreary, depressing **3.** [terne] dull / *un peu tristounet comme pull* that pullover is a bit drab.

trisyllabe [tʀisilab] ◆ adj trisyllabic. ◆ nm trisyllable.

trisyllabique [tʀisilabik] adj trisyllabic.

trithérapie [tʀiteʀapi] nf combination therapy.

tritium [tʀitjɔm] nm CHIM tritium.

triton [tʀitɔ̃] nm **1.** ZOOL [amphibien] newt, triton *spéc* ; [gastropode] triton, Triton's shell **2.** MUS tritone **3.** PHYS triton.

Triton [tʀitɔ̃] npr MYTH Triton.

trituration [tʀityʀasjɔ̃] nf grinding up, trituration *spéc.*

triturer [3] [tʀityʀe] vt **1.** [pétrir -bras, corps, pâte] to knead **2.** [manipuler -gants, breloque] to fiddle with **3.** [influencer] to manipulate, to distort / *les grands groupes de presse triturent l'opinion publique* the big newspaper groups distort public opinion **4.** PHARM [médicament] to crush, to grind, to triturate *spéc.*
✧ **se triturer** vpt ▸ **se triturer les méninges** ou **la cervelle** *fam* to rack one's brains.

triumvir [tʀijɔmviʀ] nm triumvir.

triumviral, e, aux [tʀijɔmviʀal, o] adj triumviral.

triumvirat [tʀijɔmviʀa] nm **1.** [groupe] triumvirate, troika **2.** ANTIQ triumvirate.

trivalent, e [tʀivalɑ̃, ɑ̃t] adj trivalent.

trivial, e, aux [tʀivjal, o] adj **1.** [grossier] crude, offensive **2.** [banal] trivial, trite / *un détail trivial* a minor detail / *une remarque triviale* a commonplace, a mundane remark **3.** MATH trivial.

> ⚠ L'adjectif anglais **trivial** signifie « insignifiant », « dérisoire » et non trivial (sauf dans le domaine des mathématiques).

trivialement [tʀivjalmɑ̃] adv **1.** [vulgairement] crudely, coarsely **2.** [banalement] trivially, tritely.

trivialité [tʀivjalite] nf **1.** [caractère vulgaire] crudeness, coarseness **2.** [parole vulgaire] crude remark **3.** [caractère banal] triviality, banality.

tr/mn, tr/min (abr écrite de tour par minute) rpm.

troc [tʀɔk] nm **1.** [système économique] barter ▸ **(économie de) troc** barter economy **2.** [échange] swap.

Trocadéro [tʀɔkadeʀo] npr m ▸ **le Trocadéro, la place du Trocadéro** *public square opposite the Eiffel Tower.*

trochée [tʀɔʃe] nm trochee.

trochlée [tʀɔkle] nf trochlea.

troène [tʀɔɛn] nm privet.

troglodyte [tʀɔglɔdit] nm **1.** ANTHR cave dweller, troglodyte *spéc* **2.** ZOOL wren, troglodyte *spéc.*

troglodytique [tʀɔglɔditik] adj [population] cave-dwelling, troglodytic *spéc* ▸ **habitations troglodytiques** cave dwellings.

trogne [tʀɔɲ] nf *fam* face / *il avait une trogne d'ivrogne* he had the look of a wino about him.

trognon [tʀɔɲɔ̃] ◆ adj *fam* cute / *elles sont vraiment trognons* they're so cute. ◆ nm **1.** [d'une pomme] core ; [d'un chou] stem ▸ **il t'exploitera jusqu'au trognon** he'll squeeze you dry **2.** *fam* [terme d'affection] sweetie.

Troie [tʀwa] npr Troy ▸ **le cheval / la guerre de Troie** the Trojan Horse / War.

troïka [tʀɔika] nf **1.** [traîneau] troika **2.** [trois personnes] troika / *la troïka qui dirige maintenant le journal* the newspaper's new management trio.

trois [tʀwa] ◆ dét **1.** three ▸ **frapper les trois coups** *to announce the beginning of a theatre performance by knocking three times* / *la salle a dû être évacuée avant même les trois coups* the auditorium had to be cleared before the performance had even started ▸ **trois dimensions** : *maquette en trois dimensions* model in three dimensions, three-dimensional model / *reproduire un objet en trois dimensions* to produce a three-dimensional model of an object ▸ **à trois temps** in triple ou three-four time ▸ **les trois Grâces** the (three) Graces ▸ **les trois jours** [à l'armée] *in France, induction course preceding military service (now lasting one day)* ▸ **haut comme trois pommes** knee-high to a grasshopper ▸ **Les Trois Suisses** *French mail order company* / **'les Trois Mousquetaires'** *Alexandre Dumas* 'The Three Musketeers' **2.** [exprimant une approximation] ▸ **dans trois minutes** in a couple of minutes / *il n'a pas dit trois mots* he hardly said a word / *deux ou trois, trois ou quatre* a few, a handful / *prends trois ou quatre prunes* take a few plums. ◆ nm **1.** [chiffre] three **2.** JEUX three. **Voir aussi cinq.**

trois-deux [tʀwadø] nm MUS three-two time.

trois-étoiles [tʀwazetwal] ◆ adj inv three-star. ◆ nm [hôtel] three-star hotel ; [restaurant] three-star restaurant.

trois-huit [tʀwaɥit] ◆ nm inv MUS three-eight (time). ◆ nmpl INDUST ▸ **les trois-huit** *shift system based on three eight-hour shifts* ▸ **faire les trois-huit** to work in shifts of eight hours.

troisième [tʀwazjɛm] ◆ adj num third / *il est toujours troisième* he's always third / *la troisième personne du singulier* GRAM the third person singular ▸ **troisième dimension** third dimension ▸ **le troisième larron** : *il était le troisième larron dans cette affaire* he took advantage of the quarrel the other two were having. ◆ nmf third. ◆ nf **1.** ÉDUC year nine UK, eighth grade US **2.** AUTO third gear. **Voir aussi cinquième.**

troisièmement [tʀwazjɛmmɑ̃] adv thirdly, in the third place.

trois-mâts [tʀwama] nm three-master.

trois-pièces [tʀwapjɛs] nm inv [costume] three-piece suit.

trois-quarts [tʀwakaʀ] ◆ adj inv three-quarter. ◆ nm inv **1.** [manteau] three-quarter (length) coat **2.** SPORT three-quarter ▸ **trois-quarts aile / centre** wing / centre (three-quarter) ▸ **la ligne des trois-quarts** the three-quarter line **3.** MUS [violon] three-quarter violin.

trois-quatre [tʀwakatʀ] nm MUS three-four time.

troll, trole* [tʀɔl] nm MYTH troll.

trolley [tʀɔlɛ] nm **1.** TRANSP trolley bus **2.** [chariot] truck *(on cableway)* **3.** ÉLECTR trolley.

trolleybus [tʀɔlɛbys] = **trolley.**

trombe [tʀɔ̃b] nf MÉTÉOR [sur mer] waterspout ; [sur terre] whirlwind ▸ **trombe d'eau** downpour.
✧ **en trombe** loc adv briskly and noisily ▸ **elle entra en trombe** she burst in / *la voiture passa en trombe* the car shot past / *partir en trombe* to shoot off.

trombine [tʀɔ̃bin] nf *tfam* [visage] mug ; [physionomie] look / *si tu avais vu sa trombine!* you should have seen his face!

trombinoscope [tʀɔ̃binɔskɔp] nm *fam* rogues' gallery *hum.*

tromblon [tʀɔ̃blɔ̃] nm **1.** [fusil] blunderbuss **2.** [cylindre] grenade sleeve.

trombone [tʀɔ̃bɔn] nm **1.** MUS [instrument] trombone ; [musicien] trombonist, trombone (player) ▸ **trombone à coulisse / pistons** slide / valve trombone **2.** [agrafe] paper clip.

tromboniste [tʀɔ̃bɔnist] nmf trombonist, trombone (player).

* In reformed spelling (see p. 16-19).

trompe [trɔ̃p] nf **1.** ENTOM & ZOOL [d'éléphant] trunk, proboscis *spéc*; [de papillon] proboscis; [de tapir] snout, proboscis *spéc* **2.** MUS horn **3.** AUTO [avertisseur] horn **4.** ANAT ▸ **trompe d'Eustache** Eustachian tube ▸ **trompe utérine** ou **de Fallope** Fallopian tube **5.** ARCHIT squinch **6.** TECHNOL ▸ **trompe à eau** water pump.

trompe-la-mort [trɔ̃plamɔr] nmf daredevil.

trompe-l'œil [trɔ̃plœj] nm inv **1.** ART [style] trompe l'œil **2.** [faux-semblant] window dressing / *son discours antiraciste n'était qu'un trompe-l'œil* his antiracist speech was mere window-dressing.

❖ **en trompe-l'œil** loc adj ART ▸ **peinture en trompe-l'œil** trompe l'œil painting.

tromper [3] [trɔ̃pe] vt **1.** [conjoint] to be unfaithful to, to deceive *sout*, to betray *sout* / *elle le trompe avec Thomas* she's cheating on him with Thomas **2.** [donner le change à] to fool, to trick, to deceive / *elle nous a trompés avec son doux sourire* she fooled us with her sweet smile / *mais si, tu y étais, tu cherches à nous tromper!* of course you were there, you're trying to mislead us! ▸ **tromper qqn sur ses intentions** to mislead sb as to one's intentions ▸ **tromper son monde** : *avec ses airs affables, il trompe bien son monde* everybody is taken in by his kindly manner **3.** [berner, flouer] to dupe, to cheat / *il m'a trompé dans la vente de la maison* he cheated me on the sale of the house / *on m'a trompé sur la qualité* I was misinformed as to the quality **4.** [échapper à] ▸ **tromper la vigilance de qqn** to elude sb / *tu ne pourras pas tromper la vigilance du percepteur* you won't hoodwink ou outwit the taxman ▸ **tromper l'ennui** to stave off boredom **5.** [induire en erreur] to mislead / *mon instinct ne me trompe jamais* my instincts never let me down ou fail me / *sa bonne mine a trompé ses proches* her healthy appearance fooled ou deceived her relatives / *ne te laisse pas tromper par les apparences* don't be taken in by appearances; *(en usage absolu)* : *c'est un signe qui ne trompe pas* it's a sure sign / *il a rougi, cela ne trompe pas!* his blushing said it all! **6.** *litt* [décevoir] ▸ **tromper l'espoir de qqn** to disappoint sb / *l'amour l'avait trompée dans son attente* love had fallen short of her expectations **7.** [apaiser -faim] to appease.

❖ **se tromper** vpi **1.** [commettre une erreur] to make a mistake ▸ **se tromper dans une addition** / **dictée** to get a sum / dictation wrong / *je me suis trompé de 3 euros* I was 3 euros out UK ou off US / *je ne m'étais pas trompé de beaucoup* I wasn't far wrong ou far off US **2.** [prendre une chose pour une autre] ▸ **se tromper de jour** to get the day wrong / *se tromper de bus* to get on the wrong bus ▸ **se tromper d'adresse** *pr* to go to the wrong address ▸ **se tromper d'adresse** ou **de porte** *fam & fig* : *si c'est un complice que tu cherches, tu te trompes d'adresse* if it's an accomplice you want, you've come to the wrong address **3.** [s'illusionner] to make a mistake, to be wrong / *je le croyais intelligent mais je me suis trompé* I thought he was intelligent, but I was wrong / *tout le monde peut se tromper* anyone can make a mistake, nobody's infallible ▸ **se tromper sur les motifs de qqn** to misunderstand sb's motives / *ou je me trompe fort ou c'était bien lui* I'm pretty sure it was him / *si je ne me trompe* if I'm not mistaken / *c'était en 1989 si je ne me trompe* it was in 1989, correct me if I'm wrong ▸ **s'y tromper** : *que l'on ne s'y trompe pas* let there be no misunderstanding about that / *au fond, elle était malheureuse et ses amis ne s'y trompaient pas* deep down she was unhappy and her friends could tell.

tromperie [trɔpri] nf [supercherie] deception / *il y a tromperie sur la qualité* the quality hasn't been described accurately.

trompeter [27] [trɔ̃pəte] ◆ vt [fait] to trumpet, to shout from the rooftops. ◆ vi *vieilli* [musicien -gén] to play the trumpet, to trumpet *vieilli*; [aigle] to scream.

✐ In reformed spelling (see p. 16-19), this verb is conjugated like **acheter**: ***il trompète, elle trompèterait.***

trompette [trɔ̃pɛt] ◆ nf **1.** [instrument] trumpet ▸ **trompette basse** bass trumpet ▸ **trompette bouchée** muted trumpet ▸ **trompette marine** marine trumpet, trumpet marine ▸ **trompette à pistons** valve trumpet ▸ **trompette simple** bugle ▸ **les trompettes de Jéricho** BIBLE the trumpets of Jericho ▸ **la Trompette du Jugement dernier** (the sound of) the Last Judgment ▸ **les trompettes de la Renommée** *litt* the trumpet blast of Fame **2.** AUTO rear axle tube **3.** ZOOL ▸ **trompette de mer** trumpet fish. ◆ nm [musicien -gén] trumpet player, trumpet, trumpeter; MIL trumpeter.

trompette-des-morts [trɔ̃pɛtdemɔr] (*pl* **trompettes-des-morts**), **trompette-de-la-mort** [trɔ̃pɛtdəlamɔr] (*pl* **trompettes-de-la-mort**) nf BOT horn of plenty.

trompettiste [trɔ̃petist] nmf trumpet player, trumpet, trumpeter.

trompeur, euse [trɔ̃pœr, øz] ◆ adj **1.** [personne] lying, deceitful **2.** [signe, air, apparence] deceptive, misleading / *de belles fraises d'un rouge trompeur* luscious strawberries of a deceptive red / *le vent faiblit mais c'est trompeur* the wind's dropping but you can't rely on that. ◆ nm, f deceiver ▸ **à trompeur, trompeur et demi** *prov* the biter is sometimes bit.

trompeusement [trɔ̃pøzmɑ̃] adv [en apparence] deceptively; [traîtreusement] deceitfully *péj*.

tronc [trɔ̃] nm **1.** BOT trunk **2.** ANAT [d'un être humain] trunk, torso; [d'un animal] trunk, barrel; [d'un nerf, d'une artère] trunk, truncus *spéc* **3.** [boîte pour collectes] offertory box / *tronc des pauvres* alms box **4.** *(comme adjectif, avec ou sans trait d'union)* limbless.

❖ **tronc commun** nm [d'une famille] common stock, ancestry; ENS compulsory subjects, core curriculum.

troncation [trɔ̃kasjɔ̃] nf truncating.

troncature [trɔ̃katyr] nf **1.** MATH [d'un chiffre] truncation **2.** [d'un objet, d'une forme] truncating / *effectuer la troncature de qqch* to truncate sthg.

tronche [trɔ̃ʃ] nf *fam* **1.** [visage] face; [expression] look / *il fait une tronche épouvantable* he looks really miserable / *t'aurais vu la tronche qu'il faisait!* you should have seen the look on his face! / *ne fais pas cette tronche!* don't look so miserable! **2.** [tête] head.

tronçon [trɔ̃sɔ̃] nm **1.** [morceau coupé] segment, section / *un tuyau divisé en tronçons* a pipe divided into segments **2.** TRANSP [de voie] section; [de route] section, stretch **3.** [d'un texte] part, section **4.** ARCHIT frustrum **5.** MENUIS log, block.

tronconique [trɔ̃kɔnik] adj truncated.

tronçonnage [trɔ̃sɔnaʒ], **tronçonnement** [trɔ̃sɔnmɑ̃] nm **1.** MENUIS sawing ou chopping (into sections) **2.** MÉTALL sectioning.

tronçonner [3] [trɔ̃sɔne] vt to cut ou to chop (into sections) / *tronçonner un arbre* to saw a tree (into sections).

tronçonneuse [trɔ̃sɔnøz] nf motor saw ▸ **tronçonneuse à chaîne** chain saw.

trône [tron] nm **1.** [siège, pouvoir] throne / *monter sur le trône* to ascend ou to come to the throne **2.** *fam, fig & hum* throne / *être sur le trône* to be on the throne.

❖ **trônes** nmpl RELIG thrones.

trôner [3] [trone] vi **1.** [personne] to sit enthroned *hum* ou in state **2.** [bouquet, œuvre d'art] to sit prominently ou imposingly / *son portrait trônait dans le salon* his portrait was displayed in a prominent position in the drawing room.

tronquer [3] [trɔ̃ke] vt **1.** [phrase, récit] to shorten **2.** [pilier, statue] to truncate.

trop [tro] adv **1.** [excessivement -devant un adjectif, un adverbe] too; [-avec un verbe] too much / *il est trop gros* he's overweight ou too fat / *les fraises sont trop chères* the strawberries are too expensive / *un plat trop riche* an excessively rich dish / *de la viande trop cuite* overcooked meat / *et en plus, c'est moi qui paye, c'est trop fort!* and what's more I'm the one who's paying, it really is too much! / *il habite trop loin* he lives too far away / *j'ai dormi trop longtemps* I slept too long ▸ **elle sort trop peu** she doesn't go out enough / *son trop peu de confiance en elle lui nuit* her lack of self-confidence works against her / *on a trop chargé la voiture* we've overloaded the car / *tu manges (beaucoup) trop* you eat (far) too much / *j'en ai déjà trop dit* I've already said more than I should have ou too much / *avoir trop faim* / *soif* to be too hungry / thirsty / *ne fais pas trop le difficile* don't be too awkward / *trop fumer provoque des maladies graves* too much smoking can lead to serious illness / *cela n'a que trop duré* it's been going on far too long / *il ne le sait que trop* he knows (it) only too well; [en corrélation avec 'pour'] : *tu es trop intelligent pour croire cela* you're too intelligent to believe that / *trop belle pour toi* too beautiful for you / *ne soulève pas l'armoire, c'est trop lourd pour toi tout seul* don't (try to) lift the cupboard, it's too heavy for you on your own / *trop fier pour accepter* too proud to accept / *trop beau pour être vrai* too good to be true / *il a trop tardé à répondre pour qu'elle lui écrive encore* he has taken too long in replying for her to write to him again / *c'est trop important pour que vous ne vous en occupiez pas vous-même* it's too important for you not to deal with it yourself ▸ **il est trop, lui!** *fam* he really is too much! **2.** [emploi nominal] : *ne demande pas trop* don't ask for too much / *prends la dernière part — non, c'est trop* have the last slice — no, it's too much / *je dépense trop* I'm overspending, I'm spending too much ▸ **c'est trop!** ou **c'en est trop!** that's it!, I've had enough! ▸ **trop c'est trop!** enough is enough! / *je sors, trop c'est trop* I'm leaving, I've had enough! **3.** [très, beaucoup] so / *ce bébé est trop mignon!* this baby is so cute! / *il est trop drôle!* he's so funny! ▸ **c'est trop bête!** how stupid! / *vous êtes trop aimable* how very kind of you, you're very ou too kind; [dans des phrases négatives] : *il n'est pas trop content* he's not very happy ▸ **je ne sais trop** I'm not sure / *je n'aime pas trop le chocolat* I don't like chocolate very ou that much, I'm not very ou that keen on chocolate / *je ne le connais pas trop* I don't know him very ou that well / *on ne se voit plus trop* we don't see much of each other any more ▸ **sans trop savoir pourquoi** without really knowing why.

❖ **de trop** loc adv : *j'ai payé 1 euro de trop* I paid 1 euro too much / *il y a une assiette de trop* there's one plate too many / *votre remarque était de trop* that remark of yours was uncalled for / *je suis de trop, peut-être?* are you telling me I'm in the way ou not wanted? / *tu fumes de trop* *fam* you smoke too much / *deux jours ne seront pas de trop pour tout terminer* two days should just about be enough to finish everything / *un rafraîchissement ne serait pas de trop!* a drink wouldn't go amiss! ▸ **se sentir de trop** to feel that one is in the way.

❖ **en trop** loc adv : *tu as des vêtements en trop à me donner?* have you got any spare clothes to give me? / *j'ai payé 2 euros en trop* I paid 2 euros too much / *il y a de l'argent en trop* there's too much money / *il y a un verre en trop* there's a ou one glass too many / *se sentir en trop* to feel in the way.

❖ **par trop** loc adv *litt* much too, far too / *il est par trop méfiant* he's much ou far too distrustful / *c'est par trop injuste* it's simply too unfair (for words).

❖ **trop de** loc dét **1.** [suivi d'un nom non comptable] too much; [suivi d'un nom comptable] too many / *ils ont trop d'argent* they've got too much money / *j'ai acheté trop de lait* I've bought too much milk / *il y a beaucoup trop de monde* there are far too many people / *tu veux des bonbons? — non, merci, j'en ai déjà trop mangé* do you want some sweets? — no thanks, I've already eaten too many / *nous ne serons pas trop de cinq pour soulever le piano* it'll take at least five of us to lift the piano; [en corrélation avec 'pour'] : *j'ai trop de soucis pour me charger des vôtres* I've too many worries of my own to deal with yours; *(comme nom)* : *le trop d'énergie des enfants* the children's excess ou surplus energy **2.** EXPR ▸ **en faire trop a)** [travailler] to overdo things **b)** [pour plaire] to overdo it.

trope [trɔp] nm trope.

trophée [trɔfe] nm trophy.

trophique [trɔfik] adj trophic.

trophoblaste [trɔfɔblast] nm trophoblast.

trophoblastique [trɔfɔblastik] adj trophoblastic.

tropical, e, aux [trɔpikal, o] adj tropical.

tropicalisation [trɔpikalizasjɔ̃] nf tropicalization.

tropicaliser [3] [trɔpikalize] vt to tropicalize.

tropique [tʀɔpik] ◆ adj tropical. ◆ nm ASTRON & GÉOGR tropic / *le tropique du Cancer / Capricorne* the tropic of Cancer / Capricorn.

❖ **tropiques** nmpl GÉOGR ▸ **les tropiques** the tropics ▸ **sous les tropiques** in the tropics.

tropisme [tʀɔpism] nm tropism.

troposphère [tʀɔpɔsfɛʀ] nf troposphere.

trop-perçu [tʀɔpɛʀsy] (*pl* **trop-perçus**) nm overpayment (of taxes), excess payment (of taxes).

trop-plein [tʀɔplɛ̃] (*pl* **trop-pleins**) nm **1.** [de forces, d'émotion] overflow, surplus / *ton trop-plein d'énergie* your surplus energy / *elle épancha le trop-plein de son âme* she poured out her soul **2.** [d'eau, de graines] overflow ; [de vin] surplus **3.** TECHNOL overflow.

troque [tʀɔk] nm top-shell, trochus *spéc* ▸ **les troques** the Trochidae.

troquer [3] [tʀɔke] vt **1.** [échanger] to exchange, to swop, to swap / *je troquerais bien mon manteau contre le tien* I wouldn't mind swapping coats with you **2.** COMM to barter, to trade / *ils troquent les fruits contre de la soie* they trade fruit for silk.

troquet [tʀɔkɛ] nm *fam* bar.

trot [tʀo] nm ÉQUIT trot, trotting ▸ **trot assis / enlevé** sitting / rising trot ▸ **trot attelé** trotting (with a sulky) ▸ **trot monté** saddle-trot, saddle-trotting.

❖ **au trot** loc adv **1.** ÉQUIT at a trot ou trotting pace / *au petit trot* at a jogging pace **2.** *fam* [vite] on the double / *allez, et au trot!* come on, jump to it!

Trotski [tʀɔtski] npr Trotsky.

trotskisme [tʀɔtskism] nm Trotskyism.

trotskiste [tʀɔtskist] adj & nmf Trotskyist.

trotte [tʀɔt] nf *fam* : *il y a une bonne trotte d'ici à la plage* it's a fair distance ou it's quite a step from here to the beach / *ils en ont fait, une trotte!* they've covered quite a distance!

trotter [3] [tʀɔte] vi **1.** [cheval] to trot **2.** [marcher vite - enfant] to trot ou to run along ; [- souris] to scurry along / *à cet âge-là, ils ont envie de trotter* at that age, they want to run around **3.** *fam* [marcher beaucoup] to do a lot of walking, to cover quite a distance on foot **4.** *fig* : *une idée qui me trotte dans la tête* an idea which keeps running through my mind / *cet air me trotte continuellement dans la tête!* I can't get that tune out of my head!

❖ **se trotter** vpi *fam* to make off, to scarper UK, to skedaddle US.

trotteur, euse [tʀɔtœʀ, øz] ◆ adj **1.** ÉQUIT ▸ **cheval trotteur** trotter **2.** VÊT ▸ **talon trotteur** low heel. ◆ nm, f trotter.

❖ **trotteurs** nmpl [chaussures] flat shoes.

❖ **trotteuse** nf [d'une montre] second hand.

trottinement [tʀɔtinmɑ̃] nm [marche rapide] trotting, scurrying ; [d'un enfant] toddling ; [bruit de pas] patter.

trottiner [3] [tʀɔtine] vi **1.** [souris] to scurry (along) ; [cheval] to jog-trot (along) **2.** [personne] to trot along / *la petite trottinait près de son père* the child trotted along next to her father.

trottinette [tʀɔtinɛt] nf **1.** [patinette] scooter **2.** *fam* [petite voiture] little car.

trottoir [tʀɔtwaʀ] nm **1.** [bord de chaussée] pavement UK, sidewalk US ▸ **faire le trottoir** to walk the streets *euphém* **2.** TECHNOL ▸ **trottoir roulant** travelator, travolator, moving walkway.

trou [tʀu] nm **1.** [cavité - gén] hole ; [- sur la route] pothole ▸ **faire un trou dans les économies de qqn** to make a hole in sb's savings ▸ **trou de mine** blast hole ▸ **trou de mémoire** memory lapse, lapse of memory / *j'ai eu un trou (de mémoire) en scène* I dried up on stage ▸ **trou noir a)** ASTRON black hole **b)** *fig* depths of despair / *après la mort de mon mari, ça a été le trou noir* after my husband died I was terribly depressed ▸ **trou normand** *glass of Calvados taken between courses* ▸ **faire le trou normand** *to take a break between courses with a glass of Calvados* ▸ **un trou de souris** a tiny place / *un studio ça? plutôt un trou de souris!* a studio? it's more like a hole in the wall! / *j'étais tellement gênée que j'aurais voulu disparaître dans un trou de souris* I was so embarrassed I wished the earth would swallow me up ▸ **faire son trou** : *parti de rien, il a fait son trou* he made his way in the world from very humble beginnings / *elle a fait son trou dans l'édition* she has made a nice little niche for herself in publishing ▸ **sortir de son trou** to go out into the big wide world **2.** [ouverture - dans une clôture, dans les nuages] hole, gap ; [- d'une aiguille] eye ; [- dans du cuir] eyelet / *le maçon a fait un trou dans le mur* the builder knocked a hole in the wall ▸ **le trou de la serrure** the keyhole / *regarder par le trou de la serrure* to watch through the keyhole **3.** [déchirure] hole, tear, rip / *faire un trou dans une membrane* to puncture ou to perforate a membrane / *faire un trou à son collant* to make a hole in ou to rip one's tights / *il a fini par faire un trou à son pull à l'endroit du coude* he finally wore a hole in the elbow of his jumper / *j'ai laissé tomber une allumette sur la nappe et ça a fait un trou* I dropped a match on the tablecloth and it burned a hole in it / *drap plein de trous* tattered sheet, sheet full of holes **4.** [moment] gap ▸ **un trou dans son emploi du temps a)** [élève] a free period **b)** [dans la reconstitution d'un crime] *a period of time during which one's movements cannot be accounted for* / *la coiffeuse a un trou à 11 h* the hairdresser can fit you in at 11 o'clock **5.** *fam* [endroit reculé] (little) place, hole *péj*, one-horse-town *hum* / *je ne resterai pas dans ce trou* I won't stay in this hole *péj* / *pas même un café, quel trou!* not even a café, what a dump! / *il n'est jamais sorti de son trou* he's never been away from home **6.** *fam* [tombe] grave / *quand je serai dans le trou* when I've kicked the bucket ou I'm six foot under **7.** *fam* [prison] ▸ **être au trou** to be inside **8.** *fam* [prison militaire] military prison ▸ **faire du trou** to be put in the cooler **9.** *fam* [déficit] deficit / *un trou dans le budget* a budget deficit / *le trou de la Sécurité sociale the deficit in the French Social Security budget* **10.** ANAT hole, foramen *spéc* ▸ **trou occipital** occipital foramen ▸ **trous vertébraux** vertebral foramina ▸ **trou de l'oreille** earhole ▸ **trous de nez** nostrils ▸ **ça me sort par les trous de nez** *fam* I've had it up to here ▸ **trou du cul** *vulg* ou **de balle** *vulg* arsehole UK, asshole US ▸ **espèce de trou du cul!** *vulg* you arsehole! ▸ **il n'a pas les yeux en face des trous a)** *fam* [il n'est pas observateur] he's pretty unobservant **b)** [il est à moitié endormi] he's still half asleep **11.** AÉRON ▸ **trou d'air** air pocket ▸ **des trous d'air** turbulence **12.** GOLF hole / *le trou est partagé* the hole is halved / *réussir trou en un* to get a hole in one / *faire un trou* to get a hole.

troubadour [tʀubaduʀ] nm troubadour.

troublant, e [tʀublɑ̃, ɑ̃t] adj **1.** [événement] disturbing, unsettling, disquieting ; [question, ressemblance] disconcerting **2.** [déshabillé, sourire] thrilling, arousing / *une femme troublante* a desirable woman.

trouble[1] [tʀubl] ◆ adj **1.** [eau] cloudy, murky ; [vin] cloudy ; [image] blurred ; [photo] blurred, out-of-focus ; [regard, verre] misty, dull **2.** [confus] vague, unclear, imprecise / *une vision trouble du problème* a muddled view of the problem / *un désir trouble* a vague desire **3.** [équivoque] equivocal, ambiguous / *elle aime les situations un peu troubles* she likes slightly ambiguous situations ; [peu honnête] dubious / *une affaire trouble* a murky business ▸ **personnage trouble** suspicious character. ◆ adv through a blur / *je vois trouble* everything ou my vision is blurred.

trouble[2] [tʀubl] nm **1.** [sentiment - de gêne] confusion, embarrassment ; [- de perplexité] confusion ; [- de peine] distress, turmoil / *il ne put cacher son trouble en la voyant* he couldn't hide his embarrassment when he saw her / *la nouvelle sema le trouble dans les esprits* the news sowed confusion in people's minds ou threw people's minds into confusion / *c'est un trouble si doux que l'amour* *litt* love is such sweet turmoil **2.** MÉD disorder ▸ **trouble caractériel** emotional disorder ▸ **un trouble du comportement** a behaviour problem ▸ **trouble du comportement alimentaire** eating disorder ▸ **trouble du développement** development disorder ▸ **troubles gastriques / intestinaux** stomach / intestinal disorder ▸ **troubles du langage** speech disorders ▸ **troubles de la personnalité a)** personality problems **b)** PSYCHOL personality disorders ▸ **trouble obsessionnel compulsif** obsessive-compulsive disorder ▸ **troubles respiratoires** respiratory disorders ▸ **troubles visuels** ou **de la vue** eye trouble **3.** [désaccord] discord, trouble / *jeter* ou *semer le trouble dans une famille* to sow discord within a family / *ne viens pas jeter* ou *semer le trouble ici!* don't you come stirring up trouble (around here)! **4.** DR disturbance (of rights) **5.** PÉTR ▸ **point de trouble** cloud ou turbidity point.

❖ **troubles** nmpl [agitation sociale] unrest, disturbances / *les troubles s'étendent* the rioting is spreading ▸ **troubles politiques** political unrest ▸ **troubles sociaux** social unrest.

trouble-fête [tʀubləfɛt] nmf killjoy, spoilsport / *jouer les trouble-fête* to be a killjoy ou spoilsport / *je ne veux pas jouer les trouble-fête, mais...* I don't want to be a spoilsport ou to put a damper on the proceedings but...

troubler [3] [tʀuble] vt **1.** [eau] to cloud **2.** [rendre moins net] to blur, to dim, to cloud ▸ **troubler la vue de qqn** to blur ou to cloud sb's vision **3.** [sommeil] to disturb ; [paix] to disturb, to disrupt ; [silence] to break ; [digestion] to upset **4.** [fête, réunion] to disrupt ; [plan] to upset, to disrupt / *un incident est venu troubler notre soirée* an unfortunate incident cast a cloud over our evening ▸ **une époque troublée** troubled times ▸ **troubler l'ordre public** to cause a breach of the peace UK, to disturb the peace **5.** [déconcerter] to confuse, to disconcert / *un détail nous trouble encore* one detail is still baffling us / *ses remarques m'avaient troublé* her remarks had unsettled me / *la question semble te troubler* you seem put out ou disconcerted by the question **6.** [mettre en émoi, impressionner] to disturb / *ce film m'a vraiment troublé* I found the film quite disturbing **7.** [sexuellement] to arouse / *elle me trouble avec ses petites robes moulantes* she gets me into a real state with those tight little dresses she wears.

❖ **se troubler** vpi **1.** [eau] to become cloudy ou turbid *litt* ; [vue] to become blurred ; [mémoire] to grow dim ; [idées] to become confused **2.** [perdre contenance] to get confused / *dès qu'on le regarde il se trouble* as soon as somebody looks at him he goes to pieces / *continuez sans vous troubler* carry on and don't let yourself get ruffled.

troué, e [tʀue] adj : *un vieux châle troué* a tatty UK ou raggedy US old shawl ▸ **la chaussette est trouée** the sock's got a hole in it / *des chaussettes toutes trouées* socks full of holes ▸ **troué comme une écumoire** ou **une passoire** full of ou riddled with holes.

trouée [tʀue] nf **1.** [ouverture] gap / *une trouée de ciel bleu* a patch of blue sky / *une trouée dans les nuages* a break in the clouds / *la trouée du chemin* the opening formed by the path **2.** GÉOGR gap **3.** MIL breach ▸ **effectuer une trouée** to break through.

trouer [3] [tʀue] vt **1.** [percer - carton, tissu] to make a hole in ; [- tôle] to pierce ; [- cloison] to make ou to bore a hole in / *la pointe a troué le caoutchouc* the tip made a hole in the rubber / *la balle lui a troué le corps* the bullet pierced his body **2.** *sout* [traverser] to pierce / *le soleil trouait les nuages* the sun was breaking through the clouds **3.** [cribler] to pit / *des météorites ont troué le fond du canyon* meteorites have pitted the bottom of the canyon / *surface trouée de balles* surface pitted with bullet holes.

❖ **se trouer** vpi [d'un seul trou] to get a hole ; [de plusieurs trous] to go into UK ou get holes.

troufion [tʀufjɔ̃] nm *tfam* soldier, private, squaddy UK.

trouillard, e [tʀujaʀ, aʀd] *tfam* ◆ adj chicken-livered, chicken-hearted. ◆ nm, f chicken.

trouille [tʀuj] nf *tfam* fear, fright / *ça va lui flanquer* ou *ficher la trouille* it'll scare the living daylights out of her ▸ **j'avais une trouille bleue** I was scared stiff ou to death.

trouillomètre [tʀujɔmɛtʀ] nm *tfam* ▸ **avoir le trouillomètre à zéro** to be scared stiff ou to death.

troupe [tʀup] nf **1.** [de touristes, d'enfants] troop / *ils se déplacent toujours en troupe* they always go round as a group **2.** MIL [formation, régiment] troop ▸ **la troupe, les troupes** the troops ou men / *on fit donner* ou *intervenir la troupe* the army was ou troops were sent in ▸ **troupes de choc** shock troops **3.** THÉÂTRE company, troupe, theatre UK ou theater US group / *monter une troupe* to set up a company / *final avec toute la troupe* grand finale (with all the cast) **4.** [de scouts] troop **5.** [d'éléphants] herd.

troupeau, x [trupo] nm **1.** [de vaches] herd ; [de moutons] flock ; [d'oies] gaggle ; [d'éléphants] herd ▸ **il garde le troupeau a)** [de vaches] he's tending the herd **b)** [de moutons] he's tending the flock **2.** RELIG : *le troupeau des fidèles* the flock **3.** *péj* [multitude passive] herd *péj* / *quel troupeau d'imbéciles!* what a load of idiots !

troupier [trupje] ◆ adj m ⟶ **comique.** ◆ nm soldier.

troussage [trusaʒ] nm **1.** CULIN trussing **2.** MÉTALL strickling.

trousse [trus] nf **1.** [étui] case ; [d'écolier] pencil case ▸ **trousse de maquillage** make-up bag ▸ **trousse de médecin** medical bag ▸ **trousse à ongles** manicure set ▸ **trousse à outils** tool kit ▸ **trousse de secours** first-aid kit ▸ **trousse de toilette** sponge bag **2.** [pour un acrobate] tights **3.** MIN ▸ **trousse coupante** cutting ou drum curb ▸ **trousse de cuvelage** curbcrib.

❖ **aux trousses de** loc prép ▸ **avoir qqn à ses trousses** to be followed by sb / *le fisc est à ses trousses* he's got the taxman after him / *il a la police aux trousses* the police are after him.

trousseau, x [truso] nm **1.** [assortiment] ▸ **trousseau (de clés)** bunch of keys **2.** [d'une mariée] trousseau *(including linen).*

trousser [3] [truse] vt **1.** CULIN to truss (up) **2.** [rédiger avec brio] : *en deux minutes, il troussait un poème* he could dash off a poem in a couple of minutes / *un petit refrain bien troussé* a neatly turned refrain / *un petit slogan bien troussé* a snappy slogan **3.** *tfam* [femme] to have **4.** *vieilli* [retrousser - vêtement] to hitch up *(sép).*

❖ **se trousser** vpi *vieilli* to hitch up one's skirts.

trousseur [trusœr] nm *fam & vieilli* ▸ **trousseur de jupons** womanizer, philanderer.

trou-trou (*pl* trou-trous), **troutrou*** [trutru] nm *embroidery of ribbon-leading eyelets* / *jupon* / *corsage à trou-trous* broderie anglaise petticoat / blouse, frilly petticoat / blouse.

trouvable [truvabl] adj possible to find.

trouvaille [truvaj] nf [objet, lieu] find ; [idée, méthode] brainwave ; [expression] coinage / *une émission pleine de trouvailles* a programme full of good ideas.

trouvé, e [truve] adj **1.** [découvert] ⟶ **enfant 2.** EXPR **bien trouvé** [original] well-chosen, apposite / *voilà une réponse bien trouvée!* that's a (pretty) good answer ! ▸ **tout trouvé** ready-made / *voici un moyen tout trouvé de gagner de l'argent* here's a ready-made way of making money.

trouver [3] [truve]

◆ vt

- **A. APRÈS UNE RECHERCHE**
- **B. INVOLONTAIREMENT**
- **C. PAR L'ESPRIT, LA VOLONTÉ**
- **D. AVOIR COMME OPINION**

A. APRÈS UNE RECHERCHE **1.** [objet perdu, personne, emploi] to find ; [empreintes, trésor] to find, to discover ; [pétrole] to strike, to find / *je n'ai toujours pas de travail* / *secrétaire — patiente, tu finiras par trouver quelque chose* / *quelqu'un* I still haven't got a job / secretary — be patient, something'll turn up / you'll find someone in the end / *ah, je te trouve enfin!* so I've found you at last ! / *où pourrais-je la trouver mardi?* where could I find ou contact her on Tuesday ? / *je sais où on trouve des champignons* I know where you can find mushrooms / *trouver un village sur une carte* to find ou to locate a village on a map / *d'après ce que les archéologues ont trouvé* from the archeologists' findings, from what the archeologists have found / *là, vous allez trouver la route Paris-Lyon* that's where you'll join up with the Paris-Lyon road / *as-tu trouvé où il se cache?* have you found where he's hiding ou his hiding-place ? ▸ **trouver où** [découvrir un lieu approprié pour] : *j'ai trouvé où faire reproduire des cartes postales anciennes* I've found a place where they do reproductions of old postcards / *il faut que je trouve 1 000 euros avant demain* I must get hold of ou find 1,000 euros before tomorrow / *j'ai trouvé en elle la sœur* / *l'amie que je cherchais* in her I found the sister / the friend I'd been looking for **2.** [détecter] to find, to discover / *je ne trouve plus son pouls* I can't feel his pulse any more / *je ne trouve rien (d'anormal) à la radiographie* I can't find ou I haven't detected anything wrong on the X-ray / *ils lui ont trouvé quelque chose au sein* they found a lump in her breast / *des traces de sang ont été trouvées sur ses vêtements* blood stains were found ou discovered on his clothes / *ils ont trouvé beaucoup de coquilles dans le texte* they found ou spotted a lot of misprints in the text **3.** [acheter] to find, to get / *je n'ai pas trouvé de crème fraîche, alors j'ai mis du yaourt* I couldn't find ou get any cream so I used yoghurt instead / *du safran, on en trouve dans les épiceries fines* you can get ou find saffron in good delicatessens **4.** [rendre visite à] ▸ **aller trouver qqn** to go to sb, to go and see sb / *il faut que tu ailles trouver un spécialiste* you should go and see a specialist ▸ **venir trouver qqn** to come to sb, to come and see sb / *on vient souvent me trouver pour me demander conseil* people often come to me for advice.

B. INVOLONTAIREMENT **1.** [tomber sur - personne, lettre, trésor] to find / *j'ai trouvé ce livre en faisant du rangement* I found ou came across this book while I was tidying up / *j'ai trouvé ce bouquet de roses en rentrant chez moi* I found this bunch of roses waiting for me when I got home / *en abattant la cloison, ils ont trouvé un coffret* when they pulled down the partition they discovered ou found a casket / *à notre grande surprise, nous avons trouvé le beau temps en arrivant* when we got there we were surprised to find that the weather was good / *si je m'attendais à te trouver là!* fancy meeting you here ! / *si je trouve celui qui m'a cabossé ma portière!* just let me lay my hands on whoever dented my car door ! ▸ **trouver qqch par hasard** to chance ou to stumble upon sthg / *j'ai trouvé ma maison cambriolée* I found my house burgled ou that my house had been burgled / *on l'a trouvé mort dans la cuisine* he was found dead in the kitchen ▸ **trouver à qui parler** [un confident] to find a friend ▸ **s'il continue comme ça, il va trouver à qui parler!** if he goes on like that, I'll give him what for ! **2.** [surprendre] to find, to catch / *que personne ne te trouve ici!* don't let anyone find ou catch you here ! / *je l'ai trouvé fouillant* ou *qui fouillait dans mes tiroirs* I found ou I caught him searching through my drawers.

C. PAR L'ESPRIT, LA VOLONTÉ **1.** [inventer - prétexte, méthode, etc.] to find / *où as-tu trouvé cette idée?* where did you get that idea from ? / *tu trouveras bien un prétexte* you'll find some excuse (or other) / *tu n'as rien trouvé de mieux à faire?* couldn't you find anything better to do ? / *je ne savais pas ce que je faisais — c'est tout ce que tu as trouvé?* I didn't know what I was doing — is that the best you can come up with ? ▸ **trouver qqch à répondre** to find an answer / *je n'ai rien trouvé à répondre* I was stuck for an answer **2.** [deviner - solution] to find ; [- réponse, mot de passe] to find (out), to discover ; [- code] to break, to crack / *je n'ai pas pu trouver la raison de son refus* I was unable to find out why he refused / *j'ai trouvé!* I've got it !, I know ! / *39 moins 7, il fallait trouver 32* 39 take away 7, the correct result was 32 **3.** [parvenir à] to find ▸ **trouver la force** / **le courage de faire qqch** to find the strength / courage to do sthg / *il a trouvé son équilibre dans la peinture* he found peace of mind in painting / *ça y est, j'ai trouvé ce que je voulais te dire!* I know what I wanted to tell you ! ▸ **je n'arrivais pas à trouver mes mots** I couldn't find the right words, I was lost for words ▸ **là, tu as trouvé le mot juste!** you've said it ! / *tu as trouvé ça tout seul?* *hum* did you come up with that all on your own ? ▸ **trouver à** : *trouver à se loger* to find accommodation ou somewhere to live / *je trouverai à me faire remplacer* I'll find someone to stand in for me / *trouver à vendre sa voiture* to find a buyer for one's car / *on ne trouve jamais à se garer par ici* you can never find anywhere to park around here / *le chien a encore trouvé à s'échapper* the dog's managed to run away again **4.** [se ménager] to find / *trouver le temps de lire* to find time to read / *je n'ai pas le temps — trouve-le!* I haven't got time — (then you must) make time ! ▸ **trouver l'occasion de faire qqch** to find the opportunity to do sthg **5.** [ressentir] to find ▸ **trouver du plaisir à (faire) qqch** to take pleasure in (doing) sthg, to enjoy (doing) sthg / *nous trouvions de la satisfaction à remplir notre devoir* we used to find it satisfying to do our duty.

D. AVOIR COMME OPINION **1.** [juger, estimer] to find, to think ▸ **trouver qqch remarquable** to find sthg remarkable, to think that sthg is remarkable / *tu ne trouves rien de bizarre à cette demande?* don't you find that request somewhat strange ? / *je la trouve déprimée en ce moment* I find her depressed at the moment / *tu vas me trouver vieilli* you'll think ou find I've aged / *comment me trouves-tu dans cette robe?* how do you like me in this dress ? ▸ **trouver que** to think ou to find that / *je trouve que ça en vaut la peine* I think ou I reckon it's worth it / *je trouve qu'il change beaucoup en ce moment* he seems to me to be going through a lot of changes at the moment / *il est prétentieux — je ne trouve pas* he's pretentious — I don't think so / *la soupe manque de sel, tu ne trouves pas?* the soup needs more salt, don't you think ? / *tu trouves?* do you think so ? **2.** [reconnaître] ▸ **trouver qqch à qqn** / **qqch** : *je lui trouve du charme* I think he's got charm / *tu ne lui trouves pas une petite ressemblance avec ta sœur?* don't you think ou wouldn't you say that she looks a bit like your sister ? / *mais enfin, qu'est-ce que tu lui trouves, à ce type?* *fam* for goodness' sake, what do you see in this guy ? / *je lui trouve mauvais goût, à ce vin* I don't think this wine tastes very nice / *je lui ai trouvé mauvaise mine hier* he didn't look very well to me yesterday.

❖ **se trouver** ◆ v impers **1.** [il y a] : *il se trouvera toujours quelqu'un pour te renseigner* you'll always find somebody ou there'll always be someone you can ask / *il s'est trouvé peu de gens pour accepter* only a few people said yes ou accepted **2.** [le hasard fait que] : *il se trouve que…* as it happens… / *il se trouve que quelqu'un vous a vu dans mon bureau* as it happens, somebody saw you in my office / *il s'est trouvé que je les ai entendus* I chanced to overhear them, by chance I overheard them / *il s'est trouvé que c'était lui le fautif* it turned out that HE was to blame. ◆ vp *(emploi réfléchi)* [s'estimer] : *je me trouve trop mince* I think I'm too thin / *et tu te trouves drôle?* so you think you're (being) funny ? / *il se trouve génial* he thinks he's great, he really fancies himself. ◆ vp *(emploi passif)* to be found, to exist / *cette fleur ne se trouve qu'en montagne* this flower is only (to be) found ou only grows in the mountains / *de bons artisans, cela se trouve difficilement* it's not easy to find ou to get good craftsmen / *des hommes galants, ça ne se trouve plus!* *aussi hum* real gentlemen are a dying breed ! ▸ **ça ne se trouve pas sous le pas d'un cheval** [argent] it's hard to come by. ◆ vpi **1.** [en un lieu, une circonstance - personne] to be ; [- bâtiment, ville] to be (situated) ou located / *je me trouvais là par hasard* I just happened to be there / *qu'est-ce que tu dirais si tu te trouvais face à face avec lui?* what would you say if you suddenly found yourself face to face with him ? / *ma main s'est trouvée coincée dans la porte* my hand got caught in the door / *trouve-toi devant la gare à 18 h* make sure you're outside the station at 6 pm / *où se trouve la gare?* where's the station ? / *Senlis se trouve au nord de Paris* Senlis is to the north of Paris, Senlis is situated ou located north of Paris / *A se trouve à égale distance de B et de C* B and C are equidistant from A ▸ **se trouver sur** [figurer] to appear ou to be shown on / *mon nom ne se trouve pas sur la liste* my name doesn't feature ou figure on the list, my name isn't listed ; [résider - intérêt, problème] to be, to lie / *c'est là que se trouve la difficulté* / *le dilemme* that's where the difficulty / dilemma lies **2.** [arriver] : *quand vous vous trouverez sur la place, tournez à droite* when

* In reformed spelling (see p. 16-19).

you arrive at the square, turn right **3.** [dans une situation] to find o.s., to be / *je me trouve devant un choix* I'm faced with a choice ▸ **se trouver dans l'impossibilité de faire qqch** to find o.s. ou to be unable to do sthg ▸ **se trouver dans l'obligation de faire qqch** to have no option but to do sthg **4.** [se sentir] to feel / *je me suis trouvé bête d'avoir crié* I felt stupid for having screamed ▸ **se trouver bien / mieux a)** [du point de vue de la santé] to feel good / better **b)** [dans un siège] to feel comfortable / more comfortable **c)** [avec quelqu'un] to feel at ease / more at ease **d)** [dans un vêtement élégant] to feel (that one looks) good / better ▸ **se trouver mal** [s'évanouir] to pass out, to faint ▸ **se trouver bien / mal de qqch** : *elle a suivi mes conseils et s'en est bien / mal trouvée* she followed my advice, and benefited from it / and lived to regret it ▸ **se trouver mieux de qqch** : *qu'il parte, je ne m'en trouverai que mieux!* let him leave, see if I care! **5.** [se réaliser] to find o.s. / *en tant qu'écrivain, elle ne s'est pas encore trouvée* as a writer, she hasn't found her individual voice ou style yet **6.** [exprime la fortuité d'un événement, d'une situation] to happen / *ils se trouvaient appartenir au même club* they happened to belong ou it turned out that they belonged to the same club / *je me trouve être libre ce jour-là* it so happens that I'm free that day ▸ **si ça se trouve** *fam* maybe / *on l'a abandonné, ce gamin, si ça se trouve!* maybe the kid's been abandoned (,who knows)! / *si ça se trouve, il y a une fuite* maybe there's a leak.

trouvère [truvɛr] nm trouvère / **'le Trouvère'** *Verdi* 'Il Trovatore'.

troyen, enne [trwajɛ̃, ɛn] adj Trojan.
❖ **Troyen, enne** nm, f Trojan.

tr/s (abr écrite de **tours par seconde**) revs/s.

truand [tryɑ̃] nm crook, gangster / *les commerçants du coin, tous des truands!* *fig* the local shopkeepers are all crooks!

truander [3] [tryɑ̃de] *fam* ◆ vt to con, to swindle / *se faire truander* to be ou get conned. ◆ vi [aux examens] to cheat.

truanderie [tryɑ̃dri] nf *vieilli* ▸ **la truanderie** *the world of vagabonds and petty criminals.*

trublion [tryblijɔ̃] nm troublemaker.

truc [tryk] nm *fam* **1.** [astuce] trick ▸ **les trucs du métier** the tricks of the trade / *un truc tout bête et qui marche à tous les coups* a simple little trick that works every time / *tu ne le prendras pas en défaut, il connaît tous les trucs* you won't catch him out, he knows all the tricks / *il doit y avoir un truc, c'est trop beau* there's bound to be a catch, it's too good to be true / *j'ai un truc pour rentrer sans payer* I know a way of getting in without paying **2.** CINÉ & THÉÂTRE (special) effect, trick **3.** [chose précise] thing / *je pense à un truc* I've just thought of something / *j'ai plein de trucs à faire* I've got lots to do / *tu devrais t'acheter un truc pour nettoyer ton four* you ought to buy something to clean your oven with ; *péj* thing, business, stuff / *mange pas de ce truc-là!* don't eat any of that (stuff)! / *sa maladie, c'est un sale truc* her illness is a nasty business ▸ **ce n'est pas / c'est mon truc** it's not / it's my cup of tea / *le rock, c'est pas mon truc* rock is not my (kind of) thing, rock doesn't turn me on ▸ **l'écologie, c'est vraiment son truc** he's really into environmental issues **4.** [objet dont on a oublié le nom] thing, thingie UK whachamacallit / *tu sais, ce truc dont on se sert pour couper la pâte* you know, the thing you use to cut the pastry with **5.** [personne dont on a oublié le nom] ▸ **Truc** What's-his-name (What's-her-name), Thingie UK

trucage [trykaʒ] = **truquage**.

truchement [tryʃmɑ̃] nm : *par le truchement de son ami* through ou via his friend.

trucider [3] [tryside] vt *fam* to kill / *une heure de retard, on va se faire trucider!* we're an hour late, they'll kill us!

trucmuche [trykmyʃ] nm *fam* **1.** [chose] thingy UK thingumajig, thingamabob **2.** ▸ **Trucmuche** [personne] What's-his-name (What's-her-name), Thingie UK

truculence [trykylɑ̃s] nf vividness, colourfulness UK colorfulness US

truculent, e [trykylɑ̃, ɑ̃t] adj [personne] colourful UK colorful US larger than life ; [prose] vivid, colourful UK colorful US ; [plaisanterie] racy.

truelle [tryɛl] nf **1.** [du maçon] trowel **2.** [pour servir] ▸ **truelle à poisson** fish slice.

truffe [tryf] nf **1.** [champignon] truffle **2.** [friandise] (chocolate) truffle **3.** [de chien, de chat] nose **4.** *fam* [nez] snout **5.** *fam* [personne] clot, dumbbell US

truffer [3] [tryfe] vt **1.** CULIN to garnish with truffles ▸ **pâté truffé** truffled pâté, pâté with truffles **2.** [emplir] to fill / *ils l'ont truffé de balles* they pumped him full of bullets / *truffé de mines* riddled with mines ▸ **truffé d'anecdotes** peppered with anecdotes.

trufficulture [tryfikyltyr] nf truffle cropping.

truffier, ère [tryfje, ɛr] adj ▸ **chien truffier** truffle hound ▸ **chêne truffier** *oak on whose roots truffles grow.*
❖ **truffière** nf truffle-bed, trufflery.

truie [trɥi] nf **1.** ZOOL sow **2.** ARM ballista **3.** ZOOL ▸ **truie de mer** hog-fish.

truisme [tryism] nm truism / *c'est un truisme!* it's obvious!, it goes without saying!

truite [trɥit] nf trout ▸ **truite arc-en-ciel / saumonée** rainbow / salmon trout / *truite de rivière* brown trout / *truite de mer* sea trout / **'la Truite'** *Schubert* 'The Trout'.

trumeau, x [trymo] nm **1.** [entre des fenêtres] (window) pier **2.** [panneau de lambris, de peinture, de glace] pier glass ; [d'une cheminée] overmantel **3.** ARCHIT pier.

truquage [trykaʒ] nm **1.** CINÉ [action] (use of) special effects ; [résultat] special effect **2.** [d'élections, de résultats] rigging.

truquer [3] [tryke] vt **1.** [élection, statistiques] to rig ; [entretien] to set up *(sép)* ; [tableau] to fake **2.** CINÉ : *truquer une scène* to use special effects in a scene.

truqueur, euse [trykœr, øz] nm, f [escroc] cheat.

truquiste [trykist] nmf CINÉ special effects man (woman).

trusquin [tryskɛ̃] nm TECHNOL marking gauge.

trust [trœst] nm **1.** ÉCON trust **2.** [entreprise] corporation.

truster [trœste] vt [marché] to corner, to monopolize.

trypanosome [tripanozom] nm trypanosome ▸ **les trypanosomes** the Trypanosoma.

trypanosomiase [tripanɔzɔmjaz] nf trypanosomiasis.

ts abr écrite de **tous.**

tsar [tsar, dzar] nm tsar, czar.

tsarévitch [tsarevitʃ, dzarevitʃ] nm tsarevitch, czarevitch.

tsarine [tsarin, dzarin] nf tsarina, czarina.

tsarisme [tsarism, dzarism] nm tsarism, czarism.

tsariste [tsarist, dzarist] adj & nmf tsarist, czarist.

tsé-tsé (*pl* tsé-tsé), **tsétsé*** [tsetse] nf tsetse (fly).

TSF (abr de **télégraphie sans fil**) nf *vieilli* [appareil] wireless ; [procédé] wireless telegraphy.

T-shirt [tiʃœrt] = **tee-shirt**.

tsigane [tsigan] adj Gypsyish.
❖ **Tsigane** nmf (Hungarian) Gypsy.

tsunami [tsynami] nm *pr* tsunami ; *fig* upheaval.

TSVP (abr écrite de **tournez s'il vous plaît**) PTO.

tt abr écrite de **tout.**

TT(A) (abr de **transit temporaire (autorisé)**) *registration for vehicles bought in France for tax-free export by non-residents.*

TTC (abr de **toutes taxes comprises**) loc adj inclusive of all tax, including tax.

tt conf abr écrite de **tout confort.**

ttes abr écrite de **toutes.**

TTX (abr écrite de **traitement de texte**) WP.

tu[1], **e** [ty] pp ⟶ **taire.**

tu[2] [ty] pron pers *(2e pers sg)* **1.** [sujet d'un verbe] you / *tu as raison* you're right ; *(élidé en « t » devant voyelle ou « h » muet)* : *t'en veux?* *fam* do you want some? / *t'es bête!* *fam* you're stupid! **2.** RELIG thou ; [en s'adressant à Dieu] ▸ **Tu** Thou / *tu ne tueras point* thou shall not kill **3.** [emploi nominal] ▸ **dire tu à qqn** to use the familiar form ou the "tu" form with ou to sb / *allez, on va se dire tu* ≃ come on, let's not stand on ceremony / *vous vous dites tu?* ≃ are you on first-name terms with each other? ▸ **être à tu et à toi avec qqn** to be on first-name terms with sb.

TU (abr de **temps universel**) nm UT, GMT.

tuant, e [tɥɑ̃, ɑ̃t] adj *fam* **1.** [épuisant] exhausting **2.** [ennuyeux] deadly dull ou boring.

tub [tœb] nm **1.** [objet] tub, bathtub **2.** [bain] bath.

tuba [tyba] nm **1.** MUS tuba **2.** SPORT snorkel.

tubage [tybaʒ] nm **1.** MÉD intubation, cannulation ▸ **tubage gastrique** gastric intubation **2.** PÉTR casing.

tubaire [tybɛr] adj ANAT tubal.

tubard, e [tybar, ard] *tfam* ◆ adj suffering from TB. ◆ nm, f TB case.

tube [tyb] nm **1.** [conduit] tube, pipe ▸ **tube lance-torpilles** torpedo tube **2.** ÉLECTR ▸ **tube amplificateur** amplifier tube ▸ **tube cathodique** cathode-ray tube ▸ **tube au néon** neon tube ▸ **tube à vide** vacuum tube **3.** [contenant] tube / *tube de peinture* tube of paint ▸ **tube à essai** test tube ▸ **tube gradué** graduated tube **4.** ANAT & BOT tube ▸ **tube capillaire** capillary (tube) ▸ **tube digestif** digestive tract **5.** *fam* [chanson] (smash) hit, chart-topper / *le tube de l'été* this summer's chart-topper.

tubeless [tyblɛs] adj inv tubeless.

tuber [3] [tybe] vt **1.** PÉTR to line, to case **2.** TRAV PUB to tube.

tubercule [tybɛrkyl] nm **1.** BOT tuber **2.** ANAT & MÉD tubercle.

tuberculeux, euse [tybɛrkylø, øz] ◆ adj **1.** [malade] tuberculous ; [symptôme] tuberculous, tubercular **2.** BOT tuberous. ◆ nm, f tuberculosis sufferer, tubercular.

tuberculination [tybɛrkylinasjɔ̃] = **tuberculinisation**.

tuberculine [tybɛrkylin] nf tuberculin.

tuberculinique [tybɛrkylinik] adj tuberculin *(modif).*

tuberculinisation [tybɛrkylinizasjɔ̃] nf tuberculin-testing.

tuberculisation [tybɛrkylizasjɔ̃] nf tuberculization, tuberculation.

tuberculose [tybɛrkyloz] nf tuberculosis, TB.

tubéreux, euse [tyberø, øz] adj tuberous.
❖ **tubéreuse** nf tuberose.

tubérisation [tyberizasjɔ̃] nf tuberisation.

tubérisé, e [tyberize] adj tuberous.

tubérosité [tyberozite] nf ANAT tuberosity.

tubulaire [tybylɛr] adj **1.** ANAT & CONSTR tubular **2.** [chaudière] tubulous **3.** TRAV PUB ▸ **pont tubulaire** tubular bridge.

tubule [tybyl] nm tubule.

tubulé, e [tybyle] adj BOT tubulate.

tubuleux, euse [tybylø, øz] adj BOT tubulous.

tubulure [tybylyr] nf **1.** [ouverture d'un flacon] tubulure **2.** [tuyauterie] piping ; [tube] pipe **3.** AUTO ▸ **tubulure d'admission** inlet ou induction manifold ▸ **tubulure d'échappement** exhaust manifold.

TUC, Tuc [tyk] (abr de **travaux d'utilité collective**) nmpl *former community work scheme for unemployed young people.*

tuciste [tysist] nmf *person involved in a "TUC" scheme.*

tudieu [tydjø] interj *fam & arch* zounds.

tué, e [tɥe] nm, f **1.** [dans un accident] : *11 tués et 25 blessés* 11 dead ou 11 people killed and 25 injured **2.** MIL ▸ **tué à l'ennemi** killed in action.

*In reformed spelling (see p. 16-19).

tue-mouches (*pl* tue-mouches), **tue-mouche*** [tymuʃ] adj **1.** [insecticide] ▸ **papier tue-mouches** flypaper **2.** BOT ▸ **amanite tue-mouches** fly agaric.

tuer [7] [tɥe] vt **1.** [personne] to kill ▸ **tuer qqn à coups de couteau** to stab sb ou to knife sb to death ▸ **tuer qqn à coups de pierres** to stone sb to death / *ce week-end, la route a encore tué des centaines d'automobilistes* this weekend, road accidents have again claimed hundreds of victims / *se faire tuer* to be killed / *je t'assure, il est à tuer!* [exaspérant] honestly, I could (cheerfully) strangle him! / *ta fille me tuera!* [dit par énervement] your daughter will be the death of me! / *ce voyage m'a tué* this trip's worn me out ou killed me / *qu'il ne comprenne pas, ça me tue* *fam* it amazes me he doesn't understand; *(en usage absolu)*: *le tabac tue* tobacco kills ou is a killer **2.** [plante] to kill (off); [animal de boucherie] to kill, to slaughter; [gibier] to shoot ▸ **tuer le veau gras** to kill the fatted calf ▸ **tuer la poule aux œufs d'or** to kill the goose that lays the golden eggs ▸ **tuer qqch dans l'œuf** to nip sthg in the bud **3.** [anéantir - tourisme, espoir] to ruin, to spoil, to kill ▸ **tuer l'enthousiasme** to kill ou to deaden enthusiasm **4.** EXPR **tuer le temps** to kill time.

❖ **se tuer** ◆ vp *(emploi réfléchi)* [volontairement] to kill o.s. ◆ vpi [par accident] to die, to be killed.

❖ **se tuer à** vp + prép **1.** [s'épuiser à] ▸ **elle se tue à la tâche** ou **à la peine** *litt* ou *au travail* she's working herself to death **2.** [s'évertuer à]: *comme je me tue à te le répéter* as I keep telling you again and again.

tuerie [tyʀi] nf slaughter, massacre, bloodbath.

tue-tête [tytɛt] ❖ **à tue-tête** loc adv at the top of one's voice / *elle criait à tue-tête* she was shouting at the top of her voice / *chantant l'hymne national à tue-tête* bellowing out the national anthem.

tueur, euse [tɥœʀ, øz] nm, f **1.** [meurtrier] killer ▸ **tueur professionnel** ou **à gages** hired ou professional killer / *tueur en série* serial killer ▸ **tueur fou** psychopath **2.** CHASSE pothunter **3.** [aux abattoirs] slaughterer.

tuf [tyf] nm ▸ **tuf calcaire** tufa ▸ **tuf volcanique** tuff.

tufékoi TEXTO abr écrite de **tu fais quoi ?**

tuffeau, tufeau [tyfo] nm MINÉR tufa.

tuile [tɥil] nf **1.** CONSTR (roofing) tile ▸ **tuile creuse** ou **canal** ou **romaine** curved tile ▸ **tuile faîtière** ridge tile ▸ **tuile mécanique** interlocking tile ▸ **tuile plate** plain tile **2.** CULIN biscuit UK, cookie US *(in the shape of a curved tile)* **3.** *fam* [événement désagréable] stroke of bad luck, blow / *il nous arrive une (grosse) tuile* we're in big trouble / *on n'a plus de gaz, la tuile!* we're out of gas, what a pain! **4.** JEUX [au mah-jong] tile.

tuiler [tɥile] vt [toit] to tile.

tuilerie [tɥilʀi] nf **1.** [industrie] tile industry **2.** [fabrique] tilery.

tuilier, ère [tɥilje, ɛʀ] ◆ adj tile *(modif)*. ◆ nm, f tile maker ou manufacturer.

tulipe [tylip] nf **1.** BOT tulip **2.** [abat-jour] tulip-shaped lampshade.

tulipier [tylipje] nm tulip tree.

tulle [tyl] nm **1.** TEXT tulle **2.** PHARM ▸ **tulle gras** tulle gras.

tuméfaction [tymefaksjɔ̃] nf **1.** [fait d'enfler] swelling, tumefaction *spéc* **2.** [partie enflée] swelling, swollen area ou part.

tuméfié, e [tymefje] adj swollen, tumid *spéc*.

tuméfier [9] [tymefje] vt to cause to swell, to tumefy *spéc*.

❖ **se tuméfier** vpi to swell up, to tumefy *spéc*.

tumescence [tymesɑ̃s] nf tumescence.

tumescent, e [tymesɑ̃, ɑ̃t] adj tumescent.

tumeur [tymœʀ] nf **1.** MÉD tumour UK, tumor US / *tumeur bénigne / maligne / blanche* benign / malignant / white tumour ▸ **tumeur au cerveau** brain tumour **2.** BOT tumour.

tumoral, e, aux [tymɔʀal, o] adj tumorous, tumoral.

tumulte [tymylt] nm [activité - soudaine] commotion, tumult; [- incessante] hurly-burly, turmoil / *le tumulte des flots* *litt* the tumult of the waves.

tumultueusement [tymyltɥøzmɑ̃] adv stormily, tumultuously.

tumultueux, euse [tymyltɥø, øz] adj [discussion] stormy, turbulent, tumultuous; [foule] boisterous, turbulent; [vie] stormy, turbulent; [passion] tumultuous, turbulent; [flots] turbulent.

tumulus [tymylys] nm tumulus.

tune [tyn] *fam* = **thune**.

tuner [tynɛʀ] nm RADIO tuner.

tungstène [tœ̃kstɛn] nm tungsten.

tuning [tyniŋ] nm AUTO tuning.

tunique [tynik] nf **1.** VÊT tunic **2.** ANAT tunic, tunica **3.** BOT tunic.

Tunis [tynis] npr Tunis.

Tunisie [tynizi] npr f ▸ **la Tunisie** Tunisia.

tunisien, enne [tynizjɛ̃, ɛn] adj Tunisian.

❖ **Tunisien, enne** nm, f Tunisian.

❖ **tunisien** nm LING Tunisian.

tunisois, e [tynizwa, az] adj from Tunis.

❖ **Tunisois, e** nm, f *inhabitant of or person from Tunis.*

tunnel [tynɛl] nm tunnel ▸ **percer un tunnel (sous)** to tunnel (under) ▸ **tunnel aérodynamique** wind tunnel ▸ **le tunnel sous la Manche** the Channel Tunnel.

tunnelier [tynəlje] nm tunneller.

TUP [typ] nm abr de **titre universel de paiement**.

tupi [typi] nm Tupi.

tupi-guarani [typigwaʀani] nm inv Tupi-Guarani.

Tupperware® [typɛʀwɛʀ] ◆ npr Tupperware®. ◆ nm [récipient] a Tupperware container.

tuque [tyk] nf QUÉBEC wool hat, tuque.

turban [tyʀbɑ̃] nm **1.** [couvre-chef] turban **2.** CULIN ring-shaped mould.

turbin [tuʀbɛ̃] nm *tfam* work / *après le turbin* after work, after a day's grind.

turbine [tyʀbin] nf turbine ▸ **turbine hydraulique** / **à gaz** / **à vapeur** water / gas / steam turbine ▸ **turbine à impulsion** / **réaction** impulse / reaction turbine.

turbiner [3] [tyʀbine] vi *tfam* to grind ou to slog away, to graft UK.

turbo [tyʀbo] ◆ adj inv turbine-driven, turbo *(modif)*. ◆ nm AUTO turbo. ◆ nf turbo.

turboalternateur [tyʀbɔaltɛʀnatœʀ] nm turboalternator.

turbocompressé, e [tyʀbɔkɔ̃pʀese] adj turbocharged.

turbocompresseur [tyʀbɔkɔ̃pʀesœʀ] nm turbocharger ▸ **turbocompresseur de suralimentation** turbosupercharger.

turboforage [tyʀbɔfɔʀaʒ] nm turbodrilling.

turbomachine [tuʀbɔmaʃin] nf turbine.

turbomoteur [tyʀbɔmɔtœʀ] nm turboshaft engine.

turbopompe [tuʀbɔpɔ̃p] nf turbopump, turbine pump.

turbopropulseur [tyʀbɔpʀɔpylsœʀ] nm turboprop.

turboréacteur [tyʀbɔreaktœʀ] nm turbojet (engine) ▸ **turboréacteur à double flux** by-pass turbojet.

turbosoufflante [tyʀbɔsuflɑ̃t] nf turboblower.

turbot [tyʀbo] nm turbot.

turbotière [tyʀbɔtjɛʀ] nf fish kettle *(especially for cooking turbot)*.

turbotin [tyʀbɔtɛ̃] nm small turbot.

turbotrain [tyʀbɔtʀɛ̃] nm turbotrain.

turbulence [tyʀbylɑ̃s] nf **1.** [d'un enfant] boisterousness, unruliness **2.** *litt* [d'une foule, d'une fête] rowdiness; [de l'océan] turbulence *litt* **3.** MÉTÉOR turbulence, turbulency.

turbulent, e [tyʀbylɑ̃, ɑ̃t] adj **1.** [enfant] boisterous, unruly; [élèves] rowdy **2.** *litt* [foule, fête] rowdy; [époque] stormy; [eaux] turbulent **3.** PHYS turbulent.

turc, turque [tyʀk] adj Turkish.

❖ **Turc, Turque** nm, f Turk ▸ **le Grand Turc** the Grand Turk ▸ **les Jeunes-Turcs** HIST the Young Turks; *fig* young radicals ▸ **fort comme un Turc** as strong as a horse.

❖ **turc** nm LING Turkish.

❖ **à la turque** ◆ loc adj **1.** [cabinets] seatless, hole-in-the-ground **2.** ART Turkish. ◆ loc adv [s'asseoir] cross-legged.

turcophone [tyʀkɔfɔn] ◆ adj Turkish speaking. ◆ nmf Turkish speaker.

turf [tœʀf] nm **1.** [activité] horse racing **2.** [terrain] turf, racecourse **3.** *tfam* [boulot] daily bread; [lieu de travail] work.

turfiste [tœʀfist] nmf racegoer.

turgescence [tyʀʒesɑ̃s] nf turgescence.

turgescent, e [tyʀʒesɑ̃, ɑ̃t] adj turgescent.

turgide [tyʀʒid] adj *litt* turgid.

Turin [tyʀɛ̃] npr Turin.

turinois, e [tyʀinwa, az] adj from Turin.

❖ **Turinois, e** nm, f *inhabitant of or person from Turin* ▸ **les Turinois** the people of Turin.

turista, tourista [tuʀista] nf *fam* traveller's tummy UK, traveler's tummy US.

Turkestan [tyʀkɛstɑ̃] npr m ▸ **le Turkestan** Turkestan, Turkistan.

turkmène [tyʀkmɛn] adj Turkoman.

❖ **Turkmène** nmf Turkoman.

❖ **turkmène** nm LING Turkmen.

Turkménistan [tyʀkmenistɑ̃] npr m ▸ **le Turkménistan** Turkmenistan.

Turks et Caicos [tyʀksekaikos] npr fpl ▸ **les Turks et Caicos** the Turks and Caicos.

turlupiner [3] [tyʀlypine] vt *fam* to worry, to bug, to bother / *c'est ce qui me turlupine* that's what's bugging me ou what's on my mind.

turlutte [tyʀlyt] nf PÊCHE jig.

turlututu [tyʀlytyty] interj fiddlesticks.

turne [tyʀn] nf *tfam* [chambre d'étudiant] room; [logement d'étudiant] digs; [taudis] dive.

turnover [tœʀnɔvœʀ] nm turnover.

turpitude [tyʀpityd] nf *litt* **1.** [caractère vil] turpitude *litt*, depravity **2.** [acte] base ou vile ou depraved act.

turque [tyʀk] f ⟶ **turc**.

turquerie [tyʀkəʀi] nf Turkish-style work.

Turquie [tyʀki] npr f ▸ **la Turquie** Turkey.

turquoise [tyʀkwaz] ◆ nf turquoise. ◆ adj inv turquoise (blue).

tussilage [tysilaʒ] nm coltsfoot, tussilago *spéc*.

tut v ⟶ **taire**.

tutélaire [tytelɛʀ] adj **1.** *litt* [divinité, rôle] guardian, tutelary *litt* **2.** DR tutelary.

tutelle [tytɛl] nf **1.** DR guardianship, tutelage ▸ **il est en** ou **sous tutelle** he has a guardian, he's under tutelage ▸ **placer** ou **mettre qqn en** ou **sous tutelle** to put sb into the care of a guardian ▸ **tutelle légale** ou **tutelle d'État** wardship (order) **2.** ADMIN ▸ **tutelle administrative** administrative supervision **3.** POL trusteeship / *territoire sous tutelle* trust territory **4.** [protection] care, protection; [contrainte] control / *tenir un pays en tutelle* ou *sous sa tutelle* to hold sway over a country.

tuteur, trice [tytœʀ, tʀis] nm, f **1.** DR guardian ▸ **tuteur ad hoc** *specially appointed guardian (ad litem)* **2.** *litt* [appui, protection] guardian, guarantee / *la loi est la tutrice de nos libertés* the law is the guardian ou guarantee of our liberty.

❖ **tuteur** nm HORT prop, support, stake.

tuteurage [tytœʀaʒ] nm HORT staking.

tuteurer [5] [tytœʀe] vt HORT to stake (up).

tutoie v ⟶ **tutoyer**.

tutoiement [tytwamɑ̃] nm *use of the familiar "tu".*

tutorat [tytɔʀa] nm guardianship, tutelage.

tutoriel [tytɔʀjɛl] nm tutorial.

tutoyer [13] [tytwaje] vt **1.** *to use the familiar "tu" form with* / *elle tutoie son professeur* ≃ she's on first-name terms with her teacher / *je me fais tutoyer par tous mes employés* all my employees call me "tu" **2.** [frôler] : *le chômage tutoie la barre des 11 %* unemployment is nearing 11% / *on a tutoyé le vide* [randonneurs] we walked along the very edge of the precipice / *une région où la vigne tutoie la mer* a region where vineyards slope down to the sea.

❖ **se tutoyer** vp to call each other "tu" / *on se tutoie?* shall we call each other "tu"?

tutsi [tutsi] adj Tutsi.

❖ **Tutsi** nmf Tutsi.

tutti frutti [tutifʀuti] loc adj inv tutti-frutti *(modif).*

tutti quanti [tutikwɑ̃ti] loc adv ▸ **et tutti quanti** and the rest / *la grand-mère, le cousin et tutti quanti* the grandmother, the cousin and the whole brood.

tutu [tyty] nm tutu.

tuyau, x [tɥijo] nm **1.** [conduit] pipe ▸ **tuyau d'arrosage** (garden) hose, hosepipe ▸ **tuyau de descente** downpipe ▸ **tuyau d'échappement** exhaust (pipe) ▸ **tuyau d'écoulement** drainpipe ▸ **tuyau de pipe** stem of a pipe ▸ **il le lui a dit** ou **glissé dans le tuyau de l'oreille** *fam* he whispered it in her ear **2.** BOT [d'une tige] stalk **3.** [d'une plume] quill **4.** *fam* [information] tip / *c'est lui qui m'a filé les tuyaux* I got the info ou gen UK from him **5.** COUT flute.

tuyautage [tɥijotaʒ] nm **1.** *fam* [fait de renseigner] tipping off **2.** COUT fluting **3.** TECHNOL plumbing.

tuyauté [tɥijote] nm fluting, flutes.

tuyauter [3] [tɥijote] vt **1.** *fam* [informer] to tip off *(sép)* / *je me suis fait tuyauter pour la prochaine course, on ne peut pas perdre* someone's given me a tip for the next race, we can't lose **2.** [plisser] to flute.

tuyauterie [tɥijotʀi] nf **1.** [canalisations] pipes, piping **2.** [d'un orgue] pipes **3.** *tfam* [vessie] waterworks *euphém.*

tuyère [tyjɛʀ] nf **1.** [d'une turbine] nozzle **2.** [d'un haut-fourneau] tuyere, tuyère.

TV (abr de **télévision**) nf TV.

TVA (abr de **taxe à la valeur ajoutée**) nf VAT.

TVHD (abr de **télévision haute définition**) nf HDTV.

twa TEXTO abr écrite de **toi**.

tweed [twid] nm tweed.

tweeter [twitœʀ] nm tweeter.

twin-set [twinsɛt] *(pl* **twin-sets**) nm twinset UK, sweater set US.

twist [twist] nm twist (dance).

twister [3] [twiste] vi to (dance the) twist.

tympan [tɛ̃pɑ̃] nm **1.** ANAT eardrum, tympanum *spéc* / *un bruit à crever* ou *à déchirer les tympans* an earsplitting noise / *arrête, tu nous déchires les tympans!* stop that earsplitting noise! **2.** ARCHIT tympanum.

tympanal, aux [tɛ̃panal, o] nm tympanic bone.

tympanique [tɛ̃panik] adj tympanic.

tympanisme [tɛ̃panism] nm tympanitis.

tympanon [tɛ̃panɔ̃] nm dulcimer.

tympanoplastie [tɛ̃panɔplasti] nf tympanoplasty.

type [tip] nm **1.** *fam* [homme] man, guy, bloke UK ▸ **c'est un drôle de type! a)** [bizarre] he's a pretty weird bloke! **b)** [louche] he's a shady character! / *quel sale type!* what a nasty piece of work! UK, what an SOB! US / *c'est un chic type* he's a decent sort **2.** [genre] kind, type / *c'est le type d'homme à partir sans payer* he's the type ou sort of man who would leave without paying / *elle a le type indien* she looks Indian / *c'est pas mon type* she's not my type / *c'est le type même du romantique* he's the typical romantic / *c'est le type même de la mère abusive* she's the classic example of the possessive mother / *un écrou du type X* a type X nut / *plusieurs types de canapés* different types ou models of sofas / *ce type de repas* that sort ou kind of meal / *quatre types de tournures* four types of set phrases **3.** *(comme adjectif, avec ou sans trait d'union)* typical ▸ **intellectuel type** typical intellectual ▸ **contrat type** model contract ▸ **erreur type** typical ou classic mistake **4.** BOT type **5.** IMPR [ensemble de caractères] type ; [empreinte] type face.

typé, e [tipe] adj : *elle est indienne mais pas très typée* she's Indian but doesn't have typical Indian features / *une femme brune très typée* a dark-haired woman with very distinctive looks.

typer [3] [tipe] vt to bring out the features of.

typesse [tipɛs] nf *fam & péj* female.

typhique [tifik] ◆ adj typhous, typhoid *(modif).* ◆ nmf typhoid sufferer.

typhoïde [tifɔid] adj & nf typhoid.

typhoïdique [tifɔidik] adj typhic.

typhon [tifɔ̃] nm typhoon.

typhose [tifoz] nf ▸ **typhose aviaire** fowl pest.

typhus [tifys] nm **1.** MÉD typhus (fever) **2.** VÉTÉR typhoid.

typique [tipik] adj **1.** [caractéristique] typical, characteristic / *un cas typique de delirium tremens* a typical ou classic case of delirium tremens / *c'est typique d'elle d'être en retard* it's typical of ou just like her to be late **2.** [musique, ambiance] Latin-American.

typiquement [tipikmɑ̃] adv typically.

typo[1] [tipo] nf *fam* typography.

typo[2]**, ote** [tipo, ɔt] nm, f *fam* typographer.

typographe [tipɔgʀaf] nmf [compositeur -sur machine] typographer ; [-à la main] hand compositor.

typographie [tipɔgʀafi] nf **1.** [technique] letterpress (printing) **2.** [présentation] typography / *la typographie est confuse* the page is badly set out.

typographique [tipɔgʀafik] adj [procédé] letterpress *(modif)* ; [caractère] typographic.

typographiquement [tipɔgʀafikmɑ̃] adv **1.** [imprimer] by letter-press **2.** [présenter, représenter] typographically.

typologie [tipɔlɔʒi] nf typology.

typologique [tipɔlɔʒik] adj typological.

typomètre [tipɔmɛtʀ] nm type gauge.

Tyr [tiʀ] npr Tyre.

tyran [tiʀɑ̃] nm **1.** [despote] tyrant / *faire le tyran* to tyrannise ou to bully people **2.** ORNITH tyrant flycatcher.

tyranneau, x [tiʀano] nm petty tyrant, bully.

tyrannicide [tiʀanisid] nmf tyrannicide.

tyrannie [tiʀani] nf tyranny / *la tyrannie de la mode / de l'amour* the tyranny of fashion / of love ▸ **exercer sa tyrannie sur** to exercise one's tyranny over, to tyrannize.

tyrannique [tiʀanik] adj tyrannical.

tyranniquement [tiʀanikmɑ̃] adv tyrannically.

tyranniser [3] [tiʀanize] vt to tyrannize, to bully / *se faire tyranniser* to be bullied.

tyrannosaure [tiʀanozɔʀ] nm tyrannosaurus.

tyrien, enne [tiʀjɛ̃, ɛn] adj Tyrian ▸ **rose tyrien** Tyrian pink.

Tyrol [tiʀɔl] npr m ▸ **le Tyrol** the Tyrol ou Tirol ▸ **au Tyrol** in the Tyrol ou Tirol.

tyrolien, enne [tiʀɔljɛ̃, ɛn] adj Tyrolean, Tyrolese.

❖ **Tyrolien, enne** nm, f Tyrolean, Tyrolese.

❖ **tyrolienne** nf **1.** [air] Tyrolienne, yodel / *chanter une tyrolienne* to yodel **2.** [danse] Tyrolienne.

tyrosinase [tiʀɔzinaz] nf tyrosinase.

Tyrrhénienne [tiʀenjɛn] npr ⟶ **mer.**

tzar [tsaʀ, dzaʀ] = **tsar.**

tzarévitch [tsaʀevitʃ, dzaʀevitʃ] = **tsarévitch.**

tzarine [tsaʀin, dzaʀin] = **tsarine.**

tzatziki [tzatziki] nm CULIN tzatziki.

tzigane [dzigan] = **tsigane.**

u, U [y] nm u, U. Voir aussi **g**.
❖ **en U** loc adj U-shaped ▸ **virage en U** U turn.

u (abr écrite de **unité**) *fam & vieilli* [dix mille francs] ten thousand francs ▸ **300 u** three million francs.

UA (abr de **Union africaine**) nf AU.

UAP [yape] (abr de **unité d'appui psychologique**) nf trauma counselling service.

ubac [ybak] nm *northern side of a valley.*

ubiquité [ybikɥite] nf ubiquity, ubiquitousness / *avoir le don d'ubiquité hum* to be ubiquitous ou everywhere at once / *je n'ai pas le don d'ubiquité* I can't be everywhere at once.

Ubu [yby] npr ▸ **le père Ubu** *the grotesque and disreputable character in a number of plays by Alfred Jarry, especially "Ubu roi" (1896); the origin of the adjective "ubuesque".*

ubuesque [ybyɛsk] adj **1.** LITTÉR Ubuesque **2.** [grotesque] grotesque, farcical.

UDF (abr de **Union pour la démocratie française**) npr f *former right-wing French political party.*

UE (abr de **Union européenne**) nf EU.

UEFA (abr de **Union of European Football Associations**) npr f UEFA ▸ **la coupe de l'UEFA** the UEFA cup.

UEM (abr de **Union économique et monétaire**) nf EMU.

UEO (abr de **Union de l'Europe occidentale**) npr f WEU.

UER ◆ nf (abr de **unité d'enseignement et de recherche**) *former name for a university department.* ◆ npr f (abr de **Union européenne de radiodiffusion**) EBU.

UFC (abr de **Union fédérale des consommateurs**) npr f *French consumers' association.*

ufologie [yfɔlɔʒi] nf ufology.

UFR (abr de **unité de formation et de recherche**) nf *university department.*

UHF (abr de **ultra-haute fréquence**) nf UHF.

UHT (abr de **ultra-haute température**) adj UHT ▸ **lait stérilisé UHT** UHT sterilized milk.

UIT (abr de **Union internationale des télécommunications**) npr f ITU.

ukase [ykaz] nm HIST & *fig* ukase.

Ukraine [ykrɛn] npr f Ukraine.

ukrainien, enne [ykrɛnjɛ̃, ɛn] adj Ukrainian.
❖ **Ukrainien, enne** nm, f Ukrainian.
❖ **ukrainien** nm LING Ukrainian.

ukulélé [jukulele] nm ukulele.

ulcératif, ive [ylseratif, iv] adj ulcerative.

ulcération [ylserasjɔ̃] nf ulceration.

ulcère [ylsɛr] nm ulcer ▸ **ulcère à** ou **de l'estomac** stomach ulcer.

ulcérer [18] [ylsere] vt **1.** [indigner] to appal, to sicken / *ulcéré par tant d'ingratitude* appalled ou sickened by such ungratefulness **2.** MÉD to ulcerate.
❖ **s'ulcérer** vpi to ulcerate, to form an ulcer / *la plaie commence à s'ulcérer* the wound is beginning to ulcerate ou to fester *litt.*

In reformed spelling (see p. 16-19), this verb is conjugated like **semer** : *il ulcèrera, elle ulcèrerait.*

ulcéreux, euse [ylserø, øz] adj [couvert d'ulcères] ulcerous ; [de la nature d'un ulcère] ulcer-like.

uléma [ylema] nm ulema.

uligineux, euse [yliʒinø, øz] adj [plante] uliginous ; [terrain] swampy.

ULM (abr de **ultraléger motorisé**) nm microlight.

Ulster [ylstɛr] npr m ▸ **(l')Ulster** Ulster.

ulstérien, enne [ylsterjɛ̃, ɛn] adj Ulster *(modif).*
❖ **Ulstérien, enne** nm, f Ulsterman (Ulsterwoman).

ultérieur, e [ylterjœr] adj later / *à une date ultérieure* at a later date.

ultérieurement [ylterjœrmɑ̃] adv later / *nous déciderons ultérieurement* we'll make up our minds at a later stage.

ultimatum [yltimatɔm] nm ultimatum ▸ **adresser un ultimatum à qqn** to present sb with an ultimatum.

ultime [yltim] adj [dernier] ultimate, final / *ce furent là ses ultimes paroles* those were her last ou final words.

ultimo [yltimo] adv lastly, finally.

ultra [yltra] ◆ adj extremist, reactionary. ◆ nmf **1.** [extrémiste] extremist, reactionary **2.** HIST ultra-royalist.

ultrabasique [yltrabazik] adj ultrabasic.

ultracentrifugation [yltrasɑ̃trifygasjɔ̃] nf ultracentrifugation.

ultracentrifugeuse [yltrasɑ̃trifyʒøz] nf ultracentrifuge.

ultraconfidentiel, elle [yltrakɔ̃fidɑ̃sjɛl] adj top secret, highly confidential.

ultraconservateur, trice [yltrakɔ̃sɛrvatœr, tris] adj ultraconservative.

ultracourt, e [yltrakur, kurt] adj ultra-short.

ultraléger, ère [yltraleʒe, ɛr] adj superlight, extra-light.

ultralibéral, e, aux [yltraliberal, o] ◆ adj [politique] ultra-free market ; [personne] who advocates an ultra-free market. ◆ nm, f ultra-free marketeer.

ultralibéralisme [yltraliberalism] nm doctrine of the ultra-free market.

ultramicroscope [yltramikrɔskɔp] nm ultramicroscope.

ultramoderne [yltramɔdɛrn] adj ultramodern, state-of-the-art *(avant nom).*

ultramontain, e [yltramɔ̃tɛ̃, ɛn] ◆ adj GÉOGR & RELIG ultramontane. ◆ nm, f RELIG ultramontanist.

ultra-perfectionné, e [yltrapɛrfɛksjɔne] adj ultra-high performance *(modif).*

ultrarapide [yltrarapid] adj high-speed.

ultrasecret, ète [yltrasəkrɛ, ɛt] adj top secret.

ultrasensible [yltrasɑ̃sibl] adj **1.** [instrument] ultra-sensitive ; [peau] highly sensitive **2.** PHOT high-speed *(avant nom).*

ultrason [yltrasɔ̃] nm ultrasound, ultrasonic sound.

ultrasonique [yltrasɔnik], **ultrasonore** [yltrasɔnɔr] adj ultrasonic.

ultravide [yltravid] nm ultra-high vacuum.

ultraviolet, ette [yltravjɔlɛ, ɛt] adj ultraviolet.
❖ **ultraviolet** nm ultraviolet ray.

ultravirus [yltravirys] nm *vieilli* ultravirus.

ululation [ylylasjɔ̃] nf hooting.

ululement [ylylmɑ̃] nm = **ululation.**

ululer [3] [ylyle] vi to hoot.

Ulysse [ylis] npr Ulysses / **'Ulysse'** *Joyce* 'Ulysses'.

UMP [yɛmpe] (abr de **Union pour un mouvement populaire**) nf POL *French right-wing political party.*

un, une [œ̃, yn] (*pl* **des** [de]) *(devant nm commençant par voyelle ou « h » muet* [œ̃n], [yn]*)* ◆ dét *(art indéf)* **1.** [avec une valeur indéterminée] a, an *(devant une voyelle)* / *un homme a appelé ce matin* a man called this morning / *j'ai reçu une lettre d'Italie* I received a letter from Italy / *il doit y avoir une erreur* there must be a ou some mistake / *un jour, ce sera permis* one day ou someday, it will be allowed / *on a sonné, ça doit être un démarcheur* there goes the doorbell ou there's somebody at the door, it's probably a salesman / *il y a des enfants qui jouent dans la rue* there are (some) children playing in the street / *des filles et des garçons* (some) girls and boys ▸ **des fruits et légumes** fruit and vegetables ▸ **voici des fleurs** here are some flowers / *as-tu des livres à me prêter?* do you have any books you can lend me? **2.** [avec une valeur particularisante] a, an *(devant une voyelle)* / *c'est une erreur* it's a mistake / *j'irai plutôt un mardi* I'll go on a Tuesday instead / *des nuages passèrent devant la lune* clouds drifted across the moon / *faites venir un médecin* call ou get a doctor / *joue-moi un ré* play a D for me / *ce fut un soulagement pour toute la famille* it was a relief for the whole family / *c'est avec un grand plaisir que…* it's with great pleasure that… / *tu es une idiote* you're an idiot / *un marbre d'Italie* an Italian marble / *elle a fait preuve d'une réelle gentillesse* she showed real kindness / *un triangle a trois côtés* a triangle has three sides / *un homme peut-il se conduire aussi bassement?* can a ou any man behave in such a vile way? / *un grand voyage* *se prépare des mois à l'avance* a ou any long journey needs months of preparation **3.** [avec une valeur emphatique] ▸ **il est d'une bêtise / d'un drôle!** he's so stupid / funny! / *j'ai eu une frousse, mais une frousse! fam* I was absolutely terrified! / *il parle avec une éloquence!* he is so eloquent! / *il y avait une foule!* there was such a crowd! / *j'ai une de ces migraines!* I've got a splitting headache! / *j'ai attendu des heures!* I waited for hours! / *il est resté des mois et des mois sans rien faire* he didn't do anything for months (and months) / *il travaille jusqu'à des trois heures du matin* he works as late as three in the morning / *il gagne des 6 000 ou 7 000 euros par mois* he makes up to 6,000 or 7,000 euros a month / *on était inondés, avec des un mètre, un mètre cinquante d'eau* we were flooded, there was at least a metre or a metre and a half of water in the house **4.** [avec un nom propre] : *un M. Baloi vous demande au téléphone* there's a Mr Baloi for you (on the phone) / *tout le monde ne peut pas être un Rimbaud* we can't all be Rimbauds / *c'est une future Callas* she will be another ou she's the next Callas / *c'est un Apollon* he's a real Adonis / *j'ai trouvé un Boisseau souriant, optimiste et décontracté* I found a smiling, optimistic and relaxed Boisseau ; [désignant une œuvre] : *faire l'acquisition d'un Picasso / d'un Van Gogh* to acquire a Picasso / a Van Gogh / *et si on allait voir un vieux Truffaut?* how about going to see an old Truffaut? / *des Renoir seront mis en vente chez Sotheby's* some Renoirs will be put on sale at Sotheby's. ◆ pron indéf (*mpl* **uns** [œ̃], *fpl* **unes** [yn]) **1.** [dans un ensemble] one ; [en corrélation avec « de »] : *un des seuls* one of the few / *appelle-le un de ces jours* give him a call one of these days / *c'est encore un de ces westerns stupides* it's another one of those stupid westerns / *un des événements qui ont le plus retenu mon attention* one of the events that really grabbed my attention ; [avec l'article défini] : *c'est l'un des concerts les plus réussis de ma carrière* it's one of the most successful concerts of my career / *l'un de mes amis* one of my friends, a friend of mine / *l'un des deux* one of the two / *l'un de vous deux est de trop* one of you is not needed / *l'un d'entre nous ira* one of us will go / *l'une d'entre vous est-elle volontaire?* does one of you want to volunteer? **2.** [en corrélation avec « en »] one / *on demanda un médecin, il y en avait un dans la salle* they called for a doctor, there was one in the room / *parmi les enfants, il y en a un qui...* one of the children... / *je t'en ai acheté un* I bought you one / *mais bien sûr que j'en ai une, de voiture! fam* of course I've got a car! **3.** *(emploi nominal)* [quelqu'un] one person, someone / *une qui n'a pas du tout changé, c'est Jeanne* one person ou someone who hasn't changed at all is Jeanne / *ce n'est pas comme un que je connais...* (it's) not like someone (else) I know... / *j'en connais une qui va être surprise!* I know someone who's going to get a surprise! ◆ dét *(adj num)* **1.** one / *à une condition* on one condition / *un café et deux chocolats, s'il vous plaît* one coffee and two hot chocolates, please / *les enfants de un à sept ans* children (aged) from one to seven / *une femme sur cinq* one woman out of ou in five / *il y a un problème, un seul* there's just one problem / *ils n'ont même pas marqué un (seul) but* they didn't even score one ou a single goal / *il rentre dans une ou deux semaines* he'll be back in a week or two ou in a couple of weeks / *je ne resterai pas une minute de plus ici* I won't stay here another minute / *j'ai fait plus d'une erreur dans ma jeunesse* I made many mistakes ou more than one mistake in my youth / *une à une, les lumières s'éteignaient* the lights were going out one by one ou one after the other / *avale les cachets un par un* swallow the tablets one by one ou one at a time / *vingt et un ans* twenty one years / *deux heures une* one minute past two ▸ **la cuisine ne fait qu'un avec le salon** there is an open-plan kitchen cum living-room ▸ **il ne faisait qu'un avec sa monture** horse and rider were as one ▸ **et d'un, et de deux!** that's one, and another (one)! **2.** [dans des séries] one ▸ **article un** paragraph one / *page un* ou *une* page one / *il est une heure* it's one o'clock / *dans l'acte III scène 1* in act III, scene 1 / *l'an I de la République* [calendrier républicain] year one of the Republic / *le trente et un mars* on March the thirty-first UK, March thirty-first US ▸ **une, deux! une, deux!** left, right! left, right! ▸ **et d'une** firstly, first of all, for a start / *et d'une, je ne t'ai jamais rien promis* first of all, I never promised you anything. ◆ adj qualificatif *sout* : *Dieu est un* God is one / *dans l'œuvre dramatique, l'action doit être une sout* the plot of a play must have a degree of unity.

❖ **un** nm inv : *donnez-moi deux chiffres entre un et dix* give me two numbers between one and ten / *tu fais mal tes un* your ones don't look right / *la clef du un est perdue* the key for number one has been lost / *le un est sorti* JEUX number one came up / *on répète la dernière scène du un* THÉÂTRE we're rehearsing the last scene of act one.

unanime [ynanim] adj **1.** [commun, général - vote, décision] unanimous **2.** [du même avis] : *la presse unanime a condamné ce geste* the press unanimously condemned this gesture / *nous sommes unanimes à le soutenir* we're unanimous in our support for him.

unanimement [ynanimmɑ̃] adv unanimously.

unanimisme [ynanimism] nm LITTÉR unanimism.

unanimiste [ynanimist] ◆ adj [thèse, pensée] unanimist. ◆ nmf unanimist.

unanimité [ynanimite] nf unanimity ▸ **voter à l'unanimité pour qqn** to vote unanimously for sb / *élu à l'unanimité moins une voix* elected with only one dissenting vote ▸ **faire l'unanimité** to win unanimous support / *un candidat qui fait l'unanimité contre lui* a candidate who has no support from anyone / *sa politique n'a pas fait l'unanimité* her policy failed to win unanimous support.

unau [yno] nm ZOOL unau, two-toed sloth.

underground [œndœrgraund] ◆ adj inv underground. ◆ nm inv underground (culture), counter-culture.

une [yn] ◆ dét *(art indéf f)* ⟶ **un.** ◆ nf **1.** PRESSE ▸ **la une** page one, the front page ▸ **faire la une** to make the headlines / *la naissance de la princesse fait la* ou *est à la une de tous les quotidiens* the birth of the princess is on the front page of all the dailies / *ce sujet sera à la une de notre dernier journal télévisé ce soir* this will be one of the main items in our late news bulletin **2.** [histoire, nouvelle] one / *je vais t'en raconter une qui se passe dans une maison hantée* let me tell you the one about the haunted house / *j'en ai une (bonne) à t'apprendre* wait till you hear this **3.** *fam* [fessée, claque] : *tu vas en recevoir une!* you're going to get a slap! / *j'en ai pris une en pleine poire* I got one right across the face **4.** *fam* THÉÂTRE scene one / *on répète la une du trois* we're rehearsing scene one of act three.

UNEDIC, Unédic [ynedik] (abr de **Union nationale interprofessionnelle pour l'emploi dans l'industrie et le commerce**) npr f *body that controls the French unemployment benefit system.*

UNEF, Unef [ynɛf] (abr de **Union nationale des étudiants de France**) npr f ≃ National Union of Students.

UNESCO, Unesco [ynɛsko] (abr de **United Nations Educational, Scientific and Cultural Organization**) npr f UNESCO, Unesco.

unetelle [yntɛl] f ⟶ **untel.**

uni, e [yni] adj **1.** [d'une seule couleur] plain, self-coloured UK, self-colored US, solid US ; [sans motif] plain **2.** [sable] smooth, fine ; [terrain] even, level, smooth ; [mer] smooth, unruffled **3.** [soudé - couple] close ; [- famille, société] close-knit / *unis derrière le chef* united behind the leader / *tous unis face aux pollueurs!* let's unite (in the fight) against pollution!

❖ **uni** nm [étoffe] plain fabric.

UNICEF, Unicef [ynisɛf] (abr de **United Nations International Children's Emergency Fund**) npr f UNICEF, Unicef.

unicellulaire [yniselylɛr] adj unicellular.

unicité [ynisite] nf *sout* uniqueness.

Unicode [ynikɔd] nm INFORM Unicode.

unicolore [ynikɔlɔr] adj plain, self-coloured UK, solid US.

unidimensionnel, elle [ynidimɑ̃sjɔnɛl] adj unidimensional.

unidirectionnel, elle [ynidirɛksjɔnɛl] adj unidirectional.

unidose [ynidoz] adj single-dose.

unième [ynjɛm] adj num ord first / *quarante et unième* forty-first ▸ **cent unième** hundred and first. **Voir aussi cinquième.**

unièmement [ynjɛmmɑ̃] adv : *vingt et unièmement* in the twenty-first place.

unificateur, trice [ynifikatœr, tris] ◆ adj unifying, uniting. ◆ nm, f unifier.

unification [ynifikasjɔ̃] nf **1.** [d'un pays] unification, unifying **2.** [uniformisation] standardization, standardizing.

unifier [9] [ynifje] vt **1.** [réunir - provinces] to unify, to unite **2.** [uniformiser - tarifs] to standardize, to bring into line with each other.

❖ **s'unifier** vpi [parti, pays] to become united.

unifolié [ynifɔlje] nm ▸ **l'unifolié** the Maple Leaf Flag *(of Canada).*

uniforme [ynifɔrm] ◆ adj **1.** [régulier - vitesse] uniform, regular, steady ; [- surface] even, smooth, level **2.** [identique] : *horaire uniforme pour tout le personnel* the same timetable for all members of staff **3.** [monotone] uniform, unvarying, unchanging / *une vie uniforme* a humdrum existence / *un paysage uniforme* an unchanging ou a monotonous landscape. ◆ nm uniform ▸ **endosser / quitter l'uniforme** [de l'armée] to join / to leave the forces.

❖ **en uniforme** loc adj in uniform ▸ **un policier en uniforme** a uniformed policeman / *en grand uniforme* in full uniform ou regalia.

uniformément [ynifɔrmemɑ̃] adv **1.** [sans aspérités] uniformly, evenly / *étendre la colle uniformément* spread paste evenly / *paysage uniformément plat* uniformly flat landscape **2.** [identiquement] : *des femmes uniformément vêtues de noir* women all dressed in the same black clothes **3.** [sans changement] regularly, steadily, uniformly / *la vie s'écoulait uniformément* life went on in its usual way **4.** PHYS ▸ **vitesse uniformément accélérée** uniform change of speed.

uniformisation [ynifɔrmizasjɔ̃] nf standardization, standardizing.

uniformiser [3] [ynifɔrmize] vt to standardize.

uniformité [ynifɔrmite] nf **1.** [régularité] uniformity, evenness **2.** [monotonie] monotony / *l'uniformité de sa vie* the monotony of her life.

unijambiste [yniʒɑ̃bist] ◆ adj one-legged. ◆ nmf one-legged person.

unilatéral, e, aux [ynilateral, o] adj unilateral.

unilatéralement [ynilateralmɑ̃] adv unilaterally.

unilatéralisme [ynilateralism] nm unilateralism.

unilingue [ynilɛ̃g] adj unilingual, monolingual.

uniloculaire [ynilɔkylɛr] adj unilocular.

uniment [ynimɑ̃] adv *litt* **1.** [régulièrement] smoothly, evenly **2.** [franchement] ▸ **dire qqch (tout) uniment** to say sthg (quite) plainly ou frankly.

uninominal, e, aux [yninɔminal, o] adj ⟶ **scrutin.**

union [ynjɔ̃] nf **1.** [fait de mélanger] union, combination ; [mélange] union, integration **2.** [solidarité] union, unity ▸ **union nationale** national coalition ▸ **faire l'union sacrée a)** [être solidaires] to show ou to present a united front **b)** HIST to unite in the face of the aggressor *(in 1914)* ▸ **l'Union** PRESSE *daily newspaper published in Reims* ▸ **Union de la gauche** *union of left-wing parties founded in 1972* ▸ **l'Union européenne** the European union / *Union monétaire européenne* European Monetary Union ▸ **l'union fait la force** *prov* unity is strength **3.** [harmonie - dans un groupe] harmony ; [- dans une famille, un couple] closeness **4.** [liaison entre un homme et une femme] union ▸ **union charnelle** *litt* union of the flesh ▸ **union conjugale** marital union ▸ **union libre** free love ▸ **vivre en union libre** to cohabit **5.** ANTHR & ZOOL ▸ **union monogame** pair-bonding **6.** [regroupement] union, association / *union de consommateurs* consumer association ▸ **union douanière** customs union **7.** GÉOGR ▸ **l'ex-Union soviétique** the former Soviet Union ▸ **l'Union sud-africaine** the Union of South Africa **8.** HIST ▸ **l'Union soviétique** ou **des républiques socialistes soviétiques** the Soviet Union, the Union of Soviet Socialist Republics.

unionisme [ynjɔnism] nm **1.** *arch* [syndicalisme] unionism **2.** HIST Unionism.

unioniste [ynjɔnist] adj & nmf **1.** *arch* [syndicaliste] unionist **2.** HIST Unionist.

uniovulé, e [yniɔvyle] adj uniovular.

unipare [ynipaʀ] adj uniparous.

unipersonnel, elle [ynipɛʀsɔnɛl] adj **1.** LING impersonal **2.** COMM ▸ **entreprise** ou **société unipersonnelle** one-person business, sole proprietorship.

unipolaire [ynipɔlɛʀ] adj unipolar.

unique [ynik] adj **1.** [seul] (one and) only, one / *c'est mon unique exemplaire* it's my only ou one copy / *c'est mon unique recours* it's the only recourse I have ou my sole recourse / *l'unique explication possible* the only possible explanation / *l'unique porte de sortie était verrouillée* the only ou one exit was locked / *mon unique souci est que tu sois heureux* my only ou one ou sole concern is that you should be happy ▸ **le collège unique** *the single-stream schooling system introduced in France in 1975* **2.** [exceptionnel] unique / *il a des pièces uniques dans sa collection de porcelaine* he has several unique pieces in his porcelain collection / *c'est unique au monde* it's unique, there's only one of its kind in the world **3.** *fam* [étonnant] priceless / *il est vraiment unique, lui!* he's priceless, he is! **4.** [dans une famille] ▸ **être fils** / **fille** / **enfant unique** to be an only son / daughter / child / *les enfants uniques* only children.

uniquement [ynikmɑ̃] adv only, solely / *il pense uniquement à ton bien* he's only thinking of what's good for you / *nous nous occupons uniquement de prêts à court terme* we deal only ou solely ou exclusively in short-term loans / *je l'ai fait uniquement pour te faire plaisir* I only did it to please you / *tu penses à l'argent? — pas uniquement* are you thinking of the money? — not only that.

unir [32] [yniʀ] vt **1.** [lier] to unite, to bring together *(sép)* / *les idéaux qui nous unissent* the ideals that unite us / *unir deux pays* to unite two countries / *unir une province à un pays* to unite a province with a country **2.** *sout* [marier] to join in marriage ou matrimony **3.** [villes] to link, to connect / *le canal qui unissait les deux villes* the canal which used to run between the two towns **4.** [combiner] to combine / *son style unit l'aisance à ou et la rigueur* her style combines both ease and precision.

❖ **s'unir** vpi **1.** [se regrouper] to unite / *s'unir contre un ennemi commun* to unite against a common enemy **2.** *sout* [se marier] to become joined in marriage ou matrimony **3.** [être compatible] to match.

unisexe [ynisɛks] adj unisex.

unisexué, e [ynisɛksɥe], **unisexuel, elle** [ynisɛksɥɛl] adj unisexual.

unisson [ynisɔ̃] nm unison.

❖ **à l'unisson** loc adv in unison / *nos cœurs battaient à l'unisson* our hearts were beating as one ou in unison.

❖ **à l'unisson de** loc prép *sout* at one with / *se mettre à l'unisson des critiques* to be of one mind with the critics.

unitaire [ynitɛʀ] ◆ adj **1.** [principe, slogan] unit-ing ; [politique] unitarian **2.** MATH [matrice, vecteur] unit **3.** COMM ▸ **prix unitaire** unit price ▸ **tarification unitaire** tariff based on the price per unit **4.** RELIG Unitarian. ◆ nmf RELIG Unitarian.

unitarisme [ynitaʀism] nm RELIG unitarianism.

unité [ynite] nf **1.** [cohésion] unity / *l'unité et la pluralité* unity and plurality / *arriver à une certaine unité de pensée* ou *vues* to reach a certain consensus ▸ **unité budgétaire** FIN yearly budget *(presented before Parliament)* ▸ **l'unité nationale** POL national unity ▸ **les trois unités, l'unité d'action, l'unité de temps et l'unité de lieu** HIST & THÉÂTRE the three unities, unity of action, unity of time, and unity of place **2.** [étalon] unit, measure ▸ **unité de compte** ÉCON unit of account ▸ **unité de masse** weight ▸ **unité monétaire européenne** European currency unit ▸ **unité de temps** unit for measuring time ou time measure **3.** [élément, module] unit, item ▸ **unité d'entrée** / **de sortie** INFORM input / output device ▸ **unité centrale (de traitement)** INFORM central processor unit, mainframe ▸ **unité de commande** INFORM control unit ▸ **unité pilote** experimental unit ▸ **unité de production** INDUST production unit ; LING (distinctive) feature ▸ **une unité linguistique** / **phonétique** a linguistic / phonetic feature ; UNIV ▸ **unité de valeur** course credit ou unit **4.** MATH unit / *dans 243, le chiffre 3 est celui des unités* in the number 243, 3 represents the units **5.** MIL unit ▸ **grande unité** major unit ▸ **petite unité** minor unit ▸ **unité de combat** fighting unit UK, combat unit US **6.** PHARM unit.

❖ **à l'unité** ◆ loc adj ▸ **prix à l'unité** unit price. ◆ loc adv [acheter, vendre] by the unit, singly, individually.

univalent, e [ynivalɑ̃, ɑ̃t] adj univalent, monovalent.

univalve [ynivalv] adj univalve *(avant nom)*.

univers [ynivɛʀ] nm **1.** ASTRON ▸ **l'Univers** the Universe ▸ **l'univers** [notre planète] the world / *l'univers entier a salué cet exploit* people all over the world admired this exploit **2.** [domaine] world, universe / *ses chats et ses roses, c'est là tout son univers* her cats and her roses are her whole world / *l'univers très particulier du cirque* the strange world of the circus / *l'univers poétique de Mallarmé* Mallarmé's poetic world ▸ **l'univers carcéral** life in prison ▸ **univers du discours** LOGIQUE universe of discourse.

universalisation [ynivɛʀsalizasjɔ̃] nf universalization.

universaliser [3] [ynivɛʀsalize] vt to universalize, to make universal.

❖ **s'universaliser** vpi to become universal.

universalisme [ynivɛʀsalism] nm **1.** PHILOS universalism **2.** RELIG Universalism.

universaliste [ynivɛʀsalist] adj & nmf **1.** PHILOS universalist **2.** RELIG Universalist.

universalité [ynivɛʀsalite] nf universality.

universaux [ynivɛʀso] nmpl ▸ **les universaux** the universals, the five predictables.

universel, elle [ynivɛʀsɛl] adj **1.** [mondial] universal / *produit de réputation universelle* world-famous product / *faire l'objet d'une adoration universelle* to be universally adored ▸ **paix universelle** world peace **2.** [partagé par tous -sentiment] universal, general / *la jalousie est universelle* jealousy is universal **3.** [à usages multiples] ▸ **remède universel** panacea, universal remedy.

❖ **universel** nm ▸ **l'universel** the universal.

universellement [ynivɛʀsɛlmɑ̃] adv universally ▸ **universellement reconnu** recognized by all ▸ **universellement admiré** universally admired.

universitaire [ynivɛʀsitɛʀ] ◆ adj [carrière, études] academic, university *(modif)* ; [année, centre, titre] academic ; [restaurant] university *(modif)*. ◆ nmf **1.** [enseignant] academic, don UK **2.** BELG graduate ou post-graduate student.

université [ynivɛʀsite] nf **1.** [institution, bâtiment] university / *enseigner à l'université* to be a university teacher, to teach college US ▸ **entrer à l'université** to start university ▸ **l'Université** the teaching profession ▸ **université d'été** UNIV summer school ▸ **université du troisième âge** post-retirement ou senior citizens' university **2.** POL : *les universités d'été du parti socialiste* socialist party summer school *(during which party leaders meet younger members)*.

univitellin, e [ynivitɛlɛ̃, in] adj ▸ **jumeaux univitellins** identical ou monozygotic twins.

univocité [ynivɔsite] nf unequivocalness.

univoque [ynivɔk] adj **1.** LING unequivocal **2.** [relation, rapport] one-to-one UK, one-on-one US.

untel, unetelle, Untel, Unetelle [œ̃tɛl, yntɛl] nm, f Mr. So-and-so (Mrs. So-and-so) / *tu dis « bonjour Mademoiselle Unetelle, puis-je parler au directeur? »* you say "good morning Miss so-and-so ou Miss Whatever-her-name-is, may I speak to the manager?".

upérisation [ypeʀizasjɔ̃] nf ultra heat treatment.

upériser [ypeʀize] vt to sterilize at ultrahigh temperature ▸ **lait upérisé** UHT milk.

uppercut [ypɛʀkyt] nm uppercut.

Uppsala [ypsala] npr Uppsala.

upsilon [ypsilɔn] *(pl* **upsilon** *ou* **upsilons****)* nm upsilon.

UPU (abr de **Union postale universelle**) npr f UPU.

Ur [yʀ] npr Ur.

uranate [yʀanat] nm uranate.

uraneux [yʀanø] adj m uranous.

uranisme [yʀanism] nm *litt* uranism *litt*, male homosexuality.

uranite [yʀanit] nf uranite.

uranium [yʀanjɔm] nm uranium ▸ **uranium enrichi** / **appauvri** enriched / depleted uranium.

uranoscope [yʀanɔskɔp] nm ZOOL stargazer.

Uranus [yʀanys] npr ASTRON & MYTH Uranus.

urbain, e [yʀbɛ̃, ɛn] ◆ adj **1.** [de la ville] urban, city *(modif)* ▸ **un grand centre urbain** a big city **2.** *litt* [courtois] urbane, worldly. ◆ nm, f city-dweller.

urbanisation [yʀbanizasjɔ̃] nf urbanization, urbanizing.

urbaniser [3] [yʀbanize] vt to urbanize / *la côte est très urbanisée* the coast is very built-up.

urbanisme [yʀbanism] nm town planning UK, city planning US.

urbaniste[1] [yʀbanist] nmf town planner.

urbaniste[2] [yʀbanist], **urbanistique** [yʀbanistik] adj town planning *(modif)*.

urbanité [yʀbanite] nf *litt* urbanity.

urbi et orbi [yʀbiɛtɔʀbi] loc adj & loc adv RELIG urbi et orbi ▸ **clamer qqch urbi et orbi** *fig* to proclaim sthg for all to hear.

urdu [uʀdu] nm Urdu.

urédinale [yʀedinal] nf member of the Uredineae.

urée [yʀe] nf urea / *avoir de l'urée* to have excess urea.

urémie [yʀemi] nf uraemia.

urémique [yʀemik] adj & nmf uremic.

urétéral, e, aux [yʀeteʀal, o] adj ureteral.

uretère [yʀtɛʀ] nm ureter.

urétérite [yʀeteʀit] nf ureteritis.

urétérostomie [yʀeteʀɔstɔmi] nf ureterostomy.

uréthanne [yʀetan] nm urethan, urethane.

urétral, e, aux [yʀetʀal, o] adj urethral.

urètre [yʀɛtʀ] nm urethra.

urétrite [yʀetʀit] nf (nonspecific) urethritis.

urgemment [yʀʒamɑ̃] adv urgently / *il faut intervenir urgemment car il est en danger de mort* it is urgent that we should operate as his life is in danger / *nous recherchons urgemment un logement* we're urgently looking for somewhere to live.

urgence [yʀʒɑ̃s] nf **1.** [caractère pressant] urgency / *l'urgence de prendre une décision* the urgent need for a decision / *bois ton café tranquillement, il n'y a pas urgence* *fam* drink your coffee, there's no (desperate) rush / *il y a urgence à ce que vous preniez une décision* it's urgent for you to come to a decision ▸ **il n'y a pas urgence** it's not urgent, there's no urgency ▸ **en cas d'urgence** in case of ou in an emergency **2.** [incident] emergency.

❖ **urgences** nfpl MÉD casualty department UK, emergency room US.

❖ **d'urgence** ◆ loc adj **1.** [mesures, soins] emergency *(modif)* ▸ **c'est un cas d'urgence** it's an emergency / *n'oubliez pas d'emporter une trousse d'urgence* don't

*In reformed spelling (see p. 16-19).

forget to take a first-aid kit **2.** POL ▸ **état d'urgence** state of emergency ▸ **procédure d'urgence** emergency ou special powers. ◆ loc adv as a matter of emergency ▸ **opérer d'urgence** to perform an emergency operation / *on l'a transporté d'urgence à l'hôpital* he was rushed (off) to hospital ▸ **faites-le venir d'urgence** ask him to come straightaway / *réunir les ministres d'urgence* to call an emergency Cabinet meeting.

❖ **de toute urgence** loc adv most urgently.

urgent, e [yʀʒɑ̃, ɑ̃t] adj urgent / *la situation est urgente* this is an emergency / *avoir un besoin d'argent urgent* to be in urgent need ou badly in need of money / *commençons par le plus urgent* let's start with the most urgent thing / *il est urgent que je le voie* I must see him urgently / *ce n'est pas urgent* it's not urgent, there's no (desperate) rush ▸ **pli urgent** urgent letter.

urgentiste [yʀʒɑ̃tist] nmf MÉD A&E doctor UK, ER doctor US.

urger [17] [yʀʒe] vi *fam* : *ça urge?* is it urgent?, how urgent is it? / *je veux faire pipi — ça urge?* I want a wee-wee — how desperate are you? / *j'ai du travail, mais ça urge pas* I do have some work to do, but it's not urgent ou but there's no rush.

uricémie [yʀisemi] nf uricaemia.

urinaire [yʀinɛʀ] adj urinary.

urinal, aux [yʀinal, o] nm (bed) urinal.

urine [yʀin] nf urine / *dans les urines du patient* in the patient's urine.

uriner [3] [yʀine] vi to urinate, to pass water.

urinifère [yʀinifɛʀ] adj uriniferous.

urinoir [yʀinwaʀ] nm (public) urinal.

urique [yʀik] adj uric.

URL (abr de **uniform resource locator**) nf URL.

urne [yʀn] nf **1.** POL ballot box ▸ **se rendre aux urnes** to go to the polls **2.** [vase] urn ▸ **urne funéraire** (funeral) urn.

urochrome [yʀokʀom] nm urochrome.

uro-génital, e [yʀɔʒenital] (*mpl* **uro-génitaux**, *fpl* **uro-génitales**) adj urogenital, urinogenital.

urographie [yʀɔgʀafi] nf urography.

urologie [yʀɔlɔʒi] nf urology.

urologique [yʀɔlɔʒik] adj urological.

urologue [yʀɔlɔg] nmf urologist.

uropode [yʀɔpɔd] nm uropod.

ursidé [yʀside] nm ZOOL ursid.

URSS [yʀs, yɛʀɛsɛs] (abr de **Union des républiques socialistes soviétiques**) npr f ▸ **(l')URSS** the USSR ▸ **l'ex-URSS** the former USSR.

URSSAF, Urssaf [yʀsaf] (abr de **Unions de recouvrement des cotisations de sécurité sociale et d'allocations familiales**) npr f *administrative body responsible for collecting social security payments.*

ursuline [yʀsylin] nf Ursuline.

urticacée [yʀtikase] nf member of the nettle family ou of the Urticaceae *spéc.*

urticaire [yʀtikɛʀ] nf nettle rash, hives, urticaria *spéc* / *avoir de l'urticaire* to have nettle rash ▸ **donner de l'urticaire** : *les huîtres me donnent de l'urticaire* oysters bring me out in spots ▸ **cette musique, ça me donne de l'urticaire** that music makes my skin crawl.

urticale [yʀtikal] nf member of the Urtica.

urticant, e [yʀtikɑ̃, ɑ̃t] adj urticating.

urtication [yʀtikasjɔ̃] nf skin rash ou irritation, urtication *spéc.*

urubu [yʀyby] nm urubu.

Uruguay [yʀygwɛ] npr m ▸ **l'Uruguay a)** [pays] Uruguay **b)** [fleuve] the Uruguay (River).

uruguayen, enne [yʀygwejɛ̃, ɛn] adj Uruguayan.

❖ **Uruguayen, enne** nm, f Uruguayan.

us [ys] nmpl *litt* customs ▸ **les us et coutumes** habits and customs.

US (abr de **union sportive**) nf sports club ou association / *l'US (de) Liévin* the Liévin Sports Association ou SA.

USA (abr de **United States of America**) npr mpl ▸ **les USA** the USA, the US, the States.

usage [yzaʒ] nm **1.** [utilisation] use / *l'usage de la porte latérale est réservé au personnel* only staff members are authorized to use the side door ▸ **faire usage de qqch** to use sthg / *faire usage de ses privilèges* to exercise one's privileges ▸ **faire bon usage de qqch** to put sthg to good use ▸ **faire mauvais usage de qqch** to misuse sthg / *faire un usage abusif du pouvoir* to abuse power / *faire un usage excessif des virgules* to use too many commas ▸ **faire de l'usage** to stand up to a lot of use / *mon imperméable a fait de l'usage* my raincoat has seen good service ▸ **avoir l'usage de** to have the use of / *nous avons l'usage de la piscine* we have access to ou the use of the pool / *une maison dont elle n'a pas la propriété mais l'usage* DR a house which she doesn't own, but which she is legally entitled to use / *je n'en ai aucun usage* I have no use for it ▸ **à mon usage personnel** for my private ou own personal use ▸ **droit d'usage** right of use **2.** [contrôle] use / *il a encore l'usage de son bras* he can still use his arm / *perdre l'usage des yeux / d'un bras* to lose the use of one's eyes / an arm / *perdre l'usage de la parole* to lose one's power of speech / *garder l'usage de sa vue* to retain one's sight **3.** [fonction] use, purpose / *appareil d'usage courant* household appliance / *à divers usages* multi-purpose / *à usage intensif* heavy-duty ▸ **à usage unique** [seringue, produit] use-once-then-throw-away / *locaux à usage administratif* office space ▸ **à usages multiples** multi-purpose / **'à usage interne'** 'for internal use', 'to be taken internally' / **'à usage externe'** 'not to be taken internally' **4.** LING (accepted) usage / *usage écrit / oral* written / spoken usage / *le mot est entré dans l'usage* the word is now in common use / *le mot est sorti de l'usage* the word has become obsolete ou is no longer used ▸ **le bon usage** correct usage **5.** [coutume] habit, habitual practice / *selon un usage bien établi* following a well-established habit / *suivant les usages bancaires* according to normal banking practice ▸ **l'usage, les usages** accepted ou established custom, (the rules of) etiquette ▸ **c'est l'usage** it's the done thing / *ce n'est pas l'usage d'applaudir au milieu d'un air* it's not done to clap ou you just don't clap in the middle of an aria / *c'est conforme à l'usage* ou *aux usages* it's in accordance with the rules of etiquette / *c'est contraire à l'usage* ou *aux usages, c'est contre l'usage* ou *les usages* it's not the done thing, it's contrary to the rules of etiquette **6.** *litt* [civilité, politesse] : *avoir de l'usage* to be well-bred ▸ **manquer d'usage** to be uncouth, to lack breeding, to be lacking in the social graces.

❖ **à l'usage** loc adv with use / *le cuir fonce à l'usage* leather turns darker with use / *c'est à l'usage qu'on s'aperçoit des défauts d'une cuisine* you only realize what the shortcomings of a kitchen are after you've used it for a while / *nous verrons à l'usage!* let's wait and see!

❖ **à l'usage de** loc prép : *un livre de cuisine à l'usage des enfants* a cookery book aimed at ou intended for children.

❖ **d'usage** loc adj **1.** [habituel] customary, usual / *finir une lettre avec la formule d'usage* to end a letter in the usual ou accepted manner / *j'ai fait modifier la formule d'usage* I had the standard wording altered / *échanger les banalités d'usage* to exchange the customary platitudes / *il est d'usage de laisser un pourboire* it is customary to leave a tip / *comme il est d'usage* as is customary **2.** LING ▸ **l'orthographe d'usage** the generally accepted spelling.

❖ **en usage** loc adv in use / *cette technique n'est plus en usage* this technique is now obsolete ou is no longer in use.

usagé, e [yzaʒe] adj **1.** [usé -costume] worn, old ; [-verre] used, old **2.** [d'occasion] used, secondhand.

usager, ère [yzaʒe, ɛʀ] nm, f **1.** [utilisateur] user / *les usagers du téléphone / de la route* telephone / road users **2.** [locuteur] : *les usagers de l'espagnol* Spanish language speakers, speakers of the Spanish language.

usance [yzɑ̃s] nf usance.

usant, e [yzɑ̃, ɑ̃t] adj [tâche] gruelling, wearing ; [enfant] wearing, tiresome ▸ **c'est usant** it really wears you down.

USB (abr de **universal serial bus**) nm INFORM USB ▸ **clé USB** USB key, USB stick UK ▸ **port USB** USB port.

usé, e [yze] adj **1.** [vieux -habit] worn, worn-out ; [-pile] worn, old ; [-lame] blunt ; [-pneu] worn ▸ **usé jusqu'à la corde** ou **trame** threadbare **2.** [rebattu -sujet] hackneyed, well-worn ; [-plaisanterie] old / *c'est usé! essaye une autre excuse* I've heard that one before! try another excuse **3.** [affaibli -vieillard] worn-out, weary ▸ **cheval usé** old nag.

user [3] [yze] ◆ vt **1.** [détériorer -terrain, métal] to wear away *(sép)* ; [-pneu] to wear smooth ; [-veste, couverture] to wear out *(sép)* ▸ **user un jean jusqu'à la corde** ou **trame** to wear out a pair of jeans ▸ **on avait usé nos fonds de culottes sur les mêmes bancs** we'd been at school together **2.** [utiliser -eau, poudre] to use ; [-gaz, charbon] to use, to burn ; [-réserves] to use, to go through *(insép)* / *cette machine use trop d'électricité* this machine uses too much electricity / *j'use un tube de rouge à lèvres tous les six mois* I go through a lipstick every six months **3.** [fatiguer] to wear out *(sép)* / *usé par des années de vie politique* worn out by years in politics / *son pessimisme m'a usé le moral* her pessimism wore down ou sapped my morale / *le petit dernier l'use (complètement)* her youngest child really wears her down / *tu m'uses la santé!* *fam* you'll be the death of me! ◆ vi *litt* ▸ **en user** : *en user bien avec qqn* to treat sb well, to do well by sb ▸ **en user mal avec qqn** to treat sb badly, to mistreat sb / *en user trop familièrement avec ses supérieurs* to be overfamiliar with one's superiors / *comme vous en usez, jeune homme!* don't you use that tone of voice with me, young man!

❖ **user de** v + prép *sout* [utiliser -autorité, droits] to exercise ; [-mot, tournure] to use ; [-outil] to use ; [-audace, diplomatie] to use, to employ / *n'hésitez pas à user de sévérité* don't hesitate to be strict / *l'alcool? j'en ai usé et abusé* alcohol? I've used and abused it.

❖ **s'user** ◆ vpi **1.** [se détériorer -gén] to wear out ; [-pile] to run down ; [-lame] to go blunt / *les semelles en cuir ne s'usent pas vite* there's a lot of wear in leather soles / *les pneus se sont usés très vite* the tyres wore smooth very rapidly **2.** [s'affaiblir] : *leur amour s'est usé* their love has grown cold / *ma patience commence à s'user* my patience is wearing thin. ◆ vpt [se fatiguer] to wear o.s. out / *s'user la santé* *fam* to exhaust o.s., to wear o.s. out / *elle s'est usée ou usé la santé à élever dix enfants* she wore herself out bringing up ten children ▸ **s'user les yeux** ou **la vue** to strain one's eyes / *je ne vais pas m'user la vue à lire vos pattes de mouche!* I don't intend to strain my eyes trying to read your scrawl!

usinabilité [yzinabilite] nf suitability for machining.

usinage [yzinaʒ] nm machining.

usine [yzin] nf **1.** INDUST factory, plant, mill ▸ **usine à gaz a)** gasworks **b)** *fig* overly complicated system / *afin d'éviter de monter une usine à gaz, il faudrait faire intervenir les personnes compétentes* to stop things getting unnecessarily complicated, we should bring in people with the right skills ▸ **usine métallurgique** ironworks ▸ **usine pilote** pilot plant ▸ **usine de recyclage** recycling plant ▸ **usine sidérurgique** steel mill, steelworks **2.** *fig & péj* : *à la fac, c'est l'usine!* it's just a production line at college! / *ce restaurant, une vraie usine!* they get you in and out as quick as they can in that restaurant!

usiner [3] [yzine] ◆ vt to machine / *pièce à usiner* part to be machined. ◆ vi *fam* [travailler dur] : *ça usinait dans la cuisine* they were slogging away ou hard at it in the kitchen.

usinier, ère [yzinje, ɛʀ] adj factory.

usité, e [yzite] adj [terme] commonly used / *l'expression n'est plus usitée* the phrase has gone out of use ou is no longer in common use / *c'est le temps du passé le plus usité* it's the most commonly used past tense.

USP [yɛspe] (abr de unité de soins palliatifs) nf MÉD palliative care unit.

ustensile [ystɑ̃sil] nm utensil, implement ▸ **ustensiles de cuisine** cooking ou kitchen utensils ▸ **ustensiles de jardinage** garden tools.

usuel, elle [yzɥɛl] adj [ustensile, vêtement] everyday *(avant nom)*; [vocabulaire, terme] common, everyday *(avant nom)* / *il est usuel d'accepter des pots-de-vin* accepting bribes is common practice / *le procédé usuel est de...* it's common practice to...

usuellement [yzɥɛlmɑ̃] adv ordinarily, commonly.

usufructuaire [yzyfʀyktɥɛʀ] adj usufructuary.

usufruit [yzyfʀɥi] nm usufruct.

usufruitier, ère [yzyfʀɥitje, ɛʀ] adj & nm, f usufructuary.

usuraire [yzyʀɛʀ] adj usurious.

usure [yzyʀ] nf **1.** [action de s'user] wear (and tear) / *matière résistante à l'usure* material that stands up to wear (and tear), material that wears well, hard-wearing material / *l'usure des roches* erosion suffered by the rock **2.** [affaiblissement] : *l'usure des forces / sentiments* the erosion of one's strength / feelings / *notre mariage a résisté à l'usure du temps* our marriage has stood the test of time / *victime de l'usure du pouvoir* worn down by the exercise of power ▸ **avoir qqn à l'usure** *fam* to wear ou to grind sb down (until he gives in) **3.** [intérêt de prêt] usury / *prêter à usure* to lend upon usury ou at usurious rates of interest / *je vous revaudrai ce service avec usure fig* I'll repay you for this service with interest.

usurier, ère [yzyʀje, ɛʀ] nm, f usurer.

usurpateur, trice [yzyʀpatœʀ, tʀis] ◆ adj *litt* usurping. ◆ nm, f usurper.

usurpation [yzyʀpasjɔ̃] nf usurpation, usurping ▸ **usurpation d'état civil** usurpation of civil status ▸ **usurpation de pouvoir** usurpation ou usurping of power ▸ **usurpation de titre** usurpation of title.

usurpatoire [yzyʀpatwaʀ] adj usurpatory.

usurper [3] [yzyʀpe] vt [droit, identité] to usurp / *sa gloire est usurpée fig* her fame isn't rightfully hers.

❖ **usurper sur** v + prép *litt* to encroach on ou upon.

ut [yt] nm inv MUS C.

Utah [yta] npr m ▸ **l'Utah** Utah.

utérin, e [ytеʀɛ̃, in] adj **1.** ANAT uterine **2.** [de la même mère] ▸ **frères utérins** uterine brothers ▸ **sœurs utérines** uterine sisters.

utero [yteʀo] ⟶ in utero.

utérus [yteʀys] nm womb, uterus *spéc.*

utile [ytil] ◆ adj **1.** [qui sert beaucoup] useful / *il est bien utile, ton petit couteau* that little knife of yours comes in very handy ou is very useful / *les notes sont utiles à la compréhension du texte* the notes help to understand the text / *ça peut (toujours) être utile* it might come in handy / *cela m'a été utile de connaître la langue* my knowledge of the language was very useful to me **2.** [nécessaire] necessary / *prenez toutes les dispositions utiles* make all the necessary arrangements / *il n'est pas utile d'avertir la police* there's no need to notify the police **3.** [serviable] useful ▸ **se rendre utile** to make o.s. useful / *il cherche toujours à se rendre utile* he always tries to make himself useful / *rends-toi utile, emporte ces caisses à la cave* make yourself useful, take these crates down to the cellar / *puis-je t'être utile à quelque chose?* can I be of any help to you?, can I help you with anything? ◆ nm ▸ **l'utile** that which is useful ▸ **joindre l'utile à l'agréable** to combine business with pleasure.

utilement [ytilmɑ̃] adv usefully, profitably / *employer son temps utilement* to spend one's time profitably, to make good use of one's time.

utilisable [ytilizabl] adj **1.** [objet, appareil] usable / *ce vieux réveil est encore utilisable?* is this old alarm clock still working? / *les vieux bocaux ne sont plus utilisables* the old jars are no longer usable / *cet adapteur est utilisable dans le monde entier* this adapter can be used anywhere in the world **2.** [billet] valid.

utilisateur, trice [ytilizatœʀ, tʀis] nm, f [d'un appareil] user ; [d'un service] user, consumer ▸ **utilisateur final** end user.

utilisation [ytilizasjɔ̃] nf use, utilization / *la sorbetière est d'utilisation simple* the ice-cream maker is simple ou easy to use ▸ **notice d'utilisation** instructions for use.

utiliser [3] [ytilize] vt [appareil, carte, expression] to use ; [moyens, tactique] to use, to employ / *utilise le moins possible de farine* use as little flour as possible / *utiliser l'avion pour traiter les récoltes* to use a plane to treat the crops / *je n'ai pas su utiliser les possibilités qui m'étaient offertes* I didn't make the most of the opportunities I was given / *le peu d'espace disponible a été bien utilisé* they have made good use of what little space there is / *il sait utiliser son monde* he knows how to make the best use of his connections / *tu vas te faire utiliser* they'll use you.

❖ **s'utiliser** vp to be used / *je ne sais pas comment cela s'utilise* I don't know how this is used.

utilitaire [ytilitɛʀ] ◆ adj utilitarian. ◆ nm INFORM utility (program) ▸ **utilitaires de programmation** utilities.

utilitarisme [ytilitaʀism] nm utilitarianism.

utilitariste [ytilitaʀist] adj & nmf utilitarian.

utilité [ytilite] nf **1.** [caractère utile] use, usefulness / *chaque ustensile a son utilité* every implement has its specific use / *des objets sans utilité* useless objects ▸ **être d'une utilité à qqn** to be of use to sb / *ça ne t'est plus d'aucune utilité* it's no longer of any use to you, you no longer need it / *la carte de la région m'a été de peu d'utilité / d'une grande utilité* the map of the area was of little / great use to me / *quelle est l'utilité d'avoir une voiture dans Paris?* what's the use of having a car in Paris? ▸ **avoir l'utilité de qqch** (to be able) to make use of sthg / *en as-tu l'utilité?* can you make use of it?, do you need it? / *pourquoi garder des choses dont on n'a pas l'utilité?* why keep things you have no use for? / *je ne vois pas l'utilité de lui en parler* I don't see any point in mentioning it to her ▸ **reconnu d'utilité publique** *officially recognized as beneficial to the public at large* **2.** ÉCON utility.

❖ **utilités** nfpl THÉÂTRE ▸ **jouer les utilités a)** *pr* to play minor ou small parts **b)** *fig* to play second fiddle.

utopie [ytɔpi] nf **1.** PHILOS utopia, utopian ideal **2.** [chimère] utopian idea ▸ **c'est de l'utopie!** that's all pie in the sky! / *votre programme politique relève de l'utopie* your political programme is rather utopian.

utopique [ytɔpik] adj utopian.

utopisme [ytɔpism] nm Utopianism.

utopiste [ytɔpist] ◆ adj utopian. ◆ nmf **1.** [rêveur] utopian **2.** PHILOS Utopian.

Utrecht [ytʀɛkt] npr Utrecht.

UV ◆ nf abr de unité de valeur. ◆ nm (abr de ultraviolet) UV ▸ **faire des UVs** to go to a solarium.

UVA (abr de ultraviolet A) nm UVA ▸ **bronzage UVA** sunlamp tan.

uval, e, aux [yval, o] adj grape *(modif)* ▸ **cure uvale** grape cure.

uvéite [yveit] nf MÉD uveitis, iritis.

uvulaire [yvylɛʀ] adj uvular.

uvule [yvyl], **uvula** [yvyla] nf ANAT uvula.

uzbek [yzbɛk] = ouzbek.

v, V [ve] nm **1.** [lettre] v, V **2.** [forme] V (shape) / *faire le V de la victoire* to make the victory sign. **Voir aussi g.**
✣ **en V** loc adj V-shaped / *un pull (à col) en V* a V-necked sweater / *décolleté en V* plunging neckline.

v. 1. (abr écrite de **vers**) v. *(verse)* **2.** (abr écrite de **verset**) v. *(verse)* **3.** abr écrite de **vers** *(adv).*

V (abr écrite de **volt**) V.

V., v. abr écrite de **voir.**

V1[1] nm V-1.

V1[2] TEXTO abr écrite de **viens.**

V2 nm V-2.

va v ⟶ **aller.**

VA (abr écrite de **voltampère**) VA.

vacance [vakɑ̃s] nf **1.** [d'un emploi] vacancy / *il y a une vacance à la comptabilité* the accounts department has a vacancy **2.** [d'une fonction politique] : *pendant la vacance du siège* while the seat is empty / *pendant la vacance du pouvoir* while there is no one officially in power / *dû à la vacance du pouvoir* because there is no one officially in power / *élection provoquée par la vacance du siège* election made necessary because the seat became vacant **3.** DR ▸ **vacance de succession** abeyance of succession.
✣ **vacances** nfpl **1.** [période de loisirs] holidays UK, vacation US ▸ **avoir besoin de vacances** to be in need of a holiday / *prendre des vacances* to take a holiday, to go on holiday / *quand prends-tu tes vacances?* when are you going to take your holiday? / *prendre deux mois de vacances* to take two months off, to have a two-month holiday / *rentrer de vacances* to come back from one's holiday ou vacation / *quand rentre-t-il de vacances?* when is he back from holiday? / *en rentrant de vacances, ils ont trouvé la maison cambriolée* when they came back from their holiday, they found that the house had been burgled ▸ **vacances actives** adventure holiday ▸ **vacances de neige** skiing holidays ou vacation ▸ **vacances à thème** special-interest holiday **2.** [période du calendrier] ▸ **vacances judiciaires** recess (of the Courts) ▸ **vacances parlementaires** Parliamentary recess ▸ **vacances scolaires** school holidays UK ou break US ▸ **vacances universitaires** vacation UK, university recess US / *pendant les vacances (universitaires)* during the vacation / *un job pendant les vacances (universitaires)* a summer job ▸ **les vacances de Noël a)** ÉDUC & UNIV the Christmas holidays UK ou vacation US **b)** [pour les salariés] the Christmas break ▸ **les grandes vacances** the summer holidays UK, the long vacation US.
✣ **en vacances** loc adv on holiday UK ou vacation US / *partir en vacances* to go (off) on holiday / *pendant que nous étions en vacances en Italie* while we were holidaying UK ou vacationing US in Italy / *je l'ai rencontré en vacances* I met him (when I was) on holiday.

vacancier, ère [vakɑ̃sje, ɛʀ] nm, f holidaymaker UK, vacationist US, vacationer US.

vacant, e [vakɑ̃, ɑ̃t] adj **1.** [libre -logement] vacant, unoccupied ; [-siège, trône] vacant / *il y a un poste d'ingénieur vacant* there's a vacancy for an engineer ▸ **succession vacante** DR estate in abeyance **2.** *litt* [vague -regard] vacant, empty.

vacarme [vakaʀm] nm racket, din, row / *les enfants faisaient un vacarme infernal* the children were making a terrible racket ou an awful din / *le vacarme des radios sur la plage* the blaring of radios on the beach.

vacataire [vakatɛʀ] nmf [remplaçant] stand-in, temporary replacement ; UNIV part-time lecturer / *avoir un poste de vacataire à l'Unesco* to be under temporary contract to UNESCO.

vacation [vakasjɔ̃] nf **1.** ÉDUC & UNIV supply work / *être payé à la vacation* to be paid on a sessional basis **2.** DR session.
✣ **vacations** nfpl **1.** DR recess **2.** [honoraires] fees.

vaccin [vaksɛ̃] nm **1.** [produit] vaccine ▸ **vaccin informatique** computer vaccine **2.** [injection] vaccination, inoculation ▸ **faire un vaccin à qqn** to vaccinate sb.

vaccinable [vaksinabl] adj : *à quel âge sont-ils vaccinables?* how old do they have to be before they can be vaccinated?

vaccinal, e, aux [vaksinal, o] adj vaccinal.

vaccinateur, trice [vaksinatœʀ, tʀis] ◆ adj vaccinating. ◆ nm, f vaccinator.

vaccination [vaksinasjɔ̃] nf vaccination, inoculation ▸ **campagne de vaccination** vaccination campaign ▸ **vaccination préventive** protective inoculation / *la vaccination contre la rage est obligatoire* vaccination ou inoculation against rabies is compulsory.

vaccine [vaksin] nf cowpox, vaccinia *spéc* ▸ **fausse vaccine** vaccinella, false vaccinia.

vacciner [3] [vaksine] vt **1.** MÉD to vaccinate / *se faire vacciner contre la rage* to get vaccinated against rabies **2.** *fig* : *je suis vacciné contre ce genre de remarque* I've become immune to that kind of remark / *plus de ski, je suis vaccinée pour un moment* no more skiing, I've had my fill of that for the time being.

vaccinostyle [vaksinɔstil] nm MÉD scarificator.

vaccinothérapie [vaksinɔteʀapi] nf vaccine therapy.

vachard, e [vaʃaʀ, aʀd] adj *fam* [coup] nasty, foul, dirty ; [question] nasty / *il était vachard, l'examen!* the exam was a real stinker!

vache [vaʃ] ◆ adj *fam* rotten, nasty ▸ **faire un coup vache à qqn** to play a dirty trick on sb / *c'est vache de ta part* it's rotten of you / *allez, ne sois pas vache* come on, don't be rotten, come on, be a sport UK / *elle a été vache pour les notes d'oral* she marked the orals really hard. ◆ nf **1.** ZOOL cow ▸ **vache sacrée** sacred cow ▸ **vache laitière** ou **à lait** milker, dairy cow ▸ **vache à lait** *fig* cash cow / *dans la famille, c'est moi qui suis la vache à lait* *fam* I have to fork out for everybody in this family ▸ **période de vaches maigres pour l'économie** lean times for the economy ▸ **parler français comme une vache espagnole** *fam* to murder the French language ▸ **comme une vache qui regarde passer les trains** *fam* with a vacant look on one's face **2.** [cuir] cowhide **3.** [récipient] ▸ **vache à eau** water bag **4.** *fam* [homme] swine ; [femme] cow / *ah les vaches, ils ne m'ont pas invité!* the swines didn't invite me! ▸ **cette vache de bagnole!** *tfam* that bloody car! ▸ **une vache de moto** *tfam* one hell of a motorbike **5.** *arg crime* [policier] cop, pig **6.** *(comme interj)* ▸ **(ah) la vache! a)** *fam* [étonnement] wow!, gosh! **b)** [indignation, douleur] oh hell!
✣ **en vache** loc adv on the sly ▸ **faire un coup en vache à qqn** to stab sb in the back.

vachement [vaʃmɑ̃] adv *tfam* really, bloody UK, dead UK, real US / *c'est une vachement bonne idée* that's a really ou bloody good idea / *elle est vachement belle, ta robe* that's a great dress you're wearing / *ça fait une sacrée différence! — oui, vachement!* it makes a difference! — you can say that again! / *mais je t'assure qu'il t'aime — oui, vachement!* *iron* but I'm telling you he loves you — like hell he does!

Vache-qui-rit® [vaʃkiʀi] npr f ▸ **la Vache-qui-rit** *famous brand of cheese spread triangles.*

vacher, ère [vaʃe, ɛʀ] nm, f cowboy (cowgirl).

vacherie [vaʃʀi] nf *fam* **1.** [caractère méchant] meanness, rottenness **2.** [acte] dirty ou rotten trick ▸ **faire une vacherie à qqn** to play a dirty ou rotten trick on sb / *ils m'ont fait une vacherie* they played a rotten trick on me / *cette vacherie de tache ne veut pas partir* this damn ou blasted stain just won't come out / *quelle vacherie de temps!* what rotten ou lousy weather! **3.** [propos] nasty remark / *il me disait des vacheries* he was saying really nasty things to me, he was being really horrible to me.

vacherin [vaʃʀɛ̃] nm **1.** [dessert] vacherin **2.** [fromage] vacherin cheese.

vachette [vaʃɛt] nf **1.** [animal] young cow **2.** [peau] calfskin.
✣ **en vachette** loc adj calfskin *(modif).*

vacillant, e [vasijɑ̃, ɑ̃t] adj **1.** [titubant -démarche] unsteady, shaky / *avec une démarche vacillante d'ivrogne* staggering drunkenly **2.** [qui bouge -flamme] flickering **3.** [courage] faltering, wavering ; [mémoire] failing, faltering / *sa raison vacillante* her failing reason **4.** [caractère] wavering, irresolute, indecisive.

vacillation [vasijasjɔ̃] nf **1.** [d'une lueur, d'une flamme] flickering **2.** *litt* [irrésolution] hesitations, hesitating / *après bien des vacillations, j'ai pris ma décision* after changing my mind several times, I made a decision.

vacillement [vasijmɑ̃] nm **1.** [d'un poteau, d'une pile de livres] wobbling **2.** *fig* [indécision, doute] indecision, vacillating.

vaciller [3] [vasije] vi **1.** [tituber -bébé] to totter ; [-ivrogne] to sway, to stagger / *sortir d'une / entrer dans une pièce en vacillant* to stagger out of / into a room / *vaciller sur ses jambes* to be unsteady on one's legs / *elle vacilla sur ses jambes* her legs nearly gave way under her **2.** [chaise, pile de livres] to wobble / *faire vaciller un tabouret* to make a stool wobble **3.** [flamme] to flicker / *une lueur vacillait à la fenêtre* a light flickered at the window **4.** [raison, courage] to falter, to waver ; [voix] to falter, to shake ; [mémoire] to be failing, to falter / *elle n'a jamais vacillé dans ses prises de position* she has never wavered in her attitude / *vaciller dans ses réponses* to reply hesitantly.

va-comme-je-te-pousse [vakɔmʃtəpus] ❖ **à la va-comme-je-te-pousse** loc adv *fam* any old how ▸ **ça a été fait à la va-comme-je-te-pousse a)** [ouvrage] it was thrown together any old how **b)** [lit] it was made in a hurry **c)** [repas] it was just thrown together **d)** [réforme] it was just pushed through (any old how) / *on a été élevés à la va-comme-je-te-pousse* we weren't brought up, we were dragged up.

vacuité [vakɥite] nf *litt* **1.** [vide] vacuity *litt*, emptiness / *la vacuité de mon existence après ton départ* the emptiness of my life after you left **2.** [inanité] vacuity, vacuousness, inanity / *un roman d'une effrayante vacuité* a dreadfully inane novel.

vacuolaire [vakɥɔlɛʀ] adj **1.** BIOL vacuolar **2.** GÉOL vesicular.

vacuole [vakɥɔl] nf **1.** BIOL vacuole **2.** GÉOL vesicle.

vade-mecum (*pl* vade-mecum), **vadémécum*** [vademekɔm] nm *litt* vade mecum.

vadrouille [vadʀuj] nf **1.** *fam* [excursion] ramble, jaunt / *faire une vadrouille en Italie* to go off for a jaunt in Italy / *une vadrouille de trois jours en montagne* a three-day ramble ou hike in the mountains **2.** QUÉBEC [balai] *long-handled mop used for dusting.*

❖ **en vadrouille** loc adv : *partir en vadrouille* to go (off) on a jaunt / *il est toujours en vadrouille quelque part* he's always gadding about somewhere.

vadrouiller [3] [vadʀuje] vi *fam* to rove about / *vadrouiller de par le monde* to rove ou to knock about the world.

vadrouilleur, euse [vadʀujœʀ, øz] nm, f *fam* rover / *j'ai toujours été une vadrouilleuse* I've always been a bit of a rover.

Vaduz [vadyz] npr Vaduz.

va-et-vient [vaevjɛ̃] nm inv **1.** [circulation] comings and goings, toings and froings / *il y a eu trop de va-et-vient ce week-end* there was too much coming and going this weekend / *le continuel va-et-vient des voitures de police* the endless toing and froing of police cars **2.** [aller et retour] ▸ **faire le va-et-vient** to go back and forth ou backwards and forwards / *ils font le va-et-vient entre le navire et la côte* they go back and forth between the ship and the coast / *ils font le va-et-vient entre l'Allemagne et la Belgique* they go back and forth between Germany and Belgium / *l'avion qui fait le va-et-vient entre Londres et Édimbourg* the air shuttle service between London and Edinburgh **3.** MÉCAN [latéral] to-and-fro motion ; [vertical] up-and-down movement ▸ **dispositif de va-et-vient** reciprocating device **4.** ÉLECTR ▸ **(interrupteur de) va-et-vient** two-way switch ▸ **circuit de va-et-vient** two-way wiring **5.** [charnière de porte] helical hinge ▸ **porte / battant à va-et-vient** swing door / panel **6.** [bac] small ferry ou ferryboat **7.** NAUT [cordage] hauling line.

vagabond, e [vagabɔ̃, ɔ̃d] ◆ adj [mode de vie, personne] wandering, roving ; [pensée] wandering, roaming. ◆ nm, f tramp, vagabond, vagrant.

vagabondage [vagabɔ̃daʒ] nm **1.** [errance] roaming, roving, wandering **2.** *litt* [rêveries] : *le vagabondage de l'esprit* the wanderings of the mind **3.** DR vagrancy.

vagabonder [3] [vagabɔ̃de] vi to wander, to roam / *j'ai toujours voulu vagabonder* I've always wanted to be on the road / *vagabonder par monts et par vaux* to roam up hill and down dale / *mon esprit / imagination vagabondait vers des pays lointains fig* my mind / imagination strayed to thoughts of faraway lands / *ses pensées vagabondent sans parvenir à se fixer fig* her thoughts wander ou drift without any focus.

vagal, e, aux [vagal, o] adj ANAT vagal ▸ **malaise vagal** vasovagal episode.

vagin [vaʒɛ̃] nm vagina.

vaginal, e, aux [vaʒinal, o] adj vaginal.

vaginisme [vaʒinism] nm vaginismus.

vaginite [vaʒinit] nf vaginitis.

vagir [32] [vaʒiʀ] vi [crier - bébé] to cry, to wail.

vagissant, e [vaʒisɑ̃, ɑ̃t] adj crying.

vagissement [vaʒismɑ̃] nm cry / *attiré par de faibles vagissements* alerted by the sound of whimpering.

vague[1] [vag] nf **1.** [dans la mer] wave ▸ **grosse vague** roller / *courir dans les vagues* to run into the waves ou surf ▸ **vague de fond** *pr & fig* groundswell ▸ **faire des vagues** *pr & fig* to make waves ▸ **je ne veux pas de vagues** I don't want any scandal **2.** *litt* [des blés, des cheveux] wave, ripple ▸ **effet de vague a)** ripple effect **b)** ARCHIT waved motif **3.** [mouvement] wave / *vague de colère* wave ou surge of anger / *vague de protestations / grèves* wave of protest / strikes / *vague de criminalité* crime wave / *la première vague de départs* the first wave of departures ▸ **vague d'immigrants** wave of immigrants **4.** MÉTÉOR ▸ **vague de chaleur** heatwave ▸ **vague de froid** cold spell **5.** MIL ▸ **vague d'assaut** wave of assault.

vague[2] [vag] ◆ adj **1.** [peu marqué - sourire, détail] vague ; [- souvenir, connaissances] vague, hazy ; [- contour, sensation] vague, indistinct ; [vacant - regard, expression] vacant, abstracted / *avoir l'air vague* to look vague, to have a vacant expression (on one's face) ▸ **esquisser un vague sourire** to smile faintly **2.** *(avant nom)* [non précisé] vague / *un vague cousin à moi* some distant cousin of mine / *il avait écrit un vague roman* he had written a novel of sorts ou some kind of a novel / *il m'a raconté une vague histoire de migraine* he told me some vague story about a migraine / *ils ont eu une vague liaison* they had some sort ou kind of an affair / *il habite du côté de la Grande Place — c'est plutôt vague!* he lives somewhere near the Grande Place — that's a bit vague! **3.** VÊT loose, loose-fitting, generously-cut **4.** ANAT [nerf] vagal. ◆ nm **1.** [flou] vagueness, indistinctness ; [imprécision] vagueness / *laisser une question dans le vague* to be vague about a matter ▸ **rester dans le vague** to be (as) vague (as possible), to avoid giving any details / *essaye de rester dans le vague* try to keep it vague ou to be as vague as possible / *elle m'a bien parlé d'un projet de départ mais elle est restée dans le vague* she did mention something about going away but she never went into any detail **2.** [vide] ▸ **regarder dans le vague** to gaze vacantly into space ou the blue.

❖ **vague à l'âme** nm melancholy / *avoir du vague à l'âme* to be melancholy.

vaguelette [vaglɛt] nf wavelet.

vaguement [vagmɑ̃] adv **1.** [de façon imprécise] vaguely / *ils se ressemblent vaguement* they look vaguely alike, there is a vague resemblance between them / *j'avais vaguement cru qu'il devait venir ici* I had the vague idea he was supposed to come here / *il indiqua vaguement la sortie* he waved his arm in the general direction of the exit / *on distinguait vaguement les bateaux dans l'ombre du quai* the boats were just discernible in the shadow of the wharf / *tu as prévu le repas de ce soir? — vaguement!* have you thought of what to cook tonight? — sort of! / *elle est vaguement actrice péj* she's some kind of actress **2.** [un peu] vaguely, mildly / *il avait l'air vaguement intéressé* he seemed vaguely interested / *vaguement inquiet* mildly anxious.

vaguemestre [vagmɛstʀ] nm MIL & NAUT mail orderly.

vaguer [3] [vage] vi *litt* [vagabonder - personne] to wander, to roam ; [- pensée] to rove, to wander / *laisser vaguer son imagination* to allow one's imagination free rein.

vahiné [vaine] nf Tahitian woman.

vaillamment [vajamɑ̃] adv valiantly, bravely, gallantly / *se défendre vaillamment* to put up stout resistance / *elle a vaillamment fait front* she valiantly ou gallantly stood up to the situation.

vaillance [vajɑ̃s] nf [courage - moral] courage, bravery, stout-heartedness ; [- physique] valiance / *elle a beaucoup de vaillance* she's very brave ; [d'un soldat] valour UK, valor US.

vaillant, e [vajɑ̃, ɑ̃t] adj **1.** [courageux - moralement] courageous, brave, stout-hearted ; [- physiquement] valiant ▸ **à cœur vaillant, rien d'impossible** *prov* nothing is impossible to a valiant heart **2.** [bien portant] strong, healthy / *il est encore vaillant* he's still in good health / *elle n'est plus bien vaillante* she's not very strong these days.

vaille v ⟶ **valoir.**

vain, e [vɛ̃, vɛn] adj **1.** [inutile] vain, fruitless, pointless / *tous nos efforts ont été vains* all our efforts were fruitless ou in vain / *il est vain de continuer* it is pointless to continue **2.** *litt* [superficiel] shallow, superficial ; [vaniteux] vain, conceited / *un homme vain* a vain ou self-important man **3.** *(avant nom)* [serment, espérance] empty, vain ; [promesse] empty, hollow, worthless / *socialisme n'est pas un vain mot pour moi* to me, socialism is not an empty ou idle word **4.** DR ▸ **vaine pâture** common grazing land.

❖ **en vain** loc adv in vain, vainly, fruitlessly / *il a essayé de me consoler, mais en vain* he tried to console me, but all in vain ou to no avail / *c'est en vain qu'elle a tenté de m'en dissuader* she tried in vain to talk me out of it.

vaincre [114] [vɛ̃kʀ] vt **1.** [équipe, adversaire] to beat, to defeat ; [armée] to defeat / *la vérité vaincra!* the truth will out! / *la justice vaincra!* justice will be done! / *nous vaincrons!* we shall overcome! **2.** [peur, douleur, inhibition] to overcome, to conquer, to master ; [mal de tête, maladie] to overcome ; [hostilité, réticences] to overcome, to triumph over *(insép)* / *vaincre toutes les résistances* to carry all before one / *être vaincu par le sommeil / la fatigue* to be overcome with sleep / exhaustion.

vaincu, e [vɛ̃ky] ◆ adj defeated ▸ **s'avouer vaincu** to admit defeat / *les joueurs partaient vaincus d'avance* the players felt beaten ou defeated before they began / *tu es toujours vaincu d'avance!* you always start off with the idea you're going to lose! ◆ nm, f defeated man (woman) ▸ **les vaincus** the defeated, the vanquished *litt* / *les vaincus ne participeront pas aux demi-finales* the losers will not take part in the semi-finals.

vainement [vɛnmɑ̃] adv in vain, vainly / *on l'a vainement cherché* we looked for him in vain / *j'ai vainement essayé de la convaincre* I tried in vain to convince her.

vainquait v ⟶ **vaincre.**

vainqueur [vɛ̃kœʀ] ◆ adj m winning, victorious, triumphant, conquering / *sortir vainqueur d'une épreuve* to emerge (as) the winner of a contest. ◆ nm SPORT [gagnant] winner ; MIL victor.

vair [vɛʀ] nm vair / *la pantoufle de vair de Cendrillon* Cinderella's glass slipper.

vairon [vɛʀɔ̃] ◆ adj m ▸ **yeux vairons** wall-eyes / *aux yeux vairons* wall-eyed. ◆ nm ZOOL minnow.

vais v ⟶ **aller.**

vaisseau, x [vɛso] nm **1.** [navire] ship, vessel *sout* ▸ **vaisseau amiral** flagship ▸ **vaisseau de guerre** warship, man-of-war ▸ **vaisseau fantôme** ghost ship / **'le Vaisseau fantôme'** *Wagner* 'The Flying Dutchman' **2.** ANAT vessel ▸ **vaisseau capillaire / lymphatique / sanguin** capillary / lymphatic / blood vessel **3.** BOT vessel ▸ **plantes à vaisseaux** vascular plants **4.** ASTRONAUT ▸ **vaisseau spatial** spacecraft ▸ **vaisseau spatial habité** spaceship, manned spacecraft **5.** ARCHIT nave.

vaisselier [vɛsəlje] nm dresser UK, buffet US.

vaisselle [vɛsɛl] nf **1.** [service] crockery / *acheter de la belle vaisselle* to buy some nice tableware ▸ **vaisselle de porcelaine** china tableware ▸ **vaisselle de terre** earthenware plates and dishes **2.** [ustensiles sales] (dirty) dishes / *la vaisselle empilée dans l'évier* dishes piled up in the sink ▸ **faire la vaisselle** to do the washing-up UK, to do ou to wash the dishes.

vaissellerie [vɛsɛlʀi] nf [commerce] tableware trade.

* In reformed spelling (see p. 16-19).

val, s *ou* **vaux** [val, vo] nm [vallée] valley ▸ **le Val d'Aoste** the Valle d'Aosta ▸ **le Val de Loire** the Loire Valley, the Val de Loire.

VAL [val] (abr de **véhicule automatique léger**) nm automatic urban train service.

valable [valabl] adj **1.** [valide - ticket, acte] valid / **'au-delà de cette limite, votre billet n'est plus valable'** 'tickets are not valid beyond this point' ▸ **non valable** invalid **2.** [acceptable - schéma, argument] valid, good ; [- excuse, raison] valid, good, legitimate / *le jury a considéré le témoignage comme valable* the jury accepted the testimony as valid ▸ **cela reste valable** that still stands **3.** [excellent - musicien, athlète] really good ▸ **trouver un interlocuteur valable a)** [gén] to find someone who'll know what you're talking about **b)** POL to find an authorized representative / *c'est pas valable comme idée* that idea's worthless *ou* no good.

⚠ **Valuable** signifie « de grande valeur », « précieux » et non valable.

valablement [valabləmɑ̃] adv **1.** [à bon droit] validly, justifiably, legitimately / *peut-on valablement invoquer la légitime défense?* can we justifiably plead self-defence? **2.** [efficacement] usefully / *l'art d'investir son argent valablement* the art of making a worthwhile investment.

Valais [valɛ] npr m ▸ **le Valais** Valais.

valaisan, anne [valɛzɑ̃, an] adj from Valais.

❖ **Valaisan, anne** nm, f *inhabitant of or person from Valais.*

Val-de-Grâce [valdəgʀas] npr m ▸ **le Val-de-Grâce** *military hospital in Paris.*

valdinguer [3] [valdɛ̃ge] vi *fam* [tomber] : *il est allé valdinguer contre le parcmètre* he went sprawling against the parking meter ▸ **envoyer valdinguer qqch** to send sthg flying / *envoyer valdinguer une assiette / un livre* to send a plate / a book flying ▸ **envoyer valdinguer qqn** to send sb packing.

valence [valɑ̃s] nf CHIM valency UK valence US.

Valence [valɑ̃s] npr [en Espagne] Valencia.

valenciennes [valɑ̃sjɛn] nf (Valenciennes) lace.

Valenciennes [valɑ̃sjɛn] npr Valenciennes.

valérianacée [valeʀjanase] nf member of the Valerianaceae.

valériane [valeʀjan] nf valerian.

Valérien [valeʀjɛ̃] npr Valerian.

valet [valɛ] nm **1.** [serviteur] : *jouer les valets de comédie* THÉÂTRE to play servants / *les valets de l'impérialisme occidental* *péj* the lackeys of Western imperialism ▸ **valet de chambre** manservant ▸ **valet d'écurie** groom, stable boy ▸ **valet de ferme** farm hand ▸ **valet de pied** footman **2.** JEUX jack, knave ▸ **valet de pique** jack *ou* knave of spades **3.** [cintre] ▸ **valet (de nuit)** valet **4.** MENUIS clamp.

valetaille [valtaj] nf *litt & péj* flunkeys / *toute une valetaille s'empressait autour de nous* a whole crowd of flunkeys was fussing around us.

Valette [valɛt] npr ▸ **La Valette** Valetta, Valletta.

valétudinaire [valetydinɛʀ] *litt* ◆ adj valetudinarian, valetudinary. ◆ nmf valetudinarian.

valeur [valœʀ] nf **1.** [prix] value, worth / *cette statue a-t-elle une quelconque valeur?* is this statue worth anything? / *la valeur en a été fixée à 290 euros* its value has been put at 290 euros, it's been valued at 290 euros ▸ **prendre / perdre de la valeur** to increase / to decrease in value ▸ **estimer qqch au-dessus / au-dessous de sa valeur** to overvalue / to undervalue sthg / *bijoux sans valeur ou qui n'ont aucune valeur* worthless jewels ▸ **manuscrit d'une valeur inestimable** invaluable manuscript / *valeur de vérité* truth value ▸ **mettre en valeur a)** [terre] to exploit **b)** [capital] to get the best return out of **c)** [connaissances] to put to good use **d)** [taille, minceur] to enhance **e)** [talent, qualités] to bring out, to highlight / *une bordure vert tendre met en valeur le rose de l'abat-jour* a soft green border sets off the pink in the lampshade ▸ **mettre en valeur les meilleures qualités de qqn** to bring out the best in sb ▸ **le noir est la couleur qui me met le plus en valeur** black is the colour that suits me best ▸ **bien / mal mis en valeur** [objet d'art, tableau] well- / poorly-displayed **2.** COMM, ÉCON, FIN & MATH value ▸ **valeur actuelle nette** FIN net present value ▸ **valeur marchande / vénale** market / monetary value ▸ **valeur absolue** absolute value ▸ **en valeur absolue** in absolute terms ▸ **valeur ajoutée** *pr & fig* added value ▸ **valeur approchée** approximate value ▸ **valeur en bourse** *ou* **boursière** market value ▸ **valeur déclarée** declared value ▸ **valeur en compte** value in account ▸ **valeur d'échange** exchange value ▸ **valeur d'usage** use value ▸ **valeur perçue** perceived value **3.** [importance subjective] value ▸ **attacher** *ou* **accorder une grande valeur à qqch** to prize sthg, to set great value by sthg / *attacher ou accorder de la valeur aux traditions* to value traditions / *ton opinion n'a aucune valeur pour moi* as far as I'm concerned, your opinion is worthless ▸ **la valeur sentimentale d'un collier** the sentimental value of a necklace / *cette découverte a redonné une valeur à ma vie* this discovery has given my life new meaning **4.** [mérite] worth, merit / *avoir conscience de sa valeur* to know one's own worth **5.** *litt* [bravoure] valour, bravery ▸ **la valeur n'attend pas le nombre des années** *(allusion à Corneille)* there is no age for courage **6.** *litt* [personne de mérite] ▸ **une valeur** a great name ▸ **valeur sûre** : *une valeur sûre de la sculpture française* one of the top French sculptors **7.** [validité - d'une méthode, d'une découverte] value / *sa déposition enlève toute valeur à la vôtre* her testimony renders yours invalid *ou* worthless **8.** [équivalent] : *donnez-lui la valeur d'une cuillère à soupe de sirop* give him the equivalent of a tablespoonful of syrup.

❖ **valeurs** nfpl **1.** [normes morales] values / *valeurs morales / sociales / familiales* moral / social / family values **2.** BOURSE ▸ **valeurs (mobilières)** stocks and shares, securities / *les valeurs françaises sont en baisse* French securities *ou* stocks are down ▸ **valeurs refuge** safe investment ▸ **valeurs à revenu fixe / variable** fixed / variable income securities ▸ **valeurs disponibles** liquid *ou* tangible assets ▸ **valeurs minières / pétrolières / stannifères** mining / oil / tin shares ▸ **valeurs vedettes** leading shares.

❖ **de valeur** loc adj **1.** COMM & FIN [bague, tableau] valuable ▸ **des objets de valeur** valuables, items of value, valuable items / *de grande valeur* precious, very valuable **2.** [de mérite] : *personnes de valeur* people of merit / *un collaborateur de valeur* a prized colleague.

valeureusement [valœʀøzmɑ̃] adv *litt* bravely, gallantly, valiantly.

valeureux, euse [valœʀø, øz] adj *litt* [vaillant] brave, gallant, valiant.

validation [validasjɔ̃] nf [d'un billet] validation ; [d'un document] authentication ▸ **validation des acquis de l'expérience** *system by which people can apply for a paper qualification based on their experience.*

valide [valid] adj **1.** [permis, titre de transport] valid / *votre carte n'est plus valide* your card has run out *ou* is out of date *ou* has expired ▸ **non valide** invalid **2.** [bien portant] fit, (well and) strong ; [non blessé] able-bodied / *il n'avait qu'un bras valide* he had only one good arm / *je ne suis plus bien valide* I'm not as strong as I used to be.

validement [validmɑ̃] adv validly.

valider [3] [valide] vt [traité] to ratify ; [document] to authenticate ; [testament] to prove, to probate US ; [billet, passeport] to validate / *il faut faire valider le bulletin de Loto dans un bureau de tabac* you have to get the Loto ticket stamped in a newsagent's.

valideuse [validøz] nf [Loto] *machine used for endorsing Loto tickets.*

validité [validite] nf **1.** ADMIN & TRANSP validity / *durée de validité* period of validity / *quelle est la durée de validité du visa ?* how long is the visa valid for? / *proroger la validité d'un visa* to extend a visa / *établir la validité d'un document* to authenticate a document / *établir la validité d'un testament* to prove *ou* to probate a will ▸ **date (limite) de validité** expiry date **2.** [bien-fondé - d'un argument, d'un témoignage] validity.

valise [valiz] nf **1.** [bagage] suitcase, bag ▸ **mes valises** my suitcases *ou* bags *ou* luggage ▸ **défaire ses valises** to unpack (one's bags) ▸ **faire ses valises** *pr* to pack (one's bags) ▸ **mes valises sont faites** I've packed ▸ **faire sa valise** *ou* **ses valises** [partir] to pack one's bags and go / *tu cesses de parler sur ce ton à ta mère ou tu fais tes valises!* *fam* either you stop speaking to your mother like that or you're out on your ear! **2.** *fam* [sous les yeux] : *avoir des valises (sous les yeux)* to have bags under one's eyes **3.** DR ▸ **la valise diplomatique** the diplomatic bag *ou* US pouch / *expédier du courrier par la valise diplomatique* to send mail via the diplomatic bag.

valium [valjɔm] nm valium.

valkyrie [valkiʀi] = **walkyrie.**

vallée [vale] nf **1.** GÉOGR valley / *les gens de la vallée* people who live in the valley ▸ **vallée glaciaire** *ou* **en U** glaciated *ou* U-shaped valley ▸ **vallée suspendue** hanging valley ▸ **la Vallée de la Mort** Death Valley **2.** BIBLE ▸ **la vallée de Josaphat** the Valley of Jehoshaphat ▸ **cette vallée de larmes** *litt* this vale of tears.

vallon [valɔ̃] nm small valley.

vallonné, e [valɔne] adj undulating, hilly.

vallonnement [valɔnmɑ̃] nm undulation, hilliness.

valoche [valɔʃ] nf *tfam* [valise] case, bag ; *fig* [sous les yeux] : *avoir des valoches (sous les yeux)* to have bags under one's eyes ▸ **faire ses valoches a)** *pr* to pack (up) **b)** *fig* to pack up and go.

valoir [60] [valwaʀ] ◆ vi **1.** [avoir tel prix] to be worth / *combien vaut cette statuette, à votre avis?* how much is this statuette worth, do you think? / *sa maison vaut le double maintenant* her house is worth twice that now *ou* has doubled its value now / *as-tu une idée de ce que peut valoir ce guéridon?* have you any idea how much this little table might be worth? / *ma vieille cuisinière ne vaut plus rien* my old stove isn't worth anything now, I wouldn't get anything for my old stove now / *une famille qui vaut plusieurs milliards de dollars* *fam* a family worth several billion dollars / *après sa promotion, elle vaut 100 000 euros par an* *fam* now she's been promoted, she's worth 100,000 euros a year ; [coûter] to cost / *le ruban vaut 2,30 euros le mètre* the ribbon costs *ou* is 2.30 euros a metre ▸ **valoir très cher** to cost a lot, to be very expensive, to be very dear ▸ **ne pas valoir cher** to be cheap *ou* inexpensive / *le bureau ne vaut pas cher* the desk isn't expensive *ou* is fairly cheap / *ces gens-là ne valent pas cher* *fig* those people are just worthless *ou* contemptible **2.** [avoir telle qualité] to be worth / *que vaut ton jeune élève?* how good is your young pupil? / *je sais ce que je vaux* I know my worth *ou* what I'm worth / *que vaut une vie d'artiste sans la reconnaissance du public?* what's the point of being an artist without public recognition? / *ils verront à l'usage ce que vaut leur nouvelle organisation* in time, they'll see how good their new organization is ▸ **ne rien valoir** : *il ne vaut rien, ton marteau* your hammer's no good *ou* useless / *son idée / projet ne vaut rien* her idea / project is worthless / *quand je manque de sommeil, je ne vaux rien* if I haven't had enough sleep I'm useless / *c'est une excellente scientifique mais elle ne vaut rien en tant que professeur* she's a brilliant scientist but a hopeless teacher ▸ **ne pas valoir grand-chose** : *mes premières chansons ne valaient pas grand-chose* my early songs weren't particularly good / *l'émission d'hier ne valait pas grand-chose* yesterday's programme wasn't up to much ▸ **valoir mieux que** : *elle vaut mieux que la réputation qu'on lui fait* she's much better than her reputation would suggest / *vous ne valez pas mieux l'un que l'autre* you're as bad as each other / *et il t'a quittée? tu vaux mieux que ça* and he left you? you deserve better than that **3.** ▸ **valoir par** [tirer sa valeur de] : *ma bague ne vaut que par les souvenirs qu'elle représente* my ring has only sentimental value / *son livre vaut essentiellement par le style* her book's main strength is its style / *son initiative vaut surtout par son audace* the main merit of his initiative is its boldness **4.** [être valable, applicable] ▸ **valoir pour** to apply to, to hold for / *le règlement vaut pour tout le monde* the rules hold for everyone / *cette critique vaut pour toutes ses pièces* that criticism is true of ou valid for ou applies to all her plays / *l'embargo ne vaut que pour les armes* the embargo only applies to weapons / *mes compliments / reproches valent pour toute la classe* my praise / criticism applies to the whole class **5.** COMM ▸ **à valoir sur** : *il y a 10 euros à valoir sur votre prochain achat* you'll get 10 euros off your next purchase / *verser un acompte à valoir sur une somme* to pay a deposit to be set off against a sum **6.** EXPR **faire valoir a)** [argument] to emphasize, to put forward *(sép)* **b)** [opinion, raisons] to put forward *(sép)* **c)** [droit] to assert, to enforce **d)** [qualité] to highlight, to bring out *(sép)* / *faire valoir son bon droit* to assert one's rights / *faire valoir ses droits à la retraite* to provide evidence for one's entitlement to a pension / *elle a fait valoir le coût de l'opération pour justifier sa réticence* she cited the cost of the operation as justification for her reluctance / *j'ai fait valoir qu'il y avait des circonstances atténuantes* I pointed out ou stressed that there were extenuating circumstances / *elle fait valoir sa fille* she pushes her daughter forward ▸ **se faire valoir** to show o.s. off to advantage / *elle ne sait pas se faire valoir dans les entrevues* she doesn't know how to sell herself at interviews ▸ **faire valoir un capital** ÉCON to turn a sum of money to (good) account, to make a sum of money yield a good profit / *faire valoir des terres / une propriété* to derive profit from land / a property ▸ **il vaut mieux, mieux vaut** *(tournure impersonnelle)* : *dans ce cas, mieux vaut s'abstenir* in that case, it's better to do nothing / *il vaut mieux se taire que de dire des bêtises* it's better to keep quiet than to talk nonsense / *il vaut mieux ne pas répondre* it's best ou better not to answer / *il vaudrait mieux que tu y réfléchisses* you'd do better to ou you should think about it / *il vaudrait mieux te faire oublier pendant un certain temps* you'd better keep a low profile for a while / *il aurait mieux valu pour elle qu'elle meure* it would have been better for her if she'd died ▸ **ça vaut mieux** : *appelle le médecin, ça vaut mieux* it would be better ou safer if you called the doctor / *je vais lui dire — je crois que ça vaut mieux* I'm going to tell him — I think that would be the best thing to do / *ça vaut mieux ainsi / pour lui* it's better that way / for him / *je vais te rembourser — ça vaudrait mieux pour toi!* I'll pay you back — you'd better! ◆ vt **1.** [procurer] ▸ **valoir qqch à qqn** to earn sb sthg, to bring sthg to sb / *ses efforts lui ont valu une médaille aux jeux Olympiques* his efforts earned him a medal at the Olympic Games / *il n'a valu que des malheurs à ses parents* all he ever brought his parents was unhappiness / *qu'est-ce qui m'a valu votre mépris?* what did I do to deserve your contempt? / *tous les soucis que m'a valus ce club* all the worries that club cost me / *voilà ce que ça m'a valu de l'aider!* that's all I got for helping her! ▸ **qu'est-ce qui me vaut l'honneur / le plaisir de ta visite?** to what do I owe the honour / pleasure of your visit? / *l'émission d'hier soir nous a valu une avalanche de coups de téléphone* we were deluged with telephone calls after last night's programme ▸ **ne rien valoir à qqn** [ne pas lui convenir] to be no good for sb, not to agree with sb, not to suit sb / *le mariage ne lui vaut rien, il est devenu exécrable!* marriage doesn't agree with him, he's become unbearable! / *décidément, la Bretagne ne me vaut rien!* Brittany is decidedly no ou not good for me! / *les pays chauds ne me valent rien, j'en rentre toujours épuisé* hot countries don't suit me, I always come back exhausted / *son exploit lui a valu d'être admiré par tous* his achievement earned him widespread admiration **2.** [représenter] to be equivalent to, to be worth / *une dame vaut 10 points* a queen is worth 10 points / *un essai vaut trois points* a try is worth three points / *chaque faute de grammaire vaut quatre points* you lose four points for each grammatical mistake **3.** [mériter] to be worth / *le village vaut le détour / déplacement* the village is worth the detour / journey / *voilà un service qui vaut au moins un remerciement, non?* surely a favour like that deserves some form of thanks? / *ça vaut le coup d'œil* it's worth seeing / *sa cuisine vaut d'être goûtée* her cooking's worth sampling / *son livre vaudrait d'être traduit* her book deserves to be translated / *rien ne vaut d'être obtenu au prix d'une trahison* nothing is worth betraying for / *l'expérience vaut d'être tentée* it's worth trying the experiment, the experiment is worth trying / *l'enjeu de l'affaire vaut que l'on prenne le temps de la réflexion* it's worth taking time to reflect when you see what's at stake in the deal ▸ **valoir la peine** ou **le coup** *fam* to be worth it, to be worthwhile / *ça vaut le coup d'essayer* it's worth trying ou a try / *on pourrait essayer de le raccommoder — ça n'en vaut pas la peine* we could try to mend it — it's not worth it ou the trouble / *quand je paie 100 euros pour un spectacle, je veux que ça en vaille la peine* if I spend 100 euros on a show I like to get my money's worth / *j'ai gagné 3 000 euros — dis donc, ça vaut le coup!* I won 3,000 euros — well, that was certainly worth it! / *à ce prix-là, ça vaut le coup* at that price, you can't go wrong **4.** [dans une comparaison] to be as good as, to match up (to) / *c'est bon, mais ça ne vaut pas le repas de la dernière fois* it's good, but not as good as the meal we had last time / *c'est moins cher, mais ça ne vaut pas le cuir!* it's cheaper, but there's no comparison with real leather! / *son idée en vaut une autre* her idea is as good as any other / *tu la vaux largement* you're every bit as good as her / *toutes les explications de la terre ne valent pas un bon croquis* no amount of explanation can take the place of a good diagram / *ah, rien ne vaut les confitures de grand-mère!* there's nothing like grandma's jam! / *rien ne vaut un bon grog pour guérir une grippe* there's nothing like a good hot toddy to cure flu / *pour moi, rien ne vaut Mozart!* give me Mozart any day! / *ça ne vaut pas Éric, tu sais ce qu'il m'a dit?* *fam* what about Eric then? do you know what he told me?

❖ **se valoir** vp *(emploi réciproque)* to be equivalent / *les deux traitements se valent* there's nothing to choose between the two treatments / *nous nous valons au sprint* we're both equally good (as) sprinters / *le père et le fils se valent, aussi têtus l'un que l'autre!* father and son are two of a kind, they're so stubborn! / *vous vous valez bien!* you're both as bad as each other! / *tu vas voter Dupond ou Dufort? — tout ça se vaut!* are you going to vote Dupond or Dufort? — it's six of one and half a dozen of the other ou it's all the same thing!

❖ **vaille que vaille** loc adv somehow (or other) / *vaille que vaille, elle est arrivée au sommet* somehow she made it to the top / *on essaiera vaille que vaille de l'aider* we'll try as best we can to help him.

valorisable [valɔrizabl] adj **1.** [matières, déchets] reusable **2.** [formation, diplôme] useful *(for getting a job)* / *cette expérience est valorisable sur leur CV* they can usefully mention this experience in their CVs / *un diplôme au contenu peu valorisable par la suite* a degree that will not carry much weight on the job market.

valorisant, e [valɔrizɑ̃, ɑ̃t] adj **1.** [satisfaisant moralement] : *il fait un travail valorisant* his work brings him a lot of job satisfaction **2.** [donnant du prestige] : *une situation valorisante* a situation which increases one's prestige.

valorisation [valɔrizasjɔ̃] nf **1.** ÉCON [mise en valeur] economic development ; [valeur] enhanced value / *on observe une valorisation des tâches manuelles* *fig* manual work is becoming more highly valued ▸ **valorisation des stocks** stock valuation **2.** ÉCOL [des déchets] recovering.

valoriser [3] [valɔrize] vt **1.** ÉCON [région] to develop the economy of / *une nouvelle gare valorisera les terrains avoisinants* a new railway station will enhance the value of local land **2.** ÉCOL [déchets] to recover **3.** [augmenter le prestige de] : *son succès l'a valorisé aux yeux de ses amis* his success has increased his standing in the eyes of his friends / *cherchez un travail qui vous valorise* look for a job which will give you personal satisfaction.

valse [vals] nf **1.** DANSE waltz ▸ **valse viennoise** Viennese waltz **2.** *fam* [succession rapide] (game of) musical chairs / *la valse des ministres* ministerial musical chairs **3.** *fam* [modification] ▸ **la valse des prix** ou **étiquettes** spiralling prices.

valse-hésitation [valsezitasjɔ̃] (*pl* **valses-hésitations**) nf [tergiversation] shilly-shallying, dithering (about) / *après une interminable valse-hésitation,...* after much shilly-shallying,...

valser [3] [valse] vi **1.** [danser] to waltz ▸ **faire valser qqn** to waltz with sb / *invite-la à valser* ask her for a waltz **2.** *fam* [tomber] to career, to hurtle / *la lampe a valsé dans la cheminée* the lamp went flying into the fireplace ▸ **envoyer valser qqch** to send sthg flying ▸ **envoyer valser qqn** to show sb the door ▸ **faire valser l'argent** ou **les billets** to throw money about ou around **3.** *fam* : *faire valser le personnel* [déplacer, congédier] to play musical chairs with the staff *fig*.

valseur, euse [valsœʀ, øz] nm, f waltzer.

❖ **valseuses** nfpl *vulg* balls.

❖ **valseur** nm *tfam* bum UK, fanny US.

valu, e [valy] pp ⟶ **valoir**.

valvaire [valvɛʀ] adj valvate.

valve [valv] nf **1.** ANAT, BOT & ZOOL valve **2.** TECHNOL [clapet] valve ; [soupape à clapet] valve ▸ **valve à tiroir** ou **glissement** slide valve **3.** AUTO ▸ **valve à clapet** throttle valve **4.** ÉLECTRON valve.

❖ **valves** nfpl BELG notice board.

valvé, e [valve] adj valvate.

valvulaire [valvylɛʀ] adj valvular.

valvule [valvyl] nf **1.** ANAT valve ▸ **valvule mitrale** mitral valve **2.** BOT valve, valvule.

vamp [vɑ̃p] nf vamp / *elle se prend pour une vamp* she thinks she's some kind of vamp.

vamper [3] [vɑ̃pe] vt *fam* to vamp.

vampire [vɑ̃piʀ] nm **1.** [mort] vampire **2.** *litt & péj* [parasite] vampire, vulture, bloodsucker **3.** ZOOL vampire bat.

vampirique [vɑ̃piʀik] adj vampiric.

vampiriser [3] [vɑ̃piʀize] vt **1.** [suj : vampire] to suck the blood of **2.** *fam* [dominer] to have under one's sway, to subjugate / *ayant vampirisé la presse écrite, il s'attaque maintenant à la télévision* having subjugated the print media, he's now preparing for an assault on television.

vampirisme [vɑ̃piʀism] nm **1.** [croyance, pratique] vampirism **2.** *litt* [rapacité] vampirism.

van [vɑ̃] nm **1.** [corbeille] winnowing basket, fan **2.** [véhicule] horse box UK ou trailer US, horsecar US.

VAN (abr de **valeur actuelle nette**) nf FIN NPV.

vanadium [vanadjɔm] nm vanadium.

Vancouver [vɑ̃kuvɛʀ] npr Vancouver.

vanda [vɑ̃da] nf vanda.

vandale [vɑ̃dal] nm **1.** [voyou] vandal / *et mon parquet, bande de vandales!* look what you've done to my floor, you vandals! **2.** HIST Vandal.

vandaliser [3] [vɑ̃dalize] vt to vandalize / *vandaliser une cabine téléphonique* to vandalize ou to wreck a telephone booth.

vandalisme [vɑ̃dalism] nm vandalism, hooliganism / *commettre des actes de vandalisme* to commit acts of vandalism / *les anciens arrêts d'autobus étaient très exposés au vandalisme* the old bus stops were very prone to being vandalized.

vandoise [vɑ̃dwaz] nf dace.

vanille [vanij] nf vanilla.

❖ **à la vanille** loc adj vanilla *(modif)*, vanilla-flavoured.

vanillé, e [vanije] adj vanilla-flavoured.

vanillier [vanije] nm vanilla plant.

vanilline [vanilin] nf vanillin.

vanité [vanite] nf **1.** [orgueil] vanity, pride, conceit ▸ **blesser** ou **toucher qqn dans sa vanité** to hurt sb's pride ▸ **tirer vanité de qqch** to pride o.s. on sthg, to take pride in sthg / *tirer vanité de son origine ouvrière* to pride o.s. on one's working-class background / *elle avait été championne régionale mais elle n'en a jamais tiré vanité* she'd been a local champion but she never boasted about the fact / *il est d'une vanité incroyable* he's so incredibly vain, he's so full of conceit /

sans vanité, je crois pouvoir faire mieux with all due modesty ou without wishing to boast, I think I can do better **2.** [futilité] pointlessness, futility / *la vanité de l'existence humaine* the futility of human existence **3.** ART vanitas.

vaniteusement [vanitøzmɑ̃] adv vainly, conceitedly, self-importantly.

vaniteux, euse [vanitø, øz] ◆ adj [orgueilleux] vain, conceited, self-important. ◆ nm, f conceited man (woman).

vanity-case [vanitikɛz] (*pl* **vanity-cases**) nm vanity case.

vannage [vanaʒ] nm winnowing.

vanne [van] nf **1.** [d'une écluse] sluicegate ; [d'un moulin] hatch ▸ **vanne à tiroir** slide valve ▸ **vanne de vidange** sluice gate ▸ **ouvrir les vannes a)** *pr* to open the sluicegates **b)** *fig* to open the floodgates **2.** [robinet] stopcock **3.** *fam* [plaisanterie] dig, jibe ▸ **lancer** ou **envoyer une vanne à qqn** to have a dig at sb.

vanné, e [vane] adj *fam* worn out, beat / *je suis vanné!* I've had it !, I'm beat !

vanneau, x [vano] nm green plover, peewit ▸ **vanneau huppé** lapwing.

vannelle [vanɛl] nf sluice gate, paddle.

vanner [3] [vane] vt **1.** AGR to winnow **2.** *fam* [épuiser] to wear out *(sép)*.

vannerie [vanʀi] nf [tressage] basketwork, basketry / *faire de la vannerie* [paniers] to weave baskets.

❖ **en vannerie** loc adj wicker, wickerwork *(modif)*.

vanneur, euse [vanœʀ, øz] nm, f winnower.

vannier [vanje] nm basket maker.

vantail, aux, ventail*, aux [vɑ̃taj, o] nm [de porte] leaf ; [de fenêtre] casement ▸ **porte à double vantail** ou **à vantaux** stable UK ou Dutch US door.

vantard, e [vɑ̃taʀ, aʀd] ◆ adj boastful, boasting, bragging. ◆ nm, f bragger, braggart.

vantardise [vɑ̃taʀdiz] nf **1.** [glorification de soi] boastfulness, bragging **2.** [remarque] boast.

vanter [3] [vɑ̃te] vt [louer, exalter] to praise ; *sout* to extol ▸ **vanter l'élégance de qqn** to praise sb's elegance ▸ **vanter les mérites de qqch** to sing the praises of sthg ▸ **vanter les mérites de qqn** to sing sb's praises / *une pub vantant les mérites d'une lessive fam* an ad singing the praises of a washing powder ▸ **vanter sa marchandise** *hum* to boast.

❖ **se vanter** vpi to boast, to brag / *elle n'arrête pas de se vanter* she's always singing her own praises ou bragging ▸ **se vanter de** : *il s'est vanté de gagner la course* he boasted that he would win the race / *il s'est vanté d'avoir gagné la course* he bragged that he had won the race / *elle l'a fait renvoyer mais elle ne s'en vante pas* she had him fired, but she keeps quiet about it / *il n'y a pas de quoi se vanter* this is nothing to be proud of ou to boast about / *sans (vouloir) me vanter...* without wishing to blow my own trumpet... UK, I don't mean to brag, but... / *sans (vouloir) me vanter, je suis plutôt bon au tennis* I'm rather good at tennis, though I say so myself / *sans (vouloir) me vanter, j'avais déjà compris* I don't wish to boast, but I'd got the idea already.

Vanuatu [vanwatu] npr Vanuatu.

va-nu-pieds (*pl* **va-nu-pieds**), **vanupied*** [vanypje] nmf *péj* [clochard] tramp, beggar.

vapes [vap] nfpl *fam* ▸ **être dans les vapes a)** [évanoui] to be out for the count **b)** [rêveur] to be miles away / *je suis encore un peu dans les vapes* I'm still in a daze / *elle est constamment dans les vapes* her head is always in the clouds / *quoi? j'étais complètement dans les vapes* what? I was miles away ▸ **tomber dans les vapes** [s'évanouir] to pass out, to faint.

vapeur [vapœʀ] ◆ nf **1.** [gén] steam ▸ **vapeur (d'eau)** steam, (water) vapour ▸ **vapeur atmosphérique** atmospheric vapour **2.** CHIM & PHYS vapour UK, vapor US ▸ **densité** / **pression de la vapeur** vapour density / pressure ▸ **vapeur sèche** / **saturante** dry / saturated vapour ▸ **vapeurs de pétrole** petrol UK ou gas US fumes **3.** *litt* [brouillard] haze, vapour *litt*. ◆ nm NAUT steamship, steamer.

❖ **vapeurs** nfpl *vieilli* : *avoir des* ou *ses vapeurs* to have a fit of the vapours.

❖ **à la vapeur** loc adv & adj : *ça marche à la vapeur* it's steam-driven ▸ **cuit à la vapeur** steam-cooked / *cuire des légumes à la vapeur* to steam vegetables ▸ **repassage à la vapeur** steam ironing / *ouvrir une enveloppe à la vapeur* to steam open an envelope.

❖ **à toute vapeur** loc adv *fam* ▸ **aller à toute vapeur a)** [navire] to sail full steam ahead **b)** [train] to go full steam ahead ou at full speed **c)** *fig* to go as fast as one can / *va chez le boulanger, et à toute vapeur!* go to the baker's, and be quick about it !

❖ **à vapeur** loc adj steam *(modif)*, steam-driven ▸ **machine à vapeur** steam engine ▸ **bateau à vapeur** steamboat, steamer ▸ **train à vapeur** steam train / *marine à vapeur* steamers, steamships.

vapocraquage [vapɔkʀakaʒ] nm steam cracking.

vapocraqueur [vapɔkʀakœʀ] nm steam reformer.

vapocuiseur [vapokɥizœʀ] nm pressure cooker.

vaporeux, euse [vapɔʀø, øz] adj **1.** [voilé - lumière, paysage] hazy, misty / *une brume vaporeuse* hazy mist **2.** [léger - tissu] filmy, diaphanous ; [- robe] flimsy.

vaporisage [vapɔʀizaʒ] nm TEXT steaming process.

vaporisateur [vapɔʀizatœʀ] nm **1.** [pulvérisateur] spray ; [atomiseur] spray, atomizer / *parfum en vaporisateur* spray perfume **2.** TECHNOL [échangeur] vaporizer.

vaporisation [vapɔʀizasjɔ̃] nf **1.** [pulvérisation] spraying **2.** TECHNOL [volatilisation] vaporization.

vaporiser [3] [vapɔʀize] vt **1.** [pulvériser] to spray / **'ne pas vaporiser vers une flamme'** 'do not spray onto a naked flame' **2.** TECHNOL [volatiliser] to vaporize.

❖ **se vaporiser** vpi to vaporize, to turn to vapour.

vaquer [3] [vake] vi ADMIN [être en vacances] to be on vacation.

❖ **vaquer à** v + prép *sout* to attend to, to see to / *vaquer à ses occupations* to attend to ou to go about one's business / *vaquer aux tâches ménagères* to see to ou to attend to the household chores.

var [vaʀ] nm var.

VAR (abr de **value at risk**) nf FIN VAR.

varan [vaʀɑ̃] nm monitor lizard.

varangue [vaʀɑ̃g] nf NAUT floor timber ou frame.

varappe [vaʀap] nf [activités] rock climbing ; [course] rock climb / *faire de la varappe* to go rock-climbing.

varapper [3] [vaʀape] vi to rock-climb, to go rock-climbing.

varappeur, euse [vaʀapœʀ, øz] nm, f rock climber.

varech [vaʀɛk] nm kelp, varec.

vareuse [vaʀøz] nf **1.** NAUT fisherman's smock **2.** COUT loose-fitting jacket **3.** MIL uniform jacket.

variabilité [vaʀjabilite] nf variability, changeableness / *la variabilité du temps* the changeableness of the weather.

variable [vaʀjabl] ◆ adj **1.** [changeant - temps] unsettled ; [- taux] variable / *être d'humeur variable* to be moody **2.** GRAM ▸ **mot variable** inflected ou inflectional word / *mot variable en genre* / *nombre* word inflected in gender / number **3.** [varié - composition, forme] varied, diverse **4.** ASTRON [étoile] variable. ◆ nf CHIM, ÉCON, MATH & PHYS variable ▸ **variable liée** / **libre** dependent / independent variable ▸ **variable aléatoire** / **discrète** / **continue** random / discrete / continuous variable. ◆ nm MÉTÉOR : *le baromètre est au « variable »* the barometer is at ou reads "change".

variance [vaʀjɑ̃s] nf variance ▸ **analyse de variance** analysis of variance ▸ **variance de l'échantillon** sample variance.

variante [vaʀjɑ̃t] nf **1.** [gén & LING] variant / *il existe trois variantes du chapitre 12* there are three variant versions of chapter 12 / *la 305 est une variante du modèle précédent* the 305 is a variation on the previous model **2.** [aux échecs] opening move.

variateur [vaʀjatœʀ] nm **1.** MÉCAN ▸ **variateur de vitesse** speed variator **2.** ÉLECTR ▸ **variateur (de lumière)** dimmer (switch).

variation [vaʀjasjɔ̃] nf **1.** [fluctuation] variation, change ▸ **variation d'intensité** / **de poids** variation in intensity / weight / *pour vos plantes, attention aux variations de température* your plants do not like changes in temperature ▸ **en fonction des variations saisonnières** ÉCON on a seasonally adjusted basis ▸ **corrigé des variations saisonnières** seasonally adjusted **2.** MUS variation / *variation sur un thème de Paganini* variation on a theme by Paganini / *une variation sur le thème de... fig* a variation on the theme of... **3.** ASTRON variation **4.** BIOL variation.

❖ **variations** nfpl [modifications] changes, modifications / *subir des variations* to undergo change ou changes.

varice [vaʀis] nf varicose vein, varix *spéc* / *avoir des varices* to have varicose veins / *se faire enlever les varices* to have one's varicose veins removed.

varicelle [vaʀisɛl] nf chickenpox, varicella *spéc*.

varié, e [vaʀje] adj **1.** [non uniforme - style, répertoire] varied / *une gamme variée de papiers peints* a wide range of wallpapers / *proposer un menu varié* to offer a varied menu / *programme de musique variée* programme of varied music **2.** *(au pl)* [différents] various, diverse, miscellaneous / *objets divers et variés* various ou miscellaneous objects / *des sujets aussi variés que la musique et la chimie* subjects as diverse as music and chemistry ▸ **hors-d'œuvre variés** CULIN selection of hors d'œuvres **3.** MUS ▸ **thème varié** theme and variations **4.** PHYS [mouvement] variable.

varier [9] [vaʀje] ◆ vt [diversifier - cursus, menu, occupations] to vary, to diversify / *les accessoires permettent de varier une tenue* accessories allow one to vary an outfit / *il faut varier la présentation de votre argument principal* you must present your main argument in different ways ▸ **pour varier les plaisirs** just for a change ▸ **varier le menu a)** *pr* to vary the (basic) menu **b)** *fig* to ring the changes ▸ **on prend les mêmes idées, mais on varie la sauce** *fam* you take the same ideas, only you dress them up differently ou you make them look different. ◆ vi **1.** [changer - temps, poids, humeur] to vary, to change / *les produits varient en qualité* products vary in quality / *les prix varient de 90 à 120 euros* prices vary ou range from 90 to 120 euros / *je vous sers du poisson pour varier un peu* I'm giving you fish, just for a change **2.** MATH ▸ **faire varier une fonction** to vary a function **3.** [diverger] to differ / *les médecins varient dans le choix du traitement* doctors differ in ou are at variance on the choice of the treatment.

variété [vaʀjete] nf **1.** [diversité] variety, diversity / *son œuvre manque de variété* his work lacks variety ou is not varied enough / *nos châles existent dans une variété de coloris* our shawls come in a variety ou a wide range of colours **2.** [sorte, genre] variety, kind, sort, type / *toutes les variétés possibles et imaginables d'escroquerie* every conceivable type of swindle **3.** BOT variety ; [de maïs, de blé] (crop) strain / *une nouvelle variété de fleur* / *pomme* a new variety of flower / apple ▸ **les variétés cultivées** cultivars **4.** MUS ▸ **la variété a)** [industrie] the commercial music business **b)** [genre] commercial music.

❖ **variétés** nfpl LITTÉR miscellanies ; MUS easy listening, light music.

❖ **de variétés** loc adj [spectacle, émission] variety ; [musique] light / *disque de variétés* easy listening ou light music record.

variole [vaʀjɔl] nf smallpox, variola *spéc*.

variolé, e [vaʀjɔle] adj pockmarked.

varioleux, euse [vaʀjɔlø, øz] ◆ adj suffering from smallpox, variolous *spéc*. ◆ nm, f smallpox sufferer.

variolique [vaʀjɔlik] adj smallpox *(modif)*, variolous *spéc*.

variomètre [vaʀjɔmɛtʀ] nm variometer.

variqueux, euse [vaʀikø, øz] adj varicose.

varlope [vaʀlɔp] nf trying plane.

Varna [vaʀna] npr Varna.

* In reformed spelling (see p. 16-19).

varois, e [varwa, az] adj from the Var.
❖ **Varois, e** nm, f *inhabitant of or person from the Var.*

Varsovie [varsɔvi] npr Warsaw / *le pacte de Varsovie* the Warsaw Pact.

vas v ⟶ aller.

vasculaire [vaskylɛr] adj ANAT & BOT vascular.

vascularisation [vaskylarizasjɔ̃] nf **1.** MÉD vascularization **2.** ANAT vascularity.

vascularisé, e [vaskylarize] adj vascular.

vasculo-nerveux, euse [vaskylɔnɛrvø, øz] (*mpl* **vasculo-nerveux**, *fpl* **vasculo-nerveuses**) adj composed of vessels and nerves.

vase [vaz] ◆ nf [boue] mud, silt, sludge ▸ **banc de vase** mudbank. ◆ nm **1.** [récipient décoratif] vase **2.** CHIM & PHYS vessel ▸ **vases communicants** connecting vessels / *c'est le principe des vases communicants fig* there's been a knock-on effect ▸ **vase Dewar** Dewar flask ▸ **vase d'expansion** surge tank **3.** : *vase de nuit* chamber pot.
❖ **en vase clos** loc adv : *nous vivions en vase clos* we led an isolated existence / *la recherche ne peut se faire en vase clos* research cannot be carried out in isolation ou in a vacuum.

vasectomie [vazɛktɔmi] nf vasectomy.

vasectomiser [3] [vazɛktɔmize] vt to perform a vasectomy on.

vaseline [vazlin] nf petroleum jelly, Vaseline®.

vaseliner [3] [vazline] vt to smear with petroleum jelly ou Vaseline, to put petroleum jelly ou Vaseline on.

vaseux, euse [vazø, øz] adj **1.** [boueux] muddy, silty, sludgy **2.** *fam* [confus -idée, plan] hazy, woolly **3.** *fam* [malade] ▸ **se sentir tout vaseux a)** [affaibli] to feel under the weather, to feel off colour **b)** [étourdi] to feel woozy **4.** *fam* [médiocre] pathetic / *ses blagues vaseuses* his pathetic jokes.

vasière [vazjɛr] nf [de marais salant] tidal reservoir.

vasistas [vazistas] nm fanlight, transom (US).

vasoconstricteur, trice [vazɔkɔ̃striktœr, tris] adj vasoconstrictor.
❖ **vasoconstricteur** nm vasoconstrictor.

vasoconstriction [vazɔkɔ̃striksjɔ̃] nf vasoconstriction.

vasodilatateur, trice [vazɔdilatatœr, tris] adj vasodilator.
❖ **vasodilatateur** nm vasodilator.

vasodilatation [vazɔdilatasjɔ̃] nf vasodilation.

vasomoteur, trice [vazɔmɔtœr, tris] adj vasomotor.

vasomotricité [vazɔmɔtrisite] nf vasomotion.

vasopressine [vazɔprɛsin] nf vasopressin.

vasotomie [vazɔtɔmi] = **vasectomie**.

vasouillard, e [vazujar, ard] adj *fam* in a daze.

vasouiller [3] [vazuje] vi *fam* to flounder / *et votre projet? — ça vasouille* what about your project? — we're struggling.

vasque [vask] nf **1.** [bassin] basin (of fountain) **2.** [coupe] bowl **3.** [lavabo] handbasin.

vassal, e, aux [vasal, o] adj vassal (*modif*).
❖ **vassal, aux** nm vassal.

vassaliser [3] [vasalize] vt to vassalize.

vaste [vast] adj **1.** [immense -vêtement] enormous, huge ; [-domaine, sujet] vast, far-reaching ; [-palais, gouffre] vast, huge, immense / *de par le vaste monde sout* the world over **2.** [de grande ampleur] huge / *victime d'une vaste supercherie* victim of a huge hoax / *ce procès a été une vaste farce* this trial has been a huge farce.

va-t-en-guerre [vatɑ̃gɛr] ◆ nmf warmonger. ◆ adj inv warmongering.

Vatican [vatikɑ̃] npr m ▸ **le Vatican** the Vatican / *l'État de la cité du Vatican* Vatican City ▸ **au Vatican** in Vatican City / *le premier / deuxième concile du Vatican* the first / second Vatican Council.

vaticane [vatikan] adj f [politique] Vatican.
❖ **Vaticane** npr ▸ **la Vaticane** [bibliothèque] the Vatican Library.

vaticinateur, trice [vatisinatœr, tris] nm, f *litt & péj* vaticinator.

vaticination [vatisinasjɔ̃] nf *litt* vaticination.

vaticiner [3] [vatisine] vi *litt* to vaticinate.

va-tout (*pl* **va-tout**), **vatout*** [vatu] nm ▸ **jouer son va-tout** to risk ou to stake one's all.

vauclusien, enne [voklyzjɛ̃, ɛn] adj from the Vaucluse.
❖ **Vauclusien, enne** nm, f *inhabitant of or person from the Vaucluse.*

vaudeville [vodvil] nm vaudeville, light comedy.

vaudevillesque [vodvilɛsk] adj **1.** THÉÂTRE vaudeville (*modif*) **2.** [grotesque] farcical, ludicrous, preposterous.

vaudevilliste [vodvilist] nmf writer of vaudeville.

vaudois, e [vodwa, az] adj **1.** GÉOGR from the canton of Vaud **2.** HIST & RELIG Waldensian.
❖ **Vaudois, e** nm, f **1.** GÉOGR Vaudois **2.** HIST & RELIG Waldensian.

vaudou, e [vodu] adj voodoo.
❖ **vaudou** nm voodoo, voodooism.

vaudra v ⟶ valoir.

vau-l'eau [volo] ❖ **à vau-l'eau** loc adv ▸ **aller à vau-l'eau a)** [barque] to go with the stream ou current **b)** [affaire, projet] to be going downhill ou to the dogs.

vaurien, enne [vorjɛ̃, ɛn] nm, f **1.** [voyou] good-for-nothing, scoundrel, rogue **2.** [enfant] : *petit vaurien!* you little devil!

vaut v ⟶ valoir.

vautour [votur] nm **1.** ORNITH vulture **2.** [personne cupide] vulture, shark.

vautré, e [votre] pp : *être vautré dans un fauteuil* to be lolling in an armchair / *il était vautré sur son lit* he was sprawling on his bed.

vautrer [3] [votre] ❖ **se vautrer** vpi **1.** [se rouler] to wallow / *se vautrer par terre* to grovel / *des porcs se vautrant dans la boue* pigs wallowing in mud **2.** [s'affaler] to sprawl, to be sprawled / *se vautrer dans un fauteuil* to loll in an armchair **3.** *fam* [tomber] to go flying **4.** *fam* [échouer] : *se vautrer à un examen* to fall flat on one's face in an exam.

vaux v ⟶ valoir.

Vaux-le-Vicomte [volәvikɔ̃t] npr *château near Melun, built for the surintendant Fouquet in 1661.*

va-vite [vavit] ❖ **à la va-vite** loc adv in a rush ou hurry / *travail fait à la va-vite* slapdash work / *on a fait nos valises à la va-vite* we packed in a rush.

vd abr écrite de **vend**.

VDQS (abr de **vin délimité de qualité supérieure**) *label indicating quality of wine.*

vds nm abr écrite de **vends**.

veau, x [vo] nm **1.** ZOOL calf ▸ **le veau d'or** BIBLE the golden calf / *adorer le veau d'or fig* to worship Mammon **2.** CULIN veal / *escalope / côtelette de veau* veal escalope / cutlet ▸ **veau Marengo** veal Marengo **3.** [cuir] calf, calfskin **4.** *fam & péj* [personne] lump, clot (UK) / *espèce de gros veau!* you great fat lump! ; [voiture] banger (UK), old crate (US) / *cette voiture est un vrai veau* this car is a real heap.
❖ **en veau** loc adj calf, calfskin (*modif*).

vécés [vese] nmpl *fam* [toilettes] ▸ **les vécés** the loo (UK), the john (US).

vecteur [vɛktœr] nm **1.** MATH vector ▸ **vecteur lié / libre** localized / free vector **2.** MÉD carrier, vector **3.** MIL carrier.

vectoriel, elle [vɛktɔrjɛl] adj vector (*modif*), vectorial ▸ **espace vectoriel** vector space ▸ **fonction vectorielle** vector function.

vectorisation [vɛktɔrizasjɔ̃] nf [d'une image] vectorization.

vécu, e [veky] ◆ pp ⟶ vivre. ◆ adj **1.** [réel] real, real-life, true / *c'est une histoire vécue* it's a true story **2.** PHILOS ▸ **temps vécu, durée vécue** time as experienced.
❖ **vécu** nm ▸ **le vécu de qqn** sb's (real-life) experiences.

vedettariat [vәdɛtarja] nm stardom / *accéder au vedettariat* to achieve stardom ou star-status.

vedette [vәdɛt] nf **1.** [artiste] star ▸ **vedette du petit écran / de cinéma** TV / film star / *chanter devant un parterre de vedettes* to sing to a star-studded audience / *elle a tout pour devenir une vedette* she's got star quality ▸ **vedette américaine** *performer who warms up the audience for the main star* **2.** [célébrité] star, celebrity / *une vedette de la politique / du rugby* a big name in politics / rugby ▸ **présentateur-vedette** star presenter ▸ **produit vedette** leading product **3.** [première place] ▸ **avoir** ou **tenir la vedette a)** THÉÂTRE to top the bill, to have star billing **b)** *fig* to be in the limelight ▸ **partager la vedette avec qqn a)** THÉÂTRE to share star billing with sb **b)** *fig* to share the limelight with sb ▸ **ravir** ou **souffler la vedette à qqn** to upstage sb **4.** NAUT launch ▸ **vedette de la douane** customs patrol boat ▸ **vedette lance-torpilles** ou **de combat** motor torpedo boat **5.** MIL sentinel **6.** [dans un texte] heading ; [dans un dictionnaire] headword.
❖ **en vedette** loc adv ▸ **mettre qqn / qqch en vedette** to put the spotlight on sb / sthg.

vedettisation [vәdɛtizasjɔ̃] nf ▸ **la vedettisation de qqn** turning sb into a celebrity.

vedettiser [3] [vәdɛtize] vt to turn into a celebrity.

védique [vedik] adj Vedic.

védisme [vedism] nm Vedaism.

végétal, e, aux [veʒetal, o] adj [fibre] plant ; [huile] vegetable ▸ **règne végétal** plant kingdom.
❖ **végétal, aux** nm plant, vegetable.

végétalien, enne [veʒetaljɛ̃, ɛn] adj & nm, f vegan.

végétalisation [veʒetalizasjɔ̃] nf [en urbanisme] planting.

végétalisé, e [veʒetalize] adj [espace, terrasse] planted ▸ **mur végétalisé** plant wall.

végétaliser [veʒetalize] vt [espace, terrasse] to plant.

végétalisme [veʒetalism] nm veganism.

végétaliste [veʒetalist] = **végétalien**.

végétarien, enne [veʒetarjɛ̃, ɛn] adj & nm, f vegetarian.

végétarisme [veʒetarism] nm vegetarianism.

végétatif, ive [veʒetatif, iv] adj **1.** ANAT, BOT & MÉD vegetative **2.** [inactif] : *mener une vie végétative* to sit around all day.

végétation [veʒetasjɔ̃] nf BOT vegetation / *des arbres en pleine végétation* trees in full growth.
❖ **végétations** nfpl MÉD ▸ **végétations (adénoïdes)** adenoids.

végéter [18] [veʒete] vi to vegetate, to stagnate / *je végète ici!* I'm stagnating here! / *son affaire végète* his business is sluggish / *le marché végète* trading is slow.
✐ In reformed spelling (see p. 16-19), this verb is conjugated like **semer**: *il végètera, elle végèterait.*

véhémence [veemɑ̃s] nf vehemence.
❖ **avec véhémence** loc adv vehemently, passionately.

véhément, e [veemɑ̃, ɑ̃t] adj [plaidoyer] vehement, passionate ; [dénégation] vehement, vociferous.

véhémentement [veemɑ̃tmɑ̃] adv *litt* vehemently, passionately.

véhiculaire [veikylɛr] adj ⟶ **langue**.

véhicule [veikyl] nm **1.** TRANSP vehicle / *véhicule automobile / hippomobile* motor / horse-drawn vehicle ▸ **véhicule lourd** heavy-goods vehicle ▸ **véhicule de tourisme** private car ▸ **véhicule utilitaire** commercial vehicle / *véhicule sur coussin d'air* air-cushion vehicle / *véhicule à deux roues* two-wheeler ▸ **véhicule sanitaire** ambulance ▸ **véhicule tout-terrain** all-terrain vehicle, ATV / *véhicule de transport de troupe* armoured troop-carrier ▸ **véhicule spatial** spacecraft, spaceship / **'véhicule lent'** 'slow vehicle' **2.** [moyen de transmission] vehicle ▸ **le véhicule de** a vehicle for **3.** ART & PHARM

* In reformed spelling (see p. 16-19).

vehicle **4.** RELIG ▸ **petit véhicule** Hinayana ▸ **grand véhicule** Mahayana.

véhiculer [3] [veikyle] vt **1.** TRANSP to convey, to transport **2.** [transmettre - idée, message] to convey, to serve as ou to be a vehicle for.

veille [vɛj] nf **1.** [jour d'avant] : *la veille, je lui avais dit...* the day before, I'd said to him... ▸ **la veille au soir** the night before / *faites mariner la veille au soir* marinate overnight ▸ **la veille de** the eve of, the day before ▸ **la veille de Noël** Christmas Eve / *la veille du jour de l'An* New Year's Eve ▸ **la veille de son départ / sa mort** the day before he left / died ▸ **à la veille de** : *à la veille des présidentielles / de la visite du pape* on the eve of the presidential elections / of the Pope's visit / *le pays est à la veille d'un tournant historique* the country is on the eve ou brink of a historic change / *on était à la veille d'entrer en guerre* we were on the brink of war ou on the point of declaring war **2.** [éveil] : *de longues heures de veille consacrées à la poésie* long sleepless nights devoted to poetry ▸ **état de veille** waking state / *être entre la veille et le sommeil* between waking and sleeping **3.** [garde] vigil ; MIL night watch ▸ **homme de veille** NAUT lookout **4.** [étude] ▸ **veille économique** business intelligence ▸ **veille technologique** monitoring of technological development.

❖ **en veille** ◆ loc adj [ordinateur] in sleep mode. ◆ loc adv ▸ **mettre en veille** [ordinateur] to put in sleep mode.

veillée [veje] nf **1.** [soir] evening **2.** [réunion] evening gathering / *faire une veillée autour d'un feu* to spend the evening round a fire / *les histoires que l'on se racontait à la veillée* the stories people used to tell at evening gatherings **3.** [en colonie de vacances] evening activities **4.** [garde] vigil, watch ▸ **veillée d'armes** HIST knightly vigil / *c'est notre veillée d'armes avant le concours* *fig* it's the last night before our exam.

veiller [4] [veje] ◆ vt [un malade] to watch over, to sit up with ; [un mort] to keep watch ou vigil over. ◆ vi **1.** [rester éveillé] to sit ou to stay up *(insép)* / *veiller jusque tard dans la nuit* to sit up ou stay awake till late into the night / *ne veille pas trop tard* don't stay up too late **2.** [être de garde] to keep watch, to be on watch **3.** [être sur ses gardes] to be watchful ou vigilant **4.** [entre amis] to spend the evening in company.

❖ **veiller sur** v + prép [surveiller - enfant] to watch (over), to look after, to take care of ; [- santé] to watch, to take care of.

❖ **veiller à** v + prép to see to / *veiller aux intérêts du pays* to attend to ou to see to ou to look after the interests of the country / *je veillais au bon déroulement des opérations* I saw to it that everything was running smoothly / *veillez à ce qu'il ne tombe pas* be careful ou watch that he doesn't fall / *je veillerai à ce qu'elle arrive à l'heure* I'll see (to it) ou make sure that she gets there on time / *veillez à ne pas refaire la même faute* take care ou be careful not to make the same mistake again ▸ **veiller au grain** to keep one's weather eye open.

❖ **se veiller** vpi SUISSE *fam* to be careful.

veilleur [vejœʀ] nm **1.** MIL [soldat] lookout **2.** [gardien] ▸ **veilleur de nuit** night watchman.

veilleuse [vejøz] nf [lampe] night-light ; [flamme] pilot light ▸ **mettre en veilleuse a)** [lumière] to dim, to turn down low **b)** *fam & fig* [projet] to put off temporarily, to put on the back burner, to shelve ▸ **mets-la en veilleuse!** *tfam* just pipe down, will you !

❖ **veilleuses** nfpl AUTO sidelights.

veinard, e [vɛnaʀ, aʀd] *fam* ◆ adj [chanceux] lucky, jammy UK. ◆ nm, f lucky devil ou so-and-so / *sacré veinard, va!* you lucky devil !

veine [vɛn] nf **1.** ANAT vein ▸ **s'ouvrir les veines** to slash one's wrists ▸ **veine cave** vena cava ▸ **veine porte** portal vein ▸ **veine pulmonaire** pulmonary vein **2.** [d'un minerai] vein, lode ; [du bois] grain ; [d'une feuille] vein **3.** [inspiration] vein, inspiration / *les deux récits sont de la même veine* the two stories are in the same vein **4.** *fam* [chance] luck ▸ **avoir de la veine** to be lucky ▸ **quel coup de veine!** what a stroke of luck !, what a fluke ! ▸ **pas de veine!** hard ou tough luck ! ▸ **c'est bien ma veine!** *iron* just my luck ! ▸ **avoir une veine de cocu** *tfam* ou **de pendu** to have the luck of the devil **5.** EXPR **être en veine de générosité** to be in a generous mood ▸ **je suis en veine d'inspiration ce matin** I'm feeling inspired this morning.

veiné, e [vene] adj [bras, main] veiny ; [bois] grained ; [feuille, marbre] veined / *veiné de rose* pink-veined.

veiner [4] [vene] vt to vein.

veineux, euse [venø, øz] adj **1.** ANAT venous **2.** [strié - bois] grainy.

veinule [venyl] nf venule, veinlet.

veinure [venyʀ] nf veining / *le bois présente des veinures* the wood is veined.

vêlage [vɛlaʒ] nm calving.

vélaire [velɛʀ] adj & nf velar.

velche [vɛlʃ] SUISSE ◆ adj French-speaking Swiss. ◆ nmf French-speaking Swiss *(person)*.

Velcro® [vɛlkʀo] nm Velcro®.

vêlement [vɛlmɑ̃] = **vêlage.**

vêler [4] [vele] vi to calve.

vélie [veli] nf water flea.

vélin [velɛ̃] nm **1.** vellum **2.** ⟶ **papier.**

véliplanchiste [veliplɑ̃ʃist] nmf windsurfer.

vélique [velik] adj NAUT ▸ **point vélique** centre of effort.

vélite [velit] nm ANTIQ velite.

vélivole [velivɔl], **vélivoliste** [velivɔlist] ◆ adj glider *(modif)*. ◆ nmf glider pilot.

velléitaire [veleitɛʀ] ◆ adj indecisive. ◆ nmf : *c'est une velléitaire* she has ideas but never carries them through.

velléité [veleite] nf vague desire, stray impulse / *il lui vient des velléités de repeindre la cuisine* he sometimes gets the urge to redecorate the kitchen (but never gets round to it) / *des velléités littéraires* a vague desire to write / *j'ai acheté toutes ces pelotes de laine quand j'avais des velléités de tricot* I bought all these balls of wool when I was in my knitting phase.

vélo [velo] nm **1.** [bicyclette] bike, bicycle ▸ **faire du vélo, monter à vélo** to ride a bike ▸ **aller à** ou **en vélo** to go by bike, to cycle / *on a fait un tour à vélo* we went for a ride (on our bikes) ▸ **vélo d'appartement** exercise bike ▸ **vélo de course** racing bike ▸ **vélo couché** recumbent bicycle ▸ **vélo tout terrain** mountain bike ▸ **avoir un petit vélo (dans la tête)** *hum* to have bats in the belfry **2.** LOISIRS & SPORT ▸ **le vélo** cycling.

véloce [velɔs] adj *litt* [rapide] swift, fleet *litt*, [agile] nimble, deft.

vélocimétrie [velɔsimetʀi] nf velocimetry.

vélocipède [velɔsipɛd] nm *hum* velocipede.

vélociraptor [velɔsiʀaptɔʀ] nm velociraptor.

vélociste [velɔsist] nm [vendeur] cycle dealer ; [réparateur] cycle mechanic.

vélocité [velɔsite] nf **1.** *litt* [rapidité] velocity, speed, swiftness ▸ **avec vélocité** swiftly / *exercice de vélocité* MUS finger exercise **2.** PHYS velocity.

vélocross [velɔkʀɔs] nm cyclo-cross / *faire du vélocross* to go cross-country cycling.

vélodrome [velɔdʀom] nm velodrome.

vélomoteur [velɔmɔtœʀ] nm lightweight motorcycle, moped UK.

véloroute [velɔʀut] nf cycle path.

véloski [velɔski] nm skibob.

vélo-taxi [velotaksi] nm taxi-bike.

velours [vəluʀ] nm **1.** TEXT velvet ▸ **velours bouclé** uncut velvet, loop pile fabric ▸ **velours côtelé, velours à côtes** corduroy / *pantalons en velours côtelé* ou *velours à côtes* corduroy trousers, cords **2.** *fig* : *ce vin / sa peau est comme du velours* this wine / her skin is as smooth as velvet ▸ **des yeux de velours** soft ou velvet eyes ▸ **une voix de velours** a velvety ou silky voice.

velouté, e [vəlute] adj **1.** [doux - peau] velvet *(modif)*, silky **2.** TEXT [tissu] raised-nap *(modif)* ; [papier peint] flocked.

❖ **velouté** nm **1.** CULIN [potage] cream soup ; [sauce] velouté (sauce) / *velouté de poulet* cream of chicken (soup) **2.** [douceur - de la peau] velvetiness, silkiness.

veloutement [vəlutmɑ̃] nm *litt* velvetiness.

velouter [3] [vəlute] vt **1.** TEXT to raise, to nap **2.** [papier peint] to flock.

❖ **se velouter** vpi [voix] to soften.

velouteux, euse [vəlutø, øz] adj velvety, soft, silky.

veloutine [vəlutin] nf velveteen.

Velpeau [vɛlpo] npr ⟶ **bande.**

velu, e [vəly] adj **1.** [homme, poitrine] hairy **2.** BOT hairy, downy, villous *spéc* **3.** TEXT raised-nap.

vélum [velɔm] nm **1.** [protection] awning **2.** ANTIQ velarium **3.** ZOOL velum.

Velux® [velyks] nm roof light.

venaison [vənɛzɔ̃] nf venison.

vénal, e, aux [venal, o] adj **1.** [corrompu] venal, corrupt **2.** [intéressé] venal, mercenary **3.** ÉCON ⟶ **valeur.**

vénalité [venalite] nf venality.

venant [vənɑ̃] nm : *à tout venant, à tous venants* [au premier venu] to all and sundry ▸ **à tout venant** [à tout propos] constantly.

Venceslas [vɛ̃sɛslas] npr Wenceslas.

vendable [vɑ̃dabl] adj saleable, marketable / *ma voiture n'est pas vendable* my car has no market value.

vendange [vɑ̃dɑ̃ʒ] nf **1.** [cueillette] grape-picking, grape-harvesting, grape-harvest ▸ **faire la vendange** ou **les vendanges a)** [vigneron] to harvest the grapes **b)** [journalier] to go grape-picking **2.** [quantité récoltée] grape-harvest, grape-yield ; [qualité récoltée] vintage / *la vendange de l'année sera bonne* this year's vintage will be good, this year will be a good vintage.

❖ **vendanges** nfpl [saison] grape-harvesting time.

vendangeoir [vɑ̃dɑ̃ʒwaʀ] nm grape basket.

vendanger [17] [vɑ̃dɑ̃ʒe] ◆ vt to harvest, to pick. ◆ vi to harvest grapes.

vendangeur, euse [vɑ̃dɑ̃ʒœʀ, øz] nm, f grape-picker.

❖ **vendangeur** nm harvest mite, chigger.

❖ **vendangeuse** nf **1.** [machine] grape-picker **2.** BOT aster.

vendéen, enne [vɑ̃deɛ̃, ɛn] adj Vendean.

❖ **Vendéen, enne** nm, f Vendean.

vendémiaire [vɑ̃demjɛʀ] nm *1st month in the French Revolutionary calendar (from Sept 22nd/23rd/24th to Oct 21st/22nd/23rd).*

vendetta [vɑ̃deta] nf vendetta.

vendeur, euse [vɑ̃dœʀ, øz] ◆ adj selling / *si ma maison vous intéresse, je suis vendeuse* if you're interested in my house, I'm willing to sell ▸ **commissionnaire vendeur** selling agent. ◆ nm, f **1.** [dans un magasin] salesperson, shop assistant UK, (sales) clerk US / **'recherche vendeurs'** 'sales staff wanted' **2.** [dans une entreprise] (sales) representative ▸ **il est bon vendeur** he's a good salesman **3.** [marchand] seller ▸ **vendeur de journaux** news ou newspaper man / *vendeur de chaussures* shoe seller ▸ **vendeuse de glaces** ice-cream lady.

❖ **vendeur** nm DR vendor, seller.

Vendôme [vɑ̃dom] ⟶ **place.**

vendre [73] [vɑ̃dʀ] vt **1.** [céder - propriété, brevet, marchandise] to sell / *il vend ses melons (à) 3 €* he sells his melons at ou for 3 € each ▸ **vendre qqch à la pièce / à la douzaine / au poids** to sell sthg by unit / by the dozen / by weight ▸ **vendre (qqch) au détail** to retail (sthg) ▸ **vendre (qqch) en gros** to sell (sthg) wholesale ▸ **vendre qqch au prix fort** to price sthg high ▸ **vendre qqch à perte** to sell sthg at a loss ▸ **vendre qqch aux enchères a)** [gén] to auction sthg **b)** [pour s'en débarrasser] to auction sthg off / *elle a tout vendu et elle a fait ses valises* she sold up UK ou out US and packed her bags ▸ **vendre qqch à qqn** to sell sb sthg, to sell sthg to sb / *elle m'a vendu sa montre (pour) 15 euros* she sold me her watch for 15 euros / *tu me la vendrais combien?* how much would you sell it (to me) for? /

'à vendre' 'for sale' ; *(en usage absolu)* : *ils vendent cher / ne vendent pas cher chez Zapp* Zapp's is expensive / cheap ▸ **vendre chèrement sa peau** to fight for one's life ▸ **vendre sa salade** *fam* to sell one's line ou o.s. ▸ **il vendrait père et mère** he'd sell his own grandmother ▸ **il ne faut jamais vendre la peau de l'ours avant de l'avoir tué** *prov* don't count your chickens before they are hatched *prov* **2.** [commercialiser] to sell / *vendre ses charmes* *euphém* to sell one's body ; *(en usage absolu)* : *ce qui les intéresse, c'est de vendre* they're interested in selling ou sales / *nous vendons beaucoup à l'étranger* we sell a lot abroad, we get a lot of sales abroad ▸ **la publicité fait vendre** advertising sells **3.** [trahir -secret] to sell ; [-associé, confident] to sell down the river ▸ **vendre son âme au diable** to sell one's soul to the devil ▸ **vendre la mèche a)** [exprès] to give the game ou show away **b)** [par accident] to let the cat out of the bag.

❖ **se vendre** ◆ vp *(emploi passif)* to sell / *ça se vend bien / mal actuellement* it is / isn't selling well at the moment ▸ **se vendre comme des petits pains** to sell ou to go like hot cakes. ◆ vp *(emploi réfléchi)* **1.** [se mettre en valeur] to sell o.s. / *il faut savoir se vendre* you must be able to sell yourself ou to show yourself off to your best advantage **2.** [traître] to sell o.s. / *se vendre à l'adversaire* to sell o.s. to ou to sell out to the opposite side.

vendredi [vɑ̃dʀədi] nm Friday ▸ **le vendredi saint** Good Friday. **Voir aussi mardi.**

Vendredi [vɑ̃dʀədi] npr [dans «Robinson Crusoé»] Man Friday / *j'ai été son Vendredi* I was his man Friday.

vendu, e [vɑ̃dy] ◆ pp ⟶ **vendre.** ◆ adj [vénal] corrupt. ◆ nm, f *péj* turncoat, traitor.

venelle [vənɛl] nf lane, alleyway.

vénéneux, euse [venenø, øz] adj **1.** [toxique] poisonous, toxic **2.** *litt* [pernicieux] : *elle nourrissait des pensées vénéneuses* malignant thoughts were going through her mind.

vénérable [veneʀabl] adj venerable / *d'un âge vénérable* ancient *hum.*

vénération [veneʀasjɔ̃] nf **1.** RELIG reverence **2.** [admiration] veneration, reverence, respect ▸ **avoir de la vénération pour qqn** to revere sb.

vénérer [18] [veneʀe] vt **1.** RELIG to worship, to revere **2.** [admirer] to revere, to worship, to venerate.

✎ In reformed spelling (see p. 16-19), this verb is conjugated like *semer*: *il vénèrera, elle vénèrerait.*

vénerie, vènerie* [vɛnʀi] nf hunting ▸ **la grande vénerie** *hunting with hounds* ▸ **la petite vénerie** *hunting with small dogs.*

vénérien, enne [veneʀjɛ̃, ɛn] adj venereal.

vénérologie [veneʀɔlɔʒi] nf venereology.

vénérologue [veneʀɔlɔg] nmf venereologist.

Vénètes [venɛt] npr mpl ▸ **les Vénètes** the Veneti.

Vénétie [venesi] npr f ▸ **la Vénétie** Veneto.

veneur [vənœʀ] nm **1.** [chasseur] hunter **2.** [maître des chiens] master of hounds **3.** HIST ▸ **le Grand veneur** ≃ the Master of the Royal Hunt.

Venezuela [venezɥela] npr m ▸ **le Venezuela** Venezuela ▸ **au Venezuela** in Venezuela.

vénézuélien, enne [venezɥeljɛ̃, ɛn] adj Venezuelan.

❖ **Vénézuélien, enne** nm, f Venezuelan.

vengeance [vɑ̃ʒɑ̃s] nf revenge, vengeance / *crier* ou *demander* ou *réclamer vengeance* to cry out for revenge / *tirer vengeance d'une injustice* to avenge an injustice / *il a menti par vengeance* he lied for the sake of revenge ▸ **soif** ou **désir de vengeance** revengefulness, vengefulness / *avoir sa vengeance* to get one's own back, to have one's revenge ▸ **c'est la vengeance divine** ou **du ciel** *hum* it's divine retribution ▸ **la vengeance est un plat qui se mange froid** *prov* vengeance is a meal best eaten cold *prov.*

venger [17] [vɑ̃ʒe] vt **1.** [réparer] to avenge / *venger un affront* to avenge an insult **2.** [dédommager] ▸ **venger qqn de qqch** to avenge sb for sthg / *cela le venge de son échec* it makes up for his failure.

❖ **se venger** vp *(emploi réfléchi)* **1.** [tirer réparation] to revenge ou to avenge o.s., to take vengeance ▸ **je me vengerai !** I'll get my own back ! / *il s'est vengé brutalement* he retaliated brutally ▸ **se venger de qqn / qqch** to take one's revenge on sb / for sthg / *elle m'a menti pour se venger de ma cruauté* she lied to me in revenge for my cruelty / *il s'est vengé de l'assassin de sa sœur* he took his revenge on his sister's murderer **2.** [calmer sa colère] : *ne te venge pas sur moi* don't take it out on me.

vengeron [vɑ̃ʒʀɔ̃] nm SUISSE roach.

vengeur, eresse [vɑ̃ʒœʀ, vɑ̃ʒʀɛs] ◆ adj avenging, revengeful, vengeful / *...,dit-elle d'un ton vengeur ...,* she said, vindictively / *une petite remarque vengeresse* a vengeful little remark. ◆ nm, f avenger.

véniel, elle [venjɛl] adj **1.** [excusable] minor, slight **2.** RELIG venial.

venimeux, euse [vənimø, øz] adj **1.** [toxique] venomous, poisonous **2.** [méchant] venomous, malevolent / *il m'a lancé un regard venimeux* he looked daggers at me, he shot me a murderous glance ▸ **des commentaires venimeux** barbs, barbed remarks.

venin [vənɛ̃] nm **1.** [poison] venom **2.** *litt* [malveillance] ▸ **cracher** ou **jeter son venin** to vent one's spleen ▸ **répandre son venin contre qqn / qqch** to speak viciously about sb / sthg.

venir [40] [vəniʀ]

◆ v aux **1.** [se rendre quelque part pour] to come and, to come to / *Roger viendra me chercher* Roger will come and collect me / *viens t'asseoir près de moi* come and sit down by me / *je suis venu m'excuser* I've come to apologize / *venez manger!* dinner's ready ! ▸ **venir voir qqn** to come and see ou to visit sb, to visit with sb US / *ils ne viennent plus nous voir* [après une querelle] we're not on visiting terms any more ▸ **venir voir qqch** to come and see sthg / *beaucoup de gens sont venus voir notre pièce* a lot of people turned out ou came to see our play ; *(à valeur d'insistance)* : *si tu tombes, ne viens pas pleurer!* if you fall, don't come crying ! / *tu l'as bien cherché, alors ne viens pas te plaindre!* you asked for it, so now don't come moaning to me about it ! / *il est venu raconter qu'elle avait des dettes* he came telling tales about her being in debt / *qu'est-ce que tu viens nous raconter ou chanter là?* *fam* what on earth are you on about UK ou talking about ? **2.** ▸ **venir de** [avoir fini de] : *venir de faire qqch* to have just done sthg / *je viens de laver les vitres et il pleut!* I've just finished cleaning the windows and now it's raining ! / *je viens de l'avoir au téléphone* I was on the phone to her just a few minutes ou a short while ago / *elle vient de terminer son premier album* [il y a quelques jours] she's just ou she recently finished her first album / *je venais de terminer mes devoirs* I had just finished my homework **3.** *sout* ▸ **venir à** [exprime un hasard] to happen to / *si son pied venait à glisser* should his foot slip, if his foot slipped / *si les vivres venaient à manquer* should food supplies run out, if food supplies were to run out.

◆ vi

A. AVEC IDÉE DE MOUVEMENT
B. SANS IDÉE DE MOUVEMENT
C. SURGIR, SE MANIFESTER

A. AVEC IDÉE DE MOUVEMENT **1.** [se déplacer, se rendre] to come ▸ **viens plus près** come closer / *je ne suis pas venu pour parler de la pluie et du beau temps!* I didn't come here to talk about the weather ! / *faut-il venir déguisé?* do we have to come in ou to wear fancy dress ? / *il y aura un orchestre et du champagne, il faut venir!* there will be a band and champagne, you must come along ! ▸ **venez nombreux!** do come along ! / *ils sont venus nombreux* they came in droves ▸ **il est reparti** ou **il s'en est allé comme il était venu a)** *pr* he left just as he had come **b)** [il est mort] he died without having made his mark / *comment êtes-vous venus?* how did you get here ? / *ma mère disparue, il a commencé à venir chez nous* after my mother passed away, he took to visiting us / *je l'ai rencontrée en venant ici* I met her on my way here / *il vient au collège en planche à roulettes / en taxi* he comes to college on a skateboard / in a taxi / *il ne vient plus au collège* he never comes to college now / *viens au lit* come to bed / *on ne peut venir au chalet qu'à pied* the only way to reach the chalet is on foot / *quand il est venu en Australie* when he came to Australia / *comment est-elle venue sur l'île?* how did she get to ou reach the island ? ▸ **venir avec qqn** to come with ou to accompany sb / *alors, tu viens?* are you coming ? / *on va au restaurant, tu viens avec nous?* we're off to the restaurant, are you coming with us ou along ? / *à la piscine? d'accord, je viens avec toi* to the swimming pool ? OK, I'll come ou go with you ▸ **venir de** : *d'où viens-tu?* where have you been ? / *je viens de Paris et je repars à New York* I've just been in Paris and now I'm off to New York ▸ **venir sur** [prédateur, véhicule] to move in on, to bear down upon / *la moto venait droit sur nous* the motorbike was heading straight for us ▸ **venir vers qqn** [s'approcher] to come up to ou towards sb ▸ **venir à qqn a)** [s'adresser à qqn] to come to sb **b)** [atteindre qqn] to reach sb / *il vient toujours à moi quand il a besoin d'argent* he always comes to me when he needs money **2.** ▸ **faire venir a)** [médecin, police, réparateur] to send for, to call **b)** [parasites, touristes] to attract / *faire venir une personne chez soi* to have somebody come round / *faites venir le prévenu chez le juge* bring the accused to the judge's office / *je fais venir mon foie gras directement du Périgord* I have my foie gras sent straight from Périgord ▸ **faire venir les larmes aux yeux de qqn** to bring tears to sb's eyes **3.** NAUT : *venir sur bâbord / tribord* to alter course to port / starboard / *venir au vent* ou *lof* to come round (into the wind).

B. SANS IDÉE DE MOUVEMENT ▸ **venir à** ou **jusqu'à a)** [vers le haut] to come up to, to reach (up to) **b)** [vers le bas] to come down to, to reach (down to) **c)** [en largeur, en longueur] to come out to, to stretch to, to reach / *la vigne vierge vient jusqu'à ma fenêtre* the Virginia creeper reaches up to my window ▸ **l'eau vient jusqu'à la cheville / jusqu'au genou** the water is ankle-deep / knee-deep.

C. SURGIR, SE MANIFESTER **1.** [arriver -moment, saison] to come / *le moment est venu de* the time has come to / *quand vient l'hiver* when winter comes / *quand vint le jour du mariage* when the wedding day came ▸ **l'aube vint enfin** dawn broke at last ▸ **voici venir la nuit** it's nearly night ou nighttime / *puis la guerre est venue* then came the war / *la retraite vient vite!* retirement isn't long in coming ! / *puis il vient un âge / moment où...* then comes an age / a time when... ▸ **ça va venir** : *je ne suis jamais tombé amoureux — non, mais ça va venir!* I've never fallen in love — (no, but) you will one day ! / *alors, elle vient cette bière?* am I getting that beer or not ?, how long do I have to wait for my beer ? / *alors, ça vient?* hurry up ! / *ça vient, ça vient!* alright, it's coming ! **2.** [apparaître -inspiration, idée, boutons] to come / *mon nouveau roman commence à venir* my new novel is coming along (nicely) / *la prudence vient avec l'âge* wisdom comes with age ▸ **prendre la vie comme elle vient** ou **les choses comme elles viennent** ou **les événements comme ils viennent** to take things in one's stride ou as they come, to take life as it comes ▸ **venir à qqn** : *l'envie m'est soudain venue d'aller me baigner* I suddenly felt like going swimming ou fancied a swim / *une idée géniale m'était venue* a great idea had dawned on me / *le remords m'est venu peu à peu* remorse crept up on me / *les mots ne me viennent pas facilement en russe* my Russian isn't fluent, I'm not fluent in Russian / *les mots semblaient lui venir si facilement!* her words seemed to flow so effortlessly ! / *les mots ne me venaient pas* I was at a loss for words, I couldn't find the words / *les idées me viennent mais pas les mots* I've got ideas but I can't find words to express them / *des rougeurs me sont venues sur tout le corps* I came out in red blotches all over ▸ **venir à l'esprit de qqn** ou **à l'idée de qqn** to come to ou to dawn on sb / *rien ne lui venait à l'esprit* ou *l'idée* her mind was a blank / *une solution m'est venue à l'esprit* a solution dawned on me **3.** [dans une chronologie, un ordre, une hiérarchie] to come / *le mois / l'année / la décennie qui vient* the coming month / year / decade / *le trimestre qui vient* next term ▸ **venir après** : *fais tes devoirs, la télé viendra après* do your homework, we'll see about TV later on / *dans ce jeu,*

* In reformed spelling (see p. 16-19).

l'as vient après le valet in this game, the ace is worth less than the jack **4.** [se développer] to come along ou up (well), to do well / *les rosiers viennent mieux dans un terrain glaiseux* rose bushes do better in a clayey soil / *les capucines ne sont pas bien venues* the nasturtiums didn't come up ou do well / *venir à fruit* to (go into) fruit / *venir à maturité* to reach maturity, to ripen **5.** IMPR & PHOT ▸ **venir bien / mal** : *les verts viennent bien sur la photo* the green shades come out beautifully in the photograph.

◆ v impers **1.** [se déplacer] : *il vient des amateurs de jazz des quatre coins de l'Europe* jazz lovers come from all over Europe / *il vient peu de touristes en hiver* few tourists come in winter **2.** ▸ **il me / te, etc., vient** : *il me vient une idée* I've got an idea / *il m'est venu à l'idée de faire* I suddenly thought of doing, it dawned on me to do / *il me vient à l'idée que nous pourrions l'interroger aussi* come to think of it, we could ask him as well / *soudain il m'est venu un doute* I suddenly wasn't so sure / *il m'est venu une envie de tout casser* I suddenly felt like smashing the place up **3.** [exprime un hasard] ▸ **s'il venait à pleuvoir** should it (happen to) rain.

❖ **venir à** v + prép **1.** [choisir] to come to / *elle est venue tard à la musique* she was a latecomer to music / *vous êtes venu tôt à la politique* you started your political career early **2.** ▸ **en venir à a)** [thème, problème] to come ou to turn to **b)** [conclusion] to come to, to reach **c)** [décision] to come to / *venons-en aux statistiques* (now) let's turn to ou look at the figures / *en venir au fait* ou *à l'essentiel* to come ou to go straight to the point / *j'en viens au détail croustillant!* I'm coming to the juicy bit! / *la discussion en était venue à la politique* the discussion had turned to politics / *je sais certaines choses... — où veux-tu en venir?* I know a thing or two... — what do you mean by that ou are you getting at ou are you driving at? / *pourquoi a-t-elle exigé cela? — je crois savoir où elle veut en venir* why did she make that particular demand? — I think I know what she's after ▸ **en venir aux mains** ou **coups** to come to blows ▸ **en venir à faire a)** [finir par] to come to **b)** [en dernière extrémité] to resort ou to be reduced to / *ils en étaient venus à douter de son talent* they'd come to question her talent / *j'en viens à me demander si...* I'm beginning to wonder whether... / *j'en viendrais presque à souhaiter sa mort* I've reached the stage where I almost wish he were dead / *si j'en suis venu à voler, c'est que...* I resorted to stealing because... ▸ **y venir** [dans une discussion] : *et l'argent? — j'y viens* what about the money? — I'm coming to that ▸ **y venir** [s'y résoudre] to come round to it / *je ne prendrai jamais de médicaments — vous y viendrez* I'll never take any medicine — you'll come round to it / *je vais te casser la figure — viens-y un peu!* fam I'm going to smash your face in — come on then ou just you try!

❖ **venir de** v + prép **1.** [être originaire de -suj: personne] to come from, to be from, to be a native of ; [-suj: plante, fruit, animal] to come ou to be ou to originate from / *sa femme vient du Chili* his wife comes from ou is from Chile / *je boycotte tout ce qui vient de leur pays* I boycott everything that comes from ou is produced in their country / *la perle vient de la famille de mon père* the pearl has been passed down from my father's family / *une mode qui vient d'Espagne* a fashion which comes from ou originated in Spain / *le mot vient du latin* the word comes ou derives from Latin **2.** [provenir de -suj: marchandise] to originate from ; [-suj: bruit, vent] to come from / *ces images nous viennent de Tokyo* these pictures come to you from Tokyo **3.** [être issu de] to come from / *les produits qui viennent du pétrole* oil-based products / *d'où vient la conscience?* where does consciousness spring from? sout / *les ordres viennent de beaucoup plus haut* the orders come from much higher up / *la suggestion doit venir de toi, il l'acceptera mieux* he'll accept the suggestion more readily if it comes from you / *venant de lui, rien ne m'étonne* nothing he says or does can surprise me / *venant d'elle, c'est presque un compliment* coming from her it's almost a compliment **4.** [être dû à -suj: problème] to come ou to stem from, to lie in ou with / *le problème vient de la prise* it's the plug / *ça ne peut venir que du carburateur* it can only be the carburettor / *quand il y a des problèmes au bureau, tu peux être sûr que ça vient d'elle* when there's trouble at the office, you can be sure she's had a hand in it / *il y a une grosse erreur dans la comptabilité — ça ne vient pas de moi* there's a big discrepancy in the books — it's got nothing to do with me ▸ **c'est de là que vient le mal / problème** this is the root of the evil / problem / *de là vient son indifférence* hence her indifference, that's why she's indifferent ▸ **de là vient que** : *les travaux sont finis, de là vient que tout est calme* the building work is over, hence the peace and quiet ▸ **d'où vient que** : *je dois terminer pour demain, d'où vient que je n'ai pas de temps à vous consacrer* my deadline is tomorrow, that's why I can't give you any of my time / *d'où vient que...?* how is it that...?

❖ **s'en venir** vpi *litt* to come / *un cavalier s'en venait* a rider was coming ou approaching.

❖ **à venir** loc adj : *dans les jours / semaines / mois à venir* in the days / weeks / months to come / *les années à venir* the coming years ou years to come / *les générations à venir* future ou coming generations / *mes amours à venir* my future loves.

Venir faire qqch

Notez l'emploi de come and do sthg qui sert à insister sur l'accomplissement de l'action (avec come to do sthg, on n'est pas certain que l'action est accomplie). En anglais américain, and est souvent omis :

Viens me voir mercredi. *Come and see me on Wednesday* ou *Come see me on Wednesday* US.

Je viendrai te montrer les photos. *I'll come and show you the pictures* ou *I'll come show you the pictures* US.

Au passé, les deux verbes sont au prétérit. Dans ce cas, and ne peut pas être omis :

Il est venu réparer le lave-linge. *He came and fixed the washing machine.*

Notez que la construction come and do sthg relève d'un registre plutôt oral.

Venise [vəniz] npr Venice.

vénitien, enne [venisjɛ̃, ɛn] adj Venetian.

❖ **Vénitien, enne** nm, f Venetian.

vent [vɑ̃] nm **1.** MÉTÉOR wind / *un vent du nord / nord-est* a North / North-East wind / *le vent souffle / tourne* the wind is blowing / changing / *le vent tombe / se lève* the wind is dropping / rising ▸ **il y a** ou **il fait du vent** it's windy ou breezy / *un vent de panique a soufflé sur la foule* fig a ripple of panic ran through the crowd / *une journée sans vent* a still day ▸ **vent de terre / mer** land / sea breeze ▸ **plante de plein vent** outdoor plant ▸ **il fait un vent à décorner les bœufs** there is a fierce wind blowing, it's a blustery day **2.** NAUT & AÉRON ▸ **au vent (de)** to windward (of) ▸ **sous le vent (de)** to leeward (of) ▸ **aller contre le vent a)** NAUT to head into the wind **b)** AÉRON to go up the wind ▸ **venir au vent** to turn into the wind ▸ **vent arrière a)** AÉRON tail wind **b)** NAUT rear wind ▸ **vent contraire** adverse wind ▸ **vent debout** head wind ▸ **vent de travers** cross-wind ▸ **avoir du vent dans les voiles** fam to be tipsy, to be three sheets to the wind ▸ **avoir le vent en poupe** to be up-and-coming, to be going places ▸ **du vent!** fam clear off!, get lost! ▸ **bon vent!** good riddance! ▸ **quel bon vent vous amène?** to what do we owe the pleasure (of your visit)? ▸ **il a réussi contre vents et marées** he managed against all the odds / *je le ferai contre vents et marées* I'll do it come hell or high water ▸ **aller** ou **filer comme le vent** to fly ou to hurtle along ▸ **(éparpillés) à tous les vents** ou **à tout vent** (scattered) far and wide **3.** [courant d'air] ▸ **du vent a)** [de l'air] some air, a breeze **b)** [des paroles vaines] hot air **c)** [des actes vains] empty posturing / *il lui a fait un peu de vent avec son journal* he fanned her with his newspaper ▸ **vent coulis** draught ▸ **faire du vent** fig : *elle fait beaucoup de vent* she just makes a lot of noise **4.** MÉD & PHYSIOL ▸ **des vents** wind (U) / *lâcher des vents* to break wind **5.** CHASSE wind / *chasser au vent* to keep the wind ▸ **avoir vent de qqch** to (get to) hear of sthg / *je n'ai pas eu vent de la rumeur* the rumour didn't come my way / *elle a eu vent de l'affaire* she heard about ou she got wind of the story **6.** [atmosphère] : *le vent est à la révolte* there is unrest in the air ▸ **prendre le vent** to test the water, to gauge the situation ▸ **sentir** ou **voir d'où vient le vent** to see which way the wind blows ou how the land lies ▸ **sentir le vent tourner** to feel the wind change, to realize that the tide is turning **7.** ASTRON ▸ **vent solaire** solar wind **8.** GÉOGR ▸ **les îles du Vent** the Windward Isles.

❖ **vents** nmpl MUS wind instruments / *les vents jouent trop fort* the wind section is playing too loud.

❖ **dans le vent** loc adj up-to-date.

❖ **en plein vent** ◆ loc adj [exposé] exposed (to the wind). ◆ loc adv [dehors] in the open (air).

ventage [vɑ̃taʒ] nm winnowing.

ventail, aux [vɑ̃taj, o] nm ventail.

ventaille [vɑ̃taj] nf = **ventail.**

vente [vɑ̃t] nf **1.** [opération] sale ▸ **technique de vente** selling technique / *la vente ne s'est pas faite* the sale fell through ▸ **autoriser / interdire la vente de** to authorize / to prohibit the sale of / **'ici, vente de tomates'** 'tomatoes on ou for sale here' ▸ **retiré de la vente** withdrawn from sale ▸ **vente au détail / en gros / en demi-gros a)** [par le négociant] retail / wholesale / cash-and-carry selling **b)** [profession] retail / wholesale / cash-and-carry trade ▸ **vente à la cheville** wholesale butchery trade ▸ **vente pour cause d'inventaire** stock-taking sale ▸ **vente pour liquidation avant départ** closing-down sale ▸ **vente à perte** dumping ▸ **lettre / promesse de vente** sales letter / agreement **2.** [domaine d'activité] selling ▸ **vente au comptant** cash selling ▸ **vente par correspondance** mail-order selling ▸ **vente à crédit** credit selling ▸ **vente directe** direct selling ▸ **vente à domicile** door-to-door selling ▸ **vente à l'essai** sale on approval ▸ **vente par courtage** direct selling ▸ **vente sur Internet** internet selling ▸ **vente par téléphone** telesales, telemarketing ▸ **vente à tempérament** hire-purchase UK ou installment plan US selling ▸ **vente à terme** sale for settlement **3.** DR ▸ **vente (par adjudication) forcée / judiciaire** compulsory sale, sale by order of the court **4.** [réunion, braderie] sale ▸ **vente de charité** charity sale ▸ **vente à l'encan** ou **aux enchères** auction (sale) ▸ **vente à la criée** auction (sale) *(especially of fish or meat)* ▸ **vente paroissiale** church bazaar ▸ **vente publique** public sale **5.** BOURSE ▸ **à la vente** : *l'euro vaut 1,4 $ à la vente* the selling rate for the euro is 1.4 US dollar **6.** [part de bois] fellable stand ; [arbres] : *asseoir les ventes* to mark trees *(before felling them)* ▸ **jeunes ventes** saplings.

❖ **ventes** nfpl COMM selling, sales / *achats et ventes* buying and selling / *le responsable des ventes* the sales manager / *un pourcentage sur les ventes* a percentage on sales ▸ **ventes d'armes** arms sales.

❖ **en vente** loc adj & loc adv [à vendre] for sale ; [disponible] available, on sale / *en vente en pharmacie* on sale at ou available from the chemist's ▸ **en vente libre** sold without a prescription ▸ **en vente sur / sans ordonnance** obtainable on prescription / without a prescription ▸ **mettre qqch en vente** [commercialiser qqch] to put sthg on the market / *mettre une maison en vente* to put a house up for sale.

venté, e [vɑ̃te] adj **1.** [où le vent souffle] windswept, windy **2.** [exposé] windswept.

venter [3] [vɑ̃te] v impers ▸ **il vente** it's windy, the wind is blowing.

venteux, euse [vɑ̃tø, øz] adj **1.** [où le vent souffle] windswept, windy **2.** [à courants d'air] draughty.

ventilateur [vɑ̃tilatœʀ] nm **1.** [pour rafraîchir] fan / *ventilateur à pales / de plafond* blade / ceiling fan **2.** AUTO [de radiateur] cooling fan ; [de chauffage] heating fan.

ventilation [vɑ̃tilasjɔ̃] nf **1.** [appareil] ventilation / *faire marcher la ventilation* to turn on the fan ; [aération] supply of (fresh) air **2.** MÉD & PHYSIOL ventilation ▸ **ventilation assistée** respiratory assistance ▸ **ventilation maxima** maximum breathing capacity **3.** [d'une comptabilité] breakdown / *la ventilation des frais géné-*

raux the breakdown of overheads **4.** [répartition] allocation, apportionment / *la ventilation des revenus* the allocation of income ou allocating income.

ventiler [3] [vɑ̃tile] vt **1.** [aérer] to air, to ventilate ▶ **mal ventilé** stuffy, airless **2.** MÉD to ventilate, to give respiratory assistance to **3.** [diviser - données] to explode, to scatter ; [- élèves, emplois] to distribute, to spread / *ils ont ventilé les postes sur trois régions différentes* they allocated posts in three different areas **4.** FIN to break down *(sép).*

ventôse [vɑ̃toz] nm *6th month in the French Revolutionary calendar (from Feb 20th to Mar 21st).*

ventouse [vɑ̃tuz] nf **1.** [en caoutchouc] suction cup **2.** MÉD cup, cupping glass ▶ **poser des ventouses à qqn** to cup sb / *application de ventouses* cupping ▶ **ventouse eutocique** suction extractor ▶ **ventouse obstétricale** ou **suédoise** vacuum extractor **3.** ZOOL sucker **4.** [déboucheur] plunger ▶ **faire ventouse** to adhere ou to hold fast (through suction) **5.** CONSTR [pour l'aération] air valve, air-vent.

ventral, e, aux [vɑ̃tʀal, o] adj front *(modif)*, ventral *spéc.*

ventre [vɑ̃tʀ] nm **1.** ANAT & ZOOL stomach / *être couché sur le ventre* to be lying down ou flat on one's stomach ▶ **mettez-vous sur le ventre a)** [de la position debout] lie on your stomach **b)** [de la position couchée] roll over onto your stomach ▶ **il leur marcherait** ou **passerait sur le ventre** *fig* he'd trample all over them ▶ **avoir mal au ventre** to have (a) stomachache ▶ **avoir le ventre creux** ou **vide** to have an empty stomach ▶ **avoir le ventre plein** to be full, to have a full stomach / *il ne pense qu'à son ventre* all he ever thinks about is his stomach ▶ **rentrer / partir ventre à terre** to get back / to go off on the double / *il s'est sauvé ventre à terre* you couldn't see him for dust ▶ **n'avoir rien dans le ventre** : *je n'ai rien dans le ventre depuis trois jours* I haven't had anything to eat for three days, I've had to go hungry for the last three days ▶ **il n'a rien dans le ventre** *fig* he's got no guts ▶ **elle a quelque chose dans le ventre** *fig* she's got guts, she's got what it takes ▶ **je voudrais bien savoir ce qu'elle a dans le ventre a)** [de manière générale] I'd like to know what makes her tick **b)** [sur un point précis] I'd like to know what she's up to ▶ **lui, professeur? ça me ferait mal au ventre!** *fam* a professor, him? like hell he is! ▶ **ventre affamé n'a point** ou **pas d'oreilles** *prov* there is no reasoning with a starving man **2.** [contenu - d'un appareil, d'un véhicule] innards **3.** [utérus] womb / *un bébé dans le ventre de sa mère* a baby in its mother's womb **4.** [renflement - d'un vase, d'un tonneau, d'un pot] bulge, belly ; [- d'un bateau] bilge ; [- d'un avion] belly **5.** CONSTR ▶ **faire ventre** to bulge (out), to jut out **6.** PHYS loop, antinode.

ventrée [vɑ̃tʀe] nf *fam* : *on s'est mis une ventrée (de saucisses)* we stuffed ourselves (with sausages).

ventriculaire [vɑ̃tʀikylɛʀ] adj ventricular.

ventricule [vɑ̃tʀikyl] nm ventricle.

ventriculographie [vɑ̃tʀikylɔgʀafi] nf ventriculography.

ventrière [vɑ̃tʀijɛʀ] nf **1.** [sangle - ventrale] girth ; [- de levage] sling **2.** CONSTR crosspiece, purlin **3.** NAUT bilge block.

ventriloque [vɑ̃tʀilɔk] nmf ventriloquist.

ventriloquie [vɑ̃tʀilɔki] nf ventriloquism.

ventripotent, e [vɑ̃tʀipɔtɑ̃, ɑ̃t] adj potbellied, rotund *euphém.*

ventru, e [vɑ̃tʀy] adj **1.** [personne] potbellied, paunchy **2.** [potiche] potbellied.

venture capital [ventyʀkapital] nm FIN venture capital.

venu, e [vəny] ◆ pp ⟶ **venir.** ◆ adj **1.** ▶ **bien venu a)** [enfant, plante, animal] strong, sturdy, robust **b)** [conseil, remarque] timely, apposite **c)** [attitude] appropriate **d)** [roman] mature ▶ **mal venu a)** [enfant, animal] sickly **b)** [plante] stunted **c)** [remarque, attitude] uncalled for, unwarranted, ill-advised **d)** [conseil] untimely, unwelcome **2.** ▶ **être bien venu de** [être bien inspiré de] : *tu serais bien venu de t'excuser* you'd be well-advised to apologize, it would be a good idea for you to apologize ▶ **être mal venu de** [n'être pas qualifié pour] : *tu serais mal venu de te plaindre!* you're hardly in a position to complain ! / *il serait mal venu de la critiquer* it wouldn't be appropriate to criticize her.

❖ **venue** nf **1.** [d'une personne] arrival / *la venue de ma sœur* my sister's arrival **2.** [d'une saison] approach / *la venue du printemps* the approach of spring **3.** [naissance] birth / *la venue (au monde) d'un enfant* the arrival ou birth of a child **4.** TECHNOL ▶ **venue d'eau / de gaz** water / gas inrush **5.** EXPR *d'une belle venue litt* [arbre] well-grown, sturdy, lush / *d'une seule venue, tout d'une venue litt* grown all in one spurt.

vénus [venys] nf ZOOL Venus shell ▶ **les vénus** the veneridae.

Vénus [venys] ◆ npr Venus. ◆ nf [belle femme] Venus / *ce n'est pas une Vénus* she's no (great) beauty.

vénusien, enne [venyzjɛ̃, ɛn] adj & nm, f Venusian.

vépéciste [vepesist] nm mail-order company.

vêpres [vɛpʀ] nfpl vespers / *aller aux vêpres* to go to vespers / *sonner les vêpres* to ring the bell for vespers.

ver [vɛʀ] nm [gén] worm ; [de viande, de fromage, de fruit] maggot ▶ **avoir des vers** MÉD to have worms / *il y a des vers dans la viande / le fromage* the meat / cheese is maggotty / *cette pomme est pleine de vers* worms have been at this apple / *meuble mangé aux* ou *rongé aux* ou *piqué des vers* worm-eaten piece of furniture ▶ **ver blanc** grub ▶ **ver à bois** woodworm ▶ **ver luisant** glowworm ▶ **ver plat** flatworm ▶ **ver rond** roundworm ▶ **ver à soie** silkworm ▶ **ver solitaire** tapeworm ▶ **ver de terre** earthworm ▶ **ver de vase** bloodworm ▶ **tirer les vers du nez à qqn** *fam* to worm sthg out of sb / *pas moyen de lui tirer les vers du nez fam* he won't give anything away / *j'ai fini par lui tirer les vers du nez* I finally got the truth out of him ▶ **le ver est dans le fruit** the rot's set in.

véracité [veʀasite] nf **1.** *litt* [habitude de dire vrai] veracity *sout*, truthfulness **2.** [authenticité] truth / *la véracité de ce témoignage est évidente* this statement is obviously true / *une histoire dont la véracité n'est pas garantie* an unauthenticated story.

véranda [veʀɑ̃da] nf **1.** [galerie] veranda, verandah, porch US **2.** [pièce] conservatory.

verbal, e, aux [vɛʀbal, o] adj **1.** [dit de vive voix] verbal / *il y a eu un contrat verbal* a verbal contract was established **2.** [s'exprimant par les mots] ▶ **violence verbale** angry words / *c'est un merveilleux délire verbal* it's a wonderful feast of words / *elle est en plein délire verbal péj* she can't stop talking ▶ **diarrhée verbale** verbal diarrhoea **3.** LING [adjectif, système] verbal ; [phrase, forme, groupe] verb *(modif).*

verbalement [vɛʀbalmɑ̃] adv verbally, orally.

verbalisateur, trice [vɛʀbalizatœʀ, tʀis] adj ▶ **agent verbalisateur** policeman *(in charge of reporting petty offences).*

verbalisation [vɛʀbalizasjɔ̃] nf **1.** [amendes] reporting petty offences **2.** PSYCHOL verbalization, verbalizing.

verbaliser [3] [vɛʀbalize] ◆ vi to report an offender / *je suis obligé de verbaliser* I'll have to report you. ◆ vt to express verbally, to put into words, to verbalize.

verbalisme [vɛʀbalism] nm verbalism.

verbatim [vɛʀbatim] nm inv verbatim report.

verbe [vɛʀb] nm **1.** GRAM verb ▶ **verbe actif** active verb ▶ **verbe auxiliaire** auxiliary verb ▶ **verbe défectif** defective verb ▶ **verbe à particule** phrasal verb **2.** [ton de voix] ▶ **avoir le verbe facile** to find it easy to talk ▶ **avoir le verbe haut** to lord it UK, to take a haughty tone / *il n'a plus le verbe si haut depuis que sa protectrice est partie* now that his protector's gone, he's had to quieten down **3.** *litt* [expression de la pensée] words, language **4.** BIBLE ▶ **le Verbe** the Word ▶ **le Verbe fait chair** the Word made flesh.

verbeusement [vɛʀbøzmɑ̃] adv verbosely.

verbeux, euse [vɛʀbø, øz] adj verbose, wordy, long-winded.

verbiage [vɛʀbjaʒ] nm verbiage.

verbicruciste [vɛʀbikʀysist] nmf crossword compiler.

verbosité [vɛʀbozite] nf verbosity, wordiness.

verdâtre [vɛʀdatʀ] adj greenish, greeny.

verdelet, ette [vɛʀdəlɛ, ɛt] adj [vin] slightly acid ou tart.

verdeur [vɛʀdœʀ] nf **1.** [vigueur] vitality, vigour UK, vigor US **2.** [crudité] raciness, boldness, sauciness **3.** [acidité - d'un vin, d'un fruit] slight tartness ou acidity.

verdict [vɛʀdikt] nm **1.** DR verdict ▶ **rendre son verdict** to pass sentence, to return a verdict / *le juge a rendu un verdict sévère* the judge brought in a stiff sentence ▶ **rendre un verdict de culpabilité / d'acquittement** to return a verdict of guilty / not guilty / *quel est votre verdict?* how do you find? **2.** [opinion] verdict, pronouncement / *le verdict du médecin n'était pas très encourageant* the doctor's prognosis wasn't very hopeful / *seul compte le verdict du consommateur* the only thing that matters is the verdict of the consumer.

verdier [vɛʀdje] nm greenfinch.

verdir [32] [vɛʀdiʀ] ◆ vi **1.** [devenir vert] to turn green **2.** [de peur] to blench / *elle a verdi en apprenant la nouvelle* the blood drained out of her face when she heard the news **3.** [plante, arbre] to have green shoots. ◆ vt to add green ou a green tinge to.

verdissant, e [vɛʀdisɑ̃, ɑ̃t] adj : *les cerisiers verdissants* the cherry trees covered in green shoots.

verdissement [vɛʀdismɑ̃] nm turning green.

verdoie v ⟶ **verdoyer.**

verdoiement [vɛʀdwamɑ̃] nm greenness / *le verdoiement des arbres dans le lointain* the green hue of trees in the distance.

verdoyant, e [vɛʀdwajɑ̃, ɑ̃t] adj **1.** [vert] verdant *litt*, green **2.** [vivace] lush / *les champs verdoyants* the lush pastures.

verdoyer [13] [vɛʀdwaje] vi to be green ou *litt* verdant.

Verdun [vɛʀdœ̃] npr Verdun / *la bataille de Verdun* the Battle of Verdun.

verdunisation [vɛʀdynizasjɔ̃] nf chlorination *(of drinking water).*

verduniser [3] [vɛʀdynize] vt to chlorinate.

verdure [vɛʀdyʀ] nf **1.** [couleur] verdure *litt*, greenness **2.** [végétation] greenery, verdure *litt* ; [dans un bouquet] greenery, (green) foliage **3.** CULIN salad / *je vous le sers avec un peu de verdure?* shall I serve it with some salad?

❖ **de verdure** loc adj [tapisserie] verdure *(modif)* ; [théâtre] open-air.

vérétille [veʀetij] nm veretillum.

véreux, euse [veʀø, øz] adj **1.** [plein de vers - fruit, viande] wormy, maggoty **2.** [malhonnête - affaire, avocat, architecte, policier] dubious, shady.

verge [vɛʀʒ] nf **1.** [barre] rod / *verge du balancier d'une horloge* pendulum rod **2.** [insigne] rod, wand, staff **3.** ANAT penis **4.** [mesure] yard ▶ **verge d'arpenteur** measuring stick ; QUÉBEC yard **5.** NAUT ▶ **verge de l'ancre** anchor shank **6.** ACOUST bar **7.** BOT ▶ **verge d'or** goldenrod.

❖ **verges** nfpl *vieilli* ▶ **donner les verges à qqn** to birch sb ▶ **donner des verges à qqn pour se faire fouetter** to give sb a stick to beat one with, to make a rod for one's own back.

vergé, e [vɛʀʒe] adj **1.** TEXT ribbed, corded **2.** [papier] laid.

vergence [vɛʀʒɑ̃s] nf vergence.

vergeoise [vɛʀʒwaz] nf brown sugar.

verger [vɛʀʒe] nm (fruit) orchard.

vergeté, e [vɛʀʒəte] adj **1.** [peau, cuisse] stretch-marked **2.** HÉRALD paly.

❖ **vergeté** nm paly escutcheon.

vergetures [vɛʀʒətyʀ] nfpl stretchmarks.

verglacé, e [vɛʀglase] adj ▶ **route verglacée** road covered in black ice, icy road / *attention, les routes sont verglacées* careful, there's black ice on the roads ou the roads are icy.

verglacer [16] [vɛʀglase] v impers ▸ **il verglace** it's icing over.

verglas [vɛʀgla] nm black ice UK, glare ice US / **'danger verglas'** 'black ice' / *il y a du verglas dans l'allée* the drive is iced over / *plaques de verglas* patches of black ice, icy patches.

vergogne [vɛʀgɔɲ] ❖ **sans vergogne** loc adv shamelessly / *mentir sans vergogne* to lie shamelessly ou without compunction.

vergue [vɛʀg] nf NAUT yard ▸ **vergue de misaine** foreyard ▸ **grande vergue** main yard.

véridicité [veʀidisite] nf *litt* veracity, accuracy.

véridique [veʀidik] adj **1.** *litt* [sincère - témoin] truthful, veracious *sout* **2.** [conforme à la vérité] genuine, true / *c'est une histoire absolument véridique* it's a true story / *tout cela est parfaitement véridique* there's not a word of a lie in all this / *elle les a renvoyés, véridique!* *fam* she fired them, it's true! **3.** [qui ne trompe pas] genuine, authentic.

véridiquement [veʀidikmɑ̃] adv veraciously *sout*, truthfully.

vérif [veʀif] nf *fam* **abr de vérification.**

vérifiable [veʀifjabl] adj : *son témoignage n'est pas vérifiable* there's no way of checking ou verifying his testimony / *votre hypothèse n'est pas vérifiable* your hypothesis can't be tested.

vérificateur, trice [veʀifikatœʀ, tʀis] ◆ adj testing, checking ▸ **instrument vérificateur** testing instrument ▸ **mesure vérificatrice** checking measurement. ◆ nm, f inspector, controller ▸ **vérificateur des comptes** auditor ▸ **vérificateur des poids et mesures** weights and measures inspector UK, sealer US.

❖ **vérificateur** nm [contrôleur - de courant, de réseau] tester ; [- de l'altimètre, de filetage] gauge ▸ **vérificateur orthographique** ou **d'orthographe** INFORM spell-checker.

❖ **vérificatrice** nf [personne] verifier operator ; [machine] verifier ▸ **vérificatrice de bande** tape verifier ▸ **vérificatrice de cartes** card verifier, verifying punch, key-verifier.

vérificatif, ive [veʀifikatif, iv] adj verificatory / *faire une étude vérificative* to carry out a check.

vérification [veʀifikasjɔ̃] nf **1.** [d'identité] check ; [d'un témoignage, d'un déplacement] check, verification ; [d'un dossier] examination, scrutiny / *vérification faite auprès du percepteur* having checked with the tax office **2.** [d'une hypothèse, d'une preuve] checking, verification / *faire la vérification d'une hypothèse* to test a hypothesis **3.** FIN checking ▸ **vérification des comptes** audit **4.** TECHNOL test, check **5.** INFORM check, control.

vérifier [9] [veʀifje] vt **1.** [examiner - mécanisme] to check, to verify ; [- dossier] to check, to go through / *vérifier que la quantité indiquée est la même sur les deux recettes* check that the amount shown is the same in both recipes ; *(en usage absolu)* : *vérifier plutôt deux fois qu'une* to check and double-check **2.** [preuve, témoignage] to check / *vérifie son adresse* check that his address is correct, check his address / *vérifier que* ou *si...* to check ou to make sure that, to check whether... / *je vais vérifier que* ou *si ce que vous dites est vrai* I'll make sure that you're telling the truth **3.** [confirmer] to confirm, to bear out *(sép)* / *la chute du dollar a vérifié nos prévisions* the drop in the dollar bore out our predictions **4.** MATH : *vérifier un calcul par total de contrôle* to check a sum.

❖ **se vérifier** vpi [craintes, supposition] to be borne out ou confirmed.

vérifieur, euse [veʀifjœʀ, øz] nm, f verifier operator.

vérin [veʀɛ̃] nm jack ▸ **vérin à air comprimé** thrustor ▸ **vérin à châssis** tripod jack ▸ **vérin de fermeture** closing thrustor ou cylinder ▸ **vérin hydraulique** hydraulic jack ▸ **vérin de réglage de plinthe** levelling screw ▸ **vérin à vis** screw jack.

vérisme [veʀism] nm ART & LITTÉR verism.

vériste [veʀist] adj & nmf ART & LITTÉR verist.

véritable [veʀitabl] adj **1.** [d'origine] real, true / *son véritable nom est inconnu* nobody knows her real ou true name **2.** [authentique - or] real, genuine ; [- amitié, sentiment] true / *c'est de la soie véritable* it's real silk / *du véritable sirop d'érable* genuine maple syrup **3.** *(avant nom)* [absolu] real / *une véritable idée de génie* a really brilliant idea / *un véritable cauchemar* a real nightmare / *une véritable montagne de papiers* a veritable mountain of papers / *une véritable ordure* *tfam* a real bastard.

véritablement [veʀitabləmɑ̃] adv **1.** [réellement] genuinely / *il est véritablement malade* he's genuinely ill **2.** [exactement] really, exactly / *ce n'est pas véritablement ce que j'avais prévu* it's not exactly ou quite what I expected **3.** [en intensif] truly, really, absolutely / *je suis véritablement désolé de ne pas vous avoir trouvé chez vous* I'm very sorry indeed (that) I didn't find you at home.

vérité [veʀite] nf **1.** [ce qui est réel ou exprimé comme réel] ▸ **la vérité** the truth / *la vérité pure et simple* the plain unvarnished truth / *c'est la vérité vraie!* *fam* it's true, honest it is / *s'écarter de la vérité historique* to take liberties with history / *je sais que c'est la vérité* I know it for a fact / *la vérité, c'est que ça m'est égal* actually ou the truth is ou in fact I don't care / *je finirai bien par savoir la vérité* I'll get at the truth eventually / *dis-moi la vérité* tell me the truth / *être loin de la vérité* to be wide of the mark / *12 millions? vous n'êtes pas loin de la vérité* 12 million? you're not far from the truth ▸ **à chacun sa vérité!** each to his own! ▸ **la vérité toute nue** the plain ou naked truth ▸ **la vérité n'est pas toujours bonne à dire, toute vérité n'est pas bonne à dire** the truth is sometimes better left unsaid ▸ **il n'y a que la vérité qui blesse** nothing hurts like the truth / *prends ça pour toi si tu veux, il n'y a que la vérité qui blesse!* if the cap UK ou shoe US fits, wear it! ▸ **la vérité sort de la bouche des enfants** *prov* out of the mouths of babes and sucklings (comes forth the truth) *prov* ▸ **vérité en-deçà des Pyrénées, erreur au-delà** *(allusion à Pascal)* what is considered true in one country may be thought of as false in the next **2.** [chose vraie] ▸ **une vérité** a true fact **3.** [principe] truth / *une vérité première* a basic truth / *les vérités éternelles* undying truths, eternal verities *litt* / *les vérités essentielles* fundamental truths **4.** [ressemblance] : *ses tableaux sont d'une grande vérité* his paintings are very true to life **5.** [sincérité] truthfulness, candidness / *son récit avait un accent de vérité* her story rang true.

❖ **à la vérité, en vérité** loc adv to tell the truth.

verjus [vɛʀʒy] nm **1.** [suc] verjuice **2.** [vin] sour wine.

verlan [vɛʀlɑ̃] nm ≃ backslang.

> **Verlan**
>
> This form of slang, popular among young people, involves inverting the syllables of words. The term **verlan** is the word **l'envers** pronounced back to front. Well-known examples of verlan are **ripou (pourri**, used to refer to corrupt policemen), **laisse béton! (laisse tomber!** – forget it!), and **meuf (femme)**. The term **Beur** comes from the **verlan** version of the word **Arabe**.

vermeil, eille [vɛʀmɛj] adj [rouge - pétale, tenture] vermilion ; [- teint, joue] ruddy, rosy ; [- lèvres] rosy.

❖ **vermeil** nm vermeil, gilded silver.

vermicelle [vɛʀmisɛl] nm ▸ **vermicelle, vermicelles** vermicelli ▸ **vermicelles chinois** Chinese noodles.

vermicide [vɛʀmisid] ◆ adj vermicidal. ◆ nm vermicide.

vermiculaire [vɛʀmikylɛʀ] adj **1.** [en forme de ver] wormlike, vermicular *sout* **2.** ANAT ▸ **appendice vermiculaire** vermiform appendix ▸ **mouvement vermiculaire** vermiculation.

vermiculé, e [vɛʀmikyle] adj vermiculate.

vermiculure [vɛʀmikylyʀ] nf vermiculation.

vermiforme [vɛʀmifɔʀm] adj wormlike, vermiform *sout.*

vermifuge [vɛʀmifyʒ] adj & nm vermifuge, anthelmintic *spéc.*

vermille [vɛʀmij] nf ground line *(for eel fishing).*

vermillon [vɛʀmijɔ̃] ◆ adj inv vermilion, bright red. ◆ nm **1.** [cinabre] vermilion, cinnabar **2.** [couleur] vermilion.

vermine [vɛʀmin] nf **1.** [parasite] vermin **2.** *fig & péj* : *ces gens-là, c'est de la vermine* those people are vermin.

vermineux, euse [vɛʀminø, øz] adj verminous.

vermis [vɛʀmi] nm vermis (cerebelli).

vermisseau, x [vɛʀmiso] nm small worm.

vermivore [vɛʀmivɔʀ] adj worm-eating, vermivorous *spéc.*

Vermont [vɛʀmɔ̃] npr m ▸ **le Vermont** Vermont.

vermouler [3] [vɛʀmule] ❖ **se vermouler** vpi to get woodworm.

vermoulu, e [vɛʀmuly] adj **1.** [piqué des vers] worm-eaten / *la plupart des poutres sont vermoulues* most of the beams are worm-eaten, there's woodworm in most of the beams **2.** *fig* [vieux] antiquated, age-old / *des institutions vermoulues* antiquated institutions.

vermoulure [vɛʀmulyʀ] nf **1.** [trou] wormhole **2.** [poussière] woodworm dust.

vermouth [vɛʀmut] nm vermouth.

vernaculaire [vɛʀnakylɛʀ] adj vernacular ▸ **nom vernaculaire** vernacular ou common name.

vernal, e, aux [vɛʀnal] adj vernal.

verni, e [vɛʀni] ◆ adj **1.** [meuble, ongle] varnished ; [brique, poterie] enamelled, glazed ▸ **des souliers vernis** patent leather shoes **2.** [brillant] glossy, shiny **3.** *fam* [chanceux] lucky / *tu es encore malade, tu n'es vraiment pas verni* you're sick again, you poor thing. ◆ nm, f *fam* lucky thing.

❖ **verni** nm patent leather.

vernier [vɛʀnje] nm TECHNOL vernier (scale).

vernir [32] [vɛʀniʀ] vt **1.** [enduire - bois, tableau, ongle] to varnish ; [- céramique] to enamel, to glaze ▸ **vernir au tampon** to French-polish **2.** *litt* [faire luire] : *le soleil vernissait les feuilles* the sun gave a glossy shine to the leaves.

vernis [vɛʀni] nm **1.** [enduit - sur bois] varnish ; [- sur métal] polish ▸ **vernis à l'asphalte** asphalt varnish, black japan ; [sur céramique] enamel ▸ **vernis au plomb** lead glazing **2.** ÉLECTR ▸ **vernis conducteur** conductive lacquer ou varnish ▸ **vernis isolant** isolac, enamel **3.** [cosmétique] ▸ **vernis à ongles** nail polish **4.** ART ▸ **vernis à l'huile** oil varnish ▸ **vernis gras** long-oil varnish ▸ **vernis maigre** short-oil varnish **5.** BOT varnish ou lacquer tree **6.** *fig & péj* ▸ **avoir un vernis de** to have a smattering of / *il suffit de gratter le vernis pour comprendre qui il est* you only have to scratch the surface to find out who he really is / *le vernis d'éducation ne cache pas sa vulgarité* a veneer of good manners does nothing to hide his vulgarity.

vernissage [vɛʀnisaʒ] nm **1.** [d'un tableau, d'un meuble] varnishing ; [d'une céramique] glazing ; [du métal] enamelling ▸ **vernissage électrophorétique** immersion electrophoretic enamelling, electro-dipcoat **2.** [d'une exposition] private viewing / *aller à un vernissage* to go to a private viewing.

vernissé, e [vɛʀnise] adj **1.** [céramique, tuile] glazed **2.** [luisant - feuilles] glossy.

vernisser [3] [vɛʀnise] vt to glaze, to enamel.

vernisseur, euse [vɛʀnisœʀ, øz] nm, f [de carrosserie] body painter ; [à la laque] lacquerer ; [de meuble] furniture varnisher ; [au pistolet] spray painter.

vérole [veʀɔl] nf **1.** *fam* [syphilis] pox / *avoir la vérole* to have the pox ▸ **ils se sont jetés sur le buffet comme la vérole sur le bas clergé** they descended on the buffet as if they hadn't eaten for a week **2.** [variole] ▸ **petite vérole** smallpox.

vérolé, e [veʀɔle] adj **1.** *fam* poxy **2.** INFORM infected.

véronal [veʀɔnal] nm barbitone.

Vérone [veʀɔn] npr Verona.

Véronèse [veʀɔnɛz] npr Veronese.

véronique [veʀɔnik] nf **1.** BOT speedwell, veronica *spéc* **2.** [passe de tauromachie] veronica.

verra v ⟶ **voir.**

verrat [veʀa] nm breeding boar.

verre [vɛʀ] nm **1.** [matériau] glass ▸ **verre antiballes** bulletproof glass ▸ **verre armé** wired glass ▸ **verre cathédrale** cathedral glass ▸ **verre dépoli** frosted ou ground glass ▸ **verre double** plate glass ▸ **verre feuilleté** laminated glass ▸ **verre filé** spun glass ▸ **verre flotté** float glass ▸ **verre fumé** smoked glass ▸ **verre incassable** shatterproof glass ▸ **verre moulé** pressed glass ▸ **verre neutre** neutral glass ▸ **verre optique** optical glass ▸ **verre organique** organic glass ▸ **verre pilé** spun glass ▸ **verre de sécurité** safety glass ▸ **verre soluble** water glass ▸ **verre soufflé** blown glass ▸ **verre trempé** tempered ou toughened glass ▸ **verre à vitre** window glass **2.** [protection] glass / *verre de lampe* lamp glass / *verre de montre* watch glass **3.** [récipient] glass ▸ **verre ballon** round wine glass ▸ **verre à dents** tooth glass ▸ **verre doseur** measuring glass ▸ **verre à eau** [droit] tumbler ▸ **verre gradué a)** [en chimie] graduated vessel **b)** [pour la cuisine] measuring glass ▸ **verre à moutarde** mustard jar *(that can be used as a glass when empty)* ▸ **verre à pied** stemmed glass ▸ **verre à vin** wineglass **4.** [contenu] : *boire un verre* to have a drink / *je bois* ou *prends juste un petit verre* I'll just have a quick one ▸ **verre de** glass of, glassful of / *mettez un verre de vin rouge* add a glass of red wine / *il but* ou *vida deux grands verres d'eau pour étancher sa soif* he drank ou downed two glasses of water to quench his thirst ▸ **avoir un verre dans le nez** *fam* to have had one too many **5.** GÉOL ▸ **verre volcanique** volcanic glass.

❖ **verres** nmpl **1.** OPT glasses / *elle a besoin de ses verres pour lire* she needs her glasses to read ▸ **verres de contact** contact lenses ▸ **verres correcteurs** correcting lenses ▸ **verres polarisés** polaroid lenses **2.** [bouteilles] empties / **'ici on reprend les verres vides'** 'collection of empties'.

❖ **de verre** loc adj glass *(modif)* / *objets de verre* glassware *(U)*.

❖ **en verre** loc adj [bibelot] glass *(modif)* / *ce n'est pas en verre* it won't break / *n'aie pas peur de sauter, tu n'es pas en verre!* jump, you won't break !

❖ **sous verre** ◆ loc adj [photo, fleurs] glass-framed / *une photo sous verre* a glass-mounted photograph. ◆ loc adv ▸ **mettre qqch sous verre** to put sthg in a clip frame.

verré, e [veʀe] adj coated with powdered glass.

verrée [veʀe] nf SUISSE reception.

verrerie [vɛʀʀi] nf **1.** [usine] glassworks **2.** [technique] glasswork, glassmaking **3.** [objets] glassware **4.** [industrie] glass trade.

verrier, ère [vɛʀje, ɛʀ] adj glass *(modif)*.

❖ **verrier** nm **1.** [souffleur de verre] glassblower **2.** [artisan - en verrerie] glassmaker ; [- en vitraux] stained-glass maker ou artist.

❖ **verrière** nf **1.** [toit] glass roof **2.** [baie - à hauteur de plafond] glass wall ou partition ; [- à mi-hauteur] glass screen **3.** [vitrail] stained-glass window **4.** AÉRON canopy.

verrine [veʀin] nf *appetizer or dessert served in a small glass.*

verr. num [vɛʀnym] (abr de **verrouillage numérique**) nf INFORM num lock.

verroterie [veʀɔtʀi] nf [bibelots] glass trinkets ; [bijoux] glass jewels ; [perles] coloured UK ou colored US glass beads.

verrou [veʀu] nm **1.** [fermeture] bolt / *mettre* ou *pousser les verrous* to slide the bolts home, to bolt the door / *on ne peut pas entrer, elle a mis le verrou* we can't get in, she's bolted the door ▸ **tirer le verrou** to unbolt the door ▸ **verrou de sûreté** safety latch, night bolt ▸ **verrou trois points** multilock ▸ **faire sauter un verrou** *fig* to get over an obstacle **2.** RAIL lock ▸ **verrou d'aiguille** facing point lock ▸ **verrou d'enclenchement** track slide bar **3.** GÉOL glacial cross cliff **4.** ARM breechblock, bolt **5.** MIL blockade **6.** SPORT : *jeu de verrou* defensive game *(in football)*.

❖ **sous les verrous** loc adv ▸ **être sous les verrous** to be behind bars ▸ **mettre qqn sous les verrous** to put sb behind bars / *on va te mettre sous les verrous pour un bon bout de temps* *fam* they're going to put you away for a long stretch.

verrouillage [veʀujaʒ] nm **1.** [d'une porte] locking, bolting ; [d'une portière] locking ▸ **verrouillage automatique** ou **central** central locking ▸ **à verrouillage automatique** self-locking ▸ **verrouillage de sécurité enfants** childproof lock **2.** ARM bolting **3.** MIL blockade **4.** AÉRON ▸ **verrouillage du train d'atterrissage a)** [procédé] up-and-down locking **b)** [dispositif] up-and-down lock **5.** *fam* [muselage] : *le verrouillage de la presse* the gagging of the press **6.** RAIL ▸ **verrouillage électrique** electric interlocking **7.** ÉLECTRON [procédé] clamping ; [dispositif] clamping device **8.** INFORM [du clavier] locking ; [de l'accès] lockout.

verrouiller [3] [veʀuje] vt **1.** [clore - porte] to lock, to bolt **2.** [empêcher l'accès de] to close off *(sép)* / *la police a verrouillé le quartier* the police have cordoned off ou closed off the area **3.** [enfermer - personne] to lock in *(sép)* **4.** *fam* [contrôler] : *il a tout verrouillé* he's got everything under control **5.** INFORM [clavier] to lock **6.** MIL to blockade.

❖ **se verrouiller** vp *(emploi réfléchi)* : *se verrouiller (chez soi)* to shut ou to lock o.s. in.

verrouilleur [veʀujœʀ] nm FOOT sweeper.

verrucosité [veʀykozite] nf warty growth.

verrue [veʀy] nf wart ▸ **verrue plantaire** plantar wart, verruca.

verruqueux, euse [veʀykø, øz] adj warty, verrucose *spéc*.

vers¹ [vɛʀ] ◆ nm LITTÉR **1.** [genre] verse ▸ **vers blancs** blank verse ▸ **vers héroïques** heroic verse ▸ **vers libres** free verse ▸ **vers métriques** / **syllabiques** / **rythmiques** quantitative / syllabic / accentual-syllabic verse **2.** [unité] line / *le dernier vers est faux* ou *boiteux* the last line doesn't tally / *les vers obéissent à certaines règles* lines of verse ou verse lines follow a given pattern. ◆ nmpl [poème] (lines of) poetry, verse / *écrire* ou *faire des vers* to write poetry ou verse / *vers de circonstance* occasional verse ▸ **des vers de mirliton** doggerel.

❖ **en vers** ◆ loc adj ▸ **conte / lettre en vers** tale told / letter written in verse. ◆ loc adv ▸ **mettre qqch en vers** to put sthg into verse.

vers² [vɛʀ] prép **1.** [dans la direction de] to, towards, toward US / *il regarde vers la mer* he's looking towards the sea / *ma chambre regarde vers le nord* my bedroom looks ou faces north / *un kilomètre vers le sud* one kilometer to the south / *vers la gauche* to the left / *en route vers la Californie* on the way to California / *le village vers lequel nous nous dirigions* the village we were heading for / *vers où tu vas?* *fam* which way are you going? / *se précipiter vers la sortie* to hurry towards ou to make for the exit / **'vers les quais'** 'to the trains' ▸ **il s'est tourné vers moi a)** *pr* he turned to ou towards me **b)** [pour que je l'aide] he turned ou came to me / *vers une solution au problème du chômage* towards a solution to the problem of unemployment / *un pas vers la paix* a step towards peace **2.** [indiquant l'approximation - dans le temps] around ; [- dans l'espace] near ▸ **vers midi** around midday / *vers la mi-juillet* around mid-July / *vers la fin du mois* towards ou toward US the end of the month ▸ **vers 1830** in about 1830 / *il a neigé vers six heures* it snowed at about ou around six o'clock / *vers la fin du siècle* at the turn of the century ▸ **vers les années 30** in the 30s or thereabouts / *l'accident a eu lieu vers Ambérieu* the accident happened somewhere near Ambérieu / *vers les 1 800 mètres la végétation se raréfie* around 1,800 metres the vegetation becomes sparse / *on a trouvé des jonquilles vers la rivière* we found some daffodils near the river.

versaillais, e [vɛʀsajɛ, ɛz] adj **1.** GÉOGR from Versailles **2.** HIST ▸ **l'armée versaillaise** the Versailles army *(loyal to the Thiers government in 1871)*.

❖ **Versaillais, e** nm, f **1.** GÉOGR *inhabitant of or person from Versailles* **2.** HIST soldier in the Versailles army *(loyal to the Thiers government in 1871)* ▸ **les Versaillais** the loyalists.

Versailles [vɛʀsaj] npr Versailles ▸ **le château de Versailles** (the Palace of) Versailles.

 **Versailles**

France's greatest palace, by Le Vau and Mansart, with gardens by Le Nôtre. Built at enormous cost by Louis XIV and added to in the 18th century, it was the home of the French court until the Revolution. Numerous treaties were signed there, including the Treaty of Versailles in 1919 marking the end of the First World War.

versant [vɛʀsɑ̃] nm **1.** GÉOGR [côté - d'une montagne, d'une vallée] side, slope / *un versant abrupt* a steep slope ou hillside / *le versant suisse du Jura* the Swiss side of the Jura **2.** [aspect - d'une position, d'un argument] side, aspect / *notre politique a deux versants* there are two sides ou aspects to our policy.

versatile [vɛʀsatil] adj [esprit, caractère, personne] fickle / *elle est versatile* she's always changing her mind.

versatilité [vɛʀsatilite] nf fickleness.

verse [vɛʀs] nf **1.** AGR lodging, laying **2.** MIN [tas] slag heap ; [déversement] dumping.

❖ **à verse** loc adv ▸ **il pleut à verse** it's pouring (with rain), it's pouring down.

versé, e [vɛʀse] adj *sout* versed / *être très* / *peu versé dans la politique* to be well-versed / not particularly well-versed in politics / *être versé* / *peu versé dans l'art contemporain* to be conversant with / ignorant of contemporary art.

Verseau [vɛʀso] nm **1.** ASTRON Aquarius **2.** ASTROL Aquarius / *elle est Verseau* she's Aquarius ou an Aquarian.

versement [vɛʀsəmɑ̃] nm **1.** [paiement] payment ▸ **versements compensatoires** compensatory payments, compensation *(U)* **2.** [paiement partiel] instalment / *effectuer un versement* to pay an instalment ▸ **un premier versement** a down payment **3.** [dépôt] deposit ▸ **effectuer** ou **faire un versement à la banque** to pay money into a bank account / *quand avez-vous fait le versement?* when did you pay the money in? / *versement en espèces* cash deposit ▸ **bordereau de versement** deposit slip.

verser [3] [vɛʀse] ◆ vt **1.** [répandre - sang, larmes] to shed / *verser des larmes* ou *pleurs* to cry / *sans qu'une goutte de sang n'ait été versée* without a drop of blood being spilt **2.** [servir - liquide] to pour out *(sép)* / *verse-lui-en un peu plus* pour him a bit more, help him to a bit more **3.** [faire basculer - sable, gravier, chargement] to tip / *verse la farine dedans* pour the flour in / *verse le trop-plein dans le seau* tip ou pour the overflow out into the bucket **4.** [coucher à terre - céréales] to lay ou to beat down **5.** [affecter] to assign, to transfer / *elle vient d'être versée à la comptabilité* she's just been assigned to accounts **6.** [payer] to pay / *combien faut-il verser?* how much should one pay? / *verser de l'argent sur un compte* to put money into an account / *on vous versera une retraite* you will receive a pension **7.** [apporter] to add, to append ▸ **verser une pièce au dossier a)** *pr* to add a new item to the file **b)** *fig* to bring further information to bear on the case. ◆ vi to spill, to overturn / *la charrette a versé* the cart tipped over ou overturned.

❖ **verser dans** v + prép : *nous versons dans le mélodrame* this is becoming melodramatic / *verser dans le ridicule* [personne, film] to become ridiculous.

verset [vɛʀsɛ] nm **1.** [d'un livre sacré, d'un poème] verse / **'les Versets sataniques'** *Rushdie* 'The Satanic Verses' **2.** RELIG versicle.

verseur [vɛʀsœʀ] adj m ▸ **bec verseur a)** [d'une théière] spout **b)** [d'une casserole, d'une tasse] lip ▸ **camion verseur** dump truck.

verseuse [vɛʀsøz] nf coffeepot.

versicolore [vɛʀsikɔlɔʀ] adj **1.** [de couleur changeante] versicoloured **2.** [multicolore] variegated, many-coloured.

versificateur [vɛʀsifikatœʀ] nm *péj* versifier, poetaster *péj*, rhymester *péj*.

versification [vɛʀsifikasjɔ̃] nf versification, versifying.

versifier [9] [vɛʀsifje] ◆ vt to versify, to turn into verse, to write in verse. ◆ vi **1.** [faire des vers] to versify, to write ou to compose verse **2.** *péj* to versify.

version [vɛʀsjɔ̃] nf **1.** ÉDUC & UNIV translation *(from a foreign language into one's mother tongue)* ▸ **version anglaise** [pour un Français] translation from English into French ▸ **version latine** translation from Latin **2.** [variante - d'une œuvre] version ; [- d'une automobile] model, version ; [- d'un logiciel] version / *la version cinématographique du livre* the film version of the novel ▸ **en version originale** in the original language ▸ **en version originale sous-titrée** with subtitles ▸ **en version française** dubbed in French **3.** [interprétation] version / *voici ma version des faits* this is my version of the facts, this is how I see what happened / *c'est la version officielle des faits* that's the official version of what happened **4.** MÉD version, turning.

verso [vɛʀso] nm **1.** [envers] verso, other side / *je n'ai pas lu le verso* I haven't read the back of the page **2.** INFORM back.

❖ **au verso** loc adv ▸ **voir au verso** see overleaf / *la suite au verso* continued overleaf.

versoir [vɛʀswaʀ] nm mouldboard.

verste [vɛʀst] nf verst.

versus [vɛʀsys] prép [par opposition à] versus.

vert, e [vɛʀ, vɛʀt] adj **1.** [couleur] green ▸ **vert de** : *vert de rage* livid ▸ **être vert de peur** to be white with fear **2.** [vin] tart, acid ; [fruit] green, unripe ; *fig* [débutant, apprenti] inexperienced / *ils sont trop verts (allusion à La Fontaine)* it's a case of sour grapes **3.** [bois] green **4.** [à préparer] ▸ **cuir vert** untanned leather **5.** [vigoureux] sprightly **6.** [agricole, rural] green, agricultural, rural ▸ **l'Europe verte** farming within the EC ▸ **la livre verte** the green pound ▸ **faire de la moto verte** to go cross-country motorcycling ▸ **station verte** rural tourist centre **7.** [écologiste] green / *les candidats verts* the green candidates **8.** [osé] risqué, raunchy / *avoir un langage vert* to be rather bold in one's language ▸ **en dire / en avoir entendu des vertes et des pas mûres** to tell / to have heard some pretty raunchy jokes ▸ **en avoir vu des vertes et des pas mûres** to have been through a lot ▸ **il lui en a fait voir des vertes et des pas mûres!** he's really put her through it ! **9.** *(avant nom)* [violent] : *une verte semonce* a good dressing-down.

❖ **vert** nm **1.** [couleur] green / *peint* ou *teint en vert* painted ou tinted green / *tu t'es mis du vert sur ton pantalon* [en t'asseyant dans l'herbe] you've got a grass stain on your trousers ▸ **vert amande** almond ▸ **vert bouteille** bottle green ▸ **vert d'eau** sea green ▸ **vert émeraude** emerald green ▸ **vert jade** jade ▸ **vert Nil** Nile green ▸ **vert olive** olive green ▸ **vert pomme** apple green **2.** TRANSP green light ▸ **passer au vert** : *les voitures doivent passer au vert* motorists must wait for the light to turn green / *le feu est passé au vert* the lights have turned (to) green **3.** EXPR *mettre un cheval au vert* to turn a horse out to grass ▸ **mettre qqn au vert** *fam* to retire sb, to put sb out to grass ▸ **se mettre au vert** to go to the countryside.

❖ **vert galant** nm old charmer.

❖ **Verts** nmpl ▸ **les Verts a)** SPORT *the Saint-Étienne football team* **b)** POL *the Green Party.*

vert-de-gris [vɛʀdəgʀi] ◆ nm inv verdigris ▸ **les vert-de-gris** *German soldiers during the Second World War.* ◆ adj inv blue-green.

vert-de-grisé, e [vɛʀdəgʀize] (*mpl* **vert-de-grisés**, *fpl* **vert-de-grisées**) adj verdigrised.

vertébral, e, aux [vɛʀtebʀal, o] adj vertebral, spinal.

vertèbre [vɛʀtɛbʀ] nf vertebra / *vertèbre cervicale* / *dorsale* / *lombaire* cervical / dorsal / lumbar vertebra / *avoir une vertèbre déplacée* to have a slipped disc.

vertébré, e [vɛʀtebʀe] adj vertebrate.

❖ **vertébré** nm vertebrate.

vertébrothérapie [vɛʀtebʀɔteʀapi] nf vertebrotherapy.

vertement [vɛʀtəmɑ̃] adv harshly, sharply ▸ **répondre vertement** to retort sharply, to give a sharp answer / *se faire vertement recevoir* to get a frosty welcome / *se faire tancer vertement* *litt* ou *hum* to get a good dressing-down.

vertex [vɛʀtɛks] nm ANAT vertex.

vertical, e, aux [vɛʀtikal, o] adj [droit - position, corps, arbre] vertical, upright ; [- écriture, ligne] vertical ▸ **intégration verticale** ÉCON vertical integration.

❖ **vertical** nm vertical circle.

❖ **verticale** nf vertical line.

❖ **à la verticale** ◆ loc adj vertically / *un versant à la verticale* a sheer drop. ◆ loc adv vertically / *se mettre à la verticale* to stand vertically ou upright / *s'élever* / *descendre à la verticale* to rise / to descend vertically, to go vertically upwards / downwards.

verticalement [vɛʀtikalmɑ̃] adv **1.** [tout droit] vertically / *tomber* / *monter verticalement* to fall down / to come up in a straight line **2.** [dans les mots croisés] down.

verticalité [vɛʀtikalite] nf [d'une ligne] verticality ; [d'un mur] verticality, uprightness ; [d'une falaise] sheerness.

vertige [vɛʀtiʒ] nm **1.** [peur du vide] vertigo / *avoir le vertige* to suffer from vertigo / *il a facilement le vertige* he has no head for heights **2.** [malaise] dizzy spell ▸ **avoir un vertige** ou **des vertiges** to feel dizzy ou faint / *elle a souvent des vertiges* she often feels dizzy ou faint ▸ **donner le vertige à qqn** to make sb's head swim / *cela me donne le vertige* it's making my head swim, it's making me (feel) dizzy / *des sommes astronomiques qui donnent le vertige* huge amounts of money that make one's head swim ou that don't bear thinking about **3.** [égarement] giddiness ; [tentation] : *céder* / *résister au vertige de la spéculation* to give in to / to resist the temptations of speculation.

vertigineux, euse [vɛʀtiʒinø, øz] adj **1.** [effrayant - altitude] vertiginous, dizzy, giddy ; [- vitesse] terrifying, breakneck *(avant nom)* / *une baisse vertigineuse des cours* a breathtaking collapse on the stock exchange / *une hausse vertigineuse des prix* a staggering increase in prices / *des sommes vertigineuses* absurdly large sums of money **2.** MÉD vertiginous.

vertigo [vɛʀtigo] nm (blind) staggers.

vertu [vɛʀty] nf **1.** *litt* [conduite morale] virtue, virtuousness, righteousness / *le chemin de la vertu* the path of righteousness **2.** [qualité] virtue ▸ **les vertus cardinales** the cardinal virtues ▸ **les vertus théologales** the theological virtues **3.** [propriété] virtue, property, power / *la camomille a de nombreuses vertus* camomile has many beneficial uses / *les vertus thérapeutiques des plantes* the healing properties of plants / *réapprenons les vertus de la vie à la campagne* *fig* let us rediscover the virtues of country life **4.** *hum* [chasteté] virtue / *défendre* / *perdre sa vertu* to defend / to lose one's virtue.

❖ **en vertu de** loc prép according to / *en vertu des bons principes* following accepted moral principles / *en vertu de la loi* according to the law, in accordance with the law, under the law / *en vertu de quoi...* for which reason... / *en vertu de quoi il passe d'abord* that's the reason for his going first.

vertueusement [vɛʀtɥøzmɑ̃] adv virtuously ▸ **vivre vertueusement** to live virtuously.

vertueux, euse [vɛʀtɥø, øz] adj **1.** [qui a des qualités morales] virtuous, righteous **2.** *vieilli* [chaste] virtuous.

vertugadin [vɛʀtygadɛ̃] nm HIST [vêtement] farthingale.

verve [vɛʀv] nf **1.** [fougue] verve, gusto ; [esprit] wit ▸ **avec verve** with gusto ou verve ▸ **exercer sa verve contre qqn** to use one's wit against sb **2.** *litt* [créativité] inspiration / *la verve poétique* poetic talent ou inspiration.

❖ **en verve** loc adj ▸ **être en verve** to be particularly witty / *elle était en verve ce soir-là* she was on top form that night.

verveine [vɛʀvɛn] nf **1.** BOT vervain, verbena ▸ **verveine odorante** lemon verbena ▸ **verveine officinale** verbena officinalis **2.** [tisane] verbena (tea) **3.** [liqueur] vervein liqueur.

verveux [vɛʀvø] nm hoop net.

vésical, e, aux [vezikal, o] adj vesical ▸ **calcul vésical** bladder stone, vesical calculus *spéc*.

vésicant, e [vezikɑ̃, ɑ̃t] adj vesicant, vesicatory.

vésication [vezikasjɔ̃] nf vesication.

vésicatoire [vezikatwaʀ] adj & nm vesicatory.

vésiculaire [vezikylɛʀ] adj bladder-like, vesicular *spéc*.

vésicule [vezikyl] nf **1.** MÉD [ampoule] blister, vesicle ; [cavité] bladder ▸ **vésicule biliaire** / **cérébrale** gall / brain bladder ▸ **vésicule séminale** seminal vesicle **2.** BOT vesicle, bladder-like cavity ou cell.

vésiculeux, euse [vezikylø, øz] adj vesicular, vesiculate.

Vespa® [vɛspa] nf Vespa®.

Vespasien [vɛspazjɛ̃] npr Vespasian.

vespasienne [vɛspazjɛn] nf *vieilli* street urinal.

vespéral, e, aux [vɛspeʀal, o] adj *litt* evening *(modif)*, vespertine *litt* / *les lueurs vespérales* evening lights, the lights at eventide *litt* / *les étoiles vespérales* the vespertine stars.

❖ **vespéral, aux** nm RELIG vesperal.

vesse-de-loup [vɛsdəlu] (*pl* **vesses-de-loup**) nf puffball.

vessie [vesi] nf **1.** ANAT & ZOOL bladder ▸ **vessie natatoire** air ou swim bladder ▸ **prendre des vessies pour des lanternes** to be easily hoodwinked / *il voudrait nous faire prendre des vessies pour des lanternes* he's trying to pull the wool over our eyes **2.** [sac] bladder.

vestale [vɛstal] nf **1.** [prêtresse] vestal virgin **2.** *litt* [femme chaste] vestal / *ce n'est pas une vestale* *hum* she's no paragon of virtue ou saint.

veste [vɛst] nf jacket ▸ **veste de bûcheron** lumberjacket ▸ **veste de pyjama** pyjama jacket ou top ▸ **veste de tailleur** suit jacket ▸ **veste de tweed** sports jacket ▸ **prendre une veste** to come a cropper ▸ **retourner sa veste** *fam & fig* to change one's colours UK ou colors US ▸ **tomber la veste a)** *pr* to take off one's jacket **b)** *fig* to get down to work ou business.

⚠ **Vest** signifie «maillot de corps» en anglais britannique et «gilet» en anglais américain, et non veste.

vestiaire [vɛstjɛʀ] nm **1.** [placard] locker **2.** [dépôt] cloakroom / *vous avez un vestiaire?* did you have a coat or anything? / *prendre son vestiaire* to collect one's things ou belongings from the cloakroom **3.** [pièce] changing room UK, locker room US / *l'arbitre, au vestiaire!* get off, ref !

vestibulaire [vɛstibylɛʀ] adj vestibular.

vestibule [vɛstibyl] nm **1.** [d'un bâtiment public, d'une maison] (entrance) hall, vestibule ; [d'un hôtel] lobby **2.** MÉD vestibule.

vestige [vɛstiʒ] nm [d'une armée] remnant ; [d'une ville, d'une société] vestige ; [d'une croyance, du passé, d'une coutume] remnant, vestige ; [d'une idée, d'un sentiment] remnant, trace, vestige / *les derniers vestiges de l'impérialisme* the last remnants ou traces of imperialism / *il ne reste que des vestiges de sa grandeur* only a shadow of his former greatness remains ▸ **vestiges archéologiques** archeological remains.

vestimentaire [vɛstimɑ̃tɛʀ] adj clothing *(modif)* ▸ **dépenses vestimentaires** clothes expenditure, money spent on clothing ▸ **élégance vestimentaire** sartorial elegance *sout* / *c'est le détail vestimentaire qui fait tout* it's the finishing touch that makes the outfit.

veston [vɛstɔ̃] nm jacket.

Vésuve [vezyv] npr m ▸ **le Vésuve** (Mount) Vesuvius.

vétéciste [vetesist] nmf hybrid bike rider.

vêtement [vɛtmɑ̃] nm **1.** [habit] piece ou article ou item of clothing, garment *sout* ▸ **je ne trouve pas mon vêtement a)** [manteau] I can't find my coat **b)** [veste] I can't find my jacket **c)** [pull] I can't find my jumper UK ou sweater US / *il fait froid, mets un vêtement chaud* it's cold, put something warm on / *des vêtements en loques* tattered clothes, rags / *ils vendent des vêtements ravissants* they sell lovely clothes / *il portait ses vêtements de tous les jours* he was wearing his everyday clothes ▸ **vêtements d'hiver / d'été** winter / summer clothes ▸ **vêtements de détente** leisure wear ▸ **vêtements de travail** work ou working clothes ▸ **vêtements de nuit** nightwear ▸ **vêtements de sport** sportswear ▸ **vêtements pour homme** menswear ▸ **vêtements pour femme** ladies' wear ▸ **vêtements de ski** skiwear ▸ **vêtements habillés** formal dress ▸ **vêtements de ville** informal clothes ; [costume distinctif] dress, garb ▸ **vêtements ecclésiastiques** clerical garb ou dress ▸ **vêtements sacerdotaux** vestments **2.** [profession] ▸ **l'industrie du vêtement** the clothing industry / *être dans le vêtement* *fam* to be in the rag trade UK ou garment industry US **3.** COMM ▸ **vêtements hommes** menswear ▸ **vêtement dames** ou **femmes** ladies' wear ▸ **vêtement enfants** children's wear.

vétéran [veteʀɑ̃] nm **1.** [soldat] veteran, old campaigner ; [ancien combattant] (war) veteran **2.** [personne expérimentée] veteran, old hand / *un vétéran de la politique* a veteran political campaigner **3.** SPORT veteran.

vétérinaire [veteʀinɛʀ] ◆ adj veterinary / *faire des études vétérinaires* to study veterinary medicine ou science. ◆ nmf vet UK, veterinary surgeon UK, veterinarian US.

vététiste [vetetist] nmf mountain biker.

vétille [vetij] nf trifle / *perdre son temps à des vétilles* to waste time over trifles ou trivia ou piffling details / *ce n'est qu'une vétille* it's just a trifle ou detail.

vétilleux, euse [vetijø, øz] adj *litt* fussy, hair-splitting, quibbling.

vêtir [44] [vetiʀ] vt **1.** *sout* [habiller - enfant, malade] to dress **2.** [prisonnier, malade] to clothe, to provide with clothes, to kit out UK **3.** *litt* [revêtir] to put on *(sép)*, to don.

❖ **se vêtir** ◆ vp *(emploi réfléchi)* *sout* to dress (o.s.) / *trouver de quoi se vêtir* to find something to put on. ◆ vpi : *en hiver, la campagne se vêt de neige* in winter, the countryside is clothed in snow.

vétiver [vetivɛʀ] nm vetiver.

veto (*pl* veto), **véto*** [veto] nm **1.** POL veto ▸ **mettre** ou **opposer son veto à une mesure** to veto a measure ▸ **exercer son droit de veto** to use one's power of veto **2.** [interdiction] ▸ **opposer son veto à qqch** to forbid ou to prohibit ou to veto sthg.

vêtu, e [vety] ◆ pp ⟶ **vêtir.** ◆ adj dressed / *être bien / mal vêtu* to be well / badly dressed / *être chaudement vêtu* to be warmly dressed ou clad ▸ **elle était court vêtue** she was wearing a short skirt ▸ **vêtu de** dressed in, wearing / *un enfant vêtu d'un blouson* a child wearing a jacket / *une femme toute vêtue de blanc* a woman all in white / *un homme vêtu de haillons* a man in rags / *toute de soie vêtue* all dressed in silk.

vétuste [vetyst] adj dilapidated, decrepit / *la pompe était vétuste* the pump had fallen into disrepair.

vétusté [vetyste] nf [d'un bâtiment] dilapidated state ; [d'une loi] obsolescence / *la vétusté de l'installation électrique est en cause* the poor state of the wiring is to blame.

veuf, veuve [vœf, vœv] ◆ adj **1.** [personne] ▸ **devenir veuf** to be widowed, to become a widower ▸ **devenir veuve** to be widowed, to become a widow / *je m'occupe de ma tante qui est veuve* I look after my widowed aunt ▸ **veuf de** : *il est veuf de plusieurs femmes* he's a widower several times over / *veuf de son innocence* *fig & litt* deprived ou bereft *litt* of his innocence **2.** TYPO ▸ **ligne veuve** widow. ◆ nm, f widower (widow) / *Madame veuve Dupont* ADMIN Mrs Dupont *(term of address used on official correspondence to widows)* / *la veuve Dupont* Mrs Dupont *(slightly informal way of referring to a widow)* ▸ **veuve de guerre** war widow.

❖ **veuve** nf **1.** ORNITH widow bird, whydah **2.** ENTOM ▸ **veuf noire** black widow.

veuille v ⟶ **vouloir.**

veule [vøl] adj [personne] spineless, cowardly ; [visage, traits] weak.

veulent v ⟶ **vouloir.**

veulerie [vølʀi] nf spinelessness.

veut v ⟶ **vouloir.**

veuvage [vœvaʒ] nm [perte d'un mari] widowhood ; [perte d'une femme] widowerhood.

veuve [vœv] f ⟶ **veuf.**

veux v ⟶ **vouloir.**

vexant, e [vɛksɑ̃, ɑ̃t] adj **1.** [contrariant] annoying ▸ **c'est vexant** how infuriating ! **2.** [blessant - personne] hurtful ; [- remarque] cutting, slighting, hurtful.

vexateur, trice [vɛksatœʀ, tʀis] adj *litt* hurtful.

vexation [vɛksasjɔ̃] nf snub, slight, humiliation / *essuyer des vexations* to be snubbed.

vexatoire [vɛksatwaʀ] adj vexatious, harassing.

vexer [4] [vɛkse] vt ▸ **vexer qqn** to hurt sb's feelings / *je ne voulais pas le vexer* I didn't mean to hurt his feelings ▸ **être vexé** to be hurt ou offended / *elle est horriblement vexée* she's cut to the quick / *il est vexé de n'avoir pas compris* he's cross because he didn't understand / *elle est vexée que tu ne la croies pas* she feels hurt because you don't believe her.

❖ **se vexer** vpi to be hurt ou offended ou upset, to take offence UK ou offense US / *ne te vexe pas mais...* no offence meant, but... / *se vexer facilement* to be easily offended, to be oversensitive.

VF (abr de **version française**) nf *indicates that a film is dubbed in French.*

VGE npr abr de **Valéry Giscard d'Estaing.**

VHD (abr de **vidéo haute définition**) nf HDV.

VHF (abr de **very high frequency**) nf VHF.

VHS (abr de **Video Home System**) nm VHS.

via [vja] prép via, through.

viabilisation [vjabilizasjɔ̃] nf installation of water, gas and electricity *(for building purposes).*

viabiliser [3] [vjabilize] vt to service ▸ **terrain viabilisé** piece of land with water, gas and electricity installed *(for building purposes).*

viabilité [vjabilite] nf **1.** [aménagements] utilities, services **2.** [état d'une route] practicability **3.** [d'un organisme, d'un projet] viability ; [d'un fœtus] survival potential.

viable [vjabl] adj **1.** BIOL viable / *avant 24 semaines de gestation le fœtus n'est pas viable* if born 24 weeks before term, the baby will not survive **2.** [entreprise, projet] viable, practicable, feasible.

viaduc [vjadyk] nm viaduct.

via ferrata [vjafɛʀata] (*pl* **vias ferratas**) nf via ferrata *(high mountain route equipped with fixed climbing aids).*

viager, ère [vjaʒe, ɛʀ] adj life *(modif).*

❖ **viager** nm (life) annuity.

❖ **en viager** loc adv : *placer son argent en viager* to buy an annuity ▸ **acheter / vendre une maison en viager** to buy / to sell a house so as to provide the seller with a life annuity.

viande [vjɑ̃d] nf **1.** CULIN meat / *viande crue / cuite* raw / cooked meat ▸ **viande de bœuf** beef ▸ **viande de cheval** horsemeat ▸ **viande de porc** pork ▸ **viande de veau** veal ▸ **viande hachée** minced meat, mince UK, ground meat US ▸ **viande salée** cured ou salted meat ▸ **viande fumée** smoked meat / *viande de boucherie* fresh meat *(as sold by the butcher)* / *évitez les viandes en sauce* stay off meat dishes done in gravy ▸ **viande froide** dish of cold meat ▸ **viande rouge / blanche** red / white meat **2.** *tfam* [corps] : *amène ta viande* get your arse UK ou haul your ass US over here / *montrer sa viande* to bare one's flesh **3.** *litt* [aliment] nourishment, sustenance ▸ **viande creuse** meagre nourishment.

viander [3] [vjɑ̃de] vi [cerf, daim, chevreuil] to graze.

❖ **se viander** vpi *tfam* to get smashed up.

Viandox® [vjɑ̃dɔks] nm *liquid seasoning containing meat essences* ; ≃ Bovril®.

viatique [vjatik] nm **1.** RELIG viaticum **2.** *litt* [atout] asset / *il n'a que son savoir pour tout viatique* his knowledge is his only asset, his only means to success is his knowledge ; [soutien] help / *ces paroles furent pour moi un viatique* those words were of invaluable help to me throughout my life **3.** *arch* [pour un voyage] provisions and money (for the journey).

vibrage [vibʀaʒ] nm vibrating ▸ **vibrage du béton** vibrating of concrete.

vibrant, e [vibʀɑ̃, ɑ̃t] adj **1.** [corde, lamelle] vibrating ▸ **consonne vibrante** vibrant consonant **2.** [fort - voix, cri] vibrant **3.** [émouvant - accueil, discours] stirring ; [- voix] tremulous ▸ **vibrant de** ringing ou echoing with / *il lui a rendu un hommage vibrant* he paid him a warm tribute **4.** [sensible - nature, personne, caractère] sensitive.

❖ **vibrante** nf PHON vibrant.

vibraphone [vibʀafɔn] nm vibraphone, vibraharp US.

vibraphoniste [vibʀafɔnist] nmf vibraphonist.

vibrateur [vibʀatœʀ] nm **1.** TECHNOL vibration generator **2.** CONSTR vibrator.

vibratile [vibʀatil] ⟶ **cil.**

vibration [vibʀasjɔ̃] nf **1.** [tremblement - d'un moteur, d'une corde] vibration ; [- d'une voix] quaver, tremor, vibration ; [- du sol] vibration **2.** ACOUST & ÉLECTRON vibration.

❖ **vibrations** nfpl vibrations / *il y a de bonnes vibrations ici* *fam* you get a good feeling ou good vibes from this place.

vibrato [vibʀato] nm vibrato.

vibratoire [vibʀatwaʀ] adj vibratory.

vibrer [3] [vibʀe] ◆ vi **1.** [trembler - diapason, vitre, plancher, voix] to vibrate ▸ **vibrer d'émotion** to quiver ou to quaver with emotion / *sa voix vibrait de colère* her voice was quivering with anger ▸ **faire vibrer qqch** to vibrate sthg **2.** *fig* ▸ **faire vibrer qqn** [l'intéresser] to thrill ou to stir sb / *la musique expérimentale, ça ne me fait pas vibrer* *fam & hum* I don't really get off on avant-garde music. ◆ vt to vibrate ▸ **béton vibré** vibrated concrete.

vibreur [vibʀœʀ] nm [sonnerie] buzzer ; [dispositif] vibrator ; [interrupteur de courant] chopper.

vibrion [vibʀijɔ̃] nm **1.** MÉD vibrio, bacillus **2.** *fam* [personne] fidget.

vibromasseur [vibʀomasœʀ] nm vibrator.

vicaire [vikɛʀ] nm [auxiliaire - d'un curé] curate ; [- d'un évêque, du pape] vicar ▸ **Grand Vicaire, Vicaire général** vicar-general ▸ **vicaire apostolique** vicar apostolic ▸ **le vicaire du Christ** the Vicar of Christ.

vicariance [vikaʀjɑ̃s] nf vicariousness.

vicariant, e [vikaʀjɑ̃, ɑ̃t] adj vicarious.

vicariat [vikaʀja] nm **1.** [fonction] curacy **2.** [territoire] vicariate.

vice [vis] nm **1.** [le mal] vice / *le vice et la vertu* vice and virtue / *mais c'est du vice!* *fam & hum* it's sheer perversion ! **2.** [sexuel] ▸ **le vice** perverse tendencies / *un vice contre nature* an unnatural tendency **3.** [moral] vice / *avoir tous les vices* to have all the vices / *on ne lui connaît aucun vice* she has no known vice ; *hum* [travers] vice **4.** COMM & DR defect, flaw ▸ **vice apparent** conspicuous defect ▸ **vice caché** hidden ou latent defect ▸ **vice de construction** structural fault ▸ **vice dirimant** nullifying defect ▸ **annulé pour vice de forme** DR annulled because of a mistake in the drafting **5.** ANAT ▸ **vice de conformation** congenital defect.

vice- [vis] préf vice-.

vice-amiral [visamiʀal, o] (*pl* **vice-amiraux**) nm vice-admiral.

* In reformed spelling (see p. 16-19).

vice-consul, e [viskɔ̃syl] (*mpl* **vice-consuls**, *fpl* **vice-consules**) nm, f vice-consul.

vice-consulat [viskɔ̃syla] (*pl* **vice-consulats**) nm vice-consulate.

vicelard, e [vislaʀ, aʀd] *tfam* ◆ adj devious, crafty / *une question vicelarde* a devious question. ◆ nm, f **1.** [personne cruelle] sly devil **2.** [pervers] : *un vieux vicelard* a dirty old man, an old lecher / *petite vicelarde!* you little tramp!

Vicence [visɑ̃s] npr Vicenza.

vicennal, e, aux [visɛnal, o] adj vicennial.

vice-présidence [vispʀezidɑ̃s] (*pl* **vice-présidences**) nf [d'un État] vice-presidency ; [d'un congrès] vice-chair.

vice-président, e [vispʀezidɑ̃, ɑ̃t] (*mpl* **vice-présidents**, *fpl* **vice-présidentes**) nm, f [d'un État] vice-president ; [d'un meeting] vice-chairman (vice-chairwoman), vice-chairperson.

vice-recteur [visʀɛktœʀ] (*pl* **vice-recteurs**) nm ≃ pro-vice-chancellor UK.

vice-roi [visʀwa] (*pl* **vice-rois**) nm viceroy.

vice-royauté [visʀwajote] (*pl* **vice-royautés**) nf viceroyalty.

vicésimal, e, aux [visezimal, o] adj vigesimal, vicenary.

vice versa [vis(e)vɛʀsa] loc adv vice versa.

vichy [viʃi] ◆ nm **1.** TEXT gingham **2.** [eau] Vichy (water) ▸ **un vichy fraise** *a glass of Vichy water with strawberry syrup* **3.** CULIN vichy ▸ **carottes Vichy** carrots vichy *(glazed with butter and sugar)*. ◆ nf bottle of Vichy water.

Vichy [viʃi] npr ▸ **le gouvernement de Vichy** the Vichy Government.

Le gouvernement de Vichy

Vichy was the seat of the French government under maréchal Pétain from 1940 to 1944, during the German occupation. Pétain's right-wing traditionalist and authoritarian regime extolled the virtues of a **new order** and a **National Revolution** which would bring back the values of **Work, Family and Fatherland**. The Vichy government collaborated with the Germans and deported French Jews after 1942. Reduced to a puppet regime after the German invasion of the free zone, the government collapsed after the Allied victory.

vichyssois, e [viʃiswa, az] adj from Vichy, of Vichy.
❖ **Vichyssois, e** nm, f **1.** GÉOGR inhabitant of Vichy, native of Vichy **2.** HIST Vichyist.
❖ **vichyssoise** nf CULIN vichyssoise (soup).

vichyste [viʃist] ◆ adj of the Vichy government. ◆ nmf Vichy government supporter, Vichyist.

viciable [visjabl] adj *litt* vitiable.

vicié, e [visje] adj **1.** [pollué -air, sang] polluted, contaminated **2.** *litt* [faussé -raisonnement, débat] warped, vitiated *litt* **3.** DR vitiated.

vicier [9] [visje] vt **1.** [polluer -air, sang] to pollute, to contaminate **2.** *litt* [dénaturer -esprit, qualité] to corrupt, to taint ; [-relation, situation] to mar **3.** DR to vitiate.

vicieusement [visjøzmɑ̃] adv **1.** [lubriquement] lecherously, licentiously **2.** [incorrectement] faultily, wrongly **3.** [méchamment] maliciously, nastily.

vicieux, euse [visjø, øz] ◆ adj **1.** [pervers -livre, film] obscene ; [-regard] depraved ; [-personne] lecherous, depraved / *il faut vraiment être vicieux pour trouver ça drôle* you have to have a pretty warped sense of humour to find that funny **2.** [trompeur -coup, balle] nasty ; [-calcul] misleading **3.** [animal] vicious **4.** [incorrect -expression, prononciation, position] incorrect, wrong. ◆ nm, f [homme] lecher, pervert / *un vieux vicieux* a dirty old man, an old lecher / *petite vicieuse!* you little slut ou tramp!

⚠ Lorsque vicieux a le sens de «pervers», il ne se traduit pas par **vicious**, qui signifie «malveillant», «méchant».

vicinal, e, aux [visinal, o] ◆ adj ⟶ **chemin**. ◆ nm BELG suburban tram.

vicinalité [visinalite] nf **1.** [d'une route] local status **2.** [réseau routier] network of local byroads.

vicissitude [visisityd] nf *litt* [succession] vicissitude.
❖ **vicissitudes** nfpl **1.** [difficultés] tribulations / *après bien des vicissitudes* after many trials and tribulations, taking many hard knocks on the way **2.** [événements] vicissitudes, ups and downs.

vicomtal, e, aux [vikɔ̃tal, o] adj [d'un vicomte] of a viscount ; [d'une vicomtesse] of a viscountess ; [d'une vicomté] of a viscountcy ou viscounty.

vicomte [vikɔ̃t] nm viscount.

vicomté [vikɔ̃te] nf viscountcy, viscounty.

vicomtesse [vikɔ̃tɛs] nf viscountess.

victimaire [viktimɛʀ] adj : *ils ont une attitude / une stratégie victimaire* their attitude / their strategy is based on the idea that they are victims / *ils ont un discours victimaire* they define themselves as victims.

victime [viktim] nf **1.** [d'un accident, d'un meurtre] victim, casualty / *les victimes du crash* the victims of the crash / *accident de la route, trois victimes* car crash, three casualties / *l'accident a fait trois victimes* three people died in the accident / *les victimes ont été emmenées à l'hôpital* the victims were taken to (the) hospital / *un nouveau meurtre porte à 15 le nombre des victimes* a new killing brings the number of victims to 15 / *les victimes du sida* AIDS victims / *les victimes de la dictature* the victims of the dictatorship / *les victimes de la mode* fashion victims **2.** RELIG (sacrificial) victim **3.** [bouc émissaire] victim, scapegoat **4.** [d'un préjudice] victim / *être la victime d'un escroc* to fall prey to ou to be the victim of a con man / *être victime d'hallucinations* to suffer from delusions.

victimisation [viktimizasjɔ̃] nf victimization.

victimiser [viktimize] vt to victimize.

victimologie [viktimɔlɔʒi] nf victimology.

victoire [viktwaʀ] nf **1.** [fait de gagner -bataille, compétition] victory, winning ; [-dans une entreprise] victory, success *(U)* **2.** [résultat -militaire] victory ; [-sportif] victory, win ; [-dans une entreprise] victory, success / *victoire aux points* win on points / *après leurs deux victoires en coupe du monde* after their two wins ou after winning twice in the World Cup / *remporter une victoire* to gain a victory / *remporter une victoire sur soi-même* *fig* to triumph over o.s. / *une victoire à la Pyrrhus* a Pyrrhic victory.

victoria [viktɔʀja] ◆ nm BOT victoria. ◆ nf TRANSP victoria.

Victoria [viktɔʀja] ◆ npr **1.** ▸ **le lac Victoria** Lake Victoria **2.** [reine] ▸ **la reine Victoria** Queen Victoria. ◆ npr m [État d'Australie] ▸ **le Victoria** Victoria.

victorien, enne [viktɔʀjɛ̃, ɛn] adj Victorian.

victorieusement [viktɔʀjøzmɑ̃] adv victoriously.

victorieux, euse [viktɔʀjø, øz] adj SPORT victorious, winning *(avant nom)* ; POL victorious, winning *(avant nom)*, successful ; MIL victorious ; [air] triumphant / *sortir victorieux d'un combat* to come out victorious.

victuailles [viktɥaj] nfpl victuals *sout*, food *(U)*, provisions.

vidage [vidaʒ] nm **1.** [d'un récipient] emptying **2.** *fam* [d'une personne] kicking out **3.** INFORM : *faire un vidage* to (take a) dump ▸ **vidage sur disque / de la mémoire** disk / core dump ▸ **vidage de mémoire** storage ou memory dump ▸ **bande de vidage** dump tape ▸ **gestionnaire de vidage** dumper ▸ **vidage d'écran (sur imprimante)** screen dump.

Vidal [vidal] npr ▸ **le Vidal** *dictionary used by doctors as a reference book on medicines.*

vidange [vidɑ̃ʒ] nf **1.** [d'un récipient, d'un réservoir] emptying **2.** [dispositif] drain, (waste) outlet / *vidange du carter* oil pan drain ou outlet **3.** AUTO oil change / *faire la vidange* to change the oil **4.** AGR timber hauling ou skidding **5.** BELG [verre consigné] returnable empties.
❖ **vidanges** nfpl [eaux usées] sewage *(U)*, liquid waste *(U)*.
❖ **de vidange** loc adj [huile, système] waste.

vidanger [17] [vidɑ̃ʒe] vt **1.** [eaux usées] to empty **2.** AUTO [huile] to change **3.** AÉRON to defuel.

vidangeur [vidɑ̃ʒœʀ] nm cesspit emptier.

vide [vid] ◆ adj **1.** [sans contenu] empty / *tasse à demi vide* half-empty cup ▸ **un espace vide a)** [entre deux objets] an empty space **b)** [sur un document] a blank space / *une pièce vide* an empty ou unfurnished room ▸ **avoir le ventre** ou **l'estomac vide** to have an empty stomach ▸ **j'ai la tête** ou **l'esprit complètement vide** I can't think straight / *un regard vide* a vacant stare ▸ **vide de** devoid of / *des rues vides de gens* empty streets / *des remarques vides de sens* meaningless remarks, remarks devoid of meaning **2.** [sans occupant] empty / *une maison vide* an empty house **3.** [sans intérêt -personnalité, vie] empty **4.** [dénudé -mur] bare, empty. ◆ nm **1.** ASTRON ▸ **le vide** (empty) space, the void / *un astronaute qui évolue dans le vide* an astronaut floating about in the void **2.** [néant] space / *regarder dans le vide* to stare into space ▸ **parler dans le vide a)** [sans auditoire] to address empty space **b)** [sans contenu] to talk vacuously / *faire des promesses dans le vide* to make empty promises **3.** PHYS vacuum / *faire le vide* [dans un vase clos] to create a vacuum / *faire le vide dans une ampoule* to evacuate air from a bulb ; *fig* : *faire le vide autour de soi* to drive all one's friends away ▸ **faire le vide autour de qqn** to isolate sb / *faire le vide dans son esprit* to make one's mind go blank **4.** [distance qui sépare du sol] (empty) space / *la maison est construite, en partie, au-dessus du vide* part of the house is built over a drop / *avoir peur du vide* to be scared of heights / *pendre dans le vide* to hang in mid-air / *tomber dans le vide* to fall into (empty) space **5.** [trou -entre deux choses] space, gap ; [-entre les mots ou les lignes d'un texte] space, blank **6.** [lacune] void, gap, blank / *son départ a laissé un grand vide dans ma vie* she left a gaping void in my life when she went ▸ **vide juridique** DR legal vacuum / *il y a un vide juridique en la matière* the law is not specific on this matter **7.** [manque d'intérêt] emptiness, void / *le vide de l'existence* the emptiness of life / *le vide de sa conversation* the inanity of his conversation **8.** CONSTR ▸ **vide d'air** air space ▸ **vide sanitaire** ventilation space.
❖ **à vide** ◆ loc adj **1.** [hors fonctionnement] no-load ▸ **courant / pertes à vide** no-load current / losses **2.** [sans air] ▸ **cellule / tube / cuve à vide** vacuum photocell / tube / tank. ◆ loc adv : *le moteur tourne à vide* the engine's ticking over ou idling / *les usines tournent à vide* the factories are running but not producing / *il est difficile de réfléchir à vide* it's not easy to think without any data ou with nothing to go on.
❖ **sous vide** ◆ loc adj vacuum *(modif)* ▸ **condensateur / interrupteur sous vide** vacuum capacitor / switch. ◆ loc adv ▸ **emballé sous vide** vacuum-packed.

vidé, e [vide] adj **1.** [volaille] drawn, cleaned ; [poisson] gutted / *vendre des poulets vidés* to sell chickens without giblets **2.** *fam* [fatigué] exhausted, worn out.

vidéaste [videast] nmf video maker.

vide-cave [vidkav] (*pl* **vide-cave** ou **vide-caves**) nm pump *(for pumping water out of cellars)*.

vide-grenier [vidgʀənje] nm inv second-hand goods sale, car-boot sale UK, yard sale US.

vidéo [video] ◆ adj inv video *(modif)* ▸ **art vidéo** video art ▸ **système de surveillance vidéo** video surveillance system. ◆ nf video (recording) ▸ **faire de la vidéo** to make videos ▸ **vidéo à la demande** video on demand ▸ **vidéo streaming** streaming video.

vidéocassette [videɔkasɛt] nf videocassette, video.

vidéoclip [videɔklip] (*pl* **vidéoclips**) nm (music) video.

vidéoclub [videɔklœb] nm videoclub.

vidéocommunication [videɔkɔmynikasjɔ̃] nf video communication.

vidéoconférence [videɔkɔ̃feʀɑ̃s] nf video conferencing.

vidéodisque [videɔdisk] nm videodisk US, videodisc UK.

vidéofréquence [videɔfʀekɑ̃s] nf video frequency.

vidéogramme [videɔgʀam] nm videogram.

vidéographie [videɔgʀafi] nf videography ▸ **vidéographie interactive** videotex.

vidéolecteur [videɔlɛktœʀ] nm videoplayer.

vidéophone [videɔfɔn] = **visiophone.**

vidéoprojecteur [videɔpʀɔʒɛktœʀ] nm video projector.

vide-ordures (*pl* **vide-ordures**), **vide-ordure*** (*pl* **vide-ordures**) [vidɔʀdyʀ] nm rubbish UK ou garbage US chute.

vidéosurveillance [videɔsyʀvɛjɑ̃s] nf video surveillance ▸ **caméra / système de vidéosurveillance** video surveillance camera / system.

vidéotex [videɔtɛks] nm videotex.

vidéothèque [videɔtɛk] nf video library.

vidéotransmission [videɔtʀɑ̃smisjɔ̃] nf video transmission.

vide-poche(s) [vidpɔʃ] (*pl* **vide-poches**) nm [meuble] tidy ; [dans une voiture] glove compartment.

vide-pomme [vidpɔm] (*pl* **vide-pommes**) nm apple corer.

vider [3] [vide] vt **1.** [le contenu de -seau, verre, sac] to empty (out) *(sép)* ; [-poche, valise] to empty (out) *(sép)* ; [-baignoire] to let the water out of, to empty / *vider les ordures* to put out the rubbish UK ou garbage US / *vider un sac de riz dans un pot* to empty a bag of rice into a pot / *il vida le tiroir par terre* he emptied the contents of the drawer (out) onto the floor / *vide le vase dans l'évier* empty the vase into the sink / *vider son chargeur* to empty one's magazine / *la chaleur a entièrement vidé la ville* the heat has completely emptied the city ▸ **vider de** : *vider une maison de ses meubles* to empty a house of its furniture, to clear the furniture from a house ▸ **vider les lieux** to vacate the premises ▸ **vider l'abcès** to clear the air, to make a clean breast of things ▸ **vider son sac** to get things off one's chest, to unburden o.s. **2.** [le milieu de -pomme] to core ; [-volaille] to empty, to clean (out) *(sép)* ; [-poisson] to gut **3.** [boire] to drain / *vider son verre* to drain one's glass / *vider une bouteille* to empty a bottle / *nous avons vidé une bouteille à deux* we downed a bottle between the two of us / *vider les fonds de bouteille* to drink the dregs **4.** *fam* [épuiser] to do in *(sép)*, to finish off *(sép)* / *ce cross m'a vidé* that cross-country race has just about finished me off ▸ **être vidé** to be exhausted / *après le tournage, toute l'équipe était vidée* when the filming was over, the whole crew felt drained **5.** [mettre fin à] to settle (once and for all) / *vider une vieille querelle* to settle an old dispute **6.** DR ▸ **vider un délibéré** to give a verdict after deliberation **7.** *fam* [renvoyer] to throw ou to kick out *(sép)* ▸ **vider qqn a)** [employé] to sack UK ou to fire sb **b)** [client] to throw sb out, to bounce sb US **c)** [élève] to throw ou to chuck sb out **8.** INFORM to dump **9.** ÉQUIT : *vider les arçons* ou *étriers* to take a tumble (off one's horse).

❖ **se vider** vpi **1.** [contenu] to empty ou to drain (out) / *l'eau du réservoir se vide ensuite dans une fosse* the water in the reservoir then drains ou flows out into a ditch **2.** [salle, ville] to empty / *le stylo s'est vidé dans mon sac* the pen has leaked inside my bag / *se vider de son sang* to bleed to death.

videur, euse [vidœʀ, øz] nm, f [de volaille] cleaner.

❖ **videur** nm [de boîte de nuit] bouncer.

viduité [vidɥite] nf DR viduity ; [d'une femme] widowhood ; [d'un homme] widowerhood ▸ **délai de viduité** *time a widow or widower must wait before remarrying.*

vie [vi] nf **1.** BIOL life ▸ **la vie animale / végétale** animal / plant life ▸ **durée de vie** life span **2.** [existence] life / *il a eu la vie sauve* he has been spared ▸ **laisser la vie sauve à qqn** to spare sb's life / *donner la vie à un enfant* to give birth to a child / *mettre sa vie en danger* to put one's life in danger / *risquer sa vie* to risk one's life ▸ **ôter la vie à qqn** to take sb's life / *revenir à la vie* to come back to life ▸ **sauver la vie de qqn** to save sb's life / *au début de sa vie* at the beginning of his life / *à la fin de sa vie* at the end of his life, late in life / *une fois dans sa vie* once in a lifetime / *de sa vie elle n'avait vu un tel sans-gêne* she'd never seen such a complete lack of consideration / *l'œuvre de toute une vie* a lifetime's work / *il promit de lui rester fidèle pour la vie* he promised to be faithful to her for life / *à Julie, pour la vie* to Julie, forever ou for ever ▸ **avoir la vie devant soi a)** [ne pas être pressé] to have all the time in the world **b)** [être jeune] to have one's whole life in front of one / *il a dû être danseur dans une autre vie* he must have been a dancer in a previous incarnation / *être entre la vie et la mort* to be hovering between life and death, to be at death's door / *passer de vie à trépas* to pass away ▸ **la vie continue** life goes on ▸ **à la vie à la mort** for life (and beyond the grave) **3.** [personne] life / *son rôle est de sauver des vies* he is there to save lives **4.** [entrain] life / *mettre un peu de vie dans* to liven up *(sép)* ▸ **plein de vie a)** [ressemblant] true to life, lifelike **b)** [énergique] lively, full of life / *un enfant, c'est plein de vie!* children are so full of life! **5.** [partie de l'existence] life ▸ **vie privée** private life / *la vie affective / intellectuelle / sexuelle* love / intellectual / sex life / *vie politique / professionnelle* political / professional life / *entrer dans la vie active* to start working ▸ **la vie associative** community life **6.** [façon de vivre -d'une personne, d'une société] life, lifestyle, way of life ; [-des animaux] life / *la vie des abeilles / de l'entreprise* the life of bees / of the company / *la vie en Australie* the Australian lifestyle ou way of life / *dans la vie, l'important c'est de...* the important thing in life is to... ▸ **faire sa vie avec qqn** to settle down with sb / *avoir la vie dure* to have a hard life ▸ **faire** ou **mener la vie dure à qqn** to make life difficult for sb / *il lui a fait une de ces vies!* he gave her hell! / *rater sa vie* to make a mess of one's life ▸ **refaire sa vie** to start afresh ou all over again / *sa vie est fichue* *fam* he's finished / *c'est la vie!, la vie est ainsi faite!* such is ou that's life! ▸ **mener une vie de bâton de chaise** ou **de patachon** *fam* to lead a riotous life ▸ **vie de bohême** bohemian life ▸ **mener une vie de chanoine** to live the life of Riley ▸ **une vie de chien** *fam* a dog's life ▸ **ce n'est pas une vie!** I don't call that living! ▸ **c'est la belle vie** ou **la vie de château!** this is the life! ▸ **faire la vie** *fam* to live it up ▸ **mener joyeuse vie** to lead a merry life ▸ **voir la vie en rose** to see life through rose-coloured UK ou rose-colored US spectacles **7.** [biographie] life / *il a écrit une vie de Flaubert* he wrote a life ou biography of Flaubert / **'Vie des hommes illustres'** *Plutarque* 'Plutarch's Lives' **8.** [conditions économiques] (cost of) living / *dans ce pays, la vie n'est pas chère* prices are very low in this country / *le coût de la vie* the cost of living **9.** RELIG life / *la vie éternelle* everlasting life / *la vie ici-bas* this life / *la vie terrestre* life on earth / *dans cette vie comme dans l'autre* in this life as in the next **10.** TECHNOL life / *à courte vie* short-lived / *à longue vie* long-lived / *vie d'un neutron* neutron lifetime ▸ **vie moyenne** mean life ▸ **vie de surface** ÉLECTRON surface lifetime ▸ **vie utile** service life.

❖ **à vie** loc adj for life, life *(modif)* / *amis à vie* friends for life / *président à vie* life president / *membre à vie* life member.

❖ **en vie** loc adj alive, living / *être toujours en vie* to be still alive ou breathing.

❖ **sans vie** loc adj [corps] lifeless, inert ; [œuvre] lifeless, dull.

[La vie] est un long fleuve tranquille

The ironic title of a 1988 comedy film by Étienne Chatiliez about two families at opposite ends of the social spectrum whose destinies collide, this expression has become a cliché often used in the media. Almost always used negatively **(X n'est pas un long fleuve tranquille)**, it refers to situations where things are less than rosy.

Trouver les bons produits, savoir inventer de nouvelles recettes, attirer sans cesse une nouvelle clientèle : le métier de chef cuisinier n'est pas un long fleuve tranquille... *Finding the proper ingredients, inventing new recipes, constantly attracting new customers: being a restaurant chef is hardly what you'd call a straightforward job.*

Avec tous les problèmes de santé qu'elle a eus, sa grossesse n'aura pas été un long fleuve tranquille. *What with all the health problems she's had, you could hardly say her pregnancy has been plain sailing.*

vieil [vjɛj] m ⟶ **vieux.**

vieillard [vjɛjaʀ] nm old man ▸ **les vieillards** old people, the old, the aged.

vieillarde [vjɛjaʀd] nf *litt* old woman.

vieille [vjɛj] f ⟶ **vieux.**

Vieille-Castille [vjɛjkastij] npr f ▸ **la Vieille-Castille** Old Castile.

vieillerie [vjɛjʀi] nf **1.** [objet] old thing **2.** [idée] : *qui s'intéresse à ces vieilleries?* who's interested in those stale ideas?

vieillesse [vjɛjɛs] nf **1.** [d'une personne] old age / *avoir une vieillesse heureuse* to be happy in old age / *pendant sa vieillesse* in his / her old age / *mourir de vieillesse* to die of old age **2.** *litt* [d'un bijou, d'un vase] age **3.** [personnes] ▸ **la vieillesse** old people, the old, the aged.

vieilli, e [vjeji] adj [démodé] old-fashioned ; [vieux] : *je l'ai trouvé très vieilli* I thought he'd aged a lot.

vieillir [32] [vjejiʀ] ◆ vi **1.** [prendre de l'âge -personne] to age, to be getting old ; [-vin, fromage] to age, to mature ; [-technique] to become outmoded / *tout le monde vieillit* we all grow old / *je veux vieillir dans cette maison* I want to spend my old age in this house / *les soucis l'ont fait vieillir de dix ans* anxiety has put ten years on him / her ▸ **bien vieillir** to grow old gracefully / *l'argent vieillit bien* silver ages well ▸ **il a mal vieilli** he hasn't aged well ▸ **ce film vieillit mal** this film doesn't stand the test of time / *son roman a beaucoup vieilli* her novel seems really dated now ▸ **faire vieillir du fromage en cave / du vin en fût** to mature cheese in a cellar / wine in a cask **2.** [paraître plus vieux] : *il a vieilli de 20 ans* he looks 20 years older / *tu ne vieillis pas* you never seem to look any older. ◆ vt **1.** [rendre vieux -personne] to make old, to age / *les soucis l'ont vieilli* worry has aged him **2.** [vin, fromage] to age, to mature ; [métal] to age-harden **3.** ▸ **vieillir qqn** [suj: vêtement, couleur] to make sb seem older / *vous me vieillissez!* you're making me older than I am! / *le noir te vieillit* black makes you look older / *c'est fou ce que les cheveux longs la vieillissent!* long hair makes her look a lot older!

❖ **se vieillir** vp *(emploi réfléchi)* [en apparence] to make o.s. look older ; [en mentant] to lie about one's age *(by pretending to be older).*

vieillissant, e [vjejisɑ̃, ɑ̃t] adj ageing / *des techniques vieillissantes* techniques that are being superseded.

vieillissement [vjejismɑ̃] nm **1.** [naturel] ageing, the ageing process / *le vieillissement d'un réacteur / d'un vin / d'une population* the ageing of a reactor / wine / population / *les signes qui trahissent le vieillissement* the telltale signs of age ou of the ageing process **2.** [technique] ageing ▸ **vieillissement au four / naturel / rapide** furnace / natural / quick ageing.

vieillot, otte [vjejo, ɔt] adj old-fashioned.

vielle [vjɛl] nf hurdy-gurdy.

vieller [4] [vjele] vi to play the hurdy-gurdy.

vielleur, euse [vjɛlœʀ, øz], **vielleux, euse** [vjɛlø, øz] nm, f hurdy-gurdy player.

* In reformed spelling (see p. 16-19).

viendra, vienne v ⟶ venir.

Vienne [vjɛn] npr **1.** [en Autriche] Vienna / *le congrès de Vienne* the Congress of Vienna **2.** [en France - ville] Vienne ▸ **la Vienne** [rivière] the (river) Vienne.

viennois, e [vjenwa, az] adj **1.** [Autriche] Viennese **2.** [France] from Vienne.

❖ **Viennois, e** nm, f **1.** [en Autriche] *inhabitant of or person from Vienna* ▸ **les Viennois** the Viennese **2.** [en France] *inhabitant of or person from Vienne* ▸ **les Viennois** the people of Vienne.

viennoiserie [vjenwazʀi] nf *pastry made with sweetened dough (croissant, brioche, etc.).*

vient v ⟶ venir.

vierge [vjɛʀʒ] ◆ adj **1.** [personne] virgin / *elle / il est encore vierge* she's / he's still a virgin **2.** [vide - cahier, feuille] blank, clean ; [- casier judiciaire] clean ; [- pellicule, film] unexposed ; [- CD, DVD, etc.] blank **3.** [inexploité - sol, terre] virgin / *de la neige vierge* fresh snow **4.** [sans additif] ▸ **minerai vierge** native ore ▸ **métal vierge** virgin metal **5.** *litt* [pur] pure, unsullied, uncorrupted / *un cœur vierge* a pure heart ▸ **vierge de** devoid of, innocent of *litt.* ◆ nf [femme] virgin.

Vierge [vjɛʀʒ] npr f **1.** RELIG ▸ **la Vierge (Marie)** the Virgin (Mary), the Blessed Virgin **2.** ASTROL Virgo **3.** ASTRON Virgo ▸ **être Vierge** to be (a) Virgo ou a Virgoan.

Viêt Nam [vjɛtnam] npr m ▸ **le Viêt Nam** Vietnam ▸ **au Viêt Nam** in Vietnam / *le Nord / Sud Viêt Nam* North / South Vietnam / *un ancien du Viêt Nam* a Vietnam veteran.

vietnamien, enne [vjɛtnamjɛ̃, ɛn] adj Vietnamese.

❖ **Vietnamien, enne** nm, f Vietnamese ▸ **les Vietnamiens** the Vietnamese ▸ **Vietnamien du Nord / Sud** North / South Vietnamese.

❖ **vietnamien** nm LING Vietnamese.

vieux, vieille [vjø, vjɛj] *(devant nm commençant par voyelle ou 'h' muet* **vieil** [vjɛj]*)* adj **1.** [âgé] old / *sa vieille mère* her old ou aged mother / *un vieil homme* an old ou elderly man / *une vieille femme* an old ou elderly woman ▸ **les vieilles gens** old people, elderly people, the elderly / *un vieux cheval / chêne* an old horse / oak ▸ **être vieux** to be old / *50 ans, ce n'est pas vieux!* 50 isn't old! / *devenir vieux* to grow old, to get old ▸ **vivre vieux** [personne, animal] to live to be old, to live to a ripe old age ▸ **se faire vieux** to be getting on (in years), to be getting old / *ma voiture commence à se faire vieille* my car's starting to get a bit old / *je deviens frileux sur mes vieux jours* I feel the cold more with age ▸ **être moins / plus vieux que** to be younger / older than / *le plus vieux des deux* the older ou elder (of the two) / *le plus vieux des trois* the eldest ou oldest of the three ▸ **faire vieux** to look old / *je me sens vieux* I feel old ▸ **être vieux avant l'âge** to be old before one's time ▸ **le vieil homme** RELIG unredeemed Man / **'le Vieil Homme et la mer'** *Hemingway* 'The Old Man and the Sea' **2.** *(avant nom)* [de longue date - admirateur, camarade, complicité, passion] old, long-standing ; [- famille, tradition] old, ancient ; [- dicton, recette] old ; [- continent, montagne] old / *la vieille ville* the old (part of the) town / *connais-tu le vieux Nice?* do you know the old part of Nice? / *l'une des plus vieilles institutions de notre pays* one of the most ancient ou oldest institutions of our country / *nous sommes de vieux amis* we're old friends / *c'est un vieux célibataire* he's an old bachelor ▸ **le Vieux Monde** the Old World **3.** [désuet - instrument, méthode] old / *c'est un tissu un peu vieux pour une robe de fillette* this material is a bit old-fashioned for a little girl's dress ▸ **une vieille expression a)** [qui n'est plus usitée] an obsolete turn of phrase **b)** [surannée] an old-fashioned turn of phrase ▸ **le vieux français** LING Old French ; [usé, fané] old / *une malle pleine de vieilles photos et de vieilles lettres* a trunk full of old pictures and letters ▸ **recycler les vieux papiers** to recycle waste paper ▸ **un vieux numéro** [de magazine] a back issue ▸ **vieil or** old gold ▸ **vieux rose** old rose **4.** [précédent] old / *sa vieille moto était plus belle* his old bike was nicer **5.** *fam* [à valeur affectueuse] : *alors, mon vieux chien?* how's my old doggie then? / *le vieux père Davril* old Davril / *vieux farceur!* you old devil! ; [à valeur dépréciative] : *il doit bien rester un vieux bout de fromage* there must be an odd bit of cheese left over / *t'aurais pas une vieille enveloppe?* got an envelope(,any old one will do)? / *qu'est-ce que c'est que ce vieux tas de ferraille?* what's that old heap? / *espèce de vieille folle!* you crazy old woman! / *vieux dégoûtant!* you disgusting old man! ; [à valeur intensive] : *j'ai une vieille faim* I'm starving! / *ta voiture a pris un vieux coup* your car got a nasty bash / *j'ai eu un vieux coup de cafard* I felt really low **6.** ŒNOL ⟶ **vin.**

❖ **vieux** ◆ nm **1.** *fam & péj* [homme âgé] old man / *le vieux ne vendra jamais* the old man will never sell ▸ **un vieux de la vieille a)** [soldat de Napoléon] an old veteran of Napoleon's guard **b)** [personne d'expérience] an old hand **2.** *tfam* [père] : *mon / son vieux* my / his old man **3.** *fam* [à valeur affective - entre adultes] ▸ **mon vieux** old chap ou boy UK, old buddy US / *allez, (mon) vieux, ça va s'arranger* come on mate UK ou buddy US, it'll be all right / *tu vas sur 50 ans — eh oui, mon (petit) vieux!* so it's the big 50 next — (it) sure is, mate UK ou buddy US / *débrouille-toi, mon (petit) vieux!* you sort it out yourself, pal ou UK mate! ; [pour exprimer la surprise] : *j'en ai eu pour 800 euros — ben mon vieux!* it cost me 800 euros — good heavens! **4.** [ce qui est ancien] old things / *faire du neuf avec du vieux* to turn old into new / *le vin sent le* ou *a un goût de vieux* the wine tastes as though it's past its best **5.** *fam* EXPR **prendre un coup de vieux** : *elle a pris un sacré coup de vieux* she's looking a lot older / *le film a pris un coup de vieux* the film seems to have dated. ◆ adv : *ça fait vieux!* it's really old-fashioned! ▸ **s'habiller vieux** to wear old-fashioned clothes. ◆ nmpl *péj* **1.** *fam* [personnes âgées] ▸ **les vieux** old people / *les petits vieux* old folk / *elle dit qu'elle ne veut pas aller chez les vieux tfam* she says she doesn't want to go to an old people's ou folk's home **2.** *tfam* [parents] : *les* ou *mes vieux* my parents, my folks, my Mum UK ou Mom US and Dad.

❖ **vieille** nf **1.** *fam & péj* [femme âgée] old woman ou girl / *une petite vieille* a little old lady **2.** *tfam* [mère] : *la vieille, ma / ta vieille* my / your old lady **3.** *fam* [à valeur affective - entre adultes] : *salut, ma vieille!* hi there! / *il est trop tard, ma vieille!* it's too late, darling! ; [exprime l'indignation] : *t'es gonflée, ma vieille!* you've got some nerve, you! **4.** ZOOL ▸ **vieille (de mer)** (sea) wrasse.

❖ **de vieux, de vieille** loc adj old-fashioned, antiquated, geriatric *hum* / *tu as des idées de vieux* you're so old-fashioned (in your ideas) / *ce sont des hantises de vieux* those are old people's obsessions.

❖ **vieux de, vieille de** loc adj [qui date de] : *c'est un manteau vieux d'au moins 30 ans* it's a coat which is at least 30 years old / *une amitié vieille de 20 ans* a friendship that goes back 20 years.

❖ **vieille fille** nf *vieilli ou péj* spinster, old maid *péj* ▸ **rester vieille fille** to remain unmarried / *c'est une manie de vieille fille* it's an old-maidish thing to do *péj.*

❖ **vieux garçon** nm *vieilli ou péj* bachelor ▸ **rester vieux garçon** to remain single ou a bachelor / *des manies de vieux garçon* bachelor ways.

❖ **vieux jeu** loc adj [personne, attitude] old-fashioned ; [vêtements, idées] old-fashioned, outmoded / *ce que tu peux être vieux jeu!* you're so behind the times!

Voir encadré à l'article dernier.

vif, vive [vif, viv] adj **1.** [plein d'énergie - personne] lively, vivacious ; [- musique, imagination, style] lively / *d'un geste vif, il saisit le revolver sur la table* he snatched the gun off the table / *avoir le regard vif* to have a lively look in one's eye ▸ **marcher d'un pas vif** to walk briskly ▸ **rouler à vive allure** to drive at great speed **2.** [intelligent - élève] sharp ; [- esprit] sharp, quick / *être vif (d'esprit)* to be quick ou quick-witted ou sharp / *ce qu'elle est vive!* she's quick on the uptake! **3.** [emporté - remarque, discussion, reproche] cutting, biting ; [- geste] brusque, brisk / *tu as été un peu trop vif avec elle* you were a bit curt ou abrupt with her / *excusez-moi de ces mots un peu vifs* I apologize for having spoken rather sharply **4.** [très intense - froid] biting ; [- couleur] bright, vivid ; [- désir, sentiment] strong ; [- déception, intérêt] keen ; [- félicitations, remerciements] warm ; [- regret, satisfaction] deep, great ; [- douleur] sharp / *porter un vif intérêt à* to be greatly ou keenly interested in ▸ **avec un vif soulagement** with a profound sense of relief / *c'est avec un vif plaisir que...* it's with great pleasure that... ▸ **à feu vif** over a brisk heat / *l'air est vif ce matin* it's chilly this morning / *l'air est vif au bord de la mer* the sea air is bracing **5.** [nu - angle, arête] sharp ; [- joint] dry ; [- pierre] bare **6.** [vivant] ▸ **être brûlé / enterré vif** to be burnt / buried alive **7.** [haie] quickset **8.** GÉOGR ▸ **marée de vive eau** spring tide **9.** ŒNOL [vin] lively **10.** CHASSE [forêt, vallée] rich in ou teeming with game.

❖ **vif** nm **1.** [chair vivante] ▸ **le vif** the living flesh, the quick ▸ **piquer qqn au vif** to cut sb to the quick ▸ **être piqué au vif** to be cut to the quick **2.** [centre] ▸ **trancher** ou **tailler dans le vif** to go straight to the point / *entrer dans le vif du sujet* to get to the heart of the matter **3.** PÊCHE ▸ **le vif** livebait **4.** DR living person **5.** CONSTR sharp edge **6.** GÉOGR ▸ **le vif de l'eau** new moon and full moon tides.

❖ **à vif** ◆ loc adj [blessure] open / *la chair était à vif* the flesh was exposed. ◆ loc adv ▸ **éplucher une orange à vif** *to peel an orange and remove all the pith round the segments.*

❖ **de vive voix** loc adv personally / *je le lui dirai de vive voix* I'll tell him personally.

❖ **sur le vif** loc adv [peindre] from life ; [commenter] on the spot / *ces photos ont été prises sur le vif* these photos were unposed.

vif-argent [vifaʀʒɑ̃] *(pl* **vifs-argents***)* nm quicksilver ▸ **c'est du** ou **un vif-argent** he's a bundle of energy.

vigie [viʒi] nf **1.** RAIL observation box ▸ **vigie de frein** / **signaux** brake / signal cabin **2.** NAUT [balise] danger-buoy ; *vieilli* [guetteur] look-out ; [poste] look-out post ; [panier] crow's nest ▸ **être de vigie** to be on look-out (duty) ou on watch, to keep watch.

vigilance [viʒilɑ̃s] nf vigilance, watchfulness ▸ **avec vigilance** watchfully / *sa vigilance s'est relâchée* he's become less vigilant.

vigilant, e [viʒilɑ̃, ɑ̃t] adj [personne, regard] vigilant, watchful ; [soins] vigilant / *soyez vigilant!* watch out! / *sous l'œil vigilant de leur mère* under the (ever) watchful eye of their mother.

vigile [viʒil] ◆ nm **1.** [d'une communauté] vigilante ; [veilleur de nuit] night watchman ; [surveillant] guard **2.** ANTIQ watch. ◆ nf RELIG vigil.

Vigipirate [viʒipiʀat] npr ▸ **le plan Vigipirate** *measures to protect the public from terrorist attacks.*

vigne [viɲ] nf **1.** AGR vine, grapevine ; [vignoble] vineyard / *la vigne pousse bien par ici* it's easy to grow vines around here / *une région de vignes* a wine-producing region ▸ **être dans les vignes du Seigneur** to be drunk **2.** BOT ▸ **vigne vierge** Virginia creeper.

vigneau, x [viɲo] nm winkle.

vigneron, onne [viɲʀɔ̃, ɔn] nm, f wine-grower, wine-producer.

vignette [viɲɛt] nf **1.** COMM (manufacturer's) label ; [sur un médicament] label ou sticker *(for reimbursement within the French Social Security system)* **2.** ADMIN & AUTO ▸ **vignette (auto** ou **automobile)** ≃ (road) tax disc UK ; ≃ (car) registration sticker US **3.** ART [sur un livre, une gravure] vignette.

vignoble [viɲɔbl] nm vineyard / *le vignoble italien / alsacien* the vineyards of Italy / Alsace ▸ **une région de vignobles** a wine-growing area.

vignot [viɲo] = **vigneau.**

vigogne [vigɔɲ] nf **1.** ZOOL vicuna **2.** [laine] vicuna (wool).

vigoureusement [viguʀøzmɑ̃] adv [frapper, frictionner] vigorously, energetically ; [se défendre] vigorously ; [protester] forcefully.

vigoureux, euse [viguʀø, øz] adj **1.** [fort - homme] vigorous, sturdy ; [- membres] strong, sturdy ; [- arbre, plante] sturdy ; [- santé] robust ; [- poignée de main, répression] vigorous / *il est encore vigoureux!* he's still hale and hearty ou going strong! **2.** [langage, argument] forceful ; [opposition, soutien] strong ; [défense] vigorous, spirited ; [contestation, effort] vigorous, forceful, powerful ; [mesures] energetic.

vigueur [vigœʀ] nf **1.** [d'une personne, d'une plante] strength, vigour UK, vigor US ; [d'un coup] vigour UK, vigor US, strength, power ▸ **avec vigueur** vigorously, energetically / *le bon air lui a rendu un peu de sa vigueur* the fresh air has perked him up a bit / *reprendre de la vigueur* to get some strength back **2.** [d'un style, d'une contestation] forcefulness, vigour ; [d'un argument] forcefulness / *se défendre avec vigueur* to defend o.s. vigorously / *protester avec vigueur* to object forcefully / *admirez la vigueur du trait* look at how firmly drawn the lines are.

❖ **en vigueur** ◆ loc adj [décret, loi, règlement] in force ; [tarif, usage] current ▸ **cesser d'être en vigueur a)** [loi] to lapse **b)** [règlement] to cease to apply. ◆ loc adv ▸ **entrer en vigueur** [décret, tarif] to come into force ou effect / *cette mesure entrera en vigueur le 7 juillet* this measure will come into effect on July 7th.

VIH (abr de **virus d'immunodéficience humaine**) nm HIV.

viking [vikiŋ] adj Viking.

❖ **Viking** nmf Viking ▸ **les Vikings** the Vikings.

vil, e [vil] adj **1.** *litt* [acte, personne, sentiment] base, vile, despicable **2.** *(avant nom) litt* [métier, condition] lowly, humble **3.** EXPR ▸ **à vil prix** extremely cheap / *il me l'a cédé à vil prix* he let me have it for next to nothing.

vilain, e [vilɛ̃, ɛn] ◆ adj **1.** [laid - figure, personne, etc.] ugly ; [- quartier] ugly, sordid ; [- décoration, bâtiment, habit] ugly, hideous / *ils ne sont pas vilains du tout, tes dessins* your drawings aren't bad at all ▸ **le vilain petit canard** *pr & fig* the ugly duckling **2.** [méchant] naughty / *tu es un vilain garçon!* you're a naughty boy! / *c'est un vilain monsieur* he's a bad man / *la vilaine bête, elle m'a mordu!* that nasty beast has bitten me! ▸ **jouer un vilain tour à qqn** to play a rotten ou dirty trick on sb **3.** [sérieux - affaire, blessure, coup, maladie] nasty **4.** [désagréable - odeur] nasty, bad ; [- temps] nasty, awful / *la matinée s'annonce vilaine* it looks like really foul weather this morning. ◆ nm, f bad ou naughty boy (girl) / *oh le vilain / la vilaine!* you naughty boy / girl!

❖ **vilain** nm **1.** HIST villein **2.** *fam* [situation désagréable] : *il va y avoir du vilain!* there's going to be trouble! / *ça tourne au vilain!* things are getting nasty!

vilainement [vilɛnmɑ̃] adv ▸ **vilainement habillé** shabbily dressed.

vilebrequin [vilbʀəkɛ̃] nm **1.** TECHNOL (bit) brace **2.** AUTO crankshaft.

vilement [vilmɑ̃] adv vilely, basely.

vilenie, vilénie* [vileni] nf *litt* **1.** [caractère] baseness, villainy **2.** [action] base ou vile deed, villainous act.

vilipender [3] [vilipɑ̃de] vt *litt* to disparage, to revile / *il a été vilipendé dans la presse* he was pilloried in the press.

villa [vila] nf **1.** [résidence secondaire] villa **2.** [pavillon] (detached) house **3.** ANTIQ & HIST villa **4.** [rue] private road.

village [vilaʒ] nm **1.** [agglomération, personnes] village **2.** LOISIRS ▸ **village (de vacances)** holiday UK ou vacation US village ▸ **village de toile** (holiday) UK ou (vacation) US camp (under canvas) **3.** INFORM ▸ **village global** ou **planétaire** the global village.

villageois, e [vilaʒwa, az] ◆ adj village *(modif)*, country *(modif)*. ◆ nm, f villager, village resident.

ville [vil] nf **1.** [moyenne] town ; [plus grande] city / *il n'aime pas les grandes villes* he doesn't like big cities / *la ville a voté à droite* the town voted for the right / *toute la ville en parle* it's the talk of the town / *à la ville comme à la scène* in real life as (well as) on stage ▸ **ville d'eau** spa (town) ▸ **ville dortoir** dormitory town UK, bedroom community US ▸ **ville industrielle / universitaire** industrial / university town ▸ **ville nouvelle** new town ▸ **la Ville éternelle** the Eternal City ▸ **la Ville lumière** the City of Light ▸ **la Ville sainte** RELIG the Holy City **2.** [quartier] ▸ **ville haute / basse** upper / lower part of town **3.** ADMIN ▸ **la ville a)** [administration] the local authority **b)** [représentants] the (town) council **4.** [milieu non rural] ▸ **la ville** towns, cities / *les gens de la ville* city-dwellers, townspeople / *la vie à la ville* town ou city life / *je viens profiter un peu de la ville* I've come to sample the delights of city life.

❖ **de ville** loc adj **1.** VÊT ▸ **chaussures / tenue de ville** shoes / outfit for wearing in town **2.** IMPR ▸ **travaux de ville** jobbing work.

❖ **en ville** loc adv ▸ **aller en ville** to go to ou into town UK, to go downtown US ▸ **aller habiter en ville a)** [venant de la campagne] to move to the city **b)** [venant de la banlieue] to move to the town centre UK ou downtown US / *et si nous dînions en ville?* let's eat out tonight / *trouver un studio en ville* to find a flat UK ou studio apartment US in town.

ville-champignon [vilʃɑ̃piɲɔ̃] (*pl* **villes-champignons**) nf fast-expanding town.

ville-dortoir [vildɔʀtwaʀ] (*pl* **villes-dortoirs**) nf dormitory town.

villégiature [vileʒjatyʀ] nf holiday UK, vacation US / *être en villégiature* to be on holiday UK ou vacation US / *partir en villégiature* to go on holiday UK ou vacation US / *être en villégiature à la campagne* to be on holiday in the countryside ▸ **lieu de villégiature** holiday resort UK, vacation resort US / *avez-vous trouvé un lieu de villégiature?* have you found somewhere to spend your holidays?

Villejuif [vilʒɥif] npr *Paris suburb famous for its cancer treatment centre.*

ville-satellite [vilsatelit] (*pl* **villes-satellites**) nf satellite town.

Villette [vilɛt] npr f ▸ **la Villette** *cultural complex in the north of Paris (including a science museum, theatre and park).*

villeux, euse [vilø, øz] adj villous.

villosité [vilozite] nf villosity / *prélèvement des villosités choriales* chorionic villus sampling.

Vilnius [vilnjys] npr Vilnius.

vin [vɛ̃] nm **1.** ŒNOL [boisson] wine ; [ensemble de récoltes] vintage / *ce sera une bonne année pour le vin* it'll be a good vintage this year / *le vin de 1959* the 1959 vintage ▸ **grand vin, vin de grand cru** vintage wine ▸ **vin d'appellation d'origine contrôlée** appellation contrôlée wine ▸ **vin blanc** white wine ▸ **vin de Bordeaux a)** [rouge] claret **b)** [blanc] white Bordeaux ▸ **vin de Bourgogne** Burgundy ▸ **vin bourru** new wine ▸ **vin chaud** mulled wine ▸ **vin de consommation courante** table wine ▸ **vin de coupage** blended wine ▸ **vin du cru** local wine ▸ **vin cuit** fortified wine ▸ **vin gris** pale rosé, blush wine US ▸ **vin de messe** altar ou communion wine ▸ **vin mousseux** sparkling wine ▸ **vin nouveau** ou **(de) primeur** new wine ▸ **vin ordinaire** table wine ▸ **vin de pays** local wine ▸ **vin pétillant** sparkling wine ▸ **vin de presse** press wine, pressings ▸ **vin du Rhin** hock ▸ **vin rosé** rosé wine ▸ **vin rouge** red wine ▸ **vin de table** table wine ▸ **vin vieux** aged wine ▸ **avoir le vin gai / triste / mauvais** to get merry / depressed / nasty after a few drinks ▸ **être entre deux vins** to be tiddly ou tipsy **2.** [liqueur] ▸ **vin de canne / riz** cane / rice wine.

❖ **vin d'honneur** nm reception *(where wine is served).*

Le vin

France's strong tradition of vine-growing and winemaking dates back to the Roman Empire. Despite falling domestic consumption and steadily increasing sales of wines from elsewhere in Europe and the New World, wine continues to play a vital role in the country's economy. Wine has a profound influence on local culture in wine-growing areas, where most vineyards are family-run using traditional methods.

The word **terroir** is one of the keys to understanding wine in France. It refers to a wine-growing area (Alsace, Beaujolais, Bordeaux, Bourgogne, Champagne, Val-de-Loire, Vallée du Rhône, Corse, etc.), and it also evokes the characteristics specific to those areas that determine wine type and quality (particularly climate, topography, soil type and local expertise).

Some vineyards that produce wines of exceptional quality are known as **grands crus** (great vineyards), a term which is used by extension to refer to the wines made there. **Premier cru** and **cru bourgeois** wines are also of high quality, though they are slightly less prestigious than **grands crus**. The vital importance of **terroir** explains why French wine is traditionally identified by its geographical origin (area or estate), rather than its varietal (Syrah, Cabernet Sauvignon, Chardonnay, etc.).

The **AOC** (**appellation d'origine contrôlée**) label guarantees the origin and quality of some 340 wines, and strictly controls the varietals used in their making. The great **appellations** include: "Pomerol", "Pauillac" (Bordeaux), "Sauternes" (Bordeaux), "Mâcon" (Burgundy), "Chablis" (Burgundy), "Pouilly-Fuissé" (Burgundy), "Pouilly-Fumé" (Loire), "Sancerre" (Loire), "Gewurztraminer", "Riesling" (Alsace).

vinaigre [vinɛgʀ] nm **1.** [condiment] vinegar ▸ **cornichons / oignons au vinaigre** pickled gherkins / onions ▸ **vinaigre d'alcool / de cidre / de vin** spirit / cider / wine vinegar ▸ **vinaigre balsamique** balsamic vinegar ▸ **vinaigre à l'estragon** tarragon vinegar ▸ **vinaigre de framboise** raspberry vinegar **2.** *fam* EXPR ▸ **tourner au vinaigre** [vin] to turn sour / *la discussion a tourné au vinaigre* the discussion turned sour / *les choses ont tourné au vinaigre* things definitely went wrong ▸ **faites vinaigre a)** hurry up, get a move on **b)** JEUX go very fast *(with a skipping rope).*

vinaigrer [4] [vinegʀe] vt to add vinegar to / *ce n'est pas assez vinaigré* there's too little vinegar / *de l'eau vinaigrée* water with a touch of vinegar added.

vinaigrerie [vinɛgʀəʀi] nf **1.** [fabrique] vinegar factory **2.** [production] vinegar making **3.** [commerce] vinegar trade.

vinaigrette [vinɛgʀɛt] nf vinaigrette, French dressing / *haricots à la* ou *en vinaigrette* beans with vinaigrette ou French dressing.

vinaigrier [vinɛgʀije] nm **1.** [bouteille] vinegar bottle **2.** [fabricant] vinegar maker ou manufacturer.

vinasse [vinas] nf **1.** *fam & péj* [vin] plonk UK, jug wine US **2.** [résidu] vinasse.

vindicatif, ive [vɛ̃dikatif, iv] adj vindictive.

vindicte [vɛ̃dikt] nf **1.** DR ▸ **la vindicte publique** prosecution and punishment ▸ **désigner** ou **livrer qqn à la vindicte populaire** to expose sb to trial by the mob **2.** *litt* [punition] : *exercer des vindictes* to punish crimes.

viner [3] [vine] vt to add alcohol to.

vineux, euse [vinø, øz] adj **1.** [rappelant le vin - visage] blotchy ; [- goût] wine-like ; [- haleine] which reeks of wine ; [- melon] wine-flavoured / *d'une couleur vineuse* wine-coloured **2.** ŒNOL ▸ **vin vineux** wine with a high alcohol content.

vingt [vɛ̃] ◆ dét twenty / *je te l'ai dit vingt fois!* I've told you a hundred times! / *je n'ai plus vingt ans!* I'm not as young as I used to be! / *ah, si j'avais encore mes jambes / mon cœur de vingt ans!* if only I still had the legs / the heart of a twenty year-old! ▸ **vingt dieux!** *fam & vieilli* : *vingt dieux, la belle fille!* strewth UK ou Lord US, what a beauty! / *ne touche pas à ça, vingt dieux!* leave that alone, for God's sake! ◆ nm twenty / *il a joué trois fois le vingt* he played three times on number twenty / *le vingt de chaque mois* the twentieth of the month. **Voir aussi cinq.**

* In reformed spelling (see p. 16-19).

vingtaine [vɛ̃tɛn] nf ▸ **une vingtaine** twenty or so, around twenty / *une vingtaine d'élèves* around twenty pupils.

vingt-deux [vɛ̃tdø] dét & nm inv twenty-two ▸ **vingt-deux v'là les flics!** *tfam* watch out, here come the cops!

vingt-et-un [vɛ̃teœ̃] nm JEUX pontoon UK, vingt-et-un, twenty-one.

vingtième [vɛ̃tjɛm] adj num & nmf twentieth. **Voir aussi** cinquantième.

vingtièmement [vɛ̃tjɛmmɑ̃] adv in the twentieth place.

vingt-quatre [vɛ̃tkatʀ] dét & nm inv twenty-four ▸ **vingt-quatre heures sur vingt-quatre** round the clock / *surveillé vingt-quatre heures sur vingt-quatre* under round-the-clock surveillance.

vinicole [vinikɔl] adj [pays] wine-growing ; [industrie, production] wine *(modif)* ▸ **entreprise vinicole** wine-making firm UK, winery US.

vinifère [vinifɛʀ] adj viniferous *sout*, wine-producing.

vinification [vinifikasjɔ̃] nf [de jus de fruits] vinification ; [pour l'obtention de vin] wine-making process.

vinifier [9] [vinifje] vt to make into wine.

vint v ⟶ venir.

vintage [vɛ̃taʒ ou vintɛdʒ] ◆ adj inv vintage. ◆ nm : *le vintage est très tendance aujourd'hui* vintage fashions are very much in vogue.

Vintimille [vɛ̃timij] npr Ventimiglia.

vinyle [vinil] nm vinyl.

vinylique [vinilik] adj vinyl *(modif)*.

vioc, vioque [vjɔk] nm, f *tfam* **1.** [vieille personne] old codger(biddy), old timer US **2.** [père, mère] : *la* ou *ma vioque* my old lady / *le* ou *mon vioc* my old man ▸ **mes viocs** my old folks.

viol [vjɔl] nm [d'une personne] rape ; [d'un sanctuaire] violation, desecration ▸ **viol collectif** gang rape.

violacé, e [vjɔlase] adj purplish-blue / *les mains violacées par le froid* hands blue with cold.
❖ **violacée** nf member of the Violaceae.

violacer [16] [vjɔlase] ❖ **se violacer** vpi [visage] to turn ou to go ou to become purple ; [mains] to turn ou to go ou to become blue.

violateur, trice [vjɔlatœʀ, tʀis] nm, f [d'une loi, d'une constitution] transgressor ; [d'un sanctuaire, d'une sépulture] violator, desecrator.

violation [vjɔlasjɔ̃] nf **1.** [d'une loi, d'une règle] violation ; [d'un serment] breach ; [d'un accord] violation, breach **2.** [d'un sanctuaire, d'une sépulture] violation, desecration / *violation de domicile* forcible entry *(into somebody's home)*.

violâtre [vjɔlatʀ] adj *litt* purplish, blue.

viole [vjɔl] nf viol ▸ **viole d'amour** viola d'amore ▸ **viole de bras** viola da braccio ▸ **viole de gambe** bass viol, viola da gamba.

violemment [vjɔlamɑ̃] adv [frapper] violently ; [protester, critiquer] vehemently ; [désirer] passionately / *il se jeta violemment sur moi* he hurled himself at me.

violence [vjɔlɑ̃s] nf **1.** [brutalité - d'un affrontement, d'un coup, d'une personne] violence ; [- d'un sport] roughness, brutality ▸ **avec violence** with violence, violently ▸ **scène de violence** violent scene / *quand il est ivre, il est d'une grande violence* he gets very violent when he's drunk / *pour mesurer la violence de l'attaque* to realize how violent ou brutal the attack was / *sous la violence du choc, il est tombé* the violence of the blow threw him to the ground ▸ **obliger qqn à faire qqch par la violence** to force sb to do sthg by violent means / *répondre à la violence par la violence* to meet violence with violence / *faire violence à une femme* *arch* to violate a woman ; *fig* ▸ **faire violence à a)** [principes, sentiments] to do violence to, to go against **b)** [texte] to do violence to, to distort the meaning of ▸ **se faire violence** to force o.s. **2.** [acte] assault, violent act ▸ **subir des violences** to be the victim of assault ▸ **violence à agent** assault on (the person of) a police officer ▸ **violence conjugale** domestic violence ▸ **violence verbale** verbal abuse **3.** [intensité - d'un sentiment, d'une sensation] intensity ; [- d'un séisme, du vent, etc.] violence, fierceness / *le vent soufflait avec violence* the wind was raging.

violent, e [vjɔlɑ̃, ɑ̃t] ◆ adj **1.** [brutal - sport, jeu] rough, brutal ; [- attaque, affrontement] fierce, violent, brutal ; [- personne] violent, brutal ; [- tempérament] violent, fiery ▸ **se montrer violent avec qqn** to be violent with sb ▸ **une mort violente** a violent death / *..., dit-il d'un ton violent ...,* he said violently **2.** [intense - pluie] driving ; [- vent, tempête] violent, raging ; [- couleur] harsh, glaring ; [- parfum] pungent, overpowering ; [- effort] huge, strenuous ; [- besoin, envie] intense, uncontrollable, urgent ; [- douleur] violent / *un violent mal de tête* a splitting headache / *une violente douleur au côté* a shooting pain in one's side **3.** *fam* [qui scandalise] : *c'est un peu violent!* that's a bit much! ◆ nm, f violent person.

violenter [3] [vjɔlɑ̃te] vt **1.** [femme] to assault sexually / *elle a été violentée* she was sexually assaulted **2.** *litt* [désir, penchant] to do violence to, to go against.

violer [3] [vjɔle] vt **1.** [personne] to rape / *se faire violer* to be raped **2.** [loi, règle] to violate ; [serment] to break ; [accord, secret professionnel] to violate, to break ; [promesse] to violate ; [secret] to betray **3.** [sanctuaire, sépulture] to violate, to desecrate ▸ **violer le domicile de qqn** DR to force entry into sb's home / *violer les consciences* *fig* to violate people's consciences.

violet, ette [vjɔlɛ, ɛt] adj purple, violet / *ses mains violettes de froid* her hands blue with cold.
❖ **violet** nm purple, violet (colour).
❖ **violette** nf violet ▸ **violette odorante** / **de Parme** sweet / Parma violet.

violeur, euse [vjɔlœʀ, øz] nm, f rapist.

violine [vjɔlin] adj dark purple.

violon [vjɔlɔ̃] nm **1.** MUS [instrument - d'orchestre] violin ; [- de violoneux] fiddle ; [artiste] ▸ **premier violon (solo)** first violin ▸ **second violon** second violin ▸ **jouer les seconds** ou **troisièmes violons** *fig* to play second fiddle ▸ **violon d'Ingres** hobby / *accorder ses violons* to reach an agreement **2.** *fam* [prison] cells / *passer la nuit au violon* to be kept overnight in the cells ou down the station.

violoncelle [vjɔlɔ̃sɛl] nm cello, violoncello *spéc*.

violoncelliste [vjɔlɔ̃selist] nmf cellist, cello player, violoncellist *spéc*.

violoneux [vjɔlɔnø] nm *péj* (mediocre) violinist.

violoniste [vjɔlɔnist] nmf violinist, violin-player.

vioque f *tfam* ⟶ vioc.

viorne [vjɔʀn] nf viburnum.

VIP [viajpi, veipe] (abr de very important person) nmf VIP.

vipère [vipɛʀ] nf adder, viper ▸ **vipère aspic** asp ▸ **c'est une vraie vipère** *fig & péj* she's really vicious.

vipereau, x [vipʀo], **vipéreau, x** [vipeʀo] nm young viper.

vipérin, e [vipeʀɛ̃, in] adj **1.** ZOOL viperine ▸ **couleuvre vipérine** viperine grass snake **2.** *litt* [méchant] viperish *sout*, vicious.
❖ **vipérine** nf BOT viper's bugloss.

virage [viʀaʒ] nm **1.** [d'une route] bend, curve, turn US / *elle était à 110 km/h dans les virages* she was taking the bends at 110 km/h / *prendre un virage* to take a bend, to go round a bend / *prendre un virage à la corde* to hug the bend / *prendre un virage sur les chapeaux de roue* to take a bend ou turn on two wheels ▸ **virage en épingle à cheveux** hairpin bend ▸ **virage en S** S-bend UK, S-curve US ▸ **virage relevé** banked corner **2.** [mouvement - d'un véhicule, au ski] turn ▸ **faire un virage incliné** ou **sur l'aile** AÉRON to bank an aeroplane / *faire faire un virage sur l'aile à un avion* to bank an aeroplane ▸ **virage parallèle** SKI parallel turn **3.** [changement - d'attitude, d'idéologie] (drastic) change ou shift ▸ **virage à droite** / **gauche** POL shift to the right / left **4.** PHOT toning *(U)* **5.** CHIM change in colour UK ou color US **6.** MÉD ▸ **virage de cuti-réaction** positive reaction to a skin test.

virago [viʀago] nf virago, shrew *fig*.

viral, e, aux [viʀal, o] adj *pr & fig* viral ▸ **maladie virale** viral infection ou illness ▸ **marketing viral** viral marketing ▸ **vidéo virale** viral video.

vire [viʀ] nf ledge.

virée [viʀe] nf *fam* **1.** [promenade] ▸ **faire une virée à vélo** / **en voiture** to go for a bicycle ride / a drive / *si on faisait une virée dans les bars du coin?* let's hit the local bars **2.** [court voyage] trip, tour, jaunt / *on a fait une petite virée en Bretagne* we went for a little jaunt to Brittany.

virelai [viʀlɛ] nm virelay.

virement [viʀmɑ̃] nm **1.** BANQUE : *faire un virement de 600 euros sur un compte* to transfer 600 euros to an account ▸ **virement automatique** standing order ▸ **virement bancaire** bank transfer ▸ **virement de crédit** credit transfer **2.** NAUT ▸ **virement de bord** tacking.

virer [3] [viʀe] ◆ vi **1.** [voiture] to turn ; [vent] to veer ; [grue] to turn round ; [personne] to turn ou to pivot round ▸ **virer sur l'aile** AÉRON to bank ▸ **virer de bord a)** NAUT [gén] to veer **b)** [voilier] to tack **c)** *fig* to take a new line ou tack ▸ **faire virer un bateau** to veer a boat / *virer vent arrière* to wear / *virer au cabestan* to heave at the capstan **2.** CHIM [liquide] to change colour UK ou color US **3.** MÉD [cuti-réaction] to come up positive **4.** PHOT to tone. ◆ vt **1.** BANQUE to transfer / *virer 50 euros sur un compte* to transfer 50 euros to an account **2.** *fam* [jeter - meuble, papiers] to chuck (out), to ditch / *vire-moi ces journaux de là* get those papers out of there **3.** *fam* [renvoyer - employé] to fire, to sack UK ; [- importun] to kick ou to chuck out *(sép)* ▸ **se faire virer** [employé] to get the sack UK ou the bounce US / *je me suis fait virer de chez moi* I got kicked ou thrown out of my place **4.** MÉD ▸ **il a viré sa cuti a)** *pr* his skin test was positive **b)** *fig* he changed radically **5.** NAUT to veer ▸ **virez l'ancre!** weigh the anchor! **6.** PHOT to tone.
❖ **virer à** v + prép : *virer à l'aigre* [vin] to turn sour / *virer au vert* / *rouge* to turn green / red.

vireur [viʀœʀ] nm MÉCAN turning gear.

vireux, euse [viʀø, øz] adj BOT noxious, poisonous.

virevolte [viʀvɔlt] nf **1.** [pirouette] pirouette, twirl / *faire des virevoltes* to pirouette **2.** *fig* [changement] volte-face, about-turn UK, about-face US, U-turn / *faire des virevoltes* to chop and change.

virevolter [3] [viʀvɔlte] vi **1.** [tourner sur soi] to pirouette, to spin round *(insép)* / *il l'a fait virevolter* he spun her around **2.** [s'agiter] to dance around / *elle virevoltait gaiement dans la maison* she was flitting happily about the house / *j'ai des taches qui virevoltent devant les yeux* I've got spots before my eyes.

Virgile [viʀʒil] npr Virgil.

virginal, e, aux [viʀʒinal, o] adj virginal, maidenly / *d'une blancheur virginale* *litt* virgin ou lily white.
❖ **virginal, e** nmf MUS virginals.

Virginie [viʀʒini] ◆ nm Virginia (tobacco). ◆ npr f GÉOGR ▸ **la Virginie** Virginia ▸ **la Virginie-Occidentale** West Virginia.

virginité [viʀʒinite] nf **1.** [d'une personne] virginity / *perdre sa virginité* to lose one's virginity / *le parti devra se refaire une virginité* *fig* the party will have to forge itself a new reputation **2.** *litt* [d'un lys, de la neige] purity.

virgule [viʀgyl] nf **1.** [dans un texte] comma ▸ **copier qqch sans y changer une virgule** to copy sthg out without a single alteration **2.** MATH (decimal) point ▸ **4 virgule 9** 4 point 9 ▸ **virgule flottante** floating comma.

viril, e [viʀil] adj **1.** [force, langage] manly, virile **2.** [sexuellement] virile.

virilement [viʀilmɑ̃] adv in a virile way.

virilisant, e [viʀilizɑ̃, ɑ̃t] adj causing the development of male sexual characteristics.

virilisation [viʀilizasjɔ̃] nf virilization.

viriliser [3] [viʀilize] vt **1.** BIOL [suj : médicament] to virilize **2.** [en apparence - suj : sport] to make more masculine in appearance.

virilisme [viʀilism] nm virilism.

virilité [viʀilite] nf **1.** [gén] virility, manliness **2.** [vigueur sexuelle] virility.

virole [viʀɔl] nf **1.** [d'une canne, d'un manche] ferrule **2.** TECHNOL collar.

virologie [viʀɔlɔʒi] nf virology.

virologique [viʀɔlɔʒik] adj virological.

virologiste [viʀɔlɔʒist], **virologue** [viʀɔlɔg] nmf virologist.

virose [viʀoz] nf MÉD virus disease, virosis.

virtualiser [viʀtɥalize] vt to virtualize.

virtualité [viʀtɥalite] nf virtuality.

virtuel, elle [viʀtɥɛl] adj **1.** [fait, valeur] potential **2.** INFORM, OPT & PHYS virtual ▸ **visite virtuelle** [d'un musée] virtual visit.

virtuellement [viʀtɥɛlmɑ̃] adv **1.** [potentiellement] potentially **2.** [très probablement] virtually, to all intents and purposes, practically.

virtuose [viʀtɥoz] nmf MUS virtuoso / *virtuose du violon* violin virtuoso / *c'est une virtuose du tennis / de l'aiguille* she's a brilliant tennis player / needlewoman.

virtuosité [viʀtɥozite] nf virtuosity / *elle a joué la fugue avec une grande virtuosité* she gave a virtuoso rendering of the fugue / *manier le pinceau avec virtuosité* to be a brilliant painter.

virulence [viʀylɑ̃s] nf **1.** [d'un reproche, d'un discours] virulence, viciousness, venom **2.** MÉD virulence.

virulent, e [viʀylɑ̃, ɑ̃t] adj **1.** [critique, discours] virulent, vicious, venomous ; [haine] burning, bitter **2.** MÉD [agent, poison] virulent.

virus [viʀys] nm **1.** BIOL virus / *le virus de la grippe* the influenza virus ▸ **virus filtrant** filterable virus **2.** *fig* : *tout le pays était atteint par le virus du loto* the whole country was gripped by lottery fever / *elle a attrapé le virus du deltaplane fam* she's completely hooked on hang-gliding, she's got the hang-gliding bug / *pour ceux qui ont le virus de la photo* for photography enthusiasts **3.** INFORM virus.

vis [vis] nf **1.** TECHNOL screw ▸ **vis d'Archimède** Archimedes' screw ▸ **vis autotaraudeuse** self-tapping screw ▸ **vis à bois** woodscrew ▸ **vis de direction** worm ▸ **vis micrométrique** micrometer screw ▸ **vis platinée** AUTO contact point ▸ **vis sans fin** worm ou endless screw ▸ **vis sans tête** grub screw ▸ **vis de serrage** setscrew **2.** [spirale] ⟶ **escalier.**

Visa® [viza] nf ▸ **la (carte) Visa** Visa (card).

visa [viza] nm **1.** [sur un passeport] visa / *un visa pour l'Australie* a visa for Australia ▸ **visa d'entrée** entry visa ▸ **visa de touriste** ou **de visiteur** tourist UK ou non-immigrant US visa ▸ **visa de sortie** exit visa ▸ **visa de transit** transit visa **2.** [sur un document] stamp ▸ **apposer un visa sur** to stamp ▸ **visa de censure** CINÉ (censor's) certificate.

visage [vizaʒ] nm **1.** [d'une personne] face ▸ **au visage rond** round-faced / *il n'avait plus visage humain* he was completely disfigured / *j'aime voir de nouveaux visages* I like to see new faces ou to meet new people / *elle a changé de visage depuis l'opération* her face looks different since the operation / *il a soudain changé de visage* his expression suddenly changed / *elle a un visage de bébé* she has a baby face ▸ **Visage pâle** paleface ▸ **faire bon visage à qqn** to put on a show of friendliness for sb ▸ **à visage découvert a)** [sans masque] unmasked **b)** [sans voile] unveiled **c)** [ouvertement] openly **2.** [aspect] aspect ▸ **l'Afrique aux multiples visages** the many faces of Africa / *enfin une ville à visage humain !* at last a town made for people to live in ! ▸ **le vrai visage de** [la nature de] the true nature ou face of / *elle révélait enfin son vrai visage* she was revealing her true self ou nature at last / *il nous montre le vrai visage du fascisme* he shows us the true face of fascism.

visagiste [vizaʒist] nmf hair stylist.

vis-à-vis [vizavi] nm **1.** [personne en face] ▸ **mon vis-à-vis** the person opposite me / *au dîner, j'avais le président pour vis-à-vis* at dinner, I was seated opposite the president ▸ **faire vis-à-vis à qqn** to be opposite sb, to face sb / *le passager qui lui faisait vis-à-vis* the passenger who was sitting opposite her **2.** [immeuble d'en face] : *nous n'avons pas de vis-à-vis* there are no buildings directly opposite **3.** [canapé] tête-à-tête.

❖ **vis-à-vis de** loc prép **1.** [en face de] ▸ **être vis-à-vis de qqn** to be opposite sb / *les statues sont vis-à-vis l'une de l'autre* the statues are opposite ou facing one another **2.** [envers] towards, toward US, vis-à-vis / *ce n'est pas très juste vis-à-vis du reste de la famille* it's not very fair to the rest of the family / *mes sentiments vis-à-vis de lui* my feelings towards ou for him / *quelle position avez-vous vis-à-vis de ce problème ?* what is your position on this problem ? **3.** [par rapport à] by comparison with, next to, against / *le dollar se tient bien vis-à-vis des autres monnaies* the dollar is firm against the other currencies.

❖ **en vis-à-vis** loc adv ▸ **être en vis-à-vis** to be opposite each other, to be facing each other / *assis en vis-à-vis* sitting opposite each other ou face-to-face.

viscéral, e, aux [viseʀal, o] adj **1.** PHYSIOL visceral **2.** [dégoût] profound ; [peur] deep-rooted, profound ; [jalousie] pathological / *je ne l'aime pas, c'est viscéral* I don't like him, it's a gut feeling.

viscéralement [viseʀalmɑ̃] adv deeply / *il déteste viscéralement la politique* he has a deep hatred of politics / *il est viscéralement attaché à sa région natale* he is deeply attached to his native region ▸ **être viscéralement opposé à** to be passionately opposed to.

viscères [visɛʀ] nmpl viscera.

viscose [viskoz] nf viscose.

viscosité [viskozite] nf [gén & PHYS] viscosity.

visée [vize] nf **1.** *(gén au pl)* [intention] design, aim ▸ **avoir des visées sur qqn / qqch** to have designs on sb / sthg **2.** ARM aiming, taking aim, sighting **3.** CINÉ & PHOT viewfinding.

viser [3] [vize] ◆ vt **1.** ARM [cible] to (take) aim at *(insép)* ; [jambe, tête] to aim for ▸ **bien visé !** good shot ! **2.** [aspirer à - poste] to set one's sights on *(insép)*, to aim for ; [- résultats] to aim at ou for *(insép)* **3.** [concerner - suj : réforme] to be aimed ou directed at ; [- suj : critique] to be aimed ou directed at, to be meant for / *cette loi vise plusieurs catégories de gens* this law is directed at several categories of people / *vous parlez de licenciements, qui exactement est visé ?* you're talking about redundancies UK ou layoffs, who exactly do you have in mind ? / *je ne vise personne !* I don't mean anybody in particular ! ▸ **se sentir visé** to feel one is being got at **4.** *tfam* [regarder] to look at, to check out / *dis donc, vise un peu la chemise !* wow, check out the shirt ! **5.** ADMIN [passeport] to visa ; [document - gén] to stamp ; [- avec ses initiales] to initial. ◆ vi **1.** MIL to (take) aim ▸ **viser juste / trop bas** to aim accurately / too low **2.** *fig* ▸ **viser (trop) haut** to set one's sights ou to aim (too) high.

❖ **viser à** v + prép [suj : politique, personne] to aim at ▸ **viser à faire qqch** to aim at doing sthg / *mesures visant à faire payer les pollueurs* measures aimed at making the polluters pay.

viseur [vizœʀ] nm **1.** ARM [gén] sight, sights ; [à lunette] telescopic sight **2.** OPT telescopic sight **3.** CINÉ & PHOT viewfinder.

vishnouisme [viʃnuism] nm vishnuism.

visibilité [vizibilite] nf visibility ▸ **atterrir sans visibilité** to make a blind landing, to land blind ▸ **visibilité nulle** zero visibility.

visible [vizibl] ◆ adj **1.** [objet] visible / *visible à l'œil nu* visible to the naked eye / *la tache est encore bien visible* the stain is still visible, you can still see the stain / *à peine visible* barely visible **2.** [évident - gêne, intérêt, mépris] obvious, visible ; [- amélioration, différence] visible, perceptible / *elle m'en veut, c'est visible* she resents me, it's obvious / *il est visible que...* it's obvious ou clear that... **3.** *sout* [prêt à recevoir] : *elle est visible de midi à 4 h* she receives visitors between 12 and 4 / *je ne serai pas visible demain hum* I won't be available to callers tomorrow ; [pouvant être visité] : *l'appartement est visible le matin* the flat can be viewed in the morning. ◆ nm ▸ **le visible** that which is visible.

visiblement [viziblәmɑ̃] adv [gêné, mécontent] obviously, visibly ; [amélioré] perceptibly, visibly / *visiblement, ils se connaissaient déjà* they'd obviously met before.

visière [vizjɛʀ] nf [gén] eyeshade UK, vizor US ; [d'un casque] visor, vizor ; [d'une casquette] peak ▸ **visière de protection** faceguard.

visioconférence [vizjokɔ̃feʀɑ̃s] nf videoconference.

vision [vizjɔ̃] nf **1.** [idée] view, outlook / *nous n'avons pas la même vision des choses* we see things differently / *sa vision idéaliste du mariage* his idealistic view of married life / *sa vision du monde* her world view **2.** [image] vision ; [hallucination] vision, apparition / *une épouvantable vision de notre avenir* a nightmarish vision of our future / *tu as des visions ! fam & hum* you're seeing things ! **3.** PHYSIOL vision / *la vision chez l'homme comprend quatre fonctions* human vision consists of four functions.

visionnage [vizjɔnaʒ] nm viewing.

visionnaire [vizjɔnɛʀ] adj & nmf visionary.

visionner [3] [vizjɔne] vt [film, émission] to view ; [diapositives] to look at.

visionneuse [vizjɔnøz] nf viewer.

visiophone [vizjɔfɔn] nm videophone, viewphone.

visiophonie [vizjɔfɔni] nf visiophony.

Visitation [vizitasjɔ̃] nf RELIG ▸ **la Visitation** the Visitation.

visite [vizit] nf **1.** [chez quelqu'un - gén] visit ; [- courte] call ▸ **visite éclair** flying visit ▸ **avoir** ou **recevoir la visite de qqn** to have a visit from sb / *avoir la visite de la police* to receive a visit from the police / *avoir la visite d'un représentant* to be called on by a rep / *je m'attendais à sa visite* I was expecting him to call ▸ **rendre visite à qqn** to pay sb a visit, to call on sb, to visit sb ▸ **être en visite chez qqn** to be paying sb a visit, to be visiting sb ou with sb US ▸ **faire une petite visite à qqn** to pop round and see sb ▸ **visite officielle / privée** official / private visit ▸ **visite de politesse** courtesy call ou visit **2.** [à l'hôpital, auprès d'un détenu] visit ▸ **heures de visite** visiting hours **3.** [visiteur] ▸ **avoir de la visite** to have a visitor / *tu attends de la fam* ou *une visite ?* are you expecting a visitor ou somebody ? **4.** [exploration - d'un lieu] visit, tour ▸ **visite audioguidée** audio guided tour ▸ **visite guidée** guided tour **5.** [d'un médecin - chez le patient] visit, call ; [- dans un hôpital] (ward) round / *le chirurgien fait sa visite tous les matins* the surgeon does his (ward) round every morning ▸ **visite de contrôle** follow-up examination ▸ **visite à domicile** house call ou visit ▸ **visite médicale** medical UK ou physical US examination, medical UK, physical US ▸ **passer une visite médicale** to undergo a medical examination, to take a physical examination US ▸ **tu as passé la visite ? a)** did you have your medical ou physical US ? **b)** MIL have you seen the MO ? **6.** [inspection - pour acheter] viewing ; [- pour surveiller] inspection ▸ **visite domiciliaire** house search ▸ **visite de douane** customs inspection ▸ **visite d'inspection** visitation, visit / *faire une visite d'inspection de* to visit.

visiter [3] [vizite] vt **1.** [se promener dans - région, monument] to visit ; [- caves, musée] to go round *(insép)*, to visit ; [- pour acheter] to view ; [- par curiosité] to look round *(insép)* / *une personne de l'agence vous fera visiter l'appartement* somebody from the agency will show you round ou US through the flat, UK ou apartment US / *c'est joli ici, je peux visiter ?* it's nice here, can I have a look around ou can I look around ? / *elle m'a fait visiter sa maison* she showed me around her house **2.** [rendre visite à - détenu] to visit ; [- malade, indigent, client] to visit, to call on *(insép)* **3.** [inspecter - matériel, valise] to examine, to inspect ; [- bateau] to inspect **4.** RELIG [diocèse] to visit ; [suj : Saint-Esprit] to visit **5.** TEXT to perch.

visiteur, euse [vizitœʀ, øz] nm, f **1.** [invité] visitor, caller ; [d'un musée] visitor / *ils ont eu des visiteurs la* *nuit dernière* [voleurs, souris] they had visitors last night **2.** [professionnel] ▸ **visiteur des douanes** customs inspector ▸ **visiteur de prison** prison visitor **3.** COMM representative, rep ▸ **visiteur médical** representative in pharmaceutical products, medical representative **4.** TEXT percher.

❖ **visiteurs** nmpl SPORT visiting ou away team.

vison [vizɔ̃] nm **1.** ZOOL mink **2.** [fourrure] mink **3.** VÊT mink (coat).

visqueux, euse [viskø, øz] adj **1.** PHYS [matière] viscous ; [surface] viscid **2.** [peau, personne] slimy.

vissage [visaʒ] nm screwing on ou down.

visser [3] [vise] vt **1.** [fixer - planche, support] to screw on ou to *(sép)* ; [- couvercle] to screw on ou down *(sép)* / *le miroir est vissé au mur* the mirror is screwed to the wall ; *fig* : *le monocle vissé à l'œil* his monocle screwed into his eye-socket / *être vissé sur son siège* to be glued to one's chair **2.** [en tournant - bouchon, embout] to screw on *(sép)* ; [- robinet] to turn off *(sép)* **3.** *fam* [personne] to crack down on *(insép)*, to put the screws on / *il a toujours vissé ses gosses* he always kept a tight rein on his kids.

❖ **se visser** vp *(emploi passif)* to screw on ou in / *ampoule qui se visse* screw-in bulb.

visseuse [visøz] nf electric screwdriver.

Vistule [vistyl] npr f ▸ **la Vistule** the River Vistula.

visu [vizy] ⟶ **de visu.**

visualisation [vizɥalizasjɔ̃] nf **1.** [mentale] visualization, visualizing **2.** INFORM display ▸ **console** ou **écran de visualisation** visual display terminal ou unit, VDU.

visualiser [3] [vizɥalize] vt **1.** [mentalement] to visualize **2.** INFORM to display.

visuel, elle [vizɥɛl] adj [mémoire, support] visual ▸ **champ visuel** field of vision, visual field.

❖ **visuel** nm **1.** INFORM visual display unit ou terminal, VDU **2.** [de publicité] visual ▸ **visuel graphique** visual display unit **3.** ARM bull's eye.

visuellement [vizɥɛlmɑ̃] adv visually.

vit v **1.** ⟶ **vivre 2.** ⟶ **voir.**

vital, e, aux [vital, o] adj **1.** BIOL & PHYSIOL vital **2.** [indispensable] vital, essential / *l'agriculture est vitale pour notre région* agriculture is vital to this region / *il est vital que...* it's vital ou essential that... **3.** [fondamental - problème, question] vital, fundamental.

vitalisme [vitalism] nm vitalism.

vitalité [vitalite] nf [d'une personne] vitality, energy ; [d'une économie] dynamism, vitality, buoyancy ; [d'une expression, d'une théorie] vitality / *être plein de vitalité* to be full of energy.

vitamine [vitamin] nf vitamin / *vitamine A / C* vitamin A / C.

vitaminé, e [vitamine] adj with added vitamins, vitaminized.

vitaminique [vitaminik] adj vitamin *(modif).*

vite [vit] ◆ adv **1.** [rapidement - courir, marcher] fast, quickly ; [- se propager] rapidly, quickly ▸ **roule moins vite** slow down, don't drive so fast ▸ **va plus vite** speed up, go faster / *tout s'est passé si vite que je n'ai pas eu le temps de voir* everything happened so quickly that I didn't see a thing / *comme le temps passe vite!* doesn't time fly! ▸ **elle apprend / travaille vite** she's a quick learner / worker / *il calcule vite* he's quick at calculations / *on fait faire des travaux, mais ça ne va pas vite* we're having some alterations done, but it's taking a long time ou it's a long job / *prenons un taxi, ça ira plus vite* let's take a taxi, it'll be quicker / *les exercices vont trop vite pour moi* I can't keep up ou pace with the exercises / *ça a été vite réglé* it was settled in no time at all, it was soon settled / *fais vite!* hurry up!, be quick (about it)! / *tu retournes en ville? — je fais vite* are you going back into town? — I won't be long / *et plus vite que ça!* and be quick about it! / *vite, il arrive!* quick ou hurry up, he's coming! / *prends l'argent, vite!* take the money, quick ou quickly! ▸ **vite fait** *fam* quickly / *range-moi ta chambre vite fait!* tidy up your room and be quick about it! / *il est parti vite fait!* he cleared off at the double! / *tu vas aller au lit vite fait si tu continues à pleurer!* you'll be in bed in no time at all if you carry on crying! ▸ **ça a été du vite fait! a)** it didn't take long!, that was quick work! **b)** *péj* it's slapdash work! ▸ **vite fait, bien fait** *fam* : *on lui a repeint sa grille vite fait, bien fait* we gave her gate a nice new coat of paint in no time / *je vais l'envoyer se faire voir vite fait, bien fait! tfam* I'll send him packing once and for all! ▸ **aller plus vite que la musique** ou **les violons** to jump the gun **2.** [à la hâte] quickly, in a hurry ou rush ▸ **manger vite** to bolt one's food (down) ▸ **aller vite** [dans ses conclusions] to be hasty / *tu vas un peu vite!* you're a bit hasty! / *ne conclus pas trop vite* don't jump ou rush to conclusions ▸ **ils vont gagner — c'est vite dit!** they're going to win — I wouldn't be so sure! ▸ **il est assez efficace — il faut le dire vite!** he's quite efficient — well, that's one way of putting it! ▸ **parler trop vite** to speak too soon / *ne parle pas trop vite!* don't speak too soon! **3.** [sans tarder] quickly, soon / *il faut agir vite* we must do something quickly ou very soon / *réponds-moi aussi vite que tu peux* answer me as quickly as you can ou as soon as possible / *envoyez vite votre bulletin-réponse!* send your entry form now! / *j'ai vite compris de quoi il s'agissait* I soon realized what it was all about, it didn't take me long to realize what it was all about **4.** [facilement] quickly, easily / *elle s'énerve vite* she loses her temper easily ▸ **vite fait de** : *méfie-toi, il a vite fait de s'énerver* be careful, he loses his temper easily / *on a vite fait de se brûler avec ça!* it's easy to burn yourself on that thing! **5.** EXPR ▸ **aller vite en besogne a)** [être rapide] to be a quick worker **b)** [être trop pressé] to be over-hasty / *tu vas l'épouser? tu vas vite en besogne!* so you're marrying her? you didn't waste any time! / *vous allez un peu vite en besogne, je ne vous accuse pas!* don't jump to conclusions, I haven't accused you of anything! ◆ adj [en langage journalistique - coureur] fast.

❖ **au plus vite** loc adv as soon as possible.

vitellin, e [vitɛlɛ̃, in] adj BIOL [vésicule, sac] vitelline.

vitellus [vitɛlys] nm BIOL vitellin.

vitesse [vitɛs] nf **1.** [d'un coureur, d'un véhicule] speed / *à la vitesse de 180 km/h* at (a speed of) 180 km/h / *la vitesse est limitée à 90 km / h* the speed limit is 90 km / h / *à quelle vitesse rouliez-vous?* what speed were you driving at ou doing? ▸ **faire de la vitesse** to drive ou to go fast / *la route est dégagée, tu peux faire un peu de vitesse* the road's clear, you can speed up a bit ▸ **prendre de la vitesse** to pick up speed, to speed up ▸ **gagner / perdre de la vitesse** to gather / to lose speed ▸ **vitesse ascensionnelle** AÉRON rate of climb ▸ **vitesse de circulation de l'argent** ÉCON velocity of circulation of money ▸ **vitesse de croisière** *pr & fig* cruising speed / *nous avons atteint notre vitesse de croisière qui est de 750 km / h* [en avion] we're now cruising at (a speed of) 750 km / h / *le projet a maintenant atteint sa vitesse de croisière* the project is now running smoothly along ▸ **vitesse d'horloge** clock rate ou speed ▸ **vitesse de pointe** top ou maximum speed ▸ **vitesse relative** AÉRON airspeed ▸ **gagner** ou **prendre qqn de vitesse a)** [à pied] to walk faster than sb **b)** [en voiture] to go ou to drive faster than sb **c)** *fig* to beat sb to it, to pip sb at the post UK, to beat sb by a nose US **2.** PHYS [d'un corps] speed, velocity ; [de la lumière] speed ▸ **vitesse acquise** momentum ▸ **vitesse initiale a)** [gén] initial speed **b)** ARM muzzle speed ▸ **vitesse de libération** escape velocity ou speed ▸ **vitesse moyenne** average speed ▸ **vitesse de réaction** reaction velocity ou speed ▸ **la vitesse du son** the speed of sound / *à la vitesse du son* at the speed of sound **3.** [rythme - d'une action] speed, quickness, rapidity ; [- d'une transformation] speed, rapidity / *ses cheveux poussent à une vitesse incroyable!* her hair grows so fast! / *il travaille à la vitesse d'un escargot!* he works so slowly ou at a snail's pace! **4.** AUTO & MÉCAN gear / *première / deuxième / troisième vitesse* first / second / third gear ▸ **passer les vitesses a)** to go up through the gears **b)** [en rétrogradant] to go down through the gears / *les vitesses ne veulent pas passer* *fam* the gearbox is sticking ▸ **passer à la vitesse supérieure a)** *pr* to change up *(to next gear)* **b)** *fig* to speed up / *à deux vitesses* *fig* two-tier / *à la vitesse grand V* *fam* at the double, at a rate of knots UK / *et ramène-le-moi à la vitesse grand V!* and bring it back to me PDQ! / *il est parti à la vitesse grand V* you couldn't see him for dust *hum.*

❖ **à toute vitesse** loc adv at full ou top speed, in double-quick time / *il est revenu à toute vitesse* he was back double quick ▸ **passer à toute vitesse** [temps, moto] to fly by.

❖ **en vitesse** loc adv [rapidement] quickly ; [à la hâte] in a rush ou hurry ▸ **déjeuner / se laver en vitesse** to have a quick lunch / wash / *écrire une lettre en vitesse* to dash off a letter / *je peux venir te voir en vitesse?* can I pop in for a minute? / *on prend un verre en vitesse?* shall we have a quick drink? / *sors d'ici, et en vitesse!* get out of here and be sharp about it! / *fais ton lit, et en vitesse!* make your bed and do it quickly! / *il a déguerpi en vitesse!* he left at the double!, he didn't hang around!

viticole [vitikɔl] adj ▸ **région viticole** wine-growing ou wine-producing region ▸ **entreprise viticole** wine-making company UK, winery US ▸ **culture viticole** wine-growing, viticulture *spéc.*

viticulteur, trice [vitikyltœr, tris] nm, f wine-grower, wine-producer, viticulturist *spéc.*

viticulture [vitikyltyr] nf vine-growing, viticulture *spéc.*

vitiligo [vitiligo] nm MÉD vitiligo, leucoderma.

vitivinicole [vitivinikɔl] adj relating to vine growing and wine production.

vitiviniculture [vitivinikyltyr] nf vine growing and wine production.

vitoulet [vitulɛ] nm BELG *veal meatball.*

vitrage [vitraʒ] nm **1.** [vitres] windows ; [panneau] glass partition **2.** [verre] window glass **3.** [installation] glazing **4.** [rideau] net curtain.

vitrail, aux [vitraj, o] nm **1.** [gén] stained-glass window ; [non coloré] leaded glass window / *les vitraux de Chartres* the stained-glass windows of Chartres **2.** [technique] ▸ **le vitrail** stained-glass window making.

vitre [vitr] nf **1.** [plaque de verre] (window) pane **2.** [fenêtre] window / *faire les vitres* to clean the windows ▸ **vitre arrière** AUTO rear window.

vitré, e [vitre] adj **1.** [porte - complètement] glass *(modif)* ; [- au milieu] glazed ; [panneau, toit] glass *(modif)* **2.** [parchemin] vitreous **3.** ANAT [corps, humeur] vitreous.

vitrer [3] [vitre] vt [fenêtre, porte] to glaze ; [verrière] to fit with glass.

vitrerie [vitrəri] nf **1.** [fabrique] glaziery **2.** [commerce] window glass trade ou industry **3.** [vitres] window glass.

vitreux, euse [vitrø, øz] adj **1.** [terne - œil, regard] glassy, glazed **2.** GÉOL & PHYS vitreous **3.** [porcelaine] vitreous.

vitrier [vitrije] nm glazier.

vitrifiable [vitrifjabl] adj **1.** NUCL vitrifiable **2.** [parquet] sealable.

vitrification [vitrifikasjɔ̃] nf **1.** [d'un parquet] sealing, varnishing ; [de tuiles] glazing **2.** [de sable, de déchets nucléaires] vitrification.

vitrifier [9] [vitrifje] vt **1.** [parquet] to varnish ; [tuiles] to glaze ▸ **brique vitrifiée** glazed brick **2.** [déchets nucléaires, sable] to vitrify **3.** [ville] to destroy with nuclear weapons.

vitrine [vitrin] nf **1.** [devanture] (shop) window UK, (store) window US, display window ; [vitre] shop window ; [objets exposés] window display / *cet ouvrage est la vitrine de la maison d'édition* this book is the publisher's showcase ▸ **faire une vitrine** to dress a window ▸ **mettre qqch en vitrine** to put sthg (out) on display *(in the window)* ▸ **faire** ou **lécher les vitrines** *fam* to do some window-shopping **2.** [meuble - de maison] display cabinet ; [- de musée] display cabinet, showcase ; [- de magasin] showcase, display case.

vitriol [vitrijɔl] nm vitriol / *des propos au vitriol* caustic ou vitriolic remarks / *une attaque au vitriol* a vitriolic ou devastating attack.

vitrioler [3] [vitʀijɔle] vt **1.** [traiter] to vitriolize **2.** [blesser] ▸ **vitrioler qqn** to attack sb with acid / *il a été vitriolé* he had sulphuric acid thrown in his face.

vitro [vitʀo] ⟶ **in vitro.**

vitrocéramique [vitʀoseʀamik] adj ▸ **plaque vitrocéramique** ceramic hob.

vitupérations [vitypeʀasjɔ̃] nfpl *sout* vituperation *sout*, vilification *sout*, verbal abuse.

vitupérer [18] [vitypeʀe] ◆ vi *litt* to vituperate *sout* ▸ **vitupérer contre qqn / qqch** to inveigh against sb / sthg. ◆ vt *sout* to vituperate *sout*, to inveigh against.

 In reformed spelling (see p. 16-19), this verb is conjugated like *semer*: ***il vitupèrera, elle vitupèrerait.***

vivable [vivabl] adj [situation] bearable ; [habitation] fit for living in ; [personne] ▸ **elle n'est pas vivable** *fam* she's impossible to live with / *ce n'est plus vivable au bureau!* it's unbearable at the office now !

vivace [vivas] adj **1.** BOT hardy **2.** [qui dure - croyance, opinion] deep-rooted ; [- souvenir] abiding ; [- foi] steadfast / *une région où le sentiment socialiste est très vivace* a staunchly socialist region / *son souvenir est encore vivace* his memory is still very much alive.

vivacité [vivasite] nf **1.** [promptitude - d'une attaque, d'une démarche, d'un geste] briskness ; [- d'une intelligence] sharpness, acuteness / *elle s'est retournée avec vivacité* she turned round sharply ▸ **vivacité d'esprit** quick-wittedness **2.** [brusquerie - d'une personne, de propos] brusqueness ▸ **vivacité d'humeur** hotness of temper, quick-temperedness / *la vivacité de sa réplique* the sharpness of his reply **3.** [entrain - d'une personne, d'un style] vivaciousness, vivacity, liveliness ; [- d'un marché] liveliness, buoyancy ; [- d'une description] vividness, liveliness ; [- d'un regard] vivacity / *parler avec vivacité* to speak animatedly / *la vivacité de la conversation* the lively pace of the conversation **4.** [force - d'une douleur] sharpness, intensity ; [- du froid] bitterness, sharpness ; [- d'une impression] vividness, keenness ; [- d'une couleur] brightness, vividness ; [- d'une lumière] brightness.

vivandière [vivɑ̃djɛʀ] nf HIST vivandière.

vivant, e [vivɑ̃, ɑ̃t] adj **1.** BIOL [organisme] living ; [personne, animal] alive ▸ **enterré vivant** buried alive / *je suis vivant!* I'm alive ! ▸ **j'en suis sorti vivant** I lived to tell the tale, I survived / *cuire un homard vivant* to cook a live lobster ou a lobster alive / *lui vivant, personne n'allait là-bas* while he was alive, nobody went there **2.** [existant - croyance, tradition, souvenir] living / *l'emploi du mot est resté très vivant* the term is still very much in use **3.** [animé - enfant, conférence, présentation] lively, spirited ; [- bourg, rue] lively, bustling, full of life / *c'est une classe très vivante* it's a very lively class **4.** [réaliste - description, style] vivid **5.** [constitué d'humains - rempart] human **6.** [incarné, personnifié - preuve, exemple, témoignage] living.

❖ **vivant** nm **1.** [période] ▸ **de son vivant a)** [dans le passé] when he was alive **b)** [dans le présent] as long as he lives / *je ne verrai pas ça de mon vivant!* I won't live to see it ! / *du vivant de mon frère, j'y allais souvent* when my brother was alive, I used to go there often **2.** [personne] ▸ **un bon vivant** a bon viveur, a connoisseur of the good things in life.

❖ **vivants** nmpl RELIG ▸ **les vivants** the living ▸ **les vivants et les morts a)** [gén] the living and the dead **b)** BIBLE the quick and the dead.

alive, living ou **live ?**

Les trois adjectifs peuvent être employés pour traduire vivant, mais ils présentent des différences d'emploi.

Alive ne peut être employé que comme attribut :

The fish were still alive. *Les poissons étaient encore vivants.*

Living est généralement employé comme épithète :

I prefer living plants to artificial ones. *Je préfère les plantes vivantes aux plantes artificielles.*

Lorsqu'il signifie vivant, **live** n'est généralement employé qu'en tant qu'épithète :

I bought a live crab. *J'ai acheté un crabe vivant.*

vivarium [vivaʀjɔm] nm vivarium.

vivat [viva] ◆ nm cheer / *s'avancer sous les vivats* to walk forth through a hail of applause. ◆ interj *arch* hurrah, bravo.

vive¹ [viv] interj ▸ **vive le Canada / la République!** long live Canada / the Republic ! ▸ **vive** ou **vivent les vacances!** three cheers for holidays ! / *vive moi! fam & hum* hurrah for me !

vive² [viv] nf ZOOL weever.

vive-eau [vivo] (*pl* **vives-eaux** [vivzo]) nf ▸ **(marée de) vive-eau** spring tide ▸ **les vives-eaux** the spring tides.

vivement [vivmɑ̃] adv **1.** [exprime un souhait] ▸ **vivement le week-end!** I can't wait for the weekend !, roll on the weekend ! UK, bring on the weekend ! US / *vivement qu'il s'en aille!* I'll be glad when he's gone ! **2.** [extrêmement - ému, troublé] deeply, greatly ; [- intéressé] greatly, keenly / *je souhaite vivement que…* I sincerely wish that… ▸ **féliciter / remercier / recommander qqn vivement** to congratulate / thank / recommend sb warmly **3.** [brusquement - interpeller] sharply ▸ **vivement rabroué** told off in no uncertain terms **4.** [vite - marcher] briskly / *il se dirigea vivement vers la sortie* he walked briskly towards the exit.

vivent [viv] ◆ interj ⟶ **vive.** ◆ v ⟶ **vivre.**

viveur, euse [vivœʀ, øz] nm, f *vieilli* bon viveur.

vivier [vivje] nm **1.** [d'un commerce] fish tank **2.** PÊCHE [enclos - pour poissons] fishpond ; [- pour homards] crawl ; [- d'un bateau] fish tank ou well ▸ **vivier de capture** box trap **3.** *fig* ▸ **un véritable vivier d'acteurs** a breeding ground for actors.

vivifiant, e [vivifjɑ̃, ɑ̃t] adj [air] bracing, invigorating ; [expérience] revivifying *sout*, invigorating ; [atmosphère] enlivening, revivifying *sout*.

vivifier [9] [vivifje] ◆ vt *sout* [personne] to revivify *sout*, to invigorate ; [industrie, région] to bring life to ; [imagination, sentiments] to quicken, to sharpen. ◆ vi RELIG to give life.

vivipare [vivipaʀ] ◆ adj viviparous. ◆ nmf member of the Vivipara.

viviparité [vivipaʀite] nf viviparity, viviparousness.

vivisection [viviseksjɔ̃] nf vivisection / *être contre la vivisection* to be an antivivisectionist, to be against live experiments.

vivo [vivo] ⟶ **in vivo.**

vivoter [3] [vivɔte] vi [personne] to get by ou along (with little money) / *il vivotait de ses tableaux* he scraped a living from his paintings.

vivre¹ [vivʀ] nm ▸ **le vivre et le couvert** bed and board.

❖ **vivres** nmpl food *(U)*, foodstuffs, provisions.

vivre² [90] [vivʀ] ◆ vi **1.** BIOL [personne, animal] to live, to be alive ; [cellule, plante] to live / *elle vivait encore quand ils l'ont emmenée* she was still alive when they took her away / *vivre vieux* ou *longtemps* to live to a great age ou ripe old age / *elle a vécu jusqu'à 95 ans* she lived to be 95 / *qu'aurait-elle pensé si elle avait vécu?* what would she have thought if she'd lived ? / *à l'époque où il vivait* at the time when he was alive / *il ne lui reste plus longtemps à vivre* she hasn't got much time left (to live) / *il lui reste 2 mois à vivre* he's got 2 months to live / *les plantes / animaux qui vivent dans l'eau* plants / animals which live in water ▸ **avoir vécu** to have had one's day **2.** [mener une existence] to live / *vivre en paix* to live in peace ▸ **vivre libre et indépendant** to lead a free and independent life / *mes personnages vivent indépendamment de moi* my characters have a life of their own / *vivre malhonnêtement / pieusement* to lead a dishonest / pious life / *vivre au jour le jour* to take each day as it comes / *vivre à l'heure de l'Europe / du XXIe siècle* to live in the world of the European community / of the 21st century / *vivre dans le luxe / l'angoisse* to live in luxury / anxiety / *vivre dans le péché* to lead a sinful life / *on voit que tu n'as jamais vécu dans la misère* it's obvious you've never experienced poverty / *ne vivre que pour la musique / sa famille* to live only for music / one's family / *une rue qui vit la nuit* a street that comes alive at night / *il fait bon vivre ici* life is good ou it's a good life here / *une maison où il fait bon vivre* a house that's good to live in ▸ **elle a beaucoup vécu** she's seen life ▸ **on ne vit plus a)** [on est inquiet] we're worried sick **b)** [on est harassé] this isn't a life, this isn't what you can call living ▸ **savoir vivre** : *il ne sait pas vivre* **a)** [il est impoli] he has no manners **b)** [il est trop nerveux] he doesn't know how to enjoy life ▸ **ils vécurent heureux et eurent beaucoup d'enfants** (and) they lived happily ever after **3.** [résider] to live / *ils sont venus vivre ici* they came to live ou to settle here / *vivre au Brésil / dans un château* to live in Brazil / in a castle / *vivre dans une* ou *en communauté* to live communally ou in a community / *vivre à la campagne ne m'a jamais attiré* country life has never appealed to me ▸ **vivre avec qqn a)** [maritalement] to live with sb **b)** [en amis] to share ou to live with sb ▸ **vivre ensemble** [couple non marié] to live together ▸ **être facile à vivre** to be easygoing ou easy to get on with ▸ **être difficile à vivre** to be difficult to get on with / *son mari est difficile à vivre* her husband is very difficult to live with **4.** [subsister] to live / *les sommes que tu lui envoies l'aident à vivre* the money you send her keeps her going / *ils ont tout juste de quoi vivre* they've just enough to live on / *vivre sur un seul salaire* to live ou to exist on just one salary ▸ **faire vivre une famille a)** [personne] to provide a living for ou to support a family **b)** [commerce] to provide a living for a family ▸ **vivre bien / chichement** to have a good / poor standard of living ▸ **vivre de** to live on / *vivre de fruits / de ses rentes* to live on fruit / on one's private income / *ils vivaient de la cueillette et de la chasse* they lived on what they gathered and hunted ou off the land ▸ **vivre de sa plume** to live by one's pen / *vivre de chimères* to live a life of illusion ▸ **vivre d'espérance** to live in hope ▸ **l'espoir fait vivre!** we all live in hope ! ▸ **il faut bien vivre!** one's got to keep the wolf from the door ou to live (somehow) ! ▸ **vivre aux crochets de qqn** to sponge off sb ▸ **vivre de l'air du temps** to live on thin air ▸ **vivre d'amour et d'eau fraîche** to live on love alone **5.** [se perpétuer - croyance, coutume] to be alive / *pour que notre entreprise vive* so that our company may continue to exist **6.** [donner l'impression de vie - sculpture, tableau] : *voici une description qui vit* here is a description that is full of life. ◆ vt **1.** [passer par - époque, événement] to live through *(insép)* / *vivre des temps difficiles* to live through ou to experience difficult times / *vivre des jours heureux / paisibles* to spend one's days happily / peacefully **2.** [assumer - divorce, grossesse, retraite] to experience ▸ **elle a mal / bien vécu mon départ** she couldn't cope / she coped well after I left **3.** EXPR **vivre sa vie** to live one's own life / *vivre sa foi* to live intensely through one's faith / *il faut vivre l'instant présent* one must live for the moment.

vivrier, ère [vivʀije, ɛʀ] adj ▸ **cultures vivrières** food crops.

vizir [viziʀ] nm vizier ▸ **le grand vizir** the grand vizier.

VL (abr de **véhicule lourd**) nm HGV.

v'là [vla] prép *fam* : *le v'là!* here he is !

Vladivostok [vladivɔstɔk] npr Vladivostok.

vlan, v'lan [vlɑ̃] interj [bruit - de porte] bang, wham, slam ; [- de coup] smack, thud, wallop.

VO (abr de **version originale**) nf *indicates that a film is in the original language.*

❖ **en VO** loc adj in the original version / *en VO sous-titrée* in the original version with subtitles.

v° abr écrite de **verso.**

vocable [vɔkabl] nm **1.** LING term **2.** RELIG name, patronage ▸ **sous le vocable de** dedicated to.

vocabulaire [vɔkabylɛʀ] nm **1.** LING vocabulary / *vocabulaire argotique / philosophique* slang / philosophical vocabulary / *avoir du vocabulaire* to have a wide vocabulary ▸ **quel vocabulaire!** [réprimande] language! **2.** [lexique] lexicon, (specialized) dictionary.

vocal, e, aux [vɔkal, o] adj vocal.

vocalement [vɔkalmɑ̃] adv vocally.

vocalique [vɔkalik] adj vocalic, vowel *(modif).*

vocalisation [vɔkalizasjɔ̃] nf LING & MUS vocalization, vocalizing.

vocalise [vɔkaliz] nf MUS vocalise *spéc* singing exercise ▸ **faire des vocalises** to practise scales.

vocaliser [3] [vɔkalize] ◆ vi MUS to vocalize *spéc* to practise scales. ◆ vt PHON to vocalize.

❖ **se vocaliser** vpi to become vocalized.

vocatif [vɔkatif] nm vocative (case).

vocation [vɔkasjɔ̃] nf **1.** [d'une personne] vocation, calling / *avoir une vocation musicale / théâtrale* to have a musical / theatrical vocation / *ne pas avoir / avoir la vocation (de)* to feel no / a vocation (for) / *pour être assistante sociale, il faut avoir la vocation* to be a social worker, one has to feel a vocation for it ▸ **manquer** ou **rater sa vocation** : *j'ai manqué* ou *raté ma vocation, j'aurais dû être architecte* I've missed my vocation, I should have been an architect / *voilà un pansement bien fait, tu as manqué* ou *raté ta vocation* what a professional-looking bandage, you should have been a nurse ou you missed your vocation **2.** [rôle, mission] : *grâce à la vocation touristique de notre région* because our area is dedicated to tourism / *la vocation du nouveau musée est d'éduquer les jeunes* the new museum is designed to be of educational value to young people **3.** ADMIN ▸ **avoir vocation à** ou **pour faire** to be empowered to do.

vociférateur, trice [vɔsifeʀatœʀ, tʀis] nm, f *litt* vociferant *litt,* shouter.

vocifération [vɔsifeʀasjɔ̃] nf vociferation / *des vociférations* an outcry, a clamour / *sous les vociférations du public* met by boos and hisses from the audience.

vociférer [18] [vɔsifeʀe] ◆ vi to yell, to shout, to vociferate *sout* ▸ **vociférer contre** to inveigh against *sout,* to berate *sout.* ◆ vt [injures] to scream, to shout.

In reformed spelling (see p. 16-19), this verb is conjugated like *semer*: *il vocifèrera, elle vocifèrerait.*

vodcast [vɔdkast] nm INFORM vodcast.

vodka [vɔdka] nf vodka.

vœu, x [vø] nm **1.** [souhait] wish / *faire un vœu* to (make a) wish / *tu peux faire trois vœux* you may have three wishes / *la première cerise! fais un vœu!* it's the first cherry, you must make a wish! / *faire le vœu que* to wish ou to pray that / *je fais le vœu qu'elle revienne* I pray (that) she may come back / *il faut tenir compte des vœux de la nation* the nation's wishes must be taken into account / *exaucer un vœu* to grant a wish ▸ **faire un vœu pieux** to make a vain wish **2.** [serment] vow / *faire vœu de tempérance* to take a vow of temperance, to take the pledge ▸ **faire (le) vœu de faire qqch** to (make a) vow to do sthg **3.** RELIG : *faire vœu de pauvreté / de chasteté / d'obéissance* to take a vow of poverty / of chastity / of obedience ▸ **vœux du baptême** baptismal vows ▸ **vœux (de religion)** (religious) vows ▸ **prononcer ses vœux** to take one's vows.

❖ **vœux** nmpl [de fin d'année] ▸ **meilleurs vœux** [sur une carte] Season's Greetings / *nous vous adressons nos meilleurs vœux* ou *nos vœux les plus sincères pour la nouvelle année* our best wishes for the New Year / *elle est venue nous présenter ses vœux* she came to wish us a happy New Year / *le président a présenté ses vœux télévisés* the president made his New Year speech ou address on TV ; [dans une grande occasion] wishes / *tous nos vœux pour...* our best wishes for..., with all good wishes for... / *meilleurs vœux de la part de...* with all good wishes from... / *tous nos vœux de bonheur* our very best wishes for your happiness / *tous mes vœux de prompt rétablissement* (my) best wishes for a speedy recovery *sout,* hope you get well soon / *tous nos vœux de succès* all the best, good luck / *je fais* ou *forme des vœux pour ta réussite* I wish you every success.

vogue [vɔg] nf **1.** [mode] vogue, fashion, trend / *c'est la vogue des bas résille* fishnet stockings are in vogue ou fashion ▸ **c'est la grande vogue a)** [vêtement] it's the latest fashion **b)** [sport] it's the latest craze **2.** [popularité] vogue, popularity / *connaître une grande vogue* [style, activité, sport] to be very fashionable / *la vogue que connaissent actuellement les jeux vidéo* the current vogue ou craze for video games **3.** SUISSE [kermesse] village fête.

❖ **en vogue** loc adj fashionable / *une tenue très en vogue* an extremely fashionable outfit / *c'est la coiffure en vogue* it's the latest hairstyle ▸ **être en vogue a)** [vêtement] to be fashionable ou in vogue **b)** [activité, personne] to be fashionable.

voguer [3] [vɔge] vi **1.** NAUT to sail ▸ **voguer vers a)** [navire] to sail towards **b)** [personne] to sail for ▸ **et vogue la galère!** *vieilli* whatever will be will be! **2.** *litt* [nuage, image] to drift ou to be floating by.

voici [vwasi] prép **1.** *(suivi d'un singulier)* [désignant ce qui est proche dans l'espace] here is, this is ; *(suivi d'un pluriel)* here are, these are ▸ **voici mes parents a)** here are my parents **b)** [dans des présentations] these are my parents / *voici notre nouvelle voiture* this is our new car ▸ **le voici** here he / it is ▸ **la voici** here she / it is / *les voici!* here they are! ▸ **en voici** : *j'ai perdu mon crayon — en voici un* I've lost my pencil — here's one / *du riz? en voici!* rice? here you are ou there you are! / *en voici un qui n'a pas peur!* *fam* HE's certainly got guts! / *en voici une surprise!* what a surprise! / *ah, te voici enfin* so here ou there you are at last ▸ **nous y voici! a)** here we are! **b)** [dans une discussion] now... ▸ **l'homme que voici** this man (here) ▸ **les fleurs que voici** these flowers (here) ; *(tournure elliptique)* : *as-tu un timbre? — voici!* do you have a stamp? — here (you are)! / *vous voulez la clef? — voici!* do you want the key? — here! / *voici madame, ce sera tout?* here you are, madam, will there be anything else? / *voici pour vous* [en donnant un pourboire] this is for you ; [opposé à 'voilà'] : *voici ma sœur et voilà mon fils* this is my sister and that's my son **2.** [caractérisant un état] : *le voici endormi* he's gone to sleep / *vous voici rassuré, j'espère* I hope that's reassured you / *me voici prêt* I'm ready now / *la voici cassée* now it's broken / *les voici enfin partis!* at last they've gone! / *nous voici enfin seuls* alone at last / *nous voici enfin arrivés!* here we are at last! / *le voici qui veut faire du karaté maintenant!* now he wants to take up karate! ▸ **me / te / nous, etc., voici bien!** *fam & iron* what a mess! / *il lui a tout dit, me voici bien!* *fam* he told her everything, now what am I going to do? **3.** *(suivi d'un singulier)* [introduisant ce dont on va parler] this ou here is ; *(suivi d'un pluriel)* these ou here are / *voici ce qui s'est passé* this ou here is what happened / *voici nos intentions* these ou here are our plans / *voici ce que je pense* this is what I think / *voici, je crains que ma demande ne vous surprenne beaucoup* now, I'm afraid my request may come as a big surprise to you / *voici, c'est l'histoire d'une princesse qui...* so, it's the story of a princess who... / *voici comment on fait des crêpes* here ou this is how you make pancakes ; [opposé à 'voilà'] : *voilà ce que j'ai dit devant les autres, voici maintenant ce que j'ai à te dire* that was what I said in front of the others, now this is what I have to say to you **4.** [pour conclure] ▸ **voici qui m'étonne!** that's a surprise! / *voici qui est bien joué!* (now that's) well played! / *voici où mène la paresse* this ou that is what you get for being lazy / *voici pourquoi je ne lui fais pas confiance* this ou that is why I don't trust him / *voici ce que c'est que de mentir!* this ou that is where lying gets you! **5.** [désignant une action proche dans le temps] : *et me voici à pleurer* and here I am crying / *voici l'heure du départ* it's time to go now ▸ **voici l'orage** here comes the storm / *voici venir le printemps* spring is coming / *voici venir Noël, voici Noël qui arrive* Christmas is coming / *voici que la nuit tombe* (now) it's getting dark / *voici qu'arrive le mois de mai* (now) the month of May is upon us / *comme je rentrais, voici un livreur qui arrive* just as I was arriving home a delivery man turned up / *voici le train qui arrive* here's the train coming now / *voici qu'ils recommencent avec leur musique!* their music's started (up) again! **6.** [exprimant la durée] : *j'y suis allé voici trois mois* I went there three months ago / *elle est partie voici cinq minutes* she left five minutes ago / *je l'ai rencontrée voici quelques années* I met her some years ago / *voici une heure qu'il est au téléphone* he's been on the phone for an hour / *voici deux ans que nous nous sommes perdus de vue* it's been two years (now) since we lost touch with each other.

voie [vwa] nf **1.** [rue] road ▸ **voie express** ou **rapide** express way ▸ **voie de passage / raccordement** major / access road ▸ **voie d'accès** access road ▸ **voie à double sens** two-way road ▸ **voie piétonne** pedestrian street ▸ **voie prioritaire** main road ▸ **voie privée** private road ▸ **la voie publique** ADMIN (public) highway ou thoroughfare ▸ **voie sans issue** no through road, cul-de-sac ▸ **voie à sens unique** one-way road ; TRANSP (traffic) lane ▸ **(route à) trois voies** three-lane road ▸ **(route à) 4 voies a)** [gén] 4-lane road **b)** [séparée en deux] dual carriageway UK ou highway US ▸ **voie de dégagement** slip road ▸ **les voies sur berges** [à Paris] *expressway running along the Seine in Paris* ; ANTIQ ▸ **voie romaine** Roman way ou road ▸ **voie sacrée** sacred way ▸ **la voie Appienne** the Appian Way **2.** [moyen d'accès] way ; [itinéraire] route / *par la voie des airs* by air ▸ **par voie de terre** overland, by land ▸ **dégagez la voie!** get out of ou clear the way! ; *fig* ▸ **la voie est libre** the road is clear ▸ **laisser la voie libre à qqn** to make way for sb ▸ **ouvrir la voie à qqn / qqch** to pave the way for sb / sthg, to make way for sb / sthg ▸ **trouver sa voie** to find one's niche in life ▸ **la voie du devoir** the path of duty / *la voie de la réussite* the road to success ▸ **ta voie est toute tracée** it's obvious what your next move should be ▸ **voie fluviale** ou **navigable** (inland) waterway ▸ **voie aérienne** air route, airway ▸ **voie de communication** communication route ▸ **voies d'eau** watercourses ▸ **voie maritime** sea route, seaway ▸ **entrer dans l'Administration par la voie royale** to take the most prestigious route into the Civil Service **3.** RAIL / **'ne pas traverser les voies'** 'do not cross the tracks' / *le train pour Lausanne? voie 2, Mademoiselle* the train to Lausanne? platform 2, Miss / *le train 242 est attendu voie 9* train 242 is due to arrive on platform 9 ▸ **voie de garage** ou **de service** ou **de dégagement** siding ▸ **mettre sur une voie de garage a)** *fig* [projet] to shelve, to table US **b)** [employé] to push aside, to put on the sidelines / *pour moi, la direction commerciale serait une voie de garage* becoming head of sales would be a dead end for me ▸ **voie étroite** narrow-gauge line ▸ **voie montante** ou **paire** up line ▸ **voie (ferrée)** railway UK railroad US ▸ **voie principale** main line ▸ **voie unique** single track **4.** [procédure, moyen] ▸ **suivre la voie hiérarchique / diplomatique / normale** to go through the official / diplomatic / usual channels ▸ **par des voies détournées** by devious means, by a circuitous route ▸ **par voie de conséquence** consequently **5.** RELIG ▸ **la voie étroite** the narrow way ▸ **les voies du Seigneur sont impénétrables** the Lord works in mysterious ways **6.** CHASSE scent, track ▸ **mettre qqn sur la voie a)** *pr* to put sb on the right scent **b)** *fig* [en devinant] to give sb a clue **c)** [dans une enquête] to put sb on the right track ▸ **être sur la bonne voie a)** *pr* to have the scent **b)** *fig* to be on the right track ou lines / *être sur la mauvaise voie* *fig* to be barking up the wrong tree **7.** PHARM ▸ **par voie orale** ou **buccale** orally ▸ **par voie nasale / rectale** through the nose / the rectum **8.** ANAT & PHYSIOL tract, duct ▸ **par les voies naturelles** naturally ▸ **voies biliaires** biliary ducts ▸ **voies digestives** digestive tract ▸ **voies respiratoires** airways, respiratory tract ▸ **voies urinaires** urinary tract **9.** CHIM ▸ **voie humide / sèche** wet / dry process **10.** TECHNOL [largeur - entre deux essieux] track ; [- d'un trait de scie] set / *donner de la voie à une scie* to set a saw **11.** FIN ▸ **voies et moyens** ways and means **12.** INFORM & TÉLÉC [sur bande] track ; [de communication] channel ▸ **voie d'entrée** input channel ▸ **voie de transmission** transmission channel **13.** NAUT ▸ **voie d'eau** leak / *avoir une voie d'eau* to have sprung a leak **14.** ASTRON ▸ **la Voie lactée** the Milky Way.

❖ **voies** nfpl DR ▸ **voies de fait** [coups] assault and battery ▸ **se livrer à des voies de fait sur qqn** to assault sb.

❖ **en bonne voie** loc adj : *être en bonne voie* to be going well / *maintenant, les affaires sont en bonne voie* business is looking up / *votre dossier est en bonne voie* your file is being processed.

❖ **en voie de** loc prép : *en voie d'achèvement* on the way to completion / *en voie de cicatrisation* healing over / *en voie de construction* being built, under construction / *espèces en voie de disparition* endangered species / *en voie de guérison* getting better, on the road to recovery.

❖ **par la voie de** loc prép through, via / *régler un litige par la voie de la négociation* to settle a conflict through negotiation.

voilà [vwala] prép **1.** *(suivi d'un singulier)* [désignant ce qui est éloigné] there ou that is ; *(suivi d'un pluriel)* there ou those are / *voilà leur maison* there ou that is their house ▸ **le monument que voilà** that monument (there) / *les voilà, là-bas, au bout du jardin* there they are, down at the bottom of the garden ; [opposé à 'voici'] : *voici mon lit, voilà le tien* here's ou this is my bed and there's ou that's yours **2.** *(suivi d'un singulier)* [désignant ce qui est proche] here ou this is ; *(suivi d'un pluriel)* here ou these are ▸ **voilà mes parents a)** here are my parents **b)** [dans des présentations] these are my parents / *voilà l'homme dont je vous ai parlé* here ou this is the man I spoke to you about / *voilà ma démission* here's my resignation ▸ **le voilà** there he / it is ▸ **la voilà** there she / it is / *tiens, les voilà!* look, here ou there they are! / *ah, te voilà enfin!* so here ou there you are at last! ▸ **nous y voilà! a)** here we are! **b)** [dans une discussion] now... ▸ **l'homme que voilà** this man (here) ▸ **en voilà** : *du riz? en voilà!* rice? here ou there you are! / *je ne trouve pas de marteau — en voilà un* I can't find a hammer — here's one / *tu voulais un adversaire à ta mesure? en voilà un!* you wanted an opponent worthy of you? well, you've got one! / *en voilà un qui n'a pas peur!* fam he's certainly got guts! / *en voilà une surprise / des manières!* what a surprise / way to behave! / *vous vouliez la clef, voilà* you wanted the key, here it is ou here you are / *voilà pour vous* [en donnant un pourboire] this is for you / *voilà madame, ce sera tout?* here you are, madam, will there be anything else? **3.** [caractérisant un état] : *le voilà endormi* he's gone to sleep / *la voilà recousue / cassée* now it's sewn up again / broken / *me voilà prêt* I'm ready now / *les voilà enfin partis!* at last they've gone! / *nous voilà enfin seuls!* alone at last! / *comme te voilà savant!* you know so much now! / *dire que te voilà marié!* to think you're married now! / *vous voilà content maintenant?* (are you) happy now? / *les voilà comme deux ennemis* and now they're like enemies / *le voilà qui veut faire du karaté maintenant!* now he wants to take up karate! / *te voilà beau, que t'est-il arrivé?* iron you're in a fine state, what's happened to you? ▸ **me / te / nous, etc., voilà bien!** fam & iron now what a mess! / *il lui a tout dit, me voilà bien!* he told her everything, now what am I going to do? **4.** *(suivi d'un singulier)* [introduisant ce dont on va parler] this ou here is ; *(suivi d'un pluriel)* these ou here are / *voilà ce que je lui dirai* this ou here is what I'll say to her / *voilà ce qui arrivera si...* this is what will happen if... / *voilà comment il faut faire* this is ou here's how you do it / *alors voilà, c'est l'histoire d'une princesse qui...* so, it's the story of a princess who... / *que veux-tu dire par là? — eh bien voilà,...* what do you mean by that? — well,... ; [opposé à 'voici'] : *voilà ce que j'ai fait jusqu'ici, voici ce que j'ai décidé maintenant* that's what I've been doing up to now, this is what I have decided to do from now on / *voilà les temps difficiles qu'elle a connus, et voici, j'espère, une période plus heureuse* those were difficult days she went through, and now, I hope, she'll have a happier time **5.** *(suivi d'un singulier)* [pour conclure] that's ; *(suivi d'un pluriel)* those are / *voilà ce que j'ai fait jusqu'ici* that's what I've been doing up to now / *c'est lâche, voilà mon avis* it's cowardly, that's what I think / *c'est cher, voilà le hic!* it's expensive, that's the only snag! / *voilà ce que j'en pense* that's what I think of ou about it / *voilà ce qui s'est passé* that's what happened / *voilà bien les hommes!* how typical of ou how like men! / *voilà ce que c'est, la jalousie!* that's jealousy for you! / *voilà ce que c'est que de mentir!* that's where lying gets you! / *voilà où mène la paresse* that's what you get for being lazy / *un hypocrite, voilà ce que tu es!* you're nothing but a hypocrite! / *voilà comment il conçoit la vie!* that's his idea of life! / *voilà qui est étrange!* (now) that's strange! / *voilà qui est bien joué!* (now that's) well played! / *quelques jours de repos, voilà qui devrait te remettre sur pied* a few day's rest, THAT should set you right again / *et voilà pourquoi je ne lui fais pas confiance* that's why I don't trust her / *on lui paiera les réparations et voilà!* we'll pay for the repairs and that's all (there is to it)! / *et voilà, il a encore renversé son café!* I don't believe it, he spilt his coffee again! / *et voilà, ça devait arriver!* what did I tell you! / *ah voilà, c'est parce qu'il avait peur!* so, that explains it, he was frightened! / *à vrai dire, je ne veux pas le faire — ah, voilà!* to be quite frank, I don't want to do it — so that it is ou that's what it is! / *voilà! vous avez tout compris* that's it! you've got it ▸ **voilà tout** that's all / *on s'est quittés, voilà tout* we split up, that's all (there is to say) **6.** [introduisant une objection, une restriction] : *j'en voudrais bien un, seulement voilà, c'est très cher* I'd like one, but the problem is ou but you see, it's very expensive / *c'est facile, seulement voilà, il fallait y penser* it's easy once you've thought of it / *j'aurais dû lui dire, mais voilà, je n'ai pas osé* I should've told her, but (when it came to it) I didn't dare / *tu t'excuses, d'accord, mais voilà, il est trop tard!* fine, you're apologizing, but the thing is, it's too late! / *voilà, j'hésitais à vous en parler, mais...* well, yes, I wasn't going to mention it, but... **7.** [désignant une action proche dans le temps] ▸ **voilà la pluie a)** [il ne pleut pas encore] here comes the rain **b)** [il pleut] it's raining / *voilà venu le moment de s'expliquer* now's the moment to explain / *voilà que la nuit tombe* (now) it's getting dark / *voilà qu'ils remettent ça avec leur musique!* fam they're at it again with their music! / *voilà que vous allez l'obliger à sortir, maintenant* now you're going to make him go out / *voilà Monsieur, je suis à vous dans un instant* yes, sir, I'll be with you in a minute / *il y a quelqu'un? — voilà, voilà* anybody in? — hang on, I'm coming! / *il vient mon dessert? — voilà, voilà* is my dessert ready yet? — just coming! ▸ **ne voilà-t-il pas que** fam : *je descends de voiture et ne voilà-t-il pas qu'une contractuelle arrive!* I get out of my car and guess what, a traffic warden turns up! / *(ne) voilà-t-il pas qu'on deviendrait coquette!* vain, now, are we? **8.** [exprimant la durée] : *il est rentré voilà une heure* he's been home for an hour, he came home an hour ago / *quand il est né, voilà près de 63 ans* when he was born, nearly 63 years ago / *voilà longtemps / deux mois qu'il est parti* he's been gone a long time / two months / *voilà cinq minutes que je t'appelle!* I've been calling you for five minutes!

voilage [vwalaʒ] nm **1.** [gauchissement -du métal] buckling ; [-d'une roue] warping **2.** [rideau] net curtain.

voile¹ [vwal] nm **1.** [d'une toilette, d'un monument] veil / *porter le voile* to wear the veil ▸ **voile de deuil** mourning veil ▸ **voile de mariée** marriage veil ▸ **prendre le voile** RELIG to take the veil **2.** TEXT [pour rideau] net, (piece of) netting ; [pour chapeau] (piece of) gauze, veil **3.** fig veil / *ils ont enfin levé le voile sur ce mystère* they have at last lifted the curtain on this mystery ▸ **jeter** ou **mettre** ou **tirer un voile sur** to throw a veil across, to draw a veil over / *jetons un voile sur cet épisode* let's just forget that whole incident **4.** litt [opacité] : *un voile de brume / fumée* a veil of mist / smoke / *un voile de larmes devant les yeux* eyes misted up ou blurred with tears / *un voile de tristesse vint assombrir son regard* her eyes veiled over with sadness **5.** MÉD ▸ **voile au poumon** shadow on the lung ▸ **j'ai un voile devant** ou **sur les yeux** my vision ou sight is blurred **6.** AÉRON & ASTRON ▸ **voile noir** blackout ▸ **voile rouge** redout **7.** PHOT fog **8.** ANAT ▸ **voile du palais** velum spéc, soft palate **9.** BOT veil **10.** [déformation -du métal] buckle, buckling ; [-du plastique, du bois] warp, warping.

❖ **sous le voile de** loc prép sout in the guise of / *c'est la xénophobie sous le voile du patriotisme* it's xenophobia in the guise of patriotism / *on voit là l'hypocrisie sous le voile de la respectabilité* here we have hypocrisy under a cloak of respectability.

voile² [vwal] nf **1.** NAUT sail ▸ **faire voile vers** to sail towards / *être sous voiles* to be under sail ▸ **mettre à la voile** to set sail / *nous sommes rentrés à la voile* we sailed back ▸ **voile d'avant** foresail ▸ **voile carrée / latine** square / lateen sail ▸ **mettre les voiles** fam to clear off **2.** litt [bateau] sail, sailing boat **3.** SPORT ▸ **la voile** sailing, yachting ▸ **faire de la voile** to sail, to go yachting.

❖ **à voile** loc adj **1.** NAUT ▸ **bateau à voile a)** sailing boat **b)** HIST clipper ▸ **la marine à voile** sailing ships **2.** EXPR **marcher à voile et à vapeur** tfam to be AC/DC ou bisexual.

❖ **toutes voiles dehors** loc adv **1.** NAUT in full sail, all sail ou sails set **2.** fam [rapidement] like a bat out of hell.

voilé, e [vwale] adj **1.** [monument, visage, personne] veiled / *des femmes voilées de noir* women veiled in black **2.** [couvert -lune, soleil] hazy ; [-ciel] overcast ; [-horizon] hazy / *le mourant avait le regard voilé* the dying man had a glazed expression **3.** [voix] hoarse, husky **4.** [dissimulé -signification] obscure / *une allusion à peine voilée* a thinly veiled ou a transparent hint / *s'exprimer en termes voilés* to express o.s. in oblique ou veiled terms / *sa déception à peine voilée* his thinly-veiled disappointment **5.** PHOT fogged, veiled **6.** [déformé -métal] buckled ; [-bois, plastique] warped.

voiler [3] [vwale] vt **1.** [couvrir] to veil, to hide, to cover / *voiler sa nudité* to hide one's nakedness **2.** [rendre moins net -contours] to veil ; [-lumière] to dim / *des nuages voilèrent le ciel* the sky clouded over / *le regard voilé par les larmes* her eyes misty ou blurred with tears ; [enrouer -voix] to make husky / *la voix voilée par l'émotion / l'alcool* his voice husky with emotion / thick with drink **3.** litt [dissimuler -fautes] to conceal, to veil ; [-motifs, vérité] to mask, to veil, to disguise / *sans voiler ses intentions* without disguising her intentions **4.** PHOT to fog **5.** [déformer -métal] to buckle ; [-bois, plastique] to warp.

❖ **se voiler** ◆ vpt : *se voiler le visage* [le couvrir] to wear a veil (over one's face) ▸ **se voiler la face** to bury one's head in the sand, to hide from the truth. ◆ vpi **1.** [lune, soleil] to become hazy ; [ciel -de nuages] to cloud over ; [-de brume] to mist over, to become hazy ou misty ▸ **son regard s'était voilé a)** [mouillé de larmes] her eyes had misted over ou become blurred (with tears) **b)** [terni par la mort] her eyes had become glazed **2.** [voix] to grow ou to become husky **3.** PHOT to fog **4.** [métal] to buckle ; [bois, plastique] to become warped.

voilerie [vwalʀi] nf NAUT sail maker's.

voilette [vwalɛt] nf (hat) veil.

voilier¹ [vwalje] nm **1.** NAUT ▸ **voilier (de plaisance) a)** sailing boat UK, sailboat US **b)** [navire à voiles] sailing ship ; *(comme adj)* ▸ **navire bon / mauvais voilier** good / bad sailer **2.** [ouvrier] sail maker **3.** ZOOL [poisson] sailfish ; [oiseau] ▸ **grand voilier** long-flight bird.

voilier², ère [vwalje, ɛʀ] adj vieilli [bateau] sailing ; [oiseau] long-flight bird.

voilure [vwalyʀ] nf **1.** NAUT sail, sails / *changer de / réduire la voilure* to change / to shorten sail / *dans la voilure* aloft, in the rigging **2.** AÉRON aerofoil UK, airfoil US ▸ **voilure tournante** rotary wing ; [de parachute] canopy.

voir [62] [vwaʀ]

◆ vt

A. PERCEVOIR AVEC LES YEUX

B. PENSER, CONCEVOIR

A. PERCEVOIR AVEC LES YEUX **1.** [distinguer] to see ; PHYSIOL to (be able to) see / *il ne voit rien de l'œil gauche* he can't see anything with his ou he's blind in the left eye / *grand-mère ne voit plus rien* grandma's lost her sight / *on n'y voit pas grand-chose dans la cave* you can hardly see a thing in the cellar / *tu vois cette étoile?* can you see that star? / *je voyais ses cartes* I could see his cards / *excusez-moi, je suis passé sans vous voir* sorry, I walked right past without seeing you / *on ne voit presque pas la reprise* the mend hardly shows / *d'ici, on voit chez le monsieur d'en face* from here, you can see into the man opposite's house / *il faut le voir pour le croire!* you have to see it to believe it! / *je voudrais la voir en mariée* I'd like to see her as a bride / *à les* *voir, on ne dirait pas qu'ils roulent sur l'or* to look at them, you wouldn't think they were rolling in it / *à la voir si souriante, on ne dirait pas qu'elle souffre* when you see how cheerful she is, you wouldn't think she's in pain ▸ **voir qqn faire** ou **qui fait qqch** to see sb do ou doing sthg / *on t'a vu l'embrasser* you were seen kissing her, someone saw you kiss her / *je l'ai vu qui descendait d'avion* I saw him get ou getting off the plane / *on en a vu qui pleuraient* some were seen crying / *elle m'a fait voir sa robe de mariée* she showed me her wedding dress / *fais voir!* let me see!, show me! ▸ **voir le jour a)** [bébé] to be born **b)** [journal] to come out **c)** [théorie, invention] to appear ▸ **comme je vous vois** : *je les ai vues comme je vous vois* I saw them with my own eyes ▸ **faut voir (ça)** *fam* : *il était habillé, faut voir!* you should have seen what he was wearing! / *elle chante, faut voir!* she can't sing to save her life! / *il faut voir comment elle lui répond* you should see the way she speaks to him ▸ **il faut voir comment** : *il faut voir comment il fait une mayonnaise!* you should see how he makes mayonnaise! / *tu repasses tes pantalons il faut voir comment!* you have a funny way of ironing your trousers! / *elle parle à ses parents il faut voir comment!* you should hear how she talks to her parents! ▸ **voir venir** : *cela a fait scandale — le gouvernement n'avait rien vu venir* there was a big scandal — the government hadn't seen it coming ou hadn't anticipated that / *il voit venir les coups* SPORT he anticipates the shots / *Noël n'est que dans trois semaines, on a le temps de voir venir!* Christmas isn't for another three weeks, we've got plenty of time! / *j'ai mis de l'argent de côté, pour voir venir* *fam* I've put some money away for a rainy day ▸ **je te vois venir, tu veux de l'argent!** *fam* I can see what you're leading up to ou getting at, you want some money! ▸ **le garagiste m'a fait payer 2 000 euros — il t'a vu venir!** *fam* the mechanic charged me 2,000 euros — he saw you coming! **2.** [assister à - accident, événement] to witness, to see ; [- film, spectacle] to see / *personne n'a vu l'accident* there were no witnesses to ou nobody saw the accident / *c'est vrai, je l'ai vue le faire* it's true, I saw her do it / *vas-y, que je te voie faire* go ahead, let me see you do it / *je l'ai vu faire des erreurs* I saw him making ou make mistakes / *pourrais-tu voir maltraiter un animal?* could you bear to see an animal being ill-treated? ▸ **à voir** well worth seeing / *c'est un film à voir absolument* that film is a must / *à voir, l'exposition Rouault à la galerie Moersch* well worth seeing, the Rouault exhibition at the Moersch gallery / *ici, les terrains ont vu leur prix doubler en cinq ans* land prices here doubled over five years / *les deux-roues ont vu leur vignette augmenter* road tax has been increased for motorcycles ▸ **avoir beaucoup vu** to have seen life ▸ **tu n'as encore rien vu** you haven't seen anything yet ▸ **n'avoir rien vu** to be wet behind the ears ou green ▸ **on aura tout vu!** that beats everything! ▸ **en voir** : *j'en ai vu, des choses pendant la guerre!* I saw quite a few things in the war! / *ils en ont vu, avec leur aînée!* their oldest girl really gave them a hard time! ▸ **j'en ai vu d'autres!** I've seen worse!, I've been through worse! ▸ **il en a vu de toutes les couleurs** ou **des vertes et des pas mûres** *fam* ou **de belles** ou **de drôles** he's been through quite a lot / *avec lui, elle en a vu de toutes les couleurs* ou *des vertes et des pas mûres!* he gave her a run for her money! ▸ **j'en ai vu de drôles avec lui quand il était petit!** he nearly drove me up the wall when he was little! ▸ **en faire voir (de toutes les couleurs) à qqn** *fam* to give sb a hard time, to lead sb a merry dance ▸ **pour voir** : *mets de l'eau dessus pour voir* pour some water on it, just to see what happens / *j'ai fait du chinois pendant un an pour voir* I studied Chinese for a year just to see how I got on / *répète un peu, pour voir!* (you) DARE say that again! / *je voudrais bien, pour voir, qu'il lui raconte tout!* I'd just LOVE him to tell her everything! ▸ **vas te faire voir!** *tfam* push off! **3.** [trouver - spécimen] to see, to find, to encounter *sout* ; [- qualité] to see / *il faut aller très haut pour voir des bouquetins* you have to climb very high to see ibex / *je n'ai jamais vu tant d'assurance / de talent chez un enfant* I'd never seen so much self-confidence / talent in a child / *des chaussettes fluo? on en voit partout!* fluorescent socks? you see them everywhere! / *j'ai vu la recette dans un magazine* I saw ou found the recipe in a magazine ▸ **un homme galant comme on n'en voit plus** the kind of gentleman they don't make any more **4.** [inspecter - appartement] to see, to view ; [- rapport] to see, to (have a) look at ; [- leçon] to go ou to look over / *j'aimerais que tu voies le plan du bateau* I'd like you to have a look at the plan of the boat ; [remarquer] to see, to notice / *j'ai vu deux erreurs dans l'article* I saw two mistakes in the article ▸ **ne pas voir** : *il préfère ne pas voir ses infidélités* he prefers to turn a blind eye to ou to shut his eyes to her affairs / *elle me regarde mais ne me voit pas* she stares at me but doesn't see me ; [visiter] to see, to visit / *je n'ai pas encore vu le nord de l'Espagne* I've not yet been to ou seen ou visited northern Spain / *qui n'a pas vu l'Égypte n'a rien vu* unless you've seen Egypt, you haven't lived **5.** [consulter, recevoir - ami, médecin] to see / *puis-je vous voir quelques minutes?* may I see you a minute? / *j'aimerais te voir plus souvent* I'd like to see you more often ou to see more of you / *le médecin va vous voir dans quelques instants* the doctor will be with ou see you in a few minutes / *il faut voir un psychiatre, mon vieux!* *fam & fig* you need your head examined, old man! / *dans l'attente de vous voir* looking forward to seeing you ▸ **aller voir** to go to / *je dois aller voir le médecin* I've got to go to the doctor's / *je vais aller voir mes amis* I'm going to go and see my friends ; [fréquenter] to see / *je vois toujours Pascale, ma vieille amie de classe* I still see ou I'm still in touch with Pascale, my old school friend / *nous avons rompu, je ne le vois plus* we split up, I don't go out with ou I'm not seeing him any more ; [être en présence de] : *je la vois chaque jour* I see her every day / *je les ai vus hier par hasard* I saw them yesterday by chance / *va-t'en, je t'ai assez vu!* *fam* go away, I've seen ou had enough of you! / *quand je le vois, je pense à son père* whenever I see him I'm reminded of his father **6.** [se référer à] ▸ **voir illustration p. 7** see diagram p 7 / *pour la conjugaison de « acquérir », voir ce mot* for the conjugation of "acquérir" see that word ▸ **voir ci-dessus** see above ▸ **voyez l'horaire des trains** check ou consult the train timetable.

B. PENSER, CONCEVOIR **1.** [imaginer] to see, to imagine, to picture / *tu me vois déguisé en évêque?* can you imagine ou see ou picture me dressed up as a bishop? / *je voyais le jardin plus grand* I'd imagined the garden to be bigger / *le pull est trop large — je te voyais plus carré que cela* the jumper is too big — I thought you had broader shoulders / *je nous vois mal gagner le match* I can't see us winning the match ▸ **voir d'ici qqn / qqch** : *je vois sa tête / réaction d'ici* I can just imagine his face / reaction / *lui confier le budget? je vois ça d'ici!* ask him to look after the budget? I can just see it! **2.** [concevoir - méthode, solution] to see, to think of / *je ne vois pas comment je pourrais t'aider* I can't see how I could help you / *je ne vois pas qui tu veux dire / comment faire / quel parti prendre* I don't see who you mean / how to proceed / which side to take / *vous voyez quelque chose à ajouter?* can you think of anything else (which needs adding)? / *certains ne voient dans sa sculpture que des fils de fer* some consider her sculptures to be just a load of wires / *les juges n'ont vu en lui qu'un malade* to the judges, he was clearly a sick man / *je ne vois pas de* ou *je ne vois aucune honte à être pauvre* I don't see any shame in being poor / *je ne vois pas de mal à cela* I don't see any harm in it ▸ **voir qqch d'un mauvais œil, ne pas voir qqch d'un bon œil** to be displeased about sthg / *elle voit d'un mauvais œil mon amitié avec sa fille* she's none too pleased about ou she doesn't look very kindly on my friendship with her daughter / *organiser un carnaval? les autorités ne voient jamais cela d'un très bon œil* organizing a carnival? that's never very popular with the authorities ▸ **voir qqch / qqn avec les yeux de** : *elle le voit avec les yeux de l'amour* she sees him through a lover's eyes ; *(en usage absolu)* : *pose-moi n'importe quelle question — bon, je vais voir* ask me anything — let's see ou let me think / *il faut trouver un moyen! — je ne vois pas* we must find a way! — I can't think of one ou anything **3.** [comprendre - danger, intérêt] to see / *tu vois ce que je veux dire?* do you see ou understand what I mean? / *je ne vois pas ce qu'il y a de drôle!* I can't see what's so funny!, I don't get the joke! / *je n'en vois pas l'utilité* I can't see the point of it / *elle m'a fait voir que la vengeance était inutile* she made me realize that revenge was futile / *un jour, tu verras que j'avais raison* one day, you'll realize ou see that I was right / *ne vois-tu pas qu'elle ne t'aime plus?* can't you see ou don't you realize that she doesn't love you any more? / *il est directeur de banque — je vois!* he's a bank manager — I see! **4.** [constater] to see, to realize / *tu vois que mes principes n'ont pas changé* as you can see, my principles haven't changed ▸ **elle ne nous causera plus d'ennuis — c'est** ou **ça reste à voir** she won't trouble us any more — that remains to be seen ou that's what YOU think! **5.** [considérer, prendre en compte] to see, to consider, to take into account / *ils ne voient que leur intérêt* they only consider their own interest / *elle ne voit que les avantages à court terme* she only sees the short-term advantages / *il n'a vu que son devoir* he only considered his duty **6.** [examiner] to see, to check / *je n'ai pas eu le temps de voir vos copies* I didn't have time to look at your essays / *nous prenons rendez-vous? — voyez cela avec ma secrétaire* shall we make an appointment? — arrange that with my secretary / *voyez si l'on peut changer l'heure du vol* see ou check whether the time of the flight can be changed / *je voudrais que tu voies si ma robe te va* I'd like you to see if ou whether my dress fits you / *il faut voir si c'est rentable* we must see whether it's profitable ▸ **c'est à** ou **il faut voir** : *j'irai peut-être, c'est à voir* I might go, I'll have to see / *les photos seraient mieux en noir et blanc — hum, il faut voir* the pictures would look better in black and white — mm, maybe (maybe not) **7.** [juger] to see / *voilà comment je vois la chose* that's how I see it / *essaie de voir les choses de mon point de vue* try to see things my way ou from my point of view / *tu n'es pas sur place, tu vois mal la situation* you're not on the spot, your view of the situation is distorted ▸ **se faire bien / mal voir** : *se faire bien voir de qqn* to make o.s. popular with sb ▸ **se faire mal voir de qqn** to make o.s. unpopular with sb / *ne te fais pas mal voir de Luc, c'est le fils du directeur* don't make yourself unpopular with Luc ou don't rub Luc up the wrong way, he's the boss's son **8.** EXPR **avoir à voir avec** [avoir un rapport avec] : *vous aurez peu à voir avec les locataires du dessus* you'll have very little to do with the upstairs tenants / *je voudrais vous parler: ça a à voir avec notre discussion d'hier* I would like to speak to you: it's to do with what we were talking about yesterday ▸ **n'avoir rien à voir avec** [n'avoir aucun rapport avec] : *l'instruction n'a rien à voir avec l'intelligence* education has nothing to do with intelligence / *je n'ai rien à voir avec la famille des Bellechasse* I'm not related at all to the Bellechasse family / *cela n'a rien à voir avec le sujet* that's irrelevant, that's got nothing to do with it / *on parle beaucoup de Yann et toi — nous n'avons rien à voir ensemble!* *fam* there's a lot of talk about you and Yann — there's nothing between us! ▸ **ça n'a rien à voir** : *tu parles de grèves, mais ça n'a rien à voir!* you talk about strikes but that has nothing to do with it! / *l'amour et l'argent sont deux choses qui n'ont rien à voir!* love and money have nothing to do with each other! ▸ **tu vois, vous voyez** : *tu vois, je préférais ne rien savoir* I preferred to remain in the dark, you see / *je te l'avais dit, tu vois!* what did I tell you! / *vous voyez, je crois qu'il a raison* you see, I think he's right / *elle est si jeune, voyez-vous!* she's so young, you see! ▸ **tu verras, tu verrais** : *essaie de recommencer et tu verras!* just (you) try it again and see! / *tu verrais, si j'avais encore mes jambes!* if my legs were still up to it, there'd be no holding ou stopping me! ▸ **attendez voir** *fam* hang on, wait a sec / *dis voir, où est le calendrier?* *fam* tell me, where's the calendar? / *écoute voir, on va y aller ensemble, d'accord?* *fam* listen, let's go together, OK? ▸ **essaie voir! a)** *fam* [encouragement] go on, have a try! **b)** [défi] (you) just try!, don't you dare! ▸ **regardez voir** *fam* (just) look at that / *la viande ne me paraît pas bonne, sens voir* *fam* the meat seems off to me, you have a smell (of it) / *voyons voir* ou *regardons voir ce que tu as comme note* *fam* let's just have a look and see what mark you got ▸ **voyez-vous cela** ou **ça!** : *une moto à 14 ans, voyez-vous ça!* a motorbike at 14, whatever next! / *un rendez-vous avec sa secrétaire, voyez-vous cela!* a date with his secretary, well, well, well ou what do you know! ▸ **voyons!** come (on) now! / *un peu de courage,* *voyons!* come on, be brave ! / *ne pleure pas, voyons!* come on, don't cry ! / *voyons, voyons, un peu de tenue!* come on now, behave yourselves ! / *voyons, tu n'espères pas que je vais te croire!* you don't seriously expect me to believe you, do you ?

◆ vi

A. PERCEVOIR LA RÉALITÉ

B. JEUX

A. PERCEVOIR LA RÉALITÉ **1.** PHYSIOL to (be able to) see / *il ne voit que d'un œil* he can only see out of one eye / *elle ne* ou *n'y voit plus* she can't see ou she's blind now ; [exercer sa vue] to see / *il ne sait pas voir* he just doesn't use his powers of observation ▸ **voir bien** to see clearly, to have good eyesight ▸ **voir mal** to have poor eyesight ▸ **voir double** to have double vision **2.** [juger] : *voir bien* ou *juste* to have sound judgement / *encore une fois, tu as vu juste* you were right, once again ▸ **voir faux** to have poor judgement ▸ **ne voir que par les yeux de qqn** to see everything through sb's eyes.

B. JEUX ▸ **aller** ou **jouer** ou **mettre sans voir** to play ou to bet blind ▸ **20 euros, pour voir** 20 euros, and I'll see you.

❖ **voir à** v + prép [veiller à] ▸ **voir à faire qqch** to see to it ou to make sure ou to ensure that sthg is done / *voyez à la prévenir* see to it that she is told / *voyons à la préparer à leur décision* let's see to it that she's prepared for their decision / *il faudrait voir à ranger ta chambre / payer tes dettes* you'd better tidy up your room / clear your debts ▸ **voir à ce que qqch soit fait** to see to it ou to make sure ou to ensure that sthg is done / *voyez à ce que le colis parte ce soir* see to it that the parcel is sent tonight ▸ **voir à voir** *fam* : *un jour tu dis ça, le lendemain tu dis autre chose, faudrait voir à voir!* one day you say one thing, the next something different, what is this ? / *tu vas m'obéir, non mais, faudrait voir à voir!* will you do as I say, or do I have to get really angry ?

❖ **se voir** ◆ vp *(emploi réfléchi)* **1.** [se contempler] to (be able to) see o.s. / *mes carreaux brillent tellement que je me vois dedans* my tiles are so shiny that I can see my reflection in them / *en rêve, je me voyais flotter au-dessus de mon lit* in my dream I could see myself floating above my bed ▸ **il s'est vu mourir** *fig* he knew he was dying **2.** [s'imaginer] to see ou to imagine ou to picture o.s. / *elle se voyait déjà championne!* she thought the championship was hers already ! / *je me vois bien diva* I can see myself as an opera singer / *voici comment je me vois* this is how I see myself / *je me vois encore entrant* ou *entrer dans mon bureau* I can still see myself walking into my office / *je me vois mal grimper aux arbres à mon âge!* I can't see myself climbing trees at my age ! / *elle se voyait mal lui faire faux-bond maintenant* she couldn't see how she could possibly let him down now / *je ne me vois pas lui demander une augmentation* I (just) can't see myself asking her for a rise. ◆ vp *(emploi réciproque)* [se rencontrer] to see each other / *tu ne peux pas les empêcher de se voir* you can't keep them from seeing each other. ◆ vp *(emploi passif)* **1.** [être visible, évident - défaut] to show, to be visible ; [- émotion, gêne] to be visible, to be obvious, to be apparent / *la cicatrice ne se voit presque plus* the scar hardly shows anymore, you can hardly see the scar now / *ton slip se voit sous ta jupe* your pants show through your skirt / *il porte une perruque, ça se voit bien* you can tell he wears a wig / *ses opinions ne se voient pas dans ses chansons* her opinions don't show in her lyrics **2.** [se manifester - événement] to happen ; [- attitude, coutume] to be seen ou found / *ça se voit couramment* it's commonplace. ◆ vpi **1.** [se trouver] ▸ **se voir dans l'impossibilité de faire qqch** to find o.s. unable to do sthg / *se voir dans l'obligation de...* to find o.s. obliged to... / *je ne voudrais pas me voir forcé de sévir!* I wouldn't like to find myself forced ou having to use harsh methods ! / *il s'est vu cité comme témoin* he was asked to testify as a witness / *leur équipe s'est vue reléguée à la 15e place* their team saw themselves drop to 15th position / *les crédits se verront affectés à la rénovation des locaux* the funds will be used to renovate the building **2.** *(suivi d'un infinitif)* : *se voir interdire l'inscription à un club* to be refused membership to a club / *il s'est vu retirer son permis de conduire sur-le-champ* he had his driving licence taken away from him on the spot.

voire [vwaʀ] adv ▸ **voire (même)** (or) even / *certains, voire la majorité* some, or ou perhaps even most / *la nourriture est mauvaise, voire immangeable* the food's bad, not to say inedible ▸ **vexé, voire offensé** upset, not to say offended.

voirie [vwaʀi] nf **1.** [entretien des routes] road maintenance ▸ **le service de la voirie** ADMIN road maintenance and cleaning department (of the local council) **2.** [réseau] public road network **3.** [décharge] rubbish dump UK, garbage dump US.

voisé, e [vwaze] adj voiced.

voisin, e [vwazɛ̃, in] ◆ adj **1.** [d'à côté] next, adjoining ; [qui est à proximité] neighbouring UK, neighboring US / *la chambre voisine est inoccupée* there's nobody in the next room / *il habite la maison voisine* he lives next door / *nos jardins sont voisins* our gardens are next to each other, we've got adjoining gardens / *les pays voisins de l'équateur / de notre territoire* the countries near the equator / bordering on our territory / *un prix voisin du million* a price approaching ou around one million **2.** [dans le temps] ▸ **voisin de a)** [antérieur à] preceding, before **b)** [postérieur à] after, following **c)** [autour de] around / *les années voisines de 1968* the years around 1968 **3.** [similaire - idées, langues] similar ; [- espèces] closely related ▸ **voisin de** akin to / *des pratiques voisines du charlatanisme* practices akin to ou bordering on quackery. ◆ nm, f **1.** [habitant à côté] neighbour UK, neighbor US / *voisin d'à côté* next-door neighbour / *mes voisins du dessus / dessous* the people upstairs / downstairs from me / *essayons d'être bons voisins!* let's try to act in a neighbourly way ! ▸ **voisin de palier** neighbour (across the landing) **2.** [placé à côté] neighbour / *mon voisin de table* the person next to me ou my neighbour at table / *mon voisin dans le train* the person (sitting) next to me in the train / *nos voisins belges* our Belgian neighbours **3.** ▸ **le voisin** [autrui] the next man, one's fellow (man).

voisinage [vwazinaʒ] nm **1.** [quartier] vicinity, neighbourhood UK, neighborhood US / *il rôde dans le voisinage* he hangs around the neighbourhood / *les hôtels du voisinage* the nearby hotels, the hotels in the vicinity **2.** ▸ **le voisinage de** [les alentours de] : *dans le voisinage de* in the vicinity of / *ils habitent dans le voisinage d'une centrale nucléaire* they live near a nuclear plant / *le voisinage de la gendarmerie les rassure* they are comforted by the fact that there is a police station nearby **3.** [dans le temps] ▸ **au voisinage de Noël a)** [avant] just before Christmas **b)** [après] just after Christmas **c)** [avant et après] around Christmas (time) **4.** [personnes] neighbours / *tout le voisinage est au courant* the whole neighbourhood knows about it **5.** [rapports] ▸ **être** ou **vivre en bon voisinage avec qqn** to be on neighbourly terms with sb **6.** MATH neighbourhood.

voisiner [3] [vwazine] vi **1.** ▸ **voisiner avec** [être près de] to be near **2.** *litt* [fréquenter ses voisins] to be on friendly terms with one's neighbours.

voiture [vwatyʀ] nf **1.** [de particulier] car, automobile US / *on y va en voiture?* shall we go (there) by car ?, shall we drive (there) ? / *il y a trop de voitures à Paris* there are too many cars in Paris ▸ **voiture de fonction** ou **de service** company car ▸ **voiture de course** racing car ▸ **voiture décapotable** convertible ▸ **voiture (de) deux places** two-seater ▸ **voiture d'enfant a)** *vieilli* [landau] pram UK, baby carriage US **b)** [poussette] pushchair UK, stroller US ▸ **voiture de grand tourisme** GT (saloon) car UK, 4-door sedan US ▸ **voiture hybride** hybrid car ▸ **voiture d'infirme** *vieilli* wheelchair ▸ **voiture de liaison** MIL radio car ▸ **voiture de livraison** delivery van ▸ **voiture de location** hire UK ou rental US car ▸ **voiture particulière** private car ▸ **voiture à pédales** pedal car ▸ **voiture de police** police car ▸ **voiture des pompiers** fire engine ▸ **voiture (de) quatre places** four-seater ▸ **voiture de série** production car ▸ **voiture de sport** sports car ▸ **voiture de tourisme** private car ▸ **voiture tout terrain** all terrain vehicle ▸ **petite voiture a)** JEUX toy car **b)** [d'infirme] wheelchair **2.** RAIL coach, carriage UK, car US ▸ **en voiture!** all aboard ! ▸ **voiture de tête / queue** front / rear carriage UK ou car US **3.** [véhicule sans moteur - pour personnes] carriage, coach ; [- pour marchandises] cart ▸ **voiture à bras** handcart ▸ **voiture à cheval** ou *sout* **hippomobile** horsedrawn carriage ▸ **voiture à deux / quatre chevaux** carriage and pair / and four ▸ **voiture de louage** ou **place** hackney carriage.

voiture-balai [vwatyʀbalɛ] *(pl* **voitures-balais***)* nf SPORT *car which follows a cycle race to pick up competitors who drop out* / *faire la voiture-balai fig* to go round picking up the stragglers.

voiture-bar [vwatyʀbaʀ] *(pl* **voitures-bars***)* nf RAIL buffet-car.

voiturée [vwatyʀe] nf *litt ou arch* [de passagers - d'une voiture à cheval] carriageful, coachload ; [- d'une automobile] carload ; [de marchandises] cartload.

voiture-école [vwatyʀekɔl] *(pl* **voitures-écoles***)* nf driving-school car.

voiture-lit [vwatyʀli] *(pl* **voitures-lits***)* nf RAIL sleeper UK, Pullman US.

voiturer [3] [vwatyʀe] vt *hum ou arch* [transporter - gén] to convey ; [- dans une charrette] to cart.

voiture-restaurant [vwatyʀʀɛstɔʀɑ̃] *(pl* **voitures-restaurants***)* nf RAIL restaurant ou dining car.

voiturette [vwatyʀɛt] nf microcar.

voiturier [vwatyʀje] nm **1.** [d'hôtel] porter *(who parks the guests' cars)* **2.** COMM & DR carrier.

voix [vwa] nf **1.** PHYSIOL voice / *avoir une jolie voix* to have a nice voice ▸ **parler par la voix de qqn** to speak through sb / *prendre une grosse / petite voix* to put on a gruff / tiny voice / *une voix intérieure lui disait que...* a voice in his head was telling him that... / *la voix des flots / cloches litt* the voice of the ocean / bells ▸ **voix artificielle** INFORM synthetized speech ▸ **voix de mêlé-cassis** husky voice ▸ **voix off** CINÉ voice over ▸ **une voix de stentor** a stentorian voice ▸ **faire la grosse voix** to raise one's voice / *attention, Papa va faire la grosse voix! fam* mind now, Daddy's going to get very cross ! ▸ **donner de la voix a)** [chien] to bay **b)** [personne] to shout, to bawl ▸ **de la voix et du geste** with much waving and shouting / *ils encourageaient les cyclistes de la voix et du geste* they were shouting and waving the riders on **2.** MUS [de chanteur] voice ; [partition] part ▸ **chanter d'une voix juste** to sing in tune / *avoir de la voix* to have a strong voice / *poser sa voix* to train one's voice ▸ **chanter à plusieurs / cinq voix** to sing in parts / five parts / *fugue à deux / trois voix* fugue for two / three voices / *la voix chaude du saxophone fig* the mellow tones ou voice of the saxophone ▸ **voix de basse / soprano / ténor** bass / soprano / tenor voice ▸ **voix de poitrine / tête** chest / head voice ▸ **voix céleste** [d'un orgue] voix céleste, vox angelica ▸ **voix de fausset** falsetto voice ▸ **voix humaine** [d'un orgue] vox humana **3.** [personne] voice / *nous accueillons ce soir une des plus belles voix du monde* tonight we welcome one of the finest voices in the world / *c'est faux, dit une voix au premier rang* it's not true, said a voice from the front row / *une grande voix de la radio s'éteint* one of the great voices of radio has disappeared **4.** [message] voice / *la voix de la conscience* the voice of one's conscience / *écouter la voix de la raison / de la sagesse / de Dieu* to listen to the voice of reason / of wisdom / of God / *la voix du peuple* the voice of the people ▸ **je ne sais ce qui m'a alerté, sans doute la voix du sang** I don't know what alerted me, my family instinct probably ▸ **avoir voix au chapitre** to have a ou one's say in the matter / *tu n'as pas voix au chapitre* you have no say in the matter **5.** POL vote ▸ **un homme, une voix** one man one vote / *voix pour / contre* vote for / against / *obtenir 1 500 voix* to win ou to get 1,500 votes / *recueillir* ou *remporter 57% des voix* to win 57% of the vote ou votes / *le parti qui a le plus grand nombre de voix* the party which heads the poll ou with the largest number of votes ▸ **donner sa voix à** to give one's vote to, to vote for ▸ **mettre qqch aux voix** to put sthg to the vote / *où iront les voix du parti radical?* how will the Radical Party vote ? ▸ **avoir voix consultative** to have a consultative role ▸ **avoir voix délibérative** to have the right to vote ▸ **avoir voix prépondérante**

to have a casting vote **6.** GRAM voice ▸ **voix active** / **passive** active / passive voice.

❖ **à voix basse** loc adv in a low voice / *les élèves parlaient à voix basse* the pupils were whispering / *les deux hommes discutaient à voix basse dans un coin* the two men spoke in lowered tones in a corner.

❖ **à haute voix, à voix haute** loc adv **1.** [lire] aloud, out loud **2.** [parler] loud, loudly, in a loud voice / *à haute (et intelligible) voix* loudly and clearly.

❖ **en voix** loc adj ▸ **être en voix** to be in good voice / *elle n'est pas en voix ce soir* she's not in very good voice ou singing well tonight.

❖ **sans voix** loc adj ▸ **être** ou **rester sans voix a)** [d'épouvante] to be speechless, to be struck dumb **b)** [d'émotion, de chagrin] to be speechless.

Vojvodine [vɔjvɔdin] npr f ▸ **la Vojvodine** Vojvodina.

vol [vɔl] nm **1.** DR theft, robbery / *commettre un vol* to commit a theft, to steal ▸ **vol simple** / **qualifié** common / aggravated theft ▸ **vol aggravé** robbery with violence ▸ **vol à l'arraché** bag snatching ▸ **vol avec effraction** breaking and entering, burglary ▸ **vol à l'étalage** shoplifting ▸ **vol de grand chemin** highway robbery ▸ **vol à main armée** armed robbery ▸ **vol à la roulotte** theft from parked cars ▸ **vol à la tire** pickpocketing ▸ **vol de voiture** car theft **2.** [vente à un prix excessif] : *c'est du vol (manifeste)!* it's daylight robbery! / *à ce prix-là, c'est du vol!* that's daylight robbery! / *c'est du vol organisé!* it's a racket! **3.** AÉRON & ASTRONAUT flight ▸ **prendre son vol** to take off / *il y a 40 minutes de vol* it's a 40-minute flight / *on annonce le retard du vol 804* flight 804 will be delayed ▸ **vol d'affaires** business flight ▸ **vol en ballon a)** [excursion] balloon trip **b)** [activité] ballooning ▸ **vol (en) charter** charter flight ▸ **vol d'essai** test flight ▸ **vol aux instruments** instrument flight ▸ **vol libre** hang-gliding ▸ **pratiquer le** ou **faire du vol libre** to go hang-gliding ▸ **vol en rase-mottes** hedgehopping flight ▸ **vol régulier** scheduled flight ▸ **vol à voile** gliding ▸ **pratiquer le** ou **faire du vol à voile** to glide, to do gliding ▸ **vol à vue** sight flight / **'Vol de nuit'** *Saint-Exupéry* 'Night Flight' **4.** ZOOL flight ▸ **prendre son vol** to fly away, to take wing *litt* ▸ **vol plané** *pr* : *faire un vol plané* to glide / *j'ai fait un vol plané!* *fam & fig* I went flying! ; [groupe - d'oiseaux] flight, flock ; [- d'insectes] swarm / *vol d'oies sauvages* flight ou flock of wild geese / *vol de perdreaux* flock ou covey of partridges / *vol de pigeons* flight of pigeons.

❖ **à vol d'oiseau** loc adv as the crow flies / *c'est loin, à vol d'oiseau?* is it far, as the crow flies?

❖ **au vol** loc adv **1.** [en passant] ▸ **saisir au vol** [ballon, clés] to catch in mid-air ▸ **attraper** ou **prendre un bus au vol** to jump on to a moving bus / *saisir une occasion au vol* to jump at ou to seize an opportunity / *saisir un nom au vol* to (just) catch a name **2.** CHASSE : *tirer* / *tuer un oiseau au vol* to shoot / to kill a bird on the wing.

❖ **de haut vol** loc adj [artiste, spécialiste] top *(avant nom)* ; [projet] ambitious, far-reaching.

vol. (abr écrite de **volume**) vol.

volage [vɔlaʒ] adj fickle / *le public est volage fig* audiences are fickle ou unpredictable.

volaille [vɔlaj] nf CULIN & ZOOL ▸ **une volaille** [oiseau de basse-cour] a fowl / *de la volaille* poultry.

volailler [vɔlaje] nm **1.** [éleveur] poultry ou chicken farmer **2.** [marchand] poulterer UK, poultryman.

volant¹ [vɔlɑ̃] nm **1.** AUTO steering wheel ▸ **être au volant** to be at the wheel, to be behind the wheel, to be driving ▸ **prendre le** ou **se mettre au volant** to take the wheel, to get behind the wheel / *peux-tu prendre le volant après Évreux?* could you take over the driving after Évreux? / *qui tenait le volant?* who was driving? / *donner un coup de volant* to pull on the wheel (sharply) **2.** MÉCAN [manuel] handwheel ▸ **volant d'inertie** fly wheel ▸ **volant magnétique** [d'un cyclomoteur] magneto **3.** VÊT flounce / *robe à volants* flounced dress **4.** JEUX [objet] shuttlecock ; [activité] battledore and shuttlecock **5.** [feuille] tear-off portion **6.** ÉCON & FIN ▸ **volant de sécurité a)** [financier] reserve funds **b)** [en personnel] reserve ▸ **volant de trésorerie** cashflow **7.** AÉRON member of the cabin crew, crew member.

volant², e [vɔlɑ̃, ɑ̃t] adj **1.** AÉRON & ZOOL flying ▸ **personnel volant** AÉRON cabin crew **2.** [mobile - câble, camp, échafaudage, pont, service] flying / *on mettra une table volante devant le fauteuil* we'll put an occasional table in front of the armchair.

volapük, volapuk* [vɔlapyk] nm Volapuk / *dans un effroyable volapük fig & péj* in gobbledygook.

volatil, e [vɔlatil] adj **1.** CHIM volatile **2.** [fluctuant - électorat] fickle ; [- situation] volatile ; [- sentiment] volatile.

volatile [vɔlatil] nm **1.** *hum* [oiseau] bird, (feathered) creature / *le malheureux volatile se retrouva dans la casserole* the wretched bird ended up in the pot **2.** [oiseau de basse-cour] fowl, chicken.

volatilisable [vɔlatilizabl] adj volatilizable.

volatilisation [vɔlatilizasjɔ̃] nf volatilization.

volatiliser [3] [vɔlatilize] vt CHIM to volatilize.

❖ **se volatiliser** vpi **1.** *fam* [disparaître] to vanish (into thin air) / *elles ne se sont pourtant pas volatilisées, ces clefs!* those keys can't just have vanished into thin air! / *en une soirée au club, mes 500 euros s'étaient volatilisés* one evening at the club and my 500 euros had gone up in smoke **2.** CHIM to volatilize.

volatilité [vɔlatilite] nf volatility.

vol-au-vent [vɔlovɑ̃] nm inv vol-au-vent.

volcan [vɔlkɑ̃] nm **1.** GÉOGR & GÉOL volcano ▸ **volcan en activité** / **dormant** / **éteint** active / dormant / extinct volcano **2.** *fig* : *c'est un vrai volcan* she's likely to explode at any moment ▸ **être assis** ou **danser** ou **dormir sur un volcan** to be sitting on a powder keg.

volcanique [vɔlkanik] adj **1.** GÉOGR & GÉOL volcanic **2.** *litt* [passion] fiery, volcanic, blazing.

volcaniser [3] [vɔlkanize] vt to volcanize.

volcanisme [vɔlkanism] nm volcanism.

volcanologie [vɔlkanɔlɔʒi] nf volcanology, vulcanology.

volcanologique [vɔlkanɔlɔʒik] adj volcanological, vulcanological.

volcanologue [vɔlkanɔlɔg] nmf volcano expert, volcanologist, vulcanologist.

volé, e [vɔle] ◆ adj [argent, bijou] stolen. ◆ nm, f victim of theft.

volée [vɔle] nf **1.** [ce qu'on lance] ▸ **volée d'obus** / **de pierres** volley of shells / of stones / *volée de flèches* volley ou flight of arrows ▸ **volée de coups** shower of blows ▸ **volée d'insultes** *fig* shower of insults ▸ **une volée de bois vert** a barrage of fierce criticism / *son dernier disque a reçu une volée de bois vert* his last record was panned **2.** *fam* [correction] thrashing, hiding, belting / *tu vas recevoir la volée!* you're really going to get it! / *elle a reçu une bonne volée!* she got a sound thrashing ou a good hiding **3.** *fam* [défaite] beating, hammering / *je lui ai flanqué sa volée au ping-pong* I licked him at table tennis / *il a pris une sacrée volée en demi-finale* he got trounced ou thrashed in the semi-finals **4.** SPORT volley / *reprendre une balle de volée* to volley a ball, to hit the ball on the volley ▸ **monter à la volée** to come to the net / *il n'est pas* / *il est très bon à la volée* he's a bad / he's a good volleyer ▸ **volée amortie** / **de coup droit** / **de revers** drop / forehand / backhand volley ▸ **coup de volée** FOOT & RUGBY punt / *envoyer une balle d'un coup de volée* to punt a ball **5.** ORNITH [formation] flock, flight ; [distance] flight / *une volée de fillettes fig & litt* a crowd of little girls ▸ **prendre sa volée a)** [oiseau] to take wing *litt*, to fly away **b)** [débutant, adolescent] to spread one's wings **6.** [son de cloche] peal (of bells), pealing bells **7.** CONSTR ▸ **volée d'escaliers** flight of stairs **8.** TRAV PUB (crane) jib **9.** SUISSE [promotion] : *on était de la même volée* we were in the same year.

❖ **à la volée** loc adv **1.** [en passant] ▸ **attraper** ou **saisir à la volée** [clés, balle] to catch in mid-air / *saisir un nom à la volée* to (just) catch a name **2.** AGR : *semer à la volée* to (sow) broadcast **3.** CHASSE : *tirer à la volée* to shoot without aiming first.

❖ **à toute volée** loc adv [frapper, projeter] vigorously, with full force / *il a lancé le vase à toute volée contre le mur* he hurled the vase at ou flung the vase against the wall / *claquer une porte à toute volée* to slam ou to bang a door shut ▸ **sonner à toute volée a)** [cloches] to peal (out) **b)** [carillonneur] to peal all the bells.

❖ **de haute volée** loc adj [spécialiste] top *(avant nom)* ; [projet] ambitious, far-reaching.

voler [3] [vɔle] ◆ vi **1.** AÉRON & ORNITH to fly ▸ **faire voler un cerf-volant** to fly a kite ▸ **voler de ses propres ailes** to stand on one's own two feet, to fend for o.s. **2.** [étincelles, projectile] to fly / *il faisait voler ses adversaires* / *les assiettes* he was throwing his opponents around / throwing the plates in the air ▸ **voler en éclats** to be smashed to bits ou to pieces ▸ **ça vole bas!** *fam*, **ça ne vole pas haut!** *fam* VERY funny! *iron* / *chez eux, ça ne vole pas bien haut* they've got a rather crude sense of humour **3.** *litt* [nuages, flocons] to fly (along) **4.** *sout* [se précipiter] ▸ **voler vers qqn** / **qqch** to fly to sb / towards sthg / *il a volé à sa rencontre* he rushed to meet her ▸ **voler au secours de qqn** to fly to sb's assistance ▸ **voler au secours de la victoire** to show up when the battle has been won *fig* ▸ **voler dans les plumes à qqn** *fam* to let fly at sb, to have a go at sb / *elle lui a volé dans les plumes fam* she had a real go at him. ◆ vt **1.** [objet, idée] to steal ▸ **voler qqch à qqn** to steal sthg from sb / *on m'a volé ma montre!* my watch has been stolen! / *il volait de l'argent dans la caisse* he used to steal money from the till ▸ **voler un baiser à qqn** *litt* to steal a kiss from sb ; *(en usage absolu)* to steal / *ce n'est pas bien de voler* it's wrong to steal, stealing is wrong ▸ **n'avoir pas volé** : *je n'ai pas volé mon argent* / *dîner* / *week-end* I've certainly earned my money / earned myself some dinner / earned myself a weekend / *c'est un repos que tu n'as pas volé* it's a well-deserved rest, you've earned your rest / *tu ne l'as pas volé!* [tu es bien puni] you (certainly) asked for it!, it serves you right! ▸ **tu ne voleras point** BIBLE thou shalt not steal **2.** [personne] to rob / *il s'est fait voler son portefeuille* / *tout son matériel hi-fi* his wallet / all his stereo equipment was stolen ; [léser] to cheat, to swindle / *je me suis fait voler de 5 euros* I've been swindled out of 5 euros / *elle ne t'a pas volé sur le poids de la viande* she gave you a good weight of meat / *le spectacle était super, on n'a pas été volés! fam* the show was just great, it was worth every penny ou we really got our money's worth!

volet [vɔlɛ] nm **1.** [d'une maison] shutter **2.** [d'un document - section] section ; ART [d'un polyptyque] wing, volet *spéc* **3.** [d'une politique, d'un projet de loi] point, part ; [d'une émission] part / *une politique sociale en trois volets* a social policy in three points ou parts ▸ **le volet social** [de la construction européenne] the social chapter **4.** AÉRON flap ▸ **volet de freinage** / **d'intrados** brake / split flap ; [de parachute] ▸ **volet de courbure** flap **5.** AUTO ▸ **volet de départ** throttle ou butterfly valve **6.** MÉCAN paddle.

voleter [27] [vɔlte] vi **1.** [oiseau, papillon] to flutter ou to flit (about) **2.** *litt* [flammèche] to flutter, to dance *litt.*

✎ In reformed spelling (see p. 16-19), this verb is conjugated like ***acheter*** : ***il volète, elle volètera.***

voleur, euse [vɔlœr, øz] ◆ adj ▸ **être voleur a)** [enfant] to be a (bit of a) thief **b)** [marchand] to be a crook ou a cheat / *la souris voleuse qui avait visité mon garde-manger* the mouse which had pilfered my larder ▸ **il est voleur comme une pie** he's got sticky fingers *fig.* ◆ nm, f [escroc] thief, robber ; [marchand] crook, cheat ▸ **voleur de bétail** cattle thief ▸ **voleur à l'étalage** shoplifter ▸ **voleur d'idées** plagiarist ▸ **voleur à la tire** pickpocket ▸ **au voleur!** stop thief! ▸ **partir** ou **se sauver comme un voleur a)** [en courant] to take to one's heels **b)** [discrètement] to slip away / **'le Voleur de bicyclette'** *De Sica* 'the Bicycle Thief'.

Volga [vɔlga] npr f ▸ **la Volga** the (River) Volga.

Volgograd [vɔlgɔgʀad] npr Volgograd.

volière [vɔljɛʀ] nf [enclos] aviary ; [cage] bird-cage / *c'est une vraie volière dans cette classe! fig* it's like a zoo in this class!

volige [vɔliʒ] nf lath.

volitif, ive [vɔlitif, iv] adj PHILOS volitive.

volition [vɔlisjɔ̃] nf volition.

* In reformed spelling (see p. 16-19).

volley-ball *(pl* volley-balls*)*, **volleyball*** [vɔlɛbol] nm volleyball.

volleyer [12] [vɔleje] vi to volley.

volleyeur, euse [vɔlɛjœʀ, øz] nm, f **1.** [au volley-ball] volleyball player **2.** TENNIS volleyer / *c'est un bon / mauvais volleyeur* he volleys / doesn't volley well.

volontaire [vɔlɔ̃tɛʀ] ◆ adj **1.** [déterminé] self-willed, determined ; [têtu] headstrong, wilful **2.** [voulu - engagement] voluntary ; [- oubli] intentional **3.** [qui agit librement - engagé, travailleur] volunteer *(modif)* ▸ **se porter volontaire pour** to volunteer for / *quand il s'agit de m'aider, il est toujours volontaire* when it comes to helping me, he's always willing (to do so) ou he always volunteers **4.** ANAT [muscle, nerf] voluntary. ◆ nmf volunteer.

volontairement [vɔlɔ̃tɛʀmɑ̃] adv **1.** [sans y être obligé] voluntarily, of one's own free will **2.** [intentionnellement] on purpose, intentionally, deliberately / *c'est volontairement que j'ai supprimé ce passage* I deleted this passage on purpose.

volontariat [vɔlɔ̃taʀja] nm ▸ **le volontariat a)** [gén] voluntary work **b)** MIL voluntary service.

volontarisme [vɔlɔ̃taʀism] nm voluntarism, voluntaryism.

volontariste [vɔlɔ̃taʀist] ◆ adj voluntaristic. ◆ nmf voluntarist.

volonté [vɔlɔ̃te] nf **1.** [détermination] will, willpower / *avoir de la volonté / beaucoup de volonté* to have willpower / a strong will / *avoir une volonté de fer* to have a will of iron ou an iron will / *il n'a aucune volonté* he has no willpower / *elle n'a pas assez de volonté pour...* she hasn't got enough willpower to... / *il manque de volonté* he lacks willpower, he doesn't have enough willpower **2.** [désir] will, wish / *la volonté de l'électorat* the will of the electorate ▸ **faire qqch / aller contre la volonté de qqn** to do sthg / go against sb's will / *la volonté de gagner / survivre* the will to win / to survive ▸ **montrer sa volonté de faire qqch** to show one's determination to do sthg ▸ **la volonté divine** ou **de Dieu** God's will ▸ **volonté de puissance** PHILOS will-to-power ▸ **que Ta / Votre volonté soit faite** Thy will be done **3.** [disposition] ▸ **bonne volonté** willingness / *faire preuve de bonne volonté* to show willing / *être plein de bonne volonté* to be full of goodwill / *il est plein de bonne volonté mais il n'arrive à rien* he tries hard but doesn't achieve anything / *faire appel aux bonnes volontés* to appeal for volunteers to come forward ▸ **mauvaise volonté** unwillingness / *faire preuve de mauvaise volonté* to be grudging / *allez, lève-toi, c'est de la mauvaise volonté!* come on, get up, you're not really trying !

❖ **à volonté** ◆ loc adj ▸ **café à volonté** as much coffee as you want, unlimited coffee. ◆ loc adv [arrêter, continuer] at will ▸ **poivrez à volonté** add pepper to taste / *servez-vous à volonté* take as much as you want.

volontiers [vɔlɔ̃tje] adv **1.** [de bon gré] gladly, willingly ; [avec plaisir] with pleasure / *un café? — très volontiers* a coffee? — yes please ou I'd love one **2.** [souvent] willingly, readily / *on croit volontiers que...* we are apt to think ou ready to believe that... / *elle est volontiers cynique* she tends to be cynical / *il ne sourit pas volontiers* he's not very generous with his smiles.

volt [vɔlt] nm volt.

Volta [vɔlta] npr f ▸ **la Volta** the Volta / *la Volta Blanche* the White Volta / *la Volta Noire* the Black Volta.

voltage [vɔltaʒ] nm voltage.

voltaïque[1] [vɔltaik] adj ÉLECTR voltaic, galvanic.

voltaïque[2] [vɔltaik] adj **1.** GÉOGR Voltaic, of Burkina-Faso **2.** LING Gur, Voltaic.

voltaire [vɔltɛʀ] nm Voltaire chair.

voltairien, enne [vɔltɛʀjɛ̃, ɛn] adj & nm, f Voltairean, Voltairian.

voltamètre [vɔltamɛtʀ] nm voltameter.

voltampère [vɔltɑ̃pɛʀ] nm volt-ampere.

volte [vɔlt] nf ÉQUIT volt, volte.

volte-face *(pl* volte-face*)*, **volteface*** [vɔltəfas] nf **1.** [fait de pivoter] about-turn UK, about-face US ▸ **faire volte-face** to turn round **2.** [changement - d'opinion, d'attitude] volteface, U-turn, about-turn UK, about-face US / *le parti a fait une volte-face* the party did a 180 degrees turn ou a U-turn.

voltige [vɔltiʒ] nf **1.** [au trapèze] ▸ **la haute voltige** acrobatics, flying trapeze exercises **2.** ÉQUIT mounted gymnastics, voltige **3.** AÉRON ▸ **voltige (aérienne)** aerobatics **4.** [entreprise difficile] : *la Bourse, c'est de la voltige* speculating on the Stock Exchange is a highly risky business.

voltigement [vɔltiʒmɑ̃] nm fluttering.

voltiger [17] [vɔltiʒe] vi **1.** [libellule, oiseau] to fly about, to flutter (about) ; [abeille, mouche] to buzz about **2.** [flocon, papier] to float around in the air, to flutter (about).

voltigeur, euse [vɔltiʒœʀ, øz] nm, f acrobat.

❖ **voltigeur** nm **1.** HIST light infantryman **2.** BASEBALL : *voltigeur gauche / droit* left / right fielder / *voltigeur du centre* centre fielder UK, center fielder US.

voltmètre [vɔltmɛtʀ] nm voltmeter.

volubile [vɔlybil] adj **1.** [qui parle - beaucoup] garrulous, voluble ; [- avec aisance] fluent **2.** BOT voluble.

volubilis [vɔlybilis] nm morning glory, convolvulus.

volubilité [vɔlybilite] nf volubility, volubleness, garrulousness.

Volucompteur® [vɔlykɔ̃tœʀ] nm petrol pump UK ou gas pump US indicator.

volume [vɔlym] nm **1.** [tome] volume / *une encyclopédie en deux volumes* an encyclopedia in two volumes, a two-volume encyclopedia / *elle m'en écrit toujours des volumes fam & fig* she always writes me reams (and reams) **2.** ACOUST volume ▸ **augmenter** ou **monter le volume** to turn the sound up / *baisser* ou *descendre le volume* to turn the sound down ▸ **volume sonore** sound level **3.** [quantité globale] volume, amount / *le volume d'une affaire* the size of a business / *le volume des exportations* the volume of exports ▸ **volume d'affaires** volume of trade **4.** ART & GÉOM volume **5.** [poids, épaisseur] volume / *il a pris du volume fam* he's put on weight / *une permanente donnerait du volume à vos cheveux* a perm would give your hair more body ; [cubage] volume / *volume (d'eau) du fleuve* volume of water of the river / *eau oxygénée (à) 20 volumes* 20-volume hydrogen peroxide ▸ **volume atomique / moléculaire** atomic / molecular volume **6.** INFORM [unité] volume ▸ **volume mémoire** storage capacity.

volumétrie [vɔlymetʀi] nf volumetry.

volumétrique [vɔlymetʀik] adj volumetric.

volumineux, euse [vɔlyminø, øz] adj [sac] bulky, voluminous ; [correspondance] voluminous, massive.

volumique [vɔlymik] adj volumic.

volupté [vɔlypte] nf **1.** [plaisir] sensual ou voluptuous pleasure ▸ **la volupté** *litt* the pleasures of the flesh **2.** [caractère sensuel] voluptuousness.

voluptueusement [vɔlyptɥøzmɑ̃] adv voluptuously.

voluptueux, euse [vɔlyptɥø, øz] adj voluptuous.

volute [vɔlyt] nf **1.** [de fumée] coil ; [de lianes] curl, scroll ; [en arts décoratifs] volute **2.** ZOOL volute ▸ **les volutes** the Volutidae.

volvaire [vɔlvɛʀ] nf rice straw mushroom, volvaria ▸ **volvaire soyeuse** silky agaric.

volve [vɔlv] nf volva.

vomi [vɔmi] nm vomit.

vomique [vɔmik] adj ▸ **noix vomique** nux vomica.

vomiquier [vɔmikje] nm nux vomica.

vomir [32] [vɔmiʀ] ◆ vt **1.** PHYSIOL [repas] to bring up *(sép)*, to vomit ; [sang, bile] to bring ou to cough up *(sép)* **2.** *fig* [fumée] to spew, to vomit ; [foule] to spew forth *(insép)* ; [insultes] to spew out *(insép)* **3.** *fig* [rejeter avec dégoût] to have no time for, to feel revulsion for / *un article qui vomit le post-modernisme* an article pouring venom on post-modernism. ◆ vi to be sick, to vomit / *sucré à (faire) vomir* sickeningly sweet / *elle est riche à faire vomir* she's so rich it makes you sick / *une telle hypocrisie me donne envie de vomir* such hypocrisy makes me sick / *ça me fait vomir!* it makes me sick !

vomissement [vɔmismɑ̃] nm **1.** [action] vomiting / *si l'enfant est pris de vomissements* if the child starts to vomit **2.** [substance] vomit.

vomissure [vɔmisyʀ] nf vomit.

vomitif, ive [vɔmitif, iv] adj emetic, vomitive.

❖ **vomitif** nm emetic, vomitive.

vont v ⟶ **aller.**

vorace [vɔʀas] adj **1.** [mangeur] voracious ; [appétit] insatiable, voracious ; [lecteur] voracious, avid / *application vorace en mémoire* INFORM memory-intensive application **2.** BOT ▸ **plantes voraces** plants which exhaust the soil.

voracement [vɔʀasmɑ̃] adv voraciously.

voracité [vɔʀasite] nf voracity, voraciousness.

vortex [vɔʀtɛks] nm vortex.

vos [vo] pl ⟶ **votre.**

vosgien, enne [voʒjɛ̃, ɛn] adj from the Vosges.

❖ **Vosgien, enne** nm, f *inhabitant of or person from the Vosges.*

votant, e [vɔtɑ̃, ɑ̃t] nm, f voter.

votation [vɔtasjɔ̃] nf SUISSE vote.

vote [vɔt] nm **1.** [voix] vote ▸ **vote défavorable** "no" vote **2.** [élection] vote / *procédons* ou *passons au vote* let's have ou take a vote ▸ **vote à bulletin secret** secret ballot ▸ **vote par correspondance** postal vote ou ballot UK, absentee ballot US ▸ **vote à main levée** vote by show of hands ▸ **vote obligatoire** compulsory vote ▸ **vote par procuration** proxy vote ▸ **vote secret** secret ballot ▸ **le vote utile** tactical voting **3.** [d'une loi] passing ; [de crédits] voting ; [d'un projet de loi] vote ▸ **vote bloqué** *enforced vote on a text containing only government amendments.*

voter [3] [vɔte] ◆ vi to vote / *voter à droite / à gauche / au centre* to vote for the right / left / centre ▸ **voter pour qqn** to vote for sb / *voter pour les conservateurs* to vote Conservative ▸ **voter à main levée** to vote by show of hands ▸ **voter contre / pour qqch** to vote against / for sthg / *on leur a demandé de voter pour ou contre la grève* they were balloted about the strike / *votons sur la dernière motion présentée* let's (take a) vote on the last motion before us. ◆ vt [crédits] to vote ; [loi] to pass ; [projet de loi] to vote for *(insép)* / *voter la peine de mort* to pass a vote in favour of capital punishment ; [budget] to approve ▸ **être voté** [projet de loi] to go through.

votif, ive [vɔtif, iv] adj votive.

votre [vɔtʀ] *(pl* **vos** [vo]*)* dét *(adj poss)* **1.** [indiquant la possession] your ▸ **votre livre et vos crayons a)** [d'une personne] your book and your pencils **b)** [de plusieurs personnes] your books and your pencils / *votre père et votre mère* your father and mother / *un de vos amis* one of your friends, a friend of yours / *dans votre deuxième chapitre...* in your second chapter... **2.** [dans des titres] ▸ **Votre Majesté** Your Majesty ▸ **Votre Altesse** Your Highness ▸ **Votre Excellence** Your Excellency **3.** [emploi expressif] your / *comment va votre cher Victor?* how is your dear Victor? / *alors, vous l'avez achetée, votre petite maison?* so did you buy your little house? **4.** RELIG Thy.

vôtre [votʀ] dét *(adj poss) sout* yours / *cette maison qui fut vôtre* this house which was yours ou which belonged to you / *mes ambitions, vous les avez faites vôtres* you espoused my ambitions.

❖ **le vôtre, la vôtre** *(pl* les vôtres*)* pron poss : *nos intérêts sont les vôtres* our interests are yours / *un père comme le vôtre...* a father like yours... / *ma voiture est garée à côté de la vôtre* my car is parked next to yours ; *(emploi nominal)* ▸ **les vôtres** your family and friends / *nos intérêts et ceux des vôtres* our interests and those of your family ▸ **vous et les vôtres** you and yours / *dans la lutte, je suis des vôtres* I'm with you ou I'm on your side in the struggle / *je ne pourrai pas être des vôtres ce soir* I will not be able to join you tonight ▸ **si au moins vous y mettiez du vôtre!** you could at least make an effort !

* In reformed spelling (see p. 16-19).

▸ **vous avez encore fait des vôtres!** you've gone and done it again! ▸ **à la (bonne) vôtre!** (your) good health!

voudra v ⟶ vouloir.

vouer [6] [vwe] vt **1.** [dédier -vie, énergie] to devote ; [-admiration, fidélité, haine] to vow **2.** [destiner] ▸ **voué à l'échec** destined for failure, doomed to fail **3.** RELIG [enfant] to dedicate ; [temple] to vow, to dedicate / *voué à la mémoire de…* sacred to the memory of…

❖ **se vouer à** vp + prép to dedicate one's energies ou o.s. to / *se vouer à la cause de* to take up the cause of.

vouloir¹ [vulwaR] nm *sout* ▸ **bon vouloir** goodwill ▸ **mauvais vouloir** ill will.

vouloir² [57] [vulwaR]

◆ vt

A. AVOIR POUR BUT

B. PRÉFÉRER, SOUHAITER

C. SUJ : CHOSE

D. LOCUTIONS

A. AVOIR POUR BUT **1.** [être décidé à obtenir] to want / *ils veulent votre démission / une augmentation* they want your resignation / an increase / *il veut la présidence* he wants to be chairman / *lui au moins, il sait ce qu'il veut* he knows what he wants / *je le ferai, que tu le veuilles ou non* I'll do it, whether you like it or not ▸ **vouloir absolument (obtenir) qqch** to be set on (getting) sthg / *vous voulez absolument ce modèle?* are you set on this model? / *quand elle veut quelque chose, elle le veut!* when she's decided she wants something, she's determined (to get it)! / *si tu veux mon avis* if you ask me / *lui, j'en fais (tout) ce que je veux* I've got him eating out of my hand / *l'argile, elle en fait (tout) ce qu'elle veut* she can do wonders ou anything with clay ▸ **vouloir que** : *je ne veux pas que tu le lui dises* I don't want you to tell him / *vouloir absolument que* to insist (that) / *je veux absolument que tu ranges ta chambre* I insist (that) you tidy up your bedroom ▸ **vouloir faire qqch** to want to do sthg / *elle veut récupérer son enfant / être reçue par le ministre* she's determined to get her child back / that the Minister should see her / *en voulant la sauver, il s'est noyé* he drowned in his attempt ou trying to rescue her / *tu veux me faire peur?* are you trying to frighten me? / *arrangez-vous comme vous voulez, mais je veux être livré demain* I don't mind how you do it but I insist the goods are delivered tomorrow / *je veux récupérer l'argent qui m'est dû* I want to get back the money which I'm owed / *je ne veux pas entendre parler de ça!* I won't hear of it ou such a thing! / *je ne veux plus en parler* I don't want to talk about it any more / *à ton âge, pourquoi vouloir faire le jeune homme?* at your age, why do you try to act like a young man? / *le peuple veut être gouverné* the people want a government ▸ **vouloir qqch de** : *il veut 80 000 euros de son studio* he wants 80,000 euros for his bedsit ▸ **vouloir qqch de qqn** to want sthg from sb / *que voulez-vous de moi?, que me voulez-vous?* what do you want from me? / *que veux-tu de moi?, qu'est-ce que tu me veux?* what do you want from me? ; *(en usage absolu)* : *quand tu veux, tu fais très bien la cuisine* you can cook beautifully when you put your mind to it / *il peut être vraiment désagréable quand il veut* he can be a real nuisance when he wants to ▸ **vouloir, c'est pouvoir** *prov*, **quand on veut, on peut** where there's a will, there's a way *prov* **2.** [prétendre -suj : personne] to claim / *si l'art est une religion, comme le veulent certaines personnes* if art is a religion, as some people would have it ou claim **3.** [avoir l'intention de] ▸ **vouloir faire qqch** to want ou to intend ou to mean to do sthg / *je voulais passer à la gare, mais je n'ai pas eu le temps* I wanted to drop in at the station, but I didn't have time / *je ne voulais pas te vexer* I didn't mean to offend you / *sans vouloir me mêler de tes affaires / te contredire…* I don't want to interfere / to contradict you but… / *je l'ai vexé sans le vouloir* I offended him unintentionally ou without meaning to / *je ne voudrais surtout pas t'empêcher de voir ton match!* I wouldn't dream of preventing you from watching the match! / *si vous voulez finir le projet à temps, il faut recruter plus de personnel* if you want ou intend to keep the project on schedule, you must take on more staff ▸ **vouloir dire** : *j'ai dit « attelle », je voulais dire « appelle »* I said "attelle", I meant "appelle" / *il ne s'est pas ennuyé ce soir-là — que veux-tu dire par là?* he had some fun that night — what do you mean by that ou what are you getting at? / *vous voulez dire qu'on l'a tuée?* do you mean ou are you suggesting (that) she was killed? **4.** [s'attendre à] to expect / *tu voudrais peut-être aussi que je te remercie!* you don't expect to be thanked into the bargain, do you? / *comment veux-tu que je te croie, maintenant?* how do you expect me to believe you now? / *comment veux-tu qu'elles s'en sortent avec des salaires si bas?* how do you expect them ou how are they expected to survive on such low salaries? / *pourquoi voudrais-tu qu'on se fasse cambrioler?* why do you assume we might be burgled? / *que veux-tu que j'y fasse?* what do you want me to do about it?, what can I do about it? / *il est très malheureux — que veux-tu que j'y fasse?* he's very unhappy — what do you expect ME to do about it? / *que voulez-vous que je vous dise?* what can I say?, what do you want me to say? / *qu'est-ce que tu veux que je te dise, il ne fallait pas la provoquer* what can I say? you shouldn't have provoked her / *on va le faire réparer, que veux-tu que je te dise?* we'll get it fixed, what (else) can I say? **5.** *fam* [sexuellement] to want.

B. PRÉFÉRER, SOUHAITER **1.** [dans un choix] to want, to wish / *pour le premier, je voulais un garçon* I wanted the first baby to be a boy / *prends toutes les pommes que tu veux* have as many apples as you want / *j'en voudrais de plus mûres, de préférence* I'd rather have (some) riper ones, if possible / *jus d'ananas ou d'orange? — ce que tu veux!* pineapple or orange juice? — whatever ou I don't mind! / *voulez-vous que nous prenions un thé ou préférez-vous marcher encore un peu?* would you like to stop for tea or would you prefer to walk on a bit? / *je préfère acheter des actions — comme vous voulez* I prefer to buy shares — as you wish / *on prend ma voiture ou la tienne? — c'est comme tu veux* shall we take my car or yours? — as you wish ou please ou like / *je me débrouillerai seule — comme tu voudras!* I'll manage on my own — suit yourself! / *où va-t-on? — où tu veux* where are we going? — wherever you want / *je pourrai revenir? — bien sûr, quand vous voulez!* may I come again? — of course, any time ou whenever you want! / *je vais vous chanter une chanson… — quand tu veux!* *fam* I'm going to sing you a song… — when you're ready! / *je te prends quand tu veux au badminton* *fam* I'll give you a game of badminton any time / *viens avec nous si tu veux* come with us if you want / *tu peux dessiner une maison si tu veux* you could draw a house, if you like / *mets-en tant que tu veux* put in as much as you want / *on peut donner tant qu'on veut, cela ne résout pas le problème de la pauvreté* you can give as much as you want, it won't solve the problem of poverty / *tu peux rire tant que tu veux, ça m'est bien égal* you can laugh as much as you want, I don't care ▸ **tu l'as** ou **l'auras voulu!** you asked for it! **2.** [dans une suggestion] to want / *voulez-vous* ou *voudriez-vous du thé?* would you like some tea? / *veux-tu de l'aide?* do you want ou would you like some help? / *tu veux une fessée?* do you want your bottom smacked? / *voulez-vous que je vous achète le journal?* would you like me to buy ou shall I buy the newspaper for you? / *voudriez-vous vous joindre à nous?* would you care ou like to join us? / *voudriez-vous essayer la robe bleue?* perhaps you might care to try on the blue dress? / *peut-être vouliez-vous que je m'en aille?* did you want me to go? **3.** [dans un souhait] : *je ne veux que ton bonheur* I only want you to be happy / *j'aurais tellement voulu être avec vous* I'd have so much liked ou loved to have been with you / *quand tu me parles, je te voudrais un autre ton* *sout* please don't use that tone when you're talking to me / *comme je voudrais avoir des enfants!* how I'd love to have children! / *elle voudrait vous dire quelques mots en privé* she'd like a word with you in private / *je voudrais te voir à ma place* I'd like to see what you'd do if you were in my shoes / *je voudrais vous y voir!* I'd like to see how YOU'd cope with it! / *il faut tout terminer d'ici demain, je voudrais t'y voir!* it's all got to be finished by tomorrow, how'd YOU like to have to do it? ▸ **je voudrais bien voir ça!** *iron* : *aller au match sans avoir rangé ta chambre, je voudrais bien voir ça!* whatever gave you the idea (that) you could go to the match without tidying up your room first? **4.** [dans une demande polie] ▸ **veuillez m'excuser un instant** (will you) please excuse me for a moment / *veuillez avoir l'obligeance de…* would you kindly ou please… ▸ **veuillez vous asseoir** please take a seat / *veuillez recevoir, Monsieur, mes salutations distinguées* yours sincerely UK ou truly US / *veuillez vous retirer, Marie* you may go now, Marie / *veuillez n'en rien dire à personne* would you kindly ou please not mention anything to anyone / *voudriez-vous avoir l'amabilité de me prêter votre crayon?* would you be so kind as to lend me your pencil? / *nous voudrions une chambre pour deux personnes* we'd like a double room / *je vous serais reconnaissant de bien vouloir m'envoyer votre brochure* I should be glad to receive your brochure ▸ **voulez-vous me suivre** please follow me **5.** [dans un rappel à l'ordre] : *veux-tu (bien) me répondre!* will you (please) answer me? / *veux-tu laisser le chat tranquille!* just leave the cat alone!, will you leave the cat alone! / *voulez-vous ne pas toucher à ça!* please don't touch that! / *ne m'interromps pas, tu veux!, veuille bien ne pas m'interrompre!* will you please not interrupt me?, would you mind not interrupting me? / *un peu de respect, tu veux (bien)* a bit less cheek, if you don't mind!

C. SUJ : CHOSE **1.** [se prêter à, être en état de] : *le rideau ne voulait pas se lever* the curtain wouldn't go up / *les haricots ne veulent pas cuire* the beans won't cook / *la télé ne marche que quand elle veut* *hum* the TV only works when it feels like it **2.** [exiger] to require / *la coutume veut que…* custom requires that… / *la tradition voulait que…* it was a tradition that… / *la dignité de notre profession veut que…* the dignity of our profession demands that… / *comme le veulent les usages* as convention dictates / *les lois le veulent ainsi* that is what the law says ; [prétendre] : *comme le veut une vieille légende* as an old legend has it **3.** [déterminer -suj : destin, hasard, malheur] : *le sort voulut que le train fût en retard* as fate would have it, the train was late / *la chance a voulu que…* as luck would have it… / *le malheur voulut qu'il fût seul ce soir-là* unfortunately he was alone that night / *le calendrier a voulu que cela tombe un lundi* it fell on a Monday, as it so happened **4.** [s'efforcer de] : *le décor veut évoquer une ferme normande* the decor strives ou tries to suggest a Normandy farmhouse **5.** ▸ **vouloir dire a)** [avoir comme sens propre] to mean **b)** [avoir comme implication] to mean, to suggest / *que veut dire « Arbeit »?* what does "Arbeit" mean? / *elle a fait un geste de la main qui voulait dire « peu importe »* she waved her hand to say "never mind" / *je me demande ce que veut dire ce changement d'attitude* I wonder what the meaning of this turn-around is ou what this turn-around means / *cela ne veut rien dire* it doesn't mean anything / *être millionnaire, ça ne veut plus rien dire de nos jours* being a millionaire doesn't mean anything nowadays ▸ **ça veut tout dire!** that says it all! ▸ **ça veut bien dire ce que ça veut dire!** it's clear ou plain enough! ▸ **tu vas m'obéir, non mais, qu'est-ce que ça veut dire?** *fam* for goodness's sake will you do as I say! **6.** GRAM to take / *la conjonction « pourvu que » veut le subjonctif* the conjunction "pourvu que" takes the subjunctive.

D. LOCUTIONS ▸ **bien vouloir** [consentir à] : *bien vouloir faire qqch* to be willing ou to be prepared ou to be quite happy to do sthg / *nous voulons bien lui parler* we're prepared ou quite willing to talk to him / *je veux bien me contenter d'un sandwich* I'm quite happy to make do with a sandwich / *je veux bien être patient, mais il y a des limites!* I can be patient, but there are limits! / *un petit café? — oui, je veux bien* fancy a coffee? — yes please / *poussons jusqu'à la prochaine ville — moi je veux bien, mais il est tard!* let's go on to the next town — I don't mind, but it IS late! / *allons-y, puisque ta mère veut bien garder les enfants* your mother's agreed to look after the children so let's go ▸ **bien vouloir** [admettre] : *je veux bien qu'il y ait des restrictions budgétaires mais…* I understand (that) there are cuts in the budget but… / *je* *veux bien avoir des défauts, mais pas celui-là* granted, I have some shortcomings, but that isn't one of them ▸ **moi je veux bien!** (it's) fine by me! / *il a dit nous avoir soutenus, moi je veux bien, mais le résultat est là!* he said he supported us, OK ou and that may be so, but look at the result! ▸ **il t'a cogné? — je veux!** *fam* : *je veux* did he hit you? — and how ou he sure did! / *tu vas à la pêche demain? — je veux que j'y vais!* are you going fishing tomorrow? — you bet I am ou I sure am! ▸ **que veux-tu, que voulez-vous** : *que veux-tu, j'ai pourtant essayé!* I tried, though! / *c'est ainsi, que voulez-vous!* that's just the way it is! / *j'accepte ses humeurs, que veux-tu!* I (just) put up with his moods, what can I do? / *j'ai dit que c'était ton idée, que veux-tu, sinon on m'aurait renvoyé* I said it was your idea, what could I do, otherwise they'd have sacked me / *que voulez-vous, ils se conduisent comme les jeunes de leur âge* they're just acting their age, what can you do? / *si tu veux, si vous voulez* more or less, if you like / *ça ressemble à un gros lapin, si tu veux* it looks a bit like a big rabbit.

❖ **vouloir de** v + prép **1.** [être prêt à accepter] ▸ **vouloir de qqn / qqch** to want sb / sthg / *je ne veux plus de ces vieux journaux, jette-les* I don't want these old papers any more, throw them out / *je ne veux pas d'une relation sérieuse* I don't want a serious relationship **2.** EXPR **en vouloir** *fam* : *elle en veut* **a)** [elle a de l'ambition] she wants to make it ou to win **b)** [elle a de l'application] she's dead keen / *elle en veut, sur le court* she's out to win when she's on (the) court / *il faut en vouloir pour réapprendre à marcher* you need a lot of determination to learn to walk again ▸ **en vouloir à qqn** [éprouver de la rancune] to bear ou to have a grudge against sb / *je ne l'ai pas fait exprès, ne m'en veux pas* I didn't do it on purpose, don't be cross with me / *décidément, ton chien m'en veut* your dog's definitely got something against me / *tu m'en veux encore beaucoup pour l'autre soir?* are you still angry ou cross with me about the other night? / *je n'en veux à personne, je demande simplement justice* I'm not after anyone's blood, all I want is justice / *tu ne m'en veux pas?* no hard feelings? / *vous ne m'en voudrez pas si je pars plus tôt, n'est-ce pas?* you won't mind ou be cross if I leave earlier, will you? / *elle m'en voulait de mon manque d'intérêt pour elle* she resented my lack of interest in her / *ses frères lui en veulent de son succès* his brothers hold his success against him / *elle lui en veut d'avoir refusé* she holds it against him that he said no / *il ne faut pas lui en vouloir d'exprimer son amertume* don't resent her for showing her bitterness ▸ **en vouloir à qqn / qqch** [le convoiter] : *j'ai l'impression qu'il en veut à ma cadette* I feel he has designs on my youngest daughter / *elle en veut à ma fortune* she's after my money ▸ **en vouloir à qqch** [vouloir le détruire] to seek to damage sthg / *qui peut en vouloir à ma vie / réputation?* who could wish me dead / would want to damage my reputation?

❖ **se vouloir** vpi : *je me voudrais plus audacieux* I'd like to be bolder / *les pièces qui se veulent intellectuelles* plays with intellectual pretensions / *le livre se veut une satire de l'aristocratie allemande* the book claims ou is supposed to be a satire on the German aristocracy.

❖ **s'en vouloir** ◆ vp *(emploi réfléchi)* to be angry ou annoyed with o.s. / *je m'en veux de l'avoir laissé partir* I feel bad at having let him go ▸ **je m'en voudrais!** *fam* not likely! / *500 euros pour un match de football? je m'en voudrais!* 500 euros for a football match? not likely! ◆ vp *(emploi réciproque)* : *elles s'en veulent à mort* they really hate each other.

❖ **en veux-tu en voilà** loc adv *fam* [en abondance] : *il y avait des glaces en veux-tu en voilà* there were ice creams galore / *on dirait qu'elle a de l'argent en veux-tu en voilà* she seems to have money to burn / *il lui faisait des compliments en veux-tu en voilà* he was showering her with compliments.

❖ **si l'on veut** loc adv **1.** [approximativement] if you like / *on peut dire, si l'on veut, que...* if you like you can say that... **2.** [pour exprimer une réserve] : *c'est drôle / propre si l'on veut* I wouldn't say it's particularly funny / clean / *il est fidèle... si l'on veut!* he's faithful... after a fashion!

voulu, e [vuly] adj **1.** [requis] required, desired, requisite *sout* / *vous aurez toutes les garanties voulues* you'll have all the required guarantees / *ça a eu l'effet voulu* it produced the desired effect **2.** [délibéré] deliberate, intentional ▸ **c'est voulu** it's intentional ou (done) on purpose **3.** [décidé d'avance] agreed ▸ **au moment voulu** at the right time ▸ **terminé en temps voulu** completed on schedule.

vous [vu]

◆ pron pers *(2e pers pl)*

A. À UNE SEULE PERSONNE
B. À PLUSIEURS PERSONNES
C. POUR TOUS

A. À UNE SEULE PERSONNE **1.** [sujet ou objet direct] you / *si j'étais vous* if I were you / *c'est vous?* [à la porte] is that you? / *vous parti, je lui écrirai* once you've gone, I shall write to her / *eux m'ont compris, pas vous* they understood me, you didn't / *qui a fini? vous?* who's finished? have you? / *il nage mieux que vous* he swims better than you (do) / *elle a fait comme vous* she did (the same) as you did ; [en renforcement] : *et vous qui aviez toujours peur!* to think YOU're the one who was always scared! / *je vous connais, vous!* I know YOU! / *vous, vous restez* as for you, you're staying **2.** [objet indirect] ▸ **à vous** [objet] : *c'est à vous* it belongs to you ▸ **à vous!** [dans un magasin, un jeu] it's your turn! / *une maison bien à vous* a house of your very own, your very own house / *une plage rien qu'à vous* a beach to yourself / *elle ne parle qu'à vous* you're the only one she speaks to / *c'est à vous de juger* it's for you to judge / *pensez un peu à vous* think of yourself a bit ▸ **de vous** : *un livre de vous* a book by you / *c'est de vous, cette lettre?* is this one of your letters? ▸ **de vous à moi** between (the two of) us ou you and me ▸ **chez vous** at your house, in your home ▸ **faites comme chez vous** please make yourself at home / *ça va, chez vous?* *fam* (are) things OK at home? **3.** [dans des formes réfléchies] ▸ **taisez-vous!** be quiet! ▸ **cachez-vous!** hide! ▸ **regardez-vous** look at yourself.

B. À PLUSIEURS PERSONNES **1.** [sujet ou objet direct] you / *vous êtes témoins* you have all witnessed this / *vous partis, je lui écrirai* once you've all gone, I shall write to her / *elle vous a accusés tous les trois* she accused all three of you ; [en renforcement] you (people) / *et vous qui aviez toujours peur!* to think YOU were the ones who were always scared! / *vous, vous restez* as for you (people), you're staying / *vous (autres), les spécialistes, vous ne faites rien* YOU're the specialists and you're not doing anything / *vous (autres), les intellectuels, vous êtes tous pareils* you're all the same, you intellectuals **2.** [après une préposition] ▸ **à vous** [objet] : *c'est à vous* it belongs to you ▸ **à vous** RADIO & TV over to you / *à vous le studio!* I'm handing you back to the studio! / *pensez à vous et à vos amis* think of yourselves and of your friends / *à vous trois, vous finirez bien la tarte?* surely the three of you can finish the tart? ▸ **de vous** : *l'un de vous trahira* one of you will be a traitor **3.** [dans des formes réfléchies] : *taisez-vous tous!* be quiet, all of you! / *cachez-vous, tous les deux!* hide, you two! / *regardez-vous* look at yourselves ; [dans des formes réciproques] one another, each other / *aidez-vous* help one another / *battez-vous* fight with each other.

C. POUR TOUS *fam* [valeur intensive] : *il vous mange tout un poulet* he can put away a whole chicken / *elle sait vous séduire une foule* she does know how to captivate a crowd / *ils vous démolissent une maison en trois quarts d'heure* they can demolish a house in three quarters of an hour, no trouble (at all).

◆ nm ▸ **le vous** the "vous" form / *leurs enfants leur disent « vous »* their children use the "vous" form to them / *nous pourrions arrêter de nous dire « vous »* we could be less formal with each other, we could start using the "tu" form to each other.

Voir encadré à l'article lui.

vous-même [vumɛm] *(pl* **vous-mêmes***)* pron pers yourself ▸ **vous-mêmes** yourselves / *avez-vous fait votre exercice vous-même?* did you do your exercise yourself? / *vous devriez comprendre de vous-mêmes* you ought to understand for yourselves / *vous pouvez vérifier par vous-même* you can check for yourself.

voussure [vusyʀ] nf [d'une voûte] spring ; [d'une baie] arch ; [d'un plafond] coving.

voûtain, voutain* [vutɛ̃] nm [portion de voûte] cell, segment.

voûte, voute* [vut] nf **1.** ARCHIT [construction] vault ; [passage] archway ▸ **voûte d'arête** groined vault ▸ **voûte en berceau** barrel vault ▸ **voûte (sur croisée) d'ogives** ribbed vault ▸ **voûte en éventail** fan ou palm vaulting **2.** *litt* vault, canopy ▸ **la voûte céleste** ou **des cieux** the canopy of heaven ▸ **la voûte étoilée** the starry dome **3.** ANAT ▸ **voûte crânienne** cranial vault ▸ **voûte palatine** ou **du palais** roof of the mouth ▸ **voûte plantaire** arch of the foot.

❖ **en voûte, en voute*** loc adj vaulted.

voûté, e, vouté*, e [vute] adj **1.** [homme] stooping, round-shouldered ; [dos] bent / *avoir le dos voûté* to stoop, to have a stoop ▸ **marcher voûté** to walk with a stoop / *ne te tiens pas voûté* stand up straight **2.** [galerie] vaulted, arched.

voûter, vouter* [3] [vute] vt **1.** ARCHIT to vault, to arch **2.** [courber] to cause to stoop.

❖ **se voûter, se vouter*** vpi to stoop, to become round-shouldered.

vouvoie v ⟶ **vouvoyer**.

vouvoiement [vuvwamɑ̃] nm "vous" form of address / *ici, le vouvoiement est de rigueur* here people have to address each other as "vous".

vouvoyer [13] [vuvwaje] vt to address as "vous" / *les parents se faisaient vouvoyer par leurs enfants* the children addressed their parents as "vous".

❖ **se vouvoyer** vp *(emploi réciproque)* to address each other as "vous".

vouvray [vuvʀɛ] nm Vouvray (wine).

vox populi [vɔkspɔpyli] nf inv *litt* vox populi / *écouter la vox populi* to listen to what the people have to say.

voyage [vwajaʒ] nm **1.** [excursion lointaine] journey, trip ; [sur la mer, dans l'espace] voyage ; [circuit] tour, trip / *notre voyage se fera en péniche / à dos de chameau* we will travel on a barge / on a camel / *leur voyage en Italie* their trip to Italy ▸ **aimer les voyages** to like travelling UK, traveling US / *mes voyages au pays de l'imaginaire* *litt* my imaginary travels ▸ **faire un voyage** to go on a trip / *faire un voyage dans le temps* [passé, futur] to journey through time / *faire un voyage autour du monde* to go round the world / *ils ont fait des voyages partout dans le monde* they have travelled the world / *j'ai fait de nombreux voyages en Méditerranée* I've travelled extensively throughout the Mediterranean / *faire le voyage de Bangkok* to go to Bangkok ▸ **partir en voyage** to go on a trip / *nous partons en voyage* we're off on a trip, we're going away ▸ **vous serez du voyage? a)** [avec eux] are you going on the trip? **b)** [avec nous] are you coming on the trip? / *ils partent demain mais elle ne sera pas du voyage* they're off tomorrow but she won't be going (with them) / *quelle merveille, cela valait le voyage!* what a sight, it was well worth coming all this way to see it! / *cela représente deux jours / six mois de voyage* it means a two-day / six-month trip / *vous avez fait bon voyage?* did you have a good journey? ▸ **voyage d'affaires** business trip ▸ **voyage d'agrément** (pleasure) trip ▸ **voyage d'études** field trip ▸ **voyage en mer** sea voyage *litt*, journey by sea ▸ **voyage de noces** honeymoon / *être en voyage de noces* to be honeymooning ou on one's honeymoon ▸ **voyage officiel a)** [en un endroit] official trip **b)** [en plusieurs endroits] official tour ▸ **voyage organisé** package tour / *ils y sont allés en voyage organisé* they went there on package tour ▸ **voyage de presse** press visit ▸ **bon voyage** have a nice trip! ▸ **le grand voyage** *euphém* the last journey ▸ **les voyages forment la jeunesse** *prov* travel broadens the mind *prov* / **'Voyage au bout de la nuit'** *Céline* 'Journey to the End of Night' / **'les Voyages de Gulliver'** *Swift* 'Gulliver's Travels' **2.** [déplacement local] journey / *tous les matins, je fais le voyage en train* I do the journey by train every

* In reformed spelling (see p. 16-19).

morning / *voyage en train / avion* train / plane journey ▸ **voyage aller** outward journey ▸ **voyage aller et retour** return ou round trip ▸ **voyage retour** return ou homeward journey **3.** [allée et venue] trip / *on a fait trois voyages pour vider la maison* we made three trips to empty the house / *j'ai fait des voyages de la cave au grenier toute la matinée* I've been up and down from cellar to attic all morning **4.** *fam* [sous drogue] trip.

Attention ! Le mot travel est indénombrable sauf dans l'expression idiomatique my /your /his, etc., travels. Il ne s'emploie jamais avec l'article indéfini a :
Les voyages ouvrent l'esprit. *Travel broadens the mind.*
Je reviens d'un très beau voyage en Chine. *I've just come back from a wonderful trip to China.*

voyageage [vwajaʒaʒ] nm QUÉBEC travelling *(back and forth)*.

voyager [17] [vwajaʒe] vi **1.** [faire une excursion] to travel ; [faire un circuit] to tour / *elle a beaucoup voyagé* she has travelled widely ou a lot, she's well travelled / *nous avons beaucoup voyagé en Grèce* we've travelled extensively throughout Greece ▸ **aimer voyager** to like travelling ▸ **voyager dans le temps** [passé, futur] to travel through time / *un film qui fait voyager* a film that takes you to far-off places **2.** [se déplacer] to travel ▸ **voyager en bateau / en avion** to travel by sea / by air ▸ **voyager en deuxième classe** to travel second class / *la société fait voyager ses cadres en première classe* the company pays for its executives to travel first class **3.** [denrées, sacs] to travel / *le vin voyage mal* wine doesn't travel well / *ce produit doit voyager en wagon frigorifique* this product must be carried in refrigerated trucks **4.** COMM to travel / *voyager pour une société* to travel for a firm.

voyageur, euse [vwajaʒœʀ, øz] ◆ adj *litt* [caractère] wayfaring *litt*, travelling. ◆ nm, f **1.** [dans les transports en commun] passenger ; [dans un taxi] fare **2.** [qui explore] traveller / *c'est une grande voyageuse* she travels extensively **3.** COMM ▸ **voyageur (de commerce)** commercial traveller.

voyageur-kilomètre [vwajaʒœʀkilɔmɛtʀ] (*pl* **voyageurs-kilomètres**) nm passenger kilometre.

voyagiste [vwajaʒist] nm tour operator.

voyait v ⟶ **voir.**

voyance [vwajɑ̃s] nf clairvoyance.

voyant, e [vwajɑ̃, ɑ̃t] ◆ adj [couleur] loud, gaudy, garish ; [robe] showy, gaudy, garish ▸ **peu voyant** inconspicuous ▸ **trop voyant** obtrusive. ◆ nm, f **1.** [visionnaire] visionary, seer ; [spirite] ▸ **voyant (extralucide)** clairvoyant **2.** [non aveugle] sighted person.
❖ **voyant** nm ▸ **voyant (lumineux)** indicator ou warning light ; [d'un signal] mark ; [plaque de nivellement] vane levelling shaft.

voyelle [vwajɛl] nf vowel.

voyeur, euse [vwajœʀ, øz] nm, f voyeur.

voyeurisme [vwajœʀism] nm voyeurism.

voyou, te [vwaju, ut] adj loutish ▸ **verve voyoute** vulgar wit.
❖ **voyou** nm **1.** [jeune délinquant] lout ; [gangster] gangster **2.** [ton affectueux ou amusé] : *petit voyou!* you little rascal !

voyoucratie [vwajukʀasi] nf thuggery / *halte à la voyoucratie* let's put a stop to this thuggery.

VPC nf abr de **vente par correspondance.**

vrac [vʀak] nm **1.** [mode de distribution] bulk **2.** [marchandise] material transported in bulk.
❖ **en vrac** loc adj & loc adv **1.** [non rangé] in a jumble / *ses idées sont en vrac dans sa dissertation* the ideas are just jumbled together in his essay **2.** [non emballé] loose ; [en gros] in bulk / *on invite toute la famille en vrac fam & fig* we're inviting the whole family in one go.

vrai, e [vʀɛ] adj **1.** [exact] true / *au négatif, la proposition reste vraie* if negated, the proposition remains true / *si ce que tu dis est vrai* if you're telling the truth, if what you say is true / *vous maintenez votre déposition? — tout est vrai* are you sticking to your statement? — it's all true / *il n'y a pas un mot de vrai dans son témoignage* there's not a word of truth in her testimony / *ils n'ont aucune intégrité — cette observation n'est pas vraie de tous* they have no integrity — that isn't true of all of them ou you can't say that of all of them / *Oslo est la capitale de la Norvège, vrai ou faux?* Oslo is the capital of Norway, true or false? / *tu me l'avais promis, vrai ou faux?* you'd promised me, yes or no? ▸ **c'est vrai** it's ou that's true / *ce serait plus facile — c'est vrai mais...* it would be easier — true ou certainly ou granted but... / *tu ne fais jamais rien! — c'est vrai, ça!* you never do anything — that's quite right ou true ! / *ma voiture peut monter jusqu'à 300 km/h — c'est vrai?* my car can do up to 300 km/h — can it (really) ou oh really? / *c'est vrai qu'on n'a pas eu de chance fam* true, we were a bit unlucky ▸ **pas vrai?** *fam* : *il l'a bien mérité, pas vrai?* he deserved it, didn't he? / *on ira tous les deux, pas vrai!* we'll go together, OK? ▸ **c'est pas vrai! a)** *fam* [pour nier] it's ou that's not true ! **b)** [ton incrédule] you're joking ! **c)** [ton exaspéré] I don't believe this ! **d)** [ton horrifié] my God, no ! / *je pars en Chine — c'est pas vrai!* I'm off to China — you don't mean it ! / *il est mort hier — c'est pas vrai!* he died yesterday — never ou I can't believe it ! / *mais tu es agaçant ce matin, c'est pas vrai!* God, you ARE being a pain this morning ! / *et maintenant une coupure de courant, c'est pas vrai!* and now there's a power cut, I don't believe it ! / *elle va pas recommencer, c'est pas vrai!* she's going to start again, I (just) don't believe it !, oh my God, she's not starting again ! / *c'est si vrai que...* so much so that... / *elle était furieuse, c'est si vrai qu'elle a écrit au ministre* she was beside herself, to the point of writing to the minister / *il est vrai* it's ou that's true / *elle est un peu menteuse, il est vrai* it's true that she's a bit of a liar, she's a bit of a liar, true / *la loi est dure, il est vrai* the law is tough, true (enough) / *il est vrai que...* it's true (to say) that... / *il est très irritable, il est vrai qu'il n'est pas encore habitué à eux* he's very irritable, true, he's not used to them yet / *il est bien vrai que...* it's absolutely true ou it can't be denied that... / *il est bien vrai que la situation économique se dégrade* there's no denying that the state of the economy is getting worse **2.** [authentique - cuir, denrée] genuine, real ; [- or] real ; [- connaisseur] real, true ; [- royaliste, républicain] true / *je cherche l'amour vrai litt* I'm looking for true love / *avec une simplicité vraie* with genuine simplicity / *c'est une copie, ce n'est pas un vrai Modigliani* it's a copy, it's not a real Modigliani / *les vraies rousses sont rares* there are few genuine ou real redheads / *ce ne sont pas ses vraies dents* they're not her own teeth / *la seule vraie religion* the only true religion / *nous prônons le vrai socialisme* we want to promote real ou genuine socialism / *le vrai cricket, ça ne se joue pas comme ça!* that's not how you play proper cricket ! / *le rôle est tenu par la vraie sœur de l'actrice* the part is played by the actress's real ou real-life sister / *c'est un vrai gentleman* he's a real gentleman / *il n'a jamais été un vrai père* he was never (like) a real father / *où sont ses vrais amis, maintenant?* where are his true ou real friends now? / *ça c'est de la bière, de la vraie! fam* that's what I call beer ! ▸ **c'est vrai, ce mensonge?** *fam & hum* are you fibbing? ▸ **il n'y a que ça de vrai** : *le soleil, il n'y a que ça de vrai* give me sunshine anyday / *pour enlever les taches, l'acétone, il n'y a que ça de vrai* to remove stains, acetone's the thing ▸ **vrai de vrai** : *je pars avec toi — vrai de vrai?* I'm going with you — really (and truly)? / *c'est un Italien vrai de vrai* he's an Italian born and bred / *ça c'est de la bière, de la vraie de vraie!* that's what I call beer ! / *ça c'est un homme, un vrai de vrai!* that's (what I call) a real man ! **3.** [non fictif, non inventé - raison] real ▸ **c'est une histoire vraie** it's a true story / *quel est le vrai motif de votre visite?* what's the real purpose of your visit? / *mon vrai nom est Jacob* my real name is Jacob / *le vrai problème n'est pas là* the real problem lies elsewhere **4.** *(avant nom)* [à valeur intensive] real, complete, utter / *c'est un vrai désastre* it's a real ou an utter disaster / *elle a été une vraie sœur pour moi* she was a real sister to me / *c'est un vrai casse-tête* it's a real headache / *c'est une vraie honte!* it's utterly disgraceful ! / *t'es un vrai salaud! tfam* you're a real bastard ! / *c'est une vraie folle!* she's completely crazy ! **5.** [franc, naturel - personne, acteur] straightforward / *pour les persuader, sois vrai* to convince them, be straightforward / *je suis vrai quand je joue ce personnage* I am ou play myself when I play this character / *son style est toujours vrai* she always writes naturally / *des dialogues vrais* dialogues that ring true / *des personnages vrais* characters that are true to life **6.** *(avant nom)* [assigné] true / *la statue n'est pas à sa vraie place* [elle a été déplacée] the statue is not in its right place / *un philosophe qui n'a jamais été mis à sa vraie place* a philosopher who was never granted true recognition ou the recognition he deserved **7.** ASTRON ▸ **temps vrai** true time **8.** ANAT ▸ **vraie côte** true rib.
❖ **vrai** ◆ adv **1.** [conformément à la vérité] ▸ **elle dit vrai a)** [elle dit la vérité] she's telling the truth **b)** [elle a raison] she's right, what she says is right / *si tu as dit vrai* if you were telling the truth, if what you said is true / *et s'il n'avait pas dit vrai?* what if he was lying ou wasn't telling the truth? / *tu n'en veux plus? — non, vrai, j'ai trop mangé* don't you want some more? — no, really, I've eaten too much already **2.** [avec vraisemblance] : *des auteurs qui écrivent / acteurs qui jouent vrai* authors whose writing / actors whose acting is true to life ▸ **faire vrai** [décor, prothèse] to look real / *avec des monstres qui font vrai* with lifelike monsters **3.** *fam & vieilli* [exprime la surprise, l'irritation] : *vrai, j'ai cru que je n'en verrais jamais la fin!* I thought I'd never see the back of it, I did ! / *vrai, ce qu'il est drôle!* isn't he funny, though ! / *il a été reçu au permis! — eh ben vrai!* he passed his driving test ! — you don't say ! ◆ nm ▸ **le vrai** [la vérité] the truth ▸ **il y a du** ou **un peu de vrai dans ses critiques** there's some truth ou an element of truth in her criticism / *où est le vrai dans ce qu'elle nous raconte?* where is the truth in what she's telling us? ▸ **être dans le vrai** to be right / *ce n'est pas tout à fait cela mais tu es dans le vrai* that's not quite true, but broadly-speaking, you're correct ou you're on the right lines.
❖ **à dire (le) vrai** = **à vrai dire.**
❖ **au vrai** loc adv to be specific / *au vrai, voici ce qui s'est passé* specifically, this is what took place.
❖ **à vrai dire** loc adv in actual fact, to tell you the truth, to be quite honest.
❖ **pour de vrai** loc adv *fam* really, truly / *cette fois-ci, je pars pour de vrai* this time I'm really leaving.

vrai-faux, vraie-fausse [vʀɛfo, fos] (*mpl* **vrais-faux**, *fpl* **vraies-fausses**) adj *hum* : *de vrais-faux plombiers* professional cowboy plumbers / *de vrais-faux passeports* genuine false passports.

vraiment [vʀɛmɑ̃] adv **1.** [réellement] really / *il avait l'air vraiment ému* he seemed really ou genuinely moved / *tu as vraiment fait ça?* did you really do that? / *il est vraiment médecin?* is he really a doctor? / *vraiment, je n'y tiens pas* I'm really not that keen / *je vous assure, vraiment, je dois y aller* no, really, I must go **2.** [en intensif] really / *il a vraiment dépassé les bornes* he's really gone too far / *elle peint vraiment bien* she paints really well / *j'en ai vraiment assez* I've really had enough / *tu nous as vraiment bien aidés* you've been a real help to us / *il est vraiment bête!* he's really ou so stupid ! / *tu n'as vraiment rien compris!* you haven't understood a thing ! / *tu trouves que j'ai fait des progrès? — ah oui, vraiment!* do you think I've improved ou made any progress? — oh yes, a lot ! / *vraiment, il exagère!* he really has got a nerve ! **3.** [exprimant le doute] ▸ **vraiment?** really, indeed?, is that so? / *vraiment? tu en es sûr?* really? are you sure? / *elle a dit que c'était moi le meilleur — vraiment? iron* she said I was the best — you don't say ou really !

vraisemblable [vʀɛsɑ̃blabl] ◆ adj [théorie] likely ; [dénouement, excuse] convincing, plausible / *une fin peu vraisemblable* a rather implausible ending / *il est (très) vraisemblable qu'il ait oublié* he's forgotten, in all likelihood / *il n'est pas vraisemblable qu'elle avoue* it wouldn't be like her to own up. ◆ nm ▸ **le vraisemblable** the plausible.

vraisemblablement [vʀɛsɑ̃blabləmɑ̃] adv in all likelihood ou probability, very likely / *est-il là? — vraisemblablement non* is he there? — it appears not / *les photos seront prêtes vraisemblablement demain* the pictures will probably be ready tomorrow.

vraisemblance [vʀɛsɑ̃blɑ̃s] nf **1.** [d'une œuvre] plausibility, verisimilitude *sout* **2.** [d'une hypothèse] likelihood.

❖ **selon toute vraisemblance** loc adv in all likelihood / *selon toute vraisemblance, il est allé se plaindre* he very likely went ou in all likehood he went and complained.

vraquier [vʀakje] nm bulk carrier.

V/Réf (abr écrite de **Votre référence**) your ref.

vreneli [vʀɛnli] nm SUISSE *gold coin worth 20 Swiss francs.*

vrillage [vʀijaʒ] nm **1.** TEXT kinking, kink, snarl **2.** AÉRON twist.

vrille [vʀij] nf **1.** BOT tendril **2.** [outil] gimlet **3.** AÉRON spin.

❖ **en vrille** loc adv ▸ **descendre en vrille** to spin downwards ▸ **partir en vrille** *fam* **a)** [situation, projet] to go pear-shaped **b)** [personne] to go crazy ▸ **se mettre en vrille** to go into a (vertical) spin.

vrillé, e [vʀije] adj **1.** BOT tendrilled **2.** [tordu] twisted.

vriller [3] [vʀije] ◆ vi [avion, fusée] to spiral, to spin. ◆ vt to pierce, to bore into.

vrillette [vʀijɛt] nf furniture beetle.

vrombir [32] [vʀɔ̃biʀ] vi [avion, moteur] to throb, to hum; [insecte] to buzz, to hum / *faire vrombir un moteur* to rev up an engine.

vrombissement [vʀɔ̃bismɑ̃] nm [d'un avion, d'un moteur] throbbing sound, humming; [d'un insecte] buzzing, humming.

vroum [vʀum] interj broom! broom!

VRP (abr de **voyageur représentant placier**) nm rep.

VS (abr écrite de **versus**) prép vs.

VTC [vetese] (abr de **vélo tout chemin**) nm SPORT hybrid bike.

VTT (abr de **vélo tout terrain**) nm ATB, mountain bike.

vu[1] [vy] nm inv *sout* : *au vu et au su de tous* openly / *au vu de son dossier...* looking at his case...

vu[2] [vy] prép [en considération de] in view of, considering, given / *vu le temps qu'il fait, je pense qu'on ne va pas y aller* in view of ou given the bad weather, I don't think we'll be going / *vu son rang* in view of his ou considering ou given his rank / *vu l'article 317 du Code pénal...* DR in view of article 317 of the Penal Code...

❖ **vu que** loc conj [étant donné que] in view of the fact that, seeing that, considering that / *il lui faudra au moins deux heures pour venir, vu qu'il est à pied* he'll need at least two hours to get here, seeing that he's (coming) on foot.

vu[3], **e** [vy] ◆ pp ⟶ **voir.** ◆ adj **1.** ▸ **bien / mal vu** [bien / mal considéré] : *il est bien vu de travailler tard* it's the done thing ou it's good form to work late / *il veut être bien vu* he wants to be well thought of / *fumer, c'est assez mal vu ici* smoking is disapproved of here / *j'ai toujours été parmi les élèves mal vus* I was always one of the pupils the teachers disapproved of ▸ **être bien vu de qqn** to be well thought-of by sb ▸ **être mal vu de qqn** to be not well thought-of by sb **2.** ▸ **bien / mal vu** [bien / mal analysé] : *personnages bien / mal vus* finely observed / poorly-drawn characters ▸ **un problème bien vu** an accurately diagnosed problem / *une situation bien vue* a finely judged situation ▸ **bien vu!** well spotted! **3.** [compris] ▸ **(c'est) vu?** understood?, get it? / *tu es sage, vu?* you're to be good, understand? / *(c'est) vu!* OK!, got it! / *et l'eau froide arrive par là — vu!* and this is the cold water pipe — OK!

vue [vy] nf **1.** [sens] eyesight, sight / *recouvrer la vue* to get one's sight ou eyesight back / *perdre la vue* to lose one's sight, to go blind / *avoir une bonne vue* to have good eyesight / *avoir une mauvaise vue* to have bad ou poor eyesight ▸ **avoir la vue basse** to have weak eyes / *ma vue baisse* my eyes are getting weaker / *avoir une vue perçante* to be hawk-eyed **2.** [regard] ▸ **se présenter** ou **s'offrir à la vue de qqn a)** [personne, animal, chose] to appear before sb's eyes **b)** [spectacle, paysage] to unfold before sb's eyes **3.** [fait de voir] sight / *je ne supporte pas la vue du sang* I can't stand the sight of blood / *la vue de ces malheureux me fend le cœur* seeing ou the sight of these wretched people breaks my heart **4.** [yeux] eyes / *tu vas t'abîmer la vue* you'll ruin your eyes / *ils ont vérifié ma vue* they checked my eyesight ▸ **en mettre plein la vue à qqn** *fam* to dazzle sb / *on va leur en mettre plein la vue!* let's really impress them ou knock' em for six! UK **5.** [panorama] view / *quelle vue avez-vous de la chambre?* what can you see from the bedroom (window)? / *d'ici, vous avez une vue magnifique* the view (you get) from here is magnificent ▸ **vue sur la mer** sea view / *une vue imprenable* an unobstructed view / *de ma cuisine, j'ai une vue plongeante sur leur chambre* from my kitchen I can see straight down into their bedroom ▸ **avoir vue sur** to look out on / *le balcon a vue sur le lac* the balcony looks out over the lake, there's a view of the lake from the balcony **6.** [aspect] view, aspect / *dessiner une vue latérale de la maison* to draw a side view ou the side aspect of the house **7.** [image] view / *acheter des vues de Cordoue* to buy (picture) postcards of Cordoba / *prendre une vue* to take a shot / *vue du port* [peinture, dessin, photo] view of the harbour ▸ **vue d'ensemble a)** PHOT general view **b)** *fig* overview **8.** [idée, opinion] view, opinion ▸ **avoir des vues bien arrêtées sur qqch** to have firm opinions ou ideas about sthg; [interprétation] view, understanding, interpretation / *une vue pessimiste de la situation* a pessimistic view of the situation ▸ **vue de l'esprit** *péj* idle fancy.

❖ **vues** nfpl plans, designs ▸ **contrarier les vues de qqn** to hinder sb's plans / *cela n'était* ou *n'entrait pas dans nos vues* this was no part of our plan ▸ **avoir des vues sur qqn** to have designs on sb ▸ **avoir des vues sur qqch** to covet sthg / *il a des vues sur mon blouson hum* he's got his eye on my jacket.

❖ **à courte vue** loc adj [idée, plan] short-sighted.

❖ **à la vue de** loc prép : *il s'évanouit à la vue du sang* he faints at the sight of blood / *à la vue de tous* in front of everybody, in full view of everybody.

❖ **à vue** ◆ loc adj **1.** BANQUE ▸ **dépôt à vue** call deposit ▸ **retrait à vue** withdrawal on demand **2.** THÉÂTRE ⟶ **changement.** ◆ loc adv [atterrir] visually; [tirer] on sight; [payable] at sight.

❖ **à vue de nez** loc adv *fam* roughly, approximately / *on lui donnerait 20 ans, à vue de nez* at a rough guess, she could be about 20.

❖ **à vue d'œil** loc adv : *la grenouille grossissait à vue d'œil* the frog was getting bigger before our very eyes / *ton cousin grossit à vue d'œil* your cousin is getting noticeably ou visibly fatter / *mes économies disparaissent à vue d'œil* my savings just disappear before my very eyes.

❖ **de vue** loc adv by sight / *je le connais de vue* I know his face, I know him by sight.

❖ **en vue** ◆ loc adj **1.** [célèbre] prominent ▸ **les gens en vue** people in the public eye ou in the news **2.** [escompté] : *avoir une solution en vue* to have a solution in mind / *j'ai quelqu'un en vue pour racheter ma voiture* I've got somebody who's interested in buying my car / *un auteur pour qui le Nobel est en vue* an author who is in the running for the Nobel prize. ◆ loc adv ▸ **mettre qqch (bien) en vue dans son salon** to display sthg prominently in one's lounge.

❖ **en vue de** loc prép **1.** [tout près de] within sight of / *le bateau a coulé en vue des côtes de Limassol* the boat sank within sight of Limassol **2.** [afin de] so as ou in order to / *j'y vais en vue de préparer le terrain* I'm going in order to prepare the ground.

vulcain [vylkɛ̃] nm red admiral.

Vulcain [vylkɛ̃] npr Vulcan.

vulcanien, enne [vylkanjɛ̃, ɛn] adj GÉOL Vulcanian.

vulcanisation [vylkanizasjɔ̃] nf vulcanization, vulcanizing.

vulcaniser [3] [vylkanize] vt to vulcanize.

vulcanologie [vylkanɔlɔʒi] = **volcanologie.**

vulcanologique [vylkanɔlɔʒik] = **volcanologique.**

vulcanologue [vylkanɔlɔg] = **volcanologue.**

vulgaire [vylgɛʀ] ◆ adj **1.** [sans goût - meuble, vêtement] vulgar, common, tasteless; [- couleur] loud, garish; [- style] crude, coarse, unrefined; [- personne] uncouth, vulgar **2.** [impoli] crude, coarse / *ne sois pas vulgaire!* no need for that sort of language! **3.** *(avant nom)* [ordinaire] ordinary, common, common-or-garden *hum* / *ce n'est pas du caviar, mais de vulgaires œufs de lump* it's not caviar, only common-or-garden lumpfish roe / *un vulgaire employé* a common clerk **4.** [non scientifique] ▸ **nom vulgaire** common name / *«oseille» est le nom vulgaire du «Rumex acetosa»* "sorrel" is the common ou usual name of "Rumex acetosa"; [non littéraire - langue] vernacular; [- latin] vulgar. ◆ nm **1.** [vulgarité] ▸ **le vulgaire** vulgarity / *la décoration de son appartement est d'un vulgaire!* the way he's decorated his flat is so vulgar! **2.** *vieilli* [foule, masse] ▸ **le vulgaire** the common people.

vulgairement [vylgɛʀmɑ̃] adv **1.** [avec mauvais goût] coarsely, vulgarly, tastelessly **2.** [de façon impolie] coarsely, rudely / *ses panards, pour parler vulgairement* her plates of meat, to use a coarse expression **3.** [de façon non scientifique] commonly / *«Papaver rhoeas», vulgairement appelé «coquelicot»* "Papaver rhoeas", commonly called "poppy".

vulgarisateur, trice [vylgaʀizatœʀ, tʀis] adj [ouvrage] popularizing / *l'auteur tente de n'être pas trop vulgarisateur* the author attempts to avoid over-simplification.

vulgarisation [vylgaʀizasjɔ̃] nf popularization ▸ **un ouvrage de vulgarisation** a book for the layman / *la vulgarisation de la pensée d'Einstein* the simplification of Einstein's thought.

vulgariser [3] [vylgaʀize] vt **1.** [faire connaître - œuvre, auteur] to popularize, to make accessible to a large audience; *(en usage absolu)* : *il nous faut expliquer sans vulgariser* we have to explain without over-simplifying **2.** *litt* [rendre grossier] to vulgarize, to debase, to make coarser.

vulgarisme [vylgaʀism] nm [tournure] vulgarism.

vulgarité [vylgaʀite] nf **1.** [caractère vulgaire] vulgarity, coarseness **2.** [action] vulgar behaviour; [parole] vulgar ou coarse remark.

Vulgate [vylgat] npr f ▸ **la Vulgate** the Vulgate (version).

vulgum pecus [vylgɔmpekys] nm inv ▸ **le vulgum pecus** the hoi polloi.

vulnérabilité [vylneʀabilite] nf vulnerability, vulnerableness.

vulnérable [vylneʀabl] adj **1.** [fragile] vulnerable / *ne l'attaque pas, il est vulnérable* don't attack him, he's easily hurt **2.** JEUX vulnerable.

vulnéraire [vylneʀɛʀ] adj & nm vulnerary.

vulvaire [vylvɛʀ] ◆ nf BOT stinking goosefoot. ◆ adj ANAT vulvar.

vulve [vylv] nf vulva.

vulvite [vylvit] nf vulvitis.

vumètre [vymɛtʀ] nm volume unit meter.

Vve abr écrite de **veuve.**

VVF (abr de **village vacances famille**) nm *state-subsidized holiday village.*

VX abr écrite de **vieux.**

w, W [dubləve] nm w, W. **Voir aussi g.**

W 1. (abr écrite de **watt**) W **2.** (abr écrite de **ouest**) W.

Wadden [wadɛn] npr ⟶ **mer.**

Wagner [vagnɛʀ] npr Wagner.

wagnérien, enne [vagneʀjɛ̃, ɛn] adj & nm, f Wagnerian.

wagon [vagɔ̃] nm **1.** [voiture] ▸ **wagon (de passagers)** coach, carriage UK, car US ▸ **wagon (de marchandises)** wagon, truck UK, freight car, boxcar US **2.** [contenu] truckload UK, wagonload / *des plaintes? on en a reçu tout un wagon fam & fig* complaints? they've been coming in by the truckload.

wagon-bar [vagɔ̃baʀ] (*pl* **wagons-bars**) nm buffet car.

wagon-citerne [vagɔ̃sitɛʀn] (*pl* **wagons-citernes**) nm tank wagon UK ou car US.

wagon-foudre [vagɔ̃fudʀ] (*pl* **wagons-foudres**) nm (wine) tanker.

wagon-lit [vagɔ̃li] (*pl* **wagons-lits**) nm sleeper, sleeping car, wagon-lit.

wagonnet [vagɔnɛ] nm truck UK, cart US.

wagon-poste [vagɔ̃pɔst] (*pl* **wagons-poste**) nm mailcoach UK, mailcar US.

wagon-restaurant [vagɔ̃ʀɛstɔʀɑ̃] (*pl* **wagons-restaurants**) nm dining US ou restaurant UK car.

wahhabisme [waabism] nm Wahhabi(sm).

wahhabite [waabit] ◆ adj Wahhabite. ◆ nmf Wahhabi, Wahabi.

Wah Wah [wawa] nf MUS ▸ **pédale Wah Wah** Wah Wah pedal.

Walkman® [wɔkman] nm Walkman®, personal stereo.

walk-over [wɔkɔvœʀ] nm inv SPORT **1.** [compétition à un seul concurrent] walkover **2.** *fam* [victoire facile] walkover.

walkyrie [valkiʀi] nf Valkyrie, Walkyrie.

wallaby [walabi] (*pl* **wallabys** *ou* **wallabies**) nm wallaby.

wallingant, e [walɛ̃gɑ̃, ɑ̃t] ◆ adj [manifestant, région] in favour of Walloon autonomy. ◆ nm, f BELG *péj* Walloon autonomist.

Wallis-et-Futuna [walisefutuna] npr Wallis and Futuna.

wallisien, enne [walizjɛ̃, ɛn] adj Wallisian.

❖ **Wallisien, enne** nm, f Wallisian.

wallon, onne [walɔ̃, ɔn] adj Walloon.

❖ **Wallon, onne** nm, f Walloon.

❖ **wallon** nm LING Walloon.

Wallonie [walɔni] npr f ▸ **(la) Wallonie** Southern Belgium *(where French and Walloon are spoken)*, Wallonia.

WAP [wap] (abr de **Wireless Application Protocol**) nm TÉLÉC WAP ▸ **téléphone WAP** WAP telephone.

wapiti [wapiti] nm ZOOL wapiti.

warning [waʀniŋ] nm AUTO hazard warning lights UK, hazard lights US.

warrant [vaʀɑ̃] nm COMM & DR warrant.

warranter [3] [vaʀɑ̃te] vt COMM & DR to warrant.

wasabi [wazabi] nm wasabi.

Washington [waʃiŋtɔn] npr **1.** [ville] Washington DC **2.** [État] Washington State.

wassingue [vasɛ̃g] nf BELG floorcloth.

water* [watɛʀ] nm *vieilli* toilet.

water-ballast [watɛʀbalast] (*pl* **water-ballasts**) nm water ballast tank.

water-closet [watɛʀklɔzɛt] (*pl* **water-closets**) nm *vieilli* water closet *vieilli*, w-c.

Watergate [watœʀgɛt] npr m : *le (scandale du) Watergate* (the) Watergate (scandal).

water-polo (*pl* **water-polos**), **waterpolo*** [watɛʀpɔlo] nm water polo.

waterproof [watɛʀpʀuf] adj inv [montre, mascara] waterproof.

waters [watɛʀ] nmpl *vieilli* toilet.

waterzoï [watɛʀzɔj] nm BELG *speciality made from fish or meat in cream sauce.*

watt [wat] nm watt.

wattheure [watœʀ] nm watt-hour.

wattman [watman] nm tram driver.

wattmètre [watmɛtʀ] nm wattmeter.

Wb abr écrite de **weber.**

W-C [vese] (abr de **water closet**) nmpl WC.

Web [wɛb] nm ▸ **le Web** the Web ▸ **le Web 2.0** Web 2.0.

webcam [wɛbkam] nf webcam.

webcast [wɛbkast] nm INFORM webcast.

webcasting [wɛbkastiŋ] nm INFORM webcasting.

webfeed [wɛbfid] nm INFORM webfeed.

webmail [wɛbmɛl] nm webmail.

webmaster [wɛbmastɛʀ] nm INFORM Webmaster.

webmestre [wɛbmɛstʀ] nmf INFORM webmaster.

webradio [wɛbʀadjo] nf web radio station.

webring [wɛbʀiŋ] nm webring.

webtélé [wɛbtele] nf web TV station.

webzine [wɛbzin] nm INFORM webzine.

week-end (*pl* **week-ends**), **weekend*** [wikɛnd] nm weekend / *partir en week-end* to go away for the weekend / *on part en week-end* we're going away for the weekend ▸ **week-end prolongé** long weekend.

welche [vɛlʃ] = **velche.**

Wellington [wɛliŋtɔn] npr Wellington.

welter [wɛltɛʀ] nm welter, welterweight.

western [wɛstɛʀn] nm western / *comme dans les westerns* as (they do) in the movies.

western-spaghetti [wɛstɛʀnspageti] (*pl* **westerns-spaghettis**) nm spaghetti western.

Westphalie [vɛsfali] npr f ▸ **(la) Westphalie** Westphalia.

Wh (abr écrite de **wattheure**) Wh.

wharf [waʀf] nm wharf.

whisky [wiski] (*pl* **whiskys** *ou* **whiskies**) nm [écossais] whisky ; [irlandais ou américain] whiskey.

whist [wist] nm whist.

white-spirit [wajtspiʀit] (*pl* **white-spirit** *ou* **white-spirits**) nm white spirit.

Whitney [witnɛ] npr ⟶ **mont.**

wienerli [vinɛʀli] nm SUISSE *small sausage.*

Wi-Fi, wi-fi [wifi] (abr de **Wireless Fidelity**) nm inv Wi-Fi.

Wight [wajt] npr ▸ **l'île de Wight** the Isle of Wight.

wigwam [wigwam] nm wigwam.

williams [wiljams] nf Williams pear.

wimax, wi-max [wimaks] (abr de **worldwide interoperability for microwawe access**) nm wimax.

winch [winʃ] (*pl* **winchs** *ou* **winches**) nm NAUT winch.

winchester [wintʃɛstɛʀ] nm Winchester (rifle).

Windsurf® [windsœʀf] nm Windsurf® (surfboard).

Winnipeg [winipɛg] npr Winnipeg.

Wisconsin [wiskɔnsin] npr m ▸ **le Wisconsin** Wisconsin.

wishbone [wiʃbon] nm NAUT wishbone.

wisigoth, e [vizigo, ɔt] adj Visigothic.

❖ **Wisigoth, e** nm, f Visigoth ▸ **les Wisigoths** the Visigoths.

wisigothique [vizigɔtik] adj Visigothic.

witz [vitz] nm SUISSE *fam joke.*

wok [wɔk] nm wok.

wolfram [vɔlfʀam] nm wolfram.

wolof, ouolof [wɔlɔf] adj Wolof.

❖ **Wolof, Ouolof** nmf Wolof.

❖ **wolof, ouolof** nm LING Wolof.

wombat [wɔ̃ba] nm wombat.

woofer [wufœʀ] nm ACOUST woofer.

Wuppertal [vupəʀtal] npr Wuppertal.

www (abr de **World Wide Web**) nm www.

Wyoming [wajɔmiŋ] npr m ▸ **le Wyoming** Wyoming.

WYSIWYG [wiziwig] (abr de **what you see is what you get**) INFORM WYSIWYG.

* In reformed spelling (see p. 16-19).

x, X [iks] ◆ nm [lettre] x, X ; MATH x ▸ **l'axe des x** MATH the x axis ▸ **j'ai vu la pièce x fois** I've seen the play umpteen times ▸ **ça fait x temps que je te demande de le faire** I've been asking you to do it for ages ▸ **Madame X** Mrs. X ▸ **être né sous X** to be taken into care at birth ▸ **classé X** X-rated ▸ **plainte contre X** DR action against person ou persons unknown. ◆ nmf *arg scol* (ex) student of the École Polytechnique. ◆ nf *arg scol* ▸ **l'X** the École Polytechnique. **Voir aussi** g.

xénon [gzenɔ̃] nm xenon.

xénophile [gzenɔfil] adj & nmf xenophile.

xénophilie [gzenɔfili] nf xenophilism.

xénophobe [gzenɔfɔb] ◆ adj xenophobic. ◆ nmf xenophobe.

xénophobie [gzenɔfɔbi] nf xenophobia.

Xénophon [gzenɔfɔ̃] npr Xenophon.

xérès [gzerɛs, kserɛs] nm sherry.

Xérocopie® [gserɔkɔpi] nf Xerox copy.

Xérographie® [gserɔgrafi] nf xerography.

Xerxès [gzerksɛs] npr Xerxes.

XML (abr de **Extensible Markup Language**) nm XML.

XXL (abr de **extra extra large**) adj XXL / *un tee-shirt XXL* an XXL tee-shirt ou T-shirt.

xylographie [ksilɔgrafi] nf xylography.

xylographique [ksilɔgrafik ou gzilɔgrafik] adj xylographic.

xylophage [ksilɔfaʒ] ◆ adj xylophagous. ◆ nmf xylophage.

Xylophène® [ksilɔfɛn] nm wood preserver.

xylophone [gsilɔfɔn] nm xylophone.

y [i] pron adv **1.** [représente le lieu] there / *j'y vais souvent* I often go there / *on y entre comment?* how do you get in? ▸ **vas-y, entre!** go on in! / *vas-y, saute!* go on, jump! ▸ **on n'y voit rien** you can't see a thing (here) / *passe chez elle, elle y est peut-être* go round ou US around to her place, maybe she's there ▸ **j'y suis, j'y reste** here I am and here I stay ▸ **je n'y suis pour personne** whoever it is, I'm not in **2.** [représente une chose] it / *pensez-y, à mon offre* do think about my offer / *n'y pensez plus* forget about it / *n'y comptez pas* don't count ou bank on it ▸ **je n'y manquerai pas** I certainly will ▸ **j'y renonce** I give up / *il a du charme mais je n'y suis pas sensible* he has charm, but it leaves me cold / *j'y ai trouvé une certaine satisfaction* I found it quite satisfying **3.** [représente une personne] : *les fantômes, j'y crois* I believe in ghosts / *les jeunes? elle n'y comprend rien* young people? she doesn't understand them **4.** EXPR **il y va de** it's a matter of / *il y va de ma dignité* my dignity's at stake / *il y va d'une vie humaine* a (human) life is at stake / *chacun y va de sa chansonnette* everyone comes out with a little song / *quand elle y va de ses grands mots* when she starts coming out with her big words ▸ **j'y suis! a)** [j'ai compris] (I've) got it! **b)** [je t'ai compris] I'm with you! ▸ **je n'y suis plus a)** [je ne comprends plus] I've lost track (of things) **b)** [je ne te comprends plus] I'm not with you anymore, you've lost me ▸ **y être pour quelque chose** to have something to do with it / *je n'y suis pour rien, moi!* it's (got) nothing to do with me!, it's not my fault! ▸ **laisse-le choisir, il s'y connaît** let him choose, he knows all about it / *ils s'y entendent pour faire des histoires* they're past masters at making a fuss / *tu as promis, tu dois t'y tenir* you made a promise, you must stick to it ▸ **si tu veux un matériel de qualité, il faut y mettre le prix** if you want quality material, you have to pay for it ▸ **avec les petits, il faut savoir s'y prendre** with little children you have to know how to handle them ▸ **il est timide, il n'y peut rien** he's shy, he can't help it.

y, Y [igʀɛk] nm y, Y. **Voir aussi g.**

Y 1. (abr écrite de **yen**) Y **2.** (abr écrite de **yuan**) Y.

ya TEXTO abr écrite de **il y a.**

yacht [jot] nm yacht ▸ **yacht de course** racer ▸ **yacht de croisière** cruiser.

yacht-club [jotklœb] (*pl* **yacht-clubs**) nm yacht club.

yachting [jotiŋ] nm *vieilli* yachting / *faire du yachting* to sail (yachts).

yachtman (*pl* **yachtmans** *ou* **yachtmen** [jotmɛn]), **yachtsman** (*pl* **yachtsmans** *ou* **yachtsmen**) [jotman] nm yachtsman.

ya(c)k [jak] nm yak.

Yalta [jalta] npr Yalta / *la conférence de Yalta* the Yalta Conference.

yang [jɑ̃g] nm yang.

Yang-tseu-kiang [jɑ̃gtsekjɑ̃g], **Yangzi Jiang** [jɑ̃gzijɑ̃g] npr m Yangtze, Yangtze Kiang ▸ **le Yang-tseu-kiang** the Yangtze (River), the Yangtze Kiang.

yankee [jɑ̃ki] adj *fam* Yankee.

❖ **Yankee** nmf Yankee.

Yaoundé [jaunde] npr Yaoundé, Yaunde.

yaourt [jauʀt] nm yoghurt ▸ **yaourt à boire** yoghurt drink ▸ **yaourt aux fruits** fruit yoghurt ▸ **yaourt maigre** low-fat yoghurt ▸ **yaourt nature** natural yoghurt.

yaourtière [jauʀtjɛʀ] nf yoghurt maker.

yass [jas] nm SUISSE *popular Swiss card game.*

yatagan [jatagɑ̃] nm yatagan.

yawl [jol] nm yawl.

yearling [jœʀliŋ] nm yearling (horse).

Yellowstone [jeloston] npr : *le parc national de Yellowstone* the Yellowstone National Park.

Yémen [jemɛn] npr m ▸ **le Yémen** Yemen ▸ **au Yémen** in Yemen ▸ **le Yémen du Nord** North Yemen ▸ **le Yémen du Sud** South Yemen.

yéménite [jemenit] adj Yemeni.

❖ **Yéménite** nmf Yemeni.

yen [jɛn] nm yen.

yeti [jeti] nm yeti.

Yeu [jø] npr ▸ **l'île d'Yeu** the île d'Yeu. ⟶ **île**

yeuse [jøz] nf holm oak.

yeux [jø] pl ⟶ **œil.**

yé-yé [jeje] *fam* ◆ adj inv pop *(in the sixties).* ◆ nmf [chanteur] (sixties) pop singer ; [garçon, fille] sixties pop fan.

yiddish, yidiche* [jidiʃ] adj inv & nm inv Yiddish.

yi-king [jikiŋ] nm I-ching.

yin [jin] nm yin ▸ **le yin et le yang** yin and yang.

ylang-ylang [ilɑ̃gilɑ̃g] (*pl* **ylangs-ylangs**) nm ylang-ylang, ilang-ilang.

yodler [3] [jɔdle] vi to yodel.

yoga [jɔga] nm yoga.

yog(h)ourt [jɔguʀt] = **yaourt.**

yogi [jɔgi] nmf yogi.

Yokohama [jɔkɔama] npr Yokohama.

yole [jɔl] nf skiff.

Yom Kippour [jɔmkipuʀ] nm inv Yom Kippur.

yorkshire [jɔʀkʃœʀ] (*pl* **yorkshires**), **yorkshire-terrier** [jɔʀkʃœʀteʀje] (*pl* **yorkshire-terriers**) nm Yorkshire terrier.

yoruba [jɔʀyba] adj Yoruba.

❖ **Yoruba** nmf Yoruba.

yougoslave [jugɔslav] adj Yugoslav, Yugoslavian.

❖ **Yougoslave** nmf Yugoslav, Yugoslavian.

Yougoslavie [jugɔslavi] npr f ▸ **la Yougoslavie** Yugoslavia ; ▸ **l'ex-Yougoslavie** former Yugoslavia.

youp [jup] interj : *allez youp, descends de là!* come on, get down from there!

youpala [jupala] nm baby bouncer.

youpi [jupi] interj yippee, hooray.

youpin, e [jupɛ̃, in] nm, f *injur anti-semitic term used with reference to Jewish people* ; ≃ yid.

yourte [juʀt] nf yurt.

youyou [juju] nm dinghy.

Yo-Yo® [jojo] nm inv yo-yo ▸ **effet yo-yo** *fig* yo-yo effect ▸ **jouer au yo-yo** *fig* to go yo-yo.

yoyo [jojo] nm MÉD grommet.

ypérite [ipeʀit] nf mustard gas.

ytterbium [itɛʀbjɔm] nm ytterbium.

yttrium [itʀijɔm] nm yttrium.

yuan [jɥan] nm [monnaie] yuan.

Yucatan [jukatan] npr m ▸ **le Yucatan** Yucatan.

yucca [juka] nm yucca.

Yukon [jukɔ̃] npr m ▸ **le Yukon a)** [fleuve] the Yukon River **b)** [territoire] the Yukon (territory).

Yunnan [junan] npr m ▸ **le Yunnan** Yunnan.

yuppie [jupi] nmf yuppie.

* In reformed spelling (see p. 16-19).

z, Z [zɛd] nm z, Z. **Voir aussi g.**

ZAC, Zac [zak] (abr de **zone d'aménagement concerté**) nf *area earmarked for local government planning project.*

Zacharie [zakaʀi] npr **1.** [père de saint Jean-Baptiste] Zacharias **2.** [prophète] Zechariah.

ZAD, Zad [zad] (abr de **zone d'aménagement différé**) nf *area earmarked for future development.*

Zagreb [zagʀɛb] npr Zagreb.

Zaïre [zaiʀ] npr m ▸ **le Zaïre a)** [pays] Zaïre **b)** [fleuve] the (River) Zaïre ▸ **au Zaïre** in Zaïre.

zaïrois, e [zaiʀwa, az] adj Zaïrese.
❖ **Zaïrois, e** nm, f Zaïrese.

zakouski, zakouski* [zakuski] nmpl zakuski, zakouski.

Zambèze [zɑ̃bɛz] npr m ▸ **le Zambèze** the Zambese ou Zambezi (River).

Zambie [zɑ̃bi] npr f ▸ **(la) Zambie** Zambia.

zambien, enne [zɑ̃bjɛ̃, ɛn] adj Zambian.
❖ **Zambien, enne** nm, f Zambian.

zanzi [zɑ̃zi], **zanzibar** [zɑ̃zibaʀ] nm *game played with three dice.*

Zanzibar [zɑ̃zibaʀ] npr Zanzibar.

Zaporojie [zapɔʀɔʒi] npr Zaporozhye.

zapotèque [zapɔtɛk] adj Zapotec.
❖ **Zapotèque** nmf Zapotec.

Zapotèques [zapɔtɛk] npr mpl ▸ **les Zapotèques** the Zapotecs.

zapper [zape] **1.** TV vi to zap *(TV channels)*, to channel-hop **2.** *fig* [omettre] : *j'ai complètement zappé mon RDV chez le dentiste* I totally forgot my dentist appointment / *je vais zapper le chapittre sur la France* I'm going to skip the chapter on France.

zappeur [zapœʀ] nm (compulsive) channel-hopper.

zapping [zapiŋ] nm ▸ **le zapping** zapping, (constant) channel-hopping.

Zarathoustra [zaʀatustʀa] npr Zarathustra / **'Ainsi parlait Zarathoustra'** *Nietzsche* 'Thus Spake Zarathustra'.

Zazie [zazi] npr LITTÉR *main character in Queneau's novel "Zazie dans le métro", a little girl who combines the mischievousness and impertinence of a child with the worldliness of an adult.*

zazou [zazu] *fam* ◆ adj **1.** [dans les années 40] hep *vieilli* **2.** *péj* [fou] crazy. ◆ nmf **1.** [amateur de jazz] hipster *vieilli* **2.** *péj* [fou] crazy man(woman) / *qu'est-ce qu'il fait, ce zazou ?* what's this crazy guy doing ?

zèbre [zɛbʀ] nm **1.** ZOOL zebra ▸ **courir** ou **filer comme un zèbre** to go like greased lightning **2.** *fam* [individu] ▸ **c'est un (drôle de) zèbre, celui-là! a)** [ton dépréciatif] he's a weirdo! **b)** [ton amusé ou admiratif] he's quite something! / *arrête de faire le zèbre!* stop being silly!

zébrer [18] [zebʀe] vt [de lignes - irrégulières] to streak ; [- régulières] to stripe.
In reformed spelling (see p. 16-19), this verb is conjugated like *semer* : *il zèbrera, elle zèbrerait.*

zébrure [zebʀyʀ] nf **1.** [du zèbre, du tigre] stripe **2.** [marque de coup] weal **3.** [d'éclair] streak.

zébu [zeby] nm zebu.

Zélande [zelɑ̃d] nf Zealand.

zélateur, trice [zelatœʀ, tʀis] nm, f **1.** *litt* [adepte] devotee, partisan **2.** RELIG zealot.

zèle [zɛl] nm zeal / *elle travaillait avec zèle* she worked zealously / *fais pas de zèle* fam don't do more than you have to!, don't overdo it!

zélé, e [zele] adj zealous ▸ **trop zélé** overzealous.

zélote [zelɔt] nm ANTIQ Zealot.

zen [zɛn] adj inv & nm Zen ▸ **bouddhisme zen** Zen Buddhism ▸ **être zen** to be laid back ▸ **rester zen** to keep cool.

zénith [zenit] nm **1.** [sommet] zenith, acme / *arrivé au zénith de ses pouvoirs* having reached the zenith of his powers **2.** ASTRON zenith / *le soleil en son zénith* litt the sun at its zenith.
❖ **Zénith** npr m ▸ **le Zénith** modern concert hall in the north of Paris.

zénithal, e, aux [zenital, o] adj zenithal.

ZEP, Zep [zɛp] (abr de **zone d'éducation prioritaire**) nf *designated area with special educational needs.*

zéphyr [zefiʀ] nm **1.** [vent] zephyr, light breeze ▸ **Zéphyr** MYTH Zephyr **2.** TEXT zephir.

zéphyrien, enne [zefiʀjɛ̃, ɛn] adj *litt* zephyr-like.

zeppelin [zɛplɛ̃] nm zeppelin.

zéro [zeʀo] ◆ nm **1.** MATH zero, nought ; [dans un numéro de téléphone] 0 ; [dans une gradation] zero ▸ **zéro-zéro trente-cinq** double 0 three-five ▸ **l'option zéro** the zero option / **'le Zéro et l'Infini'** *Koestler* 'Darkness at Noon' **2.** ARM zero **3.** PHYS zero (degrees centigrade), freezing (point) ▸ **zéro absolu** absolute zero **4.** SPORT zero, nil UK / *deux buts à zéro* two (goals to) nil UK ou zero / *zéro partout* no score ; TENNIS love all **5.** ÉDUC nought UK, zero / *j'ai eu zéro* I got (a) nought / *collectionner les zéros* [élève] to get nothing but bad marks ▸ **zéro de conduite** black mark ▸ **zéro pointé** nought UK, zero **6.** *fam* [incapable] dead loss / *c'est un triple zéro en bricolage* he's a dead loss as far as do-it-yourself goes **7.** *(comme adj)* [sans intérêt] nil, worthless / *au niveau organisation, c'était zéro* as far as organisation goes it was useless / *ils ont de beaux tissus, mais pour la confection c'est zéro* they've got some nice fabrics but when it comes to making clothes they haven't a clue / *le spectacle? zéro et triple zéro* the show? an absolute washout. ◆ dét ▸ **zéro défaut** zero defect ▸ **zéro faute** no mistakes / *zéro heure* midnight, zero hour *spéc* / *à zéro heure* at midnight, at twenty-four hundred hours / *zéro heure quinze* zero hours fifteen / *ça te coûtera zéro euro* it'll cost you nothing at all / *ça m'a coûté zéro euro, zéro centime* it didn't cost me a penny.
❖ **à zéro** ◆ loc adj ▸ **avoir le moral** ou **être à zéro** *fam* to be at an all-time low ▸ **les avoir à zéro** *tfam* to be scared stiff. ◆ loc adv *fam* ▸ **être réduit à zéro** to be reduced nothing ▸ **recommencer** ou **repartir à zéro a)** [dans sa carrière, dans un raisonnement] to go back to square one ou the drawing board **b)** [sans argent, sans aide] to start again from scratch ▸ **remettre le chronomètre à zéro a)** *pr* to set the stopwatch back to zero **b)** *fig* to start from scratch again.

zeste [zɛst] nm **1.** [d'un agrume] zest ▸ **un zeste de citron** a piece of lemon peel **2.** [petite quantité] pinch / *un zeste d'accent* a hint ou faint trace of an accent.

zêta [dzɛta] (*pl* **zêta** *ou* **zêtas***) nm zeta.

zeugme [zøgm] nm zeugma.

Zeus [dzøs] npr Zeus.

zézaie v ⟶ **zézayer.**

zézaiement [zezɛmɑ̃] nm lisp.

zézayer [11] [zezeje] vi to (have a) lisp.

Zhejiang [zejɑ̃g] npr m ▸ **le Zhejiang** Chekiang.

ZI nf abr de **zone industrielle.**

zibeline [ziblin] nf [fourrure, animal] sable.

zieuter [3] [zjøte] vt *tfam* to eye (up) *(sép)*, to eyeball US / *t'as passé la soirée à zieuter ma femme* you've spent the whole evening eyeing up my wife.

ZIF [zif] (abr de **zone d'intervention foncière**) nf *area earmarked for local government planning project.*

zig [zig] nm *tfam* guy, bloke UK / *c'est un bon zig* he's a good sort.

zigoto [zigɔto] nm *fam* : *faire le zigoto* to clown around / *n'essayez pas de faire les zigotos!* don't try it on! ▸ **c'est un drôle de zigoto!** he's a funny customer!

zigouiller [3] [ziguje] vt *tfam* to knife (to death), to bump off *(sép)*, to do in *(sép)* / *se faire zigouiller* to get done in.

zigue [zig] *tfam* = **zig.**

zigzag [zigzag] nm zigzag / *la route fait des zigzags dans la montée* the road zigzags up / *elle marchait en faisant des zigzags* she was zigzagging along.
❖ **en zigzag** loc adj zigzagging, winding.

zigzaguer [3] [zigzage] vi to zigzag / *il avançait en zigzaguant* he zigzagged along.

Zimbabwe [zimbabwe] npr m ▸ **le Zimbabwe** Zimbabwe ▸ **au Zimbabwe** in Zimbabwe.

zimbabwéen, enne [zimbabweɛ̃, ɛn] adj Zimbabwean.
❖ **Zimbabwéen, enne** nm, f Zimbabwean.

* In reformed spelling (see p. 16-19).

zinc [zɛ̃g] nm **1.** [métal] zinc **2.** *fam* [comptoir] bar / *on prend un verre sur le zinc?* shall we have a drink at the bar? **3.** *fam* [café] bar **4.** *fam* [avion] plane.

zincage [zɛ̃kaʒ], **zingage** [zɛ̃gaʒ] nm zincing, covering with zinc.

zinguer [3] [zɛ̃ge] vt to zinc.

zingueur [zɛ̃gœʀ] nm zinc worker.

zinnia [zinja] nm zinnia.

zinzin [zɛ̃zɛ̃] *fam* ◆ adj dotty, batty, nuts. ◆ nm **1.** [idiot] nutcase **2.** [truc] thingamajig, thingumajig / *un zinzin pour peler les patates* a gadget for peeling spuds / *une espèce de zinzin au milieu du jardin* a weird contraption in the middle of the garden.

Zip® [zip] nm zip UK, zipper US.

zipper [3] [zipe] vt INFORM to zip.

zircon [ziʀkɔ̃] nm zircon.

zircone [ziʀkɔn] nf zirconium oxide ou dioxide, zirconia.

zirconite [ziʀkɔnit] nf zirconite.

zirconium [ziʀkɔnjɔm] nm zirconium.

zizanie [zizani] nf discord / *c'est la zizanie entre les frères* the brothers are at odds ou loggerheads ▸ **jeter** ou **mettre** ou **semer la zizanie dans un groupe** to stir things up in a group / *la mort de la tante a jeté la zizanie dans la famille* the aunt's death set the family at odds with each other.

zizi [zizi] nm **1.** *fam* [sexe] willy UK, peter US **2.** ORNITH cirl bunting.

zloty [zlɔti] nm [monnaie] zloty.

zob [zɔb] nm *vulg* cock.

Zodiac® [zɔdjak] nm inflatable dinghy.

zodiacal, e, aux [zɔdjakal, o] adj **1.** [signe] zodiac **2.** ASTRON ⟶ **lumière.**

zodiaque [zɔdjak] nm ASTRON & ASTROL zodiac.

zombi(e) [zɔ̃bi] nm zombie.

zona [zona] nm shingles *(U)*, herpes zoster *spéc* / *avoir un zona* to suffer from shingles.

zonage [zonaʒ] nm zoning.

zonal, e, aux [zonal, o] adj GÉOGR zonal.

zonard [zonaʀ] nm *fam* dropout.

zone [zon] nf **1.** [domaine] zone, area ▸ **la zone d'activité du directeur commercial** the commercial manager's area ▸ **la zone d'influence de l'Asie** Asia's sphere of influence ▸ **zone de flou** ou **d'incertitude** ou **d'ombre** grey area ▸ **zone de turbulences** [en avion] turbulence zone **2.** ANAT ▸ **zone érogène** erogenous zone **3.** ADMIN [surface délimitée] area, zone ▸ **zone d'activités** business park ▸ **zone d'aménagement concerté** = **ZAC** ▸ **zone d'aménagement différé** = **ZAD** ▸ **zone bleue** restricted parking area ▸ **zone franche** free zone ▸ **zone industrielle** industrial estate UK ou park US ▸ **zone inondable** flood-risk area ▸ **zone interdite** off-limits area / *une zone interdite à la pêche* an area where fishing is prohibited ▸ **zone d'éducation prioritaire** = **ZEP** ▸ **zone d'intervention foncière** = **ZIF** ▸ **zone de pêche** fishing ground ▸ **zone piétonnière** ou **piétonne** pedestrian area ou precinct UK ou zone US ▸ **zone résidentielle** residential area ▸ **zone de stationnement interdit** no parking area ▸ **zone à urbaniser en priorité** *area earmarked for urgent urban development* ▸ **zone urbaine sensible** = **ZUS** ; ADMIN & FIN ▸ **abattement de zone** *band within which the minimum wage or family benefits are reduced by a prescribed percentage* ▸ **zones des salaires** *wage bands subject to the same percentage reduction* **4.** HIST ▸ **zone libre** / **occupée** unoccupied / occupied France **5.** GÉOGR ▸ **zone désertique** desert belt ▸ **zone forestière** forest belt ▸ **zone glaciale** / **tempérée** / **torride** frigid / temperate / torrid zone ▸ **zone de végétation** vegetation zone **6.** ÉCOL ▸ **zones humides** wet zones **7.** MÉTÉOR : *quelques zones pluvieuses demain* there'll be rain over some areas tomorrow ▸ **zone de dépression** ou **zone dépressionnaire** trough of low pressure **8.** GÉOL & MATH zone **9.** FIN ▸ **zone euro** Euroland ▸ **zone monétaire** monetary zone **10.** INFORM ▸ **zone de dialogue** dialogue box ▸ **zone de mémoire** storage area **11.** TÉLÉC ▸ **zone de couverture** coverage area **12.** ÉLECTRON ▸ **zone de brouillage** interference zone **13.** MIL ▸ **zone d'exclusion aérienne** no-fly zone ▸ **zone tampon** buffer zone **14.** EXPR ▸ **c'est la zone a)** *fam* [quartier pauvre] it's a really rough area **b)** [désordre] it's a real mess ou tip / *c'est la zone, ta chambre!* your room looks as if a bomb hit it! / *cette famille, c'est vraiment la zone* they're real dropouts in that family.

❖ **de deuxième zone** loc adj second-rate, second-class.

❖ **de troisième zone** loc adj third-rate / *un acteur de troisième zone* a third-rate actor.

zoné, e [zone] adj zoned, zonate.

zoner [3] [zone] ◆ vt to zone. ◆ vi *fam* to doss UK ou to bum around.

zoo [zo(o)] nm zoo / *c'est le zoo ici!* *fig* this place is like a madhouse!

zoogéographie [zɔɔʒeɔgʀafi] nf zoogeography.

zoolâtre [zɔɔlatʀ] ◆ adj zoolatrous. ◆ nmf zoolater.

zoolâtrie [zɔɔlatʀi] nf zoolatry.

zoologie [zɔɔlɔʒi] nf zoology.

zoologique [zɔɔlɔʒik] adj zoological.

zoologiste [zɔɔlɔʒist] nmf zoologist.

zoom [zum] nm [objet] zoom lens ▸ **zoom numérique** digital zoom ; [procédé] zoom ▸ **faire un zoom sur** to zoom in on.

zoomer [3] [zume] vi [pour se rapprocher] to zoom in ; [pour s'éloigner] to zoom out.

zoomorphe [zɔɔmɔʀf] adj zoomorphic.

zoomorphisme [zɔɔmɔʀfism] nm zoomorphism.

zoopathique [zɔɔpatik] adj zoopathic.

zoophile [zɔɔfil] ◆ adj zoophilic. ◆ nmf zoophile.

zoophilie [zɔɔfili] nf zoophilia, bestiality.

zoophobie [zɔɔfɔbi] nf zoophobia.

zooplancton [zɔɔplɑ̃ktɔ̃] nm zooplankton.

zootechnicien, enne [zɔɔtɛknisjɛ̃, ɛn] nm, f specialist in animal husbandry.

zootechnie [zɔɔtɛkni] nf animal husbandry, zootechnics *(U)*.

zootechnique [zɔɔtɛknik] adj zootechnical.

Zoroastre [zɔʀɔastʀ] npr Zoroaster.

zoroastrien, enne [zɔʀɔastʀijɛ̃, ɛn] adj & nm, f Zoroastrian.

zoroastrisme [zɔʀɔastʀism] nm Zoroastrianism.

zou [zu] interj [pour éloigner] shoo ; [pour marquer la rapidité] whoosh / *allez, zou les enfants, au lit!* come on, off to bed children! / *on ferme la maison et zou, on part pour l'Italie* we'll shut up the house and whizz off to Italy.

zouave [zwav] nm **1.** MIL Zouave ▸ **le zouave du Pont de l'Alma** *the one surviving statue of the four built at water level on the Pont de l'Alma in Paris; it serves as a popular guide to the level of the Seine, which reached his beard in 1910* **2.** EXPR **faire le zouave** *fam* **a)** [faire le pitre] to clown about **b)** [faire le malin] to show off.

Zoug [zug] npr Zug ▸ **le canton de Zoug** the canton of Zug.

zouk [zuk] nm MUS zouk *(type of Caribbean music)*.

zoulou, e [zulu] adj Zulu.

❖ **Zoulou, e** nm, f Zulu.

❖ **zoulou** nm LING Zulu.

Zoulouland [zululɑ̃d] npr m ▸ **le Zoulouland** Zululand, Kwazulu.

zozo [zozo] nm *fam* ninny, nitwit.

zozoter [3] [zɔzɔte] vi to lisp.

Zululand [zululɑ̃d] npr m ▸ **le Zululand** Zululand.

ZUP, Zup [zyp] nf **abr de zone à urbaniser par priorité.**

Zurich [zyʀik] npr Zürich ▸ **le canton de Zurich** Zürich canton ▸ **le lac de Zurich** Lake Zurich.

ZUS (**abr de zone urbaine sensible**) nf *designated urban area with social problems, earmarked for priority assistance or development programmes.*

zut [zyt] interj *fam* drat, blast / *zut alors, y a plus de sucre!* blast (it), there's no sugar left! / *et puis zut, tant pis, je l'achète!* what the hell, I'll buy it! ▸ **dis-lui zut** tell him to get lost.

zwanze [zwɑ̃z] nf BELG *fam* joke.

zwanzer [3] [zwɑ̃ze] vi BELG *fam* to joke.

zwieback [tsɥibak] nm SUISSE *sweet biscuit.*

zyeuter [zjøte] *tfam* = **zieuter.**

zygoma [zigɔma] nm zygoma.

zygomatique [zigɔmatik] adj zygomatic.

zygomorphe [zigɔmɔʀf] adj zygomorphic, zygomorphous.

zygote [zigɔt] nm zygote.

zyklon [ziklɔ̃] nm Zyclon.

zymotechnie [zimɔtɛkni] nf zymology.

Conjugaisons françaises
French verb tables

	1 avoir	2 être	3 chanter	4 baisser
present indicative	j'ai	je suis	je chante	je baisse
	tu as	tu es	tu chantes	tu baisses
	il, elle a	il, elle est	il, elle chante	il, elle baisse
	nous avons	nous sommes	nous chantons	nous baissons
	vous avez	vous êtes	vous chantez	vous baissez
	ils, elles ont	ils, elles sont	ils, elles chantent	ils, elles baissent
imperfect	il, elle avait	il, elle était	il, elle chantait	il, elle baissait
past historic	il, elle eut	il, elle fut	il, elle chanta	il, elle baissa
	ils, elles eurent	ils, elles furent	ils, elles chantèrent	ils, elles baissèrent
future	j'aurai	je serai	je chanterai	je baisserai
	il, elle aura	il, elle sera	il, elle chantera	il, elle baissera
present conditional	j'aurais	je serais	je chanterais	je baisserais
	il, elle aurait	il, elle serait	il, elle chanterait	il, elle baisserait
present subjunctive	que j'aie	que je sois	que je chante	que je baisse
	qu'il, elle ait	qu'il, elle soit	qu'il, elle chante	qu'il, elle baisse
	que nous ayons	que nous soyons	que nous chantions	que nous baissions
	qu'ils, elles aient	qu'ils, elles soient	qu'ils, elles chantent	qu'ils, elles baissent
imperfect subjunctive	qu'il, elle eût	qu'il, elle fût	qu'il, elle chantât	qu'il, elle baissât
	qu'ils, elles eussent	qu'ils, elles fussent	qu'ils, elles chantassent	qu'ils, elles baissassent
imperative	aie	sois	chante	baisse
	ayons	soyons	chantons	baissons
	ayez	soyez	chantez	baissez
present participle	ayant	étant	chantant	baissant
past participle	eu, eue	été	chanté, e	baissé, e

	5 pleurer	6 jouer	7 saluer	8 arguer
present indicative	je pleure	je joue	je salue	j'argue, arguë
	tu pleures	tu joues	tu salues	tu argues, arguës
	il, elle pleure	il, elle joue	il, elle salue	il, elle argue, arguë
	nous pleurons	nous jouons	nous saluons	nous arguons
	vous pleurez	vous jouez	vous saluez	vous arguez
	ils, elles pleurent	ils, elles jouent	ils, elles saluent	ils, elles arguent, arguënt
imperfect	il, elle pleurait	il, elle jouait	il, elle saluait	il, elle arguait
past historic	il, elle pleura	il, elle joua	il, elle salua	il, elle argua
	ils, elles pleurèrent	ils, elles jouèrent	ils, elles saluèrent	ils, elles arguèrent
future	je pleurerai	je jouerai	je saluerai	j'arguerai, arguërai
	il, elle pleurera	il, elle jouera	il, elle saluera	il, elle arguera, arguëra
present conditional	je pleurerais	je jouerais	je saluerais	j'arguerais, arguërais
	il, elle pleurerait	il, elle jouerait	il, elle saluerait	il, elle arguerait, arguërait
present subjunctive	que je pleure	que je joue	que je salue	que j'argue, arguë
	qu'il, elle pleure	qu'il, elle joue	qu'il, elle salue	qu'il, elle argue, arguë
	que nous pleurions	que nous jouions	que nous saluions	que nous arguions
	qu'ils, elles pleurent	qu'ils, elles jouent	qu'ils, elles saluent	qu'ils, elles arguent, arguënt
imperfect subjunctive	qu'il, elle pleurât	qu'il, elle jouât	qu'il, elle saluât	qu'il, elle arguât
	qu'ils, elles pleurassent	qu'ils, elles jouassent	qu'ils, elles saluassent	qu'ils, elles arguassent
imperative	pleure	joue	salue	argue, arguë
	pleurons	jouons	saluons	arguons
	pleurez	jouez	saluez	arguez
present participle	pleurant	jouant	saluant	arguant
past participle	pleuré, e	joué, e	salué, e	argué, e

	9 copier	10 prier *	11 payer **	12 grasseyer
present indicative	je copie	je prie	je paie, paye	je grasseye
	tu copies	tu pries	tu paies, payes	tu grasseyes
	il, elle copie	il, elle prie	il, elle paie, paye	il, elle grasseye
	nous copions	nous prions	nous payons	nous grasseyons
	vous copiez	vous priez	vous payez	vous grasseyez
	ils, elles copient	ils, elles prient	ils, elles paient, payent	ils, elles grasseyent
imperfect	il, elle copiait	il, elle priait	il, elle payait	il, elle grasseyait
past historic	il, elle copia	il, elle pria	il, elle paya	il, elle grasseya
	ils, elles copièrent	ils, elles prièrent	ils, elles payèrent	ils, elles grasseyèrent
future	je copierai	je prierai	je paierai, payerai	je grasseyerai
	il, elle copiera	il, elle priera	il, elle paiera, payera	il, elle grasseyera
present conditional	je copierais	je prierais	je paierais, payerais	je grasseyerais
	il, elle copierait	il, elle prierait	il, elle paierait, payerait	il, elle grasseyerait
present subjunctive	que je copie	que je prie	que je paie, paye	que je grasseye
	qu'il, elle copie	qu'il, elle prie	qu'il, elle paie, paye	qu'il, elle grasseye
	que nous copiions	que nous priions	que nous payions	que nous grasseyions
	qu'ils, elles copient	qu'ils, elles prient	qu'ils, elles paient, payent	qu'ils, elles grasseyent
imperfect subjunctive	qu'il, elle copiât	qu'il, elle priât	qu'il, elle payât	qu'il, elle grasseyât
	qu'ils, elles copiassent	qu'ils, elles priassent	qu'ils, elles payassent	qu'ils, elles grasseyassent
imperative	copie	prie	paie, paye	grasseye
	copions	prions	payons	grasseyons
	copiez	priez	payez	grasseyez
present participle	copiant	priant	payant	grasseyant
past participle	copié, e	prié, e	payé, e	grasseyé, e

***** Note the presence of two **i**'s in the 1st and 2nd person plural of the imperfect indicative and the present subjunctive: nous *priions*, vous *priiez*.
****** Verbs in **-ayer** such as *payer* can either keep the **y** in all their forms or replace the **y** with **i** before mute **e** (in the endings : **-e, -es, -ent, -erai**). The pronunciation is different depending on which form is chosen: *je paye* [pɛj] or *je paie* [pɛ]. In the 1st and 2nd person plural of the imperfect indicative and the present subjunctive, there is an **i** after the **y**.

	13 ployer	14 essuyer	15 créer	16 avancer *
present indicative	je ploie	j'essuie	je crée	j'avance
	tu ploies	tu essuies	tu crées	tu avances
	il, elle ploie	il, elle essuie	il, elle crée	il, elle avance
	nous ployons	nous essuyons	nous créons	nous avançons
	vous ployez	vous essuyez	vous créez	vous avancez
	ils, elles ploient	ils, elles essuient	ils, elles créent	ils, elles avancent
imperfect	il, elle ployait	il, elle essuyait	il, elle créait	il, elle avançait
past historic	il, elle ploya	il, elle essuya	il, elle créa	il, elle avança
	ils, elles ployèrent	ils, elles essuyèrent	ils, elles créèrent	ils, elles avancèrent
future	je ploierai	j'essuierai	je créerai	j'avancerai
	il, elle ploiera	il, elle essuiera	il, elle créera	il, elle avancera
present conditional	je ploierais	j'essuierais	je créerais	j'avancerais
	il, elle ploierait	il, elle essuierait	il, elle créerait	il, elle avancerait
present subjunctive	que je ploie	que j'essuie	que je crée	que j'avance
	qu'il, elle ploie	qu'il, elle essuie	qu'il, elle crée	qu'il, elle avance
	que nous ployions	que nous essuyions	que nous créions	que nous avancions
	qu'ils, elles ploient	qu'ils, elles essuient	qu'ils, elles créent	qu'ils, elles avancent
imperfect subjunctive	qu'il, elle ployât	qu'il, elle essuyât	qu'il, elle créât	qu'il, elle avançât
	qu'ils, elles ployassent	qu'ils, elles essuyassent	qu'ils, elles créassent	qu'ils, elles avançassent
imperative	ploie	essuie	crée	avance
	ployons	essuyons	créons	avançons
	ployez	essuyez	créez	avancez
present participle	ployant	essuyant	créant	avançant
past participle	ployé, e	essuyé, e	créé, e	avancé, e

* *Annoncer, commencer, déplacer, effacer, lancer* and *placer* are conjugated in the same way as *avancer*. Note that verbs in **–cer** change **c** to **ç** in front of the vowels **a** and **o**: *il avança, nous avançons*, etc.

	17 manger *	18 céder	19 semer **	20 rapiécer
present indicative	je mange	je cède	je sème	je rapièce
	tu manges	tu cèdes	tu sèmes	tu rapièces
	il, elle mange	il, elle cède	il, elle sème	il, elle rapièce
	nous mangeons	nous cédons	nous semons	nous rapiéçons
	vous mangez	vous cédez	vous semez	vous rapiécez
	ils, elles mangent	ils, elles cèdent	ils, elles sèment	ils, elles rapiècent
imperfect	il, elle mangeait	il, elle cédait	il, elle semait	il, elle rapiéçait
past historic	il, elle mangea	il, elle céda	il, elle sema	il, elle rapiéça
	ils, elles mangèrent	ils, elles cédèrent	ils, elles semèrent	ils, elles rapiécèrent
future	je mangerai	je céderai, cèderai	je sèmerai	je rapiécerai, rapiècerai
	il, elle mangera	il, elle cédera, cèdera	il, elle sèmera	il, elle rapiécera, rapiècera
present conditional	je mangerais	je céderais, cèderais	je sèmerais	je rapiécerais, rapiècerais
	il, elle mangerait	il, elle céderait, cèderait	il, elle sèmerait	il, elle rapiécerait, rapiècerait
present subjunctive	que je mange	que je cède	que je sème	que je rapièce
	qu'il, elle mange	qu'il, elle cède	qu'il, elle sème	qu'il, elle rapièce
	que nous mangions	que nous cédions	que nous semions	que nous rapiécions
	qu'ils, elles mangent	qu'ils, elles cèdent	qu'ils, elles sèment	qu'ils, elles rapiècent
imperfect subjunctive	qu'il, elle mangeât	qu'il, elle cédât	qu'il, elle semât	qu'il, elle rapiéçât
	qu'ils, elles mangeassent	qu'ils, elles cédassent	qu'ils, elles semassent	qu'ils, elles rapiéçassent
imperative	mange	cède	sème	rapièce
	mangeons	cédons	semons	rapiéçons
	mangez	cédez	semez	rapiécez
present participle	mangeant	cédant	semant	rapiéçant
past participle	mangé, e	cédé, e	semé, e	rapiécé, e

* Note that verbs in **-ger**, such as *juger* and *manger*, retain an **e** after the **g** in front of the vowels **a** and **o**: *je mangeais, nous mangeons*, etc.
** In reformed spelling, a number of verbs can conjugate like *semer*.

	21 acquiescer	22 siéger *	23 déneiger	24 appeler **
present indicative	j'acquiesce	je siège	je déneige	j'appelle
	tu acquiesces	tu sièges	tu déneiges	tu appelles
	il, elle acquiesce	il, elle siège	il, elle déneige	il, elle appelle
	nous acquiesçons	nous siégeons	nous déneigeons	nous appelons
	vous acquiescez	vous siégez	vous déneigez	vous appelez
	ils, elles acquiescent	ils, elles siègent	ils, elles déneigent	ils, elles appellent
imperfect	il, elle acquiesçait	il, elle siégeait	il, elle déneigeait	il, elle appelait
past historic	il, elle acquiesça	il, elle siégea	il, elle déneigea	il, elle appela
	ils, elles acquiescèrent	ils, elles siégèrent	ils, elles déneigèrent	ils, elles appelèrent
future	j'acquiescerai	je siégerai, siègerai	je déneigerai	j'appellerai
	il, elle acquiescera	il, elle siégera, siègera	il, elle déneigera	il, elle appellera
present conditional	j'acquiescerais	je siégerais, siègerais	je déneigerais	j'appellerais
	il, elle acquiescerait	il, elle siégerait, siègerait	il, elle déneigerait	il, elle appellerait
present subjunctive	que j'acquiesce	que je siège	que je déneige	que j'appelle
	qu'il, elle acquiesce	qu'il, elle siège	qu'il, elle déneige	qu'il, elle appelle
	que nous acquiescions	que nous siégions	que nous déneigions	que nous appelions
	qu'ils, elles acquiescent	qu'ils, elles siègent	qu'ils, elles déneigent	qu'ils, elles appellent
imperfect subjunctive	qu'il, elle acquiesçât	qu'il, elle siégeât	qu'il, elle déneigeât	qu'il, elle appelât
	qu'ils, elles acquiesçassent	qu'ils, elles siégeassent	qu'ils, elles déneigeassent	qu'ils, elles appelassent
imperative	acquiesce	siège	déneige	appelle
	acquiesçons	siégeons	déneigeons	appelons
	acquiescez	siégez	déneigez	appelez
present participle	acquiesçant	siégeant	déneigeant	appelant
past participle	acquiescé	siégé	déneigé, e	appelé, e

* *Assiéger* conjugates in the same way as *siéger*, but the past participle is variable: *assiégé, assiégée.*
** Most verbs ending in **-eler** behave like *appeler* and double the final **-l** before mute **-e**: *j'appelle, tu appelleras*, etc.

	25 peler *	26 interpeller	27 jeter **	28 acheter ***
present indicative	je pèle	j'interpelle	je jette	j'achète
	tu pèles	tu interpelles	tu jettes	tu achètes
	il, elle pèle	il, elle interpelle	il, elle jette	il, elle achète
	nous pelons	nous interpellons	nous jetons	nous achetons
	vous pelez	vous interpellez	vous jetez	vous achetez
	ils, elles pèlent	ils, elles interpellent	ils, elles jettent	ils, elles achètent
imperfect	il, elle pelait	il, elle interpellait	il, elle jetait	il, elle achetait
past historic	il, elle pela	il, elle interpella	il, elle jeta	il, elle acheta
	ils, elles pelèrent	ils, elles interpellèrent	ils, elles jetèrent	ils, elles achetèrent
future	je pèlerai	j'interpellerai	je jetterai	j'achèterai
	il, elle pèlera	il, elle interpellera	il, elle jettera	il, elle achètera
present conditional	je pèlerais	j'interpellerais	je jetterais	j'achèterais
	il, elle pèlerait	il, elle interpellerait	il, elle jetterait	il, elle achèterait
present subjunctive	que je pèle	que j'interpelle	que je jette	que j'achète
	qu'il, elle pèle	qu'il, elle interpelle	qu'il, elle jette	qu'il, elle achète
	que nous pelions	que nous interpellions	que nous jetions	que nous achetions
	qu'ils, elles pèlent	qu'ils, elles interpellent	qu'ils, elles jettent	qu'ils, elles achètent
imperfect subjunctive	qu'il, elle pelât	qu'il, elle interpellât	qu'il, elle jetât	qu'il, elle achetât
	qu'ils, elles pelassent	qu'ils, elles interpellassent	qu'ils, elles jetassent	qu'ils, elles achetassent
imperative	pèle	interpelle	jette	achète
	pelons	interpellons	jetons	achetons
	pelez	interpellez	jetez	achetez
present participle	pelant	interpellant	jetant	achetant
past participle	pelé, e	interpellé, e	jeté, e	acheté, e

* In reformed spelling, a number of verbs (such as *amonceler*) can conjugate like *peler*.
** Most verbs ending in **-eter** behave like *jeter* and double the final **-t** before a mute **-e**: *je jette, tu jetteras*, etc.
*** In reformed spelling, a number of verbs (such as *marqueter*) can conjugate like *acheter*.

	29 dépecer	30 envoyer	31 aller *	32 finir
present indicative	je dépèce	j'envoie	je vais	je finis
	tu dépèces	tu envoies	tu vas	tu finis
	il, elle dépèce	il, elle envoie	il, elle va	il, elle finit
	nous dépeçons	nous envoyons	nous allons	nous finissons
	vous dépecez	vous envoyez	vous allez	vous finissez
	ils, elles dépècent	ils, elles envoient	ils, elles vont	ils, elles finissent
imperfect	il, elle dépeçait	il, elle envoyait	il, elle allait	il, elle finissait
past historic	il, elle dépeça	il, elle envoya	il, elle alla	il, elle finit
	ils, elles dépecèrent	ils, elles envoyèrent	ils, elles allèrent	ils, elles finirent
future	je dépècerai	j'enverrai	j'irai	je finirai
	il, elle dépècera	il, elle enverra	il, elle ira	il, elle finira
present conditional	je dépècerais	j'enverrais	j'irais	je finirais
	il, elle dépècerait	il, elle enverrait	il, elle irait	il, elle finirait
present subjunctive	que je dépèce	que j'envoie	que j'aille	que je finisse
	qu'il, elle dépèce	qu'il, elle envoie	qu'il, elle aille	qu'il, elle finisse
	que nous dépecions	que nous envoyions	que nous allions	que nous finissions
	qu'ils, elles dépècent	qu'ils, elles envoient	qu'ils, elles aillent	qu'ils, elles finissent
imperfect subjunctive	qu'il, elle dépeçât	qu'il, elle envoyât	qu'il, elle allât	qu'il, elle finît
	qu'ils, elles dépeçassent	qu'ils, elles envoyassent	qu'ils, elles allassent	qu'ils, elles finissent
imperative	dépèce	envoie	va	finis
	dépeçons	envoyons	allons	finissons
	dépecez	envoyez	allez	finissez
present participle	depeçant	envoyant	allant	finissant
past participle	dépecé, e	envoyé, e	allé, e	fini, e

* *Aller* is conjugated with *être* in compound tenses. The imperative of *aller* is *vas* when it is followed by **y**: *vas-y. S'en aller* in the imperative gives: *va-t'en, allons-nous-en, allez-vous-en.*

	33 haïr	34 ouvrir	35 fuir	36 dormir *
present indicative	je hais	j'ouvre	je fuis	je dors
	tu hais	tu ouvres	tu fuis	tu dors
	il, elle hait	il, elle ouvre	il, elle fuit	il, elle dort
	nous haïssons	nous ouvrons	nous fuyons	nous dormons
	vous haïssez	vous ouvrez	vous fuyez	vous dormez
	ils, elles haïssent	ils, elles ouvrent	ils, elles fuient	ils, elles dorment
imperfect	il, elle haïssait	il, elle ouvrait	il, elle fuyait	il, elle dormait
past historic	il, elle haït	il, elle ouvrit	il, elle fuit	il, elle dormit
	ils, elles haïrent	ils, elles ouvrirent	ils, elles fuirent	ils, elles dormirent
future	je haïrai	j'ouvrirai	je fuirai	je dormirai
	il, elle haïra	il, elle ouvrira	il, elle fuira	il, elle dormira
present conditional	je haïrais	j'ouvrirais	je fuirais	je dormirais
	il, elle haïrait	il, elle ouvrirait	il, elle fuirait	il, elle dormirait
present subjunctive	que je haïsse	que j'ouvre	que je fuie	que je dorme
	qu'il, elle haïsse	qu'il, elle ouvre	qu'il, elle fuie	qu'il, elle dorme
	que nous haïssions	que nous ouvrions	que nous fuyions	que nous dormions
	qu'ils, elles haïssent	qu'ils, elles ouvrent	qu'ils, elles fuient	qu'ils, elles dorment
imperfect subjunctive	qu'il, elle haït	qu'il, elle ouvrît	qu'il, elle fuît	qu'il, elle dormît
	qu'ils, elles haïssent	qu'ils, elles ouvrissent	qu'ils, elles fuissent	qu'ils, elles dormissent
imperative	hais	ouvre	fuis	dors
	haïssons	ouvrons	fuyons	dormons
	haïssez	ouvrez	fuyez	dormez
present participle	haïssant	ouvrant	fuyant	dormant
past participle	haï, e	ouvert, e	fui, e	dormi

* *Endormir* conjugates in the same way as *dormir*, but the past participle is variable: *endormi, endormie*.

	37 mentir *	38 servir	39 acquérir	40 venir
present indicative	je mens tu mens il, elle ment nous mentons vous mentez ils, elles mentent	je sers tu sers il, elle sert nous servons vous servez ils, elles servent	j'acquiers tu acquiers il, elle acquiert nous acquérons vous acquérez ils, elles acquièrent	je viens tu viens il, elle vient nous venons vous venez ils, elles viennent
imperfect	il, elle mentait	il, elle servait	il, elle acquérait	il, elle venait
past historic	il, elle mentit ils, elles mentirent	il, elle servit ils, elles servirent	il, elle acquit ils, elles acquirent	il, elle vint ils, elles vinrent
future	je mentirai il, elle mentira	je servirai il, elle servira	j'acquerrai il, elle acquerra	je viendrai il, elle viendra
present conditional	je mentirais il, elle mentirait	je servirais il, elle servirait	j'acquerrais il, elle acquerrait	je viendrais il, elle viendrait
present subjunctive	que je mente qu'il, elle mente que nous mentions qu'ils, elles mentent	que je serve qu'il, elle serve que nous servions qu'ils, elles servent	que j'acquière qu'il, elle acquière que nous acquérions qu'ils, elles acquièrent	que je vienne qu'il, elle vienne que nous venions qu'ils, elles viennent
imperfect subjunctive	qu'il, elle mentît qu'ils, elles mentissent	qu'il, elle servît qu'ils, elles servissent	qu'il, elle acquît qu'ils, elles acquissent	qu'il, elle vînt qu'ils, elles vinssent
imperative	mens mentons mentez	sers servons servez	acquiers acquérons acquérez	viens venons venez
present participle	mentant	servant	acquérant	venant
past participle	menti	servi, e	acquis, e	venu, e

* *Démentir* conjugates in the same way as *mentir*, but the past participle is variable: *démenti, démentie.*

	41 cueillir	42 mourir	43 partir	44 revêtir
present indicative	je cueille tu cueilles il, elle cueille nous cueillons vous cueillez ils, elles cueillent	je meurs tu meurs il, elle meurt nous mourons vous mourez ils, elles meurent	je pars tu pars il, elle part nous partons vous partez ils, elles partent	je revêts tu revêts il, elle revêt nous revêtons vous revêtez ils, elles revêtent
imperfect	il, elle cueillait	il, elle mourait	il, elle partait	il, elle revêtait
past historic	il, elle cueillit ils, elles cueillirent	il, elle mourut ils, elles moururent	il, elle partit ils, elles partirent	il, elle revêtit ils, elles revêtirent
future	je cueillerai il, elle cueillera	je mourrai il, elle mourra	je partirai il, elle partira	je revêtirai il, elle revêtira
present conditional	je cueillerais il, elle cueillerait	je mourrais il, elle mourrait	je partirais il, elle partirait	je revêtirais il, elle revêtirait
present subjunctive	que je cueille qu'il, elle cueille que nous cueillions qu'ils, elles cueillent	que je meure qu'il, elle meure que nous mourions qu'ils, elles meurent	que je parte qu'il, elle parte que nous partions qu'ils, elles partent	que je revête qu'il, elle revête que nous revêtions qu'ils, elles revêtent
imperfect subjunctive	qu'il, elle cueillît qu'ils, elles cueillissent	qu'il, elle mourût qu'ils, elles mourussent	qu'il, elle partît qu'ils, elles partissent	qu'il, elle revêtît qu'ils, elles revêtissent
imperative	cueille cueillons cueillez	meurs mourons mourez	pars partons partez	revêts revêtons revêtez
present participle	cueillant	mourant	partant	revêtant
past participle	cueilli, e	mort, e	parti, e	revêtu, e

	45 courir	46 faillir *	47 défaillir	48 bouillir
present indicative	je cours tu cours il, elle court nous courons vous courez ils, elles courent	je faillis, faux tu faillis, faux il, elle faillit, faut nous faillissons, faillons vous faillissez, faillez ils, elles faillissent, faillent	je défaille tu défailles il, elle défaille nous défaillons vous défaillez ils, elles défaillent	je bous tu bous il, elle bout nous bouillons vous bouillez ils, elles bouillent
imperfect	il, elle courait	il, elle faillissait, faillait	il, elle défaillait	il, elle bouillait
past historic	il, elle courut ils, elles coururent	il, elle faillit ils, elles faillirent	il, elle défaillit ils, elles défaillirent	il, elle bouillit ils, elles bouillirent
future	je courrai il, elle courra	je faillirai, faudrai il, elle faillira, faudra	je défaillirai, défaillerai il, elle défaillira, défaillera	je bouillirai il, elle bouillira
present conditional	je courrais il, elle courrait	je faillirais, faudrais il, elle faillirait, faudrait	je défaillirais, défaillerais il, elle défaillirait, défaillerait	je bouillirais il, elle bouillirait
present subjunctive	que je coure qu'il, elle coure que nous courions qu'ils, elles courent	que je faillisse, faille qu'il, elle faillisse, faille que nous faillissions, faillions qu'ils, elles faillissent, faillent	que je défaille qu'il, elle défaille que nous défaillions qu'ils, elles défaillent	que je bouille qu'il, elle bouille que nous bouillions qu'ils, elles bouillent
imperfect subjunctive	qu'il, elle courût qu'ils, elles courussent	qu'il, elle faillît qu'ils, elles faillissent	qu'il, elle défaillît qu'ils, elles défaillissent	qu'il, elle bouillît qu'ils, elles bouillissent
imperative	cours courons courez	faillis, faux faillissons, faillons faillissez, faillez	défaille défaillons défaillez	bous bouillons bouillez
present participle	courant	faillissant, faillant	défaillant	bouillant
past participle	couru, e	failli	défailli	bouilli, e

* The most often used conjugation for *faillir* is that which follows the same pattern as *finir*. *Faillir* is rarely used in its conjugated forms.

	49 gésir *	50 saillir	51 ouïr **	52 recevoir ***
present indicative	je gis tu gis il, elle gît nous gisons vous gisez ils, elles gisent	– – il, elle saille – – ils, elles saillent	j'ouïs, ois tu ouïs, ois il, elle ouït, oit nous ouïssons, oyons vous ouïssez, oyez ils, elles ouïssent, oient	je reçois tu reçois il, elle reçoit nous recevons vous recevez ils, elles reçoivent
imperfect	il, elle gisait	il, elle saillait	il, elle ouïssait, oyait	il, elle recevait
past historic	–	il, elle saillit ils, elles saillirent	il, elle ouït ils, elles ouïrent	il, elle reçut ils, elles reçurent
future	–	– il, elle saillera	j'ouïrai, orrais il, elle ouïra, orra	je recevrai il, elle recevra
present conditional	–	– il, elle saillerait	j'ouïrais il, elle ouïrait, orrait	je recevrais il, elle recevrait
present subjunctive	–	– qu'il, elle saille – qu'ils, elles saillent	que j'ouïsse, oie qu'il, elle ouïsse, oie que nous ouïssions, oyions qu'ils, elles ouïssent, oient	que je reçoive qu'il, elle reçoive que nous recevions qu'ils, elles reçoivent
imperfect subjunctive	–	qu'il, elle saillît qu'ils, elles saillissent	qu'il, elle ouït qu'ils, elles ouïssent	qu'il, elle reçût qu'ils, elles reçussent
imperative	–	–	ouïs, ois ouïssons, oyons ouïssez, oyez	reçois recevons recevez
present participle	gisant	saillant	oyant	recevant
past participle	–	sailli, e	ouï, e	reçu, e

* *Gésir* is defective in other tenses and modes.
** *Ouïr* is only used in the present infinitive, past participle *ouï(e)* and in compound tenses.
*** Note that **c** changes to **ç** before **o** or **u**: *je reçois, j'ai reçu*, etc.

	53 devoir	54 mouvoir	55 émouvoir	56 promouvoir *
present indicative	je dois tu dois il, elle doit nous devons vous devez ils, elles doivent	je meus tu meus il, elle meut nous mouvons vous mouvez ils, elles meuvent	j'émeus tu émeus il, elle émeut nous émouvons vous émouvez ils, elles émeuvent	je promeus tu promeus il, elle promeut nous promouvons vous promouvez ils, elles promeuvent
imperfect	il, elle devait	il, elle mouvait	il, elle émouvait	il, elle promouvait
past historic	il, elle dut ils, elles durent	il, elle mut ils, elles murent	il, elle émut ils, elles émurent	il, elle promut ils, elles promurent
future	je devrai il, elle devra	je mouvrai il, elle mouvra	j'émouvrai il, elle émouvra	je promouvrai il, elle promouvra
present conditional	je devrais il, elle devrait	je mouvrais il, elle mouvrait	j'émouvrais il, elle émouvrait	je promouvrais il, elle promouvrait
present subjunctive	que je doive qu'il, elle doive que nous devions qu'ils, elles doivent	que je meuve qu'il, elle meuve que nous mouvions qu'ils, elles meuvent	que j'émeuve qu'il, elle émeuve que nous émeuvions qu'ils, elles émeuvent	que je promeuve qu'il, elle promeuve que nous promouvions qu'ils, elles promeuvent
imperfect subjunctive	qu'il, elle dût qu'ils, elles dussent	qu'il, elle mût qu'ils, elles mussent	qu'il, elle émût qu'ils, elles émussent	qu'il, elle promût qu'ils, elles promussent
imperative	dois devons devez	meus mouvons mouvez	émeus émouvons émouvez	promeus promouvons promouvez
present participle	devant	mouvant	émouvant	promouvant
past participle	dû, due, dus, dues	mû, mue, mus, mues	ému, e	promu, e

* Conjugated forms of this verb are rare.

	57 vouloir	58 pouvoir *	59 savoir	60 valoir
present indicative	je veux tu veux il, elle veut nous voulons vous voulez ils, elles veulent	je peux, puis tu peux il peut nous pouvons vous pouvez ils, elles peuvent	je sais tu sais il, elle sait nous savons vous savez ils, elles savent	je vaux tu vaux il, elle vaut nous valons vous valez ils, elles valent
imperfect	il, elle voulait	il, elle pouvait	il, elle savait	il, elle valait
past historic	il, elle voulut ils, elles voulurent	il, elle put ils, elles purent	il, elle sut ils, elles surent	il, elle valut ils, elles valurent
future	je voudrai il, elle voudra	je pourrai il, elle pourra	je saurai il, elle saura	je vaudrai il, elle vaudra
present conditional	je voudrais il, elle voudrait	je pourrais il, elle pourrait	je saurais il, elle saurait	je vaudrais il, elle vaudrait
present subjunctive	que je veuille qu'il, elle veuille que nous voulions qu'ils, elles veuillent	que je puisse qu'il, elle puisse que nous puissions qu'ils, elles puissent	que je sache qu'il, elle sache que nous sachions qu'ils, elles sachent	que je vaille qu'il, elle vaille que nous valions qu'ils, elles vaillent
imperfect subjunctive	qu'il, elle voulût qu'ils, elles voulussent	qu'il, elle pût qu'ils, elles pussent	qu'il, elle sût qu'ils, elles sussent	qu'il, elle valût qu'ils, elles valussent
imperative	veux, veuille voulons, veuillons voulez, veuillez	–	sache sachons sachez	vaux valons valez
present participle	voulant	pouvant	sachant	valant
past participle	voulu, e	pu	su, e	valu, e

* *Pouvoir* has no imperative. The 1st person singular interrogative, 'can I?', is *puis-je ?* (and not *peux-je ?*).

	61 prévaloir	62 voir	63 prévoir	64 pourvoir
present indicative	je prévaux tu prévaux il, elle prévaut nous prévalons vous prévalez ils, elles prévalent	je vois tu vois il, elle voit nous voyons vous voyez ils, elles voient	je prévois tu prévois il, elle prévoit nous prévoyons vous prévoyez ils, elles prévoient	je pourvois tu pourvois il, elle pourvoit nous pourvoyons vous pourvoyez ils, elles pourvoient
imperfect	il, elle prévalait	il, elle voyait	il, elle prévoyait	il, elle pourvoyait
past historic	il, elle prévalut ils, elles prévalurent	il, elle vit ils, elles virent	il, elle prévit ils, elles prévirent	il, elle pourvut ils, elles pourvurent
future	je prévaudrai il, elle prévaudra	je verrai il, elle verra	je prévoirai il, elle prévoira	je pourvoirai il, elle pourvoira
present conditional	je prévaudrais il, elle prévaudrait	je verrais il, elle verrait	je prévoirais il, elle prévoirait	je pourvoirais il, elle pourvoirait
present subjunctive	que je prévale qu'il, elle prévale que nous prévalions qu'ils, elles prévalent	que je voie qu'il, elle voie que nous voyions qu'ils, elles voient	que je prévoie qu'il, elle prévoie que nous prévoyions qu'ils, elles prévoient	que je pourvoie qu'il, elle pourvoie que nous pourvoyions qu'ils, elles pourvoient
imperfect subjunctive	qu'il, elle prévalût qu'ils, elles prévalussent	qu'il, elle vît qu'ils, elles vissent	qu'il, elle prévît qu'ils, elles prévissent	qu'il, elle pourvût qu'ils, elles pourvussent
imperative	prévaux prévalons prévalez	vois voyons voyez	prévois prévoyons prévoyez	pourvois pourvoyons pourvoyez
present participle	prévalant	voyant	prévoyant	pourvoyant
past participle	prévalu, e	vu, e	prévu, e	pourvu, e

	65 asseoir *	66 surseoir **	67 seoir	68 pleuvoir ***
present indicative	j'assieds, j'assois tu assieds, assois il, elle assied, assoit nous asseyons, assoyons vous asseyez, assoyez ils, elles asseyent, assoient	je sursois tu sursois il, elle sursoit nous sursoyons vous sursoyez ils, elles sursoient	– – il, elle sied – – ils, elles siéent	– – il pleut – – –
imperfect	il, elle asseyait, assoyait	il, elle sursoyait	il, elle seyait	il pleuvait
past historic	il, elle assit ils, elles assirent	il, elle sursit ils, elles sursirent	–	il plut –
future	j'assiérai, j'assoirai il, elle assiéra, assoira	je surseoirai il, elle surseoira	– il, elle siéra	– il pleuvra
present conditional	j'assiérais, j'assoirais il, elle assiérait, assoirait	je surseoirais il, elle surseoirait	– il, elle siérait	– il pleuvrait
present subjunctive	que j'asseye, j'assoie qu'il, elle asseye, assoie que nous asseyions, assoyions qu'ils, elles asseyent, assoient	que je sursoie qu'il, elle sursoie que nous sursoyions qu'ils, elles sursoient	– qu'il, elle siée – qu'ils, elles siéent	– qu'il pleuve – –
imperfect subjunctive	qu'il, elle assît qu'ils, elles assissent	qu'il, elle sursît qu'ils, elles sursissent	–	qu'il plût –
imperative	assieds, assois asseyons, assoyons asseyez, assoyez	sursois sursoyons sursoyez	–	–
present participle	asseyant, assoyant	sursoyant	seyant	pleuvant
past participle	assis, e	sursis	–	plu

* Forms with **oi** are often written **eoi**: *je m'asseois, il, elle asseoira, que tu asseoies, ils, elles asseoiraient*. Reformed spelling of this verb is *assoir*.
** Reformed spelling of this verb is *sursoir* ; corresponding future and conditional forms are *je sursoirai* and *je sursoirais* respectively.
*** *Pleuvoir* is an impersonal verb. It has no imperative. *Pleuvoir* can be used in the plural in the figurative sense: *les injures pleuvent, pleuvaient*, etc.

	69 falloir	70 échoir	71 déchoir	72 choir
present indicative	– – il faut – – –	– – il, elle échoit – – ils, elles échoient	je déchois tu déchois il, elle déchoit nous déchoyons vous déchoyez ils, elles déchoient	je chois tu chois il, elle choit – – ils, elles choient
imperfect	il fallait	il, elle échoyait	–	–
past historic	il fallut –	il, elle échut ils, elles échurent	il, elle déchut ils, elles déchurent	il, elle chut ils, elles churent
future	– il faudra	– il, elle échoira, écherra	je déchoirai il, elle déchoira	je choirai, cherrai il, elle choira, cherra
present conditional	– il faudrait	– il, elle échoirait, écherrait	je déchoirais il, elle déchoirait	je choirais, cherrais il, elle choirait, cherrait
present subjunctive	– qu'il faille – –	– qu'il, elle échoie – qu'ils, elles échoient	que je déchoie qu'il, elle déchoie que nous déchoyions qu'ils, elles déchoient	–
imperfect subjunctive	qu'il fallût –	qu'il, elle échût qu'ils, elles échussent	qu'il, elle déchût qu'ils, elles déchussent	qu'il, elle chût –
imperative	–	–	–	–
present participle	–	échéant	–	–
past participle	fallu	échu, e	déchu, e	chu, e

	73 vendre	74 répandre	75 répondre	76 mordre
present indicative	je vends tu vends il, elle vend nous vendons vous vendez ils, elles vendent	je répands tu répands il, elle répand nous répandons vous répandez ils, elles répandent	je réponds tu réponds il, elle répond nous répondons vous répondez ils, elles répondent	je mords tu mords il, elle mord nous mordons vous mordez ils, elles mordent
imperfect	il, elle vendait	il, elle répandait	il, elle répondait	il, elle mordait
past historic	il, elle vendit ils, elles vendirent	il, elle répandit ils, elles répandirent	il, elle répondit ils, elles répondirent	il, elle mordit ils, elles mordirent
future	je vendrai il, elle vendra	je répandrai il, elle répandra	je répondrai il, elle répondra	je mordrai il, elle mordra
present conditional	je vendrais il, elle vendrait	je répandrais il, elle répandrait	je répondrais il, elle répondrait	je mordrais il, elle mordrait
present subjunctive	que je vende qu'il, elle vende que nous vendions qu'ils, elles vendent	que je répande qu'il, elle répande que nous répandions qu'ils, elles répandent	que je réponde qu'il, elle réponde que nous répondions qu'ils, elles répondent	que je morde qu'il, elle morde que nous mordions qu'ils, elles mordent
imperfect subjunctive	qu'il, elle vendît qu'ils, elles vendissent	qu'il, elle répandît qu'ils, elles répandissent	qu'il, elle répondît qu'ils, elles répondissent	qu'il, elle mordît qu'ils, elles mordissent
imperative	vends vendons vendez	répands répandons répandez	réponds répondons répondez	mords mordons mordez
present participle	vendant	répandant	répondant	mordant
past participle	vendu, e	répandu, e	répondu, e	mordu, e

	77 perdre	78 rompre	79 prendre	80 craindre
present indicative	je perds tu perds il, elle perd nous perdons vous perdez ils, elles perdent	je romps tu romps il, elle rompt nous rompons vous rompez ils, elles rompent	je prends tu prends il, elle prend nous prenons vous prenez ils, elles prennent	je crains tu crains il, elle craint nous craignons vous craignez ils, elles craignent
imperfect	il, elle perdait	il, elle rompait	il, elle prenait	il, elle craignait
past historic	il, elle perdit ils, elles perdirent	il, elle rompit ils, elles rompirent	il, elle prit ils, elles prirent	il, elle craignit ils, elles craignirent
future	je perdrai il, elle perdra	je romprai il, elle rompra	je prendrai il, elle prendra	je craindrai il, elle craindra
present conditional	je perdrais il, elle perdrait	je romprais il, elle romprait	je prendrais il, elle prendrait	je craindrais il, elle craindrait
present subjunctive	que je perde qu'il, elle perde que nous perdions qu'ils, elles perdent	que je rompe qu'il, elle rompe que nous rompions qu'ils, elles rompent	que je prenne qu'il, elle prenne que nous prenions qu'ils, elles prennent	que je craigne qu'il, elle craigne que nous craignions qu'ils, elles craignent
imperfect subjunctive	qu'il, elle perdît qu'ils, elles perdissent	qu'il, elle rompît qu'ils, elles rompissent	qu'il, elle prît qu'ils, elles prissent	qu'il, elle craignît qu'ils, elles craignissent
imperative	perds perdons perdez	romps rompons rompez	prends prenons prenez	crains craignons craignez
present participle	perdant	rompant	prenant	craignant
past participle	perdu, e	rompu, e	pris, e	craint, e

	81 peindre	82 joindre	83 battre	84 mettre
present indicative	je peins tu peins il, elle peint nous peignons vous peignez ils, elles peignent	je joins tu joins il, elle joint nous joignons vous joignez ils, elles joignent	je bats tu bats il, elle bat nous battons vous battez ils, elles battent	je mets tu mets il, elle met nous mettons vous mettez ils, elles mettent
imperfect	il, elle peignait	il, elle joignait	il, elle battait	il, elle mettait
past historic	il, elle peignit ils, elles peignirent	il, elle joignit ils, elles joignirent	il, elle battit ils, elles battirent	il, elle mit ils, elles mirent
future	je peindrai il, elle peindra	je joindrai il, elle joindra	je battrai il, elle battra	je mettrai il, elle mettra
present conditional	je peindrais il, elle peindrait	je joindrais il, elle joindrait	je battrais il, elle battrait	je mettrais il, elle mettrait
present subjunctive	que je peigne qu'il, elle peigne que nous peignions qu'ils, elles peignent	que je joigne qu'il, elle joigne que nous joignions qu'ils, elles joignent	que je batte qu'il, elle batte que nous battions qu'ils, elles battent	que je mette qu'il, elle mette que nous mettions qu'ils, elles mettent
imperfect subjunctive	qu'il, elle peignît qu'ils, elles peignissent	qu'il, elle joignît qu'ils, elles joignissent	qu'il, elle battît qu'ils, elles battissent	qu'il, elle mît qu'ils, elles missent
imperative	peins peignons peignez	joins joignons joignez	bats battons battez	mets mettons mettez
present participle	peignant	joignant	battant	mettant
past participle	peint, e	joint, e	battu, e	mis, e

	85 moudre	86 coudre	87 absoudre *	88 résoudre
present indicative	je mouds tu mouds il, elle moud nous moulons vous moulez ils, elles moulent	je couds tu couds il, elle coud nous cousons vous cousez ils, elles cousent	j'absous tu absous il, elle absout nous absolvons vous absolvez ils, elles absolvent	je résous tu résous il, elle résout nous résolvons vous résolvez ils, elles résolvent
imperfect	il, elle moulait	il, elle cousait	il, elle absolvait	il, elle résolvait
past historic	il, elle moulut ils, elles moulurent	il, elle cousit ils, elles cousirent	il, elle absolut ils, elles absolurent	il, elle résolut ils, elles résolurent
future	je moudrai il, elle moudra	je coudrai il, elle coudra	j'absoudrai il, elle absoudra	je résoudrai il, elle résoudra
present conditional	je moudrais il, elle moudrait	je coudrais il, elle coudrait	j'absoudrais il, elle absoudrait	je résoudrais il, elle résoudrait
present subjunctive	que je moule qu'il, elle moule que nous moulions qu'ils, elles moulent	que je couse qu'il, elle couse que nous cousions qu'ils, elles cousent	que j'absolve qu'il, elle absolve que nous absolvions qu'ils, elles absolvent	que je résolve qu'il, elle résolve que nous résolvions qu'ils, elles résolvent
imperfect subjunctive	qu'il, elle moulût qu'ils, elles moulussent	qu'il, elle cousît qu'ils, elles cousissent	qu'il, elle absolût qu'ils, elles absolussent	qu'il, elle résolût qu'ils, elles résolussent
imperative	mouds moulons moulez	couds cousons cousez	absous absolvons absolvez	résous résolvons résolvez
present participle	moulant	cousant	absolvant	résolvant
past participle	moulu, e	cousu, e	absous, oute	résolu, e

* The past historic and the imperfect subjunctive are rare.

	89 suivre	90 vivre *	91 paraître	92 naître
present indicative	je suis tu suis il, elle suit nous suivons vous suivez ils, elles suivent	je vis tu vis il, elle vit nous vivons vous vivez ils, elles vivent	je parais tu parais il, elle paraît nous paraissons vous paraissez ils, elles paraissent	je nais tu nais il, elle naît nous naissons vous naissez ils, elles naissent
imperfect	il, elle suivait	il, elle vivait	il, elle paraissait	il, elle naissait
past historic	il, elle suivit ils, elles suivirent	il, elle vécut ils, elles vécurent	il, elle parut ils, elles parurent	il, elle naquit ils, elles naquirent
future	je suivrai il, elle suivra	je vivrai il, elle vivra	je paraîtrai il, elle paraîtra	je naîtrai il, elle naîtra
present conditional	je suivrais il, elle suivrait	je vivrais il, elle vivrait	je paraîtrais il, elle paraîtrait	je naîtrais il, elle naîtrait
present subjunctive	que je suive qu'il, elle suive que nous suivions qu'ils, elles suivent	que je vive qu'il, elle vive que nous vivions qu'ils, elles vivent	que je paraisse qu'il, elle paraisse que nous paraissions qu'ils, elles paraissent	que je naisse qu'il, elle naisse que nous naissions qu'ils, elles naissent
imperfect subjunctive	qu'il, elle suivît qu'ils, elles suivissent	qu'il, elle vécût qu'ils, elles vécussent	qu'il, elle parût qu'ils, elles parussent	qu'il, elle naquît qu'ils, elles naquissent
imperative	suis suivons suivez	vis vivons vivez	parais paraissons paraissez	nais naissons naissez
present participle	suivant	vivant	paraissant	naissant
past participle	suivi, e	vécu, e	paru, e	né, e

* *Survivre* conjugates in the same way as *vivre*, but the past participle *(survécu)* is invariable.

	93 croître	94 accroître	95 rire *	96 conclure **
present indicative	je croîs tu croîs il, elle croît nous croissons vous croissez ils, elles croissent	j'accrois tu accrois il, elle accroît nous accroissons vous accroissez ils, elles accroissent	je ris tu ris il, elle rit nous rions vous riez ils, elles rient	je conclus tu conclus il, elle conclut nous concluons vous concluez ils, elles concluent
imperfect	il, elle croissait	il, elle accroissait	il, elle riait	il, elle concluait
past historic	il, elle crût ils, elles crûrent	il, elle accrut ils, elles accrurent	il, elle rit ils, elles rirent	il, elle conclut ils, elles conclurent
future	je croîtrai il, elle croîtra	j'accroîtrai il, elle accroîtra	je rirai il, elle rira	je conclurai il, elle conclura
present conditional	je croîtrais il, elle croîtrait	j'accroîtrais il, elle accroîtrait	je rirais il, elle rirait	je conclurais il, elle conclurait
present subjunctive	que je croisse qu'il, elle croisse que nous croissions qu'ils, elles croissent	que j'accroisse qu'il, elle accroisse que nous accroissions qu'ils, elles accroissent	que je rie qu'il, elle rie que nous riions qu'ils, elles rient	que je conclue qu'il, elle conclue que nous concluions qu'ils, elles concluent
imperfect subjunctive	qu'il, elle crût qu'ils, elles crûssent	qu'il, elle accrût qu'ils, elles accrussent	qu'il, elle rît qu'ils, elles rissent	qu'il, elle conclût qu'ils, elles conclussent
imperative	croîs croissons croissez	accrois accroissons accroissez	ris rions riez	conclus concluons concluez
present participle	croissant	accroissant	riant	concluant
past participle	crû, crue, crus, crues	accru, e	ri	conclu, e

* *Rire* takes two **i**'s in the 1st and 2nd person plural of the imperfect indicative and the present subjunctive: *nous riions, vous riiez.*
** *Inclure* and *occlure* conjugate in the same way as *conclure*, but their past participles are *inclus, incluse, occlus, occluse.*

conjugaisons françaises
French verb tables

	97 nuire *	98 conduire	99 écrire	100 suffire
present indicative	je nuis tu nuis il, elle nuit nous nuisons vous nuisez ils, elles nuisent	je conduis tu conduis il, elle conduit nous conduisons vous conduisez ils, elles conduisent	j'écris tu écris il, elle écrit nous écrivons vous écrivez ils, elles écrivent	je suffis tu suffis il, elle suffit nous suffisons vous suffisez ils, elles suffisent
imperfect	il, elle nuisait	il, elle conduisait	il, elle écrivait	il, elle suffisait
past historic	il, elle nuisit ils, elles nuisirent	il, elle conduisit ils, elles conduisirent	il, elle écrivit ils, elles écrivirent	il, elle suffit ils, elles suffirent
future	je nuirai il, elle nuira	je conduirai il, elle conduira	j'écrirai il, elle écrira	je suffirai il, elle suffira
present conditional	je nuirais il, elle nuirait	je conduirais il, elle conduirait	j'écrirais il, elle écrirait	je suffirais il, elle suffirait
present subjunctive	que je nuise qu'il, elle nuise que nous nuisions qu'ils, elles nuisent	que je conduise qu'il, elle conduise que nous conduisions qu'ils, elles conduisent	que j'écrive qu'il, elle écrive que nous écrivions qu'ils, elles écrivent	que je suffise qu'il, elle suffise que nous suffisions qu'ils, elles suffisent
imperfect subjunctive	qu'il, elle nuisît qu'ils, elles nuisissent	qu'il, elle conduisît qu'ils, elles conduisissent	qu'il, elle écrivît qu'ils, elles écrivissent	qu'il, elle suffît qu'ils, elles suffissent
imperative	nuis nuisons nuisez	conduis conduisons conduisez	écris écrivons écrivez	suffis suffisons suffisez
present participle	nuisant	conduisant	écrivant	suffisant
past participle	nui	conduit, e	écrit, e	suffi

* *Luire* and *reluire* have an alternative past historic form: *je luis, je reluis*, etc.

	101 confire *	102 dire	103 contredire	104 maudire
present indicative	je confis tu confis il, elle confit nous confisons vous confisez ils, elles confisent	je dis tu dis il, elle dit nous disons vous dites ils, elles disent	je contredis tu contredis il, elle contredit nous contredisons vous contredisez ils, elles contredisent	je maudis tu maudis il, elle maudit nous maudissons vous maudissez ils, elles maudissent
imperfect	il, elle confisait	il, elle disait	il, elle contredisait	il, elle maudissait
past historic	il, elle confit ils, elles confirent	il, elle dit ils, elles dirent	il, elle contredit ils, elles contredirent	il, elle maudit ils, elles maudirent
future	je confirai il, elle confira	je dirai il, elle dira	je contredirai il, elle contredira	je maudirai il, elle maudira
present conditional	je confirais il, elle confirait	je dirais il, elle dirait	je contredirais il, elle contredirait	je maudirais il, elle maudirait
present subjunctive	que je confise qu'il, elle confise que nous confisions qu'ils, elles confisent	que je dise qu'il, elle dise que nous disions qu'ils, elles disent	que je contredise qu'il, elle contredise que nous contredisions qu'ils, elles contredisent	que je maudisse qu'il, elle maudisse que nous maudissions qu'ils, elles maudissent
imperfect subjunctive	qu'il, elle confît qu'ils, elles confissent	qu'il, elle dît qu'ils, elles dissent	qu'il, elle contredît qu'ils, elles contredissent	qu'il, elle maudît qu'ils, elles maudissent
imperative	confis confisons confisez	dis disons dites	contredis contredisons contredisez	maudis maudissons maudissez
present participle	confisant	disant	contredisant	maudissant
past participle	confit, e	dit, e	contredit, e	maudit, e

* *Circoncire* conjugates in the same way as *confire*, but its past participle is *circoncis, circoncise*.

	105 bruire *	106 lire	107 croire	108 boire
present indicative	je bruis tu bruis il, elle bruit – – –	je lis tu lis il, elle lit nous lisons vous lisez ils, elles lisent	je crois tu crois il, elle croit nous croyons vous croyez ils, elles croient	je bois tu bois il, elle boit nous buvons vous buvez ils, elles boivent
imperfect	il, elle bruyait	il, elle lisait	il, elle croyait	il, elle buvait
past historic	–	il, elle lut ils, elles lurent	il, elle crut ils, elles crurent	il, elle but ils, elles burent
future	je bruirai il, elle bruira	je lirai il, elle lira	je croirai il, elle croira	je boirai il, elle boira
present conditional	je bruirais il, elle bruirait	je lirais il, elle lirait	je croirais il, elle croirait	je boirais il, elle boirait
present subjunctive	–	que je lise qu'il, elle lise que nous lisions qu'ils, elles lisent	que je croie qu'il, elle croie que nous croyions qu'ils, elles croient	que je boive qu'il, elle boive que nous buvions qu'ils, elles boivent
imperfect subjunctive	–	qu'il, elle lût qu'ils, elles lussent	qu'il, elle crût qu'ils, elles crussent	qu'il, elle bût qu'ils, elles bussent
imperative	–	lis lisons lisez	crois croyons croyez	bois buvons buvez
present participle	–	lisant	croyant	buvant
past participle	bruit	lu, e	cru, e	bu, e

* Traditionally *bruire* is only used in the present indicative, imperfect (*je bruyais, tu bruyais*, etc.), future and conditional; *bruisser* (conjugation 3) is used more and more to replace *bruire*, especially in all the defective forms.

	109 faire	110 plaire	111 taire	112 extraire
present indicative	je fais tu fais il, elle fait nous faisons vous faites ils, elles font	je plais tu plais il, elle plaît nous plaisons vous plaisez ils, elles plaisent	je tais tu tais il, elle tait nous taisons vous taisez ils, elles taisent	j'extrais tu extrais il, elle extrait nous extrayons vous extrayez ils, elles extraient
imperfect	il, elle faisait	il, elle plaisait	il, elle taisait	il, elle extrayait
past historic	il, elle fit ils, elles firent	il, elle plut ils, elles plurent	il, elle tut ils, elles turent	–
future	je ferai il, elle fera	je plairai il, elle plaira	je tairai il, elle taira	j'extrairai il, elle extraira
present conditional	je ferais il, elle ferait	je plairais il, elle plairait	je tairais il, elle tairait	j'extrairais il, elle extrairait
present subjunctive	que je fasse qu'il, elle fasse que nous fassions qu'ils, elles fassent	que je plaise qu'il, elle plaise que nous plaisions qu'ils, elles plaisent	que je taise qu'il, elle taise que nous taisions qu'ils, elles taisent	que j'extraie qu'il, elle extraie que nous extrayions qu'ils, elles extraient
imperfect subjunctive	qu'il, elle fît qu'ils, elles fissent	qu'il, elle plût qu'ils, elles plussent	qu'il, elle tût qu'ils, elles tussent	–
imperative	fais faisons faites	plais plaisons plaisez	tais taisons taisez	extrais extrayons extrayez
present participle	faisant	plaisant	taisant	extrayant
past participle	fait, e	plu	tu, e	extrait, e

	113 clore	114 vaincre *	115 frire	116 foutre
present indicative	je clos tu clos il, elle clôt nous closons vous closez ils, elles closent	je vaincs tu vaincs il, elle vainc nous vainquons vous vainquez ils, elles vainquent	je fris tu fris il, elle frit – – –	je fous tu fous il, elle fout nous foutons vous foutez ils, elles foutent
imperfect	–	il, elle vainquait	–	il, elle foutait
past historic	–	il, elle vainquit ils, elles vainquirent	–	–
future	je clorai il, elle clora	je vaincrai il, elle vaincra	je frirai il, elle frira	je foutrai il, elle foutra
present conditional	je clorais il, elle clorait	je vaincrais il, elle vaincrait	je frirais il, elle frirait	je foutrais il, elle foutrait
present subjunctive	que je close qu'il, elle close que nous closions qu'ils, elles closent	que je vainque qu'il, elle vainque que nous vainquions qu'ils, elles vainquent	–	que je foute qu'il, elle foute que nous foutions qu'ils, elles foutent
imperfect subjunctive	–	qu'il, elle vainquît qu'ils, elles vainquissent	–	–
imperative	clos – –	vaincs vainquons vainquez	fris – –	fous foutons foutez
present participle	closant	vainquant	–	foutant
past participle	clos, e	vaincu, e	frit, e	foutu, e

***** The only irregularity of the verb *vaincre* is that it does not take a **t** at the end of the 3rd person singular of the present indicative. Note that **c** becomes **qu** in front of all vowels except **u**.

Cahier pratique
Practical supplement

Guide de communication
Communication guide

Correspondance
French and English correspondence

Demandes d'emploi
Job applications

Opening and closing formulas

The following table shows the main opening and closing formulas used in French correspondence. Nowadays, the rules governing opening and closing formulas are far more relaxed than they used to be, permitting different combinations from those given below.

	OPENING FORMULAS	CLOSING FORMULAS
To a relative or close friend	Cher Cédric,/Mon cher Cédric, Chère Françoise,/Ma chère Françoise, **You would only use somebody's first name when they are a close friend or relative.** Chère mamie, etc. Ma chère mamie, etc.	Je t'embrasse (très fort) Bises/Grosses bises Bisous/Gros bisous À bientôt
To an acquaintance	Cher Monsieur, **Note that you would never use a person's surname in an opening formula.** Chère Madame, **Used irrespective of a woman's marital status.** Chère Mademoiselle, Cher ami,/Chère amie, **Used to mark respect to the person you are writing to.**	Amicalement Bien amicalement Amitiés Avec mon meilleur souvenir/ toute mon amitié
In formal correspondence, when you know the name and sex of the person you are writing to	Monsieur, **These are the most neutral forms. They can be replaced by *Cher Monsieur, Chère Madame,/ Chère Mademoiselle,* if you wish to show more respect and have been introduced to the person. Remember to use the same form in the closing formula.** Madame, Mademoiselle,	Veuillez agréer **OR** Je vous prie d'agréer, Monsieur, mes salutations distinguées **OR** l'expression de mes sentiments distingués. **When the sender is a man.** Recevez, Monsieur, mes salutations distinguées. **When the sender is a woman.** Veuillez agréer **OR** Je vous prie d'agréer, Madame,/Mademoiselle, mes respectueuses salutations. **When the sender is a man.** Veuillez agréer **OR** Je vous prie d'agréer, Madame,/Mademoiselle, mes salutations distinguées. **When the sender is a woman.** Veuillez agréer **OR** Je vous prie d'agréer, Monsieur,/Madame,/ Mademoiselle, l'expression de mes sentiments (très) respectueux. **Used to show more respect.**
In formal correspondence, when you do not know the name or sex of the person you are writing to	Messieurs, Madame, Monsieur,	Veuillez agréer **OR** Je vous prie d'agréer, Messieurs/Madame, Madame, Monsieur, mes salutations distinguées **OR** l'expression de mes sentiments distingués.

Formules d'appel et formules finales

Le tableau suivant indique les principales formules d'appel et formules finales utilisées dans la correspondance au Royaume-Uni et aux États-Unis.

	FORMULES D'APPEL	FORMULES FINALES
À des amis intimes, membres de la famille	Dear David Dear Lily Dear Mum and Dad Dear Uncle Tony My dearest Jill My dear Alfred	Love With love Love from us both Love to all **Formules employées couramment. Notez qu'un homme s'adressant à un homme préférera des formules plus neutres et évitera d'utiliser *love*.**
		Lots of love All my love With all our love **Formules plus affectueuses.**
		Yours All the best Best wishes **Formules plus neutres.**
À des connaissances, des amis	Dear Harriet Dear Sally and Michael Dear Mrs Simpson Dear Mr Brown Dear Mr and Mrs Adams	With best wishes With kind regards Kindest regards Regards Yours All the best Best wishes
Dans une lettre d'affaires, lorsqu'on connaît le nom du correspondant	Dear Mr Jones Dear Mrs Clarke Dear Ms Fletcher **Dans de nombreuses situations on préfère aujourd'hui l'abréviation *Ms*, qui s'applique aussi bien à une femme mariée qu'à une femme célibataire, plutôt que *Mrs* pour une femme mariée ou *Miss* pour une femme célibataire.** Dear Dr Illingworth	Yours sincerely ***(UK)*** Sincerely ***(US)*** Yours truly (surtout ***US***) With best wishes With kind regards **Formules pouvant être utilisées avant les formules finales ci-dessus, lorsqu'un premier contact a déjà eu lieu et que l'on veut marquer sa sympathie au correspondant.**
Pour s'adresser à quelqu'un dont on ne connaît pas le nom	Dear Sir Dear Madam	Yours faithfully ***(UK)*** Sincerely yours ***(US)***
Pour s'adresser à quelqu'un dont on ne sait si c'est un homme ou une femme, et dont on ignore le nom. Notez qu'en anglais on place "Sir" avant "Madam"	Dear Sir or Madam Dear Sir/Madam Dear Sirs ***(UK)*** Gentlemen ***(US)***	Yours faithfully ***(UK)*** Sincerely yours ***(US)***

Model layout of a letter to a friend or relative

Note that in informal and personal correspondence, the name and address of the sender are not given at the top of the letter.

The date is shown in the top right-hand corner and is often preceded by the name of the place where the letter is written. If no place name is given, the date starts with a capital "L" *(Le 2 mars 2011)*.

Note that the opening formula is always followed by a comma.

Paragraphs can either be indented or level with the left-hand margin, irrespective of whether they are typed or handwritten.

See table of closing formulas.

Grenoble, le 2 mars 2011

Cher Laurent,

J'espère que tu vas bien. Je suis désolée de ne pas avoir répondu à ta lettre plus tôt, mais je suis vraiment débordée en ce moment. Je voulais avant tout te remercier pour le livre que tu m'as envoyé pour mon anniversaire. Je l'ai trouvé passionnant.

Je profite également de cette lettre pour t'annoncer que je vais bientôt me marier... Eh oui, tout arrive ! Tu sais peut-être que j'ai rencontré Pierre il y a un an environ, et que nous vivons ensemble depuis quelque temps. Nous avons l'intention d'officialiser tout ça en mai ou en juin. Si je t'en parle, c'est bien sûr parce que j'aimerais beaucoup que tu viennes. Il faudra que tu réserves tous tes week-ends de mai et juin jusqu'à ce qu'une date précise soit fixée !

J'espère avoir de tes nouvelles bientôt.

Je t'embrasse.

Céline

The signature is placed several lines below the final line of text, either in the middle or on the right-hand side of the page.

Présentation type de lettre à un ami, un parent

La présence de la virgule après la formule d'appel n'est pas obligatoire.

Remarquez que, dans les lettres manuscrites, chaque nouveau paragraphe commence en retrait.

Au Royaume-Uni, l'adresse de l'expéditeur figure en haut à droite. Notez que le nom ne figure pas.
Aux États-Unis, dans la correspondance personnelle, les nom et adresse de l'expéditeur n'apparaissent pas.

47 Mulberry Lane,
Oxford
OX4 3LA

19 May 2011

Remarquez que le nom de la ville d'où écrit l'expéditeur n'est pas donné avant la date.
En anglais britannique, on peut faire figurer « th », « st », « nd » et « rd » après le chiffre: *19th May 2011*, mais cette coutume tend à tomber en désuétude.
Aux États-Unis, le mois figure le plus souvent avant le jour, qui est séparé de l'année par une virgule : *May 19, 2011*

Dear Jane,

Just a few lines to let you have my new address. Sorry I haven't been in touch for so long but we've been very busy trying to organize the move. As always, there were a lot of last-minute complications, but we are now in Oxford and both looking forward to starting our new jobs.

I would have called you but the telephone has not been connected yet and I'm having problems with my mobile! I'll let you have the number as soon as I know it myself.

I must admit that I was a bit sad to leave Paris, but I'm sure it was the right decision. We've already joined the local tennis club in the hope of meeting people and all the neighbours seem really friendly. You'll have to come and see us when we've finished unpacking!

Hope you're well and not working too hard. Drop us a line when you have time. It's always great to hear from you.

Love,

Carol
XXX

Le pronom sujet de la première personne est souvent omis dans la correspondance lorsque le style est familier.

Notez que si la formule d'appel est suivie d'une virgule, la formule finale l'est également.

Chaque croix figurant au bas de la lettre représente un baiser.

La signature se place sous la formule finale et non pas à droite.

Model layout of a formal or business letter

The name and address of the sender are placed at the top left-hand side of the page. These can be followed by the sender's telephone and fax numbers.

It is common to give a brief summary of the contents of the letter above the opening formula.

The name and address of the addressee are placed on the right-hand side, below those of the sender and above the date. It is customary to insert a comma between the house number and the name of the street, but this is not compulsory.

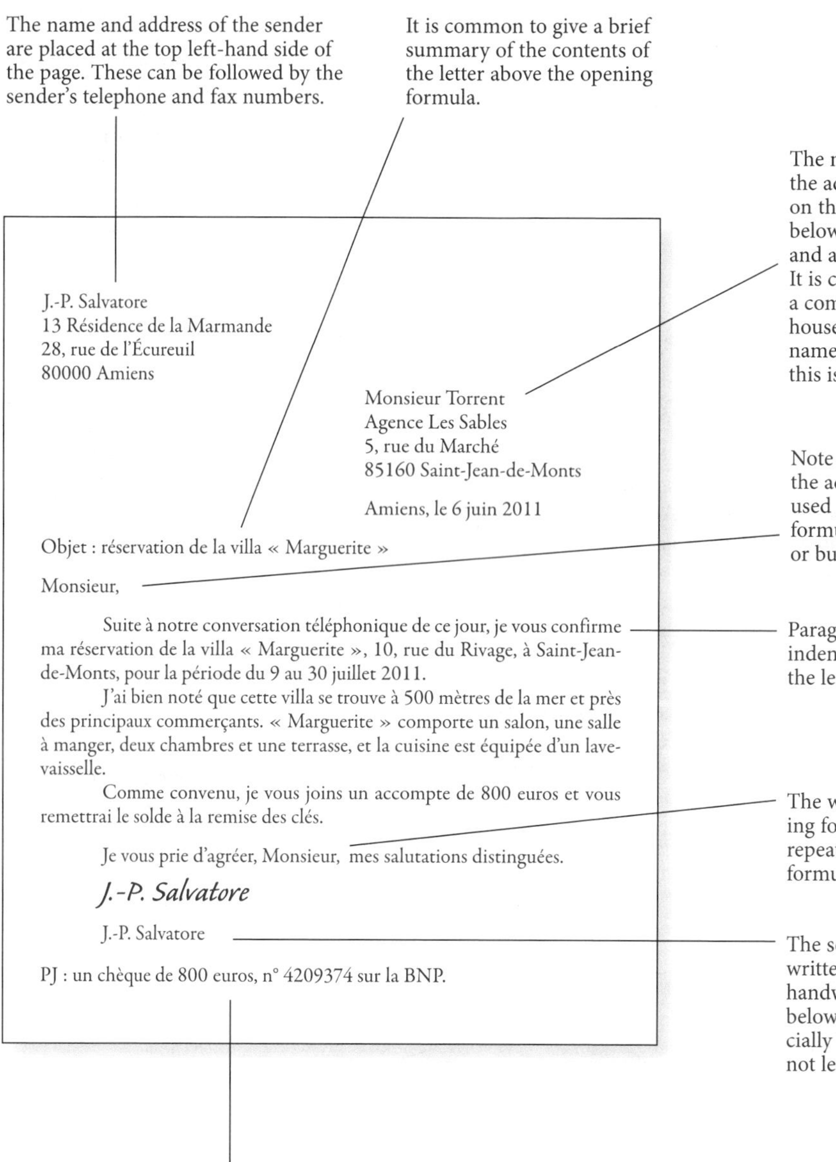

J.-P. Salvatore
13 Résidence de la Marmande
28, rue de l'Écureuil
80000 Amiens

Monsieur Torrent
Agence Les Sables
5, rue du Marché
85160 Saint-Jean-de-Monts

Amiens, le 6 juin 2011

Objet : réservation de la villa « Marguerite »

Monsieur,

Suite à notre conversation téléphonique de ce jour, je vous confirme ma réservation de la villa « Marguerite », 10, rue du Rivage, à Saint-Jean-de-Monts, pour la période du 9 au 30 juillet 2011.

J'ai bien noté que cette villa se trouve à 500 mètres de la mer et près des principaux commerçants. « Marguerite » comporte un salon, une salle à manger, deux chambres et une terrasse, et la cuisine est équipée d'un lave-vaisselle.

Comme convenu, je vous joins un accompte de 800 euros et vous remettrai le solde à la remise des clés.

Je vous prie d'agréer, Monsieur, mes salutations distinguées.

J.-P. Salvatore

J.-P. Salvatore

PJ : un chèque de 800 euros, n° 4209374 sur la BNP.

Note that the name of the addressee is never used in the opening formula of a formal or business letter.

Paragraphs can be indented or level with the left-hand margin.

The wording of the opening formula is always repeated in the closing formula.

The sender's name may be written in capitals (for a handwritten letter) or typed below the signature, especially when the signature is not legible.

"PJ" stands for *pièce(s) jointe(s)* and indicates an enclosure. Note that you should mention the document(s) enclosed.

Présentation type de lettre commerciale

Le nom, ou le titre, et l'adresse du destinataire figurent à gauche, au-dessus de la formule d'appel et en dessous d'un numéro de référence éventuel.

L'adresse de l'expéditeur figure en haut à droite, sauf s'il s'agit de papier à en-tête, auquel cas elle apparaît en haut au centre de la page.

Harvey & Co
29 Mudeford Road
Manchester
M14 6FR
Tel: 0161 543 7644
E-mail: harvey@uniline.co

The Manager
Lakelands Hotel
Windermere
Cumbria WI6 8YT

2 May 2011

Dear Sir or Madam

Re: Reservation of conference facilities

Following our telephone conversation of this morning, I am writing to confirm the reservation of your conference facilities for the weekend of June 4 and 5.

There will be a total of sixty-eight participants, most of whom will be arriving on the Saturday morning. As I mentioned on the phone, we would like to have a light lunch provided and a four-course meal in the evening. In addition we would appreciate coffee, tea and biscuits mid-morning and mid-afternoon.

If you need to discuss any details, please do not hesitate to contact me. I enclose a list of the participants for your information.

Thanking you in advance.

Yours faithfully

Brian Woods

Mr Brian Woods

Enc.

On peut également écrire la date en chiffres. Notez toutefois qu'au Royaume-Uni on donne d'abord le jour, puis le mois et l'année : 2.5.11, et qu'aux États-Unis le mois précède le jour et l'année : 5.2.11.

Dans le style britannique, la formule d'appel peut être suivie d'une virgule ou non ; elle est suivie de deux points (:) en style américain.

Il est fréquent de donner, au début de la lettre, un bref résumé de son contenu. Aux États-Unis, ce résumé apparaît avant la formule d'appel.

Les dates ne sont jamais précédées de *of* ou de *the* dans le corps de la lettre. On prononce toutefois *June the fourth* ou *the fourth of June*.

Remarquez que, dans une lettre non manuscrite, les paragraphes ne sont pas en retrait.

Le style britannique veut qu'il n'y ait pas de ponctuation après la formule finale s'il n'y en a pas après la formule d'appel. Aux États-Unis, en revanche, la formule est suivie d'une virgule.

Indique qu'il y a des pièces jointes au courrier.

La signature se place sous la formule finale (et non à droite). Dans les lettres commerciales ou officielles, on peut faire figurer le nom dactylographié sous la signature, notamment si celle-ci est peu lisible.

Addressing an envelope

The name and address are placed in the bottom right-hand corner of the envelope. Each line begins with a capital letter.

The sender's name and address can be placed on the reverse of the envelope at the top. In formal and business correspondence it is usually placed on the front in the top left-hand corner of the envelope.

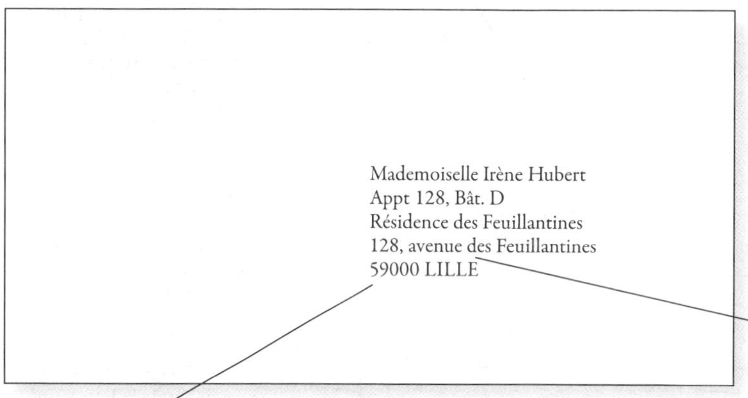

Or "av.". Other possible abbreviations are: "bd" (= *boulevard*). Note that there is no abbreviation for "rue".

French postcodes consist of five numbers written without any spaces. Of these numbers, the first two indicate the *département*. The postcode is written before the name of the town or village which should be written in capital letters.

Note that the first name is always given in full, even in business correspondence.

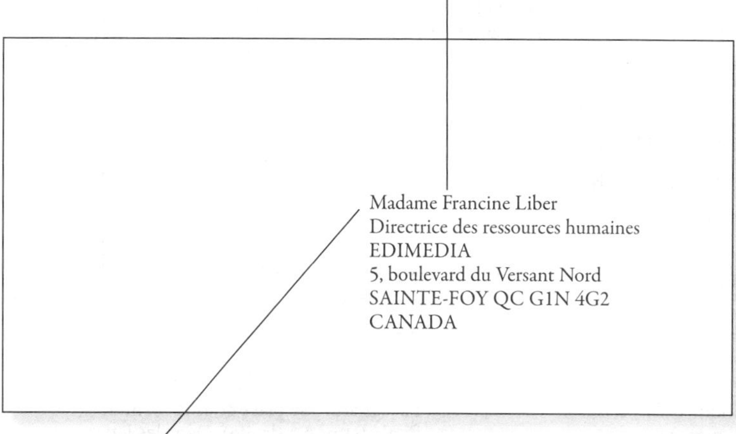

In business correspondence abbreviations of titles *(M., Mme, MM., Mmes, Mlle, Mlles)* are possible, although it is preferable to give the title in full *(Monsieur, Madame, Messieurs, Mesdames, Mademoiselle, Mesdemoiselles).*

Rédaction de l'enveloppe

• Au Royaume-Uni

L'adresse se place au milieu de l'enveloppe.
L'expéditeur peut éventuellement écrire son adresse au dos de l'enveloppe, en haut.

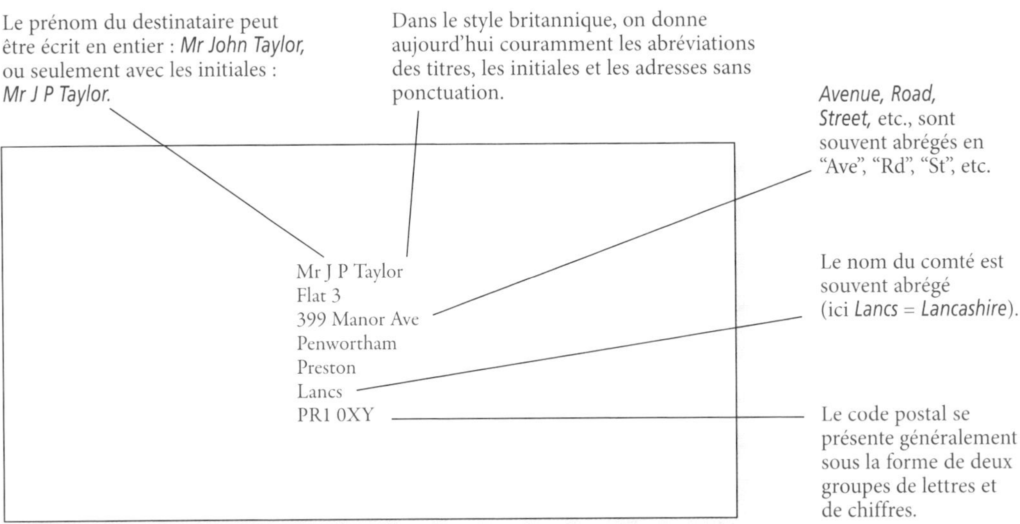

• Aux États-Unis

L'adresse se place au milieu de l'enveloppe.
L'adresse de l'expéditeur figure en haut à gauche du nom et de l'adresse du destinataire.

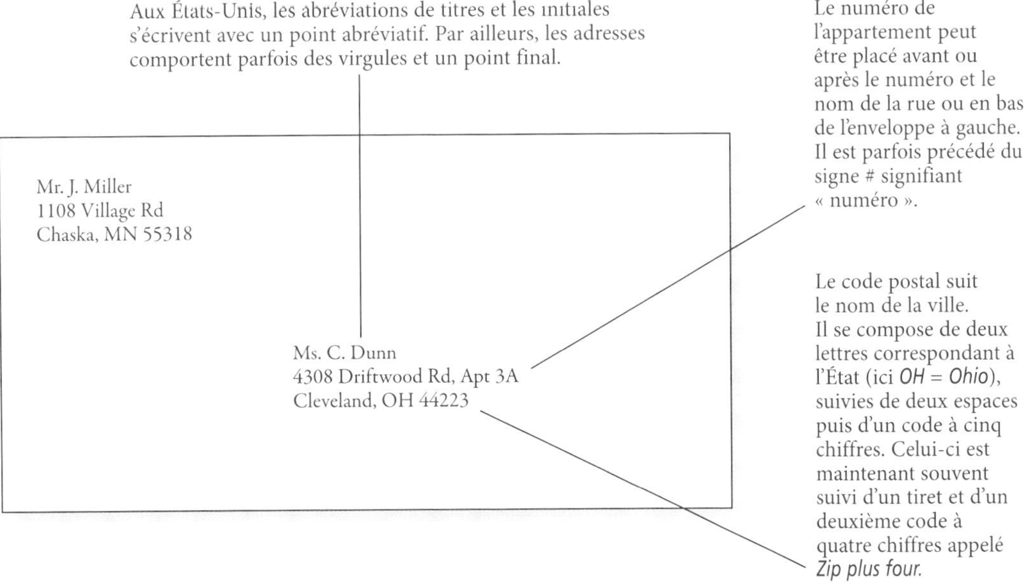

Filling in a form

Note that *nom*, or the alternative *nom de famille*, means surname.

NOM : *LEROY*

NOM DE JEUNE FILLE : *MANIE*

PRÉNOM(S) : *Patricia Gabrielle*

SEXE : Masculin Féminin

SITUATION DE FAMILLE : Célibataire Marié(e) Divorcé(e)

ADRESSE : n° : *6* Rue : *du Béarn*

Ville : *Paris* Code postal : *75003*

TÉLÉPHONE : Domicile : *01 49 67 43 22*

Bureau : *01 39 68 92 10*

FAX : *01 39 68 92 11*

E-MAIL : *pleroy@inform.fr*

NATIONALITÉ : *française*

DATE ET LIEU DE NAISSANCE : *28 février 1956 à Dinan*

N° DE SÉCURITÉ SOCIALE : *256022235068041*

PROFESSION : *Photojournaliste*

NOM DE L'EMPLOYEUR : *L'Explorateur*

ADRESSE DE L'EMPLOYEUR : *3, rue de la Liberté*
94100 SAINT-MAUR-DES-FOSSÉS

PERSONNE À CONTACTER EN CAS DE NÉCESSITÉ :

Nom : *Antoine Manie*

Adresse : *22, rue de la Croix Blanche 33000 BORDEAUX*

Téléphone : *05 56 51 83 27*

Fait à *Paris* Le *4 avril 2011*

Signature : *P. Leroy*

French telephone numbers consist of ten digits and are written in groups of twos.

Note that the nationality is given in the feminine form to agree with *nationalité*.

It is common in France to ask for the place of birth as well as the date of birth.

Remplir un formulaire

TITLE: Mr Mrs (Ms) Miss

SURNAME: *HUTCHINSON*

MAIDEN NAME: *CLARKE*

FIRST NAME(S): *Josephine Ann*

SEX: Male (Female)

MARITAL STATUS: Single (Married) Divorced

ADDRESS: Street number: *13* Street: *Lexford Drive*
Town: *Woodbridge* County: *Suffolk*
Postcode: *IP12 3DG*

TELEPHONE: Home: *01394 412431*
Office: *01394 430698*

FAX: *01394 430621*

E-MAIL: *jhutchinson@pixie.uk*

NATIONALITY: *British*

DATE OF BIRTH: *19/01/1977*

NATIONAL INSURANCE NUMBER: *NA191487B*

PROFESSION: *Legal secretary*

EMPLOYER: *Brown & Cole*

EMPLOYER'S ADDRESS: *3 Church Road, Woodbridge, Suffolk IP11 4AY*

PERSON TO BE CONTACTED IN CASE OF AN EMERGENCY:

Full name: *Mr James Clarke*

Address: *16 Ecclesall Road, Sheffield S11 8PN*

Telephone: *01142 621637*

Signature: *Josephine Hutchinson* Date: *4 April 2011*

Il n'est pas courant de demander le lieu de naissance.

Aux États-Unis, on donne le mois avant le jour dans la date de naissance : 01/19/1977.

Aux États-Unis, l'équivalent est le *social security number*.

Aux États-Unis, on écrirait *April 4, 2011*.

Par *Full name* on entend le nom et le(s) prénom(s).

Writing to a friend

Toulouse, le 5 mai 2011

Cher Christophe,

Une fois de plus, j'ai laissé passer plusieurs mois avant de te répondre, je suis impardonnable ! J'ai tout de même des circonstances atténuantes : j'ai changé de service dans ma société, et je suis maintenant beaucoup plus souvent en déplacement.

Tu as l'air de bien t'adapter à ton nouveau cadre de vie ; est-ce que tu t'es fait des amis ? C'est certainement beaucoup plus facile de rencontrer des gens dans une petite ville, surtout quand on est sportif comme toi et qu'on peut s'inscrire à tout un tas de clubs et d'associations.

En tout cas, compte sur moi pour venir te rendre visite très bientôt, puisque tu m'invites si gentiment. J'avais justement l'intention de prendre quelques jours de congé début juillet ; est-ce que la semaine du 4 au 10 te conviendrait ?

J'espère que tu ne seras pas aussi fainéant que moi et que tu répondras vite !

Je t'embrasse.

Christine

Meilleur souvenir de Prague,
où nous passons une semaine
très agréable à admirer
la splendide architecture
de la ville et à déguster
ses nombreuses bières !

À très bientôt.

Jean et Renée

Monsieur et Madame Paul Robin
8, boulevard Alsace-Lorraine
64100 Bayonne
FRANCE

Salut, les copains ! Quel temps fait-il à Nancy ? Ici, le soleil brille, la mer est bleue, le sable doré, bref c'est le paradis. Enfin, ça serait vraiment le paradis si Anne ne m'obligeait pas à aller visiter les petits villages de l'intérieur à l'heure de la sieste...

On vous racontera tout plus en détail à notre retour.

Bises.

Sandra

Jérôme et Pascale Hulet
25 bis, rue Georges Clemenceau
54000 Nancy
FRANCE

Écrire à un ami

Arrived safely after a long flight that was delayed two hours! The hotel and food are wonderful - and the island is spectacular. Spent yesterday on the beach recovering from the five-hour bike ride Dave persuaded me to go on the day before. Never again! Hope you're both well and the dog is behaving itself. See you next Friday.

Love,

Carol

Mr + Mrs P Gordon
29 Marl Ave
Ferndown
DORSET
BH17 8JN
UK

24 Lodge Road
Peterborough
PE7 4QZ

15 January 2007

Dear Anne,

Just a quick note to let you know that everything is fine and to apologize for not having written sooner. As you can see, I have moved since the last time I wrote - and lost your address in the move!

How are things in Paris? You didn't say much about the course in your last letter. I hope everything is going well. As you can imagine, life has been a bit hectic at this end, what with the move and Christmas. The new house is much larger and closer to work. I now have a spare bedroom (for visitors!) and a second bathroom. What luxury!

Did Serge write and tell you that he's getting married? I think the wedding is in August.

Anyway, I must dash. Give my love to Richard and please write again soon.

Lots of love,

Mary

Hi! *Tuesday*

Saw this card and thought of you! Having a great time exploring Cairo's markets and museums. Having a few problems with the language – but quite a lot of people seem to understand English. Off to visit the pyramids tomorrow – and maybe a camel ride! Wish you were here.

All my love,

Isabelle

Andy and Yvonne Birch
52 Moor Grange View
Wellington Heath
HERTFORDSHIRE
GREAT BRITAIN

Invitations and replies

The bride's parents.

Traditional format. The name of the grandparents can also be added above those of the parents, in which case the following line of text is replaced by: *ont le plaisir de vous faire part du mariage de leurs petits-enfants et enfants.*

The groom's parents.

Monsieur et Madame Pierre Degoulet — Monsieur et Madame André Lebeau

ont le plaisir de vous faire part du mariage de leurs enfants

Sophie et Christophe

et vous prient de leur faire l'honneur d'assister
à la cérémonie religieuse, qui sera célébrée
le samedi 25 juin 2011 à quatorze heures
en l'église Saint-Pierre d'Épernon,
ainsi qu'au dîner organisé à partir de vingt heures
à la Grande Cascade, au Bois de Boulogne.

48, rue des Plantes 75014 Paris — 13, rue Beaubourg 75003 Paris

Address of the bride's parents.

Address of the groom's parents.

Claire et Jérôme

sont très heureux de vous faire part
de leur mariage, qui aura lieu

le 26 mars 2011

À cette occasion, ils vous invitent à la soirée
qu'ils organisent, à partir de 20 heures,
à la Petite Ferme, 12, rue du Château, 78000 Versailles

Réponse souhaitée avant le 28 février.

23, rue du Montparnasse, 75006 Paris

Or: *Merci de répondre avant le 28 février.*

More modern format.
The invitation comes from the bride and the groom themselves.
The address given is theirs.

Perpignan, le 29 avril 2011

Chers Pierre et Christine,

Nous vous remercions vivement de votre invitation au mariage de Sophie et Christophe et nous nous ferons un plaisir d'assister à la cérémonie religieuse et au dîner, puisque vous nous proposez si gentiment de nous héberger quelques jours.

Il nous tarde de revoir toute la famille et de féliciter Sophie en personne!

Nous vous téléphonerons dès que nous aurons réservé un vol pour Paris.

Amicalement,

Jean-Paul et Marie Dubois

Invitations et réponses

Martin and Isabelle
invite you to
Martin's birthday party
on: Wednesday May 26
at: 31 Canning Crescent
from: 8pm to: midnight
Please bring a bottle
RSVP

Sur une invitation plus classique, il est parfois fait allusion à la tenue requise : *dress code: formal* en anglais britannique ou *formal attire* en anglais américain, signifient que les hommes doivent porter un costume sombre, et les femmes, une robe de cocktail. *Dress code: black tie* signifie que les hommes doivent porter un smoking, et les femmes, une robe du soir.

L'usage classique veut que l'on ne donne que le prénom du mari. Néanmoins, cette pratique n'est plus considérée comme politiquement correcte, notamment aux États-Unis.

Mr & Mrs Peter Harvey request the pleasure of the company of
Margaret Downey
at the marriage of their daughter
Caroline to Mr Joe Cavanagh
at Oundle Town Hall on Wednesday 18th May 2011

17 Lime Avenue
Oundle
Peterborough PE6 4ED

RSVP
17th April 2011

Date à laquelle le destinataire doit avoir répondu à l'invitation.

17 Lime Avenue
Oundle
Peterborough
PE6 4ED
25 March 2011

Dear Mr & Mrs Harvey,

Thank you so much for the invitation to Caroline's wedding. I would love to come.

Caroline mentioned that it would be possible to arrange accommodation at The Talbot Inn for the night of the reception. Could you let me have their number so that I can book a room.

Thank you once again for the kind invitation. I look forward to seeing you in May.

Yours sincerely,

Margaret Downey

Greetings cards and congratulations

Other possibilities: *Bonne (et heureuse) année (à vous) ! ; Tous nos vœux pour la nouvelle année.*

In France, Season's greetings are sent in the New Year (throughout January) rather than before Christmas.

Juan-les-Pins, le 6 janvier 2011

Chers Yves et Liliane,

Meilleurs vœux pour la nouvelle année ! Nous espérons que 2011 vous apportera beaucoup de bonnes choses, notamment sur le plan professionnel puisque nous savons que vous envisagez de vous installer à votre compte.

Nous espérons aussi que cette nouvelle année nous donnera l'occasion de vous revoir.

Bien amicalement,

Suzanne et Alain

Other possibility: *que cette nouvelle année vous apporte beaucoup de bonnes choses/beaucoup de bonheur.*

Les Sables-d'Olonne, le 16 juin 2011

Chère Isabelle,

Toute la famille se joint à moi pour te souhaiter un très très joyeux anniversaire. Nous espérons que tu fêteras ça dignement !

Le contenu du colis devrait te rappeler ton dernier séjour ici. Ne mange pas tout d'un coup !

Tout le monde t'embrasse.

Catherine

Cher Marc,

Bravo ! Je te félicite d'avoir réussi ton bac. Je savais que tu l'aurais sans problème. Tu étais d'ailleurs bien le seul à avoir des doutes là-dessus.

J'ai transmis la nouvelle à tous les copains qui te félicitent aussi. Nous t'attendons de pied ferme en août pour fêter ça !

À bientôt !

Benoît

To be more formal, a card written in the third person can be sent: *Ludovic et Sarah Duval adressent à Claire et Jérôme toutes leurs félicitations et leurs vœux de bonheur à l'occasion de leur mariage.*

Arbois, le 10 mai 2011

Chers Claire et Jérôme,

C'est avec grand plaisir que nous avons appris votre mariage : toutes nos félicitations et tous nos vœux de bonheur !

Nous espérons vous revoir bientôt pour vous féliciter en personne. Comptez-vous passer quelques jours dans le Jura cet été, comme chaque année ?

Très amicalement,

Ludovic et Sarah

Cartes de vœux et félicitations

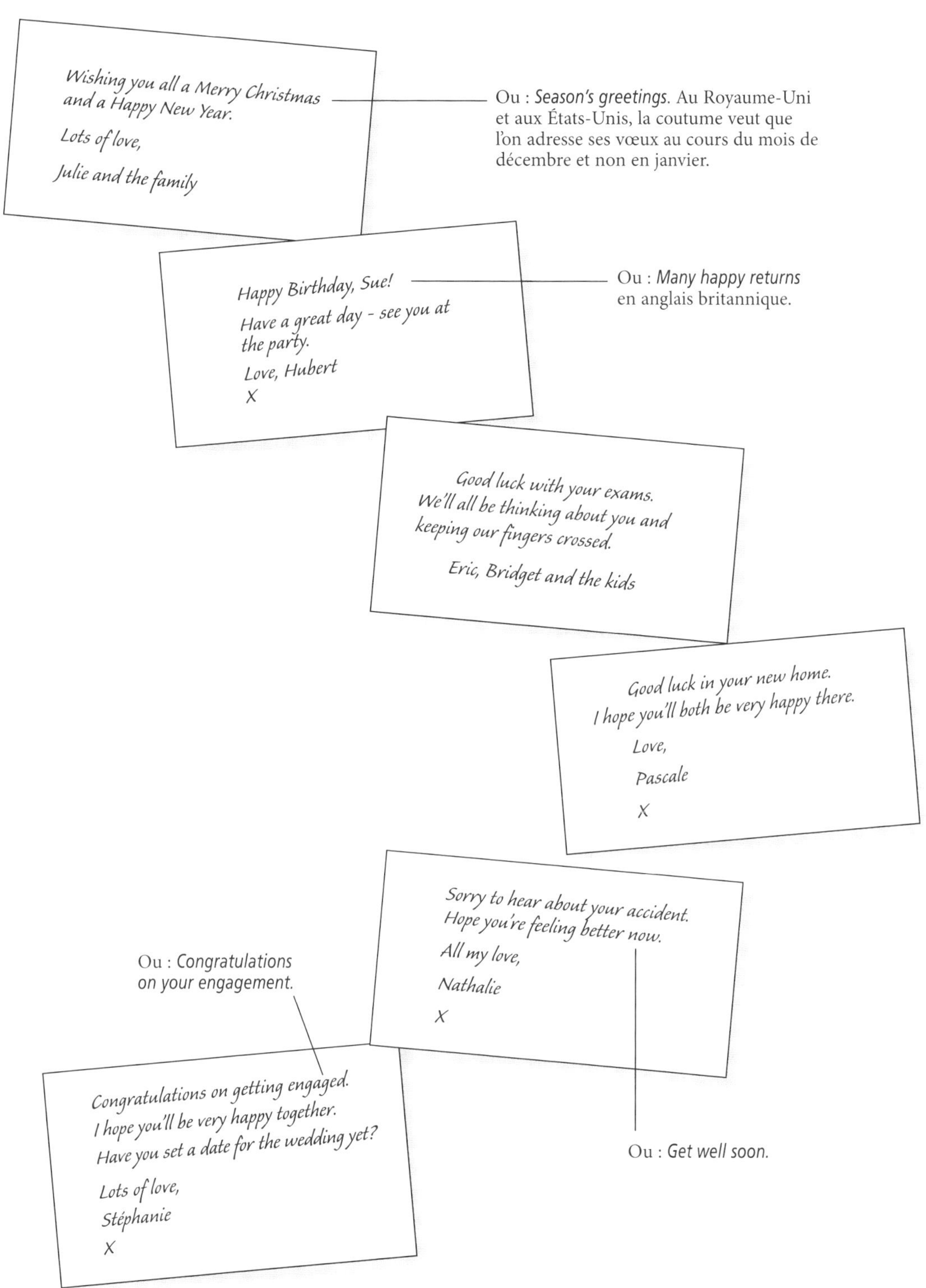

Thank you letters

Strasbourg, le 11 février 2011

Chère Grand-Mère,

J'ai bien reçu la très belle montre que tu m'as envoyée pour mon anniversaire. C'est tout à fait le genre de montre dont j'avais envie depuis longtemps ! Merci mille fois ! Je vais pouvoir la montrer à mes amis lors de la fête que je donne samedi. C'est vraiment dommage que tu ne puisses pas venir, ce n'est pas tous les jours qu'on a dix-huit ans ! Je t'enverrai quelques photos.

J'espère que tu vas bien et que les chiens ne font pas trop des leurs. Je compte toujours venir te voir à Pâques en Normandie. Je suis sûr que tu prendras bien soin de moi pendant que je prépare mon bac.

Je te remercie encore pour le beau cadeau et te dis à très bientôt au téléphone.

Je t'embrasse.

Laurent

Bristol, le 3 août 2011

Chère Christine,

Me voilà de retour à Bristol, et le Périgord me manque déjà. Je ne sais comment vous remercier de m'avoir accueillie pendant deux semaines, de m'avoir fait visiter tous ces endroits magnifiques et de m'avoir fait rencontrer des personnes charmantes. Tout le monde a été vraiment gentil et patient avec moi, et j'ai l'impression d'avoir fait d'énormes progrès en français !

Grâce à vous j'ai pu recueillir des informations précieuses et vais maintenant pouvoir commencer à rédiger l'article que « Travel Magazine » m'a commandé. Puis-je me permettre de vous l'envoyer pour lecture et commentaires éventuels ?

J'espère pouvoir à mon tour vous recevoir à Bristol. C'est une ville très intéressante et un bon point de départ pour des visites d'une journée, à Bath entre autres. Bien sûr, la cuisine anglaise ne vaut pas celle du Périgord, mais je pourrai quand même vous faire goûter nos fameux « English breakfasts » et « cream teas ».

Je vous remercie encore pour tout et vous dis à bientôt.

Amicalement,

Fiona

Lettres de remerciement

2099 Driftwood Drive
Laguna Beach, CA 92677
USA

December 8, 2011

Dear Julie,

Thank you so much for the beautiful bouquet of flowers that arrived this morning, just in time for my birthday. They look wonderful in the living room and will cheer the place up for the party this weekend. You do spoil me!

It was so nice to see you in the fall. Hopefully I shall be able to come to France to visit you sometime next year. Give my regards to all the family. I hope everyone is well.

Thanks again for the flowers. I'll get Bret to take a photo of them so that you can see just how lovely they are!

Take care and write soon.

Love,

Cheryl

Jean-Pierre Bonnet
56, rue de la Gare
64000 Pau
FRANCE

12 February 2011

Dear Mr Andrews,

I am writing to thank you for your help in organizing our rugby tour of Scotland. Everyone involved was delighted with the transport and accommodation laid on and with the warm welcome given to our party.

The members of the club would also like to take this opportunity to thank your wife and her team of helpers for the refreshments provided at the end of each match.

We are looking forward to seeing you in the summer in Pau and hope that you will enjoy it as much as we enjoyed our stay in Scotland.

Thank you once again for all your help.

Yours sincerely,

Jean-Pierre Bonnet

Business letters

- Asking for a catalogue

E-mails can be less formal.

De : Jacques Lefur : [lefurj@aloha.fr]
À : produits@unisecu.fr
Date : 07/02/11
Objet : demande de catalogue

Bonjour,

Je souhaiterais recevoir, à l'adresse ci-dessous, un exemplaire de votre catalogue de vêtements et chaussures de sport, ainsi qu'une liste de prix.

Merci d'avance.

Jacques Lefur
21, rue Daguerre
75014 Paris

- Placing an order

Michèle Truchet
Architecte
13, rue Laurent Pichat
75116 Paris
Tél. : 01 48 13 26 55
Télécopie : 01 48 13 26 56
e-mail : mtruchet@architech.com

Universa S.A.
35, rue de Bretagne
95450 Seraincourt

Paris, le 6 septembre 2011

Messieurs,

Je souhaiterais passer commande de plusieurs articles figurant dans votre catalogue 2011. Il s'agit de :

- 10 rames de papier laser haute définition de couleur blanche (Réf LA00HDB)
- 10 rames de papier laser haute définition de couleur grise "Acier" (Réf. LA06HDC)
- 10 rames de papier laser « qualité photo » de couleur blanche (Réf. LA00PB).

Cette commande étant urgente, j'espère qu'il vous sera possible d'effectuer la livraison sous deux jours, comme cela a été le cas par le passé. Si cela n'était pas possible, veuillez me le faire savoir dès que possible par téléphone pour que je puisse prendre mes dispositions.

Je vous remercie par avance de votre compréhension et vous prie d'agréer, Messieurs, mes salutations distinguées.

Michèle Truchet

- Sending a payment

Martine Santos
24 bis, rue de l'Ours
13008 Marseille

Société Informatika
155, rue Linné
75005 Paris

Marseille, le 15 juin 2011

Messieurs,

Veuillez trouver ci-joint, en règlement de votre facture numéro 127B/00016/HK, un chèque d'un montant de 540 euros.

Vous en souhaitant bonne réception, je vous prie d'agréer, Messieurs, mes salutations distinguées.

Martine Santos

Lettres commerciales

- Demande de catalogue

From: John D. Smith: [johndsmith@inline.co.uk]
To: tilecompany@evermail.co

Date: 16/11/11
Re: catalogue

Dear Sir or Madam,

I would be grateful if you could send me a catalogue and price list to the following address: 24-26 Lime Street, Edinburgh, EH6 2RT.

I am particularly interested in floor tiles for a bathroom and was wondering whether or not you have a distributor in the Edinburgh area. Failing that, I would like to know how much you charge for delivery.

Thanking you in advance.

Yours faithfully,

John D. Smith

- Passer une commande

29 Pennyworth Square
Ringwood
Hampshire
BH24 1DA

Great Outdoors
267 Albion Court
LONDON W1V 5HG

14 November 2011

Dear Sirs,

Following receipt of your latest catalogue, I have pleasure in placing an order for three pairs of walking boots, catalogue number WB109. The sizes and colours are as follows:

Men's UK size 11, black (one pair)
Women's UK size 6, brown (one pair)
Child's UK size 10, brown (one pair)

As mentioned in your catalogue, an order of three or more pairs qualifies for a 20% discount. Please find enclosed a cheque for £120 as payment in full.

I look forward to receiving the order within 28 days.

Yours faithfully,

Matthew Browning

Matthew Browning

- Règlement d'une facture

11 Morecambe Rd
Swansea
Dorset
SA2 OLY

Mr T Price
Gold & Sons
29 Lambert Street
CHESTER CH1 7TY

14 June 2011

Dear Mr Price,

Please find enclosed a cheque to the amount of £398.90 in final payment of order no. GS567-98.

I look forward to doing business with your company again in the future.

Yours sincerely,

Tina Walker

Tina Walker

Making, confirming and cancelling a reservation on-line

Hazel.Brown

à :laroseraie@worldnet.fr
envoyé : jeudi 2 décembre 2010 18:32
de : hazelbrown@easynet.co.uk
objet : réservation

Bonjour,

J'ai trouvé votre adresse dans la brochure que m'a envoyée l'office du tourisme de Villard-de-Lans.

Je voudrais réserver une chambre avec bain pour deux personnes en demi-pension pour la semaine du 14 au 20 février 2011, de préférence orientation sud et avec balcon.

Salutations

Hazel Brown

Court Place Barn
23 Lea Road
Bakewell DE45 1AR
ROYAUME-UNI

===============

Laroseraie

à : hazelbrown@easynet.co.uk
envoyé :
vendredi 4 décembre 2010 10:22
de : laroseraie@worldnet.fr
objet : réservation 14-20 février

Madame,

J'ai bien reçu votre message électronique concernant la réservation d'une chambre et je vous en remercie.

Je vous confirme la disponibilité d'une chambre double avec bain pour la semaine du 14 au 20 février.

Le tarif demi-pension pour cette période est de 65 euros par personne et par jour (haute saison).

Merci de bien vouloir me faire parvenir un chèque d'arrhes d'un montant de 120 euros ou de me communiquer votre numéro de carte bancaire et date d'expiration par le moyen qui vous conviendra (téléphone ou télécopie) car nous n'avons pas encore de système de paiement sécurisé sur internet.

Dans l'attente de votre réponse, je vous adresse mes meilleures salutations.

Henri Maréchal

Hôtel La Roseraie
38250 Villard-de-Lans

==============

Hazel.Brown

à : laroseraie@worldnet.fr
envoyé : vendredi 18 décembre 2010 15:41
de : hazelbrown@easynet.co.uk
objet : ma réservation pour février

Monsieur,

J'ai bien reçu votre réponse concernant la disponibilité d'une chambre pour deux. Malheureusement, je viens de me casser la jambe et dois renoncer à mon séjour en montagne. J'annule donc notre réservation mais espère bien pouvoir passer quelques jours à Villard-de-Lans l'année prochaine.

J'espère que cette annulation tardive ne vous causera pas trop de désagrément et vous adresse mes meilleures salutations.

Hazel Brown

Court Place Barn
23 Lea Road
Bakewell DE45 1AR
ROYAUME-UNI

==============

Faire, confirmer et annuler une réservation sur Internet

Harry.Catte

From: hcat@hotmail.com
Sent: 14 September 2010 10:44
To: info@hoteljacinta.co.uk

Dear Sir or Madam

Having visited your website at www.hoteljacinta.co.uk, I wish to reserve three nights' bed-and-breakfast accommodation at your hotel from 29-31 October inclusive. I require a double room with en-suite bathroom, and the room should be as quiet as possible. As for dietary requirements, my wife and I are both vegetarians.

Please let me know whether you have a room available for these dates, and also whether your hotel can provide Internet access to guests.

I presume that, at the advertised all-inclusive rate of £37.50 per person per night, the total cost of our stay would be £225. Can you confirm this?

Regards,

Harry Catte
hcat@hotmail.com
18 Prince Edward Street
EDINBURGH EH10 6AF
0131 423 6561

« Best regards », n'est employé que pour une personne de connaissance.

Hotel Jacinta

From: info@hoteljacinta.co.uk
Sent: 15 September 2010 11:27
To: hcat@hotmail.com
Re: Reservation for 29-31 October 2010

Dear Sir

Thanking you for your e-mail of 14 September, I am pleased to confirm the availability of a double room with en-suite bathroom for the period between 29 and 31 October inclusive (three nights). The room is quiet and our gourmet restaurant offers a choice of vegetarian dishes. All rooms are equipped with Internet access.

The special all-inclusive cost of your three-night stay on a bed-and-breakfast basis is indeed £225. For confirmation, we require either a £75 deposit or a credit-card reference that you can send by e-mail, fax or telephone (our website does not yet allow online reservations).

We look forward to welcoming you at the Jacinta.

Yours faithfully,

John Seymour
Manager
Hotel Jacinta

==============

Harry.Catte

From: hcat@hotmail.com
Sent: 7 September 2010 9:12
To: info@hoteljacinta.co.uk

Dear Mr Seymour

I regret to inform you that owing to a change in plans we shall be unable to stay at your hotel between 29 and 31 October 2010.

We hope to choose another date this winter to stay at the Jacinta and consider this unfortunate cancellation a simple postponement. Please accept my apologies for any inconvenience it may have caused.

Yours truly,

Harry Catte

Court Place Barn
23 Lea Road
Bakewell DE45 1AR

==============

Requesting information

Joanna Rice
3 Bramley Court
Farnborough
Hampshire GU14 6GX
ROYAUME-UNI

Université de Provence
Service d'enseignement
du français aux étudiants étrangers
29, avenue Robert Schuman
13621 Aix-en-Provence Cedex 1

Farnborough, le 13 janvier 2011

Madame, Monsieur,

Ayant trouvé votre adresse sur Internet, et ayant consulté votre site, je vous écris pour vous demander de bien vouloir m'envoyer de plus amples renseignements sur vos cours d'été pour étrangers.

J'ai 25 ans et j'ai étudié le français jusqu'au « A-level », l'équivalent du baccalauréat. Après une interruption de plusieurs années, j'aimerais me remettre à niveau, pour des raisons professionnelles notamment.

Pourriez-vous m'indiquer les possibilités d'hébergement pendant la durée du cours, en particulier l'hébergement en famille, qui serait un bon moyen de compléter l'enseignement fourni à l'université. À défaut, est-il possible de louer une chambre en cité universitaire ?

Dans l'attente de vous lire, je vous prie d'agréer, Madame, Monsieur, l'expression de mes salutations distinguées.

Joanna Rice

Alison Summers
3 Abbey Street
Glastonbury
Somerset BA6 4AC
ROYAUME-UNI

Office du Tourisme
Rond-Point de la Tour Mataguerre
26, place Francheville
24000 Périgueux

Glastonbury, le 25 juin 2011

Madame, Monsieur,

Mon mari et moi-même prévoyons de passer les deux premières semaines d'août dans le Périgord et ses environs. Nous hésitons, pour ce qui est de l'hébergement, entre un séjour à l'hôtel qui nous permettrait de faire un circuit, et une location en gîte qui présenterait l'avantage d'une plus grande autonomie. C'est pourquoi nous souhaiterions recevoir des renseignements (prix, description, emplacement) sur ces deux modes d'hébergement.

Nous aimerions visiter principalement, lors de notre séjour, Bergerac, Périgueux, Sarlat et les grottes de Lascaux. Nous vous serions donc reconnaissants de bien vouloir nous faire parvenir une liste d'hôtels et de gîtes d'où ces sites nous seraient accessibles.

Nous avons l'intention de louer une voiture, de préférence à Périgueux, où nous arriverons par le train. Pourriez-vous nous fournir également une liste d'agences de location de voitures ?

Enfin, si vous disposez d'un calendrier des manifestations culturelles dans la région autour de cette période, je vous remercie de bien vouloir le joindre à la documentation ci-dessus.

Dans l'attente de votre envoi, je vous prie d'agréer, Madame, Monsieur, l'expression de mes salutations distinguées.

Alison Summers

If the person sending the letter is a woman, the word "sentiments" is avoided if the addressee is a man (and vice versa).

Demande de renseignements

39, rue de la Moselle
67000 Strasbourg
FRANCE

Bloomsbury School of English
92-96 Gordon Square
OXFORD OX6 5DY

5 March 2011

Dear Sir/Madam

I am writing to ask for more information about the language courses advertised in this month's copy of 'Lingua'.

I am currently studying for a law degree and am particularly interested in obtaining a qualification in business English. The advertisement mentions that your school is recognized by the London Chamber of Commerce and prepares candidates for a number of its exams.

I am hoping to come to England for three or four weeks this summer and would like to know if you will be running Chamber of Commerce exam courses at that time. I have the equivalent of an A-Level in English, although my written language is much better than my spoken English.

I would also be grateful if you could send me further information on accommodation. If possible, I would like to stay with a family but I also understand that the university has rooms that they rent out. Could you let me have some idea of the cost of these two options.

Thanking you in anticipation, I look forward to hearing from you in the near future.

Yours faithfully

Laurent Leblanc

68, rue Borie
74100 Thonon-les-Bains
FRANCE

Tourist Information Centre
49-51 Station Road
GLASGOW G20 9SL

17 May 2011

Dear Sir or Madam,

My wife and I are planning to visit Glasgow in July of this year and would be grateful if you could send us information about the different types of accommodation available. We intend to stay for a period of three weeks and have budgeted around £500 for accommodation. Are we likely to find a reasonable hotel or bed and breakfast for that?

We would also like information on hiring a car. We will be travelling to Glasgow by plane and would ideally like to collect a car at the airport on our arrival.

I have already collected a certain amount of information on places of interest to visit in and around Glasgow. I would, however, be grateful if you could send me details about train services between Glasgow and Edinburgh.

I look forward to hearing from you.

Yours faithfully,

Pascal Mondon

Unsolicited applications

Paul Sewell
1222 George Washington Avenue
Salt Lake City, UT 84112
États-Unis

Cabinet d'architecture
et d'urbanisme
25, rue du Chat
69210 Lyon

Salt Lake City, le 7 avril 2011

À l'attention du responsable du recrutement

Madame, Monsieur,

Diplômé depuis peu de la faculté d'architecture de l'Université d'Utah, et amoureux de la France depuis de nombreuses années, je souhaiterais vivement exercer mon activité dans votre pays.

L'expérience acquise à la fois à l'Université d'Utah et comme stagiaire dans le cabinet d'architectes « Johnson Brown » à Salt Lake City, ainsi que les travaux en collaboration réalisés au cours de mes études et les participations à divers colloques, conférences, ateliers, etc. (voir CV ci-joint), m'ont préparé tant aux aspects pratiques qu'aux aspects théoriques du métier d'architecte. Je serais ravi de mettre ces atouts au service de votre cabinet, dont les qualités d'originalité sont évidentes à la vue des divers ouvrages réalisés en région lyonnaise, que j'ai pu admirer lors de mon dernier séjour en France. Je suis particulièrement désireux de m'associer à une société jeune et innovante telle que la vôtre.

Je me tiens à votre disposition pour tous renseignements complémentaires et, vous remerciant de l'attention que vous voudrez bien accorder à ma candidature, je vous prie d'agréer, Madame, Monsieur, l'expression de mes sentiments respectueux.

Paul Sewell

Sarah Fitzpatrick
45 Hilly Road
Uplands
Swansea SA2 0LY
UK

Hôtel du Parc
33, rue Molière
26200 Montélimar

Swansea, le 19 février 2011

À l'attention du directeur

Madame, Monsieur,

Titulaire d'un diplôme des métiers de l'hôtellerie délivré par le Catering College de Swansea, ainsi que d'un certificat de français sanctionnant des cours du soir, je suis à la recherche d'un emploi temporaire dans l'hôtellerie française, de préférence pour les mois de juin à septembre de cette année.

J'ai déjà effectué plusieurs stages dans des établissements britanniques, comme vous le constaterez à la lecture du CV ci-joint. Les responsables du personnel s'y sont montrés unanimement satisfaits de mes services, et vous pouvez les contacter pour leur demander de plus amples détails (voir références au bas du CV).

Je suis consciente du fait que les mois d'été sont particulièrement chargés dans la plupart des établissements hôteliers, notamment dans les endroits touristiques, et je suis tout à fait disposée à m'adapter aux conditions de travail requises par ce surcroît d'activité.

Dans l'espoir d'une réponse favorable, je vous prie d'agréer, Madame, Monsieur, l'expression de mes salutations distinguées.

Sarah Fitzpatrick

Lettres de candidature spontanée

98, rue Jeanne d'Arc
86000 Poitiers

The Personnel Manager
IES Systems Ltd
37 Holborn Street
London W1 5RT

24 October 2011

Dear Sir or Madam,

I have been given your address by a British colleague who has reason to believe that you may be recruiting staff for your sales team. I enclose my CV for your records and would be grateful if you would consider my application should a suitable post arise.

As you will see, I am currently working for a software company in Poitiers. Having graduated from a business school, I joined the company as a junior sales assistant and have now been an account manager with them for four years. I am in charge of a number of major accounts and manage a team of six.

I understand that you have a number of clients in French-speaking countries and believe that my technical and linguistic knowledge would be of benefit to your company. I am already familiar with many of your computer-based training packages and am therefore aware of the quality of your products.

I am available for interview at any time and would be able to start work within a month of handing in my notice. Please do not hesitate to write to me for further details.

I look forward to hearing from you.

Yours faithfully,

Jean Pinot

Jean Pinot

19, rue de la Convention
45000 Orléans

Sidney House Hotel
23-27 Hampton Street
BATH B12 8TN

18 February 2011

Dear Sirs,

I am writing to inquire about the possibility of summer work in the kitchens of your hotel.

I am currently studying to become a chef at a catering college in Paris. As part of my final year studies, I must find a work placement for two months during the summer break (June to August). Whilst on holiday last year with my family, I stayed in your hotel and was extremely impressed by the food on offer in your restaurant. I have already carried out a three-week placement at a restaurant in Paris and enclose a copy of the reference supplied by the catering manager at the end of that period. I greatly enjoyed working as part of a large team and very much look forward to repeating that experience.

I have the equivalent of an A-level in English and as part of my present studies follow a number of courses that are taught in English. I would, however, like to improve my spoken language which is why I am applying for jobs in Britain.

I will be available for work from June 20 to August 30. Please do not hesitate to contact me at the above address if you require any further information.

Thank you for considering my application.

Yours faithfully,

Carole Poussin

Unsolicited applications

In France, applications should not be more than one page long.

You only use "Cher Monsieur" or "Chère Madame" for a letter addressed to someone you have been introduced to.

John Gardener
28 Cranham Street
Oxford OX3 5GF

A l'attention de Monsieur Dubois
Société Pétrodéveloppements
52, rue du Général Leclerc
78380 Bougival

Oxford, le 3/3/2011

Monsieur,

Votre intervention à la conférence d'Amsterdam m'a fait découvrir de nouveaux aspects de la prospection pétrolière et m'incite à vous écrire pour vous proposer mes services.

J'ai terminé la Royal School of Mines en 1990 et travaillé pendant plusieurs années sur une plate-forme en mer du Nord. J'ai ensuite travaillé dans un bureau d'études à Londres et maintenant j'aimerais de nouveau travailler sur le terrain, dans un environnement à la pointe de la technologie.

Vous avez évoqué un projet sur une plate-forme de forage et mon expérience tant de meneur d'hommes que de spécialiste en forage pourrait vous être très utile. Je peux me libérer rapidement. Je vous joins mon CV où vous trouverez des détails supplémentaires sur ma carrière.

Je reste à votre disposition pour un entretien durant lequel je pourrai vous parler plus en détail de mes motivations.

Dans cette attente, je vous adresse mes salutations les meilleures.

J. Gardener

Applications used to have to be handwritten but this pratice is now less common.

Lettres de candidature spontanée

17, rue Henri Vieuxtemps
4000 Liège
BELGIUM
+32 43 487146

Dans un courrier, l'adresse du destinataire se place à gauche.

Miss Mary Dodd
Snowdon Mountain Railway
Llanberis
Gwynedd (North Wales)
LL55 4TY
ROYAUME-UNI

6 May 2011

Dear Miss Dodd,

I am writing to inquire about the possibility of gaining work experience with your company this summer. I am currently studying for a degree in Tourism at the University of Liège (Belgium), and hope to gain employment in this field when I graduate in approximately one year's time.

I hope you will forgive my writing to you speculatively. I was given your name by a fellow student, Thomas Lenzen, who did his work experience with you last year. He found it to be an extremely interesting and useful experience and has very positive memories of working with you.

Le texte doit être aligné à gauche, non justifié et sans alinéa.

I have already gained considerable experience of working in the tourist industry, most recently at the Musée Opinel at St-Jean-de-Maurienne in France, and at the Boutique Tintin in Brussels. References from these employers are attached along with my CV. I have a good command of English, which forms part of my degree course.

I have also spent some time in the UK, including a brief visit to Wales about eighteen months ago. I found it a beautiful and fascinating country, to which I am very keen to return. I enjoy mountaineering, I am something of a railway enthusiast, and I even have hopes of aquiring a little of the Welsh language!

These are some of the reasons why I believe I would be well suited to working at the Snowdon Mountain Railway, whether in the gift shop, the railway exhibition or the café. I hope you will be able to offer me a position, and look forward very much to hearing from you.

Yours faithfully,

Paul Lambotte

La signature est placée en bas à gauche.

Unsolicited applications on-line

de : lucy.macpherson@gmail.com
à : cgarnier@colibri.tm.fr
le : mercredi 24 novembre 2010, 16 h
objet : Lettre de candidature pour articles sur Internet

 CV_lmcpherson.doc

Madame,

Un ancien professeur de l'école Camondo à Paris m'ayant signalé que vous chercheriez prochainement à faire évoluer votre journal en ligne, je me permets de vous transmettre mon CV de relecteur/traducteur (anglais-français) spécialisé dans la mode et les beaux-arts.

Je viens d'occuper pendant 6 mois un poste de traducteur à la Cité internationale de la Dentelle et de la Mode, à Calais, pour laquelle je traduisais les articles et catalogues en ligne, le nouveau musée souhaitant développer l'accès à ses collections pour les visiteurs anglophones.
Tout au long de mes différents stages et jobs d'été pour des magazines de mode, décoration ou gastronomie, j'ai pu constamment améliorer ma maîtrise professionnelle du journalisme artistique sur Internet. Vous pourrez aisément vous assurer de mon expérience en matière de réalisation de l'interface en ligne : vous trouverez ci-dessous les liens vers des pages que j'ai traduites, puis mises en forme et postées sur différents sites français ou britanniques.

De langue maternelle anglaise, je pense être en mesure de participer activement à la qualité des pages anglaises de votre site, tant sur le plan artistique que rédactionnel.

Je me tiens à votre disposition pour un entretien à votre convenance.

Cordialement,

Lucy Macpherson

http://www.citedentelle.calais.fr/spip.php?article101
http://www. cuisines-monde.tm.fr/part-deco-angl.php
http://www. deco-dart.tm.fr/salon-chinois-angl.php
http://www. beautyparlour.com/latest-jewellery-oct.html

Links provide direct access to additional information about the candidate.

Lettres de candidature spontanée par Internet

From : alexandre.chassagne@gmail.com
To : dwhalen@wall2wall.co.uk
Date : Wed, Nov 24, 2010 at 4:00 PM
Subject : Letter of application to Wall2Wall

CV_achassagne.doc

Le candidat doit joindre son CV à sa lettre de candidature et le signaler dans celle-ci.

Dear Mr Whalen,

I am writing to you on the recommendation of Ms Bucknell, your Head of Marketing. We met at a BBC conference event, and she suggested that I contact you, as I would be interested to learn if you have any vacancies available in your company. Wall2Wall is the kind of dynamic and fast-growing television production group that I am keen to become a part of, and I believe I have the creative energy and experience to bring an exciting new dimension to your business.

I have worked for several years within different departments of TV France International – most recently its successful comedy department - gaining experience in various areas of a large-scale television company. I am now keen to bring the skills I gained to a smaller, independent production company such as Wall2Wall. As well as my degree in Film Production from the American University of Paris, I have also spent some time working on my own film and television production company Videyou. Since graduating from university, I have produced TV advertisements for several global companies, as well as episodes of the hit series *Islands in the Sun*.

My team-leading roles and large responsibility as deputy Director of Comedy at TV France International would allow me to bring crucial business knowledge as well as quick-thinking and creativity to Wall2Wall. I am keen to broaden my range of skills in the television industry, possibly gaining experience in the fields of documentary and feature film, as well as increasing my levels of responsibility and allowing myself the opportunity for new challenges in an exciting independent business. Please find my CV attached; I am available for interview upon request and can provide references if required.

Yours faithfully,

Alexandre Chassagne

Answering a job advertisement

Groupe de presse cherche

Secrétaire de Rédaction

Bilingue anglais,
maîtrise de l'allemand,
environnement PC.
Disponible immédiatement.

CV, lettre de motivation et prétentions à : Déca Presse (réf. SRBA99), 255-257, avenue de Lille, 92300 Levallois.

Salary expectations.

Helen Ryland
6 Fletcher Close
Castle Eden
Co. Durham TS27 4BL
Irlande

Déca Presse
255-257, avenue de Lille
92300 Levallois

Castle Eden, le 20 mai 2011

Objet : poste de secrétaire de rédaction (Réf. SRBA99)

Madame, Monsieur,

Votre annonce parue dans Le Monde cette semaine a retenu toute mon attention. Je pense en effet être à même d'apporter à votre société les qualités acquises aux différents postes de secrétaire de rédaction bilingue que j'ai occupés en Irlande et au Royaume-Uni : sens du détail, correction de l'expression, rapidité, esprit d'équipe, maîtrise de l'outil informatique (PC et Mac, QuarkXpress).

Comme vous le verrez sur mon CV, je possède une formation en langues appliquées aux médias (français-allemand), et, pour compléter les aspects linguistiques de mon métier, je me suis toujours employée à entretenir mon niveau en français par des cours du soir ainsi que des cours d'été en France.

Je vous remercie par avance de l'attention que vous voudrez bien prêter à ma candidature, et me tiens à votre disposition pour tout renseignement complémentaire et pour un entretien éventuel.

Veuillez agréer, Madame, Monsieur, l'expression de mes sentiments distingués.

Helen Ryland

Réponse à une offre d'emploi

Languages at work
In-house French tutor

Large American IT company seeks native French speaker to teach French presentation and conversation skills to its international sales team. Applicants must have a recognized teaching qualification and experience of teaching to all levels. The post is for an initial period of two years. Salary negotiable.

Applications and résumé to:
The Personnel Officer, InfoSoft US Inc., 2567 Fremont Ave., Boulder CO 80303-2252 or email: pturner@infosoft.co.us.
Closing date: August 12, 2011.

Résumé est l'équivalent américain de *CV*.

Remarquez la ponctuation différente du style britannique.

56, rue du Bois
78000 Versailles

The Personnel Officer
InfoSoft US Inc.
2567 Fremont Ave.
Boulder CO 80303-2252

August 4, 2011

Re: Post of in-house French tutor

Dear Sir/Madam:

I am writing to apply for the above-mentioned post advertised in the July issue of 'IT News' and enclose my résumé for your consideration.

After graduating in French Language and Literature from the University of Nantes, I prepared the CAPES (a high school teaching qualification) and taught for three years at a high school in Paris. During this time, I also studied for a diploma in FLE (Français Langue Étrangère – the teaching of French as a foreign language) since it had always been my intention to teach abroad.

After leaving France in 2005, I spent the next five years teaching French in Britain in both private language schools and companies. During this period, I gained a wide range of experience, teaching both beginners and more advanced students, general conversation and business French. As you will see from my résumé, I taught a number of students working in the field of IT and am therefore aware of the needs of such people.

I returned to France in May of this year for personal reasons and have been working as a substitute teacher in Paris since then. I am, however, looking to move abroad again and would particularly welcome the experience of working in the United States.

I remain at your disposal for any further information and look forward to hearing from you in the near future.

Sincerely yours,

Claude Vago

Donnez une explication ou un équivalent pour chaque diplôme obtenu à l'étranger.

Answering a job advertisement

R & M, société de services spécialisée dans l'ingénierie documentaire et la formation technique
recherche un traducteur de langue maternelle anglaise pour faire la traduction en anglais de documents techniques français (domaine des télécoms et de l'informatique).
Ce poste est basé en Rhône-Alpes.
De formation supérieure, bilingue anglais/français, vous justifiez d'une expérience d'un an minimum dans la traduction technique.
Envoyez une lettre de candidature et un CV à drh@ereem.fr

Ian.Butcher

de : ianbutcher@easynet.co.uk
à : drh@ereem.fr
envoyé : lundi 5 mai 2011 12:11
Objet : traducteur anglophone

Madame, Monsieur,

Votre annonce concernant un poste de traducteur publiée sur le site de l'APEC m'a vivement intéressé. Je suis en fin de stage dans une société qui produit du matériel de télécommunications et pour laquelle je viens de créer un glossaire bilingue français-anglais.

Après des études secondaires à Oxford, j'ai fait des études de langues (français et allemand) à l'université de Leeds. J'ai ensuite obtenu un master de traduction à l'université de Paris III-Sorbonne Nouvelle. De langue maternelle anglaise, je souhaite vivement m'établir en France dans une région où je pourrai pratiquer le ski.

Je vous envoie mon curriculum vitae en pièce jointe ; il vous fournira une version plus détaillée de mon parcours professionnel à ce jour.

Je me tiens à votre disposition pour un entretien et vous adresse mes meilleures salutations.

Ian Butcher
==============

You don't usually add your address and phone numbers.

Réponse à une offre d'emploi

Quality Control Director

A new director is required for our expanding range of products.
Applicants should have experience in the dairy industry and in team management.
Foreign experience would be appreciated.
Applications and résumé to:
Louise Rapple, Human Resources Dept,
Fertnel Cheese Corporation,
1674 Observatory Drive
Madison, WI 53706-1283
USA

Résumé est l'équivalent américain de *CV*.

132, rue Marcadet
75018 Paris
FRANCE
+33 1 42012645

Louise Rapple
Human Resources Dept
Fertnel Cheese Corporation
1674 Observatory Drive
Madison, WI 53706-1283
USA

May 17, 2011

Re: Post of Quality Control Director

Dear Ms Rapple,

I wish to apply for the post of Quality Control Director advertised in "Cheese Reporter" of May 16, 2011.

As you will see from the enclosed résumé, I have worked in the dairy products industry for several years, mostly at the small firm of Fromageries Duval SA here in Paris, where I am currently Head of Quality Control.

I graduated "avec mention Très Bien" (the French equivalent of Summa Cum Laude) in Food Science from one of France's most respected universities, and have acquired a wide knowledge of cheesemaking processes, from traditional artisanal techniques to high-volume commercial brands.

My experience is principally of traditional French styles, but a period of work experience with Rivageois Inc. in Canada taught me much about the North American industry.

I feel I would be an asset to your organization, and would certainly value the opportunity of working for such a large and prestigious corporation.

Please find attached my résumé.
If you require any further details, please do not hesitate to contact me. I hope to hear from you soon.

Sincerely yours,

Anatole Duplay

Answering a job advertisement on-line

De : joan.taylor@gmail.com
À : jobs@ongcd.org
Le : lundi 18 octobre 2010, 11 h 30
Objet : Candidature – Réf. Chargé(e) financement patrimoine Asie

 CV_jtaylor.doc

Madame, Monsieur,

Votre annonce du 6 octobre, postée sur le site européen des ONG de coopération pour la culture, a retenu toute mon attention. Je souhaite poser ma candidature concernant le poste de chargé(e) de recherche de financement pour les ONG de mise en valeur du patrimoine en Asie.

Chargée de développement financier chez Planetwise, une entreprise de soutien aux chantiers de fouilles archéologiques, depuis 5 ans, j'ai pu mettre à profit mes compétences pour identifier puis convaincre les investisseurs potentiels, mais aussi pour suivre le bon usage des fonds et le déroulement des chantiers. Intéressée par la richesse culturelle du continent asiatique, je serais très désireuse de me joindre aux forces vives de la recherche historique en Asie et de contribuer activement à son développement.

De nationalité britannique, je parle couramment le français et le turc. Mon expérience professionnelle comprend 3 postes basés à Lyon et Bruxelles, ainsi qu'à Izmir.
Si ma candidature était retenue, je suis par ailleurs disponible pour l'entretien prévu le 23 novembre.

Cordialement,

Joan Taylor

Réponse à une offre d'emploi sur Internet

From : danielle.picard@gmail.com
To : jobs@sanford&sanford.com
Date : Mon, Oct 18, 2010 at 11.30 AM
Subject : Application for post of International Communications Manager

 picard_cv.docx

Dear Sir/Madam,

I wish to apply for the post of International Communications Manager, recently advertised on the Guardian website. Business on an international scale is of fundamental importance to a company's success, and I believe I have the skills required to take on this challenging central role in a large and successful enterprise such as Sanford & Sanford.

I have held my current position as Head of International Communications with Worldwide Marketing – a small, independent marketing firm – since 2007. During this time our annual revenue rose by eleven percent, our highest increase since 2001. I worked on a number of projects to ensure the efficacy of our marketing campaigns on the international market, which I believe contributed considerably to our rise in profit. Now I am looking to add to my level of responsibility in a larger organisation, whilst also bringing several years' experience of management and team-leading to your company.

Having already had experience in a number of international posts, I am also keen to make use of my high levels of English , Russian and Arabic, as well as French, which is my mother tongue, which I feel would be essential in a multinational organisation such as yours. Please find my CV attached as a Word document with details of my career history and education. I am available for interview upon request.

Yours faithfully,

Danielle Picard

French CV, English graduate

There is no one standard layout for a CV. Personal details, in particular, can be presented in a number of different ways (centred, in two columns, left-aligned). The important thing is to be clear and concise.

The surname can be given in capitals.

This information is optional. Other marital statuses include: *marié(e), divorcé(e), séparé(e), pacsé(e), veuf (veuve).*

Daniel Peter Lowe

3 Hilda Cottages
Mansfield
Nottinghamshire NG18 7BF
Royaume-Uni
Téléphone : + 44 1623 29385

Célibataire
22 ans
Nationalité britannique

Age can be replaced by date of birth or both can be indicated.

FORMATION

For somebody with little professional experience, educational details should come first.

2008-2011	BSc en multimédia (licence), mention très bien Université de Sheffield Projet de dernière année : production d'un CD-ROM utilisant des techniques de vidéo numérique
2006-2008	A-levels (baccalauréat). Options : langue anglaise, mathématiques, informatique, français
2004-2006	GCSEs : langue anglaise, littérature anglaise, mathématiques, physique, chimie, dessin industriel, géographie, français

EXPÉRIENCE PROFESSIONNELLE

2010-2011	Animation d'un cybercafé à Mansfield
2009-2010	Participation à la coordination de conférences sur le multimédia (Nottingham, Sheffield, Manchester)
été 2010	Stage d'un mois chez Nova Média, Bruxelles. Travail sur un système de reconnaissance automatique de la parole

DIVERS

- Connaissance approfondie de nombreux logiciels :
- Adobe Illustrator, Quark, MS Office, etc.
- Systèmes d'exploitation : Windows (Mac/PC), Linux
- Français lu, écrit, parlé. Nombreux séjours en France.
- Goût pour les voyages, le cinéma, le karaté et la randonnée.

Level of proficiency should be indicated. One or more adjectives can be used (eg: *japonais parlé*). Other possibilities: *notions de japonais, bonne connaissance du japonais, japonais courant.*

CV britannique, diplômé français

L'adresse durant l'année universitaire n'est donnée que si elle est différente de l'adresse permanente.

Name:	Serge Aubain
Term Address:	46, rue Passerat 42000 Saint-Etienne France
Telephone:	+ 33 5 77 46 98 75
Home Address:	38 avenue Mozart 86000 Poitiers France
Telephone:	+ 33 5 56 43 87 60
Date of Birth:	17.10.90
Nationality:	French
Marital Status:	Single

EDUCATION AND QUALIFICATIONS

2011	École des mines de St-Étienne, 42023 St-Étienne Cedex 2, France First year of a Diploma in Civil Engineering. Core subjects: Maths, Computing, Physics, Mechanical Engineering, Economics, English. Options: Biotechnology, German.
2009	Lycée Fauriel, 145-149, cours Fauriel, 86000 Poitiers. Baccalauréat S (equivalent to A-level). Subjects: Maths, Physics, Chemistry, French, Geography, History, English, German.

WORK EXPERIENCE

July 2011- Sept. 2011	Group leader at a children's holiday camp, La Rochelle. Duties included organizing activities for children aged between 10 and 16 years, teaching tennis and swimming, liaising with other leaders.
2009-2011	Part-time work as a lifeguard at the local swimming pool.

INTERESTS AND OTHER QUALIFICATIONS

Life saving award (gold medallion)
Full clean driving licence
Basic word processing
Tennis (captain of the school tennis team 2005-2007)
Swimming
Theatre

REFEREES

Mme Sylvie Pasteur (Headmistress) Lycée Fauriel 145-149, cours Fauriel 86000 Poitiers France	M. Paul Minoche (Head Lifeguard) Piscine de Grouchy 86000 Poitiers France

Remarquez la présentation : style télégraphique, aucune mention du lieu de naissance.

Selon le statut : *married, divorced, separated.*

Lorsqu'on a peu ou n'a pas d'expérience professionnelle, on commence par la formation.

Commencez toujours par la date la plus récente et remontez dans le temps.

Énumérez toutes les matières lorsque l'intitulé des cours suivis ne les mentionne pas expressément. Ne donnez la mention que si elle est supérieure à passable.

Signifie que le titulaire du permis n'a jamais été pénalisé pour infraction.

En règle générale, si l'on est étudiant, on fournit une référence scolaire ou universitaire et une référence personnelle ou professionnelle.

French CV, English graduate with some experience

Jennifer Susan AXFORD
21 Little Moor Road
Burton-upon-Trent
Staffordshire DE14 5JK
Royaume-Uni
Tél. : + 44 1283 574830

Née le 16 septembre 1987
Nationalité britannique

FORMATION	2009	Licence en gestion Université de St Andrews, Écosse
	2005	A-levels (baccalauréat). Options : français, mathématiques, économie
	2003	GCSEs Options : français, mathématiques, anglais, économie, chimie, allemand, histoire, géographie
EXPÉRIENCE PROFESSIONNELLE	mars 2011	Vendeuse Librairie Waterstone's, Burton-upon-Trent - réassort commandes livres de poche - réception de la marchandise et mise en rayon - accueil et vente
	2010	**Aide vendeuse** à temps partiel Boutique du musée d'art d'Auxerre, France - tenue de caisse - mise en rayon

DIVERS

• Travail bénévole pour une organisation caritative britannique (travail en magasin : tri de vêtements, tenue de caisse ; participation aux campagnes ponctuelles : démarchage, distribution de prospectus, etc.).

• Séjour d'un an en France, à Auxerre (janvier - décembre 2010), où j'ai suivi une formation de français pour étrangers, travaillé comme aide vendeuse et donné des cours particuliers d'anglais.

• Centres d'intérêt : musique (je joue de la basse dans un groupe), yoga, aromathérapie.

CV américain, diplômé français ayant une première expérience

Remarquez qu'aux États-Unis on n'indique ni la situation de famille ni la date de naissance, car ces informations ne sont plus considérées comme devant être connues de l'employeur.

Anne-Marie Bertheas
20, rue de la Paix
13200 Arles
France
Tél. : 0033 4 46 75 88 09

EMPLOYMENT	2005-	English teacher, Lycée Pothier, 13200 Arles Teaching English to French students aged 13-18 as preparation for the Baccalauréat (equivalent to high school diploma)
	2001-2002	Language assistant, Hutton Comprehensive, Hutton, Lancashire, Great Britain Teaching French to English students aged 11-16 as preparation for the GCSE examination (equivalent to high school diploma)
	1999-2001	Sales assistant, Auchan, Place du Peuple, 13200 Arles Weekend work in the electrical department of a large supermarket.
EDUCATION	1999-2005	University of Lille, Lille, France
	June 2005	CAPES (high school teaching qualification)
	May 2003	Licence d'anglais (equivalent to BA) English Language, Literature and Civilization
	May 2001	Diplôme de Français Langue Étrangère (qualification for teaching French as a foreign language)
LANGUAGES	English	(near-native fluency)
	German	(written and spoken)
	Spanish	(basic knowledge)
OTHER INFORMATION	Word processing (Word, QuarkXpress) Full clean driver's license Secretary of Arles France-Great Britain Society	
REFERENCES	Available upon request	

Les diplômes américains et britanniques portent parfois des noms différents et il peut être nécessaire de donner un équivalent.

Driving licence en anglais britannique.

French CV, American professional with experience

The CV of somebody with a certain amount of professional experience may begin with a profile summarizing their main skills and/or qualities.

ROSS D. JAGGER

Consultant en gestion d'entreprise

Spécialiste en :
• opérations internationales
• planification stratégique
• investissements

13, rue de Lévy
75017 Paris
Tél. : 01 45 78 93 40
Fax : 01 45 85 03 05
e-mail : djagger@infonie.fr

Date de naissance : 3/6/1965
Double nationalité américaine - française
Marié, 2 enfants

PRINCIPAUX PROJETS

- Planification stratégique, études de concurrence, estimations pour diverses sociétés multinationales.
- Réalisation d'opérations de marketing direct.
- Évaluation de sociétés nouvellement créées. Conseil sur le lancement de nouveaux produits.
- Mise en place d'un système de transactions de devises pour un grand établissement financier.
- Coordination des investissements informatiques pour des sociétés américaines, asiatiques et européennes.
- Travail sur des bases de données client-serveur : bases de vente et de marketing pour divers clients (banque, électronique, agences de publicité).

FORMATION

- Mastère en Gestion internationale (1993)
  American Graduate School of International Management,
  San Diego, Californie, États-Unis
- Licence d'Économie internationale (1992)
  Université de l'Illinois

CV britannique, cadre confirmé français

Un candidat ayant déjà une certaine expérience peut commencer son CV par un résumé de ses principales compétences et/ou qualités.

DOMINIQUE PETIT
25, bd St-Denis, 69008 Lyon, France.
Tel. : 0033 4 66 54 11 98
e-mail: dominique.petit@compu.fr

- bilingual editor
- proven organizational and interpersonal skills
- meticulous eye for detail

EMPLOYMENT	2003-	Senior Editor, Larousse Publishing, Lyon, France Managing and coordinating reference publishing projects for French and international markets: – preparation of timetables and budgets – staff recruitment and training – administration of Lyon office – liaising with freelancers and typesetters
	2000-2003	Editor, Mac Bride, Edinburgh, UK Working on a French-English dictionary: – compilation and translation of text – proofreading
	1998-2000	Translator, Euro Translations, Paris, France – commercial and technical translation
EDUCATION	1996-1998	École supérieure d'Interprètes et de Traducteurs (ESIT), Paris, France
	May 1998	Diplôme d'Études supérieures spécialisées (DESS) (postgraduate qualification in translation)
	1991-1996	Université Lumière-Lyon-II, Lyon, France
	June 1996	Maîtrise d'anglais (equivalent to MA) Research topic: Accents and Class in British Society
	June 1996	Licence d'anglais (equivalent to BA) English
	1984-1991	Lycée Charles-de-Gaulle, Lyon, France
	June 1991	Baccalauréat L (equivalent to A-level) Subjects: French, English, German, Spanish, Maths, Geography, History
OTHER SKILLS		Word, Excel, Access Working knowledge of publishing databases
PERSONAL DETAILS		Date of Birth:14.01.73 Marital Status: Married (2 children) Nationality: French
REFEREES		Available on request

Reference letter

This is a general opening formula used when there is no one particular contact person. It is the equivalent of: *To whom it may concern.*

THE WHITE HORSE INN
11 LIME STREET
WADEBRIDGE
CORNWALL PL27 4GG
TEL./FAX: 01208 55694

Wadebridge, le 7 juin 2011

À QUI DE DROIT

Mademoiselle Eileen Mockridge a été employée, de février 2010 à avril 2011, comme serveuse au White Horse Inn à Wadebridge. En tant que gérant de cet établissement, j'ai beaucoup apprécié le professionnalisme et la ponctualité de Eileen Mockridge, dont les rapports avec la clientèle et avec le reste du personnel étaient excellents.

Je suis persuadé qu'Eileen saura s'intégrer sans difficulté à un nouvel environnement de travail, et qu'elle donnera entière satisfaction dans un emploi du même type, ou même à un poste impliquant de plus grandes responsabilités.

Michael J. Clark

Michael J. Clark
Gérant

Lettre de recommandation

La lettre de recommandation ne s'adresse à aucun employeur en particulier. Cette formule générale équivaut à : *À qui de droit.* Aux États-Unis, elle est suivie de deux points (:).

On peut choisir de donner, en début de lettre, l'objet de celle-ci.

LE PETIT PRINCE
PLACE DE L'ÉGLISE
57000 METZ
TÉL. : 0033 3 89 34 57 85

15 September 2011

To whom it may concern

Susan Clarke

This is to certify that Susan Clarke was employed as a receptionist at the above-mentioned establishment from April 11, 2011 to September 15, 2011.

As a receptionist, Susan's duties included taking bookings for the hotel and restaurant, liaising between the two, welcoming guests and generally ensuring the smooth running of the establishment.

I have found Susan to be a pleasant, reliable and hard-working member of staff who has always carried out her duties to the highest possible level. In addition to excellent interpersonal skills, her French has improved to almost native speaker level during her time with us. She has become a highly valued member of our team, popular with both guests and other staff, and will be greatly missed. I have no reservations about recommending her to future employers.

Yours faithfully

Jean-Christophe Pousset

Jean-Christophe Pousset
Manager

Vie quotidienne
Daily life

IN FRANCE

EATING AND DRINKING

On ordinary days, meals are **le petit déjeuner**, **le déjeuner** (around 12.30) and **le dîner** (around 8 p.m.), with **le goûter** in the afternoon for children. During the working day, a break in the morning for coffee (usually) is **une pause**. On special days or if a large group of family or friends are eating together, the **déjeuner** may last several hours. In most of France, wine is taken routinely with both the **déjeuner** and the **dîner**. Beer-drinking is more of a Northern and Eastern French tradition.

In restaurants, the choice tends to be between **le menu** (menu-based order, with 2, 3 or 4 dishes depending on the price) or **la carte** (à-la-carte based order). Restaurants close between lunch and dinner, but in **brasseries** food is served throughout the day. Workers in towns may use **tickets-restaurant** (luncheon vouchers) to offset the cost of their restaurant lunch, or they may have the benefit of a **restaurant d'entreprise** or **cantine** (canteen). Eating a sandwich at the desk is not a favoured way of eating. Schoolchildren usually eat in the **cantine** (school canteen).

SHOPS, POST OFFICES, BANKS AND OFFICES

Shops typically open Monday to Saturday, with more and more food shops now opening on Sunday morning. Post offices open Monday to Saturday 12 noon, and banks Monday to Saturday till 5 p.m. These hours may vary depending where you are in the country (the hotter the climate the longer the afternoon closure). Most high street bank branches have cash dispensers on the street or in a secured room accessible at any time. Some shops in tourist areas open on Sunday but this practice is far less widespread than in the UK or USA. Office hours tend to be a little less flexible than in those countries, generally 8 till 12.30 or 1 p.m., resuming at 2 p.m. till 5.30 or 6.30. France has no bank holidays in the British sense, but many 'days' formerly important for religious observance now count as holidays and may, if they fall close to a weekend, encourage employers to grant workers a long weekend or **pont**.

WHERE TO BUY WHAT?

In descending order of size, mass retail may be provided by **les hypermarchés**, **les supermarchés** (also called **grandes** or **moyennes surfaces**), **les supérettes** (**petites surfaces**) and traditional small shops. Among these are **la boulangerie** (mostly bread and pastries, often cakes as well); **la pâtisserie** (cakes, often no bread), **la charcuterie** (pork meat products and provisions), **la boucherie** (all meat products, often jointly run with a **charcuterie**), **l'épicerie** (grocer's), **le marchand de primeurs** (fruit and vegetables) and **la poissonnerie** (fishmonger's). All towns and many villages have regular **marchés**, markets with stalls selling fresh produce, often several times a week.

ACCOMMODATION

❶ For tourists

Most accommodation is in **hôtels** but in the countryside these may be called **auberges**. A **gîte rural** is self-catering accommodation, usually in a pleasant countryside location. **Gîte de France** is a quality label for this type of accomodation. A **maison d'hôtes** is a private house whose owner offers rooms to paying guests (similar to a bed & breakfast).

❷ For residents

Residents may live in a **maison** or a **pavillon** (house) or an **appartement** (flat) or **studio** (bedsit). The description **F1**, **F2**, **F3**, etc. is used to specify the number of rooms in adverts. A **F1** has one room (living room doubling up as bedroom), a **F2** or **un deux-pièces** has two rooms (living room + one bedroom), a **F3** or **un trois-pièces** has three rooms (living room + 2 bedrooms), etc.

HEALTH

Costs of prescription medicines or hospitalisation used to be paid up front and reimbursement applied for. Now that those residing in France use a computerised card (**la carte Vitale**) for their health expenditure, reimbursement is automatic. For EU visitors to France, it is still necessary to pay, but the EU form 111 allows them to claim their money back once home. Non-European visitors need private insurance.

A **pharmacie** (chemist's) delivers medicines, and the **pharmacien(enne)** is able to provide medical advice for minor ailments or injuries. When closed, the **pharmacie** displays in its window the address of the duty chemist's, **la pharmacie de garde**.

Doctors are to be found at a **cabinet médical** (doctor's practice). **Un hôpital** (hospital) may be public or private, whereas a **clinique** is private. Establishments dedicated to childbirth may be either, and are called **la maternité**. A **dispensaire**, publicly or privately funded, practises social medicine free or at low cost to the patients.

EMERGENCY

In case of emergency, if anywhere but in a large city, call the **pompiers** (the fire brigade, phone number **18**), who will deal with medical issues and take patients to **les urgences** (the accident and emergency department) at the nearest hospital. In cities, call the **SAMU** (**service d'aide médicale urgente**, phone number **15**).

ON THE MOVE

- The Paris metro and bus system is run by **la RATP**. A magnetic card system operates for regular users (**le passe Navigo**). Occasional travellers can buy tickets by the unit or books of tickets (**un carnet de tickets**).
- **La SNCF** is the national railway network. Tickets (**un aller simple** = a one-way ticket or **un aller-retour** = a return ticket) can be purchased at the station or in special SNCF shops, but may be cheaper if bought online. Some types of tickets can be printed at home, while others can be collected from a machine on the station concourse. Most train tickets have to be stamped (**composté**) in the stamping machine at the station or on the platform. Many types of passes and concessions are available.
- **Les autoroutes** (motorways) are mostly toll-operated. The non-motorway network is mostly made up of roads beginning with **N** (**nationale**, main road) or **D** (**départementale**, smaller).

THE MAIRIE

Wherever you live, your local **mairie** is your first port of call for all administrative tasks and any issue related to your life as a citizen. Check out your **mairie**'s website.

AU ROYAUME-UNI ET AUX ÉTATS-UNIS

LES REPAS

Au Royaume-Uni

Au Royaume-Uni aujourd'hui, si les spécialités du terroir occupent une place moins importante que les cuisines internationales, on trouve encore, dans les pubs et dans certains restaurants, des plats traditionnels comme les **pies**, les **roasts** ou (uniquement dans les pubs) le **ploughman's lunch** (*l'assiette du laboureur* composée de fromage et de pickles). La cuisine indo-pakistanaise est omniprésente et les incontournables vendeurs de **fish and chips** côtoient des **fast foods** proposant hamburgers, pizzas et autres kebabs à manger sur le pouce. Environ 3 % de la population adulte du Royaume-Uni est végétarienne, soit trois fois plus qu'en France, et beaucoup de restaurants proposent des plats végétariens.

Le **breakfast** (petit déjeuner) est plus copieux qu'en France, surtout dans les hôtels. Un **breakfast** composé de **bacon and eggs** ou de harengs fumés grillés (**kippers**) s'appelle **a cooked breakfast**, et se distingue du **continental breakfast** à la française.

À midi, le **lunch** est généralement un repas rapide, voire une simple pause-sandwich. En revanche, les **business lunches** (déjeuners d'affaires), le **brunch** (petit déjeuner très complet pris en fin de matinée, généralement le samedi ou le dimanche) ou encore le **Sunday lunch** (déjeuner traditionnel du dimanche en famille ou entre amis) sont de vrais repas.

Le repas du soir, plus ou moins léger, porte différents noms selon les régions, **dinner** ou **supper** (pris entre 18 h et 20 h) ou **tea** (pris vers 17 h).

Le **five o'clock tea**, expression pourtant associée à l'heure du thé anglais, n'existe pas réellement. La collation prise vers 16 h ou 17 h s'appelle **afternoon tea** ou parfois, si elle est plus tardive et plus copieuse, **high tea**. Sur le lieu de travail, la pause-café du matin (**coffee break** ou **elevenses**) ou pause-thé de l'après-midi (**tea break**) s'accompagne normalement de petits gâteaux secs (**biscuits**). Le thé se prend à toute heure, traditionnellement avec du lait, souvent dans de grands **mugs**. Aujourd'hui, divers types de thé noir ou vert concurrencent le **tea with milk**. Le café sous toutes ses formes, et non plus seulement instantané, s'est également imposé au cours des trente dernières années.

Les **pubs** traditionnels sont des lieux où l'on boit surtout de la bière. Les pubs de style plus contemporain servent non seulement des boissons alcoolisées mais des plats parfois raffinés (notamment dans les **gastropubs**). Les pubs ont aujourd'hui le droit de rester ouverts toute la journée.

Un café (ou **coffee house**) est le plus souvent un établissement où l'on sert une restauration rapide et des boissons chaudes ou des jus de fruits, mais pas d'alcool.

Aux États-Unis

Si les États-Unis sont le terroir du « **melting pot** », cela se vérifie aussi dans leur cuisine extrêmement variée et dans la diversité du type de restaurants que l'on y trouve : italiens, mexicains, chinois, japonais, éthiopiens ou encore mongols.

Certaines chaînes de restaurants sont spécialisées dans les fruits de mer, les **bagels**, les **pancakes**, ou les **cheesecakes**, cependant le menu propose un choix plus large que leur nom ne pourrait le laisser croire. Les buffets **all you can eat** permettent, pour un prix fixe et modique, de manger à volonté. Lors des **happy hours**, les boissons à moitié prix (**2 4 1**, **two for one**, soit deux boissons pour le prix d'une) sont parfois accompagnées de snacks gratuits.

Les **fast foods** sont nombreux, peu onéreux et variés : hamburgers modifiables à l'envie, tacos, sandwiches nommés **subs**, **fried chicken** et **donuts**. Pour les plus pressés, la version **drive-in** est très souvent disponible.

Les **diners**, restaurants typiquement américains au décor des années 1960, offrent une cuisine américaine variée et restent ouverts tard.

Le café, beaucoup plus léger que le café français, est, tout comme les sodas, servi à volonté dans la plupart des restaurants.

Dans les hôtels, le petit déjeuner, généralement plus copieux qu'en France, comprend des œufs sous toutes les formes imaginables : **scrambled** (brouillés), **sunny side up** (au plat), **poached** (pochés) ou encore **over easy** (au plat, retournés et légèrement cuits), des saucisses, des **hash browns** (préparation de pommes de terre râpées), **pancakes**, **muffins**, **French toast** (pain perdu), **bagels**.

Le déjeuner est plutôt rapide, c'est l'occasion de manger une **caesar salad**, un **BLT sandwich** (**Bacon Lettuce Tomato**), un **club sandwich** ou de profiter des tarifs avantageux d'un **lunch special**.

Le dîner se prend tôt, parfois même à partir de 17 h, sauf dans les grandes villes où les horaires se rapprochent de ceux pratiqués en France.

Les végétariens et les adeptes de produits biologiques trouvent leur bonheur grâce au vaste choix de restauration, aux **farmers' markets** et aux supermarchés haut de gamme.

Le **tip** (pourboire) est de rigueur dans les restaurants américains. Il s'élève au minimum à 15 % du montant de l'addition.

LES TRANSPORTS EN COMMUN

Au Royaume-Uni

Dans les grandes villes, les transports s'effectuent en autobus et, de plus en plus, en tramway. Quelques très grandes villes possèdent un métro. Les informations concernant le métro (**the Underground** ou, plus familièrement, **the Tube**) et les autobus (y compris les **double-deckers** – bus à impériale – et les **bendy buses** – bus articulés) londoniens sont disponibles sur le site **Transport for London** (*www.tfl.gov.uk*).

Depuis la privatisation des chemins de fer britanniques, le service est assuré par de nombreuses compagnies. En raison de cette fragmentation du réseau, les usagers doivent parfois prendre plusieurs billets pour effectuer un trajet. Pour éviter les mauvaises surprises, consultez le site **National Rail Enquiries** (*www.nationalrail.co.uk*).

Le système routier consiste en un réseau dense d'autoroutes gratuites. Londres ne possède aucun périphérique à proprement parler : l'autoroute de grande ceinture (la **M25**) est si souvent embouteillée qu'on la surnomme le « parking circulaire ». En outre, tout véhicule pénétrant dans Londres intra muros est redevable de la taxe anti-trafic (**the Congestion Charge**).

Aux États-Unis

À l'exception de New York, la voiture est le moyen de transport préféré des Américains, ce qui explique le faible développement des transports en commun. Aux heures de pointe, une voie **HOV** (**High-Occupancy Vehicle**) est réservée aux voitures comprenant au minimum deux passagers afin de permettre une plus grande fluidité du trafic. De nombreuses autoroutes (ayant jusqu'à 10 voies) quadrillent le pays. Elles sont parfois à péage, surtout dans l'Est où on les appelle **turnpikes**.

Dans les grandes villes, les transports sont assurés par les autobus, les tramways ou les **cable cars** (à San Francisco, notamment). New York, Washington, Chicago et Miami sont pourvues d'un métro (**subway**).

Les États-Unis possèdent le réseau de lignes ferroviaires le plus important au monde. Cependant ces lignes servent surtout au transport de marchandises. Le transport de passagers est plus important sur la côte est et dans les régions urbaines. Le site de la principale entreprise de chemins de fer du pays, **Amtrak**, indique les horaires et les trajets proposés.

Les **yellow cabs**, que l'on peut héler à chaque coin de rue, font partie intégrante du paysage new-yorkais.

Pour les trajets de plus de 500 km, les Américains préfèrent prendre l'avion. Il existe également un système de transport par autocar qui offre une option moins onéreuse et dont la principale compagnie est la célèbre **Greyhound Lines**.

LES MAGASINS ET LES BANQUES

Dans les très grandes villes du Royaume-Uni, la plupart des magasins sont ouverts de 9 h à 20 h ou 21 h, y compris le dimanche (où l'heure de fermeture est 16 h). Dans les agglomérations plus petites, les commerces sont ouverts sans interruption du lundi au samedi de 9 h à 18 h et les grands magasins restent ouverts jusque vers 20 h / 21 h. Les petits commerces, surtout de bouche, cèdent aujourd'hui le terrain aux grands centres commerciaux (**shopping centres**) et aux grandes surfaces (**supermarkets** et **hypermarkets** ou **megastores**).

Aux États-Unis, la tendance est la même mais davantage accentuée, le **Sunday shopping** et le passage au **mall** étant deux éléments-clés de la vie quotidienne américaine.

Les banques anglaises sont ouvertes du lundi au vendredi de 9 h 30 à 15 h 30, et certaines ouvrent le samedi matin. La plupart d'entre elles ont des distributeurs automatiques de billets. Aux États-Unis, les banques proposent également une version **drive-in**.

LE LOGEMENT

Au Royaume-Uni, la maison individuelle (**detached house**, si elle n'est mitoyenne d'aucune autre, **terraced house**, si elle est mitoyenne de deux autres maisons, ou **semi-detached**, si elle n'est mitoyenne que d'une autre maison) est plus recherchée que l'appartement (**flat**). Dans les immeubles, le rez-de-chaussée est le **ground floor**, le premier étage **the first floor** et ainsi de suite. Ceci contraste avec les appellations américaines (**first floor** pour le rez-de-chaussée, **second floor** pour le premier étage, etc.). Un éventuel entresol entre deux de ces étages se nomme **the mezzanine (floor)**. Les agences immobilières (**estate agents**) s'expriment en termes de nombre de chambres. **A one-bedroom flat** est un deux-pièces, **a two-bedroom flat** est un trois-pièces, **a three-bedroom house** est une maison de quatre pièces. Les jeunes et les étudiants vivent souvent en colocation (**flat-sharing** ou **house-sharing**).

Aux États-Unis, le logement se fait dans des appartements dans les grandes villes, souvent en **condominiums** ou **condos** (logements en copropriété) et dans des maisons individuelles dans les banlieues résidentielles. De nombreuses **gated communities**, zones résidentielles clôturées où l'identité des visiteurs est vérifiée à l'entrée, fleurissent dans les villes et les quartiers aisés.

LA SANTÉ ET LES URGENCES

Au Royaume-Uni, le **National Health Service** (ou **NHS**), établi en 1948, permet de bénéficier gratuitement de la majorité des soins et frais d'hospitalisation. Une médecine privée existe parallèlement. Le médecin généraliste (**general practitioner** ou **GP**) est un passage obligé en cas de souci médical. C'est lui ou elle qui vous redirigera vers un spécialiste le cas échéant. Le service Internet **NHS Direct** (*www.nhsdirect.nhs.uk*) est de plus en plus consulté pour éviter les attentes dans les cabinets médicaux.

Aux États-Unis, l'assurance maladie n'est pas obligatoire et dépend majoritairement d'assureurs privés. Les pouvoirs publics s'efforcent cependant de garantir les soins aux personnes âgées (**Medicare**) ou démunies (**Medicaid**).

Au Royaume-Uni, le numéro à appeler pour les urgences est le **999**. Aux États-Unis, c'est le **911**.

On the phone

- **Calling someone at home**

— Allô.
— Oui, allô, est-ce que je suis bien chez monsieur et madame Renouet, s'il vous plaît ?

To check that you have dialled the right number.

— Oui, c'est bien ça.
— Ah, bonjour, madame, excusez-moi de vous déranger, j'aurais voulu parler à Anne-Sophie, s'il vous plaît ?

- **The person is out**

— Ah non, je regrette, elle n'est pas là pour l'instant. Est-ce que je peux lui transmettre un message ?
— Oui, d'accord. Est-ce que vous pourriez lui dire que Denis a appelé ?
— Bien sûr, je le lui dirai. Je lui demande de vous rappeler ?
— Oui, ça serait bien si elle pouvait me rappeler. Je serai chez moi toute la journée. Merci beaucoup. Au revoir, madame.
— Au revoir, monsieur.

- **The person is in**

— Oui, je vous la passe. C'est de la part de qui ?
— C'est Denis. C'est au sujet de son séjour en Angleterre.
— D'accord, je vais la chercher.

- **Getting the wrong number**

— Allô.
— Bonjour, est-ce que je pourrais parler à Éric, s'il vous plaît ?
— Ah non, je regrette, vous avez dû vous tromper de numéro.
— Ah bon ? Ce n'est pas le 05 59 35 67 13 ?

When saying a telephone number the figures are pronounced in pairs, so you would say: *zéro cinq, cinquante-neuf, trente-cinq, soixante-sept, treize.*

— Non, c'est le 05 59 35 67 12.
— Oh pardon, excusez-moi.
— Je vous en prie, au revoir.
— Au revoir.

- **Calling a company**

— Jutheau S.A., bonjour.
— Bonjour. Pourrais-je avoir le poste 128, s'il vous plaît ?
— Oui, ne quittez pas. Je vous le passe.
— Anne-Marie Béchu, service commercial.
— Bonjour, madame. Pourrais-je parler à monsieur Péri, s'il vous plaît ?
— Oui, c'est de la part de qui ?
— François Lebeau, de chez Lavoisier.
— Je regrette, c'est occupé. Souhaitez-vous patienter ou rappeler plus tard ?
— Je vais attendre un peu.
— Très bien... Je regrette, c'est toujours occupé. Est-ce que je peux prendre un message ?
— Oui, pourriez-vous lui dire de rappeler François Lebeau chez Lavoisier au 01 43 22 77 02 ? C'est au sujet de la réunion du 14 avec les représentants.
— Entendu, monsieur.
— Je vous remercie, madame. Au revoir.
— Au revoir, monsieur.

Au téléphone

- **Appeler quelqu'un chez lui**

— Hello, 0155 915 3678.

Au Royaume-Uni, certaines personnes annoncent leur numéro de téléphone lorsqu'elles décrochent. Aux États-Unis, cela n'est pas courant.

— Hello, could I speak to Jane, please?

- **La personne est absente**

— No, I'm sorry, she's not in at the moment. Can I give her a message?
— Yes, please. Could you tell her that Fred rang?

Aux États-Unis, on dirait *called*.

— Yes, of course. Shall I ask her to ring you back?
— Yes, please. I'll be at home all day.
— OK, I'll tell her when she comes in.
— Thank you, goodbye.
— Goodbye.

- **La personne est là**

— Yes. Who's calling?
— It's Fred. I'm calling about the trip to France.
— OK, one moment, I'll just get her for you.

- **Se tromper de numéro**

— Hello.
— Hello. Could I speak to Tom, please?
— I'm sorry. I think you must have the wrong number.
— Is that not 742215?

Aux États-Unis, on dit : *Is this 742215?* Notez qu'au Royaume-Uni ainsi qu'aux États-Unis les chiffres sont prononcés séparément. Toutefois, lorsque deux chiffres identiques se suivent, on dira au Royaume-Uni *double 2* alors qu'on prononcera ces chiffres deux fois aux États-Unis.

— No, this is 742216.
— Oh, sorry.
— That's OK.

- **Appeler une entreprise**

— Good morning, Smith Brothers.
— Good morning. Could I have extension 478, please?

Ou : *Could you put me through to extension 478, please?*

— One moment. I'll put you through.
— Good morning, electrical department. Linda speaking. How may I help you?
— Hello. I'd like to speak to someone about the washing machine I've just bought.
— Hold the line, please. I'll transfer you to our after-sales department. Can I say who's calling?

L'équivalent de cette formule britannique est, aux États-Unis : *Would you mind holding a moment? I'll transfer you...*

— Mrs Jones.
— I'm afraid the line's busy. Would you like to hold?
— Yes, please.
— I'm afraid the line's still busy.

Ou : *the line's engaged* en anglais britannique.

Would you like to continue holding or would you like to call back later?
— Could I leave a message?
— Certainly.
— Would you ask someone to call me on 01162 476548. It's quite urgent.

Aux États-Unis, on dirait *at* au lieu de *on*.

— I'll make sure someone calls you back within the next ten minutes, Mrs Jones.
— Thank you very much. Goodbye.
— Goodbye. Thank you for calling.

Ordinal numbers

1er/1re	premier/première
2e/$2^{nd(e)}$	deuxième/second(e)
3^{e}	troisième
4^{e}	quatrième
5^{e}	cinquième
6^{e}	sixième
7^{e}	septième
8^{e}	huitième
9^{e}	neuvième
10^{e}	dixième
11^{e}	onzième
12^{e}	douzième
13^{e}	treizième
14^{e}	quatorzième
15^{e}	quinzième
16^{e}	seizième
17^{e}	dix-septième
18^{e}	dix-huitième
19^{e}	dix-neuvième
20^{e}	vingtième
21^{e}	vingt et unième
22^{e}	vingt-deuxième
30^{e}	trentième
31^{e}	trente et unième
40^{e}	quarantième
41^{e}	quarante et unième
50^{e}	cinquantième
51^{e}	cinquante et unième
60^{e}	soixantième
61^{e}	soixante et unième
62^{e}	soixante-deuxième
70^{e}	soixante-dixième
71^{e}	soixante et onzième
72^{e}	soixante-douzième
80^{e}	quatre-vingtième
81^{e}	quatre-vingt unième
90^{e}	quatre-vingt-dixième
91^{e}	quatre-vingt-onzième
100^{e}	centième
101^{e}	cent unième
200^{e}	deux centième
300^{e}	trois centième
572^{e}	cinq cent soixante-douzième
1 000^{e}	millième
1 950^{e}	mille neuf cent cinquantième
2 000^{e}	deux millième
1 000 000^{e}	millionième
2 000 000^{e}	deux millionième

Cardinal numbers

0	zéro
1	un
2	deux
3	trois
4	quatre
5	cinq
6	six
7	sept
8	huit
9	neuf
10	dix
11	onze
12	douze
13	treize
14	quatorze
15	quinze
16	seize
17	dix-sept
18	dix-huit
19	dix-neuf
20	vingt
21	vingt et un
22	vingt-deux
30	trente
31	trente et un
40	quarante
41	quarante et un
50	cinquante
51	cinquante et un
60	soixante
61	soixante et un
62	soixante-deux
70	soixante-dix
71	soixante et onze
72	soixante-douze
80	quatre-vingt(s)
81	quatre-vingt-un
90	quatre-vingt-dix
91	quatre-vingt-onze
100	cent
101	cent un
200	deux cents
300	trois cents
572	cinq cent soixante-douze
1 000	mille
1 066	mille soixante-six
2 000	deux mille
2 007	deux mille sept
2 011	deux mille onze
1 000 000	un million
2 000 000	deux millions
1 000 000 000	un milliard

Les nombres ordinaux

1st	first
2nd	second
3rd	third
4th	fourth
5th	fifth
6th	sixth
7th	seventh
8th	eighth
9th	ninth
10th	tenth
11th	eleventh
12th	twelfth
13th	thirteenth
14th	fourteenth
15th	fifteenth
16th	sixteenth
17th	seventeenth
18th	eighteenth
19th	nineteenth
20th	twentieth
21st	twenty-first
22nd	twenty-second
30th	thirtieth
31st	thirty-first
40th	fortieth
41st	forty-first
50th	fiftieth
51st	fifty-first
60th	sixtieth
61st	sixty-first
62nd	sixty-second
70th	seventieth
71st	seventy-first
72nd	seventy-second
80th	eightieth
81st	eighty-first
90th	ninetieth
91st	ninety-first
100th	(one) hundredth
101st	hundred and first
200th	two hundredth
300th	three hundredth
572nd	five hundred and seventy-second
1,000th	(one) thousandth
1,950th	nineteen hundred and fiftieth
2,000th	two thousandth
1,000,000th	(one) millionth
2,000,000th	two millionth

Les nombres cardinaux

0	zero, nought (UK)
1	one
2	two
3	three
4	four
5	five
6	six
7	seven
8	eight
9	nine
10	ten
11	eleven
12	twelve
13	thirteen
14	fourteen
15	fifteen
16	sixteen
17	seventeen
18	eighteen
19	nineteen
20	twenty
21	twenty-one
22	twenty-two
30	thirty
31	thirty-one
40	forty
41	forty-one
50	fifty
51	fifty-one
60	sixty
61	sixty-one
62	sixty-two
70	seventy
71	seventy-one
72	seventy-two
80	eighty
81	eighty-one
90	ninety
91	ninety-one
100	a OR one hundred
101	a hundred and one
200	two hundred
300	three hundred
572	five hundred and seventy-two
1,000	a OR one thousand
1,066	one thousand and sixty-six
2,000	two thousand
2,007	two thousand and seven
2,011	two thousand and eleven
1,000,000	a OR one million
2,000,000	two million
1,000,000,000	a OR one billion

Fractions and other mathematical functions

1/2	un demi OR une demie	**once**	une fois
1 1/2	un et demi	**twice**	deux fois
2 1/2	deux et demi	**three (four) times**	trois (quatre) fois
1/3	un tiers	**twice as much (many)**	deux fois plus
2/3	deux tiers	**firstly, in the first place**	premièrement, primo
1/4	un quart	**secondly, in the second place**	deuxièmement, secundo
3/4	trois quarts	**thirdly, in the third place**	troisièmement, tertio
1/5	un cinquième	**7 + 8 = 15**	sept plus huit égale(nt) quinze
3 4/5	trois et quatre cinquièmes	**9 – 4 = 5**	neuf moins quatre égale(nt) cinq
5/8	cinq huitièmes	**2 x 3 = 6**	deux fois trois égale(nt) six
12/20	douze vingtièmes	**20 ÷ 5 = 4**	vingt divisé par cinq égale(nt) quatre
75/100	soixante-quinze centièmes		
0,45	zéro virgule quarante-cinq		
2,5	deux virgule cinq		

Currency

		Coins	Banknotes *UK*, Bills *US*	
British currency	1p	un penny	£5	cinq livres
	2p	deux pence	£10	dix livres
	5p	cinq pence	£20	vingt livres
	10p	dix pence	£50	cinquante livres
	20p	vingt pence		
	50p	cinquante pence		
	£1	une livre		
American currency	1 cent (a penny)	un cent	$1	un dollar
	5 cents (a nickel)	cinq cents	$5	cinq dollars
	10 cents (a dime)	dix cents	$10	dix dollars
	25 cents (a quarter)	vingt-cinq cents	$20	vingt dollars
			$50	cinquante dollars
			$100	cent dollars
European currency	1 cent	un centime OR cent	5€	cinq euros
	2 cents	deux centimes	10€	dix euros
	5 cents	cinq centimes	20€	vingt euros
	10 cents	dix centimes	50€	cinquante euros
	20 cents	vingt centimes	100€	cent euros
	50 cents	cinquante centimes	200€	deux cents euros
	1€	un euro	500€	cinq cents euros
	2€	deux euros		

Fractions et autres fonctions mathématiques

1/2	one OU a half	**une fois**	once
1 1/2	one and a half	**deux fois**	twice
2 1/2	two and a half	**trois (quatre) fois**	three (four) times
1/3	one OU a third	**deux fois plus**	twice as much (many)
2/3	two thirds	**premièrement, primo**	firstly, in the first place
1/4	one OU a quarter, one OU a fourth	**deuxièmement, secundo**	secondly, in the second place
3/4	three quarters, three fourths	**troisièmement, tertio**	thirdly, in the third place
1/5	one OU a fifth	**7 + 8 = 15**	seven plus OU and eight is fifteen
3 4/5	three and four fifths	**9 – 4 = 5**	nine minus OU less four is five
5/8	five eighths	**2 x 3 = 6**	twice OU two times three is six
12/20	twelve twentieths	**3 x 3 = 9**	three times three is nine
75/100	seventy-five hundredths	**20 ÷ 5 = 4**	twenty divided by five is four
0.45	(nought *UK* OU zero *US*) point four five		
2.5	two point five		

Monnaie

	Pièces		Billets	
Monnaie britannique	**1p**	a penny	**£5**	five pounds
	2p	two pence	**£10**	ten pounds
	5p	five pence	**£20**	twenty pounds
	10p	ten pence	**£50**	fifty pounds
	20p	twenty pence		
	50p	fifty pence		
	£1	a pound		
Monnaie américaine	**1 cent**	one cent (a penny)	**$1**	one dollar
	5 cents	five cents (a nickel)	**$5**	five dollars
	10 cents	ten cents (a dime)	**$10**	ten dollars
	25 cents	twenty-five cents (a quarter)	**$20**	twenty dollars
			$50	fifty dollars
			$100	a hundred dollars
Monnaie européenne	**1 cent**	a cent	**5€**	five euros
	2 cents	two cents	**10€**	ten euros
	5 cents	five cents	**20€**	twenty euros
	10 cents	ten cents	**50€**	fifty euros
	20 cents	twenty cents	**100€**	a hundred euros
	50 cents	fifty cents	**200€**	two hundred euros
	1€	a euro	**500€**	five hundred euros
	2€	two euros		

Continental weights and measures

Length	
1 millimètre (mm)	= 0.03937 inches
1 centimètre (cm)	= 10 mm = 0.3937 inches
1 décimètre (dm)	= 10 cm = 3.937 inches
1 mètre (m)	= 10 dm = 1.0936 yards = 3.2809 feet
1 kilomètre (km)	= 1 000 m = 1,093 yards = 0.6214 mile

Area	
1 millimètre carré (mm^2)	= 0.00155 square inches
1 centimètre carré (cm^2)	= 100 mm^2 = 0.1550 square inches
1 mètre carré (m^2)	= 10 000 cm^2 = 1.1960 square yards
1 are (a)	= 100 m^2 = 119.60 square yards
1 hectare (ha)	= 100 a = 2.4711 acres
1 kilomètre carré (km^2)	= 100 ha = 0.3861 square mile

Cubic measures	
1 centimètre cube (cm^3)	= 0.0610 cubic inch
1 décimètre cube (dm^3)	= 1 000 cm^3 = 0.0351 cubic foot
1 mètre cube (m^3)	= 1 000 dm^3 = 1.3080 cubic yards

Capacity		United Kingdom	United States
1 millilitre (ml)		0.0352 fluid ounce	0.0338 fluid ounce
1 centilitre (cl)	= 10 ml	0.352 fluid ounce	0.338 fluid ounce
1 décilitre (dl)	= 10 cl	3.52 fluid ounces	3.38 fluid ounces
1 litre (l)	= 10 dl	1.76 pints = 0.22 gallon	2.113 pints = 0.264 gallon
1 hectolitre (hl)	= 100 l	220 gallons	264 gallons

Weight	
1 milligramme (mg)	= 0.0154 grain
1 gramme (g)	= 1000 mg = 15.43 grains = 0.0353 ounce
1 livre	= 500 g = 1.1024 pounds
1 kilogramme (kg)	= 1 000 g = 2.2046 pounds
1 tonne (t)	= 1 000 kg : ***UK*** = 0.9842 ton ; ***US*** = 1.1023 tons

Poids et mesures anglo-saxons

Longueur	
1 inch (in.)	= 2,54 cm
1 foot (ft)	= 12 inches = 30,48 cm
1 yard (yd)	= 3 feet = 91,44 cm
1 furlong	= 220 yards = 201,17 m
1 mile (ml, *US* mi.)	= 1 609,34 m
Surface	
1 square inch (sq. in.)	= 6,45 cm²
1 square foot (sq. ft)	= 144 square inches = 929,03 cm²
1 square yard (sq. yd)	= 9 square feet = 0,836 m²
1 square rod (sq. rd)	= 30,25 square yards = 25,29 m²
1 acre (a.)	= 4 840 square yards = 4 046,9 m²
1 square mile (sq. ml., *US* sq. mi.)	= 640 acres = 2,59 km² = 259 ha
Capacité	
1 cubic inch (cu. in.)	= 16,387 cm³
1 cubic foot (cu. ft)	= 1 728 cubic inches = 0,028 m³
1 cubic yard (cu. yd)	= 27 cubic feet = 0,765 m³
1 register ton (reg. tn)	= 100 cubic feet = 2,832 m³
Capacité (Grande-Bretagne)	
1 imperial gill (gi., gl)	= 0,142 l
1 imperial pint (pt)	= 4 gills = 0,568 l
1 imperial quart (qt)	= 2 imperial pints = 1,136 l
1 imperial gallon (imp. gal.)	= 4 imperial quarts = 4,546 l
1 imperial barrel (bbl., bl.)	= 36 imperial gallons = 1,636 hl
Capacité (États-Unis)	
1 US dry pint	= 0,551 l
1 US dry quart	= 2 dry pints = 1,1 l
1 US liquid gill	= 0,118 l
1 US liquid pint	= 4 gills = 0,473 l
1 US liquid quart	= 2 liquid pints = 0,946 l
1 US gallon	= 8 liquid pints = 3,785 l
1 US barrel	= 31,5 gallons = 119,2 l
1 US barrel oil	= 42 gallons = 158,97 l
Poids	
1 grain (gr.)	= 0,0648 g
1 dram (dr. av.)	= 27,34 grains = 1,77 g
1 ounce (oz av.)	= 16 drams = 28,35 g
1 pound (lb. av.)	= 16 ounces = 0,453 kg
1 stone (st.)	= 14 pounds = 6,35 kg
1 quarter (qr)	*UK* = 28 pounds = 12,7 kg ; *US* = 25 pounds = 11,34 kg
1 hundredweight (cwt)	*UK* = 112 pounds = 50,8 kg ; *US* = 100 pounds = 45,36 kg
1 ton (t, tn)	*UK* = 2 240 pounds = 1 016 kg ; *US* = 2 000 pounds = 907,18 kg

Guide d'expression

Accepter
Être d'accord
Ne pas être d'accord
L'admiration
L'âge
L'amour
Annoncer
Approuver
Au revoir !
L'aversion
La beauté
Bonjour !
La certitude
La colère
La comparaison
La compassion
La compréhension
La concession
La confiance
Confirmer
Les conseils
Convaincre
Convenir
Corriger
Le courage
Croire

La curiosité
La déception
Le dégoût
Demander
La différence
La difficulté
Les divertissements
La douleur
Le doute
L'embarras
Encourager
L'ennui
L'envie
L'erreur
L'espoir
L'évidence
S'excuser
L'exécration
Expliquer
La facilité
La faiblesse
La faim
Faire semblant
La fatigue
Féliciter
Fêter

Les goûts
L'horreur
Ignorer
L'impatience
L'importance
L'indifférence
L'indignation
L'intention
L'interdiction
L'intérêt
L'intolérance
Inviter
Les menaces
L'obligation
Offrir
Les opinions
Les ordres
La patience
La permission
La pertinence
La peur
Se plaindre
Le plaisir
La possession
La possibilité
Pouvoir

Les préférences
Les présentations
La probabilité
Les progrès
Les projets
Proposer
Refuser
Les regrets
Rejeter
Remercier
Se rencontrer
La résignation
Résumer
La soif
Les soucis
Souligner
Le soupçon
Le succès
Suggérer
Le sujet
La supposition
La surprise
La tristesse
Les vœux
Vouloir

COMMENT EXPRIMER...

ACCEPTER

- **Please accept my apologies**
  Je vous prie de bien vouloir accepter mes excuses
- **Will you accept** or **take a cheque?**
  Vous acceptez les chèques ?
- **His wife accepted the prize on his behalf**
  Sa femme a reçu le prix en son nom
- **I refuse to accept that he's guilty**
  Je refuse de croire qu'il soit coupable
- **He took the news better than I thought he would**
  Il a pris la nouvelle mieux que je ne l'aurais cru
- **We must take things as they come**
  Il faut prendre les choses comme elles viennent
- **Did she say yes to your offer?**
  A-t-elle accepté votre offre ?
- **I wouldn't say no to a cold drink**
  Je prendrais volontiers une boisson fraîche
- **The plans met with little opposition**
  Les projets n'ont rencontré que peu d'opposition
- **The government will not take in any refugees**
  Le gouvernement n'accueillera aucun réfugié
- **He was granted asylum**
  On lui a accordé l'asile
- **My boss gave in to** or **deferred to** *fml* **my wishes**
  Mon patron a exaucé mes souhaits
- **That's what they decided and I went along with it**
  C'est la décision qu'ils ont prise et je l'ai acceptée
- **I admit (that) I was wrong**
  J'ai eu tort, je le reconnais

ÊTRE D'ACCORD

- **I quite agree (with you)**
  Je suis tout à fait d'accord (avec vous)
- **I couldn't agree with you more**
  Je suis entièrement de votre avis
- **You could be right**
  Vous avez peut-être raison
- **You're probably** or **You could well be right**
  Vous avez sans doute raison
- **That makes sense**
  C'est une bonne idée
- **That's one way of looking at it, I suppose**
  C'est une façon de voir les choses, effectivement
- **Those are my feelings exactly**
  Je partage votre sentiment là-dessus
- **That's fine** or **That's OK by me**
  Pas de problème
- **I've nothing against it**
  Je n'ai rien contre
- **They agreed to share the cost**
  Ils ont décidé de partager les frais
- **That was the price we agreed on**
  C'était le prix dont nous avions convenu
- **She is for free trade**
  Elle est pour le libre-échange
- **He accused the oil companies of colluding to raise prices**
  Il a accusé les compagnies pétrolières de s'entendre pour augmenter les prix
- **By mutual agreement** or **consent they went their separate ways**
  Ils se sont séparés d'un commun accord
- **You were right/wrong (about him)**
  Vous aviez raison/tort (à son sujet)
- **I'm with you there**
  Là, je suis d'accord avec toi
- **I think I can go along with that**
  Je pense pouvoir dire que ça me va
- **Are you sure he'll be okay about letting us use the car?** *inf*
  Tu es sûr qu'il ne fera pas d'histoires pour nous laisser la voiture ?
- **He proposed a different approach and she concurred** *fml*
  Il a proposé une approche différente et elle a approuvé

NE PAS ÊTRE D'ACCORD

- **They disagree** or **They are in disagreement about what action to take**
  Ils ne sont pas d'accord sur les mesures à prendre
- **Her father and I don't see eye to eye**
  Son père et moi ne partageons pas les mêmes points de vue
- **I disagree with everything they've done**
  Je désapprouve tout ce qu'ils ont fait
- **I'm opposed to the idea**
  Je m'oppose à cette idée
- **You certainly have a point , but...**
  Certes, mais...
- **Opinion is divided on the matter**
  Les avis sont partagés
- **There is a discrepancy between the two stories**
  Les deux récits ne cadrent pas

L'ADMIRATION

- **They admire him for sticking to his principles**
  Ils admirent sa volonté de ne pas déroger à ses principes
- **I have great admiration for doctors**
  J'ai beaucoup d'admiration pour les médecins
- **She is held in high esteem** or **high regard by her colleagues**
  Elle est tenue en haute estime par ses collègues
- **I don't think very highly of my boss**
  Je n'ai pas une très haute opinion de mon patron
- **Children need someone to look up to**
  Les enfants ont besoin de prendre exemple sur quelqu'un qu'ils admirent
- **He looked at her in wonder**
  Il la regarda avec admiration
- **She worships her mother**
  Elle adore sa mère
- **My sister is my role model**
  Ma sœur est un modèle pour moi
- **She went into raptures over my geraniums**
  Elle s'est extasiée devant mes géraniums
- **I take my hat off to you!**
  Chapeau !
- **He stared at her in awe**
  Il la regardait, plein d'admiration
- **She has some wonderful ideas**
  Elle a de très bonnes idées
- **She looked stunning in her black velvet dress**
  Elle était superbe dans sa robe de velours noir
- **What a fantastic goal!** *inf*
  Quel but fantastique !
- **Wow!** *inf*
  Ouah !

L'ÂGE

- **How old are you?**
  Quel âge avez-vous ?
- **She's 25 (years old** or **years of age)**
  Elle a 25 ans
- **Paul is as old as** or **is the same age as David**
  Paul a le même âge que David
- **She is older than me** or **than I am**
  Elle est plus âgée que moi
- **I'm two years younger than her** or **two years her junior**
  J'ai deux ans de moins qu'elle
- **He's old enough to be my father!**
  Il pourrait être mon père !
- **When I was your age, I...**
  Quand j'avais votre âge, je...
- **She doesn't look her age**
  Elle ne fait pas son âge
- **He's tall for his age**
  Il est grand pour son âge
- **The president is getting on for sixty**
  Le président approche de la soixantaine
- **She's getting on a bit**
  Elle commence à se faire vieille
- **My uncle lived to a ripe old age**
  Mon oncle a vécu jusqu'à un âge avancé
- **Pneumonia cut him down in the prime of life** or **in his prime**
  Une pneumonie l'a emporté à la fleur de l'âge
- **My oldest daughter has just turned 20**
  Ma fille aînée vient d'avoir 20 ans
- **This is my youngest, Stephen**
  Voici mon cadet, Stephen
- **They have a ten-year-old boy**
  Ils ont un garçon de dix ans
- **We go back a long way, Brad and me**
  Ça remonte à loin, Brad et moi
- **She's a bit long in the tooth** *inf*
  Elle n'est plus toute jeune
- **He's no spring chicken** *inf*
  Il n'est pas tout jeune

L'AMOUR

- **They love one another**
  Ils s'aiment
- **My brother is/has fallen in love with her**
  Mon frère est/est tombé amoureux d'elle
- **It was love at first sight**
  C'était le coup de foudre
- **I have a lot of affection for you**
  J'ai beaucoup d'affection pour toi
- **We're just good friends**
  Nous sommes bons amis, c'est tout
- **He wanted to keep things platonic**
  Il voulait que leur relation reste platonique
- **Karen became infatuated with her teacher**
  Karen s'est entichée de son professeur
- **She had an affair** or **a fling with my brother** *inf*
  Elle a eu une aventure avec mon frère
- **He's just a flirt**
  Il fait du charme à tout le monde
- **I don't have a steady boyfriend**
  Je n'ai pas vraiment de petit ami
- **They've been going out together for a month**
  Ils sortent ensemble depuis un mois
- **He's totally smitten**
  Il est sous le charme
- **I'm fond of you but I don't love you**
  Je t'aime bien mais c'est tout
- **She had a soft spot for Dan**
  Elle avait un faible pour Dan
- **How's your love life?** *inf*
  Comment vont tes amours ?
- **She swears it's the real thing this time** *inf*
  Elle jure que cette fois c'est le grand amour
- **He fancies her something rotten** UK *inf*
  Elle lui plaît vachement

ANNONCER

- **We are pleased to announce the birth/marriage of our son**
  Nous sommes heureux de vous faire part de la naissance/du mariage de notre fils
- **Management have announced a cut in pay**
  La direction a annoncé une réduction des salaires
- **She was declared the winner**
  Elle a été déclarée vainqueur
- **He refused to reveal** or **disclose** *fml* or **divulge** *fml* **the identity of his attacker**
  Il a refusé de révéler l'identité de son agresseur
- **He let it be known that he was available**
  Il a fait savoir qu'il était disponible
- **She went public with the story**
  Elle a révélé toute l'histoire
- **There are rumours of a takeover**
  Il y a des rumeurs de rachat
- **It's being put about by her rivals that...**
  Ses rivaux font circuler le bruit que...
- **He made a statement in the press to the effect that...**
  Il a fait une déclaration à la presse selon laquelle...
- **I'm so happy I want to shout it from the rooftops!** *inf*
  Je suis si heureux que j'ai envie de le crier sur tous les toits !
- **His mother didn't know he was gay until he came out**
  Sa mère ne savait pas qu'il était homosexuel avant qu'il ne fasse son coming out
- **He proclaimed himself emperor** *fml*
  Il s'est proclamé empereur

APPROUVER

- **Do you approve of the proposal?**
  Êtes-vous d'accord avec cette proposition ?
- **She doesn't approve of** or **She disapproves of them smoking**
  Ça ne lui plaît pas qu'ils fument
- **I'm in favour of this line of action**
  Je suis favorable à ce plan d'action
- **I'm opposed to the idea**
  Je ne suis pas d'accord
- **I welcomed the opportunity to speak to her**
  J'étais content d'avoir l'occasion de lui parler
- **I disagree with everything they've done**
  Je désapprouve tout ce qu'ils ont fait
- **He gave the plan his seal** or **stamp of approval**
  Il a donné son approbation au projet
- **Has the boss given his blessing to the project?**
  Est-ce que le patron a donné sa bénédiction au projet ?
- **I object to that remark**
  Je n'apprécie pas du tout ce commentaire
- **They got the green light** or **the go-ahead to buy the company**
  Ils ont obtenu le feu vert pour acheter la société
- **That sounds like a good idea**
  Ça me semble être une bonne idée

- **I've nothing against it**
  Je n'ai rien contre
- **I don't see why not**
  Pourquoi pas ?
- **I'm all for it**
  Je suis tout à fait pour
- **His mother doesn't hold with private schools**
  Sa mère est contre les écoles privées
- **Her plan has been okayed** *inf*
  Son projet a reçu le feu vert

AU REVOIR !

- **Goodbye, Mike!**
  Au revoir, Mike !
- **She said goodbye to me**
  Elle m'a dit au revoir
- **We said our goodbyes and left**
  Nous avons fait nos adieux et nous sommes partis
- **He gave her a goodbye kiss**
  Il l'a embrassée en partant
- **Thank you for calling, goodbye**
  Merci d'avoir appelé, au revoir
- **Good night, sleep tight!**
  Bonne nuit, dors bien !
- **They left the cinema and said good night**
  Ils sont sortis du cinéma et se sont dit bonsoir
- **She came to see me off at the station**
  Elle est venue à la gare me dire au revoir
- **We waved goodbye**
  Nous avons fait au revoir de la main
- **They held a farewell party for him**
  Ils ont organisé une fête pour son départ
- **Have a nice day!**
  Bonne journée !
- **See you!** or **(I'll) be seeing you!** *inf*
  À bientôt ! or À plus !
- **See you again some time**
  À un de ces jours
- **Well, I must be going** or **I have to go**
  Bon, je dois y aller
- **It's been really nice meeting you – And you**
  C'est un plaisir de vous avoir rencontré – Pareillement
- **Have a good trip home!**
  Je vous souhaite un bon retour !
- **Bye!** *inf* or **Take care!** or **Cheerio!** UK
  Salut !

L'AVERSION

- **I don't like** or **I dislike him**
  Je ne l'aime pas
- **She doesn't like dancing** or **to dance**
  Elle n'aime pas danser
- **If he doesn't like it he can go elsewhere**
  Si ça ne lui plaît pas, il peut aller ailleurs
- **I detest** or **hate** or **loathe modern art/doing housework**
  Je déteste l'art moderne/faire le ménage
- **I can't stand smokers/hypocrisy**
  Je ne supporte pas les fumeurs/l'hypocrisie
- **Paul can't stand (the sight of)** or **can't stick her** UK *inf*
  Paul ne peut pas la voir en peinture
- **The boss took an instant dislike to him**
  Le patron l'a tout de suite pris en grippe
- **I'm not keen on** or **mad about** *inf* or **crazy about** *inf* **Indian food**
  Je ne raffole pas de la cuisine indienne
- **He had a horror of being seen naked**
  Il avait horreur qu'on le voie nu
- **Rachel is allergic to hard work**
  Rachel est allergique au travail
- **Why are you so averse to the idea of helping?**
  Pourquoi l'idée d'apporter ton aide te répugne-t-elle tant ?
- **The film wasn't at all to my taste**
  Le film n'était pas du tout à mon goût
- **I didn't care for his last book**
  Son dernier livre ne m'a pas plu
- **I've no time for that sort of attitude**
  Je ne supporte pas ce genre d'attitude
- **Computers aren't my thing** *inf*
  L'informatique, ce n'est pas mon truc
- **I'm not really into wearing ties** *inf*
  Les cravates, ce n'est pas vraiment mon truc
- **There has always been some antipathy between the two actors** *fml*
  Il y a toujours eu une certaine inimitié entre les deux acteurs

LA BEAUTÉ

- **What a beautiful woman/song!**
  Quelle belle femme/chanson !
- **She was a beauty in her day**
  C'était une beauté lorsqu'elle était jeune
- **Beauty is in the eye of the beholder**
  La beauté est dans les yeux de celui qui regarde
- **Do you find him attractive?**
  Il te plaît ?
- **Their daughter is as pretty as a picture**
  Leur fille est mignonne comme tout
- **He's very good-looking** or **handsome**
  C'est un bel homme
- **She's quite good-looking**
  Elle n'est pas mal
- **He's lost his looks**
  Il n'est plus aussi bien qu'avant
- **The new building is not very aesthetically pleasing**
  Le nouveau bâtiment n'est pas des plus agréables à l'œil
- **Your baby is really cute** *inf*
  Ton bébé est vraiment mignon
- **She's a real looker** or **stunner** *inf*
  Elle est vraiment canon
- **He's a real hunk** *inf*
  C'est vraiment un beau mec

BONJOUR !

- **Hello, Jim, how are you?**
  Bonjour, Jim, comment ça va ?
- **Say hello to him for me**
  Dis-lui bonjour de ma part
- **She asked me to say hello to you**
  Elle m'a demandé de vous donner le bonjour
- **Hello, Anne Johnson speaking**
  Allô, Anne Johnson à l'appareil
- **Good morning/afternoon!**
  Bonjour !
- **Good evening!**
  Bonsoir !
- **Welcome to my home/to England!**
  Bienvenue chez moi/en Angleterre !
- **How do you do? My name is Robert Green**
  Bonjour ! Je m'appelle Robert Green

- **Charles greeted** or **welcomed them warmly**
  Charles les accueillit chaleureusement
- **He isn't well enough to receive visitors**
  Il n'est pas en état de recevoir des visites
- **They shook hands**
  Ils se sont serré la main
- **Hi, how's things?** *inf*
  Salut, ça roule ?

LA CERTITUDE

- **I'm certain** or **sure (that) he'll come**
  Je suis certain qu'il viendra
- **I don't know for sure** or **for certain**
  Je n'en suis pas sûr
- **They're not convinced (that) it's necessary**
  Ils ne sont pas convaincus que ce soit nécessaire
- **She is definitely innocent**
  Elle est innocente, c'est sûr
- **Of course he loves you**
  Bien sûr qu'il t'aime
- **I know it for a fact**
  J'en suis sûr et certain
- **She made certain** or **sure (that) all the doors were locked**
  Elle s'est assurée que toutes les portes étaient bien fermées
- **Our success is guaranteed**
  Notre succès est garanti
- **There's no question about it**
  Il n'y a pas de doute là-dessus
- **There's no way she could have known**
  Elle ne pouvait absolument pas le savoir
- **It's anybody's guess**
  Dieu seul le sait
- **The validity of this decision is open to question**
  Le bien-fondé de la décision est discutable
- **There are no two ways about it**
  Il n'y a pas à discuter
- **On second thoughts** UK or **thought** US **I'd better go myself**
  Réflexion faite, il vaut mieux que j'y aille moi-même
- **He's a dead cert for the job** *inf*
  À tous les coups, il a le poste

LA COLÈRE

- **She's angry at not having been invited**
  Elle est en colère de ne pas avoir été invitée
- **He got angry with her**
  Il s'est fâché contre elle
- **Her remarks made me angry**
  Ses observations m'ont mis en colère
- **In a moment of anger, he...**
  Dans un accès de colère, il...
- **My father was in a rage** or **was furious** or **was fuming**
  Mon père était furieux
- **It's infuriating the way she's always right**
  Ça me met hors de moi qu'elle ait toujours raison
- **You're really getting on my nerves with your stupid comments**
  Tu commences vraiment à me taper sur les nerfs avec tes commentaires stupides
- **I resent your remarks**
  Je n'aime pas du tout vos remarques
- **He lost his temper with** or **flared up at me**
  Il s'est emporté contre moi
- **All of a sudden, she blew her top** or **flew off the handle** or **hit the roof and insulted me**
  D'un coup, elle est sortie de ses gonds et m'a insulté
- **He gets (himself) worked up over nothing**
  Il s'énerve pour un rien
- **The boss is on the warpath**
  Le patron est d'une humeur massacrante
- **Behaviour like that really drives me up the wall**
  Ce genre de comportement m'horripile
- **How dare you speak to me in that tone of voice!**
  Comment oses-tu me parler sur ce ton !
- **Just wait till I get hold of him!**
  Attends un peu que je l'attrape !
- **That's the (absolute) limit!**
  Ça, c'est le comble !

LA COMPARAISON

- **You are as tall as he is** or **as him**
  Vous êtes aussi grand que lui
- **The cedars are older than the oaks (are)**
  Les cèdres sont plus vieux que les chênes
- **He plays tennis better/worse than I do** or **than me**
  Il joue au tennis mieux/plus mal que moi
- **I have as much money/as many books as you (do** or **have)**
  J'ai autant d'argent/autant de livres que vous
- **He's nowhere near as good as her** or **as she is**
  Il est loin d'être aussi doué qu'elle
- **Fewer/more than ten**
  Moins/plus de dix
- **His new film is far more interesting than the last one**
  Son dernier film est beaucoup plus intéressant que le précédent
- **As much/soon as possible**
  Autant/Dès que possible
- **The book was better than I expected (it to be)**
  Le livre était meilleur que je ne m'y attendais
- **It's like this one, only smaller**
  Il est comme celui-ci, mais en plus petit
- **Like father, like son**
  Tel père, tel fils
- **He's the spitting image of his father**
  Il ressemble à son père comme deux gouttes d'eau
- **Compared with** or **to the others she's brilliant**
  Elle est brillante par rapport aux autres
- **His paintings have been compared to Manet's**
  On a comparé ses tableaux à ceux de Manet
- **The book makes** or **draws a comparison between London and New York**
  Le livre établit une comparaison entre Londres et New York
- **He can't compare with you**
  On ne peut pas le comparer à vous
- **There's no comparison**
  C'est sans comparaison
- **This music is melodic by** or **in comparison**
  En comparaison, cette musique est mélodieuse
- **In comparison with his brother, he was shy**
  Comparé à son frère, il était timide

LA COMPASSION

- **I was sorry to hear about your father's death**
  J'ai été désolé d'apprendre la mort de votre père
- **Please accept my condolences**
  Sincères condoléances
- **Our thoughts are with you**
  Nous sommes de tout cœur avec vous
- **I'm writing to express my sadness** or **my sorrow at your loss**
  Je vous écris pour vous témoigner ma tristesse or ma peine en apprenant votre deuil

- **It's the children I feel sorry for**
  Ce sont les enfants que je plains
- **That poor woman, I feel for her**
  La pauvre, ça me fait de la peine pour elle
- **I sympathize because I used to have similar problems**
  Je compatis, car j'ai eu des problèmes semblables
- **Her heart went out to them**
  Elle eut de la compassion pour eux
- **He consoled me in my grief**
  Il m'a consolé de ma peine
- **If it's any consolation, the same thing happened to me**
  Si cela peut te consoler, il m'est arrivé la même chose
- **I tried to comfort him but he was inconsolable**
  J'ai essayé de le réconforter mais il était inconsolable
- **If there's anything I can do for you, please let me know**
  Si je peux vous aider en quoi que ce soit, n'hésitez pas à me le faire savoir
- **How awful for you!**
  Ça a dû être vraiment terrible pour vous !
- **You poor thing, Alice!**
  Ma pauvre Alice !
- **You have my deepest sympathy** *fml*
  Je suis de tout cœur avec vous
- **We commiserated with him on his misfortune** *fml*
  Nous avons compati à ses malheurs

LA COMPRÉHENSION

- **I don't understand the question**
  Je ne comprends pas la question
- **He claims his wife doesn't understand him**
  Il prétend que sa femme ne le comprend pas
- **I can't make myself understood in English**
  Je ne peux pas me faire comprendre en anglais
- **Are you clear about what you have to do?**
  As-tu bien compris ce que tu as à faire ?
- **Would you mind repeating that?**
  Pourriez-vous répéter ?
- **I see what you're getting at**
  Je vois où vous voulez en venir
- **I didn't quite grasp what she meant**
  Je n'ai pas bien saisi ce qu'elle a voulu dire
- **I just can't fathom it**
  Je n'y comprends rien
- **I heard what you said, but it didn't sink in at the time**
  Je vous ai entendu, mais je n'ai pas vraiment saisi sur le moment
- **I don't think (that) the bad news has registered with her yet**
  On lui a annoncé la mauvaise nouvelle, mais je pense qu'elle n'a pas encore bien réalisé
- **He took in the situation at a glance**
  Il a compris la situation en un clin d'œil
- **Why he wants to go there is beyond me**
  Je ne comprends pas pourquoi il veut y aller
- **Her lecture was completely over my head**
  Sa conférence m'a complètement dépassé
- **She's a bit out of her depth in her new job**
  Elle est un peu dépassée dans son nouveau travail
- **I intend to get to the bottom of this affair**
  J'entends aller au fond de cette affaire
- **I'll get back to you once I've got a handle on the situation**
  Je vous recontacterai quand j'aurai la situation en main
- **I don't get it** *inf*
  Je ne comprends pas
- **I think I've got it now** *inf*
  Ça y est, je crois que j'ai compris
- **It's all Greek to me** *inf*
  Tout ça, c'est du chinois pour moi
- **I'm afraid you've lost me**
  Je ne vous suis plus
- **I can't make head nor tail of this** *inf*
  Pour moi, ça n'a ni queue ni tête

LA CONCESSION

- **He admitted** or **acknowledged** or **conceded (that) he was wrong**
  Il a reconnu qu'il avait tort
- **She has a point**
  Elle n'a pas tort
- **To be fair (to them)** or **In all justice to them, they did contribute their time**
  Rendons-leur cette justice, ils ont donné de leur temps
- **You're honest, I'll say that for you**
  Je reconnais que vous êtes honnête
- **That's fair enough, but don't you think that...?**
  Très bien, mais ne pensez-vous pas que... ?
- **Owning a home is all very well, but...**
  C'est bien beau d'être propriétaire, mais...
- **To be honest (with you), I don't think it'll work**
  À vrai dire, je ne crois pas que ça marchera
- **Granted, he's not very intelligent, but...**
  D'accord, il n'est pas très intelligent, mais...
- **I had to yield to them on that point**
  J'ai dû leur concéder ce point
- **Please can I stay up late? – Oh, I suppose so**
  S'il te plaît, est-ce que je peux veiller tard ? – Bon, si tu veux
- **I defer to your knowledge in these matters** *fml*
  Je m'en remets à vos connaissances en la matière

LA CONFIANCE

- **Are you feeling confident?**
  Tu te sens sûr de toi ?
- **We are confident (that) it will work**
  Nous sommes confiants (que ça va marcher)
- **I'm not confident of success**
  Je ne suis pas sûr de réussir
- **He is a very (self-)confident** or **(self-)assured person**
  C'est quelqu'un de très sûr de lui
- **She is full of/lacks (self-)confidence** or **(self-)assurance**
  Elle a une grande/Elle manque de confiance en elle
- **He's very sure of himself for one so young**
  Il est très sûr de lui pour quelqu'un de si jeune
- **She was very poised during the interview**
  Elle était très sûre d'elle pendant l'entretien
- **You're not assertive enough**
  Vous n'avez pas assez d'autorité
- **He feels good about himself**
  Il se sent bien dans sa peau
- **You can tell (that) she's insecure**
  On sent qu'elle est mal dans sa peau
- **You're being overconfident about the exam**
  Tu présumes un peu trop de ta réussite à l'examen
- **Don't be cocky!** *inf*
  Ne fais pas le malin !
- **You can trust me**
  Vous pouvez me faire confiance
- **I can't rely on** or **trust her to do the job properly**
  Je ne peux pas compter sur elle pour faire le travail correctement
- **I certainly wouldn't trust him with any of my secrets**
  Je ne lui confierais certainement pas un de mes secrets

- **It's a car you can rely on** or **trust** or **It's a reliable car**
  C'est une voiture très sûre
- **We must put our trust in science**
  Nous devons placer notre confiance en la science
- **He has a deep distrust** or **mistrust of doctors**
  Il éprouve une profonde méfiance à l'égard des médecins
- **They have good reason to distrust** or **mistrust her**
  Ils ont de bonnes raisons de se méfier d'elle
- **I don't have much faith in him**
  Je ne lui fais pas beaucoup confiance
- **I'm relying on you to find a solution**
  Je compte sur vous pour trouver une solution
- **She swears by those vitamin tablets**
  Elle ne jure que par ces vitamines
- **Be on your guard: he's devious**
  Prenez garde : il est sournois
- **Children should be wary of strangers**
  Les enfants devraient se méfier des inconnus
- **We are reliably informed that…**
  Nous savons de bonne source que…
- **He's a loyal** or **faithful friend**
  C'est un ami fidèle

CONFIRMER

- **Could you confirm your name and address, please?**
  Pourriez-vous, s'il vous plaît, confirmer vos nom et adresse ?
- **We confirm receipt of your letter**
  Nous accusons réception de votre lettre
- **His diagnosis confirmed my fears**
  Son diagnostic a confirmé mes craintes
- **Could you tell me if the meeting is taking place?**
  Pourriez-vous me dire si la réunion aura bien lieu ?
- **Are you quite sure he hasn't left yet?**
  Êtes-vous bien sûr qu'il n'est pas encore parti ?
- **I owe you £20, (is that) right?**
  Je te dois 20 livres, c'est ça ?
- **Am I right in thinking you're German?** US
  Je me trompe ou vous êtes allemand ?
- **That's right!**
  C'est ça !
- **I told you so!** or **What did I tell you!**
  Je vous l'avais bien dit !
- **There was no evidence of his stay in the house**
  Rien ne montrait qu'il avait séjourné dans la maison
- **I feel, and I'm sure Peter will bear me out** or **back me up on this…**
  J'estime, et je suis sûr que Peter sera d'accord sur ce point…
- **I can verify that Gillian Brown was present**
  Je peux confirmer que Gillian Brown était bien là
- **What you say corroborates her story** *fml*
  Ce que vous dites corrobore sa version des faits

LES CONSEILS

- **Let me give you some advice**
  Permettez que je vous donne un conseil
- **Take my advice and say nothing to her**
  Suis mon conseil, ne lui dis rien
- **What do you advise (me to do)?**
  Que me conseillez-vous ?
- **I could do with some advice**
  Un conseil serait le bienvenu
- **He advised them against taking legal action**
  Il leur a déconseillé d'intenter une action en justice
- **I recommend going** or **that you go via Leeds**
  Je vous recommande de passer par Leeds
- **You really must go and see a doctor**
  Il faut absolument que tu ailles voir un médecin
- **If you ask me, I think you should resign**
  Si tu veux mon avis, je crois que tu devrais démissionner
- **I would go if I were you, it's the opportunity** or **chance of a lifetime**
  À ta place j'irais, c'est la chance de ta vie
- **I'd think twice about going**
  J'y réfléchirais à deux fois avant d'y aller
- **She needs guidance concerning her education**
  Elle a besoin de conseils sur ses études
- **He cautioned them against deciding before they knew all the facts**
  Il leur a déconseillé de se décider avant de connaître les tenants et les aboutissants
- **They warned me about you**
  On m'avait mis en garde contre toi
- **You ought to get a second opinion**
  Vous devriez prendre un autre avis
- **What would you do (if you were) in my place** or **if you were me?**
  Que feriez-vous à ma place ?
- **Do you want to know what I think?**
  Vous voulez savoir ce que j'en pense ?
- **You could always try writing to him**
  Ce serait peut-être bien de lui écrire
- **Why don't you just tell her?**
  Pourquoi ne pas le lui dire, tout simplement ?
- **The best thing (to do) is to keep quiet**
  Le mieux, c'est de ne rien dire

CONVAINCRE

- **They persuaded him to come/dissuaded him from coming**
  Ils l'ont persuadé/dissuadé de venir
- **I urged him to accept**
  Je lui ai vivement conseillé d'accepter
- **His arguments don't convince me**
  Il a beau dire, je ne suis pas convaincu
- **I'm convinced (that) we will succeed**
  Je suis convaincu que nous réussirons
- **I managed to convince** or **persuade myself that everything would be all right**
  J'ai réussi à me persuader que tout irait bien
- **She wasn't very convincing as Juliet**
  Elle n'était pas très convaincante dans le rôle de Juliette
- **You'll never get him to admit it**
  Tu ne le lui feras jamais admettre
- **Do you think you could use your influence with the boss and get me a pay rise?**
  Tu crois que tu pourrais user de ton influence auprès du chef pour m'avoir une augmentation ?
- **I talked** or **brought them round to my way of thinking**
  Je les ai convaincus
- **She allowed herself to be talked into going**
  Elle s'est laissé convaincre d'y aller
- **I won him over to my point of view**
  J'ai réussi à le rallier à mon point de vue
- **I tried to reason with them**
  J'ai essayé de leur faire entendre raison
- **He'd have me believe (that) it's an antique**
  Il voudrait me faire croire que c'est un objet d'époque
- **Yes, but I'm sure you'd agree (that) he does have a point**
  Oui, mais vous conviendrez qu'il n'a pas tort

CONVENIR

- **Blue/This hat suits you**
  Le bleu/Ce chapeau te va bien
- **That time doesn't suit me**
  Cette heure ne me convient pas
- **The house is not suitable for a large family**
  La maison ne conviendrait pas à une famille nombreuse
- **You are not appropriately dressed for such an occasion**
  Tu n'es pas convenablement habillé pour ce genre d'occasion
- **That tie doesn't go with your shirt**
  Cette cravate ne va pas avec ta chemise
- **It fits (me) like a glove**
  Ça me va comme un gant
- **It's the perfect** or **ideal gift**
  C'est le cadeau idéal
- **Now is not the right time to mention it**
  Ce n'est pas le moment d'en parler
- **I'm the wrong person to ask**
  Il ne faut pas me demander ça à moi
- **When would be the best time for you?**
  Quelle heure vous conviendrait le mieux ?
- **That's all right with** or **by me**
  Moi, ça me va
- **He's not cut out to be a politician**
  Il n'a pas l'étoffe d'un homme politique
- **That's right up my street**
  C'est tout à fait mon rayon
- **Rachel was in her element, telling everybody what to do**
  Rachel était dans son élément, disant à chacun ce qu'il devait faire

CORRIGER

- **He had the nerve to correct my French**
  Il a eu le culot de corriger mon français
- **Correct me if I'm wrong, but…**
  Reprenez-moi si je me trompe, mais…
- **I stand corrected**
  Au temps pour moi
- **She made a few corrections to the text**
  Elle a apporté quelques corrections au texte
- **I got the date wrong** or **I was mistaken** or **wrong about the date**
  Je me suis trompé de date
- **There must be some mistake**
  Il doit y avoir erreur
- **It was done by mistake** or **in error**
  Cela a été fait par inadvertance or C'est une erreur
- **That can't be right**
  Ça ne peut pas être le cas
- **You're not doing it the right way**
  Ce n'est pas comme ça qu'il faut faire
- **He made a mess of it and I had to put things right**
  Il a bâclé le travail et j'ai dû réparer les dégâts
- **You misunderstood the message**
  Vous avez mal compris le message
- **I think (that) you have been misinformed**
  On vous aura mal renseigné
- **It appears (that) I misjudged you**
  Il semblerait que je vous aie mal jugé
- **Your guess is** or **You're wide of the mark**
  Vous êtes loin du compte
- **It was a slip of the tongue; I meant to say…**
  Ma langue a fourché ; je voulais dire…

LE COURAGE

- **You'll have to be brave** or **courageous and tell him**
  Tu vas devoir être courageux et le lui dire
- **I don't have the courage to jump from a plane**
  Je n'ai pas assez de courage pour sauter d'un avion
- **He's a soldier and an intrepid explorer**
  C'est un soldat et un explorateur intrépide
- **She's trying to pluck up courage** or **summon up her courage to invite him to the party**
  Elle essaie de prendre son courage à deux mains pour l'inviter à la fête
- **(Keep your) chin up!**
  Courage !
- **It takes pluck to do that**
  Il faut du courage pour faire ça
- **She was fearless in her pursuit of criminals**
  Elle était intrépide dans sa poursuite des criminels
- **Paul put a brave face on it, doing his best to appear unconcerned**
  Paul a fait bonne figure, s'efforçant de paraître indifférent
- **Don't be such a coward**
  Ne sois pas aussi lâche
- **It was very cowardly of him**
  C'était lâche de sa part
- **You have no backbone**
  Vous n'avez rien dans le ventre
- **She chickened out of asking him to lunch** *inf*
  Elle s'est dégonflée au moment de l'inviter à déjeuner
- **I didn't have the guts to tell them** *inf*
  Je n'ai pas eu le cran de le leur dire
- **She bore her final illness with quiet fortitude** *fml*
  Elle a enduré avec stoïcisme la maladie qui devait l'emporter

CROIRE

- **I believe (that) it's true**
  Je crois que c'est vrai
- **I can't believe it**
  Je n'arrive pas à le croire
- **He believes in God/in ghosts**
  Il croit en Dieu/aux fantômes
- **I believe in free enterprise**
  Je crois à la libre entreprise
- **He couldn't believe his eyes/his ears**
  Il n'en croyait pas ses yeux/ses oreilles
- **Don't you believe it!**
  N'en croyez rien !
- **She is a great believer in taking exercise**
  Elle est convaincue qu'il faut faire de l'exercice
- **I'm convinced (that) he's lying**
  Je suis convaincu qu'il ment
- **Contrary to popular belief…**
  Contrairement à ce que l'on croit…
- **It's beyond belief** or **unbelievable**
  C'est incroyable
- **Believe it or not, he fell for her**
  Tu le croiras si tu veux, il est tombé amoureux d'elle
- **She's a smart one, believe (you) me!**
  Elle est maligne, crois-moi !
- **The government has lost credibility with the public**
  Le gouvernement a perdu toute crédibilité aux yeux du public
- **Your story is a bit far-fetched**
  Ton histoire est un peu tirée par les cheveux
- **They took her at her word**
  Ils l'ont prise au mot

- **She took it as gospel**
  Elle a pris ça pour parole d'évangile
- **I told her a lie and she bought** or **swallowed it** *inf*
  Je lui ai raconté un mensonge et elle l'a gobé
- **Do you give (any) credence to the rumours?** *fml*
  Ajoutez-vous foi aux rumeurs ?

LA CURIOSITÉ

- **I wonder who invented that**
  Je suis curieux de savoir qui a inventé ça
- **I wonder whether he'll come**
  Je me demande s'il viendra
- **They weren't at all curious as to how it had happened**
  Ils n'étaient pas du tout curieux de savoir comment cela s'était produit
- **He went there out of curiosity**
  Il y est allé par curiosité
- **She has an inquisitive mind**
  C'est un esprit curieux
- **He's an awful busybody**
  Il se mêle des affaires de tout le monde
- **I'm dying to know the score of the match**
  Je meurs d'envie de connaître le résultat du match
- **Don't be so nosy!** *inf*
  Occupe-toi donc de tes oignons !
- **I didn't mean to be nosy** *inf*
  Je ne voulais pas être indiscret

LA DÉCEPTION

- **He was disappointed at** or **about not being invited**
  Il a été déçu de ne pas avoir été invité
- **Are you disappointed with the results?**
  Êtes-vous déçu des résultats ?
- **I'm very disappointed in him**
  Il m'a beaucoup déçu
- **I found the film very disappointing**
  J'ai trouvé le film vraiment décevant
- **She has suffered many disappointments**
  Elle a essuyé bien des déboires
- **I've become disillusioned** or **disenchanted with politics**
  J'ai perdu mes illusions sur la politique
- **It was worse than I expected**
  C'était pire que je ne pensais
- **His performance didn't match** or **live up to their expectations**
  Il n'a pas répondu à leurs attentes
- **His winnings fell far short of what he had expected**
  Ses gains ont été bien inférieurs à ce qu'il attendait
- **She has been badly let down**
  Elle a été profondément déçue
- **The party was a bit of an anticlimax** or **a bit of a letdown** *inf*
  La fête a été plutôt décevante

LE DÉGOÛT

- **I'm disgusted with him/his behaviour**
  Il/Son comportement m'écœure
- **I resigned in disgust**
  Dégoûté, j'ai démissionné
- **How disgusting!**
  C'est dégoûtant !
- **They're disgustingly rich**
  Ils sont scandaleusement riches
- **It made him (feel) sick to think of all that waste**
  Ça l'écœurait de penser à tout ce gâchis
- **You make me sick!**
  Tu me dégoûtes !
- **It's sickening the way the refugees are treated**
  C'est écœurant, la façon dont on traite les réfugiés
- **The sight was enough to turn your stomach**
  Le spectacle avait de quoi vous soulever le cœur
- **He finds her/the idea repellent** or **repugnant** or **repulsive**
  Elle/L'idée le répugne
- **Their attitude is abhorrent to me**
  Je trouve leur attitude détestable
- **It smells/tastes revolting**
  Ça a une odeur infecte/un goût infâme
- **The soup was vile** or **foul**
  La soupe était infecte
- **I found his hypocrisy nauseating**
  J'ai été écœurée par son hypocrisie
- **That was a loathsome thing to do/say!**
  C'était vraiment dégoûtant de faire/dire ça !
- **That's disgusting! Ugh** or **Yuck!** *inf*
  C'est dégoûtant ! Berk !

DEMANDER

- **I asked them to be quiet**
  Je leur ai demandé de se taire
- **He asked for some water**
  Il a demandé de l'eau
- **Mr and Mrs Booth request the pleasure of your company**
  M. et Mme Booth vous prient de leur faire l'honneur de votre présence
- **As requested, I enclose a cheque for £50**
  Conformément à votre demande, je joins un chèque de 50 livres
- **She applied for the job but didn't get it**
  Elle a posé sa candidature mais n'a pas obtenu le poste
- **The mayor demanded an apology**
  Le maire a exigé des excuses
- **You make too many demands on her**
  Vous exigez trop d'elle
- **He made an appeal** or **a plea on behalf of the victims**
  Il a lancé un appel au nom des victimes
- **She appealed to me for help**
  Elle a imploré mon aide
- **They were pleading with him** or **begging him** or **imploring him** *fml* or **entreating him** *fml* **to stop**
  Ils le suppliaient de s'arrêter
- **The police are calling for tougher penalties**
  La police réclame des sanctions plus fermes
- **Could you pass the salt, please?**
  Pourriez-vous me passer le sel, s'il vous plaît ?
- **Would you mind if I opened the window?**
  Vous permettez que j'ouvre la fenêtre ?
- **I was wondering whether you could lend me £10?**
  Je me demandais si tu ne pourrais pas me prêter 10 livres ?
- **Could you posssibly come back later?**
  Vous serait-il possible de revenir plus tard ?
- **Please let me know if you're coming**
  Préviens-moi si tu viens
- **Do me a favour and answer the door, will you?**
  Tu veux bien aller ouvrir la porte, s'il te plaît ?

LA DIFFÉRENCE

- **Her latest book is very different from** or **to her first**
  Son dernier livre est très différent du premier
- **He put on a different shirt**
  Il a mis une autre chemise

- **I can't tell the difference between the two**
  Je ne vois pas la différence entre les deux
- **They differ in size/colour**
  Ils sont de tailles/couleurs différentes
- **They are as different as chalk and cheese**
  C'est le jour et la nuit
- **He is quite unlike his brother**
  Il ne ressemble pas du tout à son frère
- **Unlike you, I prefer a quiet life**
  Contrairement à vous, je préfère une vie tranquille
- **No two are alike**
  Il n'y en a pas deux de pareils
- **These facts are totally unrelated**
  Il n'y a aucun rapport entre ces faits
- **This version diverges from the truth**
  Cette version s'écarte de la vérité
- **By** or **In contrast, the president was almost optimistic**
  En revanche, le président était presque optimiste
- **They have nothing in common**
  Ils n'ont rien en commun
- **Their positions on disarmament are poles apart** or **diametrically opposed**
  Leurs positions sur le désarmement sont diamétralement opposées
- **This announcement is at variance with his previous statements** *fml*
  Cette annonce est en contradiction avec ses déclarations antérieures

LA DIFFICULTÉ

- **I find it difficult** or **hard to believe (that) she has gone**
  Il m'est difficile de croire qu'elle soit partie
- **He had difficulty** or **trouble (in) climbing the stairs**
  Il a eu du mal à monter l'escalier
- **They are in financial difficulties**
  Ils rencontrent des difficultés financières
- **What seems to be the problem?**
  Où est le problème ?
- **I can't come – I've got problems with the car**
  Je ne peux pas venir ; j'ai des problèmes avec la voiture
- **There's been a hitch** or **snag** *inf*
  Il y a eu un problème
- **We had the devil of a job finding the house**
  On a eu un mal fou à trouver la maison
- **I've really got my work cut out**
  J'ai du pain sur la planche
- **It's easier said than done**
  C'est plus facile à dire qu'à faire
- **That's a tall order**
  Voilà qui va être difficile
- **You'll be hard pressed** or **pushed** or **put to find a shop open at this time**
  Tu vas avoir du mal à trouver un magasin ouvert à cette heure-ci
- **They were in dire straits**
  Ils étaient dans une très mauvaise passe
- **We had our backs to the wall**
  Nous étions le dos au mur
- **She's in a fix** or **in a mess** or **up against it** *inf*
  Elle est dans le pétrin
- **It's a hard** or **tough nut to crack** *inf*
  C'est difficile à résoudre
- **It can be a headache finding somewhere to park** *inf*
  Parfois c'est la croix et la bannière pour trouver à se garer

LES DIVERTISSEMENTS

- **Did you enjoy it?**
  Ça t'a plu ?
- **She enjoys going to the cinema**
  Elle aime aller au cinéma
- **Enjoy yourself!**
  Amusez-vous bien !
- **I don't get much enjoyment out of teaching**
  Je n'ai guère de plaisir à enseigner
- **He amused himself building sandcastles**
  Il s'est amusé à faire des châteaux de sable
- **I love** or **adore walking in the rain**
  J'adore marcher sous la pluie
- **Skiing is great fun**
  C'est très amusant de faire du ski
- **We had fun** or **a great time at the party** *inf*
  Nous nous sommes bien amusés à la soirée
- **It was bliss to plunge into the water**
  C'était un bonheur de se plonger dans l'eau
- **He revelled in** or **took great delight in criticizing his employees**
  Il prenait grand plaisir à critiquer ses employés
- **She gets a thrill** or **a kick out** *inf* **of driving fast**
  Elle s'éclate en conduisant vite
- **When I'm on holiday I really let myself go**
  Lorsque je suis en vacances, je me laisse vraiment aller
- **It was absolutely wonderful!**
  C'était absolument merveilleux !
- **I'm having a ball!** *inf*
  Je m'éclate !
- **Come on, John, let your hair down a bit!** *inf*
  Vas-y, John, laisse-toi un peu aller
- **She's been living it up in London** *inf*
  Elle a mené la grande vie à Londres

LA DOULEUR

- **Are you in pain?**
  Avez-vous mal ?
- **I've a pain in my side**
  J'ai une douleur au côté
- **I have a shooting pain in my thigh**
  J'ai des élancements dans la cuisse
- **My foot hurts**
  Mon pied me fait mal
- **He has a bad back**
  Il a des problèmes de dos
- **I've got stomach ache/toothache/a headache**
  J'ai mal au ventre/aux dents/à la tête
- **Where is it sore?**
  Où as-tu mal ?
- **My eyes are stinging** or **burning**
  Les yeux me brûlent
- **He injured his knee skiing**
  Il s'est blessé au genou en faisant du ski
- **She has sprained her ankle/broken her arm**
  Elle s'est foulé la cheville/s'est cassé le bras
- **I've been bitten by mosquitoes**
  J'ai été piqué par des moustiques
- **This medecine will help ease the pain**
  Ce médicament soulagera la douleur
- **Ow!**
  Aïe !

LE DOUTE

- **I doubt if** or **whether he'll come**
  Je doute qu'il vienne
- **I doubt it**
  J'en doute
- **It's doubtful whether they're really serious**
  Il est peu probable qu'ils soient vraiment sérieux
- **I have (my) doubts about him**
  J'ai des doutes sur lui
- **We are in no doubt as to** or **We have no doubts about her competence**
  Nous n'avons aucun doute sur ses compétences
- **Without (a** or **any) doubt, she is the best in the world**
  C'est, sans aucun doute, la meilleure au monde
- **The facts have been established beyond (all) doubt**
  Ces faits ont été avérés
- **I'm very sceptical of** or **about their claims**
  Je suis très sceptique quant à ce qu'ils affirment
- **She had misgivings about allowing them to go**
  Elle hésitait à les laisser y aller
- **He is hesitating about buying the house**
  Il hésite à acheter la maison
- **It is debatable whether he is to blame or she is**
  Il est difficile de dire si c'est lui ou elle qui est responsable
- **I'm in two minds about going**
  J'hésite à y aller
- **Make up your mind!**
  Décidez-vous !
- **She is in a bit of a dilemma** or **quandary over whether to tell him or not**
  Elle ne sait pas trop si elle doit le lui dire ou non
- **His employer called his honesty into question**
  Son employeur a mis en doute son honnêteté
- **You must take what he says with a pinch of salt**
  Il ne faut pas prendre ce qu'il dit pour argent comptant

L'EMBARRAS

- **It would be embarrassing** or **awkward if we met**
  Ce serait gênant que nous nous rencontrions
- **Much to my embarrassment, I had to admit that...**
  À mon grand embarras, j'ai dû avouer que...
- **He blushed** or **went red at the thought**
  Il rougit à cette pensée
- **She was red in the face with embarrassment**
  Elle était rouge de honte
- **Have you no shame?**
  Tu n'as pas honte ?
- **The shame of it!**
  Quelle honte !
- **They tried to shame her into donating more**
  Ils ont essayé de lui faire honte pour qu'elle fasse un don plus important
- **There's nothing to be ashamed of**
  Il n'y a pas de quoi avoir honte
- **He admitted, rather shamefacedly, that it was his fault**
  Il a reconnu, d'un air plutôt penaud, que c'était de sa faute
- **She just sat there with a sheepish grin on her face**
  Elle était assise là, un sourire penaud sur le visage
- **I was mortified to discover that I had been deceived**
  J'étais très vexé de m'apercevoir que l'on m'avait trompé
- **Don't be shy** or **bashful, tell me what you want**
  Ne soyez pas timide, dites-moi ce que vous voulez
- **When he said that, I didn't know where to put my face!**
  Lorsqu'il a dit ça, je ne savais plus où me mettre !
- **Hearing myself say that, I just wanted the ground to open and swallow me up**
  J'aurais voulu disparaître sous terre quand je me suis rendu compte de ce que j'avais dit
- **He went off with his tail between his legs**
  Il est parti la queue entre les jambes

ENCOURAGER

- **Her mother encouraged her to play the piano**
  Sa mère l'a encouragée à faire du piano
- **His success was a great encouragement to us**
  Sa réussite nous a beaucoup encouragés
- **It is encouraging to see the progress that has been made**
  C'est encourageant de constater les progrès accomplis
- **No amount of coaxing** or **cajoling would get him to agree**
  Rien n'a pu l'amener à accepter, malgré tous les efforts pour l'amadouer
- **He was egged on by the other boys to steal it.**
  Les autres garçons l'ont poussé à le voler
- **The programme inspired her to study biology**
  L'émission l'a incitée à étudier la biologie
- **His parents supported** or **backed him in his attempt to become an actor**
  Ses parents l'ont soutenu lorsqu'il a essayé de devenir acteur
- **The government has introduced a number of measures to stimulate investment**
  Le gouvernement a introduit un certain nombre de mesures en faveur de l'investissement
- **Their shouts spurred us on**
  Leurs cris nous encourageaient
- **Keep up the good work!**
  Continuez à bien travailler !
- **Come on, the Reds!**
  Allez, les Reds !
- **Go on, you can do it!**
  Allez, tu peux y arriver !

L'ENNUI

- **His speech was really boring** or **tedious** or **dull**
  Son discours était vraiment ennuyeux
- **It's a tedious** or **boring business collecting signatures**
  Recueillir des signatures, c'est d'un ennuyeux !
- **He eats to keep boredom at bay**
  Il mange pour tromper l'ennui
- **She's a real bore on the subject of gardening** *inf*
  Elle est vraiment barbante quand elle se met à parler de jardinage
- **I'm bored with him/this conversation**
  Il/Cette conversation m'ennuie
- **I'm beginning to get bored**
  Je commence à m'ennuyer
- **I got tired of** or **fed up with** *inf* **playing cards**
  J'en ai eu assez de jouer aux cartes
- **We had a dreary time (of it)**
  Ce n'était pas très gai
- **Her visits broke** or **relieved the monotony of his life**
  Les visites qu'elle lui rendait rompaient la monotonie de son existence
- **She went on about her holiday ad nauseam**
  Elle n'en finissait pas de nous raconter ses vacances
- **Housework bores me stiff** or **silly** or **to tears** or **to death** *inf*
  Faire le ménage m'ennuie à mourir
- **His latest film is deadly (dull)** *inf*
  Son dernier film est mortellement ennuyeux

- **This book is as dull as ditchwater** *inf*
  Ce livre est ennuyeux comme la pluie
- **The exams are a real drag!** *inf*
  Quelle barbe, ces examens !

L'ENVIE

- **I envy him his success**
  Je lui envie son succès
- **I don't envy her having to catch such an early train**
  Je ne l'envie pas d'avoir à prendre le train de si bonne heure
- **Your dress is wonderful; I'm green with envy**
  Ta robe est superbe ; j'en suis verte de jalousie
- **She was the envy of all her friends**
  Elle faisait l'envie de tous ses amis
- **He is envious of their new house**
  Il leur envie leur nouvelle maison
- **My daughter is jealous of me**
  Ma fille est jalouse de moi
- **He became jealous of her sudden success**
  Sa réussite soudaine l'a rendu jaloux
- **There's a lot of rivalry between the two brothers**
  Il y a une forte rivalité entre les deux frères
- **You have no reason to be envious of him**
  Vous n'avez rien à lui envier
- **She looked longingly at my delicious sandwiches**
  Elle regardait avec convoitise mes délicieux sandwichs
- **I'd really love to have your musical talents**
  J'aimerais vraiment avoir tes talents musicaux
- **The Booker Prize is a highly coveted award** *fml*
  Le Booker Prize est un prix très convoité

L'ERREUR

- **I took the wrong road/train**
  Je me suis trompé de route/train
- **This is the wrong road for Paris**
  Ce n'est pas la bonne route pour aller à Paris
- **I was mixing you up with your brother**
  Je vous confondais avec votre frère
- **I'm getting all mixed up**
  Je ne sais plus où j'en suis
- **You're confusing me and** or **with my sister**
  Vous me confondez avec ma sœur
- **My things are all in a jumble** or **muddle**
  Mes affaires sont tout en désordre
- **The pages got all jumbled**
  Les pages se sont complètement mélangées
- **Paul was in a real muddle over his holiday plans**
  Paul ne savait plus où il en était dans ses projets de vacances
- **I mistook him for someone else**
  Je l'ai pris pour quelqu'un d'autre
- **There is some confusion as to who won**
  Il y a une incertitude sur qui est le vainqueur
- **It is a hotchpotch** or **ragbag of ideas**
  C'est un fatras d'idées

L'ESPOIR

- **We're hoping for good weather**
  Nous espérons avoir beau temps
- **I hope (that) your brother is better**
  J'espère que votre frère va mieux
- **She has hopes of succeeding**
  Elle a bon espoir de réussir
- **Don't raise his hopes too much**
  Ne lui donne pas trop d'espoir
- **Hopefully, they'll leave tomorrow**
  On espère qu'ils partiront demain
- **It's everybody's dream to win the lottery**
  Tout le monde rêve de gagner à la loterie
- **There is little prospect of their winning the match**
  Il y a peu d'espoir qu'ils remportent le match
- **The outlook for the New Year is promising**
  Cette nouvelle année s'annonce prometteuse
- **Things are looking quite optimistic**
  Les choses se présentent plutôt bien
- **We must look on the bright side – at least we're still alive**
  Nous devons voir les choses du bon côté : au moins nous sommes toujours vivants
- **That's a bit of wishful thinking**
  C'est prendre ses désirs pour des réalités
- **Every cloud has a silver lining**
  À quelque chose malheur est bon
- **She sees the world through rose-coloured glasses**
  Elle voit la vie en rose
- **He's always building castles in the air**
  Il ne cesse de bâtir des châteaux en Espagne
- **They were sanguine about the company's prospects** *fml*
  Ils voyaient l'avenir de l'entreprise avec optimisme

L'ÉVIDENCE

- **It's obvious** or **clear** or **plain (that) she's lying**
  Il est évident qu'elle ment
- **He is obviously** or **clearly** or **plainly wrong**
  Il est clair qu'il a tort
- **Of course I believe you**
  Bien sûr que je te crois
- **There is no denying (that) we have a problem**
  Il est indéniable que nous avons un problème
- **It goes without saying that we'll travel together**
  Il va sans dire que nous voyagerons ensemble
- **It was a blatant attempt to win him over**
  C'était une tentative flagrante de s'attacher son soutien
- **The experiment was a conspicuous failure**
  L'expérience s'est soldée par un échec retentissant
- **It really stands out that he's not a local**
  On voit vraiment qu'il n'est pas d'ici
- **The mistake jumped out at me**
  L'erreur m'a sauté aux yeux
- **It's crystal clear**
  C'est clair comme de l'eau de roche
- **It stands out like a sore thumb**
  Ça crève les yeux
- **The answer's staring you in the face!**
  La réponse saute aux yeux !
- **It was right under my nose all the time**
  C'était juste sous mon nez depuis le début
- **It stands out a mile!** *inf*
  Ça se voit comme le nez au milieu de la figure !

S'EXCUSER

- **Sorry!**
  Pardon !
- **Sorry to have bothered you**
  Excusez-moi de vous avoir dérangé
- **(I'm) sorry to have kept you waiting**
  Désolé de vous avoir fait attendre
- **I'm terribly** or **awfully sorry if I offended you the other day**
  Si je t'ai vexé l'autre jour, j'en suis vraiment désolé

- **I owe you an apology**
  Je vous dois des excuses
- **I apologize for my behaviour last night**
  Je m'excuse pour hier soir
- **I'm afraid we're going to have to cancel dinner next week**
  J'ai bien peur que nous ne soyons obligés d'annuler le dîner de la semaine prochaine
- **Please accept my apologies**
  Je vous prie d'accepter mes excuses
- **I've said I'm sorry; what more can I do?**
  J'ai déjà dit que j'étais désolé, qu'est-ce que je peux faire d'autre ?
- **There's no excuse for that kind of behaviour**
  Ce genre de comportement est inexcusable
- **If you will excuse me, I have to finish my work**
  Si vous voulez bien m'excuser, il faut que je finisse mon travail
- **Excuse me, can I get past?**
  Excusez-moi, je peux passer ?
- **She was very apologetic for being late**
  Elle s'est excusée plusieurs fois d'être arrivée en retard
- **When the story turned out to be false, the editor had to eat humble pie**
  Lorsqu'il s'est avéré que l'histoire était fausse, le rédacteur en chef a dû manger son chapeau
- **I'm afraid (that) it's my fault** or **I'm to blame**
  Je crains que ce ne soit de ma faute
- **I don't want any excuses!**
  Je ne veux pas d'excuse !
- **Sorry, I can't help – It doesn't matter** or **Don't worry about it**
  Désolé, je ne peux pas vous aider – Ça ne fait rien
- **There's no need to apologize**
  Vous n'avez pas à vous excuser
- **That's** or **It's OK**
  Ce n'est pas grave
- **Let's say no more about it**
  N'en parlons plus
- **Apology accepted**
  J'accepte tes excuses

L'EXÉCRATION

- **I hate** or **detest** or **loathe my boss/modern art/doing housework**
  Je déteste mon patron/l'art moderne/faire le ménage
- **She had an intense hatred of authority**
  Elle avait une haine profonde de l'autorité
- **He's such a horrible** or **horrid little man!**
  C'est un affreux petit bonhomme !
- **I sensed the animosity between them**
  Je sentais une certaine animosité entre eux
- **My father-in-law is very hostile towards me**
  Mon beau-père fait preuve de beaucoup d'hostilité à mon égard
- **She only succeeded in antagonizing him further**
  Elle n'a réussi qu'à le rendre encore plus hostile
- **He has strong aversion to** or **abhors travelling** *fml*
  Il déteste voyager
- **There is bad blood** or **ill feeling between the two families**
  Il y a de la rancune entre les deux familles
- **There's no love lost between them**
  Ils se détestent cordialement
- **It's/He's anathema to me** *fml*
  C'est ma bête noire

EXPLIQUER

- **Could you be a bit more specific?**
  Pourriez-vous être un peu plus précis ?
- **Could you explain** or **clarify what you mean by that?**
  Pourriez-vous expliquer ce que vous entendez par là ?
- **I'm sorry, but could you explain in a little more detail?**
  Pardonnez-moi mais pourriez-vous me donner des explications un peu plus détaillées ?
- **What are you getting at?**
  Où voulez-vous en venir ?
- **Perhaps I didn't explain myself very well**
  Je ne me suis peut-être pas très bien expliqué
- **The teacher gave an explanation of the term**
  Le professeur a donné une explication de ce terme
- **What I meant was…**
  Ce que je voulais dire, c'est que…
- **Now let's get this clear: I want no nonsense**
  Comprenons-nous bien : je ne supporterai pas de sottises
- **How do you account for your behaviour?**
  Comment justifiez-vous votre comportement ?
- **The reason I did it was to make him happy**
  C'est pour le contenter que j'ai fait ça
- **Do I have to spell it out for you?**
  Il faut or Tu veux que je te fasse un dessin ?
- **She expounded her theory at great length** *fml*
  Elle a exposé fort longuement sa théorie

LA FACILITÉ

- **The exam was very easy**
  L'examen était très facile
- **She is easy to get on with**
  Elle est facile à vivre
- **This will make your job easier**
  Cela vous facilitera la tâche
- **You can easily imagine my disappointment**
  Vous pouvez imaginer ma déception
- **It's easier said than done**
  C'est plus facile à dire qu'à faire
- **It's as easy as pie** or **as ABC** or **as falling off a log**
  C'est simple comme bonjour
- **It's child's play**
  C'est un jeu d'enfant
- **It's not rocket science!**
  Ce n'est pas sorcier !
- **It should be a simple matter to change your ticket**
  Tu ne devrais avoir aucun mal à changer ton billet
- **It's a rather undemanding book**
  C'est un livre plutôt facile à lire
- **You made short work of that!**
  Tu n'y es pas allé par quatre chemins !
- **They've always taken exams in their stride** UK or **in stride** US
  Ils ont toujours réussi leurs examens facilement
- **He won hands down**
  Il a gagné haut la main
- **I haven't got a car – No problem** or **No sweat, I'll take you** *inf*
  Je n'ai pas de voiture – Pas de problème, je t'emmènerai
- **He's found a cushy job** *inf*
  Il a trouvé une bonne planque
- **It was a piece of cake!** *inf*
  C'était du gâteau !
- **That's the kind of thing he could do standing on his head** *inf*
  C'est le genre de choses qu'il peut faire les yeux fermés

LA FAIBLESSE

- **I got weaker the further we walked**
  Plus nous marchions, plus je m'affaiblissais
- **She has a weak heart**
  Elle a le cœur faible

- **He's far too weak to be a leader**
  Il est beaucoup trop mou pour être un meneur
- **In a moment of weakness I gave in to temptation**
  Dans un moment de faiblesse, j'ai cédé à la tentation
- **Punctuality is my weak point**
  La ponctualité est mon point faible
- **I haven't the strength to lift these boxes/to start again**
  Je n'ai pas la force de soulever ces cartons/de recommencer
- **John was a sickly child**
  John était un enfant maladif
- **She fell to the floor in a faint**
  Elle est tombée en syncope
- **He's feeling emotionally fragile after his divorce**
  Il se sent fragile sur le plan émotionnel après son divorce
- **They were powerless to prevent the scandal**
  Ils n'ont rien pu faire pour éviter le scandale
- **The pound has weakened against the dollar**
  La livre est en baisse par rapport au dollar
- **There was a rickety bridge over the river**
  Un pont branlant enjambait la rivière
- **He was condemned on the flimsiest evidence**
  Il a été condamné sur la base de preuves bien minces
- **Don't be such a wimp!** *inf*
  Ne sois pas si dégonflé !

LA FAIM

- **Can I get you something to eat?**
  Est-ce que je peux vous offrir quelque chose à manger ?
- **I'm getting hungry**
  Je commence à avoir faim
- **I'm ravenous!** or **I could eat a horse!**
  J'ai une faim de loup !
- **We stopped for a snack** or **a bite** *inf* **to eat**
  Nous nous sommes arrêtés pour manger un morceau
- **I've got no appetite**
  Je n'ai pas d'appétit
- **The walk gave him an appetite**
  La marche lui a ouvert l'appétit
- **The smell made my mouth water**
  L'odeur m'a mis l'eau à la bouche
- **I can't work on an empty stomach**
  Je ne peux pas travailler l'estomac vide
- **He's a big eater**
  C'est un gros mangeur
- **She's a fussy eater**
  Elle est difficile sur la nourriture
- **My uncle eats like a horse**
  Mon oncle mange comme quatre
- **Don't be so greedy** or **such a glutton!**
  Ne sois pas si goulu !
- **Drink some water to stave off your hunger**
  Buvez de l'eau pour tromper la faim
- **I'm starving** or **famished!** *inf*
  Je meurs de faim
- **I eat some fruit if I'm feeling peckish** *inf*
  Je mange un fruit si j'ai un petit creux
- **I didn't have enough for breakfast and I've got the munchies** *inf*
  Je n'ai pas suffisamment petit-déjeuné et j'ai un creux

FAIRE SEMBLANT

- **They pretended not to see us**
  Ils ont fait semblant de ne pas nous voir
- **She made no pretence of being interested**
  Elle n'a pas feint d'être intéressée
- **Make believe (that) you're a bird**
  Fais comme si tu étais un oiseau
- **Stop putting on an act!**
  Arrête de jouer la comédie !
- **It's all show** or **a facade** or **a pose**
  Ce n'est qu'une façade
- **He posed as** or **passed himself off as a hero**
  Il s'est fait passer pour un héros
- **It's just an excuse**
  Ce n'est qu'un prétexte
- **She came on the pretext of consulting her brother**
  Elle est venue sous prétexte qu'elle voulait consulter son frère
- **You've got me here under false pretences**
  Vous m'avez fait venir ici sous des prétextes fallacieux
- **I feigned illness so (that) I wouldn't have to go**
  J'ai feint d'être malade afin de ne pas y aller
- **He's malingering** or **swinging the lead** *inf*
  Il tire au flanc
- **Deep down he's very kind**
  Au fond, il est très gentil
- **Don't play** or **come the innocent with me!**
  Ne fais pas l'innocent avec moi !
- **He gave a forced laugh**
  Il a ri du bout des lèvres
- **She's just going through the motions**
  Elle fait juste semblant
- **She said it tongue in cheek**
  Elle l'a dit sur un ton ironique
- **Don't worry, he's just putting it on** *inf*
  Ne t'inquiète pas, il fait du cinéma
- **When she heard of it, she affected surprise** *fml*
  Lorsqu'elle a appris la nouvelle, elle a feint la surprise

LA FATIGUE

- **He gets tired** or **tires easily**
  Il se fatigue facilement
- **The walk made me tired**
  La marche m'a fatigué
- **You'll tire yourself out moving all those boxes**
  Vous allez vous épuiser à déplacer toutes ces caisses
- **I'm tired out** or **worn out** or **exhausted**
  Je n'en peux plus
- **I always start to flag about mid-afternoon**
  Je commence toujours à faiblir vers le milieu de l'après-midi
- **He always feels sleepy after a meal**
  Il a toujours sommeil après un repas
- **She has rings under her eyes**
  Elle a les yeux cernés or Elle a des poches sous les yeux
- **You look weary**
  Vous avez l'air fatigué
- **I'm ready to drop**
  Je tombe de fatigue
- **Don't kill yourself working**
  Ne te tue pas au travail
- **I'm dead beat** *inf* or **I'm whacked** UK *inf*
  Je suis crevé
- **I was absolutely done in** or **shattered** or **knackered!** UK *inf*
  J'étais complètement crevé !

FÉLICITER

- **Congratulations (on your new job)!**
  Félicitations (pour ton nouveau poste) !
- **I congratulate you**
  Je vous félicite

- **Her parents congratulated her on passing her exams**
  Ses parents l'ont félicitée d'avoir été reçue (à ses examens)
- **I congratulated myself** or **gave myself a pat on the back for having kept my temper**
  Je me suis félicité d'avoir gardé mon sang-froid
- **I hear congratulations are in order**
  Alors, il paraît qu'il faut te féliciter ?
- **She complimented him on his English**
  Elle lui a fait des compliments sur son anglais
- **Give him my compliments**
  Faites-lui mes compliments
- **They raised their glasses** or **drank a toast to the newly married couple**
  Ils ont levé leurs verres à la santé des jeunes mariés
- **The actors received a standing ovation**
  Tout le monde s'est levé pour applaudir les acteurs
- **That's great** or **wonderful news!**
  C'est formidable !
- **I'm so pleased** or **happy for you!**
  Je suis vraiment content pour toi !
- **Well done!**
  Bravo !
- **You've done a really good job**
  Tu as vraiment fait du bon travail

FÊTER

- **Let's open a bottle of wine to celebrate!**
  Ouvrons une bouteille de vin pour fêter ça !
- **This calls for a celebration!**
  Il faut fêter ça !
- **The festivities ended with a firework display**
  Les festivités se sont terminées par un feu d'artifice
- **They had a party** or **a do** *inf* **to celebrate their wedding anniversary**
  Ils ont organisé une soirée pour fêter leur anniversaire de mariage
- **We painted the town red at the weekend**
  On a fait la tournée des grands-ducs ce week-end
- **The association marked the occasion with a special ceremony**
  L'association a organisé une cérémonie pour fêter l'événement
- **The streets of the capital were full of revellers**
  Les rues de la capitale étaient pleines de joyeux fêtards
- **We partied all night** *inf*
  Nous avons fait la fête toute la nuit
- **They toasted the birth of their baby with champagne**
  Ils ont fêté la naissance au champagne
- **They cheered loudly when he came into the room**
  Ils l'ont acclamé bruyamment à son entrée dans la pièce
- **Happy birthday!** or **Many happy returns!**
  Bon anniversaire !
- **Three cheers for Mary!**
  Un ban pour Mary !
- **Here's to a wonderful friend!**
  À un merveilleux ami !
- **To your health!**
  À votre santé !

LES GOÛTS

- **I like my teacher/my new job**
  J'aime bien mon professeur/mon nouveau travail
- **She likes dancing** or **to dance**
  Elle aime danser
- **I've taken a liking to him**
  Il m'est devenu sympathique
- **He has a passion for music**
  Il a la passion de la musique
- **I'm very keen on** or **mad about** *inf* or **crazy about** *inf* **golf**
  Je suis fou de golf
- **I like nothing better** or **there's nothing I like more than a hot bath**
  Pour moi, rien ne vaut un bon bain chaud
- **You can't beat a nice cup of tea**
  Rien de tel qu'une bonne tasse de thé
- **She's not averse to a glass of wine**
  Elle boit volontiers un verre de vin
- **Walking in the rain isn't my idea of fun**
  Je ne peux pas dire que j'adore marcher sous la pluie
- **Camping isn't really my (kind of) thing** *inf*
  Le camping, ce n'est pas réellement mon truc
- **I'm a big fan of hers**
  Je l'aime beaucoup
- **I have a soft spot for her**
  J'ai un faible pour elle
- **I can't stand (the sight of) her** *inf*
  Je ne peux pas la voir (en peinture)
- **Did you like it at your grandmother's?**
  Tu t'es bien amusé chez ta grand-mère ?
- **It's nice** or **good to be back again**
  Cela fait plaisir d'être de retour
- **Her parents are lovely people**
  Ses parents sont des gens charmants
- **He's really into jogging** *inf*
  Il est fou de jogging
- **Is it to your liking?** *fml*
  Cela vous convient-il ?

L'HORREUR

- **It was an awful** or **a dreadful** or **a terrible crime**
  C'était un crime horrible
- **To my horror, I noticed (that)...**
  À ma grande horreur, je me suis aperçu que...
- **I was horrified by the murder**
  J'ai été horrifié par le meurtre
- **He suffered horrific injuries to the head**
  Il a eu des blessures horribles à la tête
- **I'm appalled!**
  C'est un scandale !
- **It appals me to think (that)...**
  Je suis horrifié à la pensée que...
- **Her behaviour shocked them**
  Son comportement les a choqués
- **How shocking!**
  Quelle horreur !
- **Horror films give me nightmares**
  Les films d'horreur me donnent des cauchemars
- **The army was guilty of many atrocities during the war**
  L'armée s'est rendue coupable de nombreuses atrocités pendant la guerre
- **I stared at him aghast**
  Je l'ai regardé, atterré
- **Her blood ran cold** or **froze at the thought**
  À cette pensée, son sang s'est glacé
- **It was enough to make your hair stand on end**
  C'était à faire se dresser les cheveux sur la tête
- **It sent cold shivers down my spine**
  Cela m'a fait froid dans le dos

IGNORER

- **We don't know her**
  Nous ne la connaissons pas
- **I don't know if she's ready or not**
  Je ne sais pas si elle est prête ou non
- **I don't know anything at all** or **the first thing about cars**
  Je n'y connais absolument rien en voitures
- **I've never heard of him**
  Je n'ai jamais entendu parler de lui
- **I haven't the faintest idea** or **the foggiest (idea) what you're talking about** *inf*
  Je n'ai pas la moindre idée de ce dont tu parles
- **He was unaware** or **didn't realize (that) he was being watched**
  Il ne se rendait pas compte qu'on l'observait
- **We were completely in the dark about their plans**
  Nous ignorions tout de leurs projets
- **She was ignorant of the facts**
  Elle ignorait les faits
- **I'm unfamiliar with his writings**
  Je connais mal ses écrits
- **There has been no news of them so far**
  Il n'y a aucune nouvelle d'eux pour l'instant
- **The police have nothing to go on**
  La police n'a aucun élément sur lequel s'appuyer
- **Your guess is as good as mine**
  Je n'en sais pas plus que toi
- **Economics is a closed book to me**
  Je ne comprends rien à l'économie
- **The new minister is a bit of an unknown quantity**
  Le nouveau ministre est un personnage dont on ne sait pas grand-chose
- **I'm stumped for something to say**
  Je ne sais pas quoi dire

L'IMPATIENCE

- **The children were eager** or **keen to learn**
  Les enfants ne demandaient qu'à apprendre
- **He's eager** or **keen for me to see his work**
  Il a très envie que je voie son travail
- **They aren't so keen on going out tonight**
  Ça ne leur dit pas grand-chose de sortir ce soir
- **I can't wait to go**
  J'ai hâte d'y aller
- **I'm looking forward to seeing her again**
  Il me tarde de la revoir
- **He was anxious for them to go**
  Il attendait impatiemment qu'ils partent
- **She's very enthusiastic about the project**
  Elle est très enthousiaste à l'idée de ce projet
- **I can't get excited about it**
  Ça ne me dit vraiment rien
- **I was longing** or **dying** *inf* **to tell her the truth**
  Je mourais d'envie de lui dire la vérité
- **He is a fervent believer in reincarnation**
  Il croit ardemment à la réincarnation

L'IMPORTANCE

- **It's important to know (that)…**
  Il est important de savoir que…
- **It is of no importance** or **consequence**
  Cela n'a pas d'importance
- **It is an event of great significance**
  C'est un événement de la plus haute importance
- **Don't attach too much importance to this survey**
  N'accordez pas trop d'importance à cette enquête
- **What he says carries weight**
  Sa parole a du poids
- **It doesn't matter how much it costs**
  Peu importe le prix
- **I don't count around here**
  Je ne compte pas ici
- **A knowledge of economics is essential** or **fundamental to a proper understanding of this problem**
  Il est essentiel d'avoir des connaissances en économie pour bien comprendre ce problème
- **She was appointed to a key post**
  Elle a été nommée à un poste clé
- **I don't set much store by his advice**
  Je ne fais pas grand cas de ses conseils
- **It's a matter of life and death**
  C'est une question de vie ou de mort
- **It's a trifling matter**
  Ce n'est qu'une bagatelle
- **It was a storm in a teacup** UK
  Ce fut une tempête dans un verre d'eau
- **The press played up her divorce**
  La presse a monté son divorce en épingle
- **The government is trying to play down its role**
  Le gouvernement tente de minimiser son rôle
- **She thinks (that) she's somebody**
  Elle se croit quelqu'un
- **He's a bit of a nonentity**
  Il est plutôt insignifiant
- **Never mind!**
  Ça ne fait rien !
- **So what?**
  Et alors ?
- **It's small beer** UK or **small** US *inf* **potatoes**
  C'est de la petite bière

L'INDIFFÉRENCE

- **It's a matter of complete indifference to me**
  Cela m'est parfaitement indifférent
- **She was indifferent to the beauty of the landscape**
  Elle était indifférente à la beauté du paysage
- **He wasn't interested in what I was saying**
  Il n'était pas intéressé par ce que je disais
- **I worked hard but my heart wasn't in it**
  J'ai beaucoup travaillé mais le cœur n'y était pas
- **I don't care what people think**
  Je me moque de ce que pensent les gens
- **I couldn't care less if he comes** or **not**
  Ça m'est complètement égal qu'il vienne ou non
- **It's all the same to me** or **It makes no difference to me**
  Cela m'est égal
- **He's not particularly bothered** or **fussed** UK *inf* **whether we go** or **not**
  Ça lui est égal qu'on y aille ou pas
- **Do you like opera? – I can take it** or **leave it**
  Vous aimez l'opéra ? – Pas plus que ça
- **I don't mind if people laugh at me**
  Cela m'est égal si les gens se moquent de moi
- **It all comes (down) to the same thing**
  Tout cela revient au même
- **I don't mind either way** or **I don't care one way** or **the other**
  Ça m'est égal
- **You decide, it's all the same to me**
  Choisis, je n'ai pas de préférence

- **Who cares?**
  Qu'est-ce que ça peut faire ?
- **Never mind!**
  Ça ne fait rien !
- **So what?**
  Et alors ?
- **I don't give a damn about the money** *inf*
  Je me fiche pas mal de l'argent
- **It's six of one and half a dozen of the other** *inf*
  C'est bonnet blanc et blanc bonnet

L'INDIGNATION

- **He was indignant at her attitude**
  Il était indigné par son attitude
- **To my indignation, I discovered I hadn't been invited**
  J'étais indigné d'apprendre que je n'avais pas été invité
- **It really annoys** or **irritates me when people throw litter in my garden**
  Cela m'agace vraiment lorsque les gens jettent des détritus dans mon jardin
- **The annoying thing about it is (that)...**
  Ce qui est ennuyeux là-dedans, c'est que...
- **I did it out of sheer exasperation**
  J'ai fait cela parce que j'étais exaspéré
- **It's/He's outrageous!**
  Cela/Il dépasse les bornes !
- **You must be joking!** or **You're joking!**
  Vous voulez rire !
- **Who does he think he is?**
  Pour qui se prend-il ?
- **He had the cheek to ask her age!**
  Il a eu le culot de lui demander son âge !
- **How dare you!**
  Comment oses-tu !
- **He went off in a huff** *inf*
  Il a pris la mouche et s'en est allé
- **She was vexed at his behaviour** *fml*
  Elle était contrariée par son comportement

L'INTENTION

- **How do you intend to do it?**
  Comment avez-vous l'intention de vous y prendre ?
- **We arrived later than (we had) intended**
  Nous sommes arrivés plus tard que prévu
- **I have every intention of calling her**
  J'ai bien l'intention de l'appeler
- **I have no intention of accepting**
  Je n'ai aucune intention d'accepter
- **She's thinking of starting a business**
  Elle pense monter une affaire
- **His aim is to get rich quickly**
  Son but est de s'enrichir rapidement
- **She has set her sights on the presidency**
  Elle vise la présidence
- **He's going for her job**
  Il veut sa place
- **What kind of party did you have in mind?**
  À quelle sorte de soirée est-ce que tu pensais ?
- **They bought the house with a view to letting it**
  Ils ont acheté la maison en vue de la louer
- **She didn't mean (to do) it**
  Elle ne l'a pas fait exprès
- **I avoided the subject on purpose** or **purposely** or **deliberately** or **intentionally**
  J'ai délibérément évité la question
- **In order to simplify things, I have...**
  Afin de simplifier les choses, j'ai...
- **By doing that, he unwittingly broke the law**
  Ce faisant, il a involontairement enfreint la loi

L'INTERDICTION

- **Drinking alcohol at work is prohibited** or **forbidden**
  Il est interdit de boire de l'alcool sur le lieu de travail
- **He was forbidden to see** or **from seeing her again**
  On lui a interdit de la revoir
- **She was banned from driving for a year**
  Elle a eu une suspension de permis de conduire d'un an
- **I'm afraid smoking isn't allowed**
  Désolé, mais il est interdit de fumer ici
- **You are not allowed to enter the building**
  Vous n'avez pas le droit d'entrer dans le bâtiment
- **He vetoed it**
  Il y a mis son veto
- **They put an embargo on further spending**
  Ils ont gelé toute nouvelle dépense
- **Speed limits** or **restrictions have been introduced on that section of road**
  Des limitations de vitesse ont été mises en place sur cette portion de route
- **These subjects are taboo**
  Ces sujets sont tabous
- **The theatre in Britain is not subject to censorship**
  Le théâtre en Grande-Bretagne n'est pas soumis à la censure
- **It's against the law** or **It's illegal to do that**
  C'est illégal
- **The police are clamping down** or **cracking down on illegal parking**
  La police prend des mesures énergiques contre le stationnement interdit
- **You've (got) no right to talk to me like that!**
  Tu n'as pas le droit de me parler comme ça or sur ce ton !

L'INTÉRÊT

- **She is interested in fashion**
  Elle s'intéresse à la mode
- **Would you be interested in meeting him?**
  Ça t'intéresserait de le rencontrer ?
- **He takes an active interest in politics**
  Il s'intéresse activement à la politique
- **This may be of interest to you**
  Ceci peut vous intéresser
- **He paid attention to everything she said**
  Il prêtait attention à tout ce qu'elle disait
- **May I have your attention for a moment?**
  Pourriez-vous m'accorder votre attention un instant ?
- **The government should concentrate** or **focus on improving the economy**
  Le gouvernement devrait s'attacher à améliorer la situation économique
- **Concentrate on** or **Apply yourself to your work!**
  Appliquez-vous !
- **Take no notice of him!**
  Ne faites pas attention à lui !
- **I need to study the proposal before I decide**
  J'ai besoin d'étudier cette proposition avant de me décider
- **She was poring over the details of the contract**
  Elle passait au crible les détails du contrat
- **He is wrapped up** or **engrossed in his work**
  Il est entièrement absorbé par son travail

- **She pricked up her ears at the sound of her name**
  Elle a dressé l'oreille en entendant son nom
- **Have you had any news of her?**
  Avez-vous (eu) de ses nouvelles ?
- **What's new?**
  Quoi de neuf ?

L'INTOLÉRANCE

- **He is very intolerant of noisy children**
  Il ne supporte absolument pas les enfants bruyants
- **She is narrow-minded about sex**
  Elle est étroite d'esprit en ce qui concerne le sexe
- **It is not good to have an inflexible attitude to change**
  Il n'est pas bon d'avoir une attitude rigide face au changement
- **I don't share their fanatical devotion to the cause**
  Je ne partage pas leur dévotion fanatique à la cause
- **He's full of prejudice**
  Il est plein de préjugés
- **Let's not be prejudiced about this**
  Essayons de ne pas avoir d'idées préconçues là-dessus
- **You're biased in her favour**
  Tu as un parti pris pour elle
- **My aunt has a closed mind**
  Ma tante est hermétique aux idées nouvelles
- **You shouldn't be dogmatic about grammar**
  Il ne faut pas être dogmatique au sujet de la grammaire
- **Don't be such a pedant!**
  Ne sois pas aussi pédant !
- **I won't put up with this noise any longer!**
  Je ne supporterai pas ce bruit une minute de plus !
- **He couldn't be doing with living in London** UK *inf*
  Il ne pouvait pas supporter de vivre à Londres

INVITER

- **My boss has invited me for lunch**
  Mon chef m'a invité à déjeuner
- **I asked her up for a coffee**
  Je l'ai invitée à monter prendre un café
- **We must have them round** or **over for dinner**
  Il faudra qu'on les invite à dîner
- **Do come in and make yourself at home**
  Entrez donc, faites comme chez vous
- **Would you like to go out for dinner tomorrow night? – Sorry, I can't make it**
  Aimerais-tu aller dîner avec moi demain soir ? – Désolé, je ne peux pas
- **Would you like to come to my house for dinner? – I'd be delighted**
  Voudriez-vous venir dîner chez moi ? – Avec grand plaisir
- **We're going out for a drink later; would you like to join us? – Yes, I'd love to**
  Nous allons prendre un verre tout à l'heure ; voulez-vous vous joindre à nous ? – Oui, avec grand plaisir
- **Are you free to come to the theatre with me tomorrow? – Thanks, but I've got something else on**
  Tu es libre demain pour aller au théâtre avec moi ? – Merci, mais je suis déjà pris
- **Why don't you come up next week and we'll have a night out?**
  Pourquoi ne viens-tu pas la semaine prochaine ? On pourrait sortir
- **Do you feel like a drink?**
  Ça te dirait d'aller boire un verre ?
- **They entertain a great deal**
  Ils reçoivent beaucoup
- **How about meeting for a drink after work? – That'd be nice** *inf*
  Ça te dirait de prendre un pot après le travail ? – Oui, ça serait sympa
- **I'm sorry but I have another engagement** *fml*
  Je regrette mais je suis déjà pris

LES MENACES

- **We were threatened with the sack**
  On nous a menacés de licenciement
- **She's threatening to cancel the concert if her demands aren't met**
  Elle menace d'annuler le concert si ses exigences ne sont pas satisfaites
- **You shouldn't use threatening language**
  Vous ne devriez pas faire des menaces
- **The new weapon is a threat** or **menace to world peace**
  Cette nouvelle arme constitue une menace pour la paix mondiale
- **Woe betide anyone who lies to me**
  Malheur à celui qui me raconte des mensonges
- **Her confession was obtained under duress** *fml*
  Ses aveux ont été obtenus sous la contrainte
- **He stared at her menacingly**
  Il la dévisageait d'un air menaçant
- **Don't let yourself be intimidated by him**
  Ne te laisse pas intimider
- **Don't be such a bully!**
  Ne fais pas ta brute !
- **They bullied me into going with them**
  Ils m'ont forcé la main pour que je les accompagne
- **You've been warned!** or **I'm warning you!**
  Te voilà prévenu !
- **Don't say I didn't warn you!**
  Je t'aurai prévenu !
- **Watch it or you'll be in trouble!**
  Attention ou tu vas avoir des ennuis !
- **Do what I tell you, or else!**
  Fais ce que je te dis, sinon !
- **You'll be sorry if you do that again!**
  Si tu recommences, tu vas le regretter !
- **If you ever do that again,...**
  Si jamais tu recommences,...or Ne t'avise pas de recommencer, sinon...
- **Just you try (it)!**
  Essaie un peu pour voir !

L'OBLIGATION

- **You are under no obligation to reply**
  Rien ne vous oblige à répondre
- **I feel obliged to tell him**
  Je me sens obligé de le lui dire
- **Attendance is compulsory**
  La présence est obligatoire
- **I don't have to** or **need to work**
  Je n'ai pas besoin de travailler
- **I had no choice but to leave**
  Je n'avais pas le choix, j'ai dû partir
- **You mustn't touch it!**
  Il ne faut pas y toucher !
- **There's no need to wait** or **You needn't wait**
  Inutile d'attendre
- **Is this visit really necessary?**
  Est-ce que cette visite est vraiment indispensable ?
- **No one's forcing you!**
  Tu n'es pas obligé !
- **You don't have to come if you don't want to**
  Tu n'es pas obligé de venir si ça ne te dit pas

- **They made me wait**
  On m'a fait attendre or J'ai dû attendre
- **Ill health compelled** or **forced her to retire**
  Elle a été obligée de prendre sa retraite pour raisons de santé
- **They bullied me into going with them**
  Ils m'ont forcé la main pour que je les accompagne
- **The law requires you to wear a seatbelt**
  La loi veut que vous mettiez la ceinture de sécurité
- **A qualification in Greek is no longer a requirement**
  Un diplôme de grec n'est plus nécessaire

OFFRIR

- **She offered me £800 for my car**
  Elle m'a offert 800 livres pour ma voiture
- **We gave her a pony as a present**
  Nous lui avons fait cadeau d'un poney
- **This is just a small gift to say thank you**
  Ce n'est qu'un petit quelque chose pour vous remercier
- **Here's a small birthday present**
  Voici un petit cadeau pour ton anniversaire
- **It's not much, but I wanted to give you a little something to thank you for your help**
  Ce n'est pas grand-chose, mais je voulais t'offrir un petit cadeau pour te remercier de ton aide
- **Please accept these chocolates as a gift from the team**
  Veuillez accepter ces chocolats de la part de l'équipe
- **I've brought you some flowers – Thank you, they're lovely**
  Je vous ai apporté des fleurs – Merci, elles sont ravissantes
- **He was given a reward for his excellent work**
  Il a été récompensé pour son excellent travail

LES OPINIONS

- **What is your opinion** or **do you think of him?**
  Que pensez-vous de lui ?
- **I'm of the opinion** or **My opinion is that we should wait**
  Je suis d'avis que l'on attende
- **It's a good film in my opinion** or **view**
  C'est un bon film à mon avis
- **She has strong views on the subject**
  Elle a des opinions marquées sur le sujet
- **It's a matter of opinion**
  C'est une question d'opinion
- **Everyone is entitled to their own opinion**
  Chacun a le droit de penser ce qu'il veut
- **Personally, I think (that) it's a silly idea**
  Pour ma part, je trouve que c'est une idée stupide
- **To be honest, I don't think (that) it will work**
  À vrai dire, je ne crois pas que ça marchera
- **If you ask me, it's all his fault**
  Si vous voulez mon avis, tout est de sa faute
- **I feel** or **I have the feeling (that) things have changed between us**
  J'ai l'impression que les choses ont changé entre nous
- **I regard her as** or **look on her as** or **consider her a good friend**
  Je la considère comme une bonne amie
- **What is your attitude to abortion?**
  Que pensez-vous de l'avortement ?
- **What is the American position** or **stance on this issue?**
  Quelle est la position des Américains sur ce problème ?
- **What's your outlook on life?**
  Quelle est votre conception de la vie ?
- **To my way of thinking, this would be a good solution**
  Selon moi, cela serait une bonne solution
- **She got it into her head (that) she was being persecuted**
  Elle s'est mis en tête qu'on la persécutait
- **I've changed my mind about him**
  J'ai changé d'avis à son égard
- **I'll stick to my guns come what may**
  Rien ne m'en fera démordre

LES ORDRES

- **He gave the order to open fire**
  Il a donné l'ordre d'ouvrir le feu
- **Our orders are to wait here**
  Nous avons l'ordre d'attendre ici
- **I'm just following orders**
  Je ne fais qu'exécuter les ordres
- **We were ordered out of the room**
  On nous a ordonné de quitter la pièce
- **The doctor ordered him to rest for three weeks**
  Le médecin lui a prescrit trois semaines de repos
- **The troops were withdrawn at his command**
  Les troupes ont été retirées sur ses ordres
- **She likes ordering people about**
  Elle aime commander les autres
- **Take the bags out of the car, will you?**
  Sortez les bagages de la voiture, voulez-vous ?
- **You can't tell me what to do!**
  Tu n'as pas à me dire ce que je dois faire !
- **Who's (the person) in charge here?**
  Qui est le responsable, ici ?
- **She's at her mother's beck and call**
  Elle obéit à sa mère au doigt et à l'œil
- **I could hear him laying down the law to his employees**
  Je l'entendais dicter sa loi à ses employés
- **I am instructed by the board to inform you that…**
  La direction me charge de vous faire savoir que…
- **Quiet please!**
  Silence, s'il vous plaît !
- **Just leave it alone, will you!**
  Ne touche pas à ça, tu m'entends !
- **They were summoned to the headmaster's office** *fml*
  Ils ont été convoqués au bureau du directeur

LA PATIENCE

- **You'll have to be patient**
  Il vous faudra être patient
- **I've no patience with him**
  Je n'ai aucune patience avec lui
- **I'm getting impatient**
  Je commence à m'impatienter
- **To do that you need the patience of Job** or **of a saint**
  Pour faire cela, il faut une patience d'ange
- **Take your time over it**
  Prenez le temps qu'il faudra
- **What's the rush** or **hurry?**
  Qu'est-ce qui presse tant ?
- **There's no (great) urgency**
  Ce n'est pas urgent
- **Can't it wait until the weekend?**
  Cela ne peut-il pas attendre le week-end ?
- **I can't wait to go**
  J'ai hâte d'y aller
- **I was longing** or **dying** *inf* **to tell her the truth**
  Je mourais d'envie de lui dire la vérité
- **I'm determined not to give in**
  Je suis résolu à ne pas céder
- **We'll just have to grin and bear it**
  Il faudra prendre ça avec le sourire

- **More haste less speed**
  Plus on se hâte, moins on avance
- **Go and wash your hands and make it snappy** or **jump to it!** *inf*
  Va te laver les mains et plus vite que ça !

LA PERMISSION

- **Who allowed them to go out?**
  Qui leur a permis de sortir ?
- **You have my permission**
  Je te donne la permission
- **She let them watch** or **allowed them to watch the programme**
  Elle les a laissés regarder l'émission
- **He is authorized** or **has authorization to act for his father**
  Il est autorisé à représenter son père
- **I'll need to clear it with the boss**
  Il faut que j'obtienne la permission du patron
- **Could** or **Can** or **May** *fml* **I join you? – Yes, of course**
  Est-ce que je pourrais me joindre à vous ? – Mais bien sûr or Comment donc !
- **Could I have a little more wine?**
  Pourrais-je reprendre un peu de vin ?
- **Do you mind if I borrow your pen? – I'd rather you didn't**
  Je peux emprunter votre stylo ? – J'aimerais mieux pas, non
- **Would it be all right if I left now?**
  Puis-je partir maintenant ?
- **Allow me!**
  Permettez !
- **The government has granted their request** *fml*
  Le gouvernement a accédé à leur demande
- **He asked leave to address the meeting** *fml*
  Il a demandé la permission de prendre la parole devant l'assemblée

LA PERTINENCE

- **What relevance do his remarks have to the situation?**
  Quel est le rapport entre ses remarques et la situation ?
- **Such considerations are not relevant**
  De telles considérations sont hors de propos
- **It has to do with** or **concerns your mother, I'm afraid**
  J'ai bien peur que ça concerne ta mère
- **It has nothing to do with the colour of your skin**
  Cela n'a rien à voir avec la couleur de ta peau
- **I had nothing to do with it**
  Je n'y suis pour rien
- **I don't see the point of redoing it**
  Je ne vois pas l'intérêt de le refaire
- **That's beside the point!**
  Ce n'est pas le problème !
- **I have a few things to say in connection with this**
  J'ai quelques remarques à faire à ce propos
- **It is very apt** or **appropriate that it should end in this way**
  Il est tout à fait approprié que cela se termine de cette manière
- **This law applies** or **is applicable to all citizens**
  Cette loi s'applique à tous les citoyens
- **Your confidence in her was totally misplaced**
  Ta confiance en elle était bien mal placée
- **This ties in with what I said before**
  Cela rejoint ce que j'ai dit avant
- **His comments have some bearing on the present situation**
  Ses remarques ont un certain rapport avec la situation actuelle
- **It's just a red herring**
  Ce n'est qu'une fausse piste
- **Her conversation was full of non sequiturs** *fml*
  Sa conversation était incohérente
- **The evidence pertaining to the case is not strong** *fml*
  Les preuves se rapportant au dossier sont plutôt minces

LA PEUR

- **We feared for our lives**
  Nous craignions pour nos vies
- **We spoke quietly for fear of being discovered**
  Nous parlions tout bas de peur d'être découverts
- **She's afraid** or **frightened** or **scared of the dark**
  Elle a peur du noir
- **I'm not afraid** or **frightened** or **scared of you**
  Tu ne me fais pas peur
- **They frightened** or **scared him into leaving**
  Ils lui ont fait peur jusqu'à ce qu'il parte
- **There's nothing to be afraid of**
  Il n'y a rien à craindre
- **I have a phobia of spiders**
  J'ai la phobie des araignées
- **He got into a panic about his debts**
  Il était affolé par l'étendue de ses dettes
- **Don't be alarmed, it's not serious**
  Ne vous alarmez pas, ce n'est pas grave
- **I'm afraid that he might get hurt** or **that he'll get hurt**
  J'ai peur qu'il (ne) se blesse
- **I'm nervous about flying**
  Je suis mal à l'aise à l'idée de prendre l'avion
- **I'm dreading having to tell her**
  J'appréhende de le lui dire
- **I was petrified (that) he would tell her**
  J'étais mort de peur rien qu'à l'idée qu'il le lui dise
- **You gave me a terrible fright!**
  Vous m'avez fait une de ces peurs !
- **Her heart was in her mouth as she watched**
  Elle regardait en retenant son souffle
- **She lives in terror of her father**
  Elle vit dans la terreur de son père
- **Just thinking about it brings me out in a cold sweat**
  Rien que d'y penser, j'en ai des sueurs froides
- **He has a voice that gives you goose pimples**
  Il a une voix qui donne la chair de poule
- **I was scared out of my wits**
  J'étais mort de peur
- **The film scared me stiff!** *inf*
  Le film m'a flanqué une de ces frousses !
- **This ghost story frightened the living daylights out of me** *inf*
  Cette histoire de fantômes m'a flanqué une peur bleue
- **He's got the jitters about his exam** *inf*
  Il a la trouille or les chocottes pour son examen
- **Her threats really put the wind up me** *inf*
  Ses menaces m'ont vraiment fichu la frousse

SE PLAINDRE

- **He complained of a headache/that she was always late**
  Il s'est plaint d'un mal de tête/qu'elle était toujours en retard
- **Do you have any complaints about the company?**
  Est-ce que vous avez à vous plaindre de l'entreprise ?
- **I would like to make a complaint**
  J'aimerais faire une réclamation
- **I want to see the manager!**
  Je veux voir le responsable !
- **This is just not good enough!**
  Ça ne va pas du tout !
- **You should ask for your money back**
  Vous devriez demander un remboursement

- **I'm not at all happy with the work you've done on the patio**
  Je ne suis pas du tout satisfait du travail que vous avez fait sur le patio
- **She's always whining** or **moaning** *inf* or **bellyaching** *inf* **about something**
  Elle est toujours en train de se lamenter à propos d'une chose ou d'une autre
- **He often finds fault with my style of writing**
  Il trouve souvent à redire à ma manière d'écrire
- **They have been criticized for not trying**
  On leur a reproché de ne pas avoir essayé
- **Her letter contained the usual grumbles**
  Sa lettre contenait les récriminations habituelles
- **Really, I protest, that's too much!**
  Non, vraiment, je proteste, c'en est trop !
- **The unions are up in arms over the new legislation**
  Les syndicats s'élèvent contre la nouvelle législation

LE PLAISIR

- **I'm delighted** or **very pleased (that) you could come**
  Je suis ravi que tu aies pu venir
- **(I'm) pleased to meet you!**
  Enchanté de faire votre connaissance !
- **I'd accept your invitation with pleasure, but...**
  J'accepterais votre invitation avec plaisir, seulement...
- **He plays cards for pleasure, not for money**
  Il joue aux cartes pour le plaisir, pas pour l'argent
- **It gives me great pleasure to join the team**
  Ça me fait énormément plaisir de rejoindre l'équipe
- **Thank you for a very pleasant evening**
  Merci pour cette merveilleuse soirée
- **She was very pleasant to us as a rule**
  Elle était en général très aimable à notre égard
- **I'm very happy** or **satisfied** or **content with his work**
  Je suis très satisfait de son travail
- **They were delighted at the news**
  La nouvelle leur a fait très plaisir
- **I'm glad you like him**
  Je suis content que vous l'aimiez bien
- **We had a lovely day at the beach**
  Nous avons passé une très agréable journée à la plage
- **Have a nice day!**
  Bonne journée !
- **The laid-back atmosphere of the village made a welcome change from London**
  L'atmosphère détendue du village nous changeait agréablement de Londres
- **She's over the moon about it** *inf*
  Elle en est ravie

LA POSSESSION

- **Paul has (got) a lot of money**
  Paul a beaucoup d'argent
- **That letter is mine**
  Cette lettre est à moi
- **Whose are these gloves?** or **Whose gloves are these?**
  À qui sont ces gants ?
- **Who does this book belong to?**
  À qui appartient ce livre ?
- **The shop is owned by her father**
  Le magasin appartient à son père
- **She is the proud owner of a Rolls Royce**
  Elle est l'heureuse propriétaire d'une Rolls Royce
- **He's one of the Murphy gang**
  Il fait partie de la bande à Murphy
- **My job includes sorting the mail**
  Trier le courrier fait partie de mon travail
- **Their son has a house of his own**
  Leur fils a sa propre maison
- **She made the song her own**
  Elle s'est approprié la chanson
- **Stop hogging the computer!** *inf*
  Arrête de squatter l'ordinateur !
- **Do they possess/Are they in possession of the necessary documents?** *fml*
  Possèdent-ils les documents nécessaires ?
- **When do you take possession of your new house?** *fml*
  Quand prenez-vous possession de votre nouvelle maison ?
- **She has a million pounds at her disposal** *fml*
  Elle dispose d'un million de livres
- **I lay claim to no specialist knowledge** *fml*
  Je ne prétends pas posséder des connaissances approfondies

LA POSSIBILITÉ

- **It isn't possible** or **It's impossible for her to come**
  Il ne lui est pas possible de venir
- **Is there any possibility of you coming up for the weekend?**
  Vous serait-il possible de venir ce week-end ?
- **Avoid touching the sides as far as possible**
  Évitez autant que possible de toucher les côtés
- **She comes to see me whenever possible**
  Elle vient me voir quand elle le peut
- **He may** or **might** or **could return at any moment**
  Il pourrait revenir d'un moment à l'autre
- **Perhaps** or **Maybe she won't accept**
  Peut-être qu'elle n'acceptera pas
- **That boy is a potential genius**
  Ce garçon est un génie en puissance
- **The idea has potential**
  L'idée a de l'avenir
- **The plans stand little chance of being approved**
  Les projets ont peu de chances d'être approuvés
- **It is not financially feasible to keep the shop open**
  Ce n'est pas faisable financièrement de maintenir le magasin ouvert
- **You might win, you never know!**
  Tu pourrais gagner, on ne sait jamais !
- **In the event of fire, evacuate the building**
  En cas d'incendie, évacuez le bâtiment

POUVOIR

- **Can you come to the party?**
  Peux-tu venir à la fête ?
- **I'm sorry, I can't**
  Désolé, je ne peux pas
- **He could still walk**
  Il pouvait encore marcher
- **She can play the violin**
  Elle sait jouer du violon
- **I'll be able to visit you more often now**
  Je pourrai te rendre visite plus souvent désormais
- **They are capable of looking after themselves**
  Ils sont capables de se débrouiller tout seuls
- **We managed to persuade her**
  Nous avons réussi à la persuader
- **Would it be possible for you to lend me £5?**
  Vous serait-il possible de me prêter 5 livres ?
- **That made it impossible for me to do my work**
  Cela m'a mis dans l'impossibilité de faire mon travail

- **They are in a position to offer it (to) you**
  Ils sont en mesure de vous l'offrir
- **It would have been difficult for her to refuse**
  Il lui aurait été difficile de refuser
- **He has the power to decide**
  Il a le pouvoir de décider
- **Who gave him (the) authority to enter?**
  Qui lui a donné l'autorisation d'entrer ?
- **Are you up to doing it?**
  En êtes-vous capable ?
- **I didn't think she had it in her**
  Je ne l'en croyais pas capable
- **Unfortunately, I don't know if I'm going to be able to take part**
  Malheureusement, je ne sais pas si je vais pouvoir y participer

LES PRÉFÉRENCES

- **Which would you prefer, wine or beer?**
  Tu préfères du vin ou de la bière ?
- **I have no preference**
  Je n'ai pas de préférence
- **Come tomorrow, preferably in the evening**
  Venez demain, de préférence dans la soirée
- **I'd rather go by car**
  J'aimerais mieux y aller en voiture
- **I'd rather YOU went**
  J'aimerais mieux que ce soit toi qui y ailles
- **Would you like to make the presentations? – I'd rather not**
  Voudriez-vous faire les présentations ? – Je n'y tiens pas
- **Tuesday suits me best**
  C'est mardi qui me convient le mieux
- **It would be better if you called me tomorrow**
  Il vaudrait mieux que tu m'appelles demain
- **There's nothing to choose between them**
  Ils se valent
- **Spain would be my choice**
  Je choisirais l'Espagne
- **You have no choice (in the matter)**
  Vous n'avez pas le choix
- **We have no option but to agree**
  Nous ne pouvions qu'accepter
- **Which do you want? – Either (one) will do**
  Lequel veux-tu ? – N'importe
- **You're biased in her favour**
  Tu as un parti pris pour elle
- **He took Tom's side against me**
  Il a pris le parti de Tom contre moi
- **She has right-wing leanings**
  Ses sympathies vont à la droite
- **I'm inclined to favour the suicide theory**
  Je pencherais plutôt pour l'hypothèse du suicide
- **He could do (a lot) worse than accept their offer**
  Il pouvait faire pire que d'accepter leur proposition

LES PRÉSENTATIONS

- **I don't think we've been introduced**
  Je ne crois pas que nous ayons été présentés
- **Have you two met before?**
  Vous vous connaissez ?
- **I don't think you know Ken, do you?**
  Je ne pense pas que vous connaissiez Ken, n'est-ce pas ?
- **She introduced me to her sister**
  Elle m'a présenté à sa sœur
- **Let me introduce myself: I'm John**
  Je me présente, je m'appelle John
- **Would you make the introductions?**
  Peux-tu faire les présentations ?
- **This is Sonya – Hello, I'm Samantha**
  Voici Sonya – Bonjour, je m'appelle Samantha
- **I'm sorry, I didn't quite catch your name**
  Excusez-moi, je n'ai pas (bien) saisi votre nom
- **I'd like you to meet** or **I'd like to introduce my mother**
  Je vous présente ma mère
- **(I'm) pleased to meet you!** or **How do you do?** *fml*
  Enchanté !
- **I've heard so much about you**
  J'ai beaucoup entendu parler de vous
- **(It's) good to see you again**
  Ça fait plaisir de vous revoir
- **I got to know her** or **made her acquaintance** *fml* **at Mike's party**
  J'ai fait sa connaissance à la fête de Mike

LA PROBABILITÉ

- **It's the most probable** or **likely hypothesis**
  C'est l'hypothèse la plus vraisemblable
- **I think it highly improbable** or **unlikely (that) he ever came here**
  Il me paraît fort peu probable qu'il soit jamais venu ici
- **Will you be able to come? – Probably (not)**
  Pourrez-vous venir ? – Probablement (pas)
- **The probability** or **likelihood is that it will get even hotter**
  Il va probablement faire encore plus chaud
- **There's little/a good chance of that happening**
  Il y a peu de chances/de bonnes chances que cela se produise
- **It's a pretty safe bet (that) he'll be late**
  Il y a fort à parier qu'il arrivera en retard
- **She's liable to make mistakes**
  Elle est susceptible de faire des erreurs
- **He is possibly the greatest musician of his time**
  C'est peut-être le plus grand musicien de son temps
- **I phoned on the off-chance of catching him at home**
  J'ai appelé en espérant qu'il serait chez lui
- **As likely as not he's already home**
  Il est probablement déjà rentré
- **You will doubtless be surprised at my decision**
  Vous serez sans aucun doute surpris de ma décision
- **The affair has all the makings of a national scandal**
  Il y a dans cette affaire largement de quoi déclencher un scandale national
- **It was on** UK or **in** US **the cards that the project would fail**
  Il était prévisible que le projet échouerait
- **That's a bit of a tall story** UK or **tale** US
  C'est un peu dur à avaler
- **It's a long shot, but we may be successful**
  C'est un pari risqué, mais nous réussirons peut-être

LES PROGRÈS

- **He was making slow progress with learning the language**
  Il progressait lentement dans son apprentissage de la langue
- **Negotiations are making good progress**
  Les négociations sont en bonne voie
- **The patient is progressing satisfactorily**
  Le malade fait des progrès satisfaisants
- **There have been significant advances in genetics in recent years**
  Il y a eu des avancées significatives en génétique ces dernières années
- **How are you getting on with the painting?**
  Alors, ça avance la peinture ?
- **The rehearsal went well/badly**
  La répétition a bien/mal marché

- **I'm not getting anywhere with this essay**
  Je tourne en rond, avec cette dissertation
- **Your maths has improved by leaps and bounds**
  Vous avez fait des progrès phénoménaux en maths
- **The building work is coming on** or **along fine**
  La construction avance bien
- **He is making great strides with his research**
  Sa recherche avance à grands pas
- **The company has taken a great leap forward**
  La société a fait un grand bond en avant
- **I've made a good start on my Christmas shopping**
  J'ai bien avancé dans mes achats de Noël
- **We've broken the back of the job**
  Nous avons fait le plus gros du travail
- **The two sides have made some headway in their negotiations**
  Les deux parties ont avancé dans leurs négociations
- **We are gaining ground on/losing ground to our competitors**
  Nous gagnons/perdons du terrain sur nos concurrents
- **They've fallen behind with their reading**
  Ils ont pris du retard dans leurs lectures
- **The economy is treading water**
  L'économie fait du surplace

LES PROJETS

- **We're planning to go to the States**
  Nous projetons d'aller aux États-Unis
- **The plan is to meet up at Rachel's**
  L'idée, c'est de se retrouver chez Rachel
- **We don't have anything planned tomorrow afternoon**
  Nous n'avons rien de prévu pour demain après-midi
- **They had made plans to stay at a hotel**
  Ils avaient prévu de descendre à l'hôtel
- **There has been a change of plan**
  Il y a eu un changement de programme
- **Everything went according to plan**
  Tout a marché comme prévu
- **It's still at the planning stage**
  C'est encore à l'état de projet
- **They arrived later than expected**
  Ils sont arrivés plus tard que prévu
- **The proposal to build a new prison was rejected**
  La proposition de construction d'une nouvelle prison a été rejetée
- **I've organized a visit to a dairy for them**
  J'ai organisé pour eux la visite d'une laiterie
- **I've arranged with the boss to leave early tomorrow**
  Je me suis arrangé avec le chef pour partir de bonne heure demain
- **He is already making preparations for next year's trip to Russia**
  Il prépare déjà le voyage en Russie de l'année prochaine
- **We worked out an easier route**
  Nous avons trouvé un itinéraire plus facile

PROPOSER

- **Can I offer you a drink?**
  Je vous offre un verre ?
- **I had several offers of help**
  Plusieurs personnes ont proposé de m'aider
- **Please take a seat**
  Je vous en prie, asseyez-vous
- **Would you like something to eat?**
  Voulez-vous manger quelque chose ?
- **Is there anything you need?**
  Avez-vous besoin de quelque chose ?
- **If I can help in any way, please let me know**
  Si je peux faire quoi que ce soit, n'hésitez pas
- **Can I give you a lift to the station? – Yes, please, if it's no trouble**
  Je peux vous déposer à la gare ? – Si ça ne vous dérange pas, oui, merci
- **This is on me**
  C'est moi qui offre

REFUSER

- **I refuse to accept that all is lost**
  Je refuse de croire que tout est perdu
- **They were refused a loan**
  On leur a refusé un prêt
- **We don't understand your refusal to compromise**
  Nous ne comprenons pas pourquoi vous refusez de transiger
- **He declined my invitation**
  Il a décliné mon invitation
- **I'm afraid I can't possibly do that**
  Je regrette, mais c'est hors de question
- **I'd like to help, but there's really nothing I can do**
  J'aurais aimé pouvoir vous aider, croyez-le bien
- **She turned me down flat**
  Elle m'a envoyé balader
- **They won't take no for an answer**
  Ils n'accepteront aucun refus
- **I draw the line at lying**
  Je refuse de mentir
- **He was denied access to his children**
  On lui a refusé le droit de visite auprès de ses enfants
- **You can't go, it's out of the question!**
  Tu ne peux pas y aller, c'est hors de question !
- **He shook his head**
  Il a fait non de la tête
- **I won't do it!**
  Je refuse de le faire !
- **No, I certainly will not!**
  Non, certainement pas !
- **I'm not moving, and that's final!**
  Je ne bouge pas, un point c'est tout !
- **Will you do it for me? – No way!** *inf*
  Tu feras ça pour moi ? – Pas question !
- **Forget it!** *inf*
  Pas question ! or Tu peux toujours courir !

LES REGRETS

- **I regret having ever mentioned it now**
  J'aurais mieux fait de ne pas en parler
- **I have no regrets**
  Je ne regrette rien
- **It's a shame** or **a pity (that) you can't come**
  C'est dommage que vous ne puissiez pas venir
- **I'm afraid I can't help you**
  Je suis désolé, mais je ne peux pas vous aider
- **If only I had known!**
  Si (seulement) j'avais su !
- **What a pity you didn't say something before!**
  Quel dommage que tu n'aies rien dit !
- **It's a real shame I won't get to meet her**
  C'est vraiment dommage que je n'aie pas l'occasion de la rencontrer !
- **They ought not to have** or **should not have been allowed in**
  On n'aurait pas dû les laisser entrer
- **I wish (that) I hadn't left so early**
  Je regrette d'être parti si tôt
- **He was filled with remorse at what he had done**
  Il fut pris de remords en songeant à ce qu'il avait fait

- **She has no qualms** or **scruples about lying to them**
  Elle n'a aucun scrupule à leur mentir
- **If he dies, I'll never forgive myself**
  S'il meurt, je ne me le pardonnerai jamais
- **I could have kicked myself!**
  Je me serais donné des gifles !
- **It's no use crying over spilt milk**
  Ce qui est fait est fait

REJETER

- **My application was rejected** or **turned down**
  Ma candidature a été rejetée
- **They offered him a job but he turned them down**
  Ils lui ont proposé un emploi mais il a rejeté leur offre
- **You can't go on dismissing the evidence**
  Vous ne pouvez pas continuer à ignorer ces preuves
- **She rejected** or **repudiated the accusation**
  Elle a réfuté cette accusation
- **He spurns all offers of help**
  Il refuse toute aide
- **Send the chocolates back to the shop**
  Renvoyez les chocolats au magasin
- **He's quite unsuitable for the job**
  Ce n'est pas la personne qu'il faut pour ce poste
- **She turned her nose up at the food on her plate**
  Elle a pris un air dégoûté devant le contenu de son assiette
- **It was a real slap in the face for the Prime Minister**
  Cela a été un vrai camouflet pour le Premier ministre
- **We gave them the cold shoulder**
  Nous les avons snobés
- **Take it away, I don't want it!**
  Enlevez-moi ça, je n'en veux pas !
- **My proposal was given the thumbs-down** *inf*
  Ma proposition a été rejetée
- **I got the brush-off** *inf*
  On m'a envoyé sur les roses
- **She gave her boyfriend the elbow** UK *inf*
  Elle a largué son petit ami

REMERCIER

- **Thank you or Thanks** *inf* **for the flowers/for coming – My pleasure**
  Merci pour les fleurs/d'être venu – Je t'en prie
- **That's very kind/thoughtful of you**
  C'est très gentil/délicat de ta part
- **Will you have some tea? – No, thank you or thanks** *inf*
  Veux-tu du thé ? – Non, merci
- **Thank you very much or Thanks a lot** *inf* **– Don't mention it or Not at all or It's nothing**
  Merci beaucoup – De rien
- **I can't thank you enough for what you've done**
  Je ne sais (pas) comment vous remercier pour ce que vous avez fait
- **Say thank you to your grandma**
  Dis merci à ta grand-mère
- **You should write a thank-you letter to him**
  Tu devrais lui écrire une lettre de remerciement
- **I'm grateful for or I appreciate your help**
  Je vous suis reconnaissant de votre aide
- **I'd really appreciate that**
  Ça me rendrait vraiment service
- **Here's your book – Ta!** UK *inf*
  Voici ton livre – Merci !
- **Please accept this gift as a token of my gratitude** *fml*
  Acceptez ce présent en témoignage de ma gratitude

SE RENCONTRER

- **I arranged to meet him at three o'clock**
  J'ai pris rendez-vous avec lui à trois heures
- **I get to meet a lot of people in my job**
  Mon travail m'amène à rencontrer beaucoup de monde
- **Have you met my wife?**
  Vous connaissez ma femme ?
- **I have a meeting with the boss this morning**
  J'ai une réunion avec mon chef ce matin
- **We'll have to meet up the next time I'm in Paris**
  Il faudra qu'on se voie la prochaine fois que je passe à Paris
- **When shall I see you again?**
  Quand vais-je vous revoir ?
- **I bumped into** or **ran into an old school friend this morning**
  Je suis tombé sur un ancien camarade d'école ce matin
- **They joined us for lunch**
  Ils nous ont retrouvés pour déjeuner
- **My date didn't show up** or **I was stood up** *inf*
  On m'a posé un lapin
- **I'll see you on Monday then at four o'clock**
  Donc à lundi, quatre heures
- **Are you free for lunch today?**
  Êtes-vous libre à déjeuner aujourd'hui ?
- **I'll pick you up** or **collect you at** or **from the station**
  Je viendrai vous chercher à la gare

LA RÉSIGNATION

- **I was resigned to** or **had resigned myself to going alone**
  Je m'étais résolu à y aller seul
- **We have to accept the fact that war is imminent**
  Nous devons accepter le fait que la guerre est imminente
- **He's finding it hard to come to terms with his wife's death**
  Il a du mal à accepter la mort de sa femme
- **We'll have to make the best of the situation**
  Il faudra nous accommoder de la situation
- **You give in too easily**
  Tu abandonnes trop facilement
- **That's life!**
  C'est la vie !
- **That's the way things are**
  C'est comme ça
- **There's nothing I can do about it**
  Je ne peux rien y faire or je n'y peux rien
- **We'll have to put up with it**
  Il faudra faire avec
- **I won't take this lying down!**
  Je ne vais pas me laisser faire comme ça !
- **She shrugged her shoulders** or **gave a shrug and carried on regardless**
  Elle a haussé les épaules et continué comme si de rien n'était
- **He shouldn't let people push him around** or **walk all over him** *inf*
  Il ne devrait pas se laisser piétiner ainsi
- **She surrendered to her fate** *fml*
  Elle acceptait son destin

RÉSUMER

- **In short** or **In brief** or **To cut a long story short, it's not possible**
  Bref, ce n'est pas possible
- **To sum up, I will say (that)…**
  En résumé, je dirai que…
- **In conclusion** or **To conclude, I would just like to say (that)…**
  En conclusion, je voudrais simplement dire que…

- **In a word, no**
  En un mot, non
- **That's the whole thing in a nutshell**
  Voilà toute l'affaire en deux mots
- **All in all** or **On the whole he made a good impression**
  Dans l'ensemble, il a fait bonne impression
- **So, not to beat about** UK or **around** US **the bush, I've lost my job**
  Enfin bref, j'ai perdu mon emploi
- **I'll come straight to the point**
  J'irai droit au but

LA SOIF

- **Can I get you something to drink?**
  Est-ce que je peux vous offrir quelque chose à boire ?
- **I'm getting thirsty**
  Je commence à avoir soif
- **Tea is good for quenching your thirst**
  Le thé est très désaltérant
- **I could do with** or **I wouldn't mind a cup of coffee**
  Je prendrais bien une tasse de café
- **A cold drink just now would be very refreshing**
  Une bonne boisson froide nous rafraîchirait
- **She drained her glass**
  Elle a vidé son verre
- **My uncle is a heavy drinker**
  Mon oncle boit beaucoup
- **I'm parched** *inf*
  Je crève de soif

LES SOUCIS

- **Tell me what's worrying you**
  Dis-moi ce qui te tracasse or te préoccupe
- **There's nothing to worry about**
  Il n'y a pas lieu de s'inquiéter
- **That's the least of my worries**
  C'est le cadet de mes soucis
- **She's worried** or **concerned about her nephew**
  Elle se fait du souci pour son neveu
- **He's worried sick about it**
  Il en est malade d'inquiétude
- **I'm anxious about losing my job**
  J'ai peur de perdre mon travail
- **Her husband's health is causing her great anxiety**
  La santé de son mari la mine
- **Nothing seems to trouble him**
  Il ne s'en fait jamais
- **She's fretting because her pony is missing**
  Elle est dans tous ses états parce que son poney a disparu
- **The thought continued to prey on my mind**
  L'idée continuait à me ronger
- **That's a weight off my mind**
  Je suis vraiment soulagé
- **She doesn't have a care in the world**
  Elle n'a aucun souci
- **You shouldn't agonize so much about these decisions**
  Tu ne devrais pas te ronger les sangs comme ça à propos de ces décisions

SOULIGNER

- **She emphasized** or **stressed** or **underlined the need for caution**
  Elle a mis l'accent sur la nécessité d'être prudent
- **The report highlights the desperate plight of the refugees**
  Le rapport souligne la situation désespérée des réfugiés
- **The thin dress only accentuated her frailness**
  La robe légère ne faisait qu'accentuer son air fragile
- **I must insist on this point**
  Je dois insister sur ce point
- **I repeat, I have never heard of him**
  Je le répète, je n'ai jamais entendu parler de lui
- **Don't dwell on your problems**
  Ne vous attardez pas sur vos problèmes
- **The revolt brought these issues to the fore**
  La révolte a mis ces problèmes en évidence
- **The defence made much of the witness's criminal record**
  La défense a beaucoup insisté sur le casier judiciaire du témoin
- **My uncle impressed on me the importance of hard work**
  Mon oncle m'a inculqué l'importance de l'ardeur au travail
- **Good manners were drummed into us at school**
  Les bonnes manières nous ont été inculquées à l'école
- **I've told you hundreds of times!**
  Je vous l'ai dit cent fois !
- **She would not wear a hat**
  Elle refusait absolument de porter un chapeau
- **I won't have it!**
  Je ne le permettrai pas !
- **It wasn't me, I swear (it)!**
  Ce n'était pas moi, je le jure !

LE SOUPÇON

- **Does your husband suspect anything?**
  Est-ce que ton mari se doute de quelque chose ?
- **She is suspected of corruption**
  Elle est soupçonnée de corruption
- **I had my suspicions about it**
  J'avais des soupçons
- **I'm suspicious of his motives**
  Je me méfie de ses intentions
- **I wouldn't put it past him**
  Ça ne m'étonnerait pas de lui or Il en est bien capable
- **He's a dubious character**
  C'est un type douteux
- **The detective smelt a rat**
  Le policier a flairé quelque chose de louche
- **I don't like the look of him**
  Sa tête ne me revient pas
- **There's something about her (that) I don't like**
  Il y a en elle quelque chose qui ne me revient pas
- **I don't know why I distrust them; it's just a feeling (that) I have**
  Je ne sais pas pourquoi je me méfie d'eux ; c'est juste une impression
- **There's something shifty about her** *inf*
  Il y a quelque chose de pas net chez elle
- **They were involved in a couple of shady** or UK **dodgy business deals** *inf*
  Ils ont été impliqués dans des transactions plutôt louches
- **There's something fishy about her alibi** *inf*
  Il y a quelque chose qui ne colle pas dans son alibi

LE SUCCÈS

- **The film was a great success** or **was hugely successful in Italy**
  Le film a eu énormément de succès en Italie
- **We all want to succeed in life**
  Nous voulons tous réussir dans la vie
- **She succeeded only in confusing things further**
  Elle n'a fait que compliquer davantage les choses
- **He was successfully operated on for a stomach ulcer**
  Il a été opéré avec succès d'un ulcère à l'estomac

- **The experiment was a failure**
  L'expérience a été un échec
- **This agreement will be seen as a personal triumph for the president**
  Cet accord sera considéré comme un succès personnel pour le président
- **The discussions have failed to bring any progress**
  Les discussions n'ont apporté aucune avancée
- **We managed to persuade her**
  Nous avons réussi à la persuader
- **The plan didn't achieve its objectives**
  Le plan n'a pas atteint ses objectifs
- **She had a hit with her song "Bye, Bye"**
  Sa chanson « Bye, Bye » a été un tube
- **That's a feather in her cap**
  Elle peut en être fière
- **The team rose to the occasion and won by a large margin**
  L'équipe s'est montrée à la hauteur des circonstances et s'est imposée facilement
- **He has reached the top of his profession**
  Il est arrivé en haut de l'échelle dans sa profession
- **She passed the exam with flying colours**
  Elle a réussi l'examen haut la main
- **Will she (manage to) pull it off?** *inf*
  Est-ce qu'elle va y arriver ?
- **He's made a go of the business** *inf*
  Il a réussi à faire marcher l'affaire

SUGGÉRER

- **She suggested going for a walk**
  Elle a proposé de faire une promenade
- **I suggest (that) we adjourn the meeting until next Monday**
  Je suggère que nous reportions la réunion à lundi prochain
- **We're open to suggestions**
  Toute suggestion est la bienvenue
- **I propose (that) we vote on it**
  Je propose que nous votions sur ce point
- **She accepted his proposal (of marriage)**
  Elle a accepté sa demande en mariage
- **Are you implying** or **insinuating (that) I'm lying?**
  Vous insinuez que je mens ?
- **Your silence implies (that) you are guilty**
  Votre silence vous accuse
- **I recommend (that) we make them an offer**
  Je recommande que nous leur fassions une offre
- **I have come on the recommendation of one of your customers**
  Je viens sur la recommandation d'un de vos clients
- **Management has nothing new to put on the table**
  La direction n'a rien de nouveau à proposer
- **The play is full of innuendo**
  La pièce est pleine de sous-entendus
- **We could always increase our prices**
  Nous pourrions toujours augmenter nos prix
- **Couldn't we at least talk about it?**
  Ne pourrions-nous pas au moins en discuter ?
- **Why don't we take a break?**
  Et si nous faisions une pause ?
- **It might be a good idea to have a word with him**
  Ce serait peut-être une bonne idée de lui en toucher un mot
- **Perhaps** or **Maybe we could go to an Italian restaurant later**
  Nous pourrions peut-être aller manger italien tout à l'heure
- **How about** or **What about going for a quick drink?**
  Que diriez-vous d'aller prendre un petit verre ?
- **Shall we meet up at six o'clock?**
  18 h, ça vous va ?
- **Let's have lunch some time**
  Si on déjeunait ensemble un de ces jours ?

LE SUJET

- **What are they talking about?**
  De quoi parlent-ils ?
- **It's a book about the life of Mozart**
  C'est un livre sur la vie de Mozart
- **What do you want to see me about?**
  Vous voulez me voir à quel sujet ?
- **Talking of Switzerland** or **While we're on the subject of Switzerland, have you ever been skiing?**
  À propos de Suisse, vous avez déjà fait du ski ?
- **Don't try to change the subject!**
  N'essaie pas de changer de sujet !
- **That's not my field**
  Ce n'est pas mon domaine
- **Tonight's topic for debate is unemployment**
  Le débat de ce soir porte sur le chômage
- **In my lecture, I shall deal with…**
  Dans ma conférence, je traiterai de…
- **Let's get back to the matter in hand**
  Revenons à nos moutons
- **The problem of the homeless doesn't come very high on the government's agenda**
  Le problème des sans-abri ne figure pas parmi les priorités du gouvernement
- **The matter is still under consideration**
  La question est encore à l'étude

LA SUPPOSITION

- **What makes you suppose** or **assume** or **presume (that) I trust you?**
  Qu'est-ce qui vous fait croire que j'aie confiance en vous ?
- **I don't suppose (that) you remember me**
  Vous ne vous souvenez sans doute pas de moi
- **I suppose so/not**
  Je suppose que oui/que non
- **Supposing** or **(let's) suppose (that) you're right**
  Supposons que vous ayez raison
- **What if he doesn't remember?**
  Et s'il ne s'en souvient pas ?
- **In the absence of proof, he must be assumed** or **presumed to be innocent**
  En l'absence de preuves, il doit être présumé innocent
- **I'm working on the assumption** or **the premise (that)…**
  Je me fonde sur l'hypothèse que…
- **Assuming we start tomorrow, will we still meet the deadline?**
  En admettant que nous commencions demain, est-ce que nous respecterons les délais ?
- **She must have been talking about someone else**
  Elle devait parler de quelqu'un d'autre
- **At a guess, there'll be about 40 people at the party**
  Je pense qu'il y aura environ 40 personnes à la soirée
- **I dare say** or **I expect you're hungry after your journey**
  Vous devez être affamés après ce voyage
- **We can only speculate**
  Nous ne pouvons que faire des suppositions
- **It was pure speculation** or **pure conjecture on his part**
  Ce n'était qu'une supposition de sa part
- **The house was allegedly broken into last night during the storm**
  L'effraction aurait eu lieu hier soir pendant l'orage

- **This confirms my hypothesis that...**
  Cela confirme mon hypothèse selon laquelle...
- **You take too much for granted**
  Vous considérez trop de choses comme acquises
- **I can only surmise what the circumstances were** *fml*
  Je ne puis que conjecturer quelles étaient les circonstances

LA SURPRISE

- **I'm surprised to see you** or **at seeing you here**
  Je m'étonne de vous voir ici
- **What a lovely** or **pleasant surprise!**
  Quelle bonne surprise !
- **Their arrival took me by surprise** or **caught me unawares**
  Leur arrivée m'a pris au dépourvu
- **Well, it's not surprising, is it?**
  Ça n'a vraiment rien de surprenant
- **I'm surprised** or **astonished (that) the question has never been asked**
  Cela m'étonne que la question n'ait jamais été posée
- **Much to my surprise** or **surprisingly enough...**
  À ma grande surprise,...
- **To our astonishment, the shop was closed**
  À notre grand étonnement, le magasin était fermé
- **I could hardly believe my eyes**
  Je n'en croyais pas mes yeux
- **She's fifty, would you believe it!**
  Elle a cinquante ans, figure-toi !
- **I was amazed** or **astounded when she left like that**
  J'étais stupéfait qu'elle parte comme ça
- **We were dumbfounded at the news**
  La nouvelle nous a frappés de stupeur
- **I was staggered to learn of his decision**
  J'ai été stupéfait d'apprendre sa décision
- **I can't get over how much he's grown!**
  Qu'est-ce qu'il a grandi, je n'en reviens pas !
- **When he said that, her jaw dropped**
  Lorsqu'il a dit ça, elle en est restée bouche bée
- **I'm speechless!** or **I don't know what to say!**
  Je ne sais pas quoi dire !
- **You can't be serious!** or **You must be joking!**
  C'est une plaisanterie !
- **I was flabbergasted by how much progress he had made**
  J'ai été sidéré par ses progrès
- **Never!** UK *inf*
  Pas possible !

LA TRISTESSE

- **I shall be sad to see you leave**
  Je serai désolé de vous voir partir
- **It makes me sad** or **saddens me to see what's become of them**
  Ça me rend triste de voir ce qu'ils sont devenus
- **I am writing to express my sadness** or **my sorrow at your loss**
  Je vous écris pour vous faire part de la tristesse que j'ai éprouvée en apprenant votre deuil
- **What are you so upset about?**
  Qu'est-ce qui te met dans cet état ?
- **I'm upset about losing it/her**
  Ça me fait mal au cœur de le/la perdre
- **Don't upset yourself**
  Arrête, tu te fais du mal
- **She was crying her heart** or **eyes out**
  Elle pleurait toutes les larmes de son corps
- **We are grieving for** or **mourning our father**
  Nous pleurons notre père
- **In despair, she took her own life**
  Désespérée, elle a mis fin à ses jours
- **We found him alone and in a very distressed state**
  Nous l'avons trouvé seul, complètement bouleversé
- **Visiting her grandparents made her feel depressed** or **got her down**
  Le fait de rendre visite à ses grands-parents la déprimait
- **I tried to comfort him but he was inconsolable**
  J'ai essayé de le réconforter mais il était inconsolable

LES VŒUX

- **He wished them success in their future careers**
  Il leur a souhaité de réussir dans leur carrière
- **I wish you all the best in your new job**
  Tous mes vœux de réussite dans votre nouveau poste
- **Give her my best wishes for a speedy recovery**
  Transmettez-lui (tous) mes vœux de prompt rétablissement
- **Give them my regards**
  Transmettez-leur mon bon souvenir
- **Good luck (with the exams)!**
  Bonne chance (pour les examens) !
- **Have a good weekend!**
  Bon week-end !
- **Enjoy yourselves!**
  Amusez-vous bien !
- **I hope you have a pleasant journey**
  Je vous souhaite un agréable voyage
- **Merry Christmas (and happy New Year)!**
  Joyeux Noël (et bonne année) !
- **All the best for 2011!**
  Meilleurs vœux pour 2011 !
- **May you both be very happy!**
  Tous mes vœux de bonheur !
- **I wish you all the best!**
  Tous mes vœux !

VOULOIR

- **I want a cup of coffee**
  Je veux une tasse de café
- **They want to go to Spain on holiday**
  Ils veulent aller en vacances en Espagne
- **I want you to wait here**
  Je veux que tu attendes ici
- **I have no wish to offend you, but...**
  Je ne voudrais pas te blesser, mais...
- **I wish I were in your place**
  Je voudrais bien être à votre place
- **She had no desire to go back**
  Elle n'avait aucune envie d'y retourner
- **I was longing** or **dying to tell her the truth** *inf*
  Je mourais d'envie de lui dire la vérité
- **He was yearning to see her again**
  Il brûlait de la revoir
- **She aspires to political power**
  Elle aspire au pouvoir politique
- **His ambition was to become a doctor**
  Il avait l'ambition de devenir médecin
- **I had an** or **the urge to hit him**
  J'ai eu envie de le frapper
- **I got a sudden craving for chocolate**
  J'ai eu une envie soudaine de chocolat
- **He was driven by a hunger** or **a thirst for knowledge**
  Il était poussé par une soif de savoir

Useful phrases

Ability
Accepting
Admiration
Advice
Age
Agreement
Anger
Announcing
Apologizing
Approval
Beauty
Belief
Belonging
Boredom
Celebration
Certainty
Comparison
Complaining
Conceding
Confidence
Confirmation
Confusion
Congratulations
Correcting
Courage
Curiosity

Difference
Difficulty
Disappointment
Disgust
Dislike
Doubt
Eagerness
Easiness
Embarrassment
Emphasizing
Encouragement
Enjoyment
Envy
Explaining
Fear
Goodbye
Good wishes
Grief
Hate
Hello
Hope
Horror
Hunger
Ignorance
Importance
Indifference

Indignation
Intention
Interest
Intolerance
Introducing
Inviting
Liking
Love
Meeting
Obligation
Obviousness
Offering
Opinions
Orders
Pain
Patience
Permission
Persuasion
Planning
Pleasure
Possibility
Preference
Pretending
Probability
Progress
Prohibition

Refusing
Regret
Rejecting
Relevance
Requesting
Resignation
Subject
Success
Suggesting
Suitability
Summarizing
Supposition
Surprise
Suspicion
Sympathy
Thanking
Thirst
Threats
Tiredness
Trust
Understanding
Wanting
Weakness
Worry

HOW TO EXPRESS...

ABILITY

- **Peux-tu venir à la fête ?**
  Can you come to the party?
- **Je suis désolé, je ne vais pas pouvoir venir**
  I'm sorry, I don't think I can make it
- **Il pouvait encore marcher**
  He could still walk
- **Elle sait jouer du violon**
  She can play the violin
- **Je pourrai te rendre visite plus souvent désormais**
  I'll be able to visit you more often now
- **À leur âge, ils sont capables de se débrouiller tout seuls**
  They can look after themselves by now
- **Vous serait-il possible de me prêter 10 euros ?**
  Would it be possible for you to lend me 10 euros?
- **Cela m'a mis dans l'impossibilité de faire mon travail**
  That made it impossible for me to do my work
- **Ils ne sont pas en mesure de vous le dire**
  They are in no position to tell you
- **Il lui aurait été difficile de refuser**
  It would have been difficult for him/her to refuse
- **Il a le pouvoir de décider**
  He has the power to decide
- **Arrivera-t-elle à garder le secret ?**
  Will she be able to keep the secret?
- **Il est parvenu à obtenir toutes les informations qu'il voulait**
  He managed to obtain all the information he wanted

ACCEPTING

- **Je vous prie de bien vouloir accepter mes excuses**
  Please accept my apologies
- **J'accepte vos excuses, mais...**
  I accept your apology, but...
- **Vous acceptez les chèques ?**
  Will you take a cheque?
- **J'accepte vos conditions**
  I accept your terms
- **Je n'accepte pas qu'on me parle de la sorte**
  I don't tolerate being treated in that way
- **C'est la décision qu'ils ont prise et ça m'allait bien**
  That's what they decided and I went along with it
- **Il a pris la nouvelle mieux que je ne l'aurais cru**
  He took the news better than I thought he would
- **Il faut prendre les choses comme elles viennent**
  We must take things as they come
- **A-t-elle dit oui à votre offre ?** ou **A-t-elle accepté votre offre ?**
  Did she say yes to your offer?
- **J'accepte volontiers votre invitation**
  I gladly accept your invitation
- **Les projets n'ont rencontré que peu d'opposition**
  The plans met with little opposition
- **Les propositions ont été approuvées à l'unanimité**
  The proposals were approved without opposition
- **Il a été accepté par toute la famille**
  He has been accepted by all the family
- **On lui a accordé l'asile**
  He/She was granted asylum
- **Mon chef m'a accordé mon augmentation**
  My boss gave me the rise I'd asked for

ADMIRATION

- **J'ai beaucoup d'admiration pour les médecins**
  I have great admiration for doctors
- **Elle est tenue en haute estime par ses collègues**
  She is held in high esteem by her colleagues
- **Je n'ai pas une très haute opinion de mon chef**
  I don't think very highly of my boss
- **Les enfants ont besoin de prendre exemple sur quelqu'un qu'ils admirent**
  Children need someone to look up to
- **Il l'a regardée avec admiration**
  He looked at her in wonder
- **Elle adore sa mère**
  She worships her mother
- **Ma sœur est un modèle pour moi**
  My sister is my role model
- **Je l'admire beaucoup, ça n'a pas dû être facile pour lui**
  I admire him enormously, it can't have been easy for him
- **Elle s'est extasiée devant mes géraniums**
  She went into raptures over my geraniums
- **Il est tombé en admiration devant ses photos**
  He was speechless with admiration for his/her photos
- **Elle a des idées formidables**
  She has some wonderful ideas
- **Elle était superbe dans sa robe de velours noir**
  She looked stunning in her black velvet dress
- **Quel but fantastique !**
  What a fantastic goal!
- **Chapeau !** *fam*
  I take my hat off to you!
- **Ouah !** *fam*
  Wow!

ADVICE

- **Permettez que je vous donne un conseil**
  Let me give you some advice
- **Suis mon conseil, ne lui dis rien**
  Take my advice and say nothing to him/her
- **Que me conseillez-vous ?**
  What do you advise me to do?
- **Il leur a déconseillé d'intenter une action en justice**
  He advised them against taking legal action
- **Je vous recommande de passer par Leeds**
  I recommend that you go via Leeds
- **À ta place, j'attendrais encore un peu**
  If I were you, I'd wait some more
- **On m'a bien/mal conseillé**
  I was given good/bad advice
- **Je ne vous le conseille pas**
  I wouldn't recommend it
- **Je lui ai vivement conseillé d'accepter**
  I urged him/her to accept
- **On m'avait mis en garde contre toi**
  They warned me about you
- **Tu devrais suivre les recommandations de ton médecin**
  You should follow your doctor's advice
- **Vous devriez prendre un autre avis**
  You ought to get a second opinion
- **Que feriez-vous à ma place ?**
  What would you do in my place?

- **Vous voulez savoir ce que j'en pense ?**
  Do you want to know what I think?
- **Le mieux, c'est de ne rien dire**
  The best thing is to keep quiet
- **Si j'étais toi, je crois que je refuserais son offre**
  If I were you I would refuse his offer

AGE

- **Quel âge avez-vous ?**
  How old are you?
- **Elle a 25 ans**
  She's 25
- **Paul a le même âge que David**
  Paul is as old as David
- **Elle est plus âgée que moi**
  She is older than me
- **J'ai deux ans de moins qu'elle**
  I'm two years younger than her
- **Il pourrait être mon père !**
  He's old enough to be my father!
- **Quand j'avais ton âge, je…**
  When I was your age, I…
- **Elle ne fait pas son âge**
  She doesn't look her age
- **Il est grand pour son âge**
  He's tall for his age
- **Le président approche de la soixantaine**
  The president is getting on for sixty
- **Elle va sur ses soixante ans**
  She will soon turn sixty
- **Mon oncle a vécu jusqu'à un âge avancé**
  My uncle lived to a ripe old age
- **Une pneumonie l'a emporté à la fleur de l'âge**
  Pneumonia cut him down in his prime
- **Ma fille aînée vient d'avoir 20 ans**
  My oldest daughter has just turned 20
- **Voici mon cadet, Victor**
  This is my youngest, Victor
- **Ils ont un garçon de dix ans**
  They have a ten-year-old boy
- **Elle n'est plus toute jeune** ou **de la première jeunesse**
  She's not as young as she was

AGREEMENT

- **Je suis tout à fait d'accord (avec vous)**
  I quite agree (with you)
- **Ils sont un peu jeunes, je vous l'accorde, mais…**
  Granted, they're a bit young, but…
- **C'est aussi ce que je pense**
  Yes, that's what I think too
- **Ils ne sont pas d'accord sur les mesures à prendre**
  They disagree about what action to take
- **Elle est pour/contre le libre-échange**
  She is for/against free trade
- **C'était le prix dont nous avions convenu**
  That was the price we agreed on
- **Ils se sont séparés d'un commun accord**
  By mutual agreement they went their separate ways
- **Les avis sont partagés**
  Opinion is divided on the matter
- **Vous aviez raison/tort (à son sujet)**
  You were right/wrong (about him/her)
- **J'y suis opposé**
  I'm opposed to the idea
- **Son père et moi ne partageons pas les mêmes points de vue**
  Her father and I don't see eye to eye
- **Ils n'arrivent pas à se mettre d'accord**
  They can't manage to agree
- **Il a proposé une approche différente et elle a approuvé**
  He proposed a different approach and she agreed to it
- **Il a opposé un refus catégorique à mon initiative**
  He totally refused my initiative
- **Le gouvernement a accédé à leur demande**
  The government has granted their request
- **Ils s'entendent comme larrons en foire**
  They're as thick as thieves

ANGER

- **Je vais me fâcher !**
  I'm going to get angry!
- **Elle est en colère de ne pas avoir été invitée**
  She's angry at not having been invited
- **Il a pris la mouche**
  He suddenly got angry
- **Dans un accès de colère, il…**
  In a moment of anger, he…
- **Il est très coléreux**
  He's got quite a temper
- **Mon père était furieux**
  My father was furious
- **Elle ne décolérait pas**
  She was still fuming
- **Promets-moi que tu ne vas pas t'énerver**
  Promise me you won't get annoyed
- **J'ai vu rouge**
  I hit the roof
- **Il s'est emporté contre moi**
  He lost his temper with me
- **Elle s'énerve pour un rien**
  She gets worked up over nothing
- **Le patron est d'une humeur massacrante**
  The boss is on the warpath
- **Ce genre de comportement m'horripile**
  Behaviour like that really gets on my nerves
- **Comment oses-tu me parler sur ce ton !**
  How dare you speak to me in that tone of voice!
- **Attends un peu que je l'attrape !**
  Just wait till I get hold of him/her!
- **Ça, c'est le comble !**
  That's the limit!
- **Ça me rend chèvre !** *fam*
  That really annoys me
- **Tu commences vraiment à me taper sur les nerfs, avec tes commentaires stupides** *fam*
  You're really getting on my nerves with your stupid comments

ANNOUNCING

- **Nous sommes heureux de vous faire part de la naissance/du mariage de notre fils**
  We are pleased to announce the birth/marriage of our son
- **Je n'ose pas le lui annoncer**
  I daren't break it to him/her
- **Il a refusé de révéler l'identité de son agresseur**
  He refused to reveal the identity of his attacker
- **Il a fait savoir qu'il était disponible**
  He let it be known that he was available
- **On annonce des réductions d'impôts**
  Tax reductions have been announced

- **La nouvelle a été annoncée officiellement**
  The news has been officially announced
- **Elle a dit haut et fort qu'elle s'y opposait**
  She stated very clearly that she was opposed to it
- **Il a fait une déclaration à la presse selon laquelle…**
  He made a statement in the press to the effect that…
- **Je suis si heureux que j'ai envie de le crier sur (tous) les toits !**
  I'm so happy I want to shout it from the rooftops!
- **On vient de lui notifier son renvoi**
  He's/She's just received notice of his/her dismissal
- **Elle a été déclarée vainqueur**
  She was declared the winner
- **Il s'est proclamé empereur**
  He proclaimed himself emperor

APOLOGIZING

- **Je vous dois des excuses**
  I owe you an apology
- **Je vous prie de bien vouloir accepter mes excuses**
  Please accept my apologies
- **Vous n'avez pas à vous excuser**
  There's no need to apologize
- **Désolé de vous avoir fait attendre**
  Sorry to have kept you waiting
- **Désolé, je ne peux pas vous aider – Ça ne fait rien**
  Sorry, I can't help – It doesn't matter
- **Je suis navré, mais...**
  I'm terribly sorry, but...
- **Pardon !**
  Sorry!
- **C'est une bien piètre excuse**
  That's a pretty feeble excuse
- **Ce genre de comportement est inexcusable**
  There's no excuse for that kind of behaviour
- **Je ne veux pas d'excuse !**
  I don't want any excuses!
- **Si vous voulez bien m'excuser, il faut que je finisse mon travail**
  If you will excuse me, I have to finish my work
- **Excusez-moi, je peux passer ?**
  Excuse me, can I get past?
- **Elle s'est excusée plusieurs fois d'être arrivée en retard**
  She apologized several times for being late
- **Je crains que ce ne soit de ma faute**
  I'm afraid it's my fault
- **Lorsqu'il s'est avéré que l'histoire était fausse, l'éditeur a dû manger son chapeau**
  When the story turned out to be false, the editor had to eat humble pie

APPROVAL

- **Êtes-vous d'accord avec cette proposition ?**
  Do you approve of the proposal?
- **Ça ne lui plaît pas qu'ils fument**
  He/She doesn't approve of them smoking
- **Je suis favorable à ce plan d'action**
  I'm in favour of this line of action
- **Je n'y suis pas favorable**
  I'm opposed to the idea
- **Je désapprouve tout ce qu'ils ont fait**
  I disagree with everything they've done
- **Il a donné son approbation au projet**
  He gave his approval to the plan
- **Elle n'apprécie guère son comportement**
  She totally disapproves of his attitude
- **Je n'apprécie pas du tout ce commentaire**
  I take exception to that remark
- **Ils ont obtenu le feu vert pour acheter la société**
  They got the green light to buy the company
- **Je n'ai rien contre**
  I've nothing against it
- **Je n'y vois pas d'inconvénient**
  I don't have any objections
- **Est-ce que le patron a donné sa bénédiction au projet ?**
  Has the boss given his blessing to the project?
- **Je ne vous reproche rien**
  I'm not blaming you for anything

BEAUTY

- **Quelle belle femme/chanson !**
  What a beautiful woman/song!
- **C'était une beauté lorsqu'elle était jeune**
  She was a beauty in her day
- **Il te plaît ?**
  Do you find him/it attractive?
- **Leur fille est mignonne comme tout**
  Their daughter is as pretty as a picture
- **C'est un bel homme**
  He's very good-looking
- **Elle n'est pas mal**
  She's quite good-looking
- **Il n'est plus aussi bien qu'avant**
  He's lost his looks
- **Elle n'est pas belle mais elle a du charme**
  She's not beautiful but she has a charm
- **Le nouveau bâtiment n'est pas des plus agréables à l'œil**
  The new building is not very aesthetically pleasing
- **Nous avons visité des temples sublimes**
  We visited some magnificient temples
- **C'est un village de toute beauté**
  It's a very beautiful village
- **Ton bébé est vraiment mignon**
  Your baby is really cute
- **Elle est canon** *fam*
  She's a real looker
- **C'est vraiment un beau mec** *fam*
  He's a real hunk

BELIEF

- **Je suis persuadé que c'est vrai**
  I'm sure it's true
- **Je n'arrive pas à le croire**
  I can't believe it
- **Il croit en Dieu/aux fantômes**
  He believes in God/in ghosts
- **Je crois à la libre entreprise**
  I believe in free enterprise
- **N'en croyez rien !**
  Don't you believe it!
- **Je suis convaincu qu'il ment**
  I am convinced he's lying
- **Contrairement à ce que l'on croit…**
  Contrary to popular belief…
- **Tout ça n'est guère crédible**
  All that is highly unlikely
- **Elle a pris ça pour parole d'évangile**
  She took it as gospel
- **Je lui ai raconté un mensonge et elle l'a gobé** *fam*
  I told her a lie and she swallowed it

- **Ton histoire est un peu tirée par les cheveux** *fam*
  Your story is a bit far-fetched
- **Son histoire, j'y crois dur comme fer** *fam*
  I absolutely believe what he told us
- **Ajoutez-vous foi aux rumeurs ?** *sout*
  Do you give any credence to the rumours?

BELONGING

- **Cette lettre est à moi**
  That letter is mine
- **À qui sont ces gants ?**
  Whose gloves are these?
- **À qui appartient ce livre ?**
  Who does this book belong to?
- **Elle est l'heureuse propriétaire d'une Rolls Royce**
  She is the proud owner of a Rolls Royce
- **Il fait partie de la bande à Dupont**
  He's one of the Dupont gang
- **Leur fils a sa propre maison**
  Their son has a house of his own
- **Cette région possède de grandes réserves d'eau**
  This region has large water reserves
- **Sont-ils en possession des documents nécessaires ?**
  Are they in possession of the necessary documents?
- **Quand prenez-vous possession de votre nouvelle maison ?**
  When do you take possession of your new house?
- **Elle dispose d'un million de livres**
  She has a million pounds at her disposal
- **Ils détiennent 30 pour cent des parts de la société**
  They have a 30 percent shareholding in the company
- **Le tableau est dans la famille depuis plus de deux cents ans**
  The painting has been in the family for more than 200 years

BOREDOM

- **Son discours était vraiment ennuyeux**
  His/Her speech was really boring
- **Recueillir des signatures, c'est ennuyeux !**
  It's a tedious business collecting signatures!
- **Il mange pour tromper l'ennui**
  He eats to keep boredom at bay
- **Je commence à m'ennuyer**
  I'm beginning to get bored
- **J'en ai eu assez de jouer aux cartes**
  I got tired of playing cards
- **Les visites qu'elle leur rendait rompaient la monotonie de leur existence**
  Her visits broke the monotony of their lives
- **Faire le ménage m'ennuie à mourir**
  Housework bores me stiff
- **Ce livre est ennuyeux comme la pluie**
  This book is as dull as ditchwater
- **Repasser, quelle corvée !**
  Ironing's such a chore!
- **Elle est vraiment barbante quand elle se met à parler de jardinage** *fam*
  She's a real bore on the subject of gardening
- **Son dernier film est mortellement ennuyeux** *fam*
  His/Her latest film is deadly
- **Quelle barbe, ces examens !** *fam*
  The exams are a real drag!
- **Je la trouve assommante** *fam*
  She's a real pain

CELEBRATION

- **Il faut fêter ça !**
  This calls for a celebration!
- **Portons un toast !**
  I'd like to make a toast!
- **Ouvrons une bouteille pour fêter ça !**
  Let's open a bottle of wine to celebrate!
- **Pour Louis, hip hip hip ! hourra !**
  Three cheers for Louis!
- **Ils ont levé leurs verres à la santé des jeunes mariés**
  They raised their glasses to the newly married couple
- **Les festivités se sont terminées par un feu d'artifice**
  The festivities ended with a firework display
- **Ils ont fait** ou **donné une fête pour leur anniversaire de mariage**
  They had a party to celebrate their wedding anniversary
- **Le mariage a été célébré dans la plus stricte intimité**
  Only close family and friends were invited to the wedding
- **L'association a offert un verre pour marquer le coup**
  The association organized a special ceremony to mark the event
- **Ils ont fêté au champagne la naissance du bébé**
  They toasted the birth of their baby with champagne
- **Ils l'ont acclamé à son entrée dans la pièce**
  They cheered loudly when he came into the room
- **Nous avons fait la fête toute la nuit**
  We partied all night

CERTAINTY

- **Je suis certain qu'il viendra**
  I'm certain he'll come
- **Elle est innocente, c'est sûr**
  She is definitely innocent
- **Je suis formel**
  I'm certain
- **Mais bien sûr, qu'il t'aime**
  Of course he loves you
- **Êtes-vous sûr que c'était lui ? – J'en suis certain !**
  Are you sure it was him? – I'm positive!
- **Elle s'est assurée que toutes les portes étaient bien fermées**
  She made sure that all the doors were closed
- **Ce n'est pas une supposition de ma part, c'est un fait**
  I know it for a fact
- **Sans aucun doute**
  There's no question about it
- **C'est sûr et certain**
  It's a hundred percent sure
- **Elle est d'une honnêteté sans faille, c'est indiscutable**
  You definitely can't question her honesty
- **Réflexion faite, il vaut mieux que j'y aille moi-même**
  On second thoughts I'd better go myself
- **À tous les coups, il a le poste** *fam*
  He's a dead cert for the job

COMPARISON

- **Vous êtes aussi grand que lui**
  You are as tall as he is
- **Les cèdres sont plus vieux que les chênes**
  The cedars are older than the oaks
- **Il joue au tennis mieux/plus mal que moi**
  He plays tennis better/worse than me
- **J'ai autant d'argent/autant de livres que vous**
  I have as much money/as many books as you

- **J'ai travaillé autant que lui**
  I worked as much as he did
- **Le film était meilleur que je ne m'y attendais**
  The film was better than I expected
- **Elle sort du lot**
  Compared with the others she's brilliant
- **On a comparé ses tableaux à ceux de Manet**
  His paintings have been compared to Manet's
- **Le livre établit une comparaison entre Londres et New York**
  The book makes a comparison between London and New York
- **C'est sans comparaison**
  There's no comparison
- **En comparaison, cette musique est mélodieuse**
  This music is melodious by comparison
- **Comparé à son frère, il était timide**
  In comparison with his brother, he was shy
- **Essayez avec de la crème fraîche, vous verrez, ça n'a rien à voir !**
  Why don't you add some cream, you'll see how much better it'll taste!

COMPLAINING

- **Il s'est plaint qu'elle était toujours en retard**
  He complained that she was always late
- **Est-ce que vous avez à vous plaindre de l'entreprise ?**
  Do you have any complaints about the company?
- **Arrête de te plaindre tout le temps !**
  Stop complaining all the time!
- **J'aimerais faire une réclamation**
  I would like to make a complaint
- **Je veux voir le responsable !**
  I want to see the manager!
- **Je demande à être remboursé !**
  I want my money back!
- **Je ne suis pas du tout satisfait du travail que vous avez fait sur le patio**
  I'm not at all happy with the work you've done on the patio
- **Elle se plaint de tout**
  She complains about everything
- **Elle est toujours en train de se lamenter**
  She's always whining about something
- **Il trouve souvent à redire à ma manière d'écrire**
  He often finds fault with my style of writing
- **Il n'est jamais content**
  He's never satisfied
- **Sa lettre contenait les récriminations habituelles**
  His/Her letter contained the usual grumbles
- **Mais qu'est-ce qu'elle a encore à râler ?**
  What is she moaning about now?
- **Arrête de pleurnicher** ou **de geindre !**
  Stop whingeing or whining!
- **Veux-tu bien cesser tes récriminations, ça me fatigue**
  You're wearing me out with all this complaining

CONCEDING

- **En admettant que tu aies raison, pourquoi n'a-t-il rien dit ?**
  Let's say you're right; why then didn't he say anything?
- **Il a admis qu'il avait tort**
  He admitted he was wrong
- **Elle n'a pas tort, c'est un fait**
  She does have a point
- **Rendons-leur cette justice, ils ont donné de leur temps**
  To be fair, they did contribute their time
- **Elle parle bien, ça je te le concède** ou **je te l'accorde**
  She's a good speaker, I grant you
- **Très bien, mais ne pensez-vous pas que… ?**
  That's fair enough, but don't you think that…?
- **C'est bien beau d'être propriétaire, mais…**
  Owning a home is all very well, but…
- **D'accord** ou **Je vous l'accorde, il n'est pas très intelligent, mais…**
  Granted, he's not very intelligent, but…
- **J'ai dû leur concéder ce point**
  I had to yield to them on that point
- **Il faut admettre que c'est un résultat inattendu**
  You have to admit the result is unexpected
- **Je reconnais qu'il fait des efforts**
  I admit he's making an effort
- **Tu as raison, je n'aurais pas dû dire ça**
  You're right, I shouldn't have said that
- **Je m'en remets à vos connaissances en la matière**
  I defer to your knowledge in these matters

CONFIDENCE

- **Tu te sens sûr de toi ?**
  Are you feeling confident?
- **Nous sommes confiants : ça va marcher**
  We are confident it will work
- **Je ne suis pas sûr de réussir**
  I'm not confident of success
- **C'est quelqu'un de très sûr de lui**
  He is a very self-confident person
- **Elle a une grande/Elle manque de confiance en elle**
  She is full of/She lacks self-confidence
- **Vous n'avez pas assez d'autorité**
  You're not assertive enough
- **Il se sent bien dans sa peau**
  He feels good about himself
- **On sent qu'elle est mal dans sa peau**
  You can tell she's insecure
- **Tu présumes un peu trop de ta réussite à l'examen**
  You're being overconfident about the exam
- **Ne fais pas le malin !** *fam*
  Don't be cocky!

CONFIRMATION

- **Nous accusons réception de votre courrier**
  We confirm receipt of your letter
- **Son diagnostic a confirmé mes craintes**
  His/Her diagnosis confirmed my fears
- **Pourriez-vous me dire si la réunion aura bien lieu ?**
  Could you tell me if the meeting is taking place?
- **Êtes-vous bien sûr qu'il n'est pas encore parti ?**
  Are you quite sure he hasn't left yet?
- **Je te dois 20 euros, c'est bien ça ?**
  I owe you 20 euros, right?
- **Je me trompe ou vous êtes allemand ?**
  Am I right in thinking you're German?
- **C'est ça !**
  That's right!
- **Je vous l'avais bien dit !**
  I told you so!
- **Les derniers chiffres confirment cette tendance**
  The latest figures confirm this trend
- **J'estime, et je suis sûr que Pierre confirmera ce point…**
  I feel, and I'm sure Pierre will bear me out on this…

- **Je te le garantis**
  I can vouch for it
- **Il m'a assuré qu'il viendrait**
  He assured me he'd come
- **Ce que vous dites corrobore sa version des faits**
  What you say corroborates his/her story
- **Je vous confirme notre arrivée mardi**
  I confirm that we'll be arriving on Tuesday
- **En effet, il a travaillé deux ans chez nous**
  Yes, he worked with us for two years

CONFUSION

- **Je me suis trompé de route/train**
  I took the wrong road/train
- **Ce n'est pas la bonne route pour aller à Paris**
  This is not the right road for Paris
- **Je vous confondais avec votre frère**
  I was mixing you up with your brother
- **Je ne sais plus où j'en suis**
  I'm getting all mixed up
- **Je n'y vois plus très clair**
  I'm in a muddle
- **Mes affaires sont tout en désordre**
  My things are all in a jumble
- **Les pages se sont complètement mélangées**
  The pages got all jumbled
- **La confusion entre les deux notions est fréquente**
  The two notions are often confused
- **Je l'ai pris pour quelqu'un d'autre**
  I mistook him for someone else
- **Ne mélange pas tout**
  Don't get everything mixed up
- **C'est un fatras d'idées**
  It is a hotchpotch of ideas

CONGRATULATIONS

- **Félicitations (pour ton nouveau poste) !**
  Congratulations (on your new job)!
- **Je vous félicite**
  I congratulate you
- **Ses parents l'ont félicitée d'avoir été reçue (à ses examens)**
  Her parents congratulated her on passing her exams
- **Je me suis félicité d'avoir gardé mon sang-froid**
  I congratulated myself for having kept my temper
- **Elle lui a fait des compliments sur son anglais**
  She complimented him/her on his/her English
- **Tous mes compliments !**
  Congratulations!
- **Tout le monde s'est levé pour applaudir les acteurs**
  The actors received a standing ovation
- **Un ban pour Sarah !** ou **Pour Sarah, hip hip hip ! hourra !**
  Three cheers for Sarah!
- **Bravo !**
  Well done!
- **Tu as vraiment fait du bon travail**
  You've done a really good job
- **Bon anniversaire !**
  Happy birthday!

CORRECTING

- **Il a eu le culot de me reprendre**
  He had the nerve to correct my French
- **Reprenez-moi** ou **Corrigez-moi si je me trompe, mais…**
  Correct me if I'm wrong, but…
- **Au temps pour moi**
  I stand corrected
- **Tu t'es trompé de date**
  You got the date wrong
- **Il doit y avoir erreur**
  There must be some mistake
- **Vous faites erreur** *[au téléphone]*.
  You've got the wrong number
- **Il ne s'agit pas de ça**
  That's not the point
- **Cela a été fait par inadvertance**
  It was done by mistake
- **Ça ne peut pas être le cas**
  That can't be right
- **Tu t'y prends mal** ou **Ce n'est pas comme ça qu'il faut faire**
  You're not doing it the right way
- **Il a bâclé le travail et j'ai dû réparer les dégâts**
  He made a mess of it and I had to put things right
- **Vous avez mal compris le message**
  You misunderstood the message
- **On vous aura mal renseigné**
  I think you have been misinformed
- **Il semblerait que je vous aie mal jugé**
  It appears that I misjudged you
- **Vous êtes loin du compte**
  You're wide of the mark
- **Ma langue a fourché ; je voulais dire…**
  It was a slip of the tongue; I meant to say…

COURAGE

- **Tu vas devoir être courageux et le lui annoncer**
  You'll have to be brave and tell him/her
- **Je ne me sens pas le courage d'aller travailler/de le leur dire**
  I don't feel up to going to work/to telling them
- **C'est un soldat et un explorateur intrépide**
  He's a soldier and an intrepid explorer
- **Elle n'a pas froid aux yeux**
  She's not easily scared
- **Courage !**
  Chin up!
- **Il faut du courage pour faire ça**
  It takes courage to do that
- **Tu ne manques pas d'audace !**
  You've got some cheek!
- **Ne te décourage pas**
  Don't give up
- **C'était lâche de sa part**
  It was very cowardly of him/her
- **Elle a pris son courage à deux mains et elle lui a dit ce qu'elle pensait de lui**
  She plucked up the courage and told him what she thought of him
- **Vous n'avez rien dans le ventre**
  You have no backbone
- **Il est courageux mais pas téméraire**
  He's brave but not reckless
- **Elle a enduré avec stoïcisme la maladie qui devait l'emporter**
  She bore her final illness with fortitude
- **Je n'ai pas eu le cran de le leur dire** *fam*
  I didn't have the guts to tell them

CURIOSITY

- **Je me demande s'il viendra**
  I wonder whether he'll come
- **Je serais curieux de savoir qui a inventé cela**
  I'd like to know who invented that
- **Ils auraient aimé savoir le pourquoi du comment**
  They were rather curious as to how it had happened
- **Il y est allé par curiosité**
  He went there out of curiosity
- **C'est un esprit curieux**
  He/She has an inquisitive mind
- **Il se mêle des affaires de tout le monde**
  He pokes his nose into everybody's business
- **Sans vouloir être indiscret, quel âge avez-vous au juste ?**
  I hope you don't mind me asking but how old are you?
- **Je donnerais n'importe quoi pour savoir où il est**
  I would give anything to know where he is
- **La curiosité est un vilain défaut**
  Curiosity killed the cat
- **Mêle-toi** ou **Occupe-toi de tes oignons !** *fam*
  Mind your own business!

DIFFERENCE

- **Ce roman est très différent de son premier livre**
  This novel is very different from his/her first
- **Leur version contredit la tienne**
  Their version is at variance with yours
- **Je ne vois pas la différence entre les deux**
  I can't tell the difference between the two
- **Ils sont de tailles/couleurs différentes**
  They're different sizes/colours
- **C'est ce qui fait toute la différence !**
  That's what makes all the difference!
- **Il ne ressemble pas du tout à son frère**
  He's not at all like his brother
- **Contrairement à vous, je préfère une vie tranquille**
  Unlike you, I prefer a quiet life
- **Il n'y en a pas deux (de) pareils**
  No two are alike
- **Il n'y a aucun rapport entre ces faits**
  These facts are totally unrelated
- **En revanche, le président était presque optimiste**
  By contrast, the president was almost optimistic
- **Ils ont deux ans d'écart**
  There are two years between them

DIFFICULTY

- **Il a eu du mal à monter l'escalier**
  He had trouble climbing the stairs
- **Elle traverse une période difficile**
  She's going through a bad time
- **C'est plus facile à dire qu'à faire**
  It's easier said than done
- **Il s'endort difficilement**
  He finds it hard to get to sleep
- **Tu vas avoir du mal à trouver une boutique ouverte à cette heure-ci**
  It will be difficult for you to find a shop open at this time
- **On a eu un mal fou à trouver la maison**
  We had the devil of a job finding the house
- **On a failli ne pas y arriver**
  We almost didn't make it
- **On avait du mal à joindre les deux bouts**
  We had a hard time trying to make ends meet
- **L'exam était dur dur** *fam*
  The exam was very hard
- **Elle est dans le pétrin** *fam*
  She's in a fix
- **Elle est tombée sur un os** *fam*
  She hit a snag
- **Ça va être une sacrée paire de manches** *fam*
  That's not going to be easy, I can tell you
- **C'est toujours la croix et la bannière pour trouver à se garer** *fam*
  It's always a headache finding somewhere to park

DISAPPOINTMENT

- **Il est déçu de ne pas avoir été invité**
  He is disappointed at not being invited
- **Les résultats vous ont-ils déçu ?**
  Are you disappointed with the results?
- **Je n'attendais pas ça de vous**
  I didn't expect that from you
- **Tu me déçois**
  I'm disappointed in you
- **Cela a été la grande déception de sa vie**
  It was the great disappointment of his/her life
- **J'ai trouvé le film vraiment décevant**
  I found the film very disappointing
- **C'était pire que ce que je pensais**
  It was worse than I expected
- **Je m'attendais à mieux**
  I thought it was going to be better
- **Il n'a pas répondu à leurs attentes**
  He didn't live up to their expectations
- **Tu n'as pas été à la hauteur**
  I was expecting better from you
- **Quelle ne fut pas ma déconvenue lorsque...** *sout*
  I was so disappointed when...

DISGUST

- **C'est dégoûtant ! Beurk !**
  That's disgusting! Ugh!
- **Il/Son comportement m'écœure**
  I'm disgusted with him/his behaviour
- **Ça l'écœurait de penser à tout ce gâchis**
  It made him/her sick to think of all that waste
- **Tu me dégoûtes !**
  You make me sick!
- **C'est écœurant, la façon dont on traite les réfugiés**
  It's sickening the way the refugees are treated
- **Le spectacle avait de quoi vous soulever le cœur**
  The sight was enough to turn your stomach
- **Il est d'une laideur repoussante**
  He's repulsively ugly
- **Cela m'a dégoûté de la viande**
  That put me off meat
- **Ça a une odeur infecte/un goût infâme**
  It smells/tastes revolting
- **La soupe était infecte**
  The soup was vile
- **J'ai été écœurée par son hypocrisie**
  I found his/her hypocrisy nauseating
- **C'était vraiment dégoûtant de faire/dire ça !**
  That was a disgusting thing to do/say!

- **La chambre était d'une saleté répugnante**
The room was revoltingly filthy
- **Elle m'a regardé d'un air dégoûté**
She gave me a look of disgust
- **Elle/L'idée me répugne** *sout*
I find her/the idea repellent

DISLIKE

- **Je ne les aime pas**
I don't like them
- **Elle n'aime pas danser**
She doesn't like dancing
- **Si ça ne lui plaît pas, qu'il s'en aille**
If he doesn't like it he can go elsewhere
- **Je déteste l'art moderne/faire le ménage**
I hate modern art/doing housework
- **Je ne supporte pas les fumeurs/l'hypocrisie**
I can't stand smokers/hypocrisy
- **Le patron l'a tout de suite pris en grippe**
The boss took an instant dislike to him
- **Je ne raffole pas de la cuisine indienne**
I'm not keen on Indian food
- **Il avait horreur qu'on le voie nu**
He had a horror of being seen naked
- **Les voyages organisés, ce n'est pas ma tasse de thé**
Package holidays are not my cup of tea
- **Rachel est allergique au travail**
Rachel is allergic to hard work
- **Jamais tu ne me feras aimer la voile !**
You'll never persuade me to like sailing!
- **Le film n'était pas du tout à mon goût**
The film wasn't at all to my taste
- **Son dernier livre ne m'a pas plu**
I didn't like his last book
- **L'informatique/Les cravates, ce n'est pas vraiment mon truc** *fam*
Computers/Ties aren't really my thing
- **Paul ne peut pas la sentir** or **l'encadrer** or **la voir (en peinture)** *fam*
Paul can't stand the sight of her
- **Il y a toujours eu une certaine inimitié entre les deux acteurs** *sout*
There has always been some antipathy between the two actors

DOUBT

- **Je doute qu'il vienne**
I doubt whether he'll come
- **J'en doute**
I doubt it
- **Nous n'avons aucun doute sur ses compétences**
We are in no doubt as to his/her competence
- **C'est, sans aucun doute, la meilleure au monde**
Without any doubt, she is the best in the world
- **Ça ne fait pas le moindre doute**
There's no doubt about it
- **Je reste très sceptique**
I'm still not buying it
- **Ça ne prend pas avec moi !**
I just won't believe it
- **Je demande à voir**
I'll have to see it to believe it
- **Je n'ai jamais douté de ton talent**
I've never doubted your talent
- **Je suis très partagé**
I have very mixed feelings on the subject
- **C'est à peine croyable !**
That's hard to belive!
- **Je n'en crois pas un mot**
I don't believe a word of it
- **Je n'en suis pas sûr**
I don't know for sure
- **Décidez-vous !**
Make up your mind!
- **Elle ne sait pas trop si elle doit leur en parler**
She's in a bit of a dilemma over whether to tell them or not
- **Son employeur a émis des doutes sur son honnêteté**
His/Her employer called his/her honesty into question
- **Il ne faut pas prendre ce qu'il dit pour argent comptant**
You must take what he says with a pinch of salt

EAGERNESS

- **Il a hâte de commencer**
He's impatient to start
- **Les enfants ne demandaient qu'à apprendre**
The children were keen to learn
- **Il a très envie que je voie son travail**
He's eager for me to see his work
- **Ça ne leur dit pas trop de sortir ce soir**
They aren't so keen on going out tonight
- **Il me tarde de la revoir**
I'm looking forward to seeing her again
- **Il attendait avec impatience qu'ils s'en aillent**
He was anxious for them to leave
- **Elle est très emballée par ce projet**
She's very enthusiastic about the project
- **Je mourais d'envie de lui dire la vérité**
I was longing to tell him/her the truth

EASINESS

- **Elle est facile à vivre**
She's easy to get on with
- **Cela vous facilitera la tâche**
This will make your job easier
- **Tu ne devrais avoir aucun mal à changer ton billet**
You shouldn't have any trouble changing your ticket
- **C'est simple comme bonjour**
It's as easy as pie
- **C'est un jeu d'enfant**
It's child's play
- **Essaie, c'est facile comme tout !**
Have a go, it's as easy as anything!
- **Il a gagné haut la main**
He won hands down
- **C'est le genre de choses qu'il peut faire les yeux fermés**
That's the kind of thing he could do standing on his head
- **C'est passé comme une lettre à la poste**
It was no problem at all
- **C'était du gâteau !** *fam*
It was a piece of cake!
- **C'était hyper fastoche** *fam*
It was a walk in the park

EMBARRASSMENT

- **Au grand dam de mes parents, j'ai dû avouer que...**
Much to my parent's shame, I had to admit that...
- **Il éprouve une certaine gêne à parler en public**
He feels rather ill at ease when speaking in public
- **Il rougit rien qu'à l'idée**
He blushed at the very thought of it

- **Je n'ose pas lui demander son âge**
  I'm embarrassed to ask him/her how old he/she is
- **Il n'y a pas de quoi avoir honte**
  There's nothing to be ashamed of
- **Il a reconnu, d'un air plutôt penaud, que c'était de sa faute**
  He admitted, rather shamefacedly, that it was his fault
- **J'avais honte de découvrir que l'on m'avait trompé**
  I was mortified to discover that I had been deceived
- **Ne soyez pas timide, dites-moi ce que vous voulez**
  Don't be shy, tell me what you want
- **Lorsqu'il a dit ça, je ne savais plus où me mettre !**
  When he said that I didn't know where to look!
- **J'aurais voulu disparaître sous terre quand je me suis rendu compte de ce que j'avais dit**
  Hearing myself say that, I just wanted the ground to open up and swallow me
- **Il est parti la queue entre les jambes**
  He went off with his tail between his legs
- **Tu n'as pas honte ?**
  Have you no shame?
- **Quelle honte !**
  The shame of it!
- **Il n'avait pas l'air à la noce** *fam*
  He looked far from happy

EMPHASIZING

- **Elle a mis l'accent sur la nécessité d'être prudent**
  She emphasized the need for caution
- **On ne saurait trop insister sur cette différence**
  This difference cannot be overemphasized
- **Je dois insister sur ce point**
  I must insist on this point
- **Je le répète, je n'ai jamais entendu parler de lui**
  I repeat, I have never heard of him
- **Ne vous attardez pas sur vos problèmes**
  Don't dwell on your problems
- **Je ne vous dirai rien, inutile d'insister**
  I'm not telling you anything, so there's no point pressing me any further
- **La révolte a mis ces problèmes en évidence**
  The revolt brought these issues to the fore
- **La défense a beaucoup insisté sur le casier judiciaire du témoin**
  The defence made much of the witness's criminal record
- **Mon oncle m'a inculqué l'importance de travailler dur**
  My uncle impressed on me the importance of hard work
- **Les bonnes manières nous ont été inculquées à l'école**
  Good manners were drummed into us at school
- **Il a tellement insisté que j'ai fini par accepter**
  He was so insistent about it that I ended up accepting
- **Je vous l'ai dit cent fois !**
  I've told you hundreds of times!
- **Ce n'était pas moi, je le jure !**
  It wasn't me, I swear!
- **Je ne reviendrai pas, mets-toi ça dans la tête !** *fam*
  I won't be back, just get that into your head!

ENCOURAGEMENT

- **Sa mère l'a encouragée à faire du piano**
  Her mother encouraged her to play the piano
- **Leur réussite nous a beaucoup encouragés**
  Their success was a great encouragement to us
- **C'est encourageant de constater les progrès accomplis**
  It is encouraging to see the progress that has been made
- **Je vous encourage à les contacter**
  I suggest you call them
- **L'émission l'a incitée** ou **l'a poussée à étudier la biologie**
  The programme inspired her to study biology
- **Ses parents l'ont soutenu lorsqu'il a essayé de devenir acteur**
  His parents supported him in his attempt to become an actor
- **Le gouvernement a introduit un certain nombre de mesures en faveur de l'investissement**
  The government has introduced a number of measures to stimulate investment
- **Je suis sûre que tu es capable de réussir cet examen**
  I'm sure you'll pass the exam
- **Continuez à bien travailler !**
  Keep up the good work!
- **Allez, les Bleus !**
  Come on, the Bleus!
- **Allez, tu peux y arriver !**
  Go on, you can do it!

ENJOYMENT

- **Ça t'a plu ?**
  Did you enjoy it?
- **Elle aime aller au cinéma**
  She enjoys going to the cinema
- **Amusez-vous bien !**
  Enjoy yourself/yourselves!
- **Je n'ai guère de plaisir à enseigner**
  I don't get much enjoyment out of teaching
- **Il s'est amusé à faire des châteaux de sable**
  He amused himself building sandcastles
- **J'adore marcher sous la pluie**
  I love walking in the rain
- **C'est très amusant de faire du ski**
  Skiing is great fun
- **Nous nous sommes bien amusés à la soirée**
  We had fun at the party
- **C'était un bonheur de se plonger dans l'eau**
  It was bliss to plunge into the water
- **Il prenait grand plaisir à critiquer ses employés**
  He took great delight in criticizing his employees
- **Lorsque je suis en vacances, je me laisse vraiment aller**
  When I'm on holiday I really let myself go
- **C'était absolument merveilleux !**
  It was absolutely wonderful!
- **Vas-y, Étienne, laisse-toi un peu aller !**
  Come on, Étienne, let your hair down a bit!
- **Elle a mené la grande vie à Londres**
  She's been living it up in London
- **Je m'éclate !** *fam*
  I'm having a ball!

ENVY

- **Je leur envie leur succès**
  I envy them their success
- **Je ne l'envie pas d'avoir à prendre le train de si bonne heure**
  I don't envy him/her having to catch such an early train
- **Ta robe est superbe ; je suis verte de jalousie**
  Your dress is wonderful; I'm green with envy
- **Elle faisait l'envie de tous ses amis**
  She was the envy of all her friends
- **Cela va faire des envieux**
  That will make people envious
- **Ma fille est jalouse de moi**
  My daughter is jealous of me
- **Leur réussite soudaine l'a rendu jaloux**
  He became jealous of their sudden success

- **Il y a une forte rivalité entre les deux frères**
  There's a lot of rivalry between the two brothers
- **Vous n'avez rien à lui envier**
  You have no reason to be envious of him
- **Elle regardait avec convoitise mes délicieux sandwichs**
  She looked longingly at my delicious sandwiches
- **J'aimerais tant avoir tes talents musicaux**
  I'd really love to have your musical talents
- **Le Goncourt est un prix très convoité**
  The Goncourt Prize is a highly coveted award

EXPLAINING

- **Pardon, mais je ne vous suis pas vraiment**
  I'm afraid you've lost me there
- **Pourriez-vous être un peu plus précis ?**
  Could you be a bit more specific?
- **Je ne vois pas très bien de quoi il s'agit**
  I'm not sure I know what the matter is
- **Pourriez-vous expliquer ce que vous entendez par là ?**
  Could you explain what you mean by that?
- **Les explications qu'il a fournies ne sont pas claires**
  He didn't explain it clearly enough
- **Où voulez-vous en venir ?**
  What are you getting at?
- **Je ne me suis peut-être pas très bien expliqué**
  Perhaps I didn't explain myself very well
- **J'exige des explications !**
  I demand an explanation!
- **Des éclaircissements s'imposent**
  Could you be more precise?
- **Ce que je voulais dire, c'est que…**
  What I meant was…
- **Comprenons-nous bien : je ne supporterai pas d'âneries**
  Now let's get this clear: I want no nonsense
- **Comment justifiez-vous votre comportement ?**
  How do you account for your behaviour?
- **Faut-il que je te fasse un dessin ?**
  Do I have to spell it out for you?
- **Je ne comprends pas, soyez plus clair dans vos indications**
  I don't understand, could you be more precise?

FEAR

- **Elle a peur du noir**
  She's afraid of the dark
- **Tu ne me fais pas peur**
  I'm not frightened of you
- **Il n'y a rien à craindre**
  There's nothing to be afraid of
- **Il a pris peur devant l'étendue de ses dettes**
  He got into a panic about his debts
- **Vous m'avez fait une de ces peurs !**
  You gave me a terrible fright!
- **J'appréhende de les voir tous les deux en même temps**
  I'm dreading seeing them together
- **Je suis mal à l'aise à l'idée de prendre l'avion**
  I'm nervous about flying
- **Ne vous alarmez pas, ce n'est pas grave**
  Don't be alarmed, it's not serious
- **J'ai la phobie des araignées**
  I have a phobia of spiders
- **Elle regardait en retenant son souffle**
  She held her breath as she watched
- **J'étais mort de peur à l'idée qu'il lui en parle**
  I was terrified that he would tell him
- **Il a vécu trois jours très angoissants**
  He lived through three harrowing days
- **Rien que d'y penser, j'en ai des sueurs froides**
  Just thinking about it brings me out in a cold sweat
- **Il a une voix qui donne la chair de poule**
  He has a voice that gives you goose pimples
- **Nous avions peur de le perdre**
  We feared for his life
- **Nous parlions tout bas de peur d'être découverts**
  We spoke quietly for fear of being discovered
- **Le film m'a flanqué une de ces frousses !** *fam*
  The film scared me stiff!
- **Cette histoire de fantômes m'a flanqué une peur bleue** *fam*
  This ghost story frightened the living daylights out of me
- **Il a la trouille pour son exam** *fam*
  He's got the jitters about his exam
- **Ses menaces m'ont vraiment fichu la frousse** *fam*
  His/Her threats really put the wind up me

GOODBYE

- **Au revoir, Sophie !**
  Goodbye, Sophie!
- **Elle m'a dit au revoir**
  She said goodbye to me
- **On a pris congé et on est partis**
  We said our goodbyes and left
- **Il l'a embrassée en partant**
  He gave her a goodbye kiss
- **Merci d'avoir appelé, au revoir**
  Thank you for calling, goodbye
- **Bonne nuit, fais de beaux rêves !**
  Good night, sweet dreams!
- **Ils sont sortis du cinéma et se sont dit bonsoir**
  They left the cinema and said good night
- **Elle est venue à la gare me dire au revoir**
  She came to see me off at the station
- **Il a fait au revoir de la main**
  He waved goodbye
- **Ils ont fait une fête pour son départ**
  They held a farewell party for him/her
- **Bonne journée !**
  Have a nice day!
- **Bon, je dois y aller** ou **il faut que j'y aille**
  Well, I must be going
- **C'est un plaisir de vous avoir rencontré – Pareillement**
  It's been really nice meeting you – And you
- **Je vous souhaite un bon retour !**
  Have a good trip home!
- **À bientôt !** ou **À la prochaine !** *fam*
  See you!
- **Salut !** *fam*
  Bye!

GOOD WISHES

- **Souhaite-moi bonne chance !**
  Wish me luck!
- **Tous mes vœux de réussite dans votre nouvelle vie professionnelle**
  I wish you all the best in your new job
- **Transmettez-lui mes meilleurs vœux de prompt rétablissement**
  Give him/her my best wishes for a speedy recovery
- **Transmettez-leur mon bon souvenir**
  Give them my regards

- **Bonne chance (pour les examens) !**
  Good luck (with the exams)!
- **Bon week-end !**
  Have a good weekend!
- **Amusez-vous bien !**
  Enjoy yourselves!
- **Je vous souhaite un agréable voyage**
  I hope you have a pleasant journey
- **Joyeux Noël (et bonne année) !**
  Merry Christmas (and happy New Year)!
- **Meilleurs vœux pour 2011 !**
  All the best for 2011!

GRIEF

- **Je serai désolé de vous voir partir**
  I shall be sad to see you leave
- **Ça me rend triste de voir ce qu'ils sont devenus**
  It makes me sad to see what's become of them
- **Je vous écris pour vous faire part de la tristesse que j'ai éprouvée en apprenant votre deuil**
  I am writing to express my sorrow at your loss
- **Il a passé des moments difficiles à l'étranger**
  He had some unhappy times abroad
- **Qu'est-ce qui te met dans cet état ?**
  What are you so upset about?
- **Ça me fait mal au cœur de le perdre**
  I'm upset about losing it/him
- **Arrête, tu te fais du mal**
  Don't upset yourself
- **Elle pleurait toutes les larmes de son corps**
  She was crying her heart out
- **Nous pleurons notre père**
  We are grieving for our father
- **Désespérée, elle a mis fin à ses jours**
  In despair, she took her own life
- **Nous l'avons trouvé seul, complètement bouleversé**
  We found him alone and in a very distressed state
- **Rendre visite à ses grands-parents la déprimait**
  Visiting her grandparents made her feel depressed
- **J'ai essayé de le réconforter mais il était inconsolable**
  I tried to comfort him but he was inconsolable
- **Ils lui ont rendu la vie insupportable**
  They made his/her life a misery

HATE

- **Je déteste mon chef/l'art moderne/faire le ménage**
  I hate my boss/modern art/doing housework
- **Sans rancune ?**
  No hard feelings?
- **Je percevais une certaine animosité entre eux**
  I sensed a certain animosity between them
- **Mon beau-père fait preuve de beaucoup d'hostilité à mon égard**
  My father-in-law is very hostile towards me
- **Je hais l'hiver**
  I hate winter
- **Elle me lança un regard haineux**
  She gave me a look full of hate
- **Cet immeuble est une abomination**
  This building is an abomination
- **Il y a de la rancune entre les deux familles**
  There is bad blood between the two families
- **Ils se détestent cordialement**
  There's no love lost between them
- **C'est un homme aigri, plein de ressentiment**
  He's embittered and full of resentment
- **Il a été condamné pour incitation à la haine raciale**
  He was convicted of incitement to racial hatred
- **Il m'insupporte**
  I can't stand him

HELLO

- **Bonjour, Jim, comment ça va ?**
  Hello, Jim, how are you?
- **Dis-lui bonjour de ma part**
  Say hello to him/her for me
- **Elle m'a demandé de vous donner le bonjour**
  She asked me to say hello to you
- **Allô, Stéphane Lenoir à l'appareil**
  Hello, Stéphane Lenoir speaking
- **Bonjour !**
  Good morning/afternoon!
- **Bonsoir !**
  Good evening!
- **Bienvenue chez moi/en France !**
  Welcome to my home/to France!
- **Bonsoir, je ne vous dérange pas ? J'aurais voulu parler à Claude, s'il vous plaît**
  Good evening! I hope this is a good time, I'd like to speak to Claude, please
- **Salut, comment ça va ?** *fam*
  Hi, how's things?

HOPE

- **Nous espérons avoir beau temps**
  We're hoping for good weather
- **J'espère que votre frère va mieux**
  I hope your brother is better
- **Elle a bon espoir de réussir**
  She has hopes of succeeding
- **Ne lui donne pas trop d'espoir**
  Don't raise his/her hopes too much
- **On espère qu'ils partiront demain**
  Hopefully, they'll leave tomorrow
- **Tout le monde rêve de gagner à la loterie**
  Everyone dreams of winning the lottery
- **Il y a peu d'espoir qu'ils remportent le match**
  There is little prospect of their winning the match
- **Cette nouvelle année s'annonce prometteuse**
  The outlook for the New Year is promising
- **Les choses se présentent plutôt bien**
  Things are looking quite optimistic
- **C'est prendre ses désirs pour des réalités**
  That's a bit of wishful thinking
- **À quelque chose malheur est bon**
  Every cloud has a silver lining
- **Il ne cesse de bâtir des châteaux en Espagne**
  He's always building castles in the air

HORROR

- **C'était un crime horrible**
  It was an awful crime
- **À ma grande horreur, je me suis aperçu que…**
  To my horror, I noticed that…
- **Je suis horrifié à la pensée que…**
  It appals me to think that…
- **Elle a reculé, horrifiée**
  She shrank back in horror

- **Son comportement les a choqués**
  His/Her behaviour shocked them
- **Quelle horreur !**
  How shocking!
- **Il ont été traités de façon abominable**
  They have been treated in an abominable way
- **Les films d'horreur me donnent des cauchemars**
  Horror films give me nightmares
- **L'armée s'est rendue coupable de nombreuses atrocités pendant la guerre**
  The army was guilty of many atrocities during the war
- **Il décrit la guerre des tranchées dans toute son horreur**
  He describes trench warfare in all its horror
- **Je l'ai regardé, atterré**
  I stared at him aghast
- **C'était à faire se dresser les cheveux sur la tête**
  It was enough to make your hair stand on end
- **Cela m'a fait froid dans le dos**
  It sent cold shivers down my spine

HUNGER

- **Je commence à avoir faim**
  I'm getting hungry
- **J'ai une faim de loup !**
  I'm ravenous!
- **Je n'ai pas d'appétit**
  I've got no appetite
- **La marche lui a ouvert l'appétit**
  The walk gave him/her an appetite
- **L'odeur m'a mis l'eau à la bouche**
  The smell made my mouth water
- **Ils mouraient de faim en arrivant**
  They were starving when they arrived
- **C'est un gros mangeur**
  He's a big eater
- **Elle est difficile sur la nourriture**
  She's a fussy eater
- **Mon oncle mange comme quatre**
  My uncle eats like a horse
- **Ne sois pas si goulu !**
  Don't be so greedy!
- **Buvez de l'eau pour tromper la faim**
  Drink some water to stave off your hunger
- **Ça va te couper l'appétit**
  It'll spoil your appetite
- **Elle a un appétit d'oiseau**
  She has a poor appetite
- **J'ai les crocs** or **la dalle** *fam*
  I'm starving!

IGNORANCE

- **Nous ne la connaissons pas**
  We don't know her
- **Je ne sais pas si elle est prête ou non**
  I don't know if she's ready or not
- **Je ne m'y connais pas en voitures**
  I don't know anything at all about cars
- **Je n'ai jamais entendu parler de lui**
  I've never heard of him
- **Je n'en ai pas la moindre idée**
  I haven't the faintest idea
- **Il ne se rendait pas compte qu'on l'observait**
  He was unaware he was being watched
- **Nous ne savions rien de leurs projets**
  We were completely in the dark about their plans
- **Elle ignorait les faits**
  She was ignorant of the facts
- **Je connais mal ses écrits**
  I'm unfamiliar with his/her writing
- **Nous sommes toujours sans nouvelles (d'eux)**
  There has been no news of them so far
- **La police n'a aucun élément sur lequel se fonder**
  The police have nothing to go on
- **Je n'en sais pas plus que toi**
  I don't know any more than you do
- **Je ne comprends rien à l'économie**
  I haven't a clue about economics
- **Le nouveau ministre est un personnage dont on ne sait pas grand-chose**
  The new minister is a bit of an unknown quantity
- **Là, vous me posez une colle !** *fam*
  You've got me there!
- **Tout ça, c'est du chinois pour moi** *fam*
  It's all Greek to me

IMPORTANCE

- **Il est important de savoir que…**
  It's important to know that…
- **Vous êtes en bonne santé, c'est l'essentiel**
  You're healthy, that's the main thing
- **C'est un événement de la plus haute importance**
  It is an event of great significance
- **N'accordez pas trop d'importance à cette enquête**
  Don't attach too much importance to this survey
- **Ça n'a aucune espèce d'importance**
  It really doesn't matter
- **Sa parole a du poids**
  What he/she says carries weight
- **Peu importe le prix**
  It doesn't matter how much it costs
- **Je ne compte pas, ici**
  I don't count around here
- **Il le fallait, c'était primordial**
  It was essential that we did it
- **Elle a été nommée à un poste clé**
  She was appointed to a key post
- **Je ne fais pas grand cas de leurs conseils**
  I don't set much store by their advice
- **C'est une question de vie ou de mort**
  It's a matter of life and death
- **C'est d'une importance capitale**
  It's of the utmost importance
- **Le film est incontournable**
  You really must see that film
- **La presse a monté son divorce en épingle**
  The press played up his/her divorce
- **Le gouvernement tente de minimiser son rôle**
  The government is trying to play down its role
- **Elle se croit quelqu'un**
  She thinks she's somebody
- **Il est plutôt insignifiant**
  He's a bit of a nonentity
- **Son avis n'est pas à négliger**
  Her opinion must be taken into account

INDIFFERENCE

- **Cela m'est parfaitement indifférent**
  It's a matter of complete indifference to me
- **Elle était indifférente à la beauté du paysage**
  She was indifferent to the beauty of the landscape
- **Il n'était pas intéressé par ce que je disais**
  He wasn't interested in what I was saying
- **J'ai beaucoup travaillé mais le cœur n'y était pas**
  I worked hard but my heart wasn't in it
- **Je me moque de ce que pensent les gens**
  I don't care what people think
- **Ça m'est complètement égal qu'il vienne ou non**
  I couldn't care less if he comes or not
- **Cela m'est égal**
  It's all the same to me
- **L'art moderne, ça me laisse complètement froid**
  Modern art leaves me cold
- **Cela m'est égal qu'on se moque de moi**
  I don't mind if people laugh at me
- **Vous aimez l'opéra ? – Pas plus que ça**
  Do you like opera? – I can take it or leave it
- **Tout cela revient au même**
  It all comes down to the same thing
- **Qu'est-ce que ça peut (bien) faire ?**
  Who cares?
- **Ça ne fait rien !**
  Never mind!
- **Et alors ?**
  So what?
- **Ça ne me fait ni chaud ni froid**
  It's all the same to me
- **Je me fiche pas mal de l'argent** *fam*
  I don't give a damn about the money

INDIGNATION

- **Il était indigné par leur attitude**
  He was indignant at their attitude
- **J'en ai plus qu'assez !**
  I've had enough!
- **C'est scandaleusement cher !**
  It's outrageously expensive!
- **Son cynisme a scandalisé la classe politique**
  His/Her cynicism scandalized the politicians
- **C'est un scandale !**
  It's an outrage!
- **Cela a soulevé un tollé général**
  It provoked a general outcry
- **Son attitude est inadmissible**
  This attitude is unacceptable
- **Ça ne te révolte pas, toi ?**
  Don't you think that's revolting?
- **Cela/Il dépasse les bornes !**
  It's/He's outrageous!
- **Alors là, c'est le bouquet !**
  That's the last straw!
- **Pour qui se prend-il ?**
  Who does he think he is?
- **Il a eu le culot de me demander mon âge !**
  He had the cheek to ask my age!
- **Comment oses-tu !**
  How dare you!

INTENTION

- **Comment avez-vous l'intention de vous y prendre ?**
  How do you intend to do it?
- **Tu comptes leur répondre ?**
  Are you going to reply to them?
- **J'ai bien l'intention de les appeler**
  I have every intention of calling them
- **Je n'ai aucune intention d'accepter**
  I have no intention of accepting
- **Elle pense monter une affaire**
  She's thinking of starting a business
- **Je ne compte pas en rester là**
  I won't leave it at that
- **Elle vise la présidence**
  She has set her sights on the presidency
- **Ce n'est pas dans mes intentions**
  I don't plan to
- **Je ne voulais pas te vexer**
  I didn't mean to offend you
- **Ils ont acheté la maison dans l'intention de la louer**
  They bought the house with a view to letting it
- **C'est l'intention qui compte**
  It's the thought that counts
- **Afin de simplifier les choses, j'ai…**
  In order to simplify things, I have…
- **Ce faisant, il a involontairement enfreint la loi**
  By doing that, he unwittingly broke the law
- **Elle ne l'a pas fait exprès**
  She didn't do it on purpose

INTEREST

- **Elle s'intéresse à la mode**
  She is interested in fashion
- **Ça t'intéresserait de le rencontrer ?**
  Would you be interested in meeting him?
- **Il s'intéresse activement à la politique**
  He takes an active interest in politics
- **Cela peut vous intéresser**
  This may be of interest to you
- **Il a prêté attention à tout ce qu'elle disait**
  He paid attention to everything she said
- **Pourriez-vous m'accorder votre attention un instant ?**
  May I have your attention for a moment?
- **Le gouvernement devrait s'attacher à améliorer la situation économique**
  The government should focus on improving the economy
- **J'ai suivi votre émission avec un grand intérêt**
  I watched your programme with great interest
- **Ne faites pas attention à lui !**
  Take no notice of him!
- **J'ai besoin d'étudier cette proposition avant de me décider**
  I need to study the proposal before I decide
- **Elle passait au crible les détails du contrat**
  She was poring over the details of the contract
- **Il est entièrement absorbé par son travail**
  He is wrapped up in his work
- **Elle a dressé l'oreille en entendant ton nom**
  She pricked up her ears at the sound of your name
- **Avez-vous eu de leurs nouvelles ?**
  Have you had any news of them?
- **Le rap, ça ne me branche pas des masses** *fam*
  I'm not into rap

INTOLERANCE

- **Il ne supporte absolument pas les enfants bruyants**
  He is very intolerant of noisy children
- **Il n'est pas bon d'adopter une attitude intransigeante face au changement**
  It is not good to have an inflexible attitude to change
- **Il est plein de préjugés**
  He's full of prejudice
- **Essayons de ne pas avoir d'a priori**
  Let's not be prejudiced about this
- **Ma tante est hermétique aux idées nouvelles**
  My aunt has a closed mind
- **Il ne badine pas avec la discipline**
  He's a stickler for discipline
- **Je ne supporterai pas ce bruit une minute de plus !**
  I won't put up with this noise any longer!
- **Elle ne tolère aucune paresse chez ses élèves**
  She has no tolerance with lazy pupils
- **Comment lutter contre l'intolérance et le fanatisme religieux ?**
  How do we fight against intolerance and religious fanaticism?

INTRODUCING

- **Bonjour ! Je m'appelle Éric Maréchal**
  How do you do? My name is Éric Maréchal
- **Je ne crois pas que nous ayons été présentés**
  I don't think we've been introduced
- **Je ne pense pas que vous connaissiez Jean-Pierre, n'est-ce pas ?**
  I don't think you know Jean-Pierre, do you?
- **Elle m'a présenté à sa sœur**
  She introduced me to her sister
- **Je me présente, je m'appelle Véronique**
  Let me introduce myself: I'm Véronique
- **Peux-tu faire les présentations ?**
  Would you make the introductions?
- **Voici Manon – Bonjour, je m'appelle Béatrice**
  This is Manon – Hello, I'm Béatrice
- **Je vous présente ma mère**
  I'd like you to meet my mother
- **Vous connaissez ma femme ?**
  Have you met my wife?
- **J'ai le plaisir de vous présenter un des plus grands pianistes de jazz d'aujourd'hui**
  I'm pleased to present one of today's greatest jazz pianists
- **Enchanté !**
  Pleased to meet you!
- **Ça fait plaisir de vous revoir**
  It's good to see you again
- **Enchanté, j'ai beaucoup entendu parler de vous**
  Pleased to meet you, I've heard a lot about you

INVITING

- **Mon chef m'a invité à déjeuner**
  My boss has invited me for lunch
- **Je l'ai invité à boire un café**
  I asked him up for a coffee
- **Il faudra qu'on les invite à dîner**
  We must have them round for dinner
- **Entrez donc, faites comme chez vous**
  Do come in and make yourself at home
- **Aimerais-tu sortir dîner avec moi demain soir ? – Désolée, je ne peux pas**
  Would you like to go out for dinner tomorrow night? – Sorry, I can't make it
- **Voudriez-vous venir dîner chez moi ? – Avec grand plaisir**
  Would you like to come to my house for dinner? – I'd be delighted
- **Nous allons prendre un verre tout à l'heure ; voulez-vous vous joindre à nous ? – Oui, avec grand plaisir**
  We're going out for a drink later; would you like to join us? – Yes, I'd love to.
- **Tu es libre demain pour aller au théâtre avec moi ? – Merci, mais je suis déjà pris**
  Are you free to come to the theatre with me tomorrow? – Thanks, but I've got something else on
- **Je regrette, mais ce soir je ne vais pas pouvoir. Merci quand même**
  I'm afraid I can't make it tonight, but thank you
- **Êtes-vous libre à déjeuner ?**
  Are you free for lunch today?
- **Ils reçoivent beaucoup**
  They entertain a great deal
- **Ça te dirait d'aller boire un pot après le travail ? – Oui, ça serait sympa** *fam*
  How about meeting for a drink after work? – That'd be nice

LIKING

- **J'aime bien mon professeur/mon nouveau travail**
  I like my teacher/my new job
- **Elle aime danser**
  She likes dancing
- **Il m'est devenu sympathique**
  I've taken a liking to him
- **Il a la passion de la musique**
  He has a passion for music
- **Je suis fou de golf**
  I'm mad about golf
- **C'est affaire de goût**
  It's a matter of taste
- **Il manifeste un goût marqué pour le dessin**
  He has a great liking for drawing
- **Avec le temps, elle y a pris goût**
  She developed a liking for it
- **Cela fait plaisir d'être de retour**
  It's good to be back again
- **C'est une très bonne idée**
  It's a very good idea
- **Ses parents sont des gens charmants**
  His/Her parents are lovely people
- **J'ai beaucoup apprécié cette soirée**
  I enjoyed the evening very much
- **Le film m'a beaucoup plu**
  I really enjoyed the film

LOVE

- **Ils s'aiment**
  They love one another
- **Mon frère est/est tombé amoureux d'elle**
  My brother is/has fallen in love with her
- **C'était le coup de foudre**
  It was love at first sight
- **J'ai beaucoup d'affection pour toi**
  I have a lot of affection for you
- **Nous sommes bons amis, c'est tout**
  We're just good friends
- **Simone s'est entichée de son professeur**
  Simone became infatuated with her teacher
- **Elle a eu une aventure avec mon frère**
  She had an affair with my brother

- **Il fait du charme à tout le monde**
  He's just a flirt
- **C'est un vrai cœur d'artichaut**
  He's always falling in love
- **Ils sortent ensemble depuis un mois**
  They've been going out together for a month
- **Il la regardait amoureusement**
  He watched her lovingly
- **Je l'avais dans la peau**
  I loved her very deeply
- **Elle avait un faible pour Georges**
  She had a soft spot for Georges
- **Comment vont tes amours ?**
  How's your love life?
- **Elle jure que cette fois c'est le grand amour**
  She swears it's the real thing this time
- **Elle lui plaît vachement** *fam*
  He fancies her something rotten

MEETING

- **J'ai rendez-vous avec lui à trois heures**
  I arranged to meet him at three o'clock
- **Mon travail m'amène à rencontrer beaucoup de gens**
  I get to meet a lot of people in my job
- **J'ai une réunion avec mon chef ce matin**
  I have a meeting with the boss this morning
- **Il faudra qu'on se voie la prochaine fois que je passerai à Paris**
  We'll have to meet up the next time I'm in Paris
- **Quand vais-je vous revoir ?**
  When shall I see you again?
- **Ils se sont rencontrés à l'université**
  They met at university
- **Elle l'a connu une fois qu'elle avait quitté l'entreprise**
  She met him after she left the company
- **Je suis tombé sur un ancien camarade d'école ce matin**
  I bumped into an old school friend this morning
- **Ils nous ont retrouvés** ou **Ils se sont joints à nous pour déjeuner**
  They joined us for lunch
- **Leur première rencontre remonte à 1980**
  They first met in 1980
- **Je vous verrai donc lundi, à quatre heures**
  I'll see you on Monday then at four o'clock
- **Je viendrai vous chercher à la gare**
  I'll pick you up at the station
- **J'ai fait sa connaissance à la fête de Mike**
  I got to know him/her at Mike's party
- **On m'a posé un lapin** *fam*
  I was stood up

OBLIGATION

- **Rien ne vous oblige à répondre**
  You are under no obligation to reply
- **Je me vois contraint de le lui dire**
  I feel obliged to tell him/her
- **L'assurance est obligatoire**
  Insurance is compulsory
- **Je dois aller à la réunion**
  I have to go to the meeting
- **Je n'ai pas besoin de travailler**
  I don't have to work
- **Il ne faut pas y toucher !** ou **Tu ne dois pas y toucher !**
  You mustn't touch it!
- **Inutile d'attendre**
  There's no need to wait
- **Est-ce vraiment indispensable ?**
  Is this really necessary?
- **Personne ne t'y force !**
  No one's forcing you!
- **Elle l'a forcé à manger**
  She made him eat
- **Ils m'ont fait attendre**
  They made me wait
- **Elle a dû prendre sa retraite pour raisons de santé**
  Ill health forced her to retire
- **C'est la loi, il faut mettre sa ceinture de sécurité**
  The law requires you to wear a seatbelt
- **Un diplôme de grec n'est plus nécessaire**
  A qualification in Greek is no longer a requirement
- **Je n'avais pas le choix, j'ai dû partir**
  I had no choice but to leave
- **Il n'a pu faire autrement que de lui en parler**
  He had to talk to her about it

OBVIOUSNESS

- **Elle ment, c'est évident**
  It's obvious she's lying
- **Il est clair qu'il a tort**
  He is clearly wrong
- **Cela va sans dire**
  It goes without saying
- **C'est indéniable**
  There is no denying it
- **C'était une critique à peine voilée**
  It was a thinly veiled criticism
- **L'expérience s'est soldée par un échec retentissant**
  The experiment was a conspicuous failure
- **On voit bien qu'il n'est pas d'ici**
  It really stands out that he's not a local
- **La réponse saute aux yeux !**
  The answer's staring you in the face!
- **C'est clair comme de l'eau de roche**
  It's crystal clear
- **C'était sous mon nez** *fam*
  It was right under my nose
- **Ça se voit comme le nez au milieu de la figure !** *fam*
  It stands out a mile!

OFFERING

- **Elle m'a offert** ou **m'a proposé 800 euros pour ma voiture**
  She offered me 800 euros for my car
- **Puis-je vous offrir un verre ?**
  Can I offer you a drink?
- **Plusieurs personnes ont proposé** ou **offert de m'aider**
  Several people offered to help me
- **Je propose de vous emmener en voiture**
  I'll drive you if you like
- **Veuillez vous asseoir**
  Please take a seat
- **Elle ne propose jamais qu'on dîne chez elle**
  She never invites us round for dinner
- **Voulez-vous manger un morceau ?**
  Would you like something to eat?
- **Avez-vous besoin de quelque chose ?**
  Do you need anything?
- **Si je peux faire quoi que ce soit, n'hésitez pas**
  If I can help in any way, please let me know
- **Je peux vous déposer à la gare ? – Ce n'est pas de refus**
  Can I give you a lift to the station? – Yes, please, if it's no trouble

- **Il a offert de me loger chez lui**
  He offered to put me up
- **C'est moi qui offre** ou **C'est moi qui régale** *fam*
  This is on me

OPINIONS

- **Que pensez-vous de lui ?**
  What do you think of him?
- **Je suis d'avis que l'on attende**
  My opinion is that we should wait
- **Il me semble être l'homme de la situation**
  I think he's the man for the job
- **C'est un bon film, à mon avis**
  It's a good film in my opinion
- **Elle a des opinions marquées sur le sujet**
  She has strong views on the subject
- **Ça se discute**
  It's a matter of opinion
- **Pour ma part, je trouve que c'est une idée stupide**
  Personally, I think it's a silly idea
- **À vrai dire, je ne crois pas que ça marchera**
  To be honest, I don't think it will work
- **J'ai l'impression que les choses ont changé entre nous**
  I have the feeling things have changed between us
- **Je la considère comme une fidèle amie**
  I regard her as a faithful friend
- **J'estime avoir mon mot à dire**
  I think I've got the right to offer an opinion
- **Quelle est votre position sur cette affaire ?**
  Where do you stand on this issue?
- **Selon moi, cela serait une bonne solution**
  To my way of thinking, this would be a good solution
- **J'ai changé d'avis à leur égard**
  I've changed my mind about them
- **Rien ne m'en fera démordre** *fam*
  I'll stick to my guns come what may

ORDERS

- **Il a donné l'ordre d'ouvrir le feu**
  He gave the order to open fire
- **Nous avons (l')ordre d'attendre ici**
  Our orders are to wait here
- **Je ne fais qu'exécuter les ordres**
  I'm just following orders
- **On nous a ordonné de quitter la pièce**
  We were ordered to leave the room
- **Le médecin lui a prescrit trois semaines de repos**
  The doctor ordered him/her to rest for three weeks
- **Les troupes ont été retirées sur ses ordres**
  The troops were withdrawn at his/her command
- **Elle aime commander**
  She likes ordering people about
- **Tu n'as pas à me dire ce que je dois faire !**
  You can't tell me what to do!
- **Qui est le responsable, ici ?**
  Who's in charge here?
- **Elle obéit à sa mère au doigt et à l'œil**
  She's at her mother's beck and call
- **Ne me contredisez pas !**
  Don't you contradict me!
- **Je l'entendais dicter sa loi à ses employés**
  I could hear him/her laying down the law to his/her employees
- **La direction me charge de vous faire savoir que…**
  I am instructed by the board to inform you that…
- **Nous vous prions de regagner la sortie**
  Please make your way to the exit
- **Silence, s'il vous plaît !**
  Quiet please!
- **Ils ont été convoqués au bureau du directeur**
  They were summoned to the headmaster's office
- **Asseyez-vous là, c'est un ordre !**
  Sit there, that's an order!

PAIN

- **Aïe !**
  Ow!
- **Avez-vous mal ?**
  Are you in pain?
- **Où as-tu mal ?**
  Where does it hurt?
- **J'ai affreusement mal aux pieds**
  My feet are killing me
- **Il a des problèmes de dos**
  He has a bad back
- **J'ai mal au ventre/aux dents/à la tête**
  I've got stomach ache/toothache/a headache
- **J'ai une douleur au côté**
  I've a pain in my side
- **J'ai des élancements dans la cuisse**
  I have a shooting pain in my thigh
- **Il souffre terriblement après son opération**
  He's in a lot of pain after his operation
- **Les yeux me brûlent**
  My eyes are stinging
- **Ce médicament soulagera la douleur**
  This medicine will help ease the pain
- **J'ai un mal de tête carabiné** *fam*
  I've got a dreadful headache

PATIENCE

- **Il vous faudra être patient**
  You'll have to be patient
- **Je n'ai aucune patience avec lui**
  I've no patience with him
- **Ma patience a des limites**
  My patience is wearing thin
- **Pour faire cela, il faut avoir une patience d'ange**
  To do that you need the patience of Job
- **Prenez le temps qu'il faudra**
  Take your time over it
- **Qu'est-ce qui presse tant ?**
  What's the rush?
- **Cela ne peut-il pas attendre ce week-end ?**
  Can't it wait until the weekend?
- **Il faudra prendre ça avec le sourire**
  We'll just have to grin and bear it
- **Plus on se hâte, moins on avance**
  More haste less speed
- **Va te laver les mains et que ça saute !** *fam*
  Go and wash your hands and make it snappy!

PERMISSION

- **Vous n'avez pas le droit de** ou **Vous n'êtes pas autorisé à pénétrer dans l'immeuble**
  You are not allowed to enter the building
- **Qui leur a permis de fumer ?** ou **Qui les a autorisés à fumer ?** ou **Qui leur a donné la permission de fumer ?**
  Who gave them permission to smoke?

- **Qui lui a donné l'autorisation d'entrer ?**
  Who gave him/her the authority to enter?
- **Je te donne la permission de sortir ce soir**
  You may go out tonight
- **Elle les a laissés regarder l'émission**
  She let them watch the programme
- **Il est autorisé à représenter son père**
  He is authorized to act for his father
- **Il me faut l'aval de mon chef**
  I'll need to clear it with the boss
- **Est-ce que je pourrais** ou **Puis-je me joindre à vous ? – Mais oui, bien sûr**
  Can I join you? – Yes, of course
- **Je peux vous emprunter votre voiture ? – J'aimerais mieux pas, non**
  Do you mind if I borrow your car? – I'd rather you didn't
- **Vous permettez que j'ouvre la fenêtre ?**
  Would you mind if I opened the window?
- **Permettez !**
  Allow me!
- **Je t'interdis de sortir !**
  You stay inside!
- **Interdiction d'entrer**
  No entry

PERSUASION

- **Ils l'ont persuadé/dissuadé de venir**
  They persuaded him to come/dissuaded him from coming
- **Ils avaient beau dire, je n'étais pas très chaud pour le faire**
  They tried to talk me into it and yet I still wasn't that keen on doing it
- **Je suis convaincu que nous réussirons**
  I'm convinced we will succeed
- **J'ai réussi à me persuader que tout irait bien**
  I managed to convince myself that everything would be all right
- **Elle n'était pas très convaincante dans le rôle de Juliette**
  She wasn't very convincing as Juliet
- **Tu ne le lui feras jamais admettre**
  You'll never get him/her to admit it
- **Tu ne pourrais pas faire jouer tes relations, par hasard ?**
  Could you by any chance use your connections?
- **Elle s'est laissé convaincre d'y aller**
  She allowed herself to be talked into going
- **J'ai réussi à le rallier à mon point de vue**
  I won him over to my point of view
- **J'ai essayé de leur faire entendre raison**
  I tried to reason with them
- **Il voudrait me faire croire que c'est un objet d'époque**
  He'd have me believe it's an antique
- **Oui, mais vous conviendrez qu'il n'a pas tort**
  Yes, but I'm sure you'd agree that he does have a point

PLANNING

- **Nous projetons d'aller aux États-Unis**
  We're planning to go to the States
- **L'idée, c'est de se retrouver chez Amélie**
  The plan is to meet up at Amélie's
- **Nous n'avons rien de prévu pour demain après-midi**
  We don't have anything planned tomorrow afternoon
- **Ils avaient prévu de descendre à l'hôtel**
  They had made plans to stay at a hotel
- **Il y a eu un changement de programme**
  There's been a change of plan
- **Tout a marché comme prévu**
  Everything went according to plan
- **C'est encore à l'état de projet**
  It's still at the planning stage
- **Ils sont arrivés plus tard que prévu**
  They arrived later than expected
- **La proposition de construction d'une nouvelle prison a été rejetée**
  The proposal to build a new prison was rejected
- **J'ai organisé pour eux la visite d'une laiterie**
  I've organized a visit to a dairy for them
- **La visite du château n'est pas prévue dans notre itinéraire**
  The itinerary doesn't include the visit to the castle
- **Il prépare déjà le voyage en Russie de l'année prochaine**
  He's already making preparations for next year's trip to Russia
- **Un bébé n'était pas au programme**
  Having a baby wasn't part of our plan

PLEASURE

- **Je suis ravi que tu aies pu venir**
  I'm delighted you could come
- **Enchanté de faire votre connaissance !**
  Pleased to meet you!
- **J'accepterais votre invitation avec plaisir, seulement...**
  I'd accept your invitation with pleasure, but...
- **Il joue aux cartes pour le plaisir, pas pour l'argent**
  He plays cards for pleasure, not for money
- **La nouvelle leur a fait très plaisir**
  They were delighted at the news
- **Ça me fait énormément plaisir de rejoindre l'équipe**
  I'm delighted to join the team
- **Merci pour cette merveilleuse soirée**
  Thank you for a wonderful evening
- **Je suis très satisfait de son travail**
  I'm very happy with his/her work
- **Je suis content que vous les aimiez**
  I'm glad you like them
- **Nous avons passé une très agréable journée à la plage**
  We had a lovely day at the beach
- **Bonne journée !**
  Have a nice day!
- **Tout le plaisir est pour moi**
  The pleasure is all mine
- **Elle en est ravie**
  She's delighted about it

POSSIBILITY

- **C'est peut-être le plus grand musicien de son temps**
  He is possibly the greatest musician of his time
- **Évitez autant que possible de toucher les côtés**
  Avoid touching the sides as far as possible
- **Il pourrait revenir d'un moment à l'autre**
  He could return at any moment
- **Peut-être qu'elle n'acceptera pas**
  Perhaps she won't accept
- **Il risque de s'inviter à dîner**
  He might invite himself to dinner
- **L'idée a de l'avenir**
  The idea has potential
- **À ta place, j'irais, c'est la chance de ta vie**
  I would go if I were you, it's the opportunity of a lifetime
- **Prends un parapluie au cas où**
  Take an umbrella just in case

- **Les projets ont peu de chances d'être approuvés**
  The plans stand little chance of being approved
- **Tu pourrais gagner, on ne sait jamais !**
  You might win, you never know!
- **En cas d'incendie, évacuez le bâtiment**
  In the event of fire, evacuate the building

PREFERENCE

- **Tu préfères du vin ou de la bière ?**
  Do you prefer wine or beer?
- **Je n'ai pas de préférence**
  I have no preference
- **Venez demain, dans la soirée de préférence**
  Come tomorrow, preferably in the evening
- **J'aimerais mieux y aller en voiture**
  I'd rather go by car
- **Voulez-vous faire les présentations ? – Je n'y tiens pas**
  Would you like to make the presentations? – I'd rather not
- **C'est mardi qui me convient le mieux**
  Tuesday suits me best
- **Il vaudrait mieux que tu m'appelles demain**
  It would be better if you called me tomorrow
- **Les deux se valent**
  There's nothing to choose between them
- **Je choisirais l'Espagne**
  Spain would be my choice
- **Vous n'avez pas le choix**
  You have no choice in the matter
- **Nous ne pouvions qu'accepter**
  We have no option but to agree
- **Lequel veux-tu ? – N'importe**
  Which do you want? – Either will do
- **Tu as un parti pris pour elle**
  You're biased in her favour
- **Il a pris le parti de Tom contre moi**
  He took Tom's side against me
- **Ses sympathies vont à la droite**
  He/She has right-wing leanings
- **Je pencherais plutôt pour l'hypothèse du suicide**
  I'm inclined to favour the suicide theory
- **Il pouvait faire pire que d'accepter leur proposition**
  He could do a lot worse than accept their offer
- **Des goûts et des couleurs, on ne discute pas**
  There's no accounting for taste

PRETENDING

- **Ils ont fait semblant de ne pas nous voir**
  They pretended not to see us
- **Elle a fait mine de s'intéresser**
  She pretended to be interested
- **Fais comme si tu étais un oiseau**
  Make believe you're a bird
- **Arrête de jouer la comédie !**
  Stop putting on an act!
- **Ce n'est qu'une façade**
  It's all show
- **Il s'est fait passer pour un héros**
  He passed himself off as a hero
- **Ce n'est qu'un prétexte**
  It's just an excuse
- **Elle est venue sous prétexte qu'elle devait consulter son frère**
  She came on the pretext of consulting her brother
- **Vous m'avez fait venir ici sous des prétextes fallacieux**
  You've got me here under false pretences
- **J'ai feint la maladie pour ne pas y aller**
  I feigned illness so I wouldn't have to go
- **Lorsqu'elle a appris la nouvelle, elle a affecté la surprise**
  When she heard of it, she affected surprise
- **Au fond, il est très gentil**
  Deep down he's very kind
- **Ne fais pas l'innocent avec moi !**
  Don't play the innocent with me!
- **Il a ri du bout des lèvres**
  He gave a forced laugh
- **Il feint l'indifférence**
  He feigns indifference
- **Elle a dit ça sur un ton très pince-sans-rire**
  She said it tongue in cheek
- **Ne t'inquiète pas, il fait son cinéma** *fam*
  Don't worry, he's just putting it on

PROBABILITY

- **C'est l'hypothèse la plus vraisemblable**
  It's the most likely hypothesis
- **Il me paraît fort peu probable qu'il soit jamais venu ici**
  I think it highly unlikely that he ever came here
- **Pourrez-vous venir ? – Probablement**
  Will you be able to come? – Probably
- **Il risque de faire encore plus chaud**
  The likelihood is that it will get even hotter
- **Il y a peu de chances/de bonnes chances que cela se produise**
  There's little/a good chance of that happening
- **Il y a fort à parier qu'il arrivera en retard**
  It's a pretty safe bet that he'll be late
- **Il vous fera vraisemblablement signe en arrivant**
  He'll surely let you know when he arrives
- **Elle est susceptible de faire des erreurs**
  She's liable to make mistakes
- **Il est sûrement déjà rentré**
  As likely as not he's already home
- **Vous serez sans doute surpris de ma décision**
  You will doubtless be surprised at my decision
- **Tu l'auras oublié dans le train**
  You must have left it on the train
- **Il était prévisible que le projet échouerait**
  It was on the cards that the project would fail
- **Nous appelleront-ils ? – Vraisemblablement pas**
  Will they call us? – Probably not
- **C'est un pari risqué mais nous réussirons peut-être**
  It's a long shot, but we may be successful

PROGRESS

- **Il progressait lentement dans son apprentissage de la langue**
  He was making slow progress with learning the language
- **Les négociations sont en bonne voie**
  Negotiations are making good progress
- **Le malade fait des progrès satisfaisants**
  The patient is progressing satisfactorily
- **Il y a eu des avancées significatives en génétique ces dernières années**
  There have been significant advances in genetics in recent years
- **Alors, ça avance, la peinture ?**
  How are you getting on with the painting?

- **Je tourne en rond avec cette dissertation**
  I'm not getting anywhere with this essay
- **Vous avez fait des progrès phénoménaux en maths**
  Your maths has improved by leaps and bounds
- **La construction avance bien**
  The building work is coming along fine
- **Sa recherche avance à grands pas**
  He/She is making great strides with his/her research
- **Notre chiffre d'affaires est en constante progression**
  Our turnover is constantly improving
- **J'ai déjà fait une bonne partie de mes achats de Noël**
  I've already done quite a bit of my Christmas shopping
- **Nous avons fait le plus gros du travail**
  We've done the bulk of the work
- **Les deux parties ont avancé dans leurs négociations**
  The two sides have made some headway in their negotiations
- **Nous gagnons/perdons du terrain sur nos concurrents**
  We are gaining ground on/losing ground to our competitors
- **Ils ont pris du retard dans leurs lectures**
  They've fallen behind with their reading
- **L'économie fait du surplace**
  The economy is treading water

PROHIBITION

- **Il est interdit de boire de l'alcool sur le lieu de travail**
  Drinking alcohol at work is forbidden
- **On lui a interdit de la revoir**
  He/She was forbidden to see her again
- **Elle a eu une suspension de permis de conduire d'un an**
  She was banned from driving for a year
- **Il y a mis son veto**
  He vetoed it
- **Ils ont gelé toute nouvelle dépense**
  They put an embargo on further spending
- **Des limitations de vitesse ont été mises en place sur cette portion de route**
  Speed limits have been introduced on that section of road
- **On ne parle pas de ces choses-là**
  These subjects are taboo
- **Le théâtre en Grande-Bretagne n'est pas soumis à la censure**
  The theatre in Britain is not subject to censorship
- **C'est illégal**
  It's illegal to do that
- **La police prend des mesures énergiques contre le stationnement interdit**
  The police are clamping down on illegal parking
- **Tu n'as pas à me parler sur ce ton !**
  You've got no right to talk to me like that!
- **Ça ne va pas se passer comme ça !**
  I won't have it!

REFUSING

- **Je refuse de croire que tout soit perdu**
  I refuse to accept that all is lost
- **On leur a refusé un prêt**
  They were refused a loan
- **Elle m'a envoyé promener** *fam*
  She turned me down flat
- **Il a refusé de les recevoir**
  He wouldn't see them
- **Une offre pareille, ça ne se refuse pas**
  Such an offer can't be turned down
- **On lui a refusé le droit de visite auprès de ses enfants**
  He/She was denied access to his/her children
- **Tu ne peux pas y aller, c'est hors de question !**
  You can't go, it's out of the question!
- **Il a fait non de la tête**
  He shook his head
- **Je refuse !** ou **Je ne le ferai pas !**
  I won't do it!
- **Elle a refusé catégoriquement de nous prêter sa voiture**
  She flatly refused to lend us her car
- **Je ne bouge pas, un point c'est tout !**
  I'm not moving, and that's final!
- **Tu feras ça pour moi ? – Pas question !**
  Will you do it for me? – No way!
- **Le visa ne lui a pas été accordé**
  His visa application was rejected
- **Ce n'est pas de refus !** *fam*
  I don't mind if I do!

REGRET

- **Excusez-moi de vous avoir dérangé**
  Sorry to have bothered you
- **Je regrette que nous ne puissions venir vous chercher**
  I'm sorry we won't be able to fetch you
- **Je n'aurais pas dû en parler**
  I regret ever mentioning it
- **Je ne regrette rien**
  I have no regrets
- **C'est dommage que vous ne puissiez pas venir**
  It's a shame you can't come
- **Je suis navré, mais je ne peux pas vous aider**
  I'm sorry, but I can't help you
- **Malheureusement, je ne sais pas si je vais pouvoir y participer**
  Unfortunately, I don't know if I'm going to be able to take part
- **Si (seulement) j'avais su !**
  If only I had known!
- **Il fut pris de remords en songeant à ce qu'il avait fait**
  He was filled with remorse at what he had done
- **Elle va s'en mordre les doigts**
  She'll (live to) regret it
- **S'il meurt, je ne me le pardonnerai jamais**
  If he dies, I'll never forgive myself
- **Je me serais donné des gifles !**
  I could have kicked myself!
- **Ce qui est fait est fait**
  What's done is done

REJECTING

- **Ma candidature a été rejetée**
  My application was rejected
- **Ils lui ont proposé un emploi mais il a décliné leur offre**
  They offered him a job but he turned them down
- **Vous ne pouvez pas continuer à ignorer ces preuves**
  You cannot go on dismissing the evidence
- **Il a décliné mon invitation**
  He declined my invitation
- **Elle a réfuté cette accusation**
  She rejected the accusation
- **Mes propositions n'ont pas suscité beaucoup d'intérêt**
  My proposals didn't meet with much interest
- **Mon idée n'a pas trouvé preneur**
  Nobody took me up on my idea
- **Les membres du comité doivent revoir leur copie**
  The committee members have got to go back and come up with a new project

- **Nous les avons snobés**
  We snubbed them
- **Il nie l'avoir tuée**
  He denies killing her
- **On m'a envoyé sur les roses** *fam*
  I got the brush-off

RELEVANCE

- **Quel est le rapport entre ses remarques et la situation ?**
  What relevance do his/her remarks have to the situation?
- **De telles considérations sont hors de propos**
  Such considerations are not relevant
- **J'ai bien peur que ça (ne) concerne ta mère**
  It has to do with your mother, I'm afraid
- **Cela n'a rien à voir avec la couleur de la peau**
  It has nothing to do with skin colour
- **Je n'y suis pour rien**
  I had nothing to do with it
- **Je ne vois pas l'intérêt de le refaire**
  I don't see the point of redoing it
- **Ce n'est pas le problème !**
  That's not the problem!
- **J'ai quelques remarques à faire à ce propos**
  I have a few things to say in connection with this
- **Il est tout à fait approprié que cela se termine de cette manière**
  It is very apt that it should end in this way
- **Cette loi s'applique à tous les citoyens**
  This law applies to all citizens
- **Ta confiance en elle était bien mal placée**
  Your confidence in her was totally misplaced
- **Cela rejoint ce que j'ai dit avant**
  That ties in with what I said before
- **Ses remarques ont un certain rapport avec la situation actuelle**
  His/Her comments have some bearing on the present situation
- **Vos critiques ne sont pas pertinentes**
  Your criticisms are irrelevant
- **Il n'y avait pas de suite dans sa conversation**
  His/Her conversation was full of non sequiturs
- **Les preuves se rapportant au dossier sont plutôt minces**
  The evidence relating to the case is not strong

REQUESTING

- **Je leur ai demandé de se taire**
  I asked them to be quiet
- **Il a demandé de l'eau**
  He asked for some water
- **M. et Mme Chevalier vous prient de leur faire l'honneur de votre présence**
  Mr and Mrs Chevalier request the pleasure of your company
- **Conformément à votre demande, je joins un chèque de 50 euros**
  As requested, I enclose a cheque for 50 euros
- **Elle a posé sa candidature mais n'a pas obtenu le poste**
  She applied for the job but didn't get it
- **Le maire a exigé des excuses**
  The mayor demanded an apology
- **Vous exigez trop d'elle**
  You make too many demands on her
- **Il a lancé un appel au nom des victimes**
  He made an appeal on behalf of the victims
- **Elle a imploré mon aide**
  She appealed to me for help
- **Ils le suppliaient de s'arrêter**
  They were begging him to stop
- **La police réclame des sanctions plus fermes**
  The police are calling for tougher penalties
- **Pouvez-vous me passer le sel, s'il vous plaît ?**
  Could you pass me the salt, please?
- **Ils ont lancé une pétition contre les projets de la municipalité**
  They got up a petition against the council's plans

RESIGNATION

- **Je m'étais résolu à y aller seul**
  I was resigned to going alone
- **Nous nous étions faits à l'idée**
  We had got used to the idea
- **Il a du mal à accepter la mort de sa femme**
  He's finding it hard to come to terms with his wife's death
- **Il faudra faire avec**
  We'll have to make the best of the situation
- **C'est la vie !**
  That's life!
- **C'est comme ça**
  That's the way things are
- **Je n'y peux rien**
  There's nothing I can do about it
- **Il faudra s'y faire, malheureusement**
  Unfortunately, we're going to have to put up with it
- **Ça ne va pas se passer comme ça !**
  I won't take this lying down!
- **Il ne devrait pas se laisser marcher sur les pieds**
  He shouldn't let people walk all over him
- **Elle acceptait son destin**
  She submitted to her fate

SUBJECT

- **De quoi parlent-ils ?**
  What are they talking about?
- **C'est un livre sur la vie de Mozart**
  It's a book about the life of Mozart
- **Son article traite de...**
  His article deals with...
- **Vous voulez me voir à quel propos ?**
  What do you want to see me about?
- **Le thème du film est compliqué**
  The theme of the film is complicated
- **À propos de la Suisse, vous avez déjà fait du ski ?**
  Talking of Switzerland, have you ever been skiing?
- **N'essaie pas de changer de sujet !**
  Don't try to change the subject!
- **Ce n'est pas mon domaine**
  That's not my field
- **Le débat de ce soir porte sur le chômage**
  Tonight's topic for debate is unemployment
- **Là n'est pas la question**
  That's not the point
- **Revenons à nos moutons**
  Let's get back to the matter in hand
- **Le problème des sans-abri ne figure pas parmi les priorités du gouvernement**
  The problem of the homeless doesn't come very high on the government's agenda
- **La question est encore à l'étude**
  The matter is still under consideration

SUCCESS

- **Le film a eu énormément de succès en Italie**
  The film was a great success in Italy
- **L'opération est un franc succès**
  The operation is a complete success
- **Nous voulons tous réussir dans la vie**
  We all want to succeed in life
- **Le programme de vaccination a été couronné de succès**
  The vaccination programme was a great success
- **Il a été opéré avec succès d'un ulcère à l'estomac**
  He was successfully operated on for a stomach ulcer
- **L'expérience s'est soldée par un échec**
  The experiment was a failure
- **Cet accord sera considéré comme un triomphe personnel pour le président**
  This agreement will be seen as a personal triumph for the President
- **Les discussions n'ont produit aucune avancée**
  The discussions have failed to bring any progress
- **Nous avons réussi à la persuader**
  We managed to persuade her
- **Le plan n'a pas atteint ses objectifs**
  The plan didn't achieve its objectives
- **Leur chanson « Bye, Bye » a été un tube**
  They had a hit with their song "Bye, Bye"
- **L'équipe s'est montrée à la hauteur des circonstances et s'est imposée facilement**
  The team rose to the occasion and won by a large margin
- **Il est arrivé en haut de l'échelle dans sa profession**
  He has reached the top of his profession
- **Elle a réussi l'examen haut la main**
  She passed the exam with flying colours
- **C'est une réussite !**
  It's a real success!
- **La société a le vent en poupe**
  The company is riding high
- **Sa nouvelle pièce fait un malheur** *fam*
  His/Her latest play is a big hit

SUGGESTING

- **Elle a proposé une promenade**
  She suggested going for a walk
- **Je suggère que nous reportions la réunion à lundi prochain**
  I suggest we adjourn the meeting until next Monday
- **Nous sommes ouverts aux suggestions** ou **Toute suggestion est la bienvenue**
  We're open to suggestions
- **Je propose que nous votions sur ce point**
  I propose that we vote on it
- **Vous insinuez que je mens ?**
  Are you insinuating that I'm lying?
- **Votre silence vous accuse**
  Your silence implies you are guilty
- **Je recommande que nous leur fassions une offre**
  I recommend that we make them an offer
- **Je viens sur la recommandation d'un de vos clients**
  I have come on the recommendation of one of your customers
- **La pièce est pleine de sous-entendus**
  The play is full of innuendo
- **Qu'est-ce que tu proposes ?**
  What do you suggest?
- **Ne pourrions-nous pas au moins en discuter ?**
  Couldn't we at least talk about it?
- **Nous pourrions toujours augmenter nos prix**
  We could always increase our prices
- **Et si nous faisions une pause ?** ou **Pourquoi ne pas faire une pause ?**
  Why don't we take a break?
- **Ce serait peut-être une bonne idée de lui en toucher un mot**
  It might be a good idea to have a word with him/her about it
- **On pourrait se faire un petit restau demain, qu'en dites-vous ?**
  How about eating out tomorrow?
- **Que diriez-vous d'aller prendre un petit verre ?**
  How about going for a quick drink?
- **Il a émis l'idée d'un séminaire à Bali**
  He put forward the idea of a seminar in Bali
- **18 h, ça vous va ?**
  Is six o'clock okay?

SUITABILITY

- **Le bleu/Ce chapeau te va bien**
  Blue/This hat suits you
- **Cette heure ne me convient pas**
  That time doesn't suit me
- **La maison ne convient pas à une famille nombreuse**
  The house is not suitable for a large family
- **Tu n'es pas convenablement habillé pour ce genre d'occasion**
  You are not appropriately dressed for such an occasion
- **Cette cravate ne va pas avec ta chemise**
  That tie doesn't go with your shirt
- **Ça me va comme un gant**
  It fits me like a glove
- **C'est le cadeau idéal**
  It's the perfect gift
- **Ce n'est pas le moment d'en parler**
  Now is not the right time to mention it
- **Il ne faut pas me demander ça à moi**
  I'm the wrong person to ask
- **Quelle heure vous conviendrait le mieux ?**
  When would be the best time for you?
- **Moi, ça me va**
  That's all right by me
- **Il n'a pas l'étoffe d'un homme politique**
  He's not cut out to be a politician
- **C'est tout à fait mon rayon**
  That's right up my street
- **Isabelle était dans son élément, disant à chacun ce qu'il devait faire**
  Isabelle was in her element, telling everybody what to do

SUMMARIZING

- **Bref, ce n'est pas possible**
  In short, it's not possible
- **En résumé, je dirai que…**
  To sum up, I will say that…
- **En conclusion, je voudrais simplement dire que…**
  To conclude, I would just like to say that…
- **En un mot, non**
  In a word, no
- **Voilà toute l'affaire en deux mots**
  That's the whole thing in a nutshell
- **Dans l'ensemble, il a fait bonne impression**
  On the whole he made a good impression
- **Enfin bref, j'ai perdu mon emploi**
  So, not to beat about the bush, I've lost my job
- **Je serai bref**
  I'll come straight to the point
- **Au total, il a passé quinze ans à l'étranger**
  In total he spent 15 years abroad

SUPPOSITION

- **Qu'est-ce qui vous fait croire que j'ai confiance en vous ?**
  What makes you suppose I trust you?
- **Vous ne vous souvenez sans doute pas de moi**
  I don't suppose you remember me
- **Je suppose que oui/que non**
  I suppose so/not
- **Supposons que vous ayez raison**
  Let's suppose you're right
- **En l'absence de preuves, il doit être présumé innocent**
  In the absence of proof, he must be assumed innocent
- **Je me fonde sur l'hypothèse que…**
  I'm working on the assumption that…
- **Elle devait parler de quelqu'un d'autre**
  She must have been talking about someone else
- **Je pense qu'il y aura environ 40 personnes à la soirée**
  I reckon there'll be about 40 people at the party
- **Tu veux de l'argent, j'imagine**
  You want some money, I suppose
- **Je présume que vous êtes sa sœur**
  I take it you're his/her sister
- **Nous ne pouvons que faire des suppositions**
  We can only speculate
- **Ce n'était qu'une supposition de sa part**
  It was pure speculation on his/her part
- **Cela confirme mon hypothèse selon laquelle…**
  This confirms my hypothesis that…
- **De fortes présomptions pèsent sur lui**
  He is under great suspicion

SURPRISE

- **Vous voici, quelle bonne surprise !**
  What a lovely surprise to see you here!
- **Ça a l'air de vous surprendre**
  You seem surprised by that
- **Ça n'a vraiment rien de surprenant**
  Well, it's not surprising, is it?
- **Ne lui dis rien, je veux lui faire la surprise**
  Don't tell him/her, I want it to be a surprise
- **Je m'étonne de vous voir ici**
  I'm surprised to see you here
- **Qu'est-ce qu'il a grandi, je n'en reviens pas !**
  I can't get over how much he's grown!
- **J'ai été stupéfait d'apprendre sa décision**
  I was staggered to learn of his/her decision
- **J'en suis restée sans voix**
  I was speechless
- **J'ai été sidéré par ses progrès**
  I was flabbergasted by how much progress he/she had made
- **Une telle négligence est pour le moins étonnante**
  Such a blunder is surprising to say the least
- **Je n'en croyais pas mes yeux**
  I couldn't believe my eyes
- **Quand elle est partie, j'en suis tombée des nues** *fam*
  I was astounded when she left like that
- **Lorsqu'il a dit ça, elle en est restée bouche bée** *fam*
  When he said that, her jaw dropped

SUSPICION

- **Est-ce qu'il se doute de quelque chose ?**
  Does he suspect anything?
- **Elle est soupçonnée de corruption**
  She is suspected of corruption
- **J'avais mes soupçons**
  I had my suspicions about it
- **Je me méfie de ses intentions**
  I'm suspicious of his/her motives
- **C'est un type louche** ou **douteux**
  He's a dubious character
- **Il a un comportement suspect**
  He's behaving suspiciously
- **Il y a en elle quelque chose qui me déplaît**
  There's something about her I don't like
- **Je ne sais pas pourquoi je me méfie d'eux ; c'est juste une impression que j'ai**
  I don't know why I distrust them; it's just a feeling I have
- **Il l'a regardée d'un air soupçonneux**
  He looked at her suspiciously
- **Son intérêt débordant me semble suspect**
  I find his enthousiasm suspicious
- **Il y a quelque chose de pas net chez elle** *fam*
  There's something shifty about her
- **Il y a quelque chose qui ne colle pas dans son alibi** *fam*
  There's something fishy about her alibi
- **Le flic a flairé un truc louche** *fam*
  The detective smelt a rat

SYMPATHY

- **J'ai été désolé** ou **navré d'apprendre la mort de votre père**
  I was sorry to hear about your father's death
- **Ce sont les enfants que je plains**
  It's the children I feel sorry for
- **La pauvre, ça me fait de la peine pour elle**
  That poor woman, I feel for her
- **Je compatis, car j'ai connu des problèmes du même genre**
  I sympathize because I used to have similar problems
- **Elle a ressenti de la compassion pour eux**
  Her heart went out to them
- **Je suis de tout cœur avec vous**
  I sympathize with you in your grief
- **Si cela peut te consoler, il m'est arrivé la même chose**
  If it's any consolation, the same thing happened to me
- **J'ai essayé de le réconforter mais il était inconsolable**
  I tried to comfort him but he was inconsolable
- **Si je peux vous aider en quoi que ce soit, n'hésitez pas**
  If there's anything I can do for you, please let me know
- **Ça a dû être vraiment terrible pour vous !**
  That must have been awful for you!
- **Ma pauvre Alice !**
  You poor thing, Alice!
- **Je vous présente toutes mes condoléances**
  Please accept my condolences
- **Nous avons compati à ses malheurs**
  We commiserated with him/her on his/her misfortune

THANKING

- **Merci pour les fleurs/d'être venu – Je t'en prie**
  Thank you for the flowers/for coming – My pleasure
- **Veux-tu du thé ? – Non, merci**
  Do you want some tea? – No, thank you
- **Merci beaucoup – De rien** ou **Il n'y a pas de quoi**
  Thank you very much – Don't mention it
- **Je ne sais comment vous remercier pour ce que vous avez fait**
  I can't thank you enough for what you've done
- **Dis merci à ta grand-mère**
  Say thank you to your grandma

- **Je vous remercie infiniment pour votre aide**
  Thank you so much for your help
- **Tu devrais lui écrire une lettre de remerciement**
  You should write a thank-you letter to him/her
- **Je vous suis reconnaissant de votre aide**
  I'm grateful for your help
- **Ça me rendrait vraiment service**
  I'd really appreciate that
- **Merci mille fois !**
  Thank you so much!
- **Acceptez ce présent en témoignage de ma gratitude** *sout*
  Please accept this gift as a token of my gratitude

THIRST

- **Je commence à avoir soif**
  I'm getting thirsty
- **Le thé est très désaltérant**
  Tea is good for quenching your thirst
- **Je prendrais bien une tasse de café**
  I wouldn't mind a cup of coffee
- **Elle a vidé son verre d'un trait**
  She drained her glass
- **Cette longue promenade m'a assoiffé**
  That long walk has made me thirsty
- **Ça donne soif de courir au soleil**
  Running in the sun makes you thirsty
- **Je crève de soif** *fam*
  I'm parched

THREATS

- **On nous a menacés de licenciement**
  We were threatened with the sack
- **Elle menace d'annuler le concert si ses exigences ne sont pas satisfaites**
  She's threatening to cancel the concert if her demands aren't met
- **Il est menacé de mort**
  He's being threatened with death
- **Cette nouvelle arme constitue une menace pour la paix mondiale**
  The new weapon is a threat to world peace
- **Il la dévisageait d'un air menaçant**
  He stared at her menacingly
- **Ne te laisse pas intimider par lui**
  Don't let yourself be intimidated by him
- **Te voilà averti !**
  You've been warned!
- **Prends ça comme un avertissement**
  Take what he says as a warning
- **Attention, ou tu vas avoir des ennuis !**
  Watch it or you'll be in trouble!
- **Fais ce que je te dis, sinon !**
  Do what I tell you, or else!
- **Si tu recommences, tu vas le regretter !**
  You'll be sorry if you do that again!
- **Il m'a fait comprendre qu'il n'hésiterait pas à les expulser**
  He made it clear that he wouldn't hesitate to throw them out
- **Malheur à celui qui me raconte des mensonges**
  Woe betide anyone who lies to me
- **Ses aveux ont été obtenus sous la contrainte**
  His/Her confession was obtained under duress
- **Fais gaffe, si tu me cherches, tu me trouves** *fam*
  Be careful, I won't put up with this much longer!

TIREDNESS

- **Il se fatigue facilement**
  He tires easily
- **La marche m'a fatigué**
  The walk made me tired
- **Vous allez vous épuiser à déplacer toutes ces caisses**
  You'll tire yourself out moving all those boxes
- **Je n'en peux plus**
  I'm worn out
- **Je commence toujours à faiblir vers le milieu de l'après-midi**
  I always start to flag about mid-afternoon
- **Il est exténué après cette dure semaine de travail**
  He's exhausted after that hard week of work
- **Vous avez l'air fatigué**
  You look tired
- **Essaie de ne pas trop te fatiguer**
  Try not to overtire yourself
- **Je tombe de fatigue**
  I'm ready to drop
- **Je suis sur les rotules** *fam*
  I'm on my last legs
- **Je suis crevé** *fam*
  I'm dead beat

TRUST

- **Elle avait toute confiance en sa sœur**
  She trusted her sister completely
- **Peut-on lui faire confiance ?**
  Can he/she be trusted?
- **Tu peux lui faire entièrement confiance**
  You can trust him implicitly
- **Ce n'est pas quelqu'un de fiable, ne compte pas sur lui en cas de coup dur**
  You can't rely on him if something happens to you
- **Je n'ai aucune confiance en lui**
  I don't trust him at all
- **Il a une confiance aveugle en son associé**
  He blindly trusts his business partner
- **Il éprouve une profonde méfiance à l'égard des médecins**
  He has a deep mistrust of doctors
- **Ils ont de bonnes raisons de se méfier d'elle**
  They have good reason to distrust her
- **Je suis confiant dans la réussite de notre programme**
  I have confidence in the success of our programme
- **Je compte sur vous pour trouver une solution**
  I'm relying on you to find a solution
- **Elle ne jure que par ces vitamines**
  She swears by those vitamin tablets
- **Prenez garde : il est sournois**
  Be on your guard: he's devious
- **Les enfants devraient se méfier des inconnus**
  Children should be wary of strangers
- **Nous savons de source sûre que…**
  We have been told by a reliable source that…
- **Ce n'est pas quelqu'un qui va te faire des crasses, il est réglo** *fam*
  He's not going to play any nasty tricks on you, he's a nice guy

UNDERSTANDING

- **J'ai compris à demi-mot**
  I took the hint
- **Je vois où vous voulez en venir**
  I see what you're getting at

- **Il a compris la situation en un clin d'œil**
  He took in the situation at a glance
- **Je vous ai entendu, mais je n'ai pas vraiment saisi sur le moment**
  I heard what you said, but it didn't sink in at the time
- **Pourriez-vous répéter ?**
  Would you mind repeating that?
- **Me suis-je bien fait comprendre ?**
  Did I make myself clear?
- **Je n'y comprends rien**
  It makes no sense to me
- **Je ne comprends pas la question**
  I don't understand the question
- **Il prétend que sa femme ne le comprend pas**
  He claims his wife doesn't understand him
- **Je ne peux pas me faire comprendre en anglais**
  I can't make myself understood in English
- **Elle est un peu dépassée dans son nouveau travail**
  She's a bit out of her depth in her new job
- **Je n'ai pas bien saisi ce qu'elle a voulu dire**
  I didn't quite grasp what she meant
- **J'entends aller au fond de cette affaire**
  I intend to get to the bottom of this affair
- **Ce que je n'arrive pas à comprendre, c'est…**
  What I can't work out is…
- **Pour moi, ça n'a ni queue ni tête**
  I can't make head nor tail of this
- **Je ne pige pas** *fam*
  I don't get it
- **Tout ça, c'est du chinois pour moi** *fam*
  It's all Greek to me
- **Il a la comprenette difficile** *fam*
  He's a bit slow on the uptake

WANTING

- **Je voudrais une tasse de café**
  I would like a cup of coffee
- **Ils veulent aller en vacances en Espagne**
  They want to go to Spain on holiday
- **Je veux que tu attendes ici**
  I want you to wait here
- **Tes désirs sont des ordres !**
  Your wish is my command!
- **Je voudrais bien être à votre place**
  I wish I were in your place
- **J'aimerais tant être en vacances**
  I really wish I was on holiday
- **Elle n'avait aucune envie d'y retourner**
  She had no desire to go back
- **Je mourais d'envie de lui dire la vérité**
  I was longing to tell him/her the truth
- **Il brûlait de la revoir**
  He was dying to see her again
- **Elle aspire au pouvoir politique**
  She aspires to political power
- **Il avait l'ambition de devenir médecin**
  His ambition was to become a doctor
- **J'ai eu envie de le frapper**
  I had the urge to hit him
- **J'ai eu une envie soudaine de chocolat**
  I got a sudden craving for chocolate
- **Il était poussé par une soif de savoir**
  He was driven by a thirst for knowledge

WEAKNESS

- **Je ne m'en sens pas la force**
  I'm not feeling up to it
- **Je n'ai pas la force de soulever ces cartons/de recommencer**
  I haven't the strength to lift these boxes/to start again
- **Sa maladie l'a beaucoup affaibli**
  His illness has weakened him a lot
- **Je ne pensais pas (arriver à) tenir le coup**
  I never thought I would cope
- **Il se sent fragile sur le plan émotionnel après son divorce**
  He's feeling emotionally fragile after his divorce
- **C'est un faible**
  He's weak-willed
- **Il est faible avec ses enfants**
  He's lax with his children
- **La ponctualité est mon point faible**
  Punctuality is my weak point
- **Dans un moment de faiblesse, j'ai cédé à la tentation**
  In a moment of weakness I gave in to temptation
- **Elle n'a pu résister à l'envie de…**
  She could not resist the temptation to…
- **Il ne sait pas se contenir**
  He can't control his emotions
- **Quel dégonflé !** *fam*
  He is such a wimp!

WORRY

- **Dites-moi ce qui vous préoccupe**
  Tell me what's worrying you
- **Il n'y a pas lieu de s'inquiéter**
  There's nothing to worry about
- **C'est le cadet de mes soucis**
  That's the least of my worries
- **Elle s'inquiète pour son neveu**
  She's worried about her nephew
- **Ils ne se soucient pas de l'avenir de leurs enfants**
  They don't worry about their children's future
- **Il en est malade (d'inquiétude)**
  He's worried sick about it
- **J'ai peur de perdre mon travail**
  I'm anxious about losing my job
- **La santé de son mari est source d'angoisse pour elle**
  Her husband's health is causing her great anxiety
- **Il ne s'en fait jamais**
  Nothing seems to trouble him
- **Elle est dans tous ses états parce que son poney a disparu**
  She's fretting because her pony is missing
- **Tu ne devrais pas te ronger les sangs comme ça, à propos de rien**
  You shouldn't agonize so much about over nothing
- **L'idée continuait à me ronger**
  The thought continued to prey on my mind
- **Je suis vraiment soulagé**
  That's a weight off my mind
- **Mon fils me donne bien du souci**
  My son is a great worry to me

Aides à la rédaction
Writing tips

Des aides pour écrire en anglais

Useful tips for writing in French

10 KEY POINTS FOR WRITING A DISSERTATION

Dissertations usually follow three phases: **thèse** (your views on the assigned topic), **antithèse** (alternative or contrary views), **synthèse** (a balance of views). The key stages for writing a **dissertation** are as follows.

❶ ***Focus on the set question:*** what does it ask you to do? Does it require you to explain, to debate, to support or to oppose? Make sure that your plan (see points 4 and 5) fits the requirement.

❷ ***Brainstorm:*** find 3 or 4 key phrases in the set question and write down ideas associated with each phrase. Then draw a diagram or an image representing your thoughts.

❸ ***Read around your topic:*** read with pen and paper to make clear notes as you go. Read with a purpose: to enrich the writing that you are about to do. First read for the gist of the argument, then if the reading fits your purpose, read it again for detail.

❹ ***Choose a type of plan:*** **thèse-antithèse-synthèse** or **antithèse-thèse-synthèse**. Go from the arguments you least support to those you most support. Do not simply attack in the **antithèse** those ideas that you defend in the **thèse**: instead, use variety and don't forget to use examples to support your arguments.

❺ ***Choose a type of discourse:*** depending on point 1, choose the language of description (check tenses and adverbs of space or time), debate (use adverbs of cause and consequence) or persuasion (use declarative and modal verbs).

❻ ***Write your introduction in 4 parts: (a)*** a 'hook' to catch readers' attention; ***(b)*** a restating of the topic in your own words; ***(c)*** your comment as to why the question is interesting / relevant; ***(d)*** a preview of your plan.

❼ ***Write your conclusion:*** writing (at least a draft version of) this before the dissertation helps to keep you focused on the question. Include ***(a)*** a recapitulation of the arguments; ***(b)*** your position; ***(c)*** a widening out of the topic for future research.

❽ ***The body of the* dissertation*:*** carry out point 6(d), with your notes from points 2 and 3 in front of you.

❾ ***Quotations*** (an author's words) and ***references*** (the author and date of a text, the address of a web site): always check with your teacher how to present these.

❿ ***And finally:*** unless automatic spell-checks are prohibited by your teacher, don't forget to spell-check!

LES 10 POINTS-CLÉS DE LA RÉDACTION D'UN ESSAY

Contrairement à la dissertation, un **essay** ne suit pas nécessairement le plan ***thèse-antithèse-synthèse***. Voici cinq genres caractéristiques de la forme **essay**, précédés de cinq principes applicables à tous les types d'**essay**.

❶ ***Les parties structurantes*** comprennent toujours une introduction qui accroche l'attention et une conclusion qui résume et / ou évalue le thème de l'**essay**. Le corps du texte est organisé différemment selon le type d'**essay** (voir 6 à 10 ci-dessous).

❷ ***Chaque paragraphe*** est structuré comme un petit **essay**, avec une phrase d'introduction, une phrase de conclusion et quelques phrases de corps de paragraphe. À la lecture de chaque paragraphe, le lecteur doit avoir l'impression d'un tout.

❸ ***La cohérence générale de l'*essay** est atteinte quand tous les paragraphes se suivent logiquement et contribuent à la construction du texte. Pour en vérifier la cohérence, résumez chaque paragraphe en une seule phrase puis éliminez les idées qui ne cadrent pas avec cette phrase.

❹ ***Pour une bonne qualité de la langue,*** vérifiez : la syntaxe (chaque phrase doit avoir un sujet et un verbe) ; la longueur des phrases (moyenne) ; les connecteurs (voir encadré sur les connecteurs) ; la concordance des temps ; les antécédents de mots comme it ou this.

❺ ***Boucler son* essay.** C'est le moment de faire les relectures orthographiques (attention à l'usage de la ponctuation et des majuscules en anglais ; voir encadré sur la ponctuation, p. 1198) et d'ajouter les références aux auteurs ou sites Internet mentionnés dans votre **essay**.

❻ ***L'essay-récit*** narre une séquence chronologique (ex. : prise de la Bastille, photosynthèse). En introduction on annonce de quels éléments il s'agit. Au cœur du texte on les présente successivement.

❼ ***L'essay descriptif*** organise des informations (ex. : outils de l'Internet, tendances démographiques). En introduction on présente la méthode de classification suivie. Au cœur du texte on décrit chaque catégorie, avec des exemples à l'appui.

❽ ***L'essay analytique*** explique la logique d'une situation. En introduction on présente soit des causes, soit des effets. Au cœur du texte on relie chaque cause à un effet (ou vice versa), par ordre d'importance croissante ou décroissante.

❾ ***L'essay débat*** exprime une opinion sur un problème. En introduction on annonce sa position. Au cœur du texte on l'explique puis on évoque la position inverse, toujours exemples à l'appui. En conclusion on justifie sa position d'origine.

❿ ***L'essay réactif*** donne l'impression de l'auteur concernant un élément qui le fait réagir (un fait, une photo). En introduction on en évoque l'impact global. Au cœur du texte on décrit l'élément en question, en expliquant pour chacun de ses aspects quelle est l'émotion suscitée.

10 KEY POINTS FOR WRITING A RÉSUMÉ DE TEXTE

❶ ***Thinking about the essentials:*** read the text as if you did not need to summarize it. Then look up from the page and ask yourself what its 2 or 3 essential points are. Write these down.

❷ ***Identifying the text's main points from clues.*** The look of the text on the page can help you to home in on its salient ideas. It may have headers, subheaders and captions. It may have different sections. It almost certainly has paragraphs. It may use different font types and sizes. Look for clues like these before you start: they will guide you in the next step.

❸ ***Preparing to reduce the text.*** Paragraphs are parts of texts that hold self-contained ideas, so they are a good place to start the reduction process. Bearing in mind your notes from step 1 and your observations from step 2, write one sentence per paragraph, expressing its essence.

❹ ***Calculating the length of the* résumé.** From the target word count given to you, calculate how many lines your final **résumé** will be. If you have not been given any, aim to shrink the text by half.

❺ ***Reducing the text.*** Take a copy of your text and delete anything irrelevant to the main points already identified (e.g.: images, figures of speech, examples, anything repeated for effect, etc.). By now you will be left with a skeleton text.

❻ ***Drawing up the plan for your* résumé.** All writing exercises, even summarizing, are much improved if you take the trouble to write out the plan of your text summary. Do this now, including the main ideas (perhaps paragraph by paragraph) and all the logical links between them.

❼ ***Looking for 'economical' vocabulary.*** If you re-use the same vocabulary as in the original, you may struggle to keep to your target length. Look for more generic synonyms which may convey the same idea as the detailed phrases in the text. For example if the text says "les ambassadeurs, consuls, attachés culturels et chefs de cabinet de plusieurs ambassades étaient rassemblés", think of a wider synonym like "le haut personnel de plusieurs ambassades était présent". However be careful not to accidentally eliminate important nuances in the process.

❽ ***Looking for economical grammatical structures.*** You may be able to find more concise ways of expressing even the grammatical structures of the text. Compound tenses can be turned into simple tenses, passives into actives, relative clauses into past participles, etc. If writing **résumés** frequently, build up a list of your preferred shortcuts and refer to it often.

❾ ***Writing out your summary:*** assemble all your notes around you and get writing, counting your words after each paragraph or section to make sure you don't have a nasty surprise at the end.

❿ ***Word counting and polishing up.*** Now carry out your final word count and adjust accordingly. Finally, check your spelling.

10 KEY POINTS FOR WRITING A COMMENTAIRE COMPOSÉ

Commentaires composés test students' understanding of particular literary texts and their ability to write in an organised manner. They do not retell the texts. Unless prescribed, length depends on the length and complexity of the original text. The main aim is to provide a balanced account of the points in bullet 4 below.

❶ ***Read the text actively***, jotting down your thoughts in words or in diagram form.

❷ ***Read several times.*** Each successive reading should build up a picture of two or three salient features of the text that will be discussed in the **commentaire**.

❸ ***Read around your text***: if you don't know much about the author, research him or her. Read up on the period, and on any theme that links the text itself and its wider context. Collect relevant quotes by your author or from related texts. By now you are ready to decide on how you will organise your **commentaire**.

❹ ***Choose your organising 'angles' for the* commentaire:** which two or three aspects predominate in this text? Try reviewing the following options:

- the voice of the author / narrator? (look for the use of pronouns and any indications of subjectivity);
- the way the content unfolds (is it through narrative, description, analysis, dialogue, images?);
- the 'family' of texts that this text belongs to and whether it follows conventions or flouts them (novels, plays, poems, memoirs?);
- the tone created, i.e. 'how it makes you feel' (is the tone comic, tragic, poetic, polemical? is there horror, realism, pathos, nostalgia?);
- the context outside literature: real events, personal to the author?; social turmoil (wars, revolutions, great historical events)?; current or past debates?

❺ ***Write a plan*** including your chosen angles and notes about linking them.

❻ ***Write your introduction and conclusion first.*** Resist the temptation to leave the writing of the conclusion till the end.

❼ ***Write the body of your* commentaire** (a look at the section entitled '10 key points for writing a **dissertation**' will help you).

❽ Decide where to insert any ***supporting quotes*** collected earlier.

❾ ***Reread your work*** making sure that you are not simply following the order of the text, nor giving your reader a paraphrase of the original.

❿ ***Reread your* commentaire *again***, to ensure that you have mentioned the form (language) as well as the content at appropriate points throughout.

ARGUMENTATION

❶ When to use it?

Argumentation should be used in conversations or texts in which a point of view is put forward with support. This does not mean being confrontational but persuading your audience of the validity of your position.

❷ Why use it?

School curricula demand it, as it is a core scientific activity. Without using or recognising argumentation skills, it is difficult to make informed decisions about important issues and to guard against propaganda and media bias.

❸ How to structure it?

Five components make up a piece of argumentation:

1) ***facts***;

2) the ***claim***;

3) the ***justification*** linking the facts to the claim;

4) the ***backing***, which is further information in support of the claim;

5) the ***rebuttal***, i.e. a consideration of the opposing view and any exceptions.

❹ Example

"Drunk driving is criminal behaviour. People who drink and drive are more likely to cause casualties than those who do not drink and drive. Drinking reduces reaction times. A shorter reaction time increases the likelihood of casualties threefold. Some drivers who are aware of having had a very small quantity of alcohol may drive exceptionally carefully and avoid accidents."

❺ The claim

"Drunk driving is criminal behaviour."

❻ Facts

Factual information [e.g. statistics] used as a basis for reasoning.

"People who drink and drive are more likely to cause casualties than those who do not drink and drive."

Introduced by: **en effet, les statistiques montrent que, la recherche nous apprend que, il est de fait que, on sait (par les études qui ont été réalisées) que...**

❼ The justification

"Drinking reduces reaction times."

Introduced by: **car, en effet, à cause de** + noun, **parce que, puisque.**

❽ The backing

"A shorter reaction time increases the likelihood of casualties threefold."

Introduced by the same connectors as above, with the possible addition of: **or (justement), en outre, de plus, pire encore** (or **mieux encore**, depending on context).

❾ The rebuttal

"Some people who are aware of having had a very small quantity of alcohol may drive exceptionally carefully and avoid accidents."

Introduced by: **sauf** + noun or **sauf que, cependant, néanmoins, toutefois, certes, il est vrai que.**

❿ Putting it all together

"La conduite en état d'ébriété est un comportement criminel. **On sait que** les conducteurs ayant absorbé de l'alcool encourent un risque d'accident corporel supérieur à celui encouru par les conducteurs à jeun, **car** l'absorption d'alcool réduit les temps de réaction. **Or** une réactivité réduite multiplie par trois la probabilité d'accident corporel. **Toutefois** la seule conscience d'avoir absorbé une infime quantité d'alcool peut inciter certains conducteurs à une exceptionnelle prudence et leur permettre d'éviter les accidents."

L'ARGUMENTATION

❶ Quand argumenter ?

L'argumentation s'utilise dans des conversations ou des textes consacrés à la défense d'une thèse. Argumenter ne revient ni à manipuler ni à défier votre auditoire, mais à lui faire accepter votre position.

❷ Pourquoi pratiquer l'argumentation ?

C'est un exercice qui développe la culture scientifique de l'élève. Sans technique d'argumentation, il est difficile de prendre des décisions en connaissance de cause et d'échapper à la désinformation médiatique.

❸ Comment structurer une argumentation ?

Il existe différents schémas d'argumentation mais tous ont en commun une articulation en cinq phases :

1) ***les données*** ;

2) ***l'enjeu*** du débat ;

3) ***la proposition*** de base permettant de faire jouer les données pour donner sens à l'enjeu ;

4) ***le renforcement*** ;

5) ***le*** ou ***les contre-exemple(s)***.

❹ Exemple (concis) d'argumentation

« La conduite en état d'ébriété est un comportement criminel. ***On sait que*** les conducteurs ayant absorbé de l'alcool encourent un risque d'accident corporel supérieur à celui encouru par les conducteurs à jeun, ***car*** l'absorption d'alcool réduit les temps de réaction. ***Or*** une réactivité réduite multiplie par trois la probabilité d'accident corporel. ***Toutefois*** la seule conscience d'avoir absorbé une infime quantité d'alcool peut inciter certains conducteurs à une exceptionnelle prudence et leur permettre d'éviter les accidents. »

❺ L'enjeu

« La conduite en état d'ébriété est un comportement criminel. »

❻ Les données

« Les conducteurs ayant absorbé de l'alcool encourent un risque d'accident corporel supérieur à celui encouru par les conducteurs à jeun. »

Connecteurs : **it is a (known) fact that, research shows that, according to figures which show that.** Il existe aussi la possibilité d'une simple juxtaposition.

❼ La proposition

« L'absorption d'alcool réduit les temps de réaction. »

Connecteurs : **(this is) because, owing** (ou **due**) **to the fact that, basically, essentially, in effect.** Il existe aussi la possibilité d'une simple juxtaposition.

❽ Le renforcement

« Une réactivité réduite multiplie par trois la probabilité d'accident corporel. »

Connecteurs : **in particular, specifically, additionally, worse still** (ou **better still**).

❾ Le contre-exemple

« La seule conscience d'avoir absorbé une infime quantité d'alcool peut inciter certains conducteurs à une exceptionnelle prudence et leur permettre d'éviter les accidents. »

Connecteurs : **yet, however, nevertheless.**

❿ Comment enchaîner les éléments de l'argumentation ?

« Drunk driving is criminal behaviour. **Research shows that** people who drink and drive are more likely to cause casualties than those who do not drink and drive, **due to the fact that** drinking reduces reaction times. **Specifically**, a shorter reaction time increases the likelihood of casualties threefold. **However**, some drivers who are aware of having had a very small quantity of alcohol may drive exceptionally carefully and avoid accidents. »

CONNECTING WORDS

Different structures and parts of speech can serve as connectors within texts. By building connectors into your text or speech you will make your purpose clearer to your reader while at the same time improving the 'Frenchness' of your style.

● **Emphasis** is conveyed by 'presenters'.

Et voici / voilà que le vent s'est levé. Suddenly the wind got stronger.

C'est là que les choses se sont compliquées. At that point things got more complicated.

C'est Paul **qui** va me conduire à l'aéroport. Paul will drive me to the airport.

C'est pourquoi j'ai refusé. That's why I said no.

La maison des voisins, **elle**, a résisté au tremblement de terre. As for the neighbours' house, it survived the earthquake.

● **Logical relationships** within the text are expressed through a variety of connectors (for connectors with **que** check the corresponding entry in the dictionary to find out whether to use the indicative or the subjunctive in the following verb).

● ***Organising the ideas:***
- To open the text: **premièrement, en premier lieu, d'une part, (tout) d'abord;**
- To continue: **ensuite, en second lieu;**
- To close: **enfin, en dernier lieu, en conclusion, pour conclure, au final;**
- To summarize: **en résumé, pour résumer.**

● ***Adding points:***
- To reinforce an idea: **de plus, en outre, d'ailleurs;**
- To make a comparison: **de même, également, de la même façon;**
- To introduce a different or a side issue: **à propos (de), s'agissant (de), en ce qui concerne.**

● ***Referring back:***
To signal ideas or people mentioned in the preceding sentence:
- **celui-ci / celle-ci**

L'atmosphère de l'époque évoquait la révolution. Celle-ci devait d'ailleurs survenir un an plus tard. The mood of the time was reminiscent of revolution. Revolution did in fact take place a year later.
- **ce dernier / cette dernière**

J'avais consulté le médecin. Ce dernier conseillait l'opération. I had been to see the doctor, he recommended an operation.

● ***Clarifying an idea:***
- To explain: **c'est-à-dire, en d'autres termes;**
- To illustrate: **par exemple, ainsi, concrètement.**

● ***Argumenting:***
- To contrast ideas: **alors que, au contraire, cependant, néanmoins;**
- To offer an alternative: **or, néanmoins;**
- To concede a point: **malgré, en dépit de, bien que.**

● ***Specifying cause and effect:***
- To introduce a cause: **parce que, puisque, à cause de;**
- To introduce an effect: **c'est pourquoi, de sorte que, par conséquent.**

● **Word order**

Many of these connectors must be placed at the start of the sentence that they relate to, but in some cases it is stylistically better to move them further into the sentence.

Nous avons donc décidé de commander le bleu. So we decided to order the blue one.

J'ai néanmoins préféré faire un bilan de santé complet. Nevertheless I chose to have a complete health check carried out.

LES CONNECTEURS

L'anglais tolère la juxtaposition de phrases courtes, mais pour l'élégance du style on a recours aux connecteurs. Ceux-ci comprennent :

● Les pronoms personnels (**he, she, it, them**) et possessifs (**mine, his, hers, yours, theirs**) :

Just before WW1 came the Cubists. **Theirs** was a different vision of art. Juste avant la Grande Guerre apparaissent les cubistes. Ces peintres ont une vision différente de l'art.

● Les adjectifs démonstratifs (**this, that, these, those**) :

Smoking was still not banned from public places. For **this**, we had to wait ten years. Il n'était pas encore interdit de fumer dans les lieux publics. Pour que cela soit le cas, il a fallu attendre dix ans.

● L'article défini (répandu dans le langage des médias) :

There were six survivors after a bus crashed yesterday. The paramedics were praised for **the** rescue. Six personnes ont eu la vie sauve dans un accident d'autobus hier. Les secouristes ont été félicités pour leur travail de sauvetage.

● Les adjectifs et pronoms indéfinis **(an)other, each, both, every, (n)either** :

Ten demonstrators were injured. **Another** was arrested. Dix manifestants ont été blessés. Un onzième a été arrêté.

● Les conjonctions de coordination courantes **and, but, yet, so, then** et **(n)or**. Leurs synonymes, moins courants **however, nevertheless** (but, yet), **thus, therefore, hence** (so) donnent un ton plus soutenu au texte.

Sales went up this month. **However** in the same period we had to close two outlets. Les ventes ont augmenté le mois dernier. Cependant, durant cette même période, nous avons dû fermer deux magasins.

● Les adverbes représentant l'attitude de l'auteur ou du personnage dont on parle (**happily, sadly, unbelievably**, etc.). Ils doivent être suivis ou encadrés par des virgules, l'absence de virgule entraînant un changement de sens.
- ***(a)*** We saw less of each other after 1990. **Happily,** he continued to live next door to me. Nous nous vîmes moins après 1990. Heureusement, nous restâmes voisins.
- ***(b)*** We saw less of each other after 1990. He continued to live **happily** next door to me. Nous nous vîmes moins après 1990. Il continua à vivre heureux, à côté de chez moi.

● Les structures **upon, thereupon** et **whereupon** font avancer l'action.

I asked for a five-minute break. **Whereupon** everyone disappeared. J'ai demandé une pause de cinq minutes, sur quoi tout le monde s'est éclipsé.

aides à la rédaction
writing tips

10 KEY POINTS FOR TRANSLATING

Points 1 to 4 will help you plan the process; points 5 to 10 will help you think about content.

❶ Before reading the text, be aware of what is expected of you

- A ***professional translation*** must serve a specific type of reader (for instance the English-speaking readers of *Astérix le Gaulois* or *À la recherche du temps perdu*, or again, English-speaking users of a machine sold with a manual in French only).
- ***School or university translations***, in contrast, are exercises designed to show a teacher or an examiner what level students have reached in their language skills.

Before you even start reading the text to be translated, ensure that you are familiar with the teacher's expectations, or the level of the test or examination that you are aiming for, and with the criteria that will be used to assess your translation. Check guides and past papers on-line for the relevant examination.

❷ Before you start translating, read the text several times

Read the entire text before you do anything else, and have a different objective in mind for each reading. With pen and paper at hand, which will save you time when you come to tackle the work, look out for and make notes on:

- ***unknown or unfamiliar grammatical constructions***. Consult your dictionary's grammar boxes and other references. See also key point no. 8.
- ***unknown or unfamiliar vocabulary***. Make sure you have an idea of the vocabulary problems throughout the text before you start checking the dictionary.

… if the text is a story…

- look at the ***location and situation*** within which the story unfolds: are they consistent from beginning to end? If not, you have probably misunderstood. Read the whole text again.
- ***the coherence of the verb tenses used***, which should match the actions or events described. If the text feels less than coherent, read it again, paying attention to sequences of events.
- ***the identity and interrelationships of the characters***. Are these consistent throughout? If not, go through the text again.

❸ When the translation is finished, take a break from it

You will be assessed on your understanding of the original (French into English) or on your capacity to produce French structures (English into French), and also on your skill at reproducing the atmosphere of the original. To do this you need to turn yourself into a writer. Any writing improves with rewriting, as the author returns to it after a break and sees more clearly how to refine the work.

- If the translation is ***a piece of homework***, to be handed in next week for example, make sure you finish it a couple of days earlier, leave it aside, then rework it on time for the official deadline. Printing it out in an unfamiliar font will also help you look at it more objectively.
- If the translation is ***a timed test***, do a first draft then turn your sheet over and think of something entirely different for a few minutes before fine-tuning.

❹ Before handing over your translation, read it again

Read your finished work several times, checking a different aspect each time, e.g.:

- ***completeness:*** make sure that you haven't forgotten to translate a word or a phrase;
- ***grammatical accuracy;***
- ***the authentic feel of the language***. If translating into English, read the text out loud and ask yourself if it feels natural.
- ***spelling***. Unless it is prohibited by your teacher, the use of a spell-checker will quickly show you which sentences should be split for a smoother effect and which word spellings to check in the dictionary.

❺ Avoid 'word-for-word' rendering

Here are a few tips for avoiding word-for-word translation;

- ***the imaginary friend:*** this is useful for translating into English. Imagine you have a friend who only speaks English. Explain to him / her, as naturally as possible, what you think every sentence in the text is saying. You will instinctively find the formulations that will avoid word-for-word rendering.
- ***systematic screening:*** this is useful for translating into French. Systematically, for any phrase that poses problems, make the effort of assuming that its French translation will be very different from the English structure. So look through the dictionary on the French side to find entries related to your problem phrases, then use the examples as models.

❻ Understand how words relate to each other

Words in a text are more like an organic whole (like a beehive, say) than like a collection of labels. Together, words produce meaning (the honey in the hive).

- In each language, words have a central meaning or **denotation**. The denotations of *lukewarm* and tiède are identical: neither hot nor cold.
- But depending on the context *lukewarm* may carry nuances or **connotations** that are pejorative (***the coffee was lukewarm***) or positive (***some beers are best served lukewarm***).
- The French word too has different connotations. Tiède can have pejorative connotations when used for a drink or food that should be hot (j'ai horreur du café tiède !). But in some contexts it can be positive il fait un temps agréable aujourd'hui, l'air est tiède, which means the weather is mild, pleasant.

To translate successfully, you need to understand the way that word connotations relate to the context in which the word occurs. To do so:

- check the dictionary for both denotations (you'll find them in the main body of the entries) but also connotations (these are signalled by the various labels and glosses, and they are made clear through the illustrative examples);
- make sure that you render the connotations without omitting any (which would be '***undertranslating***') and that you do not accidentally add connotations that were not in the original ('***overtranslating***'). It is not always possible to avoid those traps when dealing with a long text, but you should try to ensure that the way you express the connotations allows for balance across the whole text.

❼ Understand the importance of context

The more knowledge translators have about the context, the environment of the text, its author, the purpose to which he / she wrote and the potential readership, the better their chances of success. For instance, suppose that you have to translate the story of a car accident. Lacking all information on the context, you carry out the task as best you can but someone then tells you that the text is in fact part of (for instance)...

- a film script;
- a press dispatch;
- an accident report for an insurance company.

You now need to touch up your translation. For example:

- the film script has to have a specific visual layout;
- the press dispatch will be as brief as possible;
- the insurance report must be totally accurate, at the expense of stylistic elegance.

In the mental exercise that you have just done, you carried out the work twice. In real life, you will want to avoid wasting time. So it is in your interest, when translating, to always keep in mind the overall style and context of the text, beyond the isolated meaning of each sentence.

⑧ Learn about known grammatical pitfalls

There are many known pitfalls in translating between English and French. Look for lists of them and solutions to the problems they cause. Collect such information from your readings. The more personal the examples are, the more easily you will recall them when you need them. Pay particular attention to:

- word order when using adjectives;
- the use of the definite and indefinite article;
- verb tenses and aspects;
- French prepositions;
- French auxiliary and pronominal verbs.

⑨ Learn about known vocabulary pitfalls

Where vocabulary is concerned, try to collect '*false friends*' and to jot down ideas for the translation of these. Choosing a way of organising the material that suits you (alphabetically, by meaning, by date encountered, etc.) ensures that you will actually make use of the list once compiled. Remember also to collect '***confusibles***', such as agression and *aggression* or rythme and *rhythm*.

⑩ Enrich your cultural knowledge

A translator's cultural hoard is not built in a day, but is gathered throughout the translator's life! The bigger the hoard, the more successful the translator. This doesn't mean that learners should be put off. Even for novices, exposure to the target language will gradually help them to turn out more authentic translations, by helping them to pick up on jokes, in-crowd references, etc., in a variety of contexts. Keep building up your hoard wherever you can: by talking with French speakers, in French-speaking countries or on the Internet, by watching films (and studying the subtitles), by listening to music (why not get into the habit of translating songs?), by reading anything that you can lay your hands on, as long as it's in French.

LES 10 POINTS-CLÉS DE LA TRADUCTION

Pour planifier votre travail, voyez les points 1 à 4. Pour améliorer le contenu de vos traductions, consultez les points 5 à 10.

① Avant de lire le texte, assurez-vous de ce que l'on attend de vous

- Une ***traduction professionnelle*** doit servir un auditoire (par exemple les lecteurs francophones de *Harry Potter* ou les utilisateurs francophones d'un appareil dont la notice a été originellement rédigée en anglais).
- Le ***thème*** et la ***version*** sont plutôt destinés à montrer à un professeur ou à un examinateur le niveau de maîtrise de la langue atteint par l'étudiant.

Avant même de lire le texte à traduire, familiarisez-vous avec l'épreuve à laquelle vous vous présentez, son niveau et les critères qui détermineront les notes finalement accordées. Consultez des ouvrages et des sites pédagogiques spécialisés, des rapports de jury d'examen et des collections d'annales (accessibles sur Internet).

② Avant de commencer la traduction, lisez le texte plusieurs fois

Lisez plusieurs fois le texte, avec un objectif différent à chaque lecture. Un papier et un crayon, ou votre clavier d'ordinateur, sont indispensables pour prendre des notes pendant ces pré-lectures, qui par la suite vous éviteront de perdre du temps. Relisez donc le texte pour repérer :

- ***les tournures grammaticales inconnues ou peu familières.*** Vérifiez-les dans les divers encadrés du dictionnaire et dans d'autres ouvrages. Voir aussi le point-clé n° 8.
- ***le vocabulaire que vous ne connaissez pas ou mal.*** C'est seulement une fois ces difficultés repérées pour l'ensemble du texte que vous consulterez le dictionnaire.

… et si le texte est narratif ou littéraire…

- ***le lieu / la situation*** servant de cadre à l'action. Ces éléments sont-ils cohérents d'un bout à l'autre du texte ? Sinon il y a des chances pour que vous ayez mal compris le texte. Dans ce cas, relisez-le.
- ***la cohérence du temps de l'action***, qui doit correspondre aux temps des verbes. Si ce n'est pas le cas, vous avez certainement mal compris : il vous faut relire le texte.
- ***l'identité des personnages et les relations entre eux.*** Les retrouve-t-on logiquement du début de la narration à la fin ? Sinon, relisez encore le texte.

③ Une fois la traduction terminée, prenez du recul

On est évalué sur sa compréhension de l'original (version) ou sa capacité à produire des structures anglaises (thème), mais l'on doit aussi savoir rendre la meilleure équivalence possible de l'atmosphère du texte dans les deux langues. On doit donc devenir un peu écrivain. La prise de recul est bénéfique à tout travail d'écriture. Sans pause entre la production et la relecture, il n'y a pas d'objectivité possible.

S'il s'agit d'***un devoir à rendre dans une semaine***, par exemple, finir la traduction un jour ou deux plus tôt, la laisser de côté et n'y revenir que le lendemain ou le surlendemain. L'imprimer, si possible dans une police différente, pour vous permettre de prendre davantage de recul.

- S'il s'agit d'***un devoir sur table***, dès que le texte est dégrossi, retournez votre feuille, et donnez-vous quelques instants pour penser à autre chose.

④ Avant de rendre votre travail, relisez-le

Faites plusieurs relectures de votre texte pour en vérifier successivement :

- ***l'exhaustivité :*** avez-vous tout traduit ? Ne manque-t-il pas un petit mot par-ci par-là dont l'absence sera pénalisée ?
- ***la correction grammaticale ;***
- ***la fluidité.*** Posez-vous la question : « Si je lis cette phrase à un francophone, trouvera-t-il qu'elle sonne bien en français ? » Au besoin, lire la phrase à voix haute. En cas de doute, mieux vaut reprendre votre phrase.
- ***l'orthographe.*** À moins que cela ne soit proscrit par votre professeur, passez le correcteur orthographique sur votre texte. Cela vous permettra de savoir rapidement quelles phrases il vaudrait mieux couper et quels termes vérifier dans le dictionnaire.

⑤ Évitez le mot à mot

Traduire un texte mot à mot, c'est souvent s'exposer au ridicule. Deux techniques permettent de l'éviter : la première (point-clé n° 3) doit être utilisée dès la traduction terminée, la seconde (point-clé n° 8) est un travail à plus long terme. Cependant lors de la réalisation de la traduction, on peut se prémunir contre la tentation du mot à mot en employant les stratégies suivantes :

- pour la <u>version</u> : ***l'ami imaginaire.*** Imaginez que vous avez devant vous un ami qui ne comprend que le français. À voix haute ou mentalement, expliquez-lui – à votre façon à vous – ce que veut dire chaque phrase. Votre explication sera la plus « naturelle » possible et, en la reproduisant par écrit, vous éviterez le mot à mot.
- pour le <u>thème</u> : ***le dépistage systématique.*** Pour toute expression dont vous ne connaissez pas avec certitude l'équivalent anglais, supposez a priori qu'elle ne peut aucunement être calquée sur l'expression française de votre texte. Faites des recherches préalables parmi les exemples du dictionnaire pour découvrir des exemples d'usage réel anglais dont vous pourrez vous inspirer. Soyez créatif : interrogez non seulement l'entrée des mots-clés qui vous ont posé un problème, mais aussi leurs synonymes, pour découvrir d'autres traductions possibles.

⑥ Le sens de la phrase : les rapports des mots entre eux

Le vocabulaire d'un texte ressemble plus à un ensemble vivant (une ruche, par exemple) qu'à une série d'étiquettes. Ensemble, les mots du texte interagissent pour produire le sens (le miel de la ruche).

- Dans chaque langue, les mots ont un sens principal, ou **dénotation**. La dénotation de *tiède*, celle de warm, de tepid et de lukewarm sont identiques : ni très chaud ni très froid.
- Mais *tiède* peut avoir des nuances ou **connotations** péjoratives (***le café était tiède***) ou, au contraire, mélioratives (***cette salade est délicieuse servie tiède***).
- Les trois mots anglais ont des connotations encore différentes. Dans le cas du café, il convient de traduire *tiède* par lukewarm, dont les connotations sont péjoratives, mais pour la délicieuse salade c'est plutôt warm, un adjectif aux connotations mélioratives, qui convient. Tepid, lui, a des connotations scientifiques qui n'en recommandent pas l'usage dans des contextes culinaires mais plutôt techniques, comme : ***ajouter de l'eau distillée et n'appliquer la solution qu'une fois tiède***.

Pour bien traduire, il faut comprendre quels rapports les mots ont les uns avec les autres et :

- vérifier dans le dictionnaire non seulement les dénotations des mots (repérables dans les traductions principales) mais aussi leurs connotations (identifiables grâce aux diverses gloses et étiquettes, ainsi qu'à travers les exemples illustratifs) ;
- ne pas oublier de connotations (ce qui reviendrait à ***sous-traduire***) ; ne pas non plus en ajouter accidentellement (là, il y aurait ***surtraduction***). Il n'est pas toujours possible d'éviter ces deux écueils tout au long d'un texte, mais on doit veiller à ce que l'équilibre d'ensemble du texte de départ équivaille à celui du texte d'arrivée.

⑦ Essayez d'identifier le contexte du texte

Plus le traducteur en sait long sur le contexte, l'environnement du texte, son auteur, le but dans lequel il l'a écrit et le type de lecteurs potentiels, plus la traduction sera bonne. Exemple : vous devez traduire la description d'un accident de voiture. Vous ne possédez aucune information sur le contexte. Vous vous acquittez au mieux de cette tâche, mais, lorsque vous l'avez accomplie, quelqu'un survient qui vous révèle qu'en fait ce texte fait partie de... (imaginez au choix) :

- un scénario de film ;
- une dépêche de presse ;
- une déclaration d'assurance.

Vous devrez donc remanier votre traduction. Par exemple :

- le scénario de film aura une présentation visuelle particulière et les contractions grammaticales typiques de l'anglais parlé seront privilégiées ;
- la dépêche de presse sera composée de mots choisis pour leur brièveté ;
- dans la déclaration d'assurance, le moindre détail matériel sera respecté à la lettre, même au prix de l'« inélégance » de la traduction.

Dans l'exercice d'imagination ci-dessus, vous avez effectué le travail deux fois. Dans la réalité, il vaut mieux ne le faire qu'une fois. C'est pourquoi en traduisant vous garderez toujours à l'esprit le style global du texte au-delà du sens de chacune de ses phrases. Et pour vous sensibiliser à l'analyse stylistique, rien de tel que la lecture des classiques : les *Exercices de style*, de Raymond Queneau, par exemple.

⑧ Déjouez les écueils grammaticaux

Entre le français et l'anglais, beaucoup d'écueils de traduction sont connus et rien n'empêche d'en étudier la liste ni d'en apprendre les solutions les plus pratiquées. On a tout intérêt à aborder cette tâche de façon active (crayon à la main ou clavier sous les doigts) et à consigner soi-même ses « recettes » de traduction – dans un fichier qu'on aura organisé selon ses besoins personnels. Attention à :

- l'ordre des adjectifs, différent dans les deux langues ;
- l'utilisation des articles définis et indéfinis (dans les deux langues) et à l'omission de l'article (en anglais principalement) ;
- les temps des verbes et leurs aspects (dans les deux langues) ;
- les verbes anglais avec postposition ;
- les verbes anglais exprimant des modalités (could, should, must, etc.)

⑨ Évitez les pièges concernant le vocabulaire

Constituez-vous une « collection » de faux amis et de « solutions » pour leur traduction. N'oubliez pas de noter également les « pièges orthographiques » (par exemple ***agression*** et aggression ou ***rythme*** et rhythm).

⑩ Dotez-vous d'un bon bagage culturel

Le bagage culturel du traducteur se construit progressivement (tout au long de la vie), et plus il devient important, plus le traducteur effectuera de bonnes traductions. Cependant, il ne faut pas se décourager : même « en cours de construction », ce bagage aide à comprendre les allusions et renseigne utilement sur les styles et contextes. On le développe au contact des locuteurs anglophones, partout où on peut les rencontrer en surfant sur Internet, en regardant des films, même sous-titrés (vous pourrez ainsi juger de la qualité des sous-titres), en écoutant des chansons (et, pourquoi pas, en les traduisant vous-même), en lisant tout ce qui vous tombe sous la main, pourvu que ce soit en anglais.

WRITING A BOOK SUMMARY

Professionals write book reviews to let others know whether a book is worth reading. Your purpose in writing a book summary is rather to record your thoughts on a reading for later use, e.g. in your writing, or to let your teacher judge your understading of an issue.

BEFORE YOU WRITE

❶ Before opening the book, do a little paper or Internet-based research around:

- The author: who is he / she? What else have they written? What do critics say about them?
- The type of book: is it fiction, factual, romance, poetry?
- Who is the sort of reader interested in reading this book?

❷ Before reading the detail, analyse the structure: with pen and paper, start with the *Table of Contents*, then leaf through and note how the book is arranged: chapters? sections? appendices? photographs?

❸ While reading, note the book's main arguments, locations, characters, themes.

❹ After reading, close the book, walk away and ask yourself what made the reading good, innovative, engrossing? Or maybe dull or unpleasant?

WHEN WRITING

❺ Begin with a short background of the work, its author and its standing with its readers.

❻ Describe how the book is organised, chapter by chapter, without including your personal views for the moment.

❼ Interpret what you think the author's purpose was.

❽ Give your final appraisal with any supporting examples or quotations.

AFTER WRITING

❾ Check accuracy: have you quoted the author properly, and is your own spelling correct?

❿ Ask yourself: "If I reread this summary in a year's time, will it give me an accurate account of what I felt when I read the book?" Alter your text accordingly.

RÉDIGER UNE SYNTHÈSE D'OUVRAGE

Pour un journaliste, rédiger une synthèse d'ouvrage répond au besoin d'aider ses lecteurs à décider s'il convient de l'acheter. En revanche, un étudiant rédige une synthèse d'ouvrage pour l'utiliser plus tard, par exemple afin de nourrir ses références dans une dissertation, ou pour la remettre à un professeur qui s'en servira pour évaluer le niveau de compréhension de son élève.

AVANT DE COMMENCER LA RÉDACTION

❶ Avant même de lire le livre à synthétiser, renseignez-vous sur Internet ou dans des ouvrages de référence sur :

- L'auteur : qui est-il ? Qu'a-t-il écrit d'autre ? Qu'en disent les critiques ?
- Le genre auquel appartient le livre : roman, essai, mémoire, poésie ?
- Quel est le lectorat-type de ce genre de livre ?

❷ Avant de lire le livre en détail, survolez-le (le crayon à la main) pour en apprécier la structure. Commencer par la table des matières, puis feuilletez l'ouvrage pour repérer les sections, chapitres et autres parties principales qui le composent.

❸ Au fur et à mesure de la lecture détaillée du livre, notez les idées-forces, les lieux et personnages principaux, les thèmes et sous-thèmes.

❹ À la fin de votre lecture, refermez le livre et donnez-vous quelques instants pour revoir mentalement ce que vous avez lu : quelles semblent être maintenant les idées-forces ? Vous semblent-elles être les mêmes qu'au début de votre travail ? L'impression générale qui vous reste de votre lecture est-elle positive ? Négative ? Demandez-vous dans chaque cas pourquoi.

LA RÉDACTION DE LA SYNTHÈSE

❺ Commencez par une brève section qui décrira rapidement l'auteur et les points importants de sa vie et de son œuvre.

❻ Ensuite, décrivez l'organisation interne de l'ouvrage, chapitre par chapitre, et énumérez les idées et objectifs principaux de l'auteur. Pour le moment, gardez pour vous toute impression subjective.

❼ Donnez votre interprétation personnelle de la réussite ou de l'échec de l'auteur : a-t-il réalisé le ou les buts invoqués ci-dessus ?

❽ Donnez enfin votre jugement personnel sur l'ensemble du livre, positif et / ou négatif, sans oublier de justifier vos assertions par des exemples.

APRÈS LA RÉDACTION

❾ Faites les dernières vérifications : avez-vous cité l'auteur correctement jusque dans les moindres détails typographiques ? Votre propre orthographe est-elle irréprochable ?

❿ Demandez-vous si – en supposant que vous laissiez de côté votre synthèse pendant un an – une relecture ultérieure vous permettrait de retrouver vos impressions d'origine ? Si cela n'est pas le cas, c'est que vous n'avez pas été assez clair(e). Retravaillez alors votre texte.

RÉDIGER UN COMPTE-RENDU DE RÉUNION

Marketing Attitude, S.A.

Réunion du : 04/05/2010

À : Locaux de Graphique-Info (salle Henri Barbusse)
124 quai de Javel
75015 PARIS

Présents : R. Habibi (RH), P. Koutoundjan (PK), J.-F. Motte (JFM), M.-H. Pacaud (MHP), V. Roubert (VR)

Excusés : J. Khomiakoff, L. Roudy

Secrétaire de séance : RH

Compte-rendu de réunion	
	Ordre du jour **1.** Approbation du CR de la réunion du 29 avril 2010 **2.** Point sur notre budget publicité à l'international **3.** Exposé de JFM sur – les ventes des supports de promo – nos brochures chez BDCom – le déménagement interne **4.** Questions diverses
1.	Le CR est adopté, avec l'ajout de la mention « avant le 23 juillet 2010 » à la fin du 3e paragraphe.
2.	Notre budget publicité est en hausse de façon générale (+ 8 % en moyenne sur l'année 2009), notamment grâce aux demandes croissantes de nos clients allemands et italiens. Un volet Publicité sur Internet est à l'étude. MHP est en train d'établir notre grille de tarifs selon les pages Web visitées et nous fera une présentation à la prochaine réunion.
3.	◊ En baisse depuis le 2e semestre 2009, les ventes du CD promotionnel sont peu à peu remplacées par des encarts magazines et des insertions sur clé USB, comme prévu depuis la semaine 10. Le déploiement presse et USB cumulé doit être terminé dans le courant de la semaine 21. ◊ Les productions BDCom étant reprises par Graphique-Info, nos brochures seront désormais préparées par la nouvelle société mais nous continuerons à nous adresser à V. Ribaud pour les maquettes. ◊ Le déménagement des bureaux est fixé au lundi 7 juin. Tout le matériel devra être étiqueté et dans les cartons, y compris plaquettes, slides et autres supports de promotion à l'extérieur. Pour les ordinateurs, scans, imprimantes et PDA, voir avec l'équipe informatique.
4.	- L'impression du papier à lettres à jour et des nouvelles cartes de visite est lancée. Chacun devrait avoir ses cartes de visite dans le courant de la semaine 24. - **Prochaines échéances** : Réalisation des plaquettes de Noël pour le 28/09/10. Salon de la mobilité urbaine, à Milan, octobre 2010. À noter : Prochaine réunion dans nos locaux : 17/05/10. La réunion est close par une visite du service maquettes de Graphique-Info.

If the agenda is mentioned elsewhere in the document, the abbreviation "ODJ" can be used.

"compte-rendu" is often abbreviated to "CR" or "CPR". In more formal contexts and particularly in legal contexts, the term "procès-verbal" is used. In this case the previous minutes must be approved.

ANY OTHER BUSINESS. Includes all the points which arise after the agenda has been drafted or which do not fall under the other headings.

The minutes are laid out in the same order as the agenda.

Weeks are often referred to by a number.

The style should be succinct and minutes should focus on the decisions that are made rather than the discussions that led to these decisions.

The style should also be factual, impartial and impersonal. Here for example it does not matter who printed the documents.

WRITING THE MINUTES OF A MEETING

ROMEX Marketing Committee
Minutes of a meeting held at Swan Court, Romex Headquarters
Date: 02 May 2010, 10.30 am
Chair: G Temple
Attending: MHL, TB, JM, JKL, PF
Apologies: HR, DN
Minutes: AW

		Action
1.	**Minutes of the last meeting (29 April 2009)** Approved with the following amendments: add sentence "JM volunteered to carry out the survey" at the end of paragraph **2**.	
2.	**Matters arising** JKL was contacted by WebUNet with a request for information on our software needs for the forthcoming year. JKL and TB to prepare a draft and bring it back to this Committee for approval before release.	**JKL, TB**
3.	**Chair's report** – Sales figures for year to date are up by 1.4%. Northern Europe figures are not included. Chair will chase. – Wired Designs have been taken over by One Stop Pix. Our flyers will now be produced by the new company, but Will Donato continues as our designer. – The office move will now happen in the week beg. 24 June. All personal belongings to be packed in the crates provided, by end of business Friday 21st June. Paula will let us know the date of delivery of the crates.	**GT** **PF**
4.	**Any Other Business** Paula thanked members of Committee for their support during her recent stay in hospital. There was no other business.	
5.	**Next meeting: 04 June, 10.30, Swan Court.**	

	Proposal That 50% of the funds raised at our recent charity auction be used to pay a German native proofreader for the Schöpfung leaflet. For: 4; Against: 3; Abstentions: 1.	

On peut aussi matérialiser les responsabilités d'une autre façon (dans le corps de compte-rendu en gras, par exemple). L'essentiel est que l'identité du responsable ressorte clairement.

Ou, le cas échéant : « Approved without changes »

La féminisation du monde du travail tend à entraîner une moindre utilisation du terme « chairman », souvent remplacé par « chairperson » ou « chair ».

D'autres rapports peuvent aussi intervenir à la suite du « Chair's report », par exemple « Report of the Finance Sub-Committee », « Report of the Market Research Sub-Committee », etc.

Cette expression est souvent remplacée par le sigle A.O.B.

Le compte-rendu ci-dessus illustre une réunion d'information du personnel de Romex. Dans d'autres contextes (par exemple associatifs plutôt que commerciaux), une partie de la réunion peut être consacrée à des discussions menant à des décisions. On aura alors la rubrique supplémentaire « Proposals », après le ou les rapports.

PONCTUATION ET USAGE DES MAJUSCULES EN ANGLAIS : PRINCIPALES DIFFÉRENCES

UN USAGE MOINDRE DES...

- ... signes de ponctuation autres que le point. Ainsi, après une énumération ou d'une phrase introduisant une explication, ne pas mettre deux-points mais une virgule, un tiret, ou un point final.
  She wanted to leave. She was tired. **Elle voulait partir : elle était fatiguée.**
- ... blancs. On ne met pas de blanc devant un point d'interrogation ou d'exclamation, un point-virgule ou deux-points.

UN PLUS GRAND USAGE DES POINTS ET DES TIRETS

- À longueur égale, un paragraphe anglais comporte moins de subordonnées et plus de phrases courtes. Ainsi, il y a plus de points finaux dans un texte anglais que dans son équivalent français.
- Le tiret s'emploie souvent là où le français met des virgules. Par exemple la phrase ci-dessus devient :
  It has a greater number of short main clauses – therefore more full stops – than its French equivalent.

UN USAGE DIFFÉRENT DES VIRGULES ET DES POINTS DE SUSPENSION

- Pas de virgule après un adverbe en position initiale (sauf les adverbes de phrase) ni après le numéro d'une maison dans une adresse.
  Then we went home. **Ensuite, nous sommes rentrés.**
  Unfortunately, I was unable to come. **Malheureusement, je n'ai pas pu venir.**
  43 Charles Street **43, rue Charles**
- D'une manière générale, on fait un usage moindre des virgules qu'en français.
- Il est possible de mettre une virgule avant **and** (ou avant **or** et **nor**).
- Les points de suspension indiquent la coupure d'un passage ou la poursuite d'un texte sur une page différente. Ils ne s'utilisent pas pour remplacer **etc.**
- Les chiffres : inversion des points et des virgules par rapport à la notation française.
- Grands chiffres : l'anglais place une virgule ou un blanc devant les centaines (£12,000 / £12 000 = **douze mille livres**).
- La décimale est précédée d'un point : **23.45 cm** = 23,45 cm

DIFFÉRENCES DANS LA PRÉSENTATION DES CITATIONS

- L'anglais dispose de guillemets doubles ("bonjour") et de guillemets simples ('bonjour'). L'usage varie selon les éditeurs. Pour une citation interne comprise dans une citation plus longue, on met des guillemets simples (alors que la citation longue prend des guillemets doubles) : "He loved to yell 'Woe to the vanquished!'" **« Il aimait crier *Malheur aux vaincus !* »**
- Dans le discours direct, lorsqu'il y a un verbe déclaratif, les guillemets se placent ainsi : "We're off" she said "and a good thing too!" **« On part dit-elle, et heureusement ! »**

LES MAJUSCULES SONT PLUS RÉPANDUES EN ANGLAIS

- Les mettre obligatoirement aux noms et adjectifs géographiques et d'appartenance religieuse ainsi qu'aux noms de langues :
  the Atlantic Ocean = **l'océan Atlantique**
  a French baker = **un boulanger français**
  to learn French = **apprendre le français**
  a Muslim = **un musulman**
  influenced by Buddhism = **influencé par le bouddhisme**
- Les mettre obligatoirement aux jours de la semaine et aux mois de l'année
  I'll go on Monday 25th of October. **J'irai lundi 25 octobre.**
- Dans les appellations institutionnelles ou officielles, les majuscules sont plus nombreuses qu'en français :
  the Declaration of Human Rights = **la Déclaration des droits de l'homme**
  in the days of Queen Victoria = **du temps de la reine Victoria**
  the President of the Republic and the Minister for Education = **le président de la République et le ministre de l'Éducation nationale**
  Ask for Doctor Mcdaid. **Demandez le docteur Mcdaid.**

HOW FRENCH DIFFERS FROM ENGLISH IN PUNCTUATION AND USE OF CAPITALS

FRENCH MAKES GREATER USE OF SPACES

- Before question and exclamation marks, colons and semi-colons.
- After an opening quotation mark and before a closing one.

FRENCH USES COMMAS DIFFERENTLY

- Do not place a comma before et, ou or ni, except ni when repeated more than twice:
  ni toi ni moi
  ni toi, ni moi, ni ta mère
- You may place a comma after an adverb (or an adverbial phrase) in initial position in the sentence.
  Ensuite, nous sommes rentrés. **Then we went home.**
- French does not use commas when expressing large numbers: spaces are used instead.
  12 000 euros = **twelve thousand euros**
- With decimal numbers: place a comma to the left of the first decimal point.
  23,45 cm = **23.45 cm**

FRENCH USES MORE COLONS AND SEMI-COLONS

- A semi-colon introduces a sentence which is related in its meaning to the previous one.
  Les bus étaient en grève ; les trains étaient bondés. Je me souviens de cette journée comme d'un cauchemar. **The buses were on strike. The trains were full. I remember that day as a nightmare.**
- Semi-colons indicate some connection of meaning between the two sentences. If the connection of meaning is very slight, the two sentences should be separated by a full stop.
  Les bus étaient en grève. Il était déjà tard. Je me souviens de cette journée comme d'un cauchemar. **The buses were on strike. It was getting late. I remember that day as a nightmare.**
- A colon introduces a sentence which explains or illustrates the previous one, or lists elements implied in the previous one.
  Elle voulait partir : elle était fatiguée. **She wanted to leave. She was tired.**

FRENCH PRESENTS QUOTATIONS DIFFERENTLY

- Quotation marks or **guillemets**: single quotation marks are not used. Quotes are surrounded by double quotation marks (« »). Where in English you might have used single quotes to highlight a word, choose a distinct font instead (italics or bold).
- Dialogues: a dash generally introduces dialogues in a novel.

FRENCH USES FEWER CAPITAL LETTERS

- Never use capitals with names of languages or adjectives referring to nationality, towns, provinces, etc.:
  apprendre le français = **to learn French**
  un boulanger français = **a French baker**
- Do not use a capital to refer to religions or their followers:
  un musulman = **a Muslim**
  influencé par le bouddhisme = **influenced by Buddhism**
- Never start the day of the week or the noun in a geographical name with a capital:
  J'irai lundi. **I'll go on Monday.**
  l'océan Atlantique = **the Atlantic Ocean**
- Generally, only the first noun is capitalised in institutional names or titles:
  la Déclaration des droits de l'homme = **the Declaration of Human Rights**
- Names of official roles are in lower case:
  l'empereur Napoléon = **the Emperor Napoleon**
  Demandez le docteur Lagarde. **Ask for Doctor Lagarde.**
  Le président de la République et le Premier ministre... **The President of the Republic and the Prime Minister...**

Cahier culturel
Cultural supplement

milestones of the English language — *jalons de la langue anglaise*

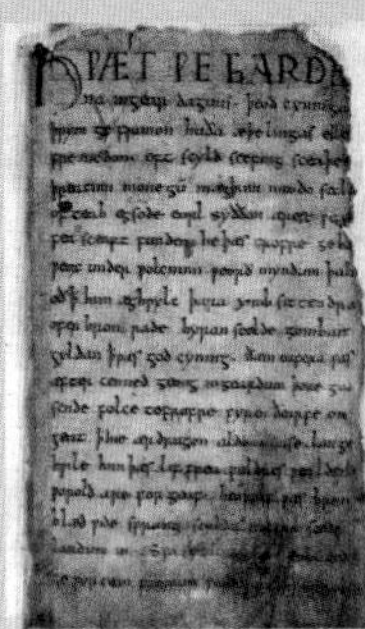

First page of the manuscript of the Old English epic poem Beowulf *(700–1000 AD).*
Première page du manuscrit du poème épique Beowulf, *rédigé en vieil anglais (700–1000 apr. J.-C.).*

The beginnings of English. Old English, also called Anglo-Saxon, was a West Germanic language spoken in parts of England and the south of Scotland between around the middle of the 5th c. and the middle of the 12th. It was a language unusually rich in literature. In particular, the epic poem *Beowulf* has taken on national emblematic status.

Les origines de la langue anglaise. Le vieil anglais, appelé aussi anglo-saxon, qui appartient à la famille des langues germaniques occidentales, était parlé dans certaines régions d'Angleterre et dans le sud de l'Écosse entre le milieu du Ve siècle et le milieu du XIIe siècle. Cette époque se caractérise par une extrême richesse littéraire. Citons notamment le poème épique *Beowulf*, qui a acquis le statut d'emblème national.

Latin, the administrative language of Europe. The *Domesday Book*, the huge survey of England undertaken by William the Conqueror in 1086, aimed to record every piece of land, its buildings, its inhabitants, its livestock, its crops. The document, written in Latin, but including a great many local terms and annotations in Old English, remains to this day a valuable source of information for historians and genealogists.

Le latin, langue de l'administration à travers toute l'Europe. *Le Domesday Book*, immense travail cadastral décidé par Guillaume le Conquérant en 1086, recense la totalité des terres, maisons, habitants, animaux d'élevage et récoltes du royaume d'Angleterre. Ce document, rédigé en latin mais contenant de nombreux termes locaux ainsi que des annotations en vieil anglais, demeure à ce jour une précieuse source de renseignements pour les historiens et les généalogistes.

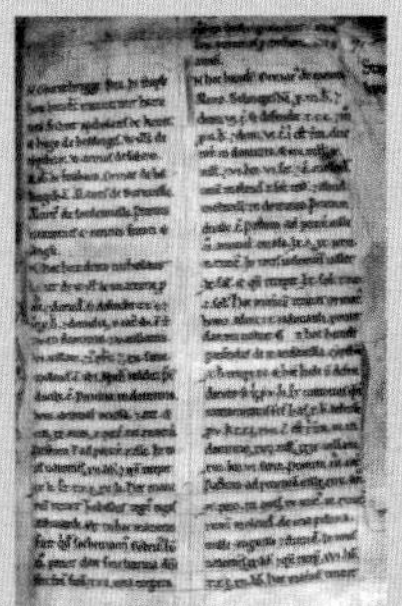

Transcript of notes (12th c.) to the Domesday Book *(1086).*
Transcription de notes (XIIe s.) provenant du Domesday Book *(1086).*

King John signing Magna Carta *(1215).*
La signature de la Magna Carta *par le roi Jean sans Terre (1215).*

English, Norman, Latin. King John (John Lackland: 1165–1216) was forced by his barons to sign the *Magna Carta* (the Great Charter) at Runnymede near Windsor in 1215. Written in Latin, it laid down a number of rights and principles and is considered to be one of the most important documents in the history of democracy. Latin was the official written language but King John spoke Norman French, as did all the English kings, their parliaments, and the entire English ruling class from the Norman Conquest in 1066 until English started to regain the linguistic arena in the 1360s.

Anglais, normand, latin. Le roi Jean sans Terre (1165–1216) fut contraint par ses barons de signer la *Magna Carta* (la Grande Charte) à Runnymede près de Windsor en 1215. Rédigée en latin, elle établit un certain nombre de droits et de principes fondamentaux et est considérée comme l'un des textes majeurs dans l'histoire de la démocratie. Le latin était la langue écrite officielle, mais le roi Jean parlait le franco-normand, à l'instar de tous les souverains anglais, leur Parlement et toute la classe dirigeante anglaise à partir de 1066, date de la conquête de l'Angleterre par les Normands, et jusqu'aux années 1360, lorsque l'anglais recommença à s'imposer dans l'arène linguistique.

Middle English. Throughout the three centuries following the Norman Conquest English evolved, taking in a good deal of French, into what we now call Middle English, but the language of literature and administration continued to be either Latin or French. Geoffrey Chaucer (1342–1400) is generally credited with being the first writer to show that English could be a language of rich literary expression.

Le moyen anglais. Au cours des trois siècles qui ont suivi la conquête de l'Angleterre par les Normands, la langue anglaise, fortement influencée par le français, a évolué et est devenue ce que les linguistes appellent le « moyen anglais ». Mais la langue de la littérature et de l'administration demeurait soit le latin, soit le français. On considère l'œuvre de Geoffrey Chaucer (1342–1400) comme l'une des premières illustrations de la richesse littéraire de la langue anglaise.

A miniature taken from a 15th c. manuscript representing Chaucer's pilgrims.
Miniature provenant d'un manuscrit du XVe s. représentant les pèlerins de Chaucer.

William Shakespeare, as depicted by Louis Coblitz (1814–1863).
William Shakespeare, peint par Louis Coblitz (1814–1863).

Renaissance. Universally recognized as the greatest writer in the English language to the present day, William Shakespeare (1564–1616) was also England's foremost Renaissance figure. As the most frequently quoted writer in the English-speaking world, his influence cannot be over-stated. With Shakespeare and later writers such as John Milton (1608–1674) came the emergence of Early Modern English.

La Renaissance. Reconnu universellement comme le plus grand écrivain de langue anglaise, William Shakespeare (1564–1616) fut également l'une des figures littéraires majeures de la Renaissance en Angleterre. L'influence de cet auteur, le plus souvent cité dans le monde anglophone, a été colossale. C'est avec Shakespeare et, plus tard, dans l'œuvre d'autres écrivains tels que John Milton (1608–1674) qu'apparut l'« anglais moderne naissant ».

The King James Bible. Second only to Shakespeare in terms of impact on the language is the *King James Bible*. It was sponsored by King James VI of Scotland and I of England and published in 1611. Its power and poetry have become part of the fabric of the language.

La Bible du roi Jacques. En termes d'impact sur la langue anglaise, la *Bible du roi Jacques* arrive juste après Shakespeare. Cette traduction, commandée par le roi Jacques VI d'Écosse, qui devint Jacques Ier d'Angleterre, fut publiée en 1611. D'une grande puissance poétique, elle fait partie du patrimoine littéraire anglais.

Frontispiece to the King James Version of the Bible (1611).
Frontispice de la Bible du roi Jacques (1611).

Samuel Pepys Esquire, English Diarist.
Samuel Pepys Esquire, chroniqueur anglais.

England's greatest diarist. English naval administrator and Member of Parliament, Samuel Pepys (1633–1703) was a man of great culture and insatiable curiosity. A fervent bibliophile, he left over 3,000 volumes on his death, including the celebrated diary which he kept over one of the most turbulent periods of English history. Endlessly vivid, the diary provides the best account available of London during the Great Plague and the Great Fire that destroyed much of the City of London.

Le plus grand chroniqueur anglais. Officier d'administration navale et membre du Parlement, Samuel Pepys (1633–1703) était un homme d'une grande culture et d'une curiosité insatiable. Fervent bibliophile, il laissa à sa mort plus de 3 000 volumes, notamment le célèbre journal qu'il avait tenu durant l'une des époques les plus troublées de l'histoire de l'Angleterre. D'une grande vivacité, son journal nous livre un témoignage précieux et unique sur la Grande Peste qui frappa Londres et le Grand Incendie qui ravagea la ville.

Samuel Johnson (1709–1784), the father of modern lexicography.
Samuel Johnson (1709–1784), le père de la lexicographie moderne.

Modern lexicography. One of the intellectual giants of the 18th century, Samuel Johnson was poet, essayist, philosopher, biographer, literary critic – and, last but not least, lexicographer. Perhaps his best known work, *A Dictionary of the English Language* was astonishingly written single-handed between 1747 and 1755. It remained the authority on the English language until James Murray's great *Oxford English Dictionary*, written between 1860 and 1928.

La lexicographie moderne. Samuel Johnson fut l'une des figures intellectuelles marquantes du XVIIIe siècle en Angleterre. Poète, essayiste, philosophe, critique littéraire, et surtout lexicographe, il est l'auteur d'un *Dictionnaire de la langue anglaise*, probablement son œuvre la plus célèbre. Ce qui est stupéfiant, c'est qu'il rédigea à lui tout seul ce dictionnaire de 1747 à 1755. Il fit autorité jusqu'à la parution du grand *Oxford English Dictionary* de James Murray, rédigé entre 1860 et 1928.

Modernism. The decades leading up to the First World War (1914–1918) gave rise to a number of movements constituting what we now call Modernism. English literature saw a veritable explosion of experimentation in language and form. Notable figures are James Joyce, T.S. Eliot, Virginia Woolf, Gertrude Stein, Ezra Pound, and W.B. Yeats.

La modernité. Au cours des décennies qui ont précédé la Première Guerre mondiale (1914–1918), plusieurs mouvements littéraires ont vu le jour, constituant un courant qu'on appelle la « modernité ». La littérature anglaise connut une véritable explosion d'expérimentations stylistiques et formelles. Ses principaux représentants sont James Joyce, T.S. Eliot, Virginia Woolf, Gertrude Stein, Ezra Pound et W.B. Yeats.

James Joyce (1882–1941), Irish writer, best known as the author of the revolutionary novels Ulysses *(1922) and* Finnegans Wake *(1939).*
James Joyce (1882–1941), écrivain irlandais. Ses deux romans les plus célèbres ont révolutionné la littérature : Ulysse *(1922) et* Finnegans Wake *(1939).*

milestones of the French language *jalons de la langue française*

In Romance for the first time. In 842, Charles the Bald and Louis the Germanic swore an oath of alliance. Charles the Bold's address to the soldiers is written not in Latin but in Romance, which was the everyday language of the western part of the Carolingian Empire: *Pro Deo amor et pro christiano poblo et nostro comun salvament...* (For the love of God, the salvation of the Christian people and that of us both...).

En roman pour la première fois. En 842, Charles le Chauve et Louis le Germanique prononcent à Strasbourg un serment d'alliance. Le texte qui s'adresse aux soldats de Charles le Chauve n'est pas rédigé en latin, mais en roman, c'est-à-dire dans la langue quotidienne de la partie occidentale de l'Empire carolingien : *Pro Deo amor et pro christiano poblo et nostro comun salvament…* (Pour l'amour de Dieu et le salut commun du peuple chrétien et de nous deux…).

Portrait of the king of France Charles II the Bold (843–877), brother of Louis the Germanic.
Portrait du roi de France Charles II le Chauve (843–877), frère de Louis le Germanique.

King Philippe VI de Valois receives the homage of Edward III of England.
Le roi Philippe VI de Valois reçoit l'hommage d'Édouard III d'Angleterre.

Norman French in England. King Edward III of England (1327–1377) pays homage to the King of France, Philippe VI de Valois (1328–1350). Like almost all the members of the English aristocracy, Edward III did not speak English. After defeating Philippe VI at the Battle of Crécy (1346), he congratulated his troops, who were all English, in Franco-Norman.

Le franco-normand des Anglais. Le roi d'Angleterre Édouard III (1327–1377) prête hommage au roi de France Philippe VI de Valois (1328–1350). Comme presque tous les membres de l'aristocratie anglaise, d'origine normande, Édouard III ne parlait pas anglais. Vainqueur de Philippe VI à Crécy (1346), il a félicité ses propres soldats, tous anglais, en langue franco-normande.

French as a literary language. For a long time, the French romances of chivalry, particularly those of Chrétien de Troyes (1135–1183), the greatest writer of French romances of the Middle Ages, were read all over Europe in the original French.

Le français, langue littéraire. Longtemps, l'Europe a lu dans leur langue d'origine les romans français de chevalerie, notamment ceux de Chrétien de Troyes (1135–1183), le plus grand romancier français du Moyen Âge.

Illustration from Perceval, *a romance of chivalry by Chrétien de Troyes.*
Illustration de Perceval, *roman de chevalerie de Chrétien de Troyes.*

Latin, the language of the university. Throughout Europe, up until the 16th century, university teaching was conducted in Latin rather than in the vernacular. Here, a Parisian teacher delivers a commented reading of a text.

Le latin, langue universitaire. Jusqu'au XVIe siècle, dans toute l'Europe, l'enseignement universitaire a été assuré en latin et non en langue vulgaire. Ici, un maître parisien donne en latin la lecture commentée d'un ouvrage.

A teacher at the University of Paris, miniature taken from the Chronicles of Saint-Denis.
Un maître de l'Université de Paris, miniature extraite des Chroniques de Saint-Denis.

A courtier and a lady drinking chocolate, engraving by Nicolas Guérard (17th c.).
Un cavalier et une dame buvant du chocolat, gravure de Nicolas Guérard (XVIIe s.).

Elegant conversation. In the 17th century, the salons presided over by the "précieuses" were attended by the cream of high society. These cultured women helped to purge the language of clumsiness and vulgarity, but their quest for ingenious modes of expression sometimes led to ridiculous situations.

Parler élégamment. Au XVIIe siècle, les salons animés par les « précieuses » réunissaient les personnes du meilleur monde. Ces femmes cultivées ont aidé à éliminer de la langue lourdeurs et grossièretés, mais leur recherche du langage ingénieux les a menées parfois jusqu'au ridicule.

Portrait of John Calvin by an anonymous artist.
Portrait anonyme de Jean Calvin.

French during the Reformation. Published in Latin in 1536 and then circulated in French after 1541, *The Institutes of the Christian Religion* by Calvin (1509–1564) is an instance of the increasing use of French in theology and religious worship.

La Réforme en français. Publiée en latin en 1536, puis diffusée en français après 1541, *l'Institution de la religion chrétienne* de Calvin (1509–1564) témoigne de l'emploi croissant du français dans le domaine de la théologie et de la pratique religieuse.

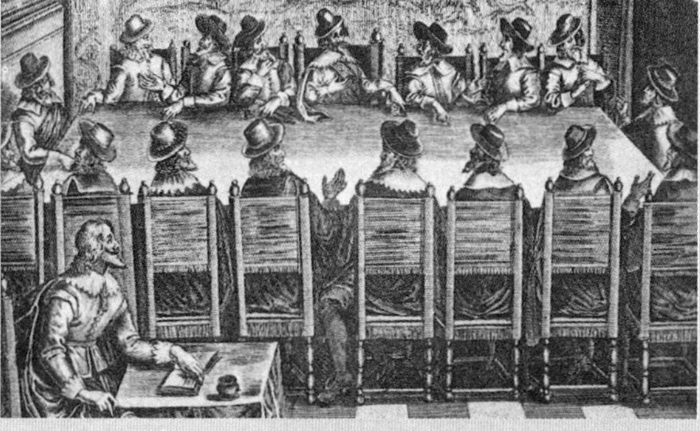

The origins of the French Academy, engraving, 17th c.
Les origines de l'Académie française, gravure du XVIIe s.

The systematization of the language. Cardinal Richelieu founded the French Academy in 1634. He assigned to it the task of systematizing the language and producing a dictionary and a grammar. This intervention of the governing power in the language of the land is unique in Europe.

La langue réglementée. Le cardinal de Richelieu institue l'Académie française en 1634 ; il lui donne la mission de réglementer la langue française et de préparer un dictionnaire et une grammaire : une intervention du pouvoir unique en Europe.

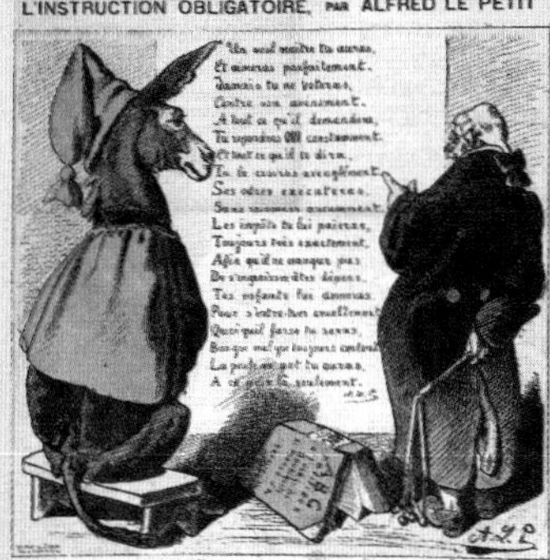

"Compulsory education", cartoon published in l'Éclipse *in 1882.*
« L'instruction obligatoire », caricature parue dans l'Éclipse *en 1882.*

Reading chart used in primary schools (c. 1900).
Tableau de lecture à l'usage des écoles communales (v. 1900).

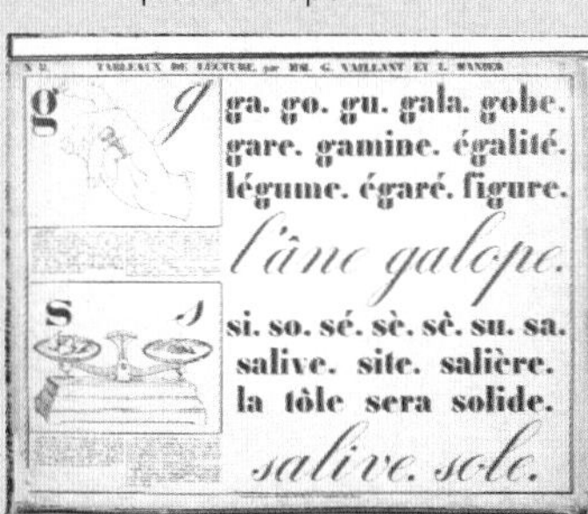

One single French language. The "one and indivisible" Republic continued the work of the monarchy in repressing local languages and dialects. In 1881, Jules Ferry put forward legislation establishing free, compulsory primary education. French replaced regional dialects, which from then on were spoken only in the home.

Un français et un seul. La République « une et indivisible » a poursuivi l'œuvre de la monarchie en refoulant l'usage des parlers locaux. En 1881, Jules Ferry fait voter les lois qui établissent la gratuité et l'obligation de l'enseignement primaire. Le français va l'emporter sur les parlers régionaux dont l'emploi se restreint au milieu familial.

Reading for all. The inauguration of free education went hand in hand with the publication and distribution of a mass of learning materials – textbooks, exercise books, educational charts – to municipal primary schools.

L'égalité devant la lecture. À l'affirmation de la gratuité correspond la fabrication et la distribution d'un abondant matériel scolaire aux écoles des communes : manuels, cahiers, tableaux pédagogiques...

art from the high Middle Ages — l'art du haut Moyen Âge

With the fall of the Western Roman Empire began a period during which Europe was increasingly split up, resulting in a considerable degree of artistic diversity. In contrast to the Greco-Roman aesthetic, there were moves towards formal stylization and a strong tendency towards decorative abstraction. However, near the end of the period, the "Carolingian Renaissance" saw a return to more classical references.

La chute de l'Empire romain d'Occident marque le début d'une époque durant laquelle l'Europe est de plus en plus divisée. Il en résulte une extrême diversité dans le domaine artistique. On constate une rupture avec l'esthétique gréco-romaine : l'art s'oriente vers une stylisation formelle et tend à privilégier l'abstraction décorative. Cependant, vers la fin de cette période, la « Renaissance carolingienne » coïncide avec un retour à des modèles plus classiques.

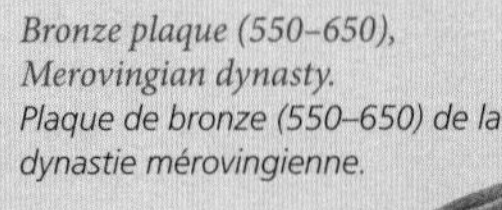

Bronze plaque (550–650), Merovingian dynasty.
Plaque de bronze (550–650) de la dynastie mérovingienne.

Celtic art in the Middle Ages — l'art celtique au Moyen Âge

The artistic tradition of the Celtic peoples of Britain and Ireland goes back to earliest times. In Britain it was interrupted by the Roman invasion but emerged again subsequently and went on until the Romanesque period. The heritage of Celtic art varies from area to area and covers a wide range of media, from stonecarving and metalwork to the wonderful illuminations of the Irish *Book of Kells*. In sculpture and silversmithing, forms are generally highly stylized and non-representational though it is thought that reference is made to symbols of religious significance. The Pictish stones of eastern Scotland, however, often show hunting and battle scenes.

La tradition artistique des peuples celtes de Grande-Bretagne et d'Irlande remonte à une époque très ancienne. En Grande-Bretagne, elle fut interrompue par l'invasion romaine, mais réapparut par la suite et s'imposa jusqu'à l'émergence de l'art roman. L'héritage de l'art celtique varie d'une région à l'autre et couvre une vaste gamme de supports : pierre, métaux, jusqu'aux magnifiques enluminures du *Livre de Kells*, œuvre irlandaise. En sculpture et en orfèvrerie, les formes sont généralement très stylisées et abstraites, même si l'on pense que les Celtes faisaient référence à des symboles religieux. Cependant, sur les pierres pictes, dans l'est de l'Écosse, on trouve des représentations de scènes de chasse et de batailles.

Jesus on the roof of the Temple, miniature from The Book of Kells, *Ireland (600–750).*
Jésus sur le toit du Temple, miniature provenant du Livre de Kells, *Irlande (600–750).*

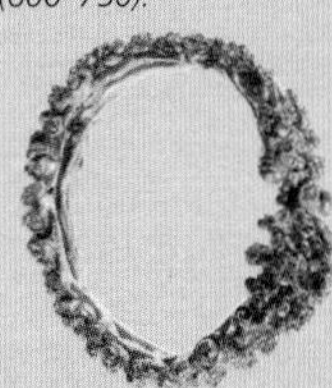

Celtic bracelet (between 299 and 100 BC) found at Aurillac.
Bracelet celte (entre 299 et 100 av. J.-C.) trouvé à Aurillac.

Romanesque art — l'art roman

The basilica of Paray-le-Monial (Saône-et-Loire).
La basilique de Paray-le-Monial (Saône-et-Loire).

It was in the early 19th century that scholars, by analogy with the group of languages known as the "Romance" family, gave the name "Romanesque" to the various types of architecture and art that flowered in Europe from the end of the 10th century. The Church, eager to maintain its control over a rapidly increasing population, directed the construction or reconstruction of innumerable places of worship. In the words of the chronicler Raoul Glaber (died c. 1050), "it was like a great wave of emulation that surged from one people to another. It seemed as if the whole world, shaking off its old rags, clothed itself in the white robes of these new churches".

C'est au début du XIXe siècle que des érudits, par analogie avec la famille des langues romanes, ont utilisé l'adjectif « roman » pour désigner les différents types d'architecture et d'art qui fleurirent en Europe à partir de la fin du Xe siècle. L'Église, soucieuse de conserver son emprise sur la population, qui croissait rapidement, dirigea la construction ou la reconstruction d'innombrables lieux de culte. Selon les propres termes du chroniqueur Raoul Glaber (qui mourut vers 1050), « ce fut comme une immense vague d'émulation qui s'éleva d'un peuple à l'autre. On eût dit que le monde entier quittait ses vieux oripeaux pour revêtir les blanches robes de ces nouvelles églises ».

Norman architecture in Britain

l'architecture normande en Grande-Bretagne

The Norman Conquest of Britain, which started with the arrival of William the Conqueror in 1066, brought in its wake a great flowering of architecture. The Normans built grand castles and fortifications all over the land but it is in the religious architecture of the period that can most clearly be seen the influence of the Romanesque by then established in Normandy. Even before the Conquest, Norman masons had been working in Britain, notably on Westminster Abbey, the first Romanesque building in England. Later came the great cathedrals of Ely, Durham, Peterborough and Winchester as well as hundreds of parish churches, many of which have survived to the present day.

La conquête de la Grande-Bretagne par les Normands, qui débuta avec l'arrivée de Guillaume le Conquérant en 1066, entraîna dans son sillage une floraison d'œuvres architecturales. Les Normands édifièrent de majestueux châteaux et fortifications dans tout le pays, mais c'est dans l'architecture religieuse que l'influence de l'art roman (bien implanté à l'époque en Normandie) est la plus perceptible. Avant même la conquête, des maçons normands avaient déjà travaillé en Grande-Bretagne, et participé notamment à la construction de l'abbaye de Westminster, premier édifice roman en Angleterre. Plus tard furent érigées les grandes cathédrales d'Ely, de Durham, de Peterborough et de Winchester, ainsi que des centaines d'églises paroissiales, dont beaucoup subsistent encore de nos jours.

The Norman cathedral at Ely, built between c. 1083 and 1130.
La cathédrale normande d'Ely, construite entre 1083 et 1130.

The vaulted ceiling of Ely Cathedral.
La voûte de la cathédrale d'Ely.

Gothic art

l'art gothique

This highly original movement in art and architecture, which Italian scholars of the *quattrocento*, besotted as they were with classical antiquity, pejoratively and entirely incorrectly called "Gothic" with reference to the Goths, who were a Germanic people, first appeared in the Île-de-France around 1140. By the end of the 12th century, the new style of architecture had already spread well beyond regional boundaries into Picardy, Champagne, Burgundy – and even England. In the course of the 13th century, the Gothic style imposed itself throughout the greater part of the Western world whilst taking on a particular local colour in each country. For three splendid centuries, Gothic art flourished in every branch of the arts.

L'art si original que les érudits italiens du quattrocento, férus d'Antiquité classique, qualifièrent péjorativement et très improprement de « gothique » (des Goths, des Germains) est apparu en Île-de-France au cours des années 1140. À la fin du XIIe siècle, ce nouveau style architectural s'est déjà étendu jusqu'en Picardie, en Champagne, en Bourgogne… et même jusqu'en Angleterre. Au cours du XIIIe siècle, le style gothique s'impose à la plus grande partie de l'Occident, tout en prenant dans chaque pays une coloration particulière. Cette floraison, étalée sur trois siècles, concerne l'ensemble des arts.

King's College Chapel, University of Cambridge, England, built for Henry VI c. 1441–1516.
Chapelle du King's College, université de Cambridge, Angleterre, construite pour Henry VI vers 1441–1516.

Sculpture on the façade of Reims Cathedral.
Sculpture de la façade de la cathédrale de Reims.

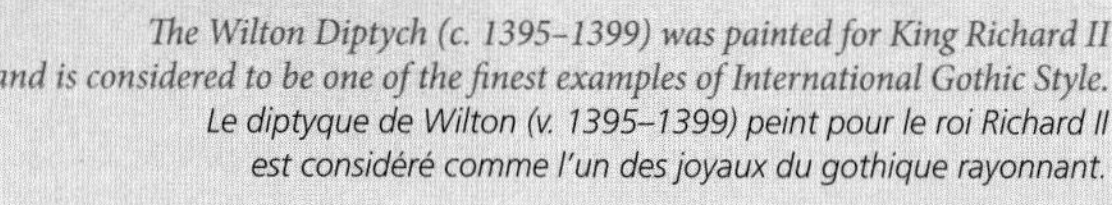

The Wilton Diptych (c. 1395–1399) was painted for King Richard II and is considered to be one of the finest examples of International Gothic Style.
Le diptyque de Wilton (v. 1395–1399) peint pour le roi Richard II est considéré comme l'un des joyaux du gothique rayonnant.

the Renaissance / la Renaissance

The artists of the Renaissance sought to rediscover the prestige and the values of the great art of antiquity, considered to have been in eclipse throughout the dark centuries of the Middle Ages. Though it is from this concept that the name "Renaissance" arose, its polemical overtones have caused it to be set aside in recent times. Nowadays we think of the Renaissance first and foremost as a period of extraordinary intellectual activity, linked to humanism, which questioned all the old accepted values and set to creating new approaches to form and visual representation. Italy was the birthplace of the Renaissance.

Les artistes de la Renaissance ont voulu retrouver le prestige et les vertus du grand art de l'Antiquité, qui aurait subi une éclipse au long des siècles obscurs du Moyen Âge. Cette conception, à l'origine du terme même de *Renaissance*, revêt un aspect polémique et a été écartée ; nous retenons de ce mouvement l'extraordinaire bouillonnement intellectuel, lié au courant humaniste, qui a remis en cause les certitudes acquises et présidé à un nouveau système formel et iconographique. L'Italie fut le berceau de ce phénomène.

Funerary statue of René de Chalon (1547), by Ligier Richier.
Statue funéraire de René de Chalon (1574), par Ligier Richier.

Château de Chambord (1519–1537), Early Renaissance.
Château de Chambord (1519–1537), première Renaissance.

the Tudor era / l'ère des Tudor

The Tudor era in England was notable for a move away from grand religious buildings and a focus on more domestic architecture. This is the period of the decorative timbers and brickwork that we now think of as the "old English style" associated for example with Shakespeare's birthplace, Stratford-upon-Avon. A very noticeable change in this period is the use of brick instead of stone. The craft of brickmaking had recently been imported from the Low Countries and bricks were a luxury item – and consequently a sign of affluence. With the burning of coal for domestic heating came a need for chimneys to evacuate the smoke and it is to this that we owe the tall, decorative chimneys of the Tudor era. Typical too are the tall graceful oriel windows such as that over the entrance to Hampton Court Palace.

Pendant l'ère des Tudor en Angleterre, on construit moins d'édifices religieux et on se tourne davantage vers l'architecture domestique. C'est la période des maisons en brique à colombages : le style « old English », que l'on associe notamment à la ville natale de Shakespeare, Stratford-upon-Avon. On emploie désormais de la brique au lieu de la pierre, ce qui représente un changement considérable dans l'architecture. La fabrication des briques a été récemment importée des Pays-Bas, et les briques sont coûteuses, donc signe de richesse. Avec le chauffage domestique au charbon apparurent les cheminées. Le style Tudor se caractérise notamment par ses hautes cheminées décoratives et par la présence de grands et majestueux oriels (fenêtres en encorbellement), comme celui situé au-dessus du porche d'entrée de Hampton Court Palace.

A Tudor house in Suffolk.
Une demeure de style Tudor dans le Suffolk.

The entrance to Hampton Court Palace (begun 1514), built by Henry VIII.
Le porche d'entrée de Hampton Court Palace (commencé en 1514), dont la construction fut commandée par Henry VIII.

French Classicism — le classicisme français

France was a major centre of Classicism, particulary during the reign of Louis XIV. However, those associated with the movement never referred to themselves as "Classical artists". They felt themselves to be working towards perfection. Their faith in an ideal of balance and beauty was firmly grounded in the study of antiquity (especially Roman) and the observation of nature. These were supposed to be complementary and mutually justifying.

La France, en particulier sous le règne du Louis XIV, est l'un des principaux berceaux du classicisme. Mais ses artistes ne se qualifient jamais eux-mêmes de classiques. Ils ont le sentiment d'œuvrer vers la perfection ; leur foi en un idéal d'équilibre et de beauté a pour fondements l'étude de l'Antiquité (surtout romaine) et l'observation de la nature, censées se corriger et se justifier mutuellement.

The Shepherds of Arcadia *(1650), painting by Nicolas Poussin.*
Les Bergers d'Arcadie *(1650), peinture de Nicolas Poussin.*

17th century England — l'Angleterre du XVIIe siècle

The west façade of St Paul's Cathedral, London (1675–1710).
La façade ouest de la cathédrale Saint-Paul, Londres (1675–1710).

The 17th century was a turbulent era of English history, taking in as it did the Civil War, the execution of the King, the Commonwealth and Protectorate of Cromwell, the Restoration, the Great Plague and the Great Fire of London in 1666 which destroyed two thirds of the city. Undoubtedly the greatest scientific and artistic genius of the century was Sir Christopher Wren (1632–1723), who, in the wake of the Great Fire, designed no less than 53 churches and many secular buildings as well. His masterpiece is St Paul's Cathedral, rebuilt on the site of Old St Paul's, destroyed in the Fire. Its late Renaissance style is considered to be England's restrained version of the Baroque. Its stunning dome was inspired by St Peter's Basilica in Rome.

Le XVIIe siècle, qui fut l'une des périodes les plus agitées dans l'histoire de l'Angleterre, englobe la guerre civile, l'exécution du roi, le Commonwealth et le protectorat de Cromwell, la Restauration, la Grande Peste et le Grand Incendie de Londres en 1666, qui détruisit les deux tiers de la ville. Le plus grand génie du siècle, à la fois homme de science et artiste, fut sans conteste sir Christopher Wren (1632–1723). À la suite du Grand Incendie, il conçut les plans de 53 églises, ainsi que ceux de nombreux bâtiments profanes. Son chef-d'œuvre est indiscutablement la cathédrale Saint-Paul, reconstruite sur le site de l'ancienne cathédrale, détruite par l'incendie. Son style Renaissance tardive est considéré comme une version mesurée du baroque en Angleterre. Son dôme impressionnant a été inspiré par la basilique Saint-Pierre de Rome.

French Neoclassicism — le néoclassicisme français

Amongst the influences leading to this Europe-wide movement were the philosophy of the Enlightenment, the rediscovery of antiquity thanks to archaeology (excavations in Rome, Pompeii, Paestum and Athens), the engravings of Giovanni Battista Piranesi, the teaching of theoreticians like Johann Joachim Winckelmann and a more profound level of reflection on the nature of art. The stance taken by the Neoclassicists in relation to Baroque and Rococo can also be seen as a moral criticism of aristocratic society.

Parmi les multiples influences qui ont conduit à l'émergence de ce mouvement dans toute l'Europe, on peut citer notamment la philosophie des Lumières, la redécouverte de l'Antiquité grâce à l'archéologie (des fouilles sont conduites à Rome, Pompéi, Paestum et Athènes), les gravures de Piranèse, l'enseignement de théoriciens tels que Johann Joachim Winckelmann et une réflexion plus profonde sur la nature de l'art. La position des néoclassiques vis-à-vis du baroque et du rococo peut être également interprétée comme une critique morale de la société aristocratique.

The Sabine Women *(1799), by Louis David.*
Les Sabines *(1799), par Louis David.*

American Georgian Colonial

le style colonial géorgien aux États-Unis

The Corbit-Sharp House (1774) in Odessa, Delaware, is a fine example of Georgian style architecture.
La Corbit-Sharp House (1774) à Odessa, dans le Delaware, est un bel exemple d'architecture coloniale géorgienne.

What has come to be known as the *Georgian Colonial* style developed in the United States as a wealthy elite emerged in the society during the 18th century. The style drew on Renaissance modes and imitated English Georgian but was rather more sober. Houses were, however, designed to give an impression of the prosperity and stability of their owners.

Ce qu'on appelle le style colonial géorgien s'est développé aux États-Unis, à l'époque où naissait une élite fortunée dans la société du XVIIIe siècle. S'inspirant de l'architecture de la Renaissance, ce style imitait le géorgien anglais, mais avec plus de sobriété. Les demeures étaient cependant conçues pour refléter la prospérité et l'influence de leurs propriétaires.

18th century society painters

les peintres de la haute société au XVIIIe siècle

The 18th century was the heyday of British society painting, with Sir Joshua Reynolds as its leading practitioner. He specialized in portraits of society figures in the "Grand Style" which set out to idealize its subjects. Reynolds was the leading portraitist of the second half of the century, painting around three thousand portraits in all. His arch-rival was Thomas Gainsborough, the favourite portrait painter of the royal family, whose style was a little less idealized than was Reynolds'.

Le XVIIIe siècle fut l'âge d'or des peintres de la haute société en Angleterre, dont sir Joshua Reynolds était le chef de file. Il peignait essentiellement des portraits des gens du monde dans le « grand style », soucieux d'idéaliser les sujets de ses tableaux. Reynolds, qui régna sur le portrait anglais durant la seconde moitié du siècle, en peignit environ trois mille. Son grand rival était Thomas Gainsborough, le portraitiste préféré de la famille royale, dont les œuvres étaient un peu moins idéalisées.

Thomas Gainsborough (1727–1788), Portrait of Mrs Richard Brinsley Sheridan.
Thomas Gainsborough (1727–1788), Portrait de Mme Richard Brinsley Sheridan.

Romanticism

le romantisme

The Romantic movement defined itself in opposition to the academic and neoclassicist tradition towards the end of the 18th century, and even more so at the beginning of the 19th, the search for perfection and reason was swept aside to give pride of place to spontaneity and revolution. Buoyed up by the hopes raised by the French Revolution and faced with the materialism of the industrial revolution, the Romantic artists claimed their right to be subjective, to draw inspiration from their dream worlds.

En réaction contre la tradition académique et néoclassique, ce courant fait triompher, dès la fin du XVIIIe siècle, mais surtout au début du XIXe, la spontanéité et la révolte là où dominaient souci de perfection et raison. Après les espoirs suscités par la Révolution française, et face au matérialisme de la révolution industrielle, les artistes romantiques réclament le droit à la subjectivité en puisant leur inspiration dans le rêve.

William Blake (1757–1827), The Great Red Dragon and the Woman Clothed in Sun. *Blake, as poet, painter and engraver was one of the leading and most original figures of the Romantic movement in Britain.*
William Blake (1757–1827), Le Grand Dragon rouge et la femme vêtue de soleil. *Blake, à la fois poète, peintre et graveur, est l'une des figures les plus marquantes et les plus originales du romantisme anglais.*

J.M.W. Turner (1775–1851), Rain, Steam and Speed – The Great Western Railway *(1844). An artistic prodigy, Turner had his first painting exhibited at the Royal Academy at the age of fifteen. He painted magnificent oil canvases but was also a stunning watercolourist. He is often called "the painter of light" and in this respect is a precursor of the Impressionists.*
J.M.W. Turner (1775–1851), Pluie, vapeur et vitesse – Le chemin de fer de la Great Western *(1844). Artiste de génie, Turner exposa sa première toile à l'Académie royale dès l'âge de quinze ans. Il réalisa de magnifiques peintures à l'huile, mais fut aussi un prodigieux aquarelliste. Surnommé « le peintre de la lumière », Turner est un précurseur de l'impressionnisme.*

Realism — le réalisme

19th century Realism made new demands on the painter: it required an absolutely objective approach and brought peasants and ordinary people back to centre stage. Such subjects had long been banished from anything but depictions of rural idylls or moralistic caricatures. "Anything that does not inscribe itself on the retina does not belong in the realm of the painter", proclaimed Gustave Courbet, whose monumental painting, *The Artist's Studio*, first exhibited in 1855, provides an excellent illustration of his theories which were considerably influenced by those of Pierre Joseph Proudhon.

Le réalisme du XIXe siècle exige du peintre une approche objective et remet à l'honneur les paysans et les gens du peuple, depuis longtemps écartés de la scène artistique, ou bien représentés uniquement dans des œuvres idylliques ou moralisantes. « Tout ce qui ne se dessine pas sur la rétine est en dehors du domaine de la peinture », proclame Gustave Courbet, dont le monumental *Atelier*, exposé en 1855, exprime les théories, largement inspirées de celles de Pierre Joseph Proudhon.

The Reaper *(1820), pencil drawing by Jean-François Millet (1814-1875).*
Le Faucheur *(1820), dessin au crayon de Jean-François Millet (1814-1875).*

Pierre Puvis de Chavannes (1824-1898), The Dream *(1883).*
Le Rêve *(1883), par Pierre Puvis de Chavannes (1824-1898).*

Symbolism — le symbolisme

In both art and literature, Symbolism can be seen as developing out of Romanticism.The attempt to capture all that is unfathomable in the human spirit, to shed light on everything that cannot be said and cannot even be seen, in more general terms to allow fantasy to take pride of place over reality and the dream world over the everyday world, the endeavour to give ideas priority over matter - all these aspirations, already apparent in William Blake or Caspar David Friedrich, made up the artistic universe of Symbolism.

Dans la peinture comme dans la littérature, le symbolisme apparaît clairement comme l'héritier du romantisme. Les symbolistes tentent de capturer l'insondable dans l'esprit humain, de mettre en évidence ce qui ne peut être dit ou vu. Plus généralement, ils souhaitent faire prévaloir l'imaginaire sur le réel, l'univers du rêve sur la réalité quotidienne. Ils s'efforcent de privilégier les idées et non la matière. L'univers artistique du symbolisme recèle toutes ces aspirations, déjà présentes chez William Blake ou Caspar David Friedrich.

the Pre-Raphaelites — les préraphaélites

Frequently controversial and severely criticized by their contemporaries, the Pre-Raphaelite Brotherhood is considered by some to have been the first avant-garde group in the history of painting. They embraced the ideals of the Romantics, roundly condemning what they considered to be the academic mannerism of the 18th century in general, and of Joshua Reynolds in particular. There is a tension in the movement between the idealization of all things medieval, as practised by such as Dante Gabriel Rossetti and John Everett Millais, and the insistence on realism favoured by William Holman Hunt. Common to both strands is the detailed depiction of nature and the development of painting techniques that give jewel-like colour to the paintings.

William Holman Hunt (1827-1910), The Awakening Conscience *(1853).*
William Holman Hunt (1827-1910), L'Éveil de la conscience *(1853).*

Les préraphaélites, peintres souvent sujets à controverse et sévèrement critiqués par leurs contemporains, sont considérés par certains historiens d'art comme le premier groupe d'avant-garde dans l'histoire de la peinture. Acquis aux idéaux des romantiques, ils rejetaient en bloc la peinture du XVIIIe siècle, qualifiée de « maniérisme académique », et en particulier les portraits de Joshua Reynolds. Le mouvement oscille entre la prédilection pour les thèmes moyenâgeux, comme chez Dante Gabriel Rossetti et John Everett Millais, et la veine réaliste, présente chez William Holman Hunt. Ces deux courants se rejoignent dans la représentation détaillée de la nature et l'usage de techniques picturales qui confèrent un éclat chatoyant à leurs tableaux.

Sir John Everett Millais (1829-1896), Ophelia *(1852).*
Sir John Everett Millais (1829-1896), Ophélie *(1852).*

Impressionism l'impressionnisme

Claude Monet (1840–1926), Water Lilies *(1900).*
Le Bassin aux nymphéas *(1900), par Claude Monet (1840–1926).*

Pierre Auguste Renoir (1841–1919), The Swing *(1876).*
La Balançoire *(1876), de Pierre Auguste Renoir (1841–1919).*

Paul Cézanne (1839–1906), Mount Sainte-Victoire *(1906).*
La Montagne Sainte-Victoire *(1906), de Paul Cézanne (1839–1906).*

The real breakthrough of this new generation of painters born around 1835–1840 lay in their spontaneous realization of the importance of the sensations experienced by the artist painting outdoors. They sought to capture the effects of natural light and its modulations according to the time of day and the season. Impressionism moved progressively away from the traditional conventions that had governed painting up until then, in particular studio lighting, perspective and drawing. The main representatives of Impressionism were Monet, Pissarro, Sisley, Renoir, Cézanne, Berthe Morisot et Degas.

Cette nouvelle génération de peintres, nés dans les années 1835–1840, exécute ses tableaux en plein air. Ils s'attachent à saisir les effets de lumière, observant la nature et ses modulations liées aux heures, aux saisons, au cadrage. L'impressionnisme s'affranchit progressivement des conventions picturales traditionnelles : l'éclairage d'atelier, la perspective, le dessin. Les principaux représentants de ce mouvement sont Monet, Pissarro, Sisley, Renoir, Cézanne, Berthe Morisot et Degas.

the Arts and Crafts Movement le mouvement Arts and Crafts

Inspired largely by the writings of the influential poet, painter, art critic and social reformer John Ruskin, the *Arts and Crafts Movement* had a tremendous influence on architecture and the decorative arts in Europe and America. Based on ideals of craftsmanship and fiercely opposed to the division of labour increasingly practised in manufacturing, the movement insisted on the importance of the texture of materials and the need to preserve disappearing rural crafts.

Inspiré en grande partie par les écrits de John Ruskin, éminent poète, peintre, critique d'art et réformateur, le mouvement *Arts and Crafts* exerça une influence considérable sur l'architecture et les arts décoratifs en Europe et aux États-Unis. Fondé sur l'artisanat (envisagé comme une force créatrice) et farouchement opposé à la division du travail, pratiquée de plus en plus fréquemment dans l'industrie, ce mouvement insistait sur l'importance de la texture des matériaux et la nécessité de préserver l'artisanat rural en voie de disparition.

William Morris (1834–1896), printed cotton, based on a design by William Blake. Morris was a central figure in the renaissance of English decorative art and produced hundreds of designs in his fabric workshops.
William Morris (1834–1896), coton imprimé, réalisé à partir d'un motif de William Blake. Morris, l'un des chefs de file du mouvement prônant la renaissance des arts décoratifs, produisit des centaines de motifs dans ses ateliers de textile.

Fauvism and Expressionism — *le fauvisme et l'expressionnisme*

European painting in the first two or three decades of the 20th century was marked by an explosion of colour and an eloquent simplification of form. Fauvism, essentially a French movement, aimed to achieve pure plasticity and refuted the subtleties of the Impressionists, choosing instead to exaggerate everything that stemmed from sensation. Expressionism, on the other hand, was more concerned with content and the human meaning of art. German expressionism made use of aggressive drawing techniques and colours whilst the Flemish version was more restrained.

La peinture européenne des deux ou trois premières décennies du XXe siècle se caractérise notamment par l'explosion de la couleur et la simplification des formes. Le fauvisme, courant français, s'attache à la plastique pure, réfutant les subtilités de l'impressionnisme pour mettre l'accent sur tout ce qui relève de la sensation. L'expressionnisme se préoccupe davantage du contenu et de la dimension humaine des œuvres ; le graphisme et la palette de l'expressionnisme allemand sont assez agressifs, tandis que le courant flamand est plus retenu.

Maurice de Vlaminck (1876-1958), The Bridge at Chatou *(1906).*
Le Pont de Chatou *(1906), par Maurice de Vlaminck (1876–1958).*

André Derain (1880-1954), Bust of a Woman *(1905).*
Buste de femme *(1905), par André Derain (1880–1954).*

Art nouveau — *l'Art nouveau*

"*Modern style*", as *Art nouveau* was known in France at the time, started to appear in a number of countries towards the end of the 19th century. The movement had its roots in a rejection of the endless repetition of classical styles. It was very wide-ranging and, from its early manifestations in architecture and the design of furniture and objects, went on to influence many areas of art. Its highly decorative lyrical style whose curving lines were inspired by both plant forms and the female body, became very popular in the years leading up to the First World War.

L'Art nouveau, appelé aussi « modern style », est apparu dans de nombreux pays vers la fin du XIXe siècle. Ce mouvement s'oppose à la reproduction systématique des styles du passé. Courant d'une grande envergure, dès ses premières manifestations dans l'architecture et la conception de meubles et d'objets, l'Art nouveau exerça son influence dans de nombreux domaines artistiques. Son style, caractérisé par une profusion ornementale où domine la ligne courbe d'inspiration végétale ou féminine, devint très populaire dans les années précédant la Première Guerre mondiale.

The Porte Dauphine métro station (1900) in Paris, designed by Hector Guimard.
La station de métro de la porte Dauphine (1900), par Hector Guimard.

René Lalique (1860–1945), "Dragonfly Woman" brooch (1898).
Broche « La Femme libellule » (1898), par René Lalique (1860–1945).

Cubism — le cubisme

Starting around the year 1907, a number of artists living in Paris, amongst them Picasso, Braque and Gris, in search of a greater degree of rigour in art, set out to "depict nature" not precisely in terms of "the cylinder, the sphere and the cone", as conjectured by Cézanne, but at least by the rectangle, the circle, the pyramid and the cube.

À partir de 1907, en quête de rigueur, quelques artistes parisiens (parmi lesquels Picasso, Gris, Braque) entreprennent de « traiter la nature » sinon « par le cylindre, la sphère, le cône », comme Paul Cézanne l'avait imaginé, du moins par le rectangle, le cercle, la pyramide et le cube.

Pablo Ruiz Picasso (1881–1973), Man with Clarinet *(1911).*
Homme à la pipe *(1911), par Pablo Ruiz Picasso (1881–1973).*

Georges Braque (1882–1963), Le Quotidien *(1912–1913).*
Le Quotidien *(1912–1913), par Georges Braque (1882–1963).*

the Dada Movement — le mouvement dada

Appropriately enough, the term "Dada" (*hobby-horse*) has no meaning in an artistic context and was, it was claimed, chosen by opening a dictionary at random. This is entirely in accord with the emphasis on the absurd – and also the everyday – in the output of its practitioners. It first manifested itself in 1916, fuelled by outrage at the appalling events in Europe at the time, and set out to provide a radical critique of the whole of Western civilization, savagely deriding all existing values and condemning the power of art to deceive.

Le mot « dada », dont le sens, fort à propos, n'a rien à voir avec l'art, fut choisi, aux dires de ces fondateurs, en ouvrant un dictionnaire au hasard. Il est en parfaite adéquation avec le goût pour l'absurde (ainsi que l'intérêt pour le quotidien) omniprésent dans les œuvres dadaïstes. Le dadaïsme se manifesta pour la première fois en 1916, scandalisé par les événements épouvantables qui se déroulaient en Europe à l'époque, et se mit à critiquer violemment la civilisation occidentale dans son ensemble, tournant en ridicule toutes les valeurs établies et condamnant dans l'art sa faculté de tromper.

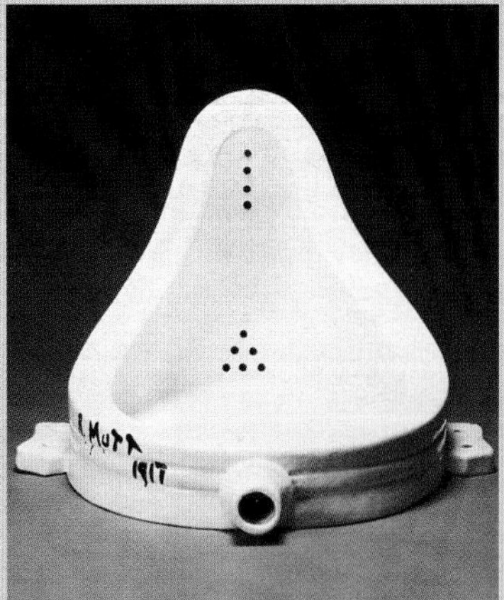

Marcel Duchamp (1887–1968), Fountain *(1917). Best known for his "ready-mades", in this case a urinal, Duchamp was a leading member of the Dada group.*
Marcel Duchamp (1887–1968), Fontaine *(1917). Célèbre surtout pour ses « ready-made » et notamment cet urinoir, Duchamp était l'un des chefs de file du groupe dada.*

Surrealism
le surréalisme

Francis Bacon (1909–1992), Person writing, reflected in the mirror *(1976).* Personnage écrivant reflété dans le miroir *(1976), par Francis Bacon (1909–1992).*

For the Surrealists, a work of art was justified only if it contributed, however slightly, to "changing life". This could only be done by refusing to sacrifice the inventive powers of the artist to the description of the visible world. In France the moving spirit and principal theoretician of the movement was André Breton who in *Surréalisme et peinture* (1925) put forward the theory of the "*modèle intérieur*" (internal model), the aim of which was to turn art away from realist representation which, according to Breton, had held the western world in its sway since the Renaissance: from now on the artist was to focus only on those images that surged up from his innermost being. The surrealist movement had an immense influence on subsequent generations of artists including Francis Bacon, Henry Moore and Edward Hopper.

Max Ernst (1891–1976), The Equivocal Woman *(also known as* The Teetering Woman*) (1923).* La Femme chancelante *(1923) par Max Ernst (1891–1976).*

Pour les surréalistes, une œuvre d'art n'était justifiée que si elle contribuait, même modestement, à « transformer la vie ». Cela ne pouvait se produire qu'en refusant de sacrifier le pouvoir inventif de l'artiste au profit de la description du monde visible. En France, la figure de proue et le principal théoricien du mouvement était André Breton. Dans *Surréalisme et peinture* (1925), il exposa la théorie du « modèle intérieur », qui avait pour objectif de détourner l'art de la représentation réaliste sous l'emprise de laquelle se trouvait le monde occidental depuis la Renaissance : désormais, l'artiste devait se concentrer uniquement sur les images qui surgissaient des profondeurs de son être. Le mouvement surréaliste exerça une influence colossale sur les générations suivantes d'artistes comme Francis Bacon, Henry Moore ou Edward Hopper.

Abstract Art
l'art abstrait

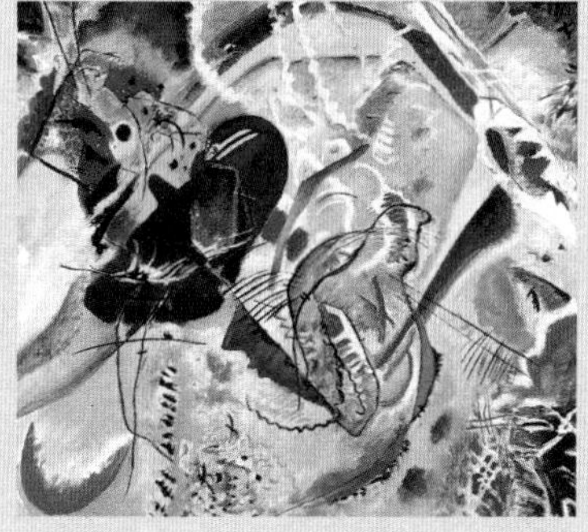

Wassily Kandinsky (1866–1944), Improvisation n° 35 *(1914).* Improvisation n° 35 *(1914), par Wassily Kandinsky (1866–1944).*

As early as the 1850s, Eugène Delacroix wrote that if colour has been properly used in a painting, it should be possible to feel what the painting is expressing through its chromatic effect alone, by looking at it from a distance and without identifying its subject matter. Thus it was inevitable that one day artists would start to question whether it was necessary to have a subject at all. So in the 20th century there was a move on the part of some artists towards expression through the evocative powers of colour and the use of non-figurative form.

Dès les années 1850, Eugène Delacroix écrivait que si la couleur avait été bien employée dans un tableau, on devait pouvoir ressentir l'expression de ce tableau uniquement par son effet chromatique, en le regardant de loin, sans en identifier le sujet. Il était inévitable qu'un jour les artistes se demandent s'il était vraiment nécessaire d'avoir un sujet : c'est ainsi que nombre d'entre eux en sont venus au XXe siècle à s'exprimer en accentuant le pouvoir évocateur des couleurs et en n'utilisant que des formes non-figuratives.

Pop Art
le pop art

Easily recognizable by its depiction of everyday household objects, its use of the brash colours and simple lines of comic-strips and of advertising and television images, Pop Art was essentially a product of the post-war society of Britain and America in the 1950s and '60s. Like pop music, it drew its inspiration and energy from popular culture, and in America may be seen as a reaction against abstract expressionism. Apparent objectivity and an easily readable style go hand in hand with a certain humour and tongue-in-cheek irony. Perhaps best known are American pop artists Roy Lichtenstein (1923–1997) and Andy Warhol (1928–1987).

Facilement reconnaissable à sa représentation des objets de la vie quotidienne, son usage des couleurs criardes et ses emprunts à la bande dessinée, ainsi qu'à son goût pour la publicité et les images provenant de la télévision, le pop art s'est développé dans la société britannique et la société américaine de l'après-guerre, au cours des années 1950 et 1960. Comme la pop music, il puise son inspiration et son énergie dans la culture populaire. Aux États-Unis, ce mouvement peut être considéré comme une réaction contre l'expressionnisme abstrait. Une apparente objectivité et un style facilement lisible vont de pair avec un certain humour et une ironie mordante. Les représentants les plus connus du pop art sont Roy Lichtenstein (1923–1997) et Andy Warhol (1928–1987).

Andy Warhol (1928–1987), Jacky, (nine panels), *(1964).* Jacky, (neuf panneaux), *(1964), par Andy Warhol (1928–1987).*

photographic credits crédits photographiques

page	credit/crédit
2 ht g/top l	Ph. © Heritage Images/LEEMAGE
2 ht d/top r	Ph. © Heritage Images/LEEMAGE
2 m g/middle l	Ph. © Bettmann/CORBIS
2 bas d/bottom r	British Museum, Londres/London. Ph. Fleming © Archives Larbor
3 ht g/top l	Musée du Château de Versailles, Versailles. Ph. © Archives Nathan
3 ht d/top r	© The Art Archive/Bodleian Library Oxford
3 m ht/top middle	Ph. © Bettmann/CORBIS
3 m bas/bottom middle	Ph. © Bettmann/CORBIS
3 bas d/bottom r	Ph. Coll. Archives Larbor
4 ht d/top r	Bibliothèque nationale de France, Paris. Ph. Coll. Archives Nathan
4 m g/middle l	Bibliothèque nationale de France, Paris. Ph. Coll. Archives Larbor
4 m d/middle r	Bibliothèque nationale de France, Paris. Ph. Coll. Archives Larbor
4 bas g/bottom l	Bibliothèque nationale de France, Paris. Ph. Coll. Archives Nathan
5 ht g/top l	Bibliothèque nationale de France, Paris. Ph. Coll. Archives Larousse
5 ht d/top r	Collection particulière/Private collection. Ph. © Archives Nathan
5 m/middle	Bibliothèque des Arts décoratifs, Paris. Ph. Jean-Loup Charmet © Archives Larbor
5 bas g/bottom l	Bibliothèque nationale de France, Paris. Ph. Jeanbor © Archives Larbor
5 bas d/bottom r	Musée national de l'Éducation, Rouen. © Archives Larbor
6 ht d/top r	Ph. © RMN
6 m/middle	Ph. © Jean Bernard/LEEMAGE
6 bas g/bottom l	Trinity College Library, Dublin. Ph. Coll. Archives Larbor
6 bas m/bottom middle	Bibliothèque nationale de France, Paris. Ph. Coll. Archives Larousse
7 ht g/top l	Ph. © Philippa Lewis; Edifice/CORBIS
7 ht d/top r	Ph. © Nik Wheeler/CORBIS
7 m d/middle r	Ph. © Brian Harding; EyeUbiquitous/CORBIS
7 bas g/bottom l	Ph. © Jan Butchofsky-Houser/CORBIS
7 bas d/bottom r	National Gallery. Ph. © AKG-images Paris
8 ht d/top r	Église Saint-Étienne, Bar-le-Duc. Ph. R. Bollaert © Archives Larbor
8 ht g/top l	Ph. © Paul Hardy/CORBIS
8 bas g/bottom l	Ph. © Gillian Darley; Edifice/CORBIS
8 bas d/bottom r	Ph. © Robert Harding World Imagery/CORBIS
9 ht d/top r	Ph. © Angelo Hornak/CORBIS
9 m g/middle l	Musée du Louvre, Paris. Ph. H. Josse © Archives Larbor
9 bas d/bottom r	Musée du Louvre, Paris. Ph. H. Josse © Archives Larbor

page	credit/crédit
10 ht g/top l	Ph. © Lee Snider/Photo Images/CORBIS
10 ht d/top r	National Gallery of Art, Washington. Ph. Coll. Archives Larousse
10 bas d/bottom r	National Gallery of Art, Londres/London. Ph. © Archives Larbor
10 bas g/bottom l	National Gallery of Art, Washington. Ph. Coll. Archives Larousse
11 ht d/top r	Musée du Louvre, Paris. Ph. Hubert Josse © Archives Larbor
11 ht g/top l	Musée d'Orsay, Paris. Ph. H. Josse © Archives Larbor
11 bas d/bottom r	Tate Gallery, Londres/London. Ph. © Archives Larbor
11 bas m/bottom middle	Tate Gallery, Londres/London. Ph. © Archives Larousse
12 ht g/top l	Musée d'Orsay, Paris. Ph. © Archives Larbor
12 ht d/top r	Musée d'Orsay, Paris. Ph. H. Josse © Archives Larbor
12 m g/middle l	Kunsthaus, Zurich. Ph. Walter Dräyer © Archives Larbor
12 bas g/bottom l	Victoria and Albert Museum, Londres/London. Ph. © Archives Larbor
13 ht d/top r	Musée de l'Annonciade, Saint-Tropez. Ph. Jeanbor © Archives Larbor © ADAGP, Paris 2010
13 m ht/top middle	Courtesy Galerie Schmit, Paris © ADAGP, Paris 2010
13 bas d/bottom r	Ph. Olivier Ploton © Archives Larbor
13 bas g/bottom l	Musée Calouste Gulbenkian, Lisbonne/Lisbon. Ph. Coll. Archives Larbor © ADAGP, Paris 2010
14 ht g/top l	Kimbell Art Museum, Fort Worth, Texas. © Archives Larbor © Succession Picasso Paris 2010
14 ht d/top r	MNAM, Centre Georges-Pompidou, Paris. Ph. Luc Joubert © Archives Larbor © ADAGP, Paris 2010
14 m d/middle l	Fondation Dina Vierny-Musée Maillol, Paris. Ph. Jean-Alex Brunelle © Fondation Dina Vierny-Musée Maillol, Paris © Succession Marcel Duchamp/ADAGP, Paris 2010
15 ht g/top l	Collection particulière/Private collection. Ph. Coll. Archives Larbor © ADAGP, Paris 2010
15 ht m/top middle	Kunstsammlung Nordrhein-Westfalen, Dusseldorf, Allemagne/Germany. Ph. X. © Archives Larbor © ADAGP, Paris 2010
15 m g/middle l	Kunstmuseum, Bâle. Ph. Coll. Archives Larbor © ADAGP, Paris 2010
15 bas d/bottom r	Collection particulière/Private collection. Ph. Luc Joubert © Archives Larbor © ADAGP, Paris 2010

Planches thématiques
Colour plates

logement

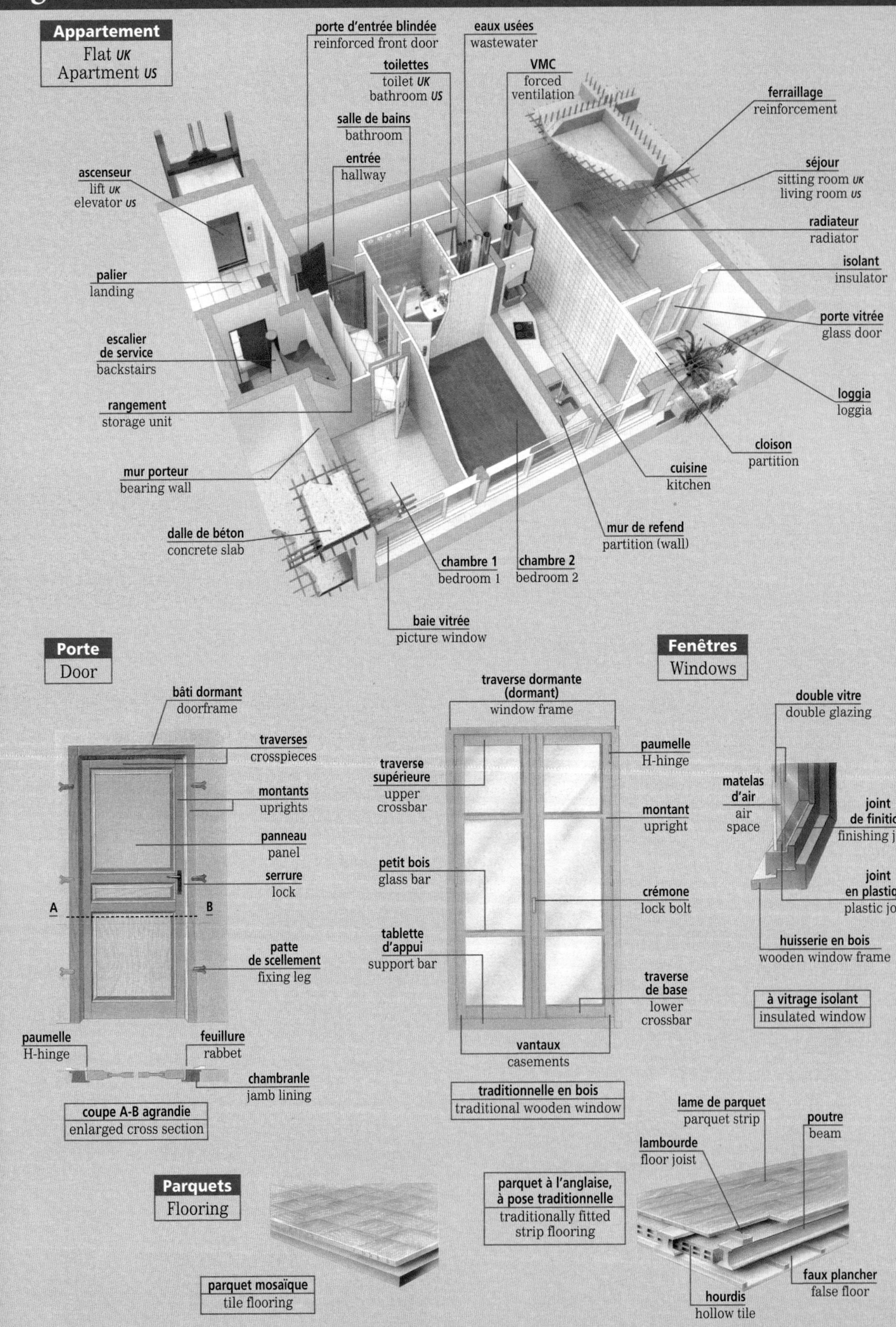
Appartement
Flat UK
Apartment US
porte d'entrée blindée
reinforced front door
eaux usées
wastewater
toilettes
toilet UK
bathroom US
VMC
forced
ventilation
salle de bains
bathroom
entrée
hallway
ferraillage
reinforcement
séjour
sitting room UK
living room US
radiateur
radiator
isolant
insulator
ascenseur
lift UK
elevator US
palier
landing
escalier
de service
backstairs
rangement
storage unit
mur porteur
bearing wall
dalle de béton
concrete slab
porte vitrée
glass door
loggia
loggia
cloison
partition
cuisine
kitchen
mur de refend
partition (wall)
chambre 1
bedroom 1
chambre 2
bedroom 2
baie vitrée
picture window
Porte
Door
bâti dormant
doorframe
traverses
crosspieces
montants
uprights
panneau
panel
serrure
lock
A
B
patte
de scellement
fixing leg
paumelle
H-hinge
feuillure
rabbet
chambranle
jamb lining
coupe A-B agrandie
enlarged cross section
Fenêtres
Windows
traverse dormante
(dormant)
window frame
paumelle
H-hinge
traverse
supérieure
upper
crossbar
montant
upright
petit bois
glass bar
crémone
lock bolt
tablette
d'appui
support bar
traverse
de base
lower
crossbar
vantaux
casements
traditionnelle en bois
traditional wooden window
double vitre
double glazing
matelas
d'air
air
space
joint
de finition
finishing joi
joint
en plastiqu
plastic joir
huisserie en bois
wooden window frame
à vitrage isolant
insulated window
Parquets
Flooring
parquet mosaïque
tile flooring
parquet à l'anglaise,
à pose traditionnelle
traditionally fitted
strip flooring
lame de parquet
parquet strip
lambourde
floor joist
poutre
beam
faux plancher
false floor
hourdis
hollow tile

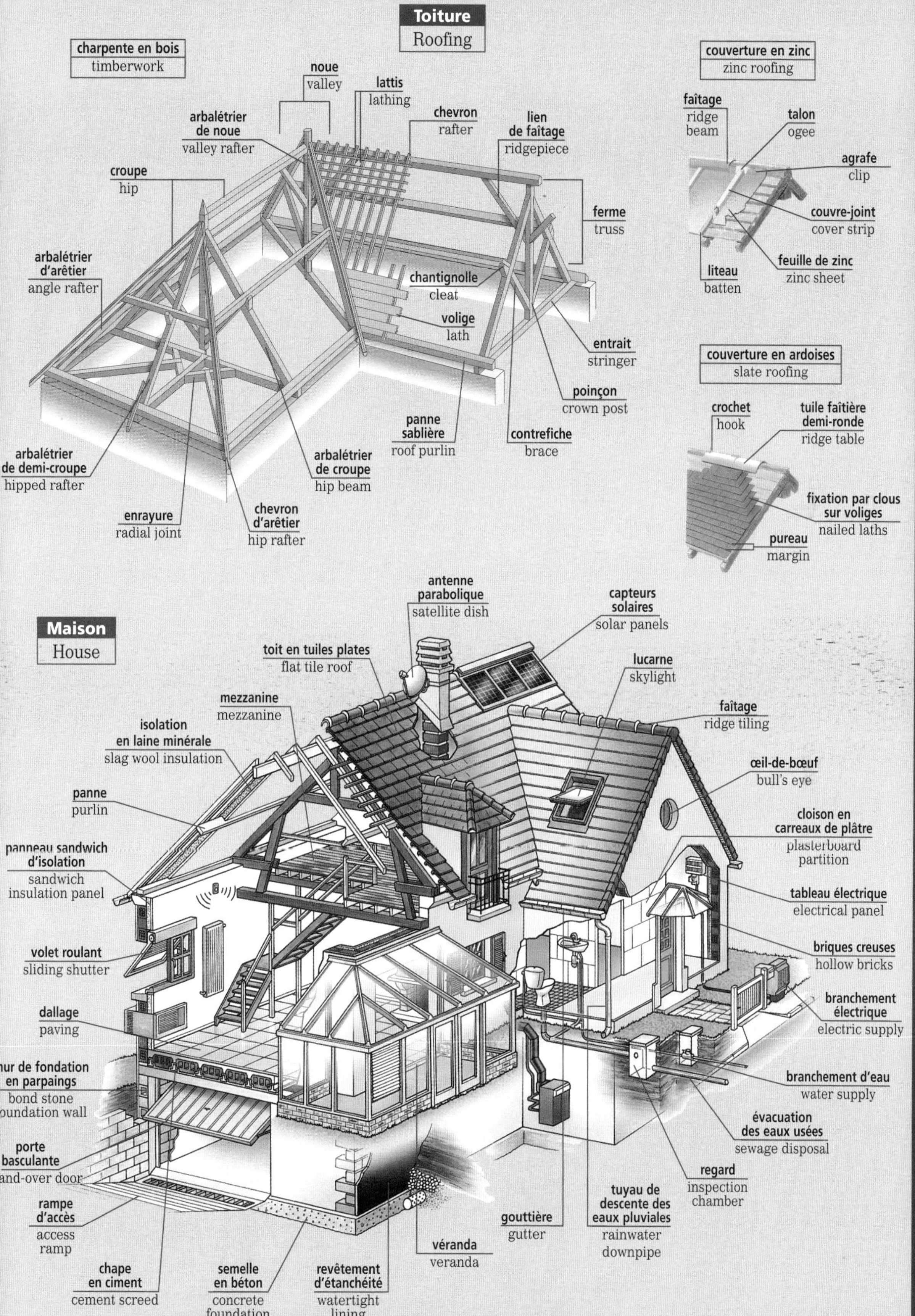
Toiture
Roofing
charpente en bois
timberwork
noue
valley
lattis
lathing
chevron
rafter
lien
de faîtage
ridgepiece
arbalétrier
de noue
valley rafter
croupe
hip
ferme
truss
arbalétrier
d'arêtier
angle rafter
chantignolle
cleat
volige
lath
entrait
stringer
poinçon
crown post
panne
sablière
roof purlin
contrefiche
brace
arbalétrier
de demi-croupe
hipped rafter
arbalétrier
de croupe
hip beam
enrayure
radial joint
chevron
d'arêtier
hip rafter
couverture en zinc
zinc roofing
faîtage
ridge
beam
talon
ogee
agrafe
clip
couvre-joint
cover strip
feuille de zinc
zinc sheet
liteau
batten
couverture en ardoises
slate roofing
crochet
hook
tuile faîtière
demi-ronde
ridge table
fixation par clous
sur voliges
nailed laths
pureau
margin
Maison
House
antenne
parabolique
satellite dish
capteurs
solaires
solar panels
toit en tuiles plates
flat tile roof
lucarne
skylight
mezzanine
mezzanine
isolation
en laine minérale
slag wool insulation
faîtage
ridge tiling
panne
purlin
œil-de-bœuf
bull's eye
panneau sandwich
d'isolation
sandwich
insulation panel
cloison en
carreaux de plâtre
plasterboard
partition
tableau électrique
electrical panel
volet roulant
sliding shutter
briques creuses
hollow bricks
dallage
paving
branchement
électrique
electric supply
ur de fondation
en parpaings
bond stone
oundation wall
branchement d'eau
water supply
évacuation
des eaux usées
sewage disposal
porte
basculante
and-over door
regard
inspection
chamber
rampe
d'accès
access
ramp
tuyau de
descente des
eaux pluviales
rainwater
downpipe
gouttière
gutter
véranda
veranda
chape
en ciment
cement screed
semelle
en béton
concrete
foundation
revêtement
d'étanchéité
watertight
lining

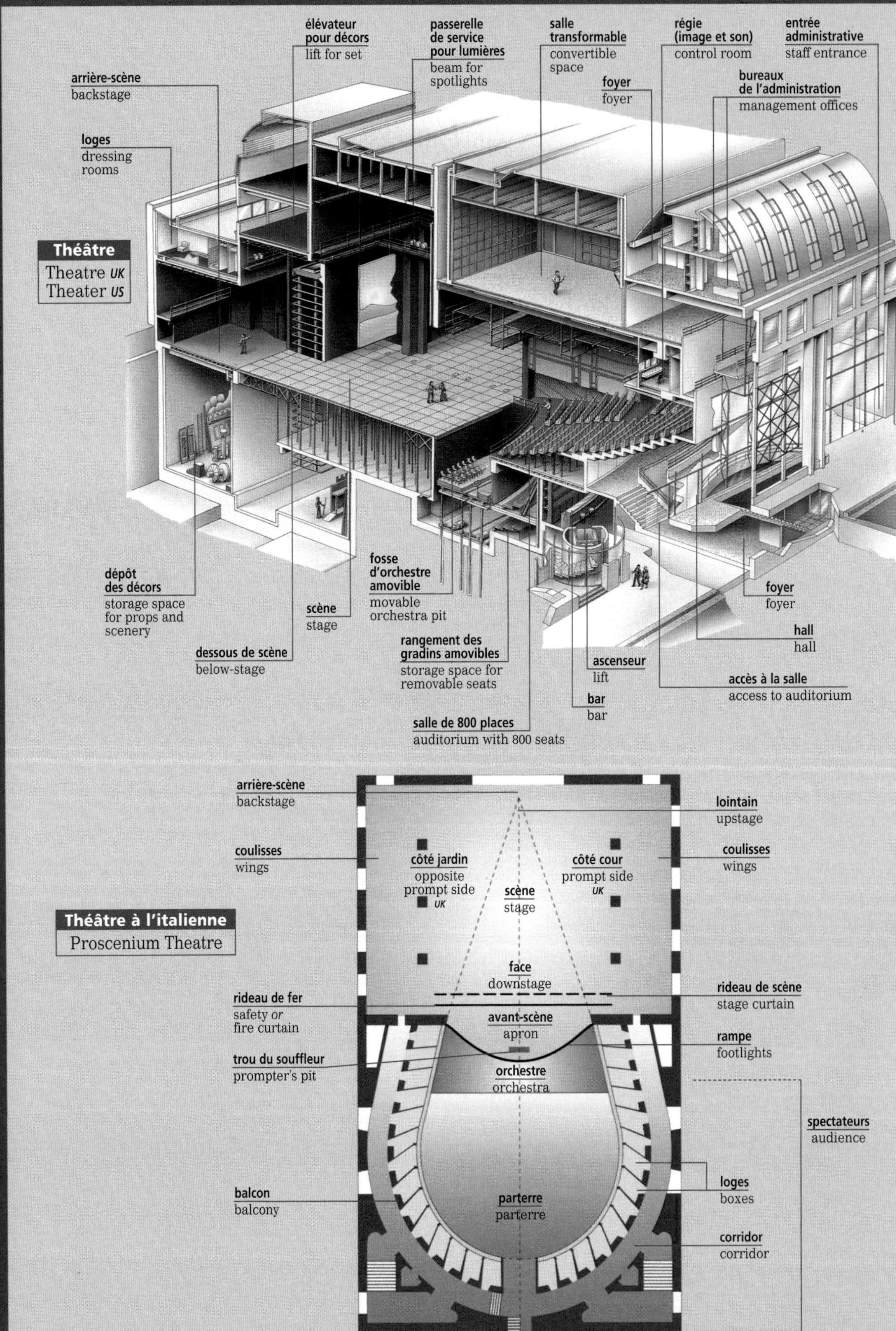
Théâtre
Theatre UK
Theater US
élévateur pour décors
lift for set
passerelle de service pour lumières
beam for spotlights
salle transformable
convertible space
régie (image et son)
control room
entrée administrative
staff entrance
arrière-scène
backstage
foyer
foyer
bureaux de l'administration
management offices
loges
dressing rooms
dépôt des décors
storage space for props and scenery
scène
stage
fosse d'orchestre amovible
movable orchestra pit
dessous de scène
below-stage
rangement des gradins amovibles
storage space for removable seats
foyer
foyer
hall
hall
ascenseur
lift
accès à la salle
access to auditorium
bar
bar
salle de 800 places
auditorium with 800 seats
Théâtre à l'italienne
Proscenium Theatre
arrière-scène
backstage
lointain
upstage
coulisses
wings
côté jardin
opposite prompt side UK
côté cour
prompt side UK
coulisses
wings
scène
stage
face
downstage
rideau de fer
safety or fire curtain
rideau de scène
stage curtain
avant-scène
apron
rampe
footlights
trou du souffleur
prompter's pit
orchestre
orchestra
spectateurs
audience
loges
boxes
balcon
balcony
parterre
parterre
corridor
corridor

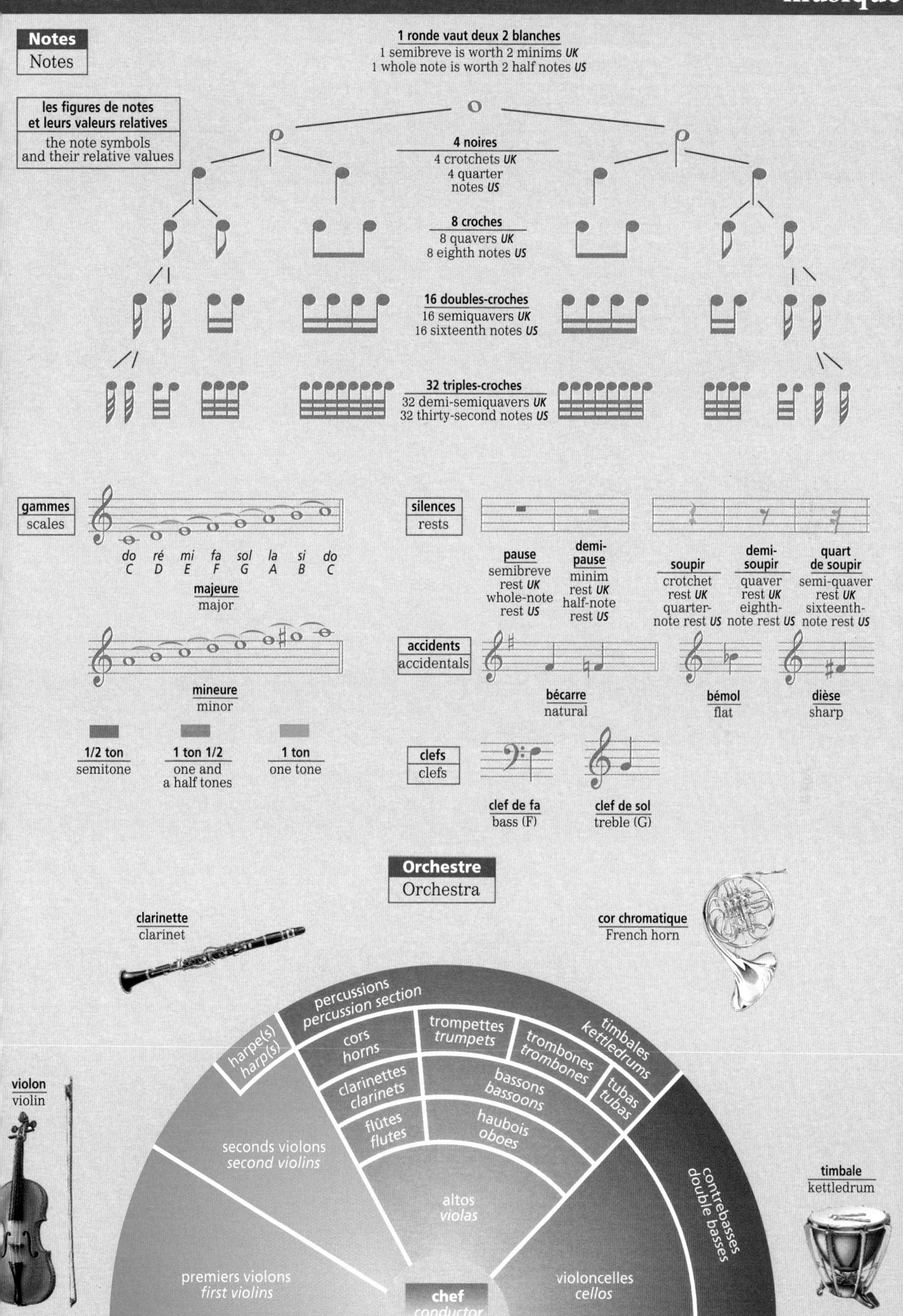
Notes
Notes
les figures de notes et leurs valeurs relatives
the note symbols and their relative values
1 ronde vaut deux 2 blanches
1 semibreve is worth 2 minims UK
1 whole note is worth 2 half notes US
4 noires
4 crotchets UK
4 quarter notes US
8 croches
8 quavers UK
8 eighth notes US
16 doubles-croches
16 semiquavers UK
16 sixteenth notes US
32 triples-croches
32 demi-semiquavers UK
32 thirty-second notes US
gammes
scales
do ré mi fa sol la si do
C D E F G A B C
majeure
major
mineure
minor
1/2 ton
semitone
1 ton 1/2
one and a half tones
1 ton
one tone
silences
rests
pause
semibreve rest UK
whole-note rest US
demi-pause
minim rest UK
half-note rest US
soupir
crotchet rest UK
quarter-note rest US
demi-soupir
quaver rest UK
eighth-note rest US
quart de soupir
semi-quaver rest UK
sixteenth-note rest US
accidents
accidentals
bécarre
natural
bémol
flat
dièse
sharp
clefs
clefs
clef de fa
bass (F)
clef de sol
treble (G)
Orchestre
Orchestra
clarinette
clarinet
cor chromatique
French horn
violon
violin
timbale
kettledrum
percussions
percussion section
harpe(s)
harp(s)
cors
horns
trompettes
trumpets
trombones
trombones
timbales
kettledrums
tubas
tubas
clarinettes
clarinets
bassons
bassoons
flûtes
flutes
hautbois
oboes
seconds violons
second violins
altos
violas
contrebasses
double basses
premiers violons
first violins
violoncelles
cellos
chef
conductor

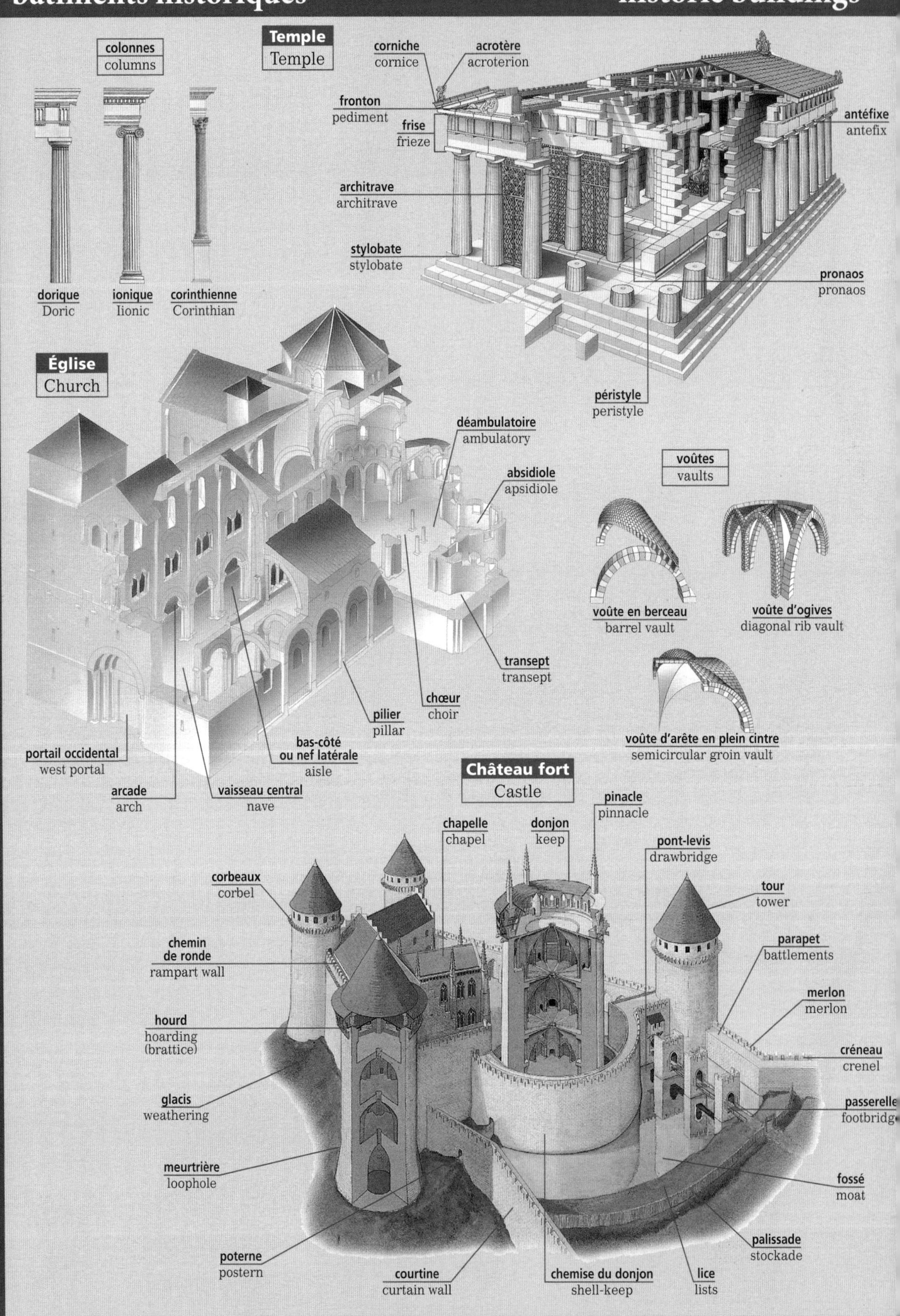
colonnes
columns
dorique
Doric
ionique
Iionic
corinthienne
Corinthian
Temple
Temple
corniche
cornice
acrotère
acroterion
fronton
pediment
frise
frieze
antéfixe
antefix
architrave
architrave
stylobate
stylobate
pronaos
pronaos
péristyle
peristyle
Église
Church
déambulatoire
ambulatory
absidiole
apsidiole
transept
transept
chœur
choir
pilier
pillar
bas-côté
ou nef latérale
aisle
portail occidental
west portal
arcade
arch
vaisseau central
nave
voûtes
vaults
voûte en berceau
barrel vault
voûte d'ogives
diagonal rib vault
voûte d'arête en plein cintre
semicircular groin vault
Château fort
Castle
pinacle
pinnacle
chapelle
chapel
donjon
keep
pont-levis
drawbridge
corbeaux
corbel
tour
tower
chemin
de ronde
rampart wall
parapet
battlements
merlon
merlon
hourd
hoarding
(brattice)
créneau
crenel
glacis
weathering
passerelle
footbridge
meurtrière
loophole
fossé
moat
palissade
stockade
poterne
postern
courtine
curtain wall
chemise du donjon
shell-keep
lice
lists

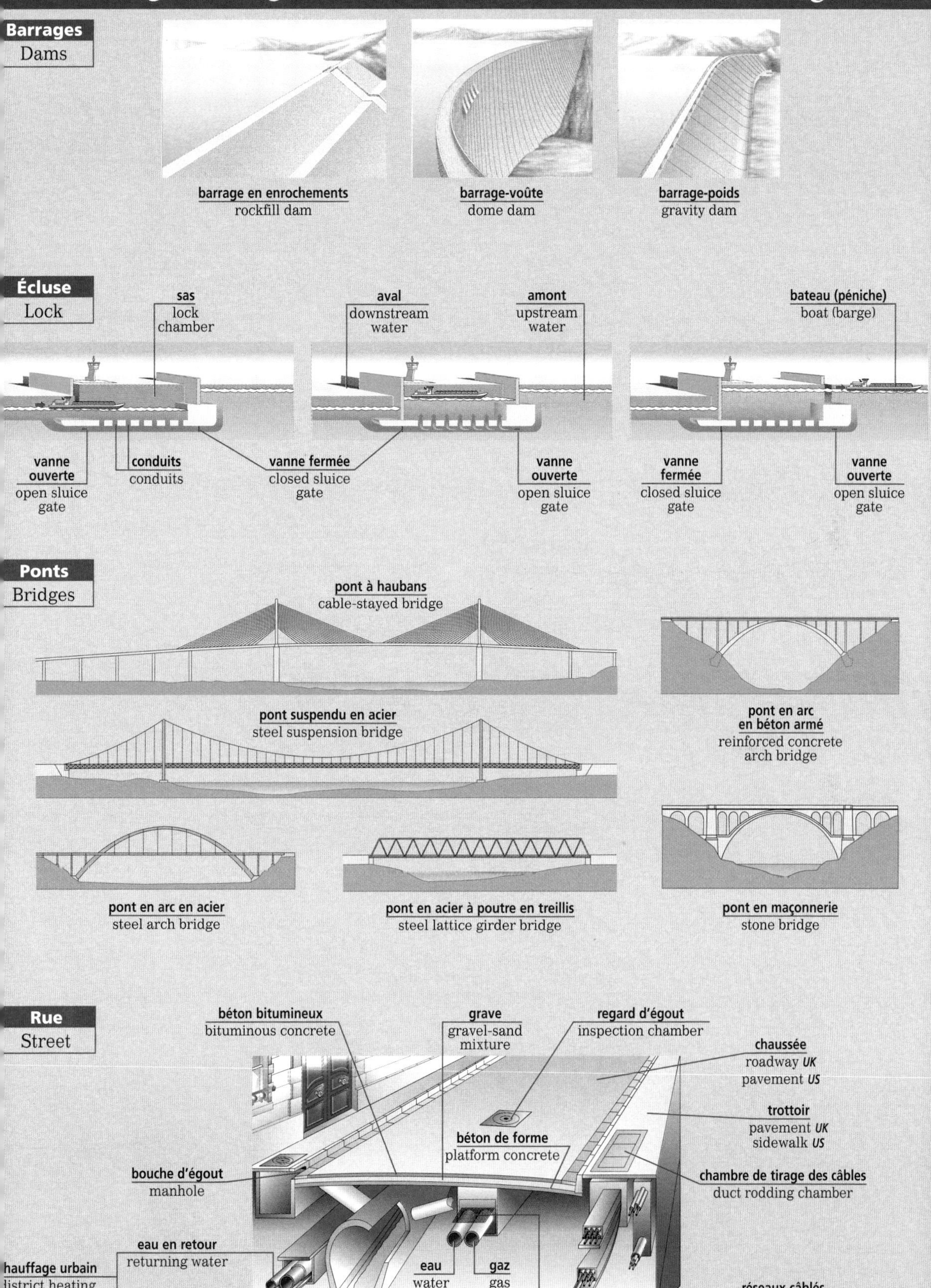
Barrages
Dams
barrage en enrochements
rockfill dam
barrage-voûte
dome dam
barrage-poids
gravity dam
Écluse
Lock
sas
lock chamber
aval
downstream water
amont
upstream water
bateau (péniche)
boat (barge)
vanne ouverte
open sluice gate
conduits
conduits
vanne fermée
closed sluice gate
vanne ouverte
open sluice gate
vanne fermée
closed sluice gate
vanne ouverte
open sluice gate
Ponts
Bridges
pont à haubans
cable-stayed bridge
pont en arc en béton armé
reinforced concrete arch bridge
pont suspendu en acier
steel suspension bridge
pont en arc en acier
steel arch bridge
pont en acier à poutre en treillis
steel lattice girder bridge
pont en maçonnerie
stone bridge
Rue
Street
béton bitumineux
bituminous concrete
grave
gravel-sand mixture
regard d'égout
inspection chamber
chaussée
roadway UK
pavement US
trottoir
pavement UK
sidewalk US
béton de forme
platform concrete
bouche d'égout
manhole
chambre de tirage des câbles
duct rodding chamber
eau en retour
returning water
hauffage urbain
listrict heating
vapeur
steam
eau
water
gaz
gas
réseaux câblés
network cabling
égout collecteur
main sewer
grillage avertisseur
protection grate

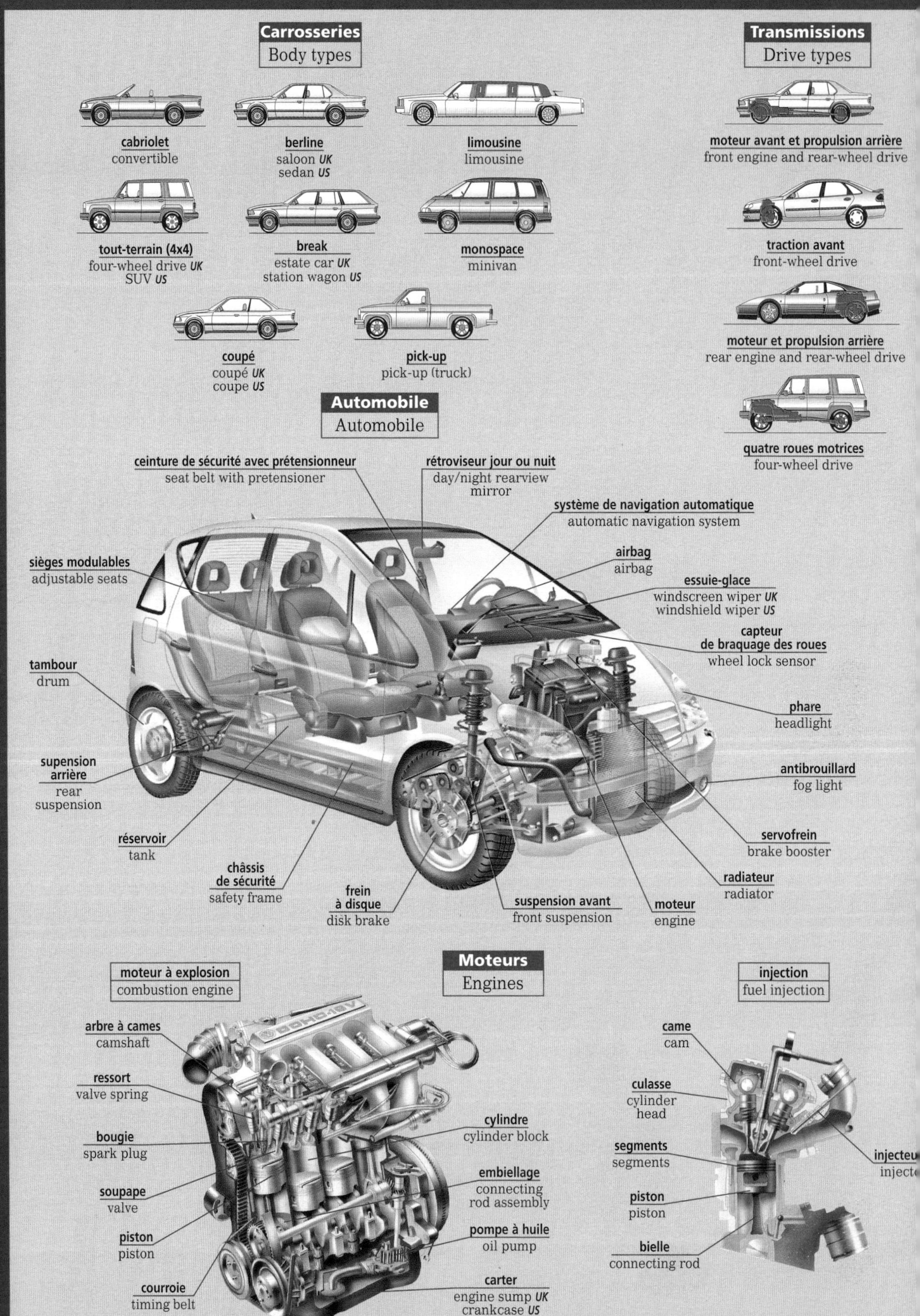
Carrosseries
Body types
cabriolet
convertible
berline
saloon UK
sedan US
limousine
limousine
tout-terrain (4x4)
four-wheel drive UK
SUV US
break
estate car UK
station wagon US
monospace
minivan
coupé
coupé UK
coupe US
pick-up
pick-up (truck)
Transmissions
Drive types
moteur avant et propulsion arrière
front engine and rear-wheel drive
traction avant
front-wheel drive
moteur et propulsion arrière
rear engine and rear-wheel drive
quatre roues motrices
four-wheel drive
Automobile
Automobile
ceinture de sécurité avec prétensionneur
seat belt with pretensioner
rétroviseur jour ou nuit
day/night rearview mirror
système de navigation automatique
automatic navigation system
airbag
airbag
essuie-glace
windscreen wiper UK
windshield wiper US
capteur de braquage des roues
wheel lock sensor
sièges modulables
adjustable seats
tambour
drum
phare
headlight
supension arrière
rear suspension
antibrouillard
fog light
servofrein
brake booster
réservoir
tank
radiateur
radiator
châssis de sécurité
safety frame
frein à disque
disk brake
suspension avant
front suspension
moteur
engine
Moteurs
Engines
moteur à explosion
combustion engine
injection
fuel injection
arbre à cames
camshaft
ressort
valve spring
bougie
spark plug
cylindre
cylinder block
soupape
valve
embiellage
connecting rod assembly
piston
piston
pompe à huile
oil pump
courroie
timing belt
carter
engine sump UK
crankcase US
came
cam
culasse
cylinder head
segments
segments
piston
piston
bielle
connecting rod

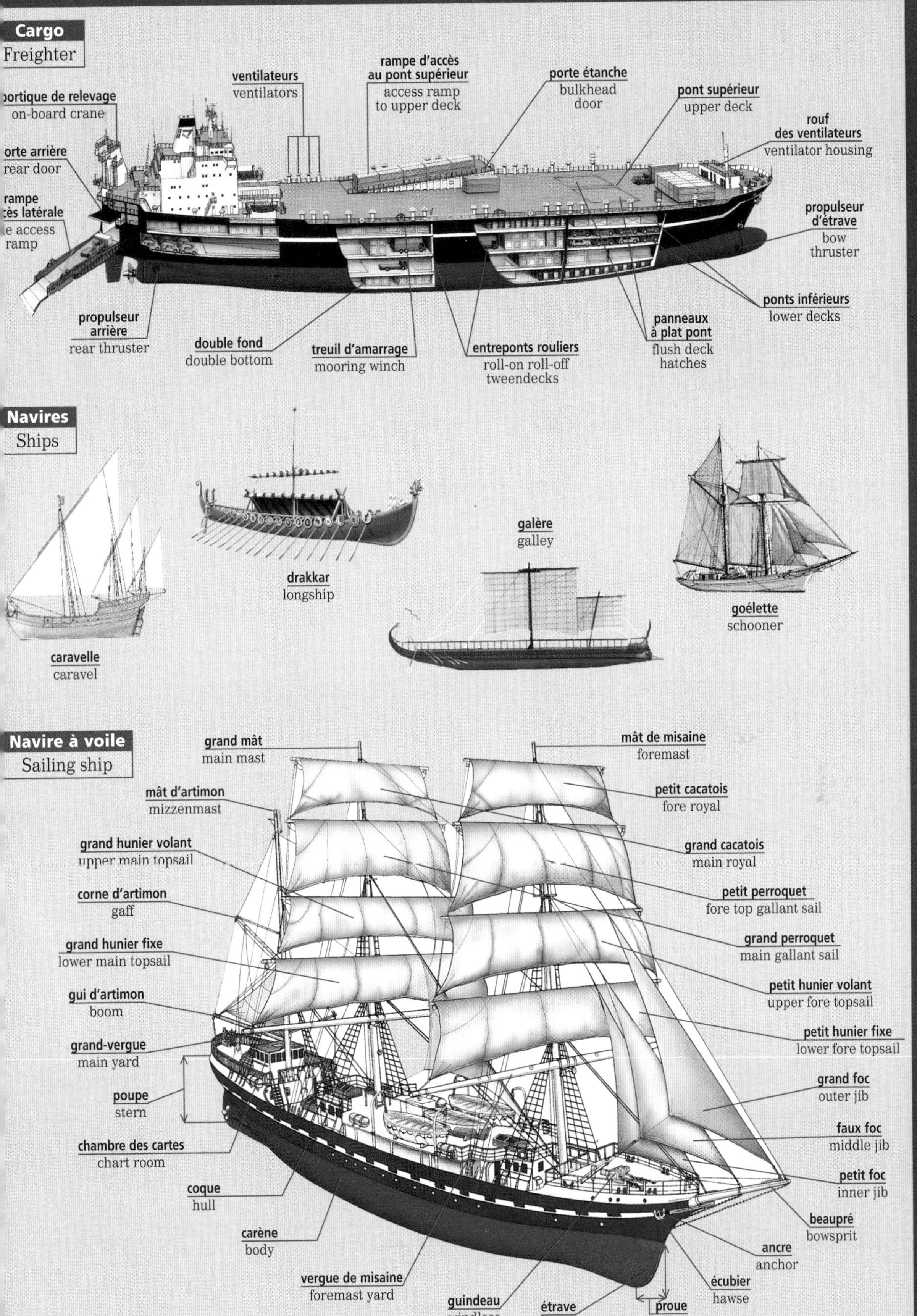

Cargo
Freighter

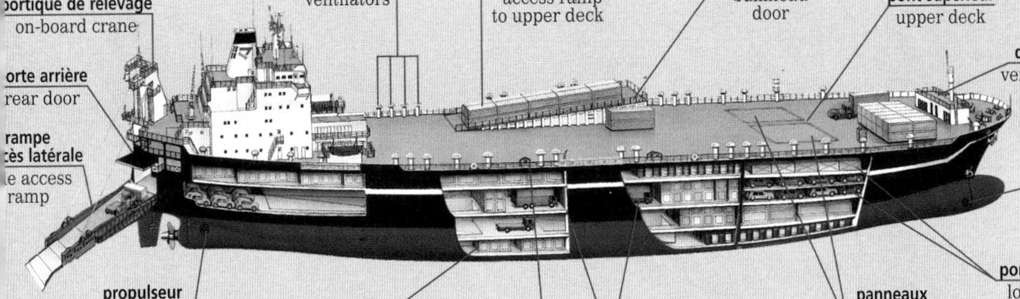
ortique de relevage
on-board crane
orte arrière
rear door
rampe
cès latérale
e access
ramp
ventilateurs
ventilators
rampe d'accès au pont supérieur
access ramp to upper deck
porte étanche
bulkhead door
pont supérieur
upper deck
rouf des ventilateurs
ventilator housing
propulseur d'étrave
bow thruster
ponts inférieurs
lower decks
panneaux à plat pont
flush deck hatches
entreponts rouliers
roll-on roll-off tweendecks
treuil d'amarrage
mooring winch
double fond
double bottom
propulseur arrière
rear thruster

Navires
Ships

caravelle
caravel

drakkar
longship

galère
galley

goélette
schooner

Navire à voile
Sailing ship

grand mât
main mast
mât de misaine
foremast
mât d'artimon
mizzenmast
petit cacatois
fore royal
grand cacatois
main royal
grand hunier volant
upper main topsail
petit perroquet
fore top gallant sail
corne d'artimon
gaff
grand perroquet
main gallant sail
grand hunier fixe
lower main topsail
petit hunier volant
upper fore topsail
gui d'artimon
boom
petit hunier fixe
lower fore topsail
grand-vergue
main yard
grand foc
outer jib
poupe
stern
faux foc
middle jib
chambre des cartes
chart room
petit foc
inner jib
coque
hull
beaupré
bowsprit
carène
body
ancre
anchor
écubier
hawse
vergue de misaine
foremast yard
guindeau
windlass
étrave
bow
proue
prow

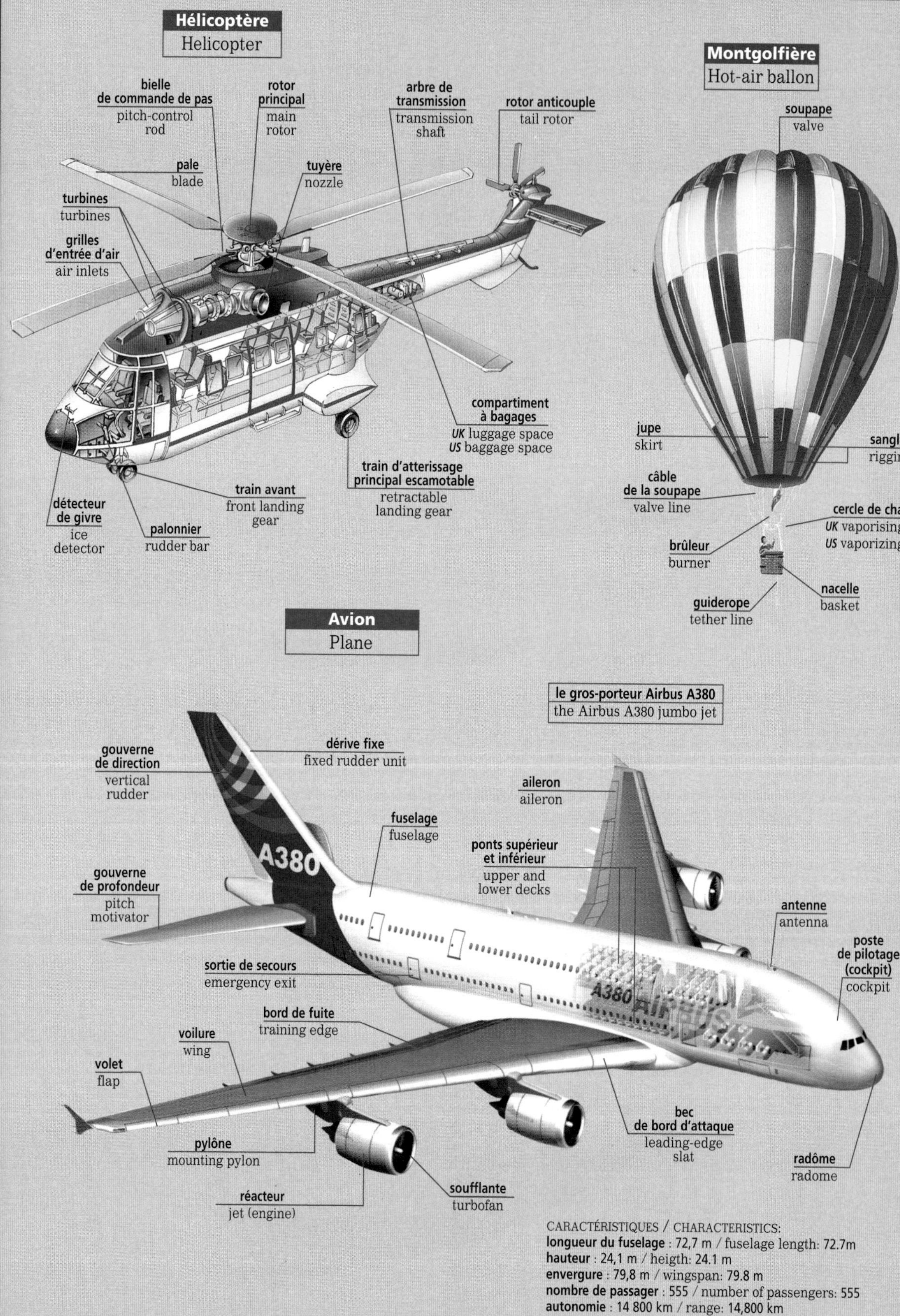

CARACTÉRISTIQUES / CHARACTERISTICS:
longueur du fuselage : 72,7 m / fuselage length: 72.7m
hauteur : 24,1 m / heigth: 24.1 m
envergure : 79,8 m / wingspan: 79.8 m
nombre de passager : 555 / number of passengers: 555
autonomie : 14 800 km / range: 14,800 km

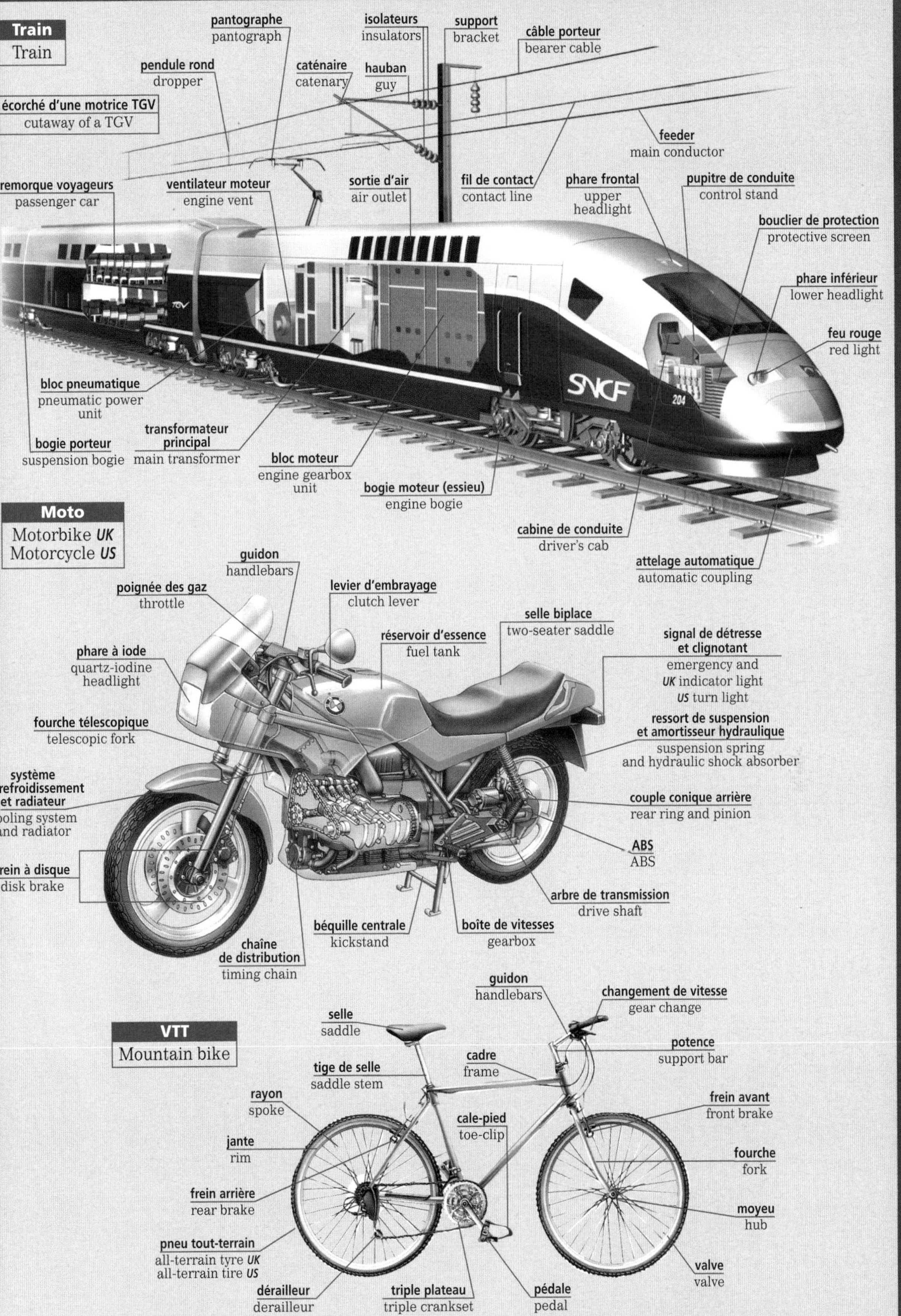
Train
Train
pantographe
pantograph
isolateurs
insulators
support
bracket
câble porteur
bearer cable
pendule rond
dropper
caténaire
catenary
hauban
guy
écorché d'une motrice TGV
cutaway of a TGV
feeder
main conductor
remorque voyageurs
passenger car
ventilateur moteur
engine vent
sortie d'air
air outlet
fil de contact
contact line
phare frontal
upper headlight
pupitre de conduite
control stand
bouclier de protection
protective screen
phare inférieur
lower headlight
feu rouge
red light
bloc pneumatique
pneumatic power unit
transformateur principal
main transformer
bogie porteur
suspension bogie
bloc moteur
engine gearbox unit
bogie moteur (essieu)
engine bogie
cabine de conduite
driver's cab
attelage automatique
automatic coupling
Moto
Motorbike UK
Motorcycle US
guidon
handlebars
poignée des gaz
throttle
levier d'embrayage
clutch lever
selle biplace
two-seater saddle
réservoir d'essence
fuel tank
phare à iode
quartz-iodine headlight
signal de détresse et clignotant
emergency and UK indicator light US turn light
fourche télescopique
telescopic fork
ressort de suspension et amortisseur hydraulique
suspension spring and hydraulic shock absorber
système refroidissement et radiateur
oling system and radiator
couple conique arrière
rear ring and pinion
ABS
ABS
rein à disque
disk brake
arbre de transmission
drive shaft
béquille centrale
kickstand
boîte de vitesses
gearbox
chaîne de distribution
timing chain
VTT
Mountain bike
guidon
handlebars
changement de vitesse
gear change
selle
saddle
potence
support bar
cadre
frame
tige de selle
saddle stem
rayon
spoke
frein avant
front brake
cale-pied
toe-clip
jante
rim
fourche
fork
frein arrière
rear brake
moyeu
hub
pneu tout-terrain
all-terrain tyre UK
all-terrain tire US
valve
valve
dérailleur
derailleur
triple plateau
triple crankset
pédale
pedal

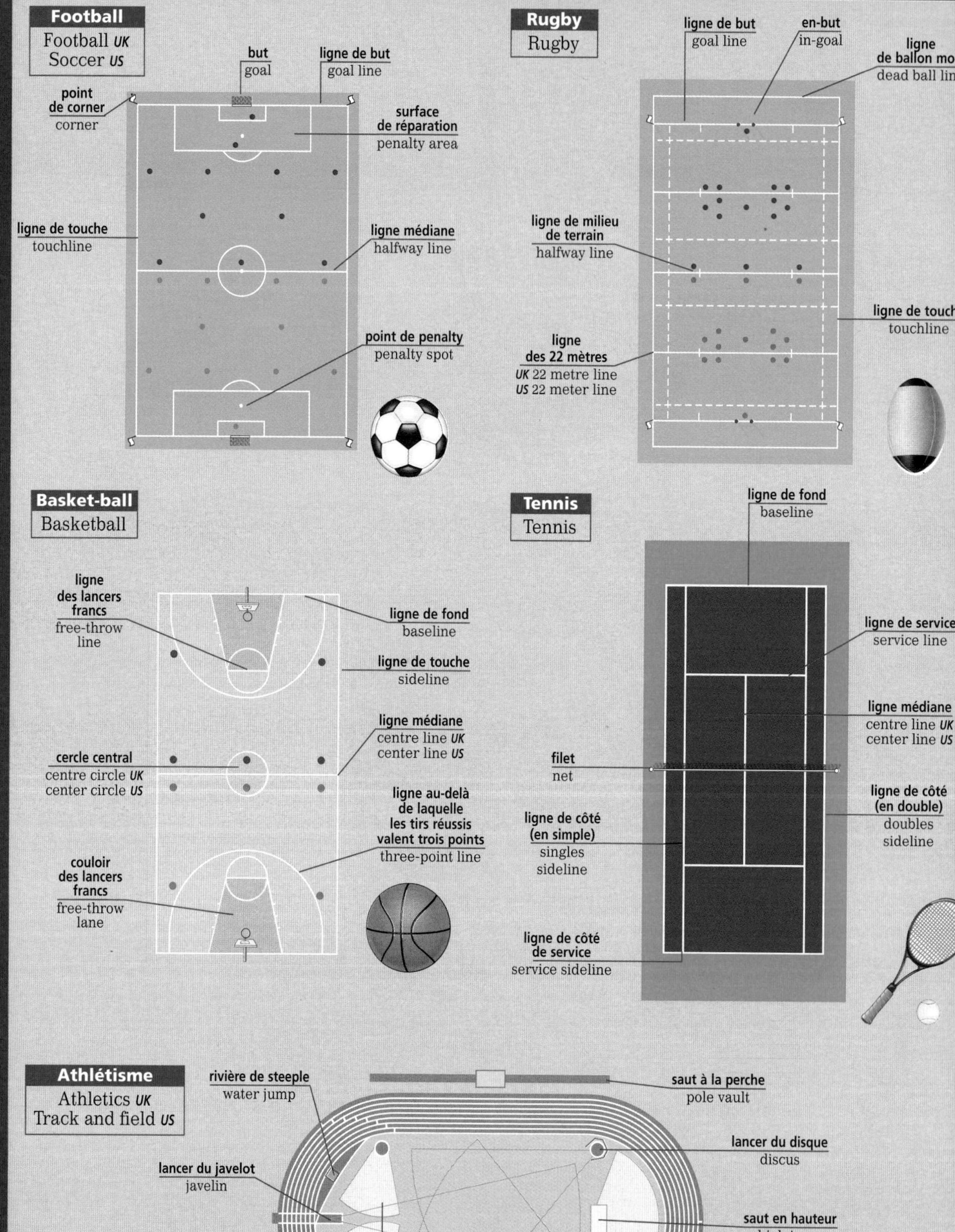
Football
Football UK
Soccer US
but
goal
ligne de but
goal line
point de corner
corner
surface de réparation
penalty area
ligne de touche
touchline
ligne médiane
halfway line
point de penalty
penalty spot
Rugby
Rugby
ligne de but
goal line
en-but
in-goal
ligne de ballon mo
dead ball lin
ligne de milieu de terrain
halfway line
ligne de touch
touchline
ligne des 22 mètres
UK 22 metre line
US 22 meter line
Basket-ball
Basketball
ligne des lancers francs
free-throw line
ligne de fond
baseline
ligne de touche
sideline
ligne médiane
centre line UK
center line US
cercle central
centre circle UK
center circle US
ligne au-delà de laquelle les tirs réussis valent trois points
three-point line
couloir des lancers francs
free-throw lane
Tennis
Tennis
ligne de fond
baseline
ligne de service
service line
ligne médiane
centre line UK
center line US
filet
net
ligne de côté (en double)
doubles sideline
ligne de côté (en simple)
singles sideline
ligne de côté de service
service sideline
Athlétisme
Athletics UK
Track and field US
rivière de steeple
water jump
saut à la perche
pole vault
lancer du disque
discus
lancer du javelot
javelin
saut en hauteur
high jump
lancer du poids
shot put
piste de 400 m
400 metre track UK
400 meter track US
saut en longueur et triple saut
long jump and triple jump
lancer du marteau
hammer

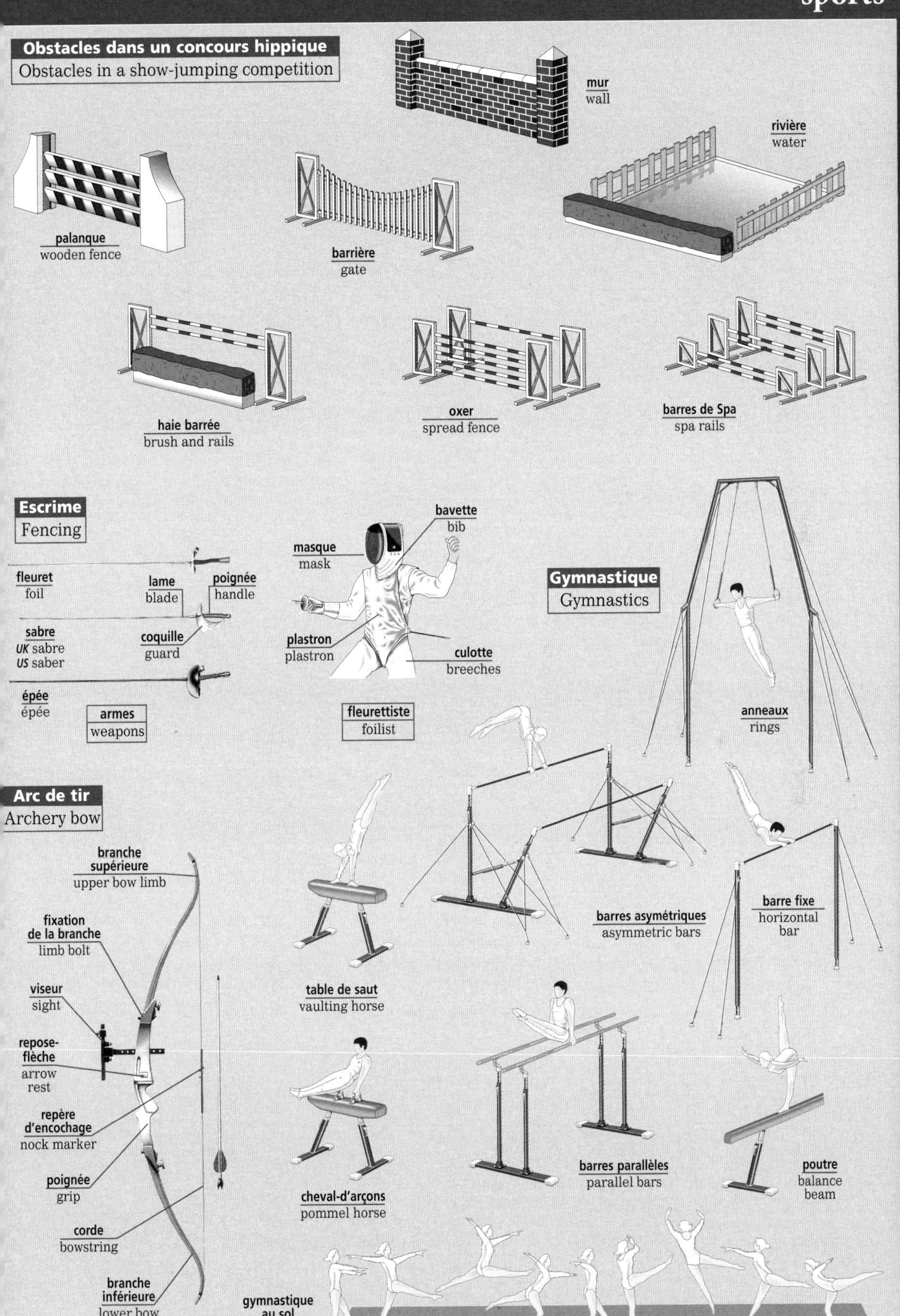
Obstacles dans un concours hippique
Obstacles in a show-jumping competition
mur
wall
rivière
water
palanque
wooden fence
barrière
gate
haie barrée
brush and rails
oxer
spread fence
barres de Spa
spa rails
Escrime
Fencing
fleuret
foil
lame
blade
poignée
handle
sabre
UK sabre
US saber
coquille
guard
épée
épée
armes
weapons
bavette
bib
masque
mask
plastron
plastron
culotte
breeches
fleurettiste
foilist
Gymnastique
Gymnastics
anneaux
rings
Arc de tir
Archery bow
branche supérieure
upper bow limb
fixation de la branche
limb bolt
viseur
sight
repose-flèche
arrow rest
repère d'encochage
nock marker
poignée
grip
corde
bowstring
branche inférieure
lower bow limb
table de saut
vaulting horse
barres asymétriques
asymmetric bars
barre fixe
horizontal bar
cheval-d'arçons
pommel horse
barres parallèles
parallel bars
poutre
balance beam
gymnastique au sol
floor exercises

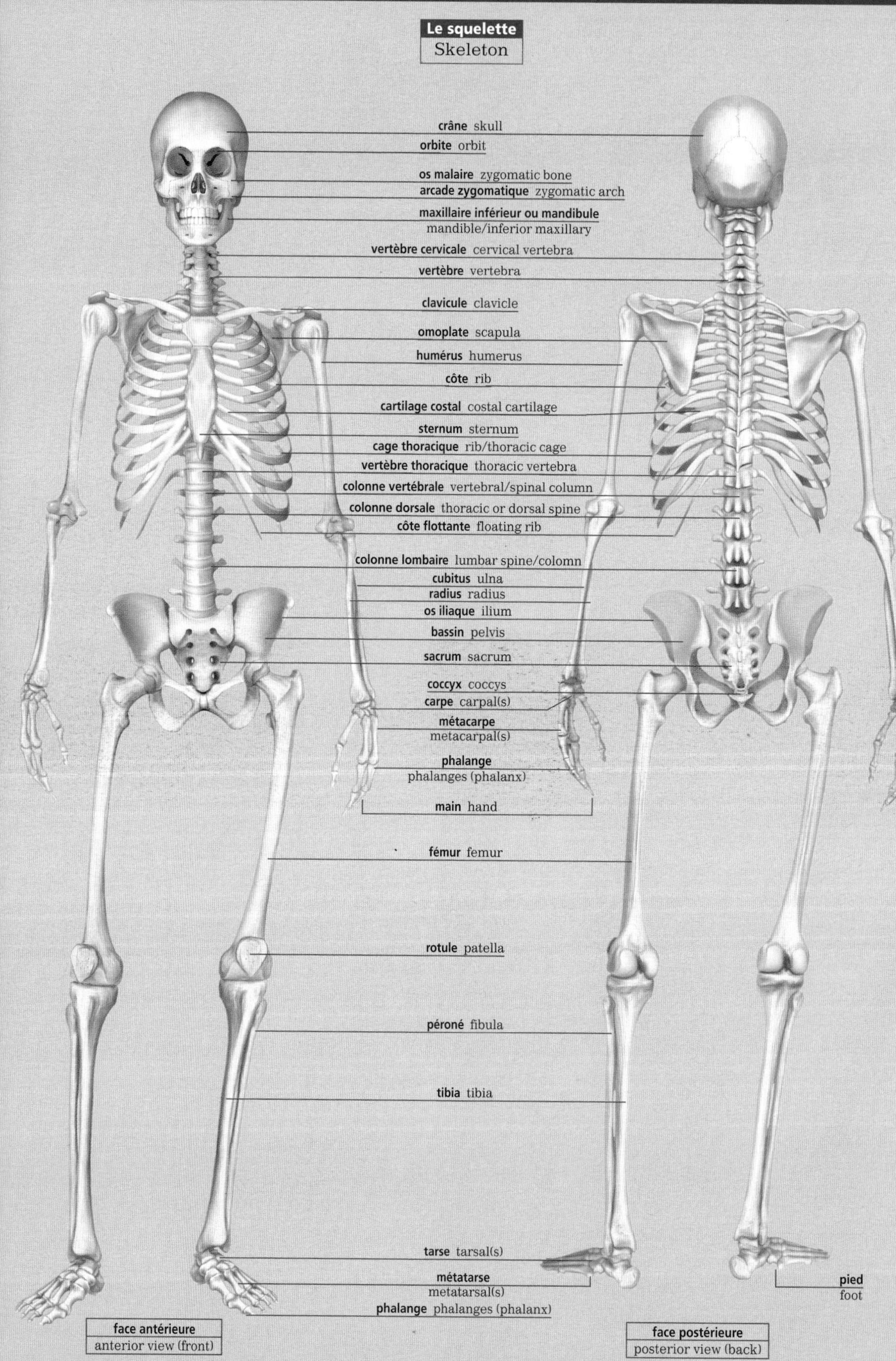
Le squelette
Skeleton
crâne skull
orbite orbit
os malaire zygomatic bone
arcade zygomatique zygomatic arch
maxillaire inférieur ou mandibule
mandible/inferior maxillary
vertèbre cervicale cervical vertebra
vertèbre vertebra
clavicule clavicle
omoplate scapula
humérus humerus
côte rib
cartilage costal costal cartilage
sternum sternum
cage thoracique rib/thoracic cage
vertèbre thoracique thoracic vertebra
colonne vertébrale vertebral/spinal column
colonne dorsale thoracic or dorsal spine
côte flottante floating rib
colonne lombaire lumbar spine/colomn
cubitus ulna
radius radius
os iliaque ilium
bassin pelvis
sacrum sacrum
coccyx coccys
carpe carpal(s)
métacarpe
metacarpal(s)
phalange
phalanges (phalanx)
main hand
fémur femur
rotule patella
péroné fibula
tibia tibia
tarse tarsal(s)
métatarse
metatarsal(s)
phalange phalanges (phalanx)
pied
foot
face antérieure
anterior view (front)
face postérieure
posterior view (back)

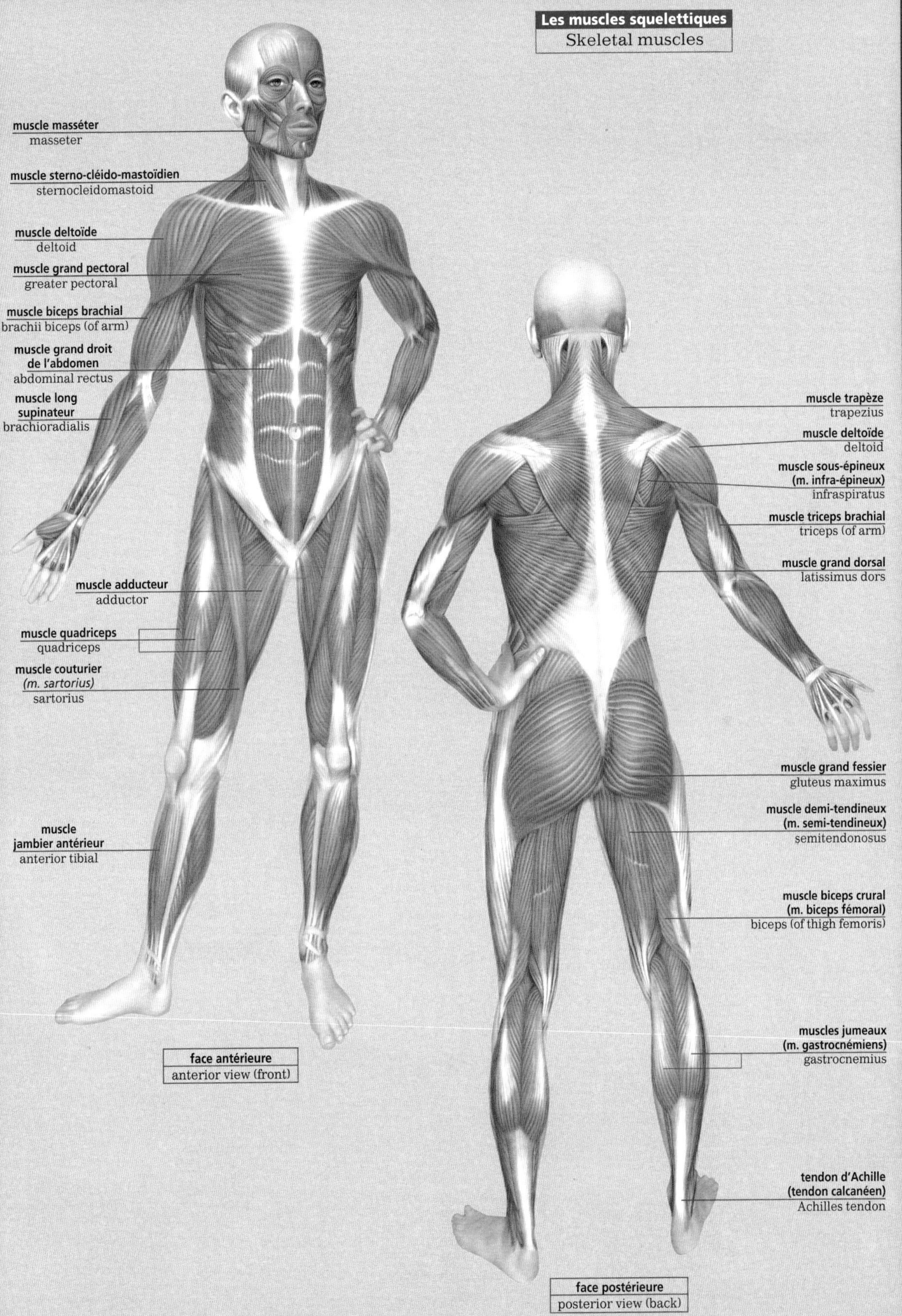
Les muscles squelettiques
Skeletal muscles
muscle masséter
masseter
muscle sterno-cléido-mastoïdien
sternocleidomastoid
muscle deltoïde
deltoid
muscle grand pectoral
greater pectoral
muscle biceps brachial
brachii biceps (of arm)
muscle grand droit de l'abdomen
abdominal rectus
muscle long supinateur
brachioradialis
muscle adducteur
adductor
muscle quadriceps
quadriceps
muscle couturier
(m. sartorius)
sartorius
muscle jambier antérieur
anterior tibial
face antérieure
anterior view (front)
muscle trapèze
trapezius
muscle deltoïde
deltoid
muscle sous-épineux
(m. infra-épineux)
infraspiratus
muscle triceps brachial
triceps (of arm)
muscle grand dorsal
latissimus dors
muscle grand fessier
gluteus maximus
muscle demi-tendineux
(m. semi-tendineux)
semitendonosus
muscle biceps crural
(m. biceps fémoral)
biceps (of thigh femoris)
muscles jumeaux
(m. gastrocnémiens)
gastrocnemius
tendon d'Achille
(tendon calcanéen)
Achilles tendon
face postérieure
posterior view (back)

mangoustan
mangosteen
banane
banana
papaye
papaya
jujube
jujube
goyave
guava
corossol
soursop
figue de Barbarie
prickly pear
chérimole
cherimoya
fruit de la Passion
passion fruit
ananas
pineapple
mangue
mango
litchi
lychee
or litchi
grenade
pomegranate
avocat
avocado
(pear)
kiwi
kiwi
noix de coco
coconut
carambole
star fruit,
carambola
sapotille
sapodilla
ramboutan
rambutan
longane
longan
kaki
persimmon

saintpaulia
ou violette du Cap
(Saintpaulia)
African violet
langue de feu
(Anthurium)
flamingo lily
hibiscus
(Hibiscus rosasinensis)
china rose
or shoe flower
gerbera
(Gerbera)
African daisy
bégonia
(Begonia)
begonia
amaryllis
(Hippaestrum)
amarylis
lotus
bec-de-perroquet
(Lotus hirsutus)
hairy canary
or clover lotus
impatiente
(Impatiens)
busy lizzie,
impatiens
bec-de-perroquet
(Lotus berthelotii)
parrot's beak
faux-arum
(Spathiphyllum)
spath flower
or peace lily
curcuma des Indes
(Curcuma)
turmeric,
curcuma
rose de
porcelaine
(Nicolaia elatior)
porcelain rose
strélitzia
ou oiseau-de-paradis
bird of paradise
cigarette
(Cuphea ignea)
cigar plant
rose du désert
(Adenium obesum)
desert rose
lotus
(Nymphaea)
lotus
chauve-souris
ou fleur du Diable
(Tacca)
bat plant
or devil flower
orchidée araignée
(Brassia)
spider orchid
orchidée phalaénopsis
(Phalaenopsis)
moth orchid
orchidée
(Odontoglossum)
orchid

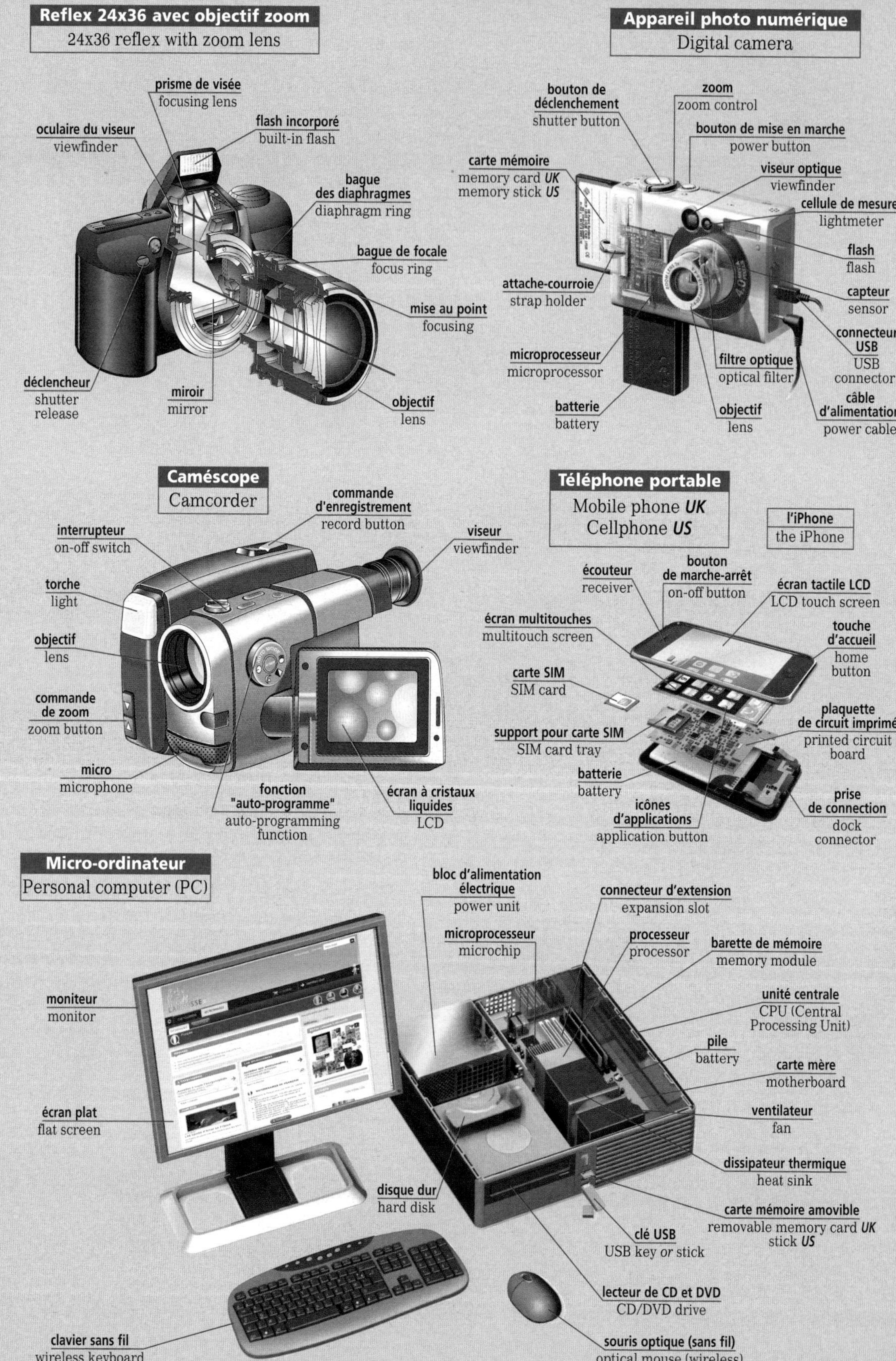
Reflex 24x36 avec objectif zoom
24x36 reflex with zoom lens
prisme de visée
focusing lens
oculaire du viseur
viewfinder
flash incorporé
built-in flash
bague des diaphragmes
diaphragm ring
bague de focale
focus ring
mise au point
focusing
déclencheur
shutter release
miroir
mirror
objectif
lens
Appareil photo numérique
Digital camera
bouton de déclenchement
shutter button
zoom
zoom control
bouton de mise en marche
power button
carte mémoire
memory card UK
memory stick US
viseur optique
viewfinder
cellule de mesure
lightmeter
flash
flash
attache-courroie
strap holder
capteur
sensor
connecteur USB
USB connector
microprocesseur
microprocessor
filtre optique
optical filter
câble d'alimentation
power cable
batterie
battery
objectif
lens
Caméscope
Camcorder
commande d'enregistrement
record button
interrupteur
on-off switch
viseur
viewfinder
torche
light
objectif
lens
commande de zoom
zoom button
micro
microphone
fonction "auto-programme"
auto-programming function
écran à cristaux liquides
LCD
Téléphone portable
Mobile phone UK
Cellphone US
l'iPhone
the iPhone
écouteur
receiver
bouton de marche-arrêt
on-off button
écran tactile LCD
LCD touch screen
écran multitouches
multitouch screen
touche d'accueil
home button
carte SIM
SIM card
plaquette de circuit imprimé
printed circuit board
support pour carte SIM
SIM card tray
batterie
battery
icônes d'applications
application button
prise de connection
dock connector
Micro-ordinateur
Personal computer (PC)
bloc d'alimentation électrique
power unit
connecteur d'extension
expansion slot
microprocesseur
microchip
processeur
processor
barette de mémoire
memory module
moniteur
monitor
unité centrale
CPU (Central Processing Unit)
pile
battery
carte mère
motherboard
écran plat
flat screen
ventilateur
fan
dissipateur thermique
heat sink
disque dur
hard disk
carte mémoire amovible
removable memory card UK
stick US
clé USB
USB key or stick
lecteur de CD et DVD
CD/DVD drive
clavier sans fil
wireless keyboard
souris optique (sans fil)
optical mouse (wireless)

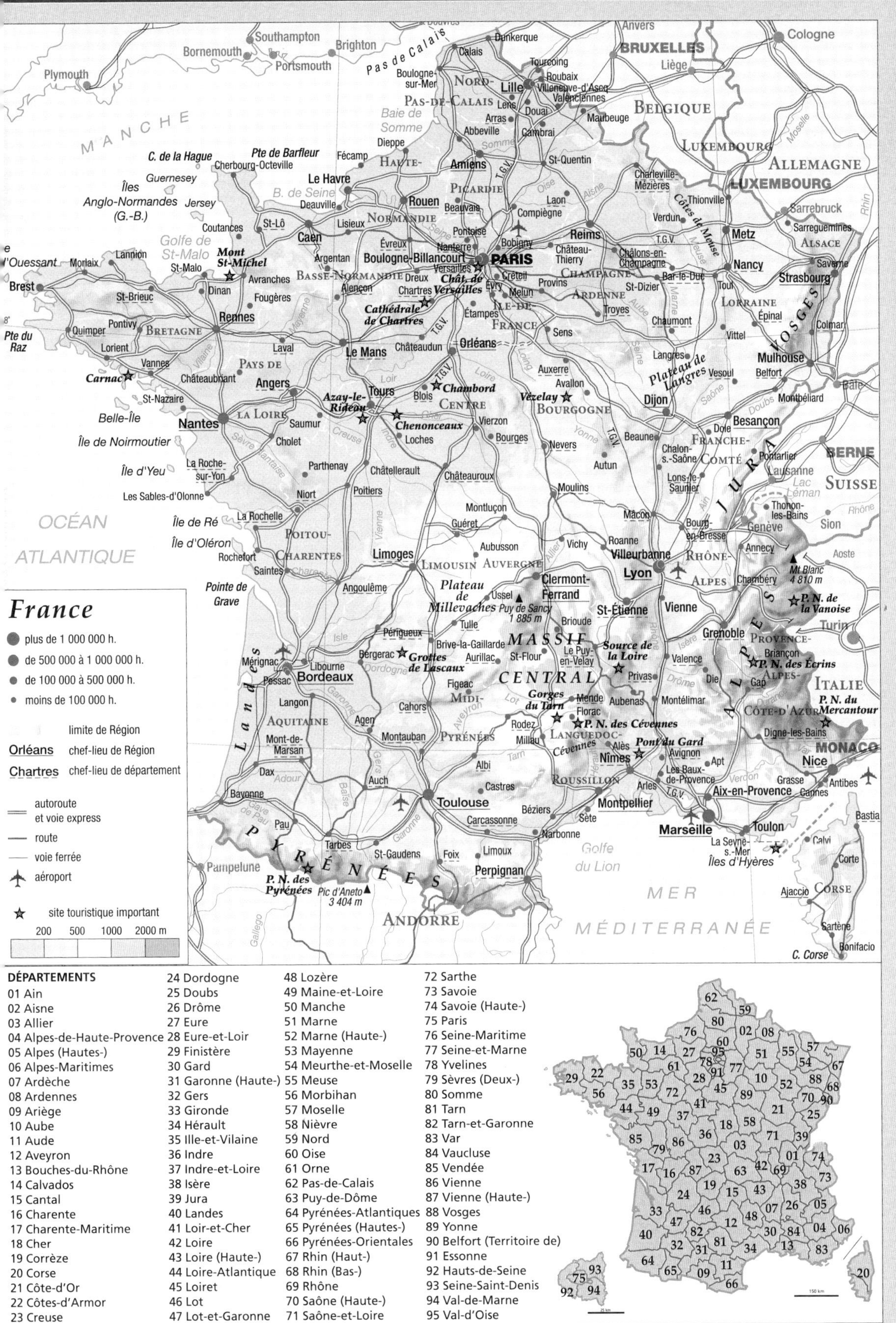

DÉPARTEMENTS

01 Ain
02 Aisne
03 Allier
04 Alpes-de-Haute-Provence
05 Alpes (Hautes-)
06 Alpes-Maritimes
07 Ardèche
08 Ardennes
09 Ariège
10 Aube
11 Aude
12 Aveyron
13 Bouches-du-Rhône
14 Calvados
15 Cantal
16 Charente
17 Charente-Maritime
18 Cher
19 Corrèze
20 Corse
21 Côte-d'Or
22 Côtes-d'Armor
23 Creuse
24 Dordogne
25 Doubs
26 Drôme
27 Eure
28 Eure-et-Loir
29 Finistère
30 Gard
31 Garonne (Haute-)
32 Gers
33 Gironde
34 Hérault
35 Ille-et-Vilaine
36 Indre
37 Indre-et-Loire
38 Isère
39 Jura
40 Landes
41 Loir-et-Cher
42 Loire
43 Loire (Haute-)
44 Loire-Atlantique
45 Loiret
46 Lot
47 Lot-et-Garonne
48 Lozère
49 Maine-et-Loire
50 Manche
51 Marne
52 Marne (Haute-)
53 Mayenne
54 Meurthe-et-Moselle
55 Meuse
56 Morbihan
57 Moselle
58 Nièvre
59 Nord
60 Oise
61 Orne
62 Pas-de-Calais
63 Puy-de-Dôme
64 Pyrénées-Atlantiques
65 Pyrénées (Hautes-)
66 Pyrénées-Orientales
67 Rhin (Haut-)
68 Rhin (Bas-)
69 Rhône
70 Saône (Haute-)
71 Saône-et-Loire
72 Sarthe
73 Savoie
74 Savoie (Haute-)
75 Paris
76 Seine-Maritime
77 Seine-et-Marne
78 Yvelines
79 Sèvres (Deux-)
80 Somme
81 Tarn
82 Tarn-et-Garonne
83 Var
84 Vaucluse
85 Vendée
86 Vienne
87 Vienne (Haute-)
88 Vosges
89 Yonne
90 Belfort (Territoire de)
91 Essonne
92 Hauts-de-Seine
93 Seine-Saint-Denis
94 Val-de-Marne
95 Val-d'Oise

la France d'outre-mer

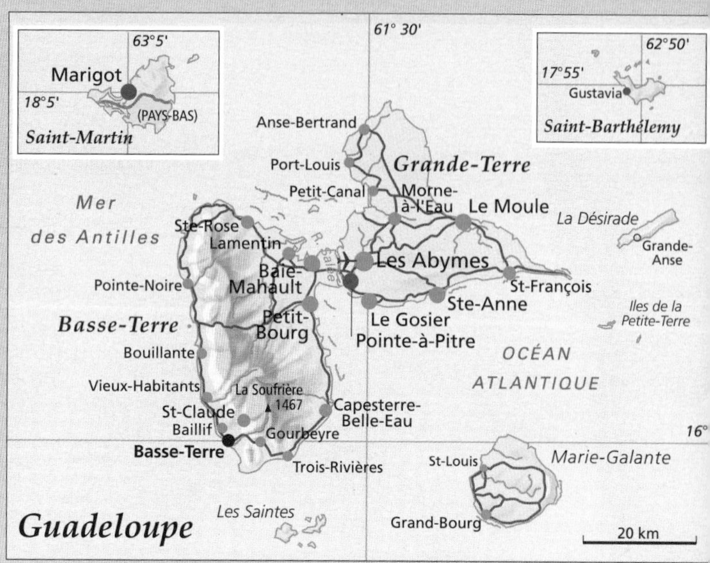

plus de 50 000 hab
de 20 000 à 50 000 h.
de 10 000 à 20 000 h.
de 5 000 à 10 000 h.
moins de 5 000 h.

ch.-l. de département ou ch.-l. de collectivité
ch.-l. d'arrondissement
commune
autre localité

route
aéroport
récif-barrière

légende commune aux deux pages

200 500 1000 m

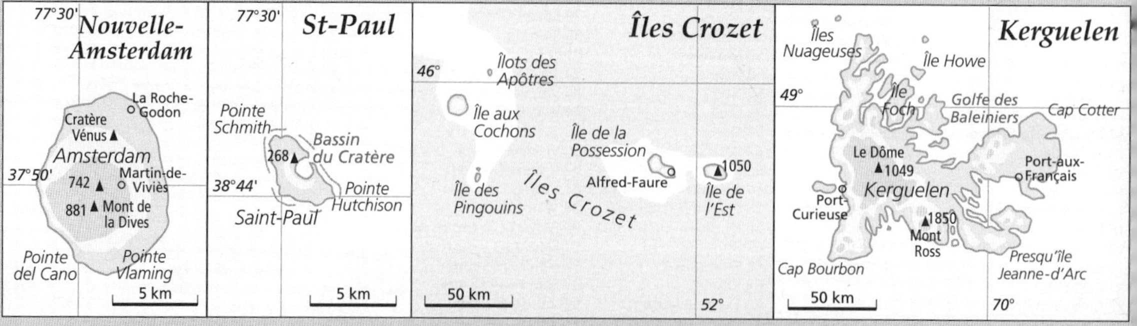

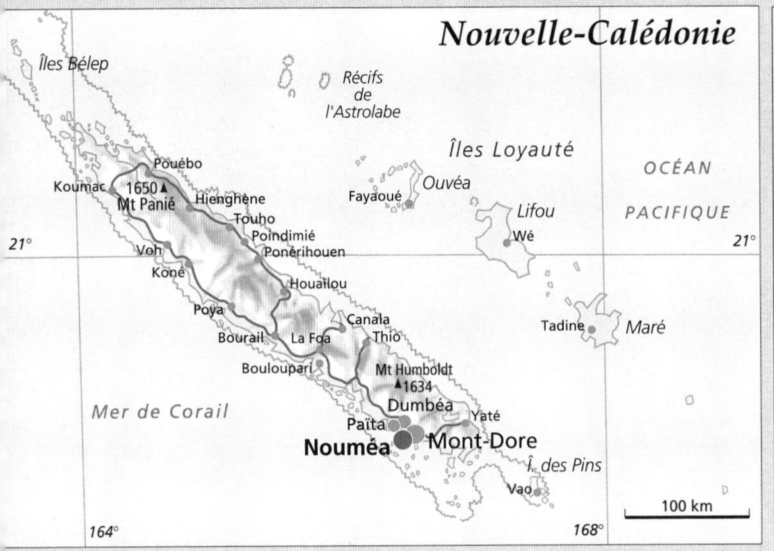
Nouvelle-Calédonie
Îles Bélep
Récifs de l'Astrolabe
Îles Loyauté
Ouvéa
Fayaoué
Lifou
Wé
OCÉAN PACIFIQUE
Pouébo
Koumac
1650 Mt Panié
Hienghène
Touho
Poindimié
Ponérihouen
21°
Voh
Koné
Houaïlou
Poya
Canala
Bourail
La Foa
Thio
Tadine
Maré
Boulouparis
Mt Humboldt 1634
Mer de Corail
Dumbéa
Yaté
Païta
Nouméa
Mont-Dore
Î. des Pins
Vao
100 km
164°
168°

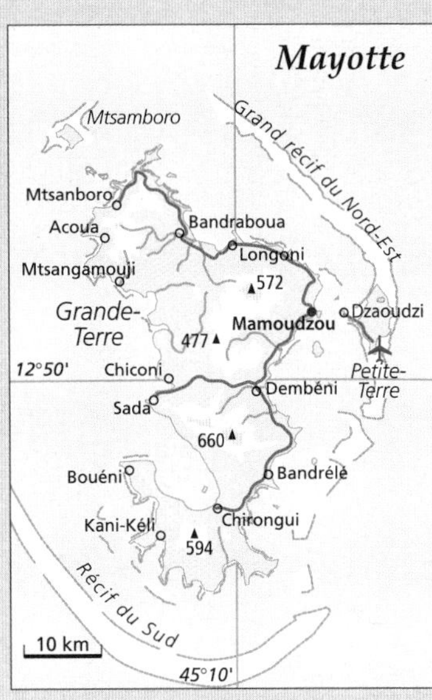
Mayotte
Mtsamboro
Grand récif du Nord-Est
Mtsanboro
Acoua
Bandraboua
Longoni
Mtsangamouji
572
Grande-Terre
Mamoudzou
Dzaoudzi
477
12°50'
Chiconi
Petite-Terre
Dembéni
Sada
660
Bouéni
Bandrélé
Kani-Kéli
Chirongui
594
Récif du Sud
10 km
45°10'

St-Pierre-et-Miquelon
Cap du Nid à l'Aigle
Miquelon-Langlade
Grande Miquelon
240
OCÉAN ATLANTIQUE
47°
Grand Barachois
Miquelon
Isthme de Langlade
Cap Percé
Île Verte
Petit Barachois
Langlade (Pte Miquelon)
Grand-Colombier
Cap Bleu
Saint-Pierre
Île aux Marins
Pointe de l'Ouest
Saint-Pierre
10 km
56° 15'

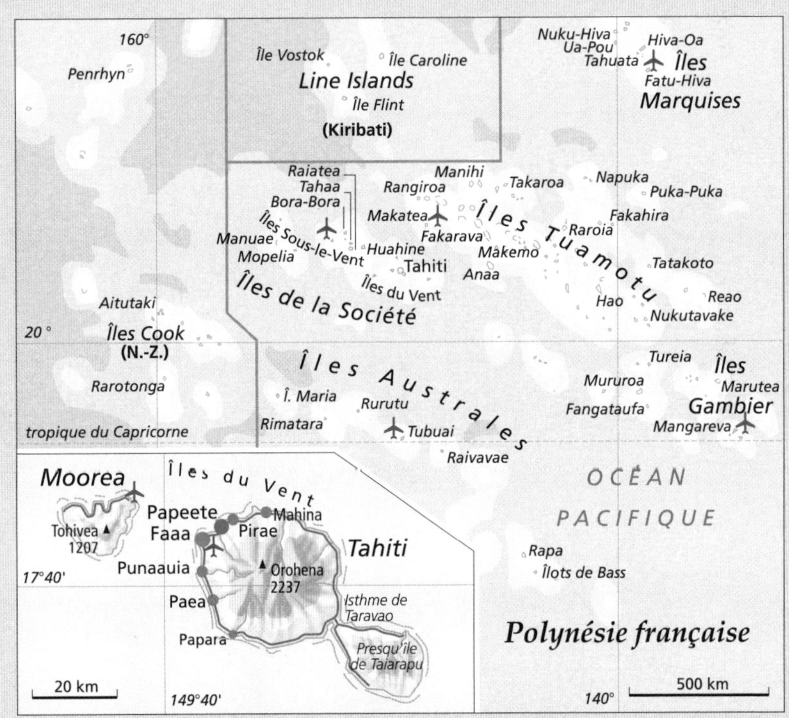
160°
Penrhyn
Île Vostok
Île Caroline
Line Islands
Île Flint
(Kiribati)
Nuku-Hiva
Ua-Pou
Tahuata
Hiva-Oa
Îles Marquises
Fatu-Hiva
Raiatea
Tahaa
Bora-Bora
Manihi
Rangiroa
Takaroa
Napuka
Puka-Puka
Makatea
Îles Tuamotu
Fakahira
Raroia
Îles Sous-le-Vent
Fakarava
Manuae
Huahine
Makemo
Mopelia
Tahiti
Anaa
Tatakoto
Îles du Vent
Îles de la Société
Hao
Reao
Nukutavake
Aitutaki
20°
Îles Cook (N.-Z.)
Tureia
Îles Gambier
Îles Australes
Mururoa
Marutea
Rarotonga
Î. Maria
Rurutu
Fangataufa
Mangareva
tropique du Capricorne
Rimatara
Tubuai
Raivavae
OCÉAN PACIFIQUE
Moorea
Îles du Vent
Papeete
Mahina
Faaa
Pirae
Tohivea 1207
Tahiti
Punaauia
Orohena 2237
17°40'
Paea
Isthme de Taravao
Papara
Presqu'île de Taiarapu
Rapa
Îlots de Bass
Polynésie française
20 km
149°40'
140°
500 km

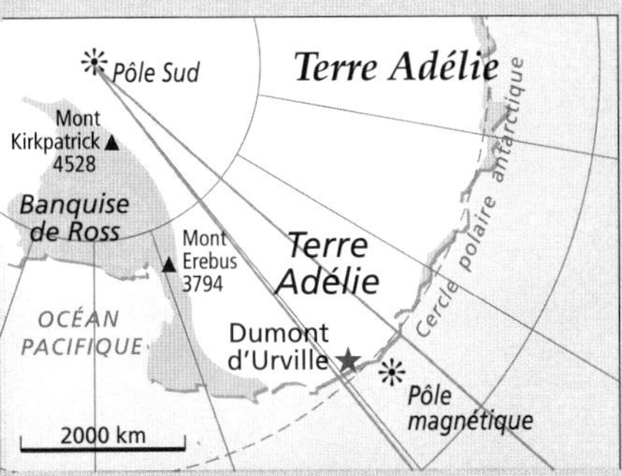
Pôle Sud
Terre Adélie
Mont Kirkpatrick 4528
Banquise de Ross
Mont Erebus 3794
Terre Adélie
Cercle polaire antarctique
OCÉAN PACIFIQUE
Dumont d'Urville
Pôle magnétique
2000 km

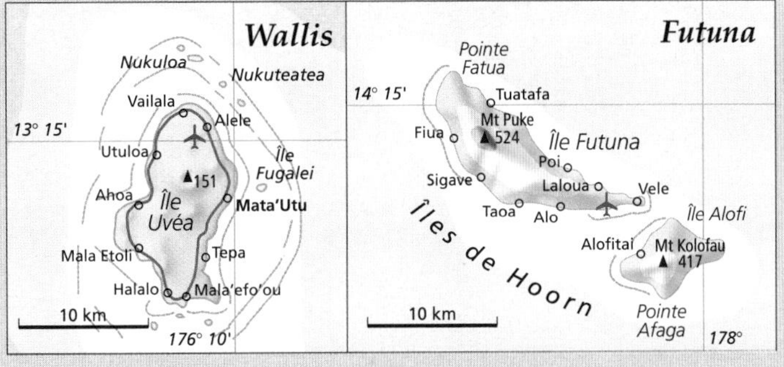
Wallis
Nukuloa
Nukuteatea
Vailala
13° 15'
Alele
Utuloa
151
Île Fugalei
Ahoa
Île Uvéa
Mata'Utu
Mala Etoli
Tepa
Halalo
Mala'efo'ou
10 km
176° 10'
Futuna
Pointe Fatua
14° 15'
Tuatafa
Mt Puke 524
Fiua
Île Futuna
Poi
Sigave
Laloua
Vele
Taoa
Alo
Île Alofi
Îles de Hoorn
Alofitai
Mt Kolofau 417
10 km
Pointe Afaga
178°

Belgique
autoroute
voie ferrée
route
aéroport
plus de 100 000 h.
de 50 000 à 100 000 h.
de 10 000 à 50 000 h.
moins de 10 000 h.
site touristique important
limite de province
Bruges chef-lieu de province
0 100 200 500 m
MER DU NORD
PAYS-BAS
ALLEMAGNE
FRANCE
LUXEMBOURG
ALL.
BRUXELLES
Anvers
Gand
Bruges
Ostende
Liège
Charleroi
Namur
Mons
Louvain
Malines
Hasselt
Arlon
Courtrai
Tournai
Campine
Hesbaye
Plateau du Condroz
Famenne
Fagne
Gaume
Flandre
Plateau ardennais
Ardenne
Borinage
Hertogenwald
Htes Fagnes
Signal de Botrange 694 m
Grottes de Han
Mt Kemmel
P.N. GERMANO-BELGE DES HAUTES FAGNES-EIFEL
Régions et provinces
MER DU NORD
PAYS-BAS
ALLEMAGNE
FRANCE
LUX.
RÉGION FLAMANDE
FLANDRE-OCCIDENTALE
FLANDRE-ORIENTALE
ANVERS
LIMBOURG
BRABANT FLAMAND
BRUXELLES-CAPITALE
RÉGION WALLONNE
BRABANT WALLON
HAINAUT
NAMUR
LIÈGE
LUXEMBOURG

Suisse
autoroute
route
voie ferrée
aéroport
plus de 100 000 h.
de 50 000 à 100 000 h.
de 10 000 à 50 000 h.
moins de 10 000 h.
limite de canton
Bâle chef-lieu de canton
Stans chef-lieu de demi-canton
500 1000 1500 2000 m
10 km
ALLEMAGNE
AUTRICHE
LIECHTENSTEIN
ITALIE
FRANCE
VOSGES
JURA
BERNE
Zurich
Bâle
Genève
Lausanne
Lucerne
St-Gall
Fribourg
Neuchâtel
Sion
Coire
Bellinzona
Lugano
Locarno
Lac Léman
Lac de Neuchâtel
Lac de Constance
Lac Majeur
L. de Lugano
Lac de Côme
Valteline
Alpes Bergamasques
Mt Rose
Pointe Dufour 4 634 m
Mont Cervin 4 478 m
Mont Blanc 4 810 m
Jungfrau 4 158 m
Finsteraarhorn 4 274 m
Tödi 3 620 m
Bernina 4 052 m
C. du St-Gothard 2 112 m
Col du Simplon 2 005 m
Col du Grand-St-Bernard 2 469 m
Mt Pilat 2 120 m
Santis 2 502 m
La Dôle 1 677 m
Mt Tendre 1 679 m
Le Chasseron 1 607 m
Plateau Suisse
Oberland Bernois
Alpes Rhétiques
Alpes de Glaris
Haute Engadine
Basse Engadine
Silvretta
Rätikon
Massif de l'Aar-Gothard
Val de Conches
Emmental
Simmental
Vallée de Joux
Mt Risoux
Jorat
Franches-Montagne
Ajoie
Mulhouse
Besançon
Belfort
Constance
Friedrichshafen
Côme
Varèse
Domodossola
Aoste
Chamonix-Mt-Blanc
Annecy
Thonon-les-Bains
Sondrio
Lecco
VADUZ

Québec
plus de 1 000 000 h.
de 500 000 à 1 000 000 h.
de 100 000 à 500 000 h.
de 10 000 à 100 000 h.
moins de 10 000 h.
autoroute
route
voie ferrée
aéroport
site touristique important
Québec capitale de province
200 500 1000 m
Péninsule d'Ungava
Nord-du-Québec
Plateau Laurentien
Labrador
Terre-Neuve-et-Labrador
Terre-Neuve
Baie d'Hudson
Baie James
Baie d'Ungava
Détroit d'Hudson
Mer du Labrador
Golfe du St-Laurent
Océan Atlantique
Nouveau-Brunswick
Nouvelle-Écosse
Île-du-Prince-Édouard
Maine
Ontario
États-Unis
Montréal
Québec
Ottawa
Gatineau
Laval
Lévis
Trois-Rivières
Sherbrooke
Saguenay (Chicoutimi)
Sept-Îles
Gaspé
Rimouski
Rivière-du-Loup
Baie-Comeau
Chibougamau
Rouyn-Noranda
Val-d'Or
Amos
Kuujjuaq
Kuujjuarapik
Schefferville
Labrador City
Fermont
Happy Valley-Goose Bay
Blanc-Sablon
Île d'Anticosti
P.N. de Forillon
P.N. de la Mauricie
Mt Jacques Cartier 1 268 m
Mt Tremblant 968 m
Mts Chic Chocs
Mts Notre-Dame
Mts Torngat
Rés. Manicouagan
Rés. de Caniapiscau
Lac Mistassini
Lac St-Jean
100 km
Région de Montréal, avant les fusions de 2002, autour de Montréal, Saint-Jérôme et Longueuil.
10 km
Partie du Québec, avant les fusions de 2002, autour de Shawinigan, Trois-Rivières, Sherbrooke, Québec et Lévis.
30 km

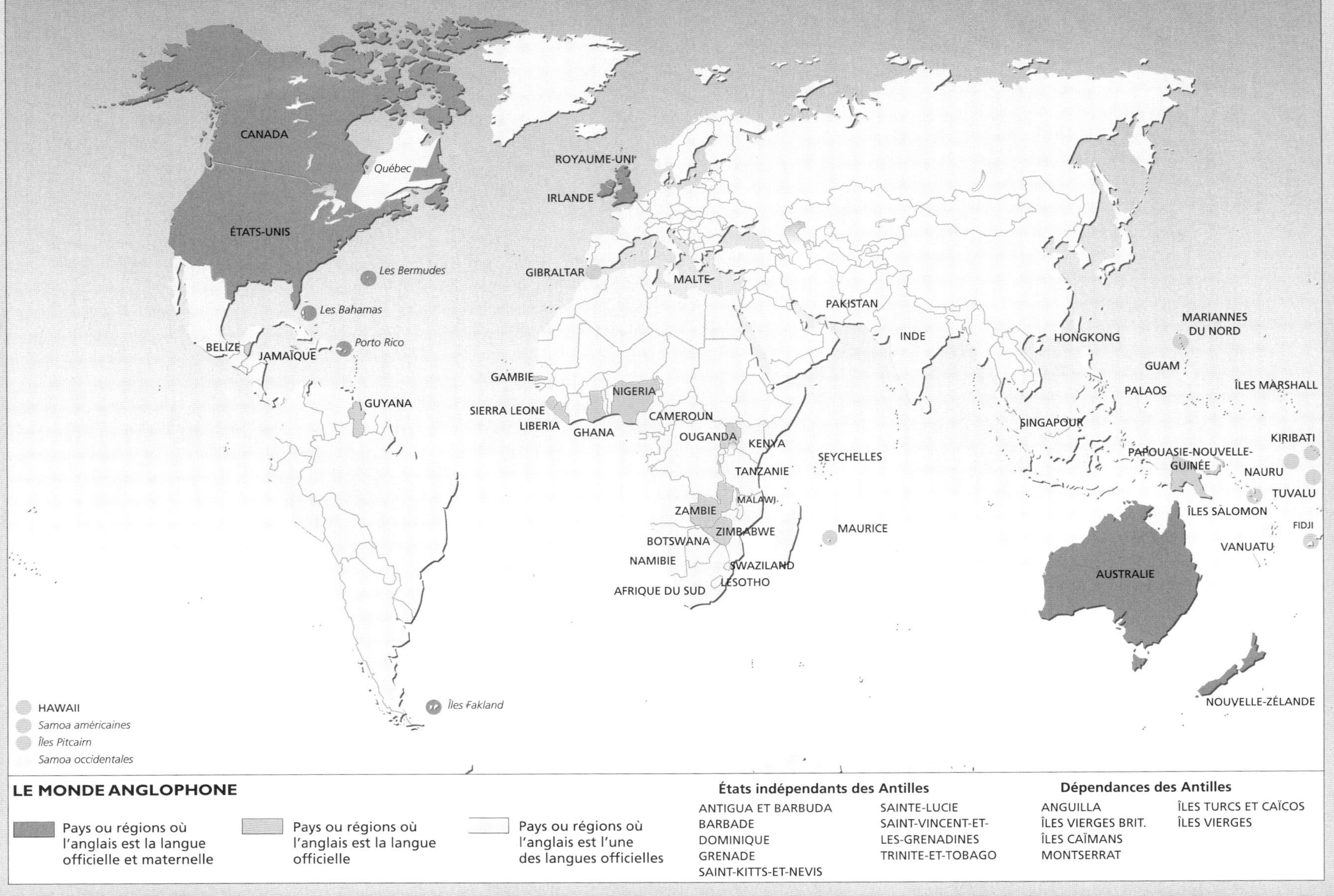

LE MONDE ANGLOPHONE

Pays ou régions où l'anglais est la langue officielle et maternelle

Pays ou régions où l'anglais est la langue officielle

Pays ou régions où l'anglais est l'une des langues officielles

États indépendants des Antilles

ANTIGUA ET BARBUDA
BARBADE
DOMINIQUE
GRENADE
SAINT-KITTS-ET-NEVIS
SAINTE-LUCIE
SAINT-VINCENT-ET-LES-GRENADINES
TRINITE-ET-TOBAGO

Dépendances des Antilles

ANGUILLA
ÎLES VIERGES BRIT.
ÎLES CAÏMANS
MONTSERRAT
ÎLES TURCS ET CAÏCOS
ÎLES VIERGES

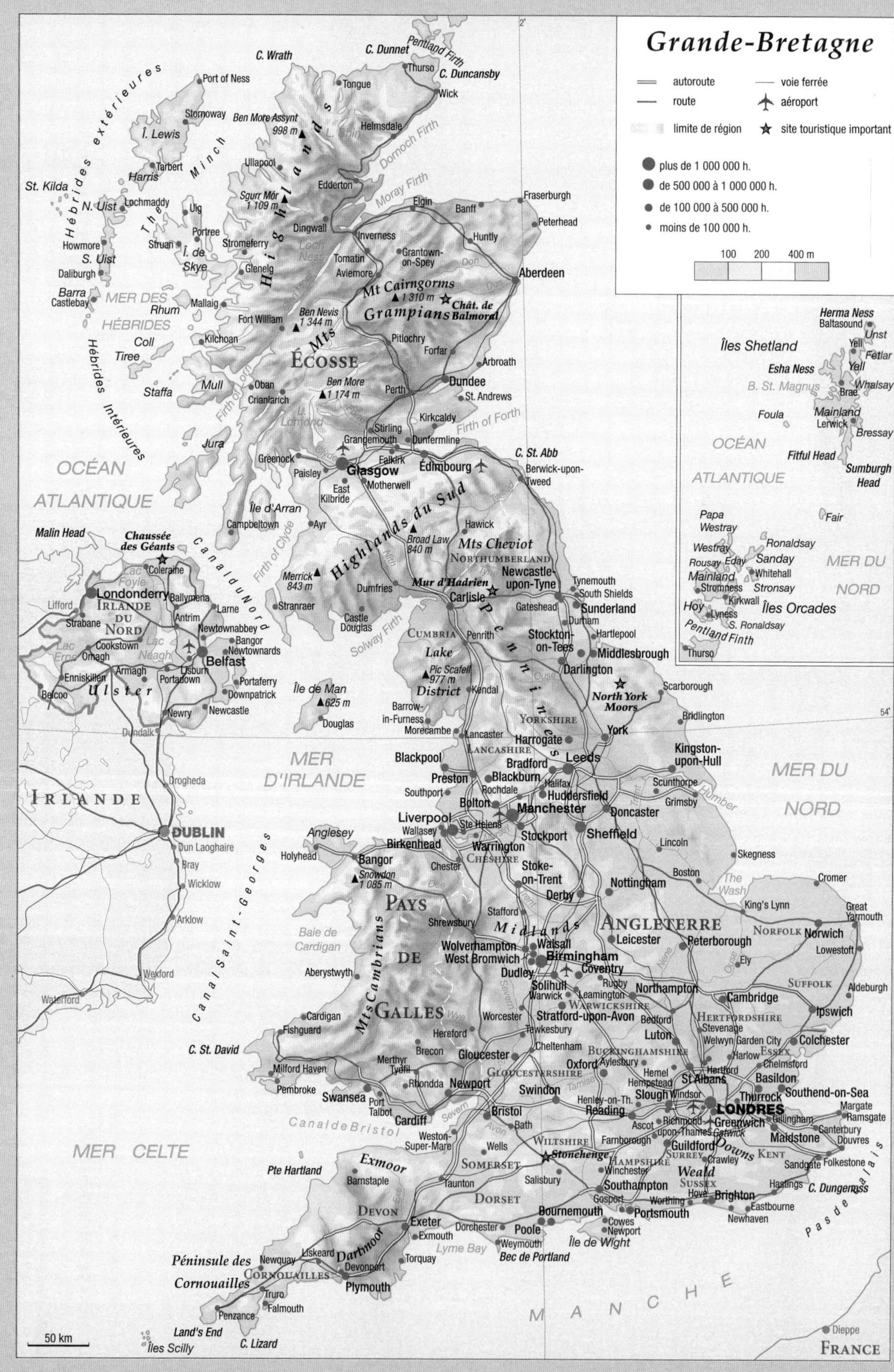
Grande-Bretagne
autoroute
voie ferrée
route
aéroport
limite de région
site touristique important
plus de 1 000 000 h.
de 500 000 à 1 000 000 h.
de 100 000 à 500 000 h.
moins de 100 000 h.
100 200 400 m
Îles Shetland
Îles Orcades
ÉCOSSE
IRLANDE DU NORD
IRLANDE
ANGLETERRE
PAYS DE GALLES
OCÉAN ATLANTIQUE
MER DU NORD
MER D'IRLANDE
MER CELTE
MANCHE
FRANCE
LONDRES
DUBLIN
Glasgow
Édimbourg
Belfast
Birmingham
Manchester
Liverpool
Leeds
Sheffield
Bristol
Cardiff
Newcastle-upon-Tyne
Aberdeen
Dundee
Highlands
Mts Grampians
Highlands du Sud
Pennines
Mts Cambrians
Lake District
Canal Saint-Georges
Canal du Nord
Canal de Bristol
Pas de Calais
Hébrides extérieures
Hébrides intérieures
Ben Nevis 1 344 m
Snowdon 1 085 m
Mt Cairngorms 1 310 m
Stonehenge
Mur d'Hadrien
Chaussée des Géants
50 km

Irlande
aéroport
autoroute
route
voie ferrée
limite de province
site touristique important
100
200 m
Cap Malin
GRANDE-BRETAGNE
Moville
Coleraine
Canal du Nord
Monts Donegal
752 m
Letterkenny
Londonderry
Stranraer
Glenties
ULSTER
Lifford
Killybegs
676 m
Donegal
IRLANDE DU NORD (G.-B.)
Antrim
Bundoran
Ballyshannon
Omagh
L. Neagh
Bangor
Belfast
Belmullet
Ballycastle
L. Erne
Enniskillen
Sligo
Ballina
Lac Conn
Mts Slieve Gamph
Clones
Monaghan
Île Achill
Castlebar
Boyle
Carrick-on-Shannon
Castleblayney
Newry
B. de Clew
Westport
Lac Mask
Ballyhaunis
Cavan
Dundalk
Carrickmacross
B. de Dundalk
Claremorris
CONNACHT
Longford
Ardee
MER D'IRLANDE
Clifden
Lac Corrib
Roscommon
Lac Ree
Drogheda
P.N. du Connemara
Tuam
EIRE
Athlone
Mullingar
Galway
Athenry
Trim
LEINSTER
Îles d'Aran
B. de Galway
Ballinasloe
Tullamore
DUBLIN
Ballyvaughan
Kildare
Naas
Dun Laoghaire
Bray
Cliffs of Moher
Gort
Birr
Kippure 754 m
Ennistimon
Lac Derg
Roscrea
Portlaoise
Milltown Malbay
Ennis
Nenagh
Athy
Kilkee
Killaloe
926 m
Wicklow
Kilrush
Mts Slievefelim
Templemore
Carlow
C. Loop
Estuaire du Shannon
Listowel
Foynes
Limerick
Thurles
Kilkenny
Arklow
Mts de Wicklow
Tipperary
Cashel
Tralee
Newcastle
Thomastown
C. Slea
Dingle
MUNSTER
Cahir
Clonmel
Carrick-on-Suir
Enniscorthy
Mitchelstown
B. de Dingle
Killorglin
Killarney
Mallow
Mts Knockmealdown
Wexford
Mts Comeragh
Waterford
B. de Rosslare
Île Valencia
Mt Carrantuohill 1 041 m
Mts Boggeragh
Fermoy
Rosslare
Sneem
Kenmare
Dungarvan
Pte Carnsore
Macroom
Youghal
Beara
Mts Shehy
Cork
Midleton
Baie de Youghal
Castletownbere
Bantry
B. de Bantry
Kinsale
plus de 500 000 h.
de 100 000 à 500 000 h.
de 50 000 à 100 000 h.
moins de 50 000 h.
30 km
Fastnet
C. Clear

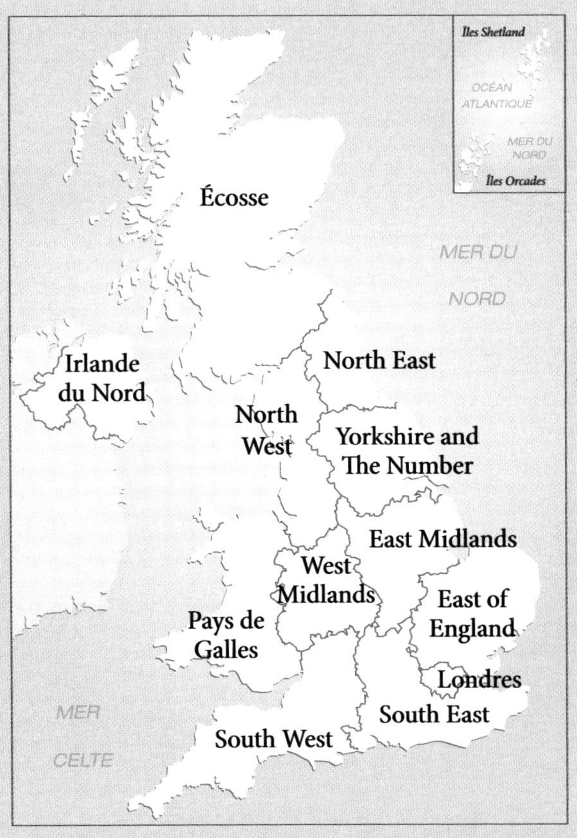
Îles Shetland
OCÉAN ATLANTIQUE
MER DU NORD
Îles Orcades
Écosse
MER DU NORD
Irlande du Nord
North East
North West
Yorkshire and The Number
East Midlands
West Midlands
East of England
Pays de Galles
Londres
South East
South West
MER CELTE

États-Unis
plus de 5 000 000 h.
de 1 000 000 à 5 000 000 h.
de 100 000 à 1 000 000 h.
moins de 100 000 h.
route
voie ferrée
aéroport
site touristique important
frontière
limite d'État
Denver capitale d'État
0 200 500 1000 2000 m
ÎLES HAWAII
OCÉAN ATLANTIQUE
OCÉAN PACIFIQUE
MONTAGNES ROCHEUSES
Grandes Plaines
Midwest
Appalaches
WASHINGTON
New York
Chicago
Los Angeles

Canada

Canada
autoroute
route
voie ferrée
aéroport
site touristique important
plus de 1 000 000 h.
de 100 000 à 1 000 000 h.
de 50 000 à 100 000 h.
moins de 50 000 h.
limite de province ou de territoire
Victoria capitale de province ou de territoire
glacier
200
500
1000
2000 m
RUSSIE
OCÉAN ARCTIQUE
OCÉAN ATLANTIQUE
OCÉAN PACIFIQUE
MER DE BEAUFORT
MER DU LABRADOR
GROENLAND (DANEMARK)
ALASKA (É.-U.)
ÉTATS-UNIS
YUKON
TERRITOIRES DU NORD-OUEST
NUNAVUT
COLOMBIE-BRITANNIQUE
ALBERTA
SASKATCHEWAN
MANITOBA
ONTARIO
QUÉBEC
TERRE-NEUVE-ET-LABRADOR
NOUVEAU-BRUNSWICK
NOUVELLE-ÉCOSSE
ÎLE-DU-PRINCE-ÉDOUARD
Baie d'Hudson
Baie de Baffin
Île de Baffin
Détroit de Davis
Détroit d'Hudson
Labrador
Nord-du-Québec
Terre-Neuve
CHAÎNE CÔTIÈRE
MONTAGNES ROCHEUSES
Chaîne de Brooks
Chaîne de l'Alaska
Golfe d'Alaska
Mt McKinley 6 194 m
Mt St. Elias 5 489 m
Mt Logan 5 959 m
Mt Columbia 3 747 m
Mt Waddington 3 994 m
OTTAWA
Toronto
Montréal
Québec
Vancouver
Victoria
Edmonton
Calgary
Winnipeg
Regina
Saskatoon
Halifax
St. John's
Iqaluit
Whitehorse
Yellowknife
Cercle polaire arctique

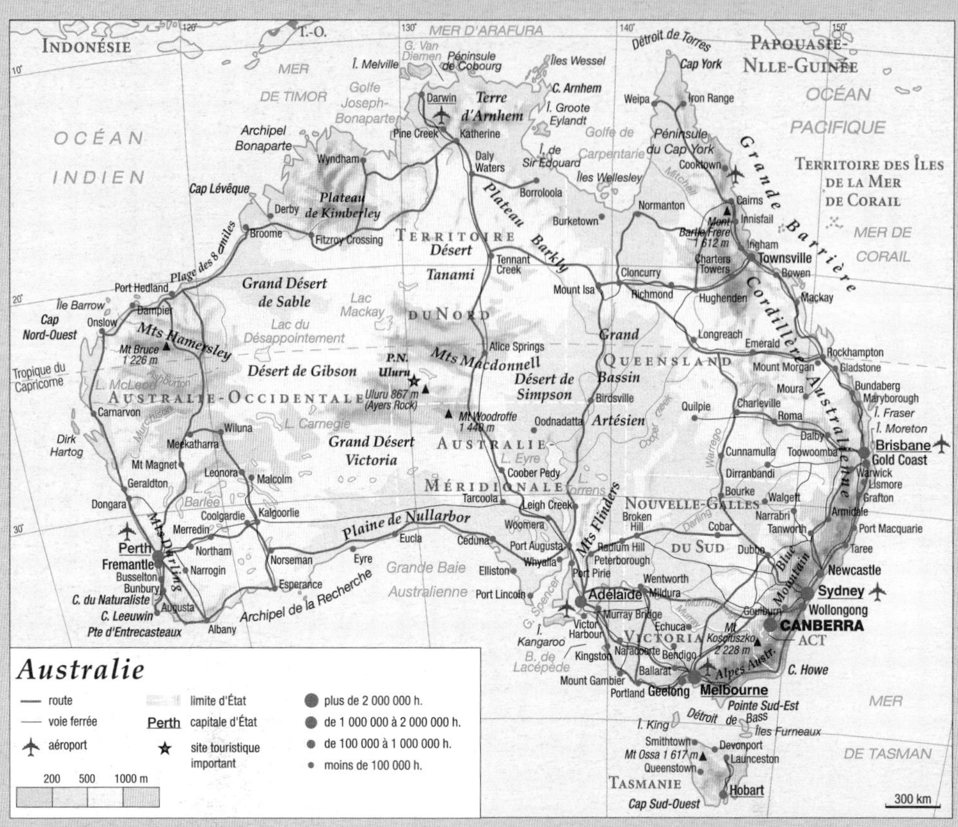

Australie
route
voie ferrée
aéroport
limite d'État
Perth capitale d'État
site touristique important
plus de 2 000 000 h.
de 1 000 000 à 2 000 000 h.
de 100 000 à 1 000 000 h.
moins de 100 000 h.
200 500 1000 m
300 km
Indonésie
T.-O.
MER D'ARAFURA
Papouasie-Nlle-Guinée
MER DE TIMOR
OCÉAN INDIEN
OCÉAN PACIFIQUE
Territoire des Îles de la Mer de Corail
MER DE CORAIL
MER DE TASMAN
Détroit de Torres
Cap York
Péninsule du Cap York
Golfe de Carpentarie
Golfe Joseph-Bonaparte
Archipel Bonaparte
Terre d'Arnhem
Péninsule de Cobourg
Îles Wessel
C. Arnhem
Î. Groote Eylandt
Î. Melville
Darwin
Katherine
Pine Creek
Daly Waters
Wyndham
Plateau de Kimberley
Cap Lévêque
Derby
Broome
Fitzroy Crossing
Plage des 8 miles
Port Hedland
Dampier
Onslow
Île Barrow
Cap Nord-Ouest
Mts Hamersley
Mt Bruce 1 226 m
Tropique du Capricorne
Grand Désert de Sable
Lac Mackay
Lac du Désappointement
Désert de Gibson
Territoire du Nord
Désert Tanami
Tennant Creek
Plateau Barkly
Mts Macdonnell
Alice Springs
P.N. Uluru
Uluru 867 m (Ayers Rock)
Mt Woodroffe 1 440 m
Désert de Simpson
Australie-Occidentale
Carnarvon
Dirk Hartog
Wiluna
Meekatharra
Mt Magnet
Geraldton
Dongara
Leonora
Malcolm
Grand Désert Victoria
Australie-Méridionale
L. Eyre
Coober Pedy
Oodnadatta
Tarcoola
Leigh Creek
Woomera
Mts Flinders
Kalgoorlie
Coolgardie
Merredin
Northam
Narrogin
Perth
Fremantle
Mts Darling
Busselton
Bunbury
C. du Naturaliste
C. Leeuwin
Augusta
Pte d'Entrecasteaux
Albany
Esperance
Norseman
Archipel de la Recherche
Plaine de Nullarbor
Eucla
Eyre
Grande Baie Australienne
Ceduna
Elliston
Port Lincoln
Port Augusta
Whyalla
Port Pirie
Adélaïde
Î. Kangaroo
B. de Lacépède
Victor Harbour
Kingston
Mount Gambier
Portland
Geelong
Melbourne
Ballarat
Bendigo
Echuca
Murray Bridge
Mildura
Victoria
Alpes Austr.
Mt Kosciuszko 2 228 m
CANBERRA
ACT
C. Howe
Pointe Sud-Est
Détroit de Bass
Î. King
Îles Furneaux
Smithtown
Devonport
Launceston
Mt Ossa 1 617 m
Queenstown
Tasmanie
Hobart
Cap Sud-Ouest
Weipa
Iron Range
Cooktown
Cairns
Innisfail
Mont Bartle Frere 1 612 m
Ingham
Townsville
Bowen
Mackay
Charters Towers
Hughenden
Normanton
Burketown
Borroloola
Î. de Sir Edouard
Îles Wellesley
Mount Isa
Cloncurry
Richmond
Grand Bassin Artésien
Queensland
Longreach
Emerald
Rockhampton
Gladstone
Bundaberg
Maryborough
Î. Fraser
Î. Moreton
Brisbane
Gold Coast
Mount Morgan
Moura
Charleville
Roma
Quilpie
Birdsville
Dalby
Toowoomba
Cunnamulla
Dirranbandi
Bourke
Warwick
Lismore
Grafton
Armidale
Walgett
Narrabri
Tamworth
Port Macquarie
Taree
Newcastle
Sydney
Wollongong
Nouvelle-Galles du Sud
Broken Hill
Cobar
Dubbo
Radium Hill
Peterborough
Wentworth
Goulburn
Blue Mountains
Grande Barrière
Cordillère Australienne

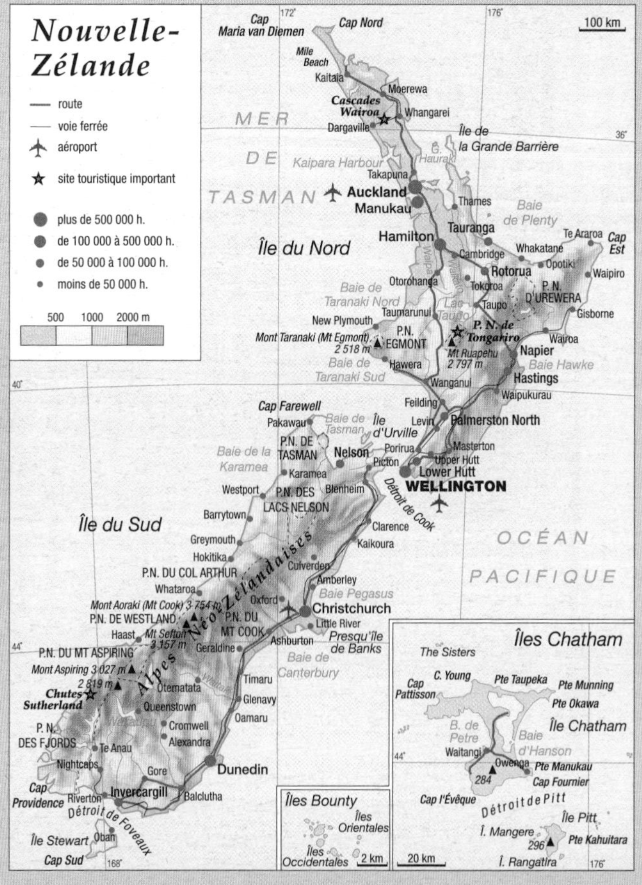

Nouvelle-Zélande
route
voie ferrée
aéroport
site touristique important
plus de 500 000 h.
de 100 000 à 500 000 h.
de 50 000 à 100 000 h.
moins de 50 000 h.
500 1000 2000 m
100 km
Cap Maria van Diemen
Cap Nord
Mile Beach
Kaitaia
Moerewa
Cascades Wairoa
Whangarei
Dargaville
MER DE TASMAN
Île de la Grande Barrière
G. Hauraki
Kaipara Harbour
Takapuna
Auckland
Manukau
Thames
Tauranga
Baie de Plenty
Hamilton
Île du Nord
Cambridge
Whakatane
Te Araroa
Cap Est
Opotiki
Rotorua
Waipiro
Otorohanga
Tokoroa
Taupo
Lac Taupo
P.N. D'UREWERA
Gisborne
Baie de Taranaki Nord
Taumarunui
New Plymouth
Mont Taranaki (Mt Egmont) 2 518 m
P.N. EGMONT
P.N. de Tongariro
Mt Ruapehu 2 797 m
Wairoa
Napier
Baie Hawke
Hastings
Hawera
Baie de Taranaki Sud
Wanganui
Waipukurau
Feilding
Palmerston North
Levin
Cap Farewell
Pakawau
Baie de Tasman
Île d'Urville
P.N. DE TASMAN
Nelson
Porirua
Masterton
Picton
Upper Hutt
Lower Hutt
WELLINGTON
Baie de la Karamea
Karamea
Westport
P.N. DES LACS NELSON
Blenheim
Détroit de Cook
Clarence
Kaikoura
Barrytown
Île du Sud
Greymouth
Hokitika
P.N. DU COL ARTHUR
Culverden
Amberley
Baie Pegasus
OCÉAN PACIFIQUE
Whataroa
Mont Aoraki (Mt Cook) 3 754 m
P.N. DE WESTLAND
Oxford
Christchurch
Little River
Presqu'île de Banks
Haast
Mt Sefton 3 157 m
P.N. DU MT COOK
Ashburton
Baie de Canterbury
Alpes Néo-Zélandaises
P.N. DU MT ASPIRING
Mont Aspiring 3 027 m
Geraldine
2 819 m
Timaru
Glenavy
Oamaru
Chutes Sutherland
Otematata
Queenstown
Cromwell
Alexandra
P.N. DES FJORDS
Te Anau
Dunedin
Nightcaps
Gore
Cap Providence
Riverton
Invercargill
Balclutha
Détroit de Foveaux
Île Stewart
Oban
Cap Sud
Îles Bounty
Îles Orientales
Îles Occidentales
2 km
Îles Chatham
The Sisters
C. Young
Cap Pattisson
Pte Taupeka
Pte Munning
Pte Okawa
Île Chatham
B. de Petre
Baie d'Hanson
Waitangi
Owenga
Pte Manukau
284
Cap Fournier
Cap l'Évêque
Détroit de Pitt
Île Pitt
Î. Mangere
296
Pte Kahuitara
Î. Rangatira
20 km

English – French
Anglais – Français

a *(weak form* [ə], *strong form* [eɪ], *before vowel an, weak form* [æn], *strong form* [ən]) det **1.** [before countable nouns] un (une) / *a book* un livre / *a car* une voiture / *I can't see a thing* je ne vois rien / *he has a broken leg* il a une jambe cassée / *a cup and saucer* une tasse et sa soucoupe / *would you like a coffee?* voulez-vous un café? / *an expensive German wine* un vin allemand très cher ; [before professions] : *she's a doctor* elle est médecin / *have you seen a doctor?* as-tu vu un médecin? **2.** [before numbers] : *a thousand dollars* mille dollars / *a dozen eggs* une douzaine d'œufs / *a third / fifth* un tiers / cinquième / *a twentieth of a second* un vingtième de seconde / *an hour and a half* une heure et demie ; [per] : *£2 a dozen / a hundred* deux livres la douzaine / les cent grammes / *three times a year* trois fois par an **3.** [before terms of quantity, amount] : *a few weeks / months* quelques semaines / mois / *a lot of money* beaucoup d'argent / *a great many visitors* de très nombreux visiteurs / *have a little more wine* reprenez donc un peu de vin / *he raised a number of interesting points* il a soulevé un certain nombre de questions intéressantes **4.** [before periods of time] un (une) / *I'm going for a week / month / year* je pars (pour) une semaine / un mois / un an / *we talked for a while* nous avons parlé un moment **5.** [before days, months, festivals] un (une) / *the meeting was on a Tuesday* la réunion a eu lieu un mardi / *it was an exceptionally cold March* ce fut un mois de mars particulièrement froid / *we had an unforgettable Christmas* nous avons passé un Noël inoubliable **6.** [in generalizations] : *a triangle has three sides* le triangle a trois côtés / *a cheetah can outrun a lion* le guépard court plus vite que le lion **7.** [before uncountable nouns] : *a wide knowledge of the subject* une connaissance approfondie du sujet / *he felt a joy he could not conceal* il éprouvait une joie qu'il ne pouvait dissimuler **8.** [before verbal nouns] : *there's been a general falling off in sales* il y a eu une chute des ventes **9.** [before personal names] : *a Miss Jones was asking for you* une certaine Miss Jones vous a demandé / *he's been described as a new James Dean* on le donne pour le nouveau James Dean / *her mother was a Sinclair* sa mère était une Sinclair ; [before names of artists] : *it's a genuine Matisse* c'est un Matisse authentique / *there's a new Stephen King / Spielberg out next month* il y a un nouveau Stephen King / Spielberg qui sort le mois prochain **10.** [after half, rather, such, what] : *half a glass of wine* un demi-verre de vin / *she's rather an interesting person* c'est quelqu'un d'assez intéressant / *what a lovely dress!* quelle jolie robe! **11.** [after as, how, so, too + adj] : *that's too big a slice for me* cette tranche est trop grosse pour moi / *how big a bit do you want?* combien en veux-tu? / *she's as nice a girl as you could wish to meet* c'est la fille la plus gentille du monde.
See box at the.

a *(pl* **a's**), **A** *(pl* **A's** *or* **As**) [eɪ] n **1.** [letter] a *m*, A *m* / *45a* [house, page number] 45 bis **2.** [in list] : *I'm not going because a) I've no money and b) I've no time* je n'y vais pas parce que primo je n'ai pas d'argent et secundo je n'ai pas le temps. **See also f.**

a. written abbr of **acre.**

A [eɪ] *(pl* **A's** *or* **As**) ◆ n **1.** [letter] A *m* / *A5* UK TRANSP ≃ RN *f* 5 ▸ **from A to Z** de A à Z ▸ **to go from A to B** aller d'un point A à un point B **2.** SCH : *to get an A in French* ≃ obtenir plus de 16 sur 20 en français **3.** MUS la *m*. ◆ adj **1.** MUS [string] de la **2.** UK TRANSP ▸ **A road** route *f* nationale *(en Grande-Bretagne)*. ◆ (written abbr of **ampere**) A.

AA ◆ adj abbr of **anti-aircraft.** ◆ pr n **1.** (abbr of **Automobile Association**) *automobile club britannique et compagnie d'assurances, qui garantit le dépannage de ses adhérents et propose des services touristiques et juridiques* ; ≃ ACF *m* ; ≃ TCF *m* **2.** [ˌdʌbl'eɪ] (abbr of **Alcoholics Anonymous**) Alcooliques Anonymes *mpl*. ◆ n US abbr of **Associate in Arts.**

AAA [ˌtripl'eɪ] (abbr of **American Automobile Association**) pr n *automobile club américain* ; ≃ ACF *m* ; ≃ TCF *m*.

Aachen ['ɑːkən] pr n Aix-la-Chapelle.

AAMOF MESSAGING written abbr of **as a matter of fact.**

aardvark ['ɑːdvɑːk] n oryctérope *m*.

Aargau ['ɑːgaʊ] pr n Argovie *f* / *in Aargau* en Argovie.

aargh [ɑː] excl aargh.

Aaron ['eərən] pr n Aaron.

AARP (abbr of **American Association of Retired Persons**) pr n *association américaine proposant information, conseil et soutien aux personnes âgées de plus de 50 ans.*

AAU (abbr of **Amateur Athletic Union**) pr n *organisme américain chargé de superviser les manifestations sportives, en particulier dans les universités.*

AAUP (abbr of **American Association of University Professors**) pr n *syndicat américain des professeurs d'université.*

AB ◆ n **1.** (abbr of **Bachelor of Arts**) US UNIV *(titulaire d'une) licence de lettres* **2.** UK NAUT abbr of **able-bodied seaman.** ◆ written abbr of **Alberta.**

aback [ə'bæk] adv ▸ **to be taken aback a)** être pris au dépourvu, être interloqué **b)** NAUT être pris bout au vent / *I was quite taken aback by what he said* j'ai été très surpris par ce qu'il m'a dit.

abacus ['æbəkəs] *(pl* **abacuses** *or* **abaci** ['æbəsaɪ]) n boulier *m*.

abaft [ə'bɑːft] ◆ adv NAUT à l'arrière. ◆ prep NAUT en arrière de.

abalone [ˌæbə'ləʊnɪ] n ormeau *m*.

abandon [ə'bændən] ◆ vt **1.** [leave - person, object] abandonner ; [- post, place] déserter, quitter ▸ **to abandon ship** abandonner or quitter le navire / *we had to abandon the car in the snow* nous avons dû abandonner la voiture dans la neige / *they were abandoned to their fate* on les abandonna à leur sort / *to abandon o.s. to despair* fig se laisser aller or s'abandonner au désespoir **2.** [give up - search] abandonner, renoncer à ; [- studies, struggle] renoncer à ; [- idea, cause] laisser tomber / *we abandoned the struggle* nous avons renoncé à lutter / *several runners abandoned the race* plusieurs coureurs ont abandonné / *the match was abandoned because of bad weather* on a interrompu le match en raison du mauvais temps ▸ **Abandon Hope, All Ye Who Enter Here** laissez tout espoir vous qui entrez *(phrase tirée de l'Enfer de Dante, parfois utilisée ironiquement pour signaler un lieu prétendu dangereux)* **3.** [for insurance] : *they abandoned the car to the insurance company* ils ont cédé la voiture à la compagnie d'assurances. ◆ n **1.** [neglect] abandon *m* / *in a state of abandon* laissé à l'abandon **2.** [lack of inhibition] désinvolture *f*, laisser-aller *m* / *they leapt about with wild* or *gay abandon* ils sautaient de joie sans aucune retenue.

abandoned [ə'bændənd] adj **1.** [person] abandonné, délaissé ; [house] abandonné **2.** [dissolute - behaviour, person] débauché ; [- life] de débauche **3.** [unrestrained - laughter, gaiety] sans retenue.

abandonment [ə'bændənmənt] n **1.** [of place, person, project] abandon *m* **2.** [of right] cession *f*.

abase [ə'beɪs] vt ▸ **to abase o.s.** s'humilier, s'abaisser.

abasement [ə'beɪsmənt] n humiliation *f*.

abashed [ə'bæʃt] adj penaud / *to be* or *to feel abashed* avoir honte.

abate [ə'beɪt] ◆ vi [storm] s'apaiser ; [pain] diminuer ; [noise] s'atténuer. ◆ vt [tax] baisser, réduire.

abatement [ə'beɪtmənt] n **1.** [of tax, rent] réduction *f*, abattement *m* **2.** [of noise, strength] diminution *f*, réduction *f*.

abattoir ['æbətwɑːʳ] n abattoirs *mpl*.

abaxial [æb'æksɪəl] adj BIOL désaxé.

abbess ['æbes] n abbesse *f*.

Abbevillian [ˌæb'vɪlɪən] ◆ adj abbevillien. ◆ n abbevillien *m*.

abbey ['æbɪ] ◆ n abbaye *f* ▸ **the Abbey** or **Westminster Abbey** l'abbaye de Westminster. ◆ comp [grounds] de l'abbaye.

abbot ['æbət] n abbé *m (dans un monastère)*.

abbr, **abbrev 1.** (written abbr of **abbreviation**) abr, abrév **2.** written abbr of **abbreviated.**

abbreviate [ə'briːvɪeɪt] vt [text, title] abréger / *"for example" is abbreviated to "e.g."* «par exemple» est abrégé en «p. ex.» / *the term most often appears in abbreviated form* le terme se rencontre le plus souvent dans sa forme abrégée.

abbreviation [əˌbriːvɪ'eɪʃn] n [of expression, title, word] abréviation *f* / *Dr is an abbreviation for "doctor"* Dr est l'abréviation de « docteur ».

ABC ◆ n **1.** [rudiments] rudiments *mpl*, B.A. Ba *m* / *the ABC of woodwork* le B.A. Ba de la menuiserie **2.** [alphabet] alphabet *m* ▸ **it's as easy as ABC** c'est simple comme bonjour. ◆ pr n **1.** (abbr of **American Broadcasting Company**) *chaîne de télévision américaine* **2.** (abbr of **Australian Broadcasting Corporation**) *chaîne de télévision australienne*.

❖ **ABCs** pl n US = **ABC** *(noun)*.

ABD (abbr of **all but dissertation**) n US UNIV *personne qui n'a plus qu'à rédiger sa thèse pour obtenir son doctorat*.

abdicate ['æbdɪkeɪt] ◆ vt **1.** [right] renoncer à ; [responsibility] abandonner **2.** [monarch] ▸ **to abdicate the throne** abdiquer. ◆ vi abdiquer.

abdication [ˌæbdɪ'keɪʃn] n **1.** [of throne] abdication *f* **2.** [of right] renonciation *f* ; [of responsibility] abandon *m* ▸ **the Abdication** UK HIST *abdication d'Édouard VIII d'Angleterre en 1936 devant l'opposition de l'Église anglicane à son mariage avec Wallis Warfield Simpson, Américaine deux fois divorcée*.

abdomen ['æbdəmen] n abdomen *m*.

abdominal [æb'dɒmɪnl] adj abdominal ▸ **abdominal muscles** muscles *mpl* abdominaux, abdominaux *mpl*.

abdominoplasty [æb'dɒmɪnəʊplæstɪ] n abdominoplastie *f*.

abduct [əb'dʌkt] vt enlever, kidnapper.

abduction [æb'dʌkʃn] n rapt *m*, enlèvement *m* / **'The Abduction from the Seraglio'** *Mozart* 'l'Enlèvement au sérail'.

abductor [əb'dʌktəʳ] n **1.** [of person] ravisseur *m*, -euse *f* **2.** PHYSIOL (muscle *m*) abducteur *m*.

abed [ə'bed] adj & adv *liter* dans son lit, au lit.

Abel ['eɪbl] pr n Abel.

Aberdeen Angus ['æbəˌdiːn'æŋgəs] n [breed] aberdeen-angus *m*.

Aberdonian [ˌæbə'dəʊnjən] ◆ n habitant *m*, -e *f* d'Aberdeen. ◆ adj d'Aberdeen.

aberrant [æ'berənt] adj [gen & BIOL] aberrant.

aberration [ˌæbə'reɪʃn] n **1.** [action, idea] aberration *f* / *a mental aberration* une aberration mentale / *it's an aberration* c'est aberrant / *in a moment of aberration* dans un moment de folie **2.** ASTRON & OPT aberration *f*.

abet [ə'bet] (*pt & pp* **abetted**, *cont* **abetting**) vt [aid] aider ; [encourage] encourager.

abeyance [ə'beɪəns] n *fml* **1.** [disuse] désuétude *f* / *to fall into abeyance* tomber en désuétude / *the law is in temporary abeyance* la loi a momentanément cessé d'être appliquée ▸ **estate in abeyance** LAW succession *f* vacante **2.** [suspense] suspens *m* / *the question was left in abeyance* la question a été laissée en suspens / *the final decision on the project is still in abeyance* la décision finale concernant le projet reste en suspens.

abhor [əb'hɔːʳ] (*pt & pp* **abhorred**, *cont* **abhorring**) vt *fml* détester, avoir en horreur.

abhorrence [əb'hɒrəns] n *fml* aversion *f*, horreur *f* ▸ **to have an abhorrence of sthg** avoir horreur de qqch or une aversion pour qqch, avoir qqch en horreur.

abhorrent [əb'hɒrənt] adj *fml* **1.** [detestable practice, attitude] odieux, exécrable / *I find their attitude abhorrent* or *their attitude is abhorrent to me* je trouve leur attitude détestable **2.** [contrary] contraire ; [incompatible] incompatible / *such economic considerations are abhorrent to socialism* des considérations économiques de ce genre sont contraires au or incompatibles avec le socialisme.

abide [ə'baɪd] (*pt & pp* **abode** [ə'bəʊd] *or* **abided**) ◆ vt supporter / *she can't abide him* elle ne peut pas le souffrir or supporter / *I can't abide people smoking in restaurants* je ne peux pas supporter les gens qui fument au restaurant / *if there's one thing I can't abide, it's hypocrisy* s'il y a quelque chose que je ne supporte pas, c'est l'hypocrisie. ◆ vi *liter* **1.** [live] demeurer, habiter ▸ **abide with me** RELIG restez avec moi **2.** [endure] continuer, durer.

❖ **abide by** vt insep [decision, law, promise] se conformer à, respecter ; [result] supporter, assumer / *will he abide by the new regulations?* respectera-t-il le nouveau règlement ?

abiding [ə'baɪdɪŋ] adj constant, permanent.

Abidjan [ˌæbɪ'dʒɑːn] pr n Abidjan.

ability [ə'bɪlətɪ] (*pl* **abilities**) n **1.** [mental or physical] capacité *f*, capacités *fpl*, aptitude *f* / *he has great ability* il a beaucoup de capacités, il est très capable / *to lack ability* manquer de capacités / *do you feel you have the necessary ability to run the project?* croyez-vous avoir les capacités nécessaires pour gérer le projet ? / *children at different levels of ability* | *of different abilities* des enfants de niveaux intellectuels différents | aux compétences diverses / *I'll do it to the best of my ability* je le ferai du mieux que je peux, je ferai de mon mieux **2.** [special talent] capacités *fpl*, aptitude *f* ; [artistic or musical] dons *mpl*, capacités *fpl* / *her acting ability* or *abilities remained unrecognized* ses talents d'actrice sont restés méconnus.

abiotic [ˌeɪbaɪ'ɒtɪk] adj abiotique.

abject ['æbdʒekt] adj [person, deed] abject, vil ; [flattery] servile / *an abject apology* de plates excuses / *they live in abject poverty* ils vivent dans une pauvreté absolue.

abjectly ['æbdʒektlɪ] adv [act, refuse] de manière abjecte ; [apologize] avec servilité, servilement ▸ **abjectly poor** d'une pauvreté absolue.

abjure [əb'dʒʊəʳ] vt [belief] renier ; [religion] abjurer ; [right] renoncer à ; [alliance] refuser, renier.

Abkhazia [æb'xɑːzɪə] pr n Abkhazie *f*.

ablation [æb'leɪʃn] n ablation *f*.

ablative ['æblətɪv] ◆ adj ▸ **the ablative case** l'ablatif *m*. ◆ n ablatif *m*.

ablaut ['æblaʊt] n alternance *f* vocalique, ablaut *m*.

ablaze [ə'bleɪz] ◆ adj **1.** [on fire] en flammes / *the factory was already ablaze when the firemen arrived* l'usine était déjà en flammes lorsque les pompiers sont arrivés **2.** [luminous] ▸ **ablaze with light** brillant de lumière / *the offices were ablaze with light* toutes les lumières brillaient dans les bureaux **3.** [face] brillant ; [eyes] enflammé, pétillant / *her eyes were ablaze with anger* ses yeux étaient enflammés de colère. ◆ adv ▸ **to set sthg ablaze** embraser qqch.

able ['eɪbl] (*compar* **abler**, *superl* **ablest**) adj **1.** ▸ **to be able to** [to be capable of] : *to be able to do sthg* pouvoir faire qqch / *I won't be able to come* je ne pourrai pas venir / *I wasn't able to see* je ne voyais pas / *she wasn't able to explain* elle était incapable d'expliquer / *I'll be able to visit you more often now* je pourrai te rendre visite plus souvent désormais / *I haven't been able to find out very much* je n'ai pas pu savoir grand-chose / *I'm not able to tell you* je ne suis pas en mesure de vous le dire / *she's better* or *more able to explain than I am* elle est mieux à même de vous expliquer que moi **2.** [competent] capable **3.** [talented] talentueux, de talent.

able-bodied adj robuste, solide.

able-bodied seaman, able seaman n NAUT matelot *m* breveté.

ablutions [ə'bluːʃnz] pl n **1.** *fml* [washing] ▸ **to do** or **to perform one's ablutions** faire ses ablutions **2.** *mil sl* [building] lavabos *mpl*.

ably ['eɪblɪ] adv d'une façon compétente.

ABM (abbr of **anti-ballistic missile**) n ABM *m*.

abnegate ['æbnɪgeɪt] vt renoncer à.

abnegation [ˌæbnɪ'geɪʃn] n abnégation *f*.

abnormal [æb'nɔːml] adj anormal ▸ **abnormal psychology** psychopathologie *f*.

abnormality [ˌæbnɔː'mælətɪ] (*pl* **abnormalities**) n **1.** [abnormal state, condition, etc.] anormalité *f*, caractère *m* anormal **2.** [gen, MED & BIOL] anomalie *f* ; [physical deformity] malformation *f* ▸ **behavioural abnormalities** troubles *mpl* du comportement.

abnormally [æb'nɔːməlɪ] adv anormalement.

abo ['æbəʊ] (*pl* **abos**) n AUSTR *offens terme raciste désignant un aborigène*.

aboard [ə'bɔːd] ◆ adv à bord / *to go aboard* monter à bord / *life aboard* la vie à bord ▸ **all aboard! a)** NAUT tout le monde à bord ! **b)** RAIL en voiture ! ◆ prep à bord de ▸ **aboard ship** à bord du bateau.

abode [ə'bəʊd] ◆ pt & pp ⟶ **abide**. ◆ n *fml* demeure *f* / *welcome to my abode* bienvenue dans mon humble demeure / *he took up his abode in Tunisia* il s'est installé en Tunisie ▸ **one's place of abode** LAW son domicile / *to have the right of abode in a country* avoir le droit de séjour dans un pays.

abolish [ə'bɒlɪʃ] vt [privilege, slavery] abolir ; [right] supprimer ; [law] supprimer, abroger.

abolition [ˌæbə'lɪʃn] n [of privilege, slavery] abolition *f* ; [of law] suppression *f*, abrogation *f*.

abolitionism [ˌæbə'lɪʃənɪzm] n abolitionnisme *m* *(dans un contexte américain, ce mot fait le plus souvent référence à l'abolition de l'esclavage aux États-Unis)*.

abolitionist [ˌæbə'lɪʃənɪst] ◆ adj abolitionniste. ◆ n abolitionniste *mf*.

A-bomb (abbr of **atom bomb**) n bombe A *f*.

abominable [ə'bɒmɪnəbl] adj **1.** [very bad] abominable, lamentable, affreux / *her handwriting is abominable* son écriture est abominable **2.** [odious] abominable, odieux.

abominable snowman n ▸ **the abominable snowman** l'abominable homme *m* des neiges.

abominably [ə'bɒmɪnəblɪ] adv **1.** [write, spell] lamentablement, affreusement **2.** [as intensifier] extrêmement, abominablement / *it's abominably difficult* c'est abominablement difficile **3.** [act, behave] abominablement, odieusement.

abominate [ə'bɒmɪneɪt] vt *fml* détester, exécrer.

abomination [əˌbɒmɪ'neɪʃn] n **1.** *fml* [loathing] abomination *f* / *we hold such behaviour in abomination* ce genre de comportement nous fait horreur or nous horrifie **2.** *fml* [detestable act] abomination *f*, acte *m* abominable **3.** [awful thing] abomination *f*, chose *f* abominable / *the building is an abomination* l'immeuble est une abomination.

aboriginal [ˌæbə'rɪdʒənl] adj **1.** [culture, legend] aborigène, des aborigènes **2.** BOT & ZOOL aborigène.

❖ **Aboriginal** ◆ adj aborigène, des aborigènes. ◆ n = **Aborigine**.

aborigine [ˌæbə'rɪdʒənɪ] ◆ n [original inhabitant] aborigène *mf*. ◆ adj aborigène, des aborigènes.

❖ **Aborigine** n **1.** [person] aborigène *mf* (d'Australie) **2.** LING langue *f* aborigène.

❖ **aborigines** pl n BOT & ZOOL flore *f* et faune *f* aborigènes.

abort [ə'bɔːt] ◆ vi **1.** [mission, plans] avorter, échouer ; [flight] avorter / *the controller gave the order to abort* l'aiguilleur du ciel a donné l'ordre d'abandonner or de suspendre le vol **2.** MED avorter **3.** COMPUT abandonner, interrompre. ◆ vt **1.** [mission, flight] interrompre, mettre un terme à ; [plan] faire échouer **2.** MED avorter. ◆ n **1.** [of mission, spacecraft] interruption *f* **2.** COMPUT abandon *m*.

abortifacient [əˌbɔːtɪ'feɪʃnt] ◆ adj abortif. ◆ n abortif *m*.

abortion [ə'bɔːʃn] n **1.** MED avortement *m*, interruption *f* (volontaire) de grossesse ▸ **to have an abortion** se faire avorter ▸ **abortion clinic** clinique *f* d'avortement ▸ **abortion law** loi *f* sur l'avortement **2.** [of plans, mission] avortement *m*.

abortionist [ə'bɔːʃənɪst] n **1.** [practitioner] avorteur *m*, -euse *f* **2.** [advocate] partisan *m* de l'avortement (légal).

abortive [ə'bɔːtɪv] adj **1.** [attempt] raté, infructueux **2.** [agent, organism, process] abortif.

aboulia [ə'buːlɪə] n = **abulia**.

abound [ə'baʊnd] vi [fish, resources] abonder ; [explanations, ideas] abonder, foisonner / *the area*

BE ABLE TO ET BE ALLOWED TO

Les constructions **be able to** et **be allowed to** sont proches par leur sens des modaux **can** / **could**. Toutefois, les emplois de ces formes ne se recouvrent pas toujours.

BE ABLE TO

Able est un adjectif signifiant *apte, compétent, capable*. Avec **be able to**, on attribue, grâce à **be**, une compétence au sujet :
I am able to drive.
Je peux conduire. *[je suis apte à réaliser l'action de conduire]*

Dans certains cas, **be able to** s'emploie parallèlement à **can** ou **could** :
I can drive.
Je sais conduire. *[j'en ai la compétence]*

Toutefois, ces deux formes ne sont pas tout à fait synonymes ! On l'observe bien au passé : **can** met l'accent sur le savoir-faire du sujet et la faisabilité de l'action, alors que **be able to** souligne la réalisation de l'action.
We were able to play tennis. Nous avons pu jouer au tennis.
We could play tennis. Nous pouvions jouer au tennis.

Dans le premier cas, **be able to** indique que nous avons effectivement joué au tennis.
Dans le deuxième cas, **could** (= **can** au passé) ne dit rien quant à la réalisation de l'action.

Si l'action a été accomplie avec succès dans le passé, il faut employer **be able to**.
Ashley was able to open the jar. Ashley a réussi à ouvrir le bocal.
Le but (open the jar) a été atteint. Notez que l'on aurait pu employer la construction **manage to** (Ashley managed to open the jar) sans changer le sens de l'énoncé.

Si l'on sait que le but n'a pas été atteint, deux formes sont possibles :
Ashley was not able to open the jar.
Ashley was unable to open the jar.
Ashley n'a pas réussi à ouvrir le bocal.

Enfin, **be able to** remplace **can** après des modaux :
You will be able to meet the manager.
modal
Vous pourrez rencontrer la directrice.

BE ALLOWED TO

Allowed est la forme de participe passé du verbe **allow** signifiant *permettre, autoriser*. Avec **be allowed to**, le sujet se voit accorder l'autorisation de faire quelque chose. Cette construction s'emploie notamment lorsque le **can** dit « de permission » est impossible, c'est-à-dire :

• au passé :
We were allowed in.
On nous a permis d'entrer.

• après des modaux :
No one should be allowed to smoke in public places.
modal
On devrait interdire à quiconque de fumer dans les lieux publics.

Notez que dans des tournures négatives, cette construction permet d'exprimer une interdiction :
Smoking is not allowed. Interdiction de fumer.

Pour résumer

Be able to et **be allowed to** permettent de remplacer **can** (et **could**) lorsqu'il est impossible d'employer un modal. Ces constructions ont toutefois chacune un sens qui leur est propre.

abounds in or *with natural resources* la région abonde en or regorge de ressources naturelles.

about [əˈbaʊt] ◆ prep **1.** [concerning, on the subject of] à propos de, au sujet de, concernant / *she's had a letter about the loan* elle a reçu une lettre concernant le prêt / *I'm worried about her* je suis inquiet à son sujet / *I don't know about you, but I fancy a drink* toi, je ne sais pas, mais moi je boirais bien un verre / *I'm not happy about her going* ça ne me plaît pas qu'elle y aille / *there's no doubt about it* cela ne fait aucun doute / *now, about your request for a salary increase...* bon, en ce qui concerne votre demande d'augmentation... / *what's the book about?* c'est un livre sur quoi ? / *OK, what's this all about?* bon, qu'est-ce qui se passe ? / *it's a book about the life of Mozart* c'est un livre sur la vie de Mozart / *I don't know what all the fuss is about* je ne vois pas pourquoi tout le monde se met dans cet état / *what do you want to see me about?* vous voulez me voir à quel sujet ? / *that's what life's all about* c'est ça la vie / *he asked us about the war* il nous a posé des questions sur la guerre / *she asked me about my mother* elle m'a demandé des nouvelles de ma mère / *you should do something about your headaches* vous devriez faire quelque chose pour vos maux de tête / *I can't do anything about it* je n'y peux rien / *what do* YOU *know about it?* qu'est-ce que vous en savez, vous ? / *I don't know much about Egyptian art* je ne m'y connais pas beaucoup en art égyptien / *I didn't know about your accident* je ne savais pas que vous aviez eu un accident / *she talked to them about her holidays* elle leur a parlé de ses vacances / *tell me about your holidays* parle-moi de tes vacances / *what do you think about modern art?* que pensez-vous de l'art moderne ? / *I was thinking about my mother* je pensais à ma mère / *I'd like you to think about my offer* j'aimerais que vous réfléchissiez à ma proposition / *I warned them about the political situation* je les ai mis en garde en ce qui concerne la situation politique **2.** [in the character of] : *what I like about her is her generosity* ce que j'aime en or chez elle, c'est sa générosité / *what I don't like about the house is all the stairs* ce qui me déplaît dans cette maison, ce sont tous les escaliers / *there's something about the house that I don't like* il y a quelque chose que je n'aime pas dans cette maison / *there's something about the place that reminds me of Rome* il y a quelque chose ici qui me fait penser à Rome / *there's something strange about her* il y a quelque chose de bizarre chez elle **3.** [busy with] ▸ **while I'm about it** pendant que j'y suis ▸ **be quick about it!** faites vite !, dépêchez-vous ! **4.** [in phrasal verbs] partout / *there were clothes lying all about the room* il y avait des vêtements qui traînaient partout / *you mustn't leave money lying about the house* il ne faut pas laisser de l'argent traîner dans la maison / *the children were running about the garden* les enfants couraient dans le jardin **5.** *liter* [surrounding] autour de / *there is a high wall about the castle* un rempart entoure le château **6.** *fml* [on one's person] : *he had a dangerous weapon about his person* il portait une arme dangereuse. ◆ adv **1.** [more or less] environ, à peu près / *about a year* environ or à peu près un an / *about £50* 50 livres environ / *about five o'clock* vers cinq heures / *that looks about right* ça a l'air d'être à peu près ça / *I've just about finished* j'ai presque fini ▸ **I've had just about enough!** j'en ai vraiment assez ! / *it's about time you started* il serait grand temps que vous vous y mettiez / *that's about it for now* c'est à peu près tout pour l'instant **2.** [somewhere near] dans les parages, par ici / *is there anyone about?* il y a quelqu'un ? / *there was no one about when I left the building* il n'y avait personne dans les parages quand j'ai quitté l'immeuble / *my keys must be about somewhere* mes clés doivent être quelque part par ici **3.** [in all directions, places] : *there's a lot of flu about* il y a beaucoup de gens qui ont la grippe en ce moment / *watch out, there are pickpockets about* méfie-toi, il y a beaucoup de pickpockets qui traînent / *have you seen many of the new coins about?* tu en as vu beaucoup de ces nouvelles pièces ? ; [in phrasal verbs] : *there are some terrible rumours going about* il court des rumeurs terribles / *to run about* courir dans tous les sens / *don't leave your money about* ne laissez pas traîner votre argent / *they've been sitting about all day* ils ont passé toute la journée assis à ne rien faire / *stop fooling about!* *inf* arrête de faire l'imbécile ! / *she was waving her arms about* elle agitait les bras dans tous les sens **4.** [in opposite direction] : *to turn about* se retourner. ◆ adj **1.** [expressing imminent action] ▸ **to be about to do sthg** être sur le point de faire qqch / *I was just about to leave* j'allais partir, j'étais sur le point de partir **2.** [expressing reluctance] : *I'm not about to answer that kind of question* je ne suis pas prêt à répondre à ce genre de question.

about-turn UK, **about-face** US ◆ interj ▸ **about-turn!** **a)** MIL [to right] demi-tour... droite ! **b)** [to left] demi-tour... gauche ! ◆ vi **1.** MIL faire un demi-tour **2.** [change opinion] faire volte-face. ◆ n **1.** MIL demi-tour *m* / *to do an about-turn* faire un demi-tour **2.** [change of opinion] volte-face *f inv* / *to do an about-turn* faire volte-face **3.** POL revirement *m*.

above [əˈbʌv] ◆ prep **1.** [in a higher place or position than] au-dessus de / *above our heads* au-dessus de nos têtes / *in the sky above us* dans le ciel au-dessus de nous / *smoke rose above the town* de la fumée s'élevait au-dessus de la ville / *above the equator* au-dessus de l'équateur / *above ground* en surface / *skirts are above the knee this year* les jupes se portent au-dessus du genou cette année / *they live above the shop* ils habitent au-dessus du magasin / *a village on the river above Oxford* un village (situé) en amont d'Oxford / *his name appeared three lines above mine* son nom figurait trois lignes au-dessus du mien **2.** [greater in degree or quantity than] au-dessus de / *above 40 kilos* au-dessus de 40 kilos / *it's above my price limit* c'est au-dessus du prix or ça dépasse le prix que je me suis fixé ▸ **above average** au-dessus de la moyenne **3.** [in preference to] plus que / *he values friendship above success* il accorde plus d'importance à l'amitié qu'à la réussite / *he respected her above all others* il la respectait entre toutes **4.** [beyond] au-delà de / *the discussion was all rather above me* la discussion me dépassait complètement / *above and beyond the call of duty* bien au-delà du strict devoir **5.** [morally or intellectually superior to] : *she's above that sort of thing* elle est au-dessus de ça / *above suspicion* / *reproach* au-dessus de tout soupçon / reproche / *he's not above cheating* il irait jusqu'à tricher / *I'm not above asking for favours* je ne répugne pas à demander des faveurs **6.** [superior in rank, quality to] au-dessus de / *to marry above one's station* se marier au-dessus de son rang / *she's ranked above the other athletes* elle se classe devant les autres athlètes ▸ **to get above o.s.** se monter la tête **7.** [in volume, sound] par-dessus / *it's difficult to make oneself heard above all this noise* il est difficile de se faire entendre avec tout ce bruit / *a scream rose above the noise of the engines* un cri se fit entendre par-dessus le bruit des moteurs **8.** MUS [in pitch] au-dessus de. ◆ adj *fml* ci-dessus, précité / *the above facts* les faits cités plus haut / *the names on the above list* les noms qui figurent sur la liste ci-dessus. ◆ adv **1.** [in a higher place or position] au-dessus / *the stars above* le ciel constellé / *the people in the flat above* les voisins du dessus / *to fall from above* tomber d'en haut / *two lines above* deux lignes plus haut **2.** [greater in degree or quantity] : *aged 20 and above* âgé de 20 ans et plus / *£5 and above* 5 livres ou plus **3.** [a higher rank or authority] en haut / *we've had orders from above* nous avons reçu des ordres d'en haut **4.** [in a previous place] plus haut / *mentioned above* cité plus haut or ci-dessus **5.** [in heaven] là-haut, au ciel / *the angels above* les anges du ciel **6.** MUS [in pitch] : *the note above* un ton plus haut or au-dessus. ◆ n *fml* ▸ **the above a)** [fact, item] ce qui se trouve ci-dessus **b)** [person] le susnommé (la susnommée) **c)** [persons] les susnommés / *can you explain the above?* pouvez-vous expliquer ce qui précède ?

❖ **above all** adv phr avant tout, surtout.

above-average adj au-dessus de la moyenne.

aboveboard [ə,bʌv'bɔːd] ◆ adj **1.** [person] honnête, régulier **2.** [action, behaviour] franc (franche), honnête. ◆ adv **1.** [openly] ouvertement, au grand jour **2.** [honestly] honnêtement, de façon régulière **3.** [frankly] franchement, cartes sur table.

aboveground [ə,bʌv'graʊnd] adj [installation] de surface ; US *fig* [income, earnings] déclaré.

above-mentioned [-'menʃnd] (*pl* **above-mentioned**) *fml* ◆ adj cité plus haut, susmentionné, précité. ◆ n ▸ **the above-mentioned** [person] le susmentionné, la susmentionnée.

above-named (*pl* **above-named**) *fml* ◆ adj susnommé. ◆ n ▸ **the above-named** le susnommé, la susnommée.

above-the-line adj FIN [expenses] au-dessus de la ligne ▸ **above-the-line accounts** or **costs** or **expenditure** comptes *mpl* de résultats courants.

abracadabra [,æbrəkə'dæbrə] ◆ interj ▸ **abracadabra!** abracadabra ! ◆ n **1.** [magical word] formule *f* magique **2.** [gibberish] charabia *m*.

abrade [ə'breɪd] vt **1.** TECH user par abrasion or par frottement **2.** [skin] érafler **3.** GEOL éroder.

Abraham ['eɪbrəhæm] pr n Abraham.

abrasion [ə'breɪʒn] n **1.** TECH abrasion *f* **2.** [graze - on skin] éraflure *f*, écorchure *f*.

abrasive [ə'breɪsɪv] ◆ adj **1.** TECH abrasif **2.** [character] rêche ; [criticism, wit] corrosif ; [voice] caustique. ◆ n TECH abrasif *m*.

abreact [,æbrɪ'ækt] ◆ vt PSYCHOL libérer par abréaction. ◆ vi abréagir.

abreaction [,æbrɪ'ækʃn] n abréaction *f*.

abreast [ə'brest] adv [march, ride] côte à côte, de front / *the children were riding three abreast* les enfants faisaient du vélo à trois de front.

❖ **abreast of** prep phr **1.** [alongside] à la hauteur de, au même niveau que / *their ship came* or *drew abreast of ours* leur navire est arrivé à la hauteur du nôtre **2.** [in touch with] ▸ **to be abreast of sthg** être au courant de qqch / *to keep abreast of recent research* rester informé or au courant des recherches récentes / *she likes to keep (herself) abreast of current affairs* / *the latest fashions* elle aime se tenir au courant de l'actualité / de la dernière mode.

abridge [ə'brɪdʒ] vt [book] abréger ; [article, play, speech] écourter, abréger.

abridged [ə'brɪdʒd] adj abrégé.

abridg(e)ment [ə'brɪdʒmənt] n **1.** [of book, speech] résumé *m*, abrégé *m* **2.** [act of abridging] réduction *f*, raccourcissement *m*.

abroad [ə'brɔːd] adv **1.** [overseas] à l'étranger / *to go abroad* aller à l'étranger / *to live* / *to study abroad* vivre / faire ses études à l'étranger **2.** [over wide area] au loin ; [in all directions] de tous côtés, partout / *there are rumours abroad about possible redundancies* le bruit court qu'il va y avoir des licenciements **3.** *liter* [out of doors] (au) dehors.

abrogate ['æbrəgeɪt] vt *fml* abroger, abolir.

abrogation [,æbrə'geɪʃn] n *fml* abrogation *f*.

abrupt [ə'brʌpt] adj **1.** [sudden - change, drop, movement] brusque, soudain ; [- laugh, question] brusque ; [- departure] brusque, précipité **2.** [behaviour, person] brusque, bourru **3.** [style] haché, décousu **4.** [slope] abrupt, raide.

abruptly [ə'brʌptlɪ] adv **1.** [change, move] brusquement, tout à coup ; [ask, laugh] abruptement ; [depart] brusquement, précipitamment **2.** [behave, speak] avec brusquerie, brusquement **3.** [fall, rise] en pente raide, à pic.

abruptness [ə'brʌptnɪs] n **1.** [of change, movement] soudaineté *f* ; [of departure] précipitation *f* **2.** [of behaviour, person] brusquerie *f*, rudesse *f* **3.** [of style] décousu *m* **4.** [of slope] raideur *f*.

Abruzzi [ə'brʊtsiː] pl pr n ▸ **the Abruzzi** les Abruzzes *fpl*.

abs [æbz] pl n *inf* [abdominal muscles] abdos *mpl* / *I'm working on my abs* je travaille mes abdos ▸ **to have killer abs** avoir des abdos en béton or des tablettes de chocolat.

ABS (abbr of **Antiblockiersystem**) n ABS *m*.

Absalom ['æbsələm] pr n Absalon.

abscess ['æbsɪs] n abcès *m*.

abscissa [æb'sɪsə] (*pl* **abscissas** or **abscissae** [-siː]) n abscisse *f*.

abscond [əb'skɒnd] vi *fml* s'enfuir, prendre la fuite / *to abscond from prison* s'échapper de prison, s'évader / *he absconded with our money* il s'est enfui avec notre argent.

absconder [əb'skɒndəʳ] n *fml* [gen] fugitif *m*, -ive *f* ; [from prison] évadé *m*, -e *f*.

abseil ['æbseɪl] ◆ vi descendre en rappel. ◆ n (descente *f* en) rappel *m*.

abseiling ['æbseɪlɪŋ] n (descente *f* en) rappel *m*.

absence ['æbsəns] n **1.** [state of being away] absence *f* / *in* or *during my absence* pendant mon absence ▸ **absence makes the heart grow fonder** *prov* l'éloignement renforce l'affection **2.** [instance of being away] absence *f* / *unexcused absences from school* absences injustifiées **3.** [lack] manque *m*, défaut *m* / *in the absence of adequate information* en l'absence d'informations satisfaisantes, faute de renseignements **4.** LAW non-comparution *f*, défaut *m* / *he was tried in his absence* il fut jugé par contumace.

absent ◆ adj ['æbsənt] **1.** [not present] absent / *he was absent from the meeting* il n'a pas participé à la réunion ▸ **to absent friends** *formule utilisée pour porter un toast aux absents* ▸ **to be** or **to go absent without leave** MIL être absent sans permission, être porté manquant **2.** [lacking] absent / *all signs of warmth were absent from her voice* il n'y avait aucune chaleur dans sa voix **3.** [inattentive - person] distrait ; [- manner] absent, distrait. ◆ vt [æb'sent] ▸ **to absent o.s. (from sthg)** s'absenter (de qqch). ◆ prep ['æbsənt] US [without] sans / *absent the approval of Congress* sans l'approbation du Congrès.

absentee [,æbsən'tiː] ◆ n [someone not present] absent *m*, -e *f* ; [habitually] absentéiste *mf*. ◆ adj absentéiste ▸ **absentee ballot** US vote *m* par correspondance / *to vote by absentee ballot* voter par correspondance ▸ **absentee landlord** propriétaire *m* absentéiste ▸ **absentee rate** taux *m* d'absentéisme ▸ **absentee voter** électeur *m*, -trice *f* votant par correspondance.

absenteeism [,æbsən'tiːɪzm] n absentéisme *m*.

absently ['æbsəntlɪ] adv distraitement.

absent-minded [,æbsənt-] adj [person] distrait ; [manner] absent, distrait.

absent-mindedly [,æbsənt'maɪndɪdlɪ] adv distraitement, d'un air distrait.

absent-mindedness [,æbsənt'maɪndɪdnɪs] n distraction *f*, absence *f*.

absinth(e) ['æbsɪnθ] n absinthe *f*.

absolute ['æbsəluːt] ◆ adj **1.** [as intensifier] absolu, total / *what absolute nonsense!* quelles bêtises, vraiment ! / *he's an absolute idiot* c'est un parfait crétin or imbécile / *the whole thing is an absolute mess* c'est un véritable gâchis or un vrai fatras **2.** [entire - secrecy, truth] absolu **3.** [unlimited - power] absolu, souverain ; [- ruler] absolu **4.** [definite, unconditional - decision, refusal] absolu, formel ; [- fact] indiscutable ; [- proof] formel, irréfutable ▸ **absolute veto** véto *m* formel **5.** [independent, not relative] absolu / *in absolute terms* en valeurs absolues **6.** CHEM [alcohol] absolu, anhydre **7.** GRAM [adjective] substantivé ; [verb] absolu **8.** LAW [court order, decree] définitif / *the decree was made absolute* le décret a été prononcé. ◆ n absolu *m*.

absolutely ['æbsəluːtlɪ] adv **1.** [as intensifier] vraiment / *she's absolutely adorable!* elle est vraiment adorable ! **2.** [in expressing opinions] absolument / *I absolutely agree* je suis tout à fait d'accord / *it's absolutely nothing to do with you* cela ne vous regarde absolument pas / *but he's an excellent teacher — oh, absolutely!* mais c'est un excellent professeur — oh, absolument or mais certainement ! / *do you agree? — absolutely not!* êtes-vous d'accord ? — absolument pas ! **3.** [deny, refuse] absolument, formellement.

absolute majority n majorité *f* absolue.

absolute pitch n US oreille *f* absolue.

absolute zero n zéro *m* absolu.

absolution [,æbsə'luːʃn] n [forgiveness] absolution *f* ; RELIG absolution *f*, remise *f* des péchés ▸ **to grant sb absolution** promettre à qqn l'absolution ; [in liturgy] ▸ **the Absolution** l'absoute *f*.

absolutism ['æbsəluːtɪzm] n POL absolutisme *m* ; RELIG *forme intransigeante de prédestination.*

absolutist [,æbsə'luːtɪst] ◆ n absolutiste *mf*. ◆ adj absolutiste.

absolve [əb'zɒlv] vt **1.** [from blame, sin, etc.] absoudre ; [from obligation] décharger, délier ▸ **to absolve sb from** or **of all blame** décharger qqn de toute responsabilité **2.** LAW acquitter ▸ **to absolve sb of sthg** acquitter qqn de qqch.

absorb [əb'sɔːb] vt **1.** *lit & fig* [changes, cost, light, liquid] absorber ; [surplus] absorber, résorber ; [idea, information] absorber, assimiler / *black absorbs heat* le noir absorbe la chaleur / *the project absorbed all my time* ce projet a pris tout mon temps / *it's too much to absorb all in one day* cela en fait trop à absorber pour une seule journée **2.** [shock, sound] amortir **3.** [incorporate - company] absorber, incorporer ; [- group, people] absorber, assimiler / *the newcomers were quickly absorbed into the community* les nouveaux venus ont été rapidement intégrés or assimilés à la communauté **4.** *(usu passive)* [engross] absorber ▸ **to be absorbed in sthg** être absorbé par qqch / *she was absorbed in what she was doing* elle était absorbée par ce qu'elle faisait / *he was utterly absorbed in the project* / *in his reading* il était entièrement absorbé par son projet / sa lecture / *the task completely absorbed our attention* ce travail a complètement accaparé notre attention.

absorbency [əb'sɔːbənsɪ] n [gen] pouvoir *m* absorbant ; CHEM & PHYS absorptivité *f*.

absorbent [əb'sɔːbənt] ◆ adj absorbant. ◆ n absorbant *m*.

absorbent cotton n US coton *m* hydrophile.

absorbing [əb'sɔːbɪŋ] adj [activity, book] fascinant, passionnant ; [work] absorbant, passionnant.

absorption [əb'sɔːpʃn] n **1.** [of light, liquid, smell] absorption *f* ; [of surplus] résorption *f* **2.** [of shock, sound] amortissement *m* **3.** [of company] absorption *f*, incorporation *f* ; [of group, people] absorption, assimilation *f* **4.** [fascination] passion *f*, fascination *f* ; [concentration] concentration *f* (d'esprit).

abstain [əb'steɪn] vi **1.** [refrain] s'abstenir / *to abstain from alcohol* s'abstenir de boire de l'alcool **2.** [not vote] s'abstenir / *ten members voted for the proposal and three abstained* dix députés ont voté pour le projet et trois se sont abstenus.

abstainer [əb'steɪnər] n **1.** [teetotaller] abstinent *m*, -e *f* **2.** [person not voting] abstentionniste *mf*.

abstemious [æb'sti:mjəs] adj [person] sobre, abstinent ; [diet, meal] frugal.

abstemiousness [æb'sti:mjəsnɪs] n [of person] sobriété *f*, frugalité *f* ; [of diet, meal] frugalité.

abstention [əb'stenʃn] n **1.** [from action] abstention *f* ; [from drink, food] abstinence *f* **2.** [in vote] abstention *f*.

abstinence ['æbstɪnəns] n abstinence *f*.

abstinent ['æbstɪnənt] adj *liter* [temperate] sobre, frugal ; RELIG abstinent.

abstract ◆ adj ['æbstrækt] abstrait ▸ **abstract artist** artiste *m* abstrait. ◆ n ['æbstrækt] **1.** [idea, term] abstrait *m* ▸ **in the abstract** dans l'abstrait **2.** [summary] résumé *m*, abrégé *m* ▸ **an abstract of accounts** FIN un extrait de comptes **3.** ART [painting, sculpture] œuvre *f* abstraite. ◆ vt [æb'strækt] **1.** [remove] extraire **2.** *euph* [steal] soustraire, dérober **3.** [regard theoretically] abstraire **4.** [summarize] résumer. ◆ vi **1.** [theorize] se livrer à des abstractions **2.** [summarize] résumer.

abstracted [æb'stræktɪd] adj **1.** [preoccupied] préoccupé, absorbé ; [absent-minded] distrait **2.** [extracted] extrait.

abstractedly [æb'stræktɪdlɪ] adv distraitement, d'un air distrait.

abstract expressionism n expressionnisme *m* abstrait.

abstraction [æb'strækʃn] n **1.** [concept] idée *f* abstraite, abstraction *f* **2.** PHILOS abstraction *f* **3.** [act of removing] extraction *f* **4.** [preoccupation] préoccupation *f* ; [absent-mindedness] distraction *f* / *she wore her customary look of abstraction* elle avait son air distrait habituel **5.** ART [work of art] œuvre *f* abstraite.

abstruse [æb'stru:s] adj abstrus.

abstruseness [æb'stru:snɪs] n caractère *m* abstrus.

absurd [əb'sɜ:d] ◆ adj [unreasonable] absurde, insensé ; [ludicrous] absurde, ridicule / *don't be absurd!* ne sois pas ridicule ! / *the idea is utterly absurd* c'est une idée complètement ridicule or idiote / *I feel / I look absurd in this get-up* je me sens / j'ai l'air ridicule dans cet accoutrement. ◆ n absurde *m* / *he has a nice sense of the absurd* il a un bon sens de l'absurde ▸ **the theatre of the absurd** le théâtre de l'absurde.

absurdity [əb'sɜ:dətɪ] (*pl* **absurdities**) n absurdité *f*.

absurdly [əb'sɜ:dlɪ] adv [behave, dress] d'une manière insensée, d'une façon absurde ; [as intensifier] ridiculement / *it was absurdly complicated* c'était d'une complexité absurde.

ABTA ['æbtə] (abbr of **Association of British Travel Agents**) pr n *association des agences de voyage britanniques.*

Abu Dhabi [,æbu:'dɑ:bɪ] pr n Abou Dhabi.

abulia [ə'bu:lɪə] n aboulie *f*.

abundance [ə'bʌndəns] n abondance *f*, profusion *f* / *there was food in abundance* il y avait à manger à profusion / *she has an abundance of talent* elle est bourrée de talent.

abundant [ə'bʌndənt] adj [plentiful] abondant / *he gave abundant proof of his devotion* il a largement fait la preuve de son dévouement / *there's an abundant supply of food* il y a des provisions (de nourriture) en quantité.

abundantly [ə'bʌndəntlɪ] adv **1.** [profusely] abondamment ; [eat, serve] abondamment, copieusement ; [grow] à foison **2.** [as intensifier] extrêmement / *it became abundantly clear that we had been mistaken* il devint tout à fait clair que nous nous étions trompés / *she made it abundantly clear that I was not welcome* elle me fit comprendre très clairement que j'étais indésirable.

abuse ◆ n [ə'bju:s] **1.** [misuse] abus *m* / *such positions are open to abuse* de telles situations incitent aux abus ▸ **drug abuse** usage *m* de la drogue **2.** *(U)* [insults] injures *fpl*, insultes *fpl* ▸ **to heap abuse on sb** accabler qqn d'injures **3.** *(U)* [cruel treatment] mauvais traitements *mpl* **4.** [unjust practice] abus *m*. ◆ vt [ə'bju:z] **1.** [authority, position] abuser de **2.** [insult] injurier, insulter **3.** [treat cruelly] maltraiter, malmener **4.** [masturbate] ▸ **to abuse o.s.** *fml* se masturber.

⚠ Be careful when translating the noun or verb abuse, as **abus** and **abuser** are not always the correct equivalents. See the entry for details.

abuse of privilege n POL abus *m* de droit.

abuser [ə'bju:zər] n **1.** [gen] : *abusers of the system* ceux qui profitent du système **2.** [of child] *personne qui a maltraité un enfant physiquement ou psychologiquement* **3.** [of drugs] ▸ **(drug) abuser** drogué *m*, -e *f*.

Abu Simbel [,æbu:'sɪmbl] pr n Abou-Simbel.

abusive [ə'bju:sɪv] adj **1.** [language] offensant, grossier ; [person] grossier ; [phone call] obscène ▸ **to be abusive to sb** être grossier envers qqn **2.** [behaviour, treatment] brutal **3.** [incorrectly used] abusif, mauvais.

abusively [ə'bju:sɪvlɪ] adv **1.** [speak, write] de façon offensante, grossièrement **2.** [behave, treat] brutalement **3.** [use] abusivement.

abut [ə'bʌt] (*pt & pp* **abutted**, *cont* **abutting**) vi *fml* ▸ **to abut on (to) sthg** être adjacent à qqch.

abutment [ə'bʌtmənt], **abuttal** [ə'bʌtl] n **1.** [point of junction] jointure *f*, point *m* de jonction **2.** ARCHIT [support] contrefort *m* ; [on bridge] butée *f*.

abuzz [ə'bʌz] adj bourdonnant / *abuzz with activity* en effervescence / *abuzz with conversation* résonnant du bruit des conversations.

abysmal [ə'bɪzml] adj **1.** [immeasurable] infini, abyssal ▸ **abysmal ignorance** une ignorance crasse **2.** [very bad] épouvantable, exécrable.

abysmally [ə'bɪzməlɪ] adv atrocement ; [fail] lamentablement.

abyss [ə'bɪs] n abîme *m*, gouffre *m* ; [in sea] abysse *m* ; *fig* abîme *m* / *a great abyss seemed to open up between us fig* il y avait comme un abîme entre nous.

abyssal [ə'bɪsəl] adj abyssal.

Abyssinia [,æbɪ'sɪnjə] pr n Abyssinie *f* / *in Abyssinia* en Abyssinie.

Abyssinian [,æbɪ'sɪnjən] ◆ adj abyssinien, abyssin ▸ **Abyssinian cat** chat *m* abyssin ▸ **the Abyssinian Empire** l'empire *m* d'Éthiopie. ◆ n Abyssinien *m*, -enne *f*.

ac written abbr of **acre**.

a/c (written abbr of **account (current)**) UK cc.

AC n **1.** UK abbr of **athletics club 2.** abbr of **alternating current 3.** abbr of **air conditioning**.

acacia [ə'keɪʃə] n acacia *m*.

Acacia Avenue pr n UK *expression évoquant la banlieue tranquille et résidentielle.*

academe ['ækədi:m] n *fml & liter* = **academia**.

academia [,ækə'di:mɪə] n le milieu universitaire.

academic [,ækə'demɪk] ◆ adj **1.** [related to formal study - book, institution, job] universitaire, scolaire ; [- failure, system] scolaire ▸ **academic advisor** US directeur *m*, -trice *f* d'études ▸ **academic dress** toge *f* d'étudiant ▸ **academic freedom** liberté *f* d'enseignement ▸ **academic rank** US grade *m* ▸ **academic year** année *f* universitaire **2.** [intellectual - standard, style, work] intellectuel ; [- person] studieux, intellectuel **3.** [theoretical] théorique, spéculatif ; [not practical] sans intérêt pratique, théorique / *their speculations were purely academic* leurs spéculations étaient purement théoriques ▸ **out of academic interest** par simple curiosité / *whether he comes or not is all academic* qu'il vienne ou pas, cela n'a pas d'importance **4.** [conventional] académique / *an academic painter* un peintre académique. ◆ n universitaire *mf*.

academically [,ækə'demɪklɪ] adv [advanced, competent, talented] sur le plan intellectuel ; [sound] intellectuellement / *to be academically qualified* posséder les diplômes requis.

academicals [,ækə'demɪklz] pl n toge *f* et accessoires *mpl* d'universitaire.

academician [ə,kædə'mɪʃn] n académicien *m*, -enne *f*.

academicism [,ækə'demɪsɪzm], **academism** [ə'kædəmɪzm] n académisme *m*.

academy [ə'kædəmɪ] (*pl* **academies**) n **1.** [society] académie *f*, société *f* **2.** [school] école *f* ; [private] école *f* privée, collège *m* / *an academy of music* un conservatoire de musique / *riding academy* académie *f* d'équitation.

Academy Award n oscar *m*.

Acadia [ə'keɪdjə] pr n Acadie *f* / *in Acadia* en Acadie.

Acadian [ə'keɪdjən] ◆ n Acadien *m*, -enne *f*. ◆ adj acadien.

acanthus [ə'kænθəs] (*pl* **acanthuses** or **acanthi** [-θaɪ]) n acanthe *f*.

a cappella [,ɑ:kə'pelə] ◆ adj a cappella ▸ **a cappella singing** chant *m* a cappella. ◆ adv a cappella.

acariasis [,ækə'raɪəsɪs] n acariose *f*.

acarid ['ækərɪd] n acarien *m*.

ACAS ['eɪkæs] (abbr of **Advisory, Conciliation and Arbitration Service**) pr n *organisme britannique de conciliation et d'arbitrage des conflits du travail* ; ≃ conseil *m* de prud'hommes.

accede [æk'si:d] vi *fml* **1.** [agree] agréer, accepter ▸ **to accede to sthg a)** [demand, request] donner suite or accéder à qqch **b)** [plan, suggestion] accepter or agréer qqch **2.** [attain] accéder / *to accede to the throne* monter sur le trône / *to accede to office* entrer en fonction / *to accede to the directorship* accéder à la direction **3.** LAW : *to accede to a treaty* adhérer à un traité.

acceding country [æk'si:dɪŋ-] n [in EU] pays *m* accédant.

accelerate [ək'seləreɪt] ◆ vt [pace, process, rhythm] accélérer ; [decline, event] précipiter, accélérer ; [work] activer ▸ **accelerated classes** SCH & UNIV cours *mpl* or niveaux *mpl* accélérés. ◆ vi **1.** [move faster] s'accélérer **2.** AUTO accélérer.

accelerated depreciation [ək'seləreɪtɪd] n FIN amortissement *m* dégressif or accéléré.

acceleration [ək,selə'reɪʃn] n [gen & AUTO] accélération *f*.

accelerator [ək'seləreɪtər] n AUTO & PHYS accélérateur *m* / *to put one's foot on the accelerator* appuyer sur l'accélérateur ▸ **accelerator pedal** pédale *f* d'accélérateur.

accelerator board, accelerator card n carte *f* accélératrice.

accelerometer [æk,selə'rɒmɪtər] n accéléromètre *m*.

accent ['æksent] ◆ n **1.** [gen, GRAM & MUS] accent *m* / *she has* or *she speaks with a Spanish accent* elle a l'accent espagnol / *she speaks French without an accent* elle parle français sans accent / *he has a strange accent* il a un drôle d'accent / *the accent here is on team work* ici on met l'accent sur le travail d'équipe **2.** [contrasting detail] accent *m* / *the room is painted white with green accents* la pièce est peinte en blanc avec des touches de vert. ◆ vt **1.** [stress - syllable] accentuer, appuyer sur ; [- word] accentuer, mettre l'accent sur ; [put written mark on] mettre un accent sur, accentuer **2.** *fig* [make stand out] mettre en valeur, accentuer.

accent piece n US *petit meuble ou objet décoratif.*

accentuate [æk'sentjʊeɪt] vt **1.** [word] accentuer, mettre l'accent sur **2.** [feature, importance] souligner, accentuer / *the thin dress only accentuated her* *frailness* la robe légère ne faisait qu'accentuer or que souligner son air fragile.

accentuation [æk,sentjʊ'eɪʃn] n accentuation *f*.

accept [ək'sept] vt **1.** [agree to receive - apology, gift, invitation] accepter ; [- advice, suggestion] accepter, écouter ; [COMM - bill] accepter ; [- goods] prendre livraison de / *he proposed and she accepted (him)* il la demanda en mariage et elle accepta / *the machine only accepts coins* la machine n'accepte que les pièces **2.** [believe as right, true] accepter, admettre / *I can't accept what he says* je ne peux accepter or admettre ce qu'il dit / *I refuse to accept that he's guilty* je me refuse à le croire coupable, je refuse de croire qu'il soit coupable / *it is generally accepted that…* il est généralement reconnu que… **3.** [face up to - danger] faire face à, affronter ; [- challenge] accepter, relever ; [- one's fate] se résigner à / *she hasn't really accepted his death* elle n'a pas vraiment accepté sa mort / *you have to accept the inevitable* il vous faut accepter l'inévitable / *we have to accept the fact that war is imminent* nous devons accepter le fait que la guerre est imminente / *they refused to accept the appalling working conditions* ils ont refusé de travailler dans des conditions aussi épouvantables **4.** [take on - blame, responsibility] accepter, prendre ; [- job, task] se charger de, accepter **5.** [admit - to job, school] accepter, prendre ; [- to club, university] accepter, admettre / *they accepted her into the club* ils l'ont admise au club / *she's been accepted at* or US *to Harvard* elle a été admise à Harvard.

acceptability [ək,septə'bɪlɪtɪ] n acceptabilité *f*, admissibilité *f*.

acceptable [ək'septəbl] adj **1.** [satisfactory] acceptable, convenable ; [tolerable] acceptable, admissible / *her behaviour just isn't socially acceptable* son attitude est tout simplement intolérable en société / *they found her work acceptable* ils ont trouvé son travail convenable / *are these conditions acceptable to you?* ces conditions vous conviennent-elles ? **2.** [welcome] bienvenu, opportun / *flowers always make an acceptable gift* les fleurs sont toujours une bonne idée de cadeau or font toujours plaisir.

Acceptable Use Policy n COMPUT *code de conduite défini par un fournisseur d'accès à l'Internet.*

acceptably [ək'septəblɪ] adv [suitably] convenablement ; [tolerably] passablement / *he works acceptably well* il ne travaille pas mal (du tout) / *inflation has remained acceptably low* l'inflation est restée assez faible.

acceptance [ək'septəns] n **1.** [of gift, invitation] acceptation *f* ▸ **acceptance speech** discours *m* de réception **2.** [assent - to proposal, suggestion] consentement *m* / *his acceptance of his fate* sa résignation devant son sort **3.** [to club, school, group] admission *f* **4.** [approval, favour] approbation *f*, réception *f* favorable / *his suggestion met with everyone's acceptance* tout le monde approuva sa suggestion / *the idea is gaining acceptance* l'idée fait son chemin **5.** [belief] : *there is general acceptance now that smoking causes cancer* il est généralement reconnu maintenant que le tabac provoque le cancer **6.** COMM & FIN [of goods] réception *f* ; [of bill of exchange] acceptation *f* ; [bill of exchange] traite *f* ▸ **acceptance house** banque *f* d'escompte (d'effets étrangers) or d'acceptation ▸ **banker's acceptance** acceptation *f* de banque.

acceptation [,æksep'teɪʃn] n [of term, word] acception *f*, signification *f*.

accepted [ək'septɪd] adj ▸ **accepted ideas** les idées généralement répandues or admises / *contrary to accepted belief* contrairement à la croyance établie / *it's an accepted fact that too much sun ages the skin* il est généralement reconnu que le soleil à haute dose accélère le vieillissement de la peau.

acceptor [ək'septəʳ] n accepteur *m*.

access ['ækses] ◆ n **1.** [means of entry] entrée *f*, ouverture *f* ; [means of approach] accès *m*, abord *m* ; LAW droit *m* de passage / *the kitchen gives access to the garage* la cuisine donne accès au garage / *how did the thieves gain access?* comment les voleurs se sont-ils introduits ? / **'access only'** 'sauf riverains (et livreurs)' **2.** [right to contact, use] accès *m* / *I have access to confidential files* j'ai accès à des dossiers confidentiels / *he has direct access to the minister* il a ses entrées auprès du ministre / *the father has access to the children at weekends* LAW le père a droit de visite le week-end pour voir ses enfants ▸ **access rights** [to child] droits *mpl* de visite **3.** UK *liter* [bout - of illness] accès *m*, attaque *f* ; [- of fever, anger] accès *m* / *in an access of despair* dans un accès de désespoir **4.** COMPUT accès *m* / *to have access to a file* avoir accès à un fichier ▸ **access code** code *m* d'accès ▸ **access number** [to ISP] numéro *m* d'accès. ◆ comp [port, route] d'accès ▸ **access channel** TV canal *m* d'accès. ◆ vt accéder à.

accessary [ək'sesərɪ] (*pl* **accessaries**) n & adj LAW = **accessory**.

access card n carte *f* d'accès.

access course n UK UNIV *cours de mise à niveau permettant aux personnes n'ayant pas le diplôme requis d'entrer à l'université.*

accessibility [ək,sesə'bɪlətɪ] n accessibilité *f*.

accessible [ək'sesəbl] adj **1.** [place] accessible, d'accès facile ; [person] d'un abord facile / *the teacher's very accessible* ce professeur est facile à aborder or d'un abord facile **2.** [available] accessible / *computers are now accessible to everyone* maintenant les ordinateurs sont accessibles à tous **3.** [easily understandable] à la portée de tous, accessible **4.** [open, susceptible] ouvert, accessible.

accession [æk'seʃn] ◆ n **1.** [to office, position] accession *f* ; [to fortune] accession *f*, entrée *f* en possession / *Queen Victoria's accession (to the throne)* l'accession au trône or l'avènement de la reine Victoria **2.** [addition to collection] nouvelle acquisition *f* **3.** [increase] augmentation *f*, accroissement *m* ; LAW [to property] accession *f* **4.** *fml* [consent] assentiment *m*, accord *m* ; [of treaty] adhésion *f*. ◆ vt enregistrer.

accession number n numéro *m* de catalogue.

access land n UK *zone rurale dont l'accès est autorisé aux promeneurs.*

accessorize, accessorise [ək'sesəraɪz] vt accessoiriser.

accessory [ək'sesərɪ] (*pl* **accessories**) ◆ n **1.** (*usu pl*) [supplementary article] accessoire *m* / *car accessories* accessoires automobiles / *a suit with matching accessories* un ensemble avec (ses) accessoires coordonnés **2.** LAW complice *mf* ▸ **an accessory after / before the fact** un complice par assistance / par instigation. ◆ adj **1.** [supplementary] accessoire **2.** LAW complice.

accessory shoe n PHOT fiche *f* pour accessoires.

access ramp n bretelle *f* d'accès.

access road n [gen] route *f* d'accès ; [to motorway] bretelle *f* d'accès or de raccordement.

access time n temps *m* d'accès.

accidence ['æksɪdəns] n morphologie *f* flexionnelle.

accident ['æksɪdənt] ◆ n **1.** [mishap] accident *m*, malheur *m* ; [unforeseen event] événement *m* fortuit, accident *m* / *her son had a car accident* son fils a eu un accident de voiture / *she was killed in an accident* elle s'est tuée dans un accident / *accidents in the home* accidents domestiques ▸ **it was an accident waiting to happen** c'était une bombe à retardement *fig* **2.** [chance] hasard *m*, chance *f* / *it was purely by accident that we met* nous nous sommes rencontrés tout à fait par accident / *any success we had was more by accident than by design* notre réussite a été plus accidentelle qu'autre chose **3.** PHILOS accident *m*. ◆ comp [figures, rate] des accidents ▸ **accident insurance** assurance *f* (contre les) accidents ▸ **accident prevention** AUTO la prévention des accidents, la prévention routière.

accidental [,æksɪ'dentl] ◆ adj **1.** [occurring by chance - death, poisoning] accidentel ; [- meeting] fortuit **2.** *fml* [nonessential] accessoire, extrinsèque ; PHILOS accidentel **3.** MUS accidentel. ◆ n [gen & MUS] accident *m*.

accidentally [,æksɪ'dentəlɪ] adv [break, drop] accidentellement ; [meet] par hasard / *she accidentally tore the page* elle a déchiré la page sans le vouloir / *he did it accidentally on purpose hum* il l'a fait « exprès sans le vouloir ».

accident-prone adj ▸ **to be accident-prone** être prédisposé aux accidents.

acclaim [ə'kleɪm] ◆ vt **1.** [praise] acclamer, faire l'éloge de ; [applaud] acclamer, applaudir **2.** [proclaim] proclamer. ◆ n (*U*) acclamation *f*, acclamations *fpl* / *his play met with great critical acclaim* sa pièce a été très applaudie par la critique.

acclaimed [ə'kleɪmd] adj célèbre.

acclamation [,æklə'meɪʃn] n (*U*) acclamation *f*, acclamations *fpl* ▸ **to be elected by acclamation** être plébiscité ▸ **to win by acclamation** gagner par acclamation.

acclimate ['æklɪmeɪt] vt & vi US = **acclimatize**.

acclimation [,æklɪ'meɪʃn] n US = **acclimatization**.

acclimatization [ə,klaɪmətaɪ'zeɪʃn] n [to climate] acclimatation *f* ; [to conditions, customs] accoutumance *f*, acclimatement *m*.

acclimatize, acclimatise [ə'klaɪmətaɪz], **acclimate** US ['æklɪmeɪt] ◆ vt [animal, plant] acclimater ▸ **to acclimatize o.s. to a)** [climate] s'habituer à, s'accoutumer à **b)** [conditions, customs] s'acclimater à, s'habituer à, s'accoutumer à. ◆ vi ▸ **to acclimatize to a)** [climate] s'habituer à, s'accoutumer à **b)** [conditions, customs] s'acclimater à, s'habituer à, s'accoutumer à.

acclivity [ə'klɪvətɪ] n montée *f*.

accolade ['ækəleɪd] n **1.** [praise] acclamation *f*, acclamations *fpl* ; [approval] marque *f* d'approbation ; [honour] honneur *m* / *the prize is the highest accolade a writer can receive* ce prix est le plus grand honneur qu'un écrivain puisse recevoir / *it was the ultimate accolade* c'était la consécration suprême **2.** [in conferring knighthood] accolade *f* **3.** ARCHIT accolade *f*.

accommodate [ə'kɒmədeɪt] ◆ vt **1.** [provide lodging for] loger ; [provide with something needed] équiper, pourvoir ; [provide with loan] prêter de l'argent à / *can you accommodate me until the cheque comes through?* pouvez-vous me prêter de l'argent or me dépanner en attendant que je reçoive mon chèque ? **2.** [have room for - subj: car] contenir ; [- subj: house, room] contenir, recevoir / *the restaurant can accommodate 150 people* le restaurant peut recevoir 150 personnes / *the cottage accommodates up to six people* dans la villa, on peut loger jusqu'à six (personnes) **3.** [oblige] répondre aux besoins de / *the management refused to accommodate the union* la direction a refusé de prendre en compte les exigences du syndicat / *the bill is designed to accommodate special interest groups* cette loi vise à prendre en compte les besoins de groupes d'intérêts particuliers **4.** [adapt] accommoder, adapter / *she soon accommodated herself to the new working conditions* elle s'est vite adaptée aux nouvelles conditions de travail. ◆ vi ▸ **to accommodate to sthg** s'accommoder or s'habituer à qqch.

accommodating [ə'kɒmədeɪtɪŋ] adj [willing to help] obligeant ; [easy to please] accommodant, complaisant.

accommodation [ə,kɒmə'deɪʃn] n **1.** (*U*) [lodging] logement *m* ; [lodging and services] prestations *fpl* / *the hotel has no accommodation available* l'hôtel est complet ▸ **furnished accommodation** chambre *f* meublée, (logement *m*) meublé *m* ▸ **rented accommodation** : *the high cost of rented accommodation* le prix élevé des locations ▸ **office accommodation** bureaux *mpl* à louer **2.** (*U*) [facility] équipement *m* ▸ **sleeping accommodation** chambres *fpl* **3.** [settlement of disagreement] accord *m*, accommodement *m* ; [compromise] compromis *m* **4.** *fml* [willingness to help] obligeance *f* ; [willingness to please] complaisance *f* **5.** ANAT & PSYCHOL accommodation *f* **6.** COMM & FIN [loan] prêt *m* de complaisance.

❖ **accommodations** pl n US **1.** [lodging, food and services] hébergement *m* **2.** [on boat, train] place *f*.

accommodation address n UK adresse *f (utilisée uniquement pour la correspondance).*

accommodation agency n agence *f* de logement.

accommodation bill n effet *m* de complaisance.

accommodation bureau n = **accommodation agency.**

accommodation ladder n échelle *f* de coupée.

accommodation road n route *f* de desserte.

accompaniment [ə'kʌmpənɪmənt] n **1.** [gen] accompagnement *m* / *he entered to the accompaniment of wild applause* il entra sous un tonnerre d'applaudissements **2.** CULIN accompagnement *m*, garniture *f* **3.** MUS accompagnement *m* / *guitar / piano accompaniment* accompagnement à la guitare / au piano.

accompanist [ə'kʌmpənɪst] n accompagnateur *m*, -trice *f*.

accompany [ə'kʌmpənɪ] (*pt & pp* **accompanied**) vt **1.** [escort] accompagner, escorter / *she was accompanied by her brother* elle était accompagnée de son frère **2.** [supplement] accompagner ; CULIN accompagner, garnir / *she accompanied her advice with a warning* ses conseils s'accompagnaient d'une mise en garde / *her photos accompany the text* ses photos accompagnent le texte **3.** MUS accompagner / *he accompanies her on the piano* il l'accompagne au piano.

accompanying [ə'kʌmpənɪɪŋ] adj : *the accompanying documents* les documents ci-joints / *children will not be allowed in without an accompanying adult* l'entrée est interdite aux enfants non accompagnés.

accompanyist [ə'kʌmpənɪɪst] n US = **accompanist.**

accomplice [ə'kʌmplɪs] n complice *mf* ▸ **to be an accomplice to** or **in sthg** être complice de qqch.

accomplish [ə'kʌmplɪʃ] vt **1.** [manage to do -task, work] accomplir, exécuter ; [-desire, dream] réaliser ; [-distance, trip] effectuer / *the talks accomplished nothing* les pourparlers n'ont pas abouti / *we hope to accomplish a great deal during our discussions* nous espérons obtenir des résultats durant ces débats **2.** [finish successfully] venir à bout de, mener à bonne fin.

accomplished [ə'kʌmplɪʃt] adj **1.** [cook, singer] accompli, doué ; [performance] accompli **2.** [successfully completed] accompli ▸ **an accomplished fact** un fait accompli.

accomplishment [ə'kʌmplɪʃmənt] n **1.** [skill] talent *m* / *speaking fluent French is just one of her many accomplishments* elle parle français couramment, entre autres talents **2.** [feat] exploit *m*, œuvre *f* (accomplie) **3.** [completion -of task, trip] accomplissement *m* ; [-of ambition] réalisation *f*.

accord [ə'kɔːd] ◆ n **1.** [consent] accord *m*, consentement *m* ▸ **to be in accord with sb** être d'accord avec qqn / *I'm in complete accord with you* je suis totalement d'accord avec vous **2.** [conformity] accord *m*, conformité *f* ▸ **to be in accord with sthg** être en accord or en conformité avec qqch **3.** [harmony] accord *m*, harmonie *f* **4.** *fml* [agreement] accord *m* ; [treaty] traité *m*. ◆ vt [permission] accorder ; [welcome] réserver ▸ **to accord sb permission** accorder une autorisation or une permission à qqn / *he accorded her a warm welcome* il lui a réservé un accueil chaleureux. ◆ vi s'accorder, concorder / *what he said did not accord with our instructions* ce qu'il a dit n'était pas conforme à nos instructions.

❖ **of one's own accord** adv phr de son plein gré.

❖ **with one accord** adv phr d'un commun accord.

accordance [ə'kɔːdəns] n **1.** [conformity] accord *m*, conformité *f* **2.** *fml* [granting] octroi *m*.

❖ **in accordance with** prep phr : *in accordance with the law* aux termes de or conformément à la loi / *her statement is not in accordance with company policy* sa déclaration n'est pas dans la ligne de l'entreprise.

accordant [ə'kɔːdənt] adj *fml* ▸ **accordant with** conformément à.

according [ə'kɔːdɪŋ] ❖ **according as** conj phr *fml* selon que, suivant que / *according as they pass or fail the exam* suivant or selon qu'ils ont réussi ou échoué à l'examen. ❖ **according to** prep phr **1.** [on the evidence of] selon, d'après / *according to John, it's too late* selon or pour John, il est trop tard / *according to what you say* d'après ce que vous dites / *according to the figures* d'après les chiffres **2.** [in relation to] : *arranged according to height* disposés par ordre de taille / *prices vary according to how long the job will take* le prix varie selon le temps qu'il faut pour effectuer le travail **3.** [in accordance with] suivant, conformément à / *according to instructions* conformément aux or suivant les instructions / *everything went according to plan* tout s'est passé comme prévu.

accordingly [ə'kɔːdɪŋlɪ] adv **1.** [appropriately] en conséquence **2.** [consequently] par conséquent.

accordion [ə'kɔːdjən] n accordéon *m*.

accordionist [ə'kɔːdjənɪst] n accordéoniste *mf*.

accordion pleat n pli *m* (en) accordéon.

accost [ə'kɒst] vt [gen] accoster, aborder ; [subj: prostitute] racoler.

account [ə'kaʊnt] ◆ n **1.** [report] récit *m*, compte rendu *m* / *her account differs from her husband's* sa version diffère de celle de son mari, son récit diffère de celui de son mari / *he gave his account of the accident* il a donné sa version de l'accident / *by his own account he had had too much to drink* à l'en croire, il avait trop bu **2.** [explanation] compte rendu *m*, explication *f* ▸ **to bring** or **to call sb to account** demander des comptes à qqn / *you will be held to account for all damages* il vous faudra rendre des comptes pour tous les dommages causés **3.** [consideration] importance *f*, valeur *f* / *a town of little account* une ville de peu d'importance or insignifiante / *what you think is of no account to me* ce que vous pensez ne m'intéresse pas ▸ **to take sthg into account, to take account of sthg** tenir compte de qqch, prendre qqch en compte / *he took little account of her feelings* il ne tenait pas compte or faisait peu de cas de ses sentiments / *does this estimate take all the costs into account?* est-ce que cette estimation prend en compte toutes ces dépenses ? / *the rising cost of living must also be taken into account* il faut aussi prendre en compte l'augmentation du coût de la vie **4.** [advantage, profit] profit *m* ▸ **to put** or **to turn one's skills to good account** tirer parti de ses compétences / *I started working on my own account* j'ai commencé à travailler à mon compte **5.** [rendition] interprétation *f*, version *f* / *the pianist gave a sensitive account of the concerto* le pianiste a donné du concerto une interprétation d'une grande sensibilité ▸ **to give a good account of o.s.** faire bonne impression / *she gave a good account of herself in the interview* elle a réussi à bien se définir au cours de cette entrevue **6.** COMM [in bank, with shop] compte *m* ▸ **to close / to open an account** fermer / ouvrir un compte / *we have an account at the garage* nous avons un compte chez le garagiste / *put it on* or *charge it to my account* mettez cela sur mon compte / *I'd like to settle my account* je voudrais régler ma note ▸ **to settle** or **to square accounts with sb** *fig* régler ses comptes avec qqn ▸ **to account rendered** COMM suivant compte remis ▸ **accounts payable** comptes *mpl* fournisseurs ▸ **accounts receivable** comptes *mpl* clients **7.** [detailed record of money] compte *m* / *his wife keeps the accounts* c'est sa femme qui tient les comptes **8.** [business, patronage] appui *m* / *we were pleased to get their account* nous étions contents d'avoir leur appui ; [in advertising] budget *m* / *the agency secured the Brook account* l'agence s'est assuré le budget Brook. ◆ vt *fml* considérer / *she accounts herself my friend* elle se considère mon amie.

❖ **by all accounts** adv phr aux dires de tous, d'après ce que tout le monde dit.

❖ **on account** adv phr à crédit / *we bought the car on account* nous avons acheté la voiture à crédit / *payment on account* paiement à compte or à crédit / *I paid £100 on account* j'ai versé un acompte de 100 livres.

❖ **on account of** prep phr à cause de / *on account of the weather* à cause du temps / *don't leave on account of me* or *on my account* ne partez pas à cause de moi / *we didn't go on account of there being a storm* nous n'y sommes pas allés à cause de la tempête.

❖ **on no account** adv phr en aucun cas, sous aucun prétexte.

❖ **account for** vt insep **1.** [explain] expliquer, rendre compte de / *there's no accounting for his recent odd behaviour* il n'y a aucune explication à son comportement bizarre de ces derniers temps / *there's no accounting for taste* des goûts et des couleurs, on ne discute pas, chacun ses goûts **2.** [answer for] rendre compte de / *he has to account for every penny he spends* il doit rendre compte de chaque centime qu'il dépense / *all the children are accounted for* aucun des enfants n'a été oublié / *two hostages have not yet been accounted for* deux otages n'ont toujours pas été retrouvés **3.** [represent] représenter / *wine accounts for 5% of all exports* le vin représente 5 % des exportations totales / *the North Sea accounts for a large proportion of our petrol* la mer du Nord produit une grande partie de notre pétrole **4.** *fml* [shoot, kill] abattre, tuer ; [catch] attraper.

accountability [ə,kaʊntə'bɪlətɪ] n : *the public wants more police accountability* le public souhaite que la police réponde davantage de ses actes ▸ **public accountability** transparence *f*.

accountable [ə'kaʊntəbl] adj **1.** [responsible] responsable / *she is not accountable for her actions* elle n'est pas responsable de ses actes / *I'm accountable to your mother for you* je suis responsable de toi devant ta mère / *they cannot be held accountable for the accident* on ne peut les tenir responsables de l'accident **2.** [explainable] explicable.

accountancy [ə'kaʊntənsɪ] n [subject, work] comptabilité *f* ; [profession] profession *f* de comptable / *a degree in accountancy* un diplôme de comptabilité.

accountant [ə'kaʊntənt] n comptable *mf*.

account balance n [status] situation *f* de compte.

account book n livre *m* de comptes.

account charges n frais *mpl* de tenue de compte.

account day n ST. EX jour *m* de liquidation.

account director n directeur *m*, -trice grands comptes.

account executive n responsable *mf* grands comptes.

account holder n titulaire *mf*.

accounting [ə'kaʊntɪŋ] n comptabilité *f* / *she does the accounting* **a)** [for business] elle fait or tient la comptabilité **b)** [for the family] elle tient les comptes.

accounting period n exercice *m* (financier), période *f* comptable.

account manager n = **account executive.**

account number n numéro *m* de compte.

accoutre UK, **accouter** US [ə'kuːtər] vt *fml* équiper ▸ **to be accoutred with sthg** être équipé de qqch.

accoutrements UK [ə'kuːtrəmənts], **accouterments** US [ə'kuːtərmənts] pl n [equipment] attirail *m* ; MIL équipement *m*.

Accra [ə'krɑː] pr n Accra.

accredit [ə'kredɪt] vt **1.** [credit] créditer / *they accredited the discovery to him* on lui a attribué cette découverte / *she is accredited with having discovered radium* on lui attribue la découverte du radium **2.** [provide with credentials] accréditer / *ambassador accredited to Morocco* ambassadeur accrédité au Maroc **3.** [recognize as bona fide] agréer.

accreditation [ə,kredɪ'teɪʃn] n ▸ **to seek accreditation** chercher à se faire accréditer or reconnaître.

accredited [ə'kredɪtɪd] adj **1.** [idea, rumour] admis, accepté **2.** [official, person] accrédité, autorisé / *the accredited representative to the United Nations* le représentant accrédité aux Nations unies **3.** [recognized as bona fide] agréé / *accredited dairy herds* troupeaux *mpl* tuberculinés ▸ **accredited schools** SCH & UNIV *établissements délivrant des diplômes reconnus par l'État.*

accretion [æ'kri:ʃn] n **1.** [growth - in size] accroissement *m* ; [- of dirt, wealth] accroissement *m*, accumulation *f* **2.** [addition] addition *f* ▸ **accretion of property** LAW accumulation de biens **3.** GEOL accrétion *f* **4.** MED [adhesion] accrétion *f* ; [deposit] concrétion *f*.

accrual [ə'kru:əl] n *fml* accumulation *f* ▸ **accruals** FIN compte *m* de régularisation (du passif).

accrue [ə'kru:] *fml* ◆ vi **1.** [increase] s'accroître, s'accumuler ; [interest] courir ▸ **accrued interest** intérêt *m* couru ▸ **accrued income** recettes *fpl* échues ▸ **accrued expenses** frais *mpl* à payer **2.** [benefit, gain] ▸ **to accrue to** revenir à / *advantages accruing to property owners* les avantages revenant aux propriétaires fonciers. ◆ vt accumuler.

acculturation [ə,kʌltʃə'reɪʃn] n acculturation *f*.

accumulate [ə'kju:mjʊleɪt] ◆ vt accumuler. ◆ vi s'accumuler.

accumulation [ə,kju:mjʊ'leɪʃn] n **1.** [process] accumulation *f* **2.** [things collected] amas *m*, tas *m* **3.** FIN [of capital] accroissement *m* ; [of interest] accumulation *f*.

accumulative [ə'kju:mjʊlətɪv] adj cumulatif, qui s'accumule ; FIN cumulatif.

accumulator [ə'kju:mjʊleɪtə^r] n **1.** [battery] accumulateur *m* **2.** UK [bet] *pari dont les gains sont placés sur la course suivante*.

accuracy ['ækjʊrəsɪ] n [of aim, description, report, weapon] précision *f* ; [of figures, watch] exactitude *f* ; [of memory, translation] fidélité *f*, exactitude *f* ; [of prediction] justesse *f*.

accurate ['ækjʊrət] adj [description, report] précis, juste ; [instrument, weapon] précis ; [figures, watch] exact ; [estimate] juste ; [memory, translation] fidèle / *the report was accurate in every detail* le compte rendu était fidèle jusque dans les moindres détails / *to be more accurate, there were 15 of them* pour être plus précis, ils étaient 15 / *she's very accurate in her calculations* elle est très précise dans ses calculs.

accurately ['ækjʊrətlɪ] adv [count, draw] avec précision ; [tell] exactement ; [judge, estimate] avec justesse ; [remember, translate] fidèlement.

accursed [ə'kɜ:sɪd] adj [cursed] maudit ; [hateful] maudit, exécrable.

accusal [ə'kju:zl] n accusation *f*.

accusation [,ækju:'zeɪʃn] n **1.** [gen] accusation *f* ▸ **to make an accusation against sb** porter une accusation contre qqn / *there was a note of accusation in her voice* sa voix prenait des accents un tant soit peu accusateurs / *she had no answer to the accusation that her fiscal policies had failed* elle n'avait rien à répondre aux accusations selon lesquelles sa politique fiscale avait échoué **2.** LAW accusation *f*, plainte *f* / *they brought an accusation of theft against him* ils ont porté plainte contre lui pour vol.

accusative [ə'kju:zətɪv] ◆ adj **1.** GRAM accusatif **2.** = **accusatorial.** ◆ n accusatif *m* / *in the accusative* à l'accusatif.

accusatorial [ə,kju:zə'tɔ:rɪəl], **accusatory** [ə'kju:zətrɪ] adj **1.** [look, tone] accusateur **2.** LAW [system] accusatoire.

accuse [ə'kju:z] vt accuser ▸ **to accuse sb of (doing) sthg** accuser qqn de (faire) qqch / *he is* or *he stands accused of tax fraud* il est accusé de fraude fiscale.

accused [ə'kju:zd] (*pl* **accused**) n ▸ **the accused** l'accusé *m*, -e *f*, l'inculpé *m*, -e *f*.

accuser [ə'kju:zə^r] n accusateur *m*, -trice *f*.

accusing [ə'kju:zɪŋ] adj accusateur.

accusingly [ə'kju:zɪŋlɪ] adv de façon accusatrice.

accustom [ə'kʌstəm] vt habituer, accoutumer ▸ **to accustom sb to sthg** habituer qqn à qqch / *she's gradually accustoming herself to her new way of life* elle s'habitue peu à peu à son nouveau style de vie.

accustomed [ə'kʌstəmd] adj **1.** [familiar] habitué, accoutumé ▸ **to get** or **to grow accustomed to sthg** s'habituer or s'accoutumer à qqch / *I'm not accustomed to getting up so early* je n'ai pas l'habitude de me lever si tôt / *she's not accustomed to being interrupted* elle n'a pas l'habitude qu'on l'interrompe **2.** [regular] habituel, coutumier.

AC/DC ◆ written abbr of **alternating current/direct current.** ◆ adj *inf* [bisexual] ▸ **to be AC/DC** marcher à voile et à vapeur.

ace [eɪs] ◆ n **1.** GAMES [on card, dice, dominoes] as *m* / *the ace of spades* l'as de pique ▸ **to have an ace up one's sleeve** or **to have an ace in the hole** avoir un atout en réserve ▸ **to hold all the aces** avoir tous les atouts dans son jeu ▸ **to come within an ace of doing sthg** être à deux doigts de faire qqch **2.** [expert] as *m* / *she's an ace at chess* c'est un as aux échecs **3.** [in tennis] ace *m* ▸ **to serve an ace** servir un ace **4.** [pilot] as *m*. ◆ adj UK *inf* super, formidable / *she's an ace skier* or *she's ace at skiing* c'est une skieuse formidable / *the film was really ace!* le film était vraiment super! ◆ vt **1.** [in tennis] : *he aced his opponent* **a)** il a servi un ace contre son adversaire **b)** *fig* il n'a pas laissé une chance à son adversaire **2.** US [in golf] ▸ **to ace a hole** faire un trou en un.

Ace bandage® [eɪs-] n US bande *f* Velpeau®.

acellular [,eɪ'seljʊlə^r] adj acellulaire.

acephalous [,eɪ'sefələs] adj acéphale.

acerbic [ə'sɜ:bɪk] adj [taste] acerbe ; [person, tone] acerbe, caustique.

acerbity [ə'sɜ:bətɪ] n [of taste] caractère *m* acerbe ; [of person] aigreur *f* ; [of tone] mordant *m*.

acetaldehyde [,æsɪ'tældɪhaɪd] n alcool *m* éthylique, éthanol *m*.

acetate ['æsɪteɪt] n acétate *m*.

acetic [ə'si:tɪk] adj acétique.

acetic acid n acide *m* acétique.

acetone ['æsɪtəʊn] n acétone *f*.

acetylene [ə'setɪli:n] ◆ n acétylène *m*. ◆ comp [burner, lamp, torch] à acétylène ; [welding] acétylène.

ACGB pr n abbr of **Arts Council of Great Britain.**

ache [eɪk] ◆ vi **1.** [feel pain] faire mal, être douloureux / *I ache all over* j'ai mal partout / *my head / tooth aches* j'ai mal à la tête / aux dents / *her heart ached to see them so unhappy* *fig* elle souffrait de les voir si malheureux **2.** [feel desire] avoir très envie / *she was aching for them to leave* elle mourait d'envie de les voir partir. ◆ n [physical] douleur *f* ; [emotional] peine *f* / *a dull ache* une douleur sourde ▸ **aches and pains** douleurs *fpl*, maux *mpl*.

achieve [ə'tʃi:v] vt [gen] accomplir, faire ; [desire, dream, increase] réaliser ; [level, objective] arriver à, atteindre ; [independence, success] obtenir / *she achieved the impossible* elle a accompli l'impossible / *he'll never achieve anything in life* il n'arrivera jamais à rien dans sa vie / *we really achieved something today* on a vraiment bien avancé aujourd'hui / *the demonstration achieved nothing* la manifestation n'a servi à rien / *the plan achieved its objectives* le plan a atteint ses objectifs.

⚠ **Achever** means to finish, not to achieve.

achievement [ə'tʃi:vmənt] n **1.** [deed] exploit *m*, réussite *f* / *convincing her to come was quite an achievement* c'est un véritable exploit d'avoir réussi à la convaincre de venir **2.** [successful completion] accomplissement *m*, réalisation *f* / *I felt a real sense of achievement* j'ai vraiment eu le sentiment d'avoir accompli quelque chose **3.** SCH [performance] ▸ **achievement tests** tests *mpl* de niveau.

⚠ **Achèvement** means completion, not achievement.

achiever [ə'tʃi:və^r] n fonceur *m*, -euse *f*.

Achilles [ə'kɪli:z] pr n Achille.

Achilles' heel n talon *m* d'Achille.

Achilles' tendon n tendon *m* d'Achille.

aching ['eɪkɪŋ] adj douloureux, endolori / *oh, my aching head!* oh, ma pauvre tête !

achingly ['eɪkɪŋlɪ] adv *inf* : *achingly funny* tordant / *achingly hip* [person, bar, clothes] hyper branché.

achromatic [,ækrəʊ'mætɪk] adj achromatique.

achy ['eɪkɪ] adj douloureux, endolori / *I feel achy all over* je me sens toute endolorie.

acid ['æsɪd] ◆ n **1.** [gen & CHEM] acide *m* **2.** *inf* [LSD] acide *m*. ◆ adj **1.** [drink, taste] acide **2.** [remark, tone, wit] mordant, acide ; [person] revêche, caustique **3.** CHEM acide.

acid deposition n pluie *f* acide.

acid drop n bonbon *m* acidulé.

acidhead ['æsɪdhed] n *v inf* drogué *m*, -e *f* au LSD.

acid house n MUS house music *f*.

acid house party n acid party *f*.

acidic [ə'sɪdɪk] adj acide.

acidification [ə,sɪdɪfɪ'keɪʃn] n acidification *f*.

acidify [ə'sɪdɪfaɪ] (*pt & pp* **acidified**) ◆ vt acidifier. ◆ vi s'acidifier.

acid indigestion n aigreurs *fpl* d'estomac.

acidity [ə'sɪdətɪ] n CHEM & *fig* acidité *f* ▸ **acidity corrector** correcteur *m* d'acidité.

acid jazz [,æsɪd'dʒæz] n *(U)* MUS acid jazz *m*.

acidly ['æsɪdlɪ] adv [say, reply] d'un ton acide.

acidosis [,æsɪ'dəʊsɪs] n acidose *f*.

acid-proof adj CHEM résistant aux acides.

acid rain n pluie *f* acide.

acid test n épreuve *f* décisive.

acidulous [ə'sɪdjʊləs] adj acidulé.

ack-ack [,æk'æk] UK *dated* ◆ n défense *f* contre avions, DCA *f*. ◆ comp de DCA, antiaérien ▸ **ack-ack weapons** armes *fpl* de DCA ▸ **ack-ack fire** tir *m* de DCA.

ackemma [,æk'emə] adv *dated* au matin.

acknowledge [ək'nɒlɪdʒ] vt **1.** [admit truth of] reconnaître, admettre ; [defeat, mistake] reconnaître, avouer / *we acknowledge (the fact) that we were wrong* nous admettons notre erreur / *she acknowledged her guilt* elle a avoué or reconnu sa culpabilité / *the candidate acknowledged himself defeated* le candidat a reconnu or admis sa défaite **2.** [show recognition of - person] : *he didn't even acknowledge my presence* il a fait comme si je n'étais pas là / *she acknowledged him with a nod* elle lui a adressé un signe de la tête / *they acknowledged him as their leader* ils l'ont reconnu comme leur chef / *he acknowledged her child (as his)* LAW il a reconnu l'enfant (comme étant le sien) **3.** [confirm receipt of - greeting, message] répondre à ; ADMIN [letter, package] accuser réception de / **'sign here to acknowledge receipt'** 'signez ici pour accuser réception' **4.** [express gratitude for] : *he acknowledged the cheers of the crowd* il a salué en réponse aux applaudissements de la foule / *I'd like to acknowledge the help given me by my family* j'aimerais remercier ma famille pour l'aide qu'elle m'a apportée.

acknowledged [ək'nɒlɪdʒd] adj [expert, authority] reconnu.

acknowledg(e)ment [ək'nɒlɪdʒmənt] n **1.** [admission] reconnaissance *f* ; [of mistake] reconnaissance *f*, aveu *m* / *in acknowledgement of your letter* en réponse à votre lettre ▸ **acknowledgement of debt** reconnaissance *f* de dette ▸ **acknowledgement of receipt** accusé *m* de réception / *he received a watch in acknowledgement of his work* il a reçu une montre en reconnaissance or remerciement de son travail **2.** [letter, receipt] accusé *m* de réception ; [for payment] quittance *f*, reçu *m*.

❖ **acknowledg(e)ments** pl n [in article, book] remerciements *mpl*.

ACLU (abbr of **American Civil Liberties Union**) pr n *ligue américaine des droits du citoyen*.

acme ['ækmɪ] n apogée *m*, point *m* culminant.

acne ['æknɪ] n acné *f*.

acolyte ['ækəlaɪt] n [gen & RELIG] acolyte *m*.

aconite ['ækənaɪt] n [plant] aconit *m* ; [drug] aconitine *f*.

acorn ['eɪkɔ:n] n gland *m* ▸ **acorn cup** cupule *f*.

acoustic [ə'ku:stɪk] adj [feature, phonetics, nerve] acoustique ▸ **acoustic engineer** acousticien *m*, -enne *f* ▸ **acoustic guitar** guitare *f* sèche.

acoustically [ə'ku:stɪklɪ] adv du point de vue de l'acoustique.

acoustic coupler [-'kʌplər] n coupleur *m* acoustique.

acoustics [ə'ku:stɪks] ◆ n *(U)* [subject] acoustique *f*. ◆ pl n [of room, theatre] acoustique *f* / *to have bad / good acoustics* avoir une mauvaise / bonne acoustique.

acoustic tile n carreau *m* acoustique.

ACP (abbr of **African, Caribbean and Pacific**) pr n ▸ **the ACP countries** les pays d'Afrique, des Caraïbes et du Pacifique.

ACPO ['ækpəʊ] (abbr of **Association of Chief Police Officers**) n *syndicat d'officiers supérieurs de la police britannique.*

acquaint [ə'kweɪnt] vt **1.** [inform] aviser, renseigner / *I'll acquaint you with the facts* je vais vous mettre au courant des faits / *let me acquaint you with the situation* laissez-moi vous mettre au fait de la situation / *she acquainted herself with their customs* elle s'est familiarisée avec leurs habitudes **2.** [familiarize] ▸ **to be acquainted with a)** [person, place, subject] connaître **b)** [fact, situation] être au courant de / *she is well acquainted with the mayor* elle connaît très bien le maire / *we were just getting acquainted* on venait juste de faire connaissance / *I'm fully acquainted with the facts* je suis tout à fait au courant des faits.

acquaintance [ə'kweɪntəns] n **1.** [person] connaissance *f*, relation *f* / *she's an acquaintance of ours* c'est une de nos relations / *he has a wide circle of acquaintances* il a des relations très étendues **2.** [knowledge] connaissance *f* / *pleased to make your acquaintance* enchanté de faire votre connaissance / *on closer* or *further acquaintance he seems quite intelligent* quand on le connaît un peu mieux, il semble assez intelligent ▸ **to have a nodding** or **passing acquaintance with sb / sthg** connaître vaguement qqn / qqch.

acquaintance rape n *viol commis par une personne connue de la victime.*

acquaintanceship [ə'kweɪntənʃɪp] n **1.** [relationship] relations *fpl* **2.** [people] relations *fpl*, cercle *m* de connaissances / *he has a wide acquaintanceship* il a de nombreuses relations.

acquiesce [,ækwɪ'es] vi acquiescer, consentir / *she finally acquiesced* elle a finalement acquiescé / *they acquiesced to our demands* ils ont consenti à nos exigences / *he acquiesced in the terms we had drawn up* il a consenti aux conditions que nous avions établies.

acquiescence [,ækwɪ'esns] n acquiescement *m*, consentement *m*.

acquiescent [,ækwɪ'esnt] adj consentant.

acquire [ə'kwaɪər] vt **1.** [advantage, experience, possession, success] acquérir ; [reputation] se faire / *they have recently acquired the house next door* ils ont récemment acquis or se sont récemment rendus acquéreurs de la maison d'à côté **2.** [information, knowledge, language] apprendre / *it took her years to acquire fluency in German* ça lui a pris des années pour apprendre couramment l'allemand **3.** [habit] prendre, contracter / *I've acquired a taste for champagne* j'ai pris goût au champagne.

acquired [ə'kwaɪəd] adj acquis ▸ **an acquired taste** un goût acquis.

acquired characteristic n caractère *m* acquis.

acquired citizenship [ə'kwaɪəd-] n US naturalisation *f*.

acquired immune deficiency syndrome n = AIDS.

acquirement [ə'kwaɪəmənt] n acquisition *f*.

acquisition [,ækwɪ'zɪʃn] n acquisition *f* / *the acquisition of knowledge* l'acquisition de connaissances / *she's the team's latest acquisition* elle est la dernière acquisition de l'équipe.

acquisitive [ə'kwɪzɪtɪv] adj [for money] âpre au gain ; [greedy] avide / *he's a very acquisitive person* c'est une personne très avide.

acquisitiveness [ə'kwɪzɪtɪvnɪs] n [greed] avidité *f* ; [for money] avidité *f*, âpreté *f* au gain, cupidité *f*.

acquit [ə'kwɪt] (*pt & pp* **acquitted**, *cont* **acquitting**) vt **1.** [release - from duty, responsibility] acquitter, décharger ; LAW acquitter, relaxer ▸ **to acquit sb of sthg** acquitter qqn de qqch **2.** [behave] ▸ **to acquit o.s. well / badly** bien / mal s'en tirer / *he acquitted himself well during the trial* il s'est bien conduit pendant le procès **3.** [debt, duty] s'acquitter de.

acquittal [ə'kwɪtl] n **1.** [of duty] accomplissement *m* **2.** LAW acquittement *m* **3.** [of debt, obligation] acquittement *m*.

acre ['eɪkər] n ≃ demi-hectare *m*, acre *f* / *they have acres of room fig* ils ont des kilomètres de place ▸ **forty acres and a mule** *"quarante acres de terre et une mule", minimum garanti par l'État américain aux esclaves affranchis au lendemain de la guerre de Sécession.*

acreage ['eɪkərɪdʒ] n aire *f*, superficie *f* / *how much acreage do you have here?* combien avez-vous d'hectares ici ?

acrid ['ækrɪd] adj **1.** [smell, taste] âcre **2.** [language, remark] acerbe, mordant.

Acrilan® ['ækrɪlæn] n Acrilan® *m*.

acrimonious [,ækrɪ'məʊnjəs] adj [person, remark] acrimonieux, hargneux ; [attack, dispute] virulent.

acrimoniously [,ækrɪ'məʊnjəslɪ] adv [say] avec amertume / *the meeting ended acrimoniously* la réunion s'est terminée dans l'amertume.

acrimony ['ækrɪmənɪ] n acrimonie *f*, hargne *f*.

acrobat ['ækrəbæt] n acrobate *mf*.

acrobatic [,ækrə'bætɪk] adj acrobatique.

acrobatics [,ækrə'bætɪks] pl n acrobatie *f* / *to do* or *to perform acrobatics* faire des acrobaties or de l'acrobatie.

acromegaly [,ækrəʊ'megəlɪ] n MED acromégalie *f*.

acronym ['ækrənɪm] n acronyme *m*.

acrophobia [,ækrə'fəʊbjə] n acrophobie *f*.

Acropolis [ə'krɒpəlɪs] pr n Acropole *f*.

across [ə'krɒs] ◆ prep **1.** [from one side to the other of] d'un côté à l'autre de ▸ **to walk across sthg** traverser qqch / *she swam across the lake* elle a traversé le lac à la nage / *I ran across the street* j'ai traversé la rue en courant / *they built a bridge across the lake* ils ont construit un pont sur le lac / *he lay across the bed* il était couché or allongé en travers du lit / *she felt a pain across her chest* une douleur lui a traversé la poitrine / *he's very broad across the shoulders* il est très large d'épaules **2.** [on or to the other side of] de l'autre côté de / *the house across the street* la maison d'en face / *we live across the street from them* nous habitons en face de chez eux / *he sat across the table from me* il s'assit en face de moi / *can you help me across the road?* pouvez-vous m'aider à traverser la rue ? / *she glanced across the room at us* elle nous lança un regard de l'autre bout de la pièce **3.** [so as to cover] : *he leaned across my desk* il s'est penché par-dessus mon bureau / *a smile spread across her face* un sourire a éclairé son visage **4.** [so as to cross] en travers de, à travers / *the study of literature across cultures* l'étude de la littérature à travers différentes cultures / *the lines cut across each other* les lignes se coupent **5.** [throughout] : *he gave speeches all across Europe* il a fait des discours dans toute l'Europe **6.** [on] : *he hit me across the face* il m'a frappé au visage. ◆ adv **1.** [from one side to the other] d'un côté à l'autre / *the room is 3 metres across* la pièce fait 3 mètres de large / *I helped him across* je l'ai aidé à traverser **2.** [on or to the other side] de l'autre côté / *he reached across and picked the pen up* il a tendu le bras et a pris le stylo / *she walked across to Mary* elle s'est dirigée vers Mary / *I looked across at my mother* j'ai regardé ma mère **3.** [in crosswords] horizontalement / *what's 23 across?* **a)** [clue] quelle est la définition du 23 horizontal(ement) ? **b)** [solution] qu'est-ce qu'il y a comme or en 23 horizontal(ement) ?

❖ **across from** prep phr en face de / *the man sitting across from me* l'homme qui était assis en face de moi / *the house across from ours* la maison située en face de la nôtre.

across-the-board adj général, systématique / *an across-the-board salary rise* une augmentation de salaire générale.

acrostic [ə'krɒstɪk] n acrostiche *m*.

acrylic [ə'krɪlɪk] ◆ adj acrylique ▸ **acrylic paint** peinture *f* acrylique. ◆ n acrylique *m*.

act [ækt] ◆ vi **1.** [take action] agir / *we must act quickly to stop her* nous devons agir rapidement pour l'arrêter / *they acted for the best* ils ont agi pour le mieux / *she has a good lawyer acting for her* elle est représentée par un bon avocat ▸ **to act on behalf of sb, to act on sb's behalf** agir au nom de qqn **2.** [serve] ▸ **to act as** servir de, faire office de / *she acted as my interpreter* elle m'a servi d'interprète / *the trees act as a windbreak* les arbres servent de barrière contre le vent **3.** [behave] agir, se comporter / *they acted very sensibly / responsibly* ils ont agi de façon très raisonnable / responsable / *she just acts dumb* elle fait l'innocente / *you acted like a fool* vous vous êtes conduit comme un imbécile / *he acts as though he were bored* il agit comme s'il s'ennuyait / *she's just acting like she's angry* elle joue à or fait celle qui est en colère **4.** THEAT jouer / *he's been acting since he was a child* il joue depuis son enfance **5.** [produce an effect, work] agir. ◆ vt [part] jouer, tenir ; [play] jouer / *he's acting (the part of) King Lear* il joue le rôle du Roi Lear ; *fig* : *he tries to act the dutiful husband* il essaie de jouer les maris parfaits / *stop acting the fool!* arrête de faire l'imbécile ! ▸ **act your age!** sois raisonnable ! ◆ n **1.** [action, deed] acte *m* ▸ **the Acts of the Apostles** les Actes des Apôtres ▸ **an act of God** un acte divin ▸ **an act of war** un acte de guerre ▸ **to be caught in the act** être pris sur le fait ▸ **to get in on the act** être dans le coup **2.** [pretence] comédie *f*, numéro *m* ▸ **to put on an act** jouer la comédie / *it's all an act* ce n'est que de la comédie / *I'm not fooled by your worried mother act!* ton numéro de mère anxieuse ne prendra pas avec moi ! **3.** [in circus, show] numéro *m* / *a comedy act* un numéro de comédie ▸ **to get one's act together** *inf* se reprendre **4.** THEAT [part of play] acte *m* **5.** [law] loi *f* ▸ **an act of Congress / Parliament** une loi du Congrès / Parlement ▸ **the Act of Supremacy** l'Acte de suprématie ▸ **the Act of Union** l'Acte d'union.

❖ **act on** vt insep **1.** [advice, suggestion] suivre ; [order] exécuter / *she acted on the information we gave her* elle a suivi les or s'est conformée aux indications que nous lui avons données / *acting on your instructions, we have cancelled your account* selon vos instructions, nous avons fermé votre compte **2.** [chemical, drug] agir sur.

❖ **act out** ◆ vt sep [fantasy] vivre ; [emotions] exprimer (par mime) ; [event, story] mimer. ◆ vi PSYCHOL passer à l'acte.

❖ **act up** vi *inf* [person] faire l'idiot, déconner ; [child] faire des siennes ; [engine, machine] déconner.

❖ **act upon** vt insep = **act on**.

ACT (abbr of **American College Test**) n *examen de fin d'études secondaires aux États-Unis.*

Actaeon ['æktɪən] pr n Actéon.

acting ['æktɪŋ] ◆ n **1.** [profession] profession *f* d'acteur, profession *f* d'actrice / *I've done a bit of acting* **a)** [theatre] j'ai fait un peu de théâtre **b)** [cinema] j'ai fait un peu de cinéma **2.** [performance] interprétation *f*, jeu *m* / *the acting was superb* l'interprétation était superbe. ◆ adj **1.** [temporary] provisoire, par intérim ▸ **acting director / president** directeur / président par intérim **2.** [lessons, school] de comédien ▸ **acting course** stage *m* de théâtre.

actinic [æk'tɪnɪk] adj actinique.

actinide ['æktɪnaɪd] n actinide *m*.

actinium [æk'tɪnɪəm] n actinium *m*.

action ['ækʃn] ◆ n **1.** [process] action *f* / *it's time for action* il est temps d'agir, passons aux actes ▸ **to go into action** entrer en action ▸ **to take action** prendre des mesures / *we must take action to stop them* nous devons agir pour les arrêter ▸ **to put sthg into action a)** [idea, policy] mettre qqch en pratique **b)** [plan] mettre qqch à exécution **c)** [machine] mettre qqch en marche / *she's an excellent dancer, you should see her in action* c'est une excellente danseuse, vous devriez la voir en action / *the car is out of action* UK la voiture est en panne / *the storm put the telephone out of action* le téléphone est en dérangement à cause de l'orage / *her accident will put her out of action for four months* son accident va la mettre hors de combat pour quatre mois ▸ **freedom of action** liberté d'action **2.** [deed] acte *m*, geste *m*, action *f* / *she defended her action in dismissing him* elle a défendu son geste en le congédiant / *he's not responsible for his actions* il n'est pas responsable de ses actes / *don't judge her by her actions alone* ne la jugez pas seulement sur ses actes ▸ **actions speak louder than words** les actes en disent plus long que les mots **3.** [of chemical, drug, force] effet *m*, action *f* **4.** [activity, events] activité *f* / *he wants to be where the action is* *inf* il veut être au cœur de l'action / *a man of action* un homme d'action ▸ **action!** CIN silence, on tourne ! ▸ **we all want a piece of the action** *inf* nous voulons tous être dans le coup **5.** [of book, film, play] intrigue *f*, action *f* / *the action takes place in a barber's shop* l'action se situe or se passe chez un coiffeur **6.** [movement -of person] gestes *mpl* ; [-of animal] allure *f* ; [-of heart] fonctionnement *m* **7.** [operating mechanism -of clock] mécanique *f*, mécanisme *m* ; [-of gun] mécanisme *m* ; [-of piano] action *f*, mécanique *f* **8.** LAW procès *m*, action *f* en justice ▸ **to bring an action against sb** intenter une action contre qqn **9.** MIL [fighting] combat *m*, action *f* ▸ **to go into action** engager le combat / *he saw a lot of action* il a vu de nombreux combats ▸ **killed in action** tué au combat **10.** *inf* [sex] : *did you get any action last night?* tu as pu t'envoyer en l'air hier soir ? ◆ comp [film, photography] d'action. ◆ vt [idea, suggestion] mettre en action or en pratique ; [plan] mettre à exécution.

actionable ['ækʃnəbl] adj [allegations, deed, person] passible de poursuites ; [claim] recevable.

actioner ['akʃ(ə)nər] n *inf* film *m* d'action.

action group n groupe *m* de pression.

action movie ['ækʃənmu:vɪ] n film *m* d'action.

action-packed adj [film] bourré d'action ; [holiday] rempli d'activités, bien rempli.

action painting n peinture *f* gestuelle.

action point n point *m* d'action.

action replay n UK TV *répétition immédiate d'une séquence.*

action stations ◆ pl n MIL postes *mpl* de combat. ◆ interj ▸ **action stations!** à vos postes !

activate ['æktɪveɪt] vt **1.** [gen, CHEM & TECH] activer **2.** PHYS rendre radioactif.s

activated ['æktɪveɪtɪd] adj CHEM actif ▸ **activated charcoal** charbon *m* actif.

activation [,æktɪ'veɪʃn] n activation *f*.

active ['æktɪv] ◆ adj **1.** [lively -person] actif, dynamique ; [-imagination] vif, actif **2.** [busy, involved -person] actif, énergique ; [-life, stock market] actif ▸ **to be active in sthg, to take an active part in sthg** prendre une part active à qqch ▸ **to be politically active** être engagé ▸ **to be sexually active** avoir une activité sexuelle / *how much of the population is in active employment?* quel pourcentage de la population a un emploi ? ▸ **active minority** minorité *f* agissante **3.** [keen - encouragement, interest] vif / *the proposal is under active discussion* la proposition fait l'objet d'une vive discussion / *they took his suggestion into active consideration* ils ont soumis sa proposition à une étude attentive / *you have our active support* vous avez notre soutien total **4.** [in operation -account] actif ; [-case, file] en cours ; [-law, regulation] en vigueur ; [-volcano] en activité **5.** [chemical, ingredient] actif **6.** GRAM actif ▸ **the active voice** la voix active, l'actif *m* / *in the active voice* à l'actif **7.** MIL actif ▸ **to be on active service** UK or **duty** US être en service actif / *he saw active service in the Far East* il a servi en Extrême-Orient ▸ **to be on the active list** faire partie de l'armée active **8.** PHYS actif, radioactif. ◆ n GRAM [voice] actif *m* ; [verb] verbe *m* actif / *a verb in the active* un verbe à l'actif.

active file n COMPUT fichier *m* actif.

actively ['æktɪvlɪ] adv **1.** [involve, participate] activement **2.** [disagree, discourage] vivement, activement.

activewear ['æktɪvweər] n vêtements *mpl* de sport.

active window n COMPUT fenêtre *f* active or activée.

activism ['æktɪvɪzm] n activisme *m*.

activist ['æktɪvɪst] n militant *m*, -e *f*, activiste *mf*.

activity [æk'tɪvətɪ] (*pl* **activities**) n **1.** [of brain, person] activité *f* ; [of place, bank account] mouvement *m* ▸ **economic** / **political activity** activité économique / politique **2.** [occupation] activité *f* ▸ **leisure activities** des activités de loisir.

activity centre n centre *m* d'activités ; [specifically for children] centre *m* aéré or de loisirs.

activity holiday n UK vacances *fpl* actives.

actor ['æktər] n acteur *m*, comédien *m* / *I'm a terrible actor* je suis un piètre comédien.

Actors Studio pr n *prestigieuse école d'art dramatique fondée à New York en 1947.*

actress ['æktrɪs] n actrice *f*, comédienne *f* / *she's a good actress* c'est une bonne comédienne.

actressy ['æktrɪsɪ] adj *pej* théâtral, cabotin *pej*.

actual ['æktʃʊəl] adj **1.** [genuine] réel, véritable ; [existing as a real fact] concret / *what were her actual words?* quels étaient ses mots exacts ? / *to take an actual example* prendre un exemple concret / *the actual result was quite different* le résultat véritable était plutôt différent / *the actual cost was £1,000* le coût exact était de 1 000 livres / *what's the actual cash value of the car?* quelle est la valeur réelle de la voiture ? **2.** [emphatic use] même / *the actual ceremony doesn't start until 10.30* la cérémonie même ne commence pas avant 10 h 30 **3.** LAW ▸ **actual bodily harm** coups *mpl* et blessures.

❖ **in actual fact** adv phr en fait.

> ⚠ **Actuel** generally means current, and is hardly ever the correct translation of actual.

actuality [,æktʃʊ'ælətɪ] (*pl* **actualities**) n réalité *f* ▸ **in actuality** en réalité / *the actualities of the situation* les conditions réelles de la situation.

actually ['æktʃʊəlɪ] adv **1.** [establishing a fact] vraiment / *I haven't actually read the book* à vrai dire, je n'ai pas lu le livre / *what did he actually say?* qu'est-ce qu'il a dit vraiment ? **2.** [emphatic use] vraiment / *did you actually say that?* vous avez vraiment dit cela ? / *you mean she actually speaks Latin!* tu veux dire qu'elle parle vraiment le latin ! **3.** [contradicting or qualifying] en fait / *she's actually older than she looks* en fait, elle est plus âgée qu'elle n'en a l'air / *I don't agree, actually* en fait, je ne suis pas d'accord / *actually, it's a bit more complicated than that* en fait, c'est un peu plus compliqué que cela / *I suppose you've never been there — I have, actually* je suppose que vous n'y êtes jamais allé — si, en fait **4.** [in requests, advice, etc.] en fait / *actually, you could set the table* en fait, tu pourrais mettre la table.

> ⚠ **Actuellement** means at the moment, not actually.

actuarial [,æktjʊ'eərɪəl] adj actuariel.

actuary ['æktjʊərɪ] (*pl* **actuaries**) n actuaire *mf*.

actuate ['æktjʊeɪt] vt **1.** [machine, system] mettre en marche, faire marcher **2.** *fml* [person] faire agir, inciter.

acuity [ə'kju:ətɪ] n [of hearing, sight] acuité *f* ; [of person, thought] perspicacité *f*.

acumen ['ækjʊmen] n perspicacité *f*, flair *m* ▸ **business acumen** sens *m* des affaires.

acupressure ['ækjʊpreʃər] n MED acupressing *m*.

acupuncture ['ækjʊpʌŋktʃər] ◆ n acupuncture *f*, acuponcture *f*. ◆ comp [needle, treatment] d'acupuncture.

acupuncturist ['ækjʊpʌŋktʃərɪst] n acupuncteur *m*, -trice *f*, acuponcteur *m*, -trice *f*.

acute [ə'kju:t] ◆ adj **1.** [hearing, sense] fin / *to have an acute sense of hearing* avoir l'ouïe fine ; [smell] subtil, développé / *an acute sense of smell* l'odorat subtil or développé ; [sight] pénétrant, perçant **2.** [perceptive -mind, person] perspicace, pénétrant ; [-intelligence] fin, vif ; [-analysis] fin **3.** [severe -pain] aigu, vif ; [-anxiety, distress] vif ; [-shortage] critique, grave **4.** MED [attack, illness] aigu ▸ **acute appendicitis** appendicite *f* aiguë **5.** [angle] aigu **6.** GRAM [accent] aigu (uë) / *it's spelled with an "e" acute* ça s'écrit avec un « e » accent aigu. ◆ n accent *m* aigu.

acute-angled adj GEOM à angle(s) aigu(s).

acutely [ə'kju:tlɪ] adv **1.** [intensely -be aware, feel] vivement ; [-suffer] intensément **2.** [extremely -embarrassing, unhappy] très, profondément **3.** [shrewdly] avec perspicacité.

acuteness [ə'kju:tnɪs] n **1.** [of hearing, sense] finesse *f* **2.** [of mind, person] perspicacité *f*, pénétration *f* ; [of analysis, observation] finesse *f* **3.** [of anxiety, pain] violence *f*, intensité *f* ; [of shortage] sévérité *f*, gravité *f* **4.** MED [of illness] violence *f* **5.** [of angle] caractère *m* aigu.

ad [æd] (**abbr of advertisement**) n *inf* [in newspaper] petite annonce *f* ; [on TV] pub *f* / *to put an ad in the newspaper* passer une annonce dans le journal.

AD ◆ adv (**abbr of Anno Domini**) apr. J.-C. / *in 3 AD* en l'an 3 (après Jésus-Christ or de notre ère). ◆ n **1. abbr of active duty 2. abbr of art director.**

adage ['ædɪdʒ] n adage *m*.

adagio [ə'dædʒɪəʊ] n adage *m*.

Adam ['ædəm] ◆ pr n Adam ▸ **I don't know him from Adam** je ne le connais ni d'Ève ni d'Adam. ◆ adj dans le style Adam *(style architectural créé par les Écossais Robert et James Adam au XVIIIe siècle).*

adamant ['ædəmənt] adj résolu, inflexible / *he was quite adamant that I was wrong* il a soutenu dur comme fer que j'avais tort.

adamantly ['ædəməntlɪ] adv [say, refuse] catégoriquement / *he was adamantly against* or *opposed to the idea* il était résolument opposé à l'idée ▸ **to support sthg adamantly** soutenir qqch résolument.

Adam's ale n UK *hum* flotte *f*, château-la-pompe *m hum*.

Adam's apple n pomme *f* d'Adam.

adamsite ['ædəmzaɪt] n diphénylaminechlorarsine *f*.

Adam Smith Institute pr n *institut de recherche lié au parti conservateur britannique.*

adapt [ə'dæpt] ◆ vt **1.** [adjust] adapter, ajuster **2.** [book, play] adapter / *the play was adapted for television* la pièce a été adaptée pour la télévision / *adapted from Shakespeare* adapté de Shakespeare. ◆ vi s'adapter / *she adapted well to the change* elle s'est bien adaptée au changement / *children adapt easily* les enfants s'adaptent facilement ▸ **it was adapt or die** il fallait s'adapter à tout prix.

adaptability [ə,dæptə'bɪlətɪ] n [of person] faculté *f* d'adaptation, adaptabilité *f*.

adaptable [ə'dæptəbl] adj adaptable.

adaptation [,ædæp'teɪʃn] n [of person, work] adaptation *f* / *to make an adaptation of a play for radio* faire l'adaptation d'une pièce pour la radio.

adapter, **adaptor** [ə'dæptər] n **1.** [person] adaptateur *m*, -trice *f* **2.** [device] adaptateur *m* ; [multiple plug] prise *f* multiple.

adaptive [ə'dæptɪv] adj BIOL [mechanism] adaptif ▸ **adaptive engine controls** AUTO commandes *fpl* adaptatives moteur.

adaptiveness [ə'dæptɪvnɪs] n adaptation *f*.

ADC n **1.** abbr of aide-de-camp **2.** (abbr of analogue-digital converter) CAN *m*.

add [æd] ◆ vt **1.** [put together] ajouter / *add her name to the list* ajoute son nom à la liste ▸ **to add fuel to the fire** jeter de l'huile sur le feu **2.** [say] ajouter / *I have nothing to add* je n'ai rien à ajouter **3.** MATH [figures] additionner ; [column of figures] totaliser / *add 4 and* or *to 9* additionnez 4 et 9 / *it will add (on) another £100 to the cost* cela augmentera le coût de 100 livres / *they added (on) 10% for service* ils ont ajouté 10 % pour le service. ◆ vi faire des additions.

❖ **add on** vt sep = add.

❖ **add to** vt insep ajouter à, accroître / *inflation only added to our worries* l'inflation ne faisait qu'ajouter à nos soucis.

❖ **add up** ◆ vt sep [find the sum of - figures] additionner ; [- bill, column of figures] totaliser / *we added up the advantages and disadvantages* nous avons fait le total des avantages et des inconvénients. ◆ vi **1.** [figures, results] se recouper / *these figures don't add up* ces chiffres ne font pas le compte / *the bill doesn't add up* la note n'est pas juste ▸ **it just doesn't add up** *fig* il y a quelque chose qui cloche or qui ne marche pas **2.** = add *(vi)*.

❖ **add up to** vt insep **1.** [subj: figures] s'élever à, se monter à **2.** *fig* [subj: results, situation] signifier, se résumer à / *it all adds up to our having to leave* autrement dit, nous devons partir / *his qualifications add up to an impressive CV* ses qualifications constituent un CV impressionnant / *what evidence we've got doesn't add up to much really* les preuves dont nous disposons ne constituent pas vraiment grand-chose.

added ['ædɪd] adj supplémentaire / *the tax is just an added financial burden* l'impôt constitue simplement un fardeau financier supplémentaire.

addend [ə'dend] n nombre *m* or nombres *mpl* à ajouter.

addendum [ə'dendəm] (*pl* **addenda** [-də]) n addendum *m*, addenda *mpl*.

adder ['ædəʳ] n **1.** [snake] vipère *f* **2.** [machine] additionneur *m*.

adder's tongue n BOT langue-de-serpent *f*.

addict ['ædɪkt] n **1.** MED toxicodépendant *m*, -e *f* **2.** *fig* fanatique *mf*, fana *mf*, mordu *m*, -e *f* / *she's a film addict* c'est une fana or mordue de cinéma.

addicted [ə'dɪktɪd] adj **1.** MED dépendant, toxicodépendant **2.** *fig* ▸ **to be addicted to sthg** s'adonner à qqch, se passionner pour qqch / *she's addicted to exercise / hard work* c'est une mordue d'exercice / de travail.

addiction [ə'dɪkʃn] n MED dépendance *f* ; *fig* penchant *m* fort, forte inclination *f* ▸ **addiction therapy** cure *f* de désintoxication.

addictive [ə'dɪktɪv] adj MED qui crée une dépendance / *chocolate is very addictive hum* le chocolat, c'est une vraie drogue, on devient vite accro au chocolat.

add-in ◆ n COMPUT [software] add-in *m* ; [card] carte *f* d'extension. ◆ adj : *add-in (circuit) card* carte *f* d'extension.

adding machine ['ædɪŋ-] n calculatrice *f*, machine *f* à calculer.

Addis Ababa ['ædɪs'æbəbə] pr n Addis-Ababa, Addis-Abeba.

Addison's disease ['ædɪsnz-] n maladie *f* bronzée d'Addison.

addition [ə'dɪʃn] n **1.** [gen & MATH] addition *f* **2.** [something or someone added] addition *f*, ajout *m* / *they're going to have an addition to the family* leur famille va s'agrandir / *she's a welcome new addition to our staff* nous sommes heureux de la compter au sein du personnel / *a last-minute addition to the programme* un ajout de dernière minute au programme **3.** US [to house] annexe *f*.

❖ **in addition** adv phr de plus, de surcroît.

❖ **in addition to** prep phr en plus de.

additional [ə'dɪʃənl] adj additionnel ; [supplementary] supplémentaire / *additional advantages* des avantages supplémentaires / *additional postage* tarif postal supplémentaire / *there is an additional charge on certain trains* il y a un supplément à payer pour certains trains.

additionally [ə'dɪʃənəlɪ] adv **1.** [further, more] davantage, plus **2.** [moreover] en outre, de plus.

additive ['ædɪtɪv] ◆ adj additif. ◆ n additif *m*.

addle ['ædl] ◆ vt embrouiller. ◆ vi **1.** [person] s'embrouiller **2.** [egg] pourrir.

addled ['ædld] adj **1.** [person] aux idées confuses, brouillon ; [brain] fumeux, brouillon ; [ideas] confus **2.** [egg] pourri.

add-on n COMPUT accessoire *m*.

address [ə'dres] ◆ vt **1.** [envelope, letter, package] adresser, mettre l'adresse sur / *the letter is addressed to you* cette lettre vous est adressée **2.** [direct] adresser / *address all complaints to the manager* adressez vos doléances au directeur / *his remarks were addressed to you* ses remarques vous étaient adressées **3.** [speak to] s'adresser à ; [write to] écrire à / *she stood up and addressed the audience* elle s'est levée et a pris la parole devant l'assistance / *a judge should be addressed as "your honour"* on devrait s'adresser à un juge en disant « votre honneur » / *to address the chair* s'adresser au président **4.** [deal with - subject, theme] traiter, examiner ; [- issue, problem] aborder / *to address o.s. to a problem* aborder un problème / *to address o.s. to a task* s'attaquer or se mettre à une tâche **5.** [take position facing] faire face à. ◆ n **1.** [of building, person] adresse *f* / *we've changed our address* nous avons changé d'adresse / *have you notified him of any change of address?* lui avez-vous fait part d'éventuels changements d'adresse ? / *they left no (forwarding) address* ils n'ont pas laissé d'adresse **2.** [speech] discours *m*, allocution *f* **3.** COMPUT adresse *f* **4.** UK POL [message to sovereign] adresse *f* **5.** *arch* [way of speaking] conversation *f* ; [way of behaving] abord *m* **6.** *(usu pl) arch* [expression of affection] ▸ **addresses** galanteries *fpl* ▸ **to pay one's addresses to sb** faire la cour à qqn.

> ⚠ When an address is a speech, it is not translated by **une adresse** but by **un discours** or **une allocution**. When you are talking about addressing a problem, an issue, etc., use **aborder**, not **adresser**.

address book n carnet *m* d'adresses.

addressee [,ædre'si:] n destinataire *mf*.

adduce [ə'dju:s] vt [explanation, proof, reason] fournir, apporter ; [expert] invoquer, citer.

adductor [ə'dʌktəʳ] n ANAT adducteur *m*.

Adelaide ['ædəleɪd] pr n Adélaïde.

Adélie Land ['ædeɪlɪ-] pr n terre Adélie *f* / *in Adélie Land* en terre Adélie.

Aden ['eɪdn] pr n Aden.

adenine ['ædənɪn] n adénine *f*.

adenoidal [,ædɪ'nɔɪdl] adj adénoïde.

adenoids ['ædɪnɔɪdz] pl n végétations *fpl* (adénoïdes).

adenoma [,ædə'nəʊmə] n adénome *m*.

adenopathy [,ædə'nɒpəθɪ] n adénopathie *f*.

adept ◆ adj [ə'dept] habile, adroit ▸ **to be adept at doing sthg** être adroit à faire qqch / *she's adept in mathematics* elle est douée en mathématiques. ◆ n ['ædept] expert *m*.

adequacy ['ædɪkwəsɪ] n **1.** [of amount, payment, sum] fait *m* d'être suffisant **2.** [of person] compétence *f*, compétences *fpl*, capacité *f*, capacités *fpl* ; [of description, expression] justesse *f*.

adequate ['ædɪkwət] adj **1.** [in amount, quantity] suffisant, adéquat ▸ **adequate supplies** des réserves suffisantes **2.** [appropriate] qui convient, adapté / *he proved adequate to the task* il s'est révélé être à la hauteur de la tâche / *this flat is hardly adequate for a family of six* cet appartement ne convient guère à une famille de six personnes / *this one is quite adequate* celui-ci fera très bien l'affaire **3.** [just satisfactory] acceptable, satisfaisant.

adequately ['ædɪkwətlɪ] adv **1.** [sufficiently] suffisamment **2.** [satisfactorily] convenablement.

adhere [əd'hɪəʳ] vi **1.** [stick] coller, adhérer ▸ **to adhere to sthg** coller à qqch **2.** [join] adhérer, s'inscrire / *to adhere to a political party* s'inscrire à un parti politique **3.** [remain loyal] ▸ **to adhere to a)** [party] adhérer à **b)** [rule] obéir à **c)** [plan] se conformer à **d)** [belief, idea] adhérer à, souscrire à / *they undertook to adhere to the agreement* ils décidèrent de se conformer or d'agir conformément à l'accord.

adherence [əd'hɪərəns] n adhésion *f* ▸ **adherence to sthg** adhésion à qqch / *adherence to a treaty / to a political party* adhésion à un traité / un parti politique.

adherent [əd'hɪərənt] ◆ adj adhérent. ◆ n [to party] adhérent *m*, -e *f*, partisan *m*, -e *f* ; [to agreement] adhérent *m*, -e *f* ; [to belief, religion] adepte *mf*.

adhesion [əd'hi:ʒn] n [attachment] adhérence *f* ; PHYS adhésion *f* ; MED adhérence *f*.

adhesive [əd'hi:sɪv] ◆ adj adhésif, collant ▸ **adhesive tape a)** [gen] ruban *m* adhésif, Scotch® *m* **b)** MED sparadrap *m*. ◆ n adhésif *m*.

ad hoc [,æd'hɒk] ◆ adj [committee] ad hoc *(inv)* ; [decision, solution] adapté aux circonstances, ponctuel / *the board meets on an ad hoc basis* le conseil se réunit si nécessaire. ◆ adv à l'improviste.

adhocracy [æd'hɒkrəsɪ] n adhocratie *f*.

adieu [ə'dju:] (*pl* **adieus** *or* **adieux** [ə'dju:z]) n adieu *m* / *I bid you adieu arch* je vous fais mes adieux.

ad infinitum [,ædɪnfɪ'naɪtəm] adv à l'infini.

ad interim [,æd'ɪntərɪm] ◆ adv par intérim. ◆ adj [measures] provisoire.

adipocyte ['ædɪpəʊ,saɪt] n adipocyte *m*.

adipose ['ædɪpəʊs] adj adipeux ▸ **adipose tissue** tissu *m* adipeux.

Adirondacks [,ædɪ'rɒndæks] pl pr n *région montagneuse dans le nord-est de l'État de New York.*

Adj. written abbr of Adjutant.

adjacent [ə'dʒeɪsənt] adj **1.** [sharing common boundary - house, room] contigu, voisin ; [- building] qui jouxte, mitoyen ; [- country, territory] limitrophe / *their house is adjacent to the police station* leur maison jouxte le commissariat de police **2.** [nearby - street] adjacent ; [- town] proche, avoisinant **3.** MATH adjacent.

adjectival [,ædʒek'taɪvl] adj adjectif, adjectival.

adjective ['ædʒɪktɪv] n adjectif *m*.

See box on next page.

adjoin [ə'dʒɔɪn] ◆ vt [house, land, room] : *they had rooms adjoining mine* leurs chambres étaient contiguës à la mienne. ◆ vi être contigu / *the two buildings adjoin* les deux bâtiments sont contigus.

adjoining [ə'dʒɔɪnɪŋ] adj contigu, attenant / *adjoining rooms* des pièces contiguës / *at the adjoining table* à la table voisine.

adjourn [ə'dʒɜ:n] ◆ vi **1.** [committee, court - break off] suspendre la séance ; [- end] lever la séance **2.** [move elsewhere] se retirer, passer / *shall we adjourn to the living room for coffee?* passerons-nous au salon pour prendre le café ? ◆ vt **1.** [break off] suspendre **2.** [defer] ajourner, remettre, reporter / *let's adjourn this discussion until tomorrow* reportons cette discussion à demain / *the president adjourned the meeting* le président a levé la séance.

adjournment [ə'dʒɜ:nmənt] n [of discussion, meeting] suspension *f*, ajournement *m* ; LAW [of trial] remise *f*, renvoi *m* ▸ **adjournment debate** *débat de clôture à la Chambre des communes* ▸ **to call for an adjournment** demander un renvoi ▸ **to move the adjournment** demander la clôture.

adjt. (written abbr of adjutant) adjt.

L'ORDRE DES ADJECTIFS

En anglais, les ***adjectifs épithètes*** se placent avant le nom alors qu'en français on les place, selon les cas, avant ou après le nom. Les adjectifs anglais ne s'accordent ni en genre ni en nombre avec le nom qu'ils qualifient.

a little red car une petite voiture rouge
A A N A N A

Remarque : dans l'énoncé qui suit, les adjectifs **beautiful** et « belles » sont des ***adjectifs attributs*** (en anglais, predicative adjectives). Avec ces adjectifs, l'énonciateur attribue une propriété (« belles ») au sujet de la phrase (les fleurs) par l'intermédiaire du verbe « être » / **be**.

These pink flowers are absolutely **beautiful**.
A N

Ces fleurs roses sont vraiment très ***belles***.
N A

Un même groupe nominal peut comprendre plusieurs adjectifs épithètes. Comment les ordonner ?

L'énonciateur peut choisir un ou plusieurs adjectifs parmi toutes les caractéristiques qu'un nom peut posséder (âge, forme, trait de caractère, couleur, nationalité, ou matériau) :

traditional Irish music de la musique irlandaise traditionnelle
a clear blue sky un ciel bleu dégagé

Dans la position la plus éloignée du nom, on trouve les adjectifs les plus subjectifs, qui permettent à l'énonciateur d'émettre ***un jugement*** (y compris sur la taille d'un objet) :

a **simple** semi-detached two-storey property une maison simple, mitoyenne et à deux étages

Dans cet exemple, l'adjectif le plus à gauche (**simple**) correspond à l'appréciation subjective de l'énonciateur ; en revanche, les deux autres adjectifs (**semi-detached** et **two-storey**) correspondent à une description objective de la maison.

a **neat little** English pub un petit pub anglais propret

Dans l'exemple ci-dessus, l'énonciateur fournit une description subjective du pub à l'aide des deux adjectifs **neat** et **little**.

a very modern-looking high-rise steel and glass office building un immeuble de bureaux de grande hauteur en acier et verre de style très contemporain

Pour résumer, plus les adjectifs renvoient à la vision subjective de l'énonciateur, plus ils sont éloignés (à gauche) du nom. Au plus près du nom, on place les adjectifs qui renvoient à ses caractéristiques « stables » (matériau, couleur, forme, nationalité...).

a beautiful large old black Japanese kimono un merveilleux vieux et grand kimono noir japonais en soie

a large black London taxi un grand taxi noir londonien

a small metal toy un petit jouet en métal

article	a
❶ jugement personnel	**beautiful**
❷ charactéristiques physiques	**large**
❸ âge	**old**
❹ couleur	**black**
❺ origine	**Japanese**
❻ matière	**silk**
nom	**kimono**

adjudge [ə'dʒʌdʒ] vt *fml* **1.** [pronounce] déclarer **2.** LAW [judge] prononcer, déclarer ; [award] adjuger, accorder / *he was adjudged guilty of the murder* il a été déclaré coupable du meurtre / *the court adjudged damages in favour of the defendant* le tribunal a accordé des dommages et intérêts au défendeur.

adjudicate [ə'dʒu:dɪkeɪt] ◆ vi **1.** [give a decision] se prononcer **2.** [serve as judge] arbitrer. ◆ vt [claim] décider ; [competition] juger.

adjudication [ə,dʒu:dɪ'keɪʃn] n **1.** [process] jugement *m*, arbitrage *f* / *the matter is up for adjudication* l'affaire est en jugement **2.** [decision] jugement *m*, décision *f* ; LAW arrêt *m* ▸ **adjudication of bankruptcy** LAW déclaration *f* de faillite.

adjudicator [ə'dʒu:dɪkeɪtər] n [of competition] juge *m*, arbitre *m* ; [of dispute] arbitre *m*.

adjunct ['ædʒʌŋkt] n **1.** [addition] accessoire *m* **2.** [subordinate person] adjoint *m*, -e *f*, auxiliaire *mf* **3.** GRAM complément *m* adverbial.

adjure [ə'dʒʊər] vt *fml* [appeal to] supplier ▸ **to adjure sb to do sthg** supplier qqn de faire qqch.

adjust [ə'dʒʌst] ◆ vt **1.** [regulate -heat, height, speed] ajuster, régler ; [-knob, loudness] ajuster ; [-brakes, machine, television] régler, mettre au point ; [-clock] régler **2.** [alter -plan, programme] ajuster, mettre au point ; [-length, size] ajuster ; [-salary, wage] rajuster / *the government has adjusted prices downwards / upwards* le gouvernement a relevé / baissé les prix **3.** [correct] rectifier / *figures adjusted for inflation* chiffres en monnaie constante **4.** [position of clothing, hat] rajuster **5.** [adapt] ajuster, adapter **6.** [insurance] ▸ **to adjust a claim** ajuster une demande d'indemnité. ◆ vi **1.** [adapt] s'adapter ▸ **to adjust to sthg** s'adapter à qqch **2.** [chair, machine] se régler, s'ajuster / *the cover adjusts to fit all sizes* le couvercle se règle pour s'adapter à toutes les tailles.

adjustable [ə'dʒʌstəbl] adj [chair, height, speed] ajustable, réglable ; [shape, size] ajustable, adaptable ; [hours, rate] flexible ▸ **adjustable spanner** UK or **wrench** US clé *f* à molette or anglaise ▸ **adjustable-rate mortgage** crédit *m* immobilier à taux variable.

adjusted [ə'dʒʌstɪd] adj ▸ **well adjusted** [device] bien réglé ▸ **badly adjusted** [device] mal réglé / *well / poorly adjusted children* des enfants bien / mal équilibrés.

adjustment [ə'dʒʌstmənt] n **1.** [to heat, height, speed] ajustement *m*, réglage *m* ; [to knob, loudness] ajustement *m* ; [to brakes, machine, television] réglage *m*, mise *f* au point ; [to clock] réglage *m* **2.** [to plan, programme] ajustement *m*, mise *f* au point ; [to length, size] ajustement *m* ; [to salary, wage] rajustement *m* **3.** [correction] rectification *f* **4.** [adaptation - of person] adaptation *f* / *a period of adjustment* une période or un temps d'adaptation.

adjutant ['ædʒʊtənt] n [assistant] assistant *m*, -e *f*, auxiliaire *mf* ; MIL adjudant-major *m*.

adjutant bird n marabout *m*.

adjuvant ['ædʒəvənt] n adjuvant *m*.

ad-lib [,æd'lɪb] (*pt & pp* **ad-libbed**, *cont* **ad-libbing**) ◆ vi & vt improviser. ◆ adj improvisé, impromptu.
❖ **ad lib** ◆ n [improvised performance] improvisation *f*, improvisations *fpl* ; [witticism] mot *m* d'esprit. ◆ adv **1.** [without preparation] à l'improviste **2.** [without limit] à volonté **3.** MUS ad libitum.

adman ['ædmæn] (*pl* **admen** [-men]) n *inf* publicitaire *m*.

admass ['ædmæs] ◆ n UK grand public *m*. ◆ comp UK [culture, society] de grande consommation.

admin ['ædmɪn] (abbr of **administration**) n *inf* travail *m* administratif.

administer [əd'mɪnɪstər] ◆ vt **1.** [manage - business, institution] diriger, administrer, gérer ; [-finances, fund] gérer ; [-country, public institution] administrer ; [-estate] régir **2.** *fml* [dispense -blow, medicine, punishment, test, last rites] administrer ; [-law] appliquer ; [-justice] rendre, dispenser ▸ **to administer an oath (to sb)** faire prêter serment (à qqn). ◆ vi *fml* ▸ **to administer to sb** subvenir aux besoins de qqn.

administrate [əd'mɪnɪstreɪt] vt = **administer** *(vt)*.

administration [əd,mɪnɪ'streɪʃn] n **1.** [process -of business, institution] direction *f*, administration *f*, gestion *f* ; [-of finances, fund] gestion *f* ; [-of country, public institution] administration *f* ; [-of estate] curatelle *f* / *you will need some experience of administration* vous devrez avoir une certaine expérience de l'administration **2.** [people -of business, institution] direction *f*, administration *f* ; [-of country, public institution] administration *f* **3.** POL gouvernement *m* / *under the last administration* sous le dernier gouvernement **4.** [of help, justice, medicine, punishment] administration *f* **5.** [of oath] prestation *f* **6.** [receivership] ▸ **to go into administration** être placé sous administration judiciaire.

administrative [əd'mɪnɪstrətɪv] adj administratif ▸ **administrative blunder** or **error** erreur *f* administrative ▸ **the administrative body** le corps administratif ▸ **administrative law** loi *f* administrative.

administrative costs pl n frais *mpl* d'administration or de gestion.

administrator [əd'mɪnɪstreɪtər] n **1.** [of business, institution] directeur *m*, -trice *f*, administrateur *m*, -trice *f* ; [of area, public institution] administrateur *m*, -trice *f* ; [of estate] curateur *m*, -trice *f* **2.** COMPUT administrateur *m*, -trice *f*.

admirable ['ædmərəbl] adj admirable, excellent.

admirably ['ædmərəblɪ] adv admirablement / *she coped admirably* elle s'en est très bien tirée.

admiral ['ædmərəl] n **1.** NAUT amiral *m* ▸ **admiral of the fleet, fleet admiral** ≃ amiral de France ▸ **the Admiral's Cup** l'Admiral's Cup *f* (*course de voiliers en Angleterre*) **2.** [butterfly] vanesse *f*.

admiralty ['ædmərəltɪ] (*pl* **admiralties**) n amirauté *f* ▸ **the Admiralty (Board)** UK ≃ le ministère de la Marine ▸ **admiralty court** / **law** tribunal *m* / droit *m* maritime.

admiration [,ædmə'reɪʃn] n **1.** [feeling] admiration *f* ▸ **to be full of admiration for sb / sthg** être plein d'admiration pour qqn / qqch, avoir une grande admiration pour qqn / qqch **2.** [person, thing] : *she was the admiration of the entire class* elle faisait l'admiration de la classe entière.

admire [əd'maɪər] vt admirer / *he admired (her for) the way she dealt with the press* il admirait la façon dont elle savait s'y prendre avec la presse / *to admire o.s. in the mirror* s'admirer dans le miroir / *you have to admire his persistence!* on ne peut qu'admirer sa persévérance !

admirer [əd'maɪərəʳ] n admirateur *m*, -trice *f* / *he's one of her many admirers* il est un de ses nombreux admirateurs.

admiring [əd'maɪərɪŋ] adj admiratif.

admiringly [əd'maɪərɪŋlɪ] adv avec admiration.

admissibility [əd,mɪsə'bɪlətɪ] n [of behaviour, plan] admissibilité *f* ; LAW recevabilité *f*.

admissible [əd'mɪsəbl] adj [behaviour, plan] admissible ; [document] valable ; LAW [claim, evidence] recevable.

admission [əd'mɪʃn] n **1.** [entry] admission *f*, entrée *f* / *the admission of Portugal to the EEC* l'entrée du Portugal dans la CEE / *admission is free* l'entrée est gratuite / **'admission £1.50'** 'entrée £1.50' / **'no admission to minors'** 'entrée interdite aux mineurs' / *to gain admission to a club* être admis dans un club / *he gained admission to the minister's office* il a été admis dans le bureau du ministre / *they granted women admission to the club* ils ont admis les femmes dans le club ; SCH & UNIV ▸ **admissions office** service *m* des inscriptions ▸ **admissions form** dossier *m* d'inscription ▸ **admissions procedure** procédure *f* d'inscription ▸ **admissions officer** or **tutor** responsable *mf* des inscriptions **2.** [fee] droit *m* d'entrée **3.** [person admitted -to theatre] entrée *f* ; [-to school] candidat *m* accepté ; [-to club] membre *m* accepté **4.** [statement] déclaration *f* ; [confession] aveu *m* / *an admission of guilt* un aveu ▸ **by** or **on one's own admission** de son propre aveu **5.** LAW [of evidence] acceptation *f*, admission *f*.

⚠ The French word **admission** is not always the correct translation of the English word admission. See the entry for details.

admit [əd'mɪt] (*pt & pp* **admitted**, *cont* **admitting**) vt **1.** [concede] admettre, reconnaître, avouer / *I admit I was wrong* je reconnais que j'ai eu tort / *I must admit it's more difficult than I thought* je dois admettre que c'est plus difficile que je ne pensais / *he admitted (that) he had failed* il a reconnu qu'il avait échoué / *she refused to admit defeat* elle a refusé de reconnaître sa défaite / *no one would admit doing it* personne ne voulait admettre l'avoir fait / *we had to admit the validity of his reasoning* nous avons dû admettre la validité de son raisonnement / *it is generally admitted that women live longer than men* il est généralement admis que les femmes vivent plus longtemps que les hommes **2.** [confess] avouer / *he admitted taking bribes* il a reconnu avoir accepté des pots-de-vin **3.** [allow to enter -person] laisser entrer, faire entrer ; [-air, light] laisser passer, laisser entrer / **'admit two'** [on ticket] 'valable pour deux personnes' / *he was admitted to hospital* UK or *to the hospital* il a été hospitalisé / *to be admitted to a university* être admis à l'université ▸ **admitting office** US [in hospital] service *m* des admissions **4.** [accommodate] (pouvoir) contenir or recevoir **5.** *fml* [allow] admettre, permettre / *the facts admit no other explanation* d'après les faits, il n'y a pas d'autre explication possible **6.** LAW [claim] faire droit à ; [evidence] admettre comme valable.

❖ **admit of** vt insep UK *fml* admettre, permettre / *her behaviour admits of no excuse* son attitude est inexcusable / *the text admits of only one interpretation* le texte ne permet qu'une seule interprétation.

❖ **admit to** vt insep [acknowledge] admettre, reconnaître ; [confess] avouer / *he admits to having opened the letter* il a avoué avoir ouvert la lettre / *she did admit to a feeling of loss* elle a effectivement avoué ressentir un sentiment de perte.

admittance [əd'mɪtəns] n admission *f*, entrée *f* / **'no admittance'** 'accès interdit au public' / *his supporters gained admittance to the courtroom* | *to the president* ses supporters ont réussi à entrer dans le tribunal / à s'approcher du président / *she was denied admittance to the club* on lui a refusé l'entrée au club.

admittedly [əd'mɪtɪdlɪ] adv : *admittedly, he's weak on economics, but he's an excellent manager* d'accord, l'économie n'est pas son point fort, mais il fait un excellent gestionnaire / *our members, although admittedly few in number, are very keen* nos membres, peu nombreux il faut le reconnaître, sont très enthousiastes.

admixture [æd'mɪkstʃəʳ] n *fml* **1.** [mixture] mélange *m* **2.** [ingredient] ingrédient *m* / *it's mainly comedy with an admixture of satire* c'est principalement de la comédie avec un élément de satire.

admonish [əd'mɒnɪʃ] vt **1.** *fml* [rebuke] réprimander, admonester / *he was admonished for not having acted more promptly* il a été réprimandé pour ne pas avoir agi plus rapidement **2.** [warn] avertir, prévenir ; LAW admonester.

admonition [,ædmə'nɪʃn] n **1.** [rebuke] réprimande *f*, remontrance *f*, admonestation *f* **2.** [warning] avertissement *m* ; LAW admonition *f*.

ad nauseam [,æd'nɔ:zɪæm] adv *lit* jusqu'à la nausée ; *fig* à satiété / *she went on about her holiday ad nauseam* elle nous a raconté ses vacances à n'en plus finir.

adnominal [əd'nɒmɪnəl] ◆ adj adnominal. ◆ n adnominal *m*.

ado [ə'du:] n ▸ **without more** or **further ado** sans plus de cérémonie or de manières / **'Much Ado About Nothing'** *Shakespeare* 'Beaucoup de bruit pour rien'.

adobe [ə'dəʊbɪ] ◆ n adobe *m*. ◆ comp [house, wall] d'adobe.

adolescence [,ædə'lesns] n adolescence *f*.

adolescent [,ædə'lesnt] ◆ n adolescent *m*, -e *f*. ◆ adj [boy, girl] adolescent ; *pej* [childish] enfantin, puéril *pej*.

Adonis [ə'dəʊnɪs] pr n MYTH Adonis ▸ **a young Adonis** *fig* un jeune Apollon.

adopt [ə'dɒpt] vt **1.** [child] adopter **2.** [choose -plan, technique] adopter, suivre, choisir ; [-country, name] adopter, choisir ; [-career] choisir, embrasser ; POL [candidate] choisir / *he adopted the suggestion as his own* il a repris la proposition à son compte **3.** [assume -position] prendre ; [-accent, tone] adopter, prendre **4.** *fml* [approve -minutes, report] approuver ; [-motion] adopter.

adopted [ə'dɒptɪd] adj [child] adoptif ; [country] d'adoption, adoptif.

adoption [ə'dɒpʃn] n **1.** [of child, country, custom] adoption *f* / *she's an American by adoption* elle est américaine d'adoption ▸ **adoption laws** lois *fpl* sur l'adoption ▸ **adoption procedure** procédure *f* d'adoption **2.** [of candidate, career, plan] choix *m* **3.** *fml* [of bill, motion] adoption *f*.

adoptive [ə'dɒptɪv] adj [child] adoptif ; [country] d'adoption, adoptif.

adorable [ə'dɔ:rəbl] adj adorable.

adoration [,ædə'reɪʃn] n adoration *f* ▸ **in adoration** en adoration / **'The Adoration of the Magi'** 'l'Adoration des Mages'.

adore [ə'dɔ:ʳ] vt **1.** RELIG adorer **2.** *inf* [like] adorer / *I adore walking in the rain* j'adore marcher sous la pluie.

adoring [ə'dɔ:rɪŋ] adj [look] d'adoration ; [smile] rempli d'adoration ; [mother] dévoué ; [fans] fervent / *a letter signed "your adoring daughter"* une lettre signée « ta fille qui t'adore ».

adoringly [ə'dɔ:rɪŋlɪ] adv avec adoration.

adorn [ə'dɔ:n] vt *fml & liter* **1.** [decorate -dress, hair] orner, parer ; [-room, table] orner / *adorned with flowers* orné de fleurs / *she adorned herself with jewels* elle s'est parée de bijoux **2.** [story] embellir.

adornment [ə'dɔ:nmənt] n **1.** [act, art] décoration *f* **2.** [of dress, hair] parure *f* ; [of room, table] ornement *m*.

ADP n (**abbr of automatic data processing**) TAI *m*.

adrenal [ə'dri:nl] ◆ n surrénale *f*. ◆ adj surrénal.

adrenal cortex n corticosurrénale *f*.

adrenal gland n surrénale *f*.

adrenalin(e) [ə'drenəlɪn] n adrénaline *f* / *it really gets the adrenaline flowing* ça donne un bon coup d'adrénaline.

Adriatic [,eɪdrɪ'ætɪk] pr n ▸ **the Adriatic (Sea)** l'Adriatique *f*, la mer Adriatique.

adrift [ə'drɪft] ◆ adv **1.** [boat] à la dérive / *their boat had been cut adrift* leur bateau avait été détaché **2.** *fig* : *his parents turned him adrift* ses parents l'ont laissé se débrouiller tout seul / *the bank has announced it is cutting its property investments adrift* la banque a annoncé qu'elle va céder son portefeuille immobilier / *the dissentors have been cut adrift* les liens avec les dissidents ont été coupés **3.** UK [undone] ▸ **to come** or **to go adrift** se détacher, se défaire / *the hem on my skirt has come adrift* l'ourlet de ma jupe s'est défait / *our holiday plans seem to have gone adrift* il semble que nos projets de vacances soient tombés à l'eau. ◆ adj [boat] à la dérive ; *fig* abandonné / *she was (all) adrift* elle divaguait complètement ▸ **to feel adrift** se sentir perdu / *adrift in a sea of uncertainty* perdu dans un océan d'incertitudes.

adroit [ə'drɔɪt] adj adroit, habile.

adroitly [ə'drɔɪtlɪ] adv adroitement, habilement.

adroitness [ə'drɒɪtnɪs] n adresse *f*.

ADSL [,eɪdi:es'el] (**abbr of Asymmetric Digital Subscriber Line**) n ADSL *m*.

ADT (**abbr of Atlantic Daylight Time**) n *heure d'été des Provinces maritimes du Canada et d'une partie des Caraïbes.*

aduki bean [ə'du:kɪ-] n haricot *m* adzuki.

adulation [,ædjʊ'leɪʃn] n flagornerie *f*.

adulatory ['ædjʊleɪtərɪ] adj adulateur.

adult ['ædʌlt] ◆ n adulte *mf* / **'for adults only'** 'interdit aux moins de 18 ans'. ◆ adj **1.** [fully grown] adulte **2.** [mature] adulte / *she's very adult for her age* elle est très sérieuse or elle a beaucoup de maturité pour son âge / *try and be a little more adult about this* essaie de faire preuve d'un peu plus de maturité **3.** [book, film, subject] pour adultes.

adult book store n US *euph* sex-shop *m*.

adult education n enseignement *m* pour adultes.

adulterate [ə'dʌltəreɪt] ◆ vt frelater / *they adulterated the wine with water* ils ont coupé le vin (avec de l'eau). ◆ adj *fml* frelaté.

adulteration [ə,dʌltə'reɪʃn] n frelatage *m*.

adulterer [ə'dʌltərəʳ] n adultère *m* *(personne)*.

adulteress [ə'dʌltərɪs] n adultère *f*.

adulterine [ə'dʌltərɪn] adj [child] adultérin.

adulterous [ə'dʌltərəs] adj adultère.

adultery [ə'dʌltərɪ] n adultère *m* *(acte)* ▸ **adultery laws** lois *fpl* sur l'adultère.

adulthood ['ædʌlthʊd] n âge *m* adulte ▸ **in adulthood** à l'âge adulte / *asthma in early adulthood* l'asthme chez les jeunes adultes.

adumbrate ['ædʌmbreɪt] vt *fml* **1.** [outline] ébaucher, esquisser **2.** [foreshadow] faire pressentir **3.** [obscure] obscurcir, voiler.

ad valorem [ædvə'lɔ:rəm] adj [tax] proportionnel.

advance [əd'vɑ:ns] ◆ vt **1.** [clock, tape, film] faire avancer ; [time, event] avancer / *the date of the meeting was advanced by one week* la réunion a été avancée d'une semaine **2.** [further -project, work] avancer ; [-interest, cause] promouvoir **3.** [suggest -idea, proposition] avancer, mettre en avant ; [-opinion] avancer, émettre ; [-explanation] avancer **4.** [money] avancer, faire une avance de / *we advanced her £100 on her salary* nous lui avons avancé 100 livres sur son salaire **5.** *fml* [increase] augmenter, hausser. ◆ vi **1.** [go forward] avancer, s'avancer ▸ **to advance on** or **towards sthg** avancer or s'avancer vers qqch / *the army advanced on Paris* l'armée avançait or marchait sur Paris **2.** [make progress] avancer, progresser, faire des progrès **3.** [time] avancer, s'écouler ; [evening, winter] avancer **4.** *fml* [price, rent] monter, augmenter **5.** [be promoted] avancer, obtenir de l'avancement ; MIL monter en grade. ◆ n **1.** [forward movement] avance *f*, marche *f* en avant ; MIL avance *f*, progression *f* / *the enemy planned their advance on the city* l'ennemi a organisé son avance or sa marche sur la ville / *the advance of old age* le vieillissement **2.** [progress] progrès *m* / *the great advance in medicine* le progrès or les progrès en médecine **3.** [money] avance *f* / *an advance on his salary* une avance sur son salaire / *an advance on royalties* une avance sur droits d'auteur **4.** *fml* [in price, rent] hausse *f*, augmentation *f*. ◆ comp **1.** [prior] préalable / *advance booking is advisable* il est recommandé de réserver à l'avance ▸ **advance booking office** guichet *m* de location ▸ **advance notice** préavis *m*, avertissement *m* ▸ **advance payment** paiement *m* anticipé ▸ **advance warning** avertissement *m* **2.** [preceding] ▸ **advance copy a)** [of book, magazine] exemplaire *m* de lancement **b)** [of speech] texte *m* distribué à l'avance ▸ **advance guard** avant-garde *f* ▸ **advance group** or **party a)** [gen] groupe *m* de reconnaissance **b)** MIL pointe *f* d'avant-garde ▸ **advance man** US POL organisateur *m* de la publicité *(pour une campagne politique)* ▸ **advance post** MIL poste avancé ▸ **advance publicity** publicité *f* d'amorçage.

❖ **advances** pl n avances *fpl* ▸ **to make advances to sb** faire des avances à qqn.

❖ **in advance** adv phr [beforehand -pay, thank] à l'avance, d'avance ; [-prepare, reserve, write] à l'avance / *we had to pay two weeks in advance* il a fallu qu'on paie deux semaines d'avance / *the agency asked for £50 in advance* l'agence a demandé 50 livres d'avance / *he sent the messenger on in advance* [ahead] il a envoyé le messager devant.

❖ **in advance of** prep phr avant / *they arrived in advance of their guests* ils sont arrivés en avance sur or avant leurs invités / *their computer technology is far in advance of anything we have* ils sont très en avance sur nous en matière d'informatique.

advanced [əd'vɑːnst] adj **1.** [course, education] supérieur ; [child, country, pupil] avancé ; [research, work] poussé ; [equipment, technology] avancé, de pointe / *the system is very advanced technologically* le système est très en avance au niveau technologique / *he's advanced for his age* il est avancé or très en avance pour son âge ▸ **advanced mathematics** mathématiques *fpl* supérieures **2.** [afternoon, season] avancé / *a woman of advanced years* or *a woman advanced in years* une femme d'un âge avancé / *the evening was already far advanced* il était déjà tard dans la soirée.

Advanced level n UK = **A-level.**

advancement [əd'vɑːnsmənt] n **1.** [promotion] avancement *m*, promotion *f* **2.** [improvement] progrès *m*, avancement *m*.

advancing [əd'vɑːnsɪŋ] adj qui approche, qui avance / *the advancing army* l'armée en marche or qui avance / *the advancing tide* la marée qui monte / *despite his advancing years* malgré son âge avancé.

advantage [əd'vɑːntɪdʒ] ◆ n **1.** [benefit] avantage *m* / *her experience gives her an advantage over the other candidates* son expérience lui donne un avantage sur les autres candidats / *they have an advantage over us* or *the advantage of us* ils ont un avantage sur nous / *the plan has the advantage of being extremely cheap* le plan présente l'avantage d'être extrêmement bon marché / *it's to your advantage to learn another language* c'est (dans) ton intérêt d'apprendre une autre langue / *that would be to their advantage* cela leur serait avantageux, ils y auraient intérêt / *she turned the situation to her advantage* elle a tiré parti de la situation, elle a tourné la situation à son avantage ▸ **to take advantage of sthg (to do sthg)** profiter de qqch (pour faire qqch) / *we took advantage of the holiday weekend to do some gardening* nous avons profité du long week-end pour faire du jardinage ▸ **to take advantage of sb a)** [make use of] profiter de qqn **b)** [exploit] exploiter qqn **c)** [abuse sexually] abuser de qqn / *she uses her charm to great advantage* elle sait user de son charme / *that colour shows her eyes off to great advantage* cette couleur met ses yeux en valeur / *this lighting shows the pictures to their best advantage* cet éclairage met les tableaux en valeur ▸ **you have the advantage of** or **over me** UK *fml* à qui ai-je l'honneur ? **2.** TENNIS avantage *m* **3.** [in team sports] ▸ **to play the advantage rule** laisser jouer la règle de l'avantage. ◆ vt avantager.

advantaged [əd'vɑːntɪdʒd] adj favorisé, aisé.

advantageous [ˌædvən'teɪdʒəs] adj avantageux ▸ **to be advantageous to sb** être avantageux pour qqn, avantager qqn.

advantageously [ˌædvən'teɪdʒəslɪ] adv de façon avantageuse.

advent ['ædvənt] n avènement *m*.

❖ **Advent** n RELIG l'Avent *m* ▸ **Advent Sunday** le premier dimanche de l'Avent.

Advent calendar n calendrier *m* de l'Avent.

adventitious [ˌædven'tɪʃəs] adj **1.** *fml* [chance] fortuit **2.** BOT adventice.

adventure [əd'ventʃər] ◆ n **1.** [experience] aventure *f* / *to have an adventure* avoir une aventure / *after many adventures* après bien des péripéties **2.** [excitement] aventure *f* / *he has no spirit of adventure* il n'a pas le goût du risque / *to look for adventure* chercher l'aventure **3.** [financial operation] spéculation *f* hasardeuse. ◆ comp [film, novel] d'aventures. ◆ vt & vi *fml* = **venture.**

adventure game n COMPUT jeu *m* d'aventures.

adventure holiday n *voyages organisés avec des activités sportives et de découverte.*

adventure playground n UK aire *f* de jeux.

adventurer [əd'ventʃərər] n aventurier *m* ; *pej* aventurier *m*, intrigant *m*.

adventuresome [əd'ventʃəsəm] adj US aventureux, téméraire.

adventuress [əd'ventʃərɪs] n aventurière *f* ; *pej* aventurière *f*, intrigante *f*.

adventurism [əd'ventʃərɪzm] n aventurisme *m*.

adventurous [əd'ventʃərəs] adj [person, spirit] aventureux, audacieux ; [life, project] aventureux, hasardeux.

adventurously [əd'ventʃərəslɪ] adv aventureusement, audacieusement.

adverb ['ædvɜːb] n adverbe *m*.

adverbial [əd'vɜːbɪəl] adj adverbial.

adversarial [ˌædvə'seərɪəl] adj antagoniste, hostile.

adversary ['ædvəsərɪ] (*pl* **adversaries**) n adversaire *mf*.

adverse ['ædvɜːs] adj [comment, criticism, opinion] défavorable, hostile ; [circumstances, report] défavorable ; [effect] opposé, contraire ; [wind] contraire, debout / *the match was cancelled due to adverse weather conditions* le match a été annulé à cause du mauvais temps.

adversely ['ædvɜːslɪ] adv [affect] : *the harvest was adversely affected by frost* la récolte a été très touchée par les gelées.

adversity [əd'vɜːsətɪ] (*pl* **adversities**) n **1.** [distress] adversité *f* ▸ **in the face of adversity** dans l'adversité **2.** [incident] malheur *m* / *they met with many adversities* ils ont eu bien des malheurs.

advert[1] ['ædvɜːt] n UK *inf* [advertisement] (petite) annonce *f* ; COMM annonce *f* publicitaire, pub *f* ▸ **the adverts** TV la pub.

advert[2] [əd'vɜːt] vi *fml* [refer] se rapporter, se référer / *he adverted to the incident in his report* il a fait allusion à l'incident dans son rapport.

advertise ['ædvətaɪz] ◆ vt **1.** COMM faire de la publicité pour / *I heard his new album advertised on the radio* j'ai entendu la publicité pour son nouvel album à la radio / *I saw it advertised in a magazine* j'ai vu une annonce là-dessus or pour ça dans une revue **2.** [subj: individual, group] mettre une (petite) annonce pour / *they advertised the job in all the nationals* ils ont mis or inséré une annonce pour le poste dans toute la presse / *we advertised our house in the local paper* nous avons mis or passé une annonce pour vendre notre maison dans le journal local **3.** [make known] afficher / *don't go advertising the fact that we're thinking of leaving* ne va pas crier sur les toits que nous pensons partir. ◆ vi **1.** COMM faire de la publicité ▸ **to advertise in the press / on radio / on TV** faire de la publicité dans la presse / à la radio / à la télévision / *it pays to advertise* la publicité paie **2.** [make an announcement] mettre une (petite) annonce or des annonces **3.** [make a request] chercher par voie d'annonce / *we advertised for a cook* nous avons mis or fait paraître une annonce pour trouver une cuisinière.

advertisement UK əd'vɜːtɪsmənt US ˌædvər'taɪzmənt] n **1.** COMM [in all media] annonce *f* publicitaire, publicité *f* ; TV spot *m* publicitaire / *are the advertisements effective?* la publicité est-elle efficace ? / *she made a cup of tea while the advertisements were on* elle est allée se faire une tasse de thé pendant la publicité **2.** [for event, house, sale] (petite) annonce *f* / *to put an advertisement in the paper* passer une annonce dans le journal / *I got the job through an advertisement* j'ai eu le poste grâce à une annonce **3.** *fig* [example] : *this company is a good / poor advertisement for public ownership* la situation de cette société plaide / ne plaide pas en faveur de la nationalisation.

⚠ **Avertissement** means warning, not advertisement.

advertiser ['ædvəˌtaɪzər] n annonceur *m* (publicitaire).

advertising ['ædvətaɪzɪŋ] ◆ n *(U)* **1.** [promotion] publicité *f* **2.** [advertisements] publicité *f* **3.** [business] publicité *f* / *he works in advertising* il travaille dans la publicité. ◆ comp [rates, revenues] publicitaire ▸ **advertising agency** agence *f* de publicité ▸ **advertising campaign** campagne *f* publicitaire or de publicité ▸ **advertising jingle** jingle *m*, sonal *m* *offic* ▸ **advertising medium** média *m* or support *m* publicitaire ▸ **advertising space** espace *m* publicitaire ▸ **Advertising Standards Authority** UK ≃ Bureau *m* de vérification de la publicité.

advertorial [ædvə'tɔːrɪəl] n publireportage *m*.

advice [əd'vaɪs] n **1.** *(U)* [counsel] conseil *m* ▸ **a piece of advice** un conseil / *he asked his father's advice* or *he asked his father for advice* il a demandé conseil à or a consulté son père / *let me give you some advice* permettez que je vous donne un conseil or que je vous conseille / *my advice to you would be to write a letter of apology* je te conseille d'envoyer une lettre d'excuses ▸ **to take** or **follow sb's advice** suivre le conseil de qqn / *take my advice and say nothing to her* suis mon conseil, ne lui dis rien / *I took* or *followed your advice and called him* suivant votre conseil, je l'ai appelé / *to take legal / medical advice* consulter un avocat / un médecin **2.** [notification] avis *m* ▸ **advice of delivery / payment** avis de livraison / de paiement ▸ **as per advice** suivant avis ▸ **advice note, letter of advice** avis *m*.

advice slip n [from ATM] reçu *m*.

advisability [ədˌvaɪzə'bɪlətɪ] n opportunité *f*, bien-fondé *m* / *they discussed the advisability of performing another operation* ils ont discuté de l'opportunité d'une nouvelle opération / *I question the advisability of contacting the police* je doute qu'il soit opportun de faire appel à la police.

advisable [əd'vaɪzəbl] adj conseillé, recommandé / *it would be advisable to lock the door* il serait prudent or préférable que vous fermiez la porte à clé / *I don't think it's advisable to go out* je ne vous conseille pas de sortir / *it would perhaps be advisable to warn them* peut-être conviendrait-il de les prévenir / *she thought it advisable to call him* elle a cru bien faire en l'appelant.

advise [əd'vaɪz] vt **1.** [give advice to] conseiller, donner des conseils à ; [recommend] recommander ▸ **to advise sb to do sthg** conseiller à qqn de faire qqch / *we advised them to wait* nous leur avons conseillé d'attendre / *she advised caution* elle a recommandé la prudence / *I advised him against signing the contract* je lui ai conseillé de ne pas signer le contrat / *he advised them against taking legal action* il leur a déconseillé

LA PLACE DES ADVERBES

Les adverbes sont des mots invariables qui servent à modifier un verbe, mais aussi un adjectif, un autre adverbe, un complément, ou même une phrase entière. Selon leur sens et le type d'élément qu'ils modifient, ils peuvent être placés à différents endroits de l'énoncé. On rencontre les adverbes en position initiale ou finale, comme en français, mais aussi en position préverbale, une spécificité de l'anglais.

POSITION INITIALE : COMME EN FRANÇAIS

En position initiale, on trouve les adverbes qui portent sur une phrase entière, comme c'est le cas des adverbes de point de vue :

Personally, I think the room price is perfectly affordable. **Moreover**, the location of the hotel is perfect. Personnellement, je trouve que le prix de la chambre est tout à fait abordable. De plus, l'hôtel est idéalement situé.

Dans l'exemple ci-dessus, l'énonciateur affirme que ce qui suit n'engage que lui avec **personally**. Par ailleurs, les adverbes de liaison, comme **moreover**, permettent de créer un lien argumentatif entre deux énoncés qui se suivent : le deuxième argument (la situation de l'hôtel) vient renforcer le premier (le prix de la chambre) pour rendre le discours cohérent et convaincant.

Certains adverbes de fréquence, généralement placés avant le verbe, peuvent également apparaître en position initiale :

Sometimes, parents and children don't have the same needs. Parfois, les parents et leurs enfants n'ont pas les mêmes besoins.

Occasionally I enjoy painting in urban settings. De temps en temps, j'aime peindre dans un cadre urbain.

Certains adverbes de fréquence et de degré (**hardly... when, no sooner... than, never, nowhere, not only, seldom**) peuvent être placés en position initiale, avant l'auxiliaire, afin de créer une emphase. On a dans ce cas inversion du sujet et de l'auxiliaire :

Never again shall we leave the house without locking the door: **no sooner** had we left than the burglars got in. Plus jamais nous ne quitterons la maison sans fermer la porte : à peine étions-nous partis que les cambrioleurs sont entrés dans la maison.

NB : cela correspond à un niveau de langue recherché.

POSITION FINALE

Les adverbes de temps, comme **soon, yet, suddenly**..., sont généralement placés en fin d'énoncé, de même que **else, too, as well, though** et les adverbes de manière (**easily, well**...) :

We'll see her **soon**. Nous la verrons bientôt.

We haven't found him **yet**. Nous ne l'avons pas encore trouvé.

— I speak English and Chinese **as well**. Je parle l'anglais mais aussi le chinois.

— Oh, me **too**. Ah, moi aussi !

I don't need anything **else**. Je n'ai besoin de rien d'autre.

I thought I would succeed **easily**; in the end it was rather difficult, **though**. Je pensais réussir facilement ; finalement, [contrairement à ce que je pensais] cela a été plutôt difficile.

Dans l'exemple ci-dessus, **easily** aurait pu être placé en position préverbale, mais sa position finale permet d'accentuer le contraste entre ce que l'énonciateur supposait facile (I would succeed easily) et ce qui s'est réellement passé (it was rather difficult).

Though apparaît souvent en position finale et est utilisé à la fin d'un énoncé qui vient contredire l'énoncé précédent.

POSITION PRÉVERBALE : UNE SPÉCIFICITÉ DE L'ANGLAIS

Lorsqu'ils modifient un verbe, la grande majorité des adverbes peuvent occuper une position préverbale dans l'énoncé, contrairement à ce qui se passe en français.

En français, ces adverbes sont souvent placés ***après*** le verbe :

Il fait ***vraiment*** beau aujourd'hui.

Nous allons ***souvent*** au zoo.

En anglais, on rencontre fréquemment les adverbes placés ***avant*** le verbe (mais entre l'auxiliaire et le verbe dans les énoncés interrogatifs ou négatifs, ou dans le cas de formes verbales composées comme les formes progressives ou le **perfect**) ; toutefois, il est possible de les rencontrer également en position finale ou initiale, en fonction des intentions de l'énonciateur.

I don't **really** know about that. Je ne suis pas vraiment au courant de cette affaire.

Do you **usually** drink tea or coffee? Est-ce que vous prenez plutôt du thé ou du café ?

I am **currently** studying English grammar. En ce moment, j'étudie la grammaire anglaise.

Currently, I'm studying English grammar. En ce moment, j'étudie la grammaire anglaise.

Sonia **often** goes to the swimming pool. Sonia va souvent à la piscine.

She goes to the swimming pool **quite often**. Elle va assez souvent à la piscine.

I have **already** visited London several times. J'ai déjà visité Londres à plusieurs reprises.

You've **probably** heard about that **already**. Tu as probablement déjà entendu parler de cette histoire.

She **quietly** left the room. / She left the room **quietly**. Elle quitta la pièce discrètement.

I **totally** agree with you. / I agree with you **totally**. Je suis tout à fait d'accord avec vous.

We must **absolutely** find a solution. / We **absolutely** must find a solution. Nous devons absolument trouver une solution.

À noter : ces adverbes se placent en revanche toujours après le verbe **be** :

He's **always** grumpy.

Remarque : si les adverbes portent sur un adjectif ou un adverbe, on les trouve avant cet élément, comme en français.

This is **extremely** disturbing. Ceci est extrêmement perturbant.

He drives **pretty** fast. Il conduit drôlement vite.

This party is **so** cool! Cette fête est vraiment cool !

---

d'intenter une action en justice **2.** [act as counsel to] conseiller / *she advises the government on education* elle conseille le gouvernement en matière d'éducation **3.** *fml* [inform] aviser, informer / *we advised them of our arrival* nous les avons prévenus de notre arrivée, nous leur avons fait part de notre arrivée / *keep me advised of your progress* tenez-moi au courant de vos progrès / *she advised him of the cost* elle l'a informé du coût.

advisedly [əd'vaɪzɪdlɪ] adv délibérément, en connaissance de cause.

advisement [əd'vaɪzmənt] n US [consultation] : *the matter is still under advisement* aucune décision n'a encore été prise.

adviser UK, **advisor** US [əd'vaɪzəʳ] n conseiller *m*, -ère *f* ; SCH & UNIV conseiller *m*, -ère *f* pédagogique.

advisory [əd'vaɪzərɪ] adj **1.** [role, work] consultatif, de conseil / *he's employed in an advisory capacity* il est employé à titre consultatif ▸ **advisory board** or **body** organe *m* consultatif ▸ **advisory opinion** US LAW avis *m* consultatif de la cour **2.** [informative] ▸ **advisory bulletin** bulletin *m* de renseignements.

advocaat ['ædvəkɑ:] n advocaat *m*.

advocacy ['ædvəkəsɪ] n soutien *m* appuyé, plaidoyer *m* / *she speaks in advocacy of educational reform* elle prône or préconise une réforme scolaire.

advocate ◆ vt ['ædvəkeɪt] prôner, préconiser / *he advocates reducing* or *a reduction in defence spending* il préconise une réduction des dépenses militaires. ◆ n ['ædvəkət] **1.** [supporter] défenseur *m*, avocat *m*, -e *f* / *a strong advocate of free enterprise* un fervent partisan de la libre entreprise / *they are advocates of civil rights* ils défendent les droits civiques **2.** Scot [barrister] avocat *m* (plaidant), avocate *f* (plaidante).

advt written abbr of advertisement.

adware ['ædweəʳ] n publiciel *m*.

adze UK, **adz** US [ædz] n herminette *f*.

adzuki bean [əd'zu:kɪ-] n haricot *m* adzuki.

AEA (abbr of Atomic Energy Authority) pr n UK ≃ CEA *f*.

AEC (abbr of Atomic Energy Commission) pr n US ≃ CEA *f*.

aëdes [aɪ:di:z] n ENTOM stégomyie *f*.

Aegean [i:'ʤi:ən] ◆ pr n ▸ **the Aegean** la mer Égée. ◆ adj égéen ▸ **the Aegean Sea** la mer Égée ▸ **the Aegean Islands** les îles *fpl* de la mer Égée.

Aegina [i:'ʤaɪnə] pr n Égine.

aegis ['i:ʤɪs] n MYTH & *fig* égide *f* ▸ **under the aegis of** sous l'égide de / *under the aegis of the European Parliament* sous l'égide du Parlement européen.

aegrotat ['i:grəʊtæt] n UK UNIV *équivalence d'un diplôme accordée à un bon étudiant n'ayant pu passer les examens pour cause de maladie.*

Aeneas [ɪ'ni:əs] pr n Énée.

Aeneid [ɪ'ni:ɪd] pr n / **'The Aeneid'** *Virgil* 'l'Énéide'.

aeolian, **eolian** [i:'əʊljən] adj éolien.

aeolian harp [i:'əʊljən-] n harpe *f* éolienne.

Aeolian Islands pl pr n ▸ **the Aeolian Islands** les îles *fpl* Éoliennes.

Aeolus [i:'əʊləs] pr n MYTH Éole.

aeon UK, **eon** US ['i:ɒn] n **1.** [age] période *f* incommensurable ; GEOL ère *f* / *I haven't seen him in aeons inf* je ne l'ai pas vu depuis une éternité **2.** PHILOS éon *m*.

aerate ['eəreɪt] vt **1.** [liquid] gazéifier ; [blood] oxygéner **2.** [soil] retourner.

aerated ['eəreɪtɪd] adj UK *inf* [angry] énervé.

aerial ['eərɪəl] ◆ adj **1.** [in the air] aérien ▶ **aerial cable car** or **aerial railway** téléphérique *m* ▶ **aerial combat** combat *m* aérien ▶ **aerial photograph** photographie *f* aérienne **2.** *liter* [imaginary] imaginaire **3.** *liter* [delicate] aérien, éthéré. ◆ n UK RADIO & TV antenne *f* ▶ **aerial socket** prise *f* d'antenne.

aerialist ['eərɪəlɪst] n US [tightrope walker] funambule *mf* ; [trapeze artist] trapéziste *mf*.

aerial ladder n US échelle *f* pivotante.

aerie ['eərɪ] n US aire *f (d'aigle)*.

aerobatics [,eərəʊ'bætɪks] (*pl* **aerobatics**) n acrobatie *f* aérienne, acrobaties *fpl* aériennes.

aerobe ['eərəʊb] n aérobie *m*.

aerobic [eə'rəʊbɪk] adj aérobie.

aerobicized [eə'rəʊbɪsaɪzd] adj [person] *aux muscles tonifiés grâce à l'aérobic* / ***aerobicized Hollywood women*** des femmes d'Hollywood aux muscles tonifiés.

aerobics [eə'rəʊbɪks] ◆ n *(U)* aérobic *m* ▶ **to do aerobics** faire de l'aérobic. ◆ comp [class, teacher] d'aérobic.

aerodrome ['eərədrəʊm] n aérodrome *m*.

aerodynamic [,eərəʊdaɪ'næmɪk] adj aérodynamique.

aerodynamics [,eərəʊdaɪ'næmɪks] n *(U)* aérodynamique *f*.

aero-engine ['eərəʊ-] n aéromoteur *m*.

aerofoil ['eərəʊfɔɪl] n UK surface *f* portante, plan *m* de sustention.

aerogram ['eərəgræm] n **1.** [letter] aérogramme *m* **2.** [radiotelegram] radiotélégramme *m*.

aerolite ['eərəʊlaɪt] n aérolithe *m*.

aeromodeller, aeromodeler US ['eərəʊ'mɒdələr] n TECH aéromodéliste *mf*.

aeromodelling, aeromodeling US ['eərəʊ,mɒdlɪŋ] n TECH aéromodélisme *m*.

aeronaut ['eərənɔ:t] n aéronaute *mf*.

aeronautic(al) [,eərə'nɔ:tɪk(l)] adj aéronautique.

aeronautics [,eərə'nɔ:tɪks] n *(U)* aéronautique *f*.

aerophysics [,eərə'fɪsɪks] n *(U)* aérophysique *f*.

aeroplane ['eərəpleɪn] n UK avion *m*.

aerosol ['eərəsɒl] ◆ n **1.** [suspension system] aérosol *m* **2.** [container] bombe *f*, aérosol *m*. ◆ comp [container, spray] aérosol ; [hairspray, paint] en aérosol, en bombe.

aerosolized ['eərəsɒ,laɪzd] adj [medicine] sous forme d'aérosol.

aerospace ['eərəʊ,speɪs] ◆ n aérospatiale *f*. ◆ comp [industry, research] aérospatial.

aerostat ['eərəʊstæt] n aérostat *m*.

aerostatic [,eərəʊ'stætɪk] adj aérostatique.

aerostatics [,eərəʊ'stætɪks] n *(U)* aérostatique *f*.

Aertex® ['eəteks] n Aertex® *m (tissu synthétique)*.

Aeschylus ['i:skɪləs] pr n Eschyle.

Aesculapius [,i:skjʊ'leɪpjəs] pr n Esculape.

Aesop ['i:sɒp] pr n Ésope / **'Aesop's Fables'** 'les Fables d'Ésope'.

aesthete, esthete US ['i:sθi:t] n esthète *mf*.

aesthetic, esthetic US [i:s'θetɪk] adj esthétique.

aesthetically, esthetically US [i:s'θetɪklɪ] adv esthétiquement ▶ **aesthetically pleasing** agréable à l'œil ▶ **aesthetically speaking** sur le plan esthétique.

aesthetician [,i:sθə'tɪʃən] n esthéticien *m*, -enne *f*.

aestheticism [i:s'θetɪsɪzm] n esthétisme *m*.

aesthetics, esthetics US [i:s'θetɪks] n *(U)* esthétique *f*.

aestivate, estivate US ['i:stɪveɪt] vi estiver.

aestivation, estivation US [,i:stɪ'veɪʃn] n estivation *f*.

aetiology, etiology US [,i:tɪ'ɒlədʒɪ] n étiologie *f*.

AFAIK MESSAGING written abbr of **as far as I know**.

AFAIR MESSAGING written abbr of **as far as I remember** or **recall**.

afar [ə'fɑ:r] adv *liter* au loin, à (grande) distance.

❖ **from afar** adv phr de loin.

AFB n abbr of **air force base**.

AFC n **1.** (abbr of **automatic flight control**) commande *f* automatique de vol **2.** (abbr of **automatic frequency control**) correcteur *m* automatique de fréquence.

afear(e)d [ə'fɪəd] adj *arch* ▶ **to be afeared** avoir peur.

affability [,æfə'bɪlətɪ] n affabilité *f*, amabilité *f*.

affable ['æfəbl] adj [person] affable, aimable ; [conversation, interview] chaleureux.

affably ['æfəblɪ] adv affablement, avec affabilité.

affair [ə'feər] n **1.** [event] affaire *f* / ***the meeting was a noisy affair*** la réunion était bruyante / ***it was a sorry affair*** c'était une histoire lamentable ▶ **the Dreyfus affair** l'affaire Dreyfus **2.** [business, matter] affaire *f* **3.** [concern] affaire *f* / ***whether I go or not is my affair*** que j'y aille ou non ne regarde que moi / ***it's no affair of his*** ça ne le regarde or ne le concerne pas, ça n'est pas son affaire / ***don't meddle in my affairs*** mêlez-vous de vos affaires, mêlez-vous de vos affaires **4.** [sexual] liaison *f*, aventure *f* ▶ **to have an affair with sb** avoir une liaison or aventure avec qqn / ***they're having an affair*** ils couchent ensemble **5.** *inf* [thing] truc *m* / ***he was driving one of those sporty affairs*** il conduisait une de ces voitures genre sport.

❖ **affairs** pl n [business, matters] affaires *fpl* / ***her financial affairs*** ses finances / ***I'm not interested in your private affairs*** je ne m'intéresse pas à votre vie privée / ***to put one's affairs in order*** [business] mettre de l'ordre dans ses affaires / ***given the current state of affairs*** étant donné la situation actuelle, les choses étant ce qu'elles sont / ***it's an embarrassing state of affairs*** la situation est gênante / ***this is a fine state of affairs!*** *iro* c'est du propre ! ▶ **affairs of state** affaires d'État.

> ⚠ Affair is not always translated by **affaire**. See the entry for details.

affect ◆ vt [ə'fekt] **1.** [have effect on -person, life] avoir un effet sur, affecter ; [influence -decision, outcome] influer sur, avoir une incidence sur / ***how will these changes affect you?*** en quoi serez-vous affecté or concerné par ces changements ? / ***I don't see how your decision affects her*** je ne vois pas ce que votre décision change pour elle / ***she doesn't seem to be particularly affected by the noise*** elle ne semble pas être particulièrement dérangée par le bruit / ***these plants were badly affected by a late frost*** ces plantes ont beaucoup souffert des gelées tardives / ***the bad weather has affected sporting events this weekend*** le mauvais temps a eu des répercussions sur les événements sportifs du week-end / ***high interest rates are affecting the housing market*** le niveau élevé des taux d'intérêts affecte (le marché de) l'immobilier / ***one of the factors that will affect the outcome of the next election*** l'un des facteurs qui influera sur le résultat des prochaines élections / ***to what extent does price affect your choice?*** dans quelle mesure or jusqu'à quel point le prix influence-t-il votre choix ? **2.** [concern, involve] toucher, concerner / ***this new law affects everyone*** cette nouvelle loi concerne or touche tout le monde / ***they are directly affected*** ce sont eux les premiers intéressés, ils sont directement concernés **3.** [emotionally] affecter, émouvoir, toucher / ***he was deeply affected by her death*** il a été très affecté or touché par sa mort / ***don't let it affect you*** ne vous laissez pas abattre par cela **4.** MED [subj: illness, epidemic] atteindre ; [subj: drug] agir sur / ***it has been proved that smoking affects your health*** il est prouvé que le tabac est nocif pour la santé / ***thousands of people are affected by this incurable disease*** des milliers de gens sont touchés or concernés par cette maladie incurable / ***it's a condition that particularly affects young children*** c'est une maladie qui affecte or touche particulièrement les jeunes enfants / ***a disease that affects the kidneys*** une maladie qui affecte les reins / ***she has had a stroke, but her speech is not affected*** elle a eu une attaque, mais les fonctions du langage ne sont pas atteintes **5.** *fml* [pretend, feign -indifference, surprise] affecter, feindre ; [-illness] feindre, simuler / ***he affected a strong foreign accent*** il affectait un fort accent étranger / ***she affected not to see him*** elle fit semblant de ne pas l'avoir vu **6.** *arch & liter* [be fond of] affectionner, avoir un penchant pour **7.** BOT & ZOOL [climate, habitat] être un habitué or des habitués de, affecter. ◆ n ['æfekt] PSYCHOL affect *m*.

affectation [,æfek'teɪʃn] n **1.** [in behaviour, manners] affectation *f*, manque *m* de naturel ; [in language, style] manque *m* de naturel / ***without affectation*** simple, sans manières **2.** [mannerism] pose *f* **3.** [pretence] semblant *m*, simulacre *m* / ***with an affectation of interest / boredom*** en simulant l'intérêt / l'ennui.

affected [ə'fektɪd] adj [person, behaviour] affecté, maniéré ; [accent, dress, language] affecté, recherché.

-affected in comp affecté par ▶ **famine / drought-affected** affecté par la famine / sécheresse.

affectedly [ə'fektɪdlɪ] adv avec affectation, d'une manière affectée.

affecting [ə'fektɪŋ] adj touchant, émouvant.

affection [ə'fekʃn] n **1.** [liking] affection *f*, tendresse *f* / ***she has (a) deep affection for him*** elle a une profonde affection pour lui, elle l'aime profondément **2.** *(usu pl)* affection *f* ▶ **to gain** or **to win (a place in) sb's affections** gagner l'affection or le cœur de qqn / ***she transferred her affections to another man*** elle a reporté son affection sur un autre homme **3.** MED affection *f*, maladie *f*.

affectionate [ə'fekʃənət] adj affectueux, tendre / ***your affectionate niece*** [in letter] votre nièce affectionnée.

affectionately [ə'fekʃənətlɪ] adv affectueusement ▶ **yours affectionately** [in letter] (bien) affectueusement.

affective [ə'fektɪv] adj [gen, LING & PSYCHOL] affectif.

afferent ['æfərənt] adj ANAT afférent.

affiance [ə'faɪəns] vt *liter* ▶ **to become affianced to sb** se fiancer à or avec qqn ▶ **to be affianced** être fiancé.

affidavit [,æfɪ'deɪvɪt] n déclaration *f* sous serment *(écrite)* ▶ **a sworn affidavit** une déclaration faite sous serment.

affiliate ◆ vt [ə'fɪlɪeɪt] affilier ▶ **to affiliate o.s. to** or **with** s'affilier à / ***the local group decided not to affiliate itself to the national organization*** la section locale a décidé de ne pas s'affilier au mouvement national. ◆ n [ə'fɪlɪət] [person] affilié *m*, -e *f* ; [organization] groupe *m* affilié. ◆ comp [member, organization] affilié.

affiliated [ə'fɪlɪeɪtɪd] adj [member, organization] affilié ▶ **to be affiliated to** or **with** être affilié à / ***an affiliated company*** une filiale.

affiliation [ə,fɪlɪ'eɪʃn] n **1.** ADMIN & COMM affiliation *f* **2.** LAW attribution *f* de paternité ▶ **affiliation order** jugement *m* en reconnaissance de paternité **3.** [connection] attache *f* / ***his political affiliations*** ses attaches politiques.

affinity [ə'fɪnətɪ] (*pl* **affinities**) n **1.** [connection, link] lien *m*, affinité *f* ; BIOL affinité *f*, parenté *f* ; CHEM affinité *f* / ***the affinities between the English and German languages*** la ressemblance or la parenté entre l'anglais et l'allemand / ***the artist's work shows a clear affinity with that of his former teacher*** on voit clairement le lien entre l'œuvre de cet artiste et celle de son maître **2.** [attraction] affinité *f*, attraction *f* / ***he has little affinity for*** or ***with modern art*** il est peu attiré par l'art moderne / ***she feels a strong sense of affinity with*** or ***for him*** elle se sent beaucoup d'affinités avec lui / ***there is a strong affinity between them*** ils ont beaucoup de choses en commun or d'affinités **3.** LAW [relation] affinité *f*.

affinity card [ə'fɪnɪtɪ,kɑ:d] n carte *f* affinitaire.

affirm [ə'fɜ:m] vt **1.** [state] affirmer, soutenir / ***she affirms that it's the truth*** elle affirme or soutient que c'est la vérité / ***"I will be there," he affirmed*** « j'y serai », assura-t-il **2.** [profess -belief] professer, proclamer ; [-intention] proclamer / ***she affirmed her intention to***

sell elle proclamait son intention de vendre **3.** [support - person] soutenir.

affirmation [,æfə'meɪʃn] n affirmation *f*, assertion *f* / *to make a solemn affirmation* faire une déclaration solennelle.

affirmative [ə'fɜ:mətɪv] ◆ n **1.** GRAM affirmatif *m* / *in the affirmative* à l'affirmatif, à la forme affirmative **2.** [in reply] : *the answer is in the affirmative* la réponse est affirmative / *to answer in the affirmative* répondre affirmativement or par l'affirmative. ◆ adj affirmatif / *to give an affirmative answer* répondre affirmativement. ◆ interj ▸ **affirmative!** affirmatif !

affirmative action n *(U)* US mesures *fpl* d'embauche antidiscriminatoires *(en faveur des minorités)*.

affirmatively [ə'fɜ:mətɪvlɪ] adv affirmativement.

affix ◆ vt [ə'fɪks] [seal, signature] apposer ; [stamp] coller ; [poster] afficher, poser. ◆ n ['æfɪks] LING affixe *m*.

afflict [ə'flɪkt] vt affecter / *to be afflicted with a disease* souffrir d'une maladie.

affliction [ə'flɪkʃn] n **1.** [suffering] affliction *f* ; [distress] détresse *f* / *people in affliction* les gens dans la détresse or dans l'affliction **2.** [misfortune] affliction *f*, souffrance *f* / *blindness is a terrible affliction* la cécité est une grande infirmité.

affluence ['æflʊəns] n **1.** [wealth] richesse *f*, aisance / *to live in affluence* vivre dans l'aisance / *in times of affluence* en période de prospérité **2.** *liter* [abundance] abondance *f*.

⚠ In modern French, **affluence** refers to crowds of people arriving somewhere, never to wealth.

affluent ['æflʊənt] ◆ adj **1.** [wealthy] aisé, riche / *to be affluent* vivre dans l'aisance ▸ **the affluent society** la société d'abondance **2.** *liter* [abundant] abondant. ◆ n GEOG affluent *m*.

afflux ['æflʌks] n **1.** *fml* [of visitors, traffic] affluence *f*, afflux *m* **2.** MED afflux *m*.

afford [ə'fɔ:d] vt **1.** [money] avoir les moyens de payer / *I can't afford a holiday* je n'ai pas les moyens de prendre des vacances / *she couldn't afford to buy a car* elle n'avait pas les moyens d'acheter or elle ne pouvait pas se permettre d'acheter une voiture / *can you afford it?* en avez-vous les moyens ?, pouvez-vous vous le permettre ? / *how much can you afford?* combien pouvez-vous mettre ?, jusqu'à combien pouvez-vous aller ? / *I can't afford £50!* je ne peux pas mettre 50 livres ! **2.** [time, energy] : *the doctor can only afford (to spend) a few minutes with each patient* le médecin ne peut pas se permettre de passer plus de quelques minutes avec chaque patient / *I'd love to come, but I can't afford the time* j'aimerais beaucoup venir mais je ne peux absolument pas me libérer **3.** [allow o.s.] se permettre / *I can't afford to take any risks* je ne peux pas me permettre de prendre des risques / *we can't afford another delay* nous ne pouvons pas nous permettre encore un retard **4.** *liter* [provide] fournir, offrir / *this affords me great pleasure* ceci me procure un grand plaisir / *the bell tower afforded a panoramic view of the city* le clocher offrait une vue panoramique de la ville.

affordability [ə,fɔ:də'bɪlɪtɪ] n prix *m* raisonnable / *this is an area of high affordability pressure* c'est une zone où les prix de l'immobilier atteignent des niveaux très élevés.

affordable [ə'fɔ:dəbl] adj [commodity] (dont le prix est) abordable / *at an affordable price* à un prix abordable.

afforest [æ'fɒrɪst] vt boiser, reboiser.

afforestation [æ,fɒrɪ'steɪʃn] n boisement *m*.

affranchise [ə'frænʧaɪz] vt affranchir.

affray [ə'freɪ] n échauffourée *f*.

affricate ['æfrɪkət] n affriquée *f*.

affright [ə'fraɪt] *arch* ◆ vt effrayer, terrifier. ◆ n effroi *m*, terreur *f*.

affront [ə'frʌnt] ◆ n affront *m*, insulte *f* / *to suffer an affront* essuyer un affront / *it was an affront to her dignity* c'était un affront à sa dignité. ◆ vt [offend] faire un affront à, insulter, offenser / *to feel affronted* se sentir offensé.

Afghan ['æfgæn] ◆ n **1.** [person] Afghan *m*, -e *f* **2.** LING afghan *m* **3.** [dog] lévrier *m* afghan **4.** [coat] afghan *m* **5.** US [blanket] couverture *f* en lainage. ◆ adj afghan ▸ **Afghan hound** lévrier *m* afghan.

Afghani [æf'gænɪ] n & adj GEOG & LING = **Afghan**.

Afghanistan [æf'gænɪstæn] pr n Afghanistan *m* / *in Afghanistan* en Afghanistan.

aficionado [ə,fɪsjə'nɑ:dəʊ] (*pl* **aficionados**) n aficionado *m*, amoureux *m* / *theatre aficionados* or *aficionados of the theatre* les aficionados du théâtre / *a tennis aficionado* un mordu de tennis.

afield [ə'fɪəld] adv : *to go far afield* aller loin / *people came from as far afield as Australia* les gens venaient même d'Australie / *don't go too far afield* n'allez pas trop loin / *we didn't need to look very far afield* nous n'avions pas besoin de chercher très loin / *they travelled further afield for their holidays this year* ils sont allés bien plus loin cette année pour leurs vacances / *this remark carried them even farther afield from the subject under debate* cette remarque les fit s'éloigner encore plus du sujet.

afire [ə'faɪər] *liter* ◆ adj **1.** [burning] en feu, en flammes **2.** *fig* [with emotion] enflammé / *she was afire with passion* elle était enflammée par la passion. ◆ adv ▸ **to set sthg afire a)** *lit* mettre le feu à qqch **b)** *fig* embraser qqch.

aflame [ə'fleɪm] *liter* ◆ adj **1.** [burning] en flammes, en feu **2.** [emotionally] enflammé / *to be aflame with desire* / *anger* être enflammé de désir / colère / *her cheeks were aflame with excitement* elle avait les joues rouges d'excitation **3.** [in colour] : *the sky was aflame with colour* le ciel flamboyait de couleurs vives / *the countryside was aflame with autumn reds and yellows* la campagne était embrasée de rouges et de jaunes d'automne. ◆ adv ▸ **to set aflame a)** *lit* mettre le feu à **b)** *fig* exciter, enflammer / *he set her heart aflame* il a fait battre son cœur.

aflatoxin [,æflə'tɒksɪn] n aflatoxine *f*.

AFL-CIO (abbr of American Federation of Labor and Congress of Industrial Organizations) pr n *la plus grande confédération syndicale américaine.*

afloat [ə'fləʊt] ◆ adj **1.** [swimmer] qui surnage ; [boat] à flot ; [cork, oil] flottant ; *fig* [business] à flot **2.** [flooded] inondé / *the bottom of the boat was afloat with water* le fond du bateau était inondé. ◆ adv **1.** [floating] à flot, sur l'eau / *we managed to get* or *to set the raft afloat* nous avons réussi à mettre le radeau à flot ▸ **to stay afloat a)** [swimmer] garder la tête hors de l'eau, surnager **b)** [boat] rester à flot ▸ **to keep afloat** rester à flot ▸ **to keep sthg** / **sb afloat** maintenir qqch / qqn à flot ; *fig* ▸ **to get a business afloat a)** [from start] mettre une entreprise à flot **b)** [from financial difficulties] renflouer une entreprise / *small businesses struggling to stay afloat* des petites entreprises qui luttent pour se maintenir à flot ▸ **to get** or **to set a scheme afloat** lancer un projet **2.** [on boat] : *holiday spent afloat* **a)** [on barge] des vacances en péniche **b)** [at sea] des vacances en mer.

aflutter [ə'flʌtər] ◆ adj : *to be (all) aflutter with excitement* tressaillir d'excitation / *my heart was all aflutter* j'avais le cœur qui battait la chamade. ◆ adv : *she set my heart aflutter* elle fit battre mon cœur.

afoot [ə'fʊt] ◆ adj **1.** [in preparation] : *there is something afoot* il se prépare or il se trame quelque chose / *there is a scheme afoot to build a new motorway* on a formé le projet or on envisage de construire une nouvelle autoroute / *there is mischief afoot* il va y avoir du vilain **2.** *liter & arch* [on foot] à pied. ◆ adv *liter & arch* à pied.

aforementioned [ə'fɔ:,menʃənd] adj *fml* susmentionné, précité / *the aforementioned persons* lesdites personnes.

aforenamed [ə'fɔ:neɪmd] adj *fml* susnommé, précité.

aforesaid [ə'fɔ:sed] adj *fml* susdit, précité.

aforethought [ə'fɔ:θɔ:t] adj *fml* prémédité.

afoul [ə'faʊl] adv *liter* ▸ **to run afoul of sb** se mettre qqn à dos, s'attirer le mécontentement de qqn / *to run afoul of the law* avoir des démêlés avec la justice.

A4 ◆ n [paper size] format *m* A4. ◆ adj ▸ **A4 paper** papier *m* (format) A4.

afraid [ə'freɪd] adj **1.** [frightened] ▸ **to be afraid** avoir peur / *don't be afraid* n'ayez pas peur, ne craignez rien ▸ **to make sb afraid** faire peur à qqn / *she is afraid of the dark* elle a peur du noir / *there's nothing to be afraid of* il n'y a rien à craindre / *she was afraid (that) the dog would* or *might bite her* elle avait peur or elle craignait que le chien (ne) la morde / *he is afraid for his life* il craint pour sa vie / *she was afraid for her daughter* elle avait peur pour sa fille / **'Who's afraid of Virginia Woolf?'** *Albee* 'Qui a peur de Virginia Woolf ?' **2.** [indicating reluctance, hesitation] : *he isn't afraid of work* le travail ne lui fait pas peur / *don't be afraid to speak* or *of speaking your mind* n'ayez pas peur de dire ce que vous pensez / *I'm afraid (that) I'll say the wrong thing* je crains or j'ai peur de ne pas dire ce qu'il faut **3.** [indicating regret] : *I'm afraid I won't be able to come* je regrette or je suis désolé de ne pouvoir venir / *I'm afraid I can't help you* je regrette or je suis désolé, mais je ne peux pas vous aider / *I'm afraid I cannot grant your request* je regrette de ne pas pouvoir accéder à votre requête ▸ **I'm afraid to say...** j'ai le regret de dire... ▸ **I'm afraid so** j'ai bien peur que oui, j'en ai bien peur ▸ **I'm afraid not** j'ai bien peur que non, j'en ai bien peur.

Note that avoir peur que and craindre que are followed by a verb in the subjunctive, usually preceded by ne:
I'm very much afraid all the money might be lost. *J'ai bien peur que tout cet argent ne soit perdu.*
I'm afraid you're mistaken. *Je crains que vous ne vous trompiez.*

afresh [ə'freʃ] adv de nouveau / *we'll have to start afresh* il va falloir recommencer or reprendre à zéro.

Africa ['æfrɪkə] pr n Afrique *f* / *in Africa* en Afrique / **'Out of Africa'** *Blixen* 'la Ferme africaine'.

African ['æfrɪkən] ◆ n Africain *m*, -e *f*. ◆ adj africain.

African American n Noir *m* américain, Noire *f* américaine.

African, Caribbean and Pacific Group of States n POL Groupe *m* des États d'Afrique, des Caraïbes et du Pacifique.

Africanism ['æfrɪkənɪzm] n africanisme *m*.

Africanist ['æfrɪkənɪst] n africaniste *mf*.

Africanize, Africanise ['æfrɪkənaɪz] vt africaniser.

African marigold n rose *f* d'Inde.

African National Congress n POL Congrès *m* national africain, ANC *m*.

African Union n POL Union *f* africaine.

African violet n saintpaulia *m*.

Afrikaans [,æfrɪ'kɑ:ns] n afrikaans *m*.

Afrikaner [,æfrɪ'kɑ:nər] n Afrikaner *mf*.

Afro ['æfrəʊ] (*pl* **Afros**) ◆ adj [hairstyle] afro. ◆ n coiffure *f* afro.

Afro-American ◆ n Afro-Américain *m*, -e *f*. ◆ adj afro-américain.

Afro-Asian ◆ n Afro-Asiatique *mf*. ◆ adj afro-asiatique.

Afro-Caribbean ◆ n Afro-Antillais *m*, -e *f*. ◆ adj afro-antillais.

Afro-Cuban [ˌæfrəʊ'kjuːbən] ◆ n Afro-Cubain *m*, -e *f*. ◆ adj afro-cubain.

aft [ɑːft] ◆ adv NAUT & AERON à or vers l'arrière ▸ **to go aft** aller à or vers l'arrière. ◆ adj [deck] arrière.

AFT (abbr of American Federation of Teachers) pr n *syndicat américain d'enseignants*.

after ['ɑːftəʳ] ◆ prep **1.** [in time - gen] après ; [- period] après, au bout de / *after a while* au bout d'un moment, après un moment / *after breakfast* après le petit déjeuner / *after dark* après la tombée de la nuit / *after which she left* après quoi elle est partie / *it is after six o'clock already* il est déjà six heures passées or plus de six heures / *shortly after midday* / *three* peu après midi / trois heures / *it's twenty after eight* US il est huit heures vingt / *the day after tomorrow* après-demain *m* / *after this date* ADMIN passé or après cette date **2.** [in space] après / *the shopping centre is just after the church* le centre commercial est juste après l'église / *there ought to be a comma after "however"* il devrait y avoir une virgule après « however » ; [in series, priority, etc.] après / *Rothman comes after Richardson* Rothman, vient après Richardson / *I would put Racine after Molière* pour moi Racine passe après Molière ▸ **after you** [politely] après vous (je vous en prie) / *after you with the paper* tu peux me passer le journal quand tu l'auras fini **3.** [following consecutively] : *day after day* jour après jour / *(for) mile after mile* sur des kilomètres et des kilomètres / *he's made mistake after mistake* il a fait erreur sur erreur / *generation after generation of farmers* des générations entières de fermiers / *it's been one crisis after another ever since she arrived* on va de crise en crise depuis son arrivée **4.** [behind] après, derrière / *close the door after you* fermez la porte derrière vous / *he locked up after them* il a tout fermé après leur départ or après qu'ils soient partis / *don't expect me to clean up after you* ne croyez pas que je vais nettoyer derrière vous **5.** [in view of] après / *I'll never speak to him again, after what he said to me* je ne lui parlerai plus jamais après ce qu'il m'a dit / *after the way I've been treated* après la façon dont on m'a traité / *after what you told me* après ce que vous m'avez dit / *and after all I've done for them!* et après tout ce que j'ai fait pour eux ! **6.** [in spite of] : *after all the trouble I took, no-one came* après or malgré tout le mal que je me suis donné, personne n'est venu **7.** [in the manner of] : *after Rubens* d'après Rubens **8.** [in search of] ▸ **to be after sb** / **sthg** chercher qqn / qqch / *she's after you* **a)** elle te cherche **b)** [angry with] elle t'en veut **c)** [attracted to] tu l'intéresses / *the police are after him* la police est à ses trousses, il est recherché par la police / *their mother always seems to be after them* leur mère a l'air de ne jamais les laisser tranquilles / *he's after her money* il en veut à son argent / *what's he after?* **a)** [want] qu'est-ce qu'il veut ? **b)** [looking for] qu'est-ce qu'il cherche ? **c)** [intend] qu'est-ce qu'il a derrière la tête ? / *I know what she's after* je sais où elle veut en venir **9.** [as verb complement] ▸ **to ask** or **to inquire after sb** demander des nouvelles de qqn ▸ **to name a child after sb** UK donner à un enfant le nom de qqn ▸ **to run after sb** courir après qqn / *they ran after him* ils lui ont couru après. ◆ adv après, ensuite / *the day after* le lendemain, le jour suivant / *two days after* deux jours après or plus tard / *the week after* la semaine d'après or suivante / *for months after* pendant des mois après / *soon after* peu après / *to follow (on) after* suivre. ◆ conj après que / *come and see me after you have spoken to him* venez me voir quand vous lui aurez parlé / *I came after he had left* je suis arrivé après qu'il soit parti / *after saying goodnight to the children* après avoir dit bonsoir aux enfants / *was that before or after you'd signed the contract?* était-ce avant ou après que vous ayez signé le contrat ? ◆ adj **1.** [later] ▸ **in after life** or **years** plus tard dans la vie **2.** NAUT [cabin, mast] arrière.

❖ **afters** pl n UK *inf* dessert *m* / *what's for afters?* qu'est-ce qu'il y a pour le dessert or comme dessert ?

❖ **after all** adv phr **1.** [when all's said and done] après tout / *after all, she is very young* après tout, elle est très jeune / *that, after all, is why we came* après tout, c'est pour ça qu'on est venus / *it only costs £5 after all* ça ne coûte que cinq livres après tout **2.** [against expectation] après or malgré tout / *so she was right after all* alors elle avait raison en fait.

❖ **one after another, one after the other** adv phr l'un(e) après l'autre / *one after another they got up and left the room* l'un après l'autre, ils se levèrent et quittèrent la pièce / *he made several mistakes one after the other* il a fait plusieurs fautes d'affilée or à la file.

afterbirth ['ɑːftəbɜːθ] n placenta *m*.

afterburner ['ɑːftəbɜːnəʳ] n chambre *f* de postcombustion.

afterburning ['ɑːftəbɜːnɪŋ] n postcombustion *f*, réchauffe *f*.

aftercare ['ɑːftəkeəʳ] n **1.** MED postcure *f* / *good aftercare facilities* un bon suivi médical **2.** [of prisoner] assistance *f (aux anciens détenus)*.

after-dinner adj [speaker, speech] de fin de dîner or banquet / *an after-dinner drink* ≃ un digestif.

aftereffect ['ɑːftərɪˌfekt] n *(usu pl)* [gen] suite *f* ; MED séquelle *f* / *the aftereffects of war* les séquelles or les répercussions de la guerre.

afterglow ['ɑːftəgləʊ] n [of sunset] dernières lueurs *fpl*, derniers reflets *mpl* ; *fig* [of pleasure] sensation *f* de bien-être *(après coup)*.

afterheat ['ɑːftəhiːt] n chaleur *f* résiduelle.

after-hours adj [after closing time] qui suit la fermeture ; [after work] qui suit le travail / *an after-hours bar* US un bar de nuit.

❖ **after hours** adv phr [after closing time] après la fermeture ; [after work] après le travail.

afterimage ['ɑːftərˌɪmɪdʒ] n OPT image *f* récurrente or consécutive ; TV rémanence *f* à l'extinction.

afterlife ['ɑːftəlaɪf] n vie *f* après la mort.

after-lunch adj qui suit le déjeuner / *to have an after-lunch nap* faire la sieste.

aftermarket ['ɑːftəmɑːkɪt] n ST. EX marché *m* secondaire.

aftermath ['ɑːftəmæθ] n **1.** [of event] séquelles *fpl*, suites *fpl* / *in the aftermath of the military coup* à la suite du coup d'État militaire / *in the immediate aftermath* tout de suite après, dans la foulée **2.** AGR regain *m*.

afternoon [ˌɑːftə'nuːn] ◆ n après-midi *m inv* / *this afternoon* cet après-midi / *every afternoon* tous les après-midi / *all afternoon* tout l'après-midi / *tomorrow* / *yesterday afternoon* demain / hier après-midi / *in the afternoon* **a)** [in general] l'après-midi **b)** [of particular day] (dans) l'après-midi / *on Friday afternoons* le vendredi après-midi / *on Friday afternoon* **a)** [in general] le vendredi après-midi **b)** [of particular day] vendredi après-midi / *in the early afternoon* tôt dans l'après-midi / *at 2 o'clock in the afternoon* à 2 h de l'après-midi / *on the afternoon of May 16th* (dans) l'après-midi du 16 mai / *on a summer afternoon* par un après-midi d'été / *good afternoon* **a)** [hello] bonjour **b)** [goodbye] au revoir / *have a nice afternoon!* bon après-midi ! ◆ comp [class, train] de l'après-midi ; [walk] qui a lieu dans l'après-midi ▸ **afternoon nap** or **rest** sieste *f* ▸ **afternoon performance** CIN & THEAT matinée *f* ▸ **afternoon snack** goûter *m*.

❖ **afternoons** adv US (dans) l'après-midi.

afternoon tea n *thé pris avec une légère collation dans le cours de l'après-midi* / *to have afternoon tea* prendre le thé *(dans le cours de l'après-midi)*.

afterpains ['ɑːftəpeɪnz] pl n tranchées *fpl* utérines.

after-party n after *m*.

after-sales adj après-vente *(inv)* ▸ **after-sales service** service *m* après-vente.

after-school adj [activities] extrascolaire.

aftershave ['ɑːftəʃeɪv] n ▸ **aftershave (lotion)** (lotion *f*) après-rasage *m*, (lotion *f*) after-shave *m*.

after-shaving lotion n US = **aftershave**.

aftershock ['ɑːftəʃɒk] n réplique *f* (d'un séisme).

aftersun ['ɑːftəsʌn] adj ▸ **aftersun cream** crème *f* après-soleil.

aftertaste ['ɑːftəteɪst] n *lit & fig* arrière-goût *m*.

after-tax adj [profits] après impôts, net d'impôt ; [salary] net d'impôt.

afterthought ['ɑːftəθɔːt] n pensée *f* après coup / *I had an afterthought* j'ai pensé après coup / *I only mentioned it as an afterthought* j'en ai seulement parlé après coup, quand l'idée m'est venue / *the west wing was added as an afterthought* l'aile ouest a été ajoutée après coup.

afterwards UK ['ɑːftəwədz], **afterward** US ['æftərwərd] adv après, ensuite / *a long time afterwards* longtemps après / *I only realized afterwards* je n'ai compris qu'après coup or que plus tard.

afterword ['ɑːftəwɜːd] n [postscript] postface *f* ; [epilogue] épilogue *m*.

afterworld ['ɑːftəwɜːld] n vie *f* après la mort.

Aga® ['ɑːgə] n *cuisinière en fonte à l'ancienne*.

again [ə'gen] adv **1.** [once more] encore une fois, de nouveau / *it's me again!* c'est encore moi !, me revoici ! / *here we are back home again!* nous revoilà chez nous ! / *you'll soon be well again* vous serez bientôt remis / *(the) same again please!* [in bar] remettez-nous ça or la même chose s'il vous plaît ! ▸ **yet again** encore une fois ; [with negative] ne... plus / *I didn't see them again* je ne les ai plus revus / *not again!* encore ? / *not you again!* encore vous ? ▸ **again and again** maintes et maintes fois, à maintes reprises ▸ **over and over again** : *she read the passage through over and over again* elle a lu et relu le passage **2.** [with verbs] : *to begin again* recommencer / *to come again* revenir / *to do again* refaire / *if I had to do it again* si c'était à refaire / *can you say it again?* pouvez-vous répéter ? / *don't make me have to tell you again!* et que je n'aie pas à vous le répéter ! **3.** [indicating forgetfulness] déjà / *what's her name again?* comment s'appelle-t-elle déjà ? / *what did he say again?* qu'est-ce qu'il a dit déjà ? **4.** [in quantity] ▸ **as much** / **many again** encore autant / *half as much again* encore la moitié de ça / *half as many pages again* la moitié plus de pages / *it's as long* / *wide* / *far again as that* ça fait encore la même longueur / largeur / distance que ça **5.** [furthermore] d'ailleurs, qui plus est.

against [ə'genst] ◆ prep **1.** [indicating position] contre / *he leant his bike (up) against the wall* il appuya son vélo contre le mur / *she had her nose pressed against the window* elle avait le nez écrasé au carreau / *put the chairs (back) against the wall* remettez les chaises contre le mur / *he was standing with his back against the wall* il était adossé contre le mur or au mur ; [indicating impact] contre / *I banged my knee against the chair* je me suis cogné le genou contre la chaise / *the shutter was banging against the window* le volet claquait contre la fenêtre **2.** [in the opposite direction to - current, stream, grain] contre ; [contrary to - rules, principles] à l'encontre de / *to go against a trend* s'opposer à une or aller à l'encontre d'une tendance / *it's against the law to steal* le vol est interdit par la loi / *they sold the farm against my advice* / *wishes* ils ont vendu la ferme sans tenir compte de mes conseils / de ce que je souhaitais **3.** [indicating opposition to - person, proposal, government] contre / *the fight against inflation* / *crime* la lutte contre l'inflation / la criminalité ▸ **to decide against sthg** décider de ne pas faire qqch ▸ **to vote against sthg** voter contre qqch / *you're either for us or against us* tu dois être avec nous ou contre nous / *she's against telling him* elle trouve qu'on ne devrait pas le lui dire / *I advised her against going* je lui ai déconseillé d'y aller / *what have you got against him* / *the idea?* qu'est-ce que vous avez contre lui / l'idée ? / *what have you got against going?* pourquoi vous n'avez pas envie d'y aller ? / *I've nothing against it* je n'ai rien contre **4.** [unfavourable to] contre / *conditions were against them* les conditions leur étaient défavorables / *his appearance is against him* son physique ne joue pas en sa faveur **5.** [in competition with] contre / *United against Everton* SPORT United contre Everton ▸ **to run against sb** **a)** SPORT courir contre qqn **b)** POL se présenter contre qqn ▸ **a race against time** or **the clock** une course contre la montre **6.** [indicating defence, protection, precaution, etc.] contre / *an injection against measles* une injection contre la rougeole / *to insure against accidents* **a)** [insurer] assurer contre les accidents **b)** [client] s'assurer contre les accidents ; *fml* [in preparation for] en vue de, en prévision de / *to save money against one's retirement* faire des économies en prévision de or pour la retraite **7.** [in contrast to] contre, sur / *to stand against the light* être à contre-jour / *the tall chimneys stood out against the sky* les hautes cheminées se détachaient sur le ciel / *yellow flowers against a green background* des fleurs jaunes sur un fond vert / *these events took place against a background of political violence* ces événements ont eu lieu dans un climat de violence politique **8.** [in comparison to, in relation to] en comparaison de, par rapport à / *they cost £10 here (as) against only £7 at the supermarket* ils coûtent 10 livres ici contre or au lieu de 7 livres au supermarché / *the dollar fell against the yen* FIN le dollar a baissé par rapport au yen / *to plot the number of passengers against distance travelled* [in graph] relever le nombre de voyageurs par rapport à la distance parcourue **9.** [in exchange for] contre, en échange de / *cash is available against presentation of the voucher* ce bon peut être échangé contre de l'argent. ◆ adv contre / *are you for or against?* êtes-vous pour ou contre ? / *the odds are 10 to 1 against* **a)** [gen] il y a une chance sur dix **b)** [in horse racing] la cote est à 10 contre 1.

Agamemnon [,æɡə'memnən] pr n Agamemnon.

agapanthus [,æɡə'pænθəs] n BOT agapanthe *f*.

agape [ə'ɡeɪp] adj bouche bée *(inv)*.

agar(-agar) ['eɪɡəʳ, ,eɪɡə'eɪɡəʳ] n agar-agar *m*, gélose *f*.

agaric ['æɡərɪk] n agaric *m*.

Aga-saga ['ɑːɡə,sɑːɡə] n UK *hum roman ayant pour thème la vie sentimentale d'une femme au foyer aisée.*

agate ['æɡɪt] n agate *f*.

agave [ə'ɡeɪvɪ] n agave *m*.

age [eɪdʒ] ◆ n **1.** [of person, animal, tree, building] âge *m* / *what age is he?* quel âge a-t-il ? / *he is 25 years of age* il est âgé de 25 ans / *at the age of 25* à l'âge de 25 ans / *when I was your age* quand j'avais votre âge / *his wife is only half his age* sa femme n'a que la moitié de son âge / *she's twice my age* elle a le double de mon âge / *I have a son your age* j'ai un fils de votre âge / *he lived to a ripe old age* il a vécu jusqu'à un bel âge or très vieux / *she doesn't look her age* elle ne fait pas son âge / *I'm beginning to feel my age* je commence à me sentir vieux ▸ **act** or **be your age! a)** [be reasonable] sois raisonnable ! **b)** [don't be silly] ne sois pas stupide ! / *he is of an age when he should consider settling down* il est à un âge où il devrait penser à se ranger / *the two of them were of an age* ils étaient tous les deux à peu près du même âge ▸ **to be of age** US LAW être majeur ▸ **the age of consent** LAW *âge où les rapports sexuels sont autorisés (16 ans en Grande-Bretagne, 16 ou 18 ans aux États-Unis selon les États)* / *they are below the age of consent* ils tombent sous le coup de la loi sur la protection des mineurs ▸ **the age of discretion** *âge auquel une personne est jugée apte à prendre ses responsabilités* ▸ **to come of age** atteindre sa majorité, devenir majeur / *this way of thinking has at last come of age* c'est un point de vue qui a fait son chemin **2.** [old age - of person] âge *m*, vieillesse *f* ; [- of wood, paper, wine, etc.] âge *m* / *bent with age* courbé par l'âge / *yellow* or *yellowed with age* jauni par l'âge ▸ **Age Concern** *association caritative britannique d'aide aux personnes âgées* **3.** [period - especially historical] époque *f*, âge *m* ; GEOL âge *m* / *through the ages* à travers les âges **4.** *(usu pl)* [long time] éternité *f* / *she was an age getting dressed* or *it took her an age to get dressed* elle a mis un temps fou à s'habiller / *I haven't seen you for* or *in ages!* cela fait une éternité que je ne vous ai (pas) vu ! / *it took him ages to do the work* il a mis très longtemps à faire le travail. ◆ vi vieillir, prendre de l'âge / *he's beginning to age* il commence à se faire vieux / *to age well* **a)** [person] vieillir bien **b)** [wine, cheese] s'améliorer en vieillissant / *he has aged a lot* il a beaucoup vieilli. ◆ vt **1.** [person] vieillir / *illness has aged her* la maladie l'a vieillie **2.** [wine, cheese] laisser vieillir or mûrir ▸ **aged in the wood** vieilli en fût.

age bracket n = age group.

aged ◆ adj **1.** [eɪdʒd] [of the age of] : *a man aged 50* un homme (âgé) de 50 ans **2.** ['eɪdʒɪd] [old] âgé, vieux *(before vowel or silent 'h' vieil, f vieille)* / *my aged aunt* ma vieille tante ▸ **aged care** prise *f* en charge des personnes âgées. ◆ pl n ▸ **the aged** les personnes *fpl* âgées.

age group n tranche *f* d'âge / *the 20 to 30 age group* la tranche d'âge des 20 à 30 ans / *the younger age group* les jeunes *mpl*.

ageing ['eɪdʒɪŋ] ◆ adj **1.** [person] vieillissant, qui se fait vieux ; [society] de vieux ; [machinery, car] (qui se fait) vieux / *the ageing process* le processus du vieillissement **2.** [clothes, hairstyle] qui vieillit. ◆ n **1.** [of society, population] vieillissement *m* ▸ **ageing in place** vieillir chez soi **2.** [of wine, cheese] vieillissement *m*.

ageism, **agism** ['eɪdʒɪzm] n âgisme *m*.

ageist ['eɪdʒɪst] ◆ adj [action, policy] qui relève de l'âgisme. ◆ n *personne qui fait preuve d'âgisme.*

ageless ['eɪdʒlɪs] adj [person] sans âge, qui n'a pas d'âge ; [work of art] intemporel ; [beauty] toujours jeune.

age limit n limite *f* d'âge.

agency ['eɪdʒənsɪ] (*pl* **agencies**) n **1.** COMM [for employment] agence *f*, bureau *m* ; [for travel, accommodation] agence *f* ▸ **dating agency** club *m* de rencontres **2.** ADMIN service *m*, bureau *m* / *international aid agencies* des organisations d'aide internationale / *a government agency* une agence gouvernementale **3.** [intermediary - of person] intermédiaire *m*, entremise *f* ; [- of fate] jeu *m* / *through her agency* par son entremise, grâce à elle ; [of light, water] action *f* / *by the agency of direct sunlight* par l'action directe des rayons du soleil.

agenda [ə'dʒendə] n **1.** [for meeting] ordre *m* du jour ; [for activities] programme *m* / *what's on today's agenda?* or *what's on the agenda (for) today?* **a)** [for meeting] quel est l'ordre du jour ? **b)** [for activities] qu'est-ce qu'il y a au programme pour aujourd'hui ? / *it was top of the agenda* *fig* c'était prioritaire ▸ **to set the agenda** mener le jeu **2.** [set of priorities] ▸ **to have one's own agenda** avoir son propre programme.

> ⚠ The French word **agenda** means a diary or a schedule of events, never the agenda of a meeting.

agenda setting n *fait d'influencer la direction d'un débat.*

agent ['eɪdʒənt] n **1.** COMM agent *m*, représentant *m*, -e *f* ; [for travel, insurance] agent *m* ; [for firm] concessionnaire *mf* ; [for brand] dépositaire *mf* / *he acted as my local agent* il agissait en tant qu'agent local / *the firm are sole agents for Pitkins* la société est agent exclusif de Pitkins / *where's the nearest Jaguar agent?* où est le concessionnaire Jaguar le plus proche ? **2.** [for actor, sportsman, writer] agent *m* **3.** [spy] agent *m* **4.** [means] agent *m*, moyen *m* ; [key person] : *an agent of change* un acteur *m* / *by the working of some outside agent* par l'opération de quelque agent extérieur / *her forceful nature turned out to be the agent of her downfall* son naturel énergique fut aussi la cause or à l'origine de sa chute **5.** CHEM, LING & COMPUT agent *m* ▸ **cleaning agent** produit *m* de nettoyage.

agentive ['eɪdʒəntɪv] n agentif *m*.

Agent Orange n agent *m* orange *(défoliant utilisé par les Américains pendant la guerre du Viêt Nam).*

age-old adj séculaire, antique.

agg assault [æɡ-] n US *inf* coups *mpl* et blessures.

agglomerate ◆ vt [ə'ɡlɒməreɪt] agglomérer. ◆ vi [ə'ɡlɒməreɪt] s'agglomérer. ◆ n [ə'ɡlɒmərət] aggloméré *m*. ◆ adj [ə'ɡlɒmərət] aggloméré.

agglomeration [ə,ɡlɒmə'reɪʃn] n agglomération *f*.

agglutinate ◆ vt [ə'ɡluːtɪneɪt] agglutiner. ◆ vi [ə'ɡluːtɪneɪt] s'agglutiner. ◆ adj [ə'ɡluːtɪnət] agglutiné.

agglutination [ə,ɡluːtɪ'neɪʃn] n agglutination *f*.

agglutinative [ə'ɡluːtɪnətɪv] adj agglutinant.

aggrandizement [ə'ɡrændɪzmənt] n *pej* agrandissement *m* ▸ **personal aggrandizement** volonté *f* de se pousser en avant.

aggravate ['æɡrəveɪt] vt **1.** [worsen - illness, conditions] aggraver ; [- situation, problem] aggraver, envenimer ; [- quarrel] envenimer ; LAW ▸ **aggravated assault** coups et blessures ▸ **aggravated burglary** cambriolage *m* aggravé de coups et blessures **2.** [irritate - person] agacer, ennuyer.

aggravating ['æɡrəveɪtɪŋ] adj **1.** [worsening - situation, illness, conditions] aggravant **2.** [irritating - person, problem] agaçant, exaspérant.

aggravation [,æɡrə'veɪʃn] n **1.** [deterioration - of situation, illness, conditions] aggravation *f* ; [- of dispute] envenimement *m* **2.** [irritation] agacement *m*, exaspération *f*.

aggregate ◆ n ['æɡrɪɡət] **1.** [total] ensemble *m*, total *m* ▸ **in the aggregate** or **on aggregate** dans l'ensemble, globalement ▸ **to win on aggregate** SPORT gagner au total des points **2.** CONSTR & GEOL agrégat *m*. ◆ adj ['æɡrɪɡət] global, total ▸ **aggregate income** revenus *mpl* globaux. ◆ vt ['æɡrɪɡeɪt] **1.** [bring together] rassembler **2.** [add up to] s'élever à, se monter à.

aggregator ['æɡrɪɡeɪtəʳ] n agrégateur *m*.

aggression [ə'ɡreʃn] n agression *f*.

aggressive [ə'ɡresɪv] adj **1.** [gen & PSYCHOL] agressif **2.** MIL [action, weapon] offensif **3.** COMM [campaign] énergique ; US [businessman] combatif, dynamique.

aggressively [ə'ɡresɪvlɪ] adv [behave] agressivement, avec agressivité ; [campaign] avec dynamisme.

aggressiveness [ə'ɡresɪvnɪs] n **1.** [gen] agressivité *f* **2.** COMM [of businessman] combativité *f* ; [of campaign] dynamisme *m*, fougue *f*.

aggressor [ə'ɡresəʳ] n agresseur *m*.

aggrieved [ə'ɡriːvd] adj **1.** [gen] affligé, chagriné ▸ **to feel aggrieved at** or **about sthg** être chagriné de or par qqch **2.** LAW lésé.

aggro ['æɡrəʊ] n *(U)* UK *inf* **1.** [violence, fighting] grabuge *m*, bagarre *f* / *there was a bit of aggro at the pub last night* il y a eu du grabuge or ça a chauffé au pub hier soir **2.** [fuss, bother] histoires *fpl* / *people don't complain, because they don't want any aggro* les gens ne se plaignent pas parce qu'ils ne veulent pas d'histoires / *there has been a lot of aggro at work recently* il y a eu pas mal d'histoires au boulot dernièrement.

aghast [ə'ɡɑːst] adj [astounded] interloqué, pantois ; [horrified] horrifié, atterré / *she was aghast at the news* elle était atterrée par la nouvelle / *I stared at him aghast* je l'ai regardé, atterrée.

agile [UK 'ædʒaɪl US 'ædʒəl] adj **1.** [person, animal] agile, leste **2.** [brain, mind] vif.

agility [ə'dʒɪlətɪ] n **1.** [physical] agilité *f*, souplesse *f* / *to move with great agility* se déplacer avec une grande agilité **2.** [mental] vivacité *f*.

Agincourt ['ædʒɪnkɔːt] pr n Azincourt.

aging ['eɪdʒɪŋ] adj & n = **ageing**.

agio ['ædʒɪəʊ] (*pl* **agios**) n agio *m*.

agiotage ['ædʒətɪdʒ] n agiotage *m*.

agism = **ageism**.

agitate ['ædʒɪteɪt] ◆ vi POL ▸ **to agitate for / against sthg** faire campagne en faveur de / contre qqch / *they are agitating for better working conditions* ils réclament de meilleures conditions de travail. ◆ vt **1.** [liquid] agiter, remuer **2.** [emotionally] agiter, troubler.

agitated ['ædʒɪteɪtɪd] adj agité, troublé / *she was very agitated* elle était très agitée or dans tous ses états / *to become* or *to get agitated* se mettre dans tous ses états.

agitation [,ædʒɪ'teɪʃn] n **1.** [emotional] agitation *f*, émoi *m*, trouble *m* / *to be in a state of agitation* être dans tous ses états **2.** [unrest] agitation *f*, troubles *mpl* ; [campaign] campagne *f* mouvementée / *there was a lot of agitation in favour of nuclear disarmament* il y avait un fort mouvement de contestation pour réclamer le désarmement nucléaire **3.** [of sea] agitation *f.*

agitator ['ædʒɪteɪtər] n **1.** POL [person] agitateur *m*, -trice *f* **2.** [machine] agitateur *m.*

agitprop ['ædʒɪtprop] ◆ n POL agit-prop *f inv.* ◆ comp [art, theatre] de l'agit-prop.

aglow [ə'gləʊ] adj [fire] rougeoyant ; [sky] embrasé / *to be aglow with colour* briller de couleurs vives / *his face was aglow with excitement / health* son visage rayonnait d'émotion / de santé.

AGM (abbr of annual general meeting) n UK AGA.

agnate ['ægneɪt] ◆ n agnat *m*, -e *f.* ◆ adj apparenté par les hommes de la famille.

agnolotti [ænjə'lɒtɪ] pl n agnolotti *mpl.*

agnostic [æg'nɒstɪk] ◆ n agnostique *mf.* ◆ adj agnostique.

agnosticism [æg'nɒstɪsɪzm] n agnosticisme *m.*

ago [ə'gəʊ] adv : *they moved here ten years ago* ils ont emménagé ici il y a dix ans / *how long ago did this happen?* cela c'est produit il y a combien de temps?, il y a combien de temps que cela s'est produit? / *a long time ago* or *long ago* il y a longtemps / *as long ago as 1900* en 1900 déjà, dès 1900.

See boxes at for and avoir.

agog [ə'gɒg] adj en émoi / *the children were all agog (with excitement)* les enfants étaient tout excités / *I was agog to discover what had happened* je brûlais d'impatience de savoir ce qui s'était passé / *the scandal set the whole town agog* le scandale a mis la ville entière en émoi.

agonize, agonise ['ægənaɪz] vi se tourmenter / *to agonize over* or *about a decision* hésiter longuement avant de prendre une décision / *don't agonize over it!* n'y passe pas trop de temps ! / *to agonize over how to do sthg* se ronger les sangs or se tracasser pour savoir comment faire qqch.

> ⚠ **Agoniser** means to be dying, not to agonise.

agonized ['ægənaɪzd] adj [behaviour, reaction] angoissé, d'angoisse ; [cry] déchirant.

agonizing ['ægənaɪzɪŋ] adj [situation] angoissant ; [decision] déchirant, angoissant ; [pain] atroce / *we had an agonizing half-hour* nous avons connu une demi-heure d'angoisse.

agonizingly ['ægənaɪzɪŋlɪ] adv atrocement / *an agonizingly difficult decision* une décision atrocement difficile.

agony ['ægənɪ] (*pl* **agonies**) n **1.** [physical - pain] douleur *f* atroce ; [- suffering] souffrance *f* atroce, souffrances *fpl* atroces / *to be in agony* souffrir le martyre / *to cry out in agony* crier de douleur / *it was agony to stand up* je souffrais le martyre pour me lever ▸ **death agony** agonie *f* (de la mort) **2.** [emotional, mental] supplice *m*, angoisse *f* / *to be in an agony of doubt / remorse* être torturé par le doute / le remords / *it was agony just listening to him* le seul fait de l'écouter était un vrai supplice.

> ⚠ **Agonie** means "death throes" and should not be used to translate other meanings of agony.

agony aunt n UK *responsable du courrier du cœur.*

agony column n courrier *m* du cœur.

agoraphobia [,ægərə'fəʊbjə] n agoraphobie *f.*

agoraphobic [,ægərə'fəʊbɪk] ◆ adj agoraphobe. ◆ n agoraphobe *mf.*

agouti [ə'gu:tɪ] (*pl* **agouti** *or* **agoutis**) n agouti *m.*

AGR (abbr of advanced gas-cooled reactor) n AGR *m.*

agrarian [ə'greərɪən] ◆ adj agraire. ◆ n agrarien *m*, -enne *f.*

agree [ə'gri:] ◆ vi **1.** [share same opinion] être d'accord / *I quite agree* je suis tout à fait d'accord (avec vous) / *don't you agree?* n'êtes-vous pas d'accord? ▸ **to agree about sthg** être d'accord sur qqch / *I agree about going on a holiday* je suis d'accord pour partir en vacances / *I think we agree on* or *about the basic facts* je pense que nous sommes d'accord sur l'essentiel ▸ **to agree with sb** être d'accord avec or être du même avis que qqn / *I agree with you about the decor* je suis d'accord avec vous pour ce qui est du décor / *they agree with me that it's a disgrace* ils trouvent comme moi que c'est une honte / *I agree with you entirely* je suis parfaitement d'accord or en plein accord avec vous / *I couldn't agree with you more* je partage entièrement votre avis / *let's agree to disagree* assumons le fait qu'on n'est pas d'accord **2.** [be in favour] être d'accord / *I don't agree with censorship* je suis contre or je n'admets pas la censure / *I don't agree with people smoking in public places* je ne suis pas d'accord pour que les gens fument dans les lieux publics **3.** [assent] consentir, donner son adhésion / *to agree to a proposal* donner son adhésion à or accepter une proposition / *to agree to sb's request* consentir à la requête de qqn / *her parents have agreed to her going abroad* ses parents ont consenti à ce qu'elle aille or sont d'accord pour qu'elle aille à l'étranger / *they agreed to share the cost* ils se sont mis d'accord pour partager les frais / *they agreed to take a taxi* ils ont décidé d'un commun accord de prendre un taxi **4.** [reach agreement] se mettre d'accord / *the doctors couldn't agree about the best treatment* les médecins n'arrivaient pas à se mettre d'accord sur le traitement à suivre / *to agree on* or *upon a date* convenir d'une date / *they agreed on Italy for the honeymoon* ils se sont mis d'accord sur l'Italie pour la lune de miel / *that was the price we agreed (on)* c'était le prix dont nous avions convenu or sur lequel nous nous étions mis d'accord **5.** [correspond - account, estimate] concorder / *your statement doesn't agree with hers* ta version or ta déclaration ne correspond pas à la sienne, vos deux versions ne concordent pas **6.** [be suitable] : *the climate here agrees with me* le climat d'ici me réussit or me convient très bien / *rich food doesn't agree with me* la nourriture riche ne me réussit pas **7.** GRAM s'accorder / *the verb agrees with the subject* le verbe s'accorde avec le sujet. ◆ vt **1.** [share opinion] ▸ **to agree that...** être d'accord avec le fait que... / *we all agree that he's innocent* nous sommes tous d'accord pour dire qu'il est innocent, nous sommes tous d'avis qu'il est innocent / *everyone agrees that the party was a success* tout le monde s'accorde à reconnaître que la fête était un succès / *I don't agree that the police should be armed* je ne suis pas d'accord pour que la police soit armée **2.** [consent] ▸ **to agree to do sthg** accepter de or consentir à faire qqch **3.** [admit] admettre, reconnaître / *they agreed that they had made a mistake* ils ont reconnu or convenu qu'ils avaient fait une faute **4.** [reach agreement on] convenir de / *to agree a date* convenir d'une date / *it was agreed to continue the next day* il a été convenu que l'on poursuivrait le lendemain ▸ **we agreed to differ** nous sommes restés chacun sur notre position / *it was agreed that the money should be invested* il a été convenu que l'argent serait investi / *to agree a price* se mettre d'accord sur un prix / *the budget has been agreed* le budget a été adopté ▸ **unless otherwise agreed** LAW sauf accord contraire **5.** [accept - statement, plan] accepter.

> Note that accepter que is followed by a verb in the subjunctive:
> **They ended up agreeing to let us take the next flight.** *Ils ont fini par accepter que nous prenions le vol suivant.*

agreeable [ə'grɪəbl] adj **1.** [pleasant - situation] plaisant, agréable ; [- person] agréable **2.** [willing] consentant ▸ **to be agreeable to doing sthg** accepter de or bien vouloir faire qqch / *I am quite agreeable to his* or *him going* je veux bien or je suis d'accord pour qu'il y aille / *are you agreeable to the proposal?* consentez-vous à la proposition ?, êtes-vous d'accord avec la proposition ? / *if you are agreeable* si cela vous convient, si vous êtes d'accord / *if she's agreeable* si elle veut bien **3.** [acceptable] acceptable, satisfaisant / *I hope the terms are agreeable to you* j'espère que les conditions vous conviennent.

agreeably [ə'grɪəblɪ] adv agréablement / *I was agreeably surprised* je fus agréablement surpris.

agreed [ə'gri:d] ◆ adj **1.** [in agreement] d'accord / *is everyone agreed?* est-ce que tout le monde est d'accord ? / *it's agreed that we leave on Friday* il est entendu or convenu que nous partons vendredi / *we are agreed on* or *about the conditions* nous sommes d'accord sur les conditions **2.** [fixed - time, place, price] convenu / *as agreed* comme convenu / *at the agreed time* à l'heure convenue. ◆ interj ▸ **agreed!** (c'est) d'accord or entendu !

agreement [ə'gri:mənt] n **1.** [gen] accord *m* ▸ **to be in agreement with sb about sthg** être d'accord avec qqn sur qqch or au sujet de qqch / *we are both in agreement on this point* nous sommes tous les deux d'accord or du même avis à ce sujet ▸ **to reach agreement** parvenir à un accord / *by agreement with the management* en accord avec la direction **2.** COMM & POL accord *m* / *under the (terms of the) agreement* selon les termes de l'accord ▸ **to come to an agreement** tomber d'accord, parvenir à un accord ▸ **to break an agreement** rompre un accord **3.** GRAM accord *m.*

agribusiness ['ægrɪ,bɪznɪs] n *(U)* agro-industries *fpl.*

agrichemical [,ægrɪ'kemɪkəl] ◆ n produit *m* agrochimique. ◆ adj agrochimique.

agricultural [,ægrɪ'kʌltʃərəl] adj [produce, machinery, land, society] agricole ; [expert] agronome ; [college] d'agriculture, agricole.

agricultural engineer n ingénieur *m* agronome.

agriculturalist [,ægrɪ'kʌltʃərəlɪst] n [specialist] agronome *mf* ; [farmer] agriculteur *m*, -trice *f.*

agricultural show n [national] salon *m* de l'agriculture ; [local] foire *f* agricole.

agriculture ['ægrɪkʌltʃər] n agriculture *f.*

Agrigento [,ægrɪ'dʒentəʊ] pr n Agrigente.

Agrippa [ə'grɪpə] pr n Agrippa.

Agrippina [,ægrɪ'pi:nə] pr n Agrippine.

agritourism ['ægrɪtʊərɪzəm] n agritourisme *m.*

agrobiology [,ægrəʊbaɪ'ɒlədʒɪ] n agrobiologie *f.*

agrochemical [,ægrəʊ'kemɪkəl] ◆ n produit *m* agrochimique. ◆ adj agrochimique.

agrochemist [,ægrəʊ'kemɪst] n agrochimiste *mf.*

agrochemistry [,ægrəʊ'kemɪstrɪ] n agrochimie *f.*

agroclimatology [,ægrəʊklaɪmə'tɒlədʒɪ] n agroclimatologie *f.*

agro-industrial ['ægrəʊ-] n agro-industriel.

agro-industry ['ægrəʊ-] n agro-industrie *f.*

agronomist [ə'grɒnəmɪst] n agronome *mf.*

agronomy [ə'grɒnəmɪ] n agronomie *f.*

agroterrorism ['ægrəʊterərɪzəm] n agro-terrorisme *m.*

agroterrorist ['ægrəʊterərɪst] n agro-terroriste *mf.*

aground [ə'graʊnd] ◆ adj NAUT échoué ▸ **to be aground** toucher le fond, être échoué. ◆ adv ▸ **to run** or **to go aground** s'échouer.

ague ['eɪgju:] n *arch* fièvre *f.*

ah [ɑ:] interj ▸ **ah!** ah !

aha [ɑ:'hɑ:] interj ▸ **aha!** ah, ah !, tiens !

Ahab ['eihæb] pr n ▸ **Captain Ahab** Achab *(personnage de « Moby Dick » de Melville, qui mène un combat symbolique contre la baleine blanche).*

ahead [ə'hed] adv **1.** [in space] en avant, devant / *the road ahead* la route devant nous / eux etc. / *there's a crossroads about half a mile ahead* il y a un croisement à environ 800 mètres (d'ici) / *go / drive on ahead and I'll catch you up* vas-y or pars en avant, je te rattraperai / *to push* or *press ahead with a project* poursuivre un projet **2.** [in time] : *the years ahead* les années à venir / *what lies ahead?* qu'est-ce qui nous attend ? / *looking ahead to the future* en pensant à l'avenir / *to plan ahead* faire des projets / *we must think ahead* nous devons prévoir **3.** [in competition, race] en avance / *three lengths / five points ahead* trois longueurs / cinq points d'avance / *it's better to quit while you're ahead* mieux vaut te retirer du jeu pendant que tu as l'avantage.

❖ **ahead of** prep phr **1.** [in front of] devant / *there were ten people ahead of us in the queue* il y avait dix personnes devant nous dans la queue **2.** [in time] : *he arrived ten minutes ahead of me* il est arrivé dix minutes avant moi / *to finish ahead of schedule* terminer plus tôt que prévu or en avance / *the rest of the team are two months ahead of us* les autres membres de l'équipe ont deux mois d'avance sur nous / *French time is one hour ahead of British time* la France a une heure d'avance sur la Grande-Bretagne / *to arrive ahead of time* arriver en avance or avant l'heure ▸ **to be ahead of one's time** *fig* être en avance sur son époque **3.** [in competition, race] : *he is five points ahead of his nearest rival* il a cinq points d'avance sur son rival le plus proche, il devance son rival le plus proche de cinq points.

ahem [ə'hem] interj ▸ **ahem!** hum !

a-hole ['eɪhəʊl] n US *vulg* = **asshole**.

ahoy [ə'hɔɪ] interj ▸ **ahoy!** ohé !, holà ! ▸ **ship ahoy!** ohé du navire !

AI ◆ pr n (abbr of **Amnesty International**) AI. ◆ n **1.** (abbr of **artificial intelligence**) IA *f* **2.** (abbr of **artificial insemination**) IA *f*.

aid [eɪd] ◆ n **1.** [help, assistance] aide *f* / *with the aid of half a dozen helpers* avec l'aide d'une demi-douzaine d'assistants / *I managed to open the tin with the aid of a screwdriver* à l'aide d'un tournevis, j'ai réussi à ouvrir la boîte ▸ **to come to sb's aid** venir à l'aide de qqn ▸ **to go to the aid of sb** se porter au secours de or porter secours à qqn **2.** POL aide *f* ▸ **food aid** aide alimentaire ▸ **overseas aid** aide au tiers-monde / *the government gives aid to depressed areas* le gouvernement octroie des aides aux régions en déclin **3.** [helpful equipment] aide *f*, support *m* ▸ **teaching aids** supports or aides pédagogiques ▸ **visual aids** supports visuels **4.** [assistant] aide *mf*, assistant *m*, -e *f* **5.** [for climber] piton *m*. ◆ vt **1.** [help -person] aider, venir en aide à ; [-financially] aider, secourir ▸ **to aid sb with sthg** aider qqn pour qqch / *I refuse to aid you in any illegal enterprise* je refuse de vous aider dans une quelconque entreprise illicite / *they aided one another* ils se sont entraidés, ils se sont aidés les uns les autres **2.** [give support to - region, industry] aider, soutenir **3.** [encourage - development, understanding] contribuer à **4.** LAW ▸ **to aid and abet sb** être (le) complice de qqn / *aided and abetted by her sister fig* avec la complicité de sa sœur.

❖ **in aid of** prep phr : *a collection in aid of the homeless* une collecte au profit des sans-abri / *what are all these levers in aid of?* UK *inf & fig* à quoi servent tous ces leviers ? / *what are the cakes in aid of?* UK *inf* les gâteaux sont en l'honneur de quoi ?

AID ◆ n (abbr of **artificial insemination by donor**) IAD *f*. ◆ pr n (abbr of **Agency for International Development**) AID *f*.

aid climbing n escalade *f* artificielle.

aide [eɪd] n aide *mf*, assistant *m*, -e *f*.

-aided [eɪdɪd] in comp **1.** COMPUT assisté par **2.** [financially] ▸ **grant-aided a)** [student] boursier **b)** [industry] subventionné **c)** [school] qui reçoit une subvention.

aide-de-camp [eɪddə'kɑː] (*pl* **aides-de-camp** [ˌeɪdz-]) n aide *m* de camp.

aide-mémoire [ˌeɪdmem'wɑː] (*pl* **aides-mémoire** ['eɪdz-]) n aide-mémoire *m inv*.

aids, **AIDS** [eɪdz] (abbr of **acquired immune deficiency syndrome**) ◆ n sida *m*. ◆ comp [clinic] pour personnes atteintes du sida ▸ **aids patient** or **sufferer** personne *f* atteinte du sida ▸ **aids research** recherche sur le sida ▸ **aids specialist** sidologue *mf* ▸ **aids test** test *m* du sida ▸ **the aids virus** le virus du sida.

aids-related adj lié au sida ▸ **aids-related complex** ARC *m*.

aid worker n [voluntary] volontaire *mf* ; [paid] employé *m*, -e *f* d'une organisation humanitaire.

AIH (abbr of **artificial insemination by husband**) n IAC *f*.

aikido [aɪ'kiːdəʊ] n aïkido *m*.

ail [eɪl] ◆ vt *regional & liter* : *what ails you?* qu'avez-vous ?, quelle mouche vous a piqué ? ◆ vi être souffrant.

aileron ['eɪlərɒn] n aileron *m*.

ailing ['eɪlɪŋ] adj [person] souffrant, en mauvaise santé ; [economy, industry] malade.

ailment ['eɪlmənt] n mal *m*, affection *f* / *she has all kinds of ailments* elle souffre de toutes sortes de maux.

aim [eɪm] ◆ n **1.** [intention, purpose] but *m* ▸ **with the aim of** afin de, dans le but de / *she came to the meeting with the aim of causing trouble* elle est venue à la réunion dans le but de faire des histoires / *his aim is to get rich quickly* il a pour but or il s'est donné comme but de s'enrichir rapidement / *her ultimate aim is to beat the world record* son but final est de battre le record du monde / *her aim in going to London was to find a job* elle était allée à Londres dans le but de trouver du travail / *you need an aim in life* il faut un but dans la vie **2.** [with weapon] ▸ **to take aim (at sthg / sb)** viser (qqch / qqn) / *to have a good aim* bien viser / *your aim isn't very good* vous ne visez pas très bien / *to miss one's aim* manquer la cible or son but. ◆ vt **1.** [gun] braquer ; [missile] pointer ; [stone] lancer ; [blow] allonger, décocher ; [kick] donner / *he aimed his gun at the man's head* il a braqué son pistolet sur la tête de l'homme / *he was aiming stones at the tree* il lançait des cailloux sur l'arbre / *there are missiles aimed at all the major cities* des missiles ennemis sont pointés sur toutes les grandes villes / *the man aimed a kick at the dog* l'homme donna un coup de pied au chien **2.** *fig* [criticism, product, programme] destiner / *was that remark aimed at me?* est-ce que cette remarque m'était destinée ? / *the programme is aimed at a teenage audience* l'émission est destinée à un public d'adolescents. ◆ vi **1.** [take aim] ▸ **to aim at** or **for sthg** viser qqch / *he aimed at the target* il visait la cible / *she aimed at or for the post, but missed* elle a visé le poteau, mais elle l'a manqué **2.** [have as goal] : *she's aiming to become a millionaire by the age of 30* son but, c'est d'être millionnaire à 30 ans / *we aim to arrive before midnight* nous avons l'intention or nous nous sommes fixés d'arriver avant minuit / *he's aiming at quick promotion* il vise une promotion rapide / *we're aiming for Rouen before stopping* nous nous sommes fixé Rouen comme but avant de nous arrêter / *to aim high* viser haut.

aimless ['eɪmlɪs] adj [person] sans but, désœuvré ; [life] sans but ; [occupation, task] sans objet, futile.

aimlessly ['eɪmlɪslɪ] adv [walk around] sans but ; [stand around] sans trop savoir quoi faire / *he wandered aimlessly through the streets* il errait dans les rues.

ain't [eɪnt] *inf* **1.** abbr of **am not 2.** abbr of **is not 3.** abbr of **are not 4.** abbr of **has not 5.** abbr of **have not**.

Aintree ['eɪntrɪ] pr n *champ de courses en Grande-Bretagne.*

air [eəʳ] ◆ n **1.** [gen & PHYS] air *m* / *I need some (fresh) air* j'ai besoin de prendre l'air / *I went out for a breath of (fresh) air* je suis sorti prendre l'air ▸ **to take the air** *liter* prendre le frais / *the divers came up for air* les plongeurs sont remontés à la surface pour respirer / *I need a change of air* j'ai besoin de changer d'air ▸ **to disappear** or **vanish into thin air** se volatiliser, disparaître sans laisser de traces ▸ **Air Quality Index** indice *m* de pollution de l'air **2.** [sky] air *m*, ciel *m* / *the smoke rose into the air* la fumée s'éleva vers le ciel ▸ **to throw sthg up into the air** lancer qqch en l'air / *seen from the air, the fields looked like a chessboard* vus d'avion, les champs ressemblaient à un échiquier ▸ **to take to the air a)** [bird] s'envoler **b)** [plane] décoller **3.** AERON : *to travel by air* voyager par avion / *mail that is sent by air* le courrier (envoyé) par avion ▸ **air speed** vitesse *f* du vol **4.** RADIO & TV ▸ **to be on (the) air a)** [person] être à or avoir l'antenne **b)** [programme] être à l'antenne **c)** [station] émettre ▸ **to go on the air a)** [person] passer à l'antenne **b)** [programme] passer à l'antenne, être diffusé / *you're on the air* vous avez l'antenne ▸ **to go off the air a)** [person] rendre l'antenne **b)** [programme] se terminer **c)** [station] cesser d'émettre **5.** [manner, atmosphere] air *m* / *there is an air of mystery about her* elle a un air mystérieux / *with a triumphant air* d'un air triomphant / *she smiled with a knowing air* elle sourit d'un air entendu **6.** MUS air *m*. ◆ comp [piracy, traffic] aérien ; [travel, traveller] par avion. ◆ vt **1.** [linen, bed, room] aérer **2.** [express -opinion, grievance] exprimer, faire connaître ; [-suggestion, idea] exprimer, avancer **3.** US RADIO & TV diffuser. ◆ vi US : *the movie airs next week* le film sera diffusé la semaine prochaine.

❖ **airs** pl n ▸ **to put on** or **to give o.s. airs** se donner de grands airs ▸ **airs and graces** UK minauderies *fpl*.

❖ **in the air** adv phr : *there's a rumour in the air that they're going to sell* le bruit court qu'ils vont vendre / *there's something in the air* il se trame quelque chose / *our holiday plans are still (up) in the air* nos projets de vacances sont encore assez vagues / *the project is still very much (up) in the air* le projet n'est encore qu'à l'état d'ébauche or est encore vague.

air alert n alerte *f* aérienne.

airbag ['eəbæg] n AUTO Air Bag® *m*, coussin *m* gonflable.

airbase ['eəbeɪs] n base *f* aérienne.

airbed ['eəbed] n matelas *m* pneumatique.

air bladder n vessie *f* natatoire.

airborne ['eəbɔːn] adj **1.** [plane] en vol / *to become airborne* décoller **2.** [troops, division, regiment] aéroporté.

airbrake ['eəbreɪk] n AUTO frein *m* à air comprimé ; AERON aérofrein *m*, frein *m* aérodynamique.

air brick n brique *f* creuse.

airbrush ['eəbrʌʃ] ◆ n pistolet *m* *(pour peindre)*. ◆ vt peindre au pistolet.

air bubble n [in wallpaper, liquid] bulle *f* d'air ; [in plastic, metal] soufflure *f*.

Airbus® ['eəbʌs] n Airbus *m*.

air chamber n chambre *f* à air.

air chief marshal n UK général *m* d'armée aérienne.

air commodore n UK général *m* de brigade aérienne.

air-conditioned adj climatisé ▸ **fully air-conditioned** entièrement climatisé.

air-conditioner n climatiseur *m*.

air-conditioning n climatisation *f*.

air-cooled [-kuːld] adj **1.** [engine] à refroidissement par air **2.** US [room] climatisé.

air corridor n couloir *m* aérien.

air cover n couverture *f* aérienne.

aircraft ['eəkrɑːft] (*pl* **aircraft**) n avion *m* ▸ **aircraft hangar** hangar *m* à avions.

aircraft carrier n porte-avions *m inv*.

aircraft(s)man ['eəkrɑːft(s)mən] (*pl* **aircraft(s)men** [-mən]) n UK MIL soldat *m* de deuxième classe *(dans l'armée de l'air)*.

aircraft(s)woman ['eəkrɑːft(s)ˌwʊmən] (*pl* **aircraft(s)women** [-ˌwɪmɪn]) n UK MIL femme *f* soldat de deuxième classe *(dans l'armée de l'air)*.

aircrew ['eəkruː] n équipage *m* *(d'avion)*.

air current n courant *m* atmosphérique.

air curtain n store *m* d'air *(chaud ou froid)*.

air cushion n [gen] coussin *m* pneumatique ; TECH coussin *m* or matelas *m* d'air.

air cylinder n cylindre *m* à air comprimé.

airdrome ['eərdrəʊm] n US = **aerodrome**.

airdrop ['eədrɒp] (*pt & pp* **airdropped**, *cont* **airdropping**) ◆ n parachutage *m*. ◆ vt parachuter.

air-dry vt sécher à l'air.

Airedale terrier [ˌeədeɪl'terɪəʳ], **Airedale** n airedale-terrier *m*.

airer ['eərəʳ] n UK [for clothes] séchoir *m*.

airfare ['eəfeəʳ] n prix *m* du billet (d'avion), tarif *m* aérien.

air ferry n avion *m* transbordeur.

airfield ['eəfiːld] n terrain *m* d'aviation, (petit) aérodrome *m*.

airflow ['eəfləʊ] n TECH écoulement *m* d'air / *smooth / turbulent airflow* écoulement *m* régulier / turbulent ▸ **airflow body** US AUTO carrosserie *f* aérodynamique ▸ **airflow meter** débitmètre *m* d'air.

airfoil ['eəfɔɪl] n US = **aerofoil**.

air force n armée *f* de l'air ▸ **air force base** base *f* aérienne.

Air Force One n *nom de l'avion officiel du président des États-Unis.*

airframe ['eəfreɪm] n cellule *f* (d'avion).

airfreight ['eəfreɪt] n [cargo] fret *m* aérien ; [transport] transport *m* aérien ▸ **to send sthg by airfreight** expédier qqch par voie aérienne or par avion.

air freighter n avion-cargo *m*.

air freshener [-'freʃənəʳ] n désodorisant *m (pour la maison).*

airgun ['eəgʌn] n [rifle] carabine *f* or fusil *m* à air comprimé ; [pistol] pistolet *m* à air comprimé.

airhead ['eəhed] n *inf* taré *m*, -e *f*.

airhole ['eəhəʊl] n trou *m* d'aération.

air hostess ['eəˌhəʊstɪs] n hôtesse *f* de l'air.

airily ['eərəlɪ] adv avec désinvolture.

airiness ['eərɪnɪs] n **1.** [of room] aération *f*, (bonne) ventilation *f* **2.** [of tone, manner] désinvolture *f*.

airing ['eərɪŋ] n **1.** [of linen, room] aération *f* / *the room needs an airing* la pièce a besoin d'être aérée / *give the sheets a good airing* secouez bien les draps **2.** *fig* : *to give an idea an airing* agiter une idée, mettre une idée sur le tapis.

airing cupboard n *placard chauffé faisant office de sèche-linge.*

air-kiss ['eəkɪs] vi s'embrasser (avec affectation).

airlane ['eəleɪn] n couloir *m* aérien or de navigation aérienne.

airless ['eəlɪs] adj **1.** [room] qui manque d'air, qui sent le renfermé **2.** [weather] lourd.

air letter n aérogramme *m*.

airlift ['eəlɪft] ◆ n pont *m* aérien. ◆ vt [passengers, troops - out] évacuer par pont aérien ; [- in] faire entrer par pont aérien ; [supplies, cargo] transporter par pont aérien.

airline ['eəlaɪn] n **1.** AERON ligne *f* aérienne **2.** [for compressed air] tuyau *m* d'air.

airliner ['eəlaɪnəʳ] n avion *m* de ligne.

airlock ['eəlɒk] n **1.** [in spacecraft, submarine] sas *m* **2.** [in pipe] poche *f* or bulle *f* d'air.

airmail ['eəmeɪl] ◆ n poste *f* aérienne / **'by airmail'** [on envelope] 'par avion'. ◆ comp [letter, parcel] par avion ▸ **airmail paper** papier *m* pelure. ◆ vt expédier par avion.

airman ['eəmən] (*pl* **airmen** [-mən]) n **1.** [gen] aviateur *m* **2.** US MIL soldat *m* de première classe (de l'armée de l'air).

air marshal n général *m* de corps aérien.

air mass n masse *f* d'air.

air mattress n matelas *m* pneumatique.

Air Miles® n *programme de fidélité permettant de bénéficier d'avantages en fonction des distances parcourues en avion.*

air miss n quasi-collision *f* (aérienne).

airmobile ['eəməˌbiːl] adj US aéroporté.

air pistol n pistolet *m* à air comprimé.

airplane ['eərpleɪn] n US avion *m* ▸ **airplane mode** [on mobile phone] mode *m* avion.

air plant n tillandsia *m*.

airplay ['eəpleɪ] n : *that song is getting a lot of airplay* on entend souvent cette chanson à la radio.

air pocket n [affecting plane] trou *m* d'air ; [in pipe] poche *f* d'air.

air pollution n pollution *f* atmosphérique.

airport ['eəpɔːt] n aéroport *m* ▸ **airport fiction** romans *mpl* de gare ▸ **airport tax** taxe *f* d'aéroport ▸ **airport terminal** aérogare *f*.

air pressure n pression *f* atmosphérique.

air pressure gauge n manomètre *m*.

air pump n compresseur *m*, pompe *f* à air.

air raid n attaque *f* aérienne, raid *m* aérien.

air-raid shelter n abri *m* antiaérien.

air-raid warden n préposé *m*, -e *f* à la défense passive.

air-raid warning n alerte *f* antiaérienne.

air rifle n carabine *f* à air comprimé.

airscrew ['eəskruː] n UK hélice *f* (d'avion).

air-sea rescue n sauvetage *m* en mer *(par hélicoptère)* / *air-sea rescue helicopter* hélicoptère *m* de sauvetage en mer.

airship ['eəʃɪp] n dirigeable *m*.

air show n **1.** COMM [exhibition] salon *m* de l'aéronautique **2.** [display] meeting *m* aérien.

airsick ['eəsɪk] adj ▸ **to be** or **to get airsick** avoir le mal de l'air.

airsickness ['eəˌsɪknɪs] n mal *m* de l'air.

airsock ['eəsɒk] n manche *f* à air.

airspace ['eəspeɪs] n espace *m* aérien.

airspeed ['eəspiːd] n vitesse *f* relative.

airstream ['eəstriːm] n courant *m* atmosphérique.

airstrike ['eəstraɪk] n raid *m* aérien, attaque *f* aérienne.

airstrip ['eəstrɪp] n terrain *m* or piste *f* d'atterrissage.

air tanker n avitailleur *m*.

air taxi n avion-taxi *m*.

air terminal n aérogare *f*.

airtight ['eətaɪt] adj hermétique, étanche (à l'air) / *I don't think his argument is completely airtight fig* je ne crois pas que son argument soit totalement irréfutable.

airtime ['eətaɪm] n **1.** RADIO & TV : *that song is getting a lot of airtime* on entend souvent cette chanson à la radio / *the subject didn't get much airtime* on n'a pas consacré beaucoup de temps au sujet pendant l'émission **2.** [on mobile phone] temps *m* de communication.

air-to-air adj MIL air-air *(inv)*, avion-avion *(inv)*.

air-to-surface adj MIL air-sol *(inv)*.

air-traffic control n contrôle *m* du trafic aérien.

air-traffic controller n contrôleur *m*, -euse *f* du trafic aérien, aiguilleur *m* du ciel.

air valve n soupape *f*.

airvent ['eəvent] n prise *f* d'air.

air vice-marshal n UK général *m* de division aérienne.

airwaves ['eəweɪvz] pl n ondes *fpl* (hertziennes) ▸ **on the airwaves** sur les ondes, à la radio.

airway ['eəweɪ] n **1.** AERON [route] voie *f* aérienne ; [company] ligne *f* aérienne **2.** MED voies *fpl* respiratoires / *make sure the airways aren't blocked* assurez-vous que les voies respiratoires ne sont pas obstruées **3.** [shaft] conduit *m* d'air.

airwoman ['eəˌwʊmən] (*pl* **airwomen** [-ˌwɪmɪn]) n **1.** [gen] aviatrice *f* **2.** MIL (femme *f*) auxiliaire *f (de l'armée de l'air).*

airworthiness ['eəˌwɜːðɪnɪs] n AERON tenue *f* en l'air, navigabilité *f* / *certificate of airworthiness* certificat *m* de navigabilité.

airworthy ['eəˌwɜːðɪ] adj en état de navigation.

airy ['eərɪ] (*compar* **airier**, *superl* **airiest**) adj **1.** [room] bien aéré, clair **2.** *fig* [casual - manner] insouciant, désinvolte ; [- ideas, plans, promises] en l'air.

airy-fairy adj UK *inf* [person, notion] farfelu.

aisle [aɪl] n **1.** [in church] bas-côté *m*, nef *f* latérale / *her father led her up the aisle* c'est son père qui l'a menée à l'autel / *to walk up* or *down the aisle* **a)** [before ceremony] entrer dans l'église **b)** [after ceremony] sortir de l'église **2.** [in cinema, supermarket, aeroplane] allée *f* ; [on train] couloir *m* (central) / *across the aisle* de l'autre côté du couloir ▸ **aisle seat a)** [train] siège *m* côté couloir **b)** [aeroplane] (siège *m* au bord d'une) allée.

aitch [eɪtʃ] n H *m inv*, h *m inv*.

aitchbone ['eɪtʃbəʊn] n culotte *f (de bœuf).*

ajar [ə'dʒɑːʳ] ◆ adj [door, window] entrouvert, entrebâillé. ◆ adv : *the door stood ajar* la porte est restée entrouverte.

Ajax ['eɪdʒæks] pr n Ajax.

AK written abbr of **Alaska**.

aka, **AKA** (abbr of **also known as**) adv alias, dit.

Akela [ɑː'keɪlə] pr n UK [in cub scouts] cheftaine *f*.

akimbo [ə'kɪmbəʊ] adv ▸ **with arms akimbo** les mains or poings sur les hanches.

akin [ə'kɪn] adj ▸ **akin to a)** [like] qui ressemble à, qui tient de **b)** [related to] apparenté à.

AL written abbr of **Alabama**.

Alabama [ˌælə'bæmə] pr n Alabama *m* / *in Alabama* dans l'Alabama.

alabaster [ˌælə'bɑːstəʳ] ◆ n albâtre *m*. ◆ comp d'albâtre.

alack [ə'læk] interj *arch* ▸ **alack!** hélas !

alacrity [ə'lækrətɪ] n *fml* empressement *m* / *with great alacrity* avec grand empressement.

Aladdin [ə'lædɪn] pr n Aladin / **'Aladdin, or the Wonderful Lamp'** 'Aladin, ou la Lampe merveilleuse'.

alalia [æ'leɪlɪə] n aphasie *f*.

Alamo ['æləməʊ] pr n ▸ **the Alamo a)** [fort] Fort Alamo **b)** [battle] la bataille de Fort Alamo.

The Alamo

Fort texan assiégé par les Mexicains pendant la guerre d'Indépendance du Texas contre le Mexique, en 1836. Défendu par une poignée d'hommes, dont Davy Crockett, il fut totalement détruit et la garnison entière fut anéantie. **Remember the Alamo** devint le cri de ralliement des Texans au moment de l'indépendance de leur État.

à la mode [ɑːlɑː'məʊd] adj US [with ice cream] (servi) avec de la crème glacée.

alanine ['æləniːn] n alanine *f*.

Al Anon [æl-] pr n *association d'aide aux personnes ayant des proches alcooliques.*

alarm [ə'lɑːm] ◆ n **1.** [warning] alarme *f*, alerte *f* ▸ **to sound** or **to raise the alarm** donner l'alarme or l'alerte or l'éveil **2.** [for fire, burglary] sonnette *f* or sonnerie *f* d'alarme **3.** [anxiety] inquiétude *f*, alarme *f* / *the news caused them some alarm* la nouvelle leur a causé une certaine inquiétude / *there is no cause for alarm* il n'y a aucune raison de s'alarmer / *the government viewed events with increasing alarm* le gouvernement s'est montré de plus en plus inquiet face à ces événements **4.** = **alarm clock**. ◆ comp [signal] d'alarme ▸ **alarm bell** sonnerie *f* d'alarme / *to set (the) alarm bells ringing fig* donner l'alerte ▸ **alarm call** [to wake sleeper] réveil *m* téléphonique. ◆ vt **1.** [frighten, worry - person] alarmer, faire peur à ; [-animal] effaroucher, faire peur à / *I don't want to alarm you unduly* je ne veux pas vous alarmer sans raison **2.** [warn] alerter.

alarm clock n réveil *m*, réveille-matin *m inv* / *he set the alarm clock for eight o'clock* il a mis le réveil à sonner à huit heures or pour huit heures.

alarmed [ə'lɑ:md] adj **1.** [anxious] inquiet / *don't be alarmed* ne vous alarmez or effrayez pas / *to become alarmed* **a)** [person] s'alarmer **b)** [animal] s'effaroucher, prendre peur **2.** [vehicle, building] équipé d'une alarme.

alarming [ə'lɑ:mɪŋ] adj alarmant.

alarmingly [ə'lɑ:mɪŋlɪ] adv d'une manière alarmante.

alarmist [ə'lɑ:mɪst] ◆ adj alarmiste. ◆ n alarmiste *mf*.

alas [ə'læs] interj ▸ **alas!** hélas !

Alaska [ə'læskə] pr n Alaska *m* / *in Alaska* en Alaska ▸ **the Alaska Highway** la route de l'Alaska.

Alaskan [ə'læskən] ◆ n habitant *m*, -e *f* de l'Alaska. ◆ adj de l'Alaska.

Alaskan pipeline n ▸ **the Alaskan pipeline** *oléoduc traversant l'Alaska.*

Alaska Range pr n ▸ **the Alaska Range** la chaîne de l'Alaska.

alb [ælb] n aube *f (d'un prêtre).*

albacore ['ælbəkɔ:ʳ] n germon *m*.

Albania [æl'beɪnjə] pr n Albanie *f* / *in Albania* en Albanie.

Albanian [æl'beɪnjən] ◆ n **1.** [person] Albanais *m*, -e *f* **2.** LING albanais *m*. ◆ adj albanais.

albatross ['ælbətrɒs] n **1.** ZOOL & SPORT albatros *m* **2.** *fig* [handicap] boulet *m* / *their past was an albatross round their necks* ils traînaient leur passé comme un boulet.

albedo [æl'bi:dəʊ] n albédo *m*.

albeit [ɔ:l'bi:ɪt] conj bien que, encore que, quoique / *an impressive, albeit flawed work of art* une œuvre impressionnante bien qu'imparfaite or quoiqu'imparfaite / *we managed, albeit with great difficulty* nous y sommes arrivés, quoiqu'avec grande difficulté.

Alberta [æl'bɜ:tə] pr n Alberta *m* / *in Alberta* dans l'Alberta.

Albert Hall ['ælbət-] pr n ▸ **the Albert Hall** *salle de concert à Londres.*

> **The Albert Hall**
>
> Grande salle londonienne accueillant concerts et manifestations diverses ; elle porte le nom du prince Albert, époux de la reine Victoria. Réputée pour sa grande capacité, elle est souvent évoquée dans des comparaisons métaphoriques : **enough people to fill the Albert Hall.**

Albert Memorial ['ælbət-] pr n ▸ **the Albert Memorial** *monument à Londres érigé en l'honneur du prince Albert.*

Albigensian [,ælbɪ'dʒensɪən] ◆ n Albigeois *m*, -e *f*. ◆ adj albigeois ▸ **the Albigensian crusade** la croisade des Albigeois.

albinism ['ælbɪnɪzm] n albinisme *m*.

albino [æl'bi:nəʊ] ◆ n albinos *mf*. ◆ adj albinos *(inv).*

Albion ['ælbjən] pr n Albion.

album ['ælbəm] n [book, CD] album *m* ▸ **album cover** pochette *f* de disque.

albumen ['ælbjʊmən] n **1.** [egg white] albumen *m*, blanc *m* de l'œuf **2.** = **albumin.**

albumin ['ælbjʊmɪn] n albumine *f* ▸ **albumin deficiency** carence *f* en albumine.

albuminous [æl'bju:mɪnəs] adj albumineux.

Alcatraz ['ælkətræz] pr n Alcatraz.

alchemist ['ælkəmɪst] n alchimiste *m*.

alchemy ['ælkəmɪ] n alchimie *f*.

Alcibiades [,ælsɪ'baɪədi:z] pr n Alcibiade.

alcohol ['ælkəhɒl] n alcool *m* ▸ **alcohol content** teneur *f* en alcool / *to have an alcohol problem* être alcoolique.

alcohol-free adj sans alcool ▸ UK **alcohol-free beer** bière *f* sans alcool.

alcoholic [,ælkə'hɒlɪk] ◆ adj [drink] alcoolisé ; [person] alcoolique. ◆ n alcoolique *mf*.

Alcoholics Anonymous pr n Alcooliques *mpl* anonymes, ligue *f* antialcoolique.

alcoholism ['ælkəhɒlɪzm] n alcoolisme *m*.

alcopop ['ælkəʊpɒp] n prémix *m*.

alcove ['ælkəʊv] n [in room] alcôve *f* ; [in wall] niche *f* ; [in garden] tonnelle *f*.

Aldeburgh ['ɒldbə] pr n *ville de l'est de l'Angleterre où se tient chaque année un festival de musique classique.*

aldehyde ['ældɪhaɪd] n aldéhyde *m*.

al dente [æl'dentɪ] adj al dente *(inv).*

alder ['ɔ:ldəʳ] n aulne *m*, aune *m*.

alderman ['ɔ:ldəmən] (*pl* **aldermen** [-mən]) n **1.** ADMIN alderman *m*, conseiller *m* municipal **2.** HIST ≃ échevin *m*.

Aldermaston ['ɔ:ldə,mɑ:stən] pr n *village dans le Berkshire où se trouve l'agence de recherche sur l'armement nucléaire ; il a été le siège de nombreuses manifestations antinucléaires (les « Aldermaston marches »).*

Alderney ['ɔ:ldənɪ] pr n Aurigny ▸ **Alderney (cow)** vache *f* d'Aurigny.

Aldershot ['ɒldəʃɒt] pr n *ville-garnison dans le sud de l'Angleterre.*

ale [eɪl] n bière *f (anglaise)*, ale *f*. ⟶ **beer**

aleatoric [,ælɪə'tɒrɪk] adj aléatoire.

aleatory ['eɪlɪətrɪ] adj aléatoire.

alehouse ['eɪlhaʊs] *(pl* [-haʊzɪz]*)* n *arch* taverne *f* ; *inf* pub *m*.

Aleppo [ə'lepəʊ] pr n Alep.

alert [ə'lɜ:t] ◆ n alerte *f* ▸ **to give the alert** donner l'alerte ▸ **to be on the alert a)** [gen] être sur le qui-vive **b)** MIL être en état d'alerte / *the sentries were told to be on the alert for an attack* les sentinelles avaient ordre de se tenir prêtes en cas d'attaque. ◆ adj **1.** [vigilant] vigilant, sur le qui-vive / *you should be alert to the possible dangers* soyez vigilants quant aux éventuels dangers **2.** [lively - child, mind] vif, éveillé. ◆ vt alerter, donner l'alerte à / *the public should be alerted to these dangers* on devrait attirer l'attention du public sur ces dangers, on devrait sensibiliser l'opinion publique à ces dangers.

alert box n COMPUT message *m* d'alerte.

alertness [ə'lɜ:tnɪs] n **1.** [vigilance] vigilance *f* **2.** [liveliness] vivacité *f*, esprit *m* éveillé.

Aleut [æ'lu:t] n Aléoute *mf*.

Aleutian Islands [ə'lu:ʃjən-] pl pr n ▸ **the Aleutian Islands** les îles *fpl* Aléoutiennes ▸ **in the Aleutian Islands** aux îles Aléoutiennes.

A-level (abbr of advanced level) n UK SCH ▸ **A-levels** or **A-level exams** ≃ baccalauréat *m* / *he teaches A-level physics* ≃ il est professeur de physique en terminale / *to take one's A-levels* ≃ passer son bac.

> **A-level**
>
> Examen sanctionnant la fin du cycle secondaire en Grande-Bretagne. Il se prépare en deux ans après le **GCSE** et donne accès aux études supérieures. Il est beaucoup plus spécialisé que le baccalauréat français, les élèves ne présentant en moyenne que trois matières. Chaque **A-level** est noté séparément et les élèves s'efforcent d'obtenir les meilleurs résultats dans chacune des matières, car le système d'accès à l'Université est très sélectif. En Écosse, l'examen équivalent est le **Higher** ou le **Higher Grade**, qui est moins spécialisé et comprend cinq matières.

alewife ['eɪlwaɪf] n alose *f*.

Alexander [,ælɪg'zɑ:ndəʳ] pr n ▸ **Alexander the Great** Alexandre le Grand.

Alexandra Palace [,ælɪg'zɑ:ndrə-] pr n *salle d'exposition et de concert de Londres.*

> **Alexandra Palace**
>
> Cet édifice victorien, situé à Alexandra Park, au nord de Londres, abritait les studios de télévision de la BBC. C'est aujourd'hui un centre d'expositions et de loisirs.

Alexandria [,ælɪg'zɑ:ndrɪə] pr n Alexandrie.

alexandrine [,ælɪg'zændraɪn] ◆ adj alexandrin. ◆ n alexandrin *m*.

alexia [ə'leksɪə] n alexie *f*, cécité *f* verbale.

alfalfa [æl'fælfə] n luzerne *f*.

Alfred ['ælfrɪd] pr n Alfred ▸ **Alfred the Great** Alfred le Grand.

alfresco [æl'freskəʊ] adj & adv en plein air.

algae ['ældʒi:] pl n algues *fpl*.

algal ['ælgəl] adj ▸ **algal bloom** prolifération *f* d'algues.

Algarve [æl'gɑ:v] pr n ▸ **the Algarve** l'Algarve *f*.

algebra ['ældʒɪbrə] n algèbre *f*.

algebraic [,ældʒɪ'breɪɪk] adj algébrique.

Algeria [æl'dʒɪərɪə] pr n Algérie *f* / *in Algeria* en Algérie.

Algerian [æl'dʒɪərɪən] ◆ n Algérien *m*, -enne *f*. ◆ adj algérien.

Algiers [æl'dʒɪəz] pr n Alger.

ALGOL ['ælgɒl] (abbr of algorithmic oriented language) n ALGOL *m*.

Algonkin [æl'gɒŋkɪn] (*pl* **Algonkin** *or* **Algonkins**), **Algonquin** [æl'gɒŋkwɪn] (*pl* **Algonquin** *or* **Algonquins**) ◆ n **1.** [person] Algonkin *m*, Algonquin *m* **2.** LING algonkin *m*, algonquin *m*. ◆ adj algonquin.

algorithm ['ælgərɪðm] n algorithme *m*.

algorithmic [,ælgə'rɪðmɪk] adj algorithmique.

Alhambra [æl'hæmbrə] pr n Alhambra *f*.

alias ['eɪlɪəs] ◆ adv alias / *Burke, alias Brown* Burke, alias Brown. ◆ n **1.** [name] nom *m* d'emprunt, faux nom *m* ; [of author] nom *m* de plume, pseudonyme *m* / *he has several aliases* il a plusieurs pseudonymes **2.** COMPUT alias *m*, pointeur *m*.

aliasing ['eɪlɪəsɪŋ] n COMPUT aliassage *m*, crénelage *m*.

alibi ['ælɪbaɪ] ◆ n LAW alibi *m* ; *fig* alibi *m*, excuse *f*. ◆ vt US *inf* [person, action] trouver des excuses à.

Alice ['ælɪs] pr n / **'Alice in Wonderland'** *Carroll* 'Alice au pays des merveilles'.

Alice band n bandeau *m (pour les cheveux).*

alien ['eɪljən] ◆ n **1.** ADMIN [foreigner] étranger *m*, -ère *f* **2.** [immigrant] immigré *m*, -e *f* **3.** [in science fiction] extraterrestre *mf*. ◆ adj **1.** [foreign - customs, environment] étranger **2.** [contrary] ▸ **alien to sthg** contraire or opposé à qqch / *violence is completely alien to his nature* la violence n'est absolument pas dans sa nature **3.** [in science fiction] extraterrestre ▸ **alien life forms** d'autres formes de vie.

alienate ['eɪljəneɪt] vt [gen & LAW] aliéner / *he has alienated all his former friends* il s'est aliéné tous ses anciens amis / *this tax will alienate the people* avec cet impôt, ils vont s'aliéner la population / *no government wishes to alienate voters* aucun gouvernement ne souhaite s'aliéner les électeurs.

alienated ['eɪljəneɪtɪd] adj : *many young people feel alienated and alone* beaucoup de jeunes se sentent seuls et rejetés.

alienation [,eɪljə'neɪʃn] n **1.** [of support, friends] fait *m* de décourager or d'éloigner **2.** LAW & PSYCHOL aliénation *f*.

alienist ['eɪljənɪst] n US aliéniste *mf*, psychiatre *mf*.

alight [ə'laɪt] ◆ vi [bird] se poser ; [person - from bus, train] descendre ; [- from bike, horse] descendre, mettre pied à terre. ◆ adj [fire] allumé ; [house] en feu / *his face was alight with happiness* son visage rayonnait de joie. ◆ adv ▸ **to set sthg alight** mettre le feu à qqch ▸ **to catch alight** prendre feu.

❖ **alight on** vt insep *fml* [idea] avoir soudain ; [information] apprendre par hasard ; [lost object] trouver par hasard.

align [ə'laɪn] ◆ vt **1.** [place in line - points, objects] aligner, mettre en ligne **2.** FIN & POL aligner ▸ **to align o.s. with sb** s'aligner sur qqn **3.** TECH dégauchir ; AUTO régler le parallélisme de. ◆ vi [points, objects] être aligné ; [persons, countries] s'aligner.

alignment [ə'laɪnmənt] n **1.** [gen & POL] alignement *m* / *to be in / out of alignment* être / ne pas être dans l'alignement, être aligné / désaligné **2.** AUTO parallélisme *m* / *the wheels are in / out of alignment* le parallélisme des roues est bien / mal réglé ▸ **steering alignment** parallélisme des roues avant.

alike [ə'laɪk] ◆ adj semblable / *the two brothers are very alike* les deux frères se ressemblent beaucoup or sont très semblables / *no two are alike* il n'y en a pas deux pareils. ◆ adv [act, speak, dress] de la même façon or manière / *they look alike* ils se ressemblent / *she treats them all alike* elle les traite tous de la même manière / *two different words that sound alike* deux mots différents qui se ressemblent phonétiquement / *this affects Peter and his brother alike* cela touche Peter aussi bien que son frère.

alimentary [,ælɪ'mentərɪ] adj alimentaire.

alimentary canal n tube *m* digestif.

alimentation [,ælɪmen'teɪʃn] n *fml* alimentation *f*.

alimony ['ælɪmənɪ] n pension *f* alimentaire ▸ **alimony suit** demande *f* de pension alimentaire.

A-line adj [skirt, dress] trapèze *(inv)*.

aliquot ['ælɪkwɒt] adj aliquote.

A-list n **1.** [in Hollywood] *liste des stars les plus en vue du moment* / *an A-list celebrity* une star très en vogue **2.** [for party] *liste d'invités de marque* / *she's on my A-list for the party* c'est une des personnes que je veux absolument inviter à ma fête.

alive [ə'laɪv] adj **1.** [living] vivant, en vie / *he is still alive* il est toujours vivant or en vie / *while he was alive* de son vivant / *to be burnt alive* être brûlé vif / *to bury sb alive* enterrer qqn vivant / *to keep alive* **a)** [person] maintenir en vie **b)** [hope] garder **c)** [tradition] préserver / *they kept her memory alive* ils sont restés fidèles à sa mémoire / *to stay alive* rester en vie / *he felt that he was the luckiest man alive* il se sentit l'homme le plus heureux du monde / *no man alive could endure such pain* personne au monde ne pourrait endurer de telles souffrances / *it's good to be alive* il fait bon vivre ▸ **alive and kicking** : *he's still alive and kicking* **a)** [not dead] il est toujours bien en vie **b)** [lively] il est toujours d'attaque or plein de vie ▸ **to be alive and well** être bien vivant **2.** [lively, full of life] plein de vie, vif, actif / *she always comes alive in the evening* elle se réveille toujours le soir ▸ **look alive!** *inf* grouille-toi !, remue-toi ! **3.** [alert, aware] conscient, sensible ▸ **to be alive to the dangers of sthg** être conscient des or sensible aux dangers de qqch / *he was fully alive to the risk he was taking* il était pleinement conscient or avait pleinement conscience du risque qu'il encourait **4.** [full, crowded] : *the evening air was alive with insects* il y avait des nuées d'insectes dans l'air ce soir-là / *the streets were alive with people* les rues fourmillaient or grouillaient de monde.

alkali ['ælkəlaɪ] n alcali *m*.

alkaline ['ælkəlaɪn] adj alcalin.

alkalinity [,ælkə'lɪnətɪ] n alcalinité *f*.

alkaloid ['ælkəlɔɪd] n alcaloïde *m*.

alkane ['ælkeɪn] n alcane *m*.

alkene ['ælki:n] n alcène *m*.

alkie, alky [ælkɪ] (*pl* **alkies**) n *inf* poivrot *m*, -e *f* ▸ **alkie cooking** US *fabrication clandestine d'alcool.*

all [ɔ:l] ◆ det **1.** [the whole of] tout (toute), tous (toutes) / *all expenses will be reimbursed* tous les frais seront remboursés / *all night* toute la nuit / *all day and all night* toute la journée et toute la nuit / *all six of us want to go* nous voulons y aller tous / toutes les six ; [every one of a particular type] : *all kinds of people* toutes sortes de gens / *for children of all ages* pour les enfants de tous les âges **2.** [the utmost] : *with all speed* à toute vitesse ▸ **in all fairness (to sb)** pour être juste (avec qqn). ◆ predet **1.** [the whole of] tout (toute), tous (toutes) / *all the butter* tout le beurre / *all the beer* toute la bière / *all my life* toute ma vie / *all five women* les cinq femmes **2.** [with comparative adjectives] ▸ **all the better!** tant mieux ! / *you will feel all the better for a rest* un peu de repos vous fera le plus grand bien / *it's all the more unfair since* or *as he promised not to put up the rent* c'est d'autant plus injuste qu'il a promis de ne pas augmenter le loyer / *all the sooner* d'autant plus vite. ◆ pron **1.** [everything] tout / *I gave all I had* j'ai donné tout ce que j'avais / *take it all* prenez tout / *all I want is to rest* tout ce que je veux c'est du repos / *that's all I have to say* c'est tout ce que j'ai à dire ▸ **all will be well** tout ira bien / *will that be all?* ce sera tout ? / *it was all I could do not to laugh* j'ai eu du mal à m'empêcher de rire / *it's all his fault* c'est sa faute à lui / *you men are all the same!* vous les hommes, vous êtes tous pareils or tous les mêmes ! ▸ **all or nothing** tout ou rien ▸ **all in good time** chaque chose en son temps ▸ **when all is said and done** en fin de compte, au bout du compte ▸ **is all** US *inf* c'est tout / *I'm just tired, is all* je suis fatigué, c'est tout **2.** [everyone] tous / *good evening, all!* bonsoir à tous !, bonsoir, tout le monde ! / *don't all speak at once!* ne parlez pas tous en même temps ! / *we all came* nous sommes tous venus / *they all made the same mistake* ils ont tous fait la même erreur / *the children were all hoping to go* les enfants espéraient tous y aller / *all who knew her loved her* tous ceux qui la connaissaient l'aimaient **3.** SPORT : *the score is 5 all* le score est de 5 partout / *30 all* [in tennis] 30 partout **4.** [as quantifier] ▸ **all of** tout / *all of the butter / the cakes* tout le beurre / tous les gâteaux / *all of London* Londres tout entier / *all of it was sold* (le) tout a été vendu / *how much wine did they drink? — all of it* combien de vin ont-ils bu ? — tout ce qu'il y avait / *all of you can come* vous pouvez tous venir / *listen, all of you* écoutez-moi tous / *she knows all of their names* elle connaît tous leurs noms / *the book cost me all of £10* le livre ne m'a coûté que 10 livres / *it's all of five minutes' walk away!* *hum* c'est AU MOINS à cinq minutes à pied ! *hum.* ◆ adv [as intensifier] tout / *she was all alone* elle était toute seule / *she was all excited* elle était tout excitée / *she was all dressed* or *she was dressed all in black* elle était habillée tout en noir / *all along the road* tout le long de la route / *all around the edge* tout le long du bord / *the soup went all down my dress* la soupe s'est répandue partout sur ma robe / *the jacket's split all up the sleeve* la veste a craqué tout le long de la manche / *don't get your hands all dirty* *inf* ne va pas te salir les mains ! / *the motor's all rusty inside* *inf* le moteur est tout rouillé à l'intérieur ▸ **all at one go** (tout) d'un seul coup ▸ **all in one piece** **a)** [furniture] tout d'une pièce **b)** *fig* [person] sain et sauf ▸ **to be all for sthg** : *I'm all for it* moi, je suis tout à fait pour / *she's all for giving children their freedom* elle est tout à fait convaincue qu'il faut donner aux enfants leur liberté / *it's all up with him* *inf* il est fichu. ◆ n tout ▸ **I would give my all to be there** je donnerais tout ce que j'ai pour y être ▸ **the team gave their all** l'équipe a donné son maximum ▸ **to stake one's all** tout miser.

❖ **all along** adv phr depuis le début / *that's what I've been saying all along* c'est ce que je dis depuis le début.

❖ **all at once** adv phr **1.** [suddenly] tout d'un coup **2.** [all at the same time] à la fois, en même temps.

❖ **all but** adv phr presque / *all but finished* presque or pratiquement fini / *I all but missed it* j'ai bien failli le rater, c'est tout juste si je ne l'ai pas raté.

❖ **all in** ◆ adj phr *inf* [exhausted] : *I'm all in* je suis mort. ◆ adv phr [everything included] tout compris / *the rent is £250 a month all in* le loyer est de 250 livres par mois tout compris.

❖ **all in all** adv phr tout compte fait.

❖ **all over** ◆ adj phr [finished] fini / *that's all over and done with now* tout ça c'est bien terminé maintenant / *it's all over between them* tout est fini entre eux. ◆ prep phr partout / *there were toys scattered all over the floor* il y avait des jouets éparpillés partout sur le sol / *you've got ink all over you!* tu t'es mis de l'encre partout ! / *all over the world* dans le monde entier / *we have agencies all over Europe* nous avons des agences dans toute l'Europe or partout en Europe / *it'll be all over town tomorrow morning!* demain matin, toute la ville sera au courant ! ▸ **to be all over sb** : *he was all over her* il ne l'a pas laissée tranquille un instant / *he was all over us when he heard we were from the BBC* il ne nous a plus laissés tranquilles quand il a appris que nous étions de la BBC. ◆ adv phr [everywhere] partout / *painted green all over* peint tout en vert / *covered all over in blossoms* tout en fleur or en fleurs / *it was like being a child all over again* c'était comme retomber en enfance / *that's him all over!* *inf* ça c'est lui tout craché !

❖ **all that** adv phr : *it isn't all that difficult* or *as difficult as all that* ce n'est pas si difficile que ça.

❖ **all the more** ◆ det phr : *all the more reason for doing it again* raison de plus pour recommencer. ◆ adv phr encore plus / *it makes her all the more interesting* ça la rend encore plus intéressante.

❖ **all the same** ◆ adv phr [nevertheless] tout de même, quand même / *he paid up all the same* il a payé quand même. ◆ adj phr ▸ **it's all the same to me** ça m'est complètement égal, peu m'importe / *if it's all the same to you* si cela ne vous gêne pas.

❖ **all told** adv phr tout compris.

❖ **all too** adv phr : *all too soon* bien trop vite / *the holidays went all too quickly* les vacances ne sont passées que trop vite / *it's all too easy to forget that* c'est tellement facile de l'oublier.

See box at every.

all- in comp entièrement / *all-male / female* entièrement masculin / féminin / *the first all-French baseball team* la première équipe de baseball entièrement française.

Allah ['ælə] pr n Allah.

all-American adj cent pour cent américain ▸ **the all-American boy** le jeune américain type.

all-around adj US = **all-round.**

allay [ə'leɪ] vt [fear] apaiser ; [doubt, suspicion] dissiper ; [pain, grief] soulager, apaiser.

All Black n ▸ **the All Blacks** les All Blacks *mpl (l'équipe nationale de rugby de la Nouvelle-Zélande).*

all clear ◆ n (signal *m* de) fin *f* d'alerte / *to sound the all clear* sonner la fin de l'alerte / *he received* or *was given the all clear on the project* on lui a donné le feu vert pour le projet. ◆ interj ▸ **all clear!** fin *f* d'alerte !

all-comers pl n : *the British all-comers 100 m record* le record britannique de l'épreuve du 100 m ouverte à tous.

all-consuming adj [passion, ambition] dévorant.

all-day adj qui dure toute la journée ▸ **all-day breakfast** petit déjeuner *m* servi toute la journée.

allegation [,ælɪ'geɪʃn] n allégation *f*.

allege [ə'ledʒ] vt alléguer, prétendre / *he alleges that he was beaten up* il prétend avoir été roué de coups / *are you alleging police brutality?* est-ce que vous prétendez avoir été victime de violences policières ? / *the incident is alleged to have taken place the night before* l'incident aurait eu lieu or on prétend que l'incident a eu lieu la veille au soir.

alleged [ə'ledʒd] adj [motive, incident, reason] allégué, prétendu ; [thief] présumé.

allegedly [ə'ledʒɪdlɪ] adv prétendument, paraît-il / *they allegedly broke in and stole £300* ils seraient entrés par effraction et auraient volé 300 livres.

allegiance [ə'li:dʒəns] n allégeance *f* ▸ **political allegiance** allégeance politique ▸ **to swear allegiance** faire serment d'allégeance ▸ **to switch allegiance** changer de bord.

allegoric(al) [,ælɪ'gɒrɪk(l)] adj allégorique.

allegorically [,ælɪ'gɒrɪklɪ] adv sous forme d'allégorie, allégoriquement.

allegory ['ælɪgərɪ] (*pl* **allegories**) n allégorie *f*.

allele ['æli:l] n allèle *f*.

alleluia [,ælɪ'lu:jə] interj ▸ **alleluia!** alléluia !

all-embracing [-ɪm'breɪsɪŋ] adj exhaustif, complet.

Allen key, **Allen wrench** US ['ælən-] n clé *f* Allen.

allergen ['ælədʒen] n allergène *m*.

allergenic [ælə'dʒenɪk] adj allergisant.

allergic [ə'lɜ:dʒɪk] adj [reaction, person] allergique / *I'm allergic to cats* je suis allergique aux chats / *he's allergic to hard work* hum il est allergique au travail.

allergist ['ælədʒɪst] n allergologiste *mf*, allergologue *mf*.

allergy ['ælədʒɪ] (*pl* **allergies**) n allergie *f*.

alleviate [ə'li:vɪeɪt] vt [pain, suffering] alléger, apaiser, soulager ; [problem, difficulties] limiter, réduire ; [effect] alléger, atténuer ; [boredom] atténuer.

alleviation [ə,li:vɪ'eɪʃn] n apaisement *m*, soulagement *m*.

all-expenses-paid adj tous frais payés.

alley ['ælɪ] n **1.** [street] ruelle *f*, passage *m* ; [in park, garden] allée *f* ▸ **that's right up my alley** c'est tout à fait mon rayon **2.** US [on tennis court] couloir *m* **3.** [for tenpin bowling, skittles] bowling *m*, prise *f* de jeu **4.** [marble] (grosse) bille *f*, calot *m*.

alley cat n chat *m* de gouttière.

alleyway ['ælɪweɪ] n ruelle *f*, passage *m*.

all-fired US *v inf* ◆ adj infernal. ◆ adv vachement, super.

All Fools' Day n le premier avril.

all fours ❖ **on all fours** adv phr à quatre pattes ▸ **to get** or **to go down on all fours** se mettre à quatre pattes.

Allhallows [,ɔ:l'hæləʊz] n Toussaint *f* ▸ **Allhallows Eve** la veille de la Toussaint.

alliance [ə'laɪəns] n alliance *f* ▸ **to enter into** or **to form an alliance with sb** s'allier or faire alliance avec qqn.

allied ['ælaɪd] adj **1.** POL [force, nations] allié / *Italy was allied with Germany* l'Italie était alliée avec or à l'Allemagne **2.** [related - subjects] connexe, du même ordre ; ECON & FIN [product, industry] assimilé ; BIOL de la même famille **3.** [connected] allié ▸ **allied with** or **to** allié à / *his natural talent, allied with* or *to his good looks, made him a star* son talent naturel allié à un physique agréable ont fait de lui une star.
❖ **Allied** adj ▸ **the Allied forces** [in World War II] les forces alliées.

alligator ['ælɪgeɪtər] ◆ n alligator *m*. ◆ comp [bag, shoes] en (peau d')alligator ; [skin] d'alligator.

all-important adj de la plus haute importance, d'une importance primordiale or capitale / *she found the all-important solution* elle a trouvé la solution essentielle / *it is all-important that we get this contract* il est capital que nous obtenions ce contrat.

all-in adj UK **1.** [price, tariff] net, tout compris, forfaitaire ; [insurance policy] tous risques **2.** *inf* [exhausted] crevé.
❖ **all in** adv tout compris.

all-inclusive adj [price, tariff] net, tout compris, forfaitaire ; [insurance policy] tous risques.

all-in-one ◆ adj tout-en-un *(inv)*. ◆ n [garment] combinaison *f*.

all-in wrestling n lutte *f* libre, catch *m*.

alliteration [ə,lɪtə'reɪʃn] n allitération *f*.

alliterative [ə'lɪtərətɪv] adj allitératif.

all-night adj [party, film] qui dure toute la nuit ; [shop, restaurant] de nuit, ouvert la nuit / *an all-night sitting of Parliament* une session parlementaire de nuit ▸ **all-night pass** MIL permission *f* de (la) nuit ▸ **all-night showing** CIN projection ininterrompue durant toute la nuit.

all-nighter [-'naɪtə] n : *the party will be an all-nighter* la fête va durer toute la nuit / *we pulled an all-nighter for the physics exam* US on a passé la nuit à réviser l'examen de physique.

allocate ['æləkeɪt] vt **1.** [assign - money, duties] allouer, assigner, attribuer / *funds allocated to research* des crédits affectés à la recherche **2.** [share out] répartir, distribuer **3.** LAW & FIN ventiler.

allocation [,ælə'keɪʃn] n **1.** [assignment - of money, duties] allocation *f*, affectation *f* ; [- of role, part] attribution *f* **2.** [sharing out] répartition *f* **3.** [share - of money] part *f* ; [- of space] portion *f* **4.** LAW & FIN ventilation *f*.

allomorph ['æləmɔ:f] n allomorphe *m*.

allomotry [ə'lɒmətrɪ] n allométrie *f*.

allopathic [ælə'pæθɪk] adj allopathique.

allopathy [ə'lɒpəθɪ] n allopathie *f*.

allophone ['æləfəʊn] n allophone *m*.

allot [ə'lɒt] (*pt & pp* **allotted**, *cont* **allotting**) vt **1.** [assign - money, duties, time] allouer, assigner, attribuer / *in the allotted time* dans le délai imparti / *the farmers were allotted a few acres each* on a attribué aux fermiers quelques hectares chacun **2.** [share out] répartir, distribuer.

allotment [ə'lɒtmənt] n **1.** [of money, duties, time] allocation *f*, attribution *f* **2.** UK [land] jardin *m* ouvrier or familial.

allotrope ['ælətrəʊp] n variété *f* allotropique.

allotropy [æ'lɒtrəpɪ] n allotropie *f*.

all out adv ▸ **to go all out to do sthg** se donner à fond pour faire qqch.
❖ **all-out** adj [strike, war] total ; [effort] maximum.

allover ['ɔ:l,əʊvər] adj qui s'étend sur toute la surface / *an allover tan* un bronzage intégral.

allow [ə'laʊ] vt **1.** [permit] permettre, autoriser ▸ **to allow sb to do sthg** permettre à qqn de faire qqch, autoriser qqn à faire qqch / *he wasn't allowed to see her* il n'a pas été autorisé à la voir, il n'a pas eu le droit de la voir / *he was allowed a final cigarette* on lui a permis (de fumer) une dernière cigarette / *we weren't allowed in* on ne nous a pas permis d'entrer / *the dog is not allowed in the house* on ne laisse pas le chien entrer dans la maison, l'accès de la maison est interdit au chien / **'smoking is not allowed'** 'défense de fumer' / *she allowed herself to be manipulated* elle s'est laissé manipuler / *he decided to allow events to take their course* il a décidé de laisser les événements suivre leur cours / *I won't allow such behaviour!* je ne tolérerai pas une telle conduite ! / *allow me to make a suggestion* *fml* permettez-moi de faire une suggestion / *if I may be allowed to make a point* si je peux me permettre (de faire) une remarque ▸ **allow me!** vous permettez ? **2.** [enable] permettre / *the ramp allows people in wheelchairs to enter the building* la rampe permet l'accès de l'immeuble aux personnes en fauteuil roulant **3.** [grant - money, time] accorder, allouer ; [- opportunity] donner ; [- claim] admettre / *three hours are allowed for the exam* trois heures sont accordées pour l'examen / *he is allowed £5 pocket money* on lui accorde or donne 5 livres d'argent de poche / *she allowed herself a cream cake as a special treat* comme petit plaisir, elle s'est offert un gâteau à la crème **4.** [take into account] prévoir, compter / *allow a week for delivery* il faut prévoir or compter une semaine pour la livraison / *you need to allow a few extra inches for the hem* il faut laisser or prévoir quelques centimètres de plus pour l'ourlet **5.** *liter* [admit] admettre, convenir / *you must allow that she is gifted* vous devez admettre or reconnaître qu'elle est douée.
❖ **allow for** vt insep **1.** [take account of] tenir compte de / *allowing for the bad weather* compte tenu du mauvais temps / *we allowed for every possibility in our calculations* nous avons tenu compte de or paré à toute éventualité dans nos calculs / *we must allow for the fact that she has been ill* il faut tenir compte du fait qu'elle a été malade **2.** [make allowance or provision for] : *remember to allow for the time difference* n'oublie pas de compter le décalage horaire / *we hadn't allowed for these extra costs* nous n'avions pas prévu ces frais supplémentaires / *after allowing for travel expenses* déduction faite des frais de voyage.
❖ **allow of** vt insep *fml* admettre, souffrir, autoriser / *the evidence allows of no other conclusion* les éléments dont nous disposons n'autorisent aucune autre conclusion.

See box at able.

> Note that **permettre que** is followed by a verb in the subjunctive:
> **The rules allow profits to be paid in full.**
> *Le règlement permet que les bénéfices soient versés intégralement.*

allowable [ə'laʊəbl] adj admissible, permis ▸ **expenses allowable against tax** dépenses *fpl* fiscalement déductibles.

allowance [ə'laʊəns] n **1.** ADMIN [grant] allocation *f* ; [for housing, travel, food] indemnité *f* ; [alimony] pension *f* alimentaire ; [for student - from state] bourse *f* ; [- from parents] pension *f* alimentaire ; [pension] pension *f* ; [income, salary] revenu *m*, appointements *mpl* / *his parents give him a monthly allowance of £100* ses parents lui versent une mensualité de 100 livres / *he gets a monthly allowance of £300* il touche 300 livres par mois / *she makes an allowance of £1,000 a year to her nephew* elle verse une rente or une pension de 1 000 livres par an à son neveu ▸ **cost-of-living allowance** indemnité de vie chère ▸ **rent allowance** allocation (de) logement **2.** [discount] rabais *m*, réduction *f* ▸ **tax allowance a)** [deduction] abattement or dégrèvement *m* fiscal **b)** [tax-free part] revenu *m* non imposable ▸ **trade-in allowance** (valeur *f* de) reprise *f* **3.** US [pocket money] argent *m* de poche **4.** PHR **to make allowances for sb** être indulgent avec qqn ▸ **to make allowance** or **allowances for sthg** tenir compte de qqch, prendre qqch en considération / *we must make allowance* or *allowances for the children's age* il faut tenir compte de or il ne faut pas oublier l'âge des enfants / *you have to make allowances for inflation* il faut faire la part de l'inflation.

alloy ◆ n ['ælɔɪ] alliage *m*. ◆ comp ['ælɔɪ] ▸ **alloy steel** acier *m* allié or spécial ▸ **alloy wheels** AUTO roues *fpl* en alliage léger. ◆ vt [ə'lɔɪ] **1.** [metal] allier, faire un alliage de **2.** *fig* dévaloriser, souiller.
❖ **alloys** pl n AUTO roues *fpl* en alliage léger.

all-party committee n POL commission *f* multipartite *(commission où tous les partis sont représentés)*.

all-party talks n POL *discussions entre tous les partis*.

all-points bulletin n US *message radio diffusé par la police concernant une personne recherchée*.

all-powerful adj tout-puissant.

all-purpose adj [gen] qui répond à tous les besoins, passe-partout *(inv)* ; [tool, vehicle] polyvalent / *all-purpose cleaning fluid* détachant *m* tous usages.

all right, **alright** [,ɔ:l'raɪt] ◆ adj **1.** [adequate] (assez) bien, pas mal / *the film was all right* le film n'était pas mal / *the money is all right, but it could be better* le salaire est correct, mais ça pourrait être mieux **2.** [in good health] en bonne santé ; [safe] sain et sauf / *I hope they'll be all right on their own* j'espère qu'ils sauront se débrouiller tout seuls / *are you all right?* [not hurt] ça va ? / *she's had an accident, but she's all right* elle a eu un accident mais ça va / *he was quite ill, but he's all right now* il a été assez malade, mais ça va or il est rétabli maintenant / *do you think the car will be all right?* tu crois que ça ira avec la voiture ? / *it'll be all right on the night* UK tu verras, tout se passera bien ▸ **I'm all right Jack** *inf* moi, ça va bien (et vous, je m'en fiche) **3.** [indicating agreement, approval] : *is it all right if they come too?* ça va s'ils viennent aussi ? / *it's all right* **a)** [no problem] ça va **b)** [no matter] ça ne fait rien, peu importe / *I've come to see if everything is all right* je suis venu voir si tout va bien / *is everything all right, Madam?* tout va bien, Madame ? / *it's all right by me* moi, ça me va **4.** [pleasant] bien, agréable ; [nice-looking] chouette / *the boss is all right* le patron est bien or n'est pas trop mal / *she's all right* *inf* elle est pas mal **5.** [financially] à l'aise, tranquille / *I'll see that you're all right* je veillerai à ce que vous ne manquiez de rien. ◆ adv **1.** [well, adequately] bien / *the radio works all right* la radio marche bien / *they're doing all right* **a)** [progressing well] ça va (pour eux) **b)** [succeeding in career, life] ils se débrouillent bien / *everything went off all right* tout a bien marché **2.** [without doubt] : *it's rabies all right* pour être la rage, c'est la rage / *he was listening all right* ça, pour écouter, il écoutait. ◆ interj ▶ **all right!** **a)** [indicating agreement, understanding] entendu !, d'accord ! **b)** [indicating approval] c'est ça !, ça va ! **c)** [indicating impatience] ça va !, ça suffit ! **d)** [indicating change or continuation of activity] bon !

❖ **all-right, alright** adj US *inf* : *he's an all-right guy* c'est un type réglo / *it was an all-right film* le film n'était pas mal.

all round adv : *taken all round* à tout prendre.

all-round UK, **all-around** US adj **1.** [versatile - athlete, player] complet ; [- ability] complet, polyvalent **2.** [comprehensive - improvement] général, sur toute la ligne.

all-rounder [-'raʊndər] n UK : *he's a good all-rounder* **a)** [gen] il est doué dans tous les domaines, il est bon en tout **b)** SPORT c'est un sportif complet.

All Saints' Day n (le jour de) la Toussaint.

all-seater adj ▶ **all-seater stadium** *stade ayant uniquement des places assises.*

all-singing all-dancing adj dernier cri.

All Souls' Day n le jour or la fête des Morts.

allspice ['ɔ:lspaɪs] n poivre *m* de la Jamaïque, toute-épice *f*.

all square adj **1.** [financially] : *we're all square now* nous ne sommes plus en compte maintenant **2.** SPORT [level] à égalité.

all-star adj [show, performance] avec beaucoup de vedettes, à vedettes / *with an all-star cast* avec un plateau de vedettes ▶ **an all-star game** *un match dont les équipes réunissent les meilleurs joueurs professionnels.*

all-terrain bike n vélo *m* tout terrain.

all-terrain vehicle [ɔ:ltə,reɪn'vi:ɪkl] n véhicule *m* tout terrain, 4x4 *m*.

all-time adj [record] sans précédent / *sales have reached an all-time high / low* les ventes ont connu le niveau le plus élevé jamais atteint / sont tombées au niveau le plus bas jamais atteint / *this film is one of the all-time greats* ce film est l'un des meilleurs de tous les temps / *an all-time best-seller* un best-seller jamais égalé.

all told adv en tout / *there were six of us all told* nous étions six en tout.

allude [ə'lu:d] vi ▶ **to allude to sb / sthg** faire allusion à qqn / qqch.

allure [ə'ljʊər] ◆ vt attirer, séduire. ◆ n attrait *m*, charme *m*.

alluring [ə'ljʊərɪŋ] adj séduisant, attrayant.

allusion [ə'lu:ʒn] n allusion *f* ▶ **to make an allusion to sthg** faire allusion à qqch.

allusive [ə'lu:sɪv] adj allusif, qui contient une allusion or des allusions.

allusively [ə'lu:sɪvlɪ] adv par allusion.

alluvial [ə'lu:vjəl] adj [ground] alluvial ▶ **alluvial deposits** alluvions *fpl*, dépôts *mpl* alluvionnaires.

alluvium [ə'lu:vjəm] (*pl* **alluviums** *or* **alluvia** [-vɪə]) n alluvions *fpl*.

all-weather adj [surface] de toute saison, tous temps ▶ **all-weather court** [tennis] (terrain *m* en) quick *m* ▶ **all-weather pitch** FOOT terrain *m* tous temps.

ally ◆ vt [ə'laɪ] allier, unir ▶ **to ally o.s. with sb** s'allier avec qqn. ◆ n ['ælaɪ] (*pl* **allies**) [gen & POL] allié *m*, -e *f* / *the two countries were allies* les deux pays étaient alliés ▶ **the Allies** HIST les Alliés.

Ally Pally [,ælɪ'pælɪ] pr n *inf surnom du « Alexandra Palace ».*

Alma Mater, alma mater [,ælmə'mɑ:tər] n [school] *école ou université où l'on a fait ses études* ; US [anthem] *hymne d'une école ou d'une université.*

almanac ['ɔ:lmənæk] n almanach *m*, agenda *m*.

almighty [ɔ:l'maɪtɪ] ◆ adj **1.** [omnipotent] tout-puissant, omnipotent **2.** *inf* [as intensifier - row, racket] formidable, sacré / *an almighty din* un vacarme de tous les diables, un formidable vacarme. ◆ adv US *inf* extrêmement, énormément.

❖ **Almighty** ◆ n RELIG ▶ **the Almighty** le Tout-Puissant. ◆ adj RELIG ▶ **Almighty God** or **God Almighty** Dieu Tout-Puissant.

almond ['ɑ:mənd] ◆ n **1.** [nut] amande **2.** ▶ **almond (tree)** amandier *m*. ◆ comp [icing, essence] d'amandes ; [cake] aux amandes.

almond paste n pâte *f* d'amande.

almoner ['ɑ:mənər] n **1.** HIST aumônier *m* **2.** UK [social worker] assistante *f* sociale *(dans un hôpital).*

almost ['ɔ:lməʊst] adv presque / *almost all the people* presque tous les gens, la quasi-totalité des gens / *it's almost cooked / finished* c'est presque cuit / terminé / *he is almost 30* il a presque 30 ans / *I can almost reach it* j'arrive presque à l'atteindre / *I almost cried* j'ai failli pleurer / *he was almost crying with frustration* il pleurait presque de rage / *I almost believed him* j'ai bien failli le croire, j'étais près de le croire.

alms [ɑ:mz] pl n aumône *f* ▶ **to give alms to sb** faire l'aumône or la charité à qqn.

almshouse ['ɑ:mz,haʊs] (*pl* [-haʊzɪz]) n UK *résidence pour personnes âgées ou défavorisées, gérée par l'Église ou par une association caritative.*

aloe ['æləʊ] n aloès *m*.

aloft [ə'lɒft] adv ▶ **(up) aloft** **a)** [gen] en haut, en l'air **b)** AERON en l'air **c)** NAUT dans la mâture.

aloha shirt [ə'ləʊhɑ:-] n chemise *f* hawaïenne.

Aloha State pr n US ▶ **the Aloha State** Hawaii.

alone [ə'ləʊn] ◆ adj **1.** [on one's own] seul / *to be alone* être seul / *I'm not alone in thinking that it's unfair* je ne suis pas le seul à penser que c'est injuste **2.** [only] seul / *she alone knows the truth* elle seule connaît la vérité ▶ **time alone will tell** qui vivra verra / *with the deep understanding of the situation that is his alone* avec cette faculté de saisir rapidement les situations qui le caractérise, avec cette fine perception des situations qui n'appartient qu'à lui / *the frame alone is worth £50* le cadre seul vaut 50 livres **3.** [lonely] seul / *she felt very alone* elle se sentait très seule. ◆ adv **1.** [on one's own] seul / *he came alone* il est venu seul / *she managed to open the box alone* elle a réussi à ouvrir la boîte toute seule / *I'd like to speak to you alone* j'aimerais vous parler seul / *to stand alone* **a)** [person] rester seul **b)** [house] être situé à l'écart / *she stands alone as the most successful politician this century* elle est la seule depuis le début du siècle à avoir aussi bien réussi politiquement or en politique ▶ **to go it alone** faire cavalier seul **2.** [undisturbed] ▶ **to leave** or **to let sb alone** laisser qqn tranquille / *leave me alone* **a)** [on my own] laissez-moi seul **b)** [in peace] laissez-moi tranquille, laissez-moi en paix / *leave the bag alone!* laissez le sac tranquille !, ne touchez pas au sac ! / *if I were you I would leave well alone* si j'étais vous, je ne m'en mêlerais pas.

❖ **let alone** conj phr sans parler de / *he's never been to London, let alone Paris* il n'a jamais été à Londres, sans parler de Paris / *she can't even walk, let alone run* elle ne peut même pas marcher, alors encore moins courir.

along [ə'lɒŋ] ◆ prep [the length of] le long de / *we walked along the road* nous avons marché le long de la route / *there were trees all along the road* il y avait des arbres tout le long de la route, des arbres bordaient la route / *the railway runs along the coast* la voie ferrée longe la côte ; [at or to a certain point in] : *could you move further along the row* pourriez-vous vous déplacer vers le bout du rang ? / *her office is along here somewhere* son bureau est quelque part par ici / *the toilets are just along the corridor* les toilettes sont juste un peu plus loin dans le couloir. ◆ adv **1.** [in phrasal verbs] : *I was driving / strolling along on a sunny afternoon, when...* je roulais / me baladais par un après-midi ensoleillé, quand... / *she was pulling a trolley along* elle tirait or traînait un chariot derrière elle / *just then along came a policeman* c'est alors qu'un policier est arrivé **2.** [indicating progress] : *how far along is the project?* où en est le projet ? / *we're further along than expected* nous en sommes plus loin que prévu / *things are going* or *coming along nicely, thank you* les choses ne se présentent pas trop mal, merci **3.** [indicating imminent arrival] : *I'll be along in a minute* j'arrive tout de suite / *she'll be along later* elle viendra plus tard / *there'll be another bus along shortly* un autre bus va passer bientôt.

❖ **along by** prep phr en passant par.

❖ **along with** prep phr avec / *my house was flooded along with hundreds of others* ma maison a été inondée avec des centaines d'autres / *I put the coat away along with the rest of my winter clothes* j'ai rangé le manteau avec mes autres vêtements d'hiver.

alongshore [ə,lɒŋ'ʃɔ:r] ◆ adv le long de la côte. ◆ adj [current, tide] côtier.

alongside [ə,lɒŋ'saɪd] ◆ prep **1.** [along] le long de / *to come* or *to draw alongside the quay* accoster le quai / *the railway runs alongside the road* la ligne de chemin de fer longe la route **2.** [beside] à côté de / *the car drew up alongside me* la voiture s'est arrêtée à côté de moi **3.** [together with] avec / *I worked alongside her for two years* j'ai travaillé avec elle pendant deux ans. ◆ adv **1.** NAUT ▶ **to come alongside** **a)** [two ships] naviguer à couple **b)** [at quayside] accoster **2.** [gen - at side] : *they're going to build a patio with a flower bed alongside* ils vont construire un patio bordé d'un parterre de fleurs.

aloof [ə'lu:f] adj distant / *she is very aloof* elle est très distante, elle est d'un abord difficile ▶ **to keep** or **to remain aloof** se tenir à distance / *he keeps* or *remains aloof from his colleagues* il se tient à distance de ses collègues / *I try to keep aloof from such matters* j'essaie de ne pas me mêler à ces histoires.

aloofness [ə'lu:fnɪs] n attitude *f* distante, réserve *f*.

alopecia [,ælə'pi:ʃə] n *(U)* alopécie *f*.

aloud [ə'laʊd] adv [read] à haute voix, à voix haute, tout haut ; [think] tout haut.

alp [ælp] n [mountain] montagne *f* ; [pasture] alpage *m*, alpe *f*.

alpaca [æl'pækə] n alpaga *m*.

alpenhorn ['ælpənhɔ:n] n cor *m* des Alpes.

alpenstock ['ælpənstɒk] n alpenstock *m*.

alpha ['ælfə] n **1.** [Greek letter] alpha *m* ▶ **alpha and omega** *fig* l'alpha et l'oméga, le commencement et la fin **2.** UK SCH ≃ mention *f* bien ▶ **alpha plus** ≃ mention *f* très bien **3.** COMPUT ▶ **alpha version** version *f* alpha.

alphabet ['ælfəbet] n alphabet *m*.

alphabetic(al) [,ælfə'betɪk(l)] adj alphabétique / *in alphabetical order* par ordre or dans l'ordre alphabétique.

alphabetically [,ælfə'betɪklɪ] adv alphabétiquement, par ordre alphabétique.

alphabetize, alphabetise ['ælfəbə,taɪz] vt classer par ordre alphabétique.

alpha girl n MARKETING *fille considérée par ses pairs comme très branchée et donnant le ton.*

alpha male n mâle *m* alpha.

alphameric [,ælfə'merɪk] adj = **alphanumeric.**

alphanumeric [,ælfənju:'merɪk] adj alphanumérique ▶ **alphanumeric key** COMPUT touche *f* alphanumérique.

alpha particle n particule *f* alpha.

alpha pup n MARKETING *garçon considéré par ses pairs comme très branché et donnant le ton.*

alpha ray n rayon *m* alpha.

alpha wave n rythme *m* alpha.

alpine ['ælpaɪn] ◆ adj **1.** GEOG des Alpes **2.** [climate, landscape] alpestre ; [club, skiing, troops] alpin / *alpine plants* **a)** [at low altitude] plantes *fpl* alpestres **b)** [at high altitude] plantes *fpl* alpines. ◆ n [plant - at low altitude] plante *f* alpestre ; [- at high altitude] plante *f* alpine.

alpinist ['ælpɪnɪst] n alpiniste *mf*.

Alps [ælps] pl pr n ▸ **the Alps** les Alpes *fpl* / *in the Alps* dans les Alpes / *the Southern Alps* les Alpes du Sud.

al-Qaeda [,ælkæ'i:də] pr n Al-Qaida.

already [ɔ:l'redɪ] adv déjà.

alright [,ɔ:l'raɪt] adj, adv & interj = **all right**.

Alsace [æl'sæs] pr n Alsace *f* / *in Alsace* en Alsace.

Alsatian [æl'seɪʃn] ◆ n **1.** [person] Alsacien *m*, -enne *f* **2.** LING alsacien *m* **3.** UK [dog] berger *m* allemand. ◆ adj [person] d'Alsace, alsacien ; [wine] d'Alsace ▸ **Alsatian dog** berger *m* allemand.

also ['ɔ:lsəʊ] adv **1.** [as well] aussi, également / *she also speaks Italian* elle parle aussi or également l'italien / *the other two books are also out of print* les deux autres livres sont aussi or également épuisés / *he's lazy and also stupid* il est paresseux et en plus il est bête **2.** [furthermore] en outre, de plus, également / *also, it must be pointed out that...* en outre or de plus, il faut signaler que…, il faut également signaler que…

also-ran n **1.** SPORT [gen] concurrent *m* non classé ; [in horse-race] cheval *m* non classé **2.** *fig* [person] perdant *m*, -e *f*.

Alta. written abbr of **Alberta**.

altar ['ɔ:ltər] n autel *m* ▸ **to lead sb to the altar** *fig* conduire or mener qqn à l'autel / *to be sacrificed on the altar of success* être sacrifié sur l'autel du succès ▸ **altar boy** enfant *m* de chœur ▸ **altar candle** cierge *m* ▸ **altar cloth** nappe *f* d'autel ▸ **altar rail** balustre *m* *(devant l'autel)* / *at the altar rail* devant l'autel.

altarpiece ['ɔ:ltəpi:s] n retable *m*.

alter ['ɔ:ltər] ◆ vt **1.** [change - appearance, plan] changer, modifier / *this doesn't alter the fact that you should have known* cela ne change pas le fait que vous auriez dû être au courant / *this alters matters considerably* cela change vraiment tout / *to alter course* NAUT & AERON changer de cap or de route **2.** SEW faire une retouche or des retouches à, retoucher / *the dress needs to be altered at the neck* la robe a besoin d'être retouchée au col **3.** [falsify - evidence, facts, text] falsifier, fausser **4.** US *euph* [castrate] châtrer. ◆ vi changer, se modifier / *the town has altered a lot in the past few years* la ville a beaucoup changé ces dernières années / *to alter for the better* **a)** [situation] s'améliorer **b)** [person] changer en mieux / *to alter for the worse* **a)** [situation] s'aggraver, empirer **b)** [person] changer en mal.

> ⚠ Note that **altérer** usually means not just to change but to spoil, adulterate or distort.

alteration [,ɔ:ltə'reɪʃn] n **1.** [changing] changement *m*, modification *f* ; [touching up] retouche *f* **2.** [change] changement *m*, modification *f* ; [reorganization] remaniement *m* ; [transformation] transformation *f* ▸ **to make an alteration to sthg** modifier qqch, apporter une modification à qqch **3.** SEW retouche *f* / *to make alterations to a dress* faire des retouches à une robe **4.** [falsification - of figures, document] falsification *f* **5.** CONSTR aménagement *m*, transformation *f* / *to have alterations done* faire faire des aménagements / *they've made major alterations to their house* ils ont fait des transformations importantes dans leur maison.

altercation [,ɔ:ltə'keɪʃn] n *fml* altercation *f* ▸ **to have an altercation with sb** se disputer or avoir une altercation avec qqn.

alter ego n alter ego *m*.

alterglobalism [,ɔ:ltə'gləʊbəlɪzəm] n altermondialisme *m*.

alterglobalist [,ɔ:ltə'gləʊbəlɪst] n altermondialiste *mf*.

alternate ◆ adj [UK ɔ:l'tɜ:nət US 'ɔ:ltərnət] **1.** [by turns] alterné / *alternate spells of good and bad weather* des périodes alternées de beau et de mauvais temps / *we visit her on alternate weekends* nous lui rendons visite un week-end sur deux **2.** [every other] tous les deux / *on alternate days* un jour sur deux, tous les deux jours **3.** BOT alterne **4.** GEOM alterne **5.** US [alternative] alternatif. ◆ vi ['ɔ:ltəneɪt] **1.** [happen by turns] alterner / *wet days alternated with fine days* les jours pluvieux alternaient avec les beaux jours, les jours pluvieux et les beaux jours se succédaient **2.** [take turns] se relayer / *two actors alternated in the leading role* deux acteurs jouaient le rôle principal en alternance or à tour de rôle **3.** [vary] alterner / *an economy that alternates between periods of growth and disastrous slumps* une économie où alternent la prospérité et le marasme le plus profond **4.** ELEC changer périodiquement de sens. ◆ vt ['ɔ:ltəneɪt] (faire) alterner, employer alternativement or tour à tour ; AGR alterner. ◆ n [UK ɔ:l'tɜ:nət US 'ɔ:ltərnət] US remplaçant *m*, -e *f*, suppléant *m*, -e *f*.

alternately [ɔ:l'tɜ:nətlɪ] adv alternativement, en alternance, tour à tour.

alternating ['ɔ:ltəneɪtɪŋ] adj [gen] alternant, en alternance ; ELEC & TECH alternatif ; MATH alterné.

alternating current n courant *m* alternatif.

alternation [,ɔ:ltə'neɪʃn] n alternance *f*.

alternative [ɔ:l'tɜ:nətɪv] ◆ n **1.** [choice] solution *f*, choix *m* / *you have no other alternative* vous n'avez pas d'autre solution or choix / *he had no alternative but to accept* il n'avait pas d'autre solution que d'accepter / *you leave me with no alternative* vous ne me laissez pas le choix / *what's the alternative?* quelle est l'autre solution ? / *there are several alternatives* il y a plusieurs possibilités / *the country has chosen the democratic alternative* le pays a choisi la solution démocratique **2.** PHILOS terme *m* d'une alternative. ◆ adj **1.** [different, other - solution, government] autre, de rechange / *you'll have to find an alternative solution* il faudra trouver une autre solution / *an alternative proposal* une contre-proposition / *an alternative route* AUTO un itinéraire bis or de délestage **2.** [not traditional - lifestyle] peu conventionnel, hors normes ; [- press, theatre] parallèle ▸ **alternative energy** énergies *fpl* de substitution ▸ **alternative fuel** combustible *m* propre or alternatif ▸ **alternative medicine** médecine *f* douce or parallèle ▸ **the alternative society** la société alternative ▸ **alternative technology** technologies *fpl* douces **3.** PHILOS alternatif.

alternatively [ɔ:l'tɜ:nətɪvlɪ] adv comme alternative, sinon / *you could travel by train or alternatively by bus* vous pourriez voyager en train ou bien en autobus.

> ⚠ **Alternativement** means alternately, not alternatively.

alternator ['ɔ:ltəneɪtər] n alternateur *m*.

although [ɔ:l'ðəʊ] conj **1.** [despite the fact that] bien que, quoique / *although (he is) old, he is still active* bien qu'il soit vieux il est toujours actif / *although I have never liked him, I do respect him* bien que or quoique je ne l'aie jamais aimé je le respecte, je ne l'ai jamais aimé, néanmoins je le respecte **2.** [but, however] mais / *I don't think it will work, although it's worth a try* je ne crois pas que ça va marcher, mais ça vaut la peine d'essayer / *the scar will become less visible, although it will never completely disappear* la cicatrice va s'estomper, mais elle ne disparaîtra jamais complètement.

> Note that bien que, quoique and encore que are followed by verbs in the subjunctive:
>
> **Some women choose this profession, although this is less common.** *Certaines femmes choisissent ce métier, bien que ce soit plus rare.*
>
> **Although it was a long and bitter struggle...** *Quoique le combat fût long et acharné…*
>
> **... although no one here has ever been convicted of such a crime.** *… encore que personne ici n'ait jamais été condamné pour un tel crime.*

altimeter ['æltɪmi:tər] n altimètre *m*.

altitude ['æltɪtju:d] ◆ n [gen & AERON] altitude *f* ; [in mountains] altitude *f*, hauteur *f* / *to fly at an altitude of 8,000 metres* voler à une altitude de 8 000 mètres / *at high altitude* or *altitudes* en altitude, en hauteur / *at these altitudes* à cette altitude, à ces hauteurs. ◆ comp ▸ **altitude sickness** mal *m* d'altitude.

alt key [ælt-] n touche *f* alt.

alto ['æltəʊ] (*pl* **altos**) ◆ adj [voice - female] de contralto ; [- male] de haute-contre ; [instrument] alto *(inv)* ▸ **alto clef** clef *f* d'ut ▸ **alto saxophone** / **recorder** saxophone *m* / flûte *f* alto. ◆ n **1.** [voice - female] contralto *m* ; [- male] haute-contre *f* **2.** [instrument] alto *m*.

altocumulus [æltə'kju:mjələs] n altocumulus *m*.

altogether [,ɔ:ltə'geðər] ◆ adv **1.** [entirely] tout à fait, entièrement / *I don't altogether agree with you* je ne suis pas tout à fait or entièrement d'accord avec vous / *he isn't altogether reliable* on ne peut pas toujours compter sur lui / *it's altogether out of the question* il n'en est absolument pas question / *that's a different matter altogether* c'est un tout autre problème **2.** [as a whole] en tout / *I owe him £100 altogether* je lui dois 100 livres en tout / *taken altogether* à tout prendre **3.** [in general] somme toute, tout compte fait / *altogether, it was an enjoyable evening* somme toute, c'était une soirée agréable. ◆ n ▸ **in the altogether** UK *inf & hum* tout nu, à poil.

Alton Towers ['ɒltn-] pr n *parc d'attractions en Angleterre.*

altostratus [æltə'streɪtəs] n altostratus *m*.

altruism ['æltrʊɪzm] n altruisme *m*.

altruist ['æltrʊɪst] n altruiste *mf*.

altruistic [,æltrʊ'ɪstɪk] adj altruiste.

ALU (abbr of **arithmetic and logic unit**) n UAL *f*.

alum ['æləm] n alun *m*.

aluminium UK [,ælju'mɪnɪəm], **aluminum** US [ə'lu:mɪnəm] ◆ n aluminium *m*. ◆ comp [utensil] en aluminium.

alumna [ə'lʌmnə] (*pl* **alumnae** [-ni:]) n US SCH ancienne élève *f* ; UNIV ancienne étudiante *f*.

alumnus [ə'lʌmnəs] (*pl* **alumni** [-naɪ]) n US SCH ancien élève *m* ; UNIV ancien étudiant *m*.

alveolar [æl'vɪələr] adj ANAT & LING alvéolaire ▸ **alveolar ridge** alvéoles *fpl* (dentaires).

alveolus [æl'vɪələs] (*pl* **alveoli** [-laɪ]) n alvéole *f*.

always ['ɔ:lweɪz] adv toujours / *she always comes on Mondays* elle vient toujours le lundi / *has she always worn glasses?* a-t-elle toujours porté des lunettes ? / *you can always try phoning* vous pouvez toujours essayer de téléphoner / *she's always complaining* elle est toujours en train de se plaindre.

always-on [,ɔ:lweɪz'ɒn] adj permanent.

Alwz MESSAGING written abbr of **always**.

alyssum ['ælɪsəm] n *(U)* alysse *f*.

Alzheimer's (disease) ['ælts,haɪməz-] n maladie *f* d'Alzheimer.

am [æm] vi & aux vb ⟶ **be**.

a.m. (abbr of **ante meridiem**) adv du matin / *at 2 a.m.* à 2 h du matin.

AM n **1.** US abbr of **Master of Arts 2.** (abbr of **amplitude modulation**) AM.

AMA (abbr of American Medical Association) pr n *ordre américain des médecins.*

amalgam [əˈmælgəm] n **1.** [gen & METALL] amalgame *m* / *it is an amalgam of several ideas* c'est un amalgame d'idées **2.** DENT amalgame *m*.

amalgamate [əˈmælgəˌmeɪt] ◆ vt **1.** [firms, businesses] fusionner, unir **2.** [ideas, metals] amalgamer / *their findings were amalgamated with ours to produce the final report* leurs conclusions et les nôtres ont été réunies pour constituer le rapport final. ◆ vi **1.** [firms] fusionner **2.** [races] se mélanger ; [metals] s'amalgamer.

amalgamation [əˌmælgəˈmeɪʃn] n **1.** COMM & ECON fusion *f* **2.** [of races] mélange *m* ; [of metals] amalgamation *f*.

amanuensis [əˌmænjʊˈensɪs] (*pl* **amanuenses** [-siːz]) n *fml* [secretary] secrétaire *mf*, sténographe *mf* ; [transcriber, copyist] copiste *mf*.

amaranth [ˈæmərænθ] n amarante *f*.

amaryllis [ˌæməˈrɪlɪs] n amaryllis *f*.

amass [əˈmæs] vt [fortune, objects, information] amasser, accumuler.

amateur [ˈæmətəʳ] ◆ n [gen & SPORT] amateur *m* / *he's a keen amateur* c'est un amateur enthousiaste. ◆ adj **1.** [sport, photographer] amateur ; [painting, psychology] d'amateur ▸ **amateur dramatics** théâtre *m* amateur ▸ **amateur championship** championnat *m* amateur / *he has an amateur interest in psychology* il s'intéresse à la psychologie en amateur **2.** *pej* = **amateurish.**

amateurish [ˌæməˈtɜːrɪʃ] adj *pej* d'amateur, de dilettante.

amateurism [ˈæmətərɪzəm] n **1.** SPORT amateurisme *m* **2.** *pej* [lack of professionalism] amateurisme *m*, dilettantisme *m*.

amatory [ˈæmətərɪ] adj *liter* [letter, verse] d'amour, galant *fml* ; [feelings] amoureux.

amaze [əˈmeɪz] vt stupéfier, ahurir / *you amaze me!* pas possible ! / *I was amazed at or by his courage* son courage m'a ahuri, j'ai été ahuri par son courage.

amazed [əˈmeɪzd] adj [expression, look] de stupéfaction, ahuri, éberlué ; [person] stupéfait, ahuri / *he was amazed to see her there* il était stupéfait de la trouver là.

amazement [əˈmeɪzmənt] n stupéfaction *f*, stupeur *f* / *to our amazement* à notre stupéfaction / *I watched in amazement* j'ai regardé, complètement stupéfait.

amazing [əˈmeɪzɪŋ] adj **1.** [astonishing] stupéfiant, ahurissant / *it's amazing how fast they work* je ne reviens pas de la vitesse à laquelle ils travaillent / *that's amazing!* je n'en reviens pas ! / **'amazing offer'** COMM 'offre exceptionnelle' **2.** [brilliant, very good] extraordinaire, sensationnel.

amazingly [əˈmeɪzɪŋlɪ] adv incroyablement, extraordinairement / *he's amazingly patient* il est d'une patience extraordinaire or étonnante / *he was amazingly good as Cyrano* il était absolument extraordinaire dans le rôle de Cyrano / *amazingly enough, she believed him* aussi étonnant que ça puisse paraître, elle l'a cru.

Amazon [ˈæməzn] pr n **1.** [river] ▸ **the Amazon** l'Amazone *f* **2.** [region] ▸ **the Amazon (Basin)** l'Amazonie *f* / *in the Amazon* en Amazonie / *the Amazon rain forest* la forêt (tropicale) amazonienne **3.** MYTH Amazone *f*.

❖ **amazon** n : *she's a bit of an Amazon* **a)** *fig* [strong] c'est une grande bonne femme **b)** [athletic] c'est une vraie athlète **c)** [aggressive] c'est une vraie virago.

Amazonian [ˌæməˈzəʊnjən] adj amazonien.

ambassador [æmˈbæsədəʳ] n POL & *fig* ambassadeur *m* / *the Spanish ambassador to Morocco* l'ambassadeur d'Espagne au Maroc / *the ambassador's wife* l'ambassadrice *f* / **'The Ambassadors'** *James* 'les Ambassadeurs'.

ambassador-at-large n US ambassadeur *m* extraordinaire, chargé *m* de mission.

ambassadorial [æmˌbæsəˈdɔːrɪəl] adj d'ambassadeur.

ambassadorship [æmˈbæsədəʃɪp] n fonction *f* d'ambassadeur.

ambassadress [æmˈbæsədrɪs] n ambassadrice *f*.

amber [ˈæmbəʳ] ◆ n [colour, resin] ambre *m*. ◆ adj **1.** [necklace, ring] d'ambre **2.** [dress, eyes] ambré ▸ **amber(-coloured)** ambré ▸ **amber alert** alerte *f* orange ▸ **amber light** feu *m* orange / *the (traffic) lights turned amber* UK le feu est passé à l'orange ▸ **to see the amber light** UK *fig* se raviser.

ambergris [ˈæmbəgriːs] n ambre gris *m*.

ambiance [ˈæmbɪəns] n = **ambience.**

ambidextrous [ˌæmbɪˈdekstrəs] adj ambidextre.

ambience, ambiance [ˈæmbɪəns] n ambiance *f*.

ambient [ˈæmbɪənt] adj ambiant.

ambiguity [ˌæmbɪˈgjuːətɪ] (*pl* **ambiguities**) n **1.** [uncertainty] ambiguïté *f*, équivoque *f* ; [of expression, word] ambiguïté *f* / *to avoid any ambiguity* pour éviter tout malentendu **2.** [phrase] expression *f* ambiguë.

ambiguous [æmˈbɪgjʊəs] adj ambigu, équivoque.

ambiguously [æmˈbɪgjʊəslɪ] adv de façon ambiguë.

ambit [ˈæmbɪt] n *fml* [of regulation] étendue *f*, portée *f* ; [of study] champ *m* ; [of person] compétences *fpl*, capacités *fpl*.

ambition [æmˈbɪʃn] n ambition *f* / *her ambition was to become a physicist* elle avait l'ambition or son ambition était de devenir physicienne / *he has political ambitions* il a des ambitions politiques / *to lack ambition* manquer d'ambition.

ambitious [æmˈbɪʃəs] adj ambitieux / *she's very ambitious for her children* elle a beaucoup d'ambition pour ses enfants / *an ambitious film* un film ambitieux / *as usual our holidays were nothing more ambitious than a fortnight in Brighton* comme d'habitude, nos ambitions de vacances se sont bornées à aller passer quinze jours à Brighton.

ambitiously [æmˈbɪʃəslɪ] adv ambitieusement.

ambivalence [æmˈbɪvələns] n ambivalence *f*.

ambivalent [æmˈbɪvələnt] adj ambivalent ▸ **to be** or **to feel ambivalent about sthg** être or se sentir indécis à propos de qqch / *I have rather ambivalent feelings about him* j'éprouve des sentiments partagés à son égard.

amble [ˈæmbl] ◆ vi [person] marcher or aller d'un pas tranquille ; [horse] aller l'amble / *he ambled through the park* il a traversé le parc d'un pas tranquille / *we ambled home* nous sommes rentrés lentement or sans nous presser / *she whistled as she ambled along* elle baguenaudait en sifflant. ◆ n [of person] pas *m* tranquille ; [of horse] amble *m* / *to walk at an amble* marcher sans se presser.

amblyopic [ˌæmblɪˈəʊpɪk] n MED amblyope.

ambrosia [æmˈbrəʊzjə] n ambroisie *f*.

ambulance [ˈæmbjʊləns] ◆ n ambulance *f*. ◆ comp ▸ **ambulance driver** ambulancier *m*, -ère *f* ▸ **ambulance man a)** [driver] ambulancier **b)** [nurse] infirmier *m* d'ambulance **c)** [stretcher carrier] brancardier *m* ▸ **ambulance nurse** infirmier *m*, -ère *f* d'ambulance.

ambulance chaser n US *inf & pej avocat qui encourage les victimes d'accident à le consulter.*

ambulatory [ˈæmbjʊlətrɪ] (*pl* **ambulatories**) ◆ adj ambulatoire / *ambulatory medical care* traitement *m* ambulatoire. ◆ n ARCHIT déambulatoire *m*.

ambush [ˈæmbʊʃ] ◆ vt **1.** [lie in wait for] tendre une embuscade à **2.** [attack] attirer dans une embuscade / *they were ambushed* ils sont tombés or ils ont donné dans une embuscade. ◆ n embuscade *f*, guet-apens *m* / *the battalion was caught in an ambush* le bataillon est tombé or a donné dans un guet-apens.

AMBW MESSAGING written abbr of **all my best wishes.**

ameba [əˈmiːbə] (*pl* **amebae** [-biː] or **amebas**) n US = **amoeba.**

ameliorate [əˈmiːljəˌreɪt] *fml* ◆ vt améliorer. ◆ vi s'améliorer.

amelioration [əˌmiːljəˈreɪʃn] n *fml* amélioration *f*.

amen [ˌɑːˈmen] ◆ n amen *m inv*. ◆ interj RELIG ▸ **amen!** amen ! ▸ **amen to that!** *inf & fig* bien dit ! ▸ **to say amen to sthg** dire amen à qqch.

amenable [əˈmiːnəbl] adj **1.** [cooperative] accommodant, souple ▸ **to be amenable to sthg** être disposé à qqch / *the boss is amenable to reason* le patron est raisonnable or disposé à entendre raison / *the disease is amenable to treatment* la maladie peut être traitée / *amenable to kindness* sensible à la bonté **2.** *fml* [accountable] responsable / *she is amenable for her actions to the committee* elle est responsable de ses actes devant le comité / *citizens amenable to the law* citoyens responsables devant la loi **3.** [able to be tested] vérifiable / *data amenable to analysis* données susceptibles d'être vérifiées par analyse.

amend [əˈmend] vt **1.** [rectify - mistake, text] rectifier, corriger ; [- behaviour, habits] réformer, amender *fml* **2.** [law, rule] amender, modifier ; [constitution] amender.

amendment [əˈmendmənt] n **1.** [correction] rectification *f*, correction *f* ; [modification] modification *f*, révision *f* **2.** [to bill, constitution, law] amendement *m* ; [to contract] avenant *m* / *an amendment to the law* une révision de la loi.

> **Amendments**
>
> Les dix premiers amendements à la Constitution américaine garantissent des droits fondamentaux et constituent le **Bill of Rights.**

amends [əˈmendz] pl n réparation *f*, compensation *f* ▸ **to make amends for sthg a)** [compensate] faire amende honorable, se racheter **b)** [apologize] se faire pardonner / *we'll try and make amends* nous allons essayer de réparer nos torts / *I'd like to make amends for my rudeness to you* j'aimerais réparer mon impolitesse envers vous.

amenhorrhoea, amenorrhea [əmenəˈrɪə] n aménorrhée *f*.

amenity [əˈmiːnətɪ] (*pl* **amenities**) n [pleasantness] charme *m*, agrément *m*.

❖ **amenities** pl n **1.** [features] agréments *mpl* ; [facilities] équipements *mpl* ▸ **urban amenities** équipements *mpl* collectifs **2.** [social courtesy] civilités *fpl*, politesses *fpl*.

amenity bed n UK *dans un hôpital, catégorie de lits réservés aux malades qui paient pour avoir plus de confort et d'intimité.*

Amerasian [ˌæmərˈeɪʒn] ◆ n Amérasien *m*, -enne *f*. ◆ adj amérasien.

America [əˈmerɪkə] pr n Amérique *f* / *in America* en Amérique.

❖ **Americas** pl pr n ▸ **the Americas** les Amériques.

American [əˈmerɪkn] ◆ n Américain *m*, -e *f*. ◆ adj américain / *the American embassy* l'ambassade *f* des États-Unis ▸ **the American Dream** le rêve américain ▸ **American English** (anglais *m*) américain *m*.

Americana [əˌmerɪˈkɑːnə] pl n *objets ou documents faisant partie de l'héritage culturel américain.*

American eagle n aigle *m* d'Amérique.

American football n UK football *m* américain / *American football player* joueur *m*, -euse *f* de football américain.

American Indian n Indien *m*, -enne *f* d'Amérique, Amérindien *m*, -enne *f*.

Americanism [əˈmerɪkənɪzm] n américanisme *m*.

Americanist [əˈmerɪkənɪst] n américaniste *mf*.

americanization, americanisation [əˌmerɪkənaɪˈzeɪʃn] n américanisation *f*.

americanize, americanise [əˈmerɪkəˌnaɪz] vt américaniser.

American League pr n *l'une des deux ligues professionnelles de base-ball aux États-Unis.*

American plan, **AP** n US pension *f* complète.

American Samoa pr n Samoa américaines *fpl*.

americium [,æmə'rɪsɪəm] n américium *m*.

Americorps [ə'merɪkɔːʳ] pr n *organisme américain de service civil volontaire.*

Amerind ['æmərɪnd], **Amerindian** [æmər'ɪndjən] ◆ n Indien *m*, -enne *f* d'Amérique, Amérindien *m*, -enne *f*. ◆ adj amérindien.

amethyst ['æmɪθɪst] ◆ n **1.** [stone] améthyste *f* **2.** [colour] violet *m* d'améthyste. ◆ adj **1.** [necklace, ring] d'améthyste **2.** [colour] violet d'améthyste *(inv).*

Amex ['æmeks] pr n **1.** (abbr of American Stock Exchange) *deuxième place boursière des États-Unis* **2.** abbr of American Express.

Amharic [æm'hærɪk] ◆ n LING [language] amharique *m*. ◆ adj LING amharique.

amiability [,eɪmjə'bɪlətɪ] n amabilité *f*.

amiable ['eɪmjəbl] adj aimable, gentil.

amiably ['eɪmjəblɪ] adv avec amabilité or gentillesse, aimablement.

amicable ['æmɪkəbl] adj [feeling, relationship] amical, d'amitié ; [agreement, end] à l'amiable / *to settle a dispute in an amicable way* régler un différend à l'amiable.

amicably ['æmɪkəblɪ] adv amicalement / *they welcomed me very amicably* ils m'ont reçu très amicalement, leur accueil fut très amical / *let's try and settle this amicably* essayons de régler ce problème à l'amiable.

Amicus ['æmɪkʌs] pr n *un des plus importants syndicats britanniques.*

amid [ə'mɪd], **amidst** [ə'mɪdst] prep au milieu de, parmi / *amid all the noise and confusion, she escaped* dans la confusion générale, elle s'est échappée / *share prices fell amid rumours of a change of government* le prix des actions a baissé face aux rumeurs selon lesquelles il allait y avoir un changement de gouvernement.

amidships [ə'mɪdʃɪps] adj & adv au milieu or par le milieu du navire.

amidst [ə'mɪdst] prep = **amid**.

amino acid [ə'miːnəʊ-] n acide *m* aminé, amino-acide *m*.

Amish ['ɑːmɪʃ] ◆ adj amish. ◆ pl n ▸ **the Amish** les Amish *mpl (communauté mennonite vivant en Pennsylvanie, austère et fidèle aux traditions).*

amiss [ə'mɪs] ◆ adv **1.** [incorrectly] de travers, mal ▸ **to take sthg amiss** mal prendre qqch / *don't take this criticism amiss* ne prenez pas cette critique en mauvaise part **2.** [out of place] mal à propos / *a few words of explanation may not come amiss here* il conviendrait ici de donner une petite explication / *a little tact and diplomacy wouldn't go amiss* un peu de tact et de diplomatie seraient les bienvenus or ne feraient pas de mal. ◆ adj **1.** [wrong] : *something seems to be amiss with the engine* on dirait qu'il y a quelque chose qui ne va pas dans le moteur / *there's something amiss with our calculations* il y a quelque chose qui ne va pas dans nos calculs **2.** [out of place] déplacé / *have I said something amiss?* ai-je dit quelque chose qu'il ne fallait pas ? / *would it be amiss to send her some flowers?* est-ce qu'il serait malvenu or déplacé de lui offrir des fleurs ?

amity ['æmətɪ] (*pl* **amities**) n *fml* [friendship] amitié *f* ; [good relations] bonnes relations *fpl*, bons rapports *mpl* / *to live in amity with one's fellow man* vivre en paix or en bonne intelligence avec ses semblables *fml*.

AML MESSAGING written abbr of all my love.

Amman [ə'mɑːn] pr n Amman.

ammeter ['æmɪtəʳ] n ampèremètre *m*.

ammo ['æməʊ] n *(U) inf* munitions *fpl*.

ammonia [ə'məʊnjə] n [gas] ammoniac *m* ; [liquid] ammoniaque *f*.

ammoniac [ə'məʊnɪæk] ◆ adj ammoniacal. ◆ n ammoniac *m*, gomme-ammoniaque *f*.

ammonite ['æmənaɪt] n **1.** [mollusc] ammonite *f* **2.** [explosive] ammonal *m*.

Ammonite ['æmənaɪt] n Ammonite *mf*.

ammunition [,æmjʊ'nɪʃn] n *(U)* munitions *fpl* / *the letter could be used as ammunition against them* la lettre pourrait être tournée contre eux.

ammunition belt n ceinturon *m*.

ammunition dump n dépôt *m* de munitions.

amnesia [æm'niːzjə] n amnésie *f* / *to have* or *to suffer (from) amnesia* être atteint d'amnésie, être amnésique ▸ **to suffer from selective amnesia** avoir une mémoire sélective.

amnesiac [æm'niːzɪæk], **amnesic** [æm'niːzɪk] ◆ adj amnésique. ◆ n amnésique *mf*.

amnesty ['æmnəstɪ] (*pl* **amnesties**) ◆ n amnistie *f* / *to declare an amnesty* déclarer une amnistie / *under an amnesty* en vertu d'une amnistie. ◆ vt amnistier.

Amnesty International pr n Amnesty International.

amniocentesis [,æmnɪəʊsen'tiːsɪs] (*pl* **amniocenteses** [-siːz]) n amniocentèse *f*.

amnioscope [,æmnɪəʊ'skəʊp] n amnioscopie *f*.

amniotic [,æmnɪ'ɒtɪk] adj amniotique ▸ **amniotic fluid** liquide *m* amniotique.

amoeba UK, **ameba** US [ə'miːbə] (UK *pl* **amoebae** or **amoebas** ; US *pl* **amebae** [-biː] or **amebas**) n amibe *f*.

amoebic [ə'miːbɪk] adj amibien.

amoebic dysentery n dysenterie *f* amibienne.

amok [ə'mɒk], **amuck** [ə'mʌk] adv ▸ **to run amok** **a)** *lit* être pris d'une crise de folie meurtrière or furieuse **b)** *fig* devenir fou furieux, se déchaîner / *the football fans ran amok* les supporters de foot se sont déchaînés / *defence spending has run amok* les dépenses militaires ont dérapé.

among(st) [ə'mʌŋ(st)] prep **1.** [in the midst of] au milieu de, parmi / *I moved amongst the spectators* je circulais parmi les spectateurs / *she was lost amongst the crowd* elle était perdue dans la foule / *it was found amongst the rubble* on l'a trouvé parmi les gravats / *to be amongst friends* être entre amis / *murmurings of discontent arose amongst the students* / *the crowd* des murmures de mécontentement s'élevèrent parmi les étudiants / dans la foule **2.** [forming part of] parmi / *amongst those who left was her brother* parmi ceux qui sont partis, il y avait son frère / *several members abstained, myself amongst them* plusieurs membres se sont abstenus, dont moi / *it is amongst her most important plays* c'est une de ses pièces les plus importantes / *that is only one amongst many possible options* ce n'est qu'une option parmi bien d'autres / *amongst other things* entre autres (choses) **3.** [within a specified group] parmi, entre / *it's a current expression amongst teenagers* c'est une expression courante chez les jeunes / *we discussed it amongst ourselves* nous en avons discuté entre nous / *I count her amongst my friends* je la compte parmi or au nombre de mes amis **4.** [to each of] parmi, entre / *share out the sweets amongst the children* partagez les bonbons entre les enfants / *share the books amongst you* partagez les livres entre vous, partagez-vous les livres.

amontillado [ə,mɒntɪ'lɑːdəʊ] n amontillado *m*.

amoral [,eɪ'mɒrəl] adj amoral.

amorality [,eɪmɒ'rælətɪ] n amoralisme *m*, amoralité *f*.

amorous ['æmərəs] adj [person] amoureux, porté à l'amour ; [glance] amoureux, ardent ; [letter] d'amour ▸ **amorous advances** des avances.

amorously ['æmərəslɪ] adv amoureusement.

amorphous [ə'mɔːfəs] adj CHEM amorphe ; [shapeless] amorphe ; *fig* [personality] amorphe, mou *(before vowel or silent 'h' mol, f molle)* ; [ideas] informe, sans forme ; [plans] vague.

amortization [ə,mɔːtɪ'zeɪʃn], **amortizement** [ə'mɔːtaɪzmənt] n amortissement *m*.

amortize, **amortise** [ə'mɔːtaɪz] vt amortir.

amortizement [ə'mɔːtaɪzmənt] n = **amortization**.

Amos ['eɪmɒs] pr n Amos.

amount [ə'maʊnt] n **1.** [quantity] quantité *f* / *in small* / *large amounts* en petites / grandes quantités / *no amount of talking can bring him back* on peut lui parler tant qu'on veut, ça ne le fera pas revenir / *I have a certain amount of respect for them* j'ai un certain respect pour eux / *a modest amount* une quantité modeste / *any amount of* des quantités de, énormément de / *that shop has any amount of books* il y a des masses de livres dans ce magasin / *you'll have any amount of time for reading on holiday* tu auras tout ton temps pour lire pendant les vacances **2.** [of money] somme *f* / *do you have the exact amount?* avez-vous le compte (exact) ? / *she billed us for the amount of £50* elle nous a présenté une facture d'un montant de or qui se montait à 50 livres / *you're in credit to the amount of £100* vous avez un crédit de 100 livres / *please find enclosed a cheque to the amount of $100* veuillez trouver ci-joint un chèque (d'un montant) de 100 dollars / **'amount due'** 'montant à régler'.

❖ **amount to** vt insep **1.** [total] se monter à, s'élever à / *he left debts amounting to over £1,800* il a laissé des dettes qui s'élèvent or se montent à plus de 1 800 livres / *profits last year amounted to several million dollars* les bénéfices pour l'année dernière se chiffrent à plusieurs millions de dollars / *after tax it doesn't amount to much* après impôts ça ne représente pas grand-chose / *he'll never amount to much* il ne fera jamais grand-chose **2.** [be equivalent to] : *it amounts to something not far short of stealing* c'est pratiquement du vol / *it amounts to the same thing* cela revient au même / *what his speech amounts to is an attack on democracy* en fait, avec ce discours, il attaque la démocratie.

amour [ə'mʊəʳ] n *liter & hum* aventure *f* amoureuse, liaison *f*.

amp [æmp] n **1.** = **ampere** **2.** *inf* [amplifier] ampli *m*.

amperage ['æmpərɪdʒ] n intensité *f* de courant.

ampere ['æmpeəʳ] n ampère *m*.

ampersand ['æmpəsænd] n esperluette *f*.

amphetamine [æm'fetəmiːn] n amphétamine *f* ▸ **amphetamine addiction** dépendance *f* aux amphétamines.

amphibia [æm'fɪbɪə] pl n batraciens *mpl*, amphibiens *mpl*.

amphibian [æm'fɪbɪən] ◆ n **1.** ZOOL amphibie *m* **2.** [plane] avion *m* amphibie ; [car] voiture *f* amphibie ; [tank] char *m* amphibie. ◆ adj amphibie.

amphibious [æm'fɪbɪəs] adj amphibie.

amphitheatre UK, **amphitheater** US ['æmfɪ,θɪətəʳ] n amphithéâtre *m*.

amphora ['æmfərə] (*pl* **amphorae** [-riː] or **amphoras**) n amphore *f*.

ampicillin [,æmpɪ'sɪlɪn] n ampicilline *f*.

ample ['æmpl] adj **1.** [large - clothing] ample ; [- garden, lawn] grand, vaste ; [- helping, stomach] grand / *a woman of ample proportions* une femme forte **2.** [more than enough - supplies] bien or largement assez de ; [- proof, reason] solide ; [- fortune, means] gros (grosse) / *he was given ample opportunity to refuse* il a eu largement l'occasion or il a eu de nombreuses occasions de refuser / *we have ample reason to suspect foul play* nous avons de solides or de bonnes raisons de soupçonner quelque chose de louche / *you'll have ample time to finish* vous aurez largement le temps de finir.

amplification [,æmplɪfɪ'keɪʃn] n **1.** [of power, sound] amplification *f* **2.** [further explanation] explication *f*, développement *m* / *the facts require no amplification* les faits ne demandent pas plus d'explications.

amplifier ['æmplɪfaɪəʳ] n amplificateur *m*.

amplify ['æmplɪfaɪ] vt **1.** [power, sound] amplifier **2.** [facts, idea, speech] développer.

❖ **amplify on** vt insep développer.

amplitude ['æmplɪtju:d] n [breadth, scope] ampleur f, envergure f ; ASTRON & PHYS amplitude f.

amplitude modulation n modulation f d'amplitude.

amply ['æmplɪ] adv amplement, largement ; [person] ▸ **amply built** bien bâti ▸ **amply rewarded** largement récompensé / *as has been amply shown* comme il a été amplement démontré.

ampoule UK, **ampule** US ['æmpu:l] n ampoule f *(de médicament)*.

amputate ['æmpjʊteɪt] vt amputer / *they had to amputate her arm* ils ont dû l'amputer du bras / *her right arm was amputated* elle a été amputée du bras droit.

amputation [,æmpjʊ'teɪʃn] n amputation f.

amputee [,æmpjʊ'ti:] n amputé m, -e f.

Amsterdam [,æmstə'dæm] pr n Amsterdam.

amt written abbr of amount.

Amtrak® ['æmtræk] pr n *société nationale de chemins de fer aux États-Unis.*

amuck [ə'mʌk] adv = **amok.**

amulet ['æmjʊlɪt] n amulette f, fétiche m.

Amur [ə'mʊə] pr n ▸ **the (River) Amur** l'Amour m.

amuse [ə'mju:z] vt **1.** [occupy] divertir, amuser, distraire / *he amused himself (by) building sandcastles* il s'est amusé à faire des châteaux de sable / *you'll have to amuse yourself this afternoon* il va falloir trouver de quoi t'occuper cet après-midi **2.** [make laugh] amuser, faire rire / *he amuses me* il me fait rire / *does the idea amuse you?* l'idée vous amuse-t-elle ?

amused [ə'mju:zd] adj **1.** [occupied] occupé, diverti ▸ **to keep o.s. amused** s'occuper, se distraire / *the game kept them amused for hours* le jeu les a occupés pendant des heures **2.** [delighted, entertained] amusé / *they were greatly amused at* or *by the cat's behaviour* le comportement du chat les a bien fait rire / *I was greatly amused to hear about his adventures* cela m'a beaucoup amusé d'entendre parler de ses aventures / *she was not (at all) amused* elle n'a pas trouvé ça drôle (du tout) / *an amused look / smile* un regard / sourire amusé / *she looked at him, amused* elle l'a regardé d'un air amusé ▸ **we are not amused** très drôle ! *iro (expression faisant allusion à une réflexion qu'aurait faite la reine Victoria pour exprimer sa désapprobation).*

amusement [ə'mju:zmənt] n **1.** [enjoyment] amusement m, divertissement m / *she smiled in amusement* elle a eu un sourire amusé / *I listened in amusement* amusé, j'ai écouté / *we've arranged a party for your amusement* nous avons prévu une soirée pour vous divertir or vous distraire / *much to everyone's amusement* au grand amusement de tous / *there was much amusement at her untimely entrance* son entrée intempestive a fait rire tout le monde **2.** [pastime] distraction f, amusement m / *there are few amusements in small towns* les petites villes offrent peu de distractions / *what amusements do you have for the children?* qu'est-ce que vous avez pour distraire les enfants ? **3.** [at a funfair] attraction f ▸ **to go on the amusements** monter sur les manèges.

amusement arcade n arcade f.

amusement park n parc m d'attractions.

amusing [ə'mju:zɪŋ] adj amusant, drôle.

amusingly [ə'mju:zɪŋlɪ] adv d'une façon amusante.

Amway® ['æmwei] pr n *marque américaine de produits d'entretien vendus à domicile par des particuliers rassemblant leurs amis et connaissances.*

amyl ['æmɪl] n amyle m.

amylase ['æmɪleɪz] n amylase f.

amylose ['æmɪləʊz] n amylose f.

amyotrophy [æmɪ'ɒtrəfɪ] n amyotrophie f.

an *(stressed* [æn], *unstressed* [ən]*)* ◆ det ⟶ **a.** ◆ conj *arch* si.

ANA pr n (abbr of American Nurses Association) *syndicat américain d'infirmiers.*

Anabaptism [,ænə'bæptɪzəm] n anabaptisme m.

Anabaptist [,ænə'bæptɪst] ◆ adj anabaptiste. ◆ n anabaptiste *mf.*

anabolic [,ænə'bɒlɪk] adj anabolisant.

anabolic steroid n stéroïde m anabolisant / *anabolic steroid abuse* abus m d'anabolisants.

anachronism [ə'nækrənɪzm] n anachronisme m.

anachronistic [ə,nækrə'nɪstɪk] adj anachronique.

anaconda [,ænə'kɒndə] n anaconda m.

anadromous [ə'nædrəməs] adj anadrome.

anaemia UK, **anemia** US [ə'ni:mjə] n MED & *fig* anémie f / *to suffer from anaemia* être anémique.

anaemic UK, **anemic** US [ə'ni:mɪk] adj **1.** MED & *fig* anémique / *to become anaemic* s'anémier **2.** [pale] anémique, blême.

anaerobe [æ'neərəʊb] n anaérobie m.

anaerobic [,ænə'rəʊbɪk] adj anaérobie ▸ **anaerobic exercise** exercice m d'anaérobie.

anaesthesia UK, **anesthesia** US [,ænɪs'θi:zjə] n anesthésie f.

anaesthetic UK, **anesthetic** US [,ænɪs'θetɪk] ◆ n anesthésique m, anesthésiant m ▸ **under anaesthetic** sous anesthésie ▸ **to give sb an anaesthetic** anesthésier qqn. ◆ adj anesthésique, anesthésiant.

anaesthetist UK, **anesthetist** US [æ'ni:sθətɪst] n anesthésiste *mf.*

anaesthetize, anaesthetise UK, **anesthetize** US [æ'ni:sθətaɪz] vt MED anesthésier ; *fig* anesthésier, insensibiliser.

anagram ['ænəgræm] n anagramme f.

anal ['eɪnl] adj **1.** ANAT anal / *anal intercourse* or *sex* sodomie f **2.** PSYCHOL anal / *he's so anal inf* il est vraiment coincé ▸ **anal-retentive** rétentif anal.

analgesia [,ænæl'dʒi:zjə] n analgésie f.

analgesic [,ænæl'dʒi:sɪk] ◆ adj analgésique. ◆ n analgésique m.

analog n & comp US = **analogue.**

analogic(al) [,ænə'lɒdʒɪk(l)] adj analogique.

analogous [ə'næləgəs] adj analogue ▸ **to be analogous to** or **with sthg** être analogue à qqch.

analogue UK, **analog** US ['ænəlɒg] ◆ n analogue m. ◆ comp [clock, watch, computer] analogique ▸ **analogue device** appareil analogique.

analogy [ə'nælədʒɪ] *(pl* **analogies***)* n analogie f / *the author draws an analogy between a fear of falling and the fear of death* l'auteur établit une analogie entre la peur de tomber et la peur de mourir ▸ **by analogy with sthg** par analogie avec qqch / *reasoning from analogy* raisonnement par analogie.

analysable UK, **analyzable** US ['ænəlaɪzəbl] adj analysable.

analysand [ə'nælɪsænd] n patient m en analyse.

analyse UK, **analyze** US ['ænəlaɪz] vt **1.** [examine] analyser, faire l'analyse de ; [sentence] analyser, faire l'analyse logique de **2.** PSYCHOL psychanalyser.

analysis [ə'næləsɪs] *(pl* **analyses** [-si:z]*)* n **1.** [examination] analyse f ; [of sentence] analyse f logique / *in the final* or *last* or *ultimate analysis* en dernière analyse, en fin de compte **2.** PSYCHOL psychanalyse f, analyse f ▸ **to be in analysis** être en analyse, suivre une analyse.

analyst ['ænəlɪst] n **1.** [specialist] analyste *mf* **2.** PSYCHOL analyste *mf*, psychanalyste *mf.*

analytic(al) [,ænə'lɪtɪk(l)] adj analytique / *analytical language* langue f analytique.

analytical geometry n géométrie f analytique.

an-
a-
lytical psychology n psychologie f analytique.

analytics [,ænə'lɪtɪks] n *(U)* analytique f.

analyze vt US = **analyse.**

anamorphic [,ænə'mɔ:fɪk] adj anamorphosique.

anamorphosis [,ænə'mɔ:fəsɪs] n anamorphose f.

anaphase ['ænəfeɪz] n anaphase f.

anaphora [ə'næfərə] n LING anaphorique m ; [in rhetoric] anaphore f.

anaphoric [,ænə'fɒrɪk] adj anaphorique.

anaphylactic [ænəfə'læktɪk] adj [shock] anaphylactique.

anarchic [æ'nɑ:kɪk] adj anarchique.

anarchism ['ænəkɪzm] n anarchisme m.

anarchist ['ænəkɪst] n anarchiste *mf.*

anarchistic [,ænə'kɪstɪk] adj anarchiste.

anarchy ['ænəkɪ] n anarchie f.

anastigmatic [,ænəstɪg'mætɪk] adj anastigmate.

anathema [ə'næθəmə] n **1.** *fml* [detested thing] abomination f / *such ideas are anathema to the general public* le grand public a horreur de ces idées / *his books are anathema to her* ses livres lui sont insupportables **2.** RELIG & *fig* anathème m.

anathematize, anathematise [ə'næθəmətaɪz] vt RELIG anathématiser, frapper d'anathème ; *fig* jeter l'anathème sur.

Anatolia [,ænə'təʊljə] pr n Anatolie f / *in Anatolia* en Anatolie.

Anatolian [,ænə'təʊljən] ◆ n Anatolien m, -enne f. ◆ adj anatolien.

anatomical [,ænə'tɒmɪkl] adj anatomique.

anatomically [,ænə'tɒmɪklɪ] adv anatomiquement / *anatomically correct* [doll, model] réaliste du point de vue anatomique.

anatomist [ə'nætəmɪst] n anatomiste *mf.*

anatomize, anatomise [ə'nætəmaɪz] vt MED & *fig* disséquer.

anatomy [ə'nætəmɪ] n **1.** BIOL [of animal, person] anatomie f ; *fig* [of situation, society] structure f **2.** *fig* [analysis] analyse f **3.** *hum* [body] corps m, anatomie f *hum* / *every part of his anatomy hurt* il était plein de courbatures, il avait mal partout.

Anaxagoras [ænæk'sægərəs] pr n Anaxagore.

Anaximander [ə'næksɪmændə] pr n Anaximandre.

Anaximenes [ænæk'sɪməni:z] pr n Anaximène.

ANC (abbr of African National Congress) pr n ANC m.

ancestor ['ænsestər] n **1.** [forefather] ancêtre m, aïeul m ▸ **ancestor worship** culte m des ancêtres **2.** *fig* [of computer, system] ancêtre m.

ancestral [æn'sestrəl] adj ancestral ▸ **ancestral home** demeure f ancestrale.

ancestress ['ænsestrɪs] n aïeule f.

ancestry ['ænsestrɪ] *(pl* **ancestries***)* n **1.** [lineage] ascendance f **2.** [ancestors] ancêtres *mpl*, aïeux *mpl.*

anchor ['æŋkər] ◆ n **1.** [for boat] ancre f ▸ **to lie** or **to ride at anchor** être à l'ancre ▸ **to cast** or **to come to** or **to drop anchor** jeter l'ancre, mouiller ▸ **up** or **weigh anchor!** levez l'ancre ! **2.** [fastener] attache f **3.** *fig* [mainstay] soutien m, point m d'ancrage / *religion is her anchor in life* la religion est son soutien dans la vie / *many people need the anchor of family life* beaucoup de gens ont besoin de la vie de famille comme point d'ancrage **4.** US TV présentateur m, -trice f **5.** SPORT pilier m, pivot m. ◆ vi **1.** [boat] jeter l'ancre, mouiller **2.** [fasten] s'ancrer, se fixer **3.** [settle] se fixer, s'installer. ◆ vt **1.** [boat] ancrer **2.** [fasten] ancrer, fixer / *they remain firmly anchored in tradition* ils restent fermement ancrés dans la tradition **3.** TV [programme] présenter.

anchorage ['æŋkərɪdʒ] n **1.** NAUT [place] mouillage m, ancrage m ; [fee] droits *mpl* de mouillage or d'ancrage **2.** [fastening] ancrage m, attache f **3.** *fig* [mainstay] soutien m, point m d'ancrage.

anchorite ['æŋkəraɪt] n ermite m, solitaire m ; RELIG anachorète m.

anchorman ['æŋkəmæn] *(pl* **anchormen** [-men]*)* n **1.** TV présentateur m **2.** SPORT pilier m, pivot m.

anchorwoman ['æŋkə,wʊmən] *(pl* **anchorwomen** [-,wɪmɪn]*)* n TV présentatrice f.

anchovy [UK 'æntʃəvɪ US 'æntʃoʊvɪ] (*pl* **anchovy** *or* **anchovies**) n anchois *m* ▸ **anchovy paste** beurre *m* d'anchois ▸ **anchovy sauce** sauce *f* aux anchois.

ancient ['eɪnʃənt] ◆ adj **1.** [custom, ruins] ancien ; [civilization, world] antique ; [relic] historique ▸ **ancient Greece** la Grèce antique ▸ **ancient history** *lit & fig* histoire *f* ancienne / *their affair is ancient history now* leur liaison fait maintenant partie du passé or est maintenant de l'histoire ancienne ▸ **ancient monument** monument *m* historique or classé ▸ **ancient times** les temps *mpl* anciens, l'antiquité *f* / **'The Rime of the Ancient Mariner'** *Coleridge* 'la Chanson du vieux marin' **2.** *hum* [very old -person] très vieux ; [-thing] antique, antédiluvien / *she drives an ancient Volkswagen* elle conduit une Volkswagen qui a fait la guerre / *her husband's absolutely ancient* son mari est vraiment très vieux. ◆ n **1.** HIST ▸ **the ancients** les anciens *mpl* **2.** *arch & hum* [old person] vieillard *m*, vieille *f*.

ancillary [æn'sɪlərɪ] (*pl* **ancillaries**) ◆ adj **1.** [supplementary] auxiliaire / *local services are ancillary to the national programme* les services locaux apportent leur aide or contribution au programme national ▸ **ancillary benefit** [of climate policy] bénéfice *m* ancillaire ▸ **ancillary staff a)** [gen] personnel *m* auxiliaire **b)** [in hospital] personnel *m* des services auxiliaires, agents *mpl* des hôpitaux **c)** [in school] personnel *m* auxiliaire, auxiliaires *mf* **2.** [subsidiary -reason] subsidiaire ; [-advantage, cost] accessoire. ◆ n **1.** [helper] auxiliaire *mf* ▸ **hospital ancillaries** personnel *m* des services auxiliaires, agents *mpl* des hôpitaux **2.** [of firm] filiale *f*.

Ancona [æŋ'kəʊnə] pr n Ancône.

and (*strong form* [ænd], *weak form* [ənd], [ən]) ◆ conj **1.** [in addition to] et / *brother and sister* frère et sœur / *get your hat and coat* va chercher ton manteau et ton chapeau / *he went out without his shoes and socks on* il est sorti sans mettre ses chaussures ni ses chaussettes / *he goes fishing winter and summer (alike)* il va à la pêche en hiver comme en été / *I have to interview and assess people as part of my job* mon travail consiste en partie à m'occuper des entretiens et à évaluer les capacités des gens / *you can't work for us* AND *work for our competitors* vous ne pouvez pas travailler ET pour nous ET pour nos concurrents / *and/or* et/ou / *I'm Richard Rogers — and?* je suis Richard Rogers — (et) alors ? / *there are books and books* il y a livres et livres / *there are champions and (there are) great champions* il y a les champions et (il y a) les grands champions **2.** [then] : *he opened the door and went out* il a ouvert la porte et est sorti / *I fell and cut my knee* je me suis ouvert le genou en tombant **3.** [with infinitive] : *go and look for it* va le chercher / *try and understand* essayez de comprendre **4.** [but] mais / *I want to go and he doesn't* je veux y aller, mais lui ne veut pas **5.** [in numbers] : *one hundred and three* cent trois / *five pounds and ten pence* cinq livres (et) dix (pence) / *two hours and ten minutes* deux heures dix (minutes) / *three and a half years* trois ans et demi / *four and two thirds* quatre deux tiers **6.** [indicating continuity, repetition] : *he cried and cried* il n'arrêtait pas de pleurer / *for hours and hours* pendant des heures (et des heures) / *he goes on and on about politics* quand il commence à parler politique il n'y a plus moyen de l'arrêter ; [with comparative adjectives] : *fainter and fainter* de plus en plus faible / *louder and louder* de plus en plus fort **7.** [as intensifier] : *her room was nice and sunny* sa chambre était bien ensoleillée / *the soup is good and hot* la soupe est bien chaude / *he's good and mad* *inf* il est fou furieux **8.** [with implied conditional] : *one move and you're dead* un geste et vous êtes mort **9.** [introducing questions] et / *and how's your family?* et comment va la famille ? / *I went to New York — and how did you like it?* je suis allé à New York — et alors, ça vous a plu ? **10.** [introducing statement] : *and now it's time for "Kaleidoscope"* et maintenant, voici l'heure de « Kaléidoscope » / *and another thing...!* ah ! autre chose or j'oubliais ; [what's more] : *and you still owe me money!* et tu me dois encore de l'argent ! / *and that's not all...* et ce n'est pas tout... ◆ n : *I want no ifs, ands or buts* je ne veux pas de discussion.

❖ **and all** adv phr **1.** [and everything] et tout (ce qui s'ensuit) / *the whole lot went flying, plates, cups, teapot and all* tout a volé, les assiettes, les tasses, la théière et tout **2.** UK *v inf* [as well] aussi / *you can wipe that grin off your face and all* tu peux aussi arrêter de sourire comme ça.

❖ **and so on (and so forth)** adv phr et ainsi de suite.

Andalusia [,ændə'lu:zjə] pr n Andalousie *f* / *in Andalusia* en Andalousie.

Andalusian [,ændə'lu:zjən] ◆ n Andalou *m*, -se *f*. ◆ adj andalou.

andalusite [,ændə'lu:saɪt] n andalousite *f*.

Andean [æn'di:ən] adj des Andes, andin.

Andes ['ændi:z] pl pr n ▸ **the Andes** les Andes *fpl* / *in the Andes* dans les Andes.

andesite ['ændɪzaɪt] n andésite *f*.

andiron ['ændaɪən] n chenet *m*.

Andorra [æn'dɔ:rə] pr n Andorre *f* / *in Andorra* en Andorre ▸ **the principality of Andorra** la principauté d'Andorre.

Andorran [æn'dɔ:rən] ◆ n Andorran *m*, -ane *f*. ◆ adj andorran.

andradite ['ændrədaɪt] n andradite *f*.

Andrew ['ændru:] pr n ▸ **Saint Andrew** saint André ▸ **Saint Andrew's Day** la Saint-André ▸ **Prince Andrew** le prince Andrew.

androcentric [,ændrəʊ'sentrɪk] adj androcentrique.

Androcles ['ændrə,kli:z] pr n Androclès.

androgen ['ændrədʒən] n androgène *m*.

androgenesis [ændrəʊ'dʒenəsɪs] n androgénèse *f*.

androgynous [æn'drɒdʒɪnəs] adj BIOL & BOT androgyne.

androgyny [æn'drɒdʒɪnɪ] n androgynie *f*.

android ['ændrɔɪd] ◆ adj androïde. ◆ n androïde *m*.

Andromache [æn'drɒməkɪ] pr n Andromaque.

Andromeda [æn'drɒmɪdə] pr n Andromède.

androsterone [æn'drɒstərəʊn] n androstérone *f*.

anecdotal [,ænek'dəʊtl] adj anecdotique ▸ **anecdotal evidence** preuve *f* or témoignage *m* anecdotique.

anecdote ['ænɪkdəʊt] n anecdote *f*.

anecdotist ['ænɪkdəʊtɪst] n anecdotier *m*, -ère *f*.

anemia n US = **anaemia**.

anemometer [,ænɪ'mɒmɪtər] n anémomètre *m*.

anemone [ə'nemənɪ] n anémone *f*.

anencephalic [,ænenke'fælɪk] adj anencéphale.

aneroid ['ænərɔɪd] adj anéroïde ▸ **aneroid barometer** baromètre *m* anéroïde.

anesthesia n US = **anaesthesia**.

anesthesiologist [ænɪs,θi:zɪ'ɒlədʒɪst] n US anesthésiste *mf*.

anestrus n US = **anoestrus**.

aneurism ['ænjʊərɪzm] n anévrisme *m*, anévrysme *m*.

anew [ə'nju:] adv *liter* **1.** [again] de nouveau, encore / *the fighting began anew* le combat reprit **2.** [in a new way] à nouveau / *to start life anew* repartir à zéro.

Anfield ['ænfi:ld] pr n *stade de football à Liverpool*.

angel ['eɪndʒəl] n **1.** RELIG ange *m* / *an angel of mercy* un ange de miséricorde ▸ **the Angel of Darkness** l'ange des ténèbres ▸ **to be on the side of the angels** être du bon côté ▸ **to go where angels fear to tread** s'aventurer en terrain dangereux **2.** [person] ange *m*, amour *m* / *be an angel and fetch me a glass of water* sois gentil, va me chercher un verre d'eau **3.** *inf* THEAT [investor] commanditaire *mf* ; [for artistic project] mécène *mf*.

angel cake n ≃ gâteau *m* de Savoie.

angel dust n *drugs sl* PCP *f*.

Angeleno [,ændʒə'li:nəʊ] n *habitant de Los Angeles*.

angelfish ['eɪndʒəlfɪʃ] (*pl* **angelfish** *or* **angelfishes**) n [fish] scalaire *m* ; [shark] ange *m*.

angel hair n CULIN ▸ **angel hair noodles** or **angel hair pasta** cheveux *mpl* d'ange.

angelic [æn'dʒelɪk] adj angélique / *she looks absolutely angelic* elle a vraiment l'air d'un ange or angélique.

angelica [æn'dʒelɪkə] n angélique *f*.

angel investor n FIN ange *m* investisseur.

angelus ['ændʒələs] n [bell, prayer] angélus *m*.

anger ['æŋgər] ◆ n colère *f*, fureur *f* / *she felt intense anger* elle était très en colère / *in a fit* or *a moment of anger* dans un accès or un mouvement de colère / *he later regretted words spoken in anger* il regretta ensuite les mots prononcés sous l'empire de la colère / *his family reacted with anger and disbelief at the verdict* sa famille a réagi avec colère et incrédulité à l'annonce du verdict / *she spoke with barely suppressed anger* elle parla avec une colère à peine dissimulée or en réprimant mal sa colère ▸ **to move sb to anger** mettre qqn en colère. ◆ vt mettre en colère, énerver / *he's easily angered* il se met facilement en colère, il s'emporte facilement, il est irascible.

anger management n gestion *f* de la colère.

angina [æn'dʒaɪnə] n (U) angine *f* (*de poitrine*).

angina pectoris [-'pektərɪs] n angine *f* de poitrine.

angioma [ændʒɪ'əʊmə] n angiome *m*.

angiosperm ['ændʒɪəspɜ:m] n angiosperme *m*.

Angkor ['æŋkɔ:r] pr n Angkor.

angle ['æŋgl] ◆ n **1.** [gen & GEOM] angle *m* / *the roads intersect at an angle of 90°* les routes se croisent à angle droit / *the car hit us at an angle* la voiture nous a heurtés de biais / *she wore her hat at an angle* elle portait son chapeau penché / *cut at an angle* coupé en biseau / *the shop stands at an angle to the street* le magasin est à l'angle de la rue **2.** [corner] angle *m*, coin *m* **3.** *fig* [point of view] angle *m*, aspect *m* / *seen from this angle* vu sous cet angle / *he examined the issue from all angles* il a étudié la question sous tous les angles / *from an economic angle* d'un point de vue économique / *what's your angle on the situation?* comment voyez-vous la situation ? / *we need a new angle* il nous faut un éclairage or un point de vue nouveau **4.** *inf* [trick] : *she knows all the angles* elle en connaît un bout or un rayon **5.** *inf* [motive] raison *f*, motif *m* / *what's his angle in all this?* qu'est-ce qu'il espère y gagner ? ◆ vt **1.** [move] orienter / *I angled the light towards the workbench* j'ai orienté or dirigé la lumière sur l'établi **2.** *fig* [slant] présenter sous un certain angle / *the article was deliberately angled to provoke a certain response* l'article était rédigé de façon à provoquer une réaction bien précise. ◆ vi **1.** [slant] s'orienter / *the road angled (off) to the right* la route tournait à droite **2.** FISHING pêcher à la ligne ▸ **to go angling** aller à la pêche (à la ligne) ; *fig* ▸ **to angle for sthg** chercher (à avoir) qqch / *stop angling for compliments!* arrête de chercher des compliments ! / *he's always angling for an invitation / a job* il est toujours en train de chercher à se faire inviter / à se faire embaucher.

Angle ['æŋgl] n Angle *mf*.

angle bracket n crochet *m*.

angle plate n CONSTR équerre *f*.

Anglepoise® ['æŋglpɔɪz] n lampe *f* architecte.

angler ['æŋglər] n **1.** FISHING pêcheur *m*, -euse *f* (à la ligne) **2.** [fish] lotte *f* de mer, baudroie *f*.

anglerfish ['æŋgləfɪʃ] n ZOOL baudroie *f*, lotte *f* de mer.

Anglican ['æŋglɪkən] ◆ adj anglican / *the Anglican Communion* la communauté anglicane. ◆ n anglican *m*, -e *f*.

Anglicanism ['æŋglɪkənɪzm] n anglicanisme *m*.

anglicism ['æŋglɪsɪzm] n anglicisme *m*.

Anglicist ['æŋglɪsɪst] n angliciste *mf*.

anglicize, **anglicise** ['æŋglɪsaɪz] vt angliciser.

angling ['æŋglɪŋ] n pêche *f* à la ligne.

Anglo ['æŋgləʊ] (*pl* **Anglos**) n **1.** US Américain blanc *m*, Américaine blanche *f* **2.** CAN Canadien *m*, -enne *f* anglophone.

Anglo- in comp anglo-.

Anglo-American ◆ adj anglo-américain. ◆ n Anglo-Américain *m*, -e *f*.

Anglo-Catholic n *anglican acceptant les préceptes de l'Église catholique sans pour autant se convertir.*

Anglo-French adj anglo-français, franco-anglais, franco-britannique.

Anglo-Indian ◆ adj anglo-indien. ◆ n **1.** [person of mixed British and Indian descent] métis *m*, -isse *f* d'origine anglaise et indienne **2.** [English person living in India] Anglais *m*, -e *f* des Indes.

Anglo-Irish ◆ adj anglo-irlandais ▸ **the Anglo-Irish Agreement** *accord conclu en 1985 entre le Royaume-Uni et la république d'Irlande pour garantir la paix et la stabilité en Irlande du Nord.* ◆ n LING anglais *m* parlé en Irlande. ◆ pl n ▸ **the Anglo-Irish** les Anglo-Irlandais *mpl*.

Anglo-Norman ◆ adj anglo-normand. ◆ n HIST **1.** [person] Anglais *m*, -e *f* d'origine normande **2.** LING anglo-normand *m*.

anglophile ['æŋgləʊfaɪl] adj anglophile.
❖ **Anglophile** n anglophile *mf*.

anglophobe ['æŋgləʊfəʊb] adj anglophobe.
❖ **Anglophobe** n anglophobe *mf*.

Anglophone ['æŋgləʊfəʊn] ◆ n anglophone *mf*. ◆ adj anglophone.

Anglo-Saxon ◆ n **1.** [person] Anglo-Saxon *m*, -onne *f* **2.** LING anglo-saxon *m*. ◆ adj anglo-saxon.

Anglosphere ['æŋgləʊsfɪə'] n ▸ **the Anglosphere** le monde anglophone.

Angola [æŋ'gəʊlə] pr n Angola *m* / *in Angola* en Angola.

Angolan [æŋ'gəʊlən] ◆ n Angolais *m*, -e *f*. ◆ adj angolais.

angora [æŋ'gɔ:rə] ◆ n **1.** [animal] angora *m* / *angora (cat / goat / rabbit)* (chat *m* / chèvre *f* / lapin *m*) angora *m* **2.** [cloth, yarn] laine *f* angora, angora *m*. ◆ adj **1.** [cat, rabbit] angora *(inv)* **2.** [coat, sweater] en angora.

Angostura bitters® [,æŋgə'stjʊərə-] pl n bitter *m* à base d'angustura.

angrily ['æŋgrəlɪ] adv [deny, speak] avec colère or emportement ; [leave, stand up] en colère.

angry ['æŋgrɪ] *(compar* **angrier**, *superl* **angriest**) adj **1.** [person - cross] en colère, fâché ; [- furious] furieux ▸ **to be angry at** or **with sb** être fâché or en colère contre qqn / *she's angry about* or *at not having been invited* elle est en colère parce qu'elle n'a pas été invitée, elle est furieuse de ne pas avoir été invitée / *they're angry at the price increase* ils sont très mécontents de l'augmentation des prix / *I'm angry with myself for having forgotten* je m'en veux d'avoir oublié ▸ **to get angry** se mettre en colère, se fâcher / *her remarks made me angry* ses observations m'ont mis en colère / *his insolence made her very angry* son insolence l'a mise hors d'elle ▸ **angry young man** jeune rebelle *m* ▸ **the Angry Young Men** UK *jeunes écrivains britanniques protestataires des années 1950* **2.** [look, tone] irrité, furieux ; [outburst, words] violent / *in an angry voice* d'un ton irrité or furieux / *he wrote her an angry letter* il lui a écrit une lettre dans laquelle il exprimait sa colère **3.** *fig* [sky] menaçant ; [sea] mauvais, démonté **4.** [inflamed] enflammé, irrité ; [painful] douloureux / *she has an angry-looking scar on her cheek* elle a une vilaine cicatrice sur la joue.

angst [æŋst] n angoisse *f*.

angstrom ['æŋstrəm] n angström *m*, angstrœm *m*.

anguish ['æŋgwɪʃ] ◆ n [mental] angoisse *f* ; [physical] supplice *m* / *to be in anguish* **a)** [worried] être angoissé or dans l'angoisse **b)** [in pain] souffrir le martyre, être au supplice / *her indifference caused him great anguish* son indifférence l'angoissait beaucoup. ◆ vt angoisser, inquiéter énormément.

anguished ['æŋgwɪʃt] adj angoissé / *an anguished cry* un cri d'angoisse or angoissé.

angular ['æŋgjʊlə'] adj **1.** [features, room] anguleux ; [face] anguleux, osseux ; [body] anguleux, décharné **2.** [movement] saccadé, haché **3.** TECH [distance, speed] angulaire.

anhydride [æn'haɪdraɪd] n anhydride *m*.

anhydrite [æn'haɪdraɪt] n anhydrite *f*.

anhydrous [æn'haɪdrəs] adj anhydre.

aniline ['ænɪli:n] n aniline *f* ▸ **aniline dye** colorant *m* à base d'aniline.

animadversion [,ænɪmæd'vɜ:ʃən] n *fml* animadversion *f*, critique *f* / *to make animadversions on sthg* critiquer qqch, se répandre en critiques sur qqch.

animadvert [,ænɪmæd'vɜ:t] vi *liter* critiquer, blâmer ▸ **to animadvert on** or **upon sthg** critiquer or censurer *liter* qqch.

animal ['ænɪml] ◆ n **1.** ZOOL animal *m* ; [excluding humans] animal *m*, bête *f* / *man is a social animal* l'homme est un animal sociable / *she's not a political animal* ce n'est pas un animal politique **2.** *pej* [brute] brute *f* / *he's like an animal when he gets drunk* c'est une brute lorsqu'il est ivre **3.** [thing] chose *f* / *French socialism is a very different animal* le socialisme à la française est complètement différent / *there's no such animal* ça n'existe pas. ◆ adj **1.** [products, behaviour] animal ▸ **animal life** faune *f* ▸ **animal lover** ami *m*, -e *f* des animaux or des bêtes ▸ **animal programme** émission *f* sur les animaux ▸ **animal rights** droits *mpl* des animaux ▸ **animal welfare** protection *f* des animaux / *they wore simple clothes made of animal hides* ils portaient des vêtements rudimentaires faits de peaux de bêtes / *he specializes in animal photography* c'est un spécialiste de la photographie animalière / **'Animal Farm'** *Orwell* 'la Ferme des animaux' **2.** [desire, needs] animal, bestial ; [courage, instinct] animal ▸ **animal high spirits** vivacité *f*, entrain *m*.

animal house n [in zoo] ménagerie *f*.

animal husbandry n élevage *m*.

animalism ['ænɪməlɪzm] n **1.** [animal trait] animalité *f* **2.** [sensuality] animalité *f*, sensualité *f* **3.** [theory] animalisme *m*.

animal magnetism n magnétisme *m*, charme *m*.

animate ◆ vt ['ænɪmeɪt] **1.** [give life to] animer **2.** *fig* [enliven - face, look, party] animer, égayer ; [- discussion] animer, stimuler **3.** [move to action] motiver, inciter **4.** CIN & TV animer. ◆ adj ['ænɪmət] vivant, animé.

animated ['ænɪmeɪtɪd] adj animé / *to become animated* s'animer.

animated cartoon n dessin *m* animé.

animatedly ['ænɪmeɪtɪdlɪ] adv [behave, participate] avec vivacité or entrain ; [talk] d'un ton animé, avec animation.

animation [,ænɪ'meɪʃn] n **1.** [of discussion, party] animation *f* ; [of place, street] activité *f*, animation *f* ; [of person] vivacité *f*, entrain *m* ; [of face, look] animation *f* **2.** CIN & TV animation *f*.

animator ['ænɪmeɪtə'] n animateur *m*, -trice *f*.

animatronics [,ænɪmə'trɒnɪks] n animatronique *f*.

animism ['ænɪmɪzm] n animisme *m*.

animist ['ænɪmɪst] ◆ adj animiste. ◆ n animiste *mf*.

animistic [ænɪ'mɪstɪk] adj animiste.

animosity [,ænɪ'mɒsətɪ] *(pl* **animosities**) n animosité *f*, antipathie *f* / *she felt great animosity towards politicians* elle avait une grande animosité contre or une antipathie profonde pour les hommes politiques / *I sensed the animosity between them* je sentais de l'antipathie entre eux.

animus ['ænɪməs] n **1.** [hostility] = **animosity 2.** [motive] animus *m* **3.** PSYCHOL animus *m*.

anion ['ænaɪən] n anion *m*.

anise ['ænɪs] n anis *m*.

aniseed ['ænɪsi:d] ◆ n graine *f* d'anis ▸ **aniseed-flavoured** anisé. ◆ comp à l'anis ▸ **aniseed ball** bonbon *m* à l'anis.

anisette [,ænɪ'zet] n anisette *f*.

Ankara ['æŋkərə] pr n Ankara.

ankle ['æŋkl] ◆ n cheville *f*. ◆ comp ▸ **ankle boot** bottine *f* ▸ **ankle sock** socquette *f* ▸ **ankle strap** bride *f*.

anklebone ['æŋkəlbəʊn] n astragale *m*.

ankle-deep adj : *she was ankle-deep in mud* elle était dans la boue jusqu'aux chevilles / *the water is only ankle-deep* l'eau monte or vient seulement jusqu'à la cheville.

ankle-length adj qui descend jusqu'à la cheville.

anklet ['æŋklɪt] n **1.** [chain] bracelet *m* de cheville **2.** US [ankle sock] socquette *f*.

ankylosis [æŋkɪ'ləʊsɪs] n ankylose *f*.

Anna ['ænə] pr n / **'Anna Karenina'** *Tolstoy* 'Anna Karénine' / **'Anna of the Five Towns'** *Bennett* 'Anna des cinq villes'.

annalist ['ænəlɪst] n annaliste *mf*.

annals ['ænlz] pl n annales *fpl*.

Annam [æn'æm] pr n Annam *m*.

Annamese [,ænə'mi:z] ◆ adj annamite. ◆ n Annamite *mf*.

Annapurna [,ænə'pɜ:nə] pr n l'Annapurna *m*.

Anne [æn] pr n ▸ **Saint Anne** sainte Anne ▸ **Anne of Austria** Anne d'Autriche ▸ **Anne Boleyn** Anne Boleyn ▸ **Anne of Cleves** Anne de Clèves.

anneal [ə'ni:l] vt [glass] recuire ; [metal] tremper, recuire.

annelid ['ænəlɪd] ◆ adj ▸ **annelid worm** annélide *f*. ◆ n annélide *f*.

annex ◆ vt [æ'neks] annexer. ◆ n US = **annexe**.

annexation [,ænek'seɪʃn] n [act] annexion *f* ; [country] pays *m* annexé ; [document] document *m* annexe, annexe *f*.

annexe UK, **annex** US ['æneks] n [building, supplement to document] annexe *f*.

annihilate [ə'naɪəleɪt] vt **1.** [destroy - enemy, race] anéantir, détruire ; [- argument, effort] anéantir, annihiler **2.** *inf* [defeat] écraser.

annihilation [ə,naɪə'leɪʃn] n **1.** [destruction - of argument, enemy, effort] anéantissement *m* **2.** *inf* [defeat] défaite *f* (totale), pâtée *f*.

anniversary [,ænɪ'vɜ:sərɪ] *(pl* **anniversaries**) ◆ n anniversaire *m* *(d'un événement)*, commémoration *f*. ◆ comp [celebration, dinner] anniversaire, commémoratif ▸ **anniversary card** carte *f* d'anniversaire (de mariage) ▸ **anniversary present** cadeau *m* d'anniversaire (de mariage).

Anno Domini [,ænəʊ'dɒmɪnaɪ] adv *fml* après Jésus-Christ.

annotate ['ænəteɪt] vt annoter.

annotation [,ænə'teɪʃn] n [action] annotation *f* ; [note] annotation *f*, note *f*.

announce [ə'naʊns] ◆ vt annoncer ▸ **to announce sthg to sb** annoncer qqch à qqn / *we are pleased to announce the birth / marriage of our son* nous sommes heureux de vous faire part de la naissance / du mariage de notre fils / *a whistle announced the arrival of the train* un coup de sifflet annonça l'arrivée du train / *management have announced a cut in pay* l'administration a annoncé une réduction des salaires. ◆ vi US : *to announce for the presidency* se déclarer candidat à la présidence.

announcement [ə'naʊnsmənt] n [public statement] annonce *f* ; ADMIN avis *m* ; [notice of birth, marriage] faire-part *m*.

announcer [ə'naʊnsə'] n [gen] annonceur *m*, -euse *f* ; RADIO & TV [newscaster] journaliste *mf* ; [introducing programme] speaker *m*, speakerine *f*, annonceur *m*, -euse *f*.

annoy [ə'nɔɪ] vt ennuyer, agacer / *is this man annoying you?* cet homme vous ennuie-t-il or vous importune-t-il ? *fml* / *it's his constant boasting that annoys me* ce sont ses fanfaronnades perpétuelles qui m'agacent / *he only did it to annoy you* il l'a fait uniquement pour vous ennuyer or contrarier.

annoyance [ə'nɔɪəns] n **1.** [displeasure] contrariété *f*, mécontentement *m* / *with a look of annoyance* d'un air contrarié or ennuyé / *"no, I won't", she said with some annoyance* « non, je ne le ferai pas », déclara-t-elle d'un ton agacé / *to my great annoyance* à mon grand mécontentement or déplaisir **2.** [source of irritation] ennui *m*, désagrément *m*.

annoyed [ə'nɔɪd] adj ▶ **to be / to get annoyed with sb** être / se mettre en colère contre qqn / *I felt really annoyed with him* j'étais vraiment en colère contre lui / *she was annoyed* elle était mécontente.

annoying [ə'nɔɪɪŋ] adj [bothersome] gênant, ennuyeux ; [very irritating] énervant, agaçant, fâcheux / *the annoying thing is...* ce qui est énervant dans l'histoire, c'est...

annoyingly [ə'nɔɪɪŋlɪ] adv de manière gênante or agaçante / *she was annoyingly vague* elle était si vague que c'en était agaçant.

annual ['ænjʊəl] ◆ adj annuel / *what's your annual income?* combien gagnez-vous par an ? ◆ n **1.** [publication] publication *f* annuelle ; [of association, firm] annuaire *m* ; [for children] album *m* (de bandes dessinées) **2.** BOT plante *f* annuelle.

annual earnings pl n **1.** [of company] recette(s) *fpl* annuelle(s) **2.** [of person] revenu *m* annuel.

annual general meeting n assemblée *f* générale annuelle.

annual income n revenu *m* annuel.

annualize, annualise ['ænjʊə,laɪz] vt annualiser ▶ **annualized percentage rate** taux *m* effectif global.

annually ['ænjʊəlɪ] adv annuellement, tous les ans / *he earns £20,000 annually* il gagne 20 000 livres par an.

annual report n FIN rapport *m* annuel.

annual turnover n chiffre *m* d'affaires annuel.

annuity [ə'nju:ɪtɪ] (*pl* **annuities**) n [regular income] rente *f* ▶ **annuity for life** or **life annuity** viager *m*, rente *f* viagère ▶ **annuity payment** versement *m* d'annuité ; [investment] viager *m*, rente *f* viagère ▶ **to purchase an annuity** placer de l'argent en viager.

annul [ə'nʌl] (*pt & pp* **annulled**, *cont* **annulling**) vt [law] abroger, abolir ; [agreement, contract] résilier ; [marriage] annuler ; [judgment] casser, annuler.

annular ['ænjʊlər] adj annulaire.

annulment [ə'nʌlmənt] n [of law] abrogation *f*, abolition *f* ; [of agreement, contract] résiliation *f* ; [of marriage] annulation *f* ; [of judgment] cassation *f*, annulation *f*.

Annunciation [ə,nʌnsɪ'eɪʃn] n ▶ **the Annunciation** l'Annonciation *f*.

anode ['ænəʊd] n anode *f*.

anodize ['ænədaɪz] vt anodiser.

anodyne ['ænədaɪn] ◆ n MED analgésique *m*, calmant *m* ; *fig* baume *m*. ◆ adj **1.** MED analgésique, antalgique ; *fig* apaisant **2.** [inoffensive] anodin.

anoestrus UK, **anestrus** US [æn'i:strəs] n interoestrus *m*.

anoint [ə'nɔɪnt] vt [in religious ceremony] oindre, consacrer par l'onction ▶ **to anoint sb with oil** oindre qqn d'huile / *they anointed him king* ils l'ont sacré roi / *the anointed King* le roi consacré.

anointing [ə'nɔɪntɪŋ] n onction *f*.

anointment [ə'nɔɪntmənt] n **1.** [action] onction *f* **2.** [ointment] onguent *m*, pommade *f*.

anomalous [ə'nɒmələs] adj [effect, growth, result] anormal, irrégulier ; GRAM anormal.

anomaly [ə'nɒməlɪ] (*pl* **anomalies**) n anomalie *f*.

anon [ə'nɒn] adv *arch & liter* [soon] bientôt, sous peu / *see you anon hum* à bientôt.

anon. (written abbr of **anonymous**) anon.

anonymity [,ænə'nɪmətɪ] n **1.** [namelessness] anonymat *m* **2.** [unexceptional quality] banalité *f*.

anonymous [ə'nɒnɪməs] adj anonyme / *to remain anonymous* garder l'anonymat.

anonymously [ə'nɒnɪməslɪ] adv [act, donate] anonymement, en gardant l'anonymat ; [publish] anonymement, sans nom d'auteur.

anopheles [ə'nɒfɪli:z] (*pl* **anopheles**) n anophèle *m*.

anorak ['ænəræk] n **1.** [coat] anorak *m* **2.** *inf* [obsessive person] fada *mf*.

anorectic [,ænə'rektɪk] = **anorexic**.

anorexia [,ænə'reksɪə] n anorexie *f* ▶ **anorexia sufferer** anorexique *mf*.

anorexia nervosa [-nɜ:'vəʊsə] n anorexie *f* mentale.

anorexic [,ænə'reksɪk], **anorectic** [,ænə'rektɪk] ◆ adj anorexique. ◆ n anorexique *mf*.

another [ə'nʌðər] ◆ det **1.** [additional] un... de plus (une... de plus), encore un (encore une) / *have another chocolate* prenez un autre or reprenez un chocolat / *another cup of tea?* vous reprendrez bien une tasse de thé ? / *another 5 miles* encore 5 miles / *can you wait another 10 minutes?* peux-tu attendre encore 10 minutes ? / *another 5 minutes and we'd have missed the train* 5 minutes de plus et on ratait le train / *in another 3 weeks* dans 3 semaines / *without another word* sans un mot de plus, sans ajouter un mot / *and for another thing, he's ill* et de plus il est malade **2.** [second] un autre (une autre), un second (une seconde) / *it could be another Vietnam* ça pourrait être un second or nouveau Viêt Nam **3.** [different] un autre (une autre) / *can't we do that another time?* on ne peut pas remettre ça à plus tard or à une autre fois ? / *let's do it another way* faisons-le autrement / *that's another matter entirely!* ça, c'est une tout autre histoire ! ◆ pron **1.** [a similar one] un autre (une autre), encore un (encore une) / *a glass of milk and another of water* un verre de lait et un verre d'eau / *she finished one cigarette and lit another* elle finit une cigarette et en alluma une autre ▶ **many another** *liter* bien d'autres, beaucoup d'autres **2.** [a different one] : *another of the girls* une autre des filles / *bring a dessert of one sort or another* apportez un dessert (, n'importe lequel) **3.** *arch & liter* [somebody else] un autre (une autre) / *she loves another* elle en aime un autre.

A. N. Other [,eɪen'ʌðər] n UK monsieur X, madame X.

another place n UK POL *expression employée à la Chambre des lords pour désigner la Chambre des communes et vice versa.*

anoxia [æn'ɒksɪə] n anoxie *f*.

Ansaphone® ['ɑ:nsəfəʊn] n répondeur *m* (téléphonique).

answer ['ɑ:nsər] ◆ vt **1.** [letter, person, telephone, advertisement] répondre à ; [door] aller or venir ouvrir / *he answered not a word liter* il n'a pas répondu, il n'a pas soufflé mot / *she answered with a shy grin* pour toute réponse elle a souri timidement / *I phoned earlier but nobody answered* j'ai téléphoné tout à l'heure mais ça ne répondait pas / *the maid answered the bell* la bonne a répondu au coup de sonnette / *to answer a prayer* exaucer une prière **2.** [respond correctly to] : *he could only answer two of the questions* il n'a su répondre qu'à deux des questions / *few of the students answered this question well* peu d'élèves ont bien traité cette question **3.** [fulfil] répondre à, satisfaire / *the computer answers a number of requirements* l'ordinateur répond à plusieurs fonctions **4.** [description] répondre à, correspondre à / *a man answering this description was seen in the area* un homme répondant or correspondant à ce signalement a été aperçu dans la région **5.** LAW : *the defendant answered the charge* l'accusé a répondu à or a réfuté l'accusation. ◆ vi répondre, donner une réponse. ◆ n **1.** [reply - to letter, person, request] réponse *f* ; [- to criticism, objection] réponse *f*, réfutation *f* / *she made no answer* elle n'a pas répondu / *he couldn't think of an answer* il n'a rien trouvé à répondre / *in answer to her question he simply grinned* pour toute réponse à sa question, il a eu un large sourire / *did you get an answer to your letter?* as-tu obtenu une réponse à ta lettre ? / *I rang the bell but there was no answer* j'ai sonné mais personne n'a répondu or n'a ouvert / *I phoned but there was no answer* j'ai téléphoné mais ça ne répondait pas / *she won't take "no" for an answer* elle n'acceptera pas de refus / *he has an answer for everything* il a réponse à tout / *he's the answer to our prayers* il est notre sauveur / *it's the answer to all my prayers* or *dreams!* c'est ce dont j'ai toujours rêvé ! / *answer to the charge* LAW réponse à l'accusation **2.** [solution] solution *f* / *the (right) answer* la bonne réponse / *there's no easy answer lit & fig* il n'y a pas de solution facile **3.** [to exam question] réponse *f* / *write your answers on a separate sheet of paper* notez vos réponses sur une feuille séparée **4.** [equivalent] : *she's England's answer to Edith Piaf* elle est or c'est l'Édith Piaf anglaise / *it's the poor man's answer to lobster* c'est le homard des pauvres.

❖ **answer back** ◆ vi répondre (avec insolence). ◆ vt sep répondre (avec insolence) à, répliquer à / *don't answer (your father) back!* ne réponds pas (à ton père) !

❖ **answer for** vt insep **1.** [be responsible for] répondre de, être responsable de / *she'll answer to me for his safety* elle se portera garante envers moi de sa sécurité / *this government has a lot to answer for* ce gouvernement a bien des comptes à rendre / *you'll answer for that!* vous me le paierez ! **2.** [vouch for] garantir / *I can't answer for the quality of her work* je ne peux pas garantir la qualité de son travail.

❖ **answer to** vt insep **1.** [respond to] : *the cat answers to (the name of) Frankie* le chat répond au nom de Frankie, le chat s'appelle Frankie **2.** [correspond to] répondre à, correspondre à / *to answer to a description* répondre à une description.

answerable ['ɑ:nsərəbl] adj **1.** [person] responsable, comptable ▶ **to be answerable to sb for sthg** être responsable de qqch devant qqn, être garant de qqch envers qqn / *politicians are answerable to their constituents for their actions* les hommes politiques sont responsables de leurs actions devant leurs électeurs / *you're answerable to the company for any damages* vous êtes garant envers la société de toute avarie or de tout dégât / *he's answerable only to the president* il ne relève que du président / *I'm answerable to no one* je n'ai de comptes à rendre à personne **2.** [question] susceptible de réponse, qui admet une réponse ; [accusation, argument] réfutable.

answering machine ['ɑ:nsərɪŋ-] n répondeur *m* (téléphonique).

answering service n permanence *f* téléphonique.

answerphone ['ænsəfəʊn] n = **answering machine**.

ant [ænt] n fourmi *f* ▶ **to have ants in one's pants** *inf* avoir la bougeotte.

ANTA pr n abbr of **American National Theatre and Academy**.

antacid [,ænt'æsɪd] ◆ n (médicament *m*) alcalin *m*, antiacide *m*. ◆ adj alcalin, antiacide ▶ **antacid digestant** médicament *m* contre les aigreurs d'estomac.

antagonism [æn'tægənɪzm] n antagonisme *m*, hostilité *f* / *there is considerable antagonism towards the new tax* il y a une opposition considérable au nouvel impôt.

antagonist [æn'tægənɪst] n antagoniste *mf*, adversaire *mf*.

antagonistic [æn,tægə'nɪstɪk] adj [person] opposé, hostile ; [feelings, ideas] antagoniste, antagonique / *he's openly antagonistic to the policy* il est ouvertement opposé or hostile à la politique.

antagonize, antagonise [æn'tægənaɪz] vt contrarier, mettre à dos / *we can't afford to antagonize the voters* nous ne pouvons pas nous permettre de nous aliéner les électeurs / *don't antagonize him!* ne te le mets pas à dos !

Antalya [ɑ:n'tɑ:ljə] pr n Antalya.

Antananarivo ['æntə,nænə'ri:vəʊ] pr n Antananarivo.

Antarctic [ænt'ɑ:ktɪk] ◆ pr n ▶ **the Antarctic (Ocean)** l'Antarctique *m*, l'océan *m* Antarctique / *in the Antarctic* dans l'Antarctique. ◆ adj antarctique.

Antarctica [ænt'ɑ:ktɪkə] pr n Antarctique *f*, le continent *m* antarctique.

Antarctic Circle pr n ▸ **the Antarctic Circle** le cercle polaire antarctique.

Antarctic Peninsula pr n ▸ **the Antarctic Peninsula** la péninsule antarctique.

ante ['æntɪ] ◆ n **1.** CARDS mise *f* / *a £3 ante* une mise de 3 livres ▸ **to up the ante** *inf* augmenter la mise **2.** *inf* [price] part *f*. ◆ vi CARDS faire une mise.
❖ **ante up** vt sep & vi US *v inf* casquer / *come on, ante up!* allez, allonge !

anteater ['ænt,i:təʳ] n fourmilier *m*.

antebellum [,æntɪ'beləm] adj d'avant la guerre ; US d'avant la guerre de Sécession.

antecede [,æntɪ'si:d] vt précéder.

antecedence [,æntɪ'si:dəns] n priorité *f*.

antecedent [,æntɪ'si:dənt] ◆ n GRAM, LOGIC & MATH antécédent. ◆ adj antérieur, précédent ▸ **antecedent to sthg** antérieur à qqch.
❖ **antecedents** pl n *fml* [family] ancêtres *mpl* ; [history] passé *m*, antécédents *mpl*.

antechamber ['æntɪ,ʧeɪmbəʳ] n antichambre *f*.

antedate [,æntɪ'deɪt] vt **1.** [precede in time] précéder, dater d'avant **2.** [give earlier date to] antidater **3.** [set an earlier date for] avancer.

antediluvian [,æntɪdɪ'lu:vjən] adj *liter & hum* antédiluvien.

antelope ['æntɪləʊp] (*pl* **antelope** *or* **antelopes**) n antilope *f*.

ante meridiem [-mə'rɪdɪəm] adj *fml* du matin.

antenatal [,æntɪ'neɪtl] UK ◆ adj prénatal ▸ **antenatal care** soins *mpl* prénatals ▸ **antenatal clinic** service *m* de consultation prénatale. ◆ n *inf* consultation *f* prénatale.

antenna [æn'tenə] (*pl* **antennae** [-ni:] *or* **antennas**) n US antenne *f*.

antepenult [,æntɪpɪ'nʌlt] n antépénultième *f*.

antepenultimate [,æntɪpɪ'nʌltɪmət] ◆ adj antépénultième. ◆ n antépénultième *f*.

anterior [æn'tɪərɪəʳ] adj *fml* antérieur ▸ **anterior to** antérieur à.

anteroom ['æntɪrʊm] n antichambre *f*, vestibule *m*.

anthem ['ænθəm] n [song] chant *m* ; RELIG motet *m*.

anther ['ænθəʳ] n anthère *f*.

anthill ['ænthɪl] n fourmilière *f*.

anthologist [æn'θɒləʤɪst] n anthologiste *mf*.

anthology [æn'θɒləʤɪ] (*pl* **anthologies**) n anthologie *f*.

Anthony ['æntənɪ] pr n ▸ **Saint Anthony** saint Antoine ▸ **Anthony of Padua** Antoine de Padoue.

anthracite ['ænθrə,saɪt] ◆ n anthracite *m*. ◆ adj ▸ **anthracite (grey)** (gris *m*) anthracite *(inv)*.

anthracosis [ænθrə'kəʊsɪs] n anthracose *f*.

anthrax ['ænθræks] n [disease] charbon *m* ; [sore] anthrax *m*.

anthropocentric [,ænθrəpə'sentrɪk] adj anthropocentrique.

anthropoid ['ænθrəpɔɪd] ◆ adj anthropoïde. ◆ n anthropoïde *m*.

anthropological [,ænθrəpə'lɒʤɪkl] adj anthropologique.

anthropologist [,ænθrə'pɒləʤɪst] n anthropologue *mf*.

anthropology [,ænθrə'pɒləʤɪ] n anthropologie *f*.

anthropomorphic [,ænθrəpə'mɔ:fɪk] adj anthropomorphique.

anthropomorphism [,ænθrəpə'mɔ:fɪzm] n anthropomorphisme *m*.

anthropomorphize, anthropomorphise [,ænθrəpə'mɔ:faɪz] vt anthropomorphiser.

anthropomorphous [,ænθrəpə'mɔ:fəs] adj anthropomorphe.

anthropophagi [,ænθrə'pɒfəgaɪ] (*sg* [-gəs]) pl n anthropophages *mpl*.

anthropophagous [,ænθrə'pɒfəgəs] adj anthropophage.

anthropophagy [,ænθrə'pɒfəʤɪ] n anthropophagie *f*.

anti ['æntɪ] adj *inf* : *she's rather anti* elle est plutôt contre / *he's a bit anti all that kind of thing* il est un peu contre tout cela or toutes ces choses.

anti- in comp anti- ▸ **anti-American** antiaméricain ▸ **anti-British** antibritannique.

antiabortion [,æntɪə'bɔ:ʃn] adj : *the antiabortion movement* le mouvement contre l'avortement.

antiabortionist [,æntɪə'bɔ:ʃnɪst] n adversaire *mf* de l'avortement.

antiaircraft [,æntɪ'eəkrɑ:ft] adj [system, weapon] antiaérien ▸ **antiaircraft defence** défense *f* contre avions, DCA *f*.

anti-aliasing [-'eɪlɪəsɪŋ] n COMPUT antialiassage *m*, anticrénelage *m*.

anti-Americanism n antiaméricanisme *m*.

antiapartheid [,æntɪə'pɑ:theɪt] adj antiapartheid.

antibacterial [,æntɪbæk'ti:rɪəl] adj antibactérien.

antiballistic missile [,antɪbə'lɪstɪk-] n missile *m* antibalistique.

antibiotic [,æntɪbaɪ'ɒtɪk] ◆ adj antibiotique. ◆ n antibiotique *m*.

antibody ['æntɪ,bɒdɪ] (*pl* **antibodies**) n anticorps *m*.

anticathode [,æntɪ'kæθəʊd] n anticathode *f*.

Antichrist ['æntɪ,kraɪst] n ▸ **the Antichrist** l'Antéchrist *m*.

anticipate [æn'tɪsɪ,peɪt] ◆ vt **1.** [think likely] prévoir, s'attendre à / *they anticipate meeting some opposition* or *they anticipate that they will meet some opposition* ils s'attendent à rencontrer une certaine opposition / *we had anticipated a price increase* nous nous attendions à or nous avions prévu une hausse des prix / *I didn't anticipate leaving so early* je ne m'attendais pas à ce qu'on parte si tôt / *do you anticipate visiting her?* pensez-vous lui rendre visite ? / *faster than anticipated* plus vite que prévu / *as anticipated* comme prévu **2.** [be prepared for - attack, decision, event] anticiper, anticiper sur ; [- needs, wishes] devancer, prévenir, aller au devant de / *we anticipated our competitors by launching our product first* nous avons devancé la concurrence en lançant notre produit les premiers / *he anticipated the fall in price and sold early* il a anticipé la baisse des prix et a vendu avant **3.** [act on prematurely - effect, success] escompter ; [- profit, salary] anticiper sur ; [- happiness] anticiper, savourer d'avance ; [- pain] anticiper, éprouver d'avance **4.** [pay in advance - bill] anticiper **5.** [mention prematurely] anticiper, anticiper sur / *don't anticipate the end of the story* n'anticipez pas la fin de l'histoire. ◆ vi anticiper / *just wait and see, don't anticipate* attends de voir, n'anticipe pas / *do you think you'll get married? — I think you're anticipating a bit* penses-tu que tu vas te marier ? — je crois que tu vas un peu vite.

anticipation [æn,tɪsɪ'peɪʃn] n **1.** [expectation] attente *f* / *I was all kitted out in waterproofs in anticipation of rain* pensant qu'il allait pleuvoir, je m'étais équipée d'un tas d'imperméables / *they raised their prices in anticipation of increased inflation* ils ont augmenté leurs prix en prévision d'une hausse de l'inflation **2.** *fml* [readiness] anticipation *f* / *in anticipation of your wishes, I've had the fire made up* pour aller au devant de or pour devancer vos désirs, j'ai demandé qu'on fasse du feu / *thanking you in anticipation* en vous remerciant d'avance, avec mes remerciements anticipés **3.** [eagerness] impatience *f*, empressement *m* / *fans jostled at the gates in eager anticipation* les fans, ne tenant plus d'impatience, se bousculaient aux grilles d'entrée **4.** [premature experiencing - of inheritance, profits, success] anticipation *f*, attente *f* ; [- of fear, pain] appréhension *f*.

anticipatory [æn,tɪsɪ'peɪtərɪ] adj d'anticipation.

anticlerical [,æntɪ'klerɪkl] ◆ adj anticlérical. ◆ n anticlérical *m*, -e *f*.

anticlericalism [,æntɪ'klerɪkəlɪsm] n anticléricalisme *m*.

anticlimactic [,æntɪklaɪ'mæktɪk] adj décevant.

anticlimax [æntɪ'klaɪmæks] n **1.** [disappointment] déception *f* / *the opening ceremony was a bit of an anticlimax* la cérémonie d'ouverture a été quelque peu décevante / *what an anticlimax!* quelle douche froide ! **2.** LITER chute *f* (dans le trivial).

anticline ['æntɪklaɪn] n anticlinal *m*.

anticlockwise [,æntɪ'klɒkwaɪz] UK ◆ adv dans le sens inverse or contraire des aiguilles d'une montre. ◆ adj : *turn it in an anticlockwise direction* tournez-le dans le sens inverse des aiguilles d'une montre.

anticoagulant [,æntɪkəʊ'ægjʊlənt] ◆ adj anticoagulant. ◆ n anticoagulant *m*.

anticompetitive [,æntɪkəm'petɪtɪv] adj ECON anticoncurrentiel.

anticonstitutional ['æntɪ,kɒnstɪ'tju:ʃənl] adj POL anticonstitutionnel.

anticonvulsant [,æntɪkən'vʌlsənt] ◆ adj antispasmodique. ◆ n antispasmodique *m*.

Anti-Corn Law League pr n UK HIST ▸ **the Anti-Corn Law League** *association fondée en 1838, hostile à la pratique des tarifs protectionnistes frappant le blé importé.*

anticorrosive [,æntɪkə'rəʊsɪv] ◆ adj anticorrosif. ◆ n anticorrosif *m*.

antics ['æntɪks] pl n [absurd behaviour] cabrioles *fpl*, gambades *fpl* ; [jokes] bouffonnerie *f*, pitrerie *f* / *I'm fed up with her silly antics* j'en ai assez de son cirque ridicule / *they're up to their (old) antics again* les voilà repartis avec leurs pitreries.

anticyclone [,æntɪ'saɪkləʊn] n anticyclone *m*.

anti-dazzle adj UK ▸ **anti-dazzle headlights** phares *mpl* antiéblouissants.

antidemocratic ['æntɪ,demə'krætɪk] adj POL antidémocratique.

antidepressant [,æntɪdə'presnt] ◆ adj antidépresseur. ◆ n antidépresseur *m*.

antidote ['æntɪdəʊt] n antidote *m* / *work is an antidote to* or *for unhappiness* le travail est un antidote à or contre la tristesse.

antidumping [,æntɪ'dʌmpɪŋ] adj [law, legislation] antidumping.

anti-Establishment adj POL anticonformiste.

antifascism [,æntɪ'fæʃɪzəm] n POL antifascisme *m*.

antifascist [,æntɪ'fæʃɪst] adj & n POL antifasciste.

antifreeze ['æntɪfri:z] n antigel *m*.

antifriction [,æntɪ'frɪkʃn] n antifriction *m*.

antifungal [,æntɪ'fʌŋgəl] adj antifongique.

anti-G adj anti-g *(inv)*.

antigen ['æntɪʤən] n antigène *m*.

antiglare ['æntɪgleəʳ] adj ▸ **antiglare headlights** phares *mpl* antiéblouissants.

antiglobalization [,æntɪgləʊbəlaɪ'zeɪʃən] ◆ n POL antimondialisation *f*. ◆ adj POL antimondialisation.

Antigone [æn'tɪgənɪ] pr n Antigone.

Antigua [æn'ti:gə] pr n Antigua / *in Antigua* à Antigua ▸ **Antigua and Barbuda** Antigua et Barbuda.

Antiguan [æn'ti:gən] ◆ n *habitant d'Antigua.* ◆ adj d'Antigua.

antihero ['æntɪ,hɪərəʊ] (*pl* **antiheroes**) n antihéros *m*.

antihistamine [,æntɪ'hɪstəmɪn] n antihistaminique *m* ▸ **antihistamine tablet** médicament *m* antihistaminique.

anti-imperialism n anti-impérialisme *m*.

anti-imperialist ◆ adj anti-impérialiste. ◆ n anti-impérialiste *mf*.

anti-inflammatory ◆ adj anti-inflammatoire. ◆ n anti-inflammatoire *m*.

anti-inflationary adj anti-inflationniste.

antiknock [,æntɪ'nɒk] n antidétonant *m*.

Antilles [æn'tɪli:z] pl pr n Antilles *fpl* / *in the Antilles* aux Antilles ▸ **the Greater / Lesser Antilles** les Grandes / Petites Antilles.

antilog [,æntɪlɒg], **antilogarithm** [,æntɪ'lɒgərɪðm] n antilogarithme *m*.

antimacassar [,æntɪmə'kæsər] n têtière *f*.

antimagnetic [,æntɪmæg'netɪk] adj antimagnétique.

antimatter ['æntɪ,mætər] n antimatière *f*.

antimilitarism [,æntɪ'mɪlɪtərɪzm] n antimilitarisme *m*.

antimissile [,æntɪ'mɪsaɪl] ◆ adj antimissile *(inv)*. ◆ n missile *m* antimissile.

antimonopoly [,æntɪmə'nɒpəlɪ] adj UK ECON [law, legislation] antitrust.

antimony [æn'tɪmənɪ] n antimoine *m*.

antineutron [,æntɪ'nju:trɒn] n antineutron *m*.

anti-novel n antiroman *m*.

antinuclear [,æntɪ'nju:klɪər] adj antinucléaire.

Antioch ['æntɪ,ɒk] pr n Antioche.

antioxidant [,æntɪ'ɔksɪdənt] n antioxydant *m*.

antiparticle ['æntɪ,pɑ:tɪkl] n antiparticule *f*.

antipathetic [,æntɪpə'θetɪk] adj antipathique / *he remains antipathetic to the cause* il reste hostile à la cause.

antipathy [æn'tɪpəθɪ] *(pl* **antipathies***)* n antipathie *f* ▸ **to feel antipathy towards sb / sthg** avoir or éprouver de l'antipathie pour qqn / qqch.

antipersonnel ['æntɪ,pɜ:sə'nel] adj *euph* antipersonnel *(inv)*.

antiperspirant [,æntɪ'pɜ:spərənt] ◆ adj antiperspirant ▸ **antiperspirant deodorant** déodorant *m* antiperspirant. ◆ n antiperspirant *m*.

antiphon ['æntɪfən] n antienne *f*.

antiphony [æn'tɪfənɪ] *(pl* **antiphonies***)* n chant *m* en contre-chant.

antiphrasis [æn'tɪfrəsɪs] *(pl* **antiphrases** [-si:z]*)* n antiphrase *f*.

antipodal [æn'tɪpədl] adj des antipodes.

antipodean [æn,tɪpə'dɪən] adj des antipodes.

antipodes [æn'tɪpədi:z] pl n antipodes *mpl*.

❖ **Antipodes** pl pr n ▸ **the Antipodes** l'Australie *f* et la Nouvelle-Zélande.

antipope ['æntɪpəʊp] n antipape *m*.

antiproton ['æntɪ,prəʊtɒn] n antiproton *m*.

antipsychiatry [,æntɪsaɪ'kaɪətrɪ] n antipsychiatrie *f*.

antipyretic [,æntɪpaɪ'retɪk] ◆ adj antipyrétique. ◆ n antipyrétique *m*.

antiquarian [,æntɪ'kweərɪən] ◆ adj [collection, shop] d'antiquités ; [bookseller, bookshop] spécialisé dans les livres anciens. ◆ n [collector] collectionneur *m*, -euse *f* d'antiquités ; [researcher] archéologue *mf* ; [merchant] antiquaire *mf*.

antiquary ['æntɪkwərɪ] *(pl* **antiquaries***)* n = **antiquarian** *(noun)*.

antiquated ['æntɪkweɪtɪd] adj **1.** [outmoded - machine, method] vieillot, obsolète ; [-building, installation] vétuste ; [-idea, manners] vieillot, suranné ; [-person] vieux jeu *(inv)* / *you have such antiquated ideas* tu es tellement vieux jeu **2.** [ancient] très vieux.

antique [æn'ti:k] ◆ adj **1.** [very old] ancien ; [dating from Greek or Roman times] antique / *an antique clock* une pendule ancienne or d'époque **2.** *inf* = **antiquated**. ◆ n [furniture] meuble *m* ancien or d'époque ; [vase] vase *m* ancien or d'époque ; [work of art] objet *m* d'art ancien. ◆ comp [lover, shop] d'antiquités ▸ **antique dealer** antiquaire *mf*.

antiquity [æn'tɪkwətɪ] *(pl* **antiquities***)* n **1.** [ancient times] Antiquité *f* **2.** [building, ruin] monument *m* ancien, antiquité *f* ; [coin, statue] objet *m* ancien ; [work of art] objet d'art *m* ancien, antiquité *f* **3.** [oldness] antiquité *f*.

antiracist [,æntɪ'reɪsɪst] adj antiraciste.

antiretroviral [,æntɪretrəʊ'vaɪrəl] ◆ adj antirétroviral. ◆ n antirétroviral *m*.

antiriot [,æntɪ'raɪət] adj anti-émeutes.

anti-roll bar n barre *f* antiroulis.

antirrhinum [,æntɪ'raɪnəm] n muflier *m*, gueule-de-loup *f*.

antirust [,æntɪ'rʌst] adj antirouille *(inv)*.

anti-Semite n antisémite *mf*.

anti-Semitic adj antisémite.

anti-Semitism n antisémitisme *m*.

antisepsis [,æntɪ'sepsɪs] n antisepsie *f*.

antiseptic [,æntɪ'septɪk] ◆ adj antiseptique. ◆ n antiseptique *m*.

antiserum [,æntɪ'sɪərəm] n antisérum *m*.

antiskid [,æntɪ'skɪd] adj antidérapant.

antislavery [,æntɪ'sleɪvərɪ] adj antiesclavagiste.

antislip [,æntɪ'slɪp] adj antidérapant.

antisocial [,æntɪ'səʊʃl] adj **1.** [behaviour, measure] antisocial **2.** [unsociable] sauvage / *don't be so antisocial* ne sois pas si sauvage.

antistatic [,æntɪ'stætɪk] adj antistatique.

antitank [,æntɪ'tæŋk] adj antichar ▸ **antitank grenades** grenades *fpl* antichars.

antiterrorist [,æntɪ'terərɪst] adj antiterroriste.

antitheft [,æntɪ'θeft] adj antivol / *an antitheft device* un antivol, un dispositif contre le vol or antivol.

antithesis [æn'tɪθɪsɪs] *(pl* **antitheses** [-si:z]*)* n **1.** [exact opposite] contraire *m*, opposé *m* / *he is the antithesis of a forceful young manager* c'est tout le contraire du jeune cadre dynamique **2.** [contrast, opposition] antithèse *f*, contraste *m*, opposition *f* **3.** LITER antithèse *f*.

antithetic(al) [,æntɪ'θetɪk(l)] adj antithétique.

antithetically [,æntɪ'θetɪklɪ] adv par antithèse.

antitoxin [,æntɪ'tɒksɪn] n antitoxine *f*.

antitrust [,æntɪ'trʌst] adj US antitrust *(inv)* ▸ **the Sherman Antitrust Act** US HIST la loi antitrust Sherman.

anti-viral ◆ adj antiviral. ◆ n antiviral *m*.

antivirus ['æntɪvaɪrəs] adj antivirus ▸ **antivirus check** COMPUT vérification *f* antivirale ▸ **antivirus program** COMPUT programme *m* antivirus.

antivivisectionist [,æntɪvɪvɪ'sekʃənɪst] n adversaire *mf* de la vivisection.

antiworld ['æntɪwɜ:ld] n monde *m* composé d'antimatière.

antler ['æntlər] n corne *f* ▸ **the antlers** les bois *mpl*, la ramure.

antlike ['æntlaɪk] adj [movement] de fourmi ; [activity] fourmillant.

ant lion n fourmi-lion *m*, fourmilion *m*.

antonomasia [,æntənə'meɪzɪə] n antonomase *f*.

Antony ['æntənɪ] pr n ▸ **(Mark) Antony** (Marc) Antoine / **'Antony and Cleopatra'** *Shakespeare* 'Antoine et Cléopâtre'.

antonym ['æntənɪm] n antonyme *m*.

antonymous [æn'tɒnɪməs] adj antonymique.

antsy ['æntsɪ] adj US *inf* agité, nerveux / *I'm feeling antsy* j'ai la bougeotte.

Antwerp ['æntwɜ:p] pr n Anvers.

anus ['eɪnəs] n anus *m*.

anvil ['ænvɪl] n enclume *f*.

anxiety [æŋ'zaɪətɪ] *(pl* **anxieties***)* n **1.** [feeling of worry] anxiété *f*, appréhension *f* / *rising interest rates have caused anxiety* la hausse des taux d'intérêt a suscité une vive anxiété / *I talked openly about my anxieties* j'ai évoqué franchement mes appréhensions / *a source of deep anxiety* une source d'angoisse profonde **2.** [source of worry] souci *m* / *her son is a great anxiety to her* son fils lui donne énormément de soucis or l'inquiète énormément **3.** [intense eagerness] grand désir *m*, désir *m* ardent / *in his anxiety to please her, he forgot everything else* il tenait tellement à lui faire plaisir qu'il en oubliait tout le reste **4.** PSYCHOL anxiété *f* ▸ **anxiety attack** crise *f* d'angoisse ▸ **anxiety neurosis** anxiété névrotique.

anxious ['æŋkʃəs] adj **1.** [worried] anxieux, angoissé, inquiet / *she's anxious about losing her job* elle a peur de perdre son travail / *an anxious smile* un sourire anxieux or inquiet / *I'm anxious for their safety* je suis inquiète or je crains pour leur sécurité / *she's a very anxious person* c'est une grande angoissée / *anxious friends and relatives waited for news* amis et parents attendaient des nouvelles dans l'angoisse **2.** [worrying] inquiétant, angoissant / *these are anxious times* nous vivons une sombre époque / *we had one or two anxious moments* nous avons connu quelques moments d'anxiété or d'inquiétude **3.** [eager] anxieux, impatient / *they're anxious to start* ils sont impatients or pressés de commencer / *he was anxious for them to go* il attendait impatiemment qu'ils partent or leur départ / *he was very anxious that we shouldn't be seen together* il tenait beaucoup à ce que l'on ne nous voie pas ensemble / *he's not exactly anxious to tell her* il n'a pas réellement envie de lui dire / *she's very anxious to please* elle est très désireuse or anxieuse de plaire.

anxiously ['æŋkʃəslɪ] adv **1.** [nervously] avec inquiétude, anxieusement **2.** [eagerly] impatiemment, avec impatience.

anxiousness ['æŋkʃəsnɪs] n = **anxiety**.

any ['enɪ] ◆ det **1.** [some - in questions] : *have you any money?* avez-vous de l'argent ? / *did you see any lions?* avez-vous vu des lions ? / *do they have any others?* en ont-ils d'autres ? / *have any guests arrived?* des invités sont-ils arrivés ? / *were you in any danger?* étiez-vous en danger ? / *any letters for me? inf* il y a du courrier pour moi ? / *any news about the application? inf* il y a du neuf pour la candidature ? ; [in conditional clauses] : *if there's any cake left, can I have some?* s'il reste du gâteau, est-ce que je peux en avoir ? / *if you find any children's books, let me know* si jamais vous trouvez des livres pour enfants, dites-le-moi / *if you have any free time, call me* si vous avez un moment, appelez-moi / *any nonsense from you and you'll be out! inf* tu n'as qu'à bien te tenir, sinon, c'est la porte ! **2.** [in negative phrases] : *he hasn't any change / money / cigarettes* il n'a pas de monnaie / d'argent / de cigarettes / *you haven't any reason to complain* vous n'avez aucune raison de vous plaindre / *he can't stand any noise* il ne supporte pas le moindre bruit, il ne supporte aucun bruit / *it's impossible to say with any degree of certainty* on ne peut l'affirmer avec aucune certitude / *without any warning / fuss* sans le moindre avertissement / problème / *she's forbidden to do any work* tout travail lui est interdit / *hardly* or *barely* or *scarcely any* très peu de **3.** [no matter which] n'importe quel (n'importe quelle) / *ask any woman* demandez à n'importe quelle femme / *choose any colour you like* choisissez la couleur que vous voulez, choisissez n'importe quelle couleur / *at any time of day* à n'importe quel moment or à tout moment de la journée / *any one of these paintings is worth a fortune* chacun de ces tableaux vaut une fortune / *answer any two of the questions in section C* répondez à deux des questions de la section C / *any (old) cup will do* n'importe quelle vieille tasse fera l'affaire / *she's not just any (old) pianist!* ce n'est pas n'importe quelle pianiste ! **4.** [all, every] tout / *give me any money you've got* donne-moi tout l'argent que tu as / *I'll accept any help I can get* j'accepterai toute l'aide qui me sera offerte / *any latecomers should report to the office* tous les retardataires doivent se présenter au bureau / *any public-spirited citizen would have done the same* tout citoyen ayant le souci du bien public aurait fait la même chose **5.** [unlimited] : *there are any number of ways of winning* il y a mille façons de gagner / *she has any amount* or *number of friends to help her* elle a (une) quantité d'amis qui peuvent l'aider. ◆ adv **1.** [with comparative - in questions, conditional statements] : *can* *you walk any faster?* peux-tu marcher un peu plus vite ? / *can't you walk any faster than that?* tu ne peux pas marcher plus vite que ça ? / *is she any better today?* va-t-elle un peu mieux aujourd'hui ? / *if she isn't any better by tomorrow, call the doctor* si elle ne va pas mieux demain, appelez le médecin / *if the wind gets any stronger, we shan't be able to set sail* si le vent se renforce, nous ne pourrons pas partir ; [in negative statements] / *he won't be any (the) happier* il n'en sera pas plus heureux / *we can't go any further* nous ne pouvons aller plus loin / *it's not getting any easier to find good staff* c'est toujours aussi difficile de trouver de bons employés / *I can't get this floor any cleaner* je n'arrive pas à nettoyer le sol mieux que ça / *I can't put it any more plainly than that, can I?* je ne pourrais pas le dire plus simplement que ça, si ? **2.** *inf* [at all] : *you're not helping me any* tu ne m'aides pas du tout / *has the situation improved any?* la situation s'est-elle arrangée un tant soit peu ? / *she wasn't any too pleased with the press coverage she got* elle n'était pas ravie de la publicité que lui ont faite les médias. ◆ pron **1.** [in questions, conditional statements - some, someone] : *did you see any?* en avez-vous vu ? / *did any of them go?* est-ce que certains d'entre eux y sont allés ? / *if any of you want to help, please phone* s'il y en a parmi vous qui veulent apporter leur aide, ils n'ont qu'à téléphoner / *if any of you wants them, do take them* si quelqu'un parmi vous or si l'un d'entre vous les veut, il n'a qu'à les prendre / *few, if any, of his supporters remained loyal* aucun ou presque aucun de ses supporters ne lui est resté fidèle **2.** [in negative statements - even one] : *he couldn't see any of them* il ne voyait aucun d'entre eux / *he won't vote for any of the candidates* il ne votera pour aucun des candidats / *there was hardly any of it left* il n'en restait que très peu / *she's learned two foreign languages, I haven't learned any* elle a étudié deux langues étrangères, je n'en ai étudié aucune / *I have absolutely no money and don't expect to get any* je n'ai pas un sou et je ne m'attends pas à en avoir / *if you don't eat supper now, you'll go to bed without any* si tu ne manges pas immédiatement, tu iras au lit sans dîner / *he's not having any (of it)* *inf* il ne marche pas **3.** [no matter which one] n'importe lequel (n'importe laquelle) / *which chocolate shall I have? — take any, they're all the same* quel chocolat est-ce que je vais prendre ? — prends n'importe lequel, ils sont tous pareils / *which dress should I wear? — any but that one* quelle robe est-ce que je mets ? — n'importe laquelle sauf celle-là / *study any of her works and you will discover...* étudie n'importe laquelle de ses œuvres et tu découvriras... ; [every one, all] tout / *any of the suspects would fit that description* cette description s'applique à tous les suspects / *this applies to any of you who are married* ceci s'applique à tous ceux d'entre vous qui sont mariés.

See box at some.

anybody ['enɪ,bɒdɪ] pron **1.** *(in questions, conditional statements)* [someone] quelqu'un / *has anybody lost their glasses?* est-ce que quelqu'un a perdu ses lunettes ? / *if anybody asks, say I've gone abroad* si quelqu'un pose la question, dis que je suis à l'étranger / *(is) anybody home?* il y a quelqu'un ? / *is anybody there?* [in seance] esprit, es-tu là ? / *anybody for more tea?* *inf* quelqu'un reveut du thé ? / *she'll persuade them, if anybody can* si quelqu'un peut les convaincre, c'est bien elle **2.** *(in negative statements)* [someone] personne / *she's not accusing anybody* elle n'accuse personne / *there was hardly anybody there* il n'y avait presque personne / *she left without speaking to anybody* elle est partie sans parler à personne **3.** [no matter who, everyone] : *anybody who wants can join us* tous ceux qui veulent peuvent se joindre à nous / *invite anybody you want* invitez qui vous voulez / *it could happen to anybody* ça pourrait arriver à tout le monde or n'importe qui / *I don't care what anybody thinks* je me fiche de ce que pensent les gens / *she's cleverer than anybody I know* c'est la personne la plus intelligente que je connaisse / *anybody who saw the accident should come forward* ceux qui ont été témoins de l'accident sont priés de se faire connaître / *anybody with any sense* or *in their right mind would have...* toute personne un peu sensée aurait... / *please, anybody but him!* je t'en prie, pas lui ! / *anybody but him would have...* n'importe qui d'autre que lui or tout autre que lui aurait... / *anybody will do* n'importe qui or le premier venu fera l'affaire / *anybody would think you'd just lost your best friend* on croirait que tu viens de perdre ton meilleur ami / *he's not just anybody, he's my brother!* ce n'est pas n'importe qui, c'est mon frère ! / *a couple of gin and tonics and you're anybody's* *hum* deux ou trois gin-tonics et on fait tout ce qu'on veut de toi **4.** [important person] quelqu'un (d'important or de connu) / *anybody who's anybody will be there* tout le gratin sera là / *if you want to be anybody, you've got to work* si tu veux devenir quelqu'un tu dois travailler.

anyhow ['enɪhaʊ] ◆ adv **1.** = **anyway 2.** [in any manner, by any means] : *you can do it anyhow, but just get it done!* tu peux le faire n'importe comment, mais fais-le ! / *I had to persuade her somehow, anyhow* il fallait que je trouve un moyen de la convaincre, n'importe lequel **3.** *inf* [haphazardly] n'importe comment / *she threw her things down just anyhow* elle a jeté ses affaires en désordre par terre or par terre n'importe comment. ◆ adj *inf* : *he left the room all anyhow* il a laissé la pièce sens dessus dessous.

any more UK, **anymore** US [,enɪ'mɔːr] adv : *they don't live here any more* ils n'habitent plus ici / *I won't do it any more* je ne le ferai plus (jamais).

anyone ['enɪwʌn] pron = **anybody**.

ANY1 MESSAGING written abbr of **anyone**.

anyplace ['enɪpleɪs] adv & pron US *inf* = **anywhere**.

Any Questions pr n UK RADIO *débat radiophonique entre le public et diverses personnalités médiatiques autour de sujets d'actualité.*

anyroad ['enɪrəʊd] adv UK *regional* = **anyway**.

anything ['enɪθɪŋ] pron **1.** [something - in questions] quelque chose / *did you hear anything?* avez-vous entendu quelque chose ? / *is there anything to eat?* est-ce qu'il y a quelque chose à manger ? / *can we do anything?* est-ce qu'on peut faire quelque chose ? / *can't we do anything?* est-ce qu'il n'y a rien à faire ? / *are you doing anything this weekend?* avez-vous quelque chose de prévu pour ce week-end ? / *is there anything in or to what she says?* est-ce qu'il y a du vrai dans ce qu'elle dit ? / *can we get anything out of it?* peut-on en tirer quelque chose ? / *have you heard anything from them?* avez-vous eu de leurs nouvelles ? / *did you notice anything unusual?* avez-vous remarqué quelque chose de bizarre ? / *is there anything more annoying than just missing a train?* y a-t-il quelque chose or rien de plus agaçant que de rater un train ? / *anything good on TV tonight?* *inf* est-ce qu'il y a quelque chose de bien à la télé ce soir ? / *anything the matter?* *inf* quelque chose ne va pas ? ; [in conditional statements] / *if anything should happen, take care of John for me* s'il m'arrivait quelque chose or quoi que ce soit, occupez-vous de John / *if you should learn anything, let me know* si jamais vous apprenez quelque chose or quoi que ce soit, dites-le-moi ; [in negative statements] rien / *I didn't say anything* je n'ai rien dit / *you can't believe anything he says* on ne peut rien croire de ce qu'il dit / *don't do anything stupid!* ne fais pas de bêtise ! / *I don't know anything about computers* je ne m'y connais pas du tout or je n'y connais rien en informatique / *I didn't know anything about their divorce* je ne savais pas qu'ils avaient divorcé / *there's hardly anything left* il ne reste presque rien / *she hasn't written anything very much since last year* elle n'a pas écrit grand-chose depuis l'année dernière / *without saying anything* sans rien dire / *she's not angry or anything* elle n'est pas fâchée ni rien / *do you want a book or anything?* voulez-vous un livre ou autre chose ? / *if she feels sick or anything, call the doctor* si elle se sent mal ou si ça ne va pas, appelez le médecin **2.** [no matter what] : *just tell him anything* racontez-lui n'importe quoi / *anything you like* tout ce que vous voudrez / *anything will do* n'importe quoi fera l'affaire / *I'd give anything to know the truth* je donnerais n'importe quoi pour savoir la vérité / *he won't read just anything* il ne lit pas n'importe quoi ▸ **anything goes!** tout est permis ! **3.** [all, everything] tout / *her son eats anything* son fils mange de tout / *I like anything with chocolate in it* j'aime tout ce qui est au chocolat / *anything above 75 / below 25 is a very good score* tout ce qui est au-dessus de 75 / au-dessous de 25 est un très bon score / *she must earn anything between £30,000 and £40,000* elle doit gagner dans les 30 000 à 40 000 livres / *you can use it to flavour anything from jam to soup* vous pouvez l'utiliser pour parfumer n'importe quoi, de la confiture à la soupe **4.** [in intensifying phrases] : *he isn't anything like his father* il ne ressemble en rien à son père / *it doesn't taste anything like a tomato* ça n'a pas du tout le goût de tomate / *it isn't anything like as good as his last film* c'est loin d'être aussi bon que son dernier film / *they aren't producing the goods anything like fast enough* ils ne produisent pas la marchandise assez vite, loin de là / *I wouldn't miss it for anything* je ne le manquerais pour rien au monde / *it's as easy as anything* c'est facile comme tout / *to run like anything* courir comme un dératé / *he worked like anything* il a travaillé comme un fou / *they shouted like anything* ils ont crié comme des forcenés / *it rained like anything* il pleuvait des cordes.

❖ **anything but** adv phr tout sauf / *that music is anything but relaxing* cette musique est tout sauf reposante / *is he crazy? — anything but!* est-ce qu'il est fou ? — bien au contraire ! or il est tout sauf ça !

anytime ['enɪtaɪm] adv **1.** [at any time] n'importe quand, à n'importe quel moment / *call me anytime* appelle-moi quand tu veux / *they can flower anytime between May and September* ils peuvent fleurir à n'importe quel moment entre mai et septembre **2.** [you're welcome] je t'en prie, je vous en prie / *thanks for driving me to the airport — anytime!* merci de m'avoir conduit à l'aéroport — je t'en prie !

anyway ['enɪweɪ] adv **1.** [in any case - reinforcing] de toute façon / *it's too late now anyway* de toute façon, il est trop tard maintenant / *what's to stop them anyway?* de toute façon, qu'est-ce qui peut les en empêcher ? ; [summarizing, concluding] en tout cas / *anyway, that's what I think* en tout cas, c'est mon avis or ce que je pense / *anyway, in the end she left* toujours est-il qu'elle or en tout cas, elle a fini par partir / *anyway, I have to go* **a)** [I'll be late] bon, il faut que j'y aille **b)** [I don't have any choice] enfin, il faut que j'y aille **2.** [nevertheless, notwithstanding] quand même / *thanks anyway* merci quand même / *we can invite them anyway* on peut toujours or quand même les inviter / *I don't care what you say, I'm going anyway* tu peux dire ce que tu veux, j'y vais quand même **3.** [qualifying] en tout cas / *that's what we all think, well, most of us anyway* c'est ce qu'on pense tous, ou presque tous en tout cas / *and that's the situation, to the best of my knowledge anyway* et voilà où on en est, autant que je sache en tout cas **4.** [returning to topic] bref / *anyway, as I was saying...* bref, comme je disais...

anyways ['enɪweɪz] adv US = **anyway**.

anywhere ['enɪweər], **anyplace** US ['enɪpleɪs] ◆ adv **1.** [in questions] quelque part / *have you seen my keys anywhere?* avez-vous vu mes clés (quelque part) ? / *are you going anywhere at Easter?* vous partez à Pâques ? / *are you going anywhere this evening?* est-ce que vous sortez ce soir ? **2.** [in positive statements - no matter where] n'importe où / *just put it down anywhere* posez-le n'importe où / *sit anywhere you like* asseyez-vous où vous voulez / *the book could be anywhere* le livre pourrait être n'importe où / *anywhere you go it's the same story* où que vous alliez, c'est toujours pareil or toujours la même chose / *I'd know her anywhere* je la reconnaîtrais entre mille ; [everywhere] partout / *you can find that magazine anywhere* on trouve cette revue partout **3.** [in negative statements - any place] nulle part / *I haven't been anywhere else today* je ne suis allé nulle part ailleurs aujourd'hui / *I can't find my keys anywhere* je ne trouve mes clés nulle part / *we didn't go anywhere* nous ne sommes allés nulle part / *look, this isn't getting us anywhere* écoute, tout ça ne nous mène à rien / *crying won't get you anywhere* pleurer ne te servira à rien **4.** [any number within a range] : *we might receive anywhere between*

60 and 600 applications on peut recevoir entre 60 et 600 demandes / *the rate could be anywhere from 10 to 20%* le taux peut aller de 10 à 20 % **5.** PHR *he isn't anywhere near as quick as you are* il est loin d'être aussi rapide que toi / *are they anywhere near completion?* ont-ils bientôt fini ? ◆ pron [any place] : *do they need anywhere to stay?* ont-ils besoin d'un endroit où loger ? / *she's looking for a flat, but hasn't found anywhere yet* elle cherche un appartement mais elle n'a encore rien trouvé / *they live miles from anywhere* ils habitent en pleine brousse.

anywheres ['enɪweəz] adv & pron US *inf* = **anywhere.**

anywise ['enɪwaɪz] adv US [at all] en aucune façon, aucunement.

Anzac ['ænzæk] (abbr of **Australia-New Zealand Army Corps**) n *soldat néo-zélandais ou australien* ▸ **Anzac Day** *date anniversaire du débarquement des Alliés australiens et néo-zélandais à Gallipoli, en Turquie, le 25 avril 1915.*

ANZUS ['ænzəs] (abbr of **Australia, New Zealand, United States**) pr n *alliance entre l'Australie, la Nouvelle-Zélande et les États-Unis.*

aob, **AOB** (written abbr of **any other business**) *divers.*

A-OK US *inf* ◆ adj excellent / *everything's A-OK* tout baigne / *he's A-OK* c'est un type bien. ◆ adv parfaitement.

AONB n UK abbr of **area of outstanding natural beauty.**

A-1 adj **1.** [first-class, perfect] : *everything's A-1* tout est parfait **2.** [in health] : *to be A-1* être en pleine santé or forme **3.** NAUT en excellent état.

aorist ['eərɪst] n aoriste *m.*

aorta [eɪ'ɔ:tə] (*pl* **aortas** *or* **aortae** [-ti:]) n aorte *f.*

Aosta [ɑ:'ɒstə] pr n Aoste.

AP n abbr of **American Plan.**

apace [ə'peɪs] adv *liter* rapidement, vite.

Apache [ə'pætʃɪ] (*pl* **Apache** *or* **Apaches**) ◆ n **1.** [person] Apache *mf* **2.** LING apache *m.* ◆ adj apache.

apart [ə'pɑ:t] ◆ adv **1.** [separated - in space] : *a couple of metres apart* à (une distance de) deux ou trois mètres l'un de l'autre / *the houses were about 10 kilometres apart* les maisons étaient à environ 10 kilomètres l'une de l'autre / *plant the seeds fairly far apart* plantez les graines assez loin les unes des autres / *cities as far apart as Johannesburg and Hong Kong* des villes aussi éloignées l'une de l'autre que Johannesburg et Hong Kong / *he stood with his legs wide apart* il se tenait (debout) les jambes bien écartées / *they can't bear to be apart* ils ne supportent pas d'être loin l'un de l'autre or séparés ; [in time] : *the twins were born 3 minutes apart* les jumeaux sont nés à 3 minutes d'intervalle / *we're miles apart when it comes to politics* nous avons des points de vue politiques très différents **2.** [in pieces] en pièces, en morceaux ▸ **to break apart** s'émietter **3.** [with verbs of motion] ▸ **to push apart** éloigner (en poussant) / *they sprang apart when I entered the room* ils se sont écartés vivement l'un de l'autre quand je suis entré dans la pièce ▸ **to grow apart from sb** s'éloigner de qqn **4.** [isolated] à l'écart / *she stood apart from the others* elle se tenait à l'écart des autres **5.** [aside] à part ▸ **joking apart** trêve de plaisanterie / *that apart, did you enjoy yourselves?* à part ça, vous vous êtes amusés ? ◆ adj *(after noun)* [distinct and special] à part / *they regard it as a thing apart* ils considèrent que c'est quelque chose de complètement différent.

❖ **apart from** prep phr **1.** [except for] à part / *apart from my salary, we have nothing* en dehors de or à part mon salaire, nous n'avons rien / *it's fine, apart from a few minor mistakes* à part or sauf quelques fautes sans importance, c'est très bien / *but apart from that, everything's fine!* mais à part ça, tout va très bien ! **2.** [as well as] en plus de / *she has many interests apart from golf* elle s'intéresse à beaucoup de choses à part le or en plus du golf / *quite apart from the fact that it's too big, I don't like the colour* outre (le fait) que c'est trop grand, je n'aime pas la couleur.

apartheid [ə'pɑ:theɪt] n apartheid *m* ▸ **apartheid laws** lois *fpl* d'apartheid.

apartment [ə'pɑ:tmənt] n **1.** *(usu pl)* UK [room] pièce *f* ; [bedroom] chambre *f* ▸ **the Royal apartments** la résidence royale **2.** [flat] appartement *m*, logement *m* / *a one-bedroom* or *one-bedroomed apartment* un deux-pièces.

apartment building n US immeuble *m (d'habitation).*

apartment house n US immeuble *m (d'habitation).*

apathetic [,æpə'θetɪk] adj apathique, indifférent.

apathetically [,æpə'θetɪklɪ] adv avec apathie or indifférence.

apathy ['æpəθɪ] n apathie *f*, indifférence *f.*

APB (abbr of **all points bulletin**) n US *message radio diffusé par la police concernant une personne recherchée.*

APC (abbr of **average propensity to consume**) n ECON PmaC.

ape [eɪp] ◆ n **1.** [monkey] grand singe *m*, anthropoïde *m spec* **2.** *pej* [person] brute *f* **3.** US *inf* ▸ **to go ape** devenir fou / *she went ape over his new painting* elle s'est emballée pour son nouveau tableau. ◆ vt singer.

ape-man (*pl* **ape-men**) n homme-singe *m.*

Apennines ['æpɪnaɪnz] pl pr n ▸ **the Apennines** l'Apennin *m*, les Apennins *mpl.*

aperient [ə'pɪərɪənt] ◆ adj MED laxatif. ◆ n MED laxatif *m.*

aperiodic [,eɪpɪərɪ'ɒdɪk] adj apériodique.

aperitif [əperə'ti:f] n apéritif *m.*

aperture ['æpə,tjʊər] n **1.** [opening] ouverture *f*, orifice *m* ; [gap] brèche *f*, trouée *f* **2.** PHOT ouverture *f* (du diaphragme).

apeshit ['eɪpʃɪt] adj US *vulg* ▸ **to go apeshit** être fou de rage, péter les plombs.

apex ['eɪpeks] (*pl* **apexes** *or* **apices** ['eɪpɪsi:z]) n [of triangle] sommet *m*, apex *m* ; *fig* point *m* culminant, sommet *m* / *to reach the apex of one's career* atteindre le point culminant or le sommet de sa carrière.

APEX ['eɪpeks] (abbr of **advance purchase excursion**) n UK ▸ **APEX fare** tarif *m* apex.

aphasia [ə'feɪzjə] n aphasie *f.*

aphelion [æ'fi:ljən] (*pl* **aphelia** [-ljə]) n aphélie *m.*

aphesis ['æfɪsɪs] (*pl* **apheses** [-si:z]) n aphérèse *f.*

aphid ['eɪfɪd] n puceron *m.*

aphis ['eɪfɪs] (*pl* **aphides** ['eɪfɪdi:z]) n aphididé *m.*

aphonic [eɪ'fɒnɪk] adj aphone.

aphorism ['æfərɪzm] n aphorisme *m.*

aphrodisiac [,æfrə'dɪzɪæk] ◆ adj aphrodisiaque. ◆ n aphrodisiaque *m.*

Aphrodite [,æfrə'daɪtɪ] pr n Aphrodite.

API (abbr of **American Press Institute**) pr n *association de journalistes américains.*

apiarist ['eɪpjərɪst] n apiculteur *m*, -trice *f.*

apiary ['eɪpjərɪ] (*pl* **apiaries**) n rucher *m.*

apical ['æpɪkl] adj apical ▸ **apical consonant** LING apicale *f.*

apices ['eɪpɪsi:z] pl ⟶ **apex.**

apiculture ['eɪpɪkʌltʃər] n apiculture *f.*

apiece [ə'pi:s] adv **1.** [for each item] chacun *m*, -e *f*, (la) pièce / *the plants are £3 apiece* les plantes coûtent 3 livres (la) pièce or chacune **2.** [for each person] chacun *m*, -e *f*, par personne / *we had two shirts apiece* nous avions deux chemises chacun.

aplenty [ə'plentɪ] adj *liter* : *she's always had money aplenty* elle a toujours eu beaucoup or énormément d'argent.

aplomb [ə'plɒm] n sang-froid *m*, aplomb *m pej.*

apnoea UK, **apnea** US [æp'nɪə] n apnée *f.*

APO (abbr of **Army Post Office**) n *service postal de l'armée.*

Apocalypse [ə'pɒkəlɪps] n Apocalypse *f.*

apocalyptic [ə,pɒkə'lɪptɪk] adj apocalyptique.

apocopate ◆ adj [ə'pɒkəʊpɪt] apocopé. ◆ vt [ə'pɒkəʊpeɪt] abréger par apocope.

apocope [ə'pɒkəʊpɪ] n apocope *f.*

Apocrypha [ə'pɒkrɪfə] pl n ▸ **the Apocrypha** les Apocryphes *mpl.*

apocryphal [ə'pɒkrɪfl] adj apocryphe.

apodosis [ə'pɒdəsɪs] (*pl* **apodoses** [-si:z]) n apodose *f.*

apogee ['æpədʒi:] n ASTRON & *fig* apogée *m* / *to reach the apogee of one's career* atteindre le sommet or le point culminant de sa carrière.

apolitical [,eɪpə'lɪtɪkəl] adj apolitique.

Apollo [ə'pɒləʊ] pr n **1.** MYTH Apollon **2.** [spacecraft] Apollo *m* ▸ **the Apollo program** le programme Apollo.

Apollonian [,æpə'ləʊnjən] adj apollinien.

Apollonius [,æpə'ləʊnjəs] pr n Apollonios.

apologetic [ə,pɒlə'dʒetɪk] adj **1.** [person] : *she was very apologetic for being late* elle s'est excusée plusieurs fois d'être arrivée en retard / *he was most apologetic* il s'est confondu en excuses **2.** [letter, look, note, smile] d'excuse.

apologetically [ə,pɒlə'dʒetɪklɪ] adv [say] en s'excusant, pour s'excuser ; [smile] pour s'excuser.

apologetics [ə,pɒlə'dʒetɪks] n *(U)* apologétique *f.*

apologia [,æpə'ləʊdʒɪə] n apologie *f.*

apologist [ə'pɒlədʒɪst] n apologiste *mf.*

apologize, **apologise** [ə'pɒlədʒaɪz] vi s'excuser / *I apologized profusely* je me suis confondu en excuses / *there's no need to apologize* inutile de vous excuser / *he apologized to them for the delay* il leur a demandé de l'excuser pour son retard / *apologize to the lady* demande pardon à la dame / *I can't apologize enough* je ne sais comment m'excuser.

apology [ə'pɒlədʒɪ] (*pl* **apologies**) n **1.** [expression of regret] excuses *fpl* / *they were full of apologies* ils se sont confondus en excuses ▸ **to make one's apologies to sb** s'excuser auprès de qqn / *I owe him an apology* je lui dois des excuses / *we demand an apology* nous exigeons des excuses / *please accept my sincere apology* je vous présente mes plus sincères excuses / *the director sends his apologies* le directeur vous prie de l'excuser / *a letter of apology* une lettre d'excuses **2.** [defence] apologie *f* **3.** UK *pej* [poor example] : *he's a mere apology for a man* c'est un nul.

> ⚠ The formal word **apologie** usually means praise; it cannot be used to translate apology when it means saying you are sorry.

apolune ['æpəlu:n] n apolune *f.*

apoplectic [,æpə'plektɪk] ◆ adj apoplectique / *to have an apoplectic fit* avoir or faire une attaque d'apoplexie ; *fig* fou de rage. ◆ n apoplectique *mf.*

apoplexy ['æpəpleksɪ] n apoplexie *f.*

apostasy [ə'pɒstəsɪ] (*pl* **apostasies**) n apostasie *f.*

apostate [ə'pɒsteɪt] ◆ adj apostat. ◆ n apostat *m*, -e *f.*

apostatize, **apostatise** [ə'pɒstətaɪz] vi apostasier.

apostle [ə'pɒsl] n RELIG & *fig* apôtre *m* ▸ **the Apostles' Creed** le Symbole des Apôtres.

apostolic [,æpə'stɒlɪk] adj apostolique.

apostrophe [ə'pɒstrəfɪ] n apostrophe *f.*

apostrophize, **apostrophise** [ə'pɒstrəfaɪz] vt apostropher.

apothecary [ə'pɒθəkərɪ] (*pl* **apothecaries**) n pharmacien *m*, -enne *f*, apothicaire *m arch.*

apothem ['æpəθem] n apothème *m*.

apotheosis [ə,pɒθɪ'əʊsɪs] (*pl* **apotheoses** [-si:z]) n apothéose *f*.

app [æp] (abbr of **application**) n COMPUT application *f*, appli *f inf*.

appal UK, **appall** US [ə'pɔ:l] (*pt & pp* **appalled**, *cont* **appalling**) vt [scandalize] choquer, scandaliser ; [horrify] écœurer / *she was appalled at* or *by the very thought* l'idée même l'écœurait.

Appalachia [,æpə'leɪtʃjə] pr n région *f* des Appalaches *(région pauvre dans le Sud américain, connue pour son artisanat et sa musique traditionnelle)*.

Appalachian [,æpə'leɪtʃjən] ◆ pr n ▸ **the Appalachians** or **the Appalachian Mountains** les (monts *mpl*) Appalaches *mpl*. ◆ adj appalachien.

appall US vt = appal.

appalled [ə'pɔ:ld] adj écœuré.

appalling [ə'pɔ:lɪŋ] adj épouvantable.

appallingly [ə'pɔ:lɪŋlɪ] adv **1.** [badly] de façon écœurante **2.** [as intensifier] effroyablement / *an appallingly bad film* un film effroyablement mauvais.

apparatchik [,æpə'rætʃɪk] n apparatchik *m*.

apparatus [,æpə'rætəs] (*pl* **apparatus** *or* **apparatuses**) n **1.** *(U)* [equipment] équipement *m* ; [set of instruments] instruments *mpl* ▸ **apparatus criticus** LITER appareil *m* or apparat *m* critique ▸ **critical apparatus** LITER appareil *m* or apparat *m* critique **2.** *(U)* [in gymnasium] agrès *mpl* / *exercises on the apparatus* or *apparatus work* exercices *mpl* aux agrès **3.** [machine] appareil *m* / *heating apparatus* appareil de chauffage **4.** ANAT appareil *m* / *the digestive apparatus* l'appareil digestif **5.** [organization] : *the apparatus of government* la machine administrative, l'administration *f*.

apparel [ə'pærəl] (UK *pt & pp* **apparelled**, *cont* **apparelling** ; US *pt & pp* **appareled**, *cont* **appareling**) ◆ n **1.** *liter & arch* [garb] costume *m*, mise *f* **2.** US [clothes] habillement *m*, vêtements *mpl* ; [industry] confection *f*. ◆ vt *liter & arch* [dress] vêtir, habiller ; [adorn] orner / *he was apparelled in the robes of state* il avait revêtu son costume d'apparat.

apparent [ə'pærənt] adj **1.** [obvious] évident, apparent / *the tension between them had become apparent to us all* nous sentions tous désormais la tension qui existait entre eux / *the need for better education facilities is becoming increasingly apparent* il est de plus en plus évident qu'il faut améliorer le système éducatif / *for no apparent reason* sans raison apparente **2.** [seeming] apparent, supposé / *I admire the apparent ease with which she does the work* j'admire l'apparente facilité avec laquelle elle exécute le travail.

apparently [ə'pærəntlɪ] adv **1.** [seemingly] apparemment, en apparence / *she was apparently quite calm and collected* elle paraissait assez calme et sereine **2.** [according to rumour] à ce qu'il paraît / *he apparently quit his job* il paraît qu'il a démissionné / *is she leaving? — apparently not* elle part ? — on dirait que non / *that's apparently the reason* il paraît que c'est pour ça / *apparently, they had a huge row* il paraît qu'ils se sont violemment disputés.

apparition [,æpə'rɪʃn] n apparition *f*.

appeal [ə'pi:l] ◆ n **1.** [request] appel *m* / *she made an appeal on behalf of the victims* elle a lancé un appel au profit des victimes / *we made an appeal for money to help the refugees* nous avons fait un appel de fonds pour aider les réfugiés / *an appeal for help* un appel au secours / *an appeal for funds* COMM & FIN un appel de fonds **2.** LAW appel *m*, pourvoi *m* ▸ **to enter** or **to lodge an appeal** interjeter un appel, se pourvoir en appel ▸ **on appeal** en seconde instance ▸ **notice of appeal** infirmation *f* ▸ **right of appeal** droit *m* d'appel / *with no right of appeal* sans appel **3.** [attraction] attrait *m*, charme *m* / *travelling has lost its appeal for me* je n'aime plus voyager, les voyages ne m'intéressent plus / *the idea does have a certain appeal* l'idée est bien séduisante. ◆ vi **1.** [make request] faire un appel ; [publicly] lancer un appel ; [plead] supplier, implorer / *she appealed to me to be patient* elle m'a prié d'être patient / *they're appealing for help for the victims* ils lancent un appel au profit des victimes / *to appeal for funds* COMM & FIN faire un appel de fonds **2.** ▸ **to appeal to sthg** [invoke] faire appel à qqch / *she appealed to his sense of justice* elle a fait appel à son sens de la justice **3.** [apply] faire appel / *he appealed to them for help* il leur a demandé du secours / *they appealed to the management for better working conditions* ils ont fait appel à la direction pour obtenir de meilleures conditions de travail / *he appealed against the decision* il a fait appel contre cette décision **4.** LAW interjeter appel, se pourvoir en appel ▸ **to appeal against a sentence** appeler d'un jugement **5.** [please] plaire / *the programmes appeal most to children* ces émissions plaisent particulièrement aux enfants / *the book appeals to the reader's imagination* ce livre parle à l'imagination du lecteur / *the idea appealed to me* l'idée m'a séduit / *it doesn't really appeal to me* ça ne m'attire pas vraiment, ça ne me dit pas grand-chose.

appeal court n cour *f* d'appel.

appealing [ə'pi:lɪŋ] adj **1.** [attractive - dress, person] joli ; [- idea, plan] intéressant **2.** [moving] émouvant, attendrissant ; [imploring] suppliant, implorant / *he had sad, appealing eyes* il avait un regard triste et implorant.

appealingly [ə'pi:lɪŋlɪ] adv **1.** [charmingly] de façon attrayante **2.** [beseechingly] d'un air suppliant or implorant.

appear [ə'pɪə^r] vi **1.** [come into view - person, ghost, stars] apparaître / *he suddenly appeared round the corner* il a soudain surgi au coin de la rue / *the sun appeared from behind a cloud* le soleil est sorti de derrière un nuage / *she appeared to him in a vision* elle lui est apparue dans une vision / *she finally appeared at about eight o'clock* elle est arrivée finalement vers vingt heures **2.** [come into being] apparaître ; [new product] apparaître, être mis sur le marché ; [publication] paraître, sortir, être publié **3.** [feature] paraître, figurer / *the father figure often appears in his films* le personnage du père figure souvent dans ses films **4.** [be present officially] se présenter, paraître ; [in court] comparaître / *to appear before the court* or *the judge* comparaître devant le tribunal / *he appeared on a charge of murder* il a été jugé pour meurtre / *they appeared as witnesses for the defence* ils ont témoigné pour la défense / *he appeared for the accused* il a plaidé pour l'accusé **5.** [actor] jouer / *she appeared as Antigone* elle a joué Antigone / *to appear in a play* jouer dans une pièce / *to appear on TV* passer à la télévision **6.** [seem] paraître, sembler / *she appeared nervous* elle avait l'air nerveuse / *the baby appeared quite content* le bébé semblait plutôt satisfait / *how does the situation appear to you?* comment voyez-vous la situation ? / *there appears to have been a mistake* il semble qu'il y ait eu erreur / *it appears she never received the letter* il semble qu'elle n'ait jamais reçu la lettre / *it appears not* il semble que non / *so it appears* or *so it would appear* c'est ce qu'il semble, on dirait bien / *is she ill? — it appears so* est-elle malade ? — il paraît (que oui) / *it would appear that he was already known to the police* il semble qu'il était déjà connu des services de police / *it appeared later that he had killed his wife* il est ensuite apparu qu'il avait assassiné sa femme / *there appears to be a mistake in the bill* on dirait qu'il y a une erreur dans la facture / *it appears the driver was drunk* il semble que le conducteur avait bu / *it appears to me that he lied* il me semble qu'il a menti.

appearance [ə'pɪərəns] n **1.** [act of appearing] apparition *f* / *the antibiotics help guard against the appearance of further infections* les antibiotiques contribuent à éviter l'apparition de nouvelles infections / *she made a brief appearance at the party* elle a fait une brève apparition à la fête / *the president made a personal appearance* le président est apparu en personne ▸ **to put in an appearance** faire acte de présence **2.** [advent] avènement *m* ; [of new product] mise *f* sur le marché ; [of publication] parution *f* **3.** [in court] comparution *f* / *to make an appearance before a court* or *a judge* comparaître devant un tribunal **4.** [performance] : *this was her first appearance on the stage* c'était sa première apparition sur scène / *she's made a number of television appearances* elle est passée plusieurs fois à la télévision / *offers have flooded in since her television appearance* les propositions ont afflué depuis son passage à la télévision ▸ **in order of appearance** par ordre d'entrée en scène **5.** [outward aspect] apparence *f*, aspect *m* / *to have a good appearance* [person] présenter bien / *I tried to give the appearance that I cared* j'ai essayé de donner l'impression que ça ne m'était pas indifférent / *it has all the appearances of being a first-class show* si l'on en juge par les apparences, ce devrait être un spectacle de premier ordre / *to* or *by all appearances he doesn't work very hard* selon toute apparence, il ne travaille pas beaucoup / *contrary to all appearances* or *against all appearances* contrairement à toute apparence / *appearances can be deceptive* les apparences sont parfois trompeuses / *don't judge by appearances* ne vous fiez pas aux apparences, il ne faut pas se fier aux apparences / *they tried hard to keep up appearances* ils ont tout fait pour sauver les apparences / *for appearances' sake* pour la forme.

appease [ə'pi:z] vt apaiser, calmer.

appeasement [ə'pi:zmənt] n apaisement *m* ; *pej* POL conciliation *f*.

appellant [ə'pelənt] ◆ adj appelant. ◆ n partie *f* appelante, appelant *m*, -e *f*.

appellate court [ə'pelɪt-] n LAW cour *f* d'appel.

appellation [,æpə'leɪʃn] n appellation *f*.

appellative [ə'pelətɪv] ◆ adj appellatif. ◆ n appellatif *m*.

append [ə'pend] vt *fml* [document, note] joindre ; [signature] apposer.

appendage [ə'pendɪdʒ] n [gen & ZOOL] appendice *m*.

appendectomy [,æpen'dektəmɪ] (*pl* **appendectomies**) n appendicectomie *f*.

appendicectomy [ə,pendɪ'sektəmɪ] (*pl* **appendicectomies**) n = **appendectomy**.

appendices [ə'pendɪsi:z] pl ⟶ **appendix**.

appendicitis [ə,pendɪ'saɪtɪs] n *(U)* appendicite *f* / *have you had appendicitis?* avez-vous eu l'appendicite ?

appendix [ə'pendɪks] (*pl* **appendixes** *or* **appendices** [-si:z]) n **1.** ANAT appendice *m* ▸ **to have one's appendix out** se faire opérer de l'appendicite **2.** [to book, report] annexe *f*.

⚠ The word **annexe** is more common than **appendice** when talking about the appendix to a book or document.

appertain [,æpə'teɪn] vi *fml* [belong] ▸ **to appertain to** appartenir à / *land appertaining to the Crown* des terres appartenant à la Couronne / *those islands appertain to the United States* ces îles font partie des États-Unis ; [relate] ▸ **to appertain to** relever de / *the responsibilities appertaining to adulthood* les responsabilités de l'âge adulte / *duties appertaining to his position* des devoirs qui incombent à ses fonctions.

appetite ['æpɪtaɪt] n appétit *m* / *she has a good appetite* elle a bon appétit / *I've got no appetite* je n'ai pas d'appétit / *I've lost my appetite* j'ai perdu l'appétit / *don't have too many sweets, you'll spoil your appetite* ne mange pas trop de bonbons, ça va te couper l'appétit / *they've gone for a swim to work up an appetite* ils sont allés se baigner pour s'ouvrir l'appétit or se mettre en appétit / *I have no appetite for that kind of thing* je n'ai pas de goût pour ce genre de chose / *he has an insatiable appetite for work* c'est un boulimique du travail ▸ **appetite suppressant** coupe-faim *m*.

appetizer, **appetiser** ['æpɪtaɪzə^r] n [food] hors-d'œuvre *m inv*, amuse-gueule *m* ; [drink] apéritif *m*.

appetizing, **appetising** ['æpɪtaɪzɪŋ] adj appétissant.

Appian ['æpɪən] adj ▸ **the Appian Way** la voie Appienne.

applaud [əˈplɔːd] ◆ vi applaudir. ◆ vt applaudir, approuver / *his efforts are to be applauded* il faut applaudir ses efforts.

applause [əˈplɔːz] n *(U)* applaudissements *mpl*, acclamations *fpl* / *his performance won enthusiastic applause from the audience* son interprétation a été chaleureusement applaudie par le public / *she left the stage to thunderous applause* elle quitta la scène sous un tonnerre d'applaudissements ▸ **applause meter** applaudimètre *m*.

apple [ˈæpl] ◆ n [fruit] pomme *f* ; [tree] pommier *m* ▸ **to compare apples with oranges** comparer ce qui n'est pas comparable ▸ **the apple of discord** *liter & fig* la pomme de discorde ▸ **he's a rotten apple** c'est un mauvais sujet ▸ **she's the apple of his eye** il tient à elle comme à la prunelle de ses yeux ▸ **how do you like them apples?** US *inf* **a)** [gloating] qu'est-ce que tu dis de ça ? **b)** [bemused] ça alors ! ▸ **an apple a day keeps the doctor away** *prov* chaque jour une pomme conserve son homme *prov*. ◆ comp ▸ **apple blossom** fleur *f* de pommier ▸ **apple core** trognon *m* de pomme ▸ **apple juice** jus *m* de pomme ▸ **apple orchard** pommeraie *f* ▸ **apple tree** pommier *m* ▸ **don't upset the apple cart** *inf* ne fiche pas tout par terre.

apple butter n US confiture *f* de pommes.

applejack [ˈæpldʒæk] n eau-de-vie *f* de pommes.

apple pie n [covered] tourte *f* aux pommes ; [open] tarte *f* aux pommes.

❖ **apple-pie** adj *inf* impeccable / *in apple-pie order* en ordre parfait ▸ **apple-pie bed** UK lit *m* en portefeuille.

apple-polisher n US *inf* lèche-bottes *m*.

apple sauce UK [æplˈsɔːs], **applesauce** US [ˈæplsɔːs] n **1.** CULIN compote *f* de pommes *(en Grande-Bretagne, traditionnellement servie avec du porc)* **2.** US & CAN *inf & fig* boniments *mpl*.

applet [ˈæplət] n COMPUT appelette *f*, appliquette *f*.

appliance [əˈplaɪəns] n **1.** appareil *m* ; [small] dispositif *m*, instrument *m* ▸ **domestic** or **household appliances** appareils électroménagers ▸ **electrical appliances** appareils électriques **2.** [fire engine] autopompe *f*.

applicable [ˈæplɪkəbl] adj applicable.

applicant [ˈæplɪkənt] n **1.** [gen, for patent] demandeur *m*, -euse *f* ; [for a position] candidat *m*, -e *f*, postulant *m*, -e *f* / *a job applicant* un candidat à un poste, un postulant **2.** LAW requérant *m*, -e *f*.

application [ˌæplɪˈkeɪʃn] ◆ n **1.** [use] application *f* / *the application of free market economics to communist systems* l'application de l'économie de marché aux régimes communistes / *the practical applications of the research* les applications pratiques de la recherche ; [of lotion, paint] application *f* / **'for external application only'** MED 'réservé à l'usage externe' **2.** [request] demande *f* / *a job application* **a)** [spontaneous] une demande d'emploi **b)** [in answer to advertisement] une candidature à un poste / *I submitted my application for a scholarship* j'ai fait ma demande de bourse / *further information is available upon application* des renseignements complémentaires sont disponibles sur simple demande / *he made an application to the committee for a hearing* il s'est adressé au comité pour obtenir une audition / *we made an application for citizenship* nous avons fait une demande de naturalisation **3.** COMPUT application *f* **4.** [diligence] assiduité *f* / *this student lacks application* cet étudiant manque d'assiduité **5.** [relevance] pertinence *f*. ◆ comp COMPUT [package, program, software] d'application.

application form n formulaire *m* ; [detailed] dossier *m* de candidature ; UNIV dossier *m* d'inscription.

application program n programme *m* d'application.

applicator [ˈæplɪkeɪtəʳ] n applicateur *m*.

applied [əˈplaɪd] adj [gen, LING, MATH & SCI] appliqué ▸ **applied arts** arts *mpl* décoratifs.

appliqué [æˈpliːkeɪ] ◆ n [decoration] application *f* ; [decorative work] travail *m* d'application. ◆ vt coudre en application.

apply [əˈplaɪ] *(pt & pp* **applied***)* ◆ vt **1.** [use] appliquer, mettre en pratique or en application ; [rule, law] appliquer / *we apply the same rule to all students* nous appliquons la même règle à or pour tous les étudiants **2.** [pressure] ▸ **to apply pressure to sthg** exercer une pression or appuyer sur qqch / *she applied the brakes* elle a appuyé sur le frein / *the bank applied pressure on him to repay his loan* la banque a fait pression sur lui pour qu'il rembourse son emprunt **3.** [paint, lotion, etc.] appliquer, mettre / *apply antiseptic to the wound* désinfectez la plaie / *apply the paint using a roller* appliquez la peinture à l'aide d'un rouleau ▸ **to apply heat to sthg** exposer qqch à la chaleur / *the doctor applied heat to her back* le médecin lui a traité le dos par la thermothérapie **4.** [devote] ▸ **to apply one's mind to sthg** s'appliquer à qqch / *she applied herself to her work* elle s'est lancée dans son travail / *he must learn to apply himself* il faut qu'il apprenne à s'appliquer. ◆ vi **1.** [make an application] s'adresser, avoir recours / *apply to the personnel office* adressez-vous au service du personnel / **'apply within'** 's'adresser à l'intérieur or ici' ▸ **to apply for a job / scholarship** faire une demande d'emploi / de bourse / *he applied to the Research Council for an award* il s'est adressé au conseil de la recherche pour obtenir une bourse / *she has decided to apply for the job* elle a décidé de poser sa candidature pour cet emploi / *we applied for a patent* nous avons déposé une demande de brevet / *the right to apply to the courts* LAW le droit au recours juridictionnel **2.** [be relevant] s'appliquer / *and that applies to you too!* et ça s'applique aussi à toi ! / *this law applies to all citizens* cette loi s'applique à tous les citoyens / *this doesn't apply to us* nous ne sommes pas concernés / *his criticism applies to all journalists* ses critiques s'appliquent à tous les journalistes.

appoggiatura [əˌpɒdʒɪəˈtʃuːrə] n appoggiature *f*.

appoint [əˈpɔɪnt] vt **1.** [assign] nommer, désigner / *she was appointed to the post of director* elle a été nommée directrice / *the members appointed him president* les adhérents l'ont nommé président / *the president appointed a committee* le président a constitué un comité ; [hire] : *we have appointed a new cook* nous avons engagé un nouveau cuisinier **2.** [date, place] fixer, désigner / *we met on the appointed day* nous nous sommes rencontrés au jour dit or convenu / *let's appoint a time for the meeting* fixons une heure pour la réunion / *his appointed agent* son agent attitré **3.** UK *fml* [furnish] aménager, installer **4.** *arch* LAW [prescribe, ordain] ordonner, prescrire.

appointee [əpɔɪnˈtiː] n candidat *m* retenu, candidate *f* retenue, titulaire *mf*.

appointment [əˈpɔɪntmənt] n **1.** [arrangement] rendez-vous *m* ▸ **to make an appointment with sb** prendre rendez-vous avec qqn / *I made an appointment with the dentist* j'ai pris rendez-vous chez le dentiste / *they made an appointment to have lunch together* ils se sont donné rendez-vous pour déjeuner / *he has a 4 o'clock appointment* il a un rendez-vous à 16 heures / *she only sees people by appointment* elle ne reçoit que sur rendez-vous / *do you have an appointment?* avez-vous (pris) rendez-vous ? / *he had to cancel his appointments* il a dû annuler ses rendez-vous / *she has an important appointment to keep* elle doit aller à un rendez-vous important / *we have an appointment with the president* nous avons rendez-vous avec le président **2.** [nomination] nomination *f*, désignation *f* ; [office filled] poste *m* ; [posting] affectation *f* / *his appointment to the office of Lord Chancellor* sa nomination au poste de grand chancelier / *there are still some appointments to be made* il y a encore quelques postes à pourvoir / **'by appointment to Her Majesty the Queen'** COMM 'fournisseur de S.M. la Reine' ; [in newspaper] / **'appointments'** 'offres *fpl* d'emploi'.

> ⚠ **Appointements** is a formal word for a salary payment; in modern usage **appointement** can never be used to translate appointment.

Appomattox [ˌæpəˈmætəks] pr n *village de la Virginie, aujourd'hui parc historique, où le général Lee se rendit aux troupes nordistes du général Grant, marquant ainsi la fin de la guerre de Sécession.*

apportion [əˈpɔːʃn] vt [money] répartir, partager / *to apportion the blame* désigner des coupables.

apposite [ˈæpəzɪt] adj juste, pertinent / *an apposite remark* une remarque très à propos.

appositely [ˈæpəzɪtlɪ] adv de façon pertinente / *appositely named* bien nommé.

apposition [ˌæpəˈzɪʃn] n apposition *f* / *a noun / phrase in apposition* un nom / une expression en apposition.

appositive [əˈpɒzətɪv] adj en apposition.

appraisal [əˈpreɪzl] n appréciation *f*, évaluation *f* / *an official appraisal* une expertise ▸ **appraisal procedure** procédure *f* d'évaluation.

appraise [əˈpreɪz] vt [object] estimer, évaluer (la valeur de) ; [importance, quality] évaluer, apprécier / *they appraised the damage after the fire* ils évaluèrent les dégâts après l'incendie.

appraising [əˈpreɪzɪŋ] adj : *she shot him an appraising glance* elle lui a lancé un coup d'œil pour le jauger.

appreciable [əˈpriːʃəbl] adj sensible, appréciable.

appreciably [əˈpriːʃəblɪ] adv sensiblement, de manière appréciable.

appreciate [əˈpriːʃɪeɪt] ◆ vt **1.** [value] apprécier ; [art] apprécier, goûter ; [person] apprécier (à sa juste valeur) / *they appreciate good food* ils apprécient la bonne nourriture **2.** [be grateful for] être reconnaissant de, être sensible à / *I appreciate your help* je vous suis reconnaissant de votre aide / *I would appreciate a prompt reply to this letter* je vous serais obligé de bien vouloir me répondre dans les plus brefs délais / *I would appreciate it if you didn't smoke in the car* je vous serais reconnaissant or je vous saurais gré de ne pas fumer dans la voiture / *thanks, I'd really appreciate that* ça me rendrait vraiment service / *he greatly appreciates this honour* il est très sensible à cet honneur **3.** [realize, understand] se rendre compte de, être conscient de / *he never appreciated its true worth* il ne l'a jamais estimé à sa juste valeur / *I do appreciate your concern but…* votre sollicitude me touche beaucoup mais… / *do you appreciate how hard I try?* est-ce que tu te rends compte des efforts que je fais ? / *we fully appreciate the situation* nous nous rendons parfaitement compte de la situation. ◆ vi [increase in value - currency] monter ; [- goods, property] prendre de la valeur.

> ⚠ **Apprécier** is not always the correct translation of appreciate. See the entry for details.

appreciation [əˌpriːʃɪˈeɪʃn] n **1.** [thanks] reconnaissance *f* / *let me show my appreciation for your help* laissez-moi vous témoigner ma reconnaissance / *she smiled her appreciation* son sourire témoignait de sa reconnaissance / *in appreciation of what you have done* en remerciement or pour vous remercier de ce que vous avez fait **2.** [assessment, understanding] évaluation *f*, estimation *f* ; [of art, literature] critique *f* / *she wrote or gave an appreciation of the play* elle a fait une critique de la pièce / *he has a thorough appreciation of the situation* il comprend très bien la situation / *art appreciation course* cours *m* or stage *m* d'initiation à l'art **3.** [increase in value] hausse *f*, augmentation *f*.

appreciative [əˈpriːʃjətɪv] adj **1.** [admiring] admiratif / *after a few appreciative comments* après quelques remarques élogieuses / *an appreciative look* un regard admiratif **2.** [grateful] reconnaissant / *I am very appreciative of your help* je vous suis très reconnaissant de votre aide.

appreciatively [əˈpriːʃjətɪvlɪ] adv [with enjoyment] joyeusement / *he smiled appreciatively* **a)** [gratefully] il eut un sourire reconnaissant **b)** [admiringly] il eut un sourire appréciatif.

apprehend [ˌæprɪ'hend] vt *fml* **1.** [arrest] arrêter, appréhender **2.** [understand] comprendre, saisir **3.** [fear, dread] redouter, appréhender.

apprehension [ˌæprɪ'henʃn] n **1.** [fear] inquiétude *f*, appréhension *f* / *there is no cause for apprehension* il n'y a pas de raison d'être inquiet **2.** *fml* [arrest] arrestation *f* **3.** *fml* [understanding] compréhension *f*.

apprehensive [ˌæprɪ'hensɪv] adj inquiet, craintif / *he is apprehensive about the interview* il appréhende l'entrevue / *I am apprehensive for your safety* je crains or je suis inquiet pour votre sécurité.

apprehensively [ˌæprɪ'hensɪvlɪ] adv avec appréhension or inquiétude.

apprentice [ə'prentɪs] ◆ n apprenti *m*, -e *f* ; [in arts and crafts] élève *mf* / *she's an electrician's apprentice* elle est apprentie électricienne / *an apprentice toolmaker* / *butcher* un apprenti outilleur / boucher / *an apprentice draughtsman* un élève dessinateur ▸ **the Apprentice Boys' Parade** *manifestation annuelle de jeunes protestants en Irlande du Nord.* ◆ vt ▸ **to apprentice sb to sb** : *he is apprenticed to a sculptor* il suit une formation chez un sculpteur / *she is apprenticed to a violin-maker* elle est en apprentissage chez un luthier.

apprenticeship [ə'prentɪʃɪp] n apprentissage *m* / *a two-year apprenticeship* un apprentissage de deux ans.

apprise [ə'praɪz] vt *fml* informer, prévenir / *he was apprised of the danger* on l'a averti du danger.

appro ['æprəʊ] (abbr of **approval**) n UK *inf* ▸ **on appro** à or sous condition, à l'essai.

approach [ə'prəʊtʃ] ◆ vt **1.** *lit* [person, place] s'approcher de, s'avancer vers / *as we approached Boston* comme nous approchions de Boston / *the police have warned the public not to approach the criminal* la police a averti le public de ne pas s'approcher du criminel ; *fig* [state, time, quality] approcher de / *she is approaching fifty* elle approche de la cinquantaine / *we are approaching a time when...* le jour approche où... / *we have nothing approaching that colour* nous n'avons rien qui se rapproche de cette couleur / *speeds approaching the speed of light* des vitesses proches de celle de la lumière / *it was approaching Christmas* Noël approchait / *a feeling approaching hatred* un sentiment proche de la haine **2.** [consider] aborder / *let's approach the problem from another angle* abordons le problème d'une autre façon / *that's not the way to approach it* ce n'est pas comme cela qu'il faut s'y prendre **3.** [speak to] parler à / *to be easy* / *difficult to approach* être d'un abord facile / difficile / *a salesman approached me* un vendeur m'a abordé / *I approached him about the job* je lui ai parlé du poste / *they approached him about doing a deal* ils sont entrés en contact avec lui pour conclure un marché. ◆ vi [person, vehicle] s'approcher ; [time, event] approcher, être proche. ◆ n **1.** [of person, vehicle] approche *f*, arrivée *f* / *she heard his approach* elle l'a entendu venir / *the pilot began his approach to Heathrow* le pilote commença sa descente sur or vers Heathrow ; [of time, death] approche *f*, approches *fpl* / *the approach of spring* la venue du printemps **2.** [way of tackling] façon *f*, approche *f* / *another approach to the problem* une autre façon d'aborder le problème / *his approach is all wrong* il s'y prend mal / *a new approach to dealing with unemployment* une nouvelle conception de la lutte contre le chômage / *let's try the direct approach* allons-y sans détours / *this book adopts a non-scientific approach to the subject* ce livre aborde le sujet d'une manière non scientifique **3.** [proposal] proposition *f* / *the shopkeeper made an approach to his suppliers* le commerçant a fait une proposition à ses fournisseurs **4.** [access] voie *f* d'accès / *the approaches to the town* les approches *fpl* or les abords *mpl* de la ville / *the approach to the house* / *hotel is very impressive* les abords de la maison / l'hôtel sont très imposants / *the approaches to the beach* les chemins qui mènent à la plage / *the soldiers blocked all approaches to the camp* les soldats bloquèrent toutes les voies d'accès au camp / *the approach to the summit* le chemin qui mène au sommet **5.** *fml* [approximation] ressemblance *f*, apparence *f*.

approachable [ə'prəʊtʃəbl] adj [place] accessible, approchable ; [person] abordable, approchable.

approaching [ə'prəʊtʃɪŋ] ◆ adj [event] prochain, qui est proche ; [vehicle] qui vient en sens inverse. ◆ prep : *there were approaching 200 people* il y avait près de 200 personnes.

approach road n UK route *f* d'accès ; [to motorway] voie *f* de raccordement, bretelle *f*.

approach shot n [in golf] approche *f*.

approbate ['æprəˌbeɪt] vt US approuver.

approbation [ˌæprə'beɪʃn] n approbation *f*, consentement *m* / *a nod* / *smile of approbation* un signe de tête / un sourire approbateur.

appropriate ◆ adj [ə'prəʊprɪət] [moment, decision] opportun ; [word] bien venu, juste ; [name] bien choisi ; [authority] compétent / *the level of contribution appropriate for* or *to each country* la contribution appropriée à chaque pays / *music* / *remarks appropriate to the occasion* de la musique / des propos de circonstance / *take the appropriate action* prenez les mesures appropriées / *it wouldn't be appropriate if she went* il ne serait pas convenable qu'elle y aille / *I am not the appropriate person to ask* ce n'est pas à moi qu'il faut poser la question. ◆ vt [ə'prəʊprɪeɪt] **1.** [take for o.s.] s'approprier, s'emparer de **2.** [set aside] affecter / *the funds appropriated for* or *to the school* l'argent affecté à l'école.

appropriately [ə'prəʊprɪətlɪ] adv convenablement ; [speak] avec à-propos, pertinemment ; [decide] à juste titre / *appropriately dressed* habillé comme il faut or pour la circonstance / *the restaurant is appropriately named* le restaurant porte bien son nom.

appropriateness [ə'prəʊprɪətnɪs] n [of moment, decision] opportunité *f* ; [of remark] justesse *f*.

appropriation [əˌprəʊprɪ'eɪʃn] n **1.** [taking for o.s.] appropriation *f* **2.** [allocation of money] dotation *f* ; US POL crédit *m* budgétaire ▸ **allotment of appropriations** répartition *f* des budgets ▸ **appropriations bill** projet *m* de loi de finances ▸ **Appropriations Committee** *commission des finances de la Chambre des représentants qui examine les dépenses.*

approval [ə'pru:vl] n **1.** [favourable opinion] approbation *f*, accord *m* / *a gesture of approval* un signe approbateur / *the plan has your seal of approval, then?* alors tu donnes ton approbation pour le projet? ▸ **to meet with sb's approval** obtenir or recevoir l'approbation de qqn / *does the report meet with your approval?* êtes-vous satisfait du rapport? **2.** [sanction] approbation *f*, autorisation *f* / *submit the proposal for his approval* soumettez la proposition à son approbation **3.** COMM ▸ **to buy sthg on approval** acheter qqch à or sous condition / *articles sent on approval* marchandises envoyées à titre d'essai.

approval rating n [of politician] cote *f* de popularité.

approve [ə'pru:v] vt [plan, proposal, etc.] approuver ; [agreement, treaty] ratifier, homologuer / *the plan must be approved by the committee* il faut que le projet reçoive l'approbation du comité / *an appliance approved by the authorities* un appareil agréé par les autorités.

❖ **approve of** vt insep approuver ; [person] avoir une bonne opinion de / *I don't approve of his ideas* je n'approuve pas or je désapprouve ses idées / *they don't approve of her going out with that man* ils n'apprécient pas du tout qu'elle sorte avec cet homme / *do you approve of the proposal?* êtes-vous d'accord avec la proposition? / *she doesn't approve of her son's friends* les amis de son fils ne lui plaisent pas.

approved [ə'pru:vd] adj **1.** [method, practice] reconnu, admis **2.** [authorized] autorisé, admis.

approved school n *nom anciennement donné en Grande-Bretagne à un centre d'éducation surveillée (aujourd'hui appelé « community home »).*

approving [ə'pru:vɪŋ] adj approbateur, approbatif.

approvingly [ə'pru:vɪŋlɪ] adv d'une façon approbatrice / *she looked at him approvingly* elle l'a regardé d'un air approbateur / *he spoke approvingly* il a parlé d'un ton approbateur.

approx. (written abbr of **approximately**) adv approx., env.

approximate ◆ adj [ə'prɒksɪmət] approximatif / *the approximate distance to town is 5 miles* il y a à peu près 5 miles d'ici à la ville / *he told the approximate truth* il ne disait qu'une partie de la vérité / *figures approximate to the nearest whole number* des chiffres arrondis au nombre entier le plus proche. ◆ vi [ə'prɒksɪmeɪt] ▸ **to approximate to sthg** se rapprocher de qqch / *his answer approximated to a refusal* sa réponse était presque un refus.

approximately [ə'prɒksɪmətlɪ] adv à peu près, environ.

approximation [əˌprɒksɪ'meɪʃn] n approximation *f*.

appurtenance [ə'pɜ:tɪnəns] n *(usu pl) fml* accessoire *m* / *the property and its appurtenances* **a)** [buildings, gardens, etc.] la propriété et ses dépendances **b)** [legal rights & privileges] la propriété et ses circonstances et dépendances.

APR n **1.** (abbr of **annualized percentage rate**) TEG *m* **2.** (abbr of **annual purchase rate**) taux *m* annuel.

Apr. (written abbr of **April**) avr.

après-ski [ˌæpreɪ'ski:] ◆ n après-ski *m*. ◆ comp [clothing, outfit] d'après-ski.

apricot ['eɪprɪkɒt] ◆ n **1.** [fruit] abricot *m* ; [tree] abricotier *m* **2.** [colour] abricot *m inv*. ◆ comp **1.** [jam] d'abricots ; [pie, tart] aux abricots ▸ **apricot tree** abricotier *m* **2.** [colour, paint, wallpaper] abricot *(inv)*.

April ['eɪprəl] n avril *m* ▸ **April Fools' Day** le premier avril ▸ **an April fool a)** [person] *personne à qui l'on a fait un poisson d'avril* **b)** [trick] un poisson d'avril ▸ **April fool!** poisson d'avril! ▸ **April showers** giboulées *fpl* de mars ▸ **April showers bring forth May flowers** *prov* les giboulées de mars apportent les fleurs du printemps *prov*. See also **February**.

April Fools' Day

En Grande-Bretagne, le premier avril est l'occasion de farces en tout genre ; en revanche, la tradition du « poisson d'avril » n'existe pas.

a priori [ˌeɪpraɪ'ɔ:raɪ] adj a priori.

apriorism [eɪ'praɪərɪzm] n apriorisme *m*.

apron ['eɪprən] n **1.** [gen & TECH] tablier *m* ▸ **he is tied to his mother's apron strings** il est pendu aux jupes de sa mère **2.** AERON aire *f* de stationnement **3.** THEAT = **apron stage**.

apron stage n avant-scène *f*.

apropos ['æprəpəʊ] ◆ adj opportun, à propos. ◆ adv à propos, opportunément.

❖ **apropos of** prep phr à propos de.

APS (abbr of **average propensity to save**) n ECON PmaE.

apse [æps] n [in church] abside *f* ; ASTRON apside *f*.

apt [æpt] adj **1.** [person] ▸ **to be apt to do sthg** faire qqch facilement, être porté à faire qqch / *I am apt to forget* j'oublie facilement / *people are apt to believe the worst* les gens croient facilement le pire ▸ **to be apt to do sthg** être susceptible de faire qqch / *it's the little things that are apt to get forgotten* ce sont les petites choses sans importance que l'on oublie facilement / *buttons are apt to get lost* les boutons se perdent facilement **2.** [suitable] convenable, approprié ; [remark] juste, qui convient / *an apt expression* une expression heureuse **3.** [clever] doué, intelligent.

apt. (written abbr of **apartment**) appt.

aptitude ['æptɪtju:d] n aptitude *f*, disposition *f* ▸ **to have an aptitude for sthg** avoir une aptitude à or disposition pour qqch / *he has an aptitude for* *languages* il a des dispositions or un talent pour les langues / *she shows great aptitude* elle promet.

aptitude test n test *m* d'aptitude.

aptly ['æptlɪ] adv à or avec propos, avec justesse / *the dog, Spot, was aptly named* le chien, Spot, portait or méritait bien son nom / *as you so aptly pointed out...* comme tu l'as si bien fait remarquer...

aptness ['æptnɪs] n **1.** [suitability] à-propos *m*, justesse *f* **2.** [tendency] tendance *f* **3.** [talent] aptitude *f*, disposition *f*.

Apulia [ə'pju:ljə] pr n Pouille *f*, Pouilles *fpl* / *in Apulia* dans les Pouilles.

AQ (abbr of **achievement quotient**) n *quotient d'aptitude obtenu en divisant l'âge d'aptitude par l'âge réel du sujet.*

aquacade ['ækwəkeɪd] n US spectacle *m* aquatique.

aquaculture ['ækwə,kʌltʃəʳ] n aquaculture *f*.

aqualung ['ækwəlʌŋ] n scaphandre *m* autonome.

aquamarine [,ækwəmə'ri:n] ◆ n [stone] aigue-marine *f* ; [colour] bleu vert *m inv*. ◆ adj bleu vert *(inv)*.

aquanaut ['ækwənɔ:t] n plongeur *m*, scaphandrier *m*.

aquaplane ['ækwəpleɪn] ◆ n aquaplane *m*. ◆ vi **1.** SPORT faire de l'aquaplane **2.** UK [car] partir en aquaplanage.

aquarium [ə'kweərɪəm] (*pl* **aquariums** *or* **aquaria** [-rɪə]) n aquarium *m*.

Aquarius [ə'kweərɪəs] ◆ pr n ASTROL & ASTRON Verseau *m* / *it's the age of Aquarius* c'est l'ère du Verseau. ◆ n : *he's (an) Aquarius* il est (du signe du) Verseau.

aquarobics [,ækwə'rəubɪks] n aquagym *f*.

aquascape ['ækwəskeɪp] n décor *m* (d'aquarium).

aquatic [ə'kwætɪk] adj aquatique ; [sport] nautique.

aquatics [ə'kwætɪks] pl n sports *mpl* aquatiques.

aquatint ['ækwətɪnt] n aquatinte *f*.

aquavit ['ækwəvɪt] n aquavit *m*, akvavit *m*.

aqueduct ['ækwɪdʌkt] n aqueduc *m*.

aqueous ['eɪkwɪəs] adj aqueux.

aqueous humour n humeur *f* aqueuse.

aquiculture ['ækwɪ,kʌltʃəʳ] = **aquaculture**.

aquifer ['ækwɪfəʳ] n nappe *f* aquifère.

aquilegia [,ækwɪ'li:dʒjə] n BOT ancolie *f*.

aquiline ['ækwɪlaɪn] adj aquilin ; [nose] aquilin, en bec d'aigle.

Aquinas [ə'kwaɪnæs] pr n ▸ **Saint Thomas Aquinas** saint Thomas d'Aquin.

Aquitaine [,ækwɪ'teɪn] pr n Aquitaine *f* / *in Aquitaine* en Aquitaine ▸ **the Aquitaine Basin** le Bassin d'Aquitaine.

AR written abbr of **Arkansas**.

ARA (abbr of **Associate of the Royal Academy**) n *membre associé de la RA.*

Arab ['ærəb] ◆ n **1.** [person] Arabe *mf* **2.** [horse] cheval *m* arabe. ◆ adj arabe ▸ **the Arab-Israeli conflict** le conflit israélo-arabe ▸ **the Arab League** la Ligue arabe.

arabesque [,ærə'besk] n arabesque *f*.

Arabia [ə'reɪbjə] pr n Arabie *f*.

Arabian [ə'reɪbjən] ◆ adj arabe, d'Arabie ▸ **the Arabian Desert** le désert d'Arabie ▸ **the Arabian Peninsula** la péninsule d'Arabie ▸ **the Arabian Sea** la mer d'Arabie, la mer d'Oman / **'the Arabian Nights** or **the Arabian Nights' Entertainment'** 'les Mille et Une Nuits'. ◆ n Arabe *mf*.

Arabic ['ærəbɪk] ◆ n arabe *m* ▸ **written Arabic** l'arabe littéral ▸ **Arabic-speaking** arabophone. ◆ adj arabe ▸ **Arabic numerals** chiffres *mpl* arabes.

Arabist ['ærəbɪst] n [scholar] arabisant *m*, -e *f* ; [politician] pro-Arabe *mf*.

arable ['ærəbl] adj arable, cultivable ; [crops] cultivable ; [farm] agricole ; [farmer] ▸ **arable farmer** cultivateur ▸ **arable farming** culture *f*.

Arachne [ə'ræknɪ] pr n Arachné.

arachnid [ə'ræknɪd] n ▸ **the arachnids** les arachnides *mpl*.

Aragon ['ærəgən] pr n Aragon *m* / *in Aragon* en Aragon.

arak ['ærək] n = **arrack**.

Aral Sea ['ɑ:rəl-] pr n ▸ **the Aral Sea** la mer d'Aral.

ARAM (abbr of **Associate of the Royal Academy of Music**) n *membre associé de la RAM.*

Aramaean, Aramean [,ærə'mi:ən] adj araméen.

Aramaic [,ærə'meɪɪk] ◆ n araméen *m*. ◆ adj araméen.

Aran ['ærən] adj **1.** ▸ **the Aran Islands** les îles *fpl* Aran **2.** [sweater] Aran *(de grosse laine naturelle).*

Ararat ['ærəræt] pr n ▸ **Mount Ararat** le mont Ararat.

arbiter ['ɑ:bɪtəʳ] n arbitre *m*, médiateur *m*, -trice *f* / *magazines act as arbiters of modern taste* les magazines se font les juges or les arbitres des goûts de notre société.

arbitrage [,ɑ:bɪ'trɑ:ʒ] n arbitrage *m*.

arbitrageur [,ɑ:bɪtrɑ:'ʒɜ:ʳ] n arbitragiste *mf*.

arbitrarily UK 'ɑ:bɪtrərəlɪ US ,ɑ:rbə'trerəlɪ] adv arbitrairement.

arbitrariness ['ɑ:bɪtrərɪnɪs] n arbitraire *m*, nature *f* arbitraire.

arbitrary ['ɑ:bɪtrərɪ] adj arbitraire.

arbitrate ['ɑ:bɪtreɪt] ◆ vt arbitrer, juger. ◆ vi décider en qualité d'arbitre, arbitrer.

arbitration [,ɑ:bɪ'treɪʃn] n [gen & INDUST] arbitrage *m* / *both parties have gone to arbitration* les deux parties ont recouru à l'arbitrage / *they referred the dispute to arbitration* ils ont soumis le conflit à l'arbitrage / *settlement by arbitration* règlement *m* par arbitrage ▸ **arbitration court** or **tribunal** instance *f* chargée d'arbitrer les conflits sociaux, tribunal *m* arbitral ▸ **arbitration clause** clause *f* compromissoire.

arbitrator ['ɑ:bɪtreɪtəʳ] n arbitre *m*, médiateur *m*, -trice *f* / *the dispute has been referred to the arbitrator* le litige a été soumis à l'arbitrage.

arbor ['ɑ:bəʳ] n **1.** US = **arbour 2.** TECH arbre *m*, mandrin *m*.

Arbor Day n *jour férié aux États-Unis traditionnellement consacré à la plantation d'arbres.*

arboreal [ɑ:'bɔ:rɪəl] adj [form] arborescent ; [animal, technique] arboricole.

arborescence [,ɑ:bə'resns] n arborescence *f*.

arboretum [,ɑ:bə'ri:təm] (*pl* **arboretums** *or* **arboreta** [-tə]) n arboretum *m*.

arbour UK, **arbor** US ['ɑ:bəʳ] n tonnelle *f*, charmille *f* *arch.*

arbutus [ɑ:'bju:təs] n arbousier *m* ▸ **arbutus berry** arbouse *f*.

arc [ɑ:k] ◆ n arc *m*. ◆ vi **1.** [gen] décrire un arc / *the ball arced up into the air* la balle décrivit un arc de cercle dans les airs **2.** ELEC projeter or cracher des étincelles.

ARC [ɑ:k] (abbr of **aids-related complex**) n ARC *m*.

arcade [ɑ:'keɪd] n [set of arches] arcade *f*, galerie *f* ; [shopping] galerie *f* marchande.

Arcadia [ɑ:'keɪdjə] pr n Arcadie *f* / *in Arcadia* en Arcadie.

Arcadian [ɑ:'keɪdjən] ◆ n Arcadien *m*, -enne *f*. ◆ adj arcadien, d'Arcadie.

Arcady ['ɑ:kədɪ] pr n = **Arcadia**.

arcane [ɑ:'keɪn] adj mystérieux, ésotérique.

arch [ɑ:ʧ] ◆ n **1.** ARCHIT arc *m* ; [in church] arc *m*, voûte *f* **2.** [of eyebrows] courbe *f* ; [of foot] cambrure *f*, voûte *f* plantaire ▸ **to have fallen arches** MED avoir les pieds plats or *spec* un affaissement de la voûte plantaire. ◆ vt arquer, cambrer / *he arched his back* il a cambré le dos / *the cat arched its back* le chat fit le gros dos. ◆ vi former voûte, s'arquer. ◆ adj **1.** [leading] grand, par excellence / *my arch rival* mon principal adversaire / *he is an arch traitor* c'est le traître par excellence / *the arch villain in the play* le principal scélérat de la pièce **2.** [mischievous] coquin, espiègle ; [look, smile, tone] malin, espiègle.

archaeology n UK = **archeology**.

archaeopteryx [,ɑ:kɪ'ɒptərɪks] n archéoptéryx *m*.

archaic [ɑ:'keɪɪk] adj archaïque.

archaism ['ɑ:keɪɪzm] n archaïsme *m*.

archangel ['ɑ:k,eɪnʤəl] n archange *m* ▸ **the Archangel Gabriel** l'archange Gabriel, saint Gabriel archange.

archbishop [,ɑ:ʧ'bɪʃəp] n archevêque *m* ▸ **the Archbishop of Canterbury** l'archevêque de Cantorbéry ▸ **the Archbishop of York** l'archevêque de York.

 **Archbishop**

L'archevêque de Cantorbéry est le chef spirituel de l'Église anglicane ; l'archevêque de Westminster est le chef spirituel de l'Église catholique en Angleterre et au pays de Galles.

archbishopric [,ɑ:ʧ'bɪʃəprɪk] n archevêché *m*.

archdeacon [,ɑ:ʧ'di:kən] n archidiacre *m*.

archdiocese [,ɑ:ʧ'daɪəsɪs] n archidiocèse *m*.

archduchess [,ɑ:ʧ'dʌʧɪs] n archiduchesse *f*.

archduchy [,ɑ:ʧ'dʌʧɪ] (*pl* **archduchies**) n archiduché *m*.

archduke [,ɑ:ʧ'dju:k] n archiduc *m*.

arched [ɑ:ʧt] adj **1.** [roof, window] cintré **2.** [back, foot] cambré ; [eyebrows] arqué.

archenemy [,ɑ:ʧ'enɪmɪ] (*pl* **archenemies**) n pire ennemi *m* ▸ **the Archenemy** RELIG Satan.

archeological [,ɑ:kɪə'lɒʤɪkl] adj archéologique.

archeologist [,ɑ:kɪ'ɒləʤɪst] n archéologue *mf*.

archeology [,ɑ:kɪ'ɒləʤɪ] n archéologie *f*.

archer ['ɑ:ʧəʳ] n archer *m* ▸ **the Archer** ASTROL le Sagittaire.

Archers ['ɑ:ʧəz] pl pr n ▸ **The Archers** *feuilleton radiophonique diffusé chaque jour par la BBC depuis 1951, décrivant la vie quotidienne dans un village agricole du centre de l'Angleterre.*

archery ['ɑ:ʧərɪ] n tir *m* à l'arc.

archetypal [,ɑ:kɪ'taɪpl] adj archétype, archétypique, archétypal.

archetype ['ɑ:kɪtaɪp] n archétype *m*.

archetypical [,ɑ:kɪ'tɪpɪkl] adj = **archetypal**.

Archie Bunker ['ɑ:ʧɪ-] pr n *personnage d'un feuilleton télévisé américain des années 1970, stéréotype de l'ouvrier réactionnaire et raciste.*

Archimedes [,ɑ:kɪ'mi:di:z] pr n Archimède ▸ **Archimedes' principle** le principe d'Archimède ▸ **Archimedes' screw** vis *f* d'Archimède.

archipelago [,ɑ:kɪ'pelɪgəʊ] (*pl* **archipelagoes** *or* **archipelagos**) n archipel *m*.

archiphoneme ['ɑ:kɪ,fəʊni:m] n archiphonème *m*.

architect ['ɑ:kɪtekt] n architecte *mf* ; *fig* artisan *m*, créateur *m*, -trice *f*.

architectonic [,ɑ:kɪtek'tɒnɪk] adj architectonique.

architectonics [,ɑ:kɪtek'tɒnɪks] n *(U)* architectonique *f*.

architectural [,ɑ:kɪ'tekʧərəl] adj architectural.

architecturally [,ɑ:kɪ'tekʧərəlɪ] adv au or du point de vue architectural.

architecture ['ɑ:kɪtekʧəʳ] n [gen & COMPUT] architecture *f*.

architrave ['ɑ:kɪtreɪv] n architrave *f*.

archive ['ɑ:kaɪv] ◆ n ▸ **the archives** les archives *fpl* ; [repository] archives *fpl*, dépôt *m* / *a national archive of* *photographs* des archives nationales de photographies. ◆ comp [photo] d'archives. ◆ vt archiver.

archive file n COMPUT fichier *m* archives.

archive site n COMPUT site *m* FTP.

archivist ['ɑːkɪvɪst] n archiviste *mf*.

archly ['ɑːtʃlɪ] adv d'un air espiègle or malicieux.

archpriest [,ɑːtʃ'priːst] n archiprêtre *m*.

archway ['ɑːtʃweɪ] n porche *m* ; [long] galerie *f*, arcades *fpl*.

arc lamp, **arc light** n lampe *f* à arc ; CIN & TV sunlight *m*.

ARCM (abbr of **Associate of the Royal College of Music**) n *membre associé du RCM*.

arctic ['ɑːktɪk] ◆ adj **1.** arctique **2.** *fig* [cold] glacial. ◆ n US [overshoe] couvre-chaussure *m*. ❖ **Arctic** ['ɑːktɪk] ◆ pr n ▸ **the Arctic (Ocean)** l'(océan *m*) Arctique *m* / *in the Arctic* dans l'Arctique. ◆ adj arctique.

Arctic Circle pr n ▸ **the Arctic Circle** le cercle polaire arctique.

Arctic fox n isatis *m*.

arctic skua n labbe *m* parasite.

arctic tern n sterne *f* arctique.

arc weld n soudage *m* à l'arc voltaïque. ❖ **arc-weld** vt souder à l'arc voltaïque.

arc-welding n soudure *f* à l'arc voltaïque.

ardent ['ɑːdənt] adj [keen] passionné / *an ardent admirer* un fervent admirateur.

ardently ['ɑːdəntlɪ] adv ardemment, passionnément.

ardour UK, **ardor** US ['ɑːdər] n ardeur *f*, passion *f*.

arduous ['ɑːdjʊəs] adj ardu, difficile ; [work, task] laborieux, pénible ; [path] ardu, raide ; [hill] raide, escarpé.

arduously ['ɑːdjʊəslɪ] adv péniblement, laborieusement.

arduousness ['ɑːdjʊəsnɪs] n difficulté *f*.

are (*vb weak form* [ər], *strong form* [ɑːr]) ◆ v ⟶ **be**. ◆ n [ɑːr] are *m*.

area ['eərɪə] ◆ n **1.** [surface size] superficie *f*, aire *f* / *the garden is 500 m² in area, the garden has* or *covers an area of 500 m²* le jardin a une superficie de 500 m² **2.** [region] région *f* ; MIL territoire *m* ; [small] secteur *m*, zone *f* / *we're staying in the New York area* nous restons dans or nous ne quittons pas la région de New York / *the Greater London area* l'agglomération *f* de Londres / *a residential* / *shopping area* un quartier résidentiel / commercial / *in the whole area* **a)** [neighbourhood] dans tout le quartier **b)** [political region] dans toute la région ▸ **a conservation area** un site classé ▸ **a protected wildlife area** une réserve naturelle ▸ **area of outstanding natural beauty** *zone naturelle protégée* **3.** [part, section] partie *f* ; [of room] coin *m* / *living* / *eating area* coin salon / salle à manger / *a large kitchen area* une grande cuisine **4.** [of study, investigation, experience] domaine *m*, champ *m* / *in the foreign policy area* dans le domaine de la politique étrangère. ◆ comp [manager, office] régional.

area code n **1.** UK code *m* postal **2.** US TELEC indicatif *m* de zone.

areaway ['eərɪəweɪ] n courette *f* en contrebas.

areca ['ærɪkə] n ▸ **areca (tree)** aréquier *m* ▸ **areca nut** noix *f* d'arec.

arena [ə'riːnə] n arène *f* / *the challenger entered the arena* le challenger est descendu dans l'arène / *when he entered the electoral arena* quand il est entré en lice pour les élections / *the political arena* l'arène politique.

aren't [ɑːnt] abbr of **are not**.

Arethusa [,ærɪ'θjuːzə] pr n Aréthuse.

Argentina [,ɑːdʒən'tiːnə] pr n Argentine *f* / *in Argentina* en Argentine.

Argentine ['ɑːdʒəntaɪn] ◆ n Argentin *m*, -e *f*. ◆ adj argentin.

Argentinian [,ɑːdʒən'tɪnɪən] ◆ n Argentin *m*, -e *f*. ◆ adj argentin / *the Argentinian embassy* l'ambassade *f* d'Argentine.

argie-bargie [,ɑːdʒɪ'bɑːdʒɪ] n *inf* = **argy-bargy**.

argon ['ɑːgɒn] n argon *m*.

Argonaut ['ɑːgənɔːt] n ▸ **the Argonauts** les Argonautes *mpl*.

argosy ['ɑːgəsɪ] (*pl* **argosies**) n *liter & arch* **1.** [ship] galion *m* de commerce **2.** [fleet] flotte *f* de galions.

argot ['ɑːgəʊ] n argot *m*.

arguable ['ɑːgjʊəbl] adj **1.** [questionable] discutable, contestable **2.** [plausible] défendable / *it is arguable that...* on peut soutenir que...

arguably ['ɑːgjʊəblɪ] adv possiblement / *the Beatles are arguably the most popular group of all time* on pourrait dire or on peut soutenir que les Beatles sont le groupe le plus populaire de tous les temps.

argue ['ɑːgjuː] ◆ vi **1.** [quarrel] se disputer ▸ **to argue (with sb) about sthg** se disputer (avec qqn) au sujet de or à propos de qqch / *don't let's argue* ne nous disputons pas / *stop arguing!* arrêtez de vous disputer ! / *she argues with her sister almost constantly* elle se dispute presque constamment avec sa sœur **2.** [reason] argumenter / *she argued for* / *against raising taxes* elle a soutenu qu'il fallait / ne fallait pas augmenter les impôts / *we argued (about it) all day* nous (en) avons discuté toute la journée / *he argued from the historical aspect* ses arguments étaient de nature historique / *the facts argue for the evolutionary theory* les faits plaident en faveur de la théorie évolutionniste ; LAW témoigner / *everything argues in her favour* tout témoigne en sa faveur / *the evidence argues against him* les preuves sont contre lui. ◆ vt **1.** [debate] discuter, débattre / *a well-argued case* une cause bien présentée or défendue / *why do you always have to argue the toss* *inf* or *point?* pourquoi faut-il toujours que tu ergotes or chicanes ? **2.** [person] : *he argued me into* / *out of staying* il m'a persuadé / dissuadé de rester / *they argued her into continuing her studies* ils l'ont convaincue or persuadée de continuer ses études **3.** [maintain] soutenir, affirmer / *she argues that war is always pointless* elle affirme or soutient que la guerre ne sert jamais à rien **4.** *fml* [indicate] indiquer / *their attitude argues a certain ignorance* leur attitude indique une certaine ignorance.
❖ **argue out** vt sep régler / *I left them to argue it out* je les ai laissés chercher une solution.

⚠ The French verb **arguer** is a formal and rare word meaning to argue in the sense of 'to claim' or 'to maintain'; it never means to argue in the sense of 'to quarrel'.

argument ['ɑːgjʊmənt] n **1.** [quarrel] dispute *f* / *they had an argument about politics* ils se sont disputés à propos de politique / *he had an argument with a lamppost* *hum* il a rencontré un réverbère **2.** [debate] discussion *f*, débat *m* ▸ **for the sake of argument** à titre d'exemple / *it is open to argument whether...* on peut s'interroger pour savoir si... / *you should listen to both sides of the argument* vous devriez écouter les deux versions de l'histoire / *she got the better of the argument* elle l'a emporté dans la discussion **3.** [reasoning] argument *m* / *I didn't follow his (line of) argument* je n'ai pas suivi son raisonnement / *their argument was that the plan was too expensive* ils soutenaient que le projet était trop cher / *there is a strong argument in favour of the proposal* il y a de bonnes raisons pour soutenir or appuyer cette proposition **4.** [of book, play] argument *m*, sommaire *m*.

⚠ The French word **argument** never means an argument in the sense of a disagreement or dispute.

argumentation [,ɑːgjʊmen'teɪʃn] n argumentation *f*.

argumentative [,ɑːgjʊ'mentətɪv] adj ergoteur, chicaneur / *she is extremely argumentative* elle a l'esprit de contradiction.

Argus ['ɑːgəs] pr n Argos, Argus.

argus pheasant n ORNITH argus *m*.

argy-bargy [,ɑːdʒɪ'bɑːdʒɪ] n *(U)* UK *inf* chamailleries *fpl* / *there was a bit of argy-bargy over who should do it* il y a eu des histoires pour savoir qui devait le faire.

argyle [ɑː'gaɪl] ◆ adj à motifs de losanges. ◆ n chaussette *f* avec des losanges.

aria ['ɑːrɪə] n aria *f*.

Ariadne [,ærɪ'ædnɪ] pr n Ariane.

Arian ['eərɪən] ◆ n Arien *m*, -enne *f*. ◆ adj arien.

Arianism ['eərɪənɪzm] n arianisme *m*.

ARIBA (abbr of **Associate of the Royal Institute of British Architects**) n *membre associé du RIBA*.

arid ['ærɪd] adj **1.** *lit* sec (sèche), desséché **2.** *fig* [of no interest] aride, ingrat ; [fruitless] stérile.

aridity [æ'rɪdətɪ] n *lit & fig* aridité *f*, stérilité *f*.

Aries ['eəriːz] ◆ pr n ASTROL & ASTRON Bélier *m*. ◆ n : *I'm an Aries* je suis (du signe du) Bélier.

aright [ə'raɪt] adv bien, correctement / *to set things aright* arranger les choses / *his explanation set matters aright* son explication a arrangé la situation or l'affaire.

arise [ə'raɪz] (*pt* **arose** [ə'rəʊz], *pp* **arisen** [ə'rɪzn]) vi **1.** [appear, happen] survenir, se présenter / *there arose a great cheer* *liter* des acclamations se firent entendre / *if complications should arise* si des complications survenaient / *a doubt arose in his mind* un doute est apparu dans son esprit / *if the need arises* en cas de besoin / *if the occasion arises* si l'occasion se présente **2.** [result] résulter / *a problem that arises from this decision* un problème qui résulte or découle de cette décision / *matters arising from the last meeting* des questions soulevées lors de la dernière réunion **3.** *liter* [person] se lever ; [sun] se lever, paraître.

Aristides [,ærɪ'staɪdiːz] pr n Aristide.

aristocracy [,ærɪ'stɒkrəsɪ] (*pl* **aristocracies**) n aristocratie *f*.

aristocrat [UK 'ærɪstəkræt US ə'rɪstəkræt] n aristocrate *mf*.

aristocratic [UK ,ærɪstə'krætɪk US ə,rɪstə'krætɪk] adj aristocratique.

Aristophanes [,ærɪ'stɒfəniːz] pr n Aristophane.

Aristotelian [,ærɪstɒ'tiːljən] ◆ adj aristotélicien. ◆ n Aristotélicien *m*, -enne *f*.

Aristotelianism [,ærɪstɒ'tiːljənɪzm] n aristotélisme *m*.

Aristotle ['ærɪstɒtl] pr n Aristote.

arithmetic ◆ n [ə'rɪθmətɪk] arithmétique *f*. ◆ adj [,ærɪθ'metɪk] arithmétique.

arithmetical [,ærɪθ'metɪkl] adj arithmétique.

arithmetician [ə,rɪθmə'tɪʃn] n arithméticien *m*, -enne *f*.

arithmetic progression n progression *f* arithmétique.

Arizona [,ærɪ'zəʊnə] pr n Arizona *m* / *in Arizona* dans l'Arizona.

ark [ɑːk] n arche *f* / *this machine must have come out of the ark* *hum* cet appareil doit remonter au déluge or est vieux comme Hérode ▸ **the Ark of the Covenant** l'arche d'alliance.

Arkansas ['ɑːkənsɔː] pr n Arkansas *m* / *in Arkansas* dans l'Arkansas.

Ark Royal pr n *porte-avions de la marine britannique coulé en 1941 au large de Gibraltar.*

Arlington National Cemetery ['ɑːlɪŋtən-] pr n *cimetière national des États-Unis, près de Washington, où est enterré, notamment, John F. Kennedy.*

arm [ɑːm] ◆ n **1.** ANAT bras *m* / *he carried a book under his arm* il portait un livre sous le bras ▸ **to hold sb / sthg in one's arms** tenir qqn / qqch dans ses bras / *with his wife on his arm* avec sa femme à son bras / *he offered her his arm* il lui a offert son bras / *she flung her arms around my neck* elle s'est jetée à mon cou / *he put his arm round her* il a passé son bras autour d'elle / *she put her arm round my shoulders* elle a passé son bras autour de mes épaules / *he took her in his arms* il l'a prise dans ses bras / *with arms folded* les bras croisés / *he stood with his arms wide apart* il se tenait les bras écartés ▸ **to welcome sb / sthg with open arms** accueillir qqn / qqch à bras ouverts ▸ **within arm's reach** à portée de la main ▸ **at arm's length** à bout de bras / *we kept him at arm's length* nous l'avons tenu à bout de bras ▸ **a list as long as your arm** une liste qui n'en finit pas or interminable ▸ **the long arm of the law** le bras de la justice / *I'd give my right arm for that job* je donnerais cher or n'importe quoi pour obtenir cet emploi **2.** [of sea, machinery] bras *m* ; [of clothing] manche *f* ; [of spectacle frames] branche *f* ; [of furniture] bras *m*, accoudoir *m* ; [of record player] bras *m* **3.** [section] section *f*, branche *f* / *BBC Enterprises is the commercial arm of the BBC* BBC Enterprises est la branche commerciale de la BBC. ◆ vt **1.** [person, country] armer / *armed with an umbrella fig* muni or armé d'un parapluie / *to arm o.s. with the facts / evidence* s'armer de faits / preuves **2.** [missile] munir d'une (tête d')ogive ; [bomb, fuse] armer. ◆ vi s'armer, prendre les armes.

❖ **arm in arm** adv phr bras dessus bras dessous / *they walked along the street arm in arm* ils marchaient dans la rue bras dessus bras dessous.

armada [ɑːˈmɑːdə] n armada *f* ▸ **the Armada** l'Armada *f*.

armadillo [ˌɑːməˈdɪləʊ] (*pl* **armadillos**) n tatou *m*.

Armageddon [ˌɑːməˈgedn] n Apocalypse *f* ; *fig* apocalypse *f*.

Armalite® [ˈɑːməlaɪt] n Armalite® *m*.

armament [ˈɑːməmənt] n **1.** [fighting force] force *f* de frappe **2.** [weaponry] armement *m*, matériel *m* de guerre **3.** [preparation for war] armement *m*.

❖ **armaments** pl n armement *m*.

armature [ˈɑːməˌtjʊəʳ] n [gen] armature *f* ; [of magnet] armature *f* ; [of motor] induit *m* ; ZOOL carapace *f*.

armband [ˈɑːmbænd] n brassard *m* ; [mourning] brassard *m* de deuil, crêpe *m*.

arm candy [ˈɑːmkændɪ] n *hum & pej* jeune *f* et jolie compagne.

armchair [ˈɑːmtʃeəʳ] ◆ n fauteuil *m*. ◆ comp en chambre ▸ **an armchair gardener** / **traveller** un jardinier / voyageur en chambre.

armed [ɑːmd] adj **1.** [with weapons] armé / *they were armed with knives* ils étaient armés de couteaux / *the minister arrived at the press conference armed with pages of statistics* le ministre est arrivé à la conférence de presse armé or muni de pages entières de statistiques ▸ **armed conflict** conflit *m* armé ▸ **armed robbery** LAW vol *m* or attaque *f* à main armée ▸ **armed to the teeth** armé jusqu'aux dents **2.** [missile] muni d'une (tête d')ogive ; [bomb, fuse] armé.

-armed in comp aux bras... / *long-armed* aux bras longs.

armed forces pl n forces *fpl* armées / *to be in the armed forces* être dans les forces armées.

Armenia [ɑːˈmiːnjə] pr n Arménie *f* / *in Armenia* en Arménie.

Armenian [ɑːˈmiːnjən] ◆ n **1.** [person] Arménien *m*, -enne *f* **2.** LING arménien *m*. ◆ adj arménien.

armful [ˈɑːmfʊl] n brassée *f* / *she had an armful of flowers* elle portait une brassée de fleurs / *in armfuls* or *by the armful* par pleines brassées, par brassées entières.

armhole [ˈɑːmhəʊl] n emmanchure *f*.

armistice [ˈɑːmɪstɪs] n armistice *m*.

Armistice Day n l'Armistice *m*.

> **Armistice Day**
>
> L'armistice de la Première Guerre mondiale, **Remembrance Sunday**, est célébré chaque année le dimanche qui précède ou suit le 11 novembre.

armlet [ˈɑːmlɪt] n [armband] brassard *m* ; [bracelet] bracelet *m*.

armor US n = **armour**.

armorial [ɑːˈmɔːrɪəl] ◆ adj armorial ▸ **armorial bearings** armoiries *fpl*. ◆ n armorial *m*.

Armorica [ɑːˈmɒrɪkə] pr n Armorique *f*.

Armorican [ɑːˈmɒrɪkən] ◆ n Armoricain *m*, -e *f*. ◆ adj armoricain.

armour UK, **armor** US [ˈɑːməʳ] n **1.** HIST armure *f* / *in full armour* armé de pied en cap **2.** *(U)* MIL [plating] blindage *m* ; [vehicles] blindés *mpl* ; [forces] forces *fpl* blindées **3.** [of animal] carapace *f*.

armour-clad UK, **armor-clad** US adj blindé ; [ship] blindé, cuirassé.

armoured UK, **armored** US [ˈɑːməd] adj **1.** MIL blindé **2.** [animal] cuirassé, à carapace.

armoured car n voiture *f* blindée.

armourer UK, **armorer** US [ˈɑːmərəʳ] n armurier *m* / *the armourer trade* le commerce d'armes.

armour-piercing adj [mine, gun] antichar ; [shell, bullet] perforant.

armour plate n blindage *m* ; [on ship] cuirasse *f*.

armour-plated [-ˈpleɪtɪd] adj blindé / *an armour-plated vehicle* un véhicule blindé.

armour plating n = **armour plate**.

armoury UK, **armory** US [ˈɑːmərɪ] (UK *pl* **armouries** ; US *pl* **armories**) n arsenal *m*, dépôt *m* d'armes ; *fig* [resources] arsenal *m* ; US [arms factory] armurerie *f*, fabrique *f* d'armes.

armpit [ˈɑːmpɪt] n aisselle *f* ▸ **this place is the armpit of the world** cette ville est un trou paumé.

armrest [ˈɑːmrest] n accoudoir *m*.

arms [ɑːmz] ◆ pl n **1.** [weapons] armes *fpl* ▸ **to arms!** aux armes ! ▸ **to bear arms** porter les armes ▸ **lay down your arms!** déposez vos armes ! ▸ **to take up arms against sb / sthg** s'insurger contre qqn / qqch ▸ **to be up in arms** : *the villagers are up in arms over the planned motorway* la proposition de construction d'une autoroute a provoqué une levée de boucliers parmi les villageois / *the unions are up in arms over the new legislation* les syndicats s'élèvent or partent en guerre contre la nouvelle législation / **'Arms and the Man'** *Shaw* 'le Héros et le soldat' **2.** HERALD armes *fpl*, armoiries *fpl*. ◆ comp ▸ **arms control** contrôle *m* des armements ▸ **arms dealer** armurier *m* ▸ **arms embargo** embargo *m* sur les armes ▸ **arms manufacturer** fabricant *m* d'armes, armurier *m* ▸ **arms race** course *f* aux armements ▸ **the arms trade** le commerce d'armes.

arm's-length adj **1.** [not intimate] distant, froid / *they have an arm's-length relationship* ils gardent leurs distances **2.** COMM ▸ **arm's-length price** *prix fixé dans les conditions normales de la concurrence.*

arm's length transaction n transaction *f* indépendante.

arm-twisting [-ˈtwɪstɪŋ] n *(U) inf* pressions *fpl*.

arm-wrestle vi ▸ **to arm-wrestle with sb** faire une partie de bras de fer avec qqn.

arm wrestling n bras *m* de fer.

army [ˈɑːmɪ] (*pl* **armies**) ◆ n **1.** MIL armée *f* (de terre) ▸ **to go into** or **to join the army** s'engager / *he was drafted into the army* il a été appelé sous les drapeaux / *she is going into the army* elle s'engage / *is he in the army?* est-ce qu'il est militaire or dans l'armée ? / *an army of occupation* une armée d'occupation **2.** *fig* [multitude] foule *f*, multitude *f* / *an army of tourists descend on the town every summer* une armée de touristes envahit la ville tous les étés. ◆ comp [life, nurse, truck, uniform] militaire ; [family] de militaires ▸ **army brat** US *inf* gosse *mf* de militaire or de militaires ▸ **army corps** corps *m* d'armée ▸ **army officer** officier *m* de l'armée de terre.

army ant n fourmi *f* légionnaire.

Army List n UK annuaire *m* militaire or des officiers de carrière *(de l'armée de terre)*.

arnica [ˈɑːnɪkə] n BOT & PHARM arnica *f*.

A-road n UK *route nationale.*

aroma [əˈrəʊmə] n arôme *m* / *an aroma of coffee* un arôme de café.

aromatherapist [əˌrəʊməˈθerəpɪst] n spécialiste *mf* en aromathérapie, aromathérapeute *mf*.

aromatherapy [əˌrəʊməˈθerəpɪ] n aromathérapie *f*.

aromatic [ˌærəˈmætɪk] ◆ adj aromatique. ◆ n aromate *m*.

aromatize, **aromatise** [əˈrəʊmətaɪz] vt aromatiser.

arose [əˈrəʊz] pt ⟶ **arise**.

around [əˈraʊnd] ◆ adv **1.** [in all directions] autour / *the fields all around* les champs tout autour / *for five miles around* sur or dans un rayon de cinq miles **2.** [nearby] pas loin / *stay* or *stick around* reste dans les parages / *he's around somewhere* il n'est pas loin, il est dans le coin / *will you be around this afternoon?* tu seras là cet après-midi ? / *see you around!* à un de ces jours ! **3.** [in existence] : *that firm has been around for years* cette société existe depuis des années / *he's one of the most promising actors around at the moment* c'est un des acteurs les plus prometteurs que l'on puisse voir en ce moment / *there wasn't much money around in those days* les gens n'avaient pas beaucoup d'argent à l'époque / *he won't be around long!* il ne fera pas de vieux os ! **4.** [here and there] ici et là / *to travel around* voyager / *to wander around* faire un tour ▸ **to know one's way around** : *I don't know my way around yet* je suis encore un peu perdu / *he's been around* **a)** *inf* [has travelled widely] il a pas mal roulé sa bosse **b)** [is experienced] il n'est pas né d'hier **5.** = **round**. ◆ prep **1.** [encircling] autour de / *seated around a table* assis autour d'une table / *the people around us* les gens qui nous entourent or autour de nous / *the area around Berlin* les alentours *mpl* or les environs *mpl* de Berlin / *around the world in 80 days* le tour du monde en 80 jours / *the tree measures two metres around the trunk* l'arbre mesure deux mètres de circonférence ; *fig* : *find a way (to get) around the problem* trouvez un moyen de contourner le problème / *my keys are somewhere around here* mes clés sont quelque part par ici **2.** [through] : *they travelled around Europe* ils ont voyagé à travers l'Europe / *we strolled around town* nous nous sommes promenés en ville **3.** [approximately] autour de / *around midnight* autour de or vers minuit / *around five o'clock* vers cinq heures / *around 1920* vers or aux alentours de 1920 / *he's around your age* il a environ or à peu près votre âge.

around-the-clock adj ▸ **around-the-clock protection / surveillance** protection *f* / surveillance *f* 24 heures sur 24.

arousal [əˈraʊzl] n excitation *f*, stimulation *f*.

arouse [əˈraʊz] vt **1.** [stimulate] stimuler, provoquer / *the sound aroused their curiosity / suspicions* le bruit a éveillé leur curiosité / leurs soupçons / *his pleading aroused their contempt* ses implorations n'ont suscité que leur mépris ▸ **sexually aroused** excité (sexuellement) **2.** [awaken] réveiller, éveiller / *he aroused her from a deep sleep* il l'a tirée d'un profond sommeil.

arpeggio [ɑːˈpedʒɪəʊ] n arpège *m*.

arquebus [ˈɑːkwɪbəs] n arquebuse *f*.

arrack [ˈærək] n arak *m*, arac *m*, arack *m*.

arraign [əˈreɪn] vt traduire en justice ; *fig* accuser, mettre en cause.

arraignment [əˈreɪnmənt] n ≃ lecture *f* de l'acte d'accusation.

arrange [əˈreɪndʒ] ◆ vt **1.** [put in order] ranger, mettre en ordre ; [clothing, room] arranger ; [flowers] arranger, disposer / *arrange the books in alphabetical* *order* rangez les livres par ordre alphabétique / *the room was arranged as an office* la pièce a été aménagée en bureau **2.** [organize, plan] organiser, arranger / *I can arrange a loan* je peux m'arranger pour obtenir un prêt / *I'll arrange a table for eight o'clock* je vais réserver une table pour vingt heures / *it has been arranged for us to travel by train* il a été décidé or convenu que nous voyagerions en train / *let's arrange a time to meet* fixons (une heure pour) un rendez-vous / *the meeting is arranged for noon tomorrow* la réunion est prévue pour demain midi / *he has something arranged* or *has arranged something for the weekend* il a quelque chose de prévu pour le week-end / *here is the first instalment, as arranged* [money] voici le premier versement, comme convenu / *don't worry, I'll arrange it* ne vous en faites pas, je vais m'en occuper / *everything is arranged* tout est déjà arrangé / *to arrange a marriage* arranger un mariage **3.** [dispute] régler, arranger **4.** MUS & THEAT adapter / *he arranged the concerto for guitar* il a adapté le concerto pour la guitare. ◆ vi prendre des dispositions, s'arranger / *I've arranged with the boss to leave early tomorrow* je me suis arrangé avec le patron pour partir de bonne heure demain / *he's arranged for the car to be repaired* il a fait le nécessaire pour faire réparer la voiture.

arranged marriage [ə'reɪndʒd-] n mariage *m* arrangé.

arrangement [ə'reɪndʒmənt] n **1.** *(usu pl)* [plan] disposition *f*, arrangement *m* / *what are the travel arrangements?* comment le voyage est-il organisé? / *what are the sleeping arrangements?* où est-ce qu'on dort? / *I haven't made any arrangements for the journey yet* je n'ai pas encore fait de or mes préparatifs pour le voyage / *she made all the necessary arrangements* elle a pris toutes les dispositions utiles or nécessaires / *could you make arrangements to change the meeting?* pouvez-vous faire le nécessaire pour changer la date de la réunion? / *he made arrangements to leave work early* il s'est arrangé pour quitter son travail de bonne heure / *an arrangement whereby you pay monthly* un arrangement selon lequel vous effectuez des paiements mensuels **2.** [understanding, agreement] arrangement *m* / *we can come to an* or *some arrangement on the price* pour le prix, nous pouvons nous arranger / *he came to an arrangement with the bank* il est parvenu à un accord avec la banque / *a private arrangement* un accord à l'amiable **3.** [layout] arrangement *m*, disposition *f* ; [of room] aménagement *m* ; [of clothing, hair] arrangement *m* **4.** MUS & THEAT adaptation *f*, arrangement *m*.

❖ **by arrangement** adv phr : *price by arrangement* prix à débattre / *special designs by arrangement* autres modèles sur demande / *by prior arrangement we didn't tell her* nous nous étions entendus pour ne rien lui dire / *by arrangement with the town hall* avec l'autorisation de la mairie / *he sold the stock by arrangement with the company* il s'est arrangé or entendu avec la société pour vendre les actions / *viewing by arrangement with the owner* pour visiter, prenez rendez-vous avec or contactez le propriétaire.

arranger [ə'reɪndʒər] n MUS arrangeur *m*, -euse *f*.

arrant ['ærənt] adj fini, parfait.

array [ə'reɪ] ◆ n **1.** [collection] ensemble *m* impressionnant, collection *f* / *a distinguished array of people* une assemblée de gens distingués / *there was a fine array of cakes in the window* il y avait une belle sélection de gâteaux en vitrine ; LAW, COMPUT & MATH tableau *m* / *an array of data* un tableau de données **2.** MIL rang *m*, ordre *m* / *in battle array* en ordre de bataille / *in close array* en rangs serrés **3.** [fine clothes] parure *f*, atours *mpl* ; [ceremonial dress] habit *m* d'apparat. ◆ vt **1.** [arrange] disposer, étaler ; MIL [troops] déployer, disposer **2.** *liter* [adorn] habiller, revêtir / *she was arrayed in silks* elle était vêtue de soie.

arrears [ə'rɪəz] pl n arriéré *m* / *taxes in arrears* arriéré d'impôts / *I'm worried about getting into arrears* j'ai peur de m'endetter / *we're 6 months in arrears on the loan payments* nous devons 6 mois de traites / *your arrears now amount to over £2,000* vos arriérés s'élèvent maintenant à plus de 2 000 livres / *arrears of work* du travail en retard / *to be paid a month in arrears* être payé un mois après / *she's in arrears with her correspondence* elle a du retard dans sa correspondance.

arrest [ə'rest] ◆ vt **1.** [police] arrêter, appréhender **2.** *fml* [growth, development] arrêter ; [slow down] entraver, retarder / *in an effort to arrest unemployment / inflation* pour essayer d'enrayer le chômage / l'inflation ▸ **arrested development a)** MED [physical] arrêt *m* de croissance **b)** [mental] atrophie *f* de la personnalité ▸ **to arrest judgment** LAW surseoir à un jugement, suspendre l'exécution d'un jugement **3.** *fml* [attention] attirer, retenir. ◆ n **1.** [detention] arrestation *f* ▸ **you're under arrest!** vous êtes en état d'arrestation ! / *he was put under arrest* il a été arrêté / *they made several arrests* ils ont procédé à plusieurs arrestations ; MIL ▸ **to be under arrest** être aux arrêts / *they put him under arrest* ils l'ont mis aux arrêts ▸ **open / close arrest** arrêts *mpl* simples / de rigueur **2.** [sudden stopping] arrêt *m*, suspension *f*.

arrestable [ə'restəbl] adj [person] qui risque d'être appréhendé ; [offence] répréhensible.

arrester [ə'restər] n AERON ▸ **arrester gear** [on aircraft carrier] dispositif *m* d'appontage.

arresting [ə'restɪŋ] adj saisissant, frappant.

arrestingly [ə'restɪŋlɪ] adv : *arrestingly beautiful* d'une beauté frappante.

arresting officer n *policier qui a procédé à l'arrestation.*

arrhythmia [ə'rɪðmɪə] n MED arythmie *f*.

arrival [ə'raɪvl] n **1.** [of person, train, aeroplane, etc.] arrivée *f* / *on* or *upon arrival* à l'arrivée / *arrivals and departures* les arrivées et les départs *mpl* / *the arrivals board / lounge* le tableau / le salon des arrivées **2.** [newcomer] : *late arrivals should report to reception* les retardataires doivent se présenter à la réception / *he's a new arrival* c'est un nouveau venu / *the new* or *latest arrival in their family* leur dernier-né or dernière-née **3.** COMM [of goods] arrivage *m* **4.** [advent] avènement *m* / *the arrival of the motor car* l'apparition *f* or l'avènement de l'automobile.

arrive [ə'raɪv] vi **1.** [person, train, aeroplane, etc.] arriver / *I've just arrived* j'arrive à l'instant / *as soon as you arrive* dès votre arrivée, dès que vous arriverez / *he arrived in the nick of time* il est arrivé juste à temps / *the first post arrives at eight o'clock* le premier courrier est à huit heures / *the baby arrived three weeks early* le bébé est arrivé or né avec trois semaines d'avance / *to arrive on the scene* arriver sur les lieux / *the time has arrived for us to take action* or *the time for action has arrived* le moment est venu pour nous d'agir **2.** *inf* [achieve success] réussir, arriver / *she finally arrived after years of singing in backstreet bars* elle connut enfin le succès après avoir chanté pendant des années dans des bars miteux.

❖ **arrive at** vt insep [decision] arriver or parvenir à ; [perfection] atteindre / *we finally arrived at the conclusion that...* nous en sommes finalement arrivés à la conclusion que... ; [price] fixer / *they finally arrived at a price* ils se sont finalement mis d'accord sur un prix.

arrogance ['ærəgəns] n arrogance *f*, morgue *f*.

arrogant ['ærəgənt] adj arrogant, insolent.

arrogantly ['ærəgəntlɪ] adv de manière arrogante, avec arrogance.

arrogate ['ærəgeɪt] vt *fml* **1.** [claim unjustly] revendiquer à tort, s'arroger ; [victory] s'attribuer **2.** [assign unjustly] attribuer injustement.

arrogation [,ærə'geɪʃn] n [claim] prétention *f* mal fondée ; [act] usurpation *f* / *arrogation of the fortune* usurpation de la fortune.

arrow ['ærəʊ] ◆ n flèche *f* / *to loose* or *to shoot* or *to let fly an arrow* décocher une flèche ▸ **the ball flew as straight as an arrow into the net** la balle alla voler tout droit dans le filet. ◆ vt **1.** [indicate - on list] cocher ; [- on road sign] flécher **2.** [in editing] indiquer au moyen d'une flèche / *to arrow a correction in* indiquer l'emplacement d'une correction (au moyen d'une flèche).

arrowhead ['ærəʊhed] n fer *m*, pointe *f* de flèche.

arrow key n COMPUT touche *f* de direction, touche *f* flèche.

arrowroot ['ærəʊru:t] n BOT marante *f* ; CULIN arrow-root *m*.

arroyo [a'rɔɪəʊ] n US arroyo *m*.

arse [ɑ:s] UK ◆ n *vulg* cul *m* / *move* or *shift your arse* pousse ton cul / *you'd better get off your arse* tu ferais bien de te magner le cul / *he's a pain in the arse* c'est un emmerdeur / *it's a pain in the arse* c'est emmerdant ▸ **he fell** or **went arse over tit** il est tombé cul par-dessus tête. ◆ vt ▸ **I can't be arsed** j'ai trop la flemme.

❖ **arse about, arse around** vi *v inf* déconner.

arsehole ['ɑ:shəʊl] n UK *vulg* trou *m* du cul / *don't be such an arsehole* ne sois pas si con.

arse-licker [-,lɪkər] n UK *vulg* lèche-cul *m inv*.

arse-licking UK *vulg* ◆ n : *too much arse-licking goes on in this office!* il y a un peu trop de lèche-culs dans ce bureau ! ◆ adj : *he's an arse-licking little bastard!* c'est un salaud de lèche-cul !

arsenal ['ɑ:sənl] n arsenal *m*.

❖ **Arsenal** pr n UK FOOT *équipe de football du nord de Londres.*

arsenic ['ɑ:snɪk] ◆ n arsenic *m* / **'Arsenic and Old Lace'** *Capra* 'Arsenic et vieilles dentelles'. ◆ comp ▸ **arsenic poisoning** empoisonnement *m* à l'arsenic.

arson ['ɑ:sn] n incendie *m* criminel or volontaire ▸ **to commit arson** provoquer (volontairement) un incendie.

arsonist ['ɑ:sənɪst] n incendiaire *mf* ; [maniac] pyromane *mf*.

art [ɑ:t] ◆ vb *arch* ⟶ **be.** ◆ n **1.** [gen] art *m* ; [school subject] dessin *m* / *she studies art* elle est étudiante en art ; ≃ elle fait les Beaux-Arts ▸ **art for art's sake** l'art pour l'art / *African art* l'art africain / *the art of ballet* l'art du ballet / *I'd love to go to art classes* j'aimerais beaucoup suivre des cours de dessin / *he was never any good at art at school* à l'école il n'a jamais été très doué en dessin / *a work of art* une œuvre d'art ▸ **arts and crafts** artisanat *m* (d'art) **2.** [skill] art *m*, habileté *f* / *the art of survival* l'art de survivre / *she has got cooking down to a real* or *fine art* la cuisine chez elle, c'est du grand art **3.** [cunning] ruse *f*, artifice *m* ; [trick] artifice *m*, stratagème *m* / *they used every art to persuade him* ils ont usé de tous les stratagèmes pour le convaincre. ◆ comp [collection, critic, exhibition] d'art ▸ **art book** beau livre *m* (sur l'art) ▸ **art cinema** cinéma *m* d'art et d'essai ▸ **art director** directeur *m*, -trice *f* artistique ▸ **art gallery a)** [museum] musée *m* d'art **b)** [shop] galerie *f* d'art ▸ **art school** ≃ école *f* des beaux-arts ▸ **art student** étudiant *m*, -e *f* en art.

❖ **arts** ◆ pl n UNIV lettres *fpl* / *I have an arts degree* j'ai une licence de lettres ▸ **Faculty of Arts (and Letters)** faculté *f* des lettres (et sciences humaines) ▸ **the Arts Council (of Great Britain)** *organisme public britannique de promotion des arts.* ◆ comp ▸ **arts centre** ≃ musée *m* d'art ▸ **arts student** étudiant *m*, -e *f* de or en lettres (et sciences humaines).

Art Deco [-'dekəʊ] n Art *m* déco.

artefact ['ɑ:tɪfækt] n = **artifact.**

Artemis ['ɑ:təmɪs] pr n Artémis.

arterial [ɑ:'tɪərɪəl] adj artériel ▸ **arterial road** UK route *f* or voie *f* à grande circulation ▸ **arterial line** UK RAIL grande ligne *f*.

arteriole [ɑ:'tɪərɪəʊl] n artériole *f*.

arteriosclerosis [ɑ:,tɪərɪəʊsklɪə'rəʊsɪs] n artériosclérose *f*.

artery ['ɑ:tərɪ] *(pl* **arteries***)* n artère *f* ; [road] artère *f*, route *f* or voie *f* à grande circulation.

artesian well [ɑ:'ti:zjən] n puits *m* artésien.

art form n moyen *m* d'expression artistique / *painting is an art form* la peinture est un art.

artful ['ɑ:tfʊl] adj astucieux, habile ; [crafty] rusé, malin ▸ **artful dodger** rusé *m*, -e *f* *(du nom d'un jeune voleur habile dans le roman de Dickens « Oliver Twist »).*

artfully ['ɑ:tfʊlɪ] adv [skilfully] habilement, avec finesse ; [craftily] astucieusement, avec astuce.

artfulness ['ɑ:tfʊlnɪs] n [skill] habileté *f*, finesse *f* ; [cunning] astuce *f*, ruse *f*.

arthouse ['ɑ:thaʊs] ◆ n [cinema] cinéma *m* d'art et d'essai. ◆ adj [cinema, film] d'art et d'essai.

arthralgia [ɑ:θ'rældʒə] n arthralgie *f*.

arthritic [ɑ:'θrɪtɪk] ◆ adj arthritique. ◆ n arthritique *mf*.

arthritis [ɑ:'θraɪtɪs] n arthrite *f* ▸ **arthritis sufferer** arthritique *mf*.

arthropod ['ɑ:θrəpɒd] n arthropode *m*.

Arthur ['ɑ:θər] pr n [king] Arthur.

Arthurian [ɑ:'θjʊərɪən] adj du roi Arthur ▸ **the Arthurian legend** la légende du roi Arthur.

artic ['ɑ:tɪk] (abbr of **articulated lorry**) n UK *inf* semi-remorque *f*.

artichoke ['ɑ:tɪtʃəʊk] n artichaut *m* ▸ **artichoke hearts** cœurs *mpl* d'artichauts.

article ['ɑ:tɪkl] ◆ n **1.** [object] objet *m* / *an article of clothing* un vêtement / *articles of value* des objets de valeur ▸ **it's the genuine article!** *inf* c'est du vrai de vrai ! **2.** [in press] article *m* **3.** LAW [clause, provision] article *m* / *the articles of a contract* les stipulations d'un contrat ▸ **article of faith** article de foi ▸ **the Thirty-Nine Articles** RELIG *les trente-neuf articles de foi de l'Église anglicane* ▸ **articles of war** US code *m* de justice militaire **4.** GRAM article *m* **5.** COMM article *m*, marchandise *f*. ◆ vt UK [to trade] mettre en apprentissage ; [to profession] mettre en stage ▸ **to article sb to a tradesman** mettre qqn en apprentissage chez un commerçant.

❖ **articles** pl n UK **1.** COMM ▸ **articles of association** statuts *mpl (d'une société à responsabilité limitée)* **2.** LAW ▸ **articles of apprenticeship** contrat *m* d'apprentissage ▸ **to do** or **to serve one's articles** faire son apprentissage **3.** US HIST ▸ **the Articles of Confederation** *accords signés en 1781 par les 13 colonies des États-Unis, et qui servirent de loi fondamentale jusqu'à l'élaboration de la Constitution de 1788.*

articled clerk ['ɑ:tɪkld-] n UK clerc *m* d'avoué *(lié par un contrat d'apprentissage)*.

articular [ɑ:'tɪkjʊlər] adj articulaire.

articulate ◆ adj [ɑ:'tɪkjʊlət] **1.** [person] qui s'exprime bien ; [speech] clair, net **2.** [manner of speech] bien articulé, distinct **3.** ANAT & BOT articulé. ◆ vt [ɑ:'tɪkjʊleɪt] **1.** [words, syllables] articuler **2.** *fig* [wishes, thoughts] exprimer clairement **3.** ANAT & BOT articuler. ◆ vi articuler.

articulated lorry UK, **articulated truck** US [ɑ:'tɪkjʊleɪtɪd-] n semi-remorque *f*.

articulately [ɑ:'tɪkjʊlətlɪ] adv [speak] distinctement ; [explain] clairement.

articulation [ɑ:,tɪkjʊ'leɪʃn] n ANAT, BOT & LING articulation *f*.

articulator [ɑ:'tɪkjʊleɪtər] n organe *m* articulatoire.

articulatory [ɑ:'tɪkjʊlətrɪ] adj articulatoire ▸ **articulatory phonetics** phonétique *f* articulatoire.

artifact ['ɑ:tɪfækt] n objet *m (fabriqué)*.

artifice ['ɑ:tɪfɪs] n **1.** [trick] artifice *m*, ruse *f* ; [scheme] stratagème *m* **2.** [cleverness] art *m*, adresse *f*.

artificer [ɑ:'tɪfɪsər] n artilleur *m*.

artificial [,ɑ:tɪ'fɪʃl] adj **1.** [man-made] artificiel ; COMM synthétique, artificiel / *artificial fertilizer* engrais *m* chimique / *artificial flavouring* parfum *m* artificiel or synthétique / *artificial flowers* fleurs *fpl* artificielles / *a wig made from artificial hair* une perruque en cheveux artificiels / *an artificial heart* un cœur artificiel / *an artificial leg* une jambe artificielle / *artificial light* la lumière artificielle / *artificial limb* prothèse *f*, membre *m* artificiel / *the current situation is an artificial one* la situation actuelle n'est pas naturelle or est artificielle **2.** [affected - person] factice, étudié / *an artificial smile* un sourire forcé / *artificial tears* larmes *fpl* de crocodile **3.** LAW ▸ **artificial person** personne *f* morale or civique or juridique.

artificial insemination n insémination *f* artificielle.

artificial intelligence n intelligence *f* artificielle.

artificiality [,ɑ:tɪfɪʃɪ'ælətɪ] (*pl* **artificialities**) n manque *m* de naturel.

artificial kidney n rein *m* artificiel.

artificially [,ɑ:tɪ'fɪʃəlɪ] adv artificiellement / *the exchange rate is artificially high at the moment* le taux de change est maintenu artificiellement à un niveau élevé.

artificial respiration n respiration *f* artificielle.

artificial sweetener n édulcorant *m* (de synthèse).

artillery [ɑ:'tɪlərɪ] (*pl* **artilleries**) n artillerie *f*.

artilleryman [ɑ:'tɪlərɪmən] (*pl* **artillerymen** [-mən]) n artilleur *m*.

artisan [,ɑ:tɪ'zæn] n artisan *m* / *we are the artisans of our destiny* nous sommes les artisans de notre sort.

artist ['ɑ:tɪst] n [gen & ART] artiste *mf* ; *fig* spécialiste *mf*.

artiste [ɑ:'ti:st] n artiste *mf*.

artistic [ɑ:'tɪstɪk] adj artistique ; [design, product] de bon goût, décoratif ; [style, temperament] artiste / *she is an artistic child* cette enfant a des dons artistiques.

artistically [ɑ:'tɪstɪklɪ] adv avec art, artistiquement.

artistry ['ɑ:tɪstrɪ] n art *m*, talent *m* artistique.

artless ['ɑ:tlɪs] adj **1.** [without deceit] naturel, ingénu / *artless beauty* beauté *f* naturelle / *with an artless smile* avec un sourire candide **2.** [without skill] grossier.

artlessly ['ɑ:tlɪslɪ] adv ingénument, innocemment.

artlessness ['ɑ:tlɪsnɪs] n ingénuité *f*, naturel *m*.

Art Nouveau [ɑ:nu:'vəʊ] n Art *m* nouveau, Modern Style *m*.

arts [ɑ:ts] pl n & comp = **art**.

artsy ['ɑ:tzɪ] (*compar* **artsier**, *superl* **artsiest**) adj *inf* = **arty**.

artsy-craftsy [,ɑ:tzɪ'krɑ:ftzɪ] adj *inf* = **arty-crafty**.

artwork ['ɑ:twɜ:k] n **1.** [illustration] iconographie *f*, illustration *f* **2.** TYPO documents *mpl*.

artworker ['ɑ:twɜ:kər] n graphiste *mf*.

arty ['ɑ:tɪ] (*compar* **artier**, *superl* **artiest**) adj *inf & pej* [person] qui se veut artiste or bohème ; [clothing] de style bohème ; [object, film, style] prétentieux.

arty-crafty [,ɑ:tɪ'krɑ:ftɪ] adj *inf & pej* [person] qui se veut artiste or bohème ; [object, style] bohème, qui se veut artisanal.

arty-farty [,ɑ:tɪ'fɑ:tɪ] adj *inf & pej* [person] prétentieux, poseur ; [play, film] prétentieux.

arugula [ə'ru:gələ] n US roquette *f*.

arum ['eərəm] n arum *m* ▸ **arum lily** calla *f*.

ARV n **1.** (abbr of **American Revised Version**) *traduction américaine de la Bible* **2.** (abbr of **aids-related virus**) ARV *m* **3.** abbr of **antiretroviral**.

arvo ['ɑ:vəʊ] n AUSTR *inf* après-midi *m ou f inv*.

Aryan ['eərɪən] ◆ n Aryen *m*, -enne *f*. ◆ adj aryen.

Aryanize, **Aryanise** ['eərɪənaɪz] vt germaniser.

as (*weak form* [əz], *strong form* [æz]) ◆ conj **1.** [while] alors que / *the phone rang as I was coming in* le téléphone s'est mis à sonner alors que or au moment où j'entrais / *I listened as she explained the plan to them* je l'ai écoutée leur expliquer le projet / *as a student, he worked part-time* lorsqu'il était étudiant, il travaillait à mi-temps / *as he advanced, I retreated* (au fur et) à mesure qu'il avançait, je reculais ; [when] : *take two aspirins as needed* prenez deux aspirines en cas de douleur **2.** [like] comme, ainsi que / *A as in Able* a comme Anatole / *as shown by the unemployment rate* comme or ainsi que le montre le taux de chômage / *as is often the case* comme c'est souvent le cas / *she is a doctor, as is her sister* elle est médecin comme sa sœur / *as I told you* comme je vous l'ai dit / *as you know, the inflation rate is up* comme vous le savez, le taux d'inflation a monté / *act as you see fit* faites comme bon vous semble / *leave it as it is* laissez-le tel qu'il est or tel quel ▸ **to buy sthg as is** acheter qqch en l'état ▸ **as you were!** MIL repos ! ▸ **my mistake! as you were!** c'est moi qui me trompe ! faites comme si je n'avais rien dit ! **3.** [since] puisque / *let her drive, as it's her car* laissez-la conduire, puisque c'est sa voiture / *as you're the one in charge, you'd better be there* étant donné que c'est vous le responsable, il faut que vous soyez là **4.** *fml* [concessive use] : *old as I am, I can still keep up with them* malgré mon âge, j'arrive à les suivre / *try as they might, they couldn't persuade her* malgré tous leurs efforts, ils n'ont pu la convaincre / *powerful as the president is, he cannot stop his country's disintegration* quelque pouvoir qu'ait le président, il ne peut empêcher la ruine de son pays **5.** [with 'the same', 'such'] : *I had the same problems as you did* j'ai eu les mêmes problèmes que toi / *at the same time as last week* à la même heure que la semaine dernière / *such a problem as only an expert can solve* un problème que seul un expert peut résoudre. ◆ prep en tant que, comme / *as her husband, he cannot testify* étant son mari, il ne peut pas témoigner / *he was dressed as a clown* il était habillé en clown / *I advised him as his friend, not as his teacher* je l'ai conseillé en tant qu'ami, pas en tant que professeur / *with Vivien Leigh as Scarlett O'Hara* avec Vivien Leigh dans le rôle de Scarlett O'Hara. ◆ adv [in comparisons] : *it's twice as big* c'est deux fois plus grand / *it costs half as much again* ça coûte la moitié plus ▸ **as... as** aussi... que / *he's as intelligent as his brother* il est aussi intelligent que son frère / *he isn't as talented as you (are)* il n'est pas aussi doué que vous / *as often as possible* aussi souvent que possible / *not as often as I would like* pas aussi souvent que je voudrais / *they aren't as innocent as they look* ils ne sont pas aussi innocents qu'ils en ont l'air / *I worked as much for you as for me* j'ai travaillé autant pour toi que pour moi.

❖ **as against** prep phr contre / *he received 39 votes as against the 17 for his rival* il a obtenu 39 votes contre 17 pour son adversaire.

❖ **as and when** ◆ conj phr : *we'll buy new equipment as and when it's required* nous achèterons du nouveau matériel en temps voulu or quand ce sera nécessaire. ◆ adv phr *inf* en temps voulu / *you'll be sent the money as and when* on vous enverra l'argent en temps voulu.

❖ **as for** prep phr quant à / *as for me, I don't intend to go* pour ma part or quant à moi, je n'ai pas l'intention d'y aller / *as for your threats, they don't scare me in the least* pour ce qui est de or quant à vos menaces, elles ne me font pas peur du tout.

❖ **as from** prep phr = **as of**.

❖ **as if** conj phr comme si / *he carried on as if nothing had happened* il a continué comme si de rien n'était or comme s'il ne s'était rien passé / *as if aware of my look, she turned* comme si elle avait senti mon regard, elle s'est retournée / *he moved as if to strike him* il a fait un mouvement comme pour le frapper / *it's not as if she were my sister* ce n'est quand même pas comme si c'était ma sœur / *as if it mattered!* comme si ça avait aucune importance ! ▸ **as if!** *hum* tu parles !

❖ **as it is** adv phr **1.** [in present circumstances] les choses étant ce qu'elles sont / *she's hoping for promotion, but as it is there's little chance of that* elle espère obtenir une promotion, mais dans la situation actuelle or les choses étant ce qu'elles sont, il est peu probable que cela arrive **2.** [already] déjà / *you've got enough work as it is* vous avez déjà assez de travail, vous avez assez de travail comme ça / *as it is I'm an hour late* j'ai déjà une heure de retard.

❖ **as it were** adv phr pour ainsi dire.

❖ **as of** prep phr à partir de / *as of yesterday* depuis hier / *as of tomorrow* à partir de demain / *as of next week I'll be unemployed* je serai au chômage à partir de la semaine prochaine.

❖ **as such** adv phr **1.** [properly speaking] véritablement, à proprement parler / *it's not a contract as such,*

AS ET LIKE

As et **like** peuvent être soit des prépositions soit des conjonctions. On confond souvent ces mots car ils expriment l'un comme l'autre une ressemblance entre deux éléments. Ils ne sont néanmoins pas toujours interchangeables.

AS ET LIKE PRÉPOSITIONS

La préposition **as** est utilisée pour exprimer l'identification d'une personne à son statut ; en français, on pourrait traduire par « en tant que », « en qualité de ». **Like** indique en revanche une similarité entre le sujet et le complément : dans les exemples suivants, les sujets (**Jerry** ou **she**) sont comparés à quelqu'un d'autre (**my brother**, **a man**).

Comparez :

Jerry acts as my legal advisor. Jerry m'aide en tant que conseiller juridique.
Jerry acts like my brother. Jerry se comporte comme mon frère.

She dresses like a man. Elle s'habille comme un homme.
[style vestimentaire]
She was dressed as a nun. Elle était habillée en bonne sœur.
[déguisement]

Pour résumer :

like : similarité	**as** : statut
My uncle looks a bit like Prince Charles. Mon oncle ressemble un peu au prince Charles. She walks like an old lady. Elle marche comme une vieille femme.	She's there as the representative of the Trade Union. Elle est là en tant que représentante du syndicat. Cheryl works as a teacher at the University of Sussex. Cheryl travaille en tant que chargée de cours à l'université du Sussex.

Dans ces exemples, **as** et **like** ne sont pas interchangeables, même s'il est possible de les traduire tous les deux en français par « comme ».

AS ET LIKE CONJONCTIONS

As et **like** peuvent également être employés comme conjonctions pour établir un parallélisme entre deux situations ou exprimer la conformité. En anglais américain, ou en anglais britannique familier, on rencontre souvent **like** à la place de **as**, notamment dans les emplois précités.

	simultanéité	parallélisme	conformité
as	As he got up, he heard a loud noise. Lorsqu'il se leva, il entendit un grand bruit.	Mary works late at night, as do many students. Mary travaille tard la nuit, comme (le font) beaucoup d'étudiants.	Do as I tell you. Fais comme je te dis.
like		She works late at night, like many students (do). Elle travaille tard la nuit, comme (le font) beaucoup d'étudiants.	Do like I tell you. Fais comme je te dis.

Like et **as** sont donc facilement interchangeables lorsqu'ils expriment le parallélisme ou la conformité ; en revanche, il est impossible d'utiliser **like** pour exprimer la simultanéité : seul **as** est possible dans ce cas.

Remarque 1 : l'expression **like I said** (= comme je viens de le dire) est très fréquente en anglais américain dans un registre familier.
Remarque 2 : **like** peut aussi parfois remplacer **as if** en anglais américain et en anglais britannique familier :
It looks **as if** / **like** he doesn't want to go. On dirait qu'il ne veut pas partir.
Remarque 3 : dans les comparatifs d'égalité (this fabric is as soft as silk = ce tissu est doux comme de la soie), **as** est un adverbe. On ne peut pas utiliser **like** pour le remplacer.

more a gentleman's agreement ce n'est pas un véritable contrat or pas un contrat à proprement parler or pas véritablement un contrat, mais plutôt un accord entre hommes de parole **2.** [in itself] même, en soi / *the place as such isn't great* l'endroit même or en soi n'est pas terrible **3.** [in that capacity] à ce titre, en tant que tel / *I'm his father and as such, I insist on knowing* je suis son père et à ce titre j'insiste pour qu'on me mette au courant.

❖ **as though** conj phr = **as if**.

❖ **as to** prep phr **1.** [regarding] : *I'm still uncertain as to the nature of the problem* j'hésite encore sur la nature du problème **2.** = **as for**.

❖ **as well** adv phr **1.** [in addition] en plus ; [also] aussi / *I'd like one as well* j'en voudrais un aussi / *he bought the house and the land as well* il a acheté la maison et la propriété aussi / *and then the car broke down as well!* et par-dessus le marché la voiture est tombée en panne ! **2.** [with modal verbs] : *you may as well tell me the truth* autant me dire or tu ferais aussi bien de me dire la vérité / *now that we're here, we might as well stay* puisque nous sommes là, autant rester / *shall we go to the cinema? — we might as well* et si on allait au cinéma ? — pourquoi pas ? / *she was angry, as well she might be* elle était furieuse, et ça n'est pas surprenant / *he has a few doubts about the job, as well he might* il a quelques doutes sur cet emploi, ce qui n'est guère surprenant / *he apologized profusely — as well he should!* il s'est confondu en excuses — j'espère bien ! / *perhaps I'd better leave — that might be as well* peut-être vaudrait-il mieux que je m'en aille — je crois que ça vaut mieux / *it would be as well not to break it* ce serait mieux si on pouvait éviter de le casser / *I decided not to write back — just as well really* j'ai décidé de ne pas répondre — c'est mieux comme ça / *it would be just as well if you were present* il vaudrait mieux que vous soyez là / *it's just as well he missed his flight* c'est une bonne chose qu'il ait manqué l'avion.

❖ **as well as** conj phr [in addition to] en plus de / *so she's a liar as well as a thief* alors comme ça, c'est une menteuse en plus d'être une voleuse / *Jim looks after the children as well as helping around the house* Jim s'occupe des enfants en plus de participer au ménage.

❖ **as yet** adv phr encore / *I don't have the answer as yet* je n'ai pas encore la réponse / *an as yet undisclosed sum* une somme qui n'a pas encore été révélée.

See box at comme.

AS ◆ n abbr of Associate in Science. ◆ pr n written abbr of American Samoa.

ASA pr n **1.** (abbr of Advertising Standards Authority) UK ≃ BVP *m* **2.** (abbr of American Standards Association) ASA *f* / *ASA / DIN exposure index* PHOT graduations *fpl* ASA / DIN / *an ASA 100 film* or *a 100 ASA film* une pellicule 100 ASA **3.** (abbr of Amateur Swimming Association) fédération *f* de natation.

asafoetida, **asafetida** US [,æsəfəʊ'etɪdə] n ase *f* fétide.

asap, **ASAP** [,eiesei'pi:] (abbr of as soon as possible) adv dès que possible, le plus tôt or le plus vite possible, asap.

asbestos [æs'bestəs] ◆ n amiante *m*. ◆ comp [board, cord] d'amiante ▸ **asbestos cement** amiante-ciment *m* ▸ **asbestos matting** plaque *f* d'amiante ▸ **asbestos removal** désamiantage *m*.

asbestosis [,æsbes'təʊsɪs] n asbestose *f*.

ASBO ['æzbəʊ] (abbr of anti-social behaviour order) n UK *ordonnance civile sanctionnant des comportements antisociaux.*

ascend [ə'send] ◆ vi monter / *she reached the bottom of the steps and started to ascend slowly* elle arriva en bas des escaliers et commença à monter lentement ; [in time] remonter ▸ **to ascend (back) to sthg** remonter à qqch. ◆ vt [stairs] monter ; [ladder] monter à ; [mountain] gravir, faire l'ascension de ; [river] remonter ; [throne] monter sur.

ascendancy, **ascendency** [ə'sendənsɪ] n **1.** [position of power] ascendant *m*, empire *m* / *Japan has gained ascendancy over its competitors in the electronics market* le Japon domine ses concurrents sur le marché de l'électronique **2.** [rise] montée *f* / *their ascendancy to power* leur ascension jusqu'au pouvoir.

ascendant, **ascendent** [ə'sendənt] ◆ adj dominant, puissant ; ASTROL ascendant. ◆ n ascendant *m* / *his star is in the ascendant* ASTROL son étoile est à l'ascendant / *his business is in the ascendant* ses affaires prospèrent.

ascender [ə'sendər] n **1.** [in mountaineering] ascendeur *m*, autobloqueur *m* **2.** TYPO hampe *f* montante.

ascending [ə'sendɪŋ] adj **1.** [rising] ascendant **2.** [increasing] ▸ **in ascending order** en ordre croissant **3.** BOT montant.

ascension [ə'senʃn] n ascension *f* ▸ **the Ascension** RELIG l'Ascension *f*.

❖ **Ascension** pr n = **Ascension Island**.

Ascension Day n jour *m* or fête *f* de l'Ascension.

Ascension Island pr n île *f* de l'Ascension / *on Ascension Island* à l'île de l'Ascension.

Ascensiontide [ə'senʃntaɪd] n *période entre l'Ascension et le dimanche de Pentecôte.*

ascent [ə'sent] n **1.** [of mountain] ascension *f* **2.** [incline] montée *f* **3.** [in time] retour *m* ▸ **the line of ascent** l'ascendance *f* **4.** [in rank] montée *f*, avancement *m*.

ascertain [,æsə'teɪn] vt *fml* établir, constater / *the police ascertained their names and addresses* la police a vérifié leurs nom et adresse ▸ **to ascertain that sthg is the case** vérifier or s'assurer que qqch est vrai / *he ascertained that it was safe to continue* il s'est assuré qu'on pouvait continuer sans danger.

ascertainable [,æsə'teɪnəbl] adj *fml* vérifiable.

ascetic [ə'setɪk] ◆ adj ascétique. ◆ n ascète *mf*.

ascetically [ə'setɪklɪ] adv [live] comme un / une ascète.

asceticism [ə'setɪsɪzm] n ascétisme *m*.

ASCII ['æskɪ] (abbr of **American Standard Code for Information Interchange**) n ASCII *m* / *in ASCII* en ASCII ▸ **ASCII file** fichier *m* ASCII.

ascorbic acid [ə'skɔːbɪk-] n acide *m* ascorbique.

Ascot ['æskət] pr n *champ de courses près de Windsor.*
❖ **ascot** n US foulard *m (pour hommes).*

ascribable [ə'skraɪbəbl] adj attribuable, imputable / *his downfall is ascribable to greed* sa chute est imputable à sa cupidité.

ascribe [ə'skraɪb] vt attribuer ; [fault, blame] imputer / *heart attacks are often ascribed to stress* les crises cardiaques sont souvent attribuées or imputées au stress / *this painting is sometimes ascribed to Millet* on attribue parfois ce tableau à Millet.

ascription [ə'skrɪpʃn] n attribution *f*, imputation *f*.

ASCU (abbr of **Association of State Colleges and Universities**) pr n *association des établissements universitaires d'État aux États-Unis.*

ASE (abbr of **American Stock Exchange**) pr n *deuxième place boursière des États-Unis.*

ASEAN (abbr of **Association of Southeast Asian Nations**) pr n ANASE *f*, ASEAN *f*.

aseismic [,eɪ'saɪzmɪk] adj aséismique.

asepsis [,eɪ'sepsɪs] n asepsie *f*.

aseptic [,eɪ'septɪk] adj aseptique.

asexual [,eɪ'sekʃʊəl] adj asexué.

ash [æʃ] n **1.** [from fire, cigarette] cendre *f* / *he dropped cigarette ash on the carpet* il a laissé tomber de la cendre de cigarette sur le tapis / *the fire reduced the house to ashes* l'incendie a réduit la maison en cendres / *ashes to ashes, dust to dust* RELIG tu n'es que poussière et tu retourneras en poussière ▸ **ash bin a)** [for ashes] cendrier *m* **b)** [for rubbish] poubelle *f*, boîte *f* à ordures **2.** [tree, wood] frêne *m*.
❖ **Ashes** pl n [in cricket] *trophée fictif que se disputent l'Angleterre et l'Australie.*

ASH [æʃ] (abbr of **Action on Smoking and Health**) pr n *ligue antitabac britannique.*

ashamed [ə'ʃeɪmd] adj confus, honteux ▸ **to be ashamed (of oneself)** avoir honte / *he's ashamed of his behaviour* / *of having cried* il a honte de sa conduite / d'avoir pleuré / *I'm ashamed of you* j'ai honte de toi, tu me fais honte / *I'm ashamed to say that...* j'avoue à ma grande honte que... / *you ought to be ashamed of yourself* tu devrais avoir honte / *there is nothing to be ashamed of* il n'y a pas de quoi avoir honte.

> Note that avoir honte que is followed by a verb in the subjunctive:
> **I was ashamed that my brother had found out my secret.** *J'avais honte que mon frère ait découvert mon secret.*

ashamedly [ə'ʃeɪmɪdlɪ] adv d'une façon honteuse.

ash blond ◆ adj blond cendré *(inv).* ◆ n blond *m* cendré.

ash can n US poubelle *f*.

ashen ['æʃn] adj **1.** [ash-coloured] cendré, couleur de cendre ; [face] blême, livide **2.** [of ashwood] en (bois de) frêne.

ashen-faced adj blême.

Ashkenazi [,æʃkə'nɑːzɪ] (*pl* **Ashkenazim** [-zɪm]) n Ashkénase *mf*.

ashlar ['æʃlər] n pierre *f* de taille.

ashore [ə'ʃɔːr] ◆ adv à terre / *he swam ashore* il a nagé jusqu'à la rive / *debris from the wreck was washed ashore* des morceaux de l'épave ont été rejetés sur la côte ▸ **to go ashore** débarquer / *the ship put the passengers ashore at Plymouth* le navire a débarqué les passagers à Plymouth. ◆ adj à terre.

ashplant ['æʃplɑːnt] n canne *f* en bois de frêne.

ashram ['æʃrəm] n ashram *m*.

ashtray ['æʃtreɪ] n cendrier *m*.

Ash Wednesday n mercredi *m* des Cendres.

ashy ['æʃɪ] (*compar* **ashier**, *superl* **ashiest**) adj **1.** [ash-coloured] cendré, couleur de cendre ; [pale] blême, livide **2.** [covered with ashes] couvert de cendres.

Asia [UK 'eɪʃə US 'eɪʒə] pr n Asie *f* / *in Asia* en Asie.

Asia Minor pr n Asie *f* Mineure.

Asian [UK 'eɪʃn US 'eɪʒn] ◆ n [from Asia] Asiatique *mf* ; UK [from Indian subcontinent] *personne originaire du sous-continent indien.* ◆ adj [from Asia] asiatique ; UK [from Indian subcontinent] *originaire du sous-continent indien.*

> **Asian**
> Les Britanniques emploient le mot **Asian** pour désigner les habitants de l'Inde et des pays limitrophes ; ainsi, l'expression **the Asian community in Birmingham** fait référence aux personnes d'origine indienne, pakistanaise et bangladaise qui habitent à Birmingham. Pour traduire « Asiatique », il est souvent préférable de choisir l'expression désignant l'habitant du pays en question : **a Chinese person, a Japanese person**, etc.

Asian American ◆ adj américain d'origine asiatique. ◆ n Américain *m*, -e *f* d'origine asiatique.

Asian flu n grippe *f* asiatique.

Asiatic [UK ,eɪʃɪ'ætɪk US ,eɪʒɪ'ætɪk] ◆ adj asiatique. ◆ n Asiatique *mf*.

aside [ə'saɪd] ◆ adv de côté, à part / *these problems aside, we have been very successful* à part ces problèmes, ce fut un véritable succès / *she held aside the curtains* elle écarta les rideaux / *I stepped aside to let her pass* je me suis écarté pour la laisser passer / *he took her aside* il l'a prise à part / *we've been putting money aside for the trip* nous avons mis de l'argent de côté pour le voyage / *would you put this dress aside for me?* pourriez-vous me mettre cette robe de côté or me réserver cette robe ? ◆ n aparté *m* / *he said something to her in an aside* il lui a dit quelque chose en aparté.
❖ **aside from** prep phr **1.** [except for] sauf **2.** US [as well as] en plus de.

A-side n face *f* A *(d'un disque).*

asinine ['æsɪnaɪn] adj [person, behaviour] stupide, sot (sotte) / *that was an asinine thing to do!* là, tu as vraiment fait une bêtise !

ask [ɑːsk] ◆ vt **1.** [for opinion, information] ▸ **to ask sb sthg** demander qqch à qqn / *I asked her the time* je lui ai demandé l'heure / *she asked him about his job* elle lui a posé des questions sur son travail / *may I ask you a question?* puis-je vous poser une question ? / *ask your mother!* demande à ta mère ! / *if you ask me* si vous voulez mon avis / *but how? I ask you!* *inf* mais comment ? je vous le demande ! / *don't ask me!* *inf* est-ce que je sais, moi ? / *no one asked you!* *inf* on ne t'a rien demandé ! **2.** [request] demander, solliciter / *he asked them a favour* il leur a demandé un service / *he asked her hand in marriage* il l'a demandée en mariage ▸ **to ask sb to do sthg** demander à qqn de faire qqch / *I asked them to be quiet* je leur ai demandé de ne pas faire de bruit / *she asked to have the bags brought up* elle a demandé que les bagages soient montés / *he asked to be admitted* il a demandé à être admis / *she was asked to wait outside* on lui a demandé d'attendre dehors / *that's asking a lot* c'est beaucoup demander / *that's asking too much of me* tu m'en demandes trop ; COMM ▸ **to ask a price** demander un prix / *what are you asking for it?* combien en voulez-vous or demandez-vous ? **3.** [invite] inviter / *they asked her to join them* ils l'ont invitée à se joindre à eux / *he asked her to the pictures* il l'a invitée au cinéma / *she asked us up* elle nous a invités à monter. ◆ vi demander / *he was asking about the job* il s'informait or se renseignait sur le poste / *it's there for the asking* il suffit de demander / *I was only asking!* je ne faisais que demander ! ◆ n AUSTR *inf* : *that's a big ask* c'est beaucoup demander.
❖ **ask after** vt insep : *she asked after you* elle a demandé de vos nouvelles / *I asked after her health* je me suis informé de sa santé.
❖ **ask along** vt sep inviter / *we asked them along (with us)* nous leur avons proposé de venir avec nous.
❖ **ask around** vi se renseigner / *I asked around about rents* je me suis renseigné sur les loyers.
❖ **ask back** vt sep [invite again] réinviter ; [for reciprocal visit] inviter / *she asked us back for dinner* elle nous a rendu l'invitation à dîner.
❖ **ask for** vt insep demander / *they asked for some water* ils ont demandé de l'eau / *you're asking for the moon* vous demandez la lune / *she asked for her book back* elle a demandé qu'on lui rende son livre / *you're just asking for trouble!* tu cherches des ennuis ! / *he was asking for it!* il l'a cherché ! / *she left him — he had asked for it* elle l'a quitté — il l'a voulu, il l'a eu !
❖ **ask in** vt sep inviter à entrer / *he asked us in for a drink* il nous a invités à (entrer) prendre un verre.
❖ **ask out** vt sep inviter à sortir / *they asked us out for dinner* / *to the theatre* ils nous ont invités au restaurant / au théâtre.
❖ **ask round** vt sep UK inviter (à venir) / *we must ask him round soon* nous devrions l'inviter un de ces jours.

askance [ə'skæns] adv du coin de l'œil / *he looked askance at her* il l'a regardée d'un air méfiant.

askew [ə'skjuː] ◆ adv obliquement, de travers. ◆ adj US : *something's askew here* il y a quelque chose qui cloche.

asking price ['ɑːskɪŋ-] n prix *m* de départ, prix *m* demandé.

ASL MESSAGING written abbr of **age, sex, location**.

aslant [ə'slɑːnt] ◆ prep en travers de. ◆ adv de travers, de or en biais.

asleep [ə'sliːp] adj endormi / *she's asleep* elle dort ▸ **to be fast** or **sound asleep** dormir profondément or à poings fermés ▸ **to fall asleep** s'endormir / *to fall asleep at the wheel* s'endormir au volant / *you're half asleep* tu dors à moitié, tu es à moitié endormi / *he's asleep on his feet* il dort debout ▸ **to be asleep at the switch** US or **at the wheel** *fig* ne pas faire son travail / *Congress is asleep at the switch* le Congrès somnole.

ASLEF ['æzlef] (abbr of **Associated Society of Locomotive Engineers and Firemen**) pr n *syndicat des cheminots en Grande-Bretagne.*

AS-level [eɪ'eslevl] (abbr of **Advanced Subsidiary Level**) n SCH *première partie de l'examen A-level.*

ASM (abbr of **air-to-surface missile**) n ASM *m*.

as-new adj comme neuf.

asocial [,eɪ'səʊʃl] adj asocial.

asp [æsp] n ZOOL aspic *m*.

asparagus [ə'spærəgəs] n *(U)* asperge *f* / *to eat asparagus* manger des asperges ▸ **asparagus fern** asparagus *m* ▸ **asparagus tips** pointes *fpl* d'asperges.

aspartame [UK ə'spɑːteɪm US 'æspərteɪm] n aspartame *m*.

ASPCA (abbr of **American Society for the Prevention of Cruelty to Animals**) pr n *société protectrice des animaux aux États-Unis.*

aspect ['æspekt] n **1.** [facet] aspect *m*, côté *m* / *we should examine all aspects of the problem* nous devrions étudier le problème sous tous ses aspects **2.** *liter* [appearance] air *m*, aspect *m* / *a young man of (a) serious aspect* un jeune homme à la mine sérieuse **3.** [outlook] orientation *f*, exposition *f* / *a house with a northern* / *southern aspect* une maison exposée au nord / sud **4.** GRAM aspect *m*.

aspect ratio n ratio *m* d'aspect.

aspectual [æ'spektjʊəl] adj aspectuel.

aspen ['æspən] n tremble *m*.

Asperger's syndrome ['æspɜːdʒəz-] n syndrome *m* d'Asperger.

asperity [æ'sperətɪ] (*pl* **asperities**) n *fml* **1.** [of manner, voice] aspérité *f* / *"certainly not", she said with some asperity* « certainement pas », dit-elle d'un ton sec **2.** [of person] rudesse *f* **3.** [hardship] rigueur *f*.

aspersions [ə'spɜ:ʃnz] pl n ▸ **to cast aspersions on sb** dénigrer qqn / *he cast aspersions on her honour* il a mis en doute son honneur.

aspersorium [,æspə'sɔ:rɪəm] (*pl* **aspersoria** [-rɪə]) n [basin] bénitier *m* ; [sprinkler] aspersoir *m*.

asphalt ['æsfælt] ◆ n asphalte *m*. ◆ comp [road, roof] asphalté. ◆ vt asphalter.

asphalt jungle n jungle *f* urbaine / **'The Asphalt Jungle'** *Huston* 'Quand la ville dort'.

asphodel ['æsfədel] n asphodèle *m*.

asphyxia [əs'fɪksɪə] n asphyxie *f*.

asphyxiant [əs'fɪksɪənt] ◆ adj asphyxiant. ◆ n agent *m* asphyxiant.

asphyxiate [əs'fɪksɪeɪt] ◆ vi s'asphyxier. ◆ vt asphyxier.

asphyxiating [əs'fɪksɪeɪtɪŋ] adj asphyxiant ▸ **asphyxiating gases** gaz *mpl* asphyxiants.

asphyxiation [əs,fɪksɪ'eɪʃn] n asphyxie *f* / *to die by* or *of asphyxiation* mourir d'asphyxie.

aspic ['æspɪk] n gelée *f* / *eggs in aspic* œufs *mpl* en gelée / *salmon in aspic* aspic *m* de saumon.

aspidistra [,æspɪ'dɪstrə] n aspidistra *m*.

aspirant ['æspɪrənt] ◆ n ambitieux *m*, -euse *f*. ◆ adj ambitieux.

aspirate ◆ vt ['æspəreɪt] aspirer. ◆ adj ['æspərət] aspiré / *an aspirate h* un h aspiré. ◆ n ['æspərət] aspirée *f*.

aspiration [,æspə'reɪʃn] n **1.** [ambition] aspiration *f* / *young people with political aspirations* des jeunes qui ont des aspirations politiques **2.** LING aspiration *f*.

aspirator ['æspəreɪtər] n aspirateur *m*.

aspire [ə'spaɪər] vi **1.** aspirer / *he aspires to political power* il aspire au pouvoir politique / *she aspires to* or *after higher things* elle vise plus haut, ses ambitions vont plus loin / *to aspire to fame* briguer la célébrité **2.** *arch & liter* [rise] monter, s'élever.

aspirin ['æspərɪn] n aspirine *f* ; [tablet] (comprimé *m* d')aspirine *f*.

aspiring [ə'spaɪərɪŋ] adj ambitieux ; *pej* arriviste.

ass [æs] n **1.** [donkey] âne *m* ▸ **she-ass** ânesse *f* ▸ **an ass's foal** un ânon **2.** UK *inf* [idiot] imbécile *mf* / *she's such an ass* elle est bête comme ses pieds / *he made a complete ass of himself last night* il s'est conduit en parfait imbécile or s'est parfaitement ridiculisé hier soir / *don't be such an ass* ne fais pas l'imbécile **3.** US *vulg* [bottom] cul *m* / *my ass!* mon cul ! / *you can bet your ass I'll do it!* tu peux être sûr que je le ferai ! ▸ **to be on sb's ass** être sur le dos de qqn / *get your ass out of here!* casse-toi ! / *get your ass over here!* amène-toi ! ▸ **to break one's ass** se crever le cul / *there's no need to bust your ass to get it finished* pas la peine de te casser le cul pour le finir / *this weather is a pain in the ass* ce temps me fait vraiment chier / *they want your ass* ils veulent ta peau ▸ **a piece of ass** US *vulg* **a)** [sex] une baise **b)** [woman] une fille baisable ▸ **to be out on one's ass** ne pas avoir de pot ▸ **to kick ass** assurer / *the Lakers kicked ass last night* les Lakers ont assuré grave hier soir / *let's go kick some ass!* on va leur montrer qui on est or ce qu'on sait faire !

assail [ə'seɪl] vt attaquer, assaillir / *he assailed her with questions* il l'a harcelée de questions / *assailed by doubt* assailli par le doute.

assailant [ə'seɪlənt] n *fml* agresseur *m*, assaillant *m*, -e *f*.

Assam [æ'sæm] pr n Assam *m* / *in Assam* en Assam.

Assamese [,æsə'mi:z] (*pl* **Assamese**) ◆ n **1.** [person] Assamais *m*, -e *f* **2.** LING assamais *m*. ◆ adj assamais.

assassin [ə'sæsɪn] n assassin *m*.

assassinate [ə'sæsɪneɪt] vt assassiner.

assassination [ə,sæsɪ'neɪʃn] n assassinat *m* / *assassination attempt* tentative *f* d'assassinat.

assault [ə'sɔ:lt] ◆ n **1.** [attack] agression *f* / *he is accused of assault* il est accusé de voie de fait / *the music is an assault on listeners' ears* cette musique est une agression pour les oreilles des auditeurs / *a brave assault on widely held beliefs* une attaque courageuse contre des croyances très répandues ▸ **common assault** voie *f* de fait simple ▸ **assault and battery** LAW coups *mpl* et blessures *fpl* **2.** MIL assaut *m* / *to lead an assault* se lancer à l'assaut / *they opened the assault on enemy positions* ils ont donné l'assaut aux positions ennemies / *they made* or *carried out an assault on the camp* ils sont montés à l'assaut du camp **3.** [climbing] assaut *m*. ◆ vt **1.** [gen] agresser ; [sexually] violenter / *his rough language assaulted their sensibilities* son langage grossier blessait leur sensibilité **2.** LAW se livrer à des voies de fait sur ; [sexually] se livrer à des violences sexuelles sur.

assault course n parcours *m* du combattant.

assay [ə'seɪ] ◆ vt **1.** [analyse - metal] essayer **2.** *arch* [attempt] essayer, tenter. ◆ n essai *m* ▸ **assay office** laboratoire *m* d'essais.

assayer [ə'seɪər] n essayeur *m*, -euse *f*.

ass-backwards adv US *v inf* à l'envers.

assegai ['æsəgaɪ] n sagaie *f*.

assemblage [ə'semblɪdʒ] n **1.** [collection] collection *f*, groupe *m* ; [of people] assemblée *f* **2.** [process] montage *m*, assemblage *m*.

assemble [ə'sembl] ◆ vt **1.** assembler, amasser ; [people] rassembler, réunir ; [troops] rassembler **2.** [put together] monter, assembler ▸ **factory assembled** monté en usine. ◆ vi se rassembler, se réunir.

assembler [ə'semblər] n assembleur *m*.

assembly [ə'semblɪ] (*pl* **assemblies**) n **1.** [meeting - gen] réunion *f*, assemblée *f* / *a place of assembly* un lieu de réunion / *the right of assembly* la liberté de réunion **2.** POL assemblée *f* ▸ **National Assembly** l'Assemblée *f* nationale **3.** SCH *réunion de tous les élèves de l'établissement* ▸ **assembly hall** *hall où les enfants se réunissent le matin avant d'entrer en classe* **4.** MIL rassemblement *m* **5.** [building - process] montage *m*, assemblage *m* ; [-end product] assemblage *m* / *the engine assembly* le bloc moteur **6.** COMPUT assemblage *m*.

assembly language n langage *m* d'assemblage.

assembly line n chaîne *f* de montage / *to work on an assembly line* travailler à la chaîne.

assemblyman [ə'semblɪmən] (*pl* **assemblymen** [-mən]) n US POL *homme qui siège à une assemblée législative*.

Assembly Member n UK POL **1.** [in Wales] *membre de la* ***Welsh Assembly*** **2.** [in Northern Ireland] *membre de la* ***Northern Ireland Assembly*** **3.** [in London] *membre de la* ***London Assembly***.

assembly point n point *m* de rassemblement.

assembly room n **1.** [gen] salle *f* de réunion ; [at town hall] salle *f* des fêtes **2.** [industrial] atelier *m* de montage.

assemblywoman [ə'semblɪ,wʊmən] (*pl* **assemblywomen** [-,wɪmɪn]) n US POL *femme qui siège à une assemblée législative*.

assent [ə'sent] ◆ vi consentir, acquiescer / *they finally assented to the proposition* ils ont fini par donner leur assentiment à la proposition. ◆ n consentement *m*, assentiment *m* ▸ **to give one's assent to sthg** donner son assentiment à qqch.

assentor [ə'sentər] n UK POL *signataire de la liste de soutien à un candidat aux élections gouvernementales*.

assert [ə'sɜ:t] vt **1.** [proclaim] affirmer, maintenir ; [innocence] affirmer, protester de / *she continues to assert her innocence / good faith* elle ne cesse de protester de son innocence / de sa bonne foi **2.** [insist on] défendre, revendiquer / *we must assert our right to speak* nous devons faire valoir notre droit à la parole ; [impose] ▸ **to assert o.s.** se faire respecter, s'imposer / *I had to assert my authority* il a fallu que j'affirme mon autorité or que je m'impose.

assertion [ə'sɜ:ʃn] n affirmation *f*, assertion *f* ; [of rights] revendication *f*.

assertive [ə'sɜ:tɪv] adj assuré, autoritaire ; *pej* péremptoire.

assertively [ə'sɜ:tɪvlɪ] adv fermement ; *pej* de façon péremptoire.

assertiveness [ə'sɜ:tɪvnɪs] n manière *f* assurée ; *pej* arrogance *f*.

assertiveness training n stage *m* d'affirmation de soi.

assess [ə'ses] vt **1.** [judge] estimer, évaluer / *I had to assess the quality of their work* j'ai dû juger de la qualité de leur travail / *it is important to assess public opinion on the subject* il est important de savoir ce qu'en pense l'opinion publique **2.** [value] fixer or déterminer la valeur de / *to assess a property for taxation* évaluer or calculer la valeur imposable d'une propriété / *the court assessed the damages at £200* la cour a fixé les dommages et intérêts à 200 livres **3.** [taxes] évaluer ▸ **assessed income** revenu *m* imposable.

assessable [ə'sesəbl] adj imposable ▸ **assessable income** or **profits** FIN assiette *f* de l'impôt.

assessment [ə'sesmənt] n **1.** [judgment] estimation *f*, évaluation *f* / *I don't accept his assessment of our work* je ne suis pas d'accord avec son évaluation de notre travail / *what's your assessment of the situation?* comment voyez-vous or jugez-vous la situation ? **2.** UK SCH contrôle *m* des connaissances ; [on report card] appréciation *f* des professeurs / *methods of assessment* méthodes *fpl* d'évaluation **3.** [valuation - of amount due] détermination *f*, évaluation *f* ; [- of tax] calcul *m* (de la valeur imposable).

assessor [ə'sesər] n **1.** expert *m* ▸ **assessor of taxes** US inspecteur *m* des contributions directes **2.** LAW (juge *m*) assesseur *m*.

asset ['æset] n avantage *m*, atout *m* / *she's a great asset to our team* elle est un excellent atout pour notre équipe.

❖ **assets** pl n [possession] avoir *m*, capital *m* ; COMM, FIN & LAW actif *m* / *our total assets* tous nos biens / *assets and liabilities* l'actif *m* et le passif / *the assets amount to £5 million* l'actif s'élève à cinq millions de livres.

asset-stripper n dépeceur *m* d'entreprise.

asset-stripping [-,strɪpɪŋ] n *achat d'entreprises pour revente des actifs*.

asseverate [ə'sevəreɪt] vt *fml* déclarer / *he asseverated his innocence* il a juré de son innocence.

asseveration [ə,sevə'reɪʃn] n *fml* déclaration *f* ; [of good faith, innocence] protestation *f*.

asshole ['æshəʊl] n US *vulg* = **arsehole**.

assibilate [ə'sɪbɪleɪt] ◆ vt assibiler. ◆ vi s'assibiler.

assiduity [,æsɪ'dju:ətɪ] (*pl* **assiduities**) n assiduité *f*, zèle *m*.

assiduous [ə'sɪdjʊəs] adj assidu.

assiduously [ə'sɪdjʊəslɪ] adv assidûment.

assign [ə'saɪn] ◆ vt **1.** [allot] assigner, attribuer / *the room was assigned to study groups* la salle fut affectée or réservée aux groupes d'étude / *a date and place were assigned for the exam* la date et le lieu de l'examen ont été fixés ▸ **to assign a duty** / **task to sb** assigner une responsabilité / tâche à qqn / *I assigned her the task of writing the report* je l'ai chargée de la rédaction du rapport ▸ **assigned seating** US [in theatre] places *fpl* numérotées **2.** [appoint] nommer, désigner / *he's been assigned to Moscow* il a été affecté à Moscou **3.** [ascribe] ▸ **to assign a reason for sthg** donner la raison de qqch / *we assign a value to X* nous attribuons or assignons une valeur à X / *the aqueduct has been assigned to the Roman period* l'aqueduc a été attribué à l'époque romaine **4.** LAW céder, transférer / *the property was assigned to his daughter* la propriété fut transférée au nom de sa fille / *she assigned the copyright to the school* elle a fait cession du droit d'auteur à l'école. ◆ n cessionnaire *mf*.

assignable [ə'saɪnəbl] adj LAW [property] cessible.

assignation [,æsɪg'neɪʃn] n **1.** [meeting] rendez-vous *m* clandestin ▸ **to have an assignation with sb** *fml & hum* avoir un rendez-vous secret avec qqn **2.** [assignment] attribution *f* ; [of money] allocation *f* ; [of person] affectation *f* **3.** LAW cession *f*, transfert *m*.

assignee [,æsaɪ'ni:] n cessionnaire *mf*.

assignment [ə'saɪnmənt] n **1.** tâche *f* ; [official] mission *f* ; SCH devoir *m* **2.** [appointment] attribution *f* ; [of money] allocation *f* ; [of person] affectation *f* **3.** LAW cession *f*, transfert *m* / *assignment of a patent* cession d'un brevet ▸ **assignment of contract** *cession des droits et obligations découlant d'un contrat.*

assignor [ə'saɪnə^r] n cédant *m*, -e *f*.

assimilate [ə'sɪmɪleɪt] ◆ vt **1.** [food, information] assimiler **2.** [immigrants] intégrer / *they try very hard to assimilate newcomers* ils font tout leur possible pour intégrer les nouveaux arrivants. ◆ vi s'assimiler, s'intégrer / *foreigners find it difficult to assimilate into a new culture* les étrangers ont du mal à s'adapter or s'intégrer à une autre culture.

assimilation [ə,sɪmɪ'leɪʃn] n [gen & LING] assimilation *f*.

assist [ə'sɪst] ◆ vt **1.** [help] aider, assister / *he assisted her up / down the stairs* il l'a aidée à monter / descendre l'escalier / *how may I assist you?* comment puis-je vous être utile ? / *the two groups assisted each other with their research* les deux groupes se sont entraidés dans leur recherche / *a man is assisting police with their enquiries* un homme aide la police dans ses investigations **2.** [with money] : *assisted by the town hall* avec le concours de la mairie ▸ **assisted passage** billet *m* subventionné. ◆ vi **1.** [help] aider, prêter secours / *she assisted at the operation* elle a apporté son assistance pendant l'opération **2.** *arch* [attend] assister / *we assisted at his funeral* nous avons assisté à ses obsèques. ◆ n SPORT *action qui permet à un coéquipier de marquer un point.*

assistance [ə'sɪstəns] n aide *f*, secours *m* / *may I be of assistance to you?* puis-je vous être utile ? ▸ **to come to sb's assistance** venir au secours de qqn / *could you give me some assistance with these calculations?* pourriez-vous me venir en aide dans ces calculs ? / *with the financial assistance of the university* avec le concours financier de l'université.

assistance dog n chien *m* guide.

assistant [ə'sɪstənt] ◆ n assistant *m*, -e *f*, aide *mf* ▸ **foreign language assistant a)** SCH assistant *m*, -e *f* (en langue étrangère) **b)** UNIV lecteur *m*, -trice *f* (en langue étrangère) ▸ **teaching assistant** SCH auxiliaire *mf*. ◆ comp [director, judge, librarian, secretary] adjoint ▸ **assistant manager** sous-directeur *m*, directeur *m* adjoint ▸ **assistant manageress** UK sous-directrice *f*, directrice *f* adjointe ▸ **assistant master, assistant mistress** professeur *m* *(qui n'est pas responsable d'une section)* ▸ **assistant professor** US ≃ maître-assistant *m* ▸ **assistant teacher a)** [primary] instituteur *m*, -trice *f* **b)** [secondary] professeur *m* *(qui ne dirige pas de section).*

assistant referee n SPORT assistant-arbitre *m*.

assistantship [ə'sɪstənt,ʃɪp] n assistanat *m*.

assisted area n UK *zone de développement économique prioritaire.*

assisted suicide n suicide *m* assisté.

assize [ə'saɪz] n réunion *f* ; LAW assises *fpl* ▸ **assize court** or **court of assizes** cour *f* d'assises.

ass-kisser n US *vulg* lèche-cul *m*.

assoc 1. written abbr of **association 2.** written abbr of **associated**.

associate ◆ vt [ə'səʊʃɪeɪt] associer / *the problems associated with nuclear power* les problèmes relatifs à l'énergie nucléaire / *I don't associate you with that kind of activity* je ne t'imagine pas dans ce genre d'activité / *that kind of behaviour is often associated with an unhappy childhood* ce type de comportement est souvent lié à une enfance malheureuse / *I don't want to be associated with that scandal* je ne veux pas que mon nom soit mêlé à ce scandale / *he's associated in the public's mind with that book* dans l'esprit du public, il est associé à ce livre-là. ◆ vi [ə'səʊʃɪeɪt] ▸ **to associate with sb** fréquenter qqn. ◆ n [ə'səʊʃɪət] **1.** [partner] associé *m*, -e *f* ; LAW complice *mf* **2.** [of club] membre *m*, associé *m*, -e *f* / *an associate of an institution* un membre d'une fondation ▸ **Associate in Arts (degree)** *(titulaire d'un) diplôme universitaire américain de lettres* ▸ **Associate in Science (degree)** *(titulaire d'un) diplôme universitaire américain de sciences.* ◆ adj [ə'səʊʃɪət] associé, allié / *I'm only an associate member of the organisation* je suis seulement membre associé de l'organisation ▸ **associate editor** rédacteur *m* associé, rédactrice *f* associée ▸ **associate judge** juge *m* assesseur ▸ **Associate Justice** US juge *m* de la Cour suprême.

associated [ə'səʊʃɪeɪtɪd] adj associé.

associate professor n US ≃ maître *m* de conférences.

association [ə,səʊsɪ'eɪʃn] n **1.** [grouping] association *f*, société *f* / *the teachers have formed an association* les enseignants ont constitué une association **2.** [involvement] association *f*, fréquentation *f* / *through long association with the medical profession* à force de fréquenter la profession médicale / *the police knew about his association with the underworld* la police savait qu'il fréquentait le milieu / *this programme was made in association with Belgian television* ce programme a été fait en collaboration avec la télévision belge **3.** [of ideas] association *f* / *by association of ideas* par association d'idées, de fil en aiguille / *that trip has many unhappy associations for me* ce voyage me rappelle bien des choses pénibles.

Association football n UK *fml* football *m* association.

associative [ə'səʊʃjətɪv] adj [gen & COMPUT] associatif ▸ **associative storage** mémoire *f* associative.

assonance ['æsənəns] n assonance *f*.

assort [ə'sɔ:t] ◆ vt classer, ranger. ◆ vi s'assortir ▸ **to assort with sthg** s'assortir à qqch.

assorted [ə'sɔ:tɪd] adj **1.** [various] varié, divers / *in assorted sizes* en différentes tailles **2.** [matched] assorti ▸ **well- / ill-assorted** bien / mal assorti.

assortment [ə'sɔ:tmənt] n assortiment *m*, collection *f* ; [of people] mélange *m* / *there was a good assortment of cakes* il y avait un grand choix or une bonne sélection de gâteaux / *she certainly has an odd assortment of friends!* ses amis forment un curieux mélange !

asst written abbr of **assistant**.

assuage [ə'sweɪdʒ] vt *fml* [grief, pain] soulager, apaiser ; [hunger, thirst] assouvir ; [person] apaiser, calmer.

assume [ə'sju:m] vt **1.** [presume] supposer, présumer / *let's assume that to be the case* mettons or supposons que ce soit le cas / *he's married, I assume* il est marié, je suppose or présume / *he's assumed to be rich* on le suppose riche / *you assume a lot!* tu fais bien des suppositions ! **2.** [undertake] assumer, endosser / *he assumed management of the firm* il a pris la direction de l'entreprise **3.** [usurp -power] prendre ; [-right, title] s'approprier, s'arroger **4.** [adopt] assumer, prendre / *she assumed a look of indifference* elle affectait un air d'indifférence / *he assumed the role of mediator* il a assumé le rôle de médiateur / *unemployment is assuming frightening proportions* le chômage commence à prendre d'inquiétantes proportions.

> ⚠ **Assumer** is not always the correct translation of assume. See the entry for details.

assumed [ə'sju:md] adj feint, faux (fausse) / *with assumed indifference* avec une indifférence feinte ▸ **assumed name** nom *m* d'emprunt / *he travels under an assumed name* il se sert d'un nom d'emprunt pour voyager.

assuming [ə'sju:mɪŋ] conj en admettant or supposant que / *assuming he is alive* en admettant or supposant qu'il soit toujours en vie.

assumption [ə'sʌmpʃn] n **1.** [supposition] supposition *f*, hypothèse *f* / *our cultural assumptions* nos présupposés / *on the assumption that he agrees, we can go ahead* en supposant or admettant qu'il soit d'accord, nous pouvons aller de l'avant / *we're working on the assumption that what she says is true* nous partons du principe qu'elle dit la vérité **2.** [of power] appropriation *f* ▸ **assumption of office** entrée *f* en fonctions **3.** [of attitude] affectation *f*.

Assumption n RELIG ▸ **the Assumption** l'Assomption *f*.

> ⚠ In modern usage, **assomption** is only used to translate assumption in the religious sense. See the entry for appropriate translations.

Assumption Day n jour *m* or fête *f* de l'Assomption.

assurance [ə'ʃʊərəns] n **1.** [assertion] affirmation *f*, assurance *f* ; [pledge] promesse *f*, assurance *f* / *she gave repeated assurances that she would not try to escape* elle a promis à plusieurs reprises qu'elle n'essaierait pas de s'enfuir / *he gave her a ring as an assurance of his love* il lui a donné une bague comme gage de son amour **2.** [confidence] assurance *f*, confiance *f* en soi ; [overconfidence] arrogance *f* / *to lack assurance* manquer de confiance en soi / *she said it with such assurance, I believed her* elle l'a dit avec une telle assurance que je l'ai crue / *they set out with absolute assurance of their success* ils partirent, sûrs de leur réussite **3.** UK [insurance] assurance *f*.

assure [ə'ʃʊə^r] vt **1.** [affirm] affirmer, assurer ; [convince] convaincre, assurer ; [guarantee] assurer, certifier / *he assured them of his sincerity* il les a assurés de sa sincérité / *they assured her it was true* ils lui ont certifié que c'était vrai / *I can assure you that your work was not in vain* je peux vous assurer que votre travail n'a pas été inutile / *we've never had anyone like that here, I can assure you* je peux vous assurer que nous n'avons jamais eu quelqu'un comme ça ici / *she assured herself (of) a good pension* elle s'est assuré une bonne retraite **2.** UK [insure] assurer.

assured [ə'ʃʊəd] ◆ adj **1.** [certain] assuré, certain / *I am assured of her loyalty* je suis convaincu or certain de sa loyauté / *our success appeared assured* notre succès semblait assuré or certain **2.** [self-confident] assuré, sûr de soi ; [overconfident] arrogant, effronté **3.** UK [insured] assuré. ◆ n assuré *m*, -e *f*.

assuredly [ə'ʃʊərɪdlɪ] adv assurément, sûrement, sans aucun doute.

Assyria [ə'sɪrɪə] pr n Assyrie *f* / *in Assyria* en Assyrie.

Assyrian [ə'sɪrɪən] ◆ n Assyrien *m*, -enne *f*. ◆ adj assyrien.

AST (abbr of **Atlantic Standard Time**) n *heure d'hiver des Provinces maritimes du Canada et d'une partie des Caraïbes.*

astable [,eɪ'steɪbl] adj instable.

astatic [,eɪ'stætɪk] adj [unstable] instable ; PHYS astatique.

astatine ['æstəti:n] n astate *m*.

aster ['æstə^r] n aster *m*.

asterisk ['æstərɪsk] ◆ n astérisque *m*. ◆ vt marquer d'un astérisque.

asterism ['æstərɪzm] n **1.** TYPO *trois astérisques en triangle* **2.** ASTRON & MINER astérisme *m*.

astern [ə'stɜ:n] ◆ adv à or sur l'arrière, en poupe ▸ **to go astern a)** [person] aller à l'arrière or en poupe **b)** [boat] faire machine arrière, battre en arrière, culer / *full speed astern!* en arrière toutes ! ◆ adj à or sur l'arrière.

asteroid ['æstərɔɪd] n astéroïde *m*.

asthenia [æs'θi:njə] n asthénie *f*.

asthenosphere [əs'θi:nə,sfɪə^r] n asthénosphère *f*.

asthma ['æsmə] ◆ n asthme *m* / *she has asthma* elle est asthmatique. ◆ comp ▸ **asthma attack** crise *f* d'asthme ▸ **asthma sufferer** asthmatique *mf*.

asthmatic [æs'mætɪk] ◆ adj asthmatique / *an asthmatic attack* une crise d'asthme. ◆ n asthmatique *mf*.

astigmatic [,æstɪg'mætɪk] ◆ adj astigmate. ◆ n astigmate *mf*.

astigmatism [æ'stɪgmətɪzm] n astigmatisme *m*.

astir [ə'stɜːʳ] adj *liter* **1.** [out of bed] debout *(inv)*, levé **2.** [in motion] animé.

astonish [ə'stɒnɪʃ] vt [surprise] étonner ; [amaze] stupéfier, ahurir / *we were astonished that she had come* nous étions stupéfaits qu'elle soit venue / *she was astonished to hear from him* or *at hearing from him* elle était stupéfaite d'avoir de ses nouvelles / *no! you astonish me!* non ! ce n'est pas vrai !

astonished [ə'stɒnɪʃt] adj surpris.

astonishing [ə'stɒnɪʃɪŋ] adj [surprising] étonnant ; [amazing] stupéfiant, ahurissant / *it's astonishing how he's changed* c'est stupéfiant comme il a changé / *with astonishing speed* à une vitesse incroyable or étonnante.

astonishingly [ə'stɒnɪʃɪŋlɪ] adv incroyablement / *she was astonishingly good at the piano* elle jouait incroyablement bien du piano / *astonishingly, they both decided to leave* aussi étonnant que cela paraisse, ils ont tous les deux décidé de partir.

astonishment [ə'stɒnɪʃmənt] n [surprise] étonnement *m* ; [amazement] stupéfaction *f*, ahurissement *m* / *they stared in astonishment* ils avaient l'air stupéfait / *a look of astonishment* un regard stupéfait or ahuri / *to our astonishment* à notre grand étonnement, à notre stupéfaction.

astound [ə'staʊnd] vt stupéfier, abasourdir / *we were astounded to hear the news* la nouvelle nous a stupéfaits / *I was astounded when she left like that* j'étais stupéfait qu'elle parte comme ça.

astounded [ə'staʊndɪd] adj stupéfait.

astounding [ə'staʊndɪŋ] adj stupéfiant, ahurissant.

astoundingly [ə'staʊndɪŋlɪ] adv incroyablement / *astoundingly beautiful* d'une beauté incroyable / *astoundingly enough, they'd already met* chose extraordinaire, ils s'étaient déjà rencontrés.

Astrakhan [,æstrə'kæn] pr n Astrakan, Astrakhan.

❖ **astrakhan** ◆ n astrakan *m*. ◆ comp [hat, jacket] d'astrakan.

astral ['æstrəl] adj astral.

astray [ə'streɪ] adv [lost] ▸ **to go astray** s'égarer, se perdre / *the letter went astray* la lettre s'est perdue ▸ **to lead sb astray a)** [misinform] mettre or diriger qqn sur une fausse piste **b)** [morally] détourner qqn du droit chemin / *don't be led astray by their so-called expertise* ne vous laissez pas tromper or abuser par leur soi-disant compétence / *he's easily led astray* il se laisse facilement entraîner hors du droit chemin.

astride [ə'straɪd] prep à califourchon or à cheval sur / *he sat astride the fence* il était assis à califourchon sur la barrière.

astringence [ə'strɪnʤəns], **astringency** [ə'strɪnʤənsɪ] n astringence *f*.

astringent [ə'strɪnʤənt] ◆ adj **1.** [remark] acerbe, caustique ; [criticism] dur, sévère **2.** [lotion] astringent. ◆ n astringent *m*.

astrolabe ['æstrəleɪb] n astrolabe *m*.

astrologer [ə'strɒləʤəʳ] n astrologue *mf*.

astrological [,æstrə'lɒʤɪkl] adj astrologique.

astrologist [ə'strɒləʤɪst] n astrologue *mf*.

astrology [ə'strɒləʤɪ] n astrologie *f*.

astronaut ['æstrənɔːt] n astronaute *mf*.

astronautic(al) [,æstrə'nɔːtɪk(l)] adj astronautique.

astronautics [,æstrə'nɔːtɪks] n *(U)* astronautique *f*.

astronomer [ə'strɒnəməʳ] n astronome *mf*.

astronomic(al) [,æstrə'nɒmɪk(l)] adj ASTRON & *fig* astronomique.

astronomically [,æstrə'nɒmɪklɪ] adv astronomiquement / *prices have risen astronomically* les prix sont montés en flèche.

astronomy [ə'strɒnəmɪ] n astronomie *f*.

astrophysicist [,æstrəʊ'fɪzɪsɪst] n astrophysicien *m*, -enne *f*.

astrophysics [,æstrəʊ'fɪzɪks] n *(U)* astrophysique *f*.

Astroturf® ['æstrəʊ,tɜːf] n gazon *m* artificiel.

Asturias [æ'stʊərɪæs] pr n Asturies *fpl* / *the prince of Asturias* le prince des Asturies.

astute [ə'stjuːt] adj [person - shrewd] astucieux, fin, perspicace ; [- crafty] malin, rusé ; [investment, management] astucieux / *how astute of you!* vous êtes malin !

astutely [ə'stjuːtlɪ] adv astucieusement, avec finesse or perspicacité.

astuteness [ə'stjuːtnɪs] n finesse *f*, perspicacité *f*.

Asuncion [ə,sʊnsɪ'ɒn] pr n Asuncion.

asunder [ə'sʌndəʳ] adj & adv *liter* [apart] écartés, éloignés (l'un de l'autre) ; [in pieces] en morceaux / *to be torn asunder* être mis en pièces.

ASV (abbr of **American Standard Version**) n *traduction américaine de la Bible*.

Aswan [æs'wɑːn] pr n Assouan ▸ **the Aswan (High) Dam** le barrage d'Assouan.

asylee [əsaɪ'liː] n US demandeur *m*, -euse *f* d'asile.

asylum [ə'saɪləm] n **1.** [refuge] asile *m*, refuge *m* ▸ **to give asylum to sb** donner asile à qqn ▸ **to grant sb political asylum** accorder l'asile politique à qqn **2.** [mental hospital] asile *m* (d'aliénés).

asylum-seeker n demandeur *m*, -euse *f* d'asile.

asymmetric(al) [,eɪsɪ'metrɪk(l)] adj asymétrique.

asymmetry [,eɪ'sɪmətrɪ] n asymétrie *f*.

asymptomatic ['eɪ,sɪmptə'mætɪk] adj asymptomatique.

asynchronous [,eɪ'sɪŋkrənəs] adj asynchrone.

asyndetic [,æsɪn'detɪk] adj asyndétique.

at *(weak form* [ət], *strong form* [æt]) prep **1.** [indicating point in space] à / *at the door* / *the bus stop* à la porte / l'arrêt de bus / *at my house* / *the dentist's* chez moi / le dentiste / *I'm at the airport* je suis à l'aéroport / *we're at the Savoy (Hotel)* [staying at] nous sommes au Savoy / *she's at a wedding* / *committee meeting* [attending] elle est à un mariage / en réunion avec le comité / *she was standing at the window* elle se tenait debout à la fenêtre / *turn left at the traffic lights* / *the Town Hall* tournez à gauche au feu / à la mairie / *change at Reading* RAIL prenez la correspondance à Reading / *where are you at with that report?* US où en êtes-vous avec ce rapport ? ▸ **to be where it's at** *inf* : *this club is where it's at* cette boîte est super branchée / *that's not where it's at* **a)** *inf* [not fashionable] ça n'est pas dans le vent **b)** US [not the important thing] là n'est pas la question / *that's not where I'm at inf* c'est pas mon truc **2.** [indicating point in time] à / *at noon* / *six o'clock* à midi / six heures / *I work at night* je travaille de nuit / *I like to work at night* j'aime travailler la nuit / *I'm busy at the moment* je suis occupé en ce moment / *at a time when...* à un moment où... ; [indicating age] : *he started working at 15* il a commencé à travailler à (l'âge de) 15 ans **3.** [indicating direction] vers, dans la direction de / *look at this!* regarde ça ! / *he shot at the rabbit* il a tiré sur le lapin / *she grabbed at the purse* elle a essayé de s'emparer du porte-monnaie / *don't shout at me!* ne me crie pas dessus ! **4.** [indicating activity] : *my parents are at work* mes parents sont au travail / *he was at lunch* il était allé déjeuner / *get me some coffee while you're at it inf* prenez-moi du café pendant que vous y êtes / *she's at it again! inf* la voilà qui recommence ! / *don't let me catch you at it again! inf* que je ne t'y reprenne pas ! **5.** [indicating level, rate] : *the temperature stands at 30°* la température est de 30° / *at 50 mph* à 80 km/h / *he drove at 50 mph* il faisait du 80 (à l'heure) / *the rise worked out at £1 an hour* l'augmentation correspondait à 1 livre de l'heure **6.** [indicating price] à / *it's a bargain at £5* à 5 livres, c'est une bonne affaire / *we sell it at (a price of) £1 a kilo* nous le vendons 1 livre le kilo **7.** [with superlative] à / *the water level was at its highest* / *lowest* le niveau d'eau était au plus ha ut / au plus bas / *she's at her most* / *least effective in such situations* c'est là qu'elle est le plus / le moins efficace **8.** [as adjective complement] en / *he's brilliant* / *hopeless at maths* il est excellent / nul en maths **9.** PHR ▸ **to be (on) at sb** *inf* harceler qqn / *he's always (on) at his secretary to arrive earlier* il n'arrête pas de harceler sa secrétaire pour qu'elle vienne plus tôt le matin / *his mother's always (on) at him to tidy his room* sa mère est toujours après lui or le harcèle toujours pour qu'il range sa chambre.

❖ **at all** adv phr : *he's not at all patient* il n'est pas du tout patient / *thank you for your help — not at all* merci de votre aide — je vous en prie or il n'y a pas de quoi / *nothing at all* rien du tout / *he comes rarely if at all* il vient très rarement, voire jamais / *if you had any feelings at all* si vous aviez le moindre sentiment / *if we had any money at all* si nous avions le moindre argent or ne serait-ce qu'un peu d'argent / *if you do any travelling at all, you'll know what I mean* si vous voyagez un tant soit peu, vous comprendrez ce que je veux dire.

❖ **at once** adv phr **1.** [immediately] tout de suite, immédiatement **2.** [simultaneously] en même temps / *they all came at once* ils sont tous arrivés en même temps / *don't all talk at once* ne parlez pas tous en même temps.

atavism ['ætəvɪzm] n atavisme *m*.

atavistic [,ætə'vɪstɪk] adj atavique.

ataxia [ə'tæksɪə] n ataxie *f*.

ataxic [ə'tæksɪk] adj ataxique.

ATB[1] (abbr of **all terrain bike**) n VTT *m*.

ATB[2] MESSAGING written abbr of **all the best**.

ATC ◆ n abbr of **air traffic control**. ◆ pr n (abbr of **Air Training Corps**) *unité de formation de l'armée de l'air britannique*.

ate [UK et US eɪt] pt ⟶ **eat**.

atelier [æ'telɪeɪ] n atelier *m*.

a tempo [ɑː'tempəʊ] adj & adv a tempo.

Athanasian Creed [,æθə'neɪʃn-] n ▸ **the Athanasian Creed** le symbole de saint Athanase.

atheism ['eɪθɪɪzm] n athéisme *m*.

atheist ['eɪθɪɪst] ◆ adj athée. ◆ n athée *mf*.

atheistic [,eɪθɪ'ɪstɪk] adj athée.

Athena [ə'θiːnə], **Athene** [ə'θiːniː] pr n Athéna *f*.

Athenian [ə'θiːnjən] ◆ n Athénien *m*, -enne *f*. ◆ adj athénien.

Athens ['æθɪnz] pr n Athènes / **'Timon of Athens'** *Shakespeare* 'Timon d'Athènes'.

athirst [ə'θɜːst] adj *liter* assoiffé / *athirst for revenge* assoiffé de vengeance.

athlete ['æθliːt] n [gen] sportif *m*, -ive *f* ; [track & field competitor] athlète *mf*.

athlete's foot n *(U)* mycose *f* / *to have athlete's foot* avoir une mycose.

athletic [æθ'letɪk] adj [sporty] sportif ; [muscular] athlétique / *she's very athletic* elle est très sportive.

athletics [æθ'letɪks] ◆ n *(U)* athlétisme *m*. ◆ comp [club, meeting] d'athlétisme ; [activity - track & field] athlétique ; [- other sport] sportif ▸ **athletics coach** US SCH & UNIV entraîneur *m* (sportif).

athletic support(er) n suspensoir *m*.

at-home n *inf réception chez soi*.

A3[1] ◆ n [paper size] format *m* A3. ◆ adj ▸ **A3 paper** papier *m* (format) A3.

A3[2] MESSAGING written abbr of **anytime, anywhere, anyplace**.

athwart [ə'θwɔːt] *liter* ◆ prep **1.** [across the path of] en travers de ; NAUT par le travers de **2.** [in opposition to] contre, en opposition à. ◆ adv en travers ; NAUT par le travers.

atishoo [ə'tɪʃuː] onomat atchoum !

Atlanta [ət'læntə] pr n Atlanta.

Atlantic [ət'læntɪk] ◆ adj [coast, community] atlantique ; [wind] de l'Atlantique ▸ **the Atlantic Ocean** l'Atlantique *m*, l'océan *m* Atlantique ▸ **the Atlantic Charter** le Pacte atlantique ▸ **Atlantic liner** transatlantique *m* ▸ **the Atlantic Provinces** [in Canada] les Provinces *fpl* atlantiques. ◆ pr n ▸ **the Atlantic** l'Atlantique *m*, l'océan *m* Atlantique.

Atlantis [ət'læntɪs] pr n Atlantide *f*.

atlas ['ætləs] n atlas *m*.

Atlas ['ætləs] pr n **1.** GEOG ▸ **the Atlas Mountains** l'Atlas *m* ▸ **the High Atlas** le Haut or Grand Atlas ▸ **the Middle Atlas** le Moyen Atlas **2.** MYTH Atlas.

atm. (written abbr of **atmosphere**) atm.

ATM[1] (abbr of **automated teller machine**) n distributeur *m* (de billets), DAB *m*.

ATM[2] MESSAGING written abbr of **at the moment**.

atmosphere ['ætmə,sfɪər] n **1.** [air] atmosphère *f* / *the smoky atmosphere bothered her* l'atmosphère enfumée la gênait **2.** [feeling, mood] ambiance *f*, atmosphère *f* / *there was an atmosphere of elation in the room* il régnait une joyeuse ambiance dans la pièce / *the place has no atmosphere* l'endroit est impersonnel / *there's a really bad atmosphere at the office just now* il y a une très mauvaise ambiance au bureau en ce moment.

atmospheric [,ætməs'ferɪk] adj **1.** [pollution, pressure] atmosphérique **2.** [full of atmosphere] : *the film was very atmospheric* il y avait beaucoup d'atmosphère dans ce film.

atmospherics [,ætməs'ferɪks] pl n parasites *mpl*.

atoll ['ætɒl] n atoll *m*.

atom ['ætəm] n **1.** SCI atome *m* **2.** *fig* : *there's not an atom of truth in what you say* il n'y a pas une once or un brin de vérité dans ce que tu dis / *they haven't one atom of common sense* ils n'ont pas le moindre bon sens.

atom bomb n bombe *f* atomique.

atomic [ə'tɒmɪk] adj [age, bomb, theory] atomique ▸ **atomic-powered** (fonctionnant à l'énergie) nucléaire or atomique ▸ **atomic power station** centrale *f* nucléaire ▸ **atomic warfare** guerre *f* nucléaire or atomique.

atomic clock n horloge *f* atomique.

atomic cocktail n *solution à l'iode radioactif utilisée dans le traitement du cancer.*

atomic energy n énergie *f* nucléaire or atomique.

Atomic Energy Authority pr n *commissariat à l'énergie atomique en Grande-Bretagne.*

Atomic Energy Commission pr n *commissariat à l'énergie atomique aux États-Unis.*

atomic heat n chaleur *f* atomique.

atomic mass n masse *f* or poids *m* atomique.

atomic number n nombre *m* or numéro *m* atomique.

atomic pile n pile *f* atomique, réacteur *m* nucléaire.

atomic power n énergie *f* atomique, réacteur *m* nucléaire.

atomic reactor n réacteur *m* nucléaire.

atomic structure n structure *f* atomique.

atomic volume n volume *m* atomique.

atomic weight n masse *f* or poids *m* atomique.

atomism ['ætəmɪzm] n atomisme *m*.

atomize, atomise ['ætəmaɪz] vt **1.** [liquid] pulvériser, atomiser, vaporiser ; [solid] atomiser **2.** [bomb] atomiser.

atomizer ['ætəmaɪzər] n atomiseur *m*.

atonal [eɪ'təʊnl] adj atonal.

atonality [,eɪtəʊ'nælətɪ] n atonalité *f*.

atone [ə'təʊn] ◆ vi ▸ **to atone for** : *to atone for one's sins* expier ses péchés / *how can I atone for my past unkindness?* comment me faire pardonner ma méchanceté passée ? / *to atone for a mistake* réparer or racheter une faute. ◆ vt [guilt, sin] expier.

atonement [ə'təʊnmənt] n [of crime, sin] expiation *f* ; [of mistake] réparation *f* / *to make atonement for one's sins* expier ses péchés / *they made atonement for their past mistakes* ils ont racheté leurs erreurs passées ▸ **Day of Atonement** (fête *f* du) Grand Pardon *m*.

atonic [eɪ'tɒnɪk] adj **1.** LING atone **2.** [muscle] atonique.

atony ['ætənɪ] n atonie *f*.

atop [ə'tɒp] *liter* ◆ adv en haut. ◆ prep en haut de, sur.

A to Z n plan *m* de ville / *an A to Z of London* un plan de Londres.

ATP (abbr of **Association of Tennis Professionals**) pr n ATP *f*.

Atreus ['eɪtrɪəs] pr n Atrée.

at-risk adj : *an at-risk group* un groupe or une population à risque.

atrium ['eɪtrɪəm] (*pl* **atria** [-trɪə] or **atriums**) n **1.** [court] cour *f* ; ANTIQ atrium *m* **2.** ANAT orifice *m* de l'oreillette.

atrocious [ə'trəʊʃəs] adj **1.** [cruel, evil] atroce, horrible **2.** [very bad] affreux, atroce.

atrociously [ə'trəʊʃəslɪ] adv **1.** [cruelly] atrocement, horriblement **2.** [badly] affreusement, atrocement.

atrocity [ə'trɒsətɪ] (*pl* **atrocities**) n atrocité *f*.

atrophy ['ætrəfɪ] (*pt & pp* **atrophied**) ◆ n atrophie *f*. ◆ vi s'atrophier. ◆ vt atrophier.

at-sign n TYPO & COMPUT arobase *f*.

attaboy ['ætəbɔɪ] excl US *inf* bravo ! vas-y mon petit !

attach [ə'tætʃ] ◆ vt **1.** [connect -handle, label] attacher, fixer ; [-appendix, document] joindre / *the attached letter* la lettre ci-jointe **2.** [associate with] : *he attached himself to a group of walkers* il s'est joint à un groupe de randonneurs **3.** [be part of] : *the research centre is attached to the science department* le centre de recherche dépend du or est rattaché au département des sciences **4.** [attribute] attacher, attribuer / *don't attach too much importance to this survey* n'accordez pas trop d'importance à cette enquête **5.** [place on temporary duty] affecter / *she's attached to NATO* elle est attachée à l'OTAN **6.** LAW [person] arrêter, appréhender ; [property, salary] saisir. ◆ vi *fml* être attribué, être imputé / *the benefits that attach to this position are considerable* les avantages attachés à ce poste sont énormes / *no blame attaches to you for what happened* la responsabilité de ce qui s'est produit ne repose nullement sur vous.

attaché [ə'tæʃeɪ] n attaché *m*, -e *f*.

attaché case n mallette *f*, attaché-case *m*.

attached [ə'tætʃt] adj attaché / *he's very attached to his family* il est très attaché or il tient beaucoup à sa famille / *she's (already) attached* elle a déjà quelqu'un dans sa vie / *I was very attached to that car* j'étais très attaché à cette voiture.

attachment [ə'tætʃmənt] n **1.** [to e-mail] pièce *f* jointe **2.** [fastening] fixation *f* **3.** [accessory, part] accessoire *m* **4.** [affection] attachement *m*, affection *f* ; [loyalty] attachement *m* / *she has a strong attachment to her grandfather* elle est très attachée à son grand-père **5.** [temporary duty] détachement *m* / *he's on attachment to the hospital* il est en détachement à l'hôpital **6.** LAW [of person] arrestation *f* ; [of property] saisie *f* ▸ **attachment of earnings** *saisie-arrêt du salaire, des biens ou des bienfaits d'un débiteur par un créancier.*

attack [ə'tæk] ◆ vt **1.** [assault -physically] attaquer ; [-verbally] attaquer, s'attaquer à ; MIL attaquer, assaillir **2.** [tackle] s'attaquer à / *a campaign to attack racism* une campagne pour combattre le racisme / *she attacked the problem with enthusiasm* elle s'est attaquée au problème avec enthousiasme **3.** [damage] attaquer, ronger / *the disease mainly attacks the very young* la maladie atteint essentiellement les très jeunes enfants / *this apathy attacks the very roots of democracy* cette apathie menace les racines mêmes de la démocratie. ◆ n **1.** [gen & SPORT] attaque *f* ; MIL attaque *f*, assaut *m* / *attacks on old people are on the increase* les agressions contre les personnes âgées sont de plus en plus nombreuses ▸ **to launch an attack on a)** *lit* donner l'assaut à **b)** *fig* [crime] lancer une opération contre **c)** [problem, policy] s'attaquer à / *to launch an attack on the enemy* donner l'assaut à l'ennemi / *yesterday the police launched an attack on petty theft in the area* hier la police a lancé une opération contre les larcins dans le secteur / *the newspaper launched an attack on government policy* le journal s'est attaqué à la politique gouvernementale / *we made a new attack on the problem* nous avons abordé le problème d'une autre façon / *the attack on her life failed* l'attentat contre elle a échoué / *the attack on drugs* le combat contre la drogue / *to return to the attack* revenir à la charge ▸ **to go on the attack** passer à l'attaque ▸ **to come under attack** être attaqué / *the infantry was under attack* l'infanterie subissait un assaut or était attaquée / *she felt as though she were under attack* elle s'est sentie agressée ▸ **to leave o.s. wide open to attack** prêter le flanc à la critique **2.** [of illness] crise *f* / *an attack of malaria / nerves* une crise de paludisme / de nerfs / *an attack of fever* un accès de fièvre **3.** MUS attaque *f*.

attack dog n chien *m* d'attaque.

attacker [ə'tækər] n [gen] agresseur *m*, attaquant *m*, -e *f* ; SPORT attaquant *m*.

attagirl ['ætəgɜːrl] excl US bravo !, vas-y ma petite !

attain [ə'teɪn] vt **1.** [achieve -ambition, hopes, objectives] réaliser ; [-happiness] atteindre à ; [-independence, success] obtenir ; [-knowledge] acquérir **2.** [arrive at, reach] atteindre, arriver à.

❖ **attain to** vt insep : *to attain to power* arriver au pouvoir.

attainable [ə'teɪnəbl] adj [level, objective, profits] réalisable ; [position] accessible / *a growth rate attainable by industrialized countries* un taux de croissance à la portée des or accessible aux pays industrialisés.

attainment [ə'teɪnmənt] n **1.** [of ambition, hopes, objectives] réalisation *f* ; [of independence, success] obtention *f* ; [of happiness] conquête *f* ; [of knowledge] acquisition *f* **2.** [accomplishment] résultat *m* (obtenu) ; [knowledge, skill] connaissance *f*.

attempt [ə'tempt] ◆ n **1.** [effort, try] tentative *f*, essai *m*, effort *m* / *what do you think of my latest attempt?* que pensez-vous de mon dernier essai ? ▸ **to make an attempt at doing sthg** or **to do sthg** essayer de faire qqch / *she made an attempt at gardening* elle a essayé le jardinage, elle s'est essayée au jardinage / *we made our first attempt in January* nous avons fait notre coup d'essai or nous avons essayé pour la première fois en janvier / *she made every attempt to put him at ease* elle a tout fait pour le mettre à l'aise / *he made no attempt to help* il n'a rien fait pour (nous) aider / *we made another attempt* nous avons renouvelé nos tentatives, nous sommes revenus à la charge / *no attempt will be made to stop you* on n'essaiera pas de vous arrêter, on ne fera rien pour vous arrêter / *he made an attempt on the record* il a essayé de battre le record / *he made a feeble attempt at a joke* il a essayé de plaisanter sans y parvenir / *he made it at the first attempt* il a réussi du premier coup / *I passed the test at my third attempt* j'ai réussi l'examen la troisième fois / *he was shot in an attempt to escape* il fut tué lors d'une tentative d'évasion or en essayant de s'évader / *she gave up her attempt to convince him* elle a renoncé à le convaincre / *he went out without any attempt to conceal himself* il est sorti sans chercher à se dissimuler **2.** [attack] attentat *m* / *he survived the attempt on his life* il a survécu à l'attentat perpétré contre lui. ◆ vt **1.** [try] tenter, essayer ; [undertake - job, task] entreprendre, s'attaquer à / *he attempted to cross the street* or *he attempted crossing the street* il a essayé de traverser la rue / *she plans to attempt the record again in June* elle a l'intention de s'attaquer de nouveau au record en juin / *to attempt the impossible* tenter l'impossible / *he has already attempted suicide once* il a déjà fait une tentative de suicide **2.** [in mountaineering

-ascent, climb] entreprendre ; [-mountain] entreprendre l'escalade de.

attempted [ə'temptɪd] adj tenté ▸ **attempted murder / suicide** tentative *f* de meurtre / de suicide.

attend [ə'tend] ◆ vt **1.** [go to -conference, meeting] assister à ; [-church, school] aller à / *will you be attending the meeting?* assisterez-vous à la réunion ? / *she attends the same course as me* elle suit les mêmes cours que moi / *I attended a private school* j'ai fait mes études dans une école privée / *the concert was well attended* il y avait beaucoup de monde au concert **2.** [look after, care for] servir, être au service de / *he was always attended by a manservant* un valet de chambre l'accompagnait partout / *a doctor attended the children* un médecin a soigné les enfants **3.** *fml* [accompany] accompagner / *serious consequences attend such an action* de telles actions entraînent de graves conséquences / *the mission was attended by great difficulties* la mission comportait de grandes difficultés. ◆ vi [be present] être présent / *let us know if you are unable to attend* prévenez-nous si vous ne pouvez pas venir.

❖ **attend on** vt insep **1.** [subj: maid] servir, être au service de ; [subj: bodyguard] accompagner ; [subj: doctor] soigner / *she attended on her guests* elle s'est occupée de ses invités **2.** *fml* [be consequence of] résulter de.

❖ **attend to** vt insep **1.** [pay attention to] faire or prêter attention à / *she attended closely to the instructions* elle a suivi les instructions attentivement **2.** [deal with -business, problem] s'occuper de ; [-studies] s'appliquer à ; [-customer] s'occuper de, servir ; [-wound] (faire) soigner / *are you being attended to?* [in shop] est-ce qu'on vous sert ?, est-ce qu'on s'occupe de vous ?

❖ **attend upon** vt insep = **attend on.**

attendance [ə'tendəns] ◆ n **1.** [number of people present] assistance *f* / *there was a record attendance of over 500 people* il y avait plus de 500 personnes, ce qui est un record / *a heavy* or *large attendance* une nombreuse assistance **2.** [presence] présence *f* / *attendance at classes is obligatory* la présence aux cours est obligatoire / *his poor attendance made a bad impression* ses nombreuses absences ont fait mauvaise impression / *your attendance is requested* vous êtes prié d'y assister / *regular attendance* assiduité *f* / *will you be in attendance?* **a)** *fml* serez-vous là ?, y assisterez-vous ? **b)** MED êtes-vous de service ? **3.** [service] service *m* / *several servants were in attendance on her* plusieurs domestiques l'escortaient or l'accompagnaient. ◆ comp [record] d'appel ▸ **attendance sheet** feuille *f* de présence.

attendance allowance n UK *allocation pour les handicapés.*

attendance centre n UK ≃ centre *m* de réinsertion.

attendant [ə'tendənt] ◆ n [in museum, park] gardien *m*, -enne *f* ; [in petrol station] pompiste *mf* ; [servant] domestique *mf* / *the king and his attendants* le roi et sa suite. ◆ adj *fml* **1.** [person -accompanying] qui accompagne ; [-on duty] en service / *the salesman attendant on us was a Mr Jones* le vendeur qui nous servait or s'occupait de nous était un certain M. Jones **2.** [related] : *there are some disadvantages attendant on working at home* le travail à domicile comporte certains inconvénients / *he talked about marriage and its attendant problems* il parla du mariage et des problèmes qui l'accompagnent.

attending physician n médecin *m* traitant.

attention [ə'tenʃn] ◆ n **1.** [concentration, thought] attention *f* / *he wouldn't start until he had their full attention* il refusait de commencer tant qu'il n'avait pas toute leur attention / *may I have your attention for a moment?* pourriez-vous m'accorder votre attention un instant ? / *we listened to him with close attention* nous l'avons écouté très attentivement / *she knows how to hold an audience's attention* elle sait retenir l'attention d'un auditoire / *they were all attention* ils étaient (tout yeux et) tout oreilles or tout ouïe ▸ **to pay attention** prêter attention / *he paid careful attention to everything she said* il a prêté une extrême attention à tout ce qu'elle disait / *I paid little attention to what she said* j'ai accordé peu d'attention à or j'ai fait peu de cas de ce qu'elle a dit / *we paid no attention to the survey* nous n'avons tenu aucun compte de l'enquête / *attention to detail* précision *f*, minutie *f* / *she switched her attention back to her book* elle est retournée à son livre ▸ **attention span** capacité *f* d'attention / *children have a very short attention span* les enfants ne peuvent pas se concentrer longtemps **2.** [notice] attention *f* / *he waved to attract* or *catch our attention* il a fait un geste de la main pour attirer notre attention / *the news came to his attention* il a appris la nouvelle / *let me bring* or *direct* or *draw your attention to the matter of punctuality* permettez que j'attire votre attention sur le problème de la ponctualité / *he drew attention to the rise in unemployment* il a attiré l'attention sur la montée du chômage / *let us now turn our attention to the population problem* considérons maintenant le problème démographique / *for the attention of Mr Smith* à l'attention de M. Smith ▸ **attention-seeking behaviour** conduite dictée par le désir de se faire remarquer **3.** [care] : *they need medical attention* ils ont besoin de soins médicaux / *the furnace requires constant attention* la chaudière demande un entretien régulier **4.** MIL garde-à-vous *m inv* ▸ **to stand at** / **to come to attention** se tenir / se mettre au garde-à-vous. ◆ interj ▸ **attention!** garde-à-vous !

❖ **attentions** pl n attentions *fpl*, égards *mpl* / *she felt irritated by his unwanted attentions* elle était agacée par les attentions dont il l'entourait.

attention-seeking ◆ n : *it's just attention-seeking* il / elle etc. ne cherche qu'à attirer l'attention sur lui / elle etc., il / elle etc. essaie juste de se faire remarquer. ◆ adj : *her attention-seeking behaviour* son besoin constant de se faire remarquer.

attentive [ə'tentɪv] adj **1.** [paying attention] attentif / *attentive to detail* méticuleux **2.** [considerate] attentionné, prévenant ▸ **to be attentive to sb** être prévenant envers qqn / *she was attentive to our every need* elle était attentive à tous nos besoins.

attentively [ə'tentɪvlɪ] adv **1.** [listen, read] attentivement, avec attention **2.** [solicitously] avec beaucoup d'égards.

attentiveness [ə'tentɪvnɪs] n **1.** [concentration] attention *f* **2.** [consideration] égards *mpl*, prévenance *f*.

attenuate ◆ vt **1.** [attack, remark] atténuer, modérer ; [pain] apaiser **2.** [form, line] amincir, affiner **3.** [gas] raréfier. ◆ vi [ə'tenjʊeɪt] s'atténuer, diminuer. ◆ adj [ə'tenjʊɪt] BOT atténué.

attenuated [ə'tenjʊeɪtɪd] adj MED [virus] atténué.

attenuation [ə,tenjʊ'eɪʃn] n **1.** [of attack, remark] atténuation *f*, modération *f* ; [of pain] atténuation *f*, apaisement *m* **2.** [of form] amincissement *m*.

attest [ə'test] *fml* ◆ vt **1.** [affirm] attester, certifier ; [under oath] affirmer sous serment **2.** [be proof of] démontrer, témoigner de **3.** [bear witness to] témoigner / *to attest a signature* légaliser une signature **4.** [put oath to] faire prêter serment à. ◆ vi témoigner, prêter serment / *she attested to the truth of the report* elle a témoigné de la véracité du rapport / *to attest to sb's honesty* se porter garant (de l'honnêteté) de qqn.

attestation [,æte'steɪʃn] n *fml* **1.** [statement] attestation *f* ; [in court] attestation *f*, témoignage *m* **2.** [proof] attestation *f*, preuve *f* **3.** [of signature] légalisation *f* **4.** [taking of oath] assermentation *f*, prestation *f* de serment.

attested milk [ə'testɪd-] n UK *lait venant d'un cheptel certifié (ayant été tuberculinisé).*

attic ['ætɪk] n [space] grenier *m* ; [room] mansarde *f*.

Attic ['ætɪk] ◆ adj attique ▸ **Attic salt** or **wit** sel *m* attique. ◆ n LING attique *m*, dialecte *m* attique.

Attica ['ætɪkə] pr n Attique *f* / *in Attica* en Attique.

Attila [ə'tɪlə] pr n ▸ **Attila the Hun** Attila roi des Huns.

attire [ə'taɪər] *fml* ◆ n *(U)* habits *mpl*, vêtements *mpl* ; [formal] tenue *f*. ◆ vt vêtir, habiller, parer / *she attired herself in silk* elle se vêtit de soie.

attitude ['ætɪtju:d] n **1.** [way of thinking] attitude *f*, disposition *f* / *what's your attitude to* or *towards him?* que pensez-vous de lui ? / *she took the attitude that...* elle est partie du principe que... / *an attitude of mind* un état d'esprit / *he has a very positive attitude of mind* il a une attitude extrêmement positive / *attitudes towards homosexuality are changing* les comportements à l'égard de l'homosexualité sont en train de changer **2.** [behaviour, manner] attitude *f*, manière *f* / *I don't like your attitude, young man* je n'aime pas vos manières, jeune homme / *well, if that's your attitude you can go* eh bien, si c'est comme ça que tu le prends, tu peux t'en aller / *he's got an attitude problem* il a des problèmes relationnels **3.** *fml* [posture] attitude *f*, position *f* ▸ **to strike an attitude** poser, prendre une pose affectée **4.** *inf* ▸ **to have attitude a)** [to be stylish] être stylé **b)** [to be arrogant] être arrogant / *hey, what's that attitude you got?* US *inf* eh, pas de ça avec moi ! / *don't give me attitude* ne sois pas si négatif.

attitudinal [,ætɪ'tju:dɪnəl] adj relatif aux attitudes ▸ **attitudinal research** enquête *f* d'attitudes.

attitudinize, attitudinise [,ætɪ'tju:dɪnaɪz] vi *pej* prendre des attitudes, poser.

attn, ATTN (written abbr of **for the attention of**) attn, à l'attention de.

attorney [ə'tɜ:nɪ] (*pl* **attorneys**) n **1.** [representative] mandataire *mf*, représentant *m*, -e *f* **2.** US [solicitor -for documents, sales, etc.] notaire *m* ; [-for court cases] avocat *m*, -e *f* ; [barrister] avocat *m*, -e *f*.

attorney-at-law n US avocat *m*, -e *f*.

Attorney General (*pl* **Attorneys General** *or* **Attorney Generals**) n [in England, Wales and Northern Ireland] *principal avocat de la Couronne* ; [in US] ≃ ministre *m* de la Justice.

attract [ə'trækt] ◆ vt **1.** [draw, cause to come near] attirer / *the proposal attracted a lot of attention* / *interest* la proposition a attiré l'attention / a éveillé l'intérêt de beaucoup de gens / *to attract criticism* s'attirer des critiques / *we hope to attract more young people to the church* nous espérons attirer davantage de jeunes à l'église **2.** [be attractive to] attirer, séduire, plaire / *she's attracted to men with beards* elle est attirée par les barbus / *what is it that attracts you about skiing?* qu'est-ce qui vous plaît or séduit dans le ski ? ◆ vi s'attirer ▸ **opposites attract** les contraires s'attirent.

attracter [ə'træktər] n PHYS attracteur *m*.

attraction [ə'trækʃn] n **1.** PHYS [pull] attraction *f* ; *fig* attraction *f*, attirance *f* / *I don't understand your attraction for* or *to her* je ne comprends pas ce qui te plaît chez or en elle / *the idea holds no attraction for me* cette idée ne me dit rien **2.** [appeal -of place, plan] attrait *m*, fascination *f* ; [-of person] charme *m*, charmes *mpl* / *it's the city's chief attraction* c'est l'attrait principal de la ville / *the attractions of living in the country* les charmes de la vie à la campagne / *the main attraction of our show* le clou or la grande attraction de notre spectacle ▸ **a tourist attraction** un site touristique.

attractive [ə'træktɪv] adj **1.** [pretty -person, smile] séduisant ; [-dress, picture] attrayant, beau *(before vowel or silent 'h' bel, f belle)* **2.** [interesting -idea, price] intéressant ; [-offer, opportunity] intéressant, attrayant **3.** PHYS [force] attractif.

attractively [ə'træktɪvlɪ] adv de manière attrayante / *to dress attractively* s'habiller de façon séduisante / *the meal was very attractively presented* le repas était très agréablement présenté.

attractiveness [ə'træktɪvnɪs] n **1.** [of person, smile] beauté *f*, charme *m* ; [of dress, picture] beauté *f* **2.** [of idea, opportunity, price] intérêt *m*, attrait *m* **3.** PHYS attraction *f*.

attractor = **attracter.**

attributable [ə'trɪbjʊtəbl] adj attribuable, imputable, dû ▸ **to be attributable to sthg** être attribuable or imputable or dû à qqch.

attribute ◆ vt [ə'trɪbju:t] [ascribe -accident, failure] attribuer, imputer ; [-invention, painting, quotation] prêter, attribuer ; [-success] attribuer / *to what do you attribute your success?* à quoi attribuez-vous votre réussite ? ◆ n ['ætrɪbju:t] **1.** [feature, quality] attribut *m* ; [object] attribut *m*, emblème *m* **2.** LING & LOGIC attribut *m*.

attribution [ˌætrɪ'bju:ʃn] n attribution *f*.

attributive [ə'trɪbjʊtɪv] ◆ n attribut *m*. ◆ adj [gen & GRAM] attributif.

attributively [ə'trɪbjʊtɪvlɪ] adv LING comme épithète.

attrition [ə'trɪʃn] n [wearing down] usure *f* (par friction) ; INDUST & RELIG attrition *f*.

attune [ə'tju:n] vt MUS accorder ; *fig* accorder, habituer / ***her ideas are closely attuned to his*** ses idées sont en parfait accord avec les siennes / ***my ears are not really attuned to this modern music*** mes oreilles ne sont pas vraiment habituées à cette musique moderne.

Atty. Gen. written abbr of **Attorney General.**

ATV n (abbr of **all terrain vehicle**) VTT *m (véhicule tout-terrain)*.

atypical [ˌeɪ'tɪpɪkl] adj atypique.

aubergine ['əʊbəʒi:n] n UK aubergine *f*.

aubretia [ɔ:'bri:ʃə] n aubrietia *m*.

auburn ['ɔ:bən] ◆ adj auburn *(inv)*. ◆ n (couleur *f*) auburn *m*.

auction ['ɔ:kʃn] ◆ n (vente *f* aux) enchères *fpl* ▸ **sold at** or **by auction** vendu aux enchères ▸ **to put sthg up for auction** mettre qqch en vente aux enchères / ***they put the house up for auction*** ils ont mis la maison en vente aux enchères. ◆ vt ▸ **to auction sthg (off)** vendre qqch aux enchères.

auction bridge n bridge *m* aux enchères.

auctioneer [ˌɔ:kʃə'nɪəʳ] n commissaire-priseur *m*.

auction room n salle *f* des ventes.

audacious [ɔ:'deɪʃəs] adj **1.** [daring] audacieux, intrépide **2.** [impudent] effronté, impudent.

audaciously [ɔ:'deɪʃəslɪ] adv **1.** [boldly] audacieusement, avec audace **2.** [impudently] effrontément, impudemment.

audacity [ɔ:'dæsətɪ] n **1.** [daring] audace *f*, intrépidité *f* **2.** [impudence] effronterie *f*, impudence *f* / ***he had the audacity to ask for a pay rise*** il a eu l'audace de demander une augmentation (de salaire).

audibility [ˌɔ:dɪ'bɪlətɪ] n audibilité *f*.

audible ['ɔ:dəbl] adj [sound] audible, perceptible ; [words] intelligible, distinct / ***the music was barely audible*** on entendait à peine la musique.

audibly ['ɔ:dəblɪ] adv distinctement.

audience ['ɔ:djəns] ◆ n **1.** [at film, match, play] spectateurs *mpl*, public *m* ; [at concert, lecture] auditoire *m*, public *m* ; [of author] lecteurs *mpl* ; [of artist] public *m* / ***someone in the audience laughed*** il y eut un rire dans la salle / ***the audience gave him a standing ovation*** le public s'est levé pour l'ovationner / ***was there a large audience at the play?*** y avait-il beaucoup de monde au théâtre ? / ***his books reach a wide audience*** ses livres sont lus par beaucoup de gens **2.** RADIO auditeurs *mpl*, audience *f* ; TV téléspectateurs *mpl*, audience *f* **3.** *fml* [meeting] audience *f* ▸ **to grant sb an audience** accorder audience à qqn. ◆ comp [figures] de l'assistance, du public ▸ **audience participation** participation *f* de l'assistance (à ce qui se passe sur la scène) ▸ **audience rating** indice *m* d'écoute ▸ **audience research** études *fpl* d'audience.

audio ['ɔ:dɪəʊ] ◆ n son *m*, acoustique *f* / ***the audio has gone*** le son ne marche plus. ◆ comp ▸ **audio cassette** cassette *f* audio ▸ **audio conference** audioconférence *f* ▸ **audio equipment** équipement *m* acoustique ▸ **audio recording** enregistrement *m* sonore ▸ **audio system** système *m* audio.

audioblog ['ɔ:dɪəʊblɒg] n audioblog *m*.

audiobook ['ɔ:dɪəʊbʊk] n livre *m* audio.

audio frequency n audiofréquence *f*.

audiology [ˌɔ:dɪ'ɒlədʒɪ] n audiologie *f*.

audiometer [ˌɔ:dɪ'ɒmɪtəʳ] n audiomètre *m*.

audiophile ['ɔ:dɪəʊfaɪl] n audiophile *mf*.

audio response n réponse *f* acoustique.

audiotyping ['ɔ:dɪəʊˌtaɪpɪŋ] n audiotypie *f*.

audiotypist ['ɔ:dɪəʊˌtaɪpɪst] n audiotypiste *mf*.

audiovisual [ˌɔ:dɪəʊ'vɪzjʊəl] adj audiovisuel ▸ **audiovisual aids** supports *mpl* audiovisuels ▸ **audiovisual methods** l'audiovisuel, les méthodes audiovisuelles.

audit ['ɔ:dɪt] ◆ n vérification *f* des comptes, audit *m*. ◆ vt **1.** [accounts] vérifier, apurer **2.** US UNIV : ***he audits several courses*** il assiste à plusieurs cours en tant qu'auditeur libre.

audition [ɔ:'dɪʃn] ◆ n **1.** THEAT audition *f* ; CIN & TV (séance *f* d')essai *m* / ***the director gave her an audition*** **a)** THEAT le metteur en scène l'a auditionnée **b)** CIN & TV le metteur en scène lui a fait faire un essai ▸ **to hold auditions a)** THEAT organiser des auditions **b)** CIN & TV organiser des essais ▸ **to do an audition** passer une audition **2.** [hearing] ouïe *f*, audition *f*. ◆ vt THEAT auditionner ; CIN & TV faire faire un essai à. ◆ vi THEAT [director] auditionner ; [actor] passer une audition ; CIN & TV faire un essai / ***I auditioned for "Woyzeck"*** **a)** THEAT j'ai passé une audition pour un rôle dans « Woyzeck » **b)** CIN & TV j'ai fait un essai pour un rôle dans « Woyzeck ».

auditor ['ɔ:dɪtəʳ] n **1.** [accountant] commissaire *m* aux comptes, auditeur *m*, -trice *f*, audit *m* **2.** *fml* [listener] auditeur *m*, -trice *f* **3.** US [student] auditeur *m*, -trice *f* libre.

auditorium [ˌɔ:dɪ'tɔ:rɪəm] (*pl* **auditoriums** *or* **auditoria** [-rɪə]) n **1.** [of concert hall, theatre] salle *f* **2.** [large meeting room] amphithéâtre *m*.

auditory ['ɔ:dɪtrɪ] adj auditif ▸ **auditory phonetics** phonétique *f* auditive.

audit trail n COMPUT protocole *m* de vérification or de contrôle.

au fait [ˌəʊ'feɪ] adj ▸ **to be au fait with sthg** être au courant de qqch.

Aug. written abbr of **August.**

Augean [ɔ:'dʒi:ən] adj [filthy] crasseux, dégoûtant ; [corrupt] corrompu ▸ **the Augean stables** les écuries *fpl* d'Augias.

auger ['ɔ:gəʳ] n [hand tool] vrille *f* ; TECH foreuse *f*.

aught [ɔ:t] *arch & liter* ◆ pron ce que / ***for aught I know*** (pour) autant que je sache / ***for aught I care*** pour ce que cela me fait. ◆ n zéro *m*.

augment [ɔ:g'ment] ◆ vt **1.** [increase] augmenter, accroître / ***her salary is augmented by*** or ***with gratuities*** à son salaire s'ajoutent les pourboires **2.** MUS augmenter. ◆ vi augmenter, s'accroître.

augmentation [ˌɔ:gmen'teɪʃn] n **1.** [increase] augmentation *f*, accroissement *m* **2.** MUS augmentation *f*.

augmentative [ɔ:g'mentətɪv] adj augmentatif.

augmented [ɔ:g'mentɪd] adj augmenté.

Augsburg ['aʊgzbɜ:g] pr n Augsbourg.

augur ['ɔ:gəʳ] ◆ vi : ***this weather augurs ill / well for our holiday*** ce temps est de mauvais / bon augure pour nos vacances. ◆ vt [predict] prédire, prévoir ; [be omen of] présager / ***the situation augurs nothing good*** la situation ne présage rien de bon. ◆ n augure *m*.

augury ['ɔ:gjʊrɪ] (*pl* **auguries**) n **1.** [art] art *m* augural ; [rite] rite *m* augural **2.** [omen] augure *m*, présage *m* ; [prediction] prédiction *f*.

august [ɔ:'gʌst] adj *liter* [dignified] auguste, vénérable ; [noble] noble.

August ['ɔ:gəst] n août *m* ▸ **August Bank Holiday** *jour férié tombant le dernier lundi d'août en Angleterre et au pays de Galles, le premier lundi d'août en Écosse.* See also **February.**

Augustan [ɔ:'gʌstən] adj d'Auguste ▸ **the Augustan Period a)** [in Latin literature] le siècle d'Auguste **b)** [in English literature] l'époque *f* d'Auguste.

Augustine [ɔ:'gʌstɪn] pr n ▸ **Saint Augustine** saint Augustin.

Augustinian [ˌɔ:gə'stɪnɪən] ◆ adj augustinien, de saint Augustin. ◆ n [follower] augustinien *m* ; [monk] augustin *m*.

Augustus [ɔ:'gʌstəs] pr n Auguste.

auk [ɔ:k] n pingouin *m*.

auld [ɔ:ld] adj Scot vieux (vieille) ▸ **the Auld Alliance** HIST *l'ancienne alliance (XIIIe-XIVe siècle) unissant l'Écosse et la France contre l'Angleterre, dont le souvenir est encore souvent évoqué aujourd'hui* ▸ **the Auld Enemy** *surnom donné à l'Angleterre par les Écossais* ▸ **Auld Lang Syne** MUS *chanson sur l'air de « ce n'est qu'un au revoir » que l'on chante à minuit le soir du 31 décembre* ▸ **Auld Reekie** *inf surnom donné à Édimbourg, qui signifie littéralement « la vieille enfumée ».*

aunt [ɑ:nt] n tante *f*.

auntie ['ɑ:ntɪ] n UK *inf* tantine *f*, tata *f*, tatie *f* / ***auntie Susan*** tante Susan.

Auntie pr n UK *inf surnom affectueux de la BBC, perçue comme une vieille tante détentrice des valeurs morales.*

Aunt Sally [-'sælɪ] (*pl* **Aunt Sallies**) n UK [at fairground] ≃ jeu *m* de massacre ; *fig* [person] tête *f* de Turc.

aunty ['ɑ:ntɪ] (*pl* **aunties**) n = **auntie.**

AUP (abbr of **Acceptable Use Policy**) n COMPUT *code de conduite défini par un fournisseur d'accès à l'Internet.*

au pair [ˌəʊ'peəʳ] (*pl* **au pairs**) ◆ n (jeune fille *f*) au pair *f*. ◆ adj au pair. ◆ adv ▸ **to work au pair** travailler au pair. ◆ vi travailler au pair.

aura ['ɔ:rə] (*pl* **auras** *or* **aurae** ['ɔ:ri:]) n **1.** [of person] aura *f*, émanation *f* ; [of place] atmosphère *f*, ambiance *f* / ***there's an aura of mystery about her*** il y a quelque chose de mystérieux chez elle **2.** MED aura *f*.

aural ['ɔ:rəl] adj **1.** [relating to hearing] auditif, sonore ▸ **aural comprehension** compréhension *f* orale ▸ **aural skills** aptitudes *fpl* à la compréhension orale **2.** [relating to the ear] auriculaire.

aurally ['ɔ:rəlɪ] adv ▸ **aurally handicapped** malentendant.

aureole ['ɔ:rɪəʊl] n auréole *f*.

auricle ['ɔ:rɪkl] n **1.** [of ear] auricule *f* **2.** [of heart] oreillette *f*.

auricular [ɔ:'rɪkjʊləʳ] adj auriculaire.

aurochs ['ɔ:rɒks] (*pl* **aurochs**) n aurochs *m*.

aurora [ɔ:'rɔ:rə] (*pl* **auroras** *or* **aurorae** [-ri:]) n aurore *f*.

Aurora pr n MYTH Aurore.

aurora australis [ɔ:ˌrɔ:rəɒ'streɪlɪs] n aurore *f* australe.

aurora borealis [-ˌbɔ:rɪ'eɪlɪs] n aurore *f* boréale.

auscultation [ˌɔ:skəl'teɪʃn] n auscultation *f*.

auspices ['ɔ:spɪsɪz] pl n : ***under the auspices of the UN*** sous les auspices de l'ONU.

auspicious [ɔ:'spɪʃəs] adj [event, start, occasion] propice, favorable ; [sign] de bon augure / ***we made an auspicious beginning*** nous avons pris un bon départ.

auspiciously [ɔ:'spɪʃəslɪ] adv favorablement, sous d'heureux auspices / ***the meeting began auspiciously*** la réunion a bien commencé.

Aussie ['ɒzɪ] *inf* ◆ n Australien *m*, -enne *f*. ◆ adj australien.

austere [ɒ'stɪəʳ] adj **1.** [person] austère, sévère ; [life] austère, sobre, ascétique **2.** [design, interior] austère, sobre.

austerely [ɒ'stɪəlɪ] adv **1.** [live] austèrement, avec austérité, comme un ascète **2.** [dress, furnish] austèrement, avec austérité, sobrement.

austerity [ɒ'sterətɪ] (*pl* **austerities**) ◆ n **1.** [simplicity] austérité *f*, sobriété *f* **2.** [hardship] austérité *f* / ***a period of austerity*** une période d'austérité, des temps difficiles **3.** *(usu pl)* [practice] austérité *f*, pratique *f* austère. ◆ comp [budget, measure] d'austérité.

Australasia [ˌɒstrə'leɪʒjə] pr n Australasie *f* / ***in Australasia*** en Australasie.

Australasian [ˌɒstrə'leɪʒn] ◆ n natif *m*, -ive *f* de l'Australasie. ◆ adj d'Australasie.

Australia [ɒ'streɪljə] pr n Australie *f* / ***in Australia*** en Australie ▸ **the Commonwealth of Australia** l'Australie.

Australia Day n *premier lundi suivant le 26 janvier (commémorant l'arrivée des Britanniques en Australie en 1788).*

Australian [ɒ'streɪljən] ◆ n **1.** [person] Australien *m*, -enne *f* **2.** LING australien *m*. ◆ adj australien ▸ **the Australian Alps** les Alpes *fpl* australiennes.

Australian Antarctic Territory pr n Antarctique *f* australienne.

Australian Capital Territory pr n Territoire *m* fédéral de Canberra.

Australianize, Australianise [ɒ'streɪljənaɪz] vt donner un caractère australien à.

Australian Rules (football) n *sport ressemblant au rugby.*

Austral Islands ['ɔ:strəl-] pl pr n ▸ **the Austral Islands** les îles *fpl* Australes / *in the Austral Islands* aux îles Australes.

Australoid ['ɒstrəlɔɪd] ◆ adj australoïde. ◆ n australoïde *mf*.

Australopithecus [,ɒstrələ'pɪθɪkəs] n australopithèque *m*.

Austria ['ɒstrɪə] pr n Autriche *f* / *in Austria* en Autriche.

Austria-Hungary pr n Autriche-Hongrie *f*.

Austrian ['ɒstrɪən] ◆ n Autrichien *m*, -enne *f*. ◆ adj autrichien.

Austrian blind n store *m* autrichien.

Austro-Hungarian [,ɒstrəʊ-] adj austro-hongrois.

Austronesian [,ɒstrə'ni:ʒən] adj austronésien.

autarchy ['ɔ:tɑ:kɪ] (*pl* **autarchies**) n **1.** = **autocracy 2.** [self-rule] autocratie *f*.

autarky ['ɔ:tɑ:kɪ] (*pl* **autarkies**) n **1.** [system] autarcie *f* **2.** [country] pays *m* en autarcie.

authentic [ɔ:'θentɪk] adj [genuine] authentique ; [accurate, reliable] authentique, véridique / *each document being authentic* LAW chaque texte faisant foi.

authentically [ɔ:'θentɪklɪ] adv de façon authentique.

authenticate [ɔ:'θentɪkeɪt] vt [painting] établir l'authenticité de ; [signature] légaliser.

authentication [ɔ:,θentɪ'keɪʃn] n authentification *f*, certification *f*.

authenticity [,ɔ:θen'tɪsətɪ] n authenticité *f*.

author ['ɔ:θər] ◆ n **1.** [writer] auteur *m*, écrivain *m* / *have you ever read this author?* avez-vous déjà lu des livres de cet auteur ? **2.** [of idea, plan] auteur *m* ; [of painting, sculpture] auteur *m*, créateur *m*. ◆ vt être l'auteur de.

authoress ['ɔ:θərɪs] n **1.** [writer] auteure *f* **2.** [of idea, plan] auteur *m* ; [of painting, sculpture] auteur *m*, créatrice *f*.

authoring ['ɔ:θərɪŋ] n [of DVD] authoring *m (création des menus et du système de navigation)* ▸ **authoring language** COMPUT langage *m* auteur ▸ **authoring package** or **software** COMPUT logiciel *m* auteur ▸ **authoring tool** COMPUT outil *m* auteur.

authoritarian [ɔ:,θɒrɪ'teərɪən] ◆ adj autoritaire. ◆ n personne *f* autoritaire / *the boss is a strict authoritarian* le patron est très autoritaire or croit ferme à l'autorité.

authoritarianism [ɔ:,θɒrɪ'teərɪənɪzm] n autoritarisme *m*.

authoritative [ɔ:'θɒrɪtətɪv] adj **1.** [manner, person] autoritaire **2.** [article, report] qui fait autorité **3.** [official] autorisé, officiel.

authoritatively [ɔ:'θɒrɪtətɪvlɪ] adv avec autorité, de manière autoritaire *pej*.

authority [ɔ:'θɒrətɪ] (*pl* **authorities**) n **1.** [power] autorité *f*, pouvoir *m* / *who's in authority here?* où est le patron ? / *she has authority* or *she is in authority over all the staff* elle a autorité sur tout le personnel / *he made his authority felt* il faisait sentir son autorité / *those in authority in Haiti* ceux qui gouvernent en Haïti **2.** [forcefulness] autorité *f*, assurance *f* / *"no!" he said with authority* « non ! » dit-il avec autorité / *her conviction gave authority to her argument* sa conviction a donné du poids à son raisonnement / *his opinions carry a lot of authority* ses opinions font autorité **3.** [permission] autorisation *f*, droit *m* / *who gave him (the) authority to enter?* qui lui a donné l'autorisation d'entrer ?, qui l'a autorisé à entrer ? / *they had no authority to answer* ils n'étaient pas habilités à répondre / *I decided on my own authority* j'ai décidé de ma propre autorité or de mon propre chef / *on his authority* avec son autorisation / *without authority* sans autorisation **4.** *(usu pl)* [people in command] autorité *f* ▸ **the authorities** les autorités, l'administration *f* / *the proper authorities* qui de droit, les autorités compétentes / *the education* | *housing authority services chargés de l'éducation | du logement* / *we'll go to the highest authority in the land* nous nous adresserons aux plus hautes instances du pays **5.** [expert] autorité *f*, expert *m* ; [article, book] autorité *f* / *he's an authority on China* c'est un grand spécialiste de la Chine **6.** [testimony] : *I have it on his authority that she was there* il m'a certifié qu'elle était présente / *we have it on good authority that...* nous tenons de source sûre or de bonne source que... **7.** [permit] autorisation *f*.

authorization [,ɔ:θəraɪ'zeɪʃn] n [act, permission] autorisation *f* ; [official sanction] pouvoir *m*, mandat *m* / *he has authorization to leave the country* il est autorisé à quitter le pays / *you can't do anything without authorization from the management* vous ne pouvez rien faire sans l'autorisation de la direction.

authorize, authorise ['ɔ:θəraɪz] vt **1.** [empower] autoriser / *she is authorized to act for her father* elle a pouvoir de représenter son père, elle est autorisée à représenter son père **2.** [sanction] autoriser, sanctionner / *to authorize a loan* consentir un prêt / *to authorize a drug for the market* LAW homologuer un médicament.

authorized ['ɔ:θəraɪzd] adj autorisé ▸ **authorized capital** FIN capital *m* social or nominal ▸ **authorized dealer** COMM concessionnaire *m*, distributeur *m* agréé ▸ **duly authorized officer** FIN & LAW représentant *m* dûment habilité.

Authorized Version n ▸ **the Authorized Version** *la version anglaise de la Bible de 1611 « autorisée » par le roi Jacques Ier d'Angleterre.*

authorship ['ɔ:θəʃɪp] n **1.** [of book] auteur *m*, paternité *f* ; [of invention] paternité *f* / *a work of unknown authorship* un ouvrage or une œuvre anonyme / *they have established the authorship of the book* ils ont identifié l'auteur du livre / *he claimed authorship of the invention* il a revendiqué la paternité de l'invention **2.** [profession] profession *f* d'auteur or d'écrivain.

autism ['ɔ:tɪzm] n autisme *m*.

autistic [ɔ:'tɪstɪk] adj autiste.

auto ['ɔ:təʊ] US ◆ n *inf* voiture *f*, auto *f*. ◆ comp d'auto, automobile ▸ **auto accident** accident *m* de voiture ▸ **auto industry** industrie *f* automobile ▸ **auto parts** pièces *fpl* détachées (pour voiture).

autoantibody ['ɔ:təʊ,æntɪbɒdɪ] n autoanticorps *m*.

autobank ['ɔ:təʊ,bæŋk] n distributeur *m* automatique de billets (de banque).

autobiographic ['ɔ:tə,baɪə'græfɪk] adj autobiographique.

autobiography [,ɔ:təbaɪ'ɒgrəfɪ] (*pl* **autobiographies**) n autobiographie *f*.

autocade ['ɔ:təʊkeɪd] n US cortège *m* d'automobiles.

autoclave ['ɔ:təʊkleɪv] n autoclave *m*.

autocorrect [,ɔ:təʊkə'rekt] vt COMPUT corriger automatiquement.

autocracy [ɔ:'tɒkrəsɪ] (*pl* **autocracies**) n autocratie *f*.

autocrat ['ɔ:təkræt] n autocrate *m*.

autocratic [,ɔ:tə'krætɪk] adj autocratique.

autocross ['ɔ:təʊkrɒs] n autocross *m*.

Autocue® ['ɔ:təʊkju:] n UK téléprompteur *m*.

auto-da-fé [,ɔ:təʊdɑ:'feɪ] (*pl* **autos-da-fé** [,ɔ:təʊz-]) n autodafé *m*.

autodestruct [,ɔ:təʊdɪ'strʌkt] ◆ vi s'autodétruire. ◆ adj qui s'autodétruit.

auto-dial ['ɔ:təʊ,daɪəl] n : *a phone with auto-dial* un poste à numérotation automatique.

autodidact ['ɔ:təʊdaɪdækt] n autodidacte *mf*.

autoerotic [,ɔ:təʊɪ'rɒtɪk] adj autoérotique.

autoeroticism [,ɔ:təʊɪ'rɒtɪsɪzm], **autoerotism** [,ɔ:təʊ'erətɪzm] n autoérotisme *m*.

autofocus ['ɔ:təʊ,fəʊkəs] n autofocus *m inv*.

autoformat ['ɔ:təʊ,fɔ:mæt] n COMPUT composition *f* automatique.

autogamous [ɔ:'tɒgəməs] adj autogame.

autogenous [ɔ:'tɒdʒənəs] adj autogène ▸ **autogenous training** training *m* autogène, autorelaxation *f*.

autogiro, autogyro [,ɔ:təʊ'dʒaɪərəʊ] n autogire *m*.

autograph ['ɔ:təgrɑ:f] ◆ n autographe *m*. ◆ comp [letter] autographe ; [album, hunter] d'autographes. ◆ vt [book, picture] dédicacer ; [letter, object] signer.

autogyro = **autogiro**.

autohypnosis [,ɔ:təʊhɪp'nəʊsɪs] n auto-hypnose *f*.

autoimmune [,ɔ:təʊɪ'mju:n] adj auto-immun ▸ **autoimmune disease** maladie *f* auto-immune.

autoimmunity [,ɔ:təʊɪ'mju:nətɪ] n auto-immunisation *f*.

autoinfection [,ɔ:təʊɪn'fekʃn] n auto-infection *f*.

automaker ['ɔ:təʊ,meɪkər] n US constructeur *m* automobile.

automat ['ɔ:təmæt] n [machine] distributeur *m* automatique ; US [room] cafétéria *f* équipée de distributeurs automatiques.

automata [ɔ:'tɒmətə] pl ⟶ **automaton**.

automate ['ɔ:təmeɪt] vt automatiser.

automated ['ɔ:təmeɪtɪd] adj automatisé ▸ **automated telling machine** or **automated teller** distributeur *m* automatique (de billets).

automatic [,ɔ:tə'mætɪk] ◆ adj [machine] automatique ; [answer, smile] automatique, machinal ▸ **automatic data processing** COMPUT traitement *m* automatique des données ▸ **automatic pistol** pistolet *m* automatique, automatique *m*. ◆ n **1.** [weapon] automatique *m* **2.** AUTO voiture *f* à boîte or à transmission automatique / *a Volkswagen automatic* une Volkswagen à boîte or à transmission automatique.

automatically [,ɔ:tə'mætɪklɪ] adv *lit* automatiquement ; *fig* automatiquement, machinalement / *teachers are automatically retired at the age of 65* les enseignants sont mis à la retraite d'office à l'âge de 65 ans ▸ **automatically void** LAW nul de plein droit / *I just automatically assumed he was right* j'ai automatiquement supposé qu'il avait raison.

automatic pilot n pilote *m* automatique ▸ **on automatic pilot** en pilotage automatique / *I just went onto automatic pilot fig* j'ai poursuivi machinalement / *I'm on automatic pilot this morning* je marche au radar ce matin.

automation [,ɔ:tə'meɪʃn] n [process of making automatic] automatisation *f* ; [state of being automatic] automation *f* ▸ **factory** or **industrial automation** productique *f*.

automatism [ɔ:'tɒmətɪzm] n automatisme *m*.

automatize, automatise [ɔ:'tɒmətaɪz] vt automatiser.

automaton [ɔ:'tɒmətən] (*pl* **automatons** or **automata** [-tə]) n automate *m*.

automobile ['ɔ:təməbi:l] n US automobile *f*, voiture *f*.

automotive [,ɔ:tə'məʊtɪv] adj **1.** AUTO [engineering, industry] (de l')automobile **2.** [self-propelled] automoteur.

autonomic [,ɔ:tə'nɒmɪk] adj autonome.

autonomous [ɔ:'tɒnəməs] adj autonome.

autonomy [ɔ:'tɒnəmɪ] (*pl* **autonomies**) n **1.** [self-government] autonomie *f* **2.** [country] pays *m* autonome.

autopilot [,ɔ:təʊ'paɪlət] n = **automatic pilot**.

autopsy ['ɔ:tɒpsɪ] (*pl* **autopsies**) n autopsie *f*.

autosave ['ɔ:təʊ,seɪv] n COMPUT sauvegarde *f* automatique.

autosuggestion [ˌɔːtəʊsəˈdʒestʃn] n autosuggestion *f.*

autotimer [ˈɔːtəʊˌtaɪməʳ] n programmateur *m.*

autowinder [ˈɔːtəʊˌwaɪndəʳ] n avance *f* automatique du film.

autumn [ˈɔːtəm] ◆ n automne *m* / *in (the) autumn* en automne. ◆ comp [colours, weather] d'automne, automnal ▸ **autumn leaves a)** [on tree] feuilles *fpl* d'automne **b)** [dead] feuilles *fpl* mortes.

autumnal [ɔːˈtʌmnəl] adj automnal, d'automne.

Auvergne [əʊˈveən] pr n Auvergne *f* / *in Auvergne* en Auvergne.

auxiliary [ɔːɡˈzɪljərɪ] (*pl* **auxiliaries**) ◆ adj auxiliaire, supplémentaire / *auxiliary power unit* unité *f* auxiliaire d'alimentation / *auxiliary staff* **a)** [gen] le personnel auxiliaire, les auxiliaires *mpl* **b)** UK SCH personnel *m* auxiliaire non enseignant. ◆ n **1.** [assistant, subordinate] auxiliaire *mf* ▸ **nursing auxiliary** infirmier *m*, -ère *f* auxiliaire, aide-soignant *m*, -e *f* **2.** MIL ▸ **auxiliaries** auxiliaires *mpl* **3.** GRAM (verbe *m*) auxiliaire *m.*

auxiliary verb n (verbe *m*) auxiliaire *m.*

av. (written abbr of **average**) adj moyen.

AV ◆ n abbr of **Authorized Version.** ◆ adj abbr of **audiovisual.**

Av. (written abbr of **avenue**) av.

avail [əˈveɪl] ◆ n ▸ **of no avail** : *it is of no avail to complain* il est inutile de se plaindre / *his efforts were of no avail* ses efforts n'ont eu aucun effet ▸ **to no avail** sans effet / *they argued with her to no avail* ils ont essayé en vain de la convaincre ▸ **to little avail** sans grand effet / *we tried but it was to little avail* nous avons essayé mais cela n'a pas servi à grand-chose. ◆ vt ▸ **to avail o.s. of sthg** se servir or profiter de qqch / *I availed myself of the opportunity to thank her* j'ai profité de l'occasion pour or j'ai saisi cette occasion de la remercier. ◆ vi *liter* servir / *nothing could avail against the storm* rien ne s'avéra efficace contre l'orage.

availability [əˌveɪləˈbɪlətɪ] (*pl* **availabilities**) n **1.** [accessibility] disponibilité *f* **2.** US *pej* POL [of candidate] caractère *m* valable.

available [əˈveɪləbl] adj **1.** [accessible, to hand] disponible / *they made the data available to us* ils ont mis les données à notre disposition / *we tried every available means* nous avons essayé (par) tous les moyens possibles / *they're available in three sizes* ils sont disponibles en trois tailles **2.** [free] libre, disponible / *the minister in charge was not available for comment* le ministre responsable s'est refusé à toute déclaration / *were there any available men at the party?* est-ce qu'il y avait des hommes disponibles or libres à la soirée ? **3.** US *pej* POL [candidate] valable *(en raison de son caractère inoffensif).*

available market n marché *m* effectif.

avalanche [ˈævəlɑːnʃ] ◆ n *lit & fig* avalanche *f.* ◆ vi tomber en avalanche.

avant-garde [ˌævɒŋˈɡɑːd] ◆ n avant-garde *f.* ◆ adj d'avant-garde, avant-gardiste.

avarice [ˈævərɪs] n avarice *f*, pingrerie *f.*

avaricious [ˌævəˈrɪʃəs] adj avare, pingre.

avatar [ˌævəˈtɑːʳ] n RELIG avatar *m* ; *fig* manifestation *f* ; COMPUT [in chatroom] avatar *m.*

avdp. written abbr of **avoirdupois.**

Ave. (written abbr of **avenue**) av.

Avebury [ˈeɪvbrɪ] pr n *village du sud de l'Angleterre connu pour ses mégalithes.*

Ave (Maria) [ˈɑːvɪ(məˈrɪə)] n Ave *m* (Maria) *(inv).*

avenge [əˈvendʒ] vt venger / *he avenged his brother's death* il a vengé la mort de son frère / *he intends to avenge himself on his enemy* il a l'intention de se venger de or de prendre sa revanche sur son ennemi.

avenger [əˈvendʒəʳ] n vengeur *m*, -eresse *f* / **'The Avengers'** [TV series] 'Chapeau melon et bottes de cuir'.

avenging [əˈvendʒɪŋ] adj vengeur / *an avenging angel* un ange exterminateur.

Aventine Hill [ˈævənˌtaɪn-] pr n ▸ **the Aventine Hill** le mont Aventin.

avenue [ˈævənjuː] n **1.** [public] avenue *f*, boulevard *m* ; [private] avenue *f*, allée *f (bordée d'arbres)* **2.** *fig* possibilité *f* / *we must explore every avenue* il faut explorer toutes les possibilités.

aver [əˈvɜːʳ] (*pt & pp* **averred**, *cont* **averring**) vi *fml* affirmer, déclarer.

average [ˈævərɪdʒ] ◆ n **1.** [standard amount, quality, etc.] moyenne *f* / *an average of 4 to 6 years* une moyenne de 4 à 6 ans / *we travelled an average of 100 miles a day* nous avons fait une moyenne de 100 miles par jour or 100 miles par jour en moyenne ▸ **the law of averages** la loi de la probabilité ▸ **above / below average** au-dessus / au-dessous de la moyenne ▸ **on (an)** or **on the average** en moyenne **2.** MATH moyenne *f.* ◆ adj moyen / *of average intelligence / size* d'intelligence / de taille moyenne / *ask the average man in the street* demandez à l'homme de la rue / *the film was just average* le film était moyen. ◆ vt **1.** MATH établir or faire la moyenne de **2.** [perform typical number of] atteindre la moyenne de / *the factory averages 10 machines a day* l'usine produit en moyenne 10 machines par jour / *we average two letters a day* nous recevons en moyenne deux lettres par jour / *he averaged 100 km/h* AUTO il a fait du 100 km/h de moyenne **3.** [divide up] partager / *the company averages the profits among the staff* la firme distribue or répartit les bénéfices entre le personnel.

❖ **average out** ◆ vi : *profits average out at 10%* les bénéfices s'élèvent en moyenne à 10 % / *factory production averages out at 120 cars a day* l'usine produit en moyenne 120 voitures par jour. ◆ vt sep faire la moyenne de.

average propensity to consume n ECON propension *f* moyenne à consommer.

average propensity to save n ECON propension *f* moyenne à épargner.

averse [əˈvɜːs] adj : *she's not averse to the occasional glass of wine* elle boit volontiers un verre de vin de temps à autre / *he's not averse to making money out of the crisis* ça ne le gêne pas de profiter de la crise pour se faire de l'argent.

aversion [əˈvɜːʃn] n **1.** [dislike] aversion *f* ▸ **to have an aversion to** avoir une aversion pour or contre / *she has an aversion to smoking* elle a horreur du tabac / *I have an aversion to his brother* je ne supporte pas son frère, son frère m'est insupportable / *he has a strong aversion to travelling* il déteste voyager **2.** [object of dislike] objet *m* d'aversion / *my pet aversion is housework* UK ma bête noire or ce que je déteste le plus, c'est le ménage.

aversion therapy n thérapie *f* d'aversion.

avert [əˈvɜːt] vt **1.** [prevent] prévenir, éviter **2.** [turn aside -eyes, thoughts] détourner ; [-blow] détourner, parer ; [-suspicion] écarter / *I averted my gaze* j'ai détourné les yeux.

avian influenza [ˈeɪvɪən-] n grippe *f* aviaire.

aviary [ˈeɪvjərɪ] (*pl* **aviaries**) n volière *f.*

aviation [ˌeɪvɪˈeɪʃn] ◆ n aviation *f.* ◆ comp [design] d'aviation ▸ **the aviation industry** l'aéronautique *f* ▸ **aviation fuel** kérosène *m.*

aviator [ˈeɪvɪeɪtəʳ] ◆ n aviateur *m*, -trice *f*, pilote *m.* ◆ comp ▸ **aviator glasses** lunettes *fpl* de soleil sport.

aviculture [ˈeɪvɪˌkʌltʃə] n aviculture *f.*

avid [ˈævɪd] adj avide / *avid for revenge* avide de revanche / *avid to learn* avide d'apprendre.

avidity [əˈvɪdətɪ] n avidité *f.*

avidly [ˈævɪdlɪ] adv avidement, avec avidité.

avigation [ævɪˈɡeɪʃən] n US navigation *f* aérienne.

avionics [ˌeɪvɪˈɒnɪks] ◆ n *(U)* [science] avionique *f.* ◆ pl n [instruments] avionique *f.*

avocado [ˌævəˈkɑːdəʊ] (*pl* **avocados** or **avocadoes**) n [fruit] ▸ **avocado (pear) a)** avocat *m* **b)** [tree] avocatier *m.*

avocation [ˌævəˈkeɪʃn] n US activité *f* de loisir.

avocet [ˈævəˌset] n avocette *f.*

avoid [əˈvɔɪd] vt **1.** [object, person] éviter ; [danger, task] éviter, échapper à / *she avoided my eyes* elle évita mon regard / *we can't avoid inviting them* nous ne pouvons pas faire autrement que de les inviter / *they couldn't avoid hitting the car* ils n'ont pas pu éviter la voiture / *avoid giving them too much information* évitez de leur donner trop d'informations / *don't avoid the issue* n'essaie pas d'éviter or d'éluder la question / *to avoid (paying) taxes* **a)** [legally] se soustraire à l'impôt **b)** [illegally] frauder le fisc **2.** LAW [void] annuler, rendre nul.

> Note that éviter que is followed by a verb in the subjunctive:
> **How can you avoid people using your computer if it's stolen?** *Comment éviter qu'on puisse utiliser votre ordinateur en cas de vol ?*

avoidable [əˈvɔɪdəbl] adj évitable ▸ **avoidable costs** coûts *mpl* évitables.

avoidance [əˈvɔɪdəns] n ▸ **avoidance of duty** manquements *mpl* au devoir ▸ **avoidance of work** le soin que l'on met à éviter le travail ▸ **tax avoidance** évasion *f* fiscale *(par des moyens légaux).*

avoirdupois [ˌævədəˈpɔɪz] ◆ n **1.** [system] avoirdupoids *m* **2.** US [of person] embonpoint *m.* ◆ comp [ounce, pound] *conforme aux poids et mesures officiellement établis* ▸ **avoirdupois ounce** once *f (28,35 grammes)* ▸ **avoirdupois weight** avoirdupoids *m.*

Avon Lady [ˈeɪvɒn-] n démarcheuse *f* de produits Avon®.

avow [əˈvaʊ] vt *fml* [state] affirmer, déclarer ; [admit] admettre, reconnaître, confesser / *he openly avowed himself a communist* il a ouvertement reconnu qu'il était communiste.

avowal [əˈvaʊəl] n aveu *m.*

avowed [əˈvaʊd] adj déclaré / *she's an avowed feminist* elle avoue or reconnaît être féministe.

avowedly [əˈvaʊɪdlɪ] adv de son propre aveu.

AVP (abbr of **assistant vice-president**) n *vice-président adjoint.*

avuncular [əˈvʌŋkjʊləʳ] adj avunculaire.

aw [ɔː] interj US ▸ **aw!** oh !

AWA MESSAGING written abbr of **a while ago.**

AWACS [ˈeɪwæks] (abbr of **airborne warning and control system**) n AWACS *m.*

await [əˈweɪt] vt **1.** [wait for] attendre / *a long-awaited holiday* des vacances qui se sont fait attendre / *mail awaiting delivery* courrier *m* en souffrance / *she's awaiting trial* elle est dans l'attente de son procès **2.** [be in store for] attendre, être réservé à / *a warm welcome awaited them* un accueil chaleureux leur fut réservé / *who knows what may await us* qui sait ce qui nous attend or est réservé.

awake [əˈweɪk] (*pt* **awoke** [əˈwəʊk], *pp* **awoken** [əˈwəʊkn]) ◆ adj **1.** [not sleeping] éveillé, réveillé ▸ **to be awake** être réveillé, ne pas dormir / *are you still awake?* tu ne dors pas encore ?, tu n'es pas encore endormi ? / *the noise kept me awake* le bruit m'a empêché de dormir / *I lay awake all night* je n'ai pas fermé l'œil de la nuit / *his mother stayed awake all night* sa mère a veillé toute la nuit / *he was wide awake* il était bien éveillé **2.** [aware] attentif, vigilant / *we're all awake to the dangers of our situation* nous sommes tous conscients des dangers de notre situation / *is the minister awake to the dangers inherent to the system?* le ministre a-t-il conscience or se rend-il compte des dangers inhérents au système ? ◆ vi **1.** [emerge from sleep] se réveiller, s'éveiller / *I awoke from a deep sleep* je suis sorti or je me suis réveillé d'un sommeil profond **2.** [become aware] prendre conscience, se rendre compte / *he finally awoke from his illusions* il est enfin revenu de ses illusions. ◆ vt **1.** [person] réveiller, éveiller **2.** *fig* [curiosity, suspicions] éveiller ; [memories] réveiller, faire renaître ; [hope] éveiller, faire naître.

awaken [ə'weɪkn] ◆ vt éveiller ▸ **to be awakened to sthg** prendre conscience de qqch. ◆ vi s'éveiller.

awakening [ə'weɪknɪŋ] ◆ n **1.** *lit & fig* [arousal] réveil *m* / *it was a rude awakening* c'était un réveil brutal or pénible / **'Spring Awakening'** *Wedekind* 'l'Éveil du printemps' **2.** [beginning] début *m*, commencement *m*. ◆ adj naissant.

award [ə'wɔ:d] ◆ n **1.** [prize] prix *m* ; [medal] médaille *f* / *award for bravery* décoration *f*, médaille *f* **2.** [scholarship] bourse *f* **3.** LAW [damages] dommages-intérêts *mpl* accordés par le juge ; [decision] décision *f*, sentence *f* (arbitrale) **4.** AUSTR & NZ [minimum wage] ▸ **award (wage)** ≃ salaire *m* minimum interprofessionnel de croissance, SMIC *m*. ◆ vt [give - mark] accorder ; [- medal, prize] décerner, attribuer ; [- scholarship] attribuer, allouer ; LAW [damages] accorder.

award-winner n [person] lauréat *m*, -e *f* ; [film] film *m* primé ; [book] livre *m* primé.

award-winning adj qui a reçu un prix / *he gave an award-winning performance in…* il a reçu un prix pour son rôle dans…

aware [ə'weər] adj **1.** [cognizant, conscious] conscient ; [informed] au courant, informé ▸ **to be aware of sthg** être conscient de qqch / *are you aware of the problems?* êtes-vous conscient des problèmes ? / *I am quite aware of his feelings* je connais or je n'ignore pas ses sentiments / *he's well aware of the risks* il sait très bien quels sont les risques ▸ **to become aware of sthg** se rendre compte or prendre conscience de qqch / *she made us aware of the problem* elle nous a fait prendre conscience du problème / *as far as I am aware* autant que je sache / *not that I am aware of* pas que je sache / *without being aware of it* sans s'en rendre compte ▸ **politically aware** politisé ▸ **socially aware** au courant des problèmes sociaux **2.** [sensitive] sensible.

awareness [ə'weənɪs] n [gen] conscience *f* / *a heightened awareness of colour* une sensibilité plus aiguë à la couleur ▸ **political awareness** politisation *f* / *to raise people's awareness* sensibiliser les gens / *an awareness-raising campaign* une campagne de sensibilisation.

awash [ə'wɒʃ] adj **1.** *lit & fig* [flooded] inondé / *awash with oil* inondé de pétrole / *awash with rumours* parcouru de rumeurs / *the company is awash with speculation about the investment* les hypothèses vont bon train dans l'entreprise concernant cet investissement **2.** NAUT à fleur d'eau, qui affleure.

away [ə'weɪ] ◆ adv **1.** [indicating movement] : *he drove away* il s'est éloigné (en voiture) / *he walked away* il s'est éloigné (à pied) / *they're away!* [at start of race] ils sont partis ; [indicating position] : *the village is 10 miles away* le village est à 10 miles / *away in the distance* au loin, dans le lointain / *away over there beyond the mountains* là-bas, bien loin au-delà des montagnes ; [in time] : *the holidays are only three weeks away* les vacances sont dans trois semaines seulement / *away back in the 20s* il y a bien longtemps dans les années 1920 / *away back in 1970* il y a longtemps déjà, en 1970 **2.** [absent] absent / *he feeds the cat whenever we're away* il donne à manger au chat quand nous ne sommes pas là or quand nous sommes absents / *the boss is away on business this week* le patron est en déplacement cette semaine / *they're away on holiday / in Madrid* ils sont (partis) en vacances / à Madrid **3.** [indicating disappearance, decline, etc.] : *the water had boiled away* l'eau s'était évaporée (à force de bouillir) / *we danced the night away* nous avons passé toute la nuit à danser / *government support gradually fell away* le soutien de l'État a disparu petit à petit **4.** [continuously] : *he was singing away to himself* il fredonnait / *she's working away on her novel* elle travaille d'arrache-pied à son roman **5.** SPORT : *the team is (playing) away this Saturday* l'équipe joue à l'extérieur or en déplacement samedi **6.** PHR **away with** *fml* assez de / *away with petty restrictions!* assez de restrictions mesquines ! ◆ adj SPORT à l'extérieur / *an away match* un match à l'extérieur / *the away team* l'équipe (qui est) en déplacement.

❖ **away from** prep phr [indicating precise distance] à… de / *two metres away from us* à deux mètres de nous ; [not at, not in] loin de / *somewhere well away from the city* quelque part très loin de la ville / *when we're away from home* quand nous partons, quand nous ne sommes pas chez nous.

awayday [ə'weɪdeɪ] n [seminar] séminaire *m* au vert.

AWB MESSAGING written abbr of **a while back**.

awe [ɔ:] ◆ n effroi *m* mêlé d'admiration et de respect ▸ **to be** or **to stand in awe of** être impressionné or intimidé par / *I stared at her in awe* je l'ai regardée avec la plus grande admiration. ◆ vt : *the music awed them into silence* impressionnés par la musique, ils se sont tus.

awed [ɔ:d] adj : *she spoke in an awed whisper* elle chuchotait d'une voix respectueuse et intimidée.

awe-inspiring adj [impressive] impressionnant, imposant ; [amazing] stupéfiant ; [frightening] terrifiant.

awesome ['ɔ:səm] adj **1.** = **awe-inspiring 2.** *inf* [great] génial.

awe-struck adj [intimidated] intimidé, impressionné ; [amazed] stupéfait ; [frightened] frappé de terreur.

awful ['ɔ:fʊl] ◆ adj **1.** [bad] affreux, atroce / *she was simply awful to him* elle a été absolument infecte avec lui / *I feel awful* je me sens très mal / *she looks awful* **a)** [ill] elle a l'air malade **b)** [badly dressed] elle est affreusement mal habillée / *how awful for you!* ça a dû être vraiment terrible (pour vous) ! / *what an awful bore!* **a)** [person] ce qu'il peut être assommant ! **b)** [task] quelle corvée ! / *you're awful!* tu es impossible ! / *what awful weather!* quel temps affreux or de chien ! **2.** [horrific] épouvantable, effroyable **3.** [as intensifier] : *I have an awful lot of work* j'ai énormément de travail / *they took an awful chance* ils ont pris un risque énorme or considérable. ◆ adv US *inf* = **awfully**.

awfully ['ɔ:flɪ] adv [very] très, terriblement / *awfully funny / nice* extrêmement drôle / gentil / *he's an awfully good writer* il écrit merveilleusement bien / *I'm awfully sorry* je suis vraiment or sincèrement désolé / *thanks awfully* merci infiniment or mille fois.

awfulness ['ɔ:fʊlnɪs] n **1.** [of behaviour, treatment] atrocité *f* **2.** [of accident, crime] horreur *f*.

awhile [ə'waɪl] adv *liter* (pendant) un instant or un moment / *let's think about it awhile* réfléchissons-y un peu ▸ **not yet awhile** pas encore, pas de sitôt.

awkward ['ɔ:kwəd] adj **1.** [clumsy - person] maladroit, gauche ; [- gesture] maladroit, peu élégant ; [- style] lourd, gauche / *he's awkward with his hands* il n'est pas très habile de ses mains ▸ **the awkward age** l'âge ingrat **2.** [embarrassed - person] gêné, ennuyé ; [- silence] gêné, embarrassé / *she felt awkward about going* cela la gênait d'y aller **3.** [difficult - problem, situation] délicat, fâcheux ; [- task] délicat ; [- question] gênant, embarrassant ; [- person] peu commode, difficile / *it would be awkward if he met her* cela serait fâcheux or gênant s'il la rencontrait / *it's an awkward time for me to leave* cela me serait difficile de partir en ce moment / *you've come at an awkward time* vous êtes arrivé au mauvais moment / *an awkward moment* un moment inopportun / *they could make things awkward for her* ils pourraient lui mettre des bâtons dans les roues / *he's an awkward customer* *inf* il faut se le farcir / *it's awkward to use* ça n'est pas facile à utiliser / *the table is at an awkward angle* la table est mal placée ; [uncooperative] peu coopératif / *he's just being awkward* il essaie seulement de compliquer les choses.

awkwardly ['ɔ:kwədlɪ] adv **1.** [clumsily - dance, move] maladroitement, peu élégamment ; [- handle, speak] maladroitement, gauchement / *an awkwardly phrased sentence* une phrase lourde or mal formulée / *it's very awkwardly designed* c'est très mal conçu **2.** [with embarrassment - behave] d'une façon gênée or embarrassée ; [- reply, speak] d'un ton embarrassé or gêné, avec gêne / *she grinned awkwardly* elle a souri d'un air gêné.

awkwardness ['ɔ:kwədnɪs] n **1.** [clumsiness - of movement, person] maladresse *f*, gaucherie *f* ; [- of style] lourdeur *f*, inélégance *f* **2.** [unease] embarras *m*, gêne *f* / *the awkwardness of the situation* le côté gênant or embarrassant de la situation.

awl [ɔ:l] n alène *f*, poinçon *m*.

awning ['ɔ:nɪŋ] n **1.** [over window] store *m* ; [on shop display] banne *f*, store *m* ; [at door] marquise *f*, auvent *m* ; NAUT taud *m*, taude *f* **2.** [tent] auvent *m*.

awoke [ə'wəʊk] pt ⟶ **awake**.

awoken [ə'wəʊkn] pp ⟶ **awake**.

AWOL ['eɪwɒl] (abbr of **absent without leave**) adj ▸ **to be / to go AWOL a)** MIL être absent / s'absenter sans permission **b)** *fig & hum* disparaître.

awry [ə'raɪ] ◆ adj de travers, de guingois. ◆ adv de travers ▸ **to go awry** mal tourner, aller de travers.

axe UK, **ax** US [æks] (*pl* **axes**) ◆ n hache *f* ▸ **to have an axe to grind a)** [ulterior motive] prêcher pour sa paroisse, être intéressé **b)** [complaint] avoir un compte à régler ▸ **to get the axe a)** *inf* [person] être licencié or viré **b)** [programme, plan, etc.] être annulé or supprimé ▸ **when the axe falls** quand le couperet tombe ▸ **axe murderer** tueur *m* à la hache. ◆ vt **1.** [wood] couper, hacher **2.** *fig* [person] licencier, virer ; [project] annuler, abandonner ; [job, position] supprimer / *many educational grants have been axed* un grand nombre de bourses d'études ont été supprimées.

axel ['æksəl] n SPORT axel *m*.

axeman ['æksmæn] n *lit* tueur *m* à la hache ; *fig* [in company] *cadre chargé des licenciements.*

axes ['æksi:z] pl ⟶ **axis**.

axial ['æksɪəl] adj axial.

axil ['æksɪl] n BOT aisselle *f*.

axiom ['æksɪəm] n axiome *m*.

axiomatic [,æksɪə'mætɪk] adj axiomatique.

axis ['æksɪs] (*pl* **axes** ['æksi:z]) n axe *m*.

❖ **Axis** n HIST ▸ **the Axis** l'Axe *m* ▸ **the Axis of Evil** l'Axe *m* du Mal.

axle ['æksl] n [gen] axe *m* ; AUTO essieu *m* ▸ **front / rear axle** essieu avant / arrière.

axle-box n boîte *f* d'essieu.

axle-pin n esse *f*, clavette *f* d'essieu.

axletree ['æksltri:] n essieu *m*.

Axminster ['æksmɪnstər] n UK [carpet] *tapis fabriqué à Axminster, en Angleterre.*

ay [aɪ] interj & n = **aye** *(interj, noun)*.

ayatollah [,aɪə'tɒlə] n ayatollah *m*.

aye ◆ adv [eɪ] *arch & liter* toujours. ◆ interj [aɪ] *arch & regional* ▸ **aye!** oui ▸ **aye, aye sir!** NAUT oui, mon commandant ! ◆ n [aɪ] oui *m inv* / *25 ayes and 3 noes* 25 oui et 3 non, 25 pour et 3 contre / *the ayes have it* les oui l'emportent.

aye-aye ['aɪ,aɪ] ◆ interj UK ▸ **aye-aye!** tiens donc ! ◆ n ZOOL aye-aye *m*.

Ayers Rock ['eəz-] pr n *montagne sacrée des Aborigènes, dans le centre de l'Australie.*

AYH (abbr of **American Youth Hostels**) pr n *association américaine des auberges de jeunesse.*

Ayrshire ['eəʃɪər] n Ayrshire *m (race bovine)*.

AZ written abbr of **Arizona**.

azalea [ə'zeɪljə] n azalée *f*.

Azerbaijan [,æzəbaɪ'dʒɑ:n] pr n Azerbaïdjan *m* / *in Azerbaijan* en Azerbaïdjan.

Azerbaijani [,æzəbaɪ'dʒɑ:nɪ] ◆ n Azerbaïdjanais *m*, -e *f*. ◆ adj azerbaïdjanais.

Azeri [ə'zerɪ] ◆ n Azéri *mf*. ◆ adj azéri.

AZERTY keyboard [ə'zɜ:tɪ-] n clavier *m* AZERTY.

azimuth ['æzɪməθ] n azimut *m*.

azonal soil [eɪ'zəʊnl-] n sol *m* azonal.

Azores [ə'zɔ:z] pl pr n ▸ **the Azores** les Açores *fpl* / *in the Azores* aux Açores.

AZT (abbr of **azidothymidine**) n AZT *f*.

Aztec ['æztek] ◆ n Aztèque *mf*. ◆ adj aztèque.

azure ['æʒər] *liter* ◆ adj azuré, d'azur. ◆ n azur *m*.

azurite ['æʒʊraɪt] n azurite *f*.

b (*pl* **b's** *or* **bs**), **B** (*pl* **B's** *or* **Bs**) [biː] n [letter] b *m*, B *m* / *B for Bob* B comme Bob / *6B Racine Street* 6 ter, rue Racine. **See also f.**

b 1. written abbr of **billion 2.** written abbr of **born.**

B 1. [indicating secondary importance] ▸ **B-movie, B-film, B-picture** film *m* de série B ▸ **grade B meat** COMM viande de deuxième catégorie ▸ **the B-team** SPORT l'équipe secondaire **2.** SCH & UNIV [mark] bien *(= 12 à 14 sur 20)* / *I got two Bs and an A* j'ai eu deux Bien et un Très Bien **3.** MUS [note] si *m* **4.** MESSAGING written abbr of **be.**

BA ◆ n (abbr of **Bachelor of Arts**) ≃ (titulaire d'une) licence de lettres. ◆ pr n **1.** abbr of **British Academy 2.** (abbr of **British Airways**) *compagnie aérienne britannique.*

baa [bɑː] ◆ n bêlement *m* ▸ **baa!** bêê ! ▸ **Baa, Baa, Black Sheep** *comptine enfantine anglaise.* ◆ vi bêler.

BAA (abbr of **British Airports Authority**) pr n *organisme autonome qui administre les aéroports au Royaume-Uni.*

baa-lamb n *baby talk* petit agneau *m.*

baba [ˈbɑːbɑː] n baba *m.*

Babbitt [ˈbæbɪt] n US *pej* bourgeois *m* borné.

babble [ˈbæbl] ◆ vi **1.** [baby] gazouiller, babiller ; [person - quickly] bredouiller ; [- foolishly] bavarder, babiller **2.** [stream] jaser, gazouiller. ◆ vt [say quickly] bredouiller ; [say foolishly] bavarder, babiller. ◆ n **1.** [of voices] rumeur *f* ; [of baby] babillage *m*, babil *m* ; [of stream] gazouillement *m*, babil *m* **2.** [chatter] bavardage *m.*

❖ **babble away, babble on** vi **1.** [baby] gazouiller, babiller ; [person] jaser, jacasser **2.** [stream] jaser, gazouiller.

babbler [ˈbæblər] n bavard *m*, -e *f.*

babbling [ˈbæblɪŋ] ◆ n **1.** [of voices] rumeur *f* ; [of baby] babillage *m*, babil *m* ; [of stream] gazouillement *m*, babil *m* **2.** [chatter] bavardage *m.* ◆ adj babillard.

babe [beɪb] n **1.** *lit* [baby] bébé *m* ; *fig* [naive person] innocent *m*, -e *f*, naïf *m*, -ïve *f* ▸ **babe in arms** *lit* enfant *m* au berceau ▸ **she's a babe in arms** *fig* elle est comme l'enfant qui vient de naître ▸ **she's no babe in arms** elle n'est pas née de la dernière pluie ▸ **babes in the wood** de jeunes innocents or naïfs **2.** *inf* [young woman] belle gosse *f*, minette *f* ▸ **hey babe!** salut ma belle ! **3.** *inf* [term of endearment] chéri *m*, -e *f.*

Babe(s) in the Wood

Babes in the Wood est le titre d'un conte populaire qui relate la mort de deux jeunes enfants abandonnés dans un bois. L'expression **babe in the wood** évoque une personne candide confrontée à une situation difficile ou dangereuse :

Though skilled as a Senator, he'll be a babe in the wood when he has to face Congress. *Bien que sénateur habile, il n'en mènera sans doute pas large quand il devra affronter le Congrès.*

She's no babe in the wood when it comes to controversy. *Aguerrie, la polémique ne lui fait pas peur.*

babel [ˈbeɪbl] n brouhaha *m.*

❖ **Babel** n ▸ **the tower of Babel** la tour de Babel.

baboon [bəˈbuːn] n babouin *m.*

babu [ˈbɑːbuː] n UK **1.** [Indian term of address] monsieur *m* **2.** *pej* [clerk] employé *m* de bureau *(en Inde).*

babushka [bəˈbuːʃkə] n foulard *m (porté par les paysannes russes).*

baby [ˈbeɪbɪ] (*pl* **babies**, *pt & pp* **babied**) ◆ n **1.** [infant] bébé *m* / *we've known her since she was a baby* nous l'avons connue toute petite or bébé / *he's the baby of the family* il est le plus jeune or le benjamin de la famille / *don't be such a baby!* ne fais pas l'enfant ! ▸ **to leave sb holding the baby** : *they left him holding the baby* il lui ont laissé payer les pots cassés, ils lui ont tout fait retomber dessus ▸ **to throw the baby out with the bathwater** jeter le bébé avec l'eau du bain **2.** US *inf* [young woman] belle gosse *f*, minette *f* ▸ **hey baby!** salut ma belle ! **3.** US *inf* [term of endearment] chéri *m*, -e *f* **4.** *inf* [pet project] bébé *m* ▸ **the new project is his baby** le nouveau projet, c'est son bébé ▸ **it's not my baby** je n'ai rien à voir là-dedans **5.** US *inf* [machine] merveille *f* / *this baby drives like a dream* cette voiture est une pure merveille à conduire. ◆ comp [care, food, shampoo] pour bébés ▸ **baby batterer** bourreau *m* d'enfants ▸ **baby battering** sévices *mpl* à enfant ▸ **baby's bottle** UK, **baby bottle** biberon *m* ▸ **baby changing area** relais-bébé *m* ▸ **baby linen** or **baby clothes** layette *f* ▸ **baby scales** pèse-bébé *m* ▸ **baby seat** siège *m* pour bébé. ◆ vt dorloter, bichonner. ◆ adj [animal] bébé, petit ; [mushroom, tomato] petit ▸ **baby cat** chaton *m*, petit chat *m* ▸ **baby elephant** éléphanteau *m*, bébé *m* éléphant ▸ **baby girl** petite fille *f.*

baby-blue ◆ adj bleu clair *(inv)* ▸ **baby-blue eyes** des yeux bleus or bleu clair. ◆ n bleu clair *m.*

baby book n livre *m* de bébé.

baby boom n baby boom *m.*

baby boomer [-ˌbuːmər] n US enfant *m* du baby boom.

Baby-bouncer® n trotteur *m*, youpala *m.*

baby buggy n **1.** US = **baby carriage 2.** UK [pushchair] ▸ **Baby buggy** poussette *f.*

baby carriage n US voiture *f* d'enfant, landau *m.*

baby doll n poupée *f.*

❖ **baby-doll** adj ▸ **baby-doll pyjamas** or **baby-doll nightdress** baby-doll *m.*

baby face n visage *m* de bébé.

❖ **baby-face** adj au visage de bébé.

baby fat n rondeurs *fpl (chez l'enfant).*

baby grand n (piano *m*) demi-queue *m.*

Baby-gro® [ˈbeɪbɪgrəʊ] n grenouillère *f.*

babyhood [ˈbeɪbɪhʊd] n petite or première enfance *f.*

babyish [ˈbeɪbɪɪʃ] adj *pej* [features, voice] puéril, enfantin ; [behaviour] puéril, enfantin, infantile.

Babylon [ˈbæbɪlən] pr n Babylone.

Babylonia [ˌbæbɪˈləʊnjə] pr n Babylonie *f* / *in Babylonia* en Babylonie.

Babylonian [ˌbæbɪˈləʊnjən] ◆ n **1.** [person] Babylonien *m*, -enne *f* **2.** LING babylonien *m.* ◆ adj babylonien.

baby-minder n nourrice *f.*

baby-sit vi garder des enfants, faire du baby-sitting / *she baby-sits for them* elle garde leurs enfants.

baby-sitter n baby-sitter *mf.*

baby-sitting n garde *f* d'enfants, baby-sitting *m.*

baby sling n porte-bébé *m*, Kangourou® *m.*

baby-snatcher n ravisseur *m*, -euse *f* de bébé.

baby-snatching [-ˌsnætʃɪŋ] n rapt *m* or enlèvement *m* de bébé.

baby talk n langage *m* enfantin or de bébé.

baby tee n **1.** [for baby] tee-shirt *m* pour bébé **2.** [for adult] tee-shirt *m* moulant.

baby tooth n dent *f* de lait.

baby-walker n trotteur *m.*

babywipe [ˈbeɪbɪwaɪp] n lingette *f.*

baccalaureate [ˌbækəˈlɔːrɪət] n UNIV ≃ licence *f.*

baccarat [ˈbækərɑː] n baccara *m.*

Bacchae [ˈbækiː] pl pr n ▸ **the Bacchae** les bacchantes *fpl.*

bacchanal [ˈbækənl] ◆ adj bachique. ◆ n **1.** [worshipper] adorateur *m*, -trice *f* de Bacchus ; ANTIQ [priestess] bacchante *f* **2.** [reveller] noceur *m*, -euse *f* ; [party] bacchanale *f.*

bacchanalia [ˌbækəˈneɪljə] pl n [rite] bacchanales *fpl* ; [party] bacchanale *f.*

bacchanalian [ˌbækəˈneɪljən] adj bachique.

Bacchic [ˈbækɪk] adj bachique.

Bacchus [ˈbækəs] pr n Bacchus.

baccy [ˈbækɪ] n UK *v inf* tabac *m.*

Bach [bɑːx] pr n Bach.

bachelor [ˈbætʃələr] ◆ n **1.** [man] célibataire *m* ▸ **confirmed bachelor** célibataire endurci **2.** UK UNIV ≃ licencié *m*, -e *f* ▸ **bachelor's degree** ≃ licence *f* ▸ **Bachelor of Arts / Science a)** [degree] ≃ licence *f* de lettres / de sciences **b)** [person] ≃ licencié *m*, -e *f* ès lettres /

ès sciences ▸ **Bachelor of Education a)** [degree] ≃ licence *f* d'enseignement **b)** [person] ≃ licencié *m*, -e *f* d'enseignement. ◆ adj [brother, uncle] célibataire ; [life] de célibataire.

> ⚠ **Un bachelier** or **une bachelière** means someone who has obtained the baccalauréat. The word never means an unmarried person.

bachelordom ['bætʃələdəm] n = **bachelorhood**.

bachelor flat n garçonnière *f*.

bachelor girl n célibataire *f*.

bachelorhood ['bætʃələhʊd] n [gen] célibat *m* ; [of men] vie *f* de garçon.

bachelor party n US enterrement *m* de vie de garçon.

bacillary [bə'sɪlərɪ] adj [disease] bacillaire ; [shape] bacilliforme.

bacillus [bə'sɪləs] (*pl* **bacilli** [-laɪ]) n bacille *m*.

back [bæk] ◆ adv **1.** [towards the rear] vers l'arrière, en arrière / *he stepped back* il a reculé d'un pas, il a fait un pas en arrière / *I pushed back my chair* j'ai reculé ma chaise / *she tied her hair back* elle a attaché ses cheveux / *he glanced back* il a regardé derrière lui / *their house sits back from the road* leur maison est en retrait par rapport à la route **2.** [into or in previous place] : *we went back home* nous sommes rentrés (à la maison) / *my headache's back* j'ai de nouveau mal à la tête, mon mal de tête a recommencé / *they'll be back on Monday* ils rentrent or ils seront de retour lundi / *I'll be right back* je reviens tout de suite / *we expect him back tomorrow* il doit rentrer demain / *as soon as you get back* dès votre retour / *is he back at work?* a-t-il repris le travail ? / *he's just back from Moscow* il arrive or rentre de Moscou / *we went to town and back* nous avons fait un saut en ville / *he went to his aunt's and back* il a fait un aller et retour chez sa tante / *the trip to Madrid and back takes three hours* il faut trois heures pour aller à Madrid et revenir / *meanwhile, back in Washington* entre-temps, à Washington / *back home there's no school on Saturdays* chez moi or nous, il n'y a pas d'école le samedi ▸ **the back-to-school sales** les soldes de la rentrée **3.** [indicating return to previous state] : *she wants her children back* elle veut qu'on lui rende ses enfants / *he went back to sleep* il s'est rendormi / *business soon got back to normal* les affaires ont vite repris leur cours normal / *miniskirts are coming back (in fashion)* les minijupes reviennent à la mode **4.** [earlier] : *six pages back* six pages plus haut / *back in the 17th century* au XVIIe siècle / *as far back as I can remember* d'aussi loin que je me souvienne / *back in November* déjà au mois de novembre / *ten years back inf* il y a dix ans **5.** [in reply, in return] : *you should ask for your money back* vous devriez demander un remboursement or qu'on vous rembourse / *I hit him back* je lui ai rendu son coup / *she smiled back at him* elle lui a répondu par un sourire / *to write back* répondre (par écrit). ◆ adj **1.** [rear - door, garden] de derrière ; [- wheel] arrière *(inv)* ; [- seat] arrière *(inv)*, de derrière / *the back legs of a horse* les pattes arrière d'un cheval / *the back room is the quietest* la pièce qui donne sur l'arrière est la plus calme / *the back page of the newspaper* la dernière page du journal / *the back nine* GOLF les neuf derniers trous ▸ **to put sthg on the back burner** mettre qqch en attente **2.** [quiet - lane, road] écarté, isolé ▸ **back street** petite rue *f* / *I grew up in the back streets of Chicago* j'ai été élevé dans les bas quartiers de Chicago **3.** [overdue] arriéré ▸ **back rent** / **taxes** arriéré *m* de loyer / d'impôts ▸ **back pay** rappel *m* (de salaire) ▸ **back orders** COMM commandes *fpl* en souffrance **4.** LING [vowel] postérieur. ◆ n **1.** ANAT [of animal, person] dos *m* / *back pain* mal *m* de dos / *my back aches* j'ai mal au dos / *to have a back problem* avoir des problèmes de dos / *she carried her baby on her back* elle portait son bébé sur son dos / *I fell flat on my back* je suis tombé à la renverse or sur le dos / *we lay on our backs* nous étions allongés sur le dos / *the cat arched its back* le chat a fait le gros dos / *I only saw them from the back* je ne les ai vus que de dos / *she sat with her back to the window* elle était assise le dos tourné à la fenêtre / *you had your back to me* tu me tournais le dos / *they have the police at their backs* **a)** [in support] ils ont la police avec eux **b)** [in pursuit] ils ont la police à leurs trousses / *the decision was taken behind my back* la décision a été prise derrière mon dos / *he went behind my back to the boss* il est allé voir le patron derrière mon dos or à mon insu ▸ **to be flat on one's back** [bedridden] être alité or cloué au lit / *he's always on my back inf* il me critique or harcèle toujours / *get off my back! inf* fiche-moi la paix ! ▸ **to have one's back to the wall** être au pied du mur ▸ **the rich live off the backs of the poor** les riches vivent sur le dos des pauvres ▸ **to put sb's back up** énerver qqn ▸ **to put one's back into sthg** mettre toute son énergie à faire qqch / *that's it, put your back into it! inf* allez-y, un peu de nerf ! ▸ **to put one's back out** se faire mal au dos / *I'll be glad to see the back of her* je serai content de la voir partir or d'être débarrassé d'elle ▸ **back, sack and crack** *inf épilation du dos, du scrotum et des fesses* **2.** [part opposite the front - gen] dos *m*, derrière *m* ; [- of coat, shirt, door] dos *m* ; [- of vehicle, building, head] arrière *m* ; [- of train] queue *f* ; [- of book] fin *f* / *we climbed in the back of the car* nous sommes montés à l'arrière de la voiture / *the garden is out* or *round the back* le jardin se trouve derrière la maison ▸ **to have a face like the back of a bus** *inf* : *she's got a face like the back of a bus* c'est un boudin **3.** [other side - of hand, spoon, envelope, cheque] dos *m* ; [- of carpet, coin, medal] revers *m* ; [- of page] verso *m* ▸ **to know sthg like the back of one's hand** : *I know this town like the back of my hand* je connais cette ville comme ma poche **4.** [farthest from the front - of cupboard, room, stage] fond *m* / *we'd like a table at the* or *in the very back* nous voudrions une table tout au fond ▸ **in the back of beyond** en pleine brousse, au diable vauvert ▸ **at the back of one's mind** : *I've had it* or *it's been at the back of my mind for ages* j'y pense depuis longtemps, ça fait longtemps que ça me travaille **5.** [binding] dos *m* **6.** [of chair] dos *m*, dossier *m* **7.** SPORT arrière *m*. ◆ vt **1.** [move backwards - bicycle, car] reculer ; [- horse] faire reculer ; [- train] refouler / *I backed the car into the garage* j'ai mis la voiture dans le garage en marche arrière / *she backed him into the next room* elle l'a fait reculer dans la pièce d'à côté **2.** [support financially - company, venture] financer, commanditer ; [- loan] garantir ; [encourage - efforts, person, venture] encourager, appuyer, soutenir ; [- candidate, bill] soutenir / *we backed her in her fight against racism* nous l'avons soutenue dans sa lutte contre le racisme ▸ **to back a bill** FIN avaliser or endosser un effet **3.** [bet on] parier sur, miser sur ▸ **to back a winner a)** SPORT [horse, team] parier sur un gagnant **b)** FIN [company, stock] bien placer son argent **c)** *fig* jouer la bonne carte **4.** [strengthen, provide backing for - curtain, material] doubler ; [- picture, paper] renforcer **5.** MUS [accompany] accompagner **6.** NAUT [sail] masquer. ◆ vi **1.** [go in reverse - car, train] faire marche arrière ; [- horse, person] reculer / *the car backed into the driveway* la voiture est entrée en marche arrière dans l'allée / *I backed into a corner* je me suis retiré dans un coin **2.** [wind] tourner en sens inverse des aiguilles d'une montre.

❖ **back and forth** adv phr ▸ **to go back and forth a)** [person] faire des allées et venues **b)** [machine, piston] faire un mouvement de va-et-vient / *his eyes darted back and forth* il regardait de droite à gauche.

❖ **back to back** adv phr *lit & fig* dos à dos / *they're showing both films back to back* ils montrent deux films l'un après l'autre.

❖ **back to front** adv phr devant derrière / *you've got your pullover on back to front* tu as mis ton pull devant derrière.

❖ **in back of** prep phr US derrière.

❖ **back away** vi **1.** [car] faire marche arrière **2.** [person] (se) reculer / *she backed away from him* elle a reculé devant lui / *they have backed away from making a decision* ils se sont abstenus de prendre une décision.

❖ **back down** vi [accept defeat] céder / *he finally backed down on the issue of membership* il a fini par céder sur la question de l'adhésion.

❖ **back off** vi **1.** [withdraw] reculer / *back off, will you! inf* fiche-moi la paix !, lâche-moi les baskets ! **2.** US = **back down**.

❖ **back onto** vt insep [have back facing towards] donner sur (à l'arrière) / *the house backs onto the river* l'arrière de la maison donne sur la rivière.

❖ **back out** vi **1.** [car] sortir en marche arrière ; [person] sortir à reculons **2.** *fig* [withdraw] se dérober, tirer son épingle du jeu / *don't back out now!* ne faites pas marche arrière maintenant ! / *they backed out of the deal* ils se sont retirés de l'affaire / *to back out of a contract* se rétracter or se retirer d'un contrat.

❖ **back up** ◆ vi **1.** [car] faire marche arrière **2.** [drain] se boucher ; [water] remonter. ◆ vt sep **1.** [car, horse] faire reculer ; [train] refouler **2.** [support - claim, story] appuyer, soutenir ; [- person] soutenir, épauler, seconder / *her story is backed up by eye witnesses* sa version des faits est confirmée par des témoins oculaires / *he backed this up with a few facts* il a étayé ça avec quelques faits **3.** COMPUT sauvegarder **4.** TRANSP : *traffic is backed up for 5 miles* il y a un embouteillage sur 8 km.

backache ['bækeɪk] n mal *m* de dos / *to have backache* avoir mal au dos.

backbench ['bækbentʃ] ◆ n *banc des membres du Parlement britannique qui n'ont pas de portefeuille.* ◆ comp [opinion, support] des « backbenchers ».

backbencher [,bæk'bentʃər] n *parlementaire sans fonction ministérielle.*

>  **Backbencher**
>
> Les **backbenchers** sont les députés qui n'occupent pas de poste officiel au gouvernement ou dans le cabinet fantôme. Ils sont assis aux derniers rangs de la Chambre des communes, les premiers rangs étant réservés aux différents ministres.

backbend ['bækbend] n pont *m (en gymnastique)*.

backbiting ['bækbaɪtɪŋ] n médisance *f*.

backboard ['bækbɔːd] n [board] planche *f*, panneau *m* ; [in basketball] panneau *m*.

backbone ['bækbəʊn] n **1.** ANAT colonne *f* vertébrale ; ZOOL épine *f* dorsale **2.** [of country, organization] pivot *m*, épine *f* dorsale / *the working classes are the backbone of the economy* la classe ouvrière est le pivot de l'économie **3.** *fig* [strength of character] fermeté *f*, caractère *m* / *you haven't the backbone to do it* tu n'as pas le courage de le faire / *he has no backbone* il n'a rien dans le ventre **4.** INTERNET cœur *m* de réseau, backbone *m*.

backbreaking ['bæk,breɪkɪŋ] adj éreintant ▸ **backbreaking work** un travail à vous casser les reins.

backchat ['bæktʃæt] n UK *inf* impertinence *f*, insolence *f* / *and I want none of your backchat* et épargnez-moi votre insolence.

backcloth ['bækklɒθ], **backdrop** ['bækdrɒp] n THEAT toile *f* de fond ; *fig* toile *f* de fond, fond *m*.

backcomb ['bækkəʊm] vt crêper.

back copy n vieux numéro *m*.

back country n AUSTR & NZ campagne *f*, arrière-pays *m inv*.

backcourt ['bækkɔːt] n [in basketball] zone *f* de défense ; [in tennis] fond *m* du court.

backdate [,bæk'deɪt] vt [cheque, document] antidater / *the pay rise is backdated to March* l'augmentation de salaire a un effet rétroactif à compter de mars.

back door n porte *f* arrière ▸ **to get in through** or **by the back door** *fig* entrer par la petite porte.

❖ **backdoor** adj louche, suspect.

backdrop ['bækdrɒp] n = **backcloth**.

-backed [bækt] in comp **1.** [chair] à dos, à dossier / *a high-backed chair* une chaise à dos or dossier haut / *silk-backed* à dos or dossier en soie / *a broad-backed man* un homme qui a le dos large **2.** [supported by] : *US-backed rebels* des rebelles soutenus par les États-Unis.

back end n **1.** [of car, bus] arrière *m* ; [of train] queue *f* **2.** UK *inf* [autumn] arrière-saison *f*, automne *m* / *the back end of the year* l'arrière-saison.

backer ['bækər] n **1.** [supporter] partisan *m*, -e *f* ; [financial supporter] commanditaire *mf*, bailleur *m* de fonds **2.** SPORT [punter] parieur *m*, -euse *f*.

backfill ['bækfɪl] vt remplir.

backfire [,bæk'faɪər] ◆ vi **1.** [car] pétarader **2.** [plan] avoir un effet inattendu / *the plan backfired on him* le projet s'est retourné contre lui or lui est retombé sur le nez. ◆ n **1.** [noise] pétarade *f* ; [explosion] retour *m* d'allumage **2.** [controlled fire] contre-feu *m*.

backflip ['bækflɪp] n [in gymnastics] culbute *f* à l'envers.

back formation n LING dérivation *f* régressive.

backgammon ['bæk,gæmən] n backgammon *m* ▸ **backgammon board** damier *m* or plateau *m* de backgammon.

background ['bækgraʊnd] ◆ n **1.** [scene, view] fond *m*, arrière-plan *m* ; [sound] fond *m* sonore ; THEAT fond *m* / *yellow flowers on a green background* des fleurs jaunes sur fond vert ▸ **in the background** dans le fond, à l'arrière-plan / *his wife remains very much in the background* sa femme est très effacée or reste à l'écart **2.** [of person - history] antécédents *mpl* ; [- family] milieu *m* socioculturel ; [- experience] formation *f*, acquis *m* ; [- education] formation *f*, bagage *m* / *people from a working-class background* gens *mpl* de milieu ouvrier / *she has a good background in history* elle a une bonne formation en histoire / *what is the candidate's background?* **a)** [social] à quel milieu social appartient le candidat ? **b)** [professional] quelle est la formation du candidat ? **3.** [of event, situation] contexte *m*, climat *m* / *the economic background to the crisis* les raisons économiques de la crise / *the talks are taking place against a background of political tensions* les débats ont lieu dans un climat de tension politique / *the report looks at the background to the unrest* le rapport examine l'historique de l'agitation. ◆ adj **1.** [unobtrusive - music, noise] de fond **2.** [facts, material] de base, de fond ▸ **background information** éléments de référence or de base ▸ **background reading** bibliographie *f* **3.** COMPUT ▸ **background processing** traitement *m* de données en tâches de fond **4.** PHYS ▸ **background radiation** rayonnement *m* naturel.

backhand ['bækhænd] ◆ n revers *m* / *he has a wicked backhand* il a un sacré revers / *keep serving to his backhand* continue de servir sur son revers. ◆ adj [stroke] en revers ; [volley] de revers. ◆ adv en revers.

backhanded ['bækhændɪd] adj **1.** [blow, slap] donné avec le revers de la main ▸ **backhanded stroke** SPORT revers *m* **2.** [compliment, remark] équivoque.

backhander ['bækhændər] n **1.** [blow, stroke] coup *m* du revers de la main ; SPORT revers *m* **2.** [comment] remarque *f* équivoque **3.** UK *inf* [bribe] pot-de-vin *m*, dessous-de-table *m inv*.

backheel ['bækhi:l] n FOOT talonnade *f*.

backing ['bækɪŋ] n **1.** [support] soutien *m*, appui *m* ; [financial support] soutien *m* financier **2.** [material] renforcement *m*, support *m* **3.** MUS [accompaniment] accompagnement *m*.

backing group n UK *musiciens qui accompagnent un chanteur.*

back issue n vieux numéro *m*.

backlash ['bæklæʃ] n contrecoup *m* / *a backlash of violence* une réaction de violence.

backless ['bæklɪs] adj [dress] (très) décolleté dans le dos ; [chair] sans dos, sans dossier.

backlist ['bæklɪst] n liste *f* des ouvrages disponibles ▸ **backlist titles** ouvrages *mpl* de fonds.

backlit ['bæklɪt] adj [screen] rétro-éclairé.

backlog ['bæklɒg] n accumulation *f*, arriéré *m* / *a backlog of work* une accumulation de travail (en retard), un arriéré de travail / *a backlog of orders* COMM des commandes inexécutées or en souffrance.

backlot ['bæklot] n US cour *f (derrière un immeuble)*.

back number n vieux numéro *m*.

backpack ['bækpæk] ◆ n sac *m* à dos. ◆ vi voyager sac au dos. ◆ vt transporter dans un sac à dos.

backpacker ['bækpækər] n routard *m*, -e *f*.

backpacking ['bækpækɪŋ] n ▸ **to go backpacking** voyager sac au dos / *backpacking is very popular with students* les étudiants aiment beaucoup voyager sac au dos.

back passage n **1.** [rectum] rectum *m* **2.** [alley] ruelle *f*.

backpedal [,bæk'pedl] (UK *pt & pp* **backpedalled**, *cont* **backpedalling** ; US *pt & pp* **backpedaled**, *cont* **backpedaling**) vi **1.** [on bicycle] rétropédaler **2.** [change mind] faire marche arrière *fig*.

back projection n rétroprojection *f*.

backrest ['bækrest] n dossier *m*.

back room n **1.** [in house] pièce *f* de derrière ; [in shop] arrière-boutique *f* **2.** [for research] laboratoire *m* de recherche secret.

❖ **backroom** adj [research, work] secret ▸ **backroom boys a)** [gen] ceux qui restent dans l'ombre or dans les coulisses **b)** [researchers] chercheurs *mpl* qui travaillent dans l'anonymat.

back-scratcher n [implement] gratte-dos *m inv*.

back-scrubber n lave-dos *m*.

back seat n siège *m* arrière ▸ **to take a back seat** *fig* passer au second plan.

back-seat driver n *pej* [in car] *personne qui donne toujours des conseils au conducteur* ; [interfering person] donneur *m*, -euse *f* de leçons.

backside ['bæksaɪd] n *inf* derrière *m* / *he just sits around on his backside all day* il reste assis toute la journée à ne rien faire.

backsight ['bæksaɪt] n [on rifle] cran *m* de mire ; [in surveying] rétrovisée *f*.

back slang n ≃ verlan *m*.

backslapping ['bæk,slæpɪŋ] ◆ n [heartiness] (excessive) jovialité *f* ; [congratulations] encensement *m*. ◆ adj jovial.

backslash ['bækslæʃ] n barre *f* oblique inversée, antislash *m*.

backslide [,bæk'slaɪd] (*pt* **backslid** [-'slɪd], *pp* **backslid** [-'slɪd] *or* **backslidden** [-'slɪdn]) vi retomber, récidiver / *no backsliding!* pas question de récidiver !

backslider [,bæk'slaɪdər] n récidiviste *mf*.

backspace ['bækspeɪs] ◆ vi faire un retour arrière. ◆ vt rappeler. ◆ n espacement *m* or retour *m* arrière ▸ **backspace key** touche *f* retour (arrière).

backspin ['bækspɪn] n effet *m* contraire ▸ **to put backspin on a ball** couper une balle.

backstage [,bæk'steɪdʒ] ◆ n THEAT coulisse *f*, coulisses *fpl*. ◆ adv **1.** THEAT dans les coulisses or la coulisse, derrière la scène / *to go backstage* aller dans les coulisses **2.** *fig* en coulisses, en secret. ◆ adj secret, furtif.

backstairs [,bæk'steəz] ◆ pl n [secondary] escalier *m* de service ; [secret] escalier *m* secret or dérobé. ◆ adj [secret] secret, furtif ; [unfair] déloyal ▸ **backstairs gossip** bruits *mpl* de couloirs.

backstitch ['bækstɪtʃ] ◆ n point *m* arrière. ◆ vi & vt coudre en point arrière.

backstop ['bækstɒp] n SPORT **1.** [screen] panneau *m* **2.** [in baseball] attrapeur *m*.

back story n récit *m* enchâssé or secondaire.

back straight n ligne *f* (droite) d'en face.

backstreet ['bækstri:t] adj [secret] secret, furtif ; [underhanded] louche ▸ **backstreet abortionist** faiseuse *f* d'anges.

backstroke ['bækstrəʊk] n [in swimming] dos *m* crawlé / *to do (the) backstroke* nager en dos crawlé.

backswept ['bækswept] adj rejeté en arrière.

backswing ['bækswɪŋ] n swing *m* (en arrière).

back talk n US impertinence *f*.

back-to-back ◆ adj *lit & fig* dos à dos. ◆ n ▸ **back-to-backs** [houses] *rangée de maisons construites dos à dos et séparées par un passage étroit, typique des régions industrielles du nord de l'Angleterre.*

backtrack ['bæktræk] vi *lit* revenir sur ses pas, rebrousser chemin ; *fig* faire marche arrière / *he's already backtracking from* or *on his agreement* il est déjà en train de revenir sur son accord.

backup ['bækʌp] ◆ n **1.** [support] soutien *m*, appui *m* **2.** [reserve] réserve *f* ; [substitute] remplaçant *m* **3.** COMPUT sauvegarde *f* **4.** US MUS *musiciens qui accompagnent un chanteur* **5.** US [traffic jam] embouteillage *m*. ◆ adj **1.** [furnace] de secours, de réserve ; [plan] de secours ; [supplies] supplémentaire, de réserve ; [team] remplaçant ▸ **backup troops** MIL réserves *fpl* **2.** COMPUT ▸ **backup copy** copie *f* de sauvegarde ▸ **backup disk** sauvegarde *f* ▸ **backup storage** mémoire *f* auxiliaire **3.** US AUTO ▸ **backup light** phare *m* de recul.

backward ['bækwəd] ◆ adj **1.** [directed towards the rear] en arrière, rétrograde / *without a backward look* sans jeter un regard en arrière **2.** [late in development - country, society, child] arriéré **3.** [reluctant] hésitant, peu disposé / *he's not backward about giving his opinion* il n'hésite pas à donner son avis / *she's not exactly backward in coming forward hum* elle n'hésite pas à se mettre en avant. ◆ adv US = **backwards**.

backward-looking adj [ideas] rétrograde.

backwardness ['bækwədnɪs] n **1.** [of development - country] sous-développement *m* ; [- person] retard *m* mental ; [- of economy] retard *m* **2.** [reluctance] hésitation *f*, lenteur *f*.

backwards ['bækwədz], **backward** US ['bækwəd] adv **1.** [towards the rear] en arrière / *a step backwards lit & fig* un pas en arrière / *I fell backwards* je suis tombé en arrière or à la renverse **2.** [towards the past] en arrière, vers le passé / *looking backwards in time* en remontant dans le temps **3.** [with the back foremost] : *to walk backwards* marcher à reculons / *you've got your sweater on backwards* tu as mis ton pull à l'envers or devant derrière **4.** [in reverse] à l'envers / *now say it backwards* dis-le à l'envers maintenant **5.** [thoroughly] à fond, sur le bout des doigts / *she knows her subject backwards* elle connaît son sujet sur le bout des doigts.

❖ **backwards and forwards** adv phr ▸ **to go backwards and forwards a)** [person] aller et venir **b)** [machine, piston] faire un mouvement de va-et-vient **c)** [pendulum] osciller / *we walked backwards and forwards along the beach* nous avons marché de long en large sur la plage / *she goes backwards and forwards between London and Paris* elle fait la navette entre Londres et Paris.

backwash ['bækwɒʃ] n sillage *m*, remous *mpl* / *caught in the backwash of war* pris dans les remous de la guerre.

backwater ['bæk,wɔ:tər] n [of river] bras *m* mort ; *fig* [remote spot] coin *m* tranquille ; *pej* coin *m* perdu / *a cultural backwater* un désert culturel.

backwoods ['bækwʊdz] ◆ pl n [forest] région *f* forestière *(peu peuplée)* ; *fig* [remote spot] coin *m* tranquille. ◆ adj [remote] isolé ; [backward] peu avancé.

backwoodsman ['bækwʊdzmən] (*pl* **backwoodsmen** [-mən]) n *lit* habitant *m* de la forêt ; *pej* [uncouth person] rustre *m*.

back yard n UK [courtyard] cour *f* de derrière, arrière-cour *f* ; US [garden] jardin *m* de derrière ▸ **in one's own back yard** chez soi.

bacn ['beɪkən] n *alertes d'e-mail que l'on ne souhaite pas lire tout de suite.*

bacon ['beɪkən] n lard *m* (maigre), bacon *m* / *a slice* or *rasher of bacon* une tranche de lard ▸ **bacon and eggs** œufs *mpl* au bacon or au lard ▸ **bacon sandwich** sandwich *m* au bacon ▸ **bacon slicer** coupe-jambon *m inv* ▸ **to bring home the bacon a)** *inf* [be the breadwinner] faire bouillir la marmite **b)** [succeed] décrocher la timbale or le gros lot.

bacteria [bæk'tɪərɪə] pl n bactéries *fpl*.

bacterial [bæk'tɪərɪəl] adj bactérien.

bactericidal [bæk,tɪərɪ'saɪdl] adj bactéricide.

bactericide [bæk'tɪərɪsaɪd] n (produit *m*) bactéricide *m*.

bacteriological [bæk,tɪərɪə'lɒdʒɪkl] adj bactériologique.

bacteriologist [bæk,tɪərɪ'ɒlədʒɪst] n bactériologiste *mf*.

bacteriology [bæk,tɪərɪ'ɒlədʒɪ] n bactériologie *f*.

bacteriostatic [bæk,tɪərɪə'stætɪk] adj bactériostatique.

bacterium [bæk'tɪərɪəm] (*pl* **bacteria** [-rɪə]) n bactérie *f*.

bad [bæd] (*compar* **worse** [wɜːs], *superl* **worst** [wɜːst]) ◆ adj **1.** [unpleasant - breath, news, terms, weather] mauvais ; [- smell, taste] mauvais, désagréable / *it's too bad he had to leave* quel dommage qu'il ait été obligé de partir / *there was a bad smell in the house* il y avait une odeur désagréable or une mauvaise odeur dans la maison / *I have a bad feeling about this* j'ai le pressentiment que ça va mal tourner / *I feel bad about leaving you alone* cela m'ennuie de te laisser tout seul / *he felt bad about the way he'd treated her* il s'en voulait de l'avoir traitée comme ça / *he's in a bad mood* or *bad temper* il est de mauvaise humeur / *she has a bad temper* elle a un sale caractère, elle a un caractère de chien or de cochon / *I'm on bad terms with her* nous sommes fâchés / *to come to a bad end* mal finir / *it's a bad business* **a)** [unpleasant] c'est une sale affaire **b)** [unhappy] c'est une triste affaire / *things went from bad to worse* les choses se sont gâtées or sont allées de mal en pis ▸ **that's too bad! a)** [regrettable] c'est or quel dommage ! **b)** [hard luck] tant pis pour toi ! / **'Bad Day at Black Rock'** *Sturges* 'Un homme est passé' **2.** [unfavourable - effect, result] mauvais, malheureux ; [- omen, report] mauvais, défavorable ; [- opinion] mauvais *(before noun)* / *things look bad* la situation n'est pas brillante / *it happened at the worst possible time* ça ne pouvait pas tomber plus mal / *he's in a bad way* **a)** [ill, unhappy] il va mal, il est en piteux état **b)** [in trouble] il est dans de sales draps **3.** [severe - accident, mistake] grave ; [- pain] violent, aigu (aiguë) ; [- headache] violent ; [- climate, winter] rude, dur / *I have a bad cold* j'ai un gros rhume / *she has a bad case of flu* elle a une mauvaise grippe **4.** [evil, wicked - person] méchant, mauvais ; [- behaviour, habit] mauvais, odieux / *they're a bad lot* ils ne sont pas recommandables / *to call sb bad names* traiter qqn de tous les noms, injurier qqn / *you've been a bad girl!* tu as été vilaine or méchante ! / *bad boy!* vilain ! ▸ **bad language** gros mots *mpl*, grossièretés *fpl* **5.** [harmful] mauvais, néfaste / *smoking is bad for your health* le tabac est mauvais pour la santé / *eating all these sweets is bad for him* c'est mauvais pour lui or ça ne lui vaut rien de manger autant de sucreries **6.** [unhealthy - leg, arm, person] malade ; [- tooth] malade, carié / *your grandmother is bad today* ta grand-mère ne va pas or ne se sent pas bien aujourd'hui / *how are you? — not so bad* comment allez-vous ? — on fait aller or pas trop mal / *he was taken bad at the office* *inf* il a eu un malaise au bureau / *to have a bad heart* être cardiaque **7.** [poor - light, work] mauvais, de mauvaise qualité ; [- actor, pay, performance, road] mauvais / *that's not bad for a beginner* ce n'est pas mal pour un débutant / *your painting isn't half bad* *inf* ton tableau n'est pas mal du tout / *the salary isn't bad* le salaire est convenable / *he speaks rather bad Spanish* il parle plutôt mal espagnol or un espagnol plutôt mauvais / *it would be bad form* or *manners to refuse* ce serait impoli de refuser / *I've always been bad at maths* je n'ai jamais été doué pour les maths, j'ai toujours été mauvais en maths / *she's bad about paying bills on time* elle ne paie jamais ses factures à temps ▸ **bad debt** créance *f* douteuse or irrécouvrable ▸ **bad debt provision** provision *f* pour créances douteuses **8.** [food] mauvais, pourri ▸ **to go bad a)** [milk] tourner **b)** [meat] pourrir, se gâter **9.** *v inf* [very good] terrible / *man, you're looking bad!* mon vieux, tu as l'air super bien or en superforme ! ◆ n **1.** mauvais *m* / *you have to take the bad with the good* il faut prendre les choses comme elles viennent, bonnes ou mauvaises / *he's gone to the bad* il a mal tourné ▸ **we're £100 to the bad** nous sommes débiteurs or nous avons un découvert de 100 livres ▸ **she got in bad with her boss** *inf* elle n'a pas la cote avec son patron **2.** US *inf* [fault] faute *f* / *my bad, I forgot to turn out the lights* c'est ma faute, c'est moi qui ai oublié d'éteindre les lumières / *it's her bad, not yours* c'est sa faute, pas la tienne / *if it's not true, my bad* si c'est faux, au temps pour moi. ◆ pl n [people] ▸ **the bad** les mauvais *mpl* / **'The Bad and the Beautiful'** *Minnelli* 'les Ensorcelés'. ◆ adv *inf* : *he wants it bad* il en meurt d'envie / *she's got it bad for him* elle l'a dans la peau / *he was beaten bad* US il s'est fait méchamment tabasser.

baddie, baddy ['bædɪ] n *inf* méchant *m* / *he's the baddie* c'est lui le méchant.

bade [bæd or beɪd] pt ⟶ **bid**.

badge [bædʒ] n **1.** [gen] insigne *m* ; [metal, plastic] badge *m* ; [fabric] écusson *m* ; [on lapel] pin's *m inv* ; [of scout] badge *m* ; MIL insigne *m* / *a badge of office* un insigne de fonction **2.** *fig* signe *m*, marque *f*.

❖ **badge in** vi badger *(en entrant)*.

❖ **badge out** vi badger *(en sortant)*.

badged [bædʒd] adj [wearing a badge] portant un badge, badgé.

badger ['bædʒər] ◆ n blaireau *m* ▸ **badger sett** terrier *m* de blaireau ▸ **the Badger State** US le Wisconsin. ◆ vt harceler, persécuter / *stop badgering your mother with questions* arrête de harceler ta mère de questions / *she badgered us into going* elle nous a harcelés jusqu'à ce que nous y allions.

badger-baiting [-'beɪtɪŋ] n chasse *f* au blaireau *(avec des chiens)*.

badlands ['bædlændz] pl n bad-lands *fpl* ; *fig* mauvais quartiers *mpl*.

badly ['bædlɪ] (*compar* **worse** [wɜːs], *superl* **worst** [wɜːst]) adv **1.** [poorly] mal / *badly made / organized* mal fait / organisé / *badly lit* mal éclairé / *things aren't going too badly* ça ne va pas trop mal / *the candidate did* or *came off badly in the exams* le candidat n'a pas bien marché à ses examens / *we came off worst in the deal* c'est nous qui nous en sommes le plus mal sortis dans l'affaire / *his business is doing badly* ses affaires marchent or vont mal, il fait de mauvaises affaires / *I feel badly about it* **a)** [sorry] je le regrette beaucoup **b)** [embarrassed] cela me gêne beaucoup / *don't think badly of him for what he did* ne lui en voulez pas de ce qu'il a fait / *she took the news badly* elle a mal pris la nouvelle ▸ **to be badly off** être dans la misère / *we're badly off for supplies* nous manquons de provisions **2.** [behave - improperly] mal ; [- cruelly] méchamment, avec cruauté **3.** [severely - burn, damage] gravement, sérieusement ; [- hurt] gravement, grièvement / *the town was badly affected by the storm* la ville a été sérieusement touchée par l'orage / *she had been badly beaten* elle avait reçu des coups violents / *the army was badly defeated* l'armée a subi une sévère défaite **4.** [very much] énormément / *he badly needs* or *he's badly in need of a holiday* il a grand or sérieusement besoin de (prendre des) vacances / *we badly want to see her* nous avons très envie de la voir.

badman ['bædmæn] (*pl* **badmen** [-men]) n US [crook] bandit *m* ; [in movie] méchant *m*.

bad-mannered adj mal élevé.

badminton ['bædmɪntən] n badminton *m* ▸ **badminton racket** raquette *f* de badminton.

Badminton Horse Trials pr n *prestigieux concours hippique en Angleterre.*

badmouth ['bædmaʊθ] vt *inf* médire de, dénigrer.

badness ['bædnɪs] n **1.** [wickedness] méchanceté *f* ; [cruelty] cruauté *f* **2.** [inferior quality] mauvaise qualité *f*, mauvais état *m*.

bad-tempered adj [as character trait] qui a mauvais caractère ; [temporarily] de mauvaise humeur.

Baedeker ['beɪdekər] n guide *m (livre)*.

Baffin Island ['bæfɪn-] pr n terre *f* de Baffin / *in Baffin Island* en terre de Baffin.

baffle ['bæfl] ◆ vt **1.** [puzzle] déconcerter, dérouter / *the police are baffled* les policiers sont déroutés **2.** *fml* [frustrate - effort, plans] faire échouer, déjouer ; [- expectations, hopes] décevoir, tromper. ◆ n [deflector] déflecteur *m* ; [acoustic] baffle *m*, écran *m*.

baffle board, baffle plate n = **baffle** *(noun)*.

bafflement ['bæflmənt] n confusion *f*.

baffling ['bæflɪŋ] adj déconcertant, déroutant / *a baffling problem* un casse-tête.

Bafta ['bæftə] (abbr of **British Academy of Film and Television Awards**) n ▸ **Bafta (award)** *prix récompensant les meilleurs films et émissions de télévision en Grande-Bretagne.*

bag [bæg] (*pt & pp* **bagged**, *cont* **bagging**) ◆ n **1.** [container] sac *m* / *paper / plastic bag* sac en papier / en plastique / *a bag of sweets / groceries* un sac de bonbons / d'épicerie / *he was left holding the bag* US *inf* tout lui est retombé dessus / *her promotion is in the bag* *inf* son avancement, c'est dans la poche or dans le sac or du tout cuit ▸ **to pull sthg out of the bag** sortir qqch du chapeau ▸ **the whole bag of tricks** *inf* tout le tralala **2.** [handbag] sac *m* (à main) ; [suitcase] valise *f* ▸ **bags** valises, bagages *mpl* / *it's time to pack our bags* *fig* c'est le moment de plier bagage ▸ **bag and baggage** *inf* : *they threw her out bag and baggage* ils l'ont mise à la porte avec toutes ses affaires **3.** [of cloth, skin] poche *f* ▸ **to have bags under one's eyes** avoir des poches sous les yeux **4.** HUNT prise *f* / *did you get a good bag?* avez-vous fait bonne chasse ? **5.** *inf & pej* [woman] : *old bag* vieille peau / *stupid bag!* espèce d'idiote ! **6.** *v inf* [interest] : *it's not my bag* ce n'est pas mon truc. ◆ vt **1.** [books, groceries] mettre dans un sac **2.** *inf* [seize] mettre le grappin sur, s'emparer de ; [steal] piquer, faucher / *I bags the cookies!* UK les gâteaux sont à moi ! / *he bagged the best seat for himself* il s'est réservé la meilleure place / *I bagged that job* j'ai décroché ce poste **3.** HUNT tuer. ◆ vi goder, faire des poches / *his trousers bag at the knees* ses pantalons font des poches aux genoux.

❖ **bags** *inf* ◆ pl n UK **1.** [trousers] pantalon *m*, fute *m* **2.** [lots] : *there are bags of things to do* il y a plein de choses à faire / *we have bags of time* nous avons tout notre temps. ◆ interj UK : *bags I go!* c'est à moi ! / *bags I get the biggest one!* le plus gros est pour moi !

bagasse [bə'gæs] n bagasse *f*.

bagatelle [,bægə'tel] n **1.** [trinket] bagatelle *f*, babiole *f* / *a mere bagatelle* une simple bagatelle **2.** GAMES [board game] (sorte *f* de) flipper *m* ; [billiards] billard *m* anglais **3.** MUS bagatelle *f*.

bagboy ['bægbɔɪ] n US commis *m (qui aide à l'emballage des achats)*.

bagel ['beɪgəl] n petit pain *m* en couronne *(de la cuisine juive)*.

bagful ['bægfʊl] n sac *m* plein, plein sac *m* / *a bagful of sweets* un sac plein de bonbons / *he ate a whole bagful of apples* il a mangé un plein sac de pommes.

baggage ['bægɪdʒ] n **1.** [luggage] valises *fpl*, bagages *mpl* ▸ **baggage car** US fourgon *m (d'un train)* ▸ **baggage check** US [ticket] étiquette *f* pour bagages ▸ **baggage room** or **checkroom** US consigne *f* ▸ **baggage handler** bagagiste *m* ▸ **baggage reclaim** livraison *f* des bagages ▸ **baggage tag** US bulletin *m* de consigne **2.** MIL équipement *m* (portatif) **3.** *inf & dated* [saucy girl] coquine *f* *arch* ; [prostitute] prostituée *f*, traînée *f*.

Baggie® ['bægɪ] n US *petit sachet hermétique en plastique.*

baggy ['bægɪ] (*compar* **baggier**, *superl* **baggiest**) adj [clothing - too big] trop ample or grand ; [- loose-fitting] ample ▸ **baggy trousers** un pantalon bouffant.

Baghdad [bæg'dæd] pr n Bagdad.

bag lady n clocharde *f*.

bagman ['bægmən] (*pl* **bagmen** [-mən]) n **1.** UK *inf* [salesman] VRP *m*, voyageur *m* or représentant *m* de commerce **2.** US *v inf* [racketeer] racketteur *m*.

bagpiper ['bægpaɪpəʳ] n joueur *m*, -euse *f* de cornemuse.

bagpipes ['bægpaɪps] pl n cornemuse *f*.

bag-snatcher [-snætʃəʳ] n voleur *m*, -euse *f* à l'arraché.

bag-snatching [-,snætʃɪŋ] n vol *m* à l'arraché.

bah [bɑ:] interj ▸ **bah!** bah !

Baha'i [bə'hɑ:ɪ] ◆ n adepte *mf* de la religion bahaï. ◆ adj bahaï.

Bahaism [bə'hɑ:ɪzm] n bahaïsme *(religion)*.

Bahamas [bə'hɑ:məz] pl pr n Bahamas *fpl* / *in the Bahamas* aux Bahamas.

Bahamian [bə'heɪmɪən] ◆ n habitant *m*, -e *f* des Bahamas. ◆ adj des Bahamas.

bahookie [bə'hu:kɪ] n Scot *inf* fesses *fpl*.

Bahrain, **Bahrein** [bɑ:'reɪn] pr n Bahreïn, Bahrayn / *in Bahrain* à Bahreïn ▸ **the Bahrain Islands** les îles *fpl* Bahreïn.

Bahraini, **Bahreini** [bɑ:'reɪnɪ] ◆ n Bahreïni *m*, -e *f*. ◆ adj bahreïni.

Bahrein [bɑ:'reɪn] pr n = **Bahrain**.

Bahreini [bɑ:'reɪnɪ] n & adj = **Bahraini**.

Baikal [baɪ'kɑ:l] pr n ▸ **Lake Baikal** le lac Baïkal.

bail [beɪl] ◆ n **1.** LAW [money] caution *f* ; [guarantor] caution *f*, répondant *m*, -e *f* ; [release] mise *f* en liberté provisoire sous caution ▸ **on bail** sous caution / *the judge granted / refused bail* le juge a accordé / refusé la mise en liberté provisoire sous caution / *she was released on £2,000 bail* elle a été mise en liberté provisoire après avoir payé une caution de 2 000 livres ▸ **to stand** or **to go bail for sb** se porter garant de qqn / *who put up bail?* qui a payé la caution ? / *the prisoner jumped* or *forfeited bail* le prisonnier s'est soustrait à la justice *(à la faveur d'une mise en liberté provisoire)* **2.** [in cricket] barrette *f*. ◆ vt **1.** LAW [subj: guarantor] payer la caution pour, se porter garant de ; [subj: judge] mettre en liberté provisoire sous caution **2.** [water] vider. ◆ vi US *inf* [leave] se casser / *don't bail on us now!* ne nous laisse pas tomber maintenant !

✣ **bail out** ◆ vt sep **1.** LAW = **bail** *(vt)* **2.** [help] tirer or sortir d'affaire / *his parents usually bail him out* la plupart du temps, ses parents le tirent d'affaire or le renflouent **3.** [boat] écoper ; [cellar, water] vider. ◆ vi [parachute] sauter en parachute.

bail bond n LAW cautionnement *m*.

bail bondsman [-'bɒndzmən] n US garant *m (d'un condamné en liberté sous caution)*.

bailey ['beɪlɪ] n [wall] mur *m* d'enceinte ; [courtyard] cour *f (à l'intérieur de l'enceinte)*.

bailiff ['beɪlɪf] n **1.** LAW huissier *m* **2.** UK [on estate, farm] régisseur *m*, intendant *m* **3.** [official - formerly] bailli *m*.

bailiwick ['beɪlɪwɪk] n **1.** LAW juridiction *f*, circonscription *f* **2.** *fig* [interest] domaine *m*.

bail-jump vi US ne pas comparaître au tribunal.

bail-jumper n US accusé *m*, -e *f* qui ne comparaît pas au tribunal.

bailout ['beɪlaʊt] n [of company] renflouement *m*, sauvetage *m* / *the US government has announced a bailout of the banks* le gouvernement américain a annoncé un plan de sauvetage pour les banques.

bairn [beən] n UK *regional* enfant *mf*.

bait [beɪt] ◆ n FISHING & HUNT appât *m*, amorce *f* ; *fig* appât *m*, leurre *m* ▸ **to rise to** or **to take the bait** *lit & fig* mordre (à l'hameçon). ◆ vt **1.** [hook, trap] amorcer **2.** [tease] harceler, tourmenter **3.** [badger, bear] lâcher les chiens sur **4.** [entice] tenter.

baize [beɪz] ◆ n [fabric] feutre *m* ; [on billiard table] tapis *m*. ◆ adj [cloth, lining] de feutre ▸ **baize-covered** feutré.

Bajan ['beɪdʒən] *inf* ◆ n habitant *m*, -e *f* de la Barbade. ◆ adj de la Barbade.

bake [beɪk] ◆ vt **1.** CULIN faire cuire au four / *she's baking a cake for me* elle me fait un gâteau **2.** [dry, harden] cuire / *the land was baked dry* la terre était desséchée. ◆ vi **1.** [person - cook] : *she got busy baking* **a)** [bread] elle s'est mise à faire du pain **b)** [cake] elle s'est mise à faire de la pâtisserie **2.** [cake, pottery] cuire (au four) / *the ground was baking in the sun* le sol se desséchait au soleil **3.** *inf* [be hot] : *it's baking in here!* il fait une de ces chaleurs ici ! / *I'm baking!* j'étouffe !, je crève de chaleur ! ◆ n **1.** [batch of food] fournée *f* **2.** Scot [biscuit] (sorte *f* de) biscuit *m* **3.** US *fête où l'on sert un repas cuit au four.*

✣ **bake in** vt sep : *shipping costs are baked into the list price* le calcul du prix public tient compte des frais de port.

baked [beɪkt] adj US *inf* [high on drugs] défoncé.

baked Alaska ['beɪkt-] n omelette *f* norvégienne.

baked beans ['beɪkt-] pl n haricots *mpl* blancs à la sauce tomate.

baked potato ['beɪkt-] n pomme *f* de terre en robe de chambre or en robe des champs.

bakehouse ['beɪkhaʊs] *(pl* [-haʊzɪz]*)* n boulangerie *f*.

Bakelite® ['beɪkəlaɪt] ◆ n Bakélite® *f*. ◆ adj en Bakélite.

baker ['beɪkəʳ] n boulanger *m*, -ère *f* / *I'm going to the baker's (shop)* je vais à la boulangerie ▸ **a baker's dozen** treize à la douzaine.

bakery ['beɪkərɪ] *(pl* **bakeries***)* n boulangerie *f*.

Bakewell tart ['beɪkwel-] n UK CULIN *tarte à la frangipane et à la confiture de framboises.*

baking ['beɪkɪŋ] ◆ n **1.** [process] cuisson *f* (au four) **2.** [bread] pain *m* ; [pastry] pâtisserie *f*, pâtisseries *fpl*. ◆ adj **1.** [for cooking] ▸ **baking potatoes** pommes *fpl* de terre à cuire au four ▸ **baking dish** plat *m* allant au four ▸ **baking tray** plaque *f* de four **2.** [hot - pavement, sun] brûlant ; [- day, weather] torride. ◆ adv : *a baking hot afternoon* un après-midi torride.

baking powder n levure *f* (chimique).

baking soda n US bicarbonate *m* de soude.

baking tin n moule *m* à gâteau.

baklava ['bɑ:kləvɑ:] n baklava *m*.

baksheesh [,bæk'ʃi:ʃ] n *dated* bakchich *m*.

Baku [bæ'ku] pr n Bakou.

Balaclava [,bælə'klɑ:və] pr n Balaklava.

balaclava (helmet) [bælə'klɑ:və-] n passe-montagne *m*.

balalaika [,bælə'laɪkə] n balalaïka *f*.

balance ['bæləns] ◆ n **1.** [of person - physical] équilibre *m*, aplomb *m* ; [- mental] calme *m*, équilibre *m* / *she tried to keep her balance* elle a essayé de garder l'équilibre or son équilibre / *I lost my balance* j'ai perdu l'équilibre or mon équilibre ▸ **off balance** [physically, mentally] déséquilibré / *he threw me off balance* **a)** *lit* il m'a fait perdre l'équilibre **b)** *fig* il m'a pris par surprise **2.** [of situation] équilibre *m* ; [of painting, sculpture] harmonie *f* / *she tried to strike a balance between the practical and the idealistic* elle a essayé de trouver un juste milieu entre la réalité et l'idéal ▸ **balance of nature** l'équilibre de la nature ▸ **balance of power** **a)** [in government] balance or équilibre des pouvoirs **b)** [between states] balance or équilibre des forces / *he holds the balance of power* il peut faire pencher la balance, tout dépend de lui ▸ **budgetary / economic balance** équilibre *m* budgétaire / économique **3.** [scales] balance *f* / *everything is still (hanging) in the balance* rien n'est encore certain / *our future hangs* or *lies in the balance* notre avenir est en jeu / *his remark tipped the balance in his favour* sa remarque a fait pencher la balance en sa faveur **4.** [weight, force] poids *m*, contrepoids *m* / *the balance of evidence is against him* la plupart des preuves lui sont défavorables / *she acts as a balance to his impulsiveness* elle sert de contrepoids à or elle contrebalance son impulsivité **5.** [remainder] solde *m*, reste *m* ; COMM & FIN solde *m* ▸ **balance due** solde débiteur / *I'd like to pay the balance of my account* j'aimerais solder mon compte / *a healthy (bank) balance* un compte sain ▸ **balance of payments** balance *f* des paiements ▸ **balance of trade** balance *f* commerciale. ◆ vt **1.** [put in stable position] mettre en équilibre ; [hold in stable position] tenir en équilibre / *she balanced the book on her head* elle a mis or posé le livre en équilibre sur sa tête ▸ **to balance the wheels** AUTO équilibrer les roues **2.** [act as counterbalance, offset] équilibrer, contrebalancer / *we have to balance the right to privacy against the public's right to know* nous devons trouver le juste milieu entre le respect de la vie privée et le droit du public à être informé **3.** [weigh] peser ; *fig* mettre en balance, comparer / *you have to balance its usefulness against the actual cost* vous devez mettre en balance or comparer son utilité et le coût réel **4.** [equation, finances] équilibrer / *to balance the budget* équilibrer le budget / *to balance the books* dresser le bilan, arrêter les comptes / *to balance one's chequebook* faire ses comptes **5.** [settle, pay] régler, solder / *to balance an account* solder un compte. ◆ vi **1.** [remain in stable position] se maintenir en équilibre ; [be in stable position] être en équilibre **2.** [act as counterbalance] : *the weights balance* les poids s'équilibrent **3.** [budget, finances] s'équilibrer, être équilibré.

✣ **on balance** adv phr à tout prendre, tout bien considéré.

✣ **balance out** vi : *the advantages and disadvantages balance out* les avantages contrebalancent or compensent les inconvénients / *the debits and credits should balance out* les débits et les crédits devraient s'équilibrer.

⚠ The French word **balance** is not always the appropriate translation for the noun balance, and the verb **balancer** rarely means to balance. See the entry for details.

balance bridge n pont *m* basculant.

balanced ['bælənst] adj **1.** [diet, scales, person] équilibré / *the two teams were pretty well balanced* les deux équipes étaient de force à peu près égale / *a balanced view* une vue impartiale or objective **2.** [programme, report] impartial, objectif.

balance sheet n bilan *m*.

balance weight n contrepoids *m*.

balance wheel n balancier *m*.

balancing ['bælənsɪŋ] adj **1.** [physical effort] stabilisation *f* ▸ **a balancing act** un numéro d'équilibriste / *it was a real balancing act keeping everyone happy* il fallait jongler pour pouvoir satisfaire tout le monde **2.** FIN [account, books - equalizing] balance *f* ; [- settlement] règlement *m*, solde *m*.

balcony ['bælkənɪ] *(pl* **balconies***)* n **1.** [of flat, house] balcon *m* **2.** THEAT balcon *m*.

bald [bɔ:ld] adj **1.** [having no hair] chauve / *he's going bald* il devient chauve, il perd ses cheveux / *a bald patch* **a)** [on person] une calvitie **b)** [on animal] un endroit sans poils ▸ **as bald as a coot** or **as an egg** *inf* chauve comme un œuf or comme une boule de billard **2.** [carpet] usé ; [mountain top] pelé ; [tyre] lisse **3.** [unadorned] brutal / *the bald truth* la pure vérité / *a bald statement* une simple exposition des faits.

baldachin, **baldaquin** ['bɔ:ldəkɪn] n baldaquin *m*.

bald eagle n aigle *m* d'Amérique.

Bald eagle

Cet oiseau est l'emblème des États-Unis. Il figure sur le sceau officiel.

balderdash ['bɔ:ldədæʃ] n *(U) dated* âneries *fpl*, bêtises *fpl*.

bald-faced adj US [liar, thief] effronté ; [lie] flagrant.

bald-headed adj chauve.

balding ['bɔ:ldɪŋ] adj qui devient chauve.

baldly ['bɔ:ldlɪ] adv brutalement / *to put it baldly* pour parler franchement.

baldness ['bɔ:ldnɪs] n **1.** [of person] calvitie *f* ; [of animal] absence *f* de poils **2.** [of mountain top] nudité *f* ; [of tyre] usure *f* **3.** [of statement] brutalité *f*.

bald spot n : *to have a bald spot* avoir un début de calvitie.

bale [beɪl] ◆ n **1.** [of cloth, hay] balle *f* **2.** *arch* [evil] mal *m.* ◆ vt **1.** [hay] mettre en balles ; [cotton, merchandise] emballer, empaqueter **2.** = **bail** *(vt).*

Balearic Islands [,bælɪ'ærɪk-] pl pr n ▸ **the Balearic Islands** les Baléares *fpl* / *in the Balearic Islands* aux Baléares.

baleful ['beɪlfʊl] adj **1.** [menacing] menaçant ; [wicked] sinistre, méchant / *he looked at us with a baleful eye* il nous a regardés d'un sale œil **2.** [gloomy] lugubre.

balefully ['beɪlfʊlɪ] adv **1.** [menacingly - look] d'un sale œil ; [- say] d'un ton menaçant **2.** [gloomily] d'une façon lugubre.

baler ['beɪlər] n ramasseuse-presse *f.*

Bali ['bɑ:lɪ] pr n Bali / *in Bali* à Bali.

Balinese [,bɑ:lɪ'ni:z] (*pl* **Balinese**) ◆ n **1.** [person] Balinais *m,* -e *f* **2.** LING balinais *m.* ◆ adj balinais, de Bali.

balk, baulk [bɔ:k] ◆ vi ▸ **to balk at sthg** : *the horse balked at the fence* le cheval a refusé la barrière / *he balked at the idea of murder* il a reculé devant l'idée du meurtre. ◆ vt **1.** [thwart] contrecarrer, contrarier **2.** [avoid] éviter. ◆ n **1.** [beam] bille *f* ; [of roof] solive *f* **2.** AGR billon *m* **3.** [hindrance] obstacle *m* **4.** [in baseball] feinte *f* irrégulière d'un lanceur.

Balkan ['bɔ:lkən] adj balkanique ▸ **Balkan States** États *mpl* balkaniques, Balkans *mpl* ▸ **Balkan Peninsula** péninsule *f* balkanique, Balkans *mpl.*

balkanize, balkanise ['bɔ:lkənaɪz] vt balkaniser.

Balkans ['bɔ:lkənz] pl pr n Balkans *mpl* / *in the Balkans* dans les Balkans.

ball [bɔ:l] ◆ n **1.** [sphere] boule *f* ; [of wool] pelote *f* / *he rolled up the jersey into a ball* il a roulé le pull-over en boule / *the hedgehog was curled up in a ball* le hérisson était roulé en boule / *roll up the wool into a ball* mets la laine en pelote **2.** SPORT [small] balle *f* ; [large] ballon *m* ; [in snooker] bille *f,* boule *f* ; [in croquet] boule *f* ; [in golf, tennis] balle *f* ; [in rugby] ballon *m* / *the children were playing ball* les enfants jouaient au ballon **3.** [shot - in golf, tennis] coup *m* ; [- in football] passe *f* ; [- in hockey] tir *m* / *that was a difficult ball* c'était un tir difficile / *a long ball* FOOT une passe longue, une balle en profondeur / *it was a good ball* c'était bien joué **4.** ANAT [of foot] plante *f* ; [of thumb] partie *f* charnue / *the ball of the thumb* la partie charnue du pouce **5.** [dance] bal *m* / *to have* or *to hold* or *to organize a ball* donner un bal ; *fig* ▸ **to have a ball** *inf* se marrer comme des fous / *I'm having a ball inf* je me marre comme un fou, je m'éclate **6.** PHR *the ball is in his court now* c'est à lui de jouer maintenant, la balle est dans son camp ▸ **to be on the ball a)** [capable] être à la hauteur de la situation **b)** [alert] être sur le qui-vive ▸ **to keep the ball rolling a)** [maintain interest] maintenir l'intérêt **b)** [maintain activity] assurer la continuité **c)** [maintain conversation] alimenter la conversation ▸ **to start** or **to set the ball rolling a)** [in conversation] lancer la conversation **b)** [in deal] faire démarrer l'affaire ▸ **to play ball a)** *lit* jouer au ballon **b)** *fig* coopérer ▸ **that's the way the ball bounces!** US *inf* c'est la vie ! ◆ vi **1.** [wool] boulocher **2.** US *vulg* [have sex] baiser. ◆ vt **1.** [wool] mettre en pelote ; [fists] serrer ▸ **to ball sthg up** US rouler qqch en boule **2.** US *vulg* [have sex with] baiser.

❖ **balls** *vulg* ◆ pl n **1.** [testicles] couilles *fpl* / *they've got you by the balls fig* ils te tiennent par les couilles **2.** [courage] : *to have balls* avoir des couilles au cul, en avoir / *he lost his balls* il s'est dégonflé **3.** [rubbish] : *what a load of balls!* c'est des conneries, tout ça ! ◆ interj ▸ **balls!** quelles conneries !

❖ **ball(s) up** UK vt sep *v inf* foutre la merde dans / *he completely balled* or *ballsed up the job* il a complètement salopé le boulot / *we're really ballsed up now* on est dans la merde jusqu'au cou.

> **balle, ballon, boule** or **bille?**
>
> In general, larger balls such as footballs and beach balls are called **ballons**, and smaller non-inflatable balls such as tennis balls and ping-pong balls are called **balles**. Billiard balls and bowling balls are **boules**. A ball of something, such as clay or snow, is also a **boule**, while very tiny balls are more likely to be called **billes**.

ballad ['bæləd] n [song - narrative] ballade *f* ; [- popular, sentimental] romance *f* ; [musical piece] ballade *f* / **'The Ballad of Reading Gaol'** *Wilde* 'Ballade de la geôle de Reading'.

ball-and-socket adj [joint] à rotule.

ballast ['bæləst] ◆ n *(U)* **1.** [in balloon, ship] lest *m* / *to drop ballast* jeter du lest **2.** [in road] pierraille *f* ; RAIL ballast *m.* ◆ vt **1.** [balloon, ship] lester **2.** [road] empierrer, caillouter ; [railway] ballaster.

ball bearing n bille *f* de roulement ▸ **ball bearings** roulement *m* à billes.

ball boy n ramasseur *m* de balles.

ballbreaker ['bɔ:l,breɪkər] n *v inf* **1.** [task] boulot *m* très difficile **2.** *pej* [woman] chieuse *f.*

ballcock ['bɔ:lkɒk] n robinet *m* à flotteur.

ballerina [,bælə'ri:nə] n danseuse *f* classique, ballerine *f.*

ballet ['bæleɪ] n ballet *m* ▸ **ballet dancing** danse *f* classique ▸ **the ballet season** la saison *f* chorégraphique ▸ **ballet shoe** chausson *m* de danse.

ballet dancer n danseur *m,* -euse *f* classique.

ballet dress n robe *f* de ballerine ; [skirt] tutu *m.*

ball game n **1.** SPORT [with small ball] jeu *m* de balle ; [with large ball] jeu *m* de ballon **2.** US [baseball] match *m* de base-ball **3.** *inf & fig* [activity] : *it's a whole new ball game* or *it's a different ball game altogether* c'est une tout autre histoire / *we're talking about a different ball game* ça n'a rien à voir avec notre sujet.

ball girl n ramasseuse *f* de balles.

ballistic [bə'lɪstɪk] adj balistique ▸ **to go ballistic** *inf* péter les plombs.

ballistic missile n missile *m* balistique.

ballistics [bə'lɪstɪks] n *(U)* balistique *f.*

ball joint n joint *m* à rotule.

ballocks ['bæləks] *vulg* pl n, n & interj = **bollocks.**

balloon [bə'lu:n] ◆ n **1.** [toy] ballon *m* **2.** AERON ballon *m,* aérostat *m* / *to go up in a balloon* monter en ballon ▸ **when the balloon goes up** *inf & fig* quand ça démarre ▸ **the balloon went up** *inf & fig* l'affaire a éclaté **3.** [in comic strip] bulle *f* **4.** CHEM [flask] ballon *m* **5.** [brandy glass] (verre *m*) ballon *m* **6.** UK [shot - in tennis] lob *m* ; [- in football] chandelle *f.* ◆ vi **1.** [billow - sail, trousers] gonfler **2.** *fig* [grow dramatically] augmenter démesurément / *unemployment has ballooned in recent months* le chômage a considérablement augmenté ces derniers mois. ◆ vt UK SPORT [ball] projeter très haut en l'air.

balloon glass n verre *m* ballon.

ballooning [bə'lu:nɪŋ] n : *to go ballooning* **a)** [regularly] pratiquer la montgolfière **b)** [on one occasion] faire un tour en montgolfière or en ballon.

balloonist [bə'lu:nɪst] n aéronaute *mf.*

balloon loan n crédit-ballon *m.*

balloon mortgage n *crédit immobilier dont une part importante du remboursement est due à maturité.*

balloon payment n FIN dernier remboursement *m (dont le montant est supérieur aux versements précédents).*

balloon sail n foc *m* d'avant.

balloon sleeve n manche *f* ballon.

balloon tyre n pneu *m* ballon.

ballot ['bælət] (*pt & pp* **ballotted,** *cont* **ballotting**) ◆ n **1.** [secret vote] scrutin *m* / *to vote by ballot* voter à bulletin secret / *in the second ballot* au deuxième tour de scrutin / *to take a ballot* procéder à un scrutin or à un vote **2.** [voting paper] bulletin *m* de vote. ◆ vt sonder au moyen d'un vote.

ballot box n **1.** [for ballot papers] urne *f* ▸ **ballot box stuffing** US fraude *f* électorale **2.** *fig* système *m* électoral or démocratique / *change cannot be achieved by the ballot box alone* le système électoral à lui seul ne suffit pas à faire bouger les choses.

ballot paper n bulletin *m* de vote.

ball park n **1.** [stadium] stade *m* de base-ball **2.** *inf* [approximate range] ordre *m* de grandeur / *his guess was in the right ball park* il avait plutôt bien deviné.

❖ **ball-park** comp *inf* ▸ **a ball-park figure** un chiffre approximatif.

ball pit n piscine *f* à balles.

ballplayer ['bɔ:lpleɪər] n US SPORT [baseball] joueur *m,* -euse *f* de baseball.

ballpoint ['bɔ:lpɔɪnt] ◆ adj à bille ▸ **ballpoint pen** stylo *m* (à) bille. ◆ n stylo *m* (à) bille, Bic® *m.*

ballroom ['bɔ:lrʊm] n salle *f* de bal.

ballroom dancing n danse *f* de salon.

balls [bɔ:lz] pl n & interj ⟶ **ball.**

ballsiness ['bɔ:lzɪnɪs] n US *v inf* culot *m.*

balls-up UK, **ball-up** US n *v inf* ▸ **to make a balls-up of sthg** merder qqch / *the trip was a complete balls-up* l'excursion a complètement foiré.

ballsy ['bɔ:lzɪ] adj US *v inf* culotté.

ball valve n robinet *m* à tournant sphérique.

bally ['bælɪ] adj UK *inf & dated* sacré *(before noun),* satané *(before noun)* ▸ **bally fool!** espèce de crétin !

ballyhoo [,bælɪ'hu:] n *inf* [commotion] tapage *m* ; [publicity] battage *m.*

balm [bɑ:m] n **1.** *lit & fig* baume *m* **2.** BOT mélisse *f* officinale.

Balmoral [bæl'mɒrəl] pr n ▸ **Balmoral (Castle)** *château situé dans le nord-est de l'Écosse et appartenant à la famille royale britannique.*

balmy ['bɑ:mɪ] adj **1.** [weather] doux (douce) **2.** [scented] embaumé, parfumé ; BOT balsamique.

balneology [,bælnɪ'ɒlədʒɪ] n science *f* de la balnéothérapie.

baloney [bə'ləʊnɪ] n **1.** *(U) inf* [nonsense] idioties *fpl,* balivernes *fpl* / *baloney, you don't know what you're talking about!* n'importe quoi, tu ne sais pas de quoi tu parles ! **2.** US CULIN mortadelle *f.*

BALPA ['bælpə] (abbr of British Airline Pilots' Association) pr n *syndicat britannique des pilotes de ligne.*

balsa ['bɒlsə] n balsa *m.*

balsam ['bɔ:lsəm] n **1.** [balm] baume *m* **2.** [plant] balsamine *f* **3.** [turpentine] oléorésine *f.*

balsam fir n sapin *m* baumier.

balsamic [bɔ:l'sæmɪk] adj ▸ **balsamic reduction** réduction *f* balsamique ▸ **balsamic vinaigrette** vinaigrette *f* au vinaigre balsamique ▸ **balsamic vinegar** vinaigre *m* balsamique.

balsam poplar n peuplier *m* baumier.

balsam spruce n épicéa *m* du Colorado, sapin *m* bleu.

balsawood ['bɒlsəwʊd] n balsa *m.*

Balt [bɔ:lt] n [person] Balte *mf.*

Balthazar [bæl'θæzər] ◆ pr n BIBLE Balthazar. ◆ n [bottle] balthazar *m.*

balti ['bɒltɪ] n *curry indien préparé et servi dans une petite poêle* ▸ **balti house** *restaurant servant des* ***balti.***

Baltic ['bɔ:ltɪk] ◆ pr n ▸ **the Baltic (Sea)** la Baltique. ◆ adj [port, coast] de la Baltique ▸ **the Baltic Republics** les républiques *fpl* baltes ▸ **the Baltic States** les pays *mpl* Baltes.

Baltic Exchange pr n ▸ **the Baltic Exchange** *Bourse du commerce à Londres.*

Baluchi [bəˈluːtʃɪ] (*pl* **Baluchi** *or* **Baluchis**) n **1.** [person] Baloutchi *mf* **2.** LING baloutchi *m*.

Baluchistan [bəˈluːtʃɪstɑːn] pr n Baloutchistan *m*, Béloutchistan *m* / *in Baluchistan* au Baloutchistan.

baluster [ˈbæləstəʳ] ◆ n balustre *m* ▸ **the balusters** la rampe *(d'un escalier)*. ◆ adj [post, stem of glass] en forme de balustre.

balustrade [ˌbæləsˈtreɪd] n balustrade *f*.

Bamako [ˌbæməˈkəʊ] pr n Bamako.

bamboo [bæmˈbuː] ◆ n bambou *m*. ◆ comp [screen, table] de *or* en bambou ▸ **bamboo forest** forêt *f* de bambou ▸ **bamboo shoots** pousses *fpl* de bambou.

bamboo curtain n rideau *m* de bambou.

bamboozle [bæmˈbuːzl] vt *inf* **1.** [cheat] avoir, embobiner / *they were bamboozled into signing the contract* on a fait pression sur eux pour qu'ils signent le contrat **2.** [confuse] déboussoler / *the game had him completely bamboozled* le jeu l'avait complètement déboussolé.

ban [bæn] (*pt & pp* **banned**, *cont* **banning**) ◆ n **1.** [prohibition] interdiction *f*, interdit *m* / *they've put a ban on smoking in the office* ils ont interdit de fumer dans le bureau / *the nuclear test ban* l'interdiction des essais nucléaires **2.** COMM [embargo] embargo *m* ; [sanction] sanctions *fpl* économiques. ◆ vt interdire / *he was banned from going into town* on lui a interdit d'aller en ville / *they are banned from the club* ils sont exclus du club / *he was banned from driving for a year* il a eu une suspension de permis de conduire d'un an ▸ **the Ban the Bomb movement** le mouvement contre la bombe atomique.

banal [bəˈnɑːl] adj banal.

banality [bəˈnælətɪ] n banalité *f*.

banana [bəˈnɑːnə] ◆ n [fruit] banane *f* ; [plant] bananier *m* ▸ **a bunch of bananas** un régime de bananes. ◆ comp [milk shake, ice cream] à la banane ▸ **banana plantation** bananeraie *f*.

❖ **bananas** adj *inf* maboul, dingue / *she's completely bananas!* elle est complètement maboule ! / *to go bananas* **a)** [crazy] devenir dingue **b)** [angry] piquer une crise.

banana belt n CAN *inf* région *f* chaude.

banana boat n bananier *m (bateau)*.

banana oil n nitrate *m* de cellulose.

banana republic n *pej* république *f* bananière.

banana skin n peau *f* de banane, *fig* gaffe / *he slipped on a banana skin* *fig* il a fait une gaffe.

banana split n banana split *m*.

Banbury cake [ˈbænbərɪ] n UK CULIN *pâtisserie aux raisins secs.*

banco [ˈbæŋkəʊ] interj ▸ **banco!** banco !

band [bænd] ◆ n **1.** [musicians - folk, rock] groupe *m* ; [- brass, military] fanfare *f* / *drinks were free to members of the band* les boissons étaient gratuites pour les musiciens **2.** [group] bande *f*, troupe *f* / *a band of dedicated reformers* une bande de réformateurs convaincus **3.** [strip - of cloth, metal] bande *f* ; [- on hat] ruban *m* ; [- of leather] lanière *f* **4.** [stripe - of colour] bande *f* ; [- of sunlight] rai *m* ; [- small] bandelette *f* **5.** [as binding - around wheel] bandage *m* ; [- around books] sangle *f* ; [- on cigar] bague *f* ; [- on barrel] cercle *m* **6.** MECH [drive belt] courroie *f* de transmission **7.** RADIO [range of frequency] bande *f* ; OPT [in spectrum] bande *f* ; COMPUT bande *f* magnétique **8.** UK [range - in age, price] tranche *f* / *people in this age band* les gens dans or de cette tranche d'âge **9.** [ring] anneau *m*. ◆ vt *(usu passive)* [stripe] : *a red wall banded with yellow* un mur rouge rayé de jaune.

❖ **band together** vi [unite] se grouper ; [gang together] former une bande.

bandage [ˈbændɪdʒ] ◆ n **1.** [strip of cloth] bande *f*, bandage *m* / *he wrapped the bandage around her hand* il a enroulé le bandage autour de sa main **2.** [prepared dressing] pansement *m*. ◆ vt [head, limb] bander ; [wound] mettre un bandage sur ; [with prepared dressing] panser.

❖ **bandage up** vt sep = **bandage** *(vt)*.

Band-Aid® [ˈbændeɪd] n US sparadrap *m*.

bandan(n)a [bænˈdænə] n bandana *m*.

B and B, B & B n abbr of **bed and breakfast**.

bandbox [ˈbændbɒks] n [for hats] carton *m* à chapeaux ; [gen] boîte *f* cylindrique.

bandeau [ˈbændəʊ] (*pl* **bandeaux** [-dəʊz]) n bandeau *m (pour retenir les cheveux)*.

banderol(e) [ˈbændərəʊl] n [on ship] banderole *f* ; ARCHIT & HERALD banderole *f* ; [at funeral] drapeau *m*.

bandicoot [ˈbændɪkuːt] n péramèle *m*.

bandicoot rat n bandicoot *m*.

banding [ˈbændɪŋ] n UK SCH *répartition en groupes de niveau dans le primaire.*

bandit [ˈbændɪt] n *lit & fig* bandit *m*.

banditry [ˈbændɪtrɪ] n banditisme *m*.

bandleader [ˈbændˌliːdəʳ] n chef *m* d'orchestre ; MIL chef *m* de fanfare ; [of pop group] leader *m*.

bandmaster [ˈbændˌmɑːstəʳ] n chef *m* d'orchestre.

bandoleer, bandolier [ˌbændəˈlɪəʳ] n cartouchière *f*.

band saw n scie *f* à ruban.

bandsman [ˈbændzmən] (*pl* **bandsmen** [-mən]) n membre *m* d'un orchestre ; MIL membre *m* d'une fanfare.

band spectrum n spectre *m* de bandes.

bandstand [ˈbændstænd] n kiosque *m* à musique.

bandwagon [ˈbændwægən] n ▸ **to jump** or **to climb on the bandwagon a)** prendre le train en marche **b)** *pej* suivre le mouvement.

bandwidth [ˈbændwɪdθ] n **1.** RADIO largeur *f* de bande **2.** INTERNET bande *f* passante.

bandy [ˈbændɪ] (*pt & pp* **bandied**, *compar* **bandier**, *superl* **bandiest**) ◆ vt **1.** [blows] échanger **2.** [ideas, witticisms, insults] échanger / *don't bandy words with me* ne discute pas avec moi. ◆ adj [person] aux jambes arquées ; [leg - of animal, person] arqué.

❖ **bandy about** UK, **bandy around** vt insep [expression, story] faire circuler / *his name is often bandied about* on parle souvent de lui / *this is just one of the explanations being bandied around* c'est une des nombreuses explications qui circulent.

bandy-legged adj : *to be bandy-legged* avoir les jambes arquées.

bane [beɪn] n **1.** [scourge, trial] fléau *m* / *it's / he's the bane of my life* ça / il m'empoisonne la vie / *the tax has become the bane of local government* l'impôt est devenu la bête noire des collectivités locales **2.** *liter* [poison] poison *m*.

banefully [ˈbeɪnfʊlɪ] adv *liter* [influence] funestement.

bang [bæŋ] ◆ n **1.** [loud noise - explosion] détonation *f* ; [- clatter] fracas *m* ; [- slam] claquement *m* ; [- supersonic] bang *m* / *she shut the door with a bang* elle a claqué la porte / *there was a big bang* il y a eu une forte détonation or une explosion ▸ **to go over** or **out with a bang** US, **to go with a bang** *inf* avoir un succès fou / *the show went (off) with a bang* *inf* le spectacle a eu un succès fou ▸ **to get a bang out of sthg** US *inf* : *I got a bang out of it* ça m'a fait marrer **2.** [bump] coup *m* violent / *he got a nasty bang on the head* il s'est cogné la tête assez violemment. ◆ adv **1.** ▸ **to go bang** [explode] éclater / *bang go my chances of winning!* *inf* envolées, mes chances de gagner ! / *bang goes another £10!* *inf* et pan, encore 10 livres de parties ! **2.** [right] en plein / *bang in the middle* au beau milieu, en plein milieu / *the missile was bang on target* le missile a atteint sa cible en plein dans le mille / *I walked bang into him* je suis tombé en plein sur lui / *my desk is bang against the wall* mon bureau est contre le mur / *his flat is bang in the middle of town* son appartement est en plein centre-ville. ◆ onomat [gun] pan ! ; [blow, slam] vlan ! ; [explosion] boum ! ◆ vt **1.** [hit - table, window] frapper violemment / *he banged his fist on the table* il a frappé la table du poing / *I banged my head on the ceiling* je me suis cogné la tête contre le or au plafond / *we're banging our heads against a brick wall* nous perdons notre temps **2.** [slam - door, window] claquer / *she banged the door shut* elle a claqué la porte **3.** *vulg* [have sex with] baiser. ◆ vi **1.** [slam] claquer **2.** [detonate - gun] détoner.

❖ **bangs** pl n US frange *f*.

❖ **bang about** UK, **bang around** *inf* ◆ vi faire du bruit, faire du pétard. ◆ vt sep [books, crockery] cogner les uns contre les autres ; [person] tabasser, cogner.

❖ **bang away** vi **1.** [detonate - guns] tonner **2.** [keep firing - soldier] tirer sans arrêt ; [keep hammering - workmen] faire du vacarme ; *fig* [keep working] continuer à travailler / *he was banging away on his typewriter* il tapait sans arrêt sur sa machine à écrire.

❖ **bang down** vt sep [books] jeter violemment ; [dish] poser brutalement / *he banged the receiver down* il a raccroché brutalement / *she banged down the lid* elle a violemment rabattu le couvercle.

❖ **bang into** vt insep [collide with] se cogner contre, heurter.

❖ **bang on** vi UK *inf* : *he's always banging on about his personal problems* il n'arrête pas de casser les pieds à tout le monde avec ses problèmes personnels.

❖ **bang out** vt sep *inf* [tune] jouer fort et mal.

❖ **bang together** vt sep cogner l'un contre l'autre ▸ **I could have banged their heads together!** j'aurais pu prendre l'un pour taper sur l'autre !

❖ **bang up** vt sep *v inf* [prisoner] boucler pour la nuit.

Not with a bang but a whimper

Le poème de T.S. Eliot intitulé *The Hollow Men* (1925) se termine ainsi: **This is how the world ends / Not with a bang but a whimper.** *C'est ainsi que finit le monde / Pas sur un boum, sur un murmure.* L'expression est employée, souvent de façon détournée, pour évoquer un évènement qui se termine de façon peu spectaculaire :

The political crisis has ended not with a bang, but a whimper. *La crise politique a tourné en eau de boudin.*

The whole business started with a bang and ended with a whimper. *Cette affaire a fait beaucoup de bruit à ses débuts mais s'est terminée dans la plus grande discrétion.*

He arrived on the political scene with a bang, but it looks as if he may leave with a whimper. *Son arrivée sur la scène politique a été remarquée, mais il semblerait qu'il en sorte par la petite porte.*

banger [ˈbæŋəʳ] n UK *inf* **1.** [sausage] saucisse *f* ▸ **bangers and mash** saucisses-purée *(considérées comme le plat britannique par excellence)* **2.** [car] tacot *m*, vieux clou *m* **3.** [firework] pétard *m*.

Bangkok [ˌbæŋˈkɒk] pr n Bangkok.

Bangladesh [ˌbæŋgləˈdeʃ] pr n Bangladesh *m* / *in Bangladesh* au Bangladesh.

Bangladeshi [ˌbæŋgləˈdeʃɪ] ◆ n Bangladais *m*, -e *f*, Bangladeshi *mf*. ◆ adj bangladais, bangladeshi.

bangle [ˈbæŋgl] n bracelet *m*.

bang-on *inf* ◆ adv UK **1.** [exactly] pile ▸ **to hit sthg bang-on** frapper qqch en plein dans le mille **2.** [punctually] à l'heure. ◆ adj : *his answers were bang-on* ses réponses étaient percutantes.

bang-up adj US *v inf* formidable, génial.

banish [ˈbænɪʃ] vt [person] exiler ; [thought] bannir, chasser / *he was banished from Rome* il a été exilé de Rome / *banish all worries from your mind* chassez tout souci de votre esprit.

banishment [ˈbænɪʃmənt] n [of thoughts] bannissement *m* ; [of person] exil *m*, bannissement *m* / *after his banishment from the party* après son exclusion du parti.

banister, bannister ['bænɪstəʳ] n rampe *f* (de l'escalier).

banjax ['bændʒæks] vt *v inf* **1.** UK [break] bousiller **2.** [hit - person] sonner.

banjo ['bændʒəʊ] (UK *pl* **banjoes** ; US *pl* **banjos**) n banjo *m*.

bank [bæŋk] ◆ n **1.** FIN banque *f* / ***I asked the bank for a loan*** j'ai demandé un crédit à ma banque / ***she has £10,000 in the bank*** elle a 10 000 livres à la banque / ***what's the address of your bank?*** quelle est l'adresse de votre banque ? / ***the bank of issue*** la banque d'émission **2.** GAMES banque *f* ; [in casino] *argent qui appartient à la maison de jeu* ▸ **to break the bank** faire sauter la banque / ***£10 isn't going to break the bank*** 10 livres, ce n'est pas la fin du monde **3.** [reserve - of blood, data] banque *f* **4.** [of lake, river] bord *m*, rive *f* ; [above water] berge *f* ; [of canal] bord *m*, berge *f* / ***we ran along the bank*** nous avons couru le long de la berge / ***the river has overflowed its banks*** le fleuve est sorti de son lit / ***the banks of Lake Como*** les rives du lac de Côme ▸ **the Left Bank** [in Paris] la rive gauche **5.** [embankment, mound - of earth, snow] talus *m* ; [- on railway] remblai *m* ; [hill] pente *f* / ***he ran up the bank on to the road*** il a grimpé la pente en courant jusqu'à la route **6.** [ridge - on race-track, road] bord *m* relevé ; [- of sand] banc *m* ; [- by sea] digue *f* **7.** EQUIT banquette *f* irlandaise **8.** [mass - of flowers, shrubs] massif *m* ; [- of cloud, coal] amoncellement *m* ; [- of fog] couche *f* **9.** MIN [pithead] carreau *m* ; [face of coal, ore] front *m* de taille **10.** AERON virage *m* incliné or sur l'aile **11.** [row - of levers, switches] rangée *f*. ◆ vt **1.** [enclose - railway, road] relever *(dans un virage)* ; [- river] endiguer **2.** [heap up - earth, stone] amonceler ; [- fire] couvrir **3.** AERON ▸ **to bank an aeroplane** faire faire à un avion un virage sur l'aile **4.** [cheque, money] déposer à la banque. ◆ vi : ***he banks with the National Bank*** il a un compte à la Banque nationale / ***where do you bank?*** or ***who do you bank with?*** quelle est votre banque ?

⟡ **bank on, bank upon** vt insep [count on] compter sur / ***I'm banking on it*** je compte là-dessus / ***he's banking on us*** il compte sur nous.

⟡ **bank up** ◆ vt sep **1.** [road] relever *(dans un virage)* ; [river] endiguer **2.** [fire] couvrir ; [earth] amonceler. ◆ vi [cloud] s'amonceler.

bankable ['bæŋkəbl] adj bancable, escomptable / ***to be bankable*** *fig* être une valeur sûre.

bank acceptance n acceptation *f* de banque.

bank account n compte *m* bancaire.

bank balance n solde *m* bancaire.

bankbook ['bæŋkbʊk] n livret *m* (d'épargne).

bank card n carte *f* bancaire.

bank charges pl n frais *mpl* bancaires.

bank clerk n employé *m*, -e *f* de banque.

bank details n relevé *m* d'identité bancaire, RIB *m*.

bank discount n escompte *m* bancaire.

bank draft n traite *f* bancaire.

banker ['bæŋkəʳ] n **1.** FIN banquier *m* **2.** [in betting] banquier *m*.

banker's card n carte *f* bancaire.

banker's draft n traite *f* bancaire.

banker's order n UK ordre *m* de virement bancaire.

bank holiday n **1.** [in UK] jour *m* férié / ***bank holiday Monday*** lundi férié **2.** [in US] jour *m* de fermeture des banques.

banking ['bæŋkɪŋ] n *(U)* **1.** FIN [profession] profession *f* de banquier, la banque ; [activity] opérations *fpl* bancaires ▸ **international banking** opérations bancaires internationales **2.** [embankment - on river] berge *f* ; [- on racetrack] bords *mpl* relevés **3.** AERON virage *m* sur l'aile.

banking hours pl n heures *fpl* d'ouverture des banques.

banking house n établissement *m* bancaire.

bank loan n [money lent] prêt *m* bancaire ; [money borrowed] emprunt *m* bancaire / ***to take out a bank loan*** obtenir un prêt bancaire / ***to pay off a bank loan*** rembourser un emprunt bancaire.

bank manager n [head of bank] directeur *m*, -trice *f* d'agence / ***my*** or ***the bank manager*** **a)** [head of bank] le directeur de l'agence où j'ai mon compte **b)** [in charge of account] le responsable de mon compte / ***I'll have to speak to my bank manager*** *hum* il faudra que j'en parle à mon banquier.

bank note n billet *m* de banque.

bank rate n taux *m* d'escompte or de l'escompte.

bank robber n cambrioleur *m*, -euse *f* de banque.

bankroll ['bæŋkrəʊl] US ◆ n fonds *mpl*, finances *fpl*. ◆ vt financer.

bankrupt ['bæŋkrʌpt] ◆ n LAW failli *m*, -e *f* ▸ **bankrupt's estate** actif *m* de la faillite ▸ **bankrupt's certificate** concordat *m*. ◆ adj LAW [insolvent] failli ; *fig* [person] ruiné ▸ **to go bankrupt** faire faillite ▸ **to be bankrupt** être en faillite / ***the firm was declared bankrupt*** la firme a été déclarée or mise en faillite ; *fig* : ***he is completely bankrupt of ideas*** il est complètement à court d'idées ▸ **morally bankrupt** sans moralité. ◆ vt [company, person] mettre en faillite ; *fig* [person] ruiner.

bankruptcy ['bæŋkrəptsɪ] n LAW faillite *f* ; *fig* [destitution] ruine *f* ▸ **bankruptcy proceedings** procédure *f* de faillite ▸ **moral bankruptcy** absence *f* de moralité.

bankruptcy court n UK ≃ tribunal *m* de commerce.

bank statement n relevé *m* de compte.

bank teller n employé *m*, -e *f* de banque.

banner ['bænəʳ] n [flag] étendard *m* ; COMPUT bandeau *m* ; [placard] bannière *f* ; *fig* ▸ **to march / to campaign under sb's banner** se ranger / faire campagne sous la bannière de qqn / ***she carried the banner of women's rights*** elle brandissait l'étendard des droits des femmes.

banner ad n bannière *f* publicitaire.

banner campaign n *campagne publicitaire sur Internet utilisant des bannières publicitaires.*

banner headline n PRESS gros titre *m*, manchette *f* / ***in banner headlines*** en gros titres.

bannister ['bænɪstəʳ] n = **banister**.

Bannockburn ['bænək,bɜ:n] pr n *village d'Écosse où Robert Bruce remporta une victoire sur les Anglais en 1314, assurant ainsi l'indépendance de l'Écosse.*

banns, bans [bænz] pl n bans *mpl* ▸ **to publish the banns (of marriage)** publier les bans (de mariage).

banoffee [bə'nɒfi:] n *(U)* banoffee *m (dessert au caramel et à la banane).*

banquet ['bæŋkwɪt] ◆ n [formal dinner] banquet *m* ; [big meal] festin *m*. ◆ vi [dine formally] faire un banquet ; [dine lavishly] faire un festin. ◆ vt [dignitary] offrir un banquet à ; [treat lavishly] offrir un festin à.

banquette [bæŋ'ket] n **1.** [seat] banquette *f (siège)* **2.** [footbridge] berme *f*.

bans [bænz] pl n = **banns**.

banshee ['bænʃi:] n *personnage mythique féminin dont les cris présagent la mort* / ***the child was wailing like a banshee*** l'enfant hurlait comme un putois.

bantam ['bæntəm] n [hen] poule *f* naine ; [cock] coq *m* nain.

bantamweight ['bæntəmweɪt] ◆ n [boxer] poids coq *m inv*. ◆ adj [boxer] poids coq *(inv)*.

banter ['bæntəʳ] ◆ n *(U)* badinage *m*, plaisanterie *f*. ◆ vi badiner ▸ **to banter with sb** badiner avec qqn.

bantering ['bæntərɪŋ] adj [tone] de plaisanterie, badin.

Bantu [,bæn'tu:] ◆ n **1.** (*pl* **Bantu** *or* **Bantus**) [person] Bantou *m*, -e *f* **2.** LING bantou *m*. ◆ adj bantou ▸ **Bantu languages** langues *fpl* bantoues.

banyan ['bænɪən] n banian *m*.

baobab ['beɪəʊbæb] n baobab *m*.

bap [bæp] n UK *pain rond que l'on utilise pour faire un sandwich.*

baptism ['bæptɪzm] n baptême *m* ▸ **baptism of fire** baptême du feu.

baptismal [bæp'tɪzml] adj baptismal, de baptême ▸ **baptismal font** fonts *mpl* baptismaux ▸ **baptismal name** nom *m* de baptême.

Baptist ['bæptɪst] ◆ n **1.** [member of sect] baptiste *mf* **2.** BIBLE ▸ **St John the Baptist** saint Jean-Baptiste. ◆ adj [sect] ▸ **the Baptist Church** l'Église *f* baptiste.

baptist(e)ry ['bæptɪstrɪ] (*pl* **baptistries** *or* **baptisteries**) n baptistère *m* ; [font in Baptist church] fonts *mpl* baptismaux.

baptize, baptise UK bæp'taɪz US 'bæptaɪz] vt *lit & fig* baptiser.

bar [bɑ:] (*pt & pp* **barred**, *cont* **barring**) ◆ n **1.** [pub] bar *m*, café *m* ; [in hotel, club] bar *m* ; [in station] café *m*, bar *m* ; [counter] bar *m* / ***we sat at the bar all night drinking*** on est restés à boire au bar toute la nuit ▸ **bar prices** prix *mpl* des consommations ▸ **bar tariff** liste *f* des prix des consommations **2.** [small shop - for coffee, tea] buvette *f* ; [- for sandwiches] snack *m* **3.** [long piece of metal] barre *f* ; [on grating, cage] barreau *m* ; [on door] bâcle *f* ; ELEC [element] barre *f* / ***an iron bar*** une barre de fer / ***behind the bars of the cage*** derrière les barreaux de la cage / **'push bar to open'** [on exit doors] 'appuyer sur la barre pour sortir' ▸ **to be behind bars** être sous les verrous or derrière les barreaux / ***they put him behind bars*** ils l'ont mis sous les verrous ▸ **to lower the bar** placer la barre moins haut ▸ **to raise the bar** placer la barre plus haut ▸ **to set the bar high** placer la barre haut **4.** [ban] interdiction *f* / ***there is no bar on foreign athletes*** les athlètes étrangers sont autorisés à participer aux compétitions **5.** [bank - in lake, river] banc *m* ; US [alluvial deposit] barre *f* **6.** [slab - of chocolate] tablette *f* ; [- of gold] lingot *m* / ***a bar of soap*** une savonnette, un pain de savon **7.** [stripe] raie *f* ; [of sunlight] rayon *m* **8.** [in court] barre *f* / ***the accused stood at the bar*** l'accusé était à la barre / ***the prisoner at the bar*** l'accusé *m*, -e *f* **9.** [authority, tribunal] tribunal *m* **10.** UK POL *endroit au Parlement où le public peut venir s'adresser aux députés ou aux lords* **11.** MUS mesure *f* / ***the opening / closing bars*** les premières / dernières mesures **12.** UK MIL barrette *f (portée sur le ruban d'une médaille)* ; US galon *m* **13.** HERALD burelle *f* ; [dividing shield] barre *f* **14.** [in jaw of horse] barre *f* **15.** [unit of pressure] bar *m*. ◆ vt **1.** [put bars on - window] munir de barreaux / ***bar the door*** mettez la barre or la bâcle à la porte / ***they barred the door against intruders*** ils ont barré la porte aux intrus **2.** [obstruct] barrer / ***he barred her way*** or ***her path*** il lui barra le passage / ***high interest rates are barring our way out of the recession*** le niveau élevé des taux d'intérêt empêche la reprise (économique) **3.** [ban - person] exclure ; [- activity] interdire / ***members of the sect were barred from entering the country*** l'entrée du pays était interdite aux membres de la secte / ***he was barred from the club*** il a été exclu du club **4.** [stripe] rayer. ◆ prep excepté, sauf ▸ **bar accidents** sauf accident, sauf imprévu ▸ **bar none** sans exception ▸ **bar one** sauf un, sauf une.

⟡ **Bar** n LAW ▸ **the Bar a)** UK le barreau **b)** US les avocats ▸ **to call sb to the Bar** UK, **to admit sb to the Bar** US inscrire qqn au barreau / ***she was called*** UK or ***admitted*** US ***to the Bar*** elle s'est inscrite au barreau.

-bar [bɑ:] in comp : ***a three-bar gate*** une barrière à trois barreaux / ***a two-bar electric fire*** un radiateur électrique à deux résistances.

Barabbas [bə'ræbəs] pr n Barabbas.

barb [bɑ:b] n **1.** [on fishhook] ardillon *m* ; [on barbed wire] barbe *f*, pointe *f* ; [on arrow] barbelure *f* ; [feather] barbe *f* **2.** [dig, gibe] trait *m*, pointe *f* / ***that was a cruel barb*** c'était un trait cruel **3.** [horse] cheval *m* barbe, barbe *m*.

Barbadian [bɑ:'beɪdɪən] ◆ n *habitant de la Barbade.* ◆ adj de la Barbade.

Barbados [bɑ:'beɪdɒs] pr n Barbade *f* / ***in Barbados*** à la Barbade.

barbarian [bɑ:'beərɪən] n [boor, savage] barbare *mf*.

barbaric [bɑ:'bærɪk] adj *lit & fig* barbare.

barbarism ['bɑ:bərɪzm] n **1.** [state] barbarie *f* **2.** [in language] barbarisme *m*.

barbarity [bɑːˈbærətɪ] n **1.** [brutality] barbarie *f*, inhumanité *f* **2.** [atrocity] atrocité *f* / *the barbarities committed by the enemy* les atrocités commises par l'ennemi.

Barbarossa [ˌbɑːbəˈrɒsə] pr n Barberousse.

barbarous [ˈbɑːbərəs] adj [language, manners, tribe] barbare.

barbarously [ˈbɑːbərəslɪ] adv [brutally] cruellement, inhumainement ; [primitively] d'une façon barbare.

Barbary [ˈbɑːbərɪ] pr n Barbarie *f*, États *mpl* barbaresques / *in Barbary* en Barbarie.

Barbary ape n singe *m* de Barbarie, magot *m*.

Barbary coast pr n ▸ **the Barbary coast** les côtes *fpl* de Barbarie.

barbecue [ˈbɑːbɪkjuː] (*pt & pp* **barbecued**, *cont* **barbecuing**) ◆ n [grill, meal, party] barbecue *m* / *to have a barbecue* faire un barbecue ▸ **barbecue sauce** sauce *f* barbecue. ◆ vt [steak] griller au charbon de bois ; [pig, sheep] rôtir tout entier.

barbed [bɑːbd] adj [arrow, hook] barbelé ; [comment] acéré.

barbed wire, **barbwire** US [ˈbɑːrbwaɪər] n (fil *m* de fer) barbelé *m* / *a barbed wire fence* une haie de barbelés.

barbel [ˈbɑːbl] n [fish] barbeau *m* ; [smaller] barbillon *m* ; [spine on fish] barbillon *m*.

barbell [ˈbɑːbel] n barre *f* à disques.

barber [ˈbɑːbər] n coiffeur *m* (pour hommes) / *to go to the barber's* aller chez le coiffeur (pour hommes) / **'The Barber of Seville'** *Beaumarchais, Rossini* 'le Barbier de Séville'.

barberry [ˈbɑːbərɪ] n épine-vinette *f*, berbéris *m*.

barbershop [ˈbɑːbəʃɒp] ◆ n US salon *m* de coiffure (pour hommes). ◆ adj MUS [songs] *chanté en harmonie étroite* ▸ **barbershop quartet** *quatuor d'hommes chantant en harmonie étroite*.

barber's pole n enseigne *f* de coiffeur.

barbican [ˈbɑːbɪkən] n barbacane *f*.

⁂ **Barbican** pr n ▸ **the Barbican (Centre)** *centre culturel londonien*.

barbie [ˈbɑːbɪ] n AUSTR *inf* barbecue *m*.

Barbie doll® [ˈbɑːbiː-] n (poupée *f*) Barbie *f*.

bar billiards n UK *version du jeu de billard, couramment pratiquée dans les pubs*.

barbitone [ˈbɑːbɪtəʊn] n véronal *m*.

barbiturate [bɑːˈbɪtjʊrət] n barbiturique *m* ▸ **barbiturate addiction** dépendance *f* aux barbituriques ▸ **barbiturate poisoning** barbiturisme *m*.

barbituric [bɑːbɪˈtjʊrɪk] adj barbiturique.

Barbour jacket® [ˈbɑːbər-] n Barbour *m* (*veste en toile cirée à col de velours souvent associée à un style de vie BCBG en Grande-Bretagne*).

barbwire [ˈbɑːrbwaɪər] n US = **barbed wire**.

Barcalounger® [ˈbɑːkəlaʊndʒər] n US fauteuil *m* réglable.

barcarol(l)e [ˌbɑːkəˈrəʊl] n barcarolle *f*.

Barcelona [ˌbɑːsɪˈləʊnə] pr n Barcelone.

bar chart n histogramme *m*, graphique *m* à or en barres.

Barclaycard® [ˈbɑːklɪkɑːd] n *carte de crédit britannique* ▸ **to put sthg on Barclaycard** acheter qqch avec la Barclaycard.

bar code ◆ n code-barres *m* ▸ **bar code reader** lecteur *m* de code-barres. ◆ vt mettre un code-barres sur / *bar coded items* des articles avec code-barres.

bard [bɑːd] ◆ n **1.** [Celtic] barde *m* ; [Greek] aède *m* ; *liter* [poet] poète *m* ▸ **the Bard (of Avon)** le Barde (de l'Avon) *(surnom de William Shakespeare)* **2.** CULIN barde *f* (de lard). ◆ vt barder.

bar diagram n histogramme *m*.

bardic [ˈbɑːdɪk] adj [poetry, privileges] du barde, des bardes.

bare [beər] (*compar* **barer**, *superl* **barest**) ◆ adj **1.** [naked - body, feet] nu / *they were bare to the waist* ils étaient nus jusqu'à la taille / *he killed a tiger with his bare hands* il a tué un tigre à mains nues / *to fight with bare hands* SPORT boxer à main nue **2.** [unadorned, uncovered] nu ; ELEC [wire] dénudé / *we had to sleep on bare floorboards* nous avons dû coucher à même le plancher / *his head was bare* il était nu-tête / *bare wood* bois *m* naturel / *the tree was bare of leaves* l'arbre était dépouillé or dénudé / *the lawn was just a bare patch of grass* la pelouse consistait en un maigre carré d'herbe / *a wall of bare rock* une paroi de roche nue / *to lay bare one's heart* mettre son cœur à nu / *to lay bare a plot* révéler un complot **3.** [empty] vide / *the cupboard was bare* le garde-manger était vide **4.** [basic, plain] simple, dépouillé / *I just told him the barest details* je lui ai donné le minimum de détails / *the bare facts* les faits bruts / *the bare bones of the story* le squelette de l'histoire **5.** [absolute] absolu, strict / *the house was stripped to the bare essentials* la maison ne contenait que le strict nécessaire / *the bare necessities of life* le minimum vital / *I took the barest minimum of cash* j'ai pris le minimum d'argent **6.** [meagre] : *a bare 20% of the population is literate* à peine 20 % de la population est alphabétisée / *he earned a bare £200* il a gagné tout juste 200 livres / *they won by a bare majority* ils ont gagné de justesse / *they manage to scrape a bare living from the land* ils arrivent tout juste à vivoter en travaillant la terre. ◆ vt **1.** [part of body] découvrir ; ELEC [wire] dénuder ; [teeth] montrer / *to bare one's head* se découvrir la tête / *to bare one's soul* mettre son âme à nu **2.** [unsheath - dagger, sword] dégainer, tirer du fourreau.

bareback [ˈbeəbæk] ◆ adj [rider] qui monte à cru. ◆ adv [ride] à nu, à cru.

barebacking [ˈbeəbækɪŋ] n sodomie *f* non protégée.

bareboat charter [ˈbeəbəʊt-] n affrètement *m* coque nue.

barefaced [ˈbeəfeɪst] adj [liar] effronté, éhonté ; [lie] impudent.

barefoot [ˈbeəfʊt] adj aux pieds nus.

barefoot doctor n aide-soignant *m*, -e *f*.

barefooted [ˌbeəˈfʊtɪd] ◆ adj aux pieds nus. ◆ adv nu-pieds, (les) pieds nus.

bare-handed ◆ adv [fight] à mains nues. ◆ adj aux mains nues.

bareheaded [ˌbeəˈhedɪd] ◆ adv nu-tête, (la) tête nue. ◆ adj nu-tête *(inv)*.

barelegged [ˌbeəˈlegd] ◆ adv nu-jambes, (les) jambes nues. ◆ adj aux jambes nues.

barely [ˈbeəlɪ] adv **1.** [only just] à peine, tout juste / *there was barely enough to go around* il y en avait à peine assez pour tout le monde / *I had barely arrived when I heard the news* j'étais à peine arrivé que j'ai entendu la nouvelle **2.** [sparsely] très peu ; [poorly] pauvrement.

bareness [ˈbeənɪs] n **1.** [nakedness - of person] nudité *f* **2.** [sparseness - of style] sécheresse *f*, dépouillement *m* ; [- of furnishings] pauvreté *f* ; [- of room] dénuement *m* **3.** [simplicity] dépouillement *m*.

Barents Sea [ˈbærənts-] pr n ▸ **the Barents Sea** la mer de Barents.

barf [bɑːf] vi US *v inf* dégueuler.

barfly [ˈbɑːflaɪ] n US *inf* pilier *m* de bistrot.

bargain [ˈbɑːgɪn] ◆ n **1.** [deal] marché *m*, affaire *f* / *you keep your end of the bargain and I'll keep mine* vous respectez vos engagements et je respecterai les miens / *we had a drink to seal the bargain* nous avons pris un verre pour conclure le marché / *it was a bad bargain* c'était une mauvaise affaire ▸ **to strike** or **to make a bargain with sb** conclure un marché avec qqn ▸ **to drive a hard bargain** marchander d'une façon acharnée **2.** [good buy] occasion *f* / *it's a real bargain!* c'est une bonne affaire !, c'est une occasion ! ◆ comp ▸ **bargain offer** promotion *f*, offre *f* exceptionnelle ▸ **bargain price** prix *m* avantageux ▸ **bargain sale** soldes *mpl* exceptionnels. ◆ vi **1.** [haggle] marchander / *she bargained with me over the price of the shoes* elle a marchandé avec moi au sujet du prix des chaussures **2.** [negotiate] négocier / *the unions are bargaining with management for an 8% pay rise* les syndicats négocient une hausse de salaire de 8 % avec la direction / *I won't bargain with you* je ne parlementerai pas avec vous.

⁂ **into the bargain** adv phr par-dessus le marché.

⁂ **bargain away** vt sep [rights] renoncer à, vendre.

⁂ **bargain for** vt insep [anticipate] s'attendre à / *I hadn't bargained for this* je ne m'étais pas attendu à ça / *they got more than they bargained for* ils ne s'attendaient pas à un coup pareil / *things happened more quickly than he had bargained for* les choses sont allées plus vite qu'il n'avait pensé.

⁂ **bargain on** vt insep [depend on] compter sur / *I'm bargaining on it* je compte là-dessus / *I hadn't bargained on this happening!* je ne m'attendais pas à cela !

bargain basement n **1.** [in shop] *dans certains grands magasins, sous-sol où sont regroupés les articles en solde et autres bonnes affaires* **2.** [in newspaper] *dans certains journaux, rubrique des petites annonces consacrée aux articles d'occasion*.

bargain-hunter n dénicheur *m*, -euse *f* de bonnes affaires.

bargaining [ˈbɑːgɪnɪŋ] n [haggling] marchandage *m* ; [negotiating] négociations *fpl* / *they have considerable bargaining power* ils ont beaucoup de poids dans les négociations / *to use sthg as a bargaining chip* utiliser qqch comme argument dans une négociation.

bar game n *jeu pratiqué dans un pub*.

barge [bɑːdʒ] ◆ n **1.** [on canal] chaland *m* ; [larger - on river] péniche *f* ▸ **motor barge** chaland *m* automoteur, péniche *f* automotrice **2.** [ceremonial boat] barque *f* / *the queen's barge* la barque de cérémonie de la reine / *the admiral's barge* la vedette de l'amiral. ◆ vi : *they barge about as if they owned the place* ils vont et viennent comme si l'endroit leur appartenait / *he barged into the room* il fit irruption dans la pièce / *she barged past me* elle m'a bousculé en passant / *he barged through the crowd* il bousculait les gens dans la foule pour passer / *she barged across the room* elle a traversé la pièce en trombe. ◆ vt : *to barge one's way into a room* faire irruption dans une pièce / *to barge one's way through the crowd* foncer à travers la foule.

⁂ **barge in** vi [enter] faire irruption / *I'm sorry for barging in like this* excusez-moi de faire ainsi irruption ; [meddle] : *he keeps barging in on our conversation* il n'arrête pas de nous interrompre dans notre conversation.

⁂ **barge into** vt insep [bump into - person] rentrer dans ; [- piece of furniture] rentrer dans, se cogner contre.

bargee [bɑːˈdʒiː] n UK batelier *m*, marinier *m*.

bargeman [ˈbɑːdʒmən] (*pl* **bargemen** [-mən]) n US = **bargee**.

barge pole n gaffe *f* ▸ **I wouldn't touch it with a barge pole a)** UK [disgusting object] je n'y toucherais pas avec des pincettes **b)** [risky business] je ne m'en mêlerais pour rien au monde.

bar girl n US *inf* [hostess] entraîneuse *f* de bar ; UK [barmaid] serveuse *f* (de bar).

bar graph n US histogramme *m*.

barhop [ˈbɑːhɒp] vi US faire la tournée des bars / *we went barhopping* on a fait les bars.

baric [ˈbeərɪk] adj **1.** CHEM [salt] barytique ; [mineral, ore] barytifère ▸ **baric oxide** or **hydroxide** baryte *f* **2.** METEOR de bars.

barista [bəˈriːstə] n [male] barman *m* ; [female] serveuse *f*.

barite [ˈbeəraɪt] n US = **barytes**.

baritone, **barytone** [ˈbærɪtəʊn] ◆ n [singer, voice] baryton *m*. ◆ adj [part, voice] de baryton.

barium [ˈbeərɪəm] n baryum *m*.

barium meal n MED bouillie *f* barytée.

barium sulphate n barytine *f*, barytite *f*.

bark [bɑːk] ◆ n **1.** [of dog] aboiement *m* ; [of fox] glapissement *m* ; [cough] toux *f* sèche / *to give* or *to let out* *a bark* **a)** [dog] aboyer, pousser un aboiement **b)** [fox] pousser un glapissement ▸ **his bark is worse than his bite** il fait plus de bruit que de mal **2.** [of tree] écorce *f* / *to take the bark off a tree* écorcer un arbre **3.** US = **barque.** ◆ vi [dog] aboyer ; [fox] glapir ; [cough] tousser ; [speak harshly] crier, aboyer ; [sell] vendre à la criée / *the dog barked at the postman* le chien a aboyé après le facteur ▸ **to be barking up the wrong tree** se tromper de cible. ◆ vt **1.** [order] aboyer **2.** [tree] écorcer ; [skin] écorcher / *to bark one's shins* s'écorcher les jambes.

❖ **bark out** vt sep [order] aboyer.

bark beetle n scolyte *m*.

barkeep ['bɑ:ki:p] n US *inf* barman *m*.

barker ['bɑ:kəʳ] n [in fairground] bonimenteur *m*.

barking ['bɑ:kɪŋ] ◆ n *(U)* aboiements *m*. ◆ adj UK *inf* ▸ **to be barking (mad)** être fou à lier.

barking head n US *inf présentateur de radio ou de télévision au style agressif.*

barley ['bɑ:lɪ] n **1.** AGR [crop, grain] orge *f* **2.** [in cooking, distilling] orge *m* ; [in soup] orge *m* perlé ; [for whisky] orge *m* mondé.

barleycorn ['bɑ:lɪkɔ:n] n **1.** [grain] grain *m* d'orge **2.** [barley] orge *f*.

barley sugar n sucre *m* d'orge.

barley water n UK *boisson à base d'orge.*

barley wine n UK *bière très forte en alcool.*

barm [bɑ:m] n levure *f* (de bière).

barmaid ['bɑ:meɪd] n barmaid *f*, serveuse *f (de bar)*.

barman ['bɑ:mən] (*pl* **barmen** [-mən]) n barman *m*, serveur *m* (de bar).

bar mitzvah [,bɑ:'mɪtsvə] n [ceremony] bar-mitsva *f inv* ; [boy] garçon *m* qui fait sa bar-mitsva.

barmy ['bɑ:mɪ] (*compar* **barmier**, *superl* **barmiest**) adj UK *inf* maboul, dingue.

barn [bɑ:n] n **1.** [for hay] grange *f* ; [for horses] écurie *f* ; [for cows] étable *f* / *their house is a great barn of a place* leur maison est une énorme bâtisse **2.** [for railroad trucks] dépôt *m*.

Barnabas ['bɑ:nəbəs] pr n Barnabé.

barnacle ['bɑ:nəkl] n bernache *f (crustacé)*.

barnacle goose n ORNITH bernache *f*, bernacle *f*.

Barnardo's [bə'nɑ:dəʊz] pr n *association caritative britannique.*

Barnardo's

Cette association, fondée par le docteur Barnardo, gère des écoles et des foyers pour orphelins et enfants handicapés ou défavorisés.

barn dance n *bal de campagne où l'on danse des quadrilles.*

barn door n *fig* ▸ **it's as big as a barn door** c'est gros comme une maison ▸ **it was barn-door obvious** US c'était gros comme une maison.

❖ **barn doors** pl n [bands on TV screen] barres *fpl* noires latérales.

barney ['bɑ:nɪ] n UK *inf* engueulade *f* ▸ **to have a barney** avoir une engueulade or une prise de bec.

barn owl n chouette effraie *f*.

barnstorm ['bɑ:n,stɔ:m] vi **1.** SPORT faire une tournée à la campagne ; THEAT jouer sur les tréteaux **2.** US POL *faire une tournée électorale (dans les circonscriptions rurales).*

barnstormer ['bɑ:n,stɔ:məʳ] n **1.** [actor] comédien *m* ambulant, comédienne *f* ambulante ; [acrobat] acrobate *m* ambulant, acrobate *f* ambulante **2.** US POL orateur *m* électoral.

barnyard ['bɑ:njɑ:d] ◆ n cour *f* de ferme. ◆ adj [animals] de basse-cour ; [humour] rustre ▸ **barnyard fowls** volaille *f*.

barogram ['bærəgræm] n barogramme *m*.

barograph ['bærəʊgrɑ:f] n barographe *m*.

barometer [bə'rɒmɪtəʳ] n baromètre *m* / *the barometer is showing fair* le baromètre est au beau / *the poll is a clear barometer of public reaction* le sondage est un parfait baromètre des réactions du public.

barometric [,bærə'metrɪk] adj barométrique ▸ **barometric pressure** pression *f* atmosphérique.

baron ['bærən] n **1.** [noble] baron *m* **2.** [magnate] magnat *m* / *a press baron* un magnat de la presse **3.** CULIN : *a baron of beef* un double aloyau de bœuf.

baroness ['bærənɪs] n baronne *f*.

baronet ['bærənɪt] n baronnet *m*.

baronetcy ['bærənɪtsɪ] n [patent] titre *m* de baronnet ; [position] rang *m* de baronnet.

baronial [bə'rəʊnjəl] adj de baron ▸ **baronial hall** demeure *f* seigneuriale.

barony ['bærənɪ] n baronnie *f (terre)*.

baroque [bə'rɒk] ◆ adj baroque. ◆ n baroque *m*.

barostat ['bærəstæt] n barostat *m*.

barperson ['bɑ:,pɜ:sən] n serveur *m* de bar, serveuse *f* de bar.

bar phone n téléphone *m* monobloc.

barque, bark US [bɑ:k] n *liter* barque *f* ; NAUT [3 masts] trois-mâts *m inv* ; [4 masts] quatre-mâts *m inv*.

barrack ['bærək] ◆ vt **1.** [soldiers] caserner **2.** UK [heckle] chahuter. ◆ comp ▸ **barrack square** cour *f* de caserne.

❖ **barracks** n caserne *f* ▸ **infantry barracks** quartier *m* d'infanterie / *in barracks* à la caserne / *the school is a great barracks of a place* l'école est une vraie caserne.

barracking ['bærəkɪŋ] n chahut *m* / *he got* or *they gave him a terrible barracking* on l'a chahuté violemment.

barrack-room adj [humour, joke] de caserne.

barracuda [,bærə'ku:də] n barracuda *m*.

barrage ['bærɑ:ʒ] n **1.** MIL tir *m* de barrage **2.** *fig* [of punches, questions] pluie *f*, déluge *m* ; [of insults, words] déluge *m*, flot *m* **3.** [dam] barrage *m*.

barrage balloon n ballon *m* de barrage.

barratry ['bærətrɪ] n **1.** Scot LAW *délit commis par un juge qui se laisse suborner* **2.** LAW & NAUT baraterie *f*.

barred [bɑ:d] adj [window, opening] à barreaux.

barrel ['bærəl] (UK *pt & pp* **barrelled**, *cont* **barrelling** ; US *pt & pp* **barreled**, *cont* **barreling**) ◆ n **1.** [cask, unit of capacity - of wine] tonneau *m*, fût *m* ; [- of cider] fût *m* ; [- of beer] tonneau *m* ; [- of oil, tar] baril *m* ; [- of fish] caque *f* / *they have a production capacity of 2 million barrels a day* leur capacité de production est de 2 millions de barils par jour ▸ **to have sb over a barrel** *inf* tenir qqn à sa merci **2.** [hollow cylinder - of gun, key] canon *m* ; [- of clock, lock] barillet *m* ; [- of pen] corps *m* ▸ **to give sb both barrels** *inf* passer un savon à qqn **3.** *inf* [lot] : *we had a barrel of fun* or *a barrel of laughs* on s'est vachement amusés / *it wasn't exactly a barrel of laughs* c'était très sérieux or déprimant / *he's a barrel of fun* il est vraiment marrant / *it was more fun than a barrel of monkeys* US c'était marrant comme tout. ◆ vt [beer] mettre en tonneau ; [oil] mettre en baril. ◆ vi US *inf* ▸ **to barrel (along)** foncer, aller à toute pompe.

barrel-chested [-'ʧestɪd] adj : *he is barrel-chested* il a le torse bombé.

barrelhouse ['bærəlhaʊs] (*pl* [-haʊzɪz]) n US bistrot *m* ▸ **barrelhouse jazz** jazz *m* de bastringue.

barrel organ n orgue *m* de Barbarie.

barrel roll ◆ vi AERON *exécuter une spirale dans la direction du vol.* ◆ n tonneau *m*.

barrel vault n voûte *f* en berceau.

barren ['bærən] ◆ adj **1.** [land - infertile] stérile, improductif ; [- bare] désertique ; [- dry] aride ▸ **the Barren Lands** or **Grounds** la toundra canadienne **2.** [sterile - plant, woman] stérile **3.** [dull - film, play] aride ; [- discussion] stérile ; [- writing] aride, sec (sèche). ◆ n lande *f* / *the pine barrens of Frankonia* les landes de la Franconie.

barrette [bə'ret] n US barrette *f (pour cheveux)*.

barricade [,bærɪ'keɪd] ◆ n barricade *f*. ◆ vt [door, street] barricader / *they barricaded themselves in* ils se sont barricadés.

barrier ['bærɪəʳ] n **1.** [fence, gate] barrière *f* ; [at railway station] portillon *m* **2.** [obstacle] obstacle *m* / *lack of investment is a barrier to economic growth* le manque d'investissement est un obstacle à la croissance économique ▸ **the language barrier** le barrage or la barrière de la langue ▸ **barrier method** méthode *f* de contraception locale.

barrier cream n crème *f* protectrice.

barrier reef n barrière *f* de corail.

barring ['bɑ:rɪŋ] prep excepté, sauf / *barring rain the concert will take place tomorrow* à moins qu'il ne pleuve, le concert aura lieu demain ▸ **barring accidents** sauf accident, sauf imprévu.

barrio ['bærɪəʊ] n US quartier *m* latino-américain.

barrister ['bærɪstəʳ] n UK ≃ avocat *m*, -e *f*.

barrister-at-law n = **barrister.**

barroom ['bɑ:rʊm] n US bar *m* ▸ **barroom brawl** bagarre *f* de bar.

barrow ['bærəʊ] n **1.** [wheelbarrow] brouette *f* ; [fruitseller's] voiture *f* des quatre saisons ; [for luggage] diable *m* ; MIN wagonnet *m* / *I wheeled* or *carried the bricks in a barrow* j'ai brouetté les briques **2.** [mound] tumulus *m*.

barrow boy n UK marchand *m* ambulant.

barrowload ['bærəʊləʊd] n brouettée *f*.

bar sinister n = **bend sinister.**

bar snack n *repas léger pris dans un pub.*

bar staff n personnel *m* de bar.

bar stool n tabouret *m* de bar.

Bart. n **written abbr of baronet.**

bartend ['bɑ:tend] vi US être barman or serveur *(de bar)*, être barmaid or serveuse *(de bar)*.

bartender ['bɑ:tendəʳ] n US barman *m*, barmaid *f*, serveur *m (de bar)*, serveuse *f (de bar)*.

barter ['bɑ:təʳ] ◆ n *(U)* échange *m*, troc *m* / *a system of barter* or *a barter system* une économie de troc. ◆ vt échanger, troquer / *they bartered animals for cloth* ils ont échangé des animaux contre du tissu / *he bartered his freedom for money* il a vendu sa liberté pour de l'argent. ◆ vi [exchange] faire un échange or un troc ; [haggle] marchander.

❖ **barter away** vt sep [rights] vendre / *he's bartered away his honour* il s'est vendu.

Bartholomew [bɑ:'θɒləmju:] pr n ▸ **Saint Bartholomew** saint Barthélemy.

Bart's [bɑ:ts] pr n *surnom du Saint Bartholomew's Hospital à Londres.*

barycentre UK, **barycenter** US ['bærɪ,sentəʳ] n barycentre *m*.

baryon ['bærɪɒn] n baryon *m*.

barysphere ['bærɪ,sfɪəʳ] n barysphère *f*.

barytes [bə'raɪti:z], **barite** US ['beəraɪt] n barytine *f*.

barytone ['bærɪtəʊn] n = **baritone.**

basal ['beɪsl] adj PHYSIOL basal ; [gen] fondamental.

basalt ['bæsɔ:lt] n basalte *m* ▸ **basalt column** colonne *f* basaltique.

bascule ['bæskju:l] n bascule *f*.

bascule bridge n pont *m* à bascule.

base [beɪs] (*compar* **baser**, *superl* **basest**) ◆ n **1.** [bottom - gen] partie *f* inférieure, base *f* ; [- of tree, column] pied *m* ; [- of bowl, glass] fond *m* ; [- of triangle] base *f* / *the bud grows at the base of the branch* le bourgeon pousse à la base de la branche / *the base came away from the rest* la base or la partie inférieure s'est détachée du reste **2.** [support, stand] socle *m* /

she used the box as a base for her sculpture elle s'est servie de la boîte comme socle pour sa sculpture **3.** [of food, paint] base *f* / *the stock forms the base of your sauce* le fond constitue la base de votre sauce **4.** [basis - of knowledge] base *f* ; [- of experience] réserve *f* **5.** ECON & POL base *f* / *an industrial base* une zone industrielle **6.** [centre of activities] point *m* de départ ; MIL base *f* / *the explorers returned to base* les explorateurs sont retournés au camp de base / *the visitors made central London their base* les visiteurs ont pris le centre de Londres comme point de départ / *the company's base* le siège de la société **7.** CHEM, COMPUT, GEOM & MATH base *f* **8.** [in baseball and rounders] base *f* ▸ **he's way off base** US *inf & fig* il n'y est pas du tout ▸ **first base** US SPORT première base ▸ **to get to first base** réussir la première étape / *we didn't even get to first base* on n'a pas fait le moindre progrès ▸ **to touch base** : *I just thought I'd touch base* je voulais juste garder le contact. ◆ vt **1.** [found - opinion, project] fonder, baser / *the project is based on cooperation from all regions* le projet est fondé sur la coopération de toutes les régions **2.** [locate] baser / *where are you based?* où êtes-vous installé ? / *the job is based in Tokyo* le poste est basé à Tokyo. ◆ adj [motive, thoughts, conduct] bas, indigne ; [origins] bas ; [ingratitude, outlook] mesquin ; [coinage] faux (fausse).

⚠ Although the expression **basé sur** is commonly used, it is widely frowned upon and should be avoided in written French ; **fondé sur** is considered more correct.

baseball ['beɪsbɔ:l] n base-ball *m* ▸ **baseball cap** casquette *f* de base-ball ▸ **baseball game** match *m* de base-ball.

baseboard ['beɪsbɔ:d] n US CONSTR plinthe *f*.

base burner n US *poêle où le charbon alimente le feu automatiquement.*

base camp n camp *m* de base.

base component n LING composant *m* de base.

-based [beɪst] in comp **1.** [located] : *the company is Tokyo-based* le centre d'opérations de la firme est à Tokyo **2.** [centred] : *a science-based curriculum* un programme basé sur les sciences / *an oil-based economy* une économie fondée sur le pétrole / *an interview-based study* une étude basée sur des entretiens **3.** [composed] : *a water-based paint* une peinture à l'eau.

base-jump vi pratiquer le base-jump.

base-jumper n adepte *mf* de base-jump.

base-jumping n base-jump *m* *(saut en parachute à partir d'une falaise, d'un pont, d'un immeuble, etc.).*

Basel ['bɑ:zl], **Basle** [bɑ:l] pr n Bâle.

base lending rate n *taux de base du crédit bancaire.*

baseless ['beɪslɪs] adj [gossip] sans fondement ; [suspicion] injustifié ; [fear, superstition] déraisonnable.

baseline ['beɪslaɪn] n **1.** [in tennis] ligne *f* de fond ▸ **baseline player** joueur *m*, -euse *f* de fond de court ; [in baseball] ligne *f* des bases **2.** [in surveying] base *f* ; [in diagram] ligne *f* zéro ; ART ligne *f* de fuite **3.** [standard] point *m* de comparaison ▸ **baseline costs** FIN coûts *mpl* de base ▸ **baseline estimate** estimation *f* de base **4.** [advertising] *phrase ou slogan situé en bas d'une annonce.*

base load n charge *f* minimum or minimale.

basely ['beɪslɪ] adv bassement, vilement.

basement ['beɪsmənt] n sous-sol *m* / *in the basement* au sous-sol / *a basement kitchen* une cuisine en sous-sol.

base metal n métal *m* vil.

baseness ['beɪsnɪs] n [of motives, outlook] bassesse *f* ; [of conduct] ignominie *f*.

Base Post Office n *service postal de base militaire.*

base rate n FIN taux *m* de base *(utilisé par les banques pour déterminer leur taux de prêt).*

bases ['beɪsi:z] pl ⟶ **basis.**

base station n [for phone] station *f* d'accueil.

bash [bæʃ] *inf* ◆ n **1.** [blow] coup *m* ; [with fist] coup *m* de poing / *he gave me a bash on the nose* il m'a donné un coup de poing sur le nez **2.** [dent - in wood] entaille *f* ; [- in metal] bosse *f*, bosselure *f* / *my car door got a bash* la porte de mon auto a été cabossée **3.** [party] fête *f* / *we're having a bit of a bash to celebrate* nous organisons une petite fête pour fêter ça **4.** [attempt] ▸ **to have a bash at sthg, to give sthg a bash** essayer de faire qqch / *go on, have a bash!* vas-y, essaie ! / *I'm willing to give it a bash* je veux bien essayer. ◆ vt **1.** [person, one's head] frapper, cogner / *she bashed him on the head* elle l'a assommé **2.** [dent - wooden box, table] entailler ; [- car] cabosser, bosseler **3.** *fig* [criticize] critiquer / *it's part of their campaign to bash the unions* leur campagne a en partie pour but d'enfoncer les syndicats.

❖ **bash about** UK, **bash around** vt sep *inf* **1.** [hit - person] flanquer des coups à ; [punch] flanquer des coups de poing à **2.** [ill-treat - person] maltraiter, rudoyer ; [- car] maltraiter / *the package has been bashed about or around* le paquet a souffert.

❖ **bash in** vt sep *inf* [door] enfoncer ; [lid] défoncer ; [car, hat] cabosser.

❖ **bash on** vi UK *inf* [with journey, task] continuer (tant bien que mal).

❖ **bash up** vt sep *inf* [car] bousiller ; [person] tabasser.

-basher ['bæʃər] in comp *inf* ▸ **a union-basher** un anti-syndicaliste, une anti-syndicaliste.

bashful ['bæʃfʊl] adj [shy] timide ; [modest] pudique.

bashfully ['bæʃfʊlɪ] adv [shyly] timidement ; [modestly] avec pudeur.

bashfulness ['bæʃfʊlnɪs] n [shyness] timidité *f* ; [modesty] pudeur *f*.

-bashing ['bæʃɪŋ] in comp *inf* ▸ **media-bashing** dénigrement *m* systématique des médias.

basic ['beɪsɪk] adj **1.** [fundamental - problem, theme] fondamental ; [- aim, belief] principal / *these things are basic to a good marriage* ces choses sont fondamentales or vitales pour un mariage heureux **2.** [elementary - rule, skill] élémentaire ; [- knowledge, vocabulary] de base / *basic English* anglais *m* de base / *a basic knowledge of Greek* une connaissance de base du grec / *basic vocabulary* vocabulaire *m* de base ▸ **the four basic operations** MATH les quatre opérations *fpl* fondamentales **3.** [essential] essentiel / *basic foodstuffs* denrées *fpl* de base / *the basic necessities of life* les besoins *mpl* vitaux / *basic precautions* précautions *fpl* élémentaires or essentielles **4.** [primitive] rudimentaire / *their flat is really basic* leur appartement est très rudimentaire **5.** [as a starting point - hours, salary] de base / *this is the basic model of the car* voici la voiture dans son modèle de base **6.** CHEM basique ▸ **basic salt** sel *m* basique ▸ **basic slag** scorie *f* de déphosphoration.

❖ **basics** pl n ▸ **the basics** l'essentiel *m* / *let's get down to basics* venons-en à l'essentiel / *I learned the basics of computing* j'ai acquis les notions de base en informatique / *they learned to cook with just the basics* ils ont appris à faire la cuisine avec un minimum.

⚠ Although the word **basique** is commonly used, many people still consider it incorrect in its non-scientific sense and it should be avoided in written French. See the entry for alternatives.

BASIC ['beɪsɪk] (abbr of beginner's all-purpose symbolic instruction code) n COMPUT basic *m*.

basically ['beɪsɪklɪ] adv au fond / *they are both basically the same* au fond, ils sont tous les deux identiques / *basically I agree with you* dans l'ensemble or en gros je suis d'accord avec vous / *she's basically a very shy person* or *she's basically shy* c'est une personne foncièrement timide / *basically, I think this war is wrong* cette guerre me paraît fondamentalement injuste / *basically, she doesn't know what to think* dans le fond, elle ne sait pas quoi penser / *basically, he only has to do two things* en gros, il n'a que deux choses à faire.

basic commodity n denrée *f* de base.

basicity [beɪ'sɪsətɪ] n CHEM basicité *f*.

basic rate n UK taux *m* de base / *most people are basic rate taxpayers* la plupart des gens sont imposés au taux de base.

basil ['beɪzl] n BOT basilic *m*.

basilica [bə'zɪlɪkə] n basilique *f*.

basilisk ['bæzɪlɪsk] n MYTH & ZOOL basilic *m*.

basin ['beɪsn] n **1.** CULIN bol *m* ; [for cream] jatte *f* ▸ **basin cut** [haircut] coupe *f* au bol **2.** [for washing] cuvette *f* ; [plumbed in] lavabo *m* **3.** GEOG [of river] bassin *m* ; [of valley] cuvette *f* **4.** [for fountain] vasque *f* ; [in harbour] bassin *m*.

basinful ['beɪsnfʊl] n [of milk] bol *m* ; [of cream] jatte *f* ; [of water] pleine cuvette *f* ▸ **to have had a basinful** *inf* en avoir ras le bol.

basis ['beɪsɪs] (*pl* **bases** [-si:z]) n **1.** [foundation] base *f* / *he can't survive on that basis* il ne peut pas survivre dans ces conditions-là / *on the basis of what I was told* d'après ce qu'on m'a dit / *the basis for assessing income tax* l'assiette de l'impôt sur le revenu **2.** [reason] raison *f* ; [grounds] motif *m* / *he did it on the basis that he'd nothing to lose* il l'a fait en partant du principe qu'il n'avait rien à perdre / *there was no rational basis for his decision* sa décision n'avait aucun fondement rationnel **3.** [system] : *on a world-wide basis* à l'échelle mondiale / *employed on a part-time basis* employé à mi-temps / *paid on a weekly basis* payé à la semaine / *the centre is organized on a voluntary basis* le centre fonctionne sur la base du bénévolat.

bask [bɑ:sk] vi **1.** [lie] : *to bask in the sun* se prélasser au soleil, lézarder / *a cat basking in the sunshine* un chat se chauffant au soleil **2.** [revel] se réjouir, se délecter / *he basked in all the unexpected publicity* il se réjouissait de toute cette publicité imprévue.

basket ['bɑ:skɪt] n **1.** [container - gen] corbeille *f* ; [- for wastepaper] corbeille *f* à papier ; [- for shopping] panier *m* ; [- for linen] corbeille *f* or panier *m* à linge ; [- for baby] couffin *m* ; [- on donkey] panier *m* ; [- on someone's back] hotte *f* **2.** [quantity] panier *m* / *a basket of apples* un panier de pommes **3.** [group] assortiment *m* ▸ **basket of gases** ECOL panier *m* de gaz à effet de serre **4.** [in basketball - net, point] panier *m* ▸ **to score a basket** marquer un panier **5.** [on ski stick] rondelle *f* de ski.

basketball ['bɑ:skɪtbɔ:l] n basket-ball *m*, basket *m* ▸ **basketball game** match *m* de basket ▸ **basketball player** basketteur *m*, -euse *f*.

basket case n *v inf* **1.** [invalid] grand invalide *m*, grande invalide *f* **2.** [nervous wreck] paquet *m* de nerfs.

basket chair n chaise *f* en osier.

basket clause n clause *f* fourre-tout.

basket crane n nacelle *f* élévatrice.

basketful ['bɑ:skɪtfʊl] n plein panier *m*.

basket maker n vannier *m*.

basket of currencies n ECON & FIN panier *m* de devises or de monnaies.

basketry ['bɑ:skɪtrɪ] n vannerie *f*.

basket weave n TEXT armure *f* nattée.

basketwork ['bɑ:skɪtwɜ:k] n *(U)* [objects] objets *mpl* en osier ; [skill] vannerie *f*.

basking shark ['bɑ:skɪŋ-] n requin *m* pèlerin, pèlerin *m*.

Basle [bɑ:l] pr n = **Basel.**

basmati (rice) [bæz'mɑ:tɪ] n *(U)* CULIN (riz *m*) basmati *m*.

basque [bɑ:sk] n corsage *m* très ajusté.

Basque [bɑ:sk] ◆ n **1.** [person] Basque *mf* **2.** LING basque *m*. ◆ adj basque.

Basque Country pr n ▸ **the Basque Country** le Pays basque / *in the Basque Country* au Pays basque.

Basra, Basrah ['bæzrə] pr n Bassora.

bas-relief [,bæsrɪ'li:f] n bas-relief *m*.

bass¹ [beɪs] ◆ n **1.** [part, singer] basse *f* **2.** [bass guitar] basse *f* ; [double bass] contrebasse *f* **3.** ACOUST [on stereo] basses *fpl*, graves *mpl* ; [knob] bouton *m* de réglage des graves. ◆ adj grave, bas / *a part for a bass voice* une partie pour une voix de basse / *a singer with a bass voice* un chanteur à la voix de basse, une basse.

bass² [bæs] n [freshwater fish] perche *f* ; [sea fish] bar *m*, loup *m*.

bass clarinet [beɪs-] n clarinette *f* basse.

bass clef [beɪs-] n clef *f* de fa.

bass drum [beɪs-] n grosse caisse *f*.

basset (hound) [bæsɪt-] n basset *m (chien)*.

bass guitar [beɪs-] n guitare *f* basse.

bassinet [,bæsɪ'net] n [crib] berceau *m*.

bassist ['beɪsɪst] n bassiste *mf*.

bassoon [bə'su:n] n basson *m*.

bass viol [beɪs-] n viole *f* de gambe.

bastard ['bɑ:stəd] ◆ n **1.** *liter & pej* [child] bâtard *m*, -e *f* **2.** *v inf & pej* [nasty person] salaud *m* **3.** *v inf* [affectionate use] : *you lucky bastard!* sacré veinard ! / *poor bastard!* pauvre type ! / *he's a silly bastard!* c'est un pauvre con ! **4.** *v inf* [difficult case, job] : *it's a bastard of a book to translate* ce livre est vachement dur à traduire / *this job's a real bastard* ce boulot est une vraie vacherie. ◆ adj **1.** *liter & pej* [child] bâtard **2.** [language] corrompu **3.** TYPO [character] d'un autre œil.

bastardize, bastardise ['bɑ:stədaɪz] vt **1.** [language, style] corrompre **2.** [child] déclarer illégitime or naturel.

bastardy ['bɑ:stədɪ] n bâtardise *f*.

baste [beɪst] vt **1.** CULIN arroser **2.** SEW bâtir, faufiler **3.** [beat] rouer de coups, rosser.

basting ['beɪstɪŋ] n **1.** CULIN arrosage *m* **2.** SEW bâtissage *m* **3.** [beating] raclée *f*, correction *f*.

bastion ['bæstɪən] n *lit & fig* bastion *m* / *the last bastion of Stalinism* le dernier bastion du stalinisme.

BASW (abbr of British Association of Social Workers) pr n *syndicat britannique des travailleurs sociaux.*

bat [bæt] (*pt & pp* **batted**, *cont* **batting**) ◆ n **1.** [in baseball and cricket] batte *f* ; [in table tennis] raquette *f* ▸ **he's a good bat** il manie bien la batte ▸ **right off the bat** US *inf* sur-le-champ ▸ **to do sthg off one's own bat** UK *inf* faire qqch de sa propre initiative **2.** [shot, blow] coup *m* **3.** ZOOL chauve-souris *f* ▸ **she's an old bat** *inf & pej* c'est une vieille bique or chouette ▸ **to have bats in the** or **one's belfry** *inf* avoir une araignée au plafond ▸ **to run / to drive like a bat out of hell** *inf* courir / conduire comme si l'on avait le diable à ses trousses **4.** US *v inf* [spree] fête *f*, bringue *f* ▸ **to go off on a bat** aller faire la bringue. ◆ vi [baseball player, cricketer -play] manier la batte ; [-take one's turn at playing] être à la batte / *he batted for Pakistan* il était à la batte pour l'équipe pakistanaise ▸ **to go in to bat** aller à la batte ▸ **to go to bat for sb** US *inf* intervenir en faveur de qqn. ◆ vt **1.** [hit] donner un coup à **2.** [blink] : *she batted her eyelids at him* elle battit des paupières en le regardant / *he didn't bat an eyelid fig* il n'a pas sourcillé or bronché / *she did it without batting an eyelid* elle l'a fait sans broncher.

❖ **bat around** vt sep US *inf* ▸ **to bat sthg around** parler de qqch à bâtons rompus.

batch [bætʃ] ◆ n [of letters] paquet *m*, liasse *f* ; [of people] groupe *m* ; [of refugees] convoi *m* ; [of bread] fournée *f* ; [of recruits] contingent *m* ; COMM lot *m*. ◆ vt grouper.

batch file n COMPUT fichier *m* batch or.bat.

batch processing n COMPUT traitement *m* par lots.

bate [beɪt] ◆ vi *liter* [abate] diminuer. ◆ n UK *dated* [temper] accès *m* de colère, crise *f*.

bated ['beɪtɪd] adj ▸ **we waited with bated breath** nous avons attendu en retenant notre souffle.

bath [bɑ:θ] (*pl* **baths** [bɑ:ðz], *pt & pp* **bathed**) ◆ n **1.** [wash] bain *m* ; [tub] baignoire *f* ▸ **to give sb a bath** donner un bain à qqn ▸ **to have** UK or **to take a bath** prendre un bain / *she's in the bath* elle prend son bain, elle est dans son bain ▸ **to run** or *fml* **to draw a bath** se faire couler un bain / *a room with bath* une chambre avec salle de bains **2.** [for chemicals, dye] bain *m* ; PHOT cuvette *f*. ◆ vt [baby, person] baigner, donner un bain à. ◆ vi UK prendre un bain.

❖ **baths** pl n [swimming pool] piscine *f* ; [public baths] bains-douches *mpl* ; [at spa] thermes *mpl*.

bath bun n *petit pain rond aux raisins secs souvent servi chaud et beurré.*

bathcap ['bæθkæp] n US bonnet *m* de bain.

bath chair n fauteuil *m* roulant.

bath cube n cube *m* de sels de bain.

bathe [beɪð] (*pt & pp* **bathed**) ◆ vi **1.** UK [swim] se baigner / *we bathed in the sea / the river* nous avons pris un bain de mer / dans la rivière **2.** US [bath] prendre un bain. ◆ vt **1.** [wound] laver ; [eyes, feet] baigner / *he bathed his eyes* il s'est baigné les yeux **2.** [covered] : *I was bathed in sweat* j'étais en nage, je ruisselais de sueur / *the hills were bathed in light* les collines étaient éclairées d'une lumière douce / *her face was bathed in tears* son visage était baigné de larmes **3.** US [bath] baigner, donner un bain à. ◆ n bain *m (dans la mer, dans une rivière)* / *to have a bathe* se baigner / *we went for a bathe* nous sommes allés nous baigner.

bather ['beɪðər] n [swimmer] baigneur *m*, -euse *f*.

❖ **bathers** pl n AUSTR [costume] maillot *m* de bain.

bathhouse ['bɑ:θhaʊs] (*pl* [-haʊzɪz]) n bains-douches *mpl (bâtiment)*.

bathing ['beɪθɪŋ] n *(U)* **1.** UK [swimming] baignade *f* / **'not safe for bathing'** 'baignade interdite' **2.** [washing] bain *m*.

bathing beauty n belle *f* baigneuse.

bathing cap n bonnet *m* de bain.

bathing costume n maillot *m* de bain.

bathing hut n cabine *f* de bains.

bathing machine n cabine *f* de bains roulante.

bathing suit n = **bathing costume**.

bathing trunks pl n UK maillot *m* de bain.

bath mat n tapis *m* de bain.

bath oil n huile *f* de bain.

bathos ['beɪθɒs] n *(U)* LITER chute *f* du sublime au ridicule.

bathrobe ['bɑ:θrəʊb] n **1.** [for bathroom, swimming pool] peignoir *m* de bain **2.** US [dressing gown] robe *f* de chambre.

bathroom ['bɑ:θrʊm] ◆ n salle *f* de bains / *to use* or *to go to the bathroom euph* aller aux toilettes. ◆ comp [cabinet, mirror] de salle de bains ▸ **bathroom suite** salle *f* de bains *(mobilier)*.

bath salts pl n sels *mpl* de bain.

Bathsheba [bæθ'ʃi:bə] pr n Bethsabée.

bathtime ['bɑ:θtaɪm] n l'heure *f* du bain.

bath towel n serviette *f* de bain.

bathtub ['bɑ:θtʌb] n baignoire *f*.

bathwater ['bɑ:θ,wɔ:tər] n eau *f* du bain.

bathyscaphe ['bæθɪskæf] n bathyscaphe *m*.

bathysphere ['bæθɪ,sfɪər] n bathysphère *f*.

batik [bə'ti:k] n [cloth, technique] batik *m*.

batiste [bæ'ti:st] n batiste *f*.

batman ['bætmən] (*pl* **batmen** [-mən]) n UK MIL ordonnance *m f*.

baton ['bætən] n **1.** [conductor's] baguette *f* / *under the baton of* sous la baguette de **2.** [policeman's - in traffic] bâton *m* ; [- in riots] matraque *f* **3.** SPORT témoin *m* ▸ **to pass the baton to sb** *fig* passer le relais à qqn ▸ **to take up the baton** *fig* prendre le relais.

baton charge n charge *f* à la matraque.

baton gun n fusil *m* à balles en plastique.

baton round n balle *f* en plastique.

bats [bæts] adj *inf* [mad] timbré, cinglé.

batsman ['bætsmən] (*pl* **batsmen** [-mən]) n SPORT batteur *m*.

battalion [bə'tæljən] n bataillon *m*.

battels ['bætlz] pl n UNIV *compte d'un étudiant à Oxford, pour le paiement du logement, des repas, etc.*

batten ['bætn] ◆ n [board] latte *f*, lambourde *f* ; [in roof] volige *f* ; [in floor] latte *f*, lame *f* de parquet ; NAUT latte *f* de voile ; THEAT herse *f*. ◆ vt CONSTR latter ; [floor] planchéier ; [roof] voliger.

❖ **batten down** vt sep ▸ **to batten down the hatches a)** *lit* fermer les écoutilles, condamner les panneaux **b)** *fig* dresser ses batteries.

❖ **batten on, batten upon** vt insep UK : *she immediately battened on me for help* elle s'est immédiatement accrochée à moi comme une sangsue pour que je l'aide.

Battenburg cake ['bætən,bɜ:g-] n *génoise recouverte de pâte d'amandes.*

batten plate n CONSTR traverse *f* de liaison.

batter ['bætər] ◆ vt **1.** [beat - person] battre, maltraiter **2.** [hammer - door, wall] frapper sur **3.** [buffet] : *the ship was battered by the waves* le vaisseau était battu par les vagues / *he felt battered by the experience* il se sentait ravagé par l'expérience. ◆ vi [hammer] : *to batter at* or *on the door* frapper à la porte à coups redoublés. ◆ n **1.** TYPO [plate] cliché *m* endommagé ; [print] tirage *m* défectueux **2.** CULIN pâte *f (pour crêpes, beignets, gaufres, clafoutis, etc.)* **3.** [in baseball] batteur *m*.

❖ **batter about** vt sep **1.** [person] maltraiter, rouer de coups **2.** [ship] battre.

❖ **batter down** vt sep [vegetation] fouler ; [wall] démolir ; [tree] abattre.

❖ **batter in** vt sep [skull] défoncer ; [door] enfoncer ; [nail] enfoncer à grands coups.

battered ['bætəd] adj **1.** [damaged -building] délabré ; [-car, hat] cabossé, bosselé ; [-briefcase, suitcase] cabossé ; [face -beaten] meurtri ; [-ravaged] buriné / *a battered child* un enfant martyr / *a refuge for battered wives* un refuge pour femmes battues **2.** CULIN en beignet.

battering ['bætərɪŋ] n **1.** [beating] : *he got a bad battering* on l'a rossé sévèrement **2.** [hammering] : *the building took a battering in the war* le bâtiment a été durement éprouvé / *the team took a battering* l'équipe a été battue à plate couture.

battering ram n bélier *m*.

Battersea ['bætəsɪ-] pr n *quartier de Londres* ▸ **Battersea Dogs and Cats Home** *centre d'accueil des chiens et chats abandonnés situé à Battersea* ▸ **Battersea Power Station** *centrale électrique désaffectée qui marque le paysage londonien de ses quatre grandes cheminées.*

battery ['bætərɪ] (*pl* **batteries**) n **1.** ELEC [in clock, radio] pile *f* ; [in car] batterie *f*, accumulateurs *mpl* **2.** [of guns, missiles] batterie *f* **3.** [barrage] tir *m* de barrage / *a battery of insults* une pluie d'insultes **4.** LAW ⟶ **assault** **5.** AGR batterie *f*.

battery charger n chargeur *m*.

battery farming n élevage *m* intensif or en batterie.

battery hen n poule *f* de batterie.

Battery Park pr n *parc situé dans le Financial District au sud de Manhattan, où se trouve le terminal des ferries à destination de la statue de la Liberté.*

battery-reared ['rɪəd] adj de batterie.

batting ['bætɪŋ] n **1.** [wadding] bourre *f (pour matelas, couettes)* **2.** SPORT maniement *m* de la batte / *he has a high batting average* il a un score élevé à la batte.

battle ['bætl] ◆ n **1.** [fight] bataille *f* / *he was killed in battle* il a été tué au combat ▸ **to do** or **to give** or **to join battle** livrer bataille ; *fig* lutte *f* / *a battle between the two companies* une lutte entre les deux entreprises / *a battle for control of the government* un combat pour obtenir le contrôle du gouvernement / *the battle between* or *of the sexes* la lutte des sexes / *a battle of wits* une joute d'esprit ▸ **the Battle of Britain** la bataille d'Angleterre ▸ **Battle of Britain Day** *jour commémoratif de la bataille d'Angleterre* ▸ **the Battle of the Boyne** la bataille de la Boyne *(bataille qui mit fin au rôle politique des Stuart en Irlande 1690)* ▸ **the Battle of the Bulge** la bataille des Ardennes **2.** [struggle] lutte *f* / *the battle for freedom* la lutte pour la liberté / *the battle against poverty* la lutte contre la pauvreté / *the battle of the bulge* *hum* la lutte contre les kilos / *life is one long battle at the moment* de nos jours la vie est un long combat ▸ **to do battle for** lutter pour ▸ **to do battle against** or **with** lutter contre / *we're fighting the same battle* nous nous battons pour la même cause / *don't fight his battles for him* ne te bats pas à sa place ▸ **it's half the battle** la partie est presque gagnée. ◆ comp [dress, zone] de combat ▸ **in battle order** en bataille. ◆ vi se battre, lutter / *she battled to save his life* elle s'est battue pour lui sauver la vie / *he's battling against the system* il se bat contre le système / *they battled between themselves* ils se battirent entre eux. ◆ vt US combattre.

battleaxe UK, **battleax** US ['bætəlæks] n **1.** [weapon] hache *f* d'armes **2.** *pej & hum* [woman] virago *f*.

battle cruiser n croiseur *m* cuirassé.

battle cry n cri *m* de guerre.

battledore ['bætldɔːʳ] n [racket] raquette *f* ; [game] ▸ **battledore (and shuttlecock)** jeu *m* de volant.

battledress ['bætldres] n tenue *f* de combat.

battle fatigue n psychose *f* traumatique.

battlefield ['bætlfiːld], **battleground** ['bætlgraʊnd] n *lit & fig* champ *m* de bataille.

battlement ['bætlmənt] n [crenellation] créneau *m*.
❖ **battlements** pl n [wall] remparts *mpl*.

battle royal n *fml & liter* **1.** [fight] bagarre *f* **2.** [argument] querelle *f*.

battle-scarred adj [army, landscape] marqué par les combats ; [person] marqué par la vie ; *hum* [car, table] abîmé.

battleship ['bætlʃɪp] n cuirassé *m* / **'The Battleship Potemkin'** *Eisenstein* 'le Cuirassé Potemkine'.

batty ['bætɪ] (*compar* **battier**, *superl* **battiest**) adj *inf* [crazy] cinglé, dingue ; [eccentric] bizarre.

batwing sleeve ['bætwɪŋ-] n manche *f* chauve-souris.

bauble ['bɔːbl] n [trinket] babiole *f*, colifichet *m* ; [jester's] marotte *f*.

baud [bɔːd] n COMPUT & ELEC baud *m* ▸ **baud rate** vitesse *f* de transmission (en bauds).

baulk [bɔːk] ◆ n **1.** [in snooker] *espace entre la bande et la ligne* **2.** = **balk**. ◆ vi & vt = **balk**.

baulk line n [in snooker] ligne *f* de départ ; [in croquet] position *f* de départ.

bauxite ['bɔːksaɪt] n bauxite *f*.

Bavaria [bə'veərɪə] pr n Bavière *f* / *in Bavaria* en Bavière.

Bavarian [bə'veərɪən] ◆ n Bavarois *m*, -e *f*. ◆ adj bavarois ▸ **Bavarian cream** CULIN bavaroise *f*.

bawbee [,bɔː'biː] n Scot sou *m*.

bawd [bɔːd] n *arch* [prostitute] catin *f*.

bawdiness ['bɔːdɪnɪs] n paillardise *f*.

bawdy ['bɔːdɪ] adj paillard.

bawdy house n *arch* maison *f* close.

bawl [bɔːl] ◆ vi **1.** [yell] brailler ▸ **to bawl at sb** crier après qqn **2.** [cry] brailler / *the baby was bawling his head off* *inf* le bébé braillait à pleins poumons. ◆ vt [slogan, word] brailler, hurler.
❖ **bawl out** vt sep **1.** [yell] = **bawl** *(vt)* **2.** *inf* [reprimand] passer un savon à / *she really bawled him out* elle lui a passé un bon savon **3.** PHR **to bawl one's eyes out** *inf* : *the child was bawling his eyes out* l'enfant braillait à pleins poumons.

bay [beɪ] ◆ n **1.** [on shoreline] baie *f* ; [smaller] anse *f* ▸ **the Bay State** US le Massachusetts **2.** ARCHIT [recess] travée *f* ; [window] baie *f* ; RAIL voie *f* d'arrêt **3.** BOT & CULIN laurier *m* **4.** HUNT & *fig* ▸ **to be at bay** être aux abois ▸ **to bring an animal to bay** amener un animal aux abois ▸ **to keep** or **to hold sb at bay** tenir qqn à distance / *to keep* or *to hold hunger at bay* tromper la faim **5.** [horse] cheval *m* bai. ◆ vi [bark] aboyer, donner de la voix. ◆ adj [colour] bai.

Bay Area pr n *région de la baie de San Francisco.*

bay leaf n feuille *f* de laurier.

Bay of Pigs pr n ▸ **the Bay of Pigs** la baie des Cochons.

 **The Bay of Pigs**

En 1961, la baie des Cochons à Cuba fut le site d'une tentative d'invasion pour renverser le régime de Fidel Castro. L'opération, conduite par des Cubains exilés aux États-Unis, équipés et entraînés par la CIA, tourna au désastre.

bayonet ['beɪənɪt] (*pt & pp* **bayoneted** *or* **bayonetted**, *cont* **bayoneting** *or* **bayonetting**) ◆ n baïonnette *f*. ◆ vt passer à la baïonnette.

bayonet charge n charge *f* à la baïonnette.

bayonet joint n joint *m* à baïonnette.

bayonet point n ▸ **at bayonet point** à la pointe de la baïonnette.

bayonet socket n douille *f* à baïonnette.

bayou ['baɪuː] n US bayou *m*, marécages *mpl*.

bay rum n *lotion capillaire.*

bay tree n laurier *m*.

bay window n **1.** fenêtre *f* en saillie **2.** US *inf* [stomach] gros bide *m*.

bazaar [bə'zɑːʳ] n [in East] bazar *m* ; [sale for charity] vente *f* de charité ; [shop] bazar *m*.

bazooka [bə'zuːkə] n bazooka *m*.

BB ◆ pr n abbr of **Boys' Brigade**. ◆ n (abbr of **double black**) *sur un crayon à papier, indique une mine grasse.*

BBB (abbr of **Better Business Bureau**) pr n *organisme dont la vocation est de faire respecter la déontologie professionnelle dans le secteur tertiaire.*

BBC (abbr of **British Broadcasting Corporation**) pr n *office national britannique de radiodiffusion* ▸ **the BBC** la BBC ▸ **BBC1** *chaîne généraliste (sans publicité de la BBC)* ▸ **BBC2** *chaîne à vocation culturelle de la BBC* ▸ **BBC World Service** *émissions radiophoniques de la BBC diffusées dans le monde entier* ▸ **BBC English** *l'anglais tel qu'il était parlé sur la BBC et qui servait de référence pour la « bonne » prononciation.*

BBFN MESSAGING written abbr of **bye bye for now**.

BB gun n US carabine *f* à air comprimé.

bbl. written abbr of **barrel**.

BBL MESSAGING written abbr of **be back later**.

BBQ n written abbr of **barbecue**.

BBS[1] n abbr of **bulletin board system**.

BBS[2] MESSAGING written abbr of **be back soon**.

BC ◆ adv (abbr of **before Christ**) av. J.-C. / *in the year 25 BC* en l'an 25 avant Jésus-Christ. ◆ written abbr of **British Columbia**.

bcc (written abbr of **blind carbon copy**) CCI.

BCD (abbr of **binary-coded decimal**) n DCB *m*.

B cell n MED lymphocyte *m* B.

BCG (abbr of **bacille Calmette-Guérin**) n BCG *m* ▸ **BCG vaccination** vaccin *m* BCG.

B chromosome n chromosome *m* B.

BCNU MESSAGING (written abbr of **be seeing you**) @+.

BD (abbr of **Bachelor of Divinity**) n UK *(titulaire d'une) licence de théologie.*

BDS (abbr of **Bachelor of Dental Surgery**) n UK *(titulaire d'une) licence de chirurgie dentaire.*

be [biː] (*pp* **been** [biːn], *cont* **being** ['biːɪŋ]) (*pres; 1st sg* **am**, *weak form* [əm], *strong form* [æm], *pres 2nd sg* **are**, *weak form* [ə], *strong form* [ɑː], *pres 3rd sg is* [ɪz], *pres pl* **are**, *weak form* [ə], *strong form* [ɑː], *pt 1st sg* **was**, *weak form* [wəz], *strong form* [wɒz], *pt 2nd sg* **were**, *weak form* [wə], *strong form* [wɜː], *pt 3rd sg* **was**, *weak form* [wəz], *strong form* [wɒz], *pt pl* **were**, *weak form* [wə], *strong form* [wɜː]) ◆ vi **1.** [exist, live] être, exister / *I think, therefore I am* je pense, donc je suis / *to be or not to be* être ou ne pas être / *God is* Dieu existe / *the greatest scientist that ever was* le plus grand savant qui ait jamais existé or de tous les temps / *there are no such things as ghosts* les fantômes n'existent pas / *she's a genius if ever there was one* c'est or voilà un génie si jamais il en fut / *as happy as can be* heureux comme un roi / *that may be, but...* cela se peut, mais..., peut-être, mais... **2.** [used to identify, describe] être / *she is my sister* c'est ma sœur / *I'm Bill* je suis or je m'appelle Bill / *she's a doctor* / *engineer* elle est médecin / ingénieur / *the glasses were crystal* les verres étaient en cristal / *he is American* il est américain, c'est un Américain / *be careful!* soyez prudent ! / *to be frank...* pour être franc..., franchement... / *being the boy's mother, I have a right to know* étant la mère de l'enfant, j'ai le droit de savoir / *the situation being what* or *as it is...* la situation étant ce qu'elle est... / *the problem is knowing* or *is to know when to stop* le problème, c'est de savoir quand s'arrêter / *the rule is: when in doubt, don't do it* la règle c'est : dans le doute abstiens-toi / *seeing is believing* voir, c'est croire ▸ **just be yourself** soyez vous-même, soyez naturel ▸ **it is what it is** US *inf* c'est comme ça **3.** [indicating temporary state or condition] : *he was angry* / *tired* il était fâché / fatigué / *I am hungry* / *thirsty* / *afraid* j'ai faim / soif / peur / *my feet* / *hands are frozen* j'ai les pieds gelés / mains gelées **4.** [indicating health] aller, se porter / *how are you?* comment allez-vous ?, comment ça va ? / *I am fine* ça va / *he is not well* il est malade, il ne va pas bien **5.** [indicating age] avoir / *how old are you?* quel âge avez-vous ? / *it's different when you're 50* ce n'est pas pareil quand on a 50 ans / *you'll see when you're 50 (years old)* tu verras quand tu auras 50 ans **6.** [indicating location] être / *the cake was on the table* le gâteau était sur la table / *the hotel is next to the river* l'hôtel se trouve or est près de la rivière / *be there at 9 o'clock* soyez-y à 9 h / *where was I?* **a)** *lit* où étais-je ? **b)** *fig* [in book, speech] où en étais-je ? **7.** [indicating measurement] : *the table is one metre long* la table fait un mètre de long / *how tall is he?* combien mesure-t-il ? / *he is two metres tall* il mesure or fait deux mètres / *the school is two kilometres from here* l'école est à deux kilomètres d'ici **8.** [indicating time, date] être / *it's 5 o'clock* il est 5 h / *yesterday was Monday* hier on était or c'était lundi / *today is Tuesday* nous sommes or c'est mardi aujourd'hui / *what date is it today?* le combien sommes-nous aujourd'hui ? / *it's the 16th of December* nous sommes or c'est le 16 décembre **9.** [happen, occur] être, avoir lieu / *the concert is on Saturday night* le concert est or a lieu samedi soir / *when is your birthday?* quand est or c'est quand ton anniversaire ? / *the spring holidays are in March this year* les vacances de printemps tombent en mars cette année / *how is it that you arrived so quickly?* comment se fait-il que vous soyez arrivé si vite ? **10.** [indicating cost] coûter / *how much is this table?* combien coûte or vaut cette table ? / *it is expensive* ça coûte or c'est cher ; [add up to] : *the phone bill is £25* la facture de téléphone est de 25 livres **11.** [with 'there'] ▸ **there is, there are** il y a, il est *liter* / *there is* or *has been no snow* il n'y a pas de neige / *there are six of them* ils sont or il y en a six / *what is there to do?* qu'est-ce qu'il y a à faire ? / *there will be swimming* on nagera / *there is nothing funny about it* il n'y a rien d'amusant là-dedans, ce n'est pas drôle / *there's no telling what she'll do* il est impossible de prévoir ce qu'elle va faire **12.** [calling attention to] : *this is my friend John* voici mon ami John / *here are the reports you wanted* voici les rapports que vous vouliez / *there is our car* voilà notre voiture / *there are the others*

BE

Be, tout comme le verbe *être* en français, se rencontre en tant qu'auxiliaire ou verbe irrégulier (verbe d'état, intransitif). C'est le verbe irrégulier anglais qui possède le plus de formes différentes.

❶ Formes verbales de be

- Trois formes au présent : **am, are, is**. Formes contractées : **'m, 're, 's**
- Deux formes au passé : **was, were**. Pas de forme contractée au passé à la forme affirmative.
- À la forme négative : **aren't, isn't, wasn't, weren't** (la négation ne peut pas être accolée à **am**).
- Participe passé : **been**
- Participe présent : **being**

❷ Be auxiliaire

Emploi

Be auxiliaire est utilisé pour former certaines formes composées : l'aspect **be** + V-**ing**, et le passif.

- Aspect **be** + V-**ing** :

Look! The plane is taking off!
be *présent* V-**ing**
Regarde ! L'avion décolle / est en train de décoller !

Marion was playing ball with her nephew when the phone rang.
be *prétérit* V-**ing**
Marion jouait au ballon avec son neveu lorsque le téléphone sonna.

- Passif (**be** + participe passé) :

The plants are watered twice a week.
be *présent* V-**en**
Les plantes sont arrosées deux fois par semaine.

This book was written by a Polish writer.
be *prétérit* V-**en**
Ce livre a été écrit par un écrivain polonais.

Be auxiliaire est utilisé pour former la négation et l'interrogation dans ces mêmes formes composées.
Is the plane taking off? L'avion est-il en train de décoller ?
When are the plants watered? Quand les plantes sont-elles arrosées ?

Prononciation

Be auxiliaire est un mot grammatical qui n'apporte pas d'information lexicale importante. Si l'on envoyait un télégramme (ou un texto), on pourrait le supprimer aisément. Comparez :
The plane is taking off. / Plane taking off.
En conséquence, **be** auxiliaire n'est pas accentué à l'oral ; ceci est marqué à l'écrit par la forme contractée : the plane's [z] taking off.
La négation apporte une information nouvelle, c'est pourquoi les formes contractées <u>is</u>n't, <u>are</u>n't, <u>was</u>n't et <u>were</u>n't sont accentuées.
The plane is <u>not</u> [iz'nɒt] taking off.
The plane <u>is</u>n't ['iznt] taking off.

❸ Be verbe

Emploi

La fonction principale de **be** est de marquer l'identité ; son rôle est d'associer un attribut au sujet de la phrase et son sens correspond à celui du signe **=** :
I am a teacher. Je suis professeur.
I = teacher. Je = professeur.

- **Be** verbe sert à construire l'interrogation et la négation :

Are you tired? I'm not tired.
Es-tu fatigué ? Je ne suis pas fatigué.

- On l'emploie également lorsque l'on veut signaler la présence / l'existence d'un élément :

There's a frog in my bedroom!
Il y a une grenouille dans ma chambre !
This is my daughter Jane.
Voici ma fille Jane. / Je vous présente ma fille Jane.

- Comme le verbe *être* en français, **be** verbe peut prendre un sens philosophique : *être* au sens d'*exister*.

To be or not to be… that is the question! (Shakespeare)
Être ou ne pas être… telle est la question !

Prononciation

Be verbe est accentué et prononcé entièrement lorsqu'il prend le sens d'*exister*.
I think, therefore I am ['æm].
Je pense, donc je suis.

En revanche, lorsqu'il prend le sens du signe **=**, il est réduit, sauf quand il est employé de manière contrastive ou dans les réponses brèves :
I'm [m] a student. Je suis étudiant.
There's [z] a cat in the garden.
Il y a un chat dans le jardin.
A : I can't believe you're [eə] Henry. Je ne peux pas croire que tu sois Henry.
B : But I <u>am</u> ['æm] Henry! Mais si, c'est moi, Henry !
(emploi contrastif)
Are they tired? They <u>are</u> [ɑː]. Sont-ils fatigués ? Oui, en effet.
(réponse brève)

Le saviez-vous ?

Dans de nombreuses expressions, **avoir** se traduit par **be** :
Avoir faim, soif, chaud, froid = to be hungry, thirsty, hot, cold
Avoir peur = to be afraid
Avoir de la chance = to be lucky
Avoir raison / tort = to be right / wrong
Avoir 18 ans = to be 18

voilà les autres / *there you are!* **a)** [I've found you] ah, te voilà ! **b)** [take this] tiens / tenez, voilà ! / *now there's an idea!* voilà une bonne idée ! **13.** [with 'it'] : *who is it? — it's us!* qui est-ce ? — c'est nous ! / *it was your mother who decided* c'est ta mère qui a décidé / *it is I who am to blame* fml c'est moi le responsable **14.** [indicating weather] faire / *it is cold / hot / grey* il fait froid / chaud / gris / *it is windy* il y a du vent **15.** [go] aller, être / *she's been to visit her mother* elle a été or est allée rendre visite à sa mère / *I have never been to China* je ne suis jamais allé or je n'ai jamais été en Chine / *have you been home since Christmas?* est-ce que tu es rentré (chez toi) depuis Noël ? / *has the plumber been?* le plombier est-il (déjà) passé ? / *wait for us, we'll be there in 10 minutes* attends-nous, nous serons là dans 10 minutes / *there's no need to rush, we'll be there in 10 minutes* inutile de se presser, nous y serons dans 10 minutes / *he was into / out of the house in a flash* il est entré dans / sorti de la maison en coup de vent / *I know, I've been there* **a)** lit je sais, j'y suis allé **b)** fig je sais, j'ai connu ça ▸ **been there, done that (, got the t-shirt)** inf je connais (déjà) ; [come] être, venir / *she is from Egypt* elle vient d'Égypte / *your brother has been and gone* votre frère est venu et reparti / *someone had been there in her absence* quelqu'un est venu pendant son absence / *he's only been and wrecked the car!* inf il est allé casser la voiture ! ▸ **now you've been (and gone) and done it!** inf et voilà, c'est réussi ! iro **16.** [indicating hypothesis, supposition] : *if we were younger* si nous étions plus jeunes / *were it not for my sister* fml sans ma sœur / *were it not for their contribution, the school would close* fml sans leur assistance, l'école serait obligée de fermer **17.** MATH faire / *1 and 1 are 2* 1 et 1 font 2 / *what is 5 less 3?* combien fait 5 moins 3 ? ◆ aux vb **1.** [forming continuous tenses] : *he is having breakfast* il prend or il est en train de prendre son petit déjeuner / *they are always giggling* ils sont toujours en train de glousser / *where are you going?* où allez-vous ? / *a problem which is getting worse and worse* un problème qui s'aggrave / *I have just been thinking about you* je pensais justement à toi / *we've been waiting hours for you* ça fait des heures que nous t'attendons / *when will she be leaving?* à quelle heure est-ce qu'elle part or va-t-elle partir ? / *what are you going to do about it?* qu'est-ce que vous allez or comptez faire ? / *why aren't you working? — but I am working!* pourquoi ne travaillez-vous pas ? — mais je travaille ! **2.** [forming passive voice] : *she is known as a good negotiator* elle est connue pour ses talents de négociatrice / *the car was found* la voiture a été retrouvée / *plans are being made* on fait des projets / *what is left to do?* qu'est-ce qui reste à faire ? / *smoking is not permitted* il est interdit or défendu de fumer / *socks are sold by the pair* les chaussettes se vendent par deux / *it is said / thought / assumed that…* on dit / pense / suppose que… / **'to be continued'** 'à suivre' / *not to be confused with* à ne pas confondre avec **3.** *(with infinitive)* [indicating future event] : *the next meeting is to take place on Wednesday* la prochaine réunion aura lieu mercredi / *he's to be the new headmaster* c'est lui qui sera le nouveau directeur / *she was to become a famous pianist* elle allait devenir une pianiste renommée / *we were never to see him again* nous ne devions jamais le revoir ; [indicating expected event] : *they were to have been married in June* ils devaient se marier en juin **4.** *(with infinitive)* [indicating obligation] : *I'm to be home by 10 o'clock* il faut que je rentre avant 10 h / *you are not to speak to strangers* il ne faut pas parler aux inconnus ; [expressing opinion] : *you are to be congratulated* on doit vous féliciter / *they are to be pitied* ils sont à plaindre ; [requesting information] : *are we then to assume that taxes will decrease?* faut-il or doit-on en conclure que les impôts

BE + V-ING

Pour exprimer un point de vue particulier sur un événement, le locuteur dispose en anglais de deux temps (présent et prétérit), mais aussi d'aspects, comme **be** + V-ing. La forme **be** + V-ing est également appelée ***forme progressive***, car elle permet de présenter des événements dans leur progression, dans le cours de leur déroulement. En français, cela correspond à la notion exprimée par « en train de ».

LA FORME DITE « PROGRESSIVE » : FORMATION

Grâce à la forme en **be** + V-ing, le locuteur peut présenter un événement « en déroulement », mais aussi donner son avis et faire un commentaire sur cet événement, ou renvoyer à l'avenir. Les valeurs de la forme en **be** + V-ing sont donc multiples.

Be + V-ing peut se combiner avec le présent ou le prétérit pour former le présent et le prétérit dits « progressifs ». Il peut également être associé au **present perfect**, au **past perfect**, au passif et aux modaux.

❶ Présent et prétérit be + V-ing

Présent be + V-ing

Be est l'élément conjugué de la forme dite « progressive » : lorsqu'il est conjugué au présent, on forme le présent progressif :

I'm travelling around the world. Je fais le tour du monde.

C'est **be** qui permet la construction de la négation et de l'interrogation dans les formes progressives :

Jane isn't working right now. Jane ne travaille pas en ce moment.

What are you doing? Qu'est-ce que tu fais ?

Prétérit be + V-ing

Lorsque **be** est conjugué au prétérit, on forme le prétérit progressif :

I / he / she / it was V-ing ; **you / we / they were** V-ing.

Virginia was speaking with Mary on the phone when the doorbell rang. Virginia était au téléphone avec Mary lorsque la sonnette de la porte d'entrée a retenti.

They were doing well yesterday when we met them.

Ils allaient bien hier quand nous les avons rencontrés.

Règles orthographiques

- En règle générale : V + -ing
  start ⟶ **start**ing ; **play** ⟶ **play**ing
- Verbes terminés par -e : on supprime le -e et on ajoute -ing
  write ⟶ **writ**ing ; **smoke** ⟶ **smok**ing
- Verbes terminés par une voyelle et une consonne : doublement de la consonne
  swim ⟶ **swim**ming ; **hit** ⟶ **hit**ting
- Verbes terminés en -ie : -ie devient -y
  die ⟶ **dy**ing ; **lie** ⟶ **ly**ing

❷ Be + V-ing en combinaison avec d'autres formes

Present perfect et past perfect (have / had + V-en)

On rencontre également la forme **be** + V-ing en combinaison avec les formes aspectuelles **have** + V-en (**present perfect**) et **had** + V-en (**past perfect**).

On a alors les formes suivantes :

have / **had** + **been** + V-ing

William has been smoking a lot these last few days.

William a beaucoup fumé ces derniers jours.

Passif

Be + V-ing peut également se combiner avec les formes passives :

This computer is being used at the moment.

Cet ordinateur est en cours d'utilisation.

Modaux

Enfin, il est possible d'utiliser la forme **be** + V-ing après les modaux. On a alors le schéma suivant :

modal + **be** + V-ing **ou** modal + **have been** + V-ing

He may be doing the washing up. Il se peut qu'il soit en train de faire la vaisselle.

Dan Clark should have been training harder. Dan Clark aurait dû s'entraîner de manière plus intensive.

Attention !

N'oubliez pas que les modaux sont toujours suivis du verbe à l'infinitif sans **to**.

LA FORME DITE « PROGRESSIVE » : EMPLOIS

La forme **be** + V-ing permet de présenter un événement « en déroulement », c'est-à-dire ayant commencé et n'étant pas achevé : par exemple, lorsque l'on dit I'm making a cake (je fais / je suis en train de faire un gâteau), cela signifie que j'ai déjà commencé à préparer le gâteau, mais que ce dernier n'est pas encore prêt à être dégusté. Cela montre donc l'implication du sujet de la phrase dans cette activité. En français, on peut utiliser le présent ou la formulation « en train de » pour dire qu'un événement est en cours de déroulement.

Au présent

Lorsque **be** est au présent, **be** + V-ing permet de rattacher la phrase au moment où l'on parle. Lorsque l'on dit I'm making a cake, cela est vrai au moment où l'on parle : l'action de faire le gâteau a déjà commencé et n'est pas encore terminée. Cet événement est repéré par rapport au moment où l'on parle.

I'm making a cake

début de l'événement — *moment où l'on parle* — *fin de l'événement*

La forme **be** + V-ing permet donc au locuteur de décrire des actions en cours de déroulement, ce qu'il ne peut pas faire avec le présent simple en anglais, sauf dans les cas d'emploi performatif. Comparez :

Dogs **bark**. Les chiens aboient.

[Il est dans la nature des chiens d'aboyer : c'est vrai à tout moment.]

Dogs **are barking**. Des chiens aboient / sont en train d'aboyer.

[C'est vrai au moment où l'on parle.]

Rappel :

- En anglais, le présent simple exprime des caractéristiques, des habitudes, la généralité.
- Le présent **be** + V-ing présente un événement en déroulement au moment où l'on parle, ou apporte un commentaire du locuteur sur cet événement.

Au prétérit

Au passé, **be** + V-ing est également utilisé pour présenter des événements en cours de déroulement à un moment donné. Lorsque **be** est conjugué au prétérit, l'événement est envisagé par rapport à un repère temporel passé :

Yesterday at 5 p.m., I was watching television.

Hier à 17 h, je regardais la télévision.

I was watching TV

Ici, l'événement I / watch television n'est pas rattaché au moment où l'on parle, mais au repère yesterday at 5 p.m. Hier à 17 h, l'action de regarder la télévision avait déjà commencé, mais n'était pas encore terminée. Rien n'est précisé quant au début ou à la fin de l'événement : on ne sait pas quand le sujet I a allumé ou éteint la télévision.

Attention ! On utilise souvent **be** + V-ing au prétérit pour présenter des actions simultanées ; mais dans ce cas, l'impression de durée est souvent donnée par le sens du verbe et non par la forme **be** + V-ing :

He was entering the house when he heard a sound. Il était en train d'entrer dans la maison lorsqu'il entendit un bruit.

Entrer dans une maison est une action généralement brève ; l'utilisation de **be** + V-ing permet pourtant de représenter cet événement comme en cours de déroulement au moment où un bruit a été entendu.

Yesterday at 5 p.m., I was watching television. Hier à 17 h, je regardais la télévision.

Regarder la télévision est une action qui, bien souvent, dure un certain temps. L'impression de durée est donc due au sens du verbe et non à la forme **be** + V-ing qui ne fait qu'indiquer que cette action est en cours de déroulement à un moment précis du passé (hier à 17 h).

Valeur de commentaire

Be + V-ing est une forme aspectuelle qui permet au locuteur d'exprimer son point de vue sur un événement : il est donc souvent utilisé lorsque celui-ci veut faire un commentaire, porter un jugement.

He's always smoking those horrible cigars. Il est toujours en train de fumer ces horribles cigares.

He's being stupid. Il fait l'imbécile, là.

En employant la forme **be** + V-ing, le locuteur fait un commentaire appréciatif sur la situation (la fumée incommode, agace ; le comportement d'un individu est jugé stupide, etc.).

Expression du futur

Be + V-ing peut être utilisé pour renvoyer à l'avenir s'il s'agit d'un événement planifié à l'avance :

I'm leaving tomorrow. Je pars demain.

Susie is coming to visit us next week. Susie vient nous rendre visite la semaine prochaine.

Les repères temporels futurs (tomorrow, next week) indiquent que ces événements auront lieu dans le futur.

Pour résumer

Be + V-ing peut se combiner à l'ensemble des formes verbales de l'anglais. Sa valeur de base est l'expression d'un événement en cours de déroulement, mais il peut également être utilisé pour réaliser un commentaire sur un événement, ou pour parler d'événements futurs déjà planifiés.

vont diminuer ? / *what am I to say to them?* qu'est-ce que je vais leur dire ? **5.** *(with passive infinitive)* [indicating possibility] : *bargains are to be found even in the West End* on peut faire de bonnes affaires même dans le West End / *she was not to be dissuaded* rien ne devait or il fut impossible de lui faire changer d'avis **6.** *(with infinitive)* [indicating hypothesis] : *if he were* or *were he to die* *fml* s'il venait à mourir, à supposer qu'il meure **7.** [in tag questions] : *he's always causing trouble, isn't he? — yes, he is* il est toujours en train de créer des problèmes, n'est-ce pas ? — oui, toujours / *you're back, are you?* vous êtes revenu alors ? / *you're not leaving already, are you?* vous ne partez pas déjà, j'espère ? **8.** [in ellipsis] : *is she satisfied? — she is* est-elle satisfaite ? — oui(, elle l'est) / *you're angry — no I'm not — oh yes you are!* tu es fâché — non — mais si ! / *it's a touching scene — not for me, it isn't* c'est une scène émouvante — je ne trouve pas or pas pour moi / *I was pleased to see him but the children weren't* (moi,) j'étais content de le voir mais pas les enfants **9.** [forming perfect tenses] : *we're finished* nous avons terminé / *Christ is risen* (le) Christ est ressuscité / *when I looked again, they were gone* quand j'ai regardé de nouveau, ils étaient partis **10.** [as suffix] : *the husband-to-be* le futur mari / *the father-to-be* le futur père.

❖ **be that as it may** adv phr quoi qu'il en soit.

See box at will.

B/E written abbr of **bill of exchange.**

beach [biːtʃ] ◆ n [seaside] plage *f* ; [shore - sand, shingle] grève *f* ; [at lake] rivage *m*. ◆ comp [ball, towel, hut] de plage ▶ **beach umbrella** parasol *m*. ◆ vt **1.** [boat] échouer **2.** *(usu passive)* [whale] échouer.

beach buggy n buggy *m*.

beach bum n *v inf* fana *mf* de la plage.

beach bunny n US *inf* petite pépée *f (qui passe son temps à la plage).*

beachchair [ˈbiːtʃˌtʃeə] n US chaise *f* longue, transat *m*.

beachcomber [ˈbiːtʃˌkəʊməʳ] n [collector] *personne qui ramasse des objets sur les plages* ; [wave] vague *f* déferlante.

beachcombing [ˈbiːtʃˌkəʊmɪŋ] n *ramassage d'objets sur les plages* / *to go beachcombing* aller ramasser des objets sur la plage.

beachhead [ˈbiːtʃhed] n tête *f* de pont ▶ **to establish** or **to secure a beachhead** mettre en place une tête de pont sur la plage.

beachwear [ˈbiːtʃweəʳ] n *(U)* [one outfit] tenue *f* de plage ; [several outfits] articles *mpl* de plage.

beacon [ˈbiːkən] n **1.** [warning signal] phare *m*, signal *m* lumineux ; [lantern] fanal *m* ; AERON & NAUT balise *f* **2.** [bonfire on hill] feu *m* d'alarme **3.** [in place names] colline *f*.

beacon school n école *f* pilote.

bead [biːd] ◆ n **1.** [of glass, wood] perle *f* ; [for rosary] grain *m* / *bead necklace* collier *m* de perles (artificielles) / *where are my beads?* où est mon collier ? **2.** [drop - of sweat] goutte *f* ; [- of water, dew] perle *f* ; [bubble] bulle *f* / *beads of sweat stood out on her forehead* la sueur perlait sur son front **3.** [on gun] guidon *m* ▶ **to draw a bead on sb** UK viser qqn. ◆ vi [form drops] perler. ◆ vt [decorate] décorer de perles.

beaded [ˈbiːdɪd] adj **1.** [decorated] couvert or orné de perles / *a beaded evening bag* un sac (à main) de soirée brodé de perles **2.** [with moisture] couvert de gouttelettes d'eau / *beaded with sweat* couvert de gouttes de sueur.

beading [ˈbiːdɪŋ] n **1.** ARCHIT astragale *m* ; [in carpentry] baguette *f* **2.** SEW [trim] garniture *f* de perles ; [over cloth] broderie *f* perlée.

beadle [ˈbiːdl] n **1.** RELIG bedeau *m* **2.** UK UNIV appariteur *m*.

beady [ˈbiːdɪ] (*compar* **beadier**, *superl* **beadiest**) adj [eyes, gaze] perçant / *I had to keep a beady eye on the sweets* il fallait que je surveille les bonbons de près / *his beady eyes never left the money* il ne détacha pas ses yeux de fouine de l'argent.

beady-eyed adj aux yeux perçants.

beagle [ˈbiːgl] ◆ n beagle *m*. ◆ vi chasser avec des beagles.

❖ **Beagle** pr n UK HIST ▶ **HMS Beagle** *nom du navire sur lequel Charles Darwin effectua un voyage scientifique autour du monde.*

beagling [ˈbiːglɪŋ] n : *to go beagling* aller à la chasse avec des beagles.

beak [biːk] n **1.** [of bird] bec *m* **2.** *inf* [nose] nez *m* crochu **3.** UK *inf & dated* [judge] juge *m*.

beaked [biːkt] adj [nose] crochu.

beaker [ˈbiːkəʳ] n gobelet *m* ; CHEM vase *m* à bec.

be-all n ▶ **the be-all and end-all** la raison d'être.

beam [biːm] ◆ n **1.** [bar of wood - in house] poutre *f* ; [- big] madrier *m* ; [- small] poutrelle *f* ; [- in gymnastics] poutre *f* **2.** NAUT [cross member] barrot *m* ; [breadth] largeur *f* ▶ **on the beam** par le travers ▶ **on the port beam** à bâbord ▶ **on the starboard beam** à tribord **3.** [of scales] fléau *m* ; [of engine] balancier *m* ; [of loom] ensouple *f*, rouleau *m* ; [of plough] age *m* **4.** [ray - of sunlight] rayon *m* ; [- of searchlight, headlamp] faisceau *m* lumineux ; PHYS faisceau *m* ; AERON & NAUT chenal *m* de radioguidage ▶ **to be off (the) beam a)** AERON ne pas être dans le chenal de radioguidage **b)** UK *inf & fig* dérailler / *he's way off beam* UK *inf* il déraille complètement **5.** [smile] sourire *m* radieux / *he greeted her with a beam* il l'accueillit avec un sourire radieux **6.** US AUTO ▶ **high beams** phares *mpl* / *he flicked on his high beams* il a mis ses phares ▶ **low beams** codes *mpl*. ◆ vi **1.** [smile] : *faces beaming with pleasure* des visages rayonnants de plaisir / *he beamed when he saw us* il eut un sourire radieux en nous apercevant **2.** [shine - sun] briller, darder ses rayons. ◆ vt RADIO & TV [message] transmettre par émission dirigée / *the pictures were beamed all over the world* les images ont été diffusées dans le monde entier.

beam aerial UK, **beam antenna** US n antenne *f* directive.

beam balance n balance *f* à fléau.

beam compass n compas *m* à verge.

beam-ends pl n ▶ **on her beam-ends** NAUT couché sur le flanc ▶ **to be on one's beam-ends** UK *inf* tirer le diable par la queue.

beaming [ˈbiːmɪŋ] adj radieux, resplendissant.

bean [biːn] ◆ n **1.** BOT & CULIN haricot *m* **2.** US *inf* [head] tête *f*, pomme *f* ; [brains] cervelle *f* **3.** PHR ▶ **to be full of beans** *inf* péter le feu / *I haven't got a bean* *inf* je n'ai pas un rond ▶ **hello, old bean!** UK *inf, dated & hum* salut, mon vieux ! / *that car isn't worth a bean* *inf* cette voiture-là ne vaut rien / *he doesn't know beans about it* US *inf* il n'y connaît rien. ◆ vt US ▶ **to bean sb** frapper qqn (sur la tête).

beanbag [ˈbiːnbæg] n [in game] balle *f* lestée ; [seat] sacco *m*.

bean-counter n *inf* gratte-papier *m*.

bean curd n pâte *f* de soja, tofu *m*.

beanery [ˈbiːnərɪ] (*pl* **beaneries**) n US *inf* gargote *f*.

beanfeast [ˈbiːnfiːst] n UK *inf* gueuleton *m*.

beanie [ˈbiːnɪ] n [skullcap] calotte *f*.

beano [ˈbiːnəʊ] n UK *inf* [meal] gueuleton *m* ; [spree] bombe *f* ▶ **to have** or **to go on a beano** faire la bombe.

❖ **Beano** pr n *magazine britannique de bandes dessinées pour enfants.*

beanpole [ˈbiːnpəʊl] n *lit* rame *f* ; *fig* (grande) perche *f*.

beanshoot [ˈbiːnʃuːt], **beansprout** [ˈbiːnspraʊt] n germe *m* de soja.

beanstalk [ˈbiːnstɔːk] n tige *f* de haricot.

bear [beəʳ] (*pt* **bore** [bɔːʳ], *pp* **borne** [bɔːn]) ◆ vt **1.** [carry - goods, burden] porter ; [- gift, message] apporter ; [- sound] porter, transporter / *a convoy of lorries bore the refugees away* or *off* un convoi de camions emmena les réfugiés / *they bore him aloft on their shoulders* ils le portèrent en triomphe / *they arrived bearing fruit* ils sont arrivés, chargés de fruits / *she bore her head high* elle avait un port de tête altier / *the wind bore the ship west* le vent poussait le navire vers l'ouest / *to be borne along by the crowd* être emporté par la foule **2.** [sustain - weight] supporter / *the ice couldn't bear his weight* la glace ne pouvait pas supporter son poids / *the system can only bear a certain amount of pressure* *fig* le système ne peut supporter qu'une certaine pression **3.** [endure] tolérer, supporter / *the news was more than she could bear* elle n'a pas pu supporter la nouvelle / *she can't bear the sight of blood* elle ne supporte pas la vue du sang / *I can't bear to see you go* je ne supporte pas que tu t'en ailles / *I can't bear that man* je ne supporte pas cet homme / *I can't bear the suspense* ce suspense est insupportable / *she bore the pain with great fortitude* elle a supporté la douleur avec beaucoup de courage **4.** [accept - responsibility, blame] assumer ; [- costs] supporter **5.** [allow - examination] soutenir, supporter / *his theory doesn't really bear close analysis* sa théorie ne supporte pas une analyse approfondie / *his work bears comparison with Hemingway and Steinbeck* son œuvre soutient la comparaison avec Hemingway et Steinbeck / *it doesn't bear thinking about* je n'ose pas or je préfère ne pas y penser **6.** [show - mark, name, sign, etc.] porter / *the glass bore the letters "TR"* le verre portait les lettres « TR » / *the letter bore the signatures of several eminent writers* la lettre portait la signature de plusieurs écrivains célèbres / *I still bear the scars* j'en porte encore les cicatrices / *the crime bore all the signs of a professional job* le crime avait tout du travail d'un professionnel / *he bears no resemblance to his father* il ne ressemble pas du tout à son père / *his statement bore no relation to the facts* sa déclaration n'avait aucun rapport avec les faits ▶ **to bear witness to sthg a)** [person] attester qqch **b)** [thing, quality] témoigner de qqch **7.** [give birth to] donner naissance à / *she bore a child* elle a donné naissance à un enfant / *she bore him two sons* elle lui donna deux fils **8.** [produce] porter, produire / *the cherry tree bears beautiful blossom in spring* le cerisier donne de belles fleurs au printemps / *all my efforts have borne fruit* mes efforts ont porté leurs fruits / *his investment bore 8% interest* FIN ses investissements lui ont rapporté 8 % d'intérêt **9.** [feel] porter, avoir en soi ▶ **to bear love / hatred for sb** éprouver de l'amour / de la haine pour qqn / *I bear you no ill will* je ne t'en veux pas ▶ **to bear a grudge against sb** en vouloir or garder rancune à qqn ▶ **to bear sthg in mind** ne pas oublier qqch / *thanks for the suggestion, I'll bear it in mind* merci de ta suggestion, j'en tiendrai compte **10.** [behave] : *he bore himself like a man* il s'est comporté en homme **11.** ST. EX [market, security] chercher à faire baisser. ◆ vi **1.** [move] diriger / *bear (to your) left* prenez sur la gauche or à gauche / *we bore due west* nous fîmes route vers l'ouest / *they bore straight across the field* ils traversèrent le champ en ligne droite / **'bear left ahead'** US 'tournez à gauche', 'filez à gauche' **2.** [tree - fruit] produire, donner ; [- flower] fleurir **3.** [be oppressive] peser / *grief bore heavily on her* le chagrin l'accablait **4.** ST. EX jouer à la baisse **5.** PHR ▶ **to bring a gun to bear on a target** pointer un canon sur un objectif ▶ **to bring pressure to bear on sb** faire pression sur qqn ▶ **to bring one's mind to bear on sthg** s'appliquer à qqch. ◆ n **1.** [animal] ours *m*, -e *f* ▶ **bear cub** ourson *m* ▶ **bear tracks** empreintes *fpl* d'ours ▶ **he's like a bear with a sore head** UK *inf* il est d'une humeur de dogue ▶ **does a bear shit in the woods?** *v inf* qu'est-ce que tu crois ? **2.** *pej* [person] ours *m* **3.** ST. EX [person] baissier *m*, -ère *f* ▶ **bear market** marché *m* en baisse **4.** [toy] ours *m* (en peluche) **5.** US *inf* [hassle] : *it's a real bear* c'est pénible / *these stains are a bear to get rid of* ces taches sont vraiment difficiles à enlever.

❖ **bear down** vi **1.** [approach] ▶ **to bear down on** or **upon a)** [ship] venir sur **b)** [person] foncer sur / *a lorry was bearing down on me* un camion fonçait sur moi **2.** [press] appuyer ; [in childbirth] pousser.

❖ **bear in** vi ▶ **to bear in on sb** s'approcher de qqn d'un air menaçant.

❖ **bear on, bear upon** vt insep [be relevant to] se rapporter à, être relatif à ; [concern] intéresser, concerner.

❖ **bear out** vt sep UK confirmer, corroborer ▶ **to bear sb out** or **to bear out what sb says** corroborer ce que qqn dit / *the results don't bear out the hypothesis* les résultats ne confirment pas l'hypothèse / *he will bear me out on this matter* il sera d'accord avec moi sur ce sujet.

❖ **bear up** vi UK tenir le coup, garder le moral / *she's bearing up under the pressure* elle ne se laisse pas décourager par le stress ▸ **bear up!** courage !

❖ **bear upon** vt insep = **bear on.**

❖ **bear with** vt insep [be patient with] supporter patiemment / *if you'll just bear with me a minute* je vous demande un peu de patience.

bearable ['beərəbl] adj supportable, tolérable.

bearbaiting ['beə,beɪtɪŋ] n combat *m* d'ours et de chiens.

beard [bɪəd] ◆ n **1.** [on person] barbe *f* ; [goatee] barbiche *f* / *to have a beard* avoir la barbe / *a man with a beard* un (homme) barbu / *to grow a beard* se laisser pousser la barbe / *he wears a full beard* il porte la barbe / *a two-day beard* une barbe de deux jours **2.** [on goat] barbiche *f* ; [on fish, oyster] barbe *f* ; [on plant] arête *f*, barbe *f* **3.** TYPO talus *m*. ◆ vt *liter* [confront] affronter, braver ▸ **to beard the lion in his den** aller braver le lion dans sa tanière.

bearded ['bɪədɪd] adj barbu ▸ **bearded lady** femme *f* à barbe ▸ **bearded liberal** libéral *m* bien-pensant.

beardless ['bɪədlɪs] adj imberbe, sans barbe ▸ **a beardless youth** *liter* un jeunet.

beard trimmer n tondeuse *f* à barbe.

bearer ['beərəʳ] ◆ n **1.** [of news, letter] porteur *m*, -euse *f* ; [of load, coffin] porteur *m* ; [servant] serviteur *m* / *I hate to be the bearer of bad tidings* j'ai horreur d'annoncer les mauvaises nouvelles **2.** [of cheque, title] porteur *m*, -euse *f* ; [of passport] titulaire *mf* **3.** CONSTR support *m*. ◆ comp FIN [bond, cheque] au porteur.

bear garden n pétaudière *f* / *the place was like a bear garden* UK l'endroit était une véritable pétaudière, on se serait cru à la cour du roi Pétaud.

bear hug n ▸ **to give sb a bear hug** serrer qqn très fort dans ses bras.

bearing ['beərɪŋ] n **1.** [relevance] rapport *m*, relation *f* / *his comments have some* or *a bearing on the present situation* ses remarques ont un certain rapport avec la situation actuelle / *the event had no bearing on the outcome of the war* l'événement n'eut aucune incidence sur l'issue de la guerre **2.** [deportment] maintien *m*, port *m* / *a man of distinguished bearing* un homme à l'allure distinguée / *her queenly bearing* son port de reine **3.** [endurance] : *it's beyond* or *past all bearing* c'est absolument insupportable **4.** [direction] position *f* ▸ **to take a (compass) bearing (on sthg)** relever la position (de qqch) au compas / *to take a ship's bearing* NAUT faire le point / *to get* or *to find one's bearings* *fig* se repérer, s'orienter / *to lose one's bearings* *fig* perdre le nord **5.** MECH palier *m*.

❖ **bearings** pl n HERALD armoiries *fpl*.

-bearing in comp ▸ **fruit-bearing trees** des arbres fructifères ▸ **oxygen-bearing water** de l'eau riche en oxygène ▸ **rain-bearing clouds** des nuages chargés de pluie.

bearish ['beərɪʃ] adj **1.** *pej* [person] comme un ours **2.** ST. EX [market] en baisse ; [tendency] baissier.

bear pit n fosse *f* aux ours.

bearskin ['beəskɪn] n **1.** [piece of fur] peau *f* d'ours **2.** MIL [hat] bonnet *m* à poils.

beast [bi:st] n **1.** [animal] bête *f*, animal *m* / *the king of the beasts* le roi des animaux ▸ **the Beast** BIBLE l'Antéchrist, la bête de l'Apocalypse ▸ **beast of burden** bête de somme ▸ **beast of prey** bête de proie **2.** [savage nature] : *the beast in man* la bête en l'homme **3.** [person - unpleasant] cochon *m* ; [- cruel] brute *f* / *you beast!* vous êtes dégoûtant ! **4.** [difficult task] : *a beast of a job* un sale boulot.

beastie ['bi:stɪ] n **1.** Scot petit animal *m* **2.** *inf* [insect] bestiole *f*.

beastliness ['bi:stlɪnɪs] n [of person] méchanceté *f* ; [of act] bestialité *f* ; [of language] obscénité *f*.

beastly ['bi:stlɪ] UK *inf* ◆ adj [person, behaviour] mauvais / *what a beastly day!* quelle journée infecte ! / *he's a beastly child* c'est un enfant insupportable / *he was beastly to her* il a été infect avec elle. ◆ adv vachement / *it's beastly cold!* il fait vachement froid !

beat [bi:t] (*pt* **beat**, *pp* **beaten** ['bi:tn]) ◆ vt **1.** [hit - dog, person] frapper, battre ; [- carpet, metal] battre ; CULIN [eggs] battre, fouetter ▸ **to beat sb with a stick** donner des coups de bâton à qqn ▸ **to beat sthg flat** aplatir qqch *(en tapant dessus)* ▸ **to beat sb black and blue** battre qqn comme plâtre / *he beat the water with his hands* il battit l'eau de ses mains / *she beat her breast* *liter* elle se frappa la poitrine **2.** MUS ▸ **to beat time** battre la mesure / *she beat time to the music with her foot* elle marquait le rythme de la musique avec son pied / *to beat a drum* battre du tambour **3.** [move - wing] battre / *the bird was beating its wings* l'oiseau battait des ailes / *the pigeon was beating the air with its wings* le pigeon battait l'air de ses ailes **4.** [defeat - at game, sport] battre, vaincre / *she beat him at poker* elle l'a battu au poker / *Liverpool were beaten* Liverpool a perdu / *to beat the world record* battre le record mondial ; *fig* : *beat the rush hour, travel early* évitez l'heure de pointe, voyagez plus tôt / *to beat the system* trouver le joint *fig* / *we've got to beat racism* il faut en finir avec le racisme / *the problem has me beat* *inf* or *beaten* le problème me dépasse complètement / *she just beat me to it* elle m'a devancé de peu ; [outdo] : *you can't beat the Chinese for inventiveness* on ne peut pas trouver plus inventifs que les Chinois / *nothing beats a cup of tea* rien ne vaut une tasse de thé ▸ **beat that!** **a)** *lit* voyons si tu peux faire mieux ! **b)** *fig* pas mal, hein ? ▸ **that beats the lot!** *inf*, **that takes some beating!** *inf* ça, c'est le bouquet ! / *his answer takes some beating!* **a)** *inf* [critically] c'est le comble ! **b)** [admiringly] on n'aurait pas pu mieux dire ! ▸ **to beat the charge** US *inf* LAW échapper à l'accusation ▸ **to beat the rap** US *inf* échapper à la tôle ▸ **if you can't beat them, join them** si on ne peut pas les battre, alors il faut faire comme eux or entrer dans leur jeu ▸ **to beat sb hollow** or **hands down** UK *inf*, **to beat the pants off sb** *inf* battre qqn à plate couture ▸ **(it) beats me** *inf* cela me dépasse / *it beats me* or *what beats me is how he gets away with it* *inf* je ne comprends pas or ça me dépasse qu'il s'en tire à chaque fois ▸ **can you beat it!** *inf* tu as déjà vu ça, toi ! **5.** [path] se frayer / *to beat a way through the undergrowth* se frayer un chemin à travers la végétation / *the new doctor soon had people beating a path to his door* très vite, les gens se pressèrent chez le nouveau médecin **6.** [retreat] ▸ **to beat the retreat** MIL battre la retraite / *they beat a hasty retreat when they saw the police arrive* ils ont décampé en vitesse quand ils ont vu arriver la police **7.** HUNT : *to beat the woods / the moors* battre les bois / les landes **8.** PHR **beat it!** *inf* degage ! ◆ vi **1.** [rain] battre ; [sun] taper ; [wind] souffler en rafales / *to beat on* or *at the door* cogner à la porte / *the waves beat against the sea wall* les vagues venaient battre la digue / *the rain was beating against the roof* la pluie battait contre le toit / *he doesn't beat about* UK or *around* US *the bush* il n'y va pas par quatre chemins / *so, not to beat about* UK or *around* US *the bush, I've lost my job* enfin bref, j'ai perdu mon emploi **2.** [heart, pulse, wing] battre / *with beating heart* le cœur battant / *his heart was beating with terror* son cœur palpitait de terreur / *I heard the drums beating* j'entendis le roulement des tambours **3.** NAUT ▸ **to beat to windward** louvoyer au plus près. ◆ n **1.** [of heart, pulse, wing] battement *m*, pulsation *f* ; [of drums] battement *m* ; ACOUST battement *m* / *to march to the beat of the drum* marcher au son du tambour **2.** MUS [time] temps *m* / *a strong / weak beat* un temps fort / faible ; [in jazz and pop] rythme *m* / *a funky beat* un rythme funky **3.** [of policeman] ronde *f*, secteur *m* ; [of sentry] ronde *f* / *we need more policemen on the beat* il faudrait qu'il y ait plus de policiers à faire des rondes / *he saw the robbery when he was on his beat* il a été témoin du vol pendant qu'il effectuait sa ronde **4.** HUNT battue *f* **5.** *v inf* [beatnik] beatnik *mf*. ◆ adj **1.** *inf* [exhausted] crevé, vidé **2.** *v inf* beatnik / *a beat poet* un poète beatnik.

❖ **beat back** vt sep [enemy, flames] repousser.

❖ **beat down** ◆ vt sep **1.** [grass] : *the wind had beaten the grass down* le vent avait couché les herbes / *the horses had beaten down the crops* les chevaux avaient foulé les récoltes **2.** UK [seller] faire baisser / *I beat him down to £20* je lui ai fait baisser son prix à 20 livres. ◆ vi [sun] taper ; [rain] tomber à verse or à torrents / *the rain was beating down* il pleuvait à torrents.

❖ **beat in** vt sep [door] défoncer / *I'll beat his head in!* je lui défoncerai le crâne !

❖ **beat off** ◆ vt sep [enemy, attack] repousser. ◆ vi US *vulg* [masturbate] se branler.

❖ **beat out** vt sep **1.** [flames] étouffer **2.** [metal] étaler au marteau ; *fig* ▸ **to beat one's brains out** *inf* se creuser la cervelle ▸ **to beat sb's brains out** *inf* défoncer le crâne à qqn **3.** [rhythm] marquer / *she beat the rhythm out on a drum* elle marquait le rythme or elle battait la mesure sur un tambour **4.** US [opponent] battre.

❖ **beat up** vt sep **1.** *inf* [person] tabasser, passer à tabac ▸ **to beat o.s. up (about sthg)** culpabiliser (à propos de qqch) **2.** [eggwhite] faire monter ; [cream, egg] fouetter, battre **3.** [drum up - help, volunteers] racoler, recruter.

❖ **beat up on** vt insep US *inf* tabasser, passer à tabac.

beat-em-up ['bi:təmʌp] n *inf* [video game] jeu *m* vidéo violent.

beaten ['bi:tn] ◆ pp ⟶ **beat.** ◆ adj **1.** [gold] battu, martelé ; [earth, path] battu ; CULIN [eggs, cream, etc.] battu, fouetté / *a beaten track* *lit* un chemin or sentier battu ▸ **off the beaten track** *fig* hors des sentiers battus **2.** [defeated] vaincu, battu **3.** [exhausted] éreinté, épuisé.

beaten-up adj cabossé / *a beaten-up old bus* un vieux bus tout cabossé.

beater ['bi:təʳ] n **1.** CULIN [manual] fouet *m* ; [electric] batteur *m* **2.** TEXT peigne *m* ; [for carpet] tapette *f* **3.** HUNT rabatteur *m*.

Beat generation n ▸ **the Beat generation** *mouvement littéraire et culturel américain des années 1950-1960 dont les adeptes (les « beatniks ») refusaient les conventions de la société moderne.*

beatific [bi:ə'tɪfɪk] adj béat / *a beatific smile* un sourire béat.

beatifically [,bi:ə'tɪfɪkəlɪ] adv avec béatitude.

beatification [bi:,ætɪfɪ'keɪʃn] n béatification *f*.

beatify [bi:'ætɪfaɪ] vt béatifier.

beating ['bi:tɪŋ] n **1.** [thrashing] correction *f* ▸ **to give sb a beating** donner une correction à qqn ▸ **to get a beating** recevoir une correction **2.** [defeat] défaite *f* ▸ **to take a beating** [gen & SPORT] se faire battre à plate couture **3.** [of wings, heart] battement *m* **4.** *(U)* [of metal] batte *f* ; [of drums] battement *m*, roulement *m* ; [of carpet] battage *m* **5.** HUNT battue *f*.

beating-up n *inf* passage *m* à tabac, raclée *f*.

beatitude [bi:'ætɪtju:d] n béatitude *f*.

❖ **Beatitudes** pl n ▸ **the Beatitudes** les Béatitudes.

beatnik ['bi:tnɪk] ◆ n beatnik *mf*. ◆ adj beatnik.

beat-up adj *inf* [car] bousillé, déglingué ; US [person] amoché.

beau [bəʊ] (*pl* **beaux** [bəʊz]) n [dandy] dandy *m* ; [suitor] galant *m*.

Beaufort scale ['bəʊfət-] n échelle *f* de Beaufort.

beaut [bju:t] n *inf* : *that's a beaut* c'est super, c'est génial / *(what a) beaut!* super !

beauteous ['bju:tjəs] adj *liter* = **beautiful** *(adj).*

beautician [bju:'tɪʃn] n esthéticien *m*, -enne *f*.

beautiful ['bju:tɪfʊl] ◆ adj **1.** [attractive - person, dress] beau *(before vowel or silent 'h' bel, f belle)* / *a beautiful woman* une belle femme / *a beautiful baby* un beau bébé / *what a beautiful photo / song!* quelle belle photo / chanson ! **2.** [splendid - weather, meal] magnifique, superbe / *what a beautiful shot!* bien joué !, joli ! ◆ pl n : *fashions for the beautiful and the rich* des modes destinées aux gens beaux et riches / **'The Beautiful and the Damned'** *Fitzgerald* 'les Heureux et les Damnés'.

beautifully ['bju:təflɪ] adv **1.** [sing, dress] admirablement, à la perfection **2.** [splendidly] : *it was a beauti-*

fully played shot c'était bien joué, c'était une belle balle / *that will do beautifully* cela convient parfaitement **3.** [as intensifier - peaceful, warm] merveilleusement.

beautify ['bju:tɪfaɪ] (*pt & pp* **beautified**) vt embellir, orner / *to beautify o.s.* se faire une beauté.

beauty ['bju:tɪ] (*pl* **beauties**) ◆ n **1.** [loveliness] beauté *f* / *a thing of beauty* un objet d'une rare beauté / *to spoil the beauty of sthg* déparer qqch ▸ **beauty is in the eye of the beholder** *prov* il n'y a pas de laides amours *prov* ▸ **beauty is only skin-deep** *prov* la beauté n'est pas tout *prov* **2.** [beautiful person] beauté *f* / *she's a / she's no beauty* c'est une / ce n'est pas une beauté / *the beauties of nature* les merveilles de la nature / **'Beauty and the Beast'** 'la Belle et la Bête' **3.** *inf* [excellent thing] merveille *f* / *this new bike's a real beauty* ce nouveau vélo est une vraie merveille **4.** [attraction] : *the beauty of the system is its simplicity* ce qui est bien dans ce système, c'est sa simplicité / *that's the beauty of it* c'est ça qui est formidable. ◆ comp [cream, product, treatment] de beauté ▸ **beauty specialist** or **therapist** *dated* esthéticien *m*, -enne *f*.

beauty competition, **beauty contest** n concours *m* de beauté.

beauty parade n défilé *m* d'un concours de beauté.

beauty parlour n institut *m* de beauté.

beauty queen n reine *f* de beauté.

beauty salon n = **beauty parlour**.

beauty shop n US institut *m* de beauté.

beauty sleep n : *I need my beauty sleep hum* j'ai besoin de mon compte de sommeil pour être frais le matin.

beauty spot n **1.** [on skin] grain *m* de beauté ; [artificial] mouche *f* **2.** [scenic place] site *m* touristique.

beaver ['bi:vəʳ] ◆ n **1.** [animal] castor *m* ; [coat] fourrure *f* de castor, castor *m* ; [hat] chapeau *m* de castor, castor *m* **2.** *vulg* [vagina] chatte *f vulg*. ◆ comp [coat, hat] de castor.

❖ **beaver away** vi UK *inf* ▸ **to beaver away at sthg** travailler d'arrache-pied à qqch.

Beaverboard® ['bi:və,bɔ:d] n panneau *m* d'aggloméré.

bebop ['bi:bɒp] n [music, dance] be-bop *m*.

becalm [bɪ'kɑ:m] vt *(usu passive)* ▸ **to be becalmed** être encalminé.

became [bɪ'keɪm] pt ⟶ **become**.

because [bɪ'kɒz] conj parce que / *he came because it was his duty* il est venu parce que c'était son devoir / *if she won it was because she deserved to* si elle a gagné, c'est qu'elle le méritait / *it was all the more difficult because he was sick* c'était d'autant plus difficile qu'il était malade / *not because he was sad but because he was angry* pas parce qu'il était triste mais parce qu'il était fâché / *they only won because they cheated* ils n'ont gagné que parce qu'ils ont triché / *just because you're my sister, it doesn't mean you can boss me about* ce n'est pas parce que tu es ma sœur que tu peux me donner des ordres / *why can't I go? — because (you can't)!* pourquoi est-ce que je ne peux pas y aller ? — parce que (c'est comme ça) !

❖ **because of** prep phr à cause de / *we couldn't move because of the snow* nous étions bloqués par la neige / *I couldn't go to work because of the tube strike* je n'ai pas pu aller au travail à cause de la grève de métro / *it was all because of a silly misunderstanding* tout ça à cause d'un or tout provenait d'un petit malentendu / *he's ineligible because of his age* il ne peut être élu à cause de son âge.

béchamel sauce [,beʃə'mel-] n (sauce *f*) béchamel *f*.

Becher's Brook ['bi:ʧəz-] pr n *obstacle réputé très difficile du Grand National (course hippique en Grande-Bretagne).*

beck [bek] n **1.** *regional* [stream] ruisseau *m*, ru *m liter* **2.** PHR ▸ **to be at sb's beck and call** être constamment à la disposition de qqn / *she has him at her beck and call* elle le fait marcher à la baguette, il lui obéit au doigt et à l'œil.

beckon ['bekən] ◆ vi faire signe ▸ **to beckon to sb** faire signe à qqn / *a glittering career beckoned for the young singer* la jeune chanteuse avait devant elle une brillante carrière. ◆ vt **1.** [motion] faire signe à / *I beckoned them over to me* je leur ai fait signe d'approcher / *he beckoned me to follow him* il m'a fait signe de le suivre **2.** [attract, call] attirer / *the bright lights beckoned me to the city* j'ai été attiré par les lumières de la ville.

become [bɪ'kʌm] (*pt* **became** [bɪ'keɪm], *pp* **become**) ◆ vi **1.** [grow] devenir, se faire / *the noise became louder and louder* le bruit est devenu de plus en plus fort or a continué à augmenter / *to become old* vieillir / *to become fat* grossir / *to become weak* s'affaiblir / *it became clear that we were wrong* il s'est avéré que nous nous trompions / *we became friends* nous sommes devenus amis / *she's becoming a dreadful nuisance* elle est en train de devenir vraiment gênante **2.** [acquire post of] devenir / *to become president* devenir président / *she's become an accountant* elle est devenue comptable. ◆ vt *fml* **1.** [suit - subj: hat, dress] aller à / *that hat really becomes you* ce chapeau vous va vraiment bien **2.** [befit] convenir à, être digne de / *such behaviour doesn't become him* une telle conduite n'est pas digne de lui.

❖ **become of** vt insep *(only following 'what', 'whatever')* : *whatever will become of us?* qu'allons-nous devenir ? / *what became of your hat?* où est passé ton chapeau ? / *I wonder what became of that young man* je me demande ce qu'est devenu ce jeune homme.

becoming [bɪ'kʌmɪŋ] adj *fml* **1.** [fetching] qui va bien, seyant / *that's a very becoming hat* ce chapeau vous va très bien **2.** [suitable] convenable, bienséant / *such language is hardly becoming for a young lady!* un tel langage n'est guère convenable chez une jeune fille !

becquerel [,bekə'rel] n becquerel *m*.

BECTU ['bektu:] (abbr of **Broadcasting, Entertainment, Cinematograph and Theatre Union**) pr n *syndicat britannique des techniciens du cinéma, du théâtre et de l'audiovisuel.*

bed [bed] (*pt & pp* **bedded**, *cont* **bedding**) ◆ n **1.** [furniture] lit *m* / *we asked for a room with two beds* nous avons demandé une chambre à deux lits / *they sleep in separate beds* ils font lit à part / *it's time to go to* or *time for bed* il est l'heure d'aller au lit or de se coucher ▸ **to get out of bed** se lever / *did I get you out of bed?* est-ce que je vous ai tiré du lit ? / *she got* or *put the children to bed* elle a couché les enfants or mis les enfants au lit / *he took a walk before bed* il a fait une promenade avant de se coucher ▸ **to make the bed** faire le lit / *they made me up a bed* ils m'ont préparé un lit / *he was in bed by midnight* il était couché or au lit avant minuit / *he's in bed with the flu* il est au lit avec la grippe / *she took to her bed with pneumonia* elle a dû s'aliter à cause d'une pneumonie / *she was brought to bed of twins arch* elle accoucha de jumeaux ▸ **to go to bed with sb** coucher avec qqn / *he's / she's really great in bed* c'est vraiment un bon coup ▸ **bed and board** pension *f* complète ▸ **bed and breakfast** chambre *f* d'hôte or chez l'habitant / *they stayed in bed and breakfasts* ils ont pris des chambres chez des particuliers / **'bed and breakfast'** 'chambres avec petit déjeuner' ▸ **to get out on the wrong side of (the) bed** se lever du pied gauche or du mauvais pied ▸ **you've made your bed, now you must lie in it** *prov* comme on fait son lit, on se couche *prov* **2.** [plot - of flowers] parterre *m*, plate-bande *f* ; [- of vegetables] planche *f* ; [- of coral, oysters] banc *m* **3.** [bottom - of river] lit *m* ; [- of lake, sea] fond *m* **4.** [layer - of clay, rock] couche *f*, lit *m* ; [- of ore] gisement *m* ; [- of ashes] lit *m* ; CONSTR [- of mortar] bain *m* ▸ **bed of nails** lit à clous **5.** TECH [of machine] base *f*, bâti *m* ; [of lorry] plateau *m* ; TYPO [of printing press] marbre *m*, plateau *m* / *to put a newspaper to bed* UK boucler un journal / *the magazine has gone to bed* UK la revue est bouclée or sur le marbre. ◆ comp ▸ **bed linen** draps *mpl* de lit (et taies *fpl* d'oreiller) ▸ **bed board** planche *f* à mettre sous le matelas ▸ **bed frame** châlit *m* ▸ **bed rest** : *the doctor recommended complete bed rest* le médecin a conseillé l'immobilité totale. ◆ vt **1.** [embed] fixer, enfoncer ; CONSTR asseoir **2.** HORT repiquer **3.** *liter* [have sex with] prendre *(sexuellement).*

❖ **bed down** ◆ vi [go to bed] se coucher ; [spend the night] coucher. ◆ vt sep **1.** [children] mettre au lit, coucher ; [animal] installer pour la nuit **2.** [embed] fixer, enfoncer ; CONSTR asseoir.

❖ **bed out** vt sep repiquer.

BEd [,bi:'ed] (abbr of **Bachelor of Education**) n UK *(titulaire d'une) licence de sciences de l'éducation.*

bedaub [bɪ'dɔ:b] vt *fml* [smear] enduire ; [dirty] barbouiller / *bedaubed with mud* barbouillé de boue.

bedazzle [bɪ'dæzl] vt [dazzle] éblouir, aveugler ; [fascinate] éblouir.

bed bath n toilette *f (d'un malade).*

bedbug ['bedbʌg] n punaise *f* des lits.

bedchamber ['bed,ʧeɪmbəʳ] n *arch* chambre *f*.

bedclothes ['bedkləʊðz] pl n draps *mpl* et couvertures *fpl*.

bedcover ['bed,kʌvəʳ] n dessus-de-lit *m*, couvre-lit *m*.

-bedded [,bedɪd] in comp ▸ **single-bedded room** chambre *f* à un lit.

bedder ['bedəʳ] n **1.** UK UNIV femme *f* de ménage *(qui fait les chambres à l'université de Cambridge)* **2.** HORT plante *f* à repiquer.

bedding ['bedɪŋ] ◆ n **1.** [bedclothes] draps *mpl* et couvertures *fpl* ; [including mattress] literie *f* ; MIL matériel *m* de couchage **2.** [for animals] litière *f*. ◆ adj ▸ **bedding plant** plante *f* à repiquer.

beddy-byes ['bedɪ,baɪz] n *baby talk* ▸ **to go beddy-byes** (aller) se coucher.

Bede [bi:d] pr n ▸ **the Venerable Bede** Bède le Vénérable.

bedeck [bɪ'dek] vt *liter* orner, parer / *a balcony bedecked with flowers* un balcon orné de fleurs or fleuri.

bedevil [bɪ'devl] (UK *pt & pp* **bedevilled**, *cont* **bedevilling** ; US *pt & pp* **bedeviled**, *cont* **bedeviling**) vt **1.** [plague - plans, project] déranger, gêner ; [- person] harceler, tourmenter / *bedevilled by* or *with problems* assailli par les problèmes **2.** [confuse] embrouiller **3.** [bewitch] ensorceler.

bedfellow ['bed,feləʊ] n **1.** [bedmate] : *he was my bedfellow when we were children* nous avons partagé le même lit dans notre enfance **2.** [associate] associé *m*, -e *f*, collègue *mf* / *they make strange bedfellows* ils forment une drôle d'association or de paire.

bedhead ['bedhed] n UK tête *f* de lit.

bed jacket n UK liseuse *f*.

bedlam ['bedləm] n tohu-bohu *m* / *utter bedlam broke out after her speech* un véritable tumulte éclata après son discours / *it's absolute bedlam in town today!* quelle anarchie aujourd'hui en ville !

bedmate ['bedmeɪt] n : *my bedmate* la personne avec qui je dors, mon partenaire / *bedmates of snorers* les personnes qui dorment avec quelqu'un qui ronfle / *old computers and new software make terrible bedmates* les vieux ordinateurs et les nouveaux logiciels ne font pas bon ménage.

Bedouin ['bedʊɪn] (*pl* **Bedouin** or **Bedouins**), **Beduin** ['bedʊɪn] (*pl* **Beduin** or **Beduins**) ◆ n Bédouin *m*, -e *f*. ◆ adj bédouin.

bedpan ['bedpæn] n bassin *m* (hygiénique).

bedplate ['bedpleɪt] n TECH semelle *f*.

bedpost ['bedpəʊst] n colonne *f* de lit / *(just) between you, me and the bedpost hum* entre nous.

bedraggled [bɪ'drægld] adj [clothing, person] débraillé ; [hair] ébouriffé, échevelé.

bedridden ['bed,rɪdn] adj alité, cloué au lit.

bedrock ['bedrɒk] n GEOL soubassement *m*, substratum *m* ; *fig* base *f*, fondation *f* ▸ **to get down to bedrock** UK considérer l'essentiel.

bedroll ['bedrəʊl] n matériel *m* de couchage *(enroulé).*

bedroom ['bedrʊm] ◆ n chambre *f* (à coucher). ◆ comp [scene] d'amour ▶ **bedroom comedy** THEAT comédie *f* de boulevard ▶ **bedroom community** US cité-dortoir *f* ▶ **bedroom eyes** regard *m* sexy ▶ **bedroom window** : *he was looking out of the bedroom window* il regardait par la fenêtre de la chambre.

-bedroomed [,bedrʊmd] in comp ▶ **two-bedroomed flat** trois-pièces *m*.

Beds written abbr of **Bedfordshire**.

bedsettee [,bedse'ti:] n UK canapé-lit *m*.

bedside ['bedsaɪd] ◆ adj [lamp, table] de chevet ▶ **bedside manner** comportement *m* envers les malades / *the doctor has a good bedside manner* le médecin sait rassurer les malades. ◆ n chevet *m* / *at* or *by your bedside* à votre chevet / *to rush to sb's bedside* courir au chevet de qqn.

bedsit ['bed,sɪt], **bedsitter** ['bed,sɪtəʳ], **bedsitting room** ['bed'sɪtɪŋ-] n UK chambre *f* meublée, studette *f*.

bedsocks ['bedsɒks] pl n chaussettes *fpl* (de lit).

bedsore ['bedsɔ:ʳ] n escarre *f*.

bedspread ['bedspred] n dessus-de-lit *m inv*, couvre-lit *m*.

bedsprings ['bedsprɪŋz] pl n [springs] ressorts *mpl* de sommier ; [frame] sommier *m* à ressorts.

bedstead ['bedsted] n châlit *m*.

bedtime ['bedtaɪm] ◆ n heure *f* du coucher / *what's his bedtime?* à quelle heure se couche-t-il ? / *it's your bedtime* il est l'heure d'aller te coucher / *it's long past your bedtime* il y a longtemps que tu devrais être au lit / *her mother reads to her at bedtime* sa mère lui lit une histoire avant qu'elle s'endorme. ◆ comp ▶ **bedtime story** histoire *f (qu'on lit à l'heure du coucher)* / *I'll read you a bedtime story* je vais te lire une histoire avant que tu t'endormes.

Beduin ['bedʊɪn] (*pl* **Beduin** *or* **Beduins**) n = **Bedouin**.

bedwarmer ['bed,wɔ:məʳ] n bassinoire *f*.

bed-wetting [-,wetɪŋ] n incontinence *f* nocturne.

bee [bi:] n **1.** [insect] abeille *f* ▶ **bee sting** piqûre *f* d'abeille ▶ **he is a busy little bee a)** *inf* [he is energetic] il déborde d'énergie **b)** [he has a lot of work] il a énormément de choses à faire ▶ **to have a bee in one's bonnet (about sthg)** être obsédé (par qqch) ▶ **it's the bee's knees!** *inf* c'est formidable *or* super ! / *he thinks he's the bee's knees* *inf* il ne se prend pas pour n'importe qui **2.** US [social event] réunion *f (de voisins ou d'amis pour des travaux en commun)* ▶ **quilting bee** atelier *m* de patchwork.

bee-ach, **bee-atch** ['bi:æʧ] n US v *inf* = **bitch**.

Beeb [bi:b] pr n UK *inf & hum* ▶ **the Beeb** *surnom courant de la BBC.*

beech [bi:ʧ] (*pl* **beech** *or* **beeches**) ◆ n [tree] hêtre *m* ; [wood] (bois *m* de) hêtre *m*. ◆ comp [chair, table] de hêtre ▶ **beech grove** hêtraie *f* ▶ **beech nut** faine *f* ▶ **beech tree** hêtre *m*.

beech mast n *(U)* faines *fpl (tombées par terre).*

beechwood ['bi:ʧwʊd] n [substance] (bois *m* de) hêtre *m* ; [forest] bois *m* de hêtres.

bee-eater n ORNITH guêpier *m*.

beef [bi:f] ◆ n **1.** [meat] bœuf *m* ▶ **joint of beef** rôti *m* (de bœuf), rosbif *m* **2.** (UK *pl* **beeves** [bi:vz]) [animal] bœuf *m* **3.** *inf* [complaint] grief *m* / *what's your beef?* tu as un problème ? / *their main beef is high taxation* ils râlent surtout parce qu'ils trouvent les impôts élevés ▶ **to have a beef with sb / sthg** US avoir des ennuis avec qqn / qqch **4.** *inf* [muscle] : *put some beef into it!* allez, un peu de nerf ! ◆ comp [sausage, stew] de bœuf ▶ **beef cattle** bœufs *mpl* de boucherie ▶ **beef Stroganoff** bœuf *m* Stroganoff. ◆ vi *inf* râler ▶ **to beef about sthg** râler contre qqch.

❖ **beef up** vt sep *inf* [army, campaign] renforcer ; [report, story] étoffer.

beefburger ['bi:f,bɜ:gəʳ] n hamburger *m*.

beefcake ['bi:fkeɪk] n *(U) inf & hum* beau mâle *m*, beaux mâles *mpl*.

Beefeater ['bi:f,i:təʳ] n *surnom des gardiens de la Tour de Londres.*

beefsteak ['bi:f,steɪk] n bifteck *m*, steak *m*.

beef tea n bouillon *m* de bœuf.

beefy ['bi:fɪ] (*compar* **beefier**, *superl* **beefiest**) adj **1.** [consistency, taste] de viande, de bœuf **2.** *inf* [brawny] costaud ; [fat] grassouillet.

beehive ['bi:haɪv] n **1.** [for bees] ruche *f* ▶ **the Beehive State** US l'Utah *m* **2.** [hairstyle] *coiffure très haute maintenue avec de la laque.*

beekeeper ['bi:,ki:pəʳ] n apiculteur *m*, -trice *f*.

beekeeping ['bi:,ki:pɪŋ] n apiculture *f*.

beeline ['bi:laɪn] n ligne *f* droite / *he made a beeline for the kitchen* **a)** [headed straight to] il s'est dirigé tout droit vers la cuisine **b)** [rushed to] il s'est précipité *or* a filé tout droit à la cuisine.

Beelzebub [bi:'elzɪbʌb] pr n Belzébuth.

Beemer ['bi:məʳ] n US *inf* [car] BMW *f*, BM *f inf*.

been [bi:n] pp ⟶ **be**.

beep [bi:p] ◆ n [of car horn] coup *m* de Klaxon® ; [of alarm, timer] signal *m* sonore, bip *m*. ◆ vi [car horn] klaxonner ; [alarm, timer] sonner, faire bip. ◆ vt ▶ **to beep one's horn** klaxonner.

beer [bɪəʳ] ◆ n bière *f* ▶ **his life is not all beer and skittles** UK sa vie n'est pas toujours rose. ◆ comp ▶ **beer barrel** tonneau *m* à bière ▶ **beer belly** *inf* brioche *f*, bide *m* ▶ **beer bottle** canette *f* ▶ **beer can** boîte *f* de bière ▶ **beer garden** *jardin d'un pub, où l'on peut prendre des consommations* ▶ **beer glass** verre *m* à bière ▶ **beer gut** *inf* brioche *f*, bide *m* ▶ **beer money** argent *m* de poche ▶ **beer tent** *grande tente abritant la buvette lors des manifestations sportives en plein air en Grande-Bretagne.*

Beer

Le Royaume-Uni est l'un des pays du monde où l'on consomme le plus de bière, et celle-ci continue de jouer un rôle culturel et social assez important malgré une forte baisse de consommation au profit du vin depuis les années 1970.

La bière traditionnelle, ou **ale**, de fermentation haute, peu gazéifiée et de couleur brune ou ambrée, se décline en plusieurs catégories : la **bitter**, comme son nom l'indique, est plus amère que la **pale ale** et la **mild**. La **stout** est une bière presque noire à la mousse crémeuse. Les bières blondes **(lagers)**, de fermentation basse, sont moins traditionnelles.

Les **pubs** sont les lieux privilégiés pour la consommation de la bière, qui reste, en dépit des évolutions sociales, le symbole d'un univers populaire et masculin. Le nom de la brasserie propriétaire du pub figure sur l'enseigne de celui-ci, à moins qu'il ne s'agisse d'une **free house** (pub indépendant). Aux grandes brasseries industrielles s'ajoutent un grand nombre de petites brasseries locales aux méthodes plus ou moins artisanales, dont la production est parfois qualifiée de **real ale**. Il existe enfin de nombreuses microbrasseries **(microbreweries** ou **brewpubs)** qui proposent des bières brassées sur place.

La bière se boit traditionnellement dans deux types de verre, le **straight glass**, légèrement évasé et aux parois lisses, et le **mug**, chope en verre épais souvent ornée d'un motif en creux très caractéristique. Leur contenance est soit d'une pinte **(pint**: environ 0,6 litre), soit d'une demi-pinte **(half pint)**. On demandera donc par exemple **a half of bitter, a pint of lager, a half of Brampton's**, etc.

Enfin, le **yard of ale** est une curiosité que l'on trouve accrochée derrière le bar dans certains pubs. Ce verre évasé d'environ un mètre de long fait l'objet de défis que se lancent certains buveurs de bière : il faut en effet une certaine adresse pour boire le **yard of ale** en gardant ses vêtements secs.

beery ['bɪərɪ] (*compar* **beerier**, *superl* **beeriest**) adj [atmosphere, smell, taste] qui sent la bière ; [party] où l'on boit beaucoup de bière ; [person] qui a bu beaucoup de bière.

beeswax ['bi:zwæks] ◆ n cire *f* d'abeille. ◆ vt cirer *(avec de la cire d'abeille).*

beet [bi:t] n betterave *f* (potagère) ▶ **red beet** US betterave *f* (rouge).

Beethoven ['beɪt,həʊvn] pr n Beethoven.

beetle ['bi:tl] ◆ n **1.** [insect] scarabée *m*, coléoptère *m* **2.** GAMES *jeu de dés où l'on essaie de dessiner un scarabée* **3.** [hammer] mailloche *f* ; [machine] mouton *m*. ◆ vi UK *inf* courir précipitamment / *he beetled in / out of the house* il est entré dans / sorti de la maison à toute vitesse / *to beetle along* filer à toute vitesse.

❖ **Beetle®** n ▶ **(Volkswagen) beetle** AUTO Coccinelle *f*.

❖ **beetle off** vi *inf* filer.

beetle-browed [-braʊd] adj UK [with bushy eyebrows] aux sourcils broussailleux ; [scowling] renfrogné.

beetle drive n UK *fête où l'on joue au « beetle ».*

beetling ['bi:tlɪŋ] adj [cliff, crag] qui surplombe, surplombant ; [brow] proéminent ; [eyebrows] broussailleux.

beetroot ['bi:tru:t] n UK betterave *f* (potagère or rouge) ▶ **to go (as red as a) beetroot** devenir rouge comme une tomate.

beet sugar n sucre *m* de betterave.

beezer ['bi:zəʳ] n *inf* **1.** UK *dated* [person] type *m* **2.** UK *dated* [nose] pif *m* **3.** Scot [extreme example] comble *m*.

befall [bɪ'fɔ:l] (*pt* **befell** [-'fel], *pp* **befallen** [-'fɔ:lən]) *fml & liter* ◆ vt arriver à, survenir à / *no harm will befall her* il ne lui sera fait aucun mal. ◆ vi **1.** [happen] arriver, se passer **2.** [be due] échoir.

befit [bɪ'fɪt] (*pt & pp* **befitted**, *cont* **befitting**) vt *fml* convenir à, seoir à *fml* / *as befits a woman of her eminence* comme il sied à une femme de son rang.

befitting [bɪ'fɪtɪŋ] adj *fml* convenable, seyant / *in a manner befitting a statesman* d'une façon qui sied à un homme d'État / *with befitting modesty* avec la modestie qui sied.

befog [bɪ'fɒg] (*pt & pp* **befogged**, *cont* **befogging**) vt *lit* envelopper de brouillard ; *fig* [confuse - person] brouiller l'esprit or les idées de, embrouiller ; [- issue] obscurcir / *his mind was befogged by whisky* le whisky lui avait brouillé l'esprit.

before [bɪ'fɔ:ʳ] ◆ adv **1.** [at a previous time] avant / *you should have thought of that before* tu aurais dû y penser avant / *haven't we met before?* est-ce que nous ne nous sommes pas *or* ne nous sommes-nous pas déjà rencontrés ? / *I have never seen this film before* c'est la première fois que je vois ce film / *I have / had seen it before* je l'ai / l'avais déjà vu / *he's made mistakes before* ce n'est pas la première fois qu'il se trompe / *such things have happened before* c'est déjà arrivé / *she carries on driving as before* elle continue de conduire comme auparavant *or* avant **2.** *liter* [ahead] en avant, devant. ◆ prep **1.** [in time] avant / *before the holidays* avant les vacances / *the day before the meeting* la veille de la réunion / *two days before your birthday* deux jours avant or l'avant-veille de votre anniversaire / *the day before yesterday* avant-hier / *they arrived before us* ils sont arrivés avant nous / *the couch won't be delivered before next Tuesday* le divan ne sera pas livré avant mardi prochain / *it should have been done before now* ça devrait déjà être fait ▸ **that was before your time a)** [you had not been born] vous n'étiez pas encore né **b)** [you had not arrived, joined, etc.] vous n'étiez pas encore là **2.** [in order, preference] avant / *her name was* or *came before mine in the list* son nom était avant le mien sur la liste / *ladies before gentlemen* les dames avant les messieurs / *they put quality before quantity* ils font passer la qualité avant la quantité / *the welfare of the people comes before private concerns* le bien-être du peuple passe avant tout intérêt privé / *before anything else, I would like to thank you* avant tout, je voudrais vous remercier **3.** [in space] devant / *on the table before them* *fml* sur la table devant eux / *fields stretched away before us* *fml* des champs s'étendaient devant nous / *we have a difficult task before us* nous avons une tâche difficile devant nous / *before my very eyes* sous mes propres yeux / *to sail before the wind* NAUT avoir le vent arrière or en poupe / *the troops fled before the enemy* les troupes se sont enfuies devant l'ennemi **4.** [in the presence of] devant, en présence de / *he said it before witnesses* il l'a dit devant or en présence de témoins / *to appear before the court / judge* comparaître devant le tribunal / juge / *she appeared before the committee* elle s'est présentée devant le comité **5.** [for the consideration of] devant / *the problem before us* la question qui nous occupe / *the case before the court* l'affaire portée devant le tribunal / *to bring a case before the court* saisir le tribunal d'une affaire / *the matter went before the council* l'affaire est passée devant le conseil. ◆ conj **1.** [in time] avant de, avant que / *she hesitated before answering* elle a hésité avant de répondre / *may I see you before you leave?* puis-je vous voir avant que vous ne partiez or avant votre départ ? / *get out before I call the police!* fichez le camp avant que je n'appelle la police or sinon j'appelle la police ! / *it'll be a long time before he tries that again* il ne recommencera pas de sitôt, il n'est pas près de recommencer / *we should be able to finish before the boss gets back* nous devrions pouvoir terminer avant le retour du patron / *it'll be summer before she plants the garden* elle ne plantera pas le jardin avant l'été / *it'll be two years before the school is built* l'école ne sera pas construite avant deux ans / *it was almost an hour before the ambulance arrived* il a fallu presque une heure avant que l'ambulance n'arrive ▸ **before you know it** avant qu'on ait le temps de dire « ouf » **2.** [rather than] plutôt que de / *I'll die before I let him marry my daughter* je mourrai plutôt que de le laisser épouser ma fille. ◆ adj d'avant, précédent / *the day before* la veille / *the night before* la veille au soir / *the week before* la semaine d'avant or précédente / *this summer and the one before* cet été et celui d'avant or le précédent.

> Note that avant que is followed by a verb in the subjunctive, preceded or not by ne:
> **Let's go, before it gets dark!** *Allons-y, avant qu'il (ne) fasse nuit !*

beforehand [bɪ'fɔːhænd] ◆ adv auparavant, à l'avance / *she had prepared her speech beforehand* elle avait préparé son discours au préalable or à l'avance / *if you're coming let me know beforehand* prévenez-moi si vous décidez de venir. ◆ adj [early] : *you were a bit beforehand with the congratulations!* *hum* tu t'y es pris un peu tôt pour les félicitations !

before-tax adj brut, avant impôts ▸ **before-tax income** revenus *mpl* bruts.

befoul [bɪ'faʊl] vt *liter* souiller, salir.

befriend [bɪ'frend] vt [make friends with] prendre en amitié, se prendre d'amitié pour / *he was befriended by a colleague* un de ses collègues s'est pris d'amitié pour lui ; [assist] venir en aide à, aider.

befuddle [bɪ'fʌdl] vt **1.** [confuse - person] brouiller l'esprit or les idées de, embrouiller ; [- mind] embrouiller **2.** [muddle with alcohol] griser, enivrer / *his mind was befuddled with drink* il était étourdi par l'alcool.

beg [beg] (*pt & pp* **begged**, *cont* **begging**) ◆ vi **1.** [solicit charity] mendier / *to beg for food* mendier de la nourriture / *children begging (for money) in the street* des enfants qui mendient dans la rue / *they live by begging* ils vivent de charité or d'aumône **2.** [ask, plead] supplier / *to beg for forgiveness / mercy* demander pardon / grâce **3.** [dog] faire le beau **4.** PHR **to be going begging** UK : *I'll have that last sandwich if it's going begging* je prendrai bien ce dernier sandwich si personne d'autre ne le veut. ◆ vt **1.** [solicit as charity] mendier / *to beg food* mendier de la nourriture / *she begged money from the passers-by* elle mendiait auprès des passants ▸ **to beg, borrow or steal** se procurer par tous les moyens **2.** [ask for] demander, solliciter ; [plead with] supplier / *I begged the doctor not to say anything* j'ai supplié le médecin de ne rien dire / *she begged a favour of her sister* elle a demandé à sa sœur de lui rendre un service ▸ **to beg sb's forgiveness** or **pardon** demander pardon à qqn ▸ **I beg your pardon a)** [excuse me] je vous demande pardon **b)** [I didn't hear you] pardon ? **c)** [indignantly] pardon ! **3.** *fml* [request politely] : *I beg to differ* permettez-moi de ne pas être de votre avis / *I beg to inform you that...* je tiens à or j'ai l'honneur de vous informer que... **4.** PHR **to beg the question a)** [evade the issue] éluder la question **b)** [assume something proved] considérer que la question est résolue / *that begs the question of whether...* cela pose la question de savoir si..., c'est toute la question de savoir si...

❖ **beg off** vi UK se soustraire / *our best player begged off pleading illness* notre meilleur joueur s'est fait excuser pour cause de maladie.

began [bɪ'gæn] pt ⟶ **begin**.

beget [bɪ'get] (*pt* **begot** [-'gɒt] *or* **begat** [-'gæt], *pp* **begotten** [-'gɒtn], *cont* **begetting**) vt *arch & liter* [sire] engendrer ; *fig* [cause] engendrer, causer.

beggar ['begəʳ] ◆ n **1.** [mendicant] mendiant *m*, -e *f* ; [pauper] indigent *m*, -e *f* ▸ **beggars can't be choosers** *prov* faute de merles, mangeons des grives *prov*, nécessité fait loi *prov* / **'The Beggar's Opera'** *Gay* 'l'Opéra du gueux' **2.** UK *inf* [so-and-so] type *m* / *you lucky beggar!* sacré veinard ! / *poor beggar!* pauvre diable ! / *you naughty little beggar!* petit coquin ! / *jammy beggar!* veinard ! ◆ vt **1.** *fml* [impoverish] réduire à la mendicité, appauvrir **2.** [defy] : *to beggar (all) description* défier toute description / *it beggars belief* c'est invraisemblable, ça dépasse l'entendement.

beggarly ['begəlɪ] adj [conditions, life] misérable, malheureux ; [meal] maigre, piètre ; [salary, sum] misérable, dérisoire.

beggar-my-neighbour UK ◆ n [card game] bataille *f*. ◆ adj protectionniste ▸ **beggar-my-neighbour policies** politique *f* protectionniste or du chacun pour soi.

beggary ['begərɪ] n misère *f*, mendicité *f* / *they were reduced to beggary* ils étaient réduits à la mendicité.

begging ['begɪŋ] ◆ n mendicité *f*. ◆ adj ▸ **begging letter** lettre *f* de requête *(demandant de l'argent)*.

begging bowl n sébile *f (de mendiant)*.

begin [bɪ'gɪn] (*pt* **began** [bɪ'gæn], *pp* **begun** [-'gʌn], *cont* **beginning**) ◆ vt **1.** [start] commencer ; [career, term] commencer, débuter ; [task] entreprendre, s'attaquer à ; [work] commencer, se mettre à ▸ **to begin to do** or **doing sthg** commencer à faire qqch, se mettre à faire qqch / *I had begun to believe he was lying* j'avais commencé à croire qu'il mentait / *she began the essay* **a)** [reading] elle commença à lire l'essai **b)** [writing] elle commença à écrire son essai / *the quotation beginning this chapter* la citation qui ouvre ce chapitre / *she began life as a waitress* elle a débuté comme serveuse / *he soon began to complain* il n'a pas tardé à se plaindre / *I began the day all wrong* j'ai mal commencé la journée / *the film doesn't begin to compare with the book* le film est loin de valoir le livre / *he can't begin to compete with her* il ne lui arrive pas à la cheville / *I can't begin to explain* c'est trop difficile à expliquer **2.** [start to say] commencer / *"this is unforgivable", she began* « c'est impardonnable », commença-t-elle **3.** [found - institution, club] fonder, inaugurer ; [initiate - business, fashion] lancer ; [- argument, fight, war] déclencher, faire naître ; [- conversation] engager, amorcer ; [- discussion, speech] commencer, ouvrir. ◆ vi **1.** [start - subj: person, career, concert, project, speech] commencer / *work should begin in the spring* les travaux devraient commencer au printemps / *the day began badly / well* la journée s'annonçait mal / bien / *to begin again* or *afresh* recommencer (à zéro) / *begin at the beginning* commencez par le commencement / *the night shift begins at midnight* l'équipe de nuit commence (le travail) à minuit / *when does school begin?* quand est la rentrée ? / *after the film begins* après le début du film / *her career began in Hollywood* sa carrière a débuté à Hollywood / *he began in politics* il a commencé par faire de la politique / *let me begin by thanking our host* permettez-moi tout d'abord de remercier notre hôte / *let's begin with a song* commençons par une chanson / *her name begins with B* son nom commence par un B / *the play begins with a murder* la pièce débute par un meurtre / *I began with the idea of buying a flat* au départ or au début je voulais acheter un appartement ▸ **well begun is half done** UK *prov* ce qui commence bien est à moitié fait **2.** [originate - club, country, institution] être fondé ; [- fire, epidemic] commencer ; [- war] éclater, commencer ; [- trouble] commencer ; [- river] prendre sa source ; [- road] commencer ; [- fashion] commencer, débuter / *the magazine began as a freesheet* la revue a débuté comme publication gratuite.

❖ **to begin with** adv phr [in the first place] d'abord, pour commencer / *to begin with, it's too cold* d'abord, il fait trop froid / *to begin with, the statistics are wrong* pour commencer or d'abord, les chiffres sont faux ; [initially] au départ / *everything went well to begin with* tout s'est bien passé au début or au départ / *the plate was cracked to begin with* l'assiette était déjà fêlée au départ.

beginner [bɪ'gɪnəʳ] n débutant *m*, -e *f* / *I'm just a beginner at golf* je ne suis qu'un débutant au golf / *not bad for a beginner* pas si mal pour un débutant / *it's beginner's luck!* on a toujours de la chance au début ! / *French for beginners* français pour débutants.

beginning [bɪ'gɪnɪŋ] ◆ n **1.** [start - of book, career, project] commencement *m*, début *m* / *in* or *at the beginning* au début, au commencement / *this is just the beginning of our troubles* nos ennuis ne font que commencer / *begin at the beginning* commencez par le commencement / *let's start again from the beginning* reprenons depuis le début / *at the beginning of the academic year* au début de l'année universitaire / *from beginning to end* du début à la fin, d'un bout à l'autre / *it's the beginning of the end* c'est le début de la fin **2.** [early part, stage - of book, career, war] commencement *m*, début *m* ; [- of negotiations] début *m*, ouverture *f* / *the day had a good beginning* la journée avait bien commencé / *the beginning of the world* l'origine or le commencement du monde / *since the beginning of time* depuis la nuit des temps **3.** [origin - of event] origine *f*, commencement *m* / *Protestantism had its beginnings in Germany* le protestantisme a pris naissance en Allemagne / *his assassination signalled the beginning of the war* son assassinat a marqué le déclenchement de la guerre. ◆ adj ▸ **beginning student** débutant *m*, -e *f*.

begone [bɪ'gɒn] vi *liter* ▸ **begone!** hors d'ici !

begonia [bɪ'gəʊnjə] n bégonia *m*.

begorrah [bɪ'gɒrə] interj *expression stéréotypée, employée pour caricaturer la manière de parler des Irlandais.*

begot [-'gɒt] pt ⟶ **beget**.

begotten [-'gɒtn] pp ⟶ **beget**.

begrudge [bɪ'grʌdʒ] vt **1.** [envy] envier / *she begrudges him his success* elle lui en veut de sa réussite **2.** [give grudgingly] donner or accorder à regret / *he begrudges every minute spent away from his family* il rechigne à passer une seule minute loin de sa famille / I *begrudge spending so much on rent* ça me fait mal au cœur de payer un loyer aussi cher.

beguile [bɪ'gaɪl] vt **1.** [charm] envoûter, séduire **2.** [delude] enjôler, tromper ▸ **to beguile sb into doing sthg** amener qqn à faire qqch ▸ **to beguile sb out of sthg** obtenir qqch de qqn par la séduction **3.** [pass pleasantly] : *to beguile (away) the hours* faire passer le temps *(agréablement)*.

beguiling [bɪ'gaɪlɪŋ] adj charmant, séduisant.

beguine [bɪ'gi:n] n *musique ou danse ressemblant au boléro.*

begum ['beɪgəm] n bégum *f*.

begun [-'gʌn] pp ⟶ **begin.**

behalf [bɪ'hɑ:f] ❖ **on behalf of** UK, **in behalf of** US prep phr ▸ **on behalf of sb a)** [as their representative] de la part de or au nom de qqn **b)** [in their interest] dans l'intérêt de or pour qqn ▸ *on behalf of everyone here, I thank you* au nom de tous ceux qui sont ici présents, je vous remercie ▸ *I'm here on behalf of the president* je viens de la part du président ▸ *she acted on his behalf when he was ill* c'est elle qui l'a représenté quand il était malade ▸ *your lawyer acts on your behalf* votre avocat agit en votre nom ▸ *the commission decided on their behalf* la commission a décidé en leur nom ▸ *don't worry on my behalf* ne vous inquiétez pas à mon sujet.

behave [bɪ'heɪv] ◆ vi **1.** [act] se comporter, se conduire ▸ *why are you behaving this way?* pourquoi agis-tu de cette façon ? ▸ *to behave badly / well* mal / bien se comporter ▸ *he behaved badly towards her* il s'est mal conduit envers elle ▸ *she's behaving very strangely* elle se comporte de façon bizarre ▸ *she was sorry for the way she'd behaved towards him* elle regrettait la façon dont elle l'avait traité **2.** [act properly] se tenir bien, *inf* bien se conduire ▸ *will you behave!* sois sage !, tiens-toi bien ! **3.** [function] fonctionner, marcher ▸ *she studies how matter behaves in extremes of cold and heat* elle étudie le comportement de la matière dans des conditions de froid ou de chaleur extrêmes ▸ *the car behaves well on curves* la voiture tient bien la route dans les virages. ◆ vt ▸ **to behave o.s.** se tenir bien ▸ *behave yourself!* sois sage !, tiens-toi bien !

behaviour UK, **behavior** US [bɪ'heɪvjər] ◆ n **1.** [of person] comportement *m*, conduite *f* ; [of animal] comportement *m* ▸ *her behaviour towards her mother was unforgivable* la façon dont elle s'est comportée avec sa mère était impardonnable ▸ **to be on one's best behaviour** se tenir or se conduire de son mieux ▸ *the child was on his best behaviour* l'enfant était d'une sagesse exemplaire **2.** [of atom, chemical, light] comportement *m* ; [of machine] fonctionnement *m*. ◆ comp [modification, problem] du comportement ; [pattern] de comportement.

behavioural UK, **behavioral** US [bɪ'heɪvjərəl] adj de comportement, comportemental.

behavioural science n science *f* du comportement, comportementalisme *m*.

behaviourism UK, **behaviorism** US [bɪ'heɪvjərɪzm] n behaviorisme *m*.

behaviourist UK, **behaviorist** US [bɪ'heɪvjərɪst] ◆ adj behavioriste. ◆ n behavioriste *mf*.

behaviour therapy n thérapie *f* comportementale.

behead [bɪ'hed] vt décapiter.

beheld [bɪ'held] pt & pp ⟶ **behold.**

behemoth [bɪ'hi:mɒθ] n [monster] monstre *m*.

behest [bɪ'hest] n *fml* commandement *m*, ordre *m* ▸ *at the behest of the Queen* sur ordre de la reine ▸ *at my behest* à ma demande.

behind [bɪ'haɪnd] ◆ prep **1.** [at the back of] derrière ▸ *behind the house* derrière la maison ▸ *she came out from behind the bushes* elle est sortie de derrière les buissons ▸ *I sat down right behind him* je me suis assis juste derrière lui ▸ *lock the door behind you* fermez la porte à clé (derrière vous) ▸ *his wife was behind the bar that night* sa femme était derrière le bar or au bar ce soir-là **2.** [indicating past time] derrière ▸ *he has ten years' experience behind him* il a dix ans d'expérience derrière lui ▸ *your troubles are behind you now* vos ennuis sont terminés maintenant ▸ *you have to put the incident behind you* il faut que tu oublies cet incident **3.** [indicating deficiency, delay] en retard sur, derrière ▸ *she is behind the other pupils* elle est en retard sur les autres élèves ▸ *we're three points behind the other team* nous sommes à trois points derrière l'autre équipe ▸ *the trains are running behind schedule* or *behind time* les trains ont du retard (sur l'horaire) **4.** [responsible for] derrière ▸ *who was behind the plot?* qui était derrière le complot or à l'origine du complot ? ▸ *what's behind all this?* qu'est-ce que ça cache ? **5.** [supporting] : *we're right behind you on this* vous avez tout notre soutien dans cette affaire ▸ *the country is right behind the new policies* la population soutient tout à fait les nouvelles mesures. ◆ adv **1.** [at, in the back] derrière, en arrière ▸ *look behind* regardez derrière ▸ *he attacked them from behind* il les a attaqués par derrière ▸ *they followed behind* ils arrivaient derrière, ils suivaient ▸ *disaster was not far behind* la catastrophe était imminente **2.** [late] en retard ▸ *I'm behind in* or *with my rent* je suis en retard sur mon loyer ▸ *I'm behind in* or *with my work* j'ai du retard dans mon travail ▸ *she's too far behind to catch up with the others* elle a pris trop de retard pour pouvoir rattraper les autres ▸ *our team is three points behind* notre équipe a trois points de moins ▸ *I'm all behind today* *inf* je suis en retard (dans mon travail) aujourd'hui. ◆ n *euph* derrière *m*, postérieur *m*.

behindhand [bɪ'haɪndhænd] adv en retard ▸ *we're behindhand with the rent* nous sommes en retard sur le loyer ▸ *I'm getting behindhand with my work* je suis en train de prendre du retard dans mon travail.

behind-the-scenes adj secret ▸ *a behind-the-scenes look at politics* un regard en coulisse sur la politique.

behold [bɪ'həʊld] (*pt & pp* **beheld** [bɪ'held]) vt *arch & liter* [see] regarder, voir ; [notice] apercevoir ▸ *a sight to behold* un spectacle à voir ▸ *behold your king* voici votre roi.

beholden [bɪ'həʊldən] adj redevable ▸ *I am deeply beholden to him* je lui suis infiniment redevable.

behove UK [bɪ'həʊv], **behoove** US [bɪ'hu:v] vt *arch & liter* : *it behoves them to be prudent* il leur appartient d'être prudents.

beige [beɪʒ] ◆ adj beige. ◆ n beige *m*.

Beijing [,beɪ'dʒɪŋ] pr n Beijing.

being ['bi:ɪŋ] ◆ cont ⟶ **be.** ◆ n **1.** [creature] être *m*, créature *f* ▸ **a human being** un être humain ▸ *a being from another planet* une créature (venue) d'une autre planète **2.** [essential nature] être *m* ▸ *her whole being rebelled* tout son être se révoltait **3.** [existence] existence *f* ▸ *already in being* déjà existant, qui existe déjà ▸ **to bring** or **to call sthg into being** faire naître qqch, susciter qqch ▸ *they brought a new social policy into being* ils ont établi une nouvelle politique sociale ▸ *the movement came into being in the 1920s* le mouvement est apparu or fut créé dans les années 1920 ▸ **'Being and Nothingness'** *Sartre* 'l'Être et le Néant' ▸ **'Being and Time'** *Heidegger* 'Être et Temps'.

Beirut, **Beyrouth** [,beɪ'ru:t] pr n Beyrouth ▸ **East Beirut** Beyrouth-Est ▸ **West Beirut** Beyrouth-Ouest.

bejewelled UK, **bejeweled** US [bɪ'dʒu:əld] adj [person] paré or couvert de bijoux ; [box, purse] incrusté de bijoux.

bel [bel] n bel *m*.

belabour UK, **belabor** US [bɪ'leɪbər] vt **1.** [beat] rouer de coups **2.** [criticize] injurier, invectiver.

Belarus [,belə'ru:s] pr n ▸ **the Republic of Belarus** la république de Biélorussie.

belated [bɪ'leɪtɪd] adj tardif.

belatedly [bɪ'leɪtɪdlɪ] adv tardivement.

belay [bɪ'leɪ] ◆ vt & vi **1.** NAUT amarrer **2.** CLIMBING assurer. ◆ n assurance *f*.

belaying pin [bɪ'leɪɪŋ-] n cabillot *m*.

belch [beltʃ] ◆ n renvoi *m*, rot *m* ▸ *to give a belch* roter. ◆ vi roter. ◆ vt [expel] cracher, vomir.

beleaguer [bɪ'li:gər] vt **1.** [harass] harceler, assaillir ▸ *reporters beleaguered him with questions* les journalistes le harcelèrent de questions **2.** [besiege - city] assiéger ; [- army, group] encercler, cerner.

beleaguered [bɪ'li:gəd] adj **1.** *lit* assiégé **2.** *fig* en difficulté.

belfry ['belfrɪ] (*pl* **belfries**) n [of church] beffroi *m*, clocher *m* ; [of tower] beffroi *m*.

Belgian ['beldʒən] ◆ n Belge *mf*. ◆ adj belge.

Belgium ['beldʒəm] pr n Belgique *f* ▸ *in Belgium* en Belgique.

Belgrade [,bel'greɪd] pr n Belgrade.

Belgravia [bel'greɪvjə] pr n *quartier chic de Londres.*

belie [bɪ'laɪ] (*pt & pp* **belied**, *cont* **belying**) vt *fml* [misrepresent] donner une fausse idée or impression de ; [contradict - hope, impression] démentir, tromper ; [- promise] démentir, donner le démenti à ▸ *her youthful figure belied her age* la jeunesse de sa silhouette démentait son âge.

belief [bɪ'li:f] n **1.** [feeling of certainty] croyance *f* ▸ *belief in God* croyance en Dieu ▸ *I've lost any belief I had in human kindness* je ne crois plus du tout en la bonté humaine ▸ *contrary to popular belief* contrairement à ce qu'on croit ▸ *it's beyond belief* c'est incroyable ▸ *he's lazy beyond belief* il est incroyablement paresseux **2.** [conviction, opinion] conviction *f*, certitude *f* ▸ *it's my belief he's lying* je suis certain or convaincu qu'il ment ▸ *in the belief that he would help them* certain or persuadé qu'il allait les aider ▸ *in the mistaken belief that...* persuadé à tort que... ▸ **to the best of my belief** autant que je sache **3.** [religious faith] foi *f*, croyance *f* ; [political faith] dogme *m*, doctrine *f* **4.** [confidence, trust] confiance *f*, foi *f*.

believable [bɪ'li:vəbl] adj croyable.

believe [bɪ'li:v] ◆ vt **1.** [consider as real or true] croire ▸ *don't believe a word she says* ne croyez pas un mot de ce qu'elle dit ▸ *I don't believe a word of it* je n'en crois rien or pas un mot ▸ *don't you believe it!* détrompe-toi ! ▸ *he's getting married! — I don't believe it!* il va se marier ! — c'est pas vrai ! ▸ *she's fifty, would you believe it!* elle a cinquante ans, figure-toi ! ▸ *he couldn't believe his ears / his eyes* il n'en croyait pas ses oreilles / ses yeux ▸ *and, believe it or not, she left* et, crois-le si tu veux, elle est partie ▸ *it has to be seen to be believed* il faut le voir pour le croire **2.** [accept statement or opinion of] croire ▸ *if she is to be believed, she was born a duchess* à l'en croire, elle est duchesse ▸ *and believe (you) me, I know what I'm talking about!* et croyez-moi, je sais de quoi je parle ! ▸ *you'd better believe it* *inf* bien sûr que oui **3.** [hold as opinion, suppose] croire ▸ *I believe he left* je crois qu'il est parti ▸ *I don't believe we've met* je ne crois pas que nous nous connaissions ▸ *I believe I've taken a wrong turning* je crois que je me suis trompé de route or que j'ai pris la mauvaise route ▸ *the jury believes him (to be) guilty* le jury le croit coupable ▸ *I don't know what to believe* je ne sais que croire, je ne sais pas à quoi m'en tenir ▸ *it is widely believed that the prisoners have been killed* on pense généralement que les prisonniers ont été tués ▸ *she is, I believe, our greatest novelist* elle est, je crois or à mon avis, notre meilleure romancière ▸ *we have every reason to believe he's telling the truth* nous avons tout lieu de croire qu'il dit la vérité ▸ *he'd have her believe it's an antique* il voudrait lui faire croire que c'est un objet d'époque ▸ *I believe not* je crois que non, je ne crois pas ▸ *I believe so* je crois que oui, je crois ▸ *I wouldn't have believed it of him* je n'aurais pas cru cela de lui. ◆ vi [have religious faith] être croyant, avoir la foi.

❖ **believe in** vt insep **1.** [be convinced of existence or truth of] : *to believe in miracles / in God* croire aux miracles / en Dieu ▸ *seeing is believing* voir c'est croire **2.** [be convinced of value of] : *I believe in free enterprise* je crois à la libre entreprise ▸ *they believe in their president* ils ont confiance en or font confiance à or croient en leur président ▸ *he believes in giving the public greater access to information* il est d'avis qu'il faut donner au public un plus grand accès à l'information. **See note on next page.**

Note that when used negatively, croire que is followed by a verb in the subjunctive:
I believe it's a begonia. *Je crois qu'il s'agit (indicative) d'un bégonia.*
But
I don't believe this is the work of terrorists.
Je ne crois pas qu'il s'agisse d'un acte terroriste.

believer [bɪ'li:vər] n **1.** [supporter] partisan *m*, adepte *mf* / *a believer in socialism* un partisan du socialisme / *he's a great believer in taking exercise* il est convaincu qu'il faut faire de l'exercice **2.** RELIG croyant *m*, -e *f* / *are you a believer?* êtes-vous croyant ?

Belisha beacon [bɪ'li:ʃə-] n UK *globe orange clignotant marquant un passage clouté.*

belittle [bɪ'lɪtl] vt rabaisser, dénigrer / *he's always belittling her work* il dénigre toujours son travail.

Belize [be'li:z] pr n Belize *m* / *in Belize* au Belize.

Belizean [be'li:zɪən] ◆ n Bélizien *m*, -enne *f*. ◆ adj bélizien.

bell [bel] ◆ n **1.** [in church] cloche *f* ; [handheld] clochette *f* ; [on bicycle] sonnette *f* ; [for cows] cloche *f*, clarine *f* ; [on boots, toys] grelot *m* ; [sound] coup *m* (de cloche) / *there goes the dinner bell* c'est la cloche qui annonce le dîner / *has the first bell for vespers gone?* a-t-on sonné le premier coup des vêpres ? ▸ **to sound bells** NAUT piquer la cloche or l'heure / *it sounded four / eight bells* NAUT cela a piqué quatre / huit coups (de cloche) ▸ **saved by the bell!** sauvé par le gong ! ▸ **who will ring the bell?** US qui va agir ? ▸ **bell, book and candle** instruments *mpl* du culte ▸ **bells and whistles** accessoires *mpl* / **'For Whom the Bell Tolls'** *Hemingway* 'Pour qui sonne le glas' **2.** [electrical device - on door] sonnette *f* / *there's the bell* il y a quelqu'un à la porte, on sonne (à la porte) **3.** UK *inf* [telephone call] : *I'll give you a bell* je te passe un coup de fil **4.** [of flower] calice *m*, clochette *f* ; [of oboe, trumpet] pavillon *m* **5.** [of stag] bramement *m* ; [of hound] aboiement *m*. ◆ vi **1.** [stag] bramer ; [hound] aboyer **2.** [bloat, distend] ballonner.

belladonna [,belə'dɒnə] n belladone *f*.

bell-bottomed [-,bɒtəmd] adj à pattes d'éléphant.

bell-bottoms pl n pantalon *m* à pattes d'éléphant.

bellboy ['belbɔɪ] n chasseur *m*, porteur *m*.

bell buoy n bouée *f* à cloche.

belle [bel] n belle *f*, beauté *f* / *the belle of the ball* la reine du bal ▸ **Southern belle** *dame de haut rang dans les États du sud des États-Unis.*

belletrist [bel'letrɪst] n écrivain *m* des belles-lettres.

bellflower ['bel,flaʊər] n campanule *f*.

bell glass n cloche *f* de verre.

bell heather n bruyère *f* cendrée.

bellhop ['belhɒp] n US = **bellboy**.

bellicose ['belɪkəʊs] adj belliqueux.

bellicosity [,belɪ'kɒsətɪ] n bellicisme *m*.

belligerence [bɪ'lɪʤərəns], **belligerency** [bɪ'lɪʤərənsɪ] n belligérance *f*.

belligerent [bɪ'lɪʤərənt] ◆ adj belligérant. ◆ n belligérant *m*, -e *f*.

bell jar n cloche *f* de verre / **'The Bell Jar'** *Plath* 'la Cloche de verre'.

Bell Laboratories, **Bell Labs** pr n *centre américain de recherches scientifiques et techniques de haute renommée.*

bellow ['beləʊ] ◆ vi [bull] beugler, meugler ; [elephant] barrir ; [person] brailler / *he bellowed with pain* il a hurlé de douleur / *the crowd bellowed with laughter* la foule hurlait de rire. ◆ vt ▸ **to bellow (out) sthg** brailler qqch. ◆ n [of bull] beuglement *m*, meuglement *m* ; [of elephant] barrissement *m* ; [of person] braillement *m*.

bellows ['beləʊz] pl n **1.** [for fire] soufflet *m* ▸ **a pair of bellows** un soufflet **2.** [for accordion, organ] soufflerie *f*.

bellpull ['belpʊl] n [for servant] cordon *m* de sonnette ; [on door] poignée *f* de sonnette.

bell push n bouton *m* de sonnette.

bell-ringer n sonneur *m*, carillonneur *m*.

bell-ringing n carillonnement *m*.

bell rope n [to call servant] cordon *m* de sonnette ; [in belfry] corde *f* de cloche.

bell tent n tente *f* conique.

bell tower n clocher *m*.

bellwether ['bel,weðər] n [sheep] sonnailler *m* ; *fig* [person] meneur *m*, -euse *f*, chef *m*.

belly ['belɪ] (*pl* **bellies**, *pt & pp* **bellied**) ◆ n **1.** [stomach] ventre *m* / *a big belly* un gros ventre / *he only thinks of his belly* il ne pense qu'à son estomac **2.** [of plane, ship] ventre *m* ; [of sail] creux *m* **3.** [of cello, guitar] table *f* d'harmonie **4.** CULIN ▸ **belly of pork** or **pork belly** poitrine *f* de porc **5.** *arch* [womb] ventre *m*. ◆ vi ▸ **to belly (out)** s'enfler, se gonfler. ◆ vt enfler, gonfler.

❖ **belly up** vi *inf* **1.** [fail] tomber à plat, foirer **2.** US ▸ **to belly up to sthg** s'approcher de qqch / *to belly up to the bar* s'installer au bar.

bellyache ['belɪeɪk] *inf* ◆ n **1.** [pain] mal *m* au or de ventre / *I've got (a) bellyache* j'ai mal au ventre **2.** [complaint] rogne *f*, rouspétance *f*. ◆ vi râler / *stop bellyaching!* arrête de râler !

bellyaching ['belɪ,eɪkɪŋ] n **(U)** *inf* ronchonnements *mpl*, rouspétances *fpl*.

belly button n *inf* nombril *m*.

belly dance n danse *f* du ventre.

❖ **belly-dance** vi danser or faire la danse du ventre.

belly dancer n danseuse *f* du ventre or orientale.

belly flop n ▸ **to do a belly flop** faire un plat.

bellyful ['belɪfʊl] n *inf* [of food] ventre *m* plein ; *fig* : *I've had a bellyful* j'en ai jusque-là / *I've had a bellyful of your complaints* j'en ai ras le bol de tes rouspétances.

belly-land vi & vt *inf* atterrir sur le ventre.

belly-landing n *inf* AERON atterrissage *m* sur le ventre / *the plane made a belly-landing* l'avion a atterri or s'est posé sur le ventre.

belly laugh n *inf* gros rire *m*.

belly-up adv *inf* ▸ **to go belly-up a)** [project] tomber à l'eau **b)** [company] faire faillite.

Belmont Stakes ['belmɒnt-] pr n ▸ **the Belmont Stakes** *course pour chevaux de trois ans, dans l'État de New York.*

belong [bɪ'lɒŋ] vi **1.** [as property] ▸ **to belong to sb** appartenir à or être à qqn / *the dictionary belongs to her* le dictionnaire lui appartient or est à elle / *the company belongs to a large conglomerate* l'entreprise appartient à un important conglomérat **2.** [as member] : *he belongs to a trade union* il fait partie or il est membre d'un syndicat, il est syndiqué **3.** [as part, component] appartenir / *the field belongs to that house* le champ dépend de cette maison / *this key belongs to the car* cette clé est pour la voiture / *this jacket belongs with those trousers* cette veste va avec ce pantalon / *which species do they belong to?* à quelle espèce appartiennent-ils ? / *she belongs in another era* elle est d'une autre époque **4.** [be in proper place] être à sa place / *the dishes belong in that cupboard* les assiettes vont dans ce placard / *put the books back where they belong* remettez les livres à leur place / *the two of them belong together* ces deux-là sont faits pour être ensemble / *these gloves belong together* ces gants appartiennent à la même paire / *I don't belong here* je ne suis pas à ma place ici / *go back home where you belong* rentrez chez vous / *she doesn't feel she belongs* elle ne se sent pas chez elle ici / *he belongs in teaching* sa place est dans l'enseignement / *these issues belong in a court of law* ces questions relèvent d'un tribunal.

belonging [bɪ'lɒŋɪŋ] n : *a sense of belonging* un sentiment d'appartenance.

❖ **belongings** pl n affaires *fpl*, possessions *fpl* / *she packed the few belongings she had* elle a emballé le peu (de choses or d'affaires) qu'elle avait ▸ **personal belongings** objets *mpl* or effets *mpl* personnels.

Belorussia [,beləʊ'rʌʃə] pr n = **Byelorussia**.

Belorussian [,beləʊ'rʌʃn] n & adj = **Byelorussian**.

beloved [bɪ'lʌvd] ◆ adj chéri, bien-aimé / *he was beloved by* or *of all his friends* il était cher à tous ses amis / *my beloved father* mon très cher père, mon père bien-aimé. ◆ n bien-aimé *m*, -e *f*, amour *m* / *dearly beloved, we are gathered here today...* mes très chers amis, nous sommes ici aujourd'hui...

below [bɪ'ləʊ] ◆ prep **1.** [at, to a lower position than] au-dessous de, en dessous de ; [under] sous / *the flat below ours* l'appartement au-dessous or en dessous du nôtre / *her skirt came to below her knees* sa jupe lui descendait au-dessous du genou / *below the surface* sous la surface / *below (the) ground* sous (la) terre **2.** [inferior to] au-dessous de, inférieur à / *temperatures below zero* des températures au-dessous de or inférieures à zéro / *his grades are below average* ses notes sont au-dessous de or inférieures à la moyenne / *below the poverty line* en dessous du seuil de pauvreté / *children below the age of five* des enfants de moins de cinq ans / *the rank is just below that of general* le rang est juste au-dessous de celui d'un général **3.** [downstream of] en aval de **4.** [south of] au sud de. ◆ adv **1.** [in lower place, on lower level] en dessous, plus bas / *we looked down onto the town below* nous contemplions la ville à nos pieds / *down below in the valley* en bas dans la vallée / *the flat below* l'appartement d'en dessous or du dessous / *he could hear two men talking below* il entendait deux hommes parler en bas / *seen from below* vu d'en bas / *the title came first with her name immediately below* le titre apparaissait en premier avec son nom juste en dessous ▸ **here below** *arch & liter* [on earth] ici-bas **2.** [with numbers, quantities] moins / *it was twenty below* *inf* il faisait moins vingt / *children of five and below* les enfants de cinq ans et moins **3.** [in text] plus bas, ci-dessous ▸ **see below** voir plus bas or ci-dessous / *the address given below* l'adresse mentionnée ci-dessous **4.** NAUT en bas ▸ **to go below** descendre dans l'entrepont / *she went below to her cabin* elle est descendue à sa cabine.

below-average adj en dessous de la moyenne.

below-the-line adj FIN [expenses] au-dessous de la ligne.

below-the-line accounts n comptes *mpl* de résultats exceptionnels.

belt [belt] ◆ n **1.** [gen & SPORT] ceinture *f* ; MIL ceinturon *m*, ceinture *f* / *a leather belt* une ceinture en cuir / *he had a gun at his belt* il portait un revolver à la ceinture ▸ **to give sb the belt** donner une correction à qqn / *a black belt* SPORT une ceinture noire / *she now has a doctoral degree under her belt* elle a maintenant un doctorat en poche ▸ **no hitting below the belt a)** *lit* il est interdit de porter des coups bas **b)** *fig* pas de coups bas ! / *that was a bit below the belt* c'était un peu déloyal comme procédé ▸ **to pull in** or **to tighten one's belt** se serrer la ceinture **2.** [of machine] courroie *f* **3.** [area, zone] région *f* / *belts of high unemployment* des régions à fort taux de chômage ▸ **corn belt** région *f* de culture du maïs **4.** *inf* [sharp blow] coup *m* **5.** *inf* [of whisky] gorgée *f*. ◆ vt **1.** [dress, trousers] ceinturer, mettre une ceinture à / *he had a gun belted to his waist* il avait un revolver à la ceinture / *a belted raincoat* un imperméable à ceinture **2.** [hit with belt] donner des coups de ceinture à ; [as punishment] donner une correction à **3.** *inf* [hit] donner or flanquer un coup à / *I belted him (one) in the eye* je lui en ai collé un dans l'œil / *she belted the ball* elle a donné un grand coup dans la balle. ◆ vi UK *inf* filer / *they went belting along* ils fonçaient / *he belted into* | *out of the room* il est entré dans / sorti de la pièce à toute berzingue *v inf* / *belting down the motorway* fonçant sur l'autoroute.

❖ **belt down** vt sep UK *inf* [food] engloutir, enfourner ; [drink] avaler, descendre.

❖ **belt out** vt sep *inf* : *she belted out the last song* elle s'est donnée à fond dans la dernière chanson.
❖ **belt up** vi **1.** [in car, plane] attacher sa ceinture ▸ **belt up!** attachez votre ceinture ! **2.** UK *inf* [be quiet] la fermer, la boucler ▸ **belt up!** boucle-la ! *v inf.*

belt buckle n boucle *f* de ceinture.

belt-driven adj actionné par courroie.

belting ['beltɪŋ] n ▸ **to give sb a belting a)** [as punishment] donner des coups de ceinture or administrer une correction à qqn **b)** [in fight] rouer qqn de coups.

belt loop n passant *m (de ceinture).*

beltway ['belt,weɪ] n US (boulevard *m*) périphérique *m* ; *fig* ▸ **inside** or **outside the Beltway** *expressions servant à distinguer la classe politique américaine du grand public.*

belvedere ['belvɪ,dɪəʳ] n belvédère *m.*

bemoan [bɪ'məʊn] vt pleurer, se lamenter sur / *he bemoaned the loss of this freedom* il pleura la perte de sa liberté / *to bemoan one's fate* pleurer sur son sort.

bemused [bɪ'mju:zd] adj déconcerté, dérouté / *she seemed bemused* elle semblait déconcertée / *he gave a bemused smile* il sourit d'un air or il eut un sourire déconcerté.

ben [ben] n IR & SCOT sommet *m*, mont *m.*

Benares [bɪ'nɑ:rɪz] pr n Bénarès.

bench [bentʃ] ◆ n **1.** [seat] banc *m* ; [caned, padded] banquette *f* ; [in auditorium] gradin *m* ▸ **park bench** banc public ▸ **on the bench** SPORT en réserve **2.** UK [in Parliament] banc *m* / *the government benches* les bancs du gouvernement **3.** [work table] établi *m*, plan *m* de travail **4.** LAW [seat] banc *m* ▸ **the bench** [judge] la cour, le juge / *address your remarks to the bench* adressez-vous à la cour ; [judges as group] ▸ **the bench** les juges, les magistrats / *she has been raised to the bench* elle a été nommée juge / *he serves* or *sits on the bench* **a)** [permanent office] il est juge **b)** [for particular case] il siège au tribunal / *what does the bench feel about this?* qu'en pense la cour ? ◆ comp [lathe, vice] d'établi. ◆ vt US SPORT retirer du jeu.

bencher ['bentʃəʳ] n UK LAW ≃ membre *m* de l'ordre des avocats.

benchmark ['bentʃ,mɑ:k] ◆ n *lit* repère *m* ; [in surveying] repère *m* de nivellement ; *fig* repère *m*, point *m* de référence. ◆ comp ▸ **a benchmark decision** une décision de base or de référence ▸ **benchmark test** COMPUT test *m* d'évaluation (de programme).

benchmarking ['bentʃmɑ:kɪŋ] n benchmarking *m*, étalonnage *m* concurrentiel.

bench press ◆ n *banc sur lequel on s'allonge pour soulever des haltères.* ◆ vt : *to bench press 50 kg* soulever 50 kg *(allongé).*

benchwarmer ['bentʃwɔ:məʳ] n US *inf* SPORT *joueur qui se trouve souvent sur le banc des remplaçants.*

bench warrant n LAW mandat *m* d'arrêt.

bend [bend] (*pt & pp* **bent** [bent]) ◆ vt **1.** [arm, finger] plier ; [knee, leg] plier, fléchir ; [back, body] courber ; [head] pencher, baisser / *they bent their heads over their books* ils se penchèrent sur leurs livres / *to bend one's head in prayer* baisser la tête pour prier ▸ **on bended knee** à genoux / *he went down on bended knee* il se mit à genoux, il s'agenouilla ▸ **to bend sb to one's will** plier qqn à sa volonté / *he likes to bend the elbow* UK *inf* il sait lever le coude, il aime bien boire ▸ **to bend sb's ear** casser les oreilles à qqn ▸ **to get bent out of shape a)** *lit* [metal object] être déformé **b)** *fig* [person] se mettre en rogne **2.** [pipe, wire] tordre, courber ; [branch, tree] courber, faire ployer ; [bow] bander, arquer / *to bend sthg at right angles* plier qqch à angle droit / *she bent the stem slightly* elle a courbé un peu la tige / *he bent the rod out of shape* il a tordu la barre ▸ **to bend the rules** faire une entorse au règlement **3.** [deflect - light, ray] réfracter ; [- stream] dériver, détourner **4.** *liter* [direct, turn] diriger / *they bent their steps towards home* ils se dirigèrent or ils dirigèrent leurs pas vers la maison / *he bent his attention* or *his mind to solving the problem* il s'appliqua à résoudre le problème / *we bent all our efforts to fighting racism* nous avons mis tous nos efforts dans la lutte contre le racisme / *they bent themselves to the task* ils se sont attelés à la tâche / *all eyes were bent on the demonstration* tous les yeux or regards étaient fixés sur la démonstration **5.** NAUT [fasten - cable, rope] étalinguer ; [- sail] enverguer. ◆ vi **1.** [arm, knee, leg] plier ; [person] se courber, se pencher ; [head] se pencher ; [rod, wire] plier, se courber ; [branch, tree] ployer, plier / *to bend under the burden* / *the weight* ployer sous le fardeau / le poids / *she bent over the counter* elle s'est penchée par-dessus le comptoir / *he bent backwards* / *forwards* il s'est penché en arrière / en avant **2.** [river, road] faire un coude, tourner / *the road bends to the left* la route tourne à gauche **3.** [submit] céder / *the people refused to bend to the colonial forces* le peuple a refusé de se soumettre aux forces coloniales / *the government bent to pressure from the unions* l'administration a cédé à la pression des syndicats. ◆ n **1.** [in road] coude *m*, virage *m* ; [in river] méandre *m*, coude *m* ; [in pipe, rod] coude *m* / *after I rounded the first bend in the road* après (avoir pris) le premier virage / *the road makes a bend to the right* la route fait un coude vers la droite / **'bends for 7 miles'** 'virages sur 10 km' ▸ **to drive sb round the bend** *inf* rendre qqn fou / *he's completely round the bend* *inf* il est complètement cinglé **2.** [in arm] pli *m*, saignée *f* ; [in knee] pli *m*, flexion *f* / *she did a couple of forward bends* elle s'est penchée plusieurs fois en avant **3.** NAUT [knot] nœud *m* (de jonction).
❖ **bends** pl n ▸ **the bends** la maladie des caissons / *to get the bends* être atteint par la maladie des caissons.
❖ **bend back** ◆ vi **1.** [person] se pencher en arrière **2.** [blade, tube] se recourber. ◆ vt sep replier, recourber.
❖ **bend down** ◆ vi **1.** [person] se courber, se baisser **2.** [branch, tree] plier, ployer. ◆ vt sep [branch, tree] faire ployer ; [blade, tube] replier, recourber.
❖ **bend over** ◆ vi se pencher ▸ **to bend over backwards to please (sb)** se plier en quatre pour faire plaisir (à qqn). ◆ vt sep replier, recourber.

bender ['bendəʳ] n **1.** *inf* [drinking binge] beuverie *f* ▸ **to go on a bender** faire la noce **2.** *v inf & pej* [gay man] pédé *m.*

bend sinister, bar sinister n HERALD barre *f* de bâtardise.

bendy ['bendɪ] (*compar* **bendier**, *superl* **bendiest**) adj **1.** [road] sinueux **2.** [flexible] souple, flexible.

bendy bus n UK bus *m* à soufflet.

beneath [bɪ'ni:θ] ◆ prep **1.** [under] sous / *the ground beneath my feet* le sol sous mes pieds / *buried beneath tons of rubble* enfoui sous des tonnes de gravats / *the ship sank beneath the waves* le navire a sombré sous les vagues **2.** [below] : *the valley was spread out beneath us* la vallée s'étalait sous nos pieds **3.** [unworthy of] indigne de / *she thinks the work is beneath her* elle estime que le travail est indigne d'elle **4.** [socially inferior to] inférieur *(socialement)* / *he married beneath him* il a fait une mésalliance *fml*, il n'a pas fait un bon mariage. ◆ adv [underneath] en bas ▸ **from beneath** d'en dessous.

Benedict ['benɪdɪkt] pr n ▸ **Saint Benedict** saint Benoît.

Benedictine ◆ n **1.** [,benɪ'dɪktɪn] RELIG bénédictin *m*, -e *f* **2.** [,benɪ'dɪkti:n] [liqueur] Bénédictine *f.* ◆ adj [,benɪ'dɪktɪn] bénédictin.

benediction [,benɪ'dɪkʃn] n **1.** RELIG & *fig* [blessing] bénédiction *f* **2.** [service] salut *m.*

benefaction [,benɪ'fækʃn] n **1.** [good deed] acte *m* de bienfaisance **2.** [donation] don *m*, donation *f.*

benefactor ['benɪfæktəʳ] n bienfaiteur *m.*

benefactress ['benɪfæktrɪs] n bienfaitrice *f.*

benefice ['benɪfɪs] n bénéfice *m.*

beneficence [bɪ'nefɪsns] n *liter* **1.** [kindness] bienveillance *f*, bienfaisance *f* **2.** [good deed] acte *m* de bienfaisance, bienfait *m.*

beneficent [bɪ'nefɪsnt] adj *liter* [person, regime] bienfaisant, généreux ; [change, effect] bienfaisant, salutaire.

beneficial [,benɪ'fɪʃl] adj **1.** [good, useful] avantageux, profitable / *legislation beneficial to the self-employed* des lois favorables aux travailleurs non-salariés / *the holiday proved highly beneficial* les vacances ont été extrêmement bénéfiques / *vitamins are beneficial to health* les vitamines sont bonnes pour la santé ▸ **beneficial effects** des effets salutaires **2.** LAW ▸ **beneficial legacy** usufruit *m* ▸ **beneficial owner** usufruitier *m*, -ère *f.*

beneficiary [,benɪ'fɪʃərɪ] (*pl* **beneficiaries**) n **1.** [of insurance policy, trust] bénéficiaire *mf* ; [of will] bénéficiaire *mf*, légataire *mf* **2.** RELIG bénéficier *m.*

benefit ['benɪfɪt] (*pt & pp* **benefited**, *cont* **benefiting**) ◆ n **1.** [advantage] avantage *m* ▸ **to have the benefit of sthg** bénéficier de qqch / *the benefits of a good education* les avantages or les bienfaits d'une bonne éducation / *she is starting to feel the benefits of the treatment* elle commence à ressentir les bienfaits du traitement / *she did it for the benefit of the whole family* elle a agi pour le bien-être de toute la famille / *I'm saying this for your benefit* je dis cela pour toi or pour ton bien / *for the benefit of those who arrived late* pour les retardataires or ceux qui sont arrivés en retard / *the speech she made was all for his benefit* le discours qu'elle a prononcé ne s'adressait qu'à lui / *the holiday wasn't of much benefit to him* les vacances ne lui ont pas fait tellement de bien / *our discussion was of no benefit to me* notre discussion ne m'a rien apporté / *it's to your benefit to watch your diet* il est dans votre intérêt de surveiller ce que vous mangez / *this law is to the benefit of the wealthy* cette loi favorise les gens aisés / *with the benefit of hindsight, I now see I was wrong* avec le recul or rétrospectivement, je m'aperçois que j'avais tort ▸ **to give sb the benefit of the doubt** laisser or accorder à qqn le bénéfice du doute **2.** [payment] allocation *f*, prestation *f* / *social security benefits* prestations sociales ▸ **tax benefit** US dégrèvement *m*, allègement *m* fiscal **3.** [performance] spectacle *m (au profit d'une association caritative)* ▸ **benefit concert** concert *m (au profit d'une association caritative)* ▸ **benefit match** match *m (au profit d'une association caritative)* ▸ **benefit performance** représentation *f* de bienfaisance. ◆ vt [do good to] faire du bien à ; [bring financial profit to] profiter à. ◆ vi : *he will benefit from the experience* l'expérience lui sera bénéfique / *no-one is likely to benefit by* or *from the closures* personne n'a de chance de tirer avantage des fermetures / *the novel would benefit greatly from judicious editing* le roman gagnerait beaucoup à être révisé de façon judicieuse / *you would benefit from a stay in the country* un séjour à la campagne vous ferait du bien.

benefits agency n caisse *f* des allocations sociales.

benefit society n US société *f* de prévoyance, mutuelle *f.*

Benelux ['benɪlʌks] pr n Benelux *m* ▸ **the Benelux countries** les pays du Benelux / *in the Benelux countries* au Benelux.

benevolence [bɪ'nevələns] n **1.** [kindness] bienveillance *f*, bienfaisance *f* **2.** [good deed] acte *m* de bienfaisance, bienfait *m.*

benevolent [bɪ'nevələnt] adj **1.** [kindly] bienveillant ▸ **to feel benevolent towards sb** être bien disposé envers qqn **2.** [donor] généreux, charitable ; [organization] de bienfaisance ▸ **benevolent fund** fonds *m* de prévoyance.

benevolently [bɪ'nevələntlɪ] adv avec bienveillance.

BEng [,bi:'eŋ] (abbr of **Bachelor of Engineering**) n UK *(titulaire d'une) licence d'ingénierie.*

Bengal [,beŋ'gɔ:l] pr n Bengale *m* / *in Bengal* au Bengale ▸ **Bay of Bengal** golfe *m* du Bengale.

Bengali [beŋ'gɔ:lɪ] ◆ n **1.** [person] Bengali *mf* **2.** LING bengali *m.* ◆ adj bengali.

Bengal light n UK feu *m* de Bengale.

Bengal tiger n tigre *m* du Bengale.

benighted [bɪ'naɪtɪd] adj *liter* [ignorant - person] plongé dans (les ténèbres de) l'ignorance ; [- mind] étroit ; [- policy] aveugle.

benign [bɪ'naɪn] adj **1.** [kind - person] affable, aimable ; [- smile] bienveillant ; [- power, system] bienfaisant, salutaire **2.** [harmless] bénin (bénigne) ▸ **benign illness**

maladie *f* bénigne ▸ **benign tumour** tumeur *f* bénigne **3.** [temperate - climate] doux (douce), clément.

Benin [be'ni:n] pr n Bénin *m* / *in Benin* au Bénin.

Beninese [,beni'ni:z] ◆ n Béninois *m*, -e *f*. ◆ adj béninois.

Benjamin ['bendʒəmɪn] pr n Benjamin.

Ben Nevis [-'nevɪs] pr n *point culminant de la Grande-Bretagne, en Écosse (1343m).*

bennies ['benɪz] pl n US *inf* [benefits] avantages *mpl* en nature.

benny ['benɪ] (*pl* **bennies**) n *drugs sl* (comprimé *m* de) Benzédrine® *f*.

bens written abbr of **benefits**.

bent [bent] ◆ pt & pp ⟶ **bend**. ◆ adj **1.** [curved - tree, tube, wire] tordu, courbé ; [- branch] courbé ; [- back] voûté ; [- person] voûté, tassé **2.** [dented] cabossé, bosselé **3.** [determined] : *he's bent on becoming an actor* il est décidé à or veut absolument devenir acteur / *she's bent on winning* elle est décidée à gagner / *to be bent on self-destruction* être porté à l'autodestruction **4.** UK *inf* [dishonest] véreux **5.** UK *v inf & pej* [homosexual] homo, gay. ◆ n **1.** [liking] penchant *m*, goût *m* ; [aptitude] aptitudes *fpl*, dispositions *fpl* / *they're of an artistic bent* ils sont tournés vers les arts / *she has a natural bent for music* **a)** [liking] elle a un goût naturel pour la musique **b)** [talent] elle a des dispositions naturelles pour la musique / *he followed his (natural) bent* il a suivi son penchant or son inclination **2.** UK [endurance] endurance *f* ▸ **to the top of one's bent** au meilleur de sa forme.

benthos ['benθɒs] n benthos *m*.

bento ['bentəʊ] n (*U*) bento *m*.

bento box ['bentəʊ-] n CULIN boîte *f* à bento.

bentonite ['bentənaɪt] n bentonite *f*.

bentwood ['bentwʊd] n bois *m* courbé / *a bentwood chair* une chaise en bois courbé.

benumbed [bɪ'nʌmd] adj *liter* : *benumbed by the* or *with cold* **a)** [person] transi de froid **b)** [fingers, toes] engourdi par le froid / *her mind was benumbed with fear* elle était transie de or paralysée par la peur.

benzaldehyde [ben'zældɪhaɪd] n benzaldéhyde *m*.

Benzedrine® ['benzədri:n] n Benzédrine® *f*.

benzene ['benzi:n] n benzène *m*.

benzene ring n noyau *m* benzénique.

benzine ['benzi:n] n benzine *f*.

benzoic [ben'zəʊɪk] adj benzoïque.

benzoin ['benzəʊɪn] n **1.** [resin] benjoin *m* **2.** [tree] styrax *m* benjoin.

Beowulf ['bɪəwʊlf] pr n *héros légendaire d'un poème épique anglo-saxon (VIIIe-Xe s.).*

bequeath [bɪ'kwi:ð] vt [pass on] transmettre, léguer ; LAW [in will] léguer / *her father bequeathed her his fortune* or *his fortune to her* son père lui a légué sa fortune / *they've bequeathed nothing to us but a ruined economy* ils ne nous ont légué qu'une économie en ruine.

bequest [bɪ'kwest] n legs *m*.

berate [bɪ'reɪt] vt réprimander / *he berated them for being late* il leur a reproché d'être en retard.

Berber ['bɜ:bər] ◆ n **1.** [person] Berbère *mf* **2.** LING berbère *m*. ◆ adj berbère.

bereave [bɪ'ri:v] (*pt & pp* **bereaved** *or* **bereft** [-'reft]) vt priver, déposséder / *the war bereaved them of their two sons* la guerre leur a pris leurs deux fils, ils ont perdu leurs deux fils à la guerre.

bereaved [bɪ'ri:vd] ◆ adj affligé, endeuillé / *a bereaved mother* une mère qui vient de perdre son enfant / *he's recently bereaved* il a perdu quelqu'un récemment. ◆ pl n ▸ **the bereaved** la famille du défunt.

bereavement [bɪ'ri:vmənt] ◆ n [loss] perte *f* ; [grief] deuil *m* / *she can't get over her recent bereavement* [husband's death] elle n'arrive pas à accepter la mort de son mari / *in his bereavement* dans son deuil. ◆ comp ▸ **bereavement counselling** *service d'aide psychologique aux personnes frappées par un deuil.*

bereft [-'reft] *fml & liter* ◆ pt & pp ⟶ **bereave**. ◆ adj privé / *bereft of all hope* complètement désespéré / *to be bereft of reason* avoir perdu la raison / *I feel utterly bereft* je me sens totalement seul.

beret ['bereɪ] n béret *m*.

berg [bɜ:g] n [iceberg] iceberg *m*.

Bergamo ['bɜ:gəməʊ] pr n Bergame.

bergamot ['bɜ:gəmɒt] n bergamote *f* ▸ **bergamot oil** essence *f* de bergamote.

Bergen ['bɜ:gən] pr n Bergen.

beriberi [,berɪ'berɪ] n béribéri *m*.

Bering Sea ['beərɪŋ-] pr n ▸ **the Bering Sea** la mer de Béring.

Bering Strait pr n ▸ **the Bering Strait** le détroit de Béring.

berk [bɜ:k] n UK *inf* idiot *m*, -e *f*.

Berkeley Square ['bɑ:klɪ-] pr n *place londonienne où vécurent des personnages célèbres aux XVIIe et XVIIIe siècles.*

berkelium [bɜ:'ki:lɪəm] n berkélium *m*.

Berks. written abbr of **Berkshire**.

berlin [bə'lɪn] n **1.** ▸ **berlin (wool)** laine *f* à broder **2.** [carriage] berline *f*.

Berlin [bɜ:'lɪn] pr n Berlin ▸ **East Berlin** Berlin-Est ▸ **West Berlin** Berlin-Ouest ▸ **the Berlin airlift** le pont aérien de Berlin ▸ **the Berlin Wall** le mur de Berlin.

Berliner [bɜ:'lɪnər] n Berlinois *m*, -e *f*.

berm(e) [bɜ:m] n US berme *f*.

Bermuda [bə'mju:də] pr n Bermudes *fpl* / *in Bermuda* aux Bermudes ▸ **the Bermuda Triangle** le triangle des Bermudes.

Bermudan [bə'mju:dən] ◆ adj GEOG bermudien. ◆ n Bermudien *m*, -ne *f*.

Bermudas [bə'mju:dəz], **Bermuda shorts** pl n bermuda *m*.

Bern [bɜ:n] pr n Berne.

Bernese [,bɜ:'ni:z] ◆ n Bernois *m*, -e *f*. ◆ adj bernois.

berry ['berɪ] (*pl* **berries**, *pt & pp* **berried**) ◆ n baie *f*. ◆ vi **1.** [bush] produire des baies **2.** [person] cueillir des baies ▸ **to go berrying** aller cueillir des baies.

berserk [bə'zɜ:k] adj fou furieux ▸ **to go berserk** **a)** [person] devenir fou furieux **b)** [crowd] se déchaîner.

berth [bɜ:θ] ◆ n **1.** [bunk] couchette *f* **2.** NAUT [in harbour] mouillage *m*, poste *m* d'amarrage ; [distance] distance *f* **3.** PHR ▸ **to give sb a wide berth** UK éviter qqn (à tout prix) / *I'd give him a wide berth if I were you* je l'éviterais (à tout prix) or je me tiendrais à distance si j'étais vous. ◆ vi [at dock] venir à quai, accoster ; [at anchor] mouiller. ◆ vt [dock] amarrer, faire accoster ; [assign place to] donner un poste d'amarrage à.

Bertie Wooster ['bɜ:tɪ'wʊstə] pr n *personnage des romans de P.G. Wodehouse, jeune aristocrate écervelé toujours tiré d'affaire par son valet Jeeves.*

beryl ['berəl] n béryl *m*.

beryllium [be'rɪljəm] n béryllium *m*.

beseech [bɪ'si:tʃ] (*pt & pp* **beseeched** *or* **besought** [-'sɔ:t]) vt *fml & liter* **1.** [ask for] solliciter, implorer **2.** [entreat] implorer, supplier ▸ **to beseech sb to do sthg** implorer or supplier qqn de faire qqch / *he beseeched them to save him* il les a suppliés or implorés de le sauver / *please, I beseech you* s'il vous plaît, je vous en supplie.

beseeching [bɪ'si:tʃɪŋ] ◆ adj suppliant, implorant. ◆ n (*U*) supplications *fpl*.

beseechingly [bɪ'si:tʃɪŋlɪ] adv d'un air or ton suppliant.

beset [bɪ'set] (*pt & pp* **beset**, *cont* **besetting**) vt (*usu passive*) **1.** [assail] assaillir, harceler / *I was beset by* or *with doubt* j'étais assailli par le doute / *the whole project is beset with financial difficulties* le projet pose énormément de problèmes sur le plan financier / *they are beset with problems* ils sont assaillis de problèmes **2.** [surround] encercler / *beset by the enemy* cerné par l'ennemi.

besetting [bɪ'setɪŋ] adj : *his besetting sin was greed* la cupidité était son plus grand défaut.

beside [bɪ'saɪd] prep **1.** [next to] à côté de, auprès de / *walk beside me* marchez à côté de moi / *he wanted to keep his family beside him* il voulait garder sa famille auprès de lui / *a plate with a glass beside it* une assiette avec un verre à côté / *a house beside the sea* une maison au bord de la mer **2.** [as compared with] à côté de, par rapport à / *the results don't look very brilliant beside last year's* les résultats n'ont pas l'air brillants à côté de or par rapport à ceux de l'année dernière **3.** [in addition to] en plus de, outre ; [apart from] à part, excepté **4.** PHR ▸ **to be beside o.s. with rage / excitement / joy** être hors de soi / surexcité / fou de joie.

besides [bɪ'saɪdz] ◆ prep **1.** [in addition to] en plus de, outre / *there are three (other) candidates besides yourself* il y a trois (autres) candidats à part vous / *what other skills do you have besides languages?* quelles compétences avez-vous à part or outre les langues? / *that's besides what you already owe me* c'est en plus de ce que tu me dois déjà / *besides being old, she's also extremely deaf* non seulement elle est vieille, mais elle est également très sourde / *besides which that book is out of print* sans compter que ce livre est épuisé **2.** *(with negatives)* [apart from] hormis, excepté / *nobody besides me* personne à part moi / *she said nothing besides what we knew already* elle n'a rien dit que nous ne sachions déjà. ◆ adv **1.** [in addition] en plus, en outre / *and more besides* et d'autres encore / *he owns two flats and a country house besides* il est propriétaire de deux appartements ainsi que d'une maison à la campagne / *he knows the rudiments but little else besides* il connaît les rudiments mais pas grand-chose d'autre or de plus **2.** [furthermore] en plus / *it's an excellent play and, besides, the tickets aren't expensive* la pièce est excellente et en plus, les billets ne coûtent pas cher / *besides, I don't even like funfairs* d'ailleurs or en plus, je n'aime pas les foires.

besiege [bɪ'si:dʒ] vt **1.** [surround - town] assiéger ; *fig* [person, office] assaillir / *the tourists were besieged by beggars* les touristes étaient assaillis par des mendiants **2.** [harass] assaillir, harceler / *besieged by doubt* rongé or assailli par le doute / *we've been besieged by requests for help* nous avons été assaillis de demandes d'aide.

besieger [bɪ'si:dʒər] n assiégeant *m*.

besmear [bɪ'smɪər] vt *liter* [smear] barbouiller, salir ; *fig* [tarnish] souiller / *to besmear sb's reputation* souiller or ternir la réputation de qqn.

besmirch [bɪ'smɜ:tʃ] vt *liter* [make dirty] souiller ; *fig* [tarnish] souiller / *besmirched with mud* barbouillé de boue / *to besmirch sb's name* souiller or ternir le nom de qqn.

besom ['bi:zəm] n [broom] balai *m*.

besotted [bɪ'sɒtɪd] adj **1.** [infatuated] fou *(before vowel or silent 'h' fol, f folle)*, épris ▸ **to be besotted with sb** être fou or follement épris de qqn **2.** [foolish] idiot / *besotted with drink* abruti (par l'alcool), soûl.

besought [-'sɔ:t] pt & pp ⟶ **beseech**.

bespangle [bɪ'spæŋgl] vt *liter* pailleter / *bespangled with diamonds* pailleté or parsemé de diamants.

bespatter [bɪ'spætər] vt *liter* [splash] éclabousser / *bespattered with mud* tout maculé de boue ; *fig* [tarnish] souiller, éclabousser.

bespeak [bɪ'spi:k] (*pt* **bespoke** [-'spəʊk], *pp* **bespoke** *or* **bespoken** [-'spəʊkən]) vt *liter* **1.** [be sign of] démontrer, témoigner de / *her action bespeaks kindness* son geste témoigne de sa bonté / *their hesitation bespeaks moral weakness* leur hésitation révèle une faiblesse morale **2.** [reserve - room, table] réserver, retenir ; [- book, product] commander.

bespectacled [bɪ'spektəkld] adj qui porte des lunettes, à lunettes.

bespoke [-'spəʊk] ◆ pt & pp ⟶ **bespeak**. ◆ adj [shoemaker, tailor] à façon ; [shoes, suit] fait sur mesure.

bespoken [-'spəʊkən] pp ⟶ **bespeak**.

besprinkle [bɪ'sprɪŋkl] vt *liter* [with sugar, talc] saupoudrer ; [with liquid] asperger, arroser.

Bessemer converter ['besɪmər] n convertisseur *m* Bessemer.

Bessemer process n procédé *m* Bessemer.

best [best] (*pl* **best**) ◆ adj **1.** *(superl of* ***good****)* meilleur / ***some of our best scientists will be there*** certains de nos meilleurs chercheurs seront présents / ***it's one of the best films I've ever seen*** c'est un des meilleurs films que j'aie jamais vus / ***she's my best friend*** c'est ma meilleure amie / ***may the best man win*** que le meilleur gagne / ***she gave him the best years of her life*** elle lui a sacrifié les plus belles années de sa vie / ***I'm doing what is best for the family*** je fais ce qu'il y a de mieux pour la famille / ***she knows what's best for her*** elle sait ce qui lui va or convient le mieux / ***do as you think best*** faites pour le mieux / ***they think it best not to answer*** ils croient qu'il vaut mieux ne pas répondre / ***it's best not to smoke at all*** il est préférable de ne pas fumer du tout / ***what's the best thing to do?*** quelle est la meilleure chose à faire ? / ***the best thing (to do) is to keep quiet*** le mieux, c'est de ne rien dire / ***the best thing about it is that it's free*** / ***is that she didn't even realize*** le mieux, c'est que c'est gratuit / c'est qu'elle ne s'en est même pas rendu compte / ***best of all*** le meilleur de tout / **'best before April 2012'** COMM 'à consommer de préférence avant avril 2012' **2.** [reserved for special occasions] plus beau / ***she put out her best dishes*** **a)** UK elle a sorti sa plus belle vaisselle **b)** US elle a sorti ses plus belles assiettes / ***she was dressed in her best clothes*** elle portait ses plus beaux vêtements **3.** PHR **the best part of** la plus grande partie de / ***she spent the best part of the day working*** elle a passé le plus clair de la journée à travailler / ***I waited for the best part of an hour*** j'ai attendu près d'une heure or presque une heure. ◆ adv *(superl of* ***well****)* mieux / ***he does it best*** c'est lui qui le fait le mieux / ***Tuesday would suit me best*** le mieux pour moi serait mardi / ***the best-kept garden in the village*** le jardin le mieux entretenu du village / ***the best-preserved Renaissance theatre in Italy*** le théâtre Renaissance le mieux conservé d'Italie / ***which film did you like best?*** quel est le film que vous avez préféré ? / ***I liked the Fellini best*** c'est le Fellini que j'ai préféré / ***I comforted her as best I could*** je l'ai consolée de mon mieux or du mieux que j'ai pu / ***you had best apologize to her*** vous feriez mieux de lui présenter vos excuses. ◆ n **1.** [most outstanding person, thing, part, etc.] le meilleur *m*, la meilleure *f*, les meilleurs *mpl*, les meilleures *fpl* / ***it*** / ***she is the best there is*** c'est le meilleur / la meilleure qui soit / ***he wants her to have the best*** il veut qu'elle ait ce qu'il y a de mieux, il veut ce qu'il y a de mieux pour elle / ***the best of it is the paid holidays*** le mieux or ce qu'il y a de vraiment bien, ce sont les congés payés / ***the best you can say about him is that...*** le mieux qu'on puisse dire à son sujet c'est que... / ***she can stand comparison with the best of them*** on peut la comparer avec les meilleurs d'entre eux / les meilleures d'entre elles / ***even the best of us can make mistakes*** tout le monde peut se tromper / ***to get*** or ***to have the best of the bargain*** avoir la part belle ▸ **the best of both worlds** : ***she wants the best of both worlds*** elle veut tout avoir **2.** [greatest, highest degree] le mieux, le meilleur / ***they're the best of friends*** ce sont les meilleurs amis du monde / ***to the best of my knowledge*** / ***recollection*** autant que je sache / je me souvienne / ***the best of luck!*** bonne chance ! / ***even at the best of times*** même dans les meilleurs moments / ***she's not the calmest of people, even at the best of times*** ce n'est pas quelqu'un de très calme de toute façon / ***it was the best we could do*** nous ne pouvions pas faire mieux / ***it's journalism at its best*** c'est du journalisme de haut niveau / ***the garden is at its best in spring*** c'est au printemps que le jardin est le plus beau / ***he was at his best last night*** il était en pleine forme hier soir / ***I'm not at my best in the morning*** je ne suis pas en forme le matin / ***this is Shakespeare at his best*** voilà du meilleur Shakespeare ▸ **to do one's best** faire de son mieux or tout son possible / ***do your best!*** faites de votre mieux !, faites pour le mieux ! / ***do your best to finish on time*** faites de votre mieux pour finir à temps ▸ **to get the best out of sb** / **sthg** tirer un maximum de qqn / qqch ▸ **to look one's best** [gen] être resplendissant / ***she looks her best with short hair*** les cheveux courts l'avantagent / ***we'll have to make the best of the situation*** il faudra nous accommoder de la situation (du mieux que nous pouvons) ▸ **to make the best of a bad bargain** or **job** faire contre mauvaise fortune bon cœur **3.** [nicest clothes] ▸ **they were in their Sunday best** ils étaient endimanchés or portaient leurs habits du dimanche **4.** [good wishes] : *(I wish you)* ***all the best*** (je vous souhaite) bonne chance / ***give your wife my best*** mes amitiés à votre femme **5.** [winning majority] : ***we played the best of three games*** le jeu consistait à gagner or il fallait gagner deux parties sur trois. ◆ vt *arch* [get advantage over] l'emporter sur ; [defeat] vaincre.

✧ **at best** adv phr au mieux / ***this is, at best, a temporary solution*** c'est, au mieux, une solution temporaire / ***his performance has been at best mediocre*** ses résultats ont été, au mieux, médiocres.

✧ **for the best** adv phr pour le mieux / ***it's all for the best*** c'est pour le mieux / ***he meant it for the best*** il avait les meilleures intentions du monde.

best-before date n date *f* limite de consommation.

best-case adj ▸ **this is the best-case scenario** c'est le scénario le plus optimiste.

bestial ['bestjəl] adj bestial.

bestiality [ˌbestɪ'ælətɪ] (*pl* **bestialities**) n **1.** [of behaviour, character] bestialité *f* **2.** [act] acte *m* bestial **3.** [sexual practice] bestialité *f*.

bestiary ['bestɪərɪ] (*pl* **bestiaries**) n bestiaire *m (recueil)*.

bestir [bɪ'stɜːr] (*pt & pp* **bestirred**, *cont* **bestirring**) vt ▸ **to bestir o.s.** s'activer.

best man n garçon *m* d'honneur.

Best man

Dans les pays anglo-saxons, le garçon d'honneur est responsable du bon déroulement de la cérémonie du mariage. C'est lui qui présente l'alliance au marié et prononce un discours pendant la réception. La tradition veut que ce discours soit agrémenté de commentaires et de vieilles histoires drôles sur le marié.

bestow [bɪ'stəʊ] vt *fml* [favour, gift, praise] accorder ; [award, honour] conférer, accorder ▸ **to bestow sthg on sb** accorder or conférer qqch à qqn.

bestowal [bɪ'stəʊəl] n *fml* [of favour, honour, title] octroi *m*.

best-perceived adj mieux perçu.

best practices pl n bonnes pratiques *fpl*.

bestrew [bɪ'struː] (*pt* **bestrewed**, *pp* **bestrewed** *or* **bestrewn** [-'struːn]) vt *liter* joncher / ***the floor was bestrewed with flowers*** le plancher était jonché de fleurs.

bestride [bɪ'straɪd] (*pt* **bestrode** [-'strəʊd], *pp* **bestridden** [-'strɪdn]) vt *liter* **1.** [straddle - bicycle, horse] enfourcher ; [- chair] se mettre à califourchon or à cheval sur **2.** [span - river] enjamber, franchir ; [- obstacle] enjamber.

best-seller n **1.** [book] best-seller *m*, succès *m* de librairie ; [product] article *m* qui se vend bien / ***to be on the best-seller list*** être un best-seller **2.** [author] auteur *m* à succès.

best-selling adj [book, item] à fort tirage ; [author] à succès.

bet [bet] (*pt & pp* **bet** *or* **betted**, *cont* **betting**) ◆ n pari *m* / ***do you want to make a bet?*** tu veux parier ? / ***we accepted*** or ***took the bet*** nous avons accepté le pari ▸ **to win** / **to lose a bet** gagner / perdre un pari / ***he laid*** or ***put*** or ***placed a bet on the race*** il a parié or il a fait un pari sur la course / ***place your bets!*** faites vos jeux ! / ***they're taking bets*** ils prennent des paris / ***it's a good*** or ***safe bet that they'll win*** ils vont gagner à coup sûr / ***your best bet is to take a taxi*** *inf* tu ferais mieux de prendre un taxi / ***she's a bad*** / ***good bet as a prospective leader*** elle ferait un mauvais / bon leader ▸ **all bets are off** l'issue est incertaine. ◆ vt parier / ***how much did you bet on the race?*** combien as-tu parié or misé sur la course ? / ***I bet her £5 he wouldn't come*** j'ai parié 5 livres avec elle qu'il ne viendrait pas / ***I'll bet you anything you want*** je te parie tout ce que tu veux / ***I'm willing to bet she's lying*** je suis prête à parier qu'elle ment / ***I bet you won't do it!*** *inf* (t'es pas) chiche ! / ***I'll bet my bottom dollar*** or ***my boots he loses*** *inf* il va perdre, j'en mettrais ma main au feu / ***are you going to the party? — you bet!*** *inf* tu vas à la soirée ? — et comment ! or qu'est-ce que tu crois ? / ***I'll tell him off — I'll bet!*** **a)** *inf* [you will] je vais lui dire ses quatre vérités — j'en doute pas ! **b)** [you won't] je vais lui dire ses quatre vérités — mon œil ! ◆ vi parier ▸ **to bet against** / **on sthg** parier contre / sur qqch / ***he bets on the races*** il parie or joue aux courses / ***which horse did you bet on?*** quel cheval as-tu joué ?, sur quel cheval as-tu misé ? / ***to bet 5 to 1*** parier or miser à 5 contre 1 / ***he said he'd phone me — well, I wouldn't bet on it!*** *inf* il a dit qu'il me téléphonerait — à ta place, je ne me ferais pas trop d'illusions ! / ***I wouldn't bet on getting your money back*** *inf* à mon avis, tu n'es pas près de revoir ton argent.

beta ['biːtə] n bêta *m inv*.

beta-blocker [-ˌblɒkər] n bêtabloquant *m*.

betake [bɪ'teɪk] (*pt* **betook** [-'tʊk], *pp* **betaken** [-'teɪkn]) vt *liter* ▸ **to betake o.s.** se rendre à / ***they betook themselves to the fair*** ils se rendirent à la foire.

beta release n COMPUT version *f* bêta.

beta test n test *m* bêta.

beta version = **beta release**.

beta wave n rayons *mpl* bêta.

betcha ['betʃə] excl *inf* ▸ **you betcha!** un peu, oui !

betel ['biːtl] n bétel *m*.

betel nut n noix *f* d'arec.

betel palm n aréquier *m*, arec *m*.

bethel, **Bethel** ['beθl] n *lieu de recueillement pour les marins*.

bethink [bɪ'θɪŋk] (*pt & pp* **bethought** [-'θɔːt]) vt *arch & regional* ▸ **to bethink o.s. of sthg** **a)** [consider] considérer qqch, songer à qqch **b)** [remember] se rappeler qqch, se souvenir de qqch.

Bethlehem ['beθlɪhem] pr n Bethléem.

bethought [-'θɔːt] pt & pp ⟶ **bethink**.

betide [bɪ'taɪd] vi *liter* advenir.

betimes [bɪ'taɪmz] adv *arch* [early] de bonne heure, tôt ; [in good time] à temps ; [soon] bientôt.

betoken [bɪ'təʊkn] vt *fml* [indicate] être l'indice de, révéler ; [augur] présager, annoncer.

betony ['betənɪ] (*pl* **betonies**) n bétoine *f*.

betook [-'tʊk] pt ⟶ **betake**.

betray [bɪ'treɪ] vt **1.** [be disloyal to - friend, principle] trahir ; [- husband, wife] tromper, trahir ; [- country] trahir, être traître à / ***my face betrayed me*** mon visage m'a trahi **2.** [denounce] trahir, dénoncer ; [hand over] trahir, livrer / ***he betrayed the rebels to the police*** il a livré les rebelles à la police **3.** [confidence, hope, trust] trahir, tromper **4.** [disclose - secret, truth] trahir, divulguer ; [- grief, happiness] trahir, laisser voir / ***her voice betrayed her nervousness*** sa voix laissait deviner son inquiétude.

betrayal [bɪ'treɪəl] n **1.** [of person, principle] trahison *f* **2.** [act] (acte *m* de) trahison *f* / ***it's a betrayal of one's country*** c'est une trahison envers son pays **3.** [of confidence, trust] abus *m*, trahison *f* **4.** [of secret, truth] trahison *f*, divulgation *f*.

betrayer [bɪ'treɪər] n traître *m*, -esse *f*.

betroth [bɪ'trəʊð] vt *arch* promettre en mariage.

betrothal [bɪ'trəʊðl] n *arch* fiançailles *fpl* / ***her betrothal to the prince*** ses fiançailles avec le prince.

betrothed [bɪ'trəʊðd] *arch* ◆ adj fiancé, promis / ***she is betrothed to our son*** elle est fiancée à or avec notre fils. ◆ n fiancé *m*, -e *f*, promis *m*, -e *f*.

better ['betər] ◆ adj **1.** *(compar of good)* [superior] meilleur / *the marks are better than I expected* les notes sont meilleures que je ne m'y attendais / *it's better than nothing* c'est mieux que rien / *that's better!* voilà qui est mieux ! / *I'm better at languages than he is* je suis meilleur or plus fort en langues que lui / *he's a better cook than you are* il cuisine mieux que toi / *she's a better painter than she is a sculptor* elle peint mieux qu'elle ne sculpte / *I had hoped for better things* j'avais espéré mieux / *business is (getting) better* les affaires vont mieux / *things are (getting) better and better!* ça va de mieux en mieux ! / *it couldn't* or *nothing could be better!* c'est on ne peut mieux ! / *he looks better without his glasses* il est mieux sans lunettes / *you get a better view from here* on voit mieux d'ici / *it's better if I don't see them* il vaut mieux or il est préférable que je ne les voie pas / *it would have been better to have waited a little* il aurait mieux valu attendre un peu / *you're far better leaving now* il vaut beaucoup mieux que tu partes maintenant ▸ **to be all the better for having done sthg** se trouver mieux d'avoir fait qqch / *you'll be all the better for a holiday* des vacances vous feront le plus grand bien ▸ **better off** mieux / *they're better off than we are* **a)** [richer] ils ont plus d'argent que nous **b)** [in a more advantageous position] ils sont dans une meilleure position que nous / *she'd be better off in hospital* elle serait mieux à l'hôpital / *he'd have been better off staying where he was* il aurait mieux fait de rester où il était **2.** *(compar of well)* [improved in health] ▸ **to get better** commencer à aller mieux / *now that he's better* maintenant qu'il va mieux / *my cold is much better* mon rhume va beaucoup mieux / *I'm feeling much better* je me sens beaucoup mieux **3.** [morally] : *she's a better person for it* ça lui a fait beaucoup de bien / *you're a better man than I am!* hum mieux vaut toi que moi ! / *you're no better than a liar!* tu n'es qu'un menteur ! ▸ **she's no better than she should be** *euph & dated* elle n'est pas d'une vertu farouche **4.** PHR **the better part of sthg** la plus grande partie de qqch / *I waited for the better part of an hour* j'ai attendu presque une heure / *we haven't seen them for the better part of a month* ça fait presque un mois or près d'un mois que nous ne les avons pas vus. ◆ adv **1.** *(compar of well)* [more proficiently, aptly, etc.] mieux / *he swims better than I do* il nage mieux que moi / *she paints better than she sculpts* elle peint mieux qu'elle ne sculpte / *they speak French better than they used to* ils parlent mieux le français qu'avant / *the town would be better described as a backwater* la ville est plutôt un coin perdu / *he held it up to the light, the better to see the colours* il l'a mis dans la lumière afin de mieux voir les couleurs / *all the better to hear you with* c'est pour mieux t'entendre ▸ **to go one better (than sb)** renchérir (sur qqn) **2.** [indicating preference] : *I liked his last book better* j'ai préféré son dernier livre / *I'd like nothing better than to talk to him* je ne demande pas mieux que de lui parler ▸ **so much the better** tant mieux ▸ **or better still** ou mieux encore / *the less he knows the better* moins il en saura, mieux ça vaudra ▸ **better late than never** *prov* mieux vaut tard que jamais *prov* **3.** [with adj] mieux, plus / *better looking* plus beau / *better paid* / *prepared* mieux payé / préparé / *she's one of Canada's better-known authors* c'est un des auteurs canadiens les plus or mieux connus **4.** PHR *you had better begin at the beginning* tu ferais bien de commencer par le commencement / *we'd better be going* **a)** [must go] il faut que nous partions **b)** [would be preferable] il vaut mieux que nous partions / *I'd better not wake him* il vaut mieux que je ne le réveille pas / *it'll be ready tomorrow — it'd better be!* ce sera prêt demain — il vaudrait mieux ! / *you'd better be on time!* tu as intérêt à être à l'heure ! ◆ n **1.** [superior of two] le meilleur *m*, la meilleure *f* / *which is the better of the two?* lequel des deux est le meilleur ? / *what do you think of this wine? — I've tasted better* comment trouvez-vous ce vin ? — j'en ai bu de meilleurs / *there's been a change for the better in his health* son état de santé s'est amélioré / *the situation has taken a turn for the better* la situation a pris une meilleure tournure ▸ **for better or worse** pour le meilleur ou pour le pire **2.** *(usu pl)* [person] supérieur *m*, -e *f* **3.** [gambler] parieur *m*, -euse *f* **4.** PHR **to get the better of sb** : *curiosity got the better of me* ma curiosité l'a emporté / *we got the better of them in the deal* nous l'avons emporté sur eux dans l'affaire. ◆ vt [position, status, situation] améliorer ; [achievement, sales figure] dépasser / *she's eager to better herself* elle a vraiment envie d'améliorer sa situation.

better half n *inf & hum* moitié *f (au sens de mari ou femme).*

betterment ['betəmənt] n amélioration *f* ; LAW [of property] plus-value *f*.

better-off ◆ adj aisé, riche. ◆ pl n ▸ **the better-off** les riches *mpl*.

betting ['betɪŋ] ◆ n **1.** [bets] pari *m*, paris *mpl* / *the betting was heavy* les paris allaient bon train / *what's the betting they refuse to go?* je suis prêt à parier qu'ils ne voudront pas y aller **2.** [odds] cote *f* / *the betting is 5 to 1 on Blackie* (la cote de) Blackie est à 5 contre 1, la cote est à 5 contre 1 sur Blackie. ◆ adj : *I'm not a betting man* je n'aime pas parier ▸ **betting slip** UK bulletin *m* de pari individuel.

betting office n ≃ (bureau *m* de) PMU *m*.

betting shop n bureau *m* de paris *(appartenant à un bookmaker).*

bettor ['betər] n US = **better** *(noun).*

Betty Crocker® [ˌbetɪ'krɒkər] pr n *marque américaine de produits alimentaires et de livres de recettes.*

Betty Ford Clinic ['betɪ-] pr n *centre de désintoxication pour alcooliques et toxicomanes situé en Californie et fréquenté par des personnalités riches et célèbres.*

between [bɪ'twi:n] ◆ prep **1.** [in space or time] entre / *the crowd stood between him and the door* la foule le séparait de la porte / *the distance between the two towns* la distance entre or qui sépare les deux villes / *it happened between 3 and 4 a.m.* cela s'est passé entre 3 h et 4 h (du matin) / *between now and this evening* d'ici ce soir / *I'm between jobs at the moment* je suis entre deux emplois en ce moment / *you'll have an hour between trains* vous aurez une heure entre les deux trains / *you shouldn't eat between meals* tu ne devrais pas manger entre les repas or en dehors des repas **2.** [in the range that separates] entre / *it will cost between 5 and 10 million* ça coûtera entre 5 et 10 millions / *children between the ages of 5 and 10* les enfants de 5 à 10 ans / *somewhere between a half and a third* (quelque chose) entre une moitié et un tiers / *something between a laugh and a groan* quelque chose entre un rire et un grognement **3.** [indicating connection, relation] entre / *a bus runs between the airport and the hotel* un bus fait la navette entre l'aéroport et l'hôtel / *it's a half-hour drive between home and the office* il y a une demi-heure de route entre la maison et le bureau ; *fig* : *a treaty between the two nations* un traité entre les deux États / *an argument between two experts* une dispute entre deux experts / *a contest between two heavyweight boxers* un combat entre deux poids lourds / *the difference* / *distinction between A and B* la différence / distinction entre A et B / *he drew a comparison between the two systems* il a établi une comparaison entre les deux systèmes / *he felt things weren't right between them* il sentait que ça n'allait pas entre eux ▸ **between you and me** or **between ourselves** entre nous ▸ **between you, me and the gatepost** or **bedpost** or US **lamppost** *hum* entre nous **4.** [indicating alternatives] entre / *I had to choose between going with them and staying at home* il fallait que je choisisse entre les accompagner et rester à la maison **5.** [added together] : *between us we saved enough money for the trip* à nous tous nous avons économisé assez d'argent pour le voyage / *they have 7 children between them* à eux deux ils ont 7 enfants / *the 5 groups collected £1,000 between them* les 5 groupes ont recueilli 1 000 livres en tout / *(in) between painting, writing and looking after the children, she was kept very busy* entre la peinture, l'écriture et les enfants, elle était très occupée **6.** [indicating division] entre / *he divided it between his children* il l'a partagé entre ses enfants / *they shared the cake between them* ils se sont partagé le gâteau. ◆ adv = **in between.**

❖ **in between** ◆ adv phr **1.** [in intermediate position] : *a row of bushes with little clumps of flowers in between* un rang d'arbustes alternant avec des fleurs / *he's neither right nor left but somewhere in between* il n'est ni de droite ni de gauche mais quelque part entre les deux / *she either plays very well or very badly, never in between* elle joue très bien ou très mal, jamais entre les deux **2.** [in time] entre-temps, dans l'intervalle. ◆ prep phr entre.

betweentimes [bɪ'twi:ntaɪmz] adv dans l'intervalle, entre-temps.

betwixt [bɪ'twɪkst] *arch* ◆ prep = **between.** ◆ adv ▸ **something betwixt and between** quelque chose entre les deux.

BeV (written abbr of billion electron volts) GeV.

bevel ['bevl] (UK *pt & pp* **bevelled**, *cont* **bevelling** ; US *pt & pp* **beveled**, *cont* **beveling**) ◆ vt biseauter, tailler en biseau or de biais. ◆ n **1.** [surface] surface *f* oblique ; [angle] angle *m* oblique ▸ **bevel (edge)** biseau *m* **2.** = **bevel square.**

beveled adj US = **bevelled.**

bevel gear n engrenage *m* conique.

bevelled UK, **beveled** US ['bevld] adj biseauté.

bevel square n fausse équerre *f*.

beverage ['bevərɪdʒ] n boisson *f*.

bevvy ['bevɪ] *(pl* **bevvies**) UK ◆ n *regional* [drink] boisson *f* (alcoolisée) ; [drinking bout] beuverie *f*. ◆ vi boire de l'alcool. ◆ vt ▸ **to get bevvied** *v inf* se soûler la gueule.

bevy ['bevɪ] *(pl* **bevies**) n [of people] bande *f*, troupeau *m pej* ; [of quails] volée *f* ; [of roe deer] harde *f* / *a bevy of reports* un tas de rapports.

bewail [bɪ'weɪl] vt *liter* pleurer / *to bewail one's fate* se lamenter sur son sort.

beware [bɪ'weər] *(infinitive and imperative only)* ◆ vi prendre garde / *beware of getting lost* prenez garde de ne pas vous perdre / *beware of married men* méfiez-vous des hommes mariés / *beware of making hasty decisions* gardez-vous de prendre des décisions hâtives / **'beware of the dog!'** 'chien méchant !'. ◆ vt prendre garde / *beware what you say to her* prenez garde or faites attention à ce que vous lui dites.

bewhiskered [bɪ'wɪskəd] adj *liter* [with side whiskers] qui a des favoris ; [bearded] barbu.

bewilder [bɪ'wɪldər] vt rendre perplexe, dérouter.

bewildered [bɪ'wɪldəd] adj perplexe / *a bewildered look* un regard perplexe.

bewildering [bɪ'wɪldərɪŋ] adj déconcertant, déroutant.

bewilderingly [bɪ'wɪldərɪŋlɪ] adv de manière déconcertante or déroutante / *it was bewilderingly complicated* c'était d'une complexité déconcertante.

bewilderment [bɪ'wɪldəmənt] n confusion *f*, perplexité *f* / *"why?", she asked in bewilderment* « pourquoi ? », demanda-t-elle avec perplexité / *to my complete bewilderment he refused* à mon grand étonnement, il a refusé.

bewitch [bɪ'wɪtʃ] vt **1.** [cast spell over] ensorceler, enchanter **2.** [fascinate] enchanter, charmer.

bewitched [bɪ'wɪtʃt] adj ensorcelé, enchanté.

bewitching [bɪ'wɪtʃɪŋ] adj [smile] enchanteur, charmeur ; [beauty, person] charmant, séduisant.

bewitchingly [bɪ'wɪtʃɪŋlɪ] adv d'une façon séduisante / *she smiled at him bewitchingly* elle lui a adressé un sourire charmeur / *bewitchingly beautiful* beau à ravir.

bey [beɪ] n bey *m*.

beyond [bɪ'jɒnd] ◆ prep **1.** [on the further side of] au-delà de, de l'autre côté de / *the museum is a few yards beyond the church* le musée se trouve à quelques mètres après l'église / *beyond the mountains lies China* au-delà des montagnes se trouve la Chine / *the countries beyond the sea* les pays d'outre-mer or au-delà des mers **2.** [outside the range of] au-delà de, au-dessus de

/ *do your duties extend beyond teaching?* est-ce que vos fonctions s'étendent au-delà de l'enseignement? / *beyond one's ability* au-dessus de ses capacités / *beyond belief* incroyable / *due to circumstances beyond our control* dû à des circonstances indépendantes de notre volonté / *his guilt has been established beyond (all reasonable) doubt* sa culpabilité a été établie sans aucun or sans le moindre doute / *it's (gone) beyond a joke* cela dépasse les bornes / *beyond one's means* au-dessus de ses moyens ▸ **to be beyond sb** : *economics is completely beyond me* je ne comprends rien à l'économie / *why he wants to go there is beyond me* je ne comprends pas pourquoi il veut y aller **3.** [later than] au-delà de, plus de / *the deadline has been extended to beyond 2011* l'échéance a été repoussée au-delà de 2011 / *beyond 2011 that law will no longer be valid* après or à partir de 2011, cette loi ne sera plus applicable / *don't stay out beyond midnight!* rentre avant minuit! **4.** [apart from, other than] sauf, excepté / *I know nothing beyond what I've already told you* je ne sais rien de plus que ce que je vous ai déjà dit. ◆ adv **1.** [on the other side] au-delà, plus loin / *the room beyond was smaller* la pièce suivante était plus petite / *they crossed the mountains and the valleys beyond* ils ont traversé les montagnes et les vallées au-delà **2.** [after] au-delà / *major changes are foreseen for next year and beyond* des changements importants sont prévus pour l'année prochaine et au-delà. ◆ n au-delà *m* ▸ **the (great) beyond** l'au-delà.

Beyrouth [ˌbeɪ'ru:t] pr n = **Beirut**.

bezel ['bezl] (UK *pt & pp* **bezelled**, *cont* **bezelling** ; US *pt & pp* **bezeled**, *cont* **bezeling**) ◆ n **1.** [face - of tool] biseau *m* ; [- of gem] facette *f* **2.** [rim - for gem] chaton *m* ; [- for watch crystal] portée *f*. ◆ vt biseauter, tailler en biseau.

bezique [bɪ'zi:k] n bésigue *m*.

bf ◆ n (abbr of **bloody fool**) UK *inf* crétin *m*, -e *f*. ◆ (written abbr of **boldface**) TYPO caractères *mpl* gras.

b/f written abbr of **brought forward**.

BF MESSAGING written abbr of **boyfriend**.

BFN, **B4N** MESSAGING written abbr of **bye for now**.

B4 MESSAGING written abbr of **before**.

BG MESSAGING written abbr of **big grin**.

bhang [bæŋ] n cannabis *m*.

bhangra ['bæŋgrə] n MUS *combinaison de musique traditionnelle du Pendjab et de musique pop occidentale.*

BHL8 MESSAGING written abbr of **(I'll) be home late**.

Bhopal [bəʊ'pɑ:l] pr n Bhopal.

bhp n abbr of **brake horsepower**.

Bhutan [ˌbu:'tɑ:n] pr n Bhoutan *m*.

bi [baɪ] *v inf* ◆ adj bi *(inv)*. ◆ n bisexuel *m*, -elle *f*.

bi- [baɪ] in comp bi-.

biannual [baɪ'ænjʊəl] adj semestriel.

bias ['baɪəs] (*pt & pp* **biased** *or* **biassed**) ◆ n **1.** [prejudice] préjugé *m* / *there is still considerable bias against women candidates* les femmes qui se présentent sont encore victimes d'un fort préjugé / *they are quite without bias* ils sont sans préjugés **2.** [tendency] tendance *f*, penchant *m* / *the school has a scientific bias* l'école favorise les sciences **3.** SEW biais *m* ▸ **cut on the bias** taillé dans le biais **4.** [in bowls - weight] *poids ou renflement d'une boule qui l'empêche d'aller droit* ; [- curved course] déviation *f* **5.** MATH biais *m*. ◆ vt [influence] influencer ; [prejudice] prévenir / *his experience biased him against / towards them* son expérience l'a prévenu contre eux / en leur faveur / *the course is biased towards the arts* l'enseignement est plutôt orienté sur les lettres. ◆ adj en biais. ◆ adv en biais, de biais.

bias binding n biais *m (ruban)*.

biased, **biassed** ['baɪəst] adj **1.** [partial] partial **2.** [ball] décentré.

bias-ply tire n US pneu *m* à structure diagonale.

biathlon [baɪ'æθlɒn] n biathlon *m*.

bib [bɪb] n **1.** [for child] bavoir *m*, bavette *f* **2.** [of apron, dungarees] bavette *f* ▸ **in one's best bib and tucker** UK *inf* sur son trente et un **3.** [of feathers, fur] tache *f*, touche *f*.

bi-band adj bibande.

bibcock ['bɪbkɒk] n robinet *m* à bec courbe.

Bible ['baɪbl] ◆ n Bible *f*. ◆ comp ▸ **the Bible Belt** *États du sud des États-Unis où l'évangélisme est très répandu* ▸ **Bible class a)** [in school] classe *f* d'instruction religieuse **b)** [Catholic church] catéchisme *m* ▸ **Bible school** cours *m* d'instruction religieuse ▸ **Bible study** étude *f* de la Bible.

❖ **bible** n *fig* [manual] bible *f*, évangile *m* / *the fisherman's bible* l'évangile des pêcheurs.

bible-basher n *inf* = **bible-thumper**.

Bible paper n papier *m* bible.

bible-thumper [-ˌθʌmpəʳ] n *inf & pej* évangéliste *m* de carrefour.

biblical, **Biblical** ['bɪblɪkl] adj biblique.

bibliographer [ˌbɪblɪ'ɒgrəfəʳ] n bibliographe *mf*.

bibliographical [ˌbɪblɪə'græfɪkl] adj bibliographique.

bibliography [ˌbɪblɪ'ɒgrəfɪ] (*pl* **bibliographies**) n bibliographie *f*.

bibliophile ['bɪblɪəʊfaɪl] n bibliophile *mf*.

bibulous ['bɪbjʊləs] adj *liter* [person] adonné à la boisson.

bicameral [ˌbaɪ'kæmərəl] adj bicaméral.

bicameralism [ˌbaɪ'kæmərəlɪsm] n bicaméralisme *m*, bicamérisme *m*.

bicarb [baɪ'kɑ:b] n *inf* bicarbonate *m* (de soude).

bicarbonate [baɪ'kɑ:bənət] n bicarbonate *m* ▸ **bicarbonate of soda** bicarbonate *m* de soude.

bicentenary [ˌbaɪsen'ti:nərɪ] (*pl* **bicentenaries**) UK ◆ adj bicentenaire. ◆ n bicentenaire *m*.

bicentennial [ˌbaɪsen'tenjəl] ◆ adj bicentenaire. ◆ n bicentenaire *m*.

bicephalous [ˌbaɪ'sefələs] adj bicéphale.

biceps ['baɪseps] (*pl* **biceps**) n biceps *m*.

bichloride [ˌbaɪ'klɔ:raɪd] n bichlorure *m*.

bichromate [ˌbaɪ'krəʊmeɪt] n bichromate *m*.

bicker ['bɪkəʳ] vi se chamailler ▸ **to bicker about** or **over sthg** se chamailler à propos de qqch / *he's always bickering with his sister* lui et sa sœur sont toujours en train de se chamailler.

bickering ['bɪkərɪŋ] ◆ n chamailleries *fpl* / *stop your bickering!* arrêtez de vous chamailler! ◆ adj chamailleur.

bickie ['bɪkɪ] n UK *inf* [biscuit] petit gâteau *m*.

bicoastal [baɪ'kəʊstl] adj US [company] établi sur les deux côtes.

bicolour UK, **bicolor** US ['baɪˌkʌləʳ] adj bicolore.

biconcave [ˌbaɪ'kɒŋkeɪv] adj biconcave.

biconvex [ˌbaɪ'kɒnveks] adj biconvexe.

bicultural [ˌbaɪ'kʌltʃərəl] adj biculturel.

biculturalism [ˌbaɪ'kʌltʃərəlɪzm] n biculturalisme *m*.

bicuspid [ˌbaɪ'kʌspɪd] ◆ adj bicuspide. ◆ n prémolaire *f*.

bicycle ['baɪsɪkl] ◆ n vélo *m*, bicyclette *f* / *I go to work by bicycle* je vais travailler à vélo / *do you know how to ride a bicycle?* sais-tu faire du vélo? / *he went for a ride on his bicycle* il est allé faire un tour à vélo. ◆ comp [bell, chain, lamp] de vélo ▸ **bicycle lock** antivol *m* ▸ **bicycle shop** magasin *m* de cycles. ◆ vi faire du vélo / *she bicycles to work* elle va travailler à vélo.

bicycle clip n pince *f* à vélo.

bicycle-friendly adj = **bike-friendly**.

bicycle pump n pompe *f* à vélo.

bicycler ['baɪsɪkləʳ] n US cycliste *mf*.

bicycle rack n [for parking] râtelier *m* à bicyclettes or à vélos ; [on car roof] porte-vélos *m (inv)*.

bicycle track n piste *f* cyclable.

bid [bɪd] ◆ vi (*pt & pp* **bid**, *cont* **bidding**) **1.** [offer to pay] faire une offre, offrir ▸ **to bid for sthg** faire une offre pour qqch / *they bid against us* ils ont surenchéri sur notre offre **2.** COMM faire une soumission, répondre à un appel d'offres / *several firms bid on the project* plusieurs entreprises ont soumissionné pour le projet **3.** [make attempt] : *he's bidding for the presidency* il vise la présidence **4.** PHR ▸ **to bid fair to do sthg** promettre de faire qqch / *the negotiations bid fair to succeed* les négociations s'annoncent bien or sont en bonne voie. ◆ vt (*pt & pp* **bid**, *cont* **bidding**) **1.** [offer to pay] faire une offre de, offrir ; [at auction] faire une enchère de / *what am I bid for this table?* combien m'offre-t-on pour cette table? / *we bid £300 for the statue* nous avons fait une enchère de 300 livres pour la statue **2.** CARDS demander, annoncer **3.** (*pt* **bade** [bæd], *pp* **bidden** ['bɪdn]) *liter* [say] dire / *he bade them good day* il leur souhaita le bonjour / *they bade him farewell* ils lui firent leurs adieux / *she bade them welcome* elle leur souhaita la bienvenue ; *liter* [order, tell] ordonner, enjoindre / *he bade them enter* il les pria d'entrer / *do as you are bidden* faites ce qu'on vous dit ; *arch* [invite] inviter, convier. ◆ n **1.** [offer to pay] offre *f* ; [at auction] enchère *f* / *I made a bid of £100* **a)** [gen] j'ai fait une offre de 100 livres **b)** [at auction] j'ai fait une enchère de 100 livres / *a higher bid* une surenchère / *they made a higher bid* ils ont surenchéri **2.** COMM [tender] soumission *f* / *the firm made* or *put in a bid for the contract* l'entreprise a fait une soumission or a soumissionné pour le contrat / *the State invited bids for* or *on the project* l'État a mis le projet en adjudication **3.** CARDS demande *f*, annonce *f* / *it's your bid* c'est à vous d'annoncer / *to make a bid of two hearts* demander or annoncer deux cœurs / *I make no bid* je passe (parole) ▸ **"no bid"** « passe », « parole » / *he raised the bid* il a monté or enchéri **4.** [attempt] tentative *f* / *they made a bid to gain control of the movement* ils ont tenté de prendre la tête du mouvement / *the prisoners made a bid for freedom* les prisonniers ont fait une tentative d'évasion / *a rescue bid* une tentative de sauvetage / *Birmingham fails in bid for next Olympics* [in headlines] Birmingham n'est pas sélectionné pour recevoir les prochains jeux Olympiques.

❖ **bid in** vi enchérir or surenchérir sur toute offre.

❖ **bid up** vt sep enchérir or surenchérir sur.

biddable ['bɪdəbl] adj **1.** CARDS demandable **2.** UK [docile] docile, obéissant.

bidden ['bɪdn] pp ⟶ **bid**.

bidder ['bɪdəʳ] n **1.** [at auction] enchérisseur *m*, -euse *f* / *there were no bidders* il n'y a pas eu de preneurs, personne n'a fait d'offre / *sold to the highest bidder* vendu au plus offrant / *the lowest bidder* le moins offrant **2.** COMM soumissionnaire *mf* ▸ **the highest / lowest bidder** le soumissionnaire le plus / le moins offrant.

bidding ['bɪdɪŋ] n **1.** [at auction] enchères *fpl* / *the bidding went against me* on avait enchéri sur mon offre / *to raise the bidding* faire monter les enchères / *bidding was brisk* les enchères étaient vives / *the bidding is closed* l'enchère est faite, c'est adjugé **2.** COMM [tenders] soumissions *fpl* **3.** CARDS enchères *fpl* **4.** *liter* [request] demande *f* ; [order] ordre *m*, ordres *mpl* / *he did his mother's bidding* il respecta les volontés de sa mère / *at her brother's bidding* sur la requête de son frère.

bidding price n US FIN cours *m* acheteur.

biddy ['bɪdɪ] (*pl* **biddies**) n **1.** UK *regional* [chicken] poulet *m* ; [hen] poule *f* **2.** *inf & pej* [old woman] vieille bonne femme *f* ; [gossip] commère *f pej*.

bide [baɪd] (*pt* **bided** *or* **bode** [bəʊd], *pp* **bided**) vt ▸ **to bide one's time** attendre son heure or le bon moment.

bidet ['bi:deɪ] n bidet *m*.

bidirectional [baɪdə'rekʃənl] adj bidirectionnel.

bid price n cours *m* acheteur.

Biel [bi:l] pr n Bienne.

biennial [baɪ'enɪəl] ◆ adj **1.** [every two years] biennal, bisannuel **2.** [lasting two years] biennal. ◆ n **1.** [event] biennale *f* **2.** [plant] plante *f* bisannuelle.

bier [bɪəʳ] n [for corpse] bière *f* ; [for coffin] brancards *mpl*.

biff [bɪf] *inf* ◆ vt flanquer un coup de poing à. ◆ n coup *m* de poing, gnon *m* / *she gave him a biff on the nose* elle lui a flanqué son poing dans or sur la figure.

bifid ['baɪfɪd] adj bifide.

bifocal [,baɪ'fəʊkl] adj bifocal.

❖ **bifocals** pl n lunettes *fpl* bifocales or à double foyer.

bifunctional [,baɪ'fʌŋkʃnəl] adj bifonctionnel.

bifurcate ['baɪfəkeɪt] ◆ vi bifurquer. ◆ adj à deux branches.

bifurcation [,baɪfə'keɪʃn] n bifurcation *f*.

big [bɪg] (*compar* **bigger**, *superl* **biggest**) ◆ adj **1.** [in size -car, hat, majority] grand, gros (grosse) ; [-crowd, field, room] grand ; [-person] grand, fort / *the crowd got bigger* la foule a grossi / *to earn big money* gagner gros / *advertising is where the big money is* la publicité rapporte gros / *he has a big head fig* il a la grosse tête / *we're not big eaters* nous ne sommes pas de gros mangeurs / *he has a big mouth inf & fig* il faut toujours qu'il l'ouvre / *why did you have to open your big mouth? inf* tu ne pouvais pas la fermer, non ? / *to be big with child* BIBLE & *liter* être enceinte, attendre un enfant ▸ **to be too big for one's boots** or **one's breeches** *inf* : *she's too big for her boots* elle ne se prend pas pour n'importe qui ▸ **Big Blue** *surnom d'IBM* ▸ **the Big Three** *les trois principaux constructeurs automobiles américains (General Motors, Ford, Chrysler)* / **'The Big Heat'** *Lang* 'Règlement de comptes' / **'The Big Sleep'** *Chandler, Hawks* 'le Grand Sommeil' **2.** [in height] grand / *to get* or *to grow bigger* grandir / *you're a big boy now* tu es un grand garçon maintenant **3.** [older] aîné, plus grand / *my big sister* ma grande sœur **4.** *(as intensifier)* grand, énorme / *he's just a big bully* ce n'est qu'une grosse brute **5.** [important, significant -decision, problem] grand, important ; [-drop, increase] fort, important / *the big day* le grand jour / *he's big in publishing* or *he's a big man in publishing* c'est quelqu'un d'important dans l'édition / *we're onto something big!* nous sommes sur une piste intéressante ! **6.** [grandiose] grand / *he has very big ideas about the future* il a de grands projets d'avenir / *he went into politics in a big way* il est entré dans la politique par la grande porte / *they entertain in a big way* ils font les choses en grand quand ils reçoivent / *big words!* ce sont de bien grands mots ! **7.** [generous] grand, généreux / *he has a big heart* il a du cœur or bon cœur / *he's a big spender* c'est un grand dépensier / *that's big of you! iro* quelle générosité ! / *a big wine* un vin généreux **8.** *inf* [popular] à la mode / *Japanese food is really big just now* la cuisine japonaise est vraiment à la mode en ce moment **9.** *inf* [enthusiastic] ▸ **to be big on sthg** adorer or être fana de qqch / *the company is big on research* l'entreprise investit beaucoup dans la recherche. ◆ adv **1.** [grandly] : *he talks big* il se vante, il fanfaronne / *to think big* voir grand **2.** *inf* [well] : *their music goes over big with teenagers* les adolescents adorent leur musique / *they made it big in the pop world* ce sont maintenant des stars de la musique pop.

bigamist ['bɪgəmɪst] n bigame *mf*.

bigamous ['bɪgəməs] adj bigame.

bigamy ['bɪgəmɪ] n bigamie *f*.

Big Apple pr n *inf* ▸ **the Big Apple** New York *(la ville)*.

big band n big band *m (grand orchestre de jazz typique des années 1940-1950)*.

big bang n ▸ **the big bang** le big-bang, le big bang ▸ **the Big Bang** ST. EX le Big Bang *(réforme et informatisation du système boursier à Londres, entrée en vigueur le 27 octobre 1986)*.

big bang theory n la théorie du big-bang or big bang.

Big Ben [-ben] pr n Big Ben.

Big Ben

Nom de la cloche de la tour de l'Horloge du palais de Westminster, souvent donné à tort à la tour elle-même.

big-box store n US hypermarché *m*.

Big Brother pr n Big Brother / *Big Brother is watching you* Big Brother vous regarde.

big-budget adj à gros budget.

big business n *(U)* les grandes entreprises *fpl*.

big cat n fauve *m*, grand félin *m* ▸ **the big cats** les fauves, les grands félins.

big cheese n *inf* gros bonnet *m*.

Big Crunch pr n ▸ **the Big Crunch** le Big Crunch *(contraction et effondrement de l'Univers, envers du Big Bang)*.

big deal *inf* ◆ interj ▸ **big deal!** tu parles ! ◆ n : *it's no big deal* il n'y a pas de quoi en faire un plat !

Big Dipper pr n US ASTRON ▸ **the Big Dipper** la Grande Ourse.

❖ **big dipper** n UK [in fairground] ▸ **the big dipper** les montagnes *fpl* russes.

Big Easy pr n US *surnom de La Nouvelle-Orléans*.

big end n UK tête *f* de bielle.

Bigfoot ['bɪgfʊt] pr n *sorte d'abominable homme des neiges qui vivrait dans le nord des États-Unis et au Canada*.

big game ◆ n gros gibier *m*. ◆ comp ▸ **big game hunter** chasseur *m* de gros gibier ▸ **big game hunting** chasse *f* au gros gibier.

biggie ['bɪgɪ] n *inf* [success -song] tube *m* ; [-film, album] succès *m* / *his next book / film should be a biggie* son prochain livre / film devrait faire un malheur.

Biggles ['bɪglz] pr n *pilote de guerre dans les romans de W.E. Johns (pour toute une génération de jeunes lecteurs, le personnage fut un modèle de courage et de sang-froid)*.

big gun n *inf* gros bonnet *m*.

big hair n US *coiffure volumineuse et apprêtée*.

bighead ['bɪghed] n *inf* crâneur *m*, -euse *f*.

bigheaded [,bɪg'hedɪd] adj *inf* crâneur / *to be bigheaded* avoir la grosse tête.

bighearted [,bɪg'hɑ:tɪd] adj au grand cœur / *to be bighearted* avoir le cœur sur la main, avoir bon or du cœur.

bighorn ['bɪghɔ:n] (*pl* **bighorn** *or* **bighorns**) n mouflon *m*.

bight [baɪt] n **1.** [of shoreline] baie *f* **2.** [in rope -slack] mou *m* ; [-coil] boucle *f*.

Big Issue pr n UK PRESS ▸ **the Big Issue** *journal des sans-abri*.

Big League n US = **Major League**.

big man on campus n US *inf étudiant jouissant d'une certaine popularité grâce à ses exploits sportifs, etc.*

bigmouth ['bɪgmaʊθ] (*pl* [-maʊðz]) n *inf* grande gueule *f* / *she's such a bigmouth* elle ne sait pas la fermer / *shut up, bigmouth!* la ferme !

big name n grand nom *m*.

big noise n UK *inf* gros bonnet *m*.

bigot ['bɪgət] n [gen] sectaire *mf*, intolérant *m*, -e *f* ; RELIG bigot *m*, -e *f*, sectaire *mf*.

bigoted ['bɪgətɪd] adj [gen -person] sectaire, intolérant ; [-attitude, opinion] fanatique ; RELIG bigot.

bigotry ['bɪgətrɪ] n [gen] sectarisme *m*, intolérance *f* ; RELIG bigoterie *f*.

big screen n ▸ **the big screen** le grand écran, le cinéma.

big shot n *inf* gros bonnet *m*.

big smoke n UK *inf* ▸ **the big smoke a)** [gen] la grande ville **b)** [London] Londres.

big stick n ▸ **the big stick** le bâton, la force ▸ **big stick diplomacy** politique *f* du bâton.

Big Ten pl n US SPORT *équipes sportives universitaires du Midwest, réputées de très haut niveau*.

big-ticket adj US [expensive] cher / *a big-ticket item* un article haut de gamme.

big time n *inf* ▸ **to hit** or **to make** or **to reach the big time** arriver, réussir.

❖ **big-time** adj *inf* [actor, singer] à succès ; [businessman, politician] de haut vol ; [project] ambitieux, de grande échelle.

big-timer n *inf* gros bonnet *m*.

big toe n gros orteil *m*.

big top n [tent] grand chapiteau *m* ; [circus] cirque *m*.

big wheel, **bigwig** ['bɪgwɪg] n *inf* gros bonnet *m*.

bijou ['bi:ʒu:] adj UK *pej & hum* chic.

bike [baɪk] *inf* ◆ n [bicycle] vélo *m* ; [motorcycle] moto *f* ▸ **to ride a bike a)** [bicycle] faire du vélo **b)** [motorcycle] faire de la moto ▸ **on your bike! a)** UK *inf* [go away] dégage ! **b)** [don't be ridiculous] mais oui, c'est ça ! ◆ vi [bicycle] faire du vélo ; [motorcycle] faire de la moto.

bike-friendly, **bicycle-friendly** adj [area, city] bien aménagé pour les cyclistes.

bikejack ['baɪkjæk] vt : *someone tried to bikejack him* quelqu'un a essayé de lui voler son vélo.

bike lane n piste *f* cyclable.

biker ['baɪkəʳ] n *inf* motard *m*, motocycliste *mf*.

bike shed n cabane *f* or remise *f* à vélos.

bikeway ['baɪkweɪ] n US piste *f* cyclable.

bikini [bɪ'ki:nɪ] n bikini *m*.

bikini line n : *to have one's bikini line done* se faire faire une épilation maillot.

BIL MESSAGING **written abbr of boss is listening.**

bilabial [,baɪ'leɪbjəl] ◆ adj bilabial. ◆ n bilabiale *f*.

bilateral [,baɪ'lætərəl] adj bilatéral ▸ **bilateral agreement** accord *m* bilatéral ▸ **bilateral trade** commerce *m* bilatéral.

bilaterally [,baɪ'lætrəlɪ] adv bilatéralement.

bilberry ['bɪlbərɪ] (*pl* **bilberries**) n myrtille *f*.

bile [baɪl] n **1.** ANAT bile *f* **2.** *liter* [irritability] mauvaise humeur *f*, irascibilité *f*.

bilge [bɪldʒ] n **1.** NAUT [hull] bouchain *m*, renflement *m* ; [hold] fond *m* de cale, sentine *f* ; [water] eau *f* de cale or de sentine **2.** *(U) inf & fig* [nonsense] âneries *fpl*, idioties *fpl* / *he talks a load of bilge* il raconte un tas de bêtises.

bilge block n ventrière *f*.

bilge keel n quille *f* de bouchain.

bilge water n *(U)* **1.** NAUT eau *f* de cale or de sentine **2.** *inf & fig* [nonsense] âneries *fpl*, idioties *fpl*.

bilge well n puisard *m*.

bilharzia [bɪl'hɑ:tsɪə] n *(U)* bilharziose *f*.

bilharziasis [,bɪlhɑ:'tsaɪəsɪs], **bilharziosis** [bɪlhɑ:-'tsɪəsɪs] n bilharziose *f*.

biliary ['bɪljərɪ] adj biliaire.

bilinear [baɪ'lɪnɪəʳ] adj bilinéaire.

bilingual [baɪ'lɪŋgwəl] adj bilingue / *to be bilingual in French and English* être bilingue français-anglais.

bilingualism [baɪ'lɪŋgwəlɪzm] n bilinguisme *m*.

bilious ['bɪljəs] adj **1.** MED bilieux ▸ **bilious attack** crise *f* de foie ▸ **bilious disorder** affection *f* hépatique **2.** [colour] écœurant **3.** [irritable] bilieux, irascible.

biliousness ['bɪljəsnɪs] n **1.** MED affection *f* hépatique **2.** [of colour] aspect *m* écœurant **3.** [irritability] mauvaise humeur *f*, irascibilité *f*.

bilirubin [bɪlɪ'ru:bɪn] n bilirubine *f*.

bilk [bɪlk] vt UK **1.** [thwart -person] contrecarrer, contrarier les projets de ; [-plan] contrecarrer, contrarier **2.** [cheat] escroquer / *they bilked her of her fortune* ils lui ont escroqué sa fortune.

bill [bɪl] ◆ n **1.** UK [for gas, telephone] facture *f*, note *f* ; [for product] facture *f* ; [in restaurant] addition *f*, note *f* ; [in hotel] note *f* / *may I have the bill please?*

l'addition, s'il vous plaît / *have you paid the telephone bill?* as-tu payé le téléphone ? / *put it on my bill* mettez-le sur ma note **2.** [draft of law] projet *m* de loi / *to introduce a bill in Parliament* présenter un projet de loi au Parlement / *to vote on a bill* mettre un projet de loi au vote **3.** [poster] affiche *f*, placard *m* **4.** THEAT affiche *f* ▸ **to head** or **to top the bill** être en tête d'affiche or en vedette **5.** [list, statement] liste *f* ▸ **bill of fare** carte *f* (du jour) ▸ **bill of health** NAUT patente *f* (de santé) ▸ **the doctor gave him a clean bill of health** *inf* le médecin l'a trouvé en parfaite santé ▸ **bill of lading** COMM connaissement *m* ▸ **to sell sb a bill of goods** US *inf* rouler or avoir qqn **6.** COMM & FIN [promissory note] effet *m*, traite *f* ▸ **bills payable** effets à payer ▸ **bills receivable** effets à recevoir ▸ **bill of exchange** lettre *f* or effet de change **7.** US [banknote] billet *m* (de banque) / *a ten-dollar bill* un billet de dix dollars **8.** LAW ▸ **bill of attainder** décret *m* de mort civile ▸ **bill of indictment** acte *m* d'accusation ▸ **bill of sale** acte *m* or contrat *m* de vente **9.** [beak] bec *m* **10.** GEOG promontoire *m*, bec *m* **11.** [weapon] hallebarde *f* **12.** = **billhook**. ◆ vt **1.** [invoice] facturer / *he bills his company for his travel expenses* il se fait rembourser ses frais de voyage par son entreprise / *bill me for the newspaper at the end of the month* envoyez-moi la facture pour le journal à la fin du mois **2.** [advertise] annoncer / *they're billed as the best band in the world* on les présente comme le meilleur groupe du monde **3.** THEAT mettre à l'affiche, annoncer / *he is billed to appear as Cyrano* il est à l'affiche dans le rôle de Cyrano. ◆ vi ▸ **to bill and coo a)** [birds] se becqueter **b)** [people] roucouler.

❖ **Bill** n UK *inf* ▸ **the (Old) Bill** les flics.

billabong ['bɪləbɒŋ] n AUSTR [pool] mare *f* ; [of river] bras *m* mort.

billboard ['bɪlbɔːd] n panneau *m* (d'affichage).

bill broker n agent *m* or courtier *m* de change.

bill collector n agent *m* de recouvrement.

billet ['bɪlɪt] ◆ n **1.** [accommodation] cantonnement *m* (chez l'habitant) ; [document] billet *m* de logement **2.** ARCHIT billette *f*. ◆ vt [gen] loger ; MIL cantonner, loger / *the captain billeted his men on the mayor / on the town* le capitaine a cantonné ses hommes chez le maire / dans la ville.

billfold ['bɪlfəʊld] n US portefeuille *m*.

billhook ['bɪlhʊk] n serpe *f*, serpette *f*.

billiard ['bɪljəd] comp de billard ▸ **billiard ball / cue** boule *f* / queue *f* de billard ▸ **billiard table / hall** (table *f* / salle *f* de) billard *m*.

❖ **billiards** n *(U)* (jeu *m* de) billard *m* / *to play (a game of) billiards* jouer au billard.

billing ['bɪlɪŋ] n **1.** THEAT : *to get* or *to have top / second billing* être en tête d'affiche / en deuxième place à l'affiche **2.** US [advertising] ▸ **to give sthg advance billing** annoncer qqch **3.** *lit & fig* [sound] ▸ **billing and cooing** roucoulements *mpl*.

Billingsgate ['bɪlɪŋsgeɪt] pr n *marché aux poissons à Londres.*

billion ['bɪljən] (*pl* **billion** *or* **billions**) n [thousand million] milliard *m* ; UK *dated* [million million] billion *m*.

billionaire [,bɪljə'neəʳ] n milliardaire *mf*.

billionth ['bɪljənθ] ◆ adj milliardième. ◆ n **1.** [ordinal] milliardième *mf* **2.** [fraction] milliardième *m*.

Bill of Rights ◆ n Déclaration *f* des droits. ◆ pr n ▸ **the Bill of Rights** *les dix premiers amendements à la Constitution américaine garantissant, entre autres droits, la liberté d'expression, de religion et de réunion.*

billow ['bɪləʊ] ◆ vi [cloth, flag] onduler ; [sail] se gonfler ; [cloud, smoke] tourbillonner, tournoyer. ◆ n **1.** [of smoke] tourbillon *m*, volute *f* **2.** [wave] grosse vague *f* ▸ **the billows** *liter* les flots *mpl*.

❖ **billow out** vi [sail, cloth] se gonfler.

billowy ['bɪləʊɪ] adj [sea] houleux, agité ; [wave] gros (grosse) ; [sail] gonflé ; [skirt] tourbillonnant / *billowy clouds of smoke* de gros nuages de fumée.

billposter ['bɪl,pəʊstəʳ], **billsticker** ['bɪl,stɪkəʳ] n afficheur *m*, -euse *f*, colleur *m*, -euse *f* d'affiches.

billy ['bɪlɪ] (*pl* **billies**) n **1.** US [weapon] ▸ **billy (club)** matraque *f* **2.** UK & AUSTR [pan] gamelle *f* **3.** *inf* [goat] bouc *m*.

Billy Bunter [,bɪlɪ'bʌntəʳ] pr n *gros garçon gourmand (personnage d'une série de livres pour enfants en Grande-Bretagne).*

billycan ['bɪlɪkæn] n UK & AUSTR gamelle *f*.

billy goat n bouc *m*.

billy-o(h) ['bɪlɪəʊ] n UK *inf* : *he ran like billy-oh* il a couru comme un dératé.

biltong ['bɪltɒŋ] n SAFR viande *f* séchée.

bimbette [bɪm'bet] n US *inf & pej* minette *f*.

bimbo ['bɪmbəʊ] (*pl* **bimbos** *or* **bimboes**) n *inf & pej* bimbo *f*.

bimetallic [,baɪmɪ'tælɪk] adj bimétallique / *a bimetallic strip* un bilame.

bimetallism [,baɪ'metəlɪzm] n bimétallisme *m*.

bimonthly [,baɪ'mʌnθlɪ] (*pl* **bimonthlies**) ◆ adj [every two months] bimestriel ; [twice monthly] bimensuel. ◆ adv [every two months] tous les deux mois ; [twice monthly] deux fois par mois. ◆ n bimestriel *m*.

bimorph ['baɪmɔːf] n cristal *m* bimorphe.

bin [bɪn] (*pt & pp* **binned**, *cont* **binning**) ◆ n **1.** UK [for rubbish] poubelle *f*, boîte *f* à ordures **2.** [for coal, grain] coffre *m* ; [for bread] huche *f* **3.** UK [for wine] casier *m* (à bouteilles). ◆ vt **1.** [coal, grain] mettre dans un coffre ; UK [wine] mettre à vieillir **2.** UK *inf* [discard] flanquer à la poubelle.

binal ['baɪnəl] adj double.

binary ['baɪnərɪ] adj [number, system] binaire.

binary star n binaire *f*.

binaural [,baɪn'ɔːrəl] adj biaural, binaural.

binbag ['bɪnbæg] n sac-poubelle *m*.

bind [baɪnd] (*pt & pp* **bound** [baʊnd]) ◆ vt **1.** [tie] attacher, lier / *bind him to his chair* attachez-le à sa chaise ▸ **to bind sb hand and foot** ligoter qqn / *he was bound hand and foot* il avait les pieds et les poings liés **2.** [encircle] entourer, ceindre / *to bind a wound* bander or panser une blessure **3.** [provide with border] border **4.** [book] relier / *the book is bound in leather* le livre est relié en cuir **5.** [stick together] lier, agglutiner / *add eggs to bind the sauce* CULIN ajouter des œufs pour lier la sauce **6.** *fig* [bond, unite] lier, attacher / *they are bound by friendship* c'est l'amitié qui les unit / *the two companies are bound by commercial interests* des intérêts commerciaux lient les deux sociétés **7.** [oblige] obliger, contraindre / *we are bound to tell the truth* nous sommes obligés or tenus de dire la vérité / *she bound me to my promise* elle m'a obligé à tenir ma promesse / *they bound him to secrecy* ils lui ont fait jurer le secret / *to be bound by oath* être lié par serment **8.** [apprentice] mettre en apprentissage. ◆ vi **1.** [agreement, promise] engager ; [rule] être obligatoire **2.** [sauce] se lier ; [cement] durcir, prendre **3.** [mechanism] se gripper. ◆ n **1.** [bond] lien *m*, liens *mpl* **2.** MUS liaison *f* **3.** *inf* [annoying situation] corvée *f* / *working at weekends is a real bind!* quelle corvée de devoir travailler le week-end ! / *we're in a bit of a bind* nous sommes plutôt dans le pétrin.

❖ **bind down** vt sep [tie, truss] lier, attacher.

❖ **bind over** vt sep **1.** [apprentice] mettre en apprentissage **2.** UK LAW [order] sommer / *they were bound over to keep the peace* ils ont été sommés de ne pas troubler l'ordre public.

❖ **bind together** vt sep *lit* attacher, lier ; *fig* lier, unir.

❖ **bind up** vt sep [tie - gen] attacher, lier ; [- wound] bander, panser.

binder ['baɪndəʳ] n **1.** [folder] classeur *m* **2.** [bookbinder] relieur *m*, -euse *f* **3.** [glue] colle *f* ; TECH liant *m*, agglomérant *m* **4.** AGR [machine] lieuse *f*.

bindery ['baɪndərɪ] (*pl* **binderies**) n atelier *m* de reliure.

binding ['baɪndɪŋ] ◆ n **1.** [for book] reliure *f* **2.** [folder] classeur *m* **3.** [for sewing] extrafort *m* **4.** [on skis] fixation *f*. ◆ adj **1.** [law] obligatoire ; [contract, promise] qui engage or lie / *the agreement is binding on all parties* l'accord engage chaque partie / *it is binding on the buyer to make immediate payment* l'acheteur est tenu de payer immédiatement **2.** [food] constipant.

bindweed ['baɪndwiːd] n liseron *m*.

bin-end n fin *f* de série *(de vin).*

binge [bɪndʒ] *inf* ◆ n **1.** [spree] ▸ **to go on a binge** faire la bringue / *they went on a shopping binge* ils sont allés dépenser du fric dans les magasins / *she went on an eating binge* **a)** elle s'est gavée de nourriture **b)** MED elle a eu un épisode de boulimie **2.** [drinking bout] beuverie *f*, bringue *f*. ◆ vi **1.** [overindulge] faire des folies **2.** [overeat] faire des excès *(de nourriture).*

binge drinking n hyperalcoolisation *f (consommation rapide et excessive d'alcool).*

binge eating n hyperphagie *f*, consommation *f* compulsive de nourriture.

bingo ['bɪŋgəʊ] ◆ n bingo *m* ; ≃ loto *m* ▸ **bingo hall** salle *f* de bingo. ◆ interj ▸ **bingo!** ça y est !

Bingo

Ce jeu, très populaire au Royaume-Uni et aux États-Unis, consiste à cocher sur une carte des nombres tirés au hasard jusqu'à ce qu'elle soit remplie ; les salles de bingo sont souvent d'anciens cinémas ou des salles municipales.

bingo wings pl n UK *inf chair qui pendouille sous les avant-bras.*

bin liner n UK sac *m* (à) poubelle.

binman ['bɪnmæn] (*pl* **binmen** [-men]) n UK éboueur *m*.

binnacle ['bɪnəkl] n habitacle *m*.

binner ['bɪnəʳ] n US *personne qui fait les poubelles.*

binocular [bɪ'nɒkjʊləʳ] adj binoculaire.

❖ **binoculars** pl n jumelles *fpl*.

binomial [,baɪ'nəʊmjəl] ◆ adj binomial. ◆ n binôme *m*.

bint [bɪnt] n UK *v inf & pej* nana *f* / *that stupid bint* cette espèce de pouffiasse.

binuclear [,baɪ'njuːklɪəʳ] adj binucléaire.

bio ['baɪəʊ] ◆ adj bio *(inv).* ◆ n (*pl* **bios**) *inf* biographie *f*.

bioactive [,baɪəʊ'æktɪv] adj bioactif.

bioassay [,baɪəʊə'seɪ] n essai *m* or titrage *m* biologique.

bioavailability [,baɪəʊəveɪlə'bɪlɪtɪ] n biodisponibilité *f*.

biochemical [,baɪəʊ'kemɪkl] ◆ adj biochimique. ◆ n produit *m* biochimique.

biochemist [,baɪəʊ'kemɪst] n biochimiste *mf*.

biochemistry [,baɪəʊ'kemɪstrɪ] n biochimie *f*.

biocide ['baɪəsaɪd] n biocide *m*.

bioconversion [,baɪəʊkən'vɜːʃn] n bioconversion *f*.

biodegradable [,baɪəʊdɪ'greɪdəbl] adj biodégradable.

biodegrade [,baɪəʊdɪ'greɪd] vi biodégrader.

biodiesel ['baɪəʊdiːzəl] n biodiesel *m*.

biodiversity [,baɪəʊdaɪ'vɜːsətɪ] n biodiversité *f*.

biodynamic [,baɪəʊdaɪ'næmɪk] adj biodynamique.

bioengineering ['baɪəʊ,endʒɪ'nɪərɪŋ] n génie *f* biologique.

bioethics [,baɪəʊ'eθɪks] n *(U)* bioéthique *f*.

biofeedback [,baɪəʊ'fiːdbæk] n biofeedback *m*.

biofuel ['baɪəʊfjuːl] n biocarburant *m*.

biogas ['baɪəʊgæs] n biogaz *m*.

biogen ['baɪədʒən] n protéine *f* biogène.

biogenesis [,baɪəʊ'dʒenɪsɪs] n biogenèse *f*.

biogeography [baɪədʒɪ'ɒgrəfɪ] n biogéographie *f*.

biographer [baɪ'ɒgrəfəʳ] n biographe *mf*.
biographical [,baɪə'græfɪkl] adj biographique.
biography [baɪ'ɒgrəfɪ] n biographie *f*.
biological [,baɪə'lɒdʒɪkl] adj biologique ▸ **biological warfare** guerre *f* bactériologique ▸ **biological washing powder** lessive *f* aux enzymes.
biological clock n horloge *f* interne biologique.
biological mother n mère *f* biologique.
biological weapon n arme *f* biologique.
biologist [baɪ'ɒlədʒɪst] n biologiste *mf*.
biology [baɪ'ɒlədʒɪ] n biologie *f* ▸ **biology lesson** cours *m* de biologie.
bioluminescence ['baɪəʊ,lu:mɪ'nesəns] n bioluminescence *f*.
biomass ['baɪəʊmæs] n biomasse *f*.
biome ['baɪəʊm] n biome *m*.
biomechanics [,baɪəʊmɪ'kænɪks] n *(U)* biomécanique *f*.
biomedicine [,baɪəʊ'medɪsɪn] n biomédecine *f*.
biometric [,baɪəʊ'metrɪk] adj [data, identifier, reader] biométrique.
biometrics [,baɪəʊ'metrɪks] n *(U)* biométrie *f*.
biometry [baɪ'ɒmɪtrɪ] n biométrie *f*.
bionic [baɪ'ɒnɪk] adj bionique.
bionics [baɪ'ɒnɪks] n *(U)* bionique *f*.
biophysicist [,baɪəʊ'fɪzɪsɪst] n biophysicien *m*, -enne *f*.
biophysics [,baɪəʊ'fɪzɪks] n *(U)* biophysique *f*.
biopic ['baɪəʊpɪk] n *inf* film *m* biographique.
biopiracy ['baɪəʊpaɪrəsɪ] n biopiraterie *f*, détournement *m* de ressources génétiques.
bioprivacy [,baɪəʊ'prɪvəsɪ] n protection *f* de données biométriques.
biopsy ['baɪɒpsɪ] *(pl* **biopsies**) n biopsie *f*.
biorhythm ['baɪəʊ,rɪðm] n biorythme *m*.
bioscience ['baɪəʊ,saɪəns] n biologie *f*.
biosphere ['baɪəʊ,sfɪəʳ] n biosphère *f*.
biosynthesis [,baɪəʊ'sɪnθəsɪs] n biosynthèse *f*.
biotech [,baɪəʊtek] ◆ n biotechnologie *f*. ◆ adj [industry] des biotechnologies ; [company] spécialisé dans les biotechnologies.
biotechnology [,baɪəʊtek'nɒlədʒɪ] n biotechnologie *f*.
bioterrorism [,baɪəʊ'terərɪzm] n bioterrorisme *m*.
bioterrorist ['baɪəʊterərɪst] n bioterroriste *mf*.
biotic [baɪ'ɒtɪk] adj biotique.
biotin ['baɪətɪn] n biotine *f*.
biotope ['baɪətəʊp] n biotope *m*.
biotype ['baɪətaɪp] n biotype *m*.
biowarfare [,baɪəʊ'wɔ:feə] n guerre *f* biologique.
bioweapon ['baɪəʊwepən] n arme *f* biologique.
biparous ['bɪpərəs] adj bipare.
bipartisan [,baɪpɑ:tɪ'zæn] adj biparti, bipartite.
bipartite [,baɪ'pɑ:taɪt] adj BIOL & POL biparti, bipartite.
biped ['baɪped] ◆ adj bipède. ◆ n bipède *m*.
biplane ['baɪpleɪn] n biplan *m*.
bipod ['baɪpɒd] n bipied *m*.
bipolar [,baɪ'pəʊləʳ] adj bipolaire.
bipolar disorder [baɪ'pəʊlədɪs,ɔ:dəʳ] n MED trouble *m* bipolaire.
biracial [baɪ'reɪʃl] adj biracial.
birch [bɜ:tʃ] ◆ n **1.** [tree] bouleau *m* ; [wood] (bois *m* de) bouleau **2.** UK [rod for whipping] verge *f* ▸ **to give sb the birch** fouetter qqn. ◆ comp [forest, furniture] de bouleau ▸ **birch plantation** boulaie *f*, plantation *f* de bouleaux ▸ **birch whisk** fouet *m* en bouleau. ◆ vt fouetter.
birching ['bɜ:tʃɪŋ] n UK correction *f* ▸ **to give sb a birching** fouetter qqn, donner une correction à qqn.
bird [bɜ:d] n **1.** [gen] oiseau *m* ; CULIN volaille *f* / *she eats like a bird* elle a un appétit d'oiseau ▸ **bird droppings** fiente *f* ▸ **bird of paradise** [bird, flower] oiseau de paradis ▸ **bird of passage** *lit & fig* oiseau de passage ▸ **bird of prey** oiseau de proie, rapace *m* ▸ **a little bird told me** mon petit doigt me l'a dit ▸ **strictly for the birds** bon pour les imbéciles ▸ **the birds and the bees** *euph & hum* les choses de la vie ▸ **the bird has flown** l'oiseau s'est envolé ▸ **to give sb the bird a)** UK *inf* [gen] envoyer paître qqn **b)** THEAT siffler qqn ▸ **to flip sb the bird** US *inf* faire un doigt (d'honneur) à qqn ▸ **birds of a feather flock together** *prov* qui se ressemble s'assemble *prov* ▸ **a bird in the hand is worth two in the bush** *prov* un tiens vaut mieux que deux tu l'auras *prov* / **'The Birds'** *Du Maurier, Hitchcock* 'les Oiseaux' **2.** UK *inf* [chap] type *m* / *he's a strange bird* c'est un drôle d'oiseau **3.** UK *inf* [woman] nana *f* **4.** UK *crime sl* ▸ **to do bird** faire de la taule.
birdbath ['bɜ:dbɑ:θ] *(pl* [-bɑ:ðz]*)* n vasque *f (pour les oiseaux)*.
bird box n nichoir *m*.
bird brain n *inf & pej* tête *f* de linotte, écervelé *m*, -e *f*.
bird-brained [-breɪnd] adj *inf* [person] écervelé, qui a une cervelle d'oiseau ; [idea] insensé.
birdcage ['bɜ:dkeɪdʒ] n [small] cage *f* à oiseaux ; [large] volière *f*.
birdcall ['bɜ:dkɔ:l] n cri *m* d'oiseau.
bird dog n chien *m* d'arrêt *(pour le gibier à plumes)*.
bird fancier n UK [interested in birds] ornithologue *mf* amateur ; [breeder] aviculteur *m*, -trice *f*.
bird flu n grippe *f* aviaire.
birdhouse ['bɜ:dhaʊs] *(pl* [-haʊzɪz]*)* n US volière *f*.
birdie ['bɜ:dɪ] n **1.** *inf* [small bird] petit oiseau *m*, oisillon *m* ▸ **watch the birdie!** PHOT le petit oiseau va sortir ! **2.** [in golf] birdie *m*.
birding ['bɜ:dɪŋ] n = **bird-watching**.
birdlime ['bɜ:dlaɪm] n glu *f*.
birdman ['bɜ:dmæn] *(pl* **birdmen** [-men]) n [interested in birds] ornithologue *m* amateur ; [breeder] aviculteur *m*.
bird-nesting n ▸ **to go bird-nesting** aller dénicher des oiseaux.
bird sanctuary n réserve *f* or refuge *m* d'oiseaux.
birdseed ['bɜ:dsi:d] n graine *f* pour les oiseaux.
bird's-eye ◆ adj ▸ **a bird's-eye view of sthg a)** *lit* une vue panoramique de qqch **b)** *fig* une vue d'ensemble de qqch. ◆ n **1.** BOT [primrose] primevère *f* farineuse ▸ **bird's-eye speedwell** véronique *f* **2.** [cloth] œil-de-perdrix *m*.
bird's-foot n BOT pied-d'oiseau *m*.
bird's-nesting n = **bird-nesting**.
bird's-nest soup n soupe *f* aux nids d'hirondelles.
birdsong ['bɜ:dsɒŋ] n chant *m* d'oiseau.
birdstrike ['bɜ:dstraɪk] n *collision entre un avion et un oiseau*.
birdtable ['bɜ:d,teɪbl] n mangeoire *f (pour oiseaux)*.
bird-watcher n ornithologue *mf* amateur.
bird-watching n ornithologie *f* ▸ **to go bird-watching** aller observer les oiseaux.
bireme ['baɪri:m] n birème *f*.
biretta [bɪ'retə] n barrette *f (d'un ecclésiastique)*.
biriani [,bɪrɪ'ɑ:nɪ] n ▸ **chicken biriani** poulet *m* biriani.
Birmingham ['bɜ:mɪŋəm] pr n Birmingham.
Biro® ['baɪərəʊ] *(pl* **biros**) n UK stylo *m* (à) bille ; ≃ Bic® *m*.
birth [bɜ:θ] n **1.** [nativity] naissance *f* / *deaf from birth* sourd de naissance ▸ **birth parent** parent *m* naturel / **'The Birth of Venus'** *Botticelli* 'la Naissance de Vénus' **2.** [of child] accouchement *m*, couches *fpl* ; [of animal] mise *f* bas ▸ **to give birth a)** [woman] accoucher **b)** [animal] mettre bas / *she gave birth to a boy* elle a accouché d'un garçon / *a difficult birth* un accouchement difficile ▸ **birth pangs** douleurs *fpl* de l'accouchement / *the birth pangs of democracy* la naissance difficile de la démocratie **3.** *fig* [origin - of movement, nation] naissance *f*, origine *f* ; [- of era, industry] naissance *f*, commencement *m* ; [- of product, radio] apparition *f* / **'The Birth of a Nation'** *Griffith* 'Naissance d'une nation' **4.** [ancestry, lineage] naissance *f*, ascendance *f* / *he's Chinese by birth* il est chinois de naissance / *of high birth* de bonne famille, bien né / *of low birth* de basse extraction.
birth certificate n acte *m* or extrait *m* de naissance.
birth chart n ASTROL thème *m* astral.
birth control n **1.** [contraception] contraception *f* / *to practise birth control* utiliser un contraceptif or un moyen de contraception **2.** [family planning] contrôle *m* des naissances.
birthday ['bɜ:θdeɪ] ◆ n anniversaire *m* / *her 21st birthday* ses 21 ans. ◆ comp [cake, card, present] d'anniversaire ▸ **birthday party** : *they're giving him a birthday party* ils organisent une fête pour son anniversaire / **'The Birthday Party'** *Pinter* 'l'Anniversaire'.
Birthday Honours pl n ▸ **the Birthday Honours** *titres honorifiques et autres distinctions décernés chaque année le jour de l'anniversaire officiel du souverain britannique.*
birthday suit n *inf & hum* [of man] costume *m* d'Adam ; [of woman] costume *m* d'Ève.
birthmark ['bɜ:θmɑ:k] n tache *f* de vin.
birth mother n mère *f* gestationnelle.
birthparent ['bɜ:θpeərənt] n parent *m* biologique.
birthplace ['bɜ:θpleɪs] n [town] lieu *m* de naissance ; [house] maison *f* natale ; *fig* berceau *m*.
birthrate ['bɜ:θreɪt] n (taux *m* de) natalité *f*.
birthright ['bɜ:θraɪt] n droit *m* (acquis à la naissance) / *freedom of speech is every citizen's birthright* la liberté d'expression constitue un droit pour chaque citoyen.
birth sign n signe *m* du zodiaque / *what's your birth sign?* tu es de quel signe ?
birthstone ['bɜ:θstəʊn] n pierre *f* porte-bonheur *(selon la date de naissance)*.
birthweight ['bɜ:θweɪt] n poids *m* à la naissance / *what was his birthweight?* combien pesait-il à la naissance ?
BIS pr n abbr of Department for Business, Innovation and Skills.
Biscay ['bɪskeɪ] pr n Biscaye ▸ **the Bay of Biscay** le golfe de Gascogne.
biscuit ['bɪskɪt] ◆ n **1.** UK CULIN biscuit *m*, petit gâteau *m* ▸ **biscuit tin** boîte *f* à biscuits ▸ **that really takes the biscuit!** *inf* ça, c'est vraiment le bouquet ! ▸ **you really take the biscuit!** *inf* vous êtes marrant, vous ! *iro* **2.** US CULIN *petit gâteau que l'on mange avec de la confiture ou avec un plat salé* **3.** [colour] beige *m* **4.** [ceramics] biscuit *m*. ◆ adj (de couleur) beige.
bisect [baɪ'sekt] vt [gen] couper en deux ; MATH diviser en deux parties égales.
bisection [,baɪ'sekʃn] n [action] division *f* en deux ; MATH bissection *f*.
bisector [,baɪ'sektəʳ] n bissectrice *f*.
bisexual [,baɪ'sekʃʊəl] ◆ adj **1.** [person, tendency] bisexuel **2.** BIOL & ZOOL bisexué, hermaphrodite. ◆ n **1.** [person] bisexuel *m*, -elle *f* **2.** BIOL & ZOOL hermaphrodite *m*.
bisexuality [baɪ,seksjʊ'ælɪtɪ] n bisexualité *f*.
bishop ['bɪʃəp] n **1.** RELIG évêque *m* **2.** [in chess] fou *m*.
bishopric ['bɪʃəprɪk] n [position] épiscopat *m* ; [diocese] évêché *m*.
Bismarck ['bɪzmɑ:k] pr n Bismarck.
bismuth ['bɪzməθ] n bismuth *m*.

bison ['baɪsn] n bison *m*.

bisque [bɪsk] n **1.** [colour] beige-rosé *m* **2.** [ceramics] biscuit *m* **3.** [soup] bisque *f*.

bissextile [bɪ'sekstaɪl] ◆ adj bissextile. ◆ n année *f* bissextile.

bister US n & adj = **bistre**.

bistoury ['bɪstʊrɪ] (*pl* **bistouries**) n bistouri *m*.

bistre UK, **bister** US ['bɪstər] ◆ n bistre *m*. ◆ adj bistré.

bistro ['bi:strəʊ] (*pl* **bistros**) n bistro *m*.

bit¹ [bɪt] n **1.** [piece - of cake, puzzle, wood, land, string] bout *m* ; [- of book] passage *m* ; [- of film] séquence *f* / *you missed out the best bits* [of story, joke] tu as oublié le meilleur / *I liked the bit where they were in the cave* **a)** [in book] j'aime le passage où ils sont dans la caverne **b)** [in film] j'aime la séquence où ils sont dans la caverne ▸ **bits and pieces of sthg** des morceaux de qqch / *she picked up her bits and pieces* elle a ramassé ses affaires / *in bits* en morceaux ▸ **to take sthg to bits** démonter qqch / *the dog tore the paper to bits* le chien a complètement déchiré le journal ▸ **to fall to bits** [book, clothes] tomber en lambeaux / *the wall was falling to bits* le mur tombait en morceaux or en ruine / *I love him to bits!* *inf* je l'adore ! **2.** [unspecified (small) quantity] : *a bit of dirt* une petite saleté / *a bit of advice* un (petit) conseil / *a bit of money* / *time* un peu d'argent / de temps / *a little bit of tact* / *patience* un tout petit peu de tact / de patience / *there's been a bit of trouble at home* il y a eu quelques problèmes à la maison / *it's a bit of a problem* cela pose un problème / *he's a bit of a crook* il est un peu escroc sur les bords / *I've been a bit of a fool* j'ai été un peu bête ▸ **to do one's bit** y mettre du sien, faire un effort / *everyone did their bit* tout le monde y a mis du sien or a fait un effort / *we did our bit to help the children* nous avons fait ce qu'il fallait pour aider les enfants / *they ate up every bit* ils ont tout mangé jusqu'au dernier morceau / *she's every bit as competent as he is* elle est tout aussi compétente que lui ▸ **to have a bit on the side** *inf* avoir un amant / une maîtresse ▸ **a bit of all right** UK *v inf* : *this is a bit of all right!* ça c'est chouette ! / *he's* / *she's a bit of all right!* il / elle est canon ! **3.** *inf* [role] numéro *m* / *he's doing his perfect father bit* il nous fait son numéro du père parfait **4.** *inf* [small coin] pièce *f* / *a threepenny bit* une pièce de trois pence **5.** US [coin] *ancienne pièce de 12,5 cents* **6.** [for horse] mors *m* ▸ **to take the bit between one's teeth** prendre le mors aux dents **7.** [of drill] mèche *f* **8.** COMPUT bit *m*.

❖ **a bit** adv phr **1.** [some time] quelque temps / *let's sit down for a bit* asseyons-nous un instant or un peu / *we waited a good* / *little bit* nous avons attendu un bon / un petit moment / *he's away quite a bit* il est souvent absent / *after a bit we left* au bout de quelque temps nous sommes partis **2.** [slightly] un peu / *I'm a bit late* je suis un peu en retard / *she's a good* / *little bit older than he is* elle est beaucoup / un peu plus âgée que lui / *it's a (little) bit more expensive* c'est un (tout petit) peu plus cher ; [at all] : *they haven't changed a bit* ils n'ont pas du tout changé / *are we bothering you? — not a bit!* on vous dérange ? — pas du tout ! / *not a bit of it!* pas le moins du monde ! / *it's asking a bit much to expect her to apologize* il ne faut pas s'attendre à des excuses, c'est trop lui demander ▸ **that's a bit much** or **a bit steep!** ça c'est un peu fort !

❖ **bit by bit** adv phr petit à petit.

bit² [bɪt] pt ⟶ **bite**.

bitch [bɪtʃ] ◆ n **1.** [female canine - gen] femelle *f* ; [dog] chienne *f* ; [fox] renarde *f* ; [wolf] louve *f* / *a collie bitch* un colley femelle **2.** *v inf & pej* [woman] garce *f* / *she's such a bitch* c'est une vraie garce / *you bitch!* espèce de garce ! **3.** *inf* [thing] saloperie *f* / *it's been a bitch of a day* quelle foutue journée alors ! / *a bitch of a job* une saloperie de boulot / *this problem's a real bitch* c'est un vrai casse-tête ! **4.** *inf* [complaint] motif *m* de râler / *what's their latest bitch?* qu'est-ce qui les fait râler maintenant ? / *they had a bitch session about him* ils ont passé un bon moment à lui casser du sucre sur le dos. ◆ vi *inf* râler, rouspéter ▸ **to bitch about sb** / **sthg** râler or rouspéter contre qqn / qqch.

❖ **bitch out** vt sep *v inf* engueuler.

bitchy ['bɪtʃɪ] (*compar* **bitchier**, *superl* **bitchiest**) adj *inf* vache / *a bitchy remark* une vacherie / *he's in a bitchy mood* il est dans une sale humeur / *she was very bitchy to the new girl* elle a été très vache avec la nouvelle / *don't be bitchy about it!* ne sois pas vache !

bite [baɪt] (*pt* **bit** [bɪt], *pp* **bitten** ['bɪtn]) ◆ vt **1.** [subj: animal, person] mordre ; [subj: insect, snake] piquer, mordre / *I bit a piece out of the pear* j'ai mordu dans la poire / *the dog bit him on the leg* le chien l'a mordu à la jambe / *the dog bit the rope in two* le chien a coupé la corde en deux avec ses dents / *to bite one's nails* se ronger les ongles / *he bit his lip* il s'est mordu la lèvre / *they've been bitten by the photography bug* ils sont devenus des mordus de photographie ▸ **to bite one's tongue a)** *lit* se mordre la langue **b)** *fig* se retenir de dire qqch ▸ **to bite the bullet** serrer les dents ▸ **to bite the dust** mordre la poussière / *theirs is the latest plan to bite the dust* leur projet est le dernier à être tombé à l'eau ▸ **to bite the hand that feeds one** montrer de l'ingratitude envers qqn qui vous veut du bien ▸ **once bitten, twice shy** *prov* chat échaudé craint l'eau froide *prov* **2.** *inf & fig* [bother] agacer, contrarier / *what's biting him?* quelle mouche l'a piqué ? ◆ vi **1.** [animal, person] mordre ; [insect, snake] piquer, mordre ; [fish] mordre (à l'hameçon) / *I bit into the apple* j'ai mordu dans la pomme / *does the dog bite?* il mord, votre chien ? / *he bit through the cord* il coupa la ficelle avec ses dents **2.** [mustard, spice] piquer **3.** [air, wind] mordre, cingler **4.** [clutch, screw] mordre ; [tyre] adhérer (à la route) / *the acid bit into the metal* l'acide a attaqué le métal / *the rope bit into his wrists* la corde mordait dans la chair de ses poignets **5.** [take effect] : *the law is beginning to bite* les effets de la loi commencent à se faire sentir. ◆ n **1.** [of animal, person] morsure *f* ; [of insect, snake] piqûre *f*, morsure *f* ▸ **mosquito bites** piqûres de moustiques ▸ **to put the bite on sb** US *inf* taper du fric à qqn **2.** [piece] bouchée *f* / *chew each bite 30 times* mâchez chaque bouchée 30 fois / *he swallowed the steak in three bites* il a avalé le bifteck en trois bouchées ▸ **to take a bite of sthg a)** [bite into] mordre dans qqch **b)** [taste] goûter (à) qqch / *do you want a bite?* tu veux (y) goûter ? ▸ **to have** or **to get another** or **a second bite at the cherry** UK s'y reprendre à deux fois **3.** *inf* [something to eat] : *we stopped for a bite (to eat)* nous nous sommes arrêtés pour manger un morceau / *I haven't had a bite all day* je n'ai rien mangé de la journée **4.** FISHING touche *f* / *did you get a bite?* ça a mordu ? **5.** [sharpness - of mustard, spice] piquant *m* ; [- of speech, wit] mordant *m* ; [- of air, wind] caractère *m* cinglant or mordant **6.** DENT articulé *m* dentaire.

❖ **bite back** vt sep ▸ **to bite sthg back** se retenir de dire qqch.

❖ **bite off** vt sep arracher d'un coup de dents / *she bit off a piece of toast* elle a mordu dans la tartine ▸ **to bite off more than one can chew** avoir les yeux plus grands or gros que le ventre ▸ **to bite sb's head off** *inf* enguirlander qqn.

bite alarm, **bite indicator** n [angling] avertisseur *m* de touche.

biter ['baɪtər] n : *it's a case of the biter bit* UK c'est l'arroseur arrosé, tel est pris qui croyait prendre *prov*.

bite-sized [-,saɪzd] adj : *cut the meat into bite-sized pieces* coupez la viande en petits dés.

biting ['baɪtɪŋ] adj **1.** [insect] piqueur, vorace **2.** *fig* [remark, wit] mordant, cinglant ; [wind] cinglant, mordant ; [cold] mordant, perçant.

bitingly ['baɪtɪŋlɪ] adj d'un ton mordant or cinglant ; [as intensifier] : *a bitingly cold wind* un vent glacial.

bitmap ['bɪtmæp] n mode *m* point, bitmap *m*.

bitmapped ['bɪtmæpt] adj [image] en mode points.

bit part n THEAT petit rôle *m*.

bitrate ['bɪtreɪt] n COMPUT débit *m*, bitrate *m*.

bitten ['bɪtn] pp ⟶ **bite**.

bitter ['bɪtər] ◆ adj **1.** [taste] amer, âpre ▸ **bitter almonds** amandes *fpl* amères ▸ **it's a bitter pill (to swallow)** c'est difficile à avaler **2.** [resentful - person] amer ; [- look, tone] amer, plein d'amertume ; [- reproach, tears] amer ▸ **to be bitter about sthg** être amer or plein d'amertume au sujet de qqch **3.** [unpleasant - disappointment, experience] amer, cruel ; [- argument, struggle] violent ; [- blow] dur / *the bitter truth* l'amère vérité / *we fought to the bitter end* nous avons lutté jusqu'au bout **4.** [extreme - enemy] acharné ; [- opposition] violent, acharné ; [- remorse] cuisant **5.** [cold - wind] cinglant, glacial ; [- weather] glacial ; [- winter] rude, dur. ◆ n [beer] *bière pression relativement amère, à forte teneur en houblon.*

❖ **bitters** pl n bitter *m*, amer *m* ; PHARM amer *m* ▸ **whisky and bitters** *cocktail au whisky et au bitter.*

bitter aloes n aloès *m* (médicinal).

bitter lemon n Schweppes® *m* au citron.

bitterly ['bɪtəlɪ] adv **1.** [speak] amèrement, avec amertume ; [criticize] âprement ; [weep] amèrement **2.** [intensely - ashamed, unhappy] profondément ; [- disappointed] cruellement / *it was a bitterly cold day* il faisait un froid de loup.

bittern ['bɪtən] n butor *m (oiseau)*.

bitterness ['bɪtənɪs] n **1.** [of disappointment, person, taste] amertume *f* ; [of criticism, remark] âpreté *f* **2.** [of opposition] violence *f*.

bitter orange n orange *f* amère.

bittersweet ['bɪtəswi:t] ◆ adj [memory, taste] aigre-doux. ◆ n BOT douce-amère *f*.

bitty ['bɪtɪ] (*compar* **bittier**, *superl* **bittiest**) adj **1.** UK *inf* décousu **2.** US [small] : *a little bitty town* une toute petite ville.

bitumen ['bɪtjʊmɪn] n bitume *m*.

bituminize, **bituminise** [bɪ'tju:mɪnaɪz] vt bitumer.

bituminous [bɪ'tju:mɪnəs] adj bitumineux ▸ **bituminous coal** flambant *m*.

bivalent ['baɪ,veɪlənt] adj bivalent.

bivalve ['baɪvælv] ◆ adj bivalve. ◆ n bivalve *m*.

bivouac ['bɪvʊæk] (*pt & pp* **bivouacked**, *cont* **bivouacking**) ◆ n bivouac *m*. ◆ vi bivouaquer.

bivvy ['bɪvɪ] (*pl* **bivvies**) n *mil sl* bivouac *m*.

biweekly [,baɪ'wi:klɪ] (*pl* **biweeklies**) ◆ adj [every two weeks] bimensuel ; [twice weekly] bihebdomadaire. ◆ adv [every two weeks] tous les quinze jours ; [twice weekly] deux fois par semaine. ◆ n bimensuel *m*.

biyearly [,baɪ'jɪəlɪ] (*pl* **biyearlies**) ◆ adj [every two years] biennal ; [twice yearly] semestriel. ◆ adv [every two years] tous les deux ans ; [twice yearly] deux fois par an. ◆ n biennale *f*.

biz [bɪz] n *inf* commerce *m* ▸ **the biz** US [show-business] le monde du spectacle / *he's in the biz* il fait partie du monde du spectacle.

bizarre [bɪ'zɑ:r] adj bizarre.

bizarrely [bɪ'zɑ:lɪ] adv bizarrement / *the bizarrely named "Bella Vista Hotel"* l'hôtel Bella Vista, au nom incongru.

biz(z)arro [bɪ'zɑ:rəʊ] adj US *inf* bizarre, zarbi.

bk 1. written abbr of **bank 2.** written abbr of **book**.

bl written abbr of **bill of lading**.

BL n **1.** (abbr of **Bachelor of Law(s)**) UK ≃ (titulaire d'une) licence de droit **2.** (abbr of **Bachelor of Letters**) UK ≃ (titulaire d'une) licence de lettres **3.** (abbr of **Bachelor of Literature**) US ≃ (titulaire d'une) licence de littérature.

blab [blæb] (*pt & pp* **blabbed**, *cont* **blabbing**) *inf* ◆ vi **1.** [tell secret] vendre la mèche **2.** [prattle] jaser, babiller / *she blabbed on about her holiday* elle n'en finissait pas de nous raconter ses vacances. ◆ vt laisser échapper, divulguer.

blabber ['blæbər] *inf* ◆ vi jaser, babiller ▸ **to blabber on about sthg** parler de qqch à n'en plus finir. ◆ n **1.** [person] moulin *m* à paroles **2.** [prattle] bavardage *m*, papotage *m*.

blabbermouth ['blæbə,maʊθ] (*pl* [-maʊðz]) n *inf* pipelette *f* / *he's such a blabbermouth!* c'est une vraie pipelette !

black [blæk] ◆ adj **1.** [colour] noir ▸ **as black as ink** noir comme du jais or de l'encre ▸ **the Black Prince** le Prince Noir **2.** [race] noir / *the black area of New York* le quartier noir de New York / *he won the black vote* il a gagné les voix de l'électorat noir ▸ **black Africa** l'Afrique *f* noire ▸ **black American** Afro-Américain *m*, -e *f* ▸ **black consciousness** négritude *f* ▸ **black man** Noir *m* ▸ **Black Nationalism** *mouvement nationaliste noir américain* ▸ **Black Studies** UNIV *études afro-américaines* ▸ **black woman** Noire *f* **3.** [coffee] noir ; [tea] nature *(inv)* **4.** [dark] noir, sans lumière ▸ **the room was as black as pitch** UK or **as black as tar** US dans la pièce il faisait noir comme dans un four **5.** [gloomy - future, mood] noir ; [- despair] sombre / *they painted a black picture of our prospects* ils ont peint un sombre tableau de notre avenir / *the situation is not as black as it looks* la situation n'est pas aussi désespérée qu'on pourrait le croire / *the situation looks black* les choses se présentent très mal / *in a fit of black despair* dans un moment d'extrême désespoir / *it's a black day for the UN* c'est un jour noir pour l'ONU ▸ **black comedy** comédie *f* noire ▸ **black humour** humour *m* noir **6.** [angry] furieux, menaçant / *he gave her a black look* il lui a jeté or lancé un regard noir **7.** [wicked] noir, mauvais / *a black deed* un crime, un forfait / *he's not as black as he's painted* il n'est pas aussi mauvais qu'on le dit ▸ **the black art** or **arts** la magie noire **8.** [dirty] noir, sale / *her hands were black with ink* elle avait les mains pleines d'encre **9.** UK INDUST [factory, goods] boycotté ▸ **black economy** économie *f* noire. ◆ n **1.** [colour] noir *m* / *to be dressed in black* **a)** [gen] être habillé de or en noir **b)** [in mourning] porter le deuil / *he'd swear black is white* il refuse d'admettre l'évidence **2.** [darkness] obscurité *f*, noir *m* **3.** PHR **to be in the black** être créditeur ▸ **it's the new black** *inf* c'est très tendance. ◆ vt **1.** [make black] noircir ; [shoes] cirer *(avec du cirage noir)* / *he blacked his attacker's eye* il a poché l'œil de son agresseur / *the actors blacked their faces* les acteurs se sont noirci le visage **2.** UK INDUST boycotter.

❖ **Black** n [person] Noir *m*, -e *f*.

❖ **black out** ◆ vt sep **1.** [extinguish lights] plonger dans l'obscurité ; [in wartime] faire le black-out dans **2.** RADIO & TV [programme] interdire la diffusion de **3.** [memory] effacer (de son esprit), oublier. ◆ vi s'évanouir.

blackamoor ['blækə,mʊəʳ] n *arch* Noir *m*, -e *f*.

black and blue adj couvert de bleus / *they beat him black and blue* ils l'ont roué de coups.

Black and Tans pl pr n ▸ **the Black and Tans** *forces armées britanniques envoyées en Irlande en 1921 pour lutter contre le Sinn Féin.*

black and white ◆ adj **1.** [photograph, television] noir et blanc / *a black-and-white film* un film en noir et blanc **2.** *fig* [clear-cut] précis, net / *there's no black-and-white solution* le problème n'est pas simple / *he has very black-and-white views on the war* il a des idées très arrêtées sur la guerre / *things aren't that black and white* les choses ne sont pas si simples. ◆ n **1.** [drawing, print] dessin *m* en noir et blanc ; [photograph] photographie *f* en noir et blanc **2.** [written down] : *I want the agreement in black and white* je veux voir l'accord écrit noir sur blanc ▸ **to put sthg down in black and white** écrire qqch noir sur blanc.

blackball ['blækbɔ:l] ◆ vt blackbouler. ◆ n vote *m* contre.

Black Beauty pr n *pur-sang dans un célèbre roman pour enfants écrit par A. Sewell en 1877.*

black beetle n cafard *m*, blatte *f*.

black belt n ceinture *f* noire / *she's a black belt in judo* elle est ceinture noire de judo.

blackberry ['blækbərɪ] (*pl* **blackberries**) ◆ n mûre *f* ▸ **blackberry bush** mûrier *m*. ◆ vi cueillir des mûres ▸ **to go blackberrying** aller ramasser or cueillir des mûres.

blackbird ['blækbɜ:d] n merle *m* ; [in North America] étourneau *m*.

blackboard ['blækbɔ:d] n tableau *m* (noir).

black box n boîte *f* noire.

black cab n taxi *m* londonien.

blackcap ['blækkæp] n **1.** ORNITH fauvette *f* à tête noire **2.** UK [of judge] bonnet *m* noir.

blackcock ['blækkɒk] n coq *m* de bruyère.

Black Country pr n ▸ **the Black Country** le Pays noir.

> **The Black Country**
>
> Le **Black Country** désigne, en Grande-Bretagne, la région industrielle des West Midlands, à l'ouest de Birmingham.

blackcurrant [,blæk'kʌrənt] n [bush, fruit] cassis *m*.

Black Death n peste *f* noire.

blacken ['blækn] ◆ vt **1.** [make black - house, wall] noircir ; [- shoes] cirer *(avec du cirage noir)* / *he blackened his face* il s'est noirci le visage **2.** [make dirty] noircir, salir / *fingers blackened with ink* des doigts couverts or pleins d'encre / *smoke-blackened buildings* des bâtiments noircis par la fumée **3.** *fig* [name, reputation] noircir, ternir. ◆ vi [cloud, sky] s'assombrir, (se) noircir ; [colour, fruit] (se) noircir, devenir noir.

blackened ['blækənd] adj US CULIN noirci au gril.

black eye n œil *m* poché or au beurre noir / *I'll give him a black eye!* je vais lui faire un œil au beurre noir !

black-eyed pea n dolique *m*, dolic *m*, niébé *m*.

blackface ['blækfeɪs] n **1.** *dated* [person] *acteur blanc maquillé pour jouer une personne noire* **2.** TYPO caractère *m* gras ▸ **in blackface** en (caractères) gras.

blackfly ['blækflaɪ] (*pl* **blackfly** *or* **blackflies**) n puceron *m* noir.

Blackfoot ['blækfʊt] (*pl* **Blackfoot** *or* **Blackfeet** [-fi:t]) n Blackfoot *mf* ▸ **the Blackfoot** les Blackfoot *mpl*.

Black Forest pr n ▸ **the Black Forest** la Forêt-Noire.

Black Forest gateau n forêt-noire *f*.

black gold n or *m* noir.

black grouse n tétras-lyre *m*, petit coq *m* de bruyère.

blackguard ['blægɑ:d] n *dated & hum* canaille *f*.

blackhead ['blækhed] n point *m* noir.

blackheaded gull [blækhedɪd-] n mouette *f* rieuse.

black-hearted adj méchant, malfaisant.

black hole n **1.** ASTRON trou *m* noir **2.** HIST ▸ **the Black Hole of Calcutta** *cachot du fort William à Calcutta où de nombreux prisonniers britanniques sont morts d'asphyxie en juin 1756* ▸ **it's like the Black Hole of Calcutta in there!** il fait horriblement sombre et chaud là-dedans !

black ice n verglas *m*.

blacking ['blækɪŋ] n [for shoes] cirage *m* noir ; [for stove] pâte *f* à noircir.

blackish ['blækɪʃ] adj noirâtre, tirant sur le noir.

blackjack ['blækdʒæk] ◆ n **1.** [card game] vingt-et-un *m* **2.** US [truncheon] matraque *f*. ◆ vt US [beat] matraquer ; [compel] contraindre (sous la menace) / *they blackjacked him into paying* ils l'ont forcé à payer.

black lead [-led] n graphite *m*.

blackleg ['blækleg] (*pt & pp* **blacklegged**, *cont* **blacklegging**) ◆ n UK *pej* jaune *m*, briseur *m* de grève. ◆ vi briser la grève.

blacklist ['blæklɪst] ◆ n liste *f* noire. ◆ vt mettre sur la liste noire.

black magic n magie *f* noire.

blackmail ['blækmeɪl] ◆ vt faire chanter / *he blackmailed them into meeting his demands* il les a contraints par le chantage à satisfaire ses exigences. ◆ n chantage *m*.

blackmailer ['blækmeɪləʳ] n maître chanteur *m*.

Black Maria [-mə'raɪə] n *inf* panier *m* à salade *(fourgon)*.

black mark n mauvais point *m* / *it's a black mark against her* ça joue contre elle.

black market n marché *m* noir / *on the black market* au marché noir.

black marketeer n vendeur *m*, -euse *f* au marché noir.

Black Monday n lundi *m* noir.

Black Muslim n Black Muslim *mf (membre d'un mouvement séparatiste noir se réclamant de l'islam)*.

blackness ['blæknɪs] n **1.** [of colour] noir *m*, couleur *f* noire ; *fig* [of deed] atrocité *f*, noirceur *f* **2.** [of night, room] obscurité *f*, noir *m* **3.** [dirtiness] saleté *f*, crasse *f*.

blackout ['blækaʊt] n **1.** [in wartime] black-out *m inv* ; [power failure] panne *f* d'électricité **2.** [loss of consciousness] évanouissement *m*, étourdissement *m* ; [amnesia] trou *m* de mémoire / *I must have had a blackout* j'ai dû m'évanouir **3.** RADIO & TV black-out *m inv*, censure *f* / *the army imposed a news blackout on the war* l'armée a fait le black-out sur la guerre.

Black Panther n HIST Panthère *f* noire.

black pepper n poivre *m* gris.

Blackpool ['blækpu:l] pr n *station balnéaire du nord-ouest de l'Angleterre, célèbre pour ses attractions et pour ses illuminations nocturnes.*

Black Power n POL Black Power *m (mouvement séparatiste noir né dans les années 1960 aux États-Unis)*.

Black Prince pr n UK HIST ▸ **the Black Prince** le Prince Noir *(fils du roi Édouard III d'Angleterre et duc d'Aquitaine)*.

black pudding n UK boudin *m* (noir).

Black Rod n [in Parliament] *huissier chargé par la Chambre des lords britannique de convoquer les Communes.*

Black Sea pr n ▸ **the Black Sea** la mer Noire.

black sheep n brebis *f* galeuse.

Blackshirt ['blækʃɜ:t] n POL Chemise *f* noire.

blacksmith ['blæksmɪθ] n [for horses] maréchal-ferrant *m* ; [for tools] forgeron *m*.

black spot n UK AUTO & *fig* point *m* noir.

blackthorn ['blækθɔ:n] n prunelier *m*, épine *f* noire.

black tie n *nœud papillon noir porté avec une tenue de soirée* / **'black tie'** [on invitation card] 'tenue de soirée exigée'.

❖ **black-tie** adj ▸ **black-tie dinner** dîner *m* en smoking ▸ **it's black-tie** il faut être en smoking.

blacktop ['blæktɒp] n US bitume *m*, asphalte *m*.

black velvet n **1.** *lit* velours *m* noir **2.** [cocktail] *cocktail de champagne et de stout.*

Black Watch pr n UK MIL *nom populaire d'un régiment de l'armée britannique, le Royal Highland Regiment.*

blackwater fever ['blæk,wɔ:təʳ-] n fièvre *f* bilieuse hémoglobinurique.

black widow n latrodecte *m*, veuve *f* noire.

bladder ['blædəʳ] ◆ n **1.** ANAT vessie *f* **2.** [of leather, skin] vessie *f* **3.** BOT vésicule *f*. ◆ comp ▸ **bladder infection** cystite *f* ▸ **bladder stone** calcul *m* vésical.

bladder campion n silène *m* acaule.

bladdered ['blædəd] adj UK *inf* [drunk] bourré / *to get bladdered* se bourrer la gueule.

bladderwort ['blædəwɜ:t] n utriculaire *f*.

bladderwrack ['blædəræk] n fucus *m* vésiculeux.

blade [bleɪd] n **1.** [cutting edge - of knife, razor, tool] lame *f* ; [- of guillotine] couperet *m* **2.** [of fan] pale *f* ; [of propeller] pale *f*, aile *f* ; [of helicopter] hélice *f* ; [of turbine motor] aube *f* ; [of plough] soc *m* (tranchant) ; [of ice skates] lame *f* ; [of oar, paddle] plat *m*, pale *f* **3.** [of grass] brin *m* ; [of wheat] pousse *f* ; [of leaf] limbe *m* ▸ **wheat in the blade** blé *m* en herbe **4.** *liter* [sword] lame *f* **5.** *arch* [young man] gaillard *m* **6.** [of tongue] dos *m* **7.** [of shoulder] omoplate *f*.

-bladed [bleɪdɪd] in comp **1.** [knife, razor] à lame... / *sharp-bladed knife* couteau *m* aiguisé **2.** [fan, propeller] à pale... / *a five-bladed fan* un ventilateur à cinq pales **3.** [plant] à limbe... / *broad-bladed leaf* feuille *f* à limbe large.

blaeberry ['bleɪbərɪ] (*pl* **blaeberries**) n UK myrtille *f*.

blah [blɑː] *inf* ◆ n **1.** [talk] baratin *m*, bla-bla-bla *m inv* **2.** US [blues] : *to have the blahs* avoir le cafard. ◆ adj US **1.** [uninteresting] insipide, ennuyeux **2.** [blue] : *to feel blah* avoir le cafard.

Blairism ['bleərɪzm] n *politique de Tony Blair.*

Blairite ['bleəraɪt] ◆ n partisan *m* de la politique de Tony Blair. ◆ adj [views, policies] du gouvernement de Tony Blair.

blamable ['bleɪməbl] adj blâmable.

blame [bleɪm] ◆ n **1.** [responsibility] responsabilité *f*, faute *f* / *they laid* or *put the blame for the incident on the secretary* ils ont rejeté la responsabilité de l'incident sur la secrétaire / *we had to bear* or *to take the blame* nous avons dû endosser la responsabilité **2.** [reproof] blâme *m*, réprimande *f* / *her conduct has been without blame* sa conduite a été irréprochable. ◆ vt **1.** [consider as responsible] rejeter la responsabilité sur / *they blame inflation on the government* or *the government for inflation* ils accusent le gouvernement d'être responsable de l'inflation / *they blamed the early frost for the bad harvest* ils ont attribué la mauvaise récolte aux gelées précoces / *he is not to blame* ce n'est pas de sa faute / *don't blame me for it!* ne rejetez pas la responsabilité sur moi ! / *you have only yourself to blame* tu ne peux t'en prendre qu'à toi-même, tu l'as voulu or cherché **2.** [reproach] critiquer, reprocher / *I blame myself for having left her alone* je m'en veux de l'avoir laissée seule / *you have nothing to blame yourself for* tu n'as rien à te reprocher / *you can't blame her for wanting a divorce* tu ne peux pas lui reprocher or lui en vouloir de vouloir divorcer / *he left in disgust — I don't blame him!* il est parti dégoûté — ça se comprend ! / *I don't blame you!* (comme) je te comprends !

blamed [bleɪmd] adj US damné, maudit.

blameless ['bleɪmlɪs] adj irréprochable, sans reproche.

blamelessly ['bleɪmlɪslɪ] adv d'une façon irréprochable.

blameworthy ['bleɪm,wɜːðɪ] adj *fml* [person] fautif, coupable ; [action] répréhensible.

blanch [blɑːntʃ] ◆ vt [gen] décolorer, blanchir ; AGR & CULIN blanchir ▸ **blanched almonds** amandes *fpl* mondées or épluchées. ◆ vi blêmir.

blancmange [blə'mɒnʤ] n *entremets généralement préparé à partir d'une poudre* ; ≃ flan *m* instantané.

bland [blænd] adj **1.** [flavour, food] fade, insipide ; [diet] fade **2.** [person - dull] insipide, ennuyeux ; [- ingratiating] mielleux, doucereux **3.** [weather] doux (douce).

blandishment ['blændɪʃmənt] n *(usu pl)* [coaxing] cajoleries *fpl* ; [flattery] flatterie *f*.

blandly ['blændlɪ] adv [say - dully] affablement, avec affabilité ; [- ingratiatingly] d'un ton mielleux.

blank [blæŋk] ◆ adj **1.** [paper - with no writing] vierge, blanc (blanche) ; [- unruled] blanc (blanche) ; [form] vierge, à remplir / *fill in the blank spaces* remplissez les blancs or les (espaces) vides / *leave this line blank* n'écrivez rien sur cette ligne ▸ **blank document** COMPUT document *m* vierge **2.** [empty - screen, wall] vide ; [- cassette] vierge ; [- cartridge] à blanc ▸ **to go blank a)** [screen] s'éteindre **b)** [face] se vider de toute expression / *my mind went blank* j'ai eu un trou **3.** [face, look - expressionless] vide, sans expression ; [- confused] déconcerté, dérouté / *she looked blank* **a)** [expressionless] elle avait le regard vide **b)** [confused] elle avait l'air déconcerté **4.** [absolute - protest, refusal] absolu, net ; [- dismay] absolu, profond. ◆ n **1.** [empty space, void] blanc *m*, (espace *m*) vide *m* / *fill in the blanks* complétez en remplissant les blancs / *she filled in the blanks of her education* elle a comblé les lacunes de son éducation / *the rest of his life is a blank* on ne sait rien du reste de sa vie / *my mind was a total blank* j'ai eu un passage à vide complet ▸ **to draw a blank** avoir un trou or un passage à vide / *she searched everywhere for him but drew a blank* elle l'a cherché partout mais sans succès **2.** [form] formulaire *m* (vierge or à remplir), imprimé *m* **3.** [cartridge] cartouche *f* à blanc **4.** [in dominoes] blanc *m*.

❖ **blank out** vt sep [writing] rayer, effacer ; [memory] oublier, effacer de son esprit.

blank cheque n chèque *m* en blanc ▸ **to write sb a blank cheque** *fig* donner carte blanche à qqn.

blanket ['blæŋkɪt] ◆ n **1.** [for bed] couverture *f* ▸ **to be born on the wrong side of the blanket** UK être un enfant naturel, être (de naissance) illégitime **2.** *fig* [of clouds, snow] couche *f* ; [of fog] manteau *m*, nappe *f* ; [of smoke] voile *m*, nuage *m* ; [of despair, sadness] manteau *m* **3.** PRINT blanchet *m*. ◆ vt **1.** [subj: snow] recouvrir ; [subj: fog, smoke] envelopper, voiler / *blanketed with snow* recouvert de neige **2.** [noise] étouffer, assourdir. ◆ adj général, global / *a blanket rule for all employees* un règlement qui s'applique à tout le personnel / *our insurance policy guarantees blanket coverage* notre police d'assurance couvre tous les risques ▸ **blanket instruction** consigne *f* générale.

❖ **blanket out** vt sep noyer.

blanket bath n grande toilette *f (d'un malade alité).*

blanket stitch n point *m* de feston.

❖ **blanket-stitch** vt ▸ **to blanket-stitch sthg** border qqch au point de feston.

blankety-blank [,blæŋkətɪ-] *inf* ◆ adj *euph* fichu. ◆ n *euph* [man] sale type *m* ; [woman] sale bonne femme *f v inf.* ◆ interj : *what the blankety-blank are you doing here?* que diable fais-tu ici ?

blankly ['blæŋklɪ] adv **1.** [look - without expression] avec le regard vide ; [- with confusion] d'un air ahuri or interdit **2.** [answer, state] carrément ; [refuse] tout net, sans ambages.

blank verse n vers *mpl* blancs or sans rime.

blare [bleəʳ] ◆ vi [siren, music] beugler ; [voice] brailler. ◆ n [gen] vacarme *m* ; [of car horn, siren] bruit *m* strident ; [of radio, television] beuglement *m* ; [of trumpet] sonnerie *f*.

❖ **blare out** ◆ vi [radio, television] beugler, brailler ; [person, voice] brailler, hurler. ◆ vt sep [subj: radio, television] beugler, brailler ; [subj: person] brailler, hurler.

blarney ['blɑːnɪ] *inf* ◆ n [smooth talk] baratin *m* ; [flattery] flatterie *f*. ◆ vt [smooth talk] baratiner ; [wheedle] embobiner ; [flatter] flatter.

Blarney Stone pr n *au château de Blarney, en Irlande, pierre censée donner des dons d'éloquence à ceux qui l'embrassent* ▸ **he's kissed the Blarney Stone** il a la langue bien pendue.

blasé [UK 'blɑːzeɪ US ,blɑː'zeɪ] adj blasé.

blaspheme [blæs'fiːm] ◆ vi blasphémer / *don't blaspheme against God* ne blasphémez pas contre Dieu. ◆ vt blasphémer.

blasphemer [blæs'fiːməʳ] n blasphémateur *m*, -trice *f*.

blasphemous ['blæsfəməs] adj [poem, talk] blasphématoire ; [person] blasphémateur.

blasphemously ['blæsfəməslɪ] adv de façon impie, avec impiété.

blasphemy ['blæsfəmɪ] (*pl* **blasphemies**) n blasphème *m* / *what you're saying is blasphemy* c'est blasphémer ce que vous dites là.

blast [blɑːst] ◆ n **1.** [explosion] explosion *f* ; [shock wave] souffle *m* / *the house was destroyed by the blast* la maison a été soufflée par l'explosion **2.** [of air] bouffée *f* ; [of steam] jet *m* / *a blast (of wind)* un coup de vent, une rafale **3.** [sound - of car horn, whistle] coup *m* strident ; [- of trumpet] sonnerie *f* ; [- of explosion] détonation *f* ; [- of rocket] rugissement *m* / *a whistle blast* un coup de sifflet / *he blew a couple of blasts on his whistle* il a donné plusieurs coups de sifflet **4.** US *inf* [fun] : *we had a blast* on s'est vraiment marrés / *he gets a blast out of teasing her* cela l'amuse de la taquiner / *it was a blast* c'était génial **5.** PHR **at full blast** : *she had the radio on (at) full blast* elle faisait marcher la radio à fond / *the machine was going at full blast* la machine avançait à toute allure / *we worked at full blast* nous travaillions comme des brutes. ◆ vt **1.** [with explosives] faire sauter / *they blasted a tunnel through the mountain* ils ont creusé un tunnel à travers la montagne avec des explosifs **2.** [with gun] tirer sur / *the thieves blasted their way through the roadblock* les voleurs ont forcé le barrage routier en tirant des coups de feu **3.** [subj: radio, television] beugler **4.** BOT [blight] flétrir **5.** [criticize] attaquer or critiquer violemment **6.** [plan] détruire ; [hope] briser, anéantir. ◆ vi [radio, television] beugler ; [music] retentir / *the radio was blasting away* la radio marchait à fond. ◆ interj UK *inf* ▸ **blast!** zut ! / *blast that car!* il y en a marre de cette voiture ! / *blast her!* ce qu'elle peut être embêtante !

❖ **blast off** vi [rocket] décoller.

❖ **blast out** ◆ vt sep [music] beugler. ◆ vi [radio, television] beugler ; [music] retentir.

blasted ['blɑːstɪd] adj **1.** [plant] flétri / *a blasted oak* un chêne foudroyé **2.** *inf* [as intensifier] fichu, sacré / *you blasted fool!* espèce d'imbécile ! / *it's a blasted nuisance!* c'est vraiment casse-pieds !

blastema [blæ'stiːmə] (*pl* **blastemas** *or* **blastemata** [-mətə]) n blastème *m*.

blast furnace n haut-fourneau *m*.

blasting ['blɑːstɪŋ] n **1.** [explosions] travail *m* aux explosifs, explosions *fpl* ; TECH minage *m* / **'beware blasting in progress!'** 'attention, tirs de mines !' **2.** UK *inf* [verbal attack] attaque *f* / *he got a blasting from the boss* le patron lui a passé un sacré savon.

blastoderm ['blæstəʊdɜːm] n blastoderme *m*.

blast-off n lancement *m*, mise *f* à feu *(d'une fusée spatiale)* / *ten seconds to blast-off* dix secondes avant la mise à feu.

blastula ['blæstjʊlə] (*pl* **blastulas** *or* **blastulae** [-liː]) n blastula *f*.

blat [blæt] (*pt & pp* **blatted**, *cont* **blatting**) vi & vt US bêler.

blatancy ['bleɪtənsɪ] n [obviousness] évidence *f*, caractère *m* flagrant.

blatant ['bleɪtənt] adj [discrimination, injustice] évident, flagrant ; [lie] manifeste.

blatantly ['bleɪtəntlɪ] adv [discriminate, disregard] de façon flagrante ; [cheat, lie] de façon éhontée.

blather ['blæðəʳ] US ◆ n *(U)* âneries *fpl*, bêtises *fpl*. ◆ vi raconter des bêtises or des âneries.

blaze [bleɪz] ◆ n **1.** [flame] flamme *f*, flammes *fpl*, feu *m* ; [large fire] incendie *m* / *five die in blaze* [in headline] un incendie a fait cinq morts **2.** [burst - of colour] éclat *m*, flamboiement *m* ; [- of light] éclat *m* ; [- of eloquence, enthusiasm] élan *m*, transport *m* ; [- of sunlight] torrent *m* / *a blaze of gunfire* des coups de feu, une fusillade / *in a sudden blaze of anger* sous le coup de la colère / *she married in a blaze of publicity* elle s'est mariée sous les feux des projecteurs / *he finished in a blaze of glory* il a terminé en beauté **3.** [of gems] éclat *m*, brillance *f* **4.** [mark - on tree] marque *f*, encoche *f* ; [- on animal, horse] étoile *f* **5.** UK *inf* PHR *what the blazes are you doing here?* qu'est-ce que tu fabriques ici ? / *how the blazes would I know?* comment veux-tu que je le sache ? ▸ **to run like blazes** : *we ran like blazes* nous avons couru à toutes jambes ▸ **go to blazes!** va te faire voir ! ◆ vi **1.** [fire] flamber / *he suddenly blazed with anger* il s'est enflammé de colère **2.** [colour, light, sun] flamboyer ; [gem] resplendir, briller / *the fields blazed with colour* les champs resplendissaient de mille couleurs **3.** [gun] tirer, faire feu. ◆ vt **1.** [proclaim] proclamer, claironner ; [publish] publier / *the news was blazed across the front page* la nouvelle faisait la une du journal / *it's not the kind of thing you want blazed abroad* ce n'est pas le genre de chose qu'on veut crier sur les toits **2.** PHR **to blaze a trail** frayer un chemin / *they're blazing a trail in biotechnology* ils font un travail de pionniers dans le domaine de la biotechnologie.

❖ **blaze away** vi **1.** [fire] (continuer de) flamber **2.** UK [gun] faire feu / *the gangsters blazed away at the police* les gangsters maintenaient un feu nourri contre la police / *I blazed away at the target* je tirais sans cesse sur la cible.

❖ **blaze down** vi [sun] flamboyer, darder ses rayons.

❖ **blaze up** vi **1.** [fire] prendre immédiatement or rapidement **2.** [person] s'enflammer de colère, s'emporter ; [anger, resentment] éclater.

blazer ['bleɪzəʳ] n blazer *m*.

blazing ['bleɪzɪŋ] adj **1.** [building, town] en flammes, embrasé / *to sit in front of a blazing fire* s'installer devant une bonne flambée **2.** [sun] brûlant, ardent ; [heat] torride / *a blazing hot day* une journée de chaleur torride **3.** [light] éclatant ; [colour] très vif ; [gem] brillant, étincelant ; [eyes] qui jette des éclairs **4.** [argument] violent **5.** [angry] furieux.

blazon ['bleɪzn] ◆ n blason *m*. ◆ vt **1.** [proclaim] proclamer, claironner ▸ **to blazon sthg abroad** proclamer qqch, crier qqch sur les toits **2.** [mark] marquer ; HERALD blasonner.

bldg written abbr of **building**.

bleach [bli:tʃ] ◆ n [gen] décolorant *m* ▸ **household bleach** eau *f* de Javel. ◆ vt **1.** [gen] blanchir ▸ **bleaching agent** produit *m* à blanchir, décolorant *m* ▸ **bleaching powder** chlorure *m* de chaux **2.** [hair - chemically] décolorer, oxygéner ; [- with sun] éclaircir / *to bleach one's hair* se décolorer les cheveux / *a bleached blonde* une fausse blonde, une blonde décolorée. ◆ vi blanchir.

❖ **bleach out** vt sep [stain] enlever à l'aide d'un décolorant or d'un blanchissant.

bleachers ['bli:tʃəz] pl n US *dans un stade, places les moins chères car non abritées.*

bleak [bli:k] ◆ adj **1.** [place, room] froid, austère ; [landscape] morne, désolé / **'Bleak House'** *Dickens* 'Bleak House' **2.** [weather] morne, maussade ; [winter] rude, rigoureux **3.** [situation] sombre, morne ; [life] morne, monotone / *the bleak facts* la vérité toute nue or sans fard / *the future looks bleak* l'avenir se présente plutôt mal **4.** [mood, person] lugubre, morne ; [smile] pâle ; [tone, voice] monocorde, morne. ◆ n [fish] ablette *f*.

bleakly ['bli:klɪ] adv [speak] d'un ton morne or monocorde ; [stare] d'un air triste, lugubrement.

bleakness ['bli:knɪs] n **1.** [of furnishings, room] austérité *f* ; [of landscape] caractère *m* morne or désolé **2.** [of weather] caractère *m* morne or maussade ; [of winter] rigueurs *fpl* **3.** [of situation] caractère *m* sombre or peu prometteur ; [of life] monotonie *f* **4.** [of mood, person] tristesse *f* ; [of voice] ton *m* monocorde or morne.

bleary ['blɪərɪ] (*compar* **blearier**, *superl* **bleariest**) adj **1.** [eyes - from fatigue] trouble, voilé ; [- watery] larmoyant ; [vision] trouble **2.** [indistinct] indécis, vague.

bleary-eyed [-'aɪd] adj [from sleep] aux yeux troubles ; [watery-eyed] aux yeux vitreux.

bleat [bli:t] ◆ vi **1.** [sheep] bêler ; [goat] bêler, chevroter **2.** [person - speak] bêler, chevroter ; [- whine] geindre, bêler. ◆ vt [say] dire d'un ton bêlant ; [whine] geindre, bêler. ◆ n **1.** [of sheep] bêlement *m* ; [of goat] bêlement, chevrotement *m* **2.** [of person - voice] bêlement *m* ; [- complaint] gémissement *m*.

bled [bled] pt & pp ⟶ **bleed**.

bleed [bli:d] (*pt & pp* **bled** [bled]) ◆ vi **1.** [lose blood] saigner, perdre du sang / *to bleed to death* saigner à mort / *my nose is bleeding* je saigne du nez / *my heart bleeds for you!* *fig & iro* tu me fends le cœur ! **2.** [plant] pleurer, perdre sa sève **3.** [cloth, colour] déteindre. ◆ vt **1.** [person] saigner **2.** *fig* [extort money from] saigner ▸ **to bleed sb dry** or **white** saigner qqn à blanc **3.** [brake, radiator] purger. ◆ n TYPO fond *m* perdu, plein papier *m*.

bleeder ['bli:dəʳ] n UK *inf* [person - gen] type *m* ; [- disagreeable] salaud *v inf m* / *the poor bleeder* le pauvre gars / *cheeky bleeder* petit effronté / *lucky bleeder* sacré veinard.

bleeding ['bli:dɪŋ] ◆ n **1.** [loss of blood] saignement *m* ; [haemorrhage] hémorragie *f* ; [taking of blood] saignée *f* / *they stopped the bleeding* ils ont arrêté l'hémorragie / *bleeding from the nose* saignement de nez **2.** [of plant] écoulement *m* de sève. ◆ adj **1.** [wound] saignant, qui saigne ; [person] qui saigne **2.** UK *v inf* [as intensifier] fichu, sacré ▸ **bleeding idiot!** espèce d'imbécile ! ◆ adv *v inf* vachement.

bleeding heart n *pej* [gen & POL] sentimental *m*.

bleed valve n soupape *f* de purge.

bleep [bli:p] ◆ n bip *m*, bip-bip *m*. ◆ vi émettre un bip or un bip-bip. ◆ vt **1.** [doctor] appeler (au moyen d'un bip or d'un bip-bip) **2.** RADIO & TV ▸ **to bleep words (out)** masquer des paroles (par un bip).

bleeper ['bli:pəʳ] n bip *m*, bip-bip *m*.

blemish ['blemɪʃ] ◆ n **1.** [flaw] défaut *m*, imperfection *f* **2.** [on face - pimple] bouton *m* **3.** [on fruit] tache *f* **4.** *fig* [on name, reputation] tache *f*, souillure *f* *liter* / *her reputation is without blemish* sa réputation est sans tache. ◆ vt **1.** [beauty, landscape] gâter ; [fruit] tacher **2.** *fig* [reputation] tacher, souiller *liter*.

blench [blentʃ] vi [recoil in fear] reculer ; [turn pale] blêmir / *she blenched at the idea* à cette pensée, elle pâlit or blêmit / *without blenching* sans broncher or sourciller.

blend [blend] ◆ vt **1.** [mix together - gen] mélanger, mêler ; [- cultures, races] fusionner ; [- feelings, qualities] joindre, unir / *blend the butter and sugar (together)* or *blend the sugar into the butter* mélangez le beurre au or avec le sucre / *to blend two coffees* mélanger deux cafés, faire un mélange de deux cafés / *to blend old traditions with modern methods* faire un mélange de traditions anciennes et de méthodes modernes ▸ **blended whisky** blend *m* (*whisky obtenu par mélange de whiskies de grain industriels et de whiskies pur malt*) **2.** [colours - mix together] mêler, mélanger ; [- put together] marier / *to blend white and black* mélanger du blanc avec du noir. ◆ vi **1.** [mix together - gen] se mélanger, se mêler ; [- cultures, races] fusionner ; [- feelings, sounds] se confondre, se mêler ; [- perfumes] se marier / *their voices blended into one* leurs voix se confondaient / *the new student blended in well* le nouvel étudiant s'est bien intégré **2.** [colours - form one shade] se fondre ; [- go well together] aller ensemble. ◆ n **1.** [mixture] mélange *m* / **'house blend'** 'mélange (spécial de la) maison' **2.** *fig* [of feelings, qualities] alliance *f*, mélange *m* / *his speech was a blend of caution and encouragement* son discours était un mélange de prudence et d'encouragement **3.** LING mot-valise *m*.

blended learning ['blendɪd-] n apprentissage *m* mixte (*en présenciel et à distance*).

blender ['blendəʳ] n CULIN mixer *m* ; TECH malaxeur *m* ▸ **blender attachment** accessoire *m* pour mixer.

Blenheim Palace ['blenɪm-] pr n *château près d'Oxford, où naquit Winston Churchill.*

bless [bles] (*pt & pp* **blessed**) vt **1.** [subj : God, priest] bénir / *God bless (you)!* or *bless you!* *lit* que Dieu vous bénisse ! / *bless you!* **a)** [after sneeze] à vos / tes souhaits ! **b)** [in thanks] merci mille fois ! / *he remembered her birthday, bless his heart!* et il n'a pas oublié son anniversaire, le petit chéri ! / *bless your heart!* que tu es gentil ! / *bless my soul!* or *bless me!* *dated* Seigneur !, mon Dieu ! / *bless me if I didn't forget her name!* figurez-vous que j'avais oublié son nom ! ▸ **I'm blessed if I know!** *inf* que le diable m'emporte si je sais ! ▸ **God bless America** *phrase traditionnellement prononcée par le président des États-Unis pour terminer une allocution* **2.** *(usu passive)* *fml* [endow, grant] douer, doter / *she is blessed with excellent health* elle a le bonheur d'avoir une excellente santé / *Nature has blessed him with an extraordinary memory* la nature l'a doué d'une mémoire extraordinaire.

blessed ◆ pt & pp ⟶ **bless**. ◆ adj ['blesɪd] **1.** [holy] béni, sacré ▸ **the Blessed Virgin** la Sainte Vierge ▸ **the Blessed Trinity** la Sainte Trinité **2.** [favoured by God] bienheureux, heureux **3.** [wonderful - day, freedom, rain] béni **4.** *inf* [as intensifier] sacré, fichu / *every blessed day* chaque jour que le bon Dieu fait / *the whole blessed day* toute la sainte journée. ◆ pl n [blest] ▸ **the blessed** les bienheureux *mpl*.

blessing ['blesɪŋ] n **1.** [God's favour] grâce *f*, faveur *f* / *the blessing of the Lord be upon you* que Dieu vous bénisse **2.** [prayer] bénédiction *f* ; [before meal] bénédicité *m* / *the priest said the blessing* le prêtre a donné la bénédiction **3.** *fig* [approval] bénédiction *f*, approbation *f* / *with the blessing of his parents* avec la bénédiction de ses parents / *does the project have the boss's blessing?* est-ce que le patron a donné sa bénédiction au projet ? **4.** [advantage] bienfait *m*, avantage *m* ; [godsend] aubaine *f*, bénédiction *f* / *it was a blessing that no one was hurt* c'était une chance que personne ne soit blessé / *the rain was a blessing for the farmers* la pluie était un don du ciel or une bénédiction pour les agriculteurs / *what a blessing!* quelle chance ! / *it was a blessing in disguise* c'était une bonne chose, en fin de compte.

blest [blest] pt, pp, adj & pl n *arch & liter* = **blessed**.

blether ['bleðəʳ] ◆ n âneries *fpl*, bêtises *fpl*. ◆ vi dire des âneries or des bêtises.

blew [blu:] pt ⟶ **blow**.

blight [blaɪt] ◆ n **1.** BOT [of flowering plants] rouille *f* ; [of fruit trees] cloque *f* ; [of cereals] rouille, nielle *f* ; [of potato plants] mildiou *m* **2.** [curse] malheur *m*, fléau *m* / *the accident cast a blight on our holiday* l'accident a gâché nos vacances / *her illness was a blight on their happiness* sa maladie a terni leur bonheur / *air pollution is a real blight* la pollution de l'air est un vrai fléau **3.** [condition of decay] ▸ **inner-city blight** la dégradation des quartiers pauvres. ◆ vt **1.** BOT [plants - gen] rouiller ; [cereals] nieller, rouiller **2.** [spoil - happiness, holiday] gâcher ; [- career, life] gâcher, briser ; [- hopes] anéantir, détruire ; [- plans] déjouer.

blighter ['blaɪtəʳ] n UK *inf* type *m* / *you lucky blighter!* sacré veinard ! / *silly blighters!* les imbéciles !

blighty, **Blighty** ['blaɪtɪ] n UK *inf & dated* l'Angleterre *f*.

blimey ['blaɪmɪ] interj UK *inf* ▸ **blimey!** ça alors !, mon Dieu !

blimp [blɪmp] n **1.** [airship] dirigeable *m* **2.** US *inf* [fat person] gros patapouf *m*.

❖ **Blimp** n *inf* [reactionary] vieux réac *m*.

blimpish, **Blimpish** ['blɪmpɪʃ] adj UK *inf* réactionnaire.

blind [blaɪnd] ◆ adj **1.** [sightless] aveugle, non voyant ▸ **to go blind** devenir aveugle / *his sister is blind* sa sœur est aveugle / *he's blind in one eye* il est aveugle d'un œil or borgne ▸ **as blind as a bat** myope comme une taupe ▸ **blind man's buff** colin-maillard *m* ▸ **to turn a blind eye to sthg** fermer les yeux sur qqch **2.** [unthinking] aveugle / *blind loyalty* / *trust* loyauté / confiance aveugle / *he flew into a blind rage* il s'est mis dans une colère noire / *blind with anger* aveuglé par la colère / *they were blind to the danger* le danger leur échappait / *she was blind to the consequences* elle ignorait les conséquences, elle ne voyait pas les conséquences / *love is blind* l'amour est aveugle **3.** [hidden from sight - corner, turning] sans visibilité **4.** AERON [landing, take-off] aux appareils **5.** [as intensifier] : *he was blind drunk* il était ivre mort / *he didn't take a blind bit of notice of what I said* *inf* il n'a pas fait la moindre attention à ce que j'ai dit / *it doesn't make a blind bit of difference to me* *inf* cela m'est complètement égal. ◆ vt **1.** [deprive of sight] aveugler, rendre aveugle ; [subj : flash of light] aveugler, éblouir / *we were blinded by the smoke* on était aveuglé par la fumée **2.** [deprive of judgment, reason] aveugler / *vanity blinded him to her real motives* sa vanité l'empêchait de discerner ses véritables intentions ▸ **to blind sb with science** *hum* éblouir qqn par sa science. ◆ n **1.** [for window] store *m*, jalousie *f* **2.** UK *inf* [trick] prétexte *m*, feinte *f* / *the trip was just a blind for his smuggling activities* le voyage a servi à masquer or dissimuler ses activités de contrebande **3.** US [hiding place] cachette *f* ; HUNT affût *m*. ◆ pl n ▸ **the blind** les aveugles *mpl*, les non-voyants *mpl* / *it's a case of the blind leading the blind* c'est l'aveugle qui conduit l'aveugle. ◆ adv **1.** [drive, fly - without visibility] sans visibilité ; [- using only instruments] aux instruments **2.** [purchase] sans avoir vu ; [decide] à l'aveuglette **3.** [as intensifier] : *I would swear blind he was there* j'aurais donné ma tête à couper or j'aurais juré qu'il était là.

The blind leading the blind

Cette expression fait allusion à une parole de Jésus-Christ (Matthieu, 15, 14): **Let them alone: they be blind leaders of the blind. And if the blind lead the blind, both shall fall into**

the ditch. *Laissez-les : ce sont des aveugles qui conduisent des aveugles ; si un aveugle conduit un autre aveugle, ils tomberont tous deux dans une fosse.* Elle est employée lorsque des personnes incompétentes ou ignorantes se mettent à en diriger d'autres tout aussi incapables :

I could try to explain the system to you, but I'm afraid it would be the blind leading the blind. *Je pourrais essayer de vous expliquer le système, mais en réalité je ne le connais pas mieux que vous.*

The English teachers here aren't native speakers, so it's often a case of the blind leading the blind. *Les professeurs d'anglais ici ne sont pas de langue maternelle anglaise, si bien qu'ils ne sont pas beaucoup plus compétents que leurs élèves.*

blind alley n UK impasse *f*, cul-de-sac *m* / *the government's new idea is just another blind alley* encore une idée du gouvernement qui n'aboutira à rien or ne mènera nulle part.

blind date n rendez-vous *m* or rencontre *f* arrangée *(avec quelqu'un qu'on ne connaît pas)*.

blinders ['blaındəʳz] pl n US œillères *fpl*.

blindfold ['blaındfəʊld] ◆ n bandeau *m*. ◆ vt bander les yeux à or de. ◆ adv les yeux bandés / *I could do the job blindfold* je pourrais faire ce travail les yeux bandés or fermés. ◆ adj : *blindfold* or *blindfolded prisoners* prisonniers aux yeux bandés.

blinding ['blaındıŋ] ◆ adj [light] aveuglant, éblouissant ; *fig* [speed] éblouissant. ◆ n **1.** [of person, animal] aveuglement *m* **2.** CONSTR [on road] couche *f* de sable.

blindingly ['blaındıŋlı] adv de façon aveuglante / *it was blindingly obvious* ça sautait aux yeux.

blindly ['blaındlı] adv [unseeingly] en aveugle, à l'aveuglette ; [without thinking] à l'aveuglette, aveuglément.

blindness ['blaındnıs] n cécité *f* ; *fig* aveuglement *m* / *the government's blindness to social problems* l'aveuglement du gouvernement face aux problèmes sociaux.

blind side n AUTO angle *m* mort / *on my blind side* dans mon angle mort.

blind spot n **1.** AUTO [in mirror] angle *m* mort ; [in road] endroit *m* sans visibilité **2.** MED point *m* aveugle **3.** *fig* [weak area] côté *m* faible, faiblesse *f* / *his daughter is his blind spot* quand il s'agit de sa fille, il refuse de voir la vérité en face / *I have a blind spot about mathematics* je ne comprends rien aux mathématiques.

blind test n test *m* aveugle.

blind testing n tests *mpl* aveugles.

blindworm ['blaındwɜːm] n orvet *m*.

bling ['blıŋ], **bling-bling** ['blıŋ'blıŋ] *inf* ◆ adj **1.** [jewellery] clinquant **2.** [approach, attitude] bling-bling / *the bling-bling generation* la génération bling-bling. ◆ n [jewellery] bijoux *mpl* lourds et clinquants.

❖ **bling out** vt US *inf* [decorate] décorer dans un style bling-bling / *she's got her place all blinged out with fake leopardskin furniture* son appart est plein de meubles bling-bling en fausse peau de léopard.

blink [blıŋk] ◆ vi **1.** [person] cligner or clignoter des yeux ; [eyes] cligner, clignoter / *she didn't even blink at the news* elle n'a même pas sourcillé en apprenant la nouvelle / *they blink at his heavy drinking* *fig* ils ferment les yeux sur le fait qu'il boit beaucoup **2.** [light] clignoter, vaciller. ◆ vt **1.** ▸ **to blink one's eyes** cligner les or des yeux ▸ **to blink away** or **to blink back one's tears** refouler ses larmes *(en clignant des yeux)* **2.** US ▸ **to blink one's lights** faire un appel de phares. ◆ n **1.** [of eyelid] clignement *m* (des yeux), battement *m* de paupières ▸ **in the blink of an eye** or **eyelid** en un clin d'œil, en un rien de temps **2.** [glimpse] coup *m* d'œil **3.** [of light] lueur *f* ; [of sunlight] rayon *m* **4.** PHR ▸ **on the blink** *inf* en panne.

blinker ['blıŋkəʳ] ◆ n AUTO ▸ **blinker (light) a)** [turn signal] clignotant *m* **b)** [warning light] feu *m* de détresse. ◆ vt mettre des œillères à.

❖ **blinkers** pl n [for eyes] œillères *fpl* / *when it comes to her family she wears blinkers* elle a des œillères quand il s'agit de sa famille.

blinkered ['blıŋkəd] adj **1.** [horse] qui porte des œillères **2.** [opinion, view] borné.

blinking ['blıŋkıŋ] *inf* ◆ adj UK *euph* sacré, fichu ▸ **blinking idiot!** espèce d'idiot ! ◆ adv sacrément, fichtrement.

blintz(e) [blınts] n crêpe *f* fourrée.

blip [blıp] ◆ n **1.** [sound] bip *m*, bip-bip *m* ; [spot of light] spot *m* ; [on graph, screen, etc.] sommet *m* **2.** [temporary problem] mauvais moment *m* (à passer). ◆ vi faire bip or bip-bip.

bliss [blıs] n **1.** [happiness] bonheur *m* (complet or absolu), contentement *m*, félicité *f* *liter* / *what bliss to have a lie-in!* quel bonheur de pouvoir faire la grasse matinée ! / *our holiday was absolute bliss!* on a passé des vacances absolument merveilleuses or divines ! / *married bliss* le bonheur conjugal **2.** RELIG béatitude *f*.

❖ **bliss out** vt US *inf* ▸ **to be blissed out a)** [happy] être au septième ciel **b)** [on drugs, alcohol] être défoncé.

blissful ['blısfʊl] adj **1.** [happy] bienheureux ; [peaceful] serein / *three blissful years* trois années de bonheur complet / *she remained in blissful ignorance* elle était heureuse dans son ignorance **2.** RELIG bienheureux.

blissfully ['blısfʊlı] adv [agree, smile] d'un air heureux ; [peaceful, quiet] merveilleusement / *he was blissfully happy* il était comblé de bonheur / *we were blissfully unaware of the danger* nous étions dans l'ignorance la plus totale du danger.

blister ['blıstəʳ] ◆ n **1.** [on skin] ampoule *f*, cloque *f* **2.** [on painted surface] boursouflure *f* ; [in glass] soufflure *f*, bulle *f* ; [in metal] soufflure *f*. ◆ vi **1.** [skin] se couvrir d'ampoules **2.** [paint] se boursoufler ; [glass] former des soufflures or des bulles ; [metal] former des soufflures. ◆ vt **1.** [skin] donner des ampoules à **2.** [paint] boursoufler ; [glass] former des soufflures or des bulles dans ; [metal] former des soufflures dans **3.** [attack verbally] critiquer sévèrement.

blistering ['blıstərıŋ] adj **1.** [sun] brûlant, de plomb ; [heat] torride **2.** [attack, criticism] cinglant, virulent ; [remark] caustique, cinglant.

blisteringly ['blıstərıŋlı] adv : *it was blisteringly hot* il faisait une chaleur étouffante.

blister pack n UK [for light bulb, pens] emballage *m* bulle, blister (pack) *m* ; [for pills] plaquette *f*.

BLit [ˌbiː'lıt] (abbr of **Bachelor of Literature**) n *(titulaire d'une licence) de littérature*.

blithe [blaıð] adj [cheerful] gai, joyeux ; [carefree] insouciant ▸ **blithe indifference** indifférence insouciante / **'Blithe Spirit'** *Coward* 'l'Esprit s'amuse'.

blithely ['blaıðlı] adv [cheerfully] gaiement, joyeusement ; [carelessly] avec insouciance.

blithering ['blıðərıŋ] adj *inf* sacré / *it's a blithering nuisance!* c'est la barbe ! / *a blithering idiot* un crétin fini / *you blithering fool!* espèce d'imbécile !

BLitt [ˌbiː'lıt] (abbr of **Bachelor of Letters**) n UK *(titulaire d'une licence) de littérature*.

blitz [blıts] ◆ n [attack] attaque *f* éclair ; [bombing] bombardement *m* / *an advertising blitz* une campagne publicitaire de choc / *let's have a blitz and get this work done* attaquons-nous à ce travail pour en finir. ◆ vt [attack] pilonner ; [bomb] bombarder.

❖ **Blitz** n HIST ▸ **the Blitz** le Blitz.

blitzed [blıtst] adj US *inf* [drunk] bourré.

blizzard ['blızəd] n tempête *f* de neige, blizzard *m*.

BLM (abbr of **Bureau of Land Management**) pr n *services de l'aménagement du territoire aux États-Unis*.

bloated ['bləʊtıd] adj [gen] gonflé, boursouflé ; [stomach] gonflé, ballonné / *to feel bloated* se sentir ballonné / *bloated with self-importance* imbu de soi-même, pénétré de son importance.

bloater ['bləʊtəʳ] n hareng *m* saur or fumé.

bloatware ['bləʊtweəʳ] n *logiciels offrant un nombre excessif de fonctionnalités*.

blob [blɒb] n [drop] goutte *f* ; [stain] tache *f* / *a blob on the horizon* une forme indistincte à l'horizon.

bloc [blɒk] n bloc *m*.

block [blɒk] ◆ n **1.** [of ice, stone, wood] bloc *m* ; [for butcher, executioner] billot *m* / *the painting was on the (auctioneer's) block* US le tableau était mis aux enchères ▸ **to put** or **to lay one's head on the block** prendre des risques **2.** [toy] ▸ **(building) blocks** jeu *m* de construction, (jeu de) cubes *mpl* **3.** [of seats] groupe *m* ; [of shares] tranche *f* ; [of tickets] série *f* ; COMPUT bloc *m* **4.** [area of land] pâté *m* de maisons / *we walked round the block* nous avons fait le tour du pâté de maisons / *the school is five blocks away* US l'école est cinq rues plus loin ▸ **block party** US fête *f* de rue ▸ **the new kid on the block** le petit nouveau **5.** UK [building] immeuble *m* ; [of barracks, prison] quartier *m* ; [of hospital] pavillon *m* ▸ **block of flats** immeuble (d'habitation) **6.** [obstruction - in pipe, tube] obstruction *f* ; [- in traffic] embouteillage *m* ; MED & PSYCHOL blocage *m* ▸ **to have a (mental) block about sthg** faire un blocage sur qqch / *I have a (mental) block about mathematics* je fais un blocage sur les mathématiques **7.** SPORT obstruction *f* **8.** *inf* [head] caboche *f* / *I'll knock your block off!* je vais te démolir le portrait ! **9.** [of paper] bloc *m* **10.** TECH ▸ **block (and tackle)** palan *m*, moufles *mpl*. ◆ comp [booking, vote] groupé ▸ **block grant** UK ADMIN dotation *f (aux collectivités locales)*. ◆ vt **1.** [obstruct - pipe, tube] boucher ; [- road] bloquer, barrer ; [- view] boucher, cacher ; MED [- artery] obstruer / *don't block the door!* dégagez la porte ! / *to block one's ears* se boucher les oreilles ▸ **to block sb's way** barrer le chemin à qqn / *that building blocks the sun* ce bâtiment empêche le soleil d'entrer **2.** [hinder - traffic] bloquer, gêner ; [- progress] gêner, enrayer ; [- credit, deal, funds] bloquer ; MED [pain] anesthésier ; SPORT [opponent] faire obstruction à **3.** [hat, knitting] mettre en forme. ◆ vi SPORT faire de l'obstruction.

❖ **block in** vt sep **1.** [car] bloquer / *I've been blocked in* ma voiture est bloquée **2.** [drawing, figure] colorer ; *fig* [plan, scheme] ébaucher.

❖ **block off** vt sep [road] bloquer, barrer ; [door, part of road, window] condamner ; [view] boucher, cacher ; [sun] cacher.

❖ **block out** vt sep **1.** [light, sun] empêcher d'entrer ; [view] cacher, boucher **2.** [ideas] empêcher ; [information] interdire, censurer **3.** [outline] ébaucher.

❖ **block up** vt sep **1.** [pipe, tube] boucher, bloquer ; [sink] boucher **2.** [door, window] condamner.

blockade [blɒ'keıd] ◆ n **1.** MIL blocus *m* / *to lift* or *to raise a blockade* lever un blocus / *to be under blockade* être en état de blocus **2.** *fig* [obstacle] obstacle *m*. ◆ vt **1.** MIL faire le blocus de **2.** *fig* [obstruct] bloquer, obstruer.

blockage ['blɒkıdʒ] n [gen] obstruction *f* ; [in pipe] obstruction *f*, bouchon *m* ; MED [in heart] blocage *m*, obstruction *f* ; [in intestine] occlusion *f* ; PSYCHOL blocage *m*.

blockboard ['blɒkbɔːd] n panneau *m* latté, latté *m*.

blockbuster ['blɒkbʌstəʳ] n *inf* **1.** [success - book] best-seller *m*, livre *m* à succès ; [- film] superproduction *f* **2.** [bomb] bombe *f* de gros calibre.

blockbusting ['blɒkbʌstıŋ] adj *inf* à sensation.

block capital n (caractère *m*) majuscule *f* / *in block capitals* en majuscules.

block diagram n COMPUT & GEOG bloc-diagramme *m* ; ELECTRON schéma *m* (de principe).

blockhead ['blɒkhed] n *inf* imbécile *mf*, idiot *m*, -e *f*.

blockhouse ['blɒkhaʊs] *(pl* [-haʊzız]*)* n blockhaus *m*, casemate *f*.

blocking software ['blɒkıŋ-] n COMPUT logiciel *m* de filtrage.

block letter n (caractère *m*) majuscule *f* / *in block letters* en majuscules (d'imprimerie).

block release n UK INDUST *système de stages de formation qui alternent avec une activité professionnelle*.

block vote n *mode de scrutin utilisé par les syndicats britanniques par opposition au mode de scrutin « OMOV ».*

Block vote

Le **block vote** donne au vote d'un délégué syndical la valeur de toutes les voix de la section qu'il représente.

blog ['blɒg] n COMPUT blog *m*, blogue *m*.

blogger ['blɒgəʳ] n COMPUT blogueur *m*, -euse *f*.

blogging ['blɒgɪŋ] n COMPUT blogging *m*, création *f* de blogs.

blogosphere ['blɒgəʊsfɪəʳ] n blogosphère *m*.

blogroll ['blɒgrəʊl] n blogroll *f*, liste *f* de liens vers des blogs.

bloke [bləʊk] n UK *inf* type *m* / *he's a good bloke* c'est un brave type.

blokeish ['bləʊkɪʃ], **blokey** ['bləʊkɪ] adj *inf* [behaviour, humour] de mec ; [joke] macho.

blond [blɒnd] ◆ adj blond. ◆ n blond *m*.

blonde [blɒnd] ◆ adj blond. ◆ n blond *m*, -e *f*.

blood [blʌd] ◆ n **1.** [fluid] sang *m* / *to donate* or *to give blood* donner son sang / *to spill blood* verser or faire couler du sang / *she bit him and drew blood* elle l'a mordu (jusqu')au sang / *his last question drew blood* sa dernière question a fait mouche / *the blood rushed to his head* le sang lui est monté à la tête / *he has blood on his hands* *fig* il a du sang sur les mains ▸ **to be after sb's blood** *inf* : *the mafia are after his blood* la mafia veut sa peau / *there is bad blood between the two families* le torchon brûle entre les deux familles / *the argument made for bad blood between them* la dispute les a brouillés / *his attitude makes my blood boil* son attitude me met hors de moi ▸ **it's like getting blood out of a stone** ce n'est pas une mince affaire / *her blood froze* or *ran cold at the thought* rien qu'à y penser son sang s'est figé dans ses veines / *the film made my blood run cold* le film m'a donné des frissons ▸ **blood and guts** : *a film full of blood and guts* un film gore / *the town's blood is up over these new taxes* la ville s'élève or part en guerre contre les nouveaux impôts ▸ **to do sthg in cold blood** faire qqch de sang-froid / *travelling is* or *runs in her blood* elle a le voyage dans le sang or dans la peau ▸ **new** or **fresh** or **young blood** : *what we need is young blood* nous avons besoin de sang neuf ▸ **to be out for blood** : *they're out for blood* ils cherchent à se venger ▸ **blood is thicker than water** *prov* la voix du sang est la plus forte ▸ **there's blood all over the carpet** *fig* ça a été un vrai massacre *fig* ▸ **there'll be blood on the carpet** *fig* ça va saigner *fig* **2.** [breeding, kinship] : *of noble / Italian blood* de sang noble / italien / *a prince of the blood* un prince du sang or de sang royal **3.** *arch* [young man] ▸ **a young blood** un élégant or roué *arch*. ◆ vt **1.** HUNT [hound] acharner, donner le goût du sang à ; [person] donner le goût du sang à **2.** *fig* [beginner, soldier] donner le baptême du feu à.

blood-and-thunder adj [adventure] à sensation ; [melodramatic] mélodramatique.

blood bank n banque *f* du sang.

bloodbath ['blʌdbɑːθ] (*pl* [-bɑːðz]) n massacre *m*, bain *m* de sang.

blood blister n pinçon *m*.

blood brother n frère *m* de sang.

blood cell n cellule *f* sanguine, globule *m* (du sang).

blood count n numération *f* globulaire.

bloodcurdling ['blʌd,kɜːdlɪŋ] adj terrifiant / *a bloodcurdling scream* un cri à vous glacer or figer le sang.

blood donor n donneur *m*, -euse *f* de sang.

blood feud n vendetta *f*.

blood group n groupe *m* sanguin.

blood heat n température *f* du sang.

bloodhound ['blʌdhaʊnd] n **1.** [dog] limier *m* **2.** *inf* [detective] limier *m*, détective *m*.

bloodiness ['blʌdɪnɪs] n état *m* sanglant / *the bloodiness of war* les carnages de la guerre.

bloodless ['blʌdlɪs] adj **1.** [without blood] exsangue **2.** [battle, victory] sans effusion de sang ▸ **the Bloodless Revolution** HIST la Seconde Révolution d'Angleterre *(1688-1689)* **3.** [cheeks, face] pâle.

bloodletting ['blʌd,letɪŋ] n **1.** [bloodshed] carnage *m*, massacre *m* **2.** MED saignée *f*.

blood lust n soif *f* de sang.

blood money n prix *m* du sang.

blood orange n (orange *f*) sanguine *f*.

blood plasma n plasma *m* sanguin.

blood poisoning n septicémie *f*.

blood pressure n tension *f* (artérielle) / *blood pressure cuff* brassard *m* de tension / *the doctor took my blood pressure* le médecin m'a pris la tension ▸ **to have high / low blood pressure** faire de l'hypertension / de l'hypotension / *the patient's blood pressure is down / up* la tension du malade a baissé / monté / *her blood pressure goes up every time she talks politics* elle se met en colère chaque fois qu'elle parle politique / *watch your blood pressure!* calmez-vous !

blood pudding n boudin *m* (noir).

blood red adj rouge sang *(inv)*.

blood relation n parent *m*, -e *f* par le sang.

blood sausage n US boudin *m* (noir).

blood serum n sérum *m* sanguin.

bloodshed ['blʌdʃed] n carnage *m*, massacre *m* ▸ **without bloodshed** sans effusion *f* de sang.

bloodshot ['blʌdʃɒt] adj injecté (de sang) / *her eyes became bloodshot* ses yeux se sont injectés (de sang).

blood sister n sœur *f* de sang.

blood-spattered adj maculé de sang.

blood sport n UK sport *m* sanguinaire.

bloodstain ['blʌdsteɪn] n tache *f* de sang.

bloodstained ['blʌdsteɪnd] adj taché de sang.

bloodstock ['blʌdstɒk] n chevaux *mpl* de race or de sang.

bloodstone ['blʌdstəʊn] n héliotrope *m* *(pierre)*.

bloodstream ['blʌdstriːm] n sang *m*, système *m* sanguin.

bloodsucker ['blʌd,sʌkəʳ] n ZOOL & *fig* sangsue *f*.

blood sugar n glycémie *f* / *to have low blood sugar* avoir une glycémie faible ▸ **blood-sugar level** taux *m* de glycémie.

blood test n analyse *f* de sang / *to have a blood test* faire faire une analyse de sang.

bloodthirsty ['blʌd,θɜːstɪ] (*compar* **bloodthirstier**, *superl* **bloodthirstiest**) adj [animal, person] assoiffé or avide de sang, sanguinaire *liter* ; [film] violent, sanguinaire *liter*.

blood transfusion n transfusion *f* sanguine or de sang.

blood type n groupe *m* sanguin.

blood vessel n vaisseau *m* sanguin.

bloodworm ['blʌdwɜːm] n ver *m* de vase.

bloody ['blʌdɪ] (*compar* **bloodier**, *superl* **bloodiest**) ◆ adj **1.** [wound] sanglant, saignant ; [bandage, clothing, hand] taché or couvert de sang ; [nose] en sang **2.** [battle, fight] sanglant, meurtrier **3.** [blood-coloured] rouge, rouge sang *(inv)* **4.** UK *v inf* [as intensifier] foutu / *you bloody fool!* espèce de crétin ! / *bloody hell!* et merde ! / *I can't get the bloody car to start* je n'arrive pas à faire démarrer cette foutue bagnole / *it's a bloody shame she didn't come* c'est vachement dommage qu'elle n'ait pas pu venir **5.** *inf* [unpleasant] affreux, désagréable / *he's been perfectly bloody with me* il a été affreux avec moi. ◆ adv UK *v inf* vachement / *you can bloody well do it yourself!* tu n'as qu'à te démerder (tout seul) ! / *are you coming?* — *not bloody likely!* est-ce que tu viens ? — pas question ! ◆ vt ensanglanter, couvrir de sang / *they came out of it bloodied but unbowed* ils s'en sont sortis meurtris mais avec la tête haute.

Bloody Mary ◆ pr n [queen] *surnom de la reine Marie Tudor, donné par les protestants qu'elle persécuta.* ◆ n [cocktail] bloody mary *m inv*.

bloody-minded adj UK *inf* [person] vache ; [attitude, behaviour] buté, têtu / *he's just being bloody-minded!* il le fait rien que pour emmerder le monde !

bloody-mindedness [-'maɪndɪdnɪs] n UK *inf* caractère *m* difficile / *his bloody-mindedness didn't help things* son caractère de chien n'a pas arrangé les choses / *it's sheer bloody-mindedness on your part* tu le fais uniquement pour emmerder le monde.

Bloody Sunday n HIST *dimanche sanglant (30 janvier 1972) au cours duquel des soldats britanniques abattirent 13 Irlandais qui manifestaient contre la détention de présumés terroristes.*

bloom [bluːm] ◆ n **1.** [flower] fleur *f* **2.** [state] : *the roses are just coming into bloom* les roses commencent tout juste à fleurir or à s'épanouir / *to be in bloom* **a)** [lily, rose] être éclos **b)** [bush, garden, tree] être en floraison or en fleurs / *to be in full bloom* **a)** [lily, rose] être épanoui **b)** [bush, garden, tree] être en pleine floraison **3.** [of cheeks, face] éclat *m* / *in the bloom of youth* dans la fleur de l'âge, en pleine jeunesse **4.** [on fruit] velouté *m*. ◆ vi **1.** [flower] éclore ; [bush, tree] fleurir ; [garden] se couvrir de fleurs **2.** *fig* [person] être en pleine forme ; [arts, industry] prospérer.

bloomer ['bluːməʳ] n **1.** [plant] plante *f* fleurie / *a night bloomer* une plante qui fleurit la nuit **2.** UK *inf* [blunder] gaffe *f*, faux pas *m* / *I made a terrible bloomer* j'ai fait une gaffe terrible **3.** UK CULIN [loaf] *pain cranté sur le dessus.*

bloomers ['bluːməz] pl n ▸ **(a pair of) bloomers** une culotte bouffante.

blooming ['bluːmɪŋ] ◆ adj **1.** [flower] éclos ; [bush, garden, tree] en fleur, fleuri **2.** [glowing - with health] resplendissant, florissant ; [- with happiness] épanoui, rayonnant / *blooming with health* resplendissant de santé **3.** UK *inf* [as intensifier] sacré, fichu / *you blooming idiot!* espèce d'imbécile ! / *he's a blooming nuisance* il est casse-pieds. ◆ adv UK *inf* sacrément, vachement / *you can blooming well do it yourself!* tu n'as qu'à te débrouiller tout seul !

Bloomsbury Group ['bluːmzbrɪ-] pr n ▸ **the Bloomsbury Group** *groupe d'écrivains, d'artistes et d'intellectuels anglais du début du XXᵉ siècle.*

Bloomsbury Group

Les membres du **Bloomsbury Group** habitaient, au début du siècle, le quartier du même nom à Londres ; ce groupe d'intellectuels comprenait, entre autres, l'économiste John Maynard Keynes et l'écrivaine Virginia Woolf.

blooper ['bluːpəʳ] n US *inf* gaffe *f*, faux pas *m* / *what a blooper he made!* la gaffe qu'il a faite !

blossom ['blɒsəm] ◆ n **1.** [flower] fleur *f* **2.** [state] : *the cherry trees are just coming into blossom* les cerisiers commencent tout juste à fleurir / *to be in blossom* être en fleurs / *the chestnut trees are in full blossom* les marronniers sont en pleine floraison. ◆ vi **1.** [flower] éclore ; [bush, tree] fleurir **2.** *fig* [person] s'épanouir ; [arts, industry] prospérer / *she blossomed into a talented writer* elle est devenue un écrivain doué.

blot [blɒt] (*pt & pp* **blotted**, *cont* **blotting**) ◆ n **1.** [spot - gen] tache *f* ; [- of ink] tache *f*, pâté *m* **2.** *fig* [on character, name] tache *f*, souillure *f* ; [on civilization, system] tare *f* / *it's a blot on the landscape* ça gâche le paysage. ◆ vt **1.** [dry] sécher **2.** [spot] tacher ; [with ink] tacher, faire des pâtés sur ▸ **to blot one's copybook** salir sa réputation.

❖ **blot out** vt sep [obscure - light, sun] cacher, masquer ; [- memory, thought] effacer ; [- act, event] éclipser.

❖ **blot up** vt sep [subj: person] éponger, essuyer ; [subj: blotting paper, sponge] boire.

blotch [blɒtʃ] ◆ n [spot - of colour, ink] tache *f* ; [- on skin] tache *f*, marbrure *f*. ◆ vi **1.** [skin] se couvrir de taches *or* de marbrures **2.** [pen] faire des pâtés. ◆ vt **1.** [clothing, paper] tacher, faire des taches sur **2.** [skin] marbrer.

blotchy ['blɒtʃɪ] (*compar* **blotchier**, *superl* **blotchiest**) adj [complexion, skin] marbré, couvert de taches *or* de marbrures ; [cloth, paper, report] couvert de taches.

blotter ['blɒtəʳ] n **1.** [paper] buvard *m* ; [desk pad] sous-main *m inv* ▸ **hand blotter** tampon *m* buvard **2.** US [register] registre *m (provisoire)*.

blotting pad ['blɒtɪŋ-] n (bloc *m*) buvard *m*.

blotting paper n (papier *m*) buvard *m*.

blotto ['blɒtəʊ] adj *inf* bourré ▸ **to get completely blotto** se bourrer la gueule.

blouse [blaʊz] ◆ n [for woman] chemisier *m*, corsage *m* ; [for farmer, worker] blouse *f*. ◆ vt faire blouser / *a bloused top* un haut blousant.

blouson ['blu:zɒn] n UK blouson *m*.

blow [bləʊ] (*pt* **blew** [blu:], *pp* **blown** [bləʊn]) ◆ n **1.** [hit] coup *m* ; [with fist] coup *m* de poing ▸ **to come to blows** en venir aux mains / *without striking a blow* sans coup férir / *to strike a blow for freedom* rompre une lance pour la liberté **2.** [setback] coup *m*, malheur *m* ; [shock] coup *m*, choc *m* / *her death came as a terrible blow (to them)* sa mort a été (pour eux) un choc terrible / *to soften* or *to cushion the blow* amortir le choc ▸ **to deal sb / sthg a (serious) blow** porter un coup (terrible) à qqn / qqch / *it was a big blow to her pride* son orgueil en a pris un coup **3.** [blast of wind] coup *m* de vent ; [stronger] bourrasque *f* / *we went for a blow on the prom* nous sommes sortis prendre l'air sur le front de mer **4.** [puff] souffle *m* ; [through nose] : *have a good blow* mouche-toi bien **5.** UK *drugs sl* [marijuana] herbe *f* ; US [cocaine] cocaïne *f* **6.** [bloom] inflorescence *f* / *lilacs in full blow* des lilas en pleine floraison. ◆ vi **1.** [wind] souffler / *the wind was blowing hard* le vent soufflait fort / *the wind is blowing from the north* le vent souffle du nord / *it's blowing a gale out there* le vent souffle en tempête là-bas / *let's wait and see which way the wind blows fig* attendons de voir de quel côté *or* d'où souffle le vent **2.** [person] souffler / *she blew on her hands* / *on her coffee* elle a soufflé dans ses mains / sur son café / *he blows hot and cold* il souffle le chaud et le froid **3.** [move with wind] : *the trees were blowing in the wind* le vent soufflait dans les arbres / *papers blew all over the yard* des papiers se sont envolés à travers la cour / *the window blew open* / *shut* un coup de vent a ouvert / fermé la fenêtre **4.** [wind instrument] sonner ; [whistle] siffler **5.** [explode - tyre] éclater **6.** [whale] souffler / *there she blows!* la voilà ! **7.** *inf* [leave] filer **8.** US & AUSTR [brag] se vanter **9.** [bloom] fleurir ; [open out] s'épanouir **10.** US *v inf* [be disgusting] : *this coffee really blows!* il est vraiment dégueulasse, ce café ! ◆ vt **1.** [wind] faire bouger ; [leaves] chasser, faire envoler / *the wind blew the door open* / *shut* un coup de vent a ouvert / fermé la porte / *a gust of wind blew the papers off the table* un coup de vent a fait s'envoler les papiers de la table / *the wind was blowing the ship southward* le vent poussait le navire vers le sud / *the hurricane blew the ship off course* l'ouragan a fait dévier *or* a dérouté le navire **2.** [subj: person] souffler / *blow your nose!* mouche-toi ! / *he blew the dust off the book* il a soufflé sur le livre pour enlever la poussière ▸ **to blow sb a kiss** envoyer un baiser à qqn **3.** [bubbles, glass] : *to blow bubbles* / *smoke rings* faire des bulles / ronds de fumée / *to blow glass* souffler le verre **4.** [wind instrument] jouer de ; [whistle] faire retentir / *the policeman blew his whistle* le policier a sifflé *or* a donné un coup de sifflet / *the referee blew his whistle for time* l'arbitre a sifflé la fin du match ▸ **to blow the gaff** *inf* vendre la mèche ▸ **to blow one's own trumpet** se vanter ▸ **to blow the whistle on sthg** dévoiler qqch **5.** [tyre] faire éclater ; [fuse, safe] faire sauter / *the house was blown to pieces* la maison a été entièrement détruite par l'explosion / *the blast almost blew his hand off* l'explosion lui a presque emporté la main / *their plans were blown sky-high* leurs projets sont tombés à l'eau / *he blew a gasket* UK or *a fuse when he found out* quand il l'a appris, il a piqué une crise ▸ **to blow sb out of the water a)** [criticize] descendre qqn en flammes **b)** [beat] battre qqn à plates coutures / *our team blew them out of the water* notre équipe les a complètement écrasés **6.** *inf* [squander - money] claquer / *he blew all his savings on a new car* il a claqué toutes ses économies pour s'acheter une nouvelle voiture **7.** [spoil - chance] gâcher / *I blew it!* j'ai tout gâché ! **8.** *inf* [reveal, expose] révéler ▸ **to blow sb's cover** griller qqn / *her article blew the whole thing wide open* son article a exposé toute l'affaire au grand jour ▸ **to blow the lid off sthg** *inf* faire des révélations sur qqch, découvrir le pot aux roses **9.** US *inf* [leave] quitter / *they blew town yesterday* ils ont fichu le camp hier **10.** UK *inf* [disregard] : *let's go anyway, and blow what he thinks* allons-y quand même, je me moque de ce qu'il pense *or* il peut penser ce qu'il veut / *blow the expense, we're going out to dinner* au diable l'avarice, on sort dîner ce soir **11.** US *drugs sl* [drugs] prendre **12.** *inf* PHR *the idea blew his mind* l'idée l'a fait flipper ▸ **oh, blow (it)!** UK la barbe !, mince ! ▸ **blow it out your ear!** US arrête tes conneries et fiche-moi le camp ! ▸ **to blow one's lid** *or* **stack** *or* **top** exploser de rage ▸ **don't blow your cool** ne t'emballe pas ▸ **well, I'll be blowed!** UK, **blow me down!** ça par exemple ! / *I'll be* or *I'm blowed if I'm going to apologize!* UK pas question que je fasse des excuses !, il peut toujours courir pour que je lui fasse des excuses !

❖ **blow away** vt sep **1.** [subj: wind] chasser, disperser ▸ **let's take a walk to blow away the cobwebs** UK allons nous promener pour nous changer les idées **2.** *inf* [astound] sidérer / *the film just blew me away* ce film m'a complètement retourné **3.** *inf* [kill] abattre **4.** US *inf* [defeat completely] écraser, battre à plate couture **5.** US *inf* [impress] : *it really blew me away!* j'ai trouvé ça génial !

❖ **blow down** ◆ vi être abattu par le vent, tomber. ◆ vt sep [subj: wind] faire tomber, renverser ; [subj: person] faire tomber *or* abattre (en soufflant).

❖ **blow in** ◆ vi *inf* débarquer à l'improviste, s'amener. ◆ vt sep [door, window] enfoncer.

❖ **blow off** ◆ vi **1.** [hat, roof] s'envoler **2.** UK *inf* [break wind] péter. ◆ vt sep **1.** [subj: wind] emporter **2.** [release] laisser échapper, lâcher ▸ **to blow off steam** *inf* dire ce qu'on a sur le cœur **3.** US *inf* ▸ **to blow sb off a)** [not turn up] poser un lapin à qqn **b)** [ignore] snober qqn **c)** [rebuff] donner un râteau à qqn / *they completely blew off the warnings* ils ont complètement ignoré les avertissements / *I completely blew off cleaning up my room* j'ai eu la flemme de ranger ma chambre / *she blew off my birthday* elle n'a rien fait pour mon anniversaire / *don't try to blow me off* n'essaie pas de te débarrasser de moi **4.** US *vulg* [perform oral sex on] ▸ **to blow sb off** faire une pipe à qqn.

❖ **blow out** ◆ vt sep **1.** [extinguish - candle] souffler ; [- fuse] faire sauter / *to blow one's brains out* se faire sauter *or* se brûler la cervelle **2.** [subj: storm] : *the hurricane eventually blew itself out* l'ouragan s'est finalement calmé **3.** [cheeks] gonfler. ◆ vi [fuse] sauter ; [candle] s'éteindre ; [tyre] éclater.

❖ **blow over** ◆ vi **1.** [storm] se calmer, passer ; *fig* : *the scandal soon blew over* le scandale fut vite oublié **2.** [tree] s'abattre, se renverser. ◆ vt sep [tree] abattre, renverser.

❖ **blow up** ◆ vt sep **1.** [explode - bomb] faire exploser *or* sauter ; [- building] faire sauter **2.** [inflate] gonfler **3.** [enlarge] agrandir ; [exaggerate] exagérer / *the whole issue was blown up out of all proportion* la question a été exagérée hors de (toute) proportion. ◆ vi **1.** [explode] exploser, sauter / *the plan blew up in their faces* le projet leur a claqué dans les doigts **2.** [begin - wind] se lever ; [- storm] se préparer ; [- crisis] se déclencher **3.** *inf* [lose one's temper] exploser, se mettre en boule ▸ **to blow up at sb** engueuler qqn.

blowback ['bləʊbæk] n *lit* retour *m* de souffle ; *fig* conséquences *fpl* négatives.

blow-by-blow adj détaillé / *she gave me a blow-by-blow account* elle m'a tout raconté en détail.

blowdart ['bləʊdɑ:t] n petite flèche *f*.

blow-dry ◆ vt faire un brushing à. ◆ n brushing *m*.

blower ['bləʊəʳ] n **1.** [device] soufflante *f* **2.** [grate] tablier *m* or rideau *m* de cheminée **3.** MIN jet *m* de grisou **4.** *inf* [whale] baleine *f* **5.** UK *inf* [telephone] bigophone *m*.

blowfly ['bləʊflaɪ] (*pl* **blowflies**) n mouche *f* à viande.

blowgun ['bləʊgʌn] n US sarbacane *f*.

blowhard ['bləʊhɑ:d] n US *inf* vantard *m*, -e *f*, fanfaron *m*, -onne *f*.

blowhole ['bləʊhəʊl] n **1.** [of whale] évent *m* **2.** TECH bouche *f* d'aération, évent *m*.

❖ **blowholes** pl n METALL soufflures *fpl*.

blow job n *vulg* ▸ **to give sb a blow job** tailler une pipe à qqn.

blowlamp ['bləʊlæmp] n UK lampe *f* à souder, chalumeau *m*.

blown [bləʊn] pp ⟶ **blow**.

blown glass ◆ n verre *m* soufflé. ◆ adj en verre soufflé.

blow-off n [discharge] vidange *f* ; [device] bouchon *m* de vidange.

blowout ['bləʊaʊt] n **1.** [of fuse] : *there's been a blowout* les plombs ont sauté **2.** [of tyre] éclatement *m* / *I had a blowout* j'ai un pneu qui a éclaté **3.** [of gas] éruption *f* **4.** UK *inf* [meal] gueuleton *m* / *let's have a blowout* faisons un gueuleton *or* une grande bouffe.

blowpipe ['bləʊpaɪp] n **1.** UK [weapon] sarbacane *f* **2.** CHEM & INDUST [tube] chalumeau *m* ; [glassmaking] canne *f* de souffleur, fêle *f*.

blowsy ['blaʊzɪ] (*compar* **blowsier**, *superl* **blowsiest**) adj = **blowzy**.

blowtorch ['bləʊtɔ:tʃ] n lampe *f* à souder, chalumeau *m*.

blow-up n **1.** [explosion] explosion *f* **2.** *inf* [argument] engueulade *f* **3.** PHOT agrandissement *m*.

blow wave ◆ n brushing *m*. ◆ vt faire un brushing à.

blowy ['bləʊɪ] (*compar* **blowier**, *superl* **blowiest**) adj venté, venteux.

blowzy ['blaʊzɪ] (*compar* **blowzier**, *superl* **blowziest**) adj UK **1.** *pej* [untidy] débraillé ; [sluttish] sale, de souillon **2.** [ruddy] rubicond.

BLS (abbr of **Bureau of Labor Statistics**) pr n *institut de statistiques du travail aux États-Unis*.

BLT (abbr of **bacon, lettuce and tomato**) n *sandwich avec du bacon, de la laitue et de la tomate*.

blub [blʌb] (*pt & pp* **blubbed**, *cont* **blubbing**) vi UK *inf* pleurer comme un veau *or* une Madeleine.

blubber ['blʌbəʳ] ◆ n [of whale] blanc *m* de baleine ; *inf & pej* [of person] graisse *f*. ◆ vi pleurer comme un veau *or* une Madeleine. ◆ adj plein de graisse.

blubbery ['blʌbərɪ] adj plein de graisse.

bludgeon ['blʌdʒən] ◆ n gourdin *m*, matraque *f*. ◆ vt **1.** [beat] matraquer **2.** [force] contraindre, forcer / *they bludgeoned him into selling the house* ils lui ont forcé la main pour qu'il vende la maison.

blue [blu:] (*cont* **blueing** *or* **bluing**) ◆ n **1.** [colour] bleu *m*, azur *m* / *dressed in blue* habillé en bleu **2.** ▸ **the blue** [sky] le ciel, l'azur *m liter* / *they set off into the blue* ils sont partis à l'aventure **3.** POL *membre du parti conservateur britannique* **4.** UK UNIV ▸ **Oxford blue** *étudiant sélectionné dans l'équipe de l'Université d'Oxford* ▸ **the Dark / Light Blues** l'équipe *f* universitaire d'Oxford / de Cambridge / *he got a blue for cricket* il a représenté son université au cricket **5.** US *inf* [police officer] policier *m*, flic *m* **6.** [for laundry] bleu *m*. ◆ adj **1.** [colour] bleu / *to be blue with cold* être bleu de froid / *you can argue until you're blue in the face but she still won't give in* vous pouvez vous tuer à discuter, elle ne s'avouera pas vaincue pour autant **2.** *inf* [depressed] triste, cafardeux / *to feel blue* avoir le cafard **3.** [obscene - language] obscène, cochon ; [- book, movie] porno / *his jokes turn the air blue* UK ses plaisanteries sont affreusement cochonnes **4.** *inf* PHR **to have a blue fit** UK piquer une crise ▸ **to scream** or **to shout blue murder** crier comme un putois ▸ **once in a blue moon** tous les trente-six du mois ▸ **to talk a blue streak** UK : *he talks a blue streak* il n'arrête pas de jacasser. ◆ vt **1.** UK *inf* [squander - money] claquer / *he blued his inheritance on the horses* il a claqué son héritage en jouant aux courses **2.** [laundry] passer au bleu.

❖ **blues** n **1.** *inf* ▸ **the blues** [depression] le cafard / *to get* or *to have the blues* avoir le cafard **2.** MUS ▸ **the blues** le blues / *to sing the blues* chanter le blues.

❖ **Blues** pl pr n ▸ **the Blues and Royals** section de la Cavalerie de la Maison du Souverain britannique.

❖ **out of the blue** adv phr sans prévenir / *the job offer came out of the blue* la proposition de travail est tombée du ciel.

blue baby n enfant *m* bleu, enfant *f* bleue.

blue badge n UK [for disabled drivers] *carte de conducteur handicapé.*

Bluebeard ['blu:,bɪəd] pr n Barbe-Bleue.

bluebeat ['blu:bi:t] n *genre musical antillais des années 1960, précurseur du reggae.*

bluebell ['blu:bel] n jacinthe *f* des bois ▸ **bluebell wood** *sous-bois tapissé de jacinthes sauvages.*

blue berets pl n casques *mpl* bleus.

blueberry ['blu:bərɪ] (*pl* **blueberries**) n myrtille *f* ; ▸ **blueberry pie** tarte *f* aux myrtilles.

bluebird ['blu:bɜ:d] n oiseau *m* bleu.

Blue Birds pl pr n US *section du Camp Fire Club réservée aux jeunes enfants.*

blue-black adj bleu tirant sur le noir, bleu-noir.

blue blood n sang *m* bleu or noble.

blue-blooded adj aristocratique, de sang noble.

blue book n UK POL livre *m* bleu ; US UNIV cahier *m* d'examen.

bluebottle ['blu:,bɒtl] n **1.** [fly] mouche *f* bleue or de la viande **2.** BOT bleuet *m* **3.** UK *dated* [police officer] flic *m*.

blue cheese n (fromage *m*) bleu *m*.

blue chip n [stock] valeur *f* de premier ordre ; [property] placement *m* de bon rapport.

❖ **blue-chip** comp [securities, stock] de premier ordre.

blue-collar adj [gen] ouvrier ; [area, background] populaire, ouvrier ▸ **blue-collar worker** col *m* bleu ▸ **blue-collar union** syndicat *m* ouvrier.

blue-eyed adj aux yeux bleus ▸ **the blue-eyed boy** UK *inf* le chouchou.

blue fox n [animal] isatis *m*, renard *m* bleu ; [fur] renard *m* bleu.

blue funk n UK *inf* sacrée frousse *f*, peur *f* bleue / *she left in a blue funk* elle est partie complètement terrorisée.

bluegrass ['blu:grɑ:s] n [grass] pâturin *m* des champs ; [music] musique *f* bluegrass ▸ **the Bluegrass State** US le Kentucky.

blue-green adj bleu-vert *(inv).*

blue-green algae pl n algues *fpl* bleues.

blue jeans pl n US jean *m*.

blue laws pl n US *inf lois qui, au nom de la morale, limitent certaines activités telles que l'ouverture des commerces le dimanche, la vente d'alcool, etc.*

bluenose ['blu:nəʊz] n *inf* **1.** [of Nova Scotia] néo-écossais *m*, -e *f* **2.** US [prig] prude *f*.

blue note n *tierce ou septième diminuée, très utilisée dans le blues.*

blue-on-blue adj US MIL : *we have a blue-on-blue situation* [friendly fire] des soldats ont été tués par des tirs venant de leur propre camp.

blue-pencil vt [edit] corriger ; [censor] censurer.

blue peter n pavillon *m* de partance.

❖ **Blue Peter** pr n *émission télévisée britannique pour enfants, à vocation pédagogique.*

blueprint ['blu:prɪnt] ◆ n **1.** [of technical drawing] bleu *m* **2.** *fig* [plan] plan *m*, projet *m* ; [prototype] prototype *m* / *the blueprint for democratic government* le modèle démocratique. ◆ vt tirer des bleus.

blue rib(b)and, **blue ribbon** ◆ n *premier prix d'une compétition.* ◆ adj de première classe.

blue rinse n rinçage *m* bleu.

❖ **blue-rinse** adj UK ▸ **a blue-rinse lady** *une dame (d'un certain âge) bien de sa personne* ▸ **the blue-rinse brigade** les petites vieilles.

blue shark n requin *m* bleu.

blue-sky comp ▸ **blue-sky research** recherches *fpl* sans applications immédiates ▸ **blue-sky law** *loi américaine qui protège le public contre les titres boursiers douteux.*

blue state n US *État qui vote traditionnellement démocrate.*

bluestocking ['blu:,stɒkɪŋ] n UK bas-bleu *m*.

bluetit ['blu:tɪt] n mésange *f* bleue.

Bluetooth ['blu:tu:θ] n TELEC technologie *f* Bluetooth.

blue whale n baleine *f* bleue.

bluff [blʌf] ◆ n **1.** [deception] bluff *m* **2.** [cliff] falaise *f*, promontoire *m* **3.** PHR **to call sb's bluff** défier qqn. ◆ adj [person] direct, franc (franche) ; [landscape] escarpé, à pic. ◆ vi bluffer. ◆ vt bluffer / *don't try to bluff me* n'essayez pas de m'en conter / *to bluff one's way through things* marcher au bluff.

bluffer ['blʌfəʳ] n bluffeur *m*, -euse *f*.

bluish ['blu:ɪʃ] adj qui tire sur le bleu ; *pej* bleuâtre.

blunder ['blʌndəʳ] ◆ n [mistake] bourde *f* ; [remark] gaffe *f*, impair *m* / *I made a terrible blunder* j'ai fait une gaffe or une bévue épouvantable. ◆ vi **1.** [make a mistake] faire une gaffe or un impair **2.** [move clumsily] avancer à l'aveuglette, tâtonner / *he was blundering about in the dark* il avançait à l'aveuglette or à tâtons dans le noir / *she blundered against* or *into the bookshelf* elle s'est heurtée or cognée à la bibliothèque / *he blundered through the interview* il s'embrouillait au cours de l'entretien.

blunderbuss ['blʌndəbʌs] n tromblon *m*.

blunderer ['blʌndərəʳ] n gaffeur *m*, -euse *f*.

blundering ['blʌndərɪŋ] ◆ adj [person] maladroit, gaffeur ; [action, remark] maladroit, malavisé / *that blundering fool* cet espèce de crétin. ◆ n maladresse *f*, gaucherie *f*.

blunt [blʌnt] ◆ adj **1.** [blade] peu tranchant, émoussé ; [point] émoussé, épointé ; [pencil] mal taillé, épointé ; LAW [instrument] contondant **2.** [frank] brusque, direct / *let me be blunt* permettez que je parle franchement. ◆ vt [blade] émousser ; [pencil, point] épointer ; *fig* [feelings, senses] blaser, lasser.

bluntly ['blʌntlɪ] adv carrément, franchement / *he answered bluntly* il a répondu sans ménagement or sans mâcher ses mots.

bluntness ['blʌntnɪs] n **1.** [of blade] manque *m* de tranchant, état *m* émoussé **2.** [frankness] franchise *f*, brusquerie *f*.

blur [blɜ:ʳ] (*pt & pp* **blurred**, *cont* **blurring**) ◆ n **1.** [vague shape] masse *f* confuse, tache *f* floue / *my childhood is all a blur to me now* maintenant mon enfance n'est plus qu'un vague souvenir **2.** [smudge] tache *f* ; [of ink] pâté *m*, bavure *f*. ◆ vt **1.** [writing] estomper, effacer ; [outline] estomper **2.** [judgment, memory, sight] troubler, brouiller / *tears blurred my eyes* mes yeux étaient voilés de larmes. ◆ vi [inscription, outline] s'estomper ; [judgment, memory, sight] se troubler, se brouiller.

blurb [blɜ:b] n notice *f* publicitaire, argumentaire *m* ; [on book] (texte *m* de) présentation *f*.

blurred [blɜ:d], **blurry** ['blɜ:rɪ] adj flou, indistinct.

blurt [blɜ:t] vt lâcher, jeter.

❖ **blurt out** vt sep [secret] laisser échapper / *she blurted out his name* elle a laissé échapper son nom.

blush [blʌʃ] ◆ vi [turn red - gen] rougir, devenir rouge ; [- with embarrassment] rougir / *she blushed deeply* elle est devenue toute rouge / *he blushed to the roots of his hair* il a rougi jusqu'aux oreilles / *I blush to think of it now* maintenant quand j'y pense, j'en rougis / *I blush for her* j'ai honte pour elle ▸ **the blushing bride** l'heureuse élue. ◆ n rougeur *f* / *the blush of a peach* la couleur rosée de la pêche / *"thank you", she said with a blush* « merci », dit-elle en rougissant / *please, spare our blushes hum* ne nous faites pas rougir, s'il vous plaît / *the first blush of dawn* les premières rougeurs de l'aube / *she was in the first blush of youth* elle était dans la prime fleur de l'âge ▸ **at first blush** UK de prime abord, à première vue.

blusher ['blʌʃəʳ] n fard *m* à joues.

bluster ['blʌstəʳ] ◆ vi **1.** [wind] faire rage, souffler en rafales ; [storm] faire rage, se déchaîner **2.** [speak angrily] fulminer, tempêter **3.** [boast] se vanter, fanfaronner. ◆ vt [person] intimider / *he tried to bluster his way out of doing it* il a essayé de se défiler avec de grandes phrases. ◆ n *(U)* **1.** [boasting] fanfaronnade *f*, fanfaronnades *fpl*, vantardise *f* **2.** [wind] rafale *f*.

blustering ['blʌstərɪŋ] ◆ n *(U)* fanfaronnade *f*, fanfaronnades *fpl*. ◆ adj fanfaron.

blustery ['blʌstərɪ] adj [weather] venteux, à bourrasques ; [wind] qui souffle en rafales, de tempête.

Blvd (written abbr of boulevard) bd, boul.

BM ◆ n (abbr of Bachelor of Medicine) *(titulaire d'une) licence de médecine.* ◆ pr n abbr of British Museum.

BMA (abbr of British Medical Association) pr n *ordre britannique des médecins.*

BMJ (abbr of British Medical Journal) pr n *organe de la BMA.*

BMOC n US abbr of big man on campus.

B-movie n film *m* de série B.

BMus ['bi:'mʌz] (abbr of Bachelor of Music) n *(titulaire d'une) licence de musique.*

BMX (abbr of bicycle motorcross) n **1.** [bicycle] VTT *m* **2.** SPORT cyclo-cross *m inv.*

bn written abbr of billion.

BN MESSAGING written abbr of been.

BNP (abbr of British National Party) pr n *parti d'extrême droite britannique.*

BO n **1.** (abbr of body odour) odeur *f* corporelle / *he's got BO* il sent mauvais **2.** abbr of box office.

boa ['bəʊə] n **1.** ▸ **(feather) boa** boa *m* **2.** ▸ **boa constrictor** boa constricteur *m*, constrictor *m*.

Boadicea [,bəʊdɪ'siə], **Boudicca** [bu:'dɪkə] pr n Boadicée.

boar [bɔ:ʳ] n [male pig] verrat *m* ; [wild pig] sanglier *m* ▸ **young (wild) boar** marcassin *m*.

board [bɔ:d] ◆ n **1.** [plank] planche *f* ▸ **the boards** THEAT la scène, les planches ▸ **across the board** : *the policy applies to everybody in the company across the board* cette politique concerne tous les employés de l'entreprise sans exception **2.** [cardboard] carton *m* ; [for games] tableau *m* **3.** [notice board] tableau *m* **4.** ADMIN conseil *m*, commission *f* ▸ **board of directors** conseil d'administration / *who's on the board?* qui siège au conseil d'administration ? ▸ **board of inquiry** commission d'enquête ▸ **the board of health a)** US le service municipal d'hygiène **b)** MIL le conseil de révision **5.** SCH & UNIV ▸ **board of education** US ≃ conseil *m* d'administration *(d'un établissement scolaire)* ▸ **board of examiners** jury *m* d'examen ▸ **board of governors** UK ≃ conseil *m* d'administration *(d'un lycée ou d'un collège)* ▸ **board of regents** US ≃ conseil *m* d'université **6.** [meals provided] pension *f* ; *arch* [table] table *f* ▸ **board and lodging** (chambre *f* et) pension **7.** AERON & NAUT bord *m* ▸ **to go on board** monter à bord de / *we're on board* nous sommes à bord / *they took provisions on board* ils ont embarqué des provisions **8.** PHR **to go by the board** UK être abandonné or oublié / *in the excitement the normal routine went by the* *board* dans l'agitation la routine habituelle a été abandonnée / *his principles went by the board* il a dû abandonner ses principes ▸ **to take sthg on board a)** [take into account] tenir compte de qqch **b)** [adhere to] adhérer à qqch. ◆ comp [decision, meeting] du conseil d'administration. ◆ vt **1.** [plane, ship] monter à bord de ; [bus, train] monter dans ; NAUT [in attack] monter or prendre à l'abordage / *the flight is now boarding at gate 3* embarquement immédiat du vol porte 3 **2.** [cover with planks] couvrir de planches **3.** [provide meals, lodging] prendre en pension. ◆ vi [lodge] être en pension ▸ **to board with sb** être pensionnaire chez qqn.

❖ **board out** vt sep : *she boards the children out with us* elle met les enfants en pension chez nous.

❖ **board up** vt sep couvrir de planches ; [door, window] boucher, obturer.

boarder ['bɔːdər] n pensionnaire *mf* ; SCH interne *mf*, pensionnaire *mf* / *she takes in boarders* elle prend des pensionnaires.

board game n jeu *m* de société.

boarding ['bɔːdɪŋ] n **1.** *(U)* [gen & fence] planches *fpl* ; [floor] planchéiage *m* **2.** [embarking] embarquement *m* ; NAUT [in attack] abordage *m*.

boarding card n carte *f* d'embarquement.

boarding house n pension *f* ; SCH internat *m* ▸ **boarding-house reach** US *fait de passer le bras devant son voisin, à table.*

boarding pass n = boarding card.

boarding school n internat *m*, pensionnat *m* ▸ **to go to boarding school** être interne / *they sent their children to boarding school* ils ont mis leurs enfants en internat.

Board of Education n US *commission élue qui statue en matière d'éducation dans chaque comté.*

Board of Trade pr n ▸ **the Board of Trade a)** UK le ministère du Commerce **b)** US la chambre de commerce.

boardroom ['bɔːdrʊm] ◆ n salle *f* de conférence ; *fig* [management] administration *f*. ◆ comp : *the decision was taken at boardroom level* la décision a été prise au niveau de la direction.

boardsail ['bɔːdseɪl] vi faire de la planche à voile.

boardsailing ['bɔːdseɪlɪŋ] n SPORT planche *f* à voile.

boardwalk ['bɔːdwɔːk] n US passage *m* en bois ; [on beach] promenade *f* (en planches).

boast [bəʊst] ◆ n **1.** fanfaronnade *f*, fanfaronnades *fpl* / *it's his proud boast that he has never lost a game* il se vante de n'avoir jamais perdu un jeu **2.** [in squash] bosse *f*. ◆ vi se vanter, fanfaronner / *failing the exam is nothing to boast about* il n'y a pas de quoi se vanter d'avoir raté l'examen / *without boasting* or *wanting to boast* sans vouloir me vanter. ◆ vt **1.** [brag] se vanter de **2.** [possess] posséder / *the town boasts an excellent symphony orchestra* la ville possède un excellent orchestre symphonique.

boaster ['bəʊstər] n fanfaron *m*, -onne *f*.

boastful ['bəʊstfʊl] adj fanfaron, vantard.

boastfully ['bəʊstfʊlɪ] adv en se vantant.

boasting ['bəʊstɪŋ] n *(U)* vantardise *f*, fanfaronnade *f*, fanfaronnades *fpl*.

boat [bəʊt] ◆ n [gen] bateau *m* ; [for rowing] barque *f*, canot *m* ; [for sailing] voilier *m* ; [ship] navire *m*, paquebot *m* / *we're travelling by boat* nous voyageons en bateau / *I caught the boat at Singapore* j'ai embarqué or pris le bateau à Singapour ▸ **to go by boat** prendre le bateau / *they crossed the Atlantic by boat* ils ont traversé l'Atlantique en bateau ▸ **to take to the boats** monter dans les canots de sauvetage ▸ **to be in the same boat** : *we're all in the same boat* nous sommes tous logés à la même enseigne. ◆ vi voyager en bateau ▸ **to go boating** aller se promener en bateau / *he boated up / down the river* il a remonté / descendu le fleuve en bateau.

boatbuilder ['bəʊt,bɪldər] n constructeur *m* naval.

boat deck n pont *m* des embarcations.

boater ['bəʊtər] n canotier *m*.

boathook ['bəʊthʊk] n gaffe *f*.

boathouse ['bəʊthaʊs] *(pl* [-haʊzɪz]*)* n abri *m* or hangar *m* à bateaux.

boating ['bəʊtɪŋ] ◆ n canotage *m*. ◆ comp [accident, enthusiast, trip] de canotage ▸ **boating lake** lac *m* de plaisance.

boatload ['bəʊtləʊd] n [merchandise] cargaison *f* ; [people] plein bateau *m*.

boatman ['bəʊtmən] *(pl* **boatmen** [-mən]*)* n [rower] passeur *m* ; [renter of boats] loueur *m* de canots.

boat people pl n boat people *mpl*.

boat race n ROWING course *f* d'avirons ; SAIL régates *fpl* ▸ **the Boat Race** *course universitaire annuelle d'avirons entre les universités d'Oxford et de Cambridge.*

boatswain ['bəʊsn], **bosun** ['bəʊsn] n maître *m* d'équipage ▸ **boatswain's chair** sellette *f* ▸ **boatswain's mate** second maître *m*.

boat train n *train qui assure la correspondance avec un bateau.*

boatyard ['bəʊtjɑːd] n chantier *m* de construction navale.

bob [bɒb] *(pt & pp* **bobbed**, *cont* **bobbing**) ◆ vi **1.** [cork, buoy] ▸ **to bob up and down** danser sur l'eau / *I could see his head bobbing up and down behind the wall* je voyais par moments sa tête surgir de derrière le mur **2.** [curtsy] faire une petite révérence **3.** [move quickly] ▸ **to bob in / out** entrer / sortir rapidement **4.** [bobsleigh] faire du bobsleigh **5.** PHR **to bob for apples** GAMES : *they were bobbing for apples* ils essayaient d'attraper avec les dents des pommes flottant sur l'eau. ◆ vt **1.** [move up and down] faire monter et descendre / *she bobbed a curtsy* elle a fait une petite révérence **2.** [hair] couper court **3.** [horse's tail] écourter. ◆ n **1.** [abrupt movement] petit coup *m*, petite secousse *f* ; [of head] hochement *m* or salut *m* de tête ; [curtsy] petite révérence *f* **2.** [hairstyle] (coupe *f* au) carré *m* / *she wears her hair in a short bob* elle est coiffée à la Jeanne d'Arc **3.** [horse's tail] queue *f* écourtée **4.** [fishing float] flotteur *m*, bouchon *m* ; [weight] plomb *m* **5.** [bobsleigh] bobsleigh *m*, bob *m* ; [runner] patin *m* **6.** *(pl* **bob**) UK *dated* [shilling] shilling *m* **7.** *inf* PHR **bits and bobs** : *all my bits and bobs* toutes mes petites affaires / *we'll deal with the bits and bobs later* nous nous occuperons des détails plus tard.

❖ **bob down** vi se baisser subitement ; [duck] baisser la tête / *the children bobbed down out of sight* les enfants se baissèrent subitement hors de notre vue.

❖ **bob up** vi remonter tout d'un coup.

Bob [bɒb] pr n ▸ **Bob's your uncle!** *inf* et voilà le travail !

Bob's your uncle

Cette expression trouverait son origine dans un cas de népotisme qui avait fait scandale en 1887, lorsque le Premier ministre Robert Cecil nomma son neveu au poste de premier secrétaire pour l'Irlande. Elle est généralement prononcée après une explication ou une série d'instructions, et évoque la simplicité de la démarche :

Add some sliced bananas and whipped cream and Bob's your uncle! *Ajoutez des bananes coupées en rondelles et de la chantilly et le tour est joué !*

Switch on, press start and Bob's your uncle! *Mettez en marche, appuyez sur « départ », et voilà !*

boba ['bəʊbə] n [substance] *perles de tapioca que l'on ajoute à certaines boissons* ; [drink] *boisson aux perles de tapioca.*

bobbin ['bɒbɪn] n [gen] bobine *f* ; [for lace] fuseau *m* ▸ **bobbin lace** dentelle *f* aux fuseaux.

bobble ['bɒbl] ◆ n **1.** [bobbing movement] secousse *f*, saccade *f* **2.** [pompom] pompon *m* ▸ **bobble hat** chapeau *m* à pompon **3.** US *inf* [mistake] boulette *f*. ◆ vt US *inf* : *he bobbled the ball* il n'arriva pas à bloquer la balle. ◆ vi : *the ball bobbled and the player mishit his shot* il y a eu un faux rebond et le joueur a raté son tir.

bobby ['bɒbɪ] *(pl* **bobbies**) n UK *inf & dated* flic *m*.

bobby-dazzler [-,dæzlər] n UK *regional* : *she's a right bobby-dazzler!* c'est un beau brin de fille !

bobby pin n US pince *f* à cheveux.

❖ **bobby-pin** vt US attacher *(avec une pince à cheveux).*

bobby socks, **bobby sox** pl n US socquettes *fpl (de fille).*

bobby-soxer [-,sɒksər] n US *inf* adolescente *f*, fille *f*, minette *f*.

bobcat ['bɒbkæt] n lynx *m*.

Bob Cratchit [-'krætʃɪt] pr n *personnage du roman de Dickens « A Christmas Carol », type de l'homme très pauvre et très bon.*

bobfloat ['bɒbfləʊt] n flotteur *m*, bouchon *m*.

bobolink ['bɒbəlɪŋk] n goglu *m*.

bobskate ['bɒbskeɪt] n US patin *m* à double lame.

bobsled ['bɒbsled], **bobsleigh** ['bɒbsleɪ] ◆ n bobsleigh *m*, bob *m*. ◆ vi faire du bobsleigh.

bobtail ['bɒbteɪl] n [tail] queue *f* écourtée ; [cat] chat *m* écourté ; [dog] chien *m* écourté.

bobtailed ['bɒbteɪld] adj à (la) queue écourtée, écourté.

Boccaccio [bɒ'kɑːtʃɪəʊ] pr n Boccace.

Boche [bɒʃ] *v inf, dated & offens* ◆ n Boche *mf*. ◆ adj boche.

bock [bɒk] n **1.** [beer] bière *f* bock **2.** [glass] bock *m*.

bod [bɒd] n *inf* **1.** UK [person] type *m* / *he's a bit of an odd bod* c'est plutôt un drôle d'oiseau **2.** [body] physique *m*, corps *m*.

bodacious [bəʊ'deɪʃəs] adj US *inf* [attractive] canon ; [great] génial.

bode [bəʊd] ◆ pt ⟶ **bide**. ◆ vi [presage] augurer, présager / *it bodes well for him* cela est de bon augure pour lui / *that bodes ill* or *no good for us* cela ne présage rien de bon pour nous. ◆ vt *arch* [predict] présager, annoncer.

bodge [bɒdʒ] vt UK *inf* **1.** [spoil] saboter, bousiller **2.** [mend clumsily] rafistoler.

bodice ['bɒdɪs] n [of dress] corsage *m* ; [corset] corset *m*.

bodice ripper n *hum roman grivois à trame historique.*

-bodied [,bɒdɪd] in comp : *an able-bodied man* un homme robuste or solide / *a short-bodied aircraft* un avion au fuselage court.

bodily ['bɒdɪlɪ] ◆ adj matériel ▸ **bodily functions** fonctions *fpl* corporelles ▸ **to cause sb bodily harm** blesser qqn. ◆ adv **1.** [carry, seize] à bras-le-corps **2.** [entirely] entièrement / *she threw herself bodily into her work* elle s'est jetée à corps perdu dans son travail.

bodkin ['bɒdkɪn] n **1.** [needle] grosse aiguille *f* ; [for tape] passe-lacet *m* **2.** *arch* [dagger] poignard *m* ; [hairpin] épingle *f* à cheveux.

Bodleian Library ['bɒdlɪən-] pr n ▸ **the Bodleian Library** la bibliothèque Bodléienne *(à Oxford).*

body ['bɒdɪ] *(pl* **bodies**) ◆ n **1.** [human, animal] corps *m* / *we belong together body and soul* nous sommes faits l'un pour l'autre / *he gave himself to her body and soul* il s'est donné à elle corps et âme ▸ **to keep body and soul together** subsister, survivre **2.** [corpse] cadavre *m*, corps *m* ▸ **over my dead body!** *inf* il faudra me passer sur le corps ! **3.** [group] ensemble *m*, corps *m* ; [organization] organisme *m* / *the main body of voters* le gros des électeurs / *a large body of people* une foule énorme / *they came in one body* ils sont venus en masse / *taken as a body* dans leur ensemble, pris ensemble

▸ **legislative body** corps *m* législatif ▸ **body corporate** personne *f* morale ▸ **body politic** corps *m* politique **4.** [mass] masse *f* / *a body of water* un plan d'eau / *a growing body of evidence* une accumulation de preuves / *the body of public opinion* la majorité de l'opinion publique **5.** [largest part - of document, speech] fond *m*, corps *m* **6.** [of car] carrosserie *f* ; [of plane] fuselage *m* ; [of ship] coque *f* ; [of camera] boîtier *m* ; [of dress] corsage *m* ; [of building] corps *m* **7.** [fullness - wine] corps *m* / *a wine with (a lot of) body* un vin qui a du corps / *a shampoo that gives your hair body* un shampooing qui donne du volume à vos cheveux **8.** *inf* [man] bonhomme *m* ; [woman] bonne femme *f* / *she's a funny little body* c'est une drôle de petite bonne femme **9.** [garment] body *m* **10.** PHYS corps *m*. ◆ comp ▸ **body fluids** fluides *mpl* organiques ▸ **body hair** poils *mpl* ▸ **body heat** chaleur *f* corporelle.

body bag n sac *m* mortuaire.

body blow n coup *m* dur.

body briefer [-'bri:fəʳ] n body *m* minceur.

bodybuilder ['bɒdɪbɪldəʳ] n [person] culturiste *mf* ; [machine] extenseur *m* ; [food] aliment *m* énergétique.

body building n culturisme *m*.

body clock n horloge *f* biologique.

body count n pertes *fpl* en vies humaines.

body double n CIN doublure *f* *(pour les scènes d'amour)*.

body groomer [-'gru:məʳ] n tondeuse *f* (corporelle).

bodyguard ['bɒdɪgɑ:d] n garde *m* du corps.

body language n langage *m* du corps.

body lotion n lait *m* corporel.

body odour n odeur *f* corporelle.

body paint n peinture *f* pour le corps.

body piercing n piercing *m*.

body search n fouille *f* corporelle.

body shampoo n shampooing *m* pour le corps.

body shaper [-'ʃeɪpəʳ] n body *m* minceur.

body shop n **1.** atelier *m* de carrosserie **2.** US *inf* [gym] club *m* de gym.

body snatcher n déterreur *m*, -euse *f* de cadavres.

body stocking n body *m*.

body-surf vi SPORT body-surfer.

body-surfer n SPORT body-surfer *m*, -euse *f*.

body-surfing n SPORT body-surfing *m*.

body trimmer n tondeuse *f* (corporelle).

body warmer [-,wɔ:məʳ] n gilet *m* matelassé.

bodywork ['bɒdɪwɜ:k] n carrosserie *f*.

Boer [bɔ:] ◆ n Boer *mf*. ◆ adj boer ▸ **the Boer War** HIST la guerre des Boers.

The Boer War

Conflit qui opposa, à la fin du XIXᵉ siècle, les Britanniques aux colons d'origine néerlandaise installés en Afrique australe (**Boer republics**) et défendant leur indépendance contre les ambitions de la **British South Africa Company** et la suzeraineté britannique. Il prit fin en 1902 par la victoire des Britanniques.

B of E n abbr of Bank of England.

boff [bɒf] vt US *v inf* [have sex with] baiser.

boffin ['bɒfɪn] n UK *inf* chercheur *m* scientifique or technique.

bog [bɒg] (*pt & pp* **bogged**, *cont* **bogging**) n **1.** [area] marécage *m*, marais *m* ; [peat] tourbière *f* **2.** UK *v inf* [lavatory] chiottes *fpl* ▸ **bog paper** PQ *m*, papier-cul *m*.

❖ **bog down** vt sep empêcher, entraver ; [vehicle] embourber, enliser / *I got bogged down in paperwork* je me suis laissé déborder par la paperasserie.

❖ **bog off** vi UK *v inf* : *oh, bog off!* dégage !

bogey ['bəʊgɪ] n **1.** [monster] démon *m*, fantôme *m* ; [pet worry] bête *f* noire **2.** GOLF bogey *m*, bogée *m* **3.** *inf* [in nose] crotte *f* de nez **4.** = **bogie**.

bogeyman ['bəʊgɪmæn] (*pl* **bogeymen** [-men]) n croque-mitaine *m*, père *m* fouettard / *the bogeyman will get you* le croque-mitaine va t'attraper.

boggle ['bɒgl] vi **1.** [be amazed] être abasourdi / *the mind boggles!* ça laisse perplexe ! / *the mind* or *imagination boggles at the thought* ça laisse perplexe **2.** [hesitate] hésiter / *she boggles at the idea of marriage* elle n'est pas sûre de vouloir se marier.

boggy ['bɒgɪ] (*compar* **boggier**, *superl* **boggiest**) adj [swampy] marécageux ; [peaty] tourbeux.

bogie ['bəʊgɪ] n RAIL bogie *m* ; [trolley] diable *m*.

Bognor Regis ['bɒgnə'ri:dʒɪs] pr n *station balnéaire de la côte sud de l'Angleterre, surtout fréquentée par des personnes âgées.*

bog oak n chêne *m* des marais.

Bogota [,bɒgə'tɑ:] pr n Bogota.

bogroll ['bɒgrəʊl] n *v inf* PQ *m*.

bog-standard adj UK *inf* [restaurant, food] ordinaire, médiocre ; [film, book] sans intérêt, médiocre ; [hotel] standard *(inv)*, médiocre.

bogus ['bəʊgəs] adj faux (fausse).

bogy ['bəʊgɪ] (*pl* **bogies**) n = **bogie**.

Bohemia [bəʊ'hi:mjə] pr n Bohême *f* / *in Bohemia* en Bohême.

bohemian [bəʊhi:mjən] ◆ n bohème *mf*. ◆ adj bohème.

Bohemian [bəʊ'hi:mjən] ◆ n [from Bohemia] Bohémien *m*, -enne *f* ; [gypsy] bohémien *m*, -enne *f*. ◆ adj [of Bohemia] bohémien ; [gypsy] bohémien.

bohunk ['bəʊhʌŋk] n US *vulg terme injurieux désignant un travailleur migrant d'Europe centrale.*

boil [bɔɪl] ◆ n **1.** [on face, body] furoncle *m* **2.** [boiling point] : *bring the sauce to the boil* amenez la sauce à ébullition / *the water was just coming to the boil* l'eau venait juste de se mettre à bouillir / *the water's on the boil* UK l'eau bout or est bouillante / *the pan has gone off the boil* UK l'eau de la casserole ne bout plus / *the project has gone off the boil* UK le projet a été mis en attente. ◆ vt **1.** [liquid] faire bouillir, amener à ébullition ▸ **to boil the ocean** US être trop ambitieux, essayer de faire trop de choses en même temps **2.** [laundry] faire bouillir ▸ **a boiled shirt** *inf* une chemise empesée **3.** [food] cuire à l'eau, faire bouillir / *don't boil the kettle dry* UK ne laissez pas s'évaporer l'eau dans la bouilloire / *I can't even boil an egg!* je ne sais même pas faire cuire un œuf ! ◆ vi **1.** [liquid] bouillir / *the kettle's boiling* l'eau bout (dans la bouilloire) / *don't let the soup boil* ne laisse pas bouillir la soupe / *the pot boiled dry* UK toute l'eau de la casserole s'est évaporée **2.** [seethe - ocean] bouillonner ; [- person] bouillir / *I was boiling with anger* je bouillais de rage.

❖ **boil away** vi [continue boiling] bouillir très fort ; [evaporate] s'évaporer.

❖ **boil down** vt sep CULIN faire réduire ; *fig* réduire à l'essentiel / *he boiled the speech down to the basics* il a réduit son discours à l'essentiel.

❖ **boil down to** vt insep revenir à / *it all boils down to money* tout cela revient à une question d'argent / *it boils down to the same thing* ça revient au même.

❖ **boil over** vi **1.** [overflow] déborder ; [milk] se sauver, déborder **2.** *fig* [with anger] bouillir / *he boiled over with rage* il bouillait de rage / *her resentment boiled over into outright anger* son ressentiment s'est transformé en véritable colère / *the unrest boiled over into violence* l'agitation a débouché sur la violence.

❖ **boil up** ◆ vi [milk] monter / *frustration boiled up in her* *fig* elle commençait à s'énerver sérieusement. ◆ vt sep [milk, water] monter.

boiled ['bɔɪld] adj ▸ **boiled beef a)** [alone] bœuf *m* bouilli **b)** [dish] pot-au-feu *m inv* ▸ **boiled egg** œuf *m* à la coque ▸ **boiled ham** jambon *m* cuit (à l'eau) ▸ **boiled potatoes** pommes de terre *fpl* à l'eau or bouillies ▸ **boiled sweets** UK bonbons *mpl* à sucer.

boiler ['bɔɪləʳ] n **1.** [furnace] chaudière *f* ; [domestic] chaudière *f* ; UK [washing machine] lessiveuse *f* ; [pot] casserole *f* **2.** [chicken] poule *f* à faire au pot.

boilerhouse ['bɔɪləhaʊs] (*pl* [-haʊzɪz]) n bâtiment *m* des chaudières.

boilermaker ['bɔɪlə,meɪkəʳ] n **1.** [workman] chaudronnier *m* **2.** UK [drink] bière *f* fortifiée ; US (verre *m* de) whisky *m* suivi d'une bière.

boilermaking ['bɔɪlə,meɪkɪŋ] n grosse chaudronnerie *f*.

boilerman ['bɔɪlə,mæn] (*pl* **boilermen** [-,men]) n chauffeur *m*.

boilerplate ['bɔɪləpleɪt] n **1.** INDUST tôle *f* à chaudière **2.** [form of words] paragraphe *m* standard *(que l'on peut insérer dans un document)*.

boiler room n salle *f* des chaudières, chaufferie *f* ; NAUT chaufferie *f*, chambre *f* de chauffe.

boiler suit n UK [for work] bleu *m* or bleus *mpl* (de travail) ; [fashion garment] salopette *f*.

boiling ['bɔɪlɪŋ] ◆ adj [very hot] bouillant / *the weather here is boiling* il fait une chaleur infernale ici / *I'm boiling* *inf* je crève de chaleur. ◆ adv ▸ **boiling hot** tout bouillant / *a boiling hot cup of tea* une tasse de thé bouillant / *it's boiling hot today* *inf* il fait une chaleur à crever aujourd'hui. ◆ n [action] ébullition *f* ; [bubbling] bouillonnement *m*.

boiling point n point *m* d'ébullition / *at boiling point* à ébullition ▸ **to reach boiling point a)** *lit* arriver à ébullition **b)** *fig* être en ébullition.

boil-in-the-bag adj en sachet-cuisson.

boisterous ['bɔɪstərəs] adj **1.** [exuberant] tapageur, plein d'entrain / *a boisterous meeting* une réunion houleuse **2.** [sea] tumultueux, turbulent ; [wind] violent, furieux.

boisterously ['bɔɪstərəslɪ] adv bruyamment, tumultueusement.

bok choy [bɒk'tʃɒɪ] n pak choi *m*, chou *m* chinois.

BOL MESSAGING written abbr of best of luck.

bold [bəʊld] ◆ adj **1.** [courageous] intrépide, hardi / *a bold plan* un projet audacieux or osé / *a bold stroke* un coup d'audace / *he grew bolder in his efforts* il s'est enhardi dans ses tentatives **2.** [not shy] assuré ; [brazen] effronté / *he was* or *made so bold as to disagree* il a eu l'audace d'exprimer son désaccord / *may I be so bold as to ask your name?* puis-je me permettre de vous demander qui vous êtes ? / *he put a bold face on it* or *he put on a bold front* face à cela il a fait bonne contenance ▸ **as bold as brass** UK culotté **3.** ART & LITER [vigorous] puissant, hardi / *with bold strokes of the brush* avec des coups de brosse vigoureux or puissants / *a bold style of writing* un style (d'écriture) hardi / *in bold relief* en puissant relief **4.** [colours] vif, éclatant / *bold stripes* des rayures éclatantes **5.** TYPO : *in bold* en gras. ◆ n caractères *mpl* gras, gras *m*.

bold face n caractères *mpl* gras, gras *m* / *in bold face* en gras.

❖ **boldface** adj gras (grasse).

boldfaced ['bəʊldfeɪst] adj impudent / *a boldfaced lie* un mensonge éhonté.

boldly ['bəʊldlɪ] adv **1.** [bravely] intrépidement, audacieusement **2.** [impudently] avec impudence, effrontément **3.** [forcefully] avec vigueur, vigoureusement.

boldness ['bəʊldnɪs] n **1.** [courage] intrépidité *f*, audace *f* **2.** [impudence] impudence *f*, effronterie *f* **3.** [force] vigueur *f*, hardiesse *f*.

bole [bəʊl] n fût *m*, tronc *m (d'arbre)*.

bolero [bə'leərəʊ] (*pl* **boleros**) n boléro *m* / **'Bolero'** *Ravel* 'Boléro'.

boletus [bə'li:təs] (*pl* **boletuses** *or* **boleti** [-taɪ]) n bolet *m*.

bolide ['bəʊlaɪd] n bolide *m*.

Bolivia [bə'lɪvɪə] pr n Bolivie *f* / *in Bolivia* en Bolivie.

Bolivian [bəˈlɪvɪən] ◆ n Bolivien *m*, -enne *f*. ◆ adj bolivien.

boll [bəʊl] n capsule *f (du cotonnier, du lin)*.

bollard [ˈbɒlɑːd] n [on wharf] bollard *m* ; UK [on road] borne *f*.

bollocking [ˈbɒləkɪŋ] n UK *v inf* engueulade *f* / *he got / she gave him a right bollocking* il a reçu / elle lui a passé un sacré savon.

bollocks [ˈbɒləks], **ballocks** [ˈbæləks] *vulg* ◆ pl n UK [testicles] couilles *fpl*. ◆ n *(U)* [rubbish] conneries *fpl*, couillonnades *fpl*. ◆ interj ▸ **bollocks!** quelles conneries ! / *oh, bollocks, I've got no money on me!* quelle merde or quelle connerie, je n'ai pas d'argent sur moi !

❖ **bollocks up** vt sep UK *vulg* semer la pagaïe dans, foutre le bordel dans.

boll weevil n anthonome *m (du cotonnier)*.

Bologna [bəˈləʊnjə] pr n Bologne.

Bolognese [ˌbɒləˈneɪz] (*pl* **Bolognese**) ◆ n Bolonais *m*, -e *f*. ◆ adj bolonais ▸ **spaghetti Bolognese** spaghetti (à la) bolognaise.

boloney [bəˈləʊnɪ] n **1.** US [sausage] *saucisson fumé* **2.** = **baloney**.

bolo tie [ˈbəʊləʊ-] n US *cordon noué autour du cou et orné d'une boucle*.

Bolshevik [ˈbɒlʃɪvɪk] ◆ n bolchevik *mf*. ◆ adj bolchevique.

Bolshevism [ˈbɒlʃɪvɪzm] n bolchevisme *m*.

bolshie, bolshy [ˈbɒlʃɪ] *inf* ◆ n UK rouge *mf*. ◆ adj **1.** [intractable] ronchon **2.** POL rouge.

bolson [bɒlˈsən] n bolson *m*.

bolster [ˈbəʊlstəʳ] ◆ vt **1.** [strengthen] soutenir / *he bolstered my morale* il m'a remonté le moral / *these laws simply bolster up the system* ces lois ne font que renforcer le système **2.** [pad] rembourrer. ◆ n **1.** [cushion] traversin *m* **2.** ARCHIT racinal *m*, sous-poutre *f*.

bolt [bəʊlt] ◆ vi **1.** [move quickly] se précipiter / *a rabbit bolted across the lawn* un lapin a traversé la pelouse à toute allure **2.** [escape] déguerpir ; [horse] s'emballer **3.** [plants] monter en graine. ◆ vt **1.** [lock] fermer à clé, verrouiller / *did you bolt the door?* avez-vous poussé or mis les verrous ? **2.** [food] engloutir **3.** US [break away from] abandonner, laisser tomber **4.** TECH [fasten] boulonner **5.** [sift] tamiser, passer au tamis ; *fig* [examine] passer au crible or tamis. ◆ n **1.** [sliding bar to door, window] verrou *m* ; [in lock] pêne *m* **2.** [screw] boulon *m* **3.** [dash] : *we made a bolt for the door* nous nous sommes rués sur la porte / *she made a bolt for it* elle s'est sauvée à toutes jambes **4.** [lightning] éclair *m* ▸ **the news came like a bolt from the blue** UK la nouvelle est arrivée comme un coup de tonnerre **5.** [of cloth] rouleau *m* **6.** SPORT [of crossbow] carreau *m* ; [of firearm] culasse *f* mobile ▸ **(expansion) bolt** [for climbing] piton *m* (à expansion). ◆ adv ▸ **bolt upright** droit comme un i / *he was standing bolt upright* il était debout, raide comme la justice or droit comme un i.

❖ **bolt down** vt sep [food, meal] avaler à toute vitesse.

❖ **bolt in** vt sep enfermer au verrou.

❖ **bolt on** vt sep boulonner.

❖ **bolt out** vi sortir en coup de vent.

bolt hole n abri *m*, refuge *m* / *he used the cottage as a bolt hole* il s'est servi du cottage comme refuge.

bolus [ˈbəʊləs] (*pl* **boluses**) n bol *m*.

bomb [bɒm] ◆ n **1.** [explosive] bombe *f* ▸ **the bomb** la bombe atomique / *this car goes like a bomb* *inf* elle fonce, cette voiture / *the show went like a bomb* UK *inf* le spectacle a eu un succès monstre **2.** UK *inf* [large sum of money] fortune *f* / *the repairs cost a bomb* les réparations ont coûté les yeux de la tête **3.** US *inf* [failure] fiasco *m*, bide *m*. ◆ comp ▸ **bomb bay** soute *f* à bombes ▸ **bomb scare** alerte *f* à la bombe ▸ **bomb shelter** abri *m*. ◆ vt bombarder. ◆ vi *inf* **1.** [go quickly] filer à toute vitesse / *we bombed down the motorway* on filait à toute allure sur l'autoroute **2.** US [fail] être un fiasco or bide.

❖ **bomb out** ◆ vt sep détruire par bombardement / *he was bombed out (of his house)* il a perdu sa maison dans le bombardement. ◆ vi US *inf* [fail] foirer.

bombard [bɒmˈbɑːd] vt bombarder / *to bombard sb with questions* bombarder or assaillir qqn de questions.

bombardier [ˌbɒmbəˈdɪəʳ] n [in Air Force] bombardier *m (aviateur)* ; UK [in Royal Artillery] caporal *m* d'artillerie.

bombardment [bɒmˈbɑːdmənt] n bombardement *m*.

bombast [ˈbɒmbæst] n grandiloquence *f*, boursouflure *f*.

bombastic [bɒmˈbæstɪk] adj [style] ampoulé, grandiloquent ; [person] grandiloquent, pompeux.

bombastically [bɒmˈbæstɪklɪ] adv [speak] avec grandiloquence ; [write] dans un style ampoulé.

Bombay [ˌbɒmˈbeɪ] pr n Bombay.

Bombay duck [ˌbɒmˈbeɪ-] n *petit poisson séché utilisé comme accompagnement dans la cuisine indienne*.

Bombay mix n *mélange apéritif épicé composé de lentilles, de fruits secs et de vermicelles (spécialité indienne)*.

bombazine [ˈbɒmbəziːn] n bombasin *m*.

bomb disposal n déminage *m* ▸ **bomb disposal expert** démineur *m* ▸ **bomb disposal squad** or **team** équipe *f* de déminage.

bombed [bɒmd] adj *inf* [drunk] beurré / *they were bombed out of their minds* ils étaient complètement bourrés.

bombed-out adj *inf* **1.** [exhausted] crevé, nase **2.** [very crowded] plein à craquer **3.** [drunk] bourré, beurré ; [on drugs] défoncé.

bomber [ˈbɒməʳ] n **1.** [aircraft] bombardier *m* ▸ **bomber pilot** pilote *m* de bombardier **2.** [terrorist] poseur *m*, -euse *f* de bombes.

bomber command n aviation *f* de bombardement.

bomber jacket n blouson *m* d'aviateur.

bombing [ˈbɒmɪŋ] ◆ n [by aircraft] bombardement *m* ; [by terrorist] attentat *m* à la bombe. ◆ comp [mission, raid] de bombardement.

bombproof [ˈbɒmpruːf] adj blindé.

bombshell [ˈbɒmʃel] n **1.** [explosive] obus *m* **2.** *fig* [shock] : *her death came as a real bombshell* sa mort nous a fait un grand choc or nous a atterrés / *their wedding announcement came as a complete bombshell* l'annonce de leur mariage a fait l'effet d'une bombe **3.** *inf* [woman] ▸ **a blonde bombshell** une blonde incendiaire.

bombsight [ˈbɒmsaɪt] n viseur *m* de bombardement.

bombsite [ˈbɒmsaɪt] n lieu *m* bombardé.

bona fide [ˌbəʊnəˈfaɪdɪ] adj [genuine] véritable, authentique ; [agreement] sérieux.

bona fides [ˌbəʊnəˈfaɪdiːz] n LAW bonne foi *f*.

bonanza [bəˈnænzə] ◆ n aubaine *f*, filon *m* ; US MIN riche filon *m* / *she had a real bonanza at the sales* elle a fait de véritables affaires pendant les soldes. ◆ comp exceptionnel / *1987 was a bonanza year for them* ils ont connu une année exceptionnelle en 1987 ▸ **the Bonanza State** US le Montana.

Bonaparte [ˈbəʊnəpɑːt] pr n Bonaparte.

Bonapartism [ˈbəʊnəpɑːtɪzm] n bonapartisme *m*.

bonce [bɒns] n UK *inf* caboche *f*.

bond [bɒnd] ◆ n **1.** [link] lien *m*, liens *mpl*, attachement *m* / *the marriage bonds* les liens conjugaux **2.** [agreement] engagement *m*, contrat *m* / *we entered into a bond to buy the land* nous nous sommes engagés à acheter la terre / *my word is my bond* je n'ai qu'une parole **3.** LAW caution *f* financière **4.** FIN [certificate] bon *m*, titre *m* ▸ **the bond market** le marché obligataire **5.** [adhesion] adhérence *f* **6.** [paper] papier *m* à lettres (de luxe) **7.** CHEM liaison *f* **8.** CONSTR appareil *m* **9.** COMM ▸ **in bond** en entrepôt / *he put the merchandise in bond* il a entreposé les marchandises en douane. ◆ vt **1.** [hold together] lier, unir **2.** COMM [goods] entreposer **3.** LAW [place under bond] placer sous caution ; [put up bond for] se porter caution pour **4.** FIN lier (par garantie financière) **5.** CONSTR liaisonner. ◆ vi **1.** [with adhesive] : *the surfaces have bonded* les surfaces ont adhéré l'une à l'autre **2.** PSYCHOL former des liens affectifs.

❖ **bonds** pl n [fetters] chaînes *fpl*, fers *mpl* ; *fig* liens *mpl*, contraintes *fpl*.

bondage [ˈbɒndɪdʒ] n **1.** *lit* esclavage *m* ; *fig* esclavage *m*, servitude *f* / *the serfs were in bondage to the lord* HIST les serfs étaient asservis au seigneur **2.** [sexual] bondage *m*.

bonded [ˈbɒndɪd] adj FIN titré ; COMM (entreposé) sous douane ▸ **bonded warehouse** entrepôt *m* sous douane.

bondholder [ˈbɒndˌhəʊldəʳ] n porteur *m* d'obligations or de bons.

Bondi Beach [ˈbɒndɪ-] pr n *plage de Sydney, célèbre pour ses surfeurs*.

bonding [ˈbɒndɪŋ] n **1.** PSYCHOL liens *mpl* affectifs **2.** [of two objects] collage *m* **3.** ELEC système *m* or circuit *m* régulateur de tension **4.** CONSTR liaison *f*.

bondmaid [ˈbɒndmeɪd] n serve *f* or esclave *f* célibataire.

bondman [ˈbɒndmən] (*pl* **bondmen** [-mən]) n serf *m*, esclave *m*.

bond paper n papier *m* de qualité supérieure.

bondsman [ˈbɒndzmən] (*pl* **bondsmen** [-mən]) n garant *m*, caution *f*.

Bond Street [bɒnd-] pr n *grande rue commerçante de Londres*.

Bond Street

Cette rue commerçante de Londres, dans le quartier de Mayfair, est connue pour ses boutiques de mode, ses bijouteries et ses galeries d'art.

bone [bəʊn] ◆ n **1.** os *m* ; [of fish] arête *f* / *she's got good bone structure* elle a les pommettes saillantes / *her finger was cut to the bone* elle s'est coupé le doigt jusqu'à l'os ▸ **bone of contention** pomme *f* de discorde ▸ **chilled** or **frozen to the bone** glacé jusqu'à la moelle (des os) ▸ **close to** or **near the bone** : *his comments were a bit close to the bone* ses commentaires frôlaient l'indécence ▸ **to have a bone to pick with sb** : *I have a bone to pick with you* j'ai un compte à régler avec toi ▸ **there's trouble ahead, I can feel it in my bones** quelque chose me dit qu'il va y avoir du grabuge ▸ **to make no bones about sthg** ne pas y aller de main morte or avec le dos de la cuillère ▸ **he'll / she'll never make old bones** il / elle ne fera sûrement pas de vieux os ▸ **to be nothing but skin and bone** or **bones, to be nothing but a bag of bones** : *he's nothing but a bag of bones* il est maigre comme un clou, c'est un sac d'os **2.** [substance] os *m* ; [in corset] baleine *f* **3.** [essential] essentiel *m* ▸ **the bare bones of sthg** l'essentiel de qqch / *to cut spending (down) to the bone* réduire les dépenses au strict minimum. ◆ vt **1.** [meat] désosser ; [fish] ôter les arêtes de **2.** UK *inf & dated* [steal] piquer, faucher.

❖ **bones** ◆ pl n ossements *mpl*, os *mpl* ▸ **to lay sb's bones to rest** enterrer qqn. ◆ n *inf* [doctor] ▸ **the bones** le toubib.

❖ **bone up on** vt insep UK *inf* : *he has to bone up on his history* il faut qu'il bûche son histoire.

bone china n porcelaine *f* tendre.

boned [bəʊnd] adj **1.** CULIN [meat, poultry] désossé **2.** [corset] baleiné.

-boned in comp ▸ **big-boned** bien charpenté ▸ **fine-boned** aux attaches fines.

bone-dry adj absolument sec.

bonehead [ˈbəʊnhed] n *inf* crétin *m*, -e *f*, imbécile *mf*.

boneheaded [ˈbəʊnˌhedɪd] adj [stupid] idiot ; [stubborn] têtu.

bone-idle adj UK paresseux comme une couleuvre.

boneless ['bəʊnlɪs] adj [meat] désossé, sans os ; [fish] sans arêtes.

bone marrow n moelle *f* ▸ **bone-marrow transplant** greffe *f* de moelle.

bone meal n engrais *m* (de cendres d'os).

boner ['bəʊnəʳ] n US **1.** [blunder] gaffe *f*, bourde *f* ▸ **to pull a boner** faire une gaffe **2.** *vulg* [erection] ▸ **to have a boner** bander.

bonesetter ['bəʊn,setəʳ] n *inf* rebouteux *m*, -euse *f*.

boneshaker ['bəʊn,ʃeɪkəʳ] n *inf* [car] tacot *m* ; HIST [bicycle] vélocipède *m*.

Boney ['bəʊnɪ] pr n *surnom de Napoléon Bonaparte*.

bonfire ['bɒn,faɪəʳ] n (grand) feu *m*.

Bonfire Night n UK le 5 novembre *(commémoration de la tentative de Guy Fawkes de faire sauter le Parlement en 1605)*. ⟶ **Guy Fawkes' Night**

bong [bɒŋ] ◆ n bourdon *m*. ◆ vi bourdonner.

bongo ['bɒŋgəʊ] *(pl* **bongos** *or* **bongoes**) n bongo *m*.

bonhomie ['bɒnəmi:] n bonhomie *f*.

Boniface ['bɒnɪ,feɪs] pr n Boniface.

bonito [bə'ni:təʊ] *(pl* **bonitos**) n bonite *f*.

bonk [bɒŋk] *v inf & hum* ◆ vi s'envoyer en l'air. ◆ vt s'envoyer en l'air avec. ◆ n partie *f* de jambes en l'air.

bonkers ['bɒŋkəz] adj UK *inf* fou ***(before vowel or silent 'h' fol, f folle)***, cinglé ▸ **to go bonkers** devenir fou.

Bonn [bɒn] pr n Bonn.

bonnet ['bɒnɪt] n **1.** [hat - woman's] bonnet *m*, chapeau *m* à brides ; [- child's] béguin *m*, bonnet *m* ; Scot [man's] béret *m*, bonnet *m* **2.** UK AUTO capot *m* **3.** ARCHIT [awning] auvent *m* ; [of chimney] capuchon *m* **4.** NAUT bonnette *f*.

Bonnie Prince Charlie [,bɒnɪprɪns'tʃɑ:lɪ] pr n *surnom donné à Charles Édouard Stuart, le Jeune Prétendant*.

bonny ['bɒnɪ] *(compar* **bonnier**, *superl* **bonniest**) adj UK *regional* [pretty] joli, beau ***(before vowel or silent 'h' bel, f belle)***.

bonobo [bə'nəʊbəʊ] *(pl* **bonobos**) n ZOOL bonobo *m*.

bonsai ['bɒnsaɪ] n bonsaï *m*.

bonus ['bəʊnəs] n **1.** [gen & COMM] prime *f* / *a Christmas bonus of £200* 200 livres de prime de fin d'année / *the holiday was an added bonus* les vacances étaient en prime **2.** UK FIN [dividend] dividende *m* exceptionnel.

bonus issue n UK ST. EX émission *f* d'actions gratuites.

bony ['bəʊnɪ] *(compar* **bonier**, *superl* **boniest**) adj **1.** ANAT osseux ; [knees, person] anguleux, décharné **2.** [fish] plein d'arêtes ; [meat] plein d'os.

bonzer ['bɒnzəʳ] adj Austr & NZ *v inf* vachement bien.

Bonzo ['bɒnzəʊ] pr n *nom typique pour un chien*.

boo [bu:] ◆ vt huer, siffler / *the audience booed him off the stage* il a quitté la scène sous les huées or les sifflets du public. ◆ vi pousser des huées, siffler ▸ **to boo at sb** huer or siffler qqn. ◆ n huée *f*. ◆ interj hou ▸ **he wouldn't say boo to a goose** UK *inf* c'est un grand timide.

boob [bu:b] *inf* ◆ n **1.** [idiot] ballot *m* **2.** [mistake] gaffe *f* **3.** [breast] sein *m*. ◆ vi gaffer.

boo-boo ['bu:bu:] *(pl* **boo-boos**) n *inf* **1.** [blunder] gaffe *f*, bourde *f* **2.** US [injury] bobo *m*.

boob tube n *inf* **1.** US [television set] télé *f* **2.** UK [strapless top] bustier *m* moulant.

booby ['bu:bɪ] *(pl* **boobies**) n **1.** *inf* [idiot] nigaud *m*, -e *f*, ballot *m* **2.** ORNITH fou *m* (de Bassan).

booby hatch n **1.** NAUT écoutillon *m* **2.** US *inf* [mental hospital] asile *m* de dingues.

booby prize n prix *m* de consolation *(attribué par plaisanterie au dernier)* / *to win* or *to get the booby prize* gagner or recevoir le prix de consolation.

booby trap *(pt & pp* **booby-trapped**, *cont* **booby-trapping**) n MIL objet *m* piégé ; [practical joke] farce *f*.

❖ **booby-trap** vt piéger.

boodle ['bu:dl] n *inf* **1.** US [money] pognon *m*, fric *m* **2.** [bribe] pot-de-vin *m* **3.** US ▸ **the whole boodle** tout le bazar.

boogie ['bu:gɪ] *inf* ◆ vi [dance] danser ; [party] faire la fête. ◆ n boogie *m*.

boogie-woogie [-,wu:gɪ] n boogie-woogie *m*.

boohoo [,bu:'hu:] *inf* ◆ vi pleurer à chaudes larmes, chialer. ◆ interj *hum* sniff.

booing ['bu:ɪŋ] n *(U)* huées *fpl*.

book [bʊk] ◆ n **1.** *lit* livre *m* ▸ **book cover** couverture *f* ▸ **book lover** bibliophile *mf* ▸ **his little black book** *hum* son carnet d'adresses ; *fig* : *her face is an open book* toutes ses émotions se voient sur son visage / *his life is an open book* il n'a rien à cacher / *she's an open book* on peut lire en elle comme dans un livre / *mathematics is a closed book to me* je ne comprends rien aux mathématiques ▸ **to hit the books** US *inf* se mettre à étudier ▸ **to bring sb to book** UK obliger qqn à rendre des comptes ▸ **to do things** or **to go by the book** faire qqch selon les règles ▸ **to be in sb's good books** être dans les petits papiers de qqn ▸ **to be in sb's bad books** être mal vu de qqn ▸ **in my book** *inf* à mon avis / *he can read her like a book* pour lui elle est transparente ▸ **that's one for the book** or **books!** il faudra marquer ça d'une pierre blanche ! / *that provision is already on the books* cette disposition figure déjà dans les textes / *that law went on the books in 1979* cette loi est entrée en vigueur en 1979 ▸ **that suits my book** UK cela me va tout à fait ▸ **to throw the book at sb** donner le maximum à qqn **2.** [section of work] livre *m* ; [of poem] chant *m* **3.** [of stamps, tickets] carnet *m* ; [of matches] pochette *f* **4.** COMM [of samples] jeu *m*, album *m* **5.** [betting] pari *m* ▸ **to make** / **to start** / **to keep a book on sthg** inscrire / engager / tenir un pari sur qqch **6.** [script, libretto] livret *m* **7.** CARDS contrat *m*. ◆ vt **1.** [reserve] réserver, retenir ; UK [tickets] prendre / *I've booked her (a seat) through to New York* je lui ai réservé une place jusqu'à New York / *have you already booked your trip?* avez-vous déjà fait les réservations pour votre voyage ? / *the tour is fully booked* l'excursion est complète / *the performance is booked up* or *fully booked* on joue à bureaux or guichets fermés / *the restaurant is fully booked* le restaurant est complet **2.** [engage] embaucher, engager / *he's booked solid until next week* il est complètement pris jusqu'à la semaine prochaine **3.** [subj: police] : *he was booked for speeding* il a attrapé une contravention pour excès de vitesse **4.** SPORT prendre le nom de **5.** COMM [order] enregistrer. ◆ vi réserver.

❖ **books** pl n **1.** COMM & FIN [accounts] livre *m* de comptes ▸ **to keep the books** tenir les comptes or la comptabilité ▸ **to close the books** clore or arrêter les comptes ▸ **the books and records** la comptabilité ▸ **to cook the books** *inf* trafiquer les comptes **2.** [of club] registre *m* / *she's on the association's books* elle est membre de l'association / *I had myself taken off the books* j'ai donné ma démission.

❖ **book in** ◆ vi UK se faire enregistrer ; [at hotel] prendre une chambre. ◆ vt sep inscrire ; [at hotel] réserver une chambre pour.

❖ **book out** ◆ vi quitter une chambre, partir. ◆ vt sep UK [library book] emprunter.

❖ **book up** ◆ vt sep réserver, retenir / *the restaurant is booked up* le restaurant est complet / *she's booked up (all) next week* elle est prise (toute) la semaine prochaine. ◆ vi réserver.

bookable ['bʊkəbl] adj **1.** UK [seat] qui peut être réservé d'avance **2.** [offence] passible d'une contravention.

bookbag ['bʊkbæg] n US cartable *m*.

bookbinder ['bʊk,baɪndəʳ] n relieur *m*, -euse *f*.

bookbinding ['bʊk,baɪndɪŋ] n reliure *f*.

bookcase ['bʊkkeɪs] n bibliothèque *f (meuble)*.

book club n club *m* du livre, cercle *m* de lecture.

bookend ['bʊkend] n serre-livres *m inv*.

Booker Prize ['bʊkə-] pr n ▸ **the Booker Prize** le Booker Prize *(prestigieux prix littéraire britannique)*.

Booker Prize

Le **Booker Prize** est le prix littéraire britannique le plus connu ; créé en 1969, il est accordé chaque année au meilleur roman d'expression anglaise écrit par un citoyen du Commonwealth ou d'Irlande.

book group n club *m* de lecture.

bookie ['bʊkɪ] n *inf* bookmaker *m*.

booking ['bʊkɪŋ] n **1.** [reservation] réservation *f* / *who made the booking?* qui a fait la réservation ? **2.** [of actor, singer] engagement *m*.

booking clerk n préposé *m*, -e *f* aux réservations.

booking office n bureau *m* de location.

bookish ['bʊkɪʃ] adj [person] qui aime la lecture, studieux ; [style] livresque.

bookkeeper ['bʊk,ki:pəʳ] n comptable *mf*.

bookkeeping ['bʊk,ki:pɪŋ] n comptabilité *f*.

book-learning n *(U)* connaissances *fpl* livresques.

booklet ['bʊklɪt] n brochure *f*, plaquette *f*.

bookmaker ['bʊk,meɪkəʳ] n bookmaker *m*.

bookmark ['bʊkmɑ:k] ◆ n signet *m*, marque-page *m* ; COMPUT signet *m*. ◆ vt : *to bookmark a site* mettre un signet à un site.

bookmobile ['bʊkməbi:l] n US bibliobus *m*.

book number n numéro *m* ISBN, numéro *m* de dépôt légal.

bookplate ['bʊkpleɪt] n ex-libris *m*.

book profit n ACCOUNT profit *m* comptable.

bookrest ['bʊkrest] n lutrin *m*, support *m* à livres.

booksack ['bʊksæk] n US = **bookbag**.

bookseller ['bʊk,seləʳ] n libraire *mf*.

bookshelf ['bʊkʃelf] *(pl* **bookshelves** [-ʃelvz]) n étagère *f* à livres, rayon *m* (de bibliothèque).

bookshop ['bʊkʃɒp] n UK librairie *f*.

book society n club *m* du livre, cercle *m* de lecture.

bookstall ['bʊkstɔ:l] n étalage *m* de bouquiniste ; UK [in station] kiosque *m* à journaux.

bookstand ['bʊkstænd] n US [furniture] bibliothèque *f* ; [small shop] étalage *m* de bouquiniste ; [in station] kiosque *m* à journaux.

bookstore ['bʊkstɔ:ʳ] n US librairie *f*.

book token n UK *bon d'achat de livres*.

bookwork ['bʊkwɜ:k] n [accounts] comptabilité *f* ; [secretarial duties] secrétariat *m*.

bookworm ['bʊkwɜ:m] n **1.** *lit* ver *m* du papier **2.** *fig* rat *m* de bibliothèque.

Boolean algebra ['bu:lɪən-] n algèbre *f* de Boole.

boom [bu:m] ◆ vi **1.** [resonate - gen] retentir, résonner ; [- guns, thunder] tonner, gronder ; [- waves] gronder, mugir ; [- organ] ronfler ; [- voice] tonner, tonitruer **2.** [prosper] prospérer, réussir / *business was booming* les affaires étaient en plein essor / *car sales are booming* les ventes de voitures connaissent une forte progression. ◆ vt **1.** [say loudly] tonner / *"nonsense!", she boomed* « quelles idioties ! », dit-elle d'une voix tonitruante **2.** US [develop] développer ; [publicize] promouvoir. ◆ n **1.** [sound - gen] retentissement *m* ; [- of guns, thunder] grondement *m* ; [- of waves] grondement *m*, mugissement *m* ; [- of organ] ronflement *m* ; [- of voice] rugissement *m*, grondement *m* ▸ **left of boom strategy** US stratégie *f* préventive *(consistant à minimiser la probabilité des attaques aux explosifs)* ▸ **right of boom strategy** US *stratégie consistant à minimiser les effets des attaques aux explosifs* **2.** [period of expansion] (vague *f* de) prospérité *f*, boom *m* ; [of trade] forte hausse *f* or progression *f* ; [of prices, sales] brusque or très forte hausse, montée *f* en flèche ; [of product] popularité *f*, vogue *f* **3.** NAUT [spar] gui *m* **4.** [for camera, microphone] perche *f*, girafe *f* ; [for crane] flèche *f* **5.** TECH [of derrick] bras *m* **6.** [barrier] barrage *m* (de radeaux or de chaînes), estacade *f*.

❖ **boom out** ◆ vi [guns, thunder] gronder, tonner ;

[organ] ronfler ; [voice] tonner, tonitruer. ◆ vt sep tonner / *"of course!", he boomed out* « bien sûr ! », dit-il d'une voix tonitruante.

boom and bust (cycle) n ECON cycle *m* expansion-récession.

boom box n US *inf* radiocassette *f*.

boomerang ['bu:məræŋ] ◆ n boomerang *m* ▸ **boomerang effect** effet *m* boomerang. ◆ vi faire boomerang / *his tricks will boomerang on him one day* un jour ses tours lui retomberont sur le nez.

booming ['bu:mɪŋ] ◆ adj **1.** [sound] retentissant **2.** [business] prospère, en plein essor. ◆ n [gen] retentissement *m* ; [of guns, thunder] grondement *m* ; [of waves] grondement *m*, mugissement *m* ; [of organ] ronflement *m* ; [of voice] rugissement *m*, grondement *m*.

boom lift n nacelle *f* élévatrice.

boom operator n CIN perchiste *mf*.

boom town n ville *f* en plein essor, ville-champignon *f*.

boon [bu:n] n **1.** [blessing] aubaine *f*, bénédiction *f* / *the new industrial estate is a boon to the area* la nouvelle zone industrielle est une aubaine pour la région / *her help is a real boon to me* son aide m'est tout à fait précieuse **2.** *arch* [favour] faveur *f*.

boon companion n bon compère *m*.

boondocks ['bu:ndɒks], **boonies** ['bu:nɪz] pl n US *inf* ▸ **the boondocks** le bled, la cambrousse ▸ **in the boondocks** à perpète(-les-oies).

boondoggle ['bu:ndɒgl] US ◆ n *inf* [cushy job] planque *f*. ◆ vi *inf* flemmarder, peigner la girafe.

boor [bʊəʳ] n [rough] rustre *m* ; [uncouth] goujat *m*, malotru *m*, -e *f*.

boorish ['bʊərɪʃ] adj grossier, rustre.

boorishly ['bʊərɪʃlɪ] adv grossièrement / *he behaved boorishly* il s'est comporté en rustre.

boorishness ['bʊərɪʃnɪs] n [roughness] rudesse *f*, manque *m* d'éducation or de savoir-vivre ; [uncouthness] goujaterie *f*.

boost [bu:st] ◆ vt **1.** [sales] faire monter, augmenter ; [productivity] développer, accroître ; [morale, confidence] renforcer ; [economy] relancer / *a policy designed to boost the economy* des mesures destinées à relancer l'économie **2.** ELEC survolter ; AUTO suralimenter **3.** [promote] faire de la réclame or de la publicité pour. ◆ n **1.** [increase] augmentation *f*, croissance *f* ; [improvement] amélioration *f* / *a boost in sales* une brusque augmentation des ventes / *the announcement gave the pound a boost on the foreign exchanges* la nouvelle a fait grimper la livre sur le marché des changes **2.** [promotion] / *the review gave his play a boost* la critique a fait de la publicité pour or du battage autour de sa pièce **3.** [leg-up] ▸ **to give sb a boost a)** *lit* faire la courte échelle à qqn **b)** *fig* donner un coup *m* de pouce à qqn / *the success gave her morale a boost* le succès lui a remonté le moral.

booster ['bu:stəʳ] n **1.** AERON ▸ **booster (rocket)** fusée *f* de lancement, moteur *m* auxiliaire **2.** RADIO amplificateur *m* **3.** ELEC [device] survolteur *m* ; [charge] charge *f* d'appoint **4.** US *inf* [supporter] supporter *m* **5.** = booster shot.

booster cushion, booster seat n rehausseur *m*.

booster shot n piqûre *f* de rappel.

boot [bu:t] ◆ n **1.** botte *f* ; [ankle-length] bottillon *m* ; [for babies, women] bottine *f* ; [of soldier, workman] brodequin *m* ▸ **to give sb the boot** *inf* flanquer qqn à la porte / *she got the boot* *inf* elle a été flanquée à la porte or virée ▸ **they put the boot in a)** UK *inf & lit* ils lui ont balancé des coups de pied **b)** *fig* ils ont enfoncé méchamment le clou **2.** UK AUTO coffre *m* **3.** *inf* [kick] coup *m* de pied / *he gave the door a boot* il flanqua un coup de pied dans la porte **4.** [instrument of torture] brodequin *m*. ◆ vt **1.** [kick] donner des coups de pied à **2.** [equip with boots] botter **3.** COMPUT : *to boot (up) the system* initialiser le système.

❖ **to boot** adv phr en plus, par-dessus le marché / *she's beautiful and intelligent to boot* elle est belle, et intelligente par-dessus le marché.

❖ **boot out** vt sep *inf* flanquer à la porte.

❖ **boot up** vt sep COMPUT = boot *(vt)*.

bootblack ['bu:tblæk] n cireur *m* de chaussures.

boot camp n US *inf* MIL camp *m* d'entraînement pour nouvelles recrues ▸ **to go into boot camp** ≃ faire ses classes.

bootcut ['bu:tkʌt] adj [trousers, jeans] trompette.

boot disk n COMPUT disque *m* de démarrage.

booted ['bu:tɪd] adj botté.

bootee ['bu:ti:] n [for babies] petit chausson *m*, bottine *f* ; [for women] bottine *f*, bottillon *m*.

booth [bu:ð] n **1.** [at fair] baraque *f*, stand *m* **2.** [cubicle - for telephone, language laboratory] cabine *f* ; [- for voting] isoloir *m* **3.** US [in restaurant] box *m*.

booth bunny n US *inf* hôtesse *f* (de salon).

bootie ['bu:tɪ] n US *vulg* [sex] : *I want some bootie* j'ai envie de baiser / *he came around last night but it was just a bootie call* il est passé hier soir mais c'était juste pour baiser / *she's my bootie call* c'est ma copine de baise.

bootjack ['bu:tdʒæk] n tire-botte *m*.

bootlace ['bu:tleɪs] n lacet *m* (de chaussure).

bootleg ['bu:t,leg] (*pt & pp* **bootlegged**, *cont* **bootlegging**) ◆ vi faire de la contrebande de boissons alcoolisées. ◆ vt [make] fabriquer illicitement ; [sell] vendre en contrebande. ◆ n [gen] marchandise *f* illicite ; [liquor] alcool *m* de contrebande. ◆ adj de contrebande ▸ **bootleg recording** enregistrement *m* pirate.

bootlegger ['bu:t,legəʳ] n bootlegger *m*.

bootless ['bu:tlɪs] adj **1.** [without boots] sans bottes **2.** *liter* [fruitless] vain, infructueux.

bootlick ['bu:tlɪk] vi *inf* : *he's always bootlicking* c'est un vrai lèche-bottes.

bootlicker ['bu:t,lɪkəʳ] n *inf* lèche-bottes *mf*.

bootmaker ['bu:t,meɪkəʳ] n bottier *m*.

boot polish n cirage *m*.

boots ['bu:ts] (*pl* **boots**) n UK *garçon d'hôtel qui cire les chaussures.*

boot sale n UK *sorte de vide-grenier où des particuliers vendent des objets présentés devant le coffre de leur voiture.*

boot scraper n décrottoir *m*.

bootstrap ['bu:tstræp] ◆ n **1.** [on boot] tirant *m* de botte ▸ **she pulled herself up by her own bootstraps** elle a réussi par ses propres moyens **2.** COMPUT programme *m* amorce, amorce *f*. ◆ adj autonome ▸ **bootstrap program** COMPUT programme *m* amorce.

booty ['bu:tɪ] n **1.** [spoils] butin *m* **2.** US *v inf* [buttocks] fesses *fpl* ▸ **shake your booty** remue tes fesses.

booze [bu:z] *inf* ◆ n *(U)* alcool *m*, boissons *fpl* alcoolisées / *bring your own booze* apportez à boire ▸ **to go on the booze** picoler / *he is on the booze* il picole / *she's off the booze* elle a arrêté de picoler. ◆ vi picoler.

booze cruise n UK *inf voyage en ferry vers la France ou la Belgique dans le seul but d'y acheter de l'alcool bon marché.*

boozed [bu:zd] adj *inf* bourré.

boozer ['bu:zəʳ] n *inf* **1.** [drunkard] poivrot *m*, -e *f* **2.** UK [pub] bistro *m*.

booze-up n UK *inf* beuverie *f*, soûlerie *f* / *to have a booze-up* prendre une cuite.

boozy ['bu:zɪ] (*compar* **boozier**, *superl* **booziest**) adj *inf* [person] soûlard ; [party, evening] de soûlographie.

bop [bɒp] (*pt & pp* **bopped**, *cont* **bopping**) ◆ n **1.** [music] bop *m* **2.** *inf* [dance] danse *f* / *shall we have a bop?* on danse ? **3.** *inf* [punch] coup *m* de poing. ◆ vt *inf* [hit] cogner / *he bopped me on the nose!* il m'a allongé un marron sur le nez ! ◆ vi *inf* [dance] danser le bop / *we bopped (away) all night* on a dansé toute la nuit.

bo-peep [bəʊ-] n cache-cache *m inv*.

❖ **Bo-Peep** pr n ▸ **Little Bo-Peep** *dans une comptine anglaise, petite bergère qui a perdu son troupeau.*

Bora Bora [,bɔ:rə'bɔ:rə] pr n Bora Bora / *on Bora Bora* à Bora Bora.

borage ['bɒrɪdʒ] n bourrache *f*.

borax ['bɔ:ræks] n borax *m*.

Bordeaux [bɔ:'dəʊ] ◆ pr n [region] le Bordelais / *an inhabitant of Bordeaux* un Bordelais, une Bordelaise. ◆ n [wine] bordeaux *m*.

bordello [bɔ:'deləʊ] n lupanar *m*.

border ['bɔ:dəʳ] ◆ n **1.** [boundary] frontière *f* / *on the border between Norway and Sweden* à la frontière entre la Norvège et la Suède / *they live near the Scottish border* ils habitent près de la frontière écossaise / *to cross the border* passer la frontière / *they tried to escape over the border* ils ont tenté de s'enfuir en passant la frontière **2.** [outer edge - of lake] bord *m*, rive *f* ; [- of field] bordure *f*, limite *f* ; [- of forest] lisière *f*, limite *f* **3.** [edging - of dress, handkerchief] bord *m*, bordure *f* ; [- of plate, notepaper] liséré *m* **4.** [in garden] bordure *f*, plate-bande *f*. ◆ comp [state, post, guard] frontière *(inv)* ; [town, zone] frontière *(inv)*, frontalier ; [search] à la frontière ; [dispute, patrol] frontalier ▸ **border incident** incident *m* de frontière ▸ **border police** police *f* des frontières. ◆ vt **1.** [line edges of] border ; [encircle] entourer, encadrer **2.** [be adjacent to] toucher / *Mexico borders Texas* le Mexique touche or a une frontière commune avec le Texas / *their garden is bordered on two sides by open fields* sur deux côtés, leur jardin est entouré de champs à perte de vue.

❖ **Borders** pl pr n UK ▸ **the Borders** *région frontalière du sud-est de l'Écosse.*

❖ **border on, border upon** vt insep **1.** [be adjacent to] toucher, avoisiner / *my property borders on his* ma propriété touche la sienne / *Italy and Austria border on each other* l'Italie et l'Autriche ont une frontière commune or sont limitrophes **2.** [verge on] frôler / *his remark borders on slander* sa remarque frise la calomnie / *hysteria bordering upon madness* une crise de nerfs proche de or qui frôle la folie.

Border collie n colley *m* berger.

borderer ['bɔ:dərəʳ] n frontalier *m*, -ère *f* ; UK [in Scotland] Écossais *m* frontalier, Écossaise *f* frontalière ; [in England] Anglais *m* frontalier, Anglaise *f* frontalière.

borderland ['bɔ:dəlænd] n [country] pays *m* frontière ; *lit & fig* [area] région *f* limitrophe / *the borderland between fantasy and reality* la frontière entre l'imagination et la réalité.

borderline ['bɔ:dəlaɪn] ◆ n limite *f*, ligne *f* de démarcation / *to be on the borderline* être à la limite / *the borderline between acceptable and unacceptable behaviour* ce qui sépare un comportement acceptable d'un comportement inacceptable. ◆ adj limite / *a borderline case* un cas limite / *he is a borderline candidate* il est à la limite.

Border terrier n terrier *m*.

bore [bɔ:ʳ] ◆ pt ⟶ bear. ◆ vt **1.** [tire] ennuyer / *housework bores me stiff* *inf* or *to tears*, *inf* or *to death* *inf* faire le ménage m'ennuie à mourir / *he bores the pants off me* *inf* il me barbe profondément **2.** [drill - hole] percer ; [- well] forer, creuser ; [- tunnel] creuser. ◆ vi forer, sonder / *they're boring for coal* ils forent pour extraire du charbon, ils recherchent du charbon par forage / *I felt his eyes boring into me* je sentais son regard me transpercer. ◆ n **1.** [person] raseur *m*, -euse *f* ; [event, thing] ennui *m*, corvée *f* / *what a bore she is!* ce qu'elle peut être lassante or fatigante ! / *visiting them is such a bore!* quelle barbe de leur rendre visite ! / *homework is a real bore!* quelle corvée, les devoirs ! **2.** [from drilling] trou *m* de sonde ; MECH alésage *m* **3.** [diameter of gun, tube] calibre *m* / *a twelve-bore shotgun* un fusil de calibre douze **4.** [tidal flood] mascaret *m*.

bored [bɔ:d] adj [person] qui s'ennuie ; [expression] d'ennui ▸ **to be bored with doing sthg** s'ennuyer à faire qqch / *I'm bored with my job* j'en ai assez de mon travail ▸ **to be bored stiff** *inf* or **to tears**, *inf* or **to death** *inf* s'ennuyer ferme or à mourir.

boredom ['bɔ:dəm] n ennui *m* / *her boredom with city life* l'ennui que lui inspirait la vie citadine.

borehole ['bɔːhəʊl] n trou *m* de sonde.

borer ['bɔːrəʳ] n **1.** [person] foreur *m*, perceur *m* ; TECH [for wood] vrille *f*, foret *m* ; [for metal] alésoir *m* ; [for mine, well] foret, sonde *f* **2.** [insect] insecte *m* térébrant.

boric ['bɔːrɪk] adj borique.

boride ['bɔːraɪd] n borure *m*.

boring ['bɔːrɪŋ] ◆ adj **1.** [tiresome] ennuyeux ; [uninteresting] sans intérêt / *the meeting was so boring* cette réunion était assommante / *the street was an endless succession of boring shops* la rue n'était qu'une longue succession de magasins sans intérêt **2.** TECH [for wood] ▸ **boring machine a)** perceuse *f* **b)** [for metal] alésoir *m*. ◆ n TECH [in wood] perforation *f*, forage *m* ; [in metal] alésage *m* ; [in ground] forage *m*, sondage *m*.

boringly ['bɔːrɪŋlɪ] adv d'une manière ennuyeuse.

born [bɔːn] adj **1.** *lit* né ▸ **to be born** naître / *she was born blind* elle est née aveugle / *the town where I was born* la ville où je suis né, ma ville natale / *Victor Hugo was born in 1802* Victor Hugo est né en 1802 / *two children were born to her* elle a mis au monde deux enfants / *born of an American father* né d'un père américain / *a child born into this world* un enfant qui vient au monde ▸ **born and bred** né et élevé / *she was born and bred in Boston* c'est une Bostonienne de souche / *they were born to riches* ils sont nés riches / *she was born Elizabeth Hughes, but writes under the name E.R. Johnson* elle est née Elisabeth Hughes mais écrit sous le nom de E.R. Johnson ; *fig* : *the place where communism was born* le lieu où est né le communisme / *anger born of frustration* une colère née de or due à la frustration ▸ **in all my born days** *inf* de toute ma vie ▸ **I wasn't born yesterday!** *inf* je ne suis pas né d'hier or de la dernière pluie ! / *she was born with a silver spoon in her mouth* elle est née avec une cuillère en argent dans la bouche / *she was born lucky* elle est née coiffée, elle est née sous une bonne étoile ▸ **there's one born every minute!** *inf* il y en a toujours un qui tombe dans le panneau ! **2.** [as intensifier] : *he's a born musician* c'est un musicien-né / *you're a born fool* tu es un parfait idiot / *she's a born worrier* elle s'inquiète à tout propos / *he's a born loser* il est né sous une mauvaise étoile.

-born in comp originaire de / *he's New York-born* il est né à New York, il est originaire de New York / *she's English-born* elle est d'origine anglaise.

born-again adj RELIG & *fig* rené ▸ **born-again Christian** évangéliste *mf*.

borne [bɔːn] pp ⟶ **bear**.

-borne in comp transporté par ▸ **water-borne organisms** organismes *mpl* véhiculés par l'eau.

Bornean ['bɔːnɪən] ◆ n *habitant de Bornéo.* ◆ adj de Bornéo.

Borneo ['bɔːnɪəʊ] pr n Bornéo / *in Borneo* à Bornéo.

Borodin ['bɒrədɪn] pr n Borodine.

boron ['bɔːrɒn] n bore *m*.

borough ['bɜːrəʊ] n **1.** [British town] *ville représentée à la Chambre des communes par un ou plusieurs députés* **2.** [in London] *une des 32 subdivisions administratives de Londres* **3.** [in New York] *une des 5 subdivisions administratives de New York.*

borough council n *conseil municipal d'un «borough».*

borrow ['bɒrəʊ] vt **1.** [gen & FIN] emprunter ▸ **to borrow sthg from sb** emprunter qqch à qqn / *she borrowed money from him* elle lui a emprunté de l'argent / *an artist who borrows his ideas from nature* un artiste qui trouve ses idées dans la nature / *we often borrow books from the library* nous empruntons souvent des livres à la bibliothèque / *a word borrowed from Russian* un mot emprunté du russe ▸ **to live on borrowed time** avoir peu de temps à vivre **2.** UK MATH [in subtraction] : *I borrow one* je retiens un.

borrower ['bɒrəʊəʳ] n emprunteur *m*, -euse *f* ▸ **neither a borrower nor a lender be** *prov* il ne faut ni emprunter ni prêter d'argent.

borrowing ['bɒrəʊɪŋ] n FIN & LING emprunt *m* ▸ **the borrowing rate** le taux d'intérêt des emprunts.

borsch [bɔːʃ], **borscht** [bɔːʃt] n bortsch *m*, borchtch *m*.

borstal ['bɔːstl] n UK *ancien nom d'une institution pour jeunes délinquants, aujourd'hui appelée «young offenders' institution».*

borzoi ['bɔːzɔɪ] n (lévrier *m*) barzoï *m*.

Bosch [bɒʃ] pr n ▸ **Hieronymus Bosch** Jérôme Bosch.

bosh [bɒʃ] n *(U)* UK *inf* bêtises *fpl*, âneries *fpl*.

bosk [bɒsk] n *liter* [wooded area] bosquet *m* ; [thicket] fourré *m*.

Bosnia ['bɒznɪə] pr n Bosnie *f* / *in Bosnia* en Bosnie.

Bosnia-Herzegovina [-ˌheətsəgə'viːnə] pr n Bosnie-Herzégovine *f*.

Bosnian ['bɒznɪən] ◆ n Bosnien *m*, -enne *f*, Bosniaque *mf*. ◆ adj bosnien, bosniaque.

bosom ['bʊzəm] n **1.** [of person] poitrine *f* ; [of woman] seins *mpl* ; *fig* & *liter* : *she took the child to her bosom* elle prit l'enfant sous son aile / *he harboured in his bosom feelings of deep insecurity* il nourrissait en son sein un sentiment de profonde insécurité ▸ **bosom buddy** meilleur pote *m* ▸ **a bosom friend** un ami intime **2.** [of dress] corsage *m* **3.** *fig* [centre] sein *m*, fond *m* / *in the bosom of his family* au sein de sa famille.

-bosomed ['bʊzəmd] in comp ▸ **big / small-bosomed** qui a des gros / petits seins.

bosomy ['bʊzəmɪ] adj *inf* [woman] qui a une forte poitrine.

Bosporus ['bɒspərəs], **Bosphorus** ['bɒsfərəs] pr n Bosphore *m* / *in the Bosporus* dans le Bosphore.

bosquet ['bɒskɪt] n fourré *m*.

boss [bɒs] ◆ n **1.** *inf* [person in charge] patron *m*, -onne *f*, chef *m* / *who's the boss around here?* qui est-ce qui commande ici ? / *I'll show you who's boss!* je vais te montrer qui est le chef ! / *she's the boss* c'est elle qui porte la culotte / *he enjoys being his own boss* il aime être son propre patron **2.** *inf* [of gang] caïd *m* ; US [politician] manitou *m* (du parti) **3.** [knob] bossage *m* ; [on shield] ombon *m* **4.** ARCHIT bossage *m* **5.** BIOL bosse *f* **6.** TECH mamelon *m*, bossage *m* ; [of propeller] moyeu *m*. ◆ vt *inf* [person] commander, donner des ordres à ; [organization] diriger, faire marcher. ◆ adj US *inf & dated* excellent, formidable / *the party was boss!* la soirée était sensass !

❖ **boss about** UK, **boss around** vt sep *inf* mener à la baguette / *stop bossing me around!* j'en ai assez que vous me donniez des ordres !

boss-eyed adj UK *inf* qui louche / *she is boss-eyed* elle louche.

bossily ['bɒsɪlɪ] adv *inf* d'une manière autoritaire.

bossiness ['bɒsɪnɪs] n *inf* comportement *m* autoritaire.

bossy ['bɒsɪ] (*compar* **bossier**, *superl* **bossiest**) adj *inf* autoritaire, dictatorial / *he's too bossy* il veut mener tout le monde à la baguette.

bossy-boots n *inf* : *he / she's a real bossy-boots* il / elle adore donner des ordres / *don't be such a bossy-boots!* arrête de jouer les petits chefs !

Boston ['bɒstn] pr n Boston ▸ **the Boston Globe** US PRESS *quotidien américain de qualité diffusé à Boston et en Nouvelle-Angleterre* ▸ **the Boston Massacre** le massacre de Boston.

❖ **boston** n **1.** [card game] boston *m* **2.** [dance] ▸ **to do the boston (two-step)** danser le boston, bostonner.

Bostonian [bɒ'stəʊnjən] ◆ n Bostonien *m*, -enne *f*. ◆ adj bostonien.

Boston Tea Party pr n ▸ **the Boston Tea Party** la «Boston Tea Party».

 **Boston Tea Party**

Insurrection menée en 1773 par les Bostoniens, qui jetèrent à la mer des cargaisons de thé pour protester contre les droits de douane imposés par l'Angleterre. Cette Tea Party fut suivie d'actes de résistance semblables dans d'autres colonies. Elle durcit les fronts entre **Loyalists** et **Patriots**.

bosun ['bəʊsn] n = **boatswain**.

Bosworth Field ['bɒzwɜːθ-] pr n ▸ **the Battle of Bosworth Field** *bataille finale de la guerre des Deux-Roses.*

bot [bɒt] n COMPUT bot *m* informatique, robogiciel *m*.

BOT n abbr of **Board of Trade**.

botanic(al) [bə'tænɪk(l)] adj botanique ▸ **botanical garden** jardin *m* botanique.

botanist ['bɒtənɪst] n botaniste *mf*.

botanize, **botanise** ['bɒtənaɪz] vi herboriser.

botany ['bɒtənɪ] n botanique *f*.

botany wool n laine *f* mérinos.

botch [bɒtʃ] *inf* ◆ vt [spoil] saboter, bâcler ; [repair clumsily] rafistoler ▸ **to make a botched job of sthg** UK bousiller qqch. ◆ n : *those workmen made a real botch* or *botch-up of the job* ces ouvriers ont fait un travail de cochon or ont tout salopé.

botchy [ˌbɒtʃɪ] (*compar* **botchier**, *superl* **botchiest**) adj *inf* bâclé.

both [bəʊθ] ◆ predet les deux, l'un or l'une et l'autre / *both dresses are pretty* les deux robes sont jolies / *on both sides of the road* des deux côtés de la route / *hold it in both hands* tenez-le à or des deux mains ▸ **you can't have it both ways!** il faut te décider ! ◆ pron tous (les) deux *mpl*, toutes (les) deux *fpl* / *both (of them) are coming* ils viennent tous les deux / *both are to blame* c'est leur faute à tous les deux / *why not do both?* pourquoi ne pas faire les deux ? / *from both of us* de notre part à tous les deux / *we both said yes* nous avons dit oui tous les deux / *you're both alike* vous êtes pareils tous les deux / *both you and I like to travel* nous aimons tous les deux voyager / *Claire and I both went* Claire et moi y sommes allés tous les deux.

❖ **both... and** conj phr : *her job is both interesting and well-paid* son travail est à la fois intéressant et bien payé / *I both read and write Spanish* je sais lire et écrire l'espagnol / *both the rich and the poor voted for him* les riches et les pauvres ont voté pour lui.

bother ['bɒðəʳ] ◆ vi prendre la peine / *don't bother to answer the phone* ce n'est pas la peine de répondre au téléphone / *please don't bother getting up!* ne vous donnez pas la peine de vous lever ! / *don't bother about me* ne vous en faites pas or ne vous inquiétez pas pour moi / *let's not bother with the housework* laissons tomber le ménage. ◆ vt **1.** [irritate] ennuyer, embêter ; [pester] harceler ; [disturb] déranger / *I'm sorry to bother you* excusez-moi de vous déranger / *would it bother you if I opened the window?* cela vous dérange or ennuie si j'ouvre la fenêtre ? / *don't bother him when he's resting* laisse-le tranquille quand il se repose **2.** [worry] tracasser / *don't bother yourself* or *your head about it* ne vous tracassez pas à ce sujet / *it doesn't bother me whether they come or not* cela m'est bien égal qu'ils viennent ou pas **3.** [hurt] faire souffrir / *his leg is bothering him again* sa jambe le fait de nouveau souffrir. ◆ n **1.** [trouble] ennui *m* ▸ **to be in** or **to have a spot of bother (with sb)** UK avoir des ennuis (avec qqn) / *I hear there was a bit of bother down at the pub last night* il paraît qu'il y a eu du grabuge hier soir au pub / *he doesn't give her any bother* il ne la dérange pas / *the trip isn't worth the bother* le voyage ne vaut pas la peine / *I didn't go to the bother of cooking a meal* je n'ai pas pris la peine de cuisiner un repas / *thanks for babysitting — it's no bother!* merci pour le babysitting — de rien ! **2.** [nuisance] ennui *m* / *homework is such a bother!* quelle corvée, les devoirs ! / *sorry to be a bother* excusez-moi de vous déranger. ◆ interj UK *inf* flûte, mince / *bother the lot of them!* qu'ils aillent au diable !, qu'ils aillent se faire pendre ailleurs !

botheration [ˌbɒðə'reɪʃn] interj *inf & dated* flûte, mince.

bothered ['bɒðəd] adj ▸ **to be bothered about sb / sthg** s'inquiéter de qqn / qqch / *I can't be bothered to* *write letters tonight* je n'ai pas le courage d'écrire des lettres ce soir / *he can't be bothered to do his own laundry* il a la flemme de laver son linge lui-même / *are you going out tonight? — no, I can't be bothered* tu sors ce soir ? — non, j'ai pas le courage or j'ai la flemme / *I'm not bothered* ça m'est égal ▸ **am I bothered?** UK *inf* je m'en fous.

Bothnia ['bɒθnɪə] pr n ⟶ **gulf.**

bothy ['bɒθɪ] n Scot **1.** [mountain shelter] refuge *m (de montagne)* **2.** [farmworker's dwelling] *petite maison très rudimentaire pour les ouvriers agricoles.*

botnet ['bɒtnet] n COMPUT botnet *m*, réseau *m* de robots IRC.

Botox® ['bəʊtɒks] n *(U)* MED Botox *m*.

Botswana [bɒ'tswɑːnə] pr n Botswana *m* / *in Botswana* au Botswana.

bottle ['bɒtl] ◆ n **1.** [container, contents] bouteille *f* ; [of perfume] flacon *m* ; [of medicine] flacon *m*, fiole *f* ; [jar] bocal *m* ; [made of stone] cruche *f*, cruchon *m* / *a wine bottle* une bouteille à vin / *we ordered a bottle of wine* nous avons commandé une bouteille de vin / *he drank (straight) from the bottle* il a bu au goulot ; *fig* : *he was too fond of the bottle inf* il levait bien le coude, il aimait la bouteille ▸ **to hit the bottle** *inf* picoler dur ▸ **to take to the bottle** *inf* se mettre à picoler / *they're on the bottle inf* ils lèvent bien le coude / *to be off the bottle inf* s'abstenir or s'arrêter de boire **2.** [for baby] biberon *m* / *her baby is on the bottle* son bébé est nourri au biberon **3.** UK *inf* [nerve] : *he lost his bottle* il s'est dégonflé / *she's got a lot of bottle* elle a un sacré cran. ◆ vt [wine] mettre en bouteille ; [fruit] mettre en bocal or conserve, conserver.

❖ **bottle out** vi UK *v inf* se dégonfler.

❖ **bottle up** vt sep **1.** [emotions] refouler, ravaler **2.** [army] embouteiller, contenir.

bottle bank n *conteneur pour la collecte du verre usagé.*

bottlebrush ['bɒtlbrʌʃ] n rince-bouteilles *m inv*, goupillon *m*.

bottled ['bɒtld] adj en bouteille or bouteilles ▸ **bottled beer** bière *f* en bouteille or bouteilles ▸ **bottled gas** gaz *m* en bouteille or bouteilles.

bottle-fed adj élevé or allaité au biberon.

bottle-feed vt allaiter or nourrir au biberon.

bottle glass n verre *m* à bouteilles, verre *m* vert.

bottle green n vert *m* bouteille.

❖ **bottle-green** adj vert bouteille *(inv)*.

bottleneck ['bɒtlnek] ◆ n [in road] rétrécissement *m* de la chaussée, étranglement *m* ; [of traffic] embouteillage *m*, bouchon *m* ; [in industry] goulet *m* or goulot *m* d'étranglement. ◆ vt US : *strikes have bottlenecked production* les grèves ont ralenti la production.

bottle opener n ouvre-bouteilles *m inv*, décapsuleur *m*.

bottle party n UK *soirée où chacun des invités apporte à boire.*

bottle rack n casier *m* à bouteilles.

bottle tan n bronzage *m* artificiel.

bottle-warmer n chauffe-biberon *m*.

bottom ['bɒtəm] ◆ n **1.** [lowest part - of garment, heap] bas *m* ; [- of water] fond *m* ; [- of hill, stairs] bas *m*, pied *m* ; [- of outside of container] bas *m* ; [- of inside of container] fond *m* ; [- of chair] siège *m*, fond *m* ; [- of ship] carène *f* / *at the bottom of the staircase* au pied or bas de l'escalier / *at the bottom of page one* au bas de la or en bas de page un / *the ship sunk to the bottom* le navire a coulé / *the ship touched (the) bottom* le navire a touché le fond ; *fig* : *I believe, at the bottom of my heart, that...* je crois, au fond de moi-même, que... / *he thanked them from the bottom of his heart* il les a remerciés du fond du cœur / *my reasoning knocked the bottom out of his argument* mon raisonnement a démoli son argument / *the bottom fell out of the grain market* FIN le marché des grains s'est effondré / *the bottom dropped out of her world when he died* lorsqu'il est mort, pour elle le monde s'est effondré ▸ **bottoms up!** *inf* cul sec ! **2.** [last place] : *he's (at the) bottom of his class* il est le dernier de sa classe / *you're at the bottom of the list* vous êtes en queue de liste / *you have to start at the bottom and work your way up* vous devez commencer au plus bas et monter dans la hiérarchie à la force du poignet **3.** [far end] fond *m*, bas *m* / *at the bottom of the street / garden* au bout de la rue / du jardin **4.** *fig* [origin, source] base *f*, origine *f* / *I'm sure she's at the bottom of all this* je suis sûr que c'est elle qui est à l'origine de cette histoire / *I intend to get to the bottom of this affair* j'entends aller au fin fond de cette affaire or découvrir le pot aux roses **5.** [buttocks] derrière *m*, fesses *fpl* **6.** [of two-piece garment] bas *m* ▸ **pyjama bottoms** bas de pyjama ▸ **bikini bottom** bas de maillot de bain **7.** *inf* [passive sexual partner] partenaire *m* passif. ◆ adj **1.** [gen] : *the bottom half of the chart* la partie inférieure du tableau / *the bottom half of the class / list* la deuxième moitié de la classe / liste / *the bottom floor* le rez-de-chaussée / *the bottom stair* **a)** [going up] la marche du bas, la première marche **b)** [going down] la dernière marche / *the bottom end of the table* le bas de la table ▸ **bottom gear** UK AUTO première *f* (vitesse *f*) ▸ **bottom land** or **lands** US terre *f* or plaine *f* alluviale ▸ **bottom round** US CULIN gîte *m* à la noix **2.** *inf* [sexually passive] passif. ◆ vi [ship] toucher le fond.

❖ **at bottom** adv phr au fond / *at bottom, their motives are purely mercenary* au fond, leurs intentions sont purement intéressées.

❖ **bottom out** vi [prices] atteindre son niveau plancher ; [recession] atteindre son plus bas niveau.

Bottom ['bɒtəm] pr n THEAT *personnage comique transformé en âne dans « le Songe d'une nuit d'été » de Shakespeare.*

bottom drawer n UK : *she's collecting things for her bottom drawer* elle réunit des choses pour son trousseau.

bottomless ['bɒtəmlɪs] adj sans fond, insondable ; [unlimited - funds, supply] inépuisable.

bottom line n FIN résultat *m* net ; *fig* ▸ **the bottom line** le fond du problème.

bottommost ['bɒtəmməʊst] adj le plus bas.

bottom-of-the-range adj bas de gamme.

bottom-up adj [design, approach, democracy] ascendant.

botulism ['bɒtjʊlɪzm] n botulisme *m*.

Boudicca [buː'dɪkə] pr n = **Boadicea.**

boudoir ['buːdwɑː'] n boudoir *m*.

boudoir biscuit n CULIN boudoir *m*.

bouffant ['buːfɔːŋ] adj [hairstyle] gonflant ; [sleeve] bouffant.

bougainvill(a)ea [,buːgən'vɪlɪə] n bougainvillée *f*, bougainvillier *m*.

Bougainville ['buːgənvɪl] pr n Bougainville.

bough [baʊ] n *liter* branche *f*.

bought [bɔːt] pt & pp ⟶ **buy.**

bouillon cube ['buːjɒn] n cube *m* de bouillon, bouillon cube *m*.

boulder ['bəʊldə'] n rocher *m* ; [smaller] gros galet *m*.

boulder clay n argile *f* à blocaux.

boulevard ['buːləvɑːd] n boulevard *m*.

bounce [baʊns] ◆ n **1.** [rebound] bond *m*, rebond *m* / *he caught the ball on the bounce* il a pris la balle au bond **2.** [spring] : *there isn't much bounce in this ball* cette balle ne rebondit pas beaucoup / *I'd like to put some bounce in my hair* je voudrais donner du volume à mes cheveux / *he's still full of bounce at seventy* à soixante-dix ans il est encore plein d'énergie **3.** US *inf* [dismissal] ▸ **to give sb the bounce** virer qqn / *he got the bounce* il s'est fait virer. ◆ vi **1.** [object] rebondir / *the ball bounced down the steps* la balle a rebondi de marche en marche / *the knapsack bounced up and down on his back* le sac à dos tressautait sur ses épaules / *the bicycle bounced along the bumpy path* le vélo faisait des bonds sur le chemin cahoteux **2.** [person] bondir, sauter / *we bounced up and down on the bed* nous faisions des bonds sur le lit / *she came bouncing into / out of the room* elle est entrée dans / sortie de la pièce d'un bond **3.** *inf* [cheque] être refusé pour non-provision / *I hope this cheque doesn't bounce* j'espère que ce chèque n'est pas sans provision **4.** [e-mail] ne pas être livré. ◆ vt **1.** [cause to spring] faire rebondir / *she bounced the ball against* or *off the wall* elle fit rebondir la balle sur le mur / *he bounced the baby on his knee* il a fait sauter l'enfant sur son genou / *signals are bounced off a satellite* les signaux sont renvoyés or retransmis par satellite / *they bounced ideas off each other* leur échange de vues créait une émulation réciproque **2.** *inf* [cheque] : *the bank bounced my cheque* la banque a refusé mon chèque **3.** *inf* [throw out] flanquer à la porte, vider.

❖ **bounce back** vi [after illness] se remettre rapidement / *she bounced right back after her illness* elle s'est vite rétablie après sa maladie.

bounce message n [for e-mail] rapport *m* de non livraison.

bouncer ['baʊnsə'] n *inf* videur *m*.

bouncing ['baʊnsɪŋ] adj **1.** [healthy] qui respire la santé ▸ **a bouncing baby** un bébé en pleine santé **2.** [ball] qui rebondit.

bouncy ['baʊnsɪ] (*compar* **bouncier**, *superl* **bounciest**) adj **1.** [ball, bed] élastique ; [hair] souple, qui a du volume **2.** [person] plein d'entrain, dynamique.

bouncy castle n château *m* gonflable.

bound [baʊnd] ◆ pt & pp ⟶ **bind.** ◆ adj **1.** [certain] sûr, certain / *it was bound to happen* c'était à prévoir / *but he's bound to say that* mais il est certain que c'est cela qu'il va dire / *he's bound to apologize* il ne va pas manquer de s'excuser / *she's up to no good, I'll be bound* je parie qu'elle ne mijote rien de bon **2.** [compelled] obligé / *they are bound by the treaty to take action* l'accord les oblige à prendre des mesures / *the teacher felt bound to report them* l'enseignant s'est cru obligé de les dénoncer / *I'm bound to say I disagree* je dois dire que je ne suis pas d'accord **3.** [connected] ▸ **bound up** lié / *his frustration is bound up with his work* sa frustration est directement liée à son travail **4.** [heading towards] ▸ **bound for a)** [person] en route pour **b)** [shipment, cargo, etc.] à destination de **c)** [train] à destination or en direction de ▸ **to be homeward bound** être sur le chemin du retour / *where are you bound (for)?* vous allez dans quelle direction ? / *I'm bound for Chicago* je suis en route pour Chicago / *all shipments bound for Madrid* toutes cargaisons à destination de Madrid / *the train is bound for Rome* le train est à destination or en direction de Rome / *on a plane bound for Tokyo* dans un avion à destination de or en route pour Tokyo **5.** [tied] lié ; LING lié ▸ **bound hand and foot** pieds et poings liés **6.** [book] relié / *bound in boards* cartonné. ◆ n **1.** [leap] saut *m*, bond *m* / *in a single bound* d'un seul bond or saut **2.** MATH ▸ **lower bound** minorant *m* ▸ **upper bound** majorant *m*. ◆ vi [person] sauter, bondir ; [animal] faire un bond or des bonds, bondir / *the children bounded into / out of the classroom* les enfants sont entrés dans / sortis de la salle de classe en faisant des bonds / *the dog bounded down the hill* le chien dévala la colline en bondissant. ◆ vt borner, limiter / *a country bounded on two sides by the sea* un pays limité par la mer de deux côtés.

❖ **bounds** pl n limite *f*, borne *f* / *the situation has gone beyond the bounds of all reason* la situation est devenue complètement aberrante or insensée / *her rage knew no bounds* sa colère était sans bornes / *within the bounds of possibility* dans la limite du possible / *to keep within bounds fig* rester dans la juste mesure, pratiquer la modération ▸ **out of bounds a)** [gen] dont l'accès est interdit **b)** SPORT hors du jeu / *the castle gardens are out of bounds to visitors* les jardins du château sont interdits au public.

-bound in comp **1.** [restricted] confiné ▸ **house-bound** confiné à la maison ▸ **snow-bound road** route *f* complètement enneigée ▸ **fog-bound ship** navire *m* bloqué par le brouillard **2.** [heading towards] : *a south-bound train* un train en partance pour le Sud / *city-bound traffic* circulation *f* en direction du centre-ville.

boundary [ˈbaʊndərɪ] (*pl* **boundaries**) n limite *f*, frontière *f* ▸ **boundary (line) a)** ligne *f* frontière **b)** SPORT limites *fpl* du terrain **c)** [in basketball] ligne *f* de touche ▸ **to hit** or **to score a boundary** [in cricket] envoyer la balle jusqu'aux limites du terrain.

Boundary Commission pr n commission *f* de délimitation des frontières *(en Grande-Bretagne).*

boundary stone n borne *f*, pierre *f* de bornage.

bounden [ˈbaʊndən] adj *fml* ▸ **bounden duty** devoir *m* impérieux.

bounder [ˈbaʊndəʳ] n UK *inf & dated* goujat *m*, malotru *m*.

boundless [ˈbaʊndlɪs] adj [energy, wealth] illimité ; [ambition, gratitude] sans bornes ; [space] infini.

bounteous [ˈbaʊntɪəs], **bountiful** [ˈbaʊntɪfʊl] adj *liter* [person] généreux, libéral ; [supply] abondant ; [rain] bienfaisant.

bounty [ˈbaʊntɪ] (*pl* **bounties**) n **1.** *liter* [generosity] munificence *f* **2.** [gift] don *m* **3.** [reward] prime *f*.

bounty hunter n chasseur *m* de primes.

bouquet [bʊˈkeɪ] n bouquet *m* ▸ **to throw bouquets at sb** *fig* jeter des fleurs à qqn.

bouquet garni [-ɡɑːˈniː] n bouquet *m* garni.

bourbon [ˈbɜːbən] n [whisky] bourbon *m*.

Bourbon [ˈbʊəbən] ◆ adj Bourbon. ◆ n Bourbon *mf*.

bourbon biscuit [ˈbʊəbən-] n UK *biscuit au chocolat fourré de crème au chocolat.*

bourgeois [ˈbɔːʒwɑː] ◆ n bourgeois *m*, -e *f*. ◆ adj bourgeois.

bourgeoisie [ˌbɔːʒwɑːˈziː] n bourgeoisie *f*.

bourn [bɔːn] n UK *regional* ruisseau *m*.

bout [baʊt] n **1.** [period] période *f* / *a bout of drinking* une soûlerie, une beuverie **2.** [of illness] attaque *f* ; [of fever] accès *m* ; [of rheumatism] crise *f* / *a bout of bronchitis* une bronchite / *a bout of flu* une grippe / *she's prone to frequent bouts of illness* elle est souvent malade **3.** [boxing, wrestling] combat *m* ; [fencing] assaut *m*.

boutique [buːˈtiːk] n [shop] boutique *f* ; [in department store] rayon *m*.

bouzouki [bʊˈzuːkɪ] n bouzouki *m*.

bovid [ˈbəʊvɪd] n bovidé *m*.

bovine [ˈbəʊvaɪn] ◆ adj *lit & fig* bovin. ◆ n bovin *m*.

Bovril® [ˈbɒvrɪl] n *préparation à base de suc de viande utilisée comme boisson ou comme condiment.*

bovver [ˈbɒvəʳ] n *(U)* UK *inf & dated* [fighting] bagarre *f*.

bovver boots pl n UK *inf & dated* brodequins *mpl*, rangers *mpl*.

bovver boy n UK *inf & dated* loubard *m*.

bow¹ [baʊ] ◆ vi **1.** [in greeting] incliner la tête, saluer / *I bowed to him* je l'ai salué de la tête ▸ **to bow and scrape** : *he refuses to bow and scrape to anyone* il refuse de faire des courbettes or des salamalecs à qui que ce soit **2.** [bend] se courber ; [under load] ployer **3.** *fig* [yield] s'incliner / *to bow to the inevitable* s'incliner devant l'inévitable / *the government is bowing under* or *to pressure from the unions* l'administration s'incline sous la pression des syndicats / *I'll bow to your greater knowledge* je m'incline devant tant de savoir or de science. ◆ vt [bend] incliner, courber ; [knee] fléchir ; [head -in shame] baisser ; [-in prayer] incliner ; [-in contemplation] pencher. ◆ n **1.** [gen] salut *m* / *he made her a deep* or *low bow* il l'a saluée profondément or bien bas ▸ **to take a bow** saluer **2.** [of ship] avant *m*, proue *f* / *on the port / starboard bow* par bâbord / tribord avant **3.** [oarsman] nageur *m* de l'avant.

❖ **bow down** ◆ vi s'incliner / *he bowed down to her* il s'est incliné devant elle. ◆ vt sep faire plier ; *fig* écraser, briser.

❖ **bow out** vi *fig* tirer sa révérence.

bow² [bəʊ] ◆ n **1.** [curve] arc *m* **2.** [for arrows] arc *m* / *he drew the bow* il a tiré à l'arc **3.** MUS [stick] archet *m* ; [stroke] coup *m* d'archet **4.** [in ribbon] nœud *m*, boucle *f* / *tie it in a bow* faites un nœud. ◆ vi MUS manier l'archet.

Bow Bells [bəʊ-] pl pr n *cloches de l'église St. Mary-le-Bow à Londres.*

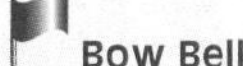

Bow Bells

Selon la tradition, un « vrai Londonien » (un **cockney**) se doit d'être né dans le périmètre couvert par le son des cloches de l'église **St. Mary-le-Bow.**

bowdlerize, **bowdlerise** [ˈbaʊdləraɪz] vt expurger.

bowed [baʊd] adj [back] courbé ; [head] baissé.

bowel [ˈbaʊəl] n *(usu pl)* **1.** ANAT [human] intestin *m*, intestins *mpl* ; [animal] boyau *m*, boyaux *mpl*, intestins *mpl* ▸ **bowel cancer** cancer *m* du côlon / *a bowel disorder* troubles *mpl* intestinaux **2.** *fig* : *the bowels of the earth* les entrailles *fpl* de la terre.

bowel movement n selles *fpl* / *to have a bowel movement* aller à la selle.

bower [ˈbaʊəʳ] n **1.** [arbour] berceau *m* de verdure, charmille *f* **2.** *liter* [cottage] chaumière *f* ; [boudoir] boudoir *m*.

bowerbird [ˈbaʊəbɜːd] n ORNITH oiseau *m* à berceau.

Bowery [ˈbaʊərɪ] pr n ▸ **the Bowery a)** [gen] les bas-fonds *mpl* **b)** [in New York] *ancien quartier pauvre de New York, dans le Lower East Side aujourd'hui en pleine mutation.*

bowfronted [ˌbəʊˈfrʌntɪd] adj [piece of furniture] pansu ; ARCHIT [house] à la façade arrondie.

Bow Group [bəʊ-] pr n ▸ **the Bow Group** *société influente de jeunes conservateurs britanniques.*

bowie knife [ˈbəʊɪ-] n couteau *m* de chasse.

bowing¹ [ˈbaʊɪŋ] n *(U)* [greeting] saluts *mpl* ▸ **bowing and scraping** salamalecs *mpl*, courbettes *fpl*.

bowing² [ˈbəʊɪŋ] n MUS technique *f* d'archet / *his bowing is perfect* il a un coup d'archet parfait.

bowl [bəʊl] ◆ n **1.** [receptacle] bol *m* ; [larger] bassin *m*, cuvette *f* ; [shallow] jatte *f* ; [made of glass] coupe *f* ; [for washing-up] cuvette *f* ; [of beggar] sébile *f* / *a bowl of rice* un bol de riz ; [contents] bol *m* / *the cat drank a bowl of milk* le chat a bu tout un bol de lait **2.** [rounded part -of spoon] creux *m* ; [-of pipe] fourneau *m* ; [-of wine glass] coupe *f* ; [-of sink, toilet] cuvette *f* **3.** GEOG bassin *m*, cuvette *f* **4.** US SPORT [arena] amphithéâtre *m* ; [championship] championnat *m*, coupe *f* ; [trophy] coupe *f* **5.** [ball] boule *f* ▸ **(game of) bowls** UK (jeu *m* de) boules *fpl* / *let's play (a game of) bowls!* et si on jouait aux boules ! ◆ vi **1.** [play bowls] jouer aux boules ; [play tenpin bowling] jouer au bowling ; [in cricket] lancer (la balle) / *he bowls for England* **a)** [cricket] il sert pour l'Angleterre **b)** [bowls] il joue pour l'Angleterre **2.** [move quickly] filer, aller bon train / *the kids came bowling down the street* les enfants descendaient la rue à toute allure / *the bus bowled along the country lanes* l'autocar roulait à toute vitesse sur les petites routes de campagne. ◆ vt **1.** [ball, bowl] lancer, faire rouler ; [hoop] faire rouler **2.** SPORT [score] : *I bowled 160* j'ai marqué 160 points ; [in cricket] ▸ **to bowl the ball** servir / *he bowled (out) the batsman* il a mis le batteur hors jeu.

❖ **bowl down** vt sep *inf* renverser.

❖ **bowl out** vt sep [in cricket] mettre hors jeu.

❖ **bowl over** vt sep **1.** [knock down] renverser, faire tomber **2.** *inf & fig* [amaze] stupéfier, sidérer / *I was bowled over by the news* la nouvelle m'a abasourdi / *our success really bowled them over* notre réussite les a renversés / *he bowled me over with his charm* j'ai été totalement séduit par son charme.

bow-legged [bəʊ-] adj à jambes arquées.

bow legs [bəʊ-] pl n jambes *fpl* arquées.

bowler [ˈbəʊləʳ] n **1.** SPORT [in bowls] joueur *m*, -euse *f* de boules or pétanque, bouliste *mf* ; [in tenpin bowling] joueur *m*, -euse *f* de bowling ; [in cricket] lanceur *m*, -euse *f* **2.** = **bowler hat.**

bowler hat n UK (chapeau *m*) melon *m*.

bowlful [ˈbəʊlfʊl] n bol *m* / *a bowlful of water* une cuvette d'eau.

bowline [ˈbəʊlɪn] n [rope] bouline *f* ; [knot] nœud *m* de chaise.

bowling [ˈbəʊlɪŋ] n [bowls] jeu *m* de boules, pétanque *f* ; [tenpin] bowling *m* ; [in cricket] service *m* ▸ **to go bowling a)** [bowls] (aller) jouer à la pétanque **b)** [tenpin bowling] (aller) faire du bowling.

bowling alley n bowling *m*.

bowling ball n boule *f* de bowling.

bowling green n terrain *m* de boules *(sur gazon).*

bowman¹ [ˈbəʊmən] (*pl* **bowmen** [-mən]) n *liter* [archer] archer *m*.

bowman² [ˈbaʊmən] (*pl* **bowmen** [-mən]) n NAUT nageur *m* de l'avant.

bow-saw [bəʊ-] n archet *m (scie).*

bowsprit [ˈbəʊsprɪt] n beaupré *m*.

Bow Street runner n UK HIST *membre de la première police londonienne, créée en 1748.*

bowstring [ˈbəʊstrɪŋ] n corde *f*.

bow tie [bəʊ-] n nœud *m* papillon.

bow window [bəʊ-] n UK fenêtre *f* en saillie, oriel *m*, bow-window *m*.

bow-wow [ˌbaʊˈwaʊ] ◆ n *baby talk* [dog] toutou *m*. ◆ onomat ouâ ouâ.

box [bɒks] (*pl* **boxes**) ◆ n **1.** [container, contents] boîte *f* ; [with lock] coffret *m* ; [cardboard box] carton *m* ; [crate] caisse *f* ; [for money] caisse *f* ; [collecting box] tronc *m* / *box of chocolates* boîte *f* de chocolats / *how can people live in these little boxes?* *fig* comment les gens font-ils pour vivre dans ces trous de souris ? ▸ **to think outside the box** réfléchir de façon créative ▸ **the whole box and dice** US *inf* tout le tintouin **2.** [compartment] compartiment *m* ; THEAT loge *f*, baignoire *f* ; LAW [for jury, reporters] banc *m* ; [for witness] barre *f* ; [in stable] box *m* ; [of coachman] siège *m* (de cocher) ▸ **the Royal box** *loge réservée aux membres de la famille royale* **3.** [designated area -on form] case *f* ; [-in newspaper] encadré *m* ; [-on road, sportsfield] zone *f* quadrillée **4.** AUTO & TECH [casing] boîte *f*, carter *m* **5.** *inf* [television] télé *f* / *what's on the box?* qu'y a-t-il à la télé ? **6.** [postal address] boîte *f* postale **7.** [blow] ▸ **a box on the ears** une gifle, une claque **8.** SPORT [protector] coquille *f* **9.** BOT buis *m*. ◆ comp [border, hedge] de or en buis. ◆ vi [fight] faire de la boxe, boxer ▸ **to box clever** *fig* ruser. ◆ vt **1.** [fight] boxer avec, boxer **2.** [put in box] mettre en boîte or caisse **3.** NAUT ▸ **to box the compass** réciter les aires du vent **4.** PHR ▸ **to box sb's ears** gifler qqn / *she boxed his ears* elle l'a giflé ▸ **to box and cox** UK *fig* assumer des responsabilités à tour de rôle.

❖ **box in** vt sep [enclose] enfermer, confiner ; [pipes] encastrer / *the car was boxed in between two vans* la voiture était coincée entre deux camionnettes / *to feel boxed in* se sentir à l'étroit / *don't box me in!* de l'air !

❖ **box off** vt sep compartimenter, cloisonner.

❖ **box up** vt sep mettre en boîte or caisse ; *fig* enfermer.

boxboard [ˈbɒksbɔːd] n carton *m* compact.

box calf n box *m*, box-calf *m*.

box camera n appareil *m* photographique rudimentaire.

boxcar [ˈbɒkskɑːʳ] n US wagon *m* de marchandises (couvert).

boxed [bɒkst] adj COMM en boîte ▸ **a boxed set** un coffret.

box end wrench n US clef *f* polygonale.

boxer [ˈbɒksəʳ] n [fighter] boxeur *m* ; [dog] boxer *m*.

boxer shorts pl n boxer-short *m*.

box file n boîte *f* archive.

box girder n poutre-caisson *f*.

boxing ['bɒksɪŋ] n boxe *f*.

Boxing Day n UK *le lendemain de Noël*.

boxing glove n gant *m* de boxe.

boxing ring n ring *m*.

box junction n UK carrefour *m (matérialisé sur la chaussée par des bandes croisées)*.

box kite n cerf-volant *m* cellulaire.

box number n [in newspaper] numéro *m* d'annonce ; [at post office] numéro *m* de boîte à lettres.

box office n [office] bureau *m* de location ; [window] guichet *m* (de location) / *the play was a big success at the box office* la pièce a fait recette.
✧ **box-office** comp : *to be a box-office success* être en tête du box-office.

box of tricks n sac *m* à malices.

box pleat n pli *m* creux.

box-pleated adj SEW à plis creux.

boxroom ['bɒksrʊm] n UK débarras *m*.

box spanner n clef *f* or clé *f* à douille.

box spring n sommier *m* à ressorts.

box stall n US box *m*.

boxwood ['bɒkswʊd] n buis *m*.

boy [bɔɪ] ◆ n **1.** [male child] garçon *m*, enfant *m* / *a little boy* un petit garçon, un garçonnet / *when I was a boy* quand j'étais petit or jeune / *be a good boy!* sois sage ! / *you bad boy!* vilain ! / *an Italian boy* un petit or jeune Italien / *the Smiths' boy* le petit Smith / *sit down, my boy* assieds-toi, mon petit or mon grand / *I've known them since they were boys* je les connais depuis leur enfance or depuis qu'ils sont petits / *boys will be boys* un garçon, c'est un garçon / *he's just a boy when it comes to women fig* ce n'est encore qu'un gamin quand il s'agit des femmes ; [son] garçon *m*, fils *m* / *he's a mother's boy* c'est le petit garçon à sa maman **2.** UK SCH [student] élève *m* ▸ **day boy** externe *m* **3.** *inf* [term of address] : *that's my boy!* je te reconnais bien là ! / *my dear boy* mon cher ami / *how are you, old boy?* UK ça va mon vieux ? **4.** [male adult] : *he likes to think he's one of the boys* il aime à croire qu'il fait partie de la bande / *a local boy* un gars du coin / *come on, boys!* allons-y les gars ! / *a night out with the boys* une virée entre copains ▸ **the boys in blue** *inf* les flics *mpl* ▸ **the backroom boys** ceux qui restent dans les coulisses **5.** *offens* [native servant] boy *m* **6.** [used to address dog, horse, etc.] mon beau / *down, boy!* couché, mon beau ! ◆ interj *inf* ▸ **(oh) boy!** US dis donc !

boy band n boy's band *m*.

boycott ['bɔɪkɒt] ◆ n boycottage *m*, boycott *m*. ◆ vt boycotter.

boyfriend ['bɔɪfrend] n petit ami *m* / *boyfriend trouble* problèmes *mpl* de cœur.

boyhood ['bɔɪhʊd] n enfance *f*.

boyish ['bɔɪɪʃ] adj **1.** [youthful] d'enfant, de garçon ; [childish] enfantin, puéril **2.** [tomboyish -girl] garçonnier ; [-behaviour] garçonnier, de garçon.

boy-meets-girl adj : *a boy-meets-girl story* une histoire d'amour conventionnelle.

Boys' Brigade pr n *organisation protestante de scoutisme pour garçons*.

boy scout n scout *m*.

Boy's Own pr n *magazine d'aventures du début du XXe siècle, dont le nom évoque toute action digne d'un héros*.

boy wonder n petit génie *m*.

bozo ['bəʊzəʊ] n *inf & pej* type *m*.

Bp (written abbr of bishop) Mgr.

bpi (written abbr of bits per inch) bits par pouce.

bpm written abbr of beats per minute.

BPO n abbr of Base Post Office.

bps (written abbr of bits per second) bits par seconde.

Br 1. written abbr of British **2.** (written abbr of brother) [preceding name of monk] F.

BR (abbr of British Rail) pr n *ancienne société des chemins de fer britanniques*.

bra [brɑː] n soutien-gorge *m* ▸ **bra strap** bretelle *f* de soutien-gorge ▸ **half-cup bra** Balconnet® *m* ▸ **underwired bra** soutien-gorge avec armature.

Brabant [brə'bænt] pr n Brabant *m* / *in Brabant* dans le Brabant.

brace [breɪs] ◆ vt **1.** [strengthen] renforcer, consolider ; [support] soutenir ; CONSTR entretoiser ; [beam] armer ▸ **to brace a beam with sthg** armer une poutre de qqch **2.** [steady, prepare] : *he braced his body / himself for the impact* il raidit son corps / s'arc-bouta en préparation du choc / *he braced himself to try again* il a rassemblé ses forces pour une nouvelle tentative / *the family braced itself for the funeral* la famille s'est armée de courage pour les funérailles / *brace yourself for some bad news* préparez-vous à de mauvaises nouvelles **3.** [subj: weather] fortifier, tonifier. ◆ n **1.** [supporting or fastening device] attache *f*, agrafe *f* **2.** MED appareil *m* orthopédique ; [for teeth] appareil *m* dentaire or orthodontique **3.** CONSTR entretoise *f* **4.** TECH [drill] ▸ **brace (and bit)** vilebrequin *m* à main **5.** (*pl* brace) [of game birds, pistols] paire *f* **6.** MUS & TYPO [bracket] accolade *f*.
✧ **braces** pl n **1.** UK [for trousers] bretelles *fpl* **2.** MED [for teeth] appareil *m* dentaire or orthodontique.

bracelet ['breɪslɪt] n bracelet *m*.
✧ **bracelets** pl n *crime sl* [handcuffs] menottes *fpl*, bracelets *mpl crime sl*.

brace position n [for plane passengers] position *f* de sécurité.

bracer ['breɪsə^r^] n *inf* remontant *m*.

brachiosaurus [,breɪkɪə'sɔːrəs] (*pl* brachiosauruses or brachiosauri [-raɪ]) n brachiosaure *m*.

brachylogy [bræ'kɪlədʒɪ] (*pl* brachylogies) n brachylogie *f*.

bracing ['breɪsɪŋ] ◆ adj fortifiant, tonifiant / *a bracing wind* un vent vivifiant. ◆ n CONSTR entretoisement *m*.

bracken ['brækn] n *(U)* fougère *f*.

bracket ['brækɪt] ◆ n **1.** [L-shaped support] équerre *f*, support *m* ; [for shelf] équerre *f*, tasseau *m* ; [lamp fixture] fixation *f* ; ARCHIT console *f*, corbeau *m* **2.** [category] groupe *m*, classe *f* / *the 20-25 age bracket* le groupe des 20-25 ans / *the high / low income bracket* la tranche des gros / petits revenus / *my rise put me in the £20,000 a year bracket* mon augmentation de salaire m'a placé dans la tranche (de revenus) des 20 000 livres annuelles **3.** MATH & TYPO [parenthesis] parenthèse *f* ; [square] crochet *m* ▸ **in** or **between brackets** entre parenthèses ▸ **(brace) bracket** MUS & TYPO accolade *f*. ◆ vt **1.** [put in parentheses] mettre entre parenthèses ; [put in square brackets] mettre entre crochets **2.** [link by brackets] réunir par une accolade **3.** *fig* [categorize] associer, mettre dans la même catégorie / *he is often bracketed with the Surrealists* on le range souvent parmi les surréalistes / *why bracket together two such different companies?* pourquoi mettre deux entreprises aussi différentes dans la même catégorie ?

bracket fungus n polypore *m*.

bracketing ['brækɪtɪŋ] n **1.** [in parentheses] mise *f* entre parenthèses ; [in square brackets] mise *f* entre crochets **2.** [in a vertical list] réunion *f* par une accolade.

bracket light n applique *f*.

brackish ['brækɪʃ] adj saumâtre.

bract [brækt] n BOT bractée *f*.

brad [bræd] n semence *f*, clou *m* de tapissier.

bradawl ['brædɔːl] n poinçon *m*.

Brady Bunch ['breɪdɪ-] pr n ▸ **The Brady Bunch** *feuilleton télévisé américain des années 1960 et 1970 racontant la vie d'une famille idéale*.

brae [breɪ] n Scot [hillside] colline *f* ; [slope] pente *f*, côte *f*.

brag [bræg] (*pt & pp* bragged, *cont* bragging) ◆ vi se vanter ▸ **to brag about sthg** se vanter de qqch / *he's always bragging about his salary* il faut toujours qu'il se vante de son salaire / *it's nothing to brag about* il n'y a pas là de quoi se vanter / *I don't mean to brag* or *I'm not one to brag, but...* sans me vanter... ◆ n **1.** [boasting] vantardise *f*, fanfaronnades *fpl* **2.** [person] = braggart **3.** [card game] *jeu de cartes qui ressemble au poker*.

braggart ['brægət] n vantard *m*, -e *f*, fanfaron *m*, -onne *f*.

Brahma ['brɑːmə] pr n Brahma.

Brahman ['brɑːmən] n [person] brahmane *m*.

Brahmanism ['brɑːmənɪzm] n brahmanisme *m*.

Brahmaputra [,brɑːmə'puːtrə] pr n ▸ **the Brahmaputra** le Brahmapoutre.

Brahmin ['brɑːmɪn] (*pl* Brahmin or Brahmins) n **1.** = Brahman **2.** US *inf* intellectuel *m*, -elle *f* ▸ **she's a Boston Brahmin** elle est d'une vieille famille bostonienne.

Brahminism ['brɑːmɪnɪzm] = Brahmanism.

Brahms and Liszt [brɑːmzənlɪst] adj UK *inf* [drunk] rond comme un tonneau.

braid [breɪd] ◆ n **1.** [trimming] ganse *f*, soutache *f* ; [on uniform] galon *m* **2.** [of hair] tresse *f*, natte *f*. ◆ vt **1.** [plait] tresser, natter **2.** [decorate with] soutacher, galonner.

braided ['breɪdɪd] adj [clothing] passementé ; [hair] tressé.

braille, Braille [breɪl] ◆ adj braille. ◆ n braille *m*.

brailled [breɪld] adj [switches, instructions] en braille.

brain [breɪn] ◆ n **1.** ANAT cerveau *m* ; [mind] cerveau *m*, tête *f* ; CULIN cervelle **2.** *inf & fig* : *we're going to beat his brains out* on va lui casser la figure / *to blow one's brains out* se faire sauter la cervelle ▸ **to have sthg on the brain** : *you've got money on the brain* tu es obsédé par l'argent / *she's got it on the brain* elle ne pense qu'à ça **3.** [intelligence] intelligence *f* / *he's got brains* il est intelligent / *you need a good brain to solve this puzzle* il faut être intelligent pour résoudre ce problème ▸ **to pick sb's brains** : *can I pick your brains for a minute?* j'ai besoin de tes lumières ▸ **Brain of Britain** *jeu radiophonique britannique portant sur des questions de culture générale* **4.** *inf* [clever person] = brains. ◆ comp [damage, disease, surgery, tumour] cérébral ▸ **brain surgeon** chirurgien *m* du cerveau. ◆ vt *inf* [hit] assommer.
✧ **brains** n *inf* [clever person] cerveau *m* ▸ **the brains** le cerveau / *she's the brains of the family* c'est elle le cerveau de la famille.

cerveau or cervelle?

The anatomical term is **cerveau; cervelle** is used when brains are being referred to as a food item (**cervelle d'agneau**), or metaphorically to refer to the human mind (**se creuser la cervelle; il n'a rien dans la cervelle**).

brainbox ['breɪnbɒks] n *inf* [skull] crâne *m* ; [person] cerveau *m*.

brainchild ['breɪn,tʃaɪld] (*pl* brainchildren [-,tʃɪldrən]) n *inf* bébé *m* / *the scheme is his brainchild* le projet est son bébé.

brain dead adj dans un coma dépassé / *he's brain dead inf & pej* il n'a rien dans le cerveau.

brain death n mort *f* cérébrale.

brain drain n fuite *f* or exode *m* des cerveaux.

brainiac ['breɪnɪæk] n US *inf* intello *mf*.

brainless ['breɪnlɪs] adj [person] écervelé, stupide ; [idea] stupide.

brainpower ['breɪn,paʊə^r^] n intelligence *f*.

brainstem ['breɪnstem] n tronc *m* cérébral.

brainstorm ['breɪnstɔːm] ◆ n **1.** MED congestion *f* cérébrale **2.** UK *inf & fig* [mental aberration] idée *f* insensée or loufoque **3.** US *inf & fig* [brilliant idea] idée *f* géniale. ◆ vi faire du brainstorming. ◆ vt plancher sur.

brainstorming ['breɪn,stɔːmɪŋ] n brainstorming *m*, remue-méninges *m inv*.

brains trust n UK [panel of experts] groupe *m* d'experts.

brainteaser ['breɪn,tiːzər] n *inf* problème *m* difficile, colle *f*.

brain trust n US = **brains trust**.

brainwash ['breɪnwɒʃ] vt faire un lavage de cerveau à / *advertisements can brainwash people into believing anything* la publicité peut faire croire n'importe quoi aux gens.

brainwashing ['breɪnwɒʃɪŋ] n lavage *m* de cerveau.

brainwave ['breɪnweɪv] n **1.** MED onde *f* cérébrale **2.** *inf* [brilliant idea] inspiration *f*, idée *f* or trait *m* de génie / *I've had a brainwave!* j'ai eu un éclair de génie !

brainy ['breɪnɪ] (*compar* **brainier**, *superl* **brainiest**) adj *inf* intelligent, futé.

braise [breɪz] vt braiser.

braising beef ['breɪzɪŋ-] n bœuf *m* à braiser.

brake [breɪk] ◆ n **1.** [gen & AUTO] frein *m* ▸ **to put on** or **to apply the brakes** freiner / *release the brake* desserrez le frein ; *fig* : *bad weather has put a brake on construction work* le mauvais temps a mis un frein à la construction / *high interest rates acted as a brake on borrowing* des taux d'intérêt élevés ont freiné les emprunts **2.** [carriage] break *m* **3.** [bracken] fougère *f* ; [thicket] fourré *m*. ◆ comp [block, cable, drum, pedal] de frein. ◆ vi freiner, mettre le frein.

brake block n sabot *m* or patin *m* de frein.

brake drum n tambour *m* de frein.

brake fluid n liquide *m* de freins, Lockheed® *m*.

brake horsepower n puissance *f* au frein.

brake lever n frein *m* à main.

brake light n feu *m* de stop.

brake lining n garniture *f* de frein.

brakeman ['breɪkmən] (*pl* **brakemen** [-mən]) n US RAIL garde-frein *m*.

brake parachute n parachute *m* de freinage.

brake shoe n mâchoire *f* de frein.

brakesman ['breɪksmən] (*pl* **brakesmen** [-mən]) n machiniste *m* or mécanicien *m* d'extraction.

brake van n UK RAIL fourgon *m* à frein.

braking ['breɪkɪŋ] n freinage *m* ▸ **braking distance** distance *f* de freinage.

bramble ['bræmbl] n **1.** [prickly shrub] roncier *m*, roncière *f* **2.** [blackberry bush] ronce *f* des haies, mûrier *m* sauvage / *I fell among the brambles* je suis tombé dans les ronces ; [berry] mûre *f* sauvage.

brambly ['bræmblɪ] adj couvert de ronces.

Bramley ['bræmlɪ] n ▸ **Bramley (apple)** pomme *f* Bramley *(variété de pomme à cuire)*.

bran [bræn] n son *m* (de blé), bran *m*.

branch [brɑːntʃ] ◆ n **1.** [of tree] branche *f* **2.** [secondary part - of road] embranchement *m* ; [- of river] bras *m* ; [- of railway] bifurcation *f*, raccordement *m* ; [- of pipe] branchement *m* **3.** [division - gen] division *f*, section *f* ; [- of family] ramification *f*, branche *f* ; [- of science] branche *f* ; [- of police force] antenne *f* ; [- of government, civil service] service *m* ; LING rameau *m* **4.** COMM [of company] succursale *f*, filiale *f* ; [of bank] agence *f*, succursale *f* ▸ **branch manager** [of bank] directeur *m*, -trice *f* d'agence **5.** COMPUT branchement *m* **6.** US [stream] ruisseau *m* ▸ **branch water** *inf* eau *f* plate. ◆ vi **1.** [tree] se ramifier **2.** [road, river] bifurquer.

❖ **branch off** vi **1.** [road] bifurquer / *a smaller path branches off to the left* un chemin plus petit bifurque vers la gauche **2.** [digress] : *I'd like to branch off from my main topic for a moment* j'aimerais m'écarter un instant du sujet qui m'occupe.

❖ **branch out** vi étendre ses activités / *they're branching out into the restaurant business* ils étendent leurs activités à or se lancent dans la restauration.

branch line n ligne *f* secondaire.

branch office n [of company] succursale *f* ; [of bank] agence *f*, succursale *f*.

brand [brænd] ◆ n **1.** COMM [trademark] marque *f* (de fabrique) / *he always buys the same brand of cigars* il achète toujours la même marque de cigares / *he has his own brand of humour* il a un sens de l'humour bien à lui ▸ **brand leader** marque *f* dominante ▸ **brand manager** chef *m* de marque ▸ **brand X** *terme désignant « votre marque habituelle » dans la publicité comparative* **2.** [identifying mark - on cattle] marque *f* ; [- on prisoners] flétrissure *f* **3.** [branding iron] fer *m* à marquer **4.** [burning wood] tison *m*, brandon *m* ; *liter* [torch] flambeau *m*. ◆ vt **1.** [cattle] marquer (au fer rouge) **2.** *fig* [label] étiqueter, stigmatiser / *she was branded (as) a thief* on lui a collé une étiquette de voleuse **3.** [impress indelibly] : *the experience was branded on his memory for life* l'expérience resta à jamais gravée dans sa mémoire.

brand building n création *f* de marque.

branded ['brændɪd] adj ▸ **branded goods** produits *mpl* de marque.

Brandenburg ['brændənbɜːg] pr n Brandebourg / **'The Brandenburg Concertos'** *Bach* 'les Concertos brandebourgeois'.

Brandenburg Gate pr n ▸ **the Brandenburg Gate** la Porte de Brandebourg.

brand familiarity n connaissance *f* de la marque.

brand image n image *f* de marque.

branding iron ['brændɪŋ-] n fer *m* à marquer.

brandish ['brændɪʃ] ◆ vt brandir. ◆ n brandissement *m*.

brand-led adj MARKETING conditionné par la marque, piloté par la marque.

brand-loyal adj MARKETING fidèle à la marque.

brand loyalty n fidélité *f* à la marque.

brand name n marque *f* (de fabrique).

brand-new adj tout or flambant neuf.

brand recognition n identification *f* de la marque.

brand-sensitive adj MARKETING sensible aux marques.

Brand's Hatch pr n *circuit de courses automobiles en Angleterre.*

brandy ['brændɪ] (*pl* **brandies**) n [made from grapes] ≃ cognac *m* ▸ **brandy and soda** brandy and soda *m* ; [made of fruit] eau-de-vie *f*.

brandy butter n UK *beurre mélangé avec du sucre et parfumé au cognac qui accompagne traditionnellement le Christmas pudding.*

brandy snap n UK galette *f* au gingembre.

bran loaf n pain *m* au son.

bran mash n UK son *m* or bran *m* mouillé.

bran tub n UK pêche *f* miraculeuse *(jeu)*.

brash [bræʃ] adj **1.** [showy] impétueux, casse-cou *(inv)* ; [impudent] effronté, impertinent **2.** [colour] criard.

Brasilia [brə'zɪljə] pr n Brasilia.

brass [brɑːs] ◆ n **1.** [metal] cuivre *m* (jaune), laiton *m* ; [objects] : *the brass is cleaned once a week* les cuivres sont faits une fois par semaine ▸ **brass foundry** fonderie *f* de cuivre **2.** UK [memorial] plaque *f* mortuaire (en cuivre) **3.** MUS ▸ **the brass** les cuivres *mpl* **4.** UK *inf* [nerve] toupet *m*, culot *m* / *he had the brass to accuse me of cheating* il a eu le toupet de m'accuser de tricher **5.** UK *inf & regional* [money] pognon *m* **6.** PHR **the (top** or US **big) brass** *inf* les grosses légumes, le gratin. ◆ comp [object, ornament] de or en cuivre ▸ **the brass section** MUS les cuivres *mpl* ▸ **I don't know how you have the brass neck to say that!** UK je ne sais pas comment tu peux avoir le culot de dire une chose pareille ! ▸ **to get down to brass tacks** en venir au fait or aux choses sérieuses.

brass band n fanfare *f*, orchestre *m* de cuivres.

brass-collar adj US POL qui soutient sans faille la ligne du parti, inconditionnel.

brassed off [brɑːst-] adj UK *inf* : *I'm brassed off with waiting* j'en ai marre d'attendre / *I'm brassed off with their complaints* j'en ai plein le dos de leurs récriminations.

brasserie ['bræsərɪ] n brasserie *f*.

brass farthing n UK ▸ **it's not worth a brass farthing** *inf* ça ne vaut pas un clou.

brass hat n UK *inf* gros bonnet *m*.

brassie ['brɑːsɪ] n GOLF brassie *m*.

brassiere [UK 'bræsɪər US brə'zɪr] n soutien-gorge *m*.

brass knuckles pl n US coup-de-poing *m* américain.

brass-monkey adj UK *v inf* ▸ **it's brass-monkey weather** on se les gèle, on se les caille.

brass rubbing n [picture] décalque *m (effectué sur une plaque en laiton gravé dans une église)* ; [action] décalquage *m* par frottement.

brassware ['brɑːsweər] n [utensils] chaudronnerie *f* d'art.

brasswork ['brɑːswɜːk] n dinanderie *f*.

brassy ['brɑːsɪ] (*compar* **brassier**, *superl* **brassiest**) ◆ adj **1.** [colour] cuivré ; [sound] cuivré, claironnant **2.** *inf* [brazen] effronté, impertinent. ◆ n = **brassie**.

brat [bræt] n *pej* morveux *m*, -euse *f*, galopin *m* / *that kid is a real brat* un vrai morveux, ce gamin / *she brought her brats* elle a amené sa marmaille.

brat pack n [gen] jeunes loups *mpl* ; CIN *terme désignant les jeunes acteurs populaires des années 1980.*

bravado [brə'vɑːdəʊ] n bravade *f*.

brave [breɪv] ◆ adj **1.** [courageous] courageux, brave / *be brave!* sois courageux !, du courage ! / *you'll have to be brave and tell him* tu vas devoir prendre ton courage à deux mains et le lui dire / *to put on a brave face* or *to put a brave face on it* faire bonne contenance **2.** *liter* [splendid] beau ***(before vowel or silent 'h' bel, f belle)***, excellent ▸ **a brave new world** une utopie, un monde or une société utopique / **'Brave New World'** *Huxley* 'le Meilleur des mondes'. ◆ vt [person] braver, défier ; [danger, storm] braver, affronter. ◆ pl n [people] ▸ **the brave** les courageux *mpl* / *the bravest of the brave* les plus braves d'entre les braves. ◆ n [Indian warrior] brave *m*, guerrier *m* indien.

❖ **brave out** vt sep faire face à / *we'll just have to brave it out!* nous devrons tout simplement faire face à la situation !

Brave new world

À la fin de *la Tempête*, de Shakespeare, Miranda s'émerveille de la beauté du monde: **O brave new world, that has such people in it!** *Ô splendide nouveau monde, qui compte de pareils habitants!* Quatre siècles plus tard, **Brave New World** devint le titre – ironique cette fois – d'un célèbre roman d'anticipation d'Aldous Huxley, intitulé en français *le Meilleur des mondes* et publié en 1932. Aujourd'hui, c'est surtout de façon ironique que l'on emploie l'expression pour parler d'un monde moderne qui est loin d'être parfait:

Are we heading for a brave new world of internet censorship? *Allons-nous vers un monde parfait de censure d'Internet ?*

We need to own up to the fact that we're in a brave new world of simulated violence and insanity. *Nous devons accepter le fait que nous vivons dans un monde merveilleux de violence simulée et de folie.*

bravely ['breɪvlɪ] adv courageusement, bravement.

bravery ['breɪvərɪ] n courage *m*, vaillance *f* ▸ **bravery award** médaille *f* du courage.

bravo [,brɑː'vəʊ] (*pl* **bravos**) ◆ interj bravo. ◆ n bravo *m*.

bravura [brəˈvʊərə] n [gen & MUS] bravoure *f*.

brawl [brɔːl] ◆ n **1.** [fight] bagarre *f*, rixe *f* / *a drunken brawl* une querelle d'ivrognes **2.** US *inf* [party] java *f*. ◆ vi se bagarrer.

brawn [brɔːn] n *(U)* **1.** [muscle] muscles *mpl* ; [strength] muscle *m* / *all brawn and no brains* tout dans les bras et rien dans la tête **2.** UK CULIN fromage *m* de tête.

brawny [ˈbrɔːnɪ] (*compar* **brawnier**, *superl* **brawniest**) adj [arm] musculeux ; [person] musclé.

bray [breɪ] ◆ vi [donkey] braire ; *pej* [person] brailler ; [trumpet] beugler, retentir. ◆ n [of donkey] braiment *m* ; *pej* [of person] braillement *m* ; [of trumpet] beuglement *m*, bruit *m* strident.

braze [breɪz] vt braser, souder (au laiton).

brazen [ˈbreɪzn] adj **1.** [bold] effronté, impudent / *a brazen lie* un mensonge audacieux or effronté **2.** [brass] de cuivre (jaune), de laiton ; [sound] cuivré.

❖ **brazen out** vt sep : *you'll have to brazen it out* il va falloir que tu t'en tires par des fanfaronnades.

brazen-faced adj effronté, impudent.

brazenly [ˈbreɪznlɪ] adv effrontément, impudemment.

brazenness [ˈbreɪznnɪs] n effronterie *f*.

brazier [ˈbreɪzjəʳ] n **1.** [for fire] brasero *m* **2.** [brass worker] chaudronnier *m*.

brazil [brəˈzɪl] n ▸ **brazil (nut)** noix *f* du Brésil.

Brazil [brəˈzɪl] pr n Brésil *m* / *in Brazil* au Brésil.

Brazilian [brəˈzɪljən] ◆ n Brésilien *m*, -enne *f*. ◆ adj brésilien.

BRB MESSAGING written abbr of **be right back**.

breach [briːtʃ] ◆ n **1.** [gap] brèche *f*, trou *m* / *our troops made a breach in the enemy lines* nos troupes ont percé les lignes ennemies / *she stepped into the breach when I fell ill* elle m'a remplacé au pied levé quand je suis tombé malade **2.** [violation -of law] violation *f* ; [-of discipline, order, rules] infraction *f* ; [-of etiquette, friendship] manquement *m* ; [-of confidence, trust] abus *m* / *a breach of discipline* une infraction or un manquement à la discipline / *a breach of faith* **a)** [gen] un manque de foi **b)** LAW un acte de déloyauté / *breach of privilege* POL atteinte *f* aux privilèges parlementaires / *breach of professional secrecy* violation du secret professionnel ▸ **breach of contract** rupture *f* de contrat ▸ **breach of the peace** LAW atteinte *f* à l'ordre public ▸ **breach of promise a)** [gen] manque de parole **b)** [of marriage] violation *f* de promesse de mariage **3.** [rift] brouille *f*, désaccord *m* **4.** [of whale] saut *m*. ◆ vt **1.** [make gap in] ouvrir une brèche dans, faire un trou dans / *we breached the enemy lines* nous avons percé les lignes ennemies **2.** [agreement] violer, rompre ; [promise] manquer à. ◆ vi [whale] sauter hors de l'eau.

Once more unto the breach

Dans *Henri V*, de Shakespeare, le roi Henri rallie ses troupes en prononçant un célèbre discours qui commence par les mots **Once more unto the breach, dear friends, once more...** *Allons, encore une fois à la brèche, chers amis, encore une fois...* L'expression **once more unto the breach** est parfois employée pour évoquer métaphoriquement une nouvelle tentative de remporter une victoire :

It's once more unto the breach for the company, who are on their third attempt to break into this lucrative market. *L'entreprise est de nouveau sur la brèche et tente pour la troisième fois de percer sur ce marché porteur.*

It's once more unto the breach for Democrats tomorrow, when they will try again to pass this controversial legislation. *Les démocrates seront une nouvelle fois sur la brèche demain pour tenter de faire voter cette loi si controversée.*

bread [bred] n *(U)* **1.** [food] pain *m* / *a loaf of bread* un pain, une miche / *freshly baked bread* du pain frais / *bread and butter* du pain beurré / *a slice of bread and butter* une tartine (beurrée) / *they put the prisoner on bread and water* ils ont mis le prisonnier au pain sec et à l'eau ▸ **the bread and wine** RELIG les espèces *fpl* ▸ **to earn one's daily bread** gagner sa vie or sa croûte / *translation is her bread and butter* la traduction est son gagne-pain ▸ **to take the bread out of sb's mouth** ôter le pain de la bouche à qqn ▸ **to know which side one's bread is buttered (on)** : *I know which side my bread is buttered* je sais où est mon intérêt ▸ **Give us this day our daily bread** BIBLE Donne-nous aujourd'hui notre pain de ce jour **2.** *inf* [money] pognon *m*, fric *m*.

bread-and-butter adj *inf* **1.** [basic] : *a bread-and-butter job* un travail qui assure le nécessaire / *the bread-and-butter issues* les questions les plus terre-à-terre **2.** [reliable -person] sur qui l'on peut compter **3.** [expressing gratitude] : *a bread-and-butter letter* une lettre de remerciements.

breadbasket [ˈbred,bɑːskɪt] n **1.** [basket] corbeille *f* à pain **2.** GEOG région *f* céréalière **3.** *inf & dated* [stomach] estomac *m*.

bread bin n UK [small] boîte *f* à pain ; [larger] huche *f* à pain.

breadboard [ˈbredbɔːd] n planche *f* à pain.

bread box US = **bread bin**.

breadcrumb [ˈbredkrʌm] n miette *f* de pain.

❖ **breadcrumbs** pl n CULIN chapelure *f*, panure *f* / *fish fried in breadcrumbs* du poisson pané.

breaded [ˈbredɪd] adj enrobé de chapelure.

breadfruit [ˈbredfruːt] n [tree] arbre *m* à pain ; [fruit] fruit *m* à pain.

breadknife [ˈbrednaɪf] (*pl* **breadknives** [-naɪvz]) n couteau *m* à pain.

breadline [ˈbredlaɪn] n *file d'attente pour recevoir des vivres gratuits* ▸ **to live** or **to be on the breadline** être sans le sou or indigent.

bread sauce n UK sauce *f* à la mie de pain.

breadstick [ˈbredstɪk] n gressin *m*.

breadth [bredθ] n **1.** [width] largeur *f* ; [of cloth] lé *m* / *the stage is 60 metres in breadth* la scène a 60 mètres de large **2.** [scope -of mind, thought] largeur *f* ; [-of style] ampleur *f* ; ART largeur *f* d'exécution ; MUS jeu *m* large.

breadwinner [ˈbred,wɪnəʳ] n soutien *m* de famille.

break [breɪk] (*pt* **broke** [brəʊk], *pp* **broken** [ˈbrəʊkn]) ◆ vt **1.** [split into pieces -glass, furniture] casser, briser ; [-branch, lace, string] casser / *break the stick in two* cassez le bâton en deux / *to break a safe* forcer un coffre-fort ▸ **to break bread a)** RELIG [priest] administrer la communion **b)** [congregation] recevoir la communion ▸ **to break bread with sb** *fig* partager le repas de qqn ▸ **to break sb's heart** briser le cœur à qqn / *George broke her heart* Georges lui a brisé le cœur / *it breaks my heart to see her unhappy* ça me brise le cœur de la voir malheureuse ▸ **to break the ice** rompre or briser la glace **2.** [fracture] casser, fracturer / *to break one's leg* se casser or se fracturer la jambe / *to break one's neck* se casser or se rompre le cou / *the fall broke his back* la chute lui a brisé les reins ; *fig* : *to break one's back inf* s'échiner / *they broke their backs trying to get the job done inf* ils se sont éreintés à finir le travail / *we've broken the back of the job* nous avons fait le plus gros du travail / *I'll break his neck if I catch him doing it again! inf* je lui tords le cou si je le reprends à faire ça ! ▸ **break a leg!** *inf* merde ! *(pour souhaiter bonne chance)* **3.** [render inoperable -appliance, machine] casser / *you've broken the TV* tu as cassé la télé **4.** [cut surface of -ground] entamer ; [-skin] écorcher / *the seal on the coffee jar was broken* le pot de café avait été ouvert / *the skin isn't broken* la peau n'est pas écorchée ▸ **to break new** or **fresh ground** innover, faire œuvre de pionnier / *scientists are breaking new* or *fresh ground in cancer research* les chercheurs font une percée dans la lutte contre le cancer **5.** [force a way through] enfoncer / *the river broke its banks* la rivière est sortie de son lit / *to break the sound barrier* franchir le mur du son / *to break surface* **a)** [diver, whale] remonter à la surface **b)** [submarine] faire surface **6.** [violate -law, rule] violer, enfreindre ; [-speed limit] dépasser ; [-agreement, treaty] violer ; [-contract] rompre ; [-promise] manquer à ; [RELIG-commandment] désobéir à ; [-sabbath] ne pas respecter / *she broke her appointment with them* elle a annulé son rendez-vous avec eux / *he broke his word to her liter* il a manqué à la parole qu'il lui avait donnée ▸ **to break parole** LAW *commettre un délit qui entraîne la révocation de la mise en liberté conditionnelle* ▸ **to break bounds** MIL violer la consigne **7.** [escape from, leave suddenly] ▸ **to break jail** s'évader (de prison) ▸ **to break camp** lever le camp ▸ **to break cover a)** [animal] être débusqué **b)** [person] sortir à découvert **8.** [interrupt -fast, monotony, spell] rompre / *we broke our journey at Brussels* nous avons fait une étape à Bruxelles / *a cry broke the silence* un cri a déchiré or percé le silence / *the plain was broken only by an occasional small settlement* la plaine n'était interrompue que par de rares petits hameaux ▸ **to break step** rompre le pas ▸ **to break sb's service** [in tennis] prendre le service de qqn ; ELEC [circuit, current] couper **9.** [put an end to -strike] briser ; [-uprising] mater / *the new offer broke the deadlock* la nouvelle proposition a permis de sortir de l'impasse / *he's tried to stop smoking but he can't break the habit* il a essayé d'arrêter de fumer mais il n'arrive pas à se débarrasser or se défaire de l'habitude **10.** [wear down, destroy -enemy] détruire ; [-person, will, courage, resistance] briser ; [-witness] réfuter ; [-health] abîmer / *torture did not break him* or *his spirit* il a résisté à la torture / *this scandal could break them* ce scandale pourrait signer leur perte / *the experience will either make or break him* l'expérience lui sera ou salutaire ou fatale **11.** [bankrupt] ruiner / *her new business will either make or break her* sa nouvelle affaire la rendra riche ou la ruinera ▸ **to break the bank** [exhaust funds] faire sauter la banque / *buying a book won't break the bank! hum* acheter un livre ne nous ruinera pas ! **12.** [soften -fall] amortir, adoucir / *we planted a row of trees to break the wind* nous avons planté une rangée d'arbres pour couper le vent **13.** [reveal, tell] annoncer, révéler / *break it to her gently* annonce-le lui avec ménagement **14.** [beat, improve on] battre / *to break a record* battre un record / *the golfer broke 90* le golfeur a dépassé le score de 90 **15.** [solve -code] déchiffrer **16.** [divide into parts -collection] dépareiller ; [-bank note] entamer / *can you break a £10 note?* pouvez-vous faire de la monnaie sur un billet de 10 livres ? **17.** [horse] dresser **18.** MIL [demote] casser **19.** NAUT [flag] déferler **20.** *euph* ▸ **to break wind** lâcher un vent. ◆ vi **1.** [split into pieces -glass, furniture] se casser, se briser ; [-branch, stick] se casser, se rompre ; [-lace, string] se casser / *to break apart* se casser or se briser (en morceaux) / *the plate broke in two* l'assiette s'est cassée en deux / *her heart broke fig* elle a eu le cœur brisé **2.** [fracture -bone, limb] se fracturer / *is the bone broken?* y a-t-il une fracture ? / *any bones broken? hum* rien de cassé ? **3.** [become inoperable -lock, tool] casser ; [-machine] tomber en panne / *the dishwasher broke last week* le lave-vaisselle est tombé en panne la semaine dernière **4.** [disperse -clouds] se disperser, se dissiper ; [-troops] rompre les rangs ; [-ranks] se rompre **5.** [escape] : *to break free* se libérer / *the ship broke loose from its moorings* le bateau a rompu ses amarres **6.** [fail -health, person, spirit] se détériorer / *the witness broke under questioning* le témoin a craqué au cours de l'interrogatoire / *she* or *her spirit did not break* elle ne s'est pas laissée abattre / *their courage finally broke* leur courage a fini par les abandonner **7.** [take a break] faire une pause / *let's break for coffee* arrêtons-nous pour prendre un café **8.** [arise suddenly -day] se lever, poindre ; [-dawn] poindre ; [-news] être annoncé ; [-scandal, war] éclater **9.** [move suddenly] se précipiter, foncer **10.** [weather] changer ; [storm] éclater **11.** [voice -of boy] muer ; [-with emotion] se briser / *she was so upset that her voice kept breaking* elle était tellement bouleversée que sa voix se brisait **12.** [wave] déferler **13.** MED ▸ **her waters have broken** elle a perdu les eaux **14.** US *inf* [happen] se passer, arriver / *to break right* / *badly* bien / mal se passer **15.** LING [vowel] se diphtonguer **16.** [boxers] se dégager **17.** [ball] dévier **18.** [in billiards, pool, etc.] donner l'acquit **19.** PHR **to break even a)** [gen] s'y retrouver **b)** FIN rentrer dans ses frais. ◆ n **1.** [in china, glass] cassure *f*, brisure *f* ; [in wood] cassure *f*, rupture *f* ; [in bone, limb] fracture *f* / *a clean break* **a)** [in object] une cassure nette **b)** [in bone] une fracture simple ; *fig* [with friend, group] rupture *f* ; [in marriage] séparation *f* / *the break with her husband was a painful experience* ça a été très pénible pour elle quand elle s'est séparée de son mari / *her break with the party in 1968* sa rupture avec le parti en 1968 / *to make a clean break with the past* rompre avec le passé **2.** [crack] fissure *f*, fente *f* **3.** [gap - in hedge, wall] trouée *f*, ouverture *f* ; [- in rock] faille *f* ; [- in line] interruption *f*, rupture *f* / *a break in the clouds* une éclaircie **4.** [interruption - in conversation] interruption *f*, pause *f* ; [- in payment] interruption *f*, suspension *f* ; [- in trip] arrêt *m* ; [- in production] suspension *f*, rupture *f* / *a break for commercials* or *a (commercial) break* **a)** RADIO un intermède de publicité **b)** TV un écran publicitaire, une page de publicité / *a break in transmission* une interruption des programmes (due à un incident technique) ; LITER & MUS pause *f* ; [in jazz] break *m* ; [in rock] : *guitar break* (courte) improvisation *f* de guitare ; ELEC : *a break in the circuit* une coupure de courant **5.** [rest] pause *f* ; [holiday] vacances *fpl* ; UK SCH récréation *f* / *let's take a break* on fait une pause ? / *we worked all morning without a break* nous avons travaillé toute la matinée sans nous arrêter / *he drove for three hours without a break* il a conduit trois heures de suite / *you need a break* **a)** [short rest] tu as besoin de faire une pause **b)** [holiday] tu as besoin de vacances ▸ **lunch break** pause *f* de midi / *do you get a lunch break?* tu as une pause à midi ? ▸ **give me a break!** *inf* laisse-moi respirer ! **6.** [escape] évasion *f*, fuite *f* ▸ **jail break** évasion (de prison) / *she made a break for the woods* elle s'est élancée vers le bois ▸ **to make a break for it** prendre la fuite **7.** *inf* [opportunity] chance *f* ; [luck] (coup *m* de) veine *f* / *you get all the breaks!* tu en as du pot ! / *to have a lucky break* avoir de la veine / *to have a bad break* manquer de veine **8.** [change] changement *m* / *a break in the weather* un changement de temps / *the decision signalled a break with tradition* la décision marquait une rupture avec la tradition **9.** [carriage] break *m* **10.** *liter* ▸ **at break of day** au point du jour, à l'aube **11.** SPORT : *to have a service break* or *a break (of serve)* [in tennis] avoir une rupture de service *(de l'adversaire)* / *he made a 70 break* or *a break of 70* [in snooker, pool, etc.] il a fait une série de 70.

❖ **break away** ◆ vi **1.** [move away] se détacher / *I broke away from the crowd* je me suis éloigné de la foule / *he broke away from her grasp* il s'est dégagé de son étreinte **2.** [end association with] rompre / *a group of MPs broke away from the party* un groupe de députés a quitté le parti / *as a band they have broken away from traditional jazz* leur groupe a (complètement) rompu avec le jazz traditionnel **3.** SPORT [in racing, cycling] s'échapper, se détacher du peloton. ◆ vt sep détacher / *they broke all the fittings away from the walls* ils ont décroché toutes les appliques des murs.

❖ **break down** ◆ vi **1.** [vehicle, machine] tomber en panne / *the car has broken down* la voiture est en panne **2.** [fail - health] se détériorer ; [- authority] disparaître ; [- argument, system] s'effondrer ; [- negotiations, relations, plan] échouer / *radio communications broke down* le contact radio a été coupé **3.** [lose one's composure] s'effondrer / *to break down in tears* fondre en larmes **4.** [divide] se diviser / *the report breaks down into three parts* le rapport comprend or est composé de trois parties **5.** CHEM se décomposer / *to break down into* se décomposer en. ◆ vt sep **1.** [destroy - barrier] démolir, abattre ; [- door] enfoncer ; *fig* [resistance] briser / *we must break down old prejudices* il faut mettre fin aux vieux préjugés **2.** [analyse - idea] analyser ; [- reasons] décomposer ; [- accounts] analyser, détailler ; [COMM - costs, figures] ventiler ; [CHEM - substance] décomposer.

❖ **break forth** vi *liter* [light] jaillir ; [storm, buds] éclater ; [blossom] s'épanouir subitement.

❖ **break in** ◆ vt sep **1.** [train - person] former ; [- horse] dresser / *a month should be enough to break you in to the job* un mois devrait suffire pour vous faire ou vous habituer au métier **2.** [clothing] porter *(pour user)* / *I want to break these shoes in* je veux que ces chaussures se fassent **3.** [knock down - door] enfoncer. ◆ vi **1.** [burglar] entrer par effraction **2.** [speaker] interrompre ▸ **to break in on sb / sthg** interrompre qqn / qqch.

❖ **break into** vt insep **1.** [subj: burglar] entrer par effraction dans ; [drawer, safe] forcer / *they broke into the safe* ils ont fracturé or forcé le coffre-fort **2.** [begin suddenly] : *the audience broke into applause* le public s'est mis à applaudir / *the horse broke into a gallop* le cheval a pris le galop **3.** [conversation] interrompre **4.** [start to spend - savings] entamer / *I don't want to break into a £20 note* je ne veux pas entamer un billet de 20 livres **5.** COMM percer sur / *the firm has broken into the Japanese market* l'entreprise a percé sur le marché japonais.

❖ **break off** ◆ vi **1.** [separate] se détacher, se casser / *a branch has broken off* une branche s'est détachée (de l'arbre) **2.** [stop] s'arrêter brusquement / *he broke off in mid-sentence* il s'est arrêté au milieu d'une phrase / *they broke off from work* **a)** [for rest] ils ont fait une pause **b)** [for day] ils ont cessé le travail **3.** [end relationship] rompre / *she's broken off with him* elle a rompu avec lui. ◆ vt sep **1.** [separate] détacher, casser ▸ **to break sthg off sthg** casser or détacher qqch de qqch **2.** [end - agreement, relationship] rompre / *they've broken off their engagement* ils ont rompu leurs fiançailles / *Italy had broken off diplomatic relations with Libya* l'Italie avait rompu ses relations diplomatiques avec la Libye.

❖ **break out** ◆ vi **1.** [begin - war, storm] éclater ; [- disease] se déclarer **2.** [become covered] : *to break out in spots* or *in a rash* avoir une éruption de boutons / *to break out in a sweat* se mettre à transpirer / *she broke out in a cold sweat* elle s'est mise à avoir des sueurs froides **3.** [escape] s'échapper / *to break out from* or *of prison* s'évader (de prison) / *we have to break out of this vicious circle* il faut que nous sortions de ce cercle vicieux. ◆ vt sep [bottle, champagne] ouvrir.

❖ **break through** ◆ vt insep [sun] percer / *I broke through the crowd* je me suis frayé un chemin à travers la foule / *the troops broke through enemy lines* les troupes ont enfoncé les lignes ennemies / *she eventually broke through his reserve* elle a fini par le faire sortir de sa réserve. ◆ vi *lit* percer ; MIL & *fig* faire une percée / *his hidden feelings tend to break through in his writing* ses sentiments cachés tendent à transparaître or percer dans ses écrits.

❖ **break up** ◆ vt sep **1.** [divide up - rocks] briser, morceler ; [- property] morceler ; [- soil] ameublir ; [- bread, cake] partager / *she broke the loaf up into four pieces* elle a rompu or partagé la miche en quatre / *illustrations break up the text* le texte est aéré par des illustrations **2.** [destroy - house] démolir ; [- road] défoncer **3.** [end - fight, party] mettre fin à, arrêter ; [- coalition] briser, rompre ; [- organization] dissoudre ; [- empire] démembrer ; [- family] séparer / *his drinking broke up their marriage* le fait qu'il buvait a brisé or détruit leur mariage **4.** [disperse - crowd] disperser / *break it up!* **a)** [people fighting or arguing] arrêtez ! **b)** [said by policeman] circulez ! **5.** *inf* [distress] bouleverser, retourner / *the news really broke her up* la nouvelle l'a complètement bouleversée **6.** US *inf* [amuse] : *her stories really break me up!* ses histoires me font bien marrer ! ◆ vi **1.** [split into pieces - road, system] se désagréger ; [- ice] craquer, se fissurer ; [- ship] se disloquer / *the ship broke up on the rocks* le navire s'est disloqué sur les rochers **2.** [come to an end - meeting, party] se terminer, prendre fin ; [- partnership] cesser, prendre fin / *when the meeting broke up* à l'issue or à la fin de la réunion / *their marriage broke up* leur mariage n'a pas marché **3.** [boyfriend, girlfriend] rompre / *she broke up with her boyfriend* elle a rompu avec son petit ami / *they've broken up* ils se sont séparés **4.** [disperse - clouds] se disperser ; [- group] se disperser ; [- friends] se quitter, se séparer **5.** UK SCH être en vacances / *we break up for Christmas on the 22nd* les vacances de Noël commencent le 22 **6.** [lose one's composure] s'effondrer **7.** US *inf* [laugh] se tordre de rire **8.** PHR **you're breaking up!** [on phone] je ne te capte plus !

❖ **break with** vt insep **1.** [end association with - person, organization] rompre avec / *the defeat caused many people to break with the party* la défaite a poussé beaucoup de gens à rompre avec le parti **2.** [depart from - belief, values] rompre avec / *she broke with tradition by getting married away from her village* elle a rompu avec la tradition en ne se mariant pas dans son village.

breakable ['breɪkəbl] adj fragile, cassable.

❖ **breakables** pl n : *put away all breakables* rangez tout objet fragile.

breakage ['breɪkɪdʒ] n **1.** [of metal] rupture *f* ; [of glass] casse *f*, bris *m* **2.** [damages] casse *f* / *the insurance pays for all breakage* or *breakages* l'assurance paye toute la casse.

breakaway ['breɪkəweɪ] ◆ n **1.** [of people] séparation *f* ; [of group] rupture *f* ; SPORT [in cycling] échappée *f* ; [in boxing] dégagement *m* **2.** CIN accessoire *m* cassable. ◆ adj séparatiste, dissident / *a breakaway group* un groupe dissident / *a breakaway republic* une république séparatiste.

breakdance ['breɪkdɑ:ns] n smurf *m*.

❖ **break-dance** vi danser le smurf.

break dancer n smurfer *m*.

break dancing n smurf *m*.

breakdown ['breɪkdaʊn] n **1.** [mechanical] panne *f* / *to have a breakdown* tomber en panne **2.** [of communications, negotiations] rupture *f* ; [of railway system] arrêt *m* complet ; [of tradition, state of affairs] détérioration *f*, dégradation *f* **3.** MED [nervous] dépression *f* nerveuse / *to have a breakdown* faire une dépression (nerveuse) ; [physical] effondrement *m* **4.** [analysis] analyse *f* ; [into parts] décomposition *f* ; COMM [of costs, figures] ventilation *f* / *a breakdown of the population by age* une répartition de la population par âge / *give me a breakdown of the annual report* faites-moi l'analyse du rapport annuel.

breakdown lorry, **breakdown truck** n UK dépanneuse *f*.

breaker ['breɪkəʳ] n **1.** [scrap merchant] : *the ship was sent to the breaker's* le navire a été envoyé à la démolition **2.** [wave] brisant *m* **3.** ELECTRON = **circuit breaker 4.** [machine] concasseur *m*, broyeur *m* **5.** [CB operator] cibiste *mf*.

break-even adj ▸ **break-even point** seuil *m* de rentabilité, point mort *m* ▸ **break-even price** prix *m* d'équilibre.

breakfast ['brekfəst] ◆ n petit déjeuner *m* / *to have breakfast* prendre le petit déjeuner / *what do you want for breakfast?* que veux-tu pour ton petit déjeuner ? / **'Breakfast at Tiffany's'** *Capote* 'Petit Déjeuner chez Tiffany' / **'Breakfast at Tiffany's'** *Edwards* 'Diamants sur canapé'. ◆ comp [service, set] à petit déjeuner ; [tea, time] du petit déjeuner ▸ **breakfast cup** déjeuner *m* ▸ **breakfast table** table *f* pour le petit déjeuner. ◆ vi prendre le petit déjeuner, déjeuner.

breakfast cereal n céréales *fpl*.

breakfast room n salle *f* du petit déjeuner.

breakfast television n télévision *f* du matin.

break-in n cambriolage *m*.

breaking ['breɪkɪŋ] n **1.** [shattering] bris *m* ; [of bone] fracture *f* ; LAW [of seal] bris *m* ▸ **breaking and entering** effraction *f* **2.** [violation - of treaty, rule, law] violation *f* / *breaking of a promise* manquement à une promesse / *breaking of a commandment* désobéissance à un commandement **3.** [interruption - of journey] interruption *f* ; [- of silence] rupture *f* **4.** LING fracture *f*.

breaking point n *lit* point *m* de rupture ; *fig* : *I've reached breaking point* je suis à bout, je n'en peux plus / *you're trying my patience to breaking point* tu pousses à bout ma patience / *the situation has reached breaking point* la situation est devenue critique.

breakneck ['breɪknek] adj ▸ **at breakneck speed** à une allure folle, à tombeau ouvert.

breakout ['breɪkaʊt] n [from prison] évasion *f* (de prison).

breakpoint ['breɪkpɔɪnt] n **1.** [in tennis] point *m* d'avantage **2.** COMPUT point *m* de rupture.

breakthrough ['breɪkθru:] n **1.** [advance, discovery] découverte *f* capitale, percée *f* (technologique) **2.** [in enemy lines] percée *f*.

breakup ['breɪkʌp] n **1.** [disintegration - of association] démembrement *m*, dissolution *f* ; [- of relationship] rupture *f* / *before our breakup* avant que nous ne rompions **2.** [end - of meeting, activity] fin *f* **3.** [of ship] dislocation *f* **4.** [of ice] débâcle *f*.

breakup value n COMM valeur *f* liquidative.

breakwater ['breɪk,wɔːtər] n digue *f*, brise-lames *m inv*.

bream [briːm] (*pl* **bream** *or* **breams**) n brème *f*.

breast [brest] ◆ n **1.** [chest] poitrine *f* ; [of animal] poitrine, poitrail *m* ; CULIN [of chicken] blanc *m* / *he held her to his breast* il la tint serrée contre sa poitrine **2.** [bosom - of woman] sein *m*, poitrine *f* ▸ **breast cancer** cancer *m* du sein ; *arch* [of man] sein *m* / *she put the baby to her breast* elle porta le bébé à son sein / *a child at the breast* un enfant au sein **3.** MIN front *m* de taille. ◆ vt **1.** [face - waves, storm] affronter, faire front à **2.** [reach summit of] atteindre le sommet de ▸ **the runner breasted the tape** SPORT le coureur a franchi la ligne d'arrivée (en vainqueur).

breast-beating n *(U)* jérémiades *fpl*.

breastbone ['brestbəʊn] n ANAT sternum *m* ; [of bird] bréchet *m*.

breast-fed adj nourri au sein.

breast-feed ◆ vt allaiter, donner le sein à. ◆ vi allaiter, nourrir au sein.

breast-feeding n allaitement *m* au sein.

breast milk n *(U)* lait *m* maternel.

breastplate ['brestpleɪt] n [armour] plastron *m* (de cuirasse) ; [of priest] pectoral *m*.

breast pocket n poche *f* de poitrine.

breast pump n tire-lait *m*.

breaststroke ['breststrəʊk] n brasse *f* / *to swim (the) breaststroke* nager la brasse.

breastwork ['brestwɜːk] n MIL parapet *m* ; NAUT rambarde *f*.

breath [breθ] n **1.** [of human, animal] haleine *f*, souffle *m* / *to have bad breath* avoir mauvaise haleine / *take a breath* respirez / *he took a deep breath* il a respiré à fond / *I took a deep breath and started to explain* je respirai profondément et commençai d'expliquer / *let me get my breath back* laissez-moi retrouver mon souffle or reprendre haleine / *she stopped for breath* elle s'est arrêtée pour reprendre haleine ▸ **to be out of breath** être essoufflé or à bout de souffle ▸ **to be short of breath** avoir le souffle court / *he said it all in one breath* il l'a dit d'un trait / *they are not to be mentioned in the same breath* on ne saurait les comparer ▸ **under one's breath** à voix basse, tout bas / *she laughed under her breath* elle a ri sous cape / *with her dying breath* en mourant / *he drew his last breath* il a rendu l'âme or le dernier soupir / *music is the breath of life to him* la musique est toute sa vie ▸ **to hold one's breath** retenir son souffle / *don't hold your breath waiting for the money* si c'est l'argent que tu attends, ne compte pas dessus or tu perds ton temps / *save your breath!* inutile de gaspiller ta salive ! / *the sight took his breath away* la vue or le spectacle lui a coupé le souffle / *it takes my breath away* je n'en reviens pas **2.** [gust] souffle *m* / *there isn't a breath of air* il n'y a pas un souffle d'air / *we went out for a breath of fresh air* nous sommes sortis prendre l'air **3.** [hint] trace *f* / *the first breath of spring* les premiers effluves du printemps / *the faintest breath of scandal* le plus petit soupçon de scandale.

breathable ['briːðəbl] adj respirable.

breathalyse UK, **breathalyze** US ['breθəlaɪz] vt faire passer l'Alcootest® à.

Breathalyser® UK, **Breathalyzer®** US ['breθəlaɪzər] n Alcootest® *m*.

breathe [briːð] ◆ vi **1.** [person] respirer / *to breathe hard* haleter / *to breathe heavily* or *deeply* **a)** [after exertion] souffler or respirer bruyamment **b)** [during illness] il respirait péniblement / *is he still breathing?* est-il toujours en vie ?, vit-il encore ? / *I breathed more easily after the exam* après l'examen j'ai enfin pu respirer / *how can I work with you breathing down my neck?* comment veux-tu que je travaille si tu es toujours derrière moi ? **2.** [wine] respirer. ◆ vt **1.** PHYSIOL respirer / *she breathed a sigh of relief* elle poussa un soupir de soulagement ▸ **to breathe one's last** rendre le dernier soupir or l'âme / *she breathed new life into the project* elle a insufflé de nouvelles forces au projet / *she'll be breathing fire when she finds out!* elle va se mettre dans une colère noire quand elle saura ! **2.** [whisper] murmurer / *don't breathe a word!* ne soufflez pas mot ! / *they didn't breathe a word about it* ils n'en ont pas soufflé mot **3.** LING aspirer.

❖ **breathe in** vi & vt sep inspirer.

❖ **breathe out** vi & vt sep expirer.

breather ['briːðər] n *inf* moment *m* de repos or de répit / *let's take a breather* prenons le temps de souffler un peu / *I went out for a breather* je suis sorti prendre l'air.

breath freshener n purificateur *m* d'haleine, spray *m* buccal.

breathing ['briːðɪŋ] n **1.** [gen] respiration *f*, souffle *m* ; [of musician] respiration *f* ▸ **heavy breathing** respiration bruyante **2.** LING aspiration *f* ▸ **rough / smooth breathing** [in ancient Greek] esprit *m* rude / doux.

breathing space n moment *m* de répit.

breathless ['breθlɪs] adj **1.** [from exertion] essoufflé, hors d'haleine ; [from illness] oppressé, qui a du mal à respirer **2.** [from emotion] : *his kiss left her breathless* son baiser lui a coupé le souffle / *we waited in breathless excitement* nous attendions le souffle coupé par l'émotion or en retenant notre haleine / *the film held us breathless* le film nous a tenus en haleine / **'Breathless'** *Godard* 'À bout de souffle' **3.** [atmosphere] étouffant.

breathlessly ['breθlɪslɪ] adv [gasping] en haletant ; *fig* [hurriedly] en toute hâte.

breathlessness ['breθlɪsnɪs] n essoufflement *m*.

breathtaking ['breθ,teɪkɪŋ] adj impressionnant / *a breathtaking view* une vue à (vous) couper le souffle / *his breathtaking stupidity* sa bêtise invraisemblable.

breathtakingly ['breθ,teɪkɪŋlɪ] adv de manière impressionnante / *breathtakingly funny* d'une drôlerie irrésistible / *breathtakingly good* époustouflant / *breathtakingly stupid* d'une bêtise invraisemblable.

breath test n Alcootest® *m*.

breathy ['breθɪ] (*compar* **breathier**, *superl* **breathiest**) adj qui respire bruyamment ; MUS qui manque d'attaque / *she has a breathy voice* elle respire bruyamment en parlant.

Brechtian ['brektɪən] ◆ adj brechtien. ◆ n brechtien *m*, -enne *f*.

Brecon Beacons ['brekən-] pl pr n *parc national au pays de Galles*.

bred [bred] ◆ pt & pp ⟶ **breed**. ◆ adj élevé.

-bred in comp élevé ▸ **ill / well-bred** mal / bien élevé.

breech [briːtʃ] ◆ n **1.** [of gun] culasse *f* **2.** [of person] derrière *m*. ◆ vt [gun] munir d'une culasse.

breech birth n accouchement *m* par le siège.

breechblock ['briːtʃblɒk] n bloc *m* de culasse.

breechcloth ['briːtʃklɒθ] n US pagne *m*.

breech delivery = **breech birth**.

breeches ['brɪtʃɪz] pl n pantalon *m* ; [knee-length] haut-de-chausses *m* ; [for riding] culotte *f* ▸ **to be too big for one's breeches** US avoir la grosse tête.

breeches buoy ['briːtʃɪz-] n bouée-culotte *f*.

breechloader ['briːtʃ,ləʊdər] n arme *f* chargée par la culasse.

breech-loading adj qui se charge par la culasse.

breed [briːd] (*pt & pp* **bred** [bred]) ◆ n **1.** ZOOL [race] race *f*, espèce *f* ; [within race] type *m* ; BOT [of plant] espèce *f* **2.** *fig* [kind] sorte *f*, espèce *f* / *he's one of a dying breed* il fait partie d'une espèce en voie de disparition ▸ **best of breed a)** [in dog show] meilleur *m*, -e *f* de race **b)** *fig* meilleur *m*, -e *f* de sa catégorie. ◆ vt **1.** [raise - animals] élever, faire l'élevage de ; [- plants] cultiver ; *liter & hum* [children] élever / *he was bred for the sea* on l'a élevé pour en faire un marin plus tard ▸ **to breed in / out a characteristic** faire acquérir / éliminer une caractéristique (par la sélection) **2.** *fig* [cause] engendrer, faire naître. ◆ vi se reproduire, se multiplier ▸ **to breed like rabbits** se multiplier comme des lapins.

breeder ['briːdər] n **1.** [farmer] éleveur *m*, -euse *f* ; [animal] reproducteur *m*, -trice *f* **2.** *pej & hum* [heterosexual] hétéro *mf*.

breeder reactor n surgénérateur *m*, surrégénérateur *m*.

breeding ['briːdɪŋ] n **1.** AGR [raising - of animals] élevage *m* ; [- of plants] culture *f* **2.** [reproduction] reproduction *f*, procréation *f* ▸ **the breeding season a)** [for animals] la saison des amours **b)** [for birds] la saison des nids **3.** [upbringing] éducation *f* / *he lacks breeding* il manque de savoir-vivre **4.** PHYS surgénération *f*, surrégénération *f*.

breeding-ground n **1.** [for wild animals, birds] lieu *m* de prédilection pour l'accouplement or la ponte **2.** *fig* : *a breeding-ground for terrorists* une pépinière de terroristes.

breeks [briːks] pl n Scot pantalon *m*.

breeze [briːz] ◆ n **1.** [wind] brise *f* / *a gentle* or *light breeze* une petite or légère brise / *a stiff breeze* un vent frais / *there's quite a breeze* ça souffle **2.** US *inf* [easy task] ▸ **that's a breeze** c'est l'enfance de l'art, c'est du gâteau **3.** [charcoal] cendres *fpl* (de charbon). ◆ vi **1.** [move quickly] aller vite / *the car breezed along the country lanes* la voiture roulait à vive allure sur les routes de campagne **2.** [do easily] : *I breezed through the exam* *inf* j'ai passé l'examen les doigts dans le nez.

❖ **breeze in** vi : *she breezed in* **a)** [quickly] elle est entrée en coup de vent **b)** [casually] elle est entrée d'un air désinvolte.

❖ **breeze out** vi : *he breezed out* **a)** [quickly] il est sorti en coup de vent **b)** [casually] il est sorti d'un air désinvolte.

breezeblock ['briːzblɒk] n UK parpaing *m*.

breezily ['briːzɪlɪ] adv [casually] avec désinvolture ; [cheerfully] joyeusement, jovialement.

breezy ['briːzɪ] (*compar* **breezier**, *superl* **breeziest**) adj **1.** [weather, day] venteux ; [place, spot] éventé **2.** [person - casual] désinvolte ; [- cheerful] jovial, enjoué.

Bremen ['breɪmən] pr n Brême.

Bren gun [bren-] n fusil *m* mitrailleur.

Brer Rabbit [breə-] pr n *personnage principal des histoires pour enfants de l'écrivain américain Uncle Remus*.

brethren ['breðrən] pl n *fml* [fellow members] camarades *mpl* ; RELIG frères *mpl*.

Breton ['bretɒn] ◆ n **1** [person] Breton *m*, -onne *f* **2.** LING breton *m*. ◆ adj breton.

breve [briːv] n MUS & TYPO brève *f*.

breviary ['briːvjərɪ] (*pl* **breviaries**) n bréviaire *m*.

brevity ['brevɪtɪ] n **1.** [shortness] brièveté *f* **2.** [succinctness] concision *f* ; [terseness] laconisme *m* ▸ **brevity is the soul of wit** *prov* la concision est le secret d'un bon mot d'esprit.

brew [bruː] ◆ n **1.** [infusion] infusion *f* ; [herbal] tisane *f* / *a witch's brew* un brouet de sorcière **2.** [beer] brassage *m* ; [amount made] brassin *m* **3.** *inf* : *do you want a brew?* **a)** [tea] tu veux du thé ? **b)** [coffee] tu veux du café ? ◆ vt **1.** [make - tea] préparer, faire infuser ; [- beer] brasser **2.** *fig* [scheme] tramer, mijoter. ◆ vi **1.** [tea] infuser ; [beer] fermenter **2.** [make beer] brasser, faire de la bière **3.** *fig* [storm] couver, se préparer ; [scheme] se tramer, mijoter / *I could tell by her face there was a storm brewing* j'ai vu sur son visage qu'il y avait de l'orage dans l'air / *there's trouble brewing* il y a de l'orage dans l'air.

❖ **brew up** vi **1.** [storm] couver, se préparer ; [trouble] se préparer, se tramer **2.** UK *inf* [make tea] préparer or faire du thé.

brewer ['bruːər] n brasseur *m*.

brewer's yeast n levure *f* de bière.

brewery ['brʊərɪ] (*pl* **breweries**) n brasserie *f* *(fabrique)*.

brewpub ['bruːpʌb] n US microbrasserie *f*.

brewski ['bruːskɪ] n US *inf* bière *f*.

brew-up n UK *inf* : *we stopped work for a brew-up* nous avons fait une pause pour prendre un thé.

briar ['braɪəʳ] **1.** = brier **2.** = briar pipe.

briar pipe n pipe *f* de bruyère.

bribe [braɪb] ◆ vt soudoyer, acheter ; [witness] suborner / *we bribed the guard to tell us* nous avons soudoyé le garde pour qu'il nous le dise / *I bribed him with sweets* je l'ai acheté avec des bonbons. ◆ n pot-de-vin *m* / *to take bribes* se laisser corrompre / *I offered him a bribe* j'ai tenté de le corrompre, je lui ai offert un pot-de-vin.

bribery ['braɪbərɪ] n corruption *f* ; [of witness] subornation *f* / *open to bribery* corruptible / *not open to bribery* incorruptible ▸ **bribery and corruption** LAW corruption.

bric-à-brac ['brɪkəbræk] ◆ n bric-à-brac *m*. ◆ comp ▸ **a bric-à-brac shop / stall** une boutique / un éventaire de brocanteur.

brick [brɪk] ◆ n **1.** [for building] brique *f* / *a house made of brick* une maison en brique ▸ **to come down on sb like a ton of bricks** *inf* passer un savon à qqn ▸ **you can't make bricks without straw** *prov* à l'impossible nul n'est tenu *prov* **2.** [of ice cream] pavé *m* (de glace) **3.** UK [toy] cube *m* (de construction) / *a box of bricks* un jeu de construction **4.** UK *inf & dated* chic type *m*, chic fille *f* / *you're a brick!* tu es vraiment or super sympa ! ◆ comp [building] en brique or briques ▸ **it's like talking to a brick wall** autant (vaut) parler à un mur or un sourd.

❖ **brick in** = brick up.

❖ **brick off** vt sep murer.

❖ **brick up, brick in** vt sep murer.

brickbat ['brɪkbæt] n [weapon] morceau *m* de brique ; *fig* [criticism] critique *f*.

brickie ['brɪkɪ] n UK *inf* maçon *m*, ouvrier-maçon *m*.

brick-kiln n four *m* à briques.

bricklayer ['brɪk,leɪəʳ] n maçon *m*, ouvrier-maçon *m*.

brick red n rouge *m* brique.

❖ **brick-red** adj rouge brique *(inv)*.

brickwork ['brɪkwɜ:k] n [structure] briquetage *m*, brique *f*.

brickworks ['brɪkwɜ:ks] *(pl* **brickworks**), **brickyard** ['brɪkjɑ:d] n briqueterie *f*.

bridal ['braɪdl] adj [gown, veil] de mariée ; [chamber, procession] nuptial ; [feast] de noce ▸ **the bridal suite** la suite réservée aux jeunes mariés.

bride [braɪd] n [before wedding] (future) mariée *f* ; [after wedding] (jeune) mariée *f* ▸ **the bride and groom** les (jeunes) mariés *mpl* ▸ **the bride of Christ** RELIG l'épouse *f* du Christ / **'The Bartered Bride'** *Smetana* 'la Fiancée vendue'.

bridegroom ['braɪdgrʊm] n [before wedding] (futur) marié *m* ; [after wedding] (jeune) marié *m*.

bridesmaid ['braɪdzmeɪd] n demoiselle *f* d'honneur ▸ **to be always the bridesmaid, never the bride** être une éternelle seconde.

bride-to-be n future mariée *f*.

bridge [brɪdʒ] ◆ n **1.** [structure] pont *m* / *the engineers built* or *put a bridge across the river* le génie a construit or jeté un pont sur le fleuve / **'The Bridge on the River Kwai'** *Lean* 'le Pont de la rivière Kwaï' / **'A Bridge Too Far'** *Attenborough* 'Un pont trop loin' **2.** *fig* [link] rapprochement *m* / *building bridges between East and West* efforts de rapprochement entre l'Est et l'Ouest **3.** [of ship] passerelle *f* (de commandement) **4.** [of nose] arête *f* ; [of glasses] arcade *f* **5.** [of stringed instrument] chevalet *m* **6.** [dentures] bridge *m* **7.** [card game] bridge *m* / *what about a game of bridge?* et si on faisait un bridge ? / *do you play bridge?* jouez-vous au bridge ? / *they're playing bridge* ils bridgent. ◆ comp [party, tournament] de bridge ▸ **bridge player** bridgeur *m*, -euse *f*. ◆ vt [river] construire or jeter un pont sur ; *fig* : *a composer whose work bridged two centuries* un compositeur dont l'œuvre est à cheval sur deux siècles / *to bridge the generation gap* combler le fossé entre les générations / *in order to bridge the gap in our knowledge / in our resources* pour combler la lacune dans notre savoir / le trou dans nos ressources.

bridgehead ['brɪdʒhed] n tête *f* de pont.

bridge loan US = bridging loan.

bridgework ['brɪdʒwɜ:k] n *(U)* [in dentistry] : *to have bridgework done* se faire faire un bridge.

bridging ['brɪdʒɪŋ] n **1.** [in climbing] opposition *f* **2.** CONSTR entretoisement *m*.

bridging loan n UK prêt-relais *m*.

bridle ['braɪdl] ◆ n [harness] bride *f* ; *fig* [constraint] frein *m*, contrainte *f*. ◆ vt [horse] brider ; *fig* [emotions] refréner ▸ **to bridle one's tongue** tenir sa langue. ◆ vi [in anger] se rebiffer, prendre la mouche ; [in indignation] redresser la tête.

bridle path, bridleway ['braɪdlweɪ] n piste *f* cavalière.

brief [bri:f] ◆ adj **1.** [short in duration] bref, court / *a brief interval* un court intervalle **2.** [succinct] concis, bref / *to be brief, I think you're right* en bref, je crois que tu as raison / *a brief account* un exposé sommaire **3.** [terse - person, reply] laconique ; [abrupt] brusque. ◆ vt **1.** [bring up to date] mettre au courant / *the boss briefed me on the latest developments* le patron m'a mis au courant des derniers développements ; [give orders to] donner des instructions à / *the soldiers were briefed on their mission* les soldats ont reçu leurs ordres pour la mission **2.** LAW [lawyer] confier une cause à ; [case] établir le dossier de. ◆ n **1.** LAW dossier *m*, affaire *f* / *he took our brief* il a accepté de plaider notre cause ▸ **to hold a watching brief for sb / sthg** veiller (en justice) aux intérêts de qqn / qqch ▸ **to hold no brief for sb / sthg** ne pas se faire l'avocat de qqn / qqch / *he holds no brief for those who take drugs* il ne prend pas la défense de ceux qui se droguent **2.** [instructions] briefing *m* / *my brief was to develop sales* la tâche or la mission qui m'a été confiée était de développer les ventes.

❖ **briefs** pl n [underwear] slip *m*.

❖ **in brief** adv phr en résumé.

briefcase ['bri:fkeɪs] n serviette *f*, mallette *f*.

briefing ['bri:fɪŋ] n MIL [meeting] briefing *m*, instructions *fpl*.

briefly ['bri:flɪ] adv **1.** [for a short time] un court instant / *I visited her briefly on the way home* au retour, je lui ai rendu visite en coup de vent **2.** [succinctly] brièvement ; [tersely] laconiquement / *she told them briefly what had happened* elle leur a résumé ce qui s'était passé / *put briefly, the situation is a mess* en bref, la situation est très embrouillée.

briefness ['bri:fnɪs] n **1.** [of time] brièveté *f*, courte durée *f* **2.** [succinctness] concision *f* ; [terseness] laconisme *m* ; [abruptness] brusquerie *f*.

brier ['braɪəʳ] n **1.** [thorny plant] ronces *fpl* ; [thorn] épine *f* **2.** [heather] bruyère *f* ; [wood] (racine *f* de) bruyère *f*.

brier rose n églantine *f*.

brig [brɪg] n **1.** [ship] brick *m* **2.** US [prison - on ship] prison *f (à bord d'un navire)* / *they threw him in the brig* *inf & fig* ils l'ont mis au trou.

Brig. (written abbr of brigadier) n ▸ **Brig. Smith** le général de brigade Smith.

brigade [brɪ'geɪd] n [gen & MIL] brigade *f* / *one of the old brigade* *fig* un vieux de la vieille.

brigadier [,brɪgə'dɪəʳ] n UK général *m* de brigade.

brigadier general n US [in army] général *m* de brigade ; [in air force] général *m* de brigade aérienne.

brigand ['brɪgənd] n brigand *m*, bandit *m*.

brigantine ['brɪgənti:n] n brigantin *m*.

bright [braɪt] ◆ adj **1.** [weather, day] clair, radieux ; [sunshine] éclatant / *the weather will get brighter later* le temps s'améliorera en cours de journée / *cloudy with bright intervals* nuageux avec des éclaircies / *the outlook for tomorrow is brighter* METEOR on prévoit une amélioration du temps pour demain ▸ **bright and early** tôt le matin, de bon or grand matin ; [room] clair ; [fire, light] vif ; [colour] vif, éclatant / **'All Things Bright And Beautiful'** *chant religieux souvent chanté par les enfants* **2.** [shining - diamond, star] brillant ; [- metal] poli, luisant ; [- eyes] brillant, vif / *it was one of the few bright spots of our visit* ce fut l'un des rares bons moments de notre visite ▸ **the bright lights** : *she likes the bright lights* elle aime la grande ville / *the bright lights of London* les attractions de Londres **3.** [clever] intelligent ; [child] éveillé, vif ▸ **a bright idea** une idée géniale or lumineuse **4.** [cheerful] gai, joyeux ; [lively] animé, vif / *you're very bright this morning!* tu es bien gaie ce matin ! ▸ **to be bright and breezy** avoir l'air en pleine forme **5.** [promising] brillant / *there are brighter days ahead* des jours meilleurs nous attendent / *to have a bright future* avoir un brillant avenir / *the future's looking bright* l'avenir est plein de promesses or s'annonce bien ▸ **to look on the bright side** prendre les choses du bon côté, être optimiste. ◆ adv *liter* [burn, shine] avec éclat, brillamment.

❖ **brights** pl n US [headlights] : *to put the brights on* se mettre en pleins phares.

brighten ['braɪtn] ◆ vi **1.** [weather] s'améliorer **2.** [person] s'animer ; [face] s'éclairer ; [eyes] s'allumer, s'éclairer **3.** [prospects] s'améliorer. ◆ vt **1.** [decorate - place, person] égayer ; [enliven - conversation] animer, égayer **2.** [prospects] améliorer, faire paraître sous un meilleur jour **3.** [polish - metal] astiquer, faire reluire **4.** [colour] aviver.

❖ **brighten up** vi & vt sep = brighten.

bright-eyed adj *lit* aux yeux brillants ; *fig* [eager] enthousiaste ▸ **bright-eyed and bushy-tailed** *hum* frais comme la rosée.

brightly ['braɪtlɪ] adv **1.** [shine] avec éclat / *the stars were shining brightly* les étoiles scintillaient / *the fire burned brightly* le feu flambait / *brightly polished* reluisant **2.** [cheerfully] gaiement, joyeusement / *to smile brightly* sourire d'un air radieux / *to answer brightly* répondre gaiement.

brightly-coloured adj aux couleurs vives.

brightness ['braɪtnɪs] n **1.** [of sun] éclat *m* ; [of light] intensité *f* ; [of room] clarté *f*, luminosité *f* ; [of colour] éclat *m* **2.** [cheerfulness] gaieté *f*, joie *f* ; [liveliness] vivacité *f* ; [of smile] éclat *m* **3.** [cleverness] intelligence *f*.

Bright's disease [braɪts-] n mal *m* de Bright, néphrite *f* chronique *spec*.

bright spark n UK *inf* [clever person] lumière *f* ▸ **you're a bright spark!** *iro* gros malin !

brill [brɪl] *(pl* **brill**) ◆ n [fish] barbue *f*. ◆ adj UK *inf* [terrific] super, sensass.

brilliance ['brɪljəns], **brilliancy** ['brɪljənsɪ] n **1.** [of light, smile, career] éclat *m*, brillant *m* **2.** [cleverness] intelligence *f* / *no one doubts her brilliance* il ne fait pas de doute que c'est un esprit brillant or qu'elle est d'une intelligence supérieure.

brilliant ['brɪljənt] ◆ adj **1.** [light, sunshine] éclatant, intense ; [smile] éclatant, rayonnant ; [colour] vif, éclatant **2.** [outstanding - mind, musician, writer] brillant, exceptionnel ; [- film, novel, piece of work] brillant, exceptionnel ; [- success] éclatant / *a brilliant career* une brillante carrière **3.** *inf* [terrific] sensationnel, super **4.** [intelligent] brillant / *that's a brilliant idea* c'est une idée lumineuse or de génie. ◆ n brillant *m*.

brilliantine ['brɪljənti:n] n brillantine *f*.

brilliantly ['brɪljəntlɪ] adv **1.** [shine] avec éclat ▸ **brilliantly coloured** d'une couleur vive **2.** [perform, talk] brillamment.

Brillo pad® ['brɪləʊ-] n ≃ tampon *m* Jex.

brim [brɪm] *(pt & pp* **brimmed**, *cont* **brimming**) ◆ n [of hat] bord *m* ; [of bowl, cup] bord *m* / *full to the brim* plein à ras bord. ◆ vi déborder / *eyes brimming with tears* des yeux pleins or noyés de larmes / *the newcomers were brimming with ideas* les nouveaux venus avaient des idées à revendre.

❖ **brim over** vi déborder / *to be brimming over with enthusiasm* déborder d'enthousiasme.

brimful [,brɪm'fʊl] adj UK [cup] plein à déborder or jusqu'au bord ; *fig* débordant / *brimful of confidence* très or excessivement confiant.

brimless ['brɪmlɪs] adj [hat] sans bord or bords.

brimstone ['brɪmstəʊn] n **1.** [sulphur] soufre *m* **2.** [butterfly] citron *m*.

brindled ['brɪndld] adj moucheté, tavelé.

brine [braɪn] n **1.** [salty water] eau *f* salée ; CULIN saumure *f* **2.** *liter* [sea] mer *f* ; [sea water] eau *f* de mer / *mussels in brine* moules saumurées.

bring [brɪŋ] (*pt & pp* **brought** [brɔːt]) vt **1.** [take - animal, person, vehicle] amener ; [- object] apporter / *I'll bring the books (across) tomorrow* j'apporterai les livres demain / *her father's bringing her home today* son père la ramène à la maison aujourd'hui / *what brings you here?* qu'est-ce qui vous amène ? / *can you bring me a beer, please?* vous pouvez m'apporter une bière, s'il vous plaît ? / *that brings the total to £350* cela fait 350 livres en tout / *he brought his dog with him* il a emmené son chien / *did you bring anything with you* as-tu apporté quelque chose ? ; [fashion, idea, product] introduire, lancer / *black musicians brought jazz to Europe* les musiciens noirs ont introduit le jazz en Europe / *this programme is brought to you by the BBC* ce programme est diffusé par la BBC **2.** [into specified state] entraîner, amener ▸ **to bring sthg into play** faire jouer qqch ▸ **to bring sthg into question** mettre or remettre qqch en question ▸ **to bring sb to his / her senses** ramener qqn à la raison ▸ **to bring sthg to an end** or **a close** or **a halt** mettre fin à qqch ▸ **to bring sthg to sb's attention** or **knowledge** or **notice** attirer l'attention de qqn sur qqch ▸ **to bring a child into the world** mettre un enfant au monde ▸ **to bring sthg to light** mettre qqch en lumière, révéler qqch **3.** [produce] provoquer, causer / *her performance brought wild applause* son interprétation a provoqué un tonnerre d'applaudissements ▸ **to bring sthg upon sb** attirer qqch sur qqn / *her foolhardiness brought misfortune upon the family* son imprudence a attiré le malheur sur la famille / *you bring credit to the firm* vous faites honneur à la société / *it brings bad / good luck* ça porte malheur / bonheur / *he brought a sense of urgency to the project* il a fait accélérer le projet / *the story brought tears to my eyes* l'histoire m'a fait venir les larmes aux yeux / *his speech brought jeers from the audience* son discours lui a valu les huées de l'assistance / *money does not always bring happiness* l'argent ne fait pas toujours le bonheur / *the winter brought more wind and rain* l'hiver a amené encore plus de vent et de pluie / *tourism has brought prosperity to the area* le tourisme a enrichi la région / *who knows what the future will bring?* qui sait ce que l'avenir nous / lui etc. réserve ? **4.** [force] amener / *she can't bring herself to speak about it* elle n'arrive pas à en parler / *her performance brought the audience to its feet* les spectateurs se sont levés pour l'applaudir **5.** [lead] mener, amener / *the path brings you straight (out) into the village* ce chemin vous mène (tout) droit au village / *the shock brought him to the verge of a breakdown* le choc l'a mené au bord de la dépression nerveuse / *to bring sb into a conversation / discussion* faire participer qqn à une conversation / discussion / *that brings us to the next question* cela nous amène à la question suivante **6.** LAW ▸ **to bring an action** or **a suit against sb** intenter un procès à or contre qqn ▸ **to bring a charge against sb** porter une accusation contre qqn / *the case was brought before the court* l'affaire a été déférée au tribunal / *he was brought before the court* il a comparu devant le tribunal / *the murderer must be brought to justice* l'assassin doit être traduit en justice ▸ **to bring evidence** avancer or présenter des preuves **7.** [financially] rapporter / *her painting only brings her a few thousand pounds a year* ses peintures ne lui rapportent que quelques milliers de livres par an **8.** US *inf* ▸ **to bring it** [make supreme effort] mettre le paquet / *let's bring it in the second half!* allez, on met le paquet dans la deuxième mi-temps !

❖ **bring about** vt sep **1.** [cause - changes, war] provoquer, amener, entraîner / *what brought about his dismissal?* pourquoi a-t-il été renvoyé exactement ?, quel est le motif de son renvoi ? **2.** NAUT faire virer de bord.

❖ **bring along** vt sep [person] amener ; [thing] apporter.

❖ **bring around** = **bring round**.

❖ **bring back** vt sep **1.** [fetch - person] ramener ; [- thing] rapporter / *no amount of crying will bring him back* pleurer ne le ramènera pas à la vie **2.** [restore] restaurer / *the news brought a smile back to her face* la nouvelle lui a rendu le sourire / *they're bringing back miniskirts* ils relancent la minijupe ▸ **to bring sb back to life** ranimer qqn **3.** [evoke - memory] rappeler (à la mémoire) / *that brings it all back to me* ça réveille tous mes souvenirs.

❖ **bring by** vt sep ▸ **to bring sb by** amener qqn.

❖ **bring down** vt sep **1.** [fetch - person] amener ; [- thing] descendre, apporter **2.** [reduce - prices, temperature] faire baisser ; [- swelling] réduire **3.** [cause to land - kite] ramener (au sol) ; [- plane] faire atterrir **4.** [cause to fall - prey] descendre ; [- plane, enemy, tree] abattre **5.** [overthrow] faire tomber, renverser **6.** MATH [carry] abaisser **7.** *inf* [depress] déprimer, donner le cafard à **8.** *liter* [provoke - anger] attirer / *to bring down the wrath of God on sb* attirer la colère de Dieu sur qqn.

❖ **bring forth** vt sep *fml* **1.** [produce - fruit] produire ; [- child] mettre au monde ; [- animal] mettre bas **2.** [elicit] provoquer.

❖ **bring forward** vt sep **1.** [present - person] faire avancer ; [- witness] produire ; [- evidence] avancer, présenter **2.** [move - date, meeting] avancer **3.** [in accounting] reporter.

❖ **bring in** vt sep **1.** [fetch in - person] faire entrer ; [- thing] rentrer / *they want to bring a new person in* ils veulent prendre quelqu'un d'autre / *we will have to bring in the police* il faudra faire intervenir la or faire appel à la police **2.** [introduce - laws, system] introduire, présenter ; [- fashion] lancer / *the government has brought in a new tax bill* le gouvernement a présenté or déposé un nouveau projet de loi fiscale / *can I just bring in a new point?* est-ce que je peux faire une autre remarque ? **3.** [yield, produce] rapporter / *to bring in interest* rapporter des intérêts / *tourism brings in millions of dollars each year* le tourisme rapporte des millions de dollars tous les ans / *her work doesn't bring in much money* son travail ne lui rapporte pas grand-chose **4.** LAW [verdict] rendre / *they brought in a verdict of guilty* ils l'ont déclaré coupable.

❖ **bring off** vt sep UK *inf* [trick] réussir ; [plan] réaliser ; [deal] conclure, mener à bien / *did you manage to bring it off?* avez-vous réussi votre coup ?

❖ **bring on** vt sep **1.** [induce] provoquer, causer / *the shock brought on a heart attack* le choc a provoqué une crise cardiaque **2.** [encourage] encourager / *the warm weather has really brought on the flowers* la chaleur a bien fait pousser les fleurs / *the idea is to bring on new tennis players* il s'agit d'encourager de nouveaux tennismen **3.** THEAT [person] amener sur scène ; [thing] apporter sur scène.

❖ **bring out** vt sep **1.** [take out - person] faire sortir ; [- thing] sortir **2.** [commercially - product, style] lancer ; [- music album] sortir ; [- book] publier **3.** [accentuate] souligner / *that colour brings out the green in her eyes* cette couleur met en valeur le vert de ses yeux / *her performance brought out the character's comic side* son interprétation a fait ressortir le côté comique du personnage / *to bring out the best / worst in sb* faire apparaître qqn sous son meilleur / plus mauvais jour / *it brings out the beast in me hum* cela réveille l'animal qui est en moi **4.** UK [in rash, spots] : *strawberries bring me out in spots* les fraises me donnent des boutons **5.** [encourage - person] encourager / *he's very good at bringing people out (of themselves)* il sait très bien s'y prendre pour mettre les gens à l'aise **6.** [workers] appeler à la grève / *they're threatening to bring everyone out (on strike)* ils menacent d'appeler tout le monde à faire grève.

❖ **bring over** vt sep [take - person] amener ; [- thing] apporter.

❖ **bring round**, **bring around** vt sep **1.** [take - person] amener ; [- thing] apporter / *I brought the conversation round to marriage* j'ai amené la conversation sur le mariage **2.** [revive] ranimer **3.** [persuade] convaincre, convertir ▸ **to bring sb round to a point of view** convertir or amener qqn à un point de vue.

❖ **bring through** vt sep : *he brought the country through the depression* il a réussi à faire sortir le pays de la dépression / *the doctors brought me through my illness* grâce aux médecins, j'ai survécu à ma maladie.

❖ **bring to** vt sep **1.** [revive] ranimer **2.** NAUT mettre en panne.

❖ **bring together** vt sep **1.** [people] réunir ; [facts] rassembler **2.** [introduce] mettre en contact, faire se rencontrer / *her brother brought them together* son frère les a fait se rencontrer **3.** [reconcile] réconcilier / *an arbitrator is trying to bring the two sides together* un médiateur essaie de réconcilier les deux parties.

❖ **bring up** vt sep **1.** [take - person] amener ; [- thing] monter **2.** [child] élever ▸ **to be well / badly brought up** être bien / mal élevé **3.** [mention - fact, problem] signaler, mentionner ; [- question] soulever / *don't bring that up again* ne remettez pas cela sur le tapis / *we won't bring it up again* nous n'en reparlerons plus **4.** [vomit] vomir, rendre **5.** LAW ▸ **to bring sb up before a judge** citer or faire comparaître qqn devant un juge.

See box at amener.

bring-and-buy n UK ▸ **bring-and-buy (sale)** *brocante de particuliers en Grande-Bretagne*.

Bring-and-buy sale

Ces brocantes sont en général destinées à réunir des fonds pour une œuvre de charité. On y vend des objets d'occasion et des produits faits maison.

brink [brɪŋk] n bord *m* / *to be on the brink of tears* être au bord des larmes / *the country is on the brink of war / of a recession* le pays est au bord or à la veille de la guerre / d'une récession ▸ **to be on the brink of doing sthg** être sur le point de faire qqch.

brink(s)manship ['brɪŋk(s)mənʃɪp] n stratégie *f* du bord de l'abîme.

briny ['braɪnɪ] (*compar* **brinier**, *superl* **briniest**) ◆ adj saumâtre, salé. ◆ n *liter* ▸ **the briny** la mer.

briquet(te) [brɪ'ket] n [of coal] briquette *f*, aggloméré *m* ; [of ice cream] pavé *m*.

brisk [brɪsk] adj **1.** [person] vif, alerte ; [manner] brusque **2.** [quick] rapide, vif / *to go for a brisk walk* se promener d'un bon pas / *to go for a brisk swim* nager vigoureusement / *at a brisk pace* à vive allure **3.** COMM florissant / *business is brisk* les affaires marchent bien / *bidding at the auction was brisk* les enchères étaient animées ▸ **brisk trading** ST. EX marché actif **4.** [weather] vivifiant, frais (fraîche) ; [day, wind] frais (fraîche).

brisket ['brɪskɪt] n [of animal] poitrine *f* ; CULIN poitrine *f* de bœuf.

briskly ['brɪsklɪ] adv **1.** [move] vivement ; [walk] d'un bon pas ; [speak] brusquement ; [act] sans délai or tarder **2.** COMM : *cold drinks were selling briskly* les boissons fraîches se vendaient très bien or comme des petits pains.

briskness ['brɪsknɪs] n **1.** [of person] vivacité *f* ; [of manner] brusquerie *f* ; [of action] rapidité *f* **2.** COMM activité *f* **3.** [of weather] fraîcheur *f*.

brisling ['brɪzlɪŋ] n sprat *m*.

bristle ['brɪsl] ◆ vi **1.** [hair] se redresser, se hérisser **2.** *fig* [show anger] s'irriter, se hérisser / *they bristled at any suggestion of incompetence* ils se hérissèrent lorsqu'on osa insinuer qu'ils étaient incompétents. ◆ n [of beard, brush] poil *m* ; [of boar, pig] soie *f* ; [of plant] poil *m*, soie *f* / *a brush with nylon / natural bristles* une brosse en Nylon® / soie. ◆ comp [hairbrush, paintbrush] ▸ **a pure bristle brush** une brosse pur sanglier.

❖ **bristle with** vt insep UK [swarm with] grouiller de / *the whole subject bristles with difficulties* toute la question est hérissée de difficultés / *the town centre was bristling with police* le centre-ville grouillait de policiers.

bristleworm ['brɪslwɜːm] n ZOOL chétopode *m*.

bristling ['brɪslɪŋ] adj hérissé, en bataille.

bristly ['brɪslɪ] (*compar* **bristlier**, *superl* **bristliest**) adj [beard - in appearance] aux poils raides ; [- to touch] qui pique ; [chin] piquant / *his face was all bristly* il avait une barbe de trois jours.

Bristol ['brɪstl] pr n [city] Bristol ▸ **Bristol fashion** bien rangé, impeccable.

✧ **bristols** pl n UK *v inf* roberts *mpl*, nichons *mpl*.

Bristol board n bristol *m*.

Bristol Channel ['brɪstl-] pr n ▸ **the Bristol Channel** le canal de Bristol.

Brit [brɪt] n *inf* Britannique *mf*.

Britain ['brɪtn] pr n ▸ **(Great) Britain** Grande-Bretagne *f* / *in Britain* en Grande-Bretagne ▸ **the Battle of Britain** la bataille d'Angleterre.

 **The Battle of Britain**

Lutte aérienne qui opposa, d'août à octobre 1940, la Luftwaffe à la RAF, l'objectif allemand étant de neutraliser l'espace aérien britannique et d'envahir la Grande-Bretagne. La résistance des forces aériennes britanniques mit un terme au projet des nazis.

Britannia [brɪ'tænjə] pr n **1.** [figure] *femme assise portant un casque et tenant un trident, qui personnifie la Grande-Bretagne sur certaines pièces de monnaie* **2.** ▸ **(the Royal Yacht) Britannia** *ancien yacht de la famille royale britannique.*

Britannia metal n métal *m* anglais.

Britannia silver n argent *m* fin.

Britannic [brɪ'tænɪk] adj *fml* ▸ **His** or **Her Britannic Majesty** Sa Majesté Britannique.

Britannicus [brɪ'tænɪkəs] pr n Britannicus.

Britart ['brɪtɑːt] pr n *nom qui désigne l'œuvre de certains artistes conceptuels britanniques en vogue depuis le début des années 1990 (Tracey Emin, Damien Hirst, etc.).*

britches ['brɪtʃɪz] US = **breeches.**

briticism ['brɪtɪsɪzm] n anglicisme *m*.

British ['brɪtɪʃ] ◆ adj britannique, anglais ▸ **British goods** produits anglais ▸ **British English** anglais *m* britannique ▸ **the British Embassy** l'ambassade *f* de Grande-Bretagne ▸ **the British Empire** l'Empire *m* britannique ▸ **British Technology Group** *organisme privé britannique commercialisant des innovations technologiques élaborées par des universités ou des inventeurs.* ◆ pl n ▸ **the British** les Britanniques *mpl*, les Anglais *mpl*.

British Academy pr n ▸ **the British Academy** *organisme public d'aide à la recherche dans le domaine des lettres.*

British Antarctic Territory pr n territoire *m* de l'Antarctique britannique.

British Army of the Rhine pr n *forces armées britanniques établies en Allemagne de l'Ouest après la Seconde Guerre mondiale.*

British Board of Film Censors pr n *organisme britannique délivrant les visas de sortie pour les films.*

British Broadcasting Corporation pr n ▸ **the British Broadcasting Corporation** la BBC.

British Columbia pr n Colombie-Britannique *f* / *in British Columbia* en Colombie-Britannique.

British Columbian ◆ n *habitant ou natif de la Colombie-Britannique.* ◆ adj de la Colombie-Britannique.

British Commonwealth pr n ▸ **the British Commonwealth** le Commonwealth.

British Council pr n ▸ **the British Council** *organisme public chargé de promouvoir la langue et la culture anglaises.*

 **British Council**

La vocation du **British Council** est de promouvoir la langue et la culture anglaises, et de renforcer les liens culturels entre la Grande-Bretagne et les autres pays.

British East India Company pr n ▸ **the British East India Company** la Compagnie britannique des Indes orientales.

Britisher ['brɪtɪʃəʳ] n US Anglais *m*, -e *f*, Britannique *mf*.

British Gas pr n *société de production et de distribution du gaz, privatisée en 1986.*

British Honduras pr n ▸ **(former) British Honduras** (l'ex) Honduras *m* britannique / *in British Honduras* au Honduras britannique.

British Isles pl pr n ▸ **the British Isles** les îles *fpl* Britanniques / *in the British Isles* aux îles Britanniques.

British Legion pr n *organisme d'aide aux anciens combattants.*

British Library pr n *la bibliothèque nationale britannique.*

 **British Library**

La bibliothèque nationale britannique héberge plus de 15 millions de volumes, journaux, etc. et reçoit automatiquement un exemplaire de chaque ouvrage qui est publié au Royaume-Uni. Son nouveau siège principal, qui a ouvert ses portes en 1997, se situe entre les gares de **Euston** et **St. Pancras** à Londres. Avant, elle occupait la très pittoresque salle de lecture du **British Museum**.

British Lions pl pr n ▸ **the British Lions** *équipe de rugby à quinze constituée des joueurs sélectionnés dans les quatre équipes nationales (Angleterre, pays de Galles, Écosse et Irlande).*

British Museum pr n British Museum *(grand musée et bibliothèque londoniens).*

British National Party pr n ▸ **the British National Party** *parti d'extrême droite anglais.*

British Nuclear Fuels pr n *entreprise publique de production de combustibles nucléaires.*

British Open pr n *important championnat de golf qui se tient chaque année en Écosse.*

British Rail pr n *ancienne société des chemins de fer britanniques.*

British Summer Time n *heure d'été britannique.*

British Telecom [-'telɪkɒm] pr n *société britannique de télécommunications.*

Briton ['brɪtn] n Britannique *mf*, Anglais *m*, -e *f* ; HIST Breton *m*, -onne *f* (d'Angleterre).

Britpop ['brɪtpɒp] pr n *nom qui désigne la production de certains groupes pop britanniques du milieu des années 1990 (Blur, Suede, Oasis, etc.).*

Brittany ['brɪtənɪ] pr n Bretagne *f* / *in Brittany* en Bretagne.

brittle ['brɪtl] adj **1.** [breakable] cassant, fragile **2.** [person] froid, indifférent ; [humour] mordant, caustique ; [reply] sec (sèche) / *a brittle tone of voice* un ton sec or cassant **3.** [sound] strident, aigu (aiguë).

brittleness ['brɪtlnɪs] n **1.** [fragility] fragilité *f* **2.** [of person] froideur *f*, insensibilité *f* ; [of humour] causticité *f*, mordant *m* **3.** [of sound] son *m* aigu.

bro [brəʊ] (abbr of **brother**) n **1.** *inf* [brother] : *my bro* mon frangin **2.** US [as greeting] : *hey, bro!* salut mon pote !

broach [brəʊtʃ] ◆ vt **1.** [subject] aborder, entamer **2.** [barrel] percer, mettre en perce ; [supplies] entamer. ◆ vi NAUT venir or tomber en travers. ◆ n **1.** US = **brooch 2.** CONSTR perçoir *m*, foret *m* **3.** CULIN broche *f*.

broad [brɔːd] ◆ adj **1.** [wide] large / *the road is 4 metres broad* la route a 4 mètres de large or de largeur / *she has a broad back* elle a une forte carrure / *to be broad in the shoulders* or *to have broad shoulders* être large d'épaules / *a broad grin* un large or grand sourire / *he has broad shoulders, he can take it* il a les reins solides, il peut encaisser ▸ **to be broad in the beam a)** [ship] être ventru **b)** *inf* [person] être large des hanches ▸ **it's as broad as it's long** UK c'est bonnet blanc et blanc bonnet, c'est du pareil au même **2.** [extensive] vaste, immense / *a broad syllabus* un programme très divers / *we offer a broad range of products* nous offrons une large or grande gamme de produits ▸ **in broad daylight a)** *lit* au grand jour, en plein jour **b)** *fig* au vu et au su de tout le monde, au grand jour **3.** [general] général / *here is a broad outline* voilà les grandes lignes / *in the broadest sense of the word* au sens le plus large du mot / *his books still have a very broad appeal* ses livres plaisent toujours à or intéressent toujours un vaste public ▸ **broad construction** US LAW interprétation *f* large **4.** [not subtle] évident / *a broad hint* une allusion transparente / *"surely not", she said with broad sarcasm* « pas possible », dit-elle d'un ton des plus sarcastiques / *he speaks with a broad Scots accent* il a un accent écossais prononcé or un fort accent écossais **5.** [liberal] libéral / *broad views* idées larges / *she has very broad tastes in literature* elle a des goûts littéraires très éclectiques ▸ **Broad Church** *groupe libéral à l'intérieur de l'Église anglicane* **6.** [coarse] grossier, vulgaire / *broad humour* humour grivois / *a broad joke* une plaisanterie osée or leste **7.** PHON large ▸ **broad transcription** transcription *f* large. ◆ n **1.** [widest part] : *the broad of the back* le milieu du dos **2.** US *v inf* [woman] gonzesse *f*.

B-road n UK ≃ route *f* départementale or secondaire.

broadband ['brɔːdbænd] ◆ n transmission *f* à large bande / *have you got broadband?* tu as une connexion haut débit ? ◆ adj à larges bandes ▸ **broadband Internet connection** connexion *f* à haut débit.

broad bean n fève *f*.

broad-brimmed [-'brɪmd] adj à bords larges.

broad-brush adj : *a broad-brush approach* une approche grossière.

broadcast ['brɔːdkɑːst] (*pt & pp* **broadcast** *or* **broadcasted**) ◆ n émission *f* ▸ **live / recorded broadcast** émission en direct / en différé ▸ **repeat broadcast** rediffusion *f*. ◆ vt **1.** RADIO diffuser, radiodiffuser, émettre ; TV téléviser, émettre / *you don't have to broadcast it!* *fig* ce n'est pas la peine de le crier sur les toits or le carillonner partout ! **2.** AGR semer à la volée. ◆ vi [station] émettre ; [actor] participer à une émission ; TV paraître à la télévision ; [show host] faire une émission. ◆ adj RADIO radiodiffusé ; TV télévisé ▸ **broadcast signal / satellite** signal *m* / satellite *m* de radiodiffusion. ◆ adv AGR à la volée.

broadcaster ['brɔːdkɑːstəʳ] n personnalité *f* de la radio or de la télévision.

broadcasting ['brɔːdkɑːstɪŋ] n RADIO radiodiffusion *f* ; TV télévision *f* / *he wants to go into broadcasting* il veut faire une carrière à la radio ou à la télévision.

Broadcasting Complaints Commission pr n *organisme britannique traitant les plaintes concernant les émissions de télévision et de radio.*

Broadcasting House pr n *siège de la BBC à Londres.*

Broadcasting Standards Council pr n *organisme britannique de contrôle des émissions de télévision et de radio.*

broadcloth ['brɔːdklɒθ] n drap *m* fin.

broaden ['brɔːdn] ◆ vi s'élargir / *turn left where the road broadens (out)* prenez à gauche, là où la route s'élargit. ◆ vt élargir / *to broaden one's horizons* or *outlook* élargir son horizon.

broad jump n US saut *m* en longueur.

broadleaved ['brɔːdliːvd] adj feuillu, latifolié *spec.*

broadloom ['brɔːdluːm] adj [carpet] en grande largeur.

broadly ['brɔːdlɪ] adv **1.** [widely] largement / *to smile broadly* faire un grand sourire **2.** [generally] en général ▸ **broadly speaking** d'une façon générale, en gros.

broadly-based adj composé d'éléments variés or divers.

broad-minded adj : *to be broad-minded* avoir les idées larges / *he has very broad-minded parents* ses parents sont très tolérants or larges d'esprit.

broad-mindedness [-'maɪndɪdnɪs] n largeur f d'esprit.

Broadmoor ['brɔːd,mɔː] pr n *institution britannique pour les détenus souffrant de graves troubles psychiques.*

broadness ['brɔːdnɪs] n **1.** [width] largeur f **2.** [coarseness] grossièreté f, vulgarité f **3.** [of accent] caractère m prononcé.

Broads [brɔːdz] pl pr n ▸ **the (Norfolk) Broads** *ensemble de lacs situés dans le Norfolk et le Suffolk.*

broadsheet ['brɔːdʃiːt] n **1.** [newspaper] journal m plein format ▸ **the broadsheets** UK PRESS les journaux mpl de qualité **2.** HIST & TYPO placard m.

Broadsheet

Le terme **broadsheet** (Royaume-Uni) ou **broadside** (États-Unis) désigne les journaux de qualité, imprimés sur des feuilles grand format, qui contiennent des informations sérieuses et des rubriques culturelles, sportives et financières de bon niveau. Au Royaume-Uni, les principaux journaux nationaux de qualité sont : **The Guardian** (tendance centre gauche), **The Independent**, **The Daily Telegraph** (tendance conservatrice), **The Times** (tendance centre droit), **The Financial Times**. Cependant, la majorité de ces quotidiens ont aujourd'hui adopté un format réduit, plus pratique pour les usagers des transports en commun, ce qui a eu pour effet d'augmenter considérablement les ventes. Aux États-Unis, les grands journaux nationaux sont **The Christian Science Monitor** et **The Wall Street Journal**, ainsi que **The New York Times**, **The Washington Post** et **The Los Angeles Times** dans leurs éditions nationales.

broadside ['brɔːdsaɪd] ◆ n **1.** [of ship] flanc m **2.** [volley of shots] bordée f / *the ship fired a broadside* le navire a lâché une bordée ; *fig* [tirade] attaque f cinglante ; [of insults] bordée f d'injures ▸ **to fire a broadside at sb / sthg** s'en prendre violemment à qqn / qqch. **3.** US PRESS = **broadsheet**. ◆ adv ▸ **broadside (on)** par le travers / *the ship is broadside on to the wharf* le navire présente le flanc or le travers au quai / *the truck hit us broadside on* UK le camion nous a heurtés sur le côté.

broad-spectrum adj à large spectre.

broadsword ['brɔːdsɔːd] n sabre m.

Broadway ['brɔːdweɪ] pr n Broadway *(rue des théâtres à Manhattan).*

brocade [brə'keɪd] ◆ n brocart m ▸ **brocade curtains** rideaux mpl de brocart. ◆ vt brocher.

broccoli ['brɒkəlɪ] n *(U)* brocolis mpl.

brochure [UK 'brəʊʃəʳ US brəʊ'ʃʊr] n [gen] brochure f, dépliant m ; SCH & UNIV prospectus m.

brogue [brəʊg] n [accent] accent m du terroir ; [Irish] accent m irlandais.

❖ **brogues** pl n *chaussures basses assez lourdes ornées de petits trous.*

broil [brɔɪl] US ◆ vt griller, faire cuire sur le gril ; *fig* griller. ◆ vi griller ▸ **broiling sun** soleil brûlant.

broiler ['brɔɪləʳ] n **1.** [chicken] poulet m (à rôtir) **2.** US [grill] gril m, rôtissoire f ▸ **it's a broiler today** *inf & fig* il fait une chaleur à crever aujourd'hui.

broiler house n éleveuse f (de poulets).

broke [brəʊk] ◆ pt ⟶ **break**. ◆ adj *inf* fauché, à sec ▸ **to go broke** faire faillite ▸ **to go for broke** risquer le tout pour le tout ▸ **to be flat** or **dead** or **stony** UK **broke** être fauché comme les blés, être raide comme un passe-lacet.

broken ['brəʊkn] ◆ pp ⟶ **break**. ◆ adj **1.** [damaged - chair, toy, window] cassé, brisé ; [- leg, rib] fracturé, cassé ; [- back] brisé, cassé ; [- biscuits] brisé / *are there any broken bones?* y a-t-il des fractures? ; *fig* : *broken heart* cœur brisé / *to die of a broken heart* mourir de chagrin / *she's from a broken home* elle vient d'un foyer désuni / *a broken marriage* un mariage brisé, un ménage désuni **2.** [sleep - disturbed] interrompu ; [- restless] agité **3.** [speech] mauvais, imparfait / *he speaks broken English* il parle un mauvais anglais / *in broken French* en mauvais français **4.** [agreement, promise] rompu, violé ; [appointment] manqué **5.** [health] délabré / *her spirit is broken* elle est abattue ▸ **he's a broken man since his wife's death** [emotionally] il a le cœur brisé or il est très abattu depuis la mort de sa femme ▸ **the scandal left him a broken man** [financially] le scandale l'a ruiné **6.** [incomplete - set] incomplet ▸ **broken lots** COMM articles mpl dépareillés **7.** [uneven - ground] accidenté ; [- coastline] dentelé ; [- line] brisé, discontinu ▸ **broken cloud** *(U)* éclaircie f **8.** [tamed - animal] dressé, maté **9.** LING [vowel] diphtongué **10.** MATH ▸ **broken numbers** fractions fpl **11.** MUS ▸ **broken chord** arpège m.

broken-down adj **1.** [damaged - machine] détraqué ; [- car] en panne **2.** [worn out] fini, à bout.

brokenhearted [,brəʊkn'hɑːtɪd] adj au cœur brisé.

broken-winded [-'wɪndɪd] adj [horse] poussif.

broker ['brəʊkəʳ] n **1.** COMM courtier m ; NAUT courtier m maritime ; ST. EX ≃ courtier m (en Bourse) ; ≃ agent m de change **2.** [second-hand dealer] brocanteur m.

brokerage ['brəʊkərɪdʒ], **broking** ['brəʊkɪŋ] n courtage m.

brolly ['brɒlɪ] (*pl* **brollies**) n UK *inf* pépin m *(parapluie).*

bromeliad [brəʊ'miːlɪæd] n broméliacée f.

bromide ['brəʊmaɪd] n **1.** CHEM bromure m ; [sedative] bromure m (de potassium) **2.** *dated* [remark] banalité f, platitude f **3.** PRINT bromure m.

bromine ['brəʊmiːn] n brome m.

Bromo® ['brəʊməʊ] n US *médicament contre les maux d'estomac et les troubles digestifs.*

bronchi ['brɒŋkaɪ] pl ⟶ **bronchus**.

bronchial ['brɒŋkjəl] adj des bronches, bronchique.

bronchial tubes pl n bronches fpl.

bronchiole ['brɒŋkɪəʊl] n bronchiole f.

bronchitic [brɒŋ'kɪtɪk] ◆ adj bronchitique. ◆ n bronchitique mf.

bronchitis [brɒŋ'kaɪtɪs] n *(U)* bronchite f / *to have (an attack of) bronchitis* avoir or faire une bronchite ▸ **bronchitis sufferer** bronchitique mf.

bronchodilator [,brɒŋkəʊdaɪ'leɪtəʳ] n bronchodilatateur m.

bronchopneumonia [,brɒŋkəʊnjuː'məʊnjə] n broncho-pneumonie f.

bronchoscopy [,brɒn'kɔskəpɪ] n bronchoscopie f.

bronchus ['brɒŋkəs] (*pl* **bronchi** ['brɒŋkaɪ]) n bronche f.

bronco ['brɒŋkəʊ] (*pl* **broncos**) n US cheval m sauvage *(de l'Ouest).*

broncobuster ['brɒŋkəʊ,bʌstəʳ] n US *cow-boy qui dompte les chevaux sauvages.*

broncobusting ['brɒŋkəʊ,bʌstɪŋ] n US domptage m de chevaux sauvages.

brontosaurus [,brɒntə'sɔːrəs] (*pl* **brontosauruses** *or* **brontosauri** [-raɪ]) n brontosaure m.

Bronx [brɒŋks] pr n ▸ **the Bronx** le Bronx *(quartier de New York).*

Bronx cheer [brɒŋks] n US *inf* [rude noise] ▸ **to give sb a Bronx cheer** ≃ faire « prout » à qqn.

bronze [brɒnz] ◆ n **1.** [alloy] bronze m **2.** [statue] bronze m, statue f de or en bronze. ◆ comp **1.** [lamp, medal, statue] de or en bronze **2.** [colour, skin] (couleur f de) bronze *(inv).* ◆ vi se bronzer, brunir. ◆ vt [metal] bronzer ; [skin] faire bronzer, brunir.

Bronze Age n ▸ **the Bronze Age** l'âge m du bronze.

bronzed [brɒnzd] adj bronzé, hâlé.

bronze medal n médaille f de bronze.

bronze medallist n : *he's the bronze medallist* il a remporté la médaille de bronze.

brooch [brəʊtʃ] (*pl* **brooches**) n broche f *(bijou).*

brood [bruːd] ◆ n **1.** [of birds] couvée f, nichée f ; [of animals] nichée f, portée f ▸ **a brood mare** une (jument) poulinière **2.** *hum* [children] progéniture f *hum.* ◆ vi **1.** [bird] couver **2.** [danger, storm] couver, menacer / *the monument broods over the town's main square* *fig* le monument domine la grand-place de la ville **3.** [person] ruminer, broyer du noir / *all he does is sit there brooding* il passe son temps à broyer du noir / *it's no use brooding on* or *over the past* cela ne sert à rien de s'appesantir sur or remâcher le passé.

brooding ['bruːdɪŋ] ◆ adj menaçant, inquiétant. ◆ n : *he's done a lot of brooding since he got home* depuis son retour à la maison, il a passé beaucoup de temps à ruminer.

broody ['bruːdɪ] (*compar* **broodier**, *superl* **broodiest**) adj **1.** [reflective] pensif ; [gloomy] mélancolique, cafardeux **2.** [motherly] ▸ **a broody hen** une (poule) couveuse ▸ **to feel broody** UK *inf & fig* être en mal d'enfant.

brook [brʊk] ◆ vt *(usu neg)* [tolerate] supporter, tolérer ; [answer, delay] admettre, souffrir. ◆ n [stream] ruisseau m.

brookite ['brʊkaɪt] n brookite m.

brooklet ['brʊklɪt] n ruisselet m, petit ruisseau m.

Brooklyn ['brʊklɪn] pr n Brooklyn *(quartier populaire et industriel de New York).*

Brooklyn Bridge pr n le pont de Brooklyn.

brook trout n saumon m de fontaine.

broom [bruːm] n **1.** [brush] balai m ▸ **broom handle** manche m à balai **2.** BOT genêt m.

broomstick ['bruːmstɪk] n manche m à balai.

bros., **Bros.** [brɒs] (abbr of **brothers**) COMM Frères.

broth [brɒθ] n **1.** CULIN bouillon m *(de viande et de légumes)* **2.** BIOL bouillon m de culture.

brothel ['brɒθl] n maison f close or de passe.

brothel creeper n UK *inf chaussure de daim à semelle de crêpe pour hommes.*

brother ['brʌðəʳ] ◆ n **1.** [relative] frère m / *older* / *younger brother* frère aîné / cadet ▸ **the Brothers Grimm** les frères Grimm / **'The Brothers Karamazov'** *Dostoievski* 'les Frères Karamazov' **2.** (*pl* **brethren** ['breðrən]) [fellow member - of trade union] camarade m ; [- of professional group] collègue mf ▸ **brothers in arms** compagnons mpl or frères mpl d'armes **3.** US *inf* [mate] : *hey, brother!* **a)** [stranger] eh, camarade ! **b)** [friend] eh, mon vieux ! **4.** US *inf* [black man] *nom donné par les Noirs américains à un homme noir.* ◆ interj US *inf* dis donc.

brotherhood ['brʌðəhʊd] n **1.** [relationship] fraternité f ; *fig* [fellowship] fraternité f, confraternité f ; RELIG confrérie f / *the brotherhood of man* la communauté humaine **2.** [association] confrérie f ▸ **the Brotherhood** [in Freemasonry] la franc-maçonnerie **3.** US [entire profession] corporation f.

brother-in-law (*pl* **brothers-in-law**) n beau-frère m.

brotherly ['brʌðəlɪ] adj fraternel / *brotherly love* amour fraternel ▸ **the City of Brotherly Love** *surnom donné à Philadelphie* / *he felt very brotherly towards her* il la considérait un peu comme une sœur.

brougham ['bruːəm] n [carriage] voiture f à chevaux ; [car] coupé m de ville.

brought [brɔːt] pt & pp ⟶ **bring**.

brouhaha ['bruːhɑːhɑː] n brouhaha m, vacarme m.

brow [braʊ] n **1.** [forehead] front m / *her troubled brow* son air inquiet **2.** [eyebrow] sourcil m **3.** [of hill] sommet m **4.** MIN [pithead] tour m d'extraction.

browband ['braʊbænd] n frontail *m*.

browbeat ['braʊbiːt] (*pt* **browbeat**, *pp* **browbeaten** [-biːtn]) vt intimider, brusquer ▸ **to browbeat sb into doing sthg** forcer qqn à faire qqch en usant d'intimidation.

browbeaten [-biːtn] adj persécuté.

brown [braʊn] ◆ n brun *m*, marron *m* / *dressed in brown* habillé en marron. ◆ adj **1.** [gen] brun, marron ; [leather] marron ; [hair] châtain ; [eyes] marron / *she has brown hair* elle est brune or châtain / *light brown hair* cheveux châtain clair / *a light brown scarf* une écharpe marron clair / *the leaves are turning brown* les feuilles commencent à jaunir ▸ **brown belt** JUDO ceinture *f* marron ▸ **we'll do it up brown!** US *inf* nous allons fignoler ça ! ▸ **in a brown study** plongé dans ses pensées, pensif **2.** [tanned] bronzé, bruni ▸ **as brown as a berry** tout bronzé. ◆ vi **1.** CULIN dorer **2.** [skin] bronzer, brunir **3.** [plant] roussir. ◆ vt **1.** CULIN faire dorer ; [sauce] faire roussir **2.** [tan] bronzer, brunir.

marron, brun or **châtain?**

The most commonly used adjective for referring to the colour brown is **marron** (which is invariable):

une robe marron *a brown dress*

Another adjective for the same colour, **brun(e)** is mostly used for describing eyes, hair or skin spots and occasionally for other things:

un ours brun *a brown bear*

Some human attributes can be referred to by either adjective:

des yeux marron or **des yeux bruns**
brown eyes

Châtain is an adjective used exclusively to describe brown hair, with an implication of a slightly lighter hue:

de longs cheveux châtains
long (chestnut) brown hair

The nouns **marron** and **brun(e)** are used with the same restrictions as the respective adjectives, thus:

Pour peindre les vaches, prends du marron.
To paint the cows use brown.
La brune que tu as vue hier, c'était ma sœur.
The dark-haired woman you saw yesterday was my sister.

brown ale n bière *f* brune.

brownbag ['braʊnbæg] (*pt & pp* **brownbagged**, *cont* **brownbagging**) vt US *inf* : *I brownbag it to work* j'apporte mon déjeuner tous les jours au travail.

brown bear n ours *m* brun.

brown bread n *(U)* pain *m* complet or bis.

brown coal n lignite *m*.

browned-off adj UK *inf* ▸ **to be browned-off a)** [bored] en avoir marre **b)** [discouraged] ne plus avoir le moral / *she's browned-off with her job* elle en a marre or ras le bol de son travail.

brownfield site ['braʊnfiːld-] n terrain *m* à bâtir *(après démolition de bâtiments préexistants)*.

brown goods pl n COMM *biens de consommation de taille moyenne tels que téléviseur, radio ou magnétoscope.*

brownie ['braʊnɪ] n **1.** [elf] lutin *m*, farfadet *m* **2.** [cake] brownie *m* ▸ **chocolate brownies** brownies au chocolat **3.** ▸ **Brownie** [camera] Brownie *m* Kodak.

❖ **Brownie (Guide)** n ≃ jeannette *f* / *to join the Brownies* s'inscrire aux jeannettes, devenir jeannette.

brownie point n *inf & hum* bon point *m* / *doing the ironing should earn you a few brownie points* tu seras bien vu si tu fais le repassage.

browning ['braʊnɪŋ] n UK CULIN *colorant brun pour les sauces.*

Browning ['braʊnɪŋ] n ▸ **Browning (automatic rifle)** browning *m*.

brownish ['braʊnɪʃ] adj qui tire sur le brun, brunâtre.

brown-nose *v inf* ◆ n lèche-bottes *mf*. ◆ vt lécher les bottes de. ◆ vi faire le lèche-bottes.

brownout ['braʊnaʊt] n US [electric failure] baisse *f* de tension ; MIL [blackout] black-out *m* partiel, camouflage *m* partiel des lumières.

brown owl n chat-huant *m*.

brown paper n papier *m* d'emballage ▸ **brown paper bag** sac *m* en papier kraft.

brown rat n surmulot *m*.

brown rice n riz *m* complet.

Brown Shirt n fasciste *mf* ; HIST [Nazi] chemise *f* brune.

brownstone ['braʊnstəʊn] n US [stone] grès *m* brun ; [house] bâtiment *m* de grès brun.

brown sugar n cassonade *f*, sucre *m* roux.

brown trout n truite *f* de rivière.

browse [braʊz] ◆ vi **1.** [person] regarder, jeter un œil / *she browsed through the book* elle a feuilleté le livre / *feel free to browse* [in shop] vous pouvez regarder si vous voulez **2.** [animal] brouter, paître **3.** COMPUT naviguer. ◆ vt COMPUT [disc, file] parcourir. ◆ n **1.** [look] : *I popped into the shop to have a browse around* je suis passée au magasin pour jeter un coup d'œil or regarder **2.** COMPUT navigation *f*.

browser ['braʊzəʳ] n COMPUT navigateur *m*, logiciel *m* de navigation, browser *m*.

BRT MESSAGING written abbr of **be right there**.

brucellosis [ˌbruːsɪ'ləʊsɪs] n brucellose *f*.

Bruges [bruːʒ] pr n Bruges.

bruise [bruːz] ◆ n [on person] bleu *m*, contusion *f* / *to be covered with bruises* être couvert de bleus ; [on fruit] meurtrissure *f*, talure *f*. ◆ vi [fruit] se taler, s'abîmer / *to bruise easily* [person] se faire facilement des bleus. ◆ vt **1.** [person] faire un bleu à, contusionner / *to bruise one's arm* se faire un bleu au bras / *to be bruised all over* être couvert de bleus ; *fig* blesser / *he felt bruised by her harsh words* ses dures paroles l'ont blessé / *his ego was bruised* son amour-propre en a pris un coup ; [fruit] taler, abîmer ; [lettuce] flétrir **2.** CULIN [crush] écraser, piler.

bruiser ['bruːzəʳ] n *inf* [big man] malabar *m* / *he's a bit of a bruiser* il fait un peu armoire à glace ; [fighter] cogneur *m*.

bruising ['bruːzɪŋ] ◆ n *(U)* contusion *f*, bleu *m* / *he suffered bruising to his arm* il a eu le bras contusionné. ◆ adj *fig* pénible, douloureux / *it was a rather bruising experience* ce fut une expérience plutôt douloureuse.

Brum [brʌm] pr n UK *inf nom familier de Birmingham.*

Brummagem ['brʌmədʒəm] UK *inf* ◆ n *surnom donné à Birmingham.* ◆ adj [of poor quality] à la gomme ; [showy] clinquant.

Brummie ['brʌmɪ] UK *inf* ◆ n *nom familier désignant un habitant de Birmingham.* ◆ adj de Birmingham.

Brummy ['brʌmɪ] = **Brummie**.

brunch [brʌntʃ] ◆ n brunch *m*. ◆ vi prendre un brunch, bruncher.

Brunei ['bruːnaɪ] pr n Brunei *m* / *in Brunei* au Brunei.

brunet [bruː'net] US ◆ n brun *m*, brune *f*. ◆ adj [hair] châtain.

brunette [bruː'net] ◆ n brune *f*, brunette *f* / *she's a brunette* elle est brune. ◆ adj [hair] châtain.

Brunswick ['brʌnzwɪk] pr n Brunswick.

brunt [brʌnt] n : *the village bore the full brunt of the attack* le village a essuyé le plus fort de l'attaque / *she bore the brunt of his anger* c'est sur elle que sa colère a éclaté.

bruschetta [brʊs'ketə] n CULIN bruschetta *f*.

brush [brʌʃ] (*pl* **brushes**) ◆ n **1.** [gen] brosse *f* ; [paintbrush] pinceau *m*, brosse *f* ; [shaving brush] blaireau *m* ; [scrubbing brush] brosse *f* dure ; [broom] balai *m* ; [short-handled brush] balayette *f* ▸ **hair / nail / tooth brush** brosse à cheveux / à ongles / à dents **2.** [sweep] coup *m* de brosse / *this floor could do with a good brush* ce plancher aurait besoin d'un bon coup de balai **3.** [encounter, skirmish] accrochage *m*, escarmouche *f* ; *fig* : *to have a brush with death* frôler la mort / *to have a brush with the law* avoir des démêlés avec la justice / *she's had the odd brush with the authorities* elle a eu parfois maille à partir avec les autorités **4.** [of fox] queue *f* **5.** ELEC [in generator, dynamo] balai *m* ; [discharge] aigrette *f* **6.** *(U)* [undergrowth] broussailles *fpl* ; [scrubland] brousse *f*. ◆ vt **1.** [clean - teeth] brosser ; [tidy - hair] brosser, donner un coup de brosse à / *she brushed her hair back from her face* elle a brossé ses cheveux en arrière ; [sweep - floor] balayer **2.** [touch lightly] effleurer, frôler ; [surface] raser **3.** TEXT [wool] gratter. ◆ vi effleurer, frôler / *her hair brushed against his cheek* ses cheveux ont effleuré or frôlé sa joue.

❖ **brush aside** vt sep **1.** [move aside] écarter, repousser **2.** [ignore - remark] balayer d'un geste ; [- report] ignorer.

❖ **brush away** vt sep [remove - tears] essuyer ; [- insect] chasser.

❖ **brush down** vt sep [clothing] donner un coup de brosse à ; [horse] brosser.

❖ **brush off** ◆ vt sep **1.** [remove] enlever *(à la brosse ou à la main)* ; [insect] chasser **2.** [dismiss - remark] balayer or écarter (d'un geste) ; [- person] écarter, repousser. ◆ vi [dirt] s'enlever.

❖ **brush past** vt insep frôler en passant.

❖ **brush up** vt sep **1.** *inf* [revise] revoir, réviser / *I have to brush up my maths* il faut que je me remette aux maths **2.** [sweep up] ramasser à la balayette **3.** TEXT [wool] gratter.

❖ **brush up on** vt insep *inf* réviser.

brushed [brʌʃt] adj gratté ▸ **brushed cotton** pilou *m*, finette *f* ▸ **brushed nylon** Nylon® *m* gratté.

brush fire n **1.** [fire] feu *m* de brousse, incendie *m* de broussailles **2.** [minor war] conflit *m* armé.

brush-off n *inf* ▸ **to give sb the brush-off** envoyer promener or balader qqn / *I got the brush-off* on m'a envoyé sur les roses or bouler.

brush stroke n [gen] coup *m* de brosse ; ART coup *m* or trait *m* de pinceau.

brush-up n **1.** UK [cleanup] coup *m* de brosse **2.** *inf* [revision] révision *f* / *my German could do with a brush-up* j'aurais besoin de me remettre à l'allemand.

brushwood ['brʌʃwʊd] n *(U)* [undergrowth] broussailles *fpl* ; [cuttings] menu bois *m*, brindilles *fpl*.

brushwork ['brʌʃwɜːk] n *(U)* [gen] travail *m* au pinceau ; ART touche *f*.

brusque, brusk US [bruːsk] adj [abrupt] brusque ; [curt] brusque, bourru.

brusquely ['bruːsklɪ] adv [abruptly] avec brusquerie ; [curtly] avec brusquerie or rudesse, brutalement.

brusqueness ['bruːsknɪs] n [abruptness] brusquerie *f* ; [curtness] brusquerie *f*, rudesse *f*.

Brussels ['brʌslz] pr n Bruxelles.

Brussel(s) sprout n chou *m* de Bruxelles.

brutal ['bruːtl] adj [cruel - action, behaviour, person] brutal, cruel ; [uncompromising - honesty] franc (franche), brutal ; [severe - climate, cold] rude, rigoureux / *with brutal frankness* d'une franchise brutale.

brutalism ['bruːtəlɪzəm] n ARCHIT brutalisme *m*.

brutalist ['bruːtəlɪst] adj ARCHIT brutaliste.

brutality [bruː'tælətɪ] (*pl* **brutalities**) n **1.** [cruelty] brutalité *f*, cruauté *f* **2.** [act of cruelty] brutalité *f*.

brutalize, brutalise ['bruːtəlaɪz] vt **1.** [ill-treat] brutaliser **2.** [make brutal] rendre brutal.

brutally ['bruːtəlɪ] adv [attack, kill, treat] brutalement, sauvagement ; [say] brutalement, franchement ; [cold] extrêmement / *she gave a brutally honest account of* *events* elle a raconté les événements avec une franchise brutale or un réalisme brutal.

brute [bru:t] ◆ n **1.** [animal] brute *f*, bête *f* **2.** [person - violent] brute *f* ; [- coarse] brute *f* (épaisse), rustre *m* / *a great brute of a man* une grande brute. ◆ adj **1.** [animal-like] animal, bestial **2.** [purely physical] brutal / *brute force* or *strength* force *f* brutale **3.** [mindless] brut / *an act of brute stupidity* un acte d'une bêtise sans nom.

brutish ['bru:tɪʃ] adj **1.** [animal-like] animal, bestial **2.** [cruel] brutal, violent ; [coarse] grossier.

Brutus ['bru:təs] pr n Brutus.

Bryansk [brɪ'ænsk] pr n Briansk.

Brylcreem® [brɪlkri:m] n *marque de brillantine.*

bryony ['braɪənɪ] (*pl* **bryonies**) n bryone *f*.

bs written abbr of **bill of sale**.

BS n **1.** (abbr of **British Standard/Standards**) UK *indique que le chiffre qui suit renvoie au numéro de la norme fixée par l'Institut britannique de normalisation* **2.** (abbr of **Bachelor of Science**) US UNIV *(titulaire d'une) licence de sciences* **3.** US *v inf* abbr of **bullshit**.

BSA (abbr of **Boy Scouts of America**) pr n *association américaine de scouts.*

BSC (abbr of **British Steel Corporation**) pr n *entreprise sidérurgique, aujourd'hui privatisée.*

BSc (abbr of **Bachelor of Science**) n UK UNIV ≃ (titulaire d'une) licence de sciences.

BSE (abbr of **bovine spongiform encephalopathy**) n EBS *f*.

BSI (abbr of **British Standards Institution**) pr n *association britannique de normalisation* ; ≃ AFNOR *f*.

B-side n face *f* B or 2 *(d'un disque)* / *to play the B-side of a record* passer la deuxième or l'autre face d'un disque.

B Sky B (abbr of **British Sky Broadcasting**) pr n *société de diffusion de chaînes de télévision par satellites.*

BST n abbr of **British Summer Time**.

BT[1] pr n abbr of **British Telecom**.

BT[2] MESSAGING written abbr of **between**.

Bt. written abbr of **baronet**.

btu (abbr of **British thermal unit**) n *unité de chaleur (1 054,2 joules).*

BTW (written abbr of **by the way**) adv *inf* à propos.

BTWN MESSAGING written abbr of **between**.

B2B [,bi:tə'bi:] (abbr of **business to business**) n B to B.

B2C [,bi:tə'si:] (abbr of **business to customer**) n B to C.

B2E [bi:tu:'i:] abbr of **business to education**.

bub [bʌb] n US *inf* : *hi, bub!* **a)** [man] salut, mon vieux ! **b)** [woman] salut, ma vieille !

bubba ['bʌbə] n US *inf* = **bub**.

bubble ['bʌbl] ◆ n **1.** [of foam] bulle *f* ▸ **soap bubbles** bulles de savon ; [in liquid] bouillon *m* ; [in champagne] bulle *f* ; [in glass] bulle *f*, soufflure *f* ; [in paint] boursouflure *f*, cloque *f* ; [in metal] soufflure *f* **2.** [transparent cover] cloche *f* **3.** *fig* [illusion] ▸ **to prick** or **to burst sb's bubble** réduire à néant les illusions de qqn, enlever ses illusions à qqn / *the bubble finally burst* finalement mes / ses etc. illusions s'envolèrent **4.** COMM ▸ **bubble (scheme)** affaire *f* pourrie / *the dotcom / property bubble* la bulle Internet / immobilière **5.** [sound] glouglou *m*. ◆ vi **1.** [liquid] bouillonner, faire des bulles ; [champagne] pétiller ; [gas] barboter / *her real feelings bubbled beneath the surface* ses sentiments véritables bouillonnaient en elle **2.** [gurgle] gargouiller, glouglouter **3.** [brim] déborder / *the children were bubbling with excitement* les enfants étaient tout excités or surexcités **4.** US [mumble] marmonner.

❖ **bubble out** vi sortir à gros bouillons.

❖ **bubble over** vi *lit & fig* déborder / *to bubble over with enthusiasm* déborder d'enthousiasme.

❖ **bubble up** vi [liquid] monter en bouillonnant ; *fig* [feeling] monter.

bubble and squeak n UK *plat à base de pommes de terre et de choux, servi réchauffé.*

bubble bath n bain *m* moussant.

bubble butt n US *inf* ▸ **to have a bubble butt** avoir des petites fesses rondes et fermes.

bubble car n UK *petite voiture à trois roues.*

bubble economy n économie *f* de bulle.

bubble gum ◆ n bubble-gum *m*. ◆ adj *inf* ▸ **bubble gum music** *musique destinée aux jeunes adolescents.*

bubble head n US *inf* imbécile *mf*.

bubblejet printer ['bʌbldʒet-] n imprimante *f* à jet d'encre.

bubble pack n [for toy, batteries] emballage *m* pelliculé ; [for pills] plaquette *f*.

bubble store n mémoire *f* à bulles.

bubble wrap n papier *m* bulle.

bubbly ['bʌblɪ] (*compar* **bubblier**, *superl* **bubbliest**) ◆ adj **1.** [liquid] pétillant, plein de bulles **2.** [person] pétillant, plein d'entrain. ◆ n *inf* champ *m (champagne).*

bubo ['bju:bəʊ] (*pl* **buboes**) n bubon *m*.

bubonic [bju:'bɒnɪk] adj bubonique ▸ **bubonic plague** peste *f* bubonique.

buccaneer [,bʌkə'nɪər] n **1.** HIST boucanier *m* **2.** [unscrupulous person] flibustier *m*, pirate *m*.

buccaneering [,bʌkə'nɪərɪŋ] adj entreprenant.

Bucharest [,bu:kə'rest] pr n Bucarest.

buck [bʌk] ◆ n **1.** [male animal] mâle *m* **2.** SAfr [antelope] antilope *f* **3.** *inf* [young man] jeune mec *m* ; *arch* [dandy] dandy *m* **4.** US *inf* [dollar] dollar *m* / *to be down to one's last buck* être fauché or raide / *to make a buck* gagner sa croûte ▸ **to make a fast** or **quick buck** gagner du fric facilement **5.** *inf* [responsibility] responsabilité *f* ▸ **to pass the buck** faire porter le chapeau à qqn ▸ **the buck stops here** en dernier ressort, c'est moi le responsable **6.** [jump] ruade *f* **7.** US [sawhorse] chevalet *m*, baudet *m* ; [gymnastics] cheval *m*, cheval-d'arçons *m inv*. ◆ comp [goat, hare, kangaroo, rabbit] mâle ▸ **buck deer** daim *m*, chevreuil *m*. ◆ vi **1.** [horse] donner une ruade ; US [car] cahoter, tressauter / *the truck bucked along* le camion avançait en cahotant / *we bucked to a stop* nous avons fait un arrêt brutal **2.** US [charge] donner un coup de tête **3.** US *inf* [resist] ▸ **to buck against change** se rebiffer contre les changements **4.** US *inf* [strive] rechercher / *he's bucking for promotion* il est prêt à tout pour obtenir de l'avancement. ◆ vt **1.** [subj: horse] : *the horse bucked his rider (off)* le cheval a désarçonné or jeté bas son cavalier **2.** *inf* [resist] : *to buck the system* se rebiffer contre le système / *it takes courage to buck public opinion* il faut du courage pour aller à l'encontre de l'opinion publique ▸ **to buck the trend** résister à la tendance.

❖ **buck up** *inf* ◆ vt sep **1.** [cheer up] remonter le moral à **2.** [improve] améliorer / *you'd better buck up your ideas* tu as intérêt à te remuer or à en mettre un coup. ◆ vi **1.** [cheer up] se secouer ▸ **buck up!, life goes on!** courage !, la vie continue ! **2.** [hurry up] se grouiller, se magner.

buckboard ['bʌkbɔ:d] n *voiture hippomobile à quatre roues très répandue aux États-Unis à la fin du XIXe siècle.*

bucked [bʌkt] adj *inf & dated* ragaillardi.

bucket ['bʌkɪt] ◆ n **1.** [container, contents] seau *m* / *a bucket of water* un seau d'eau ▸ **to rain buckets** *inf* : *it rained buckets* il a plu à seaux or des cordes ▸ **to cry** or **to weep buckets** *inf* pleurer comme une Madeleine or un veau ▸ **a bucket and spade** un seau et une pelle *(symbole, pour un Britannique, de vacances familiales au bord de la mer)* **2.** TECH [of dredger, grain elevator] godet *m* ; [of pump] piston *m* ; [of wheel] auget *m*. ◆ vt **1.** [put in bucket] mettre dans un seau ; [carry] transporter dans un seau **2.** UK [horse] surmener ; [car] conduire brutalement. ◆ vi UK *inf* **1.** [rain] pleuvoir à seaux **2.** [move hurriedly] aller à fond de train ; [car] rouler à fond la caisse / *we were bucketing along* nous roulions à fond la caisse.

❖ **bucket down** vi UK *inf* pleuvoir à seaux.

bucket elevator n élévateur *m* à godets, noria *f*.

bucketful ['bʌkɪtfʊl] n plein seau *m* / *a bucketful of water* un seau plein d'eau / *in bucketfuls* à seaux.

bucket seat n baquet *m*, siège-baquet *m*, siège *m* cuve.

bucket shop n **1.** FIN bureau *m* or maison *f* de contrepartie, bureau *m* de courtiers marrons **2.** UK [travel agency] *organisme de vente de billets d'avion à prix réduit.*

buckeye ['bʌkaɪ] n [tree] marronnier *m* d'Inde ▸ **the Buckeye State** l'Ohio.

buckhorn ['bʌkhɔ:n] ◆ n **1.** [horn] corne *f* de cerf **2.** BOT plantain *m* lancéolé. ◆ comp [knife] au manche en corne de cerf.

Buck House [bʌk-] pr n *inf nom familier du palais de Buckingham.*

Buckingham Palace ['bʌkɪŋəm-] pr n le palais de Buckingham *(résidence officielle du souverain britannique).*

buckle ['bʌkl] ◆ n **1.** [clasp] boucle *f* **2.** [kink - in metal] gauchissement *m*, flambage *m* ; [- in wheel] voilure *f*. ◆ vi **1.** [fasten] se boucler, s'attacher **2.** [distort - metal] gauchir, se déformer ; [- wheel] se voiler **3.** [give way - knees, legs] se dérober. ◆ vt **1.** [fasten] boucler, attacher **2.** [distort] déformer, fausser ; [metal] gauchir, fausser ; [wheel] voiler.

❖ **buckle down** vi *inf* s'appliquer / *to buckle down to work* se mettre au travail / *come on now, buckle down!* allez, au boulot ! / *she'll have to buckle down if she wants to pass* il faudra qu'elle en mette un coup si elle veut réussir.

❖ **buckle in** vt sep [person] attacher.

❖ **buckle on** vt sep [armour] revêtir, endosser ; [gun-belt, sword] attacher, ceindre.

❖ **buckle to** vi *inf* s'y mettre, s'y atteler.

❖ **buckle up** vi US ▸ **buckle up!** attachez vos ceintures !

buckler ['bʌklər] n écu *m* ; [worn on arm] targe *f*.

Buckley's ['bʌklɪz] n AUSTR *inf* ▸ **you don't have a Buckley's** tu n'as aucune chance.

buckling ['bʌkəlɪŋ] n METALL [of metal] déformation *f*, gauchissement *m* ; AUTO [of wheel] voilure *f*.

buckraker ['bʌkreɪkər] n *journaliste ou personnage politique qui reçoit une forte rémunération en échange de communications réalisées auprès d'un groupe d'intérêt.*

buckraking ['bʌkreɪkɪŋ] n *communication fortement rémunérée réalisée par un journaliste ou un personnage politique auprès d'un groupe d'intérêt.*

buckram ['bʌkrəm] n bougran *m*.

Buck Rogers [-'rɒdʒəz] pr n *héros de bandes dessinées de science-fiction.*

Bucks written abbr of **Buckinghamshire**.

bucksaw ['bʌksɔ:] n scie *f* à bûches.

buck's fizz n UK *cocktail composé de champagne et de jus d'orange.*

buckshee [,bʌk'ʃi:] adj & adv UK *inf* gratis, à l'œil.

buckshot ['bʌkʃɒt] n chevrotine *f*, gros plomb *m*.

buckskin ['bʌkskɪn] n peau *f* de daim.

buckthorn ['bʌkθɔ:n] n nerprun *m*, bourdaine *f*.

bucktooth ['bʌk,tu:θ] (*pl* **buckteeth** [-,ti:θ]) n dent *f* proéminente or qui avance / *to have buckteeth* avoir des dents de lapin.

bucktoothed ['bʌk,tu:θt] adj : *to be bucktoothed* avoir des dents de lapin.

buckwheat ['bʌkwi:t] n sarrasin *m*, blé *m* noir ▸ **buckwheat flour** farine *f* de blé noir or de sarrasin ▸ **buckwheat pancake** galette *f* de blé noir or de sarrasin.

bucolic [bju:'kɒlɪk] ◆ adj bucolique, pastoral. ◆ n bucolique *f*.

bud [bʌd] (*pt & pp* **budded**, *cont* **budding**) ◆ n **1.** [shoot on plant] bourgeon *m*, œil *m* / *the trees are in bud* les arbres bourgeonnent ; [for grafting] écusson *m* **2.** [flower] bouton *m* / *the roses are in bud* les roses sont en bouton **3.** ANAT papille *f* **4.** US *inf* [term of address] : *hey, bud!* **a)** [to stranger] eh, vous là-bas ! **b)** [to friend] eh, mon vieux ! ◆ vi **1.** BOT [plant] bourgeonner ; [flower] former des boutons **2.** [horns] (commencer à) poindre or percer **3.** [talent] (commencer à) se révéler or percer. ◆ vt greffer, écussonner.

Budapest [,bju:də'pest] pr n Budapest.

Buddha [UK 'bʊdə US bu:də] pr n Bouddha.

Buddhism [UK 'bʊdɪzm US bu:dɪzm] n bouddhisme *m*.

Buddhist [UK 'bʊdɪst US budɪst] ◆ n bouddhiste *mf*. ◆ adj [country, priest] bouddhiste ; [art, philosophy] bouddhique ▸ **Buddhist monastery** monastère *m* de bonzes.

budding ['bʌdɪŋ] adj **1.** BOT [plant] bourgeonnant, couvert de bourgeons ; [flower] en bouton **2.** *fig* [artist, genius] en herbe, prometteur ; [love] naissant.

buddleia ['bʌdlɪə] n buddleia *m*.

buddy ['bʌdɪ] (*pl* **buddies**) n *inf* [friend] copain *m*, copine *f* ; [for Aids patient] compagnon *m*, compagne *f* (d'un sidéen) / *say there, old buddy* US dis donc, mon vieux or mon pote / *since when are they such buddies* or *so buddy-buddy?* depuis quand sont-ils si copains ? / *they're best* or *big buddies* ce sont les meilleurs copains du monde.

budge [bʌdʒ] ◆ vi **1.** [move] bouger / *it won't budge* c'est coincé, c'est bloqué **2.** *fig* [yield] céder, changer d'avis / *she refused to budge* elle ne voulut pas en démordre ▸ **he wouldn't budge an inch** il a tenu bon. ◆ vt **1.** [move] faire bouger **2.** [convince] convaincre, faire changer d'avis / *he won't be budged* il reste inébranlable, il n'y a pas eu moyen de le faire changer d'avis.

❖ **budge over, budge up** vi *inf* se pousser.

budgerigar ['bʌdʒərɪgɑ:r] n UK perruche *f*.

budget ['bʌdʒɪt] ◆ n **1.** [gen & FIN] budget *m* / *to be on a tight budget* disposer d'un budget serré or modeste **2.** [law] budget *m* ▸ **budget crisis, budget crunch** crise *f* budgétaire ▸ **budget day** jour *m* de la présentation du budget ▸ **budget speech** discours *m* de présentation du budget. ◆ vt budgétiser, inscrire au budget / *to budget one's time* bien organiser son temps. ◆ vi dresser or préparer un budget. ◆ adj **1.** [inexpensive] économique, pour petits budgets ▸ **budget prices** prix *mpl* avantageux or modiques **2.** ECON & FIN budgétaire ▸ **budget constraint** contrainte *f* budgétaire ▸ **budget cuts** coupes or compressions *fpl* budgétaires ▸ **budget deficit** déficit *m* budgétaire ▸ **budget forecast** prévisions *fpl* budgétaires.

❖ **budget for** vt insep [gen] prévoir des frais de, budgétiser ▸ **to budget for sthg** inscrire qqch au budget, prévoir des frais de qqch ; ECON & FIN inscrire or porter au budget, budgétiser.

budget account n [with store] compte-crédit *m* ; [with bank] ≃ compte *m* permanent.

budgetary ['bʌdʒɪtrɪ] adj budgétaire.

Budget Day n [in UK] *jour de la présentation du budget par le chancelier de l'Échiquier.*

budget plan n US système *m* de crédit.

budgie ['bʌdʒɪ] n *inf* perruche *f*.

bud vase n soliflore *m*.

Buenos Aires [,bwenəs'aɪrɪz] pr n Buenos Aires.

buff [bʌf] ◆ n **1.** [colour] (couleur *f*) chamois *m* **2.** [leather] peau *f* de buffle ; [polishing cloth] polissoir *m* **3.** [enthusiast] : *a wine buff* un amateur de vin / *a history buff* un mordu d'histoire **4.** PHR **in the buff** *inf & dated* à poil. ◆ vt polir / *it just needs buffing up a bit* cela a juste besoin d'être un peu astiqué. ◆ adj [coloured] (couleur) chamois ; [leather] de or en buffle.

buffalo ['bʌfələʊ] (*pl* **buffalo** *or* **buffaloes**) ◆ n buffle *m*, bufflesse *f*, bufflonne *f* ; US bison *m* ▸ **a herd of buffalo** un troupeau de buffles ▸ **buffalo hide** peau *f* de buffle ▸ **buffalo mozzarella** mozzarella *f* de bufflonne. ◆ vt US *inf* [intimidate] intimider / *they really had him buffaloed* ils lui en ont mis plein la vue.

Buffalo Bill ['bʌfələʊ'bɪl] pr n Buffalo Bill.

buffalo grass n *herbe courte poussant dans les régions sèches au centre des États-Unis.*

buffalo wings pl n *ailes de poulet frites servies avec une sauce relevée.*

buffer ['bʌfər] ◆ n **1.** [protection] tampon *m* ; US [on car] pare-chocs *m inv* ; UK RAIL [on train] tampon *m* ; [at station] butoir *m* ; COMPUT mémoire *f* tampon / *a buffer against inflation* une mesure de protection contre l'inflation **2.** UK *inf* [fool] imbécile *mf* / *old buffer* vieille ganache *f* / *he's a nice old buffer* c'est un gentil petit pépé **3.** [for polishing] polissoir *m*. ◆ vt tamponner, amortir (le choc) / *to be buffered against reality* être protégé de la réalité or des réalités (de la vie).

buffering ['bʌfərɪŋ] n COMPUT [storage] stockage *m* en mémoire tampon ; [use] utilisation *f* de mémoire tampon.

buffer memory n mémoire *f* tampon.

buffer state n état *m* tampon.

buffer stock n stock *m* tampon.

buffer zone n région *f* tampon.

buffet[1] [UK 'bʊfeɪ US bə'feɪ] ◆ n **1.** [refreshments] buffet *m* ▸ **cold buffet** buffet froid **2.** [sideboard] buffet *m* **3.** [restaurant] buvette *f*, cafétéria *f* ; [in station] buffet *m* or café *m* de gare ; [on train] wagon-restaurant *m*. ◆ comp [lunch, dinner] -buffet ▸ **buffet lunch** déjeuner-buffet *m*.

buffet[2] ['bʌfɪt] ◆ vt **1.** [batter] : *buffeted by the waves* ballotté par les vagues / *the trees were buffeted by the wind* les arbres étaient secoués par le vent / *buffeted by misfortune* poursuivi par la malchance **2.** *liter* [hit - with hand] souffleter ; [- with fist] donner un coup de poing à. ◆ n *liter* [blow - with hand] soufflet *m* ; [- with fist] coup *m* de poing / *the buffets of fate* or *fortune* les coups du sort.

buffet car ['bʊfeɪ-] n wagon-restaurant *m*.

buffeting ['bʌfɪtɪŋ] ◆ n **1.** [of rain, wind] assaut *m* / *the waves gave the boat a real buffeting* le navire a été violemment ballotté par les vagues **2.** *liter* [beating] bourrades *fpl*. ◆ adj violent.

buffing ['bʌfɪŋ] n polissage *m*.

buffoon [bə'fu:n] n bouffon *m*, pitre *m* ▸ **to act** or **to play the buffoon** faire le clown or le pitre.

buffoonery [bə'fu:nərɪ] n *(U)* bouffonnerie *f*, bouffonneries *fpl*.

bug [bʌg] (*pt & pp* **bugged**, *cont* **bugging**) ◆ n **1.** [insect] insecte *m* ; [bedbug] punaise *f* ; *fig* ▸ **she's been bitten by the film bug** *inf* c'est une mordue de cinéma ▸ **she's been bitten by the travel bug** *inf* elle a la passion des voyages **2.** *inf* [germ] microbe *m* ▸ **to catch a bug** attraper un microbe / *the flu bug* le virus de la grippe / *I've got a stomach bug* j'ai des problèmes intestinaux / *there's a bug going round* il y a un microbe dans l'air or qui se balade **3.** *inf* [defect] défaut *m*, erreur *f* / *there are still a few bugs to be ironed out* il y a encore quelques petits trucs qui clochent **4.** COMPUT bug *m*, bogue *m* ▸ **bug-free** [program] exempt d'erreurs or de bugs **5.** *inf* [microphone] micro *m* (caché) **6.** US *inf* [car] coccinelle *f*. ◆ vt **1.** *inf* [bother] taper sur les nerfs de ▸ **what's bugging him?** qu'est-ce qu'il a ? **2.** [wiretap - room] poser or installer des appareils d'écoute (clandestins) dans ; [- phone] brancher sur table d'écoute.

❖ **bug off !** US *v inf* allez, dégage !

❖ **bug out** vi US *inf* **1.** [leave hurriedly] ficher le camp **2.** [eyes] être globuleux or exorbité.

bugaboo ['bʌgəbu:] n loup-garou *m*, croque-mitaine *m*.

bugbear ['bʌgbeər] n [monster] épouvantail *m*, croque-mitaine *m* ; *fig* [worry] bête noire *f*, cauchemar *m*.

bug-eyed adj US aux yeux globuleux or exorbités / *she was bug-eyed in amazement* elle avait les yeux écarquillés d'étonnement.

bugger ['bʌgər] ◆ n **1.** *v inf* [unpleasant person] salaud *m* / *silly bugger!* pauvre conard ! / *stop playing silly buggers!* UK arrête de faire le con ! / *poor old bugger* pauvre bougre *m* / *he can be a real bugger sometimes* c'est un vrai saligaud or salopard des fois / *you little bugger!* petite fripouille ! **2.** UK *v inf* [job] : *this job's a real bugger* c'est une saloperie de boulot **3.** UK *v inf* [damn] : *I don't give a bugger* je m'en tape **4.** *dated* [sodomite] pédéraste *m*. ◆ interj UK *v inf* merde alors ! ◆ vt **1.** [sodomize] sodomiser ; LAW se livrer à la pédérastie avec **2.** UK *v inf* [damn] : *bugger him!* je l'emmerde ! / *well, bugger me!* merde alors ! / *oh, bugger it!* oh, merde ! **3.** UK *v inf* [damage] bousiller.

❖ **bugger about, bugger around** UK *v inf* ◆ vi glander. ◆ vt sep emmerder.

❖ **bugger off** vi UK *v inf* foutre le camp.

❖ **bugger up** vt sep UK *v inf* saloper.

bugger all n UK *v inf* que dalle.

buggered ['bʌgəd] adj UK *v inf* **1.** [broken] foutu **2.** [in surprise] : *well, I'll be buggered!* merde alors ! **3.** [in annoyance] : *I'm buggered if I'll do anything to help* ils peuvent toujours courir pour que je les aide / *buggered if I know* j'en sais foutre rien.

buggery ['bʌgərɪ] ◆ n sodomie *f*. ◆ interj UK *v inf* merde !

bugging ['bʌgɪŋ] n [of room] utilisation *f* d'appareils d'écoute (clandestins) ; [of telephone] mise *f* sur écoute ▸ **bugging device** appareil *m* d'écoute (clandestin).

buggy ['bʌgɪ] (*pl* **buggies**, *compar* **buggier**, *superl* **buggiest**) ◆ n **1.** [carriage] boghei *m* ; [for baby] poussette *f*, poussette-canne *f* ; US [pram] voiture *f* d'enfant **2.** *inf* [car] bagnole *f*. ◆ adj US *inf* [crazy] cinglé.

bughouse ['bʌghaʊs] (*pl* [-haʊzɪz]) US *inf & pej* ◆ n maison *f* de dingues. ◆ adj dingue, cinglé.

bugle ['bju:gl] ◆ n clairon *m* / *to sound the bugle* faire sonner le clairon ▸ **bugle call** sonnerie *f* de clairon. ◆ vi jouer du clairon, sonner le clairon.

bugler ['bju:glər] n (joueur *m* de) clairon *m*.

bug-ridden adj **1.** [room, hotel] infesté de vermine **2.** [software] plein de bugs or de bogues.

build [bɪld] (*pt & pp* **built** [bɪlt]) ◆ vt **1.** [dwelling] bâtir, construire ; [temple] bâtir, édifier ; [bridge, machine, ship] construire ; [nest] faire, bâtir / *houses are being built* des maisons sont en construction / *we are planning to build a new garage* nous avons l'intention de faire construire un nouveau garage / *this bed wasn't built for two people* ce lit n'a pas été conçu pour deux personnes / *we're building an extension on the house* nous agrandissons la maison ▸ **to build castles in the air** bâtir des châteaux en Espagne **2.** [found] bâtir, fonder. ◆ vi **1.** [construct] bâtir / *developers are planning to build on the land* les promoteurs envisagent de construire or bâtir sur le terrain / *to build on sand* bâtir sur le sable **2.** [increase] augmenter, monter / *excitement / tension is building* l'excitation / la tension augmente or monte. ◆ n **1.** [body type] carrure *f*, charpente *f* / *of strong build* solidement bâti or charpenté / *of heavy build* de forte corpulence or taille / *of medium build* de taille or corpulence moyenne / *a man of slight build* un homme fluet / *she's about the same build as I am* elle est à peu près de ma taille / *he has the build of a rugby player* il est bâti comme un joueur de rugby **2.** [construction] construction *f* / *we decided to go for a new build* nous avons opté pour une construction neuve ▸ **build costs** coûts *mpl* de construction ▸ **build quality** qualité *f* de construction.

❖ **build in** vt sep CONSTR [incorporate] encastrer ; *fig* [include - special features] intégrer.

❖ **build into** vt sep [incorporate] intégrer à.

❖ **build on** ◆ vt sep **1.** CONSTR ajouter **2.** *fig* : *his success is built on hard work* sa réussite repose sur un travail acharné. ◆ vt insep : *we need to build on our achievements* il faut consolider nos succès.

❖ **build up** ◆ vt sep **1.** [develop - business, theory] établir, développer ; [- reputation] établir, bâtir ; [- confidence] donner, redonner ; [- strength] accroître, prendre / *you need to build up your strength* or *you need building up* vous avez besoin de prendre des forces / *he really helped to build up my self-confidence* il m'a vraiment aidé à me donner confiance en moi **2.** [increase - production] accroître, augmenter ; [- excitement] faire monter, accroître ; [- pressure] accumuler **3.** [promote]

faire de la publicité pour. ◆ vi **1.** [business] se développer **2.** [excitement] monter, augmenter ; [pressure] s'accumuler / *traffic is building up* il commence à y avoir beaucoup de circulation.

❖ **build upon** vt sep = build on *(vt)*.

builder ['bɪldəʳ] n **1.** CONSTR [contractor] entrepreneur *m* ; [worker] ouvrier *m* du bâtiment ; [of machines, ships] constructeur *m* **2.** *fig* [founder] fondateur *m*, -trice *f* / *the builders of the empire* les bâtisseurs *mpl* de l'empire.

building ['bɪldɪŋ] ◆ n **1.** [structure] bâtiment *m*, construction *f* ; [monumental] édifice *m* ; [apartment, office] immeuble *m* **2.** [work] construction *f* / *building is due to start on Monday* les travaux de construction doivent commencer lundi. ◆ comp [land, plot] à bâtir ; [materials] de construction ▶ **building industry** or **trade** (industrie *f* du) bâtiment *m*.

building and loan association n US = building society.

building block n [toy] cube *m* ; *fig* composante *f*.

building contract n contrat *m* de construction.

building contractor n entrepreneur *m* (en bâtiment or construction).

building site n chantier *m* (de construction).

building society n UK *société d'investissement et de crédit immobilier.*

 **Building societies**

Les **building societies** sont des institutions financières mutualistes initialement fondées pour permettre à leurs membres d'acquérir un logement. Autrefois, chaque grande ville anglaise avait sa **building society**, comme en témoignent les noms de la plupart des établissements actuels (**Leeds Building Society, Cambridge Building Society**, etc.). Aujourd'hui, les **building societies** proposent un éventail de services financiers et font directement concurrence aux banques, tout en restant spécialisées dans le prêt immobilier (**mortgage lending**). Certaines **building societies** se sont démutualisées pour devenir des banques. Voir aussi **savings and loan association**.

buildup ['bɪldʌp] n **1.** [increase - in pressure] intensification *f* ; [- in excitement] montée *f* / *traffic buildup* embouteillage *m*, bouchon *m* ; [COMM - in production] accroissement *m* ; [- in stock] accumulation *f* ; MIL [in troops] rassemblement *m* / *nuclear arms buildup* accumulation des armes nucléaires **2.** [publicity] campagne *f* publicitaire / *they gave the product a big buildup* ils ont fait beaucoup de publicité pour le produit.

built [bɪlt] ◆ pt & pp ⟶ build. ◆ adj [building] bâti, construit ▶ **the built environment** l'environnement *m* bâti ; [person] charpenté / *brick-built* en or de brique / *to be powerfully built* être puissamment or solidement charpenté / *to be slightly built* être fluet.

built-in adj [beam, wardrobe] encastré ; [device, safeguard] intégré ; *fig* [feature] inné, ancré ▶ **built-in obsolescence** obsolescence *f* programmée.

built-up adj **1.** [land] bâti ▶ **a built-up area** une agglomération (urbaine) / *the area is becoming very built-up* ça s'est beaucoup construit or on a beaucoup construit dans la région **2.** [in clothing] ▶ **built-up shoulders** épaules *fpl* surhaussées ▶ **built-up shoes** chaussures *fpl* à semelles compensées.

bulb [bʌlb] n **1.** BOT bulbe *m*, oignon *m* ▶ **tulip bulb** bulbe de tulipe **2.** ELEC ampoule *f* ▶ **a light bulb** une ampoule **3.** [of thermometer] réservoir *m* **4.** ANAT bulbe *m* **5.** NAUT [bulbous bow] bulb *m*, bulbe *m*.

bulbar [bʌlbəʳ] adj bulbaire.

bulbous ['bʌlbəs] adj bulbeux / *a bulbous nose* un gros nez, un nez bulbeux ▶ **a bulbous bow** NAUT un bulb, un bulbe.

Bulgaria [bʌl'geərɪə] pr n Bulgarie *f* / *in Bulgaria* en Bulgarie.

Bulgarian [bʌl'geərɪən] ◆ n **1.** [person] Bulgare *mf* **2.** LING bulgare *m*. ◆ adj bulgare.

bulge [bʌldʒ] ◆ n **1.** [lump, swelling] renflement *m* ; [on vase, jug] panse *f*, ventre *m* ; UK MIL saillant *m* / *he noticed a bulge in her pocket* il remarqua quelque chose qui faisait saillie dans sa poche **2.** [increase] poussée *f* ▶ **a population bulge** une explosion démographique. ◆ vi [swell] se gonfler, se renfler / *his suitcase was bulging with gifts* sa valise était bourrée de cadeaux / *the town was bulging at the seams with holidaymakers* la ville était pleine à craquer de vacanciers ; [stick out] faire saillie, saillir / *he bulged (out) at the waist* il était ventru, il avait du ventre / *his eyes bulged* il avait les yeux saillants or globuleux.

bulghur, **bulghur wheat** ['bʌlgəʳ-] n boulgour *m*.

bulging ['bʌldʒɪŋ] adj [eyes] saillant, globuleux ; [muscles, waist] saillant ; [bag, pockets] gonflé.

bulgur = bulghur.

bulimia [bjʊ'lɪmɪə] n boulimie *f*.

bulimic [bjʊ'lɪmɪk] ◆ adj boulimique. ◆ n boulimique *mf*.

bulk [bʌlk] ◆ n **1.** [mass] masse *f* ; [stoutness] corpulence *f* / *the great bulk of the cathedral loomed out of the darkness* la silhouette massive de la cathédrale se dessina dans l'obscurité / *a man of enormous bulk* un homme très corpulent / *he levered his great bulk out of the armchair* il extirpa sa grosse carcasse du fauteuil **2.** [main part] ▶ **the bulk** la plus grande partie, la majeure partie / *the bulk of the estate was woodland* la majeure partie de la propriété était boisée / *she left the bulk of her fortune to charity* elle légua le plus gros de sa fortune aux bonnes œuvres **3.** [in food] fibre *f* (végétale) **4.** NAUT [goods] cargaison *f*. ◆ comp [order, supplies] en gros. ◆ vi ▶ **to bulk large** UK occuper une place importante / *the prospect of a further drop in prices bulked large in their minds* la perspective d'une autre baisse des prix les préoccupait vivement or était au premier plan de leurs préoccupations.

❖ **in bulk** adv phr par grosses quantités ; COMM en gros ; NAUT en vrac.

bulk-buy vi & vt acheter en gros or grande quantité.

bulk buying n *(U)* achat *m* par grosses quantités ; COMM achat *m* en gros.

bulk carrier n vraquier *m*, transporteur *m* de vrac.

bulkhead ['bʌlkhed] n cloison *f (d'avion, de navire)*.

bulkiness ['bʌlkɪnɪs] n [of object] grosseur *f*, encombrement *m* ; [of person] corpulence *f*.

bulk mail n *(U)* envois *mpl* en nombre.

bulk mailing n mailing *m* or publipostage *m* à grande diffusion.

bulk rate n affranchissement *m* à forfait.

bulky ['bʌlkɪ] adj **1.** [massive, large] volumineux ; [cumbersome] encombrant / *a bulky sweater* or *jumper* un gros pull / *a bulky package* or *parcel* un paquet encombrant or volumineux **2.** [corpulent, stout] corpulent, gros (grosse) ; [solidly built] massif.

bull [bʊl] ◆ n **1.** [male cow] taureau *m* ▶ **like a bull in a china shop** comme un éléphant dans un magasin de porcelaine ▶ **to take the bull by the horns** prendre le taureau par les cornes **2.** [male of a species] mâle *m* **3.** *inf* [large, strong man] costaud *m*, malabar *m* / *a great bull of a man* un homme fort comme un bœuf **4.** ST. EX haussier *m*, spéculateur *m* à la hausse **5.** [centre of target] centre *m* de la cible ▶ **to hit the bull** faire mouche, mettre dans le mille **6.** *v inf* [nonsense] connerie *f*, conneries *fpl* / *that's a lot* or *load of bull* c'est des conneries tout ça **7.** RELIG bulle *f*. ◆ comp [elephant, whale] mâle *m* ▶ **bull calf** jeune taureau *m*, taurillon *m*. ◆ vt ST. EX [market, prices, shares] pousser à la hausse.

❖ **Bull** n ASTROL le Taureau.

bulldog ['bʊldɒg] n **1.** ZOOL bouledogue *m* **2.** UK FIN *obligation d'un emprunteur étranger à la Bourse de Londres libellée en livres sterling.*

bulldog clip n pince *f* à dessin.

bulldoze ['bʊldəʊz] vt **1.** [building] démolir au bulldozer ; [earth, stone] passer au bulldozer / *whole villages have been bulldozed out of existence* des villages entiers ont été rasés au bulldozer **2.** *fig* [push] ▶ **to bulldoze sb into doing sthg** forcer qqn à faire qqch, faire pression sur qqn pour lui faire faire qqch / *she bulldozed her way to the top* elle est arrivée au sommet à la force du poignet.

bulldozer ['bʊldəʊzəʳ] n bulldozer *m*.

bullet ['bʊlɪt] ◆ n **1.** balle *f* ▶ **to get the bullet** UK *inf* se faire virer, se faire sacquer **2.** TYPO puce *f* **3.** FIN [loan] emprunt *m* remboursable in fine ; [repayment] remboursement *m* in fine. ◆ comp [hole] de balle ; [wound] par balle.

bullet-headed adj qui a une petite tête ronde.

bulletin ['bʊlətɪn] n [announcement] bulletin *m*, communiqué *m* ; [newsletter] bulletin *m*.

bulletin board n **1.** US [gen] tableau *m* d'affichage **2.** COMPUT ▶ **bulletin board (system)** panneau *m* d'affichage.

bullet loan n prêt-ballon *m*.

bulletproof ['bʊlɪtpru:f] ◆ adj [glass, vest] pare-balles *(inv)* ; [vehicle] blindé. ◆ vt [door, vehicle] blinder.

bullfight ['bʊlfaɪt] n corrida *f*, course *f* de taureaux.

bullfighter ['bʊl,faɪtəʳ] n torero *m*, matador *m*.

bullfighting ['bʊl,faɪtɪŋ] n *(U)* courses *fpl* de taureaux, tauromachie *f*.

bullfinch ['bʊlfɪntʃ] n bouvreuil *m*.

bullfrog ['bʊlfrɒg] n grenouille *f* mugissante.

bullhead ['blhed] n [fish] meunier *m*.

bullhorn ['bʊlhɔ:n] n US mégaphone *m*, porte-voix *m inv*.

bullion ['bʊljən] n [gold] or *m* en lingots or en barres ; [silver] argent *m* en lingots or en barres.

bullish ['bʊlɪʃ] adj **1.** ST. EX ▶ **the market is bullish** les cours or valeurs sont en hausse **2.** UK *inf* [optimistic] ▶ **to be in a bullish mood** être confiant or optimiste.

bull market n marché *m* à la hausse.

bull mastiff n *chien issu d'un métissage entre le bouledogue et le mastiff.*

bull-necked adj au cou de taureau.

bullock ['bʊlək] n [castrated] bœuf *m* ; [young] bouvillon *m*.

bullring ['bʊlrɪŋ] n arène *f (pour la corrida)*.

Bull Run pr n *petite rivière de Virginie qui fut le théâtre d'une importante défaite des nordistes pendant la guerre de Sécession.*

bull session n US *inf* causerie *f* entre hommes.

bull's-eye n **1.** [centre of target] mille *m*, centre *m* de la cible ▶ **bull's-eye!** dans le mille ! ▶ **to hit the bull's-eye** *lit & fig* faire mouche, mettre dans le mille **2.** [sweet] gros bonbon *m* à la menthe **3.** [window] œil-de-bœuf *m*, oculus *m*.

bullshit ['bʊlʃɪt] *vulg* ◆ n *(U)* connerie *f*, conneries *fpl* / *don't give me that bullshit!* ne raconte or dis pas de conneries ! / *he's a real bullshit artist* il raconte que des conneries. ◆ vt raconter des conneries à / *don't bullshit me!* ne me raconte pas de conneries ! ◆ vi déconner, raconter des conneries.

bull terrier n bull-terrier *m*.

bullwhip ['bʊlwɪp] ◆ n *long fouet tressé.* ◆ vt cravacher.

bully ['bʊlɪ] ◆ n **1.** [adult] tyran *m* ; [child] petite brute *f* / *don't be such a bully!* ne sois pas si tyrannique ! **2.** [in hockey] bully *m*. ◆ vt [intimidate - spouse, employee] malmener / *she bullies her little sister* elle est tyrannique avec sa petite sœur / *they bullied me into going* on a fait pression sur moi pour que j'y aille. ◆ interj *inf* ▶ **bully for you! a)** chapeau ! **b)** *iro* quel exploit !, bravo !

◆ **bully off** vi [in hockey] engager le jeu, mettre la balle en jeu.

bully beef n UK corned-beef *m*.

bullyboy ['bʊlɪbɔɪ] n UK brute *f*, voyou *m*.

bullying ['bʊlɪɪŋ] ◆ adj [intimidating] agressif, brutal. ◆ n *(U)* brimades *fpl*.

bully-off n bully *m*.

bulrush ['bʊlrʌʃ] n jonc *m*, scirpe *m*.

bulwark ['bʊlwək] n ARCHIT rempart *m*, fortification *f* ; [breakwater] digue *f*, môle *m* ; *fig* [protection] rempart *m*, protection *f* / ***a bulwark against the harsh realities of life*** un rempart or une protection contre les dures réalités de la vie / ***a bulwark against inflation*** une mesure de protection contre l'inflation.

◆ **bulwarks** pl n NAUT bastingage *m*, pavois *m*.

bum [bʌm] *(pt & pp* **bummed**, *cont* **bumming**) *inf* ◆ n **1.** UK [buttocks] fesses *fpl*, pétard *m* **2.** US [tramp] clochard *m*, -e *f*, clodo *m* ; US [lazy person] fainéant *m*, -e *f*, flemmard *m*, -e *f* ; [worthless person] minable *mf*, minus *m* **3.** [sports fanatic] fana *m*, mordu *m*, -e *f* ▸ **a beach bum** un fana or mordu des plages **4.** US [vagrancy] : ***he went on the bum*** il s'est mis à dormir sous les ponts. ◆ adj [worthless] minable, nul ; [injured, disabled] patraque, mal fichu ; [untrue] faux (fausse) / ***he got a bit of a bum deal*** il a été très mal traité / ***he was in jail on a bum rap*** US il était en prison pour un délit qu'il n'avait pas commis ▸ **bum steer** tuyau *m* percé. ◆ vt US [beg, borrow] ▸ **to bum sthg off sb** emprunter qqch à qqn, taper qqn de qqch / ***he's always bumming cigarettes*** il est toujours à quémander or mendier des cigarettes ▸ **to bum a lift** or **ride** se faire accompagner en voiture / ***they bummed a lift to the border*** ils ont gagné la frontière en faisant de l'auto-stop or du stop. ◆ vi US [be disappointed] être déprimé ; [laze about] traîner.

◆ **bum about** UK, **bum around** vi *inf* **1.** [drift, wander] vagabonder, se balader / ***they spent three months bumming around (in) Mexico*** ils ont passé trois mois à se balader au Mexique **2.** [loaf, idle] fainéanter, flemmarder.

bumble ['bʌmbl] vi **1.** [speak incoherently] bafouiller / ***he bumbled through his speech*** il a fait un discours décousu **2.** [move clumsily] : ***he came bumbling in*** il entra, l'air gauche.

bumblebee ['bʌmblbiː] n bourdon *m*.

bumbler ['bʌmblər] n empoté *m*, -e *f*, maladroit *m*, -e *f*.

bumbling ['bʌmblɪŋ] adj [person] empoté, maladroit ; [behaviour] maladroit.

bumboat ['bʌmbəʊt] n canot *m* d'approvisionnement.

bumf [bʌmf] n UK *inf* **1.** [documentation] doc *f* **2.** *pej* [useless papers] paperasse *f* **3.** [toilet paper] papier cul *m* *v inf*.

bumfreezer ['bʌm,friːzər] n UK *inf* [jacket] blouson *m*.

bumhole ['bʌmhəʊl] n UK *v inf* trou *m* de balle.

bummed [bʌmd] adj US *inf* ▸ **to be bummed (out) with sthg** être déprimé par qqch.

bummer ['bʌmər] n *v inf* **1.** [bad experience] poisse *f* / ***the film's a real bummer*** ce film est vraiment nul or un vrai navet / ***what a bummer!*** les boules ! **2.** US [depression] : ***he's on a bummer*** il n'a pas le moral.

bump [bʌmp] ◆ n **1.** [lump] bosse *f* / ***he has a big bump on his head*** il a une grosse bosse au crâne / ***a bump in the road*** une bosse sur la route **2.** [blow, knock] choc *m*, coup *m* / ***he felt a bump as he reversed the car into the garage*** il a senti un choc en reculant la voiture dans le garage ▸ **to give sb the bumps** UK *faire sauter un enfant en l'air en le tenant à plusieurs par les bras et les jambes* ; [noise from blow] bruit *m* sourd, choc *m* sourd / ***her head hit the shelf with a bump*** il y a eu un bruit sourd quand elle s'est cognée la tête contre l'étagère **3.** AERON [air current] courant *m* ascendant. ◆ vt heurter ; [elbow, head, knee] cogner. ◆ vi **1.** [move with jerks] cahoter / ***the old bus bumped along the country roads*** le vieil autobus cahotait le long des petites routes **2.** [collide] se heurter / ***the boat bumped against the pier*** le bateau a buté contre l'embarcadère. ◆ adv : ***the driver went bump into the car in front*** le conducteur est rentré en plein dans la voiture de devant / ***things that go bump in the night*** les bruits *mpl* étranges de la nuit.

◆ **bump into** vt insep [object] rentrer dedans, tamponner ; [person] rencontrer par hasard, tomber sur / ***he bumped into a lamppost*** il est rentré dans un réverbère / ***I bumped into an old school friend this morning*** je suis tombé sur un ancien camarade d'école ce matin.

◆ **bump off** vt sep *inf* [murder] liquider, supprimer ; [with a gun] descendre.

◆ **bump up** vt sep *inf* [increase] faire grimper ; [prices] gonfler, faire grimper.

bumper ['bʌmpər] ◆ n **1.** AUTO pare-chocs *m inv* **2.** US RAIL [on train] tampon *m* ; [at station] butoir *m* **3.** [full glass] rasade *f*. ◆ adj [crop, harvest] exceptionnel, formidable / ***a bumper issue*** UK un numéro exceptionnel.

bumper car n auto *f* tamponneuse.

bumper sticker n autocollant *m (pour voiture)*.

bumper-to-bumper adj : ***bumper-to-bumper traffic*** des voitures qui roulent pare-chocs contre pare-chocs / ***the cars are bumper-to-bumper on the bridge*** les voitures roulent pare-chocs contre pare-chocs sur le pont.

bumph n *inf* = **bumf**.

bumpkin ['bʌmpkɪn] n *inf & pej* plouc *m*, péquenaud *m*.

bump start n *démarrage d'un véhicule en le poussant* / ***do you need a bump start?*** vous voulez qu'on vous pousse ?

◆ **bump-start** vt démarrer en poussant.

bumptious ['bʌmpʃəs] adj suffisant, prétentieux.

bumpy ['bʌmpɪ] *(compar* **bumpier**, *superl* **bumpiest**) adj [road] cahoteux ; [flight, ride] agité (de secousses) ; [surface, wall] bosselé / ***we've got a bumpy ride ahead of us*** *fig* on va traverser une mauvaise passe.

bun [bʌn] n **1.** [bread] petit pain *m* (au lait) ▸ **she's got a bun in the oven** UK *v inf* elle a un polichinelle dans le tiroir **2.** [hair] chignon *m*.

◆ **buns** pl n US *inf* [buttocks] fesses *fpl*.

bunch [bʌntʃ] ◆ n **1.** [of flowers, straw] bouquet *m*, botte *f* ; [of grapes] grappe *f* ; [of bananas, dates] régime *m* ; [of feathers, hair] touffe *f* ; [of sticks, twigs] faisceau *m*, poignée *f* ; [of keys] trousseau *m* ▸ **do you want a bunch of fives?** *inf* tu veux mon poing sur la gueule ? **2.** *inf* [of people] bande *f* / ***they're a bunch of idiots*** c'est une bande d'imbéciles / ***her family are a strange bunch*** elle a une drôle de famille / ***you're a fine bunch!*** *iro* quelle équipe vous faites ! / ***he's the best of a bad bunch*** c'est le moins mauvais de la bande ; [of things] : ***he took out a bunch of papers from the drawer*** il sortit un tas de papiers du tiroir **3.** CYCL peloton *m* **4.** PHR **thanks a bunch!** *inf & iro* merci beaucoup ! ◆ vt [straw, vegetables] mettre en bottes, botteler ; [flowers] botteler, mettre en bouquets.

◆ **bunches** pl n UK couettes *fpl* / ***she wears her hair in bunches*** elle porte des couettes.

◆ **bunch together** ◆ vi [people] se serrer, se presser. ◆ vt sep mettre ensemble ; [flowers] botteler, mettre en bouquets.

◆ **bunch up** ◆ vi **1.** [group of people] se serrer **2.** [clothing] se retrousser. ◆ vt sep mettre ensemble ; [flowers] mettre en bouquets, botteler ; [dress, skirt] retrousser / ***your dress is bunched up at the back*** ta robe remonte derrière.

bunco ['bʌŋkəʊ] *(pl* **buncos**) US *inf* ◆ n arnaque *f*. ◆ vt arnaquer, rouler.

bundle ['bʌndl] ◆ n **1.** [of clothes, linen] paquet *m* ; [wrapped in a cloth] paquet *m* ; [of goods] paquet *m*, ballot *m* ; [of sticks, twigs] faisceau *m*, poignée *f* ; [of banknotes, papers] liasse *f* / ***he's a bundle of nerves*** c'est un paquet de nerfs / ***she's a bundle of contradictions*** elle est pleine de contradictions / ***a bundle of firewood*** un fagot ▸ **a bundle of fun** or **laughs** *inf* marrant, amusant / ***the trip wasn't exactly a bundle of laughs*** *inf* le voyage n'était pas vraiment marrant / ***he's a real bundle of fun*** *iro* c'est fou ce qu'on s'amuse avec lui **2.** COMPUT lot *m* **3.** US *inf* [money] ▸ **to make a bundle** faire son beurre **4.** [baby] bout *m* de chou **5.** PHR **to go a bundle on sthg** UK *inf* s'emballer pour qqch ▸ **thanks a bundle!** UK *inf & iro* merci beaucoup ! ◆ vt **1.** [clothes] mettre en paquet ; [for a journey] empaqueter ; [linen] mettre en paquet ; [goods] mettre en paquet ; [banknotes, papers] mettre en liasses ; [sticks, twigs] mettre en faisceaux ; [firewood] mettre en fagots ; [straw] botteler, mettre en bottes **2.** [shove] : ***she bundled the papers into the drawer*** elle fourra les papiers dans le tiroir / ***he was bundled into the car*** on l'a poussé dans la voiture brusquement or sans ménagement / ***he quickly bundled them out of the room*** il les a poussés précipitamment hors de la pièce **3.** COMPUT vendre en or par lots.

◆ **bundle off** vt sep : ***the children were bundled off to school*** les enfants furent envoyés or expédiés à l'école vite fait.

◆ **bundle up** ◆ vt sep **1.** [tie up] mettre en paquet **2.** [dress warmly] emmitoufler / ***she bundled the baby up in a warm blanket*** elle emmitoufla le bébé dans une grosse couverture. ◆ vi s'emmitoufler.

bundled ['bʌndld] adj COMPUT ▸ **bundled software** logiciel *m* livré avec le matériel.

bundler ['bʌndlər] n POL *leveur de fonds travaillant pour le compte d'un candidat, qui réussit à réunir des sommes importantes sous forme de donations.*

bundling ['bʌndlɪŋ] n [of products] groupage *m*.

Bundt pan [bʌnt-] n US moule *m* à kouglof.

bun fight n UK *inf & hum* [gathering] réception *f*.

bung [bʌŋ] ◆ n **1.** [stopper] bondon *m*, bonde *f* **2.** [hole] bonde *f*. ◆ vt **1.** [hole] boucher **2.** UK *inf* [put carelessly] balancer / ***just bung it in the rubbish bin*** fiche-le à la poubelle **3.** UK *inf* [add] rajouter / ***bung it on the bill*** rajoutez-le sur la note / ***we'll bung in a few extras*** on va rajouter quelques petits extras.

◆ **bung up** vt sep UK *inf* boucher / ***my nose is / my eyes are bunged up*** j'ai le nez bouché / les yeux gonflés.

bungalow ['bʌŋgələʊ] n [one storey house] maison *f* sans étage ; [in India] bungalow *m*.

bungee ['bʌndʒiː] n [cord] tendeur *m* ▸ **bungee cord** tendeur *m* ▸ **bungee jump** saut *m* à l'élastique ▸ **bungee jumping** saut *m* à l'élastique.

bunghole ['bʌŋhəʊl] n bonde *f*.

bungle ['bʌŋgl] ◆ vt gâcher / ***you bungled it*** or ***the job*** tu as tout gâché. ◆ n UK ▸ **to make a bungle of sthg** gâcher qqch.

bungler ['bʌŋglər] n incapable *mf*.

bungling ['bʌŋglɪŋ] ◆ adj [person] incompétent, incapable ; [action] maladroit, gauche. ◆ n incompétence *f*.

bunion ['bʌnjən] n oignon *m (cor)*.

bunk [bʌŋk] ◆ n **1.** [berth] couchette *f* ; [bed] lit *m* **2.** UK *inf* ▸ **to do a bunk** se tirer *v inf*, se faire la malle *v inf* **3.** *inf* [nonsense] foutaise *f*, foutaises *fpl* / ***that's a load of bunk*** ce sont des foutaises. ◆ vi *inf* **1.** [sleep] coucher ; US [spend the night] dormir, passer la nuit **2.** [escape] se tailler *v inf*.

◆ **bunk down** vi coucher.

◆ **bunk off** vi UK *inf* **1.** [scram] décamper, filer **2.** [from school] faire le mur.

bunk bed n lits *mpl* superposés.

bunker ['bʌŋkər] ◆ n **1.** MIL blockhaus *m*, bunker *m* **2.** [for coal] coffre *m* ; NAUT soute *f* **3.** GOLF bunker *m*. ◆ vt **1.** NAUT [coal, oil, ship] mettre en soute **2.** GOLF envoyer la balle dans un bunker.

Bunker Hill pr n ▸ **the battle of Bunker Hill** la bataille de Bunker Hill.

bunkhouse ['bʌŋkhaʊs] *(pl* [-haʊzɪz]) n US baraquement *m* (pour ouvriers).

bunko ['bʌŋkəʊ] *(pl* **bunkos**) n & vt US *inf* = **bunco**.

bunkum ['bʌŋkəm] n *(U)* *inf* [nonsense] foutaise *f*, foutaises *fpl*.

bunk-up n UK ▸ **to give sb a bunk-up** faire la courte échelle à qqn.

bunny ['bʌnɪ] n ▸ **bunny (rabbit)** (petit) lapin *m*, Jeannot lapin *m*.

bunny girl n hôtesse *f* de boîte de nuit.

bunny hill n US [in skiing] piste *f* pour débutants.

Bunsen burner ['bʌnsn-] n (bec *m*) Bunsen *m*.

bunt [bʌnt] US ◆ n SPORT coup *m* retenu. ◆ vt SPORT frapper doucement. ◆ vi SPORT frapper doucement la balle.

bunting ['bʌntɪŋ] n **1.** [fabric] étamine *f* **2.** *(U)* [flags] fanions *mpl*, drapeaux *mpl* / *the building was decorated with blue and white bunting* le bâtiment était pavoisé de drapeaux bleus et blancs **3.** ORNITH bruant *m*.

buoy [UK bɔɪ US 'bu:ɪ] ◆ n bouée *f*, balise *f*. ◆ vt [waterway] baliser ; [vessel, obstacle] marquer d'une bouée.

❖ **buoy up** vt sep **1.** NAUT faire flotter, maintenir à flot **2.** *fig* [support, sustain] soutenir ; [person] remonter / *her son's visit buoyed her up* or *buoyed up her spirits* la visite de son fils l'a remontée or lui a remonté le moral.

buoyancy ['bɔɪənsɪ] n **1.** [ability to float] flottabilité *f* ; [of gas, liquid] poussée *f* **2.** *fig* [resilience] ressort *m*, force *f* morale ; [cheerfulness] entrain *m*, allant *m* **3.** ST. EX : *the buoyancy of the market* la fermeté du marché.

buoyancy tank n réservoir *m* de flottabilité.

buoyant ['bɔɪənt] adj **1.** [floatable] flottable, capable de flotter ; [causing to float] qui fait flotter / *sea water is very buoyant* l'eau de mer porte très bien **2.** *fig* [cheerful] plein d'allant or d'entrain ; [mood] gai, allègre / *her spirits were buoyant that morning* elle était pleine d'allant or d'entrain ce matin-là **3.** FIN [economy, sector] sain, robuste ; ST. EX [market] soutenu ; [currency] qui se maintient, ferme.

buoyantly ['bɔɪəntlɪ] adv [walk] d'un pas allègre ; [float, rise] légèrement ; [speak] avec allant, avec entrain.

BUPA ['bu:pə] (abbr of **British United Provident Association**) pr n *association d'assurance-maladie privée.*

bur [bɜ:r] ◆ n BOT bardane *f*. ◆ vt [clothing] enlever les bardanes de.

Burberry® ['bɜ:bərɪ] n UK gabardine *f*, imperméable *m* Burberry.

burble ['bɜ:bl] ◆ vi **1.** [liquid] glouglouter, faire glouglou ; [stream] murmurer **2.** *pej* [person] jacasser / *he's always burbling on about moral values* il est toujours à jacasser or dégoiser sur les valeurs morales. ◆ n **1.** [of a liquid] glouglou *m* ; [of a stream] murmure *m* **2.** *pej* [chatter] jacasserie *f*, jacassement *m*.

burbling ['bɜ:blɪŋ] adj [liquid] glougloutant ; [stream] murmurant ; *pej* [person] qui jacasse, bavard.

burbot ['bɜ:bət] n lotte *f*.

burbs [bɜ:rbz] pl n US *inf* ▸ **the burbs** la banlieue.

burden ['bɜ:dn] ◆ n **1.** *fml* [heavy weight, load] fardeau *m*, charge *f* **2.** *fig* [heavy responsibility, strain] fardeau *m*, charge *f* ▸ **to be a burden to sb** être un fardeau pour qqn / *his guilt was a heavy burden to bear* sa culpabilité était un lourd fardeau / *to increase / to relieve the tax burden* augmenter / alléger le fardeau or le poids des impôts ▸ **the burden of proof** LAW la charge de la preuve **3.** NAUT tonnage *m*, jauge *f* / *a ship of 500 tons burden* un navire qui jauge 500 tonneaux **4.** UK [chorus, refrain] refrain *m* ; *fig* [theme, central idea] fond *m*, substance *f* / *what is the main burden of her argument?* quel est le point essentiel de son argument ? ◆ vt **1.** [weigh down] charger ▸ **to be burdened with sthg** être chargé de qqch / *to burden sb with taxes* accabler qqn d'impôts **2.** [trouble] ennuyer, importuner / *I don't want to burden you with my problems* je ne veux pas vous ennuyer avec mes problèmes / *she was burdened with guilt* elle était rongée par un sentiment de culpabilité.

burdensome ['bɜ:dnsəm] adj *fml* [load] pesant ; [taxes] lourd.

burdock ['bɜ:dɒk] n bardane *f*.

bureau ['bjʊərəʊ] (*pl* **bureaus** *or* **bureaux** [-rəʊz]) n **1.** ADMIN service *m*, office *m* ; [in private enterprise] bureau *m* **2.** UK [desk] secrétaire *m*, bureau *m* **3.** US [chest of drawers] commode *f*.

bureaucracy [bjʊə'rɒkrəsɪ] n bureaucratie *f*.

bureaucrat ['bjʊərəkræt] n bureaucrate *mf*.

bureaucratic [,bjʊərə'krætɪk] adj bureaucratique.

bureaucratize, **bureaucratise** [bjʊə'rɒkrətaɪz] vt bureaucratiser.

Bureau of Indian Affairs pr n *services fédéraux américains responsables des affaires indiennes.*

burette UK, **buret** US [bjʊ'ret] n éprouvette *f* graduée, burette *f*.

burgeon ['bɜ:dʒən] vi BOT & *liter* bourgeonner.

burgeoning ['bɜ:dʒənɪŋ] adj [industry, population] en expansion, en plein essor / *a burgeoning talent* un talent en herbe / *the burgeoning movement for independence* le mouvement naissant pour l'indépendance.

burger ['bɜ:gər] n hamburger *m*.

burgess ['bɜ:dʒɪs] n HIST [elected representative] député *m*, représentant *m* ; *arch* [citizen] bourgeois *m*.

burgh ['bʌrə] n Scot ville *f*.

burgher ['bɜ:gər] n HIST bourgeois *m*, -e *f*.

burglar ['bɜ:glər] n cambrioleur *m*, -euse *f*.

burglar alarm n dispositif *m* d'alarme contre le vol, antivol *m*.

burglarize ['bɜ:gləraɪz] vt US cambrioler.

burglarproof ['bɜ:gləpru:f] adj antieffraction *(inv)*.

burglary ['bɜ:glərɪ] (*pl* **burglaries**) n cambriolage *m*.

burgle ['bɜ:gl] vt cambrioler.

burgomaster ['bɜ:gə,mɑ:stər] n bourgmestre *m*, maire *m*.

Burgundian [bɜ:'gʌndɪən] ◆ n Bourguignon *m*, -onne *f*. ◆ adj bourguignon.

Burgundy ['bɜ:gəndɪ] pr n **1.** [region] Bourgogne *f* / *in Burgundy* en Bourgogne **2.** [wine] bourgogne *m*.

burial ['berɪəl] ◆ n enterrement *m*, inhumation *f* / *a Christian burial* une sépulture chrétienne. ◆ comp [place, service] d'inhumation.

burial chamber n caveau *m*.

burial ground n cimetière *m*.

burial mound n tumulus *m*.

burin ['bjʊərɪn] n burin *m*.

burk [bɜ:k] n = **berk**.

Burke's Peerage [bɜ:ks-] pr n *annuaire de l'aristocratie britannique.*

Burkina-Faso [bɜ:,ki:nə'fæsəʊ] pr n Burkina *m* / *in Burkina-Faso* au Burkina.

burlap ['bɜ:læp] n toile *f* à sac, gros canevas *m*.

burlesque [bɜ:'lesk] ◆ n **1.** LITER & THEAT burlesque *m*, parodie *f* **2.** US [striptease show] revue *f* déshabillée, striptease *m*. ◆ adj burlesque. ◆ vt parodier.

burly ['bɜ:lɪ] (*compar* **burlier**, *superl* **burliest**) adj de forte carrure.

Burma ['bɜ:mə] pr n Birmanie *f*.

Burmese [,bɜ:'mi:z] ◆ n **1.** [person] Birman *m*, -e *f* **2.** LING birman *m*. ◆ adj birman.

Burmese cat n chat *m* de Birmanie.

burn [bɜ:n] (UK *pt & pp* **burned** *or* **burnt** [bɜ:nt] ; US *pt & pp* **burned**) ◆ n **1.** [injury] brûlure *f* **2.** AERON (durée *f* de) combustion *f* **3.** *inf* PHYSIOL ▸ **the burn** la sensation de brûlure **4.** Scot ruisseau *m*. ◆ vi **1.** *lit* brûler / *there was a lovely fire burning in the sitting-room* un beau feu brûlait or flambait au salon / *I can't get the wood to burn* je n'arrive pas à faire brûler or flamber le bois / *the toast is burning* le pain grillé est en train de brûler / *she could see a cigarette burning in the dark* elle pouvait voir une cigarette qui brûlait or se consumait dans l'obscurité / *this material won't burn* ce tissu est ininflammable / *the church burned to the ground* l'église a été réduite en cendres / *a light was burning in the study* une lumière brûlait dans le bureau **2.** *fig* [face, person] : *my face was burning* [with embarrassment] j'avais le visage en feu, j'étais tout rouge / *the wind made her face burn* le vent lui brûlait le visage / *I'm burning* **a)** [from sun] je brûle **b)** [from fever] je suis brûlant, je brûle / *she was burning with anger* elle bouillait de colère / *she was burning for adventure* elle brûlait du désir d'aventure **3.** *inf* [travel at speed] filer, foncer / *we burned down the motorway* nous foncions or nous filions sur l'autoroute. ◆ vt **1.** [paper, logs, food] brûler **2.** [car, crop, forest] brûler, incendier / *three people were burnt to death* trois personnes sont mortes carbonisées or ont été brûlées vives / *to be burnt alive* être brûlé vif / *suspected witches were burnt at the stake* les femmes soupçonnées de sorcellerie étaient brûlées vives / *his cigarette burnt a hole in the carpet* sa cigarette a fait un trou dans la moquette / *did you burn yourself?* est-ce que tu t'es brûlé ? / *I burnt my mouth drinking hot tea* je me suis brûlé (la langue) en buvant du thé chaud / *I've burnt the potatoes* j'ai laissé brûler les pommes de terre / *the house was burnt to the ground* la maison fut réduite en cendres or brûla entièrement ▸ **to burn one's boats** or **bridges** brûler ses vaisseaux or les ponts ▸ **to burn one's fingers** or **to get one's fingers burnt** se brûler les doigts ▸ **to have money to burn** avoir de l'argent à ne pas savoir qu'en faire / *money burns a hole in his pocket* l'argent lui file entre les doigts **3.** COMPUT graver.

❖ **burn away** ◆ vi **1.** [continue burning] : *the bonfire burned away for several hours* le feu a brûlé pendant plusieurs heures **2.** [be destroyed by fire] se consumer. ◆ vt sep [gen] brûler ; [paint] brûler, décaper au chalumeau.

❖ **burn down** ◆ vi **1.** [be destroyed by fire] brûler complètement / *the building burned down* le bâtiment fut complètement détruit par le feu or brûla complètement **2.** [die down] : *the fire in the stove has burned down* le feu dans le poêle est presque éteint ; [grow smaller] diminuer, baisser / *the candle has burned down* la bougie a diminué. ◆ vt sep [building] détruire par le feu, incendier.

❖ **burn off** vt sep [vegetation] brûler, détruire par le feu ; [gas] brûler ; [paint] décaper au chalumeau.

❖ **burn out** ◆ vt sep **1.** [destroy by fire - building] détruire par le feu **2.** ELEC [wear out - bulb] griller ; [- fuse] faire sauter ; MECH [engine] griller ▸ **to burn o.s. out** s'épuiser **3.** [die down] diminuer, éteindre / *after twelve hours the forest fire burnt itself out* au bout de douze heures l'incendie de forêt s'est éteint. ◆ vi ELEC [bulb] griller ; [fuse] sauter ; MECH [brakes, engine] griller ; [candle, fire] s'éteindre.

❖ **burn up** ◆ vt sep **1.** [destroy by fire] brûler **2.** *fig* [person - consume] brûler, dévorer / *the desire for revenge was burning him up* il était dévoré par le désir de se venger ; US *inf* [worry] : *it really burns me up to see you like this* ça me bouffe de te voir comme ça **3.** [consume] : *this car burns up a lot of petrol* cette voiture consomme beaucoup d'essence / *to burn up a lot of calories / energy* dépenser or brûler beaucoup de calories / d'énergie ▸ **to burn up the miles** aller à toute vitesse, foncer. ◆ vi **1.** [fire] flamber **2.** AERON se consumer, se désintégrer.

burned-out ['bɜ:nd-] adj = **burnt-out**.

burner ['bɜ:nər] n [on a stove] brûleur *m* ; [on a lamp] bec *m*.

burnet ['bɜ:nɪt] n BOT sanguisorbe *f*.

burning ['bɜ:nɪŋ] ◆ adj **1.** [on fire] en flammes ; [arrow, fire, torch] ardent ▸ **the burning bush** BIBLE le buisson ardent **2.** [hot] ardent, brûlant / *I have a burning sensation in my stomach* j'ai des brûlures à l'estomac ; *fig* [intense] ardent, brûlant / *he had a burning desire to be a writer* il désirait ardemment être écrivain / *a burning thirst* une soif brûlante / *she has a burning interest in opera* elle s'intéresse vivement à or se passionne pour l'opéra **3.** [crucial, vital] brûlant / *a burning issue* une question brûlante. ◆ adv : *burning hot coals* des charbons ardents / *her forehead is burning hot* elle a le front brûlant. ◆ n **1.** [sensation, smell] : *a smell of burning* une odeur de brûlé / *he felt a burning in his chest* il sentit une brûlure à la poitrine **2.** [destruction by fire] : *he witnessed the burning of hundreds of books* il a été témoin de l'autodafé de centaines de livres **3.** METALL [overheating] brûlure *f*.

burnish ['bɜːnɪʃ] ◆ vt **1.** METALL brunir, polir **2.** *liter* lustrer. ◆ n **1.** METALL brunissure *f* **2.** [shine] brillant *m*, lustre *m*.

burnished ['bɜːnɪʃt] adj **1.** METALL bruni, poli **2.** *liter* [bright, shiny] lustré.

burnous(e) ['bɜːnaʊt] n burnous *m*.

burnout ['bɜːnaʊt] n **1.** AERON *arrêt par suite d'épuisement du combustible* **2.** ELEC : *what caused the burn-out?* qu'est-ce qui a fait griller les circuits ? **3.** [exhaustion] épuisement *m* total.

Burns' Night [bɜːnz-] n *fête célébrée en l'honneur du poète écossais Robert Burns, le 25 janvier.*

burnt [bɜːnt] ◆ pt & pp ⟶ **burn.** ◆ adj **1.** [charred] brûlé, carbonisé **2.** [dark] ▸ **burnt orange / red** orange / rouge foncé.

burnt offering n [sacrifice] holocauste *m* ; *hum* plat *m* calciné or carbonisé.

burnt-out ['bɜːnt-] adj **1.** [destroyed by fire] incendié, brûlé **2.** *inf* [person] lessivé, vidé / *she was burnt-out by thirty* elle était usée avant (l'âge de) trente ans.

burn-up n *inf* course *f* de vitesse.

burp [bɜːp] *inf* ◆ n rot *m* / *"cheers", he said with a burp* « à ta santé », dit-il en rotant. ◆ vi roter. ◆ vt ▸ **to burp a baby** faire faire son rot à un bébé.

burp gun n US *v inf* sulfateuse *f (mitraillette).*

burqa [bɜːkə] n burqa *f*.

burr [bɜːʳ] ◆ n **1.** [rough edge] barbe *f*, bavure *f* **2.** [tool] fraise *f* **3.** [on tree trunk] broussin *m* ▸ **burr walnut** ronce *f* de noyer **4.** PHON grasseyement *m* / *he speaks with a soft Devon burr* il a un léger accent du Devon **5.** [noise] ronflement *m*, vrombissement *m* **6.** = **bur.** ◆ vt **1.** [file] ébarber, ébavurer **2.** = **bur.** ◆ vi **1.** PHON grasseyer **2.** [make a noise] ronfler, vrombir.

Burrell Collection ['bʌrəl-] pr n ▸ **the Burrell Collection** *musée des beaux-arts à Glasgow où sont réunies les collections d'un grand industriel local.*

burrito [bə'riːtəʊ] n *tortilla fourrée à la viande.*

burro ['bʊrəʊ] n US baudet *m*.

burrow ['bʌrəʊ] ◆ n terrier *m*. ◆ vt **1.** [subj: person] creuser ; [subj: animal, insect] creuser, fouir / *he burrowed his way underneath the prison wall* il a creusé un tunnel sous le mur de la prison **2.** *fig* [nestle] enfouir / *the cat burrowed its head into my shoulder* le chat a blotti sa tête contre mon épaule. ◆ vi **1.** [dig] creuser / *they found moles burrowing through the soil* ils ont trouvé des taupes qui creusaient des galeries dans le sol **2.** [search] fouiller / *I've been burrowing through the files for clues* j'ai cherché or fouillé dans les dossiers pour trouver des indices **3.** [nestle] s'enfouir, s'enfoncer / *she burrowed under the sheets* elle s'est enfouie sous les draps.

bursar ['bɜːsəʳ] n **1.** [treasurer] intendant *m*, -e *f*, économe *mf* **2.** SCOT [student] boursier *m*, -ère *f*.

bursary ['bɜːsərɪ] (*pl* **bursaries**) n **1.** [grant, scholarship] bourse *f* (d'études) **2.** UK [treasury] intendance *f*.

burst [bɜːst] (*pt & pp* **burst**) ◆ n **1.** [explosion] éclatement *m*, explosion *f* ; [puncture] éclatement *m*, crevaison *f* **2.** [sudden eruption - of laughter] éclat *m* ; [- of emotion] accès *m*, explosion *f* ; [- of ideas] jaillissement *m* ; [- of thunder] coup *m* ; [- of flame] jet *m*, jaillissement *m* ; [- of applause] salve *f* / *a burst of gunfire* une rafale / *he had a sudden burst of energy* il a eu un sursaut d'énergie / *to put on* or *to have a sudden burst of speed* faire une pointe de vitesse, accélérer soudainement / *we heard a burst of music* on entendit quelques mesures / *a burst of activity* une poussée d'activité / *to work in bursts* travailler par à-coups. ◆ vi **1.** [break, explode - balloon] éclater ; [- abscess] crever ; [- tyre] crever, éclater ; [- bottle] éclater, voler en éclats / *his heart felt as if it would burst with joy / grief* il crut que son cœur allait éclater de joie / se briser de chagrin **2.** [enter, move suddenly] : *two policemen burst into the house* deux policiers ont fait irruption dans la maison / *she burst through the door* elle est entrée brusquement / *the front door burst open* la porte d'entrée s'est ouverte brusquement / *the sun suddenly burst through the clouds* le soleil perça or apparut soudain à travers les nuages. ◆ vt [balloon, bubble] crever, faire éclater ; [pipe] faire éclater ; [boiler] faire éclater, faire sauter ; [tyre] crever, faire éclater ; [abscess] crever, percer / *the river is about to burst its banks* le fleuve est sur le point de déborder / *to burst a blood vessel* se faire éclater une veine, se rompre un vaisseau sanguin ▸ **don't burst a blood vessel to get it done** UK *inf & hum* ce n'est pas la peine de te crever pour finir, ce n'est pas la peine de te tuer à la tâche.

❖ **burst forth** vi *liter* [liquid] jaillir ; [person] sortir précipitamment, apparaître / *the children burst forth into the playground* les enfants se précipitèrent dans la cour de récréation / *he burst forth with a song* il se mit à chanter.

❖ **burst in** vi [enter violently] faire irruption ; [interrupt] interrompre brutalement la discussion ; [intrude] entrer précipitamment / *it was very rude of you to burst in on* or *upon us like that* c'était très mal élevé de ta part de faire irruption chez nous comme ça.

❖ **burst into** vt insep [begin suddenly] : *to burst into laughter* éclater de rire / *to burst into tears* éclater en sanglots, fondre en larmes / *to burst into song* se mettre à chanter / *to burst into flames* prendre feu, s'enflammer.

❖ **burst out** ◆ vi [leave suddenly] sortir précipitamment / *two men suddenly burst out of the room* deux hommes sortirent en trombe de la pièce. ◆ vt insep [exclaim] s'exclamer, s'écrier / *to burst out laughing* éclater de rire / *to burst out crying* fondre en larmes / *they all burst out singing* ils se sont tous mis à chanter d'un coup / *"I love you", he burst out* « je t'aime », lança-t-il.

bursting ['bɜːstɪŋ] adj **1.** [full] plein à craquer ▸ **to be bursting at the seams** se défaire aux coutures, se découdre / *the place was bursting at the seams (with people)* l'endroit était plein à craquer / *to be bursting with joy / pride* déborder de joie / d'orgueil / *to be bursting with health* péter la santé **2.** [longing, yearning] ▸ **to be bursting to do sthg** mourir d'envie de faire qqch / *they were bursting to tell us the news* ils mouraient d'envie de nous apprendre la nouvelle **3.** *inf* [desperate to urinate] ▸ **I'm bursting** je ne peux plus attendre, ça presse.

❖ **to bursting** adv phr ▸ **to be full to bursting** être plein à craquer.

burton ['bɜːtn] n UK *inf & dated* ▸ **gone for a burton** **a)** [broken] fichu **b)** [lost] disparu **c)** [dead] qui a passé l'arme à gauche **d)** [fallen] qui a ramassé une bûche.

Burundi [bʊ'rʊndɪ] pr n Burundi *m* / *in Burundi* au Burundi.

Burundian [bʊ'rʊndjən] ◆ n Burundais *m*, -e *f*. ◆ adj burundais.

bury ['berɪ] (*pt & pp* **buried**) vt **1.** [in the ground] enterrer ; [in water] immerger / *to be buried alive* être enterré vivant / *to be buried at sea* être immergé en haute mer / *he's buried two wives already* *fig* il a déjà enterré deux femmes / *we agreed to bury our differences* nous avons convenu d'oublier or d'enterrer nos différends ▸ **to bury the hatchet** enterrer la hache de guerre, faire la paix **2.** [cover completely] ensevelir, enterrer / *she buried her feet in the sand* elle a enfoncé ses pieds dans le sable ▸ **to bury one's head in the sand** faire l'autruche **3.** [hide] : *where have you buried my newspaper?* où as-tu fourré mon journal ? / *she buried her face in the pillow* elle enfouit or enfonça son visage dans l'oreiller / *to bury one's face in one's hands* enfouir son visage dans ses mains / *he always has his nose buried in a book* il a toujours le nez fourré dans un livre / *to bury oneself in the country* s'enterrer à la campagne / *long-buried memories began to surface* des souvenirs oubliés depuis longtemps commencèrent à refaire surface / *it's buried in a drawer somewhere* c'est enfoui dans un tiroir quelque part **4.** [occupy] : *to bury o.s. in (one's) work* se plonger dans son travail **5.** [thrust, plunge - knife] enfoncer, plonger / *he buried his hands in his pockets* il a fourré les mains dans ses poches **6.** *inf* [defeat] écraser.

❖ **bury away** vt sep cacher, enfouir / *the information was buried away in the small print* l'information était perdue dans la foule des détails.

burying ['berɪɪŋ] adj ▸ **a burying place** un cimetière.

bus [bʌs] (*pl* **buses** *or* **busses**, *pt & pp* **bused** *or* **bussed**, *cont* **busing** *or* **bussing**) ◆ n **1.** [vehicle] bus *m* ; US [coach] car *m* **2.** UK *inf* [old car] (vieille) bagnole, guimbarde *f* **3.** COMPUT bus *m*. ◆ comp [route, service, strike, ticket] d'autobus, de bus. ◆ vt : *we can walk or bus it home* nous pouvons rentrer à pied ou en autobus / *the children are bussed to school* les enfants vont à l'école en autobus ; US SCH [for purposes of racial integration] emmener à l'école en autobus *(pour favoriser l'intégration raciale).*

❖ **bus in** vt sep faire venir en bus.

busbar ['bʌsbɑː] n COMPUT & ELEC bus *m*.

busboy ['bʌsbɔɪ] n US aide-serveur *m*.

busby ['bʌzbɪ] (*pl* **busbies**) n UK bonnet *m* de hussard.

bus conductor n UK receveur *m*, -euse *f* d'autobus.

bus driver n conducteur *m*, -trice *f* d'autobus.

bush [bʊʃ] n **1.** [shrub] buisson *m*, arbuste *m* / *the children hid in the bushes* les enfants se cachèrent dans les fourrés / *a bush of black hair* une tignasse de cheveux noirs **2.** [scrubland] ▸ **the bush** la brousse **3.** *vulg* [female genitals] chatte *f* **4.** MECH bague *f*.

bushbaby ['bʊʃˌbeɪbɪ] n galago *m*.

bushed [bʊʃt] adj *inf* [exhausted] crevé, claqué.

bushel ['bʊʃl] (*pt & pp* **busheled**, *cont* **busheling**) ◆ vt US [mend] recoudre ; [alter] retoucher. ◆ n [measure] boisseau *m*.

bushfire ['bʊʃˌfaɪəʳ] n feu *m* de brousse.

Bush House pr n *siège de la BBC à Londres d'où sont retransmises vers l'étranger les émissions du BBC World Service.*

bushing ['bʊʃɪŋ] n *(U)* TECH bague *f*.

bush jacket n saharienne *f*.

bush league n US *petite équipe locale de baseball.*

bushman ['bʊʃmən] (*pl* **bushmen** [-mən]) n AUSTR & NZ broussard *m*.

Bushman ['bʊʃmən] (*pl* **Bushman** *or* **Bushmen** [-mən]) n [in southern Africa] Bochiman *m*.

bushmeat ['bʊʃmiːt] n *(U)* viande *f* de brousse.

bushranger ['bʊʃˌreɪndʒəʳ] n [backwoodsman] broussard *m*, -e *f*.

bush taxi n taxi-brousse *m*.

bush telegraph n *lit* téléphone *m* de brousse ; UK *fig & hum* [grapevine] téléphone *m* arabe.

bushwhack ['bʊʃwæk] ◆ vi **1.** [clear a path] se frayer un passage à travers la brousse **2.** [live in the bush] vivre dans la brousse. ◆ vt US [ambush] tendre une embuscade à.

bushwhacker ['bʊʃˌwækəʳ] n **1.** US & AUSTR [backwoodsman] broussard *m*, -e *f* **2.** US [guerrilla] guérillero *m*.

bushy ['bʊʃɪ] (*compar* **bushier**, *superl* **bushiest**) adj **1.** [area] broussailleux **2.** [tree] touffu ; [beard, eyebrows, hair] touffu, fourni.

busily ['bɪzɪlɪ] adv activement ▸ **to be busily engaged in sthg / in doing sthg** être très occupé à qqch / à faire qqch / *she is busily collecting material for her next book* elle est très occupée à rassembler des matériaux pour son prochain livre / *he was busily scribbling in his notebook* il griffonnait sur son calepin d'un air affairé.

business ['bɪznɪs] ◆ n **1.** [firm] entreprise *f* / *there has been an increase in the number of small businesses throughout the country* il y a eu une augmentation du nombre des petites entreprises à travers le pays / *he's got a mail-order business* il a une affaire or entreprise de vente par correspondance / *would you like to have* or *to run your own business?* aimeriez-vous travailler à votre compte ? **2.** *(U)* [trade] affaires *fpl* / *business is good / bad* les affaires vont bien / mal / *how's business?* comment vont les affaires ? / *we have lost business to foreign competitors* nous avons perdu une partie de notre clientèle au profit de concurrents étrangers / *we can help you to increase your business* nous pouvons vous aider à augmenter votre chiffre d'affaires / *the* *travel business* les métiers or le secteur du tourisme / *she's in the fashion business* elle est dans la mode / *my business is pharmaceuticals* je travaille dans l'industrie pharmaceutique / *she knows her business* elle connaît son métier / *he's in business* il est dans les affaires / *this firm has been in business for 25 years* cette entreprise tourne depuis 25 ans / *she's in business for herself* elle travaille à son compte / *he wants to go into business* il veut travailler dans les affaires / *these high interest rates will put us out of business* ces taux d'intérêt élevés vont nous obliger à fermer ▸ **to go out of business** cesser une activité / *he's got no business sense* il n'a pas le sens des affaires ▸ **to do business with** travailler or traiter avec / *he's a man we can do business with* c'est un homme avec lequel nous pouvons traiter / *I've come on business* je suis venu pour le travail or pour affaires / *big business is running the country* le gros commerce gouverne le pays / *selling weapons is big business* la vente d'armes rapporte beaucoup d'argent / *from now on I'll take my business elsewhere* désormais j'irai voir or je m'adresserai ailleurs / *it's bad business to refuse credit* c'est mauvais en affaires de refuser le crédit / *we're not in the business of providing free meals* ce n'est pas notre rôle de fournir des repas gratuits / *a degree in business* or *a business degree* un diplôme de gestion ▸ **let's get down to business** passons aux choses sérieuses ▸ **(now) we're in business!** nous voilà partis ! **3.** [concern] : *it's my (own) business if I decide not to go* c'est mon affaire or cela ne regarde que moi si je décide de ne pas y aller / *what business is it of yours?* est-ce que cela vous regarde ? / *it's none of your business* cela ne vous regarde pas / *tell him to mind his own business* dis-lui de se mêler de ses affaires / *I'll make it my business to find out* je m'occuperai d'en savoir plus / *people going about their business* des gens vaquant à leurs occupations / *you had no business reading that letter* vous n'aviez pas à lire cette lettre ▸ **to mean business** : *I could see she meant business* je voyais qu'elle ne plaisantait pas / *he drank like nobody's business* inf il buvait comme un trou / *she worked like nobody's business to get it finished* inf elle a travaillé comme un forçat pour tout terminer / *I soon sent him about his business* je l'ai vite envoyé promener **4.** [matter, task] : *the business of this meeting is the training budget* l'ordre du jour de cette réunion est le budget de formation / *any other business* [on agenda] points *mpl* divers / *any other business?* d'autres questions à l'ordre du jour ? / *she had important business to discuss* elle avait à parler d'affaires importantes / *that investigation of police misconduct was a dirty business* l'enquête sur la bavure policière a été une sale affaire / *this strike business has gone on long enough* cette histoire de grève a assez duré / *I'm tired of the whole business* je suis las de toute cette histoire **5.** [rigmarole] : *it was a real business getting tickets for the concert* ça a été toute une affaire pour avoir des billets pour le concert **6.** THEAT jeux *mpl* de scène **7.** *inf & euph* : *the dog did his business and ran off* le chien a fait ses besoins et a détalé. ◆ comp [lunch, trip] d'affaires ▸ **business associate** associé *m*, -e *f* ▸ **business expenses a)** [for individual] frais *mpl* professionnels **b)** [for firm] frais *mpl* généraux ▸ **business hours a)** [of office] heures *fpl* de bureau **b)** [of shop, public service] heures *fpl* d'ouverture ▸ **business studies** études *fpl* commerciales or de commerce.

business account n compte *m* professionnel or commercial.

business address n adresse *f* au lieu de travail.

business card n carte *f* de visite.

business centre n centre *m* des affaires.

business class n [on aeroplane] classe *f* affaires.

business college n UK école *f* de commerce ; [for management training] école *f* (supérieure) de gestion.

business cycle n cycle *m* économique.

business end n *inf* [of knife] partie *f* coupante ; [of gun] gueule *v inf f*.

Business Expansion Scheme pr n UK *système d'aide à la création d'entreprise.*

business incubator n incubateur *m* d'entreprises.

business intelligence n veille *f* économique.

businesslike ['bɪznɪslaɪk] adj **1.** [systematic, methodical] systématique, méthodique / *I was amazed at the businesslike way in which she handled the funeral arrangements* j'ai été étonné de voir avec quelle efficacité elle s'est occupée de l'enterrement **2.** [impersonal, formal] : *her manner was cold and businesslike* son comportement était froid et direct / *our conversation was courteous and businesslike* notre entretien a été courtois et franc.

businessman ['bɪznɪsmæn] (*pl* **businessmen** [-men]) n homme *m* d'affaires / *I'm not a very good businessman* je ne suis pas très doué en affaires.

business manager n COMM & INDUST directeur *m* commercial ; SPORT manager *m* ; THEAT directeur *m*.

business model n modèle *m* économique, business model *m*.

business park n zone *f* d'activités.

business partner n associé *m*, -e *f*.

business plan n projet *m* d'entreprise.

business reply card n carte-réponse *f*.

business reply envelope n enveloppe *f* pré-affranchie.

business school n US = **business college.**

business sector n secteur *m* tertiaire, secteur *m* d'affaires.

business suit n US costume *m*.

business-to-business adj interentreprises, B to B.

businesswoman ['bɪznɪs,wʊmən] (*pl* **businesswomen** [-,wɪmɪn]) n femme *f* d'affaires.

busing ['bʌsɪŋ] n US *système de ramassage scolaire aux États-Unis, qui organise la répartition des enfants noirs et des enfants blancs dans les écoles afin de lutter contre la ségrégation raciale.*

busk [bʌsk] vi UK jouer de la musique *(dans la rue ou le métro)* / *we earned money busking in the street* / *underground* nous avons gagné de l'argent en jouant dans la rue / le métro.

busker ['bʌskər] n UK musicien *m*, -enne *f* de rue.

buskin ['bʌskɪn] n ANTIQ cothurne *m*.

bus lane n voie *f* or couloir *m* d'autobus.

busload ['bʌsləʊd] n : *a busload of workers* un autobus plein d'ouvriers / *the tourists arrived by the busload* or *in busloads* les touristes sont arrivés par cars entiers.

busman ['bʌsmən] (*pl* **busmen** [-mən]) n UK ▸ **to have a busman's holiday** passer ses vacances à travailler.

bus pass n UK *carte d'autobus pour le troisième âge* ▸ **I haven't got my bus pass yet!** *fig* ≃ je n'ai pas encore ma carte Vermeil !

bus shelter n Abribus® *m*.

bus station n gare *f* routière.

bus stop n arrêt *m* d'autobus or de bus.

bust [bʌst] (*pt & pp* **busted** *or* **bust**) ◆ adj *inf* **1.** [broken] fichu **2.** [bankrupt] ▸ **to go bust** faire faillite / *his company went bust after a year* son entreprise a fait faillite au bout d'un an **3.** [broke] : *I'm bust* je suis fauché **4.** PHR ▸ **... or bust!** *expression indiquant la détermination à arriver quelque part.* ◆ n **1.** [breasts] poitrine *f*, buste *m* / *a large bust* une forte poitrine / *she has a small bust* elle a peu de poitrine **2.** ART buste *m* **3.** *inf* [police raid, arrest] : *there was a big drugs bust in Chicago* il y a eu un beau coup de filet chez les trafiquants de drogue de Chicago **4.** US *inf* [failure] fiasco *m*. ◆ vt *inf* **1.** [break] bousiller, abîmer ; *fig* ▸ **to bust a gut** or **blood vessel** se casser la nénette ▸ **I'm not going to bust my ass for him!** US *v inf* je ne vais pas me casser le cul pour lui ! **2.** [arrest, raid] : *he was busted on a drugs charge* il s'est fait choper or embarquer pour une affaire de drogue / *the police busted the house at 3 a.m.* la police a fait une descente dans la maison à 3 h du matin **3.** US [tame - horse] dresser **4.** US [demote] rétrograder **5.** US [catch] découvrir ▸ **busted!** je t'y prends !, je t'ai eu ! ◆ vi US *inf* ▸ **to be busting to do sthg** crever d'envie de faire qqch.

❖ **bust out** vi *inf* [escape] se tirer / *three prisoners have busted out (of jail)* trois prisonniers se sont fait la belle or la paire.

❖ **bust up** *inf* ◆ vi **1.** [boyfriend, girlfriend] rompre (après une dispute) / *he's bust up with his girlfriend* il a rompu avec sa copine après une engueulade **2.** US [laugh] éclater de rire. ◆ vt sep [disrupt] : *demonstrators busted up the meeting* des manifestants sont venus semer la pagaïe dans la réunion.

bustard ['bʌstəd] n outarde *f*.

busted flush n *inf* grosse déception *f*.

buster ['bʌstər] n *inf* **1.** US [pal] : *thanks, buster* merci, mon (petit) gars **2.** US [tamer, breaker] dompteur *m*, -euse *f*.

-buster in comp *inf* ▸ **crime-busters** superflics *mpl*.

bustle ['bʌsl] ◆ vi [hurry] : *he bustled about* or *around the kitchen* il s'affairait dans la cuisine / *the nurse came bustling in* l'infirmière entra d'un air affairé. ◆ n **1.** [activity] agitation *f* / *I enjoy the hustle and bustle of working in a bank* j'aime bien travailler dans une banque à cause de tout le va-et-vient qui y règne / *the bustle of New York* l'activité grouillante de New York **2.** [on dress] tournure *f*.

bustling ['bʌslɪŋ] ◆ adj [person] affairé ; [place] animé / *the streets were bustling with Christmas shoppers* les rues grouillaient de gens faisant leurs achats de Noël. ◆ n [activity] agitation *f*.

bust-up n *inf* **1.** [quarrel] engueulade *f* / *Tony and Pat have had another bust-up* Tony et Pat se sont encore engueulés **2.** [brawl] bagarre *f*.

busty ['bʌstɪ] (*compar* **bustier**, *superl* **bustiest**) adj qui a une forte poitrine / *she was a big, busty woman* c'était une femme forte, à la poitrine plantureuse.

bus way n couloir *m* or voie *f* d'autobus.

busy ['bɪzɪ] (*compar* **busier**, *superl* **busiest**, *pt & pp* **busied**) ◆ adj **1.** [person] occupé / *he was too busy to notice* il était trop occupé pour s'en apercevoir / *I'm busy enough as it is!* je suis déjà assez occupé ! / *she was busy painting the kitchen* elle était occupée à peindre la cuisine / *he likes to keep (himself) busy* il aime bien s'occuper / *the packing kept me busy all afternoon* j'ai été occupé à faire les valises tout l'après-midi / *I'm afraid I'm busy tomorrow* malheureusement je suis pris demain / *the bank manager is busy with a customer* le directeur de l'agence est occupé avec or en rendez-vous avec un client ▸ **to be as busy as a bee** or **to be a busy bee** être toujours très occupé **2.** [port, road, street] très fréquenté ; [time, period, schedule] chargé, plein / *I've had a busy day* j'ai eu une journée chargée / *he has a busy schedule* il a un emploi du temps chargé or bien rempli / *this is our busiest period* [business, shop] c'est la période où nous sommes en pleine activité / *the office is very busy at the moment* nous avons beaucoup de travail au bureau en ce moment / *the shops are very busy today* les magasins sont pleins (de monde) aujourd'hui **3.** US [telephone line] occupé / *I got the busy signal* ça sonnait occupé **4.** *pej* [excessively elaborate] chargé. ◆ vt : *he busied himself with household chores* il s'est occupé à des tâches ménagères / *she busied herself by tidying the office* elle s'est occupée en faisant le ménage dans le bureau.

busybody ['bɪzɪ,bɒdɪ] (*pl* **busybodies**) n *inf* fouineur *m*, -euse *f*, fouinard *m*, -e *f*.

busy lizzie [-'lɪzɪ] n balsamine *f*, impatiente *f*.

but [bʌt] ◆ conj **1.** [to express contrast] mais / *my husband smokes, but I don't* mon mari fume, mais moi non / *my husband doesn't smoke, but I do* mon mari ne fume pas, mais moi si / *I speak Spanish but not Italian* je parle espagnol mais pas italien / *she came home tired but happy* elle est rentrée fatiguée mais heureuse **2.** [in exclamations] mais / *but you can't do that!* mais tu ne peux pas faire ça ! / *but that's absurd!* mais c'est absurde ! **3.** [when addressing sb politely] : *sorry, but I think that's MY umbrella* pardon, mais je crois que c'est mon parapluie / *excuse me, but there's a call for you* excusez-moi, il y a un appel pour vous **4.** [used for emphasis] : *nobody, but nobody, gets in without a ticket* personne, absolument personne n'entre sans ticket

5. [except, only] mais / *it tastes like a grapefruit, but sweeter* ça a le goût d'un pamplemousse, mais en plus sucré / *I'll do it, but not right now* je vais le faire, mais pas tout de suite **6.** *liter* : *she never hears his name but she starts to weep* elle ne peut entendre son nom sans verser des larmes / *barely a day goes by but he receives another invitation* il ne se passe pas un jour sans qu'il reçoive une nouvelle invitation. ◆ adv **1.** [only] ne... que / *I can but try* je ne peux qu'essayer / *his resignation cannot but confirm such suspicions fml* sa démission ne fait que confirmer de tels soupçons / *they had but recently become acquainted liter* ils ne se connaissaient que depuis peu (de temps) / *this life is but transitory / but a dream liter* cette vie n'est qu'éphémère / qu'un rêve **2.** US *inf* [used for emphasis] et / *get them down here but fast!* descends-les et vite ! ◆ prep **1.** [except] sauf, à part / *she wouldn't see anyone but her lawyer* elle ne voulait voir personne sauf *or* à part son avocat / *who but a fool would believe his story?* il n'y a qu'un imbécile pour croire son histoire / *where but in America could you find such a gadget?* il n'y a qu'en Amérique qu'on trouve un tel gadget / *nothing but a miracle could have saved her* seul un miracle aurait pu la sauver **2.** UK [with numbers] : *turn right at the next corner but one* tournez à droite au deuxième carrefour / *I was the last but two to finish* j'étais l'avant-avant-dernier à finir. ◆ n : *you're coming and no buts!* tu viens, et pas de mais !

✣ **but for** prep phr sans / *but for her courage, many more people would have drowned* sans son courage, il y aurait eu beaucoup plus de noyés.

✣ **but that** conj phr *fml* : *we should have been on time, but that the train was delayed* nous aurions été à l'heure si le train n'avait pas été retardé / *I do not doubt but that we shall succeed* je ne doute pas de notre réussite.

✣ **but then** adv phr enfin / *but then, that's just the way it goes* enfin, c'est comme ça.

butane ['bju:teɪn] n butane *m* ▸ **butane gas** gaz *m* butane, butane.

butch [bʊtʃ] *inf* ◆ adj [woman] hommasse ; [man] macho ▸ **butch haircut** coupe *f* en brosse. ◆ n [lesbian] *lesbienne d'apparence masculine.*

butcher ['bʊtʃər] ◆ n **1.** COMM boucher *m* / *she's gone to the butcher's* elle est partie chez le boucher / *the butcher's wife* la bouchère ▸ **butcher's shop** boucherie *f* ▸ **butcher's boy** UK garçon *m* boucher **2.** [murderer] boucher *m* **3.** PHR **let's have a butcher's (at it)!** UK *inf* montre un peu ! ◆ vt **1.** [animal] abattre, tuer **2.** [person] massacrer **3.** *inf* [story, joke] massacrer.

butcher-block adj [kitchen, work surface] en bois massif.

butchery ['bʊtʃərɪ] n **1.** COMM boucherie *f* ; UK [slaughterhouse] abattoir *m* **2.** *fig* [massacre] boucherie *f*, massacre *m*.

butene ['bju:ti:n] n butylène *m*, butène *m*.

butler ['bʌtlər] n maître *m* d'hôtel ; [in large household] majordome *m*.

Butlin's ['bʌtlɪnz] pr n *chaîne de villages de vacances en Grande-Bretagne.*

butt [bʌt] ◆ n **1.** [end] bout *m* ; [of rifle] crosse *f* ; [of cigarette] mégot *m* ▸ **the butt end** le bout **2.** US *inf* [buttocks] fesses *fpl* / *why don't you get off your butt and do something?* remue-toi un peu les fesses et fais quelque chose ! / *you just sit around on your butt all day!* tu ne fous rien de toute la journée ! **3.** [in archery -target] but *m* ; [-mound] butte *f* ▸ **the butts** MIL le champ *or* la butte de tir **4.** [person] : *she became the butt of their teasing* elle s'est trouvée en butte à leurs taquineries / *he was the butt of all the office jokes* il était la cible de toutes les plaisanteries du bureau **5.** [barrel] tonneau *m*. ◆ vt **1.** [subj: animal] donner un coup de corne à ; [subj: person] donner un coup de tête à / *the goat butted its head against the gate* la chèvre donna un coup de corne à la barrière / *he butted his way through the crowds* il s'est forcé un passage dans la foule **2.** TECH [abut] abouter.

✣ **butt in** vi [interrupt] : *excuse me for butting in* excusez-moi de m'en mêler *or* de vous interrompre / *she is always butting in on people's conversations* elle s'immisce toujours dans les conversations des autres.

✣ **butt out** vi US *inf* : *why don't you just butt out?* fiche-moi la paix !

butte [bju:t] n US butte *f*, tertre *m*.

butter ['bʌtər] ◆ n beurre *m* ▸ **butter dish** beurrier *m* ▸ **she looked as if butter wouldn't melt in her mouth** on lui aurait donné le bon Dieu sans confession. ◆ vt beurrer.

✣ **butter up** vt sep *inf* passer de la pommade à.

butterball ['bʌtəbɔ:l] n US *inf* : *he's a butterball* il est un peu grassouillet.

butter bean n *sorte de haricot de Lima.*

buttercup ['bʌtəkʌp] n bouton *m* d'or.

buttered ['bʌtəd] adj [bread] beurré ; [vegetables] au beurre.

butterfat ['bʌtəfæt] n matière *f* grasse.

butterfingered ['bʌtə,fɪŋgəd] adj *inf* : *a butter-fingered child* un enfant aux mains malhabiles.

butterfingers ['bʌtə,fɪŋgəz] n *inf* maladroit *m*, -e *f* *(de ses mains).*

butterfly ['bʌtəflaɪ] (*pl* **butterflies**) n **1.** ENTOM papillon *m* ▸ **butterfly museum** *élevage de papillons en serre ouvert au public* ▸ **she always has** *or* **gets butterflies (in her stomach) before a performance** elle a toujours le trac avant une représentation **2.** SPORT ▸ **(the) butterfly** la brasse papillon.

butterfly net n filet *m* à papillons.

butterfly nut n papillon *m*, écrou *m* à ailettes.

butterfly valve n (soupape *f* à) papillon *m*.

butter icing n glaçage *m* au beurre.

butter knife n couteau *m* à beurre.

buttermilk ['bʌtəmɪlk] n **1.** [sour liquid] babeurre *m* **2.** US [clabbered milk] lait *m* fermenté.

butterscotch ['bʌtəskɒtʃ] n caramel *m* dur au beurre ▸ **butterscotch sauce** caramel *m* liquide.

buttery ['bʌtərɪ] (*pl* **butteries**) ◆ adj **1.** [smell, taste] de beurre ; [fingers] couvert de beurre ; [biscuits] fait avec beaucoup de beurre ; [wine] aux arômes de beurre frais **2.** *inf & fig* [obsequious] mielleux. ◆ n **1.** [storeroom] office *m* **2.** [snackbar] buffet *m*, buvette *f*.

butthead ['bʌthed] n US *vulg* connard *m*.

butt joint n joint *m* abouté, soudure *f* bout à bout.

butt naked adj US *inf* à poil.

buttock ['bʌtək] n fesse *f*.

button ['bʌtn] ◆ n **1.** [on clothing] bouton *m* ; [on device, machine] bouton *m* ; FENCING bouton *m* ▸ **on the button** *inf* exactement **2.** US [badge] badge *m* **3.** PHR **a hot button** un sujet brûlant. ◆ vt boutonner ▸ **button it** *or* **your lip** *or* **your mouth!** *inf* ferme-la !, boucle-la ! ◆ vi se boutonner / *the blouse buttons at the back* le chemisier se boutonne par-derrière *or* dans le dos.

✣ **buttons** n UK *dated* groom *m*, chasseur *m* ▸ **Buttons** *ami de Cendrillon dans la pantomime « Cinderella ».*

✣ **button up** ◆ vt sep **1.** [piece of clothing] boutonner **2.** *inf & fig* [conclude] régler. ◆ vi **1.** [piece of clothing] se boutonner **2.** *inf* [shut up] ▸ **button up!** ferme-la !, boucle-la !

button-down adj **1.** [collar] boutonné ; [shirt] à col boutonné **2.** US *fig* [conventional] : *a button-down businessman* un homme d'affaires très comme il faut.

buttonhole ['bʌtnhəʊl] ◆ n **1.** [in clothing] boutonnière *f* / *she gave him a carnation for his buttonhole* elle lui donna un œillet pour mettre à sa boutonnière ▸ **buttonhole stitch** SEW point *m* de boutonnière **2.** UK [flower] : *she was wearing a pink buttonhole* elle portait une fleur rose à la boutonnière. ◆ vt **1.** [make buttonholes in] faire des boutonnières sur ; [sew with buttonhole stitch] coudre au point de boutonnière **2.** *inf & fig* [detain - person] retenir, coincer.

button mushroom n champignon *m* de couche *or* de Paris.

button-nosed adj qui a un petit nez.

button-through adj : *a button-through dress* une robe-chemisier / *a button-through skirt* une jupe boutonnée.

buttonwood ['bʌtnwʊd], **button tree** n BOT platane *m* d'Occident.

buttress ['bʌtrɪs] ◆ n **1.** ARCHIT contrefort *m* **2.** *fig* pilier *m*. ◆ vt **1.** ARCHIT étayer ; [cathedral] arc-bouter **2.** *fig* [argument, system] étayer, renforcer.

butty ['bʌtɪ] (*pl* **butties**) n UK *inf & regional* **1.** [sandwich] sandwich *m*, casse-croûte *m* **2.** [friend] copain *m*.

buxom ['bʌksəm] adj [plump] plantureux, bien en chair ; [busty] à la poitrine plantureuse.

buy [baɪ] (*pt & pp* **bought** [bɔ:t]) ◆ vt **1.** [purchase] acheter ▸ **to buy sthg for sb, to buy sb sthg** acheter qqch à *or* pour qqn / *I'll buy it for you* je te l'achète / *can I buy you a coffee?* puis-je t'offrir un café ? / *she didn't have a pen, so he bought her one* elle n'avait pas de stylo, alors il lui en a acheté un / *she bought her car from her sister* elle a racheté la voiture de sa sœur / *I'll buy it from you* je te la rachète / *they bought it for £100* ils l'ont payé 100 livres / *have you bought the plane tickets?* avez-vous pris les billets d'avion ? / *you'd better buy the theatre tickets today* tu devrais prendre *or* louer les places de théâtre aujourd'hui / *we're out of coffee — I'll go and buy some more* nous n'avons plus de café — je vais aller en racheter ▸ **to buy sthg new / second-hand / on credit** acheter qqch neuf / d'occasion / à crédit / *she bought herself a pair of skis* elle s'est acheté une paire de skis / *you never buy yourself anything!* tu ne t'achètes jamais rien ! / *£20 won't buy you very much these days* avec 20 livres, on ne va pas très loin de nos jours **2.** [gain, obtain] : *to buy time* gagner du temps / *she bought their freedom with her life* elle paya leur liberté de sa vie **3.** [bribe] acheter / *I won't be bought* on ne m'achètera pas **4.** *inf* [believe] : *she'll never buy that story* elle n'avalera *or* ne gobera jamais cette histoire / *do you think he'll buy it?* tu crois qu'il va marcher ? / *OK, I'll buy that!* d'accord, je marche ! **5.** PHR **to buy it** *v inf* [die] : *he bought it in the final attack* à la dernière attaque, il a passé l'arme à gauche ▸ **to buy the farm** US *v inf* [die] passer l'arme à gauche ▸ **to buy trouble** US *inf* s'attirer des ennuis. ◆ n affaire *f* / *this car was a great buy* cette voiture était une très bonne affaire.

✣ **buy back** vt sep racheter / *can I buy my bicycle back from you?* puis-je te racheter mon vélo ?

✣ **buy in** ◆ vt sep **1.** UK [stockpile] stocker / *we bought in plenty of coffee before the price increase* nous avons fait des provisions de café avant que les prix n'augmentent **2.** ST. EX acheter, acquérir **3.** [at auction] racheter. ◆ vi acheter.

✣ **buy into** vt insep **1.** FIN acheter une participation dans **2.** [believe] ▸ **to buy into sthg** adhérer à qqch / *there's no way I'm buying into this* pas question que je marche avec ça.

✣ **buy off, buy over** vt sep [bribe] acheter / *they bought off the witness for £10,000* ils ont acheté le silence du témoin pour 10 000 livres.

✣ **buy out** vt sep **1.** FIN racheter la part de, désintéresser / *she bought out all the other shareholders* elle racheta les parts de tous les autres actionnaires **2.** MIL racheter / *he bought himself out (of the army)* il a payé pour pouvoir rompre son contrat avec l'armée.

✣ **buy over** vt sep = **buy off.**

✣ **buy up** vt sep acheter en quantité ; FIN [firm, shares, stock] racheter / *the company bought up £50,000 worth of shares* la société racheta des actions pour une valeur de 50 000 livres.

buy-back n FIN rachat *m* d'actions.

buyer ['baɪər] n acheteur *m*, -euse *f* / *I haven't found a buyer for my house* je n'ai pas trouvé d'acheteur pour ma maison / *she's a buyer at* or *for Harrod's* elle est responsable des achats chez Harrod's ▸ **buyers' market a)** FIN marché *m* demandeur *or* à la hausse **b)** [for house buyers] marché *m* d'offre *or* offreur.

buying ['baɪɪŋ] n achat *m* ▸ **buying power** pouvoir *m* d'achat.

buyout ['baɪaʊt] n rachat *m*.

buy-to-let n investissement *m* locatif.

buzz [bʌz] ◆ n **1.** [of insect] bourdonnement *m*, vrombissement *m* / *there was a buzz of conversation in the room* la pièce résonnait du brouhaha des conversations / *the announcement caused a buzz of excitement* l'annonce provoqua un murmure d'excitation **2.** [of buzzer] coup *m* de sonnette **3.** *inf* [telephone call] coup *m* de fil / *I'll give you a buzz this evening* je te passerai un coup de fil ce soir **4.** *inf* [gossip] : *what's the buzz?* quoi de neuf? / *the buzz on the streets is that…* le bruit court que… **5.** [activity] : *I love the buzz of London* j'adore l'animation de Londres **6.** *inf* [strong sensation] : *I get quite a buzz out of being on the stage* je prends vraiment mon pied sur scène. ◆ vi **1.** [insect] bourdonner, vrombir / *the theatre buzzed with excitement* le théâtre était tout bourdonnant d'excitation / *the office is buzzing with rumours* les rumeurs fusent or vont bon train au bureau / *this place is really buzzing* il y a une super ambiance ici **2.** [ears] bourdonner, tinter / *her head was buzzing* elle avait des bourdonnements dans la tête / *his head was buzzing with ideas* les idées bourdonnaient dans sa tête **3.** [with buzzer] : *he buzzed for his secretary* il appela sa secrétaire (à l'interphone) **4.** *inf* [be lively - person] tenir la forme / *he's really buzzing tonight* il tient vraiment la forme ce soir **5.** US *v inf* [leave] : *I wanna buzz* je veux me tirer. ◆ vt **1.** [with buzzer] : *he buzzed the nurse* il appela l'infirmière d'un coup de sonnette **2.** US *inf* [telephone] passer un coup de fil à **3.** *inf* AERON [building, town, etc.] raser, frôler ; [aircraft] frôler.

❖ **buzz about** vi *inf* s'affairer, s'agiter.

❖ **buzz off** vi *inf* décamper, dégager / *buzz off, will you!* dégage or fiche le camp, tu veux!

buzzard ['bʌzəd] n UK buse *f* ; US urubu *m*.

buzz bomb n V1 *m*.

buzzed [bʌzd] adj **1.** US *inf* [drunk] bourré **2.** [shaved] au corps rasé.

buzzer ['bʌzəʳ] n [for door] sonnette *f* ; [on game show] buzzer *m* ; [on microwave, radio alarm] sonnerie *f* / *when the buzzer goes off* quand ça sonne.

buzzing ['bʌzɪŋ] ◆ n [of insects] bourdonnement *m*, vrombissement *m* ; [in ears] bourdonnement *m*, tintement *m*. ◆ adj [insect] bourdonnant, vrombissant ▸ **a buzzing noise** or **sound** un bourdonnement or vrombissement.

buzz saw n scie *f* mécanique or circulaire.

buzzword ['bʌzwɜːd] n *inf* mot *m* à la mode.

BVDs® pl n US sous-vêtements *mpl (pour hommes)*.

BVM written abbr of Blessed Virgin Mary.

b/w (abbr of black and white) adj NB.

by [baɪ]

◆ adv **1.** [past] : *she drove by without stopping* elle est passée (en voiture) sans s'arrêter / *he managed to squeeze by* il a réussi à passer (en se faufilant) / *if you see him, just walk on by* si tu le vois, ne t'arrête pas / *two hours have gone by* deux heures ont passé / *as time went by he became less bitter* avec le temps il est devenu moins amer **2.** [aside, away] : *she put some money by for her old age* elle a mis de l'argent de côté pour ses vieux jours **3.** [nearby] : *is there a bank close by?* y a-t-il une banque près d'ici? / *she sat* or *stood by while they operated* elle est restée là pendant qu'ils opéraient / *how can you just sit* or *stand by while he suffers?* comment peux-tu rester là sans rien faire alors qu'il souffre? / *stand by in case of an emergency* ne vous éloignez pas au cas où il y aurait une urgence **4.** [to, at someone's home] : *I'll stop* or *drop by this evening* je passerai ce soir / *your mother came by this morning* ta mère est passée ce matin.

◆ prep

- **A. IN SPACE**
- **B. INDICATING MEANS, CAUSE OR AGENT**
- **C. IN TIME**
- **D. ACCORDING TO**
- **E. INDICATING AMOUNT OR RATE**

A. IN SPACE **1.** [near, beside] près de, à côté de / *by a stream* au bord or près d'un ruisseau / *by the sea* au bord de la mer / *she parked her car by the kerb* elle gara sa voiture au bord du trottoir / *come and sit by me* or *my side* viens t'asseoir près or auprès de moi / *don't stand by the door* ne restez pas debout près de la porte **2.** [past] devant / *she walked right by me* elle passa juste devant moi / *I drive by the school every day* je passe (en voiture) devant l'école tous les jours **3.** [through] par / *she left by the back door* elle est partie par la porte de derrière.

B. INDICATING MEANS, CAUSE OR AGENT **1.** [indicating means, method] : *to pay by cheque* payer par chèque / *by letter / phone* par courrier / téléphone / *to go by bus / car / plane / train* aller en autobus / voiture / avion / train / *send it by plane / ship* envoyez-le par avion / bateau / *it's quicker by train* ça va plus vite en train / *I know her by name / sight* je la connais de nom / vue / *he died by his own hand* il est mort de sa propre main / *you must wash it by hand* il faut le laver à la main / *was it made by hand / machine?* a-t-il été fait à la main / machine? / *by candlelight* à la lumière d'une bougie / *by moonlight* au clair de lune ▸ **to do sthg by oneself** : *I can do it by myself* je peux le faire (tout) seul ▸ **to be all by oneself** : *I'm all by myself tonight* je suis tout seul ce soir **2.** [indicating agent or cause] par / *it was built by the Romans* il fut construit par les Romains / *the house was surrounded by the police* la police a cerné la maison / *I was shocked by his reaction* sa réaction m'a choqué / *she had two daughters by him* elle a eu deux filles de lui **3.** [as a result of] par / *by chance / mistake* par hasard / erreur ; [with present participle] en / *by working overtime he managed to pay off his debts* en faisant des heures supplémentaires il a réussi à rembourser ses dettes / *he learned to cook by watching his mother* il a appris à faire la cuisine en regardant sa mère **4.** [indicating authorship] de / *a book by Toni Morrison* un livre de Toni Morrison / *a quartet by Schubert* un quatuor de Schubert **5.** [indicating part of person, thing held] par / *carry it by the handle* prends-le par la poignée / *she took her by the hand* elle l'a prise par la main / *he seized him by the collar* il l'a saisi par le col.

C. IN TIME **1.** [not later than, before] : *she'll be here by tonight / five o'clock* elle sera ici avant ce soir / pour cinq heures / *it must be done by tomorrow* ça doit être fait pour demain / *I'll have finished by Friday* j'aurai fini pour vendredi / *by the 21st century illiteracy should be stamped out* d'ici le XXIe siècle l'analphabétisme devrait avoir disparu / *by 1960 most Americans had television sets* en 1960 la plupart des Américains avaient déjà un poste de télévision / *by the time you read this letter I'll be in California* lorsque tu liras cette lettre, je serai en Californie / *by the time the police came the thieves had left* le temps que la police arrive or lorsque la police arriva, les voleurs étaient déjà partis / *he should be in India by now* il devrait être en Inde maintenant / *she had already married by then* à ce moment-là elle était déjà mariée **2.** [during] : *he works by night and sleeps by day* il travaille la nuit et dort le jour.

D. ACCORDING TO **1.** [according to] d'après / *they're rich, even by American standards* ils sont riches même par rapport aux normes américaines / *it's 6:15 by my watch* il est 6 h 15 à or d'après ma montre / *you can tell he's lying by the expression on his face* on voit qu'il ment à l'expression de son visage **2.** [in accordance with] selon, d'après / *by law* selon or d'après la loi / *to play by the rules* faire les choses dans les règles **3.** [with regard to] de / *she's Canadian by birth* elle est canadienne de naissance / *he's an actor by trade* or *profession* il est acteur de profession / *it's all right by me* *inf* moi, je suis d'accord or je n'ai rien contre.

E. INDICATING AMOUNT OR RATE **1.** [indicating degree, extent] de / *she won by five points* elle a gagné de cinq points / *I missed the train by less than a minute* j'ai manqué le train de moins d'une minute / *she's older than her husband by five years* elle est plus âgée que son mari de cinq ans / *increase your income by 50% or by half* augmentez vos revenus de 50 % / *his second book is better by far* son deuxième livre est nettement meilleur **2.** [in calculations, measurements] : *multiply / divide 12 by 6* multipliez / divisez 12 par 6 / *the room is 6 metres by 3 (metres)* la pièce fait 6 mètres sur 3 (mètres) **3.** [indicating specific amount, duration] : *to be paid by the hour / week / month* être payé à l'heure / à la semaine / au mois / *they only sell by the kilo* ils ne vendent qu'au kilo / *it sold by the thousand* ça s'est vendu par milliers / *he rents his room by the week* il loue sa chambre à la semaine **4.** [indicating rate or speed] : *year by year* d'année en année / *two by two* deux par deux **5.** [used with points of the compass] quart / *north by northwest* nord quart nord-ouest.

❖ **by and by** adv phr *liter* bientôt.

❖ **by the by** ◆ adv phr à propos. ◆ adj phr ▸ **that's by the by** ça n'a pas d'importance.

bye [baɪ] ◆ n CRICKET balle *f* passée. ◆ interj *inf* au revoir, salut ▸ **bye for now!** à bientôt !

bye-bye interj *inf* au revoir, salut / *say bye-bye* [to child] dis au revoir.

bye-byes n *inf & baby talk* dodo *m* / *go to bye-byes now* va faire dodo maintenant.

byelaw ['baɪlɔː] n = **bylaw**.

by-election, bye-election n élection *f* (législative) partielle *(en Grande-Bretagne)*.

Byelorussia [bɪˌeləʊ'rʌʃə], **Belorussia** [ˌbeləʊ'rʌʃə] pr n Biélorussie *f* / *in Byelorussia* en Biélorussie.

Byelorussian [bɪˌeləʊ'rʌʃn], **Belorussian** [ˌbeləʊ'rʌʃn] ◆ n Biélorusse *mf*. ◆ adj biélorusse.

bygone ['baɪgɒn] ◆ adj *liter* passé, révolu / *he displayed the gallantry of a bygone age* il faisait preuve d'une galanterie qui n'a plus cours aujourd'hui / *in bygone days* autrefois, jadis. ◆ n **1.** [object] vieillerie *f* **2.** PHR **let bygones be bygones** oublions le passé.

BYKT MESSAGING written abbr of but you knew that.

bylaw ['baɪlɔː] n **1.** UK ADMIN arrêté *m* municipal **2.** US [of club, company] statut *m*.

by-line n signature *f (en tête d'un article)*.

BYO (abbr of bring your own) n *restaurant non autorisé à vendre des boissons alcoolisées mais où l'on a la possibilité d'apporter sa propre bouteille*.

BYOB (written abbr of bring your own bottle or booze) *«apportez une bouteille», inscription que l'on trouve sur un carton d'invitation à une soirée.*

bypass ['baɪpɑːs] ◆ n **1.** [road] rocade *f* / *the Oxford bypass* la route qui contourne Oxford **2.** TECH [pipe] conduit *m* de dérivation, by-pass *m* **3.** ELEC dérivation *f* **4.** MED pontage *m*, by-pass *m* ▸ **bypass operation** or **bypass surgery** pontage, by-pass / *he's had a heart bypass* il a subi un pontage coronarien. ◆ vt [avoid - town] contourner, éviter ; [- problem, regulation] contourner, éluder ; [- superior] court-circuiter / *I bypassed the personnel officer and spoke directly to the boss* je suis allé parler directement au directeur sans passer par le chef du personnel.

byplay ['baɪpleɪ] n jeu *m* de scène secondaire.

by-product n sous-produit *m*, (produit *m*) dérivé *m* ; *fig* conséquence *f* indirecte, effet *m* secondaire.

byre ['baɪəʳ] n UK étable *f* (à vaches).

byroad ['baɪrəʊd] n = **byway**.

Byronic [baɪ'rɒnɪk] adj byronien.

bystander ['baɪˌstændəʳ] n spectateur *m*, -trice *f*.

byte [baɪt] n octet *m*.

byway ['baɪweɪ] n **1.** [road] chemin *m* détourné or écarté **2.** *fig* [of subject] à-côté *m* / *the book explores the byways of Buddhist teaching* le livre explore les aspects peu connus or les à-côtés de l'enseignement bouddhiste.

byword ['baɪwɜːd] n symbole *m*, illustration *f* / *the company has become a byword for inefficiency* le nom de cette entreprise est devenu synonyme d'inefficacité.

by-your-leave n *liter & hum* : *without so much as a by-your-leave* sans même demander la permission.

Byzantine [UK bɪ'zæntaɪn US 'bɪzntiːn] ◆ n Byzantin *m*, -e *f*. ◆ adj byzantin, de Byzance.

Byzantium [bɪ'zæntɪəm] pr n Byzance.

c (*pl* **c's** *or* **cs**), **C** (*pl* **C's** *or* **Cs**) [si:] n [letter] c *m*, C *m*. See also **f**.

c 1. (written abbr of **cent(s)**) ct **2.** (written abbr of **century**) s. **3.** (written abbr of **circa**) vers.

C ◆ n **1.** MUS do *m*, ut *m* **2.** SCH & UNIV assez bien / *I got a C in geography* j'ai eu assez bien en géographie **3.** (abbr of **cancer**) *inf* ▸ **the big C** le cancer **4.** [Roman numeral] C *m*. ◆ **1.** (written abbr of **Celsius**) °C **2.** (written abbr of **Centigrade**) cgr **3.** MESSAGING written abbr of **see**.

ca. (written abbr of **circa**) vers.

c/a 1. written abbr of **capital account 2.** written abbr of **credit account 3.** written abbr of **current account**.

CA ◆ n abbr of **Consumers' Association**. ◆ **1.** written abbr of **chartered accountant 2.** written abbr of **Central America 3.** written abbr of **California**.

CAA pr n (abbr of **Civil Aviation Authority**) *organisme britannique de réglementation de l'aviation civile.*

cab [kæb] n **1.** [taxi] taxi *m* / *let's go by cab* allons-y en taxi / *he's a cab driver* il est chauffeur de taxi / *I didn't even have enough for my cab fare home* je n'avais même pas de quoi rentrer en taxi **2.** [of lorry, train] cabine *f* **3.** [horse-drawn] fiacre *m*.

CAB pr n **1.** UK abbr of **Citizens' Advice Bureau 2.** (abbr of **Civil Aeronautics Board**) *organisme américain de réglementation de l'aviation civile.*

cabal [kə'bæl] n cabale *f*.

cabala [kə'bɑ:lə] n cabale *f*.

cabalism ['kæbælɪzm] n cabalisme *m*.

cabalistic [ˌkæbə'lɪstɪk] adj cabalistique.

cabana [kə'bænə] n US cabine *f (de plage)*.

cabaret ['kæbəreɪ] n [nightclub] cabaret *m* ; [show] spectacle *m* ▸ **cabaret performer** artiste *mf* de cabaret / **'Cabaret'** *Fosse* 'Cabaret'.

cabbage ['kæbɪdʒ] n chou *m* / *I'd rather die than be a cabbage for the rest of my life* plutôt mourir que vivre comme un légume jusqu'à la fin de mes jours.

cabbage patch n ≃ carré *m* de salades.

cabbage rose n rose *f* centfeuilles.

cabbage tree n palmiste *m*.

cabbage white n piéride *f*.

cabbala [kə'bɑ:lə] n = **cabala**.

cabby, cabbie ['kæbɪ] n *inf* [taxi-driver] chauffeur *m* de taxi ; [coachman] cocher *m* (de fiacre).

caber ['keɪbər] n SPORT tronc *m* ▸ **tossing the caber** le lancer de troncs.

cabin ['kæbɪn] n **1.** [hut] cabane *f*, hutte *f* **2.** NAUT cabine *f* **3.** AERON cabine *f* / *the First Class cabin* la cabine de première classe **4.** UK [signal box] cabine *f* d'aiguillage **5.** UK [of lorry, train] cabine *f*.

cabin boy n mousse *m*.

cabin class n deuxième classe *f*.

cabin crew n équipage *m*.

cabin cruiser n cruiser *m*.

cabinet ['kæbɪnɪt] n **1.** [furniture] meuble *m* (de rangement) ; [for bottles] bar *m* ; [radio, television] coffret *m* ; [for precious objects] cabinet *m* ; [with glass doors] vitrine *f* **2.** POL cabinet *m* / *he was in Wilson's cabinet* il faisait partie du cabinet or gouvernement Wilson / *they took the decision in cabinet* ils ont pris la décision en Conseil des ministres.

cabinet-maker n ébéniste *m*.

cabinet-making n ébénisterie *f*.

cabinet minister n ministre *m* siégeant au cabinet / *he was a cabinet minister under Blair* or *in the Blair government* il était ministre sous (le gouvernement) Blair.

cabinetwork ['kæbɪnɪtwɜ:k] n ébénisterie *f*.

cabin trunk n malle-cabine *f*.

cable ['keɪbl] ◆ n **1.** [rope, wire] câble *m* ▸ **electric cable** câble électrique **2.** [telegram] télégramme *m* / *we'll send you a cable* nous t'enverrons un télégramme **3.** NAUT [measure] encablure *f* **4.** [in knitting] point *m* de torsade ▸ **cable needle** aiguille *f* à torsades **5.** TV le câble. ◆ vt **1.** [lay cables in] câbler **2.** [telegraph] télégraphier à / *I cabled them to say I needed more money* je leur ai télégraphié que j'avais encore besoin d'argent.

cable car n téléphérique *m*.

cablecast ['keɪblkɑ:st] vt US TV transmettre par câble.

cablecasting ['keɪblˌkɑ:stɪŋ] n US TV transmission *f* par câble.

cable company n câblo-opérateur *m*.

cablegram ['keɪblgræm] n câblogramme *m*.

cable modem n modem *m* câble.

cable railway n funiculaire *m*.

cable release n déclencheur *m*.

cable-stayed bridge [-steɪd-] n pont *m* à haubans.

cable stitch n point *m* de torsade.
✧ **cable-stitch** comp [sweater] au point de torsade.

cable television, cable TV n câble *m*, télévision *f* par câble.

cablevision ['keɪblvɪʒn] n télévision *f* par câble, câblodistribution *f*.

cableway ['keɪblweɪ] n téléphérique *m*.

cabling ['keɪblɪŋ] n câblage *m*.

cabman ['kæbmən] (*pl* **cabmen** [-mən]) n UK chauffeur *m* de taxi.

caboodle [kə'bu:dl] n *inf* ▸ **the whole (kit and) caboodle** tout le bataclan or bazar.

caboose [kə'bu:s] n **1.** US RAIL fourgon *m* de queue **2.** NAUT coquerie *f* **3.** US *v inf* [buttocks] fesses *fpl*.

cab rank n station *f* de taxis.

cabriolet ['kæbrɪəʊleɪ] n cabriolet *m*.

cabstand ['kæbstænd] n = **cab rank**.

cacao [kə'kɑ:əʊ] (*pl* **cacaos**) n [bean] cacao *m* ; [tree] cacaoyer *m*, cacaotier *m*.

cache [kæʃ] ◆ n **1.** [hidden supply] cache *f* / *a cache of weapons* or *an arms cache* une cache d'armes **2.** [hiding place] cachette *f*. ◆ vt mettre dans une cachette.

cache memory ['kæʃˌmeməri] n COMPUT mémoire *f* cache.

cachet ['kæʃeɪ] n *lit & fig* cachet *m*.

cachou ['kæʃu:] n pastille *f* rafraîchissante.

cack [kæk] UK *vulg* ◆ n merde *f* / *a load of cack* un tas de merde. ◆ vb ▸ **to cack o.s.** chier dans son froc.

cack-handed [kæk-] adj UK *inf* maladroit, gauche.

cackle ['kækl] ◆ vi **1.** [hen] caqueter **2.** [person - chatter] caqueter, jacasser ; [- laugh] glousser. ◆ vt : *"you're trapped!", cackled the old witch* « je te tiens ! », gloussa la vieille sorcière. ◆ n **1.** [of hen] caquet *m* **2.** [of person - chatter] caquetage *m*, jacasserie *f* ; [- laugh] gloussement *m* / *she gave a loud cackle* elle gloussa bruyamment / *cut the cackle!* *inf* assez bavardé !

cacophonous [kæ'kɒfənəs] adj cacophonique.

cacophony [kæ'kɒfənɪ] (*pl* **cacophonies**) n cacophonie *f*.

cactus ['kæktəs] (*pl* **cactuses** *or* **cacti** [-taɪ]) n cactus *m* ▸ **cactus flower** fleur *f* de cactus.

cacuminal [kæ'kju:mɪnl] ◆ adj cacuminal. ◆ n cacuminale *f*.

cad [kæd] n *dated* goujat *m* / *you cad!* vous êtes ignoble or indigne !

CAD [kæd] (abbr of **computer-aided design**) n CAO *f*.

cadastral [kə'dæstrəl] adj cadastral ▸ **cadastral register** (registre *m* du) cadastre *m*.

cadaver [kə'dɑ:vər] n MED cadavre *m*.

cadaverous [kə'dævərəs] adj *fml & liter* cadavéreux, cadavérique.

CADCAM ['kædkæm] (abbr of **computer-aided design and manufacture**) n CFAO *f*.

caddie ['kædɪ] ◆ n **1.** SPORT caddie *m* **2.** = **caddy**. ◆ vi ▸ **to caddie for sb** être le caddie de qqn.

caddie car, caddie cart n poussette *f (pour cannes de golf)*.

caddis fly ['kædɪs-] n trichoptère *m* ▸ **caddis fly larva** larve *f* de trichoptère.

caddy ['kædɪ] n **1.** UK [container - for tea] boîte *f* **2.** US [cart] chariot *m*, Caddie *m*.

cadence ['keɪdəns] n cadence *f*.

cadenza [kə'denzə] n cadence *f*.

cadet [kə'det] ◆ n **1.** MIL élève *m* officier ; [police] élève *m* policier ; UK SCH *élève qui reçoit une formation militaire* **2.** [younger brother, son] cadet *m*. ◆ adj cadet.

cadet corps n [for military training] peloton *m* d'instruction militaire ; [for police training] corps *m* d'élèves policiers.

cadge [kædʒ] *inf* ◆ vt [food, money] se procurer *(en quémandant)* / *he cadged a meal from* or *off his aunt* il s'est invité à manger chez sa tante / *she cadged £10 off me* elle m'a tapé de 10 livres / *they cadged a lift home* à force de quémander ils se sont fait ramener en voiture. ◆ vi : *she's always cadging off her friends* elle est toujours en train de taper ses amis. ◆ n UK **1.** = **cadger 2.** PHR **to be on the cadge** chercher à se faire payer quelque chose.

cadger ['kædʒər] n *inf* pique-assiette *mf*, parasite *m*.

Cadiz [kə'dɪz] pr n Cadix.

cadmium ['kædmɪəm] n cadmium *m*.

cadre ['kɑːdər] n cadre *m*.

CAE (abbr of **computer-aided engineering**) n IAO *f*.

caecum UK, **cecum** US ['siːkəm] (UK *pl* **caeca** [-kə] ; US *pl* **ceca** [-kə]) n cæcum *m*.

Caesar ['siːzər] pr n César.

Caesarean UK, **Cesarean** US [sɪ'zeərɪən] ◆ adj césarien ▸ **Caesarean birth** MED césarienne *f*. ◆ n = **Caesarean section**.

Caesarean section n césarienne *f* ▸ **to be born** or **delivered by Caesarean section** naître par césarienne.

Caesar salad n *salade de laitue romaine, de croûtons et de parmesan.*

caesium UK, **cesium** US ['siːzɪəm] n césium *m*, cæsium *m* ▸ **caesium 90** césium *m* 90.

caesura [sɪ'zjʊərə] (*pl* **caesuras** or **caesurae** [-riː]) n césure *f*.

CAF (written abbr of **cost and freight**) C et F.

cafe, café ['kæfeɪ] n [in UK] snack *m* ; [in rest of Europe] café *m* ▸ **cafe society** le beau monde.

cafeteria [,kæfɪ'tɪərɪə] n [self-service restaurant] restaurant *m* self-service, self *m* ; US [canteen] cantine *f*.

cafetiere [kæfə'tjeər] n cafetière *f*.

cafetière [kæf'tjeər] n cafetière *f* à piston.

caff [kæf] n *v inf* snack *m*.

caffeine ['kæfiːn] n caféine *f*.

caffeine-free adj sans caféine.

caftan ['kæftæn] n caftan *m*.

cage [keɪdʒ] ◆ n **1.** [with bars] cage *f* **2.** [lift] cabine *f* ; MIN cage *f* (d'extraction) **3.** SPORT [in basketball] panier *m* ; [in ice hockey] cage *f* **4.** PHR **to rattle sb's cage** mettre qqn en colère. ◆ vt mettre en cage, encager.

cage bird n oiseau *m* d'agrément or d'appartement.

caged [keɪdʒd] adj en cage / *he was like a caged animal* il était comme un animal en cage.

cagey ['keɪdʒɪ] (*compar* **cagier**, *superl* **cagiest**) adj *inf* [cautious] mesuré, circonspect ; [reticent] réticent / *he was being cagey about his salary* il s'est montré évasif lorsqu'il s'est agi de son salaire.

cagoule [kə'guːl] n veste *f* imperméable *(à capuche)*.

cagy ['keɪdʒɪ] (*compar* **cagier**, *superl* **cagiest**) adj = **cagey**.

cahoots [kə'huːts] pl n *inf* ▸ **to be in cahoots (with sb)** être de mèche (avec qqn).

CAI (abbr of **computer-assisted instruction**) n EAO *m*.

Caiaphas ['kaɪəfæs] pr n Caïphe.

caiman ['keɪmən] n = **cayman**.

Cain [keɪn] pr n Caïn ▸ **the mark of Cain** la marque de Caïn ▸ **to raise Cain** US *inf* faire du foin.

cairn [keən] n cairn *m*.

cairngorm ['keəngɔːm] n [mineral] quartz *m* fumé.
❖ **Cairngorm** pr n GEOG ▸ **the Cairngorm Mountains** or **the Cairngorms** les monts *mpl* Cairngorm.

cairn terrier n cairn *m*.

Cairo ['kaɪərəʊ] pr n Le Caire.

caisson ['keɪsɒn] n caisson *m*.

cajole [kə'dʒəʊl] vt enjôler / *he cajoled her into accepting* il l'a amenée à accepter à force de cajoleries / *they eventually cajoled the information out of him* à force de cajoleries, ils ont réussi à lui soutirer le renseignement.

cajolery [kə'dʒəʊlərɪ] n *(U)* cajoleries *fpl*.

cajoling [kə'dʒəʊlɪŋ] adj cajoleur.

cajolingly [kə'dʒəʊlɪŋlɪ] adv d'une manière cajoleuse ; [speak] d'un ton cajoleur.

Cajun ['keɪdʒən] ◆ n Cajun *mf*. ◆ adj cajun *(inv)*.

cake [keɪk] ◆ n **1.** CULIN [sweet] gâteau *m* ; [pastry] pâtisserie *f* ; [savoury] croquette *f* / *a chocolate / cherry cake* un gâteau au chocolat / aux cerises ▸ **to make** or **to bake a cake** faire un gâteau ▸ **it's a piece of cake** *inf* ça va être du gâteau ▸ **you can't have your cake and eat it** *prov* on ne peut pas avoir le beurre et l'argent du beurre *prov* **2.** [block - of soap, wax] pain *m* ; [- of chocolate] plaquette *f*. ◆ comp [dish] à gâteau ▸ **cake crumb** miette *f* de gâteau ▸ **cake decoration** décoration *f* pour gâteau ▸ **cake pan** US or **tin** UK moule *m* à gâteau ▸ **cake shop** pâtisserie *f* ▸ **cake stall** [at fair] stand *m* à gâteaux ▸ **cake stand** assiette *f* montée à gâteaux. ◆ vt : *his boots were caked with mud* ses bottes étaient pleines de boue / *her hair was caked with blood* elle avait du sang séché dans les cheveux. ◆ vi durcir / *the mud had caked on his boots* la boue avait séché sur ses bottes.

cakehole ['keɪkhəʊl] n UK *v inf* gueule *f* / *shut your cakehole!* la ferme !

cake mix n préparation *f* (instantanée) pour gâteau.

cakewalk ['keɪkwɔːk] n **1.** [dance] cake-walk *m* **2.** *inf & fig* [easy task] : *the exam was a cakewalk* l'examen, c'était du gâteau.

cal. (written abbr of **calorie**) cal.

CAL (abbr of **computer-assisted learning**) n EAO *m*.

calabash ['kæləbæʃ] n [fruit] calebasse *f* ; [tree] calebassier *m*.

calaboose ['kæləbuːs] n US *inf* taule *f*, tôle *f*.

Calabria [kə'læbrɪə] pr n Calabre *f* / *in Calabria* en Calabre.

Calabrian [kə'læbrɪən] ◆ n Calabrais *m*, -e *f*. ◆ adj calabrais.

calamine ['kæləmaɪn] n calamine *f* ▸ **calamine lotion** lotion calmante à la calamine.

calamitous [kə'læmɪtəs] adj calamiteux.

calamity [kə'læmətɪ] (*pl* **calamities**) n calamité *f*.

Calamity Jane [-dʒeɪn] pr n Calamity Jane.

calandria [kə'lændrɪə] n calandre *f*.

calcification [,kælsɪfɪ'keɪʃn] n calcification *f*.

calcified ['kælsɪfaɪd] adj CHEM calcifié.

calcify ['kælsɪfaɪ] (*pt & pp* **calcified**) ◆ vt calcifier. ◆ vi se calcifier.

calcination [,kælsɪ'neɪʃn] n calcination *f*.

calcine ['kælsaɪn] ◆ vt calciner. ◆ vi se calciner.

calcite ['kælsaɪt] n calcite *f*.

calcium ['kælsɪəm] n calcium *m* ▸ **calcium carbonate** carbonate *m* de calcium ▸ **calcium deficiency** carence *f* en calcium.

calculate ['kælkjʊleɪt] ◆ vt **1.** MATH calculer ; [estimate, evaluate] calculer, évaluer / *he calculated that his chances of success were reasonably good* il calcula or estima qu'il avait d'assez bonnes chances de réussir **2.** [design, intend] : *her remark was calculated to offend the guests* sa réflexion était destinée à offenser les invités / *the price of the house was scarcely calculated to attract potential buyers* le prix de la maison n'a guère été calculé pour attirer d'éventuels acheteurs. ◆ vi **1.** MATH calculer, faire des calculs **2.** [count, depend] : *I calculated on George lending me the money* je comptais sur George pour me prêter l'argent.

calculated ['kælkjʊleɪtɪd] adj **1.** [considered] calculé, mesuré / *a calculated risk* un risque calculé **2.** [deliberate, intentional] délibéré, voulu / *a calculated insult* une insulte délibérée.

calculating ['kælkjʊleɪtɪŋ] adj **1.** *pej* calculateur **2.** [cautious] prudent, mesuré **3.** [adding] ▸ **calculating machine** machine *f* à calculer.

calculatingly ['kælkjʊleɪtɪŋlɪ] adv *pej* de manière calculée.

calculation [,kælkjʊ'leɪʃn] n **1.** MATH & *fig* calcul *m* / *by* or *according to my calculations* selon or d'après mes calculs **2.** *(U) pej* [scheming] : *his offer of help was free of all calculation* il a offert son aide sans la moindre arrière-pensée.

calculator ['kælkjʊleɪtər] n **1.** [machine] calculateur *m* ; [small] calculatrice *f* ▸ **calculator battery** pile *f* de calculatrice **2.** MATH [table] table *f*.

calculus ['kælkjʊləs] n calcul *m*.

Calcutta [kæl'kʌtə] pr n Calcutta.

caldron ['kɔːldrən] n = **cauldron**.

Caledonia [,kælɪ'dəʊnjə] pr n HIST Calédonie *f* / *in Caledonia* en Calédonie.

Caledonian [,kælɪ'dəʊnjən] ◆ n Calédonien *m*, -enne *f*. ◆ adj calédonien ▸ **the Caledonian Canal** le canal calédonien.

calendar ['kælɪndər] ◆ n **1.** [of dates] calendrier *m* **2.** [register] annuaire *m* / *the university calendar* l'annuaire de l'université **3.** US [planner] agenda *m*. ◆ comp [day, month, year] civil, calendaire. ◆ vt [event] inscrire sur le calendrier ; US [put in planner] noter *(dans son agenda)*.

calendar girl n pin-up *f*.

calender ['kælɪndər] n calandre *f*, laminoir *m*.

calendering ['kælɪndərɪŋ] n calandrage *m*.

calends ['kælɪndz] pl n calendes *fpl*.

calf [kɑːf] (*pl* **calves** [kɑːvz]) n **1.** [young cow, bull] veau *m* ▸ **the cow is in calf** la vache est pleine **2.** [skin] veau *m*, vachette *f* / *a book bound in calf* un livre relié en veau **3.** [buffalo] bufflon *m*, buffletin *m* ; [elephant] éléphanteau *m* ; [giraffe] girafeau *m*, girafon *m* ; [whale] baleineau *m* **4.** ANAT mollet *m*.

calf love n premier amour *m*.

calfskin ['kɑːfskɪn] n veau *m*, vachette *f* ▸ **calfskin gloves** gants *mpl* en veau or vachette.

Caliban ['kælɪbæn] pr n *personnage monstrueux dans « la Tempête » de Shakespeare.*

caliber US n = **calibre**.

calibrate ['kælɪbreɪt] vt étalonner, calibrer.

calibration [,kælɪ'breɪʃn] n étalonnage *m*, calibrage *m*.

calibre UK, **caliber** US ['kælɪbər] n **1.** [of gun, tube] calibre *m* / *a high calibre revolver* un revolver de gros calibre **2.** [quality] qualité *f* / *their work is of the highest calibre* ils font un travail de grande qualité / *the two applicants are not of the same calibre* les deux candidats ne sont pas du même calibre or n'ont pas la même envergure.

calico ['kælɪkəʊ] (*pl* **calicoes** or **calicos**) ◆ n UK TEXT calicot *m* blanc ; US calicot *m* imprimé, indienne *f*. ◆ comp de calicot ▸ **a calico cat** une chatte isabelle.

California [,kælɪ'fɔːnjə] pr n Californie *f* / *in California* en Californie ▸ **Lower California** la Basse-Californie.

Californian [,kælɪ'fɔːnjən] ◆ n Californien *m*, -enne *f*. ◆ adj californien.

californium [,kælɪ'fɔːnjəm] n californium *m*.

Caligula [kə'lɪgjʊlə] pr n Caligula.

caliper US n = **calliper**.

caliph, Caliph ['keɪlɪf] n calife *m*.

calisthenics [,kælɪs'θenɪks] n = **callisthenics**.

calix ['keɪlɪks] (*pl* **calices** [-lɪsiːz]) n calice *m (récipient)*.

calk [kɔːk] ◆ vt **1.** [shoe, horseshoe] munir de crampons **2.** = **caulk**. ◆ n [on shoe, horseshoe] crampon *m*.

call [kɔːl] ◆ vi **1.** [with one's voice] appeler / *if you need me, just call* si tu as besoin de moi, tu n'as qu'à (m')appeler / *she called to her son in the crowd* elle appela son fils dans la foule / *duty calls* hum le devoir m'appelle / *to call for help* appeler à l'aide or au secours **2.** [on the telephone] appeler / *where are you calling from?* d'où appelles-tu ? / *it's Mary calling* c'est Mary à l'appareil / *who's calling?* qui est à l'appareil ?, c'est de la part de qui ? / *may I ask who's calling?* qui est à l'appareil, je vous prie ? **3.** [animal, bird] pousser un cri **4.** UK [visit] passer / *did the postman call?* est-ce que le facteur est passé ? / *I'll call at the butcher's on the way home* je passerai chez le boucher en revenant à la maison / *do call again* n'hésitez pas à revenir / *I was out when they called* je n'étais pas là quand ils sont passés **5.** UK [stop] s'arrêter ▸ **to call at a)** [train] s'arrêter à **b)** [ship] faire escale à **6.** BRIDGE annoncer. ◆ vt **1.** [with one's voice] appeler / *can you call the children to the table?* pouvez-vous appeler les enfants pour qu'ils viennent à table ? / *he was called to the phone* on l'a demandé au téléphone / *to call the roll* faire l'appel **2.** [telephone] appeler / *call me tonight* appelle-moi ce soir / *don't call me at work* ne m'appelle pas au bureau / *we called his house* nous avons appelé chez lui / *to call the police / fire brigade* appeler la police / les pompiers ▸ **don't call us, we'll call you** hum on vous écrira **3.** [wake up] réveiller / *can you call me at nine?* pouvez-vous me réveiller à 9 h ? **4.** [name or describe as] appeler / *he has a cat called Felix* UK il a un chat qui s'appelle Félix / *she was called "Ratty" as a child* on l'appelait « Ratty » quand elle était enfant / *he was called Charles after his grandfather* UK on l'a appelé Charles comme son grand-père / *what's this called?* comment est-ce qu'on appelle ça ?, comment est-ce que ça s'appelle ? / *she called him a crook* elle l'a traité d'escroc / *are you calling me a thief?* me traitez-vous de voleur ? / *they called him all sorts of names* or *every name in the book* ils l'ont traité de tous les noms **5.** [consider] : *Denver is where I call home* c'est à Denver que je me sens chez moi / *he had no home to call his own* il n'avait pas de chez lui / *she had no time to call her own* elle n'avait pas de temps à elle / *(and you) call yourself a Christian!* et tu te dis chrétien ! / *I don't call that clean* ce n'est pas ce que j'appelle propre / *let's call it £10, shall we?* UK disons or mettons dix livres, d'accord ? ▸ **let's call it a day** on arrête là pour aujourd'hui **6.** [announce] : *to call an election* annoncer des élections / *to call a meeting* convoquer une assemblée / *to call a strike* appeler à la grève **7.** [send for, summon] appeler, convoquer fml / *she was suddenly called home* elle a été rappelée soudainement chez elle / *he was called to his regiment* il a été rappelé à son régiment / *she was called as a witness* elle a été citée comme témoin / *he called me over* il m'a appelé ▸ **to call sthg into being** former qqch **8.** FIN ▸ **to call a loan** exiger le remboursement d'un prêt **9.** SPORT [declare, judge] juger / *he called it out* il a jugé qu'elle était dehors **10.** BRIDGE annoncer, demander **11.** ▸ **to call heads / tails** choisir face / pile **12.** PHR **to call sthg to mind** rappeler qqch / *the scenery calls to mind certain parts of Brittany* le paysage rappelle un peu certaines parties de la Bretagne ▸ **to call sthg into play** faire jouer qqch / *market forces will soon be called into play* on fera bientôt jouer les lois du marché ▸ **to call sthg into question** remettre qqch en question / *she called into question his competence as a doctor* elle a mis ses compétences de médecin en doute ▸ **to call the tune** UK inf or **shots** inf faire la loi. ◆ n **1.** [cry, shout] appel *m* ; [of animal, bird] cri *m* ; [of bugle, drum] appel *m* / *the call of the sea* l'appel du large / *a call for help* un appel à l'aide or au secours **2.** [on the telephone] appel *m* / *can I make a call?* puis-je téléphoner ? / *to put a call through* passer une communication / *to make a call* passer un coup de téléphone / *there's a call for you* on vous demande au téléphone / *to take a call* prendre un appel / *I'll give you a call tomorrow* je t'appelle demain / *how much does a call to Italy cost?* combien est-ce que ça coûte d'appeler en Italie or l'Italie ? ▸ **call diversion** transfert *m* d'appel ▸ **call waiting** signal *m* d'appel **3.** [visit] visite *f* ▸ **to make** or **pay a call on sb** UK rendre visite à qqn / *she had several calls to make in the neighbourhood* UK elle devait rendre quelques visites dans le voisinage / *the doctor doesn't make house calls* le médecin ne fait pas de visites à domicile **4.** [stop] : *the ship made a call at Genoa* UK le navire a fait escale à Gênes **5.** [demand, need] : *there have been renewed calls for a return to capital punishment* il y a des gens qui demandent à nouveau le rétablissement de la peine de mort / *there is little call for unskilled labour* il n'y a qu'une faible demande de travailleurs non spécialisés / *there's no call to shout* il n'y a aucune raison de crier / *you have first call on my time* je m'occuperai de vous en premier lieu **6.** ST. EX échéance *f* **7.** SPORT [decision] jugement *m* **8.** BRIDGE annonce *f* **9.** [heads or tails] ▸ **your call** pile ou face ?

❖ **on call** adj phr [doctor, nurse] de garde ; [police, troops] en éveil ; [car] disponible ; FIN [loan] remboursable sur demande.

❖ **call aside** vt sep prendre à part.

❖ **call away** vt sep : *she was called away from the office* on l'a appelée et elle a dû quitter le bureau / *she's often called away on business* elle doit souvent partir en déplacement or s'absenter pour affaires.

❖ **call back** ◆ vt sep **1.** [on telephone] rappeler / *I'll call you back later* je te rappelle plus tard **2.** [ask to return] rappeler / *I was already at the door when she called me back* j'étais déjà près de la porte lorsqu'elle m'a rappelé. ◆ vi **1.** [on telephone] rappeler / *can you call back after five?* pourriez-vous rappeler après 5 h ? **2.** [visit again] revenir, repasser / *I'll call back tomorrow* je reviendrai or repasserai demain.

❖ **call down** vt sep **1.** liter [invoke] : *he called down the wrath of God on the killers* il appela la colère de Dieu sur la tête des tueurs **2.** US inf [reprimand] engueuler.

❖ **call for** vt insep **1.** UK [collect] : *he called for her at her parents' house* il est allé la chercher chez ses parents / *whose is this parcel? — someone's calling for it later* à qui est ce paquet ? — quelqu'un passera le prendre plus tard **2.** [put forward as demand] appeler, demander ; [subj: agreement, treaty] prévoir / *the opposition called for an official statement* l'opposition a exigé or demandé une déclaration officielle **3.** [require] exiger / *the situation called for quick thinking* la situation demandait or exigeait qu'on réfléchisse vite / *the recipe calls for buttermilk* la recette exige que l'on utilise du babeurre.

❖ **call forth** vt sep fml provoquer, susciter liter / *the article called forth vigorous denials* l'article suscita or occasionna des démentis énergiques.

❖ **call in** ◆ vt sep **1.** [send for] faire venir / *an accountant was called in to look at the books* on a fait venir un comptable pour examiner les livres de comptes / *the army was called in to assist with the evacuation* on a fait appel à l'armée pour aider à l'évacuation **2.** [recall - defective goods] rappeler ; [- banknotes] retirer de la circulation ; [- library books] faire rentrer **3.** FIN [debt, loan] rappeler. ◆ vi **1.** UK [pay a visit] passer / *she called in at her sister's to say good-bye* elle est passée chez sa sœur pour dire au revoir **2.** [telephone] appeler.

❖ **call off** vt sep **1.** [appointment, meeting, strike] annuler **2.** [dog, person] rappeler.

❖ **call on** vt insep UK **1.** [request, summon] faire appel à / *she called on the government to take action* elle a demandé que le gouvernement agisse **2.** [visit] rendre visite à / *I'll call on her this evening* je lui rendrai visite or je passerai chez elle ce soir.

❖ **call out** ◆ vt sep **1.** [cry out] : *"over here", he called out* « par ici », appela-t-il **2.** [summon] appeler, faire appel à / *the army was called out to help* on a fait appel à l'armée pour aider / *the union called out its members for 24 hours* le syndicat appela ses adhérents à une grève de 24 heures. ◆ vi [shout] appeler / *she called out to a policeman* elle appela un agent de police.

❖ **call out for** vt insep exiger.

❖ **call round** vi UK : *can I call round this evening?* puis-je passer ce soir ? / *your mother called round for the parcel* votre mère est passée prendre le paquet.

❖ **call together** vt sep convoquer.

❖ **call up** ◆ vt sep **1.** [telephone] appeler **2.** MIL appeler ; [reservists] rappeler / *he was called up to fight in Vietnam* il a été appelé pour partir au Viêt Nam **3.** [evoke] évoquer, faire venir à l'esprit **4.** [summon] appeler, convoquer / *she was called up for jury service* elle a été appelée or convoquée pour faire partie d'un jury **5.** COMPUT rappeler. ◆ vi appeler.

❖ **call upon** vt insep fml [request, summon] faire appel à / *she may be called upon to give evidence* il est possible qu'elle soit citée comme témoin / *I called upon him for assistance* j'ai fait appel à son aide.

CALL (abbr of **computer-assisted language learning** or **computer-aided language learning**) n enseignement *m* des langues assisté par ordinateur.

call alarm n alarme *f* (*pour personne âgée ou handicapée*).

call box n **1.** UK cabine *f* téléphonique **2.** US [on roadside] borne *f* d'appel d'urgence.

callboy ['kɔːlbɔɪ] n **1.** THEAT avertisseur *m* **2.** US [bellboy] chasseur *m*, groom *m*.

call centre UK, **call center** US n centre *m* d'appels.

called-up capital n FIN capital *m* appelé.

caller ['kɔːlər] n **1.** [visitor] visiteur *m*, -euse *f* **2.** TELEC demandeur *m*, -euse *f* ▸ **caller identification** identification *f* d'appel **3.** [in bingo] ≃ animateur *m*, -trice *f*.

caller ID display, caller display n TELEC présentation *f* du numéro.

call girl n call-girl *f*.

calligraphy [kə'lɪgrəfɪ] n calligraphie *f*.

call-in n US émission *f* à ligne ouverte.

calling ['kɔːlɪŋ] n **1.** [vocation] appel *m* intérieur, vocation *f* **2.** fml [profession] métier *m*, profession *f*.

calling card n US **1.** [visiting card] carte *f* de visite **2.** TELEC carte *f* téléphonique.

calliper UK, **caliper** US ['kælɪpər] n **1.** MATH ▸ **a pair of calliper compasses** or **callipers** un compas **2.** MED ▸ **calliper (splint)** attelle-étrier *f* **3.** TECH [for brake] étrier *m*.

callisthenics [,kælɪs'θenɪks] n *(U)* gymnastique *f* rythmique.

call letters pl n US indicatif *m* d'appel (*d'une station de radio*).

call loan n prêt *m* exigible.

call money n argent *m* à court terme.

callosity [kæ'lɒsətɪ] (*pl* **callosities**) n callosité *f*.

callous ['kæləs] adj **1.** [unfeeling] dur, sans cœur ; [behaviour, remark] dur, impitoyable **2.** [skin] calleux.

calloused ['kæləst] adj [feet, hands] calleux, corné.

callously ['kæləslɪ] adv durement.

callousness ['kæləsnɪs] n dureté *f*.

callow ['kæləʊ] adj [immature] sans expérience, sans maturité / *a callow youth* un jeune homme sans expérience or maturité.

call screening n filtrage *m* d'appels.

call sequence n COMPUT séquence *f* d'appel.

call sign n indicatif *m* d'appel (*d'une station de radio*).

call-up n UK [conscription] convocation *f* (au service militaire), ordre *m* d'incorporation ▸ **call-up papers** ordre *m* d'incorporation.

callus ['kæləs] n [on feet, hands] cal *m*, durillon *m*.

calm [kɑːm] ◆ adj calme / *keep calm!* du calme !, restons calmes ! / *she tried to keep calm* elle essaya de garder son calme or sang-froid ▸ **to be calm and collected** être maître de soi, garder son sang-froid. ◆ n calme *m* ; [after upset, excitement] accalmie *f* / *there was a strange calm after the battle* la bataille fut suivie d'une étrange accalmie / *the calm of the botanical gardens* le calme du jardin botanique / *when calm descends on the town* quand le calme revient sur la ville / *the calm before the storm* le calme qui précède la tempête. ◆ vt calmer ; [fears] apaiser, calmer / *she tried to calm her nerves* elle essaya de se calmer.

❖ **calm down** ◆ vi se calmer ▸ **calm down!** calmez-vous !, ne vous énervez pas ! ◆ vt sep calmer.

calmative ['kælmətɪv] n calmant *m*.

calming ['kɑ:mɪŋ] adj calmant / *her words had a calming effect on him* ses paroles ont réussi à le calmer.

calmly ['kɑ:mlɪ] adv calmement / *she received the news calmly* elle a reçu la nouvelle calmement or avec calme.

calmness ['kɑ:mnɪs] n calme *m* / *she felt a sense of calmness* elle éprouvait une sensation de calme.

Calor gas® ['kælər-] n UK butane *m*, Butagaz® *m* ▸ **Calor gas heater** radiateur *m* au butane ▸ **Calor gas stove** réchaud *m*.

caloric [kə'lɒrɪk] adj calorique.

calorie ['kælərɪ] n calorie *f* ▸ **calorie count** taux *m* de calories.

calorie-conscious adj : *she's very calorie-conscious* elle fait très attention au nombre de calories qu'elle absorbe.

calorie-controlled adj [diet] hypocalorique, faible en calories.

calorie-free adj sans calories.

calorific [,kælə'rɪfɪk] adj calorifique ▸ **calorific value** valeur *f* calorifique.

calorimeter [kælə'rɪmɪtər] n PHYS calorimètre *m* / *electric resistance calorimeter* calorimètre *m* électrique / *bomb calorimeter* bombe *f* calorimétrique.

calorimetry [kælə'rɪmɪtrɪ] n PHYS calorimétrie *f*.

calque [kælk] n calque *m*.

calumniate [kə'lʌmnɪeɪt] vt *fml* calomnier.

calumny ['kæləmnɪ] (*pl* **calumnies**) n *fml* calomnie *f*.

calvary ['kælvərɪ] n calvaire *m*.

❖ **Calvary** pr n RELIG le Calvaire.

calve [kɑ:v] vi [cow, iceberg] vêler ; [other animals] mettre bas.

calves [kɑ:vz] pl ⟶ **calf**.

Calvin ['kælvɪn] pr n ▸ **John Calvin** Jean Calvin.

calving ['kɑ:vɪŋ] n **1.** [of cow] vêlage *m*, vêlement *m* / *at calving time* pendant le vêlement **2.** [of iceberg] vêlage *m*.

Calvinism ['kælvɪnɪzm] n calvinisme *m*.

Calvinist ['kælvɪnɪst] ◆ adj calviniste. ◆ n calviniste *mf*.

Calvinistic [,kælvɪ'nɪstɪk] adj calviniste.

calypso [kə'lɪpsəʊ] (*pl* **calypsos**) n calypso *m* ▸ **calypso rhythm** rythme *m* de calypso.

❖ **Calypso** pr n MYTH Calypso.

calyx ['keɪlɪks] (*pl* **calyxes** *or* **calyces** [-si:z]) n BOT calice *m*.

calzone [kæl'tsəʊnɪ] n calzone *m*.

cam [kæm] n came *f*.

CAM [kæm] (abbr of **computer-aided manufacturing**) n FAO *f*.

camaraderie [,kæmə'rɑ:dərɪ] n camaraderie *f*.

camber ['kæmbər] ◆ n [in road] bombement *m* ; [in beam, girder] cambre *f*, cambrure *f* ; [in ship's deck] tonture *f*. ◆ vi [road] bomber, être bombé ; [beam, girder] être cambré ; [ship's deck] avoir une tonture.

cambered ['kæmbəd] adj TECH arqué, courbé, cambré ; [road] bombé ; NAUT [deck] en pente ; NAUT [ship] arqué.

Cambodia [kæm'bəʊdjə] pr n Cambodge *m* / *in Cambodia* au Cambodge.

Cambodian [kæm'bəʊdjən] ◆ n Cambodgien *m*, -enne *f*. ◆ adj cambodgien.

Cambozola [,kæmbə'zəʊlə] n cambozola *m*.

Cambrian ['kæmbrɪən] ◆ adj cambrien ▸ **the Cambrian Mountains** les monts *mpl* Cambriens. ◆ n ▸ **the Cambrian** le cambrien.

cambric ['keɪmbrɪk] n batiste *f*.

Cambridge ['keɪmbrɪdʒ] pr n Cambridge.

Cambridge blue ◆ adj bleu clair. ◆ n bleu *m* clair.

Cambridge Certificate n *diplôme d'anglais langue étrangère délivré par l'université de Cambridge et comprenant deux niveaux, le First Certificate et le Certificate of Proficiency.*

Cambs. written abbr of **Cambridgeshire**.

camcorder ['kæm,kɔ:dər] n Caméscope® *m*.

Camden ['kæmdən] pr n *quartier à la mode dans le nord-ouest de Londres.*

came [keɪm] pt ⟶ **come**.

camel ['kæml] ◆ n **1.** ZOOL chameau *m* ; [with one hump] dromadaire *m* ; [female] chamelle *f* **2.** [colour] fauve *m inv*. ◆ comp **1.** [train] de chameaux ▸ **camel driver** chamelier *m* ▸ **camel ride** promenade *f* à dos de chameau **2.** [coat, jacket - of camel hair] en poil de chameau ; [- coloured] fauve *(inv)*.

camelhair ['kæmlheər] ◆ n poil *m* de chameau. ◆ comp [coat, jacket] en poil de chameau.

camellia [kə'mi:ljə] n camélia *m*.

Camelot ['kæməlɒt] pr n **1.** [in Arthurian legend] Camelot *m (château légendaire du roi Arthur)* **2.** [lottery company] *organisme qui gère la loterie nationale en Grande-Bretagne* **3.** US HIST *nom qui évoque la présidence de J.F. Kennedy.*

cameo ['kæmɪəʊ] (*pl* **cameos**) ◆ n **1.** [piece of jewellery] camée *m* **2.** [piece of writing] morceau *m* bref, court texte *m* ; CIN, THEAT & TV [appearance] brève apparition *f*. ◆ comp **1.** [jewellery] ▸ **a cameo brooch** un camée monté en broche **2.** CIN, THEAT & TV ▸ **a cameo performance** or **role** un petit rôle *(joué par un acteur célèbre)*.

camera ['kæmərə] ◆ n [device - for still photos] appareil *m* (photographique), appareil photo *m* ; [- for film, video] caméra *f* ▸ **to be on camera** être à l'écran. ◆ comp [battery, case] pour appareil photo ▸ **camera lens** objectif *m* ▸ **camera shop** magasin *m* de photo.

> ⚠ The word **caméra** only refers to a video or film camera.

cameraman ['kæmərəmæn] (*pl* **cameramen** [-men]) n cadreur *m*, cameraman *m*.

camera obscura [-əb'skjʊərə] n chambre *f* noire.

camera phone n téléphone *m* avec appareil photo.

camera-ready adj prêt à imprimer.

camera-shy adj qui n'aime pas être photographié.

camera tube n tube *m* analyseur.

camerawoman ['kæmərə,wʊmən] (*pl* **camerawomen** [-,wɪmɪn]) n cadreuse *f*.

camerawork ['kæmərəwɜ:k] n prise *f* de vue / *the film has some superb camerawork* certaines scènes sont magnifiquement filmées.

Cameroon [,kæmə'ru:n] pr n Cameroun *m* / *in Cameroon* au Cameroun.

Cameroonian [,kæmə'ru:nɪən] ◆ n Camerounais *m*, -e *f*. ◆ adj camerounais.

cami ['kæmɪ] n US abbr of **camisole**.

camiknickers ['kæmɪ,nɪkəz] pl n UK combinaison-culotte *f*.

camisole ['kæmɪsəʊl], **cami** ['kæmɪ] n caraco *m*.

camomile ['kæməmaɪl] n camomille *f* ▸ **camomile tea** infusion *f* de camomille.

camouflage ['kæməflɑ:ʒ] ◆ n camouflage *m* ▸ **camouflage clothes** vêtements *mpl* de camouflage ▸ **camouflage jacket** veste *f* (de) camouflage. ◆ vt camoufler.

camp [kæmp] ◆ n **1.** [place] camp *m* ; [not permanent] campement *m* ▸ **to make** or **to pitch** or **to set up camp** établir un camp ▸ **to break camp** lever le camp ▸ **(summer) camp** US colonie *f* de vacances **2.** [group] camp *m*, parti *m* / *the conservative camp* le parti or camp conservateur, les conservateurs *mpl* ▸ **to go over to the other camp** changer de camp ▸ **to be in the same camp** être du même bord **3.** *inf* [kitsch] ▸ **(high) camp** kitsch *m*. ◆ vi camper / *are you going to camp?* allez-vous camper or faire du camping ? ◆ adj *inf* **1.** [effeminate] efféminé **2.** [affected] affecté, maniéré ; [theatrical - person] cabotin ; [- manners] théâtral **3.** [in dubious taste] kitsch *(inv)*.

❖ **camp out** vi camper, faire du camping / *we camped out at my parents fig* nous avons campé chez mes parents.

❖ **camp up** vt sep ▸ **to camp it up a)** *inf* [overdramatize] cabotiner **b)** [effeminate man] en rajouter dans le genre efféminé.

campaign [kæm'peɪn] ◆ n campagne *f* / *to conduct* or *to lead a campaign against drugs* mener une campagne or faire campagne contre la drogue. ◆ vi mener une campagne, faire campagne ▸ **to campaign against** / **for sthg** mener une campagne contre / en faveur de qqch.

campaigner [kæm'peɪnər] n POL & *fig* militant *m*, -e *f* ; MIL vétéran *m* / *campaigners in favour of* / *against nuclear power* des militants pronucléaires / antinucléaires.

campaign trail n tournée *f* électorale.

Campania [kæm'peɪnɪə] pr n Campanie *f* / *in Campania* en Campanie.

campanile [,kæmpə'ni:lɪ] n campanile *m*.

campanologist [,kæmpə'nɒlədʒɪst] n carillonneur *m*.

campanology [,kæmpə'nɒlədʒɪ] n art *m* des carillons.

campanula [kəm'pænjʊlə] n campanule *f*.

camp bed n lit *m* de camp.

camp counsellor n moniteur *m*, -trice *f*.

Camp David pr n Camp David ▸ **the Camp David agreement** les accords *mpl* de Camp David.

camper ['kæmpər] n **1.** [person] campeur *m*, -euse *f* ▸ **she's not a happy camper** US *inf* elle n'est pas bien dans ses baskets **2.** [vehicle] ▸ **camper (van)** camping-car *m*.

campfire ['kæmp,faɪər] n feu *m* de camp.

Camp Fire Club pr n *organisation américaine de scouts pour garçons et filles.*

camp follower n **1.** MIL [gen] *civil qui accompagne une armée pour rendre des services* ; [prostitute] prostituée *f*, fille *f* à soldats **2.** *fig* [supporter] sympathisant *m*, -e *f*.

campground ['kæmpgraʊnd] n US [private] camp *m* ; [commercial] terrain *m* de camping, camping *m* ; [clearing] emplacement *m* de camping, endroit *m* où camper.

camphone ['kæmfəʊn] n téléphone *m* avec appareil photo.

camphor ['kæmfər] n camphre *m* ▸ **camphor tree** camphrier *m*.

camphorated ['kæmfəreɪtɪd] adj camphré.

camping ['kæmpɪŋ] ◆ n camping *m* ▸ **to go camping** camper, faire du camping. ◆ comp [equipment, stove] de camping ▸ **camping gas** butane *m* ▸ **camping ground** or **grounds** or **site a)** [private] camp *m* **b)** [commercial] terrain *m* de camping, camping *m* **c)** [clearing] emplacement *m* de camping, endroit *m* où camper ▸ **camping stool** pliant *m*.

campion ['kæmpjən] n BOT silène *m*, lychnis *m*.

camp meeting n US rassemblement *m* religieux *(qui a lieu sous des tentes)*.

campsite ['kæmpsaɪt] n [commercial] terrain *m* de camping, camping *m* ; [clearing] emplacement *m* de camping, endroit *m* où camper ▸ **campsite facilities** installations *fpl* de camping.

campus ['kæmpəs] (*pl* **campuses**) n UNIV [grounds] campus *m* ; [buildings] campus *m*, complexe *m* universitaire / *to live on campus* habiter sur le campus / *to live off campus* habiter en dehors du campus ▸ **on- / off-campus housing** logements *mpl* sur le / en dehors du campus ▸ **campus university** université *f* regroupée sur un campus.

CAMRA ['kæmrə] (abbr of Campaign for Real Ale) pr n *association britannique d'amateurs de bières traditionnelles.*

camshaft ['kæmʃɑ:ft] n arbre *m* à cames.

can[1] *(weak form* [kən], *strong form* [kæn]*; preterite form* ***could****, weak form* [kəd], *strong form* [kʊd], *negative forms* ***cannot****, weak form* ['kænət], *strong form* ['kænɒt], *frequently shortened to* ***can't*** [kɑ:nt], ***could not****, frequently shortened to* ***couldn't*** ['kʊdnt]) modal vb **1.** [be able to] pouvoir / *can you come to the party?* peux-tu venir à la fête ? / *I'll come if I can* je viendrai si je (le) peux / *I'll come as soon as I can* je viendrai aussitôt que possible or aussitôt que je pourrai / *we'll do everything we can to help* nous ferons tout ce que nous pourrons or tout notre possible pour aider / *she has everything money can buy* elle a tout ce qu'elle veut / *she can no longer walk* elle ne peut plus marcher / *can you help me?* pouvez-vous m'aider ? / *can you tell me when the train leaves?* pouvez-vous me dire à quelle heure part le train ? **2.** [with verbs of perception or understanding] : *can you feel it?* tu le sens ? / *we can hear everything our neighbours say* nous entendons tout ce que disent nos voisins / *I can't understand you when you mumble* je ne te comprends pas or je ne comprends pas ce que tu dis quand tu marmonnes / *I can see his point of view* je comprends son point de vue / *there can be no doubt about his guilt* sa culpabilité ne fait aucun doute **3.** [indicating ability or skill] savoir / *can you drive / sew?* savez-vous conduire / coudre ? / *many people can't read or write* beaucoup de gens ne savent ni lire ni écrire / *she can speak three languages* elle parle trois langues **4.** [giving or asking for permission] pouvoir / *I've already said you can't go* je t'ai déjà dit que tu ne peux pas y aller / *can I borrow your sweater? — yes, you can* puis-je emprunter ton pull ? — (mais oui,) bien sûr / *can I sit with you?* puis-je m'asseoir avec vous ? **5.** [used to interrupt, intervene] : *can I just say something here?* est-ce que je peux dire quelque chose ? **6.** [in offers of help] pouvoir / *can I be of any assistance?* puis-je vous aider ? / *what can I do for you?* que puis-je (faire) pour vous ? **7.** [indicating reluctance] pouvoir / *we can't leave the children alone* nous ne pouvons pas laisser or il nous est impossible de laisser les enfants seuls ; [indicating refusal] pouvoir / *we cannot tolerate such behaviour* nous ne pouvons pas tolérer ce genre de comportement **8.** [expressing opinions] : *you can't let him speak to you like that!* tu ne peux pas or tu ne devrais pas lui permettre de te parler comme ça ! / *you can't blame her for leaving him!* tu ne peux pas lui reprocher de l'avoir quitté ! / *you'll have to leave, it can't be helped* il faudra que tu partes, il n'y a rien à faire **9.** [used to urge or insist] : *can't we at least talk about it?* est-ce que nous pouvons au moins en discuter ? **10.** [indicating possibility or likelihood] pouvoir / *they can back out of it at any time* ils peuvent se rétracter à n'importe quel moment / *the contract can still be cancelled* il est toujours possible d'annuler or on peut encore annuler le contrat / *the job can't be finished in one day* il est impossible de finir le travail or le travail ne peut pas se faire en un jour / *the cottage can sleep six people* on peut loger six personnes dans ce cottage / *you can always try again later* tu peux toujours réessayer plus tard / *he can be very stubborn* il lui arrive d'être or il peut être très têtu / *what can I have done with the keys?* qu'est-ce que j'ai bien pu faire des clés ? / *I'm as happy as can be* je suis on ne peut plus heureux / *she was as kind as can be* elle était on ne peut plus gentille **11.** [indicating disbelief or doubt] : *you can't be serious!* (ce n'est pas possible !) vous ne parlez pas sérieusement ! / *he can't possibly have finished already!* ce n'est pas possible qu'il ait déjà fini ! / *the house can't have been that expensive* la maison n'a pas dû coûter si cher que ça / *how can you say that?* comment pouvez-vous or osez-vous dire ça ? / *you can't mean it!* tu ne penses pas ce que tu dis ! / *what can they want now?*

CAN / COULD

Can et **could** expriment la possibilité au sens large, à savoir :

- la capacité (physique ou intellectuelle)
- la permission
- la suggestion
- la probabilité

CAN

❶ La capacité

Can indique la capacité du sujet à faire quelque chose :

We can hear everything our neighbours say. Nous entendons tout ce que disent nos voisins.
[ouïe = capacité physique]

I can't understand you when you mumble. Je ne comprends pas ce que tu dis quand tu marmonnes.
[incapacité physique]

She can speak three languages. Elle parle trois langues.
[capacité intellectuelle]

Notez que dans ce sens (surtout avec les verbes de perception : see, hear, smell, etc.), **can(not)** ne se traduit pas.

❷ La demande et la permission

Can indique également la permission et **cannot** l'interdiction :

Can I borrow your sweater? Yes you can. / No you can't. Puis-je t'emprunter ton pull ? (Mais) oui. / Non.

❸ La suggestion

Can est parfois employé pour faire une suggestion :

I know! We can go by bus. J'ai une idée ! On n'a qu'à y aller en bus.

❹ La probabilité

Can exprime une probabilité principalement lorsqu'il se combine à la négation et au **present perfect** ou à **be** + V-ing :

The house can't have been that expensive. La maison n'a pas dû coûter si cher que ça.
They can't be eating now, it's 3 p.m.! Ils ne peuvent pas être à table [ce n'est pas logique], il est 15 heures !

À la forme affirmative, on préférera **may** à **can** pour l'expression d'une probabilité :

He may be in bed now. Il se peut qu'il soit couché à l'heure qu'il est.

COULD

Outre l'expression de la capacité au passé, ce modal a de très nombreux emplois : la capacité au présent, la demande et la permission, la suggestion et la possibilité ou probabilité.

❶ La capacité

Could indique la capacité du sujet

- dans le passé :

She could read and write. Elle savait lire et écrire.
L'accent est mis sur la compétence. Avec **was able to** et **managed to**, on insiste non plus sur le fait d'être capable de faire quelque chose mais sur la réalisation de l'action :
She was able to / managed to read and write. Elle a pu lire et écrire.

- dans le présent :

I could call him. Je pourrais l'appeler.
[je le peux maintenant, mais je ne passe pas à l'acte]

❷ La demande et la permission

Could s'emploie pour formuler une demande poliment (plus encore qu'avec **can**).
Could I borrow your sweater? Pourrais-je emprunter ton pull ?
La réponse ne sera vraisemblablement pas yes, you could, car généralement on donne une réponse franche : yes, you can.

Be allowed to s'emploie davantage que **could** pour indiquer la permission dans le passé :
I was allowed to go out. J'avais / J'ai eu la permission de sortir.
Au style indirect, cependant, la concordance des temps rend **could** possible :
Jenny's father said she could go out. Le père de Jenny a dit qu'elle pouvait sortir.
[au style direct, il a dit : you can go out]

❸ La suggestion

Ici encore, **could** est moins insistant ou moins décisif que **can** :
You could use my car. [À la limite] tu pourrais utiliser ma voiture.

❹ La probabilité

Avec **could**, on évalue les chances de réalisation de l'événement (« ce n'est pas impossible »). Le modal exprime alors une possibilité atténuée par un léger doute :
Don't touch it, it could be dangerous. Ne le touche pas, cela pourrait être dangereux.
On voit que le sens de **could** est ici très proche de celui de **may**.

qu'est-ce qu'ils peuvent bien vouloir maintenant? / *who on earth can that be?* qui diable cela peut-il bien être? **12.** PHR **cannot but** *fml* : *his resignation cannot but confirm such suspicions* sa démission ne fait que confirmer de tels soupçons.

can² [kæn] ◆ n **1.** [container -for liquid] bidon *m* ; [-for tinned food] boîte *f* (de conserve) ; [-for soft drink] canette *f* ; US [for rubbish] poubelle *f*, boîte *f* à ordures / *a can of tuna* une boîte de thon (en conserve) ▸ **a (real) can of worms** un vrai casse-tête ▸ **the film is in the can** CIN le film est dans la boîte ▸ **the deal's in the can** *inf* l'affaire est conclue **2.** US *inf* [prison] taule *f* **3.** US *inf* [toilet] W-C *mpl*, waters *mpl* ; [buttocks] fesses *fpl* **4.** PHR **to carry the can** UK payer les pots cassés. ◆ vt (*pt & pp* **canned**, *cont* **canning**) **1.** [food] mettre en boîte or en conserve, conserver (en boîte) **2.** US *inf* [dismiss from job] virer, renvoyer **3.** PHR **can it!** US *v inf* ferme-la !, la ferme !

Can. written abbr of **Canada**.

Cana ['keɪnə] pr n ▸ **Cana (of Galilee)** Cana (de Galilée).

Canada ['kænədə] pr n Canada *m* / *in Canada* au Canada.

Canada Day n *anniversaire de l'indépendance canadienne (le 1er juillet).*

Canada goose n bernache *f* du Canada.

Canadian [kə'neɪdjən] ◆ n Canadien *m*, -enne *f*. ◆ adj [gen] canadien ; [embassy, prime minister] canadien, du Canada ▸ **Canadian English** anglais *m* du Canada.

Canadianism [kə'neɪdjənɪzm] n [expression] canadianisme *m*.

canal [kə'næl] n **1.** [waterway] canal *m* ▸ **canal barge** or **boat** péniche *f*, chaland *m* ▸ **canal holiday** croisière *f* fluviale or en péniche ▸ **canal path** chemin *m* de halage **2.** ANAT canal *m*, conduit *m*.

canalization [,kænəlaɪ'zeɪʃn] n TECH & *fig* canalisation *f*.

canalize, canalise ['kænəlaɪz] vt TECH & *fig* canaliser.

Canal Zone pr n ▸ **the Canal Zone a)** [of Panama] la zone du canal de Panama **b)** [of Suez] la zone du canal de Suez.

canapé ['kænəpeɪ] n canapé *m* *(petit-four)*.

canard [kæ'nɑːd] n [false report] fausse nouvelle *f*, canard *m*.

Canaries [kə'neərɪz] pl pr n ▸ **the Canaries** les Canaries *fpl*.

canary [kə'neərɪ] (*pl* **canaries**) n **1.** [bird] canari *m*, serin *m* **2.** [colour] ▸ **canary (yellow)** jaune serin *m inv*, jaune canari *m inv* / *a canary (yellow) car* une voiture jaune serin or jaune canari.

canary grass n alpiste *m*.

Canary Islands pl pr n ▸ **the Canary Islands** les (îles *fpl*) Canaries *fpl* / *in the Canary Islands* aux Canaries.

canary seed n millet *m*.

Canary Wharf pr n *quartier d'affaires dans l'est de Londres, dominé par la Canary Wharf Tower, le plus grand immeuble de Grande-Bretagne.*

canasta [kə'næstə] n canasta *f*.

Canaveral [kə'nævərəl] pr n ▸ **Cape Canaveral** cap Canaveral.

Canberra ['kænbərə] pr n Canberra.

cancan ['kænkæn] n cancan *m*, french cancan *m*.

cancel ['kænsl] (UK *pt & pp* **cancelled**, *cont* **cancelling** ; US *pt & pp* **canceled**, *cont* **canceling**) vt **1.** [call off -event, order, reservation, flight] annuler ; [-appointment] annuler, décommander / *the flight has been cancelled* le vol a été annulé / *they cancelled the order for three warships* ils ont annulé leur commande de trois navires de guerre **2.** [revoke -agreement, contract] résilier, annuler ; [-cheque] faire opposition à **3.** [mark as no longer valid -by stamping] oblitérer ; [-by punching] poinçonner **4.** [cross out] barrer, rayer, biffer **5.** MATH éliminer.

❖ **cancel out** vt sep **1.** [counterbalance] neutraliser, compenser / *the factors cancel each other out* les facteurs se neutralisent or se compensent **2.** MATH éliminer, annuler.

cancellation [,kænsə'leɪʃn] n **1.** [calling off - of event, reservation] annulation *f* ; [annulment -of agreement, contract] résiliation *f*, annulation *f* ; [-of cheque] opposition *f* / *we only got a table because there had been a cancellation* nous n'avons eu une table que parce que quelqu'un avait annulé sa réservation **2.** [act of invalidating -by punching] poinçonnage *m* ; [-by stamping] oblitération *f* **3.** [crossing out] biffage *m* **4.** MATH élimination *f*.

cancer ['kænsəʳ] ◆ n MED & *fig* cancer *m* / *to die of cancer* mourir (à la suite) d'un cancer / *cigarettes cause cancer* les cigarettes sont cancérigènes or carcinogènes. ◆ comp ▸ **cancer patient** cancéreux *m*, -euse *f* ▸ **cancer research** oncologie *f*, cancérologie *f* / *we're collecting money for cancer research* nous recueillons des fonds pour la recherche contre le cancer ▸ **cancer ward a)** [wing] service *m* oncologique **b)** [building] pavillon *m* oncologique / **'Cancer Ward'** *Solzhenitsyn* 'le Pavillon des cancéreux'.

Cancer ['kænsəʳ] pr n ASTROL & ASTRON Cancer *m* / *he's a Cancer* il est (du signe du) Cancer.

cancer-causing adj cancérigène, carcinogène.

cancerologist [,kænsə'rɒlədʒɪst] n MED cancérologue *mf*.

cancerous ['kænsərəs] adj cancéreux.

cancer stick n *inf & hum* cigarette *f*.

cancroid ['kæŋkrɔɪd] adj MED cancroïde.

candela [kæn'diːlə] n PHYS candela *f*.

candelabra [,kændɪ'lɑːbrə] (*pl* **candelabra** *or* **candelabras**), **candelabrum** [,kændɪ'lɑːbrəm] (*pl* **candelabra** *or* **candelabrums**) n candélabre *m*.

candid ['kændɪd] adj [person] franc (franche), sincère ; [smile] franc (franche) ; [account, report] qui ne cache rien / *I'd like your candid opinion* j'aimerais que vous me disiez franchement ce que vous en pensez / *to be quite candid, I don't like it* pour parler franchement or pour être franc, je ne l'aime pas.

> ⚠ **Candide** means innocent or naïve, not candid.

candida ['kændɪdə] n candidose *f*.

candidacy ['kændɪdəsɪ] n candidature *f*.

candidate ['kændɪdət] n candidat *m*, -e *f* / *to be a* or *to stand as candidate for mayor* être candidat à la mairie.

candidate country n [EU] pays *m* candidat *(à l'adhésion)*.

candidature ['kændɪdətʃəʳ] n candidature *f*.

candid camera n appareil *m* photo à instantanés ▸ **Candid Camera** TV la Caméra cachée.

❖ **candid-camera** adj : *a candid-camera shot* un instantané.

candidiasis [,kandɪ'daɪəsɪs] n = **candida**.

candidly ['kændɪdlɪ] adv [speak] franchement ; [smile] candidement, avec candeur.

candidness ['kændɪdnɪs] n franchise *f*.

candied ['kændɪd] adj [piece of fruit, peel] confit ; [whole fruit] confit, glacé.

candle ['kændl] n **1.** [of wax -gen] bougie *f*, chandelle *f* ; [-in church] cierge *m*, chandelle *f* ▸ **no one can hold a candle to her when it comes to dancing** pour ce qui est de la danse, personne ne lui arrive à la cheville ▸ **to burn the candle at both ends** brûler la chandelle par les deux bouts **2.** PHYS [former unit] bougie *f* ; [candela] candela *f*.

candleholder ['kændl,həʊldəʳ] n [single] bougeoir *m* ; [branched] chandelier *m*.

candlelight ['kændllaɪt] ◆ n lueur *f* d'une bougie or d'une chandelle / *they had dinner by candlelight* ils ont dîné aux chandelles / *she read by candlelight* elle lisait à la lueur d'une bougie. ◆ comp [dinner, supper] aux chandelles.

candlelit ['kændllɪt] adj éclairé aux bougies or aux chandelles.

Candlemas ['kændlməs] n la Chandeleur.

candlepower ['kændl,paʊəʳ] n PHYS intensité *f* lumineuse.

candlestick ['kændlstɪk] n [single] bougeoir *m* ; [branched] chandelier *m*.

candlewick ['kændlwɪk] ◆ n [yarn] chenille *f* (de coton). ◆ comp [bedspread] en chenille (de coton).

can-do ['kænduː] adj ▸ **can-do spirit** esprit *m* de battant or de gagneur.

candour UK, **candor** US ['kændəʳ] n candeur *f*, franchise *f*.

candy ['kændɪ] (*pl* **candies**, *pt & pp* **candied**) ◆ n **1.** US [piece] bonbon *m* ; *(U)* [sweets in general] bonbons *mpl*, confiserie *f* ▸ **candy wrapper** papier *m* de bonbon **2.** CULIN [sugar] sucre *m* candi **3.** *drugs sl* came *f*. ◆ vt [ginger, pieces of fruit, orange peel] confire ; [whole fruit] glacer, confire ; [sugar] faire candir. ◆ vi se candir, se cristalliser.

candy apple n US pomme *f* candi.

candy bar n US [chocolate] barre *f* de chocolat ; [muesli] barre *f* de céréales.

candybar phone ['kændɪbɑː-] n téléphone *m* monobloc.

candy corn n *(U)* US *bonbons que l'on mange à Halloween.*

candyfloss ['kændɪflɒs] n UK barbe *f* à papa.

candy-striped adj à rayures multicolores.

candy striper [-,straɪpəʳ] n US *bénévole qui travaille aux œuvres de bienfaisance dans un hôpital.*

candytuft ['kændɪtʌft] n BOT corbeille-d'argent *f*, ibéris *f*.

cane [keɪn] ◆ n **1.** [stem of plant] canne *f* ; [in making baskets, furniture] rotin *m*, jonc *m* **2.** [rod -for walking] canne *f* ; [-for punishment] verge *f*, baguette *f* ▸ **to give sb the cane** fouetter qqn ▸ **to get the cane** être fouetté, recevoir le fouet **3.** [for supporting plant] tuteur *m*. ◆ comp [furniture] en rotin ; [chair -entirely in cane] en rotin ; [-with cane back, seat] canné. ◆ vt **1.** [beat with rod] donner des coups de bâton à, fouetter **2.** *inf* [defeat] battre à plate couture.

cane sugar n sucre *m* de canne.

canework ['keɪnwɜːk] n cannage *m*.

canine ['keɪnaɪn] ◆ adj **1.** [gen] canin ; ZOOL de la famille des canidés **2.** ANAT ▸ **canine tooth** canine *f*. ◆ n **1.** [animal] canidé *m* **2.** [tooth] canine *f*.

caning ['keɪnɪŋ] n **1.** [beating] ▸ **to give sb a caning a)** [gen] donner des coups de bâton or de trique à qqn **b)** SCH fouetter qqn **2.** *inf* [defeat] ▸ **to get a caning** être battu à plate couture.

canister ['kænɪstəʳ] n **1.** [for flour, sugar] boîte *f* ▸ **flour / sugar canister** boîte à farine / sucre **2.** [for gas, shaving cream] bombe *f* ▸ **tear gas canister** bombe lacrymogène.

canister vacuum cleaner n aspirateur-traîneau *m*.

canker ['kæŋkəʳ] n **1.** *(U)* MED ulcère *m*, chancre *m* **2.** BOT & *fig* chancre *m* **3.** VET gale *f* de l'oreille.

cankerous ['kæŋkərəs] adj [tissue] chancreux ; [sore] rongeur ; *fig* rongeur.

canna ['kænə] n BOT balisier *m*, canna *m*.

cannabis ['kænəbɪs] n [plant] chanvre *m* indien ; [drug] cannabis *m* ▸ **cannabis resin** résine *f* de cannabis.

canned [kænd] adj **1.** [food] en boîte, en conserve ▸ **canned goods** conserves *fpl* **2.** *pej* [pre-prepared, prerecorded] ▸ **canned laughter** rires *mpl* préenregistrés ▸ **canned music** musique *f* en conserve *hum pej* or enregistrée **3.** *inf* [drunk] paf *(inv)*, rond ▸ **to get canned** se soûler.

cannelloni [,kænɪ'ləʊnɪ] n (U) cannelloni *mpl*.

canner ['kænəʳ] n conserveur *m*.

cannery ['kænərɪ] (*pl* **canneries**) n conserverie *f*, fabrique *f* de conserves / **'Cannery Row'** *Steinbeck* 'Rue de la Sardine'.

cannibal ['kænɪbl] ◆ adj cannibale, anthropophage. ◆ n cannibale *mf*, anthropophage *mf*.

cannibalism ['kænɪbəlɪzm] n cannibalisme *m*, anthropophagie *f*.

cannibalistic [,kænɪbə'lɪstɪk] adj cannibale, anthropophage.

cannibalization, **cannibalisation** n cannibalisation *f*.

cannibalize, **cannibalise** ['kænɪbəlaɪz] vt [car] cannibaliser, récupérer des pièces détachées de ; [text] récupérer des parties de.

cannily ['kænɪlɪ] adv [assess] avec perspicacité ; [reason] habilement, astucieusement.

canning ['kænɪŋ] ◆ n mise *f* en boîte or en conserve. ◆ comp [process] de mise en boîte or en conserve ▸ **canning factory** conserverie *f*, fabrique *f* de conserves ▸ **canning industry** conserverie *f*, industrie *f* de la conserve.

cannon ['kænən] (*pl* **cannon** *or* **cannons**) ◆ n **1.** [weapon] canon *m* **2.** TECH [barrel of gun, syringe] canon *m* **3.** UK [in billiards] carambolage *m*. ◆ vi **1.** [bump] ▸ **to cannon into sthg / sb** se heurter contre qqch / qqn **2.** UK [in billiards] caramboler.

cannonade [,kænə'neɪd] ◆ n canonnade *f*. ◆ vt canonner.

cannonball ['kænənbɔ:l] n **1.** [ammunition] boulet *m* de canon **2.** SPORT ▸ **a cannonball (service)** un service en boulet de canon.

cannon fodder n chair *f* à canon.

cannonshot ['kænənʃɒt] n [firing] coup *m* de canon ; [range] ▸ **within cannonshot** à portée de canon.

cannot ['kænɒt] vb ⟶ **can**.

cannula ['kænjʊlə] (*pl* **cannulas** *or* **cannulae** [-li:]) n [for giving medication] canule *f*, cathéter *m* ; [for draining] sonde *f*.

canny ['kænɪ] (*compar* **cannier**, *superl* **canniest**) adj **1.** [astute] astucieux, habile ; [shrewd] malin (maligne), rusé **2.** [wary] prudent, circonspect **3.** UK *regional* [person -thrifty] économe ; [-nice] sympathique ; [bargain, deal] avantageux.

canoe [kə'nu:] (*cont* **canoeing**) ◆ n canoë *m* ; [dugout] pirogue *f* ; SPORT canoë *m*, canoë-kayak *m*. ◆ vi [gen] faire du canoë ; SPORT faire du canoë or du canoë-kayak / *we canoed down the river* nous avons descendu le fleuve en canoë.

canoeing [kə'nu:ɪŋ] n SPORT canoë-kayak *m* ▸ **to go canoeing** faire du canoë-kayak / *canoeing holiday* raid *m* or randonnée *f* en canoë-kayak.

canoeist [kə'nu:ɪst] n canoéiste *mf*.

canola [kə'nəʊlə] n US colza *m*.

canon ['kænən] n **1.** RELIG [decree, prayer] canon *m* ; [clergyman] chanoine *m* **2.** LITER œuvre *f* **3.** MUS canon *m* **4.** *fig* [rule] canon *m*, règle *f*, règles *fpl*.

canonical [kə'nɒnɪkl] adj **1.** RELIG [text] canonique ; [practice] conforme aux canons (de l'église) ; [dress, robe] sacerdotal ▸ **canonical hours a)** [catholic] heures *fpl* canoniales **b)** [C of E] *heures pendant lesquelles la célébration des mariages est autorisée (entre 8 h et 18 h)* **2.** MUS en canon **3.** *fig* [accepted] canonique, autorisé.

canonization [,kænənaɪ'zeɪʃn] n RELIG & *fig* canonisation *f*.

canonize, **canonise** ['kænənaɪz] vt RELIG & *fig* canoniser.

canon law n droit *m* canon.

canoodle [kə'nu:dl] vi UK *inf* se faire des mamours.

can opener n ouvre-boîtes *m inv*.

canopied ['kænəpɪd] adj [bed] à baldaquin or ciel de lit ; [balcony, passageway] à auvent or marquise ; [throne] avec dais.

canopy ['kænəpɪ] (*pl* **canopies**) n **1.** [over bed] baldaquin *m*, ciel *m* de lit ; [over balcony, passageway] auvent *m*, marquise *f* ; [over throne] dais *m* ; ARCHIT [with columns] baldaquin *m* **2.** [of parachute] voilure *f* **3.** AERON [of cockpit] verrière *f* **4.** *fig* [branches, sky] voûte *f*.

cant [kænt] ◆ n **1.** (U) [insincere talk] paroles *fpl* hypocrites ; [clichés] clichés *mpl*, phrases *fpl* toutes faites **2.** [jargon] argot *m* de métier, jargon *m* **3.** [slope] pente *f*, inclinaison *f* ; [oblique surface] surface *f* oblique, plan *m* incliné **4.** [movement] secousse *f*, cahot *m*. ◆ vi **1.** [talk -insincerely] parler avec hypocrisie ; [-in clichés] débiter des clichés **2.** [use jargon] parler en argot de métier, jargonner **3.** [tip slightly] se pencher, s'incliner ; [overturn] se renverser or se retourner (d'un seul coup) **4.** [slope] être incliné or en pente. ◆ vt [tip slightly] pencher, incliner ; [overturn] renverser or retourner (d'un seul coup).

can't [kɑ:nt] abbr of **cannot**.

Cantab. (written abbr of **Cantabrigiensis**) *de l'université de Cambridge*.

Cantabrian Mountains [kæn'teɪbrɪən-] pl pr n ▸ **the Cantabrian Mountains** les monts *mpl* Cantabriques.

cantaloup UK, **cantaloupe** US ['kæntəlu:p] n cantaloup *m*.

cantankerous [kæn'tæŋkərəs] adj **1.** [bad-tempered -habitually] acariâtre, qui a mauvais caractère, grincheux ; [-temporarily] de mauvaise humeur **2.** [quarrelsome] querelleur.

cantata [kæn'tɑ:tə] n cantate *f*.

canteen [kæn'ti:n] n **1.** [restaurant] cantine *f* **2.** US [flask] flasque *f*, gourde *f* **3.** [box for cutlery] coffret *m* ▸ **canteen of cutlery** ménagère *f* **4.** MIL [mess tin] gamelle *f*.

canter ['kæntəʳ] ◆ n petit galop *m* / *the horse set off at a canter* le cheval est parti au petit galop. ◆ vi aller au petit galop. ◆ vt faire aller au petit galop.

Canterbury ['kæntəbrɪ] pr n Cantorbéry / **'The Canterbury Tales'** *Chaucer* 'Contes de Cantorbéry'.

Canterbury bell n campanule *f*.

cantharides [kæn'θærɪdi:z] pl n cantharides *fpl*.

canticle ['kæntɪkl] n cantique *m* ▸ **the Canticle of Canticles** le Cantique des cantiques.

cantilena [,kæntɪ'leɪnə] n cantilène *f*.

cantilever ['kæntɪli:vəʳ] ◆ n **1.** [beam, girder] cantilever *m* ; [projecting beam] corbeau *m*, console *f* **2.** AERON cantilever *m*. ◆ comp [beam, girder] en cantilever, cantilever *(inv)*. ◆ vt mettre en cantilever.

cantilever bridge n pont *m* cantilever.

canting ['kæntɪŋ] adj **1.** [hypocritical] hypocrite **2.** [whining] pleurnichard, pleurnicheur.

canto ['kæntəʊ] (*pl* **cantos**) n chant *m (d'un poème)*.

canton ◆ n **1.** ['kæntɒn] ADMIN canton *m* **2.** ['kæntən] HERALD canton *m*. ◆ vt **1.** [kæn'tɒn] ADMIN [land] diviser en cantons **2.** [kæn'tu:n] MIL [soldiers] cantonner.

Canton [kæn'tɒn] pr n Canton.

cantonal ['kæntənl] adj cantonal.

Cantonese [,kæntə'ni:z] (*pl* **Cantonese**) ◆ n **1.** [person] Cantonais *m*, -e *f* **2.** LING cantonais *m*. ◆ adj cantonais.

cantonment [kæn'tu:nmənt] n cantonnement *m*.

cantor ['kæntɔ:ʳ] n chantre *m*.

Canuck [kə'nʌk] n US *inf* [Canadian] Canadien *m*, -enne *f* ; [French Canadian] Canadien français *m*, Canadienne française *f*.

Canute [kə'nju:t] pr n Knud.

canvas ['kænvəs] (*pl* **canvas** *or* **canvasses**) ◆ n **1.** [cloth] toile *f* ; [for tapestry] canevas *m* ▸ **under canvas a)** [in tent] sous une tente **b)** NAUT sous voiles **2.** [painting] toile *f*, tableau *m*. ◆ comp [bag, cloth] de or en toile.

canvasback ['kænvəsbæk] n ORNITH fuligule *f* aux yeux rouges.

canvass ['kænvəs] ◆ vi **1.** [seek opinions] faire un sondage **2.** COMM [seek orders] visiter la clientèle, faire la place ; [door to door] faire du démarchage or du porte-à-porte **3.** POL [candidate, campaign worker] solliciter des voix / *we're canvassing for the Greens* nous sollicitons des voix pour les Verts. ◆ vt **1.** [seek opinion of] sonder **2.** COMM [person] démarcher, solliciter des commandes de ; [area] prospecter **3.** POL [person] solliciter la voix de ; [area] faire du démarchage électoral dans **4.** US POL [ballots] pointer. ◆ n **1.** [gen & COMM] démarchage *m* ; POL démarchage *m* électoral **2.** US POL [of ballots] pointage *m*.

canvasser ['kænvəsəʳ] n **1.** [pollster] sondeur *m*, enquêteur *m*, -euse *f* **2.** COMM [salesman] placier *m* ; [door to door] démarcheur *m* **3.** POL agent *m* électoral *(qui sollicite des voix)* **4.** US [of ballots] scrutateur *m*, -trice *f*.

canvassing ['kænvəsɪŋ] n **1.** [gen & COMM] démarchage *m* **2.** POL démarchage *m* électoral.

canyon ['kænjən] n canyon *m*, cañon *m*.

canyoning ['kænjənɪŋ] n SPORT canyoning *m*.

cap [kæp] (*pt & pp* **capped**, *cont* **capping**) ◆ n **1.** [hat -with peak] casquette *f* ; [-without peak] bonnet *m* ; [-of jockey, judge] toque *f* ; [-of nurse, traditional costume] coiffe *f* ; [-of soldier] calot *m* ; [-of officer] képi *m* ▸ **cap and bells** marotte *f* (de bouffon) ▸ **cap and gown** *expression britannique évoquant le milieu universitaire* ▸ **if the cap fits, wear it** qui se sent morveux (qu'il) se mouche ▸ **to go to sb cap in hand** aller vers qqn chapeau bas ▸ **to set one's cap at sb** jeter son dévolu sur qqn **2.** UK SPORT : *he has three England caps* il a été sélectionné trois fois dans l'équipe d'Angleterre **3.** [cover, lid -of bottle, container] capsule *f* ; [-of lens] cache *m* ; [-of tyre valve] bouchon *m* ; [-of pen] capuchon *m* ; [-of mushroom] chapeau *m* ; [-of tooth] couronne *f* ; [-of column, pedestal] chapiteau *m* **4.** [for toy gun] amorce *f* **5.** [contraceptive device] diaphragme *m* **6.** [limit] plafond *m*. ◆ vt **1.** [cover] couvrir, recouvrir **2.** [tooth] couronner, mettre une couronne à **3.** [outdo] surpasser / *he capped that story with an even funnier one* il a raconté une histoire encore plus drôle que celle-là / *to cap it all* pour couronner le tout, pour comble **4.** [spending] limiter, restreindre / *to cap greenhouse emissions* plafonner les émissions de gaz à effet de serre **5.** UK SPORT sélectionner (dans l'équipe nationale) / *she was capped five times* elle a joué or elle a été sélectionnée cinq fois.

CAP [kæp or si:eɪ'pi:] (abbr of **Common Agricultural Policy**) n PAC *f*.

capability [,keɪpə'bɪlətɪ] (*pl* **capabilities**) n **1.** [gen] aptitude *f*, capacité *f* / *the work is beyond his capabilities* ce travail est au-dessus de ses capacités **2.** MIL capacité *f*, potentiel *m* ▸ **nuclear capability** puissance *f* or potentiel *m* nucléaire.

capable ['keɪpəbl] adj **1.** [able] capable / *they are quite capable of looking after themselves* ils sont parfaitement capables de or ils peuvent très bien se débrouiller tout seuls / *he's capable of intense concentration* il a une grande capacité de concentration **2.** [competent] capable, compétent.

capably ['keɪpəblɪ] adv avec compétence, de façon compétente.

capacious [kə'peɪʃəs] adj *fml* [container] de grande capacité or contenance.

capacitance [kə'pæsɪtəns] n ELEC capacité *f*.

capacitor [kə'pæsɪtəʳ] n ELEC condensateur *m*.

capacity [kə'pæsɪtɪ] (*pl* **capacities**) ◆ n **1.** [size -of container] contenance *f*, capacité *f* ; [-of room] capacité *f* / *he has an amazing capacity for beer* il peut boire une quantité étonnante de bière / *filled to capacity* **a)** [bottle, tank] plein **b)** [ship, theatre] plein, comble **2.** [aptitude] aptitude *f*, capacité *f* / *capacity to learn* aptitude à apprendre, capacité d'apprendre / *she has a great capacity for languages* elle a une grande aptitude or capacité pour les langues, elle est douée pour les langues / *the work is well within our capacity* nous sommes tout à fait en mesure or capables de faire ce travail **3.** [position] qualité *f*, titre *m* ; LAW [legal competence] pouvoir *m* légal / *she spoke in her capacity as government representative* elle s'est exprimée en sa qualité de or en tant que représentante du gouvernement / *he's acting in an advisory capacity* il a un rôle consultatif / *they are here in an official capacity* ils sont ici à titre officiel **4.** [of factory, industry] moyens *mpl* de production ; [output] rendement *m* / *the factory is (working) at full capacity* l'usine produit à plein rendement / *the factory has not yet reached capacity* l'usine n'a pas encore atteint son rendement maximum **5.** [of engine] capacité *f* **6.** ELEC capacité *f*. ◆ comp ▸ **a capacity audience** une salle comble ▸ **a capacity crowd** : *they played to a capacity crowd* ils ont joué à guichets fermés.

caparison [kə'pærɪsn] *arch & liter* ◆ n caparaçon *m*. ◆ vt caparaçonner.

cape [keɪp] n **1.** [cloak] cape *f*, pèlerine *f* **2.** GEOG [headland] cap *m* ; [promontory] promontoire *m*.

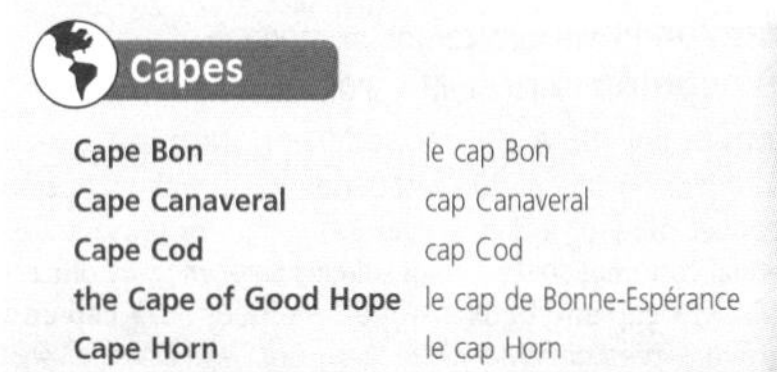

Capes

Cape Bon	le cap Bon
Cape Canaveral	cap Canaveral
Cape Cod	cap Cod
the Cape of Good Hope	le cap de Bonne-Espérance
Cape Horn	le cap Horn

Cape Coloured n SAfr métis sud-africain *m*, métisse sud-africaine *f*.

capeesh [kə'pi:ʃ] vi US *inf* [understand] comprendre / *I'm not going, capeesh?* j'y vais pas, compris ?

cape gooseberry n alkékenge *m*.

Cape Peninsula pr n ▸ **the Cape Peninsula** la péninsule du Cap, Le Cap.

Cape Province pr n province *f* du Cap.

caper ['keɪpəʳ] ◆ vi **1.** [jump, skip] cabrioler, gambader, faire des cabrioles or des gambades / *to caper down / up the road* descendre / monter la rue en gambadant **2.** [frolic] faire le fou. ◆ n **1.** [jump, skip] cabriole *f*, gambade *f* **2.** [practical joke] farce *f* **3.** *inf* [nonsense] : *I haven't time for all that caper* je n'ai pas de temps à perdre avec des âneries pareilles **4.** *inf* [illegal activity] coup *m* **5.** CULIN câpre *f* ; [shrub] câprier *m*. ◆ comp ▸ **caper sauce** sauce *f* aux câpres.

capercaillie, capercailzie [ˌkæpə'keɪlɪ] n grand tétras *m*, coq *m* de bruyère.

Capernaum [kə'pɜ:njəm] pr n Capharnaüm.

capeskin ['keɪpskɪn] n peau *f* souple.

Capetian [kə'pi:ʃn] ◆ adj capétien. ◆ n Capétien *m*, -enne *f*.

Cape Town pr n Le Cap.

Cape Verde [-vɜ:d] pr n ▸ **the Cape Verde Islands** les îles *fpl* du Cap-Vert / *in Cape Verde* au Cap-Vert.

Cape Verdean [-'vɜ:dɪən] ◆ n Capverdien *m*, -enne *f*. ◆ adj capverdien.

capful ['kæpfʊl] n [of liquid] capsule *f* (pleine).

capillarity [ˌkæpɪ'lærətɪ] n capillarité *f*.

capillary ['kæpəlerɪ] (*pl* **capillaries**) ◆ adj capillaire ▸ **capillary tube** capillaire *m*. ◆ n capillaire *m*.

capital ['kæpɪtl] ◆ adj **1.** [chief, primary] capital, principal / *it's of capital importance* c'est d'une importance capitale, c'est de la plus haute importance ▸ **capital city** capitale *f* **2.** LAW capital ▸ **capital offence** crime *m* passible de la peine de mort **3.** [upper case] majuscule / *capital D* D majuscule / *in capital letters* en majuscules, en capitales / *he's an idiot with a capital "I"* c'est un imbécile avec un grand « I » **4.** UK *inf & dated* [wonderful] chouette, fameux. ◆ n **1.** [city] capitale *f* / *the financial capital of the world* la capitale financière du monde **2.** [letter] majuscule *f*, capitale *f* / *write in capitals* écrivez en (lettres) majuscules or en capitales **3.** *(U)* [funds] capital *m*, capitaux *mpl*, fonds *mpl* ; ECON & FIN [funds and assets] capital *m* (en espèces et en nature) / *to raise capital* réunir des capitaux / *capital invested* or *outlay of capital* mise *f* de fonds / *capital and labour* capital et main-d'œuvre ▸ **to try and make capital (out) of a situation** essayer de tirer profit or parti d'une situation **4.** FIN [principal] capital *m*, principal *m* **5.** ARCHIT [of column] chapiteau *m*. ◆ comp de capital ▸ **capital allowances** amortissements *mpl* admis par le fisc ▸ **capital income** revenu *m* du capital ▸ **capital investment** mise *f* de fonds ▸ **capital profit** plus-value *f* sur la réalisation de biens capitaux ▸ **capital reserves** réserves *fpl* et provisions *fpl* ▸ **capital sum** capital *m*.

capital account n compte *m* de capitaux.

capital assets pl n actif *m* immobilisé, immobilisations *fpl*.

capital expenditure n *(U)* dépenses *fpl* d'investissement.

capital gains pl n gains *mpl* en capital, plus-values *fpl* (en capital).

capital gains tax n *impôt sur les plus-values*.

capital goods pl n biens *mpl* d'équipement or d'investissement.

capital-intensive adj à forte intensité de capital.

capitalism ['kæpɪtəlɪzm] n capitalisme *m*.

capitalist ['kæpɪtəlɪst] ◆ adj capitaliste. ◆ n capitaliste *mf*.

capitalistic [ˌkæpɪtə'lɪstɪk] adj capitaliste.

capitalization [ˌkæpɪtəlaɪ'zeɪʃn] n capitalisation *f*.

capitalize, capitalise ['kæpɪtəlaɪz] ◆ vt **1.** [write in upper case] mettre en majuscules **2.** ECON [convert into capital] capitaliser ; [raise capital through issue of stock] constituer le capital social de (par émission d'actions) ; [provide with capital] pourvoir de fonds or de capital ▸ **over-capitalized** surcapitalisé ▸ **under-capitalized** souscapitalisé **3.** FIN [estimate value of] capitaliser / *they capitalized her investments at £5,000* ils ont capitalisé ses investissements à 5 000 livres. ◆ vi ▸ **to capitalize on sthg a)** [take advantage of] tirer profit or parti de qqch **b)** [make money on] monnayer qqch / *to capitalize on a situation* tirer profit or parti d'une situation, exploiter une situation / *he capitalized on his opponent's mistakes* il a tiré profit des erreurs de son adversaire, il a tourné les erreurs de son adversaire à son avantage.

capital levy n impôt *m* or prélèvement *m* sur le capital.

capitally ['kæpɪtəlɪ] adv UK *inf & dated* fameusement *dated*, admirablement.

capital market n marché *m* des capitaux.

capital punishment n peine *f* capitale, peine *f* de mort.

Capital Radio pr n *station de radio indépendante de Londres spécialisée dans les variétés*.

capital stock n capital *m* social, fonds *mpl* propres.

capital transfer tax n impôt *m* sur le transfert de capitaux.

capitation [ˌkæpɪ'teɪʃn] n **1.** FIN capitation *f* ▸ **capitation (tax)** capitation **2.** UK SCH ▸ **capitation (allowance** or **expenditure)** dotation *f* forfaitaire par élève *(accordée à un établissement scolaire)*.

Capitol ['kæpɪtl] pr n **1.** [in Rome] ▸ **the Capitol** le Capitole **2.** [in US] ▸ **the Capitol a)** [national] le Capitole *(siège du Congrès américain)* **b)** [state] le Capitole *(siège du Congrès de l'État)*.

Capitol Hill pr n *la colline du Capitole, à Washington, où siège le Congrès américain*.

Capitol Hill

Ce nom désigne, par extension, le Congrès américain : **The proposal will not be welcomed on Capitol Hill.** *Le Congrès n'accueillera pas favorablement cette proposition*.

Capitoline Hill [kæ'pɪtəlaɪn-] pr n ▸ **the Capitoline Hill** le mont Capitolin.

capitulate [kə'pɪtjʊleɪt] vi MIL & *fig* capituler.

capitulation [kəˌpɪtjʊ'leɪʃn] n MIL & *fig* capitulation *f*.

capo ['keɪpəʊ] (*pl* **capos**) n [on guitar] capo *m* (tasto).

capoeira [kæpəʊ'eɪrə] n capoeira *f*.

capon ['keɪpɒn] n chapon *m*.

Cappadocia [ˌkæpə'dəʊsjə] pr n Cappadoce *f* / *in Cappadocia* en Cappadoce.

-capped [kæpt] in comp couvert or couronné de / *snow-capped mountains* montagnes *fpl* couronnées de neige.

cappuccino [ˌkæpʊ'tʃi:nəʊ] (*pl* **cappuccinos**) n cappuccino *m*.

caprice [kə'pri:s] n [whim] caprice *m* ; [change of mood] saute *f* d'humeur.

capricious [kə'prɪʃəs] adj [person] capricieux, fantasque ; [weather] capricieux, changeant.

capriciously [kə'prɪʃəslɪ] adv capricieusement.

Capricorn ['kæprɪkɔ:n] pr n ASTROL & ASTRON Capricorne *m* / *he's a Capricorn* il est (du signe du) Capricorne.

capri pants [kə'pri:] n US pantacourt *m*.

capris [kə'pri:z] pl n US pantacourt *m*.

caps [kæps] (**abbr of capital letters**) pl n caps ▸ **caps lock** verrouillage *m* des majuscules.

cap screw n vis *f* à six pans creux.

capsicum ['kæpsɪkəm] n [fruit & plant - sweet] poivron *m*, piment *m* doux ; [- hot] piment *m*.

capsize [kæp'saɪz] ◆ vi [gen] se renverser ; [boat] chavirer. ◆ vt [gen] renverser ; [boat] faire chavirer.

capstan ['kæpstən] n cabestan *m*.

capstan bar n barre *f* or bras *m* de cabestan.

capstan lathe n tour *m* revolver.

capstone ['kæpstəʊn] n ARCHIT pierre *f* de faîte ; *fig* sommet *m*.

capsule ['kæpsju:l] ◆ n **1.** [gen, AERON, ANAT & BOT] capsule *f* **2.** PHARM capsule *f*, gélule *f*. ◆ adj concis, bref.

capsulize, capsulise ['kæpsjʊlaɪz] vt résumer, récapituler.

Capt. (**written abbr of captain**) cap.

captain ['kæptɪn] ◆ n **1.** [of boat] capitaine *m* ; MIL capitaine *m* **2.** [of group, team] chef *m*, capitaine *m* ; SPORT capitaine *m* (d'équipe) ▸ **captain of industry** capitaine d'industrie **3.** US [of police] ≃ commissaire *m* (de police) de quartier **4.** US [head waiter] maître *m* d'hôtel ; [of bell boys] responsable *m* des grooms. ◆ vt [gen] diriger ; MIL commander ; SPORT être le capitaine de.

captaincy ['kæptɪnsɪ] n **1.** MIL grade *m* de capitaine / *to receive one's captaincy* être promu or passer capitaine **2.** SPORT poste *m* de capitaine / *under the captaincy of Rogers* avec Rogers comme capitaine.

caption ['kæpʃn] ◆ n **1.** [under illustration] légende *f* **2.** [in article, chapter] sous-titre *m* **3.** CIN sous-titre *m*. ◆ vt **1.** [illustration] mettre une légende à, légender **2.** CIN sous-titrer.

captious ['kæpʃəs] adj *fml* [person] qui trouve toujours à redire, chicanier ; [attitude] chicanier.

captivate ['kæptɪveɪt] vt captiver, fasciner.

captivating ['kæptɪveɪtɪŋ] adj captivant, fascinant.

captive ['kæptɪv] ◆ n captif *m*, -ive *f*, prisonnier *m*, -ère *f* ▸ **to take sb captive** faire qqn prisonnier ▸ **to hold sb captive** garder qqn en captivité. ◆ adj [person] captif, prisonnier ; [animal, balloon] captif ▸ **captive audience** public captif ▸ **captive market** clientèle *f* captive, marché *m* captif.

captivity [kæp'tɪvətɪ] n captivité *f* ▸ **in captivity** en captivité.

captor ['kæptəʳ] n [gen] personne *f* qui capture ; [unlawfully] ravisseur *m*, -euse *f*.

capture ['kæptʃəʳ] ◆ vt **1.** [take prisoner - animal, criminal, enemy] capturer, prendre ; [- runaway] reprendre ; [- city] prendre, s'emparer de ; GAMES prendre **2.** [gain control of - market] conquérir, s'emparer de ;

[-attention, imagination] captiver ; [-admiration, interest] gagner **3.** [succeed in representing] rendre, reproduire. ◆ n capture *f*, prise *f*.

Capua ['kæpjʊə] pr n Capoue.

Capuchin ['kæpjʊtʃɪn] ◆ n RELIG ▸ **Capuchin (monk)** capucin *m*. ◆ adj RELIG capucin / *a monk of the Capuchin order* un capucin / *a nun of the Capuchin order* une capucine.

✣ **capuchin** n **1.** [cloak] cape *f* (avec capuchon) **2.** ZOOL ▸ **capuchin (monkey)** capucin *m*.

capybara [kæpɪ'bɑːrə] n ZOOL cabiai *m*, capybara *m*.

car [kɑːʳ] ◆ n **1.** [automobile] voiture *f*, automobile *f*, auto *f* / *to go by car* aller en voiture **2.** US [of train] wagon *m*, voiture *f* ; [in subway] rame *f* **3.** US [tram] tramway *m*, tram *m* **4.** [of lift] cabine *f* *(d'ascenseur)* **5.** [of airship, balloon] nacelle *f*. ◆ comp [engine, tyre, wheel] de voiture, d'automobile ; [journey, trip] en voiture ▸ **car allowance** UK indemnité *f* de déplacement (en voiture) ▸ **car body** carrosserie *f* ▸ **car bonnet** UK capot *m* ▸ **car boot** UK, **car trunk** US coffre *m*, malle *f* (arrière) ▸ **car boot sale** UK *marché où chacun vient avec sa voiture (dont le coffre sert de stand) pour vendre des objets de toute sorte* ▸ **car chase** course-poursuite *f* ▸ **car hood a)** UK capote *f* **b)** US capot *m* ▸ **car industry** industrie *f* (de l')automobile ▸ **car number** UK numéro *m* d'immatriculation ▸ **car radio** autoradio *m* ▸ **car salesman** vendeur *m* de voitures ▸ **car worker** ouvrier *m*, -ère *f* de l'industrie automobile.

Caracas [kə'rækəs] pr n Caracas.

carafe [kə'ræf] n carafe *f*.

car alarm n alarme *f* de voiture.

carambola [,kærəm'bəʊlə] n carambole *f*.

caramel ['kærəmel] ◆ n caramel *m*. ◆ comp ▸ **a caramel (candy)** US, **a (piece of) caramel** un caramel ▸ **caramel cream** or **caramel custard** crème *f* (au) caramel ▸ **caramel flavouring** arôme *m* caramel.

caramelize, **caramelise** ['kærəməlaɪz] ◆ vt caraméliser. ◆ vi se caraméliser.

carapace ['kærəpeɪs] n carapace *f*.

carat UK, **karat** US ['kærət] n carat *m* / *an 18 carat gold ring* une bague en or 18 carats.

Caravaggio [,kærə'vædʒɪəʊ] pr n le Caravage / *a painting by Caravaggio* un tableau du Caravage.

caravan ['kærəvæn] (UK *pt* & *pp* **caravanned**, *cont* **caravanning** ; US *pt* & *pp* **caravaned** or **caravaned**, *cont* **caravaning** or **caravaning**) ◆ n **1.** UK [vehicle] caravane *f* **2.** [of gipsy] roulotte *f* **3.** [group of travellers] caravane *f*. ◆ vi ▸ **to go caravanning** faire du caravaning or *offic* du caravanage.

caravanette [kærəvə'net] n camping-car *m* ; *offic* autocaravane *f*.

caravanner UK, **caravaner** US ['kærəvænəʳ] n caravanier *m*, -ère *f*.

caravanning ['kærəvænɪŋ] n caravaning *m*, caravanage *offic*.

caravanserai [,kærə'vænsəraɪ] n [inn] caravansérail *m*.

caravan site n UK [for campers] camping *m* (pour caravanes) ; [of gipsies] campement *m*.

caravel ['kærəvel] n NAUT caravelle *f*.

caraway ['kærəweɪ] n [plant] carvi *m*, cumin *m* des prés ▸ **caraway seeds** (graines *fpl* de) carvi.

carbide ['kɑːbaɪd] n carbure *m*.

carbine ['kɑːbaɪn] n carabine *f*.

carbohydrate [,kɑːbəʊ'haɪdreɪt] n **1.** CHEM hydrate *m* de carbone **2.** *(usu pl)* [foodstuff] ▸ **carbohydrates** glucides *mpl*.

carbolic [kɑː'bɒlɪk] adj phéniqué ▸ **carbolic acid** phénol *m*.

car bomb n voiture *f* piégée.

carbon ['kɑːbən] n **1.** CHEM carbone *m* ▸ **carbon capture and storage** la capture et le stockage du carbone **2.** [copy, paper] carbone *m*.

carbonaceous [,kɑːbə'neɪʃəs] adj carboné.

carbonate ['kɑːbənɪt] n carbonate *m*.

carbonated ['kɑːbəneɪtɪd] adj carbonaté / *carbonated soft drinks* boissons *fpl* gazeuses.

carbon black n noir *m* de carbone.

carbon copy n TYPO carbone *m* ; *fig* réplique *f* / *she's a carbon copy of her mother* c'est la copie conforme de sa mère.

carbon cycle n cycle *m* du carbone.

carbon dating n datation *f* au carbone 14.

carbon dioxide [-daɪ'ɒksaɪd] n gaz *m* carbonique, dioxyde *m* de carbone ▸ **carbon dioxide equivalent** équivalent *m* CO_2 ▸ **carbon dioxide sink** puits *m* de dioxyde de carbone.

carbon fibre n fibre *f* de carbone.

carbon footprint n empreinte *f* carbone.

carbonic [kɑː'bɒnɪk] adj carbonique ▸ **carbonic acid** acide *m* carbonique.

carboniferous [,kɑːbə'nɪfərəs] adj carbonifère.

✣ **Carboniferous** ◆ adj GEOL ▸ **the Carboniferous Period** le carbonifère. ◆ n GEOL ▸ **the Carboniferous** le carbonifère.

carbonization [,kɑːbənaɪ'zeɪʃn] n carbonisation *f*.

carbonize, **carbonise** ['kɑːbənaɪz] vt carboniser.

carbon monoxide n monoxyde *m* de carbone ▸ **carbon monoxide poisoning** intoxication *f* au monoxyde de carbone.

carbon-neutral adj neutre en carbone.

carbon offset n compensation *f* carbone.

carbon paper n TYPO (papier *m*) carbone *m*.

carbon sink n puits *m* de carbone.

carbon steel n acier *m* carburé.

carbon tax n taxe *f* sur le carbone or le CO_2, taxe *f* sur les émissions de carbone.

carbon tetrachloride n tétrachlorure *m* de carbone.

Carborundum® [,kɑːbə'rʌndəm] n carborundum® *m*.

carboy ['kɑː,bɔɪ] n bonbonne *f*, bombonne *f*.

carbuncle ['kɑː,bʌŋkl] n **1.** MED furoncle *m* **2.** [gemstone] escarboucle *f*.

carburation [,kɑːbjʊ'reɪʃən] n carburation *f*.

carburettor UK, **carburetor** US [,kɑːbə'retəʳ] n carburateur *m*.

carcass, **carcase** ['kɑːkəs] n **1.** [of animal] carcasse *f*, cadavre *m* ; [for food] carcasse *f* **2.** [of person - dead] cadavre *m* ▸ **move your carcass** *inf & hum* pousse un peu ta viande **3.** [of building] carcasse *f*, charpente *f* ; [of car] carcasse *f*.

carcinogen [kɑː'sɪnədʒən] n (agent *m*) carcinogène *m* or cancérogène *m*.

carcinogenic [,kɑːsɪnə'dʒenɪk] adj carcinogène, cancérogène.

carcinoma [,kɑːsɪ'nəʊmə] (*pl* **carcinomas** or **carcinomata** [-mətə]) n carcinome *m*.

car coat n UK manteau *m* trois-quarts.

card [kɑːd] ◆ n **1.** GAMES carte *f* / *how about a game of cards?* et si on jouait aux cartes? / *to play cards* jouer aux cartes ▸ **to play one's cards right** mener bien son jeu or sa barque ▸ **to play one's best** or **strongest** or **trump card** jouer sa meilleure carte / *I still have a couple of cards up my sleeve* j'ai encore quelques atouts dans mon jeu / *he holds all the (winning) cards* il a tous les atouts (en main or dans son jeu) ▸ **to lay** or **to place one's cards on the table** jouer cartes sur table / *it was on the cards* UK or *in the cards* US *that the project would fail* il était dit or prévisible que le projet échouerait **2.** [with written information - gen] carte *f* ; [-for business] carte *f* (de visite) ; [-for index] fiche *f* ; [-for membership] carte *f* de membre or d'adhérent ; [-for library] carte *f* (d'abonnement) ; [postcard] carte *f* (postale) ; [programme] programme *m* / *we received a card inviting us to their wedding* nous avons reçu un carton or une carte d'invitation pour leur mariage ▸ **birthday** / **get-well card** carte d'anniversaire / de vœux de bon rétablissement ▸ **to mark sb's card** mettre qqn au parfum **3.** [cardboard] carton *m* **4.** *inf & dated* [person] plaisantin *m* / *he's a card!* c'est un marrant or un rigolo ! **5.** TEXT carde *f*. ◆ vt **1.** [information] ficher, mettre sur fiche **2.** US [ask for identity card] demander sa carte (d'identité) à **3.** SPORT [score] marquer **4.** TEXT carder.

✣ **cards** pl n UK ▸ **the boss gave him his cards** le patron l'a renvoyé ▸ **to ask for one's cards** quitter son travail ▸ **to get one's cards** être mis à la porte.

cardamom, **cardamum** ['kɑːdəməm] n cardamome *f* ▸ **cardamom seeds** (graines *fpl* de) cardamome *f*.

cardamon ['kɑːdəmən] n = **cardamom**.

cardboard ['kɑːdbɔːd] ◆ n carton *m*. ◆ adj **1.** [container, partition] de or en carton ▸ **cardboard box** (boîte *f* en) carton *m* ▸ **cardboard city** *quartier où dorment les sans-abri* **2.** *fig* [unreal - character, leader] de carton-pâte, faux (fausse).

card-carrying adj ▸ **card-carrying member** membre *m*, adhérent *m*, -e *f* ▸ **card-carrying Communist** membre du parti communiste.

card catalogue n fichier *m* (de bibliothèque).

card counting n GAMES *mémorisation des cartes qui tombent pendant une partie pour augmenter ses chances de gagner*.

card file n fichier *m*.

card game n jeu *m* de cartes.

card holder n [of club, political party] membre *m*, adhérent *m*, -e *f* ; [of library] abonné *m*, -e *f* ; [of credit card] titulaire *mf* d'une carte de crédit.

cardiac ['kɑːdɪæk] ◆ adj cardiaque. ◆ n cardiaque *mf*.

cardiac arrest n arrêt *m* cardiaque.

cardialgia [,kɑːdɪ'ældʒɪə] n MED cardialgie *f*.

cardie ['kɑːdɪ] n UK *inf* cardigan *m*.

Cardiff ['kɑːdɪf] pr n Cardiff.

cardigan ['kɑːdɪgən] n cardigan *m*.

cardinal ['kɑːdɪnl] ◆ adj **1.** [essential] cardinal **2.** [colour] ▸ **cardinal (red)** rouge cardinal *(inv)*, écarlate. ◆ n **1.** MATH, ORNITH & RELIG cardinal *m* **2.** [colour] ▸ **cardinal (red)** rouge cardinal *m inv*, écarlate *f*.

cardinal number n MATH nombre *m* cardinal.

cardinal points pl n ▸ **the cardinal points** les (quatre) points *mpl* cardinaux.

cardinal virtues pl n ▸ **the cardinal virtues** les (quatre) vertus *fpl* cardinales.

card index n fichier *m*.

✣ **card-index** vt : *to card-index information* ficher des renseignements, mettre des renseignements sur fichier.

carding ['kɑːdɪŋ] n TEXT cardage *m*.

cardiogram ['kɑːdɪəgræm] n cardiogramme *m*.

cardiograph ['kɑːdɪəgrɑːf] n cardiographe *m*.

cardiological [,kɑːdɪə'lɒdʒɪkl] adj cardiologique.

cardiologist [,kɑːdɪ'ɒlədʒɪst] n cardiologue *mf*.

cardiology [,kɑːdɪ'ɒlədʒɪ] n cardiologie *f*.

cardiopulmonary [,kɑːdɪəʊ'pʌlmənərɪ] adj cardiopulmonaire.

cardiovascular [,kɑːdɪəʊ'væskjʊləʳ] adj cardiovasculaire.

cardoon [kɑː'duːn] n cardon *m*.

card-operated lock n serrure *f* à carte perforée.

cardphone ['kɑːdfəʊn] n UK téléphone *m* à carte.

cardplayer ['kɑːd,pleɪəʳ] n joueur *m*, -euse *f* de cartes.

cardpunch ['kɑːdpʌntʃ] n perforatrice *f* de cartes.

cardsharp(er) ['kɑːd,ʃɑːp(əʳ)] n tricheur *m* (professionnel aux cartes), tricheuse *f* (professionnelle aux cartes).

card table n table *f* de jeu.

card trick n tour *m* de cartes.

card vote n UK vote *m* sur carte *(chaque voix comptant pour le nombre de voix d'adhérents représentés).*

cardy ['kɑːdɪ] (*pl* **cardies**) n *inf* = **cardie.**

care [keəʳ] ◆ vi **1.** [feel concern] ▸ **to care about sthg** s'intéresser à *or* se soucier de qqch / *all you care about is your work!* il n'y a que ton travail qui t'intéresse ! / *they really do care about the project* le projet est vraiment important pour eux / *a book for all those who care about the environment* un livre pour tous ceux qui s'intéressent à l'environnement *or* qui se sentent concernés par les problèmes d'environnement / *she didn't seem to care at all* elle avait l'air de s'en moquer complètement / *I don't care what people think* je me moque de ce que pensent les gens / *when do you want to tell them? — I don't care* quand veux-tu leur dire ? — ça m'est égal ▸ **I couldn't** *or* **could** US *inf* **care less if he comes or not** ça m'est complètement égal qu'il vienne ou non / *what do I care?* qu'est-ce que ça peut me faire ? / *we could be dead for all he cares* pour lui, nous pourrions aussi bien être morts / *they don't care a damn inf* ils s'en fichent éperdument *or* comme de leur première chemise / *who cares?* qu'est-ce que ça peut bien faire ? **2.** [feel affection] ▸ **to care about** *or* **for sb** aimer qqn / *do you still care about or for her?* est-ce que tu l'aimes toujours ? / *she cares a lot about her family* elle est très attachée *or* elle tient beaucoup à sa famille **3.** *fml* [like] : *would you care to join us?* voulez-vous vous joindre à nous ? / *would you care to have a cup of coffee?* prendriez-vous *or* aimeriez-vous une tasse de café ? / *I was more nervous than I cared to admit* j'étais plus intimidé qu'il n'y paraissait / *the house is available whenever you care to use it* la maison est disponible quand vous voulez *or* à n'importe quel moment / *I wouldn't care to go back there* cela ne me dit rien d'y retourner. ◆ n **1.** [worry] ennui *m*, souci *m* / *you look as though you haven't a care in the world* on dirait que tu n'as pas le moindre souci / *weighed down by care* UK accablé de soucis **2.** *(U)* [treatment - of person] soin *m*, soins *mpl*, traitement *m* ; [- of machine, material] entretien *m* ▸ **nursing care** soins à domicile / *you should take care of that cough* vous devriez (faire) soigner cette toux / *she needs special care* elle a besoin de soins spécialisés ▸ **care in the community** soins *mpl* en-dehors du milieu hospitalier **3.** *(U)* [attention] attention *f*, soin *m* / *they worked with great care* ils ont travaillé avec le plus grand soin / **'handle with care'** [on package] 'fragile' / *take care not to offend her* faites attention à *or* prenez soin de ne pas la vexer / *take care not to spill the paint* prenez garde de *or* faites attention à ne pas renverser la peinture / *drive with care* conduisez prudemment / *he was charged with driving without due care and attention* il a été accusé de conduite négligente / *have a care!* UK *dated* prenez garde !, faites attention ! **4.** [protection, supervision] charge *f*, garde *f* / *I'm leaving the matter in your care* je vous confie l'affaire, je confie l'affaire à vos soins / *the children are in the care of a nanny* on a laissé *or* confié les enfants à une nurse *or* à la garde d'une nurse / *he is under the care of a heart specialist* c'est un cardiologue qui le traite *or* qui le soigne / *who will take care of your cat?* qui va s'occuper *or* prendre soin de ton chat ? / *I'll take care of the reservations* je me charge des réservations *or* de faire les réservations, je vais m'occuper des réservations / *I have important business to take care of* j'ai une affaire importante à expédier ▸ **take care (of yourself)** *expression affectueuse que l'on utilise lorsque l'on quitte quelqu'un* / *I can take care of myself* je peux *or* je sais me débrouiller (tout seul) / *the problem will take care of itself* le problème va s'arranger tout seul / *address the letter to me (in) care of Mrs Dodd* adressez-moi la lettre chez Mme Dodd **5.** UK ADMIN : *the baby was put in care* *or* *taken into care* on a retiré aux parents la garde de leur bébé.

❖ **care for** vt insep **1.** [look after - child] s'occuper de ; [- invalid] soigner / *I'm glad to see you're being well cared for* **a)** [child] je suis contente de voir qu'on s'occupe bien de toi **b)** [invalid] je suis contente de voir qu'on te soigne bien **2.** [like] aimer / *he still cares for her* **a)** [loves] il l'aime toujours **b)** [has affection for] il est toujours attaché à elle, il tient toujours à elle / *I didn't care for his last book* son dernier livre ne m'a pas plu, je n'ai pas aimé son dernier livre / *she didn't care for the way he spoke* la façon dont il a parlé lui a déplu / *would you care for a cup of coffee? fml* aimeriez-vous *or* voudriez-vous une tasse de café ?

CARE [keəʳ] (abbr of **Cooperative for American Relief Everywhere**) pr n *organisation humanitaire américaine* ▸ **CARE package a)** *lit* envoi *m* humanitaire **b)** *fig colis plein de friandises envoyé par un proche.*

care attendant UK, **care assistant** US n aide-soignant *m*, -e *f*.

careen [kə'riːn] ◆ vi [car, train] tanguer ; [ship] donner de la bande (de façon dangereuse). ◆ vt [car] faire tanguer ; [ship] caréner.

career [kə'rɪəʳ] ◆ n **1.** [profession] carrière *f*, profession *f* / *a career in banking* une carrière dans la banque *or* de banquier / *she made a career (for herself) in politics* elle a fait carrière dans la politique **2.** [life] vie *f*, carrière *f* / *he spent most of his career working as a journalist* il a travaillé presque toute sa vie comme journaliste / *her university career* son parcours universitaire. ◆ comp [diplomat, soldier] de carrière ▸ **to be career-minded** être ambitieux ▸ **career prospects** : *good career prospects* de bonnes perspectives de carrière. ◆ vi UK : *the car careered wildly down the hill* la voiture a descendu la colline à toute vitesse / *to career along* aller à toute vitesse *or* à toute allure.

❖ **careers** comp SCH & UNIV ▸ **careers advisor** *or* **adviser** *or* **officer** conseiller *m*, -ère *f* d'orientation professionnelle ▸ **careers guidance** orientation *f* professionnelle ▸ **careers master** conseiller *m* d'orientation professionnelle ▸ **careers mistress** conseillère *f* d'orientation professionnelle ▸ **careers office** centre *m* d'orientation professionnelle.

career coach n coach *m* carrière.

career girl n UK jeune fille *f* ambitieuse *or* qui ne pense qu'à sa carrière.

careerism [kə'rɪərɪzm] n *pej* carriérisme *m*.

careerist [kə'rɪərɪst] n *pej* carriériste *mf*.

career-minded adj ambitieux.

career woman n *femme qui attache beaucoup d'importance à sa carrière.*

carefree ['keəfriː] adj [person] sans souci, insouciant ; [look, smile] insouciant.

careful ['keəfʊl] adj **1.** [cautious] prudent / *be careful!* (faites) attention ! / *be careful of the wet floor!* attention au sol mouillé ! / *be careful to close the window before leaving* n'oubliez pas de fermer la fenêtre avant de partir / *be careful not to* *or* *be careful you don't hurt her feelings* faites attention à *or* prenez soin de ne pas la froisser / *be careful (that) the boss doesn't find out* faites attention *or* prenez garde que le patron n'en sache rien / *be careful how you hold the baby* fais attention à la façon dont tu prends le bébé / *be careful crossing the road* fais attention en traversant *or* quand tu traverses (la route) / *you can never be too careful* **a)** [gen] on n'est jamais assez prudent **b)** [in double-checking sthg] deux précautions valent mieux qu'une / *he was careful not to mention her name* il a pris soin de ne pas mentionner son nom / *to be careful with one's money* **a)** [gen] être parcimonieux **b)** *pej* être près de ses sous / *we have to be careful with money this month* il faut que nous surveillions nos dépenses ce mois-ci **2.** [thorough - person, work] soigneux, consciencieux ; [- consideration, examination] approfondi / *they showed careful attention to detail* ils se sont montrés très attentifs aux détails.

carefully ['keəflɪ] adv **1.** [cautiously] avec prudence *or* précaution, prudemment / *she chose her words carefully* elle a pesé ses mots **2.** [thoroughly - work] soigneusement, avec soin ; [- consider, examine] de façon approfondie, à fond ; [- listen, watch] attentivement.

carefulness ['keəfʊlnɪs] n **1.** [caution] prudence *f* **2.** [thoroughness] attention *f*, soin *m*.

caregiver ['keəgɪvəʳ] n [family member] aidant *m* familial, aidante *f* familiale ; [professional] aide-soignant *m*, -e *f*.

careless ['keəlɪs] adj **1.** [negligent - person] négligent, peu soigneux ; [- work] peu soigné / *a careless mistake* une faute d'inattention / *he's very careless about his appearance* il ne se soucie pas du tout de son apparence / *careless of the consequences* insouciant des conséquences / *to be careless with money* dépenser à tort et à travers **2.** [thoughtless - remark] irréfléchi **3.** [carefree - person] sans souci, insouciant ; [- look, smile] insouciant / *she danced with careless grace* elle dansait avec une grâce naturelle.

carelessly ['keəlɪslɪ] adv **1.** [negligently - work, write] sans soin, sans faire attention / *to drive carelessly* conduire avec négligence **2.** [thoughtlessly - act, speak] sans réfléchir, à la légère ; [- dress] sans soin, sans recherche **3.** [in carefree way] avec insouciance.

carelessness ['keəlɪsnɪs] n *(U)* **1.** [negligence] négligence *f*, manque *m* de soin *or* d'attention **2.** [thoughtlessness - of dress] négligence *f* ; [- of behaviour] désinvolture *f* ; [- of remark] légèreté *f*.

carer ['keərəʳ] n [family member] aidant *m* familial, aidante *f* familiale ; [professional] aide-soignant *m*, -e *f*.

caress [kə'res] ◆ vt caresser. ◆ n caresse *f*.

caret ['kærət] n TYPO signe *m* d'insertion.

caretaker ['keəˌteɪkəʳ] ◆ n **1.** [of building] concierge *mf*, gardien *m*, -enne *f* **2.** US [carer] : *he's his grandmother's caretaker* il a sa grand-mère à charge. ◆ adj [government] intérimaire.

care worker n aide-soignant *m*, -e *f*.

careworn ['keəwɔːn] adj accablé de soucis, rongé par les soucis.

carfare ['kɑːfeəʳ] n US prix *m* du trajet.

carfax ['kɑːfæks] n carrefour *m*.

cargo ['kɑːgəʊ] (*pl* **cargoes** *or* **cargos**) ◆ n cargaison *f*, chargement *m*. ◆ comp ▸ **cargo boat** *or* **vessel** cargo *m*.

car hire UK, **car rental** US ◆ n location *f* de voitures. ◆ comp [company, firm] de location de voitures.

carhop ['kɑːˌhɒp] n US *inf* [serving food] serveur *m*, -euse *f (qui apporte à manger aux clients dans leur voiture).*

Carib ['kærɪb] n **1.** [person] Caraïbe *mf* **2.** LING caraïbe *m*.

Caribbean [UK kærɪ'biːən US kə'rɪbɪən] ◆ adj des Caraïbes / *a Caribbean cruise* une croisière aux Caraïbes ▸ **the Caribbean islands** les Antilles *fpl*. ◆ n ▸ **the Caribbean (Sea)** la mer des Caraïbes *or* des Antilles / *in the Caribbean* dans les Caraïbes, aux Antilles.

caribou ['kærɪbuː] (*pl* **caribou** *or* **caribous**) n caribou *m*.

caricature ['kærɪkəˌtjʊəʳ] ◆ n *lit & fig* caricature *f*. ◆ vt [depict] caricaturer ; [parody] caricaturer, parodier.

caricaturist ['kærɪkəˌtjʊərɪst] n caricaturiste *mf*.

caries ['keəriːz] (*pl* **caries**) n carie *f*.

carillon ['kærɪljən] n carillon *m*.

caring ['keərɪŋ] ◆ adj **1.** [loving] aimant ; [kindly] bienveillant / *a more caring society* une société plus chaleureuse *or* humaine / *a caring environment* un milieu chaleureux **2.** [organization] à vocation sociale ▸ **the caring professions** les métiers *mpl* du social. ◆ n [loving] affection *f* ; [kindliness] bienveillance *f*.

Carinthia [kə'rɪnθɪə] pr n Carinthie *f* / *in Carinthia* en Carinthie.

cariogenic [ˌkeərɪəʊ'dʒenɪk] adj cariant, cariogène.

carious ['keərɪəs] adj carié.

car jack n cric *m*.

carjack ['kɑːˌdʒæk] vt : *to be carjacked* se faire voler sa voiture sous la menace d'une arme.

carjacker ['kɑːdʒækəʳ] n *auteur d'un vol de voiture sous la menace d'une arme.*

carjacking ['kɑːˌdʒækɪŋ] n vol *m* de voiture sous la menace d'une arme.

car kit n [for phone] kit *m* auto mains libres.

carload ['kɑːˌləʊd] n : *a carload of boxes / people* une voiture pleine de cartons / de gens.

carlot [kɑːlɒt] n US parking *m (d'un garage automobile).*

carmaker ['kɑ:meɪkəʳ] n US constructeur *m* automobile.

carman ['kɑ:mən] (*pl* **carmen** [-mən]) n **1.** [driver - of car] chauffeur *m*, conducteur *m* ; [- of lorry] camionneur *m* ; [- of cart] charretier *m* **2.** [transporter] voiturier *m* **3.** US chauffeur *m (de tram, de métro)*.

Carmel ['kɑ:məl] pr n ▸ **Mount Carmel** le mont Carmel.

Carmelite ['kɑ:mɪlaɪt] ◆ adj carmélite. ◆ n [nun] carmélite *f* ; [friar] carme *m*.

carminative ['kɑ:mɪnətɪv] ◆ adj carminatif. ◆ n carminatif *m*.

carmine ['kɑ:maɪn] ◆ adj carmin *(inv)*, carminé. ◆ n carmin *m*.

Carnaby Street ['kɑ:nəbɪ-] pr n *rue de Londres.*

Carnaby Street

Carnaby Street était, dans les années 1960, le haut lieu des milieux de la mode à Londres.

carnage ['kɑ:nɪdʒ] n carnage *m*.

carnal ['kɑ:nl] adj charnel ▸ **to have carnal knowledge of sb** *fml* LAW avoir des rapports sexuels avec qqn.

carnally ['kɑ:nəlɪ] adv charnellement ▸ **to know sb carnally** *fml* LAW avoir des rapports sexuels avec qqn.

carnation [kɑ:'neɪʃn] ◆ n œillet *m*. ◆ adj [pink] rose ; [reddish-pink] incarnat.

Carnegie Hall [kɑ:'negɪ-] pr n *grande salle de concert à New York.*

carnelian [kə'ni:ljən] n cornaline *f*.

carnet ['kɑ:neɪ] n **1.** [book of tickets] carnet *m* **2.** COMM & LAW passavant *m*.

carnival ['kɑ:nɪvl] ◆ n **1.** [festival] carnaval *m* **2.** [fun fair] fête *f* foraine. ◆ comp [atmosphere, parade] de carnaval.

carnivora [kɑ:'nɪvərə] pl n carnivores *mpl*.

carnivore ['kɑ:nɪvɔ:ʳ] n carnivore *m*, carnassier *m*.

carnivorous [kɑ:'nɪvərəs] adj carnivore, carnassier.

carob ['kærəb] ◆ n [tree] caroubier *m* ; [pod] caroube *f*. ◆ comp ▸ **carob bean** caroube *f* ▸ **carob cake** gâteau *m* à la caroube ▸ **carob powder** farine *f* de caroube ▸ **carob tree** caroubier *m*.

carol ['kærəl] (UK *pt & pp* **carolled**, *cont* **carolling** ; US *pt & pp* **caroled**, *cont* **caroling**) ◆ n chant *m* (joyeux) ▸ **carol service** *office religieux qui précède Noël* ▸ **carol singer** *personne qui, à l'époque de Noël, va chanter et quêter au profit des bonnes œuvres.* ◆ vi [person] chanter (joyeusement) ; [baby, bird] gazouiller ▸ **to go carolling** chanter des noëls. ◆ vt **1.** [sing - subj: person] chanter (joyeusement) ; [- subj: bird] chanter **2.** [praise] célébrer (par des chants).

Carol service

Ce service traditionnel a lieu juste avant Noël et se compose de chants de Noël et d'une lecture de passages de la Bible.

Carolina [,kærə'laɪnə] pr n Caroline *f*.

Caroline Islands ['kærə,laɪn-] pl pr n ▸ **the Caroline Islands** les îles *fpl* Carolines / *in the Caroline Islands* aux îles Carolines.

Carolingian [,kærə'lɪndʒɪən] ◆ adj carolingien. ◆ n Carolingien *m*, -enne *f*.

carom ['kærəm] US ◆ n carambolage *m*. ◆ vi caramboler.

carotene ['kærə,ti:n] n carotène *m*.

carotenoid [kə'rɒtənɔɪd] n caroténoïde *m*.

carotid [kə'rɒtɪd] ◆ adj [artery] carotide ; [nerve, system] carotidien. ◆ n carotide *f*.

carotin ['kærətɪn] n = **carotene**.

carousal [kə'raʊzl] n *liter* beuverie *f*, ribote *f arch hum.*

carouse [kə'raʊz] vi *liter* faire ribote *arch hum.*

carousel [,kærə'sel] n **1.** PHOT [for slides] carrousel *m* **2.** [for luggage] carrousel *m*, tapis *m* roulant (à bagages) **3.** US [merry-go-round] manège *m* (de chevaux de bois).

carp [kɑ:p] (*pl* **carp** *or* **carps**) ◆ n [fish] carpe *f*. ◆ vi *inf* [complain] se plaindre ; [find fault] critiquer / *he's always carping on about his work* il se plaint toujours de son travail.

carpal ['kɑ:pəl] ◆ n ANAT carpe *m*. ◆ adj ANAT carpien.

carpal tunnel syndrome n syndrome *m* du canal carpien.

car park n UK parking *m*, parc *m* de stationnement / *long / short stay car park* parking *m* longue / courte durée / *car park attendant* gardien *m*, -enne *f* de parking.

Carpathian Mountains [kɑ:'peɪθɪən-], **Carpathians** [kɑ:'peɪθɪənz] pl pr n ▸ **the Carpathian Mountains** les Carpates *fpl* / *in the Carpathian Mountains* dans les Carpates.

carpel ['kɑ:pel] n BOT carpelle *m*.

carpenter ['kɑ:pəntəʳ] n [for houses, large-scale works] charpentier *m* ; [for doors, furniture] menuisier *m*.

carpentry ['kɑ:pəntrɪ] n [large-scale work] charpenterie *f* ; [doors, furniture] menuiserie *f*.

carpet ['kɑ:pɪt] ◆ n **1.** [not fitted] tapis *m* ; [fitted] moquette *f* ▸ **to be on the carpet** *fig* être sur le tapis **2.** *fig* [of leaves, snow] tapis *m*. ◆ vt **1.** [floor] recouvrir d'un tapis ; [with fitted carpet] recouvrir d'une moquette, moquetter ; [house, room] mettre de la moquette dans, moquetter / *carpeted hallway* couloir moquetté or avec de la moquette / *carpeted with leaves / snow fig* tapissé de feuilles / de neige **2.** UK *inf* [scold] réprimander, passer un savon à.

carpetbag ['kɑ:pɪt,bæg] n sac *m* de voyage *(recouvert de tapisserie).*

carpetbagger ['kɑ:pɪt,bægəʳ] n *pej* **1.** POL candidat *m* parachuté **2.** US HIST *nom donné aux nordistes qui s'installèrent dans le sud des États-Unis après la guerre de Sécession pour y faire fortune.*

carpet beetle n anthrène *m*.

carpet-bomb vt bombarder, arroser de bombes.

carpet cleaner n [product] produit *m* nettoyant pour moquette ; [machine] shampouineuse *f*.

carpeting ['kɑ:pɪtɪŋ] n moquette *f*.

carpet shampoo n shampooing *m* pour moquette.

carpet showroom n magasin *m* de moquettes.

carpet slipper n pantoufle *f (recouverte de tapisserie).*

carpet sweeper n [mechanical] balai *m* mécanique ; [electric] aspirateur *m*.

carpet tile n carreau *m* de moquette.

carphone ['kɑ:,fəʊn] n téléphone *m* de voiture.

carping ['kɑ:pɪŋ] ◆ adj [person - complaining] qui se plaint tout le temps ; [- faultfinding] qui trouve toujours à redire, chicanier ; [attitude] chicanier, grincheux ; [criticism, voice] malveillant. ◆ n *(U)* [complaining] plaintes *fpl* (continuelles) ; [faultfinding] chicanerie *f*, critiques *fpl* (malveillantes).

carpool ['kɑ:pu:l] n covoiturage *m*.

carport ['kɑ:,pɔ:t] n auvent *m* (pour voiture).

carrag(h)een ['kærəgi:n] n carragheen *m*, mousse *f* d'Irlande.

car rental n US = **car hire**.

carriage ['kærɪdʒ] n **1.** [vehicle - horse-drawn] calèche *f*, voiture *f* à cheval ; UK RAIL voiture *f*, wagon *m* (de voyageurs) / *he was leaning out of the carriage window* il se penchait par la fenêtre du compartiment ▸ **carriage and four** UK voiture or équipage *m* à quatre chevaux **2.** UK COMM [cost of transportation] transport *m*, fret *m* ▸ **carriage forward** (en) port *m* dû ▸ **carriage paid** (en) port *m* payé ▸ **carriage free** franco de port **3.** [bearing, posture] port *m*, maintien *m* **4.** [of typewriter] chariot *m* ; [of gun] affût *m*.

carriage bolt n US boulon *m* à tête ronde et collet carré.

carriage clock n UK horloge *f* de voyage.

carriage return n retour *m* chariot.

carriage trade n UK COMM clientèle *f* riche.

carriageway ['kærɪdʒweɪ] n UK chaussée *f*.

carrier ['kærɪəʳ] n **1.** [device, mechanism] ▸ **baby carrier** porte-bébé *m inv* ▸ **luggage carrier** porte-bagages *m inv* **2.** COMM [transporter - company] entreprise *f* de transport, transporteur *m* ; [- aeroplane] appareil *m*, avion *m* ; [- ship] navire *m* ▸ **sent by carrier a)** [by road] expédié par camion or par transporteur **b)** [by rail] expédié par chemin de fer **c)** [by air] expédié par avion ▸ **common carrier** transporteur *m* (public) **3.** MED [of disease] porteur *m*, -euse *f* **4.** [phone company] opérateur *m*.

carrier-agnostic adj TELEC tous opérateurs.

carrier bag n UK sac *m* en plastique.

carrier-based, **carrier-borne** adj AERON & NAUT embarqué.

carrier pigeon n pigeon *m* voyageur.

carrier wave n RADIO onde *f* porteuse.

carrion ['kærɪən] n charogne *f*.

carrion crow n corneille *f* noire.

carrot ['kærət] ◆ n **1.** [plant & vegetable] carotte *f* **2.** *fig* [motivation] carotte *f* / *the boss used the promise of promotion as a carrot* le patron a promis une promotion pour nous encourager ▸ **the carrot and stick approach** la méthode de la carotte et du bâton. ◆ comp ▸ **carrot coloured** (de couleur) carotte *(inv)* ▸ **carrot cake** gâteau *m* aux carottes ▸ **carrot juice** jus *m* de carotte.

carroty ['kærətɪ] adj carotte *(inv)*, roux (rousse) / *she has carroty hair* elle est rousse or poil-de-carotte *hum.*

carrousel [,kærə'sel] n = **carousel**.

car rug n plaid *m*.

carry ['kærɪ] (*pt & pp* **carried**) ◆ vt **1.** [bear - subj: person] porter ; [heavy load] porter, transporter / *she carried her baby on her back / in her arms* elle portait son enfant sur son dos / dans ses bras / *they carried the equipment across the bridge* ils ont porté le matériel de l'autre côté du pont / *could you carry the groceries into the kitchen?* pourrais-tu porter les provisions jusqu'à la cuisine ? / *the porter carried the suitcases downstairs / upstairs* le porteur a descendu / monté les bagages **2.** [convey, transport - subj: vehicle] transporter ; [- subj: river, wind] porter, emporter ; [- subj: pipe] acheminer, amener ; [- subj: airwaves, telephone wire] transmettre, conduire / *she ran as fast as her legs would carry her* elle a couru à toutes jambes / *she carries all the facts in her head* elle a tous les faits en mémoire / *he carried the secret to his grave* il a emporté le secret dans la tombe ▸ **to carry a tune** chanter juste ▸ **to carry coals to Newcastle** porter de l'eau à la rivière **3.** [be medium for - message, news] porter, transmettre ; MED [disease, virus] porter **4.** [have on one's person - identity card, papers] porter, avoir (sur soi) ; [- cash] avoir (sur soi) ; [- gun] porter **5.** [comprise, include] porter, comporter / *our products carry a 6-month warranty* nos produits sont accompagnés d'une garantie de 6 mois ; [have as consequence] entraîner / *the crime carries a long sentence* ce crime est passible d'une longue peine **6.** [subj: magazine, newspaper] rapporter ; [subj: radio, television] transmettre / *all the newspapers carried the story* l'histoire était dans tous les journaux / *the banners carried anti-government slogans* les bannières portaient des slogans anti-gouvernementaux **7.** [bear, hold] porter / *to carry o.s. well* **a)** [sit, stand] se tenir droit **b)** [behave] bien se conduire or se tenir **8.** [hold up, support - roof, weight] porter, supporter, soutenir ▸ **to carry a heavy load** *lit & fig* porter un lourd fardeau **9.** [win] : *she carried the audience with her* le public était avec elle / *the motion was carried* la motion a été votée / *he carried all before him* ce fut un triomphe pour lui **10.** COMM [deal in - stock] vendre, stocker **11.** MATH retenir / *add nine and carry one* ajoute neuf et retiens un **12.** [be pregnant with] attendre / *she's carrying their fourth child* elle est enceinte de leur quatrième enfant. ◆ vi [ball, sound] porter.

❖ **carry away** vt sep **1.** [remove] emporter, enlever ; [subj : waves, wind] emporter **2.** *(usu passive)* [excite] : *he was carried away by his enthusiasm / imagination* il s'est laissé emporter par son enthousiasme / imagination / *I got a bit carried away and spent all my money* je me suis emballé et j'ai dépensé tout mon argent / *don't get too carried away!* du calme !, ne t'emballe pas !

❖ **carry forward** vt sep FIN reporter.

❖ **carry off** vt sep **1.** [remove forcibly - goods] emporter, enlever ; [- person] enlever / *the thieves carried off all their jewellery* les voleurs se sont enfuis avec tous leurs bijoux **2.** [award, prize] remporter **3.** [do successfully - aim, plan] réaliser ; [- deal, meeting] mener à bien / *she carried it off beautifully* elle s'en est très bien tirée **4.** *euph* [kill - subj : disease] emporter / *hundreds were carried off by the epidemic* des centaines de personnes ont été emportées par l'épidémie.

❖ **carry on** ◆ vi **1.** UK [continue] continuer / *I carried on working* or *with my work* j'ai continué à travailler, j'ai continué mon travail / *they carried on to the bitter end* ils sont allés jusqu'au bout **2.** *inf* [make a fuss] faire une histoire or des histoires / *the way you carry on, you'd think I never did anything around the house* à t'entendre, je n'ai jamais rien fait dans cette maison **3.** *inf* [have affair] ▸ **to carry on with sb** avoir une liaison avec qqn / *he's carrying on with somebody else's wife* il a une liaison avec or il couche avec la femme d'un autre ▸ **"Carry On" films** *série de comédies britanniques, dont le titre commence toujours par « Carry On ».* ◆ vt insep **1.** UK [continue - conversation, work] continuer, poursuivre ; [- tradition] entretenir, perpétuer / *we can carry on this conversation later* nous pourrons poursuivre or reprendre cette conversation plus tard **2.** [conduct - work] effectuer, réaliser ; [- negotiations] mener ; [- discussion] avoir ; [- correspondence] entretenir.

❖ **carry out** vt sep **1.** [take away] emporter **2.** [perform - programme, raid] effectuer ; [- idea, plan] réaliser, mettre à exécution ; [- experiment] effectuer, conduire ; [- investigation, research, survey] conduire, mener ; [- instruction, order] exécuter **3.** [fulfil - obligation] s'acquitter de / *he failed to carry out his promise* il a manqué à sa parole, il n'a pas tenu or respecté sa promesse / *to carry out one's (professional) duties* s'acquitter de ses fonctions.

❖ **carry over** vt sep **1.** *lit* [transport] faire traverser ; *fig* [transfer] reporter, transférer **2.** [defer, postpone] reporter **3.** FIN reporter / *to carry over a loss to the following year* reporter une perte sur l'année suivante **4.** COMM : *to carry over goods from one season to another* stocker des marchandises d'une saison sur l'autre.

❖ **carry through** vt sep **1.** [accomplish] réaliser, mener à bien or à bonne fin **2.** [support] soutenir (dans une épreuve) / *her love of life carried her through her illness* sa volonté de vivre lui a permis de vaincre sa maladie.

carryall ['kærɪɔ:l] n US fourre-tout *m inv (sac).*

carrycot ['kærɪkɒt] n UK couffin *m.*

carrying case ['kærɪɪŋ-] n US boîte *f*, étui *m.*

carrying charge n US supplément *m (que l'on paye lorsqu'on achète à crédit).*

carrying-on (*pl* **carryings-on**) n *inf* [fuss] histoires *fpl* ; [commotion] tapage *m*, agitation *f.*

carry-on ◆ n UK *inf* [fuss] histoires *fpl* ; [commotion] tapage *m*, agitation *f* / *what a carry-on!* que d'histoires ! ◆ adj ▸ **carry-on items** or **carry-on luggage** bagages *mpl* à main.

carryout ['kærɪaʊt] US & Scot ◆ n [restaurant] *restaurant qui fait des plats à emporter* ; [meal] plat *m* à emporter. ◆ adj [dish, food] à emporter.

carry-over n **1.** [habit, influence, trace] vestige *m* **2.** FIN [amount] report *m.*

carsick ['kɑ:ˌsɪk] adj : *to be* or *to feel carsick* avoir le mal de la route.

car sickness n mal *m* de la route / *to suffer from car sickness* être malade en voiture.

cart [kɑ:t] ◆ n **1.** [horse-drawn - for farming] charrette *f* ; US [for passengers] charrette *f* (anglaise), voiture *f* ▸ **to put the cart before the horse** mettre la charrue avant les bœufs **2.** [handcart] charrette *f* à bras **3.** US [shopping cart] chariot *m*, Caddie® *m* **4.** [for on-line purchases] panier *m* / **'add to cart'** 'ajouter au panier'. ◆ vt **1.** [transport by cart] charrier, charroyer, transporter en charrette **2.** *inf & fig* [haul] transporter, trimballer / *I've been carting this suitcase around all day* j'ai passé la journée à trimballer cette valise.

❖ **cart away**, **cart off** vt sep [rubbish, wood] emporter ; *inf* [person] emmener.

cartage ['kɑ:tɪʤ] n charroi *m.*

Cartagena [ˌkɑ:tə'gi:nə] pr n Carthagène.

carte blanche [ˌkɑ:t'blɑ̃ʃ] n carte *f* blanche ▸ **to give sb carte blanche (to do sthg)** donner carte blanche à qqn (pour faire qqch).

cartel [kɑ:'tel] n COMM & POL cartel *m.*

carter ['kɑ:tər] n charretier *m*, -ère *f.*

Cartesian [kɑ:'ti:zjən] ◆ adj cartésien. ◆ n cartésien *m*, -enne *f.*

Carthage ['kɑ:θɪʤ] pr n Carthage.

Carthaginian [ˌkɑ:θə'ʤɪnɪən] ◆ n Carthaginois *m*, -e *f.* ◆ adj carthaginois.

carthorse ['kɑ:thɔ:s] n cheval *m* de trait.

Carthusian [kɑ:'θju:zjən] ◆ adj de or des chartreux ▸ **Carthusian monastery** chartreuse *f (monastère)* ▸ **Carthusian monk** chartreux *m* ▸ **Carthusian nun** chartreuse *f.* ◆ n chartreux *m*, -euse *f.*

cartilage ['kɑ:tɪlɪʤ] n cartilage *m.*

cartilaginous [ˌkɑ:tɪ'læʤɪnəs] adj cartilagineux.

cartload ['kɑ:tləʊd] n charretée *f.*

cartogram ['kɑ:təgræm] n cartogramme *m.*

cartographer [kɑ:'tɒgrəfər] n cartographe *mf.*

cartographic(al) [ˌkɑ:tə'græfɪk(l)] adj cartographique.

cartography [kɑ:'tɒgrəfɪ] n cartographie *f.*

cartomancy ['kɑ:təʊmænsɪ] n cartomancie *f.*

carton ['kɑ:tn] n [cardboard box] boîte *f* (en carton), carton *m* ; [of juice, milk] carton *m*, brique *f* ; [of cream, yoghurt] pot *m* ; [of cigarettes] cartouche *f.*

cartoon [kɑ:'tu:n] n **1.** [drawing] dessin *m* humoristique ; [series of drawings] bande *f* dessinée ▸ **cartoon character** personnage *m* de bande dessinée **2.** [film] dessin *m* animé **3.** ART [sketch] carton *m.*

cartoonist [kɑ:'tu:nɪst] n [of drawings] dessinateur *m*, -trice *f* humoristique ; [of series of drawings] dessinateur *m*, -trice *f* de bandes dessinées ; [for films] dessinateur *m*, -trice *f* de dessins animés, animateur *m*, -trice *f.*

cartridge ['kɑ:trɪʤ] n **1.** [for explosive, gun] cartouche *f* **2.** [for pen, tape deck, typewriter, etc.] cartouche *f* **3.** [for stylus] cellule *f* **4.** PHOT chargeur *m* (d'appareil photo).

cartridge belt n [for hunter, soldier] cartouchière *f* ; [for machine gun] bande *f* (de mitrailleuse).

cartridge case n [for gun] douille *f*, étui *m* (de cartouche) ; [for cannon] douille *f.*

cartridge clip n chargeur *m (d'une arme à feu).*

cartridge paper n papier *m* à cartouche.

cartridge pen n stylo *m* à cartouche.

cart track n chemin *m* de terre.

cartwheel ['kɑ:twi:l] ◆ n **1.** [of cart] roue *f* de charrette **2.** [movement] roue *f* ▸ **to do** or **to turn a cartwheel** faire la roue. ◆ vi faire la roue / *she cartwheeled across the floor* elle a traversé la pièce en faisant des roues.

cartwright ['kɑ:traɪt] n charron *m.*

caruncle ['kærəŋkl] n ANAT, BOT & ZOOL caroncule *f.*

carve [kɑ:v] vt **1.** [stone, wood] tailler / *he carved the wood into the form of a horse, he carved a horse from the* or *out of the wood* il a sculpté or taillé un cheval dans le bois / *she carved their names on the tree trunk* elle a gravé leurs noms sur le tronc de l'arbre / *the river had carved a channel through the rock* la rivière s'était creusé un lit dans le rocher ▸ **it's not carved in stone** ce n'est pas gravé dans le marbre **2.** CULIN découper.

❖ **carve out** vt sep [piece] découper, tailler ; [shape] sculpter, tailler / *to carve a figure out of marble* tailler une silhouette dans du marbre / *she carved out a career for herself in the arts fig* elle a fait carrière.

❖ **carve up** vt sep **1.** [cut up - meat] découper ; *fig* [country, estate] morceler, démembrer / *they carved up the profits among them* ils se sont partagé les profits **2.** *inf* [person] amocher à coups de couteau ; [face] balafrer, taillader **3.** UK *inf* AUTO faire une queue de poisson à.

carver ['kɑ:vər] n couteau *m* à découper ▸ **carvers** service *m* à découper.

carvery ['kɑ:vərɪ] (*pl* **carveries**) n *restaurant où l'on mange de la viande découpée à table.*

carve-up n *inf* [of booty, inheritance] fractionnement *m* ; [of country, estate] morcellement *m*, démembrement *m.*

carving ['kɑ:vɪŋ] n **1.** [sculpture] sculpture *f* ; [engraving] gravure *f* **2.** [act] taille *f* ; [skill] taille *f*, art *m* de la taille **3.** CULIN découpage *m.*

carving knife n couteau *m* à découper.

car wash n [place] portique *m* de lavage automatique (de voitures) ; [action] lavage *m* de voitures.

caryatid [kærɪ'ætɪd] n cariatide *f.*

Casablanca [ˌkæsə'blæŋkə] pr n Casablanca.

Casanova [ˌkæsə'nəʊvə] ◆ pr n Casanova. ◆ n : *he's a real Casanova* c'est un vrai don Juan.

casbah ['kæzbɑ:] n casbah *f.*

cascade [kæ'skeɪd] ◆ n *lit* cascade *f*, chute *f* d'eau ; *fig* [of hair] flot *m.* ◆ vi [water] tomber en cascade ; [hair] ruisseler.

cascara [kæ'skɑ:rə] n cascara *f.*

case [keɪs]

◆ n

A. OBJECT
B. SITUATION OR PERSON
C. INVESTIGATION OR ARGUMENT

A. OBJECT **1.** [container] caisse *f*, boîte *f* ; [for bottles] caisse *f* ; [for fruit, vegetables] cageot *m* ; [chest] coffre *m* ; [for jewellery] coffret *m* ; [for necklace, watch] écrin *m* ; [for camera, guitar] étui *m* **2.** [for display] vitrine *f* **3.** UK [suitcase] valise *f* **4.** TYPO casse *f* **5.** BOT & ENTOM [covering] enveloppe *f.*

B. SITUATION OR PERSON **1.** [instance, situation] cas *m*, exemple *m* / *it's a clear case of mismanagement* c'est un exemple manifeste de mauvaise gestion / *it was a case of having to decide on the spur of the moment* il fallait décider sur-le-champ / *we often hear of cases where companies go bankrupt* nous entendons souvent parler de cas où des entreprises font faillite / *in the case of single mothers* dans le cas des mères célibataires / *in that case* dans ce cas-là or en ce cas / *in this particular case* en l'occurrence / *in which case* auquel cas / *in your case* en ce qui vous concerne, dans votre cas / *in Paul's case* dans le cas de Paul / *in many / most cases* dans beaucoup de / la plupart des cas / *in no case* en aucun cas / *in some cases* dans certains cas / *in the vast majority of cases* dans la plupart des cas / *in nine cases out of ten* neuf fois sur dix ▸ **a case in point** : *the current crisis is a case in point* la crise actuelle est un exemple typique or un bon exemple **2.** [actual state of affairs] cas *m* / *can we assume that this is in fact the case?* pouvons-nous considérer que c'est bien le cas ? / *that is not the case in Great Britain* ce or tel n'est pas le cas en Grande-Bretagne / *as is often / usually the case* comme c'est souvent / ordinairement le cas / *as the case* or *whatever the case may be* selon le cas / *if such is indeed the case* si tel est or si c'est vraiment le cas **3.** MED [disease] cas *m* ; [person] malade *mf* / *there have been several cases of meningitis recently* il y a eu plusieurs cas de méningite récemment / *the hospital could only take the most serious cases* l'hôpital ne pouvait s'occuper que des cas les plus graves / *all burns* *cases are treated here* tous les grands brûlés sont traités ici **4.** *inf* [person] cas *m* / *he's a real case!* c'est un cas or un phénomène ! / *he's a sad case* c'est vraiment un pauvre type **5.** GRAM cas *m*.

C. INVESTIGATION OR ARGUMENT **1.** [investigation] affaire *f* / *it was one of Inspector Dupont's most difficult cases* ce fut une des affaires les plus difficiles de l'inspecteur Dupont / *a murder / fraud case* une affaire de meurtre / fraude / *the case continues* affaire à suivre / *the case is closed* c'est une affaire classée / *he's on the case* **a)** [working on it] il s'en occupe **b)** [alert, informed] il est très au courant ▸ **to be on sb's case** *inf* être sur le dos de qqn / *get off my case!* *inf* fiche-moi la paix ! **2.** LAW affaire *f*, cause *f*, procès *m* / *a civil rights case* une affaire de droits civils / *her case comes up next week* son procès a lieu la semaine prochaine ▸ **to try a case** juger une affaire / *he won his case for slander* **a)** [barrister] il a gagné le procès en diffamation **b)** [plaintiff] il a gagné son procès or il a eu gain de cause dans son procès en diffamation **3.** [argument] arguments *mpl* / *there is no case against him* aucune preuve n'a pu être retenue contre lui / *the case against / for the defendant* les arguments contre / en faveur de l'accusé / *there is a good case against / for establishing quotas* il y a beaucoup à dire contre / en faveur de l'établissement de quotas / *the union has a good case* le syndicat a de bons arguments or de bonnes raisons / *state your case* présentez vos arguments / *there is a case to be answered here* il ne faut pas négliger cette question ▸ **to make (out) a case for sthg** présenter des arguments pour or en faveur de qqch.

◆ vt **1.** [put in box] mettre en boîte or caisse **2.** [cover] couvrir, envelopper / *cased in ice* couvert de glace **3.** *inf* [inspect] examiner / *the robbers had thoroughly cased the joint* les voleurs avaient bien examiné les lieux (avant de faire leur coup).

✧ **in any case** adv phr **1.** [besides] en tout cas / *in any case I shan't be coming* je ne viendrai pas en tout cas or en de toute façon / *in any case, that's not the point* bref or en tout cas, là n'est pas la question **2.** [at least] du moins, en tout cas / *that's what I was told, or in any case was led to believe* c'est ce qu'on m'a dit ou en tout cas or ou du moins, ce qu'on m'a fait croire.

✧ **in case** ◆ adv phr au cas où / *I'll take my umbrella (just) in case* je vais prendre mon parapluie au cas où. ◆ conj phr au cas où / *in case you think I'm bluffing* au cas où tu croirais que je bluffe / *I kept a place for you, in case you were late* je t'ai gardé une place, au cas où tu serais en retard.

✧ **in case of** prep phr en cas de / *in case of emergency / fire* en cas d'urgence / d'incendie.

casebook ['keɪsbʊk] n [gen] *recueil de comptes rendus de cas* ; LAW recueil *m* de jurisprudence.

casebound ['keɪsbaʊnd] adj cartonné.

casefile ['keɪsfaɪl] n dossier *m*.

case grammar n grammaire *f* des cas.

case-harden vt METALL cémenter ; *fig* endurcir.

case-hardened adj METALL cémenté ; *fig* endurci.

case-hardening n METALL cémentation *f*.

case history n antécédents *mpl*.

casein ['keɪsi:n] n caséine *f*.

case-insensitive adj COMPUT qui ne distingue pas les majuscules des minuscules / *this URL is case-insensitive* le respect de majuscules et des minuscules n'est pas nécessaire pour cette URL.

case knife n couteau *m* à gaine.

case law n jurisprudence *f*.

case load n (nombre *m* de) dossiers *mpl* à traiter.

casemate ['keɪsmeɪt] n casemate *f*.

casement ['keɪsmənt] ◆ n [window] fenêtre *f* à battant or battants, croisée *f* ; [window frame] châssis *m* de fenêtre (à deux battants) ; *liter* fenêtre *f*. ◆ comp ▸ **casement window** fenêtre *f* à battant or battants, croisée *f*.

case-sensitive adj sensible à la casse.

case study n étude *f* de cas.

casework ['keɪswɜ:k] n *travail social personnalisé*.

caseworker ['keɪs,wɜ:kər] n *travailleur social s'occupant de cas individuels et familiaux*.

Casey Jones ['keɪsɪdʒəʊnz] pr n *héros populaire américain qui mourut en sauvant les passagers d'un train fou*.

cash [kæʃ] ◆ n **1.** [coins and banknotes] espèces *fpl*, (argent *m*) liquide *m* / *I never carry much cash* je n'ai jamais beaucoup d'argent or de liquide sur moi / *£3,000 in cash* 3 000 livres en espèces or en liquide / *to pay (in) cash* payer en liquide or en espèces ▸ **hard** or **ready cash** liquide *m* ▸ **to pay cash on the nail** payer rubis sur ongle **2.** [money in general] argent *m* / *to be short of cash* être à court (d'argent) / *I ran out of cash* je n'avais plus d'argent / *they haven't any cash* ils n'ont plus un sou **3.** [immediate payment] ▸ **discount for cash** escompte *m* de caisse ▸ **cash down** argent *m* comptant ▸ **to pay cash (down)** payer comptant ▸ **cash on delivery** paiement *m* à la livraison, (livraison *f*) contre remboursement ▸ **cash on shipment** comptant *m* à l'expédition ▸ **cash with order** payable à la commande. ◆ comp **1.** [problems, worries] d'argent **2.** [price, transaction] (au) comptant ▸ **cash deposit** versement *m* en espèces ▸ **cash bar** US bar *m* payant *(à une réception)* ▸ **cash offer** offre *f* d'achat avec paiement comptant / *she made us a cash offer for the flat* elle nous a proposé de payer l'appartement (au) comptant ▸ **cash payment** **a)** [immediate] paiement *m* comptant **b)** [in cash] paiement *m* en espèces or en liquide ▸ **cash prize** prix *m* en espèces ▸ **cash purchase** achat *m* au comptant or contre espèces ▸ **cash sale** vente *f* au comptant ▸ **cash terms** conditions *fpl* au comptant ▸ **cash value** valeur *f* de rachat. ◆ vt [cheque] encaisser, toucher / *could you cash this cheque for me?* **a)** [friend] peux-tu me donner de l'argent contre ce chèque ? **b)** [bank] voudriez-vous m'encaisser ce chèque ?

✧ **cash in** ◆ vt sep [bond, certificate] réaliser, se faire rembourser ; [coupon] se faire rembourser. ◆ vi *inf* [take advantage] : *to cash in on a situation* profiter or tirer profit d'une situation / *to cash in on one's influence / talent* monnayer son influence / talent.

✧ **cash up** vi UK COMM faire ses comptes.

cashable ['kæʃəbl] adj encaissable, payable.

cash and carry n UK libre-service *m* de gros, cash and carry *m inv*.

✧ **cash-and-carry** UK ◆ adj de libre-service de gros, de cash and carry. ◆ adv dans un libre-service de gros or un cash and carry.

cashback ['kæʃbæk] n UK **1.** [in mortgage lending] *prime versée par une société de crédit immobilier au souscripteur d'un emprunt* **2.** [in supermarket] *espèces retirées à la caisse d'un supermarché lors d'un paiement par carte*.

cashbook ['kæʃbʊk] n livre *m* de caisse.

cashbox ['kæʃbɒks] n caisse *f*.

cash card n carte *f* de retrait.

cash cow n vache *f* à lait.

cash crop n culture *f* de rapport or commerciale.

cash desk n caisse *f*.

cash discount n remise *f* au comptant.

cash dispenser n distributeur *m* (de billets).

cashew ['kæʃu:] n [tree] anacardier *m* ▸ **cashew (nut)** (noix *f* de) cajou *m*.

cash flow n marge *f* brute d'autofinancement, cash-flow *m* / *cash flow problems* *lit & hum* problèmes *mpl* de trésorerie.

cashier [kæ'ʃɪər] ◆ n BANK & COMM caissier *m*, -ère *f*. ◆ vt MIL casser ; *fig* renvoyer, congédier.

cashless ['kæʃlɪs] adj sans argent.

cash machine n distributeur *m* de billets.

cashmere [kæʃ'mɪər] ◆ n cachemire *m*. ◆ comp [coat, sweater] de or en cachemire.

cashpoint ['kæʃpɔɪnt] n UK distributeur *m* (de billets).

cash price n prix *m* comptant.

cash register n caisse *f* (enregistreuse).

casing ['keɪsɪŋ] n **1.** [gen] revêtement *m*, enveloppe *f* ; [for tyre] enveloppe *f* extérieure **2.** [of window] chambranle *m*, châssis *m* ; [of door] encadrement *m*, chambranle *m*.

casino [kə'si:nəʊ] (*pl* **casinos**) n casino *m*.

cask [kɑ:sk] n [barrel - gen] tonneau *m*, fût *m* ; [- large] barrique *f* ; [- small] baril *m* ▸ **cask strength** brut de fût.

cask-aged adj vieilli en fût.

casket ['kɑ:skɪt] n **1.** [small box] coffret *m*, boîte *f* **2.** US [coffin] cercueil *m*.

Caspian Sea ['kæspɪən-] pr n ▸ **the Caspian Sea** la (mer) Caspienne.

Cassandra [kə'sændrə] pr n MYTH & *fig* Cassandre.

cassata [kə'sɑ:tə] n cassate *f*.

cassava [kə'sɑ:və] n [plant] manioc *m* ; [flour] farine *f* de manioc.

casserole ['kæsərəʊl] ◆ n **1.** [pan] cocotte *f* **2.** [stew] ragoût *m*. ◆ vt (faire) cuire en ragoût.

> ⚠ The French word **casserole** means saucepan, not casserole.

cassette [kæ'set] n **1.** [tape] cassette *f* **2.** PHOT [cartridge] chargeur *m*.

cassette deck n lecteur *m* de cassettes.

cassette player n lecteur *m* de cassettes.

cassette recorder n magnétophone *m* à cassettes.

cassia ['kæsɪə] n casse *f*.

Cassiopeia [,kæsɪə'pɪə] pr n Cassiopée.

Cassius ['kæsɪəs] pr n Cassius.

cassock ['kæsək] n soutane *f*.

cassowary ['kæsəweərɪ] (*pl* **cassowaries**) n casoar *m*.

cast [kɑ:st] (*pt & pp* **cast**) ◆ vt **1.** [throw] jeter, lancer ▸ **to cast lots** UK tirer au sort ▸ **to cast a spell on** or **over sb** **a)** [subj: witch] jeter un sort à qqn, ensorceler qqn **b)** *fig* ensorceler or envoûter qqn ▸ **to cast one's vote for sb** voter pour qqn / *the number of votes cast* le nombre de voix or de suffrages ▸ **to cast anchor** mouiller (l'ancre), jeter l'ancre / *the tyrant cast his enemies into prison* *liter* le tyran a jeté ses ennemis en prison / *we'll have to cast our net wide to find the right candidate* *fig* il va falloir ratisser large pour trouver le bon candidat **2.** [direct - light, shadow] projeter ; [- look] jeter, diriger / *the accident cast a shadow over their lives* l'accident a jeté une ombre sur leur existence / *could you cast an eye over this report?* voulez-vous jeter un œil sur ce rapport ? / *he cast an eye over the audience* il a promené son regard sur l'auditoire / *she cast a desperate glance at her mother* elle glissa à sa mère un regard désespéré, elle regarda sa mère avec désespoir / *to cast aspersions on sb's character* dénigrer qqn / *the evidence cast suspicion on him* les preuves ont jeté la suspicion sur lui **3.** [shed, throw off] perdre / *the horse cast a shoe* le cheval a perdu un fer / *cast all fear / thought of revenge from your mind* oubliez toute crainte / toute idée de revanche **4.** [film, play] distribuer les rôles de ; [performer] : *the director cast her in the role of the mother* le metteur en scène lui a attribué le rôle de la mère **5.** ART & TECH [form, statue] mouler ; [metal] couler, fondre ; [plaster] couler / *they are all cast in the same mould* *fig* ils sont tous faits sur or sont tous coulés dans le même moule **6.** [horoscope] tirer. ◆ n **1.** CIN & THEAT [actors] distribution *f*, acteurs *mpl* / *the cast is Italian* tous les acteurs sont italiens ▸ **cast list** **a)** CIN & TV générique *m* **b)** THEAT distribution *f* **2.** ART [colour, shade] nuance *f*, teinte *f* / *white with a pinkish cast* blanc nuancé de rose **3.** ART & TECH [act of moulding - metal] coulage *m*, coulée *f* ; [- plaster] moulage *m* ; [- coin, medallion] empreinte *f* ; [mould] moule *m* ; [object moulded] moulage *m* / *to make a bronze cast of a statue* mouler une statue en bronze **4.** MED [for broken limb] plâtre *m* / *her arm was in a cast* elle avait un bras dans le plâtre **5.** MED [squint] strabisme *m* / *he had a cast in his eye* il louchait d'un œil, il avait un œil qui louchait **6.** *fml* [type] : *the delicate cast of her features* la finesse de ses traits / *a peculiar cast of mind* une drôle de mentalité or de tournure d'esprit.

❖ **cast about** vi UK : *she cast about for an idea / an excuse to leave* elle essaya de trouver une idée / un prétexte pour partir.
❖ **cast aside** vt sep *liter* [book] mettre de côté ; [shirt, shoes] se débarrasser de ; *fig* [person, suggestion] rejeter, écarter.
❖ **cast away** vt sep **1.** [book, letter] jeter ; *fig* [cares, principle] se défaire de **2.** NAUT ▸ **to be cast away** être naufragé.
❖ **cast back** vt sep : *cast your mind back to the day we met* souviens-toi du or rappelle-toi le jour de notre première rencontre / *to cast one's thoughts back* se reporter en arrière.
❖ **cast down** vt sep **1.** *fml* [weapon] déposer, mettre bas **2.** *fig & liter* : *to be cast down* être démoralisé or découragé.
❖ **cast off** ◆ vt sep **1.** [undo] défaire ; [untie] délier, dénouer ; [in knitting] rabattre ; NAUT [lines, rope] larguer, lâcher ; [boat] larguer or lâcher les amarres de **2.** [rid oneself of - clothing] *liter* enlever, se débarrasser de ; [- bonds] se défaire de, se libérer de ; [- cares, habit, tradition] se défaire de, abandonner. ◆ vi **1.** NAUT larguer les amarres, appareiller **2.** [in knitting] rabattre les mailles.
❖ **cast on** ◆ vi monter les mailles. ◆ vt sep [stitches] monter.
❖ **cast out** vt sep *arch & liter* [person] renvoyer, chasser ; *fig* [fear, guilt] bannir.
❖ **cast up** vt sep [subj: sea, tide, waves] rejeter.

castanets [ˌkæstəˈnets] pl n castagnettes *fpl*.

castaway [ˈkɑːstəweɪ] ◆ n NAUT naufragé *m*, -e *f* ; *fig* naufragé *m*, -e *f*, laissé-pour-compte *m*, laissée-pour-compte *f*. ◆ adj NAUT naufragé.

caste [kɑːst] n [gen] caste *f*, classe *f* sociale ; [in Hindu society] caste *f* ▸ **to lose caste** UK *fig* déchoir, déroger.

castellated [ˈkæstəleɪtɪd] adj ARCHIT à tourelles ; TECH [filament, nut] crénelé.

caster [ˈkɑːstər] n **1.** [sifter] saupoudroir *m*, saupoudreuse *f* **2.** [wheel] roulette *f*.

caster sugar n UK sucre *m* en poudre.

castigate [ˈkæstɪgeɪt] vt *fml* **1.** [punish] corriger, punir ; [scold] réprimander, tancer *fml* **2.** [criticize - person] critiquer sévèrement, fustiger *fml* ; [- book, play] éreinter.

castigation [ˌkæstɪˈgeɪʃn] n *fml* [punishment] correction *f*, punition *f* ; [scolding] réprimande *f* ; [criticism] critique *f* sévère.

Castile [kæˈstiːl] pr n Castille *f*.

Castilian [kæˈstɪljən] ◆ n **1.** [person] Castillan *m*, -e *f* **2.** LING castillan *m*. ◆ adj castillan.

casting [ˈkɑːstɪŋ] n **1.** ART [act & object] moulage *m* ; TECH [act] coulée *f*, coulage *m*, fonte *f* ; [object] pièce *f* fondue **2.** CIN & THEAT [selection of actors] attribution *f* des rôles, casting *m*.

casting couch n *inf* : *she denied having got the part on the casting couch* elle a nié avoir couché avec le metteur en scène pour obtenir le rôle.

casting director n metteur *m* en scène (qui distribue les rôles).

casting vote n voix *f* prépondérante / *the president has a* or *the casting vote* le président a voix prépondérante.

cast iron n fonte *f*.
❖ **cast-iron** comp **1.** [pot, stove] de or en fonte **2.** *fig* [alibi] inattaquable, en béton ▸ **to have a cast-iron stomach** avoir un estomac en béton.

castle [ˈkɑːsl] ◆ n **1.** [building] château *m* (fort) ▸ **castle grounds** parc *m (d'un château)* ▸ **to build castles in the air** bâtir des châteaux en Espagne / **'The Castle'** *Kafka* 'le Château' **2.** [in chess] tour *f*. ◆ vi [in chess] roquer.

Castle Howard [-ˈhaʊəd] pr n *château dans le Yorkshire*.

castling [ˈkɑːslɪŋ] n [in chess] roque *m*.

castoff [ˈkɑːstɒf] n *(usu pl)* [piece of clothing] vieux vêtement *m* ; *fig* [person] laissé-pour-compte *m*, laissée-pour-compte *f*.
❖ **cast-off** adj dont personne ne veut ▸ **cast-off clothes** vieux vêtements *mpl*.

castor [ˈkɑːstər] n **1.** = **caster 2.** [secretion] castoréum *m*.
❖ **Castor** pr n ▸ **Castor and Pollux** Castor et Pollux.

castor oil n huile *f* de ricin.

castor-oil plant n ricin *m*.

castrate [kæˈstreɪt] vt *lit* châtrer, castrer ; *fig* [weaken - person, political movement] émasculer.

castration [kæˈstreɪʃn] n *lit* castration *f* ; *fig* [of political movement] émasculation *f* ▸ **castration complex** complexe *m* de castration.

castrato [kæˈstrɑːtəʊ] *(pl* **castratos** *or* **castrati** [-tiː]) n castrat *m*.

cast steel n acier *m* moulé.

casual [ˈkæʒʊəl] ◆ adj **1.** [unconcerned] désinvolte, nonchalant ; [natural] simple, naturel / *they're very casual about the way they dress* ils attachent très peu d'importance à leurs vêtements or à la façon dont ils s'habillent / *I tried to appear casual when talking about it* j'ai essayé d'en parler avec désinvolture **2.** [informal - dinner] simple, détendu ; [- clothing] sport *(inv)* **3.** [superficial] superficiel / *I took a casual glance at the paper* j'ai jeté un coup d'œil (rapide) au journal / *to make casual conversation* parler de choses et d'autres, parler à bâtons rompus / *it was just a casual suggestion* c'était seulement une suggestion en passant / *she's just a casual acquaintance of mine* c'est quelqu'un que je connais très peu / *a casual love affair* une aventure ▸ **casual sex** rapports *mpl* sexuels de rencontre **4.** [happening by chance - meeting] de hasard ; [- onlooker] venu par hasard **5.** [occasional - job] intermittent ; [- worker] temporaire ▸ **casual labourer a)** UK [for one day] journalier *m*, -ère *f* **b)** [for harvest, season] (travailleur *m*) saisonnier *m*, (travailleuse *f*) saisonnière *f* **c)** [in construction work] ouvrier *m*, -ère *f* temporaire. ◆ n [farmworker - for one day] journalier *m*, -ère *f* ; [- for harvest, season] (travailleur *m*) saisonnier *m*, (travailleuse *f*) saisonnière *f* ; [- in construction work] ouvrier *m*, -ère *f* temporaire.
❖ **casuals** pl n [clothing] vêtements *mpl* sport ; [shoes] chaussures *fpl* sport.

casualization [ˌkæʒʊəlaɪˈzeɪʃən] n précarisation *f*.

casualize [ˈkæʒʊəlaɪz] vt précariser.

casually [ˈkæʒʊəlɪ] adv **1.** [unconcernedly] avec désinvolture, nonchalamment **2.** [informally] simplement / *to dress casually* s'habiller sport **3.** [glance, remark, suggest] en passant / *they talked casually about this and that* ils ont parlé de choses et d'autres or à bâtons rompus **4.** [by chance] par hasard.

casualness [ˈkæʒʊəlnɪs] n **1.** [unconcern] désinvolture *f*, nonchalance *f* **2.** [informality] simplicité *f* / *the casualness of their dress* l'allure décontractée or sport de leur habillement **3.** [haphazardness] hasard *m*, fortuité *f*.

casualty [ˈkæʒjʊəltɪ] *(pl* **casualties**) n **1.** [wounded] blessé *m*, -e *f* ; [dead] mort *m*, -e *f* / *there were heavy casualties* **a)** [gen] il y avait beaucoup de victimes or de morts et de blessés **b)** [dead] il y avait beaucoup de pertes / *truth is often a casualty in political debates* la vérité est souvent sacrifiée dans les débats politiques **2.** *(U)* = **casualty department**.

casualty department n MED [emergency ward] service *m* des urgences ; [accident ward] salle *f* des accidentés.

casualty list n [gen] liste *f* des victimes ; MIL état *m* des pertes.

casualty ward n [for emergencies] service *m* des urgences ; [for accident victims] salle *f* des accidentés.

casuist [ˈkæzjʊɪst] n casuiste *m*.

casuistry [ˈkæzjʊɪstrɪ] n [philosophy] casuistique *f* ; *(U)* [reasoning] arguments *mpl* de casuiste.

casus belli [ˌkeɪzəsˈbelaɪ or ˌkɑːzəsˈbeliː] n casus belli *m*.

cat [kæt] n **1.** ZOOL chat *m*, chatte *f* ▸ **cat hair** poils *mpl* de chat ▸ **to let the cat out of the bag** vendre la mèche ▸ **to be like a cat on hot bricks** UK or **on a hot tin roof** US être sur des charbons ardents ▸ **there isn't enough room to swing a cat** il n'y a pas la place de se retourner ▸ **he looked like something the cat brought in** il était dégoûtant ▸ **has the cat got your tongue?** tu as perdu ta langue ? ▸ **to fight like cat and dog** se battre comme des chiffonniers ▸ **to put** or **to set the cat among the pigeons** UK jeter un pavé dans la mare ▸ **to play (a game of) cat and mouse with sb** jouer au chat et à la souris avec qqn ▸ **to wait for the cat to jump** or **to see which way the cat will jump** UK attendre de voir d'où vient le vent ▸ **he thinks he's the cat's whiskers** *inf* or **the cat's miaow** *inf* il se prend pour le nombril du monde ▸ **it's the cat's pyjamas** UK *inf* or **pajamas** US *inf* c'est génial ▸ **when the cat's away the mice will play** *prov* quand le chat n'est pas là les souris dansent *prov* / **'Cat and Mouse'** *Grass* 'le Chat et la souris' / **'Cat on a Hot Tin Roof'** *Williams, Brooks* 'la Chatte sur un toit brûlant' **2.** *pej* [woman] rosse *f*, chipie *f* **3.** US *inf & dated* [man] mec *m* / *what a cool cat!* vraiment cool, ce type ! **4.** *inf* [boat] catamaran *m* **5.** *inf* AUTO pot *m* catalytique.

CAT n **1.** (abbr of **computer-assisted teaching**) UK EAO *m* **2.** [kæt] (abbr of **computerized axial tomography**) CAT *f* ▸ **CAT scan** scanographie *f* / *to have a CAT scan* passer un scanner **3.** (abbr of **computer-aided translation**) TAO *f*.

catabolism [kəˈtæbəlɪzm] n catabolisme *m*.

catachresis [ˌkætəˈkriːsɪs] n catachrèse *f*.

cataclysm [ˈkætəklɪzm] n cataclysme *m*.

cataclysmic [ˌkætəˈklɪzmɪk] adj cataclysmique.

catacomb [ˈkætəkuːm] n *(usu pl)* catacombe *f*.

catafalque [ˈkætəfælk] n catafalque *m*.

Catalan [ˈkætəˌlæn] ◆ n **1.** [person] catalan *m*, -e *f* **2.** LING catalan *m*. ◆ adj catalan.

catalepsy [ˈkætəlepsɪ] n catalepsie *f*.

cataleptic [ˌkætəˈleptɪk] adj cataleptique / *to have a cataleptic fit* tomber en catalepsie.

catalogue UK, **catalog** US [ˈkætəlɒg] ◆ n catalogue *m* ; [in library] fichier *m* ; US UNIV guide *m* de l'étudiant / *his life story was a catalogue of disasters* sa vie a été une série de malheurs. ◆ vt cataloguer, faire le catalogue de.

Catalonia [ˌkætəˈləʊnɪə] pr n Catalogne *f* / *in Catalonia* en Catalogne.

Catalonian [ˌkætəˈləʊnʃən] ◆ adj catalan. ◆ n [person] catalan *m*, -e *f*.

catalyse UK, **catalyze** US [ˈkætəlaɪz] vt catalyser.

catalysis [kəˈtæləsɪs] *(pl* **catalyses** [-siːz]) n catalyse *f*.

catalyst [ˈkætəlɪst] n catalyseur *m*.

catalytic [ˌkætəˈlɪtɪk] adj catalytique.

catalytic converter n pot *m* catalytique.

catalyze US [ˈkætəlaɪz] vt = **catalyse**.

catamaran [ˌkætəməˈræn] n catamaran *m*.

Catania [kəˈteɪnjə] pr n Catane.

cataphora [kəˈtæfrə] n cataphore *f*.

cataplexy [ˈkætəpleksɪ] n cataplexie *f*.

catapult [ˈkætəpʌlt] ◆ n **1.** UK [child's] lance-pierres *m inv* **2.** AERON & MIL catapulte *f* ▸ **catapult launcher** catapulte *f* ▸ **catapult launching** catapultage *m*. ◆ vt [gen & AERON] catapulter / *she was catapulted into the leadership job fig* elle a été catapultée à la direction.

cataract [ˈkætərækt] n **1.** [waterfall] cataracte *f*, cascade *f* **2.** [downpour] déluge *m* **3.** MED cataracte *f* / *to be operated on for a cataract* être opéré de la cataracte.

catarrh [kəˈtɑːr] n catarrhe *m* / *to have bad catarrh* UK être très catarrheux.

catarrhal [kəˈtɑːrəl] adj catarrheux.

catastrophe [kəˈtæstrəfɪ] n catastrophe *f*.

catastrophe theory n théorie *f* des catastrophes.

catastrophic [ˌkætəˈstrɒfɪk] adj catastrophique.

catastrophically [ˌkætəˈstrɒfɪkəlɪ] adv d'une façon catastrophique / *catastrophically high / low* catastrophiquement élevé / bas.

catatonia [ˌkætəˈtəʊnɪə] n catatonie *f*.

catatonic [ˌkætəˈtɒnɪk] adj catatonique.

catbird seat [ˈkætbɜːd-] n US *inf* ▸ **in the catbird seat** en position de force.

cat burglar n monte-en-l'air *m inv*.

catcall [ˈkætkɔːl] ◆ n THEAT sifflet *m* / *the actors were greeted with catcalls* les acteurs se sont fait siffler. ◆ vi siffler.

catch [kætʃ] (*pt & pp* **caught** [kɔːt]) ◆ vt **1.** [ball, thrown object] attraper ▸ **to catch hold of sthg** attraper qqch / *the dog caught the ball in its mouth* le chien a attrapé la balle dans sa gueule / *catch!* attrape ! ; [take hold of] ▸ **to catch sb's arm** saisir or prendre qqn par le bras **2.** [trap - fish, mouse, thief] attraper, prendre / *he got caught by the police* il s'est fait attraper par la police / *to get caught in a traffic jam* être pris dans un embouteillage / *we got caught in a shower / thunderstorm* nous avons été surpris par une averse / l'orage ▸ **to catch sb doing sthg** surprendre qqn à faire qqch ▸ **to catch o.s. doing sthg** se surprendre à faire qqch / *I caught myself thinking about him* je me suis surpris à repenser à lui / *they were caught trying to escape* on les a surpris en train d'essayer de s'évader / *if I catch you talking once more I'll throw you out!* si je te prends or surprends encore une fois en train de parler, je te mets à la porte ! / *you won't catch me doing the washing-up!* aucun danger de me surprendre en train de faire la vaisselle ! / *don't let me catch you at it again!* que je ne t'y reprenne pas ! / *you'll catch it when you get home!* UK *inf* qu'est-ce que tu vas prendre en rentrant ! ▸ **to catch sb napping** prendre qqn en défaut **3.** [disease, infection] attraper / *to catch a cold* attraper un rhume ▸ **to catch cold** attraper or prendre froid ▸ **to catch one's death (of cold)** *inf* : *he'll catch his death!* il va attraper la crève ! **4.** [bus, train] attraper, prendre ; [person] attraper / *I have a train to catch at 6 o'clock* j'ai un train à prendre à 6 h / *to catch the last post* UK arriver à temps pour la dernière levée (du courrier) / *try and catch the postman before you leave* essayez d'attraper le facteur avant de partir / *I just caught the end of the film* j'ai juste vu la fin du film ▸ **catch you later!** US *inf* à plus ! **5.** [on nail, obstacle] : *he caught his finger in the door* il s'est pris le doigt dans la porte / *she caught her skirt in the door* sa jupe s'est prise dans la porte / *he caught his coat on the brambles* son manteau s'est accroché aux ronces **6.** [hear clearly, understand] saisir, comprendre / *I didn't quite catch what you said* je n'ai pas bien entendu ce que vous avez dit / *I don't catch your meaning* je ne vois pas ce que vous voulez dire **7.** [attract] ▸ **to catch sb's attention** or **sb's eye** attirer l'attention de qqn / *the idea caught her imagination* l'idée a enflammé son imagination / *the house caught his fancy* UK la maison lui a plu / *this coat catches fluff* la poussière se voit sur ce manteau **8.** [in portrait, writing - likeness, mood] saisir **9.** [hit] ▸ **to catch sb a blow** UK donner or flanquer un coup à qqn / *the wave caught her sideways* la vague l'a frappée de côté / *he fell and caught his head on the radiator* il est tombé et s'est cogné la tête contre le radiateur **10.** [notice] remarquer / *did you catch the look on his face?* vous avez remarqué l'expression de son visage ? **11.** PHR **to catch one's breath** reprendre son souffle / *he had to sit down to catch his breath* il a dû s'asseoir pour reprendre son souffle. ◆ vi **1.** [ignite - fire, wood] prendre ; [- engine] démarrer **2.** [bolt, lock] fermer ; [gears] mordre **3.** [on obstacle] : *her skirt caught on a nail* sa jupe s'est accrochée à un clou / *his coat caught in the door* son manteau s'est pris dans la porte. ◆ n **1.** [act] prise *f* ▸ **good catch!** SPORT bien rattrapé ! **2.** [of fish] prise *f* / *a fine catch* une belle prise / *he's a good catch hum & fig* [man] c'est une belle prise **3.** [snag] piège *m* / *there must be a catch in it somewhere* il doit y avoir un truc or un piège quelque part, ça cache quelque chose / *where's* or *what's the catch?* qu'est-ce que ça cache ?, où est le piège ? **4.** [on lock, door] loquet *m* ; [on window] loqueteau *m* ; [on shoe-buckle] ardillon *m* **5.** [in voice] : *with a catch in his voice* d'une voix entrecoupée **6.** GAMES jeu *m* de balle / *to play catch* jouer à la balle **7.** MUS canon *m*.

❖ **catch at** vt insep (essayer d')attraper.

❖ **catch on** vi **1.** [fashion, trend, slogan] devenir populaire / *this dance style caught on in the fifties* cette danse a fait un tabac or était très populaire dans les années cinquante **2.** *inf* [understand] piger, saisir, comprendre / *I didn't quite catch on to what he was trying to say* je n'ai pas bien saisi ce qu'il essayait de dire / *did you catch on?* est-ce que tu as pigé ?

❖ **catch out** vt sep UK [by trickery] prendre en défaut ; [in the act] prendre sur le fait / *he tried to catch me out with a trick question* il a essayé de me coller or prendre en défaut avec une question-piège / *I won't be caught out like that again!* on ne m'y prendra plus !

❖ **catch up** ◆ vi **1.** [as verb of movement] ▸ **to catch up with sb** rattraper qqn / *I had to run to catch up with him* or *to catch him up* j'ai dû courir pour le rattraper or le rejoindre / *the police caught up with him in Zurich* la police l'a rattrapé à Zurich / *his past will catch up with him one day fig* il finira par être rattrapé par son passé **2.** [on lost time] combler or rattraper son retard ; [on studies] rattraper son retard, se remettre au niveau / *to catch up on* or *with one's work* rattraper le retard qu'on a pris dans son travail / *he'll have to work hard to catch up with the rest of the class* il va falloir qu'il travaille beaucoup pour rattraper le reste de la classe / *I need to catch up on some sleep* j'ai du sommeil à rattraper / *we had a lot of news to catch up on* nous avions beaucoup de choses à nous dire. ◆ vt sep **1.** [entangle] : *the material got caught up in the machinery* le tissu s'est pris dans la machine **2.** [absorb, involve] : *to get caught up in a wave of enthusiasm* être gagné par une vague d'enthousiasme / *he was too caught up in the film to notice what was happening* il était trop absorbé par le film pour remarquer ce qui se passait / *I refuse to get caught up in their private quarrel* je refuse de me laisser entraîner dans leurs querelles personnelles **3.** [seize] ramasser vivement, s'emparer de **4.** [person] rattraper.

catch-all ◆ n fourre-tout *m inv*. ◆ adj fourre-tout (*inv*), qui pare à toute éventualité ▸ **catch-all phrase** expression *f* passe-partout.

catch-as-catch-can ◆ n SPORT catch *m*. ◆ adj US improvisé.

catcher [ˈkætʃəʳ] n [gen & in baseball] attrapeur *m*.

catching [ˈkætʃɪŋ] adj **1.** MED contagieux **2.** *fig* [enthusiasm] contagieux, communicatif ; [habit] contagieux.

catchment [ˈkætʃmənt] n captage *m*.

catchment area n **1.** [drainage area] bassin *m* hydrographique **2.** ADMIN [for hospital] *circonscription hospitalière* ; [for school] secteur *m* de recrutement scolaire.

catchment basin n = **catchment area**.

catchpenny [ˈkætʃˌpenɪ] (*pl* **catchpennies**) UK ◆ adj accrocheur. ◆ n attrape-nigaud *m*.

catchphrase [ˈkætʃfreɪz] n [in advertising] accroche *f* ; [set phrase] formule *f* toute faite ; [of performer] petite phrase *f*.

catch question n question-piège *f*, colle *f*.

catch-22 [-twentɪˈtuː] n ▸ **catch-22 situation** situation *f* sans issue, cercle *m* vicieux.

Catch-22

Cette expression reprend le titre d'un roman de l'écrivain américain Joseph Heller. Publié en 1961, *catch-22* met en scène des bombardiers pendant la Seconde Guerre mondiale. La **catch-22** est une situation absurde : quiconque désire se faire dispenser d'aller au combat n'est pas fou ; or, d'après l'article 22 du règlement, seuls les fous peuvent se faire réformer. Entrée dans l'usage courant, l'expression évoque toute situation absurde dont on sortira perdant, quel que soit le choix que l'on fait :

It was catch-22: I couldn't leave until she arrived, and she wouldn't come until she knew I'd left. *C'était une situation inextricable : je ne pouvais pas partir tant qu'elle n'était pas arrivée et elle ne voulait pas venir tant qu'elle me savait là.*

The villagers are in a catch-22 situation: if they stay in their homes they may be killed by a further tremor, and if they leave they risk losing everything to looters. *Les habitants du village sont face à un dilemme : s'ils restent dans leurs maisons, ils peuvent mourir lors d'une nouvelle secousse, et s'ils partent, ils courent le risque de se faire piller tout ce qu'ils possèdent.*

catchup [ˈkætʃʌp] n US ketchup *m*.

catchword [ˈkætʃwɜːd] n **1.** [slogan] slogan *m* ; POL mot *m* d'ordre, slogan *m* **2.** [in printing - at top of page] mot-vedette *m* ; [- at foot of page] réclame *f* **3.** THEAT réclame *f*.

catchy [ˈkætʃɪ] (*compar* **catchier**, *superl* **catchiest**) adj [tune] qui trotte dans la tête, facile à retenir ; [title] facile à retenir.

cat door n = **cat flap**.

catechism [ˈkætəkɪzm] n catéchisme *m*.

catechist [ˈkætəkɪst] n catéchiste *mf*.

catechize, **catechise** [ˈkætɪkaɪz] vt **1.** RELIG catéchiser **2.** *fig* [examine] interroger, questionner.

categorical [ˌkætɪˈgɒrɪkl] adj catégorique.

categorically [ˌkætɪˈgɒrɪklɪ] adv catégoriquement.

categorization [ˌkætəgəraɪˈzeɪʃn] n catégorisation *f*.

categorize, **categorise** [ˈkætəgəraɪz] vt catégoriser.

category [ˈkætəgərɪ] (*pl* **categories**) n catégorie *f*.

category leader n chef *m* de file dans sa catégorie.

cater [ˈkeɪtəʳ] ◆ vi s'occuper de la nourriture, fournir des repas. ◆ vt US s'occuper de la nourriture pour.

❖ **cater for** vt insep UK **1.** [with food] s'occuper de la nourriture pour / **'coach parties catered for'** 'accueil de groupes' **2.** *fig* [needs] répondre à, pourvoir à ; [tastes] satisfaire / *we cater for the needs of small companies* nous répondons à la demande des petites entreprises.

❖ **cater to** vt insep **1.** [needs, demands] satisfaire, répondre à **2.** US = **cater for**.

cater-corner, **cater-cornered** US *inf* ◆ adj diagonal. ◆ adv diagonalement.

caterer [ˈkeɪtərəʳ] n traiteur *m*.

catering [ˈkeɪtərɪŋ] ◆ n restauration *f* / *who did the catering for the wedding?* qui a fourni le repas pour le mariage ? ◆ comp [industry] de la restauration ; [college] hôtelier ▸ **catering firm** traiteur *m* ▸ **catering manager** chef *m* or responsable *m* de la restauration.

caterpillar [ˈkætəpɪləʳ] n ZOOL & TECH chenille *f*.

caterpillar track n TECH chenille *f*.

caterwaul [ˈkætəwɔːl] ◆ vi [cat] miauler ; [person] brailler. ◆ n [of cat] miaulement *m* ; [of person] braillement *m*.

caterwauling [ˈkætəwɔːlɪŋ] n (*U*) [of cat] miaulements *mpl* ; [of person] braillements *mpl*.

cat-eye adj ▸ **cat-eye glasses** lunettes *fpl* de star.

catfight [ˈkætfaɪt] ◆ n crêpage *m* de chignon / *they were having a catfight* elles se crêpaient le chignon. ◆ vi se bagarrer *(en parlant de femmes)*.

catfighting [ˈkætfaɪtɪŋ] n crêpage *m* de chignon.

catfish [ˈkætfɪʃ] (*pl* **catfish** *or* **catfishes**) n poisson-chat *m*.

cat flap n chatière *f*.

cat food n (*U*) nourriture *f* pour chats.

catgut [ˈkætgʌt] n [for musical instrument, racket] boyau *m* (de chat) ; MED catgut *m*.

Cathar [ˈkæθəʳ] ◆ n cathare *mf*. ◆ adj cathare.

catharsis [kə'θɑːsɪs] (*pl* **catharses** [-siːz]) n catharsis *f*.

cathartic [kə'θɑːtɪk] ◆ adj cathartique. ◆ n MED purgatif *m*, cathartique *m*.

Cathay [kæ'θeɪ] pr n Cathay *m*.

cathedra [kə'θiːdrə] n cathèdre *f*.

cathedral [kə'θiːdrəl] n cathédrale *f*.

cathedral city n évêché *m*, ville *f* épiscopale.

cathedral glass n verre *m* cathédrale.

Catherine ['kæθrɪn] pr n ▸ **Saint Catherine** sainte Catherine ▸ **Saint Catherine's Day** la Sainte-Catherine ▸ **Catherine the Great** Catherine la Grande ▸ **Catherine de' Medici** Catherine de Médicis ▸ **Catherine of Aragon** Catherine d'Aragon.

catherine wheel n [firework] soleil *m*.

catheter ['kæθɪtə^r] n cathéter *m*, sonde *f* creuse.

catheterize, catheterise ['kæθɪtə,raɪz] vt cathétériser.

cathode ['kæθəʊd] n cathode *f*.

cathode rays n rayons *mpl* cathodiques.

cathode ray tube n tube *m* cathodique.

catholic ['kæθlɪk] adj **1.** [broad - tastes] éclectique **2.** [liberal - views] libéral **3.** [universal] universel.

❖ **Catholic** ◆ adj RELIG catholique ▸ **the Catholic Church** l'Église *f* catholique. ◆ n catholique *mf*.

Catholicism [kə'θɒlɪsɪzm] n catholicisme *m*.

cathouse ['kæthaʊs] (*pl* [-haʊzɪz]) n US *v inf* bordel *m*.

cation ['kætaɪən] n cation *m*.

catkin ['kætkɪn] n BOT chaton *m*.

cat lick n *inf* toilette *f* de chat, brin *m* de toilette.

catlike ['kætlaɪk] ◆ adj félin. ◆ adv comme un chat.

cat litter n litière *f* (pour chats) ▸ **cat litter tray** bac *m* à litière.

catmint ['kætmɪnt] n herbe *f* aux chats.

catnap ['kætnæp] *inf* ◆ n (petit) somme *m* / *to have a catnap* faire un petit somme. ◆ vi sommeiller, faire un petit somme.

catnip ['kætnɪp] n = **catmint**.

Cato ['keɪtəʊ] pr n Caton.

cat-o'-nine-tails n chat à neuf queues *m*, martinet *m*.

cat's cradle n jeu *m* de figures *(que l'on forme entre les doigts avec de la ficelle)*.

Catseye®, cat's-eye ['kæts,aɪ] n UK TRANSP catadioptre *m (marquant le milieu de la chaussée)*.

cat's-eye n **1.** TRANSP = **Catseye 2.** [gem] œil-de-chat *m*.

cat's-foot n pied-de-chat *m*, antennaire *f*.

cat's-paw n **1.** [person] dupe *f* ▸ **to be sb's cat's-paw** tirer les marrons du feu **2.** [on water] (effet *m* de vague produit par une) légère brise *f*.

catsuit ['kætsuːt] n combinaison-pantalon *f*.

catsup ['kætsəp] n US ketchup *m*.

cat's whisker n **1.** RADIO chercheur *m* (de détecteur à galène) **2.** PHR *he thinks he's the cat's whiskers inf* il se prend pour le nombril du monde.

cattery ['kætərɪ] (*pl* **catteries**) n pension *f* pour chats.

cattle ['kætl] pl n *(U)* bétail *m*, bestiaux *mpl*, bovins *mpl* ▸ **cattle breeder** éleveur *m* (de bétail) ▸ **cattle breeding** élevage *m* (du bétail) ▸ **cattle cake** AGR tourteau *m* ▸ **cattle ranch** ranch *m (pour l'élevage du bétail)* ▸ **cattle shed** étable *f* ▸ **cattle show** concours *m* agricole ▸ **cattle truck** fourgon *m* à bestiaux.

cattle grid, cattle guard US n *sur un route, grille au sol destinée à empêcher le passage du bétail mais non celui des voitures.*

cattleman ['kætlmən] (*pl* **cattlemen** [-mən]) n vacher *m*, bouvier *m*.

cattle market n marché *m* or foire *f* aux bestiaux / *this beauty contest is just a cattle market fig* ce concours de beauté n'est qu'un marché aux bestiaux.

catty ['kætɪ] (*compar* **cattier**, *superl* **cattiest**) adj *inf & pej* [person, gossip] méchant, vache / *a catty remark* une réflexion désagréable.

Catullus [kə'tʌləs] pr n Catulle.

catwalk ['kætwɔːk] n passerelle *f*.

Caucasia [kɔː'keɪzjə] pr n Caucase *m*.

Caucasian [kɔː'keɪzjən], **Caucasic** [kɔː'keɪzɪk] ◆ n **1.** [from Caucasia] Caucasien *m*, -enne *f* **2.** [white person] Blanc *m*, Blanche *f* **3.** LING caucasien *m*. ◆ adj **1.** [from Caucasia] caucasien / **'The Caucasian Chalk Circle'** *Brecht* 'le Cercle de craie caucasien' **2.** [race, man] blanc (blanche) **3.** LING caucasien, caucasique.

Caucasoid ['kɔːkəsɔɪd] ◆ n Caucasoïde *mf*. ◆ adj caucasoïde.

Caucasus ['kɔːkəsəs] pr n ▸ **the Caucasus** le Caucase / *in the Caucasus* dans le Caucase.

caucus ['kɔːkəs] n **1.** US POL [committee] caucus *m* ▸ **caucus meeting** réunion *f* du comité électoral ▸ **the Democratic caucus** le groupe or le lobby démocrate **2.** UK POL [party organization] comité *m* ▸ **the Black caucus of the Labour Party** *les personnalités noires du parti travailliste.*

> **Caucus**
>
> Au Canada et aux États-Unis, les **caucus** sont les réunions des dirigeants des partis politiques. Dans certains États américains, il s'agit de réunions de militants lors du processus de désignation du candidat de leur parti à l'élection présidentielle.

caudal ['kɔːdl] adj caudal.

caught [kɔːt] pt & pp ⟶ **catch**.

caul [kɔːl] n PHYSIOL coiffe *f*.

cauldron ['kɔːldrən] n chaudron *m*.

cauliflower ['kɒlɪ,flaʊə^r] n chou-fleur *m*.

cauliflower cheese n chou-fleur *m* au gratin.

cauliflower ear n oreille *f* en chou-fleur.

caulk [kɔːk] vt [gen] calfeutrer ; NAUT calfater.

causal ['kɔːzl] adj [gen] causal ; GRAM causal, causatif.

causality [kɔː'zælətɪ] n causalité *f*.

causally ['kɔːzəlɪ] adv : *the two events are causally linked* les deux événements ont la même cause.

causation [kɔː'zeɪʃn] n [causing] causalité *f* ; [cause-effect relationship] relation *f* de cause à effet.

causative ['kɔːzətɪv] ◆ adj [gen] causal ; GRAM causal, causatif. ◆ n GRAM causatif *m*.

cause [kɔːz] ◆ n **1.** [reason] cause *f* ▸ **to be the cause of sthg** être (la) cause de qqch / *he was the cause of all our trouble* c'est lui qui a été la cause or qui a été à l'origine de tous nos ennuis / *the cause of the disease is not yet known* la cause de la maladie demeure inconnue / *she is the cause of his being in prison* c'est à cause d'elle qu'il est en prison / *the relation of cause and effect* la relation de cause à effet **2.** [justification] raison *f*, motif *m* / *there is cause for anxiety* il y a lieu d'être inquiet, il y a de quoi s'inquiéter / *we mustn't give them cause for complaint* il ne faut pas leur donner de motif de se plaindre / *they have cause to be bitter* ils ont lieu d'être amers, ils ont de quoi être amers / *with (good) cause* à juste titre / *without good cause* sans cause or raison valable **3.** [principle] cause *f* / *in the cause of justice* pour la cause de la justice / *the cause of equal rights* la cause de l'égalité des droits / *her lifelong devotion to the cause* son dévouement de toujours à la cause ▸ **to make common cause with sb** *fml* faire cause commune avec qqn / *it's all in a good cause!* c'est pour une bonne cause ! **4.** LAW cause *f* ▸ **cause of action** fondement *m* d'une action en justice. ◆ vt causer, provoquer / *smoking can cause cancer* le tabac peut provoquer des cancers / *he has caused us a lot of trouble* il nous a créé beaucoup d'ennuis / *it will only cause trouble* cela ne servira qu'à semer la zizanie / *what caused him to change his mind?* qu'est-ce qui l'a fait changer d'avis ? / *this caused me to lose my job* à cause de cela, j'ai perdu mon emploi.

causeway ['kɔːzweɪ] n GEOG chaussée *f*.

caustic ['kɔːstɪk] ◆ adj CHEM & *fig* caustique. ◆ n caustique *m*, substance *f* caustique.

caustic soda n soude *f* caustique.

cauterize, cauterise ['kɔːtəraɪz] vt cautériser.

cautery ['kɔːtərɪ] (*pl* **cauteries**) n cautère *m*.

caution ['kɔːʃn] ◆ n **1.** [care] circonspection *f*, prudence *f* / *to proceed with caution* **a)** [gen] agir avec circonspection or avec prudence **b)** [in car] avancer lentement / **'caution!'** 'attention !' ▸ **to throw caution to the wind** faire fi de toute prudence **2.** [warning] avertissement *m* ; [reprimand] réprimande *f* **3.** LAW avertissement *m* / *I got off with a caution* UK je m'en suis tiré avec un avertissement **4.** UK *inf & dated* [person] : *he's a caution!* c'est un numéro or un polisson ! ◆ vt **1.** [warn] avertir, mettre en garde / *he cautioned them to be careful* il leur a conseillé d'être prudents ▸ **to caution sb against doing sthg** déconseiller à qqn de faire qqch / *he cautioned them against the evils of drink* il les a mis en garde contre les dangers de la boisson **2.** LAW ▸ **to caution a prisoner** informer un prisonnier de ses droits. ◆ vi ▸ **to caution against sthg** déconseiller qqch.

cautionary ['kɔːʃənərɪ] adj qui sert d'avertissement / *as a cautionary measure* par mesure de précaution / *a cautionary tale* un récit édifiant.

cautious ['kɔːʃəs] adj circonspect, prudent ▸ **to be cautious about doing sthg** faire qqch avec circonspection.

cautiously ['kɔːʃəslɪ] adv avec prudence, prudemment.

cavalcade [,kævl'keɪd] n cavalcade *f*.

cavalier [,kævə'lɪə^r] ◆ n [gen & MIL] cavalier *m*. ◆ adj cavalier, désinvolte / *he treated me in a very cavalier fashion* il s'est comporté envers moi d'une façon très cavalière.

❖ **Cavalier** UK ◆ n HIST Cavalier *m (partisan de Charles Ier d'Angleterre pendant la guerre civile anglaise, de 1642 à 1646)*. ◆ adj HIST royaliste, Cavalier.

cavalry ['kævlrɪ] n cavalerie *f*.

cavalry charge n charge *f* de cavalerie.

cavalryman ['kævlrɪmən] (*pl* **cavalrymen** [-mən]) n cavalier *m (soldat)*.

cavalry officer n officier *m* de cavalerie.

cavalry twill n *étoffe utilisée pour faire les culottes de cheval.*

cave[1] [keɪv] ◆ n caverne *f*, grotte *f* / **'Fingal's Cave'** *Mendelssohn* 'la Grotte de Fingal'. ◆ vi ▸ **to go caving** faire de la spéléologie.

❖ **cave in** vi **1.** [ceiling, floor] s'écrouler, s'effondrer, s'affaisser ; [wall] s'écrouler, s'effondrer, céder **2.** *inf* [person] flancher, céder / *eventually they caved in and agreed* ils ont finalement cédé et donné leur accord.

> ⚠ The French word **cave** means a cellar, not a cave.

cave[2] [keɪv or 'keɪvɪ] UK *dated & school sl* ◆ n ▸ **to keep cave** faire le guet. ◆ interj ▸ **cave!** pet ! *dated*, vingt-deux !

caveat ['kævɪæt] n avertissement *m* ; LAW notification *f* d'opposition.

cave drawing n = **cave painting**.

cave dweller [keɪv-] n [in prehistory] homme *m* des cavernes ; [troglodyte] troglodyte *m*.

cave-dwelling adj cavernicole.

cave-in [keɪv-] n **1.** [of ceiling, floor] effondrement *m*, affaissement *m* **2.** *inf & fig* effondrement *m*, dégonflage *m*.

caveman ['keɪvmæn] (*pl* **cavemen** [-men]) n *lit* homme *m* des cavernes ; *fig* brute *f*.

cave painting [keɪv-] n peinture *f* rupestre.

caver ['keɪvəʳ] n spéléologue *mf*.

cavern ['kævən] n caverne *f*.

cavernous ['kævənəs] adj **1.** *fig* : *a cavernous building* un bâtiment très vaste à l'intérieur / *cavernous eyes* des yeux enfoncés / *cavernous depths* des profondeurs insondables / *a cavernous voice* une voix caverneuse **2.** GEOL plein de cavernes.

caviar(e) ['kævɪɑːʳ] n caviar *m*.

cavil ['kævl] (UK *pt & pp* **cavilled**, *cont* **cavilling** ; US *pt & pp* **caviled**, *cont* **caviling**) ◆ vi chicaner, ergoter ▸ **to cavil at sthg** chicaner or ergoter sur qqch. ◆ n chicane *f*, ergotage *m*.

caving ['keɪvɪŋ] n spéléologie *f*.

cavity ['kævətɪ] (*pl* **cavities**) n **1.** [in rock, wood] cavité *f*, creux *m* **2.** ANAT cavité *f* ; [in tooth] cavité *f*.

cavity wall ◆ n mur *m* creux or à double paroi. ◆ comp ▸ **cavity wall insulation** isolation *f* en murs creux.

cavort [kəˈvɔːt] vi **1.** *lit* cabrioler, gambader, faire des cabrioles **2.** *fig* : *while his wife was off cavorting around Europe* pendant que sa femme menait une vie de bâton de chaise en Europe.

caw [kɔː] ◆ vi croasser. ◆ n croassement *m*.

cawing ['kɔːɪŋ] n croassement *m*.

cay [keɪ] n [sandbank] banc *m* de sable ; [coral reef] banc *m* or récif *m* de corail.

Cayenne [keɪ'en] pr n Cayenne.

cayenne pepper n poivre *m* de Cayenne.

cayman ['keɪmən] n caïman *m*.

Cayman Islands pl pr n ▸ **the Cayman Islands** les îles *fpl* Caïmans.

cayuse [ka'juːs] n US [pony] petit poney *m*.

CB n **1.** (abbr of **Citizens' Band**) CB *f* **2.** (abbr of **Companion of (the Order of) the Bath**) *distinction honorifique britannique*.

CBC (abbr of **Canadian Broadcasting Corporation**) pr n *office national canadien de radiodiffusion*.

CBE (abbr of **Commander of (the Order of) the British Empire**) n *distinction honorifique britannique*.

CBer [siːˈbiːəʳ] n US cibiste *mf*.

CBI (abbr of **Confederation of British Industry**) pr n *association du patronat britannique* ; ≃ MEDEF *m*.

CBR (abbr of **chemical, bacteriological and radiological**) comp chimique, bactériologique et radioactif.

CBS (abbr of **Columbia Broadcasting System**) pr n *chaîne de télévision américaine*.

cc ◆ n (abbr of **cubic centimetre**) cm³. ◆ (written abbr of **carbon copy**) cc.

CC written abbr of **county council**.

CCA (abbr of **Circuit Court of Appeals**) n *cours d'appel du système judiciaire des États-Unis avant 1948*.

CCS n abbr of **carbon capture and storage**.

CCTV n abbr of **closed-circuit television**.

CCU n abbr of **coronary care unit**.

CD ◆ n **1.** (abbr of **compact disc**) CD *m* **2.** abbr of **Civil Defence 3.** abbr of **certificate of deposit**. ◆ (written abbr of **Corps Diplomatique**) CD.

CD burner n COMPUT graveur *m* (de CD).

CDC (abbr of **Centers for Disease Control**) pr n *aux États-Unis, institut fédéral de recherche sur les causes et la prévention des maladies*.

CDI (abbr of **compact disc interactive**) n CDI *m*.

CDM (abbr of **Clean Development Mechanism**) pr n MDP *m*.

CD player n lecteur *m* de CD.

CD-R [ˌsiːdiːˈɑːʳ] (abbr of **compact disc recordable**) n CD-R *m* ▸ **CD-R drive** lecteur-graveur *m* de CD.

Cdr. written abbr of **commander**.

CD-ROM [ˌsiːdiːˈrɒm] (abbr of **compact disc read only memory**) n CD-ROM *m*, CD-Rom *m*, cédérom *m* ▸ **CD-ROM drive** lecteur *m* de CD-ROM or de disque optique.

CD-RW [ˌsiːdiːɑːˈdʌbljuː] (abbr of **compact disc rewriteable**) n CD-RW *m*.

CDT n abbr of **Central Daylight Time**.

CD tower n colonne *f* (de rangement) pour CD.

CDV (abbr of **compact disc video**) n CDV *m*, CD vidéo *m*.

CDW n abbr of **collision damage waiver**.

CD writer n graveur *m* de CD.

CE n abbr of **Church of England**.

cease [siːs] ◆ vi *fml* [activity, noise] cesser, s'arrêter / *the rain eventually ceased* il a finalement cessé de pleuvoir ▸ **to cease and desist** LAW se désister. ◆ vt [activity, efforts, work] cesser, arrêter ▸ **to cease to do** or **to cease doing sthg** cesser de or arrêter de faire qqch / *the firm has ceased trading* l'entreprise a cessé ses activités / *a county that ceased to exist in 1974* un comté qui n'existe plus depuis 1974 ▸ **to cease fire** MIL cesser le feu. ◆ n ▸ **without cease** *fml* sans cesse.

ceasefire [ˌsiːsˈfaɪəʳ] n cessez-le-feu *m inv* / *to declare a ceasefire* déclarer un cessez-le-feu / *to agree to a ceasefire* accepter un cessez-le-feu.

ceaseless ['siːslɪs] adj incessant, continuel.

ceaselessly ['siːslɪslɪ] adv sans cesse, continuellement.

Cecilia [sɪ'siːljə] pr n ▸ **Saint Cecilia** sainte Cécile.

cecum US (*pl* **ceca**) n = **caecum**.

cedar ['siːdəʳ] ◆ n cèdre *m* ▸ **cedar of Lebanon** cèdre *m* du Liban. ◆ comp de or en cèdre.

cedarwood ['siːdəwʊd] n (bois *m* de) cèdre *m*.

cede [siːd] vt céder.

cedilla [sɪ'dɪlə] n cédille *f*.

CEEB (abbr of **College Entry Examination Board**) pr n *commission d'admission dans l'enseignement supérieur aux États Unis*.

Ceefax® ['siːfæks] pr n *service de télétexte de la BBC*.

ceilidh ['keɪlɪ] n *soirée de danse et de musique folklorique (en Irlande et en Écosse)*.

ceiling ['siːlɪŋ] ◆ n **1.** [of room] plafond *m* **2.** AERON & METEOR plafond *m* ▸ **the cloud ceiling** le plafond de nuages **3.** COMM & ECON plafond *m* / *prices have reached their ceiling* les prix ont atteint leur plafond / *the government has set a 3% ceiling on wage rises* le gouvernement a limité à 3 % les augmentations de salaire. ◆ comp ▸ **ceiling fan** ventilateur *m* de plafond ▸ **ceiling light** plafonnier *m* ▸ **ceiling price** ECON prix *m* plafond.

celadon ['selədɒn] n céladon *m*.

celandine ['seləndaɪn] n chélidoine *f*.

celeb [sɪ'leb] n *inf* célébrité *f*, star *f*.

Celebes [se'liːbɪz] pr n Célèbes.

Celebes Sea pr n ▸ **the Celebes Sea** la mer de Célèbes.

celebrant ['selɪbrənt] n RELIG célébrant *m*, officiant *m*.

celebrate ['selɪbreɪt] ◆ vt **1.** [birthday, Christmas] fêter, célébrer ; [event, victory] célébrer / *to celebrate the memory of sthg* commémorer qqch **2.** [praise - person, sb's beauty] célébrer, glorifier **3.** RELIG ▸ **to celebrate mass** célébrer la messe. ◆ vi : *let's celebrate!* **a)** [gen] il faut fêter ça ! **b)** [with drinks] il faut arroser ça !

celebrated ['selɪbreɪtɪd] adj célèbre.

celebration [ˌselɪ'breɪʃn] n **1.** [of birthday, Christmas] célébration *f* ; [of anniversary, past event] commémoration *f* / *in celebration of Christmas* pour fêter or célébrer Noël / *in celebration of forty years of peace* pour commémorer quarante ans de paix **2.** MUS & POET éloge *m*, louange *f* / *he wrote the poem in celebration of her beauty* il a écrit le poème pour célébrer sa beauté **3.** RELIG célébration *f* **4.** *(often pl)* [occasion - of birthday, Christmas] fête *f*, fêtes *fpl* ; [- of historical event] cérémonies *fpl*, fête *f* / *this calls for a celebration!* il faut fêter ça !, il faut arroser ça ! / *to join in the celebrations* participer à la fête or aux festivités / *birthday celebrations* fête d'anniversaire / *celebration dinner* repas *m* de fête.

celebratory [ˌseləˈbreɪtərɪ] adj [dinner] de fête ; [marking official occasion] commémoratif ; [atmosphere, mood] de fête, festif / *to have a celebratory drink* prendre un verre pour fêter l'évènement.

celebrity [sɪ'lebrətɪ] (*pl* **celebrities**) n **1.** [fame] célébrité *f* **2.** [person] vedette *f*, célébrité *f*.

celebutante [sɪ'lebjuːtɑ̃nt] n *inf* jeune célébrité *f*.

celeriac [sɪ'lerɪæk] n céleri-rave *m*.

celerity [sɪ'lerətɪ] n *liter* célérité *f*, rapidité *f*.

celery ['selərɪ] ◆ n céleri *(en branches)* *m*. ◆ comp [salt, plant] de céleri.

celestial [sɪ'lestjəl] adj *lit & fig* céleste.

celestial equator n équateur *m* céleste.

celestial pole n pôle *m* céleste.

celibacy ['selɪbəsɪ] n célibat *m*.

celibate ['selɪbət] ◆ adj chaste ; [unmarried] célibataire. ◆ n RELIG *personne ayant fait vœu de chasteté*.

cell [sel] ◆ n **1.** BIOL & BOT cellule *f* **2.** [in prison, convent] cellule *f* / *he spent the night in the cells* il a passé la nuit en cellule / *she was released after two days in the cells* elle a été relâchée après deux jours de cellule **3.** ELEC élément *m* (de pile) **4.** POL cellule *f* **5.** *inf* [mobile phone] mobile *m*. ◆ comp BIOL [wall] cellulaire ▸ **cell division** division *f* cellulaire ▸ **cell structure** structure *f* cellulaire.

cellar ['seləʳ] n [for wine] cave *f*, cellier *m* ; [for coal, bric-à-brac] cave *f* ; [for food] cellier *m* / *he keeps a good cellar* il a une bonne cave.

cellarman ['seləmən] (*pl* **cellermen** [-mən]) n sommelier *m*.

cellist ['tʃelɪst] n violoncelliste *mf*.

cell-mediated immunity n immunité *f* à médiation cellulaire.

cello ['tʃeləʊ] n violoncelle *m* ▸ **cello player** violoncelliste *mf*.

Cellophane® ['seləfeɪn] n Cellophane® *f*.

cellophane noodles ['seləfeɪn-] pl n CULIN vermicelles *mpl* chinois.

cellphone ['selfəʊn] n (téléphone *m*) portable *m*, (téléphone *m*) mobile *m*.

cellular ['seljʊləʳ] adj **1.** ANAT & BIOL cellulaire **2.** CONSTR cellulaire **3.** TEXT [blanket] en cellular.

cellular (tele)phone n téléphone *m* cellulaire.

cellulite ['seljʊlaɪt] n cellulite *f*.

cellulitis [ˌseljʊ'laɪtɪs] n cellulite *f*.

Celluloid® ['seljʊlɔɪd] ◆ n Celluloïd® *m* ▸ **to capture sthg / sb on Celluloid** *fig* filmer qqch / qqn. ◆ adj en Celluloïd®.

cellulose ['seljʊləʊs] ◆ n cellulose *f*. ◆ adj en or de cellulose, cellulosique.

Celsius ['selsɪəs] adj Celsius / *25 degrees Celsius* 25 degrés Celsius.

Celt [kelt] n Celte *mf*.

Celtic ['keltɪk] ◆ n LING celtique *m*. ◆ adj celtique, celte ▸ **Celtic cross** croix *f* celtique.

cement [sɪ'ment] ◆ n **1.** CONSTR & *fig* ciment *m* **2.** [in dentistry] amalgame *m* **3.** [glue] colle *f*. ◆ vt **1.** CONSTR & *fig* cimenter **2.** [in dentistry] obturer.

cementation [ˌsiːmen'teɪʃn] n CONSTR cimentation *f*.

cement mixer n bétonnière *f.*

cemetery ['semɪtrɪ] (*pl* **cemeteries**) n cimetière *m.*

cenotaph ['senətɑ:f] n cénotaphe *m* ▸ **the Cenotaph** *monument aux morts des deux guerres mondiales (à Londres).*

Cenozoic [,si:nəʊ'zəʊɪk] adj cénozoïque.

censer ['sensəʳ] n encensoir *m.*

censor ['sensəʳ] ◆ n CIN & THEAT censeur *m.* ◆ vt censurer.

censorious [sen'sɔ:rɪəs] adj *fml* [comments, criticism] sévère ; [person] porté à la censure.

censorship ['sensəʃɪp] n **1.** [act, practice] censure *f* ▸ **censorship law** loi *f* de censure **2.** [office of censor] censorat *m.*

censurable ['senʃərəbl] adj *fml* blâmable, qui mérite la réprobation.

censure ['senʃəʳ] ◆ n blâme *m*, critique *f.* ◆ vt blâmer, critiquer.

census ['sensəs] n recensement *m* ▸ **to conduct** or **to take a population census** faire le recensement de la population, recenser la population.

cent [sent] n [coin] cent *m* / *it's not worth a cent* US *fig* ça ne vaut rien / *I haven't got a cent* je n'ai pas un sou ▸ **to put one's two cents in** US mettre son grain de sel.

centaur ['sentɔ:ʳ] n centaure *m.*

centenarian [,sentɪ'neərɪən] ◆ n centenaire *mf.* ◆ adj centenaire.

centenary [sen'ti:nərɪ] (*pl* **centenaries**) UK ◆ n [anniversary] centenaire *m*, centième anniversaire *m* / *the organization is celebrating its centenary* l'organisation fête son centenaire / *the centenary of Mozart's birth* le centenaire de la naissance de Mozart. ◆ comp centenaire ▸ **centenary celebrations** fêtes *fpl* du centenaire.

centennial [sen'tenjəl] US ◆ n centenaire *m*, centième anniversaire *m.* ◆ adj **1.** [in age] centenaire, séculaire **2.** [every hundred years] séculaire.

center US = **centre.**

center divider strip n US = **center strip.**

centered ['sentəd] adj US : *he's not very centered* il est un peu paumé.

center strip n US terre-plein *m* central.

centesimal [sen'tesɪml] adj centésimal.

centigrade ['sentɪgreɪd] adj centigrade / *25 degrees centigrade* 25 degrés centigrades.

centigram(me) ['sentɪgræm] n centigramme *m.*

centilitre UK, **centiliter** US ['sentɪ,li:təʳ] n centilitre *m.*

centime ['sɒnti:m] n centime *m.*

centimetre UK, **centimeter** US ['sentɪ,mi:təʳ] n centimètre *m.*

centipede ['sentɪpi:d] n mille-pattes *m inv.*

cento ['sentəʊ] (*pl* **centos** or **centones** [sen'təʊni:z]) n centon *m.*

central ['sentrəl] ◆ adj central / *this concept is central to his theory* ce concept est au centre de sa théorie. ◆ n US *dated* central *m* téléphonique.

Central African ◆ n Centrafricain *m*, -e *f.* ◆ adj centrafricain.

Central African Republic pr n ▸ **the Central African Republic** la République centrafricaine / *in the Central African Republic* en République centrafricaine.

Central America pr n Amérique *f* centrale / *in Central America* en Amérique centrale.

Central American ◆ n Centraméricain *m*, -e *f.* ◆ adj centraméricain.

Central Asia pr n Asie *f* centrale / *in Central Asia* en Asie centrale.

central bank n banque *f* centrale.

Central Belt pr n UK GEOG *région industrielle entre Glasgow et Édimbourg.*

Central Criminal Court pr n *cour d'assises du Grand Londres située dans Old Bailey.*

Central Daylight Time n heure *f* d'été du centre des États-Unis.

Central Europe pr n Europe *f* centrale.

Central European ◆ n habitant *m*, -e *f* de l'Europe centrale. ◆ adj d'Europe centrale.

Central European Time n heure *f* de l'Europe centrale.

central government n gouvernement *m* central.

central heating n chauffage *m* central.

centralism ['sentrəlɪzm] n centralisme *m.*

centrality [sen'trælətɪ] (*pl* **centralities**) n [of argument, idea] caractère *m* essentiel ; [of location] situation *f* centrale.

centralization [,sentrəlaɪ'zeɪʃn] n centralisation *f.*

centralize, centralise ['sentrəlaɪz] ◆ vt centraliser. ◆ vi se centraliser.

centralized ['sentrəlaɪzd] adj centralisé / *centralized data processing* traitement *m* centralisé de l'information.

central locking n AUTO verrouillage *m* central.

centrally ['sentrəlɪ] adv [located] au centre ; [organized] de façon centralisée ▸ **centrally based** centralisé ▸ **centrally heated** ayant le chauffage central / *the house is centrally situated* la maison est située de façon centrale ▸ **a centrally planned economy** ECON une économie dirigée.

Central Mosque pr n *principal lieu de culte musulman en Grande-Bretagne (à Londres).*

central nervous system n système *m* nerveux central.

Central Office pr n UK POL *siège du parti conservateur britannique.*

Central Office of Information pr n *organisme public qui édite des documents d'information sur la Grande-Bretagne.*

central processing unit n COMPUT unité *f* centrale.

central purchasing department n [in company] centrale *f* d'achat(s).

central reservation n UK AUTO [with grass] terre-plein *m* central ; [with barrier] bande *f* médiane.

Central Standard Time n heure *f* d'hiver du centre des États-Unis.

centre UK, **center** US ['sentəʳ] ◆ n **1.** [gen & GEOM] centre *m* / *in the centre* au centre ▸ **centre of gravity** centre de gravité ▸ **centre of infection** MED foyer *m* infectieux **2.** [of town] centre *m* ▸ **urban centre** centre urbain, agglomération *f* urbaine / *she lives in the city centre* elle habite dans le centre-ville **3.** *fig* [of unrest] foyer *m* ; [of debate] cœur *m*, centre *m* / *at the centre of the debate* au cœur du débat / *the centre of attention* le centre d'attention **4.** [place, building] centre *m* / *a sports / health centre* un centre sportif / médical **5.** POL centre *m* ▸ **to be left / right of centre** être du centre gauche / droit **6.** TECH ▸ **to be off centre** être décentré **7.** SPORT [pass] centre *m.* ◆ comp **1.** [central] central ▸ **the centre court** [in tennis] le court central **2.** POL du centre. ◆ vt **1.** [place in centre] centrer **2.** CIN & PHOT cadrer **3.** *fig* [attention] concentrer, fixer / *to centre one's hopes on sthg* mettre or fonder tous ses espoirs sur qqch **4.** SPORT ▸ **to centre the ball** centrer.

❖ **centre around** vt insep tourner autour de / *the debate centres around politics* le débat tourne autour de la politique.

❖ **centre on** vt insep se concentrer sur / *all their attention was centred on the World Cup* toute leur attention était concentrée sur la coupe du monde / *the conversation centred on politics* la conversation tournait autour de la politique.

❖ **centre round** vt insep = **centre around.**

centre-back n arrière *m* central.

centre bit n TECH mèche *f* à bois.

centreboard UK, **centerboard** US ['sentəbɔ:d] n dérive *f (d'un bateau).*

centrefold UK, **centerfold** US ['sentə,fəʊld] n grande photo *f* de pin-up *(au milieu d'un magazine).*

centre-forward n avant-centre *m.*

centre-half n demi-centre *m.*

centreline UK, **centerline** US ['sentəlaɪn] n axe *m*, ligne *f* médiane.

centrepiece UK, **centerpiece** US ['sentəpi:s] n [outstanding feature] joyau *m* ; [on table] milieu *m* de table ; [of meal] pièce *f* de résistance.

centreplate UK, **centerplate** US ['sentəpleɪt] n = **centreboard.**

centre punch n pointeau *m.*

centre-spread n = **centrefold.**

centre three-quarter n trois-quarts *m* centre.

centrifugal [sentrɪ'fjʊgl] adj centrifuge ▸ **centrifugal force** force *f* centrifuge.

centrifuge ['sentrɪfju:ʤ] ◆ n TECH centrifugeur *m*, centrifugeuse *f.* ◆ vt centrifuger.

centripetal [sen'trɪpɪtl] adj centripète ▸ **centripetal force** force *f* centripète.

centrism ['sentrɪzm] n centrisme *m.*

centrist ['sentrɪst] ◆ adj centriste. ◆ n centriste *mf.*

centuplicate ◆ vt [sen'tju:plɪkeɪt] centupler. ◆ adj [sen'tju:plɪkət] centuple. ◆ n [sen'tju:plɪkət] centuple *m.*

centurion [sen'tjʊərɪən] n centurion *m.*

century ['senʧʊrɪ] (*pl* **centuries**) n **1.** [time] siècle *m* / *in the 20th century* au XXe siècle / *centuries old* séculaire, vieux de plusieurs siècles / *this house is five centuries old* cette maison a or est vieille de cinq siècles **2.** MIL centurie *f.*

CEO n abbr of **chief executive officer.**

cep [sep] n cèpe *m.*

cephalic [sə'fælɪk or ke'fælɪk] adj céphalique.

cephalopod ['sefələpɒd] n céphalopode *m.*

ceramic [sɪ'ræmɪk] ◆ adj [art] céramique ; [vase] en céramique ▸ **ceramic hob** UK plaque *f* vitrocéramique ▸ **ceramic tiles** carrelage *m.* ◆ n **1.** = **ceramics 2.** [object] (objet *m* en) céramique *f.*

ceramics [sɪ'ræmɪks] n *(U)* céramique *f.*

Cerberus ['sɜ:bərəs] pr n Cerbère.

cereal ['sɪərɪəl] ◆ n **1.** AGR [plant] céréale *f* ; [grain] grain *m* (de céréale) **2.** CULIN ▸ **(breakfast) cereal** céréales *fpl* ▸ **baby cereal** bouillie *f.* ◆ adj [farming] céréalier ▸ **cereal crops** céréales *fpl.*

cereal bowl n assiette *f* creuse, bol *m* à céréales.

cerebellum [,serɪ'beləm] (*pl* **cerebellums** or **cerebella** [-lə]) n cervelet *m.*

cerebral ['serɪbrəl] adj cérébral.

cerebral death n mort *f* cérébrale.

cerebral palsy n paralysie *f* cérébrale.

cerebration [,serɪ'breɪʃn] n *fml* réflexion *f*, méditation *f* ; *hum* cogitation *f.*

cerebrospinal [,serəbrə'spaɪnl] adj cérébro-spinal.

cerebrum ['serɪbrəm] (*pl* **cerebrums** or **cerebra** [-brə]) n cerveau *m.*

ceremonial [,serɪ'məʊnjəl] ◆ adj **1.** [rite, visit] cérémoniel ; [robes] de cérémonie **2.** US [post] honorifique. ◆ n cérémonial *m* ; RELIG cérémonial *m*, rituel *m.*

ceremonially [,serɪ'məʊnjəlɪ] adv selon le cérémonial d'usage.

ceremonious [,serɪ'məʊnjəs] adj solennel ; [mock-solemn] cérémonieux.

ceremoniously [,serɪ'məʊnjəslɪ] adv solennellement, avec cérémonie ; [mock-solemnly] cérémonieusement.

ceremony [UK 'serɪmənɪ US 'serəməʊnɪ] (*pl* **ceremonies**) n **1.** *(U)* [formality] cérémonie *f*, cérémonies *fpl*

/ *with much ceremony* avec beaucoup de cérémonie / *without ceremony* sans cérémonie or cérémonies / *we don't stand on ceremony* nous ne faisons pas de cérémonies **2.** [gen & RELIG] cérémonie *f*.

Ceres ['sɪəri:z] pr n Cérès.

cerise [sə'ri:z] adj (de) couleur cerise, cerise *(inv)*.

cerium ['sɪərɪəm] n cérium *m*.

cert [sɜ:t] n UK *inf* certitude *f* / *it's a dead cert that he'll win* il va gagner, ça ne fait pas un pli or c'est couru d'avance / *he's a cert for the job* il est sûr d'obtenir le poste.

cert. written abbr of **certificate**.

certain ['sɜ:tn] ◆ adj **1.** [sure] certain, sûr ▶ **to be certain of sthg** être sûr de qqch / *I'm certain of it!* j'en suis sûr! / *she was quite certain about what she had seen* elle était tout à fait sûre de ce qu'elle avait vu / *he was certain (that) she was there* il était certain qu'elle était là / *it's certain that she will get the job* il est sûr qu'elle aura le poste / *it's still not certain that he's going to England* il n'est pas encore certain or sûr qu'il aille en Angleterre ▶ **to be certain to do sthg** être sûr de faire qqch / *he's certain to win* il est sûr qu'il va gagner / *he's certain to come* il ne manquera pas de venir, il viendra sûrement ▶ **to make certain of sthg a)** [check] vérifier qqch, s'assurer de qqch **b)** [be sure to have] s'assurer qqch / *you ought to make certain of the time* vous devriez vérifier l'heure / *he made certain that all the doors were locked* il a vérifié que toutes les portes étaient fermées / *I made certain of a good seat* je me suis assuré une bonne place **2.** [inevitable - death, failure] certain, inévitable / *the soldiers faced certain death* les soldats allaient à une mort certaine **3.** [definite, infallible - cure] sûr, infaillible. ◆ det **1.** [particular but unspecified] certain / *on a certain day in June* un certain jour de juin / *in certain places* à certains endroits / *he has a certain something about him* il a un certain je ne sais quoi / *she has a certain charm* elle a un certain charme / *if I were to ask you to meet me at a certain time and in a certain place...* si je te demandais de me retrouver à telle heure, à tel endroit... **2.** [not known personally] certain / *a certain Mr Roberts* un certain M. Roberts **3.** [some] certain / *there's been a certain amount of confusion over this* il y a eu une certaine confusion à ce sujet / *to a certain extent* or *degree* dans une certaine mesure / *certain people* certaines personnes. ◆ pron certains *mpl*, certaines *fpl* / *certain of his colleagues* certains or quelques-uns de ses collègues / *certain of the pages* certaines pages.

❖ **for certain** adv phr : *I don't know for certain* je n'en suis pas certain / *I can't say for certain* je ne peux pas l'affirmer / *you'll have it tomorrow for certain* vous l'aurez demain sans faute / *that's for certain!* c'est sûr et certain!, cela ne fait pas de doute!

> Note that when used negatively, **être certain que** is followed by a verb in the subjunctive.
> **I'm certain it contains alcohol.** *Je suis certain que ça contient* ***(indicative)*** *de l'alcool.*
> **It's by no means certain that each galaxy contains a black hole.** *Il n'est pas du tout certain que chaque galaxie contienne un trou noir.*

certainly ['sɜ:tnlɪ] adv **1.** [without doubt] certainement, assurément / *he is certainly very handsome* il est très beau, ça ne fait pas de doute / *I will certainly come* je ne manquerai pas de venir, je viendrai, c'est sûr / *it will certainly be ready tomorrow* cela sera prêt demain sans faute **2.** [of course] certainement, bien sûr / *can you help me? — certainly!* pouvez-vous m'aider? — bien sûr or volontiers! / *certainly, sir!* bien sûr, monsieur! / *are you angry? — I most certainly am!* êtes-vous fâché? — oui, et comment! / *certainly not!* bien sûr que non!, certainement pas!

certainty ['sɜ:tntɪ] (*pl* **certainties**) n **1.** [conviction] certitude *f*, conviction *f* / *I cannot say with any certainty when I shall arrive* je ne peux pas dire exactement à quelle heure j'arriverai / *we can have no certainty of success* nous ne sommes pas sûrs de réussir ▶ **moral certainty** certitude morale **2.** [fact] certitude *f*, fait *m* certain ; [event] certitude *f*, événement *m* certain ▶ **for a certainty** à coup sûr, sans aucun doute / *I know for a certainty that he's leaving* je sais à coup sûr qu'il part / *their victory is now a certainty* leur victoire est maintenant assurée or ne fait aucun doute ▶ **it's an absolute** or **a racing certainty** c'est une chose certaine, c'est une certitude absolue.

CertEd [sɜ:t'ed] (abbr of **Certificate in Education**) n *diplôme universitaire britannique en sciences de l'éducation.*

certifiable [,sɜ:tɪ'faɪəbl] adj **1.** [gen & LAW] qu'on peut certifier **2.** [insane] bon à enfermer (à l'asile).

certificate [sə'tɪfɪkət] n **1.** [gen & ADMIN] certificat *m* ▶ **certificate of airworthiness** AERON certificat de navigabilité ▶ **certificate of origin** COMM certificat d'origine ▶ **master's certificate** NAUT brevet *m* de capitaine **2.** [academic] diplôme *m* ; [vocational - of apprenticeship] brevet *m* ▶ **Certificate of Pre-vocational Education** UK SCH *examen d'accès à une formation professionnelle pour les élèves désirant poursuivre leurs études après le GCSE mais ne souhaitant pas passer les «A-levels»* ▶ **Certificate of Secondary Education** UK SCH = **CSE**.

certificated [sə'tɪfɪkeɪtɪd] adj diplômé.

certificate of citizenship n US certificat *m* de nationalité.

certificate of deposit n FIN certificat *m* de dépôt.

certification [,sɜ:tɪfɪ'keɪʃn] n **1.** [act] certification *f*, authentification *f* **2.** [certificate] certificat *m*.

certified ['sɜ:tɪfaɪd] adj US SCH ▶ **certified teacher a)** [in state school] professeur *m* diplômé **b)** [in private school] professeur *m* habilité.

certified check n US chèque *m* de banque.

certified mail n US envoi *m* recommandé ▶ **to send sthg by certified mail** envoyer qqch en recommandé avec accusé de réception.

certified public accountant n US ≃ expert-comptable *m*.

certify ['sɜ:tɪfaɪ] (*pt & pp* **certified**) ◆ vt **1.** [gen & ADMIN] certifier, attester ; MED [death] constater ▶ **to certify that sthg is true** attester que qqch est vrai ▶ **certified copy** LAW copie *f* certifiée conforme ▶ **to certify sb (insane)** PSYCHOL déclarer qqn atteint d'aliénation mentale / *he ought to be certified!* *inf & fig* il est bon à enfermer! **2.** US FIN [cheque] certifier **3.** COMM [goods] garantir. ◆ vi ▶ **to certify to sthg** attester qqch.

certitude ['sɜ:tɪtju:d] n *fml* certitude *f*.

cerulean [sɪ'ru:ljən] adj *liter* céruléen *liter*, azuré.

cerumen [sɪ'ru:men] n cérumen *m*.

Cervantes [sə'væntɪz] pr n Cervantès.

cervical [UK sə'vaɪkl US 'sɜ:rvɪkl] adj cervical.

cervical cancer n cancer *m* du col de l'utérus.

cervical smear n frottis *m* vaginal.

cervicitis [,sɜ:vɪ'saɪtɪs] n *(U)* cervicite *f*.

cervix ['sɜ:vɪks] (*pl* **cervixes** *or* **cervices** [-si:z]) n col *m* de l'utérus.

Cesarean, Cesarian US adj & n = **Caesarean**.

cesium US n = **caesium**.

cessation [se'seɪʃn] n *fml* cessation *f*, suspension *f* / *cessation of hostilities* MIL cessation or suspension des hostilités.

cession ['seʃn] n LAW cession *f*.

cesspit ['sespɪt] n fosse *f* d'aisances ; *fig* cloaque *m*.

cesspool ['sespu:l] n = **cesspit**.

cesura [sɪ'zjʊərə] (*pl* **cesuras** *or* **cesurae** [-ri:]) n = **caesura**.

CET n abbr of **Central European Time**.

cetacean [sɪ'teɪʃjən] ◆ adj cétacé. ◆ n cétacé *m*.

cetane ['si:teɪn] n cétane *m*.

cetane number n indice *m* de cétane.

Ceylon [sɪ'lɒn] pr n Ceylan / *in Ceylon* à Ceylan.

Ceylonese [,sɪlə'ni:z] ◆ n **1.** [person] Ceylanais *m*, -e *f*, Sri Lankais *m*, -e *f* **2.** LING cinghalais *m*. ◆ adj ceylanais, sri lankais.

cf. (written abbr of **confer**) cf.

c/f written abbr of **carried forward**.

c & f (written abbr of **cost and freight**) c et f.

CFC (abbr of **chlorofluorocarbon**) n CFC *m*.

cfi, CFI (abbr of **cost, freight and insurance**) adj & adv caf, CAF.

CFO ['si:ef'əʊ] (abbr of **Chief Financial Officer**) n US contrôleur *m*, -euse *f* de gestion.

cg (written abbr of **centigram**) cg.

CG n abbr of **coastguard**.

C & G (abbr of **City and Guilds**) n *diplôme britannique d'enseignement technique.*

CGA (abbr of **colour graphics adapter**) n adaptateur *m* graphique couleur CGA.

CGI n **1.** (abbr of **common gateway interface**) COMPUT CGI *f*, interface *f* commune de passerelle **2.** (abbr of **computer-generated images**) COMPUT images *fpl* créées par ordinateur.

CGT n abbr of **capital gains tax**.

ch (written abbr of **central heating**) ch. cent.

ch. (written abbr of **chapter**) chap.

CH n abbr of **Companion of Honour**.

cha-cha(-cha) ['tʃɑ:tʃɑ:, ,tʃɑ:tʃɑ:'tʃɑ:] ◆ n cha-cha-cha *m inv*. ◆ vi danser le cha-cha-cha.

chad [tʃæd] n US **1.** [residue from punched paper] confettis *mpl* **2.** [of ballot card] *perforation incomplète d'une fiche de vote qui conduit à une mauvaise interprétation des résultats lors du comptage automatique.*

Chad [tʃæd] pr n Tchad *m* / *in Chad* au Tchad ▶ **Lake Chad** le lac Tchad.

Chadian ['tʃædɪən] ◆ n Tchadien *m*, -enne *f*. ◆ adj tchadien.

chador ['tʃɑ:dɔ:] n tchador *m*.

chafe [tʃeɪf] ◆ vt **1.** [rub] frictionner, frotter **2.** [irritate] frotter contre, irriter / *his shirt collar chafed his neck* son col de chemise lui irritait le cou **3.** [wear away - collar] élimer, user (par le frottement) ; [paint] érafler ; [rope] raguer. ◆ vi **1.** [become worn gen] s'user (par le frottement) ; [rope] raguer **2.** [skin] s'irriter ; *fig* [person] s'irriter, s'impatienter ▶ **to chafe at** or **under sthg** s'irriter de qqch / *the media chafed under the military censorship* soumis à la censure militaire, les médias rongeaient leur frein. ◆ n friction *f*, usure *f*.

chaff [tʃɑ:f] ◆ n **1.** [of grain] balle *f* ; [hay, straw] menue paille *f* **2.** *dated* [teasing] taquinerie *f*, raillerie *f*. ◆ vt *dated* [tease] taquiner.

chaffinch ['tʃæfɪntʃ] n pinson *m*.

chaffing ['tʃɑ:fɪŋ] n *dated* taquinerie *f*, raillerie *f*.

chafing dish ['tʃeɪfɪŋ-] n chauffe-plat *m*.

chagrin ['ʃægrɪn] ◆ n *liter* (vif) dépit *m*, (vive) déception *f* or contrariété *f* / *much to my chagrin* à mon grand dépit. ◆ vt contrarier, décevoir.

chai [tʃaɪ] n *thé indien parfumé aux épices* ▶ **chai latte** «chai» au lait.

chain [tʃeɪn] ◆ n **1.** [gen] chaîne *f* / *we keep the dog on a chain* notre chien est toujours attaché ▶ **to pull the chain** tirer la chasse d'eau / *to form a human chain* former une chaîne humaine ▶ **bicycle chain** chaîne de vélo ▶ **(snow) chains** AUTO chaînes (à neige) ▶ **to yank sb's chain** US *inf* taquiner qqn **2.** ADMIN ▶ **chain of office** ≃ écharpe *f* de maire **3.** [of mountains] chaîne *f* ; [of islands] chapelet *m* **4.** [of events] série *f*, suite *f* ; [of ideas] suite *f* **5.** COMM [of shops] chaîne *f* **6.** TECH [for surveying] chaîne *f* d'arpenteur **7.** [measure of length] chaînée *f* *(22 yards, soit environ 20 m 10).* ◆ vt *lit & fig* enchaîner ; [door] mettre la chaîne à / *the dog was chained to the*

post le chien était attaché au poteau (par une chaîne) / *to be chained to one's desk fig* être rivé à son bureau.
❖ **chains** pl n [for prisoner] chaînes *fpl*, entraves *fpl* / *a prisoner in chains* un prisonnier enchaîné.
❖ **chain down** vt sep enchaîner, attacher avec une chaîne.
❖ **chain up** vt sep [prisoner] enchaîner ; [dog] mettre à l'attache, attacher.

Property chains

Dans le domaine de la vente immobilière en Grande-Bretagne, le mot **chain** fait référence à une situation d'interdépendance où chaque acheteur de la « chaîne » attend de vendre pour pouvoir conclure son achat, tandis que chaque vendeur attend d'acheter un nouveau logement avant de conclure sa vente. Toutes les transactions doivent être conclues le même jour pour que les différents acheteurs et vendeurs puissent déménager, et il suffit qu'une personne retire son offre de vente ou d'achat pour que toutes les transactions échouent (on parle de **broken chain** dans ce cas). Les **chains** sont une source d'anxiété pour toutes les personnes concernées, et la mention **no chain** dans une annonce immobilière est destinée à rassurer les acheteurs potentiels en signalant que la vente ne dépendra pas de l'issue d'autres transactions.

chain armour n = **chain mail**.
chain drive n transmission *f* par chaîne.
chain gang n chaîne *f* de forçats.
chain guard n cache-chaîne *m*.
chain letter n lettre *f* faisant partie d'une chaîne.
chain lightning n *(U)* éclairs *mpl* en zigzag.
chain mail n *(U)* cotte *f* de mailles.
chain of custody n chaîne *f* de détention.
chain reaction n réaction *f* en chaîne / *to set off a chain reaction* provoquer une réaction en chaîne.
chain saw n tronçonneuse *f*.
chain-smoke vi fumer cigarette sur cigarette.
chain smoker n fumeur invétéré *m*, fumeuse invétérée *f*, gros fumeur *m*, grosse fumeuse *f*.
chain stitch n point *m* de chaînette.
❖ **chain-stitch** vi & vt coudre au point de chaînette.
chain store n magasin *m* à succursales multiples.
chainwheel ['ʧeɪnwi:l] n roue *f* dentée *(de vélo)*, pignon *m*.
chair [ʧeəʳ] ◆ n **1.** [seat] chaise *f* ; [armchair] fauteuil *m* / *please take a chair* asseyez-vous, je vous prie / *in the dentist's chair* dans le fauteuil du dentiste **2.** [chairperson] président *m*, -e *f* ▸ **to be in the chair** présider ▸ **to take the chair** prendre la présidence **3.** UNIV chaire *f* / *to hold the chair of French* avoir or occuper la chaire de français **4.** [for execution] ▸ **to go** or **to be sent to the chair** US *inf* passer à la chaise électrique. ◆ comp ▸ **chair back** dossier *m* de chaise ▸ **chair leg** pied *m* de chaise. ◆ vt **1.** ADMIN [meeting] présider **2.** UK [hero, victor] porter en triomphe.
chaircover ['ʧeə,kʌvəʳ] n housse *f* de fauteuil.
chairlady ['ʧeə,leɪdɪ] (*pl* **chairladies**) n = **chairwoman**.
chairlift ['ʧeəlɪft] n télésiège *m*.
chairman ['ʧeəmən] (*pl* **chairmen** [-mən]) n **1.** [at meeting] président *m (d'un comité)* / *to act as chairman* présider la séance ▸ **Mr Chairman** Monsieur le Président ▸ **Madam Chairman** Madame la Présidente **2.** COMM président-directeur *m* général, P-DG *m* **3.** POL ▸ **Chairman Mao** le président Mao.

chairmanship ['ʧeəmənʃɪp] n présidence *f (d'un comité, etc.)* / *under the chairmanship of Mr Black* sous la présidence de M. Black.
chairperson ['ʧeə,pɜ:sn] n président *m*, -e *f (d'un comité)*.
chairwoman ['ʧeə,wʊmən] (*pl* **chairwomen** [-,wɪmɪn]) n présidente *f (d'un comité)* ▸ **Madam Chairwoman** Madame la Présidente.
chaise [ʃeɪz] n cabriolet *m*.
chaise longue [-'lɒŋ] (*pl* **chaises longues**) n méridienne *f*.

⚠ **Une chaise longue** is a deckchair, not a chaise longue.

chaise lounge (*pl* **chaise lounges**) n US méridienne *f*.
chalcedony [kæl'sedənɪ] n calcédoine *f*.
Chald(a)ea [kæl'di:ə] pr n Chaldée *f*.
Chald(a)ean [kæl'di:ən] ◆ n Chaldéen *m*, -enne *f*. ◆ adj chaldéen.
chalet ['ʃæleɪ] n chalet *m*.
chalice ['ʧælɪs] n **1.** RELIG calice *m* **2.** [goblet] coupe *f*.
chalk [ʧɔ:k] ◆ n **1.** [substance] craie *f* / *a piece of chalk* un morceau de craie ▸ **chalk and talk** UK *méthode d'enseignement traditionnelle* ▸ **to be as different as chalk and cheese** UK : *they're as different as chalk and cheese* c'est le jour et la nuit **2.** [piece] craie *f* **3.** PHR ▸ **by a long chalk** UK de beaucoup, de loin ▸ **not by a long chalk** loin de là, tant s'en faut / *the best by a long chalk* le meilleur, et de loin. ◆ vt [write] écrire à la craie ; [mark] marquer à la craie ; [rub with chalk - gen] frotter de craie ; [- billiard crue] enduire de craie / *to chalk one's name on a wall* écrire son nom sur un mur à la craie.
❖ **chalk out** vt sep [draw - line, pattern] esquisser or tracer (à la craie).
❖ **chalk up** vt sep **1.** [write in chalk] écrire à la craie **2.** [credit] : *chalk that one up to me* mettez cela sur mon compte ▸ **to chalk sthg up to experience** *fig* mettre qqch au compte de l'expérience **3.** [add up - points, score] totaliser, marquer **4.** [attain - victory] remporter ; [- profits] encaisser.
chalkboard ['ʧɔ:kbɔ:d] n US tableau *m* (noir).
chalkface ['ʧɔ:kfeɪs] n *hum* SCH expérience *f* pratique (de l'enseignement).
chalkpit ['ʧɔ:kpɪt] n carrière *f* de craie.
chalktalk ['ʧɔ:ktɔ:k] n US conférence *f*.
chalky ['ʧɔ:kɪ] (*compar* **chalkier**, *superl* **chalkiest**) adj [earth, water] calcaire ; [hands] couvert de craie ; [complexion] crayeux, blafard ; [taste] de craie.
challenge ['ʧælɪnʤ] ◆ vt **1.** [gen - defy] défier ▸ **to challenge sb** lancer un défi à qqn ▸ **to challenge sb to do sthg** défier qqn de faire qqch / *to challenge sb to a game of tennis* inviter qqn à faire une partie de tennis / *to challenge sb to a duel* provoquer qqn en duel **2.** [demand effort from] mettre à l'épreuve / *she needs a job that really challenges her* elle a besoin d'un travail qui soit pour elle une gageure or un challenge **3.** [contest - authority, findings] contester, mettre en cause ▸ **to challenge sb's right to do sthg** contester à qqn le droit de faire qqch **4.** MIL [subj: sentry] faire une sommation à **5.** LAW [juror] récuser **6.** *liter* [require] requérir. ◆ n **1.** [in contest] défi *m* ▸ **to issue a challenge** lancer un défi ▸ **to take up the challenge** relever le défi / *Jackson's challenge for the leadership of the party* la tentative de Jackson pour s'emparer de la direction du parti / *the challenge of modern technology fig* le défi de la technologie moderne **2.** [in job, activity] défi *m* / *he needs a job that presents more of a challenge* il a besoin d'un emploi plus stimulant / *the race was a great challenge to their skill* la course a été un véritable défi pour eux **3.** [to right, authority] mise *f* en question, contestation *f* / *the new law met with a challenge from the people* la nouvelle loi s'est vue contestée par le peuple **4.** MIL [by sentry] sommation *f* ▸ **to give the challenge** faire une sommation **5.** LAW récusation *f*.
challenged ['ʧælɪnʤd] adj *euph* : *physically challenged* handicapé / *visually challenged* malvoyant ; *hum* : *vertically challenged* de petite taille / *cerebrally challenged* limité.
challenger ['ʧælɪnʤəʳ] n [gen] provocateur *m*, -trice *f* ; POL & SPORT challenger *m*.
challenging ['ʧælɪnʤɪŋ] adj **1.** [defiant] de défi **2.** [demanding - ideas, theory] provocateur, stimulant, exaltant ; [- job, activity] stimulant, qui met à l'épreuve / *to find o.s. in a challenging situation* se trouver face à un défi.
challengingly ['ʧælɪnʤɪŋlɪ] adv **1.** avec défiance / *she stared challengingly back at me* elle me lança un regard lourd de défi **2.** [demandingly] : *it's a challengingly difficult task* c'est une tâche difficile mais exaltante.
chamber ['ʧeɪmbəʳ] n **1.** [hall, room] chambre *f* ▸ **the upper / lower Chamber** UK POL la Chambre haute / basse **2.** *arch* [lodgings] logement *m*, appartement *m* **3.** [of a gun] chambre *f* **4.** ANAT [of the heart] cavité *f* ; [of the eye] chambre *f* **5.** *inf & dated* = **chamber pot**.
❖ **chambers** pl n [of barrister, judge] cabinet *m* ; [of solicitor] cabinet *m*, étude *f* / *the case was heard in chambers* LAW l'affaire a été jugée en référé.
chamber concert n concert *m* de musique de chambre.
chamberlain ['ʧeɪmbəlɪn] n chambellan *m*.
chambermaid ['ʧeɪmbəmeɪd] n femme *f* de chambre.
chamber music n musique *f* de chambre.
chamber of commerce n chambre *f* de commerce.
Chamber of Horrors pr n ▸ **the Chamber of Horrors** *la Chambre des horreurs du musée de cire de Madame Tussaud (à Londres), spécialement consacrée aux meurtres et aux criminels célèbres.*
chamber of trade n chambre *f* des métiers.
chamber orchestra n orchestre *m* de chambre.
chamber pot n pot *m* de chambre.
chambray ['ʃæmbreɪ] n batiste *f*.
chameleon [kə'mi:ljən] n ZOOL & *fig* caméléon *m*.
chamfer ['ʧæmfəʳ] ◆ n chanfrein *m*. ◆ vt chanfreiner.
chammy ['ʃæmɪ] (*pl* **chammies**) n peau *f* de chamois.
chamois ['ʃæmwɑ:] (*pl* **chamois**) ◆ n ZOOL chamois *m* ; [hide] peau *f* de chamois ▸ **(a) chamois leather** (une) peau de chamois. ◆ vt **1.** [leather, skin] chamoiser **2.** [polish] polir à la peau de chamois.
chamomile ['kæmə,maɪl] n = **camomile**.
champ [ʧæmp] ◆ vt mâchonner. ◆ vi **1.** [munch] mâchonner **2.** PHR **to champ at the bit** : *we were all champing at the bit to get started* on rongeait tous notre frein en attendant de commencer. ◆ n *inf* crack *m*.
champagne [,ʃæm'peɪn] ◆ n [wine] champagne *m* / *a champagne glass* une coupe à champagne. ◆ comp ▸ **champagne socialism** la gauche caviar. ◆ adj [colour] champagne *(inv)* / *a champagne-coloured sofa* un canapé couleur champagne.
Champagne [,ʃæm'peɪn] pr n Champagne *f*.
champers ['ʃæmpəz] n UK *inf* champagne *m*, champ' *m*.
champion ['ʧæmpjən] ◆ n **1.** [winner] champion *m*, -onne *f* / *the world chess champion* le champion du monde d'échecs / *she's a champion runner* elle est championne de course **2.** [supporter] champion *m*, -onne *f* / *he's a self-proclaimed champion of the working man* il se veut le champion des travailleurs. ◆ vt défendre, soutenir / *she championed the cause of birth control* elle s'est faite la championne de la régulation des naissances. ◆ adj UK [very good] super.

championship ['tʃæmpjənʃɪp] n **1.** GAMES & SPORT championnat *m* / *he plays championship tennis* il participe aux championnats de tennis **2.** [support] défense *f*.

chance [tʃɑːns] ◆ n **1.** [possibility, likelihood] : *is there any chance of seeing you again?* serait-il possible de vous revoir ? / *there was little chance of him finding work* il y avait peu de chances qu'il trouve du travail / *we have an outside chance of success* nous avons une très faible chance de réussir / *she's got a good* or *strong chance of being accepted* elle a de fortes chances d'être acceptée or reçue / *there's a fifty-fifty chance he won't turn up* il y a une chance sur deux qu'il ne vienne pas ▸ **to be in with a chance** : *he's in with a chance of getting the job* il a une chance d'obtenir le poste **2.** [fortune, luck] hasard *m* / *games of chance* les jeux *mpl* de hasard / *there was an element of chance in his success* il y a eu une part de hasard dans sa réussite / *it was pure chance that I found it* je l'ai trouvé tout à fait par hasard / *to leave things to chance* laisser faire les choses / *to leave nothing to chance* ne rien laisser au hasard **3.** [opportunity] : *I haven't had a chance to write to him* je n'ai pas trouvé l'occasion de lui écrire / *give her a chance to defend herself* donnez-lui l'occasion de se défendre / *give peace a chance* la paix est possible, donnez-lui or laissez-lui sa chance / *it's a chance in a million* c'est une occasion unique / *I'm offering you the chance of a lifetime* je vous offre la chance de votre vie / *the poor man never had* or *stood a chance* le pauvre homme n'avait aucune chance de s'en tirer / *some children simply don't get a chance in life* pour certains enfants il n'y a tout simplement aucun avenir / *this is your last chance* c'est votre dernière chance / *she deserves a second chance* elle mérite une deuxième chance / *he was thrown out before he had a chance to protest* il a été évincé avant même d'avoir eu l'occasion de protester **4.** [risk] risque *m* / *I don't want to take the chance of losing* je ne veux pas prendre le risque de perdre / *he took a chance on a racehorse* il a parié sur un cheval de course / *take a chance on me* *fig* donne-moi une chance. ◆ adj de hasard / *I was a chance witness to the robbery* j'ai été un témoin accidentel du vol. ◆ vi *fml & liter* [happen] : *I chanced to be at the same table as Sir Sydney* je me suis trouvé par hasard à la même table que sir Sydney / *it chanced that no one else had heard of her* il s'est trouvé que personne d'autre n'avait entendu parler d'elle. ◆ vt *liter* [risk] hasarder / *he chanced his savings on the venture* il a risqué ses économies dans l'entreprise / *I can't chance her finding out about it* je ne peux pas prendre le risque qu'elle l'apprenne / *she chanced going out despite the curfew* elle s'est hasardée à sortir malgré le couvre-feu / *let's chance it* or *our luck* tentons notre chance ▸ **to chance one's arm** risquer le coup.

❖ **chances** pl n **1.** [possibility, likelihood] chances *fpl* / *(the) chances are (that) he'll never find out* il y a de fortes or grandes chances qu'il ne l'apprenne jamais / *what are her chances of making a full recovery?* quelles sont ses chances de se rétablir complètement ? **2.** [risks] risques *mpl* / *she was taking no chances* elle ne prenait pas de risques.

❖ **by chance** adv phr par hasard / *by pure* or *sheer chance we were both staying at the same hotel* il se trouvait que nous logions au même hôtel / *would you by any chance know who that man is?* sauriez-vous par hasard qui est cet homme ?

❖ **chance on, chance upon** vt insep [person] rencontrer par hasard ; [thing] trouver par hasard.

> ⚠ Note that chance is not always translated by the French word **chance**. See the entry for details.

chancel ['tʃɑːnsl] n chœur *m*.

chancellery ['tʃɑːnsələrɪ] (*pl* **chancelleries**) n chancellerie *f* / *fig* *in the chancelleries of Europe* dans les hauts-lieux de la politique européenne.

chancellor ['tʃɑːnsələr] n **1.** POL chancelier *m* ▸ **the Chancellor of the Exchequer** POL le chancelier de l'Échiquier ; ≃ le ministre des Finances *(en Grande-Bretagne)* **2.** UK UNIV président *m*, -e *f* honoraire ; US président *m*, -e *f* (d'université).

chancellorship ['tʃɑːnsələʃɪp] n **1.** UK ADMIN direction *f* des finances / *the economy had done extremely well under Mr Smith's chancellorship* l'économie avait montré d'excellents résultats lorsque M. Smith était au ministère des Finances **2.** US UNIV présidence *f* (d'université).

chancer ['tʃɑːnsər] n UK *inf* filou *m*.

chancery ['tʃɑːnsərɪ] (*pl* **chanceries**) n LAW **1.** [in UK] ▸ **the suit is in chancery** l'action est en instance ▸ **Chancery (Division)** cour *f* de la chancellerie *(une des trois divisions de la Haute Cour de justice en Angleterre)* ▸ **ward in chancery** pupille *mf* de l'État **2.** [in US] ▸ **Court of Chancery** ≃ cour *f* d'équité **3.** [in wrestling] clé *f*, clef *f*.

chancre ['ʃæŋkər] n chancre *m*.

chancroid ['ʃænkrɔɪd] n chancrelle *f*, chancre *m* mou.

chancy ['tʃɑːnsɪ] (*compar* **chancier**, *superl* **chanciest**) adj *inf* risqué.

chandelier [,ʃændə'lɪər] n lustre *m* *(pour éclairer)*.

chandler ['tʃɑːndlər] n **1.** [supplier] fournisseur *m* **2.** [candlemaker] chandelier *m*.

change [tʃeɪndʒ] ◆ n **1.** [alteration] changement *m* / *we expect a change in the weather* nous nous attendons à un changement de temps / *there has been a change in thinking regarding nuclear power* il y a eu un changement d'opinion or une évolution de l'opinion concernant l'énergie nucléaire / *a survey showed a radical change in public opinion* un sondage a montré un revirement de l'opinion publique / *the party needs a change of direction* le parti a besoin d'un changement de direction or d'orientation / *a change for the better* / *worse* un changement en mieux / pire, une amélioration / dégradation / *walking to work makes a pleasant change from driving* c'est agréable d'aller travailler à pied plutôt qu'en voiture / *it'll be* or *make a nice change for them not to have the children in the house* cela les changera agréablement de ne pas avoir les enfants à la maison / *that makes a change!* voilà qui change ! / *living in the country will be a big change for us* cela nous changera beaucoup de vivre à la campagne / *there's been little change in his condition* son état n'a guère évolué / *she dislikes change of any kind* tout changement lui déplaît ▸ **to have a change of heart** changer d'avis ▸ **I need a change of scene** or **scenery** *fig* j'ai besoin de changer de décor or d'air / *a change is as good as a rest* un changement d'air vaut tous les repos **2.** [fresh set or supply] : *a change of clothes* des vêtements de rechange / *he had to spend a week without a change of clothes* il a dû passer une semaine sans changer de vêtements **3.** [in journey] changement *m*, correspondance *f* / *if you go by underground you'll have to make two changes* si vous y allez en métro vous serez obligé de changer deux fois / *you can get there by train with a change at Bristol* vous pouvez y aller en train avec un changement or une correspondance à Bristol **4.** [money] monnaie *f* / *she gave me two pounds in change* elle m'a donné deux livres en monnaie / *can you give me change for five pounds?* pouvez-vous me faire la monnaie de cinq livres ? / *I don't have any loose* or *small change* je n'ai pas de petite monnaie / *the machine doesn't give change* la machine ne rend pas la monnaie / *you'll get no change out of him* UK *inf* on ne peut rien en tirer **5.** *euph* PHYSIOL = **change of life** **6.** *arch* [market] marché *m*. ◆ vt **1.** [substitute, switch] changer, changer de / *to change one's name* changer de nom / *she's going to change her name to Parker* elle va prendre le nom de Parker / *to change a fuse* changer un fusible / *to change one's clothes* changer de vêtements, se changer / *to change trains* changer de train / *they're going to change the guard at 11 o'clock* UK MIL ils vont faire la relève de or relever la garde à 11 h / *to change sides* changer de côté / *to change ends* SPORT changer de camp ▸ **to change hands** : *this old desk has changed hands many times* ce vieux bureau a changé maintes fois de mains ▸ **to change one's mind** changer d'avis / *he's changed his mind about moving to Scotland* pour ce qui est de s'installer en Écosse il a changé d'avis / *you'd better change your ways* tu ferais bien de t'amender ▸ **to change one's tune** changer de ton **2.** [exchange] changer / *when are you thinking of changing your car?* quand pensez-vous changer de voiture ? / *if the shoes are too small we'll change them for you* si les chaussures sont trop petites nous vous les changerons ▸ **to change places with sb** changer de place avec qqn / *I wouldn't want to change places with him!* *fig* je n'aimerais pas être à sa place ! / *I'd like to change my pounds into dollars* FIN j'aimerais changer mes livres contre des or en dollars / *does this bank change money?* est-ce que cette banque fait le change ? / *can you change a ten-pound note?* [into coins] pouvez-vous me donner la monnaie d'un billet de dix livres ? **3.** [alter, modify] changer / *there's no point in trying to change him* c'est inutile d'essayer de le changer / *she wants to change the world* elle veut changer le monde / *he won't change anything in the text* il ne changera rien au texte / *the illness completely changed his personality* la maladie a complètement transformé son caractère / *she doesn't want to change her routine in any way* elle ne veut rien changer à sa routine ▸ **to change one's spots** changer or modifier totalement son caractère **4.** [transform] changer, transformer ▸ **to change sthg / sb into sthg** changer qqch / qqn en qqch / *the prince was changed into a frog* le prince fut changé en grenouille / *to change water into wine* BIBLE changer l'eau en vin / *the liquid / her hair has changed colour* le liquide a / ses cheveux ont changé de couleur **5.** [baby, bed] changer / *the baby needs changing* le bébé a besoin d'être changé / *I've changed the sheets* j'ai changé les draps **6.** AUTO ▸ **to change gear** changer de vitesse. ◆ vi **1.** [alter, turn] changer / *to change for the better* / *worse* changer en mieux / pire / *nothing will make him change* rien ne le changera, il ne changera jamais / *wait for the lights to change* attendez que le feu passe au vert / *winter changed to spring* le printemps a succédé à l'hiver / *the wind has changed* le vent a changé or tourné **2.** [become transformed] se changer, se transformer ▸ **to change into sthg** se transformer en qqch / *the ogre changed into a mouse* l'ogre s'est transformé en souris **3.** [change clothing] se changer / *she's gone upstairs to change* elle est montée se changer / *they changed out of their uniforms* ils ont enlevé leurs uniformes / *he changed into a pair of jeans* il s'est changé et a mis un jean / *I'm going to change into something warmer* je vais mettre quelque chose de plus chaud **4.** [transportation] changer / *is it a direct flight or do I have to change?* est-ce que le vol est direct ou faut-il changer ? ▸ **all change!** [announcement] tout le monde descend ! **5.** UK AUTO : *she changed into fourth gear* elle a passé la quatrième **6.** [moon] entrer dans une nouvelle phase.

❖ **for a change** adv phr : *it's nice to see you smiling for a change* c'est bien de te voir sourire pour une fois.

❖ **change down** vi AUTO rétrograder / *he changed down into third* il est passé en troisième.

❖ **change over** vi **1.** UK [switch] : *he changed over from smoking cigarettes to smoking cigars* il s'est mis à fumer des cigares à la place de cigarettes / *the country has changed over to nuclear power* le pays est passé au nucléaire / *one day I wash and he dries and the next day we change over* un jour je fais la vaisselle et il l'essuie et le jour d'après on change **2.** SPORT [change positions] changer de côté.

❖ **change up** vi AUTO passer la vitesse supérieure / *he changed up into third* il a passé la troisième, il est passé en troisième.

changeability [,tʃeɪndʒə'bɪlətɪ] n variabilité *f*.

changeable ['tʃeɪndʒəbl] adj **1.** [variable] variable / *changeable weather* temps variable or instable **2.** [capricious, fickle] changeant, inconstant.

changed [tʃeɪndʒd] adj changé, différent / *he's a changed man* c'est un autre homme.

changeless ['tʃeɪndʒlɪs] adj immuable, inaltérable.

changeling ['tʃeɪndʒlɪŋ] n *enfant substitué par les fées au véritable enfant d'un couple.*

change machine n distributeur *m* de monnaie.

change of life n ▸ **the change of life** le retour d'âge.

changeover ['tʃeɪndʒ,əʊvəʳ] n **1.** [switch] changement *m*, passage *m* / *in Australia the changeover from pounds to dollars took place in 1966* en Australie le changement monétaire qui a remplacé la livre par le dollar a eu lieu en 1966 / *the changeover to computers went smoothly* le passage à l'informatisation s'est fait en douceur **2.** UK SPORT changement *m* de côté.

change purse n US porte-monnaie *m inv.*

change-ringing n *manière particulière de sonner les cloches, notamment dans les églises anglicanes.*

changing ['tʃeɪndʒɪŋ] ◆ adj qui change / *we're living in a changing world* nous vivons dans un monde en évolution. ◆ n changement *m* ▸ **the Changing of the Guard** la relève de la garde.

changing room n UK SPORT vestiaire *m* ; [in shop] cabine *f* d'essayage.

changing table n table *f* à langer.

channel ['tʃænl] (UK *pt & pp* **channelled**, *cont* **channelling** ; US *pt & pp* **channeled**, *cont* **channeling**) ◆ n **1.** [broad strait] détroit *m*, bras *m* de mer ▸ **the Channel** la Manche ▸ **a Channel** or **cross-Channel ferry** un ferry qui traverse la Manche **2.** [river bed] lit *m* ; NAUT [navigable course] chenal *m*, passe *f* **3.** [passage - for gases, liquids] canal *m*, conduite *f* ; [- for electrical signals] piste *f* **4.** [furrow, groove] sillon *m* ; [on a column] cannelure *f* ; [in a street] caniveau *m* **5.** TV chaîne *f* / *the film is on Channel 2* le film est sur la deuxième chaîne **6.** RADIO bande *f* **7.** *fig* [means] canal *m*, voie *f* / *to go through (the) official channels* suivre la filière officielle / *they tried to obtain his release through diplomatic channels* ils ont essayé d'obtenir sa libération par voie diplomatique / *the government has suppressed all channels of dissent* le gouvernement a supprimé tout moyen d'expression de la dissidence **8.** COMPUT canal *m*. ◆ vt **1.** [land] creuser des rigoles dans ; [river] canaliser ; [street] construire des caniveaux dans ; [gas, water] acheminer (par des conduites) ; [column] canneler / *the water channelled its way through the cliff* l'eau a creusé une rigole dans la falaise **2.** *fig* [direct] canaliser, diriger / *the government wants to channel resources to those who need them most* le gouvernement veut affecter les ressources en priorité à ceux qui en ont le plus besoin / *she needs to channel her energies into some useful work* elle a besoin de canaliser son énergie à effectuer du travail utile.

❖ **channel off** vt sep canaliser.

channel-flick, channel-hop vt & vi TV zapper.

channel-hopper n zappeur *m*, -euse *f*.

Channel Islander n *habitant des îles Anglo-Normandes.*

Channel Islands pl pr n ▸ **the Channel Islands** les îles *fpl* Anglo-Normandes / *in the Channel Islands* dans les îles Anglo-Normandes.

channel of distribution n circuit *m* or canal *m* de distribution.

Channel Tunnel n ▸ **the Channel Tunnel** le tunnel sous la Manche.

chant [tʃɑːnt] ◆ n **1.** MUS mélopée *f* ; RELIG psalmodie *f* **2.** [slogan, cry] chant *m* scandé. ◆ vi **1.** MUS chanter une mélopée ; RELIG psalmodier **2.** [crowd, demonstrators] scander des slogans. ◆ vt **1.** MUS chanter ; RELIG psalmodier **2.** [slogans] scander.

chant(e)y ['ʃæntɪ] (*pl* **chanties**) = **shanty**.

chanting ['tʃɑːntɪŋ] ◆ adj [voice] monotone, traînant. ◆ n **1.** MUS mélopée *f* ; RELIG chants *mpl*, psalmodie *f* **2.** [of slogans] slogans *mpl* (scandés).

Chanukah [tʃə'nuːkə] n Hanoukka *f*.

chaos ['keɪɒs] n chaos *m*.

chaos theory n théorie *f* du chaos.

chaotic [keɪ'ɒtɪk] adj chaotique.

chaotically [keɪ'ɒtɪklɪ] adv chaotiquement.

chap [tʃæp] (*pt & pp* **chapped**, *cont* **chapping**) ◆ n **1.** UK *inf* [man] type *m* / *he's a nice chap* c'est un brave type / *be a good chap and tell him I'm not in* sois sympa et dis-lui que je ne suis pas là / *you chaps have made a big mistake* messieurs, vous avez fait une grave erreur / *what do you think, chaps?* qu'en pensez-vous, les amis ? / *he's gone broke, poor chap* il a fait faillite, le pauvre / *how are you, old chap?* *dated* comment allez-vous, mon vieux ? **2.** [sore] gerçure *f*, crevasse *f*. ◆ vt gercer, crevasser. ◆ vi (se) gercer, se crevasser.

chapat(t)i [tʃə'pætɪ] n galette *f* de pain indienne.

chapel ['tʃæpl] ◆ n **1.** [in church, school, etc.] chapelle *f* **2.** UK [Nonconformist church] temple *m* **3.** UK [of trade unionists] *section syndicale dans une maison d'édition.* ◆ adj UK RELIG non-conformiste / *are you church or chapel?* êtes-vous anglican ou non-conformiste ?

chapel of ease n église *f* succursale.

chapel of rest n *chambre mortuaire dans une entreprise de pompes funèbres.*

chaperon(e) ['ʃæpərəʊn] ◆ n chaperon *m* / *her aunt acted as her chaperone* sa tante lui servait de chaperon. ◆ vt chaperonner.

chaplain ['tʃæplɪn] n aumônier *m* ; [in private chapel] chapelain *m*.

chaplaincy ['tʃæplɪnsɪ] n aumônerie *f* ▸ **chaplaincy work** le travail de l'aumônier.

chaplet ['tʃæplɪt] n **1.** [wreath] guirlande *f* **2.** RELIG chapelet *m*.

Chappaquiddick [tʃæpə'kwɪdɪk] pr n ▸ **Chappaquiddick** or **the Chappaquiddick incident** l'affaire *f* de Chappaquiddick *(accident ayant coûté la vie, en 1973, à Mary-Jo Kopechne, collaboratrice du sénateur américain Edward Kennedy, dans des circonstances mal élucidées).*

chapped [tʃæpt] adj [hands, lips] gercé / *he has chapped lips* il a les lèvres gercées / *your hands will get chapped in this weather* vous aurez les mains gercées par ce temps.

chappie ['tʃæpɪ] UK n *inf & dated* = **chap** *(noun).*

chaps [tʃæps] pl n jambières *fpl* de cuir.

chapstick® ['tʃæpstɪk] n US bâton *m* de pommade pour les lèvres.

chapter ['tʃæptəʳ] n **1.** [of book] chapitre *m* / *it's in chapter three* c'est dans le troisième chapitre ▸ **to give** or **quote chapter and verse** : *she can give (you) chapter and verse on the subject* elle peut citer toutes les autorités en la matière **2.** [era] chapitre *m* / *this closed a particularly violent chapter in our history* ceci marqua la fin d'un chapitre particulièrement violent de notre histoire **3.** [series] succession *f*, cascade *f* / *a chapter of accidents* une série d'accidents or de malheurs, une série noire **4.** [of organization] branche *f*, section *f* **5.** RELIG chapitre *m*.

Chapter 11 n US ECON *procédure de faillite ayant pour but la restructuration de l'entreprise.*

chapter house n chapitre *m*.

Chapter 7 n US ECON *procédure de faillite ayant pour but la liquidation de l'entreprise.*

char [tʃɑːʳ] (*pt & pp* **charred**, *cont* **charring**) ◆ vt **1.** [reduce to charcoal] carboniser, réduire en charbon **2.** [scorch] griller, brûler légèrement. ◆ vi **1.** [scorch] brûler ; [blacken] noircir **2.** UK *inf & dated* [clean] faire des ménages / *she had to go out charring to support her family* elle a dû faire des ménages pour faire vivre sa famille. ◆ n **1.** UK *inf & dated* [cleaner] femme *f* de ménage **2.** UK *inf & dated* thé *m* **3.** [fish] omble *m* chevalier.

charabanc ['ʃærəbæŋ] n *dated* autocar *m* (de tourisme).

character ['kærəktəʳ] ◆ n **1.** [nature, temperament] caractère *m* / *the war completely changed his character* la guerre a complètement transformé son caractère / *is there such a thing as national character?* la notion de caractère national existe-t-elle ? / *his remark was quite in / out of character* cette remarque lui ressemblait tout à fait / ne lui ressemblait pas du tout **2.** [aspect, quality] caractère *m* / *it was the vindictive character of the punishment she objected to* c'était le caractère vindicatif du châtiment qu'elle désapprouvait **3.** [determination, integrity] caractère *m* / *she's a woman of great character* c'est une femme qui a beaucoup de caractère / *he lacks character* il manque de caractère **4.** [distinction, originality] caractère *m* / *the house had (great) character* la maison avait beaucoup de caractère **5.** [unusual person] personnage *m* / *she seems to attract all sorts of characters* elle semble attirer toutes sortes d'individus / *he's quite a character!* c'est un phénomène or un sacré numéro ! **6.** *pej* [person] individu *m* / *there's a suspicious character waiting downstairs for you* il y a un individu suspect qui vous attend en bas **7.** CIN, LITER & THEAT personnage *m* / *the main character* le personnage principal, le protagoniste / *Chaplin plays two different characters in "The Great Dictator"* Chaplin joue deux rôles différents dans « le Dictateur » **8.** TYPO caractère *m* **9.** *liter* [handwriting] écriture *f* **10.** UK *dated* [written reference] références *fpl*. ◆ comp **1.** CIN & THEAT ▸ **character part** or **role** rôle *m* de composition **2.** COMPUT ▸ **character code** code *m* de caractère ▸ **character set** jeu *m* de caractères.

> ⚠ Note that character is not always translated by **caractère**. See the entry for details.

character actor n acteur *m* de genre.

character assassination n diffamation *f*.

character-building UK, **character-forming** adj qui forme le caractère / *it's character-forming* ça forme le caractère.

characterful ['kærəktəfʊl] adj plein de caractère.

characteristic [,kærəktə'rɪstɪk] ◆ adj caractéristique / *she refused all honours with characteristic humility* elle refusa tous les honneurs avec l'humilité qui la caractérisait. ◆ n caractéristique *f* ▸ **national characteristics** les caractères *mpl* nationaux.

characteristically [,kærəktə'rɪstɪklɪ] adv : *he was characteristically generous with his praise* comme on pouvait s'y attendre, il fut prodigue de ses compliments or il ne ménagea pas ses éloges / *characteristically, she put her family first* elle fit passer sa famille en premier, ce qui était bien dans son caractère or lui ressemblait bien.

characterization [,kærəktəraɪ'zeɪʃn] n **1.** *fml* [description] caractérisation *f* **2.** LITER & THEAT représentation *f* or peinture *f* des personnages / *he's very poor at characterization* **a)** [writer] ses personnages ne sont pas très convaincants **b)** [actor] il n'a aucun talent pour l'intérprétation.

characterize, characterise ['kærəktəraɪz] vt caractériser / *his music is characterized by a sense of joy* sa musique se caractérise par une impression de joie / *the speaker characterized apartheid as utterly immoral* le conférencier qualifia l'apartheid de totalement immoral / *Shakespeare characterized Henry VI as a weak but pious king* Shakespeare a dépeint Henri VI comme un roi faible mais pieux.

characterless ['kærəktəlɪs] adj sans caractère.

character sketch n portrait *m* or description *f* rapide.

character witness n témoin *m* de moralité.

charade [ʃə'rɑːd] n [pretence] feinte *f* / *the trial was a complete charade!* c'était une véritable parodie de procès !

❖ **charades** pl n GAMES charade *f* en action / *let's play charades* jouons aux charades.

char-broil vt US CULIN griller au charbon de bois.

char-broiled adj US grillé au feu de bois.

charcoal ['tʃɑːkəʊl] ◆ n **1.** [fuel] charbon *m* de bois **2.** ART fusain *m* / *he drew her in charcoal* il l'a dessinée au fusain. ◆ comp **1.** [fuel] à charbon ▸ **a charcoal stove** un réchaud à charbon de bois **2.** ART au charbon, au fusain ▸ **charcoal artist** fusainiste *mf* ▸ **a charcoal pencil** un (crayon) fusain ▸ **a charcoal drawing** un croquis au fusain.

charcoal burner n charbonnier *m*.

charcoal grey ◆ n gris *m* foncé. ◆ adj gris foncé *(inv)*, (gris) anthracite *(inv)*.

chard [tʃɑːd] n blette *f*, bette *f*.

charge [tʃɑːdʒ] ◆ n **1.** [fee, cost] frais *mpl* ▸ **administrative charges** frais de dossier ▸ **postal / telephone charges** frais postaux / téléphoniques / *there's a charge of one pound for use of the locker* il faut payer une livre pour utiliser la consigne automatique / *is there any extra charge for a single room?* est-ce qu'il faut payer un supplément pour une chambre à un lit? / *what's the charge for delivery?* la livraison coûte combien? / *there's no charge for children* c'est gratuit pour les enfants ▸ **free of charge** gratuitement / *there's a small admission charge to the museum* il y a un petit droit d'entrée au musée / *cash or charge?* US comptant ou crédit? ▸ **carriage charge** or **charges** COMM frais de port **2.** LAW [accusation] chef *m* d'accusation, inculpation *f* / *he was arrested on a charge of conspiracy* il a été arrêté sous l'inculpation d'association criminelle / *you are under arrest — on what charge?* vous êtes en état d'arrestation — pour quel motif? ▸ **to file charges against sb** déposer une plainte contre qqn / *a charge of drunk driving was brought against the driver* le conducteur a été mis en examen pour conduite en état d'ivresse / *the judge threw out the charge* le juge a retiré l'inculpation / *she was acquitted on both charges* elle a été acquittée des deux chefs d'inculpation / *some of the charges may be dropped* certains des chefs d'accusation pourraient être retirés / *he pleaded guilty to the charge of robbery* il a plaidé coupable à l'accusation de vol / *they will have to answer* or *face charges of fraud* ils auront à répondre à l'accusation d'escroquerie / *she's laying herself open to charges of malingering* elle s'expose à des accusations de simulation **3.** [allegation] accusation *f* / *the government rejected charges that it was mismanaging the economy* le gouvernement a rejeté l'accusation selon laquelle il gérait mal l'économie / *charges of torture have been brought* or *made against the regime* des accusations de torture ont été portées contre le régime **4.** [command, control] : *who's the person in charge here?* qui est le responsable ici? / *who's in charge here?* qui est-ce qui commande ici? / *she's in charge of public relations* elle s'occupe des relations publiques / *can I leave you in charge of the shop?* puis-je vous laisser la responsabilité du magasin? / *she was in charge of consumer protection* elle était responsable de la protection des consommateurs / *I was put in charge of the investigation* on m'a confié la responsabilité de l'enquête ▸ **to take charge of sthg** prendre en charge qqch, prendre or assumer la direction de qqch / *she took charge of organizing the festival* elle a pris en charge l'organisation du festival / *he took charge of his nephew* il a pris son neveu en charge / *he had a dozen salesmen under his charge* il avait une douzaine de vendeurs sous sa responsabilité **5.** *fml* [burden] ▸ **to be a charge on sb** être une charge pour qqn / *she refused to be a charge on her family / the State* elle refusa d'être une charge pour sa famille / d'être à la charge de l'État **6.** *fml* [dependent] *personne confiée à la garde d'une autre* ; [pupil] élève *mf* / *the governess instructed her two charges in French and Italian* la gouvernante apprit le français et l'italien à ses deux élèves **7.** [duty, mission] charge *f* / *he was given the charge of preparing the defence* on l'a chargé de préparer la défense / *the judge's charge to the jury* LAW les recommandations du juge au jury **8.** MIL [attack] charge *f* ▸ **the Charge of the Light Brigade** UK HIST la charge de la brigade légère / *soldiers made several charges against the demonstrators* les soldats ont chargé les manifestants à plusieurs reprises **9.** ELEC & PHYS charge *f* / *the battery needs a charge* la batterie a besoin d'être chargée / *I left it on charge all night* je l'ai laissé charger toute la nuit **10.** HERALD meuble *m*. ◆ vt **1.** [money] faire payer ; [demand payment from] demander, prendre / *the doctor charged her $90 for a visit* le médecin lui a fait payer or lui a pris 90 dollars pour une consultation / *how much would you charge to take us to the airport?* combien prendriez-vous pour nous emmener à l'aéroport? / *they didn't charge us for the coffee* ils ne nous ont pas fait payer les cafés / *you will be charged for postage* COMM les frais postaux seront à votre charge **2.** [defer payment of] : *charge the bill to my account* mettez le montant de la facture sur mon compte / *I charged all my expenses to the company* j'ai mis tous mes frais sur le compte de la société / *can I charge this jacket?* US [with a credit card] puis-je payer cette veste avec ma carte (de crédit)? / *charge it* US mettez-le sur mon compte **3.** [allege] ▸ **to charge that sb has done sthg** accuser qqn d'avoir fait qqch / *the Opposition spokesman charged that the Employment Secretary had falsified the figures* le porte-parole de l'opposition a accusé le ministre du Travail or de l'Emploi d'avoir falsifié les chiffres / *he charged his partner with having stolen thousands of pounds from the firm* il a accusé son associé d'avoir volé des milliers de livres à l'entreprise **4.** LAW inculper / *I'm charging you with the murder of X* je vous inculpe du meurtre de X / *he was charged with assaulting a policeman* il a été inculpé de voies de fait sur un agent de police **5.** [attack] charger / *the police charged the crowd* les forces de l'ordre ont chargé la foule / *the troops charged the building* les troupes donnèrent l'assaut au bâtiment **6.** *fml* [command, entrust] : *I was charged with guarding the prisoner* je fus chargé de la surveillance du prisonnier / *I charge you to find the stolen documents* je vous confie la tâche de retrouver les documents dérobés / *she was charged with the task of interviewing applicants* on lui confia la tâche d'interroger les candidats / *the judge charged the jury* LAW le juge a fait ses recommandations au jury **7.** ELEC & MIL charger **8.** *fml* [fill] charger ▸ **to charge sb's glass** remplir le verre de qqn. ◆ vi **1.** [demand in payment] demander, prendre / *how much do you charge?* combien demandez-vous or prenez-vous? / *do you charge for delivery?* est-ce que vous faites payer la livraison? / *he doesn't charge* il ne demande or prend rien **2.** [rush] se précipiter / *the rhino suddenly charged* tout d'un coup le rhinocéros a chargé / *suddenly two policemen charged into the room* tout d'un coup deux policiers ont fait irruption dans la pièce / *she charged into / out of her office* elle entra dans son / sortit de son bureau au pas de charge **3.** MIL [attack] charger, donner l'assaut ▸ **charge!** à l'assaut! **4.** ELEC se charger or recharger / *this battery won't charge* cette batterie ne veut pas se charger or recharger.

❖ **charge up** vt sep **1.** [bill] : *she charged everything up to her account* elle a mis tous les frais sur son compte **2.** ELEC charger, recharger.

The Charge of the Light Brigade

Célèbre poème de lord Tennyson, inspiré d'un épisode de la guerre de Crimée, au cours duquel, en 1854, une poignée de soldats britanniques se sacrifièrent pour sauver le port de Balaklava (qu'ils contrôlaient avec les Français et les Turcs) attaqué par les Russes.

chargeable ['tʃɑːdʒəbl] adj **1.** FIN : *the item is chargeable with duty of £10* l'article est soumis à une taxe de 10 livres / *travelling expenses are chargeable to the employer* les frais de déplacement sont à la charge de l'employeur ▸ **chargeable asset** actif *m* imposable sur les plus-values ▸ **chargeable expenses** frais *mpl* facturables ▸ **chargeable gain** bénéfice *m* imposable **2.** LAW : *a chargeable offence* un délit / *if they refuse to give evidence they'll be chargeable with contempt of court* s'ils refusent de témoigner ils seront passibles de poursuites pour refus de comparaître.

charge account n US compte *m* permanent *(dans un magasin)*.

charge card n carte *f* de crédit.

charge-cooled [-kuːld] adj AUTO [engine] suralimenté refroidi.

charged [tʃɑːdʒd] adj **1.** [atmosphere] chargé / *a voice charged with emotion* une voix pleine d'émotion / *a look charged with suspicion* un regard lourd de soupçons **2.** ELEC chargé.

chargé d'affaires [,ʃɑːʒeɪdæ'feəʳ] (*pl* **chargés d'affaires**) n chargé *m* d'affaires.

charge hand n UK sous-chef *m* d'équipe.

charge nurse n UK infirmier *m*, -ère *f* en chef.

charger ['tʃɑːdʒəʳ] n **1.** ELEC chargeur *m* **2.** *arch & liter* [horse] cheval *m* de bataille.

charge sheet n UK procès-verbal *m*.

charge time n [for electronic device] temps *m* de charge.

char-grill [tʃɑː'grɪl] vt UK CULIN griller au charbon de bois.

char-grilled adj UK grillé au feu de bois.

charily ['tʃeərəlɪ] adv **1.** [cautiously] précautionneusement **2.** [sparingly] avec parcimonie.

Charing Cross ['tʃærɪŋ-] pr n *une des grandes gares londoniennes.*

chariot ['tʃærɪət] n char *m* / **'Chariots of Fire'** *Hudson* 'les Chariots de feu'.

charioteer [,tʃærɪə'tɪəʳ] n aurige *m*.

charisma [kə'rɪzmə] n charisme *m*.

charismatic [,kærɪz'mætɪk] adj charismatique ▸ **the charismatic movement** RELIG le mouvement charismatique.

charitable ['tʃærətəbl] adj **1.** [generous, kind] charitable **2.** [cause, institution] de bienfaisance, de charité / *charitable organizations* œuvres *fpl* de bienfaisance or de charité / *charitable works* les bonnes œuvres / *a charitable donation* un don fait par charité.

charitably ['tʃærətəblɪ] adv charitablement.

charity ['tʃærətɪ] (*pl* **charities**) n **1.** RELIG charité *f* ; [generosity, kindness] charité / *he bought the painting out of charity* il a acheté le tableau par charité / *an act of charity* une action charitable, un acte de charité **2.** [help to the needy] charité *f* / *they're too proud to accept charity* ils sont trop fiers pour accepter la charité or l'aumône / *they raised £10,000 for charity* ils ont collecté 10 000 livres pour les bonnes œuvres **3.** [organization] association *f* caritative, œuvre *f* de bienfaisance ▸ **Catholic charities** les associations caritatives catholiques ▸ **charity shop** *magasin dont les employés sont des bénévoles et dont les bénéfices servent à subventionner une œuvre d'utilité publique* ▸ **charity work** bénévolat *m* ▸ **the Charity Commission** *commission gouvernementale britannique contrôlant les associations caritatives.*

charlady ['tʃɑː,leɪdɪ] (*pl* **charladies**) n UK *dated* = **char** *(noun)*.

charlatan ['ʃɑːlətən] ◆ n charlatan *m*. ◆ adj charlatanesque.

Charlemagne ['ʃɑːləmeɪn] pr n Charlemagne.

Charles [tʃɑːlz] pr n ▸ **Charles the Bold** Charles le Téméraire ▸ **Charles V** Charles Quint.

charleston ['tʃɑːlstən] n charleston *m* / *to do the charleston* danser le charleston.

charley horse ['tʃɑːlɪ-] n *(U)* US *inf* crampe *f*.

charlie ['tʃɑːlɪ] n **1.** UK *inf* cloche *f* / *I felt a proper* or *right charlie* je me suis senti vraiment bête / *he's a right charlie* c'est une vraie cloche **2.** US *mil sl* [Vietcong] ▸ **Charlie** le Viêt-cong **3.** *drugs sl* [cocaine] coke *f*.

Charlie Chaplin ['tʃɑːlɪ'tʃæplɪn] pr n [in real life] Charlie Chaplin ; [in films] Charlot.

charlock ['tʃɑːlɒk] n sénevé *m*.

charlotte ['ʃɑːlət] n **1.** [baked] charlotte *f* ▸ **apple charlotte** charlotte aux pommes **2.** = **charlotte russe**.

charlotte russe [-ruːs] n charlotte *f* russe.

charm [tʃɑːm] ◆ n **1.** [appeal, attraction] charme *m* / *he has great charm* il a beaucoup de charme ▸ **to turn on the charm** faire du charme **2.** [in sorcery] charme *m*, sortilège *m* ▸ **a lucky charm** un porte-bonheur ▸ **to work like a charm** marcher à merveille or à la perfection **3.** [piece of jewellery] breloque *f* ▸ **a charm bracelet** un bracelet à breloques. ◆ vt **1.** [please, delight] charmer, séduire / *I was charmed by his gentle manner* je fus charmé par ses douces manières / *she charmed him into accepting the invitation* elle l'a si bien enjôlé qu'il a accepté l'invitation **2.** [subj: magician] charmer, ensorceler ; [subj: snake charmer] charmer.

❖ **charms** pl n charmes *mpl*.
❖ **charm away** vt sep : *he charmed away all their fears* il a fait disparaître toutes leurs craintes comme par enchantement.

charmed [tʃɑːmd] adj **1.** [delighted] enchanté / *she sang before a charmed audience* elle a chanté devant des spectateurs enchantés / *pleased to meet you — charmed, I'm sure* [in introduction] heureux de faire votre connaissance — enchanté or Monsieur, j'ai bien l'honneur **2.** [by magic] charmé ▸ **to lead a charmed life** *fig* être béni des dieux.

charmer ['tʃɑːməʳ] n charmeur *m*, -euse *f*.

charming ['tʃɑːmɪŋ] adj charmant / *charming! iro* c'est charmant !

charmingly ['tʃɑːmɪŋlɪ] adv de façon charmante / *he seemed charmingly innocent* il paraissait d'une innocence charmante / *the charmingly named 'Hummingbird Highway'* le « Hummingbird Highway », au nom plein de charme.

charmless ['tʃɑːmlɪs] adj sans charme, dépourvu de charme.

charm school n école *f* de bonnes manières / *which charm school did you go to? iro* dis-donc, tu en as des manières !

charnel house ['tʃɑːnl-] n *liter* charnier *m*, ossuaire *m*.

charr [tʃɑːʳ] n = **char** *(noun)*.

charred [tʃɑːd] adj noirci (par le feu) / *the charred ruins of the building* les ruines du bâtiment noircies par le feu.

chart [tʃɑːt] ◆ n **1.** NAUT carte *f* marine ; ASTRON carte *f* (du ciel) **2.** [table] tableau *m* ; [graph] courbe *f* ; MED courbe *f* / *CO_2 levels are off the chart* [high] les niveaux de CO_2 ont atteint des niveaux exceptionnellement élevés / *house prices are off the chart* [low] les prix de l'immobilier ont atteint des niveaux exceptionnellement bas ▸ **off-the-chart results** des résultats exceptionnels **3.** ASTROL horoscope *m*. ◆ vt **1.** NAUT [seas, waterway] établir la carte de, faire un levé hydrographique de ; ASTRON [stars] porter sur la carte **2.** [record - on a table, graph] faire la courbe de ; *fig* [progress, development] rendre compte de / *the patient's progress was carefully charted* l'évolution du malade fut soigneusement notée sur sa fiche **3.** *fig* [make a plan of] tracer / *the director charted a way out of financial collapse* le directeur a établi or mis au point un plan pour éviter un effondrement financier.

❖ **charts** pl n MUS hit-parade *m* / *she's in the charts* elle est au hit-parade.

charter ['tʃɑːtəʳ] ◆ n **1.** [statement of rights] charte *f* ; [of a business, organization, university] statuts *mpl* ▸ **the United Nations Charter** la Charte de l'Organisation des Nations unies **2.** [lease, licence] affrètement *m* ; [charter flight] charter *m* / *we've hired three coaches on charter* UK nous avons affrété trois autocars ▸ **charter company** affréteur *m*. ◆ vt **1.** [establish] accorder une charte à **2.** [hire, rent] affréter.

chartered ['tʃɑːtəd] adj **1.** [hired, rented] affrété **2.** UK [qualified] ▸ **a chartered accountant** un expert-comptable ▸ **a chartered surveyor** un expert immobilier.

charter flight n (vol *m*) charter *m*.

charterhouse ['tʃɑːtəhaʊs] *(pl* [-haʊzɪz]*)* n chartreuse *f*.

charter member n membre *m* fondateur.

charter party n NAUT charte-partie *f*.

charter plane n (avion *m*) charter *m*.

Chartism ['tʃɑːtɪzm] n chartisme *m*.

chartist ['tʃɑːtɪst] n US ST. EX analyste *mf* des cours des valeurs boursières, chartiste *mf*.

Chartist ['tʃɑːtɪst] ◆ n chartiste *mf*. ◆ adj chartiste ▸ **the Chartist movement** le mouvement chartiste.

chart-topping adj UK *qui est en tête de hit-parade.*

charwoman ['tʃɑː,wʊmən] *(pl* **charwomen** [-,wɪmɪn]*)* n *dated* = **char** *(noun)*.

chary ['tʃeərɪ] adj **1.** [cautious] précautionneux / *he's chary of allowing strangers into his home* il hésite à accueillir des gens qu'il ne connaît pas chez lui **2.** [ungenerous] parcimonieux / *he was chary of praise* il faisait rarement des éloges, il était avare de compliments.

Charybdis [kə'rɪbdɪs] pr n Charybde ▸ **to be between Scylla and Charybdis** tomber de Charybde en Scylla.

chase [tʃeɪs] ◆ vt **1.** [pursue] poursuivre / *two police cars chased the van* deux voitures de police ont pris la camionnette en chasse / *the dog chased the postman down the street* le chien a poursuivi le facteur jusqu'en bas de la rue / *the reporters were chased from* or *out of the house* les journalistes furent chassés de la maison **2.** [amorously] courir (après) / *he's always chasing young women* il est toujours à courir (après) les filles **3.** [metal] ciseler, repousser **4.** [drink] : *I like my beer chased with whisky* j'aime bien faire descendre ma bière avec un whisky. ◆ vi [rush] : *she chased all around London to find a wedding dress* elle a parcouru or fait tout Londres pour trouver une robe de mariée. ◆ n **1.** [pursuit] poursuite *f* / *the hounds gave chase to the fox* la meute a pris le renard en chasse / *the prisoner climbed over the wall and the guards gave chase* le prisonnier escalada le mur et les gardiens se lancèrent à sa poursuite ▸ **cut to the chase!** abrège ! **2.** HUNT [sport, land, game] chasse *f* **3.** [groove] saignée **4.** TYPO châssis *m*.

❖ **chase after** vt insep courir après.
❖ **chase away, chase off** vt sep chasser.
❖ **chase up** vt sep UK **1.** [information] rechercher **2.** [organization, person] : *can you chase up the manager for me?* pouvez-vous relancer le directeur à propos de ce que je lui ai demandé ? / *I had to chase him up for the £50 he owed me* j'ai dû lui réclamer les 50 livres qu'il me devait.

chaser ['tʃeɪsəʳ] n **1.** [drink] : *they drank scotch with beer chasers* ils ont bu du scotch suivi par de la bière / *give me a glass of vodka with an orange juice as a chaser* donnez-moi un verre de vodka et un jus d'orange que je boirai après **2.** [pursuer] chasseur *m* **3.** [horse] cheval *m* de course.

chasm ['kæzm] n *lit* abîme *m*, gouffre *m* ; *fig* fossé *m* ▸ **to bridge** or **jump** or **cross the chasm between…** combler le fossé entre…

chassé ['ʃæseɪ] ◆ n chassé *m*. ◆ vi DANCE chasser.

chassis ['ʃæsɪ] *(pl* **chassis** ['ʃæsɪ]*)* n **1.** AUTO châssis *m* ; AERON train *m* d'atterrissage **2.** *inf* [body] châssis *m*.

chaste [tʃeɪst] adj chaste.

chastely ['tʃeɪstlɪ] adv chastement.

chasten ['tʃeɪsn] vt *fml* **1.** [subdue, humble] corriger, maîtriser ; [pride] rabaisser / *she was chastened by her failure* elle fut abattue par son échec **2.** [punish, reprimand] châtier, punir.

chastened ['tʃeɪsnd] adj abattu.

chasteness ['tʃeɪstnɪs] n caractère *m* chaste.

chastening ['tʃeɪsənɪŋ] adj : *prison had a chastening effect on him* la prison l'a assagi / *it's a chastening thought* c'était une pensée plutôt décourageante.

chastise [tʃæ'staɪz] vt *fml* [punish, beat] châtier, punir ; [reprimand] fustiger.

chastisement ['tʃæstɪzmənt] n *fml* châtiment *m*.

chastity ['tʃæstətɪ] n chasteté *f*.

chastity belt n ceinture *f* de chasteté.

chasuble ['tʃæzjʊbl] n chasuble *f*.

chat [tʃæt] *(pt & pp* **chatted**, *cont* **chatting**) ◆ vi bavarder, causer / *we were just chatting about this and that* nous causions de choses et d'autres / *he was chatting to the man next to him* il bavardait avec l'homme qui était à côté de lui. ◆ n **1.** [conversation] conversation *f* / *we had a nice chat over lunch* nous avons eu une conversation agréable pendant le déjeuner / *she came over for a chat* elle est venue bavarder un peu / *there's too much chat and not enough work going on here!* il y a or on s'occupe trop de bavardage et pas assez de travail ici ! **2.** INTERNET chat *m*.

❖ **chat up** vt sep UK *inf* baratiner, draguer.

château ['ʃætəʊ] *(pl* **châteaus** *or* **châteaux** ['ʃætəʊz]*)* n château *m*.

château-bottled adj mis en bouteille au château.

chatline ['tʃætlaɪn] n [gen] réseau *m* téléphonique *(payant)* ; [for sexual encounters] téléphone *m* rose.

chat room, chatroom ['tʃætruːm] n COMPUT forum *m* de discussion.

chat show n UK causerie *f* télévisée, talk-show *m* ▸ **chat show host** présentateur *m*, -trice *f* de talk-show.

chattel ['tʃætl] n bien *m* meuble ▸ **a chattel mortgage** US FIN un nantissement de biens meubles.

chatter ['tʃætəʳ] ◆ vi **1.** [person] papoter, bavarder, palabrer ; [bird] jaser, jacasser ; [monkey] babiller / *she sat quietly while Maria chattered away* elle restait tranquillement assise tandis que Maria palabrait ▸ **the chattering classes** *pej* les intellos *mpl* **2.** [machine] cliqueter **3.** [teeth] claquer / *my teeth were chattering from* or *with the cold* j'avais tellement froid que je claquais des dents. ◆ n **1.** [of people] bavardage *m*, papotage *m* / *it's not just chatter* ce ne sont pas que des paroles en l'air ; [of birds, monkeys] jacassement *m* **2.** [of machines] cliquetis *m* **3.** [of teeth] claquement *m* **4.** US [terrorist communications] : *increased terrorist chatter has been observed by the FBI* le FBI constate une augmentation des échanges entre terroristes / *the National Security Agency has picked up some chatter in Pakistan* les services de sécurité américains ont intercepté des échanges entre terroristes au Pakistan.

chatterati [,tʃætərɑːtɪ] pl n UK *inf & pej* ▸ **the chatterati** les intellos *mpl*.

chatterbox ['tʃætəbɒks] n *inf* moulin *m* à paroles.

chatterer ['tʃætərəʳ] n **1.** [talkative person] bavard *m*, -e *f* **2.** ORNITH cotinga *m*.

chattily ['tʃætɪlɪ] adv [speak, write] d'une façon familière.

chatty ['tʃætɪ] adj [person] bavard ; [letter] plein de bavardages.

Chaucerian [tʃɔː'sɪərɪən] adj de Chaucer.

chauffeur ['ʃəʊfəʳ] ◆ n chauffeur *m*. ◆ vi travailler comme chauffeur / *he chauffeurs for a cabinet minister* il est chauffeur de ministre. ◆ vt conduire.

chauffeur-driven adj conduit par un chauffeur.

chauvinism ['ʃəʊvɪnɪzm] n [nationalism] chauvinisme *m* ; [sexism] machisme *m*, phallocratie *f*.

chauvinist ['ʃəʊvɪnɪst] n [nationalist] chauvin *m*, -e *f* ; [sexist] phallocrate *m*, machiste *m*.

> ⚠ The French word **chauvin** refers to nationalistic prejudice or jingoism. When talking about male chauvinism, use **phallocrate** or **machiste**.

chauvinistic [,ʃəʊvɪ'nɪstɪk] adj [nationalistic] chauvin ; [sexist] machiste, phallocrate.

chav ['tʃæv] n UK *inf & pej* racaille *f*, lascar *m*.

chaw [tʃɔː] *regional* ◆ vi & vt chiquer. ◆ n [tobacco] chique *f*.

ChE written abbr of **chemical engineer.**

cheap [tʃiːp] ◆ adj **1.** [inexpensive] bon marché / *labour is cheaper in the Far East* la main-d'œuvre est moins chère en Extrême-Orient / *he bought a cheap ticket to Australia* il a acheté un billet à prix or tarif réduit pour l'Australie / *it was the cheapest piano in the shop* c'était le piano le moins cher du magasin ▸ **cheap and cheerful** sans prétentions **2.** [poor quality] de mauvaise qualité / *the furniture was cheap and nasty* UK les meubles étaient de très mauvaise qualité **3.** [of little value] : *human life is cheap in many countries* il y a beaucoup de pays où la vie humaine a peu de valeur / *that's how he gets his cheap thrills* c'est ça qui l'excite **4.** [low, despicable] : *a cheap joke* une plaisanterie de mauvais goût / *he made the girl feel cheap* il fit en sorte que la fille eût honte / *she had made herself cheap in her father's eyes* elle s'était rabaissée aux yeux de son père ▸ **a cheap shot** un coup bas / *alluding to her weight problem was a cheap shot* cette allusion à son problème de poids était un coup bas **5.** US [stingy] mesquin. ◆ adv [buy, get, sell] bon marché / *I can get it for you cheaper* je peux vous le trouver pour moins cher / *clothes of that quality don't come cheap* des vêtements de cette qualité coûtent cher.

❖ **on the cheap** adv phr *inf* : *she furnished the house on the cheap* elle a meublé la maison pour pas cher / *they've got immigrants working for them on the cheap* ils ont des immigrés qui travaillent pour eux au rabais.

cheapen ['tʃi:pn] ◆ vt **1.** [lower, debase] abaisser / *I wouldn't cheapen myself by accepting a bribe* je ne m'abaisserais pas à accepter un pot-de-vin **2.** [reduce the price of] baisser le prix de. ◆ vi devenir moins cher.

cheap-jack *inf* ◆ n marchand *m* de bric-à-brac, camelot *m*. ◆ adj de pacotille.

cheaply ['tʃi:plɪ] adv à bon marché / *I can do the job more cheaply* je peux faire le travail à meilleur marché or pour moins cher.

cheapness ['tʃi:pnɪs] n **1.** [low price] bas prix *m* **2.** [poor quality] mauvaise qualité *f*.

cheapo ['tʃi:pəʊ] adj *inf* pas cher.

cheapskate ['tʃi:pskeɪt] n *inf* radin *m*, -e *f*, grippe-sou *m*.

cheat [tʃi:t] ◆ vt **1.** [defraud, swindle] escroquer, léser ▸ **to cheat sb out of sthg** escroquer qqch à qqn / *to feel cheated* se sentir lésé or frustré **2.** *fig & liter* [deceive, trick] duper / *to cheat death* échapper à la mort. ◆ vi tricher / *he always cheats at cards* il triche toujours aux cartes / *she was expelled from university for cheating* elle fut renvoyée de l'université pour avoir triché aux examens. ◆ n **1.** [dishonest person] tricheur *m*, -euse *f* ; [crook, swindler] escroc *m*, fraudeur *m*, -euse *f* **2.** [dishonest practice] tricherie *f*, tromperie *f*.

❖ **cheat on** vt insep **1.** [falsify] tricher sur / *he cheated on his income tax* il a triché sur sa déclaration d'impôts **2.** [be unfaithful to] tromper / *he cheats on his wife* il trompe sa femme.

cheating ['tʃi:tɪŋ] ◆ n **1.** [at cards, games] tricherie *f* ; [in exams] copiage *m* **2.** [fraud] fraude *f* **3.** *(U)* [infidelity] infidélité *f*, infidélités *fpl*. ◆ adj **1.** [dishonest] malhonnête, trompeur **2.** [unfaithful, disloyal] infidèle.

cheat sheet n US *inf* antisèche *f*.

Chechen ['tʃetʃen] ◆ adj tchétchène. ◆ n Tchétchène *mf*.

Chechenia [,tʃetʃen'jɑ:], **Chechnya** [,tʃetʃen'jɑ:] pr n Tchétchénie *f* / *in Chechenia* en Tchétchénie.

check [tʃek] ◆ vt **1.** [inspect, examine] contrôler, vérifier ; [confirm, substantiate] vérifier / *she didn't check her facts before writing the article* elle n'a pas vérifié les faits avant d'écrire son article / *the figures have to be checked* il faut vérifier les chiffres / *the doctor checked my blood pressure* le médecin a pris ma tension / *the inspector checked our tickets* le contrôleur a contrôlé nos billets **2.** [contain, limit] enrayer ; [emotions, troops] contenir ; [urge] réprimer ▸ **to check o.s.** se retenir **3.** US [coat, hat] mettre au vestiaire ; [luggage] mettre à la consigne **4.** US [mark, tick] cocher ▸ **to check a box** cocher une case **5.** [in chess] faire échec à **6.** *regional* [reprimand] réprimander. ◆ vi **1.** [confirm] vérifier ; [correspond] correspondre, s'accorder / *I'll have to check with the accountant* je vais devoir vérifier auprès du comptable / *his description of the killer checked with forensic evidence* sa description du tueur s'accordait avec l'expertise médico-légale **2.** [pause, halt] s'arrêter. ◆ n **1.** [examination, inspection] contrôle *m*, vérification *f* / *the airline ordered checks on all their 747s* la compagnie aérienne a ordonné que des contrôles soient faits sur tous ses 747 / *a routine check* une vérification de routine **2.** [inquiry, investigation] enquête *f* ▸ **to do** or **to run a check on sb** se renseigner sur qqn ▸ **to keep a check on sb** surveiller qqn **3.** [restraint] frein *m* / *the House of Lords acts as a check upon the House of Commons* la Chambre des lords met un frein au pouvoir de la Chambre des communes ▸ **checks and balances** POL *Aux États-Unis, système d'équilibre des pouvoirs* / *he kept* or *held his anger in check* il a contenu or maîtrisé sa colère / *we could no longer hold* or *keep the enemy in check* MIL nous ne pouvions plus contenir l'ennemi **4.** [in chess] échec *m* ▸ **in check** en échec ▸ **check!** échec au roi ! **5.** US [bill] addition *f* ; [receipt for coats, luggage] ticket *m* **6.** [square] carreau *m* / *a skirt in black and white check* une jupe à carreaux noirs et blancs **7.** US [mark, tick] coche *f* / *put a check next to all the verbs* cochez tous les verbes **8.** US = **cheque**. ◆ adj [pattern, skirt] à carreaux.

❖ **check in** ◆ vi **1.** [at airport] se présenter à l'enregistrement **2.** [at hotel] se présenter à la réception **3.** [phone] : *it's a little late, I'd better check in with my parents* il se fait tard, il faudrait que je passe un coup de fil à mes parents. ◆ vt sep **1.** [at airport] enregistrer **2.** [at hotel] inscrire **3.** [at cloakroom] mettre au vestiaire ; [at left-luggage office] mettre à la consigne **4.** US [at library] : *to check in a book at the library* rapporter un livre à la bibliothèque.

❖ **check into** vt insep : *to check into a hotel* descendre dans un hôtel.

❖ **check off** vt sep US cocher.

❖ **check on** vt insep **1.** [facts] vérifier **2.** [person] : *the doctor checked on two patients before leaving* le médecin est allé voir deux patients avant de partir.

❖ **check out** ◆ vi **1.** [pay hotel bill] régler sa note ; [leave hotel] quitter l'hôtel **2.** [prove to be correct] s'avérer exact ; [correspond, match] s'accorder, correspondre. ◆ vt sep **1.** [library book] faire tamponner ; [hotel guest] faire régler sa note à **2.** [investigate - person] enquêter sur, se renseigner sur ; [- information, machine, place] vérifier **3.** *inf* [try] essayer / *why don't we check out the restaurant that John told us about?* pourquoi ne pas essayer le restaurant dont John nous a parlé ? **4.** *inf* : *check this out* **a)** [look] vise un peu ça **b)** [listen] écoute-moi ça.

❖ **check over** vt sep examiner, vérifier.

❖ **check up on** vt insep ▸ **to check up on sb** enquêter or se renseigner sur qqn / *if you trusted me you wouldn't check up on me all the time* si tu me faisais confiance tu ne serais pas toujours en train de m'espionner ▸ **to check up on sthg** vérifier qqch / *the social worker checked up on reports of child abuse* l'assistante sociale a enquêté sur les allégations de mauvais traitements à enfant.

Checks and balances

Ce système de contrôle mutuel, garanti par la Constitution, est l'un des principes fondamentaux du gouvernement américain. Il a été élaboré afin d'assurer l'équilibre entre les pouvoirs législatif, exécutif et judiciaire.

checkbook n US = **chequebook**.

check box n case *f* (à cocher).

check digit n COMPUT chiffre *m* de contrôle or de vérification, clé *f*.

checked [tʃekt] adj **1.** [pattern, tablecloth] à carreaux **2.** LING [syllable] fermé, entravé.

checker ['tʃekər] n US **1.** [square] carreau *m* / *a checker tablecloth* une nappe à carreaux **2.** GAMES pion *m* **3.** [in supermarket] caissier *m*, -ère *f* ; [in left-luggage office] préposé *m*, -e *f* à la consigne ; [in cloakroom] préposé *m*, -e *f* au vestiaire.

checkerboard ['tʃekəbɔ:d] n US [in chess] échiquier *m* ; [in draughts] damier *m*.

Checker cab n *taxi américain reconnaissable au motif de damier qui en décore la carrosserie.*

checkered adj US = **chequered**.

checkers n US = **chequers**.

check guarantee card n US = **cheque card**.

check-in n enregistrement *m* ▸ **check-in desk** **a)** [airport] comptoir *m* d'enregistrement **b)** [hotel] réception *f*.

checking account ['tʃekɪŋ-] n US compte *m* chèque or chèques.

checklist ['tʃeklɪst] n liste *f* de vérification ; AERON check-list *f*.

checkmate ['tʃekmeɪt] ◆ n **1.** [in chess] échec et mat *m* **2.** *fig* [deadlock, standstill] impasse *f* ; [defeat] échec *m* total. ◆ vt **1.** [in chess] faire échec et mat à **2.** *fig* [frustrate, obstruct] contrecarrer ; [defeat] vaincre.

checkout ['tʃekaʊt] ◆ n **1.** [in supermarket] caisse *f* **2.** [in hotel] : *checkout (time) is at 11 a.m.* les chambres doivent être libérées avant 11 h. ◆ comp ▸ **checkout assistant** or **checkout clerk** US caissier *m*, -ère *f* ▸ **the checkout counter** la caisse, le comptoir-caisse ▸ **checkout girl** caissière *f*.

checkpoint ['tʃekpɔɪnt] n (poste *m* de) contrôle *m*.

Checkpoint Charlie pr n checkpoint *m* Charlie.

checkrein ['tʃekreɪn] n US fausses rênes *fpl*.

checkroom ['tʃekrʊm] n US [for coats, hats] vestiaire *m* ; [for luggage] consigne *f*.

checkup ['tʃekʌp] n MED bilan *m* de santé, check-up *m* ▸ **to give sb a checkup** faire un bilan de santé à qqn ▸ **to go for** or **to have a checkup** faire faire un bilan de santé.

Cheddar ['tʃedər] n ▸ **Cheddar (cheese)** cheddar *m*.

Cheddar Gorge pr n *gorge située dans le sud-ouest de l'Angleterre, célèbre pour ses grottes.*

cheek [tʃi:k] ◆ n **1.** [of face] joue *f* ▸ **cheek to cheek** joue contre joue ▸ **to be / to live cheek by jowl with sb** être / vivre tout près de qqn ▸ **to turn the other cheek** tendre or présenter l'autre joue **2.** *inf* [buttock] fesse *f* **3.** UK *inf* [impudence] culot *m*, toupet *m* / *he had the cheek to ask her age!* il a eu le culot or le toupet de lui demander son âge ! / *what (a) cheek!* or *of all the cheek!* quel culot !, quel toupet ! ◆ vt UK *inf* être insolent avec.

cheekbone ['tʃi:kbəʊn] n pommette *f*.

-cheeked [tʃi:kt] in comp aux joues... ▸ **rosy-cheeked** aux joues roses or rouges ▸ **round-cheeked** aux joues rebondies or rondes, joufflu.

cheekily ['tʃi:kɪlɪ] adv UK avec effronterie or impudence, effrontément.

cheekiness ['tʃi:kɪnɪs] n UK effronterie *f*, audace *f*.

cheek piece n EQUIT montant *m*.

cheek pouch n abajoue *f*.

cheeky ['tʃi:kɪ] adj UK [person] effronté, impudent ; [attitude, behaviour] impertinent.

cheep [tʃi:p] ◆ n pépiement *m*. ◆ vi pépier.

cheer [tʃɪər] ◆ n **1.** [cry] hourra *m*, bravo *m* / *I heard a cheer go up* j'ai entendu des acclamations / *three cheers for the winner!* un ban or hourra pour le gagnant ! / *three cheers!* hourra ! **2.** *liter* [good spirits] bonne humeur *f*, gaieté *f* / *words of good cheer* paroles *fpl* d'encouragement. ◆ vt **1.** [make cheerful - person] remonter le moral à, réconforter **2.** [encourage by shouts] acclamer. ◆ vi pousser des acclamations or des hourras.

❖ **cheer on** vt sep encourager (par des acclamations) / *his supporters cheered him on to victory* les acclamations de ses supporters l'ont encouragé jusqu'à la victoire.

❖ **cheer up** ◆ vt sep [person] remonter le moral à, réconforter ; [house, room] égayer. ◆ vi s'égayer, se dérider ▸ **cheer up!** courage !

cheerful ['tʃɪəfʊl] adj **1.** [happy - person] de bonne humeur ; [- smile] joyeux, gai ; [- atmosphere, mood] gai, joyeux ; [- colour, wallpaper] gai, riant ; [- news] réjouissant / *she's always cheerful* elle est toujours de bonne humeur **2.** [enthusiastic, willing - helper, worker] de bonne volonté ; [- dedication] grand.

cheerfully ['tʃɪəfʊlɪ] adv **1.** [happily] joyeusement, avec entrain **2.** [willingly] de plein gré, avec bonne volonté / *I could cheerfully have hit him!* je l'aurais bien frappé !

cheerfulness ['tʃɪəfʊlnɪs] n [of person] bonne humeur *f* ; [of atmosphere, colour] gaieté *f* ; [of remark, smile] gaieté *f*, caractère *m* jovial.

cheerily ['tʃɪərəlɪ] adv joyeusement, avec entrain.

cheering [ˈʧɪərɪŋ] ◆ n *(U)* acclamations *fpl*, hourras *mpl*. ◆ adj [remark, thought] encourageant, qui remonte le moral ; [news, sight] encourageant, réconfortant / *that's cheering!* *iro* voilà qui est réconfortant !

cheerio [ˌʧɪərɪˈəʊ] interj UK *inf* **1.** [goodbye] salut, tchao **2.** *dated* [toast] à la tienne !

cheerleader [ˈʧɪəˌliːdəʳ] n *majorette qui stimule l'enthousiasme des supporters des équipes sportives, surtout aux États-Unis.*

cheerless [ˈʧɪəlɪs] adj morne, triste.

cheers [ʧɪəz] interj UK *inf* **1.** [toast] à la tienne ! **2.** [goodbye] salut, tchao **3.** [thanks] merci.

cheery [ˈʧɪərɪ] (*compar* **cheerier**, *superl* **cheeriest**) adj [person] de bonne humeur ; [smile] joyeux, gai / *to give sb a cheery wave* saluer qqn chaleureusement.

cheese [ʧiːz] ◆ n fromage *m* ▸ **say cheese!** PHOT souriez ! ▸ **the big cheese** *inf* [the boss] le patron, le big boss. ◆ comp [omelette, sandwich] au fromage ; [knife] à fromage ▸ **cheese biscuit** *biscuit sucré ou salé que l'on mange avec du fromage* ▸ **the cheese industry** l'industrie fromagère ▸ **cheese maker** fromager *m*, -ère *f* ▸ **cheese and pickle sandwich** sandwich *m* au fromage et aux pickles ▸ **cheese sauce** sauce *f* au fromage.

❖ **cheese off** vt sep UK *inf* embêter, barber.

cheeseboard [ˈʧiːzbɔːd] n [board] plateau *m* à fromage or fromages ; [on menu] plateau *m* de fromages.

cheeseburger [ˈʧiːzˌbɜːgəʳ] n hamburger *m* au fromage.

cheesecake [ˈʧiːzkeɪk] n **1.** [dessert] gâteau *m* au fromage (blanc) **2.** *(U) inf & hum* [in photo] pin-up *f*.

cheesecloth [ˈʧiːzklɒθ] n CULIN & TEXT étamine *f*.

cheesed off [ʧiːzd-] adj UK *inf* ▸ **to be cheesed off** en avoir marre / *I'm cheesed off with this job* j'en ai marre de ce boulot.

cheesemonger [ˈʧiːzmʌŋgəʳ] n fromager *m*, -ère *f*.

cheeseparing [ˈʧiːzˌpeərɪŋ] ◆ n parcimonie *f*. ◆ adj parcimonieux, pingre.

cheese straw n allumette *f* au fromage.

cheesy [ˈʧiːzɪ] (*compar* **cheesier**, *superl* **cheesiest**) adj **1.** [flavour] qui a un goût de fromage, qui sent le fromage ; [smell] qui sent le fromage **2.** US *inf* [excuse] nul ; [song, TV programme] ringard ▸ **a cheesy grin** un sourire toutes dents dehors.

cheetah [ˈʧiːtə] n guépard *m*.

chef [ʃef] n CULIN chef *m* (de cuisine), cuisinier *m*, -ère *f*.

Chek(h)ov [ˈʧekɒf] pr n Tchekhov.

Chelsea [ˈʧelsɪ] pr n *quartier chic de Londres.*

Chelsea bun [ˈʧelsɪ-] n *petit pain rond aux raisins secs.*

Chelsea Flower Show pr n *floralies ayant lieu chaque année à Londres.*

Chelsea Pensioner n *ancien combattant résidant au Chelsea Royal Hospital, à Londres.*

Cheltenham Gold Cup [ˈʧeltnəm-] pr n *course hippique annuelle à Cheltenham en Angleterre.*

chemical [ˈkemɪkl] ◆ n produit *m* chimique. ◆ adj chimique ▸ **chemical engineer** ingénieur *m* chimiste ▸ **chemical engineering** génie *m* chimique ▸ **chemical warfare** guerre *f* chimique ▸ **chemical waste** déchets *mpl* chimiques ▸ **chemical weapons** armes *fpl* chimiques.

chemically [ˈkemɪklɪ] adv chimiquement.

chemical toilet n W-C *mpl* chimiques.

chemin de fer [ʃəˌmændəˈfeəʳ] n GAMES chemin *m* de fer *(jeu de cartes).*

chemise [ʃəˈmiːz] n [dress] robe-chemisier *f* ; [undergarment] chemise *f (de femme).*

chemist [ˈkemɪst] n **1.** [scientist] chimiste *mf* **2.** UK [pharmacist] pharmacien *m*, -enne *f* ▸ **chemist's (shop)** pharmacie *f*.

chemistry [ˈkemɪstrɪ] ◆ n chimie *f* ▸ **sexual chemistry** *fig* alchimie *f* amoureuse / *the chemistry is right / wrong* l'alchimie fonctionne / ne fonctionne pas. ◆ comp ▸ **chemistry lesson** cours *m* de chimie ▸ **chemistry set** panoplie *f* de chimiste.

chemoreceptor [ˌkiːməʊrɪˈseptəʳ] n BIOL chémorécepteur *m*, chimiorécepteur *m*.

chemotaxis [keməˈtæksɪs] n chimiotaxie *f*.

chemotherapy [ˌkiːməʊˈθerəpɪ] n chimiothérapie *f*.

chemurgy [ˈkemɜːʤɪ] n chimiurgie *f*.

Chengdu [ˈʧeŋˈtuː] pr n Chengdu.

chenille [ʃəˈniːl] n chenille *f (tissu).*

Cheops [ˈkiːɒps] pr n Khéops ▸ **the great pyramid of Cheops** la grande pyramide de Khéops.

cheque UK, **check** US [ʧek] n chèque *m* / *a cheque for £7* or *to the amount of £7* un chèque de 7 livres / *who should I make the cheque payable to?* à quel nom dois-je libeller le chèque ? ▸ **to pay by cheque** payer par chèque ▸ **to write sb a cheque** faire un chèque à qqn ▸ **a bad cheque** un chèque sans provision ▸ **a crossed / open cheque** UK un chèque barré / non-barré.

cheque account n UK compte *m* chèques.

chequebook UK, **checkbook** US [ˈʧekbʊk] n carnet *m* de chèques, chéquier *m*.

chequebook holder n porte-chéquier *m*.

chequebook journalism n *dans les milieux de la presse, pratique qui consiste à payer des sommes importantes pour le témoignage d'une personne impliquée dans une affaire.*

cheque card n UK *carte d'identité bancaire sans laquelle les chèques ne sont pas acceptés en Grande-Bretagne.*

chequered UK, **checkered** US [ˈʧekəd] adj **1.** [pattern] à carreaux, à damiers **2.** [varied] varié / *she's had a chequered career* sa carrière a connu des hauts et des bas.

chequers UK, **checkers** US [ˈʧekəz] n *(U)* jeu *m* de dames / *how about (a game of) chequers?* si on jouait aux dames ?

Chequers [ˈʧekəz] pr n *résidence secondaire officielle du Premier ministre britannique.*

cherish [ˈʧerɪʃ] vt [person] chérir, aimer ; [ambition, hope] caresser, nourrir ; [experience, memory] chérir ; [right, value] tenir à / *one of my most cherished memories* un de mes souvenirs les plus chers.

Chernenko [ʧɜːˈneŋkəʊ] pr n Tchernenko.

Chernobyl [ʧɜːˈnəʊbl] pr n Tchernobyl.

Cherokee [ˌʧerəˈkiː] (*pl* **Cherokee** *or* **Cherokees**) ◆ n **1.** [person] Cherokee *mf* **2.** LING cherokee *m*. ◆ adj cherokee ▸ **Cherokee Indian** Indien *m*, -enne *f* cherokee, Cherokee *mf*.

cheroot [ʃəˈruːt] n petit cigare *m (à bouts coupés).*

cherry [ˈʧerɪ] (*pl* **cherries**) ◆ n **1.** [fruit] cerise *f* ; [tree] cerisier *m* **2.** = **cherry red.** ◆ comp [blossom, wood] de cerisier ; [pie, tart] aux cerises ▸ **cherry orchard** cerisaie *f* ▸ **cherry tree** cerisier *m* ▸ **wild cherry tree** merisier *m* / **'The Cherry Orchard'** *Chekhov* 'la Cerisaie'.

cherry bomb n US *sorte de pétard rouge.*

cherry brandy n cherry *m*.

cherry-pick vt trier sur le volet *fig*.

cherry-picker n [boom lift] nacelle *f* élévatrice.

cherry-picking n *lit* cueillette *f* des cerises ; *fig* tri *m* sur le volet.

cherry plum n myrobolan *m*.

cherry red n rouge *m* cerise.

❖ **cherry-red** adj (rouge) cerise *(inv)* ▸ **cherry-red lips** des lèvres vermeilles.

cherry tomato n tomate *f* cerise.

cherub [ˈʧerəb] (*pl* **cherubs** *or* **cherubim** [-bɪm]) n ART chérubin *m* ; *fig* chérubin *m*, petit ange *m*.

cherubic [ʧeˈruːbɪk] adj [face] de chérubin ; [child, look, smile] angélique.

chervil [ˈʧɜːvɪl] n cerfeuil *m*.

Ches. written abbr of **Cheshire.**

Cheshire [ˈʧeʃəʳ] pr n le Cheshire.

Cheshire cat n ▸ **to grin like a Cheshire cat** avoir un sourire jusqu'aux oreilles.

Cheshire cheese n *fromage à pâte pressée du Cheshire.*

chess [ʧes] n *(U)* échecs *mpl* / *let's play (a game of) chess* si on jouait aux échecs ? ▸ **chess match** tournoi *m* d'échecs ▸ **chess player** joueur *m*, -euse *f* d'échecs.

chessboard [ˈʧesbɔːd] n échiquier *m*.

chessman [ˈʧesmæn] (*pl* **chessmen** [-men]) n pion *m*, pièce *f (de jeu d'échecs).*

chest [ʧest] ◆ n **1.** ANAT poitrine *f* / *to have a weak chest* être faible des bronches ▸ **to get sthg off one's chest** dire ce qu'on a sur le cœur **2.** [box] coffre *m*, caisse *f*. ◆ comp **1.** [cold, measurement, voice, pain] de poitrine ▸ **chest infection** infection *f* des voies respiratoires ▸ **a chest X-ray** une radio des poumons ▸ **chest expander** extenseur *m (pour développer les pectoraux)* **2.** ▸ **chest freezer** congélateur-bahut *m*.

chesterfield [ˈʧestəfiːld] n **1.** [coat] pardessus *m* (de ville) **2.** [sofa] canapé *m (dont les accoudoirs sont de la même hauteur que le dossier).*

chestnut [ˈʧesnʌt] ◆ n **1.** [tree] châtaignier *m* ; [fruit] châtaigne *f* **2.** [colour] châtain *m* **3.** [horse] alezan *m*, -e *f* **4.** *inf* [joke] ▸ **old chestnut** plaisanterie *f* rebattue or éculée. ◆ comp **1.** [blossom, wood] de châtaignier ; [stuffing] aux marrons ▸ **chestnut purée** crème *f* de marrons ▸ **chestnut tree** châtaignier *m* **2.** [colour, hair] châtain ; [horse] alezan ▸ **chestnut brown** châtain *(inv).*

chest of drawers n commode *f*.

chesty [ˈʧestɪ] (*compar* **chestier**, *superl* **chestiest**) adj **1.** [cough] de poitrine **2.** *inf* [large-breasted] : *to be chesty* avoir des gros seins.

cheval glass [ʃəˈvælglɑːs] n psyché *f (glace).*

chevron [ˈʃevrən] n ARCHIT, HERALD & MIL chevron *m*.

chew [ʧuː] ◆ vt mâcher, mastiquer / *to chew tobacco* chiquer, mâcher du tabac ▸ **to chew the cud** *lit & fig* ruminer ▸ **to chew the fat with sb** *inf* tailler une bavette avec qqn. ◆ n **1.** [act] mâchement *m*, mastication *f* **2.** [piece of tobacco] chique *f* **3.** [sweet] bonbon *m*.

❖ **chew on** vt insep **1.** [food] mâcher, mastiquer ; [bone] ronger ; [tobacco] chiquer **2.** *inf* [problem, question] ruminer, retourner dans sa tête.

❖ **chew out** vt sep US *inf* engueuler, passer un savon à.

❖ **chew over** vt sep *inf* ruminer, retourner dans sa tête.

❖ **chew through** vt insep couper à force de ronger.

❖ **chew up** vt sep **1.** [food] mâchonner, mastiquer **2.** [damage] abîmer à force de ronger ▸ **he's all chewed up about it** *inf* ça le ronge de l'intérieur ▸ **don't get all chewed up** *inf* ne te mets pas la rate au court-bouillon.

chewing gum [ˈʧuːɪŋ-] n chewing-gum *m*.

chewing tobacco n tabac *m* à chiquer.

chewy [ˈʧuːɪ] (*compar* **chewier**, *superl* **chewiest**) adj caoutchouteux ▸ **a chewy wine** un vin qui a de la mâche.

Cheyenne [ʃaɪˈen] (*pl* **Cheyenne** *or* **Cheyennes**) ◆ n Cheyenne *mf*. ◆ adj cheyenne.

Chiang Kai-shek [ˈʧæŋkaɪˈʃek] pr n Tchang Kaï-Chek.

Chiantishire [kɪˈæntɪʃəʳ] pr n UK *hum nom humoristique désignant la Toscane, par allusion aux Britanniques qui s'y installent.*

chiaroscuro [kɪˌɑːrəˈskʊərəʊ] (*pl* **chiaroscuros**) n clair-obscur *m*.

chic [ʃiːk] ◆ adj chic, élégant. ◆ n chic *m*, élégance *f*.

Chicago [ʃɪˈkɑːgəʊ] pr n Chicago ▸ **the Chicago Board of Trade, the Chicago Mercantile Exchange** *les deux plus importantes Bourses de marchandises aux États-Unis* ▸ **the Chicago fire** l'incendie *m* de Chicago.

chicane [ʃɪˈkeɪn] n **1.** GAMES [in bridge] main *f* à sans atout **2.** [barrier] chicane *f*.

chicanery [ʃɪˈkeɪnərɪ] (*pl* **chicaneries**) n [trickery] ruse *f*, fourberie *f* ; [legal trickery] chicane *f*.

Chicano [ʧɪˈkɑːnəʊ] (*pl* **Chicanos**) n Chicano *mf (Américain d'origine mexicaine).*

chichi ['ʃi:ʃi:] adj précieux.

chick [ʧɪk] n **1.** [baby bird - gen] oisillon *m* ; [- of chicken] poussin *m* **2.** *inf* [woman] poupée *f*.

chickadee ['ʧɪkədi:] n mésange *f (d'Amérique du Nord)*.

chicken ['ʧɪkɪn] ◆ n **1.** [bird] poulet *m* ; [young] poussin *m* ▸ **she's no (spring) chicken** *inf* elle n'est plus toute jeune ▸ **which came first, the chicken or the egg?** allez savoir quelle est la cause et quel est l'effet, l'œuf ou la poule ? ▸ **it's a chicken-and-egg situation** *inf* c'est le problème de l'œuf et de la poule, on ne sait pas lequel est à l'origine de l'autre **2.** *inf* [coward] poule *f* mouillée, froussard *m*, -e *f*. ◆ comp [dish, liver, stew] de poulet ; [sandwich] au poulet ▸ **chicken breast** blanc *m* (de poulet) ▸ **chicken farmer** éleveur *m* de volailles, aviculteur *m*, -trice *f* ▸ **chicken farming** élevage *m* avicole or de volailles, aviculture *f* ▸ **chicken leg** cuisse *f* (de poulet) ▸ **chicken soup a)** [clear] bouillon *m* de poule **b)** [creamy] velouté *m* or crème *f* de volaille. ◆ adj *inf* [cowardly] froussard.

❖ **chicken out** vi *inf* se dégonfler / *he chickened out of the race* il s'est dégonflé et n'a pas pris part à la course.

chickenfeed ['ʧɪkɪnfi:d] n *(U)* **1.** *lit* nourriture *f* pour volaille **2.** *inf & fig* : *he earns chickenfeed* il gagne des cacahuètes.

chicken-fried steak n US steak *m* pané.

chickenhawk ['ʧɪkɪnhɔ:k] n US **1.** [bird] faucon *m* **2.** *inf & pej* POL *politicien favorable à la guerre mais qui ne s'est jamais engagé dans le combat lui-même* **3.** *gay sl homme mûr qui recherche de jeunes partenaires.*

chicken-hearted adj poltron.

Chicken Little pr n *conte pour enfants dont le héros croit que le ciel va lui tomber sur la tête.*

chicken-livered [-,lɪvəd] adj = **chicken-hearted**.

chickenpox ['ʧɪkɪnpɒks] n *(U)* varicelle *f*.

chickenshit ['ʧɪkɪnʃɪt] n US *v inf* [person] poule *f* mouillée.

chicken wire n grillage *m*.

chick flick n *inf film qui cible les jeunes femmes.*

chick lit n *inf littérature populaire, en général écrite par des femmes, qui cible les jeunes femmes.*

chickpea ['ʧɪkpi:] n pois *m* chiche.

chickweed ['ʧɪkwi:d] n mouron *m* blanc or des oiseaux.

chicly ['ʃi:klɪ] adv de façon chic, élégamment.

chicory ['ʧɪkərɪ] (*pl* **chicories**) n [for salad] endive *f* ; [for coffee] chicorée *f*.

chide [ʧaɪd] (*pt* **chided** *or* **chid** [ʧɪd], *pp* **chid** [ʧɪd] *or* **chidden** ['ʧɪdn]) vt *fml* gronder, réprimander.

chief [ʧi:f] ◆ n **1.** [leader] chef *m* ▸ **chief of police** ≃ préfet *m* de police ▸ **chief of staff a)** MIL chef *m* d'état-major **b)** US [at White House] secrétaire *m* général de la Maison Blanche ▸ **too many chiefs and not enough Indians** trop de chefs et pas assez d'hommes de troupe *(pour exécuter les ordres et faire le travail)* **2.** *inf* [boss] boss *m* **3.** HERALD chef *m*. ◆ adj **1.** [most important] principal, premier / *one of the chief conflicts* un des principaux conflits **2.** [head] premier, en chef ▸ **Chief Constable** *en Grande-Bretagne, chef de la police d'un comté ou d'une région* ; ≃ commissaire *m* divisionnaire ▸ **Chief Education Officer** ≃ recteur *m* d'académie ▸ **chief executive** ADMIN directeur *m*, -trice *f* ▸ **the Chief Executive** US POL le président des États-Unis, le chef de l'exécutif ▸ **chief executive officer** COMM & INDUST président-directeur général *m* ▸ **chief inspector a)** [gen] inspecteur *m* principal, inspectrice *f* principale, inspecteur *m*, -trice *f* en chef **b)** UK [of police] ≃ commissaire *m* de police **c)** UK SCH ≃ inspecteur *m* général ; ≃ inspectrice *f* générale ▸ **chief justice a)** président *m* de la Haute Cour de justice **b)** US juge *m* à la Cour suprême ▸ **chief librarian** bibliothécaire *mf* en chef ▸ **chief master sergeant** US MIL major *m* ▸ **chief petty officer** NAUT ≃ maître *m* ▸ **chief superintendent** UK [in police] ≃ commissaire *m* principal ▸ **chief technician** UK [in Air Force] officier *m* technicien ▸ **chief warrant officer** MIL adjudant *m* chef ▸ **Chief Whip** *responsable du maintien de la discipline à l'intérieur d'un parti à la Chambre des communes.*

❖ **in chief** adv phr principalement, surtout.

chiefly ['ʧi:flɪ] adv principalement, surtout.

chief operating officer n directeur *m* général adjoint, directrice *f* générale adjointe.

chieftain ['ʧi:ftən] n chef *m (de tribu)*.

chieftaincy ['ʧi:ftənsɪ] n chefferie *f*.

chiffchaff ['ʧɪfʧæf] n ORNITH pouillot *m* véloce.

chiffon ['ʃɪfɒn] ◆ n mousseline *f* de soie. ◆ adj **1.** [dress, scarf] en mousseline (de soie) **2.** CULIN à la mousse ▸ **lemon chiffon pie** ≃ tarte *f* à la mousse de citron.

chiffon(n)ier [ʃɪfə'nɪəʳ] n chiffonnier *m*.

chigger ['ʧɪgəʳ] n **1.** [flea] chique *f* **2.** US [parasitic larva] aoûtat *m*.

chignon ['ʃi:njɒn] n chignon *m*.

chigoe ['ʧɪgəʊ] n = **chigger**.

chihuahua [ʧɪ'wɑ:wə] n chihuahua *m*.

chilblain ['ʧɪlbleɪn] n engelure *f*.

child [ʧaɪld] (*pl* **children** ['ʧɪldrən]) ◆ n **1.** [boy or girl] enfant *mf* / *since I was a child* depuis que je suis enfant / *while still a child* tout enfant / *children of the 60s* des enfants des années 1960 / *don't be such a child!* ne fais pas l'enfant ! / *stop treating me like a child!* arrête de me traiter comme un enfant ! ▸ **to be with child** *arch & liter* attendre un enfant, être enceinte ▸ **to get a woman with child** *arch & liter* faire un enfant à une femme **2.** *liter* [result] fruit *m*. ◆ comp [psychiatry, psychology] de l'enfant, infantile ; [psychologist] pour enfants ▸ **child abuse a)** [sexual] sévices *mpl* sexuels exercés sur un enfant **b)** [physical] mauvais traitement *m* infligé à un enfant ▸ **child bride** : *she was a child bride* elle s'était mariée toute jeune ▸ **child guidance** psychopédagogie *f* pour enfants caractériels ▸ **child guidance centre** centre *m* psychopédagogique pour enfants ▸ **child labour** travail *m* des enfants ▸ **child's play** *inf* : *it's child's play for* or *to him* c'est un jeu d'enfant pour lui ▸ **child pornography** pornographie *f* pédophile ▸ **child prodigy** enfant *mf* prodige ▸ **child psychiatrist** pédopsychiatre *mf* ▸ **child seat** siège-auto *m* ▸ **child welfare** protection *f* de l'enfance.

childbearing ['ʧaɪld,beərɪŋ] ◆ n grossesse *f*. ◆ adj [complications, problems] de grossesse / *of childbearing age* en âge d'avoir des enfants / *she's past childbearing age* elle est trop âgée pour avoir des enfants / *she's got childbearing hips* elle est large des hanches.

childbed ['ʧaɪldbed] n *arch & liter* ▸ **in childbed** en couches.

child benefit n *(U)* allocation *f* familiale or allocations *fpl* familiales (pour un enfant) *(en Grande-Bretagne)*.

childbirth ['ʧaɪldbɜ:θ] n *(U)* accouchement *m* ▸ **in childbirth** en couches.

child care n **1.** UK ADMIN protection *f* de l'enfance **2.** US [day care] ▸ **child care center** crèche *f*, garderie *f*.

child directory n COMPUT sous-répertoire *m*.

childfree ['ʧaɪldfri:] adj US [couple, household] sans enfants.

child-friendly adj [area, city] aménagé pour les enfants ; [house, furniture] conçu pour les enfants.

childhood ['ʧaɪldhʊd] ◆ n enfance *f*. ◆ comp [friend, memories] d'enfance.

childish ['ʧaɪldɪʃ] adj **1.** [face, fears, voice] d'enfant **2.** [immature] enfantin, puéril / *don't be so childish* ne fais pas l'enfant.

childishly ['ʧaɪldɪʃlɪ] adv comme un enfant, en enfant.

childishness ['ʧaɪldɪʃnɪs] n *(U)* [of person] enfantillage *m*, puérilité *f* ; [of behaviour, remark] puérilité *f* / *that's just childishness!* ce sont des enfantillages !

childless ['ʧaɪldlɪs] adj sans enfants.

childlike ['ʧaɪldlaɪk] adj d'enfant.

Childline ['ʧaɪld,laɪn] pr n *numéro de téléphone mis à la disposition des enfants maltraités* ; ≃ SOS enfants battus.

child lock n serrure *f* de sécurité pour enfants.

child maintenance n pension *f* alimentaire.

childminder ['ʧaɪld,maɪndəʳ] n UK [for very young children] nourrice *f* ; [for older children] assistante *f* maternelle.

childminding ['ʧaɪld,maɪndɪŋ] n garde *f* d'enfants.

childproof ['ʧaɪldpru:f] adj ▸ **childproof lock** serrure *f* de sécurité pour enfants.

children ['ʧɪldrən] pl ⟶ **child**.

Children in Need pr n *association caritative britannique de soutien aux enfants du monde entier.*

children's home n foyer *m* d'enfants.

child support = **child maintenance**.

Child Support Agency pr n *en Grande-Bretagne, organisme gouvernemental qui décide du montant des pensions alimentaires et les prélève au besoin.*

Chile ['ʧɪlɪ] pr n Chili *m* / *in Chile* au Chili.

Chilean ['ʧɪlɪən] ◆ n Chilien *m*, -enne *f*. ◆ adj chilien / *the Chilean embassy* l'ambassade *f* du Chili.

chili ['ʧɪlɪ] n & comp = **chilli**.

chill [ʧɪl] ◆ vt **1.** [make cold - food, wine] mettre au frais ; [- champagne] frapper ; [- glass, person] glacer / *chilled white wine* vin blanc frais ▸ **to be chilled to the bone** / **to the marrow** être glacé jusqu'aux os / jusqu'à la moelle **2.** *fig* [enthusiasm] refroidir **3.** TECH [metal] tremper. ◆ vi **1.** [get colder] se refroidir, rafraîchir **2.** *inf* [relax] se détendre / *just chill for a minute, I won't be long* détendez-vous une minute, je reviens tout de suite. ◆ n **1.** [coldness] fraîcheur *f*, froideur *f* / *there's a chill in the air* il fait assez frais or un peu froid / *to take the chill off a room* réchauffer une pièce / *his remark cast a chill over the meeting fig* son observation a jeté un froid dans l'assemblée / *I sensed a certain chill in his welcome fig* j'ai senti une certaine froideur dans son accueil **2.** [feeling of fear] frisson *m* / *the story sent chills down her spine* l'histoire lui a fait froid dans le dos **3.** [illness] coup *m* de froid, refroidissement *m* ▸ **to catch a chill** attraper or prendre froid. ◆ adj [air, weather] frais (fraîche), froid ; [glance, response] froid, glacial.

❖ **chill out** vi *inf* décompresser ▸ **chill out!** du calme !

chiller ['ʧɪləʳ] n *inf* film *m* d'épouvante.

chilli ['ʧɪlɪ] ◆ n [fruit] piment *m* ; [dish] chili *m*. ◆ comp ▸ **chilli dog** hot dog *m* au chili ▸ **chilli powder** poudre *f* de piment ▸ **chilli sauce** sauce *f* aux tomates et piments.

chilli con carne [,ʧɪlɪkɒn'kɑ:nɪ] n chili *m* con carne.

chillin ['ʧɪlɪn] adj US *inf* génial, cool.

chilliness ['ʧɪlɪnɪs] n [of air, wind] fraîcheur *f* ; *fig* [of greeting, manner] froideur *f*.

chilling ['ʧɪlɪŋ] adj [wind] frais (fraîche), froid ; *fig* [look, smile] froid, glacial ; [news, story, thought] qui donne des frissons.

chilly ['ʧɪlɪ] (*compar* **chillier**, *superl* **chilliest**) adj **1.** [air, room] (très) frais (fraîche), froid / *I feel chilly* j'ai froid / *it's rather chilly this morning* il fait plutôt frais or frisquet ce matin **2.** *fig* [greeting, look] froid, glacial.

Chiltern Hundreds ['ʧɪltən-] pr n ▸ **to apply for the Chiltern Hundreds** POL démissionner *(du Parlement britannique)*.

chime [ʧaɪm] ◆ n [bell] carillon *m*. ◆ vi **1.** [bell, voices] carillonner ; [clock] sonner **2.** *inf* [agree] s'accorder / *his view chimes with mine* il est d'accord avec moi. ◆ vt sonner / *the clock chimed 6* l'horloge a sonné 6 h.

❖ **chimes** pl n [for door] carillon *m*, sonnette *f*.

❖ **chime in** vi *inf* **1.** [say] intervenir / *all the children chimed in* tous les enfants ont fait chorus / *he chimed in with some silly remark* il est intervenu pour dire une bêtise **2.** [agree] s'accorder / *his explanation chimes in with the facts* son explication s'accorde avec les faits.

chimera [kaɪ'mɪərə] n MYTH & *fig* chimère *f*.

chimeric(al) [kaɪ'merɪk(l)] adj chimérique.

chimney ['ʧɪmnɪ] n **1.** [in building] cheminée *f* **2.** [of lamp] verre *m* **3.** GEOL cheminée *f*.

chimneybreast ['ʧɪmnɪbrest] n UK manteau *m (de cheminée)*.

chimney corner n coin *m* du feu.

chimneypiece ['ʧɪmnɪpi:s] n UK dessus *m* or tablette *f* de cheminée.

chimneypot ['ʧɪmnɪpɒt] n tuyau *m* de cheminée.

chimneystack ['ʧɪmnɪstæk] n [of one chimney] tuyau *m* de cheminée ; [group of chimneys] souche *f* de cheminée.

chimneysweep ['ʧɪmnɪswi:p] n ramoneur *m*.

chimp [ˌʧɪmp] *inf*, **chimpanzee** [ˌʧɪmpən'zi:] n chimpanzé *m*.

chin [ʧɪn] (*pt & pp* **chinned**, *cont* **chinning**) ◆ n menton *m* ▸ **(keep your) chin up!** courage ! ▸ **he took the news on the chin** *inf* il a encaissé la nouvelle (sans broncher). ◆ vt ▸ **to chin the bar** SPORT faire une traction à la barre fixe.

china ['ʧaɪnə] ◆ n **1.** [material] porcelaine *f* / *a piece of china* une porcelaine / *they treated her as if she were made of china* ils la traitaient comme si elle était en sucre **2.** [porcelain objects] porcelaine *f* ; [porcelain dishes] porcelaine *f*, vaisselle *f* (de porcelaine) ; [crockery] vaisselle *f*. ◆ comp [cup, plate] de or en porcelaine ; [shop] de porcelaine.

China ['ʧaɪnə] pr n Chine *f* / *in China* en Chine / *to take a trip to China* faire un voyage en Chine ▸ **the People's Republic of China** la République populaire de Chine.

chinaberry ['ʧaɪnəˌberɪ] n [berry] baie *f* de l'arbre à chapelet ; [tree] arbre *m* à chapelet.

china cabinet n dressoir *m*.

china clay n kaolin *m*.

Chinaman ['ʧaɪnəmən] (*pl* **Chinamen** [-mən]) n *dated* Chinois *m*.

China rose n rose *f* de Chine.

China Sea pr n ▸ **the China Sea** la mer de Chine.

China tea n thé *m* de Chine.

Chinatown ['ʧaɪnətaʊn] n le quartier chinois.

chinaware ['ʧaɪnəweəʳ] n [porcelain objects] porcelaine *f* ; [porcelain dishes] porcelaine *f*, vaisselle *f* (en porcelaine).

chinch [ʧɪnʧ] n US punaise *f*.

chinchilla [ʧɪn'ʧɪlə] ◆ n chinchilla *m*. ◆ comp [coat, wrap] de chinchilla.

chin-chin interj UK *inf & dated* ▸ **chin-chin! a)** [hello, goodbye] salut ! **b)** [in toast] tchin-tchin !

Chindia ['ʧɪndɪə] pr n la Chine et l'Inde.

chine [ʧaɪn] n ANAT & CULIN échine *f*.

Chinese [ˌʧaɪ'ni:z] (*pl* **Chinese**) ◆ n **1.** [person] Chinois *m*, -e *f* **2.** LING chinois *m* **3.** UK *inf* [meal] repas *m* chinois. ◆ adj chinois ▸ **the Chinese embassy** l'ambassade de Chine.

Chinese burn n UK torture *f* indienne.

Chinese cabbage n chou *m* chinois.

Chinese chequers n *(U)* dames *fpl* chinoises.

Chinese gooseberry n kiwi *m (fruit)*.

Chinese lantern n lanterne *f* vénitienne.

Chinese leaves pl n chou *m* chinois.

Chinese noodles pl n nouilles *fpl* chinoises.

Chinese puzzle n casse-tête *m inv* chinois.

Chinese walls pl n *murs imaginaires qui symbolisent la confidentialité indispensable dans certains milieux financiers et séparent des services qui, par ailleurs, travaillent côte à côte.*

Chinese water torture n supplice *m* chinois.

chink [ʧɪŋk] ◆ n **1.** [hole] fente *f*, fissure *f* ; [of light] rayon *m* / *we found a chink in her armour* nous avons trouvé son point faible or sensible **2.** [sound] tintement *m (de pièces de monnaie, de verres)*. ◆ vi [jingle] tinter. ◆ vt **1.** [jingle] faire tinter **2.** US [cracks] boucher les fentes dans.

Chink [ʧɪnk] n *offens terme raciste désignant un Chinois* ; ≃ Chinetoque *mf*.

Chinky ['ʧɪŋkɪ] n *inf* **1.** [restaurant] (restaurant *m*) chinois *m* ; [meal] repas *m* chinois / *to go for a Chinky* manger chinois **2.** *offens terme raciste désignant un Chinois* ; ≃ Chinetoque *mf*.

chinless ['ʧɪnlɪs] adj [with receding chin] au menton fuyant ; *fig* [cowardly] mou ***(before vowel or silent 'h' mol, f molle)***, sans caractère ▸ **a chinless wonder** UK *inf & fig* une chiffe molle.

chinning bar ['ʧɪnɪŋ-] n barre *f* fixe.

chino ['ʧi:nəʊ] n TEXT chino *m* / *chinos* [trousers] chinos *mpl* / *a pair of chinos* une paire de chinos.

chinook [ʧɪ'nu:k] n [wind] chinook *m*.

Chinook [ʧɪ'nu:k] (*pl* **Chinook** *or* **Chinooks**) ◆ n **1.** [person] Chinook *mf* **2.** LING langue *f* des Chinooks, langue *f* chinook. ◆ adj chinook *(inv)*.

chinstrap ['ʧɪnstræp] n jugulaire *f (de casque)*.

chintz [ʧɪnts] ◆ n chintz *m*. ◆ comp [curtain] de chintz ; [chair] recouvert de chintz.

chintzy ['ʧɪntsɪ] (*compar* **chintzier**, *superl* **chintziest**) adj **1.** UK [decor] *typique des intérieurs anglais coquets abondamment ornés de tissus imprimés* **2.** US [stingy -person] mesquin ; [-amount] misérable, insuffisant ; [thing] de mauvaise qualité.

chin-up n traction *f* (à la barre fixe) / *to do chin-ups* faire des tractions (à la barre fixe).

chinwag ['ʧɪnwæg] n *inf* causette *f* ▸ **to have a chinwag with sb** tailler une bavette avec qqn.

chip [ʧɪp] (*pt & pp* **chipped**, *cont* **chipping**) ◆ n **1.** [piece] éclat *m* ; [of wood] copeau *m*, éclat *m* ▸ **she's a chip off the old block** *inf* elle est bien la fille de son père / de sa mère ▸ **to have a chip on one's shoulder** *inf* en vouloir à tout le monde / *he's got a chip on his shoulder about not having been to college* il n'a jamais digéré le fait de ne pas avoir fait d'études **2.** [flaw -in dish, glass] ébréchure *f* ; [-in chair, wardrobe] écornure *f* / *this glass has a chip (in it)* ce verre est ébréché **3.** UK CULIN [French fry] (pomme de terre *f*) frite *f* ; US [crisp] chips *f inv* **4.** GAMES [counter] jeton *m*, fiche *f* ▸ **to cash in one's chips a)** *lit* se faire payer **b)** *inf & fig* casser sa pipe ▸ **when the chips are down** *inf* dans les moments difficiles ▸ **to have had one's chips** UK *inf* être fichu or cuit **5.** COMPUT puce *f* **6.** [in golf] coup *m* coché. ◆ vt **1.** [dish, glass] ébrécher ; [furniture] écorner ; [paint] écailler **2.** [cut into pieces] piler / *to chip wood* faire des copeaux **3.** [shape by cutting] tailler **4.** UK CULIN couper en lamelles **5.** [in golf, football] ▸ **to chip the ball** cocher. ◆ vi [dish, glass] s'ébrécher ; [furniture] s'écorner ; [paint] s'écailler.

❖ **chip at** vt insep enlever des éclats de.

❖ **chip away at** vt insep ▸ **to chip away at sthg** décaper qqch.

❖ **chip in** *inf* ◆ vi **1.** [contribute] contribuer / *we all chipped in with £5* nous avons tous donné 5 livres **2.** [speak] mettre son grain de sel / *he chipped in with a suggestion* il est intervenu pour faire une suggestion. ◆ vt insep **1.** [contribute] contribuer, donner **2.** [say] dire.

❖ **chip off** vt sep enlever.

chip-and-pin n UK [payment system] paiement *m* par carte à puce.

chip-based adj COMPUT à puce.

chip basket n UK CULIN panier *m* à frites.

chipboard ['ʧɪpbɔ:d] n *(U)* UK (panneau *m* d')aggloméré *m*, panneau *m* de particules.

chipmunk ['ʧɪpmʌŋk] n tamia *m*, suisse *m* CAN.

chipolata [ˌʧɪpə'lɑ:tə] n chipolata *f*.

chip pan n friteuse *f*.

chipped [ʧɪpt] adj **1.** [dish, glass] ébréché ; [furniture] écorné ; [paint] écaillé **2.** UK *fml* CULIN ▸ **chipped potatoes** (pommes de terre *fpl*) frites *fpl*.

Chippendale ['ʧɪpnˌdeɪl] pr n Chippendale *(style de mobilier anglais du XVIIIe siècle)*.

chipper ['ʧɪpəʳ] adj *inf* **1.** [lively] vif, fringant / *I'm feeling very chipper* j'ai la pêche **2.** [smartly dressed] chic, élégant.

chippie ['ʧɪpɪ] n = **chippy**.

chippings ['ʧɪpɪŋz] pl n US [gen] éclats *mpl*, fragments *mpl* ; [of wood] copeaux *mpl*, éclats *mpl* ; [in roadwork] gravillons *mpl* / **'slow, loose chippings'** 'attention gravillons'.

chippy ['ʧɪpɪ] (*pl* **chippies**) n **1.** UK *inf* = **chip shop 2.** UK & NZ *inf* [carpenter] charpentier *m* **3.** US *v inf & pej* [woman] femme *f* légère.

chipset ['ʧɪpset] n COMPUT chipset *m*.

chip shop n UK *boutique où l'on vend du « fish and chips »*.

chip van n UK friterie *f (camionnette)*.

chiromancer ['kaɪərəʊmænsəʳ] n chiromancien *m*, -enne *f*.

chiromancy ['kaɪərəʊmænsɪ] n chiromancie *f*.

chiropodist [kɪ'rɒpədɪst] n pédicure *mf*.

chiropody [kɪ'rɒpədɪ] n *(U)* [treatment] soins *mpl* du pied ; [science] podologie *f*.

chiropractic [ˌkaɪrə'præktɪk] n chiropraxie *f*, chiropractie *f*.

chiropractor ['kaɪrəˌpræktəʳ] n chiropracteur *m*, chiropracticien *m*, -enne *f*.

chirp [ʧɜ:p] ◆ vi [bird] pépier, gazouiller ; [insect] chanter, striduler ; [person] parler d'une voix flûtée. ◆ n [of bird] pépiement *m*, gazouillement *m* ; [of insect] chant *m*, stridulation *f* ▸ **chirp-chirp** [sound of bird] cri-cri.

chirpily ['ʧɜ:pɪlɪ] adv *inf* gaiement.

chirpiness ['ʧɜ:pɪnɪs] n *inf* humeur *f* joyeuse, gaieté *f*.

chirpy ['ʧɜ:pɪ] (*compar* **chirpier**, *superl* **chirpiest**) adj *inf* [person] gai, plein d'entrain ; [mood, voice] gai, enjoué.

chirrup ['ʧɪrəp] ◆ vi [bird] pépier, gazouiller ; [insect] chanter, striduler ; [person] parler d'une voix flûtée. ◆ n [of bird] pépiement *m*, gazouillement *m* ; [of insect] chant *m*, stridulation *f*.

chisel ['ʧɪzl] (UK *pt & pp* **chiselled**, *cont* **chiselling** ; US *pt & pp* **chiseled**, *cont* **chiseling**) ◆ n [gen] ciseau *m* ; [for engraving] burin *m*. ◆ vt **1.** [carve] ciseler ▸ **to chisel a piece out of sthg** enlever un morceau de qqch au ciseau ▸ **to chisel sthg from** or **in** or **out of marble** ciseler qqch dans du marbre ▸ **chiselled features** *fig* traits burinés **2.** [engrave -form, name] graver au burin ; [-plate] buriner **3.** [cheat] ▸ **to chisel sb out of sthg** *inf* carotter qqch à qqn.

chiseller UK, **chiseler** US ['ʧɪzələʳ] n *inf* carotteur *m*, -euse *f*.

chit [ʧɪt] n **1.** [memo, note] note *f* ; [voucher] bon *m* ; [receipt] reçu *m*, récépissé *m* **2.** *inf, dated & pej* [girl] gamine *f*, chipie *f*.

chitchat ['ʧɪtʧæt] ◆ n *(U)* bavardage *m*, papotage *m* / *enough of this chitchat* assez bavardé. ◆ vi bavarder, papoter.

chitin ['kaɪtɪn] n chitine *f*.

chitinase ['kaɪtɪneɪz] n chitinase *f*.

chitlings ['ʧɪtlɪŋz], **chitterlings** ['ʧɪtəlɪŋz] pl n tripes *fpl*.

chitty ['ʧɪtɪ] (*pl* **chitties**) n UK note *f*.

chivalrous ['ʃɪvlrəs] adj **1.** [courteous] chevaleresque, courtois ; [gallant] galant **2.** [exploit, tournament] chevaleresque.

chivalrously ['ʃɪvlrəslɪ] adv [courteously] de façon chevaleresque, courtoisement ; [gallantly] galamment.

chivalry ['ʃɪvlrɪ] n **1.** [courtesy] conduite *f* chevaleresque, courtoisie *f* ; [gallantry] galanterie *f* / *the age of chivalry is not dead hum* la galanterie existe encore **2.** [knights, system] chevalerie *f*.

chives [tʃaɪvz] pl n ciboulette *f*, civette *f* / *add some chives* ajoutez de la ciboulette or civette.

chiv(v)y ['tʃɪvɪ] (*pt & pp* **chivvied** *or* **chivied**) vt **1.** *inf* [nag] harceler ▸ **to chivvy sb into doing sthg** harceler qqn jusqu'à ce qu'il fasse qqch / *stop chivvying me!* laisse-moi en paix ! **2.** [hunt - game] chasser ; [- criminal] pourchasser.

❖ **chivvy up** vt sep *inf* faire activer.

chlamydia [klə'mɪdɪə] n MED chlamydia *f*.

chloral ['klɔːrəl] n chloral *m*.

chlorate ['klɔːreɪt] n chlorate *m*.

chloric ['klɔːrɪk] adj chlorique ▸ **chloric acid** acide *m* chlorique.

chloride ['klɔːraɪd] n chlorure *m*.

chlorinate ['klɔːrɪneɪt] vt [water] javelliser ; CHEM chlorurer, chlorer.

chlorinated ['klɔːrɪneɪtɪd] adj [water] chloré.

chlorination [,klɔːrɪn'eɪʃn] n [of water] javellisation *f*, chloration *f* ; CHEM chloration *f*.

chlorine ['klɔːriːn] ◆ n CHEM chlore *m*. ◆ comp ▸ **chlorine bleach** eau *f* de Javel.

chlorite ['klɔːraɪt] n chlorite *f*.

chlorofluorocarbon ['klɔːrə,flɔːrəʊ'kɑːbən] n chlorofluorocarbone *m*.

chloroform ['klɒrəfɔːm] ◆ n chloroforme *m*. ◆ vt chloroformer.

chlorophyll UK, **chlorophyl** US ['klɒrəfɪl] n chlorophylle *f*.

chloroplast ['klɔːrəʊplɑːst] n chloroplaste *m*.

chlorosis [klɔː'rəʊsɪs] n chlorose *f*.

choc [tʃɒk] n *inf* chocolat *m*.

chocaholic = **chocoholic**.

choccy [tʃɒkɪ] (*pl* **choccies**) n *inf* chocolat *m*.

choc-ice n UK ≃ Esquimau® *m*.

chock [tʃɒk] ◆ n [for door, wheel] cale *f* ; [for barrel] cale *f*, chantier *m* ; NAUT chantier *m*, cale *f*. ◆ vt [barrel, door, wheel] caler ; NAUT mettre sur un chantier or sur cales.

chock-a-block, **chock-full** adj *inf* [room, theatre] plein à craquer ; [container] bourré, plein à ras bord / *the town is chock-a-block with tourists* la ville est archipleine de touristes.

chocoholic ['tʃɒkə,hɒlɪk] n *inf* accro *mf* du chocolat, fondu *m*, -e *f* de chocolat.

chocolate ['tʃɒkələt] ◆ n [drink, sweet] chocolat *m* / *a piece of chocolate* un morceau de chocolat / *a box of chocolates* une boîte de chocolats / *a cup of (hot) chocolate* une tasse de chocolat (chaud). ◆ comp [biscuit, cake] au chocolat, chocolaté ▸ **chocolate chip cookie** cookie *m* aux pépites de chocolat ▸ **chocolate manufacturer** chocolatier-confiseur *m*. ◆ adj chocolat (*inv*) ▸ **chocolate brown** (couleur *f*) chocolat (*inv*).

chocolate-box adj *inf* : *a chocolate-box landscape* un paysage très carte postale.

choice [tʃɔɪs] ◆ n **1.** [act of choosing] choix *m* ▸ **to make a choice** faire un choix / *you'll have to make a choice* il faudra que tu choisisses or que tu fasses un choix ▸ **to make one's choice** faire son choix ▸ **to have first choice** pouvoir choisir en premier / *it's your choice* c'est à vous de choisir or décider / *by* or *from choice* de or par préférence / *the profession of her choice* la profession de son choix **2.** [option] choix *m*, option *f* / *they were given a choice between basketball and soccer* ils ont eu le choix entre le basket et le foot / *you have no choice* vous n'avez pas le choix / *I had no choice but to leave* je ne pouvais que partir **3.** [selection] choix *m*, assortiment *m* / *a wide choice of goods* un grand choix de marchandises **4.** [thing, person chosen] choix *m* / *he would be a good choice for president* il ferait un bon président / *you made the right / wrong choice* vous avez fait le bon / mauvais choix. ◆ adj **1.** [fruit, meat] de choix, de première qualité **2.** [well-chosen - phrase, words] bien choisi / *in a few choice words* en quelques mots bien choisis **3.** [coarse - language] grossier.

choir ['kwaɪəʳ] ◆ n **1.** [group of singers] chœur *m*, chorale *f* ; [in church] chœur *m*, maîtrise *f* / *we sing in the choir* **a)** [gen] nous faisons partie du chœur or de la chorale **b)** [in church] nous faisons partie du chœur, nous chantons dans la maîtrise **2.** ARCHIT chœur *m* **3.** [group of instruments] chœur *m*. ◆ comp ▸ **choir practice** répétition *f* de la chorale.

choirboy ['kwaɪəbɔɪ] n jeune choriste *m*.

choirmaster ['kwaɪə,mɑːstəʳ] n [gen] chef *m* de chœur ; [in church] maître *m* de chapelle.

choir school n maîtrise *f*.

choirstall ['kwaɪəstɔːl] n stalle *f* du chœur.

choke [tʃəʊk] ◆ vi étouffer, s'étouffer, s'étrangler ▸ **to choke on sthg** s'étouffer or s'étrangler en avalant qqch de travers / *to choke to death* mourir étouffé / *to choke with laughter* s'étouffer or s'étrangler de rire / *to choke with rage* s'étouffer or s'étrangler de rage. ◆ vt **1.** [asphyxiate] étrangler, étouffer / *in a voice choked with emotion* d'une voix étranglée par l'émotion **2.** [strangle] étrangler ▸ **to choke sb to death** étrangler qqn **3.** [clog] boucher, obstruer / *choked with traffic* embouteillé, bouché / *choked with weeds* étouffé par les mauvaises herbes **4.** TECH [engine, fire] étouffer. ◆ n **1.** AUTO starter *m* ; TECH [in pipe] buse *f* **2.** [of artichoke] foin *m*.

❖ **choke back**, **choke down** vt sep [anger] refouler, étouffer ; [tears] refouler, contenir ; [complaint, cry] retenir.

❖ **choke off** vt sep [objection, opposition] étouffer (dans l'œuf) ; [discussion] empêcher ; [person] envoyer promener or paître.

❖ **choke up** vt sep **1.** [road] boucher, embouteiller **2.** *inf* [emotionally] émouvoir, toucher profondément.

choked [tʃəʊkt] adj **1.** [cry, voice] étranglé **2.** UK *inf* [person - moved] secoué ; [- sad] peiné, attristé ; [- annoyed] énervé, fâché.

choker ['tʃəʊkəʳ] n [necklace] collier *m* (court) ; [neckband] tour *m* de cou.

choking ['tʃəʊkɪŋ] n étouffement *m*, suffocation *f*.

cholera ['kɒlərə] n choléra *m*.

choleric ['kɒlərɪk] adj colérique, coléreux.

cholesterol [kə'lestərɒl] n cholestérol *m* ▸ **cholesterol level** taux *m* de cholestérol.

chomp ['tʃɒmp] *inf* ◆ vi & vt mastiquer bruyamment. ◆ n mastication *f* bruyante.

Chomskyan ['tʃɒmskɪən] adj de Chomsky.

chong-sam [tʃɒŋ'sæm] n robe *f* chinoise (*fendue sur les côtés*).

choo-choo [tʃuːtʃuː] n *baby talk* train *m*.

chook [tʃuːk] n AUSTR *inf* [chicken] poulet *m*.

choose [tʃuːz] (*pt* **chose** [tʃəʊz], *pp* **chosen** ['tʃəʊzn]) ◆ vt **1.** [select] choisir, prendre / *I don't know what to choose* je ne sais pas quoi choisir / *she chose a man as her assistant* elle a pris un homme pour assistant / *choose your words carefully* pesez bien vos mots / *there's little* or *not much to choose between the two parties* les deux partis se valent **2.** [elect] élire **3.** [decide] décider, juger bon / *they chose to ignore his rudeness* ils ont préféré ignorer sa grossièreté / *I didn't choose to invite her* [invited unwillingly] je l'ai invitée contre mon gré. ◆ vi choisir / *do as you choose* faites comme bon vous semble or comme vous l'entendez or comme vous voulez / *you can come if you so choose* vous pouvez venir si cela vous dit or si vous le voulez / *she'll finish it when she so chooses* elle le terminera quand bon lui semblera / *there's not a lot to choose from* il n'y a pas beaucoup de choix.

choos(e)y ['tʃuːzɪ] (*compar* **choosier**, *superl* **choosiest**) adj *inf* difficile / *she's very choosey about what she eats* elle ne mange pas n'importe quoi, elle est très difficile sur la nourriture / *you decide, I'm not choosey* décide, cela m'est égal / *he can't afford to be choosey* il ne peut pas se permettre de faire le difficile.

chop [tʃɒp] (*pt & pp* **chopped**, *cont* **chopping**) ◆ vt **1.** [cut - gen] couper ; [- wood] couper ; CULIN hacher **2.** [hit] donner un coup à, frapper **3.** *inf* [reduce - budget, funding] réduire, diminuer ; [- project] mettre au rancart **4.** SPORT [ball] couper. ◆ vi [change direction] varier ▸ **to chop and change** changer constamment d'avis. ◆ n **1.** [blow - with axe] coup *m* de hache ; [- with hand] coup *m* ▸ **to get** or **to be given the chop a)** UK *inf* [employee] être viré **b)** [project] être mis au rancart ▸ **the welfare programmes are for the chop** UK *inf* les programmes d'assistance sociale vont être supprimés / *he's for the chop* il va y passer **2.** CULIN [of meat] côtelette *f* **3.** GOLF coup *m* piqué ; TENNIS volée *f* coupée or arrêtée.

❖ **chops** pl n [jowls - of person] joue *f* ; [- of animal] bajoues *fpl* ▸ **to lick one's chops** se pourlécher les babines.

❖ **chop at** vt insep **1.** [try to cut - gen] tenter de couper ; [- with axe] donner des coups de hache à, tailler (à la hache) **2.** [try to hit] essayer de frapper.

❖ **chop down** vt sep abattre.

❖ **chop off** vt sep trancher, couper / *they chopped off the king's head* ils ont coupé la tête au roi.

❖ **chop up** vt sep couper en morceaux, hacher ; CULIN hacher.

chop-chop *inf* ◆ adv rapidement, vite / *get to work chop-chop!* au travail et que ça saute ! ◆ interj ▸ **chop-chop!** allez, et que ça saute !

chophouse ['tʃɒphaʊs] (*pl* [-haʊzɪz]) n restaurant *m* spécialisé dans les grillades.

Chopin ['ʃɒpæn] pr n Chopin.

chopped liver [tʃɒpt-] n foie haché (*spécialité juive*) / *what am I, chopped liver?* US *inf* et moi, j'existe pas ?

chopper ['tʃɒpəʳ] n **1.** UK [axe] petite hache *f* ; CULIN [cleaver] couperet *m*, hachoir *m* **2.** *inf* [helicopter] hélico *m* **3.** *inf* [motorcycle] chopper *m* ; [bicycle] vélo *m* (*à haut guidon*).

choppiness ['tʃɒpɪnɪs] n [of lake, sea] agitation *f*.

chopping board ['tʃɒpɪŋ-] n planche *f* à découper.

chopping knife n hachoir *m*.

choppy ['tʃɒpɪ] (*compar* **choppier**, *superl* **choppiest**) adj **1.** [lake, sea] un peu agité ; [waves] clapotant **2.** [wind] variable.

chopstick ['tʃɒpstɪk] n baguette *f* (*pour manger*).

chopsuey [,tʃɒp'suːɪ] n chop suey *m*.

choral ['kɔːrəl] ◆ adj choral. ◆ n = **chorale**.

chorale [kɒ'rɑːl] n **1.** [hymn] chœur *m*, choral *m* **2.** US [choir] chœur *m*, chorale *f*.

chord [kɔːd] n **1.** ANAT & GEOM corde *f* **2.** MUS [group of notes] accord *m* ▸ **to strike** or **to touch a chord** toucher la corde sensible.

chore [tʃɔːʳ] n [task - routine] travail *m* de routine ; [- unpleasant] corvée *f* ▸ **household chores** travaux *mpl* ménagers / *I have to do the chores* US il faut que je fasse le ménage.

chorea [kɒ'rɪə] n MED chorée *f*.

choreograph ['kɒrɪəgrɑːf] vt [ballet, dance] chorégraphier, faire la chorégraphie de ; *fig* [meeting, party] organiser.

choreographer [,kɒrɪ'ɒgrəfəʳ] n chorégraphe *mf*.

choreographic [,kɒrɪə'græfɪk] adj chorégraphique.

choreography [,kɒrɪ'ɒgrəfɪ] n chorégraphie *f*.

chorister ['kɒrɪstəʳ] n choriste *mf*.

chorizo [tʃə'riːzəʊ] n chorizo *m*.

chortle ['tʃɔːtl] ◆ vi glousser ▸ **to chortle with delight at** or **over sthg** glousser de plaisir à propos de qqch / *he chortled to himself* il riait discrètement dans son coin. ◆ n gloussement *m*, petit rire *m*.

chorus ['kɔːrəs] ◆ n **1.** [choir] chœur *m*, chorale *f* **2.** [piece of music] chœur *m*, choral *m* **3.** [refrain] refrain *m* / *we all joined in (on) the chorus* nous avons tous repris le refrain (en chœur) **4.** THEAT [dancers, singers] troupe *f* ; [speakers] chœur *m* / *he started his career in the chorus* il a débuté dans la troupe / *I'm part of the chorus* je fais partie de la troupe **5.** [of complaints, groans] concert *m*. ◆ vt [song] chanter en chœur ; [poem] réciter en chœur ; [approval, discontent] dire or exprimer en chœur.

chorus girl n girl *f*.

chorus line n troupe *f*.

chorusmaster ['kɔ:rəs,mɑ:stəʳ] n THEAT & MUS maître *m* de chant.

chose [tʃəʊz] pt ⟶ **choose**.

chosen ['tʃəʊzn] ◆ pp ⟶ **choose**. ◆ adj choisi / *she told only a chosen few* elle ne s'est confiée qu'à quelques privilégiés / *a few well chosen words* quelques termes (bien) choisis / *the chosen people* les élus *mpl*. ◆ pl n ▸ **the chosen** les élus *mpl*.

chotchke ['tʃɒtʃkə] n US bibelot *m*.

chough [tʃʌf] n crave *m*.

choux pastry [ʃu:-] n *(U)* pâte *f* à choux.

chow [tʃaʊ] n **1.** [dog] chow-chow *m* **2.** *inf* [food] bouffe *f*.
❖ **chow down** vi & vt insep US *inf* bouffer.

chow chow n = **chow**.

chowder ['tʃaʊdəʳ] n *soupe crémeuse épaisse contenant des pommes de terre, de l'oignon et du poisson ou des fruits de mer.*

chris(o)m ['krɪzm] n chrême *m*.

Christ [kraɪst] ◆ pr n le Christ, Jésus-Christ *m* ▸ **the Christ child** l'enfant *m* Jésus. ◆ interj ▸ **Christ!** *v inf* Bon Dieu (de Bon Dieu) !

Christchurch ['kraɪs,tʃɜ:tʃ] pr n Christchurch.

christen ['krɪsn] vt **1.** [gen] appeler, nommer ; [nickname] baptiser, surnommer ; NAUT & RELIG baptiser / *she was christened Victoria but is known as Vicky* son nom de baptême est Victoria mais tout le monde l'appelle Vicky / *he was christened after his grandfather* on lui avait donné le nom de son grand-père / *we christened the car "the Crate"* nous avons baptisé la voiture « le Tacot » **2.** *inf* [use for first time] étrenner.

Christendom ['krɪsndəm] n chrétienté *f*.

christening ['krɪsnɪŋ] n baptême *m*.

Christian ['krɪstʃən] ◆ n chrétien *m*, -enne *f* / *to become a Christian* se convertir au christianisme. ◆ adj chrétien.

Christian Aid pr n *association humanitaire britannique.*

Christianity [,krɪstɪ'ænətɪ] n [religion] christianisme *m*.

Christianize, **Christianise** ['krɪstjənaɪz] vt christianiser.

Christian name n nom *m* de baptême, prénom *m*.

Christian Science n la Science chrétienne ▸ **The Christian Science Monitor** US PRESS *quotidien américain de qualité.*

Christian Scientist n scientiste chrétien *m*, scientiste chrétienne *f*.

Christlike ['kraɪstlaɪk] adj semblable or qui ressemble au Christ.

Christmas ['krɪsməs] ◆ n Noël *m* / *where are you celebrating Christmas?* où fêtez-vous Noël ? / *I'm staying with my parents over Christmas* je vais passer Noël chez mes parents / *at Christmas* à Noël / *for Christmas* pour Noël ▸ **Merry Christmas!** joyeux Noël ! ◆ comp [party, present, dinner] de Noël ▸ **Christmas cracker** *papillote contenant un pétard et une surprise que l'on ouvre traditionnellement à deux au moment des fêtes de Noël.*

Christmas box n UK étrennes *fpl (offertes à Noël).*

Christmas cake n gâteau *m* de Noël *(cake décoré au sucre glace).*

Christmas card n carte *f* de Noël.

Christmas carol n chant *m* de Noël, noël *m* ; RELIG cantique *m* de Noël / **'A Christmas Carol'** *Dickens* 'le Chant de Noël'.

Christmas club n *caisse de contributions pour les cadeaux de Noël.*

Christmas Day n le jour de Noël.

Christmas Eve n la veille de Noël.

Christmas Island pr n l'île *f* Christmas / *on Christmas Island* à l'île Christmas.

Christmas pudding n UK pudding *m*, plum-pudding *m*.

Christmas rose n rose *f* de Noël.

Christmas stocking n *chaussette que les enfants suspendent à la cheminée pour que le père Noël y dépose les cadeaux.*

Christmassy ['krɪsməsɪ] adj qui rappelle la fête de Noël / *the town looks so Christmassy* la ville a un tel air de fête.

Christmastide ['krɪsməstaɪd] n *liter* la période de Noël or des fêtes (de fin d'année) *(du 24 décembre au 6 janvier).*

Christmastime ['krɪsməstaɪm] n la période de Noël or des fêtes (de fin d'année).

Christmas tree n sapin *m* or arbre *m* de Noël.

Christopher ['krɪstəfəʳ] pr n ▸ **Saint Christopher** saint Christophe.

chromatic [krə'mætɪk] adj chromatique ▸ **chromatic scale** MUS gamme *f* chromatique ▸ **chromatic colour** PHYS couleur *f* chromatique ▸ **chromatic printing** TYPO impression *f* polychrome.

chromaticism [krə'mætɪsɪzm] n chromatisme *m*.

chromatography [,krəʊmə'tɒgrəfɪ] n chromatographie *f*.

chrome [krəʊm] ◆ n chrome *m*. ◆ adj [fittings, taps] chromé.

chrome green n vert *m* de chrome.

chrome red n rouge *m* de chrome.

chrome steel n acier *m* chromé, chromé *m*.

chrome yellow n jaune *m* de chrome.

chromium ['krəʊmɪəm] n chrome *m*.

chromium-plated [-'pleɪtɪd] adj chromé.

chromium-plating [-'pleɪtɪŋ] n chromage *m*.

chromolithograph [,krəʊməʊ'lɪθəgrɑ:f] n chromolithographie *f*.

chromolithography [,krəʊməʊlɪ'θɒgrəfɪ] n chromolithographie *f*.

chromosome ['krəʊməsəʊm] n chromosome *m*.

chromosome number n nombre *m* chromosomique.

chronic ['krɒnɪk] adj **1.** [long-lasting - illness, unemployment] chronique **2.** [habitual - smoker, gambler] invétéré **3.** [serious - problem, situation] difficile, grave **4.** UK *inf* [very bad] atroce, affreux.

chronically ['krɒnɪklɪ] adv **1.** [habitually] chroniquement **2.** [severely] gravement, sérieusement.

chronicle ['krɒnɪkl] ◆ n chronique *f* / *their holiday was a chronicle of misadventures* leurs vacances furent une succession de mésaventures. ◆ vt faire la chronique de, raconter.
❖ **Chronicles** n ▸ **the (Book of) Chronicles** le livre des Chroniques.

chronicler ['krɒnɪkləʳ] n chroniqueur *m*, -euse *f*.

chronobiology [krɒnəbaɪ'ɒlədʒɪ] n chronobiologie *f*.

chronograph ['krɒnəgrɑ:f] n chronographe *m*.

chronological [,krɒnə'lɒdʒɪkl] adj chronologique / *in chronological order* par ordre or dans un ordre chronologique.

chronologically [,krɒnə'lɒdʒɪklɪ] adv chronologiquement, par ordre chronologique.

chronology [krə'nɒlədʒɪ] n chronologie *f*.

chronometer [krə'nɒmɪtəʳ] n chronomètre *m*.

chronometry [krə'nɒmɪtrɪ] n chronométrie *f*.

chrysalid ['krɪsəlɪd] (*pl* **chrysalides** [-'sælɪdi:z]) n chrysalide *f*.

chrysalis ['krɪsəlɪs] (*pl* **chrysalises** [-si:z]) n chrysalide *f*.

chrysanthemum [krɪ'sænθəməm] n chrysanthème *m*.

chub [tʃʌb] (*pl* **chub** *or* **chubs**) n chevesne *m*, chevaine *m*, chevenne *m*.

chubbiness ['tʃʌbɪnɪs] n rondeur *f*.

Chubb lock® [tʃʌb-] n *type de serrure réputé incrochetable.*

chubby ['tʃʌbɪ] (*compar* **chubbier**, *superl* **chubbiest**) adj [fingers, person] potelé ; [face] joufflu ▸ **chubby-cheeked** joufflu.

chuck [tʃʌk] ◆ vt **1.** *inf* [toss] jeter, lancer / *she chucked him the ball* elle lui a lancé or envoyé le ballon / *they chucked him off the bus* ils l'ont vidé du bus **2.** *inf* [give up - activity, job] laisser tomber, lâcher **3.** *inf* [jilt - boyfriend, girlfriend] plaquer **4.** [tap] tapoter / *she chucked the child under the chin* elle a tapoté le menton de l'enfant. ◆ n UK **1.** [tap] petite tape *f* / *he gave her a chuck under the chin* il lui a tapoté le menton **2.** TECH mandrin *m* **3.** = **chuck steak 4.** PHR **to give sb the chuck a)** *inf* [employee] virer or vider qqn **b)** [boyfriend, girlfriend] plaquer qqn.
❖ **chuck away** vt sep *inf* [old clothing, papers] balancer ; [chance, opportunity] laisser passer ; [money] jeter par les fenêtres.
❖ **chuck in** vt sep UK *inf* [give up - activity, job] lâcher ; [- attempt] renoncer à.
❖ **chuck out** vt sep *inf* [old clothing, papers] balancer ; [person] vider, sortir / *he chucked the troublemakers out* il a flanqué les provocateurs à la porte.
❖ **chuck up** *v inf* ◆ vt sep [give up] laisser tomber. ◆ vi *inf* [vomit] vomir.

chucker-out [,tʃʌkər-] n UK *inf* videur *m*.

chucking-out time ['tʃʌkɪŋ-] n UK *inf* [in pub] heure *f* de la fermeture.

chuckle ['tʃʌkl] ◆ vi glousser, rire / *to chuckle with delight* rire avec jubilation / *he chuckled to himself* il riait tout seul. ◆ n gloussement *m*, petit rire *m* / *they had a good chuckle over her mishap* sa mésaventure les a bien fait rire.

chucklehead ['tʃʌklhed] n UK *inf* balourd *m*, -e *f*.

chuck steak n paleron *m*.

chuck wagon n cantine *f* ambulante *(pour les cow-boys).*

chuff [tʃʌf] ◆ n UK *inf* ▸ **I don't give a chuff** je m'en fous. ◆ vi souffler, haleter / *the train chuffed up the hill* le train a monté la pente en haletant.

chuffed [tʃʌft] adj UK *inf* vachement or super content, ravi ▸ **to be chuffed about** or **at sthg** être ravi de qqch.

chuffing ['tʃʌfɪŋ] adj UK *v inf* : *I don't chuffing well know* je n'en sais foutre rien.

chug [tʃʌg] ◆ vi **1.** [make noise - engine, car, train] s'essouffler, haleter **2.** [move] avancer en soufflant or en haletant. ◆ vt US *inf* [drink] descendre. ◆ n [of engine, car, train] halètement *m*.

chug-a-lug US *inf* ◆ n cul *m* sec. ◆ vt [drink] descendre.

chukka, **chukker** ['tʃʌkə] n [in polo] période *f* de jeu *(de sept minutes et demie).*

chukka boot, **chukker boot** n bottine *f (portée par les joueurs de polo).*

chum [tʃʌm] n *inf* copain *m*, copine *f* / *the game's up, chum* c'est fichu, mon vieux.
❖ **chum up** vi *inf* ▸ **to chum up with sb** devenir copain *m* / copine *f* avec qqn.

chummy ['tʃʌmɪ] (*compar* **chummier**, *superl* **chummiest**) adj *inf* amical ▸ **to be chummy with sb** être copain / copine avec qqn.

chump [tʃʌmp] n *inf & dated* **1.** [dolt - boy] ballot *m* ; [- girl] gourde *f* **2.** UK [head] boule *f* ▸ **you're off your chump!** tu as perdu la boule !

chump chop n UK côte *f (d'agneau).*

chunder ['tʃʌndəʳ] *v inf* ◆ vi dégueuler. ◆ n vomi *m*.

chunk [tʃʌŋk] n [of meat, wood] gros morceau *m* ; [of budget, time] grande partie *f*.

chunky ['tʃʌŋkɪ] (*compar* **chunkier**, *superl* **chunkiest**) adj **1.** [person - stocky] trapu ; [- chubby] potelé, enrobé ; [food, stew] avec des morceaux **2.** UK [clothing, sweater] de grosse laine ; [jewellery] gros (grosse).

Chunnel [ˈtʃʌnl] n UK *inf & dated* ▸ **the Chunnel** *le tunnel sous la Manche.*

chunter [ˈtʃʌntəʳ] vi UK *regional* râler, rouspéter.

church [tʃɜːtʃ] ◆ n **1.** [building - gen] église *f* ; [- Protestant] église *f*, temple *m* **2.** [services - Protestant] office *m* ; [- Catholic] messe *f* ▸ **to be at** or **in church a)** [Protestants] être à l'office or au temple **b)** [Catholics] être à la messe ▸ **to go to church a)** [Protestants] aller au temple or à l'office **b)** [Catholics] aller à la messe or à l'église / *do you go to church?* êtes-vous pratiquant ? **3.** *(U)* [clergy] ▸ **the church** les ordres *mpl* / *to go into the church* entrer dans les ordres. ◆ comp [bell, roof] d'église. ◆ vt UK [gen] faire assister à la messe ; [woman after childbirth] faire assister à la messe de relevailles.

❖ **Church** n [institution] ▸ **the Church** l'Église *f* ▸ **Church and State** l'Église et l'État ▸ **the Church Commissioners** *commission nommée par le gouvernement pour gérer les finances de l'Église d'Angleterre* ▸ **Church House** *siège du synode général de l'Église d'Angleterre* ▸ **Church of Christ, Scientist** Église de la Science chrétienne ▸ **Church of England** Église anglicane ▸ **Church of France / of Scotland** Église de France / d'Écosse ▸ **Church of Rome** Église catholique.

 **The Church of England**

L'Église d'Angleterre (de confession anglicane) est l'Église officielle de la Grande-Bretagne ; son chef laïque est le souverain, son chef spirituel, l'archevêque de Cantorbéry.

churchgoer [ˈtʃɜːtʃˌgəʊəʳ] n pratiquant *m*, -e *f*.

churchgoing [ˈtʃɜːtʃˌgəʊɪŋ] ◆ adj pratiquant / *the churchgoing public* les gens qui vont à l'église. ◆ n fréquentation *f* des églises / *churchgoing is not regarded as essential* aller à l'église n'est pas considéré comme essentiel.

church hall n salle *f* paroissiale.

churching [ˈtʃɜːtʃɪŋ] n *(U)* UK relevailles *fpl*.

church leader n chef *m* de l'église.

churchman [ˈtʃɜːtʃmən] *(pl* **churchmen** [-mən]) n [clergyman] ecclésiastique *m* ; [churchgoer] pratiquant *m*.

church school n UK école *f* religieuse or confessionnelle.

churchwarden [ˌtʃɜːtʃˈwɔːdn] n bedeau *m*, marguillier *m*.

churchwoman [ˈtʃɜːtʃˌwʊmən] *(pl* **churchwomen** [-ˌwɪmɪn]) n pratiquante *f*.

churchy [ˈtʃɜːtʃɪ] *(compar* **churchier**, *superl* **churchiest**) adj **1.** [atmosphere, song] qui rappelle l'église **2.** *pej* [person] bigot / *she's very churchy* c'est une grenouille de bénitier *pej*.

churchyard [ˈtʃɜːtʃjɑːd] n [grounds] terrain *m* autour de l'église ; [graveyard] cimetière *m (autour d'une église)*.

churl [tʃɜːl] n *liter* [ill-bred person] rustre *m*, malotru *m* ; [surly person] ronchon *m*.

churlish [ˈtʃɜːlɪʃ] adj [rude] fruste, grossier ; [bad-tempered - person] qui a mauvais caractère, revêche ; [- attitude, behaviour] revêche, désagréable / *it would be churlish not to acknowledge the invitation* ce serait grossier or impoli de ne pas répondre à l'invitation.

churlishly [ˈtʃɜːlɪʃlɪ] adv [rudely] grossièrement ; [in bad-tempered manner] hargneusement, de façon revêche.

churlishness [ˈtʃɜːlɪʃnɪs] n [rudeness] grossièreté *f* ; [bad temper - habitual] mauvais caractère *m* ; [- temporary] mauvaise humeur *f*.

churn [tʃɜːn] ◆ vt **1.** [cream] baratter **2.** [mud] remuer ; [water] faire bouillonner. ◆ vi [sea, water] bouillonner / *the thought made my stomach churn* j'ai eu l'estomac tout retourné à cette idée. ◆ n **1.** [for butter] baratte *f* **2.** UK [milk can] bidon *m*.

❖ **churn out** vt sep *inf* **1.** [produce rapidly - gen] produire rapidement ; [- novels, reports] pondre à la chaîne or en série **2.** [produce mechanically] débiter.

❖ **churn up** vt sep [mud] remuer ; [sea, water] faire bouillonner.

churning [ˈtʃɜːnɪŋ] n [act] barattage *m*.

chute [ʃuːt] n **1.** [for parcels] glissière *f* **2.** [for sledding, in swimming pool] toboggan *m* **3.** [in river] rapide *m* **4.** *inf* [parachute] parachute *m*.

chutney [ˈtʃʌtnɪ] n chutney *m (condiment à base de fruits)*.

chutzpah [ˈhʊtspə] n US *inf* culot *m*.

chyme [tʃaɪm] n chyme *m*.

CI written abbr of **Channel Islands**.

CIA (abbr of **Central Intelligence Agency**) pr n CIA *f*.

ciabatta [tʃəˈbɑːtə] n ciabatta *m*.

ciborium [sɪˈbɔːrɪəm] *(pl* **ciboria** [sɪˈbɔːrɪə]) n **1.** [canopy] ciborium *m* **2.** [vessel] ciboire *m*.

CIC written abbr of **commander-in-chief**.

cicada [sɪˈkɑːdə] *(pl* **cicadas** *or* **cicadae** [-diː]) n cigale *f*.

cicatrice [ˈsɪkətrɪs], **cicatrix** [ˈsɪkətrɪks] *(pl* **cicatrices** [ˌsɪkəˈtraɪsiːz]) n cicatrice *f*.

Cicero [ˈsɪsəˌrəʊ] pr n Cicéron.

cicerone [ˌtʃɪtʃəˈrəʊnɪ] *(pl* **cicerones** *or* **ciceroni** [-niː]) n cicérone *m liter*, guide *m*.

Ciceronian [ˌsɪsəˈrəʊnɪən] adj cicéronien.

Cid [sɪd] pr n ▸ **El Cid** le Cid.

CID (abbr of **Criminal Investigation Department**) pr n *police judiciaire britannique* ; ≃ PJ.

cider [ˈsaɪdəʳ] ◆ n **1.** cidre *m* **2.** US [non-alcoholic] jus *m* de pomme. ◆ comp ▸ **cider press** pressoir *m* à cidre ▸ **cider vinegar** vinaigre *m* de cidre.

cider apple n pomme *f* à cidre.

cif, **CIF** (abbr of **cost, insurance and freight**) adj & adv CAF, C.A.F.

cig [sɪg] n *inf* clope *m ou f*, sèche *f*.

cigar [sɪˈgɑːʳ] ◆ n cigare *m* ▸ **nice** or **close, but no cigar** US c'est pas mal, mais ça pourrait être mieux. ◆ comp [box, case, tobacco] à cigares ; [ash, smoke] de cigare ▸ **cigar cutter** coupe-cigares *m* ▸ **cigar holder** fume-cigare *m inv* ▸ **cigar lighter** allume-cigare *m inv* ▸ **cigar-shaped** en forme de cigare.

cigaret [ˌsɪgəˈret] n & comp US = **cigarette**.

cigarette [ˌsɪgəˈret] ◆ n cigarette *f*. ◆ comp [ash, burn, smoke] de cigarette ; [packet, smoke] de cigarettes ; [paper, tobacco] à cigarettes ▸ **cigarette case** étui *m* à cigarettes, porte-cigarettes *m inv* ▸ **cigarette smoking** : *cigarette smoking is a major cause of lung cancer* la cigarette est une des causes principales du cancer du poumon.

cigarette card n *image offerte autrefois avec chaque paquet de cigarettes.*

cigarette end n mégot *m*.

cigarette holder n fume-cigarette *m inv*.

cigarette lighter n briquet *m*.

cigarillo [ˌsɪgəˈrɪləʊ] *(pl* **cigarillos**) n petit cigare *m*, cigarillo *m*.

ciggie [ˈsɪgɪ] n *inf* clope *m ou f*, sèche *f*.

cilantro [sɪˈlæntrəʊ] n US coriandre *f*.

cilium [ˈsɪlɪəm] *(pl* **cilia** [-lɪə]) n ANAT & BIOL cil *m*.

CIM (abbr of **computer-integrated manufacturing**) n FAO *f*.

C-in-C written abbr of **Commander-in-Chief**.

cinch [sɪntʃ] ◆ n **1.** *inf* ▸ **it's a cinch a)** [certainty] c'est du tout cuit **b)** [easy to do] c'est du gâteau **2.** US [girth] sous-ventrière *f*, sangle *f (de selle)*. ◆ vt US [horse] sangler ; [saddle] attacher par une sangle.

Cincinnati [ˌsɪnsɪˈnætɪ] pr n Cincinnati.

cinder [ˈsɪndəʳ] n cendre *f* ▸ **cinders a)** [in fireplace] cendres **b)** [from furnace, volcano] scories *fpl* ▸ **burnt to a cinder** réduit en cendres.

cinder block n US parpaing *m*.

Cinderella [ˌsɪndəˈrelə] ◆ pr n Cendrillon. ◆ n *fig* parent *m* pauvre.

Cinders [ˈsɪndəz] n *inf* Cendrillon *f*.

cinder track n (piste *f*) cendrée *f*.

cineast(e) [ˈsɪnɪˌæst] n cinéphile *mf*.

cinecamera [ˈsɪnɪˌkæmərə] n UK caméra *f*.

cine-film [ˈsɪnɪ-] n UK film *m*.

cinema [ˈsɪnəmə] n UK [building] cinéma *m* / *to go to the cinema* aller au cinéma ▸ **cinema fanatic** cinéphile *mf* ; [industry] (industrie *f* du) cinéma *m*.

cinemagoer [ˈsɪnɪməˌgəʊəʳ] n personne *f* qui fréquente les cinémas.

Cinemascope® [ˈsɪnəməskəʊp] n Cinémascope® *m*.

cinematic [ˌsɪnɪˈmætɪk] adj cinématique.

cinematograph [ˌsɪnəˈmætəgrɑːf] n UK cinématographe *m*.

cinematographic [ˌsɪnəmætəˈgræfɪk] adj cinématographique.

cinematography [ˌsɪnəməˈtɒgrəfɪ] n UK cinématographie *f*.

cine-projector [ˈsɪnɪ-] n UK projecteur *m* de cinéma.

Cinerama® [ˌsɪnəˈrɑːmə] n Cinérama® *m*.

cineraria [ˌsɪnəˈreərɪə] ◆ pl ⟶ **cinerarium.** ◆ n BOT cinéraire *f*.

cinerarium [ˌsɪnəˈreərɪəm] *(pl* **cineraria** [ˌsɪnəˈreərɪə]) n cinéraire *m*.

cinnabar [ˈsɪnəbɑːʳ] n cinabre *m*.

cinnamon [ˈsɪnəmən] ◆ n **1.** [spice] cannelle *f* **2.** [colour] cannelle *f*. ◆ comp [flavour, tea] à la cannelle. ◆ adj cannelle *(inv)*.

Cinque Ports [ˈsɪŋkpɔːts] pl pr n Cinq ports *mpl (ancienne confédération réunissant les cinq ports de la côte sud-est de l'Angleterre)*.

cipher [ˈsaɪfəʳ] ◆ n **1.** [code] chiffre *m*, code *m* secret / *written in cipher* crypté, codé **2.** [monogram] chiffre *m*, monogramme *m* **3.** [Arabic numeral] chiffre *m* **4.** *liter* [zero] zéro *m* / *they're mere ciphers fig* ce sont des moins que rien. ◆ vt **1.** [encode] crypter, chiffrer, coder **2.** MATH chiffrer.

circa [ˈsɜːkə] prep circa, vers.

circadian [sɜːˈkeɪdɪən] adj circadien.

Circe [ˈsɜːsɪ] pr n Circé.

circle [ˈsɜːkl] ◆ n **1.** [gen & GEOM] cercle *m* ; [around eyes] cerne *m* / *we stood in a circle around him* nous formions (un) cercle or nous nous tenions en cercle autour de lui / *she had dark circles under her eyes* elle avait des cernes sous les yeux or les yeux cernés / *he had us going* or *running round in circles trying to find the information* il nous a fait tourner en rond à chercher les renseignements ▸ **to come full circle** revenir au point de départ, boucler la boucle **2.** [group of people] cercle *m*, groupe *m* / *she has a wide circle of friends* elle a beaucoup d'amis or un grand cercle d'amis / *his circle of advisors* son groupe de conseillers / *in artistic / political circles* dans les milieux artistiques / politiques **3.** THEAT balcon *m*. ◆ vt **1.** [draw circle round] entourer (d'un cercle), encercler **2.** [move round] tourner autour de / *the moon circles the earth* la lune est en orbite autour or tourne autour de la terre ▸ **to circle the drain** : *the project is circling the drain* le projet va dans le mur / *he's circling the drain* US *inf* [dying] il n'en a plus pour longtemps **3.** [surround] encercler, entourer **4.** PHR **to circle the wagons** US rassembler ses forces. ◆ vi **1.** [bird, plane] faire or décrire des cercles / *the plane circled overhead* l'avion a décrit des cercles dans le ciel **2.** [planet] tourner.

circlet [ˈsɜːklɪt] n [on head - crown] couronne *f* ; [- for hair] bandeau *m* ; [on arm] brassard *m* ; [on finger] anneau *m*.

circuit [ˈsɜːkɪt] n **1.** [series of events, places] circuit *m* / *the tennis circuit* le circuit des matches de tennis **2.** [periodical journey] tournée *f* ; LAW tournée *f (d'un juge d'assises)* / *to be on the western circuit* faire la tournée de l'ouest **3.** [journey around] circuit *m*, tour *m* / *we made* *a circuit of the grounds* nous avons fait le tour des terrains / *the Earth's circuit around the Sun* l'orbite de la terre autour du soleil **4.** ELEC circuit *m* **5.** SPORT [track] circuit *m*, parcours *m*.

circuit board n plaquette *f* (de circuits imprimés).

circuit breaker n ELEC disjoncteur *m*.

circuit court n *tribunal en service dans les principales villes de province lors du passage du « circuit judge ».*

circuit judge n *juge itinérant.*

circuitous [sə'kju:ɪtəs] adj [route] qui fait un détour, détourné ; [journey] compliqué ; *fig* [reasoning, thinking] contourné, compliqué.

circuitry ['sɜ:kɪtrɪ] n système *m* de circuits.

circuit training n SPORT préparation *f* or entraînement *m (en accomplissant plusieurs sortes d'exercices).*

circular ['sɜ:kjʊlər] ◆ adj **1.** [movement, shape, ticket] circulaire ▸ **circular journey** voyage *m* circulaire, circuit *m* ▸ **circular letter** or **memo** circulaire *f* ▸ **circular saw** scie *f* circulaire ▸ **to put sthg in the circular file** US *inf* jeter qqch à la corbeille à papier **2.** [reasoning] faux (fausse), mal fondé ▸ **circular argument** pétition *f* de principe. ◆ n **1.** [letter, memo] circulaire *f* **2.** [advertisement] prospectus *m*.

circularity [,sɜ:kjʊ'lærətɪ] n **1.** [of movement, shape] forme *f* circulaire **2.** [of argument, reasoning] circularité *f*.

circularize, circularise ['sɜ:kjʊləraɪz] vt [send letters to] envoyer des circulaires à ; [send advertising to] envoyer des prospectus à.

circulate ['sɜ:kjʊleɪt] ◆ vt [book, bottle] faire circuler ; [document - from person to person] faire circuler ; [- in mass mailing] diffuser ; [news, rumour] propager. ◆ vi circuler ; [at a party] aller de groupe en groupe.

circulating decimal ['sɜ:kjʊleɪtɪŋ-] n fraction *f* périodique.

circulating library n bibliothèque *f* de prêt.

circulation [,sɜ:kjʊ'leɪʃn] n **1.** [gen & FIN] circulation *f* ▸ **free circulation of capital** la libre circulation des capitaux ▸ **to be in circulation a)** [book, money] être en circulation **b)** [person] être dans le circuit / *she's out of circulation at the moment* elle a disparu de la circulation pour l'instant **2.** [of magazine, newspaper] tirage *m* / *the Times has a circulation of 200,000* le Times tire à 200 000 exemplaires **3.** ANAT & BOT circulation *f* / *to have good / poor circulation* avoir une bonne / une mauvaise circulation **4.** [of traffic] circulation *f*.

circulatory [,sɜ:kjʊ'leɪtərɪ] adj circulatoire.

circumcise ['sɜ:kəmsaɪz] vt circoncire.

circumcised ['sɜ:kəmsaɪzd] adj circoncis.

circumcision [,sɜ:kəm'sɪʒn] n [act] circoncision *f* ; [religious rite] (fête *f* de la) circoncision *f* ▸ **circumcision ritual** rituel *m* de la circoncision.

circumference [sə'kʌmfərəns] n circonférence *f*.

circumflex ['sɜ:kəmfleks] ◆ n accent *m* circonflexe. ◆ adj circonflexe.

circumlocution [,sɜ:kəmlə'kju:ʃn] n circonlocution *f*.

circumlocutory [,sɜ:kəm'lɒkjʊtərɪ] adj *fml* qui procède par circonlocutions.

circumlunar [,sɜ:kəm'lu:nər] adj circumlunaire.

circumnavigate [,sɜ:kəm'nævɪgeɪt] vt [iceberg, island] contourner *(en bateau)* / *to circumnavigate the world* faire le tour du monde en bateau, naviguer autour du globe.

circumnavigation ['sɜ:kəm,nævɪ'geɪʃn] n circumnavigation *f*.

circumscribe ['sɜ:kəmskraɪb] vt **1.** [restrict] circonscrire, limiter **2.** GEOM circonscrire.

circumscription [,sɜ:kəm'skrɪpʃn] n circonscription *f*.

circumsolar [,sɜ:kəm'səʊlər] adj autour du soleil.

circumspect ['sɜ:kəmspekt] adj circonspect.

circumspection [,sɜ:kəm'spekʃn] n circonspection *f*.

circumspectly ['sɜ:kəmspektlɪ] adv avec circonspection.

circumstance ['sɜ:kəmstəns] n **1.** *(U)* [events] ▸ **force of circumstance** contrainte *f* or force *f* des circonstances / *I am a victim of circumstance* je suis victime des circonstances **2.** *(U) fml* [ceremony] ▸ **pomp and circumstance** grand apparat *m*, pompe *f fml.*

❖ **circumstances** pl n **1.** [conditions] circonstance *f*, situation *f* / *in* or *under these circumstances* dans les circonstances actuelles, vu la situation actuelle or l'état actuel des choses / *in* or *under exceptional circumstances* dans des circonstances exceptionnelles / *in* or *under normal circumstances* en temps normal / *under no circumstances* en aucun cas / *under similar circumstances* en pareil cas **2.** [facts] circonstance *f*, détail *m* / *the circumstances of her death* les circonstances de sa mort / *you have to take into account the circumstances* il faut tenir compte des circonstances.

circumstantial [,sɜ:kəm'stænʃl] adj **1.** [incidental] accidentel, fortuit ; LAW [evidence] indirect **2.** *fml* [description, report] circonstancié, détaillé.

circumstantiate [,sɜ:kəm'stænʃɪeɪt] vt [event, report] donner des détails circonstanciés sur ; LAW [evidence] confirmer en donnant des détails sur.

circumvent [,sɜ:kəm'vent] vt **1.** [law, rule] tourner, contourner **2.** [outwit - person] circonvenir *fml*, manipuler ; [- plan] faire échouer **3.** [enemy] encercler, entourer.

circumvention [,sɜ:kəm'venʃn] n [of law, rule] fait *m* de tourner or contourner.

circus ['sɜ:kəs] ◆ n **1.** [gen & ANTIQ] cirque *m* **2.** UK [roundabout] rond-point *m*. ◆ comp [act, clown, company, tent] de cirque ▸ **circus pony** cheval *m* de cirque.

cirque [sɜ:k] n GEOL cirque *m*.

cirrhosis [sɪ'rəʊsɪs] n *(U)* cirrhose *f*.

cirrocumulus [,sɪrəʊ'kju:mjʊləs] (*pl* **cirrocumuli** [-laɪ]) n cirrocumulus *m*.

cirrostratus [,sɪrəʊ'strɑ:təs] (*pl* **cirrostrati** [-taɪ]) n cirrostratus *m*.

cirrus ['sɪrəs] (*pl* **cirri** [-raɪ]) n **1.** [cloud] cirrus *m* **2.** BOT vrille *f*.

CIS (abbr of **Commonwealth of Independent States**) pr n CEI *f* / *in the CIS* dans la CEI.

Cisalpine [sɪs'ælpaɪn] adj cisalpin ▸ **Cisalpine Gaul** Gaule *f* cisalpine.

CISC (abbr of **complex instruction set computer**) n CISC *m*.

cissy ['sɪsɪ] n & adj = **sissy**.

Cistercian [sɪ'stɜ:ʃn] ◆ n cistercien *m*, -enne *f*. ◆ adj cistercien ▸ **Cistercian monk** cistercien *m* ▸ **Cistercian nun** cistercienne *f* ▸ **the Cistercian Order** l'ordre *m* de Cîteaux.

cistern ['sɪstən] n [tank] citerne *f* ; [for toilet] réservoir *m* de chasse d'eau.

citadel ['sɪtədəl] n *lit & fig* citadelle *f*.

citation [saɪ'teɪʃn] n citation *f*.

citation file n corpus *m*.

cite [saɪt] vt **1.** [quote] citer / *he cited it as an example* il l'a cité en exemple **2.** [commend] citer / *she was cited for bravery* elle a été citée pour sa bravoure **3.** LAW citer / *they were cited to appear as witnesses* ils étaient cités comme témoins.

citizen ['sɪtɪzn] n **1.** [of nation, state] citoyen *m*, -enne *f* ; ADMIN [national] ressortissant *m*, -e *f* / *to become a French citizen* prendre la nationalité française **2.** [of town] habitant *m*, -e *f* / *the citizens of Rome* les habitants de Rome, les Romains **3.** [civilian] civil *m*, -e *f* *(opposé à militaire)* ▸ **citizen's arrest** *arrestation par un citoyen d'une personne soupçonnée d'avoir commis un délit* / **'Citizen Kane'** *Welles* 'Citizen Kane'.

citizenry ['sɪtɪznrɪ] n [of nation] (ensemble *m* des) citoyens *mpl* ; [of town] (ensemble *m* des) habitants *mpl*.

Citizens' Advice Bureau pr n *en Grande-Bretagne, bureau où les citoyens peuvent obtenir des conseils d'ordre juridique, social, etc.*

Citizens' Band n *fréquence (de radio) réservée au public* ▸ **Citizens' Band radio** CB *f* ▸ **Citizens' Band user** cibiste *mf*.

citizenship ['sɪtɪznʃɪp] n citoyenneté *f*, nationalité *f* / *to apply for French citizenship* demander la nationalité française ▸ **citizenship papers** déclaration *f* de naturalisation.

citrate ['sɪtreɪt] n citrate *m*.

citric ['sɪtrɪk] adj citrique ▸ **citric acid** acide *m* citrique.

citron ['sɪtrən] n [fruit] cédrat *m* ; [tree] cédratier *m*.

citronella [,sɪtrə'nelə] n citronnelle *f*.

citrus ['sɪtrəs] adj ▸ **citrus fruit** or **fruits** agrumes *mpl*.

city ['sɪtɪ] (*pl* **cities**) ◆ n [town] (grande) ville *f* / *life in the city* la vie en ville, la vie citadine / *the whole city turned out* toute la ville était présente, tous les habitants de la ville étaient présents. ◆ comp **1.** [lights, limits, streets] de la ville ; [officers, police, services] municipal ▸ **a city cop** US *inf* un flic ▸ **city life** vie *f* en ville, vie citadine ▸ **city fathers** édiles *mpl* locaux / **'City Lights'** *Chaplin* 'les Lumières de la ville' **2.** UK PRESS [news, page, press] financier.

❖ **City** pr n [of London] *centre d'affaires de Londres* ▸ **the City** la City (de Londres) / *he's something in the City* il travaille à la City (de Londres).

 **The City**

La City, quartier financier de Londres, est une circonscription administrative autonome de la capitale, dont le conseil siège au Guildhall. Elle est dotée de sa propre police et de son propre maire. La City est aussi connue sous son surnom **the Square Mile** (bien qu'elle couvre une superficie plus étendue). Le terme **the City** est souvent employé pour désigner le monde britannique de la finance.

City and Guilds n *diplôme britannique d'enseignement technique.*

city centre n centre *m* de la ville, centre-ville *m*.

city desk n UK PRESS service *m* financier ; US service *m* des nouvelles locales.

city-dweller n UK citadin *m*, -e *f*.

city editor n UK PRESS rédacteur *m* en chef pour les nouvelles financières ; US rédacteur *m* en chef pour les nouvelles locales.

city hall n **1.** [building] mairie *f*, hôtel *m* de ville **2.** US [municipal government] administration *f* (municipale) / *you can't fight city hall* on ne peut rien contre l'administration.

city manager n US administrateur *m (payé par la municipalité pour gérer ses affaires).*

city planner n urbaniste *mf*.

city planning n urbanisme *m*.

cityscape ['sɪtɪskeɪp] n paysage *m* urbain.

city slicker n *inf & pej citadin sophistiqué.*

city-state n ANTIQ cité *f*.

city technology college n = **CTC**.

civet ['sɪvɪt] n [mammal, secretion] civette *f* ▸ **civet cat** civette *f*.

civic ['sɪvɪk] adj [authority, building] municipal ; [duty, right] civique ▸ **civic event** événement *m* officiel local ▸ **civic leaders** élus *mpl* (municipaux) ▸ **civic university** *université de ville, en Grande-Bretagne.*

civic centre n *centre administratif d'une ville, parfois complété par des équipements de loisirs* ; ≃ cité administrative.

civics ['sɪvɪks] n *(U)* instruction *f* civique.

Civic Trust pr n *groupement de bénévoles animant des actions de mise en valeur du patrimoine en Grande-Bretagne.*

civies ['sɪvɪz] pl n = **civvies.**

civil ['sɪvl] adj **1.** [of community] civil ▸ **civil disturbance** émeute *f* ▸ **civil strife** conflit *m* interne or intestin *liter* ▸ **civil wedding** or **marriage** mariage *m* civil / *we had a civil wedding* nous nous sommes mariés à la mairie **2.** [non-military] civil **3.** [polite] poli, courtois, civil *fml* / *she was very civil to me* elle s'est montrée très aimable avec moi / *keep a civil tongue in your head!* restez poli !

Civil Aviation Authority pr n UK *organisme de contrôle des compagnies aériennes.*

civil death n LAW mort *f* civile.

civil defence n protection *f* civile.

civil disobedience n résistance *f* passive (à la loi).

civil engineer n ingénieur *m* des travaux publics.

civil engineering n génie *m* civil ▸ **civil engineering firm** entreprise *f* de travaux publics.

civilian [sɪ'vɪljən] ◆ adj civil *(opposé à militaire)* / *in civilian clothes* en civil / *in civilian life* dans le civil. ◆ n civil *m*, -e *f (opposé à militaire).*

civility [sɪ'vɪlətɪ] *(pl* **civilities***)* n **1.** [quality] courtoisie *f*, civilité *f* **2.** [act] civilité *f*, politesse *f.*

civilization [,sɪvɪlaɪ'zeɪʃn] n civilisation *f.*

civilize, civilise ['sɪvɪlaɪz] vt civiliser.

civilized ['sɪvɪlaɪzd] adj [person, society] civilisé.

civilizing ['sɪvɪlaɪzɪŋ] adj : *the civilizing influence of...* l'influence civilisatrice de... / *the new teacher has had a civilizing influence on them* le nouveau professeur semble les avoir calmés.

civil law n droit *m* civil.

civil libertarian n défenseur *m* des droits du citoyen.

civil liberties n libertés *fpl* civiques.

Civil List n liste *f* civile *(allouée à la famille royale britannique).*

civilly ['sɪvəlɪ] adv poliment, courtoisement.

civil partner n conjoint *m*, -e *f* (par union civile).

civil partnership n union *f* civile.

civil rights pl n droits *mpl* civils or civiques ▸ **the civil rights movement** la lutte pour les droits civils or civiques.

The Civil Rights Movement

Même si elle englobe les droits civiques de tout citoyen, l'expression **Civil Rights Movement** fait généralement référence à la lutte pour l'égalité des droits des Noirs américains menée entre les années 1940 et la fin des années 1960.

civil servant n fonctionnaire *mf.*

civil service n fonction *f* publique, administration *f* ▸ **civil service exam** concours *m* administratif.

civil surgeon n US *médecin inspecteur agréé par les services d'immigration.*

civil union n union *f* civile.

civil war n guerre *f* civile ▸ **the American Civil War** la guerre de Sécession ▸ **the English Civil War** la guerre civile anglaise.

The American Civil War

Déclenchée par l'élection d'Abraham Lincoln, attisée par les différences sociales et économiques, la guerre civile opposa, de 1861 à 1865, le Sud, esclavagiste (les **Confederates**), au Nord, abolitionniste (les **Unionists**). Le conflit, extrêmement meurtrier, se termina par la victoire des fédéraux, dont les troupes étaient supérieures en nombre et en moyens.

The English Civil War

Guerre entre les partisans du Parlement et les royalistes, qui eut lieu de 1642 à 1646 et généra de nombreuses émeutes de 1646 à 1648. La victoire fut remportée par l'armée de Cromwell, qui fit exécuter le roi Charles Ier en 1649.

civvy ['sɪvɪ] *(pl* **civvies***)* UK *inf* ◆ n [civilian] civil *m*, -e *f (opposé à militaire).* ◆ adj civil.

❖ **civvies** pl n [dress] vêtements *mpl* civils / *in civvies* (habillé) en civil.

civvy street n UK *inf* vie *f* civile / *in civvy street* dans le civil, dans la vie civile.

CJD n (abbr of **Creutzfeldt-Jakob disease**) MCJ *f.*

cl (written abbr of **centilitre**) cl.

clabbered milk [klæbəd-] n US lait *m* fermenté.

clack [klæk] ◆ vi [make noise] claquer ; [jabber] jacasser, papoter / *their friendship set tongues clacking* leur amitié a fait jaser. ◆ vt faire claquer. ◆ n **1.** [sound] claquement *m* **2.** TECH [valve] clapet *m.*

clad [klæd] ◆ pp ⟶ **clothe.** ◆ adj *liter* habillé, vêtu / *clad in rags* habillé or vêtu de haillons. ◆ vt revêtir.

cladding ['klædɪŋ] n revêtement *m*, parement *m.*

claim [kleɪm] ◆ vt **1.** [assert, maintain] prétendre, déclarer / *it is claimed that...* on dit or prétend que... ▸ **to claim to be sthg** se faire passer pour qqch, prétendre être qqch **2.** [assert one's right to] revendiquer, réclamer ; [responsibility, right] revendiquer / *he claims all the credit* il s'attribue tout le mérite / *to claim damages* / *one's due* réclamer des dommages et intérêts / son dû / *no one has yet claimed responsibility for the hijacking* le détournement n'a pas encore été revendiqué / *workers are claiming the right to strike* les ouvriers revendiquent le droit de (faire) grève **3.** [apply for - money] demander ; [- expenses] demander le remboursement de / *to claim financial assistance from the government* demander une aide financière à l'administration **4.** [call for - attention] réclamer, demander ; [- respect, sympathy] solliciter **5.** [take] . *the storm claimed five lives* or *five victims* l'orage a fait cinq victimes. ◆ vi ▸ **to claim for** or **on sthg a)** [insurance] demander le paiement de qqch **b)** [travel expenses] demander le remboursement de qqch. ◆ n **1.** [assertion] affirmation *f*, prétention *f* / *I make no claims to understand why* je ne prétends pas comprendre pourquoi **2.** [right] droit *m*, titre *m* ; [by trade unions] demande *f* d'augmentation, revendication *f* salariale ▸ **claim to property** droit à la propriété ▸ **his only claim to fame is that he once appeared on TV** c'est à une apparition à la télévision qu'il doit d'être célèbre **3.** [demand] demande *f* / *he has no claims on me* je ne lui suis redevable de rien / *he made too many claims on their generosity* il a abusé de leur générosité / *she has many claims on her time* elle est très prise / *to have many claims on one's purse* avoir beaucoup de frais ▸ **to lay claim to sthg** prétendre à qqch, revendiquer son droit à qqch / *we put in a claim for better working conditions* nous avons demandé de meilleures conditions de travail ▸ **pay claim** demande *f* d'augmentation (de salaire) **4.** [in insurance] demande *f* d'indemnité, déclaration *f* de sinistre ▸ **to put in a claim for sthg** demander une indemnité pour qqch, faire une déclaration de sinistre pour qqch / *the company pays 65% of all claims* la société satisfait 65 % de toutes les demandes de dédommagement ▸ **claim form a)** [for insurance] formulaire *m* de déclaration de sinistre **b)** [for expenses] note *f* de frais **5.** [piece of land] concession *f.*

claimant ['kleɪmənt] n **1.** ADMIN demandeur *m*, demanderesse *f* ; LAW demandeur *m*, demanderesse *f*, requérant *m*, -e *f* **2.** [to throne] prétendant *m*, -e *f.*

clairvoyance [kleə'vɔɪəns] n voyance *f*, don *m* de seconde vue.

clairvoyant [kleə'vɔɪənt] ◆ n voyant *m*, -e *f*, extralucide *mf.* ◆ adj doué de seconde vue.

clam [klæm] ◆ n palourde *f*, clam *m* ▸ **to shut up like a clam** *inf* refuser de parler. ◆ vi US ▸ **to go clamming** aller ramasser des clams.

❖ **clam up** vi *inf* refuser de parler.

clambake ['klæmbeɪk] n US **1.** *lit repas de fruits de mer et de poisson cuits sur un grand feu sur la plage* **2.** *fig* grande fête *f.*

clamber ['klæmbər] ◆ vi grimper (en s'aidant des mains) / *to clamber aboard a train* se hisser à bord d'un train / *we clambered up the hill* nous avons gravi la colline avec difficulté / *he clambered over the rocks* il a escaladé les rochers. ◆ n escalade *f.*

clam chowder n ▸ **(New England) clam chowder** *soupe crémeuse épaisse à base de pommes de terre, d'oignon et de palourdes.*

clammy ['klæmɪ] *(compar* **clammier**, *superl* **clammiest***)* adj [hands, skin] moite (et froid) ; [weather] humide, lourd ; [walls] suintant, humide.

clamor US vi & n = **clamour.**

clamorous ['klæmərəs] adj *fml* **1.** [noisy] bruyant **2.** [demands] insistant.

clamour UK, **clamor** US ['klæmər] ◆ vi vociférer, crier ▸ **to clamour for sthg** demander or réclamer qqch à grands cris or à cor et à cri / *the children clamoured to go out* les enfants ont demandé à sortir à grands cris. ◆ n **1.** [noise] clameur *f*, vociférations *fpl*, cri *m*, cris *mpl* **2.** [demand] revendication *f* bruyante.

clamp [klæmp] ◆ n **1.** [fastener] pince *f* ; MED clamp *m* ; TECH crampon *m* ; [on worktable] valet *m* (d'établi) **2.** TECH [for joint] serre-joint *m* **3.** NAUT serre-câbles *m inv* **4.** AGR *tas (de navets, de pommes de terre) couvert de paille* **5.** [of bricks] tas *m*, pile *f* **6.** AUTO = **wheelclamp.** ◆ vt **1.** [fasten] attacher, fixer ; TECH serrer, cramponner ▸ **to clamp sthg to sthg** fixer qqch sur qqch (à l'aide d'une pince) **2.** [curfew, restrictions] imposer / *the authorities clamped a curfew on the town* les autorités ont imposé le couvre-feu à la ville **3.** AGR entasser **4.** [vehicle] mettre un sabot à / *my car has been clamped* on a mis un sabot à ma voiture.

❖ **clamp down** vi donner un coup de frein ▸ **to clamp down on a)** [expenses, inflation] mettre un frein à **b)** [crime, demonstrations] stopper **c)** [information] censurer **d)** [the press] bâillonner **e)** [person] serrer la vis à.

clampdown ['klæmpdaʊn] n mesures *fpl* répressives, répression *f* / *a clampdown on crime* un plan de lutte contre la criminalité / *a clampdown on demonstrations* une interdiction de manifester.

clamshell ['klæmʃel] n [packaging] coque *f* plastique ; [phone] téléphone *m* à clapet.

clan [klæn] n clan *m.*

clandestine [klæn'destɪn] adj clandestin.

clang [klæŋ] ◆ vi retentir or résonner (d'un bruit métallique) / *the gate clanged shut* le portail s'est fermé avec un bruit métallique. ◆ vt faire retentir or résonner. ◆ n bruit *m* métallique.

clanger ['klæŋər] n UK *inf* gaffe *f* ▸ **to drop a clanger** faire une gaffe.

clangour UK, **clangor** US ['klæŋgər] n *fml* bruits *mpl* métalliques.

clank [klæŋk] ◆ n cliquetis *m*, bruit *m* sec et métallique. ◆ vi cliqueter, faire un bruit sec. ◆ vt faire cliqueter.

clannish ['klænɪʃ] adj [group] fermé, exclusif ; [person] qui a l'esprit de clan or de corps, corporatiste.

clansman ['klænzmən] *(pl* **clansmen** [-mən]*)* n membre *m* d'un clan.

clanswoman ['klænz,wʊmən] *(pl* **clanswomen** [-,wɪmɪn]*)* n membre *m* d'un clan.

clap [klæp] *(pt & pp* **clapped**, *cont* **clapping***)* ◆ vt **1.** ▸ **to clap one's hands a)** [to get attention, to mark rhythm] frapper dans ses mains, taper des mains **b)** [to applaud] applaudir **2.** [pat] taper, frapper / *the boss clapped her on the back* le patron lui a donné une tape dans le dos **3.** [put] mettre, poser / *she clapped her hand to her forehead* elle s'est frappé le front / *the judge clapped them into jail* *inf* le juge les a flanqués en prison / *he clapped his hat on his head* il a enfoncé son chapeau sur sa tête ▸ **to clap hold of sthg** *inf* saisir qqch ▸ **the minute she clapped eyes on him** *inf* dès qu'elle eut posé les yeux sur lui. ◆ vi [in applause] applaudir ; [to get attention, to mark rhythm] frapper dans ses mains. ◆ n **1.** [sound - gen] claquement *m* ; [- of hands] battement *m* ; [- of applause] applaudissements *mpl* / *let's give them a clap!* on les applaudit (bien fort) ! ▸ **clap of thunder** coup *m* de tonnerre **2.** [pat] tape *f* / *she gave him a clap on the back* elle lui a donné une tape dans le dos **3.** *v inf* [VD] chaude-pisse *f*.

clapboard ['klæpbɔ:d] n bardeau *m*.

Clapham ['klæpəm] pr n ▸ **Clapham Junction** *important échangeur ferroviaire au sud de Londres* ▸ **the man on the Clapham omnibus** Monsieur Tout-le-Monde.

clapometer [klæ'pɒmɪtə^r] n applaudimètre *m*.

clapped-out [klæpt-] adj UK *inf* [machine] fichu ; [person] crevé.

clapper ['klæpə^r] n [of bell] battant *m*.

❖ **clappers** pl n UK *inf* ▸ **to go** or **to move like the clappers** aller à toute vitesse / *he ran like the clappers* il a couru à toutes jambes, il a pris ses jambes à son cou.

clapperboard ['klæpəbɔ:d] n CIN claquette *f*, claquoir *m*, clap *m*.

clapping ['klæpɪŋ] n *(U)* [for attention, to music] battements *mpl* de mains ; [applause] applaudissements *mpl*.

claptrap ['klæptræp] n *(U)* *inf* [nonsense] âneries *fpl*, bêtises *fpl*.

claque [klæk] n **1.** THEAT [for applause] claque *f* **2.** [group of admirers] admirateurs *mpl*, -trices *fpl*.

claret ['klærət] ◆ n UK (vin *m* de) Bordeaux *m* (rouge). ◆ adj bordeaux *(inv)*.

Claridges ['klærɪdʒɪz] pr n *hôtel de luxe à Londres*.

clarification [,klærɪfɪ'keɪʃn] n **1.** [explanation] clarification *f*, éclaircissement *m* **2.** [of butter] clarification *f* ; [of wine] collage *m*.

clarify ['klærɪfaɪ] (*pt & pp* **clarified**) ◆ vt **1.** [explain] clarifier, éclaircir ▸ **to clarify sb's mind on sthg** expliquer qqch à qqn, éclaircir les idées de qqn sur qqch **2.** [butter] clarifier ; [wine] coller. ◆ vi **1.** [matter, situation] s'éclaircir **2.** [butter] se clarifier.

clarinet [,klærə'net] n clarinette *f* ▸ **clarinet case** étui *m* à clarinette ▸ **clarinet player** clarinettiste *mf*.

clarinet(t)ist [,klærə'netɪst] n clarinettiste *mf*.

clarion ['klærɪən] ◆ n clairon *m*. ◆ vt *liter* claironner.

clarion call n appel *m* de clairon / *a clarion call to action* un appel à l'action.

clarity ['klærətɪ] n **1.** [of explanation, of text] clarté *f*, précision *f* ▸ **clarity of mind** lucidité *f*, clarté d'esprit **2.** [of liquid] clarté *f*.

Clark Kent [klɑ:k'kent] pr n *nom du personnage de bande dessinée qui se transforme en Superman*.

clash [klæʃ] ◆ n **1.** [sound - gen] choc *m* métallique, fracas *m* ; [- of cymbals] retentissement *m* **2.** [between people - fight] affrontement *m*, bagarre *f* ; [- disagreement] dispute *f*, différend *m* **3.** [incompatibility - of ideas, opinions] incompatibilité *f* ; [- of interests] conflit *m* ; [- of colours] discordance *f* **4.** [of appointments, events] coïncidence *f* fâcheuse. ◆ vi **1.** [metallic objects] s'entrechoquer, se heurter ; [cymbals] résonner **2.** [people - fight] se battre ; [- disagree] se heurter ▸ **to clash with sb over sthg** avoir un différend avec qqn à propos de qqch **3.** [be incompatible - ideas, opinions] se heurter, être incompatible or en contradiction ; [- interests] se heurter, être en conflit ; [- colours] jurer, détonner / *that shirt clashes with your trousers* cette chemise jure avec ton pantalon **4.** [appointments, events] tomber en même temps. ◆ vt [metallic objects] heurter or entrechoquer bruyamment ; [cymbals] faire résonner.

clasp [klɑ:sp] ◆ vt [hold] serrer, étreindre ; [grasp] saisir ▸ **to clasp sb / sthg in one's arms** serrer qqn / qqch dans ses bras ▸ **to clasp sb / sthg to one's breast** serrer qqn / qqch sur son cœur / *he clasped her hand* il lui a serré la main. ◆ vi s'attacher, se fermer. ◆ n **1.** [fastening - of dress, necklace] fermoir *m* ; [- of belt] boucle *f* **2.** [hold] prise *f*, étreinte *f* ▸ **hand clasp** poignée *f* de mains.

clasp knife n couteau *m* pliant.

class [klɑ:s] ◆ n **1.** [category, division] classe *f*, catégorie *f* / *what class are you travelling in?* en quelle classe voyagez-vous ? / *class A eggs* œufs de catégorie A / *he's just not in the same class as his brother* il n'arrive pas à la cheville de son frère / *to be in a class by oneself* or *in a class of one's own* être unique, former une classe à part **2.** BIOL, BOT, SOCIOL & ZOOL classe *f* **3.** SCH & UNIV [group of students] classe *f* ; [course] cours *m*, classe *f* / *he used to give a class in history* il donnait des cours d'histoire / *she's attending* or *taking a psychology class* elle suit un cours de psychologie / *the class of 1972* US la promotion de 1972 **4.** UK UNIV [grade] ▸ **first class honours** licence *f* avec mention très bien **5.** *inf* [elegance] classe *f* / *to have class* avoir de la classe. ◆ comp ▸ **a class act** : *she's a real class act* elle est vraiment classe. ◆ vt classer, classifier.

class action n US ▸ **class action suit** recours *m* collectif en justice.

class-conscious adj [person - aware] conscient des distinctions sociales ; [- snobbish] snob ; [attitude, manners] snob.

classic ['klæsɪk] ◆ adj *lit & fig* classique. ◆ n **1.** [gen] classique *m* / *it's a classic of modern cinema* c'est un classique du cinéma moderne **2.** [in horse racing, cycling] classique *f* **3.** SCH & UNIV ▸ **the classics** les lettres classiques *fpl*.

classical ['klæsɪkl] adj **1.** [gen] classique ▸ **classical music** musique *f* classique **2.** SCH & UNIV ▸ **classical education** études *fpl* de lettres classiques ▸ **classical scholar** humaniste *mf*.

classicalism ['klæsɪkəlɪzm] n = **classicism**.

classically ['klæsɪklɪ] adv classiquement, de façon classique / *a classically trained musician* un musicien de formation classique.

classic car n voiture *f* ancienne.

classicism ['klæsɪsɪzm] n classicisme *m*.

classicist ['klæsɪsɪst] n **1.** [scholar] humaniste *mf* **2.** ART & LITER classique *m*.

classics ['klæsɪks] n *(U)* ≃ les lettres classiques *fpl*.

Classics Illustrated pr n *bandes dessinées américaines reprenant les grands classiques de la littérature*.

classifiable ['klæsɪfaɪəbl] adj qui peut être classifié, classable.

classification [,klæsɪfɪ'keɪʃn] n classification *f*.

classified ['klæsɪfaɪd] ◆ adj **1.** [arranged] classifié, classé ▸ **classified ad** or **advertisement** petite annonce *f* **2.** [secret] (classé) secret ▸ **classified information** renseignements *mpl* (classés) secrets. ◆ n petite annonce *f* ▸ **the classifieds** les petites annonces.

classifier ['klæsɪfaɪə^r] n classeur *m*.

classify ['klæsɪfaɪ] vt ranger.

classless ['klɑ:slɪs] adj [society] sans classes ; [person, accent] qui n'appartient à aucune classe (sociale).

classmate ['klɑ:smeɪt] n camarade *mf* de classe.

classroom ['klɑ:srʊm] n (salle *f* de) classe *f* ▸ **classroom teaching** enseignement *m* en classe.

classroom assistant n SCH aide-éducateur *m*, -trice *f*.

class struggle n lutte *f* des classes.

class war(fare) n lutte *f* des classes.

classy ['klɑ:sɪ] (*compar* **classier**, *superl* **classiest**) adj *inf* [hotel, restaurant] chic *(inv)*, de luxe *(inv)*, classe *(inv)* ; [person] chic *(inv)*, qui a de la classe, classe *(inv)*.

clatter ['klætə^r] ◆ n [rattle] cliquetis *m* ; [commotion] fracas *m* / *she banged her cup down with a clatter* elle a posé sa tasse bruyamment / *the clatter of dishes* le bruit d'assiettes entrechoquées. ◆ vt heurter or entrechoquer bruyamment. ◆ vi [typewriter] cliqueter ; [dishes] s'entrechoquer bruyamment ; [falling object] faire du bruit.

Claudius ['klɔ:dɪəs] pr n [emperor] Claude.

clausal ['klɔ:zl] adj **1.** GRAM propositionnel **2.** LAW relatif aux clauses.

clause [klɔ:z] n **1.** GRAM proposition *f* **2.** LAW clause *f*, disposition *f*.

claustrophobia [,klɔ:strə'fəʊbjə] n claustrophobie *f*.

claustrophobic [,klɔ:strə'fəʊbɪk] adj [person] claustrophobe ; [feeling] de claustrophobie ; [place, situation] où l'on se sent claustrophobe.

clavichord ['klævɪkɔ:d] n clavicorde *m*.

clavicle ['klævɪkl] n clavicule *f*.

clavier ['klævɪə^r] n [keyboard] clavier *m* ; [instrument] instrument *m* à clavier.

claw [klɔ:] ◆ n **1.** [of bird, cat, dog] griffe *f* ; [of bird of prey] serre *f* ; [of crab, lobster] pince *f* ; *inf* [hand] patte *f* ▸ **to draw in / to show one's claws** *lit & fig* rentrer / sortir ses griffes ▸ **to get one's claws into sb** *inf* mettre le grappin sur qqn **2.** TECH [of hammer] pied-de-biche *m*. ◆ vt [scratch] griffer ; [grip] agripper or serrer (avec ses griffes) ; [tear] déchirer (avec ses griffes) / *he clawed his way to the top* *fig* il a travaillé dur pour arriver en haut de l'échelle.

❖ **claw at** vt insep [try to scratch] essayer de griffer ; [try to grab] essayer de s'agripper à.

❖ **claw back** vt sep récupérer.

clawback ['klɔ:bæk] n [recovery] récupération *f* ; [sum] somme *f* récupérée.

claw hammer n marteau *m* à pied-de-biche, marteau *m* fendu.

clawmark ['klɔ:mɑ:k] n griffure *f*.

clay [kleɪ] ◆ n [gen] argile *f*, (terre *f*) glaise *f* ; [for pottery] argile *f*. ◆ comp [brick, pot] en argile, en terre ▸ **clay court** SPORT court *m* en terre battue ▸ **clay soil** terre *f* glaise.

clayey ['kleɪɪ] adj argileux, glaiseux.

claymore ['kleɪmɔ:^r] n claymore *f* *(épée écossaise)*.

clay pigeon n **1.** *lit* pigeon *m* d'argile or de ball-trap ▸ **clay pigeon shooting** ball-trap *m* **2.** US *inf & fig* [sitting duck] cible *f* facile.

clay pipe n pipe *f* en terre.

clean [kli:n] ◆ adj **1.** [free from dirt - hands, shirt, room] propre, net ; [- animal, person] propre ; [- piece of paper] vierge, blanc (blanche) ▸ **clean waste** déchets *mpl* propres / *my hands are clean* **a)** *lit* j'ai les mains propres, mes mains sont propres **b)** *fig* j'ai la conscience nette or tranquille ▸ **he made a clean breast of it** il a dit tout ce qu'il avait sur la conscience, il a déchargé sa conscience ▸ **to make a clean sweep** faire table rase **2.** [free from impurities - air] pur, frais (fraîche) ; [- water] pur, clair ; [- sound] net, clair **3.** [morally pure - conscience] net, tranquille ; [- joke] qui n'a rien de choquant / *it was all good clean fun* c'était une façon innocente de nous amuser / *keep it clean!* pas de grossièretés ! ▸ **clean living** une vie saine **4.** [honourable - fight] loyal ; [- reputation] net, sans tache / *he's got a clean driving licence* il n'a jamais eu de contraventions graves / *to have a clean record* avoir un casier (judiciaire) vierge **5.** [smooth - curve, line] bien dessiné, net ; [- shape] fin, élégant ; [- cut] net, franc (franche) / *the building has clean lines* le bâtiment a de belles lignes ▸ **to make a clean break** couper net / *we made a clean break with the past* nous avons rompu avec le passé, nous avons tourné la page **6.** [throw] adroit, habile **7.** *inf* ▸ **I'm clean a)** [innocent] je n'ai rien à me reprocher, je n'ai rien fait **b)** [without incriminating material] je n'ai rien sur moi **c)** [unarmed] je n'ai pas d'arme, je ne suis pas armé **d)** [not drinking] je ne bois plus **e)** [not taking drugs] je suis clean, je ne me drogue plus **8.** [not radioactive] non radioactif / *a clean bomb* une bombe propre or sans retombées radioactives. ◆ vt **1.** [room, cooker] nettoyer ; [clothing] laver / *I cleaned the mud from my shoes* j'ai enlevé la boue de mes chaussures / *to clean one's teeth* se laver or se brosser les dents / *to have one's teeth cleaned* se faire faire un détartrage / *to clean the windows* faire les vitres or les carreaux **2.** [chicken, fish] vider. ◆ vi **1.** [person] nettoyer / *she spends her day cleaning* elle passe sa journée à faire le ménage **2.** [carpet, paintbrush] se nettoyer / *this cooker cleans easily* ce four est facile à nettoyer or se nettoie facilement. ◆ adv *inf* **1.** [completely] carrément / *the handle broke clean off* l'anse a cassé net / *the match burnt a hole clean through the rug* l'allumette a fait un trou dans la moquette / *he cut clean through the bone* il a coupé l'os de part en part / *the bullet went clean through his chest* la balle lui a carrément traversé la poitrine / *the robbers got clean away* les voleurs se sont enfuis sans laisser de trace / *we clean forgot about the appointment* nous avions complètement oublié le rendez-vous **2.** PHR **to come clean about sthg** révéler qqch / *the murderer finally came clean* l'assassin a fini par avouer. ◆ n nettoyage *m* / *the carpet needs a good clean* la moquette a grand besoin d'être nettoyée / *I gave my shoes a clean* j'ai nettoyé mes chaussures.

❖ **clean down** vt sep [wall] laver.

❖ **clean off** vt sep **1.** [mud, stain] enlever **2.** [sofa, table] débarrasser.

❖ **clean out** vt sep **1.** [tidy] nettoyer à fond ; [empty] vider **2.** *inf* [person] nettoyer, plumer ; [house] vider / *we're completely cleaned out* nous sommes totalement fauchés / *he cleaned me out* il m'a plumé.

❖ **clean up** ◆ vt sep **1.** [make clean] nettoyer à fond / *I cleaned the children up as best I could* j'ai fait de mon mieux pour débarbouiller les enfants / *clean this mess up!* nettoyez-moi ce fouillis ! **2.** [make orderly - cupboard, room] ranger ; [- affairs, papers] ranger, mettre de l'ordre dans / *the police intend to clean up the city* la police a l'intention d'épurer or de nettoyer cette ville. ◆ vi **1.** [tidy room] nettoyer ; [tidy cupboard, desk] ranger ; [wash oneself] faire un brin de toilette **2.** *inf* [make profit] gagner gros / *we cleaned up on the deal* nous avons touché un gros paquet sur cette affaire, cette affaire nous a rapporté gros.

clean-and-jerk n épaulé-jeté *m*.

clean-burning adj [fuel] *brûlant sans résidu de combustible.*

clean-cut adj **1.** [lines] net ; [shape] bien délimité, net **2.** [person] propre (sur soi), soigné.

Clean Development Mechanism pr n ECOL Mécanisme *m* de Développement Propre.

cleaner ['kliːnəʳ] n **1.** [cleaning lady] femme *f* de ménage ; [man] (ouvrier *m*) nettoyeur *m* **2.** [product - gen] produit *m* d'entretien ; [- stain remover] détachant *m* ; [device] appareil *m* de nettoyage **3.** [dry cleaner] teinturier *m*, -ère *f* / *I took the clothes to the cleaner's* j'ai donné les vêtements à nettoyer or au teinturier ▸ **to take sb to the cleaners** *inf* nettoyer or plumer qqn.

cleaning ['kliːnɪŋ] n **1.** [activity - gen] nettoyage *m* ; [- household] ménage *m* / *to do the cleaning* faire le ménage **2.** [clothes] vêtements *mpl* à faire nettoyer.

cleaning fluid n produit *m* nettoyant.

cleaning lady, **cleaning woman** n femme *f* de ménage.

clean-limbed adj bien proportionné or bâti.

cleanliness ['klenlɪnɪs] n propreté *f* ▸ **cleanliness is next to godliness** *prov* la propreté du corps s'apparente à celle de l'âme.

clean-living adj qui mène une vie saine.

cleanly[1] ['kliːnlɪ] adv **1.** [smoothly] net / *the handle snapped off cleanly* l'anse s'est cassée net / *she cut it cleanly in two* elle l'a coupé en deux parties égales **2.** [fight, play] loyalement.

cleanly[2] ['klenlɪ] (*compar* **cleanlier**, *superl* **cleanliest**) adj propre.

cleanness ['kliːnnɪs] n propreté *f*.

cleanout ['kliːnaʊt] n = **cleanup**.

clean room n [in factory, laboratory] salle *f* propre, salle *f* blanche.

cleanse [klenz] vt **1.** [clean - gen] nettoyer ; [- with water] laver ; MED [blood] dépurer ; [wound] nettoyer **2.** *fig* [purify] purifier ▸ **to cleanse sb of their sins** laver qqn de ses péchés.

cleanser ['klenzəʳ] n **1.** [detergent] détergent *m*, détersif *m* **2.** [for skin] (lait *m*) démaquillant *m*.

clean-shaven adj [face, man] rasé de près.

cleansing ['klenzɪŋ] ◆ n nettoyage *m*. ◆ adj [lotion] démaquillant ; [power, property] de nettoyage.

cleantech ['kliːntek] ◆ n technologies *fpl* propres. ◆ adj relatif aux technologies propres.

cleanup ['kliːnʌp] n nettoyage *m* à fond / *the house needs a good cleanup* la maison a besoin d'être nettoyée à fond ▸ **to give sthg a cleanup** nettoyer qqch à fond.

clear [klɪəʳ] ◆ adj **1.** [transparent - glass, plastic] transparent ; [- water] clair, limpide ; [- river] limpide, transparent ; [- air] pur ▸ **clear honey** miel liquide ▸ **clear soup a)** [plain stock] bouillon *m* **b)** [with meat] consommé *m* **2.** [cloudless - sky] clair, dégagé ; [- weather] clair, beau *(before vowel or silent 'h' bel, f belle)* / *on a clear day* par temps clair / *the sky grew clearer* le ciel se dégagea ▸ **as clear as day** clair comme le jour or comme de l'eau de roche **3.** [not dull - colour] vif ; [- light] éclatant, radieux ; [untainted - complexion, skin] clair, frais (fraîche) / *clear blue* bleu vif **4.** [distinct - outline] net, clair ; [- photograph] net ; [- sound] clair, distinct ; [- voice] clair, argentin / *make sure your writing is clear* efforcez-vous d'écrire correctement or proprement / *the lyrics are not very clear* je ne distingue pas très bien les paroles de la chanson ▸ **as clear as a bell** parfaitement audible **5.** [not confused - mind] pénétrant, lucide ; [- thinking, argument, style] clair ; [- explanation, report] clair, intelligible ; [- instructions] clair, explicite ; [- message] en clair / *I want to keep a clear head* je veux rester lucide or garder tous mes esprits / *a clear thinker* un esprit lucide / *he is quite clear about what has to be done* il sait parfaitement ce qu'il y a à faire / *I've got the problem clear in my head* je comprends or saisis le problème / *now let's get this clear — I want no nonsense* comprenons-nous bien or soyons clairs — je ne supporterai pas de sottises **6.** [obvious, unmistakable] évident, clair / *a clear indication of a forthcoming storm* un signe certain qu'il va y avoir de l'orage / *it is a clear case of favouritism* c'est manifestement du favoritisme, c'est un cas de favoritisme manifeste / *it's clear that he's lying* il est évident or clair qu'il ment / *it's clear from her letter that she's unhappy* sa lettre montre clairement qu'elle est malheureuse / *it becomes clearer every day* cela devient plus évident chaque jour / *it's far from clear who will win the election* on ne peut vraiment pas dire qui va gagner les élections / *it is clear to me that he is telling the truth* pour moi, il est clair qu'il dit la vérité / *he was unable to make his meaning clear* il n'arrivait pas à s'expliquer / *we want to make it clear that...* nous tenons à préciser que... / *she made it quite clear to them what she wanted* elle leur a bien fait comprendre ce qu'elle voulait / *it is important to make clear exactly what our aims are* il est important de bien préciser quels sont nos objectifs / *is that clear?* est-ce que c'est clair ? / *do I make myself clear?* est-ce que je me fais bien comprendre ?, est-ce que c'est bien clair ? ▸ **as clear as mud** *hum* clair comme l'encre **7.** [free from doubt, certain] certain / *she seems quite clear about what she wants* elle sait très bien ce qu'elle veut / *I want to be clear in my mind about it* je veux en avoir le cœur net **8.** [unqualified] net, sensible / *it's a clear improvement over the other* c'est nettement mieux que l'autre, il y a un net progrès par rapport à l'autre / *they won by a clear majority* ils ont gagné avec une large majorité **9.** [unobstructed, free - floor, path] libre, dégagé ; [- route] sans obstacles, sans danger ; [- view] dégagé / *the roads are clear of snow* les routes sont déblayées or déneigées / *clear of obstacles* sans obstacles / *I left the desk clear* j'ai débarrassé le bureau / *clear space* espace libre / *we had a clear view of the sea* nous avions une très belle vue sur la mer ▸ **to be clear of sthg** être débarrassé de qqch / *we're clear of the traffic* nous sommes sortis des encombrements / *once the plane was clear of the trees* une fois que l'avion eut franchi les arbres / *to be clear of debts* être libre de dettes / *can you see your way clear to lending me £5?* *fig* auriez-vous la possibilité de me prêter 5 livres ? **10.** [free from guilt] : *is your conscience clear?* as-tu la conscience tranquille ? / *I can go home with a clear conscience* je peux rentrer la conscience tranquille **11.** [of time] libre / *his schedule is clear* il n'a rien de prévu sur son emploi du temps / *I have Wednesday clear* je n'ai rien de prévu pour mercredi / *we have four clear days to finish* nous avons quatre jours pleins or entiers pour finir **12.** [net - money, wages] net / *he brings home £300 clear* il gagne 300 livres net / *a clear profit* un bénéfice net / *a clear loss* une perte sèche / *clear of taxes* net d'impôts **13.** LING antérieur. ◆ adv **1.** [distinctly] distinctement, nettement / *reading you loud and clear* RADIO je te reçois cinq sur cinq / *I can hear you as clear as a bell* je t'entends très clairement **2.** [out of the way] : *when we got clear of the town* quand nous nous sommes éloignés de la ville / *when I get clear of my debts* quand je serai débarrassé de mes dettes / *we pulled him clear of the wrecked car* / *of the water* nous l'avons sorti de la carcasse de la voiture / de l'eau ▸ **stand clear!** écartez-vous ! / *stand clear of the entrance!* dégagez l'entrée ! **3.** [all the way] entièrement, complètement / *you can see clear to the mountain* on peut voir jusqu'à la montagne / *they went clear around the world* ils ont fait le tour du monde / *the thieves got clear away* les voleurs ont disparu sans laisser de trace. ◆ n ▸ **to be in the clear a)** [out of danger] être hors de danger **b)** [out of trouble] être tiré d'affaire **c)** [free of blame] être blanc comme neige **d)** [above suspicion] être au-dessus de tout soupçon **e)** [no longer suspected] être blanchi (de tout soupçon) **f)** SPORT être démarqué. ◆ vt **1.** [remove - object] débarrasser, enlever ; [- obstacle] écarter ; [- weeds] arracher, enlever / *clear the papers off the desk* enlevez ces papiers du bureau, débarrassez le bureau de ces papiers / *she cleared the plates from the table* elle a débarrassé la table **2.** [remove obstruction from - gen] débarrasser ; [- entrance, road] dégager, déblayer ; [- forest, land] défricher ; [- pipe] déboucher / *it's your turn to clear the table* c'est à ton tour de débarrasser la table or de desservir / *to clear one's throat* s'éclaircir la gorge or la voix / *land that has been cleared of trees* terre qui a été déboisée / *clear the room!* évacuez la salle ! / *the judge cleared the court* le juge a fait évacuer la salle / *the police cleared the way for the procession* la police a ouvert un passage au cortège / *the talks cleared the way for a ceasefire* *fig* les pourparlers ont préparé le terrain or ont ouvert la voie pour un cessez-le-feu ▸ **to clear the decks a)** [prepare for action] se mettre en branle-bas de combat **b)** [make space] faire de la place, faire le ménage ▸ **to clear the ground** *lit & fig* déblayer le terrain **3.** [clarify - liquid] clarifier ; [- wine] coller, clarifier ; [- skin] purifier ; [- complexion] éclaircir / *open the windows to clear the air* ouvrez les fenêtres pour aérer / *his apology cleared the air* *fig* ses excuses ont détendu l'atmosphère / *I went for a walk to clear my head* **a)** [from hangover] j'ai fait un tour pour m'éclaircir les idées **b)** [from confusion] j'ai fait un tour pour me rafraîchir les idées or pour me remettre les idées en place **4.** [authorize] autoriser, approuver / *the plane was cleared for takeoff* l'avion a reçu l'autorisation de décoller / *the editor cleared the article for publication* le rédacteur en chef a donné son accord or le feu vert pour publier l'article / *the investigators cleared him for top secret work* après enquête, il a été autorisé à mener des activités top secret / *you'll have to clear it with the boss* il faut demander l'autorisation or l'accord or le feu vert du patron **5.** [vindicate, find innocent] innocenter, disculper ▸ **to clear sb of a charge** disculper qqn d'une accusation / *he was cleared of having been drunk in charge of a ship* accusé d'avoir tenu les commandes (d'un navire) en état d'ivresse, il a été disculpé / *the court cleared him of all blame* la cour l'a totalement disculpé or innocenté / *give him a chance to clear himself* donnez-lui la possibilité de se justifier or de prouver son innocence ▸ **to clear one's name** se justifier, défendre son honneur **6.** [avoid touching] franchir ; [obstacle] éviter / *the horse cleared the fence with ease* le cheval a sauté sans peine par-dessus or a franchi sans peine la barrière / *the plane barely cleared the trees* l'avion a franchi les arbres de justesse / *hang the curtains so that they just clear the* *floor* accrochez les rideaux de façon à ce qu'ils touchent à peine le parquet **7.** [make a profit of] : *she cleared 10% on the deal* l'affaire lui a rapporté 10 % net or 10 % tous frais payés **8.** [dispatch - work] finir, terminer ; COMM [stock] liquider / *he cleared the backlog of work* il a rattrapé le travail en retard / *we must clear this report by Friday* il faut que nous nous débarrassions de ce rapport avant vendredi **9.** [settle - account] liquider, solder ; [- cheque] compenser ; [- debt] s'acquitter de ; [- dues] acquitter **10.** [subj: customs officer - goods] dédouaner ; [- ship] expédier **11.** [pass through] : *to clear customs* **a)** [person] passer la douane **b)** [shipment] être dédouané / *the bill cleared the Senate* le projet de loi a été voté par le Sénat **12.** MED [blood] dépurer, purifier ; [bowels] purger, dégager **13.** SPORT ▸ **to clear the ball** dégager le ballon **14.** TECH [decode] déchiffrer. ◆ vi **1.** [weather] s'éclaircir, se lever ; [sky] se dégager ; [fog] se lever, se dissiper / *it's clearing* le temps se lève, le ciel se dégage **2.** [liquid] s'éclaircir ; [skin] devenir plus sain ; [complexion] s'éclaircir ; [expression] s'éclairer / *her face cleared* son visage s'est éclairé **3.** [cheque] : *it takes three days for the cheque to clear* il y a trois jours de délai d'encaissement **4.** [obtain clearance] recevoir l'autorisation.

❖ **clear away** ◆ vt sep [remove] enlever, ôter / *we cleared away the dishes* nous avons débarrassé (la table) or desservi. ◆ vi **1.** [tidy up] débarrasser, desservir **2.** [disappear - fog, mist] se dissiper.

❖ **clear off** ◆ vi *inf* filer ▸ **clear off!** fiche le camp ! ◆ vt sep [get rid of - debt] s'acquitter de ; COMM [stock] liquider.

❖ **clear out** ◆ vt sep **1.** [tidy] nettoyer, ranger ; [empty - cupboard] vider ; [- room] débarrasser **2.** [throw out - rubbish, old clothes] jeter / *he cleared everything out of the house* il a fait le vide dans la maison / *to clear everyone out of a room* faire évacuer une pièce **3.** *inf* [leave without money] nettoyer, plumer / *that last game cleared me out* je me suis fait plumer dans cette dernière partie / *I'm cleared out* je suis fauché or à sec **4.** *inf* [goods, stock] épuiser. ◆ vi *inf* filer / *he was clearing out when I arrived* il faisait ses valises quand je suis arrivé / *he told us to clear out* il nous a ordonné de disparaître / *clear out (of here)!* dégage !, fiche le camp !

❖ **clear up** ◆ vt sep **1.** [settle - problem] résoudre ; [- misunderstanding] dissiper ; [- mystery] éclaircir, résoudre / *can you clear up this point?* pouvez-vous éclaircir ce point ? / *let's clear this matter up* tirons cette affaire au clair **2.** [tidy up] ranger, faire du rangement dans / *clear up that mess in the garden, will you?* range-moi ce fouillis dans le jardin, d'accord ? / *I have a lot of work to clear up* j'ai beaucoup de travail à rattraper. ◆ vi **1.** [weather] s'éclaircir, se lever ; [fog, mist] se dissiper, se lever / *it's clearing up* le temps se lève **2.** [illness] : *his cold is clearing up* son rhume tire à sa fin ; [spots] disparaître **3.** [tidy up] ranger, faire le ménage / *I'm fed up with clearing up after you* j'en ai assez de faire le ménage derrière toi.

clearance ['klɪərəns] n **1.** [removal - of buildings, litter] enlèvement *m* ; [- of obstacles] déblaiement *m* ; [- of people] évacuation *f* ; COMM [of merchandise] liquidation *f* ▸ **land clearance** déblaiement or dégagement *m* du terrain **2.** [space] jeu *m*, dégagement *m* / *there was a 10-centimetre clearance between the lorry and the bridge* il y avait un espace de 10 centimètres entre le camion et le pont / *how much clearance is there?* que reste-t-il comme place ? **3.** [permission] autorisation *f*, permis *m* ; [from customs] dédouanement *m* / *we have to get clearance to leave* il nous faut l'autorisation de or pour partir / *the plane was given clearance to land* l'avion a reçu l'autorisation d'atterrir / *they sent the order to headquarters for clearance* ils ont envoyé la commande au siège pour contrôle **4.** BANK [of cheque] compensation *f* **5.** SPORT dégagement *m*.

clearance sale n liquidation *f*, soldes *mpl*.

clear-cut adj **1.** [lines, shape] nettement défini, net **2.** [decision, situation] clair ; [difference] clair, net ; [opinion, plan] bien défini, précis.

cleared cheque n chèque *m* compensé.

clearer ['klɪərəʳ] n UK [bank] banque *f (appartenant à une chambre de compensation)*.

clear-eyed adj *lit* qui a de bons yeux, clairvoyant *fml* ; *fig* réaliste, lucide.

clear-headed adj [person] lucide, perspicace ; [decision] lucide, rationnel.

clear-headedness [-'hedɪdnɪs] n [of person] lucidité *f*, perspicacité *f* ; [of decision] lucidité *f*.

clearing ['klɪərɪŋ] n **1.** [in forest] clairière *f* ; [in clouds] éclaircie *f* **2.** [of land] déblaiement *m*, défrichement *m* ; [of passage] dégagement *m*, déblaiement *m* ; [of pipe] débouchage *m* **3.** [removal - of objects] enlèvement *m* ; [- of people] évacuation *f* **4.** [of name, reputation] réhabilitation *f* ; LAW [of accused] disculpation *f* **5.** BANK [of cheque] compensation *f* ; [of account] liquidation *f*, solde *m* **6.** [of debt] acquittement *m*.

clearing bank n UK banque *f* de dépôt.

clearing house n **1.** BANK chambre *f* de compensation **2.** [for information, materials] bureau *m* central.

clearing-up n nettoyage *m*.

clearly ['klɪəlɪ] adv **1.** [distinctly - see, understand] clairement, bien ; [- hear, speak] distinctement ; [- describe, explain] clairement, précisément ; [- think] clairement, lucidement **2.** [obviously] manifestement, à l'évidence / *they clearly didn't expect us* il était clair or évident qu'ils ne nous attendaient pas.

clearness ['klɪənɪs] n **1.** [of air, glass] transparence *f* ; [of water] limpidité *f* **2.** [of speech, thought] clarté *f*, précision *f*.

clearout ['klɪəraʊt] n UK *inf* rangement *m* / *to have a clearout* faire du rangement.

clear-sighted adj *fig* [person] perspicace, lucide ; [decision, plan] réaliste.

clear-sightedness [-'saɪtɪdnɪs] n *fig* [of person] perspicacité *f*, lucidité *f* ; [of plan] réalisme *m*.

clearway ['klɪəweɪ] n UK AUTO route *f* à stationnement interdit.

cleat [kli:t] n **1.** [on shoe] clou *m* **2.** [block of wood] tasseau *m* ; NAUT taquet *m*.

cleavage ['kli:vɪdʒ] n **1.** [of woman] décolleté *m* **2.** BIOL [of cell] division *f* ; CHEM & GEOL clivage *m*.

cleave [kli:v] (*pt* **cleaved** *or* **clove** [kləʊv] *or (archaic)* **cleft** [kleft], *pp* **cleaved** *or* **cloven** ['kləʊvn] *or (archaic)* **cleft** [kleft]) vt **1.** *liter* [split] fendre ; *fig* diviser, séparer **2.** BIOL [cell] diviser ; GEOL [mineral] cliver.

❖ **cleave through** vt insep : *to cleave through the waves* fendre les vagues.

❖ **cleave to** (*pt* **cleaved** *or* **clove** *or (archaic)* **cleft**, *pp* **cleaved** *or* **clove**) vt insep se cramponner à, s'accrocher à / *they cleave to traditional values* ils sont très attachés aux valeurs traditionnelles.

cleaver ['kli:vəʳ] n couperet *m*.

clef [klef] n MUS clef *f*, clé *f*.

cleft [kleft] ◆ pt & pp *arch* ⟶ **cleave.** ◆ adj [split - gen] fendu ; [branch] fourchu ▸ **cleft stick** branche *f* fourchue ▸ **to be in a cleft stick** UK *inf* être or se trouver entre le marteau et l'enclume. ◆ n [opening - gen] fissure *f* ; [- in rock] fissure *f*, crevasse *f*.

cleft palate n palais *m* fendu.

clematis ['klemətɪs] n clématite *f*.

clemency ['klemənsɪ] n **1.** [mercy] clémence *f*, magnanimité *f* **2.** [of weather] douceur *f*, clémence *f*.

clement ['klemənt] adj **1.** [person] clément, magnanime **2.** [weather] doux (douce), clément.

Clement ['klemənt] pr n ▸ **Saint Clement** saint Clément.

clementine ['kleməntaɪn] n clémentine *f*.

clench [klentʃ] ◆ vt [fist, jaw, buttocks] serrer ; [grasp firmly] empoigner, agripper ; [hold tightly] serrer. ◆ n **1.** [grip] prise *f*, étreinte *f* **2.** TECH [clamp] crampon *m*.

Cleopatra [kli:ə'pætrə] pr n Cléopâtre ▸ **Cleopatra's Needle** l'obélisque *m* de Cléopâtre.

clerestory ['klɪəstɔ:rɪ] (*pl* **clerestories**) n claire-voie *f (dans une église)*.

clergy ['klɜ:dʒɪ] n (membres *mpl* du) clergé *m*.

clergyman ['klɜ:dʒɪmən] (*pl* **clergymen** [-mən]) n [gen] ecclésiastique *m* ; [Catholic] curé *m*, prêtre *m* ; [Protestant] pasteur *m*.

clergywoman ['klɜ:dʒɪ,wʊmən] (*pl* **clergywomen** [-,wɪmɪn]) n (femme *f*) pasteur *m*.

cleric ['klerɪk] n ecclésiastique *m*.

clerical ['klerɪkl] adj **1.** [office - staff, work] de bureau ; [- position] de commis / *to do clerical work* travailler dans un bureau / *clerical error* **a)** [in document] faute *f* de copiste **b)** [in accounting] erreur *f* d'écriture **2.** RELIG clérical, du clergé ▸ **clerical collar** col *m* de pasteur.

clericalism ['klerɪkəlɪzm] n cléricalisme *m*.

clerihew ['klerɪhju:] n petit poème *m* humoristique *(qui concerne une personnalité connue)*.

clerk [UK klɑ:k US klɜ:rk] ◆ n **1.** [in office] employé *m*, -e *f* (de bureau), commis *m* ; [in bank] employé *m*, -e *f* de banque ▸ **clerk of works** UK CONSTR conducteur *m* de travaux **2.** LAW clerc *m* ▸ **Clerk of the Court** greffier *m* (du tribunal) **3.** US [sales person] vendeur *m*, -euse *f* **4.** US [receptionist] réceptionniste *mf* **5.** RELIG ▸ **clerk in holy orders** ecclésiastique *m* **6.** *arch* [scholar] savant *m*, érudit *m*, -e *f*, clerc *m liter*. ◆ vi US **1.** [as assistant] ▸ **to clerk for sb** être assistant de qqn **2.** [as sales clerk] travailler comme vendeur.

clever ['klevəʳ] adj **1.** [intelligent] intelligent, astucieux / *he has a clever face* il a l'air intelligent or astucieux **2.** [skilful - person] adroit, habile ; [- work] bien fait / *to be clever with one's hands* être adroit or habile de ses mains ▸ **to be clever at sthg / at doing sthg** être doué pour qqch / pour faire qqch / *to be clever at maths* être fort en maths **3.** [cunning] malin (maligne), astucieux ; *pej* rusé / *they were too clever for us* ils nous ont roulés **4.** [ingenious - book] intelligemment or bien écrit, ingénieux ; [- film] ingénieux, intelligent ; [- idea, plan] ingénieux, astucieux ; [- story] fin, astucieux / *there's a clever way of getting around the problem* il y a une astuce pour contourner le problème.

clever-clever adj UK *inf* trop malin (maligne).

clever Dick n UK *inf* petit malin *m*.

cleverly ['klevəlɪ] adv [intelligently] intelligemment, astucieusement ; [skilfully] adroitement, habilement ; [cunningly] avec ruse ; [ingeniously] ingénieusement.

cleverness ['klevənɪs] n [intelligence] intelligence *f*, astuce *f* ; [skilfulness] habileté *f*, adresse *f* ; [cunning] ruse *f* ; [ingenuity] ingéniosité *f*.

clew [klu:] n **1.** NAUT point *m* d'écoute **2.** = **clue.**

cliché [UK 'kli:ʃeɪ US kli:'ʃeɪ] n **1.** [idea] cliché *m* ; [phrase] cliché *m*, lieu commun *m*, banalité *f* **2.** TYPO cliché *m*.

clichéd [UK 'kli:ʃeɪd US kli:'ʃeɪd] adj banal / *a clichéd phrase* un cliché, une banalité, un lieu commun.

click [klɪk] ◆ n **1.** [sound] petit bruit *m* sec ; [of tongue] claquement *m* ; LING clic *m*, click *m* **2.** [of ratchet, wheel] cliquet *m* **3.** COMPUT clic *m* ▸ **at the click of a mouse** d'un clic de souris. ◆ vt **1.** [fingers, tongue] faire claquer / *he clicked his heels (together)* il a claqué les talons **2.** COMPUT cliquer (sur). ◆ vi **1.** [make sound] faire un bruit sec / *the lamp clicked on* la lampe s'alluma avec un déclic / *the lock clicked into place* la serrure s'est enclenchée avec un déclic **2.** *inf* [become clear] : *it suddenly clicked* tout à coup ça a fait « tilt » **3.** *inf* [be a success] bien marcher ; [get on well] : *they clicked from the beginning* ils se sont bien entendus dès le début, ça a tout de suite collé entre eux **4.** COMPUT cliquer ▸ **to click on sthg** cliquer sur qqch.

clickable ['klɪkəbl] adj COMPUT cliquable ▸ **clickable image** image *f* cliquable.

click beetle n taupin *m*.

clickety-click [,klɪkətɪ-] onomat clic-clic *m*.

clicking ['klɪkɪŋ] n cliquetis *m* ▸ **a clicking sound** un cliquetis.

click-through adj ▸ **click-through licence** or **agreement** contrat *m* de licence en ligne ▸ **click-through rate** taux *m* de clics.

clickwrap ['klɪkræp] adj ▸ **clickwrap licence** or **agreement** contrat *m* de licence en ligne.

client ['klaɪənt] n client *m*, -e *f* ▸ **client confidence** confiance *f* de la clientèle or du client ▸ **client list** liste *f* de clients ▸ **client relationship** relations *fpl* clientèle ▸ **client relationship executive** or **manager** responsable *mf* des relations clientèle ▸ **client services** services *mpl* (aux) clients.

client account n compte *m* client.

client base n clientèle *f*.

clientele [,kli:ən'tel] n COMM clientèle *f* ; THEAT clientèle, public *m* (habituel).

clientelism [klaɪ'entɪlɪzəm] n *fml* POL clientélisme *m*.

clientelist [klaɪ'entɪlɪst] adj *fml* POL clientéliste.

client-focused adj orienté client.

client-server ◆ n COMPUT client-serveur *m*. ◆ comp COMPUT ▸ **client-server database** base de données client-serveur.

cliff [klɪf] n escarpement *m* ; [on coast] falaise *f* ; [in mountaineering] à-pic *m inv*.

cliffhanger ['klɪf,hæŋər] n *inf* [situation in film, story] situation *f* à suspense ; [moment of suspense] moment *m* d'angoisse / *the election was a real cliffhanger* le résultat des élections est resté incertain jusqu'au dernier moment.

climacteric [klaɪ'mæktərɪk] ◆ n [gen] climatère *m spec* ; [women's] ménopause *f* ; [men's] andropause *f*. ◆ adj climatérique ; *fig* crucial, critique.

climactic [klaɪ'mæktɪk] adj à son apogée, à son point culminant / *the climactic love scene towards the end of the play* la scène d'amour finale qui constitue le point culminant de la pièce.

climate ['klaɪmɪt] n METEOR climat *m* ; *fig* climat *m*, ambiance *f* / *the climate of opinion* (les courants *mpl* de) l'opinion *f* / *the economic climate* la conjoncture économique ▸ **climate sensitivity** / **variability** sensibilité *f* / variabilité *f* climatique.

climate canary n bio-indicateur *m* du climat.

climate change n changement *m* climatique.

climate control n US AUTO climatiseur *m*.

climate refugee n réfugié *m*, -e *f* climatique.

climatic [klaɪ'mætɪk] adj climatique.

climatologist [,klaɪmə'tɒlədʒɪst] n climatologue *mf*.

climatology [,klaɪmə'tɒlədʒɪ] n climatologie *f*.

climax ['klaɪmæks] ◆ n **1.** [culmination] apogée *m*, point *m* culminant / *the directorship was the climax of her business career* son poste d'administratrice marqua l'apogée de sa carrière dans les affaires / *this brought matters to a climax* ceci a porté l'affaire à son point culminant / *as the battle reached its climax* lorsque la bataille fut à son paroxysme / *he worked up to the climax of his story* il amena le récit à son point culminant **2.** [sexual] orgasme *m* **3.** [in rhetoric] gradation *f*. ◆ vi **1.** [film, story] atteindre le or son point culminant / *a tough election campaign climaxing in victory on polling day* une campagne électorale acharnée qui a été couronnée de succès le jour du scrutin **2.** [sexually] atteindre l'orgasme. ◆ vt amener or porter à son point culminant.

climb [klaɪm] ◆ vi **1.** [road, sun] monter ; [plane] monter, prendre de l'altitude ; [prices] monter, augmenter ; [plant] grimper **2.** [person] grimper / *I climbed into bed / into the boat* j'ai grimpé dans mon lit / à bord du bateau / *to climb over an obstacle* escalader un obstacle / *he climbed (up) out of the hole / through the opening* il s'est hissé hors du trou / par l'ouverture / *he climbed into his jeans inf* il a enfilé son jean, il a sauté dans son jean / *to climb to power* se hisser au pouvoir / *he climbed to power on the backs of his former colleagues inf & fig* il s'est servi de ses anciens collègues pour accéder au pouvoir **3.** SPORT faire de l'escalade ; [on rocks] varapper ▸ **to go climbing** faire de l'escalade. ◆ vt **1.** [ascend - stairs, steps] monter, grimper ; [- hill] escalader, grimper ; [- mountain] gravir, faire l'ascension de ; [- cliff, wall] escalader ; [- ladder, tree] monter sur ; [- rope] monter à **2.** SPORT [rockface] escalader, grimper sur **3.** PHR **to climb the walls** *inf* [be bored, anxious] grimper aux rideaux. ◆ n **1.** [of hill, slope] montée *f*, côte *f* ; [in mountaineering] ascension *f*, escalade *f* / *it's quite a climb* ça monte dur / *it was an easy climb to the top (of the hill)* ça montait en pente douce jusqu'au sommet (de la colline) / *there were several steep climbs along the route* il y avait plusieurs bonnes côtes sur le trajet **2.** [of plane] montée *f*, ascension *f*.

❖ **climb down** vi **1.** [descend] descendre ; [in mountaineering] descendre, effectuer une descente **2.** [back down] en rabattre, céder.

climbdown ['klaɪmdaʊn] n recul *m* / *the PM's climbdown on expenses* le recul du premier ministre dans l'affaire des notes de frais.

climber ['klaɪmər] n **1.** [person] grimpeur *m*, -euse *f* ; [mountaineer] alpiniste *mf* ; [rock climber] varappeur *m*, -euse *f* **2.** [plant] plante *f* grimpante **3.** [bird] grimpeur *m*.

climbing ['klaɪmɪŋ] ◆ n **1.** [action] montée *f*, escalade *f* / *the climbing of Everest* l'escalade de l'Everest **2.** [mountaineering] alpinisme *m* ; [rock climbing] varappe *f*, escalade *f*. ◆ adj [bird] grimpeur ; [plant] grimpant ; [plane, star] ascendant.

climbing frame n UK cage *f* à poules *(jeu)*.

climbing irons pl n crampons *mpl*, grappins *mpl*.

climbing wall n mur *m* d'escalade.

climes [klaɪmz] pl n *liter* régions *fpl*, contrées *fpl* / *he's gone to sunnier climes* il est allé sous des climats plus souriants.

clinch [klɪntʃ] ◆ vt **1.** [settle - deal] conclure ; [- argument] régler, résoudre ; [- agreement] sceller / *the clinching argument* l'argument décisif / *that clinches it!* comme ça, c'est réglé ! **2.** TECH [nail] river ; NAUT étalinguer. ◆ vi BOX combattre corps à corps. ◆ n **1.** TECH rivetage *m* ; NAUT étalingure *f* **2.** BOX corps à corps *m* / *they went into a clinch* ils ont lutté corps à corps **3.** *inf* [embrace] étreinte *f*, enlacement *m* / *they were in a clinch* ils étaient enlacés.

clincher ['klɪntʃər] n *inf* argument *m* irréfutable, argument *m* massue.

cline [klaɪn] n cline *m*.

cling [klɪŋ] (*pt & pp* **clung** [klʌŋ]) vi **1.** [hold on tightly] s'accrocher, se cramponner / *they clung to one another* ils se sont enlacés, ils se sont cramponnés l'un à l'autre ; *fig* : *to cling to a hope / to a belief / to the past* se raccrocher à un espoir / à une croyance / au passé / *we can't afford to cling to the past* il est dangereux de se raccrocher au passé / *she clings to her children even though they are now grown up* elle s'accroche à ses enfants bien qu'ils soient maintenant adultes **2.** [stick] adhérer, coller / *a dress that clings to the body* une robe très près du corps or très ajustée **3.** [smell] persister.

clingfilm ['klɪŋfɪlm] n UK film *m* alimentaire transparent.

clinging ['klɪŋɪŋ] adj [clothing] collant, qui moule le corps ; *pej* [person] importun ▸ **clinging vine** US *inf & fig* pot *m* de colle.

clingwrap ['klɪŋræp] n = **clingfilm**.

clingy ['klɪŋɪ] (*compar* **clingier**, *superl* **clingiest**) adj [clothing] moulant ; *pej* [person] importun.

clinic ['klɪnɪk] n **1.** [part of hospital] service *m* ▸ **eye clinic** clinique *f* ophtalmologique **2.** [treatment session] consultation *f* / *the doctor holds his clinic twice a week* le docteur consulte deux fois par semaine **3.** UK [private hospital] clinique *f* **4.** [consultant's teaching session] clinique *f* **5.** [health centre] centre *m* médico-social or d'hygiène sociale **6.** UK [of MP] permanence *f*.

clinical ['klɪnɪkl] adj **1.** MED [lecture, tests] clinique ▸ **clinical trials** tests *mpl* cliniques **2.** *fig* [attitude] froid, aseptisé.

clinically ['klɪnɪklɪ] adv **1.** MED cliniquement **2.** *fig* [act, speak] objectivement, froidement.

clinical psychologist n spécialiste *mf* en psychologie clinique.

clinical psychology n psychologie *f* clinique.

clinical thermometer n thermomètre *m* médical.

clinician [klɪ'nɪʃn] n clinicien *m*, -enne *f*.

clink [klɪŋk] ◆ vt faire tinter or résonner / *they clinked (their) glasses (together)* ils ont trinqué. ◆ vi tinter, résonner. ◆ n **1.** [sound] tintement *m* (de verres) **2.** *inf* [jail] prison *f*, taule *f*.

clinker ['klɪŋkər] n **1.** *(U)* [ash] mâchefer *m*, scories *fpl* **2.** [brick] brique *f* vitrifiée **3.** US *inf* [mistake] gaffe *f* ; MUS couac *m* / *I pulled a real clinker* j'ai fait une énorme gaffe / *the orchestra hit some clinkers* l'orchestre a fait des canards **4.** US *inf* [film, play] bide *m*.

clinker-built adj [boat] (bordé) à clin.

clinometer [klaɪ'nɒmɪtər] n clinomètre *m*.

Clio ['klaɪəʊ] pr n Clio.

clip [klɪp] (*pt & pp* **clipped**, *cont* **clipping**) ◆ vt **1.** [cut] couper (avec des ciseaux), rogner ; [hedge] tailler ; [animal] tondre / *clip the coupon out of the magazine* découpez le bon dans le magazine / *I clipped five seconds off my personal best* j'ai amélioré mon record de cinq secondes / *to clip a bird's wings* rogner les ailes d'un oiseau ▸ **to clip sb's wings** laisser moins de liberté à qqn **2.** UK [ticket] poinçonner **3.** [attach] attacher ; [papers] attacher (avec un trombone) ; [brooch] fixer **4.** *inf* [hit] frapper, cogner ▸ **to clip sb round the ear** flanquer une taloche à qqn / *I clipped the gate as I drove in* j'ai cogné or heurté la barrière en rentrant la voiture **5.** US *inf* [cheat] escroquer, rouler. ◆ n **1.** [snip] petit coup *m* de ciseaux ▸ **to give sthg a clip** donner un coup de ciseaux à qqch **2.** CIN, RADIO & TV [excerpt] court extrait *m* ; US [from newspaper] coupure *f* **3.** [clasp] pince *f* ; [for paper] trombone *m*, pince *f* ; [for pipe] collier *m*, bague *f* **4.** [for bullets] chargeur *m* **5.** [brooch] clip *m* ; [for hair] barrette *f* ; [for tie] fixe-cravate *m* **6.** *inf* [blow] gifle *f*, taloche *f* / *he got a clip round the ear* il s'est pris une taloche ▸ **at one clip** US *fig* d'un seul coup **7.** *inf* [speed] ▸ **at a (good) clip** à vive allure, à toute vitesse.

❖ **clip on** ◆ vt sep [document] attacher (avec un trombone) ; [brooch, earrings] mettre. ◆ vi s'attacher or se fixer avec une pince.

❖ **clip together** vt sep attacher.

clipart n COMPUT clipart *m*.

clipboard ['klɪpbɔ:d] n **1.** [writing board] écritoire *f* à pince, clipboard *m* **2.** COMPUT bloc-notes *m*.

clip-clop [-klɒp] (*pt & pp* **clip-clopped**, *cont* **clip-clopping**) ◆ n & onomat clip-clop *m* / *we heard the clip-clop of horses' hooves* nous avons entendu les chevaux passer et le clip-clop de leurs sabots. ◆ vi faire clip-clop.

clip joint n *v inf boîte de nuit où l'on pratique des prix excessifs.*

clip-on adj amovible ▸ **clip-on earrings** clips *mpl (d'oreilles)*.

❖ **clip-ons** pl n **1.** [glasses] *verres teintés amovibles* **2.** [earrings] clips *mpl (d'oreilles)*.

clipped [klɪpt] adj **1.** [speech, style] heurté, saccadé / *a clipped manner of speech* un débit heurté **2.** [hair] bien entretenu.

clipper ['klɪpər] n **1.** [ship] clipper *m* **2.** [horse] cheval *m* qui court vite.

❖ **clippers** pl n [for nails] pince *f* à ongles ; [for hair] tondeuse *f* ; [for hedge] sécateur *m* à haie.

clippie ['klɪpɪ] n UK *inf* poinçonneuse *f (de bus)*.

clipping ['klɪpɪŋ] n [small piece] petit bout *m*, rognure *f* ; [from newspaper] coupure *f* (de presse) ▸ **grass clippings** herbe coupée.

clique [kli:k] n *pej* clique *f*, coterie *f*.

cliquey ['kli:kɪ], **cliquish** ['kli:kɪʃ] adj *pej* exclusif, qui a l'esprit de clan.

clitic ['klɪtɪk] adj [enclitic] enclitique ; [proclitic] proclitique.

clitoral ['klɪtərəl] adj clitoridien ▸ **clitoral orgasm** orgasme *m* clitoridien ▸ **clitoral stimulation** stimulation *f* clitoridienne.

clitoridectomy [,klɪtərɪ'dektəmɪ] n clitoridectomie *f*.

clitoris ['klɪtərɪs] n clitoris *m*.

Cllr written abbr of **Councillor**.

cloaca [kləʊ'ɑːkə] n BIOL cloaque *m*.

cloak [kləʊk] ◆ n [cape] grande cape *f* / *under the cloak of darkness fig* à la faveur de l'obscurité / *as a cloak for his illegal activities* pour cacher or masquer ses activités illégales. ◆ vt **1.** *lit* revêtir d'un manteau **2.** *fig* masquer, cacher / *cloaked with* or *in secrecy* / *mystery* empreint de secret / mystère.

cloak-and-dagger adj ▸ **a cloak-and-dagger story** un roman d'espionnage.

cloakroom ['kləʊkrʊm] n **1.** [for coats] vestiaire *m* / *I left my coat in the cloakroom* j'ai laissé mon manteau au vestiaire ▸ **cloakroom attendant** préposé *m*, -e *f* au vestiaire ▸ **cloakroom ticket** numéro *m* de vestiaire **2.** UK *euph* [toilet - public] toilettes *fpl* ; [- in home] cabinets *mpl*.

clobber ['klɒbər] *inf* ◆ vt [hit] tabasser ; *fig* [defeat] battre à plate couture. ◆ n *(U)* UK effets *mpl*, barda *m*.

cloche [klɒʃ] n **1.** ▸ **cloche (hat)** chapeau *m* cloche, cloche *f* **2.** AGR cloche *f*.

clock [klɒk] ◆ n **1.** [gen] horloge *f* ; [small] pendule *f* / *the church clock chimed four* l'horloge de l'église sonna quatre heures / *it took us 15 minutes by the clock* il nous a fallu 15 minutes montre en main / *the clock is ticking fig* le temps passe ▸ **to put a clock back** / **forward** retarder / avancer une horloge ; *fig* : *you can't turn the clock back* ce qui est fait est fait / *this law will put the clock back a hundred years* cette loi va nous ramener cent ans en arrière / *they worked against* or *to beat the clock* ils ont travaillé dur pour finir à temps / *a jump-off against the clock* EQUIT un barrage contre la montre / *we worked round the clock* nous avons travaillé 24 heures d'affilée / *to sleep the clock round* faire le tour du cadran **2.** [taximeter] compteur *m*, taximètre *m* **3.** *inf* AUTO [mileometer] ≃ compteur *m* kilométrique / *a car with 30,000 miles on the clock* une voiture qui a 30 000 miles au compteur **4.** COMPUT horloge *f*. ◆ vt **1.** [measure time] enregistrer / *winds clocked at 50 miles per hour* des vents qui ont atteint 50 miles à l'heure ; SPORT [runner] chronométrer / *she's clocked five minutes for the mile* elle court le mile en cinq minutes **2.** UK *v inf* [hit] flanquer un marron à.

❖ **clock in** vi pointer (à l'arrivée) / *I clocked in at 7 o'clock* j'ai pointé à 7 h.

❖ **clock off** vi pointer (à la sortie), dépointer.

❖ **clock on** vt insep = **clock in**.

❖ **clock out** vt insep = **clock off**.

❖ **clock up** vt sep [work] effectuer, accomplir ; [victory] remporter / *she clocked up 300 miles* AUTO elle a fait 300 miles au compteur.

clockface ['klɒkfeɪs] n cadran *m*.

clock golf n jeu *m* de l'horloge.

clockmaker ['klɒk,meɪkər] n horloger *m*, -ère *f*.

clock radio n radio-réveil *m*.

clock speed n COMPUT vitesse *f* d'horloge.

clock tower n tour *f* (de l'horloge).

clock-watch vi : *the job is so boring that they are constantly clock-watching* leur travail est tellement ennuyeux qu'ils passent leur temps à regarder l'heure.

clock-watcher n tire-au-flanc *m inv* / *they're terrible clock-watchers* ils passent leur temps à guetter l'heure (de sortie).

clockwise ['klɒkwaɪz] ◆ adv dans le sens des aiguilles d'une montre. ◆ adj : *in a clockwise direction* dans le sens des aiguilles d'une montre.

clockwork ['klɒkwɜːk] ◆ n [of clock, watch] mouvement *m* (d'horloge) ; [of toy] mécanisme *m*, rouages *mpl* ▸ **to go** or **to run like clockwork** marcher comme sur des roulettes / *the office runs like clockwork* le travail au bureau est réglé comme du papier à musique. ◆ adj mécanique / **'A Clockwork Orange'** *Burgess, Kubrick* 'Orange mécanique'.

clod [klɒd] n **1.** [of earth] motte *f* (de terre) **2.** *inf* [idiot] imbécile *m*, crétin *m*.

clodhopper ['klɒd,hɒpər] n **1.** *inf* [clumsy person] balourd *m*, -e *f* **2.** *hum* [shoe] godillot *m*.

clodhopping ['klɒd,hɒpɪŋ] adj *inf* gauche, maladroit.

clog [klɒg] (*pt & pp* **clogged**, *cont* **clogging**) ◆ vt **1.** [pipe] boucher, encrasser ; [street] boucher, bloquer ; [wheel] bloquer **2.** *fig* [hinder] entraver, gêner. ◆ vi se boucher. ◆ n [wooden] sabot *m* ; [leather] sabot *m*.

❖ **clog up** ◆ vt sep = **clog** *(vt)*. ◆ vi = **clog** *(vi)*.

clog dance n danse *f* de sabots.

cloisonné ['klwazɒneɪ] ◆ n cloisonné *m*. ◆ adj en cloisonné.

cloister ['klɔɪstər] ◆ n cloître *m*. ◆ vt RELIG cloîtrer ; *fig* éloigner or isoler (du monde).

cloistered ['klɔɪstəd] adj *fig* [life] de reclus / *she leads a cloistered life* elle mène une vie de recluse.

clone [kləʊn] ◆ n clone *m*. ◆ vt cloner.

cloning ['kləʊnɪŋ] n clonage *m*.

clonk [klɒŋk] ◆ vi faire un bruit sourd. ◆ vt *inf* cogner, frapper. ◆ n bruit *m* sourd.

close[1] [kləʊs] (*compar* **closer**, *superl* **closest**) ◆ adj **1.** [near in space or time] : *the library is close to the school* la bibliothèque est près de l'école ▸ **in close proximity to sthg** dans le voisinage immédiat de or tout près de qqch / *they're very close in age* ils ont presque le même âge / *his death brought the war closer to home* c'est avec sa mort que nous avons vraiment pris conscience de la guerre / *we are close to an agreement* nous sommes presque arrivés à un accord / *at close intervals* à intervalles rapprochés / *at close range* à bout portant ▸ **to be close at** or **to hand a)** [shop, cinema, etc.] être tout près **b)** [book, pencil, etc.] être à portée de main / *to be close to tears* être au bord des larmes / *I came close to thumping him one inf* j'ai bien failli lui en coller une ▸ **he keeps things close to his chest** il ne fait guère de confidences ▸ **to see sthg at close quarters** voir qqch de près ▸ **to give sb a close shave** *lit* raser qqn de près ▸ **that was a close shave** or **thing** or US **call!** *inf* on l'a échappé belle !, on a eu chaud ! **2.** [in relationship] proche / *they're very close (friends)* ils sont très proches / *a close relative* un parent proche / *I'm very close to my sister* je suis très proche de ma sœur / *he has close ties with Israel* il a des rapports étroits avec Israël / *there's a close connection between the two things* il y a un rapport étroit entre les deux / *the President consulted his closest advisers* le président consulta ses conseillers les plus proches / *sources close to the royal family* des sources proches de la famille royale / *a subject close to my heart* un sujet qui me tient à cœur **3.** [continuous] : *they stay in close contact* ils restent en contact en permanence **4.** [in competition, race, etc.] serré / *it was a close contest* ce fut une lutte serrée **5.** [thorough, careful] attentif, rigoureux / *pay close attention to what she says* faites très attention or prêtez une grande attention à ce qu'elle dit / *have a close look at these figures* examinez ces chiffres de près / *upon close examination* après un examen détaillé or minutieux / *keep a close eye on the kids* surveillez les enfants de près / *I keep close control of the expenses* je contrôle étroitement les dépenses / *in close confinement* en détention surveillée **6.** [roughly similar] proche / *his version of events was close to the truth* sa version des faits était très proche de la réalité / *he bears a close resemblance to his father* il ressemble beaucoup à son père / *it's the closest thing we've got to an operating theatre* voilà à quoi se réduit notre salle d'opération **7.** [compact - handwriting, print] serré ; [- grain] dense, compact / *in close formation* MIL en ordre serré **8.** UK [stuffy - room] mal aéré, qui manque de ventilation or d'air / *it's very close in here* on manque vraiment d'air ici / *it's terribly close today* il fait très lourd aujourd'hui **9.** [secretive] renfermé, peu communicatif / *he's very close about his private life* il est très discret sur sa vie privée **10.** *inf* [stingy] avare, pingre **11.** LING [vowel] fermé. ◆ adv **1.** [near] près / *don't come too close* n'approche pas or ne t'approche pas trop / *I live close to the river* j'habite près de la rivière / *did you win? — no, we didn't even come close* avez-vous gagné ? — non, loin de là / *they walked close behind us* ils nous suivaient de près / *she lives close by* elle habite tout près / *I looked at it close to* or *up* je l'ai regardé de près / *close together* serrés les uns contre les autres / *sit closer together!* serrez-vous ! **2.** [tight] étroitement, de près / *he held me close* il m'a serré dans ses bras. ◆ n **1.** [field] clos *m* **2.** UK [street] impasse *f* **3.** UK [of cathedral] enceinte *f* **4.** Scot allée *f*.

❖ **close on** prep phr : *it's close on 9 o'clock* il est presque 9 h / *she must be close on 50* elle doit friser la cinquantaine or doit avoir près de 50 ans.

❖ **close to** prep phr [almost, nearly] presque / *the baby weighs close to 7 pounds* le bébé pèse presque 3 kilos et demi.

close[2] [kləʊz] ◆ vt **1.** [shut - door, window, shop, book] fermer / *he closed his eyes and went to sleep* il ferma les yeux et s'endormit ; *fig* : *the committee had not closed the books on the inquiry* le comité n'avait pas refermé le dossier de l'affaire ▸ **to close one's eyes to sthg** fermer les yeux sur qqch ▸ **to close one's mind to sthg** refuser de penser à qqch / *she closed her mind to anything new* elle s'est fermée à tout ce qui était neuf **2.** [opening, bottle] fermer, boucher / *we must close the gap between the rich and the poor fig* nous devons combler le fossé entre riches et pauvres **3.** [block - border, road] fermer / *they've closed the airport* ils ont fermé l'aéroport **4.** [shut down - factory] fermer / *they plan to close more rural stations* ils ont l'intention de fermer d'autres petites gares de campagne **5.** [conclude] clore, mettre fin à / *she closed the conference with a rallying call to the party faithful* elle termina la conférence en lançant un appel de solidarité aux fidèles du parti / *a neat way of closing the discussion* un habile moyen de clore la discussion / *the subject is now closed* l'affaire est close **6.** COMM & FIN [account] arrêter, clore **7.** [settle - deal] conclure / *we closed a deal with them last week* nous avons conclu un accord avec eux la semaine dernière **8.** [move closer together] serrer, rapprocher ▸ **close ranks!** MIL serrez les rangs ! / *the party closed ranks behind their leader fig* le parti a serré les rangs derrière le leader **9.** ELEC [circuit] fermer. ◆ vi **1.** [shut - gate, window] fermer, se fermer ; [- shop] fermer ; [- cinema, theatre] faire relâche / *this window doesn't close properly* cette fenêtre ne ferme pas bien or ferme mal / *the door closed quietly behind them* la porte s'est refermée sans bruit derrière eux / *the bakery closes on Fridays* la boulangerie ferme le vendredi **2.** [wound, opening] se refermer / *the gap was closing fast* l'écart diminuait rapidement **3.** [cover, surround] : *the waves closed over him* les vagues se refermèrent sur lui / *the onlookers closed around us* un cercle de curieux se forma autour de nous / *my fingers closed around the gun* mes doigts se resserrèrent sur le revolver **4.** [meeting] se terminer, prendre fin ; [speaker] terminer, finir / *I closed with a reference to Rimbaud* j'ai terminé par une référence à Rimbaud **5.** ST. EX : *the share index closed two points down* l'indice (boursier) a clôturé en baisse de deux points. ◆ n fin *f*, conclusion *f* ; [of day] tombée *f* / *the concert came to a close* le concert s'acheva / *the year drew to a close* l'année s'acheva / *it's time to draw the meeting to a close* il est temps de mettre fin à cette réunion / *towards the close of the century* vers la fin du siècle ▸ **at close of play** [in cricket] à la fin du match.

❖ **close down** ◆ vi **1.** [business, factory] fermer / *the shop had to close down* le magasin a dû fermer **2.** UK RADIO & TV terminer les émissions. ◆ vt sep [business, factory] fermer / *they had to close down their shop* ils ont dû fermer leur magasin.

❖ **close in** vi **1.** [approach] approcher, se rapprocher ; [encircle] cerner de près ▸ **to close in on** or **upon** se rapprocher de / *the hunters closed in on their prey* les chasseurs se rapprochèrent de leur proie **2.** [evening, night] approcher, descendre ; [day] raccourcir ; [darkness, fog] descendre / *darkness closed in on us* la nuit nous enveloppa.

❖ **close off** vt sep isoler, fermer / *the area was closed off to the public* le quartier était fermé au public / *some of the rooms in the house have been closed off* certaines pièces de la maison ont été fermées.

❖ **close on** vt insep se rapprocher de / *we were closing on them fast* nous nous rapprochions d'eux rapidement.

✧ **close out** vt sep US liquider *(avant fermeture).*

✧ **close up** ◆ vt sep fermer ; [opening, pipe] obturer, boucher ; [wound] refermer, recoudre. ◆ vi [wound] se refermer.

✧ **close with** vt insep **1.** [finalize deal with] conclure un marché avec **2.** *liter* [fight with] engager la lutte or le combat avec.

close-cropped [ˌkləʊs'krɒpt] adj [hair] (coupé) ras ; [grass] ras.

closed [kləʊzd] adj **1.** [shut - shop, museum, etc.] fermé ; [- eyes] fermé, clos ; [- opening, pipe] obturé, bouché ; [- road] barré ; [- economy, mind] fermé / **'road closed to traffic'** 'route interdite à la circulation' / **'closed on Tuesdays' a)** 'fermé le mardi' **b)** THEAT 'relâche le mardi' / *we found the door closed fig* nous avons trouvé porte close ▸ **in closed session** LAW à huis clos ▸ **to do sthg behind closed doors** faire qqch en cachette ▸ **a closed book** : *economics is a closed book to me* je ne comprends rien à l'économie **2.** [restricted] exclusif / *a closed society* un cercle fermé **3.** LING [sound, syllable] fermé **4.** ELEC [circuit, switch] fermé.

closed circuit television n télévision *f* en circuit fermé.

closed-door adj privé / *they held a closed-door meeting* ils ont tenu une réunion privée or à huis clos.

closedown ['kləʊzdaʊn] n **1.** [of shop] fermeture *f* (définitive) **2.** UK RADIO & TV fin *f* des émissions.

closed primary n *aux États-Unis, élection primaire réservée aux membres d'un parti.*

closed set n ensemble *m* fermé.

closed shop n **1.** [practice] monopole *m* d'embauche **2.** [establishment] *entreprise dans laquelle le monopole d'embauche est pratiqué.*

closefisted [ˌkləʊs'fɪstɪd] adj avare, pingre.

close-fitting [kləʊs-] adj ajusté, près du corps.

close-grained ['kləʊs-] adj **1.** [wood] à grain fin or serré **2.** METALL à grains fins, à fine cristallisation.

close-knit [kləʊs-] adj *fig* [community, family] très uni.

closely ['kləʊslɪ] adv **1.** [near] de près ; [tightly] en serrant fort / *I held her closely* je l'ai serrée fort or (tout) contre moi **2.** [carefully - watch] de près ; [- study] minutieusement, de près ; [- listen] attentivement **3.** [directly] : *he's closely related to him* il est l'un de ses proches parents / *closely connected with sthg* étroitement lié à qqch **4.** [evenly] : *closely contested elections* élections très serrées or très disputées.

closeness ['kləʊsnɪs] n **1.** [nearness] proximité *f* **2.** [intimacy - of relationship, friendship, family] intimité *f* **3.** [compactness - of weave] texture *f* or contexture *f* serrée ; [- of print] resserrement *m (des caractères)* **4.** [similarity - of copy, translation] fidélité *f* **5.** [thoroughness - of examination] minutie *f*, rigueur *f* **6.** [of weather] lourdeur *f* ; [of room] manque *m* d'air **7.** [stinginess] avarice *f*.

closeout ['kləʊzaʊt] n US liquidation *f*.

close-range [kləʊs-] adj à courte portée.

close-run ['kləʊs-] adj = **close** *(adj).*

close season [kləʊs-] n UK HUNT fermeture *f* de la chasse ; FISHING fermeture de la pêche ; FOOT intersaison *f*.

close-set [kləʊs-] adj rapproché.

close-shaven [kləʊs-] adj rasé de près.

closet ['klɒzɪt] ◆ n **1.** US [cupboard] placard *m*, armoire *f* ; [for hanging clothes] penderie *f* **2.** *fig* ▸ **to come out of the closet a)** [gen] sortir de l'anonymat **b)** [homosexual] ne plus cacher son homosexualité, faire son coming out ▸ **to go back into the closet a)** [gen] rentrer dans l'anonymat **b)** [homosexual] se remettre à cacher son homosexualité ▸ **a closet homosexual** un homosexuel caché **3.** [small room] cabinet *m*. ◆ comp secret (secrète) / *she's a closet gambler* elle n'ose pas avouer qu'elle joue. ◆ vt enfermer *(pour discuter)* ▸ **to be closeted with sb** être en tête à tête avec qqn.

closeted ['klɒzɪtɪd] adj [homosexual] dans le placard / *he's still closeted* il est toujours dans le placard, il n'a pas encore fait son coming-out.

closetful ['klɒzɪtˌfʊl] n : *a closetful of dresses* une armoire pleine de robes.

close-up [kləʊs-] ◆ n [photograph] gros plan *m* ; [programme] portrait *m*, portrait-interview *m* ▸ **in close-up** en gros plan. ◆ adj [shot, photograph, picture] en gros plan ▸ **a close-up lens** une bonnette.

closing ['kləʊzɪŋ] ◆ n [of shop] fermeture *f* ; [of meeting] clôture *f* ; ST. EX clôture *f* ▸ **at closing** à la clôture. ◆ adj **1.** [concluding] final, dernier ▸ **closing remarks** observations finales ▸ **closing speech** discours *m* de clôture **2.** [last] de fermeture ▸ **closing date a)** [for applications] date *f* limite de dépôt **b)** [for project] date *f* de réalisation *(d'une opération)* **3.** ST. EX ▸ **closing price** cours *m* à la clôture.

closing-down sale, **closing-out sale** US n liquidation *f*.

closing time n heure *f* de fermeture / *when is closing time?* à quelle heure fermez-vous ? / *closing time!* on ferme !

closure ['kləʊʒəʳ] n **1.** [gen] fermeture *f* ; [of factory, shop] fermeture *f* définitive **2.** [of meeting] clôture *f* ▸ **to move the closure** [in Parliament] demander la clôture ▸ **closure rule** POL *règle du Sénat américain limitant le temps de parole* **3.** [after personal tragedy] ▸ **to get closure** tourner la page / *the conviction will bring closure to the victim's family* la condamnation va permettre à la famille de la victime de tourner la page **4.** [for container] fermeture *f* **5.** LING fermeture *f (d'une voyelle).*

clot [klɒt] *(pt & pp* **clotted**, *cont* **clotting**) ◆ vt cailler, coaguler. ◆ vi (se) cailler, (se) coaguler. ◆ n **1.** [of blood] caillot *m* ; [of milk] caillot *m*, grumeau *m* / *a clot on the lung* / *on the brain* une embolie pulmonaire / cérébrale / *a blood clot* or *a clot of blood* un caillot de sang **2.** UK *inf* [fool] cruche *f*.

cloth [klɒθ] ◆ n **1.** [material] tissu *m*, étoffe *f* ; NAUT [sail] toile *f*, voile *f* ; [for bookbinding] toile *f* ▸ **cloth of gold** drap *m* d'or **2.** [for cleaning] chiffon *m*, linge *m* ; [tablecloth] nappe *f* **3.** [clergy] ▸ **man of the cloth** membre *m* du clergé. ◆ comp [clothing] de or en tissu, de or en étoffe.

clothbound ['klɒθbaʊnd] adj [book] relié toile.

cloth cap n casquette *f (symbole de la classe ouvrière britannique).*

clothe [kləʊð] *(pt & pp* **clothed** *or (literary)* **clad** [klæd]) vt habiller, vêtir ; *fig* revêtir, couvrir / *clothed in furs* vêtu de fourrures / *the countryside was clothed in snow fig* la campagne était recouverte de neige.

cloth-eared adj UK *inf* dur de la feuille, sourdingue.

clothes [kləʊðz] pl n **1.** [garments] vêtements *mpl*, habits *mpl* / *to put one's clothes on* s'habiller / *to take one's clothes off* se déshabiller / *with one's clothes on* (tout) habillé / *with one's clothes off* déshabillé, (tout) nu / *dressed in one's best clothes* sur son trente et un, endimanché **2.** UK [bedclothes] draps *mpl*.

clothes basket n panier *m* à linge.

clothes brush n brosse *f* à habits.

clothes hanger n cintre *m*.

clotheshorse ['kləʊðzhɔːs] *(pl* [-hɔːsɪz]) n **1.** [for laundry] séchoir *m* à linge **2.** *fig* [model] mannequin *m* / *she's such a clotheshorse pej* elle ne pense qu'à ses fringues.

clothesline ['kləʊðzlaɪn] n corde *f* à linge.

clothes moth n mite *f*.

clothes peg UK, **clothespin** US ['kləʊðzpɪn] n pince *f* à linge.

clothespole ['kləʊðzpəʊl], **clothesprop** ['kləʊðzprɒp] n support *m* pour corde à linge.

clothes rack n US séchoir *m*.

clothier ['kləʊðɪəʳ] n [cloth dealer, maker] drapier *m* ; [clothes seller] marchand *m* de vêtements or de confection.

clothing ['kləʊðɪŋ] ◆ n *(U)* **1.** [garments] vêtements *mpl*, habits *mpl* / *an article of clothing* un vêtement **2.** [act of dressing] habillage *m* ; [providing with garments] habillement *m* ; RELIG [of monk, nun] prise *f* d'habit. ◆ comp [industry, trade] du vêtement, de l'habillement ; [shop] de vêtements ▸ **clothing allowance** indemnité *f* vestimentaire ▸ **clothing manufacturer** confectionneur *m*, -euse *f*.

clotted cream ['klɒtɪd-] n *crème fraîche très épaisse typique du sud-ouest de l'Angleterre.*

clotting ['klɒtɪŋ] n caillement *m*, coagulation *f*.

cloture ['kləʊtʃəʳ] ◆ n POL clôture *f* ▸ **cloture rule** *règle limitant le temps de parole au Sénat américain.* ◆ vt POL clôturer.

cloud [klaʊd] ◆ n **1.** METEOR nuage *m*, nuée *f liter* ▸ **cloud formation** formation *f* de nuages ▸ **cloud mass** masse *f* nuageuse ▸ **he resigned under a cloud a)** [of suspicion] en butte aux soupçons, il a dû démissionner **b)** [in disgrace] tombé en disgrâce, il a dû démissionner ▸ **to be on cloud nine** être aux anges or au septième ciel ▸ **to come down from the clouds** revenir sur terre ▸ **to have one's head in the clouds** être dans les nuages or la lune ▸ **every cloud has a silver lining** *prov* à quelque chose malheur est bon *prov* **2.** [of dust, smoke] nuage *m* ; [of gas] nappe *f* ; [of insects] nuée *f* **3.** [haze - on mirror] buée *f* ; [- in liquid] nuage *m* ; [- in marble] tache *f* noire. ◆ vt **1.** [make hazy - mirror] embuer ; [- liquid] rendre trouble / *a clouded sky* un ciel couvert or nuageux **2.** [confuse] obscurcir / *don't cloud the issue* ne brouillez pas les cartes **3.** [spoil - career, future] assombrir ; [- reputation] ternir. ◆ vi **1.** [sky] se couvrir (de nuages), s'obscurcir **2.** [face] s'assombrir.

✧ **cloud over** vi = **cloud** *(vi).*

cloudbase ['klaʊdbeɪs] n plafond *m* de nuages.

cloudberry ['klaʊdˌberɪ] *(pl* **cloudberries**) n [berry] (variété *f* de) framboise *f* ; [bush] (variété *f* de) framboisier *m*.

cloudburst ['klaʊdbɜːst] n grosse averse *f*.

cloud-capped [-kæpt] adj couronné de nuages.

cloud-cuckoo-land n UK *inf* : *they are living in cloud-cuckoo-land* ils n'ont pas les pieds sur terre.

clouded ['klaʊdɪd] adj **1.** = **cloudy 2.** *fig* [expression] sombre, attristé ; [reputation] terni ; [judgement] altéré.

cloudiness ['klaʊdɪnɪs] n [of sky] nébulosité *f* ; [of liquid] aspect *m* trouble ; [of mirror] fait *m* d'être embué.

cloudless ['klaʊdlɪs] adj [sky] sans nuages ; *fig* [days, future] sans nuages, serein.

cloudy ['klaʊdɪ] *(compar* **cloudier**, *superl* **cloudiest**) adj **1.** METEOR nuageux, couvert / *it will be cloudy today* le temps sera couvert aujourd'hui **2.** [liquid] trouble ; [mirror] embué ; [gem] taché, nuageux **3.** *fig* [confused] obscur, nébuleux ; [gloomy] sombre, attristé.

clout [klaʊt] *inf* ◆ n **1.** [blow] coup *m* ; [with fist] coup *m* de poing **2.** *fig* [influence] influence *f*, poids *m* ▸ **to have** or **to carry a lot of clout** avoir le bras long **3.** UK *regional* [cloth] chiffon *m* ; [garment] vêtement *m*. ◆ vt frapper, cogner ; [with fist] donner un coup de poing à, filer une taloche à.

clove [kləʊv] ◆ pt ⟶ **cleave.** ◆ n **1.** [spice] clou *m* de girofle ; [tree] giroflier *m* ▸ **oil of cloves** essence *f* de girofle **2.** [of garlic] gousse *f*.

clove hitch n demi-clef *f*.

cloven ['kləʊvn] ◆ pp ⟶ **cleave.** ◆ adj fendu, fourchu ▸ **cloven foot** or **hoof** sabot *m* fendu.

cloven-footed, **cloven-hoofed** [-huːft] adj [animal] aux sabots fendus ; [devil] aux pieds fourchus.

clover ['kləʊvəʳ] n trèfle *m* ▸ **clover honey** miel *m* de trèfle ▸ **to be in clover** *fig* être comme un coq en pâte.

cloverleaf ['kləʊvəliːf] *(pl* **cloverleaves** [-liːvz]) n BOT feuille *f* de trèfle.

clown [klaʊn] ◆ n [entertainer] clown *m* ; *fig* [fool] pitre *m*, imbécile *mf* ▸ **to make a clown of oneself** se rendre ridicule. ◆ vi [joke] faire le clown ; [act foolishly] faire le pitre or l'imbécile.

❖ **clown about** UK, **clown around** vi = clown (vi).

clownery ['klaʊnərɪ], **clowning** ['klaʊnɪŋ] n (U) clowneries *fpl*, pitreries *fpl*.

clown fish n poisson-clown *m*.

cloy [klɔɪ] vt *lit & fig* écœurer.

cloying ['klɔɪɪŋ] adj écœurant.

cloyingly ['klɔɪɪŋlɪ] adv ▸ **cloyingly sentimental** d'une sentimentalité mièvre ▸ **cloyingly sweet** douceâtre.

cloze test [kləʊz-] n ≃ exercice *m* à trous.

club [klʌb] (*pt & pp* **clubbed**, *cont* **clubbing**) ◆ n **1.** [association] club *m*, cercle *m* ; [nightclub] boîte *f* de nuit ▸ **the club scene** *milieux branchés fréquentant les boîtes de nuit* ▸ **a tennis club** un club de tennis ▸ **join the club!** *hum* bienvenue au club !, vous n'êtes pas le seul ! ▸ **she's in the club** UK *inf & euph* elle a un polichinelle dans le tiroir **2.** [weapon] matraque *f*, massue *f* **3.** [golf club] club *m* (de golf) **4.** CARDS trèfle *m* ▸ **clubs** trèfles *mpl* / *the nine of clubs* le neuf de trèfle / *clubs are trumps* atout trèfle ▸ **to play a club** jouer (un or du) trèfle. ◆ vt matraquer, frapper avec une massue / *he was clubbed to death* il a été matraqué à mort.

❖ **club together** vi [share cost] se cotiser.

Club

Les « clubs » britanniques, aussi appelés **gentlemen's clubs**, sont des lieux de rencontre et de détente très sélectifs, traditionnellement fermés aux femmes ; ils jouaient autrefois un rôle important dans la vie sociale des milieux aisés en Grande-Bretagne.

clubbable ['klʌbəbl] adj UK *dated* sociable.

clubber ['klʌbər] n *inf* : *he's a real clubber* il adore aller en boîte.

clubbing ['klʌbɪŋ] n sorties *fpl* en boîte, clubbing *m* / *she loves clubbing* elle adore sortir en boîte ▸ **to go clubbing** sortir en boîte.

clubby ['klʌbɪ] (*compar* **clubbier**, *superl* **clubbiest**) adj [sociable] sociable ; [cliquey] qui a l'esprit de club.

club car n US RAIL wagon-restaurant *m*.

club class n classe *f* club.

clubfoot [,klʌb'fʊt] (*pl* **clubfeet** [-'fi:t]) n pied *m* bot.

clubfooted [,klʌb'fʊtɪd] adj : *to be clubfooted* avoir un pied bot.

clubhouse ['klʌbhaʊs] (*pl* [-haʊzɪz]) n club *m*.

clubland ['klʌblənd] n UK [nightclubs] *quartier des boîtes de nuit.*

clubman ['klʌbmən] (*pl* **clubmen** [-mən]) n [member of club] membre *m* d'un club ; [man about town] homme *m* du monde, mondain *m*.

clubroom ['klʌbrʊm] n salle *f* de club or de réunion.

clubroot ['klʌbru:t] n [disease of plants] hernie *f* du chou.

club sandwich n US sandwich *m* mixte (*à trois étages*), club-sandwich *m*.

cluck [klʌk] ◆ vi [hen, person] glousser ▸ **to cluck over sb** *fig* être aux petits soins pour or avec qqn / *she clucked in disapproval* elle a claqué sa langue de désapprobation. ◆ n **1.** [of hen] gloussement *m* ; [of person - in pleasure] gloussement *m* ; [- in disapproval] claquement *m* de langue **2.** *inf* [fool] idiot *m*, -e *f* / *you dumb cluck!* c'est malin !

clue [klu:] n [gen] indice *m*, indication *f* ; [in crosswords] définition *f* / *give me a clue* mettez-moi sur la piste / *where's John? — I haven't a clue!* où est John ? — je n'en ai pas la moindre idée or je n'en ai aucune idée ! / *he's useless at cooking, he hasn't got a clue!* il est nul en cuisine, il n'y connaît absolument rien !

❖ **clue in** vt sep *inf* [person] mettre au courant.

❖ **clue up** vt sep *inf* [person] renseigner, mettre au courant.

clued-up [klu:d-] adj *inf* informé ▸ **to be clued-up on sthg** : *she's really clued-up on computers* elle s'y connaît en informatique.

clueless ['klu:lɪs] adj UK *inf & pej* qui ne sait rien de rien.

clump [klʌmp] ◆ n **1.** [cluster - of bushes] massif *m* ; [- of trees] bouquet *m* ; [- of hair, grass] touffe *f* **2.** [mass - of earth] motte *f* **3.** [sound] bruit *m* sourd. ◆ vi [walk] ▸ **to clump (about** or **around)** marcher d'un pas lourd. ◆ vt [gather] ▸ **to clump together** grouper.

clumsily ['klʌmzɪlɪ] adv [awkwardly] maladroitement ; [tactlessly] sans tact.

clumsiness ['klʌmzɪnɪs] n **1.** [lack of coordination] maladresse *f*, gaucherie *f* **2.** [awkwardness - of tool] caractère *m* peu pratique ; [- of design] lourdeur *f* **3.** [tactlessness] gaucherie *f*, manque *m* de tact.

clumsy ['klʌmzɪ] adj **1.** [uncoordinated - person] maladroit, gauche **2.** [awkward - tool] peu commode or pratique ; [- design] lourd, disgracieux ; [- painting] maladroit ; [- style] lourd, maladroit **3.** [tactless] gauche, malhabile / *he made a clumsy apology* il s'est excusé de façon gauche.

clung [klʌŋ] pt & pp ⟶ **cling.**

clunk [klʌŋk] ◆ n [sound] bruit *m* sourd. ◆ vi faire un bruit sourd.

clunker ['klʌŋkər] n US *inf* [car] tas *m* de ferraille.

clunky ['klʌŋkɪ] adj [shoes] gros (grosse) ; [furniture] encombrant ; [user interface] lourd.

cluster ['klʌstər] ◆ n **1.** [of fruit] grappe *f* ; [of dates] régime *m* ; [of flowers] touffe *f* ; [of trees] bouquet *m* ; [of stars] amas *m* ; [of diamonds] entourage *m* **2.** [group - of houses] groupe *m* ; [- of people] rassemblement *m*, groupe *m* ; [- of bees] essaim *m* **3.** LING groupe *m*, aggloméré *m*. **4.** ▸ **business cluster** pôle *m* de développement ◆ vi **1.** [people] se grouper / *a group of children clustered around their teacher* un groupe d'enfants s'est formé autour du professeur **2.** [things] former un groupe / *pretty cottages clustered around the church* l'église était entourée de petites maisons coquettes ▸ **to cluster together** se grouper.

cluster bomb n bombe *f* à fragmentation.

clusterfuck ['klʌstəfʌk] n US *vulg* : *it was a complete clusterfuck* ça a complètement merdé / *we're in the middle of an economic clusterfuck* on est en plein merdier or bordel sur le plan économique.

cluster headache n migraine *f* ophtalmique.

cluster sampling n échantillonnage *m* aréolaire or par grappes.

clutch [klʌtʃ] ◆ vt **1.** [hold tightly] serrer fortement, étreindre **2.** [seize] empoigner, se saisir de. ◆ vi ▸ **to clutch at sthg a)** *lit* se cramponner à qqch, s'agripper à qqch **b)** *fig* se cramponner à qqch, se raccrocher à qqch. ◆ n **1.** [grasp] étreinte *f*, prise *f* **2.** AUTO [mechanism] embrayage *m* ; [pedal] pédale *f* d'embrayage ▸ **to let in the clutch** embrayer ▸ **to let out the clutch** débrayer **3.** [cluster of eggs] couvée *f* ; *fig* série *f*, ensemble *m* **4.** US *inf* [crisis] crise *f* / *if you're in a clutch...* si tu es dans le pétrin... **5.** US [bag] pochette *f* (*sac à main*).

❖ **clutches** pl n *fig* [control] influence *f* ▸ **to have sb in one's clutches** tenir qqn en son pouvoir ▸ **to fall into sb's clutches** tomber dans les griffes de qqn / *he escaped the clutches of the law* il a échappé aux griffes de la justice.

clutch bag n [handbag] pochette *f* (*sac à main*).

clutter ['klʌtər] ◆ n **1.** [mess] désordre *m* / *the house is in a bit of a clutter* la maison est plutôt en désordre **2.** [disordered objects] désordre *m*, fouillis *m*. ◆ vt ▸ **to clutter (up)** [room] mettre en désordre / *a desk cluttered with papers* un bureau encombré de papiers / *his mind was cluttered with useless facts* son esprit était encombré d'informations inutiles.

cluttered ['klʌtəd] adj encombré / *the cluttered appearance of the room* l'impression d'encombrement qui se dégageait de la pièce.

Clydeside ['klaɪdsaɪd] pr n *ancienne zone de construction navale s'étendant entre Greenock et Glasgow.*

Clytemnestra [,klaɪtɪm'nestrə] pr n Clytemnestre.

cm (written abbr of **centimetre**) cm.

Cmdr written abbr of **Commander.**

CMI MESSAGING written abbr of **call me.**

CMI n abbr of **cell-mediated immunity.**

CMIIW MESSAGING written abbr of **correct me if I'm wrong.**

CMON MESSAGING written abbr of **come on.**

CMV (abbr of **cytomegalovirus**) n CMV *m*.

CND (abbr of **Campaign for Nuclear Disarmament**) pr n *en Grande-Bretagne, mouvement pour le désarmement nucléaire.*

CNG [si:en'dʒi:] (abbr of **compressed natural gas**) n GNC.

CNS n abbr of **central nervous system.**

Cnut [kə'nju:t] pr n = **Canute.**

co- [kəʊ] in comp co- ▸ **co-worker** US collègue *mf*.

c/o (written abbr of **care of**) a/s.

Co. 1. [kəʊ] (written abbr of **company**) Cie **2.** written abbr of **county.**

CO ◆ n **1.** abbr of **commanding officer 2.** abbr of **conscientious objector.** ◆ written abbr of **Colorado.**

coach [kəʊtʃ] ◆ n **1.** [tutor] répétiteur *m*, -trice *f* ; SPORT [trainer] entraîneur *m*, -euse *f* ; [ski instructor] moniteur *m*, -trice *f* **2.** [bus] car *m*, autocar *m* ; UK RAIL voiture *f*, wagon *m* ; [carriage] carrosse *m* ▸ **(stage) coach** diligence *f*, coche *m* ▸ **to drive a coach and horses through sthg** *fig* démolir or torpiller qqch. ◆ comp [driver] de car ; [tour, trip] en car. ◆ vt [tutor] donner des leçons particulières à ; SPORT entraîner / *to coach sb in maths / in English* donner des leçons de math / d'anglais à qqn / *they employed a tutor to coach him for the exam* ils ont fait appel à un professeur particulier pour le préparer à l'examen. ◆ vi [tutor] donner des leçons particulières ; SPORT être entraîneur.

coach-and-four n carrosse *m* à quatre chevaux.

coach bolt n boulon *m* d'ancrage.

coachbuilder ['kəʊtʃ,bɪldər] n carrossier *m*.

coachbuilt ['kəʊtʃbɪlt] adj construit sur mesure.

coach class n US classe *f* économique.

coach house n remise *f* (*pour carrosse ou voiture*).

coaching ['kəʊtʃɪŋ] n **1.** SCH leçons *fpl* particulières **2.** SPORT entraînement *m* **3.** [for work, career] coaching *m*.

coachload ['kəʊtʃləʊd] n : *a coachload of tourists* un autocar or car plein de touristes.

coachman ['kəʊtʃmən] (*pl* **coachmen** [-mən]) n cocher *m*.

coach park n emplacement *m* (de parking) réservé aux autocars.

coach party n UK excursion *f* en car.

coach station n UK gare *f* routière.

coachwork ['kəʊtʃwɜ:k] n carrosserie *f*.

coadjutant [kəʊ'ædʒʊtənt] n assistant *m*, -e *f*, aide *mf*.

coagulant [kəʊ'ægjʊlənt] n coagulant *m*.

coagulate [kəʊ'ægjʊleɪt] ◆ vi (se) coaguler. ◆ vt coaguler.

coagulation [kəʊ,ægjʊ'leɪʃn] n coagulation *f*.

coal [kəʊl] ◆ n **1.** [gen] charbon *m* / *a piece* or *lump of coal* un morceau de charbon / *he was treading on hot coals* il était sur des charbons ardents **2.** INDUST houille *f* ▸ **soft coal** houille grasse. ◆ comp [bunker, cellar, chute] à charbon ; [depot, fire] de charbon ▸ **coal industry** industrie *f* houillère ▸ **coal seam** couche *f* houillère, gisement *m* houiller. ◆ vt [supply with coal] fournir or ravitailler en charbon ; NAUT charbonner. ◆ vi NAUT charbonner.

coal black ◆ n noir *m (couleur)*. ◆ adj noir comme du charbon.

coal-burning adj à charbon, qui marche au charbon.

coaldust ['kəʊldʌst] n poussier *m* or poussière *f* de charbon.

coaler ['kəʊlər] n charbonnier *m (navire ou train)*.

coalesce [,kəʊə'les] vi s'unir (en un groupe), se fondre (ensemble).

coalescence [,kəʊə'lesns] n fusion *f*, union *f*.

coalface ['kəʊlfeɪs] n front *m* de taille ▸ **to work at the coalface** *fig* travailler sur le terrain.

coalfield ['kəʊlfi:ld] n bassin *m* houiller, gisement *m* de houille.

coal-fired adj à charbon, qui marche au charbon.

coalfish ['kəʊlfɪʃ] (*pl* **coalfish** *or* **coalfishes**) n lieu *m* noir, colin *m*.

coal gas n gaz *m* de houille.

coalhole ['kəʊlhəʊl] n petite cave *f* à charbon.

coaling station ['kəʊlɪŋ-] n dépôt *m* de charbon.

Coalite ['kəʊlaɪt] n *combustible domestique produisant peu de fumée*.

coalition [,kəʊə'lɪʃn] n coalition *f* ▸ **coalition government** POL gouvernement *m* de coalition.

coalman ['kəʊlmæn] (*pl* **coalmen** [-men]) n charbonnier *m*, marchand *m* de charbon.

coal merchant n = **coalman**.

coalmine ['kəʊlmaɪn] n mine *f* de charbon, houillère *f*.

coalminer ['kəʊl,maɪnər] n mineur *m*.

coalmining ['kəʊl,maɪnɪŋ] n charbonnage *m* ▸ **coalmining area** région *f* houillère.

coal oil n US kérosène *m*, pétrole *m* (lampant).

coalpit ['kəʊlpɪt] n mine *f* de charbon, houillère *f*.

coal scuttle n seau *m* à charbon.

coalshed ['kəʊlʃed] n hangar *m* à charbon.

coal tar n coaltar *m*, goudron *m* de houille ▸ **coal tar soap** savon *m* au coaltar.

coal tit n mésange *f* noire.

coaptation [kəʊæp'teɪʃn] n coaptation *f*.

coarse [kɔ:s] adj **1.** [rough in texture] gros (grosse), grossier ; [skin] rude ; [hair] épais (épaisse) ; [salt] gros (grosse) ▸ **coarse cloth** drap grossier ▸ **coarse linen** grosse toile ▸ **coarse weave** texture grossière **2.** [vulgar - person, behaviour, remark, joke] grossier, vulgaire, [- laugh] gros (grosse), gras (grasse) ; [- accent] commun, vulgaire **3.** [inferior - food, drink] ordinaire, commun / *coarse red wine* vin rouge ordinaire.

coarse-cut marmalade n marmelade *f* avec des écorces d'orange.

coarse-featured adj aux traits grossiers or épais.

coarse fishing n pêche *f* à la ligne en eau douce.

coarse-grained adj à gros grain.

coarsely ['kɔ:slɪ] adv **1.** [roughly] grossièrement ▸ **coarsely woven** de texture grossière **2.** [uncouthly - speak] vulgairement, grossièrement ; [- laugh] grassement ; [vulgarly] indécemment, crûment.

coarsen ['kɔ:sn] ◆ vi **1.** [texture] devenir rude or grossier **2.** [person] devenir grossier or vulgaire ; [features] s'épaissir. ◆ vt **1.** [texture] rendre rude or grossier **2.** [person, speech] rendre grossier or vulgaire ; [features] épaissir.

coarseness ['kɔ:snɪs] n **1.** [of texture] rudesse *f* **2.** [uncouthness] manque *m* de savoir-vivre ; [vulgarity] grossièreté *f*, vulgarité *f*.

coast [kəʊst] ◆ n **1.** côte *f* ▸ **the coast** le littoral ▸ **coast path** chemin *m* côtier / *off the coast of Ireland* au large des côtes irlandaises / *broadcast from coast to coast* diffusé dans tout le pays ▸ **the coast is clear** *inf* la voie est libre **2.** US [act of coasting] descente *f* en roue libre. ◆ vi [vehicle] avancer en roue libre ; NAUT caboter / *the car coasted along / down the street* la voiture avançait le long de la rue / descendait la rue en roue libre / *he coasted through the exam inf & fig* il a eu l'examen les doigts dans le nez.

coastal ['kəʊstl] adj littoral, côtier ▸ **coastal traffic** navigation *f* côtière, cabotage *m* ▸ **coastal waters** eaux *fpl* littorales.

coaster ['kəʊstər] n **1.** [protective mat - for glass] dessous *m* de verre ; [- for bottle] dessous *m* de bouteille ; [stand, tray] présentoir *m* à bouteilles **2.** NAUT [ship] caboteur *m* **3.** US = **roller coaster**.

coastguard ['kəʊstgɑ:d] n **1.** [organization] ≃ gendarmerie *f* maritime **2.** UK [person] membre *m* de la gendarmerie maritime ; HIST garde-côte *m*.

coastline ['kəʊstlaɪn] n littoral *m*.

coast-to-coast adj [walk, route, race] d'un bout du pays à l'autre ; [TV channel, network] national.

coat [kəʊt] ◆ n **1.** [overcoat] manteau *m* ; [man's overcoat] manteau *m*, pardessus *m* ; [jacket] veste *f* ▸ **coat button** bouton *m* pour manteau ▸ **coat of mail** cotte *f* de mailles ; HERALD ▸ **coat of arms** blason *m*, armoiries *fpl* **2.** [of animal] pelage *m*, poil *m* ; [of horse] robe *f* **3.** [covering - of dust, paint] couche *f*. ◆ vt **1.** [cover] couvrir, revêtir ; [with paint, varnish] enduire / *the shelves were coated with dust* les étagères étaient recouvertes de poussière / *my shoes were coated with mud* mes chaussures étaient couvertes de boue / *a coated tongue* MED une langue chargée **2.** CULIN : *to coat sthg with flour / sugar* saupoudrer qqch de farine / de sucre / *to coat sthg with chocolate* enrober qqch de chocolat / *to coat sthg with egg* dorer qqch à l'œuf.

coatdress ['kəʊtdres] n robe-manteau *f*.

-coated [kəʊtɪd] in comp ▸ **plastic-coated** plastifié ▸ **silver-coated** plaqué argent.

coat hanger n cintre *m*.

coati [kəʊ'ɑ:tɪ] n ZOOL coati *m*.

coating ['kəʊtɪŋ] n couche *f* ; [on pan] revêtement *m*.

coatrack ['kəʊtræk], **coatstand** ['kəʊtstænd] n portemanteau *m*.

coat tails pl n queue *f* de pie *(costume)* ▸ **to ride on sb's coat tails** profiter de l'influence or de la position de qqn ▸ **she hangs on his coat tails** elle est pendue à ses basques.

coauthor [kəʊ'ɔ:θər] n coauteur *m*.

coax [kəʊks] vt cajoler, enjôler / *he coaxed us into going* à force de nous cajoler, il nous a persuadés d'y aller / *I coaxed the money out of him* j'ai obtenu l'argent de lui par des cajoleries / *he coaxed the box open with a screwdriver* il est parvenu à ouvrir la boîte en faisant levier avec un tournevis.

coaxial [,kəʊ'æksɪəl] adj coaxial ▸ **coaxial cable** câble *m* coaxial.

coaxing ['kəʊksɪŋ] ◆ n *(U)* cajolerie *f*, cajoleries *fpl* / *after a lot of coaxing, he agreed* il s'est fait prier avant d'accepter. ◆ adj enjôleur, cajoleur.

cob [kɒb] n **1.** [horse] cob *m* **2.** [swan] cygne *m* mâle **3.** [of corn] épi *m* **4.** [of coal] briquette *f* de charbon ; [of bread] pain *m* **5.** UK [nut] noisette *f* **6.** CONSTR torchis *m*, pisé *m*.

cobalt ['kəʊbɔ:lt] n cobalt *m* ▸ **cobalt 60** cobalt 60, cobalt radioactif.

cobalt blue ◆ adj bleu de cobalt. ◆ n bleu *m* de cobalt.

cobalt bomb n bombe *f* au cobalt.

cobber ['kɒbər] n AUSTR *inf* copain *m*, pote *m*.

cobble ['kɒbl] ◆ n [stone] pavé *m*. ◆ vt paver.

❖ **cobble together** vt sep bricoler, concocter / *they cobbled a compromise together* ils ont bricolé un compromis.

cobbled ['kɒbld] adj pavé.

cobbler ['kɒblər] n **1.** [shoemender] cordonnier *m* **2.** US [cake] tourte *f* aux fruits ; [drink] (sorte *f* de) punch *m*.

❖ **cobblers** pl n UK *v inf* : *that's a load of cobblers!* c'est de la connerie !

cobblestone ['kɒblstəʊn] n pavé *m (rond)*.

cobnut ['kɒbnʌt] n noisette *f*, aveline *f*.

COBOL ['kəʊbɒl] (abbr of **common ordinary business oriented language**) n COBOL *m*.

cobra ['kəʊbrə] n cobra *m*.

co-branding n alliance *f* de marques, co-branding *m*.

cobweb ['kɒbweb] n toile *f* d'araignée / *I'm going for a walk to clear away the cobwebs* or *to blow the cobwebs away* je vais faire un tour pour me rafraîchir les idées.

cobwebbed ['kɒbwebd] adj couvert de toiles d'araignée.

cobweb site n INTERNET site *m* périmé.

coca ['kəʊkə] n [shrub] coca *m* ; [leaf substance] coca *f*.

cocaine [kəʊ'keɪn] ◆ n cocaïne *f*. ◆ comp ▸ **cocaine addict** or **freak** *inf* cocaïnomane *mf* ▸ **cocaine addiction** cocaïnomanie *f*.

coccidiosis [kɒksɪdɪ'əʊsɪs] n coccidiose *f*.

coccus ['kɒkəs] (*pl* **cocci** [-ksaɪ]) n coccidie *f*.

coccyx ['kɒksɪks] (*pl* **coccyges** [,kɒk'saɪʤi:z]) n coccyx *m*.

Cochin China ['kɒ,ʧɪn-] pr n Cochinchine *f* / *in Cochin China* en Cochinchine.

cochineal ['kɒʧɪni:l] n [insect] cochenille *f* ; [dye] carmin *m*, cochenille *f* des teinturiers.

cochlea ['kɒklɪə] (*pl* **cochleae** [-lɪi:] *or* **cochleas**) n cochlée *f*, limaçon *m*.

cock [kɒk] ◆ n **1.** [rooster] coq *m* ; [male bird] (oiseau *m*) mâle *m* ▸ **he thinks he's cock of the walk** il se croit sorti de la cuisse de Jupiter **2.** [tap] robinet *m* **3.** [of gun] chien *m* ▸ **at full cock** armé **4.** *vulg* [penis] bite *f* **5.** UK *v inf* [nonsense] conneries *fpl* **6.** [tilt] inclinaison *f*, aspect *m* penché / *a cock of the head* une inclinaison de la tête **7.** UK *inf* [term of address] pote *m* / *all right, cock?* ça va, mon pote ? **8.** AGR [of hay] meulon *m*. ◆ vt **1.** [gun] armer **2.** [raise] : *the dog cocked its ears* le chien a dressé les oreilles / *she cocked an ear towards the door fig* elle a tendu une oreille du côté de la porte / *keep an eye cocked on the kids* tenez les enfants à l'œil / *the dog cocked its leg* le chien a levé la patte ▸ **to cock a snook** or **snoot at sb** UK *inf* faire un pied de nez à qqn **3.** [head, hat] pencher, incliner ; [thumb] tendre **4.** [hay] mettre en meulons.

❖ **cock up** UK *v inf* ◆ vt sep saloper, faire foirer. ◆ vi : *he's cocked up again* il a encore tout fait foirer.

cockade [kɒ'keɪd] n cocarde *f*.

cock-a-doodle-doo [,kɒkədu:dl'du:] n & onomat cocorico.

cock-a-hoop adj *inf* fier comme Artaban.

cock-a-leekie n *potage de poulet et de poireaux*.

cockamamie [,kɒkə'meɪmɪ] adj US *inf* [ridiculous, incredible] abracadabrant / *what cockamamie story did he tell you this time?* qu'est-ce qu'il t'a encore raconté comme histoire abracadabrante ?

cock-and-bull story n histoire *f* à dormir debout.

cockatoo [,kɒkə'tu:] n cacatoès *m*.

cockchafer ['kɒk,ʧeɪfər] n hanneton *m*.

cockcrow ['kɒkkrəʊ] n aube *f* ▸ **at cockcrow** au chant du coq.

cocked hat n tricorne *m* ▸ **to knock sthg into a cocked hat** surpasser qqch.

cockerel ['kɒkrəl] n jeune coq *m*.

cocker spaniel ['kɒkər-] n cocker *m*.

cockeyed ['kɒkaɪd] adj *inf* **1.** [cross-eyed] qui louche **2.** [crooked] de travers **3.** [absurd - idea, plan] absurde ; [- story] qui ne tient pas debout **4.** [drunk] pompette.

cockfight ['kɒkfaɪt] n combat *m* de coqs.

cockfighting ['kɒk,faɪtɪŋ] n *(U)* combats *mpl* de coqs.

cockiness ['kɒkɪnɪs] n impertinence *f*.

cockle ['kɒkl] ◆ n **1.** [shellfish] coque *f* **2.** [in cloth] faux pli *m* ; [in paper] froissure *f*, pliure *f*. ◆ vt [paper] froisser ; [cloth] chiffonner. ◆ vi [paper] se froisser ; [cloth] se chiffonner.

cocklebur ['kɒklbɜːʳ] n lampourde *f*.

cockleshell ['kɒklʃel] n [shell] coquille *f* ; [boat] coque *f*.

Cockney ['kɒknɪ] ◆ n **1.** [person] cockney *mf (Londonien né dans le « East End »)* **2.** LING cockney *m*. ◆ adj cockney ▸ **Cockney accent** accent *m* cockney.

cockpit ['kɒkpɪt] n **1.** [of plane] cabine *f* de pilotage, cockpit *m* ; [of racing car] poste *m* du pilote ; [of yacht] cockpit *m* **2.** [in cockfighting] arène *f* ; *fig* arènes *fpl*.

cockroach ['kɒkrəʊtʃ] n UK cafard *m*, blatte *f*.

cockscomb ['kɒkskəʊm] n **1.** [of rooster] crête *f* **2.** BOT crête-de-coq *f*.

cock sparrow n moineau *m* mâle.

cocksucker ['kɒk,sʌkəʳ] n *vulg* **1.** *lit* suceur *m*, -euse *f* **2.** [despicable person] enculé *m*, -e *f*.

cocksure [,kɒk'ʃɔːʳ] adj *pej* suffisant.

cocktail ['kɒkteɪl] n [mixed drink] cocktail *m (boisson)* ; [gen - mixture of things] mélange *m*, cocktail *m*.

cocktail bar n bar *m (dans un hôtel, un aéroport)*.

cocktail dress n robe *f* de cocktail.

cocktail lounge n bar *m (dans un hôtel, un aéroport)*.

cocktail onion n petit oignon *m* (à apéritif).

cocktail party n cocktail *m (fête)*.

cocktail sausage n petite saucisse *f* (à apéritif).

cocktail shaker n shaker *m*.

cocktail stick n pique *f* à apéritif.

cockteaser ['kɒk,tiːzəʳ] n *vulg & pej* allumeuse *f*.

cock-up n UK *v inf* : ***it was a cock-up*** ça a foiré / ***he made a cock-up of his exam*** il s'est planté à l'examen.

cocky ['kɒkɪ] (*compar* **cockier**, *superl* **cockiest**) adj *inf* suffisant, qui a du toupet.

cocoa ['kəʊkəʊ] n **1.** [powder, drink] cacao *m* **2.** [colour] marron *m* clair.

cocoa bean n graine *f* de cacao.

cocoa butter n beurre *m* de cacao.

coconut ['kəʊkənʌt] n noix *f* de coco ▸ **coconut milk** lait *m* de coco.

coconut ice n *friandise à base de noix de coco*.

coconut matting n tapis *m* en fibres de noix de coco.

coconut oil n huile *f* de coco.

coconut palm n cocotier *m*.

coconut shy n jeu *m* de massacre *lit*.

cocoon [kə'kuːn] ◆ n cocon *m* ; *fig* : ***wrapped in a cocoon of blankets*** emmitouflé dans des couvertures / ***he felt safe in his cocoon of solitude*** enveloppé dans sa solitude, il se sentait à l'abri. ◆ vt [wrap] envelopper avec soin ; [overprotect - child] couver.

cocooned [kə'kuːnd] adj enfermé, cloîtré.

cocooning [kə'kuːnɪŋ] n cocooning *m*.

Coco the Clown ['kəʊkəʊ-] pr n *clown célèbre en Grande-Bretagne dans les années 1950*.

cod [kɒd] (*pl* **cod** *or* **cods**) n [fish] morue *f* ; CULIN ▸ **dried cod** merluche *f*, morue ▸ **fresh cod** morue fraîche, cabillaud *m* ▸ **cod fillet** filet *m* de cabillaud ▸ **the cod war** la guerre de la morue *(série de conflits ayant opposé la Grande-Bretagne et l'Islande au sujet de zones de pêche islandaises)*.

Cod [kɒd] pr n ▸ **Cape Cod** cap *m* Cod.

COD (abbr of **cash on delivery** or **collect on delivery**) adv US ▸ **to send sthg COD** envoyer qqch contre remboursement.

coda ['kəʊdə] n MUS & *liter* coda *f*.

coddle ['kɒdl] vt **1.** [pamper - child] dorloter, choyer **2.** CULIN (faire) cuire à feu doux ▸ **a coddled egg** un œuf à la coque.

code [kəʊd] ◆ n **1.** [cipher] code *m*, chiffre *m* ; BIOL & COMPUT code *m* / ***a message in code*** un message chiffré or codé **2.** [statement of rules] code *m* ▸ **code of conduct** / **of honour** code de conduite / de l'honneur ▸ **code of ethics a)** [gen] sens *m* des valeurs morales, moralité *f* **b)** [professional] déontologie *f* ▸ **code of practice a)** [gen] déontologie *f* **b)** [rules] règlements *mpl* et usages *mpl* **3.** [postcode] code *m* postal **4.** [dialling code] code *m*, indicatif *m*. ◆ vt [message] coder, chiffrer.

code book n code *m*.

Codec ['kəʊdek] n Codec *m*.

coded ['kəʊdɪd] adj **1.** [message] codé, chiffré **2.** COMPUT codé ▸ **coded engine immobilizer** AUTO antidémarrage *m* codé, ADC *m* ▸ **coded signal** [video] signal *m* codé.

co-defendant n LAW coaccusé *m*, -e *f* ; [in civil law] codéfendeur *m*, -eresse *f*.

codeine ['kəʊdiːn] n codéine *f*.

code name n nom *m* de code.

code-named adj qui porte le nom de code de.

codeword ['kəʊdwɜːd] n [password] mot *m* de passe ; [name] mot *m* codé.

codex ['kəʊdeks] (*pl* **codices** [-dɪsiːz]) n volume *m* de manuscrits anciens.

codfish ['kɒdfɪʃ] (*pl* **codfish** *or* **codfishes**) n morue *f*.

codger ['kɒdʒəʳ] n *inf* bonhomme *m* / ***he's a bad-tempered old codger*** c'est un vieux bonhomme bourru.

codices [-dɪsiːz] pl ⟶ **codex**.

codicil ['kɒdɪsɪl] n codicille *m*.

codification [,kəʊdɪfɪ'keɪʃn] n codification *f*.

codify ['kəʊdɪfaɪ] (*pt & pp* **codified**) vt codifier.

coding ['kəʊdɪŋ] n [of message] chiffrage *m* ; COMPUT codage *m* ▸ **coding line** ligne *f* de programmation ▸ **coding sequence** séquence *f* programmée.

cod-liver oil n huile *f* de foie de morue.

codpiece ['kɒdpiːs] n braguette *f*.

codriver ['kəʊ,draɪvəʳ] n [in rally, race] copilote *m* ; [of bus, coach] deuxième chauffeur *m*.

codswallop ['kɒdz,wɒləp] n *(U)* UK *inf* bêtises *fpl*, âneries *fpl*.

co-ed [-'ed] ◆ adj **abbr of coeducational**. ◆ n **1.** US [female student] *étudiante d'un établissement mixte* **2.** (abbr of **coeducational school**) UK école *f* mixte.

co-edit vt coéditer.

co-edition n coédition *f*.

co-editor n coéditeur *m*.

coeducation [,kəʊedʒʊ'keɪʃn] n éducation *f* mixte.

coeducational [,kəʊedʒʊ'keɪʃənl] adj mixte.

coefficient [,kəʊɪ'fɪʃnt] n coefficient *m* ▸ **coefficient of expansion** PHYS coefficient de dilatation.

coelacanth ['siːləkænθ] n cœlacanthe *m*.

coeliac UK, **celiac** US ['siːlɪæk] adj cœliaque ▸ **coeliac disease** maladie *f* cœliaque, intolérance *f* au gluten.

coequal [kəʊ'iːkwəl] ◆ adj égal. ◆ n égal *m*, -e *f*.

coerce [kəʊ'ɜːs] vt contraindre, forcer / ***we coerced them into confessing*** nous les avons contraints à avouer.

coercion [kəʊ'ɜːʃn] n *(U)* coercition *f*, contrainte *f* ▸ **to act under coercion** agir sous la contrainte.

coercive [kəʊ'ɜːsɪv] adj coercitif.

coeval [kəʊ'iːvl] ◆ adj contemporain. ◆ n contemporain *m*, -e *f*.

coexist [,kəʊɪg'zɪst] vi coexister.

coexistence [,kəʊɪg'zɪstəns] n coexistence *f*.

coexistent [,kəʊɪg'zɪstənt] adj coexistant.

coextensive [,kəʊɪk'stensɪv] adj *fml* ▸ **coextensive with a)** [in space] de même étendue que **b)** [in time] de même durée que.

co-factor n MED [risk factor] facteur *m* prédisposant.

C of C n (abbr of **chamber of commerce**) CCI *f*.

C of E (abbr of **Church of England**) ◆ pr n Église *f* anglicane. ◆ adj anglican / ***he's C of E*** il appartient à l'Église anglicane.

coffee ['kɒfɪ] ◆ n **1.** [drink] café *m* / ***a cup of coffee*** une tasse de café / ***would you like a coffee?*** voulez-vous un café ? / ***we talked over coffee*** nous avons bavardé en prenant un café ▸ **black coffee** café noir ▸ **white coffee** UK, **coffee with cream** or **milk** US **a)** [gen] café au lait **b)** [in café] café crème, crème *m* **2.** [colour] café au lait *(inv)*. ◆ comp [filter, jar, service] à café ; [ice cream, icing] au café ▸ **coffee cake a)** UK moka *m* **b)** US gâteau *m (que l'on sert avec le café)* ▸ **coffee cream** [chocolate] chocolat *m* fourré au café ▸ **coffee grounds** marc *m* de café ▸ **coffee mug** mug *m*.

coffee bar n UK café *m*, cafétéria *f*.

coffee bean n grain *m* de café.

coffee break n pause-café *f*.

coffee-coloured adj café au lait *(inv)*.

coffee cup n tasse *f* à café.

coffee grinder n moulin *m* à café.

coffee house n café *m*.

coffee klatch [-klætʃ] n US *inf* : ***he's probably in the coffee klatch*** il est sans doute en train de prendre un café et de papoter avec les autres.

coffee machine n [gen] cafetière *f* ; [in café] percolateur *m*.

coffee-maker n cafetière *f* électrique.

coffee mill n moulin *m* à café.

coffee morning n UK *rencontre amicale autour d'un café, destinée souvent à réunir de l'argent au profit d'œuvres de bienfaisance*.

coffeepot ['kɒfɪpɒt] n cafetière *f*.

coffee shop n ≃ café-restaurant *m*.

coffee spoon n cuillère *f* or cuiller *f* à café, petite cuillère *f* or cuiller *f* ; [smaller] cuillère *f* or cuiller *f* à moka.

coffee table n table *f* basse.

coffee-table book n ≃ beau livre *m (destiné à être feuilleté plutôt que véritablement lu)*.

coffee tree n caféier *m*.

coffer ['kɒfəʳ] n **1.** [strongbox] coffre *m*, caisse *f* **2.** [watertight chamber] caisson *m* **3.** ARCHIT caisson *m (de plafond)*.

❖ **coffers** pl n [funds - of nation] coffres *mpl* ; [- of organization] caisses *fpl*, coffres *mpl* / ***the Government hasn't got much left in the coffers*** le gouvernement n'a plus grand-chose dans ses coffres.

cofferdam ['kɒfədæm] n batardeau *m*.

coffered ['kɒfəd] adj ARCHIT à caissons.

coffering ['kɒfərɪŋ] n MIN & CONSTR coffrage *m*.

coffin ['kɒfɪn] n **1.** [box] cercueil *m*, bière *f* **2.** [of hoof] cavité *f* du sabot.

coffin nail n *inf & hum* [cigarette] cigarette *f*.

C of I (abbr of **Church of Ireland**) pr n Église *f* d'Irlande.

cofounder [,kəʊ'faʊndəʳ] n cofondateur *m*, -trice *f*.

C of S (abbr of **Church of Scotland**) pr n Église *f* d'Écosse.

cog [kɒg] n [gearwheel] roue *f* dentée ; [tooth] dent *f (d'engrenage)* ▸ **you're only a (small) cog in the machine** or **the wheel** *fig* vous n'êtes qu'un simple rouage (dans or de la machine).

cogency ['kəʊdʒənsɪ] n force *f*, puissance *f*.

cogent ['kəʊdʒənt] adj *fml* [argument, reasons - convincing] convaincant, puissant ; [- pertinent] pertinent ; [- compelling] irrésistible.

cogently ['kəʊdʒəntlɪ] adv *fml* [argue - convincingly] puissamment ; [- pertinently] pertinemment, avec à-propos ; [- compellingly] irrésistiblement.

cogitate ['kɒdʒɪteɪt] vi *fml* méditer, réfléchir ▸ **to cogitate about** or **on sthg** méditer sur qqch, réfléchir à qqch.

cogitation [,kɒdʒɪ'teɪʃn] n réflexion *f*, méditation *f* ; *hum* cogitations *fpl*.

cognac ['kɒnjæk] n cognac *m*.

cognate ['kɒgneɪt] ◆ n **1.** LING mot *m* apparenté **2.** LAW [person] parent *m* proche, cognat *m*. ◆ adj LING apparenté, de même origine ; LAW parent / *English is cognate with German* l'anglais est apparenté à or de même origine que l'allemand.

cognition [kɒg'nɪʃn] n [gen] connaissance *f* ; PHILOS cognition *f*.

cognitive ['kɒgnɪtɪv] adj cognitif.

cognizance, **cognisance** ['kɒgnɪzəns] n **1.** *fml* [knowledge] connaissance *f* ▸ **to take cognizance of sthg** prendre connaissance de qqch **2.** *fml* [range, scope] compétence *f* / *the matter is outside our cognizance* l'affaire n'est pas de notre compétence / *within the cognizance of this court* LAW de la compétence de ce tribunal **3.** HERALD [badge] emblème *m*.

cognizant, **cognisant** ['kɒgnɪzənt] adj **1.** *fml* [aware] ayant connaissance, conscient / *to be cognizant of a fact* être instruit d'un fait **2.** LAW compétent.

cognomen [kɒg'nəʊmen] (*pl* **cognomens** *or* **cognomina** [-mɪnə]) n [surname] nom *m* de famille ; [nickname] surnom *m*.

cognoscenti [,kɒnjə'ʃenti:] pl n connaisseurs *mpl*.

cogwheel ['kɒgwi:l] n roue *f* dentée.

cohabit [,kəʊ'hæbɪt] vi cohabiter.

cohabitation [,kəʊhæbɪ'teɪʃn] n cohabitation *f*.

cohabitee [kəʊ,hæbɪ'ti:] n concubin *m*, -e *f*.

cohere [kəʊ'hɪəʳ] vi **1.** [stick together] adhérer, coller **2.** [be logically consistent] être cohérent ; [reasoning, argument] (se) tenir.

coherence [kəʊ'hɪərəns] n **1.** [cohesion] adhérence *f* **2.** [logical consistency] cohérence *f*.

coherent [kəʊ'hɪərənt] adj [logical -person, structure] cohérent, logique ; [-story, speech] facile à suivre or comprendre.

coherently [kəʊ'hɪərəntlɪ] adv de façon cohérente.

cohesion [kəʊ'hi:ʒn] n cohésion *f*.

cohesive [kəʊ'hi:sɪv] adj cohésif.

cohort ['kəʊhɔ:t] n **1.** [group, band] cohorte *f* **2.** MIL cohorte *f* **3.** [companion] comparse *mf*, compère *m* **4.** BIOL ordre *m* **5.** [sample population] cohorte *f*.

co-host ◆ n coprésentateur *m*, -trice *f*. ◆ vt coprésenter / *he co-hosted the Eurovision Song Contest* il a coprésenté le concours de l'Eurovision / *the Oscars were co-hosted by...* les Oscars ont été présentés par...

COI (abbr of **Central Office of Information**) pr n *service public d'information en Grande-Bretagne*.

coif [kɔɪf] n [headdress] coiffe *f* ; [skullcap] calotte *f*.

coiffure [kwɑ:'fjʊəʳ] n *fml* coiffure *f*.

coil [kɔɪl] ◆ n **1.** [spiral - of rope, wire] rouleau *m* ; [of hair] rouleau *m* ; [in bun] chignon *m* ; NAUT glène *f* **2.** [single loop - of rope, wire] tour *m* ; [- of hair] boucle *f* ; [- of smoke, snake] anneau *m* **3.** ELEC & TECH bobine *f* **4.** MED [for contraception] stérilet *m*. ◆ vt **1.** [rope] enrouler ; [hair] enrouler, torsader / *the snake coiled itself up* le serpent s'est lové or enroulé **2.** ELEC bobiner. ◆ vi **1.** [river, smoke, procession] onduler, serpenter **2.** [rope] s'enrouler ; [snake] se lover, s'enrouler / *the python coiled around its prey* le python s'est enroulé autour de sa proie.

❖ **coil up** vt sep [rope, hose] enrouler.

coiled [kɔɪld] adj [rope] enroulé, en spirale ; [spring] en spirale ; [snake] lové.

coil spring n ressort *m* hélicoïdal.

coin [kɔɪn] ◆ n **1.** [item of metal currency] pièce *f* (de monnaie) / *a pound coin* une pièce d'une livre ▸ **that's the other side of the coin** c'est le revers de la médaille **2.** *(U)* [metal currency] monnaie *f* / *£50 in coin* 50 livres en espèces ▸ **to pay sb back in his own coin** rendre à qqn la monnaie de sa pièce. ◆ vt **1.** [money] ▸ **to coin money** battre monnaie / *she's coining it (in)* *inf* elle se fait du fric **2.** [word] fabriquer, inventer ▸ **to coin a phrase** *hum* si je puis m'exprimer ainsi.

coinage ['kɔɪnɪdʒ] n **1.** [creation - of money] frappe *f* ; *fig* [of word] invention *f* **2.** [coins] monnaie *f* ; [currency system] système *m* monétaire **3.** [invented word, phrase] invention *f*, création *f*.

coin-box n UK cabine *f* téléphonique (à pièces).

coincide [,kəʊɪn'saɪd] vi **1.** [in space, time] coïncider **2.** [correspond] coïncider, s'accorder / *our views coincide* nous sommes d'accord, nos opinions coïncident.

coincidence [kəʊ'ɪnsɪdəns] n **1.** [accident] coïncidence *f*, hasard *m* **2.** [correspondence] coïncidence *f*.

coincidental [kəʊ,ɪnsɪ'dentl] adj **1.** [accidental] de coïncidence / *our meeting was entirely coincidental* notre rencontre était une pure coïncidence **2.** [having same position] coïncident.

coincidentally [kəʊ,ɪnsɪ'dentəlɪ] adv par hasard.

coin-op n *inf* laverie *f* automatique.

coin-operated [-'ɒpə,reɪtɪd] adj automatique.

coinsurance [,kəʊɪn'ʃɔ:rəns] n coassurance *f*.

coir [kɔɪə] n coir *m* ▸ **coir matting** tapis *m* en coco.

coitus ['kəʊɪtəs] n coït *m*.

coitus interruptus [-,ɪntə'rʌptəs] n coït *m* interrompu.

Coke® [kəʊk] n [cola] Coca® *m* ▸ **Coke can** canette *f* de Coca®.

coke [kəʊk] n **1.** [fuel] coke *m* **2.** *drugs sl* [cocaine] cocaïne *f*, coke *f*.

coke-fired adj à coke.

cokehead ['kəʊkhed] n *inf* ▸ **to be a cokehead** être accro à la coke.

coke-oven n four *m* à coke.

col [kɒl] n col *m (d'une montagne)*.

Col. (written abbr of **colonel**) Col.

cola ['kəʊlə] n cola *m*.

COLA ['kəʊlə] comp UK abbr of **cost-of-living adjustment**.

colander ['kʌləndəʳ] n passoire *f*.

colcannon [kɒl'kænən] n *purée de pommes de terre et de chou au beurre, spécialité irlandaise*.

cold [kəʊld] ◆ adj **1.** [body, object, food, etc.] froid / *I'm cold* j'ai froid / *her hands are cold* elle a les mains froides / *my feet are cold* j'ai froid aux pieds / *he's getting cold* il commence à avoir froid / *eat it before it gets cold* mangez avant que cela refroidisse / *a cold supper* un dîner froid / *cold start* or *starting* AUTO démarrage *m* à froid / *the trail was cold* *fig* toute trace avait disparu / *her answer was cold comfort to us* sa réponse ne nous a pas réconfortés / *is it over here? — no, you're getting colder* [in children's game] est-ce par ici ? — non, tu refroidis / *she poured cold water on our plans* *fig* sa réaction devant nos projets nous a refroidis ▸ **cold steel** arme *f* blanche ▸ **to be as cold as ice** **a)** [thing] être froid comme de la glace **b)** [room] être glacial **c)** [person] être glacé jusqu'aux os ▸ **to get** or **to have cold feet** avoir la trouille ▸ **cold hands, warm heart** *prov* mains froides, cœur chaud *prov* **2.** [weather] froid / *it will be cold today* il va faire froid aujourd'hui / *it's freezing cold* il fait un froid de loup or de canard / *it's getting colder* la température baisse **3.** [unfeeling] froid, indifférent ; [objective] froid, objectif ; [unfriendly] froid, peu aimable ▸ **to be cold towards sb** se montrer froid envers qqn / *the play left me cold* la pièce ne m'a fait ni chaud ni froid / *to have a cold heart* avoir un cœur de pierre / *in the cold light of day* dans la froide lumière du jour ▸ **in cold blood** de sang-froid / *he murdered them in cold blood* il les a assassinés de sang-froid / **'In Cold Blood'** *Capote* 'De sang-froid' **4.** [unconscious] : *she was out cold* elle était sans connaissance / *he knocked him (out) cold* il l'a mis KO **5.** [colour] froid. ◆ n **1.** METEOR froid *m* / *in this bitter cold* par ce froid intense / *the cold doesn't bother him* il ne craint pas le froid, il n'est pas frileux / *come in out of the cold* entrez vous mettre au chaud ▸ **to come in from the cold** rentrer en grâce ▸ **to be left out in the cold** : *the newcomer was left out in the cold* personne ne s'est occupé du nouveau venu **2.** MED rhume *m* / *to have a cold* être enrhumé / *a cold in the chest* / *in the head* un rhume de poitrine / de cerveau / *a bad cold* un mauvais rhume. ◆ adv **1.** [without preparation] à froid / *she had to play the piece cold* elle a dû jouer le morceau sans avoir répété **2.** US *inf* [absolutely] : *she turned me down cold* elle m'a dit non carrément / *he knows his subject cold* il connaît son sujet à fond.

> **froid or froideur?**
> **Le froid** is used to talk about cold temperatures: **les mois de grand froid** *the coldest months*, while la **froideur** refers to the coldness of a person: **elle est d'une froideur glaciale** *she's an incredibly cold person*. The adjective **froid** refers to both.

cold-blooded adj **1.** [animal] à sang froid **2.** *fig* [unfeeling] insensible ; [ruthless] sans pitié / *a cold-blooded murder* un meurtre commis de sang-froid / *a cold-blooded murderer* un meurtrier sans pitié.

cold-bloodedly [-'blʌdɪdlɪ] adv de sang-froid.

cold calling n [on phone] démarchage *m* téléphonique ; [at home] démarchage *m* à domicile.

cold chisel n ciseau *m* à froid.

cold cream n crème *f* de beauté, cold-cream *m*.

cold cuts pl n US [gen] viandes *fpl* froides ; [on menu] assiette *f* anglaise.

cold duck n US [drink] *mélange de champagne et de vin rouge*.

cold fish n *inf* ▸ **he's a cold fish** c'est un pisse-froid.

cold frame n châssis *m* de couches *(pour plantes)*.

cold front n front *m* froid.

cold-hearted adj sans pitié, insensible.

cold-heartedly [-'hɑ:tɪdlɪ] adv sans pitié.

coldly ['kəʊldlɪ] adv froidement, avec froideur.

coldness ['kəʊldnɪs] n *lit & fig* froideur *f*.

cold-pressed [-prest] adj [olive oil] pressé à froid.

cold room n chambre *f* froide or frigorifique.

cold shoulder n *inf* ▸ **to give sb the cold shoulder** snober qqn.

❖ **cold-shoulder** vt *inf* snober / *we cold-shouldered them* nous leur avons battu froid or les avons snobés.

cold snap n courte offensive *f* du froid.

cold sore n bouton *m* de fièvre.

cold storage n conservation *f* par le froid ▸ **to put sthg into cold storage** **a)** [food] mettre qqch en chambre froide **b)** [furs] mettre qqch en garde **c)** *fig* mettre qqch en attente.

cold store n entrepôt *m* frigorifique.

Coldstream Guards ['kəʊld,stri:m-] pl pr n ▸ **the Coldstream Guards** *régiment d'infanterie de la Garde Royale britannique*.

cold sweat n sueur *f* froide ▸ **to be in a cold sweat about sthg** avoir des sueurs froides au sujet de qqch / *just thinking about my exams brings me out in a cold sweat* *inf* rien que de penser à mes examens, j'en ai des sueurs froides.

cold turkey n *drugs sl* [drugs withdrawal] manque *m* ▸ **to go cold turkey** **a)** [stop taking drugs] arrêter de se droguer d'un seul coup **b)** [suffer withdrawal symptoms] être en manque / *I went cold turkey and stopped calling him altogether* j'ai opté pour la méthode du sevrage brutal : j'ai tout simplement arrêté de l'appeler.

Cold War n guerre *f* froide.

cold wave n vague *f* de froid.

cold-weather payment n *en Grande-Bretagne, allocation complémentaire versée aux personnes âgées en période de grand froid*.

coleslaw ['kəʊlslɔ:] n salade *f* de chou cru.

coley ['kəʊlɪ] n colin *m*, lieu *m* noir.

colic ['kɒlɪk] n *(U)* coliques *fpl*.

colicky ['kɒlɪkɪ] adj qui souffre de coliques.

Coliseum [,kɒlɪ'sɪəm] pr n Colisée *m*.

colitis [kɒ'laɪtɪs] n *(U)* colite *f*.

collaborate [kə'læbəreɪt] vi collaborer / *she collaborated with us on the project* elle a collaboré avec nous au projet / *to collaborate with the enemy* collaborer avec l'ennemi.

collaboration [kə,læbə'reɪʃn] n collaboration *f* ▸ **collaboration (with sb) on sthg** collaboration (avec qqn) à qqch ▸ **in collaboration with** en collaboration avec.

collaborationist [kə,læbə'reɪʃnɪst] n *pej* collaborateur *m*, -trice *f*, collaborationniste *mf*.

collaborative [kə'læbərətɪv] adj conjugué, combiné.

collaborator [kə'læbəreɪtəʳ] n collaborateur *m*, -trice *f*.

collage ['kɒlɑːʒ] n **1.** ART [picture, method] collage *m* **2.** [gen - combination of things] mélange *m*.

collagen ['kɒləʤən] n collagène *m*.

collapse [kə'læps] ◆ vi **1.** [building, roof] s'écrouler, s'effondrer ; [beam] fléchir **2.** *fig* [institution] s'effondrer, s'écrouler ; [government] tomber, chuter ; [plan] s'écrouler ; [market, defence] s'effondrer **3.** [person] s'écrouler, s'effondrer ; [health] se délabrer, se dégrader / *he collapsed and died* il a eu un malaise et il est mort / *he collapsed onto the bed and slept for hours* il s'est écroulé sur son lit et a dormi pendant des heures / *to collapse with laughter* se tordre de rire **4.** [fold up] se plier / *the bike collapses so it can be stored away easily* le vélo se plie et peut ainsi être rangé facilement. ◆ vt [fold up - table, chair] plier. ◆ n **1.** [of building] écroulement *m*, effondrement *m* ; [of beam] rupture *f* **2.** *fig* [of institution, plan] effondrement *m*, écroulement *m* ; [of government] chute *f* ; [of market, defence] effondrement *m* **3.** [of person] écroulement *m*, effondrement *m* ; [of health] délabrement *m* ; [of lung] collapsus *m*.

collapsed [kə'læpst] adj ▸ **collapsed lung** collapsus *m* pulmonaire / *to have a collapsed lung* avoir fait un collapsus pulmonaire.

collapsible [kə'læpsəbl] adj pliant.

collar ['kɒləʳ] ◆ n **1.** [on clothing] col *m* ; [detachable - for men] faux col *m* ; [- for women] col *m*, collerette *f* / *he seized me by the collar* il m'a attrapé par le col ▸ **collar button** bouton *m* de col **2.** [for animal] collier *m* ; [neck of animal] collier *m* ; CULIN [beef] collier *m* ; [mutton, veal] collet *m* **3.** TECH [on pipe] bague *f*. ◆ vt **1.** *inf* [seize] prendre or saisir au collet, colleter ; [criminal] arrêter ; [detain] intercepter, harponner **2.** TECH [pipe] baguer.

collarbone ['kɒləbəʊn] n clavicule *f*.

collard ['kɒləd] n [greens] chou *m* frisé.

collar stud n bouton *m* de col.

collate [kə'leɪt] vt **1.** [information, texts] collationner **2.** RELIG nommer *(à un bénéfice ecclésiastique)*.

collateral [kɒ'lætərəl] ◆ n FIN [guarantee] nantissement *m* ▸ **offered as collateral** remis en nantissement. ◆ adj **1.** [secondary] subsidiaire, accessoire ; FIN subsidiaire ▸ **collateral loan** prêt *m* avec garantie ▸ **collateral security** nantissement *m* ; MIL ▸ **collateral damage** dommages *mpl* collatéraux **2.** [parallel] parallèle ; [fact] concomitant ; LAW & MED collatéral.

collateralize [kə'lætərəlaɪz] vt US FIN garantir.

collation [kə'leɪʃn] n **1.** [of text] collation *f* **2.** [light meal] collation *f*.

collator [kə'leɪtəʳ] n **1.** [person] collationneur *m*, -euse *f* ; [machine] collationneur *m* **2.** RELIG collateur *m*.

colleague ['kɒliːg] n [in office, school] collègue *mf* ; [professional, doctor, lawyer] confrère *m*.

collect¹ [kə'lekt] ◆ vt **1.** [gather - objects] ramasser ; [- information, documents] recueillir, rassembler ; [- evidence] rassembler ; [- people] réunir, rassembler ; [- wealth] accumuler, amasser / *a water butt collects rainwater for use in the garden* une citerne recueille l'eau de pluie pour le jardin / *to collect dust* prendre la poussière / *solar panels collect the heat* des panneaux solaires captent la chaleur ; *fig* ▸ **to collect o.s. a)** [calm down] se reprendre, se calmer **b)** [reflect] se recueillir / *let me collect my thoughts* laissez-moi réfléchir or me concentrer / *to collect one's wits* rassembler ses esprits **2.** [as hobby] collectionner, faire collection de **3.** [money] recueillir ; [taxes, fines, dues] percevoir ; [pension, salary] toucher ; [homework] ramasser, relever **4.** UK [take away] ramasser / *the council collects the rubbish* la commune se charge du ramassage des ordures / *when is the mail collected?* à quelle heure est la levée du courrier ? / *to collect an order* COMM retirer une commande **5.** [pick up - people] aller chercher, (passer) prendre / *he'll collect us in his car* il viendra nous chercher or passera nous prendre en voiture / *the bus collects the children at 8 o'clock* le bus ramasse les enfants à 8 h. ◆ vi **1.** [accumulate - people] se rassembler, se réunir ; [- things] s'accumuler, s'amasser ; [- water, dirt] s'accumuler **2.** [raise money] ▸ **to collect for charity** faire la quête or quêter pour une œuvre de bienfaisance. ◆ adv US ▸ **to call collect** téléphoner en PCV. ◆ adj US ▸ **a collect call** un (appel en) PCV.

❖ **collect up** vt sep ramasser / *they collected up their belongings and left* ils ont ramassé leurs affaires et sont partis.

collect² ['kɒlekt] n [prayer] collecte *f*.

collectable [kə'lektəbl] ◆ adj [desirable to collectors] (très) recherché. ◆ n [collectors' item] objet *m* de collection.

collect call [kə'lekt] n US appel *m* en PCV.

collected [kə'lektɪd] adj **1.** [composed] maître de soi, calme **2.** [complete] complet (complète) ▸ **the collected works of Whitman** les œuvres complètes de Whitman.

collecting [kə'lektɪŋ] n collection *f* ▸ **collecting tin a)** [gen] caisse *f* **b)** [in church] tronc *m*.

collection [kə'lekʃn] n **1.** *(U)* [collecting - objects] ramassage *m* ; [- information] rassemblement *m* ; [- wealth] accumulation *f* ; [- rent, money] encaissement *m* ; [- debts] recouvrement *m* ; [- taxes] perception *f* **2.** [things collected] collection *f* / *a coin collection* une collection de monnaies / *the fashion designers' winter collection* la collection d'hiver des couturiers **3.** [picking up - of rubbish] ramassage *m* ; UK [of mail] levée *f* / *your order is ready for collection* votre commande est prête **4.** [sum of money] collecte *f*, quête *f* ▸ **to take** or **to make a collection for** faire une quête or collecte pour ▸ **collection box a)** [gen] caisse *f* **b)** [in church] tronc *m* ▸ **collection plate** [in church] corbeille *f* ▸ **collection tin** tronc *m* **5.** [group - of people, things] rassemblement *m*, groupe *m* / *a motley collection* un rassemblement hétéroclite **6.** [anthology] recueil *m*.

collective [kə'lektɪv] ◆ adj collectif ; LING ▸ **collective noun** collectif *m*. ◆ n coopérative *f*.

collective bargaining n *négociations pour une convention collective.*

collective farm n ferme *f* collective.

collectively [kə'lektɪvlɪ] adv collectivement.

collectivism [kə'lektɪvɪzm] n collectivisme *m*.

collectivist [kə'lektɪvɪst] ◆ adj collectiviste. ◆ n collectiviste *mf*.

collectivization [kə,lektɪvaɪ'zeɪʃn] n collectivisation *f*.

collectivize, collectivise [kə'lektɪvaɪz] vt collectiviser.

collector [kə'lektəʳ] n **1.** [as a hobby] collectionneur *m*, -euse *f* ▸ **collector's item** pièce *f* de collection **2.** [of money] encaisseur *m* ; [of taxes] percepteur *m* ; [of debts] receveur *m*.

colleen ['kɒliːn or kɒ'liːn] n IR jeune fille *f* ; [Irish girl] jeune Irlandaise *f*.

college ['kɒlɪʤ] n **1.** [institution of higher education] établissement *m* d'enseignement supérieur ; [within university] collège *m* *(dans les universités traditionnelles, communauté indépendante d'enseignants et d'étudiants)* / *I go to college* je suis étudiant / *when you were at college* ≃ quand tu étais à l'université ▸ **to be college bound** US se destiner aux études supérieures ▸ **college chum** copain *m* de fac ▸ **college days** années *fpl* de fac ▸ **college degree** US diplôme *m* universitaire **2.** [for professional training] école *f* professionnelle, collège *m* technique / *college of agriculture* ≃ lycée *m* agricole / *college of art* école des Beaux-Arts / *college of music* conservatoire *m* de musique ▸ **College of Advanced Technology** UK ≃ IUT *m (institut universitaire de technologie)* ▸ **College of Education** UK ≃ IUFM *m (institut universitaire de formation des maîtres)* ▸ **College of Further Education** UK ≃ institut *m* d'éducation permanente **3.** [organization] société *f*, académie *f* ▸ **the College of Arms** or **the College of Heralds** *organisation statuant sur les armoiries en Grande-Bretagne* ▸ **the College of Cardinals** le Sacré Collège ▸ **the Royal College of Physicians** / **Surgeons** l'Académie *f* de médecine / de chirurgie.

> ⚠ In the French education system, **un collège** is a secondary school for 11-16 year olds. The word **collège** never means a university.

collegiate [kə'liːʤɪət] adj [life] universitaire ; [university] composé de diverses facultés ; CAN [school] secondaire.

collegiate church n collégiale *f*.

collide [kə'laɪd] vi **1.** [crash] entrer en collision, se heurter ; NAUT aborder / *the bus collided with the lorry* le bus est entré en collision avec or a heurté le camion **2.** *fig* [clash] entrer en conflit, se heurter / *I can see that we are going to collide on this issue* je sens qu'on va être en désaccord sur cette question.

collie ['kɒlɪ] n colley *m*.

collier ['kɒlɪəʳ] n UK [miner] mineur *m* ; [ship] charbonnier *m*.

colliery ['kɒljərɪ] (*pl* **collieries**) n houillère *f*, mine *f* (de charbon).

collimator ['kɒlɪmeɪtəʳ] n collimateur *m* ▸ **collimator viewfinder** PHOT viseur *m* à cadre lumineux.

collision [kə'lɪʒn] n **1.** [crash] collision *f*, choc *m* ; RAIL collision *f*, tamponnement *m* ; NAUT abordage *m* ▸ **to come into collision with sthg** entrer en collision avec or tamponner qqch / *the two ships came into collision* les deux navires se sont abordés ▸ **collision damage waiver** *réduction sur le prix d'une assurance accordée aux automobilistes qui acceptent de payer les dommages dont ils sont responsables* **2.** *fig* [clash] conflit *m*, opposition *f* / *a collision of interests* un conflit d'intérêts.

collision course n : *the two planes were on a collision course* les deux avions risquaient d'entrer en collision / *the government is on a collision course with the unions* le gouvernement va au-devant d'un conflit avec les syndicats.

collocate ◆ vi ['kɒləkeɪt] être cooccurrent ▸ **to collocate with sthg** être cooccurrent de qqch. ◆ n ['kɒləkət] cooccurrent *m*.

collocation [,kɒlə'keɪʃn] n collocation *f*.

colloid ['kɒlɔɪd] ◆ adj colloïdal. ◆ n colloïde *m*.

colloidal [kə'lɔɪdl] adj colloïdal.

colloquia [kə'ləʊkwɪə] pl ⟶ **colloquium.**

colloquial [kə'ləʊkwɪəl] adj [language, expression] familier, parlé ; [style] familier.

colloquialism [kə'ləʊkwɪəlɪzm] n expression *f* familière.

colloquially [kə'ləʊkwɪəlɪ] adv familièrement, dans la langue parlée.

colloquium [kə'ləʊkwɪəm] (*pl* **colloquiums** *or* **colloquia** [kə'ləʊkwɪə]) n colloque *m*.

colloquy ['kɒləkwɪ] (*pl* **colloquies**) n *fml* [conversation] colloque *m*, conversation *f* ; [meeting] colloque *m*.

collude [kə'luːd] vi être de connivence or de mèche ▸ **to collude with sb (in sthg)** être de connivence avec qqn (dans or pour qqch) / *they accused the oil companies of colluding to raise prices* ils ont accusé les compagnies pétrolières de s'entendre pour augmenter les prix.

collusion [kə'luːʒn] n collusion *f* ▸ **to act in collusion with sb** agir de connivence avec qqn.

collywobbles ['kɒlɪ,wɒblz] pl n UK *inf* [stomachache] mal *m* au ventre ; [nervousness] trouille *f* / *I al-*

ways get the collywobbles before an exam j'ai toujours la trouille avant un examen.

Cologne [kə'ləʊn] pr n Cologne.

Colombia [kə'lɒmbɪə] pr n Colombie *f* / *in Colombia* en Colombie.

Colombian [kə'lɒmbɪən] ◆ n Colombien *m*, -enne *f*. ◆ adj colombien.

Colombo [kə'lʌmbəʊ] pr n Colombo.

colon ['kəʊlən] n **1.** [in punctuation] deux-points *m* **2.** ANAT côlon *m*.

colonel ['kɜ:nl] n colonel *m* / *Colonel Jones* le colonel Jones.

Colonel Blimp

Colonel Blimp est un personnage de vieil officier, réfractaire au changement, créé par le dessinateur britannique David Low ; ce nom, ou simplement **Blimp**, sert à désigner une personne ayant ce type de tempérament.

Colonel Bogey pr n *titre d'une célèbre marche militaire.*

colonial [kə'ləʊnjəl] ◆ adj **1.** [power, life] colonial ; *pej* [attitude] colonialiste ▸ **colonial days** époque *f* coloniale ▸ **the Colonial Office** UK le ministère des Colonies **2.** US [design] colonial américain *(style XVIIIe aux États-Unis)* **3.** BIOL [animals, insects] qui vit en colonie. ◆ n colonial *m*, -e *f*.

colonialism [kə'ləʊnjəlɪzm] n colonialisme *m*.

colonialist [kə'ləʊnjəlɪst] ◆ adj colonialiste. ◆ n colonialiste *mf*.

colonic [kə'lɒnɪk] ◆ adj du côlon ▸ **colonic irrigation** lavement *m*. ◆ n lavement *m*.

colonist ['kɒlənɪst] n colon *m*.

colonization [,kɒlənaɪ'zeɪʃn] n colonisation *f*.

colonize, colonise ['kɒlənaɪz] vt coloniser.

colonnade [,kɒlə'neɪd] n colonnade *f*.

colony ['kɒlənɪ] (*pl* **colonies**) n colonie *f*.

colophon ['kɒləfən] n **1.** [logo] logo *m*, colophon *m* **2.** [end text in book] achevé *m* d'imprimer ; [end text in manuscript] colophon *m*.

color US n, vt, vi & comp = **colour**.

Colorado [,kɒlə'rɑ:dəʊ] pr n Colorado *m* / *in Colorado* dans le Colorado ▸ **the Colorado (River)** le Colorado.

Colorado beetle n doryphore *m*.

colorant ['kʌlərənt] n colorant *m*.

coloration [,kʌlə'reɪʃn] n [colouring] coloration *f* ; [choice of colours] coloris *m*.

coloratura [,kɒlərə'tʊərə] n colorature *f*.

color line US n = **colour bar**.

colossal [kə'lɒsl] adj colossal.

Colosseum [,kɒlə'sɪəm] pr n Colisée *m*.

Colossian [kə'lɒʃn] n ▸ **the Epistle of Paul to the Colossians** l'Épître de saint Paul aux Colossiens.

colossus [kə'lɒsəs] (*pl* **colossuses** *or* **colossi** [-saɪ]) n colosse *m*.

colostomy [kə'lɒstəmɪ] (*pl* **colostomies**) n colostomie *f*.

colour UK, **color** US ['kʌlər] ◆ n **1.** [hue] couleur *f* / *what colour are his eyes?* de quelle couleur sont ses yeux ? / *the bleach took the colour out of it* l'eau de Javel l'a décoloré / *the movie is in colour* le film est en couleur or couleurs / *he painted the room in bright / dark colours* il a peint la pièce de couleurs vives / sombres **2.** *fig* : *the political colour of a newspaper* la couleur politique d'un journal / *under the colour of patriotism* sous prétexte or couleur de patriotisme / *we've yet to see the colour of his money* *inf* nous n'avons pas encore vu la couleur de son argent **3.** ART [shade] coloris *m*, ton *m* ; [paint] peinture *f* ; [dye] teinture *f*, matière *f* colorante / *a wide range of colours* COMM un grand choix de couleurs **4.** [complexion] teint *m*, couleur *f (du visage)* / *her colour isn't good* elle a mauvaise mine / *he changed colour* il a changé de couleur or de visage ▸ **to lose one's colour** pâlir, perdre ses couleurs ▸ **to get one's colour back** reprendre des couleurs ▸ **to have a high colour** avoir le visage rouge **5.** [race] couleur *f* / *to discriminate against sb on grounds of colour* établir une discrimination à l'encontre de qqn à cause de la couleur de sa peau / *colour isn't an issue* ce n'est pas une question de couleur (de peau) ▸ **of colour** noir **6.** [interest] couleur *f* / *to add colour to a story* colorer un récit / *a play full of colour* une pièce pleine de couleur. ◆ comp [photography, picture, slide] en couleur, en couleurs ▸ **colour film a)** [for camera] pellicule *f* (en) couleur **b)** [movie] film *m* en couleur ▸ **colour filter** PHOT filtre *m* coloré ▸ **colour television** télévision *f* couleur ▸ **colour television (set)** téléviseur *m* couleur. ◆ vt **1.** [give colour to] colorer ; [with paint] peindre ; [with crayons] colorier / *he coloured it blue* il l'a colorié en bleu **2.** *fig* [distort - judgment] fausser ; [exaggerate - story, facts] exagérer. ◆ vi **1.** [change colour - person] rougir ; [- things] se colorer **2.** [fruit] mûrir **3.** [do colouring] faire du coloriage ▸ **to color outside the lines** US *fig* sortir des normes.

❖ **colours** pl n **1.** [of team] *élément vestimentaire (écusson, cravate, etc.) décerné aux nouveaux membres d'une équipe sportive* ▸ **to get** or **to win one's colours** être sélectionné pour faire partie d'une équipe ▸ **to show one's true colours** se montrer sous son vrai jour **2.** [of school] couleurs *fpl* **3.** MIL [flag] couleurs *fpl*, drapeau *m* ; NAUT couleurs *fpl*, pavillon *m* ▸ **to be called to the colours** être appelé sous les drapeaux ▸ **salute the colours!** saluez le drapeau or les couleurs ! **4.** [clothes for washing] couleurs *fpl*.

❖ **colour in** vt sep colorier / *the little boy coloured in the house in blue* le petit garçon a colorié la maison en bleu.

❖ **colour up** vi [blush] rougir.

colour bar n UK discrimination *f* raciale.

colour-blind adj *lit* daltonien ; *fig* qui ne fait pas de discrimination raciale.

colour blindness n *lit* daltonisme *m* ; *fig* fait *m* de ne pas faire de discrimination raciale.

colour chart n nuancier *m*.

colour code n code *m* couleur.

❖ **colour-code** vt ▸ **to colour-code sthg** coder qqch avec des couleurs.

colour-coded adj dont la couleur correspond à un code / *the wires are colour-coded* la couleur des fils correspond à un code.

coloured UK, **colored** US ['kʌləd] adj **1.** [having colour] coloré ; [drawing] colorié ; [pencils] de couleur **2.** [person - gen] de couleur ; [- in South Africa] métis **3.** *fig* [distorted - judgment] faussé ; [exaggerated - story] exagéré.

❖ **coloureds** pl n **1.** [clothes for washing] couleurs *fpl* **2.** *vulg* [people - gen] gens *mpl* de couleur ; [- in South Africa] métis *mpl (attention : le substantif « coloureds » est considéré comme raciste).*

-coloured UK, **-colored** US in comp (de) couleur... ▸ **dark-coloured** foncé ▸ **light-coloured** clair ▸ **rust-coloured** couleur de rouille.

colourfast UK, **colorfast** US ['kʌləfɑ:st] adj grand teint, qui ne déteint pas.

colourful UK, **colorful** US ['kʌləfʊl] adj **1.** [brightly coloured] coloré, vif **2.** *fig* [person] original, pittoresque ; [story] coloré.

colourfully UK, **colorfully** US ['kʌləfʊlɪ] adv : *a colourfully dressed woman* une femme vêtue de couleurs vives / *a colourfully told story* *fig* une histoire très colorée.

colouring UK, **coloring** US ['kʌlərɪŋ] ◆ n **1.** [act] coloration *f* ; [of drawing] coloriage *m* / *go and do some colouring* [to child] va faire du coloriage **2.** [hue] coloration *f*, coloris *m* **3.** [complexion] teint *m* ▸ **high colouring** teint coloré ▸ **fair / dark colouring** teint clair / mat **4.** *fig* [exaggeration] travestissement *m*, dénaturation *f* **5.** [for food] colorant *m*. ◆ comp ▸ **colouring book** album *m* à colorier or de coloriages.

colouring-in, coloring-in US n coloriage *m* ▸ **colouring-in book** album *m* à colorier.

colourist UK, **colorist** US ['kʌlərɪst] n coloriste *mf*.

colourize UK, **colorize** US ['kʌləraɪz] vt CIN coloriser.

colourless UK, **colorless** US ['kʌləlɪs] adj **1.** [without colour] incolore, sans couleur **2.** *fig* [uninteresting] sans intérêt, fade.

colour scheme n palette *f* or combinaison *f* de couleurs / *to choose a colour scheme* assortir les couleurs or les tons.

colour sergeant n UK ≃ sergent-chef *m*.

colour supplement n UK supplément *m* illustré.

colourwash UK, **colorwash** US ['kʌləwɒʃ] ◆ n badigeon *m*. ◆ vt badigeonner.

colourway UK, **colorway** US ['kʌləweɪ] n coloris *m*.

colposcopy ['kɒlpə,skəʊpɪ] n MED colposcopie *f*.

Colt® [kəʊlt] n [revolver] colt *m*, pistolet *m* (automatique).

colt [kəʊlt] n **1.** [horse] poulain *m* **2.** *fig* [young person] petit jeune *m* ; [inexperienced person] novice *m*.

coltish ['kəʊltɪʃ] adj [inexperienced] jeunet, inexpérimenté ; [playful] folâtre.

coltsfoot ['kəʊltsfʊt] n pas-d'âne *m inv*, tussilage *m*.

Columbia [kə'lʌmbɪə] pr n **1.** ▸ **the District of Columbia** le district fédéral de Columbia **2.** ▸ **the Columbia (River)** la Columbia.

Columbia University [kə'lʌmbɪə] pr n *université située à New York, faisant partie de la Ivy League, célèbre pour son école de journalisme.*

columbine ['kɒləmbaɪn] n ancolie *f*.

Columbus [kə'lʌmbəs] pr n ▸ **Christopher Columbus** Christophe Colomb.

Columbus Day n *aux États-Unis, jour commémorant l'arrivée de Christophe Colomb en Amérique (deuxième lundi d'octobre).*

column ['kɒləm] n **1.** [gen & ARCHIT] colonne *f* **2.** PRESS [section of print] colonne *f* ; [regular article] rubrique *f* / *he writes the sports column* il tient la rubrique des sports.

column inch n *unité de mesure des espaces publicitaires équivalant à une colonne sur un pouce.*

columnist ['kɒləmnɪst] n chroniqueur *m*, -euse *f*, échotier *m*, -ère *f*.

colza ['kɒlzə] n colza *m*.

coma ['kəʊmə] n coma *m* / *in a coma* dans le coma.

Comanche [kə'mæntʃɪ] (*pl* **Comanche** *or* **Comanches**) n **1.** [person] Comanche *mf* ▸ **the Comanche** les Comanches **2.** LING comanche *m*.

comatose ['kəʊmətəʊs] adj comateux / *to be comatose* être dans le coma.

comb [kəʊm] ◆ n **1.** [for hair] peigne *m* ; [large-toothed] démêloir *m* ▸ **to run a comb through one's hair** or **to give one's hair a comb** se donner un coup de peigne, se peigner **2.** [for horses] étrille *f* **3.** TEXT [for cotton, wool] peigne *m*, carde *f* ; ELEC balai *m* **4.** [of fowl] crête *f* ; [on helmet] cimier *m* **5.** [honeycomb] rayon *m* de miel. ◆ vt **1.** [hair] peigner / *he combed his hair* il s'est peigné / *I combed the girl's hair* j'ai peigné la petite fille **2.** [horse] étriller **3.** TEXT peigner, carder **4.** *fig* [search] fouiller, ratisser / *the police combed the area for clues* la police a passé le quartier au peigne fin or a ratissé le quartier à la recherche d'indices.

❖ **comb out** vt sep **1.** [hair] démêler, peigner **2.** *fig* [remove] éliminer.

combat ['kɒmbæt] (*pt* & *pp* **combated**, *cont* **combating**) ◆ n combat *m* / *killed / lost in combat* tué / perdu au combat. ◆ comp [troops, zone] de combat ▸ **combat duty** : *on combat duty* en service commandé

▸ **combat gear** tenue *f* de combat ▸ **combat jacket** veste *f* de treillis. ◆ vt combattre, lutter contre. ◆ vi combattre, lutter / *the need to combat against racism* la nécessité de lutter contre le racisme.

combatant [ˈkɒmbətənt] ◆ n combattant *m*, -e *f*. ◆ adj combattant.

combat boots pl n bottes *fpl* de combat.

combat fatigue n psychose *f* traumatique, syndrome *m* commotionnel.

combative [ˈkɒmbətɪv] adj combatif.

combats, combat trousers pl n pantalon *m* treillis.

combe [kuːm] n = coomb.

comber [ˈkəʊmər] n **1.** TEXT [person] peigneur *m*, -euse *f* ; [machine] peigneuse *f* **2.** [wave] grande vague *f*.

combination [ˌkɒmbɪˈneɪʃn] n **1.** [gen, CHEM & MATH] combinaison *f* ; [of circumstances] concours *m* / *an attractive colour combination* une combinaison de couleurs attrayante **2.** [of lock] combinaison *f* **3.** [association, team] association *f*, coalition *f* / *together they formed a winning combination* ensemble ils formaient une équipe gagnante **4.** UK AUTO side-car *m*.

❖ **combinations** pl n UK [underclothing] combinaison-culotte *f*.

combination lock n serrure *f* à combinaison.

combination sandwich n US CULIN *très gros sandwich contenant au minimum cinq ingrédients.*

combination skin n peau *f* mixte.

combination therapy n MED trithérapie *f*.

combine ◆ vt [kəmˈbaɪn] [gen] combiner, joindre ; CHEM combiner / *to combine work and studying* combiner le travail et les études / *let's combine forces* unissons or joignons nos forces / *to combine business and* or *with pleasure* joindre l'utile à l'agréable / *the event was organized by all the groups combined* la réunion a été organisée par tous les groupes réunis / *this, combined with her other problems, made her ill* ceci, conjugué à ses autres problèmes, l'a rendue malade / *furniture combining comfort with style* meubles alliant confort et style. ◆ vi [kəmˈbaɪn] [unite] s'unir, s'associer ; [workers] se syndiquer ; POL [parties] fusionner ; CHEM se combiner / *events combined to leave her penniless* les événements ont concouru à la laisser sans le sou. ◆ n [ˈkɒmbaɪn] **1.** [association] association *f* ; FIN trust *m*, cartel *m* ; LAW corporation *f* **2.** AGR = **combine harvester**.

combined [kəmˈbaɪnd] adj combiné, conjugué / *a combined effort* un effort conjugué ; MIL ▸ **combined forces** forces alliées ▸ **combined operation** **a)** [by several nations] opération alliée **b)** [by forces of one nation] opération interarmées.

combine harvester [ˈkɒmbaɪn-] n moissonneuse-batteuse *f*.

combining form [kəmˈbaɪnɪŋ-] n LING affixe *m*.

combo [ˈkɒmbəʊ] (*pl* **combos**) n **1.** MUS combo *m* **2.** *inf* [combination] combinaison *f* **3.** [mixture] mélange *m*.

combustible [kəmˈbʌstəbl] adj combustible.

combustion [kəmˈbʌstʃn] n combustion *f*.

combustion chamber n chambre *f* de combustion.

combustion engine n moteur *m* à combustion.

come [kʌm] (*pt* **came** [keɪm], *pp* **come** [kʌm]) ◆ vi **1.** [move in direction of speaker] venir / *she won't come when she's called* elle ne vient pas quand on l'appelle / *it's stuck — ah, no, it's coming!* c'est coincé — ah, non, ça vient ! / *coming!* j'arrive ! / *come here* venez ici / *come to the office tomorrow* passez or venez au bureau demain / *he came to me for advice* il est venu me demander conseil / *come with me* **a)** [accompany] venez avec moi, accompagnez-moi **b)** [follow] suivez-moi / *please come this way* par ici or suivez-moi s'il vous plaît / *I come this way every week* je passe par ici toutes les semaines / *come and look* or *come look* US venez voir / *come and get it!* *inf* à la soupe ! / *he came whistling up the stairs* il a monté l'escalier en sifflant / *a car came hurtling round the corner* une voiture a pris le virage à toute vitesse ▸ **to come and go** **a)** [gen] aller et venir **b)** *fig* [pains, cramps, etc.] être intermittent / *people are constantly coming and going* il y a un va-et-vient continuel / *fashions come and go* la mode change tout le temps / *after many years had come and gone* après bien des années / *I don't know whether I'm coming or going* *inf* je ne sais pas où j'en suis / *you have come a long way* **a)** *lit* vous êtes venu de loin **b)** *fig* [made progress] vous avez fait du chemin / *the computer industry has come a very long way since then* l'informatique a fait énormément de progrès depuis ce temps-là ▸ **to come running** *lit & fig* arriver en courant / *we could see him coming a mile off* on l'a vu venir avec ses gros sabots / *you could see it coming* *inf* on l'a vu venir de loin, c'était prévisible ▸ **everything comes to him who waits** *prov* tout vient à point à qui sait attendre *prov* **2.** [as guest, visitor] venir / *can you come to my party on Saturday night?* est-ce que tu peux venir à ma soirée samedi ? / *I'm sorry I can't come* (je suis) désolé, je ne peux pas venir / *would you like to come for lunch / dinner?* voulez-vous venir déjeuner / dîner ? / *I can only come for an hour or so* je ne pourrai venir que pour une heure environ / *come for a ride in the car* viens faire un tour en voiture / *she's come for her money* elle est venue prendre son argent / *I've got people coming* **a)** [short stay] j'ai des invités **b)** [long stay] il y a des gens qui viennent / *Angela came and we had a chat* Angela est venue et on a bavardé / *they came for a week and stayed a month* ils sont venus pour une semaine et ils sont restés un mois / *he couldn't have come at a worse time* il n'aurait pas pu tomber plus mal **3.** [arrive] venir, arriver / *to come in time / late* arriver à temps / en retard / *I've just come from the post-office* j'arrive de la poste à l'instant / *we came to a small town* nous sommes arrivés dans une petite ville / *the time has come to tell the truth* le moment est venu de dire la vérité / *there will come a point when...* il viendra un moment où... ; [reach] : *her hair comes (down) to her waist* ses cheveux lui arrivent à la taille / *the mud came (up) to our knees* la boue nous arrivait or venait (jusqu')aux genoux **4.** [occupy specific place, position] venir, se trouver / *the address comes above the date* l'adresse se met au-dessus de la date / *my birthday comes before yours* mon anniversaire vient avant or précède le tien / *a colonel comes before a lieutenant* un colonel a la préséance sur un lieutenant / *Friday comes after Thursday* vendredi vient après or suit jeudi / *that speech comes in Act 3 / on page 10* on trouve ce discours dans l'acte 3 / à la page 10 **5.** [occur, happen] arriver, se produire / *when my turn comes* or *when it comes to my turn* quand ce sera (à) mon tour, quand mon tour viendra / *such an opportunity only comes once in your life* une telle occasion ne se présente qu'une fois dans la vie / *he has a birthday coming* son anniversaire approche / *success was a long time coming* la réussite s'est fait attendre / *take life as it comes* prenez la vie comme elle vient ▸ **Christmas comes but once a year** il n'y a qu'un Noël par an ▸ **it came to pass that...** BIBLE il advint que... ▸ **come what may** advienne que pourra, quoi qu'il arrive or advienne **6.** [occur to the mind] : *the idea just came to me one day* l'idée m'est soudain venue un jour / *I said the first thing that came into my head* or *that came to mind* j'ai dit la première chose qui m'est venue à l'esprit / *the answer came to her* elle a trouvé la réponse **7.** [be experienced in a specified way] : *writing comes natural* *inf* or *naturally to her* écrire lui est facile, elle est douée pour l'écriture / *a house doesn't come cheap* une maison coûte or revient cher / *the news came as a shock to her* la nouvelle lui a fait un choc / *her visit came as a surprise* sa visite nous a beaucoup surpris / *it comes as no surprise to learn he's gone* (le fait) qu'il soit parti n'a rien de surprenant / *he's as silly as they come* il est sot comme pas un / *they don't come any tougher than Big Al* on ne fait pas plus fort que Big Al ▸ **it'll all come right in the end** tout cela va finir par s'arranger ▸ **the harder they come the harder they fall** plus dure sera la chute **8.** [be available] exister / *this table comes in two sizes* cette table existe or se fait en deux dimensions / *the dictionary comes with a magnifying glass* le dictionnaire est livré avec une loupe **9.** [become] devenir / *it was a dream come true* c'était un rêve devenu réalité / *to come unhooked* se décrocher / *to come unravelled* se défaire / *my buttons keep coming undone* mes boutons n'arrêtent pas de s'ouvrir **10.** (+ *infinitive*) [indicating gradual action] en venir à, finir par / *she came to trust him* elle en est venue à or elle a fini par lui faire confiance / *we have come to expect this kind of thing* nous nous attendons à ce genre de chose maintenant ; [indicating chance] arriver / *how did you come to lose your umbrella?* comment as-tu fait pour perdre ton parapluie ? ▸ **(now that I) come to think of it** maintenant que j'y songe, réflexion faite / *it's not much money when you come to think of it* ce n'est pas beaucoup d'argent quand vous y réfléchissez **11.** [be owing, payable] : *I still have £5 coming (to me)* on me doit encore 5 livres / *there'll be money coming from her uncle's will* elle va toucher l'argent du testament de son oncle / *he got all the credit coming to him* il a eu tous les honneurs qu'il méritait / *you'll get what's coming to you* *inf* tu l'auras cherché or voulu / *he had it coming (to him)* *inf* il ne l'a pas volé **12.** *v inf* [have orgasm] jouir **13.** PHR **how come?** comment ça ? ▸ **come again?** *inf* quoi ? ▸ **how's it coming?** US comment ça va ▸ **come to that** à propos, au fait / *I haven't seen her in weeks, or her husband, come to that* ça fait des semaines que je ne l'ai pas vue, son mari non plus d'ailleurs / *if it comes to that, I'd rather stay home* à ce moment-là or à ce compte-là, je préfère rester à la maison / *don't come the fine lady with me!* ne fais pas la grande dame or ne joue pas à la grande dame avec moi ! / *don't come the innocent!* ne fais pas l'innocent ! / *I wanted to pay you back but I can't come it* US je voulais te rembourser mais je n'y arrive pas / *you're coming it a bit strong!* UK tu y vas un peu fort ! / *don't come it with me!* **a)** UK [try to impress] n'essaie pas de m'en mettre plein la vue ! **b)** [lord it over] pas la peine d'être si hautain avec moi ! ▸ **to come** : *the days to come* les prochains jours, les jours qui viennent / *the battle to come* la bataille qui va avoir lieu / *the life to come* RELIG l'autre vie / *in times to come* à l'avenir / *for some time to come* pendant quelque temps. ◆ prep [by] : *come tomorrow / Tuesday you'll feel better* vous vous sentirez mieux demain / mardi / *I'll have been here two years come April* ça fera deux ans en avril que je suis là / *come the revolution you'll all be out of a job* avec la révolution, vous vous retrouverez tous au chômage. ◆ interj ▸ **come, come!** or **come now!** allons !, voyons ! ◆ n *vulg* foutre *m*.

❖ **come about** vi **1.** [occur] arriver, se produire / *how could such a mistake come about?* comment une telle erreur a-t-elle pu se produire ? / *the discovery of penicillin came about quite by accident* la pénicilline a été découverte tout à fait par hasard **2.** NAUT [wind] tourner, changer de direction ; [ship] virer de bord.

❖ **come across** ◆ vi **1.** [walk, travel across - field, street] traverser / *as we stood talking she came across to join us* pendant que nous discutions, elle est venue se joindre à nous **2.** [create specified impression] donner l'impression de / *he came across as a total idiot* il donnait l'impression d'être complètement idiot ; [communicate effectively] : *he never comes across as well on film as in the theatre* il passe mieux au théâtre qu'à l'écran / *the author's message comes across well* le message de l'auteur passe bien / *her disdain for his work came across* le mépris qu'elle avait pour son travail transparaissait **3.** *v inf* [do as promised] s'exécuter, tenir parole. ◆ vt insep [person] rencontrer par hasard, tomber sur ; [thing] trouver par hasard, tomber sur / *we came across an interesting problem* on a été confrontés à or on est tombés sur un problème intéressant / *she reads everything she comes across* elle lit tout ce qui lui tombe sous la main.

❖ **come across with** vt insep *v inf* [give - information] donner, fournir ; [- help] offrir ; [- money] raquer, se fendre de / *he came across with the money he owed me* il m'a filé le fric qu'il me devait / *the crook came across with the names of his accomplices* l'escroc a vendu ses complices.

❖ **come after** vt insep [pursue] poursuivre / *he came after me with a stick* il m'a poursuivi avec un bâton.

❖ **come along** vi **1.** [encouraging, urging] : *come*

along, drink your medicine! allez, prends or bois ton médicament ! / *come along, we're late!* dépêche-toi, nous sommes en retard ! **2.** [accompany] venir, accompagner / *she asked me to come along (with them)* elle m'a invité à aller avec eux or à les accompagner **3.** [occur, happen] arriver, se présenter / *an opportunity like this doesn't come along often* une telle occasion ne se présente pas souvent / *don't accept the first job that comes along* ne prenez pas le premier travail qui se présente / *he married the first woman that came along* il a épousé la première venue **4.** [progress] avancer, faire des progrès ; [grow] pousser / *the patient is coming along well* le patient se remet bien / *the work isn't coming along as expected* le travail n'avance pas comme prévu / *how's your computer class coming along?* comment va ton cours d'informatique ?

❖ **come apart** vi [object - come to pieces] se démonter ; [- break] se casser ; [project, policy] échouer / *the book came apart in my hands* le livre est tombé en morceaux quand je l'ai pris / *under pressure he came apart* *fig* sous la pression il a craqué.

❖ **come around** vt insep = **come round.**

❖ **come at** vt insep [attack] attaquer, se jeter sur / *he came at me with a knife* il s'est jeté sur moi avec un couteau / *questions came at me from all sides* j'ai été assailli de questions.

❖ **come away** vi **1.** [leave] partir, s'en aller / *come away from that door!* écartez-vous de cette porte ! / *I came away with the distinct impression that all was not well* je suis reparti avec la forte impression que quelque chose n'allait pas / *he asked her to come away with him* **a)** [elope] il lui a demandé de s'enfuir avec lui **b)** UK [go on holiday] il lui a demandé de partir avec lui **2.** [separate] partir, se détacher / *the page came away in my hands* la page m'est restée dans les mains.

❖ **come back** vi **1.** [return] revenir / *he came back with me* il est revenu avec moi / *to come back home* rentrer (à la maison) / *the colour came back to her cheeks* elle reprit des couleurs / *we'll come back to that question later* nous reviendrons à cette question plus tard / *to come back to what we were saying* pour en revenir à ce que nous disions **2.** [to memory] : *it's all coming back to me* tout cela me revient (à l'esprit or à la mémoire) **3.** [reply] répondre ; US [retort] rétorquer, répliquer / *they came back with an argument in favour of the project* ils ont répondu par un argument en faveur du projet **4.** [recover] remonter / *he came back strongly in the second set* il a bien remonté au deuxième set / *they came back from 3-0 down* ils ont remonté de 3 à 0 ; [make comeback] faire un come-back **5.** [become fashionable again] revenir à la mode.

❖ **come before** vt insep LAW [person] comparaître devant ; [case] être entendu par.

❖ **come between** vt insep brouiller, éloigner / *he came between her and her friend* il l'a brouillée avec son amie, il l'a éloignée de son amie.

❖ **come by** ◆ vi [stop by] passer, venir. ◆ vt insep [acquire - work, money] obtenir, se procurer ; [- idea] se faire / *jobs are hard to come by* il est difficile de trouver du travail / *how on earth did he come by that idea?* où est-il allé chercher cette idée ?

❖ **come down** ◆ vt insep [descend - ladder, stairs] descendre ; [- mountain] descendre, faire la descente de. ◆ vi **1.** [descend - plane, person] descendre / *come down from that tree!* descends de cet arbre ! / *they came down to Paris* ils sont descendus à Paris ▸ **to come down in the world** : *he's come down in the world* il a déchu ▸ **to come down to earth** : *you'd better come down to earth* tu ferais bien de revenir sur terre or de descendre des nues **2.** [fall] tomber / *rain was coming down in sheets* il pleuvait des cordes / *the ceiling came down* le plafond s'est effondré **3.** [reach] descendre / *the dress comes down to my ankles* la robe descend jusqu'à mes chevilles **4.** [decrease] baisser / *he's ready to come down 10% on the price* il est prêt à rabattre or baisser le prix de 10 % **5.** [be passed down] être transmis (de père en fils) / *this custom comes down from the Romans* cette coutume nous vient des Romains **6.** [reach a decision] se prononcer / *the majority came down in favour of / against abortion* la majorité s'est prononcée en faveur de / contre l'avortement **7.** [be demolished] être démoli or abattu / *these shacks will soon come down* on va bientôt démolir ces cabanes **8.** UK UNIV obtenir son diplôme **9.** *drugs sl* redescendre.

❖ **come down on** vt insep **1.** [rebuke] s'en prendre à / *the boss really came down hard on him* le patron lui a passé un de ces savons **2.** *inf* [pressurize] : *they came down on me to sell the land* ils ont essayé de me faire vendre le terrain.

❖ **come down to** vt insep [amount] se réduire à, se résumer à / *it all comes down to what you want to do* tout cela dépend de ce que vous souhaitez faire / *it all comes down to the same thing* tout cela revient au même / *that's what his argument comes down to* voici à quoi se réduit son raisonnement.

❖ **come down with** vt insep [become ill] attraper / *he came down with a cold* il s'est enrhumé, il a attrapé un rhume.

❖ **come forward** vi [present oneself] se présenter / *more women are coming forward as candidates* davantage de femmes présentent leur candidature.

❖ **come forward with** vt insep [offer] : *the townspeople came forward with supplies* les habitants de la ville ont offert des provisions / *he came forward with a new proposal* il a fait une nouvelle proposition / *to come forward with evidence* LAW présenter des preuves.

❖ **come from** vt insep venir de / *she comes from China* [Chinese person] elle vient or elle est originaire de Chine / *this word comes from Latin* ce mot vient du latin / *this passage comes from one of his novels* ce passage est extrait or provient d'un de ses romans / *that's surprising coming from him* c'est étonnant de sa part / *a sob came from his throat* un sanglot s'est échappé de sa gorge / *I'm not sure where he's coming from* *v inf* je ne sais pas très bien ce qui le motive.

❖ **come in** vi **1.** [enter] entrer / *come in!* entrez ! / *they came in through the window* ils sont entrés par la fenêtre ; [come inside] rentrer / *come in now, children, it's getting dark* rentrez maintenant, les enfants, il commence à faire nuit **2.** [plane, train] arriver **3.** [in competition] arriver / *she came in second* elle est arrivée deuxième **4.** [be received - money, contributions] rentrer / *there isn't enough money coming in to cover expenditure* l'argent qui rentre ne suffit pas à couvrir les dépenses / *how much do you have coming in every week?* combien touchez-vous or encaissez-vous chaque semaine ? ; PRESS [news, report] être reçu / *news is just coming in of a riot in Red Square* on nous annonce à l'instant des émeutes sur la place Rouge **5.** RADIO & TV [begin to speak] parler / *come in car number 1 over* j'appelle voiture 1, à vous / *come in Barry Stewart from New York* à vous, Barry Stewart à New York **6.** [become seasonable] être de saison / *when do endives come in?* quand commence la saison des endives ? ; [become fashionable] entrer en vogue / *leather has come in* le cuir est à la mode or en vogue **7.** [prove to be] ▸ **to come in handy** or **useful** **a)** [tool, gadget] être utile or commode **b)** [contribution] arriver à point / *these gloves come in handy or useful for driving* ces gants sont bien commodes or utiles pour conduire **8.** [be involved] être impliqué ; [participate] participer, intervenir / *where do I come in?* quel est mon rôle là-dedans ? / *this is where the law comes in* c'est là que la loi intervient / *he should come in on the deal* il devrait participer à l'opération / *I'd like to come in on this* [conversation] j'aimerais dire quelques mots là-dessus or à ce sujet **9.** [tide] monter.

❖ **come in for** vt insep [be object of - criticism] être l'objet de, subir ; [- blame] supporter ; [- abuse, reproach] subir.

❖ **come into** vt insep **1.** [inherit] hériter de ; [acquire] entrer en possession de / *they came into a fortune* **a)** [received] ils ont reçu une fortune **b)** [won] ils ont gagné une fortune **c)** [inherited] ils ont hérité d'une fortune **2.** [play a role in] jouer un rôle / *it's not simply a matter of pride, though pride does come into it* ce n'est pas une simple question de fierté, bien que la fierté joue un certain rôle / *money doesn't come into it!* l'argent n'a rien à voir là-dedans !

❖ **come of** vt insep résulter de / *what will come of it?* qu'en résultera-t-il ? / *no good will come from* or *of it* ça ne mènera à rien de bon, il n'en résultera rien de bon / *let me know what comes of the meeting* faites-moi savoir ce qui ressortira de la réunion / *that's what comes from listening to you!* voilà ce qui arrive quand on vous écoute !

❖ **come off** ◆ vt insep **1.** [fall off - subj: rider] tomber de ; [- subj: button] se détacher de, se découdre de ; [- subj: handle, label] se détacher de ; [be removed - stain, mark] partir de, s'enlever de **2.** [stop taking - drug, medicine] arrêter de prendre ; [- drink] arrêter de boire / *to come off the pill* arrêter (de prendre) la pilule **3.** FOOT [leave] sortir de **4.** PHR **oh, come off it!** *inf* allez, arrête ton char ! ◆ vi **1.** [rider] tomber ; [handle] se détacher ; [stains] partir, s'enlever ; [tape, wallpaper] se détacher, se décoller ; [button] se détacher, se découdre / *the handle came off in his hand* la poignée lui est restée dans la main **2.** FOOT [leave the field] sortir **3.** [fare, manage] s'en sortir, se tirer de / *you came off well in the competition* tu t'en es bien tiré au concours / *to come off best* gagner **4.** *inf* [happen] avoir lieu, se passer / *did the game come off all right?* le match s'est bien passé ? / *my trip to China didn't come off* mon voyage en Chine n'a pas eu lieu ; [be carried through] se réaliser ; [succeed] réussir / *his plan didn't come off* son projet est tombé à l'eau **5.** CIN & THEAT [film, play] fermer **6.** *v inf* [have orgasm] décharger.

❖ **come on** ◆ vi **1.** [follow] suivre / *I'll come on after (you)* je vous suivrai **2.** *(in imperative)* [hurry] : *come on!* allez ! / *come on in / up!* entre / monte donc ! / *oh, come on, for goodness sake!* allez, arrête ! **3.** [progress] avancer, faire des progrès ; [grow] pousser, venir bien / *how is your work coming on?* où en est votre travail ? / *my roses are coming on nicely* mes rosiers se portent bien / *her new book is coming on quite well* son nouveau livre avance bien / *he's coming on in physics* il fait des progrès en physique **4.** [begin - illness] se déclarer ; [- storm] survenir, éclater ; [- season] arriver / *as night came on* quand la nuit a commencé à tomber / *it's coming on to rain* il va pleuvoir / *I feel a headache / cold coming on* je sens un mal de tête qui commence / que je m'enrhume **5.** [start functioning - electricity, gas, heater, lights, radio] s'allumer ; [- motor] se mettre en marche ; [- utilities at main] être mis en service / *has the water come on?* y a-t-il de l'eau ? **6.** [behave, act] : *don't come on all macho with me!* ne joue pas les machos avec moi ! ▸ **you came on a bit strong** *inf* tu y es allé un peu fort ▸ **to come on hard** ne pas y aller de main morte **7.** THEAT [actor] entrer en scène ; [play] être joué or représenté / *his new play is coming on* on va donner sa nouvelle pièce. ◆ vt insep = **come upon.**

❖ **come on to** vt insep **1.** [proceed to consider] aborder, passer à / *I want to come on to the issue of epidemics* je veux passer à la question des épidémies **2.** US *v inf* [flirt with] draguer / *she was coming on to me in a big way* elle me draguait à fond.

❖ **come out** vi **1.** [exit] sortir / *as we came out of the theatre* au moment où nous sommes sortis du théâtre ; [socially] sortir / *would you like to come out with me tonight?* est-ce que tu veux sortir avec moi ce soir ? ▸ **to come out of oneself** or **out of one's shell** sortir de sa coquille **2.** [make appearance - stars, sun] paraître, se montrer ; [- flowers] sortir, éclore ; [- book] paraître, être publié ; [- film] paraître, sortir ; [- new product] sortir / *his nasty side came out* sa méchanceté s'est manifestée / *I didn't mean it the way it came out* ce n'est pas ce que je voulais dire **3.** [be revealed - news, secret] être divulgué or révélé ; [- facts, truth] émerger, se faire jour / *as soon as the news came out* dès qu'on a su la nouvelle, dès que la nouvelle a été annoncée **4.** [colour - fade] passer, se faner ; [- run] déteindre ; [stain] s'enlever, partir **5.** [declare oneself publicly] se déclarer / *the governor came out against / for abortion* le gouverneur s'est prononcé (ouvertement) contre / pour l'avortement ▸ **to come out (of the closet)** *inf* faire son coming-out **6.** UK [on strike] se mettre en or faire grève **7.** [emerge, finish up] se tirer d'affaire, s'en sortir / *the government came out of the deal badly* le gouvernement s'est mal sorti de l'affaire / *everything will come out fine* tout va s'arranger ; [in competition] se classer / *I came out top in maths* j'étais premier en maths / *to come out on top* gagner **8.** [go into society] faire ses débuts or débuter dans le monde **9.** MATH [yield solution] : *this sum won't come out* je n'arrive pas à résoudre cette opération **10.** PHOT : *the pictures came out well / badly* les photos étaient très bonnes / n'ont rien donné / *the house didn't come out well* la maison n'est pas très bien sur les photos.

come out at vt insep [amount to] s'élever à.

come out in vt insep ▸ **to come out in spots** or **a rash** avoir une éruption de boutons.

come out with vt insep [say] dire, sortir / *what will he come out with next?* qu'est-ce qu'il va nous sortir encore ? / *he finally came out with it* il a fini par le sortir.

come over ◆ vi **1.** [move, travel in direction of speaker] venir / *at the party she came over to talk to me* pendant la soirée, elle est venue me parler / *do you want to come over this evening?* tu veux venir à la maison ce soir ? / *his family came over with the early settlers* sa famille est arrivée or venue avec les premiers pionniers / *I met him in the plane coming over* je l'ai rencontré dans l'avion en venant **2.** [stop by] venir, passer **3.** [change sides] : *they came over to our side* ils sont passés de notre côté / *he finally came over to their way of thinking* il a fini par se ranger à leur avis **4.** [make specified impression] : *her speech came over well* son discours a fait bon effet or bonne impression / *he came over as honest* il a donné l'impression d'être honnête **5.** *inf* [feel] devenir / *he came over all funny* **a)** [felt ill] il s'est senti mal tout d'un coup, il a eu un malaise **b)** [behaved oddly] il est devenu tout bizarre / *to come over dizzy* être pris de vertige / *to come over faint* être pris d'une faiblesse. ◆ vt insep affecter, envahir / *a change came over him* un changement se produisit en lui / *a feeling of fear came over him* il a été saisi de peur, la peur s'est emparée de lui / *what has come over him?* qu'est-ce qui lui prend ?

come round vi **1.** [make a detour] faire le détour / *we came round by the factory* nous sommes passés par or nous avons fait le détour par l'usine **2.** [stop by] passer, venir **3.** [occur - regular event] : *don't wait for Christmas to come round* n'attendez pas Noël / *when the championships / elections come round* au moment des championnats / élections / *the summer holidays will soon be coming round again* bientôt, ce sera de nouveau les grandes vacances **4.** [change mind] changer d'avis / *he finally came round to our way of thinking* il a fini par se ranger à notre avis ; [change to better mood] : *don't worry, she'll soon come round* ne t'en fais pas, elle sera bientôt de meilleure humeur **5.** [recover consciousness] reprendre connaissance, revenir à soi ; [get better] se remettre, se rétablir / *she's coming round after a bout of pneumonia* elle se remet d'une pneumonie **6.** NAUT venir au vent.

come through ◆ vi **1.** [be communicated] : *his sense of conviction came through* on voyait qu'il était convaincu / *her enthusiasm comes through in her letters* son enthousiasme se lit dans ses lettres ; TELEC & RADIO : *your call is coming through* je vous passe votre communication / *you're coming through loud and clear* je vous reçois cinq sur cinq / *his message came through loud and clear* *fig* son message a été reçu cinq sur cinq **2.** [be granted, approved] se réaliser / *did your visa come through?* avez-vous obtenu votre visa ? / *my request for a transfer came through* ma demande de mutation a été acceptée **3.** [survive] survivre, s'en tirer **4.** US *inf* [do what is expected] : *he came through for us* il a fait ce qu'on attendait de lui / *did he come through on his promise?* a-t-il tenu parole ? / *they came through with the documents* ils ont fourni les documents / *he came through with the money* il a rendu l'argent comme prévu. ◆ vt insep **1.** [cross] traverser / *we came through marshland* nous sommes passés par or avons traversé des marais ; *fig* [penetrate] traverser / *the rain came through my coat* la pluie a traversé mon manteau **2.** [survive] : *they came through the accident without a scratch* ils sont sortis de l'accident indemnes / *she came through the examination with flying colours* elle a réussi l'examen avec brio.

come to ◆ vi **1.** [recover consciousness] reprendre connaissance, revenir à soi **2.** NAUT [change course] venir au vent, lofer ; [stop] s'arrêter. ◆ vt insep **1.** [concern] : *when it comes to physics, she's a genius* pour ce qui est de la physique, c'est un génie / *when it comes to paying...* quand il faut payer... **2.** [amount to] s'élever à, se monter à / *how much did dinner come to?* à combien s'élevait le dîner ? / *her salary comes to £750 a month* elle gagne 750 livres par mois **3.** *fig* [arrive at, reach] : *now we come to questions of health* nous en venons maintenant aux questions de santé / *he got what was coming to him* il n'a eu que ce qu'il méritait / *to come to a conclusion* arriver à une conclusion / *to come to power* accéder au pouvoir ▸ **what is the world coming to?** où va le monde ? / *I never thought it would come to this* je ne me doutais pas qu'on en arriverait là.

come together vi **1.** [assemble] se réunir, se rassembler ; [meet] se rencontrer **2.** *inf* [combine successfully] : *everything came together at the final performance* tout s'est passé à merveille pour la dernière représentation.

come under vt insep **1.** [be subjected to - authority, control] dépendre de ; [- influence] tomber sous, être soumis à / *the government is coming under pressure to lower taxes* le gouvernement subit des pressions visant à réduire les impôts **2.** [be classified under] être classé sous / *that subject comes under "current events"* ce sujet est classé or se trouve sous la rubrique « actualités ».

come up vi **1.** [move upwards] monter ; [moon, sun] se lever ; [travel in direction of speaker] : *I come up to town every Monday* je viens en ville tous les lundis / *they came up to Chicago* ils sont venus à Chicago ▸ **to come up for air** **a)** [diver] remonter à la surface **b)** *fig* [take break] faire une pause / *she came up the hard way* elle a réussi à la force du poignet / *an officer who came up through the ranks* MIL un officier sorti du rang **2.** [approach] s'approcher ▸ **to come up to sb** s'approcher de qqn, venir vers qqn / *the students came up to him with their questions* les étudiants sont venus le voir avec leurs questions / *it's coming up to 5 o'clock* il est presque 5 h / *coming up now on Channel 4, the Cosby Show* et maintenant, sur Channel 4, le Cosby Show ▸ **one coffee, coming up!** *inf* et un café, un ! **3.** [plant] sortir, germer / *my beans are coming up nicely* mes haricots poussent bien **4.** [come under consideration - matter] être soulevé, être mis sur le tapis ; [- question, problem] se poser, être soulevé / *that problem has never come up* ce problème ne s'est jamais posé / *the question of financing always comes up* la question du financement se pose toujours / *she comes up for re-election this year* son mandat prend fin cette année / *my contract is coming up for review* mon contrat doit être révisé ; LAW [accused] comparaître ; [case] être entendu ▸ **to come up before the judge** or **the court** **a)** [accused] comparaître devant le juge **b)** [case] être entendu par la cour / *her case comes up next Wednesday* elle passe au tribunal mercredi prochain **5.** [happen unexpectedly - event] survenir, surgir ; [- opportunity] se présenter / *she's ready for anything that might come up* elle est prête à faire face à toute éventualité / *I can't make it, something has come up* je ne peux pas venir, j'ai un empêchement **6.** [intensify - wind] se lever ; [- light] s'allumer / *when the lights came up at the interval* lorsque les lumières se rallumèrent à l'entracte ; [sound] s'intensifier **7.** [be vomited] : *everything she eats comes up (again)* elle vomit or rejette tout ce qu'elle mange **8.** [colour, wood, etc.] : *the colour comes up well when it's cleaned* la couleur revient bien au nettoyage **9.** *inf* [win] gagner / *did their number come up?* **a)** [in lottery] ont-ils gagné au loto ? **b)** *fig* est-ce qu'ils ont touché le gros lot ?

come up against vt insep [be confronted with] rencontrer / *they came up against some tough competition* ils se sont heurtés à des concurrents redoutables.

come up to vt insep **1.** [reach] arriver à / *the mud came up to their knees* la boue leur montait or arrivait jusqu'aux genoux / *she comes up to his shoulder* elle lui arrive à l'épaule **2.** [equal] : *his last book doesn't come up to the others* son dernier livre ne vaut pas les autres / *the play didn't come up to our expectations* la pièce nous a déçus.

come up with vt insep [offer, propose - money, loan] fournir ; [think of - plan, suggestion] suggérer, proposer ; [- answer] trouver ; [- excuse] trouver, inventer / *they came up with a wonderful idea* ils ont eu une idée géniale / *what will she come up with next?* qu'est-ce qu'elle va encore inventer ?

come upon vt insep [find unexpectedly - person] rencontrer par hasard, tomber sur ; [- object] trouver par hasard, tomber sur / *we came upon the couple just as they were kissing* nous avons surpris le couple en train de s'embrasser.

comeback ['kʌmbæk] n *inf* **1.** [return] retour *m*, comeback *m* ; THEAT rentrée *f* ▸ **to make** or **to stage a comeback** faire une rentrée or un comeback **2.** [retort] réplique *f* **3.** [consequence] suite *f*, conséquence *f*, répercussion *f*.

Comecon ['kɒmɪkɒn] (abbr of **Council for Mutual Economic Assistance**) pr n Comecon *m*.

comedian [kə'mi:djən] n **1.** [comic] comique *m* ; *fig* [funny person] clown *m*, pitre *m* **2.** THEAT comédien *m*.

comedienne [kə,mi:dɪ'en] n **1.** [comic] actrice *f* comique **2.** THEAT [comic actress] comédienne *f*.

comedo ['kɒmɪdəʊ] (*pl* **comedones** [,kɒmɪ'dəʊni:z]) n MED comédon *m*.

comedown ['kʌmdaʊn] n *inf* déchéance *f*, dégringolade *f* / *he finds working in sales a bit of a comedown* il trouve plutôt humiliant de travailler comme vendeur.

comedy ['kɒmədɪ] (*pl* **comedies**) ◆ n [gen] comédie *f* ; THEAT genre *m* comique, comédie *f* ▸ **comedy of manners** comédie de mœurs / **'The Comedy of Errors'** *Shakespeare* 'la Comédie des erreurs' / *the whole affair has been a comedy of errors* toute cette affaire n'a été qu'une farce. ◆ comp [act, duo, programme] comique.

come-hither adj *inf* aguichant ▸ **a come-hither look** un regard aguichant.

comely ['kʌmlɪ] (*compar* **comelier**, *superl* **comeliest**) adj *arch* charmant, beau (*before vowel or silent 'h'* **bel**, *f* **belle**).

come-on n *inf* attrape-nigaud *m* ▸ **to give sb the come-on** faire les yeux doux à qqn.

comer ['kʌmər] n **1.** [arrival] arrivant *m*, -e *f* ▸ **the first comers** les premiers venus ▸ **open to all comers** ouvert à tous or au tout-venant **2.** US *inf* [potential success] : *she's a real comer!* elle a un bel avenir devant elle !

comestible [kə'mestɪbl] adj *fml* comestible.

comestibles pl n comestibles *fpl*, denrées *mpl* comestibles.

comet ['kɒmɪt] n comète *f*.

come-to-bed adj : *come-to-bed eyes* regard *m* aguichant or suggestif.

come-uppance [,kʌm'ʌpəns] n *inf* : *she got her come-uppance* elle n'a eu que ce qu'elle méritait / *you'll get your come-uppance* tu auras ce que tu mérites.

comfort ['kʌmfət] ◆ n **1.** [well-being] confort *m*, bien-être *m* / *to live in comfort* vivre dans l'aisance or à l'aise / *she's used to comfort* elle a toujours eu tout le or son confort / *the explosion was too close for comfort* *fig* l'explosion a eu lieu un peu trop près à mon goût **2.** (*usu pl*) [amenities] aises *fpl*, commodités *fpl* / *every modern comfort* tout le confort moderne / *I like my comfort* or *comforts* j'aime avoir mes aises or mon confort **3.** [consolation] réconfort *m*, consolation *f* ▸ **comfort food** nourriture *f* or aliments *mpl* de réconfort ▸ **to take comfort in sthg** trouver un réconfort dans qqch / *she took comfort from his words* elle a trouvé un réconfort dans ses paroles / *I took comfort from* or *in the knowledge that it would soon be over* je me suis consolé en me disant que ce serait bientôt fini / *it's a comfort to know* c'est un soulagement de savoir / *if it's any comfort to you* si cela peut vous consoler / *you've been a great comfort to me* vous avez été pour moi un grand réconfort. ◆ vt **1.** [console] consoler ; [relieve] soulager **2.** [cheer] réconforter, encourager.

comfortable ['kʌmftəbl] adj **1.** [chair, shoes, bed, room] confortable ; [temperature] agréable ; *fig* [lead, win] confortable **2.** [person] à l'aise / *are you comfortable?* êtes-vous bien installé ? / *make yourself comfortable* **a)** [sit down] installez-vous confortablement **b)** [feel at ease] mettez-vous à l'aise, faites comme chez vous / *I'm not very comfortable about* or *I don't feel comfortable with the idea* l'idée m'inquiète un peu ; [after illness, operation, accident] ▸ **to be comfortable** ne pas souffrir **3.** [financially secure] aisé, riche ; [easy - job] tranquille / *they're very comfortable* ils ont une vie aisée / *comfortable income* revenu suffisant / *he makes a comfortable living* il gagne bien sa vie **4.** [ample] : *that leaves us a comfortable margin* ça nous laisse une marge confortable.

⚠ **Confortable** is not always the correct translation of comfortable. See the entry for details.

comfortably ['kʌmftəblɪ] adv **1.** [in a relaxed position - sit, sleep] confortablement, agréablement **2.** [in financial comfort] à l'aise / *they live comfortably* ils vivent dans l'aisance or à l'aise ▸ **to be comfortably off** être à l'aise **3.** [easily] facilement, à l'aise / *we can fit five people in the car comfortably* la voiture contient bien cinq personnes, on tient à l'aise à cinq dans la voiture / *we should manage it comfortably in two hours* deux heures suffiront largement.

comforter ['kʌmfətəʳ] n **1.** [person] consolateur *m*, -trice *f* **2.** UK [scarf] cache-nez *m* **3.** [for baby] tétine *f*, sucette *f* **4.** US [quilt] édredon *m* ; [duvet] couette *f*.

comforting ['kʌmfətɪŋ] ◆ adj [consoling - remark, thought] consolant, réconfortant, rassurant ; [encouraging] encourageant. ◆ n [consolation] réconfort *m*, consolation *f* ; [encouragement] encouragement *m*.

comfortless ['kʌmfətlɪs] adj **1.** [room] sans confort **2.** [dismal - person] triste, désolé ; [- thought] peu rassurant, triste.

comfort station n US toilettes *fpl* publiques *(sur le bord d'une route)*.

comfort zone n : *I like to stay within my comfort zone* j'essaie de ne pas dépasser mes limites or de rester dans ma zone de confort / *it's time to step out of your comfort zone* c'est le moment de dépasser vos limites or de sortir de votre zone de confort / *start off by doing exercises inside your comfort zone* commencez par des exercices que vous pouvez faire sans forcer.

comfrey ['kʌmfrɪ] n consoude *f*.

comfy ['kʌmfɪ] *(compar* **comfier**, *superl* **comfiest)** adj *inf* [chair] confortable / *are you comfy?* vous êtes bien installés ?

comic ['kɒmɪk] ◆ adj comique, humoristique ▸ **comic relief a)** THEAT intervalle *m* comique **b)** *fig* moment *m* de détente (comique) ▸ **Comic Relief** *association caritative en Grande-Bretagne qui collecte des fonds en organisant chaque année un « téléthon » et en vendant des petits nez rouges en plastique que les gens portent en signe de solidarité.* ◆ n **1.** [entertainer] (acteur *m*) comique *m*, actrice *f* comique **2.** [magazine] BD *f*, bande dessinée *f*.
❖ **comics** pl n US [in newspaper] bandes *fpl* dessinées.

comical ['kɒmɪkl] adj drôle, comique.

comically ['kɒmɪklɪ] adv drôlement, comiquement.

comic book n magazine *m* de bandes dessinées.

comic opera n opéra *m* comique.

comic strip n bande *f* dessinée.

coming ['kʌmɪŋ] ◆ adj **1.** [time, events] à venir, futur ; [in near future] prochain / *this coming Tuesday* mardi prochain / *the coming storm* l'orage qui approche **2.** *inf* [promising - person] d'avenir, qui promet. ◆ n **1.** [gen] arrivée *f*, venue *f* ▸ **coming away** départ *m* ▸ **coming back** retour *m* ▸ **coming in** entrée *f* ▸ **coming out** [exiting] sortie *f* ▸ **coming and going** va-et-vient *m* ▸ **comings and goings** allées *fpl* et venues **2.** RELIG avènement *m*.

coming of age n majorité *f*.

Coming of age

À sa majorité (fixée à 18 ans), tout Britannique acquiert le droit de voter, de faire partie d'un jury, de boire de l'alcool dans les pubs et de se marier sans le consentement de ses parents.

coming out n [of homosexual] coming-out *m* ; [of girl] entrée *f* dans le monde *(d'une jeune fille)*.

Comintern ['kɒmɪntɜːn] (abbr of **Communist International**) pr n Komintern *m*.

comma ['kɒmə] n GRAM & MUS virgule *f*.

command [kə'mɑːnd] ◆ n **1.** [order] ordre *m* ; MIL ordre *m*, commandement *m* / *the troops were withdrawn at* or *on his command* les troupes ont été retirées sur ses ordres / *they are at your command* ils sont à vos ordres / *at the word of command* au commandement **2.** [authority] commandement *m* / *who is in command here?* qui est-ce qui commande ici ? ▸ **to be in command of sthg** avoir qqch sous ses ordres, être à la tête de qqch / *he had / took command of the situation* il avait / a pris la situation en main / *they are under her command* ils sont sous ses ordres or son commandement **3.** [control, mastery] maîtrise *f* / *command of the seas* maîtrise des mers / *he's in full command of his faculties* il est en pleine possession de ses moyens / *she has a good command of two foreign languages* elle possède bien deux langues étrangères / *her command of Spanish* sa maîtrise de l'espagnol / *all the resources at my command* toutes les ressources à ma disposition or dont je dispose / *I'm at your command* je suis à votre disposition / *command of the market* COMM domination *f* sur le marché **4.** MIL [group of officers] commandement *m* ; [troops] troupes *fpl* ; [area] région *f* militaire **5.** COMPUT commande *f*. ◆ vt **1.** [order] ordonner, commander / *she commanded that we leave immediately* elle nous a ordonné or nous a donné l'ordre de partir immédiatement / *the general commanded his men to attack* le général a donné l'ordre à ses hommes d'attaquer **2.** [have control over - army] commander ; [- emotions] maîtriser, dominer **3.** [receive as due] commander, imposer / *to command respect* inspirer le respect, en imposer / *to command the attention of one's audience* tenir son public en haleine / *the translator commands a high fee* les services du traducteur valent cher / *this painting will command a high price* ce tableau se vendra à un prix élevé **4.** [have use of] disposer de / *all the resources that the country can command* toutes les ressources dont le pays peut disposer **5.** [subj: building, statue - overlook] ▸ **to command a view of** avoir vue sur, donner sur. ◆ vi **1.** [order] commander, donner des ordres **2.** [be in control] commander ; MIL commander, avoir le commandement.

commandant [,kɒmən'dænt] n commandant *m*.

command economy n économie *f* planifiée.

commandeer [,kɒmən'dɪəʳ] vt [officially] réquisitionner ; [usurp] accaparer.

commander [kə'mɑːndəʳ] n **1.** [person in charge] chef *m* ; MIL commandant *m* ; NAUT capitaine *m* de frégate **2.** UK [of police] ≃ commissaire *m* divisionnaire ; ≃ divisionnaire *m*.

commander-in-chief n commandant *m* en chef, généralissime *m*.

commanding [kə'mɑːndɪŋ] adj **1.** [in command] qui commande **2.** [overlooking - view] élevé ; [overlooking and dominant - position] dominant, important / *to be in a commanding position* avoir une position dominante / *to have a commanding lead* avoir une solide avance **3.** [tone, voice] impérieux, de commandement ; [look] impérieux ; [air] imposant.

commanding officer n commandant *m*.

commandment [kə'mɑːndmənt] n commandement *m* ▸ **the Ten Commandments** les dix commandements, le décalogue *fml*.

commando [kə'mɑːndəʊ] *(pl* **commandos** *or* **commandoes)** ◆ n commando *m*. ◆ comp [raid, unit] de commando.

command-orientated adj COMPUT [program] orienté commande.

command performance n *représentation (d'un spectacle) à la requête d'un chef d'État.*

command post n poste *m* de commandement.

command prompt n COMPUT invite *f* de commande.

commemorate [kə'meməreɪt] vt commémorer.

commemoration [kə,memə'reɪʃn] n commémoration *f* ; RELIG commémoraison *f* ▸ **in commemoration of** en commémoration de.

commemorative [kə'memərətɪv] adj commémoratif.

commence [kə'mens] *fml* ◆ vi commencer. ◆ vt commencer / *the date on which you commenced employment* la date à laquelle vous avez commencé à travailler / *she commenced speaking at 2 p.m.* elle a commencé à parler à 2 h de l'après-midi ▸ **to commence proceedings against sb** LAW former un recours contre qqn *(devant une juridiction)*.

commencement [kə'mensmənt] n **1.** *fml* [beginning] commencement *m*, début *m* ; LAW [of law] date *f* d'entrée en vigueur **2.** US UNIV remise *f* des diplômes.

Commencement Day n *jour de la remise des diplômes dans une université américaine.*

commend [kə'mend] vt **1.** [recommend] recommander, conseiller / *he commended the proposal to the committee* il a recommandé le projet au comité / *if this policy commends itself to the public…* si cette politique est du goût du public… / *the report has little to commend it* il n'y a pas grand-chose d'intéressant dans ce rapport **2.** [praise] louer, faire l'éloge de / *to commend sb for bravery* louer qqn pour sa bravoure / *you are to be commended for your hard work* on doit vous féliciter pour votre dur labeur **3.** [entrust] confier ▸ **to commend sthg to sb** confier qqch à qqn, remettre qqch aux bons soins de qqn / *we commend our souls to God* RELIG nous recommandons notre âme à Dieu.

commendable [kə'mendəbl] adj louable.

commendably [kə'mendəblɪ] adv de façon louable / *his speech was commendably brief* son discours avait le mérite de la brièveté.

commendation [,kɒmen'deɪʃn] n **1.** [praise] éloge *f*, louange *f* **2.** [recommendation] recommandation *f* **3.** [award for bravery] décoration *f* **4.** [entrusting] remise *f*.

commensurable [kə'menʃərəbl] adj *fml* commensurable ▸ **commensurable with** or **to sthg** commensurable avec qqch.

commensurate [kə'menʃərət] adj *fml* **1.** [of equal measure] de même mesure, commensurable / *the side is commensurate with the diagonal* MATH on peut mesurer le côté en fonction de la diagonale **2.** [proportionate] proportionné ▸ **commensurate with** or **to sthg** proportionné à qqch / *the salary will be commensurate with your experience* le salaire sera en fonction de votre expérience.

comment ['kɒment] ◆ n **1.** [remark] commentaire *m*, observation *f* / *she let it pass without comment* elle n'a pas relevé / *it's a comment on our society fig* c'est une réflexion sur notre société ▸ **no comment!** je n'ai rien à dire ! / *(it's a) fair comment* c'est juste **2.** *(U)* [gossip, criticism] : *the decision provoked much comment* la décision a suscité de nombreux commentaires **3.** [note] commentaire *m*, annotation *f* ; [critical] critique *f* / *teacher's comments* SCH appréciations *fpl* du professeur. ◆ vi **1.** [remark] faire une remarque or des remarques / *she commented on his age* elle a fait des remarques or commentaires sur son âge / *he commented that…* il a fait la remarque que… **2.** [give opinion] : *comment on the text* commentez le texte, faites le commentaire du texte.

commentary ['kɒməntrɪ] *(pl* **commentaries)** n **1.** [remarks] commentaire *m*, observations *fpl* **2.** RADIO &

TV commentaire *m* / *with commentary by Des Lynam* commenté par Des Lynam.

commentary box n tribune *f* des journalistes.

commentate ['kɒmənteɪt] ◆ vt commenter. ◆ vi faire un reportage.

commentator ['kɒmənteɪtər] n **1.** RADIO & TV reporter *m* **2.** [analyst] commentateur *m*, -trice *f*.

commerce ['kɒmɜːs] n *(U)* **1.** [trade] commerce *m*, affaires *fpl* ▸ **Secretary / Department of Commerce** US ministre *m* / ministère *m* du Commerce **2.** *fig & liter* [of ideas, opinions] relations *fpl*, commerce *m*.

commercial [kə'mɜːʃl] ◆ adj **1.** [economic] commercial ▸ **commercial district** quartier *m* commerçant ▸ **commercial law** droit *m* commercial ▸ **a commercial venture** une entreprise commerciale **2.** [profitable] commercial, marchand / *a commercial success* un succès commercial ▸ **commercial value** valeur *f* marchande **3.** *pej* [profit-seeking -book, pop group] commercial / *their motives are purely commercial* ils ont des motivations purement commerciales **4.** TV & RADIO commercial. ◆ n publicité *f*, spot *m* publicitaire.

commercial art n graphisme *m*.

commercial artist n graphiste *mf*.

commercial bank n banque *f* commerciale.

commercial break n page *f* de publicité.

commercial college n école *f* de commerce.

commercialism [kə'mɜːʃəlɪzm] n **1.** [practice of business] (pratique *f* du) commerce *m*, (pratique des) affaires *fpl* **2.** *pej* [profit-seeking] mercantilisme *m*, esprit *m* commercial ; [on large scale] affairisme *m*.

commercialization [kə,mɜːʃəlaɪ'zeɪʃn] n commercialisation *f*.

commercialize, commercialise [kə'mɜːʃəlaɪz] vt commercialiser.

commercial lease n bail *m* commercial.

commercially [kə'mɜːʃəlɪ] adv commercialement.

commercial traveller n *dated* voyageur *m* or représentant *m* de commerce, VRP *m*.

commercial-use adj à usage commercial.

commercial vehicle n véhicule *m* utilitaire, commerciale *f*.

commie ['kɒmɪ] *inf & pej* ◆ adj coco. ◆ n coco *mf*.

commingle [kə'mɪŋgl] vi *fml* se mélanger, se mêler.

commiserate [kə'mɪzəreɪt] vi ▸ **to commiserate with sb** **a)** [feel sympathy] éprouver de la compassion pour qqn **b)** [show sympathy] témoigner de la sympathie à qqn / *we commiserated with him on his misfortune* nous avons compati à sa malchance.

commiseration [kə,mɪzə'reɪʃn] n commisération *f*.

commissar ['kɒmɪsɑːr] n commissaire *m* (du peuple).

commissariat [,kɒmɪ'seərɪət] n **1.** POL commissariat *m* **2.** MIL [department] intendance *f* ; [food supply] ravitaillement *m*.

commissary ['kɒmɪsərɪ] (*pl* **commissaries**) n **1.** US MIL [shop] intendance *f* ; [officer] intendant *m* **2.** US CIN [cafeteria] restaurant *m* (du studio) **3.** RELIG délégué *m* *(d'un évêque)*.

commission [kə'mɪʃn] ◆ n **1.** [authority for special job] commission *f*, mission *f*, ordres *mpl*, instructions *fpl* ; ART commande *f* / *to give a commission to an artist* passer une commande à un artiste / *work done on commission* travail fait sur commande **2.** [delegation of authority] délégation *f* de pouvoir or d'autorité, mandat *m* ; [formal warrant] mandat *m*, pouvoir *m* ; MIL brevet *m* ▸ **to resign one's commission** démissionner / *when he received his commission* quand il a été élevé or promu au grade d'officier **3.** [committee] commission *f*, comité *m* ▸ **commission of inquiry** or **fact-finding commission** commission d'enquête ▸ **Royal Commission** UK POL commission extra parlementaire **4.** COMM [fee] commission *f*, courtage *m* / *to work on a commission basis* travailler à la commission / *I get (a) 5% commission* je reçois une commission de 5 % **5.** LAW [of crime] perpétration *f* **6.** NAUT [of ship] armement *m* ▸ **to put a ship into commission** armer un navire. ◆ vt **1.** [work of art] commander ; [artist] passer commande à / *we commissioned the architect to design a new house* nous avons engagé un architecte pour faire les plans d'une nouvelle maison **2.** [grant authority to] donner pouvoir or mission à, déléguer, charger ▸ **to commission sb to do sthg** charger qqn de faire qqch / *I was commissioned to investigate* j'ai reçu la or pour mission d'enquêter **3.** MIL [make officer] nommer à un commandement / *he was commissioned general* il a été promu au grade de or nommé général **4.** [make operative] mettre en service ; NAUT [ship] mettre en service, armer.

❖ **in commission** adj phr [gen] en service ; NAUT [ship] en armement, en service.

❖ **out of commission** ◆ adj phr [gen] hors service ; [car] en panne ; NAUT [not working] hors service ; [in reserve] en réserve. ◆ adv phr ▸ **to take a ship out of commission** désarmer un navire.

commission agent n commissaire *m*.

commissionaire [kə,mɪʃə'neər] n UK portier *m* *(d'un hôtel, etc.)*.

commissioned officer [kə'mɪʃənd-] n officier *m*.

commissioner [kə'mɪʃnər] n **1.** [member of commission] membre *m* d'une commission, commissaire *m* **2.** UK [of police] ≃ préfet *m* de police ; US ≃ (commissaire *m*) divisionnaire *m* ; [of government department] haut fonctionnaire **3.** US SCH & UNIV ▸ **commissioner of education** ≃ recteur *m* ; ≃ doyen *m* **4.** LAW ▸ **commissioner for oaths** *officier ayant qualité pour recevoir les déclarations sous serment.*

Commission for Racial Equality pr n *organisme britannique qui intervient auprès des institutions et des entreprises pour enrayer la discrimination raciale.*

commit [kə'mɪt] (*pt & pp* **committed**, *cont* **committing**) ◆ vt **1.** [crime] commettre, perpétrer ; [mistake] faire, commettre / *to commit suicide* se suicider / *committing perjury is a crime* se parjurer or faire un faux serment est un délit **2.** [entrust -thing] confier, remettre ; [-person] confier ▸ **to commit sthg to sb's care** confier qqch aux soins de qqn or à la garde de qqn / *he was committed to a mental hospital* il a été interné / *they committed her to prison* ils l'ont incarcérée ▸ **to commit sthg to memory** apprendre qqch par cœur ▸ **to commit sthg to paper** coucher or consigner qqch par écrit **3.** [promise] engager ▸ **to commit o.s. to sthg / to do sthg** s'engager à qqch / à faire qqch / *he refused to commit himself* il s'est tenu sur la réserve, il a refusé de prendre parti or de s'engager / *to commit troops (to a region)* MIL engager des troupes (dans une région) **4.** [legislative bill] renvoyer en commission. ◆ vi : *he finds it hard to commit* il a du mal à s'engager dans une relation.

commitment [kə'mɪtmənt] n **1.** [promise, loyalty] engagement *m* / *to make a commitment* [emotionally, intellectually] s'engager **2.** [obligation] obligations *fpl*, responsabilités *fpl* / *he has family commitments* il a des obligations familiales / *teaching commitments* SCH & UNIV charge *f* d'enseignement, enseignement *m* ; COMM & FIN engagement *m* financier / *with no commitment* sans obligation d'achat **3.** [to prison] incarcération *f*, emprisonnement *m* ; [to mental hospital] internement *m* **4.** [of crime] perpétration *f* **5.** LAW [order] mandat *m* de dépôt **6.** [of legislative bill] renvoi *m* en commission.

commitment period n période *f* d'engagement.

committal [kə'mɪtl] n **1.** [sending -gen] remise *f* ; [-to prison] incarcération *f*, emprisonnement *m* ; [-to mental hospital] internement *m* ; [-to grave] mise *f* en terre **2.** LAW ▸ **committal order** mandat *m* de dépôt ▸ **committal proceedings, committal for trial** ≃ mise *f* en accusation **3.** [of crime] perpétration *f*.

committed [kə'mɪtɪd] adj [writer, artist] engagé / *a committed Socialist / Christian* un socialiste / chrétien convaincu.

committed costs pl n coûts *mpl* engagés.

committee [kə'mɪtɪ] ◆ n commission *f*, comité *m* ▸ **to be** or **to sit on a committee** faire partie d'une commission or d'un comité ; [in government] commission *f* / *the House went into committee* UK la Chambre s'est constituée en comité ▸ **Committee of the Whole House** UK *séance de commission étendue à la chambre entière* ▸ **Committee of Ways and Means** commission *f* du budget. ◆ comp [meeting] de commission or comité ; [member] d'une commission, d'un comité.

committeeman [kə'mɪtɪmən] (*pl* **committeemen** [-mən]) n membre *m* d'une commission or d'un comité.

committeewoman [kə'mɪtɪ,wʊmən] (*pl* **committeewomen** [-,wɪmɪn]) n membre *m* *(femme)* d'une commission or d'un comité.

committing magistrate [kə'mɪtɪŋ-] n US LAW juge *m* d'instruction.

commode [kə'məʊd] n **1.** [chest of drawers] commode *f* **2.** [for chamber pot] chaise *f* percée.

commodious [kə'məʊdjəs] adj *fml* spacieux, vaste.

commodity [kə'mɒdətɪ] (*pl* **commodities**) n **1.** [product] marchandise *f* ; [consumer goods] produit *m*, article *m* ; [food] denrée *f* ▸ **a basic** or **staple commodity** un produit de base ▸ **household commodities** articles ménagers **2.** ECON [raw material] produit *m* de base, matière *f* première ▸ **commodity exchange** échange *m* des marchandises ▸ **the commodity** or **commodities market** le marché des matières premières / *to trade in commodities* faire le négoce de matières premières ▸ **commodity tax** taxe *m* sur les matières premières.

commodore ['kɒmədɔːr] n **1.** MIL contre-amiral *m* **2.** NAUT [of merchant ships] commodore *m* ; [of shipping line] doyen *m* ; [of yacht club] président *m*.

common ['kɒmən] ◆ adj **1.** [ordinary] commun, ordinaire ; [plant] commun / *it's quite common* c'est courant or tout à fait banal / *it's a common experience* cela arrive à beaucoup de gens or à tout le monde / *a common expression* une expression courante / *a common occurrence* une chose fréquente or qui arrive souvent / *a common sight* un spectacle familier ▸ **in common parlance** dans le langage courant ▸ **the common horde** UK *pej* la plèbe, la populace / *the common man* l'homme du peuple / *the common people* le peuple, les gens du commun / *common salt* sel *m* (ordinaire) / *a common soldier* un simple soldat / *it's only common courtesy to reply* la politesse la plus élémentaire veut qu'on réponde ▸ **to have the common touch** UK savoir parler aux gens simples **2.** [shared, public] commun / *by common consent* d'un commun accord ▸ **the common good** le bien public ▸ **common ground** **a)** [in interests] intérêt *m* commun **b)** [for discussion] terrain *m* d'entente / *there is no common ground between the two groups* il n'y a pas de terrain d'entente entre les deux groupes ▸ **common land** terrain *m* communal or banal ▸ **common ownership** copropriété *f* ▸ **the common parts** [in building] les parties communes ▸ **to make common cause with sb** UK faire cause commune avec qqn **3.** [widespread] général, universel / *the common belief* la croyance universelle / *in common use* d'usage courant / *it's common knowledge that...* tout le monde sait que..., il est de notoriété publique que... / *it's common practice to thank your host* il est d'usage de remercier son hôte / *it's common talk that...* UK on entend souvent dire que... **4.** *pej* [vulgar] commun, vulgaire / *a common little man* un petit homme vulgaire **5.** GRAM [gender] non marqué **6.** MUS ▸ **common time** or **measure** mesure *f* à quatre temps. ◆ n **1.** [land] terrain *m* communal ▸ **right of common** **a)** UK LAW [of land] communauté *f* de jouissance **b)** [of property] droit *m* de servitude **2.** PHR ▸ **nothing out of the common** UK rien d'extraordinaire.

❖ **commons** pl n *arch & liter* ▸ **the commons** le peuple.

❖ **Commons** pl n UK & CAN POL ▸ **the Commons** les Communes *fpl*.

❖ **in common** adv phr en commun ▸ **to have sthg in common with sb** avoir qqch en commun avec qqn / *we have nothing in common* nous n'avons rien en commun / *they have certain ideas in common* ils partagent certaines idées.

commonality [,kɒmə'nælɪtɪ] n **1.** [fact of having aspects in common] points *mpl* communs **2.** [common people] peuple *m*.

commonalty ['kɒmənəltɪ] (*pl* **commonalties**) n *fml* [common people] peuple *m*.

common cold n rhume *m*.

common crab n crabe *m* vert.

common currency n ECON monnaie *f* commune.

common denominator n MATH & *fig* dénominateur *m* commun.

common divisor n commun diviseur *m*.

Common Entrance n UK SCH *examen de fin d'études primaires permettant d'entrer dans une « public school »*.

commoner ['kɒmənəʳ] n **1.** [not noble] roturier *m*, -ère *f* **2.** UK LAW [with joint land rights] *personne qui a droit de vaine pâture* **3.** UK UNIV *étudiant ne bénéficiant pas de bourse (particulièrement à Oxford ou à Cambridge).*

common factor n facteur *m* commun.

common fraction n US fraction *f* ordinaire.

common gateway interface n COMPUT interface *f* commune de passerelle.

common law n droit *m* coutumier, common law *f*.
❖ **common-law** adj ▸ **common-law wife** concubine *f* (reconnue juridiquement) ▸ **common-law marriage** mariage *m* de droit coutumier.

Common law

Ensemble des règles qui constituent la base des systèmes juridiques anglais, gallois, américain et d'autres pays du Commonwealth. À l'inverse des systèmes issus du droit romain, qui s'appuient sur des textes écrits, ces règles ne sont pas écrites et sont établies par la jurisprudence.

common logarithm n logarithme *m* vulgaire or décimal.

commonly ['kɒmənlɪ] adv **1.** [usually] généralement, communément / *what is commonly known as...* ce que l'on appelle dans le langage courant... **2.** *pej* [vulgarly] vulgairement.

Common Market n ▸ **the Common Market** le Marché commun.

common multiple n commun multiple *m*.

commonness ['kɒmənnɪs] n **1.** [usualness] caractère *m* commun or ordinaire **2.** [frequency] fréquence *f* **3.** [universality] généralité *f*, universalité *f* **4.** *pej* [vulgarness] vulgarité *f*.

common noun n nom *m* commun.

common-or-garden adj UK *inf* ▸ **the common-or-garden variety** le modèle standard or ordinaire.

commonplace ['kɒmənpleɪs] ◆ adj banal, ordinaire / *compact discs have become commonplace* les disques compacts sont devenus courants or sont maintenant monnaie courante. ◆ n [thing] banalité *f* ; [saying] lieu *m* commun, platitude *f*.

common room n UK SCH & UNIV [for students] salle *f* commune ; [for staff] salle *f* des professeurs.

common sense n bon sens *m*, sens *m* commun.

commonsense ['kɒmən,sens], **commonsensical** [,kɒmən'sensɪkl] adj [attitude, approach, decision] sensé, plein de bon sens.

common stock n US actions *fpl* ordinaires.

commonwealth ['kɒmənwelθ] n **1.** [country] pays *m* ; [state] État *m* ; [republic] république *f* **2.** [body politic] corps *m* politique.
❖ **Commonwealth** ◆ n **1.** ▸ **the (British) Commonwealth (of Nations)** le Commonwealth ▸ **Minister** or **Secretary of State for Commonwealth Affairs** ministre *m* du Commonwealth **2.** HIST ▸ **the Commonwealth** *période de l'histoire britannique de 1649 (mort de Charles Ier) à 1660 (rétablissement de la monarchie).* ◆ comp [games, nations] du Commonwealth.

Commonwealth of Independent States pr n ▸ **the Commonwealth of Independent States** la Communauté des États indépendants.

commotion [kə'məʊʃn] n **1.** [noise] brouhaha *m* / *what's all the commotion (about)?* qu'est-ce que c'est que ce brouhaha or vacarme ? / *who's making all this commotion?* qui est-ce qui fait tout ce tapage ? **2.** [disturbance] agitation *f* / *what a commotion!* quel cirque ! ▸ **to be in a (state of) commotion a)** [person] être vivement ému **b)** [crowd] être agité **c)** [city] être en émoi / *the news caused a real commotion* la nouvelle a causé un véritable désordre **3.** [civil unrest] insurrection *f*, troubles *mpl*.

comms package [kɒmz-] n COMPUT logiciel *m* de communication.

communal ['kɒmjʊnl] adj **1.** [shared] commun / *a communal room* une pièce commune **2.** [of community] communautaire, collectif / *a communal activity* une activité collective.

communalism ['kɒmjʊnəlɪzm] n *théorie confiant la plus grande partie du pouvoir aux communes.*

communally ['kɒmjʊnəlɪ] adv collectivement, en commun.

commune ◆ n ['kɒmju:n] **1.** [group of people] communauté *f* / *to live in a commune* vivre en communauté **2.** ADMIN [district] commune *f*. ◆ vi [kə'mju:n] **1.** [communicate] communier / *to commune with nature* communier avec la nature **2.** RELIG communier.
❖ **Commune** n HIST ▸ **the (Paris) Commune** la Commune.

communicable [kə'mju:nɪkəbl] adj communicable ; MED [disease] contagieux, transmissible.

communicant [kə'mju:nɪkənt] ◆ n **1.** RELIG communiant *m*, -e *f* **2.** [informant] informateur *m*, -trice *f*. ◆ adj **1.** [communicating] qui communique, communicant **2.** RELIG pratiquant.

communicate [kə'mju:nɪkeɪt] ◆ vi **1.** [be in touch] communiquer ; [contact] prendre contact, se mettre en contact / *they communicate with each other by phone* ils communiquent par téléphone / *I find it difficult to communicate (with others)* j'ai du mal à entrer en relation avec les autres / *they communicate well (with one another)* ils s'entendent bien / *she no longer communicates with him* elle n'est plus en contact avec lui **2.** [rooms - connect] communiquer **3.** RELIG communier, recevoir la communion. ◆ vt **1.** [impart - news] communiquer, transmettre ; [- feelings] communiquer, faire partager / *she communicated the news to them* elle leur a fait part de la nouvelle **2.** [disease] transmettre.

communicating [kə'mju:nɪkeɪtɪŋ] adj [room] communicant ▸ **communicating door** porte *f* de communication / *a hotel suite with communicating rooms* une suite avec chambres communicantes.

communication [kə,mju:nɪ'keɪʃn] n **1.** [contact] communication *f* / *are you in communication with her?* êtes-vous en contact or en relation avec elle ? / *we broke off all communication with him* nous avons rompu tout contact avec lui / *to be in radio communication with sb* communiquer avec qqn par radio, être en communication radio avec qqn ; [of thoughts, feelings] communication *f* / *to be good at communication* or *to have good communication skills* avoir des talents de communicateur, être un bon communicateur **2.** [message] communication *f*, message *m*.
❖ **communications** pl n [technology] communications *fpl* ; [roads, telegraph lines, etc.] communications *fpl* ; MIL liaison *f*, communications *fpl*.

communication cord n UK sonnette *f* d'alarme *(dans les trains).*

communication interface n interface *f* de communication.

communications satellite n satellite *m* de télécommunication.

communicative [kə'mju:nɪkətɪv] adj **1.** [talkative] communicatif, expansif **2.** [ability, difficulty] de communication ▸ **communicative competence** LING compétence de communication.

communicator [kə'mju:nɪkeɪtəʳ] n *personne douée pour la communication / she's a good / bad communicator* elle est douée / n'est pas douée pour la communication.

communion [kə'mju:njən] n **1.** [sharing] communion *f* / *a communion of interests* une communauté d'intérêts / *communion with nature* communion avec la nature **2.** RELIG [group] communion *f* ; [denomination] confession *f* ▸ **communion cup** calice *m* ▸ **communion wafer** hostie *f*.
❖ **Communion** n RELIG [sacrament] communion *f* ▸ **to give Communion** donner la communion ▸ **to take** or **to receive Communion** recevoir la communion / *they go to Communion every Sunday* ils communient tous les dimanches / *she made her Communion* elle a fait sa communion ▸ **to make one's Easter Communion** faire ses pâques.

communiqué [kə'mju:nɪkeɪ] n communiqué *m*.

communism, Communism ['kɒmjʊnɪzm] n communisme *m*.

communist, Communist ['kɒmjʊnɪst] ◆ n communiste *mf*. ◆ adj communiste / **'The Communist Manifesto'** *Marx, Engels* 'le Manifeste du parti communiste'.

communitarism [kə'mju:nɪtərɪzm] n communautarisme *m*.

community [kə'mju:nətɪ] (*pl* **communities**) n **1.** [group of people, animals] communauté *f*, groupement *m* ; RELIG communauté *f* ; [locality] communauté *f* / *the American community in Paris* la communauté américaine de Paris / *the business community* le monde des affaires / *the international community* la communauté internationale / *for the good of the community* pour le bien public or le bien de la communauté / *a sense of community* un sens communautaire or de la solidarité ▸ **community leader** *personne qui joue un rôle actif dans la vie d'une communauté* ▸ **community policing** ≃ îlotage *m* ▸ **community relations** relations *fpl* publiques ▸ **community spirit** esprit *m* de groupe ▸ **community worker** animateur *m* socioculturel, animatrice *f* socioculturelle **2.** [sharing] propriété *f* collective ; LAW communauté *f* ▸ **community of goods / interests** communauté de biens / d'intérêts.
❖ **Community** n ▸ **the (European) Community** la Communauté (européenne).

⚠ Community cannot always be translated by **communauté**. See the entry for details.

community antenna n antenne *f* communautaire.

community association n *en Grande-Bretagne, association socioculturelle locale.*

community care n *système britannique d'assistance sociale au niveau local.*

community centre n foyer *m* municipal, centre *m* social.

community charge UK *fml* = **poll tax**.

community chest n US fonds *m* commun *(à des fins sociales).*

community college n US centre *m* universitaire (de premier cycle).

community home n UK **1.** [for deprived children] assistance *f* publique **2.** [for young offenders] centre *m* d'éducation surveillée.

community school n UK *école servant de maison de la culture.*

community service n ≃ travail *m* d'intérêt général.

community singing n *(U)* chansons *fpl* populaires *(reprises en chœur).*

commutable [kə'mju:təbl] adj [exchangeable] interchangeable, permutable ; LAW commuable / *a death* *sentence commutable to life imprisonment* une peine capitale commuable en emprisonnement à perpétuité.

commutation [,kɒmju:'teɪʃn] n **1.** LAW [of penalty] commutation *f* ▸ **commutation of sentence** commutation de peine **2.** *(U)* [exchange] échange *m*, substitution *f* **3.** [payment] échange *m* **4.** ELEC [of current] commutation *f* **5.** US [commuting] migration *f* journalière.

commutation ticket n US carte *f* d'abonnement.

commutative [kə'mju:tətɪv] adj [gen & MATH] commutatif.

commutator ['kɒmju:teɪtəʳ] n commutateur *m*.

commute [kə'mju:t] ◆ vi faire un trajet régulier, faire la navette / *I commute from the suburbs* je viens tous les jours de banlieue. ◆ vt **1.** [exchange] substituer, échanger / *to commute one thing for another* substituer une chose à une autre, échanger une chose pour or contre une autre **2.** [convert] convertir / *Midas commuted metal into gold* Midas changeait le métal en or / *to commute an annuity into a lump sum* FIN racheter une rente en un seul versement **3.** LAW [sentence] commuer / *a sentence commuted to life imprisonment* une peine commuée en emprisonnement à vie.

commuter [kə'mju:təʳ] ◆ n banlieusard *m*, -e *f* *(qui fait un trajet journalier pour se rendre au travail)* ; RAIL abonné *m*, -e *f*. ◆ comp [line, train] de banlieue ▸ **the commuter belt** UK la grande banlieue.

commuting [kə'mju:tɪŋ] n *(U)* trajets *mpl* réguliers, migrations *fpl* quotidiennes *(entre le domicile, généralement en banlieue, et le lieu de travail)*.

Como ['kəʊməʊ] pr n Côme ▸ **Lake Como** le lac de Côme.

Comoran ['kɒmərən], **Comorian** [kə'mɒrjən] ◆ n Comorien *m*, -enne *f*. ◆ adj comorien.

Comoro Islands ['kɒmərəʊ-] pl n ▸ **the Comoro Islands** les îles Comores / *in the Comoro Islands* aux îles Comores.

Comoros [kə'mɔ:rɒs] pl pr n Comores *fpl* ▸ **the Comoros** les Comores.

comp [kɒmp] vt US [give away] donner / *they comped us some tickets to the game* ils nous ont donné des billets gratuits pour le match.

compact ◆ adj [kəm'pækt] **1.** [small] compact, petit ; [dense] dense, serré / *the gadget is compact and easy to use* ce gadget ne prend pas de place et est facile à utiliser **2.** [concise] concis, condensé. ◆ vt [kəm'pækt] [compress] compacter, tasser. ◆ n ['kɒmpækt] **1.** [for powder] poudrier *m* **2.** US = **compact car 3.** [agreement] convention *f*, contrat *m* ; [informal] accord *m*, entente *f*.

compact camera [,kɒmpækt-] n (appareil photo *m*) compact *m*.

compact car n US (voiture *f*) compacte *f*, petite voiture *f*.

compact disc [,kɒmpækt-] ◆ n (disque *m*) compact *m*, CD *m*. ◆ comp ▸ **compact disc player** lecteur *m* de CD.

compactly [kəm'pæktlɪ] adv **1.** [made] de manière compacte ▸ **compactly designed** conçu sans perte de place **2.** [concisely] de manière concise.

compactness [kəm'pæktnɪs] n **1.** [smallness] compacité *f* ; [denseness] compacité *f*, densité *f* / *the compactness of the design* la compacité de la conception **2.** [conciseness] concision *f*.

companion [kəm'pænjən] n **1.** [friend] compagnon *m*, compagne *f* ; [employee] dame *f* de compagnie / *to be employed as a companion to sb* être employé pour tenir compagnie à qqn / *a travelling companion* un compagnon de voyage / *companions in arms / distress* compagnons d'armes / d'infortune **2.** [one of pair] pendant *m* ▸ **to be a companion to sthg** faire pendant à qqch / *the companion volume* le volume qui va de pair **3.** [handbook] manuel *m* **4.** [in titles] compagnon *m* ▸ **Companion of Honour** *décoration britannique remise aux citoyens qui ont rendu des services à l'État* ; ≃ chevalier *m* de la Légion d'honneur **5.** NAUT capot *m* (d'escalier).

companionable [kəm'pænjənəbl] adj [person] sociable, d'une compagnie agréable.

companionship [kəm'pænjənʃɪp] n *(U)* [fellowship] compagnie *f* ; [friendship] amitié *f*, camaraderie *f* / *she longs for companionship* la compagnie or la société (des autres) lui manque / *he enjoys the companionship of the football team* il aime la camaraderie qui règne au sein de l'équipe de football.

companionway [kəm'pænjənweɪ] n NAUT escalier *m* de descente ; [on smaller boat] montée *f*, descente *f*.

company ['kʌmpənɪ] *(pl* **companies)** ◆ n **1.** [companionship] compagnie *f* / *we enjoy one another's company* nous aimons être ensemble / *she's good company* elle est d'agréable compagnie ▸ **to keep sb company** tenir compagnie à qqn / *in company with others* en compagnie d'autres / *we request the pleasure of your company at dinner* nous ferez-vous le plaisir de venir dîner ? / *here's where we part company* **a)** *lit* voilà où nos chemins se séparent **b)** *fig* là, je ne suis plus d'accord avec vous / *they parted company last year* ils ont rompu l'année dernière / *the handle finally parted company with the door hum* la poignée a fini par fausser compagnie à la porte **2.** [companions] compagnie *f*, fréquentation *f* / *she has got into* or *she's keeping bad company* elle a de mauvaises fréquentations ▸ **to be in good company** être en bonne compagnie / *if I'm wrong, I'm in good company fig* si j'ai tort, je ne suis pas le seul / *you mustn't speak like that in company* on ne dit pas ces choses-là en société ▸ **a man is known by the company he keeps** *prov* dis-moi qui tu fréquentes, je te dirai qui tu es *prov* **3.** *(U)* [guests] invités *mpl*, compagnie *f* / *are you expecting company?* attendez-vous de la visite ? **4.** [firm] société *f*, compagnie *f* / *Jones & Company* Jones et Compagnie **5.** [group of people] compagnie *f*, assemblée *f* ; [of actors] troupe *f*, compagnie *f* ; MIL compagnie *f* ; NAUT [crew] équipage *m*. ◆ comp [policy] d'entreprise ▸ **company man** : *he's a company man* c'est un employé dévoué ▸ **company car** voiture *f* de fonction ▸ **company doctor** médecin *m* du travail.

❖ **Company** pr n US *inf* ▸ **the Company** la CIA.

> ⚠ When talking about a small or medium-sized company, use **une entreprise** or **une société**. Very large companies (such as oil companies and airlines) can be referred to as **compagnies**.

company director n directeur *m*, -trice *f*.

company secretary n secrétaire *m* général, secrétaire *f* générale *(d'une entreprise)*.

company sergeant-major n adjudant *m*.

comparability [,kɒmpərə'bɪlətɪ] n comparabilité *f*.

comparable ['kɒmprəbl] adj comparable ▸ **to be comparable to sthg** être comparable à qqch / *the salaries aren't at all comparable* il n'y a pas de comparaison possible entre les salaires.

comparative [kəm'pærətɪv] ◆ adj **1.** [relative] relatif / *the comparative wealth of the two countries* la fortune relative des deux pays / *she's a comparative stranger to me* je la connais relativement peu **2.** [study] comparatif ; [field of study] comparé ▸ **comparative law** droit *m* comparé ▸ **comparative linguistics** linguistique *f* comparée **3.** GRAM comparatif. ◆ n comparatif *m* / *in the comparative* au comparatif.

comparatively [kəm'pærətɪvlɪ] adv **1.** [quite] relativement **2.** [study] comparativement.

comparative testing n essais *mpl* comparatifs.

compare [kəm'peəʳ] ◆ vt **1.** [contrast] comparer, mettre en comparaison / *let's compare Fitzgerald with Hemingway* comparons Fitzgerald à or avec Hemingway ▸ **compared with** or **to sthg** en comparaison de or par comparaison avec qqch / *compared with the others she's brilliant* elle est brillante par rapport aux autres ▸ **to compare notes** échanger ses impressions **2.** [liken] comparer, assimiler ▸ **to compare sthg to sthg** comparer qqch à qqch / *his paintings have been compared to those of Manet* on a comparé ses tableaux à ceux de Manet / *it's impossible to compare the two systems* il n'y a pas de comparaison possible entre les deux systèmes **3.** GRAM former les degrés de comparaison de. ◆ vi être comparable à ▸ **to compare favourably (with sthg)** soutenir la comparaison (avec qqch) / *how do the two candidates compare?* quelles sont les qualités respectives des deux candidats ? / *how do the brands compare in (terms of) price?* les marques sont-elles comparables du point de vue prix ? / *her cooking doesn't* or *can't compare with yours* il n'y a aucune comparaison entre sa cuisine et la tienne. ◆ n *liter* : *he's intelligent beyond compare* il est incomparablement intelligent / *beauty beyond compare* beauté sans pareille.

comparison [kəm'pærɪsn] n **1.** [gen] comparaison *f* / *there's no comparison* il n'y a aucune comparaison (possible) ▸ **to draw** or **to make a comparison between sthg and sthg** faire la comparaison de qqch avec qqch or entre qqch et qqch / *this book stands* or *bears comparison with the classics* ce livre soutient la comparaison avec les classiques **2.** GRAM comparaison *f* ▸ **degrees of comparison** degrés *mpl* de comparaison.

❖ **by comparison** adv phr par comparaison.

❖ **in comparison with** prep phr en comparaison de, par rapport à.

comparison-shop vi faire des achats en comparant les prix.

compartment [kəm'pɑ:tmənt] n compartiment *m*, subdivision *f* ; NAUT & RAIL compartiment *m*.

compartmentalize, **compartmentalise** [,kɒmpɑ:t'mentəlaɪz] vt compartimenter.

compass ['kʌmpəs] ◆ n **1.** [for direction] boussole *f* ; NAUT compas *m* **2.** GEOM compas *m* **3.** [limits] étendue *f* ; [range] portée *f* ; MUS étendue *f*, portée *f* / *within the narrow compass of this book* dans les limites restreintes de ce livre / *that does not lie within the compass of this committee* ce n'est pas du ressort de ce comité / *beyond the compass of the human mind* au-delà de la portée de l'esprit humain. ◆ comp [bearing, error] du compas ▸ **to take a compass bearing** prendre un relèvement au compas ▸ **a compass course** une route magnétique. ◆ vt [go round] faire le tour de ; [surround] encercler, entourer.

❖ **compasses** pl n GEOM ▸ **(a pair of) compasses** un compas.

> ⚠ A ship's compass is **un compas** ; a hand-held magnetic compass is **une boussole**.

compass card n rose *f* des vents.

compassion [kəm'pæʃn] n compassion *f*.

compassionate [kəm'pæʃənət] adj compatissant ▸ **on compassionate grounds** pour des raisons personnelles or familiales.

compassionate leave n [gen & MIL] permission *f* exceptionnelle *(pour raisons personnelles)*.

compassionately [kəm'pæʃənətlɪ] adv avec compassion.

compassion fatigue n *lassitude du public à l'égard de la souffrance humaine due à la surenchère d'informations sur le sujet par les médias.*

compass point n aire *f* de vent.

compass rose n rose *f* des vents.

compass saw n scie *f* à guichet.

compass window n fenêtre *f* en saillie ronde.

compatibility [kəm,pætə'bɪlətɪ] n compatibilité *f*.

compatible [kəm'pætəbl] adj compatible ▸ **compatible with** compatible avec.

compatibly [kəm'pætəblɪ] adv d'une manière compatible.

compatriot [kəm'pætrɪət] n compatriote *mf*.

COMPARATIF ET SUPERLATIF

Le comparatif permet de comparer les qualités de deux éléments ; le superlatif permet de désigner l'élément d'un groupe qui présente le plus haut degré d'une qualité donnée.

My car is cheaper and more powerful than his. Ma voiture est moins chère et plus puissante que la sienne.
[comparatif]

This is the cheapest car they make. C'est la voiture la moins chère qu'ils fabriquent.
[superlatif]

On distingue les comparatif et superlatif de supériorité (les plus fréquents, voir les deux exemples ci-dessus), le comparatif d'égalité, et les comparatif et superlatif d'infériorité.

FORMATION DU COMPARATIF DE SUPÉRIORITÉ

On forme le comparatif de supériorité à l'aide du suffixe **-er** ou de l'adverbe **more**, selon certaines règles (voir ci-dessous). Le deuxième terme de la comparaison est introduit par la conjonction **than**.

Avec les adjectifs et adverbes qui n'ont qu'une syllabe, **more** n'est généralement pas employé :

We'll get there **faster** by train than by car. Nous y serons plus rapidement en train qu'en voiture.

More est employé avec tous les adjectifs et adverbes ayant deux syllabes ou plus, sauf :

- ceux qui se terminent par **-er**, **-w** et **-y** (clever, narrow, pretty…) ;
- ceux qui se terminent par une consonne + **-le** (simple, humble, gentle…).

He's even **more stupid** than you are. Il est encore plus stupide que toi.

This house is **more comfortable** than ours. Cette maison est plus confortable que la nôtre.

This car is a lot **more expensive** than we can afford. Cette voiture est largement au-dessus de nos moyens.

The neighbourhood is **noisier** than I expected. Le quartier est plus bruyant que je n'avais imaginé.

She's **cleverer** than her sister. Elle est plus intelligente que sa sœur.

Let's look for a **simpler** solution. Cherchons une solution plus simple.

The water is **shallower** here. L'eau est moins profonde ici.

FORMATION DU COMPARATIF D'INFÉRIORITÉ

On forme le comparatif d'infériorité avec l'adverbe **less**.

I found his latest novel much **less exciting** than the previous one. J'ai trouvé son dernier roman bien moins passionnant que le précédent.

I'm looking for a **less expensive** option. Je cherche une option moins coûteuse.

Can you be a bit **less noisy**, please? Vous pouvez faire un peu moins de bruit, s'il vous plaît ?

FORMATION DU COMPARATIF D'ÉGALITÉ

Le comparatif d'égalité se construit avec **as… as**.
The neighbourhood is just **as noisy as** before. Le quartier est tout aussi bruyant qu'avant.
Jane is not nearly **as funny as** her mother. Jane est loin d'être aussi drôle que sa mère.

FORMATION DU SUPERLATIF

Le superlatif se forme à l'aide du suffixe **-est** ou des adverbes **most** et **least**, selon les mêmes règles que le comparatif.

It's **the noisiest** neighbourhood I've ever lived in. C'est le quartier le plus bruyant dans lequel j'aie vécu.

The Seven Sisters are among **the most beautiful** cliffs in England. Les Seven Sisters sont parmi les plus belles falaises d'Angleterre.

This is **the least expensive** fridge I could find. C'est le réfrigérateur le moins cher que j'aie pu trouver.

Attention ! Le superlatif d'infériorité est assez peu fréquent et se rencontre essentiellement avec des adjectifs longs. On préfère en général employer le superlatif de supériorité en changeant d'adjectif :
* ~~the least big~~ → the smallest

RÈGLES ORTHOGRAPHIQUES POUR LES ADJECTIFS COURTS

- Lorsque l'adjectif se termine par **-e**, on ajoute **-r** ou **-st** :
  nice → nicer / nicest
- Lorsque l'adjectif ou l'adverbe se termine par une seule voyelle puis une consonne finale, on redouble la consonne finale lorsque l'on ajoute le suffixe :
  fat → fatter / fattest
  mais
  cute → cuter / cutest
  cheap → cheaper / cheapest
- Si l'adjectif se termine par consonne + **-y**, l'adjonction du suffixe le transforme en **-ier** ou **-iest** :
  noisy → noisier / noisiest
  silly → sillier / silliest
  pretty → prettier / prettiest

Remarque : les adverbes se comportent comme des adjectifs.
He drives fast. Il conduit vite.
He drives faster than he should. Il conduit plus vite qu'il ne le devrait.
He drives the fastest. C'est lui qui conduit le plus vite.

ACCROISSEMENT PARALLÈLE

On le construit en combinant les éléments suivants :

The more…,	**the more…**
The less…,	**the less…**
The adjectif**-er…,**	**the** adjectif**-er…**

The younger you are, the tougher you are. Plus on est jeune, plus on est résistant.

The less I saw of him, the better I felt. Moins je le voyais, mieux je me portais.

The more I travel, the less I want to stay home. Plus je voyage, moins je veux rester à la maison.

The older she gets, the more beautiful she becomes. Plus elle vieillit, plus elle devient belle.

VARIATION PROGRESSIVE

On l'exprime par un double comparatif :
It's getting more and more interesting. Ça devient de plus en plus intéressant.
It's getting warmer and warmer. Il fait de plus en plus chaud.
She eats out less and less. Elle va de moins en moins au restaurant.

compel [kəm'pel] (*pt & pp* **compelled**, *cont* **compelling**) vt **1.** [force] contraindre, obliger ▸ **to compel sb to do sthg** contraindre or forcer qqn à faire qqch / *ill health compelled her to retire* pour des raisons de santé elle a été obligée de prendre sa retraite **2.** [demand] imposer, forcer / *the sort of woman who compels admiration* le genre de femme qu'on ne peut s'empêcher d'admirer or qui force l'admiration / *a tone of voice that compels attention* un ton de voix qui retient l'attention.

compelling [kəm'pelɪŋ] adj **1.** [reason, desire] convaincant, irrésistible **2.** [book, story] envoûtant.

compellingly [kəm'pelɪŋlɪ] adv irrésistiblement, d'une façon irrésistible.

compendious [kəm'pendɪəs] adj *fml* concis.

compendium [kəm'pendɪəm] (*pl* **compendiums** *or* **compendia** [-dɪə]) n **1.** [summary] abrégé *m*, précis *m* **2.** UK [collection] collection *f* / *a compendium of games* une boîte de jeux.

compensate ['kɒmpenseɪt] ◆ vt **1.** [make amends to - person] dédommager, indemniser ▸ **to compensate sb for sthg a)** [for loss] dédommager qqn de qqch **b)** [for injury] dédommager qqn pour qqch / *the firm compensated the workman for his injuries* l'entreprise a dédommagé l'ouvrier pour ses blessures **2.** [offset] compenser, contrebalancer ; TECH compenser, neutraliser. ◆ vi **1.** [make up] être une or servir de compensation, compenser / *she compensates for her short stature by wearing high heels* elle porte des talons hauts pour compenser sa petite taille **2.** [with money] dédommager, indemniser.

compensation [,kɒmpen'seɪʃn] n **1.** [recompense] indemnité *f*, dédommagement *m* ; [payment] rémunération *f* / *working for oneself has its compensations* travailler à son compte a ses avantages ▸ **in compensation for** en compensation de / *by way of compensation for your wasted time* pour compenser le temps perdu **2.** [adaptation] compensation *f* ; [in weight] contrepoids *m* ; TECH compensation *f*, neutralisation *f*.

compensation order n UK LAW *obligation de la part de l'accusé de réparer ses actions.*

compensatory [,kɒmpen'seɪtərɪ] adj compensateur ▸ **compensatory levy** ECON prélèvement *m* compensatoire.

compere ['kɒmpeər] UK ◆ n animateur *m*, -trice *f*, présentateur *m*, -trice *f*. ◆ vi & vt animer, présenter.

compete [kəm'pi:t] vi **1.** [vie] rivaliser ▸ **to compete with sb for sthg** rivaliser avec qqn pour qqch, disputer qqch à qqn / *seven candidates are competing for the position* sept candidats se disputent le poste / *her cooking can't compete with yours* fig sa cuisine n'a rien de commun or ne peut pas rivaliser avec la vôtre **2.** COMM faire concurrence / *they compete with foreign compa-*

nies for contracts ils sont en concurrence avec des entreprises étrangères pour obtenir des contrats / *we have to compete on an international level* nous devons être à la hauteur de la concurrence sur le plan international **3.** SPORT [take part] participer ; [contend] concourir / *ten women are competing in the race* dix femmes participent à la course ▸ **to compete against sb for sthg** concourir or être en compétition avec qqn pour qqch / *we're competing against the Japanese* nous concourons or sommes en compétition avec les Japonais / *there are only three teams competing* il n'y a que trois équipes sur les rangs.

competence ['kɒmpɪtəns] n **1.** [ability] compétence *f*, aptitude *f*, capacité *f* ; LING compétence *f* ▸ **sb's competence for** or **in sthg** la compétence de qqn pour or en qqch, l'aptitude de qqn à or pour qqch ▸ **to have the competence to do sthg** avoir les moyens or la capacité de faire qqch / *that's beyond my competence* c'est au-delà de mes moyens, ça dépasse mes compétences **2.** LAW compétence *f* / *to be within the competence of the court* être de la compétence du tribunal **3.** *liter* [income] aisance *f*, moyens *mpl*.

competency ['kɒmpɪtənsɪ] (*pl* **competencies**) n **1.** = **competence 2.** LAW [of witness] habileté *f*.

competent ['kɒmpɪtənt] adj **1.** [capable] compétent, capable ; [qualified] qualifié / *is she competent to handle the accounts?* est-elle compétente or qualifiée pour tenir la comptabilité ? **2.** [sufficient] suffisant **3.** LAW [witness] habile ; [court] compétent ; [evidence] admissible, recevable.

competently ['kɒmpɪtəntlɪ] adv **1.** [capably] avec compétence **2.** [sufficiently] suffisamment.

competing [kəm'piːtɪŋ] adj en concurrence.

competition [ˌkɒmpɪ'tɪʃn] n **1.** [rivalry] compétition *f*, rivalité *f* / *competition for the position is fierce* il y a beaucoup de concurrence pour le poste, on se dispute âprement le poste ▸ **to be in competition with sb** être en compétition or concurrence avec qqn / *competition between living organisms* la compétition entre les organismes vivants / *there's a lot of competition between the two brothers* il y a beaucoup de rivalité entre les deux frères ; COMM concurrence *f* ▸ **unfair competition** concurrence déloyale **2.** [opposition] concurrence *f* / *what's the competition doing?* que fait la concurrence ?, que font nos rivaux or concurrents ? **3.** [contest] concours *m* ; SPORT compétition *f* ; [race] course *f* / *beauty / fishing competition* concours de beauté / de pêche / *competition winner* gagnant *m*, -e *f* ▸ **to enter a competition** se présenter à un concours / *the candidate will be chosen by competition* le candidat sera choisi par concours **4.** BIOL concurrence *f*.

> ⚠ **Compétition** is not always the correct translation of competition. See the entry for details.

competitive [kəm'petətɪv] adj **1.** [involving competition] de compétition / *a competitive society / game* une société / un jeu de compétition / *competitive examination* concours *m* **2.** [person] qui a l'esprit de compétition **3.** [product, price] concurrentiel, compétitif ▸ **competitive advantage** avantage *m* concurrentiel ▸ **competitive analysis** analyse *f* des concurrents ▸ **competitive bidding** appel *m* d'offres ▸ **competitive edge** (léger) avantage *m* concurrentiel ▸ **competitive marketplace** marché *m* de concurrence ▸ **competitive pricing** fixation *f* des prix compétitifs.

competitively [kəm'petətɪvlɪ] adv avec un esprit de compétition / *competitively priced goods* COMM produits au prix compétitif.

competitiveness [kəm'petətɪvnɪs] n compétitivité *f*.

competitor [kəm'petɪtəʳ] n [gen, COMM & SPORT] concurrent *m*, -e *f* ; [participant] participant *m*, -e *f*.

compilation [ˌkɒmpɪ'leɪʃn] n compilation *f*.

compile [kəm'paɪl] vt **1.** [gather - facts, material] compiler **2.** [compose - list] dresser ; [- dictionary] composer *(par compilation)* ▸ **compiled from** établi d'après **3.** COMPUT compiler.

compiler [kəm'paɪləʳ] n **1.** [gen] compilateur *m*, -trice *f* **2.** [of dictionary] rédacteur *m*, -trice *f* **3.** COMPUT compilateur *m*.

complacence [kəm'pleɪsns], **complacency** [kəm'pleɪsnsɪ] n autosatisfaction *f*.

complacent [kəm'pleɪsnt] adj satisfait or content de soi, suffisant.

complacently [kəm'pleɪsntlɪ] adv [act] d'un air suffisant, avec suffisance ; [speak] d'un ton suffisant, avec suffisance.

complain [kəm'pleɪn] ◆ vi **1.** [grumble] se plaindre / *he's always complaining* il n'arrête pas de se plaindre / *he complained of a headache* il s'est plaint d'un mal de tête / *how's it going? — can't complain inf* comment ça va ? — je n'ai pas à me plaindre or ça peut aller **2.** [make formal protest] formuler une plainte or une réclamation, se plaindre ▸ **to complain to sb (about sthg)** se plaindre à or auprès de qqn (au sujet de qqch). ◆ vt se plaindre / *she complained that he was always late* elle s'est plainte qu'il était toujours en retard.

complainant [kəm'pleɪnənt] n demandeur *m*, demanderesse *f*.

complaint [kəm'pleɪnt] n **1.** [protest] plainte *f*, récrimination *f* ▸ **to make** or **lodge a complaint** se plaindre ; COMM réclamation *f* ; LAW plainte *f* / *complaints department* bureau *m* or service *m* des réclamations ▸ **to lodge a complaint against sb** porter plainte contre qqn **2.** [grievance] sujet *m* or motif *m* de plainte, grief *m* / *I have no complaint* or *no cause for complaint* je n'ai aucune raison de me plaindre **3.** [illness] maladie *f*, affection *f* / *she has a liver complaint* elle souffre du foie / *a heart complaint* une maladie du cœur.

complaisance [kəm'pleɪzəns] n *fml* complaisance *f*, obligeance *f*.

complaisant [kəm'pleɪzənt] adj *fml* complaisant, obligeant.

complement ◆ n ['kɒmplɪmənt] **1.** [gen, MATH & MUS] complément *m* ▸ **with a full complement** au grand complet **2.** GRAM [of verb] complément *m* ; [of subject] attribut *m* **3.** [ship's crew, staff] personnel *m*, effectif *m* (complet). ◆ vt ['kɒmplɪˌment] compléter, être le complément de.

complementarity [ˌkɒmplɪmen'tærətɪ] (*pl* **complementarities**) n complémentarité *f*.

complementary [ˌkɒmplɪ'mentərɪ] adj [gen & MATH] complémentaire / *the two pieces are complementary* les deux morceaux se complètent.

complementary colour n couleur *f* complémentaire.

complementary medicine n médecine *f* douce.

complementizer, complementiser ['kɒmplɪməntaɪzəʳ] n conjonction *f* de subordination.

complete [kəm'pliːt] ◆ adj **1.** [entire] complet, total / *a complete set of golf clubs* un jeu complet de clubs / *Christmas wouldn't be complete without the traditional dinner* Noël ne serait pas Noël sans le repas traditionnel / *he didn't tell you the complete story* il ne vous a pas tout dit / *the complete works of Shakespeare* les œuvres complètes de Shakespeare **2.** [finished] achevé, terminé **3.** [as intensifier] complet, absolu / *if the job is not done to your complete satisfaction* si vous n'êtes pas entièrement satisfait du travail effectué / *he's a complete fool* c'est un crétin fini or un parfait imbécile / *a complete (and utter) failure* un échec total or sur toute la ligne / *the project was a complete success* le projet a pleinement réussi. ◆ vt **1.** [make whole] compléter / *to complete her happiness* pour combler son bonheur / *I just need one more card to complete my collection* il me manque une seule carte pour compléter ma collection / *to complete an order* COMM exécuter une commande **2.** [finish] achever, finir **3.** [form] remplir.

❖ **complete with** prep phr avec, doté or pourvu de / *complete with instructions* comprenant des instructions / *a flat complete with furniture* un appartement meublé.

completely [kəm'pliːtlɪ] adv complètement.

completeness [kəm'pliːtnɪs] n état *m* complet.

completion [kəm'pliːʃn] n **1.** [of work] achèvement *m* / *the bridge is due for completion in January* le pont doit être fini en janvier / *near completion* près d'être achevé / *the project is nearing completion* le projet est près de son terme or s'achève **2.** LAW [of sale] exécution *f* / *payment on completion of contract* paiement à l'exécution du contrat **3.** [of happiness, misfortune] comble *m*.

complex ['kɒmpleks] ◆ adj [gen, GRAM & MATH] complexe ▸ **complex number** nombre *m* complexe. ◆ n **1.** [system] complexe *m*, ensemble *m* ▸ **housing complex** grand ensemble ▸ **shopping / industrial complex** complexe commercial / industriel **2.** PSYCHOL complexe *m* / *she has a complex about her weight* elle est complexée par son poids / *it gave him a complex* ça lui a donné un complexe, ça l'a complexé.

complexion [kəm'plekʃn] n **1.** [of face] teint *m* **2.** [aspect] aspect *m* / *that puts a different complexion on things* voilà qui change la situation.

-complexioned [kəm'plekʃnd] in comp ▸ **dark-complexioned** au teint foncé ▸ **fair-complexioned** or **light-complexioned** au teint clair.

complexity [kəm'pleksətɪ] n complexité *f*.

compliance [kəm'plaɪəns] n **1.** [conformity] conformité *f* **2.** [compatibility] compatibilité *f* **3.** [agreement] acquiescement *m* ; [submission] complaisance *f* **4.** TECH [flexibility] élasticité *f*.

❖ **in compliance with** prep phr conformément à / *in compliance with the law* conformément à la loi / *she acted in compliance with the terms of the contract* elle a agi en accord avec les stipulations du contrat.

compliancy [kəm'plaɪənsɪ] n = **compliance**.

compliant [kəm'plaɪənt] adj **1.** [accommodating] accommodant, docile **2.** [compatible] compatible / *compliant with Linux* compatible avec Linux **3.** [in keeping] conforme / *compliant with regulations / standards* conforme au règlement / aux normes.

complicate ['kɒmplɪkeɪt] vt compliquer, embrouiller / *don't complicate the situation any further* ne compliquez pas davantage la situation / *that complicates matters* cela complique les choses / *why complicate things?* pourquoi se compliquer la vie ? / *her illness was complicated by an infection* MED sa maladie s'est compliquée d'une infection.

complicated ['kɒmplɪkeɪtɪd] adj [complex] compliqué, complexe ; [muddled] embrouillé / *to become* or *to get complicated* se compliquer.

complication [ˌkɒmplɪ'keɪʃn] n [gen & MED] complication *f*.

complicity [kəm'plɪsətɪ] n complicité *f* / *his complicity in the murder* sa complicité dans le meurtre.

compliment ◆ n ['kɒmplɪmənt] [praise] compliment *m* ▸ **to pay sb a compliment** faire or adresser un compliment à qqn / *she returned the compliment iro* elle lui a retourné le compliment. ◆ vt ['kɒmplɪment] faire des compliments à, complimenter ▸ **to compliment sb on sthg** féliciter qqn de qqch, faire des compliments à qqn sur qqch / *she complimented him on his calm handling of the situation* elle l'a félicité du calme avec lequel il a arrangé les choses.

❖ **compliments** pl n *fml* [respects] compliments *mpl*, respects *mpl* ▸ **to convey** or **present one's compliments to sb** présenter ses compliments or hommages à qqn *fig* / *give him my compliments* faites-lui mes compliments / **'compliments of the season'** 'meilleurs vœux' / **'with compliments'** 'avec nos compliments' / *with the compliments of Mr Smith* avec les hommages or compliments de M. Smith / *my compliments to the chef* mes compliments au chef ▸ **to send sthg with one's compliments** COMM envoyer qqch à titre gratuit or gracieux (avec ses compliments).

complimentary [ˌkɒmplɪ'mentərɪ] adj **1.** [approving] flatteur ▸ **complimentary remarks** compliments *mpl*, félicitations *fpl* **2.** [given free] gratuit, gracieux ▸ **complimentary copy** exemplaire *m* offert à titre gracieux ▸ **complimentary ticket** billet *m* de faveur.

compliments slip n papillon *m (joint à un envoi)*.

compline, Compline ['kɒmplɪn] n *(U)* complies *fpl*.

comply [kəm'plaɪ] *(pt & pp* **complied***)* vi **1.** [obey] : *to comply with the law* se soumettre à la loi / *to comply with the rules* observer *or* respecter les règlements / *I will comply with your wishes* je me conformerai à vos désirs / *he complied gracefully* il s'exécuta avec grâce / *she complied with our request* elle a accédé à notre demande / *your request has been complied with* votre demande a reçu satisfaction **2.** [machinery] être conforme / *cars must comply with existing regulations* les voitures doivent être conformes aux normes en vigueur.

component [kəm'pəʊnənt] ◆ n [gen] élément *m* ; ELEC composant *m* ; AUTO & TECH pièce *f*. ◆ adj composant, constituant ▸ **component parts** parties *fpl* constituantes.

componential [,kɒmpə'nenʃl] adj componentiel ▸ **componential analysis** LING analyse *f* componentielle.

comport [kəm'pɔːt] vt *fml* ▸ **to comport o.s.** se comporter, se conduire.

comportment [kəm'pɔːtmənt] n *fml* comportement *m*, conduite *f*.

compose [kəm'pəʊz] ◆ vt **1.** [make up] ▸ **to be composed of sthg** se composer *or* être composé de qqch **2.** [create, write] composer / *to compose a poem* / *a symphony* composer un poème / une symphonie / *the way the artist composes a painting* la façon dont l'artiste compose un tableau / *I composed a reply to his letter* j'ai formulé une réponse à sa lettre **3.** TYPO [set] composer **4.** [make calm] : *compose yourself!* calmez-vous ! / *she composed her features* elle a composé son visage / *I need to compose my thoughts* j'ai besoin de mettre de l'ordre dans mes idées **5.** [settle - quarrel] arranger, régler. ◆ vi composer.

composed [kəm'pəʊzd] adj calme, posé.

composer [kəm'pəʊzəʳ] n TYPO & MUS compositeur *m*, -trice *f*.

composite ['kɒmpəzɪt] ◆ adj [gen, ARCHIT & PHOT] composite ; BOT & MATH composé. ◆ n [compound] composite *m* ; ARCHIT (ordre *m*) composite *m* ; BOT composée *f*, composacée *f*.

composite school n CAN école *f* polyvalente.

composition [,kɒmpə'zɪʃn] n **1.** [gen, ART, LITER & MUS] composition *f*, création *f* / *she struggled with the composition of the letter* elle a eu du mal à rédiger la lettre / *poetry of his own composition* poésie de sa composition **2.** [thing created] composition *f*, œuvre *f* ; SCH [essay] dissertation *f* / *one of Mozart's finest compositions* une des plus belles œuvres de Mozart **3.** [constitution - parts] composition *f*, constitution *f* ; [- mixture] mélange *m*, composition *f* ; CONSTR stuc *m* / *the chemical composition of water* la composition chimique de l'eau **4.** LING [of sentence] construction *f* ; [of word] composition *f* **5.** TYPO composition *f* **6.** LAW [agreement] arrangement *m (avec un créancier)*, accommodement *m*.

compositor [kəm'pɒzɪtəʳ] n TYPO compositeur *m*, -trice *f*.

compos mentis [,kɒmpəs'mentɪs] adj sain d'esprit.

compost [UK 'kɒmpɒst US 'kɒmpəʊst] ◆ n compost *m* ▸ **compost heap** tas *m* de compost. ◆ vt composter *(une terre)*.

composure [kəm'pəʊʒəʳ] n calme *m*, sang-froid *m* ▸ **to lose one's composure** perdre son calme / *she regained her composure* elle s'est calmée *or* a retrouvé son calme.

compote ['kɒmpɒt] n [dessert] compote *f* ; US [dish] compotier *m*.

compound ◆ adj ['kɒmpaʊnd] **1.** [gen] composé ; CHEM composé, combiné ; MATH complexe ; TECH [engine] compound *(inv)* ▸ **compound eye** BIOL œil *m* composé or à facettes **2.** GRAM [sentence] complexe ; [tense, word] composé **3.** MUS composé ▸ **compound time** mesure *f* composée. ◆ n ['kɒmpaʊnd] **1.** [enclosed area] enceinte *f*, enclos *m* ; [for prisoners of war] camp *m* **2.** [mixture] composé *m*, mélange *m* ; CHEM composé *m* ; TECH compound *m* **3.** GRAM mot *m* composé. ◆ vt [kəm'paʊnd] **1.** [combine] combiner, mélanger ; [form by combining] composer **2.** [make worse - difficulties, mistake] aggraver **3.** LAW [settle] régler à l'amiable ▸ **to compound an offence** composer *or* pactiser avec un criminel. ◆ vi LAW composer, transiger ▸ **to compound with sb for sthg** transiger avec qqn au sujet de *or* pour qqch / *the neighbours compounded for the damages* les voisins se sont arrangés au sujet des dommages.

compound fracture n fracture *f* multiple.

compound interest n *(U)* FIN intérêts *mpl* composés.

comprehend [,kɒmprɪ'hend] ◆ vt **1.** [understand] comprendre, saisir **2.** [include] comprendre, inclure. ◆ vi [understand] comprendre, saisir.

comprehensible [,kɒmprɪ'hensəbl] adj compréhensible, intelligible.

comprehension [,kɒmprɪ'henʃn] n **1.** [understanding] compréhension *f* / *things that are beyond our comprehension* des choses qui nous dépassent **2.** SCH [exercise] exercice *m* de compréhension **3.** [inclusion] inclusion *f*.

comprehensive [,kɒmprɪ'hensɪv] ◆ adj **1.** [thorough] complet, exhaustif ; [detailed] détaillé, complet ▸ **comprehensive knowledge** connaissances vastes *or* étendues ▸ **comprehensive measures** mesures d'ensemble ▸ **(a) comprehensive insurance (policy)** UK, **comprehensive assurance** US une assurance tous risques **2.** UK SCH : *the schools went comprehensive* les écoles ont abandonné les critères sélectifs d'entrée ▸ **comprehensive school** *établissement secondaire d'enseignement général*. ◆ n UK [school] *établissement secondaire d'enseignement général*.

> ⚠ **Compréhensif** means understanding, not comprehensive.

comprehensively [,kɒmprɪ'hensɪvlɪ] adv [thoroughly] complètement, exhaustivement ; [in detail] en détail.

compress ◆ vt [kəm'pres] **1.** [squeeze together] comprimer ; *fig* [condense - ideas, facts, writing] condenser, concentrer / *three centuries are compressed into two chapters* trois siècles sont concentrés en deux chapitres **2.** COMPUT compresser. ◆ vi [material] se comprimer ; *fig* [be condensed] se condenser, se concentrer. ◆ n ['kɒmpres] compresse *f*.

compressed air n air *m* comprimé.

compression [kəm'preʃn] n compression *f* ; *fig* [condensing] réduction *f* / *the compression stroke of a piston* TECH le temps *or* la course de compression d'un piston.

compression chamber n chambre *f* de compression.

compression ratio n taux *m* de compression.

compressive [kəm'presɪv] adj qui peut être comprimé, compressible ▸ **compressive stress** MECH contrainte *f* de compression.

compressor [kəm'presəʳ] n ANAT & TECH compresseur *m* ▸ **compressor unit** groupe *m* compresseur.

comprise [kəm'praɪz] vt **1.** [consist of] comprendre, consister en / *the group comprises* or *is comprised of four women and two men* il y a quatre femmes et deux hommes dans le groupe, le groupe est formé de quatre femmes et deux hommes **2.** [constitute] constituer / *women comprise 60% of the population* les femmes représentent 60 % de la population.

compromise ['kɒmprəmaɪz] ◆ n compromis *m* / *to agree to a compromise* accepter un compromis / *to reach* or *arrive at a compromise* aboutir *or* parvenir à un compromis. ◆ comp [decision, solution] de compromis. ◆ vi transiger, aboutir à *or* accepter un compromis ▸ **to compromise with sb (on sthg)** transiger avec qqn *or* aboutir à un compromis avec qqn (sur qqch). ◆ vt **1.** [principles, reputation] compromettre / *don't say anything to compromise yourself* ne dites rien qui puisse vous compromettre / *the minister was compromised by the allegations of improper conduct* les allégations selon lesquelles il se serait conduit de façon indécente ont compromis le ministre **2.** [jeopardize] mettre en péril, risquer / *the party's chances of electoral success were severely compromised by the character of their leader* la personnalité du leader a sérieusement compromis les chances de victoire du parti aux élections.

compromising ['kɒmprəmaɪzɪŋ] adj compromettant.

comptroller [kən'trəʊləʳ] n ADMIN administrateur *m*, -trice *f*, intendant *m*, -e *f* ; FIN contrôleur *m*, -euse *f* ▸ **Comptroller General** US ≃ président *m* de la Cour des comptes.

compulsion [kəm'pʌlʃn] n **1.** [force] contrainte *f*, coercition *f* ▸ **to act under compulsion** agir sous la contrainte / *he is under no compulsion to sell* il n'est nullement obligé de vendre, rien ne l'oblige à vendre **2.** PSYCHOL [impulse] compulsion *f* / *I felt a sudden compulsion to visit my grandmother* j'ai soudain ressenti un besoin urgent de rendre visite à ma grand-mère.

compulsive [kəm'pʌlsɪv] adj **1.** PSYCHOL [behaviour] compulsif / *he's a compulsive liar* il ne peut pas s'empêcher de mentir, mentir est un besoin chez lui ▸ **compulsive eating** boulimie *f* **2.** [reason] coercitif ; *fig* [absorbing] irrésistible / *this TV series is compulsive viewing* quand on commence à regarder ce feuilleton de télé, on ne peut plus s'en passer.

compulsively [kəm'pʌlsɪvlɪ] adv **1.** PSYCHOL [drink, steal, smoke] d'une façon compulsive **2.** *fig* irrésistiblement.

compulsorily [kəm'pʌlsərəlɪ] adv d'office, obligatoirement.

compulsory [kəm'pʌlsərɪ] adj **1.** [obligatory] obligatoire ▸ **compulsory education** enseignement *m* obligatoire ▸ **compulsory liquidation** FIN liquidation *f* forcée ▸ **compulsory retirement** mise *f* à la retraite d'office **2.** [compelling] irrésistible ; [law] obligatoire.

compulsory purchase n UK expropriation *f* pour cause d'utilité publique ▸ **compulsory purchase order** ordre *m* d'expropriation.

compunction [kəm'pʌŋkʃn] n [remorse] remords *m* ; [misgiving] scrupule *m* ; RELIG componction *f* / *he has no compunction about stealing* il n'a aucun scrupule *or* il n'hésite pas à voler / *without the slightest compunction* sans le moindre scrupule.

computation [,kɒmpjuː'teɪʃn] n **1.** [calculation] calcul *m* **2.** [reckoning] estimation *f*.

computational [,kɒmpjuː'teɪʃənl] adj quantitatif, statistique ▸ **computational linguistics** linguistique *f* computationnelle.

compute [kəm'pjuːt] ◆ vt calculer. ◆ vi calculer / *it doesn't compute inf* ça n'a pas de sens.

computer [kəm'pjuːtəʳ] ◆ n [electronic] ordinateur *m* / *he's good with* / *he works in computers* il est bon en / il travaille dans l'informatique ▸ **computer says no** UK *inf* il n'y a pas moyen. ◆ comp ▸ **computer crime** criminalité informatique ▸ **computer model** modèle *m* informatique ▸ **computer network** réseau *m* informatique ▸ **computer printout** sortie *f* papier ▸ **computer stationery** papier *m* d'imprimante.

> **Computer says no**
>
> Dans la série télévisée britannique *Little Britain*, cette phrase est prononcée par une employée de bureau indolente qui répond à des demandes d'information en faisant mine de chercher sur son ordinateur avant de lancer d'une voix terne **computer says no...** La phrase est entrée dans l'usage courant et évoque l'attitude de certains individus qui accueillent les demandes de renseignements avec une apathie désespérante :

She went to the 'computer says no' school of customer service. *Elle n'a pas la moindre idée de ce que c'est que le service au client.*

An overpriced hotel run by the 'computer says no' brigade. *Un hôtel très cher géré par une équipe qui ne fait aucun effort.*

computer-aided, computer-assisted [-ə'sɪstɪd] adj assisté par ordinateur.

computer-aided design n conception *f* assistée par ordinateur.

computer-aided engineering n ingénierie *f* assistée par ordinateur.

computer-aided learning n enseignement *m* assisté par ordinateur.

computer-aided translation n traduction *f* assistée par ordinateur.

computer dating n *rencontres en ligne.*

computer game n jeu *m* électronique.

computer-generated [kəm,pju:tə'dʒenəreɪtɪd] adj généré par ordinateur.

computer graphics ◆ pl n [function] graphiques *mpl*. ◆ n [field] infographie® *f*.

computer-integrated manufacturing n fabrication *f* assistée par ordinateur.

computerization [kəm,pju:təraɪ'zeɪʃn] n **1.** [of system, of work] automatisation *f*, informatisation *f* **2.** [of information - inputting] saisie *f* sur ordinateur ; [- processing] traitement *m* (électronique).

computerize, computerise [kəm'pju:təraɪz] vt [data - put on computer] saisir sur ordinateur ; [- process by computer] traiter par ordinateur ; [firm] informatiser.

computerized [kəm'pju:təraɪzd] adj informatisé ▸ **computerized accounts** comptabilité *f* informatisée ▸ **computerized typesetting** composition *f* par ordinateur.

computer language n langage *m* de programmation.

computer literacy n compétence *f* informatique, compétences *fpl* informatiques.

computer-literate adj ayant des compétences en informatique.

computernik [kəm'pju:tənɪk] n US *inf* fada *mf* d'informatique.

computer program n programme *m* informatique.

computer programmer n programmeur *m*, -euse *f*.

computer programming n programmation *f*.

computer science n informatique *f*.

computer scientist n informaticien *m*, -enne *f*.

computer vaccine n vaccin *m* informatique.

computer virus n virus *m* informatique.

computing [kəm'pju:tɪŋ] n **1.** [use of computers] informatique *f* ▸ **computing course** stage *m* d'informatique **2.** [calculation] calcul *m* ; [reckoning] estimation *f*.

comrade ['kɒmreɪd] n [gen & POL] camarade *mf*.

comrade-in-arms n compagnon *m* d'armes.

comradeship ['kɒmreɪdʃɪp] n camaraderie *f*.

comsat ['kɒmsæt] n abbr of **communications satellite**.

con [kɒn] (*pt & pp* **conned**, *cont* **conning**) ◆ vt **1.** *inf* [swindle] arnaquer ; [trick] duper / *don't try to con me!* n'essayez pas de me faire marcher ! / *I've been conned!* je me suis fait avoir !, on m'a eu ! / *he conned us into buying it* il nous a persuadés de l'acheter et nous nous sommes fait avoir **2.** *arch* [study] étudier en détail ; [learn by heart] apprendre par cœur **3.** NAUT [steer] gouverner, piloter. ◆ n **1.** *inf* [swindle] arnaque ; [trick] duperie *f* **2.** *inf* [convict] taulard *m* **3.** [disadvantage] contre *m*.

Con. written abbr of **constable**.

con artist n *inf* arnaqueur *m*.

concatenate [kɒn'kætɪneɪt] vt enchaîner, lier.

concatenation [kɒn,kætɪ'neɪʃn] n [series] série *f*, chaîne *f* ; [of circumstances] enchaînement *m* ; COMPUT & LING concaténation *f*.

concave [,kɒn'keɪv] adj concave.

concavity [kɒn'kævətɪ] n concavité *f*.

conceal [kən'si:l] vt [hide - object] cacher, dissimuler ; [- emotion, truth] cacher, dissimuler ; [- news] tenir secret ▸ **to conceal sthg from sb** cacher qqch à qqn / *he concealed the truth from her* il lui a caché la vérité / *in order to conceal the fact that...* pour dissimuler le fait que...

concealed [kən'si:ld] adj [lighting] indirect ; [driveway, entrance] caché.

concealer [kən'si:lə^r] n [make-up] stick *m* camouflant.

concealment [kən'si:lmənt] n [act of hiding] dissimulation *f* ; LAW [of criminal] recel *m* ; [of facts, truth] non-divulgation *f*.

concede [kən'si:d] ◆ vt **1.** [admit] concéder, admettre / *to concede a point* concéder un point (important) / *he conceded (that) he was wrong* il a admis or reconnu qu'il avait tort / *to concede defeat* s'avouer vaincu **2.** [give up] concéder, accorder ; SPORT concéder / *he refused to concede any ground* il n'a voulu céder sur rien / *they conceded a free kick / a goal* SPORT ils ont concédé un coup franc / un but **3.** [grant - privileges] concéder. ◆ vi céder.

conceit [kən'si:t] n **1.** [vanity] vanité *f*, suffisance *f* **2.** *liter* [witty expression] trait *m* d'esprit.

conceited [kən'si:tɪd] adj vaniteux, suffisant.

conceitedly [kən'si:tɪdlɪ] adv avec vanité or suffisance.

conceitedness [kən'si:tɪdnɪs] n vanité *f*, prétention *f*, suffisance *f*.

conceivable [kən'si:vəbl] adj concevable, imaginable / *every conceivable means* tous les moyens possibles et imaginables / *it's quite conceivable that it was an accident* il est tout à fait concevable que ç'ait été un accident.

conceivably [kən'si:vəblɪ] adv : *this might conceivably start a war* il est concevable que or il se peut que cela déclenche une guerre / *it couldn't conceivably have been him* il n'est pas possible que ç'ait été lui.

conceive [kən'si:v] ◆ vt **1.** [idea, plan] concevoir / *I can't conceive why they did it* je ne comprends vraiment pas pourquoi ils l'ont fait **2.** [child] concevoir / *she conceived a passion for jazz* *fig* elle conçut une passion pour le jazz. ◆ vi **1.** [think] concevoir / *can't you conceive of a better plan?* ne pouvez-vous rien concevoir de mieux ? **2.** [become pregnant] concevoir.

concentrate ['kɒnsəntreɪt] ◆ vi **1.** [pay attention] se concentrer, concentrer or fixer son attention ▸ **to concentrate on sthg** se concentrer sur qqch / *concentrate on your work!* appliquez-vous à votre travail ! / *I can't concentrate with all that noise* tout ce bruit m'empêche de me concentrer ; [focus] : *the government should concentrate on improving the economy* le gouvernement devrait s'attacher à améliorer la situation économique / *just concentrate on getting the suitcases ready!* occupe-toi seulement des valises ! / *the speaker concentrated on the Luddite movement* le conférencier a surtout traité du luddisme **2.** [gather] se concentrer, converger / *the crowd concentrated in the square* la foule s'est rassemblée sur la place. ◆ vt **1.** [focus] concentrer ▸ **to concentrate one's attention on sthg** concentrer son attention sur qqch / *it concentrates the mind* cela aide à se concentrer / *our hopes are concentrated on her success* tous nos espoirs sont concentrés sur son succès **2.** [bring together] concentrer, rassembler ; CHEM concentrer / *Conservative support is concentrated in the South* le soutien du parti conservateur est concentré dans le Sud. ◆ n concentré *m*.

concentrated ['kɒnsəntreɪtɪd] adj **1.** [liquid] concentré / *concentrated fruit juice* jus de fruits concentré **2.** [intense] intense / *a period of concentrated activity* une période d'activité intense.

concentrated marketing n marketing *m* concentré.

concentration [,kɒnsən'treɪʃn] n [gen & CHEM] concentration *f* ▸ **to lose (one's) concentration** perdre sa concentration.

concentration camp n camp *m* de concentration ▸ **concentration camp victim** victime *f* des camps de concentration.

concentric [kən'sentrɪk] adj concentrique.

concept ['kɒnsept] n concept *m* ▸ **concept testing** tests *mpl* de concept.

conception [kən'sepʃn] n [gen & MED] conception *f* / *she has no conception of time* elle n'a aucune notion du temps.

conceptual [kən'septʃʊəl] adj conceptuel.

conceptualism [kən'septʃʊəlɪzm] n conceptualisme *m*.

conceptualize, conceptualise [kən'septʃʊəlaɪz] vt concevoir, conceptualiser.

concern [kən'sɜ:n] ◆ n **1.** [worry] inquiétude *f*, souci *m* / *there's no cause for concern* il n'y a pas de raison de s'inquiéter / *she showed great concern for their welfare* elle s'est montrée très soucieuse de leur bien-être / *a look of concern* un regard inquiet / *this is a matter of great concern* c'est un sujet très inquiétant ; [source of worry] souci *m*, préoccupation *f* / *my main concern is the price* ce qui m'inquiète surtout, c'est le prix **2.** [affair, business] affaire *f* / *what concern is it of yours?* en quoi est-ce que cela vous regarde ? / *it's none of my concern* cela ne me regarde pas, ce n'est pas mon affaire **3.** COMM [firm] ▸ **a (business) concern** une affaire, une firme **4.** [share] intérêt *m* / *we have a concern in the restaurant* nous avons des intérêts dans le restaurant **5.** *inf* [contrivance] truc *m*, machin *m*. ◆ vt **1.** [worry] inquiéter / *your health concerns me* je m'inquiète or je suis inquiet pour votre santé / *they're concerned about her* ils s'inquiètent or se font du souci à son sujet / *we were concerned to learn that...* nous avons appris avec inquiétude que... / *I'm only concerned with the facts* je ne m'intéresse qu'aux faits **2.** [involve] concerner / *where* or *as far as the budget is concerned* en ce qui concerne le budget / *as far as this matter is concerned* en ce qui concerne cette question ▸ **to concern o.s. in** or **with sthg** s'occuper de or s'intéresser à qqch / *there is no need for you to concern yourself with my affairs* vous n'avez pas à vous occuper de mes affaires / *this doesn't concern you* cela ne vous regarde pas / *as far as I'm concerned* en ce qui me concerne, quant à moi / *where you are concerned* en ce qui vous concerne ▸ **to whom it may concern** à qui de droit **3.** [be important to] intéresser, importer / *the outcome concerns us all* les résultats nous importent à tous **4.** [subj : book, report] traiter.

concerned [kən'sɜ:nd] adj **1.** [worried] inquiet (inquiète), soucieux / *we were concerned for* or *about his health* nous étions inquiets pour sa santé **2.** [involved] intéressé / *pass this request on to the department concerned* transmettez cette demande au service compétent / *notify the person concerned* avisez qui de droit / *the people concerned* **a)** [in question] les personnes en question or dont il s'agit **b)** [involved] les intéressés.

concerning [kən'sɜ:nɪŋ] prep au sujet de, à propos de / *I wrote to her concerning the lease* je lui ai écrit au sujet du bail / *any news concerning the accident?* y a-t-il du nouveau au sujet de or concernant l'accident ?

concert ◆ n ['kɒnsət] **1.** MUS [performance] concert *m* / *Miles Davis in concert* Miles Davis en concert ▸ **to sing in concert** chanter à l'unisson or en chœur **2.** UK *fig* [agreement] accord *m*, entente *f*. ◆ comp ['kɒnsət] [hall, performer, pianist] de concert. ◆ vt [kən'sɜ:t] concerter, arranger.

❖ **in concert with** prep phr UK *fml* de concert avec / *we acted in concert with the police* nous avons agi de concert avec la police.

concerted [kən'sɜːtɪd] adj concerté / *a concerted effort* un effort concerté / *concerted action* action d'ensemble or concertée.

concertgoer ['kɒnsət,gəʊəʳ] n amateur *m* de concerts.

concert grand n piano *m* de concert.

concertina [,kɒnsə'tiːnə] ◆ n concertina *m*. ◆ vi : *the front of the car concertinaed* le devant de la voiture a été télescopé.

concertmaster ['kɒnsət,mɑːstəʳ] n US premier violon *m*.

concerto [kən'tʃeətəʊ] (*pl* **concertos** *or* **concerti** [-tiː]) n concerto *m*.

concert pitch n MUS diapason *m* (de concert) ▸ **to be at concert pitch** *fig* être en pleine forme.

concession [kən'seʃn] n **1.** [gen & LAW] concession *f* ; COMM [reduction] réduction *f* ▸ **to make a concession (to sb)** faire une concession (à qqn) ▸ **as a concession to sb / sthg** comme concession à qqn / qqch **2.** MIN & PETR concession *f* ▸ **an oil concession** une concession pétrolière.

concessionaire [kən,seʃə'neəʳ] n concessionnaire *mf*.

concessionary [kən'seʃnərɪ] (*pl* **concessionaries**) ◆ adj [gen, FIN & LAW] concessionnaire ; COMM [fare, ticket] à prix réduit. ◆ n concessionnaire *mf*.

concession stand n US buvette *f* (*dans un cinéma, un stade, etc.*).

concessive clause [kən'sesɪv-] n (proposition *f*) concessive *f*.

conch [kɒntʃ or kɒŋk] (*pl* **conches** ['kɒntʃɪz] *or* **conchs** [kɒŋks]) n **1.** ZOOL [mollusc, shell] conque *f* **2.** ARCHIT (voûte *f* d')abside *f*.

conchie ['kɒnʃɪ] = **conchy**.

conchology [kɒŋ'kɒlədʒɪ] n conchyliologie *f*.

conchy ['kɒnʃɪ] (*pl* **conchies**) n UK *inf, pej & dated* objecteur *m* de conscience.

concierge ['kɒnsɪerʒ] n US gérant *m*, -e *f* d'hôtel.

conciliate [kən'sɪlɪeɪt] vt **1.** [appease] apaiser ; [win over] se concilier (l'appui de) / *she managed to conciliate my mother* elle a réussi à se concilier les bonnes grâces de ma mère **2.** [reconcile] concilier.

conciliation [kən,sɪlɪ'eɪʃn] n **1.** [appeasement] apaisement *m* **2.** [reconciliation] conciliation *f* ; INDUST médiation *f* / *a conciliation service* un service de conciliation ▸ **conciliation board** conseil *m* d'arbitrage.

conciliator [kən'sɪlɪeɪtəʳ] n conciliateur *m*, -trice *f* ; INDUST médiateur *m*.

conciliatory [kən'sɪlɪətrɪ] adj [manner, words] conciliant ; [person] conciliateur, conciliant ; LAW & POL [procedure] conciliatoire / *in a conciliatory spirit* dans un esprit de conciliation.

concise [kən'saɪs] adj [succinct] concis ; [abridged] abrégé.

concisely [kən'saɪslɪ] adv avec concision.

conciseness [kən'saɪsnɪs], **concision** [kən'sɪʒn] n concision *f*.

conclave ['kɒŋkleɪv] n [private meeting] assemblée *f* or réunion *f* à huis clos ; RELIG conclave *m* ▸ **in conclave** en réunion privée.

conclude [kən'kluːd] ◆ vt **1.** [finish] conclure, terminer ; [meeting] clore, clôturer / **'to be concluded'** **a)** [serial in magazine] 'suite et fin au prochain numéro' **b)** [serial on TV] 'suite et fin au prochain épisode' **2.** [settle -deal, treaty] conclure **3.** [deduce] conclure, déduire / *may I conclude from your statement that...* dois-je inférer de votre remarque que... **4.** [decide] décider / *she concluded she would wait* elle a décidé d'attendre. ◆ vi **1.** [person] conclure / *to conclude, I would just like to say...* en conclusion or pour conclure, je voudrais simplement dire... **2.** [event] se terminer, s'achever / *the meeting concluded with the chairman's summary* la réunion s'est achevée avec la récapitulation du président.

concluding [kən'kluːdɪŋ] adj de conclusion, final / *he made a few concluding remarks* il a fait quelques remarques finales.

conclusion [kən'kluːʒn] n **1.** [end] conclusion *f*, fin *f* ▸ **to bring sthg to a conclusion** mener qqch à sa conclusion or à terme / *she brought the matter to a successful conclusion* elle a mené l'affaire à (bon) terme **2.** [decision, judgment] conclusion *f*, décision *f* / *we've come to the conclusion that...* nous avons conclu que... / *the conclusion to be drawn from this matter* la conclusion à tirer de cette affaire / *it's up to you to draw your own conclusions* c'est à vous d'en juger / *the facts lead me to the conclusion that...* les faits m'amènent à conclure que... **3.** [settling -of deal, treaty] conclusion *f* **4.** PHILOS conclusion *f*.

❖ **in conclusion** adv phr en conclusion, pour conclure.

conclusive [kən'kluːsɪv] adj [decisive -proof, argument] concluant, décisif ; [final] final.

conclusively [kən'kluːsɪvlɪ] adv de façon concluante or décisive, définitivement.

concoct [kən'kɒkt] vt **1.** [prepare] composer, confectionner / *to concoct a dish* mitonner or mijoter un plat / *to concoct a meal* composer or concocter un repas **2.** *fig* [invent -excuse, scheme] combiner, concocter.

concoction [kən'kɒkʃn] n **1.** [act] confection *f*, préparation *f* **2.** [mixture] mélange *m*, mixture *f pej* **3.** *fig* [scheme] combinaison *f*.

concomitant [kən'kɒmɪtənt] *fml* ◆ adj concomitant / *adolescence with all its concomitant anxieties* l'adolescence et les angoisses qui l'accompagnent. ◆ n accessoire *m* / *ill health is a common concomitant of poverty* la mauvaise santé va souvent de pair avec la misère.

concomitantly [kən'kɒmɪtəntlɪ] adv de façon concomitante, simultanément.

concord ['kɒŋkɔːd] n **1.** *fml* [harmony] concorde *f*, harmonie *f* / *to live in concord* vivre en bon accord or en harmonie **2.** [treaty] accord *m*, entente *f* **3.** GRAM accord *m* ▸ **to be in concord with sthg** s'accorder avec qqch **4.** MUS accord *m*.

concordance [kən'kɔːdəns] n **1.** *fml* [agreement] accord *m* **2.** [index] index *m* ; [of Bible, of author's works] concordance *f*.

❖ **in concordance with** prep phr en accord avec / *the policy is in concordance with our declared aims* cette politique s'accorde or est en accord avec les objectifs que nous nous sommes fixés.

concordant [kən'kɔːdənt] adj *fml* concordant, s'accordant ▸ **concordant with** s'accordant avec.

concordat [kɒn'kɔːdæt] n concordat *m*.

concourse ['kɒŋkɔːs] n **1.** [of people, things] multitude *f*, rassemblement *m* ; [crowd] foule *f* **2.** [of circumstances, events] concours *m* **3.** [meeting place] lieu *m* de rassemblement ; [in building] hall *m* ; US [street] boulevard *m* ; [crossroads] carrefour *m*.

concrete ['kɒŋkriːt] ◆ n **1.** CONSTR béton *m* **2.** PHILOS ▸ **the concrete** le concret. ◆ adj **1.** [specific -advantage] concret (concrète), réel ; [-example, proposal] concret (concrète) / *in concrete terms* concrètement / *we need concrete proof* il nous faut des preuves concrètes or matérielles / *he made us a concrete offer* il nous a fait une offre précise or concrète **2.** GRAM, MATH & MUS concret (concrète) **3.** CONSTR en or de béton ▸ **concrete monstrosity** horreur *f* architecturale ▸ **concrete slab** dalle *f* de béton ▸ **the concrete jungle** la forêt de béton. ◆ vt bétonner.

concrete mixer n bétonnière *f*.

concrete music n musique *f* concrète.

concrete noun n nom *m* concret.

concrete poetry n calligramme *m*, calligrammes *mpl*.

concretion [kən'kriːʃn] n concrétion *f*.

concubine ['kɒŋkjʊbaɪn] n concubine *f*.

concupiscence [kən'kjuːpɪsəns] n concupiscence *f*.

concur [kən'kɜːʳ] (*pt & pp* **concurred**, *cont* **concurring**) vi **1.** [agree] être d'accord, s'entendre ▸ **to concur with sb / sthg** être d'accord avec qqn / qqch / *I concur with you in your decision* je suis d'accord avec vous sur or au sujet de cette décision / *she concurs with the proposals* elle est d'accord avec le projet / *the experts' opinions concur* les avis des experts convergent **2.** [occur together] coïncider, arriver en même temps / *events concurred to make it a miserable Christmas* tout a concouru à gâcher les fêtes de Noël.

concurrence [kən'kʌrəns] n **1.** [agreement] accord *m*, concordance *f* de vues **2.** [simultaneous occurrence] coïncidence *f*, concomitance *f*, simultanéité *f*.

concurrent [kən'kʌrənt] adj **1.** [simultaneous] concomitant, simultané **2.** [acting together] concerté **3.** [agreeing] concordant, d'accord **4.** MATH & TECH [intersecting] concourant.

concurrently [kən'kʌrəntlɪ] adv simultanément / *the two sentences to run concurrently* LAW avec confusion des deux peines.

concuss [kən'kʌs] vt **1.** [injure brain] commotionner / *to be concussed* être commotionné **2.** [shake] ébranler, secouer violemment.

concussion [kən'kʌʃn] n **1.** *(U)* [brain injury] commotion *f* cérébrale **2.** [shaking] ébranlement *m*, secousse *f* violente.

condemn [kən'dem] vt **1.** [gen & LAW] condamner / *condemned to death* condamné à mort / *people who are condemned to live in poverty fig* les gens qui sont condamnés à vivre dans la misère **2.** [disapprove of] condamner, censurer **3.** [declare unfit] condamner, déclarer inutilisable ; [building] déclarer inhabitable, condamner **4.** US LAW [property] exproprier pour cause d'utilité publique.

condemnation [,kɒndem'neɪʃn] n **1.** [gen & LAW] condamnation *f* **2.** [criticism] condamnation *f*, censure *f* **3.** [of building] condamnation *f* **4.** US LAW [of property] expropriation *f* pour cause d'utilité publique.

condemnatory [kən'demnətrɪ] adj condamnatoire.

condemned [kən'demd] adj condamné / *the condemned man* le condamné ▸ **condemned cell** cellule *f* des condamnés.

condensation [,kɒnden'seɪʃn] n [gen & CHEM] condensation *f* ; [on glass] buée *f*, condensation *f*.

condense [kən'dens] ◆ vt **1.** [make denser] condenser, concentrer ; CHEM [gas] condenser ; PHYS [beam] concentrer **2.** [report, book] condenser, résumer. ◆ vi [become liquid] se condenser ; [become concentrated] se concentrer.

condensed [kən'denst] adj condensé, concentré / *a condensed book* un livre condensé / *in condensed print* TYPO en petits caractères.

condensed milk n lait *m* concentré.

condenser [kən'densəʳ] n ELEC & TECH condensateur *m* ; CHEM [of gas] condenseur *m* ; PHYS [of light] condensateur.

condescend [,kɒndɪ'send] vi **1.** [behave patronizingly] ▸ **to condescend (to sb)** se montrer condescendant (envers qqn or à l'égard de qqn) **2.** [lower o.s.] ▸ **to condescend to do sthg** condescendre à or daigner faire qqch / *she condescended to speak to me* elle a condescendu à or a daigné me parler / *he does condescend to set the table occasionally* il condescend à mettre le couvert de temps en temps.

condescending [,kɒndɪ'sendɪŋ] adj condescendant.

condescendingly [,kɒndɪ'sendɪŋlɪ] adv avec condescendance ; [speak] d'un ton condescendant / *he treated me very condescendingly* il m'a traité de haut, il m'a pris de très haut.

condescension [,kɒndɪ'senʃn] n condescendance *f*.

condign [kən'daɪn] adj *fml* [appropriate] adéquat, idoine ; [deserved] mérité.

condiment ['kɒndɪmənt] n condiment *m* ▸ **condiment set** service *m* à condiments.

condition [kən'dɪʃn] ◆ n **1.** [state -mental, physical] état *m* / *the human condition* la condition humaine

/ the financial condition of a company l'état financier d'une entreprise */ you're in no condition to drive* vous n'êtes pas en état de conduire */ books in good / poor condition* livres en bon / mauvais état */ I'm out of condition* je ne suis pas en forme */ you should get yourself into condition* vous devriez faire des exercices pour retrouver la forme */ in working condition* en état de marche **2.** [stipulation] condition *f* ▸ **to make a condition that** stipuler que ▸ **conditions of sale** COMM conditions de vente */ conditions of a contract* LAW conditions or stipulations *fpl* d'un contrat **3.** [illness] maladie *f*, affection *f / he has a heart condition* il a une maladie du cœur **4.** *fml* [social status] situation *f*, position *f*. ◆ vt **1.** [train] conditionner ; PSYCHOL provoquer un réflexe conditionné chez, conditionner */ her upbringing conditioned her to believe in God* son éducation l'a automatiquement portée à croire en Dieu **2.** [make fit - animal, person] mettre en forme ; [- thing] mettre en bon état */ to condition one's hair / skin* traiter ses cheveux / sa peau **3.** [determine] conditionner, déterminer */ the market is conditioned by the economic situation* le marché dépend de la conjoncture économique.

❖ **conditions** pl n [circumstances] conditions *fpl*, circonstances *fpl / living / working conditions* conditions de vie / de travail */ under these conditions* dans ces conditions */ the weather conditions* les conditions météorologiques.

❖ **on condition that** conj phr : *I'll tell you on condition that you keep it secret* je vais vous le dire à condition que vous gardiez le secret */ he'll do it on condition that he's well paid* il le fera à condition d'être bien payé.

> Note that à condition que is followed by a verb in the subjunctive:
> **I'll do it on condition that my friends can come.** *Je le ferai à condition que mes amis puissent venir.*

conditional [kən'dɪʃənl] ◆ adj **1.** [dependent on other factors] conditionnel ▸ **to be conditional on** or **upon sthg** dépendre de qqch */ negotiations are conditional upon withdrawal of enemy forces* les négociations dépendent du retrait des troupes ennemies */ a conditional promise* une promesse conditionnelle or sous condition **2.** GRAM conditionnel. ◆ n conditionnel *m / in the conditional* au conditionnel.

conditionality [kən,dɪʃə'nælətɪ] n conditionnalité *f*.

conditionally [kən'dɪʃnəlɪ] adv conditionnellement.

conditioned [kən'dɪʃnd] adj conditionné ▸ **conditioned response** or **reflex** réaction *f* conditionnée, réflexe *m* conditionné ▸ **conditioned stimulus** stimulus *m* conditionnel.

conditioner [kən'dɪʃnəʳ] n [for hair] baume *m* démêlant ; [for skin] crème *f* traitante or équilibrante ; [for fabric] assouplisseur *m*.

conditioning [kən'dɪʃnɪŋ] ◆ n [gen] conditionnement *m* ; [fitness] mise *f* en forme. ◆ adj traitant.

condo ['kɒndəʊ] n US *inf* = **condominium**.

condole [kən'dəʊl] vi *liter* exprimer ses condoléances or sa sympathie.

condolence [kən'dəʊləns] n condoléance *f / a letter of condolence* une lettre de condoléances ▸ **to offer one's condolences to sb** présenter ses condoléances à qqn.

condom ['kɒndəm] n préservatif *m (masculin)*.

condominium [,kɒndə'mɪnɪəm] n **1.** [government] condominium *m* **2.** [country] condominium *m* **3.** US [ownership] copropriété *f* ; [building] immeuble *m* (en copropriété) ; [flat] appartement *m* en copropriété.

condone [kən'dəʊn] vt [overlook] fermer les yeux sur ; [forgive] pardonner, excuser */ we cannot condone such immoral behaviour* nous ne pouvons excuser un comportement aussi immoral ▸ **to condone adultery** LAW ≃ pardonner un adultère.

condor ['kɒndɔːʳ] n condor *m*.

conducive [kən'djuːsɪv] adj favorable */ this weather is not conducive to study* ce temps n'incite pas à étudier.

conduct ◆ n ['kɒndʌkt] **1.** [behaviour] conduite *f*, comportement *m / bad / good conduct* mauvaise / bonne conduite */ her conduct towards me* son comportement envers moi or à mon égard **2.** [handling - of business, negotiations] conduite *f*. ◆ vt [kən'dʌkt] **1.** [manage, carry out - campaign] diriger, mener ; [- inquiry] conduire, mener */ this is not the way to conduct negotiations* ce n'est pas ainsi qu'on négocie */ who is conducting your case?* LAW qui assure votre défense ? **2.** [guide] conduire, mener */ the director conducted us through the factory* le directeur nous a fait visiter l'usine **3.** [behave] ▸ **to conduct o.s.** se conduire, se comporter **4.** MUS [musicians, music] diriger */ Bernstein will be conducting (the orchestra)* l'orchestre sera (placé) sous la direction de Bernstein **5.** ELEC & PHYS [transmit] conduire, être conducteur de */ water conducts electricity* l'eau est conductrice d'électricité.

conductance [kən'dʌktəns] n conductance *f*.

conducted tour [kən'dʌktɪd-] n UK [short] visite *f* guidée ; [longer] voyage *m* organisé */ a conducted tour of the museum* une visite guidée du musée */ he runs conducted tours of the region* il dirige des voyages organisés or des excursions accompagnées dans la région.

conducting [kən'dʌktɪŋ] n **1.** [of business, people] conduite *f* **2.** MUS [of orchestra] art *m* de diriger.

conduction [kən'dʌkʃn] n conduction *f*.

conductive [kən'dʌktɪv] adj conducteur.

conductivity [,kɒndʌk'tɪvətɪ] n conductivité *f*.

conductor [kən'dʌktəʳ] n **1.** MUS chef *m* d'orchestre **2.** [on bus, train] receveur *m* ; US [railway official] chef *m* de train **3.** ELEC & PHYS (corps *m*) conducteur *m*.

conduct report n rapport *m (sur la conduite d'un élève)*.

conductress [kən'dʌktrɪs] n contrôleuse *f*.

conduct sheet n feuille *f* or certificat *m* de conduite.

conduit ['kɒndɪt] n [for fluid] conduit *m*, canalisation *f* ; ELEC tube *m* ; *fig* [for money] intermédiaire *mf*.

condyloma [,kɒndɪ'ləʊmə] n condylome *m*.

cone [kəʊn] n **1.** [gen, MATH, OPT & TECH] cône *m* ▸ **a traffic cone** un cône de signalisation **2.** [for ice cream] cornet *m* **3.** BOT [of pine, fir] pomme *f*, cône *m*.

❖ **cone off** vt sep UK mettre des cônes de signalisation sur.

conehead ['kəʊnhed] n US *inf* ▸ **you conehead!** imbécile !

cone-shaped [-ʃeɪpt] adj en forme de cône, conique.

Conestoga wagon [,kɒnɪ'stəʊgə-] n US *voiture hippomobile couverte des pionniers américains, au XIXᵉ siècle.*

coney ['kəʊni] = **cony**.

Coney Island ['kəʊnɪ-] pr n Coney Island *(île située au large de New York et où se trouve un grand parc d'attractions).*

confab ['kɒnfæb] (*pt & pp* **confabbed**, *cont* **confabbing**) UK *inf* ◆ n causette *f*. ◆ vi causer, bavarder.

confabulate [kən'fæbjʊleɪt] vi **1.** *hum* [chat] causer, bavarder **2.** PSYCHOL fabuler.

confection [kən'fekʃn] n **1.** [act] confection *f* **2.** CULIN [sweet] sucrerie *f*, friandise *f* ; [pastry] pâtisserie *f* ; [cake] gâteau *m*.

confectioner [kən'fekʃnəʳ] n [of sweets] confiseur *m*, -euse *f* ; [of pastry] pâtissier *m*, -ère *f / a confectioner's (shop)* **a)** [for sweets] une confiserie **b)** [for pastry] une pâtisserie ▸ **confectioner's custard** crème *f* pâtissière ▸ **confectioner's sugar** US sucre *m* glace.

confectionery [kən'fekʃnərɪ] (*pl* **confectioneries**) n [sweets] confiserie *f* ; [pastry] pâtisserie *f*.

confederacy [kən'fedərəsɪ] (*pl* **confederacies**) n **1.** [alliance] confédération *f* **2.** [conspiracy] conspiration *f*.

❖ **Confederacy** n HIST ▸ **the Confederacy** les États *mpl* confédérés *(pendant la guerre de Sécession américaine)*.

confederate ◆ n [kən'fedərət] **1.** [member of confederacy] confédéré *m*, -e *f* **2.** [accomplice] complice *mf*. ◆ adj [kən'fedərət] confédéré. ◆ vt [kən'fedəreɪt] confédérer. ◆ vi se confédérer.

❖ **Confederate** ◆ n HIST sudiste *mf (pendant la guerre de Sécession américaine)* ▸ **the Confederates** les Confédérés. ◆ adj HIST ▸ **the Confederate flag** *drapeau des sudistes américains, considéré aujourd'hui comme un symbole raciste* ▸ **the Confederate States** les États *mpl* confédérés *(pendant la guerre de Sécession américaine)*.

confederation [kən,fedə'reɪʃn] n confédération *f*.

confer [kən'fɜːʳ] (*pt & pp* **conferred**, *cont* **conferring**) ◆ vi conférer, s'entretenir ▸ **to confer with sb (about sthg)** s'entretenir avec qqn (de qqch) */ he conferred with her about the guest list* il s'est entretenu avec elle de la liste des invités. ◆ vt conférer, accorder ▸ **to confer sthg on sb** conférer qqch à qqn */ the Queen conferred a title on him* la Reine lui a conféré un titre ▸ **to confer an award on sb** remettre une récompense or un prix à qqn */ degrees were conferred on thirty students* des diplômes ont été remis à trente étudiants.

conferee [,kɒnfɜː'riː] n **1.** [conference member] participant *m*, -e *f*, congressiste *mf* **2.** [recipient - of title] anobli *m*, -e *f* ; [- of scholarship] récipiendaire *mf* ; [- of diploma] diplômé *m*, -e *f*, récipiendaire *mf*.

conference ['kɒnfərəns] n **1.** [meeting] conférence *f* ; [consultation] conférence *f*, consultation *f / the manager is in conference* le directeur est en conférence or en réunion **2.** [convention] congrès *m*, colloque *m* ; POL congrès *m*, assemblée *f / the Labour Party conference* le congrès du parti travailliste ▸ **conference centre a)** [building] centre de congrès **b)** [town] *ville pouvant accueillir des congrès* ▸ **conference hall** salle *f* de conférence **3.** US SPORT [association] association *f*, ligue *f*.

conference call n téléconférence *f*.

conference-goer n participant *m*, -e *f* à une conférence, congressiste *mf*.

Conference pear n poire *f* conférence.

conferencing ['kɒnfərənsɪŋ] n ▸ **audio conferencing** téléconférences *fpl*, audioconférences *fpl* ▸ **web conferencing** conférences *fpl* en ligne, webconférences *fpl*.

conferment [kən'fɜːmənt], **conferral** [kən'fɜːrəl] n action *f* de conférer ; [of diploma] remise *f* (de diplôme) ; [of favour, title] octroi *m* ▸ **the conferment of a title on sb** l'anoblissement de qqn.

conferree [,kɒnfɜː'riː] = **conferee**.

confess [kən'fes] ◆ vt **1.** [admit - fault, crime] avouer, confesser */ to confess one's guilt* or *that one is guilty* avouer sa culpabilité, s'avouer coupable */ I must* or *I have to confess I was wrong* je dois reconnaître or admettre que j'avais tort **2.** RELIG [sins] confesser, se confesser de ; [subj: priest] confesser. ◆ vi **1.** [admit] faire des aveux */ the thief confessed* le voleur est passé aux aveux */ she confessed to five murders* elle a avoué or confessé cinq meurtres */ he confessed to having lied* il a reconnu or avoué avoir menti */ I confess to a weakness for sweets* j'avoue or je reconnais que j'ai un faible pour les sucreries **2.** RELIG se confesser.

confessant [kən'fesənt] n pénitent *m*, -e *f*.

confessed [kən'fest] adj de son propre aveu */ he was a confessed liar* il reconnaissait lui-même être menteur.

confession [kən'feʃn] n **1.** [of guilt] aveu *m*, confession *f / to make a full confession* faire des aveux complets */ on his own confession* de son propre aveu **2.** RELIG confession *f* ; [sect] confession *f / do you go to confession?* allez-vous vous confesser ? */ she made her confession* elle s'est confessée */ the priest heard our confession* le prêtre nous a confessés */ a confession of faith* une confession de foi.

confessional [kən'feʃənl] ◆ n confessionnal *m / the secrets of the confessional* les secrets du confessionnal. ◆ adj confessionnel.

confessor [kən'fesəʳ] n confesseur *m*.

confetti [kən'fetɪ] n *(U)* confettis *mpl*.

confidant ['kɒnfɪdænt] n confident *m*.

confidante [ˌkɒnfɪ'dænt] n confidente *f*.

confide [kən'faɪd] vt **1.** [reveal] avouer en confidence, confier ▸ **to confide a secret to sb** confier un secret à qqn / *she confided her fear to them* elle leur a avoué en confidence sa peur / *I didn't confide my thoughts to anyone* je n'ai révélé mes pensées à personne **2.** [entrust] confier / *they confided their daughter to her* ils ont confié leur fille à sa garde or à ses soins.

❖ **confide in** vt insep **1.** [talk freely to] se confier à / *there's nobody I can confide in* il n'y a personne à qui je puisse me confier **2.** [trust] avoir confiance en, se fier à / *you can confide in me!* vous pouvez me faire confiance !, fiez-vous à moi !

confidence ['kɒnfɪdəns] n **1.** [faith] confiance *f* / *we have confidence in her ability* nous avons confiance en ses capacités / *I have every confidence that you'll succeed* je suis absolument certain que vous réussirez ▸ **to put one's confidence in sb / sthg** faire confiance à qqn / qqch / *the confidence placed in me* la confiance qui m'a été témoignée **2.** [self-assurance] confiance *f* (en soi), assurance *f* / *he spoke with confidence* il a parlé avec assurance / *he lacks confidence* il n'est pas très sûr de lui **3.** [certainty] confiance *f*, certitude *f* / *she has every confidence that they'll win* elle est certaine qu'ils vont gagner / *I can say with confidence* je peux dire avec confiance or assurance **4.** [trust] confiance *f* / *I was told in confidence* on me l'a dit confidentiellement or en confiance / *she told me in the strictest confidence* elle me l'a dit dans la plus stricte confidence ▸ **to take sb into one's confidence** se confier à qqn, faire des confidences à qqn **5.** [private message] confidence *f* / *to exchange confidences* échanger des confidences / *to repeat a confidence* répéter quelque chose dit en confidence, répéter un secret.

⚠ The French word **confidence** means something said in confidence. For the other meanings of the English word confidence, use **confiance**.

confidence-building adj [exercise, activity] *qui vise à stimuler la confiance en soi.*

confidence man n escroc *m*.

confidence trick n escroquerie *f*, abus *m* de confiance.

confidence trickster = confidence man.

confident ['kɒnfɪdənt] adj **1.** [self-assured] sûr (de soi), assuré **2.** [certain] assuré, confiant / *confident of success* sûr de réussir / *in a confident tone* d'un ton assuré or plein d'assurance / *we are confident that the plan will work* nous sommes persuadés que le projet va réussir.

confidential [ˌkɒnfɪ'denʃl] adj [private] confidentiel ; [on envelope] confidentiel / *I would like you to treat this conversation as confidential* j'aimerais que vous considériez cette conversation comme étant confidentielle / *it's confidential, of course* c'est confidentiel or vous le gardez pour vous, bien entendu / *his voice became confidential* il prit le ton de la confidence ▸ **confidential secretary** secrétaire *m* particulier, secrétaire *f* particulière.

confidentiality ['kɒnfɪˌdenʃɪ'ælətɪ] n confidentialité *f* / **'all inquiries treated with complete confidentiality'** 'les demandes de renseignements sont traitées en toute discrétion'.

confidentiality agreement n accord *m* de confidentialité.

confidentially [ˌkɒnfɪ'denʃəlɪ] adv confidentiellement.

confidently ['kɒnfɪdəntlɪ] adv **1.** [with certainty] avec confiance / *I can confidently predict (that)...* je peux prédire avec assurance (que)… **2.** [assuredly] avec assurance.

confiding [kən'faɪdɪŋ] adj confiant, sans méfiance.

confidingly [kən'faɪdɪŋlɪ] adv [act] d'un air confiant ; [speak] en confidence.

configuration [kənˌfɪgə'reɪʃn] n [gen & COMPUT] configuration *f*.

configure [kən'fɪgə] vt [gen & COMPUT] configurer.

confine [kən'faɪn] vt **1.** [restrict] limiter, borner ▸ **to confine o.s. to sthg** se borner or s'en tenir à qqch / *we confined ourselves to (discussing) the financial arrangements* nous nous en sommes tenus à discuter des dispositions financières, nous nous en sommes tenus aux dispositions financières / *the report confines itself to single women* le rapport ne traite que des femmes célibataires / *please confine your remarks to the subject under consideration* veuillez vous limiter au sujet en question **2.** [shut up] confiner, enfermer ; [imprison] incarcérer, enfermer / *her illness confined her to the house / to bed* sa maladie l'a obligée à rester à la maison / à garder le lit / *to confine sb to barracks* MIL consigner qqn **3.** [pregnant woman] ▸ **to be confined** accoucher, être en couches.

confined [kən'faɪnd] adj **1.** [area, atmosphere] confiné / *in a confined space* dans un espace restreint or réduit **2.** [shut up] renfermé ; [imprisoned] emprisonné, incarcéré / *to be confined to barracks* MIL être consigné.

confinement [kən'faɪnmənt] n **1.** [detention] détention *f*, réclusion *f* ; [imprisonment] emprisonnement *m*, incarcération *f* / *confinement to bed* alitement *m* / *confinement to the house / to one's room* obligation de rester à la maison / de garder la chambre / *confinement to barracks* MIL consigne *f* (au quartier) / *six months' confinement* six mois de prison **2.** [in childbirth] couches *fpl*, accouchement *m*.

confines ['kɒnfaɪnz] pl n confins *mpl*, limites *fpl* / *within the confines of reason* dans les limites de la raison.

confirm [kən'fɜ:m] vt **1.** [verify] confirmer, corroborer / *I can confirm that story* je peux confirmer cette histoire / *we confirm receipt of* or *that we have received your letter* nous accusons réception de votre lettre **2.** [finalize -arrangement, booking] confirmer / *confirm our reservation with the restaurant* confirmez notre réservation auprès du restaurant **3.** [strengthen -position] assurer, consolider ; [-belief, doubts, resolve] fortifier, confirmer, raffermir / *that confirms her in her opinion* cela la confirme dans son opinion **4.** [make valid -treaty] ratifier ; [-election] valider ; LAW entériner, homologuer **5.** RELIG confirmer.

confirmation [ˌkɒnfə'meɪʃn] n **1.** [verification] confirmation *f* / *the report is still awaiting confirmation* cette nouvelle n'a pas encore été confirmée **2.** [finalization -of arrangements] confirmation *f* / **'all bookings subject to confirmation'** 'toute réservation doit être confirmée' **3.** [strengthening -of position] consolidation *f*, raffermissement *m* **4.** [validation] validation *f* ; LAW entérinement *m*, homologation *f* ; [of treaty] ratification *f* **5.** RELIG confirmation *f*.

confirmed [kən'fɜ:md] adj **1.** [long-established] invétéré / *he's a confirmed bachelor* c'est un célibataire endurci / *he's a confirmed smoker* c'est un fumeur invétéré **2.** RELIG confirmé.

confiscate ['kɒnfɪskeɪt] vt confisquer ▸ **to confiscate sthg from sb** confisquer qqch à qqn.

confiscation [ˌkɒnfɪ'skeɪʃn] n confiscation *f*.

conflagration [ˌkɒnflə'greɪʃn] n *fml* incendie *m*, sinistre *m* *fml*.

conflate [kən'fleɪt] vt *fml* colliger.

conflict ◆ n ['kɒnflɪkt] **1.** [clash] conflit *m*, lutte *f* ; MIL conflit *m*, guerre *f* / *she often comes into conflict with her mother* elle entre souvent en conflit avec or se heurte souvent à sa mère ▸ **conflict of interests** ECON & POL conflit *m* d'intérêts **2.** [disagreement] dispute *f* ; LAW conflit *m* ▸ **to be in conflict (with)** être en conflit (avec) / *the parties are often in conflict* les partis sont souvent en désaccord / *our differing beliefs brought us into conflict* nos croyances divergentes nous ont opposés / *the unions are in conflict with the management* les syndicats sont en conflit avec la direction / *there is a conflict between the two statements* les deux déclarations ne concordent pas **3.** PSYCHOL [turmoil] conflit *m*. ◆ vi [kən'flɪkt] **1.** [ideas, interests] s'opposer, se heurter / *the research findings conflict with this view* les résultats des recherches sont en contradiction avec or contredisent cette idée / *the policies conflict (with one another)* ces politiques sont incompatibles **2.** [fight] être en conflit or en lutte.

conflicting [kən'flɪktɪŋ] adj [opinions] incompatible ; [evidence, reports] contradictoire.

confluence ['kɒnflʊəns] n **1.** [of rivers] confluent *m* **2.** [gathering together] confluence *f* ; *fig* [crowd] rassemblement *m*.

confluent ['kɒnflʊənt] ◆ adj confluent. ◆ n confluent *m*.

conform [kən'fɔ:m] ◆ vi **1.** [comply -person] se conformer, s'adapter ▸ **to conform to** or **with sthg** se conformer or s'adapter à qqch / *you are expected to conform* tu es supposé te conformer **2.** [action, thing] être en conformité / *all cars must conform to* or *with the regulations* toute voiture doit être conforme aux normes **3.** [correspond] correspondre, répondre / *she conforms to* or *with my idea of a president* elle correspond or répond à ma conception d'un président **4.** RELIG être conformiste. ◆ vt [ideas, actions] conformer, rendre conforme.

conformable [kən'fɔ:məbl] adj *fml* **1.** [alike] conforme **2.** [in agreement with] adapté, compatible ▸ **to be conformable to sthg** être adapté à or compatible avec qqch **3.** [obedient] accommodant.

conformation [ˌkɒnfɔ:'meɪʃn] n **1.** [configuration] conformation *f*, structure *f* **2.** [act of forming] conformation *f*.

conformism [kən'fɔ:mɪzm] n conformisme *m*.

conformist [kən'fɔ:mɪst] ◆ adj conformiste. ◆ n [gen & RELIG] conformiste *mf*.

conformity [kən'fɔ:mətɪ] (*pl* **conformities**) n **1.** [with rules, regulations] conformité *f* **2.** [in behaviour, dress, etc.] conformisme *m* **3.** RELIG conformisme *m*.

❖ **in conformity with** prep phr en accord avec, conformément à.

confound [kən'faʊnd] vt **1.** [perplex] déconcerter / *to be confounded* être confondu **2.** *fml* [mix up] confondre **3.** *inf & dated* [curse] : *confound him!* qu'il aille au diable ! / *confound it!* quelle barbe ! **4.** *arch* [defeat -enemy] confondre.

confounded [kən'faʊndɪd] adj *inf & dated* [wretched] maudit / *it's a confounded nuisance!* c'est la barbe !, quelle barbe ! / *that man is a confounded nuisance!* ce type est une vraie plaie ! / *this confounded thing has broken again!* ce satané truc est encore cassé !

confront [kən'frʌnt] vt **1.** [face] affronter, faire face à / *the obstacles confronting us* les obstacles auxquels nous devons faire face / *the headmaster confronted him in the corridor* le directeur l'affronta dans le couloir / *he had to confront a crowd of hecklers* il a dû affronter un groupe de perturbateurs / *the two groups of demonstrators confronted each other* les deux groupes de manifestants se sont affrontés ▸ **to be confronted by** or **with sthg** [problem, risk] se trouver en face de qqch **2.** [present] confronter / *she confronted him with the facts* elle l'a confronté avec les faits.

confrontation [ˌkɒnfrʌn'teɪʃn] n **1.** [conflict] conflit *m*, affrontement *m* / *he hates confrontation* il a horreur des affrontements ; MIL affrontement *m* **2.** [act of confronting] confrontation *f* / *the confrontation of the defendant with the evidence* la confrontation de l'accusé aux or avec les preuves.

confrontational [ˌkɒnfrʌn'teɪʃənl] adj [situation] d'affrontement ; [policy] de confrontation ; [person] : *to be confrontational* aimer les conflits.

Confucian [kən'fju:ʃn] ◆ adj confucéen. ◆ n confucéen *m*, -enne *f*.

Confucianism [kən'fju:ʃənɪzm] n confucianisme *m*.

Confucius [kən'fju:ʃəs] pr n Confucius.

confusable [kən'fju:zəbl] n *terme qui est souvent confondu avec un autre.*

confuse [kən'fju:z] vt **1.** [muddle -person] embrouiller ; [-thoughts] embrouiller, brouiller ; [-memory]

brouiller / *don't confuse me!* ne m'embrouillez pas (les idées) ! / *to confuse the issue further* pour embrouiller or compliquer encore plus les choses **2.** [perplex] déconcerter, rendre perplexe ; [fluster] troubler ; [embarrass] embarrasser **3.** [mix up] confondre / *you're confusing me with my brother* vous me confondez avec mon frère / *don't confuse the two issues* ne confondez pas les deux problèmes **4.** [disconcert - opponent] confondre.

confused [kən'fju:zd] adj **1.** [muddled - person] désorienté ; [- sounds] confus, indistinct ; [- thoughts] confus, embrouillé ; [- memory] confus, vague / *wait a minute, I'm getting confused* attends, là, je ne suis plus / *very old people often get confused* les personnes très âgées ont souvent les idées confuses **2.** [flustered] troublé ; [embarrassed] confus **3.** [disordered] en désordre ; [enemy] confus.

confusible [kən'fju:zəbl] = **confusable.**

confusing [kən'fju:zɪŋ] adj embrouillé, déroutant / *the plot is confusing* on se perd dans l'intrigue.

confusingly [kən'fju:zɪŋlɪ] adv de façon embrouillée.

confusion [kən'fju:ʒn] n **1.** [bewilderment] confusion *f* ; [embarrassment] déconfiture *f*, trouble *m*, embarras *m* / *he stared at it in confusion* il le fixa d'un regard perplexe / *she's in a state of confusion* elle a l'esprit troublé / *in my confusion I said yes* dans mon embarras, j'ai dit oui **2.** [mixing up] confusion *f* / *to avoid confusion* pour éviter toute confusion / *there is some confusion as to who won* il y a incertitude sur le vainqueur **3.** [disorder] désordre *m* ; [of enemy] désordre *m*, désarroi *m* / *everything was in confusion* tout était en désordre or sens dessus dessous.

confute [kən'fju:t] vt *fml* [argument] réfuter ; [person] réfuter les arguments de.

conga ['kɒŋgə] ◆ n conga *f*. ◆ vi danser la conga.

congeal [kən'dʒi:l] ◆ vi [thicken] prendre ; [oil] (se) figer ; [blood] (se) coaguler ; [milk] (se) cailler. ◆ vt [thicken] faire prendre ; [oil] (faire) figer ; [blood] (faire) coaguler ; [milk] (faire) cailler.

congenial [kən'dʒi:njəl] adj [pleasant] sympathique, agréable / *in congenial surroundings* dans un cadre agréable / *to spend an afternoon in congenial company* passer un après-midi en agréable compagnie.

congenital [kən'dʒenɪtl] adj MED congénital, de naissance ▸ **congenital defect** vice *m* de conformation / *he's a congenital liar* c'est un menteur-né.

congenitally [kən'dʒenɪtəlɪ] adv de manière congénitale, congénitalement.

conger (eel) ['kɒŋgər-] n congre *m*, anguille *f* de mer.

congest [kən'dʒest] ◆ vt **1.** [crowd] encombrer **2.** MED [clog] congestionner. ◆ vi **1.** [become crowded] s'encombrer **2.** MED [become clogged] se congestionner.

congested [kən'dʒestɪd] adj **1.** [area, town] surpeuplé ; [road] encombré, embouteillé ; [communication lines] encombré / *the roads are congested with traffic* il y a des embouteillages or des encombrements sur les routes **2.** MED [clogged] congestionné.

congestion [kən'dʒestʃn] n **1.** [of area] surpeuplement *m* ; [of road, traffic] encombrement *m*, embouteillage *m* **2.** MED [blockage] congestion *f*.

congestion charge n UK taxe *f* anti-embouteillages.

conglomerate ◆ n [kən'glɒmərət] [gen, FIN & GEOL] conglomérat *m*. ◆ adj [kən'glɒmərət] congloméré, aggloméré ; GEOL congloméré. ◆ vt agglomérer, conglomérer *fml*. ◆ vi [kən'glɒməreɪt] s'agglomérer.

conglomeration [kən,glɒmə'reɪʃn] n **1.** [mass] groupement *m*, rassemblement *m* ; [of buildings] agglomération *f* **2.** [act, state] agglomération *f*, conglomération *f fml*.

Congo ['kɒŋgəʊ] pr n **1.** [country] ▸ **the Congo** le Congo / *in the Congo* au Congo ▸ **the Belgian Congo** HIST le Congo belge **2.** [river] ▸ **the Congo** le Congo.

Congo-Brazzaville [,kɒŋgəʊ'bræzəvɪl] pr n Congo-Brazzaville *m*.

Congo-Kinshasa [,kɒŋgəʊkɪn'ʃasə] pr n Congo-Kinshasa *m*.

Congolese [,kɒŋgə'li:z] ◆ n Congolais *m*, -e *f*. ◆ adj congolais.

congrats [kən'græts] interj *inf* ▸ **congrats!** chapeau !

congratulate [kən'grætʃʊleɪt] vt féliciter, complimenter / *her parents congratulated her on passing her exams* ses parents l'ont félicitée d'avoir réussi à ses examens / *she congratulated them on their engagement* elle leur a présenté ses félicitations à l'occasion de leurs fiançailles / *I congratulated myself for having kept my temper* je me suis félicité d'avoir gardé mon sang-froid.

congratulation [kən,grætʃʊ'leɪʃn] n félicitation *f*.

❖ **congratulations** ◆ interj ▸ **congratulations!** (toutes mes) félicitations !, je vous félicite ! ◆ pl n félicitations *fpl* / *congratulations on the new job / your engagement* félicitations pour votre nouveau poste / vos fiançailles / *I hear congratulations are in order* il paraît qu'il faut vous féliciter / *a letter of congratulations* une lettre de félicitations.

> ⚠ The word **congratulation** exists in French, but it is formal and rarely used. The English word congratulations should be translated by **félicitations**.

congratulatory [kən'grætʃʊlətrɪ] adj de félicitations.

congregate ['kɒŋgrɪgeɪt] vi se rassembler, se réunir / *the demonstrators congregated in the park* les manifestants se sont rassemblés dans le parc.

congregation [,kɒŋgrɪ'geɪʃn] n **1.** [group] assemblée *f*, rassemblement *m* ; RELIG [of worshippers] assemblée *f* (de fidèles), assistance *f* ; [of priests] congrégation *f* **2.** UK UNIV assemblée *f* générale.

congregational [,kɒŋgrɪ'geɪʃənl] adj [gen] d'une assemblée ; RELIG de l'assemblée (des fidèles) ; [priests] de or d'une congrégation.

❖ **Congregational** adj congrégationaliste ▸ **the Congregational Church** l'Église *f* congrégationaliste.

congress ['kɒŋgres] n **1.** [association, meeting] congrès *m* **2.** *(U) fml* [sexual intercourse] rapports *mpl* sexuels ▸ **to have congress with sb** avoir des rapports sexuels avec qqn.

❖ **Congress** n POL Congrès *m* ; [session] *session du Congrès américain.*

> **Congress**
>
> Le Congrès, organe législatif américain, est constitué du Sénat et de la Chambre des représentants ; tout projet de loi doit être approuvé séparément par ces deux chambres.

congressional [kəŋ'greʃənl] US adj [gen] d'un congrès.

❖ **Congressional** adj POL du Congrès ▸ **Congressional district** *circonscription d'un représentant du Congrès américain* ▸ **Congressional Medal of Honor** *la plus haute distinction militaire américaine* ▸ **Congressional Record** *journal officiel du Congrès américain.*

congressman ['kɒŋgresmən] (*pl* **congressmen** [-mən]) n US POL membre *m* du Congrès américain / *Mr Congressman, do you believe that...* Monsieur le Député, croyez-vous que... ▸ **congressman-at-large** *représentant du Congrès américain non attaché à une circonscription électorale.*

congresswoman ['kɒŋgres,wʊmən] (*pl* **congresswomen** [-,wɪmɪn]) n US POL membre *m* (féminin) du Congrès américain ▸ **Miss / Ms / Mrs Congresswoman** Madame la députée.

congruence ['kɒŋgrʊəns] n **1.** *fml* [similarity] conformité *f* **2.** *fml* [correspondence] correspondance *f* ; [suitability] convenance *f* **3.** MATH congruence *f*.

congruent ['kɒŋgrʊənt] adj **1.** *fml* [similar] conforme ▸ **congruent with** or **to** conforme à **2.** *fml* [corresponding] en harmonie ; [suitable] convenable ▸ **to be congruent with sthg** être en harmonie avec qqch / *the sentence is congruent with the crime* la peine correspond au crime **3.** MATH [number] congru, congruent ; [triangle] congruent.

congruity [kɒŋ'gru:ətɪ] (*pl* **congruities**) n *fml* convenance *f*.

congruous ['kɒŋgrʊəs] adj *fml* **1.** [corresponding] qui s'accorde ▸ **congruous with sthg** qui s'accorde avec qqch **2.** [suitable] convenable, qui convient.

conic(al) ['kɒnɪk(l)] adj en forme de cône, conique.

conifer ['kɒnɪfər] n conifère *m*.

coniferous [kə'nɪfərəs] adj conifère / *a coniferous forest* une forêt de conifères.

conjectural [kən'dʒektʃərəl] adj conjectural.

conjecture [kən'dʒektʃər] ◆ n conjecture *f* / *whether he knew or not is a matter for conjecture* savoir s'il était au courant ou pas relève de la conjecture. ◆ vt conjecturer, présumer. ◆ vi conjecturer, faire des conjectures.

conjoin [kən'dʒɔɪn] *fml* ◆ vt joindre, unir. ◆ vi s'unir.

conjoined twins [kən'dʒɔɪnd-] pl n jumeaux *mpl* conjoints or siamois.

conjoint ['kɒndʒɔɪnt] adj *fml* conjoint, uni.

conjointly ['kɒndʒɔɪntlɪ] adv *fml* conjointement.

conjugal ['kɒndʒʊgl] adj conjugal.

conjugate ◆ vt ['kɒndʒʊgeɪt] conjuguer. ◆ vi se conjuguer. ◆ adj ['kɒndʒʊgɪt] conjoint, uni.

conjugation [,kɒndʒʊ'geɪʃn] n conjugaison *f*.

conjunct [kən'dʒʌŋkt] adj conjoint.

conjunction [kən'dʒʌŋkʃn] n **1.** [combination] conjonction *f*, union *f* **2.** ASTRON & GRAM conjonction *f*.

❖ **in conjunction with** prep phr conjointement avec / *to work in conjunction with sb* travailler conjointement avec qqn.

conjunctive [kən'dʒʌŋktɪv] adj [gen, ANAT & GRAM] conjonctif.

conjunctivitis [kən,dʒʌŋktɪ'vaɪtɪs] n conjonctivite *f* / *to have conjunctivitis* avoir de la conjonctivite.

conjuncture [kən'dʒʌŋktʃər] n *fml* [combination of events] conjoncture *f* ; [resulting crisis] moment *m* critique.

conjure ['kʌndʒər] ◆ vt **1.** [produce - gen] faire apparaître, produire ; [- by magic] faire apparaître *(par prestidigitation)* / *to conjure a rabbit from a hat* faire sortir un lapin d'un chapeau **2.** [kən'dʒʊər] *arch* [appeal to] conjurer, implorer. ◆ vi faire des tours de passe-passe ▸ UK **his is a name to conjure with** c'est quelqu'un d'important.

❖ **conjure away** vt sep faire disparaître.

❖ **conjure up** vt sep [object, rabbit] faire apparaître, produire ; [gods, spirits] faire apparaître, invoquer ; [memory] évoquer, rappeler ; [image] évoquer.

conjurer ['kʌndʒərər] n [magician] prestidigitateur *m*, -trice *f* ; [sorcerer] sorcier *m*, -ère *f*.

conjuring ['kʌndʒərɪŋ] ◆ n prestidigitation *f*. ◆ adj ▸ **conjuring trick** tour *m* de passe-passe or de prestidigitation.

conjuror ['kʌndʒərər] = **conjurer.**

conk [kɒŋk] *inf* ◆ vt **1.** [hit] cogner or frapper (sur la caboche) **2.** [hair] défriser *(au moyen d'un produit coiffant).* ◆ n **1.** [blow] gnon *m* **2.** UK [head] caboche *f* **3.** UK [nose] pif *m* **4.** [hairstyle] *coiffure rendue populaire notamment par les Afro-Américains et qui consiste à se faire défriser les cheveux.*

❖ **conk out** vi *inf* tomber en panne.

conker ['kɒŋkər] n UK *inf* marron *m*.

❖ **conkers** n *(U) inf jeu d'enfant qui consiste à tenter de casser un marron tenu au bout d'un fil par son adversaire.*

conman ['kɒnmæn] (*pl* **conmen** [-men]) n *inf* arnaqueur *m*.

connect [kə'nekt] ◆ vt **1.** [join - pipes, wires] raccorder ; [- pinions, shafts, wheels] engrener, coupler ▸ **to connect sthg up to sthg** joindre or relier or raccorder qqch à qqch **2.** [join to supply - machine, house, telephone] brancher, raccorder ▸ **to connect sthg to sthg** raccorder qqch à qqch, brancher qqch sur qqch ▸ **to be connected (up) to sthg** être branché sur qqch **3.** TELEC mettre en communication, relier ▸ **to connect sb to sb** mettre qqn en communication avec qqn / *I'm trying to connect you* j'essaie d'obtenir votre communication **4.** [link - subj: path, railway, road, airline] relier ▸ **to connect with** or **to** relier à / *the new rail link connects Terminal 3 with* or *to the train station* la nouvelle liaison ferroviaire relie l'aérogare 3 à la gare **5.** [associate - person, place, event] associer, faire le rapprochement ▸ **to connect sb / sthg with sb / sthg** associer une personne / chose à une autre / *I'd never connected the two things before* je n'avais (encore) jamais fait le rapprochement entre les deux. ◆ vi **1.** [bus, plane, train] assurer la correspondance ▸ **to connect with** assurer la correspondance avec **2.** [blow, fist, kick] frapper / *my fist connected with his chin* *inf* je l'ai touché au menton.

connected [kə'nektɪd] adj **1.** [linked - subjects, species] connexe **2.** [coherent - speech, sentences] cohérent, suivi **3.** [associated] ▸ **to be connected with** avoir un lien or rapport avec **4.** [in family] ▸ **to be connected with** or **to** être parent de.

Connecticut [kə'netɪkət] pr n Connecticut *m* / *in Connecticut* dans le Connecticut.

connecting [kə'nektɪŋ] adj [cable, wire] de connexion ▸ **connecting rod** bielle *f* ▸ **connecting flight** correspondance *f* ▸ **connecting door** porte *f* de communication.

connecting block n ELEC domino *m*.

connection [kə'nekʃn] n **1.** [link between two things] lien *m*, rapport *m*, connexion *f* ▸ **to make a connection between** or **to** or **with sthg** faire le lien avec qqch / *does this have any connection with what happened yesterday?* ceci a-t-il un rapport quelconque avec ce qui s'est passé hier ? ▸ **in this** or **that connection** à ce propos, à ce sujet **2.** ELEC prise *f*, raccord *m* **3.** TELEC communication *f*, ligne *f* / *a bad connection* une mauvaise communication or ligne **4.** [transfer - between buses, planes, trains] correspondance *f* / *to miss one's connection* rater sa correspondance **5.** [transport] liaison *f* / *the town enjoys excellent road and rail connections* la ville dispose d'excellentes liaisons routières et ferroviaires **6.** [relationship] rapport *m*, relation *f* ▸ **to form** / **to break a connection with sb** établir / rompre des relations avec qqn / *he has CIA connections* il a des liens avec la CIA ▸ **family connections** parenté *f* **7.** [colleague, business contact] relation *f* (d'affaires) / *she has some useful connections in the publishing world* elle a des relations utiles dans le monde de l'édition.

❖ **in connection with** prep phr à propos de.

connective [kə'nektɪv] ◆ adj [word, phrase] conjonctif. ◆ n GRAM conjonction *f*.

connective tissue n tissu *m* conjonctif.

connectivity [ˌkɒnek'tɪvɪtɪ] n connectivité *f*.

connect-the-dots n *(U)* US *jeu qui consiste à relier des points numérotés pour découvrir un dessin.*

connexion [kə'nekʃn] = **connection**.

conning tower ['kɒnɪŋ-] n [on submarine] kiosque *m* ; [on warship] centre *m* opérationnel.

conniption [kə'nɪpʃn] n *(often pl)* US *inf* crise *f* d'hystérie ▸ **to be in a conniption** avoir une crise d'hystérie.

connivance [kə'naɪvəns] n *pej* connivence *f* / *with the connivance of* or *in connivance with the connivance* avec / *he acted with the connivance of* or *in connivance with government officials* il a agi de connivence avec des membres du gouvernement.

connive [kə'naɪv] vi *pej* [plot] être de connivence / *they connived together to undermine government policy* ils étaient de connivence pour déstabiliser la politique du gouvernement.

❖ **connive at** vt insep **1.** [ignore] fermer les yeux sur **2.** [abet] être complice de.

conniving [kə'naɪvɪŋ] adj *pej* malhonnête, rusé, sournois.

connoisseur [ˌkɒnə'sɜːʳ] n connaisseur *m*, -euse *f* / *a connoisseur of fine wine / good literature* un connaisseur en vins / littérature.

connotation [ˌkɒnə'teɪʃn] n **1.** [association] connotation *f* / *for me the word has very sad connotations* ce mot a pour moi des connotations très tristes / *the name has connotations of quality and expertise* ce nom évoque la qualité et la compétence **2.** LING connotation *f* **3.** LOGIC implication *f*.

connote [kə'nəʊt] vt **1.** *fml* [imply - subj: word, phrase, name] évoquer **2.** LING connoter **3.** LOGIC impliquer.

connubial [kə'njuːbjəl] adj *fml & hum* conjugal, matrimonial ▸ **connubial bliss** bonheur *m* conjugal.

conquer ['kɒŋkəʳ] vt **1.** [defeat - person, enemy] vaincre **2.** [take control of - city, nation] conquérir **3.** [master - feelings, habits] surmonter ; [- disease, disability] vaincre, surmonter **4.** [win over - sb's heart] conquérir ; [- audience, public] conquérir, subjuguer.

conquering ['kɒŋkərɪŋ] adj victorieux / *hail the conquering hero!* *liter* vive le vainqueur !

conqueror ['kɒŋkərəʳ] n conquérant *m*.

conquest ['kɒŋkwest] n [of land, person] conquête *f* / *our men faced conquest by enemy forces* nos hommes allaient être vaincus par les forces ennemies / *the conquest of space* la conquête de l'espace ; [land, person conquered] conquête *f* / *he boasted of his conquests* il se vantait de ses conquêtes / *he's her latest conquest* c'est sa dernière conquête ▸ **to make a conquest** faire une conquête ▸ **to make a conquest of sb** faire la conquête de qqn.

Conrail®, **ConRail®** ['kɒnreɪl] pr n *transport urbain new-yorkais.*

conrod ['kɒnrɒd] n AUTO bielle *f*.

Cons. written abbr of **Conservative**.

consanguinity [ˌkɒnsæŋ'gwɪnətɪ] n consanguinité *f*.

conscience ['kɒnʃəns] n **1.** [moral sense] conscience *f* / *always let your conscience be your guide* laissez-vous toujours guider par votre conscience / *a matter of conscience* un cas de conscience ▸ **to have a clear** or **an easy conscience** avoir la conscience tranquille / *my conscience is clear* j'ai la conscience tranquille ▸ **to have a bad** or **guilty conscience** avoir mauvaise conscience ▸ **to have sthg on one's conscience** avoir qqch sur la conscience ▸ **in all conscience** en toute conscience **2.** *(U)* [scruples] mauvaise conscience *f*, remords *m*, scrupule *m* ▸ **to have no conscience (about doing sthg)** ne pas avoir de scrupules (à faire qqch).

conscience clause n *clause de conscience.*

conscience money n argent *m* restitué *(pour soulager sa conscience).*

conscience-stricken adj pris de remords / *to be* or *to look conscience-stricken* être pris de remords, être la proie des remords / *conscience-stricken faces* des visages tourmentés par le remords.

conscientious [ˌkɒnʃɪ'enʃəs] adj consciencieux / *she was her usual conscientious self* elle était consciencieuse comme toujours.

conscientiously [ˌkɒnʃɪ'enʃəslɪ] adv consciencieusement.

conscientiousness [ˌkɒnʃɪ'enʃəsnɪs] n conscience *f*.

conscientious objector n objecteur *m* de conscience.

conscious ['kɒnʃəs] ◆ adj **1.** [aware] conscient ▸ **to be conscious of (doing) sthg** être conscient de (faire) qqch / *he's all too conscious of his shortcomings as a writer* il n'est que trop conscient de ses défauts en tant qu'écrivain ▸ **to become conscious of sthg** prendre conscience de qqch / *politically conscious* politisé **2.** [awake] conscient / *to become conscious* reprendre connaissance **3.** [deliberate - attempt, effort] conscient ; [- cruelty, rudeness] intentionnel, délibéré **4.** [able to think - being, mind] conscient. ◆ n PSYCHOL ▸ **the conscious** le conscient.

-conscious in comp conscient de ▸ **age-conscious** conscient de son âge ▸ **clothes-conscious** qui fait attention à sa tenue ▸ **fashion-conscious** qui suit la mode ▸ **health-conscious** soucieux de sa santé.

consciously ['kɒnʃəslɪ] adv consciemment, délibérément / *he would never consciously do such a cruel thing* il ne ferait jamais une chose aussi cruelle délibérément.

consciousness ['kɒnʃəsnɪs] n **1.** [awareness] conscience *f* / *political consciousness* conscience politique **2.** [mentality] conscience *f* / *the national consciousness* la conscience nationale **3.** [state of being awake] connaissance *f* ▸ **to lose consciousness** perdre connaissance ▸ **to regain consciousness** reprendre connaissance.

consciousness raising n sensibilisation *f*.

❖ **consciousness-raising** comp [campaign, session] de sensibilisation.

conscript ◆ vt [kən'skrɪpt] [men, troops] enrôler, recruter ; [workers, labourers] recruter. ◆ n ['kɒnskrɪpt] conscrit *m*, appelé *m*. ◆ adj ['kɒnskrɪpt] [army] de conscrits.

conscripted [kən'skrɪptɪd] adj [troops, labour] conscrit, enrôlé.

conscription [kən'skrɪpʃn] n conscription *f*.

consecrate ['kɒnsɪkreɪt] vt **1.** [sanctify - church, building, place] consacrer ; [- bread and wine] consacrer ▸ **consecrated ground** terre *f* sainte or bénie **2.** [ordain - bishop] consacrer, sacrer **3.** [dedicate] consacrer, dédier ▸ **to consecrate one's life to sthg** consacrer sa vie à qqch **4.** [make venerable] consacrer / *a custom consecrated by time* une coutume consacrée par l'usage.

consecrated ['kɒnsɪkreɪtɪd] adj RELIG consacré ▸ **consecrated ground** terre *f* sainte or bénite.

consecration [ˌkɒnsɪ'kreɪʃn] n **1.** [sanctification] consécration *f* **2.** [ordination] sacre *m* **3.** [dedication] consécration *f* **4.** [veneration] consécration *f*.

consecutive [kən'sekjʊtɪv] adj **1.** [successive - days, weeks] consécutif / *for the third consecutive day* pour le troisième jour consécutif / *they have had five consecutive home wins* ils ont remporté cinq victoires consécutives sur leur terrain ▸ **consecutive interpreting** interprétation *f* consécutive **2.** GRAM [clause] consécutif.

consecutively [kən'sekjʊtɪvlɪ] adv consécutivement / *for five years consecutively* pendant cinq années consécutives / *the sentences to be served consecutively* LAW avec cumul de peines.

consensual [kən'sensjʊəl] adj LAW & MED [contract, agreement] consensuel.

consensus [kən'sensəs] ◆ n consensus *m* / *they failed to reach a consensus (of opinion)* ils n'ont pas obtenu de consensus (d'opinion) / *what is the scientific consensus on the matter?* quelle est l'opinion des scientifiques sur ce sujet ? ◆ comp [politics] de consensus.

consent [kən'sent] ◆ vi consentir ▸ **to consent to (do) sthg** consentir à (faire) qqch / *they consented to my request for compassionate leave* ils ont consenti à ma demande de congé exceptionnel. ◆ n consentement *m*, accord *m* / *we got married without my parents' consent* nous nous sommes mariés sans le consentement de mes parents / *he refused his consent to a divorce* il a refusé son consentement pour le divorce / *by common consent* d'un commun accord / *by mutual consent* par consentement mutuel ▸ **the age of consent** *âge où les rapports sexuels sont autorisés (16 ans en Grande-Bretagne, 16 ou 18 ans aux États-Unis selon les États).*

consenting [kən'sentɪŋ] adj LAW [adult] consentant / *she is a consenting adult, after all* *inf & hum* elle est majeure et vaccinée après tout.

consenting adult [kən'sentɪŋ-] n adulte *m* consentant.

consequence ['kɒnsɪkwəns] n **1.** [result] conséquence *f*, suite *f* ▸ **as a consequence of** à la suite de /

it all came about as a consequence of that one brief meeting tout est arrivé à la suite de cette courte réunion / *she acted regardless of the consequences* elle a agi sans se soucier des conséquences / *the policy had terrible consequences for the poor* cette mesure a eu des conséquences terribles pour les pauvres ▸ **in consequence of which** par suite de quoi **2.** [importance] conséquence *f*, importance *f* / *a person of no* or *little consequence* une personne sans importance / *a man of consequence* un homme important / *it's of no consequence* c'est sans conséquence, cela n'a pas d'importance.

❖ **consequences** ◆ pl n conséquences *fpl* / *to take* or *to suffer the consequences* accepter or subir les conséquences / *to face the consequences* faire face aux conséquences. ◆ n *(U)* UK GAMES ≃ cadavres *mpl* exquis.

❖ **in consequence** adv phr par conséquent.

consequent ['kɒnsɪkwənt] adj *fml* consécutif ▸ **consequent on** or **upon a)** [resulting from] résultant de **b)** [following] consécutif à.

consequential [,kɒnsɪ'kwenʃl] adj *fml* **1.** = **consequent 2.** [important - decision] de conséquence, conséquent.

consequently ['kɒnsɪkwəntlɪ] adv par conséquent, donc.

conservancy [kən'sɜ:vənsɪ] *(pl* **conservancies***)* n **1.** UK [commission] administration *f* **2.** = **conservation.**

conservation [,kɒnsə'veɪʃn] n **1.** [of works of art] préservation *f* **2.** [of natural resources] préservation *f* ▸ **nature conservation** défense *f* de l'environnement **3.** PHYS conservation *f* / *the conservation of mass* / *energy* / *momentum* le principe de conservation de la masse / de l'énergie / du moment.

conservation area n zone *f* protégée.

conservationist [,kɒnsə'veɪʃənɪst] n défenseur *m* de l'environnement.

conservatism [kən'sɜ:vətɪzm] n **1.** POL = **Conservatism 2.** [traditionalism] conservatisme *m*.

❖ **Conservatism** n [policy of Conservative Party] conservatisme *m*.

conservative [kən'sɜ:vətɪv] ◆ n [traditionalist] traditionaliste *mf*, conformiste *mf*. ◆ adj **1.** [traditionalist - views] conformiste **2.** [conventional - suit, clothes] classique **3.** [modest - estimate] prudent **4.** PHYS conservateur.

❖ **Conservative** ◆ n POL conservateur *m*, -trice *f*. ◆ adj POL [policy, government, MP] conservateur.

conservatively [kən'sɜ:vətɪvlɪ] adv [dress] de façon conventionnelle.

Conservative Party pr n ▸ **the Conservative Party** le parti conservateur.

> **The Conservative Party**
>
> Le parti conservateur britannique est né au début du XIXe siècle. Héritier du **Tory Party** fondé au XVIIe siècle, il en conserve le nom dans l'usage courant : **Tory** est synonyme de **Conservative**. La figure la plus emblématique du parti conservateur au XXe siècle fut certainement Margaret Thatcher, Premier ministre de 1979 à 1990, qui incarna une politique de droite intransigeante, voire radicale. Aujourd'hui, le **Conservative Party** a une approche plus modérée et centriste.

conservatoire [kən'sɜ:vətwɑ:ʳ] n conservatoire *m*.

conservator [kən'sɜ:vətəʳ] n gardien *m*, -enne *f*.

conservatory [kən'sɜ:vətrɪ] *(pl* **conservatories***)* n **1.** [greenhouse] jardin *m* d'hiver **2.** = **conservatoire.**

conserve ◆ vt [kən'sɜ:v] **1.** [save - energy, resources, battery] économiser / *to conserve one's strength* ménager ses forces **2.** *liter* [preserve - privilege, freedom] protéger, préserver. ◆ n ['kɒnsɜ:v or kən'sɜ:v] confiture *f* ▸ **strawberry conserve** confiture de fraises.

consider [kən'sɪdəʳ] ◆ vt **1.** [believe] considérer, estimer, penser / *I've always considered her (as* or *to be) a good friend* je l'ai toujours considérée comme une bonne amie / *she considers it wrong to say such things* elle pense qu'il est mauvais de dire de telles choses / *I consider myself lucky* je m'estime heureux / *I would consider it an honour* je m'estimerais honoré **2.** [ponder - problem, offer, possibility] considérer, examiner ; [- issue, question] réfléchir à / *have you ever considered becoming an actress?* avez-vous jamais songé à devenir actrice ? / *I'm willing to consider your offer* je suis prêt à examiner votre proposition / *I'll consider it* je verrai, je réfléchirai **3.** [bear in mind - points, facts] prendre en considération ; [- costs, difficulties, dangers] tenir compte de / *we got off lightly, when you consider what might have happened* nous nous en sommes bien tirés, quand on pense à ce qui aurait pu arriver / *all things considered* tout bien considéré **4.** [show regard for - feelings, wishes] tenir compte de / *he has a wife and family to consider* il a une femme et une famille à prendre en considération **5.** [discuss - report, case] examiner, considérer / *she's being considered for the post of manager* on pense à elle pour le poste de directeur **6.** [contemplate - picture, scene] examiner, observer. ◆ vi réfléchir / *I need time to consider* j'ai besoin de temps pour réfléchir.

considerable [kən'sɪdrəbl] adj considérable / *she showed considerable courage* elle a fait preuve de beaucoup de courage / *a considerable number* un nombre considérable / *to a considerable extent* dans une (très) large mesure.

considerably [kən'sɪdrəblɪ] adv considérablement.

considerate [kən'sɪdərət] adj [person] prévenant, plein d'égards, aimable / *that's very considerate of you* c'est très aimable à vous / *he's always so considerate of* or *towards others* il est toujours si prévenant envers les autres.

considerately [kən'sɪdərətlɪ] adv avec des égards.

consideration [kən,sɪdə'reɪʃn] n **1.** [thought] considération *f* / *the matter needs careful consideration* le sujet demande une attention particulière ▸ **to take sthg into consideration** prendre qqch en considération / *taking everything into consideration* tout bien considéré / *after due consideration* après mûre réflexion **2.** [factor] considération *f*, préoccupation *f* / *time is our main consideration* le temps est notre principale préoccupation **3.** [thoughtfulness] égard *m* ▸ **to show consideration for sb** / **sb's feelings** ménager qqn / la sensibilité de qqn / *have you no consideration for other people?* n'as-tu donc aucun égard pour les autres ? / *she remained silent out of consideration for his family* elle se tut par égard pour sa famille **4.** [discussion] étude *f* / *the matter is under consideration* l'affaire est à l'étude **5.** [importance] : *of no consideration* sans importance **6.** *fml* [payment] rémunération *f*, finance *f* / *for a small consideration* moyennant rémunération or finance.

considered [kən'sɪdəd] adj **1.** [reasoned - opinion, manner] bien pesé, mûrement réfléchi / *it's my considered opinion that…* après mûre réflexion, je pense que… **2.** *fml* [respected - artist, writer] considéré, respecté.

considering [kən'sɪdərɪŋ] ◆ conj étant donné que, vu que / *considering she'd never played the part before, she did very well* pour quelqu'un qui n'avait jamais tenu ce rôle, elle s'est très bien débrouillée. ◆ prep étant donné, vu / *considering how hard he tried, he did rather poorly* vu tout le mal qu'il s'est donné, c'était plutôt médiocre. ◆ adv *inf* tout compte fait, finalement / *she writes quite well, considering* elle écrit assez bien, finalement.

consign [kən'saɪn] vt **1.** [send - goods] envoyer, expédier ▸ **to consign sthg to sb** envoyer qqch à qqn **2.** [relegate - thing] reléguer / *I consigned all my clutter to the attic* j'ai relégué tout mon fourbi au grenier / *I consigned his last letter to the rubbish bin* sa dernière lettre s'est retrouvée à la poubelle **3.** [entrust - person] confier ▸ **to consign sb to** confier qqn à or aux soins de qqn / *as a child I was consigned to the care of my grandmother* enfant, je fus confié aux soins de ma grand-mère.

consignee [,kɒnsaɪ'ni:] n consignataire *mf*.

consigner [kən'saɪnəʳ] = **consignor.**

consignment [,kən'saɪnmənt] n **1.** [despatch] envoi *m*, expédition *f* / *goods for consignment* marchandise *f* à expédier ▸ **consignment note** bordereau *m* d'expédition **2.** [batch of goods] arrivage *m*, lot *m* / *a consignment of heavy machinery* un arrivage de machines lourdes.

consignor [kən'saɪnəʳ] n expéditeur *m*, -trice *f*.

consist [kən'sɪst] ❖ **consist of** vt insep consister en, se composer de / *the panel consists of five senior lecturers* le jury se compose de cinq maîtres de conférence / *the book consists largely of photos of his family* le livre est constitué surtout de photos de sa famille. ❖ **consist in** vt insep *fml* ▸ **to consist in (doing) sthg** consister à faire qqch or dans qqch / *his "genius" consists in a mere talent for mimicry* son « génie » se résume à son talent d'imitateur / *the book's success consists largely in its simplicity* le succès du livre réside en grande partie dans sa simplicité.

consistence [kən'sɪstəns] *(pl* **consistences***)*, **consistency** [kən'sɪstənsɪ] *(pl* **consistencies***)* n **1.** [texture] consistance *f* / *keep stirring until you get the right consistence* remuez jusqu'à ce que vous obteniez la consistance souhaitée / *consistencies can vary* la consistance peut changer **2.** [coherence - of behaviour, argument, etc.] cohérence *f*, logique *f* / *their policies lack consistence* leur politique manque de cohérence.

consistent [kən'sɪstənt] adj **1.** [constant - opponent, loyalty] constant **2.** [steady - growth, improvement] constant **3.** [idea, argument, account] cohérent / *his story is not consistent with the known facts* son histoire ne correspond pas aux faits.

> ⚠ The French adjective **consistant** means solid or substantial, not consistent.

consistently [kən'sɪstəntlɪ] adv régulièrement, constamment / *they have won consistently throughout the season* ils ont gagné tout au long de la saison.

consolation [,kɒnsə'leɪʃn] n consolation *f*, réconfort *m* / *if it's any consolation, the same thing happened to me* si cela peut te consoler, il m'est arrivé la même chose / *words of consolation* mots de réconfort / *she sought consolation in music* elle cherchait le réconfort dans la musique / *her children were a great consolation to her* ses enfants étaient une grande consolation pour elle.

consolation prize n *lit & fig* prix *m* de consolation.

consolatory [kən'sɒlətrɪ] adj [message, words] consolant, réconfortant.

console ◆ vt [kən'səʊl] consoler ▸ **to console sb for sthg (with** or **by)** consoler qqn de qqch (avec or en). ◆ n ['kɒnsəʊl] **1.** [control panel] console *f*, pupitre *m* **2.** [cabinet] meuble *m (pour téléviseur, chaîne hi-fi)* **3.** MUS [on organ] console *f* **4.** ARCHIT console *f*.

console table n console *f*.

consolidate [kən'sɒlɪdeɪt] vt **1.** [reinforce - forces, power] consolider ; [- knowledge] consolider, renforcer / *to consolidate one's position* consolider sa position **2.** [combine - companies, states] réunir, fusionner ; [- funds, loans] consolider.

consolidated [kən'sɒlɪdeɪtɪd] adj [annuity, loan, loss] consolidé ; [in name of company] *désigne une société née de la fusion de deux entreprises.*

consolidated accounts n comptes *mpl* consolidés or intégrés.

consolidated fund n UK fonds *mpl* consolidés.

consolidation [kən,sɒlɪ'deɪʃn] n **1.** [reinforcement - of power] consolidation *f* ; [- of knowledge] consolidation *f*, renforcement *m* **2.** [amalgamation - of companies] fusion *f* ; [- of funds, loans] consolidation *f*.

consoling [kən'səʊlɪŋ] adj [idea, thought] réconfortant.

consols ['kɒnsəlz] pl n UK fonds *mpl* consolidés.

consommé [UK kən'sɒmeɪ US ,kɒnsə'meɪ] n consommé *m*.

consonance ['kɒnsənəns] n **1.** *fml* [of ideas] accord *m* ▸ **in consonance with** en accord avec **2.** LITER & MUS consonance *f*.

consonant ['kɒnsənənt] ◆ n consonne *f*. ◆ adj *fml* en accord ▸ **to be consonant with** or **to sthg** être en accord avec qqch.

consonantal [,kɒnsə'næntl] adj consonantique.

consonant shift n mutation *f* des consonnes.

consort ◆ n ['kɒnsɔ:t] **1.** [spouse] époux *m*, épouse *f* ; [of monarch] consort *m* **2.** [ship] escorteur *m*. ◆ vi [kən'sɔ:t] ▸ **to consort with sb** fréquenter qqn, frayer avec qqn.

consortium [kən'sɔ:tjəm] (*pl* **consortiums** *or* **consortia** [-tjə]) n consortium *m*.

conspectus [kən'spektəs] n *fml* **1.** [overview] vue *f* d'ensemble **2.** [summary] résumé *m*, synopsis *m*.

conspicuous [kən'spɪkjʊəs] adj **1.** [visible - behaviour, hat, person] voyant / *he felt conspicuous in his new hat* il avait l'impression que son nouveau chapeau ne passait pas inaperçu ▸ **to make o.s. conspicuous** se faire remarquer **2.** [obvious - failure, lack] manifeste, évident ; [- bravery, gallantry] insigne ▸ **to be conspicuous by one's absence** briller par son absence.

conspicuous consumption n ECON consommation *f* ostentatoire or de prestige.

conspicuously [kən'spɪkjʊəslɪ] adv **1.** [visibly - dressed] de façon à se faire remarquer **2.** [obviously - successful] de façon remarquable or évidente.

conspiracy [kən'spɪrəsɪ] (*pl* **conspiracies**) ◆ n [plotting] conspiration *f*, complot *m* ; [plot] complot *m* / *he's been charged with conspiracy* on l'a accusé de conspiration ▸ **a conspiracy of silence** une conspiration du silence. ◆ comp ▸ **conspiracy theory** thèse *f* du complot.

conspirator [kən'spɪrətər] n conspirateur *m*, -trice *f*, comploteur *m*, -euse *f*, conjuré *m*, -e *f*.

conspiratorial [kən,spɪrə'tɔ:rɪəl] adj [smile, whisper, wink] de conspirateur ; [group] de conspirateurs.

conspiratorially [kən,spɪrə'tɔ:rɪəlɪ] adv [smile, whisper, wink] d'un air de conspiration.

conspire [kən'spaɪər] vi **1.** [plot] conspirer ▸ **to conspire (with sb) to do sthg** comploter or s'entendre (avec qqn) pour faire qqch ▸ **to conspire against sb** conspirer contre qqn **2.** [combine - events, the elements] concourir, se conjurer ▸ **to conspire to do sthg** concourir à faire qqch ▸ **to conspire against sthg** se conjurer contre qqch.

constable ['kʌnstəbl] n agent *m*, gendarme *m*, sergent *m* / *excuse me, Constable* excusez-moi, monsieur l'agent / *Constable Jenkins* Sergent Jenkins.

constabulary [kən'stæbjʊlərɪ] (*pl* **constabularies**) ◆ n ▸ **the constabulary** la police, la gendarmerie. ◆ adj [duties] de policier.

Constance ['kɒnstəns] pr n ▸ **Lake Constance** le lac de Constance.

constancy ['kɒnstənsɪ] n **1.** [steadfastness] constance *f* ; [of feelings] constance *f*, fidélité *f* **2.** [stability - of temperature, light] constance *f*.

constant ['kɒnstənt] ◆ adj **1.** [continuous - interruptions, noise, pain] constant, continuel, perpétuel / *the entrance is in constant use* il y a un mouvement continuel à l'entrée **2.** [unchanging - pressure, temperature] constant **3.** [faithful - affection, friend] fidèle, loyal / *he was her constant companion* il était son fidèle compagnon. ◆ n [gen & MATH] constante *f*.

Constantine ['kɒnstəntaɪn] pr n **1.** [emperor] Constantin **2.** GEOG Constantine.

Constantinople [,kɒnstæntɪ'nəʊpl] pr n Constantinople.

constantly ['kɒnstəntlɪ] adv constamment, sans cesse.

constellation [,kɒnstə'leɪʃn] n **1.** [of stars] constellation *f* **2.** *fig* [of celebrities] constellation *f*.

consternation [,kɒnstə'neɪʃn] n consternation *f* / *I watched in consternation* je regardais avec consternation / *the meeting ended amidst general consternation* la réunion s'acheva dans la consternation générale / *the prospect filled me with consternation* cette perspective m'a plongé dans la consternation.

constipated ['kɒnstɪpeɪtɪd] adj constipé.

constipation [,kɒnstɪ'peɪʃn] n constipation *f*.

constituency [kən'stɪtjʊənsɪ] (*pl* **constituencies**) ◆ n [area] circonscription *f* électorale ; [people] électeurs *mpl*. ◆ comp [meeting, organization] local.

constituent [kən'stɪtjʊənt] ◆ adj **1.** [component - part, element] constituant, composant **2.** POL [assembly, power] constituant. ◆ n **1.** [voter] électeur *m*, -trice *f* **2.** [element] élément *m* constitutif.

constitute ['kɒnstɪtju:t] vt **1.** [represent] constituer / *what constitutes a state of emergency?* qu'est-ce que c'est qu'un état d'urgence ? / *they constitute a threat to the government* ils représentent une menace pour le gouvernement **2.** [make up] constituer / *women constitute a large section of the workforce* les femmes constituent une grande partie de la main-d'œuvre **3.** [set up - committee] constituer **4.** [appoint - chairman] désigner.

constitution [,kɒnstɪ'tju:ʃn] n **1.** POL [statute] constitution *f* ▸ **the (United States) Constitution** US POL la Constitution **2.** [health] constitution *f* / *to have a strong / weak constitution* avoir une constitution robuste / chétive **3.** [structure] composition *f*.

 **Constitution**

La Constitution britannique, à la différence de la Constitution américaine ou française (reposant sur un texte écrit et définitif), n'est pas un document en soi, mais le résultat de la succession des lois dans le temps, fonctionnant sur le principe de la jurisprudence.

constitutional [,kɒnstɪ'tju:ʃənl] ◆ adj **1.** POL constitutionnel ▸ **constitutional monarchy** monarchie constitutionnelle **2.** [official - head, privilege] constitutionnel **3.** [inherent - weakness] constitutionnel. ◆ n *dated & hum* ▸ **to go for a constitutional** aller faire un petit tour.

constitutionalism [,kɒnstɪ'tju:ʃnəlɪzm] n constitutionnalisme *m*.

constitutionality ['kɒnstɪ,tju:ʃə'nælətɪ] n constitutionnalité *f*.

constitutional law n droit *m* constitutionnel.

constitutionally [,kɒnstɪ'tju:ʃnəlɪ] adv **1.** POL [act] constitutionnellement / *constitutionally, the government is within its rights* constitutionnellement, le gouvernement est dans ses droits **2.** [strong, weak] de or par nature.

constitutive [kən'stɪtjʊtɪv] adj **1.** [body, organization] constitutif **2.** CHEM constitutif **3.** = **constituent**.

constrain [kən'streɪn] vt *fml* **1.** [force] contraindre, forcer ▸ **to constrain sb to do sthg** contraindre qqn à faire qqch **2.** [limit - feelings, freedom] contraindre, restreindre.

constrained [kən'streɪnd] adj **1.** [inhibited] contraint ▸ **to feel constrained to do sthg** se sentir contraint or obligé de faire qqch / *he felt constrained by his clothes* il se sentait à l'étroit dans ses vêtements **2.** [tense - manner, speech] contraint ; [- atmosphere, smile] contraint, gêné.

constraint [kən'streɪnt] n **1.** [restriction] contrainte *f* / *they are subject to the constraints of time and money* ils sont sujets aux contraintes du temps et de l'argent / *there are certain constraints on their activities* ils subissent certaines contraintes dans leurs activités / *social constraints* contraintes sociales / *to speak without constraint* parler librement or sans contrainte **2.** [pressure] contrainte *f* ▸ **to do sthg under constraint** agir or faire qqch sous la contrainte.

constrict [kən'strɪkt] vt **1.** [make narrower - blood vessels, throat] resserrer, serrer **2.** [hamper - breathing, movement] gêner.

constricted [kən'strɪktɪd] adj [breathing, movement] gêné, restreint ▸ **to feel constricted by sthg** *lit & fig* se sentir limité par qqch.

constricting [kən'strɪktɪŋ] adj [clothes] étroit ; *fig* [beliefs, ideology] limité.

constriction [kən'strɪkʃn] n **1.** [in chest, throat] constriction *f* **2.** [restriction] restriction *f* ▸ **social constrictions** restrictions sociales.

constrictor [kən'strɪktər] ⟶ **boa**.

construct ◆ vt [kən'strʌkt] **1.** [build - bridge, dam, house, road] construire ; [- nest, raft] construire, bâtir ▸ **to construct sthg (out) of sthg** construire qqch à partir de qqch **2.** [formulate - sentence, play] construire, composer ; [- system, theory] bâtir / *a beautifully constructed play* une pièce magnifiquement construite or composée. ◆ n ['kɒnstrʌkt] *fml* construction *f*.

construction [kən'strʌkʃn] ◆ n **1.** [act of building - road, bridge, house] construction *f* ; [- machine] construction *f*, réalisation *f* ; [- system, theory] construction *f*, élaboration *f* ▸ **under construction** en construction / *to work in construction* travailler dans le bâtiment **2.** [structure] construction *f*, édifice *m*, bâtiment *m* / *a building of simple / solid construction* un bâtiment de construction simple / solidement construit **3.** [interpretation] interprétation *f* / *to put a wrong construction on sb's words* mal interpréter les paroles de qqn / *to put a sympathetic construction on sb's words* interpréter les paroles de qqn avec indulgence **4.** GRAM construction *f* **5.** GEOM construction *f* **6.** ART sculpture *f* constructiviste. ◆ comp [site, work] de construction ; [worker] du bâtiment ▸ **the construction industry** le bâtiment.

constructional [kən'strʌkʃənl] adj de construction ; [engineering, technique] mécanique.

constructive [kən'strʌktɪv] adj [criticism, remark] constructif.

constructive dismissal n démission *f* provoquée (*sous la pression de la direction*).

constructively [kən'strʌktɪvlɪ] adv de manière constructive.

constructivism [kən'strʌktɪvɪzm] n ART & PHILOS constructivisme *m*.

constructivist [kən'strʌktɪvɪst] n ART constructiviste *mf*.

constructor [kən'strʌktər] n [of building, road, machine] constructeur *m* ; [of system, theory] créateur *m*.

construe [kən'stru:] vt **1.** [interpret, understand - attitude, statement] interpréter, expliquer ; *dated* [Greek, Latin] expliquer **2.** [parse - Greek or Latin text] analyser, décomposer.

consubstantial [,kɒnsəb'stænʃl] adj consubstantiel.

consubstantiation ['kɒnsəb,stænʃɪ'eɪʃn] n consubstantiation *f*.

consul ['kɒnsəl] n consul *m*.

consular ['kɒnsjʊlər] adj consulaire.

consulate ['kɒnsjʊlət] n consulat *m*.

consul general (*pl* **consuls general**) n consul *m* général.

consulship ['kɒnsəlʃɪp] n fonctions *fpl* or charge *f* de consul.

consult [kən'sʌlt] ◆ vt **1.** [ask - doctor, expert] consulter ▸ **to consult sb about sthg** consulter qqn sur or au sujet de qqch **2.** [consider - person's feelings] prendre en considération **3.** [refer to - book, map, watch] consulter. ◆ vi consulter, être en consultation ▸ **to consult together over sthg** se consulter sur or au sujet de qqch ▸ **to consult with sb** conférer avec qqn.

consultancy [kən'sʌltənsɪ] (*pl* **consultancies**) n **1.** [company] cabinet *m* d'expert-conseil **2.** [advice] assistance *f* technique ▸ **consultancy fee** frais *mpl* de consultation **3.** [hospital post] poste *m* de médecin or chirurgien consultant.

consultant [kən'sʌltənt] ◆ n **1.** [doctor - specialist] médecin *m* spécialiste, consultant *m* ; [- in charge of department] consultant *m* **2.** [expert] expert-conseil *m*, consultant *m*. ◆ comp [engineer] conseil *(inv)* ; MED consultant.

consultation [,kɒnsəl'teɪʃn] n **1.** [discussion] consultation *f*, délibération *f* / *a matter for consultation* un sujet à débattre ▶ **in consultation with** en consultation or en concertation avec / *the matter will be decided in consultation with our colleagues* la décision sera prise en consultation or en concertation avec nos collègues ▶ **to hold consultations about sthg** avoir des consultations sur qqch **2.** [reference] consultation *f* / *the dictionary is designed for easy consultation* le dictionnaire a été conçu pour être consulté facilement.

consultative [kən'sʌltətɪv] adj consultatif / *I'm here in a purely consultative capacity* je ne suis ici qu'à titre consultatif.

consulting [kən'sʌltɪŋ] adj [engineer] conseil *(inv)*.

consulting room n cabinet *m* de consultation.

consumable [kən'sju:məbl] adj [substance - by fire] consumable ; [foodstuffs] consommable, de consommation.

❖ **consumables** pl n [food] denrées *fpl* alimentaires, comestibles *mpl* ; [hardware] consommables *mpl*.

consumable goods n biens *mpl* or produits *mpl* de consommation.

consume [kən'sju:m] vt **1.** [eat or drink] consommer **2.** [use up - energy, fuel] consommer ; [- time] dépenser **3.** [burn up - subj: fire, flames] consumer / *the city was consumed by fire* la ville a brûlé / *to be consumed with desire / love* brûler de désir / d'amour / *to be consumed with grief* être miné par le chagrin / *to be consumed with hatred / jealousy* être consumé par la haine / jalousie.

> **consumer or consommer?**
>
> The verb **consumer** is used when referring to something burning (**une fois la bougie consumée ; des objets calcinés mais non entièrement consumés**) and in a metaphorical sense when referring to all-consuming emotions such as love or jealousy (**consumée par la jalousie ; la haine me consume**). **Consommer** is used when talking about eating food, using fuel or buying consumer goods (**une voiture qui consomme peu ; vous consommez trop de matières grasses ; les Français consomment moins**).

consumer [kən'sju:mər] ◆ n **1.** [purchaser] consommateur *m*, -trice *f* **2.** [user] consommateur *m*, -trice *f* ▶ **gas / electricity consumer** abonné *m* au gaz / à l'électricité. ◆ comp [advice, protection] du consommateur, des consommateurs ▶ **consumer behaviour** comportement *m* du consommateur ▶ **consumer confidence index** indice *m* de confiance ▶ **consumer credit** crédit *m* à la consommation ▶ **consumer demand** demande *f* des consommateurs ▶ **consumer durables** biens *mpl* durables ▶ **consumer goods** biens *mpl* de consommation ▶ **consumer market** marché *m* de la consommation ▶ **consumer preference** préférence *f* du consommateur ▶ **consumer profile** profil *m* du consommateur ▶ **Consumer Reports** US PRESS *magazine américain de défense des consommateurs* ▶ **consumer research** étude *f* de marché ▶ **consumer society** société *f* de consommation ▶ **consumer spending** dépenses *fpl* de consommation ▶ **consumer testing** tests *mpl* auprès des consommateurs ▶ **consumer trends** tendances *fpl* de la consommation.

consumerism [kən'sju:mərɪzm] n **1.** [consumer protection] consumérisme *m* **2.** *pej* [consumption] consommation *f* à outrance.

Consumer Price Index n ▶ **the Consumer Price Index** l'indice *m* des prix à la consommation.

Consumers' Association pr n *association britannique des consommateurs.*

consuming [kən'sju:mɪŋ] adj [desire, interest] dévorant.

consummate ◆ adj [kən'sʌmət] *fml* **1.** [very skilful - artist, musician] consommé, accompli **2.** [utter - coward, fool, liar, snob] accompli, parfait, fini. ◆ vt ['kɒnsəmeɪt] [love, marriage] consommer.

consummation [,kɒnsə'meɪʃn] n **1.** [of marriage] consommation *f* **2.** [culmination - of career, life's work] couronnement *m* **3.** [achievement - of ambitions, desires] achèvement *m*.

consumption [kən'sʌmpʃn] n **1.** [eating, drinking] consommation *f* / *unfit for human consumption* non comestible / *his words were not intended for public consumption* ses paroles n'étaient pas destinées au public **2.** [purchasing] consommation *f* **3.** [using up, amount used - of gas, energy, oil] consommation *f*, dépense *f* **4.** *dated* [tuberculosis] consomption *f* (pulmonaire), phtisie *f*.

consumptive [kən'sʌmptɪv] ◆ adj [disease, illness] consomptif, destructif. ◆ n phtisique *mf*, tuberculeux *m*, -euse *f*.

cont. written abbr of **continued**.

contact ['kɒntækt] ◆ n **1.** [communication] contact *m*, rapport *m* / *we don't have much contact with our neighbours* nous n'avons pas beaucoup de contacts avec nos voisins ▶ **to be in contact with sb** être en contact or en rapport avec qqn ▶ **to come into contact with sb** entrer or se mettre en contact or en rapport avec qqn ▶ **to make contact with sb** prendre contact avec qqn ▶ **to lose contact with sb** [lose touch] perdre contact avec qqn **2.** [touch] contact *m* / *always keep one foot in contact with the ground* gardez toujours un pied en contact avec le sol ▶ **physical contact** contact physique **3.** [person] relation *f* / *she has some useful business contacts* elle a quelques bons contacts (professionnels) **4.** ELEC [connector] contact *m* ; [connection] contact *m* ▶ **to make / break (the) contact** mettre / couper le contact **5.** MED *personne ayant approché un malade contagieux* **6.** = **contact print** **7.** *inf* = **contact lens**. ◆ comp ▶ **contact address / number** : *shall I give you a contact address / number?* voulez-vous que je vous donne l'adresse / le numéro où vous pouvez me joindre or me contacter? ◆ vt prendre contact avec, contacter / *we'll contact you later on this week* nous vous contacterons cette semaine.

contactable [kɒn'tæktəbl] adj que l'on peut joindre or contacter, joignable / *I'm contactable at this number* on peut me contacter or m'appeler à ce numéro.

contact breaker n rupteur *m*, levier *m* de rupture.

contact center n US centre *m* d'appels.

contact flight n **1.** [flight] vol *m* à basse altitude **2.** [navigation] navigation *f* à vue.

contact lens n lentille *f* de contact.

contact man n contact *m*, agent *m* de liaison.

contact print n planche contact *f*, épreuve *f* par contact.

contact sport n sport *m* de contact.

contagion [kən'teɪʤn] n **1.** [contamination] contagion *f* **2.** [disease] contagion *f*, maladie *f* contagieuse **3.** *liter* [moral corruption] contamination *f*.

contagious [kən'teɪʤəs] adj *lit & fig* contagieux / *he's no longer contagious* il n'est plus contagieux.

contagiousness [kən'teɪʤəsnɪs] n contagion *f*, contagiosité *f*.

contain [kən'teɪn] vt **1.** [hold - subj: bag, house, city] contenir **2.** [include - subj: pill, substance] contenir ; [- subj: book, speech] contenir, comporter / *her story does contain some truth* il y a du vrai dans son histoire **3.** [restrain - feelings] contenir, cacher / *to contain one's anger* contenir sa colère / *to contain one's disappointment* cacher sa déception / *I could barely contain myself* j'avais du mal à me contenir **4.** [curb - enemy, growth, riot] contenir, maîtriser **5.** [hold back - fire] circonscrire ; [- flood waters] contenir, endiguer **6.** [limit - damage] limiter **7.** MATH être divisible par.

contained [kən'teɪnd] adj [person] maître de soi.

container [kən'teɪnər] ◆ n **1.** [bottle, box, tin, etc.] récipient *m*, boîte *f* **2.** [for transporting cargo] conteneur *m*, container *m*. ◆ comp [port, ship, terminal] porte-conteneurs ; [dock, line, transport] pour porte-conteneurs.

containerization [kən,teɪnəraɪ'zeɪʃn] n **1.** [of cargo] conteneurisation *f*, transport *m* par conteneurs **2.** [of port] conteneurisation *f*.

containerize, **containerise** [kən'teɪnəraɪz] vt [cargo] conteneuriser, transporter par conteneurs ; [port] convertir à la conteneurisation.

containment [kən'teɪnmənt] n **1.** POL endiguement *m*, freinage *m*, retenue *f* / *a policy of containment* une politique d'endiguement **2.** PHYS confinement *m*.

contaminate [kən'tæmɪneɪt] vt **1.** [pollute - food, river, water] contaminer ; *fig* [corrupt] contaminer, souiller **2.** [irradiate - land, person, soil] contaminer.

contaminated [kən'tæmɪneɪtɪd] adj **1.** [polluted - food, river, water] contaminé ; [- air] contaminé, vicié ; *fig* [corrupted] contaminé, corrompu **2.** [irradiated - land, person, soil] contaminé.

contamination [kən,tæmɪ'neɪʃn] n **1.** [pollution - of food, river, water] contamination *f* ; *fig* contamination *f*, corruption *f* **2.** [irradiation - of land, person, soil] contamination *f* / *high levels of contamination* de hauts niveaux de contamination.

contango [kən'tæŋgəʊ] (*pl* **contangos**, *pt & pp* **contangoed**, *cont* **contangoing**) ◆ n **1.** [postponement of payment] report *m* **2.** [fee] taux *m* de report. ◆ vt [shares] reporter.

cont'd, **contd** written abbr of **continued**.

contemplate ['kɒntempleɪt] ◆ vt **1.** [ponder] considérer, réfléchir sur **2.** [consider] considérer, envisager / *he's contemplating marriage* il envisage de or songe à se marier ▶ **to contemplate doing sthg** envisager de or songer à faire qqch **3.** [observe] contempler / *she sat contemplating the scene* elle était assise à contempler la scène. ◆ vi **1.** [ponder] méditer, se recueillir **2.** [consider] réfléchir.

contemplation [,kɒntem'pleɪʃn] n **1.** [thought] réflexion *f* / *deep in contemplation* en pleine réflexion / *his contemplations were rudely interrupted by the doorbell* la sonnette le tira brusquement de ses réflexions **2.** [observation] contemplation *f* / *she returned to her contemplation of the sea* elle se remit à contempler la mer **3.** [meditation] contemplation *f*, recueillement *m*, méditation *f* / *a period of contemplation* une période de recueillement.

contemplative [kən'templətɪv] ◆ adj [look, mood] songeur, pensif ; [life] contemplatif ; RELIG [order, prayer] contemplatif. ◆ n contemplatif *m*, -ive *f*.

contemporaneous [kən,tempə'reɪnjəs] adj *fml* contemporain ▶ **to be contemporaneous (with sb / sthg)** être contemporain (de qqn / qqch).

contemporaneously [kən,tempə'reɪnjəslɪ] adv *fml* [exist, live] à la même époque ▶ **contemporaneously with** à la même époque que.

contemporary [kən'tempərərɪ] (*pl* **contemporaries**) ◆ adj **1.** [modern - art, writer] contemporain, d'aujourd'hui ; [- design, style] moderne / *a study of contemporary Britain* une étude de la Grande-Bretagne d'aujourd'hui **2.** [of the same period - account, report] contemporain / *he was contemporary with Thackeray* il vivait à la même époque que or il était contemporain de Thackeray. ◆ n contemporain *m*, -e *f* / *he was a contemporary of mine at university* nous étions ensemble or en même temps à l'université.

contempt [kən'tempt] n **1.** [scorn] mépris *m* ▶ **to feel contempt for sb / sthg, to hold sb / sthg in contempt** mépriser qqn / qqch, avoir du mépris pour qqn / qqch / *I feel nothing but contempt for him* je n'ai que du mépris pour lui ▶ **to be beneath contempt** être tout ce qu'il y a de plus méprisable **2.** LAW outrage *m*

▸ **to charge sb with contempt (of court)** accuser qqn d'outrage (à magistrat or à la Cour).

contemptible [kən'temptəbl] adj [action, attitude, person] méprisable.

contemptuous [kən'temptʃʊəs] adj *fml* [look, manner, remark] dédaigneux, méprisant ▸ **to be contemptuous of sb / sthg** dédaigner qqn / qqch, faire peu de cas de qqn / qqch.

contemptuously [kən'temptʃʊəslɪ] adv [laugh, reject, smile] avec mépris, avec dédain.

contend [kən'tend] ◆ vi **1.** [deal] ▸ **to contend with sb** avoir affaire à qqn ▸ **to contend with sthg** être aux prises avec qqch / *this is just one of the difficulties we have to contend with* ce n'est que l'une des difficultés auxquelles nous devons faire face / *if you do that again, you'll have me to contend with* si tu recommences, tu auras affaire à moi **2.** [compete] combattre, lutter ▸ **to contend with sb for** or **over sthg** disputer or contester qqch à qqn. ◆ vt *fml* ▸ **to contend that...** soutenir que...

contender [kən'tendər] n [in fight] adversaire *mf* ; [in race] concurrent *m*, -e *f* ; [for title] prétendant *m*, -e *f* ; [for political office] candidat *m*, -e *f*.

contending [kən'tendɪŋ] adj opposé.

content ◆ n ['kɒntent] **1.** [amount contained] teneur *f* / *with a high iron content* avec une forte teneur en fer, riche en fer **2.** [substance - of book, film, speech, website] contenu *m* ; [meaning] teneur *f*, fond *m* / *his films are all style and no content* dans ses films, il y a la forme mais pas le fond ▸ **content management** gestion *f* des contenus **3.** [kən'tent] [satisfaction] contentement *m*, satisfaction *f* **4.** LING contenu *m*. ◆ adj [kən'tent] content, satisfait ▸ **to be content to do sthg** ne pas demander mieux que de faire qqch / *he seems quite content with his lot in life* il semble assez content de son sort. ◆ vt [kən'tent] ▸ **to content oneself with (doing) sthg** se contenter de or se borner à (faire) qqch / *my reply seemed to content them* ils semblaient satisfaits de ma réponse.

❖ **contents** pl n **1.** [of bag, bottle, house, etc.] contenu *m* **2.** [of book, letter] contenu *m* / *the contents (list)* or *the list of contents* la table des matières.

contented [kən'tentɪd] adj [person] content, satisfait ; [smile] de contentement, de satisfaction / *she seems very contented with life* elle semble très contente de son sort.

contentedly [kən'tentɪdlɪ] adv avec contentement.

contentedness [kən'tentɪdnɪs] n contentement *m*, satisfaction *f*.

content-free adj [website, software] sans contenu.

contention [kən'tenʃn] n **1.** *fml* [belief] affirmation *f* / *it is my contention that...* je soutiens que... **2.** [disagreement] dispute *f* / *his morals are not in contention* sa moralité n'est pas ici mise en doute **3.** PHR ▸ **to be in contention for sthg** être en compétition pour qqch.

contentious [kən'tenʃəs] adj **1.** [controversial - issue, subject] contesté, litigieux **2.** [argumentative - family, group, person] querelleur, chicanier **3.** LAW contentieux.

contentiousness [kən'tenʃəsnɪs] n **1.** [controversial nature] nature *f* litigieuse **2.** [argumentativeness] humeur *f* querelleuse **3.** LAW contentieux *m*.

contentment [kən'tentmənt] n contentement *m*, satisfaction *f* / *she beamed with contentment* elle rayonnait de satisfaction / *a look of contentment* un regard de satisfaction.

content word ['kɒntent-] n LING mot *m* à contenu lexical.

conterminous [kɒn'tɜ:mɪnəs] adj *fml* **1.** [sharing the same border - country, land] limitrophe ; [- estate, garden] adjacent, attenant, contigu ▸ **to be conterminous with sthg** être adjacent à qqch **2.** [uninterrupted] bout à bout **3.** [coincident - in range, scope, time] de même étendue.

contest ◆ n ['kɒntest] **1.** [competition] concours *m* **2.** [struggle] combat *m*, lutte *f* ▸ **a contest for / between** un combat pour / entre **3.** SPORT rencontre *f* ; [boxing] combat *m*, rencontre *f* ▸ **a contest with / between** un combat contre / entre / *there's no contest fig* il n'y a pas photo. ◆ vt [kən'test] **1.** [dispute - idea, statement] contester, discuter / *he contested my right to be at the meeting* il m'a contesté le droit d'assister à la réunion / *to contest a will* contester un testament **2.** POL [fight for - election, seat] disputer ; [SPORT - match, title] disputer / *a keenly contested game* une partie disputée avec acharnement.

contestant [kən'testənt] n concurrent *m*, -e *f*, adversaire *mf*.

contestation [,kɒntes'teɪʃn] n contestation *f*.

context ['kɒntekst] n contexte *m* / *the book places the writer in his social context* le livre replace l'écrivain dans son contexte social ▸ **in context** dans son contexte / *her comments had been taken out of context* ses commentaires avaient été retirés de leur contexte.

context-dependent adj : *to be context-dependent* dépendre du contexte.

context-sensitive adj COMPUT contextuel.

contextual [kɒn'tekstjʊəl] adj [criticism] contextuel.

contextualize, contextualise [kɒn'tekstjʊəlaɪz] vt [events, facts] contextualiser, remettre dans son contexte.

contiguity [,kɒntɪ'gju:ətɪ] n contiguïté *f*.

contiguous [kən'tɪgjʊəs] adj *fml* contigu (contiguë) ▸ **to be contiguous to** or **with sthg** être contigu à qqch.

continence ['kɒntɪnəns] n **1.** MED continence *f* **2.** *fml* [chastity] continence *f*, chasteté *f*.

continent ['kɒntɪnənt] ◆ n GEOG continent *m*. ◆ adj **1.** MED continent, qui n'est pas incontinent **2.** *fml* [chaste] continent, chaste.

❖ **Continent** n UK ▸ **the Continent** l'Europe *f* continentale / *on the Continent* en Europe (continentale), outre-Manche.

continental [,kɒntɪ'nentl] ◆ adj **1.** [European] d'outre-Manche, européen, d'Europe continentale **2.** GEOG [crust, divide] continental ▸ **continental Latin America** l'Amérique *f* latine continentale ▸ **continental United States** US *désigne les 48 États des États-Unis qui forment un bloc géographique (excluant Hawaii et l'Alaska).* ◆ n UK continental *m*, -e *f*, habitant *m*, -e *f* de l'Europe continentale.

continental breakfast n petit déjeuner *m* continental.

> **Continental breakfast**
>
> Ce terme désigne un petit déjeuner léger, composé d'un jus de fruits, de café ou de thé et de toasts ou viennoiseries, par opposition au **English breakfast** traditionnel, beaucoup plus copieux et comportant un plat chaud.

continental climate n climat *m* continental.

Continental Congress pr n US HIST *corps législatif qui gouverna les treize colonies américaines jusqu'à la proclamation de l'indépendance en 1776.*

Continental Divide pr n US GEOG *chaîne de montagnes dans le nord des États-Unis marquant la ligne de partage des eaux entre l'Atlantique et le Pacifique.*

continental drift n dérive *f* des continents.

continental quilt n couette *f*, duvet *m*.

continental shelf n plateau *m* continental, plateforme *f* continentale.

contingency [kən'tɪndʒənsɪ] (*pl* **contingencies**) ◆ n *fml* **1.** [possibility] éventualité *f*, contingence *f* / *to provide for all contingencies* parer à toute éventualité **2.** [chance] événement *m* inattendu ; [uncertainty] (cas *m*) imprévu *m*, éventualité *f* **3.** [in statistics] contingence *f*. ◆ comp [fund] de prévoyance ; [plan] d'urgence ; [table, coefficient] des imprévus.

❖ **contingencies** pl n FIN frais *mpl* divers.

contingency fee n LAW *aux États-Unis, principe permettant à un avocat de recevoir une part des sommes attribuées à son client si ce dernier gagne son procès.*

contingency theory n théorie *f* de la contingence.

contingent [kən'tɪndʒənt] ◆ adj *fml* **1.** [dependent] contingent ▸ **to be contingent on** or **upon sthg** dépendre de qqch **2.** [accidental] accidentel, fortuit **3.** [uncertain] éventuel. ◆ n **1.** MIL contingent *m* **2.** [representative group] groupe *m* représentatif.

continual [kən'tɪnjʊəl] adj **1.** [continuous - pain, pleasure, struggle] continuel **2.** [repeated - nagging, warnings] incessant, continuel.

continually [kən'tɪnjʊəlɪ] adv **1.** [continuously - change, evolve] continuellement **2.** [repeatedly - complain, nag, warn] sans cesse.

continuance [kən'tɪnjʊəns] n **1.** [continuation] continuation *f*, persistance *f*, durée *f* **2.** US LAW ajournement *m* *(d'un procès)*.

continuant [kən'tɪnjʊənt] ◆ n LING (consonne *f*) continue *f*. ◆ adj continu.

continuation [kən,tɪnjʊ'eɪʃn] n **1.** [sequel] continuation *f*, suite *f* **2.** [resumption] reprise *f* **3.** [prolongation] prolongement *m*, suite *f*.

continue [kən'tɪnju:] ◆ vi **1.** [carry on] continuer ▸ **to continue to do sthg** or **doing sthg** continuer à faire qqch / *we continued on our way* nous avons poursuivi notre chemin, nous nous sommes remis en route / *the path continues on down to the river* le chemin continue jusqu'à la rivière / *to continue with a treatment* continuer un traitement **2.** [begin again] reprendre / *the talks will continue today* les entretiens reprendront aujourd'hui. ◆ vt **1.** [carry on - education] poursuivre, continuer ; [- tradition] perpétuer, continuer ; [- treatment] continuer **2.** [resume - conversation, performance, talks] reprendre, continuer / *"furthermore", he continued...* « de plus », continua-t-il... ▸ **to be continued** à suivre / *continued on the next page* suite à la page suivante.

continuing [kən'tɪnju:ɪŋ] adj continu ; [interest] soutenu / *the continuing story of a small American town* [TV serial] l'histoire *f* d'une petite ville américaine ▸ **continuing education** formation *f* permanente or continue ▸ **continuing education class** cours *mpl* de formation permanente or continue.

continuity [,kɒntɪ'nju:ətɪ] (*pl* **continuities**) ◆ n **1.** [cohesion] continuité *f* **2.** CIN & TV continuité *f*. ◆ comp [department, studio] pour raccords.

continuity girl n scripte *f*.

continuity man n scripte *m*.

continuo [kən'tɪnjʊəʊ] (*pl* **continuos**) n continuo *m*.

continuous [kən'tɪnjʊəs] adj **1.** [uninterrupted - noise, process] continu, ininterrompu ▸ **continuous assessment** contrôle *m* continu ▸ **continuous performances** CIN spectacle *m* permanent ▸ **continuous stationery** papier *m* en continu **2.** [unbroken - line] continu **3.** GRAM [tense] continu.

continuously [kən'tɪnjʊəslɪ] adv continuellement, sans arrêt.

continuum [kən'tɪnjʊəm] (*pl* **continuums** or **continua** [-njʊə]) n continuum *m*.

contort [kən'tɔ:t] vt [body, features] tordre.

contorted [kən'tɔ:tɪd] adj [body, features] tordu, crispé.

contortion [kən'tɔ:ʃn] n [of body, features] contorsion *f*, convulsion *f*, crispation *f* ▸ **mental contortions** *fig* contorsions or acrobaties *fpl* mentales.

contortionist [kən'tɔ:ʃənɪst] n contorsionniste *mf*, homme *m* caoutchouc ▸ **verbal contortionist** *fig* virtuose *mf* de la rhétorique.

contour ['kɒn,tʊər] ◆ n **1.** [line] contour *m* **2.** = **contour line** **3.** [shape - of body, car] contour *m*. ◆ vt **1.** [map] tracer les courbes de niveaux sur **2.** [shape - dress, car] tracer les contours de.

contour line n courbe *f* de niveau.

contour map n carte *f* topographique.

contra- ['kɒntrə] in comp **1.** [opposing] contre-, contra- **2.** MUS contra-.

Contra ['kɒntrə] pr n [Nicaraguan] contra *mf.*

contraband ['kɒntrəbænd] ◆ n *(U)* **1.** [smuggling] contrebande *f* **2.** [smuggled goods] (marchandises *fpl* de) contrebande *f.* ◆ adj [activities, goods] de contrebande.

contrabassoon [,kɒntrəbə'su:n] n contrebasson *m.*

contraception [,kɒntrə'sepʃn] n contraception *f.*

contraceptive [,kɒntrə'septɪv] ◆ n contraceptif *m* ▸ **contraceptive pill** pilule *f* contraceptive. ◆ adj [device, method] contraceptif.

contract ◆ n ['kɒntrækt] **1.** [agreement] contrat *m*, convention *f* ; [document] contrat *m* ▸ **to be under contract** être sous contrat, avoir un contrat ▸ **to put work out to contract** sous-traiter du travail ▸ **to put out a contract on sb** *inf* mettre la tête de qqn à prix ▸ **marriage contract** contrat de mariage ▸ **contract of employment** contrat de travail **2.** = **contract bridge.** ◆ comp [work] à forfait, contractuel ▸ **contract killer** tueur *m* à gages ▸ **contract killing** : *the police suspect it was a contract killing* la police soupçonne que c'est le travail d'un tueur à gages. ◆ vt [kən'trækt] **1.** *fml* [agree] ▸ **to contract (with sb) to do sthg** s'engager par contrat à faire qqch **2.** *fml* [agree to - alliance, marriage] contracter **3.** [acquire - disease, illness, debt] contracter **4.** [make shorter - vowel, word] contracter **5.** [make tense - muscle] contracter. ◆ vi se contracter.

❖ **contract in** vi [kən'trækt] UK s'engager (par contrat préalable).

❖ **contract out** ◆ vt sep [work] sous-traiter. ◆ vi UK ▸ **to contract out of sthg** cesser de cotiser à qqch.

contract bridge n bridge *m* contrat.

contractile [kən'træktaɪl] adj contractile, de contraction.

contracting [kən'træktɪŋ] adj ▸ **contracting company a)** [party to a contract] contractant *m* **b)** [subcontractor] sous-traitant *m* ▸ **contracting parties** COMM & FIN contractants *mpl.*

contraction [kən'trækʃn] n **1.** [shrinkage - of metal] contraction *f* **2.** [short form of word] contraction *f*, forme *f* contractée / *"haven't" is a contraction of "have not"* « haven't » est une forme contractée de « have not » **3.** [of muscle - esp in childbirth] contraction *f.*

contractor [kən'træktəʳ] n [worker] entrepreneur *m.*

contractual [kən'træktʃʊəl] adj [agreement, obligation] contractuel.

contractually [kən'træktʃʊəlɪ] adv [binding] par contrat.

contradict [,kɒntrə'dɪkt] vt **1.** [challenge - person, statement] contredire / *she hates being contradicted* elle déteste qu'on la contredise / *don't contradict me!* ne me contredisez pas ! **2.** [conflict with - subj: facts, stories] contredire.

contradiction [,kɒntrə'dɪkʃn] n **1.** [inconsistency] contradiction *f* ▸ **in contradiction with** en désaccord avec **2.** [conflicting statement] démenti *m*, contradiction *f* ▸ **a contradiction in terms** une contradiction dans les termes.

contradictory [,kɒntrə'dɪktərɪ] adj [statements, stories] contradictoire, opposé ; [person] qui a l'esprit de contradiction.

contradistinction [,kɒntrədɪ'stɪŋkʃn] n *fml* opposition *f*, contraste *m* ▸ **in contradistinction to** par opposition à, par contraste avec.

contraflow ['kɒntrəfləʊ] UK ◆ n circulation *f* à contre-courant. ◆ comp [system] de circulation *f* à contre-courant.

contrail ['kɒntreɪl] n traînée *f* de condensation.

contraindication ['kɒntrə,ɪndɪ'keɪʃn] n *fml* contre-indication *f.*

contralto [kən'træltəʊ] (*pl* **contraltos**) ◆ n [voice] contralto *m* ; [singer] contralto *mf.* ◆ adj [part, voice] de contralto.

contraposition [,kɒntrəpə'zɪʃn] n opposition *f*, antithèse *f.*

contraption [kən'træpʃn] n engin *m*, truc *m.*

contrapuntal [,kɒntrə'pʌntl] adj en contrepoint, contrapuntique.

contrarily adv **1.** [UK kən'treərɪlɪ US kɒn'trerəlɪ] [obstinately] par esprit de contradiction **2.** [UK 'kɒntrərɪlɪ US kɒn'trerəlɪ] [on the other hand] contrairement.

contrariness [kən'treərɪnɪs] n [obstinacy] esprit *m* de contradiction.

contrariwise ['kɒntrərɪ,waɪz] adv **1.** [on the other hand] d'autre part, en revanche **2.** [in the opposite direction] en sens opposé.

contrary ['kɒntrərɪ] adj **1.** [opposed - attitudes, ideas, opinions] contraire, en opposition / *contrary to nature* contre nature **2.** [kən'treərɪ] [obstinate - attitude, person] contrariant **3.** *fml* [winds] contraire.

❖ **contrary to** prep phr contrairement à / *contrary to popular belief* contrairement à ce que l'on croit généralement / *contrary to what I had been told* contrairement à ce qu'on m'avait dit.

❖ **on the contrary** adv phr au contraire.

❖ **to the contrary** adv phr : *the meeting will be at six, unless you hear to the contrary* la réunion sera à six heures, sauf contrordre or avis contraire.

contrast ◆ vt [kən'trɑ:st] mettre en contraste ▸ **to contrast sb / sthg with, to contrast sb / sthg to** mettre en contraste qqn / qqch avec. ◆ vi [kən'trɑ:st] contraster, trancher ▸ **to contrast with sthg** contraster avec qqch. ◆ n ['kɒntrɑ:st] **1.** [difference] contraste *m* ; [person, thing] contraste *m* / *there is a marked contrast between his public and his private life* il y a un contraste frappant entre sa vie d'homme public et sa vie privée / *life in Africa was a complete contrast to life in Europe* la vie en Afrique présentait un contraste total avec la vie en Europe / *her response was in stark contrast to the government's* sa réponse était en contraste absolu avec celle du gouvernement **2.** ART & TV contraste *m* ▸ **contrast button** bouton *m* de contraste.

❖ **by contrast, in contrast** adv phr par contraste.

❖ **in contrast with, in contrast to** prep phr par opposition à, par contraste avec.

> ⚠ Note that the French verb **contraster** is intransitive. When contrast is transitive, it should not be translated by **contraster.**

contrasting [kən'trɑ:stɪŋ], **contrastive** [kən'trɑ:stɪv] adj [attitudes, lifestyles, responses] qui fait contraste ; [colours] opposé, contrasté.

contrasty ['kɒntrɑ:stɪ] adj PHOT contrasté.

contravene [,kɒntrə'vi:n] vt **1.** [infringe - law, rule] transgresser, enfreindre, violer **2.** [dispute - statement] nier, opposer un démenti à.

contravention [,kɒntrə'venʃn] n infraction *f*, violation *f* / *in contravention of the law* en infraction par rapport à la loi.

contretemps [kɒntrətɑ̃] n contretemps *m.*

contribute [kən'trɪbju:t] ◆ vt [give - money] donner ; [- article, poem] écrire ; [- ideas] apporter / *the government will contribute a further two million pounds* le gouvernement ajoutera deux millions de livres à sa contribution / *they contributed their ideas and enthusiasm to the project* ils ont apporté leurs idées et leur enthousiasme au projet. ◆ vi **1.** [donate money] contribuer / *we ask everyone to contribute generously* nous demandons à chacun de contribuer généreusement **2.** [give] donner / *she still has a lot to contribute to her family* elle a encore beaucoup à apporter à sa famille **3.** [influence] ▸ **to contribute to sthg** contribuer à qqch **4.** [journalist, author] ▸ **to contribute to** écrire pour / *she contributes to various literary magazines* elle écrit pour divers magazines littéraires.

contributing [kən'trɪbju:tɪ] adj ▸ **to be a contributing factor in** or **to** contribuer à / *alcohol abuse was a contributing factor to his death / dismissal* son alcoolisme a contribué à sa mort / à le faire licencier.

contribution [,kɒntrɪ'bju:ʃn] n **1.** [of money, goods] contribution *f*, cotisation *f* ; [of ideas, enthusiasm] apport *m* / *he made a valuable contribution to the project* il a apporté une collaboration précieuse au projet / *we encourage the contribution of regular sums of money to charity* nous encourageons les versements d'argent réguliers à des œuvres de charité **2.** [article] article *m (écrit pour un journal).*

contributor [kən'trɪbjʊtəʳ] n **1.** [of money, goods] donateur *m*, -trice *f* **2.** [to magazine] collaborateur *m*, -trice *f* **3.** [factor] facteur *m.*

contributory [kən'trɪbjʊtərɪ] (*pl* **contributories**) ◆ adj [cause, factor] contribuant, qui contribue ▸ **contributory pension scheme** régime *m* de retraite *(avec participation de l'assuré).* ◆ n FIN *actionnaire qui doit contribuer au paiement des dettes.*

contributory negligence n imprudence *f*, faute *f (avant un accident).*

contrite ['kɒntraɪt] adj [face, look] contrit, repentant / *to look / to be contrite* avoir un air / être contrit.

contrition [kən'trɪʃn] n contrition *f*, pénitence *f.*

contrivance [kən'traɪvəns] n **1.** [contraption] dispositif *m*, mécanisme *m* **2.** [stratagem] manigance *f.*

contrive [kən'traɪv] ◆ vt **1.** [engineer - meeting] combiner **2.** [invent - device, machine] inventer, imaginer. ◆ vi ▸ **to contrive to do sthg** trouver le moyen de faire qqch / *she contrived to confuse matters still further* elle a réussi à embrouiller encore plus les choses.

contrived [kən'traɪvd] adj **1.** [deliberate] délibéré, arrangé **2.** [artificial] forcé, peu naturel, tiré par les cheveux *inf.*

control [kən'trəʊl] ◆ n **1.** [of country, organization] direction *f* ; [of car, machine] contrôle *m* ; [of one's life] maîtrise *f* ; [of oneself] maîtrise *f* (de soi) ; SPORT [of ball] contrôle *m* ▸ **to have control of** or **over sb** avoir de l'autorité sur qqn ▸ **to have control of** or **over sthg** avoir le contrôle de qqch ▸ **to gain control of sthg** prendre le contrôle de qqch / *the rebels have gained control of the capital* les rebelles ont pris le contrôle de la capitale ▸ **to be in control of sthg** être maître de qqch ▸ **to lose control of sthg a)** [of car] perdre le contrôle de qqch **b)** [of situation] ne plus être maître de qqch ▸ **under control** : *the situation is under control* nous maîtrisons la situation / *everything's under control* tout va bien, aucun problème, tout est au point ▸ **to keep sthg under control** maîtriser qqch / *dogs must be kept under control* les chiens doivent être tenus en laisse / *the fire was finally brought under control* l'incendie fut finalement maîtrisé / *public spending is under the control of our department* le budget national relève de notre département / *the country is no longer under British / government control* le pays n'est plus sous contrôle britannique / gouvernemental ▸ **beyond** or **outside one's control** indépendant de sa volonté ▸ **out of control** : *the fire was out of control* on n'arrivait pas à maîtriser l'incendie / *the crowd got out of control* la foule s'est déchaînée / *her children are completely out of control* ses enfants sont intenables **2.** [check] contrôle *m* **3.** [device] ▸ **volume control** (bouton *m* de) réglage *m* du volume ▸ **controls** [on car, aircraft, machine] commandes *fpl* / *the pilot was at the controls / took over the controls* le pilote était aux commandes / a pris les commandes **4.** [in experiment] témoin *m* **5.** [checkpoint - at border] douane *f* ; [- in car rally] contrôle *m* ▸ **passport and custom controls** formalités *fpl* de douane **6.** [restraint] contrôle *m* ▸ **price / wage controls** contrôle des prix / des salaires ▸ **immigration controls** contrôle de l'immigration. ◆ comp [button, knob, switch] de commande, de réglage. ◆ vt **1.** [run - government, organization] diriger **2.** [regulate - machine, system] régler ; [- animal, pupil] tenir, se faire obéir de ; [- crowd] contenir ; [- traffic] régler / *this switch controls the central heating* ce commutateur règle or commande le chauffage central **3.** [curb - inflation, prices, spending, fire] maîtriser ; [- disease] enrayer, juguler ; [- activities, emotions] maîtriser ; [- imports] limiter / *try to control yourself* essaie de te contrôler or maîtriser / *she could* *barely control her anger* elle avait du mal à maîtriser sa colère **4.** [verify - accounts] contrôler ; [- experiment] vérifier.

⚠ **Contrôle** and **contrôler** are not always the correct translations for the noun and verb control. See the entry for details.

control account n compte *m* collectif.

control code n COMPUT code *m* de commande.

control column n manche *m* à balai.

control commands pl n commandes *fpl*.

control desk n bureau *m* de contrôle.

control experiment n cas *m* témoin.

control group n groupe *m* témoin.

control key n touche *f* « control ».

controllable [kən'trəʊləbl] adj [animal, person, crowd] discipliné ; [emotions, situation] maîtrisable ; [expenditure, inflation] contrôlable.

controllable costs pl n coûts *mpl* maîtrisables.

controlled [kən'trəʊld] adj **1.** [emotions, voice] contenu ; [person] calme / *she remained very controlled* elle est restée très calme **2.** ECON ▸ **controlled economy** économie *f* dirigée or planifiée **3.** [directed] ▸ **controlled explosion** neutralisation *f* *(d'un explosif)* / *the bomb was let off in a controlled explosion* la bombe a été neutralisée.

controlled price n prix *m* fixé par l'État ▸ **to sell sthg at the controlled price** vendre qqch au prix fixé par l'État.

controller [kən'trəʊlər] n **1.** [person in charge] responsable *m* / *the new Controller of BBC1* le nouveau responsable de BBC1 **2.** [accountant] contrôleur *m*.

controlling [kən'trəʊlɪŋ] adj [factor] déterminant.

controlling interest n participation *f* majoritaire / *they now have a controlling interest in the company* à présent, ils ont une participation majoritaire dans cette société.

control panel n tableau *m* de bord.

control rod n NUCL barre *f* de commande.

control room n salle *f* des commandes, centre *m* de contrôle.

control tower n tour *f* de contrôle.

controversial [ˌkɒntrə'vɜːʃl] adj [book, film, issue, subject] controversé ; [decision, speech] sujet à controverse ; [person] controversé.

controversy ['kɒntrəvɜːsɪ UK kən'trɒvəsɪ] n controverse *f*, polémique *f* / *her speech caused a lot of controversy* son discours a provoqué beaucoup de controverses / *a major controversy is brewing over unemployment* un grand scandale se prépare autour du chômage.

controvert ['kɒntrəvɜːt] vt *arch* controverser.

contumacious [ˌkɒntjuː'meɪʃəs] adj *liter* insubordonné.

contumacy ['kɒntjʊməsɪ] n **1.** *liter* [disobedience] insubordination *f* **2.** LAW contumace *f*.

contumelious [ˌkɒntjuː'miːljəs] adj *liter* insolant, méprisant.

contumely ['kɒntjuːmlɪ] n *liter* [language] insolence *f* ; [insult] offense *f*.

contusion [kən'tjuːʒn] n *fml* contusion *f*.

conundrum [kə'nʌndrəm] n **1.** [riddle] devinette *f*, énigme *f* **2.** [problem] énigme *f*.

conurbation [ˌkɒnɜː'beɪʃn] n conurbation *f*.

convalesce [ˌkɒnvə'les] vi se remettre *(d'une maladie)* / *she's convalescing (from a bad bout of flu)* elle se remet (d'une mauvaise grippe).

convalescence [ˌkɒnvə'lesns] n [return to health] rétablissement *m* ; [period of recovery] convalescence *f*.

convalescent [ˌkɒnvə'lesnt] ◆ n convalescent *m*, -e *f*. ◆ adj ▸ **convalescent home** maison *f* de convalescence or de repos.

convection [kən'vekʃn] ◆ n GEOL, METEOR & PHYS convection *f*. ◆ comp [heater, heating] à convection ; [current] de convection.

convector (heater) [kən'vektər-] n radiateur *m* à convection, convecteur *m*.

convene [kən'viːn] ◆ vt [conference, meeting] convoquer. ◆ vi [board, jury, members] se réunir.

convener [kən'viːnər] n **1.** UK [in trade union] *secrétaire des délégués syndicaux* **2.** [of meeting] président *m*, -e *f*.

convenience [kən'viːnjəns] n **1.** [ease of use] commodité *f* ; [benefit] avantage *m* ▸ **for convenience** or **for convenience's sake** par commodité / *our customers can now enjoy the convenience of on-site parking* nous offrons désormais à notre clientèle la commodité d'un parking à proximité ▸ **at your earliest convenience** *fml* dans les meilleurs délais ▸ **at your convenience** quand cela vous conviendra **2.** [facility] commodités *fpl*, confort *m* / *the house has every modern convenience* la maison a tout le confort moderne **3.** UK *fml & euph* [lavatory] toilettes *fpl* ▸ **public conveniences** toilettes publiques.

convenience food n aliment *m* prêt à consommer, plat *m* cuisiné.

convenience store n US *supérette de quartier qui reste ouverte tard le soir.*

convenient [kən'viːnjənt] adj **1.** [suitable] commode / *when would be convenient for you?* quand cela vous arrangerait-il ? / *this isn't a very convenient moment to talk* le moment n'est pas bien choisi pour parler **2.** [handy] pratique / *the house is very convenient for local shops and schools* la maison est très bien située pour les magasins et les écoles / *the bus stop's just round the corner — how convenient!* l'arrêt de bus se trouve juste au coin de la rue — c'est bien pratique ! **3.** [nearby] : *I grabbed a convenient chair and sat down* j'ai saisi la chaise la plus proche et me suis assis.

conveniently [kən'viːnjəntlɪ] adv : *the cottage is conveniently situated for the beach* le cottage est bien situé pour la plage / *they very conveniently forgot to enclose the cheque* comme par hasard, ils ont oublié de joindre le chèque.

convening [kən'viːnɪŋ] ◆ adj [authority, country] habilité à convoquer, hôte. ◆ n convocation *f*.

convenor [kən'viːnər] = **convener**.

convent ['kɒnvənt] ◆ n **1.** RELIG couvent *m* / *to enter a convent* entrer au couvent **2.** [convent school] institution *f* religieuse. ◆ comp [education, school] religieux / *she was convent-educated* elle a fait ses études dans une institution religieuse.

convention [kən'venʃn] n **1.** *(U)* [custom] usage *m*, convenances *fpl* / *to defy convention* braver les usages / *according to convention* selon l'usage **2.** [agreement] convention *f* ▸ **to sign a convention on sthg** signer une convention sur qqch **3.** [meeting] convention *f* **4.** [accepted usage] convention *f* / *it's a common convention in the nineteenth-century novel* c'est une convention courante dans les romans du XIXe siècle.

Convention

Aux États-Unis, les **conventions** sont d'immenses rassemblements politiques, au cours desquels les partis nationaux choisissent leurs candidats et définissent leurs objectifs.

conventional [kən'venʃənl] adj **1.** [behaviour, ideas] conventionnel ; [person] conformiste ▸ **conventional wisdom** sagesse *f* populaire / *conventional wisdom has it that...* d'aucuns disent que... **2.** [medicine, methods, art] classique, traditionnel ▸ **conventional oven** four *m* traditionnel or classique **3.** [non-nuclear] conventionnel ▸ **conventional weapons** armes *fpl* conventionnelles.

conventionality [kənˌvenʃə'nælətɪ] n conformisme *m*.

conventionally [kən'venʃnəlɪ] adv de façon conventionnelle.

convention centre n palais *m* des congrès.

conventioneer [kənˌvenʃə'nɪər] n US participant *m*, -e *f* *(à un congrès)*.

converge [kən'vɜːdʒ] vi **1.** [merge - paths, lines] converger ; [- groups, ideas, tendencies] converger **2.** [groups, people] se rassembler / *thousands of fans converged on the stadium* des milliers de fans se sont rassemblés sur le stade **3.** MATH converger.

convergence [kən'vɜːdʒəns] n **1.** [of paths, ideas] convergence *f* **2.** MATH convergence *f*.

convergence criteria pl n critères *mpl* de convergence.

convergent [kən'vɜːdʒənt] adj **1.** [paths, tendencies] convergent **2.** MATH convergent.

convergent thinking n raisonnement *m* convergent.

converging [kən'vɜːdʒɪŋ] = **convergent**.

conversant [kən'vɜːsənt] adj *fml* qui est au courant, qui connaît / *we were expected to be fully conversant with colloquial French* nous étions censés avoir une connaissance parfaite du français familier.

conversation [ˌkɒnvə'seɪʃn] n conversation *f* / *the art of conversation* l'art de la conversation / *we had a long conversation about fishing* nous avons eu une longue conversation sur la pêche / *she was deep in conversation with my sister* elle était en grande conversation avec ma sœur / *a telephone conversation* une conversation téléphonique ▸ **to get into conversation with sb** engager la conversation avec qqn ▸ **to make conversation** faire la conversation ▸ **to run out of conversation** n'avoir plus rien à dire ▸ **that's a conversation stopper!** ça jette toujours un froid dans la conversation !

conversational [ˌkɒnvə'seɪʃənl] adj [tone, voice] de la conversation / *conversational Spanish* espagnol courant.

conversationalist [ˌkɒnvə'seɪʃnəlɪst] n causeur *m*, -euse *f* / *he's a brilliant conversationalist* il brille dans la conversation.

conversationally [ˌkɒnvə'seɪʃnəlɪ] adv [mention, say] sur le ton de la conversation.

conversation piece n **1.** [unusual object] curiosité *f* **2.** [play] *pièce au dialogue brillant.*

converse ◆ vi [kən'vɜːs] *fml* converser ▸ **to converse with sb** s'entretenir avec qqn. ◆ adj ['kɒnvɜːs] [opinion, statement] contraire. ◆ n ['kɒnvɜːs] **1.** [gen] contraire *m*, inverse *m* / *I believe the converse to be true* je crois que l'inverse est vrai **2.** MATH & PHILOS inverse *m* **3.** *fml & liter* conversation *f*, entretien *m* ▸ **to hold converse with sb** s'entretenir avec qqn.

conversely [kən'vɜːslɪ] adv inversement, réciproquement / *conversely, you can use the paint directly on the wood* inversement, vous pouvez utiliser la peinture directement sur le bois.

conversion [kən'vɜːʃn] n **1.** [process] conversion *f*, transformation *f* / *the conversion of water into wine* la transformation de l'eau en vin **2.** MATH conversion *f* **3.** [change of beliefs] conversion *f* **4.** RUGBY transformation *f* **5.** [converted building] *appartement aménagé dans un ancien hôtel particulier, entrepôt, atelier, etc.* **6.** LAW conversion *f*.

conversion rate n [in e-commerce] taux *m* de conversion.

conversion table n table *f* de conversion.

convert ◆ vt [kən'vɜːt] **1.** [building, car] aménager, convertir ; [machine] transformer ▸ **to convert sthg to** or **into sthg** transformer or convertir qqch en qqch / *the school was converted to house several workshops* l'école a été aménagée de façon à avoir plusieurs ateliers **2.** MATH convertir / *how do you convert pints into litres?* comment convertir des pintes en litres ? / *to convert pesetas into pounds* **a)** [as calculation] convertir des pesetas en livres **b)** [by exchanging money] changer des pesetas en livres **3.** RELIG convertir ▸ **to convert**

sb to sthg convertir qqn à qqch **4.** RUGBY transformer ▸ **to convert a try** transformer un essai **5.** LAW convertir **6.** FIN [bond] convertir. ◆ vi [kən'vɜːt] **1.** [vehicle, machine] se convertir **2.** [in rugby] se transformer. ◆ n ['kɒnvɜːt] converti *m*, -e *f* / *she's a convert to Catholicism* c'est une catholique convertie.

converted [kən'vɜːtɪd] adj [factory, farmhouse, school] aménagé, transformé.

converter [kən'vɜːtə^r] n **1.** METALL & PHYS convertisseur *m* ; RADIO modulateur *m* de fréquence ; COMPUT convertisseur *m* **2.** = **converter reactor.**

converter reactor n réacteur *m* convertisseur.

convertibility [kən,vɜːtə'bɪlətɪ] n [of currency] convertibilité *f* ; [of building, car, machine] convertibilité *f*.

convertible [kən'vɜːtəbl] ◆ adj [currency] convertible ; [car, machine, couch] convertible. ◆ n **1.** AUTO décapotable *f* **2.** FIN [money] monnaie *f* convertible.

convertor [kən'vɜːtə^r] = **converter.**

convex [kɒn'veks] adj [lens, surface] convexe.

convexity [kɒn'veksətɪ] (*pl* **convexities**) n convexité *f*.

convey [kən'veɪ] vt **1.** *fml* [transport] transporter **2.** [communicate] transmettre / *I tried to convey to him the importance of the decision* j'ai essayé de lui faire comprendre l'importance de la décision / *no words can convey my gratitude* aucun mot ne peut traduire ma gratitude / *please convey my thanks (to them)* veuillez leur transmettre mes remerciements **3.** LAW transférer.

conveyance [kən'veɪəns] n **1.** [transport] transport *m* **2.** *dated* [vehicle] véhicule *m* **3.** LAW [transfer of property] cession *f*, transfert *m* ; [document] acte *m* de cession.

conveyancing [kən'veɪənsɪŋ] n UK LAW procédure *f* translative (de propriété).

conveyor [kən'veɪə^r] n **1.** [transporter] transporteur *m* **2.** = **conveyor belt.**

conveyor belt n tapis *m* roulant.

convict ◆ vt [kən'vɪkt] déclarer or reconnaître coupable / *she was convicted* elle a été déclarée or reconnue coupable ▸ **to convict sb of** or **for sthg** déclarer or reconnaître qqn coupable de qqch. ◆ n ['kɒnvɪkt] détenu *m*, -e *f*. ◆ vi rendre un verdict de culpabilité / *the jury is unlikely to convict* il est peu probable que le jury rende un verdict de culpabilité.

convicted [kən'vɪktɪd] adj [criminal] reconnu coupable.

conviction [kən'vɪkʃn] n **1.** [belief] conviction *f* **2.** [certainty] certitude *f*, conviction *f* / *he lacks conviction* il manque de conviction / *I suppose so, I said without much conviction* je suppose, dis-je sans grande conviction **3.** [plausibility] : *the theory carries little conviction* la théorie est peu convaincante **4.** LAW condamnation *f* / *the prosecution called for his conviction* la partie plaignante a demandé sa condamnation / *she has several previous convictions* elle a déjà été condamnée plusieurs fois.

convince [kən'vɪns] vt convaincre, persuader / *his arguments don't convince me* ses arguments ne me convainquent pas ▸ **to convince sb of sthg** convaincre or persuader qqn de qqch ▸ **to convince sb to do sthg** convaincre or persuader qqn de faire qqch.

convinced [kən'vɪnst] adj convaincu ▸ **to be convinced of sthg** être convaincu de qqch.

convincing [kən'vɪnsɪŋ] adj [argument, person] convaincant ; [victory, win] décisif, éclatant.

convincingly [kən'vɪnsɪŋlɪ] adv [argue, speak, pretend] de façon convaincante ; [beat, win] de façon éclatante.

convivial [kən'vɪvɪəl] adj [atmosphere, lunch] convivial, joyeux ; [manner, person] joyeux, plein d'entrain.

conviviality [kən,vɪvɪ'ælətɪ] n convivialité *f*, gaieté *f*, jovialité *f*.

convocation [,kɒnvə'keɪʃn] n **1.** [summoning] convocation *f* **2.** [meeting] assemblée *f*, réunion *f* ; RELIG synode *m*.

convoke [kən'vəʊk] vt [assembly, meeting] convoquer.

convoluted ['kɒnvəluːtɪd] adj [shape] convoluté ; [prose, reasoning, sentence] alambiqué.

convolution [,kɒnvə'luːʃn] n *fml* circonvolution *f*.

convolvulus [kən'vɒlvjʊləs] (*pl* **convolvuluses** or **convolvuli** [-laɪ]) n liseron *m*.

convoy ['kɒnvɔɪ] ◆ n convoi *m* ▸ **to travel in convoy** voyager en convoi. ◆ vt convoyer, escorter.

convulsant [kən'vʌlsənt] ◆ adj [drug] convulsivant. ◆ n convulsivant *m*.

convulse [kən'vʌls] vi [face, lungs, muscle] se convulser, se contracter, se crisper.

convulsed [kən'vʌlst] adj : *he was convulsed with pain* il se tordait de douleur / *the audience were convulsed with laughter* l'auditoire se tordait de rire.

convulsion [kən'vʌlʃn] n **1.** MED convulsion *f* / *to have convulsions* avoir des convulsions **2.** [revolution, war] bouleversement *m* ; [earthquake] secousse *f*.

convulsive [kən'vʌlsɪv] adj convulsif.

cony ['kəʊnɪ] (*pl* **conies**) ◆ n [rabbit] lapin *m* ; [rabbit fur] lapin *m*. ◆ comp ▸ **cony skin** peau *f* de lapin.

coo [kuː] (*pl* **coos**) ◆ n roucoulement *m*. ◆ vi [pigeon] roucouler ; [baby, person] babiller, gazouiller. ◆ vt [endearments, sweet nothings] roucouler. ◆ interj *inf* ▸ **coo!** ça alors !

COO n abbr of **chief operating officer.**

cooee, cooey ['kuːɪ] interj *inf* ▸ **cooee!** coucou !

cooing ['kuːɪŋ] n [of pigeon] roucoulement *m* ; [of baby, person] gazouillement *m*.

cook [kʊk] ◆ n cuisinier *m*, -ère *f* / *she's an excellent cook* c'est une excellente cuisinière ▸ **chief cook and bottlewasher** *inf* bonne *f* à tout faire ▸ **too many cooks spoil the broth** *prov* trop de cuisinières gâtent la sauce. ◆ vt **1.** [food, meal] cuisiner, cuire ▸ **to cook sb's goose** *inf* mettre qqn dans le pétrin **2.** UK *inf* [fiddle - accounts, books] truquer. ◆ vi [person] cuisiner ; [food] cuire / *he cooks well* il cuisine bien / *it cooks in five minutes* ça cuit en cinq minutes ▸ **what's cooking?** *inf* qu'est-ce qui se mijote ?

❖ **cook out** vi US *inf* faire un barbecue.

❖ **cook up** vt sep *inf* [plan] mijoter ; [excuse, story] inventer.

cookbook ['kʊk,bʊk] n livre *m* de cuisine.

cook-chill adj cuisiné (et réfrigéré).

cooked [kʊkt] adj [food, meat] cuit / *I always have a cooked meal in the evening* je mange toujours un repas chaud le soir ▸ **cooked breakfast** UK petit déjeuner *m* anglais.

cooker ['kʊkə^r] n UK **1.** [stove] cuisinière *f* **2.** *inf* [apple] pomme *f* à cuire.

cookery ['kʊkərɪ] n cuisine *f* ▸ **cookery course** stage *m* de cuisine ▸ **cookery programme** émission *f* de cuisine.

cookery book n UK livre *m* de cuisine.

cookhouse ['kʊkhaʊs] (*pl* [-haʊzɪz]) n cuisine *f*.

cookie ['kʊkɪ] n **1.** US biscuit *m* ▸ **cookie jar** bocal *m* à biscuits ▸ **to be caught with one's hand in the cookie jar** être pris en flagrant délit ▸ **that's the way the cookie crumbles!** c'est la vie ! **2.** COMPUT cookie *m*.

cooking ['kʊkɪŋ] ◆ n [activity] cuisine *f* ; [food] cuisine *f* ▸ **French / home cooking** cuisine française / maison ▸ **cooking time** temps *m* de cuisson. ◆ comp [oil, sherry] de cuisine ; [apple] à cuire.

cookout ['kʊkaʊt] n US barbecue *m*.

Cook Strait [kʊk-] pr n le détroit de Cook.

cooky ['kʊkɪ] (*pl* **cookies**) = **cookie.**

cool [kuːl] ◆ adj **1.** [in temperature - breeze, room, weather] frais (fraîche) ; [- drink, water] rafraîchissant, frais (fraîche) ; [- clothes, material] léger / *keep in a cool place* conservez dans un endroit frais **2.** [of colour - blue, green] clair **3.** [calm - person, manner, voice] calme / *keep cool!* *inf* du calme ! / *play it cool!* *inf* ne nous énervons pas !, pas de panique ! ▸ **a cool customer** *inf* une personne effrontée or qui a du culot ▸ **to be cool and collected** être d'un calme olympien ▸ **to be** or **to look as cool as a cucumber** garder son sang-froid or calme **4.** [unfriendly - person, greeting, welcome] froid **5.** *inf* [of sum of money] coquet, rondelet / *she earned a cool half million* elle a gagné un petit demi-million **6.** *inf* [great] génial, super / *that's cool!* c'est génial ! / *I'll be there at eight — cool!* je serai là à huit heures — super ! ◆ n **1.** [coolness] fraîcheur *f* / *the cool of evening* la fraîcheur du soir **2.** [calm] calme *m*, sang-froid *m* ▸ **to keep / to lose one's cool** garder / perdre son calme. ◆ vt [air, liquid, room] rafraîchir, refroidir ; [brow, feet] rafraîchir ▸ **to cool one's heels** faire le pied de grue / *they left him to cool his heels in jail* ils l'ont laissé mijoter en prison ▸ **cool it!** du calme ! ◆ vi [food, liquid] (se) refroidir ; [enthusiasm, passion, temper] s'apaiser, se calmer.

❖ **cool down** ◆ vi **1.** [machine] se refroidir ; *fig* [situation] se détendre **2.** [person] se calmer / *give him time to cool down* donne-lui le temps de se calmer. ◆ vt sep [person] calmer ; [situation] calmer, détendre.

❖ **cool off** vi [person - become calmer] se calmer.

coolant ['kuːlənt] n (fluide *m*) caloporteur *m*.

coolbox ['kuːlbɒks] n glacière *f*.

Cool Britannia pr n UK *inf expression qui évoque l'art, la musique et la mode en Grande-Bretagne de la fin des années 1990.*

cooler ['kuːlə^r] n **1.** [for food] glacière *f* **2.** *inf* [prison] taule *f* / *in the cooler* en taule **3.** [drink] rafraîchissement *m* ▸ **(wine) cooler** *mélange de vin, de jus de fruits et d'eau gazeuse.*

cool-headed adj calme, imperturbable.

coolie ['kuːlɪ] n coolie *m*.

cooling ['kuːlɪŋ] n [in temperature] rafraîchissement *m*, refroidissement *m* ; [in relationships] refroidissement *m*.

cooling-off period n **1.** [in dispute] moment *m* de répit **2.** [after purchase] délai *m* de réflexion **3.** [contract] délai *m* de résiliation **4.** SPORT temps *m* de repos.

cooling system n système *m* de refroidissement.

cooling tower n refroidisseur *m*.

cool jazz n MUS cool *m*.

coolly ['kuːlɪ] adv **1.** [calmly - react, respond] calmement **2.** [without enthusiasm - greet, welcome] froidement **3.** [impertinently - behave, say] avec impertinence.

coolness ['kuːlnɪs] n **1.** [in temperature - of air, water, weather] fraîcheur *f* ; [- of clothes] légèreté *f* **2.** [calmness] calme *m*, sang-froid *m* **3.** [lack of enthusiasm] flegme *m* **4.** [impertinence] culot *m*, toupet *m*.

cooly ['kuːlɪ] (*pl* **coolies**) = **coolie.**

coomb(e) [kuːm] n combe *f*.

coon [kuːn] n **1.** *inf* = **raccoon 2.** *offens terme raciste désignant un Noir* ; ≃ nègre *m* ; ≃ négresse *f*.

coonskin ['kuːnskɪn] n **1.** [skin] peau *f* de raton laveur **2.** [hat] chapeau *m* en peau de raton laveur **3.** [coat] manteau *m* en peau de raton laveur.

coop [kuːp] n poulailler *m*.

❖ **coop up** vt sep [animal, person, prisoner] enfermer / *I've been cooped up at home all day* j'ai été cloîtré chez moi toute la journée.

co-op ['kəʊ,ɒp] (abbr of **co-operative society**) n coopérative *f*, coop *f*.

❖ **Co-op** pr n UK ▸ **the Co-op** la Coop.

cooper ['kuːpə^r] n tonnelier *m*.

cooperage ['kuːpərɪdʒ] n tonnellerie *f*.

cooperate [kəʊ'ɒpəreɪt] vi **1.** [work together] collaborer, coopérer ▸ **to cooperate with sb** collaborer avec qqn **2.** [be willing to help] se montrer coopératif.

cooperation [kəʊ,ɒpə'reɪʃn] n **1.** [collaboration] coopération *f*, concours *m* ▸ **in cooperation with** or **with the cooperation of sb** avec la coopération or le concours de qqn **2.** [willingness to help] coopération *f*.

cooperative [kəʊ'ɒpərətɪv] ◆ adj **1.** [joint - activity, work] coopératif **2.** [helpful - attitude, person] coopératif / *he has been most cooperative* il a été très coopératif. ◆ n coopérative *f*.

Cooperstown ['ku:pəz,taʊn] pr n *ville de l'État de New York où se trouve le musée du Baseball.*

co-opt vt coopter, admettre / *I was co-opted as a member of the committee* on m'a coopté or admis comme membre du comité ▸ **to be co-opted into** or **onto sthg** être coopté à qqch.

cooption [kəʊ'ɒpʃn] n cooptation *f*.

coordinate ◆ vt [kəʊ'ɔ:dɪneɪt] coordonner / *I'm not very coordinated* je ne suis pas très coordonné. ◆ n [kəʊ'ɔ:dɪnət] MATH coordonnée *f*. ◆ adj [kəʊ'ɔ:dɪnət] GRAM & MATH coordonné ▸ **coordinate clause** proposition *f* coordonnée ▸ **coordinate geometry** géométrie *f* analytique.

❖ **coordinates** pl n coordonnés *mpl*.

coordinating [kəʊ'ɔ:dɪneɪtɪŋ] adj [body, officer] de coordination ▸ **coordinating conjunction** conjonction *f* de coordination.

coordination [kəʊ,ɔ:dɪ'neɪʃn] n coordination *f* / *we need greater coordination between doctors and nurses* il nous faut une plus grande coordination entre médecins et infirmières / *she lacks coordination* elle manque de coordination / *to have a coordination problem* avoir des problèmes de coordination.

coordinator [kəʊ'ɔ:dɪneɪtə] n coordinateur *m*, coordonnateur *m*.

coot [ku:t] n **1.** [bird] foulque *f* **2.** *inf & dated* [fool] bêta / *silly old coot!* gros bêta !

cooties ['ku:tɪz] pl n US *baby talk* microbes *mpl*.

co-owner n copropriétaire *mf*.

co-ownership n copropriété *f*.

cop [kɒp] (*pt & pp* **copped**, *cont* **copping**) *inf* ◆ n **1.** [policeman] flic *m* ▸ **to play cops and robbers** jouer aux gendarmes et aux voleurs **2.** UK [arrest] arrestation *f* ▸ **it's a fair cop!** je suis fait ! **3.** PHR **it's not much cop** UK ça ne vaut pas grand-chose, c'est pas terrible. ◆ vt **1.** [catch] attraper, empoigner / *cop hold of that rope!* attrape cette corde ! / *you'll cop it if he finds out!* qu'est-ce que tu vas prendre s'il s'en rend compte ! **2.** US *inf* ▸ **to cop an attitude** devenir agressif / *don't cop an attitude with me!* arrête d'être si agressif ! ▸ **to cop a plea** [plead guilty to lesser offence] plaider coupable à une infraction moindre.

❖ **cop out** vi *inf* se défiler ▸ **to cop out of sthg** réussir à échapper à qqch.

copacetic [,kəʊpə'setɪk] adj US ▸ **everything's copacetic** tout va bien.

copal ['kəʊpl] n copal *m*.

co-parenting n coparentalité *f*.

copartner [,kəʊ'pɑ:tnə] n coassocié *m*, -e *f*.

copartnership [,kəʊ'pɑ:tnəʃɪp] n coassociation *f*.

cope [kəʊp] ◆ vi [person] se débrouiller, s'en sortir ; [business, machine, system] supporter / *I can't cope anymore* je n'en peux plus / *she's coping very well on her own* elle s'en sort très bien toute seule ▸ **to cope with** : *we cope with more than 5,000 visitors a week* nous recevons plus de 5 000 visiteurs par semaine / *the system can't cope with this volume of work* le système ne peut pas supporter ce volume de travail / *I'll just have to cope with the problems as they arise* il faudra que je m'occupe des problèmes au fur et à mesure qu'ils se présenteront. ◆ n RELIG chape *f*. ◆ vt **1.** [provide with coping - wall] chaperonner **2.** [join timbers] assembler.

Copenhagen [,kəʊpən'heɪgən] pr n Copenhague.

Copernican system [kə'pɜ:nɪkən-] n système *m* copernicien.

Copernicus [kə'pɜ:nɪkəs] pr n Copernic.

copestone ['kəʊpstəʊn] n **1.** = coping stone **2.** = capstone.

copier ['kɒpɪə] n photocopieuse *f*, copieur *m*.

copilot ['kəʊ,paɪlət] n copilote *mf*.

coping ['kəʊpɪŋ] n chaperon *m*.

coping stone n couronnement *m*, chaperon *m*.

copious ['kəʊpjəs] adj [amount, food] copieux ; [sunshine] abondant ; [notes] abondant / *they wept copious tears* ils ont pleuré à chaudes larmes.

copiously ['kəʊpjəslɪ] adv [cry, produce, write] en abondance, abondamment.

cop-killer bullet n US *crime sl balle capable de traverser un gilet pare-balles.*

copolymer [,kəʊ'pɒlɪmə] n copolymère *m*.

cop-out n *inf* dérobade *f* / *what a cop-out!* belle façon de se défiler !

copper ['kɒpə] ◆ n **1.** [colour, metal] cuivre *m* **2.** *inf* [coins] monnaie *f* **3.** *inf* [policeman] flic *m* **4.** [container] lessiveuse *f*. ◆ comp [coin, kettle, wire] en cuivre. ◆ adj [colour, hair] cuivré.

copper beech n hêtre *m* pourpre.

copper-bottomed [-'bɒtəmd] adj *lit* [saucepan] à fond de cuivre ; *fig* [deal] en béton.

copper-coloured adj cuivré.

copperplate ['kɒpəpleɪt] ◆ n **1.** [plate] cuivre *m* **2.** [print] planche *f* (de cuivre) **3.** [handwriting] écriture *f* moulée. ◆ comp [handwriting] moulé.

copperplated [,kɒpə'pleɪtɪd] adj cuivré.

coppersmith ['kɒpəsmɪθ] n chaudronnier *m*, -ère *f*.

copper sulphate n sulfate *m* de cuivre.

coppery ['kɒpərɪ] adj [colour] cuivré.

coppice ['kɒpɪs] n taillis *m*.

copra ['kɒprə] n coprah *m*.

co-processor n coprocesseur *m*.

coproduce [,kəʊprə'dju:s] vt CIN & TV coproduire.

coproduction [,kəʊprə'dʌkʃn] n CIN & TV coproduction *f*.

copse [kɒps] n taillis *m*.

Copt [kɒpt] n Copte *mf*.

Coptic ['kɒptɪk] ◆ adj copte ▸ **the Coptic church** l'Église *f* copte. ◆ n copte *m*.

copula ['kɒpjʊlə] (*pl* **copulas** *or* **copulae** [-li:]) n copule *f*.

copulate ['kɒpjʊleɪt] vi copuler.

copulation [,kɒpjʊ'leɪʃn] n copulation *f*.

copulative ['kɒpjʊlətɪv] adj copulatif.

copy ['kɒpɪ] (*pl* **copies**, *pt & pp* **copied**) ◆ n **1.** [duplicate - of painting] copie *f*, reproduction *f* ; [- of document, photograph] copie *f* ▸ **to make a copy of sthg** faire une copie de qqch **2.** [of book, magazine, record] exemplaire *m* **3.** *(U)* [written material] copie *f* ; [in advertisement] texte *m* **4.** *(U)* PRESS copie *f* / *his story made good copy* son histoire a fait un bon papier. ◆ vt **1.** [write out - letter, notes] copier ▸ **to copy sthg down** / **out** noter / copier qqch **2.** [imitate - person, movements, gestures] copier, imiter ; [- style, system] copier **3.** [cheat] copier **4.** [photocopy] photocopier **5.** US TELEC [hear] : *do you copy?* vous me recevez ? ◆ vi [cheat] copier, tricher / *no copying!* on ne copie pas !

❖ **copy in** vt sep mettre (qqn) en copie ▸ **to copy sb in (on sthg)** mettre qqn en copie (de qqch).

copy and paste ◆ n copier-coller *m*. ◆ vt copier-coller.

copybook ['kɒpɪbʊk] ◆ n cahier *m*. ◆ adj [sentiments] commun.

copycat ['kɒpɪkæt] ◆ n *inf* copieur *m*, -euse *f*. ◆ comp [killings, murder] inspiré par un autre.

copy desk n US PRESS secrétariat *m* de rédaction.

copy-edit vt [article, book] rédiger.

copy-editing n préparation *f* de copie.

copy editor n secrétaire *mf* de rédaction.

copyholder ['kɒpɪ,həʊldə] n **1.** [reader] lecteur *m*, -trice *f*, teneur *m*, -euse *f* de copie **2.** [device] porte-copie *m*.

copyist ['kɒpɪɪst] n copiste *mf*.

copy-protect vt protéger *(contre la copie)*.

copy-protected [-prə'tektɪd] adj COMPUT protégé (contre la copie).

copyread ['kɒpɪri:d] (*pt & pp* **read** [-red]) US = subedit.

copyreader ['kɒpɪ,ri:də] US = subeditor.

copyright ['kɒpɪraɪt] ◆ n copyright *m*, droit *m* d'auteur / *she has copyright on the book* elle a des droits d'auteur sur le livre / *copyright Lawrence Durrell* copyright, Lawrence Durrell / *out of copyright* dans le domaine public. ◆ vt obtenir les droits exclusifs or le copyright. ◆ adj de copyright.

copyright deposit library n bibliothèque *f* de dépôt légal.

copy typist n dactylographe *mf*.

copywriter ['kɒpɪ,raɪtə] n rédacteur *m*, -trice *f* publicitaire.

copywriting ['kɒpɪ,raɪtɪŋ] n rédaction *f* publicitaire.

coquetry ['kəʊkɪtrɪ or 'kɒkɪtrɪ] (*pl* **coquetries**) n coquetterie *f*.

coquette [kəʊ'ket or kɒ'ket] n coquette *f*.

coquettish [kəʊ'ketɪʃ or kɒ'ketɪʃ] adj [behaviour, look, woman] coquet, provoquant.

cor [kɔ:] interj UK *inf* ▸ **cor (blimey)!** ça alors !

coracle ['kɒrəkl] n coracle *m*.

coral ['kɒrəl] ◆ n corail *m*. ◆ comp [earrings, necklace] de corail ; [island] corallien. ◆ adj [pink, red, lipstick] corail ; *liter* [lips] de corail.

coral-coloured adj (couleur) corail *(inv)*.

coral reef n récif *m* de corail.

Coral Sea pr n ▸ **the Coral Sea** la mer de Corail.

corbel ['kɔ:bəl] n corbeau *m*.

corbelling UK, **corbeling** US ['kɔ:bəlɪŋ] n encorbellement *m*.

cord [kɔ:d] ◆ n **1.** [string] cordon *m* **2.** [cable] câble *m* **3.** [corduroy] velours *m* côtelé. ◆ comp [skirt, trousers] en velours côtelé. ◆ vt corder.

❖ **cords** pl n *inf* ▸ **(a pair of) cords** un pantalon *m* en velours côtelé.

cordage ['kɔ:dɪdʒ] n NAUT cordage *m*.

corded ['kɔ:dɪd] adj [material] côtelé.

cordial ['kɔ:djəl] ◆ adj **1.** [warm - greeting, welcome] chaleureux **2.** [strong - hatred] cordial ▸ **to have a cordial dislike for sb** détester qqn cordialement. ◆ n [drink] cordial *m*.

cordiality [,kɔ:dɪ'ælətɪ] (*pl* **cordialities**) n cordialité *f*.

cordially ['kɔ:djəlɪ] adv [greet, detest, etc.] cordialement ▸ **cordially yours** US [at end of letter] salutations amicales.

cordillera [,kɔ:dɪl'jeərə] n cordillère *f*.

cordite ['kɔ:daɪt] n cordite *f*.

cordless ['kɔ:dlɪs] adj [telephone, mouse] sans fil.

Cordoba ['kɔ:dəbə] pr n Cordoue.

cordon ['kɔ:dn] ◆ n **1.** [barrier] cordon *m* ▸ **police cordon** cordon de police / *the police put a cordon round the building* la police a encerclé le bâtiment **2.** HORT cordon *m* **3.** [decoration] cordon *m*. ◆ vt = cordon off.

❖ **cordon off** vt sep barrer, interdire l'accès à, isoler.

cordon bleu [-blɜ:] ◆ adj de cordon bleu / *a cordon bleu cook* un cordon bleu. ◆ n : *she's a cordon bleu* c'est un cordon bleu.

corduroy ['kɔ:dərɔɪ] ◆ n velours *m* côtelé ▸ **(a pair of) corduroys** (un) pantalon *m* de or en velours côtelé. ◆ adj de velours côtelé.

corduroy road n *route aménagée en terrain marécageux grâce à des rondins de bois.*

core [kɔ:] ◆ n [of apple, pear] trognon *m*, cœur *m* ; [of magnet, earth, organization] noyau *m* ; [of electric cable] âme *f*, noyau *m* ; [of nuclear reactor] cœur *m* ; [of argument] essentiel *m*, centre *m* ; [of computer] mémoire *f* centrale ▸ **to the core** : *to be French / a socialist to the core* être français / socialiste jusqu'à la moelle / *rotten to the core* pourri jusqu'à l'os. ◆ comp ▸ **core brand** marque *f* phare ▸ **core business** activité *f* principale

▸ **core curriculum** SCH tronc *m* commun ▸ **core literacy** alphabétisation *f* de base ▸ **core market** marché *m* principal ▸ **core memory** COMPUT mémoire *f* centrale ▸ **core numeracy** acquis *mpl* numériques de base ▸ **core sample** GEOL carotte *f* ▸ **core skill** compétence *f* de base ▸ **core subject** SCH matière *f* principale ▸ **core time** [in flexitime] plage *f* fixe ▸ **core vocabulary** LING vocabulaire *m* de base. ◆ vt [apple, pear] enlever le trognon de.

CORE [kɔːʳ] (abbr of **Congress Of Racial Equality**) pr n *ligue américaine contre le racisme.*

core boring n MIN carottage *m*.

core drill n MIN carotteuse *f*.

core dump n COMPUT vidage *m* de mémoire.

coreligionist [,kəʊrɪ'lɪdʒənɪst] n coreligionnaire *mf*.

corer ['kɔːrəʳ] n ▸ **apple corer** vide-pomme *m inv*.

co-respondent [,kəʊrɪ'spɒndənt] ◆ adj [shoes] bicolore *(style années quarante)*. ◆ n LAW [in divorce suit] codéfendeur *m*, -eresse *f*.

Corfu [kɔː'fuː] pr n Corfou / *in Corfu* à Corfou.

corgi ['kɔːgɪ] n corgi *m*.

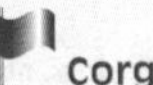

Corgi

Cette race de petit chien roux d'origine galloise est toujours associée à la famille royale britannique car la reine Elisabeth en possède plusieurs.

coriander [,kɒrɪ'ændəʳ] n coriandre *f*.

Corinth ['kɒrɪnθ] pr n Corinthe.

Corinthian [kə'rɪnθɪən] ◆ n Corinthien *m*, -enne *f* ▸ **the Epistle of Paul to the Corinthians** l'Épître de saint Paul aux Corinthiens. ◆ adj corinthien.

Coriolanus [,kɒrɪə'leɪnəs] pr n Coriolan.

cork [kɔːk] ◆ n **1.** [substance] liège *m* **2.** [stopper] bouchon *m* / *he took* or *pulled the cork out of the bottle* il a débouché la bouteille ▸ **put a cork in it!** *inf* la ferme ! **3.** FISHING [float] flotteur *m*, bouchon *m*. ◆ comp [tile, bathmat, etc.] de or en liège. ◆ vt **1.** [seal -bottle] boucher **2.** [blacken] ▸ **to cork one's face** se noircir le visage avec un bouchon brûlé.

❖ **cork up** vt sep **1.** = **cork 2.** [suppress -emotions, feelings] réprimer.

Cork [kɔːk] pr n Cork.

corkage ['kɔːkɪdʒ] n *(U) droit de débouchage sur un vin qui a été apporté par des consommateurs.*

corked [kɔːkt] adj [wine] bouchonné.

corker ['kɔːkəʳ] n UK *inf & dated* : *he's / she's a real corker* [good-looking] c'est un beau gars / un beau brin de fille / *that was a corker of a joke* c'était une plaisanterie à vous faire mourir de rire / *it's a corker* [car, bike, etc.] c'est un (vrai) bijou.

corking ['kɔːkɪŋ] adj UK *inf & dated* épatant, fameux.

cork oak n chêne-liège *m*.

corkscrew ['kɔːkskruː] ◆ n tire-bouchon *m*. ◆ comp ▸ **corkscrew curl** tire-bouchon *m*. ◆ vi [staircase] tourner en vrille ; [plane] vriller / *the plane corkscrewed out of the sky* l'avion est tombé en vrille.

cork-tipped [-tɪpt] adj [cigarette] (à bout) filtre.

corm [kɔːm] n bulbe *m*.

cormorant ['kɔːmərənt] n cormoran *m*.

corn [kɔːn] ◆ n **1.** UK [cereal] blé *m* ; US maïs *m* ▸ **corn on the cob** épi *m* de maïs ▸ **grains of corn** grains *mpl* de maïs ▸ **the Corn Laws** UK HIST les lois *fpl* sur le blé **2.** *(U) inf* [banality] banalité *f* ; [sentimentality] sentimentalité *f* bébête / *the book / film is pure corn* le livre / film est d'une banalité finie **3.** [on foot] cor *m* ▸ **to tread on sb's corns a)** UK *inf* [upset] toucher qqn à l'endroit sensible **b)** [trespass] marcher sur les plates-bandes de qqn. ◆ comp ▸ **corn plaster** pansement *m* (pour cors).

The Corn Laws

Mesures protectionnistes prises par le Parlement britannique en 1815 pour pallier l'effet des mauvaises récoltes en augmentant le prix du grain importé. Très impopulaires, ces lois provoquèrent la naissance du mouvement **Anti-Corn Law League** défendant la liberté de commerce. Ces lois furent abrogées en 1846.

Corn written abbr of **Cornwall**.

cornball ['kɔːnbɔːl] US *inf* ◆ n sentimental *m*, -e *f*. ◆ adj = **corny**.

corn bread n pain *m* à la farine de maïs.

corn bunting n bruant *m*.

corncob ['kɔːnkɒb] n épi *m* de maïs.

corncockle ['kɔːn,kɒkl] n nielle *f*.

corncrake ['kɔːnkreɪk] n râle *m* des genêts.

corn dog n US *saucisse enrobée de pâte à la farine de maïs et frite à l'huile.*

corn dolly n *objet décoratif en paille tressée.*

cornea ['kɔːnɪə] n cornée *f*.

corneal ['kɔːnɪəl] adj cornéen.

corned beef [kɔːnd-] n corned-beef *m*.

cornelian [kɔː'niːlɪən] n cornaline *f*.

Cornelian [kɔː'niːlɪən] adj cornélien.

Cornell [kɑː'nel] pr n *université située à Ithaca dans l'État de New York faisant partie de la Ivy League.*

corner ['kɔːnəʳ] ◆ n **1.** [of page, painting, table, etc.] coin *m* / *to turn down the corner of a page* faire une corne à une page **2.** [inside room, house, etc.] coin *m* / *to put a child in the corner* mettre un enfant au coin ▸ **to fight one's corner** UK [argue one's case] défendre sa position / *the Minister fought his corner well and got an increase in his budget* le ministre a bien défendu son point de vue et a obtenu une augmentation de son budget ▸ **to be in sb's corner** être du côté de qqn, soutenir qqn / *with someone as powerful as her in your corner, you can't lose* avec quelqu'un d'aussi puissant qu'elle derrière toi, tu ne peux pas perdre **3.** [of street] coin *m* ; [bend in the road] tournant *m*, virage *m* ▸ **on** or **at the corner** au coin / *the house on* or *at the corner* la maison qui fait l'angle / *at the corner of Regent Street and Oxford Street* à l'intersection or à l'angle de Regent Street et d'Oxford Street / *he / the car took the corner at high speed* il / la voiture a pris le tournant à toute allure / *to overtake on a corner* doubler dans un virage / *the car takes corners well* la voiture prend bien les virages / *it's just around* or UK *round the corner* **a)** [house, shop, etc.] c'est à deux pas d'ici **b)** *fig* [Christmas, economic recovery, etc.] c'est tout proche / *it's literally just round the corner* c'est juste au coin de la rue / *a cure is just round the corner* *fig* on est sur le point de découvrir un remède / *you never know what's round the corner* *fig* on ne sait jamais ce qui peut arriver ▸ **to turn the corner a)** [car] prendre le tournant **b)** *fig* [patient] passer le moment or stade critique **c)** [business, economy, relationship] passer un cap critique ▸ **to cut the corner a)** [in car, on bike] couper le virage, prendre le virage à la corde **b)** [on foot] couper au plus court, prendre le plus court **4.** [of eye] coin *m* ; [of mouth] coin *m*, commissure *f* / *with a cigarette hanging from the corner of his mouth* une cigarette au coin de la bouche ▸ **to look at sb / sthg out of the corner of one's eye** regarder qqn / qqch du coin de l'œil **5.** *inf* [difficulty] situation *f* difficile, mauvaise passe *f* ▸ **to drive sb into a tight corner** acculer qqn, mettre qqn dans une situation difficile **6.** [remote place] coin *m* / *the four corners of the earth* les quatre coins de la terre **7.** FOOT corner *m* **8.** COMM ▸ **to make** or **to have a corner in sthg** avoir le monopole de qqch, accaparer qqch. ◆ comp [cupboard, table, etc.] d'angle. ◆ vt **1.** [animal, prey, etc.] coincer, acculer / *she cornered me at the party* elle m'a coincé à la soirée **2.** COMM accaparer ▸ **to corner the market in sthg** accaparer le marché de qqch. ◆ vi AUTO prendre un virage / *the car corners well* la voiture tient bien la route dans les virages.

cornered ['kɔːnəd] adj [animal, prey] acculé, coincé / *we've got him cornered* on l'a acculé or coincé / *his opponent in the debate had him cornered* son adversaire dans le débat l'avait acculé.

corner flag n SPORT drapeau *m* de corner.

cornering ['kɔːnərɪŋ] n UK **1.** AUTO [of driver] façon *f* de prendre les virages ; [of car] stabilité *f* dans les virages / *your cornering has improved* tu prends mieux les virages **2.** COMM accaparement *m*.

corner kick n FOOT corner *m*.

corner post n FOOT piquet *m* de corner.

corner shop n UK magasin *m* du coin.

cornerstone ['kɔːnəstəʊn] n pierre *f* d'angle or angulaire ; *fig* pierre *f* angulaire, fondement *m*.

corner store US = **corner shop**.

cornerways ['kɔːnəweɪz], **cornerwise** ['kɔːnəwaɪz] adj & adv en diagonale, en coin.

cornet ['kɔːnɪt] n **1.** MUS [instrument] cornet *m* à pistons **2.** UK ▸ **(ice-cream) cornet** cornet *m* (de glace).

corn exchange n halle *f* au blé.

cornfed ['kɔːnfed] adj US *inf* rustre / *it's about a cornfed girl who makes it big in Manhattan* c'est l'histoire d'une fille de la campagne qui réussit à Manhattan.

corn-fed adj [chicken] nourri au grain.

cornfield ['kɔːnfiːld] n UK champ *m* de blé ; US champ *m* de maïs.

cornflakes ['kɔːnfleɪks] pl n cornflakes *mpl*, pétales *mpl* or flocons *mpl* de maïs.

cornflour ['kɔːnflaʊəʳ] n UK farine *f* de maïs, Maïzena® *f*.

cornflower ['kɔːnflaʊəʳ] ◆ n [plant] bleuet *m*, bluet *m*, barbeau *m* ; [colour] bleu *m* centaurée. ◆ adj ▸ **cornflower (blue)** bleu centaurée.

cornice ['kɔːnɪs] n ARCHIT corniche *f* ; [snow] corniche *f*.

corniche [kɔː'niːʃ] n [road] corniche *f*.

Corning Ware® n *plats de verre allant au four.*

Cornish ['kɔːnɪʃ] ◆ pl n [people] ▸ **the Cornish** les Cornouaillais *mpl*. ◆ n LING cornouaillais *m*. ◆ adj cornouaillais.

Cornish (game) hen n US *variété de coquelet.*

Cornishman ['kɔːnɪʃmən] (*pl* **Cornishmen** [-mən]) n Cornouaillais *m*.

Cornish pasty n UK CULIN *chausson à la viande et aux légumes.*

Cornishwoman ['kɔːnɪʃ,wʊmən] (*pl* **Cornishwomen** [-,wɪmɪn]) n Cornouaillaise *f*.

corn meal n farine *f* de maïs.

corn oil n huile *f* de maïs.

corn pone n US *regional* pain *m* de maïs.

corn poppy n coquelicot *m*.

corn rootworm [-'ruːtwɜːm] n ver *m* des racines du maïs.

corn rows pl n coiffure *f* tressée à l'africaine.

corn salad n mâche *f*.

cornstarch ['kɔːnstɑːtʃ] US = **cornflour**.

corn syrup n sirop *m* de maïs.

cornucopia [,kɔːnjʊ'kəʊpjə] n MYTH & *fig* corne *f* d'abondance.

Cornwall ['kɔːnwɔːl] pr n Cornouailles *f* / *in Cornwall* en Cornouailles.

corn whiskey n whisky *m* de maïs.

corny ['kɔːnɪ] (*compar* **cornier**, *superl* **corniest**) adj *inf* [trite] bateau, banal ; [sentimental] sentimental, à l'eau de rose / *he's so corny* il est vraiment lourd *fig*.

corolla [kə'rɒlə] n BOT corolle *f*.

corollary [kə'rɒlərɪ] (*pl* **corollaries**) n *fml* corollaire *m* / *the corollary of that is...* le corollaire de ceci, c'est..., ceci a pour corollaire... / *as a corollary to this* en corollaire à ceci.

Coromandel Coast [,kɒrə'mændl-] pr n ▸ **the Coromandel Coast** la côte de Coromandel.

corona [kə'rəʊnə] (*pl* **coronas** *or* **coronae** [-niː]) n **1.** ANAT, ASTRON, BOT & PHYS couronne *f* **2.** ARCHIT larmier *m* **3.** [cigar] corona *m*.

coronary ['kɒrənrɪ] ◆ adj MED coronaire ▸ **the country has a high incidence of coronary heart disease** il y a de nombreux cas de maladies coronariennes dans ce pays. ◆ n MED infarctus *m* du myocarde / *to have a coronary* avoir un infarctus du myocarde.

coronary artery n MED artère *f* coronaire.

coronary bypass n MED pontage *m* coronaire.

coronary care unit n MED unité *f* de soins coronariens.

coronary thrombosis n MED infarctus *m* du myocarde, thrombose *f* coronarienne.

coronation [,kɒrə'neɪʃn] ◆ n [of monarch] couronnement *m*, sacre *m*. ◆ comp [robes, day] du couronnement, du sacre ▸ **coronation mug** UK *tasse haute fabriquée spécialement à l'occasion d'un couronnement et décorée sur ce thème* / **'Coronation Street'** *feuilleton télévisé britannique*.

Coronation Street

Ce feuilleton télévisé, le plus ancien des soap operas encore à l'écran, évoque la vie quotidienne de plusieurs familles ouvrières vivant dans une rue d'une ville du nord de l'Angleterre.

coroner ['kɒrənər] n LAW coroner *m* ▸ **coroner's inquest** enquête *f* judiciaire *(menée par le coroner)* ▸ **coroner's jury** jury *m* du coroner.

coronet ['kɒrənɪt] n [of prince, duke] couronne *f* ; [for woman] diadème *m*.

Corp. 1. (written abbr of corporation) Cie **2.** written abbr of corporal.

corpora ['kɔːpərə] pl ⟶ corpus.

corporal ['kɔːpərəl] ◆ n MIL caporal-chef *m*. ◆ adj corporel ▸ **corporal punishment** châtiment *m* corporel.

corporate ['kɔːpərət] ◆ adj **1.** LAW ▸ **corporate body** or **institution** personne *f* morale **2.** [of a specific company] d'une société, de la société ; [of companies in general] d'entreprise ; [taxation] sur les sociétés / *to make one's way up the corporate ladder* faire carrière dans l'entreprise / *if we are to be regarded as a good corporate citizen* si nous voulons être considérés comme une entreprise qui assume ses responsabilités dans la société / *he's a good corporate man* il est dévoué à l'entreprise / *the restaurant is hoping for good corporate business* le restaurant espère attirer une nombreuse clientèle d'affaires / *Britain's largest corporate donors* les entreprises donatrices les plus généreuses de Grande-Bretagne / *we have a number of corporate customers* certains de nos clients sont des entreprises / *corporate customers provide the bulk of our profits* la plus grande partie de nos bénéfices provient des entreprises / *corporate entertainment* divertissement *m* fourni par la société / *the company's corporate image* l'image *f* de la société / *one of our largest corporate sponsors* un de nos plus importants sponsors ▸ **corporate America** l'Amérique des entreprises ▸ **corporate assets** biens *mpl* sociaux, actif *m* social ▸ **corporate banking** banque *f* d'entreprise ▸ **corporate crime** criminalité *m* d'entreprise ▸ **corporate culture** culture *f* d'entreprise ▸ **corporate finance** finance *f* d'entreprise ▸ **corporate hospitality** *réceptions, déjeuners, billets de spectacles, etc. offerts par une entreprise à ses clients* ▸ **corporate identity** identité *f* d'entreprise ▸ **corporate image** image *f* de marque ▸ **corporate law** droit *m* des sociétés or des entreprises ▸ **corporate lawyer** juriste *m* spécialisé en droit des sociétés ▸ **corporate name** raison *f* sociale ▸ **corporate sponsorship** sponsoring *m*, parrainage *m* d'entreprises ▸ **corporate structure** structure *f* de l'entreprise **3.** [collective - decision, responsibility] collectif. ◆ n US [corporate headquarters] : *he works at corporate* il travaille au siège / *that comes down from corporate* ça vient du siège / *you'll have to talk to corporate about that* il va falloir que tu en discutes avec la DG.

corporately ['kɔːpərətlɪ] adv **1.** [as a corporation] : *I don't think we should involve ourselves corporately* je ne pense pas que nous devrions nous impliquer en tant que société **2.** [as a group] collectivement.

corporate tax US = corporation tax.

corporation [,kɔːpə'reɪʃn] ◆ n **1.** [company] compagnie *f*, société *f* ; LAW personne *f* morale **2.** UK [municipal authorities] municipalité *f* **3.** *inf* [paunch] bedaine *f*, brioche *f* ▸ **to develop a corporation** prendre de la bedaine or de la brioche. ◆ comp UK [bus, worker] municipal, de la ville.

corporation tax n UK impôt *m* sur les sociétés.

corporatism ['kɔːpərətɪzm] n corporatisme *m*.

corporeal [kɔː'pɔːrɪəl] adj corporel, matériel.

corps [kɔːr] (*pl* **corps**) n **1.** MIL corps *m* ; MIL & ADMIN service *m* ▸ **medical / intelligence corps** service de santé / de renseignements ▸ **pay corps** service de la solde ▸ **tank corps** blindés *mpl* **2.** [trained team of people] corps *m* ▸ **corps de ballet** corps de ballet.

corpse [kɔːps] ◆ n cadavre *m*, corps *m*. ◆ vi *inf* THEAT [actor] avoir une crise de fou rire.

corpulence ['kɔːpjʊləns] n corpulence *f*, embonpoint *m*.

corpulent ['kɔːpjʊlənt] adj corpulent.

corpus ['kɔːpəs] (*pl* **corpuses** *or* **corpora** ['kɔːpərə]) n **1.** [collection of writings - by author] recueil *m* ; [- on specific subject] corpus *m* **2.** [main body] corpus *m*.

Corpus Christi [,kɔːpəs'krɪstɪ] n la Fête-Dieu.

corpuscle ['kɔːpʌsl] n PHYSIOL corpuscule *m* ▸ **red / white blood corpuscles** globules *mpl* rouges / blancs.

corral [kɒ'rɑːl] (*pt & pp* **corralled**, *cont* **corralling**) US ◆ n corral *m*. ◆ vt [cattle, horses] enfermer dans un corral ; *fig* encercler / *she corralled me inf & fig* elle m'a mis le grappin dessus.

correct [kə'rekt] ◆ adj **1.** [right - answer, spelling, etc.] correct / *do you have the correct time?* avez-vous l'heure exacte ? / *that is correct* c'est exact / *to prove (to be) correct* s'avérer juste / *correct to four decimal places* exact à quatre chiffres après la virgule / *am I correct in thinking that...?* ai-je raison de penser que... ? / *she was quite correct* elle avait tout à fait raison / *she was quite correct in her assumptions* ses suppositions étaient parfaitement justes **2.** [suitable, proper - behaviour, manners, etc.] correct, convenable, bienséant ; [- person] correct, convenable / *the correct thing for him to do in the circumstances is to resign* dans ces circonstances la bienséance veut qu'il démissionne / *she was quite correct to do what she did* elle a fait ce qu'il convenait de faire / *the correct procedure* la procédure d'usage / *correct dress must be worn* une tenue correcte est de rigueur. ◆ vt **1.** [rectify - mistake, spelling, etc.] corriger, rectifier ; [- squint, bad posture, imbalance] corriger ; [- situation] rectifier **2.** [indicate error - to person] corriger, reprendre ; [- in exam, proofs, etc.] corriger / *please correct me whenever I make a mistake* veuillez me corriger or me reprendre si je fais des erreurs ▸ **to correct sb on** or **about sthg** corriger or reprendre qqn sur qqch / *to correct sb's French* corriger le français de qqn, reprendre qqn sur son français / *if I may correct you* si vous permettez que je vous reprenne / *correct me if I'm wrong, but...* corrigez-moi si je me trompe, mais... / *I stand corrected* c'est vous qui avez raison ▸ **to correct o.s.** se reprendre, se corriger **3.** *arch* [punish] punir ; [physically] corriger, infliger une correction à.

correcting fluid [kə'rektɪŋ-] = correction fluid.

correction [kə'rekʃn] n **1.** [of exam paper, homework, proofs, etc.] correction *f* ; [of error] correction *f*, rectification *f* **2.** [in essay, school work, proofs, etc.] correction *f* ▸ **to make corrections** faire des corrections ▸ **to make corrections to sthg** apporter des corrections à qqch **3.** *arch* [punishment] correction *f*, punition *f*, châtiment *m* ▸ **house of correction** maison *f* de correction or de redressement.

correction fluid n liquide *m* correcteur.

corrective [kə'rektɪv] ◆ adj [action, measure] rectificatif, correctif ; [exercises, treatment] correctif. ◆ n correctif *m* ; MED [for teeth] appareil *m* dentaire ; [for deformed limb] appareil *m* orthopédique ▸ **a corrective to sthg** un correctif de qqch.

correctly [kə'rektlɪ] adv **1.** [in the right way - answer, pronounce] correctement / *he correctly predicted that...* il a prédit avec raison que... / *the XYZ, more correctly known as...* XYZ, ou selon son appellation plus correcte... **2.** [properly - behave, dress, speak] correctement.

correctness [kə'rektnɪs] n **1.** [of answer, prediction, etc.] exactitude *f*, justesse *f* **2.** [of behaviour, dress, etc.] correction *f*.

Correggio [kɒ'redʒjəʊ] pr n le Corrège / *a painting by Correggio* un tableau du Corrège.

correlate ['kɒrəleɪt] ◆ vi ▸ **to correlate (with sthg)** **a)** [gen] être en corrélation or rapport (avec qqch), correspondre (à qqch) **b)** [in statistics] être en corrélation (avec qqch). ◆ vt [gen] mettre en corrélation or en rapport, faire correspondre ; [in statistics] corréler ▸ **to correlate sthg with sthg** **a)** [gen] mettre qqch en corrélation or rapport avec qqch **b)** [in statistics] corréler qqch avec qqch / *these two trends are closely correlated* ces deux tendances sont en rapport étroit.

correlation [,kɒrə'leɪʃn] n corrélation *f*.

correlation coefficient n coefficient *m* de corrélation.

correlative [kɒ'relətɪv] ◆ n terme *m* corrélatif. ◆ adj corrélatif.

correspond [,kɒrɪ'spɒnd] vi **1.** [tally - dates, statements] correspondre ▸ **to correspond with sthg** correspondre à qqch **2.** [be equivalent] correspondre, équivaloir / *this animal corresponds roughly with* or *to our own domestic cat* cet animal correspond à peu près à notre or est à peu près l'équivalent de notre chat domestique **3.** [exchange letters] correspondre / *we have been corresponding (with each other) for years* cela fait des années que nous correspondons / *we don't often correspond* nous ne correspondons or nous ne nous écrivons pas souvent / *we only correspond at Christmas* nous ne nous écrivons qu'à Noël.

correspondence [,kɒrɪ'spɒndəns] ◆ n **1.** [relationship, similarity] correspondance *f*, rapport *m*, relation *f* **2.** [letter-writing] correspondance *f* ▸ **to be in correspondence with sb** être en correspondance avec qqn ▸ **to enter into (a) correspondence with sb** établir une or entrer en correspondance avec qqn / *no correspondence will be entered into* [in competition] il ne sera répondu à aucun courrier ▸ **to keep up a correspondence with sb** rester en correspondance avec qqn **3.** [letters] correspondance *f*, courrier *m* / *to read / to do one's correspondence* lire / faire son courrier or sa correspondance / *she doesn't get much correspondence* elle ne reçoit pas beaucoup de courrier. ◆ comp [course] par correspondance ; [school] d'enseignement par correspondance ▸ **correspondence column** PRESS courrier *m* des lecteurs.

correspondent [,kɒrɪ'spɒndənt] ◆ n **1.** PRESS, RADIO & TV [reporter] correspondant *m*, -e *f* / *sports correspondent* correspondant sportif / *war / environment correspondent* correspondant de guerre / pour les questions d'environnement / *our Moscow correspondent* notre correspondant à Moscou **2.** [letter-writer] correspondant *m*, -e *f* / *I am a very bad correspondent* j'écris très peu. ◆ adj = corresponding.

corresponding [,kɒrɪ'spɒndɪŋ] adj correspondant / *unemployment / inflation is higher than in the corresponding period last year* le chômage / l'inflation a augmenté par rapport à la période correspondante de l'année dernière or à la même période l'année dernière.

correspondingly [,kɒrɪ'spɒndɪŋlɪ] adv **1.** [proportionally] proportionnellement **2.** [related to this, in line with this] : *the translation should be correspondingly informal in register* la traduction devrait être d'un niveau de familiarité correspondant / *we got a lot of negative* *press and our election results were correspondingly poor* nous avons eu beaucoup de commentaires négatifs dans la presse, ce qui nous a valu de mauvais résultats aux élections.

corridor ['kɒrɪdɔːʳ] n [in building] corridor *m*, couloir *m* ; [in train] couloir *m* ▸ **the corridors of power a)** *fig* les allées du pouvoir **b)** [behind the scenes] les coulisses du pouvoir ▸ **corridor train** train *m* à couloir ▸ **the Polish Corridor** HIST le corridor polonais / **'The Corridors of Power'** *Snow* 'les Couloirs du pouvoir'.

corrie ['kɒrɪ] n SCOT GEOG cirque *m*.

corroborate [kə'rɒbəreɪt] vt [statement, view, etc.] confirmer, corroborer *liter* / *for lack of corroborating evidence* faute de preuves à l'appui.

corroboration [kə,rɒbə'reɪʃn] n confirmation *f*, corroboration *f liter* ▸ **to provide corroboration of sthg** confirmer or corroborer qqch / *evidence produced in corroboration of sb's testimony* des preuves fournies à l'appui du témoignage de qqn.

corroborative [kə'rɒbərətɪv] adj [evidence, statement] à l'appui.

corroboree [kə,rɒbə'riː] n AUSTR [tribal gathering] *réunion d'Aborigènes* ; *inf* [get-together] petite fête *f*.

corrode [kə'rəud] ◆ vt [subj: acid, rust] corroder, ronger ; *fig* [happiness] entamer, miner / *it's very badly corroded* **a)** [by acid, rust] c'est très corrodé **b)** [by rust] c'est très rouillé. ◆ vi [due to acid, rust] se corroder ; [due to rust] se rouiller.

corrosion [kə'rəuʒn] n [of metal] corrosion *f*.

corrosion-resistant adj anticorrosion.

corrosive [kə'rəusɪv] ◆ adj corrosif / *the corrosive effects of long-term unemployment* les effets destructeurs du chômage de longue durée. ◆ n corrosif *m*.

corrugated ['kɒrəgeɪtɪd] adj [cardboard, paper] ondulé ▸ **corrugated iron** tôle *f* ondulée / *a corrugated iron hut* une cabane en tôle ondulée.

corrupt [kə'rʌpt] ◆ adj **1.** [dishonest -person, society] corrompu / *corrupt practices* pratiques *fpl* malhonnêtes **2.** [depraved, immoral] dépravé, corrompu **3.** [containing alterations -text] altéré **4.** COMPUT [containing errors -disk, file] altéré. ◆ vt **1.** [make dishonest] corrompre / *corrupted by power* corrompu par le pouvoir **2.** [deprave, debase -person, society] dépraver, corrompre ; [-language] corrompre / *the corrupting influence of television* l'influence corruptrice de la télévision **3.** [alter -text] altérer, corrompre **4.** COMPUT corrompre.

corrupter [kə'rʌptəʳ] n corrupteur *m*, -trice *f*.

corruptible [kə'rʌptəbl] adj corruptible.

corruption [kə'rʌpʃn] n **1.** [of official, politician, etc. -action, state] corruption *f* **2.** [depravity, debasement -action, state] dépravation *f*, corruption *f* ▸ **the corruption of minors** LAW le détournement de mineurs **3.** [of text -action] altération *f*, corruption *f* ; [-state] version *f* corrompue ; [of word -action] corruption *f* ; [-state] forme *f* corrompue **4.** COMPUT corruption *f*.

corruptly [kə'rʌptlɪ] adv **1.** [dishonestly] de manière corrompue / *he had corruptly accepted bribes* il s'est corrompu en acceptant des pots-de-vin **2.** [in a depraved way] d'une manière dépravée or corrompue.

corsage [kɔː'sɑːʒ] n [flowers] *petit bouquet de fleurs (à accrocher au corsage ou au poignet)* ; [bodice] corsage *m*.

corsair ['kɔːseəʳ] n corsaire *m*.

corset ['kɔːsɪt] n corset *m* ▸ **corset stay** baleine *f* de corset ▸ **surgical corset** corset orthopédique.

Corsica ['kɔːsɪkə] pr n Corse *f* / *in Corsica* en Corse.

Corsican ['kɔːsɪkən] ◆ n **1.** [person] Corse *mf* **2.** LING corse *m*. ◆ adj corse.

cortège [kɔː'teɪʒ] n cortège *m* ▸ **funeral cortège** cortège funèbre.

cortex ['kɔːteks] (*pl* **cortices** [-tɪsiːz]) n ANAT & BOT cortex *m*.

cortical ['kɔːtɪkl] adj cortical.

cortisone ['kɔːtɪzəun] ◆ n cortisone *f*. ◆ comp ▸ **cortisone injection** piqûre *f* de cortisone.

corundum [kə'rʌndəm] n MINER corindon *m*.

coruscate ['kɒrəskeɪt] vi *fml* briller, scintiller.

coruscating ['kɒrəskeɪtɪŋ] adj *fml* brillant, scintillant ; *fig* [wit] brillant, étincelant.

corvette ['kɔːvet] n NAUT corvette *f*.

cos[1] [kɒz] ◆ conj *inf* = **because.** ◆ n abbr of **cosine.**

cos[2] [kɒs] n UK ▸ **cos (lettuce)** (laitue *f*) romaine *f*.

COS MESSAGING written abbr of **because.**

C.O.S. (written abbr of **cash on shipment**) *paiement à l'expédition.*

Cosa Nostra [,kəuzə'nɒstrə] pr n Cosa Nostra *f*.

cosh [kɒʃ] ◆ n gourdin *m*, matraque *f*. ◆ vt assommer, matraquer.

cosign ['kəusaɪn] vt cosigner.

cosignatory [,kəu'sɪgnətrɪ] (*pl* **cosignatories**) n *fml* cosignataire *mf* / *cosignatories to the agreement* cosignataires de l'accord.

cosily UK, **cozily** US ['kəuzɪlɪ] adv [furnished] confortablement / *they were sitting cosily by the fire* ils étaient assis confortablement près du feu.

cosine ['kəusaɪn] n MATH cosinus *m*.

cosiness UK, **coziness** US ['kəuzɪnɪs] n [of house, surroundings, etc.] confort *m* / *there's nothing I like better than the cosiness of a big comfy sofa* il n'y a rien de mieux qu'un grand canapé bien confortable ; *fig* : *the cosiness of her novels* l'atmosphère douce qui règne dans ses romans / *given the cosiness of their relationship* vu les rapports copain-copain qu'ils entretiennent.

cosmetic [kɒz'metɪk] ◆ adj [preparation] cosmétique ; *fig* [superficial -change, measure] superficiel, symbolique / *it's purely cosmetic* c'est purement symbolique, c'est uniquement pour la forme / *that type of dental surgery would be regarded as purely cosmetic* ce type de chirurgie dentaire serait considéré comme purement esthétique ▸ **cosmetic surgery** chirurgie *f* esthétique ▸ **to have cosmetic surgery** se faire faire de la chirurgie esthétique. ◆ n cosmétique *m*, produit *m* de beauté / *the cosmetics industry / counter* l'industrie / le rayon des cosmétiques / *she's in cosmetics* elle est dans les cosmétiques.

cosmetician [,kɒzmə'tɪʃn] n [specialist] esthéticien *m*, -enne *f*.

cosmetologist [,kɒzmə'tɒlədʒɪst] n cosmétologue *mf*.

cosmetology [,kɒzmə'tɒlədʒɪ] n cosmétologie *f*.

cosmic ['kɒzmɪk] adj cosmique ▸ **cosmic dust** poussières *fpl* cosmiques ▸ **cosmic ray** rayon *m* cosmique ▸ **of cosmic proportions** *fig* aux proportions gigantesques.

cosmogony [kɒz'mɒgənɪ] n cosmogonie *f*.

cosmographer [kɒz'mɒgrəfəʳ] n cosmographe *mf*.

cosmography [kɒz'mɒgrəfɪ] n cosmographie *f*.

cosmology [kɒz'mɒlədʒɪ] n cosmologie *f*.

cosmonaut ['kɒzmənɔːt] n cosmonaute *mf*.

cosmopolitan [kɒzmə'pɒlɪtn] ◆ adj [city, person, restaurant, etc.] cosmopolite. ◆ n cosmopolite *mf*.

cosmos ['kɒzmɒs] n cosmos *m* ; *fig* univers *m*.

co-sponsor ◆ n *entreprise ou individu contribuant à un sponsoring* / *we need at least one more co-sponsor* il nous faut encore au moins un autre sponsor / *I agreed to act as (a) co-sponsor* j'ai accepté d'être le deuxième sponsor or l'un des sponsors. ◆ vt : *the company has been approached to co-sponsor the exhibition* l'entreprise a été sollicitée pour participer au sponsoring or pour être l'un des sponsors de l'exposition.

cosset ['kɒsɪt] vt [person] dorloter, choyer, câliner ▸ **to cosset o.s.** se dorloter.

cossie ['kɒzɪ] n UK & AUSTR *inf* maillot *m* de bain.

cost [kɒst] ◆ vt **1.** (*pt & pp* **cost**) coûter / *how much* or *what does it cost?* combien ça coûte ? / *how much is it going to cost me?* combien est-ce que ça va me coûter ?, à combien est-ce que ça va me revenir ? / *how much will it cost the taxpayer?* combien cela coûtera-t-il au contribuable ? / *it costs £10* cela coûte 10 livres / *it cost me £200* cela m'est revenu à or m'a coûté 200 livres / *did it cost much?* est-ce que cela a coûté cher ? / *it costs nothing to join* l'inscription est gratuite / *it's a hobby that doesn't cost anything* c'est un passe-temps qui ne coûte rien / *it didn't cost me a penny* ça ne m'a rien coûté du tout, ça ne m'a pas coûté un sou / *it'll cost you!* **a)** *inf* [purchase] tu vas le sentir passer ! **b)** [help, favour] ce ne sera pas gratuit ! / *electricity costs money, you know!* l'électricité, ce n'est pas gratuit ! / *it cost her a lot of time and effort* cela lui a demandé beaucoup de temps et d'efforts / *the puncture cost us a bit of time* la crevaison nous a fait perdre pas mal de temps / *it cost him his job* cela lui a coûté son travail, cela lui a fait perdre son travail / *it cost her her life* cela lui a coûté la vie / *drinking and driving costs lives* la conduite en état d'ivresse coûte des vies humaines / *it doesn't cost anything to be polite* ça ne coûte rien d'être poli / *it must have cost him to say sorry* cela a dû lui coûter de s'excuser / *whatever it costs* [purchase] quel qu'en soit le prix / *whatever it costs, I'm not going to give up* quoi qu'il m'en coûte, je n'abandonnerai pas ▸ **to cost an arm and a leg** *inf*, **to cost the earth** coûter les yeux de la tête or la peau des fesses **2.** (*pt & pp* **costed**) [work out price of -trip] évaluer le coût de ; [-job, repairs] établir un devis pour / *he costed the repairs to the car at £150* il a établi un devis de 150 livres pour les réparations de la voiture, il a évalué les réparations de la voiture à 150 livres / *to cost a product* COMM établir le prix de revient d'un produit / *a carefully costed budget* un budget calculé avec soin. ◆ n **1.** [amount charged or paid] coût *m* / *the car was repaired at a cost of £50* la réparation de la voiture a coûté 50 livres / *the cost of petrol has gone up* le prix de l'essence a augmenté / *the cost of money* le loyer de l'argent / *think of the cost (involved)!* imagine un peu le prix que ça coûte ! ▸ **to bear the cost of sthg a)** payer qqch **b)** [with difficulty] faire face aux frais or aux dépenses de qqch ▸ **to buy** / **to sell sthg at cost** [cost price] acheter / vendre qqch au prix coûtant / *at no extra cost* sans frais supplémentaires / *the firm cut its costs by 30%* l'entreprise a réduit ses frais de 30 % ▸ **cost, insurance and freight** COMM coût, assurance et fret **2.** *fig* prix *m* / *whatever the cost* à tout prix, à n'importe quel prix / *whatever the cost to his health* quoi qu'il en coûte à sa santé, quel qu'en soit le prix pour sa santé / *whatever the cost to myself* quoi qu'il m'en coûte / *he was always helping people, whatever the cost to himself* il était toujours à aider les autres, quoi qu'il lui en coûte / *at the cost of her job / reputation / marriage* au prix de son travail / sa réputation / son mariage / *he saved them at the cost of his (own) life* il les a sauvés au prix de sa vie ▸ **to find out** or **to learn** or **to discover to one's cost** apprendre or découvrir à ses dépens / *as I discovered to my cost* comme je l'ai appris or découvert à mes dépens / *as I know to my cost* comme j'en ai fait la dure expérience ▸ **to count the cost of sthg** faire le bilan de qqch / *no-one stopped to count the cost* [in advance] personne n'a pensé au prix à payer / *what will be the cost in terms of human suffering?* quel sera le prix à payer en termes de souffrances humaines ? / *the cost in human life* le prix en vies humaines / *the cost in human terms* [of unemployment, closure] le coût humain.

❖ **costs** pl n LAW frais *mpl* (d'instance) et dépens *mpl* / *to be awarded costs* se voir accorder des frais et dépens / *to be ordered to pay costs* être condamné aux dépens.

❖ **at all costs** adv phr à tout prix.

❖ **at any cost** adv phr en aucun cas / *he should not be approached at any cost* en aucun cas il ne doit être approché.

❖ **cost out** vt sep = **cost.**

Costa Brava [,kɒstə'brɑːvə] pr n Costa Brava *f*.

cost accountant n comptable *m* spécialisé en comptabilité analytique or en comptabilité d'exploitation.

cost accounting n comptabilité *f* analytique or d'exploitation.

Costa del Crime [,kɒstədel'kraɪm] pr n UK *inf expression évoquant la présence sur la côte sud de l'Espagne (la Costa del Sol) de personnes fuyant la justice britannique.*

Costa del Sol [,kɒstədel'sɒl] pr n Costa del Sol *f*.

cost analysis n analyse *f* des coûts or du prix de revient.

co-star (*pt & pp* **co-starred**, *cont* **co-starring**) ◆ n CIN & TV [of actor, actress] partenaire *mf* / *he's her co-star* il partage l'affiche avec elle. ◆ vi CIN & TV [in film] être l'une des vedettes principales ▸ **to co-star with sb** partager la vedette or l'affiche avec qqn / *they have co-starred in several films* ils ont partagé la vedette or l'affiche de plusieurs films / *she has co-starred in three films* elle a joué l'un des rôles principaux dans trois films / *this is his first co-starring role* c'est la première fois qu'il a un des rôles principaux. ◆ vt : *the film co-stars Joe Smith and Mary Brown* le film met en scène Joe Smith et Mary Brown dans les rôles principaux or vedettes / *the film co-stars Joe Smith* le film met en scène Joe Smith dans l'un des rôles principaux or vedettes / *co-starring...* [in credits] avec...

Costa Rica [,kɒstə'riːkə] pr n Costa Rica *m* / *in Costa Rica* au Costa Rica.

Costa Rican [,kɒstə'riːkən] ◆ n Costaricien *m*, -enne *f*. ◆ adj costaricien.

cost base n prix *m* de base.

cost-benefit analysis n analyse *f* des coûts et rendements.

cost centre n centre *m* de coût.

cost-conscious adj : *to be cost-conscious* contrôler ses dépenses / *in these cost-conscious days* par les temps qui courent où tout le monde fait attention à or surveille ses dépenses.

cost-cutting ◆ n compression *f* or réduction *f* des coûts / *further cost-cutting may be necessary* d'autres compressions or réductions des coûts pourraient s'avérer nécessaires. ◆ adj de compression or de réduction des coûts / *cost-cutting drive* or *exercise* opération *f* de réduction des dépenses / *this is only part of a larger cost-cutting exercise* ce n'est qu'un élément d'une opération plus vaste de compression or de réduction des coûts.

cost-effective adj rentable.

cost-effectiveness n rentabilité *f*.

costermonger ['kɒstə,mʌŋgəʳ] n UK marchand *m*, -e *f* de quatre-saisons.

cost factor n facteur de *m* coût.

costing ['kɒstɪŋ] n [of product] estimation *f* du prix de revient ; [of job, repairs] établissement *m* d'un devis / *based on detailed costings* basé sur des calculs détaillés.

costive ['kɒstɪv] adj MED constipe.

costiveness ['kɒstɪvnɪs] n MED constipation *f*.

costliness ['kɒstlɪnɪs] n [high price] cherté *f* / *we didn't realize the costliness of our mistake* *fig* nous ne nous sommes pas rendu compte combien notre erreur allait nous coûter cher.

costly ['kɒstlɪ] (*compar* **costlier**, *superl* **costliest**) adj **1.** [expensive] coûteux, cher / *this may be a costly mistake* cette erreur pourrait me / vous etc. coûter cher / *the costliest war this country has ever known in terms of human suffering* la guerre la plus meurtrière et traumatisante que le pays ait jamais connue **2.** [of high quality] somptueux, riche.

cost management n gestion *f* des coûts.

cost of living ◆ n coût *m* de la vie / *the cost of living keeps going up* le coût de la vie ne cesse d'augmenter / *in order to keep up with the cost of living* afin de suivre le coût de la vie. ◆ comp ▸ **cost of living allowance** indemnité *f* de vie chère ▸ **cost of living increase** or **adjustment** [in salary] augmentation *f* de salaire indexée sur le coût de la vie ▸ **cost of living index** indice *m* du coût de la vie.

cost of sales n coût *m* des ventes, coût *m* de revient des produits vendus.

cost-plus adj ▸ **on a cost-plus basis** sur la base du prix de revient majoré.

cost price n prix *m* coûtant or de revient ▸ **to buy / to sell sthg at cost price** acheter / vendre qqch à prix coûtant.

costume ['kɒstjuːm] ◆ n **1.** CIN, THEAT & TV costume *m* ▸ **to be (dressed) in costume** porter un costume (de scène) / *did you make your own costume?* est-ce que vous avez fait votre costume vous-même ? / *I hate wearing costume* je déteste porter des costumes / *costumes by...* [in credits] costumes réalisés par... **2.** [fancy dress] costume *m*, déguisement *m* ▸ **to be (dressed) in costume** être costumé or déguisé / *are you going to the party in costume?* serez-vous déguisé à la soirée ? **3.** [traditional dress] ▸ **national costume** costume *m* national / *to wear national costume* porter le costume national **4.** [for swimming] maillot *m* de bain **5.** UK *dated* [woman's suit] tailleur *m*. ◆ comp ▸ **costume ball** or **party** bal *m* costumé ▸ **costume designer** costumier *m*, -ère *f* ▸ **costume drama** or **piece** or **play** pièce *f* en costumes d'époque ▸ **costume hire** location *f* de costumes. ◆ vt [film, play] réaliser les costumes pour.

costume jewellery n *(U)* bijoux *mpl* fantaisie / *a piece of costume jewellery* un bijou fantaisie.

costumier [kɒ'stjuːmɪəʳ], **costumer** ['kɒstjuːməʳ] n costumier *m*, -ère *f*.

cosy UK, **cozy** US ['kəʊzɪ] (UK *compar* **cosier**, *superl* **cosiest** ; US *compar* **cozier**, *superl* **coziest**) ◆ adj **1.** [warm, snug - flat, room, atmosphere] douillet, confortable / *it's nice and cosy in here* on est bien ici / *to be snug and cosy in one's bed* être bien confortablement installé dans son lit / *to look cosy* avoir l'air bien confortable / *to feel cosy* se sentir bien à l'aise / *she's a very cosy type of person* c'est quelqu'un de très chaleureux / *isn't this cosy?* on n'est pas bien ici ? **2.** [intimate - chat, evening, etc.] intime ; [- novel] à l'atmosphère douce / *they've got a very cosy relationship* *pej* ils sont très copain-copain / *a cosy deal* *pej* une combine. ◆ n [for tea-pot] couvre-théière *m* ; [for egg] couvre-œuf *m*.

❖ **cosy up to** vt insep *inf* se mettre dans les petits papiers de / *he's always cosying up to the boss* il essaie tout le temps de se mettre dans les petits papiers du patron.

cot [kɒt] n UK [for baby] lit *m* d'enfant ; US [camp bed] lit *m* de camp.

cotangent [kəʊ'tænʤənt] n MATH cotangente *f*.

cot death n UK mort *f* subite du nourrisson / *she lost her first child through cot death* son premier enfant est mort de la mort subite du nourrisson.

cote [kəʊt] n [for doves] colombier *m*, pigeonnier *m* ; [for sheep] abri *m*, bergerie *f*.

coterie ['kəʊtərɪ] n cercle *m*, cénacle *m* ; *pej* coterie *f*, clique *f*.

coterminous [,kəʊ'tɜːmɪnəs] adj *fml* limitrophe, frontalier / *France is coterminous with Spain and Switzerland* la France a des frontières communes avec l'Espagne et la Suisse.

cotill(i)on [kə'tɪljən] n cotillon *m*.

Cotswolds ['kɒtswəʊldz] pl pr n ▸ **the Cotswolds** *région vallonnée du sud-ouest de l'Angleterre, connue pour ses pittoresques villages en pierre.*

cottage ['kɒtɪʤ] n **1.** [in country] petite maison *f* (à la campagne), cottage *m* ▸ **thatched cottage** chaumière *f* **2.** US [holiday home] maison *f* de campagne **3.** UK *inf* toilettes *fpl* publiques *(servant aux rencontres d'homosexuels).*

cottage cheese n fromage *m* blanc (égoutté), cottage cheese *m*.

cottage hospital n UK petit hôpital *m* de campagne.

cottage industry n industrie *f* familiale or artisanale.

cottage loaf n UK *miche de pain en forme de brioche.*

cottage pie n UK hachis *m* parmentier.

cottager ['kɒtɪʤəʳ] n UK habitant *m*, -e *f* d'un cottage ; US propriétaire *mf* / locataire *mf* d'une maison de campagne.

cottaging ['kɒtɪʤɪŋ] n *(U)* UK *inf rencontres homosexuelles dans les toilettes publiques.*

cotter ['kɒtəʳ] n MECH [wedge] goupille *f* ▸ **cotter (pin)** clavette *f*.

cotton ['kɒtn] ◆ n **1.** [material, plant] coton *m* / *to pick cotton* cueillir le coton / *put it with the rest of the cottons* [garments made of cotton] mets-le avec le reste du (linge en) coton / *is this dress cotton?* [made of cotton] cette robe est-elle en coton ? **2.** UK [thread for sewing] fil *m* **3.** US [cotton wool] coton *m* hydrophile. ◆ comp [garment] en coton ; [industry, trade] du coton ; [culture, field, grower, plantation] de coton ▸ **cotton picker** [person] cueilleur *m*, -euse *f* de coton.

❖ **cotton on** vi *inf* piger ▸ **to cotton on to sthg** piger qqch / *one of the first companies to cotton on to the advantages of the system* l'une des premières sociétés à piger les avantages du système.

❖ **cotton to** vt insep US *inf* [like - person] être attiré par ; [- idea, plan, suggestion] approuver / *I didn't cotton to her at first* ça n'a pas accroché avec elle au début / *he didn't cotton to it much* ça ne lui a pas tellement plu.

cotton batting US = cotton wool *(noun)*.

Cotton Belt n GEOG *région du coton dans le sud des États-Unis.*

cotton bud n UK Coton-Tige ® *m*.

cotton candy n US barbe *f* à papa.

cotton gin n égreneuse *f* de coton.

cotton mill n filature *f* de coton.

cottonmouth ['kɒtnmaʊθ] n **1.** ZOOL mocassin *m* d'eau **2.** US [dry mouth] ▸ **to have cottonmouth** avoir la bouche pâteuse.

cotton-picking adj US *v inf* sale, sacré.

cottonseed ['kɒtnsiːd] n graine *f* de coton ▸ **cottonseed oil** huile *f* de coton.

cotton swab n US = cotton bud.

cottontail ['kɒtnteɪl] n lapin *m* (de garenne).

cotton waste n *(U)* déchets *mpl* de coton.

cotton wool UK ◆ n coton *m* hydrophile, ouate *f* ▸ **my legs feel like cotton wool** *inf* j'ai les jambes en coton ▸ **to wrap sb in cotton wool** être aux petits soins pour qqn ▸ **to bring a child up in cotton wool** élever un enfant dans du coton. ◆ comp ▸ **cotton wool balls** boules *fpl* de coton ▸ **cotton wool clouds** *fig* nuages *mpl* cotonneux ▸ **cotton wool pads** rondelles *fpl* de coton or d'ouate ▸ **cotton wool swab** Coton-Tige® *m*.

cotyledon [,kɒtɪ'liːdən] n BOT cotylédon *m*.

couch [kaʊʧ] ◆ n [sofa] canapé *m*, divan *m*, sofa *m* ; [in psychiatrist's office] divan *m* ▸ **to be on the couch** *inf* faire une psychanalyse, voir un psy. ◆ vt formuler / *to be couched in very polite terms / in jargon* [letter, document] être formulé en termes très polis / en jargon.

couchette [kuː'ʃet] n RAIL couchette *f*.

couch grass n BOT chiendent *m*.

couch potato n *inf & pej* : *he's a couch potato* il passe son temps affalé devant la télé.

cougar ['kuːgəʳ] n **1.** [animal] couguar *m*, cougouar *m*, puma *m* **2.** US *inf* ▸ **she's a cougar** [dates younger men] elle se tape des minets.

cough [kɒf] ◆ n toux *f* / *her cough doesn't seem to be getting any better* sa toux n'a pas l'air de s'arranger, elle tousse toujours autant / *you want to get that cough seen to* avec cette toux, tu devrais te faire examiner / *I can't get rid of this cough* cette toux ne me passe pas / *can you do something for this cough, doctor?* pouvez-vous faire quelque chose pour soigner ma toux, docteur ? / *that's a nasty cough (you've got)* tu as une mauvaise toux / *to have a cough* tousser / *she gave a loud cough* elle a toussé fort / *to give a warning cough* tousser or toussoter en guise d'avertissement / *she gave me a warning cough that they were coming* elle a toussé or toussoté pour m'avertir qu'ils arrivaient / *he cleared his throat with a loud cough* il s'est éclairci la voix en toussant bruyamment / *there's a cough in the engine* *fig* le moteur tousse, le moteur a des ratés ▸ **smoker's cough** toux de fumeur. ◆ comp [medicine, sweets] pour or contre la toux, antitussif *spec*. ◆ vi tousser / *the engine coughed into life* *fig* le moteur a toussé puis s'est mis en marche. ◆ vt [blood] cracher / *the old car coughed its way down the street* *fig* la vieille voiture a descendu la rue en faisant des ratés.

✧ **cough out** vt sep **1.** cracher (en toussant) / *you sound as if you're coughing your insides out* on dirait que tu es en train de cracher tes poumons **2.** [words] dire en toussant.

✧ **cough up** ◆ vt sep **1.** [blood] cracher (en toussant) **2.** *inf* [money] cracher, raquer / *cough up what you owe me* crache ce que tu me dois. ◆ vi *inf* [pay up] banquer, raquer / *come on then, cough up!* allez, banque !

cough drop n pastille *f* contre la toux or antitussive.

coughing ['kɒfɪŋ] n toux *f* / *I can't stand his coughing* je ne supporte pas de l'entendre tousser / *your coughing woke me up* tu m'as réveillé en toussant / *fit of coughing* or *coughing fit* quinte *f* de toux.

cough mixture n sirop *m* antitussif or contre la toux.

cough sweet = cough drop.

cough syrup = cough mixture.

could [kʊd] modal vb **1.** [be able to] : *I'd come if I could* je viendrais si je (le) pouvais / *she could no longer walk* elle ne pouvait plus marcher / *they couldn't very well refuse* il leur aurait été difficile de refuser / *five years ago I could run a mile in four minutes but I can't anymore* il y a cinq ans, je courais encore un mile en quatre minutes / *she could have had the job if she'd wanted it* elle aurait pu obtenir cet emploi si elle l'avait voulu **2.** [with verbs of perception or understanding] : *he could see her talking to her boss* il la voyait qui parlait avec son patron / *I could see his point of view* je comprenais son point de vue **3.** [indicating ability or skill] : *she could read and write* elle savait lire et écrire / *she could speak three languages* elle parlait trois langues **4.** [in polite requests] : *could I borrow your sweater?* est-ce que je pourrais t'emprunter ton pull ? / *could I join you?* est-ce que je pourrais me joindre à vous ? / *couldn't I come too?* est-ce que je ne pourrais pas venir moi aussi ? / *could you help me please?* pourriez-vous or est-ce que vous pourriez m'aider, s'il vous plaît ? / *could you bring the bill, please?* pourriez-vous apporter l'addition, s'il vous plaît ? **5.** [indicating supposition or speculation] : *they could give up at any time* ils pourraient abandonner n'importe quand / *could he be lying?* se pourrait-il qu'il mente ? / *the stock market could crash tomorrow* le marché pourrait s'effondrer demain / *you could well be right* tu pourrais bien avoir raison / *don't touch it, it could be dangerous* n'y touchez pas, ça pourrait être dangereux / *they could have changed their plans* ils ont peut-être changé leurs plans ; [indicating possibility] : *you could have told me the truth* tu aurais pu me dire la vérité / *they could easily have got here earlier* ils auraient facilement pu arriver ici plus tôt / *you could have warned me!* tu aurais pu me prévenir ! / *what could I have done with the keys?* qu'est-ce que j'ai bien pu faire des clés ? / *I could kill him!* je pourrais le tuer ! / *he could have jumped for joy* il en aurait presque sauté de joie / *I'm as happy as could be* je suis on ne peut plus heureux / *she was as kind as could be* elle était on ne peut plus gentille **6.** [indicating unwillingness] : *I couldn't just leave him there, could I?* je ne pouvais vraiment pas le laisser là / *I couldn't possibly do it before tomorrow* je ne pourrai vraiment pas le faire avant demain **7.** [in polite suggestions] : *you could always complain to the director* tu pourrais toujours te plaindre au directeur / *couldn't you just apologize?* tu ne pourrais pas présenter tes excuses au moins ? / *couldn't we at least talk about it?* est-ce que nous ne pourrions pas au moins en discuter ? **8.** [introducing comments or opinions] : *if I could just intervene here* est-ce que je peux me permettre d'intervenir ici ? / *you could argue it's a waste of resources* tu pourrais argumenter que c'est un gaspillage de ressources **9.** [indicating surprise or disbelief] : *the house couldn't have been* THAT *expensive* la maison n'a pas dû coûter si cher que ça / *how could she have done such a thing?* comment a-t-elle pu faire une chose pareille ? / *how could you say that?* comment avez-vous pu dire ça or une chose pareille ? / *who on earth could that be?* qui diable cela peut-il bien être ? **10.** [inviting agreement] : *he left and you couldn't blame him* il est parti et on ne peut pas lui en vouloir.

See box at **can**.

> Note that **il se peut / pourrait que** is followed by a verb in the subjunctive:
> **This could be the house we've always dreamed of.** *Il se peut / pourrait que ce soit la maison de nos rêves.*

couldn't ['kʊdnt] abbr of **could not**.

couldn't-care-less adj *inf* [attitude] je-m'en-foutiste.

couldst [kʊdst] vb *(2nd pers sg) arch* ⟶ **could**.

could've ['kʊdəv] abbr of **could have**.

coulee ['ku:lɪ] n US ravin *m*.

coulis ['ku:lɪ] n coulis *m*.

couloir ['ku:lwɑ:ʳ] n [in climbing] couloir *m*.

coulomb ['ku:lɒm] n coulomb *m*.

council ['kaʊnsl] ◆ n **1.** [group of people] conseil *m* ▸ **the UN Security Council** le Conseil de sécurité des Nations unies **2.** UK [elected local body] conseil *m* municipal / *she's standing for election to the council* elle se présente aux élections municipales ▸ **to be on the council** être élu municipal / *the council are improving services* la municipalité or la ville est en train d'améliorer les services ▸ **county** or SCOT **regional council** conseil *m* régional **3.** [meeting] conseil *m* ▸ **to hold a council of war** tenir un conseil de guerre. ◆ comp **1.** [meeting] du conseil **2.** UK [election, service, worker] municipal ; [leader, meeting] du conseil municipal ▸ **council estate** cité *f* / *to live on a council estate* habiter dans une cité ▸ **council flat / house** ≃ logement *m* social ▸ **council housing** ≃ logements *mpl* sociaux ▸ **council tenants** *locataires de logements sociaux.*

councillor UK, **councilor** US ['kaʊnsələʳ] n conseiller *m*, -ère *f* / *Councillor (John) Murray* Monsieur le Conseiller Murray ▸ **town / county councillor** conseiller municipal / régional.

councilman ['kaʊnslmæn] (*pl* **councilmen** [-men]) n US conseiller *m*.

Council of Europe n Conseil *m* de l'Europe.

councilor US = **councillor**.

council tax n *(U)* impôts *mpl* locaux *(en Grande-Bretagne).*

councilwoman ['kaʊnsl,wʊmən] (*pl* **councilwomen** [-,wɪmɪn]) n US conseillère *f*.

counsel ['kaʊnsəl] (UK *pt & pp* **counselled**, *cont* **counselling** ; US *pt & pp* **counseled**, *cont* **counseling**) ◆ n **1.** *fml* [advice] conseil *m* ▸ **to take counsel with sb about sthg** prendre conseil auprès de qqn sur qqch ▸ **to take counsel (together)** tenir conseil ▸ **to keep one's own counsel** garder ses opinions or intentions pour soi **2.** LAW avocat *m*, -e *f* qui plaide dans une cour / *counsel for the defence / prosecution* avocat de la défense / du ministère public / *to seek the advice of counsel* se faire conseiller par un avocat / *both parties contacted their counsel* les deux parties ont contacté leurs avocats / *if counsel would approach the bench* si vous voulez bien vous approcher, maître ▸ **King's counsel, Queen's counsel** UK *membre supérieur du barreau.* ◆ vt **1.** *fml* conseiller ▸ **to counsel sb to do sthg** conseiller à qqn de faire qqch / *to counsel caution* recommander la prudence **2.** [in therapy] conseiller.

counselling UK, **counseling** US ['kaʊnsəlɪŋ] n [psychological] assistance *f*, conseils *mpl* / *you need counselling* tu as besoin d'assistance or de conseils / *to seek counselling* se faire conseiller, prendre conseil / *she does counselling at the university* elle est conseillère auprès des étudiants à l'université.

counsellor UK, **counselor** US ['kaʊnsələʳ] n **1.** [in therapy] conseiller *m*, -ère *f* **2.** US LAW avocat *m*, -e *f* / *that's enough, counsellor!* cela suffit, maître !

count [kaʊnt] ◆ n **1.** compte *m* ; [of ballot papers] décompte *m* ▸ **to have a count** faire le compte, compter / *it took three / several counts* il a fallu faire trois / plusieurs fois le compte, il a fallu compter trois / plusieurs fois / *to have a second count* refaire le compte, recompter ▸ **to lose count** perdre le compte / *I've lost count of the number of times he's been late* je ne compte plus le nombre de fois où il est arrivé en retard ▸ **to keep count (of sthg)** tenir le compte (de qqch) / *I have a job keeping count of all your boyfriends* j'ai du mal à tenir le compte de tous tes petits amis / **at the last count a)** [gen] la dernière fois qu'on a compté **b)** ADMIN [of people] au dernier recensement / *on the count of three, begin* à trois, vous commencez **2.** [in boxing] : *he took a count of nine* il est resté à terre jusqu'à neuf ▸ **to take the count** être mis K-O ▸ **to be out for the count a)** [boxer, person in brawl] être K-O **b)** [fast asleep] dormir comme une souche **3.** LAW chef *m* d'accusation / *guilty on three counts of murder* coupable de meurtre sur trois chefs d'accusation / *the judge found him guilty on the first count, but cleared him of the second* le juge l'a déclaré coupable sur le or quant au premier chef, mais l'a acquitté pour le second ; *fig* : *the argument is flawed on both counts* l'argumentation est défectueuse sur les deux points / *I'm annoyed with you on a number of counts* je suis fâché contre toi pour un certain nombre de raisons or à plus d'un titre **4.** MED taux *m* ▸ **blood (cell) count** numération *f* globulaire **5.** [nobleman] comte *m* / **'The Count of Monte Cristo'** *Dumas* 'le Comte de Monte-Cristo'. ◆ vt **1.** [add up - gen] compter ; [- votes] compter, décompter / *I counted ten people in the room* j'ai compté dix personnes dans la pièce ▸ **to count sheep** *fig* [when sleepless] compter les moutons ▸ **to count the pennies** faire attention à ses sous / *you can count his good points on the fingers of one hand* ses qualités se comptent sur les doigts de la main / *they can be counted on the fingers of one hand* on peut les compter sur les doigts de la main ▸ **count your blessings** pense à tout ce que tu as pour être heureux / *count your blessings that there was someone around* tu peux t'estimer heureux qu'il y ait eu quelqu'un dans les parages ▸ **don't count your chickens (before they're hatched)** *prov* il ne faut pas vendre la peau de l'ours (avant de l'avoir tué) *prov* **2.** [include] compter / *have you counted yourself?* est-ce que tu t'es compté ? / *counting Alan, there were ten of us* en comptant Alan, nous étions dix / *not counting public holidays* sans compter les jours fériés **3.** [consider] considérer, estimer ▸ **to count sb among one's friends** compter qqn parmi ses amis / *do you count her as a friend?* la considères-tu comme une amie ? / *student grants are not counted as taxable income* les bourses d'études ne sont pas considérées comme revenu imposable / *count yourself lucky (that...)* estime-toi heureux (que...) / *I count myself as very lucky* je considère or j'estime que j'ai beaucoup de chance / *I count myself happy* je m'estime heureux ▸ **to be counted a success a)** [person] être considéré comme quelqu'un qui a réussi **b)** [project] être considéré comme un succès. ◆ vi **1.** [add up] compter / *to learn to count* apprendre à compter / *to count to twenty / fifty / a hundred* compter jusqu'à vingt / cinquante / cent / *to count on one's fingers* compter sur ses doigts / *counting from tomorrow* à partir de demain **2.** [be considered, qualify] compter / *two children count as one adult* deux enfants comptent pour un adulte / *anyone over 14 counts as an adult* toutes les personnes âgées de plus de 14 ans comptent pour des adultes / *unemployment benefit counts as taxable income* les allocations (de) chômage comptent comme revenu imposable / *this exam counts towards the final mark* cet examen compte dans la note finale / *that / he doesn't count* ça / il ne compte pas / *she counts among my very best friends* elle compte parmi mes meilleurs amis / *his record counted in his favour / against him* son casier judiciaire a joué en sa faveur / l'a desservi **3.** [be important] compter / *every second / minute counts* chaque seconde / minute compte / *experience counts more than qualifications* l'expérience compte davantage que les diplômes / *he counts for nothing* il n'est pas important, il ne compte pas / *a private education doesn't count for much now* avoir reçu une éducation privée n'est plus un grand avantage de nos jours / *what counts around here is enthusiasm* ce qui compte ici c'est l'enthousiasme / *he's the one who counts around here* c'est lui qui décide ici.

❖ **count down** vi faire le compte à rebours.

❖ **count in** vt sep [include] compter, inclure ▸ **to count sb in on sthg** inclure *or* compter qqn dans qqch / *will we count you in for the weekend or not?* on te compte pour le week-end ou pas ? / *count me in* compte sur moi, je suis partant / *don't count me in* ne compte pas sur moi.

❖ **count off** vt sep US compter.

❖ **count on** vt insep **1.** [rely on] compter sur / *we're counting on you* nous comptons sur toi / *I wouldn't count on him turning up, if I were you* si j'étais vous, je ne m'attendrais pas à ce qu'il vienne / *you can count on it / me* vous pouvez compter dessus / sur moi / *I wouldn't count on it* je n'y compterais pas **2.** [expect] compter / *I wasn't counting on getting here so early* je ne comptais pas arriver si tôt / *I wasn't counting on my husband being here* je ne comptais *or* pensais pas que mon mari serait ici.

❖ **count out** vt sep **1.** [money, objects] compter **2.** [exclude] : *(you can) count me out* ne compte surtout pas sur moi **3.** [in boxing] ▸ **to be counted out** être déclaré K-O.

❖ **count up** ◆ vt sep compter, additionner / *when you count it all up fig* en fin de compte. ◆ vi compter, additionner.

❖ **count upon** vt insep = **count on.**

countability [,kaʊntə'bɪlətɪ] n GRAM aspect *m* comptable.

countable ['kaʊntəbl] adj GRAM [noun] comptable.

countdown ['kaʊntdaʊn] n ASTRONAUT compte *m* à rebours / *the countdown to the wedding / Christmas has begun fig* la date du mariage / de Noël se rapproche.

countenance ['kaʊntənəns] ◆ n **1.** *fml & liter* [face] visage *m* ; [facial expression] expression *f*, mine *f* ▸ **to keep one's countenance** faire bonne contenance ▸ **to lose countenance a)** [subj: person] perdre contenance **b)** [government] perdre la face **2.** *fml* [support, approval] ▸ **to give** *or* **to lend countenance to sthg** approuver qqch. ◆ vt *fml* [support, approve of - terrorism, violence, lying] approuver ; [- idea, proposal] approuver, accepter / *the government will never countenance (doing) a deal with the terrorists* le gouvernement n'approuvera *or* n'acceptera jamais l'idée d'un marché avec les terroristes.

counter ['kaʊntər] ◆ n **1.** [in shop] comptoir *m* / *ask at the counter* [in bank, post office] demandez au guichet ▸ **it's available over the counter** [medication] on peut l'acheter sans ordonnance ▸ **to sell sthg under the counter** UK *inf* vendre qqch en douce *or* sous le manteau **2.** [device] compteur *m* / *set the counter to zero* mettre *or* remettre le compteur à zéro **3.** [in board game] jeton *m* ▸ **bargaining counter** UK *fig* monnaie *f* d'échange / *to use sthg as a bargaining counter in negotiations* utiliser qqch comme monnaie d'échange dans des négociations **4.** US [in kitchen] plan *m* de travail. ◆ comp ▸ **counter staff** [in bank, post office] employés *mpl* du guichet, guichetiers *mpl*. ◆ vt [respond to - increase in crime, proposal] contrecarrer ; [- accusation, criticism] contrer ; [- threat] contrer / *in order to counter the threat from the enemy tanks* pour contrer la menace que constituent les tanks ennemis / *he countered that the project...* il a contré *or* riposté en disant que le projet... ◆ vi [in boxing] contrer / *then he countered with his left* puis il a contré du gauche *or* fait un contre du gauche / *she countered with a suggestion that / by asking whether...* elle a riposté en suggérant que / en demandant si... ◆ adv ▸ **to go** *or* **to run counter to sthg** aller à l'encontre de qqch ▸ **to act counter to sb's advice / wishes** agir à l'encontre des conseils / des souhaits de qqn.

counteract [,kaʊntə'rækt] vt [person] contrebalancer l'influence de ; [influence] contrebalancer ; [effects of drug, taste of sthg] neutraliser ; [rising crime] lutter contre.

counterargument [,kaʊntə'rɑːgjʊmənt] n argument *m* contraire.

counterattack [,kaʊntərə'tæk] ◆ n MIL & SPORT contre-attaque *f*, contre-offensive *f* ; *fig* [in business, election, etc.] contre-offensive *f*. ◆ vi MIL & SPORT contre-attaquer ; *fig* riposter, contrer / *the company counterattacked with claims that...* la compagnie a riposté *or* contré en affirmant que...

counterattraction [,kaʊntərə'trækʃn] n spectacle *m* rival / *TV is a counterattraction to live theatre* la télévision fait de la concurrence au théâtre.

counterbalance [,kaʊntə'bæləns] ◆ n contrepoids *m*. ◆ vt contrebalancer, faire contrepoids à ; *fig* contrebalancer, compenser.

counterbid ['kaʊntəbɪd] n FIN [during takeover] contre-OPA *f inv*.

counterblast ['kaʊntəblɑːst] n *inf* riposte *f*.

countercharge ['kaʊntətʃɑːdʒ] ◆ n LAW contre-accusation *f*. ◆ vi faire une contre-accusation. ◆ vt ▸ **to countercharge that...** émettre la contre-accusation que...

counterclaim ['kaʊntəkleɪm] n LAW demande *f* reconventionnelle.

counterclaimant ['kaʊntəkleɪmənt] n LAW demandeur *m* reconventionnel, demanderesse *f* reconventionnelle.

counterclockwise [,kaʊntə'klɒkwaɪz] adj & adv US dans le sens inverse *or* contraire des aiguilles d'une montre.

counterculture ['kaʊntə,kʌltʃər] n contre-culture *f*.

counterdemonstration [,kaʊntədemən'streɪʃən] n contre-manifestation *f*.

counterespionage [,kaʊntər'espɪənɑːʒ] n contre-espionnage *m*.

counterfeit ['kaʊntəfɪt] ◆ n [banknote, document] faux *m*, contrefaçon *f* ; [piece of jewellery] faux *m*. ◆ adj [banknote, document] faux (fausse) ; [piece of jewellery] contrefait ; *fig* [sympathy, affection] feint. ◆ vt [banknote, passport, document, piece of jewellery] contrefaire ; *fig* [sympathy, affection] feindre. ◆ vi : *he's been counterfeiting for years* ça fait des années qu'il est faussaire.

counterfeiter ['kaʊntəfɪtər] n [of banknote] faux-monnayeur *m* ; [of document, jewellery] faussaire *m*.

counterfoil ['kaʊntəfɔɪl] n UK [of cheque, ticket] talon *m*.

counterinsurgency [,kaʊntərɪn'sɜːdʒənsɪ] ◆ n contre-insurrection *f*. ◆ adj [activities, tactics, etc.] de contre-insurrection.

counterintelligence [,kaʊntərɪn'telɪdʒəns] n contre-espionnage *m* ; [information] renseignements *mpl* (provenant du contre-espionnage).

counterintuitive [,kaʊntərɪn'tjuːɪtɪv] adj qui va contre l'intuition.

counterirritant [,kaʊntər'ɪrɪtənt] n MED révulsif *m*.

counterman ['kaʊntəmæn] (*pl* **countermen** [-men]) n US barman *m*.

countermand [,kaʊntə'mɑːnd] vt [order] annuler.

countermeasure [,kaʊntə'meʒər] n contre-mesure *f*.

countermove ['kaʊntəmuːv] n contre-mesure *f* ▸ **in a countermove** en guise de contre-mesure.

counteroffensive [,kaʊntərə'fensɪv] n MIL contre-offensive *f*.

counteroffer [,kaʊntər'ɒfər] n offre *f* ; [higher] surenchère *f* / *I'm waiting for a counteroffer from the other party* j'attends l'offre de l'autre partie.

counterpane ['kaʊntəpeɪn] n UK dessus-de-lit *m inv*, couvre-lit *m*.

counterpart ['kaʊntəpɑːt] n homologue *mf* ; [thing] équivalent *m*.

counterpoint ['kaʊntəpɔɪnt] n MUS contrepoint *m*.

counterpoise ['kaʊntəpɔɪz] ◆ n contrepoids *m* ▸ **to be in counterpoise** *fig* être en équilibre. ◆ vt = **counterbalance.**

counterproductive [,kaʊntəprə'dʌktɪv] adj qui va à l'encontre du but recherché, qui a des effets contraires, contre-productif.

counterproposal ['kaʊntəprə,pəʊzl] n contre-proposition *f*.

Counter-Reformation n HIST contre-réforme *f*.

counter-revolution n contre-révolution *f*.

counter-revolutionary ◆ n contre-révolutionnaire *mf*. ◆ adj contre-révolutionnaire.

countersank ['kaʊntəsæŋk] pt ⟶ **countersink.**

countersign ['kaʊntəsaɪn] vt contresigner.

countersink ['kaʊntəsɪŋk] (*pt* **countersank** ['kaʊntəsæŋk], *pp* **countersunk** [-sʌŋk]) ◆ vt [screw] noyer ; [hole] fraiser. ◆ n [bit] fraise *f*.

countersunk [-sʌŋk] adj [screw] noyé ; [hole] fraisé.

countertenor [,kaʊntə'tenər] n MUS [singer] haute-contre *m* ; [voice] haute-contre *f*.

countertop ['kaʊntə,tɒp] n US plan *m* de travail.

countervailing ['kaʊntəveɪlɪŋ] adj compensatoire, compensateur.

counterweight ['kaʊntəweɪt] n contrepoids *m*.

countess ['kaʊntɪs] n comtesse *f*.

counting ['kaʊntɪŋ] n calcul *m*.

counting house n *arch* salle *f* du trésor.

countless ['kaʊntlɪs] adj [deaths, reasons] innombrable ; [difficulties, opportunities] innombrable, sans nombre / *countless letters / people* un nombre incalculable de lettres / personnes / *I've told you countless times not to do that* je t'ai répété des centaines de fois de ne pas faire ça.

count noun n GRAM nom *m* comptable.

countrified ['kʌntrɪfaɪd] adj **1.** *pej* campagnard, provincial **2.** [rural] : *it's quite countrified round here* c'est vraiment la campagne ici.

country ['kʌntrɪ] (*pl* **countries**) ◆ n **1.** [land, nation] pays *m* ; [homeland] patrie *f* / *the country is in mourning* le pays est en deuil / *I have the support of the country* tout le pays me soutient / *to fight / to die for one's country* se battre / mourir pour sa patrie / *to love one's country* aimer son pays *or* sa patrie / *in my country* dans mon pays, chez moi ▸ **my country right or wrong** *expression typique du patriotisme forcené* / **'My Country 'Tis of Thee'** *chant patriotique que l'on apprend souvent aux enfants américains* ▸ **to go to the country** UK appeler le pays aux urnes **2.** [as opposed to the city] campagne *f* / *to live in the country* vivre à la campagne / *to spend a day in the country* passer une journée à la campagne / *to travel across country* **a)** [in car, on bike] prendre *or* emprunter les petites routes (de campagne) **b)** [on foot] aller à travers champs **3.** [area of land, region] région *f* / *the country around Gloucester* la région autour de Gloucester / *we passed through some beautiful country* nous avons traversé de beaux paysages / *this is good farming country* c'est une bonne région agricole / *Wordsworth / Constable country* le pays de Wordsworth / Constable / *this is bear country* il y a beaucoup d'ours par ici ▸ **it's not my line of country** UK ce n'est pas mon domaine **4.** MUS = **country and western.** ◆ comp [house, road, town, bus] de campagne ; [people] de la campagne ; [life] à la campagne ▸ **country boy** gars *m* de la campagne ▸ **Country Life** UK PRESS *mensuel spécialisé dans la vie à la campagne et dans le jardinage, dont le nom évoque un style de vie aisé* ▸ **country music** musique *f* country / **'The Country Wife'** *Wycherly* 'la Provinciale'.

country and western ◆ n MUS musique *f* country. ◆ comp MUS [band, music, singer] country ; [fan] de country.

country bumpkin n *inf & pej* péquenaud *m*, -e *f*, plouc *mf* / *I felt like a country bumpkin* j'ai eu l'impression de débarquer de ma campagne.

country club n *club sportif ou de loisirs situé à la campagne.*

country code n ▸ **the country code** le code rural.

country cousin n *pej* cousin *m*, -e *f* de province.

country dance n danse *f* folklorique.

country dancing n UK danse *f* folklorique ▸ **to go country dancing** aller danser des danses folkloriques.

country-dweller n campagnard *m*, -e *f*, habitant *m*, -e *f* de la campagne.

countryfolk ['kʌntrɪfəʊk] pl n gens *mpl* de la campagne.

country house n *grande maison de campagne, souvent historique.*

countryman ['kʌntrɪmən] (*pl* **countrymen** [-mən]) n **1.** [who lives in the country] campagnard *m*, habitant *m* de la campagne **2.** [compatriot] compatriote *m*.

country of former allegiance n US pays *m* d'origine.

country park n UK parc *m* naturel.

country seat n [of noble family] manoir *m*.

countryside ['kʌntrɪsaɪd] n campagne *f* ; [scenery] paysage *m* / *in the countryside* à la campagne / *there is some magnificent countryside around here* il y a des paysages magnifiques par ici.

Countryside Commission n ▸ **the Countryside Commission** *organisme britannique indépendant chargé de la protection du milieu rural et de la gestion des parcs nationaux.*

countrywoman ['kʌntrɪ,wʊmən] (*pl* **countrywomen** [-,wɪmɪn]) n **1.** [who lives in the country] campagnarde *f*, habitante *f* de la campagne **2.** [compatriot] compatriote *f*.

county ['kaʊntɪ] (*pl* **counties**) ◆ n comté *m*. ◆ comp [councillor, boundary] de comté ▸ **county cricket** UK *grands matchs de cricket disputés par les équipes du comté.* ◆ adj UK *pej* : *she's very county* elle est de la haute / *the horse sale was full of county types* le marché aux chevaux regorgeait de petits hobereaux.

county council n UK ≃ conseil *m* général.

county court n [in England, Wales and United States] tribunal *m* d'instance.

County Hall pr n *ancien siège du conseil municipal de Londres, situé sur les bords de la Tamise.*

county seat n [in US] chef-lieu *m* de comté.

county town n [in England] chef-lieu *m* de comté.

coup [ku:] n **1.** [feat] (beau) coup *m* ▸ **to pull off a coup** réussir un beau coup **2.** [overthrow of government] coup *m* d'État.

coupé ['ku:peɪ] n AUTO coupé *m*.

couple ['kʌpl] ◆ n **1.** [pair] couple *m* / *an engaged couple* un couple de fiancés / *they make a lovely couple* ils forment un beau couple ▸ **the happy couple** les jeunes mariés / *the couples on the dance floor* les couples sur la piste de danse / *everyone came in couples* tout le monde est venu en couple / *I'm not going if it's all couples* je n'y vais pas s'il n'y a que des couples / *they go everywhere as a couple* ils vont partout ensemble or en couple **2.** [as quantifier] ▸ **a couple** [a few] quelques-uns, quelques-unes / *were there many mistakes? — only a couple* est-ce qu'il y avait beaucoup de fautes ? — seulement quelques-unes ▸ **a couple of a)** [a few] quelques **b)** [two] deux / *a couple of drinks* un verre ou deux, quelques verres ▸ **he's a couple years older** US il a deux ou trois ans de plus. ◆ vi [animals, birds, humans] s'accoupler. ◆ vt **1.** [horse] atteler ; RAIL atteler, accrocher **2.** *fig* [studies] associer, suivre en parallèle ▸ **to couple sthg with sthg** associer qqch à qqch / *the name of Freud is coupled with that of Vienna* le nom de Freud est associé à Vienne / *she coupled her announcement with a plea for increased funding* elle a profité de son annonce pour demander davantage de fonds / *her name has been coupled with his* [romantically] son nom a été uni au sien ▸ **coupled with** [accompanied by] associé à / *coupled with that,...* en plus de cela,..., venant s'ajouter à cela,...

coupler ['kʌplə] n TECH coupleur *m*.

couplet ['kʌplɪt] n distique *m*.

coupling ['kʌplɪŋ] n **1.** [mating - of animals, birds, humans] accouplement *m* **2.** [connecting device] accouplement *m* ; RAIL attelage *m*.

coupon ['ku:pɒn] n [voucher, form] coupon *m* ▸ **(money-off) coupon** coupon de réduction.

couponing ['ku:pənɪŋ] n MARKETING couponing *m*, couponnage *m*.

courage ['kʌrɪdʒ] n courage *m* ▸ **to have the courage to do sthg** avoir le courage de faire qqch / *he has to be told — I know, but I don't have the courage* il faut le lui dire — je (le) sais, mais je n'en ai pas le courage / *a woman of great courage* une femme d'un grand courage, une femme très courageuse / *people with courage* des gens courageux ▸ **to take one's courage in both hands** prendre son courage à deux mains ▸ **to take courage from the fact that...** être encouragé par le fait que... ▸ **to have the courage of one's convictions** avoir le courage de ses opinions.

courageous [kə'reɪdʒəs] adj courageux.

courageously [kə'reɪdʒəslɪ] adv courageusement.

courgette [kɔ:'ʒet] n UK courgette *f*.

courier ['kʊrɪə^r] n **1.** [messenger] courrier *m*, messager *m* ; [company] messagerie *f* ▸ **to send sthg by courier** envoyer qqch par courrier **2.** [on journey] accompagnateur *m*, -trice *f*.

course [kɔ:s] ◆ n **1.** [path, route - of ship, plane] route *f* ; [- of river] cours *m* / *what is our course?* quelle est notre route ? ▸ **to change course a)** [ship, plane, company] changer de cap or de direction **b)** *fig* [argument, discussion] changer de direction, dévier ▸ **to be on course** [ship, plane] suivre le cap fixé, *fig* être en bonne voie / *the company is on course to achieve a record profit fig* la société est bien partie pour atteindre des bénéfices record ▸ **to be off course** [ship, plane] dévier de son cap / *you're a long way off course* **a)** [walking, driving] vous n'êtes pas du tout dans la bonne direction or sur la bonne route **b)** [with project, workflow] vous êtes en mauvaise voie / *to set a course for Marseille* [ship, plane] mettre le cap sur Marseille **2.** *fig* [approach] ▸ **course (of action)** ligne *f* (de conduite) / *what is the recommended course of action in such cases?* quelle est la ligne de conduite conseillée dans de tels cas ? / *what other course is open to us?* quelle autre solution avons-nous ? / *your best course of action is to sue* la meilleure chose que vous ayez à faire est d'intenter un procès **3.** [development, progress - of history, war] cours *m* / *the law must take its course* la loi doit suivre son cours / *the illness takes* or *runs its course* la maladie suit son cours ▸ **in the course of time** finalement / *you will forget him in the course of time* tu finiras par l'oublier ▸ **in the normal** or **ordinary course of events** normalement, en temps normal ▸ **a building in the course of construction** / **demolition** un bâtiment en cours de construction / démolition **4.** SCH & UNIV enseignement *m*, cours *mpl* / *a geography* / *music course* un enseignement or des cours de géographie / musique / *it's a five-year course* c'est un enseignement sur cinq ans / *we offer courses in a number of subjects* nous offrons or proposons des enseignements or des cours dans plusieurs domaines ▸ **to go on a (training) course** faire un stage / *I'm taking* or *doing a computer course* je suis des cours or un stage d'informatique / *what are the other people on the course like?* comment sont les autres personnes qui suivent les cours ? **5.** MED : *a course of injections* une série de piqûres / *a course of pills* un traitement à base de comprimés / *course of treatment* [for an illness] traitement *m* **6.** [in meal] plat *m* / *first course* entrée *f* / *there's a cheese course as well* il y a aussi du fromage **7.** [for golf] terrain *m* ; [for horse-racing] champ *m* de courses ▸ **to stay the course** tenir le coup **8.** [of bricks] assise *f*. ◆ vi **1.** [flow] : *tears coursed down his cheeks* les larmes ruisselaient sur ses joues / *I could feel the blood coursing through my veins* je sentais le sang bouillonner dans mes veines **2.** [hunt rabbits, hares] chasser le lièvre.

❖ **in the course of** prep phr au cours de / *in the course of the next few weeks* dans le courant des semaines qui viennent.

❖ **of course** adv phr bien sûr / *of course I believe you* / *she loves you* bien sûr que je te crois / qu'elle t'aime / *no-one believed me, of course* évidemment or bien sûr, personne ne m'a cru / *I don't matter, of course iro* évidemment or naturellement, moi, je ne compte pas / *I'll tell you of course* il va de soi que je vous le dirai / *may I use your phone? — of course!* puis-je utiliser votre téléphone ? — mais bien sûr ! / *was there much damage? — of course!* y a-t-il eu beaucoup de dégâts ? — tu parles ! / *of course not!* bien sûr que non !

-course in comp : *a three* / *five-course meal* un repas comprenant trois / cinq plats / *she served a four-course dinner* elle a servi quatre plats au dîner.

'course adv *inf* = **of course**.

coursebook ['kɔ:sbʊk] n livre *m* de classe.

courseware ['kɔ:sweə^r] n logiciels *mpl* éducatifs.

coursework ['kɔ:swɜ:k] n travail *m* de l'année *(qui permet d'exercer le contrôle continu).*

coursing ['kɔ:sɪŋ] n chasse *f* à courre au lièvre.

court [kɔ:t] ◆ n **1.** LAW [institution] cour *f*, tribunal *m* ; [court room, people in room] cour *f* / *the court rose* la cour s'est levée / *silence in court!* silence dans la salle ! ▸ **to clear the court** évacuer la salle ▸ **to appear in court** [accused, witness] comparaître au tribunal ▸ **to come before a court** comparaître devant un tribunal ▸ **to take sb to court** poursuivre qqn en justice, intenter un procès contre qqn ▸ **to go to court** faire appel à la justice, aller en justice ▸ **to go to court over sthg** faire appel à la justice pour régler qqch / *I'll see you in court then!* alors nous réglerons cela au tribunal ! ▸ **to settle sthg out of court** régler qqch à l'amiable / *it won't stand up in court* or *in a court of law* cela n'aura aucun poids au tribunal ▸ **to put** or **to rule sthg out of court** *fig* exclure qqch **2.** [of monarch - people] cour *f* ; [- building] palais *m* ▸ **to be presented at Court** UK être introduit à la cour ▸ **to hold court** *fig* avoir une cour d'adorateurs **3.** SPORT [tennis, badminton] court *m*, terrain *m* ; [squash] court *m* ▸ **to come on court** entrer sur le court or terrain / *on court and off, on and off court* sur le court et dans la vie **4.** [courtyard] cour *f*. ◆ comp **1.** LAW ▸ **court reporter** chroniqueur *m* judiciaire ▸ **court usher** huissier *m* de justice **2.** [royal] ▸ **court jester** bouffon *m* de cour / *it is said in court circles that...* on dit à la cour que... ◆ vt **1.** *lit & dated* faire la cour à, courtiser **2.** *fig* [voters] courtiser, chercher à séduire / *she's courting the director* elle essaie de gagner la faveur du metteur en scène / *to court popularity* chercher à se rendre populaire / *to court sb's approval* / *support* chercher à gagner l'approbation / le soutien de qqn / *to court danger* / *disaster* aller au devant du danger / désastre / *I told him he was courting arrest* je lui ai dit qu'il risquait de se faire arrêter. ◆ vi *dated* [one person] fréquenter ; [two people] se fréquenter.

Courtauld Institute ['kɔ:təld-] pr n *musée des beaux-arts à Londres, connu pour sa collection de tableaux impressionnistes.*

court-bouillon [,kɔ:t'bu:jɒn] n CULIN court-bouillon *m*.

court card n UK figure *f*.

court case n procès *m*, affaire *f* / *the whole court case was seen on TV* le procès a été retransmis à la télévision dans son intégralité.

court circular n *rubrique d'un journal indiquant les engagements officiels de la famille royale.*

courteous ['kɜ:tjəs] adj [person, gesture, treatment] courtois.

courteously ['kɜ:tjəslɪ] adv [speak, reply, etc.] avec courtoisie, courtoisement.

courtesan [,kɔ:tɪ'zæn] n courtisane *f*.

courtesy ['kɜ:tɪsɪ] (*pl* **courtesies**) ◆ n **1.** [politeness] courtoisie *f* / *at least have the courtesy to apologize* aie au moins la courtoisie de t'excuser / *it would only have been common courtesy to apologize* la moindre des courtoisies or politesses aurait été de s'excuser / *common courtesy dictates that you should thank her* la moindre des courtoisies or des politesses serait que tu la remercies / *do her the courtesy of hearing what she has to say* aie l'obligeance d'écouter ce qu'elle a à dire **2.** [polite action, remark] politesse *f* / *after a brief exchange of courtesies* après un bref échange de politesses ▸ **to show sb every courtesy** faire montre d'une extrême courtoisie envers qqn. ◆ comp [call, visit] de politesse ▸ **to pay a courtesy call on sb** faire une visite de politesse à qqn ▸ **courtesy coach** or **shuttle** [at airport] navette *f* gratuite ▸ **courtesy car** voiture *f* de courtoisie *(voiture mise à la disposition d'un client)* ▸ **courtesy light** AUTO plafonnier *m* ▸ **courtesy telephone** US téléphone *m* de courtoisie ▸ **courtesy title** UK titre *m* de courtoisie.

❖ **(by) courtesy of** prep phr avec l'aimable autorisation de / *by courtesy of an agreement with the management* grâce à un accord avec la direction / *the following footage is brought to you courtesy of French TV* la séquence qui suit vous est présentée avec l'aimable permission or autorisation de la télévision française.

courthouse ['kɔːthaʊs] *(pl* [-haʊzɪz]*)* n US palais *m* de justice, tribunal *m*.

courtier ['kɔːtjər] n courtisan *m*.

courting ['kɔːtɪŋ] *dated* ◆ n : *this is where we did our courting* c'est ici que nous venions à l'époque où nous nous fréquentions. ◆ adj ▸ **courting couple** couple *m* d'amoureux.

courtly ['kɔːtlɪ] adj [person, manners] plein de style et de courtoisie ▸ **courtly love** HIST amour *m* courtois.

court-martial ◆ n *(pl* **courts-martial***)* MIL tribunal *m* militaire / *to be tried by court-martial* être jugé par un tribunal militaire / *your court-martial has been postponed* la date de votre comparution devant le tribunal militaire a été reportée. ◆ vt (UK *pt & pp* **court-martialled**, *cont* **court-martialling** ; US *pt & pp* **court-martialed**, *cont* **court-martialing**) faire comparaître devant un tribunal militaire / *he was court-martialled* il est passé au tribunal militaire.

Court of Appeal pr n cour *f* d'appel.

court of appeals n US cour *f* d'appel.

court of inquiry n UK [body of people] commission *f* d'enquête ; [investigation] enquête *f*.

Court of Session n *tribunal civil en Écosse.*

Court of St James pr n *cour du roi ou de la reine d'Angleterre (l'expression désigne métaphoriquement la Grande-Bretagne).*

court order n ordonnance *f* du tribunal.

court-ordered adj LAW [sale] judiciaire.

courtroom ['kɔːtrʊm] n salle *f* d'audience.

courtship ['kɔːtʃɪp] ◆ n **1.** [of couple] : *their courtship lasted six years* ils se sont fréquentés pendant six ans / *they married after a brief courtship* ils se sont mariés peu de temps après avoir commencé à se fréquenter / *his courtship of new financial backers was unsuccessful* ses tentatives pour attirer de nouveaux commanditaires n'ont rien donné **2.** [of animals] période *f* nuptiale, période *f* des amours. ◆ adj [dance, display, ritual] nuptial

court shoe n UK escarpin *m*.

courtyard ['kɔːtjɑːd] n [of building] cour *f*.

couscous ['kuːskuːs] n couscous *m* ▸ **couscous steamer** couscoussier *m*.

cousin ['kʌzn] n cousin *m*, -e *f* / *a distant cousin* un cousin éloigné, une cousine éloignée / *our American cousins fig* nos cousins américains.

couture [kuː'tʊər] n couture *f*.

couturier [kuː'tʊərɪeɪ] n couturier *m*, -ère *f*.

covalent [ˌkəʊ'veɪlənt] adj covalent.

cove [kəʊv] n **1.** [bay] crique *f* **2.** UK *dated* gars *m* ▸ **a rum cove** un drôle de gars.

coven ['kʌvən] n ordre *m* or réunion *f* de sorcières.

covenant ['kʌvənənt] ◆ n **1.** [promise of money] convention *f*, engagement *m* ▸ **(deed of) covenant** contrat *m* **2.** [agreement] engagement *m*. ◆ vt [promise payment of] s'engager (par contrat) à payer. ◆ vi ▸ **to covenant for a sum** s'engager (par contrat) à payer une somme.

Covent Garden ['kɒvənt-] pr n Covent Garden.

Covent Garden

Halle de l'ancien marché aux fruits, aux légumes et aux fleurs du centre de Londres, **Covent Garden** est aujourd'hui une galerie marchande à la mode ; le terme désigne aussi, par extension, la **Royal Opera House**, située près de l'ancien marché.

Coventry ['kɒvəntrɪ] pr n ▸ **to send sb to Coventry** UK mettre qqn en quarantaine *fig*.

cover ['kʌvər] ◆ n **1.** [material - for bed] couverture *f* ; [- for cushion, typewriter] housse *f* **2.** [lid] couvercle *m* **3.** [of book, magazine] couverture *f* ▸ **to read a book (from) cover to cover** lire un livre de la première à la dernière page or d'un bout à l'autre **4.** [shelter, protection] abri *m* ; [for birds, animals] couvert *m* ▸ **to take cover** se mettre à l'abri / *to take cover from the rain* s'abriter de la pluie ▸ **to run for cover** courir se mettre à l'abri / *that tree will provide cover* cet arbre va nous permettre de nous abriter or nous offrir un abri / *we'll give you cover* [by shooting] nous vous couvrirons ▸ **to keep sthg under cover** garder qqch à l'abri ▸ **to do sthg under cover of darkness** faire qqch à la faveur de la nuit / *under cover of the riot / noise* profitant de l'émeute / du bruit / *they escaped under cover of the riot / noise* ils ont profité de l'émeute / du bruit pour s'échapper ▸ **to work under cover** travailler clandestinement ▸ **to break cover** [animal, person in hiding] sortir à découvert **5.** [in insurance] couverture *f* ▸ **to have cover against sthg** être couvert or assuré contre qqch / *I've taken out cover for medical costs* j'ai pris une assurance pour les frais médicaux **6.** [disguise, front - for criminal enterprise] couverture *f* ; [- for spy] fausse identité *f*, identité *f* d'emprunt / *your cover has been blown inf* vous avez été démasqué ▸ **to be a cover for sthg** servir de couverture à qqch / *it's just a cover for her shyness* c'est juste pour cacher or masquer sa timidité **7.** [during a person's absence] remplacement *m* ▸ **to provide cover for sb** remplacer qqn / *I provide emergency cover* je fais des remplacements d'urgence **8.** MUS [new version of song] reprise *f* **9.** [in restaurant] couvert *m* **10.** [envelope] enveloppe *f* ▸ **under plain / separate cover** sous pli discret / séparé ▸ **cover letter** US lettre *f* explicative or de couverture. ◆ vt **1.** [in order to protect] couvrir ; [in order to hide] cacher, dissimuler ; [cushion, chair, settee] recouvrir / *to cover sthg with a sheet / blanket* recouvrir qqch d'un drap / d'une couverture / *to cover one's eyes / ears* se couvrir les yeux / les oreilles / *to cover one's face with one's hands* [in shame, embarrassment] se couvrir le visage de ses mains / *to cover one's shyness / nervousness* dissimuler or masquer sa timidité / nervosité **2.** [coat - subj: dust, snow] recouvrir / *to be covered in dust / snow* être recouvert de poussière / neige / *his face was covered in spots* son visage était couvert de boutons / *you're covering everything in dust / paint* tu mets de la poussière / peinture partout / *I was covered in* or *with shame fig* j'étais mort de honte / *to cover o.s. in glory fig* se couvrir de gloire / *our team did not exactly cover itself in glory* notre équipe n'est pas rentrée très glorieuse **3.** [extend over, occupy - subj: city, desert, etc.] couvrir une surface de / *water covers most of the earth's surface* l'eau recouvre la plus grande partie de la surface de la terre / *his interests cover a wide field* il a des intérêts très variés / *does this translation cover the figurative meaning of the word?* cette traduction recouvre-t-elle bien le sens figuré du mot ? **4.** [travel over] parcourir, couvrir / *we've covered every square inch of the park looking for it* nous avons ratissé chaque centimètre carré du parc pour essayer de le retrouver **5.** [deal with] traiter / *there's one point we haven't covered* il y a un point que nous n'avons pas traité or vu / *is that everything covered?* [in discussion] tout a été vu ? / *the law doesn't cover that kind of situation* la loi ne prévoit pas ce genre de situation **6.** PRESS, RADIO & TV [report on] couvrir, faire la couverture de **7.** [subj: salesman, representative] couvrir **8.** [be enough money for - damage, expenses] couvrir ; [- meal] suffire à payer / *£30 should cover it* 30 livres devraient suffire ▸ **to cover one's costs** [company] rentrer dans ses frais **9.** [insure] couvrir, garantir ▸ **to be covered against** or **for sthg** être couvert or assuré contre qqch **10.** [with gun - colleague] couvrir / *I've got you covered* [to criminal] j'ai mon arme braquée sur toi **11.** [monitor permanently - exit, port, etc.] avoir sous surveillance / *I want all exits covered immediately* je veux que toutes les sorties soient mises sous surveillance immédiatement **12.** SPORT marquer **13.** MUS [song] faire une reprise de **14.** [subj: male animal] couvrir, s'accoupler avec. ◆ vi ▸ **to cover for sb** [replace] remplacer qqn.

❖ **covers** pl n [in cricket] *partie du terrain située sur l'avant et sur la droite du batteur, à mi-distance de la limite du terrain.*

❖ **cover in** vt sep [hole] remplir.

❖ **cover up** ◆ vt sep **1.** [hide, conceal] cacher, dissimuler ; [in order to protect] recouvrir ; *pej* [involvement, report, etc.] dissimuler, garder secret ; [affair] étouffer / *they covered up the body with a sheet* ils ont recouvert le cadavre d'un drap / *cover yourself up!* [for decency] couvre-toi ! **2.** [in order to keep warm] couvrir. ◆ vi [hide something] : *the government is covering up again* le gouvernement est encore en train d'étouffer une affaire ▸ **to cover up for sb** servir de couverture à qqn, couvrir qqn / *stop covering up for him* arrête de le couvrir or de lui servir de couverture / *they're covering up for each other* ils se couvrent l'un l'autre.

coverage ['kʌvərɪdʒ] n **1.** *(U)* PRESS, RADIO & TV reportage *m* / *his coverage of the coup* le reportage qu'il a fait du coup d'État / *royal weddings always get a lot of coverage* les mariages de la famille royale bénéficient toujours d'une importante couverture médiatique / *the author's coverage of the years 1789 to 1815 is sketchy* l'auteur traite les années 1789-1815 de manière sommaire / *radio / television coverage of the tournament* la retransmission radiophonique / télévisée du tournoi ▸ **coverage area** [of mobile phone network] zone *f* de couverture **2.** [in insurance] couverture *f*.

coveralls ['kʌvərɔːlz] pl n US bleu *m* or bleus *mpl* (de travail).

cover charge n [in restaurant] couvert *m*.

covered ['kʌvəd] adj [walkway, bridge, market] couvert / *cook, covered, for one hour* couvrir et faire or laisser cuire une heure.

covered wagon n chariot *m* (à bâche).

cover girl n cover-girl *f*.

covering ['kʌvərɪŋ] ◆ n [of snow, dust] couche *f*. ◆ adj ▸ **covering fire** MIL tir *m* de couverture ▸ **covering letter** UK lettre *f* explicative or de couverture.

coverlet ['kʌvəlɪt] n [for bed] dessus-de-lit *m inv*, couvre-lit *m*.

cover note n UK attestation *f* provisoire.

cover price n [of magazine] prix *m*.

cover story n article *m* principal (faisant la couverture).

covert ['kʌvət] ◆ adj [operation, payments, contacts] secret (secrète) ; [threats] voilé ; [glance, look] furtif / *she had a covert dislike of him* sans le laisser paraître, elle ne pouvait pas le souffrir / *he stole a covert glance at her* il lui a jeté un regard furtif. ◆ n [hiding place for animals] fourré *m*, couvert *m*.

covertly ['kʌvətlɪ] adv [sold, paid] secrètement ; [threaten] de manière voilée ; [signal] furtivement / *he glanced at her covertly* il l'a regardée à la dérobée, il lui a jeté un regard furtif.

cover-up n : *the government has been accused of a cover-up* le gouvernement a été accusé d'avoir étouffé l'affaire / *the government denied that there had been any cover-up* le gouvernement a nié avoir étouffé l'affaire / *it's a cover-up* c'est un complot.

cover version n MUS [of song] reprise *f*.

covet ['kʌvɪt] vt [crave, long for] convoiter ; [wish for] avoir très envie de / *the much coveted prix Goncourt* le prix Goncourt, objet de tant de convoitise / *I've always coveted a house like this* j'ai toujours eu très envie d'une maison comme celle-ci.

covetous ['kʌvɪtəs] adj [person] avide ; [look] de convoitise ▸ **to be covetous of sthg** convoiter qqch.

covetously ['kʌvɪtəslɪ] adv avec convoitise.

covetousness ['kʌvɪtəsnɪs] n convoitise *f*, avidité *f*.

covey ['kʌvɪ] n compagnie *f* or vol *m* de perdrix.

cow [kaʊ] ◆ n **1.** [farm animal] vache *f* ▸ **we'll be here until the cows come home!** *fig* on y sera encore dans dix ans ! / *I could eat chocolate ice cream until the cows come home* de la glace au chocolat, je pourrais en manger des kilos et des kilos **2.** [female elephant] éléphant *m* femelle, éléphante *f* ; [female seal] phoque *m* femelle ; [female whale] baleine *f* femelle **3.** UK *v inf & pej* [woman] conasse *f* / *you cow!* espèce de conasse ! / *you silly cow!* espèce d'abrutie ! **4.** PHR **to have a cow** US *inf* sauter au plafond. ◆ vt effrayer, intimider / *a cowed look* un air de chien battu.

coward ['kaʊəd] n lâche *mf*, poltron *m*, -onne *f* / *don't be such a coward* ne sois pas aussi lâche / *I'm an awful coward when it comes to physical pain* j'ai très peur de or je redoute beaucoup la douleur physique / *he's a moral coward* il n'a aucune force morale.

cowardice ['kaʊədɪs] n lâcheté *f* / *an act of cowardice* un acte de lâcheté ▸ **moral cowardice** manque *m* de force morale.

cowardliness ['kaʊədlɪnɪs] n lâcheté *f*.

cowardly ['kaʊədlɪ] adj lâche / *it was cowardly of him* c'était lâche de sa part.

cowbell ['kaʊbel] n clochette *f*, sonnaille *f*.

cowboy ['kaʊbɔɪ] ◆ n **1.** [in American West] cow-boy *m* ▸ **to play cowboys and Indians** jouer aux cow-boys et aux Indiens **2.** *inf & pej* petit rigolo *m* / *a bunch of cowboys* une bande de petits rigolos / *some cowboy builder / plumber* un petit rigolo d'entrepreneur / de plombier, un soi-disant entrepreneur / plombier / *there are too many cowboy plumbers around here* il y a trop de petits rigolos dans la plomberie. ◆ comp de cow-boy ▸ **cowboy boots** bottes *fpl* de cow-boy, santiags *fpl* ▸ **cowboy film** or **movie** film *m* de cow-boys.

cowcatcher ['kaʊˌkætʃər] n US RAIL chasse-pierres *m inv*.

cower ['kaʊər] vi [person] se recroqueviller ; [animal] se tapir / *I cowered* or *was cowering in my seat* j'étais recroquevillé sur ma chaise / *she cowered away from him* tremblante de peur, elle s'est écartée de lui / *the dog was cowering in a corner* tout tremblant, le chien était tapi dans un coin / *he stood cowering before the boss* il tremblait devant le patron.

Cowes [kaʊz] pr n ▸ **Cowes (Week)** *régate et événement mondain se tenant chaque année à Cowes, sur l'île de Wight.*

cowgirl ['kaʊgɜːl] n fille *f* de l'ouest.

cowhand ['kaʊhænd] n vacher *m* ; [in Western] cow-boy *m*.

cowherd ['kaʊhɜːd] n vacher *m*, bouvier *m*.

cowhide ['kaʊhaɪd] n peau *f* de vache ; [leather] cuir *m* or peau *f* de vache.

cowl [kaʊl] n **1.** [of chimney] capuchon *m* **2.** [of monk] capuchon *m* **3.** [on sweater, dress] ▸ **cowl neck** or **neckline** col *m* boule **4.** = **cowling**.

cowlick ['kaʊˌlɪk] n US mèche *f* rebelle.

cowling ['kaʊlɪŋ] n capot *m*.

cowman ['kaʊmən] (*pl* **cowmen** [-mən]) n vacher *m*, bouvier *m*.

cowmuck ['kaʊmʌk] n bouse *f* de vache.

cow parsley n cerfeuil *m* sauvage.

cowpat ['kaʊpæt] n bouse *f* de vache.

cowpoke ['kaʊpəʊk] n US *inf* cow-boy *m*.

cowpox ['kaʊpɒks] n vaccine *f*.

cowpuncher ['kaʊˌpʌntʃər] n US *inf & dated* cow-boy *m*.

cowrie, **cowry** ['kaʊrɪ] (*pl* **cowries**) n [shell] cauri *m*.

cowshed ['kaʊʃed] n étable *f*.

cowshit ['kaʊʃɪt] n *vulg* bouse *f* de vache.

cowslip ['kaʊslɪp] n BOT primevère *f*, coucou *m*.

cox [kɒks] ◆ n [of rowing team] barreur *m*, -euse *f*. ◆ vt barrer. ◆ vi barrer / *he has coxed for Cambridge* il a été barreur dans l'équipe de Cambridge.

coxcomb ['kɒkskəʊm] n **1.** = **cockscomb** **2.** *arch* [fop] fat *m*, poseur *m*.

Cox's orange pippin ['kɒksɪz'ɒrɪndʒ'pɪpɪn], **Cox's** n cox *f* (orange).

coxswain ['kɒksən] n [of rowing team] barreur *m*, -euse *f* ; [of lifeboat] timonier *m*, homme *m* de barre.

coy [kɔɪ] adj **1.** [shy -person] qui fait le / la timide ; [-answer, smile] faussement timide **2.** [provocative, playful] coquet **3.** [evasive] évasif.

coyly ['kɔɪlɪ] adv [timidly] avec une timidité affectée or feinte ; [provocatively] coquettement.

coyness ['kɔɪnɪs] n [timidness] timidité *f* affectée or feinte ; [provocativeness] coquetteries *fpl*.

coyote [kɔɪ'əʊtɪ] n coyote *m* ▸ **to be coyote ugly** US *inf* être laid or moche comme un pou.

coypu ['kɔɪpuː] n ragondin *m*.

COZ MESSAGING written abbr of **because**.

cozen ['kʌzn] vt *arch* duper, tromper.

cozy US = **cosy**.

cp. (written abbr of **compare**) cf.

c/p (written abbr of **carriage paid**) pp.

CP (abbr of **Communist Party**) pr n PC *m*.

CPA n US abbr of **certified public accountant**.

CPI (abbr of **Consumer Price Index**) n IPC *m*.

Cpl. written abbr of **corporal**.

cpm (written abbr of **copies per minute**) cpm.

CP/M (abbr of **control program for microcomputers**) n CP/M *m*.

cps (written abbr of **characters per second**) cps.

CPS (abbr of **Crown Prosecution Service**) n ≃ ministère *m* public.

CPU (abbr of **central processing unit**) n unité *f* centrale.

cr. 1. written abbr of **credit 2.** written abbr of **creditor**.

crab [kræb] (*pt & pp* **crabbed**, *cont* **crabbing**) ◆ n **1.** ZOOL crabe *m* ▸ **crab paste** beurre *m* de crabe **2.** ▸ **to catch a crab** *fig* **a)** [above surface of water] donner un coup d'aviron dans le vide **b)** [below surface of water] engager la rame trop profond **3.** ASTRON ▸ **the Crab** le Cancer **4.** [irritable person] grincheux *m*, -euse *f*. ◆ vt US ▸ **to crab sb's act** casser la baraque à qqn. ◆ vi **1.** [grumble] maugréer, rouspéter **2.** [hunt crabs] pêcher des crabes.

❖ **crabs** pl n [pubic lice] morpions *mpl*.

crab apple n [fruit] pomme *f* sauvage ▸ **crab apple (tree)** pommier *m* sauvage ▸ **crab apple jelly** gelée *f* de pommes sauvages.

crabbed [kræbd] adj **1.** [handwriting] en pattes de mouche **2.** *dated* = **crabby**.

crabby ['kræbɪ] (*compar* **crabbier**, *superl* **crabbiest**) adj *inf* grognon, ronchon.

crabgrass ['kræbgrɑːs] n digitaria *m*.

crab louse n morpion *m*.

crack [kræk] ◆ n **1.** [in cup, glass, egg] fêlure *f* ; [in ceiling, wall] lézarde *f*, fissure *f* ; [in ground] crevasse *f* ; [in varnish, enamel] craquelure *f* ; [in skin] gerçure *f*, crevasse *f* ; [in bone] fêlure *f* ; *fig* [fault -in policy, argument, etc.] fissure *f*, faiblesse *f* / *did you know there was a crack in this glass?* avais-tu remarqué que ce verre était fêlé ? / *the cracks are beginning to show in their marriage* *fig* leur mariage commence à donner des signes de délabrement **2.** [small opening or gap -in floorboards, door, etc.] fente *f* ; [-in wall] fissure *f* / *there were some cracks in the wall* le mur était fissuré **3.** [noise] craquement *m* ; [of thunder] coup *m* **4.** [blow -on head, knee, etc.] coup *m* / *that was a nasty crack you got* tu as pris un drôle de mauvais coup / *I gave myself a crack on the head* je me suis cogné la tête **5.** *inf* [attempt] tentative *f* / *I'll have a crack (at it)* or *I'll give it a crack* je vais tenter le coup, je vais essayer (un coup) / *do you want another crack (at it)?* tu veux réessayer ?, tu veux retenter le coup ? / *this is her fourth crack at (winning) the title* c'est sa quatrième tentative pour gagner le titre, c'est la quatrième fois qu'elle tente de gagner le titre ▸ **to give sb a fair crack of the whip** donner toutes ses chances or sa chance à qqn **6.** [joke, witticism] blague *f*, plaisanterie *f* **7.** [drug] crack *m* ▸ **crack baby** *bébé né dépendant du crack* **8.** PHR **the crack of dawn** : *at the crack of dawn* au point du jour / *I've been up since the crack of dawn* je suis debout or levé depuis l'aube ▸ **the crack of doom** *dated & hum* : *we'll be here until the crack of doom* on va être ici jusqu'aux calendes grecques. ◆ adj [regiment, team, etc.] d'élite / *one of their crack players* un de leurs meilleurs joueurs ▸ **crack troops** soldats *mpl* d'élite ▸ **crack shot** tireur *m*, -euse *f* d'élite. ◆ vt **1.** [damage -cup, glass, egg] fêler ; [-ice] fendre ; [-ceiling, wall] lézarder, fissurer ; [-ground] crevasser ; [-varnish, enamel] craqueler ; [-skin] gercer, crevasser ; [-bone] fêler **2.** [open -eggs, nuts] casser / *to crack a safe* fracturer un coffre-fort / *to crack (open) a bottle* *inf* ouvrir or déboucher une bouteille / *she never cracked a smile the entire evening* *inf* elle n'a pas souri une seule fois de la soirée / *I didn't crack a book all term* US je n'ai pas ouvert un livre du trimestre **3.** [bang, hit -head, knee] ▸ **to crack one's head / knee on sthg** se cogner la tête / le genou contre qqch **4.** [make noise with -whip] faire claquer ; [-knuckles] faire craquer ▸ **to crack the whip** faire le gendarme / *he's very good at cracking the whip* il est très doué pour donner des ordres **5.** [solve] ▸ **to crack a code** déchiffrer un code / *the police think they have cracked the case* la police pense qu'elle a résolu l'affaire / *I think we've cracked it* je pense que nous y sommes arrivés **6.** CHEM craquer **7.** PHR **to crack a joke** *inf* sortir une blague / *"got a half day today?", she cracked* *inf* « tu t'es pris une demi-journée de congé ? » dit-elle en blaguant or plaisantant. ◆ vi **1.** [cup, glass, ice] se fissurer, se fêler ; [ceiling, wall] se lézarder, se fissurer ; [ground] se crevasser ; [varnish, enamel] se craqueler ; [skin] se gercer, se crevasser ; [bone] se fêler **2.** [make noise -whip] claquer ; [-twigs] craquer / *a rifle cracked and he dropped to the ground* un coup de fusil a retenti et il s'est effondré / *the sound of submachine-guns cracking* le crépitement des mitraillettes **3.** [give way, collapse -through nervous exhaustion] s'effondrer, craquer ; [-under questioning, surveillance] craquer / *their marriage cracked under the strain* leur mariage s'est détérioré sous l'effet du stress / *his voice cracked with emotion* sa voix se brisa sous le coup de l'émotion **4.** *inf* PHR **to get cracking** **a)** [start work] s'y mettre, se mettre au boulot **b)** [get ready, get going] se mettre en route / *I'll get cracking on dinner / cleaning the windows* je vais me mettre à préparer le dîner / nettoyer les vitres / *get cracking!, let's get cracking!* au boulot !

❖ **crack down** vi sévir ▸ **to crack down on sthg / sb** sévir contre qqch / qqn.

❖ **crack open** vt sep [eggs, nuts] casser ; *inf* [bottle] ouvrir, déboucher.

❖ **crack up** ◆ vi **1.** [ice] se fissurer ; [paint, enamel, make-up] se craqueler ; [ground] se crevasser ; [skin] se gercer, se crevasser **2.** *inf* [through nervous exhaustion] s'effondrer, craquer / *I must be cracking up* [going mad] je débloque **3.** *inf* [with laughter] se tordre de rire **4.** US *inf* [vehicle] s'écraser. ◆ vt sep **1.** [make laugh] faire se tordre de rire **2.** *(always passive)* [say good things about] : *he's not what he's cracked up to be* il n'est pas aussi fantastique qu'on le dit or prétend / *the play is everything it's cracked up to be* la pièce a toutes les qualités qu'on lui vante **3.** US *inf* [car, motorbike] bousiller.

crackbrain ['krækbreɪn] n *inf* fêlé *m*, -e *f*, taré *m*, -e *f*.

crackbrained ['krækbreɪnd] adj *inf* débile, dingue.

crackdown ['krækdaʊn] n : *we're going to have a crackdown on petty theft* on va sévir contre les petits larcins / *the annual Christmas crackdown on drunk driving* les mesures répressives prises tous les ans à Noël contre la conduite en état d'ivresse / *the crackdown on dissidents* la répression contre les dissidents.

cracked [krækt] adj **1.** [damaged -cup, glass] fêlé ; [-ice] fendu ; [-ceiling, wall] lézardé ; [-ground] crevassé ; [-varnish] craquelé ; [-skin] gercé, crevassé **2.** *inf* [mad -person] fêlé, taré.

cracker ['krækəʳ] n **1.** [savoury biscuit] biscuit *m* salé, cracker *m* **2.** UK [for pulling] *papillote contenant un pétard et une surprise, traditionnelle au moment des fêtes de Noël* **3.** [firework] pétard *m* **4.** *inf* [good-looking person] canon *m* **5.** *inf* [something excellent of its kind] : *that was a cracker of a goal* c'était un but sensass **6.** US *inf & pej* [redneck] péquenaud *m*.

Cracker

En Grande-Bretagne, les **crackers** sont des petits paquets en forme de papillotes contenant un jouet, une blague, un chapeau en papier, posés sur les tables à Noël. On se met à deux pour les ouvrir, chacun tirant à une extrémité, jusqu'à ce que le papier se déchire et fasse exploser un petit pétard.

cracker-barrel adj US de quatre sous.

crackerjack ['krækəʳ,dʒæk] adj US *inf* extra, génial.

crackers ['krækəz] adj *inf* cinglé, fêlé, taré ▸ **to drive sb crackers** faire tourner qqn en bourrique.

crackhead ['krækhed] n *drugs sl* accro *mf* au crack.

cracking ['krækɪŋ] ◆ adj **1.** [excellent] génial, épatant **2.** [fast] ▸ **to keep up a cracking pace** aller à fond de train. ◆ adv UK *inf & dated* ▸ **cracking good** [match, meal] de première. ◆ n CHEM craquage *m* ▸ **cracking plant** usine *f* de craquage.

crackle ['krækl] ◆ vi [paper, dry leaves] craquer ; [fire] crépiter, craquer ; [radio] grésiller / *to crackle with energy fig* pétiller d'énergie. ◆ vt [glaze] craqueler. ◆ n [of paper, twigs] craquement *m* ; [of fire] crépitement *m*, craquement *m* ; [of radio] grésillement *m* ; [on telephone] friture *f* ; [of machine-gun fire] crépitement *m*.

crackleware ['kræklweəʳ] n poterie *f* craquelée.

crackling ['kræklɪŋ] n **1.** CULIN couenne *f* rôtie **2.** [noise] = **crackle**.

crackly ['kræklɪ] (*compar* **cracklier**, *superl* **crackliest**) adj : *the line is a bit crackly* [on phone] il y a de la friture sur la ligne / *the radio's a bit crackly* la radio grésille un peu.

cracknel ['krækn̩l] n [biscuit] craquelin *m* ; [filling for chocolate] nougatine *f*.

crackpot ['krækpɒt] *inf* ◆ n [person] tordu *m*, -e *f*, cinglé *m*, -e *f*. ◆ adj [idea, scheme] tordu ; [person] tordu, cinglé ▸ **crackpot letter** lettre *f* d'un tordu or d'un cinglé.

cracksman ['kræksmən] (*pl* **cracksmen** [-mən]) n *inf & dated* casseur *m* (de coffres).

crack-up n *inf* **1.** [of person] dépression *f* (nerveuse) **2.** [of country, economy] effondrement *m*.

Cracow ['krækaʊ] pr n Cracovie.

cradle ['kreɪdl] ◆ n **1.** [for baby] berceau *m* ; *fig* berceau *m* / *the cradle of democracy / the trade union movement* le berceau de la démocratie / du mouvement syndical / *from the cradle to the grave* du berceau au tombeau / *they've known each other since they were in their cradles* ils se connaissent depuis qu'ils sont tout petits ▸ **to rob the cradle** US *hum* les prendre au berceau or biberon **2.** [frame -for painter, window cleaner] pont *m* volant, échafaudage *m* volant ; [-in hospital bed] arceau *m* **3.** TELEC support *m* (du combiné). ◆ vt [hold carefully -baby, kitten] tenir tendrement (dans ses bras) ; [-delicate object] tenir précieusement or délicatement (dans ses bras).

cradle-snatcher n UK *inf* : *I'm no cradle-snatcher* je ne les prends pas au berceau / *cradle-snatcher!* tu les prends au berceau !

cradle-song n berceuse *f*.

craft [krɑ:ft] (*pl* **crafts** *or* **craft**) ◆ n **1.** [of artist, artisan] art *m*, métier *m* ▸ **to do crafts at school** faire des travaux manuels à l'école **2.** [guile, cunning] ruse *f* / *to use craft* employer la ruse / *to obtain sthg by craft* obtenir qqch par la ruse **3.** (*pl* **craft**) [boat, ship] bateau *m* ; [aircraft] avion *m* ; [spacecraft] engin *m* or vaisseau *m* spatial / *all the small craft in the harbour* tous les petits bateaux or toutes les embarcations dans le port. ◆ comp ▸ **craft(s) fair** foire *f* d'artisanat ▸ **craft guild** corporation *f* artisanale or d'artisans ▸ **craft shop** boutique *f* d'artisanat. ◆ vt (*usu passive*) travailler / *a hand crafted table* une table travaillée à la main / *a beautifully crafted film fig* un film magnifiquement travaillé.

craftily ['krɑ:ftɪlɪ] adv astucieusement / *to behave craftily* **a)** agir astucieusement or habilement **b)** *pej* agir avec ruse.

craftiness ['krɑ:ftɪnɪs] n habileté *f* ; *pej* ruse *f*, roublardise *f*.

craftsman ['krɑ:ftsmən] (*pl* **craftsmen** [-mən]) n artisan *m*, homme *m* de métier ; [writer, actor] homme *m* de métier / *he's not much of a craftsman* **a)** ce n'est pas un très bon artisan **b)** [amateur] il n'est pas très doué de ses mains.

craftsmanship ['krɑ:ftsmənʃɪp] n connaissance *f* d'un or du métier / *a fine example of craftsmanship* un bel ouvrage, un vrai travail d'artiste / *this is French craftsmanship at its best* voici l'artisanat français au sommet de sa qualité / *the craftsmanship is superb* cela a été superbement travaillé / *you have to pay for good craftsmanship* il faut payer si on veut du bon travail / *there's no craftsmanship these days* il n'y a plus de travail bien fait de nos jours.

craftswoman ['krɑ:fts,wʊmən] (*pl* **craftswomen** [-,wɪmɪn]) n artisane *f*.

craft union n syndicat *m* d'artisans.

crafty ['krɑ:ftɪ] (*compar* **craftier**, *superl* **craftiest**) adj [person, idea, scheme] malin (maligne), astucieux ; *pej* [person] rusé, roublard ; [idea, scheme] rusé / *you crafty old devil!* espèce de vieux renard !

crag [kræg] n [steep rock] rocher *m* escarpé or à pic.

craggy ['krægɪ] (*compar* **craggier**, *superl* **craggiest**) adj [hill] escarpé, à pic ; *fig* [features] anguleux, taillé à la serpe.

cram [kræm] (*pt & pp* **crammed**, *cont* **cramming**) ◆ vt **1.** [objects] fourrer ; [people] entasser / *to cram sthg into a drawer* fourrer qqch dans un tiroir / *there were ten of us crammed into a tiny office* nous étions dix entassés dans un bureau minuscule / *to cram clothes into a suitcase* bourrer une valise de vêtements / *you can't cram anything else in* tu ne peux plus rien y mettre, même en forçant / *could you cram one more person in?* y aurait-il encore une petite place ? / *to cram food into one's mouth* se bourrer de nourriture, se gaver / *I crammed a lot of quotations into my essay* j'ai bourré ma dissertation de citations / *we crammed a lot into one day* on en a fait beaucoup en une seule journée / *could you cram one more visit into your schedule?* pourriez-vous trouver une petite place pour ajouter une visite à votre programme chargé ? **2.** *inf* SCH [facts] apprendre à toute vitesse ; [students] faire bachoter. ◆ vi **1.** *inf* [study hard] bachoter **2.** [into small space] : *people crammed into the streets to watch the parade* les gens se sont entassés dans les rues pour regarder le défilé / *we all crammed into his office* nous nous sommes tous entassés dans son bureau.

cram-full adj UK ▸ **to be cram-full of sthg** être plein à craquer or bourré de qqch.

crammed ['kræmd] adj [full -bus, train, room, suitcase] bourré, bondé ▸ **to be crammed with people** être bondé ▸ **to be crammed with sthg** être plein à craquer or bourré de qqch / *the encyclopedia is crammed with useful information* l'encyclopédie regorge d'informations utiles.

crammer ['kræməʳ] n UK *inf* [teacher] répétiteur *m*, -trice *f* ; [student] bachoteur *m*, -euse *f* ; [school] boîte *f* à bac.

cramming ['kræmɪŋ] n *inf* [intensive learning] bachotage *m* ; [intensive teaching] bourrage *m* de crâne.

cramp [kræmp] ◆ n **1.** (*U*) [muscle pain] crampe *f* ▸ **to have cramp** or US **a cramp** avoir une crampe / *I've got cramp in my leg* j'ai une crampe à la jambe / *she dropped out (of the race) with cramp* elle a abandonné (la course) parce qu'elle avait une crampe ▸ **to have stomach cramp** or **to have cramps** US avoir des crampes d'estomac **2.** [in carpentry] serre-joint *m* **3.** = **cramp iron**. ◆ vt **1.** [hamper -person] gêner ; [-project] entraver, contrarier ▸ **to cramp sb's style** *inf* faire perdre tous ses moyens à qqn **2.** [secure with a cramp] maintenir à l'aide d'un serre-joint.

cramped [kræmpt] adj **1.** [room, flat] exigu (exiguë) / *they live in very cramped conditions* ils vivent très à l'étroit / *we're a bit cramped for space* nous sommes un peu à l'étroit **2.** [position] inconfortable **3.** [handwriting] en pattes de mouche, serré.

cramp iron n CONSTR crampon *m*, happe *f*, clameau *m*.

crampon ['kræmpən] n crampon *m* (à glace).

cranberry ['krænbərɪ] (*pl* **cranberries**) ◆ n airelle *f*. ◆ comp ▸ **cranberry sauce** sauce *f* aux airelles.

crane [kreɪn] ◆ n **1.** ORNITH grue *f* / **'The Cranes Are Flying'** *Kalatozov* 'Quand passent les cigognes' **2.** TECH & CIN grue *f*. ◆ comp ▸ **crane driver** or **operator** grutier *m* ▸ **crane jib** potence *f*. ◆ vt ▸ **to crane one's neck** tendre le cou. ◆ vi ▸ **to crane (forward)** tendre le cou.

crane fly n tipule *f* des prés or des prairies.

cranesbill ['kreɪnzbɪl] n géranium *m*.

crania ['kreɪnjə] pl ⟶ **cranium**.

cranial ['kreɪnjəl] adj crânien.

craniology [,kreɪnɪ'ɒlədʒɪ] n craniologie *f*.

cranium ['kreɪnjəm] (*pl* **craniums** *or* **crania** ['kreɪnjə]) n [skull -gen] crâne *m* ; [-enclosing brain] boîte *f* crânienne.

crank [kræŋk] ◆ n **1.** *inf* [eccentric] excentrique *mf* / *a religious crank* un / une fanatique / *she's a bit of a crank* elle est un peu excentrique, c'est un cas / *what a crank!* c'est vraiment un cas ! **2.** US *inf* [bad-tempered person] grognon *m*, -onne *f* **3.** MECH ▸ **crank (handle)** manivelle *f*. ◆ vt [engine] démarrer à la manivelle ; [gramophone] remonter à la manivelle / *to crank the shutters up / down* remonter / baisser les volets (à la manivelle). ◆ vi US *inf* [work hard] trimer.

❖ **crank out** vt sep US *inf* [books, plays, etc.] produire en quantités industrielles / *this is the fourth novel he's cranked out this year* c'est le quatrième roman d'affilée qu'il sort cette année.

❖ **crank up** ◆ vt sep *inf* **1.** = **crank** (*vt*) **2.** *fig* [increase] augmenter **3.** PHR ▸ **to get things cranked up** mettre tout en place. ◆ vi *drugs sl* se shooter.

crankcase ['kræŋkkeɪs] n carter *m*.

crankiness ['kræŋkɪnɪs] n *inf* **1.** [eccentricity] bizarrerie *f* **2.** US [bad temper] caractère *m* de cochon ; [on one occasion] mauvaise humeur *f*.

crankpin ['kræŋkpɪn] n maneton *m*.

crankshaft ['kræŋkʃɑ:ft] n vilebrequin *m*.

cranky ['kræŋkɪ] (*compar* **crankier**, *superl* **crankiest**) adj *inf* **1.** [eccentric -person, behaviour, ideas] bizarre **2.** US [bad-tempered] grognon **3.** [unreliable -machine] capricieux.

cranny ['krænɪ] (*pl* **crannies**) n fente *f*.

crap [kræp] (*pt & pp* **crapped**, *cont* **crapping**) ◆ n (*U*) **1.** *vulg* [faeces] merde *f* ▸ **to have a crap** chier **2.** *v inf & fig* [nonsense] conneries *fpl* ▸ **to talk crap** raconter or dire des conneries / *that's crap, I never said that!* c'est des conneries, je n'ai jamais dit ça ! / *don't give me that crap!* arrête de me raconter des conneries ! / *what a load of crap!* quelles conneries ! ▸ **it's a crap sandwich** c'est de la merde en barres **3.** *v inf & fig* [rubbish] merde *f* / *get all this crap off the table* enlève tout ce bordel or toute cette merde de la table / *he writes absolute crap* ce qu'il écrit c'est de la merde / *she eats crap out of fast-food places* elle bouffe la saloperie or la merde qu'on vend dans les fast-foods / *his cooking is crap* sa cuisine, c'est de la merde **4.** US [dice game] *jeu de dés similaire au quatre-cent-vingt-et-un et où on parie sur le résultat* ▸ **crap game** partie *f* de dés. ◆ vi *vulg* [defecate] chier. ◆ vt *vulg* ▸ **to crap o.s.** chier dans son froc. ◆ adj UK *v inf* [of very poor quality] de merde, merdique / *what a crap book* quel livre merdique or de merde or à la con / *she's a crap cook* sa cuisine, c'est de la merde.

❖ **craps** n US ▸ **to shoot crap a)** [play game] jouer aux dés, faire une partie de dés **b)** [throw dice] lancer les dés.

❖ **crap out** vi US **1.** GAMES *ne pas obtenir le résultat sur lequel on a parié dans un jeu de dés* **2.** *v inf* [back out] se dégonfler / *he crapped out of asking her for a date* il allait lui demander de sortir avec lui mais il s'est dégonflé.

crape [kreɪp] = **crepe**.

crapfest ['kræpfest] n *v inf fête, réunion ou événement très mal organisé* / *it was a crapfest* c'était archinul.

crapper ['kræpəʳ] n *v inf* [toilet] chiottes *fpl*, gogues *mpl*.

crappy ['kræpɪ] (*compar* **crappier**, *superl* **crappiest**) adj *v inf* [programme, book, etc.] de merde, merdique, à la con ; [remark, action] dégueulasse.

crapshooter ['kræp,ʃuːtəʳ] n US joueur *m*, -euse *f* de dés.

crapware ['kræpweəʳ] n *v inf* logiciels *mpl* inutiles.

crash [kræʃ] ◆ n **1.** [accident] accident *m* / *car / plane / train crash* accident de voiture / d'avion / ferroviaire ▸ **to have a crash** avoir un accident ▸ **to be (involved) in a crash** [person] avoir un accident / *the car looks as though it has been in a crash* la voiture semble avoir été accidentée **2.** [loud noise] fracas *m* / *a crash of thunder* un coup de tonnerre / *there was a loud crash as the plate hit the ground* cela a fait un bruit fracassant quand l'assiette est tombée par terre / *there was a loud crash from the kitchen* un grand fracas a retenti dans la cuisine / *he closed the lid with a crash* il a fermé le couvercle avec fracas / *he fell to the floor with a crash* il est tombé par terre dans un grand fracas **3.** FIN [slump] krach *m*, débâcle *f* **4.** COMPUT panne *f*. ◆ comp [diet, programme] intensif, de choc ▸ **to do a crash tackle** RUGBY plaquer violemment ▸ **crash victim** victime *f* d'un accident de voiture. ◆ adv : *he ran crash into a wall* il est rentré en plein dans le mur / *it went crash* ça a fait boum / *something went crash in the attic* quelque chose est tombé dans le grenier. ◆ interj boum. ◆ vi **1.** [car, train] avoir un accident ; [plane, pilot] s'écraser, se crasher ; [driver] avoir un accident / *we're going to crash* **a)** [plane] on va s'écraser **b)** [car] on va lui rentrer dedans / rentrer dans le mur etc. **c)** [train] on va avoir un accident / *the car hit a patch of oil and crashed* l'accident s'est produit parce que la voiture a glissé sur une plaque d'huile / *a detailed study of what actually happens when a car crashes* une étude détaillée de ce qui se passe vraiment lors des accidents de voiture / *the French car crashed at the first bend* la voiture française a eu un accident dans le premier virage / *the cars crashed (head on)* les voitures se sont embouties or percutées (par l'avant) ▸ **to crash into sthg** percuter qqch / *the car crashed through the fence* la voiture est passée à travers la clôture ▸ **to crash into sb** [subj: person] rentrer dans qqn / *I crashed into him* je lui suis rentré dedans ▸ **to crash and burn** US *inf* [fail] se casser la gueule / *they crashed and burned when she found out he'd been cheating on her* leur couple s'est cassé la gueule quand elle a découvert qu'il la trompait **2.** [make loud noise - thunder] retentir / *what are you crashing about at this hour for?* pourquoi fais-tu autant de vacarme or boucan à cette heure ? / *the elephants crashed through the undergrowth* les éléphants ont traversé le sous-bois dans un vacarme terrible **3.** [fall, hit with loud noise or violently] : *the tree came crashing down* l'arbre est tombé avec fracas / *her world came crashing down (about) her* or *her ears* tout son monde s'est écroulé / *the vase crashed to the ground* le vase s'est écrasé au sol / *his fist crashed into the other man's face* son poing a percuté avec force or violence le visage de l'autre **4.** ST. EX s'effondrer **5.** COMPUT tomber en panne, planter **6.** *v inf* [sleep] dormir ; [fall asleep] s'endormir / *can I crash at your place?* je peux dormir chez toi ? / *I need somewhere to crash for the next week* j'ai besoin d'un endroit où crécher la semaine prochaine. ◆ vt **1.** [vehicle] : *to crash a car* **a)** avoir un accident avec une voiture **b)** [on purpose] démolir une voiture / *to crash a plane* s'écraser en avion / *he crashed the car through the fence / shop-window* il a traversé la clôture / la vitrine avec la voiture / *she crashed the car into a wall* elle est rentrée dans or a percuté un mur (avec la voiture) **2.** *inf* [attend without invitation] ▸ **to crash a party** entrer dans une fête sans y être invité.

❖ **crash out** vi *v inf* [fall asleep] s'endormir ; [spend the night, sleep] roupiller / *I found him crashed out in the corner* je l'ai trouvé endormi or qui roupillait dans le coin / *she's absolutely crashed out* elle dort comme une souche, elle en écrase.

crash barrier n glissière *f* de sécurité.

crash course n cours *m* intensif / *a crash course in French* un cours intensif de français.

crash-dive vi [submarine] plonger ; [plane] faire un plongeon.

crash helmet n casque *m* (de protection).

crashing ['kræʃɪŋ] adj UK *inf* ▸ **he's a crashing bore** c'est un raseur de première.

crashingly ['kræʃɪŋlɪ] adv UK *inf* [boring] incroyablement, terriblement.

crash-land ◆ vi [aircraft] faire un atterrissage forcé, atterrir en catastrophe. ◆ vt [aircraft] poser or faire atterrir en catastrophe.

crash landing n atterrissage *m* forcé or en catastrophe.

crash pad n *v inf* piaule *f* de dépannage / *he let me use this place as a crash pad* il m'a laissé crécher chez lui pour me dépanner.

crash test dummy n mannequin-test *m*.

crashworthiness ['kræʃ'wɜːðɪnɪs] n [of vehicle, helicopter] résistance *f* aux chocs.

crashworthy ['kræʃ,wɜːðɪ] (*compar* **crashworthier**, *superl* **crashworthiest**) adj qui a une bonne résistance aux collisions.

crass [kræs] adj [comment, person] lourd ; [behaviour, stupidity] grossier ; [ignorance] grossier, crasse.

crassly ['kræslɪ] adv [behave, comment] lourdement.

crassness ['kræsnɪs] n [of comment, person] lourdeur *f*, manque *m* de finesse / *the crassness of his ignorance* son ignorance crasse / *the crassness of his behaviour* son manque de finesse.

crate [kreɪt] ◆ n **1.** [for storage, transport] caisse *f* ; [for fruit, vegetables] cageot *m*, cagette *f* ; [for bottles] caisse *f* **2.** UK *inf* [old car] caisse *f* ; [plane] coucou *m*. ◆ vt [furniture, bottles] mettre dans une caisse or en caisses ; [fruit, vegetables] mettre dans un cageot or en cageots.

crater ['kreɪtəʳ] ◆ n [of volcano, moon, etc.] cratère *m* ▸ **bomb crater** entonnoir *m* ▸ **shell crater** entonnoir, trou *m* d'obus. ◆ vi [reach lowest ebb] être au plus bas / *the movie cratered* US *inf* le film a été un flop total.

cravat [krə'væt] n UK foulard *m (d'homme)*.

crave [kreɪv] vt **1.** [long for - cigarette, drink] avoir terriblement envie de ; [- affection, love] avoir soif or terriblement besoin de ; [- stardom] avoir soif de ; [- luxury, wealth] avoir soif or être avide de ; [in medical, psychological context] éprouver un besoin impérieux de **2.** *fml* [beg] implorer / *to crave sb's permission to do sthg* implorer qqn pour obtenir la permission de faire qqch / *to crave sb's pardon* implorer le pardon de qqn / *to crave sb's indulgence* faire appel à l'indulgence de qqn / *may I crave your attention?* puis-je me permettre de solliciter votre attention ?

❖ **crave for** vt insep = **crave** *(vt)*.

craven ['kreɪvn] adj *fml* [person, attitude] lâche, veule ▸ **a craven coward** un lâche.

craving ['kreɪvɪŋ] n [longing] envie *f* impérieuse or irrésistible ; [physiological need] besoin *m* impérieux / *pregnant women often get cravings* les femmes enceintes éprouvent souvent des envies irrésistibles ▸ **to have a craving for sthg a)** [chocolate, sweets, cigarette] avoir terriblement envie de qqch **b)** [subj: alcoholic, drug addict] avoir un besoin impérieux de qqch.

craw [krɔː] n [of bird] jabot *m* ; [of animal] estomac *m* ▸ **it sticks in my craw** *inf* cela me reste en travers de la gorge, j'ai du mal à l'avaler.

crawfish ['krɔːfɪʃ] = **crayfish**.

crawl [krɔːl] ◆ n **1.** [person] : *it involved a laborious crawl through the undergrowth* il a fallu ramper tant bien que mal à travers le sous-bois **2.** [vehicle] ralenti *m* / *to move at a crawl* avancer au ralenti or au pas / *the traffic / train has slowed to a crawl* les voitures avancent / le train avance maintenant au pas or au ralenti / *I had to slow to a crawl* [in car] j'ai dû ralentir jusqu'à rouler au pas **3.** SPORT crawl *m* / *to do the crawl* nager le crawl. ◆ vi **1.** [move on all fours - person] ramper ; [- baby] marcher à quatre pattes / *she tried to crawl away from danger* elle a essayé de s'éloigner du danger en rampant or en se traînant sur les genoux / *he crawled out of / into bed* il se traîna hors du / au lit / *to crawl on one's hands and knees* marcher or se traîner à quatre pattes / *she crawled under the desk* elle s'est mise à quatre pattes sous le bureau / *what are you crawling about on the floor for?* qu'est-ce que tu fais à quatre pattes ? **2.** [move slowly - traffic, train] avancer au ralenti or au pas ; [- insect, snake] ramper / *the train crawled out of the station* le train est sorti de la gare au ralenti or au pas / *there's a caterpillar crawling up your arm* il y a une chenille qui te grimpe sur le bras **3.** [be infested] ▸ **to be crawling with** être infesté de, grouiller de / *the kitchen was crawling with ants* la cuisine grouillait or était infestée de fourmis / *the streets were crawling with police / tourists inf & fig* les rues grouillaient de policiers / touristes **4.** [come out in goose pimples] ▸ **to make sb's flesh crawl** donner la chair de poule à qqn / *just the thought of it makes my skin crawl* j'ai la chair de poule rien que d'y penser **5.** *inf* [grovel] : *I'll crawl if I have to* je me mettrai à genoux s'il le faut ▸ **to crawl to sb** ramper or s'aplatir devant qqn, lécher les bottes de qqn / *he got promoted by crawling to the boss* il a été promu à force de ramper or de s'aplatir devant le patron / *he'll come crawling back* il reviendra te supplier à genoux **6.** SPORT nager le crawl.

crawler ['krɔːləʳ] n **1.** *inf & pej* [groveller] lèche-bottes *mf* **2.** UK AUTO ▸ **crawler lane** file *f* or voie *f* pour véhicules lents **3.** COMPUT robot *m* d'indexation.

❖ **crawlers** pl n [for baby] grenouillère *f*.

crawling ['krɔːlɪŋ] ◆ adj **1.** *inf & pej* [grovelling] rampant, de lèche-bottes **2.** [on all fours] : *she's reached the crawling stage* [baby] elle commence à marcher à quatre pattes. ◆ n *inf & pej* [grovelling] : *if there's one thing I hate, it's crawling to the teacher* s'il y a bien quelque chose que je déteste, c'est qu'on lèche les bottes du prof.

crayfish ['kreɪfɪʃ] (*pl* **crayfish** *or* **crayfishes**) n écrevisse *f*.

crayon ['kreɪɒn] ◆ n [coloured pencil] crayon *m* de couleur ▸ **charcoal crayon** fusain *m* ▸ **eye / lip crayon** crayon pour les yeux / à lèvres ▸ **wax crayon** crayon gras. ◆ vt [draw] dessiner avec des crayons de couleur ; [colour] colorier (avec des crayons).

craze [kreɪz] ◆ n engouement *m*, folie *f* / *it's the latest craze* c'est la dernière folie or lubie / *the latest dance / music craze* la nouvelle danse / musique à la mode / *it's becoming a craze* ça devient une vraie folie ▸ **a craze for sthg** un engouement pour qqch / *this craze for video games* cet engouement pour les jeux vidéo / *the latest craze is wearing baggy jeans* la dernière mode, c'est de porter des jeans larges ▸ **to have a craze for sthg** être fou de. ◆ vt **1.** [send mad] rendre fou **2.** [damage - ceramics] craqueler ; [- windscreen, glass] étoiler. ◆ vi [ceramics] se craqueler ; [windscreen, glass] s'étoiler.

crazed [kreɪzd] adj **1.** [mad - look, expression] fou *(before vowel or silent 'h' fol, f folle)* / *crazed with fear / grief* fou de peur / douleur **2.** [ceramics] craquelé.

-crazed in comp rendu fou par / *drug-crazed* rendu fou par la drogue / *power-crazed dictators* des dictateurs fous de pouvoir / *he was half-crazed with fear* il était à moitié fou de peur.

crazily ['kreɪzɪlɪ] adv [behave] comme un fou.

craziness ['kreɪzɪnɪs] n folie *f* / *it's sheer craziness* c'est de la folie.

crazy ['kreɪzɪ] (*compar* **crazier**, *superl* **craziest**) adj **1.** [insane - person, dream] fou *(before vowel or silent 'h' fol, f folle)* / *to have crazy eyes* avoir des yeux de fou / *that's a crazy idea!, that's crazy!* c'est de la folie ! / *this is crazy* c'est fou / *he was crazy to do it* il a été fou de le faire / *that's the craziest thing I've ever heard* c'est la chose la plus insensée que j'aie jamais entendue ▸ **to drive** or **to send sb crazy** rendre qqn fou / *it's enough to drive you crazy* c'est à vous rendre fou / *he went crazy* **a)** [insane] il est devenu fou **b)** [angry] il est devenu fou (de colère or de rage) / *the fans went crazy* *inf* les fans ne se sont plus sentis ▸ **to be** / **to go crazy with fear** / **grief** être / devenir fou de peur / douleur / *power crazy* avide de pouvoir / *you must be crazy!* mais tu es fou ! ▸ **like crazy** [work, drive, run, spend money] comme un fou **2.** *inf* [very fond] ▸ **to be crazy about** être fou or dingue de / *I'm not crazy about the idea* l'idée ne m'emballe pas vraiment / *he's football crazy* c'est un fana or un cinglé de foot ▸ **to go crazy over sthg** flasher sur qqch **3.** [strange, fantastic] bizarre, fou *(before vowel or silent 'h' fol, f folle)* **4.** US [very good] formidable, génial.

crazy bone US = **funny bone**.

crazy golf n minigolf *m*.

crazy paving n UK *dallage irrégulier en pierres plates.*

crazy quilt n US couette *f* en patchwork.

CRB [,si:ɑ:'bi:] (abbr of **Criminal Records Bureau**) n *Organisme chargé de vérifier le casier judiciaire de personnels sensibles.*

creak [kri:k] ◆ vi [chair, floorboard, person's joints] craquer ; [door hinge] grincer ; [shoes] crisser / *to creak with age* *fig* donner des signes de vieillesse / *the legal system is creaking under the weight of untried cases* *fig* le système juridique craque sous le poids des affaires en suspens. ◆ n [of chair, floorboard, person's joints] craquement *m* ; [of door hinge] grincement *m* ; [of shoes] crissement *m* / *to give a creak* craquer, grincer, crisser.

creaking ['kri:kɪŋ] ◆ adj = **creaky**. ◆ n [of chair, floorboard, person's joints] craquement *m* ; [of door hinge] grincement *m* ; [of shoes] crissement *m*.

creaky ['kri:kɪ] (*compar* **creakier**, *superl* **creakiest**) adj [chair, floorboard, person's joints] qui craque ; [door hinge] grinçant ; [shoes] qui crisse / *a creaky noise* un craquement, un grincement, un crissement.

cream [kri:m] ◆ n **1.** crème *f* / *do you like cream in your coffee?* vous prenez de la crème dans votre café ? / *strawberries and cream* des fraises à la crème / *cream of tomato soup* velouté *m* de tomates **2.** [filling for biscuits, chocolates] crème *f* / *vanilla cream* **a)** [biscuit] biscuit *m* fourré à la vanille **b)** [dessert] crème *f* à la vanille **3.** [mixture] mélange *m* crémeux **4.** *fig* [best, pick] crème *f* / *the cream of society* la crème or le gratin de la société / *they were the cream of their year at university* ils formaient l'élite de leur promotion à l'université ▸ **the cream of the crop** le dessus du panier **5.** [for face, shoes, etc.] crème *f* **6.** [colour] crème *m*. ◆ comp [cake, bun] à la crème ; [jug] à crème ▸ **cream-coloured** crème ▸ **cream sherry** sherry *m* or xérès *m* doux ▸ **cream soup** velouté *m*. ◆ adj crème. ◆ vt **1.** [skim - milk] écrémer **2.** CULIN [beat] écraser, travailler / *cream the butter and sugar* travailler le beurre et le sucre en crème / *creamed potatoes* purée *f* de pommes de terre **3.** [hands, face] mettre de la crème sur **4.** [add cream to - coffee] mettre de la crème dans **5.** US *inf* [beat up] casser la figure à ; [defeat] battre à plate couture, mettre la pâtée à / *we got creamed 4-0* on s'est fait écraser 4-0 **6.** PHR **to cream one's jeans** *vulg* prendre son pied. ◆ vi **1.** *vulg* [man - ejaculate] décharger, balancer la sauce ; [woman - be aroused] mouiller **2.** [milk] crémer.

❖ **cream off** vt sep *fig* : *to cream off the best students* sélectionner les meilleurs étudiants / *they have creamed off the elite* ils se sont accaparé l'élite.

cream cheese n fromage *m* frais.

cream cracker n UK biscuit *m* sec.

creamer ['kri:mər] n **1.** [machine] écrémeuse *f* **2.** [for coffee] succédané *m* de crème **3.** US [jug] pot *m* à crème.

creamery ['kri:mərɪ] n **1.** INDUST laiterie *f* **2.** [shop] crémerie *f*.

cream of tartar n crème *f* de tartre.

Cream of Wheat® n *marque américaine de bouillie de blé mangée au petit déjeuner.*

cream puff n chou *m* à la crème.

cream soda n *boisson gazeuse aromatisée à la vanille.*

cream tea n UK *goûter composé de thé et de scones servis avec de la confiture et de la crème.*

creamy ['kri:mɪ] (*compar* **creamier**, *superl* **creamiest**) adj **1.** [containing cream - coffee, sauce] à la crème ; [- milk] qui contient de la crème / *it's too creamy* il y a trop de crème **2.** [smooth - drink, sauce, etc.] crémeux ; [- complexion, voice] velouté / *creamy voice* voix *f* veloutée **3.** [colour] : *creamy white* blanc cassé.

crease [kri:s] ◆ n **1.** [in material, paper - made on purpose] pli *m* ; [- accidental] faux pli *m* ; [in skin, on face] pli *m* / *to put a crease in a pair of trousers* faire le pli d'un pantalon / *in order to get rid of the creases* [in shirt, blouse, etc.] pour le / la défroisser **2.** [in cricket] limite *f* du batteur. ◆ vt **1.** [on purpose] faire les plis de ; [accidentally] froisser, chiffonner / *this shirt is all creased* cette chemise est toute froissée **2.** *inf* [amuse] : *this one'll crease you* celle-là va te faire mourir de rire. ◆ vi [clothes] se froisser, se chiffonner / *his face creased with laughter* son visage s'est plissé de rire.

❖ **crease up** ◆ vi *inf* se tordre de rire. ◆ vt sep faire mourir or se tordre de rire / *you just have to look at him and he creases you up* il suffit de le regarder pour se tordre de rire.

creased [kri:st] adj **1.** [fabric] froissé **2.** [face] plissé.

crease-resistant adj infroissable.

create [kri:'eɪt] ◆ vt **1.** [employment, problem, the world] créer ; [fuss, noise, impression, draught] faire / *to create a stir* or *a sensation* faire sensation / *to create a disturbance* LAW porter atteinte à l'ordre public **2.** [appoint] : *he was created (a) baron* il a été fait baron. ◆ vi **1.** [be creative] créer / *the instinct to create is strong in all of us* il y a un puissant instinct de création en chacun d'entre nous **2.** UK *inf* [cause a fuss] faire des histoires.

creatinine [kri:'ætɪni:n] n créatinine *f*.

creation [kri:'eɪʃn] n **1.** [process of creating] création *f* ▸ **the Creation** BIBLE la Création / *the most beautiful woman in all creation* or *the whole of creation* *fig* la plus belle femme de la terre / *where in creation did you get that hat!* *inf* où diable as-tu trouvé ce chapeau ! **2.** [something created] création *f*.

creative [kri:'eɪtɪv] adj [person, mind, skill] créatif ; *hum & pej* (trop) libre ▸ **creative accounting** *latitude comptable laissée aux entreprises pour présenter un résultat plus avantageux* / *the creative instinct* l'instinct *m* de création / *to encourage sb to be creative* encourager la créativité chez qqn / *we need some creative thinking* nous avons besoin d'idées originales ▸ **creative marketing** marketing *m* créatif ▸ **creative team** équipe *f* de création ▸ **creative writing** techniques *fpl* de l'écriture.

creative director n directeur *m*, -trice artistique.

creatively [kri:'eɪtɪvlɪ] adv de manière créative / *you're not thinking very creatively about your future* tu n'as pas d'idées très originales pour ton avenir.

creativeness [kri:'eɪtɪvnɪs], **creativity** [,kri:eɪ'tɪvətɪ] n créativité *f*.

creator [kri:'eɪtər] n créateur *m*, -trice *f* ▸ **the Creator** le Créateur.

creature ['kri:tʃər] n **1.** [person] créature *f* ; [animal] bête *f* / *we are all God's creatures* nous sommes tous les créatures de Dieu / *creatures from outer space* des créatures de l'espace / *dumb creatures* les bêtes / *poor creature!* [person, animal] le / la pauvre ! ▸ **he's a creature of habit** il est esclave de ses habitudes / *she's a creature of impulse* elle est très impulsive de nature **2.** *liter & pej* [dependent person] créature *f*.

creature comforts pl n confort *m* matériel / *I like my creature comforts* j'aime or je suis attaché à mon (petit) confort.

crèche [kreʃ] n UK crèche *f*, garderie *f*.

cred [kred] n : *to have (street) cred* UK *inf* [credibility] être branché or dans le coup / *he wants to get some (street) cred* il veut faire branché or dans le coup.

credence ['kri:dns] n croyance *f*, foi *f* ▸ **to give** or **to attach credence to sthg** ajouter foi à qqch ▸ **to give** or **to lend credence to sthg** rendre qqch crédible.

credentials [krɪ'denʃlz] pl n **1.** [references] références *fpl* **2.** [identity papers] papiers *mpl* d'identité ▸ **to ask to see sb's credentials** demander ses papiers (d'identité) à qqn, demander une pièce d'identité à qqn **3.** [of diplomat] lettres *fpl* de créance.

credenza [krɪ'denzə] n crédence *f* *(meuble)*.

credibility [,kredə'bɪlətɪ] ◆ n **1.** [trustworthiness] crédibilité *f* / *the party has lost credibility with the electorate* le parti a perdu de sa crédibilité auprès de l'électorat / *there are doubts about its credibility as a deterrent* on doute de son efficacité en tant que moyen de dissuasion **2.** [belief] : *it's beyond credibility* c'est invraisemblable, c'est difficile à croire. ◆ comp ▸ **credibility rating** crédibilité *f* / *he has a credibility problem* il manque de crédibilité.

credibility gap n manque *m* de crédibilité / *the party has a major credibility gap* le parti souffre d'un énorme manque de crédibilité, le parti manque énormément de crédibilité / *to narrow the credibility gap* regagner de sa crédibilité.

credible ['kredəbl] adj [person] crédible ; [evidence, statement] crédible, plausible / *I don't find his reassurances very credible* j'ai du mal à croire ce qu'il dit pour me rassurer.

credibly ['kredəblɪ] adv [argue] de manière crédible.

credit ['kredɪt] ◆ n **1.** FIN crédit *m* ▸ **to be in credit** **a)** [person] avoir de l'argent sur son compte **b)** [account] être approvisionné / *he has £50 to his credit* il a 50 livres sur son compte ▸ **to enter** or **to place a sum to sb's credit** créditer le compte de qqn d'une somme ▸ **debit and credit** débit *m* et crédit ; [loan] ▸ **to give sb credit** or **to give credit to sb** **a)** [bank] accorder un découvert à qqn **b)** [shop, pub] faire crédit à qqn / **'we do not give credit'** 'la maison ne fait pas crédit' ▸ **to sell** / **to buy** / **to live on credit** vendre / acheter / vivre à crédit ▸ **interest-free credit** crédit gratuit ▸ **line of credit** US limite *f* or plafond *m* de crédit / *her credit is good* **a)** elle a une bonne réputation de solvabilité **b)** *fig* [trustworthy] elle est digne de confiance / *isn't my credit good any more?* *fig* on ne me fait plus confiance ? **2.** [merit, honour] mérite *m* / *all the credit should go to the team* tout le mérite doit revenir à l'équipe ▸ **to take the credit for sthg** / **doing sthg** s'attribuer le mérite de qqch / d'avoir fait qqch / *I can't take all the credit for it* tout le mérite ne me revient pas ▸ **to give sb the credit for sthg** / **doing sthg** attribuer à qqn le mérite de qqch / d'avoir fait qqch / *management got all the credit* tout le mérite est revenu à la direction / *give her credit for what she has achieved* reconnais ce qu'elle a accompli / *with credit* [perform] honorablement / *nobody emerged with any credit except him* c'est le seul qui s'en soit sorti à son honneur / *it must be said to his credit that...* il faut dire en sa faveur que... / *to her credit she did finish the exam* il faut lui accorder qu'elle a fini l'examen / *she has five novels to her credit* elle a cinq romans à son actif / *to be a credit to one's family* / *school* or *to do one's family* / *school credit* faire honneur à sa famille / son école, être l'honneur de sa famille / son école / *it does her (great) credit* c'est tout à son honneur / *it does you credit that you gave the money back* c'est tout à votre honneur d'avoir rendu l'argent / *give me* SOME *credit!* je ne suis quand même pas si bête ! ▸ **credit where credit is due** il faut reconnaître ce qui est **3.** [credence] croyance *f* ▸ **to give credit to sb** / **sthg** ajouter foi à qqn / qqch ▸ **to lend credit to sthg** accréditer qqch, rendre qqch plausible ▸ **to lose credit** **a)** [partially] perdre de son crédit **b)** [totally] perdre son crédit / *the theory is gaining credit* cette théorie est de plus en plus acceptée / *he's cleverer than I gave him credit for* il est plus intelligent que je le pensais or supposais / *I gave you credit for more sense* je vous supposais plus de bon sens / *I gave him credit for more sense than I perhaps* *should have done* j'ai peut-être surestimé son bon sens **4.** UNIV unité *f* de valeur, UV *f* / *how many credits do you need?* combien d'UV faut-il que tu aies ? ◆ comp [boom, control] du crédit ; [sales] à crédit ; ▸ **credit agency** UK or **bureau** US *établissement chargé de vérifier le passé bancaire de personnes ou d'entreprises sollicitant un crédit* ▸ **credit agreement** accord *m* or convention *f* de crédit ▸ **credit balance** solde *m* créditeur ▸ **credit broker** courtier *m* en crédits or en prêts ▸ **credit entry** écriture *f* au crédit ▸ **credit insurance** assurance-crédit *f* ▸ **credit purchase** achat *m* à crédit ▸ **credit side** crédit *m*, avoir *m* / *on the credit side, the proposed changes will cut costs fig* les changements projetés auront l'avantage de réduire les coûts / *on the credit side, he's a good cook fig* il faut lui accorder qu'il cuisine bien ▸ **credit voucher** chèque *m* de caisse ▸ **to run a credit check on sb a)** [to ensure enough money in account] vérifier la solvabilité de qqn, vérifier que le compte de qqn est approvisionné **b)** [to ensure no record of bad debts] vérifier le passé bancaire de qqn. ◆ vt **1.** FIN [account] créditer / *to credit an account with £200* or *to credit £200 to an account* créditer un compte de 200 livres **2.** [accord] ▸ **to credit sb with intelligence / tact / sense** supposer de l'intelligence / du tact / du bon sens à qqn / *I credited her with more sense* je lui supposais plus de bon sens / *credit me with a bit more intelligence!* tu serais gentil de ne pas sous-estimer mon intelligence ! / *she is credited with being the first woman to attend medical school* elle est considérée comme la première femme à avoir fait des études de médecine / *he is credited with the discovery of DNA* on lui attribue la découverte de l'ADN **3.** [believe] croire / *would you credit it!* tu te rends compte ! / *you wouldn't credit some of the things he's done* tu n'en reviendrais pas si tu savais les choses qu'il a faites / *I could hardly credit it* j'avais du mal à le croire.

❖ **credits** pl n CIN & TV générique *m*.

creditable ['kredɪtəbl] adj honorable, estimable.

creditably ['kredɪtəblɪ] adv honorablement.

credit account n **1.** BANK compte *m* créditeur **2.** UK [with shop] compte *m* client.

credit card ◆ n carte *f* de crédit / *to pay by credit card* payer avec une or régler par carte de crédit. ◆ comp ▸ **credit card fraud** usage *m* frauduleux de cartes de crédit ▸ **credit card number** numéro *m* de carte de crédit ▸ **credit card transactions** transactions *fpl* effectuées par carte de crédit.

credit control n resserrement *m* or encadrement *m* du crédit.

credit crunch n crise *f* du crédit.

credit facilities pl n UK facilités *fpl* de crédit.

credit institution n établissement *m* de crédit.

credit limit n limite *f* or plafond *m* de crédit.

credit line n **1.** UK [loan] autorisation *f* de crédit **2.** US = **credit limit.**

credit note n UK [in business] facture *f* or note *f* d'avoir ; [in shop] avoir *m*.

creditor ['kredɪtər] n créancier *m*, -ère *f* ▸ **creditor countries** nations *fpl* créancières.

credit rating n degré *m* de solvabilité.

credit report n US profil *m* d'emprunteur.

credit score n US = **credit rating.**

credit squeeze n restriction *f* or encadrement *m* du crédit / *there's a credit squeeze* le crédit est restreint or encadré.

credit terms pl n modalités *fpl* de crédit.

credit transfer n virement *m*, transfert *m* (de compte à compte).

credit union n US société *f* or caisse *f* de crédit.

creditworthiness ['kredɪt,wɜːðɪnɪs] n solvabilité *f*.

creditworthy ['kredɪt,wɜːðɪ] adj solvable.

credo ['kreɪdəʊ] n credo *m inv*.

credulity [krɪ'djuːlətɪ] n crédulité *f*.

credulous ['kredjʊləs] adj crédule, naïf.

credulously ['kredjʊləslɪ] adv naïvement.

creed [kriːd] n [religious] credo *m*, croyance *f* ; [political] credo *m* / *people of every colour and creed* des gens de toutes races et de toutes croyances ▸ **the Creed** RELIG le Credo.

creek [kriːk] n UK [of sea] crique *f*, anse *f* ; US [stream] ruisseau *m* ; [river] rivière *f* ▸ **to be up the creek** *inf* être dans de beaux draps or dans le pétrin ▸ **to be up shit creek (without a paddle)** *v inf* être dans la merde (jusqu'au cou).

creel [kriːl] n [for fish] panier *m* à poisson ; [for catching lobsters] casier *m*.

creep [kriːp] (*pt & pp* **crept** [krept]) ◆ n *inf* [unpleasant person] sale type *m*, rat *m* ; [weak, pathetic person] pauvre type *m* / *I can't stand that creep she's married to* je ne peux pas voir le plouc avec qui elle est mariée. ◆ vi **1.** [person, animal] se glisser / *to creep into a room* entrer sans bruit or se glisser dans une pièce / *I crept upstairs* je suis monté sans bruit / *to creep into bed* se glisser dans le lit / *I was creeping about so as not to waken you* je ne faisais pas de bruit pour ne pas te réveiller / *I can hear somebody creeping about downstairs* j'entends quelqu'un bouger en bas / *the dog crept under the chair* le chien s'est tapi sous la chaise / *the shadows crept across the lawn* l'ombre a peu à peu envahi la pelouse / *the hours crept slowly by* les heures se sont écoulées lentement / *fear began to creep into his heart* or *over him* la peur a commencé à le gagner or à l'envahir **2.** [plant - along the ground] ramper ; [- upwards] grimper **3.** PHR ▸ **to make sb's flesh creep** donner la chair de poule à qqn, faire froid dans le dos à qqn.

❖ **creeps** pl n *inf* : *he gives me the creeps* **a)** [is frightening] il me fait froid dans le dos, il me donne la chair de poule **b)** [is unpleasant] il me dégoûte or répugne.

❖ **creep in** vi [person] entrer sans bruit ; *fig* [mistakes] se glisser ; [doubts, fears] s'insinuer / *the use of the word as a verb is beginning to creep in* l'usage de ce mot en tant que verbe commence à se répandre or gagner du terrain.

❖ **creep out** vi sortir sans bruit.

❖ **creep up** vi **1.** [approach] s'approcher sans bruit / *old age is creeping up* la vieillesse s'approche doucement ▸ **to creep up to sthg** s'approcher sans bruit de qqch ▸ **to creep up behind sb** s'approcher doucement or discrètement de qqn par derrière **2.** [increase - water, prices] monter lentement ; [- sales] monter or progresser lentement / *sales have crept up to the million mark* les ventes ont progressé lentement jusqu'à la barre du million.

❖ **creep up on** vt insep **1.** [in order to attack, surprise] s'approcher discrètement de, s'approcher à pas de loup de / *don't creep up on me like that!* ne t'approche pas de moi sans faire de bruit comme ça ! / *darkness crept up on us* l'obscurité est arrivée sans que nous nous en rendions compte, nous avons été surpris par l'obscurité / *old age crept up on me* je suis devenu vieux sans m'en rendre compte **2.** [catch up with - in competition, business, etc.] rattraper peu à peu / *the deadline is creeping up on us* la date limite se rapproche.

creeper ['kriːpər] n **1.** [plant] plante *f* grimpante **2.** UK *inf* [shoe] chaussure *f* à semelles de crêpe.

creeping ['kriːpɪŋ] adj **1.** [plant - upwards] grimpant ; [- along the ground] rampant **2.** [insect] rampant **3.** PHR **creeping change** changement *m* graduel ▸ **creeping elegance** COMPUT *tendance à trop privilégier l'esthétique dans la conception d'un logiciel* ▸ **creeping inflation** inflation *f* rampante ▸ **creeping paralysis** MED paralysie *f* progressive.

creepy ['kriːpɪ] (*compar* **creepier**, *superl* **creepiest**) adj *inf* qui donne la chair de poule, qui fait froid dans le dos / *he's / it's creepy* il / ça vous donne la chair de poule.

creepy-crawly [-'krɔːlɪ] (*pl* **creepy-crawlies**) *inf* ◆ n UK petite bestiole *f*. ◆ adj : *a horrible creepy-crawly feeling* une très désagréable sensation de fourmillement.

cremate [krɪ'meɪt] vt incinérer.

cremation [krɪ'meɪʃn] n incinération *f*, crémation *f*.

crematorium [,kremə'tɔːrɪəm] (*pl* **crematoria** [-rɪə] *or* **crematoriums**) n [establishment] crématorium *m* ; [furnace] four *m* crématoire.

crematory ['kremətrɪ] (*pl* **crematories**) US = **crematorium.**

crème caramel [,kremkærə'mel] n crème *f* (au) caramel.

crème de la crème ['kremdəlæ'krem] n ▸ **the crème de la crème** le gratin, le dessus du panier.

crème de menthe ['kremdə'mɑːnt] n crème *f* de menthe.

crenellated UK, **crenelated** US ['krenəleɪtɪd] adj crénelé, à créneaux.

crenellation UK, **crenelation** US [,krenə'leɪʃn] n (*usu pl*) créneau *m*.

Creole ['kriːəʊl] ◆ n **1.** LING créole *m* **2.** [person] créole *mf*. ◆ adj créole.

creosote ['krɪəsəʊt] ◆ n créosote *f*. ◆ vt traiter à la créosote.

crepe [kreɪp] ◆ n **1.** [fabric] crêpe *m* **2.** = **crepe rubber 3.** = **crepe paper 4.** [pancake] crêpe *f*. ◆ comp [skirt, blouse, etc.] de or en crêpe.

crepe bandage n bande *f* Velpeau®.

crepe paper n papier *m* crépon.

crepe rubber n crêpe *m*.

crepe(-soled) shoes [-səʊld-] pl n chaussures *fpl* à semelles de crêpe.

crept [krept] pt & pp ⟶ **creep.**

crepuscular [krɪ'pʌskjʊlər] adj *liter* crépusculaire.

Cres. written abbr of **Crescent.**

crescendo [krɪ'ʃendəʊ] (*pl* **crescendos** *or* **crescendoes**) ◆ n MUS & *fig* crescendo *m*. ◆ vi [gen] augmenter ; MUS faire un crescendo. ◆ adv MUS crescendo, en augmentant.

crescent ['kresnt] ◆ n **1.** [shape] croissant *m* ▸ **the Crescent** [Islamic emblem] le Croissant ▸ **the Crescent City** *surnom de La Nouvelle-Orléans* **2.** UK [street] rue *f* (en arc de cercle). ◆ adj [shaped] en (forme de) croissant ▸ **crescent moon** croissant *m* de lune.

cresol ['kriːsɒl] n crésol *m*.

cress [kres] n cresson *m*.

Cressida ['kresɪdə] pr n Cressida.

crest [krest] ◆ n **1.** [peak - of hill, wave] crête *f* ; [- of ridge] arête *f* ; [- of road] haut *m* or sommet *m* de côte / *she's (riding) on the crest of a wave just now fig* tout lui réussit or elle a le vent en poupe en ce moment **2.** [on bird, lizard] crête *f* ; [on helmet] cimier *m* **3.** [coat of arms] timbre *m* ; [emblem] armoiries *fpl* / *a family crest* des armoiries familiales. ◆ vt **1.** [reach the top of] franchir la crête de **2.** [provide with emblem] armorier. ◆ vi monter en crête.

crested ['krestɪd] adj **1.** [animal] orné d'une crête ; [bird] huppé ▸ **crested lark** cochevis *m* ▸ **crested tit** mésange *f* huppée **2.** [with emblem] armorié.

crestfallen ['krest,fɔːln] adj découragé, déconfit / *the loser looked crestfallen* le perdant avait l'air abattu or déconfit.

cretaceous [krɪ'teɪʃəs] adj crétacé ▸ **the Cretaceous (period)** GEOL le crétacé.

Cretan ['kriːtn] ◆ n Crétois *m*, -e *f*. ◆ adj crétois.

Crete [kriːt] pr n Crète *f* / *in Crete* en Crète.

cretin ['kretɪn] n **1.** MED crétin *m*, -e *f* **2.** *inf* [idiot] crétin *m*, -e *f*, imbécile *mf*.

cretinism ['kretɪnɪzm] n MED crétinisme *m*.

cretinous ['kretɪnəs] adj MED & *fig* crétin.

cretonne ['kretɒn] n cretonne *f*.

Creutzfeld-Jacob disease ['krɔɪtsfeld'jækɒb-] n maladie *f* de Creutzfeld-Jacob.

crevasse [krɪ'væs] n crevasse *f* ; US [in dam] crevasse *f*, fissure *f*.

crevice ['krevɪs] n fissure *f*, fente *f*.

crew [kru:] ◆ pt UK ⟶ **crow.** ◆ n **1.** [gen & CIN] équipe *f* ; [on plane, ship] équipage *m* **2.** *inf* [crowd, gang] bande *f*, équipe *f* / *what a crew!* (quelle) drôle d'équipe ! ◆ comp ▸ **crew member** membre *mf* d'équipage. ◆ vi ▸ **to crew for sb** être l'équipier de qqn. ◆ vt armer *(d'un équipage)*.

crew cut n coupe *f* de cheveux en brosse / *crew cuts are in fashion again* les cheveux en brosse reviennent à la mode.

crewel ['kru:əl] n [yarn] laine *f* à broder or à tapisserie ▸ **crewel work** tapisserie *f* sur canevas.

crewman ['kru:mən] (*pl* **crewmen** [-mən]) n membre *m* de l'équipage.

crew neck n col *m* ras le or du cou, ras-le-cou *m*.

crew-neck(ed) adj : *a crew-necked sweater* un pull ras le or du cou.

crib [krɪb] (*pt & pp* **cribbed**, *cont* **cribbing**) ◆ n **1.** US [cot] lit *m* d'enfant **2.** [bin] grenier *m* (à blé) ; [stall] stalle *f* **3.** [manger] mangeoire *f*, râtelier *m* ; RELIG crèche *f* **4.** *inf* [plagiarism] plagiat *m* ; UK SCH [list of answers] antisèche *m* or *f* **5.** US *inf* [house] baraque *f* ; [apartment] appart *m* / *where's your crib?* tu crèches où ? **6.** = **cribbage.** ◆ vt **1.** *inf* [plagiarize] plagier, copier / *he cribbed the answers from his friend* SCH il a copié les réponses sur son ami, il a pompé sur son ami **2.** [line with planks] consolider avec des planches ; TECH boiser. ◆ vi copier / *the author had cribbed from Shaw* l'auteur avait plagié Shaw / *don't crib off me!* SCH ne copie pas sur moi !

cribbage ['krɪbɪdʒ] n *(U) jeu de cartes où les points sont marqués sur une planche de bois.*

crib death n US mort *f* subite (du nourrisson).

crick [krɪk] ◆ n **1.** ▸ **to have a crick in the neck** avoir un torticolis ▸ **a crick in one's back** un tour de reins **2.** US *inf & regional* [stream] ruisseau *m*. ◆ vt : *don't crick your back!* ne vous faites pas un tour de reins ! / *she cricked her neck* elle a attrapé un torticolis.

cricket ['krɪkɪt] ◆ n **1.** [insect] grillon *m* **2.** [game] cricket *m* ▸ **that's not cricket** UK *inf* ça ne se fait pas, ce n'est pas fair-play. ◆ comp [ball, bat, ground, match] de cricket.

cricketer ['krɪkɪtəʳ] n joueur *m*, -euse *f* de cricket.

cried [kraɪd] pt & pp ⟶ **cry.**

crier ['kraɪəʳ] n crieur *m*, -euse *f* ; [in court] huissier *m*.

crikey ['kraɪkɪ] interj UK *inf & dated* mince alors.

crime [kraɪm] n **1.** [serious] crime *m* ; [minor] délit *m* / *crime is on the decline* il y a une baisse de la criminalité / *a life of crime* une vie de criminel / *crime doesn't pay* le crime ne paie pas / *a minor* or *petty crime* un délit mineur / *it's a crime that she died so young* *fig* c'est vraiment injuste qu'elle soit morte si jeune ▸ **crimes against humanity** crimes *mpl* contre l'humanité ▸ **crime prevention** lutte *f* contre la criminalité ▸ **crime reporter** journaliste *mf* qui couvre les affaires criminelles ▸ **crime wave** vague *f* de criminalité ▸ **crime writer** auteur *m* de romans noirs / **'Crime and Punishment'** *Dostoievsky* 'Crime et châtiment' **2.** MIL manquement *m* à la discipline, infraction *f*.

> ⚠ The French word **crime** has a more restricted meaning than the English word, and refers to serious offences tried at the "**cour d'assises**", especially murder. For less serious crimes, use the word **délit**.

Crimea [kraɪ'mɪə] pr n ▸ **the Crimea** la Crimée / *in the Crimea* en Crimée.

Crimean [kraɪ'mɪən] ◆ n Criméen *m*, -enne *f*. ◆ adj criméen ▸ **the Crimean (War)** la guerre de Crimée.

criminal ['krɪmɪnl] ◆ n criminel *m*, -elle *f*. ◆ adj criminel / *to take criminal proceedings against sb* LAW poursuivre qqn au pénal / *it's criminal the way he treats her* *fig* il ne devrait pas avoir le droit de la traiter comme ça ▸ **criminal investigation** enquête *f* criminelle ▸ **the Criminal Investigation Department** UK = CID ▸ **the Criminal Records Office** UK l'identité *f* judiciaire.

criminal assault n agression *f* criminelle, voie *f* de fait.

criminal conversation n LAW adultère *m*.

criminal court n cour *f* d'assises.

criminal damage n *délit consistant à causer volontairement des dégâts matériels.*

criminality [,krɪmɪ'næləti] n criminalité *f*.

criminalize, **criminalise** ['krɪmɪnəlaɪz] vt criminaliser.

criminal law n droit *m* pénal or criminel.

criminal lawyer n avocat *m*, -e *f* au criminel, pénaliste *mf*.

criminal liability n LAW responsabilité *f* pénale, majorité *f* pénale / *to be under the age of criminal liability* ne pas avoir atteint la majorité pénale or l'âge de la responsabilité pénale.

criminally ['krɪmɪnəlɪ] adv criminellement / *he's been criminally negligent* sa négligence est criminelle.

criminal offence n délit *m* / *drunk driving is a criminal offence* la conduite en état d'ivresse est un crime puni par la loi.

criminal record n casier *m* judiciaire / *she hasn't got a criminal record* son casier judiciaire est vierge, elle n'a pas de casier judiciaire.

Criminal Records Bureau n *Organisme chargé de vérifier le casier judiciaire de personnels sensibles.*

criminologist [,krɪmɪ'nɒlədʒɪst] n criminologiste *mf*.

criminology [,krɪmɪ'nɒlədʒɪ] n criminologie *f*.

criminy ['krɪmənɪ] interj *dated* mince !

crimp [krɪmp] ◆ vt **1.** [hair] crêper, friser ; [pie crust] pincer ; [metal] onduler **2.** *inf* TECH [pinch together] pincer, sertir **3.** US *inf* [hinder] gêner, entraver. ◆ n **1.** [wave in hair] cran *m*, ondulation *f* ; [fold in metal] ondulation *f* **2.** US *inf* [obstacle] obstacle *m*, entrave *f* **3.** TEXT pli *m*.

Crimplene® ['krɪmpli:n] n ≃ crêpe *m* acrylique.

crimson ['krɪmzn] ◆ adj cramoisi / *she turned crimson with* or *in embarrassment* elle a rougi or est devenue cramoisie de confusion / *the evening sky turned crimson* le ciel nocturne est devenu pourpre or s'est empourpré. ◆ n cramoisi *m*.

cringe [krɪndʒ] vi **1.** [shrink back] avoir un mouvement de recul, reculer ; [cower] se recroqueviller / *to cringe in terror* reculer de peur / *to cringe with embarrassment* être mort de honte / *it's so sentimental, it makes me cringe* un tel mélo, ça me fait fuir ! / *I cringe at the very thought* j'ai envie de rentrer sous terre rien que d'y penser **2.** [be servile] ramper.

cringe-making adj UK *hum* embarrassant, gênant.

cringeworthy ['krɪndʒ,wɜ:ðɪ] adj *inf* hérissant, qui hérisse.

cringing ['krɪndʒɪŋ] adj [fearful] craintif ; [servile] servile, obséquieux.

crinkle ['krɪŋkl] ◆ vt froisser, chiffonner. ◆ vi se froisser, se chiffonner. ◆ n **1.** [wrinkle] fronce *f*, pli *m* ; [on face] ride *f* **2.** [noise] froissement *m*.

crinkle-cut adj [crisps, chips] dentelé.

crinkly ['krɪŋklɪ] (*compar* **crinklier**, *superl* **crinkliest**) adj [material, paper] gaufré ; [hair] crépu, crêpelé.

crinoline ['krɪnəli:n] n crinoline *f*.

cripes [kraɪps] interj UK *inf* sapristi, mince.

Crippen ['krɪpɪn] pr n ▸ **(Doctor) Crippen** *médecin américain condamné à mort en Angleterre en 1910 pour avoir assassiné sa femme.*

cripple ['krɪpl] ◆ vt **1.** [person] estropier **2.** *fig* [damage - industry, system] paralyser ; [- plane, ship] désemparer. ◆ n **1.** *dated & offens* [lame person] estropié *m*, -e *f* ; [invalid] invalide *mf* ; [maimed person] mutilé *m*, -e *f* **2.** *fig* ▸ **an emotional cripple** un caractériel *m*, une caractérielle *f*.

crippled ['krɪpld] adj **1.** [person] : *to be crippled with rheumatism* être perclus de rhumatismes **2.** *fig* [industry, country] paralysé ; [plane, ship] accidenté.

crippling ['krɪplɪŋ] adj **1.** [disease] invalidant **2.** *fig* [strikes] paralysant ; [prices, taxes] écrasant.

Crisco® ['krɪskəʊ] n US *graisse végétale* ; ≃ Végétaline®.

crisis ['kraɪsɪs] (*pl* **crises** [-si:z]) n crise *f* / *things have come to a crisis* la situation est à un point critique / *the government has a crisis on its hands* le gouvernement se trouve face à une crise / *to settle* or *to resolve a crisis* dénouer or résoudre une crise / *the oil crisis* le choc pétrolier / *a crisis of confidence* une crise de confiance / *an emotional crisis* un passage difficile *(nerveusement)* / *crisis management* gestion *f* des crises / *crisis point* point *m* critique.

crisis centre n [for disasters] cellule *f* de crise ; [for personal help] centre *m* d'aide ; [for battered women] association *f* d'aide d'urgence.

crisp [krɪsp] ◆ adj **1.** [crunchy - vegetable] croquant ; [- cracker] croquant, croustillant ; [- bread] croustillant ; [- snow] craquant **2.** [fresh - clothing] pimpant ; [- linen] apprêté ; [- paper] craquant, raide **3.** [air, weather] vif, tonifiant ; [wine] vif **4.** [concise - style] précis, clair et net **5.** [brusque] tranchant, brusque ; [manner] brusque ; [tone] acerbe. ◆ n ▸ **(potato) crisps** UK (pommes *fpl*) chips *fpl* ▸ **burnt to a crisp** carbonisé. ◆ vt faire chauffer pour rendre croustillant. ◆ vi devenir croustillant.

crispbread ['krɪspbred] n biscuit *m* scandinave.

crisper ['krɪspəʳ] n bac *m* à légumes.

crisply ['krɪsplɪ] adv **1.** [succinctly] avec concision **2.** [sharply] d'un ton acerbe or cassant.

crispness ['krɪspnɪs] n **1.** [of food, paper] craquant *m* ; [of clothing, sheets, weather] fraîcheur *f* ; [of wine] caractère *m* vif **2.** [of reasoning] clarté *f*, rigueur *f* **3.** [of style] précision *f* **4.** [brusqueness] tranchant *m*, brusquerie *f*.

crispy ['krɪspɪ] (*compar* **crispier**, *superl* **crispiest**) adj [vegetables] croquant ; [biscuits] croquant, croustillant ; [bacon] croustillant.

crisscross ['krɪskrɒs] ◆ vt entrecroiser / *footpaths crisscrossed the hillside* des chemins s'entrecroisaient sur le flanc de la colline. ◆ vi s'entrecroiser. ◆ adj [lines] entrecroisé ; [in disorder] enchevêtré / *in a crisscross pattern* en croisillons. ◆ n entrecroisement *m* / *a crisscross of paths* un réseau de chemins. ◆ adv en réseau.

criterion [kraɪ'tɪərɪən] (*pl* **criteria** [-rɪə]) n critère *m*.

critic ['krɪtɪk] n [reviewer] critique *m* ; [fault-finder] critique *m*, détracteur *m*, -trice *f* / *it's all very well being an armchair critic* la critique est facile, l'art est difficile / *film | art | theatre critic* critique *m* de cinéma / d'art | de théâtre.

critical ['krɪtɪkl] adj **1.** [crucial] critique, crucial ; [situation] critique / *at a critical time* à un moment critique or crucial / *he's in a critical condition* or *on the critical list* il est dans un état critique ; PHYS critique / *the nuclear reactor went critical* la réaction nucléaire en chaîne s'est déclenchée **2.** [analytical] critique ; [disparaging] critique, négatif / *he's very critical of others* il critique beaucoup les autres, il est très critique vis-à-vis des autres ▸ **to look at sthg with a critical eye** regarder qqch d'un œil critique / *don't be so critical* ne soyez pas si négatif **3.** ART, LITER & MUS [analysis, edition] critique ; [essay, study] critique, de critique ; [from the critics] des critiques / *the play met with critical acclaim* la pièce fut applaudie par la critique.

critical angle n angle *m* critique.

critically ['krɪtɪklɪ] adj **1.** [analytically] d'un œil critique, en critique ; [disparagingly] sévèrement **2.** [seriously] gravement / *she is critically ill* elle est gravement malade, elle est dans un état critique.

critical mass n masse *f* critique.

critical path n [gen & COMPUT] chemin *m* critique ▸ **critical path method** méthode *f* du chemin critique.

critical temperature n température *f* critique.

criticism ['krɪtɪsɪzm] n critique *f* ▸ **to come in for criticism** se faire or se voir critiquer / *this isn't meant* *as a criticism but...* ce n'est pas une critique mais..., ce n'est pas pour critiquer mais... ▸ **literary criticism** la critique littéraire.

criticize, criticise ['krɪtɪsaɪz] vt **1.** [find fault with] critiquer, réprouver **2.** [analyse] critiquer, faire la critique de.

critique [krɪ'ti:k] ◆ n critique *f* (argumentée, raisonnée) / **'Critique of Pure Reason'** *Kant* 'Critique de la raison pure'. ◆ vt faire une critique de.

critter ['krɪtər] n US *inf* [creature] créature *f* ; [animal] bête *f*, bestiole *f*.

CRM n abbr of **customer relations management**.

croak [krəʊk] ◆ vi **1.** [frog] coasser ; [crow] croasser **2.** [person] parler d'une voix rauque ; [grumble] ronchonner **3.** *inf* [die] crever. ◆ vt [utter] dire d'une voix rauque or éraillée. ◆ n [of frog] coassement *m* ; [of crow] croassement *m* ; [of person] ton *m* rauque.

croaking ['krəʊkɪŋ] n [of frog] coassement *m* ; [of crow] croassement *m*.

croaky ['krəʊkɪ] adj enroué.

Croat ['krəʊæt] = **Croatian** *(noun)*.

Croatia [krəʊ'eɪʃə] pr n Croatie *f* / *in Croatia* en Croatie.

Croatian [krəʊ'eɪʃn] ◆ n **1.** [person] Croate *mf* **2.** LING croate *m*. ◆ adj croate.

crochet ['krəʊʃeɪ] ◆ n ▸ **crochet (work)** (travail *m* au) crochet *m*. ◆ vt faire au crochet. ◆ vi faire du crochet.

crochet-hook n crochet *m (pour faire du crochet)*.

crock [krɒk] n **1.** [jar, pot] cruche *f*, pot *m* de terre ; [broken earthenware] morceau *m* de faïence, tesson *m* ▸ **that's a crock (of shit)!** US *v inf* tout ça, c'est de la blague ! **2.** UK *inf* ▸ **old crock a)** [car] tacot *m*, guimbarde *f* **b)** [person] croulant *m*.

❖ **crocks** pl n vaisselle *f*.

crockery ['krɒkərɪ] n [pottery] poterie *f*, faïence *f* ; [plates, cups, bowls, etc.] vaisselle *f*.

crockpot ['krɒkpɒt] n mijoteuse *f*.

crocodile ['krɒkədaɪl] n **1.** [reptile] crocodile *m* **2.** UK SCH cortège *m* en rangs *(par deux)* ▸ **to walk in a crocodile** marcher deux par deux.

crocodile clip n pince *f* crocodile.

crocodile tears pl n larmes *fpl* de crocodile.

crocus ['krəʊkəs] n crocus *m* ▸ **crocus corm** bulbe *m* de crocus.

Croesus ['kri:səs] pr n Crésus ▸ **as rich as Croesus** riche comme Crésus.

croft [krɒft] n UK petite ferme *f*.

crofter ['krɒftər] n UK [farmer] petit fermier *m*.

crofting ['krɒftɪŋ] n (exploitation *f* en) affermage *m*.

Cromalin® ['krəʊməlɪn] n Cromalin®.

cromlech ['krɒmlek] n [circle of stones] cromlech *m* ; [tomb] tombeau *m* or tombe *f* mégalithique.

crone [krəʊn] n *inf* vieille bique *f*.

Cronos ['krəʊnɒs] pr n Cronos.

crony ['krəʊnɪ] (*pl* **cronies**) n *inf* pote *m*, copine *f*.

cronyism ['krəʊnɪɪzm] n copinage *m*.

crook [krʊk] ◆ n **1.** *inf* [thief] escroc *m*, filou *m* **2.** [bend - in road] courbe *f*, coude *m* ; [- in river] coude *m*, détour *m* ; [- in arm] coude *m* ; [- in leg] flexion *f* **3.** [staff - of shepherd] houlette *f* ; [- of bishop] crosse *f*. ◆ vt [finger] courber, recourber ; [arm] plier.

crooked ['krʊkɪd] ◆ adj **1.** [not straight, bent - stick] courbé, crochu ; [- path] tortueux ; [- person] courbé / *a crooked smile* un sourire grimaçant **2.** *inf* [dishonest] malhonnête. ◆ adv de travers.

crookedly ['krʊkɪdlɪ] adv **1.** [walk, stand] de travers **2.** [smile] en grimaçant.

crookedness ['krʊkɪdnɪs] n **1.** [curvature] courbure *f* **2.** *inf* [dishonesty] malhonnêteté *f*, fausseté *f*.

croon [kru:n] ◆ vi & vt **1.** [sing softly] fredonner, chantonner ; [professionally] chanter *(en crooner)* **2.** [speak softly, sentimentally] susurrer. ◆ n fredonnement *m*.

crooner ['kru:nər] n crooner *m*, chanteur *m* de charme.

crop [krɒp] (*pt & pp* **cropped**, *cont* **cropping**) ◆ n **1.** [produce] produit *m* agricole, culture *f* ▸ **food crops** cultures vivrières ; [harvest] récolte *f* ; [of fruit] récolte *f*, cueillette *f* ; [of grain] moisson *f* ▸ **to get in** or **to harvest the crops** faire la récolte, rentrer les récoltes / *we had a good wheat crop* or *crop of wheat* le blé a bien donné **2.** *fig* fournée *f* / *what do you think of this year's crop of students?* que pensez-vous des étudiants de cette année ? **3.** [of whip] manche *m* ; [riding whip] cravache *f* **4.** [of bird] jabot *m* **5.** [haircut - for man] coupe *f* rase or courte ; [- for woman] coupe courte or à la garçonne / *the barber gave me a (close) crop* le coiffeur m'a coupé les cheveux ras. ◆ vt **1.** [cut - hedge] tailler, tondre ; [- hair] tondre ; [- tail] écourter ; PHOT recadrer **2.** [subj: animal] brouter, paître **3.** [farm] cultiver ; [harvest] récolter. ◆ vi [land, vegetables] donner or fournir une récolte / *the tomatoes are cropping well this year* la récolte de tomates est bonne or les tomates donnent bien cette année.

❖ **crop up** vi *inf* survenir, se présenter / *his name cropped up in the conversation* son nom a surgi dans la conversation / *we'll deal with anything that crops up while you're away* on s'occupera de tout pendant votre absence.

crop dusting = **crop spraying**.

cropped ['krɒpt] adj ▸ **cropped hair** cheveux coupés ras ▸ **cropped trousers** pantacourt *m*.

cropper ['krɒpər] n UK *inf* ▸ **to come a cropper a)** [fall] se casser la figure **b)** [fail] se planter / *I came a cropper in the exams* je me suis ramassé or planté aux examens.

crop rotation n assolement *m*, rotation *f* des cultures.

crop spraying n pulvérisation *f* des cultures.

croquet ['krəʊkeɪ] ◆ n croquet *m*. ◆ comp [hoop, lawn, mallet] de croquet.

croquette [krɒ'ket] n croquette *f* ▸ **potato croquette** croquette de pomme de terre.

crosier ['krəʊʒjər] n crosse *f (d'évêque)*.

cross [krɒs] ◆ n **1.** [mark, symbol] croix *f* / *he signed with a cross* il a signé d'une croix ▸ **the Iron Cross** la Croix de fer **2.** RELIG croix *f* ▸ **the Cross** la Croix ; *fig* [burden] croix *f* / *we each have our cross to bear* chacun a or porte sa croix **3.** [hybrid] hybride *m* / *a cross between a horse and a donkey* un croisement *m* d'un cheval et d'une ânesse / *the novel is a cross between a thriller and a comedy* *fig* ce roman est un mélange de policier et de comédie **4.** SEW ▸ **on the cross** en biais ▸ **to cut sthg on the cross** couper qqch dans le biais / *a sleeve cut on the cross* une manche coupée en biais. ◆ vt **1.** [go across - road, room, sea] traverser ; [- bridge, river] traverser, passer ; [- fence, threshold] franchir / *the bridge crosses the river at Orléans* le pont franchit or enjambe le fleuve à Orléans / *she crossed the Atlantic* elle a fait la traversée de l'Atlantique / *to cross a picket line* franchir un piquet de grève / *a look of distaste crossed her face* une expression de dégoût passa sur son visage / *it crossed my mind that...* j'ai pensé or l'idée m'a effleuré que... / *he crossed my path again a few years later* nos chemins se sont à nouveau croisés quelques années plus tard ▸ **to cross the floor (of the House)** UK POL changer de parti politique ▸ **I'll cross that bridge when I come to it** je m'occuperai de ce problème en temps voulu **2.** [place one across the other] croiser / *to cross one's arms / one's legs* croiser les bras / les jambes ▸ **to cross one's fingers** or **keep one's fingers crossed (for sb)** : *cross your fingers for me* croise les doigts pour moi ▸ **to cross swords with sb** croiser le fer avec qqn ▸ **cross my palm (with silver)!** donnez-moi une petite pièce ! **3.** [mark with cross] faire une croix ▸ **to cross o.s.** RELIG faire le signe de (la) croix, se signer ▸ **cross your "t"s** barrez or mettez des barres à vos « t » ▸ **to cross a cheque** UK barrer un chèque ▸ **cross my heart and hope to die** *inf* croix de bois croix de fer, si je mens je vais en enfer **4.** [animals, plants] croiser **5.** [oppose] contrarier, contrecarrer / *crossed in love* malheureux en amour **6.** TELEC : *we've got a crossed line* il y a des interférences sur la ligne. ◆ vi **1.** [go across] traverser / *she crossed (over) to the door* elle est allée à la porte / *she crossed (over) to the other side of the road* elle a traversé la route / *we crossed from Belgium into France* nous sommes passés de Belgique en France / *they crossed from Dover to Boulogne* ils ont fait la traversée de Douvres à Boulogne **2.** [intersect - lines, paths, roads] se croiser, se rencontrer / *our letters crossed in the post* nos lettres se sont croisées. ◆ adj **1.** [angry] de mauvaise humeur, en colère / *she's cross with me* elle est fâchée contre moi / *don't be cross with me* il ne faut pas m'en vouloir / *he makes me so cross!* qu'est-ce qu'il peut m'agacer ! / *I got cross with them* je me suis fâché contre eux / *I never heard her utter a cross word* elle ne dit jamais un mot plus haut que l'autre ▸ **to be as cross as a bear** *inf* être dans une colère noire **2.** [diagonal] diagonal ▸ **cross member** CONSTR traverse *f*, entremise *f*.

❖ **cross off** vt sep [item] barrer, rayer ; [person] radier ▸ **to cross sb off the list** radier qqn.

❖ **cross out** vt sep barrer, rayer.

crossbar ['krɒsbɑ:r] n [on bike] barre *f* ; [on goalposts] barre *f* transversale.

crossbeam ['krɒsbi:m] n traverse *f*, sommier *m*.

crossbench ['krɒsbentʃ] n *(usu pl)* UK POL *banc où s'assoient les députés non inscrits à un parti* / *on the crossbenches* du côté des non-inscrits.

crossbencher [,krɒs'bentʃər] n UK POL *au Parlement britannique, membre non inscrit, assis sur les bancs transversaux.*

crossbill ['krɒsbɪl] n bec-croisé *m*.

crossbones ['krɒsbəʊnz] pl n os *mpl* en croix or de mort.

cross-border adj transfrontalier.

crossbow ['krɒsbəʊ] n arbalète *f*.

crossbred ['krɒsbred] ◆ adj hybride, métis. ◆ n hybride *m*, métis *m*, -isse *f*.

crossbreed ['krɒsbri:d] (*pt & pp* **crossbred** ['krɒsbred]) ◆ vt croiser. ◆ n [animal, plant] hybride *m*, métis *m*, -isse *f* ; *pej* [person] métis *m*, -isse *f*, sang-mêlé *mf*.

cross-Channel adj UK [ferry, route] qui traverse la Manche.

cross-check ◆ vt contrôler (par contre-épreuve or par recoupement). ◆ vi vérifier par recoupement. ◆ n contre-épreuve *f*, recoupement *m*.

cross-country ◆ n cross-country *m*, cross *m*. ◆ adj ▸ **cross-country runner** coureur *m*, -euse *f* de cross ▸ **cross-country skier** fondeur *m*, -euse *f* ▸ **cross-country skiing** ski *m* de fond. ◆ adv à travers champs.

cross-cultural adj interculturel.

cross-current n contre-courant *m*.

cross-curricular adj pluridisciplinaire.

crosscut ['krɒskʌt] ◆ adj [incision] coupé en travers ; [tool] qui coupe en travers ▸ **crosscut chisel** bédane *m* ▸ **crosscut saw** scie *f* passe-partout. ◆ vt couper en travers.

cross-dresser n travesti *m*.

cross-dressing n travestisme *m*, transvestisme *m*.

crosse [krɒs] n crosse *f (au jeu de la crosse)*.

crossed [krɒst] adj croisé ▸ **crossed cheque** chèque *m* barré ▸ **crossed line** TELEC ligne *f* embrouillée.

cross-examination n contre-interrogatoire *m*.

cross-examine vt [gen] soumettre à un interrogatoire serré ; LAW faire subir un contre-interrogatoire à.

cross-eyed adj qui louche / *she's cross-eyed* elle louche.

cross-fertilization n croisement *m* ; *fig* osmose *f*, enrichissement *m* mutuel.

cross-fertilize, cross-fertilise vt croiser.

crossfire ['krɒs,faɪəʳ] n feux *mpl* croisés ▸ **to be caught in the crossfire** *lit & fig* être pris entre deux feux.

cross-grained adj **1.** [wood] à fibres torses **2.** [person] revêche, acariâtre.

cross hairs pl n *fils croisés d'une lunette qui déterminent la ligne de visée.*

cross-hatch vt hachurer en croisillons.

cross-hatching n hachures *fpl* croisées.

crosshead ['krɒshed] n **1.** TYPO sous-titre *m* **2.** TECH [block - gen] palier *m* ; [- in engine] crosse *f* **3.** NAUT (barre *f* de) traverse *f*.

crossheaded ['krɒshedɪd] adj [screwdriver] cruciforme.

cross-index ◆ vi renvoyer à. ◆ vt établir les renvois de. ◆ n renvoi *m*, référence *f*.

crossing ['krɒsɪŋ] n **1.** [intersection] croisement *m* ; [of roads] croisement *m*, carrefour *m* **2.** [sea journey] traversée *f* **3.** [inter-breeding] croisement *m*.

crossing guard n US *employée municipale qui fait traverser les enfants.*

cross-kick ◆ n SPORT *coup de pied qui envoie le ballon à travers le terrain.* ◆ vi SPORT *envoyer le ballon à l'autre bout du terrain.*

cross-legged [krɒs'legɪd] adj en tailleur.

crossly ['krɒslɪ] adv avec mauvaise humeur.

crossover ['krɒs,əʊvəʳ] ◆ n **1.** [of roads] (croisement *m* par) pont *m* routier ; [for pedestrians] passage *m* clouté ; RAIL voie *f* de croisement **2.** BIOL croisement *m*. ◆ adj MUS [style] hybride / *a crossover hit* une chanson hybride.

cross-party adj POL : *cross-party agreement* accord *m* entre partis.

crosspatch ['krɒspætʃ] n *inf* grincheux *m*, -euse *f*.

crosspiece ['krɒspi:s] n traverse *f*.

cross-platform adj multiplateforme.

crossply ['krɒsplaɪ] adj [tyre] à carcasse biaise or croisée.

cross-pollinate ◆ vi se reproduire par pollinisation croisée. ◆ vt féconder par pollinisation croisée.

cross-pollination n pollinisation *f* croisée.

cross-post vt COMPUT faire un envoi multiple de.

crossposting [krɒs'pəʊstɪŋ] n COMPUT envoi *m* multiple.

cross-purposes pl n ▸ **to be at cross-purposes with sb a)** [misunderstand] comprendre qqn de travers **b)** [oppose] être en desaccord avec qqn / *we were at cross-purposes* il y a eu un malentendu entre nous / *they were talking at cross-purposes* leur conversation tournait autour d'un quiproquo.

cross-question = cross-examine.

cross-refer ◆ vi ▸ **to cross-refer to sthg** renvoyer à qqch. ◆ vt renvoyer.

cross-reference n renvoi *m*, référence *f*.

crossroads ['krɒsrəʊdz] (*pl* **crossroads**) n croisement *m*, carrefour *m* / *her career is at a crossroads* sa carrière va maintenant prendre un tournant décisif.

cross-section n **1.** [gen & BIOL] coupe *f* transversale **2.** [sample - of population] échantillon *m*.

cross-stitch ◆ n point *m* de croix. ◆ vt coudre au point de croix.

cross street n US rue *f* transversale.

crosstalk ['krɒs,tɔ:k] n **1.** RADIO & TELEC diaphonie *f* **2.** UK [witty exchange] joutes *fpl* oratoires.

crosstie ['krɒstaɪ] n US traverse *f* *(de voie ferrée).*

crosstown ['krɒstaʊn] US ◆ adj qui traverse la ville ▸ **crosstown artery** / **bus** voie *f* / bus *m* qui traverse la ville. ◆ adv à travers la ville.

crosstree ['krɒstri:] n traverse *f*.

crosswalk ['krɒswɔ:k] n US passage *m* clouté.

crossways ['krɒsweɪz] (*pl* **crossways**) ◆ n US = **crossroads.** ◆ adj & adv = **crosswise.**

crosswind ['krɒswɪnd] n vent *m* de travers.

cross wires = cross hairs.

crosswise ['krɒswaɪz] adj & adv [shaped like cross] en croix ; [across] en travers ; [diagonally] en travers, en diagonale.

crossword (puzzle) ['krɒswɜ:d-] n mots *mpl* croisés.

crotch [krɒtʃ] n [of tree] fourche *f* ; [of trousers] entre-jambes *m* / *she kicked him in the crotch* elle lui a donné un coup de pied entre les jambes.

crotchet ['krɒtʃɪt] n UK noire *f*.

crotchety ['krɒtʃɪtɪ] adj *inf* grognon, bougon.

crouch [kraʊtʃ] ◆ vi ▸ **to crouch (down) a)** [person] s'accroupir, se tapir **b)** [animal] s'accroupir, se ramasser. ◆ n [posture] accroupissement *m* ; [act] action *f* de se ramasser.

croup [kru:p] n **1.** [of animal] croupe *f* **2.** MED croup *m*.

croupier ['kru:pɪəʳ] n croupier *m*.

crouton ['kru:tɒn] n croûton *m*.

crow [krəʊ] (UK *pt* **crowed** *or* **crew** [kru:] ; US *pt* **crowed**) ◆ n **1.** ORNITH corbeau *m* ; [smaller] corneille *f* ▸ **it's 3 miles as the crow flies** c'est à 3 miles à vol d'oiseau ▸ **he had to eat crow** US *inf* il a dû admettre qu'il avait tort **2.** [sound of cock] chant *m* du coq, cocorico *m* **3.** [of baby] gazouillis *m*. ◆ vi **1.** [cock] chanter **2.** [baby] gazouiller **3.** [boast] se vanter / *it's nothing to crow about* il n'y a pas de quoi être fier ▸ **to crow over sthg** se vanter de qqch.

crowbar ['krəʊbɑ:ʳ] n (pince *f* à) levier *m*.

crowd [kraʊd] ◆ n **1.** [throng] foule *f*, masse *f* / *a crowd of noisy children* une bande d'enfants bruyants / *don't get lost in the crowd* ne vous perdez pas dans la foule / *a disorderly crowd* une cohue / *there were crowds of people in town* il y avait foule en ville / *there was quite a crowd at the match* il y avait beaucoup de monde au match / *the concert drew a good crowd* le concert a attiré beaucoup de monde / *she stands out in a crowd* elle se distingue de la masse **2.** *inf* [social group] bande *f* / *to be in with the wrong crowd* avoir de mauvaises fréquentations / *they stick to their own crowd* ils font bande à part **3.** *fig & pej* [people as a whole] ▸ **the crowd** la foule, la masse du peuple / *she always goes with* or *follows the crowd* elle suit toujours le mouvement / *she doesn't like to be one of the crowd* elle n'aime pas faire comme tout le monde. ◆ vi se presser ▸ **to crowd round sb** / **sthg** se presser autour de qqn / qqch / *they crowded round to read the poster* ils se sont attroupés pour lire l'affiche / *the reporters crowded into the room* les journalistes se sont entassés dans la pièce / *don't all crowd together!* ne vous serrez pas comme ça ! / *they came crowding through the door* ils se sont bousculés pour entrer / *we crowded up* / *down the stairs* tout le monde a monté / descendu l'escalier. ◆ vt **1.** [cram] serrer, entasser / *people crowded the streets* / *the shops* des gens se pressaient dans les rues / les magasins / *the tables are crowded together* les tables sont collées les unes aux autres / *the park was crowded with sunbathers* le parc était plein de gens qui prenaient des bains de soleil **2.** *inf* [jostle] bousculer / *stop crowding me!* arrêtez de me bousculer !, ne me poussez pas ! / *I was crowded off the bus* la foule m'a éjecté du bus **3.** NAUT ▸ **to crowd on sail** mettre toutes les voiles dehors.

⇝ **crowd in** vi **1.** [enter] entrer en foule, affluer **2.** *fig* [flood in] ▸ **to crowd in on sb** submerger qqn / *gloomy thoughts kept crowding in on me* de sombres pensées m'assaillaient.

⇝ **crowd out** ◆ vi sortir en foule. ◆ vt sep : *we were crowded out by a bunch of students* un groupe d'étudiants nous a poussés vers la sortie / *independent traders are being crowded out by bigger stores* les petits commerçants sont étouffés par les grands magasins.

crowded ['kraʊdɪd] adj **1.** [busy - room, building, bus, etc.] bondé, plein ; [- street] plein (de monde) ; [- town] encombré (de monde), surpeuplé / *the crowded streets of Bombay* les rues bondées de Bombay / *a room crowded with furniture* / *with people* une pièce encombrée de meubles / pleine de monde / *the shops are too crowded* il y a trop de monde dans les magasins / *he has a crowded schedule* son emploi du temps est surchargé **2.** [overpopulated] surpeuplé / *crowded inner-city areas* les quartiers surpeuplés du centre-ville.

crowdpleaser ['kraʊd,pli:zəʳ] n [person] démagogue *mf*.

crowdpuller ['kraʊd,pʊləʳ] n UK *inf* : *his play is a real crowdpuller* sa pièce attire les foules.

crowd scene n scène *f* de foule.

crowfoot ['krəʊfʊt] n **1.** (*pl* **crowfoots**) BOT renoncule *f* **2.** (*pl* **crowfeet**) NAUT araignée *f*.

crown [kraʊn] ◆ n **1.** [headdress] couronne *f* / *to succeed to the crown* accéder au trône / *she wears the crown* c'est elle qui règne ▸ **crown of thorns** couronne d'épines **2.** [regal power] couronne *f*, pouvoir *m* royal **3.** [award] prix *m* / *she won the Wimbledon crown for the second year running* elle a remporté le tournoi de Wimbledon pour la seconde année consécutive **4.** [top - of head] sommet *m* de la tête ; [- of hat] fond *m* ; [- of hill, tree] sommet *m*, cime *f* ; [- of roof] faîte *m* ; [- of road] milieu *m* ; [- of tooth] couronne *f* ; [ARCHIT - of arch] clef *f* **5.** [coin] couronne *f* **6.** [outstanding achievement] couronnement *m* / *it was the crown of his career* ce fut le couronnement de sa carrière **7.** [paper size] couronne *f* **8.** [of anchor] diamant *m*. ◆ vt **1.** [confer a title on] couronner, sacrer / *she was crowned queen* / *champion* elle fut couronnée reine / championne / *the crowned heads of Europe* les têtes couronnées d'Europe **2.** [top] couronner / *to crown a tooth* couronner une dent / *her election success crowned her career* son succès aux élections a couronné sa carrière / *and to crown it all, it started to rain* *fig* et pour couronner le tout, il s'est mis à pleuvoir **3.** [in draughts] damer **4.** *inf* [hit] flanquer un coup (sur la tête) à.

⇝ **Crown** n ▸ **the Crown** la Couronne, l'État *m* (monarchique) ▸ **counsel for the Crown** UK LAW conseiller *m* juridique de la Couronne ▸ **Crown witness** UK LAW témoin *m* à charge.

Crown Agent n *fonctionnaire du ministère britannique du développement outre-mer chargé des pays étrangers et des organisations internationales.*

crown cap n UK capsule *f* (de bouteille).

crown colony n UK colonie *f* de la Couronne.

crown court n ≃ Cour *f* d'assises *(en Angleterre et au Pays de Galles).*

Crown Derby [-'dɑ:bɪ] n *vaisselle de porcelaine fabriquée à Derby en Angleterre.*

crown green n terrain *m* (de boules) bombé.

crown imperial n couronne *f* impériale.

crowning ['kraʊnɪŋ] ◆ n couronnement *m*. ◆ adj *fig* suprême ▸ **crowning glory** *hum* [hair] chevelure *f* / *the crowning glory* or *moment of her career* le plus grand triomphe de sa carrière.

crown jewels pl n joyaux *mpl* de la Couronne.

crown land n terres *fpl* domaniales.

crown prince n prince *m* héritier.

crown princess n [heir to throne] princesse *f* héritière ; [wife of crown prince] princesse *f* royale.

Crown Prosecution Service pr n ▸ **the Crown Prosecution Service** *organisme public qui décide si les affaires doivent être portées devant les tribunaux en Angleterre et au Pays de Galles.*

crown roast n rôti *m* en couronne.

crown wheel n [gen] couronne *f* ; AUTO grande couronne *f* ▸ **crown wheel and pinion** couronne d'entraînement.

crow's feet pl n [wrinkles] pattes *fpl* d'oie *(rides).*

crow's nest n NAUT nid *m* de pie.

crozier ['krəʊʒjəʳ] = crosier.

CRT (abbr of **cathode-ray tube**) n **1.** [in TV set] tube *m* cathodique **2.** US [work station] poste *m* de travail.

cruces ['kru:si:z] pl ⟶ **crux.**

crucial ['kru:ʃl] adj **1.** [critical] critique, crucial ; MED & PHILOS crucial **2.** *v inf* [excellent] d'enfer / *those jeans are crucial* il est d'enfer, ce jean !

crucially ['kru:ʃəlɪ] adv fondamentalement.

crucible ['kru:sɪbl] n [vessel] creuset *m* ; *fig* [test] (dure) épreuve *f* / **'The Crucible'** *Miller* 'les Sorcières de Salem'.

crucible steel n acier *m* fondu au creuset.

crucifix ['kru:sɪfɪks] n christ *m*, crucifix *m* ▸ **(roadside) crucifix** calvaire *m*.

crucifixion [,kru:sɪ'fɪkʃn] n crucifiement *m*.
❖ **Crucifixion** n ▸ **the Crucifixion** RELIG la crucifixion, la mise en croix.

cruciform ['kru:sɪfɔ:m] adj cruciforme, en croix.

crucify ['kru:sɪfaɪ] (*pt & pp* **crucified**) vt **1.** [execute] crucifier, mettre en croix **2.** *fig* [treat harshly] mettre au pilori / *he was crucified in the courtroom when he tried to defend himself* il a été mis au pilori lorsqu'il a essayé de se défendre au tribunal / *my mum will crucify us if she finds out!* ma mère va nous étriper si elle découvre ça !

crud [krʌd] n *v inf* **1.** [dirt] crasse *f* ▸ **you crud!** *fig* espèce de minable ! **2.** [disease] ▸ **the crud** la crève.

cruddy ['krʌdɪ] (*compar* **cruddier**, *superl* **cruddiest**) adj *v inf* [dirty] crado ; [lousy] dégueulasse / *I feel cruddy* je ne me sens pas bien, je ne suis pas dans mon assiette.

crude [kru:d] ◆ adj **1.** [vulgar - person, behaviour] vulgaire, grossier ; [- manners] fruste, grossier / *a crude remark* une grossièreté / *crude jokes* des plaisanteries grossières **2.** [raw] brut ; [sugar] non raffiné ▸ **crude ore** tout-venant *m* **3.** [unsophisticated - tool] grossier, rudimentaire ; [- piece of work] mal fini, sommaire ; [- drawing] grossier / *it was a crude attempt at self-promotion* c'était une tentative grossière pour se mettre en avant **4.** [stark - colour, light] cru, vif. ◆ n = **crude oil**.

crudely ['kru:dlɪ] adv **1.** [vulgarly] grossièrement ; [bluntly] crûment, brutalement **2.** [unsophisticatedly] grossièrement, sommairement / *a crudely built hut* une cabane grossière.

crudeness ['kru:dnɪs] = **crudity**.

crude oil n (pétrole *m*) brut *m*.

crudity ['kru:dɪtɪ] n **1.** [vulgarity] grossièreté *f* **2.** [rawness - of material] état *m* brut **3.** [lack of sophistication - of tool] caractère *m* rudimentaire ; [- of drawing, work] manque *m* de fini, caractère *m* sommaire.

cruel [krʊəl] adj **1.** [unkind] cruel ▸ **to be cruel to sb** être cruel envers qqn ▸ **you've got to be cruel to be kind** qui aime bien châtie bien *prov* **2.** [painful] douloureux, cruel / *it was a cruel disappointment* ce fut une cruelle déception / *a cruel wind* un vent mauvais or cinglant.

To be cruel to be kind

Dans la pièce homonyme de Shakespeare, Hamlet s'en prend à sa mère pour les infidélités qu'elle a commises envers la mémoire de son défunt mari. Il justifie la dureté de ses propos en disant **I must be cruel only to be kind.** *Je dois être cruel pour être juste.* Entrée dans le langage courant, l'expression **to be cruel to be kind** est employée pour justifier des actes ou des paroles durs, mais que l'on estime nécessaires:

I decided it was better to be cruel to be kind and I told him I couldn't see him any more. *Au risque d'être cruel, j'ai fait ce qui me semblait nécessaire et lui ai dit que nous devions arrêter de nous voir.*

There's no such thing as being cruel to be kind in dog training. *En matière d'éducation canine, il faut bannir la méthode du bâton.*

cruelly ['krʊəlɪ] adv cruellement / *she was cruelly deprived of victory* elle a été rattrapée sur la ligne d'arrivée.

cruelty ['krʊəltɪ] (*pl* **cruelties**) n **1.** [gen] cruauté *f* / *cruelty to animals* la cruauté envers les animaux **2.** LAW sévices *mpl* / *indicted for cruelty to her children* inculpée pour sévices sur ses enfants / *divorce on the grounds of cruelty* divorce pour sévices **3.** [cruel act] cruauté *f* / *he had to suffer the cruelties of his classmates* il lui a fallu endurer les cruautés de ses camarades de classe.

cruet ['kru:ɪt] n **1.** [for oil, vinegar] petit flacon *m* **2.** [set of condiments] service *m* à condiments **3.** RELIG burette *f*.

Cruft's [krʌfts] pr n *le plus important concours canin de Grande-Bretagne.*

cruise [kru:z] ◆ n **1.** [sea trip] croisière *f* / *they went on a cruise* ils sont partis en or ont fait une croisière / *to be on a cruise* être en croisière **2.** = **cruise missile**. ◆ vi **1.** [ship] croiser ; [tourists] être en croisière **2.** [car] rouler ; [plane] voler / *we cruised along at 70* nous roulions tranquillement à 70 km/h / *I cruised through the exam* j'ai trouvé l'examen très facile ; [police car, taxi] marauder, être en maraude / *a cruising taxi* un taxi en maraude **3.** *inf* [for sexual partner] draguer. ◆ vt **1.** [ocean] croiser dans **2.** *inf* [sexual partner] draguer.

cruise control n AUTO régulateur *m* d'allure.

cruise missile n missile *m* de croisière.

cruiser ['kru:zəʳ] n **1.** [warship] croiseur *m* ; [pleasure boat] yacht *m* de croisière **2.** US [police patrol car] voiture *f* de police (en patrouille).

cruiserweight ['kru:zəweɪt] n poids *m* mi-lourd.

cruising ['kru:zɪŋ] n [in boat] croisière *f*, croisières *fpl* ▸ **cruising altitude** altitude *f* de croisière ▸ **cruising holiday** croisière *f* ▸ **cruising range** AERON autonomie *f* à vitesse de croisière ▸ **cruising speed** vitesse *f* de croisière.

cruller ['krʌləʳ] n US beignet *m*.

crumb [krʌm] n **1.** [of bread] miette *f* ; [inside loaf] mie *f* ; *fig* [small piece] miette *f*, brin *m* / *a few crumbs of information* les bribes d'information / *the news from the hospital didn't offer any crumbs of comfort / hope* les nouvelles de l'hôpital n'apportèrent pas le moindre réconfort / espoir **2.** US *inf* [person] nul *m*, nulle *f*.

crumble ['krʌmbl] ◆ vt [bread, stock cube] émietter ; [earth, plaster] effriter. ◆ vi [bread] s'émietter ; [plaster] s'effriter ; [building] tomber en ruines, se désagréger ; [earth, stone] s'ébouler ; *fig* [hopes, society] s'effondrer, s'écrouler / *his world was crumbling around him fig* tout son petit monde s'écroulait or s'effondrait. ◆ n crumble *m (dessert composé d'une couche de compote de fruits recouverte de pâte sablée).*

crumbly ['krʌmblɪ] (*compar* **crumblier**, *superl* **crumbliest**) adj friable.

crumbs [krʌmz] interj UK *inf & dated* mince, zut.

crumhorn ['krʌm,hɔ:n] n cromorne *m*.

crummy ['krʌmɪ] (*compar* **crummier**, *superl* **crummiest**) adj *inf* **1.** [bad] minable, nul **2.** [unwell] : *I feel crummy* je ne me sens pas bien.

crump [krʌmp] ◆ vi éclater. ◆ vt bombarder. ◆ n **1.** [noise] éclatement *m* **2.** *inf* MIL [shell] obus *m*.

crumpet ['krʌmpɪt] n UK **1.** [cake] *galette épaisse qu'on mange chaude et beurrée* **2.** *v inf* [women] nanas *fpl*, pépées *fpl* / *a nice bit of crumpet* une jolie nana, une belle pépée.

crumple ['krʌmpl] ◆ vt froisser, friper / *be careful not to crumple your dress* fais attention de ne pas froisser or chiffonner ta robe / *to crumple a piece of paper (up) into a ball* chiffonner un papier. ◆ vi **1.** [crease] se froisser, se chiffonner **2.** [collapse] s'effondrer, s'écrouler / *his face crumpled and tears came to his eyes fig* son visage se contracta et ses yeux se remplirent de larmes.

crumpled ['krʌmpld] adj froissé / *his clothes were lying in a crumpled heap* ses vêtements étaient jetés en boule / *she was lying in a crumpled heap* elle était recroquevillée par terre.

crumple zone n AUTO zone *f* d'absorption.

crunch [krʌntʃ] ◆ vi **1.** [gravel, snow] craquer, crisser / *the snow crunched beneath my feet* la neige crissait sous mes pieds **2.** [chew] croquer ▸ **to crunch on sthg** croquer qqch. ◆ vt **1.** [chew] croquer / *the dog was crunching a bone* le chien mordait bruyamment un os **2.** [crush underfoot] faire craquer or crisser, écraser **3.** [process - data, numbers] traiter. ◆ n **1.** [sound - of teeth] coup *m* de dents ; [- of food] craquement *m* ; [- of gravel, snow] craquement *m*, crissement *m* **2.** *inf* [critical moment] moment *m* critique / *when it comes to the crunch* dans une situation critique, au moment crucial / *if it comes to the crunch* en cas de besoin **3.** *inf* [busy time] ▸ **to have a crunch on** être surchargé **4.** SPORT [sit-up] redressement *m* assis. ◆ adj *inf* critique, décisif / *a crunch match* un match décisif.
❖ **crunch up** vt sep broyer.

crunched [krʌntʃd] adj *inf* [busy] très occupé / *how crunched are you?* tu as beaucoup de travail ?

crunchy ['krʌntʃɪ] (*compar* **crunchier**, *superl* **crunchiest**) adj **1.** [food] croquant ; [snow, gravel] qui craque or crisse **2.** US *inf* [interested in health foods] branché bio.

crunk [krʌŋk] n MUS crunk *m (variété de rap).*

crupper ['krʌpəʳ] n [on saddle] croupière *f* ; [of horse] croupe *f (de cheval).*

crusade [kru:'seɪd] ◆ n HIST & *fig* croisade *f* ▸ **to go on (a) crusade a)** *fig* faire une croisade **b)** HIST partir en croisade. ◆ vi HIST partir en croisade, être à la croisade ; *fig* faire une croisade ▸ **to crusade for / against sthg** mener une croisade pour / contre qqch.

crusader [kru:'seɪdəʳ] n HIST croisé *m* ; *fig* champion *m*, -onne *f*, militant *m*, -e *f* / *the crusaders for / against nuclear power* ceux qui militent pour / contre l'énergie nucléaire.

Cruse [kru:z] pr n *association de soutien aux personnes ayant perdu un proche.*

crush [krʌʃ] ◆ vt **1.** [smash - gen] écraser, broyer / *crushed ice* glace *f* pilée / *his leg / arm had been crushed in the accident* sa jambe a été écrasée / son bras a été écrasé dans l'accident / *they were crushed to death* ils sont morts écrasés **2.** [crease] froisser, chiffonner ▸ **crushed velvet** velours *m* frappé **3.** [defeat - enemy] écraser ; [suppress - revolt] écraser, réprimer ; *fig* [hopes] écraser / *she felt crushed by the news* elle a été accablée or atterrée par la nouvelle / *he crushed any attempt at reconciliation* il a fait échouer toutes les tentatives de réconciliation **4.** [squash, press] serrer ▸ **to be crushed together** être tassés or serrés les uns contre les autres / *too many things had been crushed into the box* on avait entassé trop de choses dans la boîte / *we were crushed in the race for the door* nous avons été écrasés dans la ruée vers la porte. ◆ vi **1.** [throng] se serrer, s'écraser / *we all crushed into the lift* nous nous sommes tous entassés dans l'ascenseur **2.** [crease] se froisser. ◆ n **1.** [crowd] foule *f*, cohue *f* / *there was a terrible crush* il y avait un monde fou / *in the crush to enter the stadium* dans la bousculade pour entrer dans le stade **2.** *inf* [infatuation] béguin *m* ▸ **to have a crush on sb** en pincer pour qqn **3.** UK [drink] jus *m* de fruit / *lemon crush* citron *m* pressé.

crush barrier n barrière *f* de sécurité.

crusher ['krʌʃəʳ] n broyeur *m*, concasseur *m*.

crushing ['krʌʃɪŋ] adj [defeat] écrasant ; [remark] cinglant, percutant.

crush-resistant adj solide, résistant (au choc).

crust [krʌst] ◆ n **1.** [of bread, pie] croûte *f* ; [of snow, ice] couche *f* / *a crust of bread* un croûton, une croûte / *the earth's crust* GEOL la croûte or l'écorce terrestre ▸ **to earn a crust** gagner sa croûte **2.** [on wound] croûte *f*, escarre *f* **3.** [on wine] dépôt *m*. ◆ vt couvrir d'une croûte. ◆ vi former une croûte.

crustacean [krʌ'steɪʃn] ◆ adj crustacé. ◆ n crustacé *m*.

crusty ['krʌstɪ] (*compar* **crustier**, *superl* **crustiest**) ◆ adj **1.** [bread] croustillant **2.** [bad-tempered - person] hargneux, bourru ; [-remark] brusque, sec (sèche). ◆ n UK *inf* jeune *mf* crado.

crutch [krʌtʃ] n **1.** [support] support *m*, soutien *m* ; [for walking] béquille *f* ; ARCHIT étançon *m* ; NAUT support *m* / *she uses crutches* elle marche avec des béquilles **2.** *fig* soutien *m* / *he uses notes as a mental crutch* il se sert de ses notes comme aide-mémoire **3.** UK = crotch.

crux [krʌks] (*pl* cruxes *or* cruces ['kru:si:z]) n **1.** [vital point] point *m* crucial or capital ; [of problem] cœur *m* / *the crux of the matter* le nœud de l'affaire **2.** [in climbing] passage-clef *m*.

cry [kraɪ] (*pt & pp* cried, *pl* cries) ◆ vi **1.** [weep] pleurer / *she cried in* or *with frustration* elle pleurait d'impuissance / *we laughed until we cried* nous avons pleuré de rire or avons ri aux larmes / *the film made them cry* ils ont pleuré pendant le film / *to cry loudly / bitterly* pleurer à chaudes larmes / amèrement ▸ **it's no use crying over spilt milk** *prov* ce qui est fait est fait ▸ **to cry into one's beer** US *inf* pleurer sur son sort **2.** [call out] crier, pousser un cri / *to cry (out) in pain* pousser un cri de douleur / *to cry for help* crier au secours / *to cry for mercy* demander grâce, implorer la pitié ▸ **to cry for the moon** demander la lune or l'impossible **3.** [bird, animal] pousser un cri or des cris ; [hounds] donner de la voix, aboyer. ◆ vt **1.** [weep] pleurer / *she cried herself to sleep* elle s'est endormie en pleurant / *he cried tears of joy* il versa des larmes de joie / *he was crying his heart* or *eyes out* il pleurait toutes les larmes de son corps **2.** [shout] crier / *"look", she cried* « regardez », s'écria-t-elle / *he cried quits* or *mercy* il s'est avoué vaincu ▸ **to cry wolf** crier au loup. ◆ n **1.** [exclamation] cri *m* / *she gave a cry of surprise* elle a poussé un cri de surprise / *he heard a cry for help* il a entendu crier au secours / *there have been cries for lower taxes* *fig* on a réclamé une baisse des impôts ▸ **to be in full cry** crier à tue-tête **2.** [of birds, animals] cri *m* ; [of hounds] aboiements *mpl*, voix *f* **3.** [weep] ▸ **to have a good cry** pleurer un bon coup.

❖ **cry down** vt sep décrier.

❖ **cry off** vi [from meeting] se décommander ; [from promise] se rétracter, se dédire / *she's crying off from the project* elle se retire du or renonce au projet.

❖ **cry out** ◆ vi pousser un cri / *I cried out to them* je les ai appelés ▸ **to cry out against** *fig* protester contre / *the country is crying out against high taxation* tout le pays proteste contre les impôts élevés ▸ **to cry out for sthg** demander or réclamer qqch / *the system is crying out for revision* or *to be revised* *fig* le système a grand besoin d'être révisé ▸ **for crying out loud!** *inf* bon sang ! ◆ vt sep s'écrier / *"listen", she cried out* « écoutez », s'écria-t-elle.

❖ **cry up** vt sep prôner, exalter.

crybaby ['kraɪ,beɪbɪ] (*pl* crybabies) n *inf* pleurnichard *m*, -e *f*.

crying ['kraɪɪŋ] ◆ adj **1.** [person] qui pleure, pleurant **2.** *inf* [as intensifier] criant, flagrant / *there is a crying need for more teachers* on a un besoin urgent d'enseignants / *it's a crying shame* c'est un scandale. ◆ n *(U)* **1.** [shouting] cri *m*, cris *mpl* / *we could hear the crying of the baby* on entendait les cris du bébé **2.** [weeping] pleurs *mpl* / *stop your crying* arrête de pleurer.

cryogenic [,kraɪə'dʒenɪk] adj cryogène.

cryogenics [,kraɪə'dʒenɪks] n *(U)* [science] cryologie *f* ; [production] cryogénie *f*.

cryolite ['kraɪəlaɪt] n cryolite *f*, cryolithe *f*.

cryonics [kraɪ'ɒnɪks] n *(U)* cryogénisation *f*.

cryosurgery [,kraɪəʊ'sɜ:dʒərɪ] n cryochirurgie *f*.

cryotherapy [kraɪə'θerəpɪ] n cryothérapie *f*.

crypt [krɪpt] n crypte *f*.

cryptanalysis [,krɪptə'næləsɪs] n cryptographie *f*.

cryptic ['krɪptɪk] adj [secret] secret (secrète) ; [obscure] énigmatique, sibyllin ▸ **cryptic crossword** *mot-croisé dont les définitions sont des énigmes qu'il faut résoudre.*

cryptically ['krɪptɪklɪ] adv [secretly] secrètement ; [obscurely] énigmatiquement.

crypto- ['krɪptəʊ] in comp crypto- ▸ **crypto-fascist** cryptofasciste *mf*.

cryptococcosis [krɪptəkɒ'kəsɪs] n cryptococcose *f*.

cryptogram ['krɪptəʊgræm] n cryptogramme *m*.

cryptographer [krɪp'tɒgrəfər] n cryptographe *mf*.

cryptographic [krɪptə'græfɪk] adj cryptographique.

cryptography [krɪp'tɒgrəfɪ], **cryptology** [krɪp'tɒlədʒɪ] n cryptographie *f*.

crystal ['krɪstl] ◆ n **1.** [gen & MINER] cristal *m* **2.** [chip] cristal *m* / *salt / snow crystals* cristaux de sel / de neige **3.** US [of watch] verre *m* (de montre) **4.** ELECTRON galène *f*. ◆ adj [vase, glass, water] de cristal / *crystal factory* cristallerie *f*.

crystal ball n boule *f* de cristal.

crystal clear adj clair comme le jour or comme de l'eau de roche ; [voice] cristalline.

crystal-gazer n voyant *m*, -e *f* *(qui lit dans une boule de cristal)*.

crystal-gazing n *(U)* [in ball] (art *m* de la) voyance *f* ; *fig* prédictions *fpl*, prophéties *fpl*.

crystalline ['krɪstəlaɪn] n cristallin.

crystalline lens n cristallin *m*.

crystallite ['krɪstəlaɪt] n cristallite *f*.

crystallization [,krɪstəlaɪ'zeɪʃn] n [gen & SCI] cristallisation *f*.

crystallize, **crystallise** ['krɪstəlaɪz] ◆ vi *lit & fig* se cristalliser. ◆ vt cristalliser ; [sugar] (faire) candir ▸ **crystallized fruit** fruits *mpl* confits.

crystallography [,krɪstə'lɒgrəfɪ] n cristallographie *f*.

crystalloid ['krɪstəlɔɪd] ◆ adj cristalloïde. ◆ n cristalloïde *m*.

Crystal Palace pr n *édifice de verre et d'acier construit en 1851 à Hyde Park pour la Grande Exposition de Londres. Détruit en 1936 par un incendie, il a donné son nom à un terrain de football.*

crystal set n poste *m* à galène.

CSA pr n **1.** abbr of Confederate States of America **2.** abbr of Child Support Agency.

CSC (abbr of Civil Service Commission) pr n *commission de recrutement des fonctionnaires.*

CSEU (abbr of Confederation of Shipbuilding and Engineering Unions) pr n *confédération britannique des syndicats de la construction navale et de la mécanique.*

CS gas n UK gaz *m* CS or lacrymogène.

CSM n abbr of Company Sergeant-Major.

CST n abbr of Central Standard Time.

ct (written abbr of carat) ct.

CT ◆ written abbr of Connecticut. ◆ n (abbr of computerized tomography) ▸ **a CT scan** une scanographie.

CTC (abbr of city technology college) n *collège technique britannique, généralement établi dans des quartiers défavorisés.*

CTR n abbr of click-through rate.

CT scan n = CAT scan.

cu. written abbr of cubic.

CU MESSAGING (written abbr of see you) @+.

CU@ MESSAGING written abbr of see you at.

cub [kʌb] n **1.** [animal] petit *m*, -e *f* **2.** *inf* [youngster] ▸ **young cub** jeune blanc-bec *m* **3.** [scout] louveteau *m* *(scout)*.

Cuba ['kju:bə] pr n Cuba / *in Cuba* à Cuba.

Cuba libre [,kju:bə'li:brə] n US *cocktail contenant du Coca-Cola, du rhum et du jus de citron vert.*

Cuban ['kju:bən] ◆ n Cubain *m*, -e *f*. ◆ adj cubain ▸ **Cuban heel** talon *m* cubain ▸ **the Cuban missile crisis** la crise de Cuba *(conflit américano-soviétique dû à la présence de missiles soviétiques à Cuba (1962)).*

cubbyhole ['kʌbɪhəʊl] n **1.** [cupboard] débarras *m*, remise *f* ; [small room] cagibi *m*, réduit *m* **2.** [in desk] case *f* ; AUTO vide-poches *m*.

cube [kju:b] ◆ n **1.** [gen & MATH] cube *m* **2.** (abbr of cubicle) poste *m* de travail. ◆ vt **1.** [cut into cubes] couper en cubes or en dés **2.** MATH cuber ; TECH [measure] cuber.

cube farm n *inf* bureau *m* open-space.

cube root n racine *f* cubique.

cubic ['kju:bɪk] adj [shape, volume] cubique ; [measurement] cube ▸ **cubic capacity** volume *m* ▸ **cubic content** capacité *f* cubique ▸ **cubic equation** MATH équation *f* du troisième degré ▸ **cubic metre** mètre *m* cube.

cubicle ['kju:bɪkl] n [in dormitory, hospital ward] alcôve *f*, box *m* ; [in swimming baths, public toilets] cabine *f*.

cubism, **Cubism** ['kju:bɪzm] n cubisme *m*.

cubist, **Cubist** ['kju:bɪst] ◆ adj cubiste. ◆ n cubiste *mf*.

cubit ['kju:bɪt] n [measurement] coudée *f* *(unité de mesure)*.

CUB L8R MESSAGING written abbr of call you back later.

cub master n chef *m* *(des scouts)*.

cub mistress n cheftaine *f* *(des scouts)*.

cub reporter n jeune journaliste *mf*.

cub scout, **Cub Scout** n louveteau *m* *(scout)*.

cuckold ['kʌkəʊld] ◆ n (mari *m*) cocu *m*. ◆ vt faire cocu, cocufier.

cuckoldry ['kʌkəʊldrɪ] n *arch* cocuage *m*.

cuckoo ['kʊku:] (*pl* cuckoos) ◆ n **1.** ORNITH [bird, sound] coucou *m* / **'One Flew Over the Cuckoo's Nest'** *Kesey, Forman* 'Vol au-dessus d'un nid de coucou' **2.** *inf* [mad person] imbécile *mf*, idiot *m*, -e *f*. ◆ adj *inf* [mad] loufoque, toqué ▸ **to go cuckoo** perdre la boule.

cuckoo clock n coucou *m* *(pendule)*.

cuckoopint ['kʊku:paɪnt] n pied-de-veau *m*.

cuckoo spit n crachat *m* de coucou.

cucumber ['kju:kʌmbər] n concombre *m* ▸ **cucumber sandwich** *petit sandwich au pain de mie et au concombre (l'expression est parfois utilisée pour évoquer certains milieux bourgeois).*

cud [kʌd] n bol *m* alimentaire *(d'un ruminant)*.

cuddle ['kʌdl] ◆ vi se faire un câlin, se câliner / *they were cuddling on the sofa* ils se faisaient un câlin sur le divan. ◆ vt câliner, caresser ; [child] bercer *(dans ses bras)*. ◆ n câlin *m*, caresse *f*, caresses *fpl* / *they were having a cuddle* ils se faisaient un câlin / *she gave the child a cuddle* elle a fait un câlin à l'enfant.

❖ **cuddle up** vi se blottir, se pelotonner / *she cuddled up close to him* elle se blottit contre lui.

cuddly ['kʌdlɪ] (*compar* cuddlier, *superl* cuddliest) adj [child, animal] câlin.

cuddly toy n peluche *f*.

cudgel ['kʌdʒəl] (UK *pt & pp* cudgelled, *cont* cudgelling ; US *pt & pp* cudgeled, *cont* cudgeling) ◆ n gourdin *m*, trique *f* ▸ **to take up the cudgels for sb** or **on behalf of sb** prendre fait et cause pour qqn ▸ **to carry the cudgels for** prendre fait et cause pour. ◆ vt battre à coups de gourdin / *to cudgel sb to death* tuer qqn à coups de gourdin / *he cudgeled his brains* US *inf & fig* il s'est creusé la tête or la cervelle.

cue [kju:] ◆ n **1.** CIN & THEAT [verbal] réplique *f* ; [action] signal *m* ; MUS signal *m* d'entrée ▸ **to give sb their cue** donner la réplique à qqn / *he took his cue* il a entamé sa réplique / *her cough was my cue to enter* elle devait tousser pour signaler que je pouvais entrer / *her yawn was our cue to leave* nous avons compris qu'il fallait partir quand elle s'est mise à bâiller **2.** *fig* [signal] signal *m* ▸ **on cue** au bon moment ▸ **to take one's cue from sb** prendre exemple sur qqn / *right on cue, the door opened* la porte s'est ouverte juste au bon moment or à point nommé **3.** [for snooker, etc.] queue *f* *(de billard)* ▸ **cue rack** porte-queue *m* **4.** [of hair] queue *f* *(de* *cheval).* ◆ vi [in snooker, pool] queuter. ◆ vt [prompt] donner le signal à ; THEAT donner la réplique à.

❖ **cue in** vt sep [gen, RADIO & TV] donner le signal à ; THEAT donner la réplique à.

cue ball n bille *f* de joueur.

cue bid n CARDS *annonce qui montre un as ou un vide.*

cuesta ['kwestə] n cuesta *f.*

cuff [kʌf] ◆ n **1.** [of sleeve] poignet *m*, manchette *f* ; [of glove] poignet *m* ; [of coat] parement *m* ; US [of trousers] revers *m* ▸ **off the cuff** à l'improviste / *she was speaking off the cuff* elle improvisait son discours, elle faisait un discours improvisé ▸ **he bought it on the cuff** US il l'a acheté à crédit **2.** [blow] gifle *f*, claque *f* / *I got a cuff round the ear* j'ai reçu une claque or une gifle. ◆ vt **1.** [hit] gifler, donner une gifle or une claque à **2.** *inf* [handcuff] mettre or passer les menottes à **3.** US [trousers] faire un revers à.

❖ **cuffs** pl n *inf* [handcuffs] menottes *fpl.*

cuff link n bouton *m* de manchette.

cu.in. written abbr of cubic inch(es).

Cuisinart® [kwɪzɪnɑːʳt] n US robot *m* ménager.

cuisine [kwɪ'ziːn] n cuisine *f.*

CUL MESSAGING (written abbr of see you later) @+.

cul-de-sac ['kʌldəsæk] n cul-de-sac *m*, impasse *f* / **'cul-de-sac'** 'voie sans issue'.

CUL8R MESSAGING (written abbr of see you later) @+.

culinary ['kʌlɪnərɪ] adj culinaire.

cull [kʌl] ◆ vt **1.** [sample] sélectionner **2.** [remove from herd] éliminer, supprimer ; [slaughter -seals] abattre, massacrer **3.** [gather -flowers, fruit] cueillir. ◆ n **1.** [slaughter] massacre *m* **2.** [animal] animal *m* à éliminer.

cullen skink [kʌlən'skɪŋk] n Scot potage *m* au haddock.

Culloden Moor [kə'lɒdn'mɔːʳ] pr n *bataille à l'issue de laquelle, en 1746, les partisans écossais de Charles-Édouard Stuart furent vaincus par l'armée anglaise.*

culminate ['kʌlmɪneɪt] vi ASTRON culminer.

❖ **culminate in** vt insep : *the demonstration culminated in a riot* la manifestation s'est terminée en émeute / *the disagreement culminated in the end of their friendship* le différend a mis fin à leur amitié.

culminating ['kʌlmɪneɪtɪŋ] adj culminant.

culmination [,kʌlmɪ'neɪʃn] n **1.** [climax -of career] apogée *m* ; [-of efforts] maximum *m* ; [-of disagreement] point *m* culminant **2.** ASTRON culmination *f.*

culottes [kjuː'lɒts] pl n jupe-culotte *f.*

culpability [,kʌlpə'bɪlətɪ] n culpabilité *f.*

culpable ['kʌlpəbl] adj *fml* coupable ; LAW ▸ **culpable homicide** homicide *m* volontaire ▸ **culpable negligence** négligence *f* coupable.

culprit ['kʌlprɪt] n coupable *mf.*

cult [kʌlt] ◆ n [sect] secte *m* ; RELIG & *fig* culte *m* / *it's become something of a minor cult* cela a suscité un véritable engouement. ◆ comp [book, film] culte ▸ **cult figure** idole *f* ▸ **cult following** : *the film has a cult following* c'est un film culte.

cultivar ['kʌltɪ,vɑː] n cultivar *m.*

cultivate ['kʌltɪveɪt] vt **1.** [land] cultiver, exploiter ; [crop] cultiver **2.** *fig* [idea, person] cultiver / *reading is the best way to cultivate the mind* la lecture est le meilleur moyen de se cultiver (l'esprit).

cultivated ['kʌltɪveɪtɪd] adj [land] cultivé, exploité ; [person] cultivé ; [voice] distingué.

cultivation [,kʌltɪ'veɪʃn] n **1.** [of land, crops] culture *f* / *fields under cultivation* cultures *fpl* **2.** *fig* [of taste] éducation *f* ; [of relations] entretien *m.*

cultivator ['kʌltɪveɪtəʳ] n [person] cultivateur *m*, -trice *f* ; [tool] cultivateur *m* ; [power-driven] motoculteur *m.*

cultural ['kʌltʃərəl] adj **1.** [events, background] culturel / *the cultural environment* le milieu culturel / *cultural integration* acculturation *f* / *a cultural desert fig* un désert culturel **2.** AGR de culture, cultural.

cultural anthropology n culturologie *f.*

culturally ['kʌltʃərəlɪ] adv culturellement.

Cultural Revolution n ▸ **the Cultural Revolution** la Révolution culturelle.

culture ['kʌltʃəʳ] ◆ n **1.** [civilization, learning] culture *f* / *a man of culture* un homme cultivé or qui a de la culture / *to have no culture* être inculte ▸ **physical culture** culture physique **2.** AGR [of land, crops] culture *f* ; [of animals] élevage *m* ; [of fowl] aviculture *f* **3.** BIOL culture *f.* ◆ vt [plants] cultiver ; [animals] élever ; [bacteria] faire une culture de.

cultured ['kʌltʃəd] adj **1.** [refined -person] cultivé, lettré / *the fullback has a cultured left foot fig* l'arrière a un très bon pied gauche **2.** [grown artificially] cultivé ▸ **cultured pearls** perles *fpl* de culture.

culture gap n fossé *m* culturel.

culture medium n milieu *m* de culture.

culture shock n choc *m* culturel.

culture vulture n *inf & hum* fana *mf* de culture, culturophage *mf.*

culvert ['kʌlvət] n [for water] caniveau *m* ; [for cable] conduit *m.*

cum [kʌm] ◆ prep avec / *a kitchen-cum-dining area* une cuisine *f* avec coin-repas / *he's a teacher-cum-philosopher* il est philosophe aussi bien qu'enseignant. ◆ n *vulg* [semen] foutre *m.*

Cumberland sauce ['kʌmbələnd-] n UK *sauce aux groseilles servie froide avec de la viande.*

cumbersome ['kʌmbəsəm] adj [bulky] encombrant, embarrassant ; *fig* [process, system, style] lourd, pesant.

cumin ['kʌmɪn] n cumin *m.*

cum laude [kʌm'lɔːdɪ] adv UNIV avec distinction.

cummerbund ['kʌməbʌnd] n large ceinture *f (de smoking).*

cumulative ['kjuːmjʊlətɪv] adj cumulatif ▸ **cumulative evidence** LAW preuve *f* par accumulation de témoignages ▸ **cumulative interest** FIN intérêts *mpl* cumulatifs ▸ **cumulative voting** POL vote *m* plural.

cumuli ['kjuːmjʊlaɪ] pl ⟶ **cumulus.**

cumulonimbus [,kjuːmjʊləʊ'nɪmbəs] *(pl* **cumulonimbi** [-baɪ] *or* **cumulonimbuses)** n cumulonimbus *m.*

cumulus ['kjuːmjʊləs] *(pl* **cumuli** ['kjuːmjʊlaɪ]) n cumulus *m.*

cuneiform ['kjuːnɪfɔːm] ◆ adj cunéiforme. ◆ n écriture *f* cunéiforme.

cunnilingus [,kʌnɪ'lɪŋgəs] n cunnilingus *m.*

cunning ['kʌnɪŋ] ◆ adj **1.** [shrewd] astucieux, malin (maligne) ; *pej* rusé, fourbe ▸ **he's as cunning as a fox** il est rusé comme un renard **2.** [skilful] habile, astucieux **3.** US [cute] mignon, charmant. ◆ n **1.** [guile] finesse *f*, astuce *f* ; *pej* ruse *f*, fourberie *f* **2.** [skill] habileté *f*, adresse *f.*

cunningly ['kʌnɪŋlɪ] adv **1.** [shrewdly] astucieusement, finement ; *pej* avec ruse or fourberie **2.** [skilfully] habilement, astucieusement.

cunt [kʌnt] n *vulg* **1.** [vagina] con *m*, chatte *f* **2.** [man] enculé *m* ; [woman] salope *f.*

cup [kʌp] *(pt & pp* **cupped**, *cont* **cupping)** ◆ n **1.** [for drinking, cupful] tasse *f* ; RELIG calice *m* / *a cup of coffee* une tasse de café / *would you like another cup?* en voulez-vous encore une tasse ? / *add two cups of sugar* CULIN ajoutez deux tasses de sucre ▸ **my cup runneth over** *liter* mon bonheur est complet or parfait ▸ **to drain the cup of sorrow** *liter* : *he drained the cup of sorrow* il a bu la coupe jusqu'à la lie / *that's just her cup of tea* c'est tout à fait à son goût / *he's not (really) my cup of tea inf* il n'est pas (tout à fait) mon genre / *jazz isn't everyone's cup of tea inf* tout le monde n'aime pas le jazz ▸ **to be in one's cups** *inf & dated* : *he was in his cups* il avait du vent dans les voiles **2.** SPORT [trophy, competition] coupe *f* **3.** US SPORT [to protect genitals] protège-sexe *m* **4.** [shape -of plant] corolle *f* ; [-of bone] cavité *f* articulaire, glène *f* ; [-of bra] bonnet *m* **5.** [punch] cocktail *m* ▸ **champagne cup** *cocktail au champagne* **6.** TECH godet *m*, cuvette *f* **7.** US [in golf] trou *m.* ◆ comp **1.** SPORT [winners, holders, match] de coupe **2.** [handle] de tasse ; [rack] pour tasses. ◆ vt **1.** [hands] mettre en coupe ; [hold] ▸ **to cup one's hands around sthg** mettre ses mains autour de qqch / *he cupped a hand to his ear* il mit sa main derrière son oreille / *she cupped her hands around her mouth and shouted* elle mit ses mains en porte-voix et cria / *he sat with his chin cupped in his hand* il était assis, le menton dans le creux de sa main **2.** MED [with cupping glass] appliquer des ventouses sur **3.** US [in golf] ▸ **to cup the ball** faire un divot.

cup-and-ball adj MECH ▸ **cup-and-ball joint** joint *m* à rotule.

cupbearer ['kʌp,beərəʳ] n échanson *m.*

cupboard ['kʌbəd] n [on wall] placard *m* ; [free-standing -for dishes, pans] buffet *m*, placard *m* ; [-for clothes] placard *m*, armoire *f* ▸ **the cupboard is bare** *fig* il n'y a rien à se mettre sous la dent.

cupboard love n UK amour *m* intéressé.

cupcake n **1.** US [cake] petit gâteau *m* **2.** [term of affection] mon chou, ma puce.

cup final n finale *f* de la coupe ▸ **the Cup Final** UK la finale de la coupe de football.

cup finalist n finaliste *mf* de la coupe.

cupful ['kʌpfʊl] n tasse *f* / *a cupful of sugar* une tasse de sucre.

Cupid ['kjuːpɪd] pr n MYTH Cupidon *m* ▸ **Cupid's dart** or **arrow** les flèches *fpl* de Cupidon ▸ **to play Cupid** *fig* jouer les entremetteurs.

❖ **cupid** n ART [cherub] chérubin *m*, amour *m.*

cupidity [kjuː'pɪdɪtɪ] n cupidité *f.*

Cupid's bow n bouche *f* en forme de cœur.

cupola ['kjuːpələ] n **1.** ARCHIT [ceiling, roof] coupole *f*, dôme *m* ; [tower] belvédère *m* **2.** NAUT coupole *f* **3.** METALL [furnace] cubilot *m.*

cuppa ['kʌpə] n UK *inf* tasse *f* de thé.

cupping glass ['kʌpɪŋ-] n ventouse *f.*

cupreous ['kjuːprɪəs] adj cuivreux.

cupric ['kjuːprɪk] adj cuprique ▸ **cupric oxide** oxyde *m* de cuivre.

cupro-nickel [,kjuːprəʊ-] n cupronickel *m.*

cup tie n match *m* de coupe.

cup-tied adj [player] disqualifié pour un match de coupe.

cur [kɜːʳ] n **1.** [dog] (chien *m*) bâtard *m*, sale chien *m* **2.** [person] malotru *m*, -e *f*, roquet *m.*

curable ['kjʊərəbl] adj guérissable, curable.

curacy ['kjʊərəsɪ] *(pl* **curacies)** n vicariat *m.*

curare, curari [kjʊ'rɑːrɪ] n curare *m.*

curate ['kjʊərət] n vicaire *m (de l'Église anglicane).*

curate's egg n UK : *it's a bit of a curate's egg* il y a du bon et du mauvais.

A curate's egg

Un dessin humoristique publié dans le magazine britannique *Punch* au XIXe siècle montre un curé en train de déjeuner chez son supérieur. Ce dernier remarque que l'œuf que le curé est en train de manger est pourri, mais, pour ne pas l'offenser, son invité affirme : **Oh, no, my Lord, parts of it are excellent!** L'expression **a curate's egg** est entrée dans l'usage, évoquant une chose ou une situation qui comporte des bons et des mauvais côtés:

I have to say this book is a bit of a curate's egg. *Je dois dire que ce livre comporte de bons et de moins bons passages.*

He sees the EU as a bit of a curate's egg. *Il considère que l'Union européenne a des aspects positifs et d'autres moins.*

curative ['kjʊərətɪv] adj curatif.

curator [,kjʊə'reɪtər] n **1.** [of museum] conservateur *m*, -trice *f* **2.** SCOT [guardian] curateur *m*, -trice *f*.

curatorship [kjʊə'reɪtəʃɪp] n **1.** [of museum] fonction *f* de conservateur **2.** SCOT [of child] fonction *f* de curateur.

curb [kɜ:b] ◆ n **1.** [restraint] frein *m* / *a curb on trade* une restriction au commerce / *she put a curb on her anger* elle a refréné sa colère **2.** [on harness] ▸ **curb (bit)** mors *m* ▸ **curb (chain)** gourmette *f* ▸ **curb reins** rênes *fpl* de filet **3.** [of well] margelle *f* **4.** US = **kerb.** ◆ vt **1.** [restrain - emotion] refréner, maîtriser ; [- expenses] restreindre, mettre un frein à ; [- child] modérer, freiner / *curb your tongue!* mesure tes paroles ! **2.** [horse] mettre un mors à **3.** US / **'curb your dog'** 'votre chien doit faire ses besoins dans le caniveau'.

curb roof n comble *m* brisé.

curb(-side) service n US service *m* au volant *(dans un restaurant drive-in)*.

curbstone ['kɜ:bstəʊn] US = **kerbstone**.

curd [kɜ:d] n *(usu pl)* [of milk] caillot *m*, grumeau *m* ▸ **curds** lait *m* caillé, caillebotte *f* ▸ **curds and whey** lait caillé sucré.

curd cheese n fromage *m* blanc battu.

curdle ['kɜ:dl] ◆ vi [milk] cailler ; [sauce] tourner ; [mayonnaise] tomber / *his screams made my blood curdle fig* ses cris m'ont glacé le sang. ◆ vt [milk] cailler ; [sauce] faire tourner ; [mayonnaise] faire tomber / *the thought's enough to curdle your blood fig* c'est une idée à vous glacer le sang.

cure [kjʊər] ◆ vt **1.** [disease, person] guérir ; *fig* [problem] éliminer, remédier à / *he was cured of cancer* il a été guéri du cancer / *the nap seems to have cured my headache* on dirait que la sieste m'a fait passer mon mal de tête / *he cured himself of nailbiting* il a réussi à arrêter de se ronger les ongles / *his experiences in politics cured him of all his illusions fig* son expérience de la politique lui a fait perdre toutes ses illusions ▸ **what can't be cured must be endured** *prov* il faut faire avec **2.** [tobacco, meat, fish - gen] traiter ; [- with salt] saler ; [- by smoking] fumer ; [- by drying] sécher. ◆ n **1.** [remedy] remède *m*, cure *f* / *a cure for the common cold* un remède contre le rhume de cerveau / *there's no known cure* on ne connaît pas de remède ▸ **to take** or **to follow a cure** faire une cure ▸ **a cure for all ills** *fig* la panacée **2.** [recovery] guérison *f* / *to be beyond* or *past cure* **a)** [person] être incurable **b)** *fig* [problem, situation] être irrémédiable **3.** RELIG ▸ **the cure of souls** la charge d'âmes.

⚠ The French word **cure** means a course of treatment, not a cure in the sense of a remedy.

cure-all n panacée *f*.

curettage [,kjʊərɪ'tɑ:ʒ or kjʊə'retɪdʒ] n curetage *m*.

curfew ['kɜ:fju:] n couvre-feu *m* / *the authorities imposed a / lifted the curfew* les autorités ont imposé / levé le couvre-feu.

curie ['kjʊərɪ] n curie *m*.

curing ['kjʊərɪŋ] n **1.** [of disease, patient] guérison *f* **2.** [of meat, tobacco, fish - gen] traitement *m* ; [- by salting] salaison *f* ; [- by smoking] fumaison *f* ; [- by drying] séchage *m*.

curio ['kjʊərɪəʊ] *(pl* **curios***)* n curiosité *f*, bibelot *m*.

curiosity [,kjʊərɪ'ɒsətɪ] *(pl* **curiosities***)* n **1.** [interest] curiosité *f* ▸ **out of curiosity** par curiosité ▸ **curiosity killed the cat** *prov* la curiosité est un vilain défaut *prov* **2.** [novelty - object] curiosité *f* ; [- person] bête *f* curieuse / *they considered me to be something of a curiosity* on me regardait un peu comme une bête curieuse.

curious ['kjʊərɪəs] adj **1.** [inquisitive] curieux / *I'm curious to see / know* je suis curieux de voir / savoir / *I'm curious as to what happened next* je serais curieux de savoir ce qui s'est passé après **2.** [strange] curieux, singulier / *the curious thing (about it) is...* ce qui est curieux là-dedans or dans tout ça, c'est...

curiously ['kjʊərɪəslɪ] adv **1.** [inquisitively] avec curiosité **2.** [strangely] curieusement, singulièrement / *curiously enough* chose bizarre or curieuse.

curl [kɜ:l] ◆ vi **1.** [hair] friser ; [loosely] boucler **2.** [paper, leaf] se recroqueviller, se racornir ; [lip] se retrousser / *her lip curled in contempt* elle fit une moue de mépris **3.** [road] serpenter ; [smoke] monter en spirale **4.** SPORT jouer au curling. ◆ vt **1.** [hair] friser ; [loosely] (faire) boucler **2.** [paper] enrouler ; [ribbon] faire boucler ; [lip] retrousser / *he curled his lip in scorn* il a fait une moue de mépris. ◆ n **1.** [of hair] boucle *f* (de cheveux) / *her hair hung over her shoulders in curls* ses cheveux lui tombaient en boucles sur les épaules **2.** [spiral] courbe *f* ; [of smoke] spirale *f* ; [of wave] ondulation *f* / *with a scornful curl of the lip fig* avec une moue méprisante.

❖ **curl up** ◆ vi **1.** [leaf, paper] s'enrouler, se recroqueviller ; [bread] se racornir **2.** [person] se pelotonner ; [cat] se mettre en boule, se pelotonner ; [dog] se coucher en rond / *the cat was sleeping curled up in a ball* le chat dormait roulé en boule / *she curled up in front of the fire with a book* elle s'est pelotonnée devant le feu avec un livre / *to curl up with laughter* se tordre de rire / *I just wanted to curl up and die fig* [in shame] j'aurais voulu rentrer sous terre. ◆ vt sep enrouler ▸ **to curl o.s. up a)** [person] se pelotonner **b)** [cat] se mettre en boule, se pelotonner **c)** [dog] se coucher en rond.

curler ['kɜ:lər] n **1.** [for hair] bigoudi *m*, rouleau *m* **2.** SPORT joueur *m*, -euse *f* de curling.

curlew ['kɜ:lju:] n courlis *m*.

curlicue ['kɜ:lɪkju:] n [in design, handwriting] enjolivure *f* ; [in skating] figure *f* (compliquée).

curling ['kɜ:lɪŋ] n SPORT curling *m* ▸ **curling stone** pierre *f* de curling.

curling iron n fer *m* à friser.

curling tongs pl n fer *m* à friser.

curlpaper ['kɜ:l,peɪpər] n papillote *f*.

curly ['kɜ:lɪ] *(compar* **curlier**, *superl* **curliest***)* adj [hair - tight] frisé ; [- loose] bouclé ▸ **curly endive, curly lettuce** (laitue *f*) frisée *f* ▸ **curly eyelashes** des cils recourbés.

curly kale n chou *m* frisé.

curmudgeon [kɜ:'mʌdʒən] n [grouch] rouspéteur *m*, -euse *f* ; [miser] avare *mf*, grippe-sou *m*.

currant ['kʌrənt] n **1.** BOT [fruit] groseille *f* ▸ **currant bush** groseillier *m* **2.** [dried grape] raisin *m* de Corinthe.

currant bun n petit pain *m* aux raisins.

currency ['kʌrənsɪ] *(pl* **currencies***)* n **1.** ECON & FIN monnaie *f*, devise *f* / *he has no Spanish currency* il n'a pas d'argent espagnol / *this coin is no longer legal currency* cette pièce n'a plus cours (légal) or n'est plus en circulation ▸ **currency unit** unité *f* monétaire **2.** *fig* [prevalence] cours *m*, circulation *f* / *the theory has gained currency* cette théorie s'est répandue / *I give no currency to that idea* je n'accrédite pas cette idée / *ideas which had currency in the 1960s* des idées qui avaient cours dans les années 1960.

currency note n billet *m* de banque.

current ['kʌrənt] ◆ n [gen & ELEC] courant *m* ; *fig* [trend] cours *m*, tendance *f* / *the boat drifts with the current* le courant fait dériver le bateau / *the currents of opinion* les tendances de l'opinion ▸ **to go against the current a)** *lit* remonter le courant **b)** *fig* aller à contre-courant ▸ **to go with the current** *lit & fig* suivre le courant. ◆ adj **1.** [widespread] courant, commun / *the current theory* la théorie actuelle / *to be current* **a)** [word, expression] être courant **b)** [theory, fashion] avoir cours / *it's in current use* c'est d'usage courant / *words that are in current use* des mots courants or qui s'emploient couramment / *as current rumour has it, she...* on dit qu'elle..., si l'on en croit les rumeurs, elle... **2.** [most recent - fashion, trend] actuel ; [- price] courant / *current events* les événements *mpl* actuels, l'actualité *f* / *the current issue of this magazine* le dernier numéro de cette revue / *the current month* le mois courant or en cours / *the current week* la semaine en cours / *the current projects* les projets en cours / *the current exhibition at the Louvre* l'exposition qui a lieu en ce moment au Louvre / *his current girlfriend* la fille avec qui il est en ce moment, sa copine du moment / *the current rate of exchange* FIN le cours actuel du change.

current account n UK compte *m* courant.

current affairs ◆ pl n l'actualité *f*, les questions *fpl* d'actualité. ◆ comp [programme, magazine] d'actualités.

current assets pl n actif *m* de roulement.

current expenses pl n dépenses *fpl* de fonctionnement or d'exploitation.

current liabilities pl n passif *m* exigible à court terme.

currently ['kʌrəntlɪ] adv actuellement, à présent.

curricular [kə'rɪkjələr] adj au programme.

curriculum [kə'rɪkjələm] *(pl* **curricula** [-lə] *or* **curriculums***)* n programme *m* d'enseignement / *the maths curriculum* le programme de maths.

curriculum vitae [-'vi:taɪ] *(pl* **curricula vitae***)* n UK curriculum *m* (vitae).

curried ['kʌrɪd] adj au curry or cari / *curried eggs* des œufs au curry or à l'indienne.

Currier and Ives ['kʌriərənaivz] pr n *nom de deux artistes dont l'œuvre représente des scènes de la vie quotidienne aux États-Unis au XIXe siècle.*

curry ['kʌrɪ] *(pl* **curries**, *pt & pp* **curried***)* ◆ n CULIN curry *m*, cari *m* / *chicken curry* curry de poulet. ◆ vt **1.** CULIN accommoder au curry **2.** [horse] étriller ; [leather] corroyer ▸ **he's trying to curry favour with the boss** il cherche à se faire bien voir du patron.

currycomb ['kʌrɪkəʊm] n étrille *f*.

curry powder n curry *m*, cari *m*.

curry sauce n sauce *f* au curry or cari.

curse [kɜ:s] ◆ n **1.** [evil spell] malédiction *f* ▸ **to call down** or **to put a curse on sb** maudire qqn / *a curse on the day I met you!* maudit soit le jour où je vous ai connu ! / *the town is under a curse* la ville est sous le coup d'une malédiction **2.** [swearword] juron *m*, imprécation *f* ▸ **curses!** *inf* zut !, mince alors ! **3.** *fig* [bane] fléau *m*, calamité *f* / *the curse of loneliness* le fléau de la solitude **4.** *inf & euph* [menstruation] ▸ **the curse** les règles *fpl* / *she's got the curse* elle a ses règles. ◆ vt **1.** [damn] maudire / *curse him!* maudit soit-il ! **2.** [swear at] injurier **3.** [afflict] affliger / *he's cursed with a bad temper* il est affligé d'un mauvais caractère. ◆ vi [swear] jurer, blasphémer.

cursed ['kɜ:sɪd] adj maudit.

curse word n US juron *m*.

cursive ['kɜ:sɪv] ◆ adj cursif. ◆ n (écriture *f*) cursive *f*.

cursor ['kɜ:sər] n curseur *m*.

cursorily ['kɜ:sərəlɪ] adv [superficially] superficiellement ; [hastily] hâtivement, à la hâte.

cursory ['kɜ:sərɪ] adj [superficial] superficiel ; [hasty] hâtif / *she gave the painting only a cursory glance* elle n'a jeté qu'un bref coup d'œil au tableau / *after a cursory examination of the document* après avoir lu le document en diagonale.

curt [kɜ:t] adj [person, reply, manner] brusque, sec (sèche) / *in a curt tone* d'un ton cassant or sec / *with a curt nod* avec un bref signe de tête.

curtail [kɜ:'teɪl] vt **1.** [cut short - story, visit, studies] écourter **2.** [reduce - expenses] réduire, rogner ; [- power, freedom] limiter, réduire.

curtailment [kɜ:'teɪlmənt] n **1.** [of studies, visit] raccourcissement *m* **2.** [of expenses] réduction *f* ; [of power, freedom] limitation *f*, réduction *f*.

curtain ['kɜ:tn] ◆ n **1.** [gen & THEAT] rideau *m* ; *fig* rideau *m*, voile *m* / *curtain material* tissu *m* à rideaux

/ *a curtain of smoke fig* un rideau de fumée / *if she finds out, it's curtains for us inf* si elle apprend ça, on est fichus **2.** THEAT [for actor] rappel *m* / *the singer took four curtains* le chanteur a été rappelé quatre fois. ◆ vt garnir de rideaux.

❖ **curtain off** vt sep séparer par un rideau.

curtain call n rappel *m* / *she took four curtain calls* elle a été rappelée quatre fois.

curtained ['kɜ:tnd] adj [window, door] garni d'un rideau or de rideaux.

curtain hook n crochet *m* de rideau.

curtain rail n tringle *f* à rideau or à rideaux.

curtain raiser n THEAT lever *m* de rideau ; *fig* événement *m* avant-coureur, prélude *m*.

curtain ring n anneau *m* de rideau.

curtain rod = **curtain rail.**

curtain wall n mur-rideau *m*.

curtly ['kɜ:tlɪ] adv [bluntly - say, reply] avec brusquerie, sèchement, sans ménagement.

curtness ['kɜ:tnɪs] n [bluntness - of tone, reply, manner, person] brusquerie *f*, sécheresse *f*.

curtsey, curtsy ['kɜ:tsɪ] (*pl* **curtseys** *or* **curtsies**, *pt & pp* **curtseyed** *or* **curtsied**) ◆ n révérence *f* / *she made* or *gave a curtsey* elle a fait une révérence. ◆ vi faire une révérence.

curvaceous [kɜ:'veɪʃəs] adj *hum* [woman] bien roulée.

curvature ['kɜ:vətjəʳ] n [gen] courbure *f* / *the curvature of space* la courbure de l'espace ; MED déviation *f* / *curvature of the spine* [abnormal] déviation de la colonne vertébrale, scoliose *f*.

curve [kɜ:v] ◆ n **1.** [gen] courbe *f* ; [in road] tournant *m*, virage *m* ; ARCHIT [of arch] voussure *f* ; [of beam] cambrure *f* / *the curve of the bay* la courbe de la baie / *a woman's curves* les rondeurs *fpl* d'une femme **2.** MATH courbe *f* **3.** US SPORT balle *f* coupée ▸ **to throw sb a curve** *fig* prendre qqn de court. ◆ vi [gen] se courber ; [road] être en courbe, faire une courbe / *the road curves up the mountainside* la route monte en lacets le long de la montagne / *the path curved round to the left* le chemin tournait vers la gauche / *the river curves through the valley* la rivière serpente dans la vallée. ◆ vt [gen] courber ; TECH cintrer.

curveball ['kɜ:vbɔ:l] n US balle *f* coupée ▸ **to throw sb a curveball** *fig* prendre qqn de court.

curved [kɜ:vd] adj [gen] courbe ; [edge] arrondi ; [road] en courbe ; [convex] convexe ; TECH cintré.

curvet [kɜ:'vet] (UK *pt & pp* **curvetted**, *cont* **curvetting** ; US *pt & pp* **curveted**, *cont* **curveting**) ◆ n courbette *f*. ◆ vi faire une courbette or des courbettes.

curvilinear [ˌkɜ:vɪ'lɪnɪəʳ] adj curviligne.

curvy ['kɜ:vɪ] (*compar* **curvier**, *superl* **curviest**) adj **1.** [road, line] sinueux **2.** *inf* [woman] bien fait.

cushion ['kʊʃn] ◆ n **1.** [pillow] coussin *m* ; *fig* tampon *m* / *a cushion of air fig* un coussin d'air **2.** [in snooker, billiards, etc.] bande *f* ▸ **to play off the cushion** jouer par la bande / *stroke off the cushion* doublé *m*. ◆ vt **1.** [sofa] mettre des coussins à ; [seat] rembourrer ; TECH matelasser **2.** *fig* [shock, blow] amortir / *to cushion a fall* amortir une chute / *fig to cushion the blow* dire, faire qqch pour rendre une mauvaise nouvelle moins pénible / *he chose his words to cushion her against disappointment* il choisit ses mots afin d'atténuer sa déception / *tax cuts that cushion price rises* des réductions d'impôts qui amortissent la hausse des prix.

cushioning ['kʊʃnɪŋ] n matelassage *m*.

cushy ['kʊʃɪ] (*compar* **cushier**, *superl* **cushiest**) adj *inf* peinard, pépère / *a cushy job* une bonne planque / *he has a cushy life* il a une petite vie peinarde.

cusp [kʌsp] n ANAT & BOT cuspide *f* ; ASTRON [of moon] cuspide *f* ; ASTROL corne *f*.

cuspidor ['kʌspɪdɔ:ʳ] n US crachoir *m*.

cuss [kʌs] *inf* ◆ vi jurer, blasphémer. ◆ vt injurier. ◆ n **1.** [oath] juron *m* **2.** [person] type *m pej.*

❖ **cuss out** vt sep US *inf* ▸ **to cuss sb out** traiter qqn de tous les noms.

cussed ['kʌsɪd] adj *inf* **1.** [obstinate] têtu, entêté **2.** [cursed] sacré.

cussedness ['kʌsɪdnɪs] n *inf* esprit *m* de contradiction / *out of sheer cussedness* rien que pour embêter le monde.

custard ['kʌstəd] n **1.** [sauce] *crème sucrée épaisse servie chaude ou froide* ; ≃ crème *f* anglaise **2.** [dessert] crème *f* renversée, flan *m*.

custard apple n anone *f*.

custard cream n biscuit *m* fourré à la vanille.

custard pie n tarte *f* à la crème.

custard powder n ≃ crème *f* anglaise instantanée.

custard tart = **custard pie.**

Custer ['kʌstəʳ] pr n Custer ▸ **Custer's Last Stand** *expression désignant la bataille de Little Bighorn.*

custodial [kʌs'təʊdjəl] adj **1.** LAW de prison ▸ **custodial sentence** peine *f* de prison **2.** [guarding] ▸ **custodial staff** personnel *m* de surveillance.

custodian [kʌ'stəʊdjən] n **1.** [of building] gardien *m*, -enne *f* ; [of museum] conservateur *m*, -trice *f* ; [of prisoner] gardien *m*, -enne *f*, surveillant *m*, -e *f* **2.** *fig* [of morals, tradition] gardien *m*, -enne *f*, protecteur *m*, -trice *f*.

custodianship [kʌ'stəʊdjənʃɪp] n **1.** [guarding] surveillance *f* **2.** UK LAW *garde d'un enfant à long terme sans obligation d'adoption.*

custody ['kʌstədɪ] (*pl* **custodies**) n **1.** [care] garde *f* / *the son is in the custody of his mother* le fils est sous la garde de sa mère ▸ **to be given** or **awarded custody of a child** LAW obtenir la garde d'un enfant / *in safe custody* sous bonne garde **2.** [detention] garde *f* à vue ; [imprisonment] emprisonnement *m* ; [before trial] détention *f* préventive / *the police held her in custody* la police l'a mise en garde à vue / *he was taken into (police) custody* il a été mis en état d'arrestation.

custom ['kʌstəm] ◆ n **1.** [tradition] coutume *f*, usage *m* / *it is the custom to eat fish on Friday* l'usage veut qu'on mange du poisson le vendredi / *as custom has it* selon la coutume or les us et coutumes / *it's her custom to read before going to sleep* elle a l'habitude de lire avant de s'endormir **2.** COMM [trade] clientèle *f* / *they have a lot of foreign custom* ils ont beaucoup de clients étrangers / *he has lost all his custom* il a perdu toute sa clientèle / *I'll take my custom elsewhere* je vais me fournir ailleurs **3.** LAW coutume *f*, droit *m* coutumier. ◆ adj [custom-made] sur mesure ▸ **custom graphics** création *f* graphique sur mesure ▸ **custom ringtone** sonnerie *f* sur mesure.

customarily [ˌkʌstə'merəlɪ] adv d'habitude.

customary ['kʌstəmrɪ] adj *fml* **1.** [traditional] coutumier, habituel ; [usual] habituel / *as is customary* comme le veut l'usage / *it is customary to tip taxi drivers* l'usage or la coutume veut que l'on donne un pourboire aux chauffeurs de taxi / *at the customary time* à l'heure habituelle **2.** LAW coutumier ▸ **customary tenant** tenancier *m* censitaire.

custom-built adj (fait) sur commande.

customer ['kʌstəməʳ] n **1.** [client] client *m*, -e *f* **2.** *inf* [character] type *m pej* / *she's a cool customer* elle en prend à son aise / *he's an awkward customer* il n'est pas commode / *a queer customer* un drôle de type.

customer base n base *f* de clientèle or de consommateurs.

customer care n service *m* client.

customer database n base *f* de données clients.

customer-focused adj orienté client / *we must be more customer-focused* il faut que nous soyons davantage à l'écoute de nos clients.

customer loyalty n fidélité *f* de la clientèle.

customer profile n profil *m* du client or du consommateur.

customer relations management n gestion *f* de relations clients.

customer service n service *m* client ▸ **customer service advisor** conseiller *m*, -ère *f* clientèle ▸ **customer service manager** directeur *m*, -trice *f* du service clientèle.

customizable ['kʌstəmaɪzəbəl] adj qui peut être personnalisé.

customization [ˌkʌstəmaɪ'zeɪʃən] n personnalisation *f*.

customize, customise ['kʌstəmaɪz] vt [make to order] faire or fabriquer or construire sur commande ; [personalize] personnaliser ▸ **customized software** COMPUT logiciel *m* sur mesure.

custom-made adj [clothing] (fait) sur mesure ; [other articles] (fait) sur commande.

customs ['kʌstəmz] pl n **1.** [authorities, checkpoint] douane *f* ▸ **to clear** or **go through customs** passer la douane / *at customs* à la douane ▸ **Customs and Excise** UK ≃ la Régie **2.** [duty] droits *mpl* de douane.

customs duty n droit *m* or droits *mpl* de douane.

customs house n (poste *m* or bureau *m* de) douane *f*.

customs officer n douanier *m*, -ère *f*.

customs union n union *f* douanière.

cut [kʌt] (*pt & pp* **cut**, *cont* **cutting**) ◆ vt **1.** [incise, slash, sever] couper / *cut the box open with the knife* ouvrez la boîte avec le couteau / *he fell and cut his knee (open)* il s'est ouvert le genou en tombant / *she cut her hand* elle s'est coupé la main, elle s'est coupée à la main / *he cut his wrists* il s'est ouvert or taillé les veines / *they cut his throat* ils lui ont coupé la gorge, ils l'ont égorgé / *they cut the prisoners free* or *loose* ils ont détaché les prisonniers / *they cut our supply line* ils nous ont coupé notre approvisionnement ; *fig* : *the fog is so thick you could cut it with a knife* il y a un brouillard à couper au couteau / *the atmosphere was so tense, you could cut it with a knife* l'atmosphère était extrêmement tendue / *you're cutting your own throat* c'est du suicide **2.** [divide into parts] couper, découper ; [meat] découper ; [slice] découper en tranches / *she cut articles from the paper* elle découpait des articles dans le journal / *cut the cake in half / in three pieces* coupez le gâteau en deux / en trois / *to cut sthg to shreds* or *to ribbons* mettre qqch en pièces / *the enemy cut the army to pieces fig* l'ennemi a taillé l'armée en pièces / *the critics cut the play to pieces fig* les critiques ont esquinté la pièce **3.** [trim - grass, lawn] tondre ; [- bush, tree] tailler ; [reap - crop] couper, faucher / *I'll have to cut the grass this weekend* il faudra que je tonde la pelouse ce week-end / *I cut my nails / my hair* je me suis coupé les ongles / les cheveux / *you've had your hair cut* vous vous êtes fait couper les cheveux **4.** [shape - dress, suit] couper ; [- diamond, glass, key] tailler ; [- screw] fileter ; [dig - channel, tunnel] creuser, percer ; [engrave] graver ; [sculpt] sculpter / *steps had been cut in the rock* on avait taillé des marches dans le rocher / *we cut our way through the crowd* nous nous sommes frayé or ouvert un chemin à travers la foule / *the advance cut a swath through the enemy's defences* l'avance des troupes ouvrit une brèche dans la défense ennemie ▸ **you must cut your coat according to your cloth** il ne faut pas vivre au-dessus de ses moyens **5.** [cross, traverse] couper, croiser ; MATH couper / *where the path cuts the road* à l'endroit où le chemin coupe la route **6.** [interrupt] interrompre, couper ▸ **to cut sb short** couper la parole à qqn / *we had to cut our visit short* nous avons dû écourter notre visite / *his career was tragically cut short by illness* sa carrière a été tragiquement interrompue par la maladie ▸ **to cut a long story short,...** : *to cut a long story short, I left* bref or en deux mots, je suis parti **7.** [stop] arrêter, cesser / *he cut working weekends* il a arrêté de travailler le week-end / *cut the crap! v inf* or *shit! vulg* arrête tes conneries ! **8.** [switch off] couper / *cut the lights!* coupez la lumière !, éteignez ! / *he cut the engine* il a coupé or arrêté le moteur **9.** [reduce] réduire, diminuer / *we cut our costs by half* nous avons réduit nos frais de moitié / *they cut taxes in the run-up to the election* ils ont réduit les impôts juste avant les élections / *to cut prices* casser les prix / *the athlete cut 5 seconds off the world record* or *cut the world record by 5* *seconds* l'athlète a amélioré le record mondial de 5 secondes **10.** [edit out] faire des coupures dans, réduire / *the censors cut all scenes of violence* la censure a coupé or supprimé toutes les scènes de violence **11.** [hurt feelings of] blesser profondément / *her remark cut me deeply* sa remarque m'a profondément blessé **12.** *inf* [ignore, snub] : *they cut me (dead) in the street* dans la rue ils ont fait comme s'ils ne me voyaient pas / *he cut me dead for days after our argument* il m'a battu froid pendant des jours après notre dispute **13.** *inf* [absent oneself from - meeting, appointment, etc.] manquer (volontairement), sauter / *I had to cut lunch in order to get there on time* j'ai dû me passer de déjeuner pour arriver à l'heure ▸ **to cut class** or **school** US sécher les cours / *the students cut class* les étudiants ont séché le cours **14.** [tooth] percer / *the baby is cutting his first tooth* le bébé perce sa première dent / *a pianist who cut her teeth on Bach* *inf & fig* une pianiste qui s'est fait la main sur du Bach **15.** [dilute] couper **16.** [record, track] graver, faire **17.** [pack of cards] couper **18.** CIN [film] monter **19.** MED [incise] inciser ; VET [castrate] châtrer **20.** SPORT [ball] couper **21.** PHR **to cut the ground from under sb's feet** couper l'herbe sous le pied de qqn / *her promotion cut the ground from under his feet* sa promotion lui a coupé l'herbe sous le pied / *he couldn't cut the mustard* US il n'était pas à la hauteur ▸ **to cut sthg fine** compter un peu juste, ne pas se laisser de marge / *you're cutting it a bit fine* vous comptez un peu juste / *an hour is cutting it too fine* une heure, ce n'est pas suffisant / *that argument cuts no ice with me* *inf* cet argument ne m'impressionne pas ▸ **to cut a dash** : *her evening dress cut quite a dash* sa robe de soirée a fait de l'effet ▸ **to cut one's losses** sauver les meubles / *we decided to cut our losses* nous avons décidé de sauver les meubles ▸ **to cut a caper** or **capers a)** [skip] faire des cabrioles, gambader **b)** [fool around] faire l'idiot ▸ **to cut a check** US émettre un chèque ▸ **to cut a corner a)** AUTO prendre un virage à la corde, couper un virage **b)** *fig* sauter des étapes / *she doesn't believe in cutting corners* *fig* elle fait toujours les choses à fond / *they cut corners to finish on time* *fig* ils ont brûlé les étapes pour finir à temps ▸ **to cut the rug** US danser. ◆ vi **1.** [incise, slash] couper, trancher / *this knife doesn't cut* ce couteau ne coupe pas bien / *cut around the edge* découpez or coupez en suivant le bord / *she cut into the bread* elle a entamé le pain / *the rope cut into my wrists* la corde m'a coupé or cisaillé les poignets / *he cut through all the red tape* *fig* il s'est dispensé de toutes les formalités administratives / *the whip cut through the air* *fig* le fouet fendit l'air / *the yacht cut through the waves* *fig* le yacht fendait les vagues / *the boat cut loose* NAUT le bateau a rompu les amarres ▸ **to cut loose** *fig* se libérer ▸ **to cut and run** se sauver, filer ▸ **that argument cuts both** or **two ways** c'est un argument à double tranchant **2.** [cloth, paper] se couper / *this meat cuts easily* cette viande se coupe facilement / *the cake will cut into six pieces* ce gâteau peut se couper en six **3.** [hurtfully] faire mal **4.** [take shorter route] couper, passer / *cut through the back way and you'll get there first* coupez par derrière et vous arriverez (là-bas) les premiers / *we cut across the fields* nous avons coupé par les champs **5.** [cross] traverser, couper ; MATH [lines] se couper / *this path cuts across* or *through the swamp* ce sentier traverse or coupe à travers le marécage **6.** [in cards] couper / *they cut for the deal* ils ont coupé avant de donner **7.** CIN & TV [stop filming] couper ; [change scenes] : *the film cuts straight from the love scene to the funeral* l'image passe directement de la scène d'amour à l'enterrement ▸ **cut!** coupez ! ◆ n **1.** [slit] coupure *f* ; [deeper] entaille *f* ; [wound] balafre *f* ; MED incision *f* / *a cut on the arm* une coupure or une entaille au bras / *she had a nasty cut on her leg from the fall* elle s'était fait une vilaine entaille à la jambe en tombant ▸ **to be a cut above the rest** être nettement mieux que les autres or le reste / *that film is a cut above the others* ce film est nettement mieux que les autres **2.** [act of cutting] coupure *f*, entaille *f* ▸ **to make a cut in sthg** [with knife, scissors, etc.] faire une entaille dans qqch **3.** [blow, stroke] coup *m* / *a knife* / *sword cut* un coup de couteau / d'épée / *a saw cut* un trait de scie **4.** [meat - piece] morceau *m* ; [- slice] tranche *f* / *a cut off the joint* CULIN un morceau de rôti ▸ **prime cut** morceau de premier choix **5.** [reduction - in price, taxes] réduction *f*, diminution *f* ; [- in staff] compression *f* / *a cut in government spending* une réduction or diminution des dépenses publiques / *the cuts in the Health Service* la réduction or diminution du budget de la Sécurité sociale / *she took a cut in pay* elle a subi une diminution or réduction de salaire ▸ **the cuts** FIN les compressions *fpl* budgétaires **6.** [deletion] coupure *f* / *they made several cuts in the film* ils ont fait plusieurs coupures dans le film **7.** [gibe, nasty remark] trait *m*, coup *m* **8.** [shape, style - of clothes, hair] coupe *f* ; [- of jewel] taille *f* / *the cut of a suit* la coupe d'un costume **9.** *inf* [portion, share] part *f* / *what's his cut (of the profits)?* à combien s'élève sa part ? **10.** US *inf* [absence] absence *f* **11.** [in cards] coupe *f* **12.** *inf* [on record] plage *f* **13.** CIN & TV coupe *f* / *the cut from the love scene to the funeral* le changement de séquence de la scène d'amour à l'enterrement **14.** SPORT [backspin] effet *m* **15.** US TYPO [block] cliché *m* **16.** UK [body of water] étendue *f* d'eau ; [canal] canal *m*. ◆ adj **1.** [hand, flowers] coupé ; [tobacco] découpé **2.** [reduced] réduit ▸ **to sell sthg at cut prices** vendre qqch au rabais **3.** [shaped - clothing] coupé ; [faceted - gem] taillé / *a well-cut suit* un costume bien coupé or de bonne coupe **4.** UK *inf* [drunk] soûl, plein.

❖ **cut across** vt insep **1.** [cross, traverse] traverser, couper à travers / *it's quicker if you cut across the fields* c'est plus rapide si tu coupes à travers (les) champs / *they cut across country* ils ont coupé à travers champs **2.** [go beyond] surpasser, transcender / *the issue cuts across party lines* la question déborde le clivage des partis **3.** [contradict] contredire, aller à l'encontre de / *it cuts across all my principles* ça va à l'encontre de tous mes principes.

❖ **cut along** vi UK *inf* filer.

❖ **cut away** vt sep [remove] enlever or ôter (en coupant) ; [branch] élaguer, émonder.

❖ **cut back** ◆ vi **1.** [return] rebrousser chemin, revenir sur ses pas / *we cut back to the car* nous sommes revenus à la voiture **2.** CIN revenir en arrière. ◆ vt sep **1.** [reduce] réduire, diminuer **2.** [prune, trim] tailler ; [shrub, tree] élaguer, tailler.

❖ **cut back on** vt insep réduire / *the factory cut back on production* la fabrique a réduit la production.

❖ **cut down** vt sep **1.** [tree] couper, abattre ; [person - in battle] abattre / *he was cut down by malaria* **a)** *fig* [killed] il est mort de la malaria **b)** [incapacitated] il a été terrassé par la malaria **2.** [make smaller - article, speech] couper, tronquer ; [- clothing] rendre plus petit / *she cuts down her dresses for her daughter* elle ajuste ses robes pour sa fille ▸ **to cut sb down to size** remettre qqn à sa place **3.** [curtail] réduire, diminuer ; [expenses] réduire, rogner / *he cut his smoking down to 10 a day* il ne fume plus que 10 cigarettes par jour.

❖ **cut down on** vt insep réduire / *I'm going to cut down on drinking / smoking* je vais boire / fumer moins / *they have cut down on eating out in restaurants* ils vont moins souvent au restaurant.

❖ **cut in** *inf* ◆ vi **1.** [interrupt] interrompre / *she cut in on their conversation* elle est intervenue dans leur conversation / *he cut in on me to ask a question* il m'a coupé la parole pour poser une question / *the new store is cutting in on our business* *fig* le nouveau magasin nous fait perdre de la clientèle **2.** AUTO faire une queue de poisson / *the taxi cut in on them* le taxi leur a fait une queue de poisson. ◆ vt sep [include] : *we should cut him in on the deal* nous devrions l'intéresser à l'affaire.

❖ **cut off** vt sep **1.** [hair, piece of meat, bread] couper ; [arm, leg] amputer, couper / *they cut off the king's head* ils ont décapité le roi / *he was cut off in his prime* il a été emporté à la fleur de l'âge ▸ **to cut off one's nose to spite one's face** : *she cut off her nose to spite her face* elle l'a fait par esprit de contradiction **2.** [interrupt - speaker] interrompre, couper / *he was cut off in mid sentence* il a été interrompu au milieu de sa phrase **3.** [disconnect, discontinue] couper / *they cut off the electricity* or *power* ils ont coupé le courant / *they cut off his allowance* ils lui ont coupé les vivres / *her family cut her off without a penny* sa famille l'a déshéritée / *I was cut off* TELEC j'ai été coupé **4.** [separate, isolate] isoler / *the house was cut off by snow drifts* la maison était isolée par des congères / *he cut himself off from his family* il a rompu avec sa famille / *housewives often feel cut off* les femmes au foyer se sentent souvent isolées **5.** [bar passage of] couper la route à / *the police cut off the thief* la police a barré le passage au voleur / *the battalion cut off the enemy's retreat* le bataillon a coupé la retraite à l'ennemi.

❖ **cut out** ◆ vt sep **1.** [make by cutting - coat, dress] couper, tailler ; [- statue] sculpter, tailler / *a valley cut out by the river* une vallée creusée par le fleuve / *I'm not cut out for living abroad* je ne suis pas fait pour vivre à l'étranger / *he's not cut out to be a politician* il n'a pas l'étoffe d'un homme politique ▸ **to have one's work cut out** : *you have your work cut out for you* vous avez du pain sur la planche or de quoi vous occuper / *she'll have her work cut out to finish the report on time* elle va avoir du mal à finir le rapport à temps **2.** [remove by cutting - article, picture] découper / *advertisements cut out from* or *of the paper* des annonces découpées dans le journal **3.** [eliminate] supprimer ; [stop] arrêter / *unnecessary expense must be cut out* il faut éliminer or supprimer les frais superflus / *they cut out all references to the president* ils ont supprimé toute référence au président / *try and cut out all unnecessary details* essayez de supprimer tous les détails superflus / *he cut out smoking* il a arrêté de fumer / *cut out the screaming!* arrête de crier !, assez crié ! ▸ **cut it out!** *inf* ça suffit !, ça va comme ça ! **4.** *inf* [rival] supplanter **5.** [deprive] priver / *his father cut him out of his will* son père l'a rayé de son testament / *they cut him out of his share* ils lui ont escroqué sa part **6.** PHOT & TYPO détourer. ◆ vi [machine - stop operating] caler ; [- switch off] s'éteindre.

❖ **cut up** ◆ vt sep **1.** [food, wood] couper ; [meat - carve] découper ; [- chop up] hacher **2.** *(usu passive)* *inf* [affect deeply] : *she's really cut up about her dog's death* la mort de son chien a été un coup pour elle **3.** US [amuse] : *that really cut me up!* ça m'a fait rire ! ◆ vi *inf* **1.** US [fool around] faire le pitre **2.** UK ▸ **to cut up rough** se mettre en rogne or en boule.

cut-and-dried adj *inf* : *a cut-and-dried formula* une formule toute faite / *it's all cut-and-dried* **a)** [prearranged] tout est déjà décidé **b)** [inevitable] il n'y a rien à (y) faire.

cut-and-paste vt & vi couper-coller.

cut-and-shut n *voiture créée en soudant ensemble l'avant et l'arrière de deux voitures différentes.*

cut and thrust n : *the cut and thrust of parliamentary debate* les joutes oratoires des débats parlementaires / *it's cut and thrust* la lutte est acharnée.

cutaneous [kju'teɪnjəs] adj cutané.

cutaway ['kʌtəweɪ] n **1.** [coat] jaquette *f (d'homme)* **2.** [drawing, model] écorché *m* **3.** CIN changement *m* de plan.

cutback ['kʌtbæk] n **1.** [reduction - in costs] réduction *f*, diminution *f* ; [- in staff] compression *f* / *a cutback in production* une réduction de production **2.** US CIN retour *m* en arrière, flash-back *m*.

cute [kju:t] adj *inf* **1.** [pretty] mignon ; *pej* affecté **2.** [clever] malin (maligne) / *don't get cute with me* *pej* ne fais pas le malin avec moi.

cutesy ['kju:tsɪ] adj *inf & pej* mièvre.

cut glass n cristal *m* taillé.

❖ **cut-glass** adj : *a cut-glass vase* un vase *m* en cristal taillé / *a cut-glass accent* UK *fig* un accent distingué.

cuticle ['kju:tɪkl] n **1.** [skin] épiderme *m* ; [on nails] petites peaux *fpl*, envie *f* **2.** BOT cuticule *f*.

cuticle remover n repousse-peaux *m*.

cutie ['kju:tɪ] n *inf* **1.** [child, baby] mignon *m*, -onne *f* ; [term of endearment] mon chou **2.** [shrewd person] malin *m*, maligne *f*.

cutie-pie n *inf* mon chou, mon lapin.

cutlass ['kʌtləs] n coutelas *m*.

cutler ['kʌtlər] n coutelier *m*.

cutlery ['kʌtlərɪ] n *(U)* **1.** [eating utensils] couverts *mpl* **2.** [knives, trade] coutellerie *f*.

cutlet ['kʌtlɪt] n **1.** [gen] côtelette *f* ; [of veal] escalope *f* **2.** UK [croquette] croquette *f* ▸ **vegetable cutlets** croquettes de légumes.

cutoff ['kʌtɒf] n **1.** [stopping point] arrêt *m* / *$100 is our cutoff (point)* nous nous arrêtons à 100 dollars ▸ **cutoff device** TECH système *m* d'arrêt ▸ **cutoff switch** TECH interrupteur *m* **2.** US [shortcut] raccourci *m*.
❖ **cutoffs** pl n ▸ **(a pair of) cutoffs** *un jean coupé pour en faire un short.*

cutout ['kʌtaʊt] n **1.** [figure] découpage *m* / *a cut-out book* un livre de découpages ▸ **cardboard cutouts** découpages *mpl* en carton **2.** ELEC disjoncteur *m*, coupe-circuit *m* ; AUTO échappement *m* libre ▸ **cutout point** AERON [of rocket] point *m* de largage.

cut-price ◆ adj [articles] à prix réduit, au rabais ; [shop] à prix réduits ; [manufacturer] qui vend à prix réduits. ◆ adv à prix réduit.

cut-rate adj US en promotion, à prix réduit.

cutter ['kʌtər] n **1.** [person - of clothes] coupeur *m*, -euse *f* ; [- of jewels] tailleur *m* ; [- of film] monteur *m*, -euse *f* **2.** [tool] coupoir *m* **3.** [sailing boat] cotre *m*, cutter *m* ; [motorboat] vedette *f* ; [of coastguard] garde-côte *m* ; [warship] canot *m*.

cutthroat ['kʌtθrəʊt] ◆ n **1.** [murderer] assassin *m* **2.** [razor] ▸ **cutthroat (razor)** rasoir *m* à main. ◆ adj féroce ; [competition] acharné ; [prices] très compétitif / *lexicography is a cutthroat business* le milieu de la lexicographie est un panier de crabes ▸ **cutthroat game** [in cards] partie *f* à trois.

cutting ['kʌtɪŋ] ◆ n **1.** [act] coupe *f* ; [of jewel, stone] taille *f* ; [of film] montage *m* ; [of trees] coupe *f*, abattage *m* **2.** [piece - of cloth] coupon *m* ; [- from newspaper] coupure *f* ; AGR [of shrub, vine] marcotte *f* ; HORT [of plant] bouture *f* **3.** [for railway, road] tranchée *f*. ◆ adj **1.** [tool] tranchant, coupant ▸ **cutting pliers** pinces *fpl* coupantes ▸ **cutting edge** *lit* tranchant *m* ▸ **to be at the cutting edge of technological progress** *fig* être à la pointe du progrès en technologie **2.** [wind] glacial, cinglant ; [rain] cinglant **3.** [hurtful - remark] mordant, tranchant ; [- word] cinglant, blessant.

cutting-edge adj [technology] de pointe.

cuttingly ['kʌtɪŋlɪ] adv méchamment.

cuttlebone ['kʌtlbəʊn] n os *m* de seiche.

cuttlefish ['kʌtlfɪʃ] (*pl* **cuttlefish**) n seiche *f* ▸ **cuttlefish ink** encre *f* de seiche.

cutup ['kʌtʌp] n US *inf* farceur *m*, rigolo *m*, -ote *f*.

CV n **1.** (abbr of curriculum vitae) UK CV *m* **2.** (abbr of cardio-vascular) : *a CV workout* une séance de cardio-training.

CVS (abbr of chorionic villus sampling) n prélèvement *m* des villosités choriales.

CW ◆ pl n (abbr of continuous waves) RADIO ondes *fpl* entretenues. ◆ n [Morse code] morse *m*.

C & W n abbr of country and western (music).

cwm [ku:m] n GEOL cirque *m* (glaciaire) ; [in Wales] vallée *f*.

c.w.o., **CWO** (written abbr of cash with order) payable à la commande.

c-word n ▸ **the c-word** *euph* **a)** *le mot* **cunt**, *considéré comme tabou par beaucoup d'anglophones* **b)** *le mot* **cancer**.

cwt. written abbr of hundredweight.

CYA MESSAGING (written abbr of see you around or see ya) @+.

cyan ['saɪən] ◆ adj cyan. ◆ n cyan *m*.

cyanide ['saɪənaɪd] n cyanure *m* ▸ **cyanide poisoning** empoisonnement *m* au cyanure.

cyanosis [,saɪə'nəʊsɪs] n *(U)* cyanose *f*.

Cybele ['sɪbəlɪ] pr n Cybèle.

cyberbanking ['saɪbə,bæŋkɪŋ] n COMPUT transactions *fpl* bancaires en ligne.

cyberbully ['saɪbəbʊlɪ] n cyberagresseur *m*.

cyberbullying ['saɪbəbʊlɪɪŋ] n cyberagression *f*.

cybercafé ['saɪbə,kæfeɪ] n cybercafé *m*.

cyberchondria [,saɪbə'kɒndrɪə] n *inf comportement hypochondriaque de certains internautes, qui consiste à rechercher des informations médicales sur Internet jusqu'à s'autodiagnostiquer des maladies qu'ils n'ont pas.*

cybercrime ['saɪbəkraɪm] n cybercriminalité *f*.

cyberculture ['saɪbə,kʌltʃər] n cyberculture *f*.

cyberlaw ['saɪbə,lɔ:] n droit *m* de l'Internet.

cyberlawyer ['saɪbə,lɔ:jər] n spécialiste *mf* du droit de l'Internet.

cybernaut ['saɪbə,nɔ:t] n cybernaute *mf*.

cybernetics [,saɪbə'netɪks] n *(U)* cybernétique *f*.

cyberpet ['saɪbə,pet] n animal *m* virtuel.

cyberporn ['saɪbə,pɔ:n] n COMPUT cyberporno *m*.

cyberpunk ['saɪbə,pʌnk] n cyberpunk *m*.

cybersex ['saɪbə,seks] n cybersexe *m*.

cyber shop n boutique *f* en ligne.

cybershopping ['saɪbəʃɒpɪŋ] n achats *mpl* en ligne, cybershopping *m*.

cyberspace ['saɪbəspeɪs] n espace *m* virtuel, cyberespace *m*.

cybersquatter ['saɪbəskwɒtər] n cybersquatteur *m*, -euse *f*.

cybersquatting ['saɪbəskwɒtɪŋ] n cybersquatting *m*.

cyberstalking ['saɪbəstɔ:kɪŋ] n harcèlement *m* en ligne, cyber-harcèlement *m*.

cyber store = **cyber shop**.

cybersurfer ['saɪbə,sɜ:fər] n cybernaute *mf*.

cyberworld ['saɪbə,wɜ:ld] n cybermonde *m*.

cyborg ['saɪbɔ:g] n cyborg *m*.

Cyclades ['sɪklədi:z] pl pr n ▸ **the Cyclades** les Cyclades *fpl* / *in the Cyclades* dans les Cyclades.

Cycladic [sɪ'klædɪk] adj cycladique.

cyclamate ['saɪkləmeɪt] n cyclamate *m*.

cyclamen ['sɪkləmən] (*pl* **cyclamen**) n cyclamen *m*.

cycle ['saɪkl] ◆ n **1.** [gen, COMPUT, ELEC & LITER] cycle *m* **2.** [bicycle] vélo *m* ; [tricycle] tricycle *m* ; [motorcycle] motocyclette *f*, moto *f*. ◆ comp [path, track] cyclable ▸ **cycle lane** piste *f* cyclable ▸ **cycle racing track** vélodrome *m* ▸ **cycle rack a)** [on pavement] râtelier *m* à vélos **b)** [on car] porte-vélos *m (inv)*. ◆ vi faire du vélo / *she cycled into town everyday* elle allait en ville à vélo chaque jour.

cycler ['saɪklər] US = **cyclist**.

cycleway ['saɪklweɪ] n UK piste *f* or bande *f* cyclable.

cyclic(al) ['saɪklɪk(l)] adj cyclique.

cycling ['saɪklɪŋ] ◆ n cyclisme *m* / *I go cycling every weekend* **a)** [gen] je fais du vélo tous les week-ends **b)** SPORT tous les week-ends, je fais du cyclisme. ◆ comp [magazine, shoes, shorts] de cyclisme ▸ **cycling clothes** tenue *f* cycliste ▸ **a cycling tour** un circuit à vélo ▸ **a cycling holiday** : *we went on a cycling holiday* nous avons fait du cyclotourisme.

cyclist ['saɪklɪst] n cycliste *mf*.

cyclo-cross ['saɪkləʊkrɒs] n cyclo-cross *m*.

cyclone ['saɪkləʊn] n cyclone *m*.

cyclone cellar n abri *m* anticyclone.

cyclonic [saɪ'klɒnɪk] adj cyclonique, cyclonal.

cyclops ['saɪklɒps] n cyclope *m*.
❖ **Cyclops** n ▸ **(the) cyclops** le Cyclope.

cyclorama [,saɪklə'rɑ:mə] n cyclorama *m*.

cyclosporin-A [,saɪkləʊ'spɔ:rɪn-] n cyclosporine-A *f*.

cyclostyle ['saɪkləʊstaɪl] ◆ n machine *f* à polycopier. ◆ vt polycopier.

cyclotron ['saɪklətrɒn] n cyclotron *m*.

cygnet ['sɪgnɪt] n jeune cygne *m*.

cylinder ['sɪlɪndər] n **1.** AUTO, MATH & TECH cylindre *m* ▸ **four cylinder engine** moteur *m* à quatre cylindres ▸ **six cylinder car** six-cylindres *f* ▸ **oxygen / gas cylinder** bouteille *f* d'oxygène / de gaz **2.** [of typewriter] rouleau *m* ; [of gun] barillet *m*.

cylinder block n bloc-cylindres *m*.

cylinder head n culasse *f (d'un moteur)*.

cylinder press n presse *f* à cylindres.

cylinder seal n cylindre-sceau *m*.

cylindrical [sɪ'lɪndrɪkl] adj cylindrique.

cymbal ['sɪmbl] n cymbale *f*.

Cymru ['kʊmrɪ] pr n *nom gallois du pays de Galles.*

cynic ['sɪnɪk] ◆ adj [gen & PHILOS] cynique. ◆ n cynique *mf*.

cynical ['sɪnɪkl] adj [gen & PHILOS] cynique.

cynically ['sɪnɪklɪ] adv cyniquement, avec cynisme.

cynicism ['sɪnɪsɪzm] n [gen & PHILOS] cynisme *m* ▸ **cynicisms** remarques *fpl* cyniques.

cynosure ['sɪnə,zjʊər] n centre *m* d'attraction, point *m* de mire.

CYO (abbr of Catholic Youth Organization) pr n *association de jeunes catholiques aux États-Unis.*

cypher ['saɪfər] = **cipher**.

cypress ['saɪprəs] n cyprès *m*.

Cypriot ['sɪprɪət] ◆ n Chypriote *mf*, Cypriote *mf* ▸ **Greek Cypriot** Chypriote grec *m*, Chypriote grecque *f* ▸ **Turkish Cypriot** Chypriote turc *m*, Chypriote turque *f*. ◆ adj chypriote, cypriote.

Cyprus ['saɪprəs] pr n Chypre / *in Cyprus* à Chypre.

Cyrillic [sɪ'rɪlɪk] ◆ adj cyrillique. ◆ n alphabet *m* cyrillique.

cyst [sɪst] n **1.** MED kyste *m* **2.** BIOL sac *m* (membraneux).

cystalgia [sɪs'tælʤə] n cystalgie *f*.

cystic fibrosis ['sɪstɪk-] n mucoviscidose *f*.

cystitis [sɪs'taɪtɪs] n cystite *f*.

cytology [saɪ'tɒləʤɪ] n cytologie *f*.

cytomegalovirus [,saɪtəʊ'megələʊ,vaɪrəs] n cytomégalovirus *m*.

cytoplasm ['saɪtəʊ,plæzm] n cytoplasme *m*.

cytotoxic [saɪtə'tɒksɪk] adj cytotoxique.

cytotoxin, **cytotoxine** [,saɪtəʊ'tɒksɪn] n BIOL & CHEM cytotoxine *f*.

CZ pr n abbr of Canal Zone.

czar [zɑ:r] n **1.** [monarch] tsar *m* **2.** [top person] éminence *f* grise, ponte *m* / *the government's drug(s) czar* *haut personnage chargé de mener la lutte contre la drogue.*

czarevitch ['zɑ:rəvɪtʃ] n tsarévitch *m*.

czarina [zɑ:'ri:nə] n tsarine *f*.

czarism ['zɑ:rɪzm] n tsarisme *m*.

czarist ['zɑ:rɪst] ◆ adj tsariste. ◆ n tsariste *mf*.

Czech [tʃek] ◆ n **1.** [person] Tchèque *mf* **2.** LING tchèque *m*. ◆ adj tchèque ▸ **the Czech Republic** la République tchèque.

Czechoslovak [,tʃekə'sləʊvæk] = **Czechoslovakian**.

Czechoslovakia [,tʃekəslə'vækɪə] pr n Tchécoslovaquie *f* / *in Czechoslovakia* en Tchécoslovaquie.

Czechoslovakian [,tʃekəslə'vækɪən] ◆ n Tchécoslovaque *mf*. ◆ adj tchécoslovaque.

Czech Republic pr n ▸ **the Czech Republic** la République tchèque.

d (*pl* **d's** *or* **ds**), **D** (*pl* **D's** *or* **Ds**) [diː] n [letter] d *m*, D *m* / *D for dog* or *David* ≃ D comme Désirée / *in 3-D* en trois dimensions, en 3-D. **See also f.**

d 1. (written abbr of **penny**) *symbole du penny anglais jusqu'en 1971* **2.** (written abbr of **died**) : *d 1913* mort en 1913.

D ◆ n **1.** MUS ré *m* **2.** SCH & UNIV [grade] *note inférieure à la moyenne (7 sur 20).* ◆ US written abbr of **democrat(ic)**.

DA[1] (abbr of **District Attorney**) n **1.** US ≃ procureur *m* de la République **2.** (abbr of **duck's arse**) ≃ banane *f (coiffure).*

DA[2], **da** MESSAGING written abbr of **the**.

dab [dæb] (*pt & pp* **dabbed**, *cont* **dabbing**) ◆ n **1.** [small amount] ▶ **a dab** un petit peu / *a dab of rouge* une goutte de rouge **2.** [fish] limande *f.* ◆ vt **1.** [touch lightly] tamponner / *she dabbed her eyes* elle s'est tamponné or essuyé les yeux / *she dabbed the graze with cotton wool* elle tamponna l'écorchure avec du coton **2.** [daub] : *he dabbed the canvas with paint* il posait la peinture sur la toile par petites touches.

❖ **dabs** pl n UK *v inf* [fingerprints] empreintes *fpl* digitales.

❖ **dab at** vt insep = **dab** *(vt).*

❖ **dab on** vt sep appliquer par petites touches.

dabble ['dæbl] ◆ vt mouiller / *they dabbled their feet in the water* ils trempaient les pieds dans l'eau. ◆ vi *fig* : *he dabbles at painting* il fait un peu de peinture / *she dabbles in politics* elle fait un peu de politique / *to dabble on the Stock Market* boursicoter.

dabbler ['dæblər] n dilettante *mf.*

dabbling ['dæblɪŋ] n dilettantisme *m.*

dabchick ['dæbtʃɪk] n petit grèbe *m.*

dab hand n UK *inf* ▶ **to be a dab hand at sthg** être doué en or pour qqch ▶ **to be a dab hand at doing sthg** être doué pour faire qqch.

Dacca ['dækə] pr n Dacca.

dace [deɪs] n dard *m*, vandoise *f.*

dachshund ['dækshʊnd] n teckel *m.*

Dacia ['deɪʃɪə] pr n Dacie *f.*

Dacron® ['dækrɒn] n Dacron® *m* ; ≃ Tergal *m.*

dactyl ['dæktɪl] n dactyle *m.*

dactylography [,dæktɪ'lɒgrəfɪ] n US dactyloscopie *f.*

dad [dæd] n *inf* [father] papa *m* ; [old man] pépé *m.*

Dada ['dɑːdɑː] ◆ n dada *m.* ◆ adj dada *(inv)*, dadaïste.

dadager ['dædədʒər] n US *inf père qui gère la carrière de son enfant artiste ou sportif.*

Dadaism ['dɑːdɑːɪzm] n dadaïsme *m.*

Dadaist ['dɑːdɑːɪst] ◆ adj dadaïste. ◆ n dadaïste *mf.*

daddy ['dædɪ] (*pl* **daddies**) n *inf* papa *m* ▶ **the daddy of them all** US le meilleur de tous.

daddy longlegs [-'lɒŋlegz] n UK [cranefly] tipule *f* ; US [harvestman] faucheur *m*, faucheux *m.*

Daddy Warbucks [-'wɔːbʌks] pr n *personnage de bande dessinée américaine : riche homme d'affaires, protecteur de l'orpheline Little Orphan Annie.*

dado ['deɪdəʊ] (*pl* **dadoes**) n [of wall] lambris *m* d'appui ; ARCHIT [of pedestal] dé *m.*

Daedalus ['daɪdələs] pr n MYTH Dédale.

daemon ['diːmən] n **1.** [demigod] demi-dieu *m* **2.** = **demon.**

daff [dæf] *inf* = **daffodil.**

daffodil ['dæfədɪl] n jonquille *f* ▶ **daffodil bulb** bulbe *m* de jonquille ▶ **daffodil yellow** jaune *m* d'or.

Daffodil

La jonquille est un emblème du pays de Galles.

daffy ['dæfɪ] (*compar* **daffier**, *superl* **daffiest**) adj *inf* loufoque, timbré.

daft [dɑːft] *inf* ◆ adj UK [foolish] idiot, bête / *don't be daft!* (ne) fais pas l'idiot ! / *he's daft about her* il est fou d'elle ◆ adv : *don't talk daft* ne dites pas de bêtises.

dagger ['dægər] n **1.** [weapon] poignard *m* ; [smaller] dague *f* ▶ **to be at daggers drawn with sb** être à couteaux tirés avec qqn ▶ **to shoot** US or **to look daggers at sb** foudroyer qqn du regard **2.** TYPO croix *f.*

dago ['deɪgəʊ] (*pl* **dagos** *or* **dagoes**) n *offens terme injurieux désignant une personne d'origine espagnole, italienne ou portugaise.*

daguerreotype [də'gerətaɪp] n daguerréotype *m.*

Dagwood sandwich ['dægwʊd-] n US *inf très gros sandwich : allusion à Dagwood, personnage de bande dessinée qui mange de gros sandwichs.*

dahlia ['deɪljə] n dahlia *m* ▶ **dahlia corm** bulbe *m* de dahlia.

Dail [dɔɪl] n *chambre des députés de la république d'Irlande.*

daily ['deɪlɪ] (*pl* **dailies**) ◆ adj **1.** [routine, task] quotidien, de tous les jours ; [output, wage] journalier / *a daily paper* un quotidien / *to be paid on a daily basis* être payé à la journée / *(to earn) one's daily bread* (gagner) son pain quotidien / *the daily round* la tournée quotidienne / *the daily routine* or *grind inf* le train-train quotidien ▶ **daily dozen** UK *inf* gym *f* quotidienne ▶ **daily help** UK : *she has a daily help* elle a une femme de ménage **2.** PRESS ▶ **the Daily Express** *quotidien britannique populaire conservateur* ▶ **the Daily Mail** *quotidien britannique populaire du centre droit* ▶ **the Daily Mirror** *quotidien britannique populaire du centre gauche* ▶ **the Daily Sport** *quotidien britannique à sensation* ▶ **the Daily Star** *quotidien britannique à sensation de droite* ▶ **the Daily Telegraph** *quotidien britannique de qualité, de tendance conservatrice* ⟶ **broadsheet, tabloid.** ◆ adv tous les jours, quotidiennement / *twice daily* deux fois par jour. ◆ n **1.** [newspaper] quotidien *m* **2.** UK *inf* [cleaner] femme *f* de ménage.

daimon ['diːmən] = **daemon.**

daintily ['deɪntɪlɪ] adv **1.** [eat, hold] délicatement ; [walk] avec grâce **2.** [dress] coquettement.

daintiness ['deɪntɪnɪs] n **1.** [of manner] délicatesse *f*, raffinement *m* **2.** [of dress] coquetterie *f.*

dainty ['deɪntɪ] (*compar* **daintier**, *superl* **daintiest**, *pl* **dainties**) ◆ adj **1.** [small] menu, petit ; [delicate] délicat / *to walk with dainty steps* marcher à petits pas délicats **2.** [food] de choix, délicat / *dainty morsels* mets *mpl* de choix **3.** [fussy] : *she's a dainty eater* elle est difficile pour la nourriture. ◆ n [food] mets *m* délicat ; [sweet] friandise *f.*

daiquiri ['dækərɪ] n daiquiri *m.*

dairy ['deərɪ] (*pl* **dairies**) ◆ n AGR [building on farm] laiterie *f* ; [shop] crémerie *f*, laiterie *f.* ◆ comp [cow, farm, products] laitier ; [butter, cream] fermier ▶ **dairy cattle** vaches *fpl* laitières ▶ **dairy farmer** producteur *m* de lait or laitier ▶ **dairy farming** industrie *f* laitière ▶ **dairy herd** troupeau *m* de vaches laitières.

dairying ['deərɪɪŋ] n industrie *f* laitière.

dairymaid ['deərɪmeɪd] n fille *f* de laiterie.

dairyman ['deərɪmən] (*pl* **dairymen** [-mən]) n [on farm] employé *m* de laiterie ; [in shop] crémier *m*, laitier *m.*

Dairy Queen® n *chaîne de fast-food américaine.*

dais ['deɪɪs] n estrade *f.*

daisied ['deɪzɪd] adj *liter* émaillé de pâquerettes.

daisy ['deɪzɪ] (*pl* **daisies**) n marguerite *f* ; [smaller] pâquerette *f.*

daisy chain n guirlande *f* de pâquerettes.

daisywheel ['deɪzɪwiːl] n marguerite *f* ▶ **daisywheel printer** imprimante *f* à marguerite.

Dakar ['dækɑː] pr n Dakar.

Dakota [də'kəʊtə] pr n Dakota *m* / *in Dakota* dans le Dakota.

dal [dɑːl] n lentilles *fpl.*

Dalai Lama [,dælaɪ'lɑːmə] pr n dalaï-lama *m.*

dale [deɪl] n vallée *f*, vallon *m.*

Dalek ['dɑːlek] n *créature de science-fiction au comportement agressif et impitoyable.*

Dallas ['dæləs] pr n Dallas ▶ **the Dallas shooting** *l'assassinat de J.F. Kennedy.*

Dallas Cowboys pl pr n *équipe de football américain de Dallas.*

dalliance ['dælɪəns] n **1.** [dawdling] perte *f* de temps **2.** *arch* [flirtation] badinage *m* amoureux.

dally ['dælɪ] (*pt & pp* **dallied**) vi **1.** [dawdle] lanterner ▸ **to dally over sthg** lanterner sur or dans qqch **2.** [toy -with idea] badiner, caresser ; [-with affections] jouer **3.** *arch* [flirt] flirter.

Dalmatia [dæl'meɪʃə] pr n Dalmatie *f* / *in Dalmatia* en Dalmatie.

Dalmatian [dæl'meɪʃn] ◆ n **1.** [dog] dalmatien *m*, -enne *f* **2.** [person] habitant *m*, -e *f* de la Dalmatie. ◆ adj dalmate.

dalmatic [dæl'mætɪk] n dalmatique *f*.

dalton ['dɔ:ltən] n dalton *m*.

daltonism ['dɔ:ltə,nɪzm] n daltonisme *m*.

dam [dæm] (*pt & pp* **dammed**, *cont* **damming**) ◆ n **1.** [barrier] barrage *m* (de retenue) **2.** [reservoir] réservoir *m* **3.** [animal] mère *f*. ◆ vt construire un barrage sur / *plans to dam the Seine* projet de construction d'un barrage pour contenir les eaux de la Seine.

❖ **dam up** vt sep **1.** *lit* construire un barrage sur **2.** *fig* [feelings] refouler, ravaler ; [words] endiguer.

damage ['dæmɪdʒ] ◆ n **1.** *(U)* [harm] dommage *m*, dommages *mpl* ; [visible effects] dégâts *mpl*, dommages *mpl* ; [to ship, shipment] avarie *f*, avaries *fpl* / *damage to property* dégâts *mpl* matériels / *the storm did a lot of damage* l'orage a causé des dégâts importants / *he said he would make good the damage* il a dit qu'il allait réparer les dégâts ▸ **damage limitation** effort *m* pour limiter les dégâts **2.** *fig* tort *m*, préjudice *m* / *the scandal has done the government serious damage* le scandale a fait énormément de tort or a énormément porté préjudice au gouvernement / *the damage is done* le mal est fait ▸ **what's the damage?** *inf & hum* ça fait combien ? ◆ vt [harm -crop, object] endommager, causer des dégâts à ; [-food] abîmer, gâter ; [-eyes, health] abîmer ; [-ship, shipment] avarier ; [-reputation] porter atteinte à, nuire à ; [-cause] faire du tort à, porter préjudice à.

❖ **damages** pl n LAW dommages *mpl* et intérêts *mpl* ▸ **to award damages to sb for sthg** accorder des dommages et intérêts à qqn pour qqch ▸ **liable for damages** civilement responsable ▸ **war damages** dommages *mpl* or indemnités *fpl* de guerre.

damaging ['dæmɪdʒɪŋ] adj dommageable, nuisible ; LAW préjudiciable / *psychologically damaging* dommageable sur le plan psychologique.

Damascus [də'mæskəs] pr n Damas.

damask ['dæməsk] ◆ n **1.** [silk] damas *m*, soie *f* damassée ; [linen] damassé *m* **2.** [steel] (acier *m*) damasquiné *m* **3.** [colour] vieux rose *m*. ◆ adj [cloth] damassé.

damask rose n rose *f* de Damas.

Dam Busters ['dæmbʌstəz] pl n *aviateurs de la RAF ayant bombardé des barrages dans la région de la Ruhr en 1943.*

dame [deɪm] n **1.** *arch & liter* [noble] dame *f* ▸ **Dame Fortune** Dame Fortune ▸ **(pantomime) dame** UK THEAT *rôle de la vieille dame tenu par un homme, dans la pantomime anglaise* **2.** UK [title] ▸ **Dame** *titre donné à une femme ayant reçu certaines distinctions honorifiques* **3.** US *inf & dated* pépée *f*.

dame school n HIST *école dirigée par une vieille dame, souvent dans sa propre maison.*

dame's violet n BOT julienne *f*.

damfool [dæm'fu:l] adj *inf* débile.

dammit ['dæmɪt] interj *inf* mince ▸ **as near as dammit** UK à un cheveu près.

damn [dæm] ◆ interj *inf* ▸ **damn!** mince ! ◆ n *inf* : *I don't give a damn about the money* je me fiche pas mal de l'argent / *it's not worth a damn* ça ne vaut pas un pet de lapin or un clou. ◆ vt **1.** RELIG damner **2.** [condemn] condamner / *they damned him with faint praise* ils l'ont éreinté sous couleur d'éloge **3.** *inf* PHR *damn you!* va te faire voir ! *v inf* / *he found out, damn him!* il a trouvé, le salaud ! *v inf* / *well I'll be damned!* ça, c'est le comble ! / *I'll be damned if I'll apologize!* m'excuser ? plutôt mourir ! *v inf*. ◆ adj *inf* fichu, sacré / *you damn fool!* espèce d'idiot ! / *he's a damn nuisance* il est vraiment casse-pieds *v inf* / *it's a damn nuisance!* ce que c'est casse-pieds !, quelle barbe ! / *it's one damn thing after another* quand ce n'est pas une chose c'est l'autre. ◆ adv *inf* **1.** [as intensifier] très / *he knows damn well what I mean* il sait exactement or très bien ce que je veux dire **2.** PHR **damn all** UK que dalle *v inf* / *she did damn all* elle n'a rien fichu / *he knows damn all about it* il n'en sait fichtre rien.

damnable ['dæmnəbl] adj **1.** RELIG damnable **2.** *inf & dated* [awful] exécrable, odieux.

damnably ['dæmnəblɪ] adv *inf & dated* rudement.

damnation [dæm'neɪʃn] ◆ n damnation *f*. ◆ interj *inf* ▸ **damnation!** enfer et damnation ! *hum.*

damned [dæmd] ◆ adj **1.** RELIG damné, maudit **2.** *inf* = **damn**. ◆ adv *inf* rudement, vachement *v inf* / *do what you damned well like!* fais ce que tu veux, je m'en fiche. ◆ pl n ▸ **the damned** RELIG & *liter* les damnés *mpl*.

> **Out, damned [spot]!**
>
> Dans une scène célèbre de *Macbeth*, de Shakespeare, Lady Macbeth, qui, après avoir poussé son fils au meurtre, sombre peu à peu dans la folie et croit voir apparaître devant elle une tache de sang, s'écrie : **Out, damned spot! Out, I say!** *Va-t'en, maudite tache, va-t'en, te dis-je !* L'expression **Out, damned...** est souvent employée de façon humoristique, notamment dans la presse, pour exprimer un désir de se débarrasser de quelque chose de gênant :
>
> **Out, damned rumour! Hollywood stars set the record straight.** *Exit les rumeurs ! Les stars hollywoodiennes mettent les choses au clair.*
>
> **Out, damned weeds! Our guide to a weed-free lawn.** *Fini les mauvaises herbes ! Notre guide pour une pelouse sans mauvaises herbes.*

damnedest ['dæmdəst] *inf* ◆ n [utmost] : *he did his damnedest to ruin the party* il a vraiment fait tout ce qu'il pouvait pour gâcher la soirée. ◆ adj US incroyable / *it was the damnedest thing!* il fallait voir ça !

damn-fool adj *inf* crétin, idiot.

damning ['dæmɪŋ] adj [evidence, statement] accablant.

Damocles ['dæmə,kli:z] pr n Damoclès ▸ **the sword of Damocles** l'épée *f* de Damoclès.

damp [dæmp] ◆ adj [air, clothes, heat] humide ; [skin] moite. ◆ n **1.** [moisture] humidité *f* **2.** MIN [air] mofette *f* ; [gas] grisou *m*. ◆ vt **1.** [wet] humecter **2.** [stifle -sounds] amortir, étouffer ; MUS étouffer ; *fig* [spirits] décourager, refroidir **3.** [fire] couvrir **4.** TECH amortir.

❖ **damp down** vt sep [fire] couvrir ; *fig* [enthusiasm] refroidir ; [crisis] atténuer, rendre moins violent.

damp course ['dæmpkɔ:s] n couche *f* d'étanchéité.

dampen ['dæmpən] vt **1.** [wet] humecter **2.** [ardour, courage] refroidir / *don't dampen their spirits* ne les découragez pas.

damper ['dæmpəʳ] n **1.** [in furnace] registre *m* **2.** *fig* douche *f* froide / *the news put a damper on the party / his enthusiasm* la nouvelle a jeté un froid sur la fête / a refroidi son enthousiasme **3.** AUTO, ELEC & TECH amortisseur *m* ; MUS étouffoir *m* **4.** [for linen, stamps] mouilleur *m*.

damping ['dæmpɪŋ] n **1.** [wetting] mouillage *m* **2.** AUTO, ELEC & TECH amortissement *m*.

dampish ['dæmpɪʃ] adj un peu humide.

dampness ['dæmpnɪs] n humidité *f* ; [of skin] moiteur *f*.

damp-proof adj protégé contre l'humidité, hydrofuge ▸ **damp-proof course** CONSTR couche *f* d'étanchéité.

damp squib n UK *inf* déception *f*.

damsel ['dæmzl] n *arch & liter* damoiselle *f* ▸ **a damsel in distress** *hum* une demoiselle en détresse.

damselfish ['dæmzlfɪʃ] n poisson-ange *m*.

damselfly ['dæmzlflaɪ] (*pl* **damselflies**) n demoiselle *f*, libellule *f*.

damson ['dæmzn] ◆ n [tree] prunier *m* de Damas ; [fruit] prune *f* de Damas. ◆ comp [jam, wine] de prunes (de Damas).

dan [dæn] n [in judo] dan *m*.

dance [dɑ:ns] ◆ n **1.** danse *f* / *may I have the next dance?* voulez-vous m'accorder la prochaine danse ? / *shall we have one more dance?* dansons-nous encore une fois ? / *to do a dance* [in exultation] sauter de joie ▸ **dance of death** danse macabre ▸ **to lead sb a (merry** or **pretty) dance a)** [exasperate] donner du fil à retordre à qqn **b)** [deceive] faire marcher qqn **c)** [in romantic context] mener qqn en bateau ▸ **the dance of the seven veils** la danse des sept voiles / **'Dance of Death'** *Strindberg* 'la Danse de mort' **2.** [piece of music] morceau *m* (de musique) **3.** [art] danse *f* / *the world of dance* le milieu de la danse **4.** [social occasion] soirée *f* dansante ; [larger] bal *m* / *to hold a dance* donner une soirée dansante or un bal. ◆ comp [class, school, step, studio] de danse ▸ **dance band** orchestre *m* de bal ▸ **dance card** carnet *m* de bal ▸ **dance floor** piste *f* de danse ▸ **dance hall** salle *f* de bal ▸ **dance music** musique *f* dansante. ◆ vi [person] danser ; *fig* [leaves, light, words] danser ; [eyes] scintiller / *do you want to dance?* tu veux danser ? ▸ **to dance with sb** danser avec qqn ▸ **to ask sb to dance** inviter qqn à danser / *it's not the type of music you can dance to* ce n'est pas le genre de musique sur lequel on peut danser / *to dance with joy* sauter de joie / *she danced along the street* elle descendit la rue d'un pas joyeux ▸ **to dance to sb's tune** obéir à qqn au doigt et à l'œil. ◆ vt [waltz, polka] danser ▸ **to dance a step** faire or exécuter un pas de danse / *we danced every dance* nous n'avons pas arrêté de danser / *they danced every dance together* ils n'ont pas arrêté de danser ensemble ▸ **to dance a baby on one's knee** faire sauter un bébé sur ses genoux ▸ **to dance attendance on sb** UK s'empresser auprès de qqn.

dancer ['dɑ:nsəʳ] n danseur *m*, -euse *f*.

dancesport ['dɑ:nspɔ:t] n danse *f* sportive.

dancing ['dɑ:nsɪŋ] ◆ n danse *f* ▸ **to go dancing** aller danser / *a book on dancing* un livre sur la danse. ◆ comp [class, teacher] de danse ▸ **dancing dervish** derviche *m* tourneur ▸ **dancing partner** cavalier *m*, -ère *f*. ◆ adj [eyes] scintillant.

dancing girl n danseuse *f*.

dancing shoe n [for dance] chaussure *f* de bal ; [for ballet] chausson *m* de danse.

Dan Dare pr n *jeune capitaine d'un vaisseau spatial dans une bande dessinée britannique.*

D and C (abbr of **dilation and curettage**) n MED (dilation *f* et) curetage *m*.

dandelion ['dændɪlaɪən] n pissenlit *m*, dent-de-lion *f* ▸ **dandelion and burdock** *boisson gazeuse à base d'extraits de plantes.*

dandelion clock n aigrettes *fpl* de pissenlits ▸ **to play dandelion clocks** UK [children's game] *souffler sur les aigrettes de pissenlits pour savoir l'heure.*

dander ['dændəʳ] n *inf & dated* ▸ **to get one's / sb's dander up** se mettre / mettre qqn en rogne.

dandified ['dændɪfaɪd] adj [person] à l'allure de dandy ; [appearance] de dandy.

dandle ['dændl] vt UK [small child -on knee] faire sauter ; [-in arms] bercer.

dandruff ['dændrʌf] n *(U)* pellicules *fpl* / *to have dandruff* avoir des pellicules ▸ **dandruff shampoo** shampooing *m* antipelliculaire.

dandy ['dændɪ] (*pl* **dandies**) ◆ n dandy *m*. ◆ adj US *inf* extra, épatant / *everything's fine and dandy* tout va très bien / *that's just dandy! iro* c'est vraiment génial !

dandyism ['dændɪɪzm] n dandysme *m*.

Dane [deɪn] n Danois *m*, -e *f*.

dang [dæŋ] US *inf* = **damn** *(interj, adv)*.

danger ['deɪndʒər] ◆ n danger *m* / *is there any danger of fire?* y a-t-il un danger or risque d'incendie ? / *the dangers of smoking* / *making rash judgements* les dangers du tabac / des jugements hâtifs / **'danger, keep out!'** 'danger, entrée interdite !' / *fraught with danger* extrêmement dangereux ▸ **to be out of / in danger** être hors de / en danger ▸ **to put sb / sthg in danger** mettre qqn / qqch en danger / *he was in no danger* il n'était pas en danger, il ne courait aucun danger / *she was in little danger* elle ne courait pas un grand danger / *her life is in danger* sa vie est en danger, elle est en danger de mort ▸ **to be in danger of doing sthg** courir le risque or risquer de faire qqch ▸ **to be a danger to sb / sthg** être un danger pour qqn / qqch / *it's a danger to my health* c'est dangereux pour ma santé / *there is some danger of that* il y a un certain risque que cela se produise / *there is no danger of that happening* il n'y a pas de danger or de risque que cela se produise / *that's the danger in this case* voilà le danger or le risque qui menace ici / *no danger inf* pas de danger / *there's no danger of him doing that!* il n'y a pas de danger or de risque qu'il le fasse ! / *there's no danger of that!* il n'y a pas de danger ! ◆ comp ▸ **danger area** or **zone** zone *f* dangereuse ▸ **to be on the danger list** MED être dans un état critique ▸ **to be off the danger list** être hors de danger ▸ **danger money** prime *f* de risque ▸ **danger point** cote *f* d'alerte ▸ **danger signal a)** RAIL signal *m* d'arrêt **b)** *fig* signal *m* d'alerte or d'alarme.

dangerous ['deɪndʒərəs] adj [job, sport, criminal, animal] dangereux ; MED [illness] dangereux, grave ; [operation] délicat, périlleux ; [assumption] risqué ▸ **to be on dangerous ground** *fig* être sur un terrain glissant ▸ **dangerous driving** conduite *f* dangereuse.

dangerously ['deɪndʒərəslɪ] adv dangereusement ; [ill] gravement / *to live dangerously* vivre dangereusement / *the car was dangerously near the edge of the cliff* la voiture était dangereusement près du bord de la falaise / *you're coming dangerously close to being fired* continue comme ça et tu es viré / *this firm is dangerously close to collapse* / *bankruptcy* cette entreprise est au bord de l'effondrement / la faillite.

dangle ['dæŋgl] ◆ vt [legs, arms, hands] laisser pendre ; [object on chain, string] balancer ▸ **to dangle sthg in front of sb a)** balancer qqch devant qqn **b)** *fig* faire miroiter qqch aux yeux de qqn / *they dangled promotion in front of her* ils lui ont fait miroiter un avancement. ◆ vi [legs, arms, hands] pendre ; [keys, earrings] se balancer / *with his legs* / *arms dangling* les jambes / bras pendant dans le vide / *the climber was dangling at the end of the rope* l'alpiniste se balançait or était suspendu au bout de la corde ▸ **to keep sb dangling** *fig* laisser qqn dans le vague.

dangling participle n anacoluthe *f*.

Daniel ['dænjəl] pr n Daniel.

Danish ['deɪnɪʃ] ◆ n **1.** LING danois *m* **2.** US [pastry] = **Danish pastry**. ◆ pl n ▸ **the Danish** les Danois *mpl*. ◆ adj [person, food, Parliament, countryside] danois ; [king] du Danemark ; [ambassador, embassy, representative] danois, du Danemark ; [dictionary, teacher] de danois / *the Danish people* les Danois *mpl*.

Danish blue n [cheese] bleu *m* du Danemark.

Danish pastry n CULIN *sorte de pâtisserie fourrée*.

dank [dæŋk] adj humide et froid.

DA-notice (abbr of **Defence Advisory notice**) n UK POL *consigne donnée par le gouvernement britannique à la presse pour empêcher la diffusion d'informations touchant à la sécurité nationale*.

Dante ['dæntɪ] pr n Dante.

Dantean ['dæntɪən], **Dantesque** [dæn'tesk] adj dantesque.

Danube ['dænju:b] pr n ▸ **the Danube** le Danube / **'The Blue Danube'** *Strauss* 'le Beau Danube bleu'.

daphne ['dæfnɪ] n BOT daphné *m*.

Daphne ['dæfnɪ] pr n MYTH Daphné.

daphnia ['dæfnɪə] n daphnie *f*.

dapper ['dæpər] adj propre sur soi, soigné / *he was looking very dapper* il était tiré à quatre épingles.

dapple ['dæpl] vt tacheter / *the wall* / *water was dappled with sunlight* le soleil faisait des taches sur le mur / l'eau.

dappled ['dæpld] adj [animal] tacheté ▸ **dappled shade** ombre *f* mouchetée de lumière.

dapple-grey ◆ adj gris pommelé. ◆ n [colour] gris *m* pommelé ; [horse] cheval *m* gris pommelé, jument *f* gris pommelé.

Darby and Joan [,dɑ:bɪən'dʒəʊn] n *couple uni de personnes âgées* ▸ **Darby and Joan club** club *m* du troisième âge *(en Grande-Bretagne)*.

Dardanelles [,dɑ:də'nelz] pl pr n ▸ **the Dardanelles** les Dardanelles *fpl*.

dare [deər] ◆ modal vb [venture] oser ▸ **to dare (to) do sthg** oser faire qqch / *I daren't think* or *don't dare (to) think about it* je n'ose (pas) y penser / *nobody would dare (to) contradict her* personne n'oserait la contredire / *she didn't dare (to)* or *dared not say a word* elle n'a pas osé dire un mot / *I lay there hardly daring to breathe* j'étais couché là, osant à peine respirer / *let them try it if they dare!* qu'ils essaient s'ils osent ! / *dare I interrupt?* puis-je me permettre de vous interrompre ? ▸ **don't you dare tell me what to do!** ne t'avise surtout pas de me dire ce que j'ai à faire ! ▸ **don't you dare!** je te le déconseille ! ▸ **how dare you speak to me in that tone of voice!** comment oses-tu me parler sur ce ton ! ▸ **dare I say it** si j'ose m'exprimer ainsi / *I dare say you're hungry after your journey* je suppose que vous êtes affamés après ce voyage / *I dare say she's right* elle a probablement raison / *he was most apologetic — I dare say!* il s'est confondu en excuses — j'imagine ! ◆ vt **1.** [challenge] défier ▸ **to dare sb to do sthg** défier qqn de faire qqch / *I dare you!* chiche ! **2.** *liter* [death, dishonour] braver, défier ; [displeasure] braver. ◆ n [challenge] défi *m* ▸ **to do sthg for a dare** faire qqch par défi.

See box at need.

daredevil ['deə,devl] ◆ n casse-cou *m inv*. ◆ adj casse-cou.

daren't [deənt] abbr of **dare not**.

daresay [,deə'seɪ] vi UK ▸ **I daresay** [probably, I suppose] j'imagine, je suppose / *she's telling the truth — I daresay (she is)* elle dit la vérité — je veux bien le croire.

Dar es-Salaam [,dɑ:ressə'lɑ:m] pr n Dar es-Salaam.

daring ['deərɪŋ] ◆ n [of person] audace *f*, hardiesse *f* ; [of feat] hardiesse *f* / *of great daring* très audacieux. ◆ adj [audacious] audacieux, hardi ; [provocative] audacieux, provocant.

daringly ['deərɪŋlɪ] adv audacieusement, hardiment / *a daringly low neckline* un décolleté audacieux or provocant / *to be daringly different* afficher sa différence avec audace.

dariole ['dærɪəʊl] n CULIN [mould, prepared dish] dariole *f*.

dark [dɑ:k] ◆ n noir *m* / *to see in the dark* voir dans le noir / *before* / *after dark* avant / après la tombée de la nuit ▸ **in the dark** : *I can't work in the dark!* je ne peux pas travailler sans savoir où je vais ! ▸ **to keep sb in the dark about sthg** maintenir qqn dans l'ignorance à propos de qqch ▸ **to be in the dark about sthg** être dans l'ignorance à propos de qqch / *she left us in the dark* elle nous a laissés dans l'ignorance. ◆ adj **1.** [without light - night, room, street] sombre ; *fig* [thoughts] sombre ; [ideas] noir / *it's very dark in here* il fait très sombre ici / *it's too dark to see what I'm doing* il fait or c'est trop sombre pour que je voie ce que je suis en train de faire / *it's getting dark* il commence à faire nuit, la nuit tombe / *it's getting darker* il fait de plus en plus nuit / *it gets dark early* il fait nuit de bonne heure / *to get dark* [sky] s'assombrir / *it won't be dark for another hour yet* il ne fera pas nuit avant une heure / *it's still dark (outside)* il fait encore nuit / *the dark days of the war* la sombre période de la guerre / *to look on the dark side* voir tout en noir ▸ **dark satanic mills** *citation d'un hymne religieux utilisée pour évoquer le paysage industriel du nord de l'Angleterre* **2.** [colour] foncé ; [dress, suit] sombre / *she always wears dark colours* elle porte toujours des couleurs sombres ▸ **dark chocolate** chocolat *m* noir **3.** [hair, eyes] foncé ; [skin, complexion] foncé, brun / *a dark man* un brun / *a dark woman* une brune / *to be dark* être brun / *to have dark hair* avoir les cheveux bruns, être brun / *to get darker* [hair] foncer / *his dark good looks* sa beauté de brun **4.** [hidden, mysterious] mystérieux, secret (secrète) ; [secret] bien gardé ; [hint] mystérieux, énigmatique / *the dark side of the moon* la face cachée de la Lune ▸ **to keep sthg dark** tenir qqch secret / *keep it dark!* garde-le pour toi ! / *you kept that very dark!* tu nous avais caché ça ! **5.** [sinister] noir ▸ **to give sb a dark look** lancer un regard noir à qqn / *there's a dark side to her* elle a un côté désagréable / *a dark chapter in the country's history* un chapitre peu glorieux de l'histoire du pays.

Dark Ages pl n HIST Haut Moyen Âge *m* / *he's still in the Dark Ages fig* il est resté au Moyen Âge.

Dark Continent n *dated* le Continent noir.

darken ['dɑ:kn] ◆ vt [sky] assombrir ; [colour] foncer ▸ **to darken a room a)** [make look darker] assombrir or obscurcir une pièce **b)** [plunge into darkness] faire l'obscurité dans une pièce / *a darkened building* un immeuble dans le noir / *a darkened room* une pièce sombre ▸ **never darken my door again!** ne viens plus jamais frapper à ma porte ! ◆ vi [sky, room] s'assombrir, s'obscurcir ; [hair, wood] foncer ; [face] s'assombrir ; [painting] s'obscurcir.

dark-eyed adj aux yeux sombres or foncés.

dark glasses pl n lunettes *fpl* noires.

dark horse n **1.** [secretive person] ▸ **to be a dark horse** être très secret / *you're a dark horse!* tu nous en caches des choses ! **2.** [competitor, horse] participant *m* inconnu ; US POL candidat *m* surprise.

darkish ['dɑ:kɪʃ] adj [colour, sky, wood] plutôt or assez sombre ; [hair, skin] plutôt brun or foncé ; [person] plutôt brun.

darkly ['dɑ:klɪ] adv [hint] énigmatiquement ; [say] sur un ton sinistre.

dark matter n ASTRON matière *f* noire.

darkness ['dɑ:knɪs] n **1.** [of night, room, street] obscurité *f* / *to be in darkness* être plongé dans l'obscurité / **'Darkness at Noon'** *Koestler* 'le Zéro et l'infini' **2.** [of hair, skin] couleur *f* foncée.

darkroom ['dɑ:krʊm] n PHOT chambre *f* noire.

dark-skinned adj à la peau foncée.

darky ['dɑ:kɪ] (*pl* **darkies**) n *dated & offens terme raciste et vieilli désignant un Noir*.

darling ['dɑ:lɪŋ] ◆ n **1.** [term of affection] chéri *m*, -e *f* / *yes darling?* oui (mon) chéri ? / *Jenny darling* Jenny chérie / *she's a darling* c'est un amour / *you darling!* tu es un amour ! / *he was an absolute darling about it* il a été absolument charmant / *be a darling and...* sois gentil or un amour… **2.** [favourite - of teacher, parents] favori *m*, -ite *f*, chouchou *m*, -oute *f* ; [- of media] coqueluche *f*. ◆ adj [beloved] chéri ; [delightful] charmant, adorable / *you darling man!* tu es un amour !, tu es adorable !

darmstadtium [dɑ:m'stɑ:tɪəm] n darmstadtium *m*.

darn [dɑ:n] ◆ n **1.** SEW reprise *f* / *there was a darn in the elbow of his sweater* son pull était reprisé au coude **2.** PHR **I couldn't** or **I don't give a darn** *inf* je m'en fiche. ◆ vt **1.** SEW repriser, raccommoder **2.** *inf* [damn] : *darn it!* bon sang ! / *darn that cat* / *man!* encore ce chat / bonhomme de malheur ! / *I'll be darned!* ça alors !, oh, la vache ! ◆ interj *inf* bon sang. ◆ adj *inf* de malheur. ◆ adv *inf* vachement / *it's darn late* il est vachement tard / *it's too darn late* bon sang, il est trop tard / *don't be so darn stupid!* ce que tu peux être bête ! / *that's just too darn bad* tant pis / *to have a darn good try* faire un sacré effort.

darned [dɑːnd] US *inf* = **darn** *(adj, adv)*.

darning [ˈdɑːnɪŋ] adj [action] reprise *f*, raccommodage *m* ; [items to be darned] linge *m* à repriser or raccommoder.

darning needle n aiguille *f* à repriser.

dart [dɑːt] ◆ n **1.** SPORT fléchette *f* ; [weapon] flèche *f* / *to play darts* jouer aux fléchettes ▸ **darts champion** champion *m*, -onne *f* de fléchettes ▸ **darts match** match *m* de fléchettes **2.** SEW pince *f* **3.** [sudden movement] ▸ **to make a dart for the door / telephone** se précipiter vers la porte / sur le téléphone ▸ **to make a dart at sb / sthg** se précipiter sur qqn / qqch. ◆ vt [glance, look - quickly] lancer, jeter ; [- angrily] darder ; [rays] lancer ; [stronger] darder. ◆ vi ▸ **to dart away** or **off** partir en or comme une flèche ▸ **to dart for the door / telephone** se précipiter vers la porte / sur le téléphone ▸ **to dart at sthg / sb** se précipiter sur qqch / qqn ▸ **to dart in / out** entrer / sortir comme une flèche.

dartboard [ˈdɑːtbɔːd] n cible *f* (de jeu de fléchettes).

Dartford Tunnel [ˈdɑːtfəd-] pr n ▸ **the Dartford Tunnel** *tunnel passant sous la Tamise à Dartford.*

Dartmoor [ˈdɑːtmɔːʳ] pr n *lande dans le sud-ouest de l'Angleterre.*

Dartmouth [ˈdɑːtməθ] pr n *port du sud-ouest de l'Angleterre où sont formés les officiers de la marine.*

Darwinian [dɑːˈwɪnɪən] adj [of Darwin - theory] darwinien ; [in favour of Darwinism - thinker] darwiniste.

Darwinism [ˈdɑːwɪnɪzm] n darwinisme *m*.

Darwinist [ˈdɑːwɪnɪst] n darwiniste *mf*.

dash [dæʃ] ◆ n **1.** [quick movement] mouvement *m* précipité / *to make a dash for freedom* s'enfuir vers la liberté ▸ **to make a dash for it a)** [rush] se précipiter **b)** [escape] s'enfuir, s'échapper / *it was a headlong dash to the station* ça n'a été qu'une course effrénée jusqu'à la gare **2.** US SPORT sprint *m* / *the 100 meter dash* le 100 mètres plat **3.** [small amount - of water, soda] goutte *f*, trait *m* ; [- of cream, milk] nuage *m* ; [- of lemon juice, vinegar] filet *m* ; [- of salt, pepper] soupçon *m* ; [- of colour, humour] pointe *f* **4.** [punctuation mark] tiret *m* ; [in Morse code] trait *m* **5.** [style] panache *m* ▸ **to cut a dash** faire de l'effet **6.** = **dashboard.** ◆ vt **1.** [throw] jeter (avec violence) ▸ **to dash sthg to the ground** jeter qqch par terre avec violence / *several boats were dashed against the cliffs* plusieurs bateaux ont été projetés or précipités contre les falaises ▸ **to dash sb's hopes** *fig* réduire les espoirs de qqn à néant ▸ **to dash sb's spirits** *fig* démoraliser or abattre qqn **2.** *inf* [damn] : *dash it! dated* bon sang ! / *I'll be dashed!* ça alors !, oh, la vache ! ◆ vi **1.** [rush] se précipiter / *I must dash* UK je dois filer / *he dashed back to his room* il est retourné à sa chambre en vitesse, il s'est dépêché de retourner à sa chambre / *I'll just dash out to the shops* UK je vais faire quelques courses en vitesse / *I'll just dash out to the post-office / library* UK je vais juste faire un saut à la poste / bibliothèque / *dash upstairs and fetch it, will you?* UK monte vite le chercher, s'il te plaît / *the dog dashed across the road in front of us* le chien a traversé la route à toute vitesse devant nous **2.** [waves] se jeter. ◆ interj UK *dated* ▸ **dash!** bon sang !

⟡ **dash off** ◆ vi partir en flèche. ◆ vt sep [letter, memo] écrire en vitesse ; [drawing] faire en vitesse.

dashboard [ˈdæʃbɔːd] n AUTO & COMPUT tableau *m* de bord.

dashed [dæʃt] UK *dated* ◆ adj de malheur. ◆ adv vachement.

dashing [ˈdæʃɪŋ] adj pimpant, fringant.

dashingly [ˈdæʃɪŋlɪ] adv [behave] avec allant ; [be dressed] dans un style fringant.

dastardly [ˈdæstədlɪ] adj *liter* [deed, person] odieux, infâme.

DAT [dæt] (abbr of **digital audio tape**) n DAT *m*.

data [ˈdeɪtə] *(pl of* **datum***, usu with sg vb)* ◆ n informations *fpl*, données *fpl* ; COMPUT données *fpl* / *a piece of data* **a)** une donnée, une information **b)** COMPUT une donnée. ◆ comp COMPUT [entry, retrieval, security, input] de données ▸ **data privacy** secret *m* or protection *f* des données.

data bank n COMPUT banque *f* de données.

database [ˈdeɪtəbeɪs] ◆ n COMPUT base *f* de données / *database management* gestion *f* de base de données / *database management system* système *m* de gestion de base de données. ◆ vt mettre sous forme de base de données.

data capture n COMPUT saisie *f* de données.

data carrier n support *m* de données.

dataglove [ˈdeɪtəglʌv] n gant *m* de données.

data processing ◆ n traitement *m* de l'information. ◆ comp [department, service] de traitement des données or de l'information, informatique.

data processor n [machine] ordinateur *m* ; [person] informaticien *m*, -enne *f*.

data protection n protection *f* de l'information.

Data Protection Act n loi *f* sur la protection de l'information *(en Grande-Bretagne)*.

data switch n commutateur *m* de données.

data transmission n transmission *f* de données.

date [deɪt] ◆ n **1.** [of letter, day of the week] date *f* / *what's the date today?* or *what's today's date?* quelle est la date aujourd'hui ?, on est le combien aujourd'hui ? / *today's date is the 20th January* nous sommes le 20 janvier / *what's the date of the coin / building?* de quelle année est cette pièce / ce bâtiment ? / *would you be free on that date?* est-ce que vous seriez libre ce jour-là or à cette date ? / *at a later* or *some future date* plus tard, ultérieurement *fml* / *of an earlier / a later date* plus ancien / récent ▸ **to set a date a)** fixer une date **b)** [engaged couple] fixer la date de son mariage ▸ **to put a date to sthg a)** [remember when it happened] se souvenir de la date de qqch **b)** [estimate when built, established, etc.] attribuer une date à qqch, dater qqch ▸ **date of birth** date de naissance **2.** [meeting] rendez-vous *m* / *let's make a date for lunch* prenons rendez-vous pour déjeuner ensemble ▸ **to have a date** avoir rendez-vous / *I already have a date on Saturday night* j'ai déjà un rendez-vous samedi soir ▸ **to go out on a date** sortir en compagnie de quelqu'un / *her parents don't let her go out on dates* ses parents ne la laissent pas sortir avec des garçons / *I went out on a date with him once* je suis sortie avec lui une fois / *on our first date* la première fois que nous sommes sortis ensemble **3.** US [person] ami *m*, -e *f* / *who's your date tonight?* avec qui sors-tu ce soir ? / *do you have a date for the dance?* as-tu un cavalier pour le bal ? / *can I bring a date?* puis-je amener un ami ? **4.** [fruit] datte *f*. ◆ vt **1.** [write date on - cheque, letter, memo] dater / *a fax dated May 6th* un fax daté du 6 mai **2.** [attribute date to - building, settlement, etc.] dater ▸ **to date sb** [show age of] donner une idée de l'âge de qqn / *gosh, that dates him!* eh bien, ça montre qu'il n'est plus tout jeune or ça ne le rajeunit pas ! **3.** US [go out with] sortir avec. ◆ vi **1.** [clothes, style] se démoder ; [novel] vieillir **2.** US [go out on dates] sortir avec des garçons / filles / *how long have you two been dating?* ça fait combien de temps que vous sortez ensemble or que vous vous voyez ?

⟡ **out of date** adj phr : *to be out of date* **a)** [dress, style, concept, slang] être démodé or dépassé **b)** [magazine, newspaper] être vieux **c)** [dictionary] ne pas être à jour or à la page **d)** [passport, season ticket, etc.] être périmé / *it's the kind of dress that will never go out of date* c'est le genre de robe indémodable or qui ne se démodera jamais.

⟡ **to date** adv phr à ce jour.

⟡ **up to date** adj phr : *to be up to date* **a)** [dress, style, person] être à la mode or à la page **b)** [newspaper, magazine] être du jour / de la semaine etc. **c)** [dictionary] être à la page or à jour **d)** [passport] être valide or valable **e)** [list] être à jour / *I'm not up to date on what's been happening* je ne suis pas au courant de ce qui s'est passé dernièrement ▸ **to keep up to date with the news / scientific developments** se tenir au courant de l'actualité / des progrès de la science ▸ **to keep sb up to date on sthg** tenir qqn au courant de qqch ▸ **to bring sb up to date on sthg** mettre qqn au courant de qqch.

⟡ **date back to, date from** vt insep dater de.

Date

En anglais américain parlé, l'article défini n'est pas utilisé devant les dates. On dira : **December ninth** (américain) ou **the ninth** (britannique). Pour les dates en chiffres, les Américains donnent le mois, le jour, l'année (5.17.07), alors que les Britanniques commencent par le jour, puis le mois et l'année (17.5.07).

datebook [ˈdeɪtbʊk] n US agenda *m*.

dated [ˈdeɪtɪd] adj [clothes, style] démodé ; [novel, term, expression, concept] vieilli.

dateless [ˈdeɪtlɪs] adj [timeless] indémodable.

dateline [ˈdeɪt,laɪn] n **1.** PRESS date *f* de rédaction **2.** = **International Date Line.**

date palm n palmier *m* dattier.

date rape n *viol commis par une personne connue de la victime* / *date rape frequently goes unreported* peu de femmes violées par une connaissance or un ami portent plainte.

datestamp [ˈdeɪtstæmp] ◆ n tampon *m* dateur ; [used for cancelling] oblitérateur *m*, timbre *m* à date ; [postmark] cachet *m* de la poste. ◆ vt [book] tamponner, mettre le cachet de la date sur ; [letter] oblitérer.

dating [ˈdeɪtɪŋ] n [of building, artefact, etc.] datation *f*.

dative [ˈdeɪtɪv] ◆ n datif *m* / *in the dative* au datif. ◆ adj datif.

datum [ˈdeɪtəm] *(pl* **data***)* n *fml* donnée *f*.

daub [dɔːb] ◆ n **1.** [of paint] tache *f*, barbouillage *m* ; [done on purpose] barbouillage *m* **2.** *pej* [painting] croûte *f* **3.** [for walls] enduit *m*. ◆ vt enduire ; [with mud] couvrir / *a wall daubed with slogans* un mur couvert de slogans. ◆ vi *pej* [paint badly] peinturlurer, barbouiller.

dauber [ˈdɔːbəʳ] n *pej* barbouilleur *m*, -euse *f*.

daubing [ˈdɔːbɪŋ] n [painting] peinture *f* ; [bad painting] croûte *f* ; [graffiti] graffitis *mpl* / *pro-Nazi daubings* des graffitis pro-nazis.

daughter [ˈdɔːtəʳ] n fille *f* / **'Ryan's Daughter'** *Lean* 'la Fille de Ryan'.

daughter board n COMPUT carte *f* fille.

daughter-in-law n bru *f*, belle-fille *f*.

daughterly [ˈdɔːtəlɪ] adj filial.

Daughters of the American Revolution pl pr n *organisme à tendance nationaliste et conservatrice regroupant des femmes descendant des patriotes de la guerre d'Indépendance aux États-Unis.*

daunt [dɔːnt] vt intimider ▸ **nothing daunted** nullement découragé.

daunting [ˈdɔːntɪŋ] adj [task, question] intimidant.

dauntless [ˈdɔːntlɪs] adj déterminé.

dauntlessly [ˈdɔːntlɪslɪ] adv sans se décourager.

dauphin [ˈdɔːfɪn] n HIST dauphin *m*.

dauphine [ˈdɔːfiːn] n HIST dauphine *f*.

davenport [ˈdævnpɔːt] n **1.** UK [desk] secrétaire *m* **2.** US [sofa] canapé *m*.

David [ˈdeɪvɪd] pr n David / **'David Copperfield'** *Dickens* 'David Copperfield'.

davit [ˈdævɪt] n NAUT bossoir *m*, portemanteau *m*.

Davy Crockett [ˈdeɪvɪˈkrɒkɪt] pr n *pionnier américain rendu célèbre par sa participation héroïque à la bataille de Fort Alamo. Il est toujours représenté portant une toque ornée d'une queue de raton laveur.*

Davy Jones [ˈdeɪvɪ,dʒəʊnz] n ▸ **in Davy Jones's locker** [person, ship] au fond de la mer.

Davy lamp n lampe *f* de sécurité de mineur.

dawdle ['dɔːdl] vi *pej* traîner, lambiner, traînasser ▸ **to dawdle over sthg** traînasser or traîner en faisant qqch.

❖ **dawdle about** vi = **dawdle.**

❖ **dawdle away** vt sep : *to dawdle away the entire morning* passer toute la matinée à traîner or traînasser.

dawdler ['dɔːdlər] n lambin *m*, -e *f*, traînard *m*, -e *f*.

dawdling ['dɔːdlɪŋ] ◆ n : *stop all this dawdling!* arrête de traînasser ! ◆ adj traînard.

dawn [dɔːn] ◆ n **1.** *lit* aube *f* / *at dawn* à l'aube / *from dawn till dusk* du matin au soir ▸ **at the crack of dawn** au point du jour ▸ **(just) as dawn was breaking** alors que l'aube pointait / *to watch the dawn* regarder le jour se lever **2.** *fig* [of civilization, era] aube *f* ; [of hope] naissance *f*, éclosion *f* / *since the dawn of time* depuis la nuit des temps. ◆ vi **1.** [day] se lever **2.** *fig* [new era, hope] naître / *the truth dawned on* or *upon him* la vérité lui apparut / *it suddenly dawned on her that...* il lui est soudain apparu que... / *that's just dawned on you, has it?* voilà seulement or c'est seulement maintenant que tu t'en rends compte ?

dawn chorus n chant *m* des oiseaux à l'aube.

dawning ['dɔːnɪŋ] ◆ adj naissant. ◆ n = **dawn.**

dawn raid n descente *f* à l'aube ; [by police] descente *f* or rafle *f* à l'aube ; ST. EX attaque *f* à l'ouverture.

day [deɪ] ◆ n **1.** [period of twenty-four hours] jour *m*, journée *f* / *it's a nice* or *fine day* c'est une belle journée, il fait beau aujourd'hui / *on a clear day* par temps clair / *a summer's* / *winter's day* un jour d'été / d'hiver ▸ **to have a day out** aller passer une journée quelque part / *a day at the seaside* / *the races* une journée au bord de la mer / aux courses / *we went to the country for the day* nous sommes allés passer la journée à la campagne ▸ **to have a lazy day** passer une journée à paresser / *when day is done* *liter* quand le jour s'achève / *what day is it (today)?* quel jour sommes-nous (aujourd'hui) ? / *what day is she arriving (on)?* quel jour arrive-t-elle ? / *(on) that day* ce jour-là / *(on) the day (that* or *when) she was born* le jour où elle est née / *on the first* / *last day of the holidays* le premier / dernier jour des vacances / *on a day like this* / *today* un jour comme celui-là / aujourd'hui / *the day after, (on) the next* or *following day* le lendemain, le jour suivant / *the day after the party* le lendemain de or le jour d'après la fête / *two days after the party* le surlendemain de or deux jours après la fête / *the day after tomorrow* après-demain / *the day before, (on) the previous day* la veille, le jour d'avant / *I had first met him two days before* je l'avais rencontré l'avant-veille pour la première fois / *the day before yesterday* avant-hier / *four days before* / *later* quatre jours plus tôt / tard / *in four days* or *in four days' time* dans quatre jours / *it took me four days to do it* ça m'a pris quatre jours pour le faire / *once* / *twice a day* une fois / deux fois par jour ; [in greetings] ▸ **good day!** bonjour ! ▸ **have a nice day!** bonne journée ! ▸ **Day of Judgment** RELIG (jour du) jugement dernier ▸ **the Day of Atonement** RELIG Jour *m* du Grand Pardon ▸ **dish of the day** plat *m* du jour ▸ **day of reckoning** jour de vérité ▸ **any day now** d'un jour à l'autre ▸ **day after day** or **day in day out** jour après jour ▸ **for days on end** or **at a time** pendant des jours et des jours ▸ **from day to day** de jour en jour ▸ **to live from day to day** vivre au jour le jour ▸ **from one day to the next** d'un jour à l'autre ▸ **from that day on** or **onwards** à partir de ce jour-là ▸ **from that day to this** depuis ce jour-là ▸ **from this day forth** *liter* à partir or à compter d'aujourd'hui ▸ **to the day I die** or **my dying day** jusqu'à mon dernier jour ▸ **from day one** dès le premier jour / *I'd rather work in Madrid any day (of the week)* je préférerais largement or de loin travailler à Madrid / *you've done enough mischief for one day* tu as fait assez de bêtises pour une seule journée / *she's seventy if she's a day* elle a au moins soixante-dix ans ▸ **it's been one of those days!** tu parles d'une journée ! ▸ **let's make a day of it** passons-y la journée ▸ **you've made my day!** rien ne saurait me faire plus plaisir ! ▸ **it's not my (lucky) day** ce n'est pas mon jour (de chance) ▸ **that'll be the day!** *inf* [it's highly unlikely] il n'y a pas de danger que ça arrive de sitôt ! ▸ **it's a day late and a dollar short** US c'est insuffisant et ça arrive trop tard **2.** [hours of daylight] jour *m*, journée *f* ▸ **in the cold light of day** à la froide lumière du jour ▸ **all day (long)** toute la journée / *we haven't got all day* nous n'avons pas que ça à faire / *to travel during the* or *by day* voyager pendant la journée or de jour / *to sleep during the* or *by day* dormir le jour / *day and night* or *night and day* jour et nuit, nuit et jour **3.** [working hours] journée *f* / *paid by the day* payé à la journée / *to work a seven-hour day* travailler sept heures par jour, faire des journées de sept heures / *how was your day?* or *what kind of day have you had?* comment s'est passée ta journée ? / *did you have a good day?* tu as passé une bonne journée ? / *it's been a hard* / *long day* la journée a été dure / longue ▸ **day off** jour *m* de congé ▸ **day of rest** jour *m* de repos ▸ **let's call it a day** [stop work] on arrête là pour aujourd'hui ▸ **it's all in a day's work!** ça fait partie du travail ! **4.** *(often pl)* [lifetime, era] époque *f* / *in Caesar's day* du temps de César / *in the days of King Arthur* or *in King Arthur's day* du temps du roi Arthur ▸ **in days to come** à l'avenir ▸ **in days gone by** par le passé ▸ **in days of old** or **yore** *liter & hum* il y a fort longtemps ▸ **in the good old days** dans le temps / *in my* / *our day* de mon / notre temps / *he was well-known in his day* il était connu de son temps or à son époque / *in his working* / *married days* du temps où il travaillait / était marié / *in his younger days* dans son jeune temps, dans sa jeunesse / *the happiest* / *worst days of my life* les plus beaux / les pires jours de ma vie / *during the early days of the strike* / *my childhood* au tout début de la grève / de mon enfance / *her day will come* son heure viendra / *he's had his day* il a eu son heure / *it's had its day* ça a fait son temps ▸ **he's** / **this chair has seen better days** il / cette chaise a connu des jours meilleurs ▸ **those were the days** c'était le bon temps **5.** [battle, game] ▸ **to win** or **to carry the day** l'emporter ▸ **to lose the day** perdre la partie. ◆ comp ▸ **day labourer** journalier *m*, -ère *f* ▸ **day pass** [for skiing] forfait *m* journalier ▸ **day work** travail *m* de jour.

❖ **days** adv ▸ **to work days** travailler de jour.

❖ **in this day and age** adv phr de nos jours, aujourd'hui.

❖ **in those days** adv phr à l'époque.

❖ **one day** adv phr un jour.

❖ **one of these days** adv phr un de ces jours.

❖ **some day** adv phr un jour.

❖ **the other day** adv phr l'autre jour.

❖ **these days** adv phr : *what are you up to these days?* qu'est-ce que tu fais de beau ces temps-ci ? / *honestly, teenagers these days!* vraiment, les adolescents d'aujourd'hui !

❖ **this day week** adv phr dans huit jours aujourd'hui.

❖ **to the day** adv phr jour pour jour / *it's a year ago to the day* il y a un an jour pour jour or aujourd'hui.

❖ **to this day** adv phr à ce jour, aujourd'hui encore.

jour or journée?

The difference between **jour** and **journée** is less a question of meaning than of conventions of use; indeed in some contexts they are interchangeable: **ce travail m'a pris deux jours** and **ce travail m'a pris deux journées** mean the same.

Most of the time **jour** is an objective, neutral, factual term referring to a day of the week:

Livraison en trois jours maximum. *Delivery within three days.*

Venez un autre jour. *Come another day.*

Quel jour sommes-nous? *What day is it?*

Il y a vingt ans jour pour jour. *Twenty years ago to the day.*

Trois fois par jour. *Three times a day.*

Using **journée** rather than **jour** is more subjective, placing the day in a human perspective and often emphasizing duration:

J'ai de longues journées. *I work long hours.*

Les travaux prendront quatre bonnes journées. *The work will take four full days.*

Il n'a pas perdu sa journée! *It's been a good day for him!*

Exceptions to the rule of thumb according to which **jour** is more objective and **journée** more subjective occur in set phrases:

Le jour de gloire est arrivé. [from *la Marseillaise*] *The glorious day has dawned.*

C'est pas mon jour! *It's not my day!*

C'est un jour à marquer d'une pierre blanche! *It's a day to remember!*

J'attends les beaux jours pour sortir la table dans le jardin. *I'll wait for summer before setting the table up in the garden.*

day bed n lit *m* de repos.

day-blind adj héméralope.

daybook ['deɪbʊk] n main *f* courante, journal *m*.

dayboy ['deɪbɔɪ] n UK SCH demi-pensionnaire *m*.

daybreak ['deɪbreɪk] n point *m* du jour / *at daybreak* au point du jour.

day care n [for elderly, disabled] service *m* d'accueil de jour ; [for children] service *m* de garderie.

❖ **day-care** adj [facilities -for elderly, disabled] d'accueil de jour ; [-for children] de garderie ▸ **day care centre a)** *centre d'animation et d'aide sociale* **b)** US [for children] garderie *f*.

day centre n *centre d'animation et d'aide sociale*.

day cream n crème *f* de jour.

daydream ['deɪdriːm] ◆ n rêverie *f* ; *pej* rêvasserie *f* / *to have a daydream* rêver, rêvasser / *to be in the middle of a daydream* être en pleine rêverie. ◆ vi rêver ; *pej* rêvasser ▸ **to daydream about sthg** rêver or rêvasser à qqch / *daydreaming again?* encore en train de rêvasser or de rêver tout éveillé ?

daydreamer ['deɪdriːmər] n rêveur *m*, -euse *f*.

daydreaming ['deɪdriːmɪŋ] n *(U)* rêveries *fpl*, rêvasseries *fpl*.

day for night n CIN nuit *f* américaine.

daygirl ['deɪgɜːl] n UK SCH demi-pensionnaire *f*.

Day-Glo® ['deɪgləʊ] ◆ n tissu *m* fluorescent / *Day-Glo cycling shorts* collant *m* de cycliste fluorescent. ◆ adj fluorescent.

daylight ['deɪlaɪt] n **1.** [dawn] = **daybreak 2.** [light of day] jour *m*, lumière *f* du jour / *it was still daylight* il faisait encore jour / *in daylight* de jour ▸ **in broad daylight** en plein jour / *to begin to see daylight* **a)** *fig* [approach end of task] commencer à voir le bout (du tunnel) **b)** [begin to understand] commencer à voir clair ▸ **to beat** or **to thrash** or **to knock the living daylights out of sb** *inf* tabasser qqn ▸ **to scare** or **to frighten the living daylights out of sb** *inf* flanquer une trouille bleue à qqn.

daylight robbery n *inf* ▸ **it's daylight robbery** c'est du vol pur et simple.

daylight saving (time) n heure *f* d'été.

daylong ['deɪlɒŋ] adj [meeting, journey] d'une journée.

day nursery n garderie *f*.

day-old adj [chick, baby] d'un jour.

daypack ['deɪpæk] n petit sac à dos *m (pour ses affaires de la journée)*.

day pupil n SCH (élève *mf*) externe *mf*.

day release n UK formation *f* continue en alternance.

day return n UK RAIL aller-retour *m* valable pour la journée.

day room n salle *f* commune.

day school n externat *m*.

day shift n [period worked] service *m* de jour ; [workers] équipe *f* de jour / *to work the day shift* travailler de jour, être (dans l'équipe) de jour / *when* *do you go on day shift?* quand est-ce que tu prends le service de jour ?

daytime ['deɪtaɪm] ◆ n journée *f* / *in the daytime* le jour, pendant la journée. ◆ adj de jour ▶ **daytime television** émissions *fpl* diffusées pendant la journée.

day-to-day adj [life, running of business] quotidien ; [chores, tasks] journalier, quotidien ▶ **to lead a day-to-day existence a)** vivre au jour le jour **b)** [with difficulty] vivre péniblement jour après jour.

day trading n ST. EX day trading *m* *(pratique qui consiste à passer un grand nombre d'ordres dans la journée en fermant ses positions avant la clôture).*

day trip n excursion *f.*

day tripper n excursionniste *mf.*

daze [deɪz] ◆ n [caused by blow] étourdissement *m* ; [caused by emotional shock, surprise] ahurissement *m* ; [caused by medication] abrutissement *m* ▶ **to be in a daze a)** [because of blow] être étourdi **b)** [because of emotional shock, surprise] être abasourdi or ahuri **c)** [because of medication] être abruti. ◆ vt [subj: blow] étourdir ; [subj: emotional shock, surprise] abasourdir, ahurir ; [subj: medication] abrutir.

dazed [deɪzd] adj [by blow] étourdi ; [by emotional shock, surprise] abasourdi, ahuri ; [by medication] abruti.

dazzle ['dæzl] vt *lit & fig* éblouir.

dazzling ['dæzlɪŋ] adj éblouissant.

dazzlingly ['dæzlɪŋlɪ] adv : *a dazzlingly bright day* une journée d'une clarté éblouissante / *he is dazzlingly successful* il réussit brillamment dans la vie / *dazzlingly beautiful* d'une beauté éblouissante.

dB (written abbr of **decibel**) dB.

DBE (abbr of **Dame Commander of the Order of the British Empire**) n *distinction honorifique britannique pour les femmes.*

DBMS (abbr of **database management system**) n SGBD *m.*

DBS (abbr of **direct broadcasting by satellite**) n télédiffusion *f* directe par satellite.

DC n **1.** abbr of **direct current 2.** abbr of **District of Columbia.**

DCSF pr n abbr of **Department for Children, Schools and Families.**

dd. written abbr of **delivered.**

DD (abbr of **Doctor of Divinity**) n UK ≃ (titulaire d'un) doctorat en théologie.

D/D written abbr of **direct debit.**

D-day n le jour J.

DDS (abbr of **Doctor of Dental Surgery**) n UK ≃ (titulaire d'un) doctorat en dentisterie.

DDT (abbr of **dichlorodiphenyltrichloroethane**) n DDT *m.*

DE written abbr of **Delaware.**

DEA (abbr of **Drug Enforcement Administration**) pr n *agence américaine de lutte contre la drogue.*

deacon ['di:kn] n RELIG diacre *m.*

deaconess [,di:kə'nes] n RELIG diaconesse *f.*

deactivate [di:'æktɪ,veɪt] vt désamorcer.

dead [ded] ◆ adj **1.** [not alive - person, animal, plant] mort ; [- flower] fané / *dead man* mort *m* / *dead woman* morte *f* / *the dead woman's husband* le mari de la défunte / *he has been dead for five years* il est mort or décédé il y a cinq ans, cela fait cinq ans qu'il est mort ▶ **to be dead on arrival** être mort or décédé à l'arrivée à l'hôpital / *dead or alive* mort ou vif / *more dead than alive* plus mort que vif / *half dead with hunger / exhaustion / fear* à demi mort de faim / d'épuisement / de peur / *dead and buried lit & fig* mort et enterré ▶ **stone dead** raide mort ▶ **to drop (down)** or **to fall down dead** tomber mort ▶ **to shoot sb dead** tuer qqn *(avec une arme à feu)*, abattre qqn ▶ **to leave sb for dead** laisser qqn pour mort / *you're dead if he finds out inf & fig* c'en est fini de toi s'il l'apprend ▶ **drop dead!** *inf* va te faire voir ! ▶ **dead as a doornail** or **a dodo** *inf* on ne peut plus mort ▶ **to be waiting for dead men's shoes** *attendre le départ en retraite ou la mort d'un supérieur hiérarchique pour prendre sa place* ▶ **over my dead body** *inf* je ne permettrai pas cela de mon vivant, moi vivant c'est hors de question / *you'll marry him over my dead body* je ne permettrai jamais que tu l'épouses, moi vivant, tu ne l'épouseras pas / *I wouldn't be seen dead in that restaurant inf* je ne mettrai jamais les pieds dans ce restaurant / *I wouldn't be seen dead wearing something like that inf* jamais de la vie je ne mettrai quelque chose comme ça / *I wouldn't be seen dead with him inf* plutôt mourir que de me montrer en sa compagnie ▶ **dead men tell no tales** *prov* les morts ne parlent pas ▶ **you're dead meat!** tu es un homme mort ! ▶ **dead in the water** mort dans l'œuf **2.** [lacking in sensation - fingers, toes, etc.] engourdi ▶ **to go dead** s'engourdir / *he is dead to reason* il ne veut pas entendre raison ▶ **to be dead from the neck up** *inf* : *she's dead from the neck up* elle n'a rien dans la tête ▶ **to be dead to the world** *inf* dormir d'un sommeil de plomb **3.** [not alight - fire] mort, éteint ; [- coals] éteint ; [- match] usé **4.** [lacking activity - town] mort ; [- business, market] très calme **5.** [language] mort **6.** SPORT [out of play - ball] hors jeu *(inv)* **7.** ELEC [battery] mort, à plat ; TELEC [phone, line] coupé / *the line went dead* la ligne a été coupée **8.** [dull - colour] terne, fade ; [- sound] sourd **9.** *inf* [tired out] mort, crevé **10.** [finished with - cigar] entièrement fumé ▶ **dead copy** TYPO vieille épreuve *f* ▶ **are these (glasses) dead?** *inf* est-ce que vous avez fini avec ces verres ? **11.** *inf* [no longer working - TV, fridge, etc.] foutu **12.** [complete, exact] : *dead stop* arrêt *m* brutal / *to come to a dead stop* s'arrêter net / *dead calm* NAUT calme *m* plat / *dead silence* silence *m* complet or de mort / *on a dead level with sthg* exactement au même niveau que qqch / *in dead earnest* **a)** [be] très sérieux **b)** [speak] très sérieusement / *dead cert* UK *inf* [in race, competition] valeur *f* sûre / *it's a dead cert that he'll be there* il sera là à coup sûr / *he's the dead spit of his father inf* c'est son père tout craché / *she fell to the floor in a dead faint* elle s'est évanouie or est tombée en syncope / *dead loss* UK COMM perte *f* sèche / *to be a dead loss* UK *inf* [person, thing] être complètement nul. ◆ adv **1.** [precisely] : *dead ahead* tout droit / *dead in the middle* juste au milieu, au beau milieu / *to be dead level (with sthg)* UK être exactement au même niveau (que qqch) / *dead on time* UK juste à l'heure / *to arrive dead on the hour* UK arriver à l'heure pile or juste à l'heure / *dead on target* UK [hit sthg] en plein dans le mille / *you're dead right* UK *inf* tu as entièrement raison / *you're dead on* UK *inf* c'est exactement ça **2.** *inf* [very] super / *dead broke* complètement fauché / *dead drunk* ivre mort / *dead easy* super facile, fastoche / *dead good* UK super bon / *it was dead lucky* UK c'était un super coup de bol or de pot / *dead tired* mort, crevé **3.** [completely] : *the sea was dead calm* la mer était parfaitement calme ▶ **to be dead against sthg / sb** être absolument contre qqch / qqn **4.** **'dead slow'** AUTO 'au pas' **5.** PHR **to play dead** faire le mort ▶ **to stop dead** s'arrêter net ▶ **to stop sb dead** arrêter qqn net. ◆ pl n ▶ **the dead** les morts / *to rise from the dead* RELIG ressusciter d'entre les morts. ◆ n [depth] : *in the dead of winter* au cœur de l'hiver / *in the* or *at dead of night* au milieu or au plus profond de la nuit.

dead-and-alive adj UK : *it's a dead-and-alive sort of place* c'est un vrai trou.

dead-ball line n RUGBY ligne *f* de ballon mort.

dead beat adj *inf & fig* crevé, mort.

deadbeat ['dedbi:t] n US *inf* bon à rien *m*, bonne à rien *f* ▶ **a deadbeat dad** un père indigne *(qui ne paie pas sa pension alimentaire)* ; [tramp] épave *f*, loque *f.*

dead cat bounce n FIN *brève remontée d'un marché en forte baisse.*

dead centre n TECH point *m* mort.

dead duck n *inf & fig* [plan, proposal - which will fail] désastre *m* assuré, plan *m* foireux ; [- which has failed] désastre *m*, fiasco *m* / *he's a dead duck* c'en est fini de lui.

deaden ['dedn] vt [sound] assourdir ; [sense, nerve, hunger pangs] calmer ; [pain] endormir, calmer ; [blow] amortir / *the deadening effects of alcohol* les effets anesthésiants de l'alcool.

dead end n cul *m* de sac, voie *f* sans issue, impasse *f* / *it's a dead end* **a)** [job] il n'y a aucune perspective d'avenir **b)** [line of investigation, research] cela ne mènera or conduira à rien / *to come to a dead end* [street] se terminer en cul de sac / *to come to* or *to reach a dead end fig* aboutir à une impasse.

❖ **dead-end** adj [street] sans issue ▶ **a dead-end job** *fig* un travail qui n'offre aucune perspective d'avenir.

deadening ['dednɪŋ] adj [boredom, task] abrutissant.

dead hand n **1.** [influence] mainmise *f*, emprise *f* **2.** LAW mainmorte *f.*

deadhead ['dedhed] ◆ n **1.** *inf* [dull person] nullité *f* **2.** [person using free ticket - in theatre] spectateur *m*, -trice *f* ayant un billet de faveur ; [- on train] voyageur *m*, -euse *f* muni(e) d'un billet gratuit **3.** US [empty vehicle] *train, avion, camion, etc. circulant à vide.* ◆ vt [flowers] enlever les fleurs fanées de. ◆ vi US [train] circuler à vide.

dead heat n *course dont les vainqueurs sont déclarés ex aequo* ; [horse race] dead-heat *m* / *it was a dead heat* [athletics race] les coureurs sont arrivés ex aequo.

dead letter n **1.** [letter that cannot be delivered] lettre *f* non distribuée, (lettre *f* passée au) rebut *m* **2.** [law, rule] loi *f* or règle *f* caduque or tombée en désuétude / *it's a dead letter fig* c'est mort et enterré.

dead-letter box, **dead-letter drop** n cachette *f.*

deadline ['dedlaɪn] n [day] date *f* limite ; [hour] heure *f* limite / *Monday is the absolute deadline* c'est pour lundi dernier délai or dernière limite ▶ **to meet / to miss a deadline** respecter / laisser passer une date limite / *I'm working to a deadline* j'ai un délai à respecter / *must be able to work to deadlines* [in job advert] doit être capable de travailler en fonction de délais précis.

deadliness ['dedlɪnɪs] n [of poison, snake] caractère *m* mortel ; [of weapon] caractère *m* meurtrier.

deadlock ['dedlɒk] n impasse *f* / *to reach (a) deadlock* arriver à une impasse / *to break the deadlock* **a)** [negotiators] sortir de l'impasse **b)** [concession] apporter une solution à l'impasse.

deadlocked ['dedlɒkt] adj : *to be deadlocked* être dans une impasse.

deadly ['dedlɪ] (*compar* **deadlier**, *superl* **deadliest**) ◆ adj **1.** [lethal - poison, blow] mortel ; [- snake] au venin mortel ; [- weapon] meurtrier ; *fig* [hatred] mortel ; [silence, pallor] de mort, mortel / *they are deadly enemies fig* ce sont des ennemis mortels ▶ **the seven deadly sins** les sept péchés capitaux **2.** [precise] : *his aim is deadly* il a un tir excellent / *with deadly accuracy* avec une extrême précision **3.** [extreme] : *in deadly earnest* [say] avec le plus grand sérieux **4.** *inf* [boring] mortel, barbant. ◆ adv extrêmement, terriblement / *deadly pale* pâle comme la mort, d'une pâleur de mort or mortelle / *it was deadly boring* c'était mortellement ennuyeux.

deadly nightshade n BOT belladone *f.*

deadman ['dedmæn] (*pl* **deadmen** [-men]) n CIV ENG ancrage *m* ; [in mountaineering] piton *m* à neige.

dead man's handle n RAIL manette *f* d'homme-mort.

dead march n marche *f* funèbre.

deadness ['dednɪs] n **1.** [of limbs] engourdissement *m* **2.** [of sound] caractère *m* sourd **3.** [of colour] caractère *m* terne **4.** [of place] caractère *m* ennuyeux or mortel.

dead-nettle n ortie *f* blanche.

deadpan ['dedpæn] ◆ adj [face, expression] impassible ; [humour] pince-sans-rire *(inv).* ◆ adv d'un air impassible.

dead reckoning n NAUT estime *f* ▶ **to navigate by dead reckoning** naviguer à l'estime.

dead ringer n *inf* sosie *m* ▶ **to be a dead ringer for sb** être le sosie de qqn.

Dead Sea pr n ▸ **the Dead Sea** la mer Morte.

dead set ◆ adj ▸ **to be dead set on doing sthg** être fermement décidé à faire qqch ▸ **to be dead set on sthg** tenir absolument or à tout prix à qqch ▸ **to be dead set against sthg / sb** être résolument opposé à qqch / qqn. ◆ n ▸ **to make a dead set at sb** UK *dated* [romantically] jeter son dévolu sur qqn.

dead stock n *(U)* AGR machines *fpl* agricoles.

dead tree edition n *inf* édition *f* papier, édition *f* imprimée.

dead tree media pl n *inf* médias *mpl* imprimés.

dead weight n *lit & fig* poids *m* mort.

dead wood UK, **deadwood** US ['dedwʊd] n [trees, branches] bois *m* mort ; *fig* [people] personnel *m* inutile.

deaf [def] ◆ adj sourd / *deaf in one ear* sourd d'une oreille / *deaf people* les sourds *mpl* / *are you deaf?* tu es sourd ? ▸ **to turn a deaf ear to sthg / sb** *fig* faire la sourde oreille à qqch / qqn / *our complaints fell on deaf ears fig* nos protestations n'ont pas été entendues ▸ **(as) deaf as a post** sourd comme un pot ▸ **there are none so deaf as those who will not hear** *prov* il n'est pire sourd que celui qui ne veut entendre *prov.* ◆ pl n ▸ **the deaf** les sourds *mpl*.

deaf-aid n appareil *m* acoustique.

deaf-and-dumb ◆ adj sourd-muet *(attention : le terme « deaf-and-dumb » est considéré comme injurieux).* ◆ n sourd-muet *m*, sourde-muette *f*.

deafen ['defn] vt *lit* rendre sourd ; *fig* casser les oreilles à.

deafening ['defnɪŋ] adj [music, noise, roar] assourdissant ; [applause] retentissant ▸ **the silence was deafening** *hum* il y avait un grand silence or un silence impressionnant.

deafeningly ['defnɪŋlɪ] adv ▸ **deafeningly loud** assourdissant.

deaf-mute = **deaf-and-dumb**.

deafness ['defnɪs] n surdité *f*.

deal [di:l] *(pt & pp* **dealt** [delt]) ◆ n **1.** [agreement] affaire *f*, marché *m* ; ST. EX opération *f*, transaction *f* / *business deal* affaire, marché, transaction ▸ **to do** or **to make a deal with sb** conclure une affaire or un marché avec qqn / *I'll make a deal with you* je te propose un marché / *the deal is off* l'affaire est annulée, le marché est rompu / *the government does not do deals with terrorists* le gouvernement ne traite pas avec les terroristes / *no deals!* pas de marchandage ! / *no deal!* je ne marche pas ! / *it's a deal!* marché conclu ! / *you've got (yourself) a deal! inf* ça marche !, ça roule ! / *that wasn't the deal* ce n'est pas ce qui était convenu / *a good / bad deal* une bonne / mauvaise affaire ▸ **to get a good deal** faire une bonne affaire ▸ **what's the deal?** US *inf* qu'est-ce qui se passe ? **2.** [treatment] ▸ **to give sb a fair deal** traiter loyalement avec qqn / *the government promised (to give) teachers a better deal* le gouvernement a promis d'améliorer la condition des enseignants / *to get a rotten deal out of life* ne pas être gâté par la vie ▸ **the New Deal** le New Deal, la Nouvelle Donne **3.** CARDS donne *f*, distribution *f* / *it's my deal* c'est à moi de donner **4.** [quantity] : *a (good) deal of* or *a great deal of* [money, time, etc.] beaucoup de / *he thinks a good / great deal of her* il l'estime beaucoup / énormément / *I didn't enjoy it a great deal* je n'ai pas trop or pas tellement aimé / *there's a good* or *great deal of truth in what you say* il y a beaucoup de vrai dans ce que vous dites / *I didn't do a great deal last night* je n'ai pas fait grand-chose hier soir / *a good / great deal faster* beaucoup plus vite ▸ **big deal!** *inf & iro* tu parles ! / *no big deal inf* ça ne fait rien / *he made a big deal out of it inf* il en a fait tout un plat or tout un cinéma / *what's the big deal? inf* et alors ?, et puis quoi ? / *that's not such a big deal inf* ça ne vaut pas la peine qu'on en fasse tout un plat or tout un cinéma **5.** [timber] planche *f* / *a deal table* une table en bois. ◆ vt **1.** CARDS donner, distribuer **2.** [strike] ▸ **to deal sb a blow** assener un coup à qqn ▸ **to deal sthg a blow** or **to deal a blow to sthg** *fig* porter un coup à qqch **3.** [drugs] revendre. ◆ vi **1.** CARDS distribuer les cartes / *it's your turn* or *it's you to deal* c'est à toi de distribuer or de donner **2.** COMM négocier, traiter / *the firm has been dealing for over 50 years* cette société est en activité depuis plus de 50 ans / *to deal on the Stock Exchange* faire des opérations or des transactions en Bourse / *to deal in drugs* revendre de la drogue / *to deal in death / human misery fig* être un marchand de mort / de misère humaine **3.** [in drugs] revendre de la drogue.

❖ **deal in** vt sep CARDS [player] donner or distribuer des cartes à, servir ▸ **deal me in** *fig* tu peux compter sur moi.

❖ **deal out** vt sep [cards, gifts] donner, distribuer ; [justice] rendre ; [punishment] distribuer ▸ **deal me out** *fig* ne compte pas sur moi.

❖ **deal with** vt insep **1.** [handle - problem, situation, query, complaint] traiter ; [- customer, member of the public] traiter avec ; [- difficult situation, child] s'occuper de / *a difficult child to deal with* un enfant difficile / *a job that involves dealing with the public* un travail qui implique un contact avec le public / *the author deals with the question very sensitively* l'auteur traite or aborde ce sujet avec beaucoup de délicatesse / *I'll deal with it* [problem, situation, etc.] je m'en occupe, je m'en charge / *I'll deal with you later* [to naughty child] je vais m'occuper de toi or de ton cas plus tard / *I can't deal with all the work I've got* je ne me sors pas de tout le travail que j'ai / *the management dealt with the situation promptly* la direction a réagi immédiatement / *the culprits were dealt with severely* les coupables ont été sévèrement punis / *the switchboard deals with over 1,000 calls a day* le standard traite or reçoit plus de 1 000 appels par jour / *that's that dealt with* voilà qui est fait **2.** [do business with] traiter or négocier avec / *she's not an easy woman to deal with* ce n'est pas facile de traiter or négocier avec elle **3.** [be concerned with] traiter de / *in my lecture, I shall deal with...* dans mon cours, je traiterai de...

dealbreaker ['di:lbreɪkəʳ] n élément *m* rédhibitoire *(pour l'achat d'un produit)* / *the lack of a user-replaceable battery is a dealbreaker for me* le fait qu'on ne peut pas remplacer la batterie est rédhibitoire pour moi.

dealer ['di:ləʳ] n **1.** COMM marchand *m*, -e *f*, négociant *m*, -e *f* ; ST. EX marchand *m*, -e *f* de titres ; AUTO concessionnaire *mf* **2.** [in drugs] dealer *m* **3.** CARDS donneur *m*, -euse *f*.

dealership ['di:ləʃɪp] n AUTO & COMM concession *f*.

dealing ['di:lɪŋ] n **1.** *(U)* ST. EX opérations *fpl*, transactions *fpl* ; [trading] commerce *m* **2.** *(U)* [of cards] donne *f*, distribution *f* **3.** ▸ **dealings a)** [business] affaires *fpl*, transactions *fpl* **b)** [personal] relations *fpl* ▸ **to have dealings with sb a)** [in business] traiter avec qqn, avoir affaire à qqn **b)** [personal] avoir affaire à qqn **4.** [in drugs] trafic *m* de drogue.

dealt [delt] pt & pp ⟶ **deal**.

dean [di:n] n UNIV & RELIG doyen *m*, -enne *f*.

deanery ['di:nərɪ] n RELIG doyenné *m* ; UNIV résidence *f* du doyen.

Dean's List n US *tableau d'honneur dans les universités américaines.*

dear [dɪəʳ] ◆ adj **1.** [loved] cher ; [precious] cher, précieux ; [appealing] adorable, charmant / *he is a dear friend of mine* c'est un ami très cher / *she's such a dear girl* elle est tellement gentille / *Margaret dearest* ma chère Margaret / *he / the memory is very dear to me* il / ce souvenir m'est très cher ▸ **to hold sb / sthg dear** *liter* chérir qqn / qqch / *all that I hold dear (in life)* tout ce qui m'est cher ▸ **to run for dear life** courir à toute vitesse ▸ **to hang on for dear life a)** s'accrocher désespérément **b)** MED s'accrocher à la vie / *my dear fellow* mon cher ami / *my dear girl* ma chère / *my dear Mrs Stevens* chère madame Stevens / *what a dear little child / cottage / frock!* quel enfant / quel cottage / quelle robe adorable ! **2.** [in letter] : *Dear Sir* Monsieur / *Dear Madam* Madame / *Dear Sir or Madam* Madame, Monsieur / *Dear Sirs* Messieurs / *Dear Mrs Baker* **a)** Madame **b)** [less formal] Chère Madame **c)** [informal] Chère Madame Baker / *Dear Henry* Cher Henry / *Dear Mum and Dad* Chers Maman et Papa / *My dear Clare* Ma chère Clare / *Dearest Richard* Très cher Richard **3.** [expensive - item, shop] cher ; [- price] haut, élevé / *things are getting dearer* UK la vie augmente. ◆ interj ▸ **dear!** or **dear! dear!** or **dear me!** or **oh dear! a)** [surprise] oh mon Dieu ! **b)** [regret] oh là là ! ◆ n : *my dear* **a)** [to child, spouse, lover] mon chéri, ma chérie **b)** [to friend] mon cher, ma chère / *my dearest* mon chéri, ma chérie / *she's such a dear* elle est tellement gentille / *I gave the old dear my seat* UK *inf* j'ai laissé ma place à la vieille dame / *poor dear* pauvre chéri, pauvre chérie / *be a dear and answer the phone* or *answer the phone, there's a dear* sois gentil or un amour, réponds au téléphone. ◆ adv [sell, pay, cost] cher *(adv).*

dear Abby [-'æbɪ] n US *la rubrique courrier du cœur.*

dearie ['dɪərɪ] *inf* ◆ n chéri *m*, -e *f*. ◆ interj ▸ **(oh) dearie me!** oh mon Dieu !

Dear John (letter) n *inf* lettre *f* de rupture.

dearly ['dɪəlɪ] adv **1.** [very much] beaucoup, énormément / *I would dearly love to live in the country* j'aimerais beaucoup or j'adorerais vivre à la campagne / *dearly beloved son of...* [on gravestone] fils bien-aimé de... / *dearly beloved, we are gathered here today...* mes biens chers frères, nous sommes aujourd'hui rassemblés... **2.** [at high cost] ▸ **to pay dearly for sthg** payer cher qqch.

dearness ['dɪənɪs] n **1.** [costliness] cherté *f* **2.** [of loved one] : *her dearness to him grew with every day that passed* l'affection qu'il avait pour elle croissait de jour en jour.

dearth [dɜ:θ] n pénurie *f*.

deary ['dɪərɪ] *inf* = **dearie** *(noun).*

death [deθ] n mort *f* ; LAW décès *m* / *his death came as a shock to me* sa mort a été un choc pour moi / *I was with him at the time of his death* j'étais auprès de lui quand il est mort / *how many deaths were there?* combien y a-t-il eu de morts ? / *their deaths were caused by smoke inhalation* leur mort a été causée or provoquée par l'inhalation de fumée / *a death in the family* un décès dans la famille / *to fall / to jump to one's death* se tuer en tombant / se jetant dans le vide / *to freeze / to starve to death* mourir de froid / de faim / *to be beaten to death* être battu à mort / *to be burnt to death* mourir brûlé / *to bleed to death* perdre tout son sang ▸ **to fight to the death** se battre à mort ▸ **to meet one's death** trouver la mort / *to meet an early death* mourir jeune / *condemned to* or *under sentence of death* condamné à mort ▸ **to sentence / to put sb to death** condamner / mettre qqn à mort / *to smoke / to drink o.s. to death* se tuer à force de fumer / boire / *death to the czar!* mort au tsar ! ▸ **till death do us part** jusqu'à ce que la mort nous sépare / *this means the death of the steel industry* cela sonne le glas de la sidérurgie ▸ **it's been done to death** *fig* [play, subject for novel, etc.] ça a été fait et refait / *to discuss sthg to death fig* discuter de qqch jusqu'à l'épuisement du sujet ▸ **to look like death (warmed up)** *inf* avoir une mine de déterré / *to feel like death (warmed up) inf* être en piteux état ▸ **to catch one's death (of cold)** *inf* attraper la mort or la crève ▸ **to be in at the death** *fig* être présent à la fin / *to die a horrible death* avoir une mort atroce ▸ **to be sick** or **tired to death of** *inf* en avoir ras le bol de / *to be bored to death inf* s'ennuyer à mourir / *to be worried / scared to death inf* être mort d'inquiétude / de frousse ▸ **you'll be the death of me a)** *inf* [with amusement] tu me feras mourir (de rire) **b)** [with irritation] tu es tuant / *that job will be the death of her* ce travail la tuera ▸ **to be at death's door** [patient] être à l'article de la mort ▸ **to die a thousand deaths a)** [worry about somebody] mourir d'inquiétude **b)** [worry about oneself] être mort de peur **c)** [be embarrassed] mourir de honte ▸ **to die a death a)** *inf* [actor, film] faire un bide **b)** [joke] tomber à plat **c)** [idea, plan, hope] tomber à l'eau ▸ **death by misadventure** mort accidentelle ▸ **to hang** or **to hold** or **to cling on like grim death** s'accrocher désespérément / **'Death in the Afternoon'** *Hemingway* 'Mort dans l'après-midi' / **'Death of a**

Salesman' *Miller* 'Mort d'un commis voyageur' / **'Death in Venice'** *Mann, Visconti* 'Mort à Venise'.

deathbed ['deθbed] ◆ n lit *m* de mort / *on one's deathbed* sur son lit de mort. ◆ adj [confession] fait à l'article de la mort ; [repentance] exprimé à l'article de la mort / *the deathbed scene* THEAT la scène du lit de mort.

deathblow ['deθbləʊ] n *fig* coup *m* fatal or mortel ▸ **to be the deathblow for sthg** porter un coup fatal or mortel à qqch.

death camp n camp *m* de la mort.

death cap n BOT amanite *f* phalloïde.

death cell n cellule *f* de condamné à mort.

death certificate n acte *m* or certificat *m* de décès.

death-dealing adj mortel, fatal.

death duty n UK droits *mpl* de succession.

death knell n glas *m* ▸ **to sound the death knell for** or **of sthg** *fig* sonner le glas de qqch.

deathless ['deθlɪs] adj immortel ; *hum* [prose] inimitable.

deathlike ['deθlaɪk] adj de mort, mortel.

deathly ['deθlɪ] ◆ adj [silence, pallor] de mort, mortel. ◆ adv : *deathly pale* pâle comme la mort / *deathly cold* glacial / *the house was deathly quiet* **a)** [silent] la maison était plongée dans un profond silence **b)** [sinister] la maison était plongée dans un silence de mort.

death march = **dead march.**

death mask n masque *m* mortuaire.

death penalty n peine *f* de mort, peine *f* capitale.

death rate n taux *m* de mortalité.

death rattle n râle *m* d'agonie.

death row n US quartier *m* des condamnés à mort / *he's been on death row for ten years* cela fait dix ans qu'il est au quartier des condamnés à mort.

death seat n US & AUSTR *inf* [in a vehicle] place *f* du mort.

death sentence n condamnation *f* à mort.

death's-head n tête *f* de mort.

death's-head moth n sphinx *m* tête-de-mort.

death squad n escadron *m* de la mort.

death tax US = **death duty.**

death throes [-ˌrəʊz] pl n agonie *f* ; [painful] affres *fpl* de la mort ; *fig* agonie *f* ▸ **to be in one's death throes a)** agoniser, être agonisant **b)** [suffering] connaître les affres de la mort ▸ **to be in its death throes** *fig* [project, business, etc.] agoniser, être agonisant.

death toll n nombre *m* de morts / *the death toll stands at 567* il y a 567 morts, le bilan est de 567 morts.

death trap n *véhicule ou endroit extrêmement dangereux* / *the building is a death trap* l'édifice est extrêmement dangereux.

Death Valley pr n la Vallée de la Mort.

death warrant n ordre *m* d'exécution ▸ **to sign one's own death warrant** *fig* signer son propre arrêt de mort.

deathwatch ['deθwɒtʃ] n veillée *f* mortuaire.

deathwatch beetle n grande or grosse vrillette *f*, horloger *m* de la mort.

death wish n PSYCHOL désir *m* de mort / *he seems to have a death wish* *fig* il faut croire qu'il est suicidaire.

deb [deb] *inf* = **debutante.**

debacle [deɪ'bɑːkl] n débâcle *f*.

debag [ˌdiː'bæg] (*pt & pp* **debagged**, *cont* **debagging**) vt *inf* déculotter de force.

debar [diː'bɑːʳ] (*pt & pp* **debarred**, *cont* **debarring**) vt interdire à ▸ **to debar sb from sthg** / **doing sthg** interdire qqch à qqn / à qqn de faire qqch.

debark [dɪ'bɑːk] = **disembark.**

debarment [dɪ'bɑːmənt] n interdiction *f*.

debase [dɪ'beɪs] vt [degrade - person, sport] avilir, abaisser ; [- quality of object] dégrader, altérer ; [- currency] altérer ; *fig* dévaloriser.

debasement [dɪ'beɪsmənt] n [of person, sport] avilissement *m*, abaissement *m* ; [of quality of object] dégradation *f*, altération *f* ; [of currency] altération *f* ; *fig* dévalorisation *f*.

debatable [dɪ'beɪtəbl] adj discutable, contestable / *it is debatable whether...* on peut se demander si..., on peut se poser la question de savoir si...

debate [dɪ'beɪt] ◆ vt [one person] se demander ; [two or more people] débattre, discuter / *a much debated question* une question très débattue. ◆ vi discuter ▸ **to debate (with o.s.) whether to do sthg or not** se demander si on doit faire qqch. ◆ n [gen] discussion *f* ; [organized] débat *m* ▸ **to have** or **to hold a debate about** or **on sthg** tenir un débat or avoir une discussion sur or à propos de qqch / *there's been a lot of debate about it* cela a été très or longuement débattu / *the subject under debate* le sujet des débats / *open to debate* discutable, contestable / *after much* or *lengthy debate* **a)** [between two or more people] après de longs débats **b)** [with oneself] après de longs débats intérieurs / *to be the subject of debate* faire le thème de débats.

debater [dɪ'beɪtəʳ] n débatteur *m* / *to be a skilled debater* exceller dans les débats.

debating [dɪ'beɪtɪŋ] ◆ n art *m* du débat. ◆ comp ▸ **debating society** société *f* de débats contradictoires.

debauch [dɪ'bɔːtʃ] ◆ vt débaucher ; *arch & liter* [woman] séduire. ◆ n *arch & liter* partie *f* de débauche.

debauched [dɪ'bɔːtʃt] adj débauché.

debauchee [dɪbɔː'tʃiː] n débauché *m*, -e *f*.

debauchery [dɪ'bɔːtʃərɪ] n débauche *f*.

debeard [ˌdiː'bɪəd] vt CULIN [seafood] ébarber.

debenture [dɪ'bentʃəʳ] ◆ n FIN obligation *f*. ◆ comp FIN ▸ **debenture bond** titre *m* d'obligation ▸ **debenture holder** obligataire *mf*, détenteur *m*, -trice *f* d'obligations ▸ **debenture stock** obligation *f* sans garantie.

debilitate [dɪ'bɪlɪteɪt] vt débiliter.

debilitating [dɪ'bɪlɪteɪtɪŋ] adj [illness] débilitant ; [climate] anémiant.

debility [dɪ'bɪlətɪ] n débilité *f*.

debit ['debɪt] ◆ n FIN débit *m* / *your account is in debit* UK votre compte est déficitaire or débiteur. ◆ comp FIN ▸ **debit account** compte *m* débiteur ▸ **debit balance** solde *m* débiteur ▸ **debit entry** écriture *f* au débit ▸ **debit note** note *f* de débit ▸ **debit side** débit *m* / *on the debit side, he is not very presentable* *fig* ce qui le dessert, c'est qu'il n'est pas très présentable / *on the debit side, it means we won't see her* *fig* l'inconvénient, c'est que nous ne la verrons pas. ◆ vt FIN [account] débiter ; [person] porter au débit de qqn / *to debit £50 from sb's account* or *to debit sb's account with £50* débiter 50 livres du compte de qqn, débiter le compte de qqn de 50 livres.

debit card n carte *f* de paiement à débit immédiat.

debonair [ˌdebə'neəʳ] adj d'une élégance nonchalante.

Deborah ['debərə] pr n Déborah.

debouch [dɪ'baʊtʃ] vi GEOG & MIL déboucher.

Debrett [də'bret] (abbr of **Debrett's Peerage**) n *annuaire de l'aristocratie britannique.*

debrief [ˌdiː'briːf] vt faire faire un compte rendu verbal de mission à, débriefer / *pilots are debriefed after every flight* on fait faire un compte rendu verbal de mission aux pilotes or on débriefe les pilotes après chaque vol.

debriefing [ˌdiː'briːfɪŋ] ◆ n compte rendu *m* verbal de mission. ◆ comp ▸ **debriefing officer** officier *m* chargé de recevoir le compte rendu verbal des pilotes ▸ **debriefing room** salle *f* de compte rendu de mission.

debris ['deɪbriː] n *(U)* débris *mpl*.

debt [det] ◆ n [gen] dette *f* ; ADMIN créance *f* ▸ **to be in debt** or **to have debts** avoir des dettes, être endetté ▸ **to be out of debt** s'être acquitté de ses dettes ▸ **to get** or **to run into debt** s'endetter ▸ **to get out of debt** s'acquitter de ses dettes ▸ **to pay one's debts** régler ses dettes / *he has paid his debt to society* il s'est acquitté de sa dette envers la société ▸ **to be in debt to sb a)** être endetté auprès de qqn **b)** *fig* avoir une dette envers qqn, être redevable à qqn ▸ **debt of honour** dette d'honneur ▸ **bad debt** mauvaise créance ▸ **outstanding debt** dette or créance à recouvrer. ◆ comp [rescheduling, servicing] de la dette ▸ **debt burden** surendettement *m*, fardeau *m* de la dette ▸ **debt collection agency** bureau *m* de recouvrement or récupération des créances ▸ **debt collector** agent *m* de recouvrement ▸ **debt rescheduling** or **restructuring** rééchelonnement *m* de la dette ▸ **debt trap** piège *m* de la dette.

debtor ['detəʳ] n débiteur *m*, -trice *f* ▸ **debtor nations** pays *mpl* débiteurs ▸ **debtor's prison** prison *f* pour dettes.

debug [ˌdiː'bʌg] (*pt & pp* **debugged**, *cont* **debugging**) vt **1.** COMPUT [program] déboguer ; [machine] mettre au point **2.** [remove hidden microphones from] débarrasser des micros (cachés) **3.** [remove insects from] débarrasser des insectes, désinsectiser.

debugger [ˌdiː'bʌgəʳ] n COMPUT débogueur *m*.

debugging [ˌdiː'bʌgɪŋ] ◆ n **1.** COMPUT [of program] débogage *m* ; [of machine] mise *f* au point **2.** [removal of microphones] élimination *f* des micros (cachés) **3.** [removal of insects] désinsectisation *f*. ◆ comp **1.** COMPUT de débogage **2.** [to remove microphones - operation] d'élimination des micros (cachés) ; [- team] chargé d'éliminer les micros (cachés) ; [- expert] dans l'élimination de micros (cachés) **3.** [to remove insects] de désinsectisation.

debunk [ˌdiː'bʌŋk] vt *inf* [ridicule] tourner en ridicule ; [show to be false] discréditer.

debut ['deɪbjuː] (*pt & pp* **debut'd**) ◆ n début *m* ▸ **debut performance** première apparition *f* ▸ **to make one's debut** faire ses débuts. ◆ vi débuter ▸ **to debut as** débuter dans le rôle de.

debutante ['debjʊtɑːnt] n débutante *f*.

Dec. (written abbr of **December**) déc.

decade ['dekeɪd] n **1.** [ten years] décennie *f* / *before the end of the decade* avant la fin de cette décennie / *over a decade ago* il y a plus de dix ans **2.** RELIG dizaine *f*.

> ⚠ The word **décade** is rarely used in French, and its most usual meaning is a period of ten days. A decade is **une décennie.**

decadence ['dekədəns] n décadence *f*.

decadent ['dekədənt] ◆ adj décadent. ◆ n **1.** personne *f* décadente **2.** ART décadent *m*, -e *f*.

decadently ['dekədəntlɪ] adv de manière décadente.

decaf, decaff ['diːkæf] n *inf* [coffee] déca *m*.

decaffeinated [dɪ'kæfɪneɪtɪd] adj décaféiné.

decagon ['dekəgən] n décagone *m*.

decagramme UK, **decagram** US ['dekəgræm] n décagramme *m*.

decal ['diːkæl] n US *inf* décalcomanie *f*.

decalcification ['diːˌkælsɪfɪ'keɪʃn] n décalcification *f*.

decalcify [ˌdiː'kælsɪfaɪ] vt décalcifier.

decalcomania [dɪˌkælkə'meɪnjə] n décalcomanie *f*.

decalitre UK, **decaliter** US ['dekəˌliːtəʳ] n décalitre *m*.

Decalogue ['dekəlɒg] pr n BIBLE décalogue *m*.

decametre UK, **decameter** US ['dekəˌmiːtəʳ] n décamètre *m*.

decamp [dɪ'kæmp] vi **1.** MIL lever le camp **2.** *inf* [abscond] décamper, ficher le camp.

decant [dɪ'kænt] vt décanter.

decanter [dɪ'kæntəʳ] n carafe *f*.

decapitate [dɪ'kæpɪteɪt] vt décapiter.

decapitation [dɪ,kæpɪ'teɪʃn] n décapitation *f*.

decapod ['dekəpɒd] n décapode *m*.

decarbonization [di:,kɑ:bənaɪ'zeɪʃn] n AUTO décalaminage *m* ; METALL décarburation *f*.

decarbonize [,di:'kɑ:bənaɪz] vt AUTO décalaminer ; METALL décarburer.

decathlete [dɪ'kæθli:t] n décathlonien *m*, -enne *f*.

decathlon [dɪ'kæθlɒn] n décathlon *m*.

decay [dɪ'keɪ] ◆ vi **1.** [rot - food, wood, flowers] pourrir ; [- meat] s'avarier, pourrir ; [- corpse] se décomposer ; [- tooth] se carier ; [- building] se délabrer ; [- stone] s'effriter, se désagréger ; *fig* [beauty, civilization, faculties] décliner **2.** PHYS dépérir, se dégrader, se désintégrer. ◆ vt [wood] pourrir ; [stone] désagréger ; [tooth] carier. ◆ n **1.** [of food, wood, flowers] pourrissement *m* ; [of corpse] décomposition *f* ; [of building] délabrement *m* ; [of stone] effritement *m*, désagrégation *f* ; *fig* [of beauty, faculties] délabrement *m* ; [of civilization] déclin *m* / *area of decay* [in tooth] zone *f* cariée ▸ **to fall into decay** *lit & fig* se délabrer / *in an advanced state of decay* dans un état de délabrement avancé / *moral decay* déchéance *f* morale ▸ **tooth decay** *(U)* caries *fpl* **2.** PHYS désintégration *f*, dégradation *f*.

decayed [dɪ'keɪd] adj [food, wood, flowers] pourri ; [meat] avarié, pourri ; [corpse] décomposé ; [tooth] carié ; [building] délabré, en ruines ; [stone] effrité, désagrégé ; *fig* [beauty] fané ; [civilization] délabré, en ruines.

decaying [dɪ'keɪɪŋ] adj [food, wood, flowers] pourrissant ; [meat] en train de s'avarier ; [corpse] en décomposition ; [tooth] en train de se carier ; [building] qui se délabre ; [stone] en désagrégation ; *fig* [beauty] qui se fane ; [civilization] sur le déclin.

Deccan ['dekən] pr n Deccan *m*.

decease [dɪ'si:s] ◆ n décès *m*. ◆ vi décéder.

deceased [dɪ'si:st] (*pl* **deceased**) ◆ adj décédé, défunt. ◆ n ▸ **the deceased** le défunt, la défunte.

decedent [dɪ'si:dənt] n US LAW défunt *m*.

deceit [dɪ'si:t] n **1.** [quality] duplicité *f* **2.** [trick] supercherie *f*, tromperie *f* **3.** LAW fraude *f* / *by deceit* frauduleusement.

deceitful [dɪ'si:tfʊl] adj trompeur ; [behaviour] trompeur, sournois.

deceitfully [dɪ'si:tfʊlɪ] adv trompeusement, avec duplicité.

deceitfulness [dɪ'si:tfʊlnɪs] n tromperie *f*, duplicité *f*.

deceive [dɪ'si:v] vt tromper ▸ **to deceive sb into doing sthg** amener qqn à faire qqch en le trompant / *she deceived me into believing that...* elle m'a fait croire que... ▸ **to deceive o.s.** se mentir à soi-même / *unless my eyes deceive me* à moins que mes yeux ne me jouent des tours or que ma vue ne me joue des tours.

⚠ **Décevoir** means to disappoint, not to deceive.

deceiver [dɪ'si:vər] n trompeur *m*, -euse *f*.

decelerate [,di:'seləreɪt] vi & vt ralentir.

deceleration ['di:,selə'reɪʃn] n ralentissement *m*.

December [dɪ'sembər] n décembre.
See also **February**.

decency ['di:snsɪ] (*pl* **decencies**) n décence *f* / *for decency's sake* pour respecter les convenances / *for decency's sake!* un peu de décence ! / *an offence against public decency* UK un outrage à la pudeur ▸ **to have the (common) decency to do sthg** avoir la décence de faire qqch / *to observe the decencies* observer les convenances.

decent ['di:snt] adj **1.** [proper, morally correct] décent, convenable / *decent, church-going folk* des gens comme il faut, qui vont à l'église / *after a decent length of time* après une période de temps convenable ▸ **to do the decent thing a)** se comporter or agir dans les règles **b)** [marry woman one has made pregnant] faire son devoir, réparer ▸ **are you decent?** [dressed] es-tu visible ? **2.** [satisfactory, reasonable - housing, wage] décent, convenable ; [- price] convenable, raisonnable / *a decent meal* un bon repas / *a decent night's sleep* une bonne nuit de sommeil / *the rooms are a decent size* les pièces sont de bonne taille / *to speak decent French* parler assez bien or parler convenablement le français **3.** *inf* [kind, good] bien, sympa / *he's a decent sort (of chap)* UK c'est un type bien / *that's very decent of you* c'est très sympa de ta part.

decently ['di:sntlɪ] adv **1.** [properly] décemment, convenablement / *you can't decently ask her to do that* tu ne peux pas décemment lui demander de faire cela **2.** [reasonably] : *the job pays decently* le travail paie raisonnablement bien **3.** *inf* [kindly] de manière sympa.

decentralization [di:,sentrəlaɪ'zeɪʃn] n décentralisation *f*.

decentralize [,di:'sentrəlaɪz] vt décentraliser.

decent-sized adj [house, room] de bonnes dimensions.

deception [dɪ'sepʃn] n **1.** [act of deceiving] tromperie *f*, duperie *f* / *by deception* LAW en usant de tromperie **2.** [trick] subterfuge *m*, tromperie *f* **3.** [state of being deceived] duperie *f*.

⚠ **Déception** means disappointment, not deception.

deceptive [dɪ'septɪv] adj trompeur / *appearances can be deceptive* il ne faut pas se fier aux apparences, les apparences sont trompeuses.

deceptively [dɪ'septɪvlɪ] adv : *it looks deceptively easy / near* cela donne l'illusion d'être facile / tout près, on a l'impression que c'est facile / tout près / *he has a deceptively calm exterior* il a une apparence calme qui n'est qu'illusoire.

deceptiveness [dɪ'septɪvnɪs] n caractère *m* trompeur.

decibel ['desɪbel] n décibel *m* / *to measure the decibel level of a concert* mesurer le niveau en décibels d'un concert / *the decibel level was quite overpowering* le bruit était assourdissant.

decide [dɪ'saɪd] ◆ vt **1.** [resolve] décider ▸ **to decide to do sthg** décider de faire qqch / *it was decided to alter our strategy* il a été décidé que nous devions modifier notre stratégie / *nothing has been decided* rien n'a été décidé / *what have you decided?* qu'avez-vous décidé ? / *the weather hasn't decided what it's doing yet* le temps n'arrive pas à se décider **2.** [determine - outcome, sb's fate, career] décider de, déterminer ; [- person] décider / *that was what decided me to leave him* c'est ce qui m'a décidé à le quitter **3.** [settle - debate, war] décider de l'issue de. ◆ vi **1.** [make up one's mind] décider, se décider / *I can't decide* je n'arrive pas à me décider / *you decide* c'est toi qui décides / *I haven't decided yet* je n'ai pas encore décidé / *he'll need time to decide* il lui faudra du temps pour décider / *you'll have to decide for yourself* c'est toi qui devras décider ▸ **to decide against / in favour of doing sthg** décider de ne pas / de faire qqch ▸ **to decide in favour of sb / sthg** LAW décider en faveur de qqn / qqch ▸ **to decide against sb / sthg** LAW décider contre qqn / qqch / *you'll have to decide between me and him* il va falloir choisir entre moi et lui **2.** [determine] : *but circumstances decided otherwise* mais les circonstances en ont décidé autrement.

❖ **decide on** vt insep décider de, se décider pour / *what plan of action have you decided on?* pour quel plan d'action vous êtes-vous décidé ?, quel plan d'action avez-vous décidé de suivre ? / *to decide on a day for the wedding / a name for the baby* décider du jour du mariage / du nom du bébé.

decided [dɪ'saɪdɪd] adj **1.** [distinct - improvement, difference] net, incontestable ; [- success] éclatant **2.** [resolute - person, look] décidé, résolu ; [- opinion, stance] ferme ; [- effort] résolu ; [- refusal] ferme, catégorique / *I'm quite decided about leaving* je suis fermement décidé à partir.

decidedly [dɪ'saɪdɪdlɪ] adv **1.** [distinctly - better, different] vraiment / *I feel decidedly unwell today* je ne me sens vraiment pas bien aujourd'hui / *so she's better? — yes, decidedly so* alors, elle va mieux ? — beaucoup or nettement mieux, oui / *was the weather unpleasant? — yes, decidedly so* avez-vous eu du mauvais temps ? — extrêmement mauvais, oui **2.** [resolutely] résolument, fermement.

decider [dɪ'saɪdər] n [goal] but *m* décisif ; [point] point *m* décisif ; [match] match *m* décisif, rencontre *f* décisive ; [factor] facteur *m* décisif.

deciding [dɪ'saɪdɪŋ] adj décisif, déterminant / *the chairperson has the deciding vote* la voix du président est prépondérante.

deciduous [dɪ'sɪdjʊəs] adj [tree] à feuilles caduques ; [leaves, antlers] caduc.

decilitre UK, **deciliter** US ['desɪ,li:tər] n décilitre *m*.

decimal ['desɪml] ◆ adj décimal ▸ **to go decimal** adopter le système décimal. ◆ n chiffre *m* décimal / *we haven't done decimals yet* on n'a pas encore vu les chiffres décimaux.

decimal currency n monnaie *f* décimale.

decimal fraction = **decimal** *(noun)*.

decimalization [,desɪməlaɪ'zeɪʃn] n décimalisation *f*.

decimalize ['desɪməlaɪz] ◆ vt décimaliser. ◆ vi adopter le système décimal.

decimal place n décimale *f* / *correct to four decimal places* exact jusqu'à la quatrième décimale or jusqu'au quatrième chiffre après la virgule or au dix millième près.

decimal point n virgule *f*.

decimal system n système *m* décimal.

decimate ['desɪmeɪt] vt décimer.

decimation [,desɪ'meɪʃn] n décimation *f*.

decimetre UK, **decimeter** US ['desɪ,mi:tər] n décimètre *m*.

decipher [dɪ'saɪfər] vt [code, handwriting] déchiffrer.

decipherable [dɪ'saɪfərəbl] adj déchiffrable.

decision [dɪ'sɪʒn] ◆ n **1.** décision *f* ▸ **to make** or **to take a decision a)** prendre une décision, se décider **b)** LAW & ADMIN prendre une décision ▸ **to come to** or **to arrive at** or **to reach a decision** parvenir à une décision / *to make the right / wrong decision* faire le bon / mauvais choix / *it's your decision* c'est toi qui décides / *is that your decision?* ta décision est prise ? / *the referee's decision is final* la décision de l'arbitre est irrévocable or sans appel **2.** *fml* [decisiveness] décision *f*, résolution *f*, fermeté *f* **3.** [decision-making] : *it's a matter for personal decision* c'est une affaire de choix personnel. ◆ comp COMPUT ▸ **decision table** table *f* de décision.

decision-maker n décideur *m*, -euse *f*, décisionnaire *mf*.

decision-making n prise *f* de décision / *the decision-making process* le processus de (prise de) décision / *he's no good at decision-making* il ne sait pas prendre des décisions / *a job which calls for a lot of decision-making* un travail qui demande qu'on prenne beaucoup de décisions.

decisive [dɪ'saɪsɪv] adj **1.** [manner, person] décidé, résolu / *be decisive!* montre-toi décidé or résolu ! **2.** [factor, argument] décisif, déterminant.

decisively [dɪ'saɪsɪvlɪ] adv **1.** [resolutely] résolument, sans hésitation **2.** [conclusively] de manière décisive.

decisiveness [dɪ'saɪsɪvnɪs] n **1.** [of person] décision *f* / *to say sthg with decisiveness* dire qqch d'un air décidé or résolu **2.** [of battle] caractère *m* décisif or déterminant.

deck [dek] ◆ n **1.** NAUT pont *m* ▸ **upper / lower deck** pont supérieur / inférieur ▸ **on deck** sur le pont ▸ **to go (up) on deck** monter sur le pont ▸ **below deck** or **decks** sous le pont ▸ **to clear the decks** *fig* mettre de l'ordre avant de passer à l'action **2.** [of plane, bus] étage *m* ▸ **top** or **upper deck** [of bus] impériale *f* **3.** US CARDS jeu *m* de cartes / *to shuffle the deck* battre les cartes / *there are only 51 cards in this deck* il n'y a que 51 cartes dans ce jeu **4.** [in hi-fi system] platine *f* **5.** US [of house] ponton *m*. ◆ comp NAUT [officer, cabin, crane] de pont ▸ **deck cargo** pontée *f*. ◆ vt **1.** = **deck out 2.** *inf* [knock to the ground] envoyer au tapis.

❖ **deck out** vt sep parer, orner / *to deck o.s. out in one's best clothes* se mettre sur son trente et un.

deckchair ['dektʃeəʳ] n chaise *f* longue, transat *m* ▸ **deckchair attendant a)** [male] garçon *m* de plage **b)** [female] fille *f* de plage.

deckel ['dekl] = **deckle.**

-decker ['dekəʳ] suffix : *double-decker bus* bus *m* à impériale / *double-decker sandwich* sandwich *m* double.

deckhand ['dekhænd] n matelot *m*.

deckhouse ['dekhaʊs] *(pl* [-haʊzɪz]*)* n rouf *m*.

decking ['dekɪŋ] n terrasse *f* en bois ; [duckboards] caillebotis *m*.

deckle ['dekl] n cadre *m* volant *(utilisé dans la fabrication artisanale du papier)*.

deckle edge n [on paper] bord *m* à franges, barbes *fpl*.

deckle-edged adj [paper] à barbes.

deck shoe n chaussure *f* bateau.

deck tennis n *sorte de tennis joué sur le pont d'un navire*.

declaim [dɪ'kleɪm] ◆ vi déclamer ▸ **to declaim against sthg** récriminer or se récrier contre qqch. ◆ vt déclamer.

declamation [ˌdeklə'meɪʃn] n déclamation *f*.

declamatory [dɪ'klæmətrɪ] adj [style] déclamatoire.

declarant [dɪ'kleərənt] n LAW déclarant *m*, -e *f*.

declaration [ˌdeklə'reɪʃn] n **1.** [gen] déclaration *f* / *to make a declaration that...* déclarer que... / *declaration of love* / *war* / *independence* déclaration d'amour / de guerre / d'indépendance ▸ **customs declaration** déclaration en douane **2.** CARDS annonce *f*.

Declaration of Independence n ▸ **the Declaration of Independence** US HIST la Déclaration d'indépendance (américaine).

The Declaration of Independence

Document rédigé par Thomas Jefferson et proclamant, le 4 juillet 1776, l'indépendance des 13 colonies de la Nouvelle-Angleterre. Cette déclaration est considérée comme l'acte de naissance des États-Unis d'Amérique.

declarative [dɪ'klærətɪv] adj déclaratif.

declaratory [dɪ'klærətrɪ] adj LAW déclaratoire ▸ **declaratory judgement** jugement *m* déclaratoire.

declare [dɪ'kleəʳ] ◆ vt **1.** [proclaim - independence, war, etc.] déclarer / *have you anything to declare?* [at customs] avez-vous quelque chose à déclarer ? / *I declare this meeting officially open* je déclare la séance ouverte **2.** [announce] déclarer ▸ **to declare o.s. a)** [proclaim one's love] se déclarer **b)** POL se présenter, présenter sa candidature ▸ **to declare o.s. for** / **against** se déclarer pour / contre **3.** CARDS ▸ **to declare one's hand** annoncer son jeu. ◆ vi **1.** ▸ **to declare for** / **against** faire une déclaration en faveur de / contre ▸ **well, I (do) declare!** eh bien ça alors ! **2.** CARDS faire l'annonce, annoncer ; [in cricket] déclarer la tournée terminée *(avant sa fin normale)*.

declared [dɪ'kleəd] adj [intention, opponent] déclaré, ouvert.

declarer [dɪ'kleərəʳ] n CARDS demandeur *m*.

declassification [di:ˌklæsɪfɪ'keɪʃn] n [of information] déclassement *m*.

declassified [ˌdi:'klæsɪfaɪd] adj [information] déclassé.

declassify [ˌdi:'klæsɪfaɪ] *(pt & pp* **declassified***)* vt [information] déclasser.

declension [dɪ'klenʃn] n GRAM déclinaison *f*.

declination [ˌdeklɪ'neɪʃn] n ASTRON déclinaison *f*.

decline [dɪ'klaɪn] ◆ n [decrease - in prices, standards, crime, profits] baisse *f* ; *fig* [of civilization] déclin *m* / *there has been a decline in child mortality* il y a eu une baisse de la mortalité infantile ▸ **to be in decline** être en déclin ▸ **to be on the decline a)** [prices, sales] être en baisse **b)** [civilization, influence] être sur le déclin ▸ **to fall into decline** *fig* dépérir ▸ **to fall into a decline** *dated* [person] dépérir / **'Decline and Fall'** *Waugh* 'Grandeur et décadence' / **'The Decline and Fall of the Roman Empire'** *Gibbon* 'Histoire du déclin et de la chute de l'Empire romain' / **'The Decline of the West'** *Spengler* 'le Déclin de l'Occident'. ◆ vt **1.** [refuse - invitation, honour, offer of help] décliner, refuser ; [- food, drink] refuser ; [- responsibility] décliner ▸ **to decline to do sthg** refuser de faire qqch **2.** GRAM décliner. ◆ vi **1.** [decrease, diminish - empire, health] décliner ; [- prices, sales, population] baisser, être en baisse, diminuer ; [- influence, enthusiasm, fame] baisser, diminuer / *to decline in importance* / *value* / *significance* perdre de son importance / de sa valeur / de sa signification **2.** [refuse] refuser / *she declined with thanks* elle a refusé avec ses remerciements **3.** [slope downwards] être en pente, descendre **4.** GRAM se décliner.

declining [dɪ'klaɪnɪŋ] adj [health, industry, market] sur le déclin / *he is in declining health* sa santé décline or faiblit / *she was in her declining years* elle était au déclin de sa vie / *he wants to spend his declining years in Britain* il veut passer les dernières années de sa vie en Grande-Bretagne.

declivity [dɪ'klɪvətɪ] n déclivité *f*.

declutch [dɪ'klʌtʃ] vi AUTO débrayer.

declutter [di:'klʌtəʳ] vt [room, computer, one's life] désencombrer.

decoct [dɪ'kɒkt] vt obtenir par décoction.

decoction [dɪ'kɒkʃn] n décoction *f*.

decode [ˌdi:'kəʊd] vt décoder, déchiffrer ; COMPUT & TV décoder.

decoder [ˌdi:'kəʊdəʳ] n décodeur *m*.

decoding [ˌdi:'kəʊdɪŋ] n décodage *m*.

decoke [ˌdi:'kəʊk] UK ◆ vt AUTO décalaminer. ◆ n AUTO décalaminage *m*.

décolletage [ˌdeɪkɒl'tɑ:ʒ] = **décolleté** *(noun)*.

décolleté [deɪ'kɒlteɪ] ◆ adj décolleté. ◆ n décolleté *m*.

decolonization [di:ˌkɒlənaɪ'zeɪʃn] n décolonisation *f*.

decolonize [di:'kɒlənaɪz] vt décoloniser.

decommission [ˌdi:kə'mɪʃn] vt **1.** [shut down - nuclear power station] déclasser **2.** MIL [remove from active service - warship, aircraft, weapon] mettre hors service.

decommissioning [ˌdi:kə'mɪʃənɪŋ] n **1.** [of nuclear power station] déclassement *m* **2.** MIL [of warship, aircraft] mise *f* hors service.

decompartmentalize [ˌdi:kɒmpɑ:t'mentəlaɪz] vt SOCIOL décompartementaliser.

decompose [ˌdi:kəm'pəʊz] ◆ vi se décomposer. ◆ vt CHEM & PHYS décomposer.

decomposition [ˌdi:kɒmpə'zɪʃn] n [gen, CHEM & PHYS] décomposition *f*.

decompress [ˌdi:kəm'pres] vt [gas, air] décomprimer ; [diver] faire passer en chambre de décompression.

decompression [ˌdi:kəm'preʃn] n décompression *f*.

decompression chamber n chambre *f* de décompression.

decompression sickness n maladie *f* des caissons.

decondition [ˌdi:kən'dɪʃn] vt PSYCHOL déconditionner.

decongestant [ˌdi:kən'dʒestənt] ◆ n MED décongestif *m*. ◆ adj MED décongestif.

deconsecrate [ˌdi:'kɒnsɪkreɪt] vt RELIG désaffecter.

deconstruct [ˌdi:kən'strʌkt] vt déconstruire.

deconstruction [ˌdi:kən'strʌkʃn] n déconstruction *f*.

decontaminate [ˌdi:kən'tæmɪneɪt] vt décontaminer.

decontamination ['di:kənˌtæmɪ'neɪʃn] ◆ n décontamination *f*. ◆ comp [equipment, team] de décontamination ; [expert] en décontamination.

decontrol [ˌdi:kən'trəʊl] ◆ vt lever le contrôle gouvernemental sur ▸ **to decontrol prices** libérer les prix. ◆ n [of prices] libération *f*.

decontrolled road [ˌdi:kən'trəʊld-] n route *f* sans limitation de vitesse.

decor ['deɪkɔ:ʳ] n décor *m*.

decorate ['dekəreɪt] ◆ vt **1.** [house, room - paint] peindre ; [- wallpaper] tapisser, décorer **2.** [dress, hat] garnir, orner ; [cake, tree, street] décorer **3.** [give medal to] décorer, médailler / *to be decorated for bravery* être décoré pour son courage. ◆ vi [paint] peindre ; [wallpaper] tapisser.

decorating ['dekəreɪtɪŋ] n **1.** [of house, room] décoration *f* ▸ **painting and decorating** UK peinture *f* et décoration **2.** [of dress, hat] garnissage *m*, ornementation *f* ; [of cake, tree, street] décoration *f*.

decoration [ˌdekə'reɪʃn] n **1.** [action - of house, street, cake, tree] décoration *f* ; [- of dress, hat] ornementation *f* **2.** [ornament - for house, street, cake, tree] décoration *f* ; [- for dress, hat] garniture *f*, ornements *mpl* ▸ **Christmas decorations** décorations de Noël **3.** [medal] décoration *f*, médaille *f*.

Decoration Day n *fête nationale américaine en souvenir des soldats morts à la guerre ; appelée aussi « Memorial Day » (dernier lundi de mai)*.

decorative ['dekərətɪv] adj décoratif, ornemental.

decorator ['dekəreɪtəʳ] n décorateur *m*, -trice *f*.

decorous ['dekərəs] adj *fml* [behaviour] bienséant, séant, convenable ; [person] convenable, comme il faut.

decorously ['dekərəslɪ] adv *fml* [dressed] convenablement, comme il faut / *to behave decorously* se conduire convenablement or comme il faut, respecter les convenances.

decorum [dɪ'kɔ:rəm] n bienséance *f*, décorum *m* / *to behave with decorum* se comporter comme il faut or avec bienséance ▸ **to have a sense of decorum** avoir le sens des convenances / *his sense of decorum was offended* il a été choqué dans son sens des convenances.

decoy ◆ n ['di:kɔɪ] **1.** [for catching birds - live bird] appeau *m*, chanterelle *f* ; [- artificial device] leurre *m* **2.** *fig* [person] appât *m* ; [message, tactic] piège *m* / *we want you to act as a decoy* nous voulons que vous serviez d'appât. ◆ comp ▸ **decoy duck a)** [live] appeau *m*, chanterelle *f* **b)** [wooden] leurre *m*. ◆ vt [dɪ'kɔɪ] [bird - using live bird] attirer à l'appeau or à la chanterelle ; [- using artificial means] attirer au leurre ; [person] appâter, attirer / *they decoyed him into leaving his house* ils l'ont appâté or attiré hors de chez lui.

decrease ◆ vi [dɪ'kri:s] [number, enthusiasm, population, speed] décroître, diminuer ; [value, price] diminuer, baisser ; [in knitting] diminuer, faire des diminutions. ◆ vt [dɪ'kri:s] réduire, diminuer. ◆ n ['di:kri:s] [in size] réduction *f*, diminution *f* ; [in popularity] baisse *f* ; [in price] réduction *f*, baisse *f* / *a decrease in numbers* une baisse des effectifs ▸ **to be on the decrease** être en diminution or en baisse.

decreasing [di:'kri:sɪŋ] adj [amount, energy, population] décroissant ; [price, value, popularity] en baisse / *in decreasing order of importance* par ordre d'importance décroissant / *a decreasing number of students are going into industry* de moins en moins d'étudiants se dirigent vers l'industrie.

decreasingly [di:'kri:sɪŋlɪ] adv de moins en moins.

decree [dɪ'kri:] ◆ n POL décret *m*, arrêté *m* ; RELIG décret *m* ; US LAW jugement *m*, arrêt *m* / *by royal decree* par décret du roi / de la reine / *by presidential decree* par décret présidentiel / *we have received a decree from management that...* *hum* la direction a décrété que... ◆ vt décréter ; POL décréter, arrêter ; RELIG décréter ; LAW ordonner (par jugement).

decree absolute n LAW jugement *m* définitif (de divorce).

decree nisi [-'naɪsaɪ] n LAW jugement *m* provisoire (de divorce).

decrepit [dɪ'krepɪt] adj [building, furniture] délabré ; [person, animal] décrépit.

decrepitude [dɪ'krepɪtju:d] n décrépitude *f*.

decriminalization [di:ˌkrɪmɪnəlaɪ'zeɪʃn] n dépénalisation *f*.

decriminalize [di:'krɪmɪnəˌlaɪz] vt dépénaliser.

decry [dɪ'kraɪ] (*pt & pp* **decried**) vt décrier, dénigrer.

decrypt [di:'krɪpt] vt décrypter.

dedicate ['dedɪkeɪt] vt **1.** [devote] consacrer ▸ **to dedicate o.s. to sb / sthg** se consacrer à qqn / qqch **2.** [book, song, etc.] dédier ▸ **to dedicate sthg to sb** dédier qqch à qqn **3.** [consecrate - church, shrine] consacrer **4.** US [open for public use] inaugurer.

dedicated ['dedɪkeɪtɪd] adj **1.** [devoted] dévoué / *to be dedicated to one's work* être dévoué à son travail / *she is dedicated to her family / to helping the poor* elle se dévoue pour sa famille / pour aider les pauvres / *she is a dedicated teacher / doctor* c'est un professeur / médecin dévoué à son travail / *you've got to be dedicated (to do this job)* il faut pouvoir tout donner (pour faire ce travail) / *he is dedicated* il se donne à fond **2.** COMPUT dédié ▸ **dedicated terminal** terminal *m* dédié ▸ **dedicated word processor** machine *f* exclusivement destinée au traitement de texte.

dedication [ˌdedɪ'keɪʃn] n **1.** [devotion] dévouement *m* / *his dedication to his job* son dévouement à son travail / *dedication is what is needed* il est essentiel de pouvoir tout donner **2.** [in book, on photograph, etc.] dédicace *f* / *I asked the author for a dedication* j'ai demandé à l'auteur qu'il me dédicace mon livre, j'ai demandé une dédicace à l'auteur / *I've got a few dedications to play* [records] j'ai quelques dédicaces à passer **3.** [of church, shrine] consécration *f*.

deduce [dɪ'dju:s] vt déduire ▸ **to deduce sthg from sthg** déduire qqch de qqch / *what do you deduce from that?* qu'en déduisez-vous ? / *I deduced that she was lying* j'en ai déduit qu'elle mentait.

deducible [dɪ'dju:səbl] adj qui peut se déduire.

deduct [dɪ'dʌkt] vt déduire, retrancher ; [tax] prélever / *to deduct £10 from the price* déduire or retrancher 10 livres du prix / *to deduct 25% from a salary* prélever 25 % d'un salaire / *to be deducted at source* [tax] être prélevé à la source / *after deducting expenses* après déduction des frais.

deductible [dɪ'dʌktəbl] adj déductible.

deduction [dɪ'dʌkʃn] n **1.** [inference] déduction *f* / *your deduction is correct* vous avez fait une bonne déduction / *by (a process of) deduction* par déduction **2.** [subtraction] déduction *f* / *how much is that after deductions?* combien reste-t-il après déductions ? ▸ **tax deductions** prélèvements *mpl* fiscaux.

deductive [dɪ'dʌktɪv] adj déductif.

deed [di:d] ◆ n **1.** [action] action *f* ▸ **in word and deed** en parole et en fait or action / *brave deed* acte *m* de bravoure / *to do one's good deed for the day* faire sa bonne action or sa BA de la journée / *we want deeds not words* nous voulons du concret or des actions, pas des discours **2.** LAW acte *m* notarié ▸ **deed of covenant** contrat *m* ▸ **mortgage deed** contrat *m* d'hypothèque ▸ **title deed** titre *m* de propriété. ◆ vt US LAW transférer par acte notarié / *the house was deeded to his daughter* la maison a été transférée à sa fille par acte notarié.

deed box n classeur *m* à documents.

deed of assignment n LAW acte *m* attributif.

deed of revocation n LAW acte *m* de révocation.

deed poll n LAW contrat *m* unilatéral / *to change one's name by deed poll* LAW changer de nom par contrat unilatéral, changer de nom officiellement.

deejay ['di:dʒeɪ] n *inf* DJ *mf*.

deem [di:m] vt *fml* juger, considérer, estimer / *it was deemed necessary / advisable to call an enquiry* on a jugé qu'il était nécessaire / opportun d'ordonner une enquête / *if you deem it necessary* si vous le jugez nécessaire / *he deemed it a great honour* il considéra cela comme un grand honneur, il estima que c'était un grand honneur / *she was deemed (to be) the rightful owner* elle était considérée comme la propriétaire de droit.

de-emphasize [di:'emfəsaɪz] vt [need, claim, feature] moins insister sur, se montrer moins insistant sur.

deep [di:p] ◆ adj **1.** [going far down - water, hole, wound, etc.] profond / *deep snow lay round about* une épaisse couche de neige recouvrait les alentours / *the water / hole is five metres deep* l'eau / le trou a cinq mètres de profondeur / *the road was a foot deep in snow* la route était sous or recouverte de 30 centimètres de neige / *a hole ten feet deep* un trou de trois mètres de profondeur / *the deep blue sea* le vaste océan / *to be in a deep sleep* être profondément endormi / *deep in thought / study* plongé dans ses pensées / l'étude / *deep in debt* criblé de dettes / *to get deeper and deeper into debt* s'endetter de plus en plus / *a deep breath* une inspiration profonde / *take a deep breath and just do it* *fig* respire un bon coup et vas-y / *deep breathing* **a)** [action, noise] respiration *f* profonde **b)** [exercises] exercices *mpl* respiratoires / *we're in deep trouble* nous sommes dans de sales draps ▸ **the deep end** [of swimming pool] le grand bain ▸ **to plunge** or **to jump in at the deep end** y aller carrément ▸ **to be in deep water** être dans le pétrin, avoir des problèmes / *you're getting into deep water* tu vas te mettre dans le pétrin, tu vas avoir des problèmes ▸ **to go off the deep end** **a)** *inf* [lose one's temper] piquer une crise or une colère **b)** [panic] perdre tous ses moyens, paniquer à mort ▸ **to be thrown in at the deep end** *fig* être mis dans le bain tout de suite **2.** [going far back - forest, cupboard, serve] profond / *deep in the forest* au (fin) fond de la forêt / *the crowd stood 15 deep* la foule se tenait sur 15 rangées / *deep in Buckinghamshire* or *in deepest Buckinghamshire* *hum* dans le Buckinghamshire profond ▸ **deep space** profondeurs *fpl* de l'espace **3.** [strong - feelings] profond / *with deepest sympathy* avec mes plus sincères condoléances **4.** [profound - thinker] profond **5.** [mysterious, difficult to understand - book] profond / *a deep mystery* un mystère profond or épais / *a deep dark secret* un sinistre secret / *he's a deep one* on ne peut jamais savoir ce qu'il pense **6.** [dark - colour] profond / *deep blue eyes* des yeux d'un bleu profond / *to be in deep mourning* être en grand deuil **7.** [low - sound, note] grave ; [- voice] grave, profond. ◆ adv profondément / *they went deep into the forest* ils se sont enfoncés dans la forêt / *the snow lay deep on the ground* il y avait une épaisse couche de neige sur le sol / *he dug (down) deep into the ground* il a creusé profond or profondément dans la terre / *he looked deep into her eyes* **a)** [romantically] il a plongé ses yeux dans les siens **b)** [probingly] il l'a regardée intensément dans les yeux / *the goalkeeper kicked the ball deep into the opposition's half* le gardien de but a shooté loin dans le camp adverse ▸ **to go** or **to run deep** [emotions] être profond / *deep down she knew she was right* au fond or dans son for intérieur elle savait qu'elle avait raison / *he thrust his hands deep into his pockets* il plongea les mains au fond de ses poches / *deep into the night* tard dans la nuit / *don't go in too deep* [in water] n'allez pas où c'est profond, n'allez pas trop loin / *don't get in too deep* [involved] ne t'implique pas trop / *she's in it pretty deep* *inf* elle est dedans jusqu'au cou. ◆ n *liter* **1.** [ocean] ▸ **the deep** l'océan *m* **2.** [depth] : *in the deep of winter* au plus profond or au cœur de l'hiver.

-deep in comp : *she was knee / waist-deep in water* elle avait de l'eau jusqu'aux genoux / jusqu'à la taille / *the water is only ankle-deep* l'eau ne monte or n'arrive qu'aux chevilles / *a ten-foot-deep hole* un trou de trois mètres de profondeur.

deep-dish pie n US CULIN tourte *f*.

deepen ['di:pn] ◆ vt [hole, river bed, knowledge] approfondir ; [mystery] épaissir ; [love, friendship] faire grandir, intensifier ; [sound, voice] rendre plus grave ; [colour] rendre plus profond, intensifier. ◆ vi [sea, river] devenir plus profond ; [silence, mystery] s'épaissir ; [crisis] s'aggraver, s'intensifier ; [knowledge] s'approfondir ; [love, friendship] s'intensifier, grandir ; [colour] devenir plus profond, s'intensifier ; [sound] devenir plus grave.

deepening ['di:pnɪŋ] ◆ adj [silence, shadows, emotion] de plus en plus profond ; [crisis] qui s'aggrave or s'intensifie ; [love, friendship] de plus en plus profond. ◆ n [of hole, channel] approfondissement *m* ; [of silence, love] intensification *f*.

deep-fat fryer n friteuse *f*.

deep-fat frying n cuisson *f* en bain de friture.

deep freeze n [in home, shop] congélateur *m* ; [industrial] surgélateur *m*.

❖ **deep-freeze** vt [at home] congeler ; [industrially] surgeler.

deep-fried adj frit.

deep-frozen adj [at home] congelé ; [industrially] surgelé.

deep-fry vt faire frire.

deep-fryer = **deep-fat fryer**.

deep-heat treatment n MED thermothérapie *f*.

deep-laid adj [plan, scheme] secret (secrète), machiné dans le secret.

deeply ['di:plɪ] adv **1.** [dig, breathe, sleep, admire, regret, think] profondément ; [drink] à grands traits ▸ **to fall deeply in love with sb** tomber profondément amoureux de qqn ▸ **to go deeply into sthg** approfondir qqch **2.** [offended, relieved, grateful, religious] profondément, extrêmement / *his forehead was deeply lined* son front était creusé de rides profondes.

deepness ['di:pnɪs] n [of ocean, voice, writer, remark] profondeur *f* ; [of note, sound] gravité *f*.

deep-pan pizza n CULIN pizza *f* à pâte épaisse.

deep-rooted adj [tree] dont les racines sont profondes ; *fig* [ideas, belief, prejudice] profondément ancré or enraciné ; [feeling] profond.

deep-sea adj [creatures, exploration] des grands fonds ▸ **deep-sea diver** plongeur *m* sous-marin, plongeuse *f* sous-marine ▸ **deep-sea diving** plongée *f* sous-marine ▸ **deep-sea fisherman** pêcheur *m* hauturier or en haute mer ▸ **deep-sea fishing** pêche *f* hauturière or en haute mer.

deep-seated [-'si:tɪd] adj [sorrow, dislike] profond ; [idea, belief, complex, prejudice] profondément ancré or enraciné.

deep-set adj enfoncé.

deep-six vt US *inf* [throw away] balancer / *we deep-sixed the project* on a balancé cette idée de projet.

Deep South pr n ▸ **the Deep South** [in the US] *l'extrême Sud conservateur (Alabama, Floride, Géorgie, Louisiane, Mississippi, Caroline du Sud, partie orientale du Texas).*

deep structure n LING structure *f* profonde.

deep throat n informateur *m*, indicateur *m*.

deep-throated [-'θrəʊtɪd] adj [cough, laugh, roar] caverneux.

deep vein thrombosis n thrombose *f* veineuse profonde.

deep web n INTERNET web *m* caché.

deer [dɪəʳ] (*pl* **deer**) ◆ n cerf *m*, biche *f* ▸ **a herd of deer** un troupeau or une harde de cerfs. ◆ comp [hunter, park] de cerf or cerfs / **'The Deer Hunter'** *Cimino* 'Voyage au bout de l'enfer'.

deerhound ['dɪəhaʊnd] n limier *m*.

deerskin ['dɪəskɪn] n peau *f* de daim ▸ **deerskin coat** manteau *m* en daim.

deerstalker ['dɪəˌstɔ:kəʳ] n **1.** [hunter] chasseur *m*, -euse *f* de cerf **2.** [hat] chapeau *m* à la Sherlock Holmes.

deerstalking ['dɪə,stɔ:kɪŋ] n chasse *f* au cerf.

de-escalate [,di:'eskəleɪt] ◆ vt [crisis] désamorcer ; [tension] faire baisser. ◆ vi [crisis] se désamorcer ; [tension] baisser.

de-escalation [,di:eskə'leɪʃn] n [of crisis] désescalade *f*, désamorçage *m* ; [of tension] baisse *f*.

deface [dɪ'feɪs] vt [statue, painting - with paint, aerosol spray] barbouiller ; [- by writing slogans] dégrader par des inscriptions ; [book] abîmer or endommager par des gribouillages or des inscriptions.

de facto [deɪ'fæktəʊ] adv & adj de facto, de fait.

defalcation [,di:fæl'keɪʃn] n détournement *m* de fonds.

defamation [,defə'meɪʃn] n diffamation *f* / *to sue sb for defamation of character* poursuivre qqn en justice pour diffamation.

defamatory [dɪ'fæmətrɪ] adj diffamatoire.

defame [dɪ'feɪm] vt diffamer, calomnier.

default [dɪ'fɔ:lt] ◆ n **1.** LAW [non-appearance - in civil court] défaut *m*, non-comparution *f* ; [- in criminal court] contumace *f* / *judgement by default* jugement *m* par défaut or contumace **2.** *fml* [absence] ▸ **in default of** à défaut de **3.** COMPUT sélection *f* par défaut / *drive C is the default* C est l'unité de disque par défaut **4.** FIN défaut *m* de paiement, manquement *m* à payer. ◆ comp COMPUT [drive, font, value] par défaut ▸ **default setting** configuration *f* par défaut. ◆ vi **1.** LAW manquer à comparaître, faire défaut **2.** FIN manquer or faillir à ses engagements / *to default on a payment* ne pas honorer un paiement **3.** SPORT [win, lose] déclarer forfait **4.** COMPUT prendre une sélection par défaut / *the computer automatically defaults to drive C* l'ordinateur sélectionne l'unité de disque C par défaut.

❖ **by default** adv phr **1.** [lack of action] : *you are responsible by default* tu es responsable pour n'avoir rien fait **2.** SPORT par forfait / *to win / to lose by default* gagner / perdre par forfait **3.** COMPUT par défaut.

defaulter [dɪ'fɔ:ltəʳ] n **1.** LAW inculpé *m*, -e *f* contumace or défaillant(e) or par défaut, témoin *m* défaillant **2.** FIN & ST. EX débiteur *m* défaillant, débitrice *f* défaillante **3.** UK MIL & NAUT soldat *m* or marin *m* qui a transgressé la discipline.

defaulting [dɪ'fɔ:ltɪŋ] adj LAW contumace, défaillant ; FIN & ST. EX défaillant.

defeat [dɪ'fi:t] ◆ n [of army, opposition] défaite *f* ; [of project, bill] échec *m* ▸ **to suffer a defeat** connaître une défaite, échouer ▸ **to admit defeat** s'avouer vaincu. ◆ vt [army, adversary] vaincre ; [team, government] battre ; [attempts, project, bill] faire échouer / *they were defeated by one goal to nil* ils ont été battus par un but à zéro / *we were defeated by the weather* nous avons échoué à cause du temps / *that defeats the object* ça n'avance à rien.

defeatism [dɪ'fi:tɪzm] n défaitisme *m*.

defeatist [dɪ'fi:tɪst] ◆ adj défaitiste. ◆ n défaitiste *mf*.

defecate ['defəkeɪt] vi déféquer.

defecation [,defə'keɪʃn] n défécation *f*.

defect ◆ n ['di:fekt] défaut *m* ▸ **physical defect** malformation *f* ▸ **hearing** / **speech defect** défaut de l'ouïe / de prononciation. ◆ vi [dɪ'fekt] POL [to another country] passer à l'étranger ; [to another party] quitter son parti pour un autre / *to defect to the West* passer à l'Ouest / *to defect to the enemy* passer à l'ennemi / *yet another dissident has defected* un nouveau dissident est passé à l'étranger / *he defected from his native Poland* il s'est enfui de sa Pologne natale.

defection [dɪ'fekʃn] n [to another country] passage *m* à un pays ennemi ; [to another party] passage *m* à un parti adverse / *there were many successful defections by East Germans* beaucoup d'Allemands de l'Est ont réussi à passer à l'Ouest / *the country was shocked by his defection* le pays a été choqué quand il est passé à l'étranger / *after his defection from his native Poland* après qu'il se fut enfui de sa Pologne natale.

defective [dɪ'fektɪv] ◆ adj **1.** [machine, reasoning] défectueux ; [hearing, sight, organ] déficient ▸ *dated* **to be mentally defective** souffrir de débilité mentale **2.** *dated* GRAM défectif. ◆ n ▸ **mental defective** *dated* débile *m* mental, débile *f* mentale.

defector [dɪ'fektəʳ] n POL & *fig* transfuge *mf*.

defence UK, **defense** US [dɪ'fens] ◆ n **1.** [protection] défense *f* / *how much is spent on defence?* combien dépense-t-on pour la défense ? / *to carry a weapon for defence* porter une arme pour se défendre ▸ **to come to sb's defence** venir à la défense de qqn ▸ **to act** / **to speak in defence of sthg a)** [following attack] agir / parler en défense de qqch **b)** [in support of] agir / parler en faveur de qqch ▸ **to speak in defence of sb** or **to speak in sb's defence a)** [following attack] parler en défense de qqn **b)** [in support of] parler en faveur de qqn / *the best form of defence is attack* la meilleure forme de défense, c'est l'attaque ▸ **Ministry of Defence** UK, **Department of Defense** US ≃ ministère *m* de la Défense ▸ **Secretary of State for Defence** UK, **Secretary of Defense** US ≃ ministre *m* de la Défense **2.** [thing providing protection] protection *f*, défense *f* ; [argument] défense *f* ▸ **defences a)** [weapons] moyens *mpl* de défense **b)** [fortifications] défenses, fortifications *fpl* ▸ **to use sthg as a defence against sthg** se servir de qqch comme défense or protection contre qqch, se servir de qqch pour se défendre or se protéger de qqch / *the body's natural defences against infection* les défenses naturelles de l'organisme contre l'infection / *to put up a stubborn defence* se défendre avec entêtement ▸ **to catch sb when his / her defences are down** prendre qqn quand il / elle n'est pas en position de se défendre or de faire face ▸ **to draw up a defence of sthg** préparer la défense de qqch **3.** LAW défense *f* ▸ **the defence** [lawyers] la défense / *who have we got for the defence?* qui assurera la défense ? / *counsel for the defence* avocat *m* de la défense / *witness for the defence* témoin *m* à décharge, témoin de la défense / *to appear for the defence* comparaître pour la défense / *the case for the defence* la défense / *what is our defence going to be?* quelle ligne de défense allons-nous adopter ? / *to conduct one's own defence* assurer sa propre défense / *do you have anything to say in your defence?* avez-vous quelque chose à dire pour votre défense ? / *it must be said in her defence that…* il faut dire à sa décharge or pour sa défense que… **4.** SPORT défense *f* ▸ **the defence** [players] la défense / *to turn defence into attack* faire or lancer une contre-attaque. ◆ comp **1.** MIL [forces] de défense ; [cuts, minister, spending] de la défense ▸ **defence plant** usine *f* d'armements **2.** LAW [lawyer] de la défense ; [witness] à décharge.

defenceless UK, **defenseless** US [dɪ'fenslɪs] adj sans défense, vulnérable.

defencelessness UK, **defenselessness** US [dɪ'fenslɪsnɪs] n vulnérabilité *f*.

defence mechanism n mécanisme *m* de défense.

defend [dɪ'fend] vt **1.** [protect] défendre ; [justify] justifier ▸ **to defend sthg** / **sb from** or **against attack** défendre qqch / qqn contre une attaque ▸ **to defend o.s.** se défendre **2.** SPORT [goalmouth, title] défendre **3.** LAW défendre.

defendant [dɪ'fendənt] n LAW [in civil court] défendeur *m*, -eresse *f* ; [in criminal court] inculpé *m*, -e *f* ; [accused of serious crimes] accusé *m*, -e *f*.

defender [dɪ'fendəʳ] n **1.** [of a cause, rights, etc.] défenseur *m*, avocat *m*, -e *f* ▸ **Defender of the Faith** Défenseur de la foi **2.** SPORT [player] défenseur *m* ; [of title, record] détenteur *m*, -trice *f*.

defending [dɪ'fendɪŋ] adj **1.** SPORT [champion] en titre **2.** LAW de la défense.

defenestration [,di:fenɪ'streɪʃn] n défenestration *f*.

defense US = **defence**.

defensible [dɪ'fensəbl] adj [idea, opinion, etc.] défendable.

defensive [dɪ'fensɪv] ◆ adj [strategy, weapon, game, etc.] défensif / *to get defensive* se mettre sur la défensive / *she's very defensive about it* elle est très susceptible quand on parle de cela / *why be so defensive about it?* pourquoi te mets-tu ainsi sur la défensive ? ◆ n MIL & *fig* défensive *f* ▸ **to be on the defensive** être or se tenir sur la défensive ▸ **to go on the defensive** se mettre sur la défensive.

defensively [dɪ'fensɪvlɪ] adv : *they played very defensively* SPORT ils ont eu un jeu très défensif / *used defensively* MIL utilisé pour la défense / *"it's not my fault", she said, defensively* « ce n'est pas de ma faute », dit-elle, sur la défensive.

defensiveness [dɪ'fensɪvnɪs] n : *I get really tired of his defensiveness* j'en ai vraiment assez qu'il soit toujours sur la défensive.

defer [dɪ'fɜ:ʳ] (*pt & pp* **deferred**, *cont* **deferring**) ◆ vt [decision, meeting] remettre, reporter ; [payment, business, judgment] différer, retarder / *to defer sentencing* LAW suspendre le prononcé du jugement ▸ **to defer sb on medical grounds** MIL réformer qqn temporairement pour raisons médicales. ◆ vi [give way] ▸ **to defer to sb** s'en remettre à qqn ▸ **to defer to sb's judgment** / **knowledge** s'en remettre au jugement / aux connaissances de qqn ▸ **to defer to sb's wishes** agir conformément aux souhaits de qqn, se soumettre à la volonté de qqn.

deference ['defərəns] n déférence *f*, égard *m*, considération *f* ▸ **out of** or **in deference to sb** / **sb's wishes** par égard or considération pour qqn / les souhaits de qqn ▸ **to treat sb with deference, to pay** or **to show deference to sb** traiter qqn avec déférence or égards.

deferential [,defə'renʃl] adj déférent, révérencieux ▸ **to be deferential to sb** faire montre de déférence or d'égards envers qqn.

deferentially [,defə'renʃəlɪ] adv avec déférence.

deferment [dɪ'fɜ:mənt], **deferral** [dɪ'fɜ:rəl] n [of decision, meeting, payment, sentence] report *m*, ajournement *m* / *to apply for deferment* MIL demander à être réformé.

deferred [dɪ'fɜ:d] adj [gen] ajourné, retardé ; [payment, shares] différé ; [annuity] à paiement différé, à jouissance différée ▸ **deferred charges** frais *mpl* différés ▸ **deferred pay** règlement *m* échelonné ▸ **deferred sentence** LAW jugement *m* dont le prononcé est suspendu, jugement ajourné.

defiance [dɪ'faɪəns] n défi *m* / *I will not tolerate any further defiance* je ne tolérerai plus qu'on me défie ainsi / *your defiance of my orders meant that people's lives were put at risk* en défiant mes ordres vous avez mis la vie d'autrui en danger / *gesture / act of defiance* geste *m* / acte *m* de défi.

❖ **in defiance of** prep phr ▸ **in defiance of sb / sthg** au mépris de qqn / qqch.

defiant [dɪ'faɪənt] adj [gesture, remark, look] de défi ; [person, reply] provocateur.

defiantly [dɪ'faɪəntlɪ] adv [act] avec une attitude de défi ; [reply, look at] d'un air de défi.

defibrillation [di:,faɪbrɪ'leɪʃn] n MED défibrillation *f*.

defibrillator [di:'fɪbrɪleɪtəʳ] n MED défibrillateur *m*.

deficiency [dɪ'fɪʃnsɪ] (*pl* **deficiencies**) n **1.** MED [shortage] carence *f* / *a deficiency in* or *of calcium, a calcium deficiency* une carence en calcium ▸ **mental deficiency** déficience *f* mentale **2.** [flaw - in character, system] défaut *m*.

deficiency disease n maladie *f* de carence.

deficient [dɪ'fɪʃnt] adj **1.** [insufficient] insuffisant ▸ **to be deficient in sthg** manquer de qqch **2.** [defective] défectueux.

deficit ['defɪsɪt] n FIN & COMM déficit *m* ▸ **to be in deficit** être en déficit, être déficitaire / *budget deficit* déficit budgétaire / *the balance of payments shows a deficit of £800 million* la balance des paiements indique un déficit de 800 millions de livres.

defile ◆ vt [dɪ'faɪl] [grave, memory] profaner. ◆ vi [dɪ'faɪl] MIL défiler. ◆ n ['di:faɪl] [valley, passage] défilé *m*.

defilement [dɪ'faɪlmənt] n [of grave, memory] profanation *f*.

definable [dɪ'faɪnəbl] adj définissable.

define [dɪ'faɪn] vt **1.** [term, word] définir ; [boundary, role, subject] définir, délimiter ; [concept, idea, feeling] définir, préciser / *he defines politics as being the art of the possible* il définit la politique comme l'art du possible **2.** [object, shape] définir / *the figures in the painting are not clearly defined* les formes humaines du tableau ne sont pas bien définies.

defining [dɪ'faɪnɪŋ] adj [moment, lesson, event] décisif / *a defining achievement* une réussite décisive.

definite ['defɪnɪt] adj **1.** [precise, clear] précis ; [advantage, improvement, opinion] net ; [answer] définitif ; [orders, proof] formel ; [price] fixe / *their plans to marry are still not definite* leurs projets de mariage sont encore vagues / *the boss was very definite about the need for punctuality* le patron a été très ferme en ce qui concerne la ponctualité / *he has very definite ideas on the subject* il a des idées bien arrêtées sur la question **2.** [certain] certain, sûr / *is it definite that the Pope is coming to England?* est-il certain or sûr que le pape vienne en Angleterre ? / *I've heard rumours of a merger, but nothing definite* j'ai entendu dire qu'il allait y avoir une fusion, mais rien de sûr pour l'instant **3.** MATH ▸ **definite integral** intégrale *f* définie.

definite article n article *m* défini.

definitely ['defɪnɪtlɪ] adv certainement, sans aucun doute / *he has definitely decided to resign* il ne fait aucun doute qu'il a décidé de démissionner / *she's definitely leaving, but I don't know when* je sais qu'elle part, mais je ne sais pas quand / *are you definitely giving up your flat?* allez-vous vraiment quitter votre appartement ? / *that's definitely not the man I saw* je suis sûr que ce n'est pas l'homme que j'ai vu / *are you going to the show? — definitely!* est-ce que tu vas au spectacle ? — absolument !

definition [defɪ'nɪʃn] n **1.** [of term, word] définition *f* ; [of duties, territory] définition, délimitation *f* ▸ **by definition** par définition **2.** [of photograph, sound] netteté *f* ; TV définition *f*.

definitive [dɪ'fɪnɪtɪv] adj **1.** [conclusive] définitif ; [battle, victory] définitif, décisif ; [result] définitif, qui fait autorité **2.** [authoritative] : *the definitive book on the subject* le livre qui fait autorité or décisif en la matière **3.** ZOOL [fully developed] définitif.

definitively [dɪ'fɪnɪtɪvlɪ] adv définitivement.

deflate [dɪ'fleɪt] ◆ vt **1.** [balloon, tyre] dégonfler ; *fig* [person] démonter **2.** ECON [prices] faire baisser, faire tomber ▸ **to deflate the economy** pratiquer une politique déflationniste / *the measure is intended to deflate the economy* cette mesure est destinée à faire de la déflation. ◆ vi [balloon, tyre] se dégonfler.

deflation [dɪ'fleɪʃn] n **1.** [of balloon, tyre] dégonflement *m* **2.** ECON & GEOG déflation *f* **3.** [anti-climax] abattement *m*.

deflationary [dɪ'fleɪʃnərɪ], **deflationist** [dɪ'fleɪʃənɪst] adj déflationniste.

deflect [dɪ'flekt] ◆ vt faire dévier ; *fig* [attention, criticism] détourner / *he would not be deflected from his purpose* rien ne l'aurait détourné de son but. ◆ vi dévier ; [magnetic needle] décliner.

deflection [dɪ'flekʃn] n déviation *f* ; [of magnetic needle] déclinaison *f* ; PHYS déflexion *f*.

deflector [dɪ'flektər] n déflecteur *m*.

defloration [ˌdiːflɔː'reɪʃn] n défloration *f*.

deflower [ˌdiː'flaʊər] vt **1.** *liter* [woman] déflorer **2.** BOT défleurir.

defog [ˌdiː'fɒg] vt US AUTO désembuer.

defogger [ˌdiː'fɒgər] n US AUTO dispositif *m* anti-buée *(inv).*

defoliant [ˌdiː'fəʊlɪənt] n défoliant *m*.

defoliate [ˌdiː'fəʊlɪeɪt] vt défolier.

defoliation [ˌdiːfəʊlɪ'eɪʃn] n défoliation *f*.

deforest [ˌdiː'fɒrɪst] vt déboiser.

deforestation [diːˌfɒrɪ'steɪʃn] n déboisement *m*, déforestation *f*.

deform [dɪ'fɔːm] vt déformer ; *fig* [distort, ruin] défigurer.

deformation [ˌdiːfɔː'meɪʃn] n déformation *f*.

deformed [dɪ'fɔːmd] adj difforme.

deformity [dɪ'fɔːmətɪ] n difformité *f*.

Defra ['defrə] (abbr of **Department for Environment, Food & Rural Affairs**) n UK ADMIN ministère *m* de l'Agriculture.

defrag [diː'fræg] vt *inf* = **defragment.**

defragment [ˌdiːfræg'ment] vt COMPUT défragmenter.

defragmentation [ˌdiːfrægmen'teɪʃn] n COMPUT défragmentation *f*.

defraud [dɪ'frɔːd] vt [the state] frauder ; [company, person] escroquer, frustrer *spec* / *he defrauded the government of £15,000 in unemployment benefits* il a frauduleusement perçu 15 000 livres d'allocations chômage.

defrauder [dɪ'frɔːdər] n fraudeur *m*, -euse *f*.

defray [dɪ'freɪ] vt *fml* rembourser, prendre en charge / *all charges to be defrayed by the purchaser* COMM tous les frais sont à la charge de l'acheteur / *we will defray the cost of your air fare* nous vous rembourserons le prix de votre billet d'avion.

defrock [ˌdiː'frɒk] vt défroquer.

defrost [ˌdiː'frɒst] ◆ vt **1.** [food] décongeler ; [refrigerator] dégivrer **2.** US [demist] désembuer ; [de-ice] dégivrer. ◆ vi [food] se décongeler ; [refrigerator] se dégivrer.

defroster [ˌdiː'frɒstər] n dégivreur *m*.

deft [deft] adj adroit, habile ; [fingers] habile.

deftly ['deftlɪ] adv adroitement, habilement.

deftness ['deftnɪs] n adresse *f*, habileté *f*.

defuel [diː'fjuːl] vt AERON vidanger.

defunct [dɪ'fʌŋkt] adj défunt.

defuse [ˌdiː'fjuːz] vt *lit & fig* désamorcer.

defy [dɪ'faɪ] (*pt & pp* **defied**) vt **1.** [disobey] s'opposer à ; [law, rule] braver / *the union defied the court order* le syndicat n'a pas tenu compte de la décision judiciaire **2.** [challenge, dare] défier / *she defied him to justify his claims* elle l'a défié or mis au défi de justifier ses revendications / *a death-defying feat* un exploit téméraire **3.** *fig* [make impossible] défier / *his behaviour defies explanation* son comportement défie toute explication.

degas [ˌdiː'gæs] (*pt & pp* **degassed** *or* **degased**, *cont* **degassing** *or* **degasing**) vt dégazer.

degeneracy [dɪ'dʒenərəsɪ] n [process] dégénérescence *f* ; [state] décadence *f*, corruption *f*.

degenerate ◆ vi [dɪ'dʒenəreɪt] dégénérer / *the discussion degenerated into an argument fig* la discussion dégénéra en dispute. ◆ adj [dɪ'dʒenərət] *liter* dégénéré ; [person] dépravé. ◆ n [dɪ'dʒenərət] *liter* [person] dépravé *m*, -e *f*.

degeneration [dɪˌdʒenə'reɪʃn] n [process, state] dégénérescence *f*.

degenerative [dɪ'dʒenərətɪv] adj dégénératif.

deglaze [ˌdiː'gleɪz] vt CULIN déglacer.

degradable [dɪ'greɪdəbl] adj dégradable.

degradation [ˌdegrə'deɪʃn] n **1.** [deterioration] dégradation *f* ; ECOL dégradation *f* **2.** [corruption, debasement] avilissement *m*, dégradation *f* ; [poverty] misère *f* abjecte.

degrade [dɪ'greɪd] vt **1.** [deteriorate] dégrader **2.** [debase] avilir, dégrader / *I refuse to degrade myself (by) playing these silly games* je refuse de m'abaisser à ces jeux idiots.

degrading [dɪ'greɪdɪŋ] adj avilissant, dégradant.

degrease [ˌdiː'griːs] vt dégraisser.

degree [dɪ'griː] n **1.** [unit of measurement] degré *m* / *the temperature is 28 degrees in New York* la température est de 28 degrés à New York / *he had to work in 32 degrees of heat* il a dû travailler par une chaleur de 32 degrés / *it's three degrees outside* il fait trois degrés dehors / *Paris is about two degrees east of Greenwich* GEOG Paris est environ à deux degrés de longitude est de Greenwich / *a 90 degree angle* GEOM un angle de 90 degrés **2.** [extent, amount] : *there was a certain degree of mistrust between them* il y avait un certain degré de méfiance entre eux / *the Prime Minister does accept criticism to a degree* le Premier ministre accepte les critiques, mais jusqu'à un certain point / *there are varying degrees of opposition to the new law* il y a une opposition plus ou moins forte à la nouvelle loi / *his allergy affected him to such a degree that he had to stop working* son allergie était un tel handicap pour lui qu'il a dû s'arrêter de travailler **3.** [stage, step] degré *m* / *an honour of the highest degree* un honneur du plus haut degré / *a degree of precision never before thought possible* un niveau de précision jusqu'à présent considéré comme inaccessible **4.** [academic qualification] diplôme *m* universitaire / *she has a degree in economics* elle est diplômée en sciences économiques / *he's taking* or *doing a degree in biology* il fait une licence de biologie / *it took me five years to get my degree* j'ai mis cinq ans pour avoir mon diplôme ▸ **degree ceremony** cérémonie *f* de remise des diplômes **5.** GRAM & MUS degré *m* **6.** *arch & liter* [rank, status] rang *m* / *a man of high degree* un homme de haut rang **7.** US LAW : *murder in the first degree* homicide *m* volontaire.

❖ **by degrees** adv phr par degrés, au fur et à mesure / *he realized, by degrees, that his wife no longer loved him* petit à petit il s'est rendu compte que sa femme ne l'aimait plus.

❖ **to a degree** adv phr **1.** [to an extent] jusqu'à un certain point / *the Prime Minister does accept criticism to a degree* le Premier ministre accepte les critiques, mais jusqu'à un certain point **2.** [very much] extrêmement.

-degree in comp ▸ **first** / **second** / **third-degree burns** brûlures *fpl* au premier / deuxième / troisième degré ▸ **first-degree murder** US LAW ≃ homicide *m* volontaire.

degression [dɪ'greʃn] n dégression *f*.

degressive [dɪ'gresɪv] adj dégressif.

dehire [ˌdiː'haɪər] vt US *euph* [dismiss] remercier.

dehorn [diː'hɔːn] vt décorner.

dehumanization [diːˌhjuːmənaɪ'zeɪʃn] n déshumanisation *f*.

dehumanize, dehumanise [diː'hjuːmənaɪz] vt déshumaniser.

dehumidifier [ˌdiːhjuː'mɪdɪfaɪər] n déshumidificateur *m*.

dehumidify [ˌdiːhjuː'mɪdɪfaɪ] vt déshumidifier.

dehydrate [ˌdiːhaɪ'dreɪt] vt déshydrater.

dehydration [ˌdiːhaɪ'dreɪʃn] n déshydratation *f*.

de-ice [diː'aɪs] vt dégivrer.

de-icer [diː'aɪsər] n dégivreur *m*.

de-icing [diː'aɪsɪŋ] n dégivrage *m*.

deictic ['daɪktɪk] adj déictique.

deification [ˌdiːɪfɪ'keɪʃn] n déification *f*.

deify ['diːɪfaɪ] vt déifier.

deign [deɪn] vt daigner / *he didn't deign to reply fml & hum* il n'a pas daigné répondre.

deindex [ˌdiː'ɪndeks] vt ▸ **to deindex wages** désindexer les salaires.

deindustrialization, deindustrialisation ['diːɪnˌdʌstrɪəlaɪ'zeɪʃn] n désindustrialisation *f*.

deinstall [ˌdiːɪn'stɔːl] vt UK COMPUT désinstaller.

deinstallation [ˌdiːɪnstə'leɪʃən] n UK COMPUT désinstallation *f*.

deinstaller [ˌdiːɪn'stɔːlər] n UK COMPUT désinstallateur *m*.

deionizer, deioniser [ˌdiːaɪən'aɪzər] n dispositif *m* de déionisation.

deism ['diːɪzm] n déisme *m*.

deist ['diːɪst] n déiste *mf*.

deity ['diːɪtɪ] (*pl* **deities**) n **1.** MYTH dieu *m*, déesse *f*, divinité *f* **2.** RELIG ▸ **the Deity** Dieu *m*, la Divinité.

deixis ['daɪksɪs] n deixis *f*.

déjà vu [ˌdeʒɑː'vuː] n déjà-vu *m inv* / *to have a feeling of déjà vu* avoir une impression de déjà-vu.

dejected [dɪ'dʒektɪd] adj abattu, découragé / *he looked sad and dejected* il avait l'air triste et abattu / *the dejected loser left the court* le perdant quitta le court d'un air abattu.

dejectedly [dɪ'dʒektɪdlɪ] adv [speak] d'un ton abattu ; [look] d'un air abattu.

dejection [dɪ'dʒekʃn] n abattement *m*, découragement *m*.

dejunk [diː'dʒʌŋk] vt = **declutter**.

de jure [deɪ'dʒʊərei] adv de jure, en droit.

dekko ['dekəʊ] (*pl* **dekkos**) n UK *v inf* ▸ **to have** or **to take a dekko at sthg** jeter un coup d'œil or un œil à qqch.

Del (written abbr of **delete**) [on keyboard] Suppr.

Delaware ['deləweəʳ] pr n Delaware *m* / *in Delaware* dans le Delaware.

delay [dɪ'leɪ] ◆ vt **1.** [cause to be late] retarder ; [person] retarder, retenir / *the flight was delayed (for) three hours* le vol a été retardé de trois heures **2.** [postpone, defer] reporter, remettre / *she delayed handing in her resignation* elle a tardé à donner sa démission / *the publication of the book has been delayed* la publication du livre a été différée or reportée / *the poison had a delayed effect* le poison a agi avec retard / *he had a delayed reaction to the news of his mother's death* il a mis un certain temps à réagir à la nouvelle de la mort de sa mère. ◆ vi tarder / *don't delay, write off today for your free sample* demandez aujourd'hui même votre échantillon gratuit. ◆ n **1.** [lateness] retard *m* / *there are long delays on the M25* UK la circulation est très ralentie or est très perturbée sur la M25 / *there's a three to four hour delay on all international flights* il y a trois à quatre heures de retard sur tous les vols internationaux **2.** [waiting period] : *without delay* sans tarder or délai / *the defence lawyer requested a delay in the hearing* l'avocat de la défense demanda un report de (la) séance / *there's no time for delay* il n'y a pas de temps à perdre.

> ⚠ The word **délai** usually means the time it takes to perform a task, make a delivery, etc. It does not imply lateness and is rarely used to translate the word delay.

delayed-action [dɪ'leɪd-] adj [fuse, shutter] à retardement.

delayed maturity n BOT maturation *f* retardée.

delaying [dɪ'leɪɪŋ] adj dilatoire ▸ **delaying tactics** or **action** manœuvres *fpl* dilatoires.

delectable [dɪ'lektəbl] adj délectable.

delectation [ˌdiːlek'teɪʃn] n *liter & hum* délectation *f* / *for your delectation* pour votre plus grand plaisir.

delegate ◆ n ['delɪgət] délégué *m*, -e *f*. ◆ vt ['delɪgeɪt] déléguer / *the parents delegated Mrs Parker to represent them at the meeting* les parents déléguèrent or désignèrent Mme Parker pour les représenter à la réunion. ◆ vi ['delɪgeɪt] déléguer.

delegation [ˌdelɪ'geɪʃn] n **1.** [group of delegates] délégation *f* **2.** [of duties, power] délégation *f*.

delete [dɪ'liːt] vt supprimer ; [erase] effacer ; [cross out] barrer, biffer.

delete key n COMPUT touche *f* effacer.

deleterious [ˌdelɪ'tɪərɪəs] adj *fml* [effect] nuisible ; [influence, substance] nuisible, délétère.

deletion [dɪ'liːʃn] n suppression *f* / *the editor circled certain words for deletion* l'éditeur a entouré certains mots à supprimer / *I made a lot of deletions in the text* j'ai supprimé beaucoup de choses or j'ai fait beaucoup de coupes dans le texte.

delft [delft] n faïence *f* (de Delft).

Delhi ['delɪ] pr n Delhi ▸ **Delhi belly** *inf & hum* turista *f*, tourista *f*.

deli ['delɪ] n *inf* abbr of **delicatessen**.

deliberate ◆ adj [dɪ'lɪbərət] **1.** [intentional] délibéré, volontaire, voulu / *it was a deliberate attempt to embarrass the minister* cela visait délibérément à embarrasser le ministre **2.** [unhurried, careful] mesuré, posé / *her speech was slow and deliberate* elle parlait lentement et posément. ◆ vi [dɪ'lɪbəreɪt] délibérer ▸ **to deliberate on** or **upon sthg** délibérer sur qqch / *they deliberated whether or not to expel him* ils ont délibéré pour savoir s'ils allaient l'expulser. ◆ vt [dɪ'lɪbəreɪt] délibérer sur.

deliberately [dɪ'lɪbərətlɪ] adv **1.** [intentionally] volontairement / *I didn't hurt him deliberately* je n'ai pas fait exprès de le blesser / *you have deliberately lied to the court* vous avez menti délibérément or sciemment à la cour **2.** [carefully] de façon mesurée, avec mesure ; [walk] d'un pas ferme.

deliberation [dɪˌlɪbə'reɪʃn] n **1.** [consideration, reflection] délibération *f*, réflexion *f* / *after much deliberation we have decided to accept your application* après délibération or mûre réflexion, nous avons décidé d'accepter votre demande **2.** [care, caution] attention *f*, soin *m*.

❖ **deliberations** pl n délibérations *fpl*.

deliberative [dɪ'lɪbərətɪv] adj **1.** [group, assembly] délibérant **2.** [conclusion] mûrement réfléchi.

delicacy ['delɪkəsɪ] (*pl* **delicacies**) n **1.** [refinement] délicatesse *f*, finesse *f* ; [fragility, frailty] délicatesse *f*, fragilité *f* ; [difficulty] délicatesse *f* ; [tact] délicatesse *f* / *it's a matter of great delicacy* c'est une affaire très délicate / *the question must be handled with delicacy* la question doit être traitée avec délicatesse **2.** [fine food] mets *m* délicat / *it's considered a great delicacy in China* c'est considéré comme un mets très délicat or fin en Chine.

delicate ['delɪkət] adj **1.** [fingers, lace, china] délicat, fin **2.** [child, health] délicat, fragile **3.** [situation, question] délicat, difficile / *a delicate international situation* une situation internationale délicate **4.** [smell, colour] délicat **5.** [instrument] sensible.

delicately ['delɪkətlɪ] adv délicatement, avec délicatesse.

delicatessen [ˌdelɪkə'tesn] n **1.** UK [fine foods shop] épicerie fine *f* **2.** US [food shop] ≃ traiteur *m* ; [restaurant] ≃ restaurant *m*.

delicious [dɪ'lɪʃəs] adj délicieux.

deliciously [dɪ'lɪʃəslɪ] adv délicieusement.

delict ['diːlɪkt] n LAW délit *m*.

delight [dɪ'laɪt] ◆ vi : *he delights in publicity* il adore faire parler de lui / *she delights in irritating people* elle prend plaisir or se complaît à énerver les gens / *she delights in her grandchildren* elle adore ses petits-enfants. ◆ vt ravir, réjouir / *her show has delighted audiences everywhere* son spectacle a partout conquis or ravi le public. ◆ n [pleasure] joie *f*, (grand) plaisir *m* / *she listened with delight* elle écoutait avec délectation / *to the delight of the audience* à la plus grande joie or pour le plus grand plaisir de l'auditoire / *her brother took (great) delight in teasing her* son frère prenait (un malin) plaisir à la taquiner / *the delights of gardening* les charmes *mpl* or délices *fpl* du jardinage / *the child was a delight to teach* c'était un plaisir d'enseigner à cet enfant / *the film was sheer delight* le film était une pure merveille.

delighted [dɪ'laɪtɪd] adj ravi / *I'm delighted to see you again* je suis ravi de vous revoir / *we are delighted that you were able to accept our invitation* nous sommes ravis que vous ayez pu accepter notre invitation / *a delighted smile* un sourire ravi / *I was delighted at the news* la nouvelle m'a fait très plaisir ▸ **to be delighted with sthg** être ravi de qqch / *could you come to dinner on Saturday? — I'd be delighted* pourriez-vous venir dîner samedi ? — avec (grand) plaisir.

> Note that être content / heureux / ravi que and se réjouir que are followed by a verb in the subjunctive:
> **I'm delighted you're here.** *Je suis ravi que vous soyez là.*

delightedly [dɪ'laɪtɪdlɪ] adv avec joie, joyeusement.

delightful [dɪ'laɪtfʊl] adj [person, place] charmant ; [book, experience, film] merveilleux / *the garden was simply delightful* le jardin était tout simplement merveilleux / *this rose has a delightful perfume* cette rose a un parfum délicieux / *she looked delightful in her new dress* sa nouvelle robe lui allait à ravir.

delightfully [dɪ'laɪtfʊlɪ] adv [dance, perform, sing] merveilleusement, à ravir / *the evenings were delightfully cool* les soirées étaient merveilleusement fraîches / *he was delightfully unpretentious* il était merveilleusement simple.

Delilah [dɪ'laɪlə] pr n Dalila.

delimit [diː'lɪmɪt] vt *fml* délimiter.

delimitation [diːˌlɪmɪ'teɪʃn] n délimitation *f*.

delineate [dɪ'lɪnɪeɪt] vt *fml* **1.** [outline, sketch] tracer **2.** *fig* [define, describe] définir, décrire.

delineation [dɪˌlɪnɪ'eɪʃn] n **1.** [sketch] tracé *m* **2.** [definition] définition *f*, description *f*.

delinquency [dɪ'lɪŋkwənsɪ] (*pl* **delinquencies**) n **1.** [criminal behaviour] délinquance *f* **2.** [negligence] faute *f*.

delinquent [dɪ'lɪŋkwənt] ◆ adj **1.** [law-breaking] délinquant ; [negligent] fautif **2.** FIN [overdue] impayé. ◆ n **1.** [law-breaker] délinquant *m*, -e *f* **2.** [bad debtor] mauvais payeur *m*.

deliquescence [ˌdelɪ'kwesəns] n déliquescence *f*.

deliquescent [ˌdelɪ'kwesənt] adj déliquescent.

delirious [dɪ'lɪrɪəs] adj **1.** MED en délire / *the fever made him delirious* la fièvre l'a fait délirer / *to become delirious* se mettre à délirer, être pris de délire **2.** *fig* [excited, wild] délirant, en délire / *he was delirious with joy* il était délirant de joie.

deliriously [dɪ'lɪrɪəslɪ] adv de façon délirante, frénétiquement / *deliriously happy* follement heureux.

delirium [dɪ'lɪrɪəm] n **1.** MED délire *m* **2.** *fig* [state of excitement] délire *m*.

delirium tremens [-'triːmenz] n delirium tremens *m*.

delish [dɪ'lɪʃ] (abbr of **delicious**) adj *inf* extra *(inv)*.

delist [diː'lɪst] vt COMM & MARKETING [product] déréférencer ; ST. EX [company] radier de la cote.

delisting [ˌdiː'lɪstɪŋ] n COMM & MARKETING [of product] déréférencement *m* ; ST. EX [of company] radiation *f* de la cote.

deliver [dɪ'lɪvəʳ] ◆ vt **1.** [carry, transport] remettre ; COMM livrer / *what time is the post* or *mail delivered?* le courrier est distribué à quelle heure ? / *I delivered the books to the library* j'ai remis les livres à la bibliothèque / *the train delivered us safely home* nous sommes rentrés en train sans problème ▸ **to deliver the goods** *inf* : *can he deliver the goods?* est-ce qu'il peut tenir parole ? **2.** *fml & liter* [save, rescue] délivrer ▸ **deliver us from evil** BIBLE délivre-nous du mal **3.** MED ▸ **to deliver a baby** faire un accouchement / *she was delivered of a daughter* *fml & liter* elle accoucha d'une fille / *he delivered the mare of her foal* il aida la jument à mettre bas **4.** [pronounce, utter] ▸ **to deliver a sermon** / **speech** prononcer un sermon / discours ▸ **to deliver o.s. of an opinion** *fml* faire part de or émettre son opinion / *the jury delivered a verdict of not guilty* LAW le jury a rendu un verdict de non-culpabilité **5.** US POL : *can he deliver the Black vote?* est-ce qu'il peut nous assurer les voix des Noirs ? **6.** [strike] ▸ **to deliver a blow (to the head / stomach)** porter or *liter* asséner un coup (à la tête / à l'estomac). ◆ vi **1.** [make delivery] livrer **2.** *inf* [do as promised] tenir parole, tenir bon.

❖ **deliver over** vt sep remettre / *he delivered himself over to the police* il s'est livré or rendu à la police.

❖ **deliver up** vt sep [fugitive, town] livrer.

deliverance [dɪ'lɪvərəns] n **1.** *fml & liter* [release, rescue] délivrance *f* **2.** [pronouncement] déclaration *f* ; LAW prononcé *m*.

deliverer [dɪ'lɪvərə^r] n **1.** *fml & liter* [saviour] sauveur *m* **2.** COMM livreur *m*.

delivery [dɪ'lɪvərɪ] (*pl* **deliveries**) ◆ n **1.** COMM livraison *f* / *post* or *mail deliveries are rather irregular* la distribution du courrier est assez irrégulière ▸ **to take delivery of sthg** prendre livraison de qqch / **'allow two weeks for delivery'** 'délai de livraison : deux semaines' ▸ **payment on delivery** règlement *m* or paiement *m* à la livraison **2.** [transfer, handing over] remise *f* / *I was entrusted with (the) delivery of the documents* on m'a confié la remise des documents **3.** MED accouchement *m* **4.** [manner of speaking] débit *m*, élocution *f* **5.** *fml & liter* [release, rescue] délivrance *f*. ◆ comp **1.** COMM [note, truck, van, service] de livraison ▸ **delivery boy** livreur *m* **2.** MED ▸ **the delivery room** la salle de travail or d'accouchement.

deliveryman [dɪ'lɪvərɪmæn] (*pl* **deliverymen** [-men]) n livreur *m*.

dell [del] n vallon *m*.

Delos ['di:lɒs] pr n Délos / *in Delos* à Délos.

delouse [ˌdi:'laʊs] vt [animal, person] épouiller ; [clothing, furniture] enlever les poux de.

Delphi ['delfaɪ] pr n Delphes / *at Delphi* à Delphes.

Delphic ['delfɪk] adj delphique, de Delphes ; *fig* [obscure] obscur.

delphinium [del'fɪnɪəm] (*pl* **delphiniums** *or* **delphinia** [-nɪə]) n delphinium *m*.

delta ['deltə] ◆ n delta *m*. ◆ comp en delta.

Delta Force pr n *force militaire américaine spécialisée notamment dans les opérations de sauvetage.*

delta ray n rayon *m* delta.

delta wing n aile *f* (en) delta / *delta wing aircraft* avion *m* à aile delta.

deltoid ['deltɔɪd] ◆ n deltoïde *m*. ◆ adj deltoïde.

delts [delts] pl n *inf* [deltoid muscles] muscles *mpl* deltoïdes.

delude [dɪ'lu:d] vt tromper, duper / *he deluded investors into thinking that the company was doing well* il a fait croire aux investisseurs que la société se portait bien / *he's deluding himself if he thinks his wife will forgive him* il se fait des illusions or il se leurre s'il pense que sa femme va lui pardonner / *let's not delude ourselves about his motives* ne nous leurrons pas sur ses motivations.

deluded [dɪ'lu:dɪd] adj **1.** [mistaken, foolish] : *a poor deluded young man* un pauvre jeune homme qu'on a trompé or induit en erreur **2.** PSYCHOL sujet à des délires.

deluge ['delju:ʤ] ◆ n *lit & fig* déluge *m*. ◆ vt inonder / *we have been deluged with letters* nous avons été submergés or inondés de lettres.

delusion [dɪ'lu:ʒn] n **1.** [illusion, mistaken idea] illusion *f* / *she's under the delusion that her illness isn't serious* elle s'imagine à tort que sa maladie n'est pas grave **2.** PSYCHOL délire *m* ▸ **he has delusions of grandeur** *fig* il est sujet au délire de grandeur.

delusive [dɪ'lu:sɪv] adj trompeur, illusoire.

delusiveness [dɪ'lu:sɪvnɪs] n caractère *m* trompeur or illusoire.

delusory [dɪ'lu:sərɪ] = **delusive**.

deluxe [də'lʌks] adj de luxe.

delve [delv] vi **1.** [investigate] fouiller / *she preferred not to delve too deeply into the past* elle préférait ne pas fouiller trop profondément (dans) le passé **2.** [search] : *he delved into the bag* il a fouillé dans le sac **3.** [dig, burrow] creuser ; [animal] fouiller.

Dem. written abbr of **Democrat(ic)**.

demagnetize, **demagnetise** [ˌdi:'mægnɪtaɪz] vt démagnétiser.

demagog ['deməgɒg] US = **demagogue**.

demagogic [ˌdemə'gɒgɪk] adj démagogique.

demagogue ['deməgɒg] n démagogue *mf*.

demagoguery [ˌdemə'gɒgərɪ] n démagogie *f*.

demagogy ['deməgɒgɪ] n démagogie *f*.

de-man ['di:mæn] (*pt & pp* **de-manned**, *cont* **de-manning**) vt UK INDUST réduire les effectifs de.

demand [dɪ'mɑ:nd] ◆ vt **1.** [ask forcefully] exiger ; [money] réclamer / *I demand to see the manager* appelez-moi le gérant / *the terrorists demanded to be flown to Tehran* les terroristes exigeaient d'être emmenés en avion à Téhéran / *pressure groups are demanding that fuller information be released* les groupes de pression exigent la publication de plus amples informations / *to demand one's rights* revendiquer ses droits / *she demanded nothing of* or *from her children* elle n'exigeait rien de ses enfants / *he demanded to know* / *to be told the truth* il exigeait de connaître / qu'on lui dise la vérité **2.** [require, necessitate] exiger, réclamer / *he doesn't have the imagination demanded of a good writer* il n'a pas l'imagination que l'on attend d'un bon écrivain / *it demands patience* cela demande or requiert de la patience. ◆ n **1.** [obligation, requirement] exigence *f* / *the demands of motherhood* les exigences de la maternité ▸ **to make demands on sb** exiger beaucoup de qqn / *his work makes great demands on his time* son travail lui prend beaucoup de temps / *he makes a lot of emotional demands* il a une très grande demande affective / *there are many demands on her at work* elle est très prise au travail **2.** [firm request] ▸ **wage demands** revendications *fpl* salariales / *there have been many demands for the minister's resignation* beaucoup de voix se sont élevées pour exiger la démission du ministre **3.** ECON & COMM demande *f* / *due to public demand* à la demande du public / *there is not much demand for books on the subject* les livres sur ce sujet ne sont pas très demandés / *qualified maths teachers are in increasing demand* les professeurs de mathématiques diplômés sont de plus en plus demandés / *American jeans were in great demand in Eastern Europe* les jeans américains étaient très demandés or recherchés dans les pays de l'Est.

❖ **on demand** adv phr sur demande / *she's in favour of abortion on demand* elle est pour l'avortement libre.

> ⚠ **Demander** simply means to ask, and does not imply insistence. It is rarely the correct translation for to demand.

> Note that **exiger que** is followed by a verb in the subjunctive:
> **They demand that we (should) be present in the main European markets.** *Ils exigent que nous soyons présents dans les principaux marchés européens.*

demand bill n bon *m* à vue.

demand deposit n UK épargne *f* disponible sur demande.

demanding [dɪ'mɑ:ndɪŋ] adj [person] exigeant ; [job, profession] difficile, astreignant / *the work is not physically demanding* ce travail ne demande pas beaucoup de force physique.

demand-led adj ECON tiré par la demande.

demand management n contrôle *m* de la demande.

demand note n bon *m* à vue.

demand-side economics n ECON économie *f* de la demande.

demarcate ['di:mɑ:keɪt] vt *fml* délimiter.

demarcation [ˌdi:mɑ:'keɪʃn] n **1.** [boundary, border] démarcation *f* / *a line of demarcation* or *a demarcation line* une ligne de démarcation **2.** INDUST attributions *fpl* ▸ **demarcation dispute** conflit *m* d'attributions.

dematerialize, **dematerialise** [di:mə'tɪərɪəlaɪz] vi se volatiliser.

demean [dɪ'mi:n] vt *fml* avilir, rabaisser / *she wouldn't demean herself by marrying him* elle refusait de se rabaisser en l'épousant / *your behaviour demeans the office you hold* votre comportement déshonore la charge que vous occupez.

demeaning [dɪ'mi:nɪŋ] adj avilissant, déshonorant.

demeanour UK, **demeanor** US [dɪ'mi:nə^r] n *fml* [behaviour] comportement *m* ; [manner] allure *f*, maintien *m* / *he had the demeanour of a gentleman* il avait des allures d'homme raffiné or de gentleman.

demented [dɪ'mentɪd] adj MED dément ; *fig* fou (*before vowel or silent 'h'* **fol**, *f* **folle**).

dementedly [dɪ'mentɪdlɪ] adv comme un fou.

dementia [dɪ'menʃə] n démence *f*.

dementia praecox [-'pri:kɒks] n *dated* démence *f* précoce.

demerara [ˌdemə'reərə] n ▸ **demerara sugar** cassonade *f*.

demerger [ˌdi:'mɜ:ʤə^r] n scission *f*.

demerit [di:'merɪt] n **1.** *fml* [flaw] démérite *m*, faute *f* **2.** US SCH & MIL blâme *m*.

demesne [dɪ'meɪn] n **1.** [land] domaine *m* **2.** LAW ▸ **land held in demesne** terrain possédé en toute propriété.

Demeter ['demɪtə^r] pr n Déméter.

Demetrius [dɪ'mi:trɪəs] pr n Démétrios.

demigod ['demɪgɒd] n demi-dieu *m*.

demijohn ['demɪʤɒn] n dame-jeanne *f*, bonbonne *f*.

demilitarization, **demilitarisation** ['di:ˌmɪlɪtəraɪ'zeɪʃn] n démilitarisation *f*.

demilitarize, **demilitarise** [ˌdi:'mɪlɪtəraɪz] vt démilitariser / *a demilitarized zone* une zone démilitarisée.

demimonde [ˌdemɪ'mɒnd] n demi-monde *m*.

demineralize, **demineralise** [ˌdi:'mɪnərəlaɪz] vt déminéraliser.

demise [dɪ'maɪz] ◆ n **1.** *arch & liter* [death] mort *f*, disparition *f* ; [end] fin *f*, mort *f* **2.** LAW [transfer] cession *f* **3.** HIST ▸ **the demise of the Crown** la transmission de la Couronne. ◆ vt **1.** LAW [lease] louer à bail ; [bequeath] léguer **2.** HIST [transfer] transmettre.

demisemiquaver ['demɪsemɪˌkweɪvə^r] n UK triple croche *f*.

demist [ˌdi:'mɪst] vt UK désembuer.

demister [ˌdi:'mɪstə^r] n UK dispositif *m* antibuée.

demitasse ['demɪtæs] n [cup] tasse *f* à café ; [coffee] café *m* serré, express *m inv*.

demiurge ['demɪɜ:ʤ] n démiurge *m*.

demo ['deməʊ] (*pl* **demos**) (abbr of **demonstration**) ◆ n **1.** *inf* manif *f* **2.** MUS démo *f* **3.** COMPUT version *f* de démonstration or d'évaluation. ◆ vt faire une démo de / *they demoed the software* ils ont fait une démo du logiciel.

demob [ˌdi:'mɒb] (*pt & pp* **demobbed**, *cont* **demobbing**) UK *inf* ◆ vt démobiliser. ◆ n **1.** [demobilization] démobilisation *f* **2.** [soldier] soldat *m* démobilisé. ◆ comp ▸ **demob suit** ≃ tenue *f* civile.

demobilization [di:ˌməʊbɪlaɪ'zeɪʃn] n démobilisation *f*.

demobilize, **demobilise** [ˌdi:'məʊbɪlaɪz] vt démobiliser.

democracy [dɪ'mɒkrəsɪ] (*pl* **democracies**) n démocratie *f*.

democrat ['deməkræt] n démocrate *mf*.

❖ **Democrat** n [in US] démocrate *mf*.

democratic [ˌdemə'krætɪk] adj [country, organization, principle] démocratique ; [person] démocrate ▸ **the Democratic Convention** la convention démocrate ▸ **the Democratic Party** le parti démocrate (américain).

democratically [ˌdemə'krætɪklɪ] adv démocratiquement.

Democratic Republic of Congo n République *f* démocratique du Congo.

democratize, democratise [dɪ'mɒkrətaɪz] ◆ vt démocratiser. ◆ vi se démocratiser.

Democritus [dɪ'mɒkrɪtəs] pr n Démocrite.

demodulate [,di:'mɒdjʊleɪt] vt démoduler.

demodulation ['di:,mɒdjʊ'leɪʃn] n démodulation *f*.

demographer [dɪ'mɒgrəfər] n démographe *mf*.

demographic [,demə'græfɪk] adj démographique ▶ **demographic profile** profil *m* démographique ▶ **demographic segmentation** segmentation *f* démographique.

demographics [,demə'græfɪks] ◆ n *(U)* [science] (étude *f* de la) démographie *f*. ◆ pl n [statistics] statistiques *fpl* démographiques.

demography [dɪ'mɒgrəfɪ] n démographie *f*.

demolish [dɪ'mɒlɪʃ] vt **1.** *lit & fig* [destroy] démolir **2.** *inf* [devour] dévorer.

demolisher [dɪ'mɒlɪʃər] n *lit & fig* démolisseur *m*.

demolition [,demə'lɪʃn] n *lit & fig* démolition *f* ▶ **demolition gang** équipe *f* de démolition.

❖ **demolitions** pl n MIL explosifs *mpl* ▶ **a demolitions expert** UK un expert en explosifs.

demon ['di:mən] n **1.** [devil, evil spirit] démon *m* **2.** *fig* diable *m* / *she works like a demon* c'est un bourreau de travail / *he's a demon tennis player* il joue au tennis comme un dieu ▶ **the demon drink** le démon de la boisson.

demonetarize, demonetarise [,di:'mʌnətəraɪz], **demonetize, demonetise** [di:'mʌnɪtaɪz] vt démonétiser.

demoniac [dɪ'məʊnɪæk] ◆ adj démoniaque. ◆ n démoniaque *mf*.

demoniacal [di:mə'naɪəkl] adj démoniaque.

demonic [di:'mɒnɪk] adj diabolique.

demonize, demonise ['di:mə,naɪz] vt diaboliser.

demonology [,di:mə'nɒlədʒɪ] n démonologie *f*.

demonstrable [dɪ'mɒnstrəbl] adj démontrable.

demonstrably [dɪ'mɒnstrəblɪ] adv manifestement.

demonstrate ['demənstreɪt] ◆ vt **1.** [prove, establish] démontrer **2.** [appliance, machine] faire une démonstration de / *he demonstrated how to use a sewing machine* il a montré comment se servir d'une machine à coudre **3.** [ability, quality] faire preuve de / *she demonstrated great musical ability* elle a fait preuve de grandes prédispositions pour la musique. ◆ vi POL manifester ▶ **to demonstrate against sthg** manifester contre qqch / *the students are demonstrating against higher fees* les étudiants manifestent contre l'augmentation des frais de scolarité.

demonstration [,demən'streɪʃn] ◆ n **1.** [proof] démonstration *f* **2.** COMM & INDUST démonstration *f* / *the salesman gave a demonstration of the word processor* le vendeur a fait une démonstration du traitement de texte **3.** POL [protest] manifestation *f* / *to hold a demonstration* faire une manifestation **4.** [of emotion] démonstration *f*, manifestation *f* **5.** MIL démonstration *f*. ◆ comp [car, copy, lesson, model] de démonstration.

> ⚠ The French word **démonstration** never means a demonstration in the sense of a protest. For this meaning, use **une manifestation**.

demonstrative [dɪ'mɒnstrətɪv] ◆ adj démonstratif ▶ **demonstrative pronoun** pronom *m* démonstratif. ◆ n démonstratif *m*.

demonstrator ['demənstreɪtər] n **1.** COMM & INDUST [person] démonstrateur *m*, -trice *f* **2.** POL [protester] manifestant *m*, -e *f* **3.** UK UNIV ≃ préparateur *m*, -trice *f* **4.** US COMM [appliance, machine] modèle *m* de démonstration.

demoralization [dɪ,mɒrəlaɪ'zeɪʃn] n démoralisation *f*.

demoralize, demoralise [dɪ'mɒrəlaɪz] vt démoraliser.

demoralized [dɪ'mɒrəlaɪzd] adj démoralisé / *to become demoralized* perdre courage or le moral.

demoralizing [dɪ'mɒrəlaɪzɪŋ] adj démoralisant.

demoralizingly [dɪ'mɒrəlaɪzɪŋlɪ] adv : *our results were demoralizingly poor* nos résultats étaient si médiocres que c'en était démoralisant.

demos ['di:mɒs] n *fml* peuple *m*.

Demosthenes [dɪ'mɒsθəni:z] pr n Démosthène.

demote [,di:'məʊt] vt rétrograder.

demotic [dɪ'mɒtɪk] ◆ adj **1.** [of the people] populaire **2.** LING démotique. ◆ n [ancient Egyptian] démotique *m*.

❖ **Demotic** n grec *m* démotique.

demotion [,di:'məʊʃn] n rétrogradation *f*.

demotivate [,di:'məʊtɪveɪt] vt démotiver.

demount [,di:'maʊnt] vt démonter.

demulcent [dɪ'mʌlsənt] ◆ adj lénifiant. ◆ n onguent *m*.

demur [dɪ'mɜ:r] (*pt & pp* **demurred**, *cont* **demurring**) ◆ vi **1.** *fml* soulever une objection / *he demurred at the idea of accepting a reward* il s'est opposé à l'idée de recevoir une récompense / *I suggested she join us but she demurred* j'ai proposé qu'elle se joigne à nous mais elle s'y est opposée **2.** LAW opposer une exception. ◆ n objection *f* / *without demur* sans sourciller or faire d'objection.

demure [dɪ'mjʊər] adj **1.** [modest] modeste, pudique ; [well-behaved] sage ; [reserved] retenu **2.** *pej* [coy] d'une modestie affectée.

demurely [dɪ'mjʊəlɪ] adv **1.** [modestly] modestement ; [reservedly] avec retenue / *she sipped her tea demurely* elle buvait son thé à petites gorgées or avec délicatesse **2.** *pej* [coyly] avec une modestie affectée.

demureness [dɪ'mjʊənɪs] n modestie *f*, pudeur *f*.

demutualize, demutualise [di:'mju:tu:əlaɪz] vi FIN se démutualiser.

demystification ['di:,mɪstɪfɪ'keɪʃn] n démystification *f*.

demystify [,di:'mɪstɪfaɪ] (*pt & pp* **demystified**) vt démystifier.

demythologization ['di:mɪ,θɒlədʒaɪ'zeɪʃn] n démythification *f*.

demythologize, demythologise [,di:mɪ'θɒlədʒaɪz] vt démythifier.

den [den] n **1.** ZOOL repaire *m*, tanière *f* ; *fig* [hideout] repaire *m*, nid *m* / *a den of thieves* un nid de brigands / *a den of iniquity* un lieu de perdition **2.** [room, study] ≃ bureau *m* ; ≃ cabinet *m* de travail.

denary ['di:nərɪ] adj décimal.

denationalization ['di:,næʃnəlaɪ'zeɪʃn] n dénationalisation *f*.

denationalize, denationalise [,di:'næʃnəlaɪz] vt dénationaliser.

denaturalize, denaturalise [,di:'nætʃrəlaɪz] vt **1.** [deprive of nationality] dénaturaliser **2.** [make unnatural] dénaturer.

denature [,di:'neɪtʃər] vt dénaturer.

dendrology [den'drɒlədʒɪ] n dendrologie *f*.

dene [di:n] n UK [valley] val *m*, vallée *f*.

Denglish ['dɪŋglɪʃ] n *anglicismes employés en allemand.*

dengue ['deŋgɪ] n dengue *f*.

deniability [dɪ,naɪə'bɪlɪtɪ] n ▶ **plausible deniability** déni *m* plausible.

deniable [dɪ'naɪəbl] adj niable.

denial [dɪ'naɪəl] n **1.** [of story, rumour] démenti *m* ; [of wrongdoing] dénégation *f* ; [of request, right] refus *m* ▶ **denial of justice** LAW déni *m* de justice / *the minister's denial of responsibility was greeted with outrage* c'est avec indignation qu'on a appris que le ministre rejetait toute responsabilité **2.** [disavowal, repudiation] reniement *m* / *Peter's denial of Christ* BIBLE le reniement du Christ par Pierre **3.** [abstinence] abnégation *f* / *the monks led a life of denial* les moines menaient une vie d'abnégation **4.** PSYCHOL dénégation *f*.

denier ['denɪər or də'nɪər] n **1.** UK [measure] denier *m* / *15 denier stockings* bas *m* de 15 deniers **2.** [coin] denier *m*.

denigrate ['denɪgreɪt] vt dénigrer.

denigration [,denɪ'greɪʃn] n dénigrement *m*.

denigrator ['denɪgreɪtər] n dénigreur *m*, -euse *f*.

denim ['denɪm] ◆ n TEXT (toile *f* de) jean *m*, denim *m*. ◆ comp [jacket] en jean.

❖ **denims** pl n blue-jean *m*, jean *m* / *all the students were wearing denims* tous les étudiants portaient des jeans.

denitrification ['di:,naɪtrɪfɪ'keɪʃn] n dénitrification *f*.

denitrify [,di:'naɪtrɪfaɪ] (*pt & pp* **denitrified**) vt dénitrifier.

denizen ['denɪzn] n **1.** *liter & hum* [inhabitant] habitant *m*, -e *f*, hôte *mf liter* ; [regular visitor] habitué *m*, -e *f* **2.** UK [permanent resident] ≃ résident *m*, -e *f* **3.** [non-native plant] plante *f* allogène ; [non-native animal] animal *m* allogène.

Denmark ['denmɑ:k] pr n Danemark *m* / *in Denmark* au Danemark.

den mother n US [in scout group] cheftaine *f*.

Dennis the Menace ['denɪs-] pr n Denis la Malice.

denominate [dɪ'nɒmɪneɪt] vt dénommer.

denomination [dɪ,nɒmɪ'neɪʃn] n **1.** FIN valeur *f* / *small / large denomination notes* petites / grosses coupures / *coins of different denominations* des pièces de différentes valeurs **2.** RELIG confession *f*, culte *m* **3.** *fml* [designation, specification] dénomination *f*.

denominational [dɪ,nɒmɪ'neɪʃənl] adj : *a denominational school* une école confessionnelle.

denominationalism [dɪ,nɒmɪ'neɪʃnəlɪzm] n appartenance *f* à une confession.

denominative [dɪ'nɒmɪnətɪv] ◆ adj dénominatif. ◆ n dénominatif *m*.

denominator [dɪ'nɒmɪneɪtər] n dénominateur *m*.

denotation [,di:nəʊ'teɪʃn] n *(U)* [indication] dénotation *f* ; [representation, symbol] signes *mpl*, symboles *mpl* ; [specific meaning] signification *f*.

denotative [dɪ'nəʊtətɪv] adj dénotatif.

denote [dɪ'nəʊt] vt [indicate] dénoter ; [represent] signifier.

denounce [dɪ'naʊns] vt dénoncer / *his wife denounced him as a traitor* sa femme l'a dénoncé comme traître / *to denounce an agreement / a treaty* dénoncer un accord / un traité / *the union's president denounced the practice as unjust* le président du syndicat a dénoncé cette pratique comme étant injuste.

denouncement [dɪ'naʊnsmənt] n dénonciation *f*.

denouncer [dɪ'naʊnsər] n dénonciateur *m*, -trice *f*.

dense [dens] adj **1.** [thick] dense ; [fog, smoke] épais (épaisse) ; [undergrowth, vegetation] dense, dru *liter* ; PHOT opaque **2.** [prose] dense, ramassé **3.** *inf* [stupid] bouché, obtus.

densely ['denslɪ] adv : *a densely populated area* une région très peuplée or à forte densité de population / *the book is very densely written* le livre est écrit d'une manière dense or ramassée / *a densely wooded valley* une vallée très boisée.

denseness ['densnɪs] n **1.** [thickness] densité *f* **2.** *inf* [stupidity] stupidité *f*.

densitometer [,densɪ'tɒmɪtər] n densitomètre *m*.

density ['densətɪ] n densité *f*.

dent [dent] ◆ n **1.** [in metal] bosse *f* ; [in bed, pillow] creux *m* / *he made a dent in his car* il a cabossé sa voiture / *the car has a dent in the bumper* la voiture a le pare-chocs cabossé **2.** *fig* [reduction] : *to make a dent in one's savings* faire un trou dans ses économies. ◆ vt [metal] cabosser, bosseler ; *fig* [pride] froisser ; [confidence] entamer.

dental ['dentl] ◆ adj **1.** MED dentaire **2.** LING dental. ◆ n dentale *f*.

dental dam n digue *f* dentaire.

dental floss n fil *m* dentaire.

dental hygienist n assistant *m*, -e *f* de dentiste *(qui s'occupe du détartrage, etc.)*.

dental mechanic n mécanicien-dentiste *m*.

dental orthopaedics UK, **dental orthopedics** US n *(U)* orthodontie *f*.

dental plate n dentier *m*.

dental surgeon n UK chirurgien-dentiste *m*.

dental surgery n **1.** [activity] chirurgie *f* dentaire **2.** UK [office] cabinet *m* dentaire.

dental technician n prothésiste *mf* (dentaire).

dental treatment n traitement *m* dentaire.

dentate ['denteɪt] adj denté, dentelé.

dented ['dentɪd] adj [metal] cabossé.

dentifrice ['dentɪfrɪs] n [paste] pâte *f* dentifrice ; [powder] poudre *f* dentifrice.

dentine ['denti:n], **dentin** US ['dentɪn] n dentine *f*.

dentist ['dentɪst] n dentiste *mf* ▸ **dentist's chair** fauteuil *m* de dentiste ▸ **the dentist's surgery** UK or **office** US le cabinet dentaire ▸ **to go to the dentist's** aller chez le dentiste.

dentistry ['dentɪstrɪ] n dentisterie *f*.

dentition [den'tɪʃn] n dentition *f*.

denture ['dentʃər] n [artificial tooth] prothèse *f* dentaire.

❖ **dentures** pl n dentier *m*.

denuclearization ['di:,nju:klɪəraɪ'zeɪʃn] n dénucléarisation *f*.

denuclearize, **denuclearise** [,di:'nju:klɪəraɪz] vt dénucléariser.

denude [dɪ'nju:d] vt dénuder.

denumerable [dɪ'nju:mərəbl] adj dénombrable.

denunciation [dɪ,nʌnsɪ'eɪʃn] n dénonciation *f*.

denunciator [dɪ'nʌnsɪeɪtər] n dénonciateur *m*, -trice *f*.

Denver boot ['denvə-] n *inf* AUTO sabot *m* de Denver.

deny [dɪ'naɪ] (*pt & pp* **denied**) vt **1.** [declare untrue] nier ; [report, rumour] démentir / *the prisoner denied having conspired* or *conspiring against the government* le prisonnier nia avoir conspiré contre le gouvernement / *he denied that he had been involved* il nia avoir été impliqué / *there's no denying that we have a problem* il est indéniable que nous avons un problème / *he denied all knowledge of the incident* il a nié être au courant de l'incident **2.** [refuse] refuser, dénier *liter* / *in many countries people are denied even basic human rights* dans beaucoup de pays les gens sont privés des droits les plus fondamentaux **3.** [deprive] priver / *she thought that by denying herself she could help others* elle pensait qu'en se privant elle pourrait aider les autres **4.** *arch & liter* [disavow, repudiate] renier ▸ **before the cock crow, thou shalt deny me thrice** BIBLE avant que le coq chante, tu m'auras renié trois fois.

deodorant [di:'əʊdərənt] n déodorant *m*.

deodorize, **deodorise** [di:'əʊdəraɪz] vt désodoriser.

deodorizer [di:'əʊdəraɪzər] n [for home] désodorisant *m*.

deontological [dɪ,ɒntə'lɒdʒɪkl] adj déontologique.

deontology [,di:ɒn'tɒlədʒɪ] n déontologie *f*.

deoxidize, **deoxidise** [di:'ɒksɪdaɪz] vt désoxyder.

deoxygenate [,di:'ɒksɪdʒəneɪt] vt désoxygéner.

deoxygenation [,dɪɒɒksɪdʒən'eɪʃn] n désoxygénation *f*.

deoxyribonucleic acid ['di:ɒksɪ,raɪbəʊnju:'kli:ɪk-] n BIOL & CHEM acide *m* désoxyribonucléique.

depart [dɪ'pɑ:t] ◆ vi *fml* **1.** [leave] partir / *the train now departing from platform two is the express to Liverpool* le train en partance au quai numéro deux est l'express de Liverpool **2.** [deviate, vary] s'écarter / *to depart from tradition* s'écarter de la tradition. ◆ vt quitter ▸ **to depart this life** *euph* quitter ce monde.

departed [dɪ'pɑ:tɪd] *euph & fml* ◆ adj [dead] défunt, disparu. ◆ n ▸ **the departed** le défunt, la défunte, le disparu, la disparue.

department [dɪ'pɑ:tmənt] n **1.** ADMIN [division] département *m* ; [ministry] ministère *m* / *she works in the housing department* elle travaille au ministère du Logement ▸ **Department for Children, Schools and Families** *ministère britannique de l'Éducation, de la Jeunesse et de la Famille* ▸ **Department of Motor Vehicles** *aux États-Unis, agence d'État qui gère les permis de conduire et l'immatriculation des véhicules* ▸ **the Department of State** US le Département d'État ; ≃ le ministère des Affaires étrangères ▸ **the Department of Trade and Industry** UK ≃ le ministère de l'Industrie et du Commerce ▸ **Department of Trade** US ministère du Commerce **2.** INDUST service *m* / *the sales / personnel department* le service commercial / du personnel / *the complaints department* le service des réclamations **3.** [field, responsibility] domaine *m* / *recruiting staff is not my department* le recrutement du personnel n'est pas mon domaine or de mon ressort / *cooking's not really my department fig* la cuisine n'est pas vraiment mon domaine or ma spécialité **4.** COMM rayon *m* / *the toy department* le rayon des jouets **5.** SCH département *m*, section *f* ; UNIV département, UFR *f* **6.** GEOG département *m*.

departmental [,di:pɑ:t'mentl] adj **1.** ADMIN du département ; INDUST du service ; COMM du rayon **2.** GEOG du département, départemental.

department store n grand magasin *m*.

departure [dɪ'pɑ:tʃər] ◆ n **1.** [leaving] départ *m* / *the crew were preparing for departure* l'équipage se préparait au départ / *our departure was delayed for three hours* notre départ a été retardé de trois heures **2.** [variation, deviation] modification *f* / *a departure from standard company policy* une entorse à la politique habituelle de l'entreprise **3.** [orientation] orientation *f* / *farming was an entirely new departure for him* l'agriculture était une voie or orientation tout à fait nouvelle pour lui **4.** *arch* [death] disparition *f*, trépas *m liter*. ◆ comp [gate] d'embarquement ; [time] de départ ▸ **departure lounge** salle *f* d'embarquement.

depend [dɪ'pend] ❖ **depend on**, **depend upon** vt insep **1.** [be determined by] dépendre de / *the outcome of the war will depend on* or *upon a number of factors* l'issue de la guerre dépendra d'un certain nombre de facteurs / *his job depends on his* or *him getting the contract* il ne gardera son emploi que s'il obtient le contrat / *survival depended on their finding enough water* pour survivre, il leur fallait trouver suffisamment d'eau / *her future may depend on it* son avenir en dépend peut-être / *are we going out? — it (all) depends* est-ce qu'on sort ? — ça dépend **2.** [rely on] dépendre de / *the firm depends heavily on orders from abroad* l'entreprise dépend beaucoup des commandes de l'étranger / *she depends on the money her children give her* l'argent qu'elle reçoit de ses enfants est sa seule ressource **3.** [trust, be sure of] compter sur / *he's a friend you can depend on* c'est un ami sur qui vous pouvez compter / *I'm depending on you to help me* je compte sur vous pour m'aider / *you can depend on it!* vous pouvez en être sûr or compter là-dessus !

❖ **depending on** prep phr selon / *a degree takes two or three years of study, depending on the subject chosen* un diplôme demande deux ou trois ans d'études, selon la matière choisie.

dependability [dɪ,pendə'bɪlətɪ] n fiabilité *f*.

dependable [dɪ'pendəbl] adj [machine] fiable ; [person] fiable, sérieux ; [organization, shop] sérieux.

dependably [dɪ'pendəblɪ] adv d'une manière sûre.

dependant [dɪ'pendənt] n ADMIN personne *f* à charge / *do you have any dependants?* avez-vous des personnes à charge ?

dependence [dɪ'pendəns] n dépendance *f* / *the government hopes to reduce our dependence on oil* le gouvernement espère diminuer notre dépendance vis-à-vis du pétrole / *her dependence on her children increased with the years* elle devenait de plus en plus dépendante de ses enfants au fil des années.

dependency [dɪ'pendənsɪ] (*pl* **dependencies**) n dépendance *f*.

dependency culture n ECON *situation d'une société dont les membres ont une mentalité d'assistés.*

dependent [dɪ'pendənt] ◆ adj **1.** [person] dépendant / *he became increasingly dependent on his children* il devenait de plus en plus dépendant de ses enfants / *she's financially dependent on her parents* elle dépend financièrement or elle est à la charge de ses parents / *he has two dependent children* ADMIN il a deux enfants à charge / *she's heavily dependent on sleeping pills* elle ne peut se passer de somnifères **2.** [contingent] : *their economy is highly dependent on foreign investment* leur économie dépend énormément des investissements étrangers / *the prosperity of his business was dependent on the continuation of the war* la prospérité de son entreprise dépendait or était tributaire de la poursuite de la guerre / *her father's consent to the wedding was dependent on the young man's success* son père a donné son assentiment au mariage à condition que le jeune homme réussisse **3.** GRAM [clause] subordonné **4.** MATH [variable] dépendant. ◆ n GRAM subordonnée *f*.

depersonalization [di:,pɜ:sənəlaɪ'zeɪʃn] n dépersonnalisation *f*.

depersonalize, **depersonalise** [,di:'pɜ:sənəlaɪz] vt dépersonnaliser.

depict [dɪ'pɪkt] vt **1.** [describe] dépeindre / *Shakespeare depicts Richard III as cruel and calculating* Shakespeare dépeint Richard III comme un homme cruel et calculateur **2.** [paint, draw] représenter.

depiction [dɪ'pɪkʃn] n **1.** [description] description *f* **2.** [picture] représentation *f*.

depilate ['depɪleɪt] vt épiler.

depilatory [dɪ'pɪlətrɪ] (*pl* **depilatories**) ◆ adj épilatoire, dépilatoire ▸ **depilatory cream** crème *f* dépilatoire. ◆ n épilatoire *m*, dépilatoire *m*.

deplane [,di:'pleɪn] vi descendre d'avion.

deplete [dɪ'pli:t] vt **1.** [reduce] diminuer, réduire / *the illness depleted her strength* la maladie amoindrissait ses forces / *our stocks have become depleted* nos stocks ont beaucoup diminué **2.** [impoverish, exhaust] épuiser / *overproduction has depleted the soil* la surproduction a épuisé or appauvri la terre / *the stream is depleted of fish* la rivière est beaucoup moins poissonneuse qu'avant.

depletion [dɪ'pli:ʃn] n **1.** [reduction] diminution *f*, réduction *f* **2.** [exhaustion] épuisement *m* ; [of soil] appauvrissement *m*.

deplorable [dɪ'plɔ:rəbl] adj déplorable, lamentable.

deplorably [dɪ'plɔ:rəblɪ] adv d'une manière déplorable, lamentablement.

deplore [dɪ'plɔ:r] vt **1.** [regret] déplorer, regretter / *we all deplored the loss of life* nous avons tous déploré la perte de vies humaines **2.** [condemn, disapprove of] désapprouver, condamner / *the President deplored the use of force against unarmed civilians* le président a condamné l'usage de la force envers des civils non armés.

deploy [dɪ'plɔɪ] ◆ vt déployer. ◆ vi se déployer.

deployment [dɪ'plɔɪmənt] n déploiement *m*.

depolarization [di:,pəʊləraɪ'zeɪʃn] n dépolarisation *f*.

depolarize, **depolarise** [,di:'pəʊləraɪz] vt dépolariser.

depoliticize, **depoliticise** [,di:pə'lɪtɪsaɪz] vt dépolitiser.

deponent [dɪ'pəʊnənt] ◆ n **1.** GRAM déponent *m* **2.** LAW déposant *m*, -e *f*. ◆ adj déponent.

depopulate [,di:'pɒpjʊleɪt] vt dépeupler.

depopulated [,di:'pɒpjʊleɪtɪd] adj dépeuplé.

depopulation [di:,pɒpjʊ'leɪʃn] n dépeuplement *m*.

deport [dɪ'pɔːt] vt **1.** [expel] expulser ; HIST [to colonies, camp] déporter / *they were deported to Mexico* ils furent expulsés vers le Mexique **2.** *fml* [behave] ▸ **to deport o.s.** se comporter, se conduire.

deportable alien [dɪ'pɔːtəbl-] n US immigré *m*, -e *f* susceptible d'être reconduit(e) à la frontière.

deportation [,diːpɔː'teɪʃn] n expulsion *f* ; HIST [to colonies, camp] déportation *f* ▸ **deportation order** arrêt *m* d'expulsion / *many refugees were threatened with deportation* beaucoup de réfugiés furent menacés d'expulsion / *resistance fighters risked deportation or death* les combattants de la résistance risquaient la déportation ou la mort.

deportee [,diːpɔː'tiː] n expulsé *m*, -e *f* ; HIST [prisoner] déporté *m*, -e *f*.

deportment [dɪ'pɔːtmənt] n *fml & dated* [behaviour] comportement *m* ; [carriage, posture] maintien *m*.

depose [dɪ'pəʊz] ◆ vt **1.** [remove] destituer ; [sovereign] déposer, destituer **2.** LAW déposer. ◆ vi faire une déposition.

deposit [dɪ'pɒzɪt] ◆ vt **1.** [leave, place] déposer / *she deposited her belongings in a locker at Victoria Station* elle déposa or laissa ses affaires dans une consigne à la gare Victoria / *the bus deposited me in front of my house* le bus m'a déposé devant ma maison **2.** [subj: liquid, river] déposer / *the river had deposited silt along its banks* le fleuve avait laissé un dépôt de vase le long de ses rives **3.** BANK déposer, remettre / *I'd like to deposit £500* j'aimerais faire un versement de 500 livres / *to deposit a cheque* déposer or remettre un chèque (à la banque) **4.** [pay] verser / *you must deposit 10% of the value of the house* vous devez faire un premier versement correspondant à 10 % de la valeur de la maison **5.** US [insert] mettre / *please deposit one dollar for your call* veuillez introduire un dollar pour votre appel. ◆ vi GEOL se déposer. ◆ n **1.** BANK dépôt *m* / *to make a deposit of £200* faire un versement de 200 livres ▸ **on deposit** en dépôt **2.** FIN & COMM [down payment] acompte *m*, arrhes *fpl* / *she put down a deposit on a house* elle a versé un acompte or a fait un premier versement pour une maison / *a £50 deposit* 50 livres d'acompte or d'arrhes **3.** [guarantee against loss or damage] caution *f* ; [on a bottle] consigne *f* / *is there a deposit on the bottle?* est-ce que la bouteille est consignée ? / *the landlord asked for two months' deposit* le propriétaire a demandé une caution de deux mois **4.** UK POL cautionnement *m* / *to lose one's deposit* perdre son cautionnement **5.** MINER gisement *m* / *oil deposits* gisements de pétrole **6.** [sediment, silt] dépôt *m* ; [in wine] dépôt *m*.

deposit account n UK compte *m* sur livret.

depositary [dɪ'pɒzɪtrɪ] (*pl* **depositaries**) n dépositaire *mf*.

deposition [,depə'zɪʃn] n **1.** LAW déposition *f* **2.** MINER dépôt *m* **3.** [removal of leader] déposition *f*.

depositor [də'pɒzɪtə^r] n déposant *m*, -e *f*.

depository [də'pɒzɪtrɪ] (*pl* **depositories**) n dépôt *m*.

deposit slip n bulletin *m* de versement.

depot n ['depəʊ] **1.** [warehouse] dépôt *m* ; UK [garage] dépôt *m*, garage *m* **2.** UK MIL ≃ caserne *f* **3.** ['diːpəʊ] US [station] gare *f* ▸ **bus depot** gare routière.

depravation [,deprə'veɪʃn] n dépravation *f*.

deprave [dɪ'preɪv] vt dépraver.

depraved [dɪ'preɪvd] adj dépravé, perverti.

depravity [dɪ'prævətɪ] (*pl* **depravities**) n dépravation *f*, corruption *f*.

deprecate ['deprɪkeɪt] vt **1.** *fml* [disapprove of, deplore] désapprouver / *any renunciation of sovereignty over the territory is to be deprecated* il faut condamner toute renonciation de souveraineté sur le territoire **2.** [denigrate, disparage] dénigrer.

deprecating ['deprɪkeɪtɪŋ] = **deprecatory**.

deprecatingly ['deprɪkeɪtɪŋlɪ] adv **1.** [disapprovingly - say, speak] d'un ton désapprobateur ; [- look] avec désapprobation **2.** [apologetically] avec remords.

deprecatory ['deprɪkətrɪ] adj **1.** [disapproving] désapprobateur ; [derogatory] dénigrant **2.** [apologetic] navré.

depreciable [dɪ'priːʃəbl] adj US FIN amortissable

depreciate [dɪ'priːʃɪeɪt] ◆ vt **1.** FIN [devalue] déprécier, dévaloriser **2.** [denigrate] dénigrer, déprécier. ◆ vi se déprécier, se dévaloriser.

depreciation [dɪ,priːʃɪ'eɪʃn] n **1.** FIN dépréciation *f*, dévalorisation *f* **2.** [disparagement] dénigrement *m*, dépréciation *f*.

depredation [,deprɪ'deɪʃn] n déprédation *f*.

depress [dɪ'pres] vt **1.** [deject, sadden] déprimer / *it depressed her to talk about her father* le fait de parler de son père la déprimait or lui donnait le cafard **2.** ECON [reduce] (faire) baisser **3.** *fml* [push down on] appuyer sur.

depressant [dɪ'presənt] ◆ adj MED dépresseur. ◆ n MED dépresseur *m*.

depressed [dɪ'prest] adj **1.** [melancholy] déprimé, abattu ; MED déprimé / *you mustn't get depressed about your exam results* tu ne dois pas te laisser abattre or perdre le moral à cause de tes résultats d'examen / *it's nothing to get depressed about* il n'y a pas de quoi se laisser abattre / *visiting her grandparents made her feel depressed* le fait de rendre visite à ses grands-parents la déprimait or lui donnait le cafard **2.** ECON [area, industry] en déclin, touché par la crise, déprimé ; [prices, profits, wages] en baisse / *the market is depressed* ST. EX les cours sont en baisse **3.** [sunken, hollow] creux.

depressing [dɪ'presɪŋ] adj déprimant ; [idea, place] triste, sinistre / *what a depressing thought!* quelle triste idée ! / *the failure of the talks was depressing news* l'échec des pourparlers fut une nouvelle déprimante or décourageante.

depressingly [dɪ'presɪŋlɪ] adv [say, speak] d'un ton abattu / *unemployment is depressingly high* le taux de chômage est déprimant / *his meaning was depressingly clear* la signification de ses paroles était d'une clarté déprimante.

depression [dɪ'preʃn] n **1.** [melancholy] dépression *f* ; MED dépression *f* (nerveuse) / *she suffers from depression* elle fait de la dépression / *he's in a state of depression* il est dans un état dépressif **2.** ECON [slump] dépression *f*, crise *f* économique / *the country's economy is in a state of depression* l'économie du pays est en crise ▸ **the Great Depression** US HIST la grande dépression **3.** [hollow, indentation] creux *m* ; GEOG dépression *f* **4.** METEOR dépression *f*.

> **The Great Depression**
>
> On appelle ainsi la plus grave crise économique qui ébranla les États-Unis au XXᵉ siècle. Elle dura de 1929 (date du krach de Wall Street) au début des années 1940 et plongea le pays dans le chômage et la misère.

depressive [dɪ'presɪv] ◆ adj dépressif. ◆ n dépressif *m*, -ive *f*.

depressor [dɪ'presə^r] n abaisseur *m* ▸ **a tongue depressor** un abaisse-langue.

depressurization [diː,preʃəraɪ'zeɪʃn] n dépressurisation *f*.

depressurize, depressurise [,diː'preʃəraɪz] vt dépressuriser.

deprivation [,deprɪ'veɪʃn] n (U) privation *f* / *a life of deprivation and misery* une vie de souffrances et de privations.

deprive [dɪ'praɪv] vt priver ▸ **to deprive sb of sthg** priver qqn de qqch / *the prisoners were deprived of letters for a month* les prisonniers furent privés de lettres pendant un mois / *he was deprived of his rank* il fut déchu de son grade / *she deprives herself of nothing* elle ne se prive de rien / *the legitimate heir was deprived of his inheritance* l'héritier légitime fut frustré or dépossédé de son héritage.

deprived [dɪ'praɪvd] adj [area, child] défavorisé / *the boy is emotionally deprived* le garçon souffre d'une carence affective / *many of these young offenders come from deprived backgrounds* beaucoup de ces jeunes délinquants viennent de milieux défavorisés.

deprogram [diː'prəʊgræm] vt déprogrammer.

dept. written abbr of **department**.

depth [depθ] n **1.** [distance downwards] profondeur *f* / *the wreck was located at a depth of 200 metres* l'épave a été repérée à 200 mètres de profondeur or par 200 mètres de fond / *the canal is about 12 metres in depth* le canal a environ 12 mètres de profondeur / *this submarine could dive to a depth of 500 feet* ce sous-marin pouvait descendre jusqu'à une profondeur de 500 pieds **2.** [in deep water] : *the child was warned not to go out of his depth* l'enfant a été averti de ne pas aller où il n'avait pas pied / *she swam too far and got out of her depth* elle a nagé trop loin et a perdu pied ▸ **to be out of one's depth a)** *lit* ne plus avoir pied **b)** *fig* perdre pied **3.** PHOT ▸ **depth of field / focus** profondeur *f* de champ / foyer **4.** [of a voice, sound] registre *m* grave **5.** [extent, intensity] profondeur *f* ; [of colour] intensité *f* / *the depth of his knowledge of the subject was impressive* sa connaissance approfondie du sujet était impressionnante / *he had not realized her depth of feeling on the matter* il ne s'était pas rendu compte à quel point ce sujet lui tenait à cœur / *we must study the proposal in depth* nous devons étudier à fond or en profondeur cette proposition.

❖ **depths** pl n : *the ocean depths* les grands fonds *mpl* / *the depths of the earth* les profondeurs *fpl* or entrailles *fpl* de la terre / *in the depths of the forest* au (fin) fond de la forêt ; *fig* : *in the depths of his soul* au plus profond de son âme / *she's in the depths of despair* elle touche le fond du désespoir / *in the depths of winter* au cœur de l'hiver.

depth charge n grenade *f* sous-marine.

depth finder = **depth recorder**.

depth gauge n hydromètre *m*.

depth interview n entretien *m* en profondeur.

depth psychology n psychologie *f* des profondeurs.

depth recorder n sondeur *m*.

deputation [,depjʊ'teɪʃn] n députation *f*, délégation *f*.

depute [dɪ'pjuːt] vt *fml* [person] députer ; [authority, power] déléguer / *she deputed the running of the business to her eldest son* elle délégua la gestion de l'entreprise à son fils aîné.

deputize, deputise ['depjʊtaɪz] ◆ vt députer. ◆ vi ▸ **to deputize for sb** représenter qqn / *the First Secretary deputized for the Ambassador at the reception* le premier secrétaire représentait l'ambassadeur à la réception.

deputy ['depjʊtɪ] (*pl* **deputies**) ◆ n **1.** [assistant] adjoint *m*, -e *f* **2.** [substitute] remplaçant *m*, -e *f* ▸ **to act as sb's deputy** remplacer qqn, agir en tant qu'adjoint **3.** POL [elected representative] député *m* **4.** US [law enforcement agent] shérif *m* adjoint. ◆ comp ▸ **deputy chairman** vice-président *m* ▸ **deputy head teacher** or **deputy head** *inf* directeur *m* adjoint, directrice *f* adjointe ▸ **deputy manager** directeur *m* adjoint ▸ **deputy mayor** adjoint *m*, -e *f* au maire ▸ **deputy sheriff** shérif *m* adjoint.

derail [dɪ'reɪl] ◆ vt faire dérailler. ◆ vi dérailler.

derailleur [dɪ'reɪljə^r] n UK dérailleur *m*.

derailment [dɪ'reɪlmənt] n déraillement *m*.

derange [dɪ'reɪndʒ] vt **1.** [disarrange, disorder] déranger **2.** [drive insane] rendre fou.

deranged [dɪ'reɪndʒd] adj dérangé, déséquilibré / *the killer must have been deranged* le tueur devait être fou or déséquilibré / *the old woman seemed slightly deranged* la vieille femme semblait un peu dérangée or avoir l'esprit un peu dérangé / *it's the work of a deranged mind* c'est l'œuvre d'un esprit dérangé or détraqué.

derangement [dɪ'reɪndʒmənt] n **1.** [disorder, disarray] désordre *m* **2.** [mental illness] démence *f*.

derate [,di:'reɪt] vt UK [property] dégrever.

deration [,di:'ræʃn] vt cesser le rationnement de.

derby UK 'dɑ:bɪ US 'dɜ:bɪ] n **1.** [match] ▸ **a local derby** un derby **2.** US [race] derby *m* **3.** US [hat] chapeau *m* melon.

❖ **Derby** pr n ▸ **the Derby** *grande course annuelle de chevaux à Epsom, en Grande-Bretagne.*

deregister [,di:'redʒɪstəʳ] vt enlever du registre.

deregulate [,di:'regjʊleɪt] vt **1.** ECON [prices, wages] libérer, déréguler **2.** [relax restrictions on] assouplir les règlements de, déréglementer / *some members of the EU are in favour of deregulating air travel* certains membres de l'UE sont favorables à la déréglementation du trafic aérien.

deregulation [,di:regjʊ'leɪʃn] n **1.** ECON [of prices, wages] libération *f*, dérégulation *f* **2.** [relaxation of restrictions] assouplissement *m* des règlements, déréglementation *f*.

derelict ['derəlɪkt] ◆ adj **1.** [abandoned] abandonné, délaissé / *a derelict old building* un vieux bâtiment à l'abandon **2.** [negligent, neglectful] négligent. ◆ n **1.** [vagrant] clochard *m*, -e *f*, vagabond *m*, -e *f* **2.** NAUT navire *m* abandonné.

dereliction [,derə'lɪkʃn] n **1.** [abandonment] abandon *m* **2.** UK [negligence] négligence *f* ▸ **dereliction of duty** manquement *m* au devoir.

derestrict [,di:rɪ'strɪkt] vt UK ▸ **to derestrict a road** supprimer une limitation de vitesse sur une route / *a derestricted road* une route sans limitation de vitesse.

derestriction [,di:rɪ'strɪkʃn] n exemption *f*.

deride [dɪ'raɪd] vt tourner en dérision, railler.

derision [dɪ'rɪʒn] n dérision *f*.

derisive [dɪ'raɪsɪv] adj moqueur.

derisively [dɪ'raɪsɪvlɪ] adv avec dérision ; [say, speak] d'un ton moqueur.

derisory [də'raɪzərɪ] adj **1.** [ridiculous] dérisoire **2.** [mocking, scornful] moqueur.

derivation [,derɪ'veɪʃn] n dérivation *f*.

derivative [dɪ'rɪvətɪv] ◆ adj **1.** [gen] dérivé **2.** *pej* peu original, banal. ◆ n [gen] dérivé *m* ; MATH dérivée *f*.

derivative citizenship n US nationalité *f* par filiation.

derive [dɪ'raɪv] ◆ vt **1.** [gain, obtain] : *she derives great pleasure from her garden* elle tire beaucoup de plaisir de son jardin / *the young man derived little benefit from his expensive education* le jeune homme n'a guère tiré profit de ses études coûteuses / *to derive courage / strength from* trouver du courage / des forces dans **2.** [deduce] dériver de. ◆ vi ▸ **to derive from** provenir de / *the word "coward" derives originally from French* LING le mot « coward » vient du français.

derived unit n unité *f* dérivée.

dermabrasion ['dɜ:mə,breɪʒn] n dermabrasion *f*.

dermal ['dɜ:ml] adj dermique.

dermatitis [,dɜ:mə'taɪtɪs] n *(U)* dermite *f*, dermatite *f*.

dermatologist [,dɜ:mə'tɒlədʒɪst] n dermatologiste *mf*, dermatologue *mf*.

dermatology [,dɜ:mə'tɒlədʒɪ] n dermatologie *f*.

dermatoplasty [,dɜ:mətəʊ'plæstɪ] n dermatoplastie *f*.

dermatosis [,dɜ:mə'təʊsɪs] (*pl* **dermatoses** [-si:z]) n *(U)* dermatose *f*.

dermis ['dɜ:mɪs] n derme *m*.

derogate ['derəgeɪt] ◆ vt *fml* [disparage] dénigrer, déprécier. ◆ vi ▸ **to derogate from** porter atteinte à / *the claims in no way derogate from her reputation as an artist* ces affirmations n'ont en aucune manière altéré sa réputation d'artiste.

derogation [,derə'geɪʃn] n dépréciation *f*.

derogatorily [dɪ'rɒgətrəlɪ] adv de façon péjorative.

derogatory [dɪ'rɒgətrɪ] adj [comment, remark] désobligeant, critique ; [word] péjoratif.

> ⚠ **Dérogatoire** is a technical word meaning dispensatory, not derogatory.

derrick ['derɪk] n UK [crane] mât *m* de charge ; PETR derrick *m*.

derrière [,derɪ'eəʳ] n *euph* derrière *m*.

derring-do [,derɪŋ'du:] n *liter & hum* bravoure *f* ▸ **deeds of derring-do** prouesses *fpl*.

derringer ['derɪndʒəʳ] n US pistolet *m* (à gros calibre).

derv [dɜ:v] n UK gas-oil *m*.

dervish ['dɜ:vɪʃ] n derviche *m* ▸ **a whirling dervish** un derviche tourneur.

DES (abbr of **Department of Education and Science**) pr n *ancien ministère britannique de l'Éducation et de la Recherche scientifique.*

desalinate [,di:'sælɪneɪt] vt dessaler.

desalination [di:,sælɪ'neɪʃn] ◆ n dessalement *m*. ◆ comp [plant] de dessalement.

desalinize, desalinise [,di:'sælɪnaɪz] = **desalinate.**

desalt [,di:'sɔ:lt] = **desalinate.**

desaturate [,di:'sætʃəreɪt] vt désaturer.

descale [,di:'skeɪl] vt détartrer.

descant ['deskænt] ◆ n déchant *m*. ◆ comp ▸ **descant recorder** flûte *f* à bec soprano. ◆ vi **1.** MUS déchanter **2.** *liter & pej* [comment, ramble] discourir, pérorer *pej* ▸ **to descant on** or **upon sthg** pérorer au sujet de qqch.

Descartes [deɪ'kɑ:t] pr n Descartes.

descend [dɪ'send] vi **1.** *fml* [go, move down] descendre / *she descended from the train* elle est descendue du train / *the path descends to the sea* le sentier descend jusqu'à la mer **2.** [fall] tomber, s'abattre / *a thick blanket of fog descended on the valley* une couche épaisse de brouillard tomba sur la vallée / *despair descended upon the families of the missing men* le désespoir gagna or envahit les familles des disparus **3.** [pass on by ancestry] descendre ; [pass on by inheritance] revenir / *dogs and wolves probably descend from a common ancestor* les chiens et les loups descendent probablement d'un ancêtre commun / *Lord Grey's title descended to his grandson* le titre de Lord Grey est revenu à son petit-fils **4.** [attack, invade] ▸ **to descend on sb a)** [attack] se jeter sur qqn **b)** [intrude on] faire irruption chez qqn / *Henry's army descended on the French coast* l'armée de Henri s'abattit sur la côte française / *my in-laws descended on us last weekend* *hum* ma belle-famille a débarqué chez nous le week-end dernier **5.** [sink, stoop] s'abaisser, descendre / *I never thought she would descend to malicious gossip* je n'aurais jamais pensé qu'elle s'abaisserait à cancaner / *you don't want to descend to their level* tu ne vas quand même pas te rabaisser à leur niveau.

descendant [dɪ'sendənt] n descendant *m*, -e *f*.

descended [dɪ'sendɪd] adj : *she is descended from the Russian aristocracy* elle descend or est issue de l'aristocratie russe / *man is descended from the apes* l'homme descend du singe.

descender [dɪ'sendəʳ] n jambage *m*.

descending [dɪ'sendɪŋ] adj descendant / *in descending order of importance* par ordre décroissant d'importance.

descent [dɪ'sent] n **1.** [move downward] descente *f* / *the aircraft made a sudden descent* l'avion a fait une descente subite / *the stream makes a gentle descent* le lit du ruisseau est en pente douce **2.** *fig & liter* [decline] chute *f* / *a descent into hell* une descente aux enfers **3.** [origin] origine *f* / *of Irish descent* d'origine irlandaise / *I've traced my descent back to a sixteenth-century noble family* j'ai retrouvé la trace de mes ascendants dans une famille noble du seizième siècle **4.** [succession, transmission] transmission *f* **5.** [invasion] descente *f* / *we're braced for the descent on the town of thousands of football fans* nous sommes prêts pour la venue des milliers de fans de football qui vont s'abattre sur la ville.

descramble [,di:'skræmbl] vt débrouiller.

describe [dɪ'skraɪb] vt **1.** [recount, represent] décrire / *how would you describe yourself?* comment vous décririez-vous ? / *witnesses described the man as tall and dark-haired* des témoins ont décrit l'homme comme étant grand et brun / *she described her attacker to the police* elle a fait une description or un portrait de son agresseur à la police / *he described her to them in great detail* il la leur a décrite de façon très détaillée **2.** [characterize] définir, qualifier / *the general described himself as a simple man* le général s'est défini comme un homme simple / *the Chancellor's methods have been described as unorthodox* on a qualifié les méthodes du chancelier de pas très orthodoxes / *our relations with them could best be described as strained* nos relations avec eux pourraient être qualifiées de or sont pour le moins tendues **3.** [outline, draw] décrire.

description [dɪ'skrɪpʃn] n **1.** [account, representation] description *f* ; [physical] portrait *m* ; ADMIN signalement *m* / *the brochure gives a detailed description of the hotel* la brochure donne une description détaillée de l'hôtel / *can you give us a description of the man?* pouvez-vous nous faire un portrait de l'homme ? / *a man answering the police description* un homme correspondant au signalement donné par la police / *the food at the reception was beyond* or *past description* le repas servi à la réception était indescriptible / *her father was angry beyond description* son père était dans une colère indescriptible **2.** [kind] sorte *f*, genre *m* / *the police seized weapons of every description* la police a saisi toutes sortes d'armes / *we were unable to find a vehicle of any description* nous étions incapables de trouver un quelconque véhicule.

descriptive [dɪ'skrɪptɪv] adj descriptif.

descriptive geometry n géométrie *f* descriptive.

descriptive linguistics n linguistique *f* descriptive.

descriptively [dɪ'skrɪptɪvlɪ] adv de façon descriptive / *he gave a descriptively accurate account of events* il nous a fait une description très fidèle des faits.

descriptivism [dɪ'skrɪptɪvɪzm] n descriptivisme *m*.

descriptor [dɪ'skrɪptəʳ] n descripteur *m*.

descry [dɪ'skraɪ] (*pt & pp* **descried**) vt *liter* apercevoir, distinguer.

desecrate ['desɪkreɪt] vt profaner.

desecration [,desɪ'kreɪʃn] n profanation *f*.

deseed [,di:'si:d] vt [fruit] épépiner.

desegregate [,di:'segrɪgeɪt] vt abolir la ségrégation raciale dans ▸ **desegregated schools** écoles qui ne sont plus soumises à la ségrégation raciale.

desegregation [,di:segrɪ'geɪʃn] n déségrégation *f*.

deselect [,di:sɪ'lekt] vt UK POL ne pas réinvestir *(un candidat).*

desensitize, desensitise [,di:'sensɪtaɪz] vt désensibiliser.

desert¹ ['dezət] ◆ n [wilderness] désert *m* / **'The Desert Song'** *Del Ruth* 'le Chant du désert'. ◆ comp [area, plant, sand] désertique.

desert² [dɪ'zɜ:t] ◆ vt [person] abandonner, délaisser *liter* ; [place] abandonner, déserter ; [organization, principle] déserter / *the soldier deserted his post* MIL le soldat déserta son poste / *his wits deserted him* *fig* il a perdu son sang-froid. ◆ vi MIL déserter / *one of the officers deserted to the enemy* un des officiers est passé à l'ennemi.

desert boots pl n *chaussures en daim à lacets.*

deserted [dɪ'zɜ:tɪd] adj désert / *the streets were deserted* les rues étaient désertes.

deserter [dɪ'zɜ:təʳ] n déserteur *m*.

desertification [dɪ,zɜ:tɪfɪ'keɪʃn] n désertification *f*.

desertion [dɪ'zɜːʃn] n MIL désertion *f*; LAW [of spouse] abandon *m* (du domicile conjugal) ; [of cause, organization] défection *f*, désertion *f*.

desert island ['dezət-] n île *f* déserte.

desert rat ['dezət-] n **1.** ZOOL gerboise *f* **2.** UK MIL *soldat britannique combattant en Afrique du Nord (pendant la Seconde Guerre mondiale).*

deserts [dɪ'zɜːts] pl n [reward] ▸ **to get one's just deserts** avoir ce que l'on mérite.

deserve [dɪ'zɜːv] ◆ vt mériter / *the book, though controversial, didn't deserve to be banned* le livre, bien que controversé, ne méritait pas d'être interdit or qu'on l'interdise / *he deserves to die* il mérite la mort / *she deserves wider recognition* elle mérite d'être plus largement reconnue / *she's taking a much deserved holiday* elle prend des vacances bien méritées / *I think he got what he deserved* je pense qu'il a eu ce qu'il méritait / *frankly, they deserve each other* franchement ils se valent l'un l'autre or ils sont dignes l'un de l'autre. ◆ vi mériter ▸ **to deserve well of sthg** *fml* bien mériter de qqch.

deservedly [dɪ'zɜːvɪdlɪ] adv à juste titre, à bon droit / *Mozart has been described as a genius, and deservedly so* on a décrit Mozart comme un génie, à juste titre.

deserving [dɪ'zɜːvɪŋ] adj [person] méritant ; [cause, organization] méritoire / *a musician deserving of greater recognition fml* un musicien qui mérite d'être davantage reconnu du public.

desex [,diː'seks] vt désexualiser.

deshabille ['dezæbiːl] n ▸ **in deshabille** en déshabillé, en négligé.

desiccant ['desɪkənt] n dessiccatif *m*.

desiccate ['desɪkeɪt] vt dessécher, sécher.

desiccated ['desɪkeɪtɪd] adj **1.** [dehydrated] ▸ **desiccated coconut** noix *f* de coco séchée **2.** [dull - style] aride ; [- person] desséché.

desiccation [,desɪ'keɪʃn] n dessiccation *f*.

desiccator ['desɪkeɪtər] n dessiccateur *m*.

desideratum [dɪ,zɪdə'rɑːtəm] (*pl* **desiderata** [-tə]) n *(usu pl)* desideratum *m*.

design [dɪ'zaɪn] ◆ n **1.** [drawing, sketch] dessin *m* ; INDUST dessin *m*, plan *m* ; ARCHIT plan *m*, projet *m* ; TEXT modèle *m* ; [of book] maquette *f* / *the design for the new museum has been severely criticized* les projets or plans du nouveau musée ont été sévèrement critiqués **2.** INDUST [composition, structure - of car, computer, etc.] conception *f* / *the problems were all due to poor design* tous les problèmes viennent de ce que la conception est mauvaise **3.** [subject for study] design *m* ▸ **book design** conception *f* graphique ▸ **fashion design** stylisme *m* **4.** [pattern] motif *m* / *a geometric design* un motif géométrique **5.** [purpose, intent] dessein *m* ▸ **to do sthg by design** faire qqch à dessein or exprès ▸ **to have designs on sb / sthg** avoir des vues sur qqn / qqch. ◆ comp [course] de dessin ▸ **design award** prix *m* du meilleur design ▸ **design department** bureau *m* d'études ▸ **design engineer** ingénieur *m* d'études ▸ **design fault** défaut *m* de conception ▸ **design studio** cabinet *m* de design. ◆ vt [plan] concevoir ; [on paper] dessiner ; ARCHIT faire les plans de ; TEXT concevoir, créer / *the system is designed to favour the landowners* le système est conçu pour or vise à favoriser les propriétaires terriens / *it's specially designed for very low temperatures* c'est spécialement conçu pour les très basses températures / *she designs jewellery* elle dessine des bijoux.

Design and Technology n UK SCH technologie *f* *(matière scolaire)*, techno *f inf*.

designate ◆ vt ['dezɪgneɪt] *fml* **1.** [appoint, name] désigner, nommer / *he has been designated as the new Foreign Minister* il a été désigné pour être le nouveau ministre des Affaires étrangères / *a special prosecutor was designated to investigate the charges* un procureur spécial fut désigné pour enquêter sur les accusations / *the theatre should rightfully be designated a national monument* il serait légitime que le théâtre soit classé monument historique / *the school was designated as a civil defence training centre* l'école fut choisie comme centre de défense civile **2.** [indicate, signify] indiquer, montrer / *the flags on the map designate enemy positions* les drapeaux sur la carte indiquent or signalent les positions ennemies. ◆ adj ['dezɪgnət] désigné.

designation [,dezɪg'neɪʃn] n désignation *f*.

designedly [dɪ'zaɪnɪdlɪ] adv à dessein.

designer [dɪ'zaɪnər] ◆ n ART & INDUST dessinateur *m*, -trice *f* ; TEXT modéliste *mf*, styliste *mf* ; CIN & THEAT décorateur *m*, -trice *f* ; [of high fashion clothes] couturier *m*, -ère *f* ; [of books, magazines] maquettiste *mf* ; [of furniture] designer *m* / *she's a jewellery designer* elle est dessinatrice en bijouterie. ◆ comp [jeans] haute couture ; [glasses, handbag] de marque ; [furniture] design.

designer drug n drogue *f* de synthèse.

designer stubble n *hum* barbe *f* de deux jours.

designing [dɪ'zaɪnɪŋ] ◆ adj [cunning] rusé ; [scheming] intrigant. ◆ n [design work] conception *f*, dessin *m*, design *m*.

desinence ['desɪnəns] n désinence *f*.

desirability [dɪ,zaɪərə'bɪlətɪ] n *(U)* **1.** [benefits] intérêt *m*, avantage *m*, opportunité *f* / *no one questions the desirability of lowering interest rates* personne ne conteste les avantages d'une baisse des taux d'intérêts **2.** [attractiveness] charmes *mpl*, attraits *mpl*.

desirable [dɪ'zaɪərəbl] adj **1.** [advisable] souhaitable, désirable *fml* / *some knowledge of languages is desirable fml* des connaissances en langues étrangères sont souhaitables **2.** [attractive] à désirer, tentant / *a desirable residence* une belle propriété **3.** [sexually appealing] désirable, séduisant.

desire [dɪ'zaɪər] ◆ n **1.** [wish] désir *m*, envie *f* / *she had no desire to go back* elle n'avait aucune envie d'y retourner / *he had not the least* or *slightest desire to find a job* il n'avait nullement or pas la moindre envie de trouver un emploi / *my one desire is that you should be happy* mon seul désir or tout ce que je souhaite, c'est que vous soyez heureux / *it is your father's desire that you should become an officer* c'est le désir de votre père que vous deveniez officier **2.** [sexual attraction] désir *m* ▸ **to feel desire for sb** désirer or avoir envie de qqn. ◆ vt **1.** [want, wish] désirer / *you may spend the night here, if you so desire* vous pouvez passer la nuit ici, si vous le désirez / *your presence is desired at the palace fml* votre présence est requise au palais / *the Prince desires that you should be his guest tonight fml* le Prince désire que vous soyez son invité ce soir / *the agreement left much* or *a great deal* or *a lot to be desired* l'accord laissait beaucoup à désirer / *his words had the desired effect* ses paroles eurent l'effet désiré or escompté **2.** [want sexually] désirer / *she no longer desired him* elle ne le désirait plus, elle n'avait plus envie de lui.

desirous [dɪ'zaɪərəs] adj *fml* désireux / *he was desirous of re-establishing friendly relations* il était désireux de rétablir des relations amicales.

desist [dɪ'zɪst] vi *fml* cesser / *he was asked to desist from his political activities* on lui a demandé de cesser ses activités politiques.

desk [desk] ◆ n **1.** [in home, office] bureau *m* ; [with folding top] secrétaire *m* ; SCH [for pupil] pupitre *m* ; [for teacher] bureau *m* **2.** [reception counter] réception *f* ; [cashier] caisse *f* **3.** PRESS [section] service *m* / *the sports desk* le service des informations sportives. ◆ comp [diary, job, lamp] de bureau ▸ **desk blotter** UK sous-main *m inv* ▸ **desk tidy** porte-crayon *m*.

deskbound ['deskbaʊnd] adj sédentaire / *she hates being deskbound* elle déteste faire un travail sédentaire.

desk clerk n US réceptionniste *mf*.

desk editor n rédacteur *m*, -trice *f*.

deskill [,diː'skɪl] vt déqualifier.

deskilling [,diː'skɪlɪŋ] n INDUST [of workforce] déqualification *f* ; [of process, job] automatisation *f*.

desktop ['desktɒp] ◆ n [computer interface] bureau *m*. ◆ adj [computer, model] de bureau.

desktop publishing n publication *f* assistée par ordinateur, PAO *f*, microédition *f*.

desolate ◆ adj ['desələt] **1.** [area, place - empty] désert ; [- barren, lifeless] désolé ; *fig* [gloomy, bleak] morne, sombre **2.** [person - sorrowful] consterné, abattu ; [- friendless] délaissé. ◆ vt ['desəleɪt] **1.** [area, place - devastate] dévaster, saccager ; [- depopulate] dépeupler **2.** [person] désoler, navrer / *he was desolated at* or *by the loss of his job* il était désolé or navré d'avoir perdu son emploi.

desolation [,desə'leɪʃn] n **1.** [barrenness, emptiness] caractère *m* désert, désolation *f* ; [devastation, ruin] dévastation *f*, ravages *mpl* **2.** [despair, sorrow] désolation *f*, consternation *f* ; [loneliness] solitude *f*.

despair [dɪ'speər] ◆ n **1.** [hopelessness] désespoir *m* / *in despair, she took her own life* de désespoir elle a mis fin à ses jours / *his despair at ever finding a job made him turn to crime* parce qu'il désespérait de trouver un emploi, il est tombé dans la délinquance / *the people are in despair at* or *over the prospect of war* les gens sont désespérés à cause des perspectives de guerre / *their son drove them to despair* leur fils les désespérait or les réduisait au désespoir **2.** [cause of distress] désespoir *m* / *William was the despair of his teachers* William faisait or était le désespoir de tous ses professeurs. ◆ vi désespérer / *she began to despair of ever finding her brother alive* elle commençait à désespérer de retrouver un jour son frère vivant / *he despaired at the thought of all the work he had to do* il était désespéré à l'idée de tout le travail qu'il avait à faire / *don't despair, help is on the way* ne désespérez pas, les secours arrivent.

despairing [dɪ'speərɪŋ] adj [cry, look] de désespoir, désespéré ; [person] abattu, consterné.

despairingly [dɪ'speərɪŋlɪ] adv [look, speak] avec désespoir.

despatch [dɪ'spætʃ] = **dispatch**.

desperado [,despə'rɑːdəʊ] (*pl* **desperadoes** *or* **desperados**) n *liter & hum* desperado *m*, hors-la-loi *m inv*.

desperate ['desprət] adj **1.** [hopeless, serious] désespéré / *we were in a desperate state* nous étions dans une situation désespérée / *the refugees are in desperate need of help* les réfugiés ont désespérément besoin d'assistance **2.** [reckless] désespéré / *he died in a desperate attempt to escape* il est mort en essayant désespérément de s'évader / *we heard desperate screams* nous avons entendu des cris désespérés or de désespoir / *I'm afraid she'll do something desperate* j'ai bien peur qu'elle ne tente un acte désespéré / *a desperate criminal / man* un criminel / homme prêt à tout **3.** [intent, eager] : *to be desperate for money* avoir un besoin urgent d'argent / *she was desperate to leave home* elle voulait à tout prix partir de chez elle / *I'm desperate to go to the loo inf* or *I'm desperate, inf hum* je ne tiens plus, ça urge *v inf*.

Desperate Dan pr n *cow-boy dans une bande dessinée britannique, connu pour sa grande taille et son énorme appétit.*

desperately ['desprətlɪ] adv **1.** [hopelessly, seriously] désespérément / *their country is desperately poor* leur pays est d'une pauvreté désespérante / *he was desperately ill with malaria* il était gravement atteint par le paludisme / *they're desperately in love* ils s'aiment éperdument **2.** [recklessly] désespérément / *the soldiers fought desperately* les soldats se battaient désespérément or avec acharnement **3.** [as intensifier] terriblement / *he desperately wanted to become an actor* il voulait à tout prix devenir acteur / *we're desperately busy at the moment* nous sommes terriblement occupés en ce moment / *he's desperately sorry* il est affreusement désolé / *do you want to go? — not desperately* tu veux y aller ? — pas vraiment.

desperation [,despə'reɪʃn] n désespoir *m* / *he agreed in desperation* en désespoir de cause, il a accepté.

despicable [dɪ'spɪkəbl] adj [person] méprisable, détestable ; [action, behaviour] méprisable, ignoble / *it was a despicable thing to do* c'était un acte indigne.

despicably [dɪ'spɪkəblɪ] adv [behave] bassement, d'une façon indigne.

despise [dɪ'spaɪz] vt [feel contempt for] mépriser / *he despised himself for his cowardice* il se méprisait d'avoir été lâche.

despite [dɪ'spaɪt] ◆ prep malgré, en dépit de / *despite leaving early, I still missed the train* bien que je sois parti de bonne heure, j'ai manqué mon train / *despite having a degree she's still unemployed* bien que diplômée or malgré son diplôme, elle est toujours au chômage / *he laughed despite himself* il n'a pas pu s'empêcher de rire / *despite the fact that* malgré le fait que. ◆ n *arch* [malice, spite] dépit *m*.

Note that **malgré que** is followed by a verb in the subjunctive:
I was happy despite my parents' not being able to attend. *J'étais content malgré que mes parents n'aient pas pu venir.*

despoil [dɪ'spɔɪl] vt *fml & liter* [person] spolier, dépouiller ; [land, town] piller.

despoiler [dɪ'spɔɪlər] n spoliateur *m*, -trice *f*.

despoiling [dɪ'spɔɪlɪŋ] n spoliation *f*.

despondence [dɪ'spɒndəns], **despondency** [dɪ'spɒndənsɪ] n abattement *m*, consternation *f*.

despondent [dɪ'spɒndənt] adj abattu, consterné.

despondently [dɪ'spɒndəntlɪ] adv d'un air consterné ; [say, speak] d'un ton consterné / *he wrote despondently of his failure to find work* il écrivit une lettre découragée où il disait qu'il ne trouvait pas de travail.

despot ['despɒt] n despote *m*.

despotic [de'spɒtɪk] adj despotique.

despotically [de'spɒtɪklɪ] adv despotiquement / *to govern* / *to rule despotically* gouverner / régner en despote.

despotism ['despətɪzm] n despotisme *m*.

des res [dezrez] n UK *hum* [flat] appartement *m* de standing ; [house] belle maison *f*.

dessert [dɪ'zɜːt] ◆ n dessert *m* / *what's for dessert?* qu'est-ce qu'il y a comme dessert ? / *we had ice cream for dessert* nous avons eu de la glace en dessert. ◆ comp [dish, plate] à dessert ▸ **a dessert apple** une pomme à couteau ▸ **a dessert wine** un vin de dessert.

dessertspoon [dɪ'zɜːtspuːn] n cuiller *f* à dessert.

dessertspoonful [dɪ'zɜːtspuːn,fʊl] n cuillerée *f* à dessert.

destabilization [diː,steɪbɪlaɪ'zeɪʃn] n déstabilisation *f*.

destabilize, destabilise [,diː'steɪbɪlaɪz] vt déstabiliser.

de-Stalinization ['diː,stɑːlɪnaɪ'zeɪʃn] n déstalinisation *f*.

de-Stalinize, destalinise [,diː'stɑːlɪnaɪz] vt déstaliniser.

destination [,destɪ'neɪʃn] n destination *f*.

destined ['destɪnd] adj **1.** [intended] : *she felt she was destined for an acting career* elle sentait qu'elle était destinée à une carrière d'actrice / *she was destined for greater things* elle était promise à un plus grand avenir / *their plan was destined to fail* or *for failure* leur projet était voué à l'échec / *she was destined never to have children* le destin a voulu qu'elle n'ait jamais d'enfant / *De Gaulle felt he was destined to lead France* de Gaulle sentait que son destin était de diriger la France / *it was destined to happen* cela devait arriver **2.** [bound] : *the flight was destined for Sydney* le vol était à destination de Sydney.

destiny ['destɪnɪ] n [fate] destin *m* ; [personal fate] destinée *f*, destin *m* / *she felt it was her destiny to become a writer* elle avait le sentiment que c'était son destin de devenir écrivain.

destitute ['destɪtjuːt] ◆ adj **1.** [extremely poor] dans la misère, sans ressources / *the drought has left many farmers destitute* la sécheresse a réduit beaucoup d'agriculteurs à la misère **2.** *fml* [lacking] ▸ **destitute of** dépourvu de / *destitute of talent* dépourvu de talent. ◆ pl n ▸ **the destitute** les indigents *mpl* or démunis *mpl*.

destitution [,destɪ'tjuːʃn] n misère *f*, indigence *f* / *the old woman lived in utter destitution* la vieille femme vivait dans une misère noire.

de-stress [diː'stres] n déstresser *inf*.

destroy [dɪ'strɔɪ] vt **1.** [demolish, wreck] détruire / *an explosion has completely destroyed the railway station* une explosion a dévasté or complètement détruit la gare / *they threaten to destroy our democratic way of life* ils menacent d'anéantir or de détruire nos institutions démocratiques **2.** [ruin, spoil - efforts, hope, love] anéantir, briser ; [- career, friendship, marriage] briser ; [- health] ruiner / *his wartime experiences destroyed his faith in humanity* ses expériences de guerre ont brisé sa foi en l'humanité / *to destroy sb's life* briser la vie de qqn **3.** [kill - farm animal] abattre ; [- pet] supprimer, (faire) piquer / *we had to have the dog destroyed* nous avons dû faire piquer le chien.

destroyer [dɪ'strɔɪər] n **1.** MIL destroyer *m*, contre-torpilleur *m* **2.** [person] destructeur *m*, -trice *f*.

destroyer escort n escorteur *m*.

destruct [dɪ'strʌkt] ◆ vt détruire. ◆ vi se détruire. ◆ n destruction *f*. ◆ comp [button, mechanism] de destruction.

destructible [dɪ'strʌktəbl] adj destructible.

destruction [dɪ'strʌkʃn] n **1.** [demolition, devastation] destruction *f* / *the earthquake brought about the destruction of whole villages* le tremblement de terre a entraîné la disparition de villages entiers / *a nuclear war would result in total destruction* une guerre nucléaire mènerait à une destruction totale **2.** [elimination - of evidence] suppression *f* ; [- of life, hope] anéantissement *m* **3.** *fig* [ruin] ruine *f* / *drink and drugs proved to be his destruction* l'alcool et la drogue l'ont détruit or mené à sa perte.

destructive [dɪ'strʌktɪv] adj destructeur / *the destructive power of a bomb* le pouvoir destructif d'une bombe / *she's a destructive child* c'est une enfant qui aime casser / *destructive criticism* une critique destructrice or accablante.

destructively [dɪ'strʌktɪvlɪ] adv de façon destructrice.

destructiveness [dɪ'strʌktɪvnɪs] n [of bomb, weapon] capacité *f* destructrice ; [of criticism] caractère *m* destructeur ; [of person] penchant *m* destructeur.

destructor [dɪ'strʌktər] n UK [incinerator] incinérateur *m* ; AERON bouton *m* explosif.

desuetude [dɪ'sjuːɪtjuːd] n *liter* désuétude *f*.

desultory ['desəltrɪ] adj *fml* [conversation] décousu, sans suite ; [attempt] peu suivi, peu soutenu, sans suite / *he made only a desultory attempt to learn Italian* il n'a pas vraiment fait d'efforts pour apprendre l'italien.

Det. written abbr of **detective**.

detach [dɪ'tætʃ] vt **1.** [handle, hood] détacher **2.** [person] ▸ **to detach o.s.** se détacher, prendre du recul / *he can't detach himself sufficiently from the conflict* il n'a pas assez de recul par rapport au conflit **3.** MIL [troops] envoyer en détachement.

detachable [dɪ'tætʃəbl] adj détachable ; [collar, lining] amovible.

detached [dɪ'tætʃt] adj **1.** [separate] détaché, séparé ▸ **detached house** UK maison *f* individuelle, pavillon *m* **2.** [objective] objectif ; [unemotional] détaché.

detachment [dɪ'tætʃmənt] n **1.** [separation] séparation *f* **2.** [indifference] détachement *m* ; [objectivity] objectivité *f* **3.** MIL détachement *m*.

detail [UK 'diːteɪl US dɪ'teɪl] ◆ n **1.** [item, element] détail *m* / *there's no need to go into detail* or *details* ça ne sert à rien d'entrer dans les détails / *the author recounts his childhood in great detail* l'auteur raconte son enfance dans les moindres détails / *attention to detail is important* il faut être minutieux or méticuleux / *that's a mere detail!* ce n'est qu'un détail ! **2.** MIL détachement *m*. ◆ vt **1.** [enumerate, specify] raconter en détail, détailler, énumérer / *operating instructions are fully detailed in the booklet* le mode d'emploi détaillé se trouve dans le livret **2.** MIL détacher, affecter.

❖ **details** pl n [particulars] renseignements *mpl*, précisions *fpl* ; [name, address, etc.] coordonnées *fpl*.

detail drawing n épure *f*.

detailed [UK 'diːteɪld US dɪ'teɪld] adj détaillé / *a detailed account* un compte rendu détaillé or très précis.

detailing ['diːteɪlɪŋ] n US [thorough cleaning] nettoyage *m* complet.

detain [dɪ'teɪn] vt **1.** *fml* [delay] retenir / *I won't detain you any longer than is necessary* je ne vous retiendrai pas plus longtemps que nécessaire or qu'il n'est nécessaire **2.** LAW [keep in custody] retenir, garder à vue ▸ **to detain sb for questioning** mettre or placer qqn en garde à vue.

detainee [,diːteɪ'niː] n détenu *m*, -e *f*.

detect [dɪ'tekt] vt déceler, discerner, distinguer, découvrir ; MIL & MIN détecter ; MED dépister / *the aircraft cannot be detected by radar* l'avion ne peut pas être détecté or repéré par radar / *do I detect a certain lack of enthusiasm on your part?* je crois déceler un certain manque d'enthousiasme de ta part.

detectable [dɪ'tektəbl] adj MIL & MIN détectable ; [illness] que l'on peut dépister / *the poison is not detectable in the bloodstream* on ne peut pas déceler la présence du poison dans le sang.

detection [dɪ'tekʃn] ◆ n **1.** [discovery] découverte *f* ; MIL & MIN détection *f* ; MED dépistage *m* / *athletes who have used banned drugs have so far escaped detection* on n'a pas encore repéré les athlètes qui se sont dopés avec des substances interdites / *the thieves managed to enter the building without detection* les cambrioleurs ont pénétré dans le bâtiment sans éveiller l'attention or sans qu'on s'en aperçoive **2.** [investigation] recherche *f* / *crime detection* la recherche des criminels / *the killer escaped detection* le tueur échappa aux recherches. ◆ adj [device] de détection ; MED de dépistage.

detective [dɪ'tektɪv] ◆ n [on a police force] ≃ inspecteur *m*, -trice *f* de police ; [private] détective *m* / **'Emil and the Detectives'** *Kästner* 'Émile et les détectives'. ◆ comp [film, novel, story] policier ▸ **detective agency** agence *f* de détectives privés.

detective constable n UK ≃ inspecteur *m*, -trice *f* de police.

detective inspector n UK ≃ inspecteur de police principal *m*, inspectrice de police principale *f*.

detective sergeant n UK ≃ inspecteur *m*, -trice *f* de police.

detector [dɪ'tektər] n détecteur *m*.

detector van n UK *voiture-radar utilisée pour la détection des postes de télévision non déclarés.*

detention [dɪ'tenʃn] n **1.** [captivity] détention *f* / *in detention* **a)** [gen] en détention **b)** MIL aux arrêts **2.** SCH retenue *f*, consigne *f* / *the entire class was given an hour's detention* toute la classe a eu une heure de retenue ▸ **to put sb in detention** consigner qqn, mettre qqn en retenue.

deter [dɪ'tɜːr] (*pt & pp* **deterred**, *cont* **deterring**) vt **1.** [discourage - person] dissuader ▸ **to deter sb from doing sthg** dissuader qqn de faire qqch / *he was not to be deterred from his purpose* il n'allait pas se laisser détourner de son but **2.** [prevent - attack] prévenir.

detergent [dɪ'tɜːdʒənt] ◆ n détergent *m*, détersif *m* ; US [washing powder] lessive *f*. ◆ adj détersif, détergent.

deteriorate [dɪ'tɪərɪəreɪt] vi se détériorer / *her health has deteriorated rapidly over the past few months* sa santé s'est détériorée or dégradée rapidement au cours des derniers mois.

deterioration [dɪˌtɪərɪə'reɪʃn] n détérioration *f* ; [in health, relations] dégradation *f*, détérioration *f* / *there has been a deterioration in the weather* le temps s'est dégradé or gâté.

determinant [dɪ'tɜːmɪnənt] ◆ n déterminant *m*. ◆ adj déterminant.

determination [dɪˌtɜːmɪ'neɪʃn] n **1.** [resolve] détermination *f*, résolution *f* / *she showed a dogged determination to find her natural mother* elle était plus que déterminée or résolue à retrouver sa vraie mère / *he set off with an air of determination* il se mit en route d'un air résolu or décidé **2.** [establishment, fixing - of prices, wages, etc.] détermination *f*, fixation *f* ; [- of boundaries] délimitation *f*, établissement *m*.

determinative [dɪ'tɜːmɪnətɪv] ◆ adj déterminant ; GRAM déterminatif. ◆ n élément *m* déterminant ; GRAM déterminant *m*, déterminatif *m*.

determine [dɪ'tɜːmɪn] vt **1.** [control, govern] déterminer, décider de / *the commanding officer determined the fate of the prisoners* le commandant décida du sort des prisonniers **2.** [establish, find out] déterminer, établir / *the police were unable to determine the cause of death* la police n'a pas pu déterminer or établir la cause du décès **3.** [settle - date, price] déterminer, fixer ; [- boundary] délimiter, établir **4.** *liter* [resolve] : *she determined to prove her innocence* elle a décidé de or s'est résolue à prouver son innocence.

determined [dɪ'tɜːmɪnd] adj **1.** [decided, resolved] déterminé, décidé ▸ **to be determined to do sthg** être déterminé or résolu à faire qqch / *she was determined (that) her son would go to university* elle était bien décidée or déterminée à ce que son fils fasse des études supérieures / *he's a very determined young man* c'est un jeune homme très décidé or qui a de la suite dans les idées **2.** [resolute] : *they made determined efforts to find all survivors* ils ont fait tout ce qu'ils ont pu pour retrouver tous les survivants.

determinedly [dɪ'tɜːmɪndlɪ] adv avec détermination.

determiner [dɪ'tɜːmɪnəʳ] n déterminant *m*.

determining [dɪ'tɜːmɪnɪŋ] adj déterminant.

determinism [dɪ'tɜːmɪnɪzm] n déterminisme *m*.

determinist [dɪ'tɜːmɪnɪst] ◆ adj déterministe. ◆ n déterministe *mf*.

deterministic [dɪˌtɜːmɪ'nɪstɪk] = **determinist** *(adj)*.

deterrence [dɪ'terəns] n [gen] dissuasion *f* ; MIL force *f* de dissuasion.

deterrent [dɪ'terənt] ◆ n **1.** [gen] agent *m* de dissuasion / *fear acted as a strong deterrent* la peur a eu un très grand effet de dissuasion **2.** MIL arme *f* de dissuasion. ◆ adj dissuasif, de dissuasion.

detest [dɪ'test] vt détester / *I detest housework* j'ai horreur de or je déteste faire le ménage / *she detests having to make small talk* elle a horreur de or elle déteste papoter.

detestable [dɪ'testəbl] adj détestable, exécrable.

detestation [ˌdiːte'steɪʃn] n haine *f*, horreur *f*.

dethrone [dɪ'θrəʊn] vt détrôner, déposer.

dethronement [dɪ'θrəʊnmənt] n déposition *f (d'un souverain)*.

detonate ['detəneɪt] ◆ vt faire détoner or exploser. ◆ vi détoner, exploser.

detonation [ˌdetə'neɪʃn] n détonation *f*, explosion *f*.

detonator ['detəneɪtəʳ] n détonateur *m*, amorce *f* ; RAIL pétard *m*.

detour ['diːˌtʊəʳ] ◆ n [in road, stream] détour *m* ; [for traffic] déviation *f*. ◆ vi faire un détour. ◆ vt (faire) dévier.

detox ['diːtɒks] n *inf* désintoxication *f* ▸ **detox centre** centre *m* de désintoxication.

detoxicate [ˌdiː'tɒksɪkeɪt] vt **1.** [person] désintoxiquer **2.** [poison] détoxiquer.

detoxication ['diːˌtɒksɪ'keɪʃn] n **1.** [of person] désintoxication *f* **2.** [of poison] détoxication *f*.

detoxification [diːˌtɒksɪfɪ'keɪʃn] n [of person] désintoxication *f*.

detoxify [ˌdiː'tɒksɪfaɪ] *(pt & pp* **detoxified***)* vt [person] désintoxiquer.

detract [dɪ'trækt] vi ▸ **to detract from sthg** diminuer qqch / *the bad weather did not in the least detract from our enjoyment of the holiday* le mauvais temps ne nous a pas le moins du monde empêchés d'apprécier nos vacances / *the criticism in no way detracts from her achievements* la critique ne réduit en rien la portée de or n'enlève rien à ce qu'elle a accompli.

detraction [dɪ'trækʃn] n critique *f*, dénigrement *m*.

detractor [dɪ'træktəʳ] n détracteur *m*, -trice *f*.

detrain [ˌdiː'treɪn] *fml* ◆ vi descendre *(d'un train)*. ◆ vt débarquer *(d'un train)*.

detriment ['detrɪmənt] n : *to his detriment* à son détriment or préjudice / *to the detriment of his work* aux dépens de son travail / *without detriment to the truth* sans porter atteinte or sans nuire à la vérité.

detrimental [ˌdetrɪ'mentl] adj ▸ **detrimental to** [health, reputation] nuisible à, préjudiciable à ▸ **detrimental to** [interests] qui nuit à, qui cause un préjudice à / *pollution has a detrimental effect on* or *is detrimental to plant life* la pollution nuit à la flore.

detritus [dɪ'traɪtəs] n *(U) fml* [debris] détritus *m* ; GEOL roches *fpl* détritiques, pierrailles *fpl*.

Detroit [dɪ'trɔɪt] pr n Detroit.

Dettol® ['detɒl] n *solution antiseptique.*

detumescence [ˌdiːtjuː'mesəns] n détumescence *f*.

detumescent [ˌdiːtjuː'mesənt] adj détumescent.

deuce [djuːs] n **1.** [on card, dice] deux *m* **2.** TENNIS égalité *f* **3.** *inf & dated* [as expletive] : *where the deuce is it?* où diable peut-il bien être ? / *how the deuce should I know?* comment voulez-vous que je sache ? / *we're in a deuce of a mess* nous sommes dans un sacré or satané pétrin.

deuced [djuːst] *inf* ◆ adj *dated* sacré, satané, fichu. ◆ adv diablement, bigrement.

deus ex machina [ˌdeɪəseks'mækɪnə] n deus ex machina *m*.

deuterium [djuː'tɪərɪəm] n deutérium *m*.

deuterium oxide n eau *f* lourde.

Deuteronomy [ˌdjuːtə'rɒnəmɪ] pr n Deutéronome.

devaluation [ˌdiːvæljʊ'eɪʃn] n dévaluation *f*.

devalue [ˌdiː'væljuː] vt dévaluer.

devastate ['devəsteɪt] vt **1.** [country, town] dévaster, ravager ; [enemy] anéantir **2.** [overwhelm] foudroyer, accabler, anéantir / *he was devastated by his mother's death* la mort de sa mère l'a complètement anéanti.

devastated ['devəsteɪtɪd] adj **1.** [area, city] dévasté **2.** [person] accablé.

devastating ['devəsteɪtɪŋ] adj **1.** [disastrous - passion, storm] dévastateur, ravageur ; [- news] accablant ; [- argument, effect] accablant, écrasant **2.** [highly effective - person, charm] irrésistible / *he has a devastating wit* son (sens de l')humour est irrésistible.

devastatingly ['devəsteɪtɪŋlɪ] adv de manière dévastatrice ; [as intensifier] : *devastatingly beautiful* d'une beauté irrésistible / *devastatingly funny* d'une drôlerie irrésistible.

devastation [ˌdevə'steɪʃn] n [disaster] dévastation *f* / *scenes of devastation* des scènes de dévastation.

develop [dɪ'veləp] ◆ vi **1.** [evolve - country, person] se développer, évoluer ; [- feeling] se former, grandir ; [- plot] se développer, se dérouler ▸ **to develop into sthg** devenir qqch / *let's see how things develop* attendons de voir comment les choses évoluent or tournent **2.** [become apparent - disease] se manifester, se déclarer ; [- talent, trend] se manifester ; [- event] se produire / *it later developed that they had never actually met* il s'est avéré or il est devenu évident par la suite qu'ils ne s'étaient en fait jamais rencontrés **3.** PHOT se développer. ◆ vt **1.** [form - body, mind] développer, former ; [- story] développer ; [- feeling] former **2.** [expand - business, market] développer ; [- idea, argument] développer, expliquer (en détail), exposer (en détail) **3.** [improve - skill] développer, travailler ; [- machine, process] mettre au point **4.** [acquire - disease] contracter ; [- cold, tic] attraper ; [- symptoms] présenter / *she developed a habit of biting her nails* elle a pris l'habitude de se ronger les ongles / *I've developed a taste for jazz* je me suis mis à aimer le jazz / *she's developed a tendency to stutter* elle s'est plus ou moins mise à bégayer **5.** [land, resources] exploiter, mettre en valeur, aménager / *the site is to be developed* on va construire sur ce terrain, on va aménager le site **6.** MATH, MUS & PHOT développer.

developed [dɪ'veləpt] adj [film] développé ; [land] mis en valeur, aménagé ; [country] développé / *this coast is highly developed* on a beaucoup construit le long de cette côte.

developer [dɪ'veləpəʳ] n **1.** [of land] promoteur *m* (de construction) **2.** [person] ▸ **to be a late developer** se développer sur le tard **3.** PHOT révélateur *m*, développateur *m*.

developing [dɪ'veləpɪŋ] ◆ adj [crisis, storm] qui se prépare, qui s'annonce ; [industry] en expansion. ◆ n PHOT développement *m* / **'developing and printing'** travaux photographiques, développement et tirage ▸ **developing bath** (bain *m*) révélateur *m* ▸ **developing tank** cuve *f* à développement.

developing country, developing nation n pays *m* or nation *f* en voie de développement.

development [dɪ'veləpmənt] n **1.** [of body, person, mind] développement *m*, formation *f* ; [of ideas, language] développement *m*, évolution *f* ; [of argument, theme] développement *m*, exposé *m* ; [of plot, situation] déroulement *m*, développement *m* ; [of business] développement *m*, expansion *f* ; [of invention, process] mise *f* au point ; [of region] mise *f* en valeur, exploitation *f* / *they propose the development of this land as a residential area* ils suggèrent d'aménager ce terrain en zone résidentielle ▸ **development grant** subvention *f* pour le développement **2.** [incident] fait *m* nouveau / *we're awaiting further developments* nous attendons la suite des événements or les derniers développements / *a surprise development* un rebondissement / *there has been an unexpected development* l'affaire a pris une tournure inattendue / *there are no new developments* il n'y a rien de nouveau **3.** [tract of land] ▸ **industrial development** zone *f* industrielle **4.** MATH, MUS & PHOT développement *m*.

developmental [dɪˌveləp'mentl] adj de développement ▸ **developmental disorder** trouble *m* du développement.

development area n *zone économiquement sinistrée bénéficiant d'aides publiques en vue de sa reconversion.*

development officer n responsable *mf* du développement.

development system n *système informatique conçu pour le développement de logiciels.*

deviance ['diːvjəns], **deviancy** ['diːvjənsɪ] n [gen & PSYCHOL] déviance *f* / *deviance from the norm* écart *m* par rapport à la norme.

deviant ['diːvjənt] ◆ adj **1.** [behaviour] déviant, qui s'écarte de la norme ; [growth] anormal ▸ **sexually deviant** perverti **2.** LING déviant. ◆ n déviant *m*, -e *f* ▸ **sexual deviant** pervers *m*, -e *f*.

deviate ['diːvɪeɪt] vi **1.** [differ] dévier, s'écarter / *those who deviate from the norm* ceux qui s'écartent de la norme **2.** [plane, ship] dévier, dériver ; [missile] dévier.

deviation [ˌdiːvɪ'eɪʃn] n **1.** [from custom, principle] déviation *f* ; [from social norm] déviance *f* / *there must be no deviation from the party line* on ne doit en aucun cas s'écarter de la ligne du parti **2.** [in statistics] écart *m* **3.** [of plane, ship] déviation *f*, dérive *f* ; [of missile] déviation *f*, dérivation *f* **4.** MATH, MED & PHILOS déviation *f*.

deviationism [ˌdiːvɪ'eɪʃənɪzm] n déviationnisme *m*.

deviationist [ˌdiːvɪ'eɪʃənɪst] ◆ adj déviationniste. ◆ n déviationniste *mf*.

device [dɪ'vaɪs] n **1.** [gadget] appareil *m*, engin *m*, mécanisme *m* / *a clever device* un gadget astucieux

▸ **nuclear device** engin nucléaire ▸ **safety device** dispositif *m* de sécurité **2.** [scheme] ruse *f*, stratagème *m* / *it was just a device to get attention* ce n'était qu'une ruse pour or c'était juste un moyen de se faire remarquer ▸ **to leave sb to their own devices** laisser qqn se débrouiller (tout seul) **3.** *liter* [figure of speech] formule *f* **4.** HERALD devis *m*, emblème *m*.

device-agnostic adj [application] universel *(fonctionnant sur n'importe quel type d'ordinateur, de téléphone, etc.)*.

devil ['devl] (UK *pt & pp* **devilled**, *cont* **devilling** ; US *pt & pp* **deviled**, *cont* **deviling**) ◆ n **1.** [demon] diable *m*, démon *m* ▸ **the Devil** RELIG le Diable, Satan *m* ▸ **devil worship** culte *m* du diable ▸ **devil-worshipper** adorateur *m*, -trice *f* du diable ▸ **the devil take him!** *dated* qu'il aille au diable !, que le diable l'emporte ! ▸ **go to the devil!** *inf & dated* va te faire voir !, va au diable ! ▸ **to play devil's advocate** se faire l'avocat du diable / **'The Devil's Disciple'** *Shaw* 'le Disciple du Diable' **2.** *inf & fig* [person] : *you little devil!* petit monstre ! / *you lucky devil!* veinard ! / *poor devil!* pauvre diable ! ▸ **go on, be a devil!** *hum* allez, laisse-toi faire or tenter ! **3.** *inf* [as intensifier] : *what the devil are you doing?* mais enfin, qu'est-ce que tu fabriques ? / *where the devil is it?* où diable peut-il bien être ?, mais où est-ce que ça pourrait bien être ? / *how the devil should I know?* comment voulez-vous que je sache ? / *who the devil are you?* qui diable êtes-vous ?, et d'où est-ce que vous sortez, vous ? / *this house is the very devil to keep clean* c'est vraiment la galère de nettoyer cette maison / *they worked / ran like the devil* ils ont travaillé / couru comme des fous or des malades / *he has a devil of a temper* il a un fichu caractère, il a un caractère de cochon / *I had a devil of a time getting here* j'ai eu un mal fou or un mal de chien à arriver jusqu'ici / *there'll be the devil to pay when your father finds out* ça va barder quand ton père apprendra ça / *we had the devil of a job* or *the devil's own job finding the house* on a eu un mal fou à trouver la maison ▸ **between the devil and the deep blue sea** entre l'enclume et le marteau ▸ **to give the devil his due...** en toute honnêteté, il faut dire que..., rendons or rendons-lui justice... ▸ **to have the luck of the devil** or **the devil's own luck** avoir une veine de pendu or de cocu ▸ **speak** or **talk of the devil (and he appears)!** quand on parle du loup (on en voit la queue) ! ▸ **better the devil you know than the devil you don't** *prov* on sait ce qu'on perd, on ne sait pas ce qu'on trouve ▸ **the devil finds** or **makes work for idle hands** *prov* l'oisiveté est (la) mère de tous les vices *prov* ▸ **let the devil take the hindmost** *prov* chacun pour soi et Dieu pour tous *prov* **4.** [brazier] brasero *m* **5** [ghostwriter] nègre *m (d'un écrivain)* ; LAW [assistant] avocat *m* stagiaire ▸ **printer's devil** TYPO apprenti *m* imprimeur. ◆ vt **1.** CULIN accommoder à la moutarde et au poivre ▸ **devilled egg** œuf *m* à la diable **2.** US *inf* [harass] harceler. ◆ vi UK ▸ **to devil for sb a)** [author] servir de nègre à qqn **b)** [lawyer] être avocat stagiaire auprès de qqn **c)** [printer] être apprenti imprimeur chez qqn.

devilfish ['devlfɪʃ] n mante *f*.

devilish ['devlɪʃ] ◆ adj **1.** [fiendish] diabolique, infernal ; [mischievous] espiègle **2.** *inf & dated* [extreme] sacré, satané. ◆ adv *inf & dated* sacrément, rudement / *this work is devilish hard* ce travail est sacrément or rudement dur.

devilishly ['devlɪʃlɪ] adv **1.** [fiendishly] diaboliquement ; [mischievously] par espièglerie **2.** *inf & dated* [as intensifier] rudement, sacrément.

devil-may-care adj [careless] insouciant ; [reckless] casse-cou.

devilment ['devlmənt] n [mischief] espièglerie *f* ; [malice] méchanceté *f*, malice *f* / *a piece of devilment* une espièglerie, une diablerie / *out of sheer devilment* par pure méchanceté.

devilry ['devlrɪ] n *(U)* **1.** [mischief] espièglerie *f* ; [recklessness] témérité *f* **2.** [black magic] magie *f* noire, maléfices *mpl*.

devil's food cake n gâteau *m* au chocolat noir.

devils-on-horseback pl n CULIN *pruneaux enveloppés de lard fumé et grillés.*

devious ['di:vjəs] adj **1.** [cunning - person] retors, sournois ; [- means, method] détourné ; [- mind] tortueux / *she can be very devious* elle fait parfois les choses en dessous or en sous-main **2.** [winding - route] sinueux.

deviously ['di:vjəslɪ] adv sournoisement.

deviousness ['di:vjəsnɪs] n [of person] sournoiserie *f* ; [of plan] complexité *f*.

devise [dɪ'vaɪz] ◆ vt **1.** [plan] imaginer, inventer, concevoir, élaborer ; [plot] combiner, manigancer / *a scheme of my own devising* un plan de mon invention **2.** LAW [property] léguer. ◆ n legs *m* (de biens immobiliers).

deviser [dɪ'vaɪzəʳ] n [of plan] inventeur *m*, -trice *f* ; [of scheme] auteur *m*.

devitalize, **devitalise** [,di:'vaɪtəlaɪz] vt affaiblir.

devitrify [,di:'vɪtrɪfaɪ] (*pt & pp* **devitrified**) ◆ vt dévitrifier. ◆ vi se dévitrifier.

devocalize, **devocalise** [,di:'vəʊkəlaɪz] vt assourdir.

devoice [di:'vɔɪs] vt assourdir.

devoid [dɪ'vɔɪd] adj ▸ **devoid of** dépourvu de, dénué de / *devoid of interest* dépourvu d'intérêt, sans intérêt / *he appears to be devoid of all moral sense* il semble être dénué de tout sens moral.

devolution [,di:və'lu:ʃn] n **1.** [of duty, power] délégation *f* ; LAW [of property] transmission *f*, dévolution *f* **2.** POL décentralisation *f* **3.** BIOL dégénérescence *f*.

devolutionist [,di:və'lu:ʃnɪst] ◆ adj décentralisateur. ◆ n partisan *m* de la décentralisation.

devolve [dɪ'vɒlv] ◆ vi **1.** [duty, job] incomber ; [by chance] incomber, échoir / *it devolves on* or *upon me to decide* c'est à moi (qu'il incombe) de décider / *the responsibility devolves on* or *upon him* la responsabilité lui incombe or lui échoit **2.** LAW [estate] passer / *the property devolves on* or *upon the son* les biens passent or sont transmis au fils. ◆ vt déléguer ▸ **to devolve sthg on** or **upon** or **to sb** déléguer qqch à qqn, charger qqn de qqch.

Devonian [de'vəʊnjən] ◆ adj GEOL dévonien. ◆ n GEOL dévonien *m*.

Devonshire cream ['devənʃəʳ-] n crème *f* caillée.

devote [dɪ'vəʊt] vt consacrer ▸ **to devote o.s. to a)** [study, work] se consacrer or s'adonner à **b)** [a cause] se vouer or se consacrer à **c)** [pleasure] se livrer à / *she devotes all her energies to writing* elle se consacre entièrement à l'écriture / *all funds are devoted entirely to research* tous les crédits sont entièrement consacrés or affectés à la recherche.

devoted [dɪ'vəʊtɪd] adj [friend, servant, service] dévoué, fidèle ; [admirer] fervent / *I'm devoted to my children* je ferais tout pour mes enfants.

devotedly [dɪ'vəʊtɪdlɪ] adv avec dévouement.

devotee [,devə'ti:] n [of opera, sport, etc.] passionné *m*, -e *f* ; [of doctrine] adepte *mf*, partisan *m*, -e *f* ; [of religion] adepte *mf*.

devotion [dɪ'vəʊʃn] n **1.** [to person] dévouement *m*, attachement *m* ; [to cause] dévouement *m* / *no one doubts her devotion to her work* personne ne met en doute or ne doute de son dévouement professionnel / *he showed great devotion to duty* il a prouvé son sens du devoir **2.** RELIG dévotion *f*, piété *f*.

❖ **devotions** pl n dévotions *fpl*, prières *fpl*.

> **dévotion** or **dévouement?**
>
> **Dévotion** usually refers to religious devotion or fervour, whereas **dévouement** is used in more general contexts to refer to devotion to a cause or to other people.

devotional [dɪ'vəʊʃənl] ◆ adj [book, work] de dévotion or piété ; [attitude] de prière, pieux. ◆ n service *m* (religieux).

devour [dɪ'vaʊəʳ] vt **1.** [food] dévorer, engloutir ; *fig* [book] dévorer / *he devoured her with his eyes* il l'a dévorée des yeux **2.** [subj: fire] dévorer, consumer / *devoured by hatred fig* dévoré de haine.

devouring [dɪ'vaʊərɪŋ] adj [hunger, jealousy] dévorant ; [interest] ardent ; [need] urgent.

devout [dɪ'vaʊt] adj [person] pieux, dévot ; [hope, prayer] fervent.

devoutly [dɪ'vaʊtlɪ] adv **1.** [pray] avec dévotion, dévotement **2.** *fml* [earnestly] sincèrement / *I devoutly hope that some good comes of this war* j'espère vivement or profondément que cette guerre servira à quelque chose.

devoutness [dɪ'vaʊtnɪs] n dévotion *f*.

dew [dju:] n rosée *f*.

dewclaw ['dju:klɔ:] n ergot *m*.

dewdrop ['dju:drɒp] n goutte *f* de rosée / *he had a dewdrop on the end of his nose inf & fig* il avait la goutte au nez.

Dewey Decimal System ['dju:ɪ-] n classification *f* décimale de Dewey.

dewfall ['dju:fɔ:l] n formation *f* de la rosée, serein *m* *liter* ; *poetic* [evening] tombée *f* de la nuit.

dewlap ['dju:læp] n fanon *m*.

deworm [,di:'wɜ:m] vt administrer un vermifuge à.

dew point n point *m* de rosée.

dewpond ['dju:pɒnd] n UK mare *f* artificielle *(alimentée par les eaux de condensation)*.

dewy ['dju:ɪ] (*compar* **dewier**, *superl* **dewiest**) adj couvert or humide de rosée ▸ **dewy complexion** *fig* teint frais.

dewy-eyed adj [innocent] innocent ; [trusting] naïf, ingénu / *she looked at him dewy-eyed* elle l'a regardé d'un air ingénu.

Dexedrine® ['deksɪdri:n] n Dexédrine® *f*.

dexterity [dek'sterətɪ] n adresse *f*, dextérité *f* / *the job requires great dexterity* ce travail nécessite beaucoup d'adresse.

dexterous ['dekstrəs] adj [person] adroit, habile ; [movement] adroit, habile, agile.

dexterously ['dekstrəslɪ] adv adroitement, habilement.

dextrin ['dekstrɪn] n dextrine *f*.

dextrose ['dekstrəʊs] n dextrose *m*.

dextrous ['dekstrəs] = **dexterous**.

DF n abbr of **Direction Finder**.

DFC (abbr of **Distinguished Flying Cross**) n *distinction honorifique des armées de l'air américaine et britannique.*

DFM (abbr of **Distinguished Flying Medal**) n *médaille des armées de l'air américaine et britannique.*

DG n (abbr of **director-general**) DG *m*.

dhal [dɑ:l] n CULIN *plat indien à base de lentilles et d'épices.*

dhoti ['dəʊtɪ] n pagne *m*.

dhow [daʊ] n NAUT *petit bateau arabe à une voile.*

DHSS pr n **1.** (abbr of **Department of Health and Social Security**) UK *ancien nom du ministère britannique de la Santé et de la Sécurité sociale* **2.** (abbr of **Department of Health and Social Services**) US ≃ ministère *m* de la Santé.

DHTML [,di:eɪtʃti:em'el] (abbr of **Dynamic Hypertext Markup Language**) n COMPUT DHTML *m*.

diabetes [,daɪə'bi:ti:z] n diabète *m* ▸ **diabetes sufferer** diabétique *mf*.

diabetic [,daɪə'betɪk] ◆ adj diabétique. ◆ n diabétique *mf*.

diabolic [,daɪə'bɒlɪk] adj [action, plan] diabolique, infernal ; [look, smile] diabolique, satanique.

diabolical [,daɪə'bɒlɪkl] adj **1.** = diabolic **2.** *inf* [terrible] atroce, épouvantable, infernal / *the food was diabolical* la nourriture était infecte / *she speaks diabolical French* elle parle français comme une vache espagnole / *I think it's a diabolical liberty* il faut un toupet monstre or un sacré culot pour faire une chose pareille.

diabolically [,daɪə'bɒlɪklɪ] adv **1.** [fiendishly] diaboliquement, de manière diabolique **2.** UK *inf* [as intensifier] vachement, rudement, sacrément.

diachronic [,daɪə'krɒnɪk] adj diachronique.

diacid [daɪ'æsɪd] ◆ adj biacide, diacide. ◆ n biacide *m*, diacide *m*.

diaconal [daɪ'ækənl] adj diaconal.

diaconate [daɪ'ækəneɪt] n diaconat *m*.

diacritic [,daɪə'krɪtɪk] ◆ adj diacritique. ◆ n signe *m* diacritique.

diacritical [,daɪə'krɪtɪkl] adj diacritique.

diactinic [,daɪæk'tɪnɪk] adj capable de transmettre des rayons actiniques.

diadem ['daɪədem] n diadème *m*.

diaeresis [daɪ'erɪsɪs] (*pl* **diaereses** [-,si:z]) UK [sound] diérèse *f* ; [sign] tréma *m*.

diagnosable [,daɪəg'nəuzəbl] adj susceptible d'être diagnostiqué, décelable.

diagnose ['daɪəgnəuz] vt [illness] diagnostiquer / *they diagnosed her illness as cancer* ils ont diagnostiqué un cancer ; *fig* [fault, problem] déceler, discerner.

diagnosis [,daɪəg'nəusɪs] (*pl* **diagnoses** [-si:z]) n MED & *fig* diagnostic *m* ; BIOL & BOT diagnose *f*.

diagnostic [,daɪəg'nɒstɪk] adj diagnostique.

diagnostician [,daɪəgnɒs'tɪʃn] n diagnostiqueur *m*.

diagnostics [,daɪəg'nɒstɪks] n *(U)* COMPUT & MED diagnostic *m*.

diagonal [daɪ'ægənl] ◆ adj diagonal. ◆ n diagonale *f*.

diagonally [daɪ'ægənəlɪ] adv en diagonale, diagonalement, obliquement / *we cut diagonally across the field* nous avons traversé le champ en diagonale or en biais / *his desk is diagonally across from mine* son bureau est diagonalement opposé au mien / *a ribbon worn diagonally across the chest* un ruban porté en écharpe sur la poitrine.

diagram ['daɪəgræm] (UK *pt & pp* **diagrammed**, *cont* **diagramming** ; US *pt & pp* **diagramed** *or* **diagrammed**, *cont* **diagraming** *or* **diagramming**) ◆ n [gen] diagramme *m*, schéma *m* ; MATH diagramme *m*, figure *f*. ◆ vt donner une représentation graphique de.

diagrammatic [,daɪəgrə'mætɪk] adj schématique.

dial ['daɪəl] (UK *pt & pp* **dialled**, *cont* **dialling** ; US *pt & pp* **dialed**, *cont* **dialing**) ◆ n **1.** [of clock, telephone] cadran *m* ; [of radio, TV] bouton *m* (de réglage) / *tune in to 98 on the FM dial* réglez vos postes sur 98 sur la bande FM **2.** UK *inf & dated* [face] tronche *f*. ◆ vt [number] faire, composer / *to dial a wrong number* faire or composer un mauvais or faux numéro / *to dial Spain direct* appeler l'Espagne par l'automatique / *dial the operator* appelez l'opératrice ▸ **dial-a-joke** / **disc** la plaisanterie / le disque du jour par téléphone.

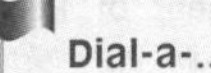
Dial-a-...

Ce préfixe introduit le nom de certains services téléphoniques aux États-Unis et au Royaume-Uni : **dial-a-wake-up** (réveil), **dial-a-date** (rencontres), **dial-a-prayer** (prières préenregistrées), etc.

dial. written abbr of **dialect**.

dialect ['daɪəlekt] n [regional] dialecte *m*, parler *m* ; [local, rural] patois *m*.

dialectal [,daɪə'lektl] adj dialectal, de dialecte.

dialectic [,daɪə'lektɪk] ◆ adj dialectique. ◆ n dialectique *f*.

dialectical [,daɪə'lektɪkl] adj dialectique.

dialectical materialism n matérialisme *m* dialectique.

dialectician [,daɪəlek'tɪʃn] n dialecticien *m*, -enne *f*.

dialectics [,daɪə'lektɪks] n *(U)* dialectique *f*.

dialectologist [,daɪəlek'tɒləʤɪst] n dialectologue *mf*.

dialectology [,daɪəlek'tɒləʤɪ] n dialectologie *f*.

dialling code ['daɪəlɪŋ-] n UK indicatif *m*.

dialling tone UK ['daɪəlɪŋ-], **dial tone** US n tonalité *f*.

dialogue UK, **dialog** US ['daɪəlɒg] n dialogue *m*.

dialogue box UK, **dialog box** US n COMPUT boîte *f* de dialogue.

dial tone US = **dialling tone**.

dial-up n ▸ **dial-up access** accès *m* commuté ▸ **dial-up connection** connexion *f* par téléphone ▸ **dial-up modem** modem *m* téléphonique ▸ **dial-up service** service *m* de connexion à Internet par téléphone.

dialyse UK, **dialyze** US ['daɪəlaɪz] vt dialyser.

dialysis [daɪ'ælɪsɪs] (*pl* **dialyses** [-si:z]) n dialyse *f* ▸ **dialysis machine** dialyseur *m*.

diamanté [dɪə'mɒnteɪ] n tissu *m* diamanté.

diamantine [,daɪə'mæntaɪn] adj diamantin.

diameter [daɪ'æmɪtər] n **1.** [gen & GEOM] diamètre *m* / *the tree is two metres in diameter* l'arbre fait deux mètres de diamètre **2.** [of microscope] unité *f* de grossissement.

diametric(al) [,daɪə'metrɪk(l)] adj GEOM & *fig* diamétral.

diametrically [,daɪə'metrɪklɪ] adv GEOM diamétralement ▸ **diametrically opposed** diamétralement opposé.

diamond ['daɪəmənd] ◆ n **1.** [gem] diamant *m* ▸ **he's a diamond in the rough** US il a un cœur d'or sous ses dehors frustes **2.** [shape] losange *m* **3.** CARDS carreau *m* / *the ace / jack of diamonds* l'as / le valet de carreau / *do you have any diamonds?* avez-vous du carreau ? / *diamonds are trumps* atout carreau **4.** [in baseball] terrain *m* (de base-ball). ◆ comp **1.** [brooch, ring, etc.] de diamant or diamants ▸ **diamond necklace** collier *m* or rivière *f* de diamants **2.** [mine] de diamant or diamants ▸ **diamond drill** foreuse *f* à pointe de diamant ▸ **diamond merchant** diamantaire *m*.

diamond jubilee n (célébration *f* du) soixantième anniversaire *m*.

diamond-shaped adj en forme de losange.

diamond wedding n noces *fpl* de diamant.

Diana [daɪ'ænə] pr n MYTH Diane.

diapason [,daɪə'peɪsn] n MUS diapason *m* ; [of organ] ▸ **open / stopped diapason** diapason large / étroit.

diaper ['daɪəpər] n **1.** US [nappy] couche *f* (*de bébé*) **2.** [fabric] damassé *m*.

diaphanous [daɪ'æfənəs] adj diaphane.

diaphone ['daɪəfəun] n **1.** LING *série complète des phonèmes d'une langue* **2.** [foghorn] sirène *f* de brume à deux tons.

diaphony [daɪ'æfənɪ] n MUS & TECH diaphonie *f*.

diaphragm ['daɪəfræm] n diaphragme *m*.

diaphysis [daɪ'æfɪsɪs] n diaphyse *f*.

diarist ['daɪərɪst] n [private] auteur *m* d'un journal intime ; [of public affairs] chroniqueur *m*.

diarrhoea UK, **diarrhea** US [,daɪə'rɪə] n diarrhée *f* / *to have diarrhoea* avoir la diarrhée.

diary ['daɪərɪ] (*pl* **diaries**) n **1.** [personal] journal *m* (intime) ▸ **to keep a diary** tenir un journal **2.** UK [for business] agenda *m* / *I've written it down in my diary* je l'ai noté dans mon agenda.

diascope ['daɪəskəup] n diascope *m*.

diaspora [daɪ'æspərə] n diaspora *f*.

diastema [,daɪə'sti:mə] (*pl* **diastemata** [daɪə'sti:mətə]) n diastème *m*.

diastole [daɪ'æstəlɪ] n diastole *f*.

diathermy ['daɪəθɜ:mɪ] n diathermie *f*.

diathesis [daɪ'æθɪsɪs] n diathèse *f*.

diatom ['daɪətɒm] n diatomée *f*.

diatomic [,daɪə'tɒmɪk] adj diatomique.

diatonic [,daɪə'tɒnɪk] adj diatonique.

diatribe ['daɪətraɪb] n diatribe *f*.

diazepam [daɪ'æzɪpæm] n diazépam *m*.

dib [dɪb] (*pt & pp* **dibbed**, *cont* **dibbing**) vi pêcher à la ligne flottante.

dibasic [daɪ'beɪsɪk] adj dibasique.

dibber ['dɪbər] UK = **dibble** *(noun)*.

dibble ['dɪbl] ◆ n plantoir *m*. ◆ vt **1.** [plant] repiquer au plantoir **2.** [dabble] : *they dibbled their feet in the water* ils ont trempé les pieds dans l'eau.

dibs [dɪbz] pl n **1.** [jacks] osselets *mpl* **2.** *inf* [claim] ▸ **to have dibs on sthg** avoir des droits sur qqch **3.** UK *v inf* [money] fric *m*, pognon *m*.

dice [daɪs] (*pl* **dice**) ◆ n **1.** [game] dé *m* / *to play dice* jouer aux dés ▸ **no dice!** US *inf* des clous ! **2.** CULIN dé *m*, cube *m*. ◆ vt CULIN couper en dés or en cubes. ◆ vi jouer aux dés ▸ **to dice with death** jouer avec sa vie.

dicey ['daɪsɪ] (*compar* **dicier**, *superl* **diciest**) adj *inf* risqué, dangereux, délicat.

dichotomy [daɪ'kɒtəmɪ] (*pl* **dichotomies**) n dichotomie *f*.

dick [dɪk] n **1.** *vulg* [penis] queue *f* **2.** US *inf* [detective] privé *m* **3.** UK *v inf* [idiot] con *m*.

Dick and Jane pr n *personnages de livres scolaires américains des années 1950 et 1960.*

dickens ['dɪkɪnz] n *inf* : *what the dickens are you doing?* mais qu'est-ce que tu fabriques ? / *a dickens of a noise* un bruit d'enfer / *we had a dickens of a job getting a babysitter* ça a été la galère or la croix et la bannière pour trouver une baby-sitter.

Dickensian [dɪ'kenzɪən] adj à la Dickens.

dicker ['dɪkər] vi marchander ▸ **to dicker with sb (for sthg)** marchander avec qqn (pour obtenir qqch).

dickey ['dɪkɪ] n **1.** [shirt] faux plastron *m* (de chemise) **2.** UK [in carriage] siège *m* du cocher ; AUTO spider *m*, strapontin *m* **3.** UK *inf* [bow tie] ▸ **dickey (bow)** nœud *m* pap **4.** UK *inf* [donkey] âne *m*.

dickhead ['dɪkhed] n *v inf* con *m*.

Dick Turpin [-'tɜ:pɪn] pr n *bandit de grand chemin anglais devenu héros populaire.*

Dick Whittington [dɪk'wɪtɪŋtən] pr n *personnage de conte de fées, toujours accompagné d'un chat.*

dicky ['dɪkɪ] (*pl* **dickies**, *compar* **dickier**, *superl* **dickiest**) ◆ n = **dickey**. ◆ adj UK *inf* [ladder] peu solide, branlant ; [heart] qui flanche ; [situation] peu sûr.

dickybird ['dɪkɪbɜ:d] n *inf* petit oiseau *m*.

dicotyledon [,daɪkɒtɪ'li:dn] n dicotylédone *f*.

dicta ['dɪktə] pl ⟶ **dictum**.

Dictaphone® ['dɪktəfəun] n Dictaphone® *m*, machine *f* à dicter.

dictate ◆ vt [dɪk'teɪt] **1.** [letter] dicter ▸ **to dictate sthg to sb** dicter qqch à qqn **2.** [determine -terms, conditions] dicter, imposer / *he dictates how we run the business* c'est lui qui décide de la marche de l'entreprise / *our budget will dictate the type of computer we buy* le type d'ordinateur que nous achèterons dépendra de notre budget. ◆ vi [dɪk'teɪt] [give dictation] dicter. ◆ n ['dɪkteɪt] **1.** [order] ordre *m* **2.** (*usu pl*) [principle] précepte *m* / *the dictates of conscience / reason* la voix de la conscience / raison.

❖ **dictate to** vt insep donner des ordres à / *I won't be dictated to* je n'ai pas d'ordres à recevoir !

dictation [dɪk'teɪʃn] n [of letter, story] dictée *f* ▸ **to take dictation** écrire sous la dictée / *at dictation speed* à la vitesse d'une dictée / *French dictation* dictée de français.

dictator [dɪk'teɪtəʳ] n dictateur *m*.

dictatorial [ˌdɪktə'tɔ:rɪəl] adj dictatorial.

dictatorially [ˌdɪktə'tɔ:rɪəlɪ] adv dictatorialement, en dictateur.

dictatorship [dɪk'teɪtəʃɪp] n dictature *f*.

diction ['dɪkʃn] n **1.** [pronunciation] diction *f*, élocution *f* **2.** [phrasing] style *m*, langage *m*.

dictionary ['dɪkʃənrɪ] (*pl* **dictionaries**) n dictionnaire *m* / *a French-English dictionary* un dictionnaire français-anglais / *look it up in the dictionary* cherchez dans le dictionnaire / *dictionary definition* définition *f* de dictionnaire.

dictum ['dɪktəm] (*pl* **dicta** ['dɪktə] *or* **dictums**) n *fml* **1.** [statement] affirmation *f* ; LAW remarque *f* superfétatoire **2.** [maxim] dicton *m*, maxime *f*.

did [dɪd] pt ⟶ **do.**

didactic [dɪ'dæktɪk] adj didactique.

❖ **didactics** n *(U)* didactique *f*.

didactically [dɪ'dæktɪklɪ] adv didactiquement.

diddle ['dɪdl] ◆ vt UK *inf* duper, rouler ▸ **to diddle sb out of sthg** carotter qqch à qqn / *I've been diddled* je me suis fait avoir. ◆ vi US *v inf* [have sex] baiser.

diddly-squat ['dɪdlɪ-] n US *inf* que dalle / *I don't know diddly-squat about computers* l'informatique, j'y pige que dalle.

diddums ['dɪdəmz] n *inf* pauvre petit.

didgeridoo [ˌdɪdʒərɪ'du:] n didjeridoo *m* *(instrument à vent des Aborigènes d'Australie)*.

didn't ['dɪdnt] abbr of **did not.**

Dido ['daɪdəʊ] pr n Didon / **'Dido and Aeneas'** *Purcell* 'Didon et Énée'.

didst [dɪdst] vb *(2nd pers sg) arch* ⟶ **did.**

die [daɪ] ◆ vi **1.** [person] mourir, décéder / *she's dying* elle est mourante or à l'agonie / *she died of cancer* elle est morte du or d'un cancer / *thousands are dying of hunger* des milliers de gens meurent de faim / *she died by her own hand* *liter* elle s'est suicidée or donné la mort, elle a mis fin à ses jours / *to die a hero* mourir en héros / *he left us to die* il nous a abandonnés à la mort / *to die in one's bed* mourir dans son lit ; *fig* ▸ **to die laughing** *inf* mourir de rire ▸ **I nearly died** *inf*, **I could have died** *inf* **a)** [from fear] j'étais mort de trouille **b)** [from embarrassment] j'aurais voulu rentrer sous terre, je ne savais plus où me mettre / *he'll do it or die in the attempt* il y arrivera coûte que coûte ▸ **to die with one's boots on** or **in harness** mourir debout or en pleine activité ▸ **never say die!** il ne faut jamais désespérer ! ▸ **to die for** [very good] à tomber par terre **2.** [animal, plant] mourir **3.** [engine] caler, s'arrêter **4.** [fire, love, memory] s'éteindre, mourir ; [tradition] s'éteindre, disparaître, mourir ; [smile] disparaître, s'évanouir ▸ **old habits die hard** les mauvaises habitudes ne se perdent pas facilement / *her secret died with her* elle a emporté son secret dans la tombe **5.** *inf* [want very much] ▸ **to be dying for sthg** avoir une envie folle de qqch / *I'm dying for a drink* j'ai une envie folle de boire qqch ▸ **to be dying to do sthg** mourir d'envie de faire qqch / *she's dying to see him* elle meurt d'envie de le voir. ◆ vt ▸ **to die a natural / violent death** mourir de sa belle mort / de mort violente. ◆ n **1.** (*pl* **dice** [daɪs]) GAMES dé *m* (à jouer) ▸ **the die is cast** *fig* les dés sont jetés **2.** (*pl* **dies**) ARCHIT [dado] dé *m* *(d'un piédestal)* ; TECH [stamp] matrice *f* ; [in minting] coin *m* ▸ **stamping die** étampe *f* ▸ **as straight as a die** franc comme l'or.

❖ **die away** vi s'affaiblir, s'éteindre, mourir.

❖ **die back** vi [plant] dépérir.

❖ **die down** vi **1.** [wind] tomber, se calmer ; [fire - in chimney] baisser ; [- in building, forest] s'apaiser, diminuer ; [noise] diminuer ; [anger, protest] se calmer, s'apaiser **2.** [plant] se flétrir, perdre ses feuilles et sa tige.

❖ **die off** vi mourir les uns après les autres.

❖ **die out** vi [family, tribe, tradition] disparaître, s'éteindre ; [fire] s'éteindre / *the panda is in danger of dying out* le panda est menacé d'extinction.

dieback ['daɪbæk] n *maladie des plantes se traduisant par un dépérissement des pousses.*

die-cast ◆ vt mouler sous pression or en matrice. ◆ adj moulé sous pression or en matrice.

die-casting n moulage *m* en matrice.

dieffenbachia [ˌdi:fn'bækɪə] n dieffenbachia *f*.

diehard ['daɪhɑ:d] ◆ n conservateur *m*, -trice *f*, réactionnaire *mf* / *the party diehards* les durs du parti. ◆ adj intransigeant ; POL réactionnaire / *a diehard liberal* un libéral pur et dur.

dielectric [ˌdaɪɪ'lektrɪk] ◆ adj diélectrique. ◆ n diélectrique *m*.

Dien Bien Phu [ˌdjenbjen'fu:] pr n Diên Biên Phu.

dieresis [daɪ'erɪsɪs] (*pl* **diereses** [-si:z]) n US = **diaeresis.**

diesel ['di:zl] n [vehicle] diesel *m* ; [fuel] gas-oil *m*, gazole *m*.

diesel-electric ◆ adj diesel-électrique. ◆ n diesel-électrique *m*.

diesel engine n AUTO moteur *m* diesel ; RAIL motrice *f*.

diesel fuel, diesel oil n gas-oil *m*, gazole *m*.

diesel train n autorail *m*.

dieses ['daɪɪsi:z] pl ⟶ **diesis.**

diesinker ['daɪˌsɪŋkəʳ] n *personne ou machine qui fabrique des matrices industrielles.*

diesis ['daɪɪsɪs] (*pl* **dieses** ['daɪɪsi:z]) n MUS dièse *m* ; TYPO double croix *f*.

diestock ['daɪstɒk] n porte-filière *m*.

diet ['daɪət] ◆ n **1.** [regular food] alimentation *f*, nourriture *f* / *they live on a diet of rice and fish* ils se nourrissent de riz et de poisson / *a balanced diet* un régime équilibré / *a poor diet* un régime mal équilibré, une alimentation mal équilibrée **2.** [restricted or special food] régime *m* ▸ **to be on a diet** être au régime ▸ **to go on a diet** faire or suivre un régime ▸ **to put sb on a diet** mettre qqn au régime / *to be put on a starvation diet* être mis à la diète / *a low-fat diet* un régime à faible teneur en matières grasses **3.** [assembly] diète *f*. ◆ comp [drink, food] de régime, basses calories ▸ **diet Coke®** Coca® light ▸ **diet pill** coupe-faim *m inv*. ◆ vi suivre un régime.

dietary ['daɪətrɪ] (*pl* **dietaries**) ◆ adj [supplement] alimentaire ; [of special food] de régime, diététique ▸ **dietary laws** règles *fpl* diététiques ▸ **dietary fibre** cellulose *f* végétale. ◆ n régime *m* alimentaire *(d'un malade, d'une prison)*.

diet-conscious adj : *she is very diet-conscious* elle fait très attention à ce qu'elle mange.

dietetic [ˌdaɪə'tetɪk] adj diététique.

dietetics [ˌdaɪə'tetɪks] n *(U)* diététique *f*.

dietician [ˌdaɪə'tɪʃn] n diététicien *m*, -enne *f*.

differ ['dɪfəʳ] vi **1.** [vary] différer, être différent / *in what way does this text differ from the first?* en quoi ce texte diffère-t-il du premier ? / *the two approaches differ quite considerably* les deux approches n'ont pas grand-chose à voir l'une avec l'autre / *the houses differ in size and design* les maisons diffèrent par leurs dimensions et leur conception **2.** [disagree] être en désaccord, ne pas être d'accord / *the authorities differ on the dates* les experts ne sont pas d'accord sur les dates / *he differs with me about the best solution to apply* il n'est pas d'accord avec moi or il ne partage pas mon avis sur la meilleure solution à adopter.

difference ['dɪfrəns] n **1.** [dissimilarity] différence *f* ; [in age, size, weight] écart *m*, différence *f* / *there's a big difference between living with someone and marrying them* il y a une grande différence entre vivre ensemble et être mariés / *there are many differences between the two cultures* les deux cultures sont très différentes l'une de l'autre / *I can't tell the difference between the two* je ne vois pas la différence entre les deux / *there's a difference in height of six inches* il y a une différence de hauteur de quinze centimètres / *she says the age difference doesn't matter* elle dit que la différence d'âge n'a pas d'importance / *it makes no difference* or *it doesn't make the slightest difference* ça n'a aucune importance, ça revient au même, ça ne change absolument rien / *it makes no difference to me (one way or the other)* (d'une manière ou d'une autre,) cela m'est (parfaitement) égal / *it made a big difference to him* cela a beaucoup compté or a tout changé pour lui / *does it make any difference whether he comes or not?* est-ce que ça change quelque chose qu'il vienne ou pas ? / *that makes all the difference* voilà qui change tout / *a lick of paint makes all the difference* un petit coup de peinture et ça n'a plus du tout la même allure / *a house with a difference* une maison pas comme les autres **2.** [disagreement] différend *m* / *we have our differences* nous ne sommes pas toujours d'accord / *a difference of opinion* une différence or divergence d'opinion **3.** [in numbers, quantity] différence *f* / *I'll pay the difference* je paierai la différence or le reste.

difference threshold n PHYSIOL seuil *m* différentiel.

different ['dɪfrənt] adj **1.** [not identical] différent, autre ▸ **different from** or **to** or US **than** différent de / *this book is very different from her first* ce livre est très différent de or n'a rien à voir avec son premier / *it's very different from any other city I've visited* ça ne ressemble en rien aux autres villes que j'ai visitées / *he reads a different paper every day* il lit chaque jour un journal différent / *you look different today* tu n'es pas comme d'habitude aujourd'hui / *he put on a different shirt* il a mis une autre chemise / *she's a different person since their wedding* elle a beaucoup changé depuis leur mariage / *I feel like a different person since my holiday* j'ai l'impression d'avoir fait peau neuve depuis mes vacances / *what's different about it?* qu'est-ce qu'il y a de différent or de changé ? / *let's do something different* faisons quelque chose de nouveau or de différent / *I now see things in a different light* je vois désormais les choses sous un autre jour or angle / *that's quite a different matter* ça, c'est une autre affaire or histoire **2.** [various] divers, différents, plusieurs / *she visited different schools* elle a visité diverses or différentes écoles **3.** [unusual] singulier / *I'm looking for something different* je cherche quelque chose d'original or qui sorte de l'ordinaire / *she always has to be different* elle veut toujours se singulariser, elle ne peut jamais faire comme tout le monde / *I've been out with a lot of men before, but he's different* je suis sortie avec beaucoup d'hommes, mais celui-là n'est pas comme les autres.

differential [ˌdɪfə'renʃl] ◆ adj **1.** MATH différentiel ▸ **differential operator** opérateur *m* différentiel **2.** AUTO différentiel *m* ▸ **differential housing** boîtier *m* de différentiel. ◆ n **1.** [in salary] écart *m* salarial **2.** MATH différentielle *f* **3.** = **differential gear.**

differential calculus n calcul *m* différentiel.

differential coefficient n dérivée *f*.

differential equation n équation *f* différentielle.

differential gear n différentiel *m*.

differentiate [ˌdɪfə'renʃɪeɪt] ◆ vt **1.** [distinguish] différencier, distinguer / *what differentiates this product from its competitors?* qu'est-ce qui différencie or distingue ce produit de ses concurrents ? **2.** MATH différencier, calculer la différentielle de. ◆ vi faire la différence or distinction / *I'm unable to differentiate between the two* je ne vois pas de différence entre les deux / *she differentiates between morality and religion* elle fait une distinction entre moralité et religion.

differentiation [ˌdɪfərenʃɪ'eɪʃn] n [gen] différenciation *f* ; MATH différentiation *f*.

differently ['dɪfrəntlɪ] adv différemment, autrement / *I do it differently from* or US *than you* je le fais différemment de or autrement que vous, je ne fais pas ça comme vous / *she acts differently from* or US *than the others* elle n'a pas le même comportement que or elle ne se comporte pas comme les autres.

differently abled [-eɪbld] adj [in politically correct language] handicapé.

difficult ['dɪfɪkəlt] adj **1.** [problem, task] difficile, dur, ardu ; [book, question] difficile / *it was a difficult decision to make* ce n'était pas une décision facile à prendre / *he's had a difficult life* il a eu une vie difficile / *that's not so difficult* ce n'est pas si difficile que ça / *I find it difficult to believe she's gone* j'ai du mal à or il m'est difficile de croire qu'elle est partie / *the most difficult part is over* le plus difficile or le plus dur est fait **2.** [awkward] difficile, peu commode / *don't be so difficult!* ne fais pas le difficile !, ne fais pas la fine bouche ! / *he's difficult to get along with* il n'est pas commode, il a un caractère difficile / *we could make life / things very difficult for you* on pourrait sérieusement vous compliquer la vie / les choses.

difficulty ['dɪfɪkəltɪ] (*pl* **difficulties**) n **1.** *(U)* [trouble] difficulté *f*, difficultés *fpl* ▸ **to have or experience difficulty (in) doing sthg** avoir du mal or de la peine or des difficultés à faire qqch / *I had difficulty (in) climbing the stairs* j'ai eu du mal or de la peine or des difficultés à monter l'escalier / *she experienced difficulty breathing* elle avait du mal or de la peine or des difficultés à respirer, elle respirait difficilement / *degree of difficulty* niveau *m* de difficulté / *with difficulty* avec difficulté or peine / *without difficulty* sans difficulté or peine / *it can be done, but with difficulty* cela peut se faire, mais difficilement **2.** [obstacle, problem] difficulté *f*, problème *m* / *the main difficulty is getting the staff* le plus difficile, c'est de trouver le personnel / *I don't foresee any difficulties* je ne prévois aucun problème or aucune difficulté ; [predicament] difficulté *f*, embarras *m* ▸ **to get into difficulties** être or se trouver en difficulté ▸ **to be in financial difficulties** avoir des ennuis d'argent, être dans l'embarras / *he's always getting into all kinds of difficulty* il se crée or s'attire toujours toutes sortes d'ennuis.

diffidence ['dɪfɪdəns] n manque *m* d'assurance or de confiance en soi, timidité *f*.

diffident ['dɪfɪdənt] adj [person] qui manque de confiance en soi or d'assurance ; [remark, smile] timide ; [tone] hésitant / *he was diffident about speaking out* il hésitait à parler (par timidité).

diffidently ['dɪfɪdəntlɪ] adv avec timidité or embarras, de façon embarrassée.

diffract [dɪ'frækt] vt diffracter.

diffraction [dɪ'frækʃn] n diffraction *f* ▸ **diffraction grating** réseau *m* de diffraction.

diffractometer [ˌdɪfræk'tɒmɪtəʳ] n diffractomètre *m*.

diffuse ◆ vt [dɪ'fju:z] diffuser, répandre. ◆ vi [dɪ'fju:z] se diffuser, se répandre. ◆ adj [dɪ'fju:s] **1.** [light] diffus ; [thought] diffus, vague **2.** [wordy] diffus, prolixe.

diffused [dɪ'fju:zd] adj diffus ▸ **diffused lighting** éclairage *m* diffus or indirect.

diffuser [dɪ'fju:zəʳ] n [gen & ELEC] diffuseur *m*.

diffusion [dɪ'fju:ʒn] n **1.** [of light, news] diffusion *f* **2.** [of style] prolixité *f*.

diffusor [dɪ'fju:zəʳ] = **diffuser**.

dig [dɪg] (*pt & pp* **dug** [dʌg], *cont* **digging**) ◆ vt **1.** [in ground - hole] creuser ; [- tunnel] creuser, percer ; [with spade] bêcher / *he dug his way under the fence* il s'est creusé un passage sous la clôture / *he's been out digging the garden* il a bêché le jardin / *to dig potatoes* arracher des pommes de terre ▸ **to dig one's own grave** creuser sa propre tombe **2.** [jab] enfoncer / *she dug me in the ribs (with her elbow)* elle m'a donné un coup de coude dans les côtes **3.** *v inf & dated* [understand] piger ; [appreciate, like] aimer ; [look at] viser / *dig that music!* écoute-moi (un peu) cette musique ! ◆ vi **1.** [person] creuser ; [animal] fouiller, fouir / *to dig for gold* creuser pour trouver de l'or / *he spends hours digging about in old junk shops* *fig* il passe des heures à fouiller dans les magasins de brocante / *if you dig a bit deeper* *fig* si on creuse un peu **2.** *v inf & dated* [understand] piger. ◆ n **1.** [in ground] coup *m* de bêche **2.** ARCHEOL fouilles *fpl* ▸ **to go on a dig** faire des fouilles **3.** [jab] coup *m* ▸ **to give sb a dig in the ribs** donner un coup de coude dans les côtes de qqn **4.** *inf* [snide remark] coup *m* de patte / *he made a nasty dig at the government* il a lancé une pique au gouvernement / *that was a dig at you* c'était une pierre dans votre jardin.

❖ **dig in** ◆ vi **1.** MIL [dig trenches] se retrancher ; *fig* tenir bon **2.** *inf* [eat] commencer à manger / *dig in!* allez-y, mangez, attaquez ! ◆ vt sep **1.** [mix with ground] enterrer **2.** [jab] enfoncer / *he dug in his spurs* il a éperonné son cheval **3.** PHR **to dig in one's heels** se braquer, se buter ▸ **to dig o.s. in a)** *lit* se retrancher **b)** *fig* camper sur ses positions / *he's really dug himself in* il s'est encroûté.

❖ **dig into** vt insep **1.** [delve into] fouiller dans / *don't dig into your savings* *fig* n'entame pas tes économies, ne pioche pas dans tes économies **2.** [jab] : *your elbow is digging into me* ton coude me rentre dans les côtes.

❖ **dig out** vt sep **1.** [remove] extraire ; [from ground] déterrer / *they had to dig the car out of the snow* il a fallu qu'ils dégagent la voiture de la neige (à la pelle) **2.** *inf* [find] dénicher.

❖ **dig up** vt sep **1.** [ground - gen] retourner ; [- with spade] bêcher **2.** [plant] arracher **3.** [unearth] déterrer ; *inf & fig* [find] dénicher / *where did you dig him up?* où est-ce que tu l'as pêché or dégoté ?

digest ◆ vt [dɪ'dʒest] **1.** [food] digérer / *I find cheese difficult to digest* je digère mal le fromage **2.** [idea] assimiler, digérer ; [information] assimiler, comprendre **3.** [classify] classer ; [sum up] résumer. ◆ vi [dɪ'dʒest] digérer. ◆ n ['daɪdʒest] **1.** [of book, facts] résumé *m* / *in digest form* en abrégé **2.** LAW digeste *m* **3.** [magazine] digest *m*.

digestible [dɪ'dʒestəbl] adj *lit & fig* digeste, facile à digérer.

digestion [dɪ'dʒestʃn] n digestion *f*.

digestive [dɪ'dʒestɪv] ◆ adj digestif / *digestive troubles* troubles *mpl* de la digestion ▸ **digestive biscuit** UK *sorte de sablé* ▸ **digestive system** système *m* digestif. ◆ n [drink] digestif *m* ; UK [biscuit] *sorte de sablé*.

digger ['dɪgəʳ] n **1.** [miner] mineur *m* ; UK *inf* CONSTR terrassier *m* **2.** [machine] excavatrice *f*, pelleteuse *f* **3.** *inf* [Australian] Australien *m*, -enne *f* ; [New Zealander] Néo-Zélandais *m*, -e *f*.

diggings ['dɪgɪŋz] pl n **1.** ARCHEOL fouilles *fpl* **2.** MIN [dirt] terrassement *m* ; [pit] creusement *m*, excavation *f* ; [of gold] placer *m* **3.** UK *inf & dated* = **digs**.

digibox ['dɪdʒɪbɒks] n UK [TV] décodeur *m* numérique.

digit ['dɪdʒɪt] n **1.** [number] chiffre *m* / *three-digit number* nombre à trois chiffres / *he earns in the six digits* il gagne plusieurs centaines de milliers par an **2.** [finger] doigt *m* ; [toe] orteil *m* **3.** ASTRON doigt *m*.

digital ['dɪdʒɪtl] adj **1.** ANAT digital **2.** [clock, watch] à affichage numérique ; [display] numérique.

digital audio tape = **DAT**.

digital broadcasting n diffusion *f* numérique.

digital camcorder n Caméscope® *m* numérique.

digital camera n appareil photo *m* numérique.

digital display n affichage *m* numérique.

digitalin [ˌdɪdʒɪ'teɪlɪn] n digitaline *f*.

digitalis [ˌdɪdʒɪ'teɪlɪs] n BOT digitale *f* ; PHARM digitaline *f*.

digitally remastered adj remixé en numérique.

digital radio n radio *f* numérique.

digital recording n enregistrement *m* numérique.

digital rights management n gestion *f* de droits numériques.

digital signature n signature *f* électronique or numérique.

digital television, **digital TV** n télévision *f* numérique.

digital zoom n zoom *m* numérique.

digitization [ˌdɪdʒɪtaɪ'zeɪʃn] n numérisation *f*.

digitize, **digitise** ['dɪdʒɪtaɪz] vt numériser.

digitizer ['dɪdʒɪtaɪzəʳ] n convertisseur *m* numérique or analogique-numérique.

diglossia [daɪ'glɒsɪə] n diglossie *f*.

dignified ['dɪgnɪfaɪd] adj [person] plein de dignité, digne ; [silence] digne / *he behaved in a very dignified manner* il s'est comporté avec beaucoup de dignité / *she wasn't very dignified* elle manquait de dignité or de tenue.

dignify ['dɪgnɪfaɪ] (*pt & pp* **dignified**) vt donner de la dignité à / *I refuse to even dignify that question with an answer* cette question n'est même pas digne de réponse or ne mérite même pas une réponse.

dignitary ['dɪgnɪtrɪ] (*pl* **dignitaries**) n dignitaire *m*.

dignity ['dɪgnətɪ] (*pl* **dignities**) n **1.** [importance, poise] dignité *f* / *it would be beneath my dignity to accept* accepter serait indigne de moi or serait m'abaisser / *she considered it beneath her dignity* elle s'estimait au-dessus de ça / *with dignity* avec dignité, dignement ▸ **to stand on one's dignity** se draper dans sa dignité **2.** [rank] dignité *f*, haut rang *m* ; [title] titre *m*, dignité *f*.

digraph ['daɪgrɑ:f] n digramme *m*.

digress [daɪ'gres] vi s'éloigner, s'écarter / *you're digressing from the subject* vous vous éloignez du sujet / *but I digress* mais je m'égare, revenons à nos moutons.

digression [daɪ'greʃn] n digression *f*.

digressive [daɪ'gresɪv] adj qui s'écarte or s'éloigne du sujet.

digs [dɪgz] pl n *inf* piaule *f* / *to live in digs* avoir une piaule / *I'm in digs in Wimbledon* je crèche or j'ai une piaule à Wimbledon.

dihedral [daɪ'hi:drəl] ◆ adj dièdre. ◆ n dièdre *m*.

dike [daɪk] = **dyke**.

diktat ['dɪktæt] n **1.** POL [decree] diktat *m* **2.** [statement] affirmation *f* catégorique.

dilapidated [dɪ'læpɪdeɪtɪd] adj [house] délabré ; [car] déglingué / *in a dilapidated state* dans un état de délabrement or de dégradation avancé.

dilapidation [dɪˌlæpɪ'deɪʃn] n **1.** [of building] délabrement *m*, dégradation *f* / *in a state of dilapidation* dans un état de délabrement or de dégradation avancé **2.** *(usu pl)* LAW détérioration *f* *(causée par un locataire)*.

dilate [daɪ'leɪt] ◆ vi **1.** [physically] se dilater **2.** *fml* [talk] ▸ **to dilate on** or **upon a topic** s'étendre sur un sujet. ◆ vt dilater.

dilation [daɪ'leɪʃn] n **1.** [gen & MED] dilatation *f* ▸ **dilation and curettage** (dilatation et) curetage *m* **2.** *fml* [talk] exposition *f* en détail.

dilator [daɪ'leɪtəʳ] n [instrument] dilatateur *m* ; [muscle] muscle *m* dilatateur.

dilatoriness ['dɪlətrɪnɪs] n *fml* lenteur *f*.

dilatory ['dɪlətrɪ] adj *fml* [action, method] dilatoire ; [person] lent / *forgive me for being so dilatory in coming to a decision* veuillez m'excuser pour avoir mis tant de temps à me décider.

dildo ['dɪldəʊ] (*pl* **dildos**) n godemiché *m*.

dilemma [dɪ'lemə] n dilemme *m* ▸ **to be in a dilemma** être pris dans un dilemme / *her decision leaves me in something of a dilemma* sa décision me pose un cruel dilemme.

dilettante [ˌdɪlɪ'tæntɪ] (*pl* **dilettantes** *or* **dilettanti** [-tɪ]) ◆ n dilettante *mf*. ◆ adj dilettante.

dilettantism [ˌdɪlɪ'tæntɪzm] n dilettantisme *m*.

diligence ['dɪlɪdʒəns] n **1.** [effort] assiduité *f*, application *f*, zèle *m* / *she shows great diligence in her work* elle fait preuve de beaucoup de zèle or d'assiduité dans son travail **2.** [carriage] diligence *f*.

diligent ['dɪlɪdʒənt] adj [person] assidu, appliqué ; [work] appliqué, diligent / *he is very diligent in his work* or *carrying out his work* il fait son travail avec beaucoup d'assiduité or beaucoup de zèle.

diligently ['dɪlɪdʒəntlɪ] adv avec assiduité or soin or application, assidûment.

dill [dɪl] n aneth *m*.

dill pickle n cornichon *m* à l'aneth.

dilly ['dɪlɪ] (*pl* **dillies**) n US *inf & dated* : *she's a real dilly!* elle est formidable or sensationnelle ! / *a dilly of a joke* une blague vachement marrante / *a dilly of a storm* un sacré orage.

dilly-dally ['dɪlɪdælɪ] (*pt & pp* **dilly-dallied**) vi *inf* [dawdle] lanterner, lambiner ; [hesitate] hésiter, tergiverser.

dilly-dallying ['dɪlɪdælɪɪŋ] n *(U) inf* [dawdling] flânerie *f* ; [hesitation] hésitation *f*, hésitations *fpl*, tergiversation *f*, tergiversations *fpl*.

dilute [daɪ'lu:t] ◆ vt **1.** [liquid] diluer, étendre ; [milk, wine] mouiller, couper d'eau ; [sauce] délayer, allonger ; [colour] délayer / **'dilute to taste'** 'diluer selon votre goût' **2.** PHARM diluer **3.** *fig* [weaken] diluer, édulcorer / *diluted socialism* socialisme affadi or édulcoré. ◆ adj [liquid] dilué, coupé or étendu (d'eau) ; [colour] délayé, adouci ; *fig* dilué, édulcoré.

dilution [daɪ'lu:ʃn] n [act, product] dilution *f* ; [of milk, wine] coupage *m*, mouillage *m* ; *fig* édulcoration *f*.

dim [dɪm] (*pt & pp* **dimmed**, *cont* **dimming**) ◆ adj **1.** [light] faible, pâle ; [lamp] faible ; [room] sombre ; [colour] terne, sans éclat ▸ **to grow dim a)** [light] baisser **b)** [room] devenir sombre **c)** [colour] devenir terne / *her eyes grew dim with tears* ses yeux se voilèrent de larmes **2.** [indistinct - shape] vague, imprécis ; [- sight] faible, trouble ; [- sound] vague, indistinct / *she has only a dim memory of it* elle n'en a qu'un vague souvenir / *in the dim and distant past* hum au temps jadis ▸ **to grow dim a)** [shape, memory] s'estomper, s'effacer **b)** [sight] baisser, se troubler **c)** [sound] s'affaiblir **3.** [gloomy] sombre, morne ▸ **to take a dim view of sthg** ne pas beaucoup apprécier qqch, voir qqch d'un mauvais œil / *she takes a pretty dim view of him going out with other women* elle n'apprécie guère qu'il sorte avec d'autres femmes **4.** *inf* [stupid] gourde. ◆ vt **1.** [light] baisser / *I'll dim the lamp* je vais mettre la lampe en veilleuse / *dim your headlights* US AUTO mettez-vous en codes **2.** [beauty, colour, hope, metal] ternir ; [memory] estomper, effacer ; [mind, senses] affaiblir, troubler ; [sound] affaiblir ; [sight] baisser, troubler / *his eyes were dimmed with tears* ses yeux étaient voilés de larmes. ◆ vi [light] baisser, s'affaiblir ; [beauty, glory, hope] se ternir ; [colour] devenir terne or mat ; [memory] s'estomper, s'effacer ; [sound] s'affaiblir ; [sight] baisser, se troubler.

❖ **dim out** vt sep US plonger dans un black-out partiel.

dime [daɪm] n US pièce *f* de dix cents ▸ **dime bag** *inf* [drugs] *sachet de drogue* ▸ **I did it on my own dime** j'ai payé de ma poche ▸ **guys like that are a dime a dozen** *inf* des types comme lui, on en trouve à la pelle ▸ **it's not worth a dime** or **one thin dime** *inf* ça ne vaut pas un clou.

dime novel n US roman *m* à quatre sous.

dimension [daɪ'menʃn] n **1.** [measurement, size] dimension *f* ; ARCHIT & GEOM dimension *f*, cote *f* ; MATH & PHYS dimension *f* **2.** *fig* [scope] étendue *f* ; [aspect] dimension *f* / *the book opens up a whole new dimension of thought* ce livre ouvre un nouveau champ de réflexion.

❖ **dimensions** pl n TECH [of bulky object] encombrement *m*.

-dimensional [dɪ'menʃənl] in comp ▸ **two** / **four-dimensional** à deux / quatre dimensions.

dime store n US supérette *f* de quartier.

dimeter ['dɪmɪtəʳ] n dimètre *m*.

diminish [dɪ'mɪnɪʃ] ◆ vt **1.** [number] diminuer, réduire ; [effect, power] diminuer, amoindrir ; [value] réduire **2.** [person] déprécier, rabaisser **3.** ARCHIT [column] amincir, diminuer ; MUS diminuer. ◆ vi diminuer, se réduire / *their profits have diminished* leurs bénéfices ont diminué / *the number of homeless has diminished* le nombre des sans-abri a diminué.

diminished [dɪ'mɪnɪʃt] adj **1.** [number, power, speed] diminué, amoindri ; [reputation] diminué, terni ; [value] réduit ▸ **diminished responsibility** LAW responsabilité *f* atténuée **2.** MUS diminué.

diminishing [dɪ'mɪnɪʃɪŋ] ◆ adj [influence, number, speed] décroissant, qui va en diminuant ; [price, quality] qui baisse, en baisse ▸ **the law of diminishing returns** la loi des rendements décroissants. ◆ n diminution *f*, baisse *f*.

diminuendo [dɪ,mɪnjʊ'endəʊ] (*pl* **diminuendos**) ◆ n diminuendo *m*. ◆ adv diminuendo.

diminution [,dɪmɪ'nju:ʃn] n **1.** [in number, value] diminution *f*, baisse *f* ; [in speed] réduction *f* ; [in intensity, importance, strength] diminution *f*, affaiblissement *m* ; [in temperature] baisse *f*, abaissement *m* ; [in authority, price] baisse *f* / *there has been no diminution in* or *of our enthusiasm* notre enthousiasme n'a en rien faibli **2.** MUS diminution *f*.

diminutive [dɪ'mɪnjʊtɪv] ◆ adj [tiny] minuscule, tout petit ; LING diminutif. ◆ n diminutif *m*.

dimity ['dɪmɪtɪ] n futaine *f* croisée.

dimly ['dɪmlɪ] adv [shine] faiblement, sans éclat ; [see] indistinctement, à peine ; [remember] vaguement, à peine / *the room was dimly lit* la pièce était mal or faiblement éclairée.

dimmer ['dɪməʳ] n **1.** [on lamp] rhéostat *m* or variateur *m* (de lumière) **2.** US AUTO [switch] basculeur *m* (de phares).

❖ **dimmers** pl n US [headlights] phares *mpl* code ; [parking lights] feux *mpl* de position.

dimmer switch n variateur *m* (de lumière).

dimming ['dɪmɪŋ] n [of light] affaiblissement *m*, obscurcissement *m* ; [of colour, metal, reputation] ternissement *m* ; [of memory] affaiblissement *m* ; US AUTO [of headlights] mise *f* en codes.

dimness ['dɪmnɪs] n **1.** [of light, sight] affaiblissement *m* ; [of room] obscurité *f* ; [of colour, metal] aspect *m* terne ; [of memory, shape] imprécision *f* **2.** *inf* [stupidity] sottise *f*.

dimout ['dɪmaʊt] n US black-out *m* partiel.

dimple ['dɪmpl] ◆ n [in cheek, chin] fossette *f* ; [in surface of ground, water] ride *f*, ondulation *f*. ◆ vi [cheek] former or creuser des fossettes ; [surface of ground] onduler, former des rides ; [surface of water] onduler, se rider.

dimpled ['dɪmpld] adj [cheek, chin] à fossettes ; [arm, knee] potelé ; [surface] ridé, ondulé.

dim sum [dɪm'sʌm] n CULIN dim sum *m*.

dimwit ['dɪmwɪt] n *inf* crétin *m*, -e *f*.

dim-witted adj *inf* crétin, gourde / *my dim-witted brother* mon crétin de frère.

din [dɪn] (*pt & pp* **dinned**, *cont* **dinning**) ◆ n [of people] tapage *m*, tumulte *m* ; [in classroom] chahut *m* ; [of industry, traffic] vacarme *m* / *they were kicking up* *inf* or *making a real din* ils faisaient un boucan d'enfer or monstre. ◆ vt ▸ **to din sthg into sb** *inf* faire (bien) comprendre qqch à qqn, faire entrer qqch dans la tête de qqn.

DIN [dɪn] n **1.** (abbr of **Deutsches Institut für Normung**) (indice *m*) DIN *f* **2.** PHOT DIN *f*.

dinar ['di:nɑ:ʳ] n dinar *m*.

dindins ['dɪndɪnz] n *inf & baby talk* dîner *m*.

dine [daɪn] ◆ vi dîner ▸ **to dine off** or **on sthg** dîner de qqch / *she dined off* or *on trout and fresh strawberries* elle a dîné d'une truite et de fraises fraîches / *we're dining in tonight* nous dînons à la maison ce soir. ◆ vt offrir à dîner à.

❖ **dine out** vi dîner dehors or en ville ▸ **I dined out on that story for weeks** *fig* ça m'a fait une bonne histoire à raconter pendant des semaines.

diner ['daɪnəʳ] n **1.** [person] dîneur *m*, -euse *f* **2.** RAIL wagon-restaurant *m* ; US petit restaurant *m* sans façon.

dinette [daɪ'net] n coin-repas *m*.

ding [dɪŋ] ◆ vi tinter. ◆ vt = **din.** ◆ n tintement *m*.

ding-a-ling ['dɪŋə,lɪŋ] n **1.** [ring] dring dring *m*, tintement *m* **2.** US *inf* [fool] cloche *f*, imbécile *mf*.

dingbat ['dɪŋbæt] n *inf* **1.** US [thing] truc *m*, machin *m* **2.** [fool] crétin *m*, -e *f*, gourde *f*.

dingdong [,dɪŋ'dɒŋ] ◆ n **1.** [sound] ding dong *m* **2.** UK *inf* [quarrel] dispute *f* ; [fight] bagarre *f*. ◆ adj *inf* [argument, fight] acharné ; [race] très disputé.

dinge [dɪndʒ] = **dinginess.**

dinger ['dɪŋəʳ] n US *inf* [person] imbécile *mf*.

dinghy ['dɪŋgɪ] (*pl* **dinghies**) n [rowing boat] petit canot *m*, youyou *m* ; [sailboat] dériveur *m* ; [rubber] canot *m* pneumatique, dinghy *m*.

dinginess ['dɪndʒɪnɪs] n [shabbiness] aspect *m* miteux or douteux ; [drabness] couleur *f* terne.

dingle ['dɪŋgl] n vallon *m* boisé.

dingo ['dɪŋgəʊ] (*pl* **dingoes**) n dingo *m*.

dingus ['dɪŋʌs] n US *inf* truc *m*, machin *m*.

dingy ['dɪndʒɪ] (*compar* **dingier**, *superl* **dingiest**) adj [shabby] miteux ; [dirty] douteux ; [colour] terne.

dining car ['daɪnɪŋ-] n wagon-restaurant *m*.

dining club n club-restaurant *m* pour étudiants.

dining hall ['daɪnɪŋ-] n SCH & UNIV réfectoire *m* ; [of stately home] salle *f* à manger.

dining room ['daɪnɪŋ-] ◆ n salle *f* à manger. ◆ comp [curtains, furniture] de (la) salle à manger ▸ **dining room suite** salle *f* à manger *(meubles)*.

dining table ['daɪnɪŋ-] n table *f* de salle à manger.

dink [dɪŋk] n **1.** *inf* [person] imbécile *mf* **2.** *v inf* [penis] queue *f*.

dinkie ['dɪŋkɪ] (abbr of **double income no kids**) n *inf personne mariée aisée et sans enfants.*

dinkum ['dɪŋkəm] AUSTR *inf* ◆ adj [person] franc (franche), sincère ; [thing] authentique / *fair dinkum* régulier, vrai de vrai / *dinkum?* sans blague ? / *he's a dinkum Aussie* c'est un vrai Australien / *dinkum oil* la vérité. ◆ n Australien *m*, -enne *f* de naissance. ◆ adv franchement, vraiment.

dinky ['dɪŋkɪ] (*compar* **dinkier**, *superl* **dinkiest**) adj *inf* **1.** UK [small, neat] mignon, coquet **2.** US *pej* [insignificant] de rien du tout.

dinner ['dɪnəʳ] ◆ n [evening meal - early] dîner *m* ; [- very late] souper *m* ; *regional* [lunch] déjeuner *m* / *to be at dinner* être en train de dîner / *they were just getting up from dinner* ils sortaient à peine de table / *ask her round for dinner next week* invite-la à venir dîner la semaine prochaine / *she's having guests to dinner* elle a des invités à dîner / *they went out to dinner* **a)** [in restaurant] ils ont dîné au restaurant or en ville **b)** [at friends] ils ont dîné chez des amis / *dinner's on the table* or *ready!* le dîner est prêt !, c'est prêt !, à table ! / *did you have a good dinner?* avez-vous bien mangé or dîné ? / *did you give the cat its dinner?* avez-vous donné à manger au chat ? / *a formal dinner* un grand dîner or dîner officiel / *I've played more cup matches in my time than you've had hot dinners* UK *inf* j'ai joué plus de matchs de coupe dans ma vie que tu n'en joueras jamais. ◆ comp [fork, knife] de table ▸ **dinner bell** : *she rang the dinner bell* elle a sonné pour annoncer le dîner ▸ **dinner duty** SCH service *m* de réfectoire ▸ **dinner hour a)** [at work] heure *f* du déjeuner **b)** [at school] pause *f* de midi ▸ **dinner plate** (grande) assiette *f* ▸ **dinner roll** petit pain *m*.

dinner dance n dîner *m* dansant.

dinner jacket n UK smoking *m*.

dinner lady n UK *employée d'une cantine scolaire.*

dinner party n dîner *m* *(sur invitation)* / *we're having* or *giving a dinner party* nous avons du monde à dîner, nous donnons un dîner.

dinner service n service *m* de table.

dinner table n table *f* de salle à manger / *at* or *over the dinner table* pendant le dîner, au dîner.

dinnertime ['dɪnətaɪm] n heure *f* du dîner.

dinnerware ['dɪnəweəʳ] n US vaisselle *f*.

dinosaur ['daɪnəsɔ:ʳ] n dinosaure *m* / *the institute's become a bit of a dinosaur* l'institut est le survivant d'une époque révolue or a fait son temps.

dint [dɪnt] = **dent.**
❖ **by dint of** prep phr à force de / *she succeeded by dint of sheer hard work* elle a réussi à force de travailler dur.

diocesan [daɪˈɒsɪsn] ◆ adj diocésain. ◆ n (évêque *m*) diocésain *m*.

diocese [ˈdaɪəsɪs] n diocèse *m*.

diode [ˈdaɪəʊd] n diode *f*.

Diogenes [daɪˈɒdʒɪniːz] pr n Diogène.

Dionysiac [ˌdaɪəˈnɪzɪæk], **Dionysian** [ˌdaɪəˈnɪzɪən] adj dionysiaque.

Dionysus [ˌdaɪəˈnaɪsəs] pr n Dionysos.

diopside [daɪˈɒpsaɪd] n diopside *m*.

dioptase [daɪˈɒpteɪz] n dioptase *f*.

diopter US = **dioptre.**

dioptometer [ˌdaɪɒpˈtɒmɪtəʳ] n instrument *m* de mesure dioptrique.

dioptre UK, **diopter** US [daɪˈɒptəʳ] n dioptrie *f*.

diorama [ˌdaɪəˈrɑːmə] n diorama *m*.

dioxide [daɪˈɒksaɪd] n dioxyde *m*.

dioxin [daɪˈɒksɪn] n dioxine *f*.

dip [dɪp] (*pt & pp* **dipped**, *cont* **dipping**) ◆ vi **1.** [incline -ground] descendre, s'incliner ; [-road] descendre, plonger ; [-head] pencher, s'incliner **2.** [drop -sun] baisser, descendre à l'horizon ; [-price] diminuer, baisser ; [-temperature] baisser ; [-plane] piquer ; [-boat] tanguer, piquer **3.** [during dance] se renverser. ◆ vt **1.** [immerse] tremper, plonger ; TECH tremper ; [clean] décaper ; [dye] teindre ; [sheep] laver **2.** [plunge] plonger / *to dip one's hand in one's pocket fig* mettre la main à la poche **3.** UK AUTO ▸ **to dip one's headlights** se mettre en codes ▸ **dipped headlights** codes *mpl*, feux *mpl* de croisement / *to drive on* or *with dipped headlights* rouler en codes. ◆ n **1.** *inf* [swim] baignade *f*, bain *m* (*en mer, en piscine*) ▸ **to go for a dip** aller se baigner, aller faire trempette / *a brief dip into Homer fig* un survol rapide d'Homère **2.** [liquid] bain *m* ; [for sheep] bain *m* parasiticide **3.** [slope -in ground] déclivité *f* ; [-in road] descente *f* ; GEOL pendage *m* ▸ **angle of dip** PHYS inclinaison *f* magnétique **4.** [bob] inclinaison *f* ; [of head] hochement *m* **5.** [drop -in temperature] baisse *f* ; [-in price] fléchissement *m*, baisse *f* **6.** CULIN *pâte ou mousse (à tartiner) servie avec du pain ou des biscuits salés* ▸ **avocado dip** mousse *f* à l'avocat ▸ **cheese dip a)** [cold] *sauce au fromage dans laquelle on trempe des légumes, des chips, etc.* **b)** [hot] fondue *f* savoyarde or au fromage **7.** US *v inf* [idiot] con *m*, conne *f* **8.** [in dance] tombé *m*.
❖ **dip into** vt insep **1.** [dabble] : *I've only really dipped into Shakespeare* j'ai seulement survolé or feuilleté Shakespeare **2.** [draw upon] puiser dans / *we've had to dip into our savings* nous avons dû puiser dans nos économies.

Dip. written abbr of **diploma.**

DipEd [dɪpˈed] (abbr of **Diploma in Education**) n UK ≃ CAPES *m*.

diphase [ˈdaɪfeɪz] adj diphasé.

diphosgene [daɪˈfɒsdʒiːn] n *composé toxique de la phosgène et du méthanol.*

diphtheria [dɪfˈθɪərɪə] n diphtérie *f* ▸ **diphtheria vaccine** vaccin *m* antidiphtérique.

diphthong [ˈdɪfθɒŋ] n diphtongue *f*.

diphthongize, diphthongise [ˈdɪfθɒŋgaɪz] ◆ vt diphtonguer. ◆ vi se diphtonguer.

diplex [ˈdaɪpleks] adj duplex.

diploid [ˈdɪplɔɪd] adj diploïde.

diploma [dɪˈpləʊmə] n diplôme *m* / *she has a diploma in business studies* elle est diplômée de or en commerce.

diplomacy [dɪˈpləʊməsɪ] n POL & *fig* diplomatie *f* / *you have to use a bit of diplomacy* vous devez user d'un peu de diplomatie, il faut être un peu diplomate.

diplomat [ˈdɪpləmæt] n POL & *fig* diplomate *mf*.

diplomate [ˈdɪpləmeɪt] n [gen] diplômé *m*, -e *f* ; MED diplômé spécialiste *m*, diplômée spécialiste *f*.

diplomatic [ˌdɪpləˈmætɪk] adj **1.** POL diplomatique **2.** *fig* [person] diplomate ; [action, remark] diplomatique / *you have to be diplomatic when dealing with these people* il faut faire preuve de tact or user de diplomatie pour traiter avec ces gens-là / *that wasn't very diplomatic* ça manquait un peu de tact or de diplomatie.

diplomatically [ˌdɪpləˈmætɪklɪ] adv POL diplomatiquement ; *fig* avec diplomatie, diplomatiquement.

diplomatic bag UK, **diplomatic pouch** US n valise *f* diplomatique.

diplomatic corps n corps *m* diplomatique.

diplomatic immunity n immunité *f* diplomatique / *to claim diplomatic immunity* faire valoir l'immunité diplomatique.

Diplomatic Service n ▸ **the Diplomatic Service** la diplomatie, le service diplomatique / *to enter the Diplomatic Service* entrer dans la diplomatie.

diplomatist [dɪˈpləʊmətɪst] = **diplomat.**

diplopia [dɪˈpləʊpɪə] n diplopie *f*.

dip needle n aiguille *f* aimantée *(de boussole)*.

dipole [ˈdaɪpəʊl] n dipôle *m*.

dipper [ˈdɪpəʳ] n **1.** [ladle] louche *f* **2.** [of machine] godet *m* (de pelleteuse) ; [for lake, river] benne *f* (de drague), hotte *f* à draguer **3.** UK AUTO basculeur *m* (de phares) **4.** ORNITH cincle *m* (plongeur).

dippy [ˈdɪpɪ] (*compar* **dippier**, *superl* **dippiest**) adj *inf* écervelé.

diprod [ˈdɪprɒd] n US jauge *f* (de niveau d'huile).

dipshit [ˈdɪpʃɪt] n US *vulg* con *m*, conne *f*.

dipso [ˈdɪpsəʊ] n *v inf* alcoolo *mf*.

dipsomania [ˌdɪpsəˈmeɪnjə] n dipsomanie *f*.

dipsomaniac [ˌdɪpsəˈmeɪnɪæk] ◆ adj dipsomane. ◆ n dipsomane *mf*.

dipstick [ˈdɪpstɪk] n **1.** AUTO jauge *f* (de niveau d'huile) **2.** *inf* [idiot] empoté *m*, -e *f*.

dipswitch [ˈdɪpswɪtʃ] n UK basculeur *m* (des phares).

diptera [ˈdɪptərə] pl n diptères *mpl*.

dipterous [ˈdɪptərəs] adj diptère.

diptych [ˈdɪptɪk] n diptyque *m*.

dire [ˈdaɪəʳ] adj **1.** [fearful] affreux, terrible ; [ominous] sinistre / *dire warnings* avertissements sinistres **2.** [very bad] : *the film was pretty dire* le film était vraiment mauvais **3.** [extreme] extrême / *he's in dire need of sleep* il a absolument besoin de sommeil / *dire poverty* misère noire ▸ **to be in dire straits** être dans une mauvaise passe or aux abois.

direct [dɪˈrekt] ◆ vt **1.** [supervise -business] diriger, gérer, mener ; [-office, work] diriger ; [-movements] guider ; [-traffic] régler **2.** CIN, RADIO & TV [film, programme] réaliser ; [actors] diriger ; THEAT [play] mettre en scène **3.** [address] adresser / *please direct your remarks to the chairperson* veuillez adresser vos observations au président / *the accusation was directed at him* l'accusation le visait / *he directed my attention to the map* il a attiré mon attention sur la carte / *we should direct all our efforts towards improving our education service* nous devrions consacrer tous nos efforts à améliorer notre système scolaire **4.** [point] diriger / *I directed my steps homewards* je me suis dirigé vers la maison / *can you direct me to the train station?* pourriez-vous m'indiquer le chemin de la gare ? **5.** [instruct] ordonner / *he directed them to leave at once* il leur a donné l'ordre de partir immédiatement / *she directed him to take control of the project* elle l'a chargé de prendre en main le projet / *I did as I was directed* j'ai fait comme on m'avait dit or comme on m'en avait donné l'ordre / **'take as directed'** 'se conformer à la prescription du médecin' **6.** LAW ▸ **to direct the jury** instruire le jury / *the judge directed the jury to bring in a verdict of guilty* le juge incita le jury à rendre un verdict de culpabilité ▸ **directed verdict** US *verdict rendu par le jury sur la recommandation du juge* **7.** US MUS diriger. ◆ vi **1.** [command] diriger, commander **2.** US MUS diriger **3.** THEAT mettre en scène / *it's her first chance to direct* c'est la première fois qu'elle peut faire une mise en scène. ◆ adj **1.** [straight] direct / *direct flight* / *route* vol *m* / chemin *m* direct / *direct heating* / *lighting* chauffage *m* / éclairage *m* direct ▸ **direct memory access** COMPUT accès *m* direct à la mémoire ▸ **direct tax** impôt *m* direct ▸ **direct taxation** imposition *f* directe **2.** MIL ▸ **direct hit** coup *m* au but / *the missile made a direct hit* le missile a atteint son objectif **3.** [immediate -cause, effect] direct, immédiat / *she has direct control over the finances* les questions financières relèvent directement de sa responsabilité / *he's a direct descendant of the King* il descend du roi en ligne directe / **'keep out of direct sunlight'** 'évitez l'exposition directe au soleil' / *you're not in direct danger of catching the disease* vous ne courez pas de risque immédiat d'attraper cette maladie ▸ **direct advertising** publicité *f* directe ▸ **direct marketing** marketing *m* direct **4.** [frank] franc (franche), direct ; [denial, refusal] catégorique, absolu / *he was always very direct with us* il nous a toujours parlé très franchement / *she asked some very direct questions* elle a posé des questions parfois très directes **5.** [exact] exact, précis / *direct quotation* citation exacte / *it's the direct opposite of what I said* c'est exactement le contraire de ce que j'ai dit **6.** ASTRON, GRAM & LOGIC direct ▸ **direct question** GRAM question *f* au style direct. ◆ adv directement.

direct access n accès *m* direct.

direct action n action *f* directe.

direct costs n coûts *mpl* directs.

direct current n courant *m* continu.

direct debit n prélèvement *m* automatique.

direct dialling n automatique *m*.

direct discourse US = **direct speech.**

direct-grant school n UK *établissement scolaire privé subventionné par l'État si l'établissement accepte un certain nombre d'élèves exonérés de frais de scolarité.*

direction [dɪˈrekʃn] n **1.** [way] direction *f*, sens *m* / *in every direction* dans toutes les directions, en tous sens, dans tous les sens / *in the opposite direction* dans la direction opposée, en sens inverse / *in the right* / *wrong direction* dans le bon / mauvais sens, dans la bonne / mauvaise direction / *in the direction of Chicago* dans la or en direction de Chicago / *which direction are you going (in)?* vers où allez-vous ?, quelle direction prenez-vous ? / *a step in the right direction fig* un pas dans la bonne voie or direction / *she lacks direction fig* elle ne sait pas très bien où elle va **2.** [control] direction *f* / *the investigation was carried out under the direction of an independent body* l'enquête a été menée sous la direction or conduite d'un organisme indépendant **3.** CIN, RADIO & TV réalisation *f* ; THEAT mise *f* en scène / *under the direction of...* **a)** CIN, RADIO & TV réalisation de..., réalisé par... **b)** THEAT mise en scène de...
❖ **directions** pl n indications *fpl*, instructions *fpl*, mode *m* d'emploi ▸ **to give sb directions** indiquer son chemin à qqn / *read the directions* lisez le mode d'emploi / *I asked for directions to the station* j'ai demandé le chemin de la gare ▸ **stage directions** THEAT indications scéniques.

directional [dɪˈrekʃənl] adj [gen & ELECTRON] directionnel.

direction finder n radiogoniomètre *m*.

direction indicator n clignotant *m*.

directive [dɪˈrektɪv] ◆ n directive *f*, instruction *f*. ◆ adj directeur.

directly [dɪˈrektlɪ] ◆ adv **1.** [straight] directement / *go directly to the police station* allez directement or tout droit au poste de police / *to be directly descended from sb* descendre en droite ligne or en ligne directe de qqn / *the affair concerns me directly* cette affaire me concerne directement **2.** [promptly] immédiatement / *directly after lunch* tout de suite après le déjeuner / *directly before the film* juste avant le film / *I'll be there* *directly* j'arrive tout de suite **3.** [frankly] franchement **4.** [exactly] exactement / *directly opposite the station* juste en face de la gare. ◆ conj UK aussitôt que, dès que / *we'll leave directly the money arrives* nous partirons dès que l'argent sera arrivé.

direct mail n publipostage *m*.

directness [dɪ'rektnɪs] n **1.** [of person, reply] franchise *f* ; [of remark] absence *f* d'ambiguïté **2.** [of attack] caractère *m* direct.

direct object n complément *m* (d'objet) direct.

director [dɪ'rektəʳ] n **1.** [person - of business] directeur *m*, -trice *f*, chef *m* ; [- of organization] directeur *m*, -trice *f* ▸ **Director of Education** UK ≃ recteur *m* d'académie ▸ **Director of Public Prosecutions** UK LAW ≃ procureur *m* de la République ▸ **director of studies** UNIV directeur *m*, -trice *f* d'études or de travaux **2.** US MUS chef *m* d'orchestre **3.** CIN, RADIO & TV réalisateur *m*, -trice *f* ; THEAT metteur *m* en scène ▸ **director of programmes** directeur *m*, -trice *f* des programmes **4.** [device] guide *m*.

directorate [dɪ'rektərət] n **1.** [board] conseil *m* d'administration **2.** [position] direction *f*, poste *m* de directeur.

director-general n directeur *m* général.

directorial [,daɪrek'tɔ:rɪəl] adj de mise en scène.

director's chair n régisseur *m*.

directorship [dɪ'rektəʃɪp] n direction *f*, poste *m* or fonctions *fpl* de directeur.

directory [dɪ'rektərɪ] (*pl* **directories**) ◆ n **1.** [of addresses] répertoire *m* (d'adresses) ; TELEC annuaire *m* (des téléphones), bottin *m* ; COMPUT répertoire *m* ▸ **street directory** répertoire des rues ▸ **commercial directory** annuaire du commerce **2.** [of instructions] mode *m* d'emploi ; RELIG directoire *m*. ◆ adj directeur.

❖ **Directory** n HIST ▸ **the Directory** le Directoire.

directory enquiries UK, **directory assistance** US n (service *m* des) renseignements *mpl* téléphoniques.

directrix [dɪ'rektrɪks] n [gen & GEOM] directrice *f*.

direct rule n *contrôle direct du maintien de l'ordre par le gouvernement britannique en Irlande du Nord, depuis 1972.*

direct speech n UK discours *m* or style *m* direct.

dirge [dɜ:ʤ] n hymne *m* or chant *m* funèbre ; *fig* chant *m* lugubre.

dirham ['dɪəræm] n dirham *m*.

dirigible ['dɪrɪʤəbl] ◆ adj dirigeable. ◆ n dirigeable *m*.

dirigisme ['dɪrɪʒɪzm] n dirigisme *m*.

dirk [dɜ:k] n Scot dague *f*, poignard *m*.

dirndl ['dɜ:ndl] n robe *f* paysanne.

dirt [dɜ:t] n *(U)* **1.** [grime] saleté *f*, crasse *f* ; [mud] boue *f* ; [excrement] crotte *f*, ordure *f* / *don't tread dirt into the carpet* ne ramène pas de boue sur la moquette / *she was covered in dirt* elle était toute sale or couverte de crasse / *this dress really shows the dirt* cette robe fait vite sale or est très salissante **2.** [soil] terre *f* / *stop scrabbling in the dirt* arrête de gratter la terre ▸ **to be as common as dirt** [person] avoir mauvais genre ▸ **to eat dirt** US *inf & fig* ramper ▸ **to treat sb like dirt** traiter qqn comme un chien **3.** [obscenity] obscénité *f* **4.** *inf* [scandal] ragots *mpl*, cancans *mpl* ▸ **to dig up some dirt on sb** dénicher des ragots **5.** INDUST [in material, solution] impuretés *fpl*, corps *mpl* étrangers ; [in machine] encrassement *m* / *the wheel is full of dirt* la roue est encrassée.

dirt-cheap *inf* ◆ adv pour rien / *I bought it dirt-cheap* je l'ai payé trois fois rien. ◆ adj très bon marché.

dirt farmer n petit fermier *m*.

dirtiness ['dɜ:tɪnɪs] n malpropreté *f*.

dirt road n chemin *m* de terre or non goudronné.

dirt track n [gen] piste *f* ; SPORT (piste) cendrée *f* ▸ **dirt track racing** courses *fpl* sur cendrée.

dirty ['dɜ:tɪ] (*compar* **dirtier**, *superl* **dirtiest**, *pt & pp* **dirtied**) ◆ adj **1.** [not clean - clothes, hands, person] sale, malpropre, crasseux ; [- machine] encrassé ; [- wound] infecté ; [muddy] plein de boue, crotté / *don't get dirty!* ne vous salissez pas ! / *he got his shirt dirty* il a sali sa chemise / *this rug gets dirty easily* ce tapis est salissant **2.** [colour] sale **3.** [nasty] sale / *no dirty cracks!* *inf* pas de vacheries ! / *it was a dirty business* c'était une sale histoire / *politics is a dirty business* il est difficile de garder les mains propres quand on fait de la politique / *a dirty campaign* une campagne sordide / *that's a dirty lie* ce n'est absolument pas vrai / *dirty money* argent sale or mal acquis / *he's a dirty fighter* il se bat en traître ▸ **to give sb a dirty look** regarder qqn de travers or d'un sale œil ▸ **that's dirty pool!** US c'est un tour de cochon ! ▸ **you dirty rat!** *inf* espèce de salaud ! **4.** [weather] sale, vilain **5.** [obscene] grossier, obscène / *to have a dirty mind* avoir l'esprit mal tourné / *to have a dirty mouth* être mal embouché ▸ **dirty magazines** revues *fpl* pornographiques ▸ **a dirty old man** *inf* un vieux cochon or vicelard ▸ **a dirty joke** / **story** une blague / histoire cochonne ▸ **a dirty word** une grossièreté, un gros mot / *"middle class" is a dirty word around here* *inf* le terme « classe moyenne » est une insulte par ici **6.** *inf* [sexy] ▸ **a dirty weekend** un week-end coquin. ◆ adv *inf* **1.** [fight, play] déloyalement ; [talk] grossièrement **2.** UK [as intensifier] vachement / *a dirty great skyscraper* un gratte-ciel énorme. ◆ vt [soil] salir ; [machine] encrasser ▸ **to dirty one's hands** *lit & fig* se salir les mains. ◆ n UK ▸ **to do the dirty on sb** *inf* jouer un sale tour or faire une vacherie à qqn.

dirty bomb n bombe *f* sale.

dirty-minded adj qui a l'esprit mal tourné.

dirty trick n [malicious act] sale tour *m* ▸ **to play a dirty trick on sb** jouer un sale tour or un tour de cochon à qqn.

❖ **dirty tricks** pl n : *they've been up to their dirty tricks again* ils ont encore fait des leurs ▸ **dirty tricks campaign** POL *manœuvres déloyales visant à discréditer un adversaire politique.*

dirty work n *(U)* **1.** [unpleasant work] travail *m* salissant / *I always get the dirty work* c'est toujours moi qui fais le sale travail / *he wants someone else to do his dirty work* il veut que quelqu'un d'autre se salisse les mains à sa place **2.** *inf* [dishonest work] magouille *f*.

dis [dɪs] vt US *inf* = **diss**.

disability [,dɪsə'bɪlətɪ] (*pl* **disabilities**) n **1.** [state - physical] incapacité *f*, invalidité *f* ▸ **partial** / **total disability** incapacité partielle / totale **2.** [handicap] infirmité *f* ; ADMIN handicap *m* / *her disability makes her eligible for a pension* son infirmité lui donne droit à une pension **3.** LAW ▸ **disability to do sthg** incapacité *f* or inhabilité *f* à faire qqch.

disability clause n *clause d'une police d'assurance-vie permettant à l'assuré de cesser tout paiement et de recevoir une pension en cas d'invalidité.*

disable [dɪs'eɪbl] vt **1.** [accident, illness] rendre infirme ; [maim] mutiler, estropier / *a disabling disease* une maladie invalidante ▸ **to disable sb from doing sthg** *fig* mettre qqn hors d'état de faire qqch **2.** [machine] mettre hors service ; [ship] faire subir une avarie à, désemparer ; [gun, tank] mettre hors d'action ; [army, battalion] mettre hors de combat **3.** LAW ▸ **to disable sb from doing sthg a)** rendre qqn inhabile à faire qqch **b)** [pronounce] prononcer qqn inhabile à faire qqch.

disabled [dɪs'eɪbld] ◆ adj **1.** [handicapped] infirme ; ADMIN handicapé ; [maimed] mutilé, estropié / *disabled ex-servicemen* invalides *mpl* or mutilés *mpl* de guerre **2.** MIL mis hors de combat **3.** [machine] hors service ; [ship] avarié, désemparé ; [propeller] immobilisé **4.** LAW ▸ **to be disabled from doing sthg** être incapable de or inhabile à faire qqch. ◆ pl n ▸ **the disabled a)** [handicapped] les handicapés *mpl* **b)** [maimed] les mutilés *mpl* or estropiés *mpl* / *the war disabled* les mutilés or invalides *mpl* de guerre.

disablement [dɪs'eɪblmənt] n invalidité *f*, infirmité *f* ▸ **disablement benefit** allocation *f* d'invalidité ▸ **disablement insurance** assurance *f* invalidité ▸ **disablement pension** pension *f* d'invalidité.

disabuse [,dɪsə'bju:z] vt détromper, ôter ses illusions à ▸ **to disabuse sb of sthg** détromper qqn de qqch.

disadvantage [,dɪsəd'vɑ:ntɪʤ] ◆ n **1.** [condition] désavantage *m*, inconvénient *m* ▸ **to be at a disadvantage** être désavantagé or dans une position désavantageuse / *she's at a big disadvantage being the youngest* le fait qu'elle soit la plus jeune la désavantage nettement ▸ **to put sb at a disadvantage** désavantager or défavoriser qqn / *the situation works* or *is to her disadvantage* la situation est un handicap or un désavantage pour elle / *it would be to his disadvantage to sue* cela lui porterait préjudice or lui ferait du tort d'intenter un procès **2.** COMM [loss] perte *f*. ◆ vt désavantager, défavoriser.

disadvantaged [,dɪsəd'vɑ:ntɪʤd] ◆ adj [gen] défavorisé ; [economically] déshérité / *socially disadvantaged* défavorisé sur le plan social. ◆ pl n ▸ **the disadvantaged** les défavorisés *mpl*.

disadvantageous [,dɪsædvɑ:n'teɪʤəs] adj désavantageux, défavorable ▸ **to be disadvantageous to sb** être désavantageux or défavorable à qqn.

disadvantageously [,dɪsædvɑ:n'teɪʤəslɪ] adv d'une manière désavantageuse, désavantageusement.

disaffected [,dɪsə'fektɪd] adj [discontented] hostile, mécontent ; [disloyal] rebelle ▸ **disaffected youth** jeunesse révoltée.

disaffection [,dɪsə'fekʃn] n désaffection *f*, détachement *m*.

disagree [,dɪsə'gri:] vi **1.** [person, people] ne pas être d'accord, être en désaccord / *she disagrees* elle n'est pas d'accord, elle n'est pas de cet avis ▸ **to disagree with sb about** or **on sthg** ne pas être d'accord avec or ne pas être du même avis que qqn sur qqch / *I disagree with everything they've done* je suis contre or je désapprouve tout ce qu'ils ont fait / *we disagree on everything* [differ] nous ne sommes jamais d'accord **2.** [figures, records] ne pas concorder / *the two men's accounts of events disagree* les récits des deux hommes sur ce qui s'est passé ne concordent pas **3.** [food, weather] ne pas convenir / *spicy food disagrees with him* les plats épicés ne lui réussissent pas, il digère mal les plats épicés / *I must have eaten something that disagreed with me* j'ai dû manger quelque chose qui n'est pas bien passé.

disagreeable [,dɪsə'grɪəbl] adj [person, remark] désagréable, désobligeant ; [experience, job] désagréable, pénible ; [smell] désagréable, déplaisant / *don't be so disagreeable!* vous êtes vraiment pénibles !

disagreeably [,dɪsə'grɪəblɪ] adv désagréablement, d'une façon désagréable or désobligeante / *he behaved so disagreeably!* il a été tellement insupportable !

disagreement [,dɪsə'gri:mənt] n **1.** [of opinions, records] désaccord *m*, conflit *m* / *I'm in complete disagreement with you about* or *on this* je ne partage pas du tout votre avis là-dessus / *they are in disagreement about* or *on what action to take* ils ne sont pas d'accord sur les mesures à prendre **2.** [quarrel] différend *m*, querelle *f* / *they've had a disagreement over* or *about money* ils se sont disputés à propos d'argent, ils ont eu une querelle d'argent.

disallow [,dɪsə'laʊ] vt [argument, opinion] rejeter ; SPORT refuser ; LAW débouter, rejeter.

disambiguate [,dɪsæm'bɪgjʊeɪt] vt désambiguïser.

disambiguation ['dɪsæm,bɪgjʊ'eɪʃn] n désambiguïsation *f*.

disappear [,dɪsə'pɪəʳ] vi **1.** [vanish - person, snow] disparaître ; [- object] disparaître, s'égarer ; LING s'amuïr / *she disappeared from sight* on l'a perdue de vue / *he disappeared into the crowd* il s'est perdu dans la foule / *to disappear over the horizon* disparaître à l'horizon ▸ **to make sthg disappear a)** [gen] faire disparaître qqch **b)** [magician] escamoter qqch ▸ **Michael did his usual disappearing act** *inf* Michael a encore joué la fille de l'air **2.** [cease to exist - pain, tribe] disparaître ; [- problem] disparaître, s'aplanir ; [- memory] s'effacer, s'estomper ; [- tradition] disparaître, tomber en désuétude / *as a species, the turtle is fast disappearing* les tortues sont une espèce en voie de disparition.

disappearance [,dɪsə'pɪərəns] n [gen] disparition *f* ; LING amuïssement *m*.

disappoint [ˌdɪsəˈpɔɪnt] vt **1.** [person] décevoir, désappointer / *you promised to come, so don't disappoint him* vous avez promis de venir, alors ne lui faites pas faux bond **2.** [hope] décevoir ; [plan] contrarier, contrecarrer.

disappointed [ˌdɪsəˈpɔɪntɪd] adj **1.** [person] déçu, désappointé / *I'm very disappointed in him* il m'a beaucoup déçu / *I was disappointed to hear you won't be coming* j'ai été déçu d'apprendre que vous ne viendrez pas / *are you disappointed at* or *with the results?* les résultats vous ont-ils déçu ?, avez-vous été déçu par les résultats ? ▸ **to be disappointed in love** être malheureux en amour **2.** [ambition, hope] déçu ; [plan] contrarié, contrecarré.

Note that **être déçu que** is followed by a verb in the subjunctive:
I'm disappointed my husband isn't here. *Je suis déçue que mon mari ne soit pas là.*

disappointing [ˌdɪsəˈpɔɪntɪŋ] adj décevant / *how disappointing!* quelle déception !, comme c'est décevant ! / *I found the film very disappointing* j'ai trouvé le film vraiment décevant, j'ai été vraiment déçu par le film.

disappointingly [ˌdɪsəˈpɔɪntɪŋlɪ] adv : *disappointingly low grades* des notes d'une faiblesse décourageante or décevante / *he did disappointingly badly in the exam* ses résultats à l'examen ont été très décevants.

disappointment [ˌdɪsəˈpɔɪntmənt] n **1.** [state] déception *f*, désappointement *m*, déconvenue *f* / *to her great disappointment, she failed* à sa grande déception or déconvenue, elle a échoué **2.** [letdown] déception *f*, désillusion *f* / *she has suffered many disappointments* elle a essuyé bien des déboires / *he has been a great disappointment to me* il m'a beaucoup déçu.

disapprobation [ˌdɪsæprəˈbeɪʃn] n *fml* désapprobation *f* ; [strong] réprobation *f* / *a murmur of disapprobation* un murmure désapprobateur or de désapprobation.

disapproval [ˌdɪsəˈpruːvl] n désapprobation *f* ; [strong] réprobation *f* / *a look of disapproval* un regard désapprobateur or de désapprobation / *to shake one's head in disapproval* faire un signe désapprobateur de la tête / *she showed / expressed her disapproval of his decision* elle a montré / exprimé sa désapprobation à l'égard de sa décision / *much to my disapproval she decided to get married* elle a décidé de se marier, ce que je désapprouve entièrement.

disapprove [ˌdɪsəˈpruːv] ◆ vi désapprouver ▸ **to disapprove of sthg** désapprouver qqch / *she disapproves of smoking* elle désapprouve or elle est contre le tabac / *your mother disapproves of your going* votre mère n'est pas d'accord pour que vous y alliez / *he disapproves of everything I do* il trouve à redire à tout ce que je fais / *her father disapproves of me* son père ne me trouve pas à son goût. ◆ vt désapprouver.

disapproving [ˌdɪsəˈpruːvɪŋ] adj désapprobateur, de désapprobation / *don't look so disapproving* ne prends pas cet air désapprobateur.

disapprovingly [ˌdɪsəˈpruːvɪŋlɪ] adv [look] d'un air désapprobateur ; [speak] d'un ton désapprobateur, avec désapprobation.

disarm [dɪsˈɑːm] ◆ vt **1.** [country, enemy, critic] désarmer **2.** [charm] désarmer, toucher. ◆ vi désarmer.

disarmament [dɪsˈɑːməmənt] ◆ n désarmement *m*. ◆ comp [conference, negotiations, talks] sur le désarmement.

disarming [dɪsˈɑːmɪŋ] ◆ adj désarmant, touchant. ◆ n désarmement *m*.

disarmingly [dɪsˈɑːmɪŋlɪ] adv de façon désarmante / *disarmingly honest / friendly* d'une honnêteté / amabilité désarmante.

disarrange [ˌdɪsəˈreɪndʒ] vt [order, room] déranger, mettre en désordre ; [plans] déranger, bouleverser ; [hair] défaire.

disarray [ˌdɪsəˈreɪ] n [of person] confusion *f*, désordre *m* ; [of clothing] désordre *m* / *the group was thrown into disarray* la confusion or le désordre régnait dans le groupe / *the enemy was in disarray* l'ennemi était en déroute / *the party is in complete disarray* le parti est en plein désarroi / *her thoughts were in disarray* ses pensées étaient très confuses.

disassemble [ˌdɪsəˈsembl] vt démonter, désassembler.

disassembly [ˌdɪsəˈsemblɪ] n démontage *m*, désassemblage *m*.

disassociate [ˌdɪsəˈsəʊʃɪeɪt] = **dissociate**.

disaster [dɪˈzɑːstəʳ] ◆ n **1.** [misfortune] désastre *m*, catastrophe *f* ; [natural] catastrophe *f*, sinistre *m* / *air disaster* catastrophe aérienne / *financial disaster* désastre financier / *a series of disasters* une suite de désastres or de malheurs / *at the scene of the disaster* sur les lieux de la catastrophe or du sinistre / *the town has suffered one disaster after another* la ville a subi désastre après désastre / *the project is heading for disaster* le projet est voué à l'échec or à la catastrophe / *she's heading for* or *courting disaster* elle court à sa perte or à la catastrophe / *we were going along quite happily then disaster struck* nous suivions notre petit bonhomme de chemin, quand soudain, catastrophe ! ▸ **a disaster waiting to happen** une bombe à retardement *fig* **2.** *fig* : *as a manager, he's a disaster!* en tant que directeur, ce n'est pas une réussite ! / *my hair's a disaster this morning!* mes cheveux sont dans un état épouvantable ce matin ! ◆ comp [fund] d'aide aux sinistrés ; [area] sinistré ▸ **disaster movie** film *m* catastrophe.

disaster area n *lit* région *f* sinistrée ; *fig* champ *m* de bataille / *your sister's a walking disaster area!* ta sœur est une vraie catastrophe ambulante !

disastrous [dɪˈzɑːstrəs] adj désastreux, catastrophique.

disastrously [dɪˈzɑːstrəslɪ] adv désastreusement.

disavow [ˌdɪsəˈvaʊ] vt *fml* [child, opinion] désavouer ; [responsibility, faith] renier.

disavowal [ˌdɪsəˈvaʊəl] n *fml* [of child, opinion] désaveu *m* ; [of responsibility, faith] reniement *m*.

disband [dɪsˈbænd] ◆ vt [army, club] disperser ; [organization] disperser, dissoudre. ◆ vi [army] se disperser ; [organization] se dissoudre.

disbandment [dɪsˈbændmənt] n [of army, club] dispersion *f* ; [of organization] dissolution *f*.

disbar [dɪsˈbɑːʳ] (*pt & pp* **disbarred**, *cont* **disbarring**) vt LAW rayer du barreau or du tableau de l'ordre *(des avocats)* / *he was disbarred for malpractice* il s'est fait rayer du barreau pour faute professionnelle.

disbarment [dɪsˈbɑːmənt] n LAW radiation *f* (du barreau).

disbelief [ˌdɪsbɪˈliːf] n incrédulité *f* / *she looked at him in disbelief* elle l'a regardé avec incrédulité.

disbelieve [ˌdɪsbɪˈliːv] ◆ vt [person] ne pas croire ; [news, story] ne pas croire à / *I see no reason to disbelieve his story* je ne vois pas pourquoi on ne croirait pas à ce qu'il dit. ◆ vi RELIG ne pas croire.

disbeliever [ˌdɪsbɪˈliːvəʳ] n [gen] incrédule *mf* ; RELIG incroyant *m*, -e *f*, incrédule *mf*.

disbelieving [ˌdɪsbɪˈliːvɪŋ] adj incrédule.

disburse [dɪsˈbɜːs] vt débourser.

disbursement [dɪsˈbɜːsmənt] n **1.** [payment] débours *m*, dépense *f* **2.** [action] déboursement *m*.

disc [dɪsk] n **1.** [flat circular object] disque *m* / *the disc of the moon* le disque de la lune **2.** [record] disque *m* **3.** ANAT disque *m* (intervertébral) **4.** [identity tag] plaque *f* d'identité ▸ **parking disc** AUTO disque *m* de stationnement ▸ **disc parking** stationnement *m* avec disque.

disc. written abbr of **discount**.

discard ◆ vt [dɪˈskɑːd] **1.** [get rid of] se débarrasser de, mettre au rebut ; [idea, system] renoncer, abandonner **2.** CARDS se défausser de, défausser ; [in cribbage] écarter. ◆ vi [dɪˈskɑːd] CARDS se défausser ; [in cribbage] écarter. ◆ n [ˈdɪskɑːd] **1.** COMM & INDUST [reject] pièce *f* de rebut **2.** CARDS défausse *f* ; [in cribbage] écart *m*.

discarded [dɪˈskɑːdɪd] adj [small object] jeté ; [larger] abandonné.

disc brake n UK frein *m* à disque.

discern [dɪˈsɜːn] vt [see] discerner, distinguer ; [understand] discerner.

discernible [dɪˈsɜːnəbl] adj [visible] visible ; [detectable] discernable, perceptible / *he left for no discernible reason* il est parti sans raison apparente.

discernibly [dɪˈsɜːnəblɪ] adv [visibly] visiblement ; [perceptibly] perceptiblement, sensiblement.

discerning [dɪˈsɜːnɪŋ] adj [person] judicieux, sagace ; [taste] fin, délicat ; [look] perspicace.

discernment [dɪˈsɜːnmənt] n discernement *m*, perspicacité *f*.

discharge ◆ vt [ˈdɪstʃɑːdʒ] **1.** [release - patient] laisser sortir, libérer ; [- prisoner] libérer, mettre en liberté / *he was discharged yesterday* il est sorti hier / *the patient discharged herself* la malade a signé une décharge et est partie **2.** [dismiss - employee] renvoyer, congédier ; [- official] destituer ; LAW [jury] dessaisir ; [accused] acquitter, relaxer ; MIL [from service] renvoyer à la vie civile ; [from active duty] démobiliser ; [for lack of fitness] réformer ▸ **discharged bankrupt** failli *m* réhabilité **3.** [unload - cargo] décharger ; [- passengers] débarquer **4.** [emit - liquid] dégorger, déverser ; [- gas] dégager, émettre ; ELEC décharger / *the wound was discharging pus* MED la blessure suppurait **5.** [perform - duty] remplir, s'acquitter de ; [- function] remplir **6.** [debt] acquitter, régler **7.** [gun] décharger, tirer ; [arrow] décocher. ◆ vi [ˈdɪstʃɑːdʒ] **1.** [ship] décharger **2.** [wound] suinter **3.** ELEC être en décharge. ◆ n [dɪsˈtʃɑːdʒ] **1.** [release - of patient] sortie *f* ; [of prisoner] libération *f*, mise *f* en liberté **2.** [dismissal - of employee] renvoi *m* ; [- of soldier] libération *f* ; [after active duty] démobilisation *f* ; LAW [acquittal] acquittement *m* **3.** [of cargo] déchargement *m* **4.** [emission] émission *f* ; [of liquid] écoulement *m* ; MED [of wound] suintement *m* ; [vaginal] pertes *fpl* (blanches) ; [of pus] suppuration *f* ; ELEC décharge *f* **5.** [of duty] exécution *f*, accomplissement *m* **6.** [of debt] acquittement *m* **7.** [of gun] décharge *f*.

disc harrow n pulvériseur *m*.

disciple [dɪˈsaɪpl] n [gen & RELIG] disciple *m*.

discipleship [dɪˈsaɪplʃɪp] n vie *f* apostolique ▸ **discipleship group** groupe *m* de prière ▸ **discipleship ministry** ministère *m* apostolique ▸ **discipleship resources** ressources *fpl* pour la formation de disciples.

disciplinarian [ˌdɪsɪplɪˈneərɪən] ◆ n partisan *m* de la manière forte. ◆ adj disciplinaire.

disciplinary [ˈdɪsɪplɪnərɪ] adj **1.** [corrective - measure] disciplinaire ; [committee] de discipline ▸ **disciplinary action** mesures *fpl* disciplinaires **2.** [relating to field] relatif à une discipline.

discipline [ˈdɪsɪplɪn] ◆ n **1.** [training, control] discipline *f* / *to keep* or *to enforce discipline in the classroom* maintenir la discipline dans la classe / *with iron discipline* avec une discipline de fer **2.** [area of study] discipline *f*, matière *f*. ◆ vt **1.** [train - person] discipliner ; [- mind] discipliner, former **2.** [punish] punir.

disciplined [ˈdɪsɪplɪnd] adj discipliné.

disc jockey n animateur *m*, -trice *f (de radio ou de discothèque)*, disc-jockey *m*.

disclaim [dɪsˈkleɪm] vt **1.** [deny - responsibility] rejeter, décliner ; [- knowledge] nier ; [- news, remark] démentir ; [- paternity] désavouer **2.** LAW se désister de, renoncer à.

disclaimer [dɪsˈkleɪməʳ] n **1.** [denial] démenti *m*, désaveu *m* / *the president issued a disclaimer denying all knowledge of affair* le président a démenti officiellement être au courant de cette affaire **2.** LAW désistement *m*, renonciation *f*.

disclose [dɪsˈkləʊz] vt **1.** [reveal - secret] divulguer, dévoiler ; [- news] divulguer ; [- feelings] révéler **2.** [uncover] exposer, montrer.

disclosure [dɪsˈkləʊʒəʳ] n **1.** [revelation] divulgation *f*, révélation *f* **2.** [fact revealed] révélation *f*.

disco ['dɪskəʊ] (*pl* **discos**) ◆ n discothèque *f*, boîte *f*. ◆ comp [dancing, music] disco.

discography [dɪs'kɒgrəfɪ] n discographie *f*.

discoid ['dɪskɔɪd] adj discoïde, discoïdal.

discolor US = **discolour**.

discoloration [dɪs,kʌlə'reɪʃn] n [fading] décoloration *f* ; [yellowing] jaunissement *m* ; [dulling] ternissement *m*.

discolour UK, **discolor** US [dɪs'kʌlər] ◆ vt [change colour of, fade] décolorer ; [turn yellow] jaunir. ◆ vi [change colour, fade] se décolorer ; [turn yellow] jaunir.

discoloured UK, **discolored** US [dɪs'kʌləd] adj [faded] décoloré ; [yellowed] jauni.

discombobulate [,dɪskəm'bɒbjʊleɪt] vt US *inf* chambarder.

discomfit [dɪs'kʌmfɪt] vt *fml* **1.** [confuse, embarrass] déconcerter, gêner **2.** [thwart - plan, project] contrecarrer, contrarier.

discomfiture [dɪs'kʌmfɪtʃər] n *fml* [embarrassment] embarras *m*, gêne *f*.

discomfort [dɪs'kʌmfət] ◆ n **1.** [pain] malaise *m* ; [unease] gêne *f* / *she's in some discomfort* elle a assez mal / *you may experience some discomfort* il se peut que vous ressentiez une gêne / *her letter caused him some discomfort* sa lettre l'a mis un peu mal à l'aise **2.** [cause of pain, unease] incommodité *f*, inconfort *m*. ◆ vt incommoder, gêner.

discommode [,dɪskə'məʊd] vt *fml* importuner.

discompose [,dɪskəm'pəʊz] vt *fml* déconcerter, décontenancer.

discomposure [,dɪskəm'pəʊʒər] n *fml* embarras *m*, gêne *f*.

disconcert [,dɪskən'sɜːt] vt **1.** [fluster] déconcerter, dérouter **2.** [upset] troubler, gêner.

disconcerting [,dɪskən'sɜːtɪŋ] adj **1.** [unnerving] déconcertant, déroutant **2.** [upsetting] gênant.

disconcertingly [,dɪskən'sɜːtɪŋlɪ] adv de façon déconcertante or déroutante.

disconnect [,dɪskə'nekt] vt **1.** [detach] détacher, séparer ; [plug, pipe, radio, TV] débrancher ; RAIL [carriages] décrocher **2.** [gas, electricity, telephone, water] couper / *the operator disconnected us* TELEC la standardiste nous a coupés or a interrompu la communication / *we must have been disconnected* nous avons dû être coupés / *their phone has been disconnected* on leur a coupé le téléphone.

disconnected [,dɪskə'nektɪd] adj **1.** [remarks, thoughts] décousu, sans suite, [facts] sans rapport **2.** [detached - wire, plug, etc.] détaché ; [- telephone] déconnecté.

disconsolate [dɪs'kɒnsələt] adj triste, inconsolable.

disconsolately [dɪs'kɒnsələtlɪ] adv tristement / ..., *he said disconsolately* ..., dit-il d'un air abattu.

discontent [,dɪskən'tent] ◆ n **1.** [dissatisfaction] mécontentement *m* / *general* or *public discontent* malaise *m* / *a cause of discontent* grief *m* **2.** [person] mécontent *m*, -e *f*. ◆ adj mécontent. ◆ vt mécontenter.

discontented [,dɪskən'tentɪd] adj mécontent.

discontinue [,dɪskən'tɪnjuː] vt **1.** [gen] cesser, interrompre / *I've discontinued my subscription* j'ai arrêté mon abonnement ; COMM & INDUST [production] abandonner ; [product] interrompre ; [publication] interrompre la publication de / *this item / model has been discontinued* cet article / ce modèle ne se fait plus ▸ **discontinued line** fin *f* de série **2.** LAW [action, suit] abandonner.

discontinuity [,dɪskɒntɪ'njuːətɪ] (*pl* **discontinuities**) n **1.** [gen & MATH] discontinuité *f* **2.** GEOL zone *f* de discontinuité.

discontinuous [,dɪskən'tɪnjʊəs] adj [gen, LING & MATH] discontinu.

discord ['dɪskɔːd] n **1.** *(U)* [conflict] désaccord *m*, discorde *f* ▸ **civil discord** dissensions *fpl* sociales **2.** MUS dissonance *f*.

discordant [dɪ'skɔːdənt] adj **1.** [opinions] incompatible, opposé ; [colours, sounds] discordant **2.** MUS dissonant.

discotheque ['dɪskəʊtek] n discothèque *f (pour danser)*.

discount ◆ n ['dɪskaʊnt] **1.** COMM [price reduction] remise *f*, rabais *m* / *I bought it at a discount* je l'ai acheté au rabais / *she got a discount* on lui a fait une remise / *the store is currently offering a 5% discount on radios* le magasin fait (une réduction de) 5 % sur les radios en ce moment **2.** FIN [deduction] escompte *m* / **'discount for cash'** 'escompte au comptant' / *shares offered at a discount* des actions offertes en dessous du pair. ◆ vt [dɪs'kaʊnt] **1.** [disregard] ne pas tenir compte de / *you have to discount half of what she says* il ne faut pas croire la moitié de ce qu'elle raconte / *they did not discount the possibility* ils n'ont pas écarté cette possibilité **2.** COMM [article] faire une remise or un rabais sur **3.** FIN [sum of money] faire une remise de, escompter ; [bill, banknote] prendre à l'escompte, escompter.

discounted rate n taux *m* d'escompte.

discount house n **1.** UK FIN [bank] banque *f* d'escompte ; [organization] *organisme qui escompte des traites ou des effets* **2.** US [shop] solderie *f*, magasin *m* de vente au rabais.

discount rate n taux *m* d'escompte.

discount store n solderie *f*.

discourage [dɪ'skʌrɪdʒ] vt **1.** [dishearten] décourager / *to become discouraged* se laisser décourager / *the art school discouraged his ideas* l'école des beaux-arts a tenté de le faire changer d'idées **2.** [dissuade] décourager, dissuader ▸ **to discourage sb from doing sthg** dissuader qqn de faire qqch / *we are trying to discourage smoking* nous essayons de dissuader les gens de fumer / *in order to discourage burglars* pour décourager les voleurs / *a type of diet which should be discouraged* un type de régime qui devrait être déconseillé.

discouraged [dɪs'kʌrɪdʒd] adj découragé / *don't be discouraged* ne te laisse pas abattre or décourager.

discouragement [dɪ'skʌrɪdʒmənt] n **1.** [attempt to discourage] : *I met with discouragement on all sides* tout le monde a essayé de me décourager / *my plans met with discouragement* on a essayé de me dissuader de poursuivre mes projets **2.** [deterrent] : *the metal shutters act as a discouragement to vandals* les rideaux métalliques servent à décourager les vandales / *at least it will act as a discouragement* au moins cela aura un effet dissuasif.

discouraging [dɪ'skʌrɪdʒɪŋ] adj décourageant.

discouragingly [dɪ'skʌrɪdʒɪŋlɪ] adv [speak] d'une manière décourageante / *discouragingly, the government has refused to finance the research* ce qui est décourageant, c'est que le gouvernement a refusé de financer la recherche.

discourse ◆ n ['dɪskɔːs] **1.** *fml* [sermon] discours *m* ; [dissertation] discours *m*, traité *m* / **'Discourse on Method'** *Descartes* 'Discours de la méthode' **2.** LING discours *m* **3.** *(U) liter* [conversation] conversation *f*, débat *m* ▸ **to be engaged in discourse with sb** s'entretenir avec qqn. ◆ vi [dɪ'skɔːs] **1.** *fml* [speak] ▸ **to discourse on** or **upon sthg** traiter de or parler de qqch ▸ **to discourse at great length on sthg** discourir longuement sur qqch **2.** *liter* [converse] s'entretenir ▸ **to discourse with sb** s'entretenir avec qqn.

discourse analysis n LING analyse *f* du discours.

discourteous [dɪs'kɜːtjəs] adj discourtois, impoli / *to be discourteous to* or *towards sb* être discourtois or impoli avec or envers qqn.

discourteously [dɪs'kɜːtjəslɪ] adv d'une façon discourtoise or impolie / *to behave discourteously towards sb* manquer de politesse envers qqn, se montrer impoli or discourtois avec qqn.

discourtesy [dɪs'kɜːtɪsɪ] (*pl* **discourtesies**) n manque *m* de courtoisie, impolitesse *f* / *to behave with great discourtesy* se comporter de façon très discourtoise / *to treat sb with discourtesy* manquer de courtoisie envers qqn / *I meant no discourtesy* je ne voulais pas me montrer discourtois.

discover [dɪ'skʌvər] vt **1.** [country, answer, reason] découvrir / *the police discovered who the guilty party was* la police a découvert qui était coupable / *I finally discovered my glasses in my desk* j'ai fini par trouver mes lunettes dans mon bureau **2.** [realize] se rendre compte / *when did you discover that your wallet had been stolen?* quand vous êtes-vous rendu compte qu'on vous avait volé votre portefeuille ? **3.** [actor, singer, etc.] découvrir / *to be discovered* être découvert.

discoverer [dɪ'skʌvərər] n découvreur *m* / *Christopher Columbus was the discoverer of America* Christophe Colomb a découvert l'Amérique / *the discoverer of penicillin* la personne qui a découvert la pénicilline.

discovery [dɪ'skʌvərɪ] (*pl* **discoveries**) n **1.** [act, event] découverte *f* **2.** [actor, singer, place, thing] découverte *f* **3.** LAW [of documents] divulgation *f*.

discredit [dɪs'kredɪt] ◆ vt **1.** [person] discréditer **2.** [report, theory - cast doubt on] discréditer, mettre en doute ; [- show to be false] montrer l'inexactitude de / *this theory is now considered discredited by most linguists* cette théorie est maintenant en discrédit auprès de la majorité des linguistes. ◆ n [loss of good reputation] discrédit *m* ▸ **to bring discredit on** or **upon** jeter le discrédit sur / *it is very much to his discredit* ce n'est pas du tout à son honneur / *to his great discredit, he told a lie* à sa grande honte, il a menti ▸ **to be a discredit to one's family / school** déshonorer sa famille / son école.

discreditable [dɪs'kredɪtəbl] adj peu honorable, indigne.

discredited [dɪs'kredɪtɪd] adj discrédité.

discreet [dɪ'skriːt] adj discret (discrète) ▸ **to follow sb at a discreet distance** suivre qqn à une distance respectueuse.

discreetly [dɪ'skriːtlɪ] adv discrètement, de manière discrète.

discrepancy [dɪ'skrepənsɪ] (*pl* **discrepancies**) n [in figures] contradiction *f* ; [in statements] contradiction *f*, désaccord *m*, divergence *f* / *there's a discrepancy between these reports* ces rapports se contredisent or divergent (sur un point).

discrete [dɪ'skriːt] adj [gen, TECH & MATH] discret (discrète).

discretion [dɪ'skreʃn] n **1.** [tact, prudence] discrétion *f* ▸ **to be the soul of discretion** être la discrétion même ▸ **discretion is the better part of valour** *prov* prudence est mère de sûreté *prov* **2.** [judgment, taste] jugement *m* / *I'll leave it to your discretion* je laisse cela à votre discrétion or jugement / *use your own discretion* jugez par vous-même / *a woman of discretion* une femme de raison / *you have reached the age of discretion* tu as atteint l'âge de raison / *at the manager's discretion* à la discrétion du directeur / *the committee has discretion to award more than one prize* à la discrétion du comité, plus d'un prix peut être accordé.

discretionary [dɪ'skreʃnərɪ] adj discrétionnaire.

discriminate [dɪ'skrɪmɪneɪt] ◆ vi **1.** [on grounds of race, sex, etc.] ▸ **to discriminate in favour of** favoriser / *she was discriminated against* elle faisait l'objet or était victime de discriminations / *there are many people being sexually / racially discriminated against* nombreux sont ceux qui sont victimes de discrimination sexuelle / raciale **2.** [distinguish] établir or faire une distinction, faire une différence / *to discriminate between right and wrong* distinguer le bien du mal. ◆ vt distinguer / *to discriminate right from wrong* distinguer le bien du mal.

discriminating [dɪ'skrɪmɪneɪtɪŋ] adj **1.** [showing discernment] judicieux ; [in matters of taste] qui a un goût sûr / *he is not very discriminating in his choice of friends* il n'est pas très difficile dans le choix de ses amis / *the company was very discriminating in its choice of employees* l'entreprise était très sélective dans le choix de ses employés / *a car for the discriminating motorist* une voiture pour l'automobiliste averti **2.** [tax, tariff] différentiel.

discrimination [dɪˌskrɪmɪ'neɪʃn] n **1.** [on grounds of race, sex, etc.] discrimination *f* / *sexual discrimination* discrimination sexuelle **2.** [good judgment] discernement *m* ; [in matters of taste] goût *m* / *he shows no discrimination in his choice of clothes / friends* il ne fait preuve d'aucun discernement dans le choix de ses vêtements / amis / *he is a man of great discrimination* c'est un homme qui a énormément de goût **3.** [ability to distinguish] ▸ **powers of discrimination** capacités *fpl* de distinction, discernement *m*.

discriminatory [dɪ'skrɪmɪnətrɪ] adj [treatment, proposals] discriminatoire / *the company is being discriminatory* la société pratique la discrimination.

discursive [dɪ'skɜːsɪv] adj *fml* [essay, report, person, etc.] discursif.

discus ['dɪskəs] (*pl* **discuses** *or* **disci** [-kaɪ]) n SPORT disque *m* ▸ **discus thrower** lanceur *m*, -euse *f* de disque / *to come first in the discus* être premier au lancer du disque ; [in antiquity] discobole *m*.

discuss [dɪ'skʌs] vt [talk about - problem, price, subject, etc.] discuter de, parler de ; [- person] parler de ; [debate] discuter de ; [examine - subj: author, book, report, etc.] examiner, parler de, traiter de / *I'll discuss it with you later* nous en parlerons or discuterons plus tard / *I'll discuss it with him* j'en parlerai or discuterai avec lui / *it is being discussed* c'est en cours de discussion / *I don't want to discuss it* je ne veux pas en parler / *I refuse to discuss rumours* je refuse de commenter des rumeurs.

discussion [dɪ'skʌʃn] n [talk] discussion *f* ; [debate] débat *m* ; [examination - by author in report] traitement *m* ; [- of report] examen *m* / *the report contained a discussion of the recent findings* le rapport parlait or traitait des découvertes récentes / *there's been a lot of discussion about it* **a)** on en a beaucoup parlé **b)** [in parliament, on board, etc.] cela a été beaucoup débattu **c)** [in press, in media] cela a été largement traité / *an ideal subject for discussion* un sujet de discussion idéal / *to come up for discussion* [report, proposal, etc.] être discuté / *the subject under discussion was highly controversial* le sujet dont il était question prêtait à controverse / *it is still under discussion* c'est encore en cours de discussion.

discussion group n groupe *m* de discussion.

discussion list n INTERNET liste *f* de discussion.

disdain [dɪs'deɪn] ◆ vt *fml* dédaigner / *he disdained to reply to her letter / remark* il n'a pas daigné répondre à sa lettre / remarque. ◆ n dédain *m*, mépris *m* / *she was an object of disdain to him* il la dédaignait or la méprisait / *with* or *in disdain* avec dédain, dédaigneusement / *a look of disdain* un regard dédaigneux.

disdainful [dɪs'deɪnfʊl] adj dédaigneux ▸ **to be disdainful of sb / sthg** se montrer dédaigneux envers qqn / qqch, dédaigner qqn / qqch.

disdainfully [dɪs'deɪnfʊlɪ] adv avec dédain, dédaigneusement.

disease [dɪ'ziːz] n **1.** BOT, MED & VET maladie *f* / *he's suffering from a kidney disease* il a une maladie des reins, il est malade des reins / *the elimination of disease* l'élimination or l'éradication des maladies / *to combat disease* combattre la maladie ▸ **heart disease** maladie cardiovasculaire **2.** *fig* mal *m*, maladie *f* / *boredom is a disease of the rich* l'ennui est une maladie or un mal de riches.

diseased [dɪ'ziːzd] adj BOT, MED & VET malade ; *fig* [mind] malade, dérangé ; [imagination] malade.

diseconomy [dɪsɪ'kɒnəmɪ] n ECON déséconomie *f*.

disembark [ˌdɪsɪm'bɑːk] ◆ vi débarquer / *to disembark from the ferry* débarquer du ferry. ◆ vt [passengers, cargo] débarquer.

disembarkation [ˌdɪsembɑː'keɪʃn], **disembarkment** [ˌdɪsɪm'bɑːkmənt] n [of passengers, cargo] débarquement *m*.

disembodied [ˌdɪsɪm'bɒdɪd] adj [voice, spirit] désincarné.

disembowel [ˌdɪsɪm'baʊəl] (UK *pt* **disembowelled**, *cont* **disembowelling** ; US *pt* **disemboweled**, *cont* **disemboweling**) vt éviscérer, éventrer.

disenchanted [ˌdɪsɪn'ʧɑːntɪd] adj désillusionné ▸ **to be disenchanted with sb / sthg** avoir perdu ses illusions sur qqn / qqch, être désillusionné par qqn / qqch ▸ **to become disenchanted with sb / sthg** perdre ses illusions sur qqn / qqch.

disenchantment [ˌdɪsɪn'ʧɑːntmənt] n désillusion *f* / *disenchantment with the government has been growing* de plus en plus de gens sont déçus par le gouvernement.

disenfranchise [ˌdɪsɪn'frænʧaɪz] vt priver du droit de vote.

disengage [ˌdɪsɪn'geɪʤ] ◆ vt **1.** MECH désenclencher ; [lever, catch] dégager ; AUTO [handbrake] desserrer ▸ **to disengage the clutch** AUTO débrayer **2.** [release] dégager / *I tried to disengage my hand from his* j'ai essayé de dégager ma main de la sienne **3.** MIL : *the order came through to disengage the troops* l'ordre arriva de cesser le combat. ◆ vi **1.** MIL cesser le combat **2.** MECH se désenclencher.

disengagement [ˌdɪsɪn'geɪʤmənt] n **1.** [from political group, organization] désengagement *m* **2.** MIL cessez-le-feu *m inv*.

disentangle [ˌdɪsɪn'tæŋgl] vt [string, plot, mystery] démêler / *I tried to disentangle myself from the net* j'ai essayé de me dépêtrer du filet / *to disentangle o.s. from a difficult situation* se sortir à grand-peine d'une situation difficile.

disequilibrium [ˌdɪsekwɪ'lɪbrɪəm] n *fml* déséquilibre *m*.

disestablish [ˌdɪsɪ'stæblɪʃ] vt séparer ▸ **to disestablish the Church** séparer l'Église de l'État.

disestablishment [ˌdɪsɪ'stæblɪʃmənt] n séparation *f*.

disfavour UK, **disfavor** US [dɪs'feɪvər] n désapprobation *f*, défaveur *f* ▸ **to regard sthg / sb with disfavour** considérer qqch / qqn avec désapprobation, voir qqch / qqn d'un mauvais œil ▸ **to fall into disfavour with sb** tomber en défaveur auprès de qqn.

disfigure [dɪs'fɪgər] vt défigurer.

disfigured [dɪs'fɪgəd] adj défiguré.

disfigurement [dɪs'fɪgəmənt] n défigurement *m*.

disfranchise [ˌdɪs'frænʧaɪz] = **disenfranchise**.

disgorge [dɪs'gɔːʤ] ◆ vt **1.** [food] régurgiter, rendre ; *fig* [contents, passengers, pollutants] déverser / *chimneys disgorging smoke* des cheminées crachant de la fumée **2.** [give unwillingly - information] donner avec répugnance or à contrecœur. ◆ vi [river] se jeter, se dégorger.

disgrace [dɪs'greɪs] ◆ n **1.** [dishonour] disgrâce *f* / *it will bring disgrace on* or *to the family* cela fera tomber la famille dans la disgrâce, cela déshonorera la famille / *there's no disgrace in not knowing* il n'y a pas de honte à ne pas savoir / *it's no disgrace to be poor* il n'y a pas de honte à être pauvre **2.** [disapproval] ▸ **to be in disgrace (with sb)** être en disgrâce (auprès de qqn) **3.** [shameful example or thing] honte *f* / *it's a disgrace* c'est une honte, c'est honteux / *it's a disgrace that they weren't allowed into the country* il est honteux or c'est une honte qu'on leur ait interdit l'entrée dans le pays / *these streets are a disgrace* ces rues sont une honte / *look at you, you're a disgrace!* regarde-toi, tu fais honte (à voir) ! / *that jacket is a disgrace!* [very shabby] cette veste est une vraie guenille ! / *look at you, your hair's a disgrace* regarde-toi, tu es coiffé n'importe comment / *he's a disgrace to this profession* il déshonore sa profession / *you're a disgrace to your family* tu déshonores ta famille, tu es la honte de ta famille. ◆ vt **1.** [bring shame on] faire honte à, couvrir de honte, déshonorer ▸ **to disgrace o.s.** se couvrir de honte **2.** *(usu passive)* [discredit] disgracier.

disgraceful [dɪs'greɪsfʊl] adj [behaviour] honteux, scandaleux ; *inf* [hat, jacket, etc.] miteux / *look at you, you're disgraceful!* regarde-toi, tu fais honte (à voir) ! / *it's disgraceful* c'est honteux / *it's disgraceful that he wasn't there* il est honteux qu'il ne soit pas venu.

disgracefully [dɪs'greɪsfʊlɪ] adv honteusement / *a disgracefully untidy room* une pièce honteusement mal rangée.

disgruntled [dɪs'grʌntld] adj mécontent ▸ **to be disgruntled at** or **about (doing) sthg** être mécontent de (faire) qqch.

disguise [dɪs'gaɪz] ◆ n déguisement *m* ▸ **in disguise** déguisé / *to put on a disguise* se déguiser / *it was all a disguise fig* ce n'était qu'un masque / *to be a master of disguise* être un roi du déguisement. ◆ vt **1.** [voice, handwriting, person] déguiser ▸ **to be disguised as sb / sthg** être déguisé en qqn / qqch **2.** [feelings, disappointment, etc.] dissimuler, masquer ; [truth, facts] dissimuler, cacher ; [unsightly feature] cacher ; [bad taste of food, cough mixture, etc.] couvrir / *there's no disguising the fact that business is bad* on ne peut pas cacher le fait que les affaires vont mal / *there's no disguising the fact that I'm in love with you* je dois avouer que je vous aime.

disgust [dɪs'gʌst] ◆ n [sick feeling] dégoût *m*, aversion *f*, répugnance *f* ; [displeasure] écœurement *m*, dégoût *m* ▸ **to be filled with disgust by sthg** être écœuré par qqch / *in order to express our disgust with the decision* pour montrer que nous sommes écœurés par cette décision / *I resigned in disgust* dégoûté or écœuré, j'ai démissionné. ◆ vt [sicken] dégoûter ; [displease] écœurer / *I am disgusted with him / this government / his behaviour* il / ce gouvernement / son comportement m'écœure / *I was disgusted by the accounts of torture* [sickened] les récits de torture m'ont écœuré or m'ont donné la nausée / *to be disgusted with o.s.* [displeased] s'en vouloir / *I am disgusted with* or *at my own stupidity* [displeased] je m'en veux d'être aussi stupide.

disgusted [dɪs'gʌstɪd] adj [displeased] écœuré ; [sick] écœuré, dégoûté ▸ **Disgusted, Tunbridge Wells** UK *surnom et adresse fictifs correspondant au stéréotype du réactionnaire borné qui écrit à la rédaction des journaux pour protester.*

disgustedly [dɪs'gʌstɪdlɪ] adv d'un air écœuré.

disgusting [dɪs'gʌstɪŋ] adj [sickening - person, behaviour, smell] écœurant, dégoûtant ; [- habit, language] dégoûtant ; [very bad] écœurant, déplorable / *how disgusting!* c'est écœurant !, c'est dégoûtant ! / *you disgusting little boy!* espèce de petit dégoûtant !

disgustingly [dɪs'gʌstɪŋlɪ] adv : *a disgustingly bad meal* un repas épouvantable / *to be disgustingly rich inf* être scandaleusement riche / *she is disgustingly clever / successful inf* elle est intelligente / elle réussit au point que c'en est écœurant.

dish [dɪʃ] ◆ n **1.** [plate] assiette *f* ▸ **the dishes** la vaisselle ▸ **to wash** or **to do the dishes** faire la vaisselle / *to wash dishes* [in restaurant] faire la plonge **2.** [food] plat *m* **3.** [amount of food] plat *m* **4.** *inf* [good-looking man or woman] canon *m* **5.** [of telescope] miroir *m* concave *(de télescope)*. ◆ vt *inf* **1.** UK [chances, hopes] ruiner **2.** US [criticize] ▸ **to dish sb** critiquer qqn **3.** PHR ▸ **to dish the dirt** [gossip] faire des commérages. ◆ vi US *inf* ▸ **to dish on sb** cafarder qqn / *I shouldn't dish on her, but she's cheating on her husband* je ne devrais pas la cafarder mais elle trompe son mari.

❖ **dish out** ◆ vt sep **1.** [food] servir **2.** *inf & fig* [money, leaflets, etc.] distribuer ; [advice] prodiguer / *you can dish it out but you can't take it* [criticism] tu es bon pour critiquer mais pour ce qui est d'accepter la critique, c'est un autre problème ! / *you're going to have to take whatever they dish out* [punishment, discipline] il va te falloir accepter ce qu'ils te réservent / *he's really dishing it out* [boxer] il frappe vraiment à coups redoublés. ◆ vi [serve food] faire le service.

❖ **dish up** ◆ vt sep [food] servir or verser or mettre dans un plat ; *inf* [arguments, excuses, etc.] ressortir. ◆ vi [serve food] servir.

dish aerial UK, **dish antenna** US n TV antenne *f* parabolique.

disharmonious [ˌdɪshɑː'məʊnjəs] adj qui manque d'harmonie.

disharmony [ˌdɪs'hɑːmənɪ] n manque *m* d'harmonie.

dishcloth ['dɪʃklɒθ] n torchon *m* (à vaisselle).

dishearten [dɪs'hɑːtn] vt décourager, abattre, démoraliser / *don't get disheartened* ne te décourage pas, ne te laisse pas abattre.

disheartened [dɪs'hɑːtnd] adj découragé.

disheartening [dɪs'hɑːtnɪŋ] adj décourageant.

dished [dɪʃt] adj [angled] non parallèle ; [convex] lenticulaire.

dishevelled UK, **disheveled** US [dɪ'ʃevld] adj [hair] ébouriffé, dépeigné ; [clothes] débraillé, en désordre ; [person, appearance] débraillé.

dishful ['dɪʃfʊl] n [of food] plat *m*.

dish mop n lavette *f*.

dishonest [dɪs'ɒnɪst] adj malhonnête / *you're being dishonest not telling him how you feel* c'est malhonnête de ne pas lui dire ce que tu ressens.

dishonestly [dɪs'ɒnɪstlɪ] adv de manière malhonnête, malhonnêtement.

dishonesty [dɪs'ɒnɪstɪ] n malhonnêteté *f*.

dishonour UK, **dishonor** US [dɪs'ɒnər] ◆ n déshonneur *m* ▸ **to bring dishonour on sb / one's country** déshonorer qqn / son pays / *death before dishonour!* plutôt mourir qu'être déshonoré ! ◆ vt **1.** [family, country, profession, etc.] déshonorer **2.** FIN [cheque] refuser d'honorer.

dishonourable UK, **dishonorable** US [dɪs'ɒnrəbl] adj [conduct] déshonorant / *he was given a dishonourable discharge* MIL il a été renvoyé pour manquement à l'honneur.

dishonourably UK, **dishonorably** US [dɪs'ɒnrəblɪ] adv [behave] de façon or manière déshonorante.

dishpan ['dɪʃpæn] n US bassine *f* ▸ **to have dishpan hands** avoir les mains abîmées par la vaisselle.

dish rack n égouttoir *m* (à vaisselle).

dishrag ['dɪʃræg] = **dishcloth**.

dish soap n US liquide *m* vaisselle.

dishtowel ['dɪʃtaʊəl] US = **tea towel**.

dishwasher ['dɪʃˌwɒʃər] n [machine] lave-vaisselle *m* ; [person] plongeur *m*, -euse *f*.

dishwashing liquid n US liquide *m* vaisselle.

dishwater ['dɪʃˌwɔːtər] n eau *f* de vaisselle / *this coffee is like dishwater!* c'est du jus de chaussettes, ce café !

dishy ['dɪʃɪ] (*compar* **dishier**, *superl* **dishiest**) adj UK *inf* séduisant, sexy.

disillusion [ˌdɪsɪ'luːʒn] ◆ vt faire perdre ses illusions à, désillusionner / *I hate to disillusion you but he's really after your money* je suis désolé de devoir t'ôter tes illusions mais c'est après ton argent qu'il en a / *he has been disillusioned by his experiences* ses expériences lui ont fait perdre ses illusions or l'ont désillusionné. ◆ n = **disillusionment**.

disillusioned [ˌdɪsɪ'luːʒnd] adj désillusionné, désabusé ▸ **to be disillusioned with sb / sthg** avoir perdu ses illusions sur qqn / qqch.

disillusionment [ˌdɪsɪ'luːʒnmənt] n désillusion *f*, désabusement *m* / *the fans' increasing disillusionment with club management* la désillusion grandissante des fans envers la direction du club / *disillusionment was not long in coming* il ne m'a / lui a pas fallu beaucoup de temps pour perdre mes / ses illusions / *her disillusionment was complete* elle était complètement désillusionnée or désabusée.

disincentive [ˌdɪsɪn'sentɪv] n : *taxes are a disincentive to expansion* les impôts découragent l'expansion / *this will act as a disincentive* ceci aura un effet dissuasif or de dissuasion / *are social security payments a disincentive to work?* est-ce que les prestations sociales dissuadent les gens de travailler ?

disinclination [ˌdɪsɪnklɪ'neɪʃn] n [of person] peu *m* d'inclination / *her disinclination to believe him* sa tendance à ne pas le croire / *the West's disinclination to go on lending* le peu d'enthousiasme dont fait preuve l'Occident pour continuer à prêter de l'argent / *he showed a marked disinclination to take part* il a mis une mauvaise volonté évidente à participer / *to show a disinclination for work* montrer or manifester peu d'inclination au travail.

disinclined [ˌdɪsɪn'klaɪnd] adj ▸ **to be disinclined to do sthg** être peu disposé or enclin à faire qqch / *because I feel disinclined to do so* parce que je ne me sens pas disposé à le faire.

disinfect [ˌdɪsɪn'fekt] vt désinfecter.

disinfectant [ˌdɪsɪn'fektənt] n désinfectant *m*.

disinfection [ˌdɪsɪn'fekʃn] n désinfection *f*.

disinflation [ˌdɪsɪn'fleɪʃn] n ECON désinflation *f*.

disinformation [ˌdɪsɪnfə'meɪʃn] n désinformation *f*.

disingenuous [ˌdɪsɪn'dʒenjʊəs] adj peu sincère.

disingenuously [ˌdɪsɪn'dʒenjʊəslɪ] adv avec peu de sincérité.

disingenuousness [ˌdɪsɪn'dʒenjʊəsnɪs] n manque *m* de sincérité.

disinherit [ˌdɪsɪn'herɪt] vt déshériter.

disinherited [ˌdɪsɪn'herɪtɪd] ◆ adj déshérité. ◆ pl n ▸ **the disinherited of the earth** *fig* les déshérités *mpl* de la terre.

disintegrate [dɪs'ɪntɪgreɪt] vi [stone, wet paper] se désagréger ; [plane, rocket] se désintégrer ; *fig* [coalition, the family] se désagréger.

disintegration [dɪsˌɪntɪ'greɪʃn] n [of stone, wet paper] désagrégation *f* ; [of plane, rocket] désintégration *f* ; *fig* [of coalition, the family] désagrégation *f*.

disinter [ˌdɪsɪn'tɜːr] (*pt & pp* **disinterred**, *cont* **disinterring**) vt [body] déterrer, exhumer.

disinterest [ˌdɪs'ɪntərest] n **1.** [objectivity] : *his disinterest was the reason we chose him* on l'a choisi parce qu'il n'avait aucun intérêt dans l'affaire **2.** [lack of interest] manque *m* d'intérêt.

disinterested [ˌdɪs'ɪntrəstɪd] adj **1.** [objective] désintéressé **2.** *inf* [uninterested] indifférent.

disinterestedness [ˌdɪs'ɪntrəstɪdnɪs] = **disinterest**.

disintermediation [dɪsɪntəˌmiːdɪ'eɪʃn] n FIN absence *f* d'intermédiaire.

disinterment [ˌdɪsɪn'tɜːmənt] n déterrement *m*, exhumation *f*.

disinvest [ˌdɪsɪn'vest] vi désinvestir.

disinvestment [ˌdɪsɪn'vestmənt] n désinvestissement *m*.

disjointed [dɪs'dʒɔɪntɪd] adj [conversation, film, speech] décousu, incohérent.

disjointedly [dɪs'dʒɔɪntɪdlɪ] adv de manière décousue or incohérente.

disjunctive [dɪs'dʒʌŋktɪv] adj GRAM disjonctif.

disk [dɪsk] n **1.** COMPUT [hard] disque *m* ; [soft] disquette *f* ▸ **on disk** sur disque, sur disquette ▸ **to write sthg to disk** sauvegarder qqch sur disque or disquette **2.** US = **disc**.

disk crash n COMPUT atterrissage *m* de tête.

disk drive n COMPUT lecteur *m* de disquettes.

diskette [dɪs'ket] n COMPUT disquette *f*.

diskette drive US = **disk drive**.

disk operating system n COMPUT système *m* d'exploitation de disques.

disk space n COMPUT espace *m* disque.

dislikable [dɪs'laɪkəbl] adj antipathique.

dislike [dɪs'laɪk] ◆ vt ne pas aimer / *I dislike flying* je n'aime pas prendre l'avion / *why do you dislike him so much?* pourquoi le détestes-tu autant ? / *he is much disliked* il est loin d'être apprécié / *I don't dislike him* je n'ai rien contre lui. ◆ n [for sb] aversion *f*, antipathie *f* ; [for sthg] aversion *f* ▸ **to have a dislike for** or **of sthg** détester qqch / *mutual dislike* antipathie mutuelle ▸ **to take a dislike to sb / sthg** prendre qqn / qqch en grippe / *we all have our likes and dislikes* on est tous pareils, il y a des choses qu'on aime et des choses qu'on n'aime pas.

dislocate ['dɪsləkeɪt] vt **1.** [shoulder, knee, etc. - subj: person] se démettre, se déboîter, se luxer ; [- subj: accident, fall] démettre, déboîter, luxer / *he has dislocated his shoulder* il s'est démis or déboîté or luxé l'épaule / *a dislocated shoulder* une épaule démise or déboîtée or luxée **2.** [disrupt - plans] désorganiser, perturber.

dislocation [ˌdɪslə'keɪʃn] n **1.** [of shoulder, knee, etc.] luxation *f*, déboîtement *m* **2.** [disruption - of plans] perturbation *f*.

dislodge [dɪs'lɒdʒ] vt [fish bone, piece of apple, etc.] dégager ; [large rock] déplacer ; *fig* [enemy, prey] déloger ; [leader, title holder] prendre la place de.

disloyal [ˌdɪs'lɔɪəl] adj déloyal ▸ **to be disloyal to sb / sthg** être déloyal envers qqn / qqch.

disloyally [ˌdɪs'lɔɪəlɪ] adv déloyalement.

disloyalty [ˌdɪs'lɔɪəltɪ] n déloyauté *f* / *your disloyalty to the company* votre déloyauté envers la compagnie / *an act of disloyalty* un acte déloyal.

dismal ['dɪzml] adj [day, weather] horrible ; [streets, countryside] lugubre ; [song] mélancolique, triste ; *fig* [result, performance] lamentable ; [future, prospect] sombre / *what are you looking so dismal about?* pourquoi as-tu l'air aussi lugubre ? / *to be a dismal failure* **a)** [person] être un zéro sur toute la ligne **b)** [film, project] échouer lamentablement.

dismally ['dɪzməlɪ] adv lugubrement ; [fail] lamentablement.

dismantle [dɪs'mæntl] ◆ vt [object, scenery, exhibition] démonter ; *fig* [system, arrangement] démanteler. ◆ vi se démonter.

dismantling [dɪs'mæntlɪŋ] n [of object, scenery] démontage *m* ; *fig* [of system, reforms] démantèlement *m*.

dismast [ˌdɪs'mɑːst] vt [ship] démâter.

dismay [dɪs'meɪ] ◆ n consternation *f* ; [stronger] désarroi *m* / *there was a look of dismay on his face* la consternation or le désarroi se lisait sur son visage / *in* or *with dismay* avec consternation or désarroi / *in her dismay at the news* dans la consternation or le désarroi où l'avaient mise les nouvelles / *to be filled with dismay by sthg* être consterné par or rempli de désarroi à cause de qqch / *(much) to my dismay* à ma grande consternation, à mon grand désarroi. ◆ vt consterner ; [stronger] emplir de désarroi, effondrer / *we were dismayed by the news* nous avons été effondrés par la nouvelle, la nouvelle nous a remplis de désarroi.

dismayed [dɪs'meɪd] adj consterné, effondré / *don't look so dismayed* n'aie pas l'air si consterné or effondré.

dismember [dɪs'membər] vt démembrer.

dismemberment [dɪs'membəmənt] n démembrement *m*.

dismiss [dɪs'mɪs] ◆ vt **1.** [from job - employee] licencier, congédier, renvoyer ; [- magistrate, official] destituer, révoquer, relever de ses fonctions **2.** [not take seriously - proposal] rejeter ; [- objection, warning] ne pas tenir compte de, ne pas prendre au sérieux ; [- problem] écarter, refuser de considérer / *you cannot go on dismissing the threats / evidence* vous ne pouvez pas continuer à ignorer ces menaces / preuves / *he dismissed him as a crank* il a déclaré que c'était un excentrique à ne pas prendre au sérieux / *he was long dismissed as a crank* on l'a longtemps pris pour un excentrique / *it has been dismissed as a rumour* on a rejeté cette information en n'y voyant qu'une simple rumeur / *police dismissed the warning as a hoax* la police n'a pas tenu compte de l'avertissement et l'a pris pour une mauvaise plaisanterie **3.** [send away] congédier ; *fig* [thought, possibility] écarter ; [memory] effacer ; [suggestion, idea] rejeter ; SCH [class] laisser partir / *dismiss him from your thoughts* chasse-le de tes pensées / *you can dismiss that idea from your thoughts!* tu peux t'ôter cette idée de la tête ! / *class dismissed!* vous pouvez sortir ! / *dismissed!* MIL rompez ! **4.** LAW [hung jury] dissoudre ▸ **to dismiss a charge** [judge] rendre une ordonnance de non-lieu / *all charges against her have been dismissed* toutes les accusations qui pesaient sur elle ont été levées ▸ **to**

dismiss a case classer une affaire / *the judge dismissed the case* le juge a rendu une fin de non-recevoir / *case dismissed!* affaire classée ! **5.** [in cricket - batsman, team] éliminer / *England were dismissed for 127* l'équipe d'Angleterre a été éliminée avec 127 points. ◆ vi ▸ **dismiss!** MIL rompez (les rangs) !

dismissal [dɪs'mɪsl] n **1.** [from work - of employee] licenciement *m*, renvoi *m* ; [- of magistrate, official] destitution *f*, révocation *f* **2.** [of proposal] rejet *m* / *the police's dismissal of the telephone call* le fait que la police n'ait pas pris le coup de téléphone au sérieux **3.** LAW : *the judge's dismissal of the case met with widespread approval* la fin de non-recevoir rendue par le juge a été accueillie avec satisfaction ▸ **dismissal of the charge** non-lieu *m* / *the dismissal of the charges against you* le non-lieu qui a été prononcé en votre faveur.

dismissive [dɪs'mɪsɪv] adj [tone of voice, gesture] dédaigneux ▸ **to be dismissive of sb / sthg** ne faire aucun cas de qqn / qqch / *you're always so dismissive of my efforts* tu fais toujours si peu de cas de mes efforts.

dismissively [dɪs'mɪsɪvlɪ] adv [offhandedly] d'un ton dédaigneux ; [in final tone of voice] d'un ton sans appel.

dismount [,dɪs'maʊnt] ◆ vi descendre / *she dismounted from her horse / bike* elle est descendue de son cheval / vélo. ◆ vt **1.** [cause to fall - from horse] désarçonner, démonter ; [- from bicycle, motorcycle] faire tomber **2.** [gun, device] démonter.

disobedience [,dɪsə'bi:djəns] n désobéissance *f* / *she was punished for (her) disobedience* elle a été punie pour avoir désobéi / *an act of disobedience* un acte de désobéissance.

disobedient [,dɪsə'bi:djənt] adj désobéissant / *don't be disobedient to your father!* ne désobéis pas à ton père !

disobediently [,dɪsə'bi:djəntlɪ] adv de manière désobéissante.

disobey [,dɪsə'beɪ] vt désobéir à.

disobliging [,dɪsə'blaɪdʒɪŋ] adj *fml* **1.** [unhelpful] : *I'm sorry to be disobliging* je suis désolé de ne pouvoir vous rendre service **2.** [unpleasant] désobligeant.

disobligingly [,dɪsə'blaɪdʒɪŋlɪ] adv [unpleasantly] avec désobligeance.

disorder [dɪs'ɔ:dəʳ] ◆ n **1.** [untidiness - of house, room, desk] désordre *m* ▸ **to be in (a state of) disorder** être en désordre / *his financial affairs were in total disorder* le désordre le plus total régnait dans ses finances / *the meeting broke up in disorder* la réunion s'est achevée dans le désordre or la confusion / *the army is retreating in disorder* l'armée se retire en désordre **2.** [unrest] trouble *m* ▸ **public disorder** atteinte *f* à or trouble *m* de l'ordre public **3.** MED trouble *m*, troubles *mpl* ▸ **nervous / blood disorder** troubles nerveux / de la circulation. ◆ vt [make untidy - files, papers] mettre en désordre.

disordered [dɪs'ɔ:dəd] adj [room] en désordre / *to lead a disordered life* mener une vie désordonnée ▸ **to be mentally disordered** UK souffrir de troubles mentaux.

disorderly [dɪs'ɔ:dəlɪ] adj **1.** [untidy - room, house] en désordre, désordonné **2.** [unruly - crowd, mob] désordonné, agité ; [- conduct] désordonné ; [- meeting, demonstration] désordonné, confus.

disorganization [dɪs,ɔ:gənaɪ'zeɪʃn] n désorganisation *f* / *in a state of disorganization* désorganisé.

disorganize, **disorganise** [dɪs'ɔ:gənaɪz] vt [disrupt - plans, schedule] déranger.

disorganized [dɪs'ɔ:gənaɪzd] adj désorganisé.

disorient [dɪs'ɔ:rɪənt], **disorientate** UK [dɪs'ɔ:rɪənteɪt] vt désorienter / *to be disoriented* être désorienté / *it's easy to become disoriented* **a)** c'est facile de perdre son sens de l'orientation **b)** *fig* on a vite fait d'être désorienté.

disorientation [dɪs,ɔ:rɪən'teɪʃn] n désorientation *f*.

disorienting [dɪs'ɔ:rɪəntɪŋ] adj déroutant.

disown [dɪs'əʊn] vt [child, opinion, statement] renier, désavouer ; [country] renier.

disparage [dɪ'spærɪdʒ] vt dénigrer, décrier.

disparagement [dɪ'spærɪdʒmənt] n dénigrement *m*.

disparaging [dɪ'spærɪdʒɪŋ] adj [person, newspaper report - about person] désobligeant, malveillant ; [- about proposals, ideas] critique / *to make disparaging remarks about sb* faire des remarques désobligeantes à propos de or sur qqn / *she made disparaging remarks about his project* elle a fait des remarques qui dénigraient son projet / *why are you so disparaging about him?* pourquoi est-ce que tu es si désobligeant à son égard ? / *the critics were very disparaging about his latest play* les critiques ont beaucoup dénigré sa dernière pièce.

disparagingly [dɪ'spærɪdʒɪŋlɪ] adv [say, look at] d'un air désobligeant / *you have written very disparagingly about him in the past* vous avez écrit des propos fort désobligeants à son égard dans le passé.

disparate ['dɪspərət] adj *fml* disparate.

disparity [dɪ'spærətɪ] (*pl* **disparities**) n [in ages] disparité *f* ; [in report, statement] contradiction *f*.

dispassionate [dɪ'spæʃnət] adj [objective - person, report, analysis, etc.] impartial, objectif / *to be dispassionate* rester objectif or impartial.

dispassionately [dɪ'spæʃnətlɪ] adv [unemotionally] sans émotion, calmement ; [objectively] objectivement, impartialement.

dispatch [dɪ'spætʃ] ◆ vt **1.** [send - letter, merchandise, telegram] envoyer, expédier ; [- messenger] envoyer, dépêcher ; [- troops, envoy] envoyer **2.** [complete - task, work] expédier, en finir avec **3.** *euph* [kill - person] tuer **4.** *inf* [food] s'envoyer. ◆ n **1.** [of letter, merchandise, telegram] envoi *m*, expédition *f* ; [of messenger, troops, envoy] envoi *m* **2.** MIL & PRESS [report] dépêche *f* ▸ **to be mentioned in dispatches** MIL être cité à l'ordre du jour **3.** [swiftness] promptitude *f* / *with dispatch* avec promptitude, rapidement. ◆ comp ▸ **dispatch clerk** expéditionnaire *mf* ▸ **dispatch note** bordereau *m* d'expédition.

dispatch box n **1.** [for documents] boîte *f* à documents **2.** UK POL ▸ **the dispatch box** *tribune d'où parlent les membres du gouvernement et leurs homologues du cabinet fantôme.*

dispatch case n serviette *f*, porte-documents *m inv*.

dispatcher [dɪ'spætʃəʳ] n expéditeur *m*, -trice *f*.

dispatch rider n estafette *f*.

dispel [dɪ'spel] (*pt & pp* **dispelled**, *cont* **dispelling**) vt [clouds, mist - subj : sun] dissiper ; [- subj : wind] chasser ; [doubts, fears, anxiety] dissiper.

dispensable [dɪ'spensəbl] adj dont on peut se passer, superflu / *the rest of the employees were dispensable* les autres employés n'étaient pas indispensables / *the rest is dispensable* le reste est superflu / *do you think this is dispensable?* penses-tu qu'on puisse se débarrasser de cela ?

dispensary [dɪ'spensərɪ] (*pl* **dispensaries**) n pharmacie *f* ; [for free distribution of medicine] dispensaire *m*.

dispensation [,dɪspen'seɪʃn] n **1.** [handing out] distribution *f* **2.** [administration - of charity, justice] exercice *m* **3.** ADMIN, LAW & RELIG [exemption] dispense *f* / *to receive dispensation from military service* être exempté du service militaire / *she was granted dispensation from the exam* elle a été dispensée de l'examen ▸ **special dispensation** permission *f* exceptionnelle / *as a special dispensation the prisoner was allowed to attend the funeral* le prisonnier a reçu une permission exceptionnelle pour assister à l'enterrement **4.** POL & RELIG [system] régime *m*.

dispense [dɪ'spens] vt **1.** [subj : person, machine] distribuer **2.** [administer - justice, charity] exercer **3.** PHARM préparer **4.** *fml* [exempt] dispenser ▸ **to dispense sb from (doing) sthg** dispenser qqn de (faire) qqch.

❖ **dispense with** vt insep [do without] se passer de ; [get rid of] se débarrasser de / *to dispense with the formalities* couper court aux or se dispenser des formalités / *let's dispense with that idea for a start* commençons par éliminer cette idée ▸ **to dispense with the need for sthg** rendre qqch superflu / *credit cards dispense with the need for cash* avec les cartes de crédit, on n'a plus besoin d'avoir de l'argent liquide.

dispenser [dɪ'spensəʳ] n **1.** PHARM pharmacien *m*, -enne *f* **2.** [machine] distributeur *m* / *soap / coffee dispenser* distributeur de savon / café.

dispensing [dɪ'spensɪŋ] adj UK : *dispensing chemist* **a)** [person] préparateur *m*, -trice *f* en pharmacie **b)** [establishment] pharmacie *f* / *dispensing optician* opticien *m* / *dispensing machine* distributeur *m*.

dispersal [dɪ'spɜ:sl] n [of crowd, seeds] dispersion *f* ; [of gas - disappearance] dissipation *f* ; [- spread] dispersion *f* ; [of light - by prism] dispersion *f*, décomposition *f*.

dispersant [dɪ'spɜ:sənt] n CHEM dispersant *m*.

disperse [dɪ'spɜ:s] ◆ vt **1.** [crowd, seeds] disperser ; [clouds, mist - subj : sun] dissiper ; [- subj : wind] chasser ; [gas, chemical - cause to spread] propager ; [- cause to vanish] disperser / *a prism disperses light* un prisme disperse or décompose la lumière **2.** [place at intervals] répartir / *policemen were dispersed along the length of the road* des agents de police étaient répartis or disséminés le long de la route. ◆ vi [crowds, seeds] se disperser ; [clouds, mist, smoke - with sun] se dissiper ; [- with wind] être chassé ; [gas, chemicals - spread] se propager ; [- vanish] se dissiper ; [light - with prism] se décomposer.

dispersion [dɪ'spɜ:ʃn] n **1.** = **dispersal** **2.** RELIG ▸ **the Dispersion** la Diaspora.

dispirited [dɪ'spɪrɪtɪd] adj abattu.

dispiritedly [dɪ'spɪrɪtɪdlɪ] adv [say] d'un ton découragé or abattu ; [look] d'un air découragé or abattu ; [play, do something] sans enthousiasme.

dispiriting [dɪ'spɪrɪtɪŋ] adj décourageant.

displace [dɪs'pleɪs] vt **1.** [refugees, population] déplacer ▸ **to displace a bone** se déplacer un os **2.** [supplant] supplanter, remplacer **3.** CHEM & PHYS [water, air, etc.] déplacer.

displaced [dɪs'pleɪst] adj ▸ **displaced person** ADMIN & POL personne *f* déplacée.

displacement [dɪs'pleɪsmənt] n **1.** [of people, bone] déplacement *m* **2.** [supplanting] remplacement *m* **3.** NAUT déplacement *m* / *a ship of 10,000 tons displacement* un bateau de 10 000 tonnes de déplacement **4.** PSYCHOL déplacement *m*.

displacement activity n PSYCHOL déplacement *m*.

displacement ton n NAUT tonne *f*.

display [dɪ'spleɪ] ◆ vt **1.** [gifts, medals, ornaments, etc.] exposer ; *pej* exhiber ; [items in exhibition] mettre en exposition, exposer ; COMM [goods for sale] mettre en étalage, exposer **2.** [notice, poster, exam results] afficher **3.** [courage, determination, skill] faire preuve de, montrer ; [anger, affection, friendship, interest] manifester / *the country displayed its military might* le pays a montré sa puissance militaire / *to display one's ignorance / talent* faire la preuve de son ignorance / talent **4.** PRESS & TYPO mettre en vedette **5.** COMPUT [subj : screen] afficher ; [subj : user] visualiser. ◆ vi [birds, fish, etc.] faire la parade. ◆ n **1.** [of gifts, medals, ornaments] exposition *f* ; COMM [of goods, merchandise] mise *f* en étalage ; [goods, merchandise] étalage *m*, exposition *f* ▸ **to be on display** être exposé ▸ **to put sthg on display** exposer qqch ▸ **to be on public display** être présenté au public / **'for display (only)'** [on book] 'exemplaire de démonstration' **2.** [of poster, notice, etc.] affichage *m* / *the exam results were on display* les résultats des examens étaient affichés **3.** [of affection, friendship, interest, anger] manifestation *f* ; [of courage, determination, ignorance, etc.] démonstration *f* / *an air display* un meeting aérien / *a military display* une parade militaire / *a fireworks display* un feu d'artifice / *a display of force* une démonstration de force / *he gave us a display of his juggling skills* il nous a fait une démonstration de ses talents de jongleur / *I have never seen such a display of incompetence* je n'ai jamais vu un tel déploiement or étalage d'incompétence ▸ **to make a great display of sthg** faire parade de qqch / *he made a* *great display of being injured* il a joué les grands blessés **4.** COMPUT [screen, device] écran *m* ; [visual information] affichage *m*, visualisation *f* ; [of calculator] viseur *m* **5.** [by birds, fish] parade *f*. ◆ comp ▸ **display advertisement** placard *m* publicitaire ▸ **display advertising** publicité *f* par affichage ▸ **display cabinet** or **case a)** [in shop] étalage *m*, vitrine *f* **b)** [in home] vitrine *f* ▸ **display copy** [of book] exemplaire *m* de démonstration ▸ **display lighting** éclairage *m* de l'étalage or de la vitrine ▸ **display panel** tableau *m* or panneau *m* d'affichage ▸ **display rack** or **unit** présentoir *m* ▸ **display unit** COMPUT unité *f* de visualisation or d'affichage ▸ **display window** [of calculator] viseur *m*.

displease [dɪs'pli:z] vt mécontenter.

displeased [dɪs'pli:zd] adj mécontent ▸ **to be displeased with** or **at** être mécontent de.

displeasure [dɪs'pleʒər] n mécontentement *m* ▸ **to incur sb's displeasure** encourir or s'attirer le mécontentement de qqn.

disport [dɪ'spɔ:t] vt *fml* ▸ **to disport o.s.** s'ébattre, folâtrer.

disposable [dɪ'spəʊzəbl] ◆ adj **1.** [throwaway -lighter, nappy, cup] jetable ; [-bottle] non consigné ; [-wrapping] perdu **2.** [available -money] disponible ▸ **disposable assets** FIN fonds *mpl* disponibles ▸ **disposable income** FIN revenus *mpl* disponibles (après impôts) / *people with high disposable incomes* personnes disposant de hauts revenus. ◆ n **1.** [nappy] couche *f* jetable **2.** [lighter] briquet *m* jetable.

❖ **disposables** COMM = **disposable goods**.

disposable camera n appareil *m* photo jetable.

disposable goods pl n biens *mpl* de consommation non durables.

disposal [dɪ'spəʊzl] n **1.** [taking away] enlèvement *m* ; [of rubbish, by authority] enlèvement *m*, ramassage *m* ; [sale] vente *f* ; LAW [of property] cession *f* / *she left no instructions for the disposal of her property* elle n'a laissé aucune instruction quant à ce qui devait être fait de ses biens / *an ingenious method for the disposal of the body* une idée ingénieuse pour se débarrasser du corps ▸ **waste** or **refuse disposal** traitement *m* des ordures **2.** [resolution -of problem, question] résolution *f* ; [-of business] exécution *f*, expédition *f* **3.** US [disposal unit] broyeur *m* d'ordures *(dans un évier)* **4.** [availability] ▸ **to be at sb's disposal** être à la disposition de qqn ▸ **to have sthg at one's disposal** avoir qqch à sa disposition ▸ **to put sthg / sb at sb's disposal** mettre qqch / qqn à la disposition de qqn / *in the time at your disposal* dans le temps dont tu disposes **5.** *fml* [arrangement] disposition *f*, arrangement *m* ; [of troops] déploiement *m*.

dispose [dɪ'spəʊz] vt **1.** *fml* [arrange -ornaments, books] disposer, arranger ; [-troops, forces] déployer **2.** [incline] : *his moving testimonial disposed the jury to leniency* son témoignage émouvant a disposé le jury à l'indulgence.

❖ **dispose of** vt insep **1.** [get rid of -waste, rubbish, problem] se débarrasser de ; [by taking away -refuse] enlever, ramasser ; [by selling] vendre ; [by throwing away] jeter ; [workers] congédier, renvoyer / *I'll dispose of it as I like* j'en ferai ce que je voudrai / *I can dispose of this old table for you* je peux te débarrasser de cette vieille table **2.** [deal with -problem, question] résoudre, régler ; [-task, matter under discussion] expédier, régler ; [-food] s'envoyer / *to dispose of an argument* détruire un argument **3.** [have at one's disposal] disposer de, avoir à sa disposition **4.** *inf* [kill -person, animal] liquider ; *fig* [team, competitor] se débarrasser de.

⚠ **Disposer de** only means to have at one's disposal, and cannot be used to translate other meanings of dispose of.

disposed [dɪ'spəʊzd] adj ▸ **to be disposed to do sthg** être disposé à faire qqch / *I am disposed to be lenient* je suis disposé à me montrer indulgent ▸ **to be well / ill disposed towards sb** être bien / mal disposé envers qqn.

disposition [ˌdɪspə'zɪʃn] n **1.** [temperament, nature] naturel *m* / *to have* or *to be of a cheerful disposition* être d'un naturel enjoué **2.** *fml* [arrangement -of troops, buildings] disposition *f* ; [-of ornaments] disposition *f*, arrangement *m* **3.** [inclination, tendency] disposition *f*.

dispossess [ˌdɪspə'zes] vt déposséder ; LAW exproprier ▸ **to dispossess sb of sthg** déposséder qqn de qqch.

dispossessed [ˌdɪspə'zest] ◆ pl n ▸ **the dispossessed** les dépossédés *mpl*. ◆ adj dépossédé.

dispossession [ˌdɪspə'zeʃn] n dépossession *f* ; LAW expropriation *f*.

disproportion [ˌdɪsprə'pɔ:ʃn] n disproportion *f*.

disproportionate [ˌdɪsprə'pɔ:ʃnət] adj [excessive] disproportionné ▸ **to be disproportionate to sthg** être disproportionné à or avec qqch / *we spent a disproportionate amount of time on it* on a passé plus de temps dessus que cela ne le méritait.

disproportionately [ˌdɪsprə'pɔ:ʃnətlɪ] adv d'une façon disproportionnée / *a disproportionately large sum* une somme disproportionnée.

disprove [ˌdɪs'pru:v] (*pp* **disproved** *or* **disproven** [-'pru:vn]) vt [theory] prouver la fausseté de / *you can't disprove it* tu ne peux pas prouver que ce n'est pas vrai.

disputable [dɪ'spju:təbl] adj discutable, contestable.

disputation [ˌdɪspju:'teɪʃn] n *fml* [argument] débat *m*, controverse *f*.

disputatious [ˌdɪspju:'teɪʃəs] adj *fml* raisonneur.

dispute [dɪ'spju:t] ◆ vt **1.** [question -claim, theory, statement, etc.] contester, mettre en doute ; LAW [will] contester / *I'm not disputing that* je ne conteste pas cela, je ne mets pas cela en doute / *I would dispute that* je ne suis pas d'accord **2.** [debate -subject, motion] discuter, débattre **3.** [fight for -territory, championship, title] disputer. ◆ vi [argue] se disputer ; [debate] discuter, débattre ▸ **to dispute over** or **about sthg** débattre qqch or de qqch. ◆ n **1.** [debate] discussion *f*, débat *m* / *there's some dispute about the veracity of his statement* la véracité de sa déclaration fait l'objet de discussions or est sujette à controverse / *your honesty is not in dispute* votre honnêteté n'est pas mise en doute or contestée / *the matter is beyond (all) dispute* la question est tout à fait incontestable / *he is beyond (all) dispute* or *without dispute the best player the team has got* c'est incontestablement or indiscutablement le meilleur joueur de l'équipe / *open to dispute* contestable **2.** [argument -between individuals] dispute *f*, différend *m* ; [-between management and workers] conflit *m* ; LAW litige *m* / *these are the main areas of dispute* ce sont là les questions les plus conflictuelles or litigieuses / *there has been much dispute over the new proposals* les nouvelles propositions ont fait l'objet d'un conflit / *in dispute is the right of employees to strike* l'enjeu des discussions est le droit des employés à faire grève ▸ **to be in dispute with sb over sthg** être en conflit avec qqn sur qqch ▸ **to be in dispute** [proposals, territory, ownership] faire l'objet d'un conflit / *a border dispute* un litige portant sur une question de frontière.

⚠ The French word **dispute** means a quarrel or an argument, and should not be used to translate other senses of the English word dispute.

disputed [dɪ'spju:tɪd] adj **1.** [decision, fact, claim] contesté **2.** [fought over] : *this is a much disputed territory* ce territoire fait l'objet de beaucoup de conflits.

disqualification [dɪsˌkwɒlɪfɪ'keɪʃn] n [from standing for election] exclusion *f* ; [from sporting event] disqualification *f* ; [from exam] exclusion *f* ; LAW [of witness] inhabilité *f*, incapacité *f* ; [of testimony] exclusion *f* / *it's not necessarily a disqualification* cela ne vous exclut pas forcément / *reasons for the disqualification of jurors include the following* voici quelques-uns des motifs donnant lieu à une exclusion du jury / *your disqualification from driving will last for four years* vous aurez un retrait de permis (de conduire) de quatre ans.

disqualify [ˌdɪs'kwɒlɪfaɪ] (*pt & pp* **disqualified**) vt exclure ; SPORT disqualifier ; SCH exclure ; LAW [witness] rendre inhabile or incapable ; [testimony] exclure ; [juror] empêcher de faire partie du jury ▸ **to disqualify sb from driving** retirer son permis (de conduire) or infliger un retrait de permis (de conduire) à qqn / *he's been disqualified for speeding* AUTO on lui a retiré son permis or il a eu un retrait de permis pour excès de vitesse.

disquiet [dɪs'kwaɪət] *fml* ◆ n inquiétude *f*. ◆ vt inquiéter, troubler ▸ **to be disquieted by sthg** être inquiet or s'inquiéter de qqch.

disquieting [dɪs'kwaɪətɪŋ] adj *fml* inquiétant, troublant.

disquisition [ˌdɪskwɪ'zɪʃn] n *fml* [in writing] dissertation *f*, étude *f* ; [in speech] discours *m*.

disregard [ˌdɪsrɪ'gɑ:d] ◆ vt [person, order, law, rules] ne tenir aucun compte de ; [sb's feelings, instructions, remark, warning] ne tenir aucun compte de, négliger ; [danger] ne tenir aucun compte de, ignorer / *I'll disregard what you just said* je ne tiendrai pas compte de ce que tu viens de dire. ◆ n [for person, feelings] manque *m* de considération ; [of order, warning, danger, etc.] mépris *m* / *he showed a flagrant disregard for the rules* il a fait preuve d'un mépris flagrant pour le règlement / *with complete disregard for her own safety* au mépris total de sa vie.

disremember [ˌdɪsrɪ'membər] vt US *inf* ne pas se rappeler, ne pas se souvenir de.

disrepair [ˌdɪsrɪ'peər] n [of building] mauvais état *m*, délabrement *m* ; [of road] mauvais état *m* / *in (a state of) disrepair* en mauvais état ▸ **to fall into disrepair a)** [building] se délabrer **b)** [road] se dégrader, s'abîmer.

disreputable [dɪs'repjʊtəbl] adj [dishonourable -behaviour] honteux ; [not respectable -person] de mauvaise réputation, louche ; [-area, club] mal famé, de mauvaise réputation ; *hum* [clothing] miteux.

disreputably [dɪs'repjʊtəblɪ] adv [behave] d'une manière honteuse / *he was dressed rather disreputably* il avait l'air d'un vrai loqueteux.

disrepute [ˌdɪsrɪ'pju:t] n discrédit *m* ▸ **to bring sthg into disrepute** discréditer qqch ▸ **to fall into disrepute a)** [acquire bad reputation] tomber en discrédit **b)** [become unpopular] tomber en défaveur.

disrespect [ˌdɪsrɪ'spekt] n irrespect *m*, irrévérence *f* / *she has a healthy disrespect for authority* elle porte un irrespect or une irrévérence salutaire à toute forme d'autorité / *I meant no disrespect (to your family)* je ne voulais pas me montrer irrespectueux or irrévérencieux (envers votre famille) ▸ **to show disrespect towards sb / sthg** manquer de respect à qqn / qqch ▸ **to treat sb / sthg with disrespect** traiter qqn / qqch irrespectueusement.

disrespectful [ˌdɪsrɪ'spektfʊl] adj irrespectueux, irrévérencieux ▸ **to be disrespectful to sb** manquer de respect à qqn / *it would be disrespectful not to go to the funeral* ce serait manquer de respect que de ne pas assister à l'enterrement.

disrespectfully [ˌdɪsrɪ'spektfʊlɪ] adv irrespectueusement.

disrobe [ˌdɪs'rəʊb] *fml* ◆ vi [judge, priest] enlever sa robe ; [undress] se déshabiller. ◆ vt [judge, priest] aider à enlever sa robe ; [undress] déshabiller.

disrupt [dɪs'rʌpt] vt [lesson, meeting, train service] perturber ; [conversation] interrompre ; [plans] déranger, perturber.

disruption [dɪs'rʌpʃn] n [of lesson, meeting, train service, plans] perturbation *f* ; [of conversation] interruption *f*.

disruptive [dɪs'rʌptɪv] adj [factor, person, behaviour] perturbateur / *he is* or *has a disruptive influence* il a une influence perturbatrice / *the disruptive element* l'élément perturbateur / *your presence would be disruptive* votre présence aurait un effet perturbateur.

diss [dɪs] vt US *inf* faire semblant de ne pas voir, ignorer / *she dissed me* elle m'a même pas calculé.

dissatisfaction ['dɪsˌsætɪs'fækʃn] n mécontentement *m* / *there is growing dissatisfaction with his policies* le mécontentement grandit à l'égard de sa politique.

dissatisfied [ˌdɪs'sætɪsfaɪd] adj mécontent ▸ **to be dissatisfied with sb / sthg** être mécontent de qqn / qqch.

dissatisfy [ˌdɪs'sætɪsfaɪ] (*pt & pp* **dissatisfied**) vt mécontenter.

dissect [dɪ'sekt] vt [animal, plant] disséquer ; *fig* [argument, theory] disséquer ; [book, report] éplucher.

dissected [dɪ'sektɪd] adj [body] disséqué ; BOT [leaf] découpé.

dissecting [dɪ'sektɪŋ] adj ▸ **dissecting knife** scalpel *m*.

dissection [dɪ'sekʃn] n [of body] dissection *f* ; *fig* [of argument, theory] dissection *f* ; [of book, report] épluchage *m*.

dissemble [dɪ'sembl] *liter* ◆ vi dissimuler. ◆ vt [feelings, motives] dissimuler.

disseminate [dɪ'semɪneɪt] vt [knowledge, ideas] disséminer, propager ; [information, news] diffuser, propager.

disseminated [dɪ'semɪneɪtɪd] adj MED ▸ **disseminated sclerosis** sclérose *f* en plaques.

dissemination [dɪˌsemɪ'neɪʃn] n [of knowledge, of ideas] propagation *f*, dissémination *f* ; [of information] diffusion *f*, propagation *f*.

dissension [dɪ'senʃn] n dissension *f*, discorde *f* / *there is dissension in the ranks* il y a de la dissension or discorde dans les rangs.

dissent [dɪ'sent] ◆ vi **1.** [person] différer ; [opinion] diverger / *to dissent from an opinion* être en désaccord avec une opinion / *two members of the enquiry dissented from the findings* deux membres de l'enquête ont exprimé une opinion divergente sur les conclusions **2.** RELIG être dissident or en dissidence. ◆ n **1.** *(U)* [gen] opinion *f* divergente / *to voice* or *to express one's dissent* exprimer son désaccord / *he has been booked for dissent* FOOT l'arbitre a pris son nom après qu'il eut refusé d'obtempérer **2.** RELIG dissidence *f* **3.** US LAW avis *m* contraire *(d'un juge)*.

dissenter [dɪ'sentər] n **1.** [gen] dissident *m*, -e *f* **2.** RELIG ▸ **Dissenter** *dissident de l'Église anglicane*.

dissenting [dɪ'sentɪŋ] adj [opinion] divergent / *mine was the only dissenting voice* j'étais le seul à ne pas être d'accord.

dissertation [ˌdɪsə'teɪʃn] n **1.** UK UNIV mémoire *m* ; US thèse *f* **2.** *fml* [essay] dissertation *f* ; [speech] exposé *m*.

disservice [ˌdɪs'sɜːvɪs] n mauvais service *m* ▸ **to do sb a disservice** faire du tort à qqn, rendre un mauvais service à qqn ▸ **to do o.s. a disservice** se faire du tort.

dissidence ['dɪsɪdəns] n [disagreement] désaccord *m* ; POL dissidence *f*.

dissident ['dɪsɪdənt] ◆ n dissident *m*, -e *f*. ◆ adj dissident.

dissimilar [ˌdɪ'sɪmɪlər] adj différent / *they are not dissimilar* ils se ressemblent / *the situation now is not dissimilar to what was going on 20 years ago* la situation actuelle n'est pas sans rappeler ce qui s'est passé il y a 20 ans.

dissimilarity [ˌdɪsɪmɪ'lærətɪ] (*pl* **dissimilarities**) n différence *f*.

dissimulate [dɪ'sɪmjʊleɪt] *fml* ◆ vt dissimuler, cacher. ◆ vi dissimuler.

dissimulation [dɪˌsɪmjʊ'leɪʃn] n *fml* dissimulation *f*.

dissipate ['dɪsɪpeɪt] ◆ vt [disperse - cloud, fears] dissiper ; [waste - fortune] dilapider, gaspiller ; [- energies] disperser, gaspiller ; PHYS [heat, energy] dissiper. ◆ vi [cloud, crowd] se disperser ; [fears, hopes] s'évanouir ; PHYS [energy] se dissiper.

dissipated ['dɪsɪpeɪtɪd] adj [person] débauché ; [habit, life] de débauche ; [society] décadent / *to lead* or *to live a dissipated life* mener une vie de débauche.

dissipation [ˌdɪsɪ'peɪʃn] n **1.** [of cloud, fears, hopes, etc.] dissipation *f* ; [of fortune] dilapidation *f* ; [of energies] dispersion *f*, gaspillage *m* ; PHYS [of energy, heat] dissipation *f* **2.** [debauchery] débauche *f* / *to lead* or *to live a life of dissipation* mener une vie de débauche.

dissociate [dɪ'səʊʃɪeɪt] ◆ vt **1.** [gen] dissocier, séparer ▸ **to dissociate o.s. from sthg** se dissocier or désolidariser de qqch **2.** CHEM dissocier. ◆ vi CHEM [subj: chemist] opérer une dissociation ; [subj: molecules] se dissocier.

dissociation [dɪˌsəʊsɪ'eɪʃn] n dissociation *f*.

dissoluble [dɪ'sɒljʊbl] adj soluble.

dissolute ['dɪsəluːt] adj [person] débauché ; [life] de débauche, dissolu *liter*.

dissoluteness ['dɪsəluːtnɪs] n débauche *f*.

dissolution [ˌdɪsə'luːʃn] n **1.** [gen] dissolution *f* **2.** US LAW [divorce] divorce *m* **3.** HIST ▸ **the Dissolution of the Monasteries** *destruction des monastères en 1539, après la proclamation d'Henri VIII comme chef suprême de l'Église d'Angleterre*.

dissolvable [dɪ'zɒlvəbl] adj soluble.

dissolve [dɪ'zɒlv] ◆ vt **1.** [salt, sugar] dissoudre **2.** [empire, marriage, Parliament] dissoudre. ◆ vi **1.** [salt, sugar] se dissoudre ; *fig* [fear, hopes] s'évanouir, s'envoler ; [apparition] s'évanouir ; [crowd] se disperser ; [clouds] disparaître ▸ **to dissolve into tears** fondre en larmes ▸ **to dissolve into laughter** être pris de rire **2.** [marriage, Parliament] être dissout ; [empire] se dissoudre **3.** CIN & TV faire un fondu enchaîné. ◆ n CIN & TV fondu enchaîné *m*.

dissonance ['dɪsənəns] n MUS dissonance *f* ; *fig* discordance *f*.

dissonant ['dɪsənənt] adj MUS dissonant ; *fig* [colours, opinions] discordant.

dissuade [dɪ'sweɪd] vt [person] dissuader ▸ **to dissuade sb from doing sthg** dissuader qqn de faire qqch ▸ **to dissuade sb from sthg** détourner qqn de qqch.

dissuasion [dɪ'sweɪʒn] n dissuasion *f*.

dissuasive [dɪ'sweɪsɪv] adj [person, effect] dissuasif / *it had a dissuasive effect on them* cela les a dissuadés.

distaff ['dɪstɑːf] n [for spinning] quenouille *f* ▸ **on the distaff side** *fig* du côté maternel.

distance ['dɪstəns] ◆ n **1.** [between two places] distance *f* / *distance is measured in miles / kilometres* on mesure la distance en miles / kilomètres / *modern technology makes distance irrelevant* avec la technologie moderne, les distances ne veulent plus rien dire / *at a distance of 50 metres* à (une distance de) 50 mètres / *within walking / cycling distance from the station* à quelques minutes de marche / vélo de la gare / *is it within walking distance?* peut-on y aller à pied ? / *the house is some distance from the village* la maison est assez loin du village / *it's some* or *quite a* or *a good distance from here* c'est assez loin d'ici / *a short distance away* tout près / *it's no distance (at all)* c'est tout près or à deux pas / *we covered the distance in ten hours* nous avons fait le trajet en dix heures / *to cover great distances on foot* couvrir de grandes distances à pied / *distance (is) no object* [in advertisement] toutes distances couvertes, toutes destinations / *to keep at a safe distance (from)* se tenir à une distance prudente (de) ; *fig* ▸ **to keep sb at a distance** tenir qqn à distance (respectueuse) ▸ **to keep one's distance (from sb)** garder ses distances (par rapport à qqn) / *we keep our distance from each other* nous gardons nos distances (l'un par rapport à l'autre) ▸ **to go the distance** [boxer, political campaigner] tenir la distance / *the fight went the distance* le combat est allé jusqu'à la limite **2.** [distant point, place] ▸ **to see / to hear sthg in the distance** voir / entendre qqch au loin ▸ **in the middle distance** au second plan ▸ **to see sthg from a distance** voir qqch de loin / *you can't see it from* or *at this distance* on ne peut pas le voir à cette distance ▸ **to admire sb from** or **at a distance** *fig* admirer qqn de loin **3.** [separation in time] : *at a distance of 200 years, it's very difficult to know* 200 ans plus tard, il est très difficile de savoir / *it's very hard for me to remember at this distance in time* c'est très difficile de m'en souvenir après tout ce temps **4.** *fig* [gap] : *there's a great distance between us* il y a un grand fossé entre nous **5.** [aloofness, reserve] froideur *f*. ◆ comp ▸ **distance learning** télé-enseignement *m* ▸ **distance teaching** enseignement *m* à distance, télé-enseignement *m* ▸ **distance race** SPORT épreuve *f* de fond ▸ **distance runner** SPORT coureur *m*, -euse *f* de fond. ◆ vt distancer / *she is distancing herself from the other runners* elle est en train de distancer les autres coureurs or de se détacher des autres coureurs ▸ **to distance o.s. (from sb / sthg)** *fig* prendre ses distances (par rapport à qqn / qqch).

distant ['dɪstənt] ◆ adj **1.** [faraway - country, galaxy, place] lointain, éloigné / *in the most distant corner of the universe* dans le coin le plus éloigné or reculé de l'univers / *we had a distant view of the sea from the hotel* on pouvait voir la mer au loin depuis l'hôtel / *the distant sound of the sea* le bruit de la mer au loin **2.** [in past - times] lointain, reculé ; [- memory] lointain / *in the (dim and) distant past* il y a bien or très longtemps, dans le temps **3.** [in future - prospect] lointain / *in the distant future* dans un avenir lointain / *in the not too distant future* dans un avenir proche, prochainement **4.** [relation] éloigné ; [resemblance] vague **5.** [remote - person, look] distant ; [aloof] froid / *to have a distant manner* être distant or froid. ◆ adv : *three miles distant from here* à trois miles d'ici / *not far distant* pas très loin.

distantly ['dɪstəntlɪ] adv **1.** [in the distance] au loin **2.** [resemble] vaguement / *to be distantly related* **a)** [people] avoir un lien de parenté éloigné **b)** [ideas, concepts, etc.] avoir un rapport éloigné **3.** [speak, behave, look] froidement, d'un air distant or froid.

distaste [dɪs'teɪst] n dégoût *m*, répugnance *f* ▸ **to feel distaste for sthg** **a)** ne pas aimer qqch **b)** [stronger] éprouver du dégoût or de la répugnance pour qqch.

distasteful [dɪs'teɪstfʊl] adj [unpleasant - task] désagréable ; [in bad taste - joke, remark, etc.] de mauvais goût ▸ **to be distasteful to sb** déplaire à qqn / *I find it extremely distasteful* je trouve ça tout à fait déplaisant.

distastefully [dɪs'teɪstfʊlɪ] adv [with repugnance - look] d'un air dégoûté ; [with bad taste - presented, portrayed] avec mauvais goût.

Dist. Atty written abbr of **district attorney**.

distemper [dɪ'stempər] ◆ n **1.** [paint] détrempe *f* **2.** VET maladie *f* de Carré. ◆ vt peindre à la or en détrempe.

distend [dɪ'stend] ◆ vt gonfler. ◆ vi [stomach] se ballonner, se gonfler ; [sails] se gonfler.

distended [dɪ'stendɪd] adj gonflé ; [stomach] gonflé, ballonné.

distension [dɪ'stenʃn] n dilatation *f*, distension *f*.

distil UK, **distill** US [dɪ'stɪl] (*pt & pp* **distilled**, *cont* **distilling**) ◆ vt *lit & fig* distiller ▸ **distilled water** eau *f* distillée. ◆ vi se distiller.

distillate ['dɪstɪlət] n CHEM distillat *m*.

distillation [ˌdɪstɪ'leɪʃn] n *lit & fig* distillation *f* ▸ **fractional distillation** distillation fractionnée.

distiller [dɪ'stɪlər] n distillateur *m*.

distillery [dɪ'stɪlərɪ] (*pl* **distilleries**) n distillerie *f* ▸ **whisky distillery** distillerie de whisky.

distinct [dɪ'stɪŋkt] adj **1.** [different] distinct ▸ **to be distinct from** se distinguer de / *the two poems are quite distinct from each other* les deux poèmes sont tout à fait différents l'un de l'autre **2.** [clear - memory] clair, net ; [- voice, announcement] distinct **3.** [decided, evident - accent] prononcé ; [- preference] marqué ; [- lack of respect, interest] évident ; [- likeness] clair, net, prononcé ; [- advantage, improvement] net / *to make distinct progress* progresser nettement / *she had a distinct feeling that something would go wrong* elle avait le sentiment très net que quelque chose allait mal tourner / *I have the distinct impression you're trying to avoid me* j'ai la nette impression que tu essaies de m'éviter / *there's a distinct smell of smoke in here* cela sent vraiment la fumée ici / *a distinct possibility* une forte possibilité / *there is a distinct possibility of rain tomorrow* il est fort possible qu'il pleuve demain / *it is a distinct possibility* [in answer to question] c'est fort possible.

❖ **as distinct from** prep phr par opposition à.

distinction [dɪ'stɪŋkʃn] n **1.** [difference] distinction *f* / *her distinction between the two things* la distinction qu'elle fait entre les deux choses ▶ **to make** or **to draw a distinction between two things** faire or établir une distinction entre deux choses **2.** [excellence] distinction *f* / *a writer / artist of great distinction* un écrivain / artiste très réputé ▶ **to win** or **to gain distinction (as)** se distinguer (en tant que) / *she has the distinction of being the only woman to become Prime Minister* elle se distingue pour être la seule femme à avoir été nommée Premier ministre **3.** SCH & UNIV [mark] mention *f* / *he got a distinction in maths* il a été reçu en maths avec mention / *to pass with distinction* réussir un examen avec mention **4.** [honour, award] honneur *m*.

distinctive [dɪ'stɪŋktɪv] adj [colour, feature] distinctif / *her car is quite distinctive* sa voiture se remarque facilement.

distinctive feature n LING trait *m* pertinent.

distinctively [dɪ'stɪŋktɪvlɪ] adv [coloured] de manière distinctive.

distinctly [dɪ'stɪŋktlɪ] adv **1.** [clearly - speak, hear] distinctement, clairement ; [remember] clairement / *I distinctly told you not to do that* je t'ai bien dit de ne pas faire cela **2.** [very] vraiment, franchement / *he was distinctly rude to the old lady* il a été vraiment grossier avec la vieille dame.

distinguish [dɪ'stɪŋgwɪʃ] ◆ vt **1.** [set apart] distinguer ▶ **to distinguish o.s.** se distinguer ▶ **to distinguish sthg from sthg** distinguer qqch de qqch **2.** [tell apart] distinguer **3.** [discern] distinguer. ◆ vi faire or établir une distinction ▶ **to distinguish between two things / people** faire la distinction entre deux choses / personnes.

distinguishable [dɪ'stɪŋgwɪʃəbl] adj **1.** [visible] visible / *the horizon was hardly distinguishable* on distinguait à peine l'horizon **2.** [recognizable] reconnaissable / *to be easily distinguishable from* se distinguer facilement de, être facile à distinguer de / *the male is distinguishable by his red legs* le mâle est reconnaissable à or se distingue par ses pattes rouges.

distinguished [dɪ'stɪŋgwɪʃt] adj **1.** [eminent] distingué **2.** [refined - manners, voice] distingué ▶ **distinguished-looking** distingué ▶ **distinguished-sounding a)** [voice] distingué **b)** [person] à la voix distinguée.

distinguishing [dɪ'stɪŋgwɪʃɪŋ] adj [feature, mark, characteristic, etc.] distinctif ▶ **distinguishing features** [on passport] signes *mpl* particuliers.

distort [dɪ'stɔ:t] ◆ vt **1.** [face, image, structure, etc.] déformer ; *fig* [facts, truth] déformer, dénaturer ; [judgment] fausser / *his upbringing distorted his view of life* son éducation a déformé or faussé son image de la vie **2.** ELECTRON, RADIO & TV déformer. ◆ vi [face, structure, sound] se déformer.

distorted [dɪ'stɔ:tɪd] adj [face, limbs] déformé ; *fig* [facts, truth, account] déformé, dénaturé ; [view of life] déformé, faussé ; [judgment] faussé.

distortion [dɪ'stɔ:ʃn] n **1.** *lit & fig* déformation *f* **2.** ELECTRON & RADIO distorsion *f* ; TV déformation *f*.

distract [dɪ'strækt] vt **1.** [break concentration of] distraire ; [disturb] déranger ▶ **to distract sb from his / her work** distraire qqn de son travail ▶ **to distract sb from his / her objective** détourner qqn de son but ▶ **to distract sb** or **sb's attention a)** [accidentally] distraire l'attention de qqn **b)** [on purpose] détourner l'attention de qqn / *distract her for a couple of minutes* détourne son attention pendant quelques minutes **2.** [amuse] distraire.

distracted [dɪ'stræktɪd] adj **1.** [with thoughts elsewhere] distrait **2.** [upset] affolé, bouleversé / *distracted with worry / with grief* fou d'inquiétude / de chagrin.

distractedly [dɪ'stræktɪdlɪ] adv **1.** [with thoughts elsewhere] distraitement **2.** [anxiously] d'un air affolé or bouleversé / *she was sobbing distractedly* elle sanglotait, éperdue de douleur.

distracting [dɪ'stræktɪŋ] adj **1.** [disruptive] gênant / *I find it distracting* ça m'empêche de me concentrer / *it's very distracting having so many people in the office* c'est très difficile de se concentrer (sur son travail) avec autant de gens dans le bureau **2.** [amusing] distrayant.

distraction [dɪ'strækʃn] n **1.** [interruption - of attention, from objective] distraction *f* / *taking on another job now would just be an unwelcome distraction for us* entreprendre un nouveau travail maintenant nous détournerait de notre objet / *I need a place where I can work without distraction* il me faut un endroit où je pourrais travailler sans être dérangé **2.** [amusement] distraction *f* ▶ **to do sthg for distraction** faire qqch pour se distraire **3.** [anxiety] affolement *m* ; [absent-mindedness] distraction *f* **4.** [madness] affolement *m* ▶ **to drive sb to distraction** rendre qqn fou / *I'm being driven to distraction* je deviens fou ▶ **to love sb to distraction** aimer qqn éperdument or à la folie.

distrain [dɪ'streɪn] vi LAW ▶ **to distrain on sb's goods** saisir les biens de qqn ▶ **distraining order** ordre *m* de saisie.

distraint [dɪ'streɪnt] n LAW saisie *f*.

distraught [dɪ'strɔ:t] adj [with worry] angoissé, fou d'angoisse ; [after death] fou or éperdu de douleur, désespéré / *the distraught mother made a plea to the kidnappers* folle d'angoisse, la mère a imploré les kidnappeurs / *he sounds distraught* il a l'air affolé / *to be distraught with grief* être fou de douleur ▶ **to be distraught over sthg** être angoissé à cause de or désespéré par qqch.

distress [dɪ'stres] ◆ n **1.** [suffering - mental] angoisse *f* ; [- physical] souffrance *f* ; [hardship] détresse *f* ▶ **to cause sb distress** causer du tourment à qqn ▶ **to be in distress a)** [horse, athlete] souffrir **b)** [mentally] être angoissé **c)** [ship] être en détresse or perdition **d)** [aircraft] être en détresse ▶ **to be in financial distress** avoir de sérieux problèmes financiers **2.** LAW saisie *f*. ◆ comp ▶ **distress merchandise** US COMM *marchandises écoulées à bas prix parce qu'elles sont endommagées ou pour permettre de régler des dettes importantes*. ◆ vt **1.** [upset] faire de la peine à, tourmenter / *he was distressed by the animal's suffering* les souffrances de la bête lui faisaient de la peine **2.** [furniture] vieillir.

distressed [dɪ'strest] adj **1.** [mentally] tourmenté ; [very sorry] affligé ; [physically] souffrant ; [financially] dans le besoin / *there's no need to get distressed* ce n'est pas la peine de vous tourmenter / *we were distressed to hear of his death* nous avons été affligés d'apprendre sa mort ▶ **to be distressed by** or **about sthg** être affligé par qqch ▶ **they are in distressed circumstances** *euph* ils sont dans le besoin ▶ **distressed area** quartier *m* défavorisé **2.** [furniture, leather, clothing] vieilli.

distressing [dɪ'stresɪŋ] adj pénible.

distressingly [dɪ'stresɪŋlɪ] adv désespérément.

distress signal n signal *m* de détresse / *to send out a distress signal* [ship, aircraft] envoyer un signal de détresse / *to send out distress signals* *fig* envoyer des signaux de détresse.

distribute [dɪ'strɪbju:t] vt **1.** [hand out - money, leaflets, gifts, etc.] distribuer **2.** [share out, allocate - wealth, weight] répartir ; [- paint] répandre **3.** CIN & COMM [supply] distribuer.

distribution [,dɪstrɪ'bju:ʃn] ◆ n **1.** [of leaflets, money, etc.] distribution *f* **2.** CIN & COMM [delivery, supply] distribution *f* / *to have a wide distribution* COMM être largement distribué ; [of books] diffusion *f* **3.** [of wealth] répartition *f*, distribution *f* ; [of load] répartition *f*. ◆ comp COMM [agreement, network] de distribution ▶ **distribution channel** canal *m* de distribution ▶ **distribution rights** CIN droits *mpl* de distribution.

distribution list n [for e-mail] liste *f* de distribution.

distributive [dɪ'strɪbjʊtɪv] ◆ adj **1.** COMM ▶ **the distributive trades** le secteur de la distribution **2.** GRAM distributif. ◆ n GRAM [pronoun] pronom *m* distributif ; [adjective] adjectif *m* distributif.

distributor [dɪ'strɪbjʊtər] n **1.** CIN & COMM distributeur *m* **2.** AUTO distributeur *m* ▶ **distributor cap** tête *f* de Delco or d'allumeur.

district ['dɪstrɪkt] ◆ n [of country] région *f* ; [of town] quartier *m* ; [administrative area - of country] district *m* ; [- of city] arrondissement *m* ; [surrounding area] région *f* ▶ **the District of Columbia** le district fédéral de Columbia ▶ **postal district** secteur *m* postal. ◆ comp ▶ **district manager** COMM directeur *m* régional, directrice *f* régionale.

district attorney n [in US] procureur *m* de la République.

district council n [in UK] conseil *m* municipal.

district court n [in US] ≃ tribunal *m* d'instance (fédéral).

district nurse n UK infirmière *f* visiteuse.

district visitor n UK *membre d'une paroisse qui rend visite aux personnes en difficulté*.

distrust [dɪs'trʌst] ◆ vt se méfier de. ◆ n méfiance *f* / *my distrust of her* la méfiance que j'éprouve pour elle or à son égard ▶ **to have a deep distrust of sb / sthg** éprouver une profonde méfiance à l'égard de qqn / qqch.

distrustful [dɪs'trʌstfʊl] adj méfiant ▶ **to be deeply distrustful of** éprouver une extrême méfiance pour or à l'égard de.

distrustfully [dɪs'trʌstfʊlɪ] adv avec méfiance.

disturb [dɪ'stɜ:b] vt **1.** [interrupt - person] déranger ; [- silence, sleep] troubler / **'(please) do not disturb'** '(prière de) ne pas déranger' ▶ **to disturb the peace** LAW troubler l'ordre public **2.** [distress, upset] troubler, perturber ; [alarm] inquiéter **3.** [alter condition of - water] troubler ; [- mud, sediment] agiter, remuer ; [- papers] déranger.

disturbance [dɪ'stɜ:bəns] n **1.** [interruption, disruption] dérangement *m* **2.** POL ▶ **disturbances** [unrest] troubles *mpl*, émeute *f* **3.** [noise] bruit *m*, vacarme *m* / *to cause a disturbance* LAW troubler l'ordre public / *you're creating a disturbance* vous dérangez tout le monde / *they create such a disturbance when they leave the disco* ils font tant de chahut or de tapage lorsqu'ils sortent de la discothèque / *police were called to a disturbance in the early hours of the morning* la police a été appelée au petit matin pour mettre fin à un tapage nocturne **4.** [distress, alarm] trouble *m*, perturbation *f*.

disturbed [dɪ'stɜ:bd] adj **1.** [distressed, upset] troublé, perturbé ; [alarmed] inquiet (inquiète) ▶ **to be disturbed at** or **by sthg** être troublé par or perturbé par or inquiet de qqch / *I am disturbed by it* cela me dérange or perturbe, cela m'inquiète / *mentally disturbed* mentalement dérangé / *emotionally disturbed children* enfants souffrant de troubles émotionnels or affectifs **2.** [interrupted - sleep] troublé / *we had a disturbed night* notre sommeil a été troublé.

disturbing [dɪ'stɜ:bɪŋ] adj [alarming] inquiétant ; [distressing, upsetting] troublant, perturbant / *some viewers may find the programme disturbing* cette émission pourrait troubler or perturber certains spectateurs.

disturbingly [dɪ'stɜ:bɪŋlɪ] adv : *the level of pollution is disturbingly high* la pollution a atteint un niveau inquiétant / *it is disturbingly evident that the cease-fire will not hold* il est inquiétant de voir que le cessez-le-feu n'a aucune chance d'être respecté.

disunite [,dɪsju:'naɪt] vt désunir.

disunited [,dɪsju:'naɪtɪd] adj désuni.

disunity [,dɪs'ju:nətɪ] n désunion *f*.

disuse [,dɪs'ju:s] n : *the machine has rusted from disuse* la machine a rouillé à force de ne pas être utilisée ▶ **to fall into disuse** [word, custom, law] tomber en désuétude.

disused [,dɪs'ju:zd] adj [building, mine] abandonné, désaffecté.

disyllabic [,dɪsɪ'læbɪk] adj dissyllabe, dissyllabique.

ditch [dɪtʃ] ◆ n **1.** [by roadside] fossé *m* ; [for irrigation, drainage] rigole *f* / *he drove the car into the ditch* il est tombé dans le fossé avec la voiture

2. *inf* AERON ▸ **the ditch** la baille, la flotte. ◆ vt **1.** *inf* [abandon - car] abandonner ; [- plan, idea] abandonner, laisser tomber ; [- boyfriend, girlfriend] plaquer, laisser tomber ; [throw out] se débarrasser de / *the lorry driver ditched us* le chauffeur du camion nous a laissés en rade **2.** AERON ▸ **to ditch a plane** faire un amerrissage forcé. ◆ vi **1.** AERON faire un amerrissage forcé **2.** AGR creuser un fossé.

ditching ['dɪtʃɪŋ] n **1.** AGR creusement *m* de fossés **2.** *inf* [dumping - of car, plan, etc.] abandon *m* **3.** AERON amerrissage *m* forcé.

ditchwater ['dɪtʃ,wɔ:tər] n ▸ **to be as dull as ditchwater** *inf* être ennuyeux comme la pluie.

dither ['dɪðər] *inf* ◆ vi [be indecisive] hésiter, se tâter ▸ **to dither about whether to do sthg** hésiter à or se tâter pour faire qqch / *stop dithering (about)* **a)** [decide] décide-toi **b)** [make a start] arrête de tourner en rond. ◆ n ▸ **to be in a dither** hésiter, se tâter / *I'm in a dither about what to do* je n'arrive pas à me décider sur ce que je dois faire / *he was in* or *all of a dither about his exams* il était dans tous ses états à cause de ses examens.

ditherer ['dɪðərər] n *inf* : *he's such a terrible ditherer* il est toujours à hésiter sur tout.

dithering ['dɪðərɪŋ] n COMPUT tramage *m*.

dithery ['dɪðərɪ] adj *inf* **1.** [indecisive] hésitant, indécis **2.** [agitated] nerveux, agité.

ditransitive [dɪ'trænsɪtɪv] adj à deux compléments d'objet.

ditsy ['dɪtsɪ] (*compar* **ditsier**, *superl* **ditsiest**) adj US *inf* écervelé.

ditto ['dɪtəʊ] ◆ adv *inf* : *I feel like a drink — ditto* j'ai bien envie de prendre un verre — idem / *I don't like her — ditto* je ne l'aime pas — moi non plus. ◆ comp ▸ **ditto mark** guillemets *mpl* itératifs, signes *mpl* d'itération.

ditty ['dɪtɪ] (*pl* **ditties**) n *hum* chanson *f*.

diuresis [,daɪjʊ'ri:sɪs] n MED diurèse *f*.

diuretic [,daɪjʊ'retɪk] ◆ adj diurétique. ◆ n diurétique *m*.

diurnal [daɪ'ɜ:nl] adj *liter* diurne.

diva ['di:və] n diva *f*.

divan [dɪ'væn] n [couch] divan *m* ▸ **divan (bed)** divan-lit *m*.

dive [daɪv] (UK *pt & pp* **dived** ; US *pt* **dove** [dəʊv] *or* **dived**, *pp* **dived**) ◆ vi **1.** [person, bird, submarine] plonger ; [aircraft] plonger, piquer, descendre en piqué / *to dive for clams / pearls* pêcher la palourde / des perles *(en plongée)* / *the bird dived on its prey* l'oiseau a plongé or fondu sur sa proie / *she dived off the side of the boat* elle a plongé depuis le bord du bateau / *to dive for the ball* [goalkeeper] plonger sur le ballon **2.** [as sport] faire de la plongée **3.** *inf* [rush] : *they dived for the exit* ils se sont précipités or ils ont foncé vers la sortie / *he dived for his camera* il s'est rué sur son appareil photo / *the soldiers dived into the doorway* les soldats se sont engouffrés dans l'entrée / *the rabbit dived into its hole* le lapin s'est enfoui or a plongé dans son trou / *he dived into the car* il s'engouffra dans la voiture / *he dived into his pocket / the bag* il a plongé la main dans sa poche / le sac / *she always dives headlong into a task fig* elle fonce toujours tête baissée pour faire quelque chose / *she dived out of sight* elle s'est cachée précipitamment / *to dive under the table* plonger or se jeter sous la table / *he dived under the covers and shut his eyes* il s'est enfoui or il a plongé sous les couvertures et a fermé les yeux. ◆ n **1.** [of swimmer, bird, submarine] plongeon *m* ; [by aircraft] piqué *m* ▸ **to go into a dive** [aircraft] plonger, piquer, descendre en piqué ▸ **to pull out of a dive** [aircraft] se redresser d'un piqué ▸ **to make a dive for the ball** plonger sur le ballon ▸ **to take a dive** *inf* [in boxing] feindre le K-O / *he took a dive in the box* FOOT il a feint de s'effondrer dans la surface de réparation **2.** *inf* [sudden movement] : *to make a dive for the exit* se précipiter vers la sortie / *to make a dive for shelter* se précipiter pour se mettre à l'abri / *I made a dive for the vase* [to stop it breaking] je me suis précipité vers le vase **3.** *inf & pej* [bar, café, etc.] bouge *m*.

❖ **dive in** vi **1.** [swimmer] plonger **2.** *inf* : *dive in!* [eat] attaquez ! / *we're just going to have to dive in* [set to work] il va falloir qu'on s'y mette / *we can't just dive in without any preparation* nous ne pouvons pas nous lancer comme ça sans aucune préparation.

dive-bomb vt [subj: plane] bombarder or attaquer en piqué ; [subj: bird] attaquer en piqué.

dive-bomber n chasseur *m* bombardier.

dive-bombing n [by plane] bombardement *m* en piqué.

diver ['daɪvər] n **1.** [from diving board, underwater] plongeur *m*, -euse *f* ; [deep-sea] scaphandrier *m* ▸ **pearl / clam diver** pêcheur *m*, -euse *f* de perles / de palourdes *(en plongée)* **2.** [bird] plongeur *m*.

diverge [daɪ'vɜ:dʒ] vi [paths] se séparer, diverger ; *fig* [opinions] diverger / *to diverge from the truth* s'écarter de la vérité.

divergence [daɪ'vɜ:dʒəns] n [of paths] séparation *f*, divergence *f* ; *fig* [of opinions] divergence *f* / *this divergence in our opinions* cette divergence d'opinion entre nous.

divergent [daɪ'vɜ:dʒənt] adj [opinions] divergent.

divers ['daɪvəz] adj *arch & liter* [several] divers, plusieurs.

diverse [daɪ'vɜ:s] adj divers.

diversification [daɪ,vɜ:sɪfɪ'keɪʃn] n diversification *f* / *the company's recent diversification into cosmetics* la diversification qu'a récemment entreprise la société en pénétrant le marché des cosmétiques.

diversify [daɪ'vɜ:sɪfaɪ] (*pt & pp* **diversified**) ◆ vi [company] se diversifier / *to diversify into a new market* se diversifier en pénétrant un nouveau marché / *to diversify into a new product* se diversifier en fabriquant un nouveau produit. ◆ vt diversifier.

diversion [daɪ'vɜ:ʃn] n **1.** [of traffic] déviation *f* ; [of river] dérivation *f*, détournement *m* **2.** [distraction] diversion *f* / *it was a welcome diversion* cela a été une diversion agréable / *to create a diversion* **a)** [distract attention] faire (une) diversion **b)** MIL opérer une diversion **3.** [amusement] distraction *f*.

diversionary [daɪ'vɜ:ʃnrɪ] adj [remark, proposal] destiné à faire diversion ▸ **diversionary tactics** tactique *f* de diversion.

diversity [daɪ'vɜ:sətɪ] n diversité *f*.

divert [daɪ'vɜ:t] vt **1.** [reroute - traffic] dévier ; [- train, plane, ship] dévier (la route de) ; [- river, attention, conversation, blow] détourner / *the train was diverted via Birmingham* le train a été dévié par Birmingham / *the plane was diverted to London* l'avion a été dévié or détourné sur Londres / *to divert water from a river* détourner de l'eau d'une rivière **2.** [money] transférer ; [illegally] détourner **3.** [amuse] distraire.

diverticulitis [,daɪvə,tɪkjʊ'laɪtɪs] n *(U)* diverticulite *f*.

diverting [daɪ'vɜ:tɪŋ] adj divertissant.

divest [daɪ'vest] vt *fml* **1.** [take away from] priver ▸ **to divest sb of sthg** priver qqn de qqch **2.** [rid] ▸ **to divest o.s. of a)** [opinion, belief] se défaire de **b)** [coat] enlever **c)** [luggage] se débarrasser de.

divestiture [daɪ'vestɪtʃər] n US désinvestissement *m*.

divestment [daɪ'vestmənt] n US désinvestissement *m*.

divide [dɪ'vaɪd] ◆ vt **1.** [split up - territory, property, work] diviser ; [share out] partager, répartir ▸ **to divide sthg in** or **into two** couper or diviser qqch en deux / *she divided the cake into six equal portions* elle a partagé or coupé le gâteau en six parts égales / *she divided the cake equally among the children* elle a partagé le gâteau en parts égales entre les enfants / *they divided the work between them* ils se sont partagé or réparti le travail / *he divides his time between the office and home* il partage son temps entre le bureau et la maison **2.** [separate] séparer ▸ **to divide sthg from sthg** séparer qqch de qqch / *the Berlin Wall used to divide East and West* le mur de Berlin séparait l'Est de l'Ouest **3.** MATH diviser / *to divide 10 by 2* diviser 10 par 2 / *40 divided by 5 equals 8* 40 divisé par 5 égale 8 **4.** [disunite - family, party] diviser **5.** UK POL ▸ **to divide the House** faire voter la Chambre. ◆ vi **1.** [cells, group of people, novel] se diviser / *a policy of divide and rule* POL une politique consistant à diviser pour régner / *the class divided into groups* la classe s'est divisée or répartie en groupes **2.** [river, road] se séparer **3.** MATH diviser / *we're learning to divide* nous apprenons à faire des divisions / *10 divides by 2* 10 est divisible par 2, 10 est un multiple de 2 **4.** UK POL : *the House divided on the question* la Chambre a voté sur la question. ◆ n **1.** [gap] fossé *m* ▸ **the North-South divide** la division Nord-Sud **2.** US GEOG [watershed] ligne *f* de partage des eaux ▸ **the Great** or **Continental Divide** ligne de partage des eaux des Rocheuses ▸ **to cross the Great Divide** [die] passer de vie à trépas.

❖ **divide off** vt sep séparer ▸ **to divide sthg off from sthg** séparer qqch de qqch.

❖ **divide out** vt sep partager, répartir ▸ **to divide sthg out between** or **among people** partager qqch entre des gens.

❖ **divide up** ◆ vi = **divide** *(vi)*. ◆ vt sep = **divide** *(vt)*.

divided [dɪ'vaɪdɪd] adj **1.** [property, territory] divisé ; BOT découpé ▸ **divided highway** US route *f* à quatre voies ▸ **divided skirt** jupe-culotte *f* **2.** [disunited - family, party] divisé / *the party is divided on the issue* le parti est divisé sur ce problème / *opinion is divided on the matter* les avis sont partagés sur ce problème / *I feel divided (in my mind)* or *my mind is divided on the issue* je suis partagé sur la question ▸ **to have divided loyalties** être déchiré / *my loyalties are divided* je suis déchiré.

dividend ['dɪvɪdend] n FIN & MATH dividende *m* / *to pay a dividend* **a)** FIN [company] verser un dividende **b)** [shares] rapporter un dividende ▸ **to pay dividends** *fig* porter ses fruits.

divider [dɪ'vaɪdər] n [in room] meuble *m* de séparation.

❖ **dividers** pl n MATH ▸ **(a pair of) dividers** un compas à pointes sèches.

dividing [dɪ'vaɪdɪŋ] adj [fence, wall] de séparation ▸ **dividing line a)** *lit* limite *f* **b)** *fig* distinction *f* / *it's a very thin dividing line fig* c'est une distinction très subtile.

divination [,dɪvɪ'neɪʃn] n divination *f*.

divine [dɪ'vaɪn] ◆ adj **1.** RELIG divin ▸ **to attend divine service** *fml* aller à l'église ▸ **the divine right of kings** HIST la monarchie de droit divin ▸ **divine intervention** intervention *f* divine ▸ **it was divine retribution** c'était le châtiment de Dieu / **'The Divine Comedy'** *Dante* 'la Divine Comédie' **2.** *inf* [delightful] divin / *you look simply divine!* tu es absolument divine ! ◆ n [priest] théologien *m*. ◆ vt **1.** *liter* [foretell - the future] présager, prédire **2.** *liter* [conjecture, guess] deviner **3.** *liter* [perceive by intuition] pressentir **4.** [locate - water, metal] détecter or découvrir par la radiesthésie. ◆ vi ▸ **to divine for water** détecter or découvrir de l'eau par la radiesthésie.

divinely [dɪ'vaɪnlɪ] adv divinement.

diviner [dɪ'vaɪnər] n [of future] devin *m*, devineresse *f* ; [for water] sourcier *m*, radiesthésiste *mf*.

diving ['daɪvɪŋ] n [underwater] plongée *f* sous-marine ; [from board] plongeon *m* / *she doesn't like diving* **a)** [from board] elle n'aime pas plonger *(d'un plongeoir)* **b)** [underwater] elle n'aime pas la plongée sous-marine.

diving bell n cloche *f* à plongeur or de plongée.

diving board n plongeoir *m*.

diving suit n scaphandre *m*.

divining rod [dɪ'vaɪnɪŋ-] n baguette *f* de sourcier.

divinity [dɪ'vɪnətɪ] (*pl* **divinities**) ◆ n **1.** [quality, state] divinité *f* **2.** [god, goddess] divinité *f* ▸ **the Divinity** la Divinité **3.** [theology] théologie *f* ; SCH instruction *f* religieuse ▸ **Faculty / Doctor of Divinity** faculté *f* de / docteur *m* en théologie. ◆ comp ▸ **divinity school**

US faculté *f* (libre) de théologie ▸ **divinity student** étudiant *m*, -e *f* en théologie.

divisible [dɪ'vɪzəbl] adj divisible ▸ **divisible by** divisible par.

division [dɪ'vɪʒn] n **1.** [act, state] division *f* ; [sharing out] partage *m* / *the division of labour* la division du travail / *the division of responsibility* le partage des responsabilités **2.** [section - of company, organization] division *f* ; [- of scale, thermometer] graduation *f* ; [compartment - in box, bag] compartiment *m* **3.** BIOL, MIL & SPORT division *f* **4.** MATH division *f* **5.** [that which separates] division *f* ; [dividing line] division *f*, scission *f* ; [in room] cloison *f* / *class divisions* divisions entre les classes, divisions sociales / *the motorway forms a division between the two halves of the city* l'autoroute sépare la ville en deux **6.** [dissension] division *f* **7.** UK POL *vote officiel à la Chambre des communes (pour lequel les députés se répartissent dans les deux « division lobbies »)* / *a division will be necessary* il faudra procéder à un vote / *the bill was passed without division* le projet de loi a été adopté sans qu'on ait procédé à un vote ▸ **to carry a division** avoir or remporter la majorité des voix ▸ **to come to a division** procéder à un vote ▸ **to call a division** annoncer un vote ▸ **to call for a division on sthg** demander que qqch soit soumis à un vote.

divisional [dɪ'vɪʒənl] adj de la division, de division / *the divisional manager* le directeur de la division / *there were six divisional managers there* il y avait six directeurs de division.

division bell n UK POL *sonnerie à la Chambre des communes prévenant les députés qu'il faut venir voter.*

division lobby n UK POL *nom des deux salles dans lesquelles les députés britanniques se répartissent pour voter.*

division sign n MATH symbole *m* de division.

divisive [dɪ'vaɪsɪv] adj [policy, issue] qui crée des divisions.

divisiveness [dɪ'vaɪsɪvnɪs] n : *the divisiveness of this policy is evident to everyone* il apparaît clairement à tout le monde que cette politique crée des or est source de divisions.

divisor [dɪ'vaɪzər] n MATH diviseur *m*.

divorce [dɪ'vɔːs] ◆ n **1.** LAW divorce *m* / *I want a divorce* je veux divorcer, je veux le divorce / *he asked his wife for a divorce* il a demandé à sa femme de divorcer, il a demandé le divorce à sa femme / *a lawyer who specializes in divorce* un avocat spécialisé dans les affaires or cas de divorce / *her first marriage ended in divorce* son premier mariage s'est soldé par un divorce ▸ **to file** or **to sue for (a) divorce** demander le divorce ▸ **to get** or **to obtain a divorce** obtenir le divorce / *Mary's getting a divorce from John* Mary divorce d'avec John / *they're getting a divorce* ils divorcent / *why don't you get a divorce?* pourquoi ne divorces-tu pas ? / **'Divorce Italian Style'** *Germi* 'Divorce à l'italienne' **2.** *fig* séparation *f*, divorce *m*. ◆ comp [case, proceedings] de divorce ▸ **divorce court** *chambre spécialisée dans les affaires familiales au tribunal de grande instance* ▸ **divorce lawyer** avocat *m* spécialisé dans les affaires or cas de divorce. ◆ vt **1.** LAW [subj: husband, wife] divorcer d'avec ; [subj: judge] prononcer le divorce de / *you should divorce him* tu devrais divorcer (d'avec lui) / *they got divorced a few years ago* ils ont divorcé il y a quelques années **2.** *fig* séparer ▸ **to divorce sthg from sthg** séparer qqch de qqch. ◆ vi divorcer.

divorcé [dɪ'vɔːseɪ] n divorcé *m*.

divorced [dɪ'vɔːst] adj **1.** LAW divorcé / *a divorced woman* une (femme) divorcée **2.** *fig* : *to be divorced from reality* **a)** [person] être coupé de la réalité, ne pas avoir les pieds sur terre **b)** [suggestion, plan] être irréaliste.

divorcée [dɪvɔː'siː] n divorcée *f*.

divot ['dɪvət] n motte *f* de terre.

divulge [daɪ'vʌldʒ] vt divulguer, révéler.

divvy ['dɪvɪ] (*pl* **divvies**, *pt & pp* **divvied**, *cont* **divvying**) n UK *inf* abbr of **dividend**.

❖ **divvy up** *inf* ◆ vt sep partager / *they divvied up the money between them* ils se sont partagé l'argent. ◆ vi faire le partage.

dixie ['dɪksɪ] n UK *mil sl* gamelle *f*.

Dixie ['dɪksɪ] pr n US *inf* le Sud *(terme désignant le sud-est des États-Unis, particulièrement les anciens États esclavagistes).*

Not whistling Dixie

Dixie, ou **Dixieland**, fut le nom donné au territoire du sud des États-Unis tenu par les confédérés pendant la guerre de Sécession. De nombreuses chansons de guerre sudistes évoquent le **Dixieland**. L'expression **not just whistling Dixie** – littéralement, que l'on ne se contente pas de siffler des airs de guerre – signifie que l'on n'est pas en train de proférer de vaines paroles :

When she said she was going to shake up the company she wasn't whistling Dixie! *Lorsqu'elle a dit qu'elle allait restructurer l'entreprise, ce n'était pas des paroles en l'air !*

Hot today? You ain't whistling Dixie! *Chaud, aujourd'hui ? Ça, tu peux le dire !*

Dixieland ['dɪksɪlænd] ◆ n MUS jazz *m* dixieland. ◆ adj MUS ▸ **Dixieland jazz** le (jazz) dixieland.

DIY n & comp abbr of **do-it-yourself**.

dizzily ['dɪzɪlɪ] adv **1.** [walk] avec une sensation de vertige **2.** [behave] étourdiment.

dizziness ['dɪzɪnɪs] n *(U)* vertiges *mpl*.

dizzy ['dɪzɪ] (*compar* **dizzier**, *superl* **dizziest**) adj **1.** [giddy] : *to feel dizzy* avoir le vertige, avoir la tête qui tourne / *you'll make yourself dizzy* tu vas avoir la tête qui tourne / *it makes me (feel) dizzy* cela me donne le vertige ▸ **dizzy spell** or **turn** éblouissement *m* **2.** [height, speed] vertigineux ▸ **the dizzy heights of fame** les sommets grisants de la célébrité or gloire **3.** *inf* [scatterbrained] étourdi ▸ **a dizzy blonde** une blonde évaporée.

DJ n **1.** (abbr of **disk jockey**) DJ *m* **2.** (abbr of **dinner jacket**) smoking *m*.

Djakarta [dʒə'kɑːtə] = **Jakarta**.

Djerba ['dʒɜːbə] pr n Djerba / *in Djerba* à Djerba.

DJI, **DJIA** pr n US abbr of **Dow Jones Industrial Average**.

Djibouti [dʒɪ'buːtɪ] pr n (République *f* de) Djibouti / *in Djibouti* à Djibouti.

Djibouti City pr n Djibouti / *in Djibouti City* à Djibouti.

djinn [dʒɪn] n djinn *m*.

Dk, **DK** MESSAGING written abbr of **don't know**.

dl (written abbr of **decilitre**) dl.

DLit(t) [diː'lɪt] n **1.** (abbr of **Doctor of Literature**) docteur *m* ès lettres **2.** (abbr of **Doctor of Letters**) docteur *m* ès lettres.

dm (written abbr of **decimetre**) dm.

DM (written abbr of **Deutsche Mark**) DM.

DMA n abbr of **direct memory access**.

DMus [,diː'mjuːz] (abbr of **Doctor of Music**) n UK docteur *m* en musique.

DMV n abbr of **Department of Motor Vehicles**.

DMZ n abbr of **demilitarized zone**.

DNA (abbr of **deoxyribonucleic acid**) n ADN *m* ▸ **DNA fingerprint** empreinte *f* digitale d'ADN, empreinte *f* génétique ▸ **DNA fingerprinting** or **profiling** empreinte *f* digitale or profilage d'ADN ▸ **DNA test** test *m* ADN ▸ **DNA testing** tests *mpl* ADN.

Dnieper ['dniːpər] pr n ▸ **the (River) Dnieper** le Dniepr.

DNS [,diːen'es] (abbr of **Domain Name System**) n COMPUT DNS.

do[1] [duː] (*pres (3rd sing)* **does** [dʌz], *pt* **did** [dɪd], *pp* **done** [dʌn]) *(negative forms* **do not** *frequently shortened to* **don't** [dəʊnt], **does not** *frequently shortened to* **doesn't** [dʌznt], **did not** *frequently shortened to* **didn't** [dɪdnt], *cont* **doing** [duːɪŋ]) ◆ aux vb **1.** [in questions] : *do you know her?* est-ce que tu la connais ?, la connais-tu ? / *don't / didn't you know?* vous ne le savez / saviez pas ? / *did I understand you correctly?* vous ai-je bien compris ?, est-ce que je vous ai bien compris ? / *why don't you tell her?* pourquoi est-ce que tu ne (le) lui dis pas ?, pourquoi ne (le) lui dis-tu pas ? ; [in exclamations] : *do I know London!* si je connais Londres ? / *boy, do I hate paperwork!* nom d'un chien, qu'est-ce que je peux avoir horreur des paperasses ! **2.** [in tag questions] : *he takes you out a lot, doesn't he?* il t'emmène souvent dîner dehors, n'est-ce pas or hein ? / *so you want to be an actress, do you?* alors tu veux devenir actrice ? / *you didn't sign it, did you?* [disbelief, horror] tu ne l'as pas signé, quand même ? / *you surely don't want any more, do you?* tu ne veux quand même pas en reprendre, si ? / *look, we don't want any trouble, do we?* [encouraging, threatening] écoute, nous ne voulons pas d'histoires, hein ? **3.** [with the negative] : *I don't believe you* je ne te crois pas / *please don't tell her* s'il te plaît, ne (le) lui dis pas / *don't let's go out* UK ne sortons pas **4.** [for emphasis] : *I* DO *believe you* sincèrement, je vous crois / *do you mind if I smoke? — yes I* DO *mind* cela vous dérange-t-il que je fume ? — justement, oui, ça me dérange / *he* DOES *know where it is* il sait bien où c'est / *we* DO *like it here* **a)** [refuting accusation] mais si, nous nous plaisons ici, bien sûr que nous nous plaisons ici **b)** [like it very much] nous nous plaisons vraiment ici / *I* DID *tell you* **a)** [refuting sb's denial] mais si, je te l'ai dit, bien sûr que je te l'ai dit **b)** [emphasizing earlier warning] je te l'avais bien dit / *if you* DO *decide to buy it* si tu décides finalement de l'acheter / *let me know when you* DO *decide* dis-moi quand tu auras décidé / DO *sit down* asseyez-vous donc / DO *let us know how your mother is* surtout dites-nous comment va votre mère / DO *stop crying* mais arrête de pleurer, enfin **5.** [elliptically] : *you know as much as / more than I do* tu en sais autant que / plus que moi / *so do I / does she* moi / elle aussi / *neither do I / does she* moi / elle non plus / *he didn't know and neither did I* il ne savait pas et moi non plus / *do you smoke? — I do / don't* est-ce que vous fumez ? — oui / non / *may I sit down? — please do* puis-je m'asseoir ? — je vous en prie / *I'll talk to her about it — please do / don't!* je lui en parlerai — oh, oui / non s'il vous plaît ! / *don't, you'll make me blush!* arrête, tu vas me faire rougir ! / *will you tell her? — I may do* (le) lui diras-tu ? — peut-être / *I may come to Paris next month — let me know if you do* il se peut que je vienne à Paris le mois prochain — préviens-moi si tu viens / *you said eight o'clock — oh, so I did* tu as dit huit heures — oh, c'est vrai / *I liked her — you didn't!* [surprised] elle m'a plu — non ! vraiment ? / *I wear a toupee — you do?* [astonished] je porte une perruque — vraiment ? or non ! or pas possible ! / *it belongs / it doesn't belong to me — does / doesn't it?* cela m'appartient / ne m'appartient pas — vraiment ? ; [asserting opposites] : *yes you do — no I don't* mais si — mais non / *yes it does — no it doesn't* mais si — mais non / *you know her, I don't* tu la connais, moi pas / *you don't know her — I do!* tu ne la connais pas — si (je la connais) ! ▸ **I do** [marriage service] ≃ oui **6.** [in sentences beginning with adverbial phrase] : *not only did you lie...* non seulement tu as menti... / *little did I realize...* j'étais bien loin de m'imaginer... ◆ vt **1.** [be busy or occupied with] faire / *what are you doing?* qu'est-ce que tu fais ?, que fais-tu ?, qu'es-tu en train de faire ? / *are you doing anything next Saturday?* est-ce que tu fais quelque chose samedi prochain ? / *what do you do for a living?* qu'est-ce que vous faites dans la vie ? / *what are these files doing here?* qu'est-ce que ces dossiers font ici ? / *somebody* DO *something!* que quelqu'un fasse quelque chose ! / *there's nothing more to be done* il n'y a plus rien à faire / *he does nothing but sleep* or *all he does is sleep* il

DO

Do se rencontre aussi bien en tant qu'auxiliaire qu'en tant que verbe irrégulier.

Do auxiliaire sert principalement, au présent et au prétérit, à construire l'interrogation et la négation, et à renforcer une affirmation, sauf en présence d'un autre auxiliaire.

Do verbe (***faire***) est un verbe irrégulier qui est utilisé pour des activités (to do the dishes = faire la vaisselle…).

FORMES VERBALES DE DO

- Présent : **do** [du:], **does** [dʌz]
- Prétérit : **did** [dɪd]
- Participe passé : **done** [dʌn]
- Participe présent : **doing** [du:ɪŋ]

DO AUXILIAIRE

- Lorsqu'il est auxiliaire, **do** perd son sens de ***faire*** et devient un mot grammatical qui sert à former l'interrogation et la négation avec les verbes lexicaux au présent et au prétérit (formes simples).
Where do [də] you want to go? Où veux-tu aller ?
Does [dəz] she like tea? Est-ce qu'elle aime le thé ?
I don't ['dəʊnt] know. Je ne sais pas.
- Dans les réponses brèves, il permet de ne pas répéter l'ensemble de la proposition :
Do you like chocolate? Yes, I do / No, I don't.
Tu aimes le chocolat ? Oui, j'aime bien. / Non, je n'aime pas ça.
I do / I don't permet d'apporter une réponse affirmative ou négative à la question posée : il est inutile de répéter « like chocolate ». Dans les réponses brèves, **do** auxiliaire apporte une information nouvelle : la réponse à la question. En conséquence, il sera accentué.
He / she doesn't ['dʌznt] know. Il / elle ne sait pas.
I didn't ['dɪdnt] know. Je ne savais pas.
- **Do** sert à renforcer une affirmation, surtout lorsque cela ne va pas de soi (tournures emphatiques) :
You don't like pizza, do you? Yes, I do! Tu n'aimes pas la pizza, n'est-ce pas ? Mais si !
Do you mind if I smoke? Yes, I do mind. Ça vous dérange si je fume ? Oui, ça me dérange.
En français, ce sont les mots ***si***, ***mais si*** ou ***justement*** qui vont servir à renforcer l'affirmation. Ici, **do** exprime un contraste, et apporte une information nouvelle : il sera donc accentué.
On trouve également ce **do** emphatique à l'impératif :
Do sit down! Asseyez-vous, je vous prie !
On peut le contraster avec l'impératif sit down! (asseyez-vous !) qui constitue un ordre, alors que la tournure avec **do** s'apparente davantage à une invitation.
- **Do** auxiliaire est un simple mot grammatical n'apportant pas d'information lexicale. C'est pourquoi **do** est prononcé de manière atténuée dans les questions.
Do [də] you like travelling? Aimez-vous voyager ?
On peut lui accoler la négation : à l'écrit, ce sont les formes contractées. Les formes négatives contractées sont toujours accentuées car la négation apporte une information.
He / she doesn't ['dʌznt] smoke. Il / elle ne fume pas.
I didn't ['dɪdnt] smoke. Je ne fumais pas.

DO VERBE

Do est un verbe transitif irrégulier. Il possède une forme de participe passé (done) et une forme en V-ing (doing).

Son sens correspond à peu près à celui de ***faire***. On le trouve essentiellement avec des activités :

I do my shopping on Wednesdays. Je fais mes courses le mercredi.

What are you doing this morning? Qu'est-ce que tu fais ce matin ?

I have to do sport. Il faut que je fasse du sport.

Let's do the dishes! Faisons la vaisselle !

Attention !

Il ne faut pas confondre **do** avec **make** (faire, fabriquer). On emploie généralement **make** lorsqu'il s'agit d'une création, d'une production, alors que **do** est utilisé lorsque l'on parle d'une simple activité.

Let's make some coffee! Faisons du café !
She should really make an effort. Elle devrait vraiment faire un effort.
Voir aussi make.

ne fait que dormir ; [carry out -task, work] faire / *you'll have to do it again* il va falloir que tu le refasses / *he did a good job* il a fait du bon travail / *what do I do to start the machine?* comment est-ce que je fais pour mettre la machine en marche ? / *what do I have to do to make you understand?* mais qu'est-ce que je dois faire pour que tu comprennes ? / *have I done the right thing?* ai-je fait ce qu'il fallait ? ▸ **to do sthg about sthg / sb** : *what are you going to do about the noise?* qu'est-ce que tu vas faire au sujet du bruit ? ▸ **to do sthg for sb / sthg** : *what can I do for you?* que puis-je (faire) pour vous ? / *the doctors can't do anything more for him* la médecine ne peut plus rien pour lui / *that dress really does something / nothing for you* cette robe te va vraiment très bien / ne te va vraiment pas du tout / *the new wallpaper does a lot for the room* le nouveau papier peint transforme la pièce / *what do you do for entertainment?* quelles sont vos distractions ?, comment est-ce que vous vous distrayez ? / *what shall we do for water to wash in?* où est-ce qu'on va trouver de l'eau pour se laver ? ▸ **to do sthg to sb / sthg** : *who did this to you?* qui est-ce qui t'a fait ça ? / *what have you done to your hair?* qu'est-ce que tu as fait à tes cheveux ? / *I hate what your job is doing to you* je n'aime pas du tout l'effet que ton travail a sur toi / *it does something to me* ça me fait quelque chose ▸ **don't do anything I wouldn't do** *hum* ne fais pas de bêtises ▸ **that does it!** cette fois c'en est trop ! / *that's done it, the battery's flat* et voilà, la batterie est à plat **2.** [produce, provide -copy, report] faire / *I don't do portraits* je ne fais pas les portraits / *the pub does a good lunch* UK on sert un bon déjeuner dans ce pub / *could you do me a quick translation of this?* pourriez-vous me traduire ceci rapidement ? / *do you do day trips to France?* [to travel agent] est-ce que vous avez des excursions d'une journée en France ? **3.** [work on, attend to] s'occuper de / *he's doing your car now* il est en train de s'occuper de votre voiture / *can you do Mrs Baker first?* [in hairdresser's] peux-tu t'occuper de Mme Baker d'abord ? / *to do the garden* s'occuper du jardin / *he's doing the garden* il est en train de jardiner / *they do you very well in this hotel* on est très bien dans cet hôtel / *this old car has done me well over the years* cette voiture m'a bien servi au cours des années **4.** [clean, tidy -room, cupboard] faire ; [decorate -room] faire la décoration de ; [arrange -flowers] arranger / *to do one's teeth* se brosser les dents **5.** SCH & UNIV [subject] étudier ; UK [course] suivre / *to do medicine / law* étudier la médecine / le droit, faire sa médecine / son droit / *we're doing Tartuffe* nous étudions Tartuffe **6.** [solve -sums, crossword, equation] faire **7.** AUTO & TRANSP [speed, distance] faire / *the car will do over 100* la voiture peut faire du 160 / *it does thirty-five miles to the gallon* elle fait sept litres aux cents (kilomètres) / *we did the trip in under two hours* nous avons fait le voyage en moins de deux heures **8.** CIN, THEAT & TV [produce -play, film] faire ; [appear in] être dans ; [play part of] faire ; MUS [perform] jouer **9.** CULIN [cook] faire ; [prepare -vegetables, salad] préparer / *to do sthg in the oven* faire (cuire) qqch au four / *how would you like your steak done?* comment voulez-vous votre steak ? **10.** *inf* [spend time -working, in prison] faire / *she's doing three years for robbery* elle fait trois ans pour vol **11.** [be enough or suitable for] suffire / *will £10 do you?* 10 livres, ça te suffira ? / *those shoes will have to do the children for another year* les enfants devront encore faire un an avec ces chaussures **12.** [finish] : *well that's that done, thank goodness* bon, voilà qui est fait, dieu merci / *once I've done what I'm doing* dès que j'aurai fini ce que je suis en train de faire / *have you done eating / crying?* tu as fini de manger / pleurer ? / *it will never be done in time* ce ne sera jamais fini à temps / *done!* [in bargain] marché conclu ! **13.** [imitate] imiter, faire / *he does you very well* il t'imite très bien **14.** UK *inf* [arrest] : *she was done for speeding* elle s'est fait pincer pour excès de vitesse / *we could do you for dangerous driving* nous pourrions vous arrêter pour conduite dangereuse **15.** *inf* [rob, burgle -bank, shop] cambrioler, se faire **16.** *inf* [cheat] rouler, avoir / *you've been done* tu t'es fait rouler or avoir **17.** *inf* [visit] faire / *to do the sights* faire le tour des sites touristiques **18.** *v inf* [take] ▸ **to do drugs** se camer **19.** UK *inf* [beat up] s'occuper de qqn, en mettre une à qqn / *I'll do you!* je vais m'occuper de toi, moi ! ◆ vi **1.** [perform -in exam, competition, etc.] s'en tirer, s'en sortir / *you did very well* tu t'en es très bien tiré or sorti / *his team didn't do well in the match* son équipe ne s'en est pas très bien tirée pendant le match / *the company's not doing too badly* l'entreprise ne se débrouille pas trop mal / *how are you doing in the new job / at school?* comment te débrouilles-tu dans ton nouveau travail / à l'école ? / *try to do better in future* essaie de mieux faire à l'avenir / *how are we doing with the corrections?* [checking progress] où en sommes-nous avec les corrections ? ▸ **well done!** bien joué !, bravo ! **2.** [referring to health] : *how is she doing, doctor?* comment va-t-elle, docteur ? / *he's not doing too well* il ne va pas trop bien / *mother and baby are both doing well* la maman et le bébé se portent tous les deux à merveille / *how is your eldest boy doing?* comment va votre aîné ? ▸ **how do you do?** [on being introduced] enchanté, ravi **3.** [act, behave] faire / *do as you please* fais ce qui te plaît, fais ce que tu veux / *do as you're told!* fais ce qu'on te dit ! / *you would do well to listen to your mother* tu ferais bien d'écouter ta mère ▸ **to do well by sb** bien traiter qqn ▸ **to be / to feel hard done** by UK être / se sentir lésé ▸ **do as you would be done by** *prov* traite les autres comme tu voudrais être traité **4.** [be enough] suffire / *will £20 do?* 20 livres, ça ira or suffira ? / *that will do!* [stop it] ça suffit comme ça ! **5.** [be suitable] aller / *that will do (nicely)* ça ira or conviendra parfaitement, cela fera très bien l'affaire / *this won't do* ça ne peut pas continuer comme ça / *it wouldn't do to be late* ce ne serait pas bien d'arriver en retard / *will that do?* [as alternative] est-ce que ça ira ? / *will Sunday do instead?* et dimanche, ça irait ? **6.** *(always in continuous form)* [happen] : *is there anything doing at the club tonight?* est-ce qu'il y a quelque chose au club ce soir ? / *there's nothing doing here at weekends* il n'y a rien à faire ici le week-end ▸ **nothing doing** *inf* [rejection, refusal] rien à faire **7.** *(always in perfect tense)* [finish] : *have you done?* tu as fini ? **8.** [be connected with] : *it has to do with your missing car* c'est au sujet de votre voiture volée / *that's got nothing to do with it!* [is irrelevant] cela n'a rien à voir ! / *I want nothing to do with it / you* je ne veux rien avoir à faire là-dedans / avec toi / *I had nothing at all to do with it* je n'avais rien à voir là-dedans, je n'y étais pour rien / *it's nothing to do with me* je n'y suis pour rien / *we don't have much to do with the people next door* nous n'avons pas beaucoup de contacts avec les gens d'à côté / *what I said to him has got nothing to do with you* **a)** [it's none of your business] ce que je lui ai dit ne te regarde pas **b)** [it's not about you] ce que je lui ai dit n'a rien à voir avec toi / *that has a lot to do with it* cela joue un rôle très important / *he is* or *has something to do with printing* il est dans l'imprimerie **9.** UK *inf* [work as cleaner] faire le ménage ▸ **to do for sb** faire le ménage chez qqn. ◆ n **1.** [tip] : *the do's and don'ts of car maintenance* les choses à faire et à ne pas faire dans l'entretien des voitures **2.** *inf* [party, celebration] fête *f* / *he's having a do to celebrate his promotion* il donne une fête pour célébrer sa promotion **3.** *inf* [excrement] ▸ **dog do** crotte *f* de chien.

⇎ **do away with** vt insep **1.** [abolish -institution, rule, restriction] abolir ; [get rid of -object] se débarrasser de **2.** [kill] se débarrasser de, faire disparaître ▸ **to do away with o.s.** mettre fin à ses jours.

⇎ **do down** vt sep UK *inf* **1.** [criticize, disparage] rabaisser, médire sur, dire du mal de ▸ **to do o.s. down** se rabaisser **2.** [cheat] avoir, rouler.

⇎ **do for** vt insep *v inf* **1.** UK [murder] zigouiller ; [cause death of] tuer **2.** [ruin -object, engine] bousiller ; [cause failure of -plan] ruiner ; [-company] couler / *I'm done for* je suis cuit / *the project is done for* le projet est tombé à l'eau or foutu / *the industry is done for* l'industrie est fichue **3.** UK [exhaust] tuer, crever / *shopping always does for me* je suis toujours crevé après les courses / *I'm done for* je suis mort or crevé **4.** [do housework for] faire le ménage chez.

⇎ **do in** vt sep *v inf* **1.** [murder, kill] zigouiller, buter, butter **2.** [exhaust] = **do for 3.** [injure] ▸ **to do one's back / one's knee in** se bousiller le dos / le genou / *you'll do your lungs in* tu vas te bousiller les poumons.

⇎ **do out** vt sep UK *inf* [clean thoroughly] nettoyer à fond ; [decorate] refaire.

⇎ **do out of** vt sep *inf* [money, job] faire perdre.

⇎ **do over** vt sep **1.** [room] refaire / *the whole house needs doing over* toute la maison a besoin d'être refaite **2.** US [do again] refaire **3.** *inf* [beat up] casser la gueule or la tête à **4.** *inf* [burgle, rob -house, bank, etc.] cambrioler.

⇎ **do up** ◆ vt sep **1.** [fasten -dress, jacket] fermer ; [-zip] fermer, remonter ; [-buttons] boutonner ; [-shoe-laces] attacher / *do me up will you?* tu peux fermer ma robe ? **2.** [wrap, bundle up] emballer / *envelopes done up in bundles of 20* des enveloppes en paquets de 20 / *a parcel done up in brown paper* un paquet emballé dans du papier kraft **3.** *inf* [renovate -house, cottage, etc.] refaire, retaper ; [old dress, hat] arranger / *the house needs a bit of doing up* la maison a besoin d'être un peu refaite or retapée ; [make more glamorous] ▸ **to do o.s. up** se faire beau / belle / *I didn't recognize you all done up like that* je ne t'ai pas reconnu tout beau comme ça. ◆ vi [skirt, dress] se fermer ; [zip] se fermer, se remonter ; [buttons] se fermer, se boutonner / *it does up at the side* cela se ferme sur le côté.

⇎ **do with** vt insep **1.** *(after 'could')* UK *inf* [need, want] avoir besoin de / *I could have done with some help* j'aurais eu bien besoin d'aide / *I could do with a drink* je prendrais bien un verre, j'ai bien envie de prendre un verre **2.** *(after 'can't')* UK *inf* [tolerate] supporter / *I can't do* or *be doing with all this noise* je ne supporte pas ce vacarme **3.** *(after 'what')* [act with regard to] faire de / *they don't know what to do with themselves* ils ne savent pas comment s'occuper / *what are we going to do with your father for two whole weeks!* qu'allons-nous faire de ton père pendant deux semaines entières ? / *what do you want me to do with this?* que veux-tu que je fasse de ça ? / *what have you done with the hammer?* qu'as-tu fait du marteau ? **4.** *(always with pp)* [finish with] finir avec / *I'm done with men for ever* j'en ai fini pour toujours avec les hommes / *I'm done with trying to be nice to her* je n'essaierai plus jamais d'être gentil avec elle / *can I borrow the ashtray if you've done with it?* puis-je emprunter le cendrier si tu n'en as plus besoin ?

⇎ **do without** ◆ vi faire sans / *he'll have to do without* il devra s'en passer or faire sans. ◆ vt insep se passer de / *I could have done without this long wait* j'aurais bien pu me passer de cette longue attente.

See box at make.

do² [dəʊ] n MUS do *m*.

do. (written abbr of ditto) adv do.

DOA adj abbr of dead on arrival.

doable ['du:əbl] adj *inf* faisable.

d.o.b., DOB written abbr of date of birth.

Dobbin ['dɒbɪn] n *surnom donné à un cheval, spécialement dans les contes pour enfants.*

Doberman (pinscher) ['dəʊbəmən('pɪnʃəʳ)] n doberman *m*.

doc [dɒk] n *inf* [doctor] toubib *m* / *morning, doc* bonjour docteur.

docile [UK 'dəʊsaɪl US 'dɒsəl] adj docile.

docilely [UK 'dəʊsaɪllɪ US 'dɒsəllɪ] adv docilement.

docility [də'sɪlətɪ] n docilité *f*.

dock [dɒk] ◆ vi [ship] se mettre à quai ; [spacecraft] s'amarrer. ◆ vt **1.** [ship] mettre à quai ; [spacecraft] amarrer **2.** [money] ▸ **to dock sb's pay / pocket money** faire une retenue sur la paie / réduire l'argent de poche de qqn / *you'll be docked £20* on retiendra 20 livres sur votre salaire / *they docked me for being late* ils ont fait une retenue sur mon salaire à cause de mon retard **3.** [animal's tail] couper. ◆ n **1.** NAUT dock *m*, docks *mpl* ▸ **the docks** les docks ▸ **to be in dry dock** [ship] être en cale sèche ▸ **to be in dock** *fig* [car, plane] être en réparation **2.** LAW banc *m* des accusés ▸ **the prisoner in the dock** l'accusé / *prisoner in the dock, have you anything to say in your defence?* accusé, avez-vous quelque chose à dire pour votre défense ? ▸ **to be in the dock** *fig* être sur la sellette **3.** BOT patience *f* **4.** [for electronic device] station *f* d'accueil. ◆ comp [manager] des docks ▸ **dock worker** UK docker *m* ▸ **dock strike** grève *f* des dockers.

docker ['dɒkəʳ] n UK docker *m*.

docket ['dɒkɪt] ◆ n **1.** UK [on file, package] fiche *f* (de renseignements) **2.** US LAW liste *f* des affaires en instance ; UK compte-rendu *m* des jugements. ◆ vt **1.** [parcel, file] mettre une fiche (indiquant le contenu) sur / *the parcel has been docketed* le colis porte une fiche indiquant son contenu **2.** LAW [make summary of] résumer ; [register] enregistrer.

docking ['dɒkɪŋ] n [of ship] mise *f* à quai ; [of spacecraft] amarrage *m* ▸ **docking manoeuvre** accostage *m*.

docking station n [for electronic device] station *f* d'accueil.

dockland ['dɒklənd] n quartier *m* des docks.

⇎ **Docklands** pr n *quartier d'affaires à Londres sur les bords de la Tamise.*

dockside ['dɒksaɪd] n : *on the dockside* sur le quai.

dockyard ['dɒkjɑ:d] n chantier *m* naval or de constructions navales ▸ **naval dockyard** arsenal *m* maritime or de la marine.

Doc Martens® [-'mɑ:tənz] pl n Doc Martens® *fpl*.

doctor ['dɒktəʳ] ◆ n **1.** MED docteur *m*, médecin *m* / *good morning, doctor* bonjour docteur / *dear Doctor Cameron* [in letter] docteur / *I've an appointment with Doctor Cameron* j'ai rendez-vous avec le docteur Cameron / *thank you, doctor* merci, docteur / *he / she is a doctor* il / elle est docteur or médecin ▸ **to go to the doctor** or **doctor's** aller chez le docteur or médecin / *you should see a doctor* tu devrais consulter un docteur or médecin ▸ **to be under the doctor** *inf* être sous traitement médical ▸ **woman doctor** UK, **female doctor** US femme *f* médecin ▸ **army doctor** médecin militaire ▸ **doctor's line** or **note** certificat *m* médical ▸ **that's just what the doctor ordered!** *inf* c'est exactement ce qu'il me faut or fallait ! ▸ **doctor's orders** : *I can't eat this, doctor's orders!* je ne peux pas manger ça, le médecin me l'interdit / *I need to rest, doctor's orders!* j'ai besoin de repos, c'est mon médecin qui me l'a dit ▸ **Doctor Who** *série télévisée britannique de science-fiction, dont le héros dispose d'une machine à voyager dans le temps* / **'The Doctor's Dilemma'** *Shaw* 'le Dilemme du docteur' / **'Doctor Strangelove'** *Kubrick* 'Docteur Folamour' / **'Doctor Zhivago'** *Pasternak, Lean* 'le Docteur Jivago' / **'Doctor Faustus'** **a)** [Mann] 'le Docteur Faustus' **b)** [Marlowe] 'la Tragique Histoire du docteur Faust' **2.** UNIV docteur *m* / *Doctor of Science* docteur ès or en sciences ▸ **to do a** or **to take one's doctor's degree** faire un doctorat. ◆ vt **1.** [tamper with -results, figures] falsifier, trafiquer ; [-wine] frelater / *we'll need to doctor the figures a little* il va falloir un peu arranger ces chiffres **2.** [drug -drink, food] mettre de la drogue dans ; [-racehorse] doper **3.** UK [castrate, sterilize -cat, dog] châtrer **4.** [treat] soigner.

doctoral ['dɒktərəl] adj [thesis, degree] de doctorat.

doctorate ['dɒktərət] n doctorat *m* ▸ **to have / to do a doctorate in sthg** avoir / faire un doctorat en qqch.

doctrinaire [,dɒktrɪ'neəʳ] adj doctrinaire.

doctrinal [dɒk'traɪnl] adj doctrinal.

doctrine ['dɒktrɪn] n doctrine *f*.

docudrama [,dɒkjʊ'drɑ:mə] n TV docudrame *m*.

document ◆ n ['dɒkjʊmənt] document *m* ; LAW acte *m* / *to draw up a document* rédiger un document / *may I have a look at your travel documents, sir?* pourrais-je voir votre titre de transport, monsieur ? ▸ **the documents in the case** LAW le dossier de l'affaire. ◆ vt ['dɒkjʊment] **1.** [write about in detail] décrire (de façon détaillée) ; [record on film -subj: film] montrer (en détail), présenter (de façon détaillée) ; [-subj: photographer] faire un reportage sur / *the book documents life in the 1920s* le livre décrit la vie dans les années 1920 / *it is well documented* c'est bien documenté / *the first documented case of smallpox* le premier cas de variole qu'on ait enregistré **2.** [support -with evidence or proof] fournir des preuves à l'appui de, attester ; [-with citations, references] documenter.

documentarist [dɒkjʊ'mentərɪst] n CIN & TV documentariste *mf*.

documentary [,dɒkjʊ'mentərɪ] (*pl* **documentaries**) ◆ adj **1.** LAW [consisting of documents] ▸ **documentary evidence** preuve *f* littérale ▸ **documentary credit** crédit *m* documentaire **2.** [factual -film, programme] documentaire. ◆ n CIN & TV documentaire *m*.

documentation [,dɒkjʊmen'teɪʃn] n documentation *f*.

document case n porte-documents *m inv*.

docusoap ['dɒkju:səʊp] n docudrame *m (sous forme de feuilleton)*.

DOD pr n US abbr of Department of Defense.

dodder ['dɒdəʳ] vi [walk] marcher d'un pas hésitant.

dodderer ['dɒdərəʳ] n *inf & pej* croulant *m*, -e *f*, gâteux *m*, -euse *f*.

doddering ['dɒdərɪŋ] adj *inf* [walk] hésitant, chancelant ; *pej* [elderly person] gâteux / *a doddering old fool* un vieux gâteux.

doddery ['dɒdərɪ] adj *inf* [walk] hésitant / *I still feel a bit doddery* [after illness] je me sens encore un peu faible or flagada.

doddle ['dɒdl] n UK *inf* ▸ **it's a doddle** c'est simple comme bonjour, c'est du gâteau.

dodecagon [dəʊ'dekəgən] n dodécagone *m*.

dodecahedron [ˌdəʊdekə'hiːdrən] n dodécaèdre *m*.

Dodecanese [ˌdəʊdɪkə'niːz] pl pr n ▸ **the Dodecanese** le Dodécanèse / *in the Dodecanese* dans le Dodécanèse.

dodge [dɒdʒ] ◆ n **1.** [evasive movement] écart *m* ; [by footballer, boxer] esquive *f* / *to make a dodge* faire un écart or une esquive **2.** UK *inf* [trick] truc *m*, combine *f* ▸ **to be up to all the dodges** connaître toutes les combines. ◆ vi [make evasive movement] s'écarter vivement ; [footballer, boxer] faire une esquive / *he dodged into the doorway* il s'est esquivé or il a disparu dans l'entrée / *she dodged to the side* elle a fait un bond de côté / *to dodge in and out of the crowd* faire du slalom dans la foule / *to dodge out of the way* s'écarter vivement ▸ **to dodge out of doing sthg** *fig* se défiler pour ne pas faire qqch. ◆ vt [blow] esquiver ; [falling rock, ball] éviter ; [bullets] passer entre, éviter ; [pursuer, police] échapper à ; [creditor, landlord, etc.] éviter ; [question] éluder / *he has dodged the taxman* or *paying tax all his life* il a échappé au fisc toute sa vie / *to dodge military service* échapper au service militaire / *to dodge the issue* éluder or esquiver le problème / *you dodged doing the dishes last night!* tu t'es défilé pour la vaisselle hier soir ! / *to dodge school* sécher l'école.

Dodgem® ['dɒdʒəm] n UK auto *f* tamponneuse / *to have a ride on the Dodgems* faire un tour d'autos tamponneuses.

dodger ['dɒdʒər] n *inf* [workshy] tire-au-flanc *m inv* ; [dishonest] combinard *m*, -e *f*, roublard *m*, -e *f* ▸ **fare dodger** resquilleur *m*, -euse *f*.

dodgy ['dɒdʒɪ] (*compar* **dodgier**, *superl* **dodgiest**) adj UK *inf* **1.** [risky, dangerous -plan, idea] risqué / *the brakes are really dodgy* les freins sont très douteux / *the engine sounds a bit dodgy* le moteur fait un bruit suspect / *the weather looks pretty dodgy* [unreliable] le temps a l'air plutôt douteux or menaçant **2.** [dishonest -person] roublard, combinard ; [-scheme] douteux, suspect.

dodo ['dəʊdəʊ] (*pl* **dodos** *or* **dodoes**) n **1.** [extinct bird] dronte *m*, dodo *m* **2.** *inf* [fool] andouille *f* / *what a dodo you are!* quelle andouille tu fais !

doe [dəʊ] n [deer] biche *f* ; [rabbit] lapine *f* ; [hare] hase *f* ; [rat] rate *f*, ratte *f*.

DOE (abbr of **Department of Energy**) pr n *ministère américain de l'Énergie*.

doe-eyed adj [person] aux yeux de biche / *her doe-eyed gaze* son regard de biche.

doer ['duːər] n : *she is more (of) a doer than a talker* elle préfère l'action à la parole.

does [dʌz] ⟶ **do** *(vb)*.

doeskin ['dəʊskɪn] ◆ n peau *f* de daim / *made of doeskin* en daim. ◆ comp [gloves, shoes, etc.] en daim.

doesn't ['dʌznt] abbr of **does not**.

doff [dɒf] vt [hat] ôter ▸ **to doff one's cap to sb a)** *lit* ôter son chapeau or se découvrir devant qqn **b)** *fig* faire preuve de respect envers qqn.

dog [dɒg] (*pt & pp* **dogged**, *cont* **dogging**) ◆ n **1.** chien *m* / **'beware of the dog'** 'attention, chien méchant' ▸ **to treat sb like a dog** traiter qqn comme un chien ▸ **to follow sb about like a dog** suivre qqn comme un petit chien / *she's like a dog with a bone* elle est toute contente or joyeuse ▸ **to feel like the dog that caught the car** US *inf* : *I feel like the dog that caught the car* maintenant que j'ai ce que je voulais je ne sais pas quoi en faire ▸ **to make a dog's dinner** or **breakfast of sthg** UK [mess] : *you've made a real dog's dinner of this* ton travail est un vrai torchon / *this is a real dog's dinner* or *breakfast* c'est un vrai torchon or gâchis ▸ **to be dressed** or **done up like a dog's dinner** UK *inf* [gaudy, showy] être habillé de façon extravagante ▸ **to lead sb a dog's life** mener la vie dure à qqn / *it's a dog's life being a traffic warden* c'est une vie de chien que d'être contractuel / *he doesn't have* or *stand a dog's chance* UK *inf* il n'a pas la moindre chance, il n'a aucune chance ▸ **a dog in the manger** un empêcheur de danser or tourner en rond ▸ **I'm going to see a man about a dog** *inf façon humoristique d'éviter de dire où l'on va* ▸ **it's (a case of) dog eat dog** c'est la loi de la jungle ▸ **to put on the dog** US *inf* se donner de grands airs ▸ **every dog has its** or **his day** *prov* tout le monde a son heure de gloire ▸ **give a dog a bad name (and hang him)** *prov* qui veut noyer son chien l'accuse de la rage *prov* ▸ **let sleeping dogs lie** *prov* n'éveillez pas le chat qui dort *prov* ▸ **you can't teach an old dog new tricks** *prov* les vieilles habitudes ont la vie dure / **'Dog Years'** *Grass* 'les Années de chien' ▸ **the dogs** UK *inf* SPORT les courses de lévriers ▸ **to go to the dogs** aller aux courses de lévriers / *he's gone to the dogs inf* il a mal tourné / *this country's going to the dogs inf* le pays va à sa ruine **2.** [male fox, wolf, etc.] mâle *m* **3.** *inf* [person] : *you lucky dog!* sacré veinard ! / *dirty dog* sale type *m* / *sly dog* (vieux) malin *m* / *gay dog dated* joyeux luron *m* ▸ **there's life in the old dog yet!** je ne suis / ce n'est pas encore un vieux croulant ! **4.** *v inf & pej* [ugly woman] cageot *m*, boudin *m* **5.** US *inf* [hopeless thing] : *it's a dog* c'est nul **6.** UK *v inf* ▸ **dogs** [feet] panards *mpl* **7.** [firedog] chenet *m* **8.** TECH [pawl] cliquet *m* ; [cramp] crampon *m* **9.** US [hot dog] hot dog *m* ▸ **a chili dog** *un hot dog avec une garniture de chili con carne*. ◆ comp [breeder, breeding] de chiens ; [bowl, basket, food] pour chien ▸ **the dog family** les canidés, la famille des chiens ▸ **dog fox** renard *m* mâle ▸ **dog hairs** poils *mpl* de chien ▸ **dog racing** courses *fpl* de lévriers ▸ **dog team** attelage *m* de chiens ▸ **dog track** cynodrome *m* ▸ **to have dog breath** *inf* puer de la gueule. ◆ vt **1.** [follow closely] suivre de près ▸ **to dog sb's footsteps** ne pas lâcher qqn d'une semelle **2.** [plague] ▸ **to be dogged by bad health / problems** ne pas arrêter d'avoir des ennuis de santé / des problèmes / *the team has been dogged by injury* l'équipe n'a pas arrêté d'avoir des blessés / *she is dogged by misfortune* or *bad luck* elle est poursuivie par la malchance **3.** US *inf* [get rid of] se débarrasser de.

dog and pony show n US *inf* **1.** [exaggerated show] ▸ **to put on a dog and pony show** faire tout un cinéma / *Republicans have been accused of running a dog and pony show* on a accusé les Républicains de faire de la politique-spectacle **2.** [presentation] : *I have to do a dog and pony show for the sales force* il faut que je fasse une présentation pour les commerciaux.

dog biscuit n biscuit *m* pour chien.

dogcart ['dɒgkɑːt] n dog-cart *m*.

dog-catcher n employé *m*, -e *f* de la fourrière.

dog collar n [for dog] collier *m* pour or de chien ; *hum* [of clergyman] col *m* d'ecclésiastique.

dog days pl n canicule *f*.

dog dirt n UK crottes *fpl* de chien.

doge [dəʊdʒ] n doge *m*.

dog-ear ◆ n corne *f*. ◆ vt [page] corner.

dog-eared adj [page] corné ; [book] aux pages cornées.

dog-eat-dog adj [business] impitoyable, sans pitié / *it's a dog-eat-dog world* c'est un monde impitoyable or sans pitié, c'est un monde où les loups se mangent entre eux.

dog-end n *inf* [of cigarette] mégot *m*.

dogfight ['dɒgfaɪt] n [between dogs] combat *m* de chiens ; MIL [between aircraft] combat *m* rapproché.

dogfish ['dɒgfɪʃ] n roussette *f*, chien *m* de mer.

dogged ['dɒgɪd] adj [courage, perseverance] tenace ; [person, character] tenace, déterminé, persévérant ; [refusal] obstiné.

doggedly ['dɒgɪdlɪ] adv [fight, persist] avec ténacité or persévérance ; [refuse] obstinément.

doggedness ['dɒgɪdnɪs] n [of person] ténacité *f*, persévérance *f* ; [of courage] ténacité *f* / *the doggedness of his refusal* l'obstination avec laquelle il a refusé.

doggerel ['dɒgərəl] ◆ n poésie *f* burlesque. ◆ adj [rhyme, verse] burlesque.

doggie ['dɒgɪ] = **doggy**.

doggie doo ['dɒgɪduː] n US *inf* crottes *fpl* de chien.

doggo ['dɒgəʊ] adv UK *inf* ▸ **to lie doggo** se tenir coi (coite).

doggone ['dɑːgɑːn] US *inf* ◆ interj ▸ **doggone (it)!** zut !, nom d'une pipe ! ◆ adj = **doggoned**.

doggoned ['dɑːgɑːnd] adj US *inf* fichu / *well, I'll be doggoned!* ça, c'est trop fort ! / *it's a doggoned shame!* c'est vraiment honteux !

doggy ['dɒgɪ] (*pl* **doggies**) *inf* ◆ n *baby talk* toutou *m* ▸ **doggy-fashion** *v inf* : *doggy-style* en levrette ▸ **doggy position** *v inf* levrette *f*. ◆ adj [smell] de chien ▸ **he's a doggy person** il adore les chiens.

doggy bag n *sachet (ou boîte) que l'on propose aux clients dans les restaurants pour qu'ils emportent ce qu'ils n'ont pas consommé.*

doggy paddle ◆ n nage *f* du petit chien. ◆ vi faire la nage du petit chien.

dog handler n maître-chien *m*.

doghouse ['dɒghaʊs] (*pl* [-haʊzɪz]) n **1.** US [kennel] chenil *m*, niche *f* **2.** PHR ▸ **to be in the doghouse (with sb)** *inf* ne pas être en odeur de sainteté or être en disgrâce (auprès de qqn) / *am I in the doghouse again? inf* est-ce que je suis de nouveau en disgrâce ?

dogie ['dəʊgɪ] n US veau *m* sans mère.

dog iron n chenet *m*.

dog Latin n latin *m* de cuisine.

dogleg ['dɒgleg] ◆ n [in pipe, road] coude *m*. ◆ vi [pipe, road] faire un coude. ◆ adj [pipe, road] qui fait un coude.

dog licence n UK *permis de posséder un chien*.

doglike ['dɒglaɪk] adj [devotion] aveugle.

dogma ['dɒgmə] n dogme *m*.

dogmatic [dɒg'mætɪk] adj dogmatique ▸ **to be dogmatic about sthg** être dogmatique au sujet de qqch.

dogmatically [dɒg'mætɪklɪ] adv dogmatiquement.

dogmatism ['dɒgmətɪzm] n dogmatisme *m*.

dogmatist ['dɒgmətɪst] n personne *f* dogmatique.

dog mess n UK crottes *fpl* de chien ; [referred to in official notices] déjections *fpl* canines.

do-gooder [-'gʊdər] n *pej* âme *f* charitable, bonne âme *f*.

dog paddle = **doggy paddle**.

dog rose n églantine *f*.

dogsbody ['dɒgzˌbɒdɪ] (*pl* **dogsbodies**) n UK *inf* bonne *f* à tout faire / *I'm not your dogsbody* je ne suis pas ton chien or ta bonne.

dog show n exposition *f* canine.

dogsled ['dɒgsled] n luge *f* tirée par des chiens.

Dog Star pr n Sirius.

dog's-tooth check n UK pied-de-poule *m*.

dog tag n US MIL plaque *f* d'identification.

dog-tired adj *inf* épuisé.

dogtrot ['dɒgtrɒt] n petit trot *m* / *at a dogtrot* au petit trot.

dogwarden ['dɒgwɔːdn] n *employé municipal chargé de recueillir les chiens errants*.

dogwatch ['dɒgwɒtʃ] n NAUT petit quart *m*.

dogwood ['dɒgwʊd] n [bush] cornouiller *m*.

dogy ['dəʊgɪ] (*pl* **dogies** [-giːz]) US = **dogie**.

doh [dəʊ] n MUS do *m*.

Doha ['dəʊə] pr n (al-)Dawha, (al-)Doha.

doily ['dɔɪlɪ] (*pl* **doilies**) n napperon *m*.

doing ['duːɪŋ] n **1.** [work, activity] : *it's all your doing* tout cela, c'est de ta faute / *is this your doing?* **a)** [have you done this?] c'est toi qui as fait cela ? **b)** [are you behind this?] c'est toi qui es derrière cela ? / *it's none of my doing* je n'y suis pour rien / *that'll take some doing* cela ne va pas être facile / *it will take some doing to persuade him* cela ne va pas être facile de le persuader / *a job like this is going to take a lot of* *doing* un tel travail ne se fera pas en un tour de main or en un tournemain / *he told them all about his doings on holiday* il leur a raconté tout ce qu'il avait fait en vacances **2.** *inf* [beating] ▸ **to give sb a doing (over)** passer qqn à tabac, tabasser qqn.

doings ['du:ɪŋz] n UK *inf* [thing] machin *m*, truc *m*.

do-it-yourself ◆ n bricolage *m*. ◆ comp [manual, shop] de bricolage ▸ **a do-it-yourself enthusiast** un bricoleur ▸ **the do-it-yourself craze** l'engouement pour le bricolage ▸ **a do-it-yourself kit** des éléments en kit.

do-it-yourselfer [-jə'selfəʳ] n *inf* bricoleur *m*, -euse *f*.

dojo ['dəʊdʒəʊ] n SPORT dojo *m*.

Dolby® ['dɒlbɪ] n Dolby® *m* / *in Dolby stereo* en Dolby stéréo.

doldrums ['dɒldrəmz] pl n **1.** GEOG [zone] zones *fpl* des calmes équatoriaux, pot au noir *m* ; [weather] calme *m* équatorial **2.** PHR **to be in the doldrums a)** [person] avoir le cafard, broyer du noir **b)** [activity, trade] être en plein marasme.

dole [dəʊl] n *(U)* UK *inf* ▸ **dole (money)** (indemnités *fpl* de) chômage *m* / *how much is the dole nowadays?* combien est-ce qu'on touche au chômage maintenant ? / *there was no dole in those days* on ne touchait pas de chômage à cette époque ▸ **to be / to go on the dole** être / s'inscrire au chômage / *the dole queues are getting longer* de plus en plus de gens pointent au chômage.

❖ **dole out** vt sep [distribute] distribuer ; [in small amounts] distribuer au compte-gouttes.

doleful ['dəʊlfʊl] adj [mournful -look, voice] malheureux ; [-person, song] triste.

dolefully ['dəʊlfʊlɪ] adv d'un air malheureux.

dolefulness ['dəʊlfʊlnɪs] n tristesse *f*.

doll [dɒl] n **1.** [for child] poupée *f* ; [for ventriloquist] marionnette *f* de ventriloque / *to play with dolls* jouer à la poupée ▸ **doll's pram** poussette *f* de poupée ▸ **doll's hospital** atelier *m* de réparation de jouets ▸ **doll's house** UK, **doll house** US *lit fig* maison *f* de poupée / **'A Doll's House'** *Ibsen* 'Maison de poupée' **2.** *inf* [girl] nana *f*, souris *f* ; [attractive girl] poupée *f* / *hi doll!* US salut poupée ! **3.** *inf* [dear person] amour *m* / *you're a doll* tu es un amour **4.** US *inf* [nice person] : *he's a real doll* il est vraiment adorable.

❖ **doll up** vt sep ▸ **to get dolled up** or **to doll o.s. up** se faire beau / belle, se pomponner / *she was all dolled up* elle s'était faite toute belle, elle était toute pomponnée ▸ **to doll sb up** pomponner qqn.

dollar ['dɒləʳ] ◆ n **1.** [currency] dollar *m* ▸ **you can bet your bottom dollar** or **dollars to doughnuts that he'll be there** tu peux être sûr qu'il sera là ▸ **I feel like a million dollars** je me sens merveilleusement bien / *you look like a million dollars in that dress inf* tu es magnifique avec cette robe ▸ **that's the sixty-four thousand dollar question** c'est la question à mille euros ▸ **another day, another dollar!** US *inf* **a)** [start of day] encore une journée de boulot à se farcir ! **b)** [end of day] encore une journée de passée ! **2.** UK *inf & dated* cinq *shillings*. ◆ comp ▸ **dollar area** zone *f* dollar ▸ **dollar bill** billet *m* d'un dollar ▸ **dollar diplomacy** diplomatie *f* du dollar ▸ **dollar rate** cours *m* du dollar ▸ **dollar sign** (signe *m* du) dollar *m*.

The sixty-four thousand dollar question

Il s'agit d'une allusion au nom d'un célèbre jeu télévisé américain des années 1950 dans lequel la récompense la plus élevée pour une bonne réponse fut de 64 000 dollars. L'expression **the sixty-four thousand dollar question** évoque une question essentielle à laquelle il est difficile de répondre :

The sixty-four thousand dollar question is how signals are transmitted across the cell membrane. *La question à laquelle il est difficile de répondre c'est comment les signaux sont transmis à travers la membrane de la cellule.*

How old is she? Well, that's the sixty-four thousand dollar question! *Son âge ? Ça, c'est la question à mille euros !*

dollarization [dɒləraɪ'zeɪʃn] n dollarisation *f inf*.

dollop ['dɒləp] *inf* ◆ n [of mashed potatoes, cream, etc.] (bonne) cuillerée *f* ; [of mud, plaster, clay] (petit) tas *m* ; [of butter, margarine] (gros or bon) morceau *m*. ◆ vt : *to dollop food out onto plates* balancer de la nourriture dans des assiettes.

dolly ['dɒlɪ] (*pl* **dollies**, *pt & pp* **dollied**) ◆ n **1.** *inf* [for child] = **doll 2.** CIN & TV [for camera] chariot *m* **3.** *inf* = **dolly bird 4.** [in cricket] prise *f* au vol facile ; [in tennis] coup *m* facile. ◆ vt CIN & TV ▸ **to dolly a camera in / out** faire un travelling avant / arrière. ◆ vi ▸ **to dolly in / out** CIN & TV faire un travelling avant / arrière.

dolly bird n UK *inf & dated* poupée *f (femme)*.

dolly grip n CIN machiniste *mf*.

dolly mixtures pl n UK [sweets] petits bonbons *mpl* assortis.

dolman sleeve ['dɒlmən-] n manche *f* chauve-souris.

dolmen ['dɒlmən] n ARCHEOL dolmen *m*.

dolomite ['dɒləmaɪt] n dolomie *f*, dolomite *f*.

Dolomites ['dɒləmaɪts] pl pr n ▸ **the Dolomites** les Dolomites *fpl*, les Alpes *fpl* dolomitiques.

dolphin ['dɒlfɪn] n dauphin *m* ▸ **dolphin-friendly** [tuna] *pêché sans dommages pour les dauphins*.

dolphinarium [,dɒlfɪ'neərɪəm] n aquarium *m* à dauphins.

dolt [dəʊlt] n [stupid person] lourdaud *m*, gourde *f*.

doltish ['dəʊltɪʃ] adj [person] lourdaud ; [behaviour] idiot.

domain [də'meɪn] n **1.** [territory, sphere of interest] domaine *m* / *that's your domain fig* c'est ton domaine / *to be in the public domain* [information] être dans le domaine public **2.** MATH & SCI domaine *m*.

domain name n COMPUT nom *m* de domaine.

Domain Name System n COMPUT système *m* de nom de domaine.

dome [dəʊm] n **1.** ARCHIT dôme *m*, coupole *f* **2.** [of head] calotte *f* ; [of hill] dôme *m* ; [of heavens, sky] voûte *f* / *the dome of his bald head* le sommet de son crâne chauve.

domed [dəʊmd] adj [building] à coupole, à dôme ; [roof] en forme de dôme or de coupole ; [forehead] bombé.

dome fastener n US bouton-pression *m*, pression *f*.

Domesday Book ['du:mzdeɪ-] pr n ▸ **the Domesday Book** *recueil cadastral établi à la fin du XI*[e] *siècle à l'initiative de Guillaume le Conquérant afin de permettre l'évaluation des droits fiscaux sur les terres d'Angleterre.*

domestic [də'mestɪk] ◆ adj **1.** [household -duty, chore] ménager / *a domestic servant* un domestique / *to be in domestic service* être employé de maison / *domestic staff* employés *mpl* de maison, domestiques *mpl* / *a domestic help* une aide ménagère / **'for domestic use only'** 'réservé à l'usage domestique' / *domestic appliance / product* appareil *m* / produit *m* ménager / *domestic refuse* ordures *fpl* ménagères ▸ **domestic science** UK *dated* SCH enseignement *m* ménager **2.** [of the family -duties, problems] familial ; [-life] familial, de famille / *they lived in domestic bliss for many years* ça a été un ménage très heureux pendant de nombreuses années / *a minor domestic crisis* un petit problème à la maison / *a domestic sort of person* **a)** [woman] une femme d'intérieur **b)** [man] un homme d'intérieur / *this is all very domestic* tout ceci donne une ambiance très familiale **3.** [not foreign -affairs, flight, trade, policy] intérieur ; [-currency, economy, news, produce] national ▸ **domestic market** marché *m* intérieur **4.** [not wild -animal] domestique ▸ **domestic fowl** oiseaux *mpl* de basse-cour. ◆ n UK *fml* domestique *mf* ; US femme *f* de ménage.

domestically [də'mestɪklɪ] adv **1.** ▸ **to be domestically inclined** être une personne d'intérieur **2.** ECON & POL ▸ **to be produced domestically** être produit à l'intérieur du pays or au niveau national.

domesticate [də'mestɪkeɪt] vt [animal] domestiquer, apprivoiser ; *hum* [person] habituer aux tâches ménagères.

domesticated [də'mestɪkeɪtɪd] adj [animal] domestiqué, apprivoisé / *she's very domesticated* c'est une vraie femme d'intérieur / *her husband is quite domesticated* son mari est un vrai petit homme d'intérieur.

domestication [də,mestɪ'keɪʃn] n [of animal] domestication *f*, apprivoisement *m*.

domesticity [,dəʊme'stɪsətɪ] n [home life] vie *f* de famille.

domicile ['dɒmɪsaɪl] ◆ n ADMIN, FIN & LAW domicile *m*. ◆ vt ADMIN, FIN & LAW domicilier ▸ **domiciled at** domicilié à.

domiciliary [,dɒmɪ'sɪljərɪ] adj ADMIN [visit] domiciliaire ; [care, services] à domicile.

dominance ['dɒmɪnəns] n **1.** [ascendancy -of race, person, football team, etc.] prédominance *f* ; [-of animal, gene] dominance *f* **2.** [importance] importance *f*.

dominant ['dɒmɪnənt] ◆ adj **1.** dominant ; [nation, political party, team, etc.] prédominant ; [person, personality] dominateur ; [building, geographical feature -most elevated] dominant ; [-most striking] le plus frappant / *the dominant male* le mâle dominant / *the dominant female* la femelle dominante **2.** MUS de dominante. ◆ n MUS dominante *f* ; SCI dominance *f*.

dominant brand n marque *f* dominante.

dominate ['dɒmɪneɪt] ◆ vt dominer ▸ **to be dominated by sb** être dominé par qqn. ◆ vi dominer.

dominating ['dɒmɪneɪtɪŋ] adj dominateur.

domination [,dɒmɪ'neɪʃn] n domination *f* ; [of organization] contrôle *m* ; [of conversation] monopolisation *f* / *Spain was under Roman domination at the time* à cette époque, l'Espagne était sous la domination romaine.

domineer [,dɒmɪ'nɪəʳ] vi se montrer autoritaire ▸ **to domineer over sb** se montrer autoritaire avec qqn.

domineering [,dɒmɪ'nɪərɪŋ] adj autoritaire.

Dominic ['dɒmɪnɪk] pr n ▸ **Saint Dominic** saint Dominique.

Dominica [də'mɪnɪkə] pr n Dominique *f* / *in Dominica* à la Dominique.

Dominican [də'mɪnɪkən] ◆ n **1.** [person from the Dominican Republic] Dominicain *m*, -e *f* **2.** [person from Dominica] Dominiquais *m*, -e *f* **3.** RELIG dominicain *m*, -e *f*. ◆ adj **1.** [from the Dominican Republic] dominicain **2.** [from Dominica] dominiquais **3.** RELIG dominicain.

Dominican Republic pr n ▸ **the Dominican Republic** la République dominicaine / *in the Dominican Republic* en République dominicaine.

dominion [də'mɪnjən] n **1.** [rule, authority] domination *f*, empire *m* ▸ **to have dominion over a country** avoir un pays sous sa domination ▸ **under foreign dominion** sous domination étrangère **2.** [territory] territoire *m* ; [in British Commonwealth] dominion *m*.

domino ['dɒmɪnəʊ] (*pl* **dominoes**) ◆ n **1.** domino *m* / *to play dominoes* jouer aux dominos **2.** [cloak, mask] domino *m*. ◆ comp ▸ **domino effect** effet *m* d'entraînement ▸ **domino theory** théorie *f* des dominos.

don [dɒn] (*pt & pp* **donned**, *cont* **donning**) ◆ vt *fml* [put on] mettre. ◆ n **1.** UK UNIV *professeur d'université (en particulier à Oxford et Cambridge)* **2.** [Spanish title] don *m* **3.** US chef *m* de la Mafia.

doN MESSAGING written abbr of **doing**.

Don [dɒn] pr n ▸ **the (River) Don** le Don.

Donald Duck ['dɒnld-] pr n Donald.

donate [də'neɪt] ◆ vt [money, goods] faire un don de ; [specific amount] faire (un) don de / *to donate blood* donner son or du sang / *the strips were donated to the team by a local sports shop* les tenues ont été données à l'équipe par un magasin de sport local / *would you* *care to donate something?* voudriez-vous faire un don or donner quelque chose ? ◆ vi [give money, goods] faire un don, faire des dons / *I've been donating for ten years* [blood] je donne mon sang depuis dix ans.

donation [də'neɪʃn] n [action] don *m*, donation *f* ; [money, goods or blood given] don *m* / *would you care to make a donation?* voudriez-vous faire un don or faire une donation or donner quelque chose ? / *to make a donation to a charity* faire un don or une donation à une œuvre (de charité).

done [dʌn] ◆ pp ⟶ **do.** ◆ adj **1.** [finished] fini / *are you done yet?* tu as enfin fini ? / *aren't you done yet?* tu n'as pas encore fini ? ▸ **to get sthg done** [completed] finir qqch **2.** [cooked - food] cuit **3.** *inf* [exhausted] crevé, claqué **4.** *inf* [used up] : *that's the milk done* il n'y a plus de lait / *when the ammunition was done* quand ils ont été à court de munitions **5.** [fitting] ▸ **it's not the done thing** or **it's not done** ça ne se fait pas / *speaking with your mouth full is not done* or *the done thing* ça ne se fait pas de parler la bouche pleine / *it used to be the done thing to send your hostess flowers* ça se faisait d'envoyer des fleurs à son hôtesse.

dong [dɒŋ] n **1.** [noise of bell] ding-dong *m* **2.** *vulg* [penis] queue *f*, bite *f*.

dongle ['dɒŋgl] n COMPUT boîtier *m* de sécurité, clé *f* gigogne.

Don Juan [-'dʒu:ən] n *lit & fig* don Juan *m* / *he's a bit of a Don Juan* il est un peu du genre don Juan / **'Don Juan' a)** [Byron] 'Don Juan' **b)** [Molière] 'Dom Juan'.

donkey ['dɒŋkɪ] n âne *m*, ânesse *f* ▸ **I haven't seen her for donkey's years** *inf* je ne l'ai pas vue depuis une éternité / *he's worked in the same place for donkey's years* ça fait une éternité qu'il travaille au même endroit.

donkey engine n moteur *m* auxiliaire.

donkey jacket n UK *veste longue en tissu épais, généralement bleu foncé.*

donkey ride n promenade *f* à dos d'âne.

donkeywork ['dɒŋkɪwɜ:k] n *(U)* *inf* ▸ **to do the donkeywork a)** [drudgery] faire le sale boulot **b)** [difficult part] faire le gros du travail.

donnish ['dɒnɪʃ] adj UK [person] érudit, savant ; [look, speech] d'érudit, cultivé ; *pej* pédant.

donnishly ['dɒnɪʃlɪ] adv UK de façon érudite or savante, savamment ; *pej* doctoralement, doctement.

donor ['dəʊnər] n **1.** [gen & LAW] donateur *m*, -trice *f* **2.** MED [of blood, organ] donneur *m*, -euse *f*.

donor card n carte *f* de don d'organe.

don't [dəʊnt] ◆ vb abbr of **do not.** ◆ n *(usu pl)* chose *f* à ne pas faire.

dontcha, dontcher UK ['dəʊntʃə] *v inf* = **don't you.**

don't know n [on survey] sans opinion *mf* ; [voter] indécis *m*, -e *f*.

donut ['dəʊnʌt] US = **doughnut.**

doodah ['du:dɑ:] n *inf* truc *m*, bidule *m*.

doodle ['du:dl] ◆ vi & vt gribouiller, griffonner. ◆ n gribouillage *m*, griffonnage *m*.

doodlebug ['du:dlbʌg] n **1.** *inf* [bomb] V1 *m*, bombe *f* volante **2.** US [insect] larve *f* de cicindèle.

doohickey ['du:ˌhɪkɪ] n US *inf* truc *m*, machin *m*.

doolally [ˌdu:'lælɪ] adj *inf* timbré.

doom [du:m] ◆ n *(U)* [terrible fate] destin *m* (malheureux), sort *m* (tragique) ; [ruin] perte *f*, ruine *f* ; [death] mort *f* / *to meet one's doom* trouver la mort / *thousands were sent to their doom* on envoya des milliers de gens à la mort. ◆ vt condamner.

doomed [du:md] adj condamné / *to be doomed (to failure)* être voué à l'échec / *she is doomed to a life of poverty* elle est condamnée à une vie de misère / *the doomed ship set sail that day* le navire condamné à sombrer prit la mer ce jour-là.

doom-laden adj de mauvais augure, sinistre.

Doomsday ['du:mzdeɪ] n jour *m* du Jugement dernier ▸ **till Doomsday** *inf* jusqu'à la fin du monde or des temps.

Doomsday Book = **Domesday Book.**

doomster ['du:mstər] n UK *inf* prophète *m* de malheur.

doomwatch ['du:mwɒtʃ] n [of environment] surveillance *f* de l'environnement.

door [dɔ:r] ◆ n **1.** [of building, room] porte *f* / *she walked through the door* elle franchit la porte / *they shut the door in my face* ils m'ont fermé la porte au nez / *he lives two doors down* il habite deux portes plus loin / *I found the door closed* j'ai trouvé porte close ▸ **out of doors** dehors, en plein air ▸ **to go from door to door** aller de porte en porte / *can someone answer the door?* est-ce que quelqu'un peut aller ouvrir ? / *I'll see you to the door* je vous reconduis jusqu'à la porte / *the bank closes its doors at 3:30* la banque ferme à 15 h 30 / *the business finally closes its doors tomorrow* l'entreprise ferme définitivement demain / **'tickets available at the door'** THEAT 'billets en vente à l'entrée' ▸ **the agreement leaves the door open for further discussion** l'accord laisse la porte ouverte à des discussions ultérieures ▸ **the discovery opens the door to medical advances** la découverte ouvre la voie à des progrès médicaux ▸ **having a famous name certainly helps to open doors** avoir un nom célèbre ouvre sans doute bien des portes ▸ **to lay sthg at sb's door** imputer qqch à qqn, reprocher qqch à qqn ▸ **she closed** or **shut the door on any further negotiations** elle a rendu toute nouvelle négociation impossible ▸ **to show sb the door** *lit & fig* montrer la porte à qqn **2.** [of car] porte *f*, portière *f* ; [of train] portière *f*. ◆ vt ▸ **to door a cyclist** renverser un cycliste en ouvrant sa portière ▸ **to get doored** se prendre une portière.

doorbell ['dɔ:bel] n sonnette *f* / *the doorbell rang* on sonna à la porte.

door chain n chaînette *f* de sûreté.

do-or-die adj [chance, effort] désespéré, ultime ; [attitude, person] jusqu'au-boutiste.

door drop n distribution *f* à domicile.

doorframe ['dɔ:freɪm] n chambranle *m*, châssis *m* de porte.

door handle n poignée *f* de porte ; AUTO poignée *f* de portière.

doorjamb ['dɔ:dʒæm] n montant *m* de porte, jambage *m*.

doorkeeper ['dɔ:ˌki:pər] n [at hotel] portier *m* ; [at apartment building] concierge *mf*.

doorknob ['dɔ:nɒb] n poignée *f* de porte.

doorknocker ['dɔ:ˌnɒkər] n heurtoir *m*, marteau *m* *(de porte)*.

doorman ['dɔ:mən] (*pl* **doormen** [-mən]) n [at hotel] portier *m* ; [at apartment building] concierge *m*.

doormat ['dɔ:mæt] n *lit* paillasson *m*, essuie-pieds *m* *(inv)* ; *fig* [person] chiffe *f* molle ▸ **to treat sb like a doormat** traiter qqn comme un moins que rien.

doornail ['dɔ:neɪl] n clou *m* de porte.

doorpost ['dɔ:pəʊst] n montant *m* de porte, jambage *m*.

doorsill ['dɔ:sɪl] n seuil *m* de porte.

doorstep ['dɔ:step] ◆ n **1.** [step] pas *m* de la porte, seuil *m* de porte / *leave the milk on the doorstep* laissez le lait devant la porte / *don't leave him standing on the doorstep, ask him to come in!* ne le laisse pas à la porte, fais-le entrer ! / *they're building a huge factory practically on my doorstep* ils construisent une immense usine presque à ma porte **2.** UK *hum* [piece of bread] grosse tranche *f* de pain. ◆ adj UK ▸ **doorstep salesman** vendeur *m* à domicile, démarcheur *m* ▸ **doorstep selling** vente *f* à domicile, porte-à-porte *m* *inv*, démarchage *m*.

doorstepping ['dɔ:stepɪŋ] UK ◆ n [by politician] démarchage *m* électoral ; [by journalists] *pratique journalistique qui consiste à harceler les gens jusque chez eux.* ◆ adj [politician] *qui fait du démarchage électoral* ; [journalist] *qui harcèle les gens jusque chez eux.*

doorstop ['dɔ:stɒp] n butoir *m* de porte.

door-to-door ◆ adj ▸ **door-to-door enquiries** enquête *f* de voisinage ▸ **door-to-door salesman** vendeur *m* à domicile, démarcheur *m* / *he's a door-to-door salesman* il fait du porte-à-porte ▸ **door-to-door selling** vente *f* à domicile, porte-à-porte *m* *inv* ▸ **door-to-door service** service *m* à domicile. ◆ adv : *a 2-hour trip door-to-door* un trajet de 2 heures de porte à porte.

door viewer n judas *m* (optique).

doorway ['dɔ:weɪ] n porte *f* / *standing in the doorway* debout dans l'embrasure de la porte.

doozy ['du:zɪ] n US *inf* : *wow, that bruise is a real doozy!* eh ben, il est énorme ce bleu ! / *I'm having a doozy of a problem with this camera* j'ai un sacré problème avec cet appareil / *it's a doozy of a challenge* c'est un sacré défi.

dopamine ['dəʊpəmɪn] n dopamine *f*.

dope [dəʊp] ◆ n **1.** *(U)* *inf* [illegal drug] drogue *f*, dope *f* **2.** [for athlete, horse] dopant *m* **3.** *inf* [idiot] crétin *m*, -e *f*, andouille *f* **4.** *(U)* *inf & dated* [news] tuyau *m*, renseignement *m* / *have you got any dope on the murder / murderer?* avez-vous des tuyaux or renseignements sur le meurtre / meurtrier ? **5.** [varnish] enduit *m* ; AUTO, CHEM & TECH dopant *m* **6.** [for dynamite] absorbant *m*. ◆ comp [drugs] ▸ **dope addict** toxicomane *mf* drogué *m*, -e *f* ▸ **dope dealer** or **pusher** dealer *m* ▸ **dope test** test *m* antidoping. ◆ vt **1.** [drug - horse, person] doper ; [- drink, food] mettre une drogue or un dopant dans / *she was all doped up* elle planait complètement **2.** AUTO, CHEM & TECH doper.

⇔ **dope out** vt sep US *inf* [devise] combiner, bidouiller ; [solve] deviner, piger.

dope sheet n UK *v inf journal des courses.*

dopey ['dəʊpɪ] (*compar* **dopier,** *superl* **dopiest**) = **dopy.**

doppelgänger ['dɒpl,gæŋər] n double *m* *(d'une personne vivante)*, sosie *m*.

Doppler effect ['dɒplər-] n effet *m* Doppler.

dopy ['dəʊpɪ] (*compar* **dopier,** *superl* **dopiest**) adj **1.** [drugged] drogué, dopé ; [sleepy] (à moitié) endormi **2.** *inf* [silly] idiot, abruti.

Dorchester ['dɔ:tʃɪstər] pr n ▸ **the Dorchester** *hôtel de luxe à Londres.*

Dorian ['dɔ:rɪən] ◆ n Dorien *m*, -enne *f*. ◆ adj LING & MUS dorien.

Doric ['dɒrɪk] ◆ adj dorique. ◆ n dorique *m*.

dork [dɔ:k] n US *inf* [idiot] niais *m*, -e *f* ; [studious person] binoclard *m*, -e *f*.

dorky ['dɔ:kɪ] adj US *inf* débile.

dorm [dɔ:m] n *inf* abbr of **dormitory.**

dormancy ['dɔ:mənsɪ] n *fml* [of animal] état *m* endormi ; [of plant] dormance *f* ; [of volcano] état *m* inactif.

dormant ['dɔ:mənt] adj **1.** [idea, passion] qui sommeille ; [energy, reserves] inexploité ; [disease] à l'état latent ; [law] inappliqué ▸ **to lie dormant** sommeiller **2.** [animal] endormi ; [plant] dormant **3.** [volcano] en repos, en sommeil **4.** HERALD dormant.

dormer ['dɔ:mər] n ▸ **dormer (window)** lucarne *f*.

dormice ['dɔ:maɪs] pl ⟶ **dormouse.**

dormie ['dɔ:mɪ] adj GOLF dormie.

dormitory ['dɔ:mətrɪ] (*pl* **dormitories**) ◆ n [room] dortoir *m* ; US UNIV résidence *f* universitaire. ◆ comp UK ▸ **dormitory town** ville-dortoir *f*.

dorm mother n US *inf* surveillante *f*.

Dormobile® ['dɔ:mə,bi:l] n UK camping-car *m*.

dormouse ['dɔ:maʊs] (*pl* **dormice** ['dɔ:maɪs]) n loir *m*.

Dors written abbr of **Dorset.**

dorsal ['dɔ:sl] ◆ adj ANAT, LING & ZOOL dorsal. ◆ n dorsale *f*.

dorsal fin n nageoire *f* dorsale.

dory ['dɔ:rɪ] (*pl* **dories**) n **1.** [salt-water fish] saint-pierre *m inv*, dorée *f* ; [freshwater fish] dorée *f* **2.** US [boat] doris *m*.

DOS [dɒs] (abbr of **disk operating system**) n DOS *m*.

dosage ['dəʊsɪdʒ] n [giving of dose] dosage *m* ; [amount] dose *f* ; [directions on bottle] posologie *f*.

dose [dəʊs] ◆ n **1.** [amount] dose *f* / *she took her daily dose of medicine* elle a pris son médicament quotidien / *in small / large doses* à faible / haute dose / *I can only take him in small doses* je ne peux le supporter qu'à petites doses / *with a strong dose of humour* avec beaucoup d'humour **2.** [of illness] attaque *f* / *a bad dose of flu* une mauvaise grippe **3.** *v inf* [venereal disease] blenno *f*. ◆ vt **1.** [subj: pharmacist] doser **2.** [person] administrer un médicament à / *she dosed herself (up) with pills* elle s'est bourrée de médicaments.

dosh [dɒʃ] n UK *v inf* fric *m*.

do-si-do [,dəʊsɪ'dəʊ] n *figure de quadrille où les danseurs sont dos à dos.*

doss [dɒs] UK *v inf* ◆ n **1.** [bed] lit *m*, pieu *m* **2.** [nap] somme *m*, roupillon *m* **3.** [easy thing] ▸ **it was a real doss** c'était fastoche. ◆ vi coucher, roupiller.

⇝ **doss around** vi *v inf* glander.

⇝ **doss down** vi *v inf* coucher, crécher.

dosser ['dɒsəʳ] n UK *v inf* [person] sans-abri *mf*, clochard *m*, -e *f* ; [house] foyer *m* de sans-abri.

dosshouse ['dɒshaʊs] (*pl* [-haʊzɪz]) n UK *inf* foyer *m* de sans-abri.

dossier ['dɒsɪeɪ] n dossier *m*, documents *mpl*.

Dostoievsky [,dɒstɔɪ'efskɪ] pr n Dostoïevski.

dot [dɒt] (*pt & pp* **dotted**, *cont* **dotting**) ◆ n [gen & MUS] point *m* ; [on material] pois *m* ▸ **dot, dot, dot** [in punctuation] points de suspension ▸ **dots and dashes** [Morse code] points et traits *mpl*. ◆ vt **1.** [mark] marquer avec des points, pointiller ; [an 'i'] mettre un point sur ▸ **to dot one's i's and cross one's t's** *fig* mettre les points sur les i **2.** [spot] parsemer / *the lake was dotted with boats* des bateaux étaient dispersés sur le lac / *dot the surface with butter* CULIN mettez des morceaux de beurre sur le dessus.

⇝ **on the dot** adv phr : *at 3 o'clock on the dot* à 3 h pile or tapantes / *he always pays right on the dot* il paie toujours recta.

DOT (abbr of **Department of Transportation**) pr n *ministère américain des Transports.*

dotage ['dəʊtɪdʒ] n gâtisme *m* ▸ **to be in one's dotage** être gâteux, être retombé en enfance.

dotard ['dəʊtəd] n gâteux *m*, -euse *f*.

dotcom ['dɒtkɒm] n dot com *f*, point com *f* ▸ **the dotcom economy** l'économie des dot coms ▸ **the dotcom bubble** la bulle Internet.

dote [dəʊt] vi ▸ **to dote on sb** être fou de qqn, aimer qqn à la folie.

doth (*weak form* [dəθ], *strong form* [dʌθ]) vb (*3rd pers sg*) *arch* ⟶ **do** (*vb*).

doting ['dəʊtɪŋ] adj : *he has a doting mother* sa mère l'aime à la folie.

dot-matrix printer n imprimante *f* matricielle.

dotted ['dɒtɪd] adj **1.** [shirt, tie] à pois **2.** ▸ **dotted line a)** ligne *f* en pointillés **b)** AUTO ligne *f* discontinue / *tear along the dotted line* détachez suivant le pointillé **3.** MUS ▸ **dotted note** note *f* pointée ▸ **dotted rhythm** notes *fpl* pointées.

dottel ['dɒtl] = **dottle**.

dotterel ['dɒtrəl] n ORNITH pluvier *m* (guignard) ; *regional* [person] gourde *f*.

dottle ['dɒtl] n culot *m* (*dans une pipe*).

dotty ['dɒtɪ] (*compar* **dottier**, *superl* **dottiest**) adj UK *inf* [crazy] fou (*before vowel or silent 'h' fol, f folle*), dingue / *she's slightly dotty* elle travaille du chapeau, elle est toquée / *he's absolutely dotty about her* il est fou d'elle / *he's dotty about steam trains* c'est un fana or un mordu des trains à vapeur.

Douay Bible ['daʊeɪ-] n Bible *f* de Douai.

double ['dʌbl] ◆ adj **1.** [twice as large - quantity, portion] double / *a double whisky* un double whisky **2.** BOT double **3.** [line, row] double / *double doors* or *a double door* une porte à deux battants / *an egg with a double yolk* un œuf à deux jaunes ; [with figures, letters] deux fois / *double five two one* **a)** [figure] deux fois cinq deux un **b)** [phone number] cinquante-cinq, vingt et un / *"letter" is spelt with a double "t"* « lettre » s'écrit avec deux « t » ▸ **to throw a double six / three** faire un double six / trois ▸ **to be into double figures** dépasser la dizaine **4.** [folded in two] en double, replié ▸ **double thickness** double épaisseur **5.** [for two people] pour or à deux personnes **6.** [dual - purpose, advantage] double ; [ambiguous] double, ambigu (ambiguë) / *a word with a double meaning* un mot à double sens ▸ **to lead a double life** mener une double vie. ◆ predet [twice] deux fois plus / *she earns double my salary* elle gagne deux fois plus que moi or le double de moi / *we ordered double the usual quantity* nous avons commandé le double de la quantité habituelle / *food here costs nearly double what it does at home* la nourriture ici coûte presque le double de chez moi. ◆ n **1.** [twice the amount] double *m* ; [of alcohol] double *m* / *he charged us double* il nous a fait payer le double / *they pay him double if he works nights* on le paie (au tarif) double s'il travaille la nuit ▸ **at** or **on the double** au pas de course ▸ **on the double!** *lit & fig* magnez-vous ! ▸ **double or quits** quitte ou double **2.** [duplicate] double *m*, réplique *f* ; [of person] double *m*, sosie *m* ; CIN & TV [stand-in] doublure *f* ; THEAT [actor with two parts] acteur *m*, -trice *f* qui tient deux rôles **3.** [turn] demi-tour *m* **4.** [in horse-racing] pari *m* couplé ; [in card games] contre *m* ; [in darts] double *m* ; [in billiards] doublé *m*. ◆ adv [in two] en deux ▸ **to fold sthg double** plier qqch en deux / *I was bent double with pain* j'étais plié en deux de douleur ; [two of the same] ▸ **to see double** voir double. ◆ vt **1.** [increase] doubler / *he doubled my salary* il a doublé mon salaire / *to double the stakes* doubler la mise **2.** [fold] plier en deux, replier **3.** CIN & TV doubler **4.** CARDS [bid, opponent] contrer. ◆ vi **1.** [increase] doubler **2.** [turn] tourner, faire un crochet **3.** CARDS contrer ▸ **double!** BRIDGE contre ! **4.** [serve two purposes] : *the dining room doubles as a study* la salle à manger sert également de bureau / *he doubles as the priest and the servant* THEAT il joue les rôles du prêtre et du domestique.

⇝ **double back** ◆ vi [animal, person, road] tourner brusquement / *he doubled back down a side road* il a rebroussé chemin par une petite route / *the path doubles back on itself* le sentier te ramène sur tes pas. ◆ vt sep [sheet] mettre en double.

⇝ **double for** vt insep CIN & THEAT doubler.

⇝ **double over** = **double up** (*vi*).

⇝ **double up** ◆ vi **1.** [bend over] se plier, se courber / *he doubled up in pain* il se plia en deux de douleur / *to double up with laughter* se tordre de rire **2.** [share] partager / *there weren't enough rooms so we doubled up* il n'y avait pas assez de place, alors nous nous sommes mis à deux par chambre. ◆ vt sep plier en deux, replier.

double act n duo *m* comique.

double-acting adj à double effet.

double agent n agent *m* double.

double bar n double barre *f*.

double-barrelled UK, **double-barreled** US [-'bærəld] adj **1.** [gun] à deux coups ; *fig* [question, remark] équivoque **2.** UK [name] ≃ à particule.

double bass [-beɪs] n contrebasse *f*.

double bassoon n contrebasson *m*.

double bed n grand lit *m*, lit *m* à deux places.

double bill n double programme *m*.

double bind n PSYCHOL double contrainte *f* ▸ **to be caught in a double bind** se trouver dans une situation insoluble, être dans une impasse.

double-blind adj [experiment, test] en double aveugle ; [method] à double insu, à double anonymat.

double boiler n US casserole *f* à double fond / *to heat sthg in a double boiler* faire chauffer qqch au bain-marie.

double-breasted [-'brestɪd] adj croisé.

double-check vi & vt revérifier.

⇝ **double check** n revérification *f*.

double chin n double menton *m*.

double click n COMPUT double-clic *m*.

⇝ **double click** ◆ vi faire un double-clic, cliquer deux fois. ◆ vt double-cliquer ▸ **to double-click on sthg** double-cliquer sur qqch.

double cream n UK crème *f* fraîche épaisse.

double-cross vt trahir, doubler / *he double-crossed them* il les a doublés.

⇝ **double cross** n trahison *f*, traîtrise *f*.

double-crosser [-'krɒsəʳ] n traître *m*, -esse *f*, faux jeton *m*.

double dagger n TYPO diésis *m*.

double date n US sortie *f* à quatre (*deux couples*).

⇝ **double-date** vi US sortir à quatre (*deux couples*).

double-dealer n fourbe *m*.

double-dealing ◆ n (*U*) fourberie *f*, double jeu *m*. ◆ adj fourbe, faux comme un jeton.

double-decker [-'dekəʳ] n **1.** UK [bus] autobus *m* à impériale **2.** US [aircraft] deux-ponts *m* **3.** *inf* [sandwich] club sandwich *m*.

double-declutch vi UK faire un double débrayage.

double-density adj [disk] double densité.

double-digit adj à deux chiffres.

double Dutch n UK *inf* charabia *m*, baragouin *m* / *it's all double Dutch to me!* c'est de l'hébreu pour moi !

double-dyed adj *liter* invétéré / *a double-dyed villain fig* une crapule de la pire espèce.

double entendre [,du:blɑ̃'tɑ̃dr] n mot *m* or expression *f* à double sens.

double entry n comptabilité *f* en partie double ▸ **double entry bookkeeping** digraphie *f*, comptabilité en partie double.

double exposure n surimpression *f*.

double-faced adj réversible, à double face.

double fault n double faute *f*.

⇝ **double-fault** vi faire une double faute.

double feature n *séance de cinéma où sont projetés deux longs métrages.*

double first n UK ≃ mention *f* très bien (*dans deux disciplines à la fois*).

double flat n double bémol *m*.

double-glaze vt UK isoler (*par système de double vitrage*) / *to double-glaze a window* poser un double vitrage.

double-glazing UK ◆ n (*U*) double vitrage *m* / *to put in* or *to install double-glazing* installer un double vitrage. ◆ comp [salesman] de double vitrage.

double Gloucester [-'glɒstəʳ] n *fromage à pâte pressée.*

double helix n double hélice *f*.

double indemnity n US indemnité *f* double.

double-jointed adj désarticulé.

double knit ◆ n tricot *m* double face. ◆ adj double face.

double knitting n *laine assez épaisse utilisée en tricot.*

double knot n double nœud *m*.

double-lock vt fermer à double tour.

double negative n double négation *f*.

double-page spread n PRESS & TYPO double page *f*.

double-park ◆ vi stationner en double file. ◆ vt garer en double file.

double parking n stationnement *m* en double file.

double pneumonia n pneumonie *f* double.

double precision n COMPUT double précision *f*.

double-quick adj très rapide / *in double-quick time* **a)** [move] au pas de course or de gymnastique **b)** [finish, work] en vitesse, en moins de rien.

double room n chambre *f* pour deux personnes.

doubles ['dʌblz] (*pl* **doubles**) n double *m* / *to play doubles* jouer un double / *a doubles player* un joueur de double / *ladies'* / *men's doubles* double dames / messieurs.

double saucepan n UK casserole *f* à double fond / *to cook in a double saucepan* faire cuire au bain-marie.

double sharp n double dièse *m*.

double-side adj ▸ **double-side tape** bande *f* adhésive double face.

double-sided adj [disk] double face.

double-space vt taper à double interligne / *the text is double-spaced* le texte est à double interligne.

double spacing n double interligne *m* / *in double spacing* à double interligne.

double standard n ▸ **to have double standards** faire deux poids, deux mesures.

double star n étoile *f* double.

double stopping n double-corde *f*.

doublet ['dʌblɪt] n **1.** [jacket] pourpoint *m*, justaucorps *m* **2.** [of words] doublet *m* **3.** TYPO doublon *m* **4.** [of dice] doublet *m*.

double take n *inf* ▸ **to do a double take** marquer un temps d'arrêt *(par surprise)* / *he did a double take when I told him* lorsque je le lui ai dit, il a marqué un temps d'arrêt.

double-talk n *(U) inf* [ambiguous] *propos ambigus et contournés* ; [gibberish] charabia *m*.

double taxation n double imposition *f*.

doublethink ['dʌbl,θɪŋk] n *(U) raisonnement de mauvaise foi qui contient des contradictions flagrantes* / *it's another case of doublethink* c'est encore un raisonnement pervers.

double time n **1.** [pay] salaire *m* double / *I get double time on Sundays* je suis payé le double le dimanche **2.** MIL pas *m* redoublé / *to march in double time* marcher à pas redoublés **3.** MUS mesure *f* double / *in double time* en mesure double.

doubleton ['dʌbltən] n doublette *f*.

double-tongue vi MUS faire des doubles coups de langue *(sur un instrument à vent)*.

double vision n double vision *f*.

double whammy [-'wæmɪ] n *inf* double malédiction *f* / *it was a double whammy: I was attacked by the tax authorities and my employees at the same time* j'étais pris entre deux feux, assailli d'un côté par le percepteur, de l'autre par mes employés.

double yellow line n UK ▸ **to be parked on a double yellow line** être en stationnement interdit.

doubling ['dʌblɪŋ] n [of letter, number] redoublement *m*, doublement *m*.

doubloon [dʌ'blu:n] n doublon *m*.

doubly ['dʌblɪ] adv [twice as much] doublement, deux fois plus ; [in two ways] doublement / *she's doubly careful now* elle redouble de prudence maintenant ▸ **doubly incontinent** MED doublement incontinent.

doubt [daʊt] ◆ n **1.** [uncertainty - about fact] doute *m*, incertitude *f* / *there is now considerable doubt about the convictions* on a maintenant de sérieux doutes au sujet des condamnations / *beyond all reasonable doubt* à n'en pas douter, sans le moindre doute ▸ **to cast doubt on sthg** mettre en doute or jeter le doute sur qqch / *the report casts doubt on the police evidence* les auteurs du rapport émettent des doutes sur les preuves fournies par la police / *her honesty is in doubt* or *open to doubt* **a)** [generally] on a des doutes sur son honnêteté, son honnêteté est sujette à caution **b)** [this time] son honnêteté est mise en doute / *we are in no doubt as to his competence* nous n'avons aucun doute sur ses compétences / *the future of the company is in some doubt* l'avenir de l'entreprise est incertain / *if* or *when in doubt* s'il y a un doute, en cas de doute / *when in doubt, do nothing* dans le doute, abstiens-toi *prov* / *there is some doubt as to whether they paid* on n'est pas certain qu'ils aient payé / *there is no doubt about it* cela ne fait pas de doute / *there's no doubt (but) that it will be a difficult journey* il n'y a pas de doute que le voyage sera pénible / *no doubt* sans doute / *he'll no doubt be late* il sera sûrement en retard / *there is room for doubt* il est permis de douter / *without (any) doubt* sans aucun or le moindre doute **2.** [feeling of distrust] doute *m* / *I have my doubts about him* j'ai des doutes sur lui or à son sujet / *she has her doubts (about) whether it's true* elle doute que cela soit vrai / *I have no doubt* or *doubts about it* je n'en doute pas. ◆ vt **1.** [consider unlikely] : *I doubt (whether) she'll be there* je doute qu'elle soit là / *she'll be there — I don't doubt it* elle sera là — je n'en doute pas or j'en suis certain / *I doubt it* j'en doute / *I never once doubted that they would succeed* je n'ai pas douté une seule fois qu'ils réussiraient / *I doubt if it makes him happy* je doute que cela le rende heureux **2.** [distrust] douter de / *there was no doubting their sincerity* on ne pouvait pas mettre en doute leur sincérité / *she began to doubt the evidence of her own eyes* elle n'en croyait pas ses yeux. ◆ vi douter, avoir des doutes.

> Note that douter que is followed by a verb in the subjunctive:
> **I doubt if we're representative of the French population.** *Je doute que nous soyons représentatifs de la population française.*

doubter ['daʊtər] n incrédule *mf*, sceptique *mf*.

doubtful ['daʊtfʊl] adj **1.** [unlikely] improbable, douteux **2.** [uncertain - person] incertain, indécis / *I'm doubtful about his chances* je doute de or j'ai des doutes sur ses chances / *we're doubtful about accepting* nous hésitons à accepter / *it's doubtful whether they're really serious* il est douteux qu'ils soient vraiment sérieux, on ne sait pas s'ils sont vraiment sérieux / *she looked doubtful* elle avait l'air peu convaincu **3.** [questionable - answer, results] douteux, discutable **4.** [dubious - person] louche, suspect ; [- affair] douteux, louche / *a joke in doubtful taste* une plaisanterie d'un goût douteux.

doubtfully ['daʊtfʊlɪ] adv [uncertainly] avec doute, d'un air de doute ; [indecisively] avec hésitation, de façon indécise.

doubtfulness ['daʊtfʊlnɪs] n **1.** [uncertainty] incertitude *f* ; [hesitation] indécision *f* **2.** [dubiousness] caractère *m* équivoque or douteux.

doubting ['daʊtɪŋ] adj sceptique, incrédule.

doubting Thomas n Thomas *m* l'incrédule / *don't be such a doubting Thomas* ne fais pas l'incrédule, ne fais pas comme saint Thomas.

doubtless ['daʊtlɪs] adv [certainly] sans aucun or le moindre doute ; [probably] (très) probablement.

douche [du:ʃ] ◆ n MED lavage *m* interne, douche *f* ; [instrument] poire *f* à injections. ◆ vt doucher.

douche bag n US **1.** [bag] poche *m* à lavement **2.** *v inf* [despicable person] pauvre con *m*, pauvre conne *f*.

dough [dəʊ] n **1.** CULIN pâte *f* ▸ **bread dough** pâte à pain **2.** *inf* [money] blé *m*.

doughboy ['dəʊ,bɔɪ] n **1.** CULIN boulette *f* (de pâte) **2.** US *inf* MIL sammy *m*.

doughnut ['dəʊnʌt] US ◆ n beignet *m*. ◆ vi [surround speaker] *faire bloc autour d'un orateur lors d'une session filmée, pour créer l'illusion soit d'une solidarité, soit d'une fréquentation assidue.*

doughty ['daʊtɪ] (*compar* **doughtier**, *superl* **doughtiest**) adj *liter* vaillant.

doughy ['dəʊɪ] (*compar* **doughier**, *superl* **doughiest**) adj **1.** [consistency] pâteux ; [bread] mal cuit **2.** [complexion] terreux.

doula ['du:lə] n doula *f*.

dour [dʊər] adj [sullen] renfrogné ; [stern] austère, dur ; [stubborn] buté.

dourly ['dʊəlɪ] adv [look] d'un air dur or renfrogné ; [say] d'un ton dur or maussade.

douse [daʊs] vt **1.** [fire] éteindre **2.** [drench] tremper, inonder.

dove¹ [dʌv] n ORNITH & POL colombe *f*.

dove² [dəʊv] pt US ⟶ **dive**.

dovecot(e) ['dʌvkɒt] n colombier *m*, pigeonnier *m*.

dove-grey adj gris perle *(inv)*.

Dover ['dəʊvər] pr n Douvres ▸ **the Strait of Dover** le pas de Calais.

Dover sole n sole *f*.

dovetail ['dʌvteɪl] ◆ vt TECH assembler à queue d'aronde ; [fit] faire concorder, raccorder / *he managed to dovetail his plans with hers* il s'est débrouillé pour accorder or faire concorder ses projets avec les siens. ◆ vi **1.** TECH se raccorder ▸ **to dovetail into** se raccorder à **2.** [combine] bien cadrer, concorder / *the two projects dovetail nicely* les deux projets se rejoignent parfaitement. ◆ n TECH queue-d'aronde *f* ▸ **a dovetail joint** un assemblage à queue d'aronde.

dowager ['daʊədʒər] n douairière *f* / *the dowager duchess* la duchesse douairière.

dowdily ['daʊdɪlɪ] adv de façon démodée.

dowdiness ['daʊdɪnɪs] n manque *m* d'élégance or de distinction.

dowdy ['daʊdɪ] (*compar* **dowdier**, *superl* **dowdiest**, *pl* **dowdies**) ◆ adj [person] sans chic, inélégant ; [dress] peu flatteur, sans chic. ◆ n *dated* femme *f* sans chic.

dowel ['daʊəl] ◆ n ▸ **dowel (pin)** cheville *f* en bois, goujon *m*. ◆ vt assembler avec des goujons, goujonner.

dowel(l)ing ['daʊəlɪŋ] n **1.** [act] assemblage *m* à goujons, goujonnage *m* **2.** [wood] tourillon *m*.

dower house ['daʊər-] n UK petit manoir *m* (de douairière).

Dow Jones [,daʊ'dʒəʊnz] pr n ▸ **the Dow Jones (average** or **index)** l'indice *m* Dow Jones.

down¹ [daʊn] ◆ prep **1.** [towards lower level of] : *a line down the middle of the page* une ligne verticale au milieu de la page / *to go down the steps* / *the escalator* / *the mountain* descendre l'escalier / l'escalier mécanique / la montagne / *she fell down the stairs* elle est tombée dans l'escalier / *tears ran down her face* elle avait le visage couvert de larmes / *her hair hung down her back* les cheveux lui tombaient dans le dos ; [into] : *to go down the plughole* passer par le trou (de l'évier / de la baignoire etc.) / *the rabbit disappeared back down its hole* le lapin a redisparu dans son terrier **2.** [at lower level of] en bas de / *it's down the stairs* c'est en bas de l'escalier / *to work down a mine* travailler au fond d'une mine / *they live down the street* ils habitent plus loin or plus bas dans la rue **3.** [along] le long de / *he walked down the street* il a descendu la rue / *look down the corridor* regardez le long du couloir **4.** [through] à travers / *down (through) the ages* à travers les âges **5.** UK *inf* [to] à / *they went down the shops* ils sont partis faire des courses. ◆ adv **1.** [downwards] vers le bas, en bas ▸ **down!** [to dog] couché !, bas les pattes ! / *down and down* de plus en plus bas / *to come* or *go down* descendre / *my trousers keep slipping down* mon pantalon n'arrête pas de descendre or tomber **2.** [on lower level] en bas / *down at the bottom of the hill* / *page* en bas de la colline / de la page / *down there* là-bas / *I'm down here* je suis ici en bas / *she lives three floors down* elle habite trois étages plus bas / *his office is three doors down on the left* [along passage] son bureau est trois portes plus loin sur la gauche / *the blinds are down* les stores sont baissés ; [downstairs] : *I'll be down in a minute* je descends dans un instant / *they aren't down yet* ils ne sont pas encore descendus ; [on the ground or floor] à terre / *he was down for a count of eight* il est resté à terre le temps de compter jusqu'à huit **3.** [facing downwards] vers le bas, dessous / *smooth side down* le côté lisse dessous **4.** [reduced, lower] : *prices are down* les prix ont baissé / *the pound is down two cents against the dollar* FIN la livre a baissé de deux cents par rapport au dollar ; [below expected, desired level] : *the tyres are down* **a)** [underinflated] les pneus sont dégonflés **b)** [flat] les pneus sont à plat / *the cashier is £10 down* il manque 10 livres au caissier / *we were two goals down at half-time* FOOT on avait deux buts de retard à la mi-temps **5.** [on paper] : *get it down in writing* or *on paper* mettez-le par écrit / *it's down in my diary* / *on the calendar* c'est dans mon agenda / sur le calendrier / *he's down to speak at the conference* il est inscrit en tant qu'intervenant à la conférence **6.** [from city, the north] : *she came down from Berlin* elle est arrivée de Berlin / *we're going down south* nous descendons vers le sud / *they're going down to the coast* ils descendent sur la côte ▸ **to go down East** US aller au nord-est de la Nouvelle-Angleterre ; UK UNIV : *she came down from Oxford* **a)** [on vacation] elle est descendue d'Oxford **b)** [graduated] elle est sortie d'Oxford **7.** [out of action - machine, computer] en panne / *the wires are down* les lignes sont coupées / *the computer has gone down* l'ordinateur est tombé en panne **8.** [paid] : *he paid* or *put £5 down* **a)** [whole amount] il a payé 5 livres comptant **b)** [as deposit] il a versé (un acompte de) 5 livres / *5 down and 3 to go* ça fait 5, il en reste 3 **9.** [ill] : *he's (gone) down with flu* il est au lit avec la grippe **10.** PHR **to be down on sb** *inf* être monté contre qqn ▸ **down with...!** à bas... ! / *down with the system!* à bas le système ! ◆ adj **1.** [depressed] déprimé, malheureux / *to feel down* avoir le cafard **2.** UK [train] *en provenance d'une grande ville* **3.** [elevator] qui descend **4.** [critical] ▸ **to be down on sb** être dur or sévère avec qqn **5.** US *inf* : *I'm down with that* [I've understood] j'ai pigé. ◆ vt **1.** [knock down - opponent] mettre à terre ; [-object, target] faire tomber / *the pilot downed two enemy aircraft* le pilote a descendu deux avions ennemis **2.** [drink] descendre ; [eat] avaler / *he downed three beers* il a descendu trois bières. ◆ n **1.** [setback] revers *m*, bas *m* **2.** PHR **to have a down on sb** *inf* avoir une dent contre qqn.

❖ **down for** prep phr : *she's down for physics* elle est inscrite au cours de physique / *they've got me down for the 200 m hurdles* ils m'ont inscrit au 200 m haies / *the meeting is down for today* la réunion est prévue pour aujourd'hui.

❖ **down to** prep phr **1.** [through to and including] jusqu'à / *down to the smallest details* jusqu'aux moindres détails / *she sold everything right down to the house* elle a tout vendu, y compris la maison / *from the richest down to the poorest* du plus riche (jusqu')au plus pauvre / *from the boss down to the office boy* depuis le patron jusqu'au garçon de bureau / *from the Middle Ages down to the present* du or depuis le Moyen Âge jusqu'à nos jours **2.** [reduced to] : *I'm down to my last pound* il ne me reste qu'une livre / *the team was down to 10 men* l'équipe était réduite à 10 hommes **3.** [indicating responsibility] : *it's down to you now* c'est à toi de jouer maintenant *fig* / *any breakages will be down to you* si vous cassez quelque chose, c'est vous qui paierez les dégâts.

down² [daʊn] n **1.** [on bird, person, plant, fruit] duvet *m* **2.** [hill] colline *f* dénudée ; [sand dune] dune *f*.

down-and-out ◆ adj indigent, sans ressources / **'Down and Out in Paris and London'** *Orwell* 'Dans la dèche à Paris et à Londres'. ◆ n clochard *m*, -e *f* ▸ **the down-and-out** or **down-and-outs** les sans-abri *mpl*.

down-at-heel adj [shabby] miteux ; [shoe] éculé.

downbeat ['daʊnbiːt] ◆ n MUS temps *m* frappé. ◆ adj *inf* **1.** [gloomy - person] abattu, triste ; [- story] pessimiste **2.** [relaxed - person] décontracté, flegmatique ; [- situation] décontracté.

downcast ['daʊnkɑːst] ◆ adj **1.** [dejected] abattu, démoralisé **2.** [eyes, look] baissé. ◆ n MIN puits *m* d'aérage.

downdraught ['daʊndrɑːft] n UK vent *m* qui descend des montagnes.

downer ['daʊnəʳ] n **1.** *inf* [experience] expérience *f* déprimante ▸ **to be on a downer** faire de la déprime, être déprimé / *that film's a real downer* ce film est à vous donner le cafard **2.** *v inf* [drug] tranquillisant *m*, sédatif *m*.

downfall ['daʊnfɔːl] n **1.** [of person, institution] chute *f*, ruine *f* ; [of dream, hopes] effondrement *m* / *drink was his downfall* la boisson l'a perdu **2.** [of rain, snow] chute *f*.

downgrade ['daʊngreɪd] ◆ vt **1.** [job] dévaloriser, déclasser ; [person] rétrograder ; [hotel] déclasser **2.** [belittle] rabaisser. ◆ n descente *f*.

downhearted [,daʊn'hɑːtɪd] adj abattu, découragé.

downhill [,daʊn'hɪl] ◆ adv ▸ **to go downhill a)** [car, road] descendre, aller en descendant **b)** [business] péricliter **c)** *fig* se dégrader / *television is going rapidly downhill* la télévision baisse or se dégrade de plus en plus / *he let himself go downhill after he lost his job* il a dégringolé or il s'est laissé aller après avoir perdu son travail / *her health went rapidly downhill* sa santé déclina or baissa rapidement. ◆ adj **1.** [road] en pente, incliné ; [walk] en descente ; *fig* : *when you get to 40, it's downhill all the way* passé la quarantaine, vous ne faites plus que décliner / *it should all be downhill from now on* maintenant ça devrait aller comme sur des roulettes **2.** [in skiing] ▸ **downhill skiing** ski *m* alpin ▸ **downhill race** descente *f* ▸ **downhill racer** or **skier** descendeur *m*, -euse *f*. ◆ n [of road] descente *f* ; [in skiing] descente *f*.

down-home adj US *inf* (des États) du Sud ; *pej* plouc.

Downing Street ['daʊnɪŋ-] pr n Downing Street *(rue de Londres où se trouve la résidence officielle du Premier ministre britannique)*.

Downing Street

C'est à **Downing Street**, à Londres, que se trouvent les résidences officielles du Premier ministre (au n° 10) et du chancelier de l'Échiquier (au n° 11). Tony Blair a été le premier chef de gouvernement à avoir choisi de résider au n° 11 pour des raisons de confort familial. Par extension, le nom de la rue est employé pour désigner le Premier ministre et ses fonctions.

Downing Street Declaration pr n *déclaration commune anglo-irlandaise qui, en 1993, a relancé le processus de paix en Irlande du Nord.*

down-in-the-mouth adj : *to be down-in-the-mouth* être abattu / *she looks down-in-the-mouth* elle a l'air plutôt abattue.

downland ['daʊnlænd] n *(U)* collines *fpl* herbeuses.

downlink ['daʊnlɪŋk] n liaison *f* satellite-terre.

download [,daʊn'ləʊd] vt COMPUT télécharger.

downloadable [,daʊn'ləʊdəbl] adj COMPUT téléchargeable.

downloading [,daʊn'ləʊdɪŋ] n COMPUT téléchargement *m*.

down-market adj [product] bas de gamme ; [book] grande diffusion *(inv)* / *it's a rather down-market area* ce n'est pas un quartier très chic.

down payment n acompte *m* ▸ **to make a down payment on sthg** verser un acompte pour qqch.

downpipe ['daʊnpaɪp] n UK (tuyau *m* de) descente *f*.

downplay ['daʊnpleɪ] vt [event, person] minimiser l'importance de ; [situation] dédramatiser.

downpour ['daʊnpɔːʳ] n averse *f*, déluge *m*.

downright ['daʊnraɪt] ◆ adj **1.** [lie] effronté, flagrant ; [refusal] catégorique / *downright stupidity* bêtise crasse / *a downright fool* un crétin achevé **2.** [of person, speech] franc (franche), direct. ◆ adv [as intensifier] franchement, carrément / *the sales assistant was downright rude* la vendeuse a été franchement grossière.

downriver [,daʊn'rɪvəʳ] ◆ adj (situé) en aval. ◆ adv [move] vers l'aval ; [live] en aval.

downs [daʊnz] pl n UK ▸ **the downs** les Downs *fpl* ▸ **the South / North Downs** les Downs du Sud / du Nord.

downshift [,daʊn'ʃɪft] vi US rétrograder.

downside ['daʊnsaɪd] n **1.** [underside] dessous *m* ▸ **downside up** US sens dessous dessus **2.** [trend] : *prices have tended to be on the downside* la tendance des prix est plutôt à la baisse **3.** [disadvantage] inconvénient *m*.

downsize ['daʊnsaɪz] vt **1.** [company] réduire les effectifs de **2.** COMPUT [application] réduire l'échelle de.

downsizing ['daʊnsaɪzɪŋ] n INDUST réduction *f* des effectifs ; COMPUT réduction *f* d'échelle.

downspout ['daʊnspaʊt] n US (tuyau *m* de) descente *f*.

Down's syndrome [daʊnz-] n trisomie 21 *f* ▸ **Down's syndrome baby** bébé *m* trisomique.

downstage [,daʊn'steɪdʒ] ◆ adj du devant de la scène. ◆ adv vers le devant de la scène / *downstage from her* vers le devant de la scène par rapport à elle. ◆ n avant-scène *f*.

downstairs [,daʊn'steəz] ◆ adv **1.** [gen] en bas (de l'escalier) ▸ **to come** or **to go downstairs** descendre (les escaliers) / *she ran downstairs* elle a descendu l'escalier or elle est descendue en courant / *he fell downstairs* il a dégringolé l'escalier **2.** [on lower floor] à l'étage en dessous or inférieur ; [on ground floor] au rez-de-chaussée / *the family downstairs* la famille du dessous. ◆ adj **1.** [gen] en bas / *I'm using the downstairs phone* j'utilise le téléphone d'en bas **2.** [of lower floor] de l'étage au-dessous or inférieur ; [of ground floor] du rez-de-chaussée. ◆ n rez-de-chaussée *m inv*.

downstate ['daʊnsteɪt] US ◆ adj [in the country] de la campagne ; [in the south] du sud de l'État. ◆ adv [go] vers le sud ; [be] dans le sud. ◆ n campagne *f*, sud *m* de l'État.

downstream [,daʊn'striːm] ◆ adv **1.** [live] en aval ; [move] vers l'aval / *the boat drifted downstream* la barque dérivait au fil de l'eau **2.** ECON en aval. ◆ adj **1.** [gen] (situé) en aval **2.** ECON en aval.

downstroke ['daʊnstrəʊk] n [of piston] course *f* descendante ; [in handwriting] plein *m*.

downswept ['daʊnswept] adj surbaissé.

downswing ['daʊnswɪŋ] n **1.** [trend] tendance *f* à la baisse, baisse *f* **2.** GOLF mouvement *m* descendant.

downtime ['daʊntaɪm] n *(U)* **1.** *lit* période *f* de non-fonctionnement *(d'une machine, d'une usine)* **2.** US *fig* [time for relaxing] : *on the weekends I need some downtime* j'ai besoin de faire une pause le week-end.

down-to-earth adj terre à terre *(inv)*, réaliste / *she's very down-to-earth* elle a les pieds sur terre.

downtown [,daʊn'taʊn] US ◆ n centre-ville *m*. ◆ adj : *downtown New York* le centre or centre-ville de New York. ◆ adv en ville.

downtrend ['daʊntrend] n baisse *f*.

downtrodden ['daʊn,trɒdn] adj **1.** [person] opprimé **2.** [grass] piétiné.

downturn ['daʊntɜːn] n baisse *f*.

down under adv UK *inf* ▸ **to go / to live down under a)** [to Australia] aller / vivre en Australie **b)** [to New Zealand] aller / vivre en Nouvelle-Zélande **c)** [gen] aller / vivre aux antipodes.

downward ['daʊnwəd] ◆ adj [movement] vers le bas ; *fig* : *a downward trend* une tendance à la baisse / *the economy is on a downward path* l'économie est sur une mauvaise pente. ◆ adv US = **downwards**.

downward-compatible adj COMPUT compatible vers le bas.

downward mobility n ECON régression *f* sociale.

downwards ['daʊnwədz] adv vers le bas, de haut en bas / *she put the letter face downwards* elle a posé la lettre à l'envers / *the garden slopes downwards away from the house* le jardin descend en pente depuis la maison / *the road drops sharply downwards* la route descend brusquement ; *fig* : *everyone from the president downwards* tout le monde depuis le président jusqu'en bas de la hiérarchie / *from the Middle Ages downwards* depuis le Moyen Âge / *we will have to revise our estimates downwards* il faudra que nous revoyions nos estimations à la baisse / *prices started to spiral downwards* les prix commencèrent à dégringoler.

downwash ['daʊnwɒʃ] n déflexion *f* vers le bas.

downwind [ˌdaʊn'wɪnd] adj & adv sous le vent ▸ **to be downwind of sthg** être sous le vent de qqch.

downy ['daʊnɪ] (*compar* **downier**, *superl* **downiest**) adj **1.** [leaf, skin] couvert de duvet, duveté ; [fruit] duveté, velouté **2.** [fluffy] duveteux **3.** [filled with down] garni de duvet.

dowry ['daʊərɪ] (*pl* **dowries**) n dot *f*.

dowse [daʊz] ◆ vi [for water, for minerals] faire de la radiesthésie, prospecter à la baguette. ◆ vt = **douse**.

dowser ['daʊzər] n [for water] sourcier *m*, radiesthésiste *mf* ; [for minerals] radiesthésiste *mf*.

dowsing ['daʊzɪŋ] n radiesthésie *f*.

dowsing rod n baguette *f* (de sourcier).

doxology [dɒk'sɒlədʒɪ] n doxologie *f*.

doxy ['dɒksɪ] (*pl* **doxies**) n **1.** [doctrine] doctrine *f* **2.** *v inf & arch* [prostitute] catin *f* ; [mistress] maîtresse *f*.

doyen ['dɔɪən] n doyen *m* (d'âge).

doyenne ['dɔɪen] n doyenne *f* (d'âge).

doyly ['dɔɪlɪ] (*pl* **doylies**) = **doily**.

doz. (written abbr of **dozen**) douz.

doze [dəʊz] ◆ vi sommeiller. ◆ n somme *m* / *I had a little doze* j'ai fait un petit somme.

❖ **doze off** vi s'assoupir.

dozen ['dʌzn] n douzaine *f* / *a dozen eggs* une douzaine d'œufs / *30 pence a dozen* 30 pence la douzaine / *half a dozen* une demi-douzaine / *have some more, there are dozens of them* reprenez-en, il y en a beaucoup or des tas / *I've told you a dozen times* je te l'ai dit vingt fois / *there are dozens of men like him* des hommes comme lui, on en trouve à la douzaine.

dozer ['dəʊzər] n UK *inf* bulldozer *m*.

dozy ['dəʊzɪ] (*compar* **dozier**, *superl* **doziest**) adj **1.** [drowsy] à moitié endormi, assoupi **2.** *inf* [stupid] lent, engourdi.

DP n **1.** abbr of **data processing** **2.** abbr of **disabled person**.

DPh (written abbr of **Doctor of Philosophy**) = **PhD**.

DPH (abbr of **Diploma in Public Health**) n UK diplôme *m* de santé publique.

DPhil [ˌdiː'fɪl] = **PhD**.

dpi abbr of **dots per inch**.

DPP pr n UK abbr of **Director of Public Prosecutions**.

DPT (abbr of **diphtheria, pertussis, tetanus**) n DCT.

DPW (abbr of **Department of Public Works**) pr n UK ≃ ministère *m* de l'Équipement.

DQ® pr n abbr of **Dairy Queen®**.

dr written abbr of **debtor**.

Dr **1.** (written abbr of **Doctor**) : *Dr Jones* [on envelope] Dr Jones / *Dear Dr Jones* **a)** [in letter] Monsieur, Madame **b)** [less formal] Cher Monsieur, Chère Madame **c)** [if acquainted] Cher Docteur **2.** written abbr of **drive**.

drab [dræb] (*compar* **drabber**, *superl* **drabbest**) ◆ adj **1.** [colour] terne, fade ; [surroundings] morne, triste **2.** [shabby] miteux. ◆ n **1.** [colour] gris-vert *m*, gris-beige *m* **2.** [cloth] grosse toile *f* bise **3.** *arch* [woman] souillon *f*.

drabble ['dræbl] ◆ vt salir, crotter. ◆ vi devenir sale, se salir, se crotter.

drabness ['dræbnɪs] n [of colour] caractère *m* or aspect *m* terne, fadeur *f* ; [of surroundings] caractère *m* or aspect *m* morne, tristesse *f*, grisaille *f*.

drachm [dræm] n **1.** [gen & PHARM] drachme *m* **2.** [currency] drachme *f*.

drachma ['drækmə] (*pl* **drachmas** *or* **drachmae** [-miː]) n **1.** [currency] drachme *f* **2.** [gen & PHARM] drachme *m*.

draconian [drə'kəʊnjən] adj draconien.

Dracula ['drækjʊlə] pr n Dracula.

draft [drɑːft] ◆ n **1.** [of letter] brouillon *m* ; [of novel, speech] premier jet *m*, ébauche *f* ; [of plan] avant-projet *m* / *this is only the first draft* ceci n'est qu'une ébauche ▸ **draft quality** COMPUT qualité *f* brouillon **2.** COMM & FIN traite *f*, effet *m* / *a draft on my bank in England for £500* une traite de 500 livres sur ma banque en Angleterre **3.** MIL [detachment] détachement *m* **4.** US MIL conscription *f* / *he left in order to avoid the draft* il est parti pour éviter de faire son service **5.** US [beer] pression *f*. ◆ vt **1.** [draw up - first version] faire le brouillon de, rédiger ; [- diagram] dresser ; [- plan] esquisser, dresser ; LAW [contract, will] rédiger, dresser ; [bill] préparer **2.** [gen & MIL] détacher, désigner ▸ **to draft sb to sthg** / **to do sthg** détacher qqn à qqch / pour faire qqch **3.** US MIL [enlist] appeler (sous les drapeaux), incorporer / *he was drafted into the army* il fut appelé sous les drapeaux. ◆ comp [version] préliminaire ▸ **draft letter a)** [gen] brouillon *m* de lettre **b)** [formal] projet *m* de lettre ▸ **draft treaty** projet *m* de convention.

draft beer n US = **draught beer**.

draft board n US conseil *m* de révision.

draft card n US ordre *m* d'incorporation.

draft dodger n US MIL réfractaire *m*.

draft dodging n insoumission *f*.

draftee [ˌdrɑːf'tiː] n US recrue *f*.

draft resister n US MIL réfractaire *m*.

draftsman (*pl* **draftsmen**) US = **draughtsman**.

drafty (*compar* **draftier**, *superl* **draftiest**) US = **draughty**.

drag [dræg] (*pt & pp* **dragged**, *cont* **dragging**) ◆ vt **1.** [pull] traîner, tirer ▸ **to drag sthg on** or **along the ground** traîner qqch par terre / *he dragged me to a concert* il m'a traîné or entraîné à un concert ▸ **to drag one's feet** traîner les pieds / *don't drag me into this!* ne me mêlez pas à vos histoires ! / *I had to drag the truth out of her* il m'a fallu lui arracher la vérité ▸ **to drag anchor** NAUT chasser sur ses ancres / *drag the file into the trash* COMPUT glisser le fichier dans la corbeille ▸ **to drag one's feet** or **heels** : *the government has been accused of dragging its feet* or *heels over the issue* on a accusé le gouvernement de montrer peu d'empressement à s'occuper de la question ▸ **to drag sb's name through the mud** traîner qqn dans la boue **2.** [search] draguer / *they dragged the lake for the body* ils ont dragué le lac à la recherche du corps. ◆ vi **1.** [trail] traîner (par terre) ; [anchor] chasser **2.** [hang behind] traîner, rester à l'arrière **3.** [search] draguer **4.** [go on and on] traîner, s'éterniser **5.** AUTO [brakes] frotter, gripper, se gripper. ◆ n **1.** [pull] tirage *m* ; AERON, AUTO & NAUT résistance *f*, traînée *f* **2.** [dredge] drague *f* ; [sledge] traîneau *m* ; AGR [harrow] herse *f* ; NAUT araignée *f* **3.** [brake] sabot *m* or patin *m* de frein **4.** [handicap] entrave *f*, frein *m* / *unemployment is a drag on the economy* le chômage est un frein pour l'économie **5.** [trail of fox] piste *f* **6.** *inf* [bore] : *he's a real drag!* c'est un vrai casse-pieds ! / *the exams are a real drag!* quelle barbe ces examens ! / *what a drag!* quelle barbe !, c'est la barbe ! **7.** *inf* [puff on cigarette] bouffée *f*, taffe *f* / *I had a drag on* or *of his cigarette* j'ai tiré une bouffée de sa cigarette **8.** *inf* [women's clothing] ▸ **in drag** en travesti **9.** US *inf* [street] ▸ **the main drag** la rue principale **10.** US *v inf* [influence] piston *m* / *she has a lot of drag* elle a le bras long / *use your drag* usez de votre influence. ◆ comp *inf* [disco, show] de travestis ▸ **drag artist** transformiste *m*.

❖ **drag along** vt sep [chair, toy] tirer, traîner ; [person] traîner, entraîner ▸ **to drag o.s. along** se traîner.

❖ **drag apart** vt sep séparer de force.

❖ **drag away** vt sep emmener de force / *I couldn't drag him away from his work* je ne pouvais pas l'arracher à son travail.

❖ **drag down** vt sep **1.** [lower] entraîner (en bas) / *being rude only drags you down to his level* être grossier ne fait que vous rabaisser à son niveau **2.** [weaken] affaiblir ; [depress] déprimer, décourager.

❖ **drag in** vt sep apporter (de force) / *he insisted on dragging in the issue of housing* il voulait à tout prix mettre la question du logement sur le tapis.

❖ **drag on** ◆ vi se prolonger, s'éterniser / *don't let the matter drag on* ne laissez pas traîner l'affaire / *the day dragged on* la journée s'éternisait or n'en finissait pas. ◆ vt insep ▸ **to drag on a cigarette** tirer sur une cigarette.

❖ **drag out** vt sep [prolong] faire traîner / *to drag out talks* faire traîner des négociations.

❖ **drag up** vt sep **1.** [affair, story] remettre sur le tapis, ressortir **2.** UK *inf* [child] élever à la diable or tant bien que mal / *where were you dragged up?* *hum* où donc as-tu été élevé ?

drag and drop ◆ vi & vt COMPUT glisser-déposer, glisser-lâcher. ◆ n COMPUT glisser-déposer *m*, glisser-lâcher *m*.

drag factor n AERON & AUTO coefficient *m* de traînée.

draggy ['drægɪ] (*compar* **draggier**, *superl* **draggiest**) adj UK *inf* [boring] ennuyeux, assommant ; [listless] mou (*before vowel or silent 'h'* **mol**, *f* **molle**), avachi.

drag hunt n drag *m*.

draglift ['dræglɪft] n tire-fesses *m inv*.

dragnet ['drægnet] n **1.** [for fish] seine *f*, drège *f* ; [for game] tirasse *f* **2.** [for criminals] rafle *f*.

dragoman ['drægəʊmən] (*pl* **dragomen** [-mən]) n drogman *m*.

dragon ['drægən] n MYTH & ZOOL & *fig* dragon *m*.

dragonfly ['drægənflaɪ] (*pl* **dragonflies**) n libellule *f*.

dragoon [drə'guːn] ◆ n dragon *m*. ◆ vt [force] contraindre, forcer / *he dragooned us into going* il nous a contraints à y aller.

drag queen n *inf* travelo *v inf m*.

drag racer n *participant à des courses de dragsters.*

drag racing n course *f* de dragsters.

dragrope ['drægrəʊp] n AERON guiderope *m*.

dragster ['drægstər] n voiture *f* à moteur gonflé, dragster *m*.

dragsville ['drægzvɪl] n US *inf & dated* ▸ **it was dragsville** c'était casse-pieds or la barbe.

drain [dreɪn] ◆ n **1.** [in house] canalisation *f* or tuyau *m* d'évacuation ; [of dishwasher] tuyau *m* de vidange ; [outside house] puisard *m* ; [sewer] égout *m* ; [grid in street] bouche *f* d'égout / *the family business went down the drain* l'entreprise familiale a fait faillite / *all our plans went down the drain* tous nos projets sont tombés à l'eau ▸ **to laugh like a drain** rire comme une baleine **2.** AGR & MED drain *m* **3.** [depletion] perte *f*, épuisement *m* / *a drain on resources* une ponction sur les ressources / *all that travelling was a terrible drain on him* tous ces voyages l'ont terriblement épuisé. ◆ vt **1.** [dry - dishes, vegetables] égoutter ; [- land] drainer, assécher ; [- reservoir] vider, mettre à sec ; [- mine] drainer ; [- oil tank] vider, vidanger ; AGR & MED drainer / *well drained soil* sol *m* bien drainé / *she drained her glass* elle a vidé son verre or a tout bu jusqu'à la dernière goutte ▸ **drained weight** COMM poids *m* net égoutté **2.** [deplete] épuiser ▸ **to drain sb of his** / **her strength** épuiser qqn / *the war drained the country of its resources* la guerre a saigné le pays. ◆ vi **1.** [colour] disparaître ; [blood] s'écouler / *the colour drained from her face* son visage a blêmi **2.** [dishes, vegetables] s'égoutter / *leave the dishes to drain* laisse égoutter la vaisselle.

❖ **drain away** ◆ vi [liquid] s'écouler ; [hope, strength] s'épuiser. ◆ vt sep faire écouler.

❖ **drain off** ◆ vt sep **1.** [liquid] faire écouler ; [dishes, vegetables] égoutter **2.** AGR & MED drainer. ◆ vi s'écouler.

drainage ['dreɪnɪdʒ] n (*U*) **1.** [process] drainage *m*, assèchement *m* **2.** [system - in house] système *m* d'évacuation des eaux ; [-in town] système *m* d'égouts ; [-of land] système *m* de drainage ; GEOL système *m* hydrographique **3.** [sewage] eaux *fpl* usées, vidanges *fpl*.

drainage area, **drainage basin** n bassin *m* hydrographique.

drainboard ['dreɪnbɔːrd] US = **draining board**.

drained [dreɪnd] adj épuisé, éreinté / *he looked tired and drained* il avait l'air fatigué et à bout de forces / *the incident left me emotionally drained* l'incident m'a épuisé nerveusement.

drainer ['dreɪnəʳ] = **draining board**.

draining ['dreɪnɪŋ] adj [person, task] épuisant.

draining board, **draining rack** n égouttoir *m*.

drainpipe ['dreɪnpaɪp] n [from roof] (tuyau *m* de) descente *f* ; [from sink] tuyau *m* d'écoulement ; AGR [on land] drain *m*.

drainpipe trousers pl n UK pantalon-cigarette *m*.

drake [dreɪk] n canard *m* (mâle).

Dralon® ['dreɪlɒn] n Dralon *m*.

dram [dræm] n **1.** [gen & PHARM] drachme *m* **2.** *inf* [drop] goutte *f* ▸ **a dram (of whisky)** un petit verre (de whisky).

drama ['drɑːmə] n **1.** [theatre] théâtre *m* / *she teaches drama* elle enseigne l'art dramatique / *Spanish drama* le théâtre espagnol ▸ **drama critic** critique *mf* de théâtre ▸ **drama school** école *f* de théâtre **2.** [play] pièce *f* (de théâtre), drame *m* **3.** [situation] drame *m* **4.** [excitement] drame *m*.

drama queen n *inf* : *he's a real drama queen* il en fait des tonnes / *don't be such a drama queen* arrête ton cinéma.

dramatic [drə'mætɪk] adj **1.** LITER, MUS & THEAT dramatique / *the dramatic works of Racine* le théâtre de Racine **2.** [effect, entry] théâtral, dramatique ; [change] remarquable, spectaculaire ; [rise in prices] spectaculaire, vertigineux ; [scenery] spectaculaire, grandiose / *there's no need to be so dramatic about it* ce n'est pas la peine d'en faire un drame or toute une histoire / *the story took a dramatic turn* l'histoire prit un tour dramatique.

⚠ When dramatic means spectacular or striking, it cannot be translated by **dramatique**.

dramatically [drə'mætɪklɪ] adv **1.** LITER, MUS & THEAT du point de vue théâtral **2.** [act, speak] de manière dramatique, dramatiquement ; [change] de manière remarquable or spectaculaire.

dramatic irony n ironie *f* dramatique.

dramatics [drə'mætɪks] ◆ n *(U)* THEAT art *m* dramatique, dramaturgie *f*. ◆ pl n *fig* [behaviour] comédie *f*, cirque *m*.

dramatis personae [ˌdrɑːmətɪspɜː'səʊnaɪ] pl n personnages *mpl (d'une pièce ou d'un roman)*.

dramatist ['dræmətɪst] n auteur *m* dramatique, dramaturge *m*.

dramatization [ˌdræmətaɪ'zeɪʃn] n **1.** [for theatre] adaptation *f* pour la scène ; [for film] adaptation *f* pour l'écran ; [for television] adaptation *f* pour la télévision **2.** [exaggeration] dramatisation *f*.

dramatize, **dramatise** ['dræmətaɪz] ◆ vt **1.** [for theatre] adapter pour la scène ; [for film] adapter pour l'écran ; [for television] adapter pour la télévision **2.** [exaggerate] faire un drame de, dramatiser ; [make dramatic] rendre dramatique. ◆ vi dramatiser.

dramaturgy ['dræmətɜːʤɪ] n dramaturgie *f*.

dramedy ['drɑːmədɪ] n comédie *f* dramatique.

drank [dræŋk] pt ⟶ **drink**.

drape [dreɪp] ◆ n [way something hangs] drapé *m*. ◆ vt **1.** [adorn -person, window] draper ; [-altar, room] tendre / *the stage was draped with* or *in black* la scène était tendue de noir **2.** [hang] étendre / *she draped a leg over the chair arm* elle a étendu sa jambe sur l'accoudoir / *he draped himself over the sofa* il s'est étalé sur le canapé.

❖ **drapes** pl n UK [drapery] tentures *fpl* ; US [curtains] rideaux *mpl*.

draper ['dreɪpəʳ] n UK marchand *m*, -e *f* de tissus.

drapery ['dreɪpərɪ] (*pl* **draperies**) n **1.** *(U)* [material] étoffes *fpl* ; [arrangement of material] draperie *f* **2.** *(usu pl)* [hangings] tentures *fpl* ; [curtains] rideaux *mpl* **3.** UK [shop] magasin *m* de tissus.

drastic ['dræstɪk] adj [measures] sévère, draconien ; [change, effect] radical ; [remedy] énergique / *drastic cutbacks* ECON coupes *fpl* sombres / *drastic reductions* COMM réductions *fpl* massives / *to take drastic steps* trancher dans le vif, prendre des mesures draconiennes or énergiques.

drastically ['dræstɪklɪ] adv radicalement ; [cut, reduce] radicalement, sévèrement / *prices rose drastically* les prix ont augmenté considérablement.

drat [dræt] interj *inf* ▸ **drat!** diable !, bon sang ! / *oh, drat!* bon sang !, nom de nom !

dratted ['drætɪd] adj *inf* sacré / *that dratted car* cette maudite voiture.

draught UK, **draft** US [drɑːft] ◆ n **1.** [breeze] courant *m* d'air / *I can feel a draught* je suis dans un courant d'air / *there's a terrific draught in here* il y a un courant d'air terrible ici **2.** [in fireplace] tirage *m* **3.** [drink -swallow] trait *m*, gorgée *f* / *a draught of water* une gorgée d'eau / *in one draught* d'un seul trait or coup **4.** [medicine] potion *f*, breuvage *m* **5.** ▸ **on draught** [beer] à la pression **6.** GAMES dame *f* **7.** [pulling] traction *f*, tirage *m* ; NAUT [of ship] tirant *m* (d'eau). ◆ adj [horse] de trait.

draught beer UK, **draft beer** US n bière *f* pression.

draughtboard ['drɑːftbɔːd] n UK GAMES damier *m*.

draught excluder [-ɪk'skluːdəʳ] n UK bourrelet *m* (de porte).

draughtiness UK, **draftiness** US ['drɑːftɪnɪs] n courants *mpl* d'air.

draught-proof ◆ vt calfeutrer. ◆ adj calfeutré.

draught-proofing [-ˌpruːfɪŋ] n calfeutrage *m*.

draughts [drɑːfts] n UK GAMES (jeu *m* de) dames *fpl* / *a game of draughts* un jeu de dames.

draughtsman UK, **draftsman** US ['drɑːftsmən] (UK *pl* **draughtsmen** [-mən] ; US *pl* **draftsmen** [-mən]) n [artist] dessinateur *m*, -trice *f* ; ARCHIT & INDUST dessinateur *m* industriel, dessinatrice *f* industrielle.

draughtsmanship UK, **draftsmanship** US ['drɑːftsmənʃɪp] n [of artist] talent *m* de dessinateur, coup *m* de crayon ; [of work] art *m* du dessin.

draughty UK, **drafty** US ['drɑːftɪ] (UK *compar* **draughtier**, *superl* **draughtiest** ; US *compar* **draftier**, *superl* **draftiest**) adj [house, room] plein de courants d'air ; [street, corner] exposé à tous les vents or aux quatre vents.

Dravidian [drə'vɪdɪən] ◆ adj dravidien. ◆ n dravidien *m*.

draw [drɔː] (*pt* **drew** [druː], *pp* **drawn** [drɔːn]) ◆ vt **1.** [pull] tirer ▸ **to draw the curtains a)** [open] tirer or ouvrir les rideaux **b)** [shut] tirer or fermer les rideaux / *he drew the blankets round him* il a tiré les couvertures autour de lui / *I drew my coat closer around me* je me suis enveloppé dans mon manteau / *he drew his hand wearily across his forehead* il se passa la main sur le front avec lassitude ▸ **to draw a bow** [in archery] tirer à l'arc **2.** [haul, pull behind -car] tirer, traîner, remorquer ; [-trailer] remorquer / *a carriage drawn by two horses* un équipage attelé à or tiré par deux chevaux **3.** [take out] tirer, retirer ; [remove] retirer, enlever ; [tooth] arracher, extraire / *he drew his knife from* or *out of his pocket* il a tiré son couteau de sa poche / *the thief drew a gun on us* le voleur a sorti un pistolet et l'a braqué sur nous / *to draw a sword* dégainer une épée **4.** [lead] conduire, entraîner / *she drew me towards the door* elle m'a entraîné vers la porte ; *fig* : *I was drawn into the controversy* j'ai été mêlé à or entraîné dans la dispute / *the senator refused to be drawn* **a)** [refused to answer] le sénateur refusa de répondre **b)** [refused to be provoked] le sénateur refusa de réagir / *to draw a meeting to a close* mettre fin à une réunion **5.** [attract, elicit] attirer ▸ **to be drawn to sb** être attiré par qqn / *his remarks drew a lot of criticism* ses observations lui ont attiré de nombreuses critiques ▸ **to draw sb's attention to sthg** faire remarquer qqch à qqn ▸ **to draw the enemy's fire** *fig* attirer le feu de l'ennemi sur soi **6.** [take from source] tirer, puiser / *to draw water from a well* puiser de l'eau dans un puits / *to draw (out) money from the bank* retirer de l'argent à la banque / *the university draws its students from all social backgrounds* l'université recrute ses étudiants dans toutes les couches sociales / *her performance drew an ovation from the audience* son interprétation lui a valu l'ovation du public / *his confession drew tears from his mother* son aveu a arraché des larmes à sa mère / *I draw comfort from the fact that he didn't suffer* je me console en me disant qu'il n'a pas souffert / *Cézanne drew inspiration from the French countryside* Cézanne s'est inspiré de or a tiré inspiration de la campagne française ▸ **to draw trumps** CARDS faire tomber les atouts **7.** [breathe in] : *we barely had time to draw (a) breath* nous avons à peine eu le temps de souffler **8.** [choose at random] tirer / *he drew the winning number* il a tiré le numéro gagnant ▸ **to draw lots** tirer au sort **9.** [earn -amount, salary] gagner, toucher ; [-pension] toucher ; [FIN-interest] rapporter **10.** [sketch] dessiner ; [line, triangle] tracer ; [map] faire / *to draw a picture of sb* faire le portrait de qqn / *he drew us a map of the village* il nous a fait un plan du village / *do you want me to draw you a map?* *hum* tu veux que je te fasse un dessin ? / *she drew a vivid picture of village life* *fig* elle (nous) a fait une description vivante de la vie de village / *the author has drawn his characters well* *fig* l'auteur a bien dépeint ses personnages ▸ **to draw the line at sthg** ne pas admettre qqch, se refuser à qqch / *you have to draw the line somewhere* il faut fixer des limites, il y a des limites **11.** [formulate -comparison, parallel, distinction] établir, faire ; [-conclusion] tirer / *she drew a direct comparison between our situation and her own* elle a établi une comparaison explicite entre notre situation et la sienne **12.** FIN ▸ **to draw a cheque on one's account** tirer un chèque sur son compte **13.** [disembowel] vider **14.** SPORT [tie] ▸ **the game was drawn a)** SPORT ils ont fait match nul **b)** CARDS ils ont fait partie nulle **15.** HUNT [game] débusquer ; [covert] battre **16.** MED [abscess] crever, percer **17.** NAUT : *the ocean liner draws 8 metres* le paquebot a un tirant d'eau de 8 mètres **18.** TECH [metal] étirer ; [wire] tréfiler. ◆ vi **1.** [move] : *the crowd drew to one side* la foule s'est rangée sur le côté or s'est écartée / *the bus drew into the coach station* l'autocar est arrivé or entré dans la gare routière ▸ **to draw ahead of sb** prendre de l'avance sur qqn / *one cyclist drew ahead of the others* un cycliste s'est détaché du peloton ▸ **to draw to a halt** s'arrêter / *they drew level with* or *alongside the window* ils sont arrivés à la hauteur de la fenêtre / *they drew nearer to us* ils se sont approchés un peu plus de nous / *night draws near* la nuit approche ▸ **to draw to an end** or **to a close** tirer ou toucher à sa fin **2.** [pull out gun] tirer / *the policeman drew and fired* le policier a dégainé or sorti son pistolet et a tiré **3.** [choose at random] tirer au hasard / *they drew for partners* ils ont tiré au sort leurs partenaires **4.** [sketch] dessiner / *she draws well* elle dessine bien **5.** [fireplace, pipe] tirer ; [pump, vacuum cleaner] aspirer **6.** [tea] infuser **7.** [be equal -two competitors] être ex aequo *(inv)* ; [-two teams] faire match nul / *Italy drew against Spain* l'Italie et l'Espagne ont fait match nul / *the two contestants drew for third prize* les deux concurrents ont remporté le troisième prix ex aequo or sont arrivés troisièmes ex aequo. ◆ n **1.** [act of pulling] ▸ **to be quick on the draw a)** *lit* dégainer vite, avoir la détente rapide **b)** *fig* avoir de la repartie ▸ **to beat sb to the draw a)** *lit* dégainer plus vite que qqn **b)** *fig* devancer qqn **2.** [card] carte *f* tirée / *it's your draw* c'est à vous de tirer une carte **3.** [raffle, lottery] loterie *f*, tombola *f* / *the draw will take place tonight* le tirage aura lieu ce soir **4.** [attraction] attraction *f* / *the polar bears are the main draw at the zoo* les ours polaires sont la grande attraction du zoo / *the show proved to be* *a big draw* le spectacle s'est révélé être un grand succès **5.** GAMES partie *f* nulle ; SPORT match *m* nul / *the chess tournament ended in a draw* le tournoi d'échecs s'est terminé par une partie nulle / *two wins and three draws* deux matches gagnés et trois matches nuls **6.** US [gully] ravine *f* ; [drain] rigole *f* **7.** US [sum of money] avance *f*.

✣ **draw along** vt sep [cart, caravan] tirer, traîner ; [person] entraîner.

✣ **draw apart** ◆ vi se séparer / *they drew apart when I entered the room* ils se sont éloignés or écartés l'un de l'autre quand je suis entré dans la pièce. ◆ vt sep prendre à l'écart.

✣ **draw aside** ◆ vi s'écarter, se ranger / *I drew aside to let them pass* je me suis écarté (du chemin) or je me suis rangé pour les laisser passer. ◆ vt sep [person] prendre or tirer à l'écart ; [thing] écarter.

✣ **draw away** vi **1.** [move away - person] s'éloigner, s'écarter ; [- vehicle] s'éloigner, démarrer / *she drew away from the crowd* elle s'est éloignée or écartée de la foule **2.** [move ahead] prendre de l'avance / *the leading runner drew away from the others* le coureur de tête a pris de l'avance sur les or s'est détaché des autres.

✣ **draw back** ◆ vi **1.** [move backwards] reculer, se reculer, avoir un mouvement de recul / *the child drew back in fear* l'enfant a reculé de peur **2.** [avoid commitment] se retirer. ◆ vt sep [person] faire reculer ; [one's hand, thing] retirer.

✣ **draw down** vt sep **1.** [lower - blinds] baisser, descendre **2.** [provoke] attirer / *their policy drew down a storm of protest* leur politique a soulevé une vague de protestations.

✣ **draw in** ◆ vi **1.** [move] : *the train drew in* le train est entré en gare / *the bus drew in to the kerb* **a)** [pulled over] le bus s'est rapproché du trottoir **b)** [stopped] le bus s'est arrêté le long du trottoir **2.** [day, evening] diminuer, raccourcir / *the nights are drawing in* les nuits raccourcissent or diminuent. ◆ vt sep **1.** [pull in] rentrer / *to draw in the reins* tirer sur les rênes, serrer la bride / *the cat drew in its claws* le chat fit patte de velours or rentra ses griffes **2.** [involve] impliquer, mêler / *he drew me into the conversation* il m'a mêlé à la conversation / *I got drawn into the project* je me suis laissé impliquer dans le projet / *he listened to the debate but refused to be drawn in* il a écouté le débat mais a refusé d'y participer or de s'y joindre **3.** [attract] attirer / *the film is drawing in huge crowds* le film fait de grosses recettes **4.** [sketch] ébaucher **5.** [air] aspirer, respirer / *to draw in a deep breath* respirer profondément.

✣ **draw off** vt sep **1.** UK [remove - clothing] enlever, ôter ; [- gloves] retirer, ôter **2.** [liquid] tirer / *he drew off some wine from the cask* il a tiré du vin du fût.

✣ **draw on** ◆ vt sep UK **1.** [put on - gloves, trousers, socks] enfiler **2.** [entice, encourage] encourager, entraîner / *the thought of success drew him on* la perspective de la réussite l'encourageait à continuer. ◆ vt insep **1.** [as source] faire appel à / *the campaigners drew on the community's support* les militants ont fait appel au soutien de la communauté locale / *I drew on my own experiences for the novel* je me suis inspiré or servi de mes propres expériences pour mon roman / *I had to draw on my savings* j'ai dû prendre or tirer sur mes économies **2.** [suck] tirer sur / *to draw on a pipe* tirer sur une pipe. ◆ vi [time - come near] approcher ; [- get late] avancer / *the winter drew on* l'hiver approchait.

✣ **draw out** ◆ vt sep **1.** [remove] sortir, retirer, tirer ; [money] retirer / *she drew some papers out of her pocket* elle a sorti des papiers de sa poche / *how much money did you draw out (of the bank)?* combien d'argent as-tu retiré (de la banque) ? **2.** [extend - sound, visit] prolonger ; [- meeting, speech] prolonger, faire traîner ; [TECH - metal] étirer ; [- wire] tréfiler **3.** [cause to speak freely] faire parler / *she has a way of drawing people out* elle sait faire parler les gens, elle sait faire sortir les gens de leur coquille **4.** [information, secret] soutirer ▸ **to draw sthg out of sb** soutirer qqch de qqn / *the police managed to draw the names out of him* la police est arrivée à lui soutirer les noms. ◆ vi [vehicle] sortir, s'éloigner / *the train drew out (of the station)* le train est sorti de la gare.

✣ **draw up** ◆ vt sep **1.** UK [pull up] tirer / *I drew the covers up around my neck* j'ai ramené les couvertures autour de mon cou / *to draw a boat up (on the beach)* tirer un bateau à sec / *she drew herself up (to her full height)* elle s'est redressée (de toute sa hauteur) **2.** UK [move closer - chair] approcher ; [MIL - troops] aligner, ranger / *draw your chair up to the table* approche ta chaise de la table **3.** [formulate - document] dresser, rédiger ; [- bill, list] dresser, établir ; [- plan] préparer, établir. ◆ vi UK **1.** [move] se diriger / *the other boat drew up alongside us* l'autre bateau est arrivé à notre hauteur or à côté de nous **2.** [stop - vehicle] s'arrêter, stopper ; [- person] s'arrêter.

✣ **draw upon** vt insep : *they had to draw upon their emergency funds* ils ont dû tirer sur or prendre sur leur caisse de réserve / *you have to draw upon your previous experience* il faut faire appel à votre expérience antérieure.

drawback ['drɔːbæk] n inconvénient *m*, désavantage *m* / *there are drawbacks to the scheme* ce projet présente des inconvénients / *the main drawback to the plan is its cost* le principal inconvénient du projet est son coût.

drawbridge ['drɔːbrɪdʒ] n pont-levis *m*, pont *m* basculant or à bascule.

drawdown n FIN drawdown *m*.

drawee [drɔː'iː] n tiré *m*.

drawer n **1.** [drɔːʳ] [in chest, desk] tiroir *m* ▸ **drawer liner** *feuille de papier servant à tapisser les fonds de tiroirs* **2.** ['drɔːəʳ] [of cheque] tireur *m*.

drawers [drɔːz] pl n *dated & hum* [for men] caleçon *m* ; [for women] culotte *f*.

drawing ['drɔːɪŋ] ◆ n **1.** ART dessin *m* / *to study drawing* étudier le dessin / *a pen drawing* un dessin à la plume **2.** METALL [shaping, tapering] étirage *m*. ◆ comp [paper, table] à dessin ; [lesson, teacher] de dessin ▸ **drawing pen** tire-ligne *m*.

drawing account n US compte *m* courant *(pour frais professionnels)*.

drawing board n planche *f* à dessin ▸ **it's back to the drawing board** il faudra tout recommencer.

drawing card n COMM valeur *f* sûre.

drawing pin n UK punaise *f (à papier)*.

drawing room n **1.** [living room] salon *m* ; [reception room] salle *f* or salon *m* de réception **2.** US RAIL compartiment *m* privé.

drawl [drɔːl] ◆ n débit *m* traînant, voix *f* traînante / *a Southern drawl* un accent du Sud / *"sure I do", he said with a drawl* « bien sûr », dit-il d'une voix traînante. ◆ vi parler d'une voix traînante. ◆ vt dire d'une voix traînante.

drawn [drɔːn] ◆ pp ⟶ **draw.** ◆ adj **1.** [blind, curtain] fermé, tiré **2.** [face, features] tiré / *he looked tired and drawn* il avait l'air fatigué et avait les traits tirés **3.** [game] nul **4.** CULIN ▸ **drawn butter** beurre fondu.

drawn-out adj prolongé, qui traîne / *a long drawn-out dispute* un conflit qui traîne en longueur or qui n'en finit pas.

drawn (thread) work n ouvrage *m* à jours.

drawsheet ['drɔːʃiːt] n alaise *f*.

drawstring ['drɔːstrɪŋ] n cordon *m* ▸ **drawstring hood** capuche *f* à lien coulissant.

dray [dreɪ] n [for barrels] haquet *m* ; [for stones, wood] binard *m*, fardier *m*.

dread [dred] ◆ n terreur *f*, effroi *m* / *she lives in dread of her ex-husband* elle vit dans la crainte de son ex-mari. ◆ vt craindre, redouter / *she's dreading the journey* elle redoute or elle appréhende le voyage / *I dread to think of what might happen* je n'ose pas imaginer ce qui pourrait arriver. ◆ adj redoutable, effrayant.

dreaded ['dredɪd] adj redoutable, terrible *also hum.*

dreadful ['dredfʊl] adj **1.** [terrible - crime, pain] affreux, épouvantable ; [- enemy, weapon] redoutable / *how dreadful!* quelle horreur ! **2.** [unpleasant] atroce, affreux / *what a dreadful child!* cet enfant est insupportable ! / *they said some dreadful things about her* ils ont raconté des horreurs sur son compte / *I feel dreadful* **a)** [ill] je ne me sens pas du tout bien **b)** [embarrassed] je suis vraiment gêné **3.** [as intensifier] : *he's a dreadful bore!* c'est un casse-pieds insupportable !, c'est un horrible casse-pieds ! / *what a dreadful waste!* quel affreux gaspillage !

dreadfully ['dredfʊlɪ] adv **1.** [very] terriblement / *he was dreadfully afraid* il avait horriblement peur or une peur atroce / *I'm dreadfully sorry* je regrette infiniment or énormément / *his handwriting is dreadfully untidy* son écriture est terriblement mauvaise, il écrit horriblement mal **2.** [badly] affreusement / *the children behaved dreadfully* les enfants se sont affreusement mal comportés.

dreadlocks ['dredlɒks] pl n dreadlocks *fpl*, locks *fpl*.

dreadnought ['drednɔːt] n cuirassé *m*.

dreads [dredz] pl n = **dreadlocks.**

dream [driːm] (*pt & pp* **dreamt** [dremt] *or* **dreamed**) ◆ vi **1.** [in sleep] rêver ▸ **to dream about sb** rêver de qqn / *it can't be true, I must be dreaming* ce n'est pas vrai, je rêve **2.** [daydream] rêvasser, rêver / *he's always dreaming* il est toujours dans la lune / *stop dreaming and get on with your work!* arrête de rêver or de rêvasser et remets-toi au travail ! / *for years she'd dreamt of having a cottage in the country* elle a, durant des années, rêvé d'avoir un cottage à la campagne / *I know it'll never happen but there's nothing to stop me dreaming!* je sais que ça n'arrivera jamais, mais je ne peux pas m'empêcher de rêver ! ▸ **dream on!** *inf* on peut toujours rêver ! **3.** [imagine] ▸ **to dream of doing sthg** songer à faire qqch / *nobody dreamt of suspecting her* personne n'a songé à or il n'est venu à l'idée de personne de la soupçonner / *don't tell anyone — I wouldn't dream of it!* ne le dis à personne — jamais je ne songerais à faire une chose pareille ! / *she'd never dream of complaining* jamais elle ne songerait à se plaindre. ◆ vt **1.** [in sleep] rêver / *he dreamt a dream* il a fait un rêve / *she dreamt we were in Spain* elle a rêvé que nous étions en Espagne / *you must have dreamt it* vous avez dû le rêver **2.** [daydream] rêvasser ▸ **to dream idle dreams** se nourrir d'illusions, rêver creux **3.** [imagine] songer, imaginer / *I never dreamt that he would actually accept the offer!* j'étais à mille lieues de supposer qu'il accepterait effectivement la proposition ! ◆ n **1.** [during sleep] rêve *m* / *I had a dream about my mother last night* j'ai rêvé de ma mère la nuit dernière ▸ **to see sthg in a dream** voir qqch en rêve / *the child had a bad dream* l'enfant a fait un mauvais rêve or un cauchemar / *the meeting was like a bad dream* la réunion était un cauchemar / *sweet dreams!* faites de beaux rêves ! / *life is but a dream* *liter* la vie n'est qu'un songe / **'The Dream of Gerontius'** Newman, Elgar 'le Songe de Gerontius' **2.** [wish, fantasy] rêve *m*, désir *m* / *the woman of his dreams* la femme de ses rêves / *her dream was to become a pilot* elle rêvait de devenir pilote / *a job beyond my wildest dreams* un travail comme je n'ai jamais osé imaginer or qui dépasse tous mes rêves / *even in her wildest dreams she never thought she'd win first prize* même dans ses rêves les plus fous, elle n'avait jamais pensé remporter le premier prix / *in your dreams!* *inf* tu peux toujours rêver ! / *the American dream* le rêve américain / *may all your dreams come true* que tous vos rêves se réalisent / *the holiday was like a dream come true* les vacances étaient comme un rêve devenu réalité / *this boat is a sailor's dream come true* ce bateau est la matérialisation du rêve d'un marin **3.** [marvel] merveille *f* / *my interview went like a dream* mon entretien s'est passé à merveille / *this car goes like a dream* cette voiture marche à merveille / *a dream of a house* *inf* une maison de rêve / *she's a real dream* *inf* c'est un amour, elle est vraiment adorable **4.** [daydream] rêverie *f*, rêve *m* / *he's always in a dream* il est toujours dans les nuages or en train de rêver. ◆ comp [car, person, house] de rêve ▸ **a dream world** **a)** [ideal] un monde utopique **b)** [imaginary] un monde imaginaire / *she lives in a dream world* elle vit dans les nuages ▸ **the dream ticket** **a)** POL [policies] le programme utopique or à faire rêver **b)** [candidates] le couple idéal ▸ **dream sequence** CIN séquence *f* onirique.

◆◆ **dream away** vt sep passer or perdre en rêveries / *she would dream away the hours watching the clouds float by* elle passait des heures à rêver en regardant passer les nuages.

◆◆ **dream up** vt sep imaginer, inventer, concocter / *some wonderful new scheme that the government has dreamt up* encore un de ces merveilleux projets concoctés par le gouvernement / *where did you dream that up?* où es-tu allé pêcher ça ?

 **"I have a dream"**

Ce célèbre discours de Martin Luther King Jr. a été prononcé à Washington le 28 août 1963 à l'occasion d'un immense rassemblement de partisans des droits civiques aux États-Unis. Le pasteur, commençant par ces mots, y évoque l'espoir de voir un jour toutes les communautés de son pays vivre en harmonie.

dreamboat ['dri:mbəʊt] n *inf & dated* homme *m*, femme *f* de rêve.

dreamer ['dri:mər] n *lit* rêveur *m*, -euse *f* ; [idealist] rêveur *m*, -euse *f*, utopiste *mf* ; *pej* songe-creux *m inv*.

dreamily ['dri:mɪlɪ] adv [act] d'un air rêveur or songeur ; [speak] d'un ton rêveur or songeur ; [absent-mindedly] d'un air absent.

dreamland ['dri:mlænd] n pays *m* imaginaire or des rêves or des songes / *she's in dreamland* elle est au pays des rêves.

dreamless ['dri:mlɪs] adj sans rêves.

dreamlike ['dri:mlaɪk] adj irréel, onirique / *the music / the play has a dreamlike quality* la musique / la pièce a quelque chose d'irréel.

dreamt [dremt] pt & pp ⟶ **dream**.

dreamy ['dri:mɪ] (*compar* **dreamier**, *superl* **dreamiest**) adj **1.** [vague - person] rêveur, songeur ; [- expression] rêveur ; [absent-minded] rêveur, distrait **2.** [impractical - person] utopique, rêveur ; [- idea] chimérique, utopique **3.** [music, voice] langoureux **4.** *inf* [wonderful] magnifique, ravissant.

drearily ['drɪərəlɪ] adv tristement ▸ **drearily dressed** tristement vêtu ▸ **drearily furnished** tristement meublé.

dreariness ['drɪərɪnɪs] n [of surroundings] aspect *m* morne or terne, monotonie *f* ; [of life] monotonie *f*, tristesse *f*.

dreary ['drɪərɪ] (*compar* **drearier**, *superl* **dreariest**) adj [surroundings] morne, triste ; [life] morne, monotone ; [work, job] monotone, ennuyeux ; [person] ennuyeux (comme la pluie) ; [weather] maussade, morne.

dreck [drek] n *v inf (U)* US [rubbish] ordures *fpl* ; [excrement] merde *f*.

drecky ['drekɪ] (*compar* **dreckier**, *superl* **dreckiest**) adj US *v inf* merdique.

dredge [dredʒ] ◆ vt **1.** [river] draguer / *they dredged the river for the body* ils ont dragué le fleuve à la recherche du corps **2.** CULIN [with flour, sugar] saupoudrer ; [with breadcrumbs] paner. ◆ n NAUT drague *f*.

◆◆ **dredge up** vt sep *lit* draguer ; *fig* [scandal, unpleasant news] déterrer, ressortir.

dredger ['dredʒər] n **1.** NAUT [ship] dragueur *m* ; [machine] drague *f* **2.** CULIN saupoudreuse *f*, saupoudroir *m*.

Dred Scott [dredskɒt] pr n ▸ **the Dred Scott case** *arrêt de 1857 par lequel la Cour suprême des États-Unis refusait d'accorder la citoyenneté aux Noirs et leur interdisait ainsi de mener des actions en justice.*

dregs [dregz] pl n *lit & fig* lie *f* / *she drank the tea down to the dregs* elle a bu le thé jusqu'à la dernière goutte / *the dregs of society* la lie or les bas-fonds de la société.

drench [drentʃ] ◆ vt **1.** [soak] tremper, mouiller / *by the time we got home we were absolutely drenched* le temps d'arriver à la maison, nous étions complètement trempés / *she had drenched herself with perfume* *fig* elle s'était aspergée de parfum **2.** VET donner or faire avaler un médicament à. ◆ n VET (dose *f* de) médicament *m*.

drenching ['drentʃɪŋ] ◆ n trempage *m*. ◆ adj ▸ **drenching rain** pluie *f* battante or diluvienne.

Dresden ['drezdən] ◆ pr n [city] Dresde. ◆ n [china] porcelaine *f* de Saxe, saxe *m* ▸ **a piece of Dresden china** un saxe.

dress [dres] ◆ n **1.** [frock] robe *f* / *a cotton / summer dress* une robe de coton / d'été **2.** [clothing] habillement *m*, tenue *f* **3.** [style of dress] tenue *f*, toilette *f* / *formal / informal dress* tenue de cérémonie / de ville / *in Indian dress* en tenue indienne. ◆ vt **1.** [clothe] habiller / *she dressed herself* or *got dressed* elle s'est habillée **2.** [arrange] orner, parer ; [groom - horse] panser ; [- hair] coiffer ; [- shop window] faire la vitrine de ; [- ship] pavoiser **3.** [wound] panser / *he dressed my wound* il a fait mon pansement **4.** CULIN [salad] assaisonner, garnir ; [meat, fish] parer ▸ **dressed chicken** poulet *m* prêt à cuire ▸ **dressed crab** crabe *m* tout préparé pour la table **5.** [treat - cloth, skins] préparer, apprêter ; [- leather] corroyer ; [- stone] tailler, dresser ; [- metal] polir ; [- timber] dégrossir **6.** [bush, tree] tailler ; [woods] dégrossir **7.** AGR [field] façonner **8.** MIL [troops] aligner ▸ **to dress ranks** se mettre en rangs **9.** [neuter - animal] dresser. ◆ vi **1.** [get dressed, wear clothes] s'habiller / *she always dresses very smartly* elle s'habille toujours avec beaucoup d'élégance / *to dress for dinner* **a)** [gen] se mettre en tenue de soirée **b)** [men] se mettre en smoking **c)** [women] se mettre en robe du soir / *do we have to dress for dinner?* est-ce qu'il faut s'habiller pour le dîner ? **2.** MIL [soldiers] s'aligner.

◆◆ **dress down** UK ◆ vi s'habiller simplement. ◆ vt sep *inf* [scold] passer un savon à.

◆◆ **dress up** ◆ vi **1.** [put on best clothes] s'habiller, se mettre sur son trente et un / *he was all dressed up* il était tout endimanché **2.** [put on disguise] se déguiser, se costumer / *she dressed up as a clown* elle s'est déguisée en clown. ◆ vt sep **1.** [put on best clothes] habiller **2.** [disguise] déguiser / *his mother had dressed him up as a soldier* sa mère l'avait déguisé en soldat **3.** [smarten] rendre plus habillé **4.** [embellish] orner / *you could dress up the outfit with a nice scarf* tu pourrais rendre la tenue plus habillée avec un joli foulard / *it's the same old clichés dressed up as new ideas* c'est toujours les mêmes clichés, mais présentés comme des idées novatrices.

dressage ['dresɑ:ʒ] n EQUIT dressage *m*.

dress circle n premier balcon *m*, corbeille *f*.

dress coat n habit *m*, queue-de-pie *f*.

dress designer n modéliste *mf*, dessinateur *m*, -trice *f* de mode ; [famous] couturier *m*.

dressed ['drest] adj habillé / *a well-dressed / smartly-dressed man* un homme bien habillé / élégant / *dressed in blue chiffon* vêtu de mousseline de soie bleue / *I'm not dressed yet* je ne suis pas encore habillé / *she was not appropriately dressed for the country / for gardening* elle n'avait pas la tenue appropriée or qui convenait pour la campagne / pour jardiner / *she was dressed as a man* elle était habillée en homme ▸ **to be dressed to kill** *inf* : *she was dressed to kill* elle avait un look d'enfer ▸ **to be dressed to the nines** être tiré à quatre épingles.

dresser ['dresər] n **1.** [person] : *he's a smart / sloppy dresser* il s'habille avec beaucoup de goût / avec négligence **2.** THEAT habilleur *m*, -euse *f* **3.** [tool - for wood] raboteuse *f* ; [- for stone] rabotin *m* **4.** [for dishes] buffet *m*, dressoir *m* **5.** US [for clothing] commode *f*.

dressing ['dresɪŋ] n **1.** [act of getting dressed] habillement *m*, habillage *m* **2.** CULIN [sauce] sauce *f*, assaisonnement *m* ; US [stuffing] farce *f* / *an oil and vinegar dressing* une vinaigrette **3.** [for wound] pansement *m* **4.** AGR [fertilizer] engrais *m* **5.** [for cloth, leather] apprêt *m*.

◆◆ **dressings** pl n CONSTR moulures *fpl*, parement *m*.

dressing case n *dated* trousse *f* de toilette, nécessaire *m* de toilette.

dressing-down n UK *inf* réprimande *f*, semonce *f* ▸ **to give sb a dressing-down** passer un savon à qqn / *his boss gave him a real* or *severe dressing-down* son patron lui a passé un sacré or sérieux savon / *he got a dressing-down* il s'est fait passer un savon.

dressing gown n robe *f* de chambre, peignoir *m*.

dressing room n [at home] dressing-room *m*, dressing *m*, vestiaire *m* ; [at gymnasium, sports ground] vestiaire *m* ; THEAT loge *f* (d'acteur) ; US [in shop] cabine *f* d'essayage.

dressing station n poste *m* de secours.

dressing table n coiffeuse *f*, (table *f* de) toilette *f*.

dressing-table set n accessoires *mpl* pour coiffeuse.

dressing-up n [children's game] déguisement *m*.

dressmaker ['dres,meɪkər] n couturière *f* ; [famous] couturier *m*.

dressmaking ['dres,meɪkɪŋ] n couture *f*, confection *f* des robes.

dress rehearsal n THEAT (répétition *f*) générale *f* ; *fig* [practice] répétition *f* générale.

dress sense n ▸ **to have good dress sense** savoir s'habiller / *she's got no dress sense* elle ne sait pas s'habiller.

dress shield n dessous-de-bras *m inv*.

dress shirt n chemise *f* de soirée.

dress suit n habit *m*, tenue *f* de soirée.

dress uniform n tenue *f* de cérémonie.

dressy ['dresɪ] (*compar* **dressier**, *superl* **dressiest**) adj [clothes] (qui fait) habillé, élégant ; [person] élégant, chic ; [event] habillé / *the charity ball is always a very dressy occasion* le bal de charité est toujours un événement très habillé.

drew [dru:] pt ⟶ **draw**.

drib [drɪb] n ▸ **in dribs and drabs** petit à petit.

dribble ['drɪbl] ◆ vi **1.** [trickle] couler lentement, tomber goutte à goutte / *the strikers slowly dribbled back to work* *fig* les grévistes reprenaient le travail par petits groupes **2.** [baby] baver **3.** SPORT dribbler. ◆ vt **1.** [trickle] laisser couler or tomber lentement / *he was dribbling milk from his mouth* du lait dégoulinait de sa bouche / *you're dribbling water everywhere!* tu fais dégouliner de l'eau partout ! **2.** SPORT [ball, puck] dribbler. ◆ n **1.** [trickle] filet *m* **2.** *fig* [small amount] ▸ **a dribble of** un petit peu de **3.** SPORT dribble *m*.

dried [draɪd] adj [fruit] sec (sèche) ; [meat] séché ; [milk, eggs] déshydraté.

dried-up adj [apple, person] ratatiné, desséché ; [talent, well] tari ; [beauty, love] fané.

drier ['draɪər] ◆ compar ⟶ **dry**. ◆ n [for clothes] séchoir *m* (à linge) ; [for hair - hand-held] séchoir *m* (à cheveux), sèche-cheveux *m inv* ; [- helmet] casque *m* (sèche-cheveux) / *under the drier* sous le casque.

driest ['draɪɪst] superl ⟶ **dry**.

drift [drɪft] ◆ vi **1.** [float - on water] dériver, aller à la dérive / *the boat drifted downstream* la barque dérivait au fil de l'eau ; [in current, wind] être emporté / *the clouds drifted* les nuages étaient poussés par le vent **2.** [sand, snow] s'amonceler, s'entasser **3.** [move aimlessly] marcher nonchalamment / *people began to drift away / in / out* les gens commençaient à s'en aller / entrer / sortir d'un pas nonchalant ; *fig* : *the conversation drifted from one topic to another* la conversation passait d'un sujet à un autre / *he just drifts along* il flâne simplement / *to drift apart* **a)** [friends] se perdre de vue **b)** [couple] se séparer petit à petit / *he drifted into a life of crime* il s'est laissé entraîner dans la criminalité **4.** ELECTRON se décaler. ◆ vt **1.** [subj: current] entraîner, charrier ; [subj: wind] emporter, pousser **2.** [sand, snow] amonceler, entasser. ◆ n **1.** [flow] mouvement *m*, force *f* ; [of air, water] poussée *f* / *the drift of the current took us southwards* le courant nous a emportés vers le sud / *the drift of the tide* **a)** [speed] la vitesse de la marée **b)** [direction] le sens de la marée / *the population drift towards the city* *fig* l'exode *m* rural, la migration vers la ville ▸ **the North Atlantic Drift** GEOG le courant nord-atlantique **2.** [of leaves, sand] amoncellement *m*, entassement *m* ; [of fallen snow] amoncellement *m*, congère *f* ; [of falling snow] rafale *f*, bourrasque *f* ; [of clouds] traînée *f* ; [of dust, mist] nuage *m* ; GEOL [deposits] apports *mpl* **3.** [of plane, ship] dérivation *f* ; [of missile] déviation *f* ; [deviation from course] dérive *f* **4.** ELECTRON déviation *f* **5.** [trend] tendance *f* / *the drift back towards the classics* le retour aux classiques **6.** [meaning] sens *m*, portée *f* / *do you get my drift?* voyez-vous où je veux en venir ? / *I caught his drift* j'ai compris ce qu'il voulait dire **7.** LING évolution *f* *(d'une langue)* **8.** MIN galerie *f* chassante.

❖ **drift off** vi [fall asleep] s'assoupir / *I drifted off for a while* je me suis assoupi quelques instants.

drift anchor n ancre *f* flottante.

drifter ['drɪftəʳ] n **1.** [person] *personne qui n'a pas de but dans la vie* / *he's a bit of a drifter* il n'arrive pas à se fixer, il ne sait pas ce qu'il veut **2.** [boat] drifter *m*, dériveur *m*.

drift ice n *(U)* glaces *fpl* flottantes or en dérive.

drift net n filet *m* dérivant.

driftwood ['drɪftwʊd] n *(U)* bois *mpl* flottants.

drill [drɪl] ◆ n **1.** [manual] porte-foret *m* ; [electric] perceuse *f* ; [of dentist] fraise *f* *(de dentiste)*, roulette *f* ; [for oil well] trépan *m* ; [pneumatic] marteau *m* piqueur ; MIN perforatrice *f* **2.** [bit] ▸ **drill (bit)** foret *m*, mèche *f* **3.** [exercise] exercice *m* ; MIL manœuvre *f*, drill *m* ▸ **I know the drill** UK *inf & fig* je sais ce qu'il faut faire, je connais la marche à suivre **4.** TEXT treillis *m*, coutil *m* **5.** AGR [machine] semoir *m* ; [furrow] sillon *m*. ◆ vt **1.** [metal, wood] forer, percer ; [hole] percer ; [dentist] fraiser / *to drill an oil well* forer un puits de pétrole **2.** *inf* SPORT [ball] : *he drilled the ball into the back of the net* il envoya la balle droit au fond du filet **3.** [train] faire faire des exercices à / *I drilled him as to what to say* je lui ai fait la leçon sur ce qu'il fallait dire ; MIL faire faire l'exercice à / *the troops are well drilled* les troupes sont bien entraînées **4.** [seeds] semer en sillon ; [field] tracer des sillons dans. ◆ vi **1.** [bore] forer / *they are drilling for oil* ils forent or effectuent des forages pour trouver du pétrole **2.** [train] faire de l'exercice, s'entraîner ; MIL être à l'exercice, manœuvrer.

❖ **drill into** vt sep faire comprendre, enfoncer dans la tête / *it was drilled into them from an early age not to accept lifts from strangers* depuis leur plus jeune âge, on leur avait enfoncé dans la tête qu'il ne fallait pas accepter de monter en voiture avec des inconnus.

drilling ['drɪlɪŋ] n *(U)* [in metal, wood] forage *m*, perçage *m* ; [by dentist] fraisage *m* / *drilling for oil* forage pétrolier.

drilling platform n plate-forme *f* (de forage).

drilling rig n **1.** [on land] derrick *m*, tour *f* de forage **2.** [at sea] = **drilling platform.**

drilling ship n navire *m* de forage.

drill sergeant n sergent *m* instructeur.

drily ['draɪlɪ] adv [wryly] d'un air pince-sans-rire ; [coldly] sèchement, d'un ton sec.

drink [drɪŋk] (*pt* **drank** [dræŋk], *pp* **drunk** [drʌŋk]) ◆ vt boire, prendre / *would you like something to drink?* voulez-vous boire quelque chose ? / *I never drink coffee* je ne prends jamais de café / *what are you drinking tonight?* que voulez-vous boire ce soir ? / *the water is not fit to drink* l'eau n'est pas potable / *this coffee isn't fit to drink* ce café est imbuvable / *red Burgundy is best drunk at room temperature* le bourgogne rouge est meilleur bu chambré / *drink your soup* mange ta soupe / *to drink one's fill* boire à sa soif / *he drank himself into a stupor* il s'est soûlé jusqu'à l'hébétude / *I could drink the well dry* je boirais la mer et ses poissons / *he's drinking himself to death* l'alcool le tue peu à peu ▸ **to drink sb's health** or **to drink a toast to sb** boire à la santé de qqn ▸ **to drink sb under the table** faire rouler qqn sous la table. ◆ vi boire / *I don't drink* je ne bois pas / *she drank out of* or *from the bottle* elle a bu à la bouteille / *I only drink socially* je ne bois jamais seul / **'don't drink and drive'** 'boire ou conduire, il faut choisir' ▸ **to drink like a fish** boire comme un trou. ◆ n **1.** [nonalcoholic] boisson *f* / *may I have a drink?* puis-je boire quelque chose ? / *a drink of water* un verre d'eau ▸ **a big drink of water** US *inf* [tall, thin person] une grande perche, un grand échalas / *give the children a drink* donnez à boire aux enfants / *there's plenty of food and drink* il y a tout ce qu'on veut à boire et à manger / *you can get drinks from the machine* vous pouvez prendre des boissons à la machine / *hot drinks* boissons chaudes **2.** [alcoholic] verre *m* ; [before dinner] apéritif *m* ; [after dinner] digestif *m* / *we invited them in for a drink* nous les avons invités à prendre un verre / *fancy a drink?* *inf* que diriez-vous d'un verre ? / *I need a drink!* vite, donnez-moi à boire ! / *he likes* or *enjoys a drink* il aime bien boire un verre ▸ **to buy** or **to stand a round of drinks** payer une tournée / *drinks are on the house!* la maison offre à boire ! / *he'd had one drink too many* il avait bu un verre de trop, il avait un verre dans le nez **3.** [mouthful] gorgée *f* / *have another little drink* prends encore une petite gorgée **4.** [alcohol] la boisson, l'alcool *m* / *she's taken to drink* elle s'adonne à la boisson, elle boit / *to be the worse for drink* être en état d'ébriété / *to drive under the influence of drink* conduire en état d'ivresse or d'ébriété / *to smell of drink* sentir l'alcool **5.** UK *inf* [sea] flotte *f* ▸ **to be in the drink** être dans la flotte or à la baille. ◆ comp : *he has a drink problem* il boit.

❖ **drink away** vt sep [troubles] noyer ; [fortune] boire / *he's trying to drink his troubles away* il essaie de noyer ses ennuis dans l'alcool / *to drink away one's fortune* boire sa fortune.

❖ **drink down** vt sep avaler or boire d'un trait.

❖ **drink in** vt sep [story, words] boire ; [atmosphere, surroundings] s'imprégner de / *we drank in every word* pas un seul mot ne nous a échappé, nous avons bu ses paroles.

❖ **drink to** vt insep boire à, porter un toast à / *I'll drink to that!* je suis pour ! / *we drank to their success* nous avons bu or porté un toast à leur succès.

❖ **drink up** ◆ vt sep boire (jusqu'à la dernière goutte), finir. ◆ vi vider son verre ▸ **drink up!** finissez vos verres !

drinkable ['drɪŋkəbl] adj [safe to drink] potable ; [tasty] buvable / *this wine's very drinkable* c'est un vin qui se laisse boire.

drink-driver n UK conducteur *m*, -trice *f* ivre / *he's a notorious drink-driver* tout le monde sait qu'il conduit souvent en état d'ébriété.

drink-driving n UK conduite *f* en état d'ivresse.

drinker ['drɪŋkəʳ] n buveur *m*, -euse *f* / *I'm not a coffee drinker* je ne suis pas un buveur de café / *he's a hard* or *heavy drinker* il boit sec or beaucoup / *we're not really drinkers* nous ne sommes pas des grands buveurs.

drinking ['drɪŋkɪŋ] ◆ n fait *m* de boire / *eating and drinking* manger et boire / *heavy drinking* ivrognerie *f* / *I'm not used to drinking* je n'ai pas l'habitude de boire / *his drinking is becoming a problem* le fait qu'il boive devient un problème. ◆ comp [man] qui boit ; [habits] de buveur ; [bout, companion, session] de beuverie.

drinking chocolate n chocolat *m* à boire ; [powder] chocolat *m* en poudre ; [hot drink] chocolat *m* chaud.

drinking fountain n [in street] fontaine *f* publique ; [in building] fontaine *f* d'eau potable.

drinking song n chanson *f* à boire.

drinking trough n abreuvoir *m*.

drinking-up time n UK *moment où les clients doivent finir leur verre avant la fermeture du bar.*

drinking water n eau *f* potable.

drinks machine, drink machine n US distributeur *m* de boissons.

drip [drɪp] (*pt & pp* **dripped**, *cont* **dripping**) ◆ vi **1.** [liquid] tomber goutte à goutte, dégoutter / *the rain is dripping down my neck* la pluie me dégouline dans le cou / *sweat dripped from his brow* son front ruisselait de sueur / *I was dripping with sweat* j'étais en nage / *her hands dripped with blood* du sang dégoulinait de ses mains / *she was dripping with diamonds* elle était couverte de diamants / *dripping with sentimentality* dégoulinant de sentimentalité **2.** [tap] fuir, goutter ; [nose] couler ; [washing] s'égoutter ; [walls] suinter ; [hair, trees] dégoutter, ruisseler. ◆ vt laisser tomber goutte à goutte / *you're dripping coffee everywhere* tu mets du café partout. ◆ n **1.** [falling drops - from tap, gutter, ceiling] égouttement *m*, dégoulinement *m* **2.** [sound - from trees, roofs] bruit *m* de l'eau qui goutte ; [- from tap] bruit d'un robinet qui fuit or goutte **3.** [drop] goutte *f* **4.** *inf & pej* [person] nouille *f*, lavette *f* **5.** MED [device] goutte-à-goutte *m inv* ; [solution] perfusion *f* ▸ **she's on a drip** elle est sous perfusion **6.** ARCHIT larmier *m*.

drip-dry ◆ adj qui ne nécessite aucun repassage. ◆ vi s'égoutter. ◆ vt (faire) égoutter.

drip-feed ◆ n [device] goutte-à-goutte *m inv* ; [solution] perfusion *f*. ◆ vt alimenter par perfusion.

drip mat n dessous-de-verre *m inv*.

drip pan n lèchefrite *f*.

dripping ['drɪpɪŋ] ◆ n **1.** CULIN [of meat] graisse *f* *(de rôti)* ▸ **bread and dripping** tartine *f* à la graisse **2.** [of liquid] égouttement *m*, égouttage *m*. ◆ adj **1.** [tap] qui fuit or goutte / *dripping with blood* / *with sweat* ruisselant de sang / de sueur **2.** [very wet] trempé. ◆ adv : *his clothes were dripping wet* ses vêtements étaient trempés or étaient à tordre.

drip-proof adj [paint, varnish] qui ne coule pas.

drippy ['drɪpɪ] (*compar* **drippier**, *superl* **drippiest**) adj **1.** *inf & pej* [person] mou *(before vowel or silent 'h' mol, f molle)* **2.** [tap] qui fuit or goutte.

dripstone ['drɪpstəʊn] n ARCHIT larmier *m*.

drip tray = **drip pan.**

drivability [,draɪvə'bɪlətɪ] = **driveability.**

drive [draɪv] (*pt* **drove** [drəʊv], *pp* **driven** ['drɪvn]) ◆ vt **1.** [bus, car, train] conduire ; [racing car] piloter / *can you drive a minibus?* savez-vous conduire un minibus ? / *I drive a Volvo* j'ai une Volvo / *he drives a taxi* / *lorry* il est chauffeur de taxi / camionneur / *she drives racing cars* elle est pilote de course / *he drove her into town* il l'a conduite or emmenée en voiture en ville / *could you drive me home?* pourriez-vous me reconduire chez moi ? / *she drove the car into a tree* elle a heurté un arbre avec la voiture **2.** [chase] chasser, pousser ▸ **to drive sb out of the house** / **of the country** chasser qqn de la maison / du pays / *we drove the cattle back into the shed* nous avons fait rentrer le bétail dans l'étable / *the wind drove the snow up against the wall* le vent chassait la neige contre le mur / *the waves drove the ship against the rocks* les vagues ont jeté le navire contre les rochers / *the strong winds had driven the ship off course* les vents forts avaient dévié le navire de sa route ; *fig* : *her words drove all worries from his mind* ses paroles lui ont fait complètement oublier ses soucis / *they have driven us into a corner* ils nous ont mis au pied du mur **3.** [work] : *it doesn't pay to drive your workers too hard* on ne gagne rien à surmener ses employés / *he drives himself too hard* il exige trop de lui-même **4.** [force] pousser, inciter / *he was driven to it* on lui a forcé la main / *driven by jealousy, he killed her* il l'a tuée sous l'emprise de la jalousie / *it's enough to drive you to drink!* cela vous pousserait un honnête homme à boire ! / *it's driving him to drink* cela le pousse à boire or à la boisson / *the situation is driving me to despair* / *distraction* la situation me pousse au désespoir / me rend fou ▸ **to drive sb crazy** or **mad** or **up the wall** *inf* rendre qqn fou / *his performance drove the audience wild* *inf* son spectacle a mis le public en délire **5.** [hammer] ▸ **to drive a nail home** enfoncer un clou ; *fig* ▸ **to drive a point home** faire admettre son point de vue / *I can't drive it into his thick head that...* je n'arrive pas à faire comprendre à cet idiot que... ▸ **to drive a hard bargain** avoir toujours le dernier mot en affaires, être dur en affaires **6.** [bore - hole] percer ; [- tunnel] percer, creuser **7.** [operate - machine] faire fonctionner ; MECH entraîner / *driven* *by electricity* marchant à l'électricité / *the pinion is driven in rotation* le pignon est actionné par rotation **8.** SPORT ▸ **to drive a ball a)** exécuter un drive **b)** [in golf] driver **9.** HUNT [game] rabattre ; [area] battre **10.** INTERNET : *to drive traffic to a website* amener du trafic vers un site. ◆ vi **1.** [operate a vehicle] conduire ; [travel in vehicle] aller en voiture / *do you* or *can you drive?* savez-vous conduire ? / *I was driving at 100 mph* je roulais à 160 km/h / *we drove home / down to the coast* nous sommes rentrés / descendus sur la côte en voiture / *they drove all night* ils ont roulé toute la nuit / *are you walking or driving?* êtes-vous à pied ou en voiture ? / *drive on the right* roulez à droite, tenez votre droite / *to drive while intoxicated* or *under the influence of alcohol* conduire en état d'ivresse or d'ébriété **2.** [car] rouler / *this car drives like a dream* *inf* c'est un plaisir de conduire cette voiture **3.** [dash] se ruer / *rain was driving against the window* la pluie fouettait les vitres. ◆ n **1.** AUTO [trip] promenade *f* or trajet *m* (en voiture) / *we went for a drive* nous avons fait une promenade or un tour en voiture / *it's an hour's drive from here* c'est à une heure d'ici en voiture **2.** [road - public] avenue *f*, rue *f* ; [- private] voie *f* privée *(menant à une habitation)* ; [in street names] allée *f* **3.** [energy] dynamisme *m*, énergie *f* / *we need someone with drive* il nous faut quelqu'un de dynamique or d'entreprenant / *to have plenty of drive* avoir de l'énergie or du dynamisme / *he lacks drive* il manque d'allant or de dynamisme **4.** [urge] besoin *m*, instinct *m* **5.** [campaign] campagne *f* / *the company is having a sales drive* la compagnie fait une campagne de vente **6.** UK [for bridge, whist] tournoi *m* **7.** SPORT [in cricket, tennis] coup *m* droit ; [in golf] drive *m* ; [in football] tir *m*, shoot *m* **8.** [of animals] rassemblement *m* ; [in hunting] battue *f* ▸ **cattle drive** rassemblement du bétail **9.** TECH [power transmission] transmission *f*, commande *f* **10.** COMPUT [for disk] unité *f* or lecteur *m* de disquettes ; [for tape] dérouleur *m* **11.** MIL poussée *f*, offensive *f*. ◆ comp TECH [mechanism, device] d'entraînement, d'actionnement, de transmission.

❖ **drive along** ◆ vi [car] rouler, circuler ; [person] rouler, conduire. ◆ vt sep [subj: river, wind] pousser, chasser.

❖ **drive at** vt insep vouloir dire / *she didn't understand what he was driving at* elle ne comprenait pas où il voulait en venir / *I see what you're driving at* je vous vois venir.

❖ **drive away** ◆ vi [person] s'en aller or partir (en voiture) ; [car] démarrer. ◆ vt sep [car] démarrer ; *lit* [person] emmener en voiture ; *fig* repousser, écarter ; [animal] chasser, éloigner.

❖ **drive back** ◆ vi [person] rentrer en voiture ; [car] retourner. ◆ vt sep **1.** [person] ramener or reconduire en voiture ; [car] reculer **2.** [repel] repousser, refouler / *the soldiers were driven back by heavy machine-gun fire* les soldats furent repoussés par un puissant tir de mitrailleuse / *fear drove them back* la peur leur a fait rebrousser chemin.

❖ **drive by** vi passer *(en voiture)*.

❖ **drive in** ◆ vi [person] entrer (en voiture) ; [car] entrer. ◆ vt sep [nail, stake] enfoncer ; [screw] visser ; [rivet] poser.

❖ **drive off** ◆ vi **1.** [leave - person] s'en aller or s'éloigner en voiture ; [- car] démarrer **2.** GOLF driver. ◆ vt sep [frighten away] éloigner, chasser.

❖ **drive on** ◆ vi [continue trip] poursuivre sa route ; [after stopping] reprendre la route. ◆ vt sep [push] pousser, inciter / *she drove him on to work even harder* elle l'a poussé à travailler encore plus.

❖ **drive out** ◆ vi [person] sortir (en voiture) ; [car] sortir. ◆ vt sep [person] chasser, faire sortir ; [thought] chasser / *to drive out evil spirits* **a)** [from a place] chasser les mauvais esprits **b)** [from a person] chasser le mauvais œil.

❖ **drive over** ◆ vi venir or aller en voiture / *we drove over to visit some friends* nous sommes allés en voiture rendre visite à des amis. ◆ vt insep [crush] écraser. ◆ vt sep conduire or emmener en voiture.

❖ **drive up** vi [person] arriver (en voiture) ; [car] arriver.

driveability [ˌdraɪvəˈbɪlətɪ] n maniabilité *f*, manœuvrabilité *f*.

drive-by shooting n *fusillade exécutée d'un véhicule en marche* / *he was killed in a drive-by shooting* il s'est fait descendre par un tireur en voiture.

drive-in US ◆ n [cinema] drive-in *m inv* ; [restaurant, bank, etc.] *désigne tout commerce où l'on est servi dans sa voiture*. ◆ adj où l'on reste dans sa voiture.

drivel [ˈdrɪvl] (UK *pt & pp* **drivelled**, *cont* **drivelling** ; US *pt & pp* **driveled**, *cont* **driveling**) ◆ n *(U)* **1.** [nonsense] bêtises *fpl*, radotage *m* / *you're talking drivel!* tu racontes n'importe quoi ! **2.** [saliva] bave *f*. ◆ vi **1.** [speak foolishly] dire des bêtises, radoter / *what's he drivelling on about?* qu'est-ce qu'il radote ? **2.** [dribble] baver.

driven [ˈdrɪvn] ◆ pp ⟶ **drive**. ◆ adj TECH ▸ **a driven shaft** un arbre mené or récepteur.

-driven in comp **1.** MECH (fonctionnant) à ▸ **electricity** / **steam-driven engine** machine électrique / à vapeur **2.** *fig* déterminé par ▸ **market** / **consumer-driven** déterminé par les contraintes du marché / les exigences du consommateur / *to adopt a market-driven approach* se mettre dans une logique de marché **3.** COMPUT contrôlé par ▸ **menu-driven** contrôlé par menu.

driver [ˈdraɪvəʳ] n **1.** [of car] conducteur *m*, -trice *f* ; [of bus, taxi, lorry] chauffeur *m*, conducteur *m*, -trice *f* ; [of racing car] pilote *m* ; [of train] mécanicien *m*, conducteur *m*, -trice *f* ; [of cart] charretier *m*, -ère *f* ; SPORT [of horse-drawn vehicle] driver *m* / *she's a good driver* elle conduit bien / *car drivers* automobilistes *mpl* / *driver liability* responsabilité *f* du conducteur / *the driver's seat* la place du conducteur **2.** [of animals] conducteur *m*, -trice *f* **3.** [golf club] driver *m*, driveur *m* **4.** COMPUT [software] driver *m*, pilote *m* ; [hardware] unité *f* de contrôle.

driver's license n US permis *m* de conduire.

drive shaft n arbre *m* de transmission.

drive-through ◆ adj où l'on reste dans sa voiture. ◆ n drive-in *m inv*.

driveway [ˈdraɪvweɪ] n voie *f* privée *(menant à une habitation)*.

driving [ˈdraɪvɪŋ] ◆ adj **1.** [rain] battant **2.** [powerful] fort ; [ambition] ferme. ◆ n conduite *f* / *her driving is good* elle conduit bien / *I like driving* j'aime conduire / *bad driving* conduite imprudente ▸ **driving under the influence** or **driving while intoxicated** US conduite en état d'ivresse.

driving force n MECH force *f* motrice / *she's the driving force behind the project* c'est elle le moteur du projet.

driving instructor n moniteur *m*, -trice *f* de conduite or d'auto-école.

driving lesson n leçon *f* de conduite.

driving licence n UK permis *m* de conduire.

driving mirror n rétroviseur *m*.

driving school n auto-école *f*.

driving seat n place *f* du conducteur / *she's in the driving seat* *fig* c'est elle qui mène l'affaire or qui tient les rênes.

driving shaft n arbre *m* moteur.

driving test n examen *m* du permis de conduire / *I passed my driving test today / in 1972* j'ai eu mon permis aujourd'hui / en 1972 / *he failed his driving test* il a raté son permis.

driving wheel n roue *f* motrice.

drizzle [ˈdrɪzl] ◆ n bruine *f*, crachin *m*. ◆ vi bruiner, crachiner.

drizzly [ˈdrɪzlɪ] adj de bruine or crachin, bruineux.

DRM (abbr of **digital rights management**) n GDN *f*.

drogue [drəʊg] n **1.** AERON [parachute] parachute *m* anti-vrille ; [windsock] manche *f* à air **2.** NAUT ancre *f* flottante.

droll [drəʊl] adj [comical] drôle, comique ; [odd] curieux, drôle.

drollery [ˈdrəʊlərɪ] (*pl* **drolleries**) n **1.** [of situation] caractère *m* drôle, comique *m* ; [of person] humour *m* **2.** [act, story, remark] drôlerie *f*, bouffonnerie *f*, farce *f*.

dromedary [ˈdrɒmədərɪ] (*pl* **dromedaries**) n dromadaire *m*.

drone [drəʊn] ◆ n **1.** [sound - of bee] bourdonnement *m* ; [- of engine] ronronnement *m* ; [louder] vrombissement *m* / *the drone of his voice* *fig* le ronronnement de sa voix **2.** [male bee] abeille *f* mâle, faux-bourdon *m* ; *pej* [person] fainéant *m*, -e *f* **3.** MUS bourdon *m* **4.** [plane] avion *m* téléguidé, drone *m*. ◆ vi [bee] bourdonner ; [engine] ronronner ; [loudly] vrombir ▸ **to drone on** [person] parler d'un ton monotone / *he droned on for hours (about...)* il radotait pendant des heures de sa voix monotone (sur...).

drongo [ˈdrɒŋgəʊ] (*pl* **drongos**) n **1.** ORNITH drongo *m* **2.** *v inf* [idiot] abruti *m*, -e *f*.

drool [druːl] vi baver ▸ **to drool over sthg** *fig* baver d'admiration or s'extasier devant qqch.

droop [druːp] ◆ vi [head] pencher ; [eyelids] s'abaisser ; [body] s'affaisser ; [shoulders] tomber ; [flowers] commencer à baisser la tête or à se faner / *her spirits drooped* elle s'est démoralisée. ◆ n [of eyelids] abaissement *m* ; [of head] attitude *f* penchée ; [of body, shoulders] affaissement *m* ; [of spirits] langueur *f*, abattement *m*.

drooping [ˈdruːpɪŋ] adj [eyelids] abaissé ; [flowers] qui commence à se faner.

droopy [ˈdruːpɪ] (*compar* **droopier**, *superl* **droopiest**) adj [moustache, shoulders] qui tombe ; [flowers] qui commence à se faner.

drop [drɒp] (*pt & pp* **dropped**, *cont* **dropping**) ◆ vt **1.** [let fall - accidentally] laisser tomber ; [- liquid] laisser tomber goutte à goutte ; [- trousers] laisser tomber ; [- bomb] lancer, lâcher ; [- stitch] sauter, laisser tomber ; [release] lâcher / *be careful not to drop it* fais attention à ne pas le laisser tomber / *drop it!* [to dog] lâche ça ! / *they dropped soldiers / supplies by parachute* ils ont parachuté des soldats / du ravitaillement ▸ **to drop a curtsy** faire une révérence ▸ **to drop anchor** NAUT mouiller, jeter l'ancre ; SPORT ▸ **to drop a goal** [in rugby] marquer un drop ▸ **she dropped the ball over the net** [in tennis] elle a placé un amorti juste derrière le filet ▸ **to drop a brick** or **a clanger** UK *inf* faire une gaffe ▸ **to drop the ball** US *inf* [leave sthg unfinished] tout laisser tomber **2.** [lower - voice] baisser ; [- speed] réduire ; [- hem] ressortir **3.** [deliver] déposer / *could you drop me at the corner please?* pouvez-vous me déposer au coin s'il vous plaît ? / *we dropped the parcel at John's on the way home* nous avons déposé le paquet chez John en rentrant **4.** [abandon - friend] laisser tomber, lâcher ; [- discussion, work] abandonner, laisser tomber / *I've dropped the idea of going* j'ai renoncé à y aller / *he dropped what he was doing and came round to help us* il a abandonné ce qu'il était en train de faire pour venir nous aider / *let's drop the subject* ne parlons plus de cela, parlons d'autre chose / *she dropped me to go out with the captain of the rugby team* elle m'a laissé tomber pour sortir avec le capitaine de l'équipe de rugby / *just drop it!* laissez tomber !, assez ! **5.** [utter - remark] laisser échapper ▸ **to drop a hint about sthg** faire allusion à qqch / *he dropped me a hint that she wanted to come* il m'a fait comprendre qu'elle voulait venir / *she let (it) drop that she had been there* **a)** [accidentally] elle a laissé échapper qu'elle y était allée **b)** [deliberately] elle a fait comprendre qu'elle y était allée **6.** [send - letter, note] écrire, envoyer / *I'll drop you a line next week* je t'enverrai un petit mot la semaine prochaine / *I'll drop it in the post* or *mail* je la mettrai à la poste **7.** [omit - when speaking] ne pas prononcer ; [- when writing] omettre ; [- intentionally] supprimer / *we dropped the love scene* nous avons supprimé la scène d'amour / *he drops his h's* il n'aspire pas les h / *let's drop the formalities, shall we?* oublions les formalités, d'accord ? / *to drop a player from a team* SPORT écarter un joueur d'une équipe **8.** UK [lose] perdre / *he dropped $50 gambling* il a laissé or perdu 50 dollars au jeu / *they dropped one game* SPORT ils ont perdu un match **9.** US *inf* [spend] claquer **10.** *inf* [knock down - with punch] sonner ; [-with shot] descendre **11.** *drugs sl* ▸ **to drop acid** prendre or avaler de l'acide **12.** US *inf* ▸ **to drop it like it's hot** [dance] danser en baissant les fesses / *she was droppin' it like it was hot* elle dansait comme une tarée. ◆ vi **1.** [fall -object] tomber, retomber ; [-liquid] tomber goutte à goutte ; [-ground] s'abaisser / *the road drops into the valley* la route plonge vers la vallée / *it all dropped into place* *fig* tout s'est mis en place / *the curtain dropped* THEAT le rideau tomba **2.** [sink down -person] se laisser tomber, tomber ; [collapse] s'écrouler, s'affaisser / *she dropped to her knees* elle est tombée à genoux / *I dropped exhausted into a chair* je me suis écroulé exténué sur une chaise / *I'm ready to drop* **a)** [from fatigue] je tombe de fatigue, je ne tiens plus sur mes jambes **b)** [from sleepiness] je tombe de sommeil / *he'll work until he drops* il va travailler jusqu'à épuisement / *she dropped dead* elle est tombée raide morte / *drop dead!* *inf* va te faire voir ! / *I find that I drop back into the local dialect when I go home* je réalise que je retombe dans le dialecte quand je rentre chez moi / *the team dropped to third place* l'équipe est descendue à la troisième position **3.** [decrease -price, speed] baisser, diminuer ; [-temperature] baisser ; [-wind] se calmer, tomber ; [-voice] baisser **4.** [end] cesser / *there the matter dropped* l'affaire en est restée là **5.** [give birth -subj: animals] mettre bas. ◆ n **1.** [of liquid] goutte *f* / *the rain fell in huge drops* la pluie tombait à grosses gouttes / *drop by drop* goutte à goutte / *there hasn't been a drop of rain for weeks* il n'y a pas eu une goutte de pluie depuis des semaines / *would you like a drop of wine?* que diriez-vous d'une goutte or d'une larme de vin ? / *there's a drop left in the bottle* il reste une goutte dans la bouteille / *he's had a drop too much (to drink)* *inf* il a bu un verre de trop ▸ **it's just a drop in the ocean** ce n'est qu'une goutte d'eau dans la mer **2.** [decrease -in price] baisse *f*, chute *f* ; [-in temperature] baisse *f* ; [-in voltage] chute *f* / *a drop in prices* une baisse or une chute des prix / *a drop in voltage* ELEC une chute de tension **3.** [fall] chute *f* ; [in parachuting] saut *m* (en parachute) / *it was a long drop from the top of the wall* ça faisait haut depuis le haut du mur ▸ **at the drop of a hat** sans hésiter, à tout moment / *she'll offer to sing at the drop of a hat* elle propose de chanter pour un oui ou pour un non **4.** [vertical distance] hauteur *f* de chute ; [slope] descente *f* brusque ; [abyss] à-pic *m inv*, précipice *m* ; [in climbing] vide *m* / *a sudden drop in the ground level* une soudaine dénivellation / *it's a 50 m drop from the cliff to the sea* il y a (un dénivelé de) or une hauteur de 50 m entre le haut de la falaise et la mer ▸ **to have the drop on sb** US avoir l'avantage sur qqn **5.** [earring] pendant *m*, pendeloque *f* ; [on necklace] pendentif *m* ; [on chandelier] pendeloque *f* **6.** [sweet] bonbon *m*, pastille *f* ▸ **lemon drops** bonbons au citron **7.** [delivery] livraison *f* ; [from plane] parachutage *m*, droppage *m* ▸ **to make a drop** déposer un colis **8.** [hiding place] cachette *f*, dépôt *m* (clandestin) **9.** [place to leave sthg] lieu *m* de dépôt ▸ **a mail drop** *un lieu de dépôt pour le courrier.*

❖ **drops** pl n MED gouttes *fpl*.

❖ **drop away** vi **1.** [interest, support] diminuer, baisser **2.** [land] s'abaisser.

❖ **drop back** vi retourner en arrière, se laisser devancer or distancer.

❖ **drop by** vi passer.

❖ **drop down** vi [person] tomber (par terre) ; [table leaf] se rabattre.

❖ **drop in** ◆ vi passer / *I just dropped in for a chat* je suis seulement passé bavarder un moment ▸ **to drop in on sb** passer voir qqn / *he dropped in on his friend* il a rendu visite à son ami. ◆ vt sep [deliver] déposer / *I'll drop it in on my way to work* je le déposerai demain en allant au travail.

❖ **drop off** ◆ vt sep [person] déposer ; [package, thing] déposer, laisser. ◆ vi **1.** [fall asleep] s'endormir ; [have a nap] faire un (petit) somme **2.** [decrease] diminuer, baisser **3.** [fall off] tomber / *all the flowers dropped off when I moved the plant* toutes les fleurs sont tombées lorsque j'ai déplacé la plante.

❖ **drop out** vi **1.** [fall out] tomber / *my purse must have dropped out of my bag* mon porte-monnaie a dû tomber de mon sac **2.** [withdraw] renoncer / *she dropped out of the race* elle s'est retirée de la course / *he dropped out of school* il a abandonné ses études / *words that have dropped out of current usage* des mots qui ont disparu de l'usage courant ; [from society] vivre en marge de la société.

❖ **drop round** UK ◆ vi = **drop in.** ◆ vt sep [deliver] déposer / *I'll drop that book round for you tomorrow* je déposerai ce livre chez toi demain.

drop cap n lettrine *f*.

drop curtain n rideau *m* (à la française).

drop-dead adv *inf* vachement / *he's drop-dead gorgeous* il est craquant.

drop-down adj COMPUT [menu] déroulant.

drop forge ◆ n marteau-pilon *m*. ◆ vt forger au marteau-pilon.

drop front adj [bureau] à abattant.

drop goal n drop-goal *m*, drop *m*.

drop hammer n marteau-pilon *m*.

drop handlebars pl n guidon *m* renversé.

drophead coupé ['drɒphed-] n UK coupé *m* décapotable.

drop-in centre n UK centre *m* d'assistance sociale *(où l'on peut aller sans rendez-vous).*

drop kick n coup *m* de pied tombé.

❖ **drop-kick** ◆ vt ▸ **to drop-kick the ball** donner un coup de pied tombé (au ballon) ▸ **to drop-kick a goal** marquer un point par un coup de pied tombé. ◆ vi donner un coup de pied tombé.

drop-leaf adj ▸ **a drop-leaf table** une table à abattants or à volets.

drop-leaf table n table *f* à abattants or à volets.

droplet ['drɒplɪt] n gouttelette *f*.

drop-off n **1.** [decrease] baisse *f*, diminution *f* / *a drop-off in sales* une baisse des ventes **2.** US [descent] à-pic *m inv* / *there's a sharp drop-off in the road* la rue descend en pente très raide.

drop-off charge n US [for hired car] *supplément compté lorsque l'on rend un véhicule de location dans une autre ville que celle où on l'a loué.*

dropout ['drɒpaʊt] n *inf* [from society] marginal *m*, -e *f* ; [from studies] étudiant *m*, -e *f* qui abandonne ses études / *he's a high school dropout* US il a quitté le lycée avant le bac.

drop-out n RUGBY renvoi *m* aux 22 mètres.

dropper ['drɒpər] n compte-gouttes *m inv*.

dropping consistency n CULIN : *the mixture should be of dropping consistency* le mélange doit être épais mais doit tomber de la cuillère.

droppings ['drɒpɪŋz] pl n [of animal] crottes *fpl* ; [of bird] fiente *f*.

drop scone n UK *sorte de crêpe épaisse.*

drop shipment n *envoi commercial facturé à un grossiste mais expédié directement au détaillant.*

drop shot n amorti *m*.

dropsy ['drɒpsɪ] n hydropisie *f*.

drop zone n zone *f* de droppage.

drosophila [drɒ'sɒfɪlə] (*pl* **drosophilas** *or* **drosophilae** [-liː]) n drosophile *f*.

dross [drɒs] n *(U)* **1.** METALL scories *fpl*, crasse *f* ; INDUST [of minerals] schlamm *m* **2.** [waste] déchets *mpl*, impuretés *fpl* / *they chose all the nice things and we were left with the dross* *fig* ils ont choisi tout ce qu'il y avait de joli et nous ont laissé le rebut.

drought [draʊt] n **1.** [no rain] sécheresse *f* **2.** [shortage] disette *f*, manque *m*.

drove [drəʊv] ◆ pt ⟶ **drive.** ◆ n **1.** [of animals] troupeau *m* en marche ; [of people] foule *f*, multitude *f* / *droves of students* des foules d'étudiants / *every summer the tourists come in droves* chaque été les touristes arrivent en foule **2.** [chisel] boucharde *f*. ◆ vt **1.** [animals] chasser, conduire **2.** [stone] boucharder.

drover ['drəʊvər] n toucheur *m* de bestiaux.

drown [draʊn] ◆ vt **1.** [person, animal] noyer ▸ **to be drowned a)** se noyer **b)** [in battle, disaster, etc.] mourir noyé ▸ **to drown o.s.** se noyer **2.** [field, village] noyer / *don't drown it!* [my drink] ne mets pas trop d'eau ! / *the pie was absolutely drowned in cream* le gâteau baignait dans la crème ▸ **to drown one's sorrows** noyer son chagrin (dans la boisson) **3.** [make inaudible] noyer, couvrir / *his voice was drowned (out) by the music* sa voix était couverte par la musique. ◆ vi se noyer ; [in battle, disaster, etc.] mourir noyé.

❖ **drown out** vt sep = **drown.**

drowned [draʊnd] adj noyé / *a drowned man* un noyé.

drowning ['draʊnɪŋ] ◆ adj : *a drowning man* un homme en train de se noyer / *the drowning woman was saved just in time* la noyée a été sauvée de justesse ▸ **a drowning man will clutch at a straw** *prov* dans une situation désespérée on se raccroche à un rien. ◆ n noyade *f* / *four drownings* or *cases of drowning* quatre noyades / *to save sb from drowning* sauver qqn de la noyade / *he died of drowning* il est mort noyé.

drowse [draʊz] vi somnoler.

❖ **drowse off** vi s'assoupir.

drowsily ['draʊzɪlɪ] adv d'un air somnolent.

drowsiness ['draʊzɪnɪs] n *(U)* somnolence *f* / **'may cause drowsiness'** 'peut provoquer des somnolences'.

drowsy ['draʊzɪ] (*compar* **drowsier**, *superl* **drowsiest**) adj [person, voice] somnolent, engourdi ; [place] endormi / *to feel drowsy* être tout endormi / *to make sb feel drowsy* **a)** [atmosphere] engourdir qqn **b)** [drug] endormir qqn, provoquer des somnolences chez qqn.

drub [drʌb] (*pt & pp* **drubbed**, *cont* **drubbing**) vt **1.** [defeat thoroughly] anéantir, battre à plate couture **2.** *arch* [beat with stick] battre, rosser **3.** [instil forcefully] ▸ **to drub sthg into sb** faire entrer qqch dans la tête de qqn.

drubbing ['drʌbɪŋ] n [thorough defeat] volée *f* de coups ▸ **to give sb a real drubbing** donner une correction à qqn ▸ **to get a good drubbing** se faire battre à plate couture.

drudge [drʌdʒ] ◆ n **1.** [person] bête *f* de somme **2.** [work] besogne *f*. ◆ vi besogner, peiner.

drudgery ['drʌdʒərɪ] n *(U)* travail *m* de bête de somme / *the sheer drudgery of it!* quelle corvée !

drug [drʌg] (*pt & pp* **drugged**, *cont* **drugging**) ◆ n **1.** [medication] médicament *m* ▸ **to be on drugs** prendre des médicaments ▸ **to be put on drugs by the doctor** se voir prescrire des médicaments par le médecin **2.** [illegal substance] drogue *f* ; LAW stupéfiant *m* ▸ **to be on drugs** se droguer ▸ **to take drugs a)** se droguer **b)** [athlete] se doper ▸ **to do** *inf* or **to use drugs** se droguer / *I don't do drugs* je ne touche pas à la drogue / *music is (like) a drug for him* la musique est (comme) une drogue pour lui ▸ **a drug on the market** un produit invendable or qui ne se vend pas. ◆ comp [abuse, dealing, trafficking] de drogue ▸ **drug-related** [crime, offence] lié à la drogue ▸ **drug baron** gros bonnet *m* de la drogue ▸ **to be arrested on drugs charges a)** [possession] être arrêté pour détention de drogue or de stupéfiants **b)** [trafficking] être arrêté pour trafic de drogue ▸ **drug courier** passeur *m*, -euse *f* de drogue ▸ **drug czar** responsable *m* de la lutte contre la drogue ▸ **drug habit** accoutumance *f* à la drogue ▸ **drug money** argent *m* de la drogue ▸ **drug prevention** prévention *f* de la toxicomanie ▸ **Drug Squad** [police] brigade *f* des stupéfiants ▸ **drug taker a)** [addict] drogué *m*, -e *f* **b)** [athlete] consommateur *m*, -trice *f* de produits dopants ▸ **drug taking** dopage *m* ▸ **drugs test** [of athlete, horse] contrôle *m* antidopage ▸ **drug traffic** trafic *m* de drogue or stupéfiants ▸ **drug user** drogué *m*, -e *f*. ◆ vt droguer ; [athlete, horse] doper / *to drug sb's drink* mettre de la drogue dans le verre de qqn / *to be drugged with sleep* *fig* être engourdi de sommeil.

⚠ **Une drogue** is usually a narcotic substance, not a form of medication. When a drug is a medicine, use **un médicament**.

drug addict n drogué *m*, -e *f*, toxicomane *mf*.

drug addiction n toxicomanie *f*.

drugget ['drʌgɪt] n *sorte de tapis en toile de jute*.

druggie ['drʌgɪ] n *inf* [addict] toxico *mf*.

druggist ['drʌgɪst] n US [person] pharmacien *m*, -enne *f* ; [shop] ▸ **druggist** or **druggist's** pharmacie *f*.

druggy ['drʌgɪ] (*pl* **druggies**) *inf* = **druggie**.

drug-peddler, **drug-pusher** n dealer *m*.

drugstore ['drʌgstɔːr] n US pharmacie *f* (*où l'on trouve également des produits tels que des cosmétiques, des journaux, etc.*).

druid ['druːɪd] n druide *m*, -esse *f*.

drum [drʌm] (*pt & pp* **drummed**, *cont* **drumming**) ◆ n **1.** [instrument - gen] tambour *m* ; [- African] tam-tam *m* / *to play (the) drums* jouer de la batterie / *Keith Wilson on drums* Keith Wilson à la batterie ▸ **to beat** or **to bang a drum** taper or frapper sur un tambour ▸ **to beat the drum for sb / sthg** faire de la publicité pour qqn / qqch **2.** [for fuel] fût *m*, bidon *m* ; [for rope] cylindre *m* ; COMPUT [cylinder] tambour *m* ▸ **(concrete) mixing drum** tambour *m* mélangeur (de béton) **3.** ANAT [eardrum] tympan *m* **4.** [noise - of rain, fingers] tambourinement *m*. ◆ vi **1.** MUS [on drum kit] jouer de la batterie ; [on one drum] jouer du tambour **2.** [rain, fingers] tambouriner. ◆ vt [on instrument] tambouriner / *to drum one's fingers on the table* tambouriner de ses doigts sur la table.

❖ **drum in** vt sep insister lourdement sur.

❖ **drum into** vt sep ▸ **to drum sthg into sb** enfoncer qqch dans la tête de qqn / *we had it drummed into us that...* on nous a enfoncé dans la tête que... / *drum it into her that...* mets-lui bien dans la tête que...

❖ **drum out** vt sep expulser / *he was drummed out of the club / the army* il a été expulsé du club / de l'armée.

❖ **drum up** vt insep [customers, support] attirer, rechercher ; [supporters] battre le rappel de ; [enthusiasm] chercher à susciter / *to drum up business* rechercher des clients.

drumbeat ['drʌmbiːt] n battement *m* de tambour.

drum brake n AUTO frein *m* à tambour.

drumfire ['drʌmfaɪər] n MIL tir *m* de barrage, feu *m* roulant.

drumhead ['drʌmhed] n MUS peau *f* de tambour ▸ **drumhead court-martial** MIL conseil *m* de guerre.

drum kit n batterie *f*.

drumlin ['drʌmlɪn] n drumlin *m*.

drum machine n boîte *f* à rythmes.

drum major n MIL tambour-major *m*.

drum majorette n US chef-majorette *f*.

drummer ['drʌmər] n [in band] batteur *m* ; [tribal] joueur *m* de tambour ; MIL tambour *m*.

drumming ['drʌmɪŋ] n *(U)* [sound - of one drum] son *m* du tambour ; [- of set of drums] son *m* de la batterie ; [- of fingers, rain, in the ears] tambourinement *m*, tambourinage *m* ; [- of woodpecker] tambourinement *m*, tambourinage *m* / *I really like his drumming* j'aime beaucoup sa façon de jouer de la batterie / *some really great drumming* un jeu de batterie superbe.

drum printer n COMPUT imprimante *f* à tambour.

drum roll n roulement *m* de tambour.

drum scanner n scanner *m* à rouleau.

drumstick ['drʌmstɪk] n **1.** MUS baguette *f* **2.** CULIN pilon *m*.

drunk [drʌŋk] ◆ pp ⟶ **drink**. ◆ adj **1.** *lit* soûl, saoul, ivre / *to get drunk (on beer / on wine)* se soûler (à la bière / au vin) ▸ **to get sb drunk** soûler qqn / *he gets drunk on very little* or *it doesn't take much to make him drunk* il lui en faut très peu pour être soûl ▸ **drunk and disorderly** LAW en état d'ivresse publique / *he was arrested for being drunk and disorderly* il s'est fait arrêter pour ivresse publique ▸ **drunk and incapable** en état d'ivresse manifeste ▸ **dead** or **blind drunk** *inf* ivre mort ▸ **as drunk as a lord** soûl comme une grive **2.** *fig* : *drunk with power / success* ivre de pouvoir / succès. ◆ n [habitual] ivrogne *mf* ; [on one occasion] homme *m* soûl or ivre, femme *f* soûle or ivre.

drunkard ['drʌŋkəd] n ivrogne *mf*.

drunk-driving US = **drink-driving**.

drunken ['drʌŋkn] adj [person] ivre ; [laughter, sleep] d'ivrogne ; [evening, party] très arrosé ▸ **drunken brawl** querelle *f* d'ivrognes ▸ **drunken orgy** beuverie *f*, soûlerie *f*.

drunkenly ['drʌŋkənlɪ] adv [speak, sing, shout, etc.] comme un ivrogne / *he slumped drunkenly into an armchair* complètement soûl, il s'affala dans un fauteuil / *he staggered drunkenly down the street / the stairs* il a descendu la rue / l'escalier en titubant.

drunkenness ['drʌŋkənnɪs] n [state] ivresse *f* ; [habit] ivrognerie *f*.

drunkometer [drʌŋ'kɒmɪtər] n US Alcootest® *m*.

drupe [druːp] n drupe *f*.

Drury Lane ['drʊərɪ-] pr n *nom courant du théâtre Royal de Londres*.

Drury Lane

Fondé en 1663, Drury Lane est le plus ancien théâtre londonien encore en activité. Il est notamment connu pour ses comédies musicales.

Druse [druːz] n Druze *mf* ▸ **the Druse** les Druzes.

Drusean, **Druzean** ['druːzɪən] adj druze.

druthers ['drʌðəz] pl n US *inf* ▸ **if I had my druthers** si j'avais le choix.

Druze = **Druse**.

dry [draɪ] (*compar* **drier**, *superl* **driest**, *pt & pp* **dried**) ◆ adj **1.** [climate, season, clothing, skin] sec (sèche) ▸ **dry spell** période *f* sèche ▸ **to go** or **to run dry** [well, river] s'assécher, se tarir / *to pump a well dry* épuiser un puits ▸ **to keep sthg dry** garder qqch au sec / **'to be kept dry'** 'conserver à l'abri de l'humidité' / *her mouth had gone* or *turned dry with fear* elle avait la bouche sèche de peur ▸ **to be dry a)** [be thirsty] mourir de soif *fig*, avoir soif **b)** [cow] être tarie or sèche ▸ **to be (as) dry as a bone, to be bone dry** [washing, earth, etc.] être très sec ▸ **there wasn't a dry eye in the house** *hum* tout le monde pleurait **2.** [vermouth, wine] sec (sèche) ; [champagne] brut ▸ **medium dry** [wine] demi-sec **3.** [where alcohol is banned] où l'alcool est prohibé ; [where alcohol is not sold] où on ne vend pas d'alcool ; [person] : *he's been dry for two years* ça fait deux ans qu'il ne boit plus / *we've run dry* [at party] il n'y a plus rien à boire ▸ **dry state** US *État ayant adopté les lois de la prohibition* **4.** [boring - book, lecture] aride ▸ **dry as dust** ennuyeux comme la pluie **5.** [wit, sense of humour] caustique, mordant **6.** UK *inf* POL [hardline] ultraconservateur. ◆ n **1.** [with towel, cloth] ▸ **to give sthg a dry** essuyer qqch / *give your hair a dry* sèche tes cheveux **2.** [dry place] : *come into the dry* viens te mettre au sec **3.** UK *inf* POL [hardliner] ultraconservateur *m*, -trice *f* **4.** AUSTR *inf* [dry season] saison *f* sèche. ◆ vt [hair, clothes, fruit, leaves] (faire) sécher ; [dishes] essuyer / *to dry one's eyes* se sécher les yeux, sécher ses yeux / *to dry one's tears* sécher ses larmes ▸ **to dry o.s.** se sécher, s'essuyer. ◆ vi **1.** [clothes, hair, fruit, leaves] sécher / *you wash, I'll dry* tu laves et moi j'essuie **2.** [cow] se tarir.

❖ **dry off** ◆ vi [clothes, person] = **dry out**. ◆ vt sep sécher ▸ **to dry o.s. off** se sécher.

❖ **dry out** ◆ vi **1.** [clothes] sécher ; [person] se sécher **2.** [alcoholic] se désintoxiquer. ◆ vt sep [alcoholic] désintoxiquer.

❖ **dry up** vi **1.** [well, river] s'assécher, se tarir ; [puddle, street] sécher ; [inspiration] se tarir ; [cow] se tarir **2.** [dry the dishes] essuyer la vaisselle **3.** *inf* [be lost for words - actor, speaker] sécher ▸ **dry up, will you?** ferme-la or boucle-la, tu veux ?

dryad ['draɪəd] (*pl* **dryads** *or* **dryades** [-diːz]) n MYTH dryade *f*.

dry battery = **dry cell**.

dry-bulb thermometer n thermomètre *m* (à réservoir) sec.

dry cell n pile *f* sèche.

dry-clean vt nettoyer à sec ▸ **to have sthg dry-cleaned** faire nettoyer qqch (à sec) ▸ **to take sthg to be dry-cleaned** emmener qqch au nettoyage (à sec) or chez le teinturier or à la teinturerie / **'dry-clean only'** 'nettoyage à sec'.

dry cleaner n [person] teinturier *m*, -ère *f* ▸ **dry cleaner's** [shop] teinturerie *f* / *to be in* or *at the dry cleaner's* être chez le teinturier or à la teinturerie / *to take sthg to the dry cleaner's* porter qqch chez le teinturier or à la teinturerie.

dry-cleaning n *(U)* **1.** [action] nettoyage *m* à sec ▸ **dry-cleaning fluid** produit *m* de nettoyage à sec **2.** [clothes - being cleaned] vêtements *mpl* laissés au nettoyage (à sec) or chez le teinturier or à la teinturerie ; [- to be cleaned] vêtements à emmener au nettoyage (à sec) or chez le teinturier or à la teinturerie.

dry dock n cale *f* sèche / *in dry dock* en cale sèche.

dryer ['draɪər] = **drier**.

dry-eyed adj à l'œil sec.

dry farming n AGR culture *f* sèche, dry-farming *m*.

dry-fly fishing n pêche *f* à la mouche sèche or artificielle.

dry ginger n *boisson gazeuse au gingembre*.

dry goods pl n **1.** US tissus et articles de bonneterie *mpl* **2.** UK [tobacco, coffee, etc.] denrées *fpl* non périssables.

dry-hump vi US *v inf* faire l'amour tout habillé.

dry ice n neige *f* carbonique / *dry ice machine* machine *f* à neige carbonique.

drying ['draɪɪŋ] ◆ n [of clothes, hair] séchage *m* ; [of skin, flowers, wood] dessèchement *m* ; [with a cloth] essuyage *m*. ◆ adj [wind] desséchant.

drying cupboard n armoire *f* sèche-linge.

drying-out clinic n *inf* centre *m* de désintoxication pour alcooliques.

drying rack n séchoir *m*.

drying room n séchoir *m*.

drying shed n séchoir *m* (*hangar*).

drying up n UK [of dishes] ▸ **to do the drying up** essuyer la vaisselle.

drying-up cloth n torchon *m* (à vaisselle), essuie-verres *m inv*.

dry land n terre *f* ferme.

dryly ['draɪlɪ] = **drily**.

dry martini n martini dry *m*.

dry measure n *unité de mesure des matières sèches*.

dryness ['draɪnɪs] n **1.** [of region, weather, skin] sécheresse *f* **2.** [of wit, humour] mordant *m*, causticité *f*.

dry nurse n nourrice *f* sèche.

dryopithecine [ˌdraɪəʊ'pɪθəsiːn] n dryopithèque *m*.

dry riser n colonne *f* sèche.

dry-roasted adj [peanuts] grillé à sec.

dry rot n *(U)* [in wood] moisissure *f* sèche ; [in potatoes] pourriture *f* sèche.

dry run n **1.** [trial, practice] coup *m* d'essai, test *m* ▸ **to give sthg a dry run** tester qqch ▸ **to have a dry run** faire un essai **2.** MIL entraînement *m* avec tir à blanc.

drysalter ['draɪˌsɔːltər] n *arch* marchand *m*, -e *f* de salaisons et de couleurs.

dry-shod adj *liter* à pied sec.

dry ski slope n piste *f* de ski artificielle.

dry-stone adj [wall] en pierres sèches.

drysuit ['draɪsu:t] n combinaison *f* de plongée.

DSc (abbr of **Doctor of Science**) n UK *(titulaire d'un) doctorat en sciences.*

DST n abbr of **daylight saving time.**

DT n abbr of **data transmission.**

D&T (abbr of **Design and Technology**) n UK SCH technologie *f (matière scolaire)*, techno *f inf*.

DTD (abbr of **document type definition**) n DTD *f*.

DTP (abbr of **desktop publishing**) n PAO *f*.

DT's [,di:'ti:z] (abbr of **delirium tremens**) pl n *inf* ▸ **to have the DT's** avoir une crise de delirium tremens.

DTV (abbr of **digital television**) n DTV *f*.

dual ['dju:əl] adj [purpose, nationality] double ▸ *to have a dual purpose* or *function* avoir une double fonction ▸ *with the dual aim of reducing inflation and stimulating demand* dans le but à la fois de réduire l'inflation et de stimuler la demande ▸ *to have a dual personality* souffrir d'un dédoublement de la personnalité ▸ **dual controls** AERON & AUTO double commande *f*.

dual-branded adj à double marque.

dual carriageway n UK AUTO route *f* à quatre voies.

dual-control adj [car, plane] à double commande.

dual-core processor n processeur *m* à double cœur.

dual-currency adj [system] bi-monétaire.

dual economy n économie *f* duale.

dual-heritage adj métis.

dualism ['dju:əlɪzm] n PHILOS & RELIG dualisme *m*.

dualist ['dju:əlɪst] adj PHILOS & RELIG dualiste.

duality [dju:'ælətɪ] n dualité *f*.

dual-purpose adj à double fonction.

dub [dʌb] (*pt & pp* **dubbed**, *cont* **dubbing**) vt **1.** [nickname] surnommer **2.** CIN & TV [add soundtrack, voice] sonoriser ; [in foreign language] doubler ▸ *dubbed into French* doublé en français **3.** *liter & arch* armer chevalier.

Dubai [,du:'baɪ] pr n Dubaï ▸ *in Dubai* à Dubaï.

dubbin ['dʌbɪn] ◆ n graisse *f* à chaussures, dégras *m*. ◆ vt graisser.

dubbing ['dʌbɪŋ] n CIN & TV [addition of soundtrack] sonorisation *f* ; [in a foreign language] doublage *m*.

dubiety [dju:'baɪətɪ] *fml* = **dubiousness.**

dubious ['dju:bjəs] adj **1.** [unsure - reply, voice] dubitatif ; [- expression] dubitatif, d'incertitude ; [- outcome, value] incertain ▸ *to look dubious* [person] avoir l'air dubitatif ▸ *I'm rather dubious about the whole thing* j'ai des doutes sur toute cette affaire ▸ *I'm a bit dubious about whether it will work* je ne suis pas très sûr que ça marche ▸ *to be dubious about whether to do sthg* hésiter à faire qqch **2.** [suspect - person, nature, reputation, decision] douteux ▸ *of dubious character* douteux ▸ *he's a dubious character* c'est un type douteux ▸ *a dubious distinction* or *honour* un triste honneur.

dubiously ['dju:bjəslɪ] adv **1.** [doubtfully] d'un air de doute **2.** [in suspect manner] d'une manière douteuse ▸ *the dubiously named "Kwality Hotel"* le « Kwality Hotel », au nom douteux.

dubiousness ['dju:bjəsnɪs] n **1.** [uncertainty - in voice, of expression, reply] incertitude *f* ; [- of outcome] nature *f* incertaine **2.** [suspect nature - of decision, proposal, reputation] nature *f* douteuse.

Dublin ['dʌblɪn] pr n Dublin.

Dublin Bay prawn n langoustine *f*.

Dubliner ['dʌblɪnər] n Dublinois *m*, -e *f* ▸ **'Dubliners'** *Joyce* 'Gens de Dublin'.

Dubya pr n *inf surnom de George W. Bush.*

ducal ['dju:kl] adj ducal.

ducat ['dʌkət] n ducat *m*.

duchess ['dʌtʃɪs] n duchesse *f* ▸ **'The Duchess of Malfi'** *Webster* 'la Duchesse de Malfi'.

duchesse ['djuʃes] n CULIN ▸ **duchesse potatoes** pommes *fpl* (de terre) duchesse.

duchy ['dʌtʃɪ] (*pl* **duchies**) n duché *m*.

duck [dʌk] ◆ n **1.** [bird] canard *m* ▸ **to take to sthg like a duck to water a)** [become good at sthg very quickly] se mettre à qqch très rapidement **b)** [develop a liking for sthg] mordre à qqch ▸ **to have one's ducks in a row** US *inf* être fin prêt **2.** [in cricket] score *m* nul ▸ **to be out for a duck** ne marquer aucun point, faire un score nul ▸ **to break one's duck** marquer son premier point **3.** MIL véhicule *m* amphibie **4.** [material] coutil *m*. ◆ vt **1.** [dodge - blow] esquiver ▸ **to duck one's head (out of the way)** baisser vivement la tête **2.** [submerge in water] faire boire la tasse à **3.** [evade - responsibility, question] se dérober à, esquiver. ◆ vi **1.** [drop down quickly] se baisser vivement ; [in boxing] esquiver un coup ▸ *duck!* baisse-toi ! ▸ *to duck under the water* plonger sous l'eau ▸ *to duck behind a hedge* se cacher derrière une haie **2.** [move quickly] : *to duck out of a room* s'esquiver d'une pièce **3.** *inf* [avoid] se défiler ▸ **to duck out of doing sthg** se défiler pour ne pas faire qqch.

duckbilled platypus [,dʌkbɪld'plætɪpəs] n ornithorynque *m*.

duckboards ['dʌkbɔ:dz] pl n caillebotis *m*.

duck-egg blue ◆ n bleu-vert *m* pâle. ◆ adj bleu-vert pâle.

duckie ['dʌkɪ] *inf* = **ducky.**

ducking ['dʌkɪŋ] n : *he got a ducking* on lui a fait boire la tasse.

ducking stool n HIST sellette *f* à plongeon *(appareil servant à punir des personnes présumées coupables de sorcellerie au Moyen Âge).*

duckling ['dʌklɪŋ] n caneton *m* ; [female] canette *f* ; [older] canardeau *m*.

duckpond ['dʌkpɒnd] n mare *f* aux canards.

ducks [dʌks] ◆ n UK *inf* = **ducky** *(noun).* ◆ pl n [trousers] pantalon *m* de coutil.

ducks and drakes n UK [game] ▸ **to play ducks and drakes** *lit* faire des ricochets ▸ **to play ducks and drakes with sthg** gaspiller qqch ▸ *to play ducks and drakes with one's money* jeter l'argent par les fenêtres, gaspiller son argent.

duck soup n US *inf* [something easily done] ▸ **it's duck soup** c'est du gâteau.

duckweed ['dʌkwi:d] n lentille *f* d'eau.

ducky ['dʌkɪ] *inf* ◆ n UK [term of endearment] mon canard ; [in shop] : *what can I get you, ducky?* **a)** [to woman] qu'est-ce qu'elle voulait la petite dame ou demoiselle ? **b)** [to man] qu'est-ce qu'il voulait le petit monsieur ? ◆ adj US **1.** [perfect] impec ▸ *that's just ducky* c'est impec **2.** [cute] joli.

duct [dʌkt] n [for gas, liquid, electricity] conduite *f*, canalisation *f* ; ANAT conduit *m*, canal *m* ; BOT vaisseau *m* ▸ **tear / hepatic duct** canal *m* lacrymal / hépatique.

ductile ['dʌktaɪl] adj [metal, plastic] ductile ; *fig* [person] malléable, influençable.

ductless gland ['dʌktlɪs-] n ANAT glande *f* endocrine.

duct tape n US ruban *m* adhésif industriel.

dud [dʌd] *inf* ◆ adj [false - coin, note] faux (fausse) ; [useless - drill, video] qui ne marche pas ; [- shell, bomb] qui a raté ; [- idea] débile ▸ **dud cheque** chèque *m* en bois. ◆ n [person] nullité *f*, tache *f* ; [cheque] chèque *m* en bois ; [coin] fausse pièce *f* de monnaie ; [note] faux billet *m* ; [shell] obus *m* qui a raté or qui n'a pas explosé ▸ *it's a dud* [firework] ça a raté, ce n'est pas parti ▸ **to be a dud at maths / sport** être nul en maths / sport.

dude [dju:d] n US *inf* **1.** [man] type *m*, mec *m* ▸ *hi, dude!* salut mon vieux ! **2.** [city dweller] citadin *m*, -e *f*.

dude ranch n US *ranch qui propose des activités touristiques.*

dudgeon ['dʌdʒən] n ▸ **in high dudgeon** *fml* très en colère, fort indigné.

due [dju:] ◆ n [what one deserves] ▸ **but then, to give him his due,...** mais pour lui rendre justice... ◆ adj **1.** [owed, payable - amount, balance, money] dû ▸ *when's the next instalment due?* quand le prochain versement doit-il être fait ? ▸ **due and payable now** [bill] payable dès maintenant ▸ *he's due some money from me* je lui dois de l'argent ▸ *I'm due some money next week* on doit me verser de l'argent la semaine prochaine ▸ *repayment due on December 1st* remboursement à effectuer le 1er décembre ▸ **to fall due** [bill] arriver à échéance ▸ **due date** [of bill, payment] échéance *f* ▸ **to be due an apology** avoir droit à des excuses ▸ *to be due a bit of luck / some good weather* mériter un peu de chance / du beau temps ▸ *I'm due (for) a rise* **a)** [I will receive one] je vais être augmenté, je vais recevoir une augmentation **b)** [I deserve one] je suis en droit d'attendre une augmentation ▸ **(to give) credit where credit's due** pour dire ce qui est, pour être juste **2.** [expected] : *we're due round there at 7.30* on nous attend à 7 h 30, nous devons y être à 7 h 30 ▸ **to be due to do sthg** devoir faire qqch ▸ *we were due to meet at 10 p.m.* nous devions nous retrouver à 22 h ▸ *the train is due (in)* or *to arrive now* le train devrait arriver d'un instant à l'autre ▸ *when is he / the train due?* quand doit-il / quand le train doit-il arriver ? ▸ *she's due back next week* elle doit rentrer la semaine prochaine ▸ *the next issue is due out next week* le prochain numéro doit sortir la semaine prochaine ▸ *her baby is* or *she's due any day now* elle doit accoucher d'un jour à l'autre **3.** [proper] ▸ **to give sthg due consideration** accorder mûre réflexion à qqch ▸ *after due consideration* après mûre réflexion ▸ *to fail to exercise due care and attention* ne pas prêter l'attention nécessaire ▸ **to give sb due warning** prévenir qqn suffisamment tôt ▸ **due process of law** garantie suffisante du droit ▸ **in due course** or **time a)** [at the proper time] en temps voulu **b)** [in the natural course of events] à un certain moment **c)** [at a later stage, eventually] plus tard ▸ **to treat sb with due respect** traiter qqn avec le respect qui lui est dû ▸ **with (all) due respect...** avec tout le respect que je vous dois..., sauf votre respect... ▸ *with (all) due respect to the Prime Minister* avec tout le respect qui est dû au Premier ministre. ◆ adv [east, west, etc.] plein.

❖ **dues** pl n droits *mpl* ▸ **to pay one's dues** *fig* faire sa part.

❖ **due to** prep phr **1.** [owing to] à cause de, en raison de ▸ *due to bad weather they arrived late* ils sont arrivés en retard à cause du mauvais temps **2.** [because of] grâce à ▸ *it's all due to you* c'est grâce à toi ▸ *her success was due in (large) part to hard work* elle doit sa réussite en grande partie à son travail acharné ▸ *our late arrival was due to the bad weather* notre retard était dû au mauvais temps.

due diligence n FIN due-diligence *f*.

duel ['dju:əl] (UK *pt & pp* **duelled**, *cont* **duelling** ; US *pt & pp* **dueled**, *cont* **dueling**) ◆ n duel *m* ▸ **to fight a duel** se battre en duel ▸ **to challenge sb to a duel** provoquer qqn en duel ▸ **'Duel in the Sun'** *Vidor* 'Duel au soleil'. ◆ vi se battre en duel.

duelling UK, **dueling** US ['dju:əlɪŋ] adj ▸ **duelling pistols** pistolets *mpl* de duel.

duellist UK, **duelist** US ['dju:əlɪst] n duelliste *mf*.

duet [dju:'et] n duo *m* ▸ *to sing / to play a duet* chanter / jouer en duo ▸ *piano / violin duet* duo de piano / de violon.

duettist [dju:'etɪst] n duettiste *mf*.

duff [dʌf] ◆ adj UK *inf* [useless] qui ne marche pas ; [idea] débile ▸ **to be duff at sthg** être nul en qqch. ◆ n **1.** CULIN *variante du plum-pudding* **2.** US *inf* [buttocks] fesses *fpl* ▸ *get off your duff and do some work!* bouge ton cul et bosse un peu ! **3.** UK *inf* ▸ **to be up the duff** être en cloque.

❖ **duff up** vt sep UK *inf* [beat up] tabasser, démolir.

duffel ['dʌfl] n **1.** [fabric] tissu *m* de laine **2.** US = **duffel bag.**

duffel bag n sac *m* marin.

duffel coat n duffel-coat *m*, duffle-coat *m*.

duffer ['dʌfər] n UK *inf* **1.** [useless person] gourde *f* ; SCH nullité *f*, cancre *m* ▸ **to be a duffer at sthg** être nul en qqch **2.** [old man] vieux bonhomme *m*.

duffle ['dʌfl] = **duffel.**

dug [dʌg] ◆ pt & pp ⟶ **dig.** ◆ n mamelle *f* ; [of cow, goat] pis *m*.

dugong ['du:gɒŋ] n dugon *m*, dugong *m*.

dugout ['dʌgaʊt] n **1.** MIL tranchée-abri *f* ; SPORT banc *m* abri de touche **2.** [canoe] canoë *m* creusé dans un tronc.

DUI abbr of **driving under the influence.**

duke [dju:k] n duc *m*.

dukedom ['dju:kdəm] n [territory] duché *m* ; [title] titre *m* de duc.

Duke of Edinburgh's Award Scheme pr n ▸ **the Duke of Edinburgh's Award Scheme** ≃ la bourse du duc d'Édimbourg.

 **Duke of Edinburgh's Award Scheme**

Cette bourse récompense des projets d'intérêt collectif ou personnel réalisés par des jeunes de 14 à 23 ans. Réputés pour leur grande difficulté, ces projets font parfois l'objet de comparaisons humoristiques : **I should get a Duke of Edinburgh award for sitting through that film!**

dukes [dju:ks] pl n *inf* [fists] poings *mpl* ▸ **to put up one's dukes** se mettre en garde.

dulcet ['dʌlsɪt] adj *liter* doux (douce), suave ▸ **her dulcet tones a)** ses intonations douces **b)** *hum* sa douce voix.

dulcimer ['dʌlsɪmər] n MUS dulcimer *m*, tympanon *m*.

dull [dʌl] ◆ adj **1.** [slow-witted -person] peu intelligent ; [-reflexes] ralenti / *she's very dull when it comes to maths* elle est très médiocre en maths / *to grow dull* [intellectual capacities] s'affaiblir, décliner **2.** [boring -book, person, lecture] ennuyeux, assommant / *there's never a dull moment with him around* on ne s'ennuie jamais avec lui / *deadly dull* mortel, ennuyeux à mourir **3.** [not bright -colour] terne, fade ; [-light, eyes] terne ; [-weather, sky] sombre, maussade **4.** [not sharp -blade] émoussé ; [-pain] sourd ; [-sound] sourd, étouffé / *the knife is dull* le couteau ne coupe plus bien **5.** [listless -person] abattu. ◆ vt [sound] assourdir ; [colour, metal] ternir ; [blade, pleasure, senses, impression] émousser ; [grief] endormir. ◆ vi [colour] se ternir, perdre son éclat ; [pleasure] s'émousser ; [pain] s'atténuer ; [eyes] s'assombrir, perdre son éclat ; [mind] s'affaiblir, décliner.

dullard ['dʌləd] n *liter* benêt *m*.

dullness ['dʌlnɪs] n **1.** [slow-wittedness] lenteur *f* or lourdeur *f* d'esprit **2.** [tedium -of book, speech] caractère *m* ennuyeux **3.** [dimness -of light] faiblesse *f* ; [-of weather] caractère *m* maussade **4.** [of sound, pain] caractère *m* sourd ; [of blade] manque *m* de tranchant **5.** [listlessness] apathie *f*.

dullsville ['dʌlzvɪl] n *inf* [boring place] trou *m* / *it's dullsville round here* c'est un vrai trou ici.

dully ['dʌlɪ] adv **1.** [listlessly] d'un air déprimé **2.** [tediously] de manière ennuyeuse **3.** [dimly] faiblement **4.** [not sharply] sourdement.

Dulux dog ['dju:lʌks-] n UK *inf* bobtail *m* (*par allusion au chien qui apparaît dans les publicités des peintures Dulux*).

duly ['dju:lɪ] adv **1.** [properly] comme il convient ; [in accordance with the rules] dans les règles, dûment **2.** [as expected -arrive, call] comme prévu / *I was duly surprised* comme de bien entendu, j'ai été surpris / *and he duly did what he had promised* et il a bien fait ce qu'il avait promis.

dumb [dʌm] adj **1.** [unable or unwilling to speak] muet ▸ **to be struck dumb (with fear / surprise)** rester muet (de peur / surprise) / *have you been struck dumb?* tu es devenu muet ? ▸ **dumb animal** bête *f*, animal *m* ▸ **dumb insolence** silence *m* or mutisme *m* insolent **2.** *inf* [stupid] bête / *that was a dumb thing to do* c'est bête or idiot d'avoir fait ça / *he's really dumb* il est complètement abruti / *don't act dumb with me* ne joue pas les imbéciles avec moi ▸ **dumb blonde** *pej* blonde *f* évaporée ▸ **dumb as a stump** US con comme un balai.

❖ **dumb down** vt insep [society, television programme] niveler par le bas.

dumbass ['dʌmæs] US *v inf* ◆ n taré *m*, -e *f*, débile *mf*. ◆ adj débile.

dumbbell ['dʌmbel] n **1.** SPORT haltère *m* **2.** US *inf* [fool] abruti *m*, -e *f*.

dumbfound [dʌm'faʊnd] vt abasourdir, interloquer.

dumbfounded [dʌm'faʊndɪd] adj [person] muet de stupeur, abasourdi, interloqué ; [silence] stupéfait ▸ **to be dumbfounded at** or **by sthg** être abasourdi or interloqué par qqch.

dumbing down ['dʌmɪŋ-] n nivellement *m* par le bas.

dumbly ['dʌmlɪ] adv silencieusement, sans prononcer un mot.

dumbness ['dʌmnɪs] n **1.** [inability to speak] mutité *f* ; [unwillingness to speak] mutisme *m* **2.** *inf* [stupidity] bêtise *f*, stupidité *f*, imbécillité *f*.

dumbo ['dʌmbəʊ] n *inf* [fool] abruti *m*, -e *f*.

dumb show n *pantomime faisant partie d'une pièce de théâtre* / *she told us to go in dumb show* *fig* elle nous a fait signe de partir.

dumbstruck ['dʌmstrʌk] = **dumbfounded.**

dumb waiter n UK [lift] monte-plats *m inv* ; [trolley] table *f* roulante ; [revolving tray] plateau *m* tournant.

dumdum ['dʌmdʌm] n **1.** MIL [bullet] balle *f* dum-dum **2.** *inf* [fool] imbécile *mf*.

dummy ['dʌmɪ] (*pl* **dummies**) ◆ n **1.** [in shop window, for dressmaking] mannequin *m* ; [of ventriloquist] marionnette *f* ; FIN [representative] prête-nom *m*, homme *m* de paille **2.** [fake object] objet *m* factice ; [book, model for display] maquette *f* / *all the bottles are dummies* toutes les bouteilles sont factices **3.** UK [for baby] tétine *f* **4.** [in bridge -cards] main *f* du mort ; [-player] mort *m* / *he is dummy* c'est lui le mort **5.** *pej* [mute] muet *m*, -ette *f* **6.** *inf* [fool] imbécile *mf* **7.** SPORT feinte *f* ▸ **to sell sb a dummy** feinter qqn. ◆ adj [fake] factice ▸ **dummy buyer** FIN acheteur *m* prête-nom / *this is just a dummy version* ce n'est qu'un modèle factice. ◆ vi & vt SPORT feinter.

❖ **dummy up** vi US *inf* [remain quiet] : *he decided to dummy up* il a décidé de la boucler.

dummy issue n numéro *m* zéro.

dummy run n [trial] essai *m* ; AERON & MIL attaque *f* simulée or d'entraînement ▸ **to give sthg a dummy run** faire l'essai de qqch.

dump [dʌmp] ◆ vt **1.** [rubbish, waste] déverser, déposer ; [sand, gravel] déverser ; [car, corpse] abandonner ; [oil -subj: ship] vidanger / *to dump waste at sea* rejeter or immerger des déchets dans la mer / *he just dumped me off at the motorway exit* il m'a déposé à la sortie de l'autoroute **2.** [get rid of -boyfriend, girlfriend] plaquer ; [-member of government, board] se débarrasser de ▸ **to dump sb / sthg on sb** *inf* laisser qqn / qqch sur les bras de qqn **3.** [set down -bags, shopping, suitcase] poser **4.** COMM vendre en dumping **5.** COMPUT [memory] vider. ◆ vi US *inf* ▸ **to dump on sb** [criticize] débiner qqn. ◆ n **1.** [rubbish heap] tas *m* d'ordures ; [place] décharge *f*, dépôt *m* d'ordures **2.** MIL dépôt *m* **3.** *inf & pej* [town, village] trou *m* ; [messy room, flat] dépotoir *m* / *it's a real dump here* [town] c'est vraiment mortel ici / *this dump of a school* cette école à la manque **4.** COMPUT [of memory] vidage *m* **5.** *vulg* [excrement] ▸ **to take a dump** chier.

dumper ['dʌmpər] n **1.** UK [vehicle] = **dumper truck 2.** [of waste -person] personne *f* qui déverse des ordures ; [-company] entreprise *f* déposant des déchets (toxiques) **3.** COMM [of goods] entreprise *f* pratiquant le dumping.

dumper truck ['dʌmpə-] UK dumper *m*, tombereau *m*.

dumping ['dʌmpɪŋ] n **1.** [of rubbish, waste] dépôt *m* or décharge *f* d'ordures or de déchets ; [of toxic or nuclear waste -at sea] déversement *m* or immersion *f* de déchets ; [-underground] entreposage *m* sous terre de déchets ; [of oil from ship] vidange *f* / **'no dumping'** 'dépôt d'ordures interdit', 'décharge interdite' **2.** COMM dumping *m* **3.** COMPUT [of memory] vidage *m*.

dumping ground n [for rubbish] décharge *f*, dépôt *m* d'ordures ; *fig* [for inferior goods] dépotoir *m*.

dumpling ['dʌmplɪŋ] n **1.** CULIN [savoury] boulette *f* de pâte ; SCOT [sweet] *variante du plum-pudding* ▸ **apple dumpling** pomme *f* en chausson **2.** *inf* [plump person] boulot *m*, -otte *f*.

dumps [dʌmps] pl n *inf* ▸ **to be down in the dumps** avoir le cafard or bourdon.

Dumpster® ['dʌmpstər] n US benne *f* à ordures ▸ **Dumpster diver** personne *f* qui fait les poubelles.

dump truck n US = **dumper truck.**

dumpy ['dʌmpɪ] adj *inf* [person] courtaud ; [bottle] pansu.

dun [dʌn] (*pt & pp* **dunned**, *cont* **dunning**) ◆ adj brun gris (*inv*). ◆ n [colour] brun *m* gris ; [horse] cheval *m* louvet ; [mare] jument *f* louvette. ◆ vt COMM presser, harceler ▸ **to dun sb for money** or **payment** presser or harceler qqn pour qu'il paye.

dunce [dʌns] n âne *m*, cancre *m* ▸ **to be a dunce at sthg** être nul en qqch.

dunce cap, dunce's cap n bonnet *m* d'âne.

Dundee cake [dʌn'di:-] n *cake épicé aux fruits secs, décoré avec des amandes.*

dunderhead ['dʌndəhed] n âne *m* / *dunderhead!* espèce d'âne !

dune [dju:n] n dune *f*.

dune buggy n buggy *m*.

dung [dʌŋ] n (*U*) crotte *f* ; [of cow] bouse *f* ; [of horse] crottin *m* ; [of wild animal] fumées *fpl* ; [manure] fumier *m*.

dungarees [ˌdʌŋgə'ri:z] pl n UK salopette *f* ; US [overalls] bleu *m* de travail ▸ **a pair of dungarees a)** UK une salopette **b)** US un bleu de travail.

dung beetle, dung chafer n bousier *m*.

dungeon ['dʌndʒən] n [underground] cachot *m* souterrain ; [tower] donjon *m*.

dungheap ['dʌŋhi:p] n tas *m* de fumier.

dunghill ['dʌŋhɪl] n gros tas *m* de fumier.

dunk [dʌŋk] ◆ vt **1.** [dip] tremper / *to dunk one's bread* tremper son pain **2.** SPORT ▸ **to dunk the ball** faire un lancer coulé. ◆ n [basketball] dunk *m*, lancer *m* coulé.

Dunkirk [dʌn'kɜ:k] pr n **1.** GEOG Dunkerque **2.** HIST *l'évacuation des troupes alliées de Dunkerque, en mai-juin 1940* ▸ **Dunkirk spirit** esprit *m* de ténacité.

dunlin ['dʌnlɪn] n bécasseau *m* variable, alouette *f* de mer.

dunno [də'nəʊ] *inf* abbr of **I don't know.**

dunnock ['dʌnək] n accenteur *m* mouchet.

dunny ['dʌnɪ] n AUSTR *inf* [toilet] chiottes *mpl*.

duo ['dju:əʊ] n MUS & THEAT duo *m* ; [couple] couple *m*.

duodecimal [ˌdju:əʊ'desɪml] adj duodécimal.

duodenal [ˌdju:əʊ'di:nl] adj duodénal ▸ **duodenal ulcer** ulcère *m* duodénal.

duodenum [ˌdju:əʊ'di:nəm] (*pl* **duodenums** *or* **duodena** [-nə]) n duodénum *m*.

duopoly [djʊ'ɒpəlɪ] (*pl* **duopolies**) n duopole *m*.

dupe [dju:p] ◆ vt duper, leurrer ▸ **to dupe sb into doing sthg** duper or leurrer qqn pour qu'il / elle fasse qqch. ◆ n dupe *f*.

duple ['dju:pl] adj **1.** *fml* [double] double **2.** MUS binaire, à deux temps ▸ **duple time** rythme *m* binaire or à deux temps.

duplex ['dju:pleks] ◆ adj **1.** [double, twofold] double ▸ **duplex apartment** (appartement *m* en) duplex *m* **2.** ELEC & TELEC duplex. ◆ n [apartment] (appartement *m* en) duplex *m* ; US [house] *maison convertie en deux appartements.*

duplicate ◆ vt ['dju:plɪkeɪt] **1.** [document] dupliquer, faire un double or des doubles de ; [key] faire un double or des doubles de **2.** [repeat - work] refaire ; [- feat] reproduire / *this bill merely duplicates my proposal* ce projet de loi ne fait que reprendre ma proposition. ◆ n ['dju:plɪkət] [of document, key] double *m* ; ADMIN & LAW duplicata *m*, copie *f* conforme ▸ **in duplicate** en double, en deux exemplaires. ◆ adj ['dju:plɪkət] [key, document] en double ; [receipt, certificate] en duplicata / *duplicate copy* **a)** [of key] double *m* **b)** [of receipt, certificate] duplicata *m*.

duplicating machine ['dju:plɪkeɪtɪŋ-] n duplicateur *m*.

duplication [,dju:plɪ'keɪʃn] n **1.** [on machine] reproduction *f* ; [result] double *m* **2.** [repetition - of work, efforts] répétition *f* / *that would just be a duplication of what we've already done* ce ne serait que répéter or refaire ce que nous avons déjà fait.

duplicator ['dju:plɪkeɪtəʳ] n duplicateur *m*.

duplicity [dju:'plɪsətɪ] n fausseté *f*, duplicité *f*.

Dur written abbr of **Durham**.

durability [,djʊərə'bɪlətɪ] n [of construction, relationship, peace] caractère *m* durable, durabilité *f* ; [of fabric] résistance *f* ; [of politician, athlete] longévité *f*.

durable ['djʊərəbl] adj [construction, friendship, peace] durable ; [fabric, metal] résistant ; [politician, athlete] qui jouit d'une grande longévité ; COMM ▸ **durable goods** biens *mpl* durables or non périssables.

❖ **durables** pl n biens *mpl* durables or non périssables.

Duralumin® [djʊə'ræljʊmɪn] n Duralumin® *m*.

dura mater ['dju:rə'meɪtəʳ] n dure-mère *f*.

duration [djʊ'reɪʃn] n durée *f* / *of short duration* de courte durée / *to be of long duration* durer longtemps / *for the duration of the summer holiday* pendant toute la durée des grandes vacances / *are you here for the duration?* êtes-vous ici jusqu'à la fin ?

duress [djʊ'res] n contrainte *f* ▸ **under duress** sous la contrainte.

Durex® ['djʊəreks] n **1.** UK [condom] préservatif *m* **2.** AUSTR Scotch® *m (ruban adhésif)*.

durian ['djʊərɪən] n durion *m*.

during ['djʊərɪŋ] prep pendant / *they met during the war* ils se sont rencontrés pendant la guerre ; [in the course of] au cours de / *during the investigation it emerged that...* au cours de l'enquête, il est apparu que...

durst [dɜ:st] pt *arch & liter* ⟶ **dare**.

durum (wheat) ['djʊərəm-] n blé *m* dur ▸ **durum wheat semolina** semoule *f* de blé dur.

dusk [dʌsk] n crépuscule *m* / *at dusk* au crépuscule.

duskiness ['dʌskɪnɪs] n [of complexion] matité *f*.

dusky ['dʌskɪ] (*compar* **duskier**, *superl* **duskiest**) adj **1.** [light] crépusculaire ; [colour] sombre, foncé ; [room] sombre **2.** [skin] mat ▸ **dusky maiden** *liter* jeune fille au teint bistre.

dust [dʌst] ◆ n **1.** *(U)* [on furniture, of gold, coal] poussière *f* / *a speck of dust* une poussière, un grain de poussière / *thick dust covered the furniture* une poussière épaisse couvrait les meubles / *to shake the dust off one's feet* secouer la poussière de ses souliers ▸ **to gather dust a)** [ornaments] amasser la poussière **b)** [plans, proposals] rester en plan ▸ **to lay** or **to settle the dust** mouiller la poussière ▸ **to allow the dust to** or **to let the dust settle** *fig* attendre que les choses se calment / *once the dust has settled fig* quand les choses se seront calmées ▸ **to trample sb in the dust** *fig* fouler qqn aux pieds ▸ **to kick up** or **to raise a dust** *inf* faire tout un cinéma or foin ▸ **to throw dust in sb's eyes** tromper qqn / *we won't see him for dust* [he'll leave] il partira en moins de temps qu'il n'en faut pour le dire **2.** [action] ▸ **to give sthg a dust** épousseter qqch **3.** [earthly remains] poussière *f*. ◆ vt **1.** [furniture, room] épousseter **2.** [with powder, flour] saupoudrer / *to dust a field with insecticide* répandre de l'insecticide sur un champ **3.** PHR ▸ **it's done and dusted a)** [the work is finished] c'est complètement terminé **b)** [the file is closed] l'affaire est classée.

❖ **dust down** vt sep [with brush] brosser ; [with hand] épousseter.

❖ **dust off** vt sep [dust, crumbs, dandruff] nettoyer, enlever ; *fig* [skill] se remettre à ; [speech, lecture notes] ressortir.

dust bag n [for vacuum cleaner] sac *m* à poussière.

dust-bath n ▸ **to take a dust-bath** [bird] prendre un bain de poussière.

dustbin ['dʌstbɪn] n UK poubelle *f* ▸ **dustbin lid** couvercle *m* de poubelle ▸ **dustbin liner** sac-poubelle *m*.

dustbin man UK = **dustman**.

dust bowl n GEOG zone *f* semi-désertique ; [in US] ▸ **the Dust Bowl** le Dust Bowl.

> **The Dust Bowl**
>
> Nom d'une région des Grandes Plaines aux États-Unis où sévissaient, dans les années 1930, de redoutables tempêtes de poussière provoquées par la sécheresse et l'érosion. Le changement climatique, ajouté à la dépression des années 1930, poussa des milliers de paysans à émigrer vers la Californie. C'est ce thème qu'on retrouve dans le roman de J. Steinbeck *les Raisins de la colère (The Grapes of Wrath)*.

dustcart ['dʌstkɑ:t] n UK camion *m* des éboueurs.

dustcloth ['dʌstklɒθ] US = **duster**.

dustcloud ['dʌstklaʊd] n nuage *m* de poussière.

dust coat n cache-poussière *m inv*.

dust cover n **1.** = **dust jacket 2.** [for machine] housse *f* de rangement ; [for furniture] housse *f* de protection.

dust devil n tourbillon *m* de poussière.

duster ['dʌstəʳ] n **1.** [cloth] chiffon *m* (à poussière) ; [for blackboard] tampon *m* effaceur **2.** US [garment - for doing housework] blouse *f*, tablier *m* ; [- for driving] cache-poussière *m inv* **3.** [lightweight coat] manteau *m* léger **4.** AGR poudreuse *f* ; [aircraft] *avion servant à répandre de l'insecticide sur les champs.*

dust-free adj [environment] protégé de la poussière.

dustheap ['dʌsthi:p] n US [rubbish heap] tas *m* d'ordures / *to be consigned to the dustheap fig* être mis au rebut.

dustiness ['dʌstɪnɪs] n état *m* poussiéreux.

dusting ['dʌstɪŋ] n **1.** [of room, furniture] époussetage *m*, dépoussiérage *m* / *to do the dusting* épousseter, enlever or faire la poussière **2.** [with sugar, insecticide] saupoudrage *m* / *give the cake a dusting of icing sugar* saupoudrez le gâteau de sucre glace.

dusting powder n talc *m*.

dust jacket n [for book] jaquette *f*.

dustman ['dʌstmən] (*pl* **dustmen** [-mən]) n UK éboueur *m*.

dustpan ['dʌstpæn] n pelle *f* à poussière.

dustproof ['dʌstpru:f] adj imperméable or étanche à la poussière.

dust sheet n UK housse *f* de protection.

dust storm n tempête *f* de poussière.

dust trap n nid *m* à poussière.

dust-up n *inf* accrochage *m*, prise *f* de bec ▸ **to have a bit of a dust-up with sb** avoir une prise de bec avec qqn ▸ **to have a dust-up over** or **about sthg** avoir une prise de bec à propos de qqch.

dust wrapper = **dust jacket**.

dusty ['dʌstɪ] (*compar* **dustier**, *superl* **dustiest**) adj **1.** [room, furniture, road] poussiéreux / *to get dusty* s'empoussiérer, se couvrir de poussière ▸ **not so dusty** *inf & dated* pas si mal **2.** [colour] cendré **3.** PHR ▸ **to get a dusty answer** *inf & dated* se faire envoyer balader or paître, se faire recevoir.

dutch [dʌtʃ] n UK *v inf* ▸ **the old dutch** [wife] la patronne.

Dutch [dʌtʃ] ◆ pl n ▸ **the Dutch** les Hollandais *mpl*, les Néerlandais *mpl*. ◆ n LING néerlandais *m*. ◆ adj [cheese] de Hollande ; [bulbs, city] hollandais ; [embassy, government, etc.] néerlandais ; [dictionary, teacher] de néerlandais. ◆ adv ▸ **to go Dutch (with sb)** *inf* [share cost equally] partager les frais (avec qqn).

Dutch auction n vente *f* à la baisse.

Dutch barn n UK hangar *m* à armature métallique.

Dutch cap n diaphragme *m (contraceptif)*.

Dutch courage n *inf courage trouvé dans la boisson* / *I need some Dutch courage* il faut que je boive un verre pour me donner du courage.

Dutch door n US porte *f* à deux vantaux.

Dutch elm disease n *(U)* maladie *f* des ormes.

Dutchman ['dʌtʃmən] (*pl* **Dutchmen** [-mən]) n Hollandais *m*, Néerlandais *m* ▸ **(then) I'm a Dutchman!** *fig* je mange mon chapeau !

Dutch oven n [casserole] marmite *f*, fait-tout *m inv*.

Dutch treat n *inf sortie où chacun paie son écot* ▸ **to go on a Dutch treat** partager les frais.

Dutch uncle n ▸ **to talk (to sb) like a Dutch uncle** faire la morale (à qqn).

Dutchwoman ['dʌtʃ,wʊmən] (*pl* **Dutchwomen** [-,wɪmɪn]) n Hollandaise *f*, Néerlandaise *f*.

dutiable ['dju:tjəbl] adj taxable.

dutiful ['dju:tɪfʊl] adj [child] obéissant, respectueux ; [husband, wife] qui remplit ses devoirs conjugaux ; [worker, employee] consciencieux.

dutifully ['dju:tɪflɪ] adv consciencieusement.

duty ['dju:tɪ] n **1.** [moral or legal obligation] devoir *m* ▸ **to do one's duty (by sb)** faire son devoir (envers qqn) ▸ **to fail in one's duty** manquer à son devoir / *it is my duty to say that...* il est de mon devoir de dire que... / *it is my painful duty to inform you that...* j'ai la douloureuse tâche de vous informer que... ▸ **to make it one's duty to do sthg** se faire un devoir de faire qqch ▸ **duty calls** *hum* le devoir m'appelle ▸ **to do sthg out of a sense of duty** faire qqch par sens du devoir **2.** *(usu pl)* [responsibility] fonction *f* ▸ **to take up one's duties** entrer en fonction ▸ **to hand over one's duties (to sb)** transmettre ses fonctions (à qqn) / *in the course of one's duties* dans l'exercice de ses fonctions ▸ **public duties** responsabilités *fpl* publiques or envers la communauté **3.** [tax] taxe *f*, droit *m* **4.** PHR ▸ **active duty** US MIL service *m* actif ▸ **on duty a)** [soldier, doctor] de garde **b)** [policeman] de service ▸ **to go on** / **off duty a)** [soldier] prendre / laisser la garde **b)** [doctor] prendre la / cesser d'être de garde **c)** [policeman] prendre / quitter son service ▸ **to do duty for sb** remplacer qqn ▸ **to do duty for sthg** *fig* faire office de qqch.

duty-bound adj tenu (par son devoir).

duty call n visite *f* de politesse.

duty doctor n médecin *m* de garde.

duty-free ◆ adj [goods] hors taxe, en franchise ; [shop] hors taxe / *my duty-free allowance* les marchandises hors taxe auxquelles j'ai droit. ◆ adv hors taxe, en franchise / *how much can I bring back duty-free?* combien de marchandises puis-je rapporter hors taxe or en franchise ? ◆ n marchandises *fpl* hors taxe or en franchise.

duty of care n devoir *m* de diligence.

duty officer n officier *m* de service.

duty roster, **duty rota** n tableau *m* de service.

duvet ['du:veɪ] n couette *f* ▸ **duvet cover** housse *f* de couette.

dux [dʌks] n Scot SCH premier *m* de la classe or de l'école.

DV (written abbr of **Deo volente**) si Dieu le veut.

DVD (abbr of **digital versatile** or **video disc**) n DVD *m*.

DVD player n lecteur *m* de DVD.

DVD-ROM (abbr of **digital versatile** or **video disc read only memory**) n DVD-ROM *m*.

DVI (abbr of **digital video interface**) n DVI *f*.

DVLA (abbr of **Driver and Vehicle Licensing Agency**) pr n *service des immatriculations et des permis de conduire en Grande-Bretagne.*

DVM (abbr of **Doctor of Veterinary Medicine**) n UK *docteur vétérinaire.*

DVR (abbr of **digital video recorder**) n DVR *m*.

DVT n abbr of **deep vein thrombosis**.

dwarf [dwɔ:f] (*pl* **dwarfs** *or* **dwarves** [dwɔ:vz]) ◆ n **1.** [person] nain *m*, -e *f* **2.** [tree] arbre *m* nain **3.** MYTH nain *m*, -e *f*. ◆ adj [plant, animal] nain ▸ **dwarf variety** variété *f* naine. ◆ vt **1.** *fig* [in size] écraser ; [in ability] éclipser **2.** [make small - tree] rabougrir.

dwarfish ['dwɔ:fɪʃ] adj [hands, feet] de nain ; [person] de taille très petite.

dwarfism ['dwɔ:fɪzm] n nanisme *m*.

dwarf star n ASTRON étoile *f* naine, naine *f*.

dweeb [dwi:b] n US *inf* pauvre mec *m*.

dwell [dwel] (*pt & pp* **dwelt** [dwelt] *or* **dwelled**) vi *liter* résider, demeurer ▸ **to dwell in sb's mind** [image, thought] rester dans l'esprit de qqn.

❖ **dwell on, dwell upon** vt insep [the past - think about] penser sans cesse à ; [- talk about] parler sans cesse de ; [problem, fact, detail] s'attarder sur / *don't dwell on it* [in thought] n'y pense pas trop ▸ **to dwell on sthg at some length** [in speech] s'étendre assez longuement sur qqch.

-dweller ['dwelər] in comp habitant *m*, -e *f* ▸ **cave-dweller** troglodyte *mf*.

dwelling ['dwelɪŋ] n *hum & liter* résidence *f*.

dwelling house n LAW maison *f* d'habitation.

dwelling place n *fml* = **dwelling**.

dwelt [dwelt] pt & pp ⟶ **dwell**.

DWI (abbr of **driving while intoxicated**) n US [drunk driver] conducteur *m*, -trice *f* en état d'ébriété.

dwindle ['dwɪndl] vi [popularity, light] baisser ; [hopes, savings, population] se réduire, diminuer / *the island's population has dwindled to 120* la population de l'île est descendue à 120 habitants / *to dwindle (away) to nothing* se réduire à rien.

dwindling ['dwɪndlɪŋ] ◆ n [of savings, hopes] diminution *f* ; [of population, membership] baisse *f*, diminution *f*. ◆ adj [population, audience] en baisse, décroissant ; [savings, hopes, popularity] décroissant ▸ **in the dwindling light** au crépuscule.

DWP (abbr of **Department of Work and Pensions**) *ministère britannique de la Sécurité sociale.*

dye [daɪ] ◆ n [substance] teinture *f* ; [colour] teinte *f*, couleur *f* / *the dye will run in the wash* la couleur partira au lavage / *it's the dye from my shoes* ce sont mes chaussures qui déteignent / *it isn't taking the dye* la teinture ne prend pas ▸ **dye powder** poudre *f* de teinture. ◆ vt [fabric, hair] teindre ▸ **to dye sthg yellow / green** teindre qqch en jaune / en vert ▸ **to dye one's hair** se teindre les cheveux / *dyed blond hair* les cheveux teints en blond. ◆ vi [fabric] se teindre / *nylon doesn't dye well* le Nylon® est difficile à teindre or se teint difficilement.

dyed-in-the-wool [daɪd-] adj bon teint *(inv)*.

dyeing ['daɪɪŋ] n [action] teinture *f*.

dyer ['daɪər] n teinturier *m*, -ère *f*.

dyestuff ['daɪstʌf] n teinture *f*, colorant *m*.

dyeworks ['daɪwɜ:ks] (*pl* **dyeworks**) n teinturerie *f*.

Dyfed ['dʌved] n le Dyfed *(comté du sud-ouest du pays de Galles)* / *in Dyfed* dans le Dyfed.

dying ['daɪɪŋ] ◆ adj **1.** [person, animal] mourant ; *liter* agonisant ; [tree, forest] mourant ; [species] en voie de disparition / *the dying man* le mourant / *her dying words* les mots qu'elle a prononcés en mourant, ses derniers mots / *it was her dying wish that...* sa dernière volonté était que... ▸ **to** or **till my dying day** jusqu'à ma mort, jusqu'à mon dernier jour / *men like him are a dying breed* des hommes comme lui, on n'en fait plus **2.** *fig* [art, craft] en train de disparaître ; [industry] agonisant, en train de disparaître. ◆ n [death] mort *f*. ◆ pl n ▸ **the dying** les mourants *mpl*, les agonisants *mpl*.

dyke [daɪk] n **1.** [against flooding] digue *f* ; [for carrying water away] fossé *m* ; Scot [wall] mur *m* **2.** *v inf* [lesbian] gouine *f*.

dynamic [daɪ'næmɪk] ◆ adj **1.** [person] dynamique ▸ **a dynamic duo** *hum* un duo de choc **2.** TECH dynamique ▸ **dynamic RAM** COMPUT mémoire *f* RAM dynamique. ◆ n dynamique *f*.

dynamically [daɪ'næmɪklɪ] adv dynamiquement.

dynamics [daɪ'næmɪks] ◆ pl n [of a situation, group] dynamique *f*. ◆ n *(U)* TECH dynamique *f*.

dynamism ['daɪnəmɪzm] n [of person] dynamisme *m*.

dynamite ['daɪnəmaɪt] ◆ n [explosive] dynamite *f* / *a stick of dynamite* un bâton de dynamite / *this story is dynamite!* *fig* cette histoire, c'est de la dynamite ! / *this band is dynamite!* *fig* ce groupe est génial ! ◆ vt [blow up] dynamiter.

dynamo ['daɪnəməʊ] n TECH dynamo *f* ▸ **a human dynamo** *fig* une boule d'énergie.

dynastic [dɪ'næstɪk] adj dynastique.

dynasty UK 'dɪnəstɪ US 'daɪnəstɪ] n dynastie *f* / *the Romanov / Bourbon dynasty* la dynastie des Romanov / des Bourbon.

dyne [daɪn] n PHYS dyne *f*.

dysenteric [,dɪsn'terɪk] adj MED dysentérique.

dysentery ['dɪsntrɪ] n *(U)* MED dysenterie *f*.

dysfunction [dɪs'fʌŋkʃn] n MED dysfonction *f*, dysfonctionnement *m*.

dysfunctional [dɪs'fʌŋkʃənl] adj dysfonctionnel.

dyslexia [dɪs'leksɪə] n dyslexie *f*.

dyslexic [dɪs'leksɪk] ◆ adj dyslexique. ◆ n dyslexique *mf*.

dysmenorrhoea UK, **dysmenorrhea** US [,dɪsmenə'rɪə] n *(U)* MED dysménorrhée *f* / *to have dysmenorrhoea* souffrir de dysménorrhée.

dyspepsia [dɪs'pepsɪə] n *(U)* MED dyspepsie *f* / *to have dyspepsia* souffrir de dyspepsie.

dyspeptic [dɪs'peptɪk] ◆ adj **1.** MED dyspeptique, dyspepsique **2.** *fig* [irritable] irritable. ◆ n MED dyspeptique *mf*, dyspepsique *mf*.

dysphasia [dɪs'feɪzjə] n dysphasie *f*.

dysplasia [dɪs'pleɪzjə] n dysplasie *f*.

dystrophy ['dɪstrəfɪ] n MED dystrophie *f*.

e (*pl* **e's** *or* **es**), **E** (*pl* **E's** *or* **Es**) [iː] n [letter] e *m*, E *m*. See also **f**.

E ◆ n **1.** MUS mi *m* / *in E flat* en mi bémol **2.** (abbr of **ecstasy**) *drugs sl* [drug] ecstasy *m* ; [pill] comprimé *m* d'ecstasy. ◆ (written abbr of **East**) E.

ea. (written abbr of **each**) : *£3.00 ea.* 3 livres pièce.

EA n abbr of **educational age**.

e-account n compte *m* en banque en ligne.

each [iːtʃ] ◆ det chaque / *each child has a different name* chaque enfant a un nom différent / *each day* chaque jour, tous les jours / *each (and every) one of us | you | them* chacun / chacune d'entre nous / vous / eux (sans exception) / *you're mad, each and every one of you!* vous êtes fous, tous autant que vous êtes ! ◆ pron [every one] chacun, chacune / *each of his six children* chacun de ses six enfants / *a number of suggestions, each more crazy than the last* un certain nombre de suggestions toutes plus folles les unes que les autres / *or would you like some of each?* ou bien voudriez-vous un peu de chaque ? ▸ **to each his own** or **each to his own** à chacun ses goûts. ◆ adv [apiece] : *we have a book | a room each* nous avons chacun un livre / une pièce / *the tickets cost £20 each* les billets coûtent 20 livres chacun.

❖ **each other** pron phr : *to hate each other* **a)** se détester (l'un l'autre) **b)** [more than two people] se détester (les uns les autres) / *do you two know each other?* est-ce que vous vous connaissez ? / *the children took each other's hand* les enfants se sont pris par la main / *the two sisters wear each other's clothes* les deux sœurs échangent leurs vêtements / *they walked towards each other* ils ont marché l'un vers l'autre / *we get on each other's nerves* nous nous portons mutuellement sur les nerfs / *we get on very well with each other's parents* nous nous entendons très bien avec les parents l'un de l'autre.

See box at every.

each way ◆ adj ▸ **each way bet** pari sur un cheval gagnant, premier ou placé. ◆ adv [in betting] placé / *to put money each way on a horse* jouer un cheval placé / *French Silk, £50 each way* French Silk, 50 livres placé.

eager [ˈiːgəʳ] adj [impatient, keen] impatient ; [learner, helper] enthousiaste, fervent ; [crowd, face, look] passionné, enfiévré ▸ **to be eager to do sthg a)** [impatient] avoir hâte de faire qqch **b)** [very willing] faire preuve d'enthousiasme or de ferveur pour faire qqch / *I am eager to help in any way I can* je tiens absolument à apporter mon aide / *to be eager to please* avoir envie de faire plaisir / *to be eager for affection | for success* être avide d'affection / de succès / *to be eager for acceptance* tenir beaucoup à être accepté / *he's eager for me to see his work* il a très envie que je voie son travail / *don't be too eager* ne te montre pas trop empressé.

eager beaver n *inf* travailleur *m* acharné, travailleuse *f* acharnée, mordu *m*, -e *f* du travail.

eagerly [ˈiːgəlɪ] adv [wait] impatiemment ; [help] avec empressement ; [say, look at] avec passion or enthousiasme / *the eagerly awaited moment* le moment tant attendu.

eagerness [ˈiːgənɪs] n [to know, see, find out] impatience *f* ; [to help] empressement *m* ; [in eyes, voice] excitation *f*, enthousiasme *m* / *his eagerness to please* sa volonté de plaire.

eagle [ˈiːgl] n **1.** [bird] aigle *m* ▸ **to have an eagle eye** avoir un œil de lynx **2.** [standard, seal] aigle *f* **3.** [lectern] aigle *m* **4.** GOLF eagle *m*.

eagle-eyed ◆ adj aux yeux de lynx. ◆ adv [watch] avec une grande attention.

eagle owl n grand duc *m*.

eaglet [ˈiːglɪt] n aiglon *m*, -onne *f*.

Ealing comedy [ˈiːlɪŋ-] n *genre de film comique britannique produit dans les studios d'Ealing (Londres) vers 1950.*

E and OE (written abbr of **errors and omissions excepted**) UK s e & o.

ear [ɪəʳ] n **1.** [of person, animal] oreille *f* / *to have a good ear* avoir de l'oreille / *to have an ear for music* avoir l'oreille musicale / *to have an ear for poetry* être sensible à la poésie ▸ **to keep an ear** or **one's ears open** ouvrir les oreilles, tendre l'oreille / *keep an ear open for the baby* tends l'oreille au cas où le bébé pleurerait ▸ **to reach sb's ears** [news] arriver aux oreilles de qqn / *it has reached my ears that...* j'ai entendu dire que... / *he closed his ears to her request for help* elle lui a demandé de l'aide mais il a fait la sourde oreille / *I've heard that until it's coming out of my ears* *inf* je l'ai tellement entendu que ça me sort par les oreilles ▸ **to have the ear of sb** [have influence with] avoir l'oreille de qqn ▸ **to be grinning from ear to ear** sourire jusqu'aux oreilles ▸ **ear infection** otite *f* ▸ **ear, nose and throat department** service *m* d'oto-rhino-laryngologie ▸ **ear, nose and throat specialist** oto-rhino *mf*, oto-rhino-laryngologiste *mf* ▸ **to be all ears** *inf* être tout ouïe ▸ **to be out on one's ear** *inf* [from job, school] être viré / *he's out on his ear* **a)** [been dismissed] il s'est fait virer **b)** [from family home] il s'est fait flanquer dehors ▸ **to chuck sb out on his | her ear a)** *inf* [from job, school] virer qqn **b)** [from family home] flanquer qqn dehors ▸ **to be up to one's ears in work** or **in it** *inf* être débordé (de travail) / *his ears are flapping* [he's listening closely] ses oreilles sont grandes ouvertes ▸ **it just goes in one ear and out the other** ça entre par une oreille et ça ressort par l'autre ▸ **to keep one's ear to the ground** ouvrir l'oreille, être à l'écoute / *my ears are burning!* j'ai les oreilles qui (me) sifflent ! ▸ **to play by ear** MUS jouer à l'oreille ▸ **to play it by ear** improviser **2.** [of grain] épi *m*.

earache [ˈɪəreɪk] n mal *m* d'oreille / *to have earache* UK or *an earache* avoir mal à l'oreille.

earbashing [ˈɪəbæʃɪŋ] n UK *inf* : *to give sb an earbashing* passer un savon à qqn, souffler dans les bronches à qqn / *to get an earbashing* se faire passer un savon, se faire souffler dans les bronches.

ear buds pl n oreillettes *fpl*.

eardrops [ˈɪədrɒps] pl n gouttes *fpl* pour les oreilles.

eardrum [ˈɪədrʌm] n tympan *m*.

-eared [ɪəd] in comp ▸ **long / short-eared** à oreilles *fpl* longues / courtes ▸ **pointy-eared** *inf* aux oreilles en pointe.

ear flap n [on cap] oreillette *f*.

earful [ˈɪəfʊl] n : *to get an earful of water* prendre de l'eau plein l'oreille ▸ **to get an earful** *inf* [be told off] se faire passer un savon ▸ **to give sb an earful** *inf* [tell off] passer un savon à qqn ▸ **to give sb an earful about sthg** US [say a lot to] raconter qqch à qqn en long, en large et en travers.

earhole [ˈɪəhəʊl] n UK *inf* [ear] esgourde *f*.

earl [ɜːl] n comte *m*.

earldom [ˈɜːldəm] n [title] titre *m* de comte ; [estates, land] comté *m*.

earlier [ˈɜːlɪə] compar ⟶ **early**.

earliest [ˈɜːlɪəst] superl ⟶ **early**.

earlobe [ˈɪələʊb] n lobe *m* de l'oreille.

Earls Court [ɜːlz-] pr n *grand centre d'exposition à Londres.*

early [ˈɜːlɪ] (*compar* **earlier**, *superl* **earliest**) ◆ adj **1.** [morning] matinal / *I had an early breakfast* j'ai déjeuné de bonne heure ▸ **to get off to an early start** partir de bonne heure / *the early shuttle to London* le premier avion pour Londres / *it's too early to get up* il est trop tôt pour se lever / *it's earlier than I thought* il est plus tôt que je ne pensais ▸ **to be an early riser** être matinal or un lève-tôt **2.** [belonging to the beginning of a period of time - machine, film, poem] premier ; [- Edwardian, Victorian, etc.] du début de l'époque / *in the early afternoon | spring | fifties* au début de l'après-midi / du printemps / des années cinquante / *the earlier applicants were better than the later ones* les premiers candidats étaient meilleurs que les derniers / *when was that? — early September* quand était-ce ? — début septembre / *from the earliest days of the century* depuis le tout début du siècle ▸ **it's early days yet a)** UK [difficult to be definite] il est trop tôt pour se prononcer **b)** [might yet be worse, better] il est encore tôt / *from the earliest times* depuis le début des temps / *I need an early night* je dois me coucher de bonne heure / *a couple of early nights wouldn't do you any harm* cela ne te ferait pas de mal de te coucher de bonne heure pendant quelques jours / *it's too early to tell* il est trop tôt pour se prononcer, on ne peut encore rien dire / *the earliest human artefacts* les premiers objets fabriqués par l'homme / *the early Roman Empire* l'Empire romain naissant / *an early 18th-century form of democracy* une forme de démocratie propre au début du XVIIIᵉ siècle / *the early American settlers* les premiers pionniers américains ▸ **early**

music [baroque] musique *f* ancienne / *an early Picasso* une des premières œuvres de Picasso / *he's in his early twenties* il a une vingtaine d'années / *in his early youth* quand il était très jeune / *a man in early middle age* un homme d'une quarantaine d'années / *from an early age* dès l'enfance / *at an early age* de bonne heure, très jeune / *early reports from the front indicate that...* les premières nouvelles du front semblent indiquer que... / *in the early stages of the project* dans une phase initiale du projet ▸ **early vegetables** légumes *mpl* précoces, primeurs *fpl* ▸ **early fruit** fruits *mpl* précoces, primeurs *fpl* **3.** [ahead of time] ▸ **to be early** [person, train, flight, winter] être en avance / *let's have an early lunch* déjeunons de bonne heure / *you're too early* vous arrivez trop tôt, vous êtes en avance / *Easter is early this year* Pâques est de bonne heure cette année **4.** [relating to the future - reply] prochain / *at an early date* de bonne heure / *at an earlier date* plus tôt / *we need an early meeting* il faut que nous nous réunissions bientôt / *at your earliest convenience* COMM dans les meilleurs délais / *what is your earliest possible delivery date?* quelle est votre première possibilité de livraison? / *give us the earliest possible notice* avertissez-nous le plus tôt possible. ◆ adv **1.** [in the morning - rise, leave] tôt, de bonne heure / *let's set off as early as we can* mettons-nous en route le plus tôt possible / *how early should I get there?* à quelle heure dois-je y être? **2.** [at the beginning of a period of time] : *early in the evening / in the afternoon* tôt le soir / (dans) l'après-midi / *early in the year / winter* au début de l'année / de l'hiver / *I can't make it earlier than 2.30* je ne peux pas avant 14 h 30 / *what's the earliest you can make it?* [be here] quand pouvez-vous être ici? ▸ **early on** tôt / *early on in June* au début du mois de juin ▸ **earlier on** plus tôt **3.** [ahead of schedule] en avance ; [earlier than usual] de bonne heure / *I want to leave early tonight* [from work] je veux partir de bonne heure ce soir / *shop / post early for Christmas* faites vos achats / postez votre courrier à l'avance pour Noël **4.** [relating to the future] : *at the earliest* au plus tôt / *we can't deliver earlier than Friday* nous ne pouvons pas livrer avant vendredi.

early American n *style de mobilier et d'architecture du début du XIXe siècle.*

early bird n ▸ **to be an early bird** *inf* être matinal ▸ **it's the early bird that catches the worm a)** *prov* [it's good to get up early] le monde appartient à ceux qui se lèvent tôt *prov* **b)** [it's good to arrive early] les premiers arrivés sont les mieux servis.

early call n [in hotel] : *could you give me an early call at 6:30?* pouvez-vous me réveiller à 6 h 30?

early closing n UK COMM *jour où l'on ferme tôt* / *it's early closing today* **a)** [for all shops] les magasins ferment de bonne heure aujourd'hui **b)** [for this shop] on ferme de bonne heure aujourd'hui.

Early Learning Centre n UK magasin *m* de jouets d'éveil.

early-warning adj ▸ **early-warning system** système *m* de pré-alerte.

earmark ['ɪəmɑːk] ◆ vt réserver ; [money] affecter, assigner / *this money has been earmarked for research* cet argent a été affecté à la recherche / *I'll just earmark that for myself* je me le réserve / *this land is earmarked for development* ce terrain est réservé or assigné à l'aménagement. ◆ n **1.** [mark in ear] marque *f* à l'oreille **2.** US POL *fonds fédéraux alloués à des projets spécifiques.*

earmuffs ['ɪəmʌfs] pl n protège-oreille *m*.

earn [ɜːn] ◆ vt **1.** [money] gagner ; [interest] rapporter ▸ **to earn a living** gagner sa vie / *I certainly do earn my living* [I work hard] je peux vraiment dire que je mérite mon salaire ▸ **earned income** revenu *m* salarial, revenus *mpl* salariaux **2.** [respect, punishment - subj: activities] valoir ; [- subj: person] mériter / *it earned him ten years in prison* cela lui a valu dix ans de prison / *you're going to have to earn your fame* tu vas devoir travailler à ta gloire / *you've earned it!* tu l'as mérité! ◆ vi [person] gagner de l'argent ; [investment] rapporter ▸ **earning capacity a)** [of person] potentiel *m* de revenu **b)** [of firm] rentabilité *f*.

earned income credit n US *aide aux foyers à faible revenu, prélevée sur les salaires.*

earner ['ɜːnər] n **1.** [person] salarié *m*, -e *f* / *one of the biggest earners in the company* un des plus gros salaires de l'entreprise / *she's the main earner in the family* c'est elle qui fait vivre la famille **2.** UK *inf* [source of income] : *it's a nice little earner* [business, shop, etc.] c'est une bonne petite affaire / *interested in a little earner, mate?* ça te dirait de te faire un peu d'argent, mec?

earnest ['ɜːnɪst] ◆ adj **1.** [person, expression, tone] sérieux **2.** [hope, request] ardent, fervent ; [endeavour] fervent ; [desire] profond. ◆ n *arch & fml* [guarantee, deposit] gage *m*, garantie *f*.

❖ **in earnest** ◆ adv phr [seriously] sérieusement, sincèrement ; [in a determined way] sérieusement / *it's raining in earnest now* il pleut pour de bon cette fois. ◆ adj phr ▸ **to be in earnest** être sérieux.

earnestly ['ɜːnɪstlɪ] adv [behave] sérieusement ; [study, work] sérieusement, avec ardeur ; [speak, nod, look at] gravement / *we earnestly hope that...* nous espérons sincèrement que...

earnestness ['ɜːnɪstnɪs] n sérieux *m*, gravité *f*.

earnings ['ɜːnɪŋz] pl n [of person, business] revenus *mpl* / *do you have earnings from any other sources?* avez-vous d'autres sources de revenus? / *to live off immoral earnings* gagner sa vie par des procédés immoraux.

earnings-related adj proportionnel au revenu.

earphones ['ɪəfəʊnz] pl n écouteurs *mpl*, casque *m*.

earpiece ['ɪəpiːs] n [of telephone receiver, personal stereo] écouteur *m*.

ear piercing n *(U)* / **'ear piercing'** 'ici, on perce les oreilles'.

❖ **ear-piercing** adj [noise] perçant, strident.

earplugs ['ɪəplʌgz] pl n [for sleeping] boules *fpl* Quiès ; [for protection against water, noise] protège-tympans *mpl*.

earring ['ɪərɪŋ] n boucle *f* d'oreille.

ear shell n ZOOL ormeau *m*.

earshot ['ɪəʃɒt] n ▸ **out of / within earshot** hors de / à portée de voix.

ear-splitting adj [noise] assourdissant.

earth [ɜːθ] ◆ n **1.** [the world, the planet] terre *f* ▸ **the planet Earth** la planète Terre / *on earth* sur terre / *here on earth* [not in heaven] ici-bas / *Earth to kids — it's bedtime!* US *inf* ohé les enfants, c'est l'heure d'aller vous coucher! ▸ **why / how / who on earth?** pourquoi / comment / qui diable? / *where on earth did you find that?* où diable as-tu trouvé cela?, où as-tu bien pu trouver cela? / *what on earth do you think you're doing?* non mais, où tu te crois? / *there's nowhere else on earth I'd rather be* c'est le seul endroit sur terre où j'ai envie d'être / *there's nothing on earth I'd like better* il n'y a rien au monde dont j'aie plus envie ▸ **to cost the earth** *inf* coûter les yeux de la tête or la peau des fesses ▸ **to promise (sb) the earth** promettre la lune (à qqn), promettre monts et merveilles (à qqn) **2.** [ground] terre *f* / *to fall to earth* tomber par terre ▸ **to bring sb down to earth (with a bump)** ramener qqn sur terre (brutalement) ▸ **to come back down to earth again** revenir or redescendre sur terre ▸ **did the earth move for you too, darling?** *inf & hum* est-ce que tu es montée au septième ciel aussi, chérie? **3.** [soil] terre *f* **4.** UK ELEC [connection, terminal] terre *f* ▸ **earth lead** conducteur *m* de terre **5.** [of fox] terrier *m*, tanière *f* ▸ **to run a fox to earth** chasser un renard jusqu'à son terrier or sa tanière ▸ **to run sb / sthg to earth** [find] dénicher qqn / qqch ▸ **to go to earth** *lit & fig* aller se terrer. ◆ comp ▸ **earth floor** sol *m* en terre battue. ◆ vt UK ELEC relier à la terre.

❖ **earth up** vt sep [plant] chausser, enchausser, butter.

earthborn ['ɜːθbɔːn] adj *liter* humain, mortel.

earthbound ['ɜːθbaʊnd] adj **1.** [insects] non volant **2.** [spaceship] progressant en direction de la terre ; [journey] en direction de la terre **3.** [unimaginative] terre à terre.

earth closet n fosse *f* d'aisance.

earthed [ɜːθt] adj UK ELEC mis à la terre ▸ **earthed conductor** conducteur *m* au sol.

earthen ['ɜːθn] adj [dish] en or de terre (cuite) ; [floor] en terre.

earthenware ['ɜːθnweər] ◆ n [pottery] poterie *f* ; [glazed] faïence *f*. ◆ adj en or de terre (cuite), en or de faïence.

Earth-friendly adj écologique, qui respecte l'environnement.

earthiness ['ɜːθɪnɪs] n **1.** [of humour] truculence *f* ; [of person, character] nature *f* directe **2.** [of food] goût *m* de terre.

earthling ['ɜːθlɪŋ] n terrien *m*, -enne *f*.

earthly ['ɜːθlɪ] ◆ adj **1.** [worldly] terrestre ▸ **earthly possessions** biens *mpl* matériels **2.** *inf* [possible] : *there's no earthly reason why I should believe you* je n'ai absolument aucune raison de te croire / *she hasn't an earthly chance of succeeding* elle n'a pas la moindre chance or la plus petite chance de réussir. ◆ n UK *inf* **1.** [chance] : *he doesn't have an earthly of passing the exam* il n'a aucune chance de réussir à l'examen **2.** [idea] : *I haven't an earthly where he is* je ne sais vraiment pas où il se trouve.

earthman ['ɜːθmən] (*pl* **earthmen** [-mən]) n terrien *m*.

earth mother n **1.** MYTH déesse *f* de la Terre **2.** *inf & fig* mère *f* nourricière.

earthmover ['ɜːθˌmuːvər] n bulldozer *m*.

earthmoving ['ɜːθˌmuːvɪŋ] adj ▸ **earthmoving equipment** engin *m* de terrassement.

earthquake ['ɜːθkweɪk] n tremblement *m* de terre.

earth sciences pl n sciences *fpl* de la Terre.

earth-shaking [-ˌʃeɪkɪŋ], **earth-shattering** adj *inf* fracassant, extraordinaire.

earth tremor n secousse *f* sismique.

earthward ['ɜːθwəd] ◆ adj [journey] en direction de la Terre / *in an earthward direction* [travel] en direction de la Terre, (avec) cap sur la Terre. ◆ adv en direction de la Terre.

earthwards ['ɜːθwədz] adv en direction de la Terre.

earth woman n terrienne *f*.

earthwork(s) ['ɜːθwɜːk(s)] pl n CONSTR terrassement *m* ; ARCHEOL & MIL fortification *f* en terre.

earthworm ['ɜːθwɜːm] n ver *m* de terre, lombric *m*.

earthy ['ɜːθɪ] adj **1.** [taste, smell] de terre **2.** [humour] truculent ; [person, character] direct **3.** [wine] aux arômes de terre.

ear trumpet n cornet *m* acoustique.

earwax ['ɪəwæks] n cire *f (sécrétée par les oreilles)*, cérumen *m*.

earwig ['ɪəwɪg] n perce-oreille *m*.

earworm ['ɪəwɜːm] n *inf air accrocheur qu'on n'arrive pas à se sortir de la tête.*

ease [iːz] ◆ n **1.** [comfort] aise *f* ▸ **to be** or **to feel at ease** être or se sentir à l'aise ▸ **to be** or **to feel ill at ease** être or se sentir mal à l'aise / *we're at ease with each other now* maintenant nous nous sentons à l'aise ensemble / *I feel at ease about the new proposals* les nouvelles propositions me conviennent tout à fait ▸ **to set sb's mind at ease** tranquilliser qqn / *now that your mind's at ease* maintenant que tu es tranquillisé ▸ **to put sb at (his** or **her) ease** mettre qqn à l'aise ▸ **(stand) at ease!** MIL repos! ▸ **to take one's ease** *dated* prendre ses aises, se mettre à l'aise **2.** [facility] facilité *f* ; [of movements] aisance *f* ▸ **to do sthg with ease** faire qqch facilement or aisément / *to speak with ease* parler avec aisance / *ease of access* facilité d'accès / *ease of use* facilité *f* d'utilisation **3.** [affluence] ▸ **to live a life of ease** avoir la belle vie, mener une vie facile. ◆ vt **1.** [alleviate - anxiety, worry] calmer ; [- pain] calmer, soulager ; [- pressure, tension] relâcher ; [- traffic flow] rendre plus fluide ; [- sb's workload] alléger ▸ **to ease sb's mind** rassurer qqn ▸ **to ease sb of a burden** décharger qqn d'un fardeau, retirer un fardeau des épaules de qqn / *to ease sb of* *their anxiety / pain* calmer l'inquiétude / la douleur de qqn **2.** [move gently] : *to ease o.s. into a chair* s'installer délicatement dans un fauteuil / *to ease in the clutch* AUTO embrayer en douceur / *she eased the rucksack from her back* elle fit glisser le sac à dos de ses épaules / *they eased him out of the car* ils l'ont aidé à sortir de la voiture ▸ **to ease sthg out** faire sortir qqch délicatement ▸ **to ease sb out** [from position, job] pousser qqn vers la sortie *fig* / *they eased him out* ils se sont débarrassés de lui en douceur / *he eased himself through the gap in the hedge* il s'est glissé or faufilé à travers le trou dans la haie. ◆ vi [pain] se calmer, s'adoucir ; [situation, tension, rain] se calmer / *the awkwardness between them eased* le malaise qu'il y avait entre eux s'est dissipé.

❖ **ease back** vt sep [throttle, lever] tirer doucement.

❖ **ease off** ◆ vt sep [lid, bandage] enlever délicatement. ◆ vi [rain] se calmer ; [business] ralentir ; [traffic] diminuer ; [tension] se relâcher / *work has eased off* il y a moins de travail.

❖ **ease up** vi [slow down - in car] ralentir ; [rain] se calmer ; [business, work] ralentir ; [traffic] diminuer ▸ **to ease up on sb / sthg** y aller doucement avec qqn / qqch.

easel ['i:zl] n chevalet *m*.

easement ['i:zmənt] n LAW servitude *f*.

easily ['i:zɪlɪ] adv **1.** [without difficulty] facilement / *that's easily said / done* c'est facile à dire / faire / *she is easily pleased* elle n'est pas difficile **2.** [undoubtedly] sans aucun doute / *she's easily the best* c'est de loin la meilleure / *it's easily two hours from here* c'est facilement à deux heures d'ici **3.** [very possibly] : *he could easily change his mind* il pourrait bien changer d'avis **4.** [in a relaxed manner - talk] de manière décontractée ; [- smile, answer] d'un air décontracté.

easiness ['i:zɪnɪs] n **1.** [lack of difficulty] facilité *f* **2.** [relaxed nature] décontraction *f*.

easing ['i:zɪŋ] n [of discomfort] soulagement *m* ; [of tension] relâchement *m*.

east [i:st] ◆ n est *m* ▸ **the East a)** [the Orient] l'Orient *m* **b)** [Eastern Europe] l'Est *m* **c)** [in US] l'Est *m* *(États situés à l'est du Mississippi)* ▸ **East-West relations** relations *fpl* Est-Ouest / *room facing (the) east* pièce donnant or exposée à l'est / *on the east of the island* à l'est de l'île / *to the east of the mainland* à l'est or au large de la côte est du continent / *the wind is (coming) from the east* le vent vient de l'est. ◆ adj [coast, shore, face of mountain] est, oriental ; [wind] d'est / *to live in east London* habiter dans l'est de Londres. ◆ adv [go, look, travel] en direction de l'est, vers l'est ; [sail] cap sur l'est / *further east* plus à l'est / *east of* à l'est de / *east by north / south* est quart nord / sud ▸ **back east** US *inf* dans l'est *(des États-Unis)*.

East Africa pr n Afrique *f* orientale.

East African ◆ adj d'Afrique orientale. ◆ n Africain *m*, -e *f* de l'est.

eastbound ['i:stbaʊnd] adj [traffic, train] en direction de l'est / *there's a jam on the eastbound carriageway* il y a un bouchon en direction de l'est.

East End n [of city] quartiers *mpl* est / *to live in the East End of Glasgow* habiter dans l'est de Glasgow ▸ **the East End** *quartier industriel de Londres, connu pour ses docks et, autrefois, pour sa pauvreté.*

East Ender [-'endər] n habitant *m*, -e *f* de l'est de Londres.

❖ **East Enders** pr n UK TV *feuilleton dont l'action se déroule dans un quartier populaire de Londres.*

Easter ['i:stər] ◆ n Pâques *fpl* / *last / next Easter* à Pâques l'année dernière / l'année prochaine ▸ **Happy Easter!** Joyeuses Pâques ! ◆ comp [holiday, Sunday, weekend] de Pâques ; [week] de Pâques, pascal ; [celebrations] pascal ▸ **Easter Day** (jour *m* de) Pâques.

Easter basket n US *panier de friandises présenté aux enfants comme étant un cadeau de l'Easter bunny.*

Easter bunny n [gen] lapin *m* de Pâques ; [in the US] *personnage imaginaire qui distribue des friandises aux enfants.*

Easter egg n **1.** [egg] œuf *m* de Pâques **2.** COMPUT fonction *f* cachée, Easter egg *m*.

Easter Island pr n l'île *f* de Pâques / *in* or *on Easter Island* dans l'île de Pâques.

easterly ['i:stəlɪ] ◆ adj [in the east] situé à l'est ; [from the east] d'est ; [to the east] vers l'est, en direction de l'est. ◆ n vent *m* d'est.

eastern ['i:stən] adj [Europe] de l'Est ; [France, Scotland, etc.] de l'Est ; [region, seaboard] est, oriental ; [culture, philosophy] oriental ▸ **eastern hemisphere** hémisphère *m* oriental ▸ **the Eastern Bloc** le bloc de l'Est ▸ **the Eastern Church** l'Église d'Orient ▸ **the Eastern Establishment** US l'élite *f* de la côte Est ▸ **the Eastern Townships** [of Canada] les Cantons *mpl* de l'Est.

Eastern Daylight Time n heure *f* d'été de New York.

Easterner ['i:stənər] n **1.** [in US] *personne qui vient de l'est des États-Unis* **2.** [oriental] Oriental *m*, -e *f*.

Eastern European Time n heure *f* d'Europe orientale.

easternmost ['i:stənməʊst] adj situé le plus à l'est.

Eastern Standard Time n heure *f* d'hiver de New York.

Easter Rising pr n HIST ▸ **the Easter Rising** *insurrection irlandaise contre la Grande-Bretagne en 1916.*

Eastertide ['i:stətaɪd] n *liter* (saison *f* de) Pâques *fpl*.

east-facing adj exposé or donnant à l'est.

East German ◆ adj est-allemand, d'Allemagne de l'Est. ◆ n Allemand *m*, -e *f* de l'Est.

East Germany pr n ▸ **(former) East Germany** (l'ex-)Allemagne *f* de l'Est / *in East Germany* en Allemagne de l'Est.

East Indian ◆ adj HIST des Indes orientales. ◆ n HIST natif *m*, -ive *f* des Indes orientales.

East Indies pl pr n HIST ▸ **the East Indies** les Indes orientales.

east-northeast ◆ n est-nord-est *m*. ◆ adj [direction] est-nord-est ; [wind] d'est-nord-est. ◆ adv en direction de l'est-nord-est ; [blow] d'est-nord-est.

East Side pr n ▸ **the East Side** l'East Side *m* *(quartier situé à l'est de Manhattan).*

east-southeast ◆ n est-sud-est *m*. ◆ adj [direction] est-sud-est ; [wind] d'est-sud-est. ◆ adv en direction de l'est-sud-est ; [blow] d'est-sud-est.

eastward ['i:stwəd] ◆ adj est. ◆ adv = **eastwards.**

eastwardly ['i:stwədlɪ] adj [direction] est.

eastwards ['i:stwədz] adv en direction de l'est, vers l'est / *facing eastwards* [building] exposé or donnant à l'est / *to sail eastwards* naviguer cap sur l'est.

easy ['i:zɪ] (*compar* **easier**, *superl* **easiest**) ◆ adj **1.** [not difficult] facile / *it's easy to see why / that...* on voit bien pourquoi / que... / *it's easy to say that...* c'est facile de dire que... / *it's easy for her to say that...* c'est facile pour elle de dire que... / *this should make the job easier (to do)* cela devrait faciliter le travail / *she is (an) easy (person) to please* c'est facile de lui faire plaisir / *it's an easy mistake to make* c'est une erreur qui est facile à faire / *it's not easy being the eldest child* ce n'est pas facile d'être l'aîné / *it's far from easy* or *it's none too easy* c'est loin d'être facile, ce n'est pas facile du tout / *in easy stages* **a)** [travel] par petites étapes **b)** [learn] sans peine / *learn Japanese in ten easy stages!* apprenez le japonais en dix petites leçons ! ▸ **within easy reach of** près de / *the shop is within easy walking distance of here* d'ici, on peut facilement aller au magasin à pied / *the easy way out* or *option* la solution facile or de facilité / *easy to get on with* facile à vivre ▸ **to have an easy time (of it)** [a good life] avoir la belle vie or la vie facile / *she had an easy time of it* [in exams] ç'a été facile pour elle / *she hadn't had an easy time of it* elle n'avait pas eu une vie facile ▸ **it's easy money** *inf* c'est de l'argent gagné facilement or sans se fatiguer ▸ **to come in an easy first** [in a race] gagner haut la main ▸ **an easy prey** or **victim** une proie facile ▸ **easy game** or **meat** *inf* bonne poire *f* ▸ **as easy as pie** or **ABC** *inf* simple comme bonjour or tout ▸ **to be on easy street** *inf* rouler sur l'or **2.** [at peace] ▸ **to feel easy in one's mind** être tranquille, avoir l'esprit tranquille **3.** [easygoing - person, atmosphere] décontracté ; [- disposition, nature] facile ; [- manner] décontracté, naturel ; [- style] coulant, facile / *I'm easy inf* [I don't mind] ça m'est égal ▸ **to be on easy terms with sb** avoir des rapports plutôt amicaux avec qqn ▸ **on easy terms** COMM avec facilités de paiement ▸ **to go at an easy pace** aller tranquillement ▸ **to be an easy fit** [clothes] être confortable **4.** [sexually] : *a woman of easy virtue* *liter* une femme de petite vertu or aux mœurs légères / *she's an easy lay* *v inf & pej* elle couche avec tout le monde, c'est une Marie-couche-toi-là **5.** [pleasant] ▸ **to be easy on the eye a)** [film, painting] être agréable à regarder **b)** [person] être un plaisir pour les yeux ▸ **to be easy on the ear** [music] être agréable à écouter **6.** ST. EX [market] calme. ◆ adv [in a relaxed or sparing way] doucement ▸ **to go easy** y aller doucement ▸ **to go easy on** or **with sb** y aller doucement avec qqn ▸ **to go easy on** or **with sthg** y aller doucement avec or sur qqch / *go easy on the cream* vas-y doucement avec la crème ▸ **he's got it easy** *inf* [has an easy life] il se la coule douce, il a la belle vie ▸ **take it easy! a)** [gen] doucement ! **b)** US [on parting] bon courage ! ▸ **to take things** or **it** or **life easy** [relax] se reposer ▸ **easy now!** *inf* or **easy does it!** *inf* doucement ! ▸ **to sleep easy in one's bed** dormir sur ses deux oreilles ▸ **stand easy!** MIL repos ! ▸ **easier said than done** plus facile à dire qu'à faire ▸ **it's easy come easy go** l'argent, ça va ça vient.

easy-care adj d'entretien facile.

easy chair n fauteuil *m*.

easy-clean adj [garment, surface] facile à nettoyer, d'entretien facile.

easygoing [i:zɪgəʊɪŋ] adj [person] décontracté, facile à vivre ; [lifestyle] décontracté.

easy listening n MUS variété *f*.

easy-peasy n fastoche *inf*, facile.

easy-to-use adj facile à utiliser.

eat [i:t] (*pt* **ate** [et or eɪt], *pp* **eaten** ['i:tn]) ◆ vt manger / *to eat (one's) breakfast / lunch / dinner* prendre son petit déjeuner / déjeuner / dîner / *to eat one's fill* manger tout son soûl or content / *there's nothing to eat* il n'y a rien à manger / *would you like something to eat?* voulez-vous manger quelque chose ? / *to eat one's way through a whole cake* manger un gâteau en entier / *it looks good enough to eat!* on en mangerait ! / *he / she looks good enough to eat* il est beau / elle est belle à croquer / *go on, she's not going to eat you* va, elle ne va pas te manger / *I'll eat my hat if he gets elected* s'il est élu, je veux bien être pendu / *he eats people like you for breakfast* il ne fait qu'une bouchée des gens comme toi ▸ **to eat one's words** ravaler ses mots ▸ **to eat sb out of house and home** : *they ate us out of house and home* ils ont dévalisé notre frigo / *what's eating you?* *inf* qu'est-ce que tu as ? ◆ vi manger / *I haven't eaten at all today* je n'ai pas mangé de toute la journée / *have you eaten yet?* as-tu déjà mangé ? / *let's eat* à table / *to eat for two* [pregnant woman] manger pour deux ▸ **to have sb eating out of one's hand** : *he's got her eating out of his hand* elle lui mangerait dans la main.

❖ **eats** pl n *inf* bouffe *f* / *what's for eats?* qu'est-ce qu'il y a à becqueter ?

❖ **eat away** ◆ vt sep [subj: waves] ronger ; [subj: mice] ronger ; [subj: acid, rust] ronger, corroder ; *fig* [confidence] miner ; [support, capital, resources] entamer. ◆ vi [person] manger.

❖ **eat away at** vt insep = **eat away** *(vt sep)*.

❖ **eat in** vi manger chez soi or à la maison.

❖ **eat into** vt insep **1.** [destroy] attaquer **2.** [use up - savings] entamer ; [- time] empiéter sur.

❖ **eat out** ◆ vi sortir déjeuner or dîner, aller au restaurant. ◆ vt sep ▸ **to eat one's heart out** se morfondre / *eat your heart out!* dommage pour toi !

❖ **eat up** ◆ vi manger. ◆ vt sep [food] terminer, finir ; *fig* [electricity, gas, petrol] consommer beaucoup de / *to eat up the miles* dévorer or avaler les kilomètres ▸ **to be eaten up with** [jealousy, hate, ambition] être rongé or dévoré par. **See note on next page.**

Eat, drink and be merry, for tomorrow we die

La formule résulte de deux citations bibliques entremêlées : ... **a man hath no better thing under the sun, than to eat, and to drink, and be merry** ... *il n'y a de bonheur pour l'homme sous le soleil qu'à manger et à boire et à se réjouir* (Ecclésiaste 8 : 15) et **Let us eat and drink; for tomorrow we shall die.** *Mangeons et buvons, car demain nous mourrons* (Isaïe 22 : 13).

L'expression **eat, drink and be merry** est souvent employée pour évoquer le fait de profiter, parfois avec une certaine résignation, de l'instant présent face à un avenir incertain ou qui s'annonce difficile :

Half the time I want to save the world, the other half I figure it's broken beyond repair so we may as well eat, drink and be merry. *Par moments, je voudrais sauver la planète, et par moments je me dis qu'il est déjà trop tard et qu'autant profiter de l'instant présent.*

In these troubled economic times, for many it's a case of eat, drink and be merry, for tomorrow the bank confiscates your cash card. *En ces temps de crise économique, nombreux sont ceux qui décident de profiter de l'instant présent, craignant de se voir confisquer leur carte de crédit par la banque.*

eatable ['i:təbl] adj [fit to eat] mangeable ; [edible] comestible.

eatables ['i:təblz] pl n *hum* vivres *mpl*, victuailles *fpl*.

eaten ['i:tn] pp ⟶ eat.

eater ['i:təʳ] n **1.** [person] mangeur *m*, -euse *f* / *big / small eater* gros / petit mangeur / *to be a messy eater* manger salement / *to be a fussy eater* être difficile (sur la nourriture) **2.** UK *inf* [apple] pomme *f* à couteau.

eatery ['i:tərɪ] n restaurant *m*.

eating ['i:tɪŋ] ◆ n : *eating is one of his favourite pastimes* manger constitue un de ses passe-temps favoris ▸ **to make good eating** [be good to eat] être bon. ◆ adj **1.** [for eating] ▸ **eating apple** / **pear** pomme *f* / poire *f* à couteau ▸ **eating place** or **house** restaurant *m* **2.** [of eating] ▸ **eating habits** habitudes *fpl* alimentaires ▸ **eating disorder** trouble *m* du comportement alimentaire.

eau de Cologne [,əudəkə'ləun] n eau *f* de Cologne.

eaves ['i:vz] pl n avant-toit *m*, corniche *f*.

eavesdrop ['i:vzdrɒp] (*pt & pp* **eavesdropped**, *cont* **eavesdropping**) vi écouter de manière indiscrète, espionner / *try and eavesdrop on them* essaie d'espionner leur conversation ▸ **to eavesdrop on sb's conversation** espionner la conversation de qqn.

eavesdropper ['i:vz,drɒpəʳ] n indiscret *m*, -ète *f*, personne *f* qui écoute aux portes.

e-banking n services *mpl* bancaires en ligne.

ebb [eb] ◆ n [of tide] reflux *m* ; [of public opinion] variations *fpl* ▸ **ebb and flow** flux *m* et reflux ▸ **to be on the ebb** descendre ▸ **to be at a low ebb a)** [person] ne pas avoir le moral **b)** [patient, enthusiasm, spirits] être bien bas **c)** [business] aller mal, être or tourner au ralenti **d)** [finances, relations] aller mal / *to be at one's lowest ebb* **a)** [person] avoir le moral à zéro **b)** [patient] être au plus mal or bas / *to be at its lowest ebb* **a)** [enthusiasm, spirits] être au plus bas **b)** [business, finances, relations] aller au plus mal. ◆ vi **1.** [tide] baisser, descendre ▸ **to ebb and flow** monter et baisser or descendre **2.** *fig* = **ebb away**.

❖ **ebb away** vi [confidence, enthusiasm, strength, etc.] baisser peu à peu ; [completely] disparaître.

ebb tide n marée *f* descendante.

Ebola [ɪ'bələ] n MED (virus *m*) Ebola *m*.

Ebonics n *argot des Noirs américains dans les quartiers défavorisés*.

ebonite ['ebənaɪt] n ébonite *f*.

ebonize, ebonise ['ebənaɪz] vt noircir *(du bois)*, donner la couleur de l'ébène à / *ebonized wood* bois *m* noirci.

ebony ['ebənɪ] ◆ n [tree] ébénier *m* ; [wood] ébène *m*. ◆ adj [chair, table, etc.] en ébène ; *fig* [eyes, hair] d'ébène.

e-book n livre *m* électronique, e-book *m*.

EBRD (abbr of **European Bank for Reconstruction and Development**) pr n BERD *f*.

e-broker n FIN courtier *m*, -ère *f* en ligne.

e-broking n FIN courtage *m* en ligne.

ebullience [ɪ'bʊljəns] n exubérance *f*.

ebullient [ɪ'bʊljənt] adj exubérant.

e-business n *(U)* commerce *m* en ligne, e-business *m*.

EBV (abbr of **Epstein-Barr Virus**) n EBV *m*.

EC (abbr of **European Community**) ◆ n CE *f*. ◆ comp [ruling, states, membership] de la CE.

e-card n COMPUT carte *f* électronique.

e-cash n monnaie *f* électronique.

ECB (abbr of **European Central Bank**) n BCE *f*.

eccentric [ɪk'sentrɪk] ◆ adj **1.** [person, clothes, behaviour] excentrique **2.** ASTRON, MATH & TECH excentrique, excentré. ◆ n **1.** [person] excentrique *mf* **2.** TECH excentrique *m*.

eccentrically [ɪk'sentrɪklɪ] adv **1.** [dress, talk] de manière excentrique **2.** ASTRON, MATH & TECH excentriquement.

eccentricity [,eksen'trɪsətɪ] (*pl* **eccentricities**) n excentricité *f*.

Eccles cake ['eklz-] n *petit gâteau rond en pâte feuilletée fourré de fruits secs*.

Ecclesiastes [ɪ,kli:zɪ'æsti:z] pr n BIBLE ▸ **(the book of) Ecclesiastes** l'Ecclésiaste *m*.

ecclesiastic [ɪ,kli:zɪ'æstɪk] ◆ adj = **ecclesiastical**. ◆ n ecclésiastique *m*.

ecclesiastical [ɪ,kli:zɪ'æstɪkl] adj [robes, traditions, calendar] ecclésiastique ; [history] de l'Église ; [music] d'église.

ECG n **1.** (abbr of **electrocardiogram**) ECG *m* **2.** (abbr of **electrocardiograph**) ECG *m*.

ECGD (abbr of **Export Credits Guarantee Department**) pr n *organisme d'assurance pour le commerce extérieur* ; ≃ COFACE *f*.

ECH written abbr of **electric central heating**.

echelon ['eʃəlɒn] n **1.** [level] échelon *m* **2.** MIL échelon *m*.

echidna [ɪ'kɪdnə] n échidné *m*.

echinoderm [ɪ'kaɪnəudɜ:m] n échinoderme *m*.

echo ['ekəu] (*pl* **echoes**) ◆ n écho *m* / *echoes of Kafka fig* des éléments qui rappellent or évoquent Kafka. ◆ vt [sound] répéter ; *fig* [colour, theme] reprendre, rappeler ; [architecture, style] rappeler, évoquer / *to echo sb's opinions* **a)** [person] se faire l'écho des opinions de qqn **b)** [editorial] reprendre les opinions de qqn. ◆ vi [noise, voice, music] résonner ; [place] faire écho, résonner / *the corridor echoed with shouts / footsteps* des cris / bruits de pas résonnèrent dans le couloir, le couloir résonna de cris / bruits de pas.

❖ **Echo** pr n Écho.

echocardiogram [,ekəu'kɑ:dɪəugræm] n échocardiogramme *m*.

echo chamber n chambre *f* de réverbération.

echo sounder n échosondeur *m*.

éclair [eɪ'kleəʳ] n CULIN éclair *m*.

eclampsia [ɪ'klæmpsɪə] n MED éclampsie *f*.

éclat [eɪ'klɑ:] n éclat *m*.

eclectic [ɪ'klektɪk] ◆ n éclectique *mf*. ◆ adj éclectique.

eclecticism [ɪ'klektɪsɪzm] n éclectisme *m*.

eclipse [ɪ'klɪps] ◆ n ASTRON & *fig* éclipse *f* / *an eclipse of the sun / moon* une éclipse de soleil / lune ▸ **to be in eclipse** être éclipsé ▸ **to go into eclipse** [sun, moon] s'éclipser / *his career went into eclipse* il a connu une traversée du désert. ◆ vt ASTRON & *fig* éclipser.

ecliptic [ɪ'klɪptɪk] ◆ n ASTRON écliptique *m*. ◆ adj ASTRON écliptique.

eclogue ['eklɒg] n LITER églogue *f*.

eco- ['i:kəu] (abbr of **ecology** or **ecological**) pref éco-.

ecocide ['i:kəusaɪd] n écocide *m*.

ecodevelopment [,i:kəudɪ'veləpmənt] n écodéveloppement *m*.

ecofreak ['i:kəufri:k] n *inf* écologiste enragé *m*, écologiste enragée *f*.

eco-friendly [,i:kəu-] adj qui respecte l'environnement.

eco-hazard n substance *f* toxique.

eco-house n maison *f* écologique.

eco-label n écolabel *m*.

eco-labelling n UK attribution *f* d'écolabels.

E-coli [,i:'kəulaɪ] n MED E-coli *m*, bactérie *f* Escherichia coli.

ecological [,i:kə'lɒdʒɪkl] adj écologique.

ecologically [,i:kə'lɒdʒɪklɪ] adv écologiquement / *ecologically (speaking)* du point de vue de l'écologie / *ecologically harmful / sound* qui est nuisible à / qui respecte l'environnement / *to be ecologically conscious* or *aware* se préoccuper or se soucier de l'environnement.

ecologist [ɪ'kɒlədʒɪst] n **1.** [expert] écologue *mf* **2.** [supporter] écologiste *mf*.

ecology [ɪ'kɒlədʒɪ] n écologie *f*.

e-commerce [,i:-] n commerce *m* électronique, cybercommerce *m*.

ecomuseum n écomusée *m*.

econometric [ɪ,kɒnə'metrɪk] adj économétrique.

econometrician [ɪ,kɒnəme'trɪʃn] n économétricien *m*, -enne *f*.

econometrics [ɪ,kɒnə'metrɪks] n *(U)* économétrie *f*.

economic [,i:kə'nɒmɪk] adj **1.** ECON [climate, growth, system, indicator] économique ▸ **economic bubble** bulle *f* économique ▸ **economic migrant** or **refugee** migrant *m* économique ▸ **economic miracle** miracle *m* économique ▸ **economic performance** [of a country] résultats *mpl* économiques **2.** [profitable] rentable / *it isn't economic* or *it doesn't make economic sense* ce n'est pas rentable or avantageux ▸ **economic rate of return** taux de rentabilité économique ▸ **economic rent** loyer rentable.

economical [,i:kə'nɒmɪkl] adj [person] économe ; [machine, method, approach] économique / *it's more economical to buy in bulk* c'est plus économique or avantageux d'acheter par grandes quantités / *to be economical to run* [car, heating] être économique ▸ **to be economical with sthg** économiser qqch / *to be economical with the truth euph* dire la vérité avec parcimonie / *economical use of language* emploi sobre du langage.

economically [,i:kə'nɒmɪklɪ] adv **1.** ECON économiquement ▸ **not economically active** [unemployed] inactif **2.** [live] de manière économe ; [write] avec sobriété ; [use] de manière économe, avec parcimonie.

Economic and Monetary Union n Union *f* économique et monétaire.

economics [,i:kə'nɒmɪks] ◆ n *(U)* [science] économie *f* (politique), sciences *fpl* économiques / *economics lecturer* professeur *mf* d'économie. ◆ pl n [financial aspects] aspect *m* économique.

economist [ɪ'kɒnəmɪst] n économiste *mf* ▸ **the Economist** PRESS *hebdomadaire britannique politique, économique et financier*.

economize [ɪ'kɒnəmaɪz] vi économiser, faire des économies ▸ **to economize on sthg** économiser sur qqch.

economy [ɪ'kɒnəmɪ] (*pl* **economies**) ◆ n **1.** [system] économie *f* **2.** [saving] économie *f* / *to practise economy* économiser, épargner / *with economy of effort* sans effort inutile / *economy of language* sobriété *f* de langage ▸ **economies of scale** économies d'échelle ▸ **false economy** fausse économie. ◆ comp [pack] économique ▸ **economy car** *aux États-Unis, voiture de taille moyenne, consommant peu par rapport aux « grosses américaines »* ▸ **economy class** classe *f* touriste ▸ **economy drive** politique *f* de réduction des dépenses. ◆ adv [fly, travel] en classe touriste.

economy-class syndrome n syndrome *m* de la classe économique.

economy-size(d) adj [pack, jar] taille économique *(inv)*.

ecopolitics ['iːkəʊ,pɒlɪtɪks] n *(U)* politique *f* et environnement *m (sujet d'étude)*.

ecosphere ['iːkəʊ,sfɪə] n écosphère *f*.

ecosystem ['iːkəʊ,sɪstəm] n écosystème *m*.

ecotax ['iːkəʊtæks] n écotaxe *f*.

ecoterrorism n écoterrorisme *m*.

ecoterrorist ['iːkəʊ,terərɪst] n écoterroriste *mf*.

eco-tourism ['iːkəʊ-] n écotourisme *m*, tourisme *m* vert.

eco-town n ville *f* écologique.

ecotoxic [,iːkəʊ'tɒksɪk] adj écotoxique.

ecotype ['iːkəʊtaɪp] n écotype *m*.

eco-warrior ['iːkəʊ-] n éco-guerrier *m*, -ère *f*.

ecru ['eɪkruː] ◆ n écru *m*. ◆ adj écru.

ecstasy ['ekstəsɪ] (*pl* **ecstasies**) n **1.** extase *f*, ravissement *m* / *to be in an ecstasy of delight* être transporté de joie ▸ **to be in / to go into ecstasies** être / tomber en extase **2.** [drug] ecstasy *f*.

ecstatic [ek'stætɪk] adj ravi ▸ **to be ecstatic about sthg / sb a)** [in admiration] être en extase devant qqch / qqn **b)** [with joy] être ravi de qqch / qqn / *I'm not ecstatic about it* cela ne m'enchante pas.

ecstatically [ek'stætɪklɪ] adv avec extase / *to be ecstatically happy* être dans un bonheur extatique.

ECT n abbr of **electroconvulsive therapy**.

ectomorph ['ektəʊmɔːf] n ectomorphe *mf*.

ectomorphic [,ektəʊ'mɔːfɪk] adj ectomorphe.

ectopic [ek'tɒpɪk] adj ▸ **ectopic pregnancy** grossesse *f* extra-utérine or ectopique.

ectoplasm ['ektəplæzm] n ectoplasme *m*

Ecuador ['ekwədɔːr] pr n Équateur *m* / *in Ecuador* en Équateur.

Ecuadoran [,ekwə'dɔːrən], **Ecuadorian** [,ekwə'dɔːrɪən] ◆ n Équatorien *m*, -enne *f*. ◆ adj équatorien.

ecumenical [iːkjʊ'menɪkl] adj œcuménique.

ecumenism [iː'kjuːmənɪzm], **ecumenicism** [,iːkjuː'menɪsɪzm] n œcuménisme *m*.

eczema [ɪg'ziːmə] n MED eczéma *m* / *to have eczema* avoir de l'eczéma ▸ **eczema sufferer** eczémateux *m*, -euse *f*.

ed. ◆ **1.** (written abbr of **edited**) sous la dir. de, coll. **2.** (written abbr of **edition**) éd., édit. **3.** (written abbr of **education**) éduc. ◆ n (abbr of **editor**) éd., édit.

ED pr n **1.** abbr of **Employment Department 2.** US abbr of **Education Department**.

Edam ['iːdæm] n édam *m*.

eddy ['edɪ] (*pl* **eddies**) ◆ n tourbillon *m*. ◆ vi tourbillonner.

eddy currents pl n ELEC courants *mpl* de Foucault.

edelweiss ['eɪdlvaɪs] n edelweiss *m*, immortelle *f* des neiges.

edema US = **oedema**.

Eden ['iːdn] pr n BIBLE Éden *m* ; *fig* éden *m* / **'East of Eden'** *Steinbeck, Kazan* 'À l'est d'Éden'.

edentate [iː'denteɪt] ◆ n édenté *m*. ◆ adj édenté.

edge [edʒ] ◆ n **1.** [of blade] fil *m*, tranchant *m* / *knife with a sharp* or *keen edge* couteau à la lame aiguisée or affilée ▸ **to put an edge on** [knife, blade] aiguiser, affiler, affûter ▸ **to take the edge off** [blade] émousser / *seeing that film has taken the edge off my appetite* ça m'a coupé l'appétit de voir ce film / *the sandwich took the edge off my hunger* ce sandwich a calmé ma faim / *the walk gave an edge to his appetite* la promenade lui a ouvert l'appétit ▸ **to have the edge on a)** [be better than] avoir légèrement le dessus or l'avantage sur **b)** [have an advantage over] avoir l'avantage sur ▸ **to give sb / sthg that extra edge** donner un plus à qqn / qqch / *the performance lacked edge* le spectacle manquait de ressort or d'énergie / *I've lost my edge* **a)** [athlete] j'ai perdu mon brio **b)** [writer] j'ai perdu mon mordant / *with an edge in one's voice* d'un ton forcé **2.** [outer limit - of table, cliff, road] bord *m* ; [- of page] bord *m*, marge *f* ; [- of forest] lisière *f*, orée *f* ; [- of cube, brick] arête *f* ; [- of coin, book] tranche *f* ; [- of ski] carre *f* / *at* or *by the water's edge* au bord de l'eau ▸ **to stand sthg on its edge a)** [coin, book] mettre qqch sur la tranche **b)** [brick, stone] poser or mettre qqch de or sur chant ▸ **to be on the edge of** [war, disaster, madness] être au bord de / *I was on the edge of my seat fig* [waiting for news] j'étais sur des charbons ardents / *this film will have you on the edge of your seat fig* ce film est d'un suspense à vous faire frémir ▸ **to be close to the edge a)** *lit* être près du bord **b)** *fig* être au bord du précipice ▸ **to push sb over the edge** *fig* faire craquer qqn ▸ **to live on the edge** prendre des risques. ◆ vt **1.** [give a border to] border ▸ **to edge sthg with sthg** border qqch de qqch **2.** [sharpen] aiguiser, affiler, affûter **3.** [in skiing] ▸ **to edge one's skis** planter ses carres **4.** [move gradually] ▸ **to edge one's way** avancer or progresser lentement / *to edge one's way along a ledge* avancer or progresser lentement le long d'une corniche / *to edge one's chair nearer sb / sthg* approcher peu à peu sa chaise de qqn / qqch. ◆ vi avancer or progresser lentement / *to edge through the crowd* se frayer un chemin à travers la foule / *to edge past sb / sthg* se faufiler à côté de qqn / qqch / *to edge into a room* se faufiler dans une pièce / *to edge away (from sb / sthg)* s'éloigner doucement or discrètement (de qqn / qqch) / *the car edged forward / backward* la voiture avança / recula doucement.

❖ **on edge** adj & adv phr : *to be on edge* être énervé or sur les nerfs ▸ **to set sb's teeth on edge** faire grincer les dents à qqn ▸ **to set sb's nerves on edge** mettre les nerfs de qqn à fleur de peau.

❖ **edge out** ◆ vt sep ▸ **to edge sb out of a job** pousser qqn vers la sortie en douceur. ◆ vi sortir lentement / *to edge out of a room* se glisser hors d'une pièce.

❖ **edge up** ◆ vt sep ▸ **to edge prices up** faire monter les prix doucement. ◆ vi **1.** [prices] monter doucement **2.** [approach slowly] ▸ **to edge up to sb / sthg** s'avancer lentement vers qqn / qqch.

-edged [edʒd] in comp ▸ **double-edged a)** [blade, knife, sword] à double tranchant, à deux tranchants **b)** *fig* [compliment, remark] à double tranchant ▸ **sharp-edged** bien affilé or aiguisé.

edger ['edʒər] n [gardening tool] taille-bordures *m*.

edge tool n outil *m* tranchant.

edgeways UK ['edʒweɪz], **edgewise** US ['edʒwaɪz] adv de côté / *I couldn't get a word in edgeways* je n'ai pas pu placer un mot.

edgily ['edʒɪlɪ] adv nerveusement.

edginess ['edʒɪnɪs] n **1.** [nervousness] nervosité *f* / *there was an edginess about him* il était assez nerveux **2.** [modernity] caractère *m* ultra-contemporain.

edging ['edʒɪŋ] n [border - on dress, of flowers, etc.] bordure *f* ▸ **edging shears** cisailles *fpl* à gazon.

edgy ['edʒɪ] (*compar* **edgier**, *superl* **edgiest**) adj **1.** [nervous] nerveux, sur les nerfs **2.** [contemporary] ultra-contemporain.

edible ['edɪbl] adj [mushroom, berry] comestible / *edible crab* tourteau *m* / *is it edible?* c'est bon à manger ? / *this is very edible!* c'est délicieux !

❖ **edibles** pl n comestibles *mpl*.

edict ['iːdɪkt] n POL décret *m* ; *fig* ordre *m* ▸ **the Edict of Nantes** HIST l'édit *m* de Nantes.

edification [,edɪfɪ'keɪʃn] n *fml* édification *f*, instruction *f*.

edifice ['edɪfɪs] n *lit & fig* édifice *m*.

edify ['edɪfaɪ] (*pt & pp* **edified**) vt *fml* édifier.

edifying ['edɪfaɪɪŋ] adj *fml* édifiant / *it was hardly an edifying spectacle / experience hum* le spectacle / l'expérience était loin d'être édifiant / édifiante.

Edinburgh ['edɪnbrə] pr n Édimbourg ▸ **the Edinburgh Festival** le Festival d'Édimbourg.

Edinburgh Festival

Le Festival international d'Édimbourg, créé en 1947, est aujourd'hui l'un des plus grands festivals de théâtre et de musique du monde ; il a lieu chaque année d'août à septembre. Le festival « off » (**Fringe**) est une grande rencontre du théâtre expérimental.

edit ['edɪt] ◆ n [of text] révision *f*, correction *f*. ◆ vt **1.** [correct - article, book] corriger, réviser ; [COMPUT - file] éditer ; [prepare for release - book, article] éditer, préparer pour la publication ; [- film, TV programme, tape] monter / *the footnotes were edited from the book* les notes ont été coupées dans le or retranchées du livre **2.** [be in charge of - review, newspaper] diriger la rédaction de.

❖ **edit down** vt sep raccourcir.

❖ **edit out** vt sep couper, supprimer.

editing ['edɪtɪŋ] n [of newspaper, magazine] rédaction *f* ; [initial corrections] révision *f*, correction *f* ; [in preparation for publication] édition *f*, préparation *f* à la publication ; [of film, tape] montage *m* ; COMPUT [of file] édition *f*.

edition [ɪ'dɪʃn] n [of book, newspaper] édition *f* ▸ **first edition** première édition ▸ **revised / limited edition** édition revue et corrigée / à tirage limité.

editor ['edɪtər] n **1.** [of newspaper, review] rédacteur *m*, -trice *f* en chef ; [of author] éditeur *m*, -trice *f* ; [of dictionary] rédacteur *m*, -trice *f* ; [of book, article - who makes corrections] correcteur *m*, -trice *f* ; [- who writes] rédacteur *m*, -trice *f* ; [of film] monteur *m*, -euse *f* ▸ **political editor** PRESS rédacteur *m*, -trice *f* politique ▸ **sports editor** PRESS rédacteur *m* sportif, rédactrice *f* sportive ▸ **editor's note** PRESS note *f* de la rédaction **2.** COMPUT éditeur *m*.

editorial [,edɪ'tɔːrɪəl] ◆ adj PRESS [decision, comment] de la rédaction ; [job, problems, skills] de rédaction, rédactionnel / *the editorial staff* le personnel de rédaction / *from an editorial point of view* du point de vue de la rédaction ▸ **editorial changes** corrections *fpl* ▸ **editorial freedom** liberté *f* éditoriale ▸ **editorial policy** politique *f* éditoriale. ◆ n PRESS éditorial *m*.

editorialist [,edɪ'tɔːrɪəlɪst] n éditorialiste *mf*.

editorially [,edɪ'tɔːrɪəlɪ] adv du point de vue de la rédaction.

editor-in-chief n rédacteur *m*, -trice *f* en chef.

editorship ['edɪtəʃɪp] n rédaction *f* / *during her editorship* quand elle dirigeait la rédaction.

EDP n abbr of **electronic data processing**.

EDT n abbr of **Eastern Daylight Time**.

educable ['edʒʊkəbl] adj *fml* éducable.

educate ['edʒʊkeɪt] vt [pupil] instruire, donner une éducation à ; [mind, tastes, palate] éduquer, former ; [customers, public] éduquer / *she was educated in Edinburgh / at Birmingham University* elle a fait sa scolarité à Édimbourg / ses études à l'université de Birmingham.

educated ['edʒʊkeɪtɪd] adj [person] instruit ; [voice] distingué ▸ **to make an educated guess** faire une supposition éclairée.

education [,edʒʊ'keɪʃn] ◆ n **1.** éducation *f* ; [teaching] enseignement *m* / *a classical / scientific education* une formation classique / scientifique / *the education of* *poor countries in modern farming techniques* la formation des pays pauvres aux techniques agricoles modernes / *to have* or *to receive a good education* recevoir une bonne éducation or formation / *she completed her education in Italy* elle a terminé ses études en Italie / *standards of education* niveau *m* scolaire / *to have gaps in one's education* avoir des lacunes dans son éducation / *it was an education* **a)** cela m'a beaucoup appris **b)** *hum* c'était très édifiant **2.** PHR **adult** or **continuing education** formation *f* continue ▸ **Department of Education and Science** UK ≃ ministère *m* de l'Éducation nationale ▸ **higher** or **university education** enseignement *m* supérieur or universitaire ▸ **Minister of** or **Secretary of State for Education** UK ministre *m* de l'Éducation ▸ **primary / secondary education** (enseignement *m*) primaire *m* / secondaire *m* ▸ **tertiary education** enseignement *m* supérieur. ◆ comp [costs, budget] de l'éducation ▸ **Education Act** ≃ réforme *f* (de l'Éducation) ▸ **education correspondent** PRESS correspondant chargé, correspondante chargée des problèmes d'enseignement ▸ **the education system** le système éducatif ▸ **(local) education authority** UK ≃ académie *f* régionale.

educational [,edʒʊ'keɪʃənl] adj [programme, system] éducatif ; [establishment] d'éducation, d'enseignement ; [books, publisher] scolaire ; [method, film, visit, TV] éducatif, pédagogique / *they talked about rising / falling educational standards* ils ont évoqué la hausse / baisse du niveau scolaire / *it was very educational* **a)** c'était très instructif **b)** *hum* c'était très édifiant ▸ **educational age** niveau *m* scolaire ▸ **educational channel** chaîne *f* du savoir or éducative ▸ **educational cruise** croisière *f* culturelle ▸ **educational prospects** avenir *m* scolaire ▸ **educational psychologist** psychopédagogue *mf* ▸ **educational qualifications** qualifications *fpl*, diplômes *mpl*.

educationalist [,edʒʊ'keɪʃnəlɪst] n pédagogue *mf*.

educationally [,edʒʊ'keɪʃnəlɪ] adv d'un point de vue éducatif ▸ **educationally deprived child** *enfant qui n'a pas suivi une scolarité normale* ▸ **educationally subnormal** *dated* en retard sur le plan scolaire.

educationist [,edʒʊ'keɪʃnɪst] = **educationalist**.

educative ['edʒʊkətɪv] adj éducatif.

educator ['edʒʊkeɪtəʳ] n US éducateur *m*, -trice *f*.

educe [ɪ'djuːs] vt *fml* dégager, tirer.

edutainment ◆ n [games] jeux *mpl* éducatifs ; [TV programmes] émissions *fpl* éducatives pour les enfants ; [software] logiciels *mpl* ludo-éducatifs. ◆ adj ludo-éducatif.

Edward ['edwəd] pr n ▸ **Edward the Confessor** Édouard le Confesseur ▸ **Prince Edward** le prince Edward.

Edwardian [ed'wɔːdɪən] ◆ adj [architecture, design] édouardien, de style Édouard VII, (des années) 1900 ; [society, gentleman] de l'époque d'Édouard VII, des années 1900 ▸ **Edwardian style** style *m* Édouard VII ▸ **the Edwardian era** ≃ la Belle Époque. ◆ n *Britannique qui vivait sous le règne d'Édouard VII.*

EE n abbr of **electrical engineer**.

EEA (abbr of **European Economic Area**) n EEE *m*.

EEC (abbr of **European Economic Community**) pr n HIST CEE *f*.

e-economy n économie *f* en ligne.

EEG n **1.** (abbr of **electroencephalogram**) EEG *m* **2.** (abbr of **electroencephalograph**) EEG *m*.

eejit ['iːdʒɪt] n IR & SCOT *inf* idiot *m*, -e *f*, andouille *f*.

eek [iːk] interj *inf* hi.

eel [iːl] n anguille *f* ▸ **to be as slippery as an eel** glisser comme une anguille.

eelworm ['iːlwɔːm] n anguillule *f*.

e'en [iːn] *liter* = **even** *(adv)*.

EENT (abbr of **eye, ear, nose and throat**) n ophtalmologie et ORL.

EEOC (abbr of **Equal Employment Opportunity Commission**) pr n *Commission pour l'égalité des chances d'emploi aux États-Unis.*

EEPROM ['iːprɒm] (abbr of **electrically erasable programmable ROM**) n COMPUT EEPROM *f*.

e'er [eəʳ] *liter* = **ever** *(adv)*.

eerie ['ɪərɪ] (*compar* **eerier**, *superl* **eeriest**) adj [house, silence, sound] inquiétant, sinistre / *it gave me an eerie feeling* ça m'a fait froid dans le dos.

eerily ['ɪərəlɪ] adv sinistrement, d'une manière sinistre / *it was eerily quiet in the house* un calme inquiétant régnait dans la maison / *to fall eerily silent* tomber dans un silence étrange.

eeriness ['ɪərɪnɪs] n caractère *m* étrange or sinistre.

eery ['ɪərɪ] (*compar* **eerier**, *superl* **eeriest**) = **eerie**.

EET n abbr of **Eastern European Time**.

eew [iːw] excl US beurk *inf*.

eff [ef] vi UK *v inf & euph* ▸ **to eff and blind** jurer à tout va.

❖ **eff off** vi UK *v inf* ▸ **eff off!** va te faire voir ! / *I told him to eff off* je lui ai dit d'aller se faire voir.

efface [ɪ'feɪs] vt *lit & fig* effacer ▸ **to efface o.s.** s'effacer.

effect [ɪ'fekt] ◆ n **1.** [of action, law] effet *m* ; [of chemical, drug, weather] effet *m*, action *f* ▸ **to have an effect on** avoir or produire un effet sur / *feeling the effects, are you?* *inf* [of over-indulgence] alors, on se ressent de ses excès ? / *the effect of the law will be to...* la loi aura pour effet de... / *the effect of all this is that...* tout cela a pour résultat que... / *with effect from January 1st* UK à partir or à compter du 1er janvier ▸ **with immediate effect** à compter d'aujourd'hui ▸ **to no** or **little effect** en vain ▸ **to use** or **to put sthg to good effect** **a)** [technique, talent] utiliser qqch avec succès **b)** [money, inheritance] faire bon usage de qqch / *to such good effect that...* tellement bien que... ▸ **to put** or **to bring** or **to carry into effect** [law] mettre en pratique ▸ **to come into** or **to take effect** [law] entrer en vigueur ▸ **to take effect** [drug] (commencer à) faire effet **2.** [meaning] sens *m* ▸ **to this** or **that effect** dans ce sens / *letters to the same effect* des lettres allant dans le même sens / *a rumour to the effect that...* une rumeur selon laquelle... / *a telegram / an announcement to the effect that...* un télégramme / une annonce disant que... / *or words to that effect* ou quelque chose dans le genre **3.** [impression] effet *m* ▸ **(just) for effect** (juste) pour faire de l'effet **4.** THEAT ▸ **stage effects** effets *mpl* de scène. ◆ vt *fml* [reform] effectuer ; [sale, purchase] réaliser, effectuer ; [improvement] apporter ; [cure, rescue, reconciliation] mener à bien / *to effect one's escape* s'échapper / *to effect entry* LAW entrer / *to effect a saving in* or *of sthg* faire or réaliser une économie de qqch.

❖ **effects** pl n *fml* ▸ **household effects** articles *mpl* ménagers ▸ **personal effects** effets *mpl* personnels.

❖ **in effect** ◆ adj phr [law, system] en vigueur. ◆ adv phr [in fact] en fait, en réalité.

effective [ɪ'fektɪv] adj **1.** [which works well - measure, treatment, advertising, etc.] efficace ; [-worker, manager] efficace ; [-argument] qui porte ; [-service, system] qui fonctionne bien ; [-disguise] réussi / *an effective way of doing sthg* un moyen efficace de faire qqch **2.** ADMIN & FIN ▸ **effective date** date *f* d'entrée en vigueur / *effective as from January 1st* [law] en vigueur or applicable à compter du 1er janvier / *effective January 1st* à compter du 1er janvier / *to cease to be effective* [policy, law] cesser d'être applicable / *to become effective* entrer en vigueur **3.** [actual] véritable / *to assume effective command of a team* assumer la direction réelle d'une équipe ▸ **effective income** revenu *m* réel **4.** [creating effect - colour, illustration] qui fait de l'effet.

❖ **effectives** pl n effectifs *mpl*.

effectively [ɪ'fektɪvlɪ] adv **1.** [efficiently - work, run, manage] efficacement **2.** [successfully] avec succès **3.** [in fact] en réalité, en fait **4.** [impressively] d'une manière impressionnante.

effectiveness [ɪ'fektɪvnɪs] n **1.** [efficiency - of treatment, advertising] efficacité *f* ; [-of undertaking, attempt] succès *m* **2.** [effect - of entrance, gesture, colour] effet *m* / *to improve the effectiveness of your backhand* pour améliorer votre revers.

effector [ɪ'fektəʳ] ◆ n PHYSIOL effecteur *m*. ◆ adj PHYSIOL effecteur.

effectual [ɪ'fektʃʊəl] adj *fml* [action, plan, law] efficace.

effectuate [ɪ'fektjʊeɪt] vt *fml* effectuer, réaliser.

effeminacy [ɪ'femɪnəsɪ] n [of man] caractère *m* efféminé / *the effeminacy of his voice* sa voix efféminée.

effeminate [ɪ'femɪnət] adj [man, voice] efféminé.

effeminately [ɪ'femɪnətlɪ] adv [dress, behave] de manière efféminée ; [speak] d'une voix efféminée.

effervesce [,efə'ves] vi [liquid] être en effervescence ; [wine] pétiller ; [gas] s'échapper (d'un liquide) par effervescence ; *fig* [person] déborder de vie / *when the mixture effervesces* quand le mélange entre en effervescence.

effervescence [,efə'vesəns] n [of liquid] effervescence *f* ; [of wine] pétillement *m* ; *fig* [of person] vitalité *f*, pétulance *f* ; [of personality] pétulance *f*.

effervescent [,efə'vesənt] adj [liquid] effervescent ; [wine] pétillant ; *fig* [person] débordant de vie, pétulant ; [personality] pétulant.

effete [ɪ'fiːt] adj *fml* [weak - person] mou *(before vowel or silent 'h' mol, f molle)* ; [-civilization, society] affaibli ; [decadent] décadent.

effeteness [ɪ'fiːtnɪs] n *fml* [weakness - of person] mollesse *f* ; [-of civilization, society] affaiblissement *m* ; [decadence] décadence *f*.

efficacious [efɪ'keɪʃəs] adj *fml* efficace.

efficacy ['efɪkəsɪ] n *fml* efficacité *f*.

efficiency [ɪ'fɪʃənsɪ] n **1.** [of person, company, method] efficacité *f* ; [of machine - in operation] fonctionnement *m* ; [-in output] rendement *m* **2.** US = **efficiency apartment**.

efficiency apartment n US studio *m*.

efficiency expert n expert *m* en organisation.

efficient [ɪ'fɪʃənt] adj [person, staff, method, company] efficace ; [piece of work] bien fait ; [machine - in operation] qui fonctionne bien ; [-in output] qui a un bon rendement / *the machine is now at its most efficient* **a)** [functions well] la machine a maintenant un fonctionnement optimal **b)** [has high output] la machine a maintenant un rendement optimal / *to make more efficient use of sthg* utiliser qqch de manière plus efficace / *the cast was efficient if not inspired* sans être brillants, les acteurs ont fait preuve de professionnalisme.

efficiently [ɪ'fɪʃəntlɪ] adv [work - person] efficacement / *the machine works efficiently* **a)** [functions well] la machine fonctionne bien **b)** [has high output] la machine a un bon rendement.

effigy ['efɪdʒɪ] (*pl* **effigies**) n effigie *f* ▸ **to burn sb in effigy** brûler qqn en effigie.

effing ['efɪŋ] UK *v inf* ◆ adj de merde / *you effing idiot!* espèce de connard ! ◆ adv foutrement / *don't be so effing stupid!* qu'est-ce que tu peux être con ! ◆ n : *there was a lot of effing and blinding* on a eu droit à un chapelet de jurons.

efflorescence [eflɔː'resəns] n *liter* [flowering] floraison *f* ; *fig* efflorescence *f*.

efflorescent [,eflə'resənt] adj efflorescent.

effluent ['eflʊənt] n **1.** [waste] effluent *m* **2.** [stream] effluent *m*.

effluvium [ɪ'fluːvjəm] (*pl* **effluviums** or **effluvia** [-vjə]) n *fml* émanation *f* pestilentielle.

effort ['efət] n **1.** [physical or mental exertion] effort *m* / *it will be a bit of an effort* ce sera un peu difficile / *without much effort* sans trop d'effort or de peine / *with an effort* en faisant un effort / *your efforts on our behalf* les efforts que vous avez faits pour nous / *it was an effort for me to stay awake* **a)** j'avais du mal à rester éveillé **b)** [stronger] rester éveillé me coûtait / *put* *some effort into it!* fais un effort ! / *I put a lot of effort into that project* je me suis donné beaucoup de mal or de peine pour ce projet / *well, make some effort to help* allons, fais un petit effort pour nous aider ▸ **in an effort to do sthg** dans le but de faire qqch / *not to make the slightest effort to do sthg* ne pas faire le moindre effort pour faire qqch, ne pas s'efforcer le moins du monde de faire qqch ▸ **to make no effort to do sthg** ne pas essayer de faire qqch ▸ **to make every effort to do sthg** faire tout son possible pour faire qqch / *it's not worth the effort* ça ne vaut pas la peine de se fatiguer **2.** [attempt] essai *m*, tentative *f* / *it's only my first effort* ce n'est que la première fois que j'essaie / *it was a good effort* pour un essai, c'était bien.

effortless ['efətlɪs] adj [win] facile ; [style, movement] aisé / *it seems so effortless* cela a l'air si facile.

effortlessly ['efətlɪslɪ] adv facilement, sans effort or peine.

effrontery [ɪ'frʌntərɪ] n effronterie *f*.

effulgence [ɪ'fʌlʤəns] n *liter* rayonnement *m*.

effulgent [ɪ'fʌlʤənt] adj *liter* rayonnant.

effusion [ɪ'fjuːʒn] n *liter* **1.** [of words] effusion *f* **2.** [of liquid] écoulement *m* ; [of blood] hémorragie *f*.

effusive [ɪ'fjuːsɪv] adj **1.** [person] expansif ; [welcome, thanks] chaleureux ; *pej* exagéré **2.** GEOL effusif.

effusively [ɪ'fjuːsɪvlɪ] adv avec effusion ; *pej* avec une effusion exagérée.

E-fit® ['iːfɪt] n portrait-robot *m* électronique.

EFL (abbr of **English as a foreign language**) n *anglais langue étrangère*.

eft [eft] n triton *m*.

EFT [eft] (abbr of **electronic funds transfer**) n COMPUT TEF *m*.

EFTA ['eftə] (abbr of **European Free Trade Association**) pr n AELE *f*, AEL-E *f*.

EFTPOS ['eftpɒs] (abbr of **electronic funds transfer at point of sale**) n COMPUT TEF/TPV *m*.

EFTS [efts] (abbr of **electronic funds transfer system**) n *système électronique de transfert de fonds*.

e.g. (abbr of **exempli gratia**) adv par exemple.

EGA (abbr of **enhanced graphics adapter**) n adaptateur *m* graphique couleur EGA.

egad [iː'gæd] interj *arch* sacredieu.

egalitarian [ɪ,gælɪ'teərɪən] ◆ n égalitariste *mf*. ◆ adj égalitaire.

egalitarianism [ɪ,gælɪ'teərɪənɪzm] n égalitarisme *m*.

egg [eg] n **1.** CULIN œuf *m* ▸ **eggs and bacon** œufs au bacon ▸ **fried egg** œuf sur le plat ▸ **hard-boiled egg** œuf dur ▸ **soft-boiled egg** œuf à la coque ▸ **egg white / yolk** blanc *m* / jaune *m* d'œuf ▸ **eggs Benedict** *œufs pochés à la béchamel* ▸ **to be left with** or **to get egg on one's face** avoir l'air ridicule / *that's how you get egg on your face* c'est comme ça qu'on se couvre de ridicule **2.** [of bird, insect, fish] œuf *m* ; [of woman] ovule *m* ▸ **to lay an egg a)** [bird] pondre un œuf **b)** US *v inf* [person, performer] être nul **c)** US *v inf* [play, film, etc.] faire un bide ▸ **to put all one's eggs in one basket** mettre tous ses œufs dans le même panier **3.** UK *dated* [person] ▸ **he's / she's a good egg** c'est un brave garçon / une brave fille ▸ **a bad egg** un sale individu.

❖ **egg on** vt sep encourager, inciter ▸ **to egg sb on to do sthg** encourager or inciter qqn à faire qqch.

egg-and-spoon race n *jeu consistant à courir en tenant un œuf dans une cuillère*.

eggbeater ['eg,biːtər] n **1.** = **egg whisk 2.** US *inf* [helicopter] hélico *m*.

eggbox ['egbɒks] n boîte *f* à œufs.

eggcup ['egkʌp] n coquetier *m*.

egg custard n CULIN ≃ œufs *mpl* au lait.

egg flip = **eggnog**.

egghead ['eghed] n *inf* intello *mf*.

egg-laying ◆ adj ovipare. ◆ n ponte *f*.

eggnog [eg'nɒg] n *boisson composée d'œufs, de lait, de sucre, d'épices, de brandy, de rhum, etc.*

eggplant ['egplɑːnt] n US aubergine *f*.

egg roll n US CULIN pâté *m* impérial.

egg-shaped adj en forme d'œuf, ovoïde.

eggshell ['egʃel] ◆ n **1.** coquille *f* d'œuf **2.** [colour] coquille *f* d'œuf **3.** PHR **to be walking on eggshells** US *inf* marcher sur des œufs. ◆ adj [finish, paint] coquille d'œuf *(inv)*.

eggshell china, **eggshell porcelain** n coquille *f* d'œuf.

eggslice ['egslaɪs] n spatule *f*.

egg spoon n cuillère *f* à œufs (à la coque).

egg timer n sablier *m*.

egg tooth n [of chicken, snake] dent *f* d'éclosion.

egg wash n CULIN badigeon *m* à l'œuf battu.

egg whisk n CULIN fouet *m*.

eggy ['egɪ] adj *inf* [stained] taché or souillé de jaune d'œuf / *an eggy taste / smell* un goût / une odeur d'œuf ▸ **eggy bread** pain *m* perdu.

eglantine ['egləntaɪn] n BOT [bush] églantier *m* ; [flower] églantine *f*.

EGM (abbr of **extraordinary general meeting**) n AGE *f*.

ego ['iːgəʊ] n [self-esteem] amour-propre *m* ; PSYCHOL ego *m inv*, moi *m inv* / *to have an enormous ego* être imbu de soi-même / *it's just your ego that's hurt* tu es seulement blessé dans ton amour-propre.

egocentric [,iːgəʊ'sentrɪk] adj égocentrique.

egocentricity [,iːgəʊsen'trɪsətɪ], **egocentrism** [,iːgəʊ'sentrɪzm] n égocentrisme *m*.

egoism ['iːgəʊɪzm] n [selfishness] égoïsme *m*.

egoist ['iːgəʊɪst] n égoïste *mf*.

egoistic [,iːgəʊ'ɪstɪk] adj égoïste.

egoistically [,iːgəʊ'ɪstɪklɪ] adv égoïstement.

egomania [,iːgəʊ'meɪnjə] n égocentrisme *m* extrême.

egomaniac [,iːgəʊ'meɪnɪæk] n égocentrique *mf*.

ego-surfing n *recherche de son propre nom sur Internet*.

egotism ['iːgətɪzm] n égocentrisme *m*, égotisme *m*.

egotist ['iːgətɪst] n égocentrique *mf*, égotiste *mf*.

egotistic(al) [,iːgə'tɪstɪk(l)] adj égocentrique, égotiste.

egotistically [,iːgə'tɪstɪklɪ] adv de manière égocentrique or égotiste.

ego trip n *inf* . *she's just on an ego trip* c'est par vanité qu'elle le fait / *he's been on an ego trip since his promotion* il ne se sent plus depuis sa promotion.

❖ **ego-trip** vi *inf* : *you're just ego-tripping* tu fais ça par vanité.

egregious [ɪ'griːʤəs] adj *fml* [blatant - error, mistake] monumental, énorme ; [- lie] énorme ; [- cowardice, incompetence] extrême.

egress ['iːgres] n *fml* [way out, exit] sortie *f*, issue *f* ; [action of going out] sortie *f* ▸ **means of egress** issue.

egret ['iːgrɪt] n [bird] aigrette *f*.

Egypt ['iːʤɪpt] pr n Égypte *f* / *in Egypt* en Égypte ▸ **Lower Egypt** Basse-Égypte *f* ▸ **Upper Egypt** Haute-Égypte *f*.

Egyptian [ɪ'ʤɪpʃn] ◆ n **1.** [person] Égyptien *m*, -enne *f* **2.** LING égyptien *m*. ◆ adj égyptien.

Egyptologist [,iːʤɪp'tɒləʤɪst] n égyptologue *mf*.

Egyptology [,iːʤɪp'tɒləʤɪ] n égyptologie *f*.

eh [eɪ] interj **1.** [what did you say?] ▸ **eh?** hein ? **2.** [seeking agreement] ▸ **eh?** hein ? **3.** [in astonishment] ▸ **eh?** quoi ? **4.** [in doubt, hesitation] heu.

eider ['aɪdər] n [bird] eider *m*.

eiderdown ['aɪdədaʊn] n **1.** [feathers] duvet *m* d'eider **2.** [for bed] édredon *m*.

eider duck = **eider**.

eidetic [aɪ'detɪk] adj PSYCHOL eidétique.

Eiffel ['aɪfl] pr n ▸ **the Eiffel Tower** la tour Eiffel.

eight [eɪt] ◆ n **1.** [number, numeral] huit *m* / *to live at number eight* habiter au huit ▸ **to have had one over the eight** UK *dated* avoir bu plus que son compte / **'Butterfield 8'** *O'Hara* 'Gloria' / **'Eight and a Half'** *Fellini* 'Huit et demi' **2.** [in rowing] huit *m*. ◆ adj huit / *to work an eight-hour day* travailler huit heures par jour, faire des journées de huit heures. ◆ pron huit / *I need eight* j'en ai besoin de huit. **See also five.**

8 MESSAGING written abbr of **ate.**

eight ball n US [ball] bille *f* numéro huit ; [game] *variante du billard* ▸ **to be right behind the eight ball** *inf & fig* être en mauvaise posture.

eighteen [,eɪ'tiːn] ◆ pron dix-huit. ◆ adj dix-huit. ◆ n dix-huit *m* / *eighteen is not enough* dix-huit, ce n'est pas assez. **See also fifteen.**

eighteenth [,eɪ'tiːnθ] ◆ adj dix-huitième. ◆ n [in series] dix-huitième *mf* ; [fraction] dix-huitième *m*. **See also fifteenth.**

eighteen-wheeler n dix-huit-roues *m (très gros camion)*.

eighth [eɪtθ] ◆ adj huitième. ◆ n [in series] huitième *mf* ; [fraction] huitième *m*. ◆ adv **1.** [in contest] en huitième position, à la huitième place **2.** [on list] huitièmement. **See also fifth.**

eighth grade n US SCH *classe de l'enseignement secondaire correspondant à la quatrième (13-14 ans)*.

eighth note n US MUS croche *f*.

eight hundred number n US numéro *m* vert.

eightieth ['eɪtɪɪθ] ◆ adj quatre-vingtième. ◆ n [in series] quatre-vingtième *mf* ; [fraction] quatre-vingtième *m*. **See also fiftieth.**

eightsome (reel) ['eɪtsəm-] n *danse folklorique écossaise pour huit danseurs*.

Eights Week [eɪts-] n *semaine de la course d'avirons aux universités de Cambridge et d'Oxford*.

eighty ['eɪtɪ] ◆ pron quatre-vingt. ◆ adj quatre-vingts ▸ **eighty one** quatre-vingt-un ▸ **eighty two** quatre-vingt-deux ▸ **eighty first** quatre-vingt-unième ▸ **eighty second** quatre-vingt-deuxième ▸ **page eighty** page quatre-vingt ▸ **eighty million** quatre-vingts millions. ◆ n quatre-vingt *m*. **See also fifty.**

Eilat [eɪ'lɑːt] pr n Eilat.

Einsteinian [,aɪn'staɪnɪən] adj einsteinien.

einsteinium [aɪn'staɪnɪəm] n einsteinium *m*.

Eire ['eərə] pr n Eire *f*.

EIS (abbr of **Educational Institute of Scotland**) pr n *syndicat écossais d'enseignants*.

eisteddfod [aɪ'stedfɒd] n *festival annuel de musique, littérature et théâtre au pays de Galles*.

either [UK 'aɪðər US 'iːðər] ◆ det **1.** [one or the other] l'un ou l'autre (l'une ou l'autre) / *if you don't agree with either suggestion...* si vous n'approuvez ni l'une ni l'autre or aucune de ces suggestions... / *you can take either route* tu peux prendre l'un ou l'autre de ces chemins / *either bus will get you there* les deux bus y vont / *he can write with either hand* il peut écrire avec la main droite ou avec la main gauche **2.** [each] chaque / *there were candles at either end of the table* il y avait des bougies aux deux bouts or à chaque bout de la table / *there were people standing on either side of the road* il y avait des gens de chaque côté or de part et d'autre de la route. ◆ pron [one or the other] l'un ou l'autre (l'une ou l'autre) / *you can take either* [bus, train, etc.] vous pouvez prendre l'un ou l'autre or n'importe lequel (des deux) / *I don't like either of them* je ne les aime ni l'un ni l'autre / *if either of you two makes the slightest noise* si l'un de vous deux fait le moindre bruit / *which would you like? — either* lequel voudriez-vous ? — n'importe lequel. ◆ adv non plus / *we can't hear anything either* nous n'entendons rien non plus ; [emphatic use] : *and don't take too long about it either!* et ne traîne pas, surtout ! / *he had a suggestion to make and not such a silly one either* il avait une suggestion à faire et qui n'était pas bête en plus.

❖ **either... or** conj phr ou... ou, soit... soit ; [with

negative] ni… ni / *either you stop complaining or I go home!* ou tu arrêtes de te plaindre, ou je rentre chez moi / *they're either very rich or very stupid* ils sont soit très riches soit très bêtes / *she usually goes out with either Ian or Simon* d'habitude elle sort (ou) avec Ian ou avec Simon or soit avec Ian soit avec Simon / *either come in or go out!* entre ou sors ! / *either pay up or be taken to court!* tu payes ou sinon c'est le tribunal ! / *I've not met either him or his brother* je n'ai rencontré ni lui ni son frère.

❖ **either way** adv phr **1.** [in either case] dans les deux cas / *either way I lose* dans les deux cas je suis perdant / *you can do it either way* tu peux le faire d'une façon comme de l'autre / *it's fine by me either way* n'importe or ça m'est égal **2.** [more or less] en plus ou en moins / *a few days either way could make all the difference* quelques jours en plus ou en moins changeraient tout **3.** [indicating advantage] : *it could go either way* on ne peut rien prévoir / *the match could have gone either way* le match était ouvert.

either-or adj ▸ **it's an either-or situation** il n'y a que deux solutions possibles.

ejaculate [ɪ'dʒækjʊleɪt] ◆ vi **1.** PHYSIOL éjaculer **2.** *fml* [call out] s'écrier, s'exclamer. ◆ vt **1.** PHYSIOL éjaculer **2.** *fml* [utter] lancer, pousser.

ejaculation [ɪ,dʒækjʊ'leɪʃn] n **1.** PHYSIOL éjaculation *f* **2.** *fml* [exclamation] exclamation *f*.

ejaculatory [ɪ'dʒækjʊlətrɪ] adj PHYSIOL éjaculateur.

eject [ɪ'dʒekt] ◆ vt **1.** [troublemaker] expulser **2.** [cartridge, pilot] éjecter ; [lava] projeter. ◆ vi [pilot] s'éjecter.

ejection [ɪ'dʒekʃn] n **1.** [of troublemaker] expulsion *f* **2.** [of cartridge, pilot] éjection *f* ; [of lava] projection *f*.

ejection seat US = **ejector seat**.

ejector [ɪ'dʒektəʳ] n [on gun] éjecteur *m*.

ejector seat n UK siège *m* éjectable.

eke [i:k] ❖ **eke out** vt sep **1.** [make last] faire durer **2.** [scrape] ▸ **to eke out a living** gagner tout juste sa vie **3.** [by adding something] augmenter.

EKG (abbr of **electrocardiogram**) n US ECG *m*.

El [el] (abbr of **elevated railroad**) n US *inf* métro *m* aérien *(à Chicago)*.

elaborate ◆ adj [ɪ'læbrət] [system, preparations] élaboré ; [style, costume] recherché, travaillé ; [pattern] compliqué ; [details] minutieux ; [map, plans] détaillé / *in elaborate detail* de manière très détaillée / *the whole thing was an elaborate joke* c'était une vaste plaisanterie. ◆ vt [ɪ'læbəreɪt] [work out in detail - plan, scheme, etc.] élaborer ; [describe in detail] décrire en détail. ◆ vi [ɪ'læbəreɪt] [go into detail] donner des détails / *there's no need to elaborate further* inutile de donner plus de détails.

❖ **elaborate on** vt insep [idea, statement] développer.

elaborately [ɪ'læbərətlɪ] adv [decorated, designed, etc.] minutieusement, avec recherche ; [planned] minutieusement ; [packaged] de manière élaborée ▸ **elaborately detailed a)** [sculpture, painting] aux détails finement exécutés **b)** [story] finement ciselé.

elaborateness [ɪ'læbərətnɪs] n [of system, preparations] caractère *m* élaboré, complexité *f* ; [of costume] caractère *m* élaboré ; [of details, decoration] minutie *f* ; [of map] caractère *m* détaillé.

elaboration [ɪ,læbə'reɪʃn] n [working out - of scheme, plan] élaboration *f* ; [details] exposé *m* minutieux.

élan [eɪ'læn] n vigueur *f*, énergie *f*.

eland ['i:lənd] n éland *m*.

elapse [ɪ'læps] vi s'écouler, passer.

elastic [ɪ'læstɪk] ◆ adj **1.** [material] élastique ▸ **elastic stockings** bas *mpl* anti-varices **2.** *fig* [timetable, arrangements, concept] souple ; [word, moral principles] élastique, souple ; [working hours] élastique **3.** *liter* [step] élastique. ◆ n **1.** [material] élastique *m* **2.** US [rubber band] élastique *m*, caoutchouc *m*.

elasticated [ɪ'læstɪkeɪtɪd] adj [stockings, waist] élastique.

elastic band n UK élastique *m*.

elasticity [,elæ'stɪsətɪ] n élasticité *f*.

elastin [ɪ'læstɪn] n élastine *f*.

elastomer [ɪ'læstəməʳ] n élastomère *m*.

Elastoplast® [ɪ'læstəplɑ:st] n UK pansement *m* adhésif.

elate [ɪ'leɪt] vt remplir de joie, rendre euphorique.

elated [ɪ'leɪtɪd] adj fou de joie, euphorique / *in an elated mood* dans un état euphorique / *to feel elated* être fou de joie, exulter.

elation [ɪ'leɪʃn] n allégresse *f*, exultation *f*, euphorie *f*.

Elba ['elbə] pr n l'île *f* d'Elbe / *on Elba* sur l'île d'Elbe.

Elbe [elb] pr n ▸ **the (River) Elbe** l'Elbe *m*.

elbow ['elbəʊ] ◆ n **1.** [of arm, jacket, pipe, river] coude *m* / *elbow joint* articulation *f* du coude / *out at the elbows* [jacket] troué aux coudes / *with his elbows on the bar* les coudes sur le bar, accoudé au bar **2.** PHR **to give sb the elbow a)** UK *inf* [employee] virer qqn **b)** [boyfriend, girlfriend] larguer or jeter qqn **c)** [tenant] mettre qqn à la porte ▸ **to get the elbow a)** UK *inf* [employee] se faire virer **b)** [boyfriend, girlfriend] se faire larguer or jeter **c)** [tenant] se faire mettre à la porte ▸ **to have sthg at one's elbow** [close by] avoir qqch sous la or à portée de main ▸ **to lift the elbow** UK *inf* picoler, lever le coude. ◆ vt [hit] donner un coup de coude à ; [push] pousser du coude / *he elbowed his way up to the bar* il s'est approché du bar en jouant des coudes / *he just elbowed me aside* il m'a écarté du coude.

❖ **elbow out** vt sep [from job] se débarrasser de.

elbow grease n *inf* huile *f* de coude / *give it some elbow grease!* mets-y un peu d'huile de coude !

elbow-length adj : *elbow-length gloves* gants *mpl* longs *(montant jusqu'au coude)*.

elbow pad n coudière *f*.

elbow patch n [for garment] empiècement *m* coude.

elbow-rest n accoudoir *m*.

elbowroom ['elbəʊrʊm] n : *I don't have enough elbowroom* **a)** je n'ai pas assez de place (pour me retourner) **b)** *fig* je n'ai pas suffisamment de liberté d'action / *give me some elbowroom!* **a)** *lit* donne-moi de la place pour bouger ! **b)** *fig* laisse-moi un peu de marge de manœuvre !

El Cheapo [,el'tʃi:pəʊ] *inf & hum* ◆ n article *m* bas de gamme. ◆ adj bas de gamme.

elder ['eldəʳ] ◆ adj [brother, sister] aîné ▸ **Pitt the Elder** le Premier Pitt ▸ **Brueghel the Elder** Bruegel l'Ancien. ◆ n **1.** [of two children] aîné *m*, -e *f* **2.** [of tribe, the Church] ancien *m* **3.** [senior] : *you should respect your elders (and betters)* vous devez le respect à vos aînés **4.** BOT sureau *m*.

elderberry ['eldə,berɪ] n baie *f* de sureau ▸ **elderberry wine** vin *m* de sureau.

elderflower ['eldə,flaʊəʳ] n fleur *f* de sureau.

elderly ['eldəlɪ] ◆ adj âgé / *my elderly uncle* mon vieil oncle / *she's getting rather elderly* elle se fait bien vieille. ◆ pl n ▸ **the elderly** les personnes *fpl* âgées.

elder statesman n [gen] vétéran *m* ; [politician] vétéran *m* de la politique.

eldest ['eldɪst] ◆ adj aîné. ◆ n aîné *m*, -e *f*.

Eldorado, **El Dorado** [,eldɒ'rɑ:dəʊ] pr n l'Eldorado *m*.

Eleanor ['elɪnəʳ] pr n ▸ **Eleanor of Aquitaine** Aliénor or Éléonore d'Aquitaine.

elect [ɪ'lekt] ◆ vt **1.** [by voting] élire ▸ **to elect sb President** élire qqn président ▸ **to elect sb to office** élire qqn **2.** *fml* [choose] choisir ▸ **to elect to do sthg** choisir de faire qqch. ◆ adj ▸ **the President elect** le futur président. ◆ pl n RELIG ▸ **the elect** les élus *mpl*.

elected [ɪ'lektɪd] adj élu / *as an elected official of the society* en tant que représentant élu de la société.

election [ɪ'lekʃn] ◆ n élection *f* ▸ **to stand for election** se présenter aux élections ▸ **the elections** les élections. ◆ comp [day, results] des élections ; [agent, campaign, promise, speech] électoral.

 **Mid-term elections**

Les élections de mi-mandat aux États-Unis ont lieu exactement deux ans après la présidentielle, le mardi suivant le premier lundi de novembre. Sont en jeu tous les sièges de la Chambre des représentants, un tiers de ceux du Sénat, et la plupart des postes de gouverneur dans les États. Les électeurs en profitent souvent pour faire un pied de nez au président en exercice ; si son parti perd la majorité au Congrès, le président peut devenir un **lame duck** (canard boiteux) qui n'arrive pas à faire adopter ses projets de loi.

electioneer [ɪlekʃə'nɪəʳ] vi participer à la campagne électorale ; *pej* faire de la propagande électorale.

electioneering [ɪ,lekʃə'nɪərɪŋ] ◆ n campagne *f* électorale ; *pej* propagande *f* électorale. ◆ adj [speech, campaign] électoral ; *pej* propagandiste.

elective [ɪ'lektɪv] ◆ adj **1.** [with power to elect - assembly] électoral **2.** [chosen - official, post] électif **3.** [optional - course, subject] optionnel, facultatif ▸ **elective surgery** chirurgie *f* de confort. ◆ n US SCH & UNIV [subject] cours *m* optionnel or facultatif.

elector [ɪ'lektəʳ] n **1.** électeur *m*, -trice *f* **2.** HIST ▸ **the Elector** l'Électeur.

electoral [ɪ'lektərəl] adj électoral ▸ **electoral college** collège *m* électoral *(qui élit le président des États-Unis)* ▸ **on the electoral roll** or **register** UK sur la liste électorale.

electorate [ɪ'lektərət] n électorat *m*.

Electra [ɪ'lektrə] pr n Électre.

Electra complex n PSYCHOL complexe *m* d'Électre.

electric [ɪ'lektrɪk] ◆ adj [cooker, cable, current, motor, musical instrument] électrique ; *fig* [atmosphere] chargé d'électricité ; [effect] électrisant ▸ **electric blanket** couverture *f* chauffante ▸ **electric fire** or **heater** appareil *m* de chauffage électrique ▸ **electric guitar** guitare *f* électrique ▸ **electric light a)** [individual appliance] lumière *f* électrique **b)** [lighting] éclairage *m* or lumière *f* électrique ▸ **electric underblanket** protège-matelas *m* chauffant. ◆ n UK *inf* électricité *f*.

❖ **electrics** pl n UK installation *f* électrique.

electrical [ɪ'lektrɪkl] adj [appliance] électrique ; [failure, fault] au niveau de l'installation électrique ▸ **electrical engineer** ingénieur *m* électricien ▸ **electrical engineering** électrotechnique *f*.

electrically [ɪ'lektrɪklɪ] adv électriquement ▸ **electrically operated a)** [machine] fonctionnant à l'électricité **b)** [windows] à commande électrique ▸ **electrically charged** chargé d'électricité.

electrical shock US = **electric shock**.

electric blue ◆ n bleu *m* électrique. ◆ adj bleu électrique.

electric chair n chaise *f* électrique ▸ **to go to the electric chair** être envoyé à la chaise électrique.

electric eel n anguille *f* électrique.

electric eye n œil *m* électrique.

electric fence n clôture *f* électrique.

electric field n champ *m* électrique.

electrician [,ɪlek'trɪʃn] n électricien *m*, -enne *f*.

electricity [,ɪlek'trɪsətɪ] ◆ n électricité *f* / *to turn* or *to switch the electricity off* couper le courant / *to turn* or *to switch the electricity on* mettre le courant / *to connect the electricity up to a house* installer or poser l'électricité dans une maison / *to be without electricity* **a)** [because of power cut] être privé d'électricité **b)** [not installed] ne pas avoir l'électricité / *there was electricity in the air fig* il y avait de l'électricité dans l'air. ◆ comp ▸ **electricity bill** note *f* d'électricité ▸ **electricity board** UK agence *f* régionale de distribution de l'électricité ▸ **electricity supply** alimentation *f* en électricité.

electric ray n ZOOL torpille *f*.

electric shock, **electrical shock** US n décharge *f* électrique ▸ **to get an electric shock** prendre une décharge (électrique), prendre le courant ▸ **electric shock treatment** traitement *m* par électrochocs.

electric storm n orage *m*.

electrification [ɪˌlektrɪfɪˈkeɪʃn] n électrification *f*.

electrify [ɪˈlektrɪfaɪ] vt [railway line] électrifier ; *fig* [audience] électriser.

electrifying [ɪˈlektrɪfaɪɪŋ] adj *fig* électrisant.

electroacoustic [ɪˌlektrəʊəˈkuːstɪk] adj électroacoustique.

electroacoustics [ɪˌlektrəʊəˈkuːstɪks] n *(U)* électroacoustique *f*.

electrobiology [ɪˌlektrəʊbaɪˈɒlədʒɪ] n électrobiologie *f*.

electrocardiogram [ɪˌlektrəʊˈkɑːdɪəgræm] n électrocardiogramme *m*.

electrocardiograph [ɪˌlektrəʊˈkɑːdɪəgrɑːf] n électrocardiographe *m*.

electrocardiography [ɪˌlektrəʊˌkɑːdɪˈɒgrəfɪ] n MED électrocardiographie *f*.

electrocardioscope [ɪˌlektrəʊˈkɑːdɪəskəʊp] n MED électrocardioscope *m*.

electrochemical [ɪˌlektrəʊˈkemɪkl] adj électrochimique.

electrochemistry [ɪˌlektrəʊˈkemɪstrɪ] n électrochimie *f*.

electroconvulsive therapy [ɪˌlektrəʊkənˈvʌlsɪv-] n MED thérapie *f* par électrochocs.

electrocute [ɪˈlektrəkjuːt] vt électrocuter / *you'll electrocute yourself* [give yourself a shock] tu vas prendre une décharge.

electrocution [ɪˌlektrəˈkjuːʃn] n électrocution *f*.

electrode [ɪˈlektrəʊd] n électrode *f*.

electrodialysis [ɪˌlektrəʊdaɪˈælɪsɪs] n électrodialyse *f*.

electrodynamic [ɪˌlektrəʊdaɪˈnæmɪk] adj électrodynamique *f*.

electroencephalogram [ɪˌlektrəʊenˈsefələgræm] n électroencéphalogramme *m*.

electroencephalograph [ɪˌlektrəʊenˈsefələgrɑːf] n électroencéphalographe *m*.

electroencephalography [ɪˌlektrəʊenˌsefəˈlɒgrəfɪ] n électroencéphalographie *f*.

electroluminescence [ɪˌlektrəʊˌluːmɪˈnesəns] n PHYS électroluminescence *f*.

electroluminescent [ɪˌlektrəʊˌluːmɪˈnesənt] adj PHYS électroluminescent.

electrolysis [ˌɪlekˈtrɒləsɪs] n électrolyse *f*.

electrolyte [ɪˈlektrəʊlaɪt] n électrolyte *m*.

electrolytic [ɪˌlektrəʊˈlɪtɪk] adj électrolytique.

electromagnet [ɪˌlektrəʊˈmægnɪt] n électro-aimant *m*.

electromagnetic [ɪˌlektrəʊmægˈnetɪk] adj électromagnétique.

electromagnetism [ɪˌlektrəʊˈmægnɪtɪzm] n électromagnétisme *m*.

electromechanical [ɪˌlektrəʊmɪˈkænɪkl] adj électromécanique.

electrometer [ˌɪlekˈtrɒmɪtəʳ] n électromètre *m*.

electromotive [ɪˌlektrəʊˈməʊtɪv] adj électromoteur.

electron [ɪˈlektrɒn] n électron *m*.

electron camera n caméra *f* électronique.

electron gun n canon *m* électronique or à électrons.

electronic [ˌɪlekˈtrɒnɪk] adj électronique ▸ **electronic banking** opérations *fpl* bancaires électroniques ▸ **electronic brain** cerveau *m* électronique ▸ **electronic cash** or **money** argent *m* virtuel or électronique ▸ **electronic data processing** traitement *m* électronique de données ▸ **electronic flash** PHOT flash *m* électronique ▸ **electronic funds transfer** transfert *m* de fonds électronique ▸ **electronic ignition** allumage *m* électronique ▸ **electronic mail** courrier *m* électronique, messagerie *f* électronique ▸ **electronic mailbox** boîte *f* aux lettres électronique ▸ **electronic media** médias *mpl* électroniques ▸ **electronic monetary systems** monétique *f* ▸ **electronic music** musique *f* électronique ▸ **electronic news gathering** journalisme *m* électronique ▸ **electronic office** bureau *m* informatisé ▸ **electronic organ** orgue *m* électronique ▸ **electronic organizer** agenda *m* électronique ▸ **electronic publishing** édition *f* électronique ▸ **electronic purse** porte-monnaie *m* électronique ▸ **electronic surveillance** surveillance *f* électronique ▸ **electronic tag** bracelet *m* électronique ▸ **electronic tagging a)** [labelling] étiquetage *m* électronique **b)** [of person] placement *m* sous surveillance électronique ▸ **electronic trading** transactions *fpl* boursières électroniques.

electronics ◆ n *(U)* électronique *f*. ◆ pl n composants *mpl* électroniques. ◆ comp ▸ **electronics company** société *f* d'électronique ▸ **electronics engineer** ingénieur *m* électronicien, électronicien *m*, -enne *f* ▸ **electronics industry** industrie *f* électronique.

electronically [ˌɪlekˈtrɒnɪklɪ] adv électroniquement ; [operated] par voie électronique.

electron microscope n microscope *m* électronique.

electron telescope n télescope *m* électronique.

electron tube n tube *m* électronique.

electrophoresis [ɪˌlektrəʊfəˈriːsɪs] n électrophorèse *f*.

electroplate [ɪˈlektrəʊpleɪt] ◆ vt plaquer par galvanoplastie ; [with gold] dorer par galvanoplastie ; [with silver] argenter par galvanoplastie. ◆ n *(U)* articles *mpl* plaqués (par galvanoplastie) ; [with silver] articles *mpl* argentés.

electroshock [ɪˈlektrəʊʃɒk] n électrochoc *m* ▸ **electroshock therapy** thérapie *f* par électrochocs.

electrosmog n pollution *f* électromagnétique.

electrostatic [ɪˌlektrəʊˈstætɪk] adj électrostatique.

electrostatics [ɪˌlektrəʊˈstætɪks] n *(U)* électrostatique *f*.

electrotherapy [ɪˌlektrəʊˈθerəpɪ] n électrothérapie *f*.

elegance [ˈelɪgəns] n élégance *f*.

elegant [ˈelɪgənt] adj [person, style, solution] élégant ; [building, furniture] aux lignes élégantes.

elegantly [ˈelɪgəntlɪ] adv élégamment.

elegiac [elɪˈdʒaɪək] ◆ adj élégiaque. ◆ n élégie *f*.

elegy [ˈelɪdʒɪ] (*pl* **elegies**) n elégie *f* / **'Elegy (Written) in a Country Churchyard'** *Gray* 'Élégie écrite dans un cimetière campagnard'.

element [ˈelɪmənt] n **1.** [water, air, etc.] élément *m* / *the four elements* les quatre éléments / *to be exposed to / to brave the elements* être exposé aux / affronter les éléments ▸ **to be in one's element** *fig* être dans son élément **2.** [in kettle, electric heater] résistance *f* **3.** [small amount - of danger, truth, the unknown] part *f* / *the element of chance* le facteur chance / *the element of surprise* l'élément de or le facteur surprise **4.** *(usu pl)* [rudiment] rudiment *m* / *the elements of computing* les rudiments de l'informatique **5.** [in society, group] élément *m* / *the hooligan element* l'élément hooligan de la société / *a disruptive element* [in class] un élément perturbateur.

elemental [ˌelɪˈmentl] ◆ adj **1.** [basic] fondamental, de base / *the elemental needs of man* les besoins fondamentaux de l'homme **2.** [relating to the elements] propre aux éléments / *the elemental force of the storm* la force des éléments déchaînés dans la tempête **3.** CHEM élémentaire. ◆ n *liter* esprit *m*.

elementary [ˌelɪˈmentərɪ] adj élémentaire / *I only speak elementary Russian* mon russe est rudimentaire / *elementary, my dear Watson!* élémentaire, mon cher Watson ! ▸ **elementary particle** particule *f* élémentaire ▸ **elementary school / education** US école *f* / enseignement *m* primaire.

elephant [ˈelɪfənt] n éléphant *m* ▸ **African / Indian elephant** éléphant d'Afrique / d'Asie ▸ **the elephant in the room** le gros problème que tout le monde fait semblant de ne pas voir.

elephantiasis [ˌelɪfənˈtaɪəsɪs] n éléphantiasis *m*.

elephantine [ˌelɪˈfæntaɪn] adj [proportions, size] éléphantesque ; [gait] lourd, pesant ; [movement] gauche, maladroit.

elephant seal n éléphant *m* de mer.

elevate [ˈelɪveɪt] vt [raise - in height, rank, etc.] élever ▸ **to elevate the Host** RELIG élever l'hostie / *to elevate sb to the rank of general* élever qqn au rang de général.

elevated [ˈelɪveɪtɪd] adj **1.** [height, position, rank] haut, élevé ; [thoughts] noble, élevé ; [style] élevé, soutenu **2.** [raised - road] surélevé / *elevated railway* or *railroad* US métro *m* aérien.

elevation [ˌelɪˈveɪʃn] n **1.** [of roof, in rank] élévation *f* ; RELIG [of host] élévation *f* ; [of style, language] caractère *m* élevé or soutenu **2.** [height] : *elevation above sea-level* élévation *f* par rapport au niveau de la mer **3.** [hill] élévation *f*, hauteur *f* **4.** [of cannon] hausse *f* ▸ **angle of elevation** angle *m* de hausse or d'élévation **5.** ARCHIT élévation *f* ▸ **angle of elevation** angle *m* d'élévation.

elevator [ˈelɪveɪtəʳ] n **1.** US [lift] ascenseur *m* / *elevator attendant* or *operator* liftier *m*, -ère *f*, garçon *m* d'ascenseur / *elevator shaft* cage *f* d'ascenseur **2.** [for grain] élévateur *m*.

elevator shoes pl n chaussures *fpl* à semelles compensées.

eleven [ɪˈlevn] ◆ pron onze. ◆ adj onze. ◆ n onze *m* ; SPORT équipe *f* ; FOOT onze *m*, équipe *f* ▸ **the English eleven** SPORT l'équipe de football or le onze d'Angleterre. **See also five.**

eleven-plus n UK SCH *ancien examen de sélection pour l'entrée dans le secondaire en Grande-Bretagne.*

elevenses [ɪˈlevnzɪz] n UK *inf boisson ou en-cas pour la pause de onze heures.*

eleventh [ɪˈlevnθ] ◆ adj onzième. ◆ n [in series] onze *mf* ; [fraction] onzième *m*. **See also fifth.**

eleventh grade n US SCH *classe de l'enseignement secondaire correspondant à la première (16-17 ans).*

eleventh hour n ▸ **at the eleventh hour** à la dernière minute.

eleventh-hour adj de dernière minute / *eleventh-hour talks* discussions *fpl* de dernière minute.

elf [elf] (*pl* **elves** [elvz]) n elfe *m*.

elfin [ˈelfɪn] adj *fig* [face, features] délicat.

elfish [ˈelfɪʃ] = **elfin.**

Elgin Marbles [ˈelgɪn-] pl n ▸ **the Elgin Marbles** les frises *fpl* du Parthénon *(exposées au British Museum).*

El Gîzah [elˈgiːzə] = **Gîza.**

elicit [ɪˈlɪsɪt] vt [information, explanation, response] obtenir ; [facts, truth] découvrir, mettre au jour ▸ **to elicit sthg from sb** tirer qqch de qqn / *to elicit a smile from sb* tirer un sourire de qqn, arracher un sourire à qqn.

elide [ɪˈlaɪd] vt élider.

eligibility [ˌelɪdʒəˈbɪlətɪ] n [to vote] éligibilité *f* ; [for a job] admissibilité *f* / *there was no doubt as to his eligibility* [for marriage] c'était sans aucun doute un bon parti / *to determine sb's eligibility for promotion* décider si qqn présente les conditions requises pour bénéficier d'une promotion.

eligible [ˈelɪdʒəbl] adj [to vote] éligible ; [for a job] admissible ; [for promotion] pouvant bénéficier d'une promotion ; [for marriage] mariable / *to be eligible for a pension / a tax rebate* avoir droit à une retraite / un dégrèvement fiscal ▸ **to be eligible** [as possible husband or boyfriend] être un bon or beau parti / *an eligible bachelor* un bon or beau parti / *there were lots of eligible men at the party* il y avait beaucoup de bons or beaux partis à la fête.

Elijah [ɪˈlaɪdʒə] pr n Élie.

eliminate [ɪˈlɪmɪneɪt] vt [competitor, alternative] éliminer ; [stain, mark] enlever, faire disparaître ; [item from diet] supprimer, éliminer ; [possibility] écarter, éliminer ; [kill] éliminer, supprimer ; MATH & PHYSIOL éliminer / *to eliminate hunger and poverty from the world* éliminer or supprimer la faim et la pauvreté dans le monde.

elimination [ɪ,lɪmɪ'neɪʃn] n élimination *f* / *by (a process of) elimination* par élimination.

eliminatory [ɪ'lɪmɪnətrɪ] adj éliminatoire.

Elisha [ɪ'laɪʃə] pr n Élisée.

elision [ɪ'lɪʒn] n élision *f*.

elite [ɪ'li:t], **élite** [eɪ'li:t] ◆ n élite *f* / *the elite of society* l'élite de la société / *to be one of the elite* faire partie de l'élite. ◆ adj d'élite.

elitism [ɪ'li:tɪzm] n élitisme *m*.

elitist [ɪ'li:tɪst] ◆ n élitiste *mf*. ◆ adj élitiste.

elixir [ɪ'lɪksəʳ] n élixir *m* ▸ **elixir of life** élixir *m* de vie.

Elizabeth [ɪ'lɪzəbəθ] pr n ▸ **Saint Elizabeth** sainte Élisabeth ▸ **Queen Elizabeth** la reine Élisabeth.

Elizabethan [ɪ,lɪzə'bi:θn] ◆ adj élisabéthain. ◆ n Élisabéthain *m*, -e *f*.

elk [elk] (*pl* **elk** *or* **elks**) n élan *m* ▸ **American elk** wapiti *m*.

El Khalil [,elkæ'li:l] pr n al-Khalil.

elkhound ['elkhaʊnd] n chien *m* d'élan.

ell [el] n *arch* aune *f*.

ellipse [ɪ'lɪps] n MATH ellipse *f*.

ellipsis [ɪ'lɪpsɪs] (*pl* **ellipses** [-si:z]) n GRAM ellipse *f*.

ellipsoid [ɪ'lɪpsɔɪd] n MATH ellipsoïde *m*.

ellipsoidal [ɪlɪp'sɔɪdl] adj MATH ellipsoïdal.

elliptic [ɪ'lɪptɪk] adj elliptique.

elliptically [ɪ'lɪptɪklɪ] adv de manière elliptique, par ellipse.

Ellis Island ['elɪs-] pr n Ellis Island *(dans la première moitié du XXᵉ siècle, lieu de débarquement des immigrés, situé au large de New York)*.

elm [elm] n orme *m* ▸ **elm grove** ormaie *f*.

elocution [,elə'kju:ʃn] n élocution *f*, diction *f* ▸ **elocution lessons** cours *mpl* d'élocution or de diction.

elocutionist [,elə'kju:ʃənɪst] n professeur *m* d'élocution or de diction.

elongate ['i:lɒŋgeɪt] ◆ vt allonger ; [line] prolonger. ◆ vi s'allonger, s'étendre.

elongated ['i:lɒŋgeɪtɪd] adj [in space] allongé ; [in time] prolongé.

elongation [,i:lɒŋ'geɪʃn] n allongement *m* ; [of line] prolongement *m*.

elope [ɪ'ləʊp] vi s'enfuir pour se marier ▸ **to elope with sb** s'enfuir avec qqn pour l'épouser.

elopement [ɪ'ləʊpmənt] n fugue *f* amoureuse *(en vue d'un mariage)*.

eloquence ['eləkwəns] n éloquence *f*.

eloquent ['eləkwənt] adj éloquent.

eloquently ['eləkwəntlɪ] adv éloquemment, avec éloquence.

El Salvador [el'sælvədɔ:ʳ] pr n Salvador *m* / *in El Salvador* au Salvador.

Elsan® ['elsæn] n *W-C chimique portable*.

else [els] adv **1.** [after indefinite pronoun] d'autre / *anybody* or *anyone else* **a)** [at all] n'importe qui d'autre **b)** [in addition] quelqu'un d'autre / *anyone else would have phoned the police* n'importe qui d'autre aurait appelé la police / *is there anybody else?* y a-t-il quelqu'un d'autre ? / *he's no cleverer than anybody else* il n'est pas plus intelligent qu'un autre / *anything else* **a)** [at all] n'importe quoi d'autre **b)** [in addition] quelque chose d'autre / *would you like* or *will there be anything else?* **a)** [in shop] vous fallait-il autre chose ? **b)** [in restaurant] désirez-vous autre chose ? / *I couldn't do anything else but* or *except apologize* je ne pouvais (rien faire d'autre) que m'excuser / *anywhere else* ailleurs / *I haven't got anywhere else* or *I've got nowhere else to go* je n'ai nulle part ailleurs où aller / *everybody else* tous les autres / *everything else* tout le reste / *everywhere else* partout ailleurs / *there is little else we can do* nous ne pouvons pas faire grand-chose d'autre / *and much else (besides)* et beaucoup de choses encore / *nobody* or *no one else* personne d'autre / *nothing else* rien d'autre / *we're alive, nothing else matters* nous sommes vivants, c'est tout ce qui compte / *there's nothing else for it* il n'y a rien d'autre à faire / *nowhere else* nulle part ailleurs / *there's nowhere else I'd rather be but here* c'est ici et nulle part ailleurs que je veux être / *somebody* or *someone else* quelqu'un d'autre / *this is somebody else's* c'est à quelqu'un d'autre / *something else* autre chose, quelque chose d'autre / *somewhere* or US *someplace else* ailleurs, autre part ▸ **if all else fails** en dernier recours ▸ **if nothing else** : *it'll teach him a lesson, if nothing else* au moins, ça lui servira de leçon ▸ **he's / she's / it's something else!** *inf* il est / elle est / c'est incroyable ! / *the price of petrol is something else!* *inf* bonjour le prix de l'essence ! **2.** *(after interrogative pronoun)* [in addition] d'autre / *what / who else?* quoi / qui d'autre ? / *what else can I do?* que puis-je faire d'autre ? / *who else but Frank?* qui d'autre que Frank ? ; [otherwise] autrement / *how / why else would I do it?* comment / pourquoi le ferais-je sinon ? / *where else would he be?* où peut-il être à part là ? / *so we're all meeting at Henry's — where else?* alors, on se retrouve tous chez Henry — où d'autre ?

elsewhere [els'weəʳ] adv ailleurs / *to go elsewhere* aller ailleurs / *elsewhere in France* ailleurs en France.

Elstree Studios ['elstrɪ-] pl pr n *studios de cinéma londoniens*.

ELT (abbr of **English language teaching**) n *enseignement de l'anglais*.

elucidate [ɪ'lu:sɪdeɪt] ◆ vt [point, question] élucider, expliciter ; [reasons] expliquer. ◆ vi expliquer, être plus clair / *could you elucidate?* pourrais-tu être plus clair ?

elucidation [ɪ,lu:sɪ'deɪʃn] n [of point, question] élucidation *f*, éclaircissement *m* ; [of reasons] explication *f*.

elude [ɪ'lu:d] vt [enemy, pursuers] échapper à ; [question] éluder ; [blow] esquiver ; [sb's gaze] éviter, fuir ; [obligation, responsibility] se dérober à, se soustraire à ; [justice] se soustraire à / *his name / that word eludes me* son nom / ce mot m'échappe / *to elude sb's grasp* échapper à (l'emprise de) qqn / *success has always eluded him* la réussite lui a toujours échappé.

elusive [ɪ'lu:sɪv] adj [enemy, prey, happiness, thought] insaisissable ; [word, concept] difficile à définir ; [answer] élusif, évasif / *she's being rather elusive* **a)** [difficult to find] elle se fait plutôt discrète ces derniers temps **b)** [vague] elle se montre assez évasive.

elusively [ɪ'lu:sɪvlɪ] adv [answer] de manière élusive ; [move] de manière insaisissable.

elusiveness [ɪ'lu:sɪvnɪs] n [of answer] caractère *m* élusif or évasif ; [of thoughts, happiness] caractère *m* insaisissable.

elver ['elvəʳ] n civelle *f*, pibale *f*.

elves [elvz] pl ⟶ **elf**.

elvish ['elvɪʃ] adj **1.** *fig* [face, features] délicat **2.** [music, dance] féerique **3.** [mischievous] espiègle.

Elysium [ɪ'lɪzɪəm] n MYTH Élysée *m*.

em [em] n TYPO cadratin *m*.

'em [əm] *inf* = **them**.

EMA (abbr of **European Monetary Agreement**) n AME *m*.

emaciated [ɪ'meɪʃɪeɪtɪd] adj émacié, décharné / *to become emaciated* s'émacier, se décharner.

emaciation [ɪ,meɪsɪ'eɪʃn] n émaciation *f* / *in a state of emaciation* émacié, décharné.

e-mail ['i:meɪl] (abbr of **electronic mail**) ◆ n courrier *m* électronique, e-mail *m*. ◆ vt [message] envoyer par courrier électronique or e-mail ; [person] envoyer un courrier électronique or e-mail à. ◆ comp ▸ **e-mail account** compte *m* de courrier électronique ▸ **e-mail address** adresse *f* électronique ▸ **e-mail marketing** marketing *m* électronique.

emanate ['eməneɪt] ◆ vi ▸ **to emanate from** émaner de. ◆ vt [love, affection] exsuder, rayonner de ; [concern] respirer.

emanation [,emə'neɪʃn] n émanation *f*.

emancipate [ɪ'mænsɪpeɪt] vt [women] émanciper ; [slaves] affranchir.

emancipated [ɪ'mænsɪpeɪtɪd] adj émancipé.

emancipation [ɪ,mænsɪ'peɪʃn] n émancipation *f* ▸ **the Emancipation Proclamation** US HIST la proclamation d'émancipation.

The Emancipation Proclamation

Discours du président Abraham Lincoln, en 1863, déclarant les esclaves de la Confédération (États sudistes) libres. Bien qu'elle soit restée sans effet pratique (ces États échappaient au contrôle fédéral), cette proclamation représente, pour les Américains, l'officialisation de l'émancipation des esclaves.

e-marketing n marketing *m* électronique.

emasculate [ɪ'mæskjʊleɪt] vt [castrate] émasculer ; *fig* émasculer, affaiblir.

emasculation [ɪ,mæskjʊ'leɪʃn] n [castration] émasculation *f* ; *fig* émasculation *f*, affaiblissement *m*.

embalm [ɪm'bɑ:m] vt embaumer.

embalmer [ɪm'bɑ:məʳ] n embaumeur *m*, thanatopracteur *m*.

embalming [ɪm'bɑ:mɪŋ] n embaumement *m* ▸ **embalming fluid** fluide *m* de thanatopraxie.

embankment [ɪm'bæŋkmənt] n [of concrete] quai *m* ; [of earth] berge *f* ; [to contain river] digue *f* ; [along railway, road] talus *m*.

❖ **Embankment** pr n ▸ **the Embankment** *nom abrégé du « Victoria Embankment », rue de la rive nord de la Tamise à Londres*.

embargo [em'bɑ:gəʊ] (*pl* **embargoes**) ◆ n **1.** COMM & POL embargo *m* ▸ **to put** or **to place** or **to lay an embargo on sthg** mettre l'embargo sur qqch ▸ **to lift / to break an embargo** lever / enfreindre un embargo / *there is still an embargo on arms* or *arms are still under an embargo* les armes sont encore sous embargo ▸ **oil / arms embargo** embargo pétrolier / sur les armes ▸ **trade embargo** embargo commercial **2.** *fig* [on spending] interdiction *f* ▸ **to put an embargo on sthg** interdire or bannir qqch. ◆ vt COMM & POL mettre l'embargo sur ; *fig* interdire.

embark [ɪm'bɑ:k] ◆ vt [passengers, cargo] embarquer. ◆ vi embarquer, monter à bord.

❖ **embark on, embark upon** vt insep [journey, career] commencer, entreprendre ; [explanation, venture] se lancer dans.

embarkation [,embɑ:'keɪʃn], **embarkment** [ɪm'bɑ:kmənt] n [of passengers, cargo] embarquement *m* ▸ **embarkation papers** or **card** carte *f* d'embarquement.

embarrass [ɪm'bærəs] vt embarrasser, gêner / *to embarrass the government* mettre le gouvernement dans l'embarras / *to embarrass one's family* mettre sa famille dans l'embarras.

embarrassed [ɪm'bærəst] adj embarrassé ▸ **to feel embarrassed (about sthg)** être embarrassé or se sentir gêné (à propos de qqch) / *to look embarrassed* avoir l'air embarrassé or gêné ▸ **to be (financially) embarrassed** être gêné, avoir des problèmes d'argent.

embarrassing [ɪm'bærəsɪŋ] adj [experience, person] embarrassant, gênant ; [situation] embarrassant, délicat / *how embarrassing!* comme c'est gênant or embarrassant ! / *how embarrassing for you!* comme cela a dû être gênant or embarrassant pour toi ! / *this is rather embarrassing but...* cela me gêne beaucoup mais...

embarrassingly [ɪm'bærəsɪŋlɪ] adv de manière embarrassante / *it was embarrassingly obvious* c'était évident au point d'en être embarrassant / *he gave an embarrassingly bad performance* sa prestation était tellement mauvaise qu'on en était gêné pour lui / *to be* *embarrassingly candid* être d'une franchise embarrassante.

embarrassment [ɪm'bærəsmənt] n embarras *m*, gêne *f* / *(much) to my embarrassment* à mon grand embarras / *to cause sb embarrassment* mettre qqn dans l'embarras / *to be in a state of financial embarrassment* avoir des problèmes or embarras financiers ▸ **to be an embarrassment** or **a source of embarrassment to sb** être une source d'embarras pour qqn, faire honte à qqn.

embassy ['embəsɪ] (*pl* **embassies**) n ambassade *f* / *the British / French Embassy* l'ambassade de Grande-Bretagne / France.

embattled [ɪm'bætld] adj [army] engagé dans la bataille ; [town] ravagé par les combats ; *fig* en difficulté, aux prises avec des difficultés.

embed [ɪm'bed] (*pt & pp* **embedded**, *cont* **embedding**) vt [in wood] enfoncer ; [in rock] sceller ; [in cement] sceller, noyer ; [jewels] enchâsser, incruster.

embedded [ɪm'bedɪd] adj **1.** [in wood] enfoncé ; [in rock] scellé ; [in cement] scellé, noyé ; [jewels] enchâssé, incrusté / *embedded in my memory* gravé dans ma mémoire / *the event has become embedded in my memory* l'événement s'est gravé dans ma mémoire ▸ **embedded clause** GRAM proposition *f* enchâssée ▸ **embedded command** COMPUT commande *f* intégrée **2.** [journalist] embarqué *(avec les forces armées)*.

embedding [ɪm'bedɪŋ] n **1.** [in wood] enfoncement *m* ; [in rock, cement] scellement *m* ; GRAM enchâssement *m* **2.** ▸ **the embedding of journalists** le fait d'embarquer les journalistes.

embellish [ɪm'belɪʃ] vt [garment, building] embellir, décorer, orner ; [account, story, etc.] enjoliver, embellir.

embellishment [ɪm'belɪʃmənt] n [of building] embellissement *m* ; [of garment] décoration *f* ; [of account, story, etc.] enjolivement *m*, embellissement *m* ; [in handwriting] fioritures *fpl*.

ember ['embəʳ] n charbon *m* ardent, morceau *m* de braise ▸ **embers** braise *f*.

embezzle [ɪm'bezl] ◆ vt [money] détourner, escroquer ▸ **to embezzle money from sb** escroquer de l'argent à qqn. ◆ vi ▸ **to embezzle from a company** détourner les fonds d'une société.

embezzlement [ɪm'bezlmənt] n [of funds] détournement *m* / *to be convicted of embezzlement* être reconnu coupable de détournement de fonds.

embezzler [ɪm'bezləʳ] n escroc *m*, fraudeur *m*, -euse *f*.

embitter [ɪm'bɪtəʳ] vt [person] remplir d'amertume, aigrir ; [relations] altérer, détériorer.

embittered [ɪm'bɪtəd] adj aigri.

embitterment [ɪm'bɪtəmənt] n [of person] amertume *f*, aigreur *f* ; [of relations] détérioration *f*, altération *f*.

emblazon [ɪm'bleɪzn] vt : *the shield is emblazoned with dragons* le bouclier porte des dragons / *he had the word "revolution" emblazoned across his jacket* sa veste arborait fièrement le mot « révolution » / *her t-shirt was emblazoned with slogans* il y avait des slogans imprimés en grosses lettres sur son tee-shirt.

emblem ['embləm] n emblème *m*.

emblematic [ˌemblə'mætɪk] adj emblématique.

embodiment [ɪm'bɒdɪmənt] n **1.** [epitome] incarnation *f*, personnification *f* / *to be the embodiment of goodness / evil* [person] être la bonté même / le mal incarné / *the new building is the embodiment of modernity* ce nouveau bâtiment est la modernité même **2.** [inclusion] intégration *f*, incorporation *f*.

embody [ɪm'bɒdɪ] (*pt & pp* **embodied**) vt **1.** [epitomize -subj: person] incarner ; [-subj: action] exprimer **2.** [include] inclure, intégrer.

embolden [ɪm'bəʊldən] vt *fml* enhardir, donner du courage à ▸ **to embolden sb to do sthg** enhardir qqn à faire qqch, donner à qqn le courage de faire qqch ▸ **to feel emboldened to do sthg** se sentir le courage de faire qqch.

embolism ['embəlɪzm] n MED embolie *f* / *to suffer* or *to have an embolism* faire or avoir une embolie.

embolus ['embələs] (*pl* **emboli** [-laɪ]) n MED embole *m*, embolus *m*.

emboss [ɪm'bɒs] vt [metal] repousser, estamper ; [leather] estamper, gaufrer ; [cloth, paper] gaufrer.

embossed [ɪm'bɒst] adj [metal] repoussé ; [leather] gaufré ; [cloth, wallpaper] gaufré, à motifs en relief.

embouchure [ˌɑːmbuː'ʃʊəʳ] n MUS embouchure *f*.

embrace [ɪm'breɪs] ◆ vt **1.** [friend, child] étreindre ; [lover] étreindre, enlacer ; [official, visitor, statesman] donner l'accolade à **2.** [include] regrouper, comprendre, embrasser **3.** [adopt -religion, cause] embrasser ; [-opportunity] saisir. ◆ vi [friends] s'étreindre ; [lovers] s'étreindre, s'enlacer ; [statesmen] se donner l'accolade. ◆ n [of friend, child] étreinte *f* ; [of lover] étreinte *f*, enlacement *m* ; [of official visitor, statesman] accolade *f* ▸ **to hold** or **to clasp sb in an embrace** étreindre qqn ▸ **to greet sb with an embrace** accueillir qqn dans une étreinte.

embrasure [ɪm'breɪʒəʳ] n embrasure *f*.

embrocation [ˌembrə'keɪʃn] n embrocation *f*.

embroider [ɪm'brɔɪdəʳ] ◆ vt [garment, cloth] broder ; *fig* [story, truth] embellir, enjoliver. ◆ vi [with needle] broder ; *fig* [embellish] broder, enjoliver.

embroidered [ɪm'brɔɪdəd] adj [garment, cloth] brodé.

embroidery [ɪm'brɔɪdərɪ] (*pl* **embroideries**) ◆ n [on garment, cloth] broderie *f* ; *fig* [of story, truth] enjolivement *m*, embellissement *m*. ◆ comp [frame, silk, thread] à broder.

embroil [ɪm'brɔɪl] vt mêler, impliquer ▸ **to embroil sb in sthg** mêler qqn à qqch, impliquer qqn dans qqch ▸ **to get embroiled in sthg** se retrouver mêlé à qqch ▸ **to get embroiled with sb** [romantically] avoir une liaison avec qqn.

embroilment [ɪm'brɔɪlmənt] n *fml* [in matter, situation] implication *f* ; [with lover] liaison *f*.

embryo ['embrɪəʊ] (*pl* **embryos**) n BIOL & *fig* embryon *m* / *I have the embryo of an idea* j'ai un embryon d'idée ▸ **in embryo** [foetus, idea] à l'état embryonnaire.

embryological [ˌembrɪə'lɒdʒɪkl] adj embryonnaire.

embryologist [ˌembrɪ'ɒlədʒɪst] n embryologiste *mf*.

embryology [ˌembrɪ'ɒlədʒɪ] n embryologie *f*.

embryonic [ˌembrɪ'ɒnɪk] adj BIOL embryonnaire ; *fig* à l'état embryonnaire.

embus [ɪm'bʌs] ◆ vt MIL faire monter à bord d'un autocar. ◆ vi MIL monter à bord d'un autocar.

emcee [ˌem'siː] *inf* ◆ n **abbr of master of ceremonies**. ◆ vt animer.

emend [iː'mend] vt corriger.

emendation [ˌiːmen'deɪʃn] n *fml* correction *f*.

emerald ['emərəld] ◆ n **1.** [gem stone] émeraude *f* **2.** [colour] ▸ **emerald (green)** (vert *m*) émeraude *m*. ◆ comp [brooch, ring] en émeraude ▸ **emerald necklace** collier d'émeraudes.

Emerald Isle pr n *liter* Île *f* d'Émeraude.

emerge [ɪ'mɜːdʒ] vi [person, animal] sortir ; [sun] sortir, émerger ; [truth, difficulty] émerger, apparaître / *to emerge from the water* [diver, submarine, island] émerger / *to emerge from hiding* sortir de sa cachette / *new playwrights have emerged on the scene* de nouveaux dramaturges ont fait leur apparition / *to emerge as favourite* apparaître comme le favori / *it emerges that...* il apparaît or ressort que... / *it later emerged that...* il est apparu par la suite que... / *to emerge victorious* or *the winner* sortir vainqueur / *to emerge unscathed* sortir indemne.

emergence [ɪ'mɜːdʒəns] n émergence *f*.

emergency [ɪ'mɜːdʒənsɪ] (*pl* **emergencies**) ◆ n **1.** (cas *m* d')urgence *f* / *this is an emergency!* c'est une urgence ! / *in case of emergency* or *in an emergency* en cas d'urgence / *to provide for emergencies* parer à l'imprévu / *to be prepared for any emergency* être prêt à toutes les éventualités **2.** MED [department] (service *m* des) urgences *fpl*. ◆ comp [measures, procedure, meeting] d'urgence ▸ **emergency brake a)** frein *m* de secours **b)** US frein *m* à main ▸ **emergency case** MED urgence *f* / **'emergency exit'** 'sortie *f* de secours' ▸ **emergency food aid** aide *f* alimentaire d'urgence ▸ **emergency landing** AERON atterrissage *m* forcé ▸ **emergency operation** MED opération *f* à chaud ▸ **emergency patient** urgence *f* ▸ **emergency powers** pouvoirs *mpl* extraordinaires ▸ **emergency rations** vivres *mpl* de secours or de réserve ▸ **emergency repairs** réparations *fpl* d'urgence ▸ **emergency room** US salle *f* des urgences ▸ **emergency service a)** AUTO service *m* de dépannage **b)** MED service *m* des urgences ▸ **emergency services** services *mpl* d'urgence ▸ **emergency stop** UK AUTO arrêt *m* d'urgence ▸ **emergency supply** réserve *f* ▸ **emergency tank** AERON réservoir *m* auxiliaire ▸ **emergency tax** impôt *m* extraordinaire ▸ **emergency ward** UK MED salle *f* des urgences / **'for emergency use only'** 'à n'utiliser qu'en cas d'urgence'.

emergent [ɪ'mɜːdʒənt] adj [theory, nation] naissant.

emerging market n ECON marché *m* émergent.

emeritus [ɪ'merɪtəs] adj UNIV honoraire.

emery ['emərɪ] n émeri *m*.

emery board n lime *f* à ongles.

emery cloth n toile *f* (d')émeri.

emery paper n papier *m* (d')émeri.

emetic [ɪ'metɪk] ◆ adj émétique. ◆ n émétique *m*, vomitif *m*.

emf (abbr of **electromotive force**) n f.é.m. *f*.

emigrant ['emɪgrənt] ◆ n émigrant *m*, -e *f* ; [when established abroad] émigré *m*, -e *f*. ◆ comp [worker, population] émigré.

emigrate ['emɪgreɪt] vi émigrer.

emigration [ˌemɪ'greɪʃn] n émigration *f*.

émigré ['emɪgreɪ] n émigré *m*.

eminence ['emɪnəns] n **1.** [prominence] rang *m* éminent / *to occupy a position of eminence* avoir un rang éminent / *to achieve eminence in one's profession* atteindre un rang éminent dans sa profession **2.** [high ground] éminence *f*, hauteur *f*.

❖ **Eminence** n RELIG [title] Éminence *f* / *Your / His Eminence* Votre / Son Éminence.

Eminency ['emɪnənsɪ] = **Eminence**.

eminent ['emɪnənt] adj [distinguished] éminent.

eminent domain n US LAW expropriation *f*.

eminently ['emɪnəntlɪ] adv éminemment / *to be eminently successful* réussir brillamment / *eminently suitable* qui convient parfaitement / *it is eminently desirable that...* il est fort à souhaiter que..., il est éminemment souhaitable que...

emir [e'mɪəʳ] n émir *m*.

emirate ['emərət] n émirat *m*.

emissary ['emɪsərɪ] (*pl* **emissaries**) n émissaire *m*.

emission [ɪ'mɪʃn] n [gen & ECOL] émission *f*.

emissions cap n ECOL plafonnement *m* des émissions.

emissions target n ECOL cible *f* de réduction des émissions.

emissions trading n ECOL échange *m* de quotas d'émissions.

emit [ɪ'mɪt] (*pt & pp* **emitted**, *cont* **emitting**) vt [sound, radiation, light] émettre ; [heat] dégager, émettre ; [gas] dégager ; [sparks, cry] lancer.

emitter [ɪ'mɪtəʳ] n NUCL, PHYS & ELECTRON émetteur *m*.

Emmental, **Emmenthal** ['emənˌtɑːl] n Emmental *m*.

Emmentaler, **Emmenthaler** ['emənˌtɑːləʳ] = **Emmental**.

Emmy ['emɪ] n ▸ **Emmy (award)** *distinction récompensant les meilleures émissions télévisées américaines de l'année.*

emollient [ɪ'mɒlɪənt] ◆ adj émollient ; *fig* adoucissant, calmant. ◆ n émollient *m*.

emolument [ɪ'mɒljʊmənt] n *(usu pl) fml* ▸ **emoluments** émoluments *mpl*, rémunération *f*.

e-money n argent *m* électronique, argent *m* virtuel.

emote [ɪ'məʊt] vi [on stage] faire dans le genre tragique ; [in life] avoir un comportement théâtral.

emoticon [ɪ'məʊtɪkɒn] n émoticon *m*, smiley *m*.

emotion [ɪ'məʊʃn] n [particular feeling] sentiment *m* ; [faculty] émotion *f* / *to be in control of one's emotions* contrôler or maîtriser ses émotions / *to show no emotion* ne laisser paraître aucune émotion / *to shake with emotion* [person, voice] trembler d'émotion / *to appeal to the emotions* faire appel aux sentiments / *to express one's emotions* exprimer ses sentiments / *don't let your emotions get in the way* ne te laisse pas influencer par tes sentiments / *full of emotion* ému.

emotional [ɪ'məʊʃənl] adj **1.** [stress] émotionnel ; [life, problems] affectif **2.** [person - easily moved] sensible, qui s'émeut facilement ; [- stronger] émotif ; [appealing to the emotions - plea, speech, music] émouvant ; [charged with emotion - issue] passionné, brûlant ; [- reunion, scene] chargé d'émotion ; [governed by emotions - person] passionné, ardent ; [- reaction, state] émotionnel / *he got very emotional at the funeral* il était très ému à l'enterrement / *why do you always have to get so emotional?* pourquoi faut-il toujours que tu te mettes dans de tels états ? / *you shouldn't be so emotional* tu es vraiment trop sensible ▸ **emotional blackmail** chantage *m* affectif.

emotional intelligence adj intelligence *f* émotionnelle.

emotionalism [ɪ'məʊʃnəlɪzm] n *pej* sensiblerie *f*.

emotionally [ɪ'məʊʃnəlɪ] adv [react, speak] avec émotion / *to feel emotionally exhausted* or *drained* se sentir vidé (sur le plan émotionnel) / *to be emotionally disturbed* souffrir de troubles affectifs / *an emotionally charged atmosphere* une atmosphère chargée d'émotion / *emotionally, he's not strong enough for the job* sur le plan émotionnel, il n'est pas assez solide pour ce travail / *to be emotionally immature* manquer de maturité sur le plan affectif ▸ **to be emotionally involved with sb** avoir des liens affectifs avec qqn / *I don't want to get emotionally involved* je ne veux pas m'attacher.

emotional purchase n achat *m* impulsif or spontané.

emotionless [ɪ'məʊʃnlɪs] adj [person, face, eyes] impassible ; [style] froid.

emotive [ɪ'məʊtɪv] adj [issue] sensible ; [word, phrase] à forte teneur émotionnelle.

empanel [ɪm'pænl] (UK *pt & pp* **empanelled**, *cont* **empanelling** ; US *pt & pp* **empaneled**, *cont* **empaneling**) vt [jury] constituer ; [juror] inscrire sur la liste or le tableau du jury.

empathetic [,empə'θetɪk] adj empathique.

empathize ['empəθaɪz] vi ▸ **to empathize with sb** s'identifier à qqn / *in his case I find it difficult to empathize* j'ai du mal à m'identifier à lui.

empathy ['empəθɪ] n [affinity - gen] affinité *f*, affinités *fpl*, sympathie *f* ; PHILOS & PSYCHOL empathie *f* ; [power, ability] capacité *f* à s'identifier à autrui / *the part calls for a good deal of empathy* le rôle exige une grande capacité à s'identifier au personnage / *the empathy between them* les affinités qui existent entre eux / *our empathy with her pain* notre sympathie à sa douleur.

Empedocles [ɪm'pedəkli:z] pr n Empédocle.

emperor ['empərəʳ] n empereur *m* / **'The Emperor's New Clothes'** *Andersen* 'les Nouveaux Habits de l'empereur'.

emperor moth n saturnie *f*, paon de nuit *m*.

emperor penguin n manchot *m* empereur.

emphasis ['emfəsɪs] (*pl* **emphases** [-si:z]) n **1.** [importance] accent *m* ▸ **to place** or **to lay** or **to put emphasis on sthg** mettre l'accent sur qqch / *there is too much emphasis on materialism in our society* on accorde trop d'importance aux choses matérielles dans notre société / *this year the emphasis is on bright colours / steady growth* cette année, l'accent est mis sur les couleurs vives / sur une croissance régulière / *a change of emphasis* un changement de priorités / *the emphasis now is on winning votes* ce qui est important maintenant c'est de gagner des voix **2.** LING [stress] accent *m* / *the emphasis comes on the last syllable* l'accent est placé or tombe sur la dernière syllabe ▸ **to say sthg with emphasis** dire qqch avec insistance.

> ⚠ **Emphase** is a formal word meaning pomposity, not emphasis.

emphasize ['emfəsaɪz] vt **1.** [detail, need, importance] insister sur / *I can't emphasize this strongly enough* je n'insisterai jamais assez sur cela **2.** [physical feature] accentuer / *to emphasize the waist* [dress] marquer or accentuer la taille **3.** LING [syllable] accentuer ; [word] accentuer, appuyer sur.

emphatic [ɪm'fætɪk] adj [refusal] catégorique ; [gesture] appuyé ; [speaker, manner] énergique, vigoureux ; LING emphatique / *to be emphatic* insister / *to be emphatic in one's denials* nier catégoriquement, nier avec insistance.

> ⚠ **Emphatique** only means emphatic in the field of linguistics. In other contexts it means pompous or bombastic.

emphatically [ɪm'fætɪklɪ] adv **1.** [speak, reply] énergiquement ; [deny] catégoriquement **2.** [definitely] clairement / *I most emphatically do not agree with you* je ne suis absolument pas d'accord avec vous.

emphysema [,emfɪ'si:mə] n emphysème *m*.

empire ['empaɪəʳ] n empire *m* / **'The Empire Strikes Back'** *Kershner* 'l'Empire contre-attaque'.

❖ **Empire** comp [costume, furniture, style] Empire.

empire-build vi : *he's empire-building again* il est encore à jouer les bâtisseurs d'empires.

empire-builder n *fig* bâtisseur *m* d'empires.

empire-building ◆ adj de bâtisseur d'empires. ◆ n : *there's too much empire-building going on* on joue trop les bâtisseurs d'empires.

Empire State n ▸ **the Empire State** l'État *m* de New York.

empiric [ɪm'pɪrɪk] ◆ adj empirique. ◆ n empiriste *mf*.

empirical [ɪm'pɪrɪkl] adj empirique.

empirically [ɪm'pɪrɪklɪ] adv empiriquement.

empiricism [ɪm'pɪrɪsɪzm] n empirisme *m*.

empiricist [ɪm'pɪrɪsɪst] n empiriste *mf*.

emplacement [ɪm'pleɪsmənt] n MIL [of canon] emplacement *m*.

emplane [ɪm'pleɪn] ◆ vt embarquer (à bord d'un avion). ◆ vi embarquer (à bord d'un avion).

employ [ɪm'plɔɪ] ◆ vt **1.** [give work to] employer / *they employ 245 staff* ils ont 245 employés / *to employ sb as a receptionist* employer qqn comme réceptionniste / *he has been employed with the firm for twenty years* il travaille pour cette entreprise depuis vingt ans **2.** [use - means, method, word] employer, utiliser ; [- skill, diplomacy] faire usage de, employer ; [- force] employer, avoir recours à **3.** [occupy] ▸ **to employ oneself / to be employed in doing sthg** s'occuper / être occupé à faire qqch / *you'd be better employed doing your homework* tu ferais mieux de faire tes devoirs / *have you no better way of employing your time?* tu n'as rien de mieux à faire ? ◆ n *fml* service *m* ▸ **to be in sb's employ** travailler pour qqn, être au service de qqn ▸ **to have sb in one's employ** employer qqn, avoir qqn à son service.

employable [ɪm'plɔɪəbl] adj [person] susceptible d'être employé ; [method] utilisable / *a good education makes you more employable* une bonne formation donne plus de chances de trouver du travail.

employed [ɪm'plɔɪd] ◆ adj employé / *I am not employed at the moment* je n'ai pas de travail en ce moment. ◆ pl n personnes *fpl* qui ont un emploi / *employers and employed* patronat *m* et salariat *m*.

employee [ɪm'plɔɪi:] ◆ n employé *m*, -e *f*, salarié *m*, -e *f* / *she is an employee of Company X* or *she is a Company X employee* c'est une employée de la Société X / *management and employees* **a)** la direction et les employés or le personnel **b)** [in negotiations] les partenaires *mpl* sociaux ▸ **employee's contribution** or **share** [of benefits] cotisations *fpl* salariales. ◆ comp ▸ **employee benefits** avantages *mpl* accordés aux employés.

employer [ɪm'plɔɪəʳ] n employeur *m*, patron *m* ; ADMIN employeur *m* / *they are good employers* ce sont de bons employeurs or patrons / *who is your employer?* pour qui travaillez-vous ? ▸ **employers** [as a body] patronat *m* ▸ **employer's contribution** or **share** [to employee benefits] cotisation *f* patronale.

employment [ɪm'plɔɪmənt] n **1.** [work] emploi *m* / *to be without employment* être sans emploi or travail ▸ **to be in employment** avoir un emploi or du travail / *full employment* plein emploi / *conditions of employment* conditions *fpl* de travail / *to look for* or *to seek employment* chercher du travail or un emploi, être demandeur d'emploi / *to give* or *to provide employment* donner or fournir du travail / *employment contract* contrat *m* d'emploi / *(the) employment figures* les chiffres de l'emploi ▸ **Department of Employment** US or *dated* UK, **Employment Department** ≃ ministère *m* du Travail ▸ **Secretary (of State) for** or **Minister of Employment** UK, **Secretary for Employment** US ≃ ministre *m* du Travail **2.** [recruitment] embauche *f* ; [providing work] emploi *m* ; [use - of method, word] emploi *m* ; [- of force, skill] usage *m*, emploi *m*.

Employment Act n UK POL *loi sur l'égalité des chances pour l'emploi.*

employment agency, employment bureau n agence *f* or bureau *m* de placement.

employment exchange, employment office n UK *dated* ≃ ANPE *f*.

employment tribunal n LAW conseil *m* de prud'hommes.

emporium [em'pɔ:rɪəm] (*pl* **emporiums** *or* **emporia** [-rɪə]) n grand magasin *m*.

empower [ɪm'paʊəʳ] vt *fml* habiliter, autoriser ▸ **to empower sb to do sthg** habiliter or autoriser qqn à faire qqch.

empowering [ɪm'paʊərɪŋ] adj qui donne un sentiment de pouvoir.

empowerment [ɪm'paʊamənt] n : *the empowerment of women / of ethnic minorities* la plus grande autonomie des femmes / des minorités ethniques.

empress ['emprɪs] n impératrice *f*.

emptiness ['emptɪnɪs] n vide *m* / *a feeling of emptiness* un sentiment de vide / *the emptiness of my life / days* le vide de mon existence / mes journées.

empty ['emptɪ] (*pl* **empties**, *compar* **emptier**, *superl* **emptiest**) ◆ adj [glass, room, box, etc.] vide ; [city, street] désert ; [cinema] désert, vide ; [job, post] vacant, à pourvoir ; *fig* [words, talk] creux ; [promise] en l'air, vain ; [gesture] dénué de sens ; [threat] en l'air / *empty of meaning* vide or dénué de sens / *the house was empty of people* la maison était vide / *my stomach is empty* [I'm hungry] j'ai un creux (à l'estomac) ▸ **to do sthg on an empty stomach** faire qqch à jeun / **'to be taken on an empty stomach'** MED 'à prendre à jeun' / *to feel empty* [drained of emotion] se sentir vidé (sur le plan émotionnel) / *the fuel gauge was at* or *showing empty* le niveau du réservoir était à zéro ▸ **empty vessels make the most sound** *prov* moins on en sait, plus on parle. ◆ n *inf* [bottle] bouteille *f* vide ; [glass] verre *m* vide. ◆ vt [glass, pocket, room] vider ; [car, lorry] décharger. ◆ vi [building, street, container] se vider ; [water] s'écouler / *to empty into the sea* [river] se jeter dans la mer.

❖ **empty out** ◆ vt sep vider. ◆ vi [tank, container] se vider ; [water, liquid] s'écouler.

empty-handed [-'hændɪd] adj les mains vides, bredouille / *to return empty-handed* rentrer bredouille or les mains vides.

empty-headed adj écervelé, sans cervelle.

empyrean [,empaɪ'ri:ən] n *liter* empyrée *m*.

EMS (abbr of **European Monetary System**) pr n SME *m*.

EMT (abbr of **emergency medical technician**) n *technicien médical des services d'urgence.*

emu ['i:mju:] n émeu *m*.

EMU (abbr of **Economic and Monetary Union**) n UEM *f*.

emulate ['emjʊleɪt] vt [person, action] imiter ; COMPUT émuler.

emulation [,emjʊ'leɪʃn] n [gen & COMPUT] émulation *f*.

emulator ['emjʊleɪtəʳ] n COMPUT émulateur *m*.

emulsifier [ɪ'mʌlsɪfaɪəʳ] n émulsifiant *m*.

emulsify [ɪ'mʌlsɪfaɪ] vt émulsionner, émulsifier.

emulsion [ɪ'mʌlʃn] ◆ n **1.** CHEM & PHOT émulsion *f* **2.** [paint] (peinture *f*) émulsion *f*. ◆ vt appliquer de la peinture émulsion sur.

emulsion paint = **emulsion** *(noun)*.

en [en] n TYPO demi-cadratin *m*.

EN (abbr of **enrolled nurse**) n UK *infirmière diplômée.*

enable [ɪ'neɪbl] vt ▸ **to enable sb to do sthg a)** permettre à qqn de faire qqch **b)** LAW habiliter or autoriser qqn à faire qqch.

enabled [ɪ'neɪbəld] adj COMPUT [option] activé.

enabler [ɪ'neɪbləʳ] n **1.** [social worker] travailleur *m* social, travailleuse *f* sociale **2.** [personal assistant] assistant *m*, -e *f* **3.** US PSYCHOL *personne qui encourage implicitement des comportements dysfonctionnels chez un proche* / *if you put up with his abuse, you're his enabler* supporter sa violence, c'est l'encourager / *she became obese, and I realise now I was her enabler* elle est devenue obèse, et je me rends compte aujourd'hui que j'en suis en grande partie responsable.

enabling [ɪ'neɪblɪŋ] adj LAW habilitant.

enact [ɪ'nækt] vt **1.** LAW [bill, law] promulguer **2.** [scene, play] jouer ▸ **to be enacted** *fig* se dérouler.

enactment [ɪ'næktmənt] n **1.** LAW [of bill, law, etc.] promulgation *f* **2.** [of play] représentation *f*.

enamel [ɪ'næml] (UK *pt & pp* **enamelled**, *cont* **enamelling** ; US *pt & pp* **enameled**, *cont* **enameling**) ◆ n **1.** ART [on clay, glass, etc.] émail *m* **2.** [paint] peinture *f* laquée or vernie **3.** [on teeth] émail *m*. ◆ comp [mug, saucepan] en émail, émaillé ▸ **enamel paint** peinture *f* laquée or vernie ▸ **enamel painting** peinture *f* sur émail. ◆ vt émailler.

enamelled UK, **enameled** US [ɪ'næmld] adj [mug, saucepan] émaillé, en émail.

enamelling UK, **enameling** US [ɪ'næməlɪŋ] n émaillage *m*.

enamelware [ɪ'næmlweəʳ] n ustensiles *mpl* en émail.

enamoured UK, **enamored** US [ɪ'næməd] adj ▸ **to be enamoured of a)** *liter* [person] être amoureux or épris de **b)** [job, flat] être enchanté or ravi de / *he wasn't exactly enamoured of our proposal* notre proposition ne l'enchantait guère.

en bloc [ɑ̃'blɒk] adv en bloc.

enc. 1. (written abbr of **enclosure**) PJ **2.** written abbr of **enclosed**.

encamp [ɪn'kæmp] ◆ vi camper. ◆ vt faire camper ▸ **to be encamped** camper.

encampment [ɪn'kæmpmənt] n campement *m*.

encapsulate [ɪn'kæpsjʊleɪt] vt PHARM mettre en capsule ; *fig* résumer.

encase [ɪn'keɪs] vt recouvrir, entourer.

encash [ɪn'kæʃ] vt UK encaisser.

encashment [ɪn'kæʃmənt] n UK encaissement *m*.

encaustic [en'kɔ:stɪk] ◆ adj [brick, tile] émaillé ; [painting] encaustique. ◆ n peinture *f* à l'encaustique.

Enceladus [en'selədəs] pr n Encelade.

encephalic [,enkə'fælɪk] adj encéphalique.

encephalitis [,ensefə'laɪtɪs] n encéphalite *f*.

encephalogram [en'sefələgræm] n encéphalogramme *m*.

encephalomyelitis [en,sefələʊmaɪə'laɪtɪs] n encéphalomyélite *f*.

encephalopathy [en,sefə'lɒpəθɪ] n encéphalopathie *f*.

enchain [ɪn'tʃeɪn] vt enchaîner.

enchant [ɪn'tʃɑ:nt] vt **1.** [delight] enchanter, ravir **2.** [put spell on] enchanter, ensorceler.

enchanted [ɪn'tʃɑ:ntɪd] adj enchanté / *the enchanted wood* le bois enchanté.

enchanter [ɪn'tʃɑ:ntəʳ] n enchanteur *m*.

enchanting [ɪn'tʃɑ:ntɪŋ] adj charmant.

enchantingly [ɪn'tʃɑ:ntɪŋlɪ] adv [sing, play] merveilleusement bien / *enchantingly pretty* ravissant.

enchantment [ɪn'tʃɑ:ntmənt] n **1.** [delight] enchantement *m*, ravissement *m* ▸ **to fill sb with enchantment** enchanter or ravir qqn **2.** [casting of spell] enchantement *m*, ensorcellement *m*.

enchantress [ɪn'tʃɑ:ntrɪs] n enchanteresse *f*.

enchilada [,entʃɪ'lɑ:də] n *plat mexicain consistant en une galette de maïs frite, farcie à la viande et servie avec une sauce piquante* ▸ **the big enchilada** US *inf* le patron, le big boss.

encircle [ɪn'sɜ:kl] vt entourer ; MIL & HUNT encercler, cerner.

encirclement [ɪn'sɜ:klmənt] n encerclement *m*.

encircling [ɪn'sɜ:klɪŋ] ◆ n encerclement *m*. ◆ adj MIL ▸ **encircling movement** manœuvre *f* d'encerclement.

encl. = **enc.**

enclave ['enkleɪv] n enclave *f*.

enclose [ɪn'kləʊz] vt **1.** [surround - with wall] entourer, ceinturer ; [- with fence] clôturer **2.** [in letter] joindre ▸ **to enclose sthg with a letter** joindre qqch à une lettre / *I enclose a cheque for £20* je joins un chèque de 20 livres.

enclosed [ɪn'kləʊzd] adj **1.** [area] clos / *an enclosed space* un espace clos ▸ **enclosed order** RELIG ordre *m* claustral **2.** COMM [cheque] ci-joint, ci-inclus / *please find enclosed my CV* veuillez trouver ci-joint or ci-inclus mon CV.

enclosure [ɪn'kləʊʒəʳ] n **1.** [enclosed area] enclos *m*, enceinte *f* ▸ **public enclosure** [at sports ground, racecourse] pelouse *f* **2.** [with letter] pièce *f* jointe or annexée or incluse **3.** [action] action *f* de clôturer **4.** UK HIST enclosure *f*.

encode [en'kəʊd] vt coder, chiffrer ; COMPUT encoder.

encoder [en'kəʊdəʳ] n [gen & COMPUT] encodeur *m*.

encoding [en'kəʊdɪŋ] n codage *m* ; COMPUT encodage *m*.

encomium [en'kəʊmjəm] (*pl* **encomiums** *or* **encomia** [-mjə]) n *fml* panégyrique *m*.

encompass [ɪn'kʌmpəs] vt **1.** [include] englober, comprendre, regrouper **2.** *fml* [surround] entourer, encercler.

encore ['ɒŋkɔ:ʳ] ◆ interj ▸ **encore!, encore!** bis !, bis ! ◆ n bis *m* ▸ **to call for an encore** bisser ▸ **to give an encore** [performer] donner un bis / *to give an encore of a song* rechanter or rejouer une chanson en bis / *how many encores were there?* combien de rappels y a-t-il eu ? ◆ vt [singer, performer] rappeler, bisser ; [song] bisser.

encounter [ɪn'kaʊntəʳ] ◆ vt [person, enemy] rencontrer ; [difficulty, resistance, danger] rencontrer, se heurter à. ◆ n [gen & MIL] rencontre *f* / **'Brief Encounter'** *Lean* 'Brève rencontre' / **'Close Encounters of the Third Kind'** *Spielberg* 'Rencontres du troisième type'.

encounter group n *séance de psychothérapie de groupe.*

encourage [ɪn'kʌrɪdʒ] vt [person] encourager, inciter ; [project, research, attitude] encourager ▸ **to encourage sb to do sthg** encourager or inciter qqn à faire qqch / *don't encourage him!* [in bad behaviour] ne l'encourage pas ! ▸ **to encourage sb in his / her belief that...** renforcer qqn dans sa conviction que..., conforter qqn dans son idée que...

encouragement [ɪn'kʌrɪdʒmənt] n encouragement *m* ▸ **to give sb encouragement** or **to give encouragement to sb** encourager qqn ▸ **to get** or **to receive encouragement from sb** recevoir des encouragements de la part de qqn / *all he needs is a bit of encouragement* tout ce qu'il lui faut c'est un peu d'encouragement / *without your encouragement* sans vos encouragements / *shouts / words of encouragement* cris / mots d'encouragement.

encouraging [ɪn'kʌrɪdʒɪŋ] adj encourageant ; [smile, words] d'encouragement.

encouragingly [ɪn'kʌrɪdʒɪŋlɪ] adv [smile, speak] de manière encourageante / *encouragingly, a working party has been set up* fait encourageant, un groupe de travail a été mis en place.

encroach [ɪn'krəʊtʃ] ❖ **encroach on, encroach upon** vi : *the sea is gradually encroaching on the land* la mer gagne progressivement du terrain / *the new buildings are encroaching on the countryside* les nouveaux bâtiments envahissent la campagne / *to encroach on sb's territory* *fig* marcher or empiéter sur les plates-bandes de qqn.

encroachment [ɪn'krəʊtʃmənt] n [on freedom, property, time] empiétement *m* ; [by sea, river] envahissement *m*, ingression *f* *spec* ; [buildings] envahissement.

encrust [ɪn'krʌst] vt [with jewels] incruster ; [with mud, snow, ice] couvrir ▸ **to be encrusted with sthg** être incrusté or couvert or recouvert de qqch.

encrustation [ɪn,krʌst'eɪʃn] n incrustation *f*.

encrypt [en'krɪpt] vt coder, chiffrer ; COMPUT crypter.

encryption [en'krɪpʃn] n COMPUT cryptage *m*, cryptologie *f*.

encumber [ɪn'kʌmbəʳ] vt *fml* [person, room] encombrer, embarrasser / *encumbered with too many clothes* empêtré dans ses vêtements ▸ **encumbered estate a)** LAW [with debts] propriété *f* grevée de dettes **b)** [with mortgage] propriété *f* hypothéquée.

encumbrance [ɪn'kʌmbrəns] n *fml* [burden] charge *f*, fardeau *m* ; LAW charge *f* hypothécaire.

encyclical [ɪn'sɪklɪkl] ◆ adj RELIG encyclique. ◆ n RELIG encyclique *f*.

encyclopaedia [ɪn,saɪklə'pi:djə] = **encyclopedia**.

encyclopedia [ɪn,saɪklə'pi:djə] n encyclopédie *f*.

encyclopedic [ɪn,saɪkləʊ'pi:dɪk] adj encyclopédique.

encyclopedist [ɪn,saɪklə'pi:dɪst] n encyclopédiste *mf*.

end [end] ◆ n **1.** [furthermost part, tip, edge] bout *m* / *at the end of the garden* au bout or fond du jardin / *the rope is frayed at this end / at that end / at one end* la corde est effilochée à ce bout-ci / à ce bout-là / au bout / *at either end of the political spectrum* aux deux extrémités de l'éventail politique / *at the other end of the line* TELEC au bout de la ligne / *from one end of the country / of the town to the other* d'un bout à l'autre du pays / de la ville / *third from the end* troisième en partant de la fin ▸ **the deep / shallow end** le grand / petit bain ▸ **to change ends** SPORT changer de côté ; [area, aspect] côté *m* / *how are things (at) your end?* comment ça va de ton côté or pour toi ? / *the marketing / manufacturing end of the operation* le côté marketing / fabrication de l'opération, tout ce qui est marketing / fabrication ▸ **this is the end of the road** or **line** c'est fini ▸ **to get** or **have one's end away** UK *v inf* tirer un or son coup ▸ **to go to the ends of the earth** aller jusqu'au bout du monde ▸ **to keep one's end of the bargain** tenir parole ▸ **to keep one's end up** tenir bon / *he doesn't know* or *can't tell one end of a word processor from the other* il ne sait même pas à quoi ressemble un traitement de texte ▸ **to make (both) ends meet** [financially] joindre les deux bouts **2.** [conclusion, finish] fin *f* / *at the end of July / of spring / of the year* à la fin du mois de juillet / du printemps / de l'année / *from beginning to end* du début à la fin, de bout en bout / *to read to the end of a book* or *to read a book to the end* lire un livre jusqu'au bout or jusqu'à la fin / *I waited until the end of the meeting* j'ai attendu la fin de la réunion ▸ **to be at an end** être terminé or fini / *my patience is at* or *has come to an end* ma patience est à bout ▸ **to be at the end of one's resources** / **one's strength** avoir épuisé ses ressources / ses forces ▸ **to bring sthg to an end a)** [meeting] clore qqch **b)** [situation] mettre fin à qqch **c)** [speech] achever qqch ▸ **to come to an end** s'achever, prendre fin ▸ **to draw to an end** arriver or toucher à sa fin ▸ **to put an end to sthg** mettre fin à qqch / *we want an end to the war* nous voulons que cette guerre cesse or prenne fin / *the end of the world / of time* la fin du monde / des temps / *the end is nigh* la fin est proche / *and that was the end of that* et ça s'est terminé comme ça ▸ **he's / you're the end! a)** *inf* [impossible] il est / tu es incroyable ! **b)** [extremely funny] il est / tu es trop (drôle) ! ▸ **to come to a bad end** mal finir ▸ **end of lecture!** j'arrête de te sermonner ! ▸ **end of story! a)** *inf* [stop arguing] plus de discussions ! **b)** [I don't want to talk about it] un point, c'est tout ! ▸ **it's not the end of the world** *inf* ce n'est pas la fin du monde / *we'll never hear the end of it* on n'a pas fini d'en entendre parler / *is there no end to his talents?* a-t-il donc tous les talents ?, n'y a-t-il pas de limite à ses talents ? **3.** [aim] but *m*, fin *f* ▸ **to achieve** or **to attain one's end** atteindre son but / *with this end in view* or *mind, to this end* dans ce but, à cette fin / *to what end? fml* dans quel but ?, à quelle fin ? / *for political ends* à des fins politiques ▸ **an end in itself** une fin en soi ▸ **the end justifies the means** la fin justifie les moyens **4.** [remnant - of cloth, rope] bout *m* ; [- of loaf] croûton *m* **5.** *euph & liter* [death] mort *f* ▸ **to meet one's end** trouver la mort ▸ **to be nearing one's end** être à l'article de la mort / *I was with him at the end* j'étais auprès de lui dans ses derniers moments. ◆ comp [house, seat, table] du bout. ◆ vt [speech, novel] terminer, conclure ; [meeting, discussion] clore ; [day] terminer, finir ; [war, speculation, relationship] mettre fin or un terme à ; [work] terminer, finir, achever / *she ended the letter with a promise to write again soon* elle a terminé la lettre en promettant de récrire bientôt ▸ **the war to end all wars** la dernière de toutes les guerres / *the joke to end all jokes* la meilleure blague qu'on ait jamais entendue / *he decided to end it all* [life, relationship] il décida d'en finir / *she ended her days in a retirement home* elle a fini ses jours dans une maison de retraite. ◆ vi [story, film] finir, se terminer, s'achever ; [path, road, etc.] se terminer, s'arrêter ; [season, holiday] se terminer, toucher à sa fin / *how* or *where will it all end?* comment tout cela finira-t-il or se terminera-t-il ? / *where does society end and the individual begin?* où s'arrête la société et où commence l'individu ? / *to end in a point* se terminer en pointe / *the discussion ended in an argument* la discussion s'est terminée en dispute / *to end in failure / divorce* se solder par un échec / un divorce / *the word ends in -ed* le mot se termine par or en -ed / *the book ends with a quotation* le livre se termine par une citation ▸ **it'll end in tears** ça va mal finir.

❖ **at the end of the day** adv phr *lit* à la fin de la journée ; *fig* au bout du compte, en fin de compte.

❖ **end on** adv phr par le bout.

❖ **end to end** adv phr **1.** [with ends adjacent] bout à bout **2.** = **from end to end**.

❖ **from end to end** adv phr d'un bout à l'autre.

❖ **in the end** adv phr finalement / *we got there in the end* finalement nous y sommes arrivés, nous avons fini par y arriver.

❖ **no end** adv phr *inf* : *it upset her / cheered her up no end* ça l'a bouleversée / ravie à un point (inimaginable) ▸ **to think no end of sb** porter qqn aux nues.

❖ **no end of** det phr *inf* : *it'll do you no end of good* cela vous fera un bien fou / *to have no end of trouble doing sthg* avoir énormément de mal or un mal fou or un mal de chien à faire qqch / *we met no end of interesting people* on a rencontré des tas de gens intéressants.

❖ **on end** adv phr **1.** [upright] debout ▸ **to stand sthg on end** mettre qqch debout / *her hair was standing on end* elle avait les cheveux dressés sur la tête **2.** [in succession] entier / *for hours / days on end* pendant des heures entières / des jours entiers / *for four hours on end* pendant quatre heures de suite or d'affilée.

❖ **end off** vt sep terminer / *they ended off the evening with a dance* ils ont terminé la soirée par une danse.

❖ **end up** vi finir / *they ended up in Manchester* ils se sont retrouvés à Manchester / *to end up in hospital / in prison* finir à l'hôpital / en prison / *if you keep driving like that, you're going to end up killing yourself* si tu continues à conduire comme ça, tu finiras par te tuer ▸ **to end up doing sthg** finir par faire qqch / *to end up (as) the boss / on the dole* finir patron / chômeur / *I wonder what he'll end up as / how he'll end up* je me demande ce qu'il deviendra / comment il finira.

end-all ⟶ be-all.

endanger [ɪn'deɪndʒər] vt [life, country] mettre en danger ; [health, reputation, future, chances] compromettre.

endangered species [ɪn'deɪndʒəd-] n espèce *f* en voie de disparition.

end-consumer n COMM utilisateur *m* final ; [of foodstuffs] consommateur *m* final, utilisateur *m* final.

endear [ɪn'dɪər] vt faire aimer / *what endears him to me* ce qui le rend cher à mes yeux ▸ **to endear o.s. to sb** se faire aimer de qqn / *the Chancellor's decision did not endear him to the voters* la décision du chancelier ne lui a pas gagné la faveur des électeurs.

endearing [ɪn'dɪərɪŋ] adj [personality, person] attachant ; [smile] engageant / *it's a very endearing characteristic of his* c'est un trait de caractère qui le rend très attachant.

endearingly [ɪn'dɪərɪŋlɪ] adv de manière attachante ; [smile] de manière engageante / *endearingly honest / incompetent* d'une honnêteté / d'une incompétence touchante.

endearment [ɪn'dɪəmənt] n ▸ **endearments** or **words of endearment** mots *mpl* tendres ▸ **term of endearment** terme *m* affectueux.

endeavour UK, **endeavor** US [ɪn'devər] *fml* ◆ n effort *m* ▸ **to make every endeavour to obtain sthg** faire tout son possible pour obtenir qqch / *in an endeavour to stop the strike* en tentant de mettre fin à la grève / *despite her best endeavours* malgré tous ses efforts ▸ **to use one's best endeavours to do sthg** employer tous ses efforts à faire qqch / *a new field of human endeavour* une nouvelle perspective pour l'homme / *one of the greatest achievements of human endeavour* une des plus belles victoires or conquêtes de l'homme. ◆ vi ▸ **to endeavour to do sthg** s'efforcer or essayer de faire qqch.

endemic [en'demɪk] ◆ adj MED endémique. ◆ n MED endémie *f*.

endgame ['endgeɪm] n **1.** objectif *m* **2.** CHESS fin *f* de partie / **'Endgame'** *Beckett* 'Fin de partie'.

ending ['endɪŋ] n **1.** [of story, book] fin *f* / *a story with a happy / sad ending* une histoire qui finit bien / mal **2.** LING terminaison *f*.

endive ['endaɪv] n **1.** [curly-leaved] (chicorée *f*) frisée *f* **2.** US [chicory] endive *f*.

endless ['endlɪs] adj **1.** [speech, road, job] interminable, sans fin ; [patience] sans bornes, infini ; [resources] inépuisable, infini ; [desert] infini / *the possibilities are endless* les possibilités sont innombrables / *to ask endless questions* poser des questions à n'en plus finir **2.** TECH [belt, screw] sans fin.

endlessly ['endlɪslɪ] adv [speak] continuellement, sans cesse ; [extend] à perte de vue, interminablement / *to be endlessly patient / generous* être d'une patience / générosité sans bornes.

endmost ['endməʊst] adj du bout.

endnote ['endnəʊt] n COMPUT note *f* de fin de document.

endocarditis [,endəʊkɑː'daɪtɪs] n MED endocardite *f*.

endocardium [,endəʊ'kɑːdɪəm] n ANAT endocarde *m*.

endocarp ['endəʊkɑːp] n endocarpe *m*.

endocranium [,endə'kreɪnɪəm] (*pl* **endocrania** [,endəʊ'kreɪnɪə]) n endocrâne *m*.

endocrine ['endəʊkraɪn] adj PHYSIOL [disorders, system] endocrinien ▸ **endocrine gland** glande *f* endocrine.

endocrinologist [,endəʊkraɪ'nɒlədʒɪst] n MED endocrinologue *mf*, endocrinologiste *mf*.

endocrinology [,endəʊkraɪ'nɒlədʒɪ] n MED endocrinologie *f*.

end-of-month adj de fin de mois ▸ **end-of-month balance** solde *m* de fin de mois ▸ **end-of-month payments** échéances *fpl* de fin de mois ▸ **end-of-month settlement** liquidation *f* de fin de mois ▸ **end-of-month statement** relevé *m* de fin de mois.

end-of-year adj **1.** [gen] de fin d'année **2.** FIN de fin d'exercice ▸ **end-of-year balance sheet** bilan *m* de l'exercice.

endogamy [en'dɒgəmɪ] n ANTHR endogamie *f*.

endogenous [en'dɒdʒɪnəs] adj BIOL endogène.

endometriosis [,endəʊmiːtrɪ'əʊsɪs] n endométriose *f*.

endomorph ['endəʊmɔːf] n endomorphe *m*.

endomorphic [,endəʊ'mɔːfɪk] adj endomorphique.

endoplasmic reticulum [,endəʊ'plæzmɪkrɪ'tɪkjəlʌm] n réticulum *m* endoplasmique, ergastoplasme *m*.

endorphin [en'dɔːfɪn] n MED endorphine *f*.

endorse [ɪn'dɔːs] vt **1.** [cheque] endosser ; [document - sign] apposer sa signature sur ; [- annotate] apposer une remarque sur **2.** UK LAW ▸ **to endorse a driving licence** faire état d'une infraction sur un permis de conduire **3.** [approve - action, decision] approuver ; [- opinion] soutenir, adhérer à ; [- appeal, candidature] appuyer / *sportswear endorsed by top athletes* vêtements de sport adoptés par les athlètes de haut niveau / *should footballers be seen to endorse alcoholic drinks?* est-il acceptable que les footballeurs fassent de la publicité pour les boissons alcoolisées ?

endorsement [ɪn'dɔːsmənt] n **1.** [of cheque] endossement *m* ; [of document - signature] signature *f* ; [- annotation] remarque *f* **2.** UK LAW [on driving licence] *infraction dont il est fait état sur le permis de conduire* **3.** [approval - of action, decision] approbation *f* ; [- of claim, candidature] appui *m* / *it was the ultimate endorsement of his ideas* ce fut la reconnaissance ultime or la consécration de sa théorie.

endoscope ['endəskəʊp] n MED endoscope *m*.

endoscopy [en'dɒskəpɪ] n MED endoscopie *f*.

endoskeleton [,endəʊ'skelɪtn] n endosquelette *m*.

endothermic [,endəʊ'θɜːmɪk] adj endothermique.

endow [ɪn'daʊ] vt **1.** [institution] doter ; [university chair, hospital ward] fonder / *to endow a hospice with £1 million* doter un hospice d'un million de livres **2.** *(usu passive)* ▸ **to be endowed with sthg** être doté de qqch.

endowment [ɪn'daʊmənt] n **1.** [action, msoney] dotation *f* **2.** *(usu pl) fml* [talent, gift] don *m*, talent *m*.

endowment assurance, **endowment insurance** n UK assurance *f* à capital différé.

endowment mortgage n UK *hypothèque garantie par une assurance-vie*.

endowment policy n assurance *f* mixte.

endpaper ['end,peɪpə] n garde *f*, page *f* de garde.

end product n INDUST & COMM produit *m* final ; *fig* résultat *m*.

end result n résultat *m* final.

end table n bout *m* de canapé.

endue [ɪn'djuː] vt *liter* doter.

endurable [ɪn'djʊərəbl] adj supportable, endurable.

endurance [ɪn'djʊərəns] ◆ n endurance *f* / *powers of endurance* endurance / *it is beyond endurance* c'est insupportable / *she was tried beyond endurance* elle a été éprouvée au-delà des limites du supportable. ◆ comp ▸ **endurance event** or **race** SPORT course *f* d'endurance ▸ **endurance test** épreuve *f* d'endurance.

endure [ɪn'djʊəʳ] ◆ vt [bear - hardship] endurer, subir ; [- pain] endurer ; [- person, stupidity, laziness] supporter, souffrir / *she can't endure being kept waiting* elle ne supporte or ne souffre pas qu'on la fasse attendre / *he can't endure seeing* or *to see children mistreated* il ne supporte pas qu'on maltraite des enfants. ◆ vi *fml* [relationship, ceasefire, fame] durer ; [memory] rester / *he won't be able to endure for long in this weather* il ne résistera or ne tiendra pas longtemps avec un temps pareil.

enduring [ɪn'djʊərɪŋ] adj [friendship, fame, peace] durable ; [democracy, dictatorship] qui dure ; [epidemic, suffering] tenace ; [actor, politician] qui jouit d'une grande longévité *(en tant qu'acteur, homme politique, etc.)*.

enduringly [ɪn'djʊərɪŋlɪ] adv de manière durable.

end user n [gen & COMPUT] utilisateur *m* final, utilisatrice *f* finale.

endways ['endweɪz] adv ▸ **put it endways on** mets-le en long / *put them endways on* mets-les bout à bout.

endwise ['endwaɪz] US = **endways**.

enema ['enɪmə] n [act] lavement *m* ; [liquid] produit *m* à lavement ▸ **to give sb an enema** administrer un lavement à qqn.

enemy ['enɪmɪ] (*pl* **enemies**) ◆ n **1.** ennemi *m*, -e *f* ▸ **to make enemies** se faire des ennemis / *I made an enemy of her* je m'en suis fait une ennemie / *to be one's own worst enemy* se nuire à soi-même / **'An Enemy of the People'** *Ibsen* 'Un ennemi du peuple' **2.** MIL ▸ **the enemy** l'ennemi *m* / *the enemy was* or *were advancing* l'ennemi avançait / *boredom is the enemy* l'ennui, voilà l'ennemi. ◆ comp [forces, attack, missile, country] ennemi ; [advance, strategy] de l'ennemi ▸ **enemy alien** ressortissant *m*, -e *f* d'un pays ennemi ▸ **enemy fire** feu *m* de l'ennemi ▸ **enemy-occupied territory** territoire *m* occupé par l'ennemi.

enemy-occupied adj [territory] occupé par l'ennemi.

energetic [,enə'dʒetɪk] adj [person, measures] énergique ; [music] vif, rapide ; [campaigner, supporter] enthousiaste / *to feel energetic* se sentir d'attaque or en forme / *after a very energetic day* après une journée très chargée / *do you feel energetic enough for a game of tennis?* te sens-tu d'attaque pour une partie de tennis ? / *I don't want to do anything too energetic* je ne veux rien faire qui demande trop d'énergie / *it's a very energetic game* c'est un jeu où l'on se dépense beaucoup.

energetically [,enə'dʒetɪklɪ] adv énergiquement.

energize ['enədʒaɪz] vt [person] donner de l'énergie à, stimuler ; ELEC exciter, envoyer de l'électricité dans.

energizing ['enədʒaɪzɪŋ] adj [food, effect] énergisant.

energy ['enədʒɪ] (*pl* **energies**) ◆ n **1.** [vitality] énergie *f* / *to be* / *to feel full of energy* être / se sentir plein d'énergie / *to have no energy* se sentir sans énergie / *to conserve one's energy* économiser son énergie / *she didn't have the energy for an argument* elle n'avait pas assez d'énergie pour se disputer / *glucose is full of energy* le glucose est très énergétique **2.** [effort] énergie *f* / *to devote* or *to apply (all) one's energy* or *energies to sthg* consacrer toute son énergie or toutes ses énergies à qqch **3.** PHYS énergie *f* **4.** [power] énergie *f* / *to save* or *to conserve energy* faire des économies d'énergie / *to consume energy* consommer de l'énergie / *a source of energy* une source d'énergie ▸ **Minister of** or **Secretary (of State) for Energy** ministre *m* de l'Énergie. ◆ comp [conservation, consumption] d'énergie ; [supplies, programme, level] énergétique ▸ **energy crisis** crise *f* énergétique or de l'énergie ▸ **energy resource** ressource *f* énergétique.

energy-giving [-,gɪvɪŋ] adj énergétique.

energy-saving adj [device] pour économiser l'énergie.

enervate ['enəveɪt] vt amollir, débiliter.

enervating ['enəveɪtɪŋ] adj amollissant, débilitant.

enfeeble [ɪn'fi:bl] vt affaiblir.

enfeeblement [ɪn'fi:blmənt] n affaiblissement *m*.

enfilade [,enfɪ'leɪd] ◆ n MIL enfilade *f*. ◆ vt MIL prendre en enfilade.

enfold [ɪn'fəʊld] vt [embrace] étreindre ▸ **to enfold sb in one's arms** étreindre qqn, entourer qqn de ses bras.

enforce [ɪn'fɔ:s] vt [policy, decision] mettre en œuvre, appliquer ; [law] mettre en vigueur ; [subj: police] faire exécuter ; [one's rights] faire valoir ; [one's will, discipline] faire respecter ; [contract] faire exécuter / *to enforce obedience* se faire obéir.

enforceable [ɪn'fɔ:səbl] adj exécutoire.

enforced [ɪn'fɔ:st] adj forcé.

enforcement [ɪn'fɔ:smənt] n [of law] application *f* ; [of contract] exécution *f*.

enforcer [ɪn'fɔ:səʳ] n US agent *m* de police.

enfranchise [ɪn'fræntʃaɪz] vt [give vote to - women, workers] accorder le droit de vote à ; [emancipate - slaves] affranchir.

enfranchisement [ɪn'fræntʃɪzmənt] n [of women, workers] octroi *m* du droit de vote ; [of slaves] affranchissement *m*.

ENG (abbr of **electronic news gathering**) n journalisme *m* électronique.

engage [ɪn'geɪdʒ] ◆ vt **1.** [occupy, involve] ▸ **to engage sb in conversation a)** [talk to] discuter avec qqn **b)** [begin talking to] engager la conversation avec qqn / *while we were engaged in conversation* pendant que nous discutions **2.** *fml* [employ - staff] engager ; [- lawyer] engager les services de ▸ **to engage the services of sb** employer les services de qqn **3.** *fml* [attract, draw - interest, attention] attirer ; [- sympathy] susciter **4.** AUTO & TECH engager ▸ **to engage the clutch** embrayer ▸ **to engage a gear** engager une vitesse **5.** MIL ▸ **to engage the enemy** engager (le combat avec) l'ennemi. ◆ vi **1.** [take part] ▸ **to engage in** prendre part à / *to engage in conversation* discuter **2.** ▸ **to engage with** [communicate with] communiquer avec / *teachers should engage more with pupils* les professeurs devraient essayer de mieux communiquer avec leurs élèves / *the US is to engage with Iran* les États-Unis vont ouvrir le dialogue avec l'Iran / *how to engage with customers* comment communiquer avec votre clientèle / *I found it hard to engage with this novel* j'ai eu du mal à entrer dans ce roman **3.** MIL ▸ **to engage in battle with the enemy** engager le combat avec l'ennemi **4.** AUTO & TECH s'engager ; [cogs] s'engrener ; [machine part] s'enclencher **5.** *fml* [promise] ▸ **to engage to do sthg** s'engager à faire qqch.

engaged [ɪn'geɪdʒd] adj **1.** [of couple] fiancé ▸ **to be engaged to be married** être fiancé ▸ **to get engaged** se fiancer ▸ **the engaged couple** les fiancés *mpl* **2.** [busy, occupied] occupé / *I'm otherwise engaged* je suis déjà pris / *to be engaged in discussions with sb* être engagé dans des discussions avec qqn / *to be engaged in a conversation* être en pleine discussion **3.** UK [telephone] occupé / *the line* or *number is engaged* la ligne est occupée / *I got the engaged tone* ça sonnait occupé **4.** [toilet] occupé.

engagement [ɪn'geɪdʒmənt] n **1.** [betrothal] fiançailles *fpl* / *they announced their engagement* ils ont annoncé leurs fiançailles **2.** [appointment] rendez-vous *m* / *dinner engagement* rendez-vous pour dîner / *he couldn't come, owing to a prior* or *previous engagement* il n'a pas pu venir car il était déjà pris **3.** MIL engagement *m* **4.** AUTO & TECH engagement *m* **5.** [recruitment] engagement *m*, embauche *f* **6.** *fml* [promise, duty] obligation *f*, engagement *m* **7.** [for actor, performer] engagement *m*, contrat *m*.

engagement diary n agenda *m*.

engagement ring n bague *f* de fiançailles.

engaging [ɪn'geɪdʒɪŋ] adj [smile, manner, tone] engageant ; [person, personality] aimable, attachant.

engagingly [ɪn'geɪdʒɪŋlɪ] adv de manière engageante.

engender [ɪn'dʒendəʳ] vt engendrer, créer ▸ **to engender sthg in sb** engendrer qqch chez qqn.

engine ['endʒɪn] ◆ n [in car, plane] moteur *m* ; [in ship] machine *f* ▸ **(railway) engine** UK locomotive *f* / *to sit with one's back to the engine* être assis dans le sens opposé à or inverse de la marche / *to sit facing the engine* être assis dans le sens de la marche. ◆ comp [failure, trouble] de moteur or machine ▸ **engine block** AUTO bloc-moteur *m* ▸ **engine oil** AUTO huile *f* à or de moteur.

engine driver n UK RAIL mécanicien *m*, conducteur *m*.

engineer [,endʒɪ'nɪəʳ] ◆ n **1.** [for roads, machines, bridges] ingénieur *m* ; [repairer] dépanneur *m*, réparateur *m* ; [technician] technicien *m*, -enne *f* ; MIL soldat *m* du génie ; NAUT mécanicien *m* ▸ **aircraft engineer** AERON mécanicien *m* de piste or d'avion ▸ **flight engineer** AERON ingénieur *m* de vol, mécanicien *m* navigant *(d'avion)* ▸ **the Royal Engineers** MIL le génie *(britannique)* **2.** US RAIL = **engine driver 3.** *fig* [of plot, scheme, etc.] instigateur *m*, -trice *f*, artisan *m*. ◆ vt **1.** [road, bridge, car] concevoir **2.** *pej* [bring about - event, situation] manigancer **3.** [work - goal, victory] amener.

> ⚠ **Un ingénieur** is an engineer with high-level academic qualifications. For people who do repairs, use **technicien** or **dépanneur**.

engineering [,endʒɪ'nɪərɪŋ] ◆ n ingénierie *f*, engineering *m* / *to study engineering* faire des études d'ingénieur / *an incredible feat of engineering* une merveille de la technique / *an intricate piece of engineering* une mécanique très complexe. ◆ comp ▸ **engineering consultancy** [firm] compagnie *f* d'ingénieurs-conseils ▸ **engineering consultant** ingénieur-conseil *m* ▸ **engineering department** service *m* technique ▸ **engineering and design department** bureau *m* d'études ▸ **engineering firm** entreprise *f* de construction mécanique ▸ **engineering work** [on railway line] travail *m* d'ingénierie.

engineman ['endʒɪnmæn] (*pl* **enginemen** [-men]) US = **engine driver**.

engine room n NAUT salle *f* des machines.

engine shed n RAIL dépôt *m*.

England ['ɪŋglənd] pr n Angleterre *f* / *to live in England* habiter l'Angleterre or en Angleterre / *to go to England* aller en Angleterre / *the England team* SPORT l'équipe d'Angleterre / *an England player* un joueur anglais / *an England victory* une victoire de or pour l'Angleterre.

English ['ɪŋglɪʃ] ◆ adj anglais ; [history, embassy] d'Angleterre ; [dictionary, teacher] d'anglais. ◆ n LING anglais *m* / *do* or *can you speak English?* parlez-vous (l')anglais ? / *to study English* étudier or apprendre l'anglais / *she speaks excellent English* elle parle très bien (l')anglais / *we spoke (in) English to each other* nous nous sommes parlé en anglais / *that's not good English* ce n'est pas du bon anglais ▸ **in plain** or **simple English** clairement / *so what you mean, in plain* or *simple English, is that...* autrement dit or en d'autres termes, ce que vous voulez dire, c'est que... / *can you put that in plain* or *simple English?* pouvez-vous vous exprimer plus clairement ? / *why can't lawyers talk in plain* or *simple English?* pourquoi les hommes de loi ne parlent-ils pas comme vous et moi ? ▸ **English as a Foreign Language** anglais langue étrangère ▸ **English Language Teaching** enseignement *m* de l'anglais ▸ **the King's** or **Queen's English** l'anglais correct ▸ **English as a Second Language** anglais deuxième langue. ◆ pl n ▸ **the English** les Anglais *mpl*.

English breakfast n petit déjeuner *m* anglais or à l'anglaise, breakfast *m*.

English breakfast

Le petit déjeuner traditionnel anglais se compose d'un plat chaud (œufs au bacon, saucisses, etc.), de céréales ou de porridge, et de toasts, le tout accompagné de café ou de thé ; il est aujourd'hui souvent remplacé par une collation plus légère.

English Channel pr n ▸ **the English Channel** la Manche.

English Heritage pr n *organisme britannique de protection du patrimoine historique.*

English horn n US cor *m* anglais.

Englishman ['ɪŋglɪʃmən] (*pl* **Englishmen** [-mən]) n Anglais *m* ▸ **an Englishman's home is his castle** *prov* charbonnier est maître chez soi *prov*.

English muffin n US = **crumpet.**

English rose n femme *f* au charme anglais, beauté *f* anglaise.

English setter n setter *m* anglais.

English sheepdog n US bobtail *m*.

English speaker n [as native speaker] anglophone *mf* ; [as non-native speaker] personne *f* parlant anglais.

English-speaking adj [as native language] anglophone ; [as learned language] parlant anglais.

Englishwoman ['ɪŋglɪʃˌwʊmən] (*pl* **Englishwomen** [-ˌwɪmɪn]) n Anglaise *f*.

engrave [ɪn'greɪv] vt graver / *engraved on* or *in her memory* gravé dans sa mémoire.

engraver [ɪn'greɪvəʳ] n graveur *m*.

engraving [ɪn'greɪvɪŋ] n gravure *f*.

engross [ɪn'grəʊs] vt **1.** [absorb] absorber **2.** LAW [make clear copy of - manuscript, document] grossoyer.

engrossed [ɪn'grəʊst] adj ▸ **to be engrossed in sthg** être absorbé par qqch / *to be engrossed in a book* être absorbé or plongé dans un livre / *I was so engrossed in what I was doing* j'étais tellement absorbé par ce que je faisais.

engrossing [ɪn'grəʊsɪŋ] adj absorbant.

engulf [ɪn'gʌlf] vt engloutir / *to be engulfed by the sea* / *in flames* être englouti par la mer / les flammes / *the little man was engulfed in* or *by his overcoat* le petit bonhomme disparaissait sous son pardessus / *engulfed in silence* plongé dans le silence.

enhance [ɪn'hɑ:ns] vt [quality, reputation, performance] améliorer ; [value, chances, prestige] augmenter, accroître ; [taste, beauty] rehausser, mettre en valeur.

enhanced [ɪn'hɑ:nst] adj [reputation quality, performance] amélioré, meilleur ; [prestige value, chances] augmenté, accru ; [taste, beauty] rehaussé, mis en valeur.

-enhanced in comp ▸ **computer-enhanced** [graphics] optimisé par ordinateur ▸ **protein-enhanced** enrichi en protéines.

enhancement [ɪn'hɑ:nsmənt] n [of quality, reputation, performance] amélioration *f* ; [of value, chances, prestige] augmentation *f*, accroissement *m* ; [of taste, beauty] rehaussement *m*, mise *f* en valeur.

enigma [ɪ'nɪgmə] n énigme *f* / *he remains an enigma to us* il est encore une énigme pour nous.

enigmatic [ˌenɪg'mætɪk] adj énigmatique.

enigmatically [ˌenɪg'mætɪklɪ] adv [smile, speak] d'un air énigmatique ; [worded] énigmatiquement, d'une manière énigmatique.

enjoin [ɪn'dʒɔɪn] vt *fml* **1.** [urge strongly] ▸ **to enjoin sb to do sthg a)** [urge] exhorter qqn à faire qqch, recommander fortement or vivement à qqn de faire qqch **b)** [command] enjoindre or ordonner à qqn de faire qqch ▸ **to enjoin sthg on sb** enjoindre qqch à qqn / *to enjoin silence on* or *upon sb* **a)** [urge] exhorter qqn au silence **b)** [command] enjoindre or ordonner le silence à qqn **2.** US [forbid] interdire à.

enjoy [ɪn'dʒɔɪ] ◆ vt **1.** [like - in general] aimer ; [- on particular occasion] apprécier ▸ **to enjoy sthg** / **doing sthg** aimer qqch / faire qqch / *to enjoy a hot bath* aimer prendre des bains chauds / *to enjoy a glass of wine with one's meal* aimer boire un verre de vin avec son repas / *to enjoy life* aimer la vie / *he enjoys swimming* / *going to the cinema* il aime la natation / aller au cinéma / *I don't enjoy being made fun of* je n'aime pas qu'on se moque de moi / *enjoy your meal!* bon appétit ! / *did you enjoy your meal, sir?* avez-vous bien mangé, monsieur ? / *I enjoyed that* **a)** [book, film] cela m'a plu **b)** [meal] je me suis régalé / *I thoroughly enjoyed the weekend* / *party* j'ai passé un excellent week-end / une excellente soirée / *I enjoy the various advantages the job has to offer* j'apprécie les divers avantages qu'offre ce poste / *I'm really enjoying this fine weather* quel plaisir, ce beau temps / *did you enjoy it?* cela t'a plu ? / *what did you enjoy most?* qu'avez-vous préféré ?, qu'est-ce qui vous a le plus plu ? ▸ **to enjoy o.s.** s'amuser / *enjoy yourselves!* amusez-vous bien ! / *did you enjoy yourself?* alors, c'était bien ? / *the Duke and Duchess, enjoying a joke with their daughter* le duc et la duchesse, riant avec leur fille d'une plaisanterie **2.** [possess - rights, respect, privilege, income, good health] jouir de ; [profits] bénéficier de. ◆ vi ▸ **enjoy! a)** US [enjoy yourself] amusez-vous bien ! **b)** [in restaurant] bon appétit !

enjoyable [ɪn'dʒɔɪəbl] adj [book, film, day] agréable ; [match, contest] beau *(before vowel or silent 'h'* **bel**, *f* **belle)** ; [meal] excellent.

enjoyably [ɪn'dʒɔɪəblɪ] adv de manière agréable.

enjoyment [ɪn'dʒɔɪmənt] n **1.** [pleasure] plaisir *m* ▸ **to get enjoyment from sthg** / **doing sthg** tirer du plaisir de qqch / à faire qqch / *she doesn't get much enjoyment* elle n'a pas beaucoup de distractions / *to get enjoyment out of life* jouir de la vie / *nothing could spoil his enjoyment of the meal* rien ne pouvait gâcher le plaisir que lui procurait ce repas / *I don't do this for enjoyment* je ne fais pas cela pour le or mon plaisir **2.** [of privileges, rights, etc.] jouissance *f*.

enlarge [ɪn'lɑ:dʒ] ◆ vt **1.** [expand - territory, house, business] agrandir ; [- field of knowledge, group of friends] étendre, élargir ; [- hole] agrandir, élargir ; [- pores] dilater ; [MED - organ] hypertrophier ▸ **enlarged edition** édition *f* augmentée **2.** PHOT agrandir. ◆ vi **1.** [gen] s'agrandir, se développer ; [pores] se dilater ; MED [organ] s'hypertrophier **2.** PHOT : *the photo won't enlarge well* la photo ne donnera pas un bon agrandissement or ne rendra pas bien en agrandissement.

❖ **enlarge on, enlarge upon** vt insep [elaborate on] s'étendre sur, donner des détails sur.

enlarged [ɪn'lɑ:dʒd] adj [majority] accru ; [photograph] agrandi ; MED [tonsil, liver] hypertrophié / *enlarged edition* [of reference book] édition *f* augmentée.

enlargement [ɪn'lɑ:dʒmənt] n **1.** [of territory, house, business] agrandissement *m* ; [of group of friends, field of knowledge] élargissement *m* ; [of hole] agrandissement *m*, élargissement *m* ; [of pore] dilatation *f* ; MED [of organ] hypertrophie *f* **2.** PHOT agrandissement *m*.

enlarger [ɪn'lɑ:dʒəʳ] n PHOT agrandisseur *m*.

enlighten [ɪn'laɪtn] vt éclairer ▸ **to enlighten sb about sthg** / **as to why...** éclairer qqn sur qqch / sur la raison pour laquelle...

enlightened [ɪn'laɪtnd] adj [person, view, policy] éclairé ▸ **enlightened self-interest** magnanimité *f* intéressée ▸ **enlightened despot** HIST despote *m* éclairé.

enlightening [ɪn'laɪtnɪŋ] adj [book, experience] instructif / *the film was very enlightening about the subject* le film en apprenait beaucoup sur le sujet / *that's not very enlightening!* ça ne m'apprend or ne me dit pas grand-chose !

enlightenment [ɪn'laɪtnmənt] n [explanation, information] éclaircissements *mpl* ; [state] édification *f*, instruction *f* / *for your enlightenment* pour votre édification or instruction.

❖ **Enlightenment** n HIST ▸ **the (Age of) Enlightenment** le Siècle des lumières.

enlist [ɪn'lɪst] vt **1.** MIL enrôler **2.** [help, support, etc.] mobiliser, faire appel à.

enlisted [ɪn'lɪstɪd] adj US ▸ **enlisted man** (simple) soldat *m*.

enlistment [ɪn'lɪstmənt] n MIL enrôlement *m*, engagement *m*.

enliven [ɪn'laɪvn] vt [conversation, party] animer.

en masse [ɑ̃'mæs] adv en masse, massivement.

enmesh [ɪn'meʃ] vt *lit* prendre dans un filet ; *fig* mêler ▸ **to become** or **get enmeshed in sthg** s'empêtrer dans qqch / *he got enmeshed in the plot* il s'est trouvé mêlé au complot.

enmity ['enmətɪ] (*pl* **enmities**) n *fml* inimitié *f*, hostilité *f* ▸ **enmity for** / **towards sb** inimitié pour / envers qqn / *enmity among* or *between people* inimitié entre personnes.

ennoble [ɪ'nəʊbl] vt [confer title upon] anoblir ; *fig* [exalt, dignify] ennoblir, grandir.

enology [i:'nɒlədʒɪ] US = **oenology.**

enormity [ɪ'nɔ:mətɪ] (*pl* **enormities**) n **1.** [of action, crime] énormité *f* **2.** *fml* [atrocity] atrocité *f* ; [crime] crime *m* très grave **3.** [great size] énormité *f* / *they were aware of the enormity of the task ahead of them* ils se rendaient compte de l'énormité de la tâche qui les attendait.

enormous [ɪ'nɔ:məs] adj **1.** [very large - thing] énorme ; [- amount, number] énorme, colossal / *they've got an enormous dog* ils ont un chien énorme / *enormous amounts of food* une quantité énorme or énormément de vivres / *an enormous crowd had gathered* un monde fou s'était rassemblé / *he made one last enormous effort* il fit un dernier effort démesuré / *there's an enormous difference between the two estimates* il y a une énorme différence entre les deux estimations / *an enormous number of cars* une énorme quantité de voitures **2.** [as intensifier] énorme, grand / *the operation was an enormous success* l'opération a été un très grand succès / *it has given me enormous pleasure* cela m'a fait énormément plaisir.

enormously [ɪ'nɔ:məslɪ] adv énormément, extrêmement / *demand has increased enormously* la demande a énormément augmenté / *an enormously big house* une maison terriblement grande / *it was enormously successful* ce fut extrêmement réussi.

enough [ɪ'nʌf] ◆ det assez de / *enough money* assez or suffisamment d'argent / *do you have enough money to pay?* avez-vous de quoi payer ? / *are there enough copies for all the children?* y a-t-il assez or suffisamment d'exemplaires pour tous les enfants ? / *you've had more than enough wine* tu as bu plus qu'assez de vin / *the report is proof enough* le rapport est une preuve suffisante / *she's not fool enough to believe that!* elle n'est pas assez bête pour le croire ! ◆ pron : *do you need some money? — I've got enough* avez-vous besoin d'argent ? — j'en ai assez or suffisamment / *we earn enough to live on* nous gagnons de quoi vivre / *there's enough for everybody* il y en a assez pour tout le monde / *enough* / *not enough is known for us to be able to make a prediction* on en sait assez / on n'en sait pas assez pour faire une prévision / *not enough of us are here to take a vote* on n'est pas assez nombreux pour voter / *he's had enough to eat* il a assez mangé / *more than enough* plus qu'il n'en faut ▸ **enough is enough!** ça suffit comme ça !, trop c'est trop ! ▸ **enough is as good as a feast** mieux vaut assez que trop ▸ **enough said!** *inf* je vois ! ▸ **that's enough!** ça suffit ! / *it's enough to drive you mad* c'est à vous rendre fou / *I can't get enough of his films* je ne me lasse jamais de ses films ▸ **to have had enough (of sthg)** en avoir assez de qqch / *she's had enough of working late* elle en a assez de travailler tard le soir. ◆ adv **1.** [sufficiently] assez, suffisamment / *he's old enough to understand* il est assez grand pour comprendre / *it's a good enough reason* c'est une raison suffisante / *you know well enough what I mean* vous savez très bien ce que je veux dire **2.** [fairly] assez / *to do sthg well enough* faire qqch passablement bien / *she's honest enough* elle est assez honnête / *it's good enough in its own way* ce n'est pas mal dans le genre **3.** [with adverb] ▸ **oddly** or **strangely enough, nobody knows her** chose curieuse, personne ne la connaît.

en passant [ɑ̃'pæsɑ̃] adv en passant.

enplane [ɪn'pleɪn] = **emplane.**

enquire [ɪn'kwaɪəʳ] = **inquire.**

enquiry [ɪn'kwaɪərɪ] (*pl* **enquiries**) n **1.** [request for information] demande *f* (de renseignements) / *we have received hundreds of enquiries* nous avons reçu des centaines de demandes de renseignements ▸ **to make**

enquiries about sthg se renseigner sur qqch / *could you make a few discreet enquiries?* pourriez-vous vous renseigner discrètement ? **2.** [investigation] enquête *f* / *upon further enquiry* après vérification.
❖ **enquiries** pl n [information desk, department] renseignements *mpl*.

enquiry desk, **enquiry office** n accueil *m*.

enrage [ɪn'reɪʤ] vt rendre furieux, mettre en rage.

enraged [ɪn'reɪʤd] adj [person] furieux ; [animal] enragé / *he was enraged to discover that...* il enrageait de découvrir que... / *enraged, I left* furieux, je suis parti.

enrapture [ɪn'ræptʃəʳ] vt enchanter, ravir / *we were enraptured by the beauty of the island* nous étions en extase devant la beauté de l'île.

enrich [ɪn'rɪtʃ] vt [mind, person, life] enrichir ; [soil] fertiliser, amender ; PHYS enrichir / *breakfast cereals enriched with vitamins* céréales enrichies en vitamines / *enriched nuclear fuel* combustible *m* nucléaire enrichi.

enriching [ɪn'rɪtʃɪŋ] adj enrichissant.

enrichment [ɪn'rɪtʃmənt] n [of mind, person, life] enrichissement *m* ; [of soil] fertilisation *f*, amendement *m* ; PHYS enrichissement *m*.

enrol UK, **enroll** US [ɪn'rəʊl] (*pt & pp* **enrolled**, *cont* **enrolling**) ◆ vt **1.** [student] inscrire, immatriculer ; [member] inscrire ; MIL [recruit] enrôler, recruter **2.** US POL [prepare] dresser, rédiger ; [register] enregistrer ▸ **enroled bill** projet *m* de loi enregistré. ◆ vi [student] s'inscrire ; MIL s'engager, s'enrôler ▸ **to enrol on** or **for a course** s'inscrire à un cours ▸ **to enrol as a student** s'inscrire à la faculté.

enrolment UK, **enrollment** US [ɪn'rəʊlmənt] n [registration - of members] inscription *f* ; [- of students] inscription *f*, immatriculation *f* ; [- of workers] embauche *f* ; MIL enrôlement *m*, recrutement *m* / *the club has an enrolment of 500 members* le club compte 500 membres / *a school with an enrolment of 300 students* une école avec un effectif de 300 élèves.

ensconce [ɪn'skɒns] vt *fml & hum* installer / *she ensconced herself* / *was ensconced in the armchair* elle se cala / était bien calée dans le fauteuil.

ensemble [ɒn'sɒmbl] n [gen & MUS] ensemble *m*.

enshrine [ɪn'ʃraɪn] vt *lit* enchâsser ; *fig* [cherish] conserver pieusement or religieusement / *our fundamental rights are enshrined in the constitution* nos droits fondamentaux font partie intégrante de la constitution.

enshroud [ɪn'ʃraʊd] vt *fml* ensevelir / *the countryside was enshrouded in mist* le paysage était enseveli sous la brume / *enshrouded in mystery* enveloppé de mystère.

ensign ['ensaɪn] n **1.** [flag] drapeau *m*, enseigne *f* ; NAUT pavillon *m* **2.** [symbol] insigne *m*, emblème *m* **3.** UK MIL (officier *m*) porte-étendard *m* **4.** US NAUT enseigne *m* de vaisseau de deuxième classe.

enslave [ɪn'sleɪv] vt *lit* réduire en esclavage, asservir ; *fig* asservir / *he was enslaved by his conscience* il était l'esclave de sa conscience.

enslavement [ɪn'sleɪvmənt] n *lit* asservissement *m*, assujettissement *m* ; *fig* sujétion *f*, asservissement *m*, assujettissement *m*.

ensnare [ɪn'sneəʳ] vt *lit & fig* prendre au piège / *ensnared by her charms* séduit par ses charmes.

ensue [ɪn'sjuː] vi s'ensuivre, résulter / *the problems that have ensued from government cutbacks* les problèmes qui ont résulté des restrictions gouvernementales.

ensuing [ɪn'sjuːɪŋ] adj [action, event] qui s'ensuit ; [month, year] suivant.

en suite [,ɒn'swiːt] adj & adv : *with en suite bathroom* or *with bathroom en suite* avec salle de bain particulière.

ensure [ɪn'ʃʊəʳ] vt **1.** [guarantee] assurer, garantir / *I did everything I could to ensure that he would succeed* or *to ensure his success* j'ai fait tout ce que j'ai pu pour m'assurer qu'il réussirait or pour assurer son succès **2.** [protect] protéger, assurer.

ENT (abbr of **ear, nose & throat**) ◆ n ORL *f*. ◆ adj ORL.

entail [ɪn'teɪl] vt **1.** [imply - consequence, expense] entraîner ; [- difficulty, risk] comporter ; [- delay, expense] occasionner ; LOGIC entraîner / *starting a new job often entails a lot of work* prendre un nouveau poste exige souvent or nécessite souvent beaucoup de travail **2.** LAW ▸ **to entail an estate** substituer un héritage ▸ **an entailed estate** un bien grevé.

entailment [ɪn'teɪlmənt] n **1.** [of consequences] entraînement *m* ; LOGIC enchaînement *m* **2.** LAW substitution *f*.

entangle [ɪn'tæŋgl] vt **1.** [ensnare] empêtrer, enchevêtrer ▸ **to become** or **get entangled in sthg** s'empêtrer dans qqch / *the bird was entangled in the net* l'oiseau était empêtré dans le filet **2.** [snarl - hair] emmêler ; [- threads] emmêler, embrouiller **3.** *fig* [involve] entraîner, impliquer / *she got entangled in the dispute* elle s'est retrouvée impliquée dans la dispute / *he became entangled with a group of drug dealers* il s'est retrouvé mêlé à un groupe de dealers.

entanglement [ɪn'tæŋglmənt] n **1.** [in net, undergrowth] enchevêtrement *m* **2.** [of hair, thread] emmêlement *m* **3.** *fig* [involvement] implication *f* / *emotional entanglements* complications *fpl* sentimentales / *his entanglement with Marie* / *with the police* son histoire avec Marie / avec la police.

entente [ɒn'tɒnt] n entente *f*.

enter ['entəʳ] ◆ vt **1.** [go into - room] entrer dans ; [- building] entrer dans, pénétrer dans / *as I entered the building* comme j'entrais dans le bâtiment / *the ship entered the harbour* le navire est entré au or dans le port / *where the bullet entered the body* l'endroit où la balle a pénétré le corps / *as we enter a new decade* alors que nous entrons dans une nouvelle décennie / *the war entered a new phase* la guerre est entrée dans une phase nouvelle / *a note of sadness entered her voice* une note de tristesse s'est glissée dans sa voix / *the thought never entered my head* l'idée ne m'est jamais venue à l'esprit **2.** [join - university] s'inscrire à, se faire inscrire à ; [- profession] entrer dans ; [- army] s'engager or entrer dans ; [- politics] se lancer dans / *to enter the church* entrer dans les ordres **3.** [register] inscrire / *the school entered the pupils for the exam* / *in the competition* l'école a présenté les élèves à l'examen / au concours / *to enter a horse for a race* engager or inscrire un cheval dans une course **4.** [record - on list] inscrire ; [- in book] noter ; COMPUT [data, name, password] entrer, saisir / *he entered the figures in the ledger* il a porté les chiffres sur le livre de comptes **5.** [submit] présenter / *to enter a proposal* présenter une proposition / *to enter a protest* protester officiellement / *to enter an appeal* LAW interjeter appel. ◆ vi **1.** [come in] entrer / *enter Juliet* THEAT entre Juliette **2.** [register] s'inscrire / *she entered for the race* / *for the exam* elle s'est inscrite pour la course / à l'examen.
❖ **enter into** vt insep **1.** [begin - explanation] se lancer dans ; [- conversation, relations] entrer en ; [- negotiations] entamer / *I won't enter into details at this stage* je ne vais pas entrer dans les détails à ce stade **2.** [become involved in] : *to enter into an agreement with sb* conclure un accord avec qqn / *I entered into the spirit of the game* je suis entré dans le jeu **3.** [affect] entrer dans / *an element of chance enters into every business venture* un facteur hasard entre en jeu dans toute entreprise commerciale / *my feelings don't enter into my decision* mes sentiments n'ont rien à voir avec or ne sont pour rien dans ma décision / *that doesn't enter into it!* ça n'a rien à voir !
❖ **enter up** vt sep [amount] inscrire, porter.
❖ **enter upon** vt insep **1.** [career] débuter or entrer dans ; [negotiations] entamer ; [policy] commencer **2.** LAW [inheritance] prendre possession de.

enteric [en'terɪk] adj entérique ▸ **enteric fever** (fièvre *f*) typhoïde *f*.

enteritis [,entə'raɪtɪs] n *(U)* entérite *f*.

enter key n COMPUT (touche *f*) entrée *f* or retour *m*.

enterobacterium [,entərəʊbæk'tɪərɪəm] (*pl* **enterobacteria** [-rɪə]) n entérobactérie *f*.

enterovirus [,entərəʊ'vaɪrəs] n entérovirus *m*.

enterprise ['entəpraɪz] n **1.** [business, project] entreprise *f* **2.** [initiative] initiative *f*, esprit *m* entreprenant or d'initiative / *men of enterprise* des hommes entreprenants / *she showed great enterprise* elle a fait preuve d'un esprit entreprenant.

enterprise culture n esprit *m* d'entreprise.

enterprise zone n UK *zone d'encouragement à l'implantation d'entreprises dans les régions économiquement défavorisées.*

enterprising ['entəpraɪzɪŋ] adj [person] entreprenant, plein d'initiative ; [project] audacieux, hardi / *she's very enterprising* elle fait preuve d'initiative.

enterprisingly ['entəpraɪzɪŋlɪ] adv [boldly] audacieusement, hardiment ; [independently] de sa propre initiative.

entertain [,entə'teɪn] ◆ vt **1.** [amuse] amuser, divertir / *I entertained them with a story* je leur ai raconté une histoire pour les distraire or amuser **2.** [show hospitality towards] recevoir / *he entertained them to dinner* **a)** [at restaurant] il leur a offert le dîner **b)** [at home] il les a reçus à dîner **3.** [idea] considérer, penser à ; [hope] caresser, nourrir ; [doubt] entretenir ; [suggestion] admettre / *she had never entertained hopes of becoming rich* elle n'avait jamais nourri or caressé l'espoir de devenir riche / *he entertains grave doubts about it* il entretient de sérieux doutes à ce propos / *I refused to entertain such a suggestion* j'ai refusé d'admettre pareille suggestion. ◆ vi recevoir / *we entertain quite often* nous recevons (du monde) assez souvent.

entertainer [,entə'teɪnəʳ] n [comedian] comique *m*, amuseur *m*, -euse *f* ; [in music hall] artiste *mf* (de music-hall), fantaisiste *mf* / *a well-known television entertainer* un artiste de télévision bien connu.

entertaining [,entə'teɪnɪŋ] ◆ n : *she enjoys entertaining* elle aime bien recevoir / *they do a lot of business entertaining* ils donnent pas mal de réceptions d'affaires. ◆ adj amusant, divertissant.

entertainingly [,entə'teɪnɪŋlɪ] adv de façon amusante or divertissante.

entertainment [,entə'teɪnmənt] n **1.** [amusement] amusement *m*, divertissement *m* / *for your entertainment, we have organized...* pour vous distraire or amuser, nous avons organisé... / *much to the entertainment of the crowd* au grand amusement de la foule / *this film is* or *provides good family entertainment* ce film est un bon divertissement familial / *her favourite entertainment is reading* la lecture est sa distraction préférée / *entertainment center* or *system* US système *m* audio-vidéo ▸ **entertainment allowance** frais *mpl* de représentation **2.** [performance] spectacle *m*, attraction *f* / *musical entertainments will be provided* des attractions musicales sont prévues.

enthral UK, **enthrall** US [ɪn'θrɔːl] (*pt & pp* **enthralled**, *cont* **enthralling**) vt **1.** [fascinate] captiver, passionner / *she was enthralled by the idea* elle a trouvé l'idée passionnante **2.** *arch* [enslave] asservir.

enthralling [ɪn'θrɔːlɪŋ] adj [book, film] captivant, passionnant ; [beauty, charm] séduisant.

enthrallingly [ɪn'θrɔːlɪŋlɪ] adv d'une manière captivante / *enthrallingly beautiful* d'une beauté fascinante.

enthrone [ɪn'θrəʊn] vt **1.** [monarch] mettre sur le trône, introniser ; [bishop] introniser **2.** *liter* [idea] révérer.

enthronement [ɪn'θrəʊnmənt] n intronisation *f*.

enthuse [ɪn'θjuːz] ◆ vi s'enthousiasmer / *she enthused over the plan* elle parlait du projet avec beaucoup d'enthousiasme. ◆ vt enthousiasmer, emballer / *you don't seem very enthused about it* tu n'as pas l'air emballé par l'idée.

enthusiasm [ɪn'θjuːzɪæzm] n **1.** [interest] enthousiasme *m* / *she hasn't much enthusiasm for the project* elle n'a pas beaucoup d'enthousiasme pour le projet / *the discovery has aroused* or *stirred up considerable enthusiasm among historians* la découverte a suscité un grand enthousiasme chez les historiens **2.** [hobby] passion *f.*

enthusiast [ɪn'θju:zɪæst] n enthousiaste *mf*, fervent *m*, -e *f* / *she's a jazz enthusiast* elle est passionnée de or elle se passionne pour le jazz / *football enthusiasts* passionnés *mpl* de football.

enthusiastic [ɪn,θju:zɪ'æstɪk] adj [person, response] enthousiaste ; [shout, applause] enthousiaste, d'enthousiasme / *they gave me an enthusiastic welcome* ils m'ont accueilli chaleureusement / *he's an enthusiastic football player* c'est un footballeur passionné / *she's very enthusiastic about the project* elle est très enthousiaste à l'idée de ce projet / *to be enthusiastic about a suggestion* accueillir une proposition avec enthousiasme / *we're not very enthusiastic about moving* déménager ne nous dit pas grand-chose, nous ne sommes pas enchantés de déménager.

enthusiastically [ɪn,θju:zɪ'æstɪklɪ] adv [receive] avec enthousiasme ; [speak, support] avec enthousiasme or ferveur ; [work] avec zèle.

entice [ɪn'taɪs] vt attirer, séduire ▸ **to entice sb away from sthg** éloigner qqn de qqch / *I managed to entice him away from the television* j'ai réussi à l'arracher à la télévision / *they enticed him into a card game* ils l'ont attiré dans une partie de cartes / *enticed by their offer* alléché or attiré par leur proposition.

enticement [ɪn'taɪsmənt] n **1.** [attraction] attrait *m*, appât *m* **2.** [act] séduction *f.*

enticing [ɪn'taɪsɪŋ] adj [offer] attrayant, séduisant ; [person] séduisant ; [food] alléchant, appétissant.

enticingly [ɪn'taɪsɪŋlɪ] adv de façon séduisante / *delicious smells wafted enticingly from the kitchen* de délicieuses odeurs de cuisine mettaient l'eau à la bouche.

entire [ɪn'taɪəʳ] adj **1.** [whole] entier, tout / *my entire life* toute ma vie, ma vie entière / *the entire world* le monde entier **2.** [total] entier, complet (complète) ; [absolute] total, absolu / *she has my entire support* elle peut compter sur mon soutien sans réserve **3.** [intact] entier, intact.

entirely [ɪn'taɪəlɪ] adv entièrement, totalement / *I agree with you entirely* je suis entièrement d'accord avec vous / *that's entirely unnecessary* c'est absolument inutile / *I'm not entirely satisfied* je ne suis pas complètement satisfait / *they lived their lives entirely in the jungle* ils passèrent toute leur vie dans la jungle / *it's entirely my fault* c'est entièrement ma faute.

entirety [ɪn'taɪrətɪ] (*pl* **entireties**) n **1.** [completeness] intégralité *f* ▸ **in its entirety** en (son) entier, intégralement / *the book tells the story in its entirety* le livre raconte l'histoire dans son entier **2.** [total] totalité *f* / *the entirety of his estate* la totalité de ses biens.

entitle [ɪn'taɪtl] vt **1.** [give right to] autoriser / *the results entitle them to believe that...* les résultats les autorisent à croire que... / *his disability entitles him to a pension* son infirmité lui donne droit à une pension / *this ticket entitles the bearer to free admission* ce billet donne au porteur le droit à une entrée gratuite ▸ **to be entitled to do sthg a)** [by status] avoir qualité pour or être habilité à faire qqch **b)** [by rules] avoir le droit or être en droit de faire qqch / *you're entitled to your own opinion but...* vous avez le droit d'avoir votre avis mais... / *we're entitled to some fun!* nous avons bien le droit de nous amuser un peu ! / *you're quite entitled to say that...* vous pouvez dire à juste titre que... / *to be entitled to vote* avoir le droit de vote ; LAW habiliter / *to be entitled to act* être habilité à agir **2.** [film, painting, etc.] intituler / *the book is entitled...* le livre s'intitule... **3.** [bestow title on] donner un titre à.

entitlement [ɪn'taɪtlmənt] n droit *m* / *entitlement to social security* droit à la sécurité sociale.

entity ['entətɪ] (*pl* **entities**) n entité *f.*

entomb [ɪn'tu:m] vt *lit* mettre au tombeau, ensevelir ; *fig* ensevelir.

entombment [ɪn'tu:mmənt] n *lit* mise *f* au tombeau, ensevelissement *m* ; *fig* ensevelissement *m.*

entomological [,entəmə'lɒdʒɪkl] adj entomologique.

entomologist [,entə'mɒlədʒɪst] n entomologiste *mf.*

entomology [,entə'mɒlədʒɪ] n entomologie *f.*

entopic [en'tɒpɪk] adj entopique.

entourage [,ɒntʊ'rɑ:ʒ] n entourage *m.*

entr'acte ['ɒntrækt] n entracte *m.*

entrails ['entreɪlz] pl n *lit & fig* entrailles *fpl.*

entrain [ɪn'treɪn] ◆ vi *fml* monter dans un train. ◆ vt **1.** *fml* [person] embarquer dans un train **2.** [subj: liquid, gas] entraîner.

entrance[1] ['entrəns] ◆ n **1.** [means of entry] entrée *f* ; [large] portail *m* ; [foyer] entrée *f*, vestibule *m* / *the entrance to the store* l'entrée du magasin / *I'll meet you at the entrance* je te retrouverai à l'entrée **2.** [arrival] entrée *f* ▸ **to make an entrance a)** [gen] faire une entrée **b)** THEAT entrer en scène **3.** [admission] admission *f* / **'the management reserves the right to refuse entrance'** 'la direction se réserve le droit de refuser l'entrée' / *passing this exam does not guarantee you entrance to the school* la réussite à cet examen ne te garantit pas l'admission à l'école ▸ **to gain entrance to** [club, profession, college, etc.] être admis à **4.** [access] accès *m*, admission *f* / *the police gained entrance to the building from the back* la police a accédé au bâtiment par derrière. ◆ comp [card, ticket] d'entrée, d'admission ▸ **entrance examination a)** [for school] examen *m* d'entrée **b)** [for job] concours *m* de recrutement ▸ **entrance requirements** qualifications *fpl* exigées à l'entrée.

entrance[2] [ɪn'trɑ:ns] vt **1.** [hypnotize] hypnotiser, faire entrer en transe **2.** *fig* [delight] ravir, enchanter / *she was entranced by the beauty of the place* elle était en extase devant la beauté de l'endroit.

entrance fee ['entrəns-] n [to exhibition, fair, etc.] droit *m* d'entrée ; UK [to club, organization, etc.] droit *m* or frais *mpl* d'inscription.

entrance hall ['entrəns-] n [in house] vestibule *m* ; [in hotel] hall *m.*

entrance ramp ['entrəns-] n US bretelle *f* d'accès.

entrancing [ɪn'trɑ:nsɪŋ] adj enchanteur, ravissant.

entrancingly [ɪn'trɑ:nsɪŋlɪ] adv [smile] de façon ravissante or séduisante ; [dance, sing] à ravir / *entrancingly beautiful* beau à ravir.

entrant ['entrənt] n **1.** [in exam] candidat *m*, -e *f* ; [in race] concurrent *m*, -e *f*, participant *m*, -e *f* / *all entrants for the exam / competition* tous les candidats à l'examen / participants à la compétition **2.** [to profession, society] débutant *m*, -e *f* / *a training course for (new) entrants to the profession* un cours de formation pour ceux qui débutent dans la profession.

entrap [ɪn'træp] (*pt & pp* **entrapped**, *cont* **entrapping**) vt *fml* prendre au piège / *she had been entrapped into helping the thieves* elle avait été insidieusement amenée à aider les voleurs.

entrapment [ɪn'træpmənt] n *incitation au délit par un policier afin de justifier une arrestation.*

entreat [ɪn'tri:t] vt *fml* implorer, supplier ▸ **to entreat sb to do sthg** supplier qqn de faire qqch / *I entreat you to help me* je vous supplie de m'aider / *spare his life, I entreat you* épargnez sa vie, je vous en conjure / *I entreated her not to be cross with him* je l'ai priée instamment de ne pas se fâcher contre lui.

entreating [ɪn'tri:tɪŋ] *fml* ◆ adj suppliant, implorant. ◆ n *(U)* supplications *fpl.*

entreatingly [ɪn'tri:tɪŋlɪ] adv *fml* [look] d'un air suppliant ; [ask] d'un ton suppliant, d'une voix suppliante.

entreaty [ɪn'tri:tɪ] (*pl* **entreaties**) n *fml* supplication *f*, prière *f* / *a look of entreaty* un regard suppliant / *no one responded to her urgent entreaties* personne ne répondit à ses prières insistantes.

entrée ['ɒntreɪ] n [course preceding main dish] entrée *f* ; US [main dish] plat *m* principal or de résistance.

entrench [ɪn'trentʃ] vt MIL retrancher.

entrenched [ɪn'trentʃt] adj **1.** MIL retranché **2.** *fig* [person] inflexible, inébranlable ; [idea] arrêté ; [power, tradition] implanté / *the two neighbours became entrenched in a long-running feud* les deux voisins se retrouvèrent engagés dans une longue querelle / *attitudes that are firmly entrenched in our society* des attitudes qui sont fermement ancrées dans notre société.

entrenchment [ɪn'trentʃmənt] n MIL & *fig* retranchement *m.*

entrepreneur [,ɒntrəprə'nɜ:ʳ] n entrepreneur *m* *(homme d'affaires).*

entrepreneurial [,ɒntrəprə'nɜ:rɪəl] adj [spirit, attitude] d'entrepreneur ; [society, person] qui a l'esprit d'entreprise ; [skills] d'entrepreneur.

entropy ['entrəpɪ] n entropie *f.*

entrust [ɪn'trʌst] vt confier ▸ **to entrust sthg to sb** confier qqch à qqn / *she entrusted her children to them* elle leur a confié ses enfants, elle a confié ses enfants à leur garde ▸ **to entrust sb with a job** charger qqn d'une tâche, confier une tâche à qqn / *she entrusted him with the responsibility of selling it* elle l'a chargé de le vendre, elle lui a confié le soin de le vendre.

entry ['entrɪ] (*pl* **entries**) ◆ n **1.** [way in] entrée *f* ; [larger] portail *m* **2.** [act] entrée *f* ▸ **to make an entry a)** [gen] faire une entrée **b)** THEAT entrer en scène / *Spain's entry into the EEC* l'entrée de l'Espagne dans la CEE **3.** [admission] entrée *f*, accès *m* / *this ticket gives you free entry to the exhibition* ce billet te donne le droit d'entrer gratuitement à l'exposition / *she was refused entry to the country* on lui a refusé l'entrée dans le pays / **'no entry' a)** [on door] 'défense d'entrer', 'entrée interdite' **b)** [in street] 'sens interdit' **4.** [in dictionary] entrée *f* ; [in diary] notation *f* ; [in encyclopedia] article *m* ; [on list] inscription *f* ; COMPUT [of data] entrée (des données) ; [in account book, ledger] écriture *f* / *an entry in the log* NAUT un élément du journal de bord **5.** [competitor] inscription *f* ; [item submitted for competition] participant *m*, -e *f*, concurrent *m*, -e *f* / *a late entry* SPORT un participant de dernière minute **6.** *(U)* [number of entrants] taux *m* de participation / *the entry is down this year* **a)** [in competition] le taux de participation est en baisse cette année **b)** [in exam] les candidats sont moins nombreux cette année **c)** [at school, university] le nombre d'inscriptions a baissé cette année. ◆ comp [fee, form] d'inscription.

entryism ['entrɪɪzm] n POL entrisme *m*, noyautage *m.*

entryist ['entrɪɪst] ◆ adj POL d'entrisme, de noyautage. ◆ n POL personne *f* qui pratique l'entrisme or le noyautage.

entry-level adj [bottom-of-the-range] bas de gamme, d'entrée de gamme.

Entryphone® ['entrɪ,fəʊn] n Interphone® *m.*

entry visa n visa *m* d'entrée.

entryway ['entrɪ,weɪ] n US entrée *f* ; [larger] portail *m* ; [foyer] foyer *m*, vestibule *m.*

entwine [ɪn'twaɪn] vt entrelacer / *the ivy had become entwined* or *had entwined itself around the trellis* le lierre s'était entortillé autour du treillis.

enuf MESSAGING written abbr of **enough.**

E number n UK *inf* additif *m* code E / *there are a lot of E numbers in this jam* il y a beaucoup d'additifs dans cette confiture.

enumerable [ɪ'nju:mərəbl] adj dénombrable.

enumerate [ɪ'nju:məreɪt] vt énumérer, dénombrer.

enumeration [ɪ,nju:mə'reɪʃn] n énumération *f*, dénombrement *m.*

enumerator [ɪ'nju:məreɪtəʳ] n ADMIN recenseur *m*, -euse *f* *(qui passe à domicile remplir le formulaire).*

enunciate [ɪ'nʌnsɪeɪt] ◆ vt **1.** [articulate] articuler, prononcer **2.** *fml* [formulate - idea, theory, policy] énoncer, exprimer. ◆ vi articuler.

enunciation [ɪ,nʌnsɪ'eɪʃn] n **1.** [of sound, word] articulation *f*, prononciation *f* **2.** *fml* [of theory] énonciation *f*, exposition *f* ; [of problem] énoncé *m.*

enuresis [,enjʊə'ri:sɪs] n énurésie *f.*

enuretic [,enjʊ'retɪk] ◆ adj énurétique. ◆ n énurétique *mf.*

envelop [ɪn'veləp] vt envelopper / *enveloped in a blanket* enveloppé dans une couverture / *enveloped* *in mystery* entouré or voilé de mystère / *enveloped in mist* voilé de brume.

envelope ['envələʊp] n **1.** [for letter] enveloppe *f* / *put the letter in an envelope* mettez la lettre sous enveloppe / *in a sealed envelope* sous pli cacheté / *they came in the same envelope* ils sont arrivés dans le même pli ▸ **to push the envelope** chercher à repousser les frontières / *we need to push the envelope here* on doit aller encore plus loin / *running marathons is a way of pushing the envelope* faire des marathons est une manière de tester ses limites **2.** BIOL enveloppe *f*, tunique *f* ; MATH enveloppe *f* ; ELECTRON enveloppe *f* **3.** [of balloon] enveloppe *f*.

envenom [ɪn'venəm] vt *lit & fig* envenimer.

enviable ['envɪəbl] adj enviable.

enviably ['envɪəblɪ] adv d'une manière enviable / *enviably rich / well-read* d'une richesse / culture enviable.

envious ['envɪəs] adj [person] envieux, jaloux ; [look, tone] envieux, d'envie / *she's envious of their new house* elle est envieuse de leur nouvelle maison / *I am very envious of you!* comme je t'envie ! / *her success only made people envious* son succès n'a fait que des envieux or jaloux.

enviously ['envɪəslɪ] adv avec envie.

environment [ɪn'vaɪərənmənt] n **1.** ECOL & POL [nature] environnement *m* ▸ **the Secretary of State for the Environment** ≃ le ministre de l'Environnement **2.** [surroundings - physical] cadre *m*, milieu *m* ; [- social] milieu *m*, environnement *m* ; [- psychological] milieu *m*, ambiance *f* ; BIOL, BOT & GEOG milieu *m* ; LING & COMPUT environnement *m* / *an animal in its natural environment* un animal dans son milieu naturel / *a hostile environment* un climat d'hostilité, une ambiance hostile / *the novel examines the effect of environment on character* le roman étudie les effets du milieu ambiant sur le caractère / *a pleasant working environment* des conditions de travail agréables.

environmental [ɪn,vaɪərən'mentl] adj **1.** ECOL & POL écologique / *environmental impact* impact *m* de l'environnement / *environmental pressure groups* des groupes de pression pour la défense de l'environnement ▸ **Environmental Protection Agency** US Agence *f* pour la protection de l'environnement ▸ **environmental science / studies** science *f* / études *fpl* de l'environnement **2.** [of surroundings] du milieu ▸ **environmental stimuli** stimuli *mpl* provenant du milieu ambiant.

Environmental Health Officer n UK inspecteur *m* sanitaire.

environmentalism [ɪn,vaɪərən'mentəlɪzm] n **1.** ECOL étude *f* de l'environnement **2.** PSYCHOL environnementalisme *m*.

environmentalist [ɪn,vaɪərən'mentəlɪst] n **1.** ECOL écologiste *mf* **2.** PSYCHOL environnementaliste *mf*.

environmentally [ɪn,vaɪərən'mentəlɪ] adv ECOL écologiquement.

environment-friendly, environmentally friendly adj [policy, product] écologique.

environs [ɪn'vaɪərənz] pl n *fml* environs *mpl*, alentours *mpl* / *Paris and its environs* Paris et ses environs.

envisage [ɪn'vɪzɪdʒ] vt [imagine] envisager ; [predict] prévoir / *I don't envisage (that there will be) any difficulty* je n'envisage pas (qu'il puisse y avoir) la moindre difficulté.

envision [ɪn'vɪʒn] US = **envisage.**

envoy ['envɔɪ] n **1.** [emissary] envoyé *m*, -e *f*, représentant *m*, -e *f* ▸ **envoy (extraordinary)** POL ministre *m* plénipotentiaire **2.** LITER envoi *m*.

envy ['envɪ] (*pl* **envies**, *pt & pp* **envied**) ◆ n **1.** [jealousy] envie *f*, jalousie *f* / *out of envy* par envie or jalousie / *filled with envy* dévoré de jalousie **2.** [object of jealousy] objet *m* d'envie / *she was the envy of all her friends* elle excitait or faisait l'envie de tous ses amis. ◆ vt envier / *I do envy her* je l'envie vraiment / *I don't envy you!* je ne t'envie pas ! / *I can't say I envy you* je ne peux pas dire que je t'envie / *I envy him his success* je lui envie son succès.

enzyme ['enzaɪm] n enzyme *f*.

EOC pr n abbr of **Equal Opportunities Commission.**

Eocene ['i:əʊsi:n] ◆ adj éocène. ◆ n éocène *m*.

EOD MESSAGING written abbr of **end of discussion.**

EOL n MESSAGING written abbr of **end of lecture.**

Eolian [i:'əʊlɪən] US = **Aeolian.**

eolith ['i:əʊlɪθ] n éolithe *m*.

Eolithic [,i:əʊ'lɪθɪk] adj éolithique.

eon ['i:ɒn] = **aeon.**

eosin(e) ['i:əʊsɪn] n éosine *f*.

eosinophil(e) [,i:əʊ'sɪnəʊfɪl] n éosinophile *m*.

Eozoic [,i:əʊ'zəʊɪk] adj précambrien.

EP n **1.** (abbr of **extended play**) super 45 tours *m*, EP *m* **2.** abbr of **European Plan 3.** (abbr of **European Parliament**) Parlement *m* européen.

EPA pr n abbr of **Environmental Protection Agency.**

epaulette UK, **epaulet** US [,epə'let] n épaulette *f*.

epeirogeny [,epaɪ'rɒdʒənɪ] n mouvement *m* épeirogénique.

ephedrin(e) [UK 'efɪdri:n US ɪ'fedrən] n éphédrine *f*.

ephemera [ɪ'femərə] (*pl* **ephemeras** *or* **ephemerae** [-,ri:]) n **1.** ZOOL éphémère *m* **2.** [short-lived thing] chose *f* éphémère.

ephemeral [ɪ'femərəl] adj [short-lived] éphémère, fugitif ; ZOOL éphémère.

ephemerid [ɪ'femərɪd] n éphémère *m*.

ephemeris [ɪ'femərɪs] (*pl* **ephemerides** [,efɪ'merɪ,di:z]) n éphéméride *f*.

Ephesian [ɪ'fi:ʒn] ◆ n [person] Éphésien *m*, -enne *f* ▸ **the Epistle of Paul to the Ephesians** l'Épître de saint Paul aux Éphésiens. ◆ adj éphésien.

❖ **Ephesians** pl n *(U)* BIBLE Éphésiens *mpl*.

Ephesus ['efəsəs] pr n Éphèse.

Ephraim ['i:freɪɪm] pr n Éphraïm.

epic ['epɪk] ◆ adj **1.** [impressive] héroïque, épique ; *hum* épique, homérique **2.** LITER épique. ◆ n **1.** LITER épopée *f*, poème *m* or récit *m* épique **2.** [film] film *m* à grand spectacle.

epicarp ['epɪ,kɑ:p] n épicarpe *m*.

epicene ['epɪsi:n] adj **1.** [hermaphrodite] hermaphrodite ; [sexless] asexué **2.** [effeminate] efféminé **3.** GRAM épicène.

epicentre UK, **epicenter** US ['episentəʳ] n épicentre *m*.

epicure ['epɪ,kjʊəʳ] n *liter* gourmet *m*, gastronome *mf*.

epicurean [,epɪkjʊə'ri:ən] ◆ adj [gen] épicurien. ◆ n **1.** [gen] épicurien *m*, -enne *f* **2.** [gourmet] gourmet *m*, gastronome *mf*.

❖ **Epicurean** ◆ adj PHILOS épicurien. ◆ n PHILOS épicurien *m*, -enne *f*.

Epicureanism [,epɪkjʊə'ri:ənɪzm] n épicurisme *m*.

Epicurus [,epɪ'kjʊərəs] pr n Épicure.

epicyclic [,epɪ'saɪklɪk] adj épicycloïdal ▸ **epicyclic train** or **gear** train *m* épicycloïdal.

Epidaurus [,epɪ'dɔ:rəs] pr n Épidaure.

epidemic [,epɪ'demɪk] *lit & fig* ◆ n épidémie *f*. ◆ adj épidémique / *of epidemic proportions* qui prend les proportions d'une épidémie.

epidemiologist ['epɪ,di:mɪ'ɒlədʒɪst] n épidémiologiste *mf*.

epidemiology ['epɪ,di:mɪ'ɒlədʒɪ] n épidémiologie *f*.

epidermis [,epɪ'dɜ:mɪs] n épiderme *m*.

epidiascope [,epɪ'daɪəskəʊp] n épidiascope *m*.

epididymis [,epɪ'dɪdɪmɪs] n épididyme *m*.

epidural [,epɪ'djʊərəl] ◆ adj épidural. ◆ n anesthésie *f* épidurale, péridurale *f*.

epifocal [,epɪ'fəʊkl] adj épicentral.

epigenesis [,epɪ'dʒenɪsɪs] n BIOL épigenèse *f* ; GEOL épigénie *f*.

epigenetics n épigénétique *f*.

epiglottis [,epɪ'glɒtɪs] (*pl* **epiglottises** *or* **epiglottides** [-tɪ,di:z]) n épiglotte *f*.

epigram ['epɪgræm] n épigramme *f*.

epigrammatic [,epɪgrə'mætɪk] adj épigrammatique.

epigraph ['epɪgrɑ:f] n épigraphe *f*.

epilepsy ['epɪlepsɪ] n épilepsie *f*.

epileptic [,epɪ'leptɪk] ◆ adj épileptique ▸ **an epileptic fit** une crise d'épilepsie. ◆ n épileptique *mf*.

epilog US, **epilogue** ['epɪlɒg] n épilogue *m*.

epinephrine [,epɪ'nefrɪn] n US adrénaline *f*.

Epiphany [ɪ'pɪfənɪ] n Épiphanie *f*, fête *f* des rois.

epiphenomenon [,epɪfɪ'nɒmɪnən] (*pl* **epiphenomena** [-nə]) n épiphénomène *m*.

epiphysis [ɪ'pɪfəsɪs] n épiphyse *f*.

epiphyte ['epɪ,faɪt] n épiphyte *m*.

epiphytic [,epɪ'fɪtɪk] adj épiphyte.

Epirus [e'paɪərəs] pr n Épire.

episcopacy [ɪ'pɪskəpəsɪ] (*pl* **episcopacies**) n **1.** [church government] gouvernement *m* d'une Église par les évêques **2.** = **episcopate.**

episcopal [ɪ'pɪskəpl] adj épiscopal.

Episcopal Church n ▸ **the Episcopal Church** l'Église *f* épiscopale.

episcopalian [ɪ,pɪskəʊ'peɪljən] ◆ adj épiscopal, épiscopalien. ◆ n épiscopalien *m*, -enne *f* ▸ **the Episcopalians** les épiscopaux *mpl*, les épiscopaliens *mpl*.

episcopate [ɪ'pɪskəpət] n épiscopat *m*.

episcope ['epɪskəʊp] n UK épiscope *m*.

episiotomy [ɪ,pɪzɪ'ɒtəmɪ] (*pl* **episiotomies**) n épisiotomie *f*.

episode ['epɪsəʊd] n épisode *m* / *an unhappy episode in my life* un épisode malheureux de ma vie / *the first episode will be broadcast on Sunday* le premier épisode sera diffusé dimanche.

episodic [,epɪ'sɒdɪk] adj épisodique.

episodically [,epɪ'sɒdɪklɪ] adv épisodiquement.

epistemic [,epɪ'sti:mɪk] adj épistémique.

epistemological [e,pɪstɪmə'lɒdʒɪkl] adj épistémologique.

epistemology [e,pɪsti:'mɒlədʒɪ] n épistémologie *f*.

epistle [ɪ'pɪsl] n **1.** *fml & hum* [letter] lettre *f*, épître *f hum* ; ADMIN courrier *m* **2.** LITER épître *f*.

❖ **Epistle** n BIBLE ▸ **the Epistle to the Romans** l'Épître *f* aux Romains.

epistolary [ɪ'pɪstələrɪ] adj *fml* épistolaire.

epitaph ['epɪtɑ:f] n épitaphe *f*.

epitaxial [,epɪ'tæksɪəl] adj épitaxial.

epitaxis [,epɪ'tæksɪs], **epitaxy** [,epɪ'tæksɪ] n épitaxie *f*.

epithelium [,epɪ'θi:ljəm] (*pl* **epitheliums** *or* **epithelia** [-ljə]) n épithélium *m*.

epithet ['epɪθet] n épithète *f*.

epitome [ɪ'pɪtəmɪ] n [typical example] modèle *m*, type *m* or exemple *m* même / *she's the epitome of generosity* elle est l'exemple même de la générosité or la générosité même / *the house is the epitome of Baroque architecture* la maison est l'exemple même de l'architecture baroque.

epitomize, epitomise [ɪ'pɪtəmaɪz] vt **1.** [typify] personnifier, incarner / *this latest announcement epitomizes the government's attitude towards education* cette dernière déclaration est caractéristique de l'attitude du gouvernement concernant l'éducation **2.** [book] abréger, résumer.

epizoic [,epɪ'zəʊɪk] adj épizoïque.

EPNS (abbr of **electroplated nickel silver**) n EPNS *m*.

epoch ['i:pɒk] n époque *f* / *the discovery marked a new epoch in the history of science* cette découverte a fait date dans l'histoire de la science.

epoch-making adj qui fait époque, qui fait date.

eponym ['epəʊnɪm] n éponyme *m*.

eponymous [ɪ'pɒnɪməs] adj du même nom, éponyme.

EPOS ['i:pɒs] (abbr of **electronic point of sale**) n *point de vente électronique*.

epoxy [ɪ'pɒksɪ] (*pl* **epoxies**) ◆ adj CHEM [function, group] époxy *(inv)*. ◆ n époxyde *m*.

epoxy resin n résine *f* époxyde or époxy.

EPROM ['i:prɒm] (abbr of **erasable programmable read only memory**) n mémoire *f* morte effaçable.

Epsom ['epsəm] pr n *célèbre terrain de courses de chevaux en Angleterre*.

Epsom salts ['epsəm] pl n sel *m* d'Epsom, epsomite *f*.

EQ [i:'kju:] (abbr of **emotional intelligence quotient**) n QE *m*, quotient *m* émotionnel.

equable ['ekwəbl] adj [character, person] égal, placide ; [climate] égal, constant.

equably ['ekwəblɪ] adv tranquillement, placidement.

equal ['i:kwəl] (UK *pt & pp* **equalled**, *cont* **equalling** ; US *pt & pp* **equaled**, *cont* **equaling**) ◆ adj **1.** [of same size, amount, degree, type] égal / *they are about equal* ils se valent / *equal in number* égal en nombre / *equal in size to an orange* d'une taille égale à une orange ▶ **to be equal to sthg** égaler qqch / *mix equal parts of sand and cement* mélangez du sable et du ciment en parts égales / *an equal amount of money* une même somme d'argent / *she speaks French and German with equal ease* elle parle français et allemand avec la même facilité ▶ **to be on an equal footing with sb** être sur un pied d'égalité avec qqn ▶ **to meet / to talk to sb on equal terms** rencontrer qqn / parler à qqn d'égal à égal ▶ **other** or **all things being equal** toutes choses égales par ailleurs ▶ **equal ops** *inf* or **equal opportunities** chances *fpl* égales, égalité *f* des chances ▶ **equal opportunity employer** *entreprise s'engageant à respecter la législation sur la non-discrimination dans l'emploi* ▶ **equal pay for equal work** à travail égal salaire égal ▶ **equal rights** égalité des droits ▶ **Equal Rights Amendment** = **ERA** ▶ **equal time** RADIO & TV droit *m* de réponse **2.** [adequate] ▶ **equal to** : *he proved equal to the task* il s'est montré à la hauteur de la tâche / *the machine is not equal to such heavy work* la machine n'est pas faite pour fournir un si grand effort ▶ **to feel equal to doing sthg** se sentir le courage de faire qqch / *I don't feel equal to discussing it today* je ne me sens pas le courage d'en parler aujourd'hui. ◆ n égal *m*, -e *f*, pair *m* / *a woman who is your intellectual equal* une femme qui est votre égale intellectuellement / *to talk to sb as an equal* parler à qqn d'égal à égal / *we worked together as equals* nous avons travaillé ensemble sur un pied d'égalité / *he has no equal* il est hors pair, il n'a pas son pareil. ◆ vt **1.** [gen & MATH] égaler / *2 and 2 equal(s) 4* 2 et 2 égalent or font 4 / *let x equal y* si x égale y **2.** [match] égaler / *no one in parliament could equal his eloquence* personne au parlement ne pouvait égaler son éloquence / *there is nothing to equal it* il n'y a rien de comparable or de tel / *his arrogance is only equalled by his vulgarity* son arrogance n'a d'égale que sa vulgarité.

Equal Employment Opportunity Commission pr n ▶ **the Equal Employment Opportunity Commission** *commission américaine pour l'égalité des chances dans l'emploi*.

equality [i:'kwɒlətɪ] (*pl* **equalities**) n égalité *f* / *equality of opportunity* égalité des chances / *equality in the eyes of the law* égalité devant la loi / *women are still fighting for equality* les femmes se battent encore pour l'égalité.

equalization [,i:kwəlaɪ'zeɪʃn] n [gen] égalisation *f* ; ELECTRON régularisation *f* ; FIN péréquation *f*.

equalize, **equalise** ['i:kwəlaɪz] ◆ vt [chances] égaliser ; [taxes, wealth] faire la péréquation de. ◆ vi SPORT égaliser.

equalizer ['i:kwəlaɪzər] n **1.** SPORT but *m* or point *m* égalisateur **2.** ELECTRON égaliseur *m* **3.** US *inf* [gun] flingue *f*.

equally ['i:kwəlɪ] adv **1.** [evenly] également / *divided equally* divisé en parts or parties égales / *equally spaced* également espacé **2.** [to same degree] également, aussi / *they were equally responsible* ils étaient également responsables or responsables au même degré / *I was equally surprised* j'ai été tout aussi surpris / *equally well* tout aussi bien / *equally talented students* élèves également or pareillement doués **3.** [by the same token] : *efficiency is important, but equally we must consider the welfare of the staff* l'efficacité, c'est important, mais nous devons tout autant considérer le bien-être du personnel.

Equal Opportunities Commission pr n ▶ **the Equal Opportunities Commission** *commission britannique pour l'égalité des chances*.

Equal Pay Act n *loi américaine garantissant l'égalité des droits des hommes et des femmes en matière d'emploi*.

equal sign, **equals sign** n signe *m* d'égalité or d'équivalence.

equanimity [,ekwə'nɪmətɪ] n *fml* sérénité *f*, équanimité *f liter* / *to recover one's equanimity* se ressaisir / *with equanimity* avec sérénité.

equatable [ɪ'kweɪtəbl] adj comparable, assimilable.

equate [ɪ'kweɪt] vt **1.** [regard as equivalent] assimiler, mettre sur le même pied / *some people wrongly equate culture with elitism* certaines personnes assimilent à tort culture et élitisme / *you can't equate Joyce with Homer* on ne peut pas mettre Homère et Joyce sur le même pied **2.** [make equal] égaler, égaliser / *our aim is to equate exports and imports* notre but est d'amener au même niveau les exportations et les importations ▶ **to equate sthg to sthg** MATH mettre qqch en équation avec qqch.

equation [ɪ'kweɪʒn] n **1.** *fml* [association] assimilation *f* **2.** *fml* [equalization] égalisation *f* **3.** CHEM & MATH équation *f* ▶ **equation of time** ASTRON équation du temps.

equator [ɪ'kweɪtər] n équateur *m* / *at* or *on the equator* sous or à l'équateur.

equatorial [,ekwə'tɔ:rɪəl] adj équatorial.

Equatorial Guinea pr n Guinée-Équatoriale *f* / *in Equatorial Guinea* en Guinée-Équatoriale.

equerry ['ekwərɪ] (*pl* **equerries**) n UK [of household] intendant *m*, -e *f (de la maison du roi, de la reine)* ; [of stable] écuyer *m*, -ère *f*.

equestrian [ɪ'kwestrɪən] ◆ adj [event] hippique ; [skills] équestre ; [statue] équestre ; [equipment, clothing] d'équitation. ◆ n [rider] cavalier *m*, -ère *f* ; MIL [in circus] écuyer *m*, -ère *f*.

equestrianism [ɪ'kwestrɪənɪzm] n équitation *f*, hippisme *m*.

equidistant [,i:kwɪ'dɪstənt] adj équidistant, à distance égale.

equilateral [,i:kwɪ'lætərəl] adj équilatéral ▶ **equilateral triangle** triangle *m* équilatéral.

equilibrium [,i:kwɪ'lɪbrɪəm] n équilibre *m* ▶ **in equilibrium** en équilibre / *how does the spinning top maintain its equilibrium?* comment la toupie garde-t-elle l'équilibre ? / *she lost her equilibrium* elle a perdu l'équilibre.

equine ['ekwaɪn] adj [disease, family] équin ; [profile] chevalin ▶ **equine distemper** gourme *f*.

equinoctial [,i:kwɪ'nɒkʃl] adj [flower, line, point] équinoxial ; [storm, tide] d'équinoxe.

equinox ['i:kwɪnɒks] n équinoxe *m* ▶ **autumnal equinox** équinoxe d'automne ▶ **spring** or **vernal equinox** équinoxe de printemps, point *m* vernal.

equip [ɪ'kwɪp] (*pt & pp* **equipped**, *cont* **equipping**) vt **1.** [fit out - factory] équiper, outiller ; [- laboratory, kitchen] installer, équiper ; [- army, ship] équiper / *the hospital is not equipped to perform heart surgery* l'hôpital n'est pas équipé pour pratiquer la chirurgie du cœur **2.** *fig* [prepare] ▶ **to be well-equipped to do sthg** avoir tout ce qu'il faut pour faire qqch / *it won't equip her for life's hardships* cela ne la préparera pas à affronter les épreuves de la vie / *he is ill-equipped to handle the situation* il est mal armé pour faire face à la situation **3.** [supply - person] équiper, pourvoir ; [- army, machine, factory] équiper, munir / *the fighter plane is equipped with the latest technology* l'avion de combat est doté des équipements les plus modernes / *she equipped herself for the hike with a tent and a sleeping bag* elle s'est munie pour la randonnée d'une tente et d'un sac de couchage / *if your computer is equipped with a hard disk* si votre ordinateur est pourvu d'un disque dur.

equipage ['ekwɪpɪdʒ] n MIL [carriage] équipage *m*.

equipment [ɪ'kwɪpmənt] n *(U)* **1.** [gen] équipement *m* ; [in laboratory, office, school] matériel *m* ; MIL & SPORT équipement *m*, matériel *m* ▶ **camping equipment** matériel de camping ▶ **electrical equipment** appareillage *m* électrique ▶ **factory equipment** outillage *m* ▶ **kitchen equipment** ustensiles *mpl* de cuisine ▶ **life-saving equipment** matériel de sauvetage **2.** [act] équipement *m*.

equipoise ['ekwɪpɔɪz] *fml* ◆ n [equilibrium] équilibre *m* ; [counterbalance] contrepoids *m*. ◆ vt contrebalancer, faire contrepoids à.

equitable ['ekwɪtəbl] adj équitable, juste ▶ **equitable trade** commerce *m* équitable.

equitably ['ekwɪtəblɪ] adv équitablement, avec justice.

equitation [,ekwɪ'teɪʃn] n *fml* équitation *f*.

equity ['ekwətɪ] (*pl* **equities**) n **1.** [fairness] équité *f* **2.** LAW [system] équité *f* ; [right] droit *m* équitable **3.** FIN [market value] fonds *mpl* or capitaux *mpl* propres ; [share] action *f* ordinaire / *the equities market* le marché des actions ordinaires.

❖ **Equity** pr n *principal syndicat britannique des travailleurs du spectacle*.

equivalence [ɪ'kwɪvələns] n équivalence *f*.

equivalent [ɪ'kwɪvələnt] ◆ adj équivalent ▶ **to be equivalent to sthg** être équivalent à qqch, équivaloir à qqch / *is there an equivalent organization in France?* y a-t-il une organisation équivalente en France ? ◆ n équivalent *m* / *the French equivalent for* or *of "pound"* l'équivalent français du mot « pound » / *it costs the equivalent of £5 per week* cela coûte l'équivalent de 5 livres par semaine.

equivocal [ɪ'kwɪvəkl] adj **1.** [ambiguous - words, attitude] ambigu (ambiguë), équivoque **2.** [dubious - behaviour, person] suspect, douteux ; [- outcome] incertain, douteux.

equivocally [ɪ'kwɪvəklɪ] adv **1.** [ambiguously] de manière équivoque or ambiguë **2.** [dubiously] de manière douteuse.

equivocate [ɪ'kwɪvəkeɪt] vi *fml* user d'équivoques or de faux-fuyants, équivoquer *liter*.

equivocation [ɪ,kwɪvə'keɪʃn] n *(U) fml* [words] paroles *fpl* équivoques ; [prevarication] tergiversation *f*.

er [ɜ:r] interj heu.

ER 1. (written abbr of **Elizabeth Regina**) *emblème de la reine Élisabeth* **2.** (abbr of **Emergency Room**) US urgences *fpl*.

era ['ɪərə] n [gen] époque *f* ; GEOL & HIST ère *f* / *her election marked a new era in politics* son élection a marqué un tournant dans la vie politique / *the era of horse travel* l'époque or le temps des voyages à cheval.

ERA ['ɪərə] (abbr of **Equal Rights Amendment**) n *projet de loi américain rejeté en 1982 qui posait comme principe l'égalité des individus quels que soient leur sexe, leur religion ou leur race*.

eradicate [ɪ'rædɪkeɪt] vt [disease] éradiquer, faire disparaître ; [poverty, problem] faire disparaître, supprimer ; [abuse, crime] extirper, supprimer ; [practice] bannir, mettre fin à ; [weeds] détruire, déraciner.

eradication [ɪ,rædɪ'keɪʃn] n [of disease] éradication *f* ; [of poverty, problem] suppression *f* ; [of abuse, crime] extirpation *f*, suppression *f* ; [of practice] fin *f* ; [of weeds] destruction *f*, déracinement *m*.

erasable [ɪ'reɪzəbl] adj effaçable.

erase [ɪ'reɪz] ◆ vt [writing] effacer, gratter ; [with rubber] gommer ; COMPUT & *fig* effacer. ◆ vi s'effacer.

erase head n tête *f* d'effacement.

eraser [ɪ'reɪzəʳ] n gomme *f*.

erasing [ɪ'reɪzɪŋ] n effacement *m*.

Erasmus [ɪ'ræzməs] pr n Érasme.

erasure [ɪ'reɪʒəʳ] n **1.** [act] effacement *m*, grattage *m* **2.** [mark] rature *f*, grattage *m*.

erbium ['ɜ:bɪəm] n erbium *m*.

ere [eəʳ] ◆ prep *liter* avant / *ere long* sous peu / *ere now* or *ere this* déjà, auparavant / *ere then* d'ici là. ◆ conj *arch & liter* avant que / *ere I leave* avant que je ne parte.

erect [ɪ'rekt] ◆ adj **1.** [upright] droit ; [standing] debout / *man walks erect* l'homme marche debout / *she holds herself very erect* elle se tient bien droite / *with head erect* la tête haute / *the dog sat with ears erect* le chien était assis les oreilles dressées **2.** PHYSIOL [penis, nipples] dur. ◆ vt **1.** [build - building, wall] bâtir, construire ; [- statue, temple] ériger, élever ; [- equipment] installer ; [- roadblock, tent] dresser **2.** *fig* [system] édifier ; [obstacle] élever.

erectile [ɪ'rektaɪl] adj érectile.

erection [ɪ'rekʃn] n **1.** [of building, wall] construction *f* ; [of statue, temple] érection *f* ; [of equipment] installation *f* ; [of roadblock, tent] dressage *m* ; *fig* [of system, obstacle] édification *f* **2.** [building] bâtiment *m*, construction *f* **3.** PHYSIOL érection *f* / *to have* or *to get an erection* avoir une érection.

erector [ɪ'rektəʳ] n **1.** [muscle] érecteur *m* **2.** [builder] constructeur *m*, -trice *f* ▸ **erector set** US jeu *m* de construction.

erg [ɜ:g] n PHYS & GEOG erg *m*.

ergative ['ɜ:gətɪv] ◆ adj ergatif. ◆ n ergatif *m*.

ergo ['ɜ:gəʊ] adv *fml & hum* donc, par conséquent.

ergometer [ɜ:'gɒmɪtəʳ] n dynamomètre *m*.

ergonomic [,ɜ:gəʊ'nɒmɪk] adj ergonomique.

ergonomically [,ɜ:gəʊ'nɒmɪkəlɪ] adv du point de vue ergonomique.

ergonomics [,ɜ:gə'nɒmɪks] n *(U)* ergonomie *f*.

ergot ['ɜ:gət] n AGR ergot *m* ; PHARM ergot *m* de seigle.

ergotism ['ɜ:gətɪzm] n ergotisme *m*.

erica ['erɪkə] n BOT éricacée *f*.

Erie ['ɪərɪ] pr n ▸ **Lake Erie** le lac Érié ▸ **the Erie Canal** le canal de l'Érié.

Erin ['ɪərɪn] pr n *arch & liter* Irlande *f*.

ERISA [ə'ri:sə] (abbr of **Employee Retirement Income Security Act**) n *loi américaine sur les pensions de retraite.*

Eritrea [,erɪ'treɪə] pr n Érythrée *f* / *in Eritrea* en Érythrée.

Eritrean [,erɪ'treɪən] ◆ n Érythréen *m*, -enne *f*. ◆ adj érythréen.

ERM (abbr of **exchange rate mechanism**) n mécanisme *m* de change (du SME).

ermine ['ɜ:mɪn] n [fur, robe, stoat] hermine *f*.

Ernie ['ɜ:nɪ] (abbr of **Electronic Random Number Indicator Equipment**) n *en Grande-Bretagne, ordinateur qui sert au tirage des numéros gagnants des bons à lots.*

erode [ɪ'rəʊd] ◆ vt [subj: water, wind] éroder, ronger ; [subj: acid, rust] ronger, corroder ; *fig* [courage, power] ronger, miner / *the rock face had been eroded away* la paroi du rocher avait été érodée. ◆ vi [rock, soil] s'éroder / *the cliff is slowly eroding (away)* la falaise est lentement en train de s'éroder.

erogenous [ɪ'rɒdʒɪnəs] adj érogène ▸ **erogenous zone** zone *f* érogène.

Eros ['ɪərɒs] pr n **1.** MYTH Éros **2.** UK *surnom donné au monument en l'honneur du comte de Shaftesbury, à Piccadilly Circus.*

erosion [ɪ'rəʊʒn] n [of soil, rock] érosion *f* ; [of metal] corrosion *f* ; *fig* [of courage, power] érosion *f*, corrosion *f*.

erosive [ɪ'rəʊsɪv] adj érosif ; [corrosive] corrosif.

erotic [ɪ'rɒtɪk] adj érotique.

erotica [ɪ'rɒtɪkə] pl n ART art *m* érotique ; LITER littérature *f* érotique.

erotically [ɪ'rɒtɪklɪ] adv érotiquement.

eroticism [ɪ'rɒtɪsɪzm] n érotisme *m*.

erotomania [ɪ,rɒtəʊ'meɪnjə] n érotomanie *f*.

err [ɜ:ʳ] vi *fml* **1.** [make mistake] se tromper / *I erred on the side of caution* j'ai péché par excès de prudence ▸ **to err is human (to forgive divine)** *prov* l'erreur est humaine (le pardon divin) **2.** [sin] pécher, commettre une faute.

errand ['erənd] n commission *f*, course *f* ▸ **to go on** or **to do** or **to run an errand (for sb)** faire une course (pour qqn) / *I did* or *ran all the errands* j'ai fait toutes les courses ▸ **an errand of mercy** mission de charité ▸ **she sent me on a fool's errand** elle m'y a envoyé pour rien.

errand boy n garçon *m* de courses.

errant ['erənt] adj **1.** [wayward] dévoyé **2.** [roaming] errant.

errata [e'rɑ:tə] ◆ pl ⟶ **erratum**. ◆ pl n [list] errata *m inv* ▸ **errata slip** liste *f* des errata.

erratic [ɪ'rætɪk] ◆ adj **1.** [irregular - results] irrégulier ; [- performance] irrégulier, inégal ; [- person] fantasque, excentrique ; [- mood] changeant ; [- movement, course] mal assuré / *he is a bit erratic* on ne sait jamais comment il va réagir / *erratic driving* conduite *f* déconcertante **2.** GEOL & MED erratique. ◆ n GEOL bloc *m* or roche *f* erratique.

erratically [ɪ'rætɪklɪ] adv [act, behave] de manière fantasque or capricieuse ; [move, work] irrégulièrement, par à-coups / *he drives erratically* il conduit de façon déconcertante.

erratum [e'rɑ:təm] (*pl* **errata** [e'rɑ:tə]) n erratum *m*.

erroneous [ɪ'rəʊnjəs] adj erroné, inexact.

erroneously [ɪ'rəʊnjəslɪ] adv erronément, à tort.

error ['erəʳ] n **1.** [mistake] erreur *f*, faute *f* ▸ **to make** or **to commit an error** faire (une) erreur / *an error of judgment* une erreur de jugement / *it would be an error to assume that…* ce serait une erreur or on aurait tort de supposer que… ▸ **errors and omissions excepted** COMM sauf erreur ou omission **2.** MATH [mistake] faute *f* ; [deviation] écart *m* **3.** [mistakenness] erreur *f* / *it was done in error* cela a été fait par erreur or méprise / *he was in error over* or *on this point of law* il était dans l'erreur or il avait tort sur ce point de loi / *I've seen the error of my ways* je suis revenu de mes erreurs ▸ **to be in** / **to fall into error** RELIG être / tomber dans l'erreur.

error correction n correction *f* d'erreur.

error message n message *m* d'erreur.

ersatz ['eəzæts] ◆ adj : *this is ersatz coffee* c'est de l'ersatz or du succédané de café / *this sugar is ersatz* ce sucre est un ersatz or un succédané. ◆ n ersatz *m*, succédané *m*.

Erse [ɜ:s] ◆ adj gaélique, erse. ◆ n gaélique *m*.

erstwhile ['ɜ:stwaɪl] *liter & hum* ◆ adj d'autrefois. ◆ adv autrefois, jadis.

eructation [,i:rʌk'teɪʃn] n éructation *f*.

erudite ['eru:daɪt] adj [book, person] érudit, savant ; [word] savant.

eruditely ['eru:daɪtlɪ] adv de manière savante, avec érudition.

erudition [,eru:'dɪʃn] n érudition *f*.

erupt [ɪ'rʌpt] vi **1.** [volcano - start] entrer en éruption ; [- continue] faire éruption / *an erupting volcano* un volcan en éruption **2.** [pimples] sortir, apparaître ; [tooth] percer / *her face erupted in spots* elle a eu une éruption de boutons sur le visage **3.** *fig* [fire, laughter, war] éclater ; [anger] exploser / *the city erupted into violence* il y eut une explosion de violence dans la ville.

eruption [ɪ'rʌpʃn] n **1.** [of volcano] éruption *f* **2.** [of pimples] éruption *f*, poussée *f* ; [of teeth] percée *f* **3.** *fig* [of laughter] éclat *m*, éruption *f* ; [of anger] accès *m*, éruption *f* ; [of violence] explosion *f*, accès *m*.

erysipelas [,erɪ'sɪpɪləs] n érysipèle *m*, érésipèle *m*.

erythema [,erɪ'θi:mə] n érythème *m*.

erythrocyte [ɪ'rɪθrəʊ,saɪt] n érythrocyte *m*.

erythromycin [ɪ'rɪθrəʊ'maɪsɪn] n érythromycine *f*.

ESA (abbr of **European Space Agency**) pr n ESA *f*, ASE *f*.

Esau ['i:sɔ:] pr n Ésaü.

escalate ['eskəleɪt] ◆ vi [fighting, war] s'intensifier ; [prices] monter en flèche. ◆ vt [fighting] intensifier ; [problem] aggraver ; [prices] faire grimper.

escalation [,eskə'leɪʃn] n [of fighting, war] escalade *f*, intensification *f* ; [of prices] escalade *f*, montée *f* en flèche.

escalator ['eskəleɪtəʳ] n escalier *m* roulant or mécanique, escalator *m*.

escalator clause n clause *f* d'indexation or de révision.

escalope ['eskə,lɒp] n escalope *f*.

escapade [,eskə'peɪd] n [adventure] équipée *f* ; [scrape] fredaine *f*, escapade *f* ; [prank] frasque *f*.

escape [ɪ'skeɪp] ◆ vi **1.** [get away - person, animal] échapper, s'échapper ; [- prisoner] s'évader / *they escaped from the enemy* / *from the hands of their kidnappers* ils ont échappé à l'ennemi / des mains de leurs ravisseurs / *the thieves escaped after a police chase* les voleurs ont pris la fuite après avoir été poursuivis par la police / *she escaped from the camp* elle s'est échappée du camp / *to escape from the crowd* *fig* fuir la foule / *he escaped to Italy* il s'est enfui en Italie **2.** [gas, liquid, steam] s'échapper, fuir **3.** [survive, avoid injury] s'en tirer, en réchapper / *she escaped uninjured* elle s'en est tirée sans aucun mal / *they escaped with just a few cuts and bruises* ils en ont été quittes pour quelques coupures et des bleus / *he escaped with a reprimand* il en a été quitte pour une réprimande. ◆ vt **1.** [avoid] échapper à ▸ **to escape doing sthg** éviter de faire qqch / *I narrowly escaped being killed* j'ai failli or manqué me faire tuer / *he escaped detection* il ne s'est pas fait repérer / *she narrowly escaped death* elle a échappé de justesse à la mort / *there's no escaping the fact that…* il n'y a pas moyen d'échapper au fait que… **2.** [elude notice, memory of] échapper à / *her name escapes me* son nom m'échappe / *nothing escapes them* rien ne leur échappe / *her blunder escaped notice* sa gaffe est passée inaperçue. ◆ n **1.** [of person] fuite *f*, évasion *f* ; [of prisoner] évasion *f* ; [of animal] fuite *f* / *I made my escape* je me suis échappé or évadé / *they planned their escape* ils ont combiné leur plan d'évasion / *he had a narrow escape* **a)** *fig* [from danger] il l'a échappé belle, il a eu chaud **b)** [from illness] il revient de loin **2.** [diversion] évasion *f* / *an escape from reality* une évasion hors de la réalité **3.** [of gas, liquid] fuite *f* ; [of exhaust fumes, steam] échappement *m*. ◆ comp [plot, route] d'évasion ; [device] de sortie, de secours ▸ **escape routine** COMPUT procédure *f* d'échappement ▸ **escape key** COMPUT touche *f* d'échappement.

escape clause n clause *f* échappatoire.

escaped [ɪ'skeɪpt] adj échappé / *an escaped prisoner* un évadé.

escapee [ɪ,skeɪ'pi:] n évadé *m*, -e *f*.

escape hatch n trappe *f* de secours.

escape lane n voie *f* de détresse.

escape mechanism n *lit* mécanisme *m* de secours ; PSYCHOL fuite *f* (devant la réalité).

escapement [ɪ'skeɪpmənt] n [of clock, piano] échappement *m* ; MECH échappement *m*.

escape pipe n tuyau *m* d'échappement or de refoulement, tuyère *f*.

escape road n talus *m* de protection.

escape valve n soupape *f* d'échappement.

escape velocity n vitesse *f* de libération.

escape wheel n roue *f* d'échappement.

escapism [ɪ'skeɪpɪzm] n évasion *f* hors de la réalité, fuite *f* devant la réalité.

escapist [ɪ'skeɪpɪst] ◆ n personne *f* cherchant à s'évader du réel. ◆ adj d'évasion.

escapologist [,eskə'pɒləʤɪst] n *virtuose de l'évasion dans les spectacles de magie.*

escapology [,eskə'pɒləʤɪ] n *art de l'évasion dans les spectacles de magie.*

escarole n scarole *f*.

escarpment [ɪ'skɑːpmənt] n escarpement *m*.

eschatological [,eskətə'lɒʤɪkl] adj eschatologique.

eschatology [,eskə'tɒləʤɪ] n eschatologie *f*.

escheat [ɪs'ʧiːt] n LAW dévolution *f* des biens à l'État *(en l'absence des héritiers).*

eschew [ɪs'ʧuː] vt *fml* [duty, work, activity] éviter ; [alcohol] s'abstenir de ; [publicity, temptation, involvement] fuir.

escort ◆ n ['eskɔːt] **1.** [guard] escorte *f*, cortège *m* ; MIL & NAUT escorte *f* ▸ **under the escort of** sous l'escorte de / *under police escort* sous escorte policière / *they were given a police escort* on leur a donné une escorte de police **2.** [consort - male] cavalier *m* ; [- female] hôtesse *f* **3.** [male prostitute] prostitué *m*, escort (boy) *m* ; [female prostitute] prostituée *f*, escort (girl) *f*. ◆ comp ['eskɔːt] d'escorte ▸ **an escort vessel** un bâtiment d'escorte, un (vaisseau) escorteur. ◆ vt [ɪ'skɔːt] *fml* accompagner, escorter / *may I escort you home?* permettez-moi de vous raccompagner / *kindly escort these gentlemen to the door* veuillez raccompagner ces messieurs jusqu'à la porte ; MIL [police] escorter / *they escorted him in / out* ils l'ont fait entrer / sortir sous escorte.

escort agency n service *m* or bureau *m* d'hôtesses.

escrow ['eskrəʊ] n LAW dépôt *m* fiduciaire or conditionnel / *in escrow* en dépôt fiduciaire, en main tierce.

escutcheon [ɪ'skʌʧn] n **1.** [shield] écu *m*, écusson *m* **2.** [on door, handle, light switch] écusson *m*.

ESE written abbr of **east-southeast**.

ESF [iːes'ef] (abbr of **European Social Fund**) n FSE *m*.

e-shopping n achats *mpl* en ligne.

e-signature n signature *f* électronique.

esker ['eskəʳ] n GEOL os *m*.

Eskimo ['eskɪməʊ] (*pl* **Eskimo** *or* **Eskimos**) ◆ n **1.** [person] Esquimau *m*, Esquimaude *f* **2.** LING esquimau *m*. ◆ adj esquimau ▸ **Eskimo dog** chien *m* esquimau.

Eskimo

Aux États-Unis et au Canada, le terme **Eskimo**, créé par des non-Inuits, est souvent considéré comme péjoratif ; on lui préfère **Inuit**.

Eskimo roll n esquimautage *m*.

ESL (abbr of **English as a Second Language**) n *anglais langue seconde.*

esophagus [iː'sɒfəgəs] (*pl* **esophagi** [-gaɪ]) US = **oesophagus**.

esoteric [,esə'terɪk] adj [obscure] ésotérique ; [private] secret (secrète).

esp. written abbr of **especially**.

ESP n **1.** (abbr of **extrasensory perception**) perception *f* extrasensorielle **2.** (abbr of **English for specific purposes**) *anglais spécialisé.*

espadrille [,espə'drɪl] n espadrille *f*.

espalier [ɪ'spæljəʳ] ◆ n [tree] arbre *m* en espalier ; [trellis] espalier *m* ; [method] culture *f* en espaliers. ◆ vt cultiver en espalier.

esparto [e'spɑːtəʊ] (*pl* **espartos**) n ▸ **esparto (grass)** alfa *m*.

especial [ɪ'speʃl] adj *fml* [notable] particulier, exceptionnel ; [specific] particulier.

especially [ɪ'speʃəlɪ] adv **1.** [to a particular degree] particulièrement, spécialement ; [particularly] en particulier, surtout / *the condition usually affects women, especially women over fifty* cette maladie touche généralement les femmes, et particulièrement celles de plus de 50 ans / *I can't mention it, especially since* or *as I'm not supposed to know anything about it* je ne peux pas en parler d'autant que or surtout que je ne suis pas censé savoir quoi que ce soit à ce sujet / *you especially ought to know better!* vous devriez le savoir mieux que personne ! / *the food at this restaurant is especially good* la cuisine de ce restaurant est particulièrement bonne / *be especially careful with this one* faites particulièrement attention à celui-ci **2.** [for a particular purpose] exprès / *he went especially to meet her* il est allé exprès pour la rencontrer.

Esperantist [,espə'ræntɪst] ◆ adj espérantiste. ◆ n espérantiste *mf*.

Esperanto [,espə'ræntəʊ] ◆ n espéranto *m*. ◆ adj en espéranto.

espionage ['espɪə,nɑːʒ] n espionnage *m*.

esplanade [,esplə'neɪd] n esplanade *f*.

espousal [ɪ'spaʊzl] n **1.** *fml* [of belief, cause] adoption *f* **2.** *arch* [marriage] mariage *m*.

espouse [ɪ'spaʊz] vt **1.** *fml* [belief, cause] épouser, adopter **2.** *arch* [marry] épouser.

espresso [e'spresəʊ] (*pl* **espressos**) n (café *m*) express *m* ▸ **espresso machine** machine *f* à express.

espy [ɪ'spaɪ] (*pt & pp* **espied**) vt *liter* apercevoir, distinguer.

Esq. (written abbr of **esquire**) : *James Roberts, Esq.* M. James Roberts.

esquire [ɪ'skwaɪəʳ] n UK **1.** = **Esq 2.** HIST écuyer *m*.

essay ◆ n ['eseɪ] **1.** LITER essai *m* ; SCH composition *f*, dissertation *f* ; UNIV dissertation *f* / **'Essay Concerning Human Understanding'** *Locke* 'Essai sur l'entendement humain' / **'An Essay on Man'** *Pope* 'Essai sur l'homme' **2.** *fml* [attempt] essai *m*, tentative *f*. ◆ vt [e'seɪ] *fml* **1.** [try] essayer, tenter **2.** [test] mettre à l'épreuve.

⚠ An essay written by a student is **une dissertation**, not **un essai**.

essayist ['eseɪɪst] n essayiste *mf*.

essence ['esns] n **1.** [gen] essence *f*, essentiel *m* / *the essence of her speech was that...* l'essentiel de son discours tenait en ceci que... / *time is of the essence* il est essentiel de faire vite, la vitesse s'impose / *she's the essence of generosity* elle est la générosité même **2.** PHILOS essence *f*, nature *f* ; RELIG essence *f* **3.** CHEM essence *f* ▸ **essence of rosemary** essence *f* de romarin ▸ **peppermint essence** essence *f* de menthe **4.** CULIN extrait *m*.

❖ **in essence** adv phr essentiellement, surtout / *it is in essence a question of...* c'est essentiellement or surtout une question de...

essential [ɪ'senʃl] ◆ adj **1.** [vital - action, equipment, services] essentiel, indispensable ; [- point, role] essentiel, capital ; [- question] essentiel, fondamental / *it is essential that...* il est indispensable que... (+ *subjunctive*) / *a well-trained workforce is essential to the success of your business* un personnel qualifié est essentiel au succès de votre entreprise / *it is essential to know whether...* il est essentiel or il importe de savoir si... / *the essential thing is to relax* l'essentiel est de rester calme / *a balanced diet is essential for good health* un régime équilibré est essentiel pour être en bonne santé ▸ **essential goods** biens *m* de première nécessité **2.** [basic] essentiel, fondamental / *the essential goodness of man* la bonté essentielle de l'homme ▸ **essential oils** huiles *fpl* essentielles. ◆ n objet *m* indispensable ▸ **the essentials** l'essentiel / *we can only afford to buy the essentials* nous n'avons les moyens d'acheter que l'essentiel / *a dishwasher is an essential of a modern kitchen* un lave-vaisselle est un élément indispensable dans une cuisine moderne / *the essentials of astronomy* les rudiments *mpl* de l'astronomie ▸ **in (all) essentials** essentiellement.

Note that **il est essentiel que** is followed by a verb in the subjunctive:
It's essential that you be represented by a lawyer. *Il est essentiel que vous vous fassiez représenter par un avocat.*

essentially [ɪ'senʃəlɪ] adv [fundamentally] essentiellement, fondamentalement ; [mainly] essentiellement, principalement / *it's essentially a question of taste* c'est avant tout une question de goût.

Essex girl ['esɪks-] n UK *inf & pej stéréotype de jeune fille bête et vulgaire.*

Essex man ['esɪks-] n UK *inf stéréotype du réactionnaire bête et vulgaire.*

est [est] n (abbr of **Erhard Seminars Training**) *méthode de formation psychologique créée par Werner Erhard.*

est. 1. written abbr of **established 2.** written abbr of **estimated**.

EST n abbr of **Eastern Standard Time**.

establish [ɪ'stæblɪʃ] vt **1.** [create, set up - business] fonder, créer ; [- government] constituer, établir ; [- society, system] constituer ; [- factory] établir, monter ; [- contact] établir ; [- relations] établir, nouer ; [- custom, law] instaurer ; [- precedent] créer ; [- order, peace] faire régner **2.** [confirm - authority, power] affermir ; [- reputation] établir / *she has already established her reputation as a physicist* elle s'est déjà fait une réputation de physicienne / *he established himself as a computer consultant* il s'est établi conseiller en informatique **3.** [prove - identity, truth] établir ; [- cause, nature] déterminer, établir ; [- guilt, need] établir, prouver ; [- innocence] établir, démontrer / *it has been established that there is no case against the defendant* il a été démontré qu'il n'y a pas lieu de poursuivre l'accusé.

established [ɪ'stæblɪʃt] adj **1.** [existing, solid - order, system] établi ; [- government] établi, au pouvoir ; [- business] établi, solide ; [- law] établi, en vigueur ; [- tradition] établi, enraciné ; [- reputation] établi, bien assis / *established in 1890* COMM maison fondée en 1890 ▸ **the established Church** l'Église *f* officielle **2.** [proven - fact] acquis, reconnu ; [- truth] établi, démontré.

establishment [ɪ'stæblɪʃmənt] n **1.** [of business] fondation *f*, création *f* ; [of government] constitution *f* ; [of society, system] constitution *f*, création *f* ; [of law] instauration *f* **2.** [institution] établissement *m* / *a business establishment* un établissement commercial, une firme / *a research establishment* un établissement de recherche **3.** [staff] personnel *m* ; MIL & NAUT effectif *m*.

❖ **Establishment** n [ruling powers] ▸ **the Establishment** les pouvoirs *mpl* établis, l'ordre *m* établi, l'establishment *m* / *the financial Establishment* ceux qui comptent dans le monde financier / *he's such an Establishment figure* il fait vraiment partie de l'establishment.

Establishment Clause pr n ▸ **the Establishment Clause** *clause du premier amendement à la Constitution américaine qui établit la séparation de l'Église et de l'État.*

estate [ɪ'steɪt] n **1.** [land] propriété *f*, domaine *m* / *her country estate* ses terres *fpl* **2.** UK [development - housing] lotissement *m*, cité *f* ; [- trading] zone *f* commerciale **3.** LAW [property] biens *mpl*, fortune *f* ; [of deceased] succession *f* / *she left a large estate* elle a laissé une grosse fortune (en héritage) **4.** *fml* [state, position] état *m*, rang *m* / *men of low / high estate* les hommes d'humble condition / de haut rang ▸ **the estate of matrimony** la condition du mariage ▸ **the three estates** les trois états.

estate agency n UK agence *f* immobilière.

estate agent n UK **1.** [salesperson] agent *m* immobilier **2.** [manager] intendant *m*, régisseur *m*.

estate-bottled adj [wine] mis en bouteille à la propriété.

estate car n UK break *m*.

estate duty UK, **estate tax** US n droits *mpl* de succession.

estd., est'd. written abbr of established.

esteem [ɪ'sti:m] ◆ vt **1.** [respect - person] avoir de l'estime pour, estimer ; [- quality] estimer, apprécier **2.** *fml* [consider] estimer, considérer / *I esteem it a great honour* je m'estime très honoré. ◆ n estime *f*, considération *f* ▸ **to hold sb / sthg in high esteem** tenir qqn / qqch en haute estime.

esteemed [ɪ'sti:md] adj *fml* estimé / *our esteemed president* notre (très) estimé président.

ester ['estəʳ] n ester *m*.

Esther ['estəʳ] pr n Esther.

esthete ['i:sθi:t] US = aesthete.

Esthonia [e'stəʊnjə] = Estonia.

estimate ◆ n ['estɪmət] **1.** [evaluation] évaluation *f*, estimation *f* / *give me an estimate of how much you think it will cost* donnez-moi une idée du prix que cela coûtera, à votre avis / *his estimate of 500 tonnes is way off the mark* *inf* son estimation de 500 tonnes est très éloignée de la réalité / *at a rough estimate* approximativement / *these figures are only a rough estimate* ces chiffres ne sont que très approximatifs / *at the lowest estimate it will take five years* il faudra cinq ans au bas mot / *at an optimistic estimate* dans le meilleur des cas **2.** COMM [quote] devis *m* / *get several estimates before deciding who to employ* faites faire plusieurs devis avant de décider quelle entreprise choisir / *ask the garage to give you an estimate for the repairs* demandez au garage de vous établir un devis pour les réparations. ◆ vt ['estɪmeɪt] **1.** [calculate - cost, number] estimer, évaluer ; [- distance, speed] estimer, apprécier / *the cost was estimated at £2,000* le coût était évalué à 2 000 livres / *I estimate (that) it will take at least five years* à mon avis cela prendra au moins cinq ans, j'estime que cela prendra au moins cinq ans **2.** [judge] estimer, juger / *I don't estimate him very highly* je n'ai guère d'estime pour lui.

estimated ['estɪmeɪtɪd] adj estimé / *an estimated 50,000 people attended the demonstration* environ 50 000 personnes auraient manifesté ▸ **estimated time of arrival / of departure** heure d'arrivée / de départ estimée.

estimation [,estɪ'meɪʃn] n **1.** [calculation] estimation *f*, évaluation *f* **2.** [judgment] jugement *m*, opinion *f* / *in my estimation* à mon avis, selon moi **3.** [esteem] estime *f*, considération *f* / *he went down / up in my estimation* il a baissé / monté dans mon estime.

estivate ['i:stɪ,veɪt] US = aestivate.

Estonia [e'stəʊnjə] pr n Estonie *f* / *in Estonia* en Estonie.

Estonian [e'stəʊnjən] ◆ n **1.** [person] Estonien *m*, -enne *f* **2.** LING estonien *m*. ◆ adj estonien.

estrange [ɪ'streɪndʒ] vt aliéner, éloigner.

estranged [ɪ'streɪndʒd] adj [couple] séparé ▸ **to become estranged from sb** se brouiller avec or se détacher de qqn / *he is estranged from his wife* il est séparé de sa femme / *her estranged husband* son mari, dont elle est séparée.

estrangement [ɪ'streɪndʒmənt] n éloignement *m* ; [from spouse] séparation *f*.

estrogen US = oestrogen.

estrus US = oestrus.

estuary ['estjʊərɪ] (*pl* **estuaries**) n estuaire *m*.

ETA (abbr of estimated time of arrival) n HPA.

e-tailer n vendeur *m*, -euse *f* en ligne.

et al. [,et'æl] (abbr of et alii) adv phr et al.

etc. (written abbr of et cetera) etc.

et cetera [ɪt'setərə] ◆ adv et cetera, et cætera. ◆ n : *the et ceteras* les et cætera *mpl*.

etch [etʃ] vi & vt graver ; ART & TYPO graver à l'eau-forte / *etched on my memory* *fig* gravé dans ma mémoire.

etching ['etʃɪŋ] n **1.** [print] (gravure *f* à l')eau-forte *f* **2.** [technique] gravure *f* à l'eau-forte ▸ **do you want to come up and see my etchings?** *hum* voulez-vous monter voir mes estampes japonaises ?

ETD (abbr of estimated time of departure) n HPD *f*.

eternal [ɪ't3:nl] ◆ adj **1.** [gen, PHILOS & RELIG] éternel ▸ **the Eternal city** la Ville éternelle, Rome **2.** [perpetual] continuel, perpétuel ; [arguments, problems] éternel ; [discussion, wrangling] continuel, sempiternel *pej* / *eternal complaints* perpétuelles récriminations *fpl* / *he's an eternal student* c'est l'étudiant éternel / *to my eternal shame* à ma grande honte. ◆ n ▸ **the Eternal** l'Éternel *m*.

eternally [ɪ't3:nəlɪ] adv **1.** [forever] éternellement / *I shall be eternally grateful* je serai infiniment reconnaissant **2.** *pej* [perpetually] perpétuellement, continuellement.

eternal triangle n ▸ **the eternal triangle** l'éternel trio *m* (*femme, mari, amant*).

eternity [ɪ't3:nətɪ] (*pl* **eternities**) n *lit & fig* éternité *f* / *it seemed like an eternity* on aurait dit une éternité / *he kept me waiting for an eternity* il m'a fait attendre une éternité or des éternités / **'From Here to Eternity'** *Jones, Zinnemann* 'Tant qu'il y aura des hommes'.

eternity ring n bague *f* de fidélité.

ethane ['i:θeɪn] n éthane *m*.

ethanol ['eθənɒl] n alcool *m* éthylique, éthanol *m*.

ether ['i:θəʳ] n **1.** CHEM & PHYS éther *m* **2.** MYTH & *liter* [sky] ▸ **the ether** l'éther *m*, la voûte céleste ▸ **over** or **through the ether** RADIO sur les ondes.

ethereal [ɪ'θɪərɪəl] adj [fragile] éthéré, délicat ; [spiritual] éthéré, noble.

Ethernet n Ethernet ▸ **Ethernet cable** câble *m* Ethernet.

ethic ['eθɪk] ◆ n éthique *f*, morale *f*. ◆ adj moral, éthique *fml*.

ethical ['eθɪkl] adj moral, éthique *fml* / *it is not ethical* c'est contraire à la morale / *an ethical code* un code déontologique.

ethically ['eθɪklɪ] adv d'un point de vue éthique.

ethics ['eθɪks] ◆ n *(U)* [study] éthique *f*, morale *f*. ◆ pl n [principles] morale *f* ; [morality] moralité *f* / *dubious ethics* morale douteuse ▸ **medical ethics** code *m* déontologique or de déontologie ▸ **professional ethics** déontologie *f*.

Ethiopia [,i:θɪ'əʊpjə] pr n Éthiopie *f* / *in Ethiopia* en Éthiopie.

Ethiopian [,i:θɪ'əʊpjən] ◆ n **1.** [person] Éthiopien *m*, -enne *f* **2.** LING éthiopien *m*. ◆ adj éthiopien.

ethnic ['eθnɪk] ◆ adj **1.** [of race] ethnique ▸ **ethnic cleansing** purification *f* ethnique ▸ **ethnic group** ethnie *f* **2.** [traditional] folklorique, traditionnel. ◆ n US membre *m* d'une minorité ethnique.

ethnically ['eθnɪklɪ] adv du point de vue ethnique, ethniquement.

ethnicity ['eθnɪsɪtɪ] n appartenance *f* ethnique.

ethnic minority n minorité *f* ethnique.

ethnocentric [,eθnəʊ'sentrɪk] adj ethnocentrique.

ethnocentrism [,eθnəʊ'sentrɪzm] n ethnocentrisme *m*.

ethnographer [eθ'nɒgrəfəʳ] n ethnographe *mf*.

ethnography [eθ'nɒgrəfɪ] n ethnographie *f*.

ethnolinguistics [,eθnəʊlɪŋ'gwɪstɪks] n *(U)* ethnolinguistique *f*.

ethnologist [eθ'nɒlədʒɪst] n ethnologue *mf*.

ethnology [eθ'nɒlədʒɪ] n ethnologie *f*.

ethology [ɪ'θɒlədʒɪ] n éthologie *f*, éthographie *f*.

ethos ['i:θɒs] n éthos *m*.

ethyl ['eθɪl or 'i:θaɪl] n éthyle *m* ▸ **ethyl acetate** acétate *m* d'éthyle.

ethyl alcohol n alcool *m* éthylique, éthanol *m*.

ethylene ['eθɪli:n] n éthylène *m*.

etiolate ['i:tɪəʊleɪt] ◆ vt étioler. ◆ vi s'étioler.

etiology [,i:tɪ'ɒlədʒɪ] US = aetiology.

etiquette ['etɪket] n *(U)* [code of practice] étiquette *f* ; [customs] bon usage *m*, convenances *fpl* / *according to etiquette* selon l'usage / *courtroom etiquette* cérémonial *m* de cour / *medical etiquette* déontologie *f* médicale / *that's not professional etiquette* c'est contraire à la déontologie or aux usages de la profession.

Etna ['etnə] pr n ▸ **(Mount) Etna** l'Etna *m*.

Eton ['i:tn] pr n ▸ **Eton (College)** l'école d'Eton.

Eton

Eton, l'une des plus anciennes et des plus célèbres **public schools**, est fréquentée essentiellement par les enfants de la grande bourgeoisie et de l'aristocratie britanniques. Plusieurs anciens Premiers ministres et membres de la famille royale y ont fait leurs études.

Etonian [i:'təʊnjən] n élève *m* de l'école d'Eton.

e-trade n *(U)* commerce *m* en ligne.

Etruria [ɪ'trʊərɪə] pr n Étrurie *f*.

Etruscan [ɪ'trʌskən] ◆ n **1.** [person] Étrusque *mf* **2.** LING étrusque *m*. ◆ adj étrusque.

ETV (abbr of Educational Television) n US chaîne *f* de télévision éducative et culturelle.

E2EG MESSAGING written abbr of ear to ear grin.

etymological [,etɪmə'lɒdʒɪkl] adj étymologique.

etymologically [,etɪmə'lɒdʒɪklɪ] adv étymologiquement.

etymologist [,etɪ'mɒlədʒɪst] n étymologiste *mf*.

etymology [,etɪ'mɒlədʒɪ] n étymologie *f*.

etymon ['etɪmɒn] (*pl* **etymons** *or* **etyma** [-mə]) n étymon *m*.

EU pr n abbr of European Union.

eucalyptus [,ju:kə'lɪptəs] (*pl* **eucalyptuses** *or* **eucalypti** [-taɪ]) n eucalyptus *m*.

eucalyptus oil n essence *f* d'eucalyptus.

Eucharist ['ju:kərɪst] n Eucharistie *f*.

euchre ['ju:kəʳ] US ◆ n euchre *m* (*jeu de cartes*). ◆ vt **1.** CARDS empêcher de faire trois levées **2.** *inf & fig* [cheat] carotter / *he euchred them out of $10* il leur a carotté 10 dollars.

Euclid ['ju:klɪd] pr n Euclide.

Euclidian [ju:'klɪdɪən] adj euclidien ▸ **Euclidian geometry** la géométrie euclidienne.

eugenic [ju:'dʒenɪk] adj eugénique.

❖ **eugenics** n *(U)* eugénique *f*, eugénisme *m*.

eulogistic [,ju:lə'dʒɪstɪk] adj très élogieux, louangeur.

eulogize, eulogise ['ju:lədʒaɪz] vt faire l'éloge or le panégyrique de.

eulogy ['ju:lədʒɪ] (*pl* **eulogies**) n **1.** [commendation] panégyrique *m* **2.** [funeral oration] oraison *f* or éloge *m* funèbre.

Eumenides [ju:'menɪ,di:z] pl n ▸ **the Eumenides** les Euménides.

eunuch ['ju:nək] n eunuque *m*.

eupepsia [ju:'pepsɪə] n eupepsie *f*.

euphemism ['ju:fəmɪzm] n euphémisme *m*.

euphemistic [,ju:fə'mɪstɪk] adj euphémique.

euphemistically [,ju:fə'mɪstɪklɪ] adv par euphémisme, euphémiquement *fml*.

euphonic [ju:'fɒnɪk] adj euphonique.

euphonium [ju:'fəʊnjəm] n euphonium *m*.

euphony ['ju:fənɪ] n euphonie *f*.

euphorbia [ju:'fɔ:bɪə] n euphorbe *f*.

euphoria [ju:'fɔ:rɪə] n euphorie *f*.

euphoric [ju:'fɒrɪk] adj euphorique.

Euphrates [ju:'freɪti:z] pr n ▸ **the (River) Euphrates** l'Euphrate *m*.

euphuism ['ju:fju:ɪzm] n euphuisme *m*, préciosité *f*.

Eurasia [jʊə'reɪʒjə] pr n Eurasie *f*.

Eurasian [jʊə'reɪʒjən] ◆ n Eurasien *m*, -enne *f*. ◆ adj [person] eurasien ; [continent] eurasiatique.

Euratom [jʊər'ætəm] (abbr of **European Atomic Energy Community**) pr n CEEA *f*.

eureka [jʊə'ri:kə] interj ▸ **eureka!** eurêka !

eurhythmics [ju:'rɪðmɪks] n *(U)* gymnastique *f* rythmique.

EURIBOR ['jʊərɪbɔ:ʳ] (abbr of **Euro Interbank Offered Rate**) n FIN EURIBOR *m*, TIBEUR *m*.

Euripedes [jʊə'rɪpɪ,di:z] pr n Euripide.

euro ['jʊərəʊ] n [currency] euro *m*.

Euro- in comp euro-.

Eurobabble ['jʊərəʊ,bæbl] n jargon *m* de Bruxelles or des eurocrates.

Eurobank ['jʊərəʊ,bæŋk] n eurobanque *f*.

Eurobond ['jʊərəʊ,bɒnd] n euro-obligation *f*.

Eurocentric ['jʊərəʊ,sentrɪk] adj eurocentrique, européocentrique.

Eurocheque ['juərəʊ,ʧek] n eurochèque *m*.

Eurocommunism [,jʊərəʊ'kɒmjʊ,nɪzm] n eurocommunisme *m*.

Eurocommunist [,jʊərəʊ'kɒmjʊnɪst] ◆ adj eurocommuniste. ◆ n eurocommuniste *mf*.

Eurocrat ['jʊərəʊ,kræt] n eurocrate *mf*.

Eurocurrency ['jʊərəʊ,kʌrənsɪ] n eurodevise *f*, euromonnaie *f*.

Eurodollar ['jʊərəʊ,dɒləʳ] n eurodollar *m*.

Euro-election n ▸ **the Euro-elections** les élections *fpl* européennes.

Euroland ['jʊərəʊlænd] n POL euroland *m*.

Euro-MP ['jʊərəʊ-] (abbr of **European Member of Parliament**) n député *m* or parlementaire *m* européen, eurodéputé *m*.

Europa [jʊ'rəʊpə] pr n MYTH Europe.

Europe ['jʊərəp] pr n Europe *f* / *in Europe* en Europe.

European [,jʊərə'pi:ən] ◆ n [inhabitant of Europe] Européen *m*, -enne *f* ; [pro-Europe] partisan *m* de l'Europe unie, Européen *m*, -enne *f*. ◆ adj européen / *we must adopt a more European outlook* nous devons adopter un point de vue plus européen or plus ouvert sur l'Europe ▸ **the Single European Market** le Marché unique (européen) ▸ **European plan** US [in hotel] chambre *f* sans pension.

European Bank of Reconstruction and Development pr n ▸ **the European Bank of Reconstruction and Development** la Banque européenne de reconstruction et de développement.

European Central Bank pr n Banque *f* centrale européenne.

European Commission pr n Commission *f* des communautés européennes.

European Community pr n Communauté *f* européenne.

European Council pr n Conseil *m* européen.

European Court of Human Rights pr n ▸ **the European Court of Human Rights** la Cour européenne des droits de l'homme.

European Court of Justice pr n ▸ **the European Court of Justice** la Cour européenne de justice.

European Currency Unit n unité *f* monétaire européenne.

European Economic Area pr n espace *m* économique européen.

European Economic Community pr n HIST Communauté *f* économique européenne.

European Free Trade Association pr n Association *f* européenne de libre-échange.

Europeanism [,jʊərə'pi:ənɪzm] n européanisme *m*.

Europeanize, **Europeanise** [,jʊərə'pi:ənaɪz] vt européaniser.

European Monetary System pr n ▸ **the European Monetary System** le système monétaire européen.

European Parliament pr n Parlement *m* européen.

European Single Market n Marché *m* unique européen.

European Social Fund n Fonds *m* social européen.

European Standards Commission n Comité *m* européen de normalisation.

European Union pr n Union *f* européenne.

Europe-wide adj [reforms, policy, tax rate] européen.

Europhile ['jʊərəʊ,faɪl] n partisan *m* de l'Europe unie.

europium [jʊ'rəʊpɪəm] n europium *m*.

Euro-rebel n POL anti-Européen *m*, -enne *f*.

Eurosceptic ['jʊərəʊ,skeptɪk] n eurosceptique *mf*.

Euroscepticism ['jʊərəʊ,skeptɪsɪzm] n euroscepticisme *m*.

Eurospeak ['jʊərəʊspi:k] n jargon *m* communautaire.

Eurovision® ['jʊərəʊ,vɪʒn] n Eurovision® *f* ▸ **the Eurovision Song Contest** le concours Eurovision de la chanson.

euro-zone n zone *f* euro.

Eurydice [jʊ'rɪdɪsɪ] pr n Eurydice.

eurythmics [ju:'rɪðmɪks] US = **eurhythmics**.

Eustachian tube [ju:'steɪʃən-] n trompe *f* d'Eustache.

eustatic [ju:'stætɪk] adj eustatique.

euthanasia [,ju:θə'neɪzjə] n euthanasie *f*.

EVA (abbr of **extravehicular activity**) n *activité qui a lieu en dehors d'un engin spatial.*

evacuate [ɪ'vækjʊeɪt] vt [gen & PHYSIOL] évacuer.

evacuation [ɪ,vækjʊ'eɪʃn] n [gen & PHYSIOL] évacuation *f*.

evacuee [ɪ,vækju:'i:] n évacué *m*, -e *f*.

evade [ɪ'veɪd] vt **1.** [escape from - pursuers] échapper à ; [- punishment] échapper à, se soustraire à **2.** [avoid - responsibility] éviter, esquiver ; [- question] esquiver, éluder ; [- eyes, glance] éviter / *to evade the issue* éluder le problème / *to evade paying taxes* frauder le fisc / *to evade military service* se dérober à ses obligations militaires.

> ⚠ **S'évader** means to escape, not to evade something.

evaluate [ɪ'væljʊeɪt] vt **1.** [value] évaluer, déterminer le montant de **2.** [assess - situation, success, work] évaluer, former un jugement sur la valeur de ; [- evidence, reasons] peser, évaluer.

evaluation [ɪ,væljʊ'eɪʃn] n **1.** [of damages, worth] évaluation *f* **2.** [of situation, work] évaluation *f*, jugement *m* ; [of evidence, reasons] évaluation *f*.

evanescent [,i:və'nesnt] adj *fml & liter* évanescent, fugitif.

evangelical [,i:væn'ʤelɪkl] ◆ adj évangélique. ◆ n évangélique *m*.

evangelicalism [,i:væn'ʤelɪkəlɪzm] n évangélisme *m*.

evangelism [ɪ'vænʤəlɪzm] n évangélisme *m*.

evangelist [ɪ'vænʤəlɪst] n **1.** BIBLE ▸ **Evangelist** évangéliste *m* **2.** [preacher] évangélisateur *m*, -trice *f* **3.** *fig* [zealous advocate] prêcheur *m*, -euse *f*.

evangelize, **evangelise** [ɪ'vænʤəlaɪz] ◆ vt évangéliser, prêcher l'Évangile à. ◆ vi **1.** RELIG prêcher l'Évangile **2.** *fig* [advocate] prêcher.

evaporate [ɪ'væpəreɪt] ◆ vi [liquid] s'évaporer ; *fig* [hopes, doubts] s'envoler, se volatiliser / *consumer confidence has evaporated* la confiance des consommateurs s'est évaporée. ◆ vt faire évaporer.

evaporated milk [ɪ'væpəreɪtɪd-] n lait *m* condensé.

evaporation [ɪ,væpə'reɪʃn] n évaporation *f*.

evapotranspiration n évapotranspiration *f*.

evasion [ɪ'veɪʒn] n **1.** [avoidance] fuite *f*, évasion *f* ; [of duty] dérobade *f* / *evasion of a responsibility* dérobade devant une responsabilité **2.** [deception, trickery] détour *m*, faux-fuyant *m*, échappatoire *f* / *to answer without evasion* répondre sans détour or sans biaiser.

> ⚠ **Évasion** means escape, not evasion.

evasive [ɪ'veɪsɪv] adj évasif / *an evasive answer* une réponse évasive or de Normand ▸ **to take evasive action a)** [gen] louvoyer **b)** MIL effectuer une manœuvre dilatoire.

evasively [ɪ'veɪsɪvlɪ] adv évasivement / *he replied evasively* il a répondu en termes évasifs.

evasiveness [ɪ'veɪsɪvnɪs] n caractère *m* évasif.

eve [i:v] n veille *f* ; RELIG vigile *f* / *on the eve of the election* à la veille des élections.

Eve [i:v] pr n Ève / **'All About Eve'** *Mankiewicz* 'Ève'.

even[1] ['i:vn] ◆ adj **1.** [level] plat, plan ; [smooth] uni / *to make sthg even* égaliser or aplanir qqch / *it's even with the desk* c'est au même niveau que le bureau **2.** [steady - breathing, temperature] égal ; [- rate, rhythm] régulier **3.** [equal - distribution, spread] égal / *the score is* or *the scores are even* ils sont à égalité / *it's an even game* la partie est égale / *now we're even* nous voilà quittes, nous sommes quittes maintenant / *there's an even chance he'll lose* il y a une chance sur deux qu'il perde / *the odds* or *chances are about even* les chances sont à peu près égales ▸ **to bet even money a)** [gen] donner chances égales **b)** [in betting] parier le même enjeu ▸ **to get even with sb** se venger de qqn / *I'll get even with you for that!* je vous revaudrai ça ! **4.** [calm - temper] égal ; [- voice] égal, calme **5.** [number] pair. ◆ adv **1.** [indicating surprise] même / *he even works on Sundays* il travaille même le dimanche / *even the teacher laughed* même le professeur a ri, le professeur lui-même a ri / *she's even forgotten his name* elle a oublié jusqu'à son nom / *he even said so* il a été jusqu'à le dire, il l'a même dit / *without even apologizing* sans même or sans seulement s'excuser / *he can't even walk* il ne peut même pas marcher / *not even* même pas **2.** *(with comparative)* [still] encore / *even better* encore mieux / *even more tired* encore plus fatigué / *even less* encore moins **3.** [qualifying] : *he seemed indifferent, even hostile* il avait l'air indifférent, hostile même. ◆ vt égaliser, aplanir. ◆ vi s'égaliser, s'aplanir.

❖ **even as** conj phr **1.** *fml* [at the very moment that] au moment même où / *even as we speak* au moment même où nous parlons **2.** *liter & arch* [just as] comme / *it came to pass even as he had foretold* tout arriva comme il l'avait prédit.

❖ **even if** conj phr même si / *even if I say so myself* sans fausse modestie / *even if he did say that, what does it matter?* et même s'il a dit ça, quelle importance est-ce que ça a ?

❖ **even now** adv phr **1.** [despite what happened before] même maintenant **2.** *liter* [at this very moment] en ce moment même.

❖ **even so** adv phr [nevertheless] quand même, pourtant / *yes, but even so* oui, mais quand même.

❖ **even then** adv phr **1.** [in that case also] quand même / *but even then we wouldn't be able to afford it* mais nous ne pourrions quand même pas nous le permettre **2.** [at that time also] même à ce moment-là / *things* *were difficult enough even then* les choses étaient assez difficiles même à ce moment-là.

❖ **even though** conj phr : *even though he tries* malgré ses efforts / *even though she explained it in detail* bien qu'elle l'ait expliqué en détail.

❖ **even with** prep phr même avec, malgré.

❖ **even out** ◆ vt sep [surface] égaliser, aplanir ; [prices] égaliser ; [supply] répartir or distribuer plus également. ◆ vi [road] s'égaliser, s'aplanir ; [prices] s'égaliser ; [supply] être réparti plus également.

❖ **even up** vt sep égaliser / *to even things up* rétablir l'équilibre.

even² ['i:vn] n *arch & liter* [evening] soir *m*.

even-handed adj équitable, impartial.

even-handedly [-'hændɪdlɪ] adv équitablement, impartialement.

evening ['i:vnɪŋ] ◆ n **1.** [part of day] soir *m* ▸ **(good) evening!** bonsoir ! / *in the evening* le soir / *we went out in the evening* nous sommes sortis le soir / *it is 8 o'clock in the evening* il est 8 h du soir / *I'm hardly ever at home evenings* US or *in the evening* UK je suis rarement chez moi le soir / *this evening* ce soir / *that evening* ce soir-là / *tomorrow evening* demain soir / *on the evening of the next day* or *on the following evening* le lendemain soir, le soir suivant / *on the evening of the fifteenth* le quinze au soir / *on the evening of her departure* le soir de son départ / *one fine spring evening* (par) un beau soir de printemps / *every evening* tous les soirs, chaque soir / *every Friday evening* tous les vendredis soir or soirs / *the long winter evenings* les longues soirées or veillées d'hiver / *I work evenings* je travaille le soir / *we've had several evenings out this week* nous sommes sortis plusieurs soirs cette semaine / *in the evening of her life* fig au soir or au déclin de sa vie **2.** [length of time] soirée *f* / *all evening* toute la soirée / *we spent the evening playing cards* nous avons passé la soirée à jouer aux cartes **3.** [entertainment] soirée *f* / *a musical evening* une soirée musicale. ◆ comp [newspaper, train] du soir ▸ **evening performance** : *the evening performance starts at 7.30* en soirée la représentation débute à 19 h 30 / *she's going to an evening performance of the ballet* elle va voir le ballet en soirée ▸ **evening fixture** rencontre *f* sportive en nocturne ▸ **an evening match** SPORT une nocturne ▸ **evening prayers / service** RELIG office *m* / service *m* du soir ▸ **the Evening Standard** PRESS *quotidien populaire londonien de tendance conservatrice.* ⟶ **tabloid**

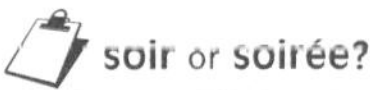 **soir** or **soirée?**

The word **soir** refers to the evening as a subdivision of the day and is used to situate events in time (**hier soir, ce soir, tous les soirs**). The word **soirée** refers to the evening as a stretch of time during which activities take place (**ça m'a pris une soirée entière; on a terminé la soirée en boîte; toute la soirée**) and is also used to refer to the evening in progress (**la soirée vient de commencer**).

bonsoir or **bonne soirée?**

Bonsoir ! is a greeting that you would exchange with someone you met from approximately nightfall in the winter, or from 6ish or 7ish p.m. in the summer. This is very variable and the best strategy is to listen to what people say and let yourself be guided by them. In some parts of France, the greeting **bonsoir** may in fact be used at any time of the day, including in the morning!

Bonne soirée !, in keeping with the meaning explained above, is a greeting that you would use to express your hope that the person's evening activities will turn out pleasurable to them.

evening class n cours *m* du soir.

evening dress n [for men] tenue *f* de soirée, habit *m* ; [for women] robe *f* du soir / *in evening dress* **a)** [man] en tenue de soirée **b)** [woman] en robe du soir, en toilette de soirée.

evening primrose n onagre *f*, herbe *f* aux ânes ▸ **evening primrose oil** huile *f* d'onagre.

evening star n étoile *f* du berger.

evening wear n *(U)* = **evening dress**.

evenly ['i:vnlɪ] adv **1.** [breathe, move] régulièrement ; [talk] calmement, posément **2.** [equally -divide] également, de façon égale ; [-spread] de façon égale, régulièrement / *they are evenly matched* ils sont de force égale.

evenness ['i:vnnɪs] n **1.** [of surface] égalité *f*, caractère *m* lisse **2.** [of competition, movement] régularité *f*.

evens UK ['i:vənz], **even odds** US ◆ pl n ▸ **to lay evens** donner à égalité. ◆ comp ▸ **evens favorite** favori *m*, -ite *f* à égalité.

evensong ['i:vnsɒŋ] n [Anglican] office *m* du soir ; [Roman Catholic] vêpres *fpl*.

even Stevens [-'sti:vənz] adj ▸ **to be even Stevens** être quitte.

event [ɪ'vent] n **1.** [happening] événement *m* / *a historical event* un événement historique ▸ **the course of events** la suite des événements, le déroulement des faits / *in the course of events* par la suite, au cours des événements / *in the normal course of events* normalement / *I realized after the event* j'ai réalisé après coup / *the party was quite an event* la soirée était un véritable événement **2.** [organized activity] manifestation *f* / *the society organizes a number of social events* l'association organise un certain nombre de soirées or de rencontres ▸ **events management** événementiel *m* / *I work in events* je travaille dans l'événementiel *m* **3.** SPORT [meeting] manifestation *f* ; [competition] épreuve *f* ; [in horseracing] course *f* ▸ **field events** épreuves d'athlétisme ▸ **track events** épreuves sur piste / *the sponsoring of sports events* la sponsorisation des manifestations sportives.

❖ **at all events, in any event** adv phr en tout cas, de toute façon.

❖ **in either event** adv phr dans l'un ou l'autre cas.

❖ **in the event** adv phr en fait, en l'occurrence / *a result that in the event was most satisfying* un résultat qui était en fait très satisfaisant.

❖ **in the event of** prep phr : *in the event of rain* en cas de pluie / *in the event of her refusing* au cas où or dans le cas où elle refuserait.

❖ **in the event that** conj phr au cas où / *in the unlikely event that he comes* au cas or dans le cas fort improbable où il viendrait.

eventful [ɪ'ventfʊl] adj **1.** [busy -day, holiday, life] mouvementé, fertile en événements **2.** [important] mémorable, très important.

event horizon n ASTRON horizon *m* des événements.

eventide ['i:vntaɪd] n *liter* soir *m*, tombée *f* du jour ▸ **eventide home** *euph* résidence *f* de retraite.

eventing [ɪ'ventɪŋ] n *participation à toutes les épreuves d'un concours hippique.*

eventual [ɪ'ventʃʊəl] adj [final] final, ultime ; [resulting] qui s'ensuit / *bad management led to the eventual collapse of the company* une mauvaise gestion a finalement provoqué la faillite de l'entreprise / *the disease causes deterioration of the muscles and eventual paralysis* la maladie entraîne la dégénérescence des muscles et la paralysie qui en résulte or qui s'ensuit.

⚠ **Éventuel** means possible, not eventual.

eventuality [ɪ,ventʃʊ'ælətɪ] (*pl* **eventualities**) n éventualité *f*.

eventually [ɪ'ventʃʊəlɪ] adv finalement, en fin de compte / *I'll get around to it eventually* je le ferai un jour ou l'autre / *he'll get tired of it eventually* il s'en lassera à la longue, il finira par s'en lasser / *she eventually became a lawyer* elle a fini par devenir avocate / *the people who will eventually benefit from these changes* les personnes qui, en fin de compte or en définitive bénéficieront de ces changements / *our arguments eventually persuaded him* nos arguments ont fini par le convaincre or l'ont finalement convaincu / *eventually, I decided to give up* pour finir or en fin de compte, j'ai décidé d'abandonner, j'ai finalement décidé d'abandonner.

⚠ **Éventuellement** means possibly, not eventually.

eventuate [ɪ'ventʃʊeɪt] vi *fml* arriver, se produire / *his illness eventuated in death* sa maladie a fini par l'emporter.

ever ['evər] adv **1.** [always] toujours / *ever more important* de plus en plus important / *ever-increasing influence* influence toujours croissante or qui croît de jour en jour / *an ever-present fear* une peur constante / *ever hopeful / the pessimist, he...* toujours plein d'espoir / pessimiste, il... / *yours ever* or *ever yours* [in letter] amicalement vôtre **2.** [at any time] jamais / *have you ever met him?* l'avez-vous jamais rencontré ? / *do you ever meet him?* est-ce qu'il vous arrive (jamais) de le rencontrer ? / *nothing ever happens* il n'arrive or ne se passe jamais rien / *all they ever do is work* ils ne font que travailler / *he hardly* or *scarcely ever smokes* il ne fume presque jamais / *don't ever come in here again!* ne mettez plus jamais les pieds ici ! ; [with comparatives] : *lovelier / more slowly than ever* plus joli / plus lentement que jamais / *he's as sarcastic as ever* il est toujours aussi sarcastique ; [with superlatives] : *the first / biggest ever* le tout premier / plus grand qu'on ait jamais vu / *she's my best friend ever* c'est la meilleure amie que j'aie jamais eue / *the worst earthquake ever* le pire tremblement de terre qu'on ait jamais connu / *the best vacation we've ever had* les meilleures vacances qu'on ait jamais eues **3.** *inf* [in exclamations] : *is it ever big!* US comme c'est grand ! / *was he ever angry!* US qu'est-ce qu'il était furax ! / *do you enjoy dancing? — do I ever!* US aimez-vous danser ? — et comment ! ▸ **well, did you ever!** ça, par exemple ! **4.** [as intensifier] : *as quickly as ever you can* aussi vite que vous pourrez / *as soon as ever she comes* aussitôt or dès qu'elle sera là / *before ever they* or *before they ever set out* avant même qu'ils partent ; [in questions] : *how ever did you manage that?* comment donc y êtes-vous parvenu ? / *what ever is the matter with you?* mais qu'est-ce que vous avez donc ? / *when will they ever stop?* quand donc arrêteront-ils ? / *where ever can it be?* où diable peut-il être ? / *who ever can it be?* qui est-ce que ça peut bien être ? / *why ever not?* mais enfin, pourquoi pas ?

❖ **ever after** adv phr pour toujours / *they lived happily ever after* ils vécurent heureux jusqu'à la fin de leurs jours.

❖ **ever so** adv phr **1.** *inf* [extremely] vraiment / *she's ever so clever* elle est vraiment intelligente / *it's ever so kind of you* c'est vraiment aimable à vous / *ever so slightly off-centre* un tout petit peu décentré / *thanks ever so much* merci vraiment **2.** *fml* [however] : *no teacher, be he ever so patient...* aucun enseignant, aussi patient soit-il...

❖ **ever such** det phr *inf* vraiment / *they've got ever such pretty curtains in the shop* ils ont vraiment de jolis rideaux dans ce magasin / *it's ever such a shame* c'est vraiment dommage.

Everest ['evərɪst] pr n ▸ **(Mount) Everest** le mont Everest, l'Everest *m* / *it was his Everest* **a)** [goal] c'était son but ultime **b)** [achievement] c'était sa plus grande réussite.

Everglades ['evə,gleɪdz] pl pr n ▸ **the Everglades** les Everglades *mpl* ▸ **the Everglades National Park** le parc national des Everglades.

evergreen ['evəgri:n] ◆ n **1.** [tree] arbre *m* à feuilles persistantes ; [conifer] conifère *m* ; [bush] arbuste *m* à feuilles persistantes **2.** *fig* [song, story] chanson *f* or histoire *f* qui ne vieillit jamais. ◆ adj **1.** [bush, tree] à feuilles persistantes ▸ **the Evergreen State** US le Washington **2.** *fig* [song, story] qui ne vieillit pas.

everlasting [,evə'lɑ:stɪŋ] adj **1.** [eternal - hope, mercy] éternel, infini ; [- fame] éternel, immortel ; [- God, life] éternel **2.** [incessant] perpétuel, éternel / *a life of everlasting misery* une vie de misère.

everlastingly [,evə'lɑ:stɪŋlɪ] adv **1.** [eternally] éternellement **2.** [incessantly] sans cesse, perpétuellement.

evermore [,evə'mɔ:r] adv toujours ▸ **for evermore** pour toujours, à jamais.

eversion [ɪ'vɜ:ʃən] n éversion *f*.

Everton ['evətən] pr n UK FOOT *un des clubs de football de Liverpool.*

every ['evrɪ] det **1.** [each] tout, chaque / *every room has a view of the sea* les chambres ont toutes vue or toutes les chambres ont vue sur la mer / *not every room is as big as this* toutes les chambres ne sont pas aussi grandes que celle-ci / *every word he says* tout ce qu'il dit / *he drank every drop* il a bu jusqu'à la dernière goutte / *every one of these apples* chacune de or toutes ces pommes / *I've read every one* je les ai lus tous / *every one of them arrived late* ils sont tous arrivés en retard / *every (single) one of us was there* nous étions tous là (au grand complet) / *every (single) one of these pencils is broken* tous ces crayons (sans exception) sont cassés / *every (single) person in the room* tous ceux qui étaient dans la pièce (sans exception) / *every day* tous les jours, chaque jour / *she's feeling a little better every day* elle se sent un peu mieux chaque jour / *every time I go out* chaque fois que je sors / *that's what fools them every time* c'est ce qui les trompe à tous les coups or à chaque fois / *of every age* / *every sort* / *every colour* de tout âge / toute sorte / toutes les couleurs / *in every way* **a)** [by any means] par tous les moyens **b)** [from any viewpoint] à tous (les) égards, sous tous les rapports ▸ **every little helps** *prov* les petits ruisseaux font les grandes rivières *prov* **2.** [with units of time, measurement, etc.] tout / *every two days* or *every second day* or *every other day* tous les deux jours, un jour sur deux / *every quarter of an hour* tous les quarts d'heure / *every few days* tous les deux ou trois jours / *every few minutes* toutes les cinq minutes / *once every month* une fois par mois / *every 10 miles* tous les 10 miles / *every third man* un homme sur trois / *three women out of* or *in every ten, three out of every ten women* trois femmes sur dix ▸ **every other** : *every other Sunday* un dimanche sur deux / *write on every other line* écrivez en sautant une ligne sur deux **3.** [indicating confidence, optimism] tout / *I have every confidence that…* je ne doute pas un instant que… / *there's every chance that we'll succeed* nous avons toutes les chances de réussir / *you have every reason to be happy* vous avez toutes les raisons or tout lieu d'être heureux / *we wish you every success* nous vous souhaitons très bonne chance **4.** [with possessive adj] chacun, moindre / *his every action bears witness to it* chacun de ses gestes or tout ce qu'il fait en témoigne / *her every wish* son moindre désir, tous ses désirs.

❖ **every now and again, every once in a while, every so often** adv phr de temps en temps, de temps à autre.

❖ **every which way** adv phr US [everywhere] partout ; [from all sides] de toutes parts / *he came home with his hair every which way* il est rentré les cheveux en bataille.

everybody ['evrɪ,bɒdɪ] = **everyone.**

everyday ['evrɪdeɪ] adj **1.** [daily] de tous les jours, quotidien / *my everyday routine* mon train-train quotidien / *everyday life* la vie de tous les jours **2.** [ordinary] banal, ordinaire / *an everyday expression* une expression courante / *in everyday use* d'usage courant / *it's not an everyday experience* on ne vit pas ça tous les jours.

Everyman ['evrɪmæn] n l'homme *m* de la rue.

everyone ['evrɪwʌn] pron tout le monde, chacun / *as everyone knows* comme chacun or tout le monde le sait / *everyone knows that!* tout le monde or n'importe qui sait cela ! / *everyone here* / *in this room* tout le monde ici / dans cette pièce / *everyone else* tous les autres / *in a small town where everyone knows everyone (else)* dans une petite ville où tout le monde se connaît ▸ **everyone who was anyone was there** tous les gens qui comptent étaient là.

everyplace ['evrɪ,pleɪs] adv US *inf* = **everywhere.**

everything ['evrɪθɪŋ] pron **1.** [all things] tout / *everything he says* tout ce qu'il dit / *they sell everything* ils vendent de tout / *she means everything to me* elle est tout pour moi, je ne vis que pour elle / *you can have everything you ever wanted* tu peux avoir tout ce que tu as toujours voulu / *a party with clowns, cakes and everything* *inf* une fête avec des clowns, des gâteaux et tout **2.** [the most important thing] l'essentiel *m* / *winning is everything* l'essentiel, c'est de gagner / *money isn't everything* il n'y a pas que l'argent qui compte.

everywhere ['evrɪweər] ◆ adv partout / *I looked for it everywhere* je l'ai cherché partout / *everywhere she went* partout où elle allait / *cash dispensers are everywhere these days* on trouve des distributeurs (de billets) partout de nos jours / *he's been everywhere* il est allé partout / *the card indexes were everywhere* *inf* [in complete disorder] les cartes étaient rangées n'importe comment. ◆ pron *inf* tout / *everywhere's in such a mess* tout est sens dessus dessous.

evict [ɪ'vɪkt] vt **1.** [person] expulser, chasser **2.** [property] récupérer par moyens juridiques.

eviction [ɪ'vɪkʃn] n expulsion *f* / *an eviction notice* un mandat d'expulsion / *eviction order* ordre *m* d'expulsion.

evidence ['evɪdəns] ◆ n **1.** [proof] preuve *f* ; [testimony] témoignage *m* / *we have clear evidence that…* on a la preuve manifeste que… / *on the evidence of eye witnesses* à en croire les témoins ▸ **against all the evidence** contre toute évidence **2.** LAW [proof] preuve *f* ; [testimony] témoignage *m* ▸ **to give evidence against** / **for sb** témoigner contre / en faveur de qqn / *her statement is being held in evidence* sa déposition fait partie des témoignages / *the evidence is against him* les preuves pèsent contre lui ▸ **to turn King's** or **Queen's evidence** UK, **to turn State's evidence** US témoigner contre ses complices **3.** [indication] signe *m*, marque *f* / *the building bears evidence of recent habitation* il apparaît clairement que l'immeuble était encore occupé récemment ▸ **to show evidence of** laisser voir / *her face showed no evidence of her anger* son visage ne témoignait pas de or ne trahissait pas sa colère ▸ **to be in evidence** [person] : *his daughter was nowhere in evidence* sa fille n'était pas là or n'était pas présente / *a politician very much in evidence these days* un homme politique très en vue ces temps-ci. ◆ vt *fml* manifester, montrer.

> ⚠ Except in the expression against all the evidence, the word evidence is never translated by **évidence**.

evident ['evɪdənt] adj évident, manifeste / *with evident pleasure* avec un plaisir manifeste / *it is evident from the way she talks* cela se voit à sa manière de parler / *it is quite evident that he's not interested* on voit bien qu'il ne s'y intéresse pas, il ne s'y intéresse pas, c'est évident / *he's lying, that's evident* il ment, c'est évident.

evidently ['evɪdəntlɪ] adv **1.** [apparently] apparemment / *did he refuse? — evidently not* a-t-il refusé ? — non apparemment or à ce qu'il paraît / *unemployment is evidently rising again* de toute évidence le chômage est à nouveau en hausse **2.** [clearly] de toute évidence, manifestement / *he was evidently in pain* il était évident or clair qu'il souffrait.

evil ['i:vl] (UK *compar* **eviller**, *superl* **evillest** ; US *compar* **eviler**, *superl* **evilest**) ◆ adj **1.** [wicked - person] malveillant, méchant ; [- deed, plan, reputation] mauvais ; [- influence] néfaste ; [- doctrine, spell, spirit] malfaisant / *he's in an evil mood* il est d'une humeur massacrante / *she has an evil temper* elle a un sale caractère or un caractère de chien ▸ **the Evil One** le Malin **2.** [smell, taste] infect, infâme. ◆ n mal *m* ▸ **to speak evil of sb** dire du mal de qqn / *I wish her no evil* je ne lui veux pas de mal ▸ **social evils** plaies sociales, maux sociaux / *the evils of drink* les conséquences *fpl* funestes de la boisson / *a necessary evil* un mal nécessaire / *pollution is one of the evils of our era* la pollution est un fléau de notre époque ▸ **it's the lesser evil** or **of two evils** c'est le moindre mal.

evildoer [,i:vl'du:ər] n méchant *m*, -e *f*, scélérat *m*, -e *f*.

evil eye n ▸ **the evil eye** le mauvais œil ▸ **to give sb the evil eye** jeter le mauvais œil à qqn / *to ward off the evil eye* se protéger du mauvais œil.

evil-looking adj [person] qui a l'air mauvais ; [weapon] menaçant.

evilly ['i:vəlɪ] adv avec malveillance.

evil-minded adj malveillant, mal intentionné.

evil-smelling adj nauséabond.

evince [ɪ'vɪns] vt *fml* [show - interest, surprise] manifester, montrer ; [- quality] faire preuve de, manifester.

> ⚠ **Évincer** means to supplant, not to evince.

eviscerate [ɪ'vɪsəreɪt] vt éventrer, étriper ; MED éviscérer.

evocation [,evəʊ'keɪʃn] n évocation *f*.

evocative [ɪ'vɒkətɪv] adj **1.** [picture, scent] évocateur **2.** [magic] évocatoire.

evoke [ɪ'vəʊk] vt **1.** [summon up - memory, spirit] évoquer **2.** [elicit - admiration] susciter ; [- response, smile] susciter, provoquer.

evolution [,i:və'lu:ʃn] n **1.** [of language, situation] évolution *f* ; [of art, society, technology] développement *m*, évolution *f* ; [of events] développement *m*, déroulement *m* **2.** BIOL, BOT & ZOOL évolution *f* **3.** [of dancers, troops] évolution *f* **4.** MATH extraction *f* (de la racine).

evolutionary [,i:və'lu:ʃnərɪ] adj évolutionniste.

evolutionism [,i:və'lu:ʃənɪzm] n évolutionnisme *m*.

evolutionist [,i:və'lu:ʃənɪst] ◆ adj évolutionniste. ◆ n évolutionniste *mf*.

evolve [ɪ'vɒlv] ◆ vi évoluer, se développer ; BIOL, BOT & ZOOL évoluer ▸ **to evolve from sthg** se développer à partir de qqch / *the theory has evolved over the years* la théorie a évolué au fil des années. ◆ vt [system, theory] développer, élaborer.

EVRY1 MESSAGING **written abbr of everyone.**

e-wallet n portefeuille *m* électronique.

ewe [ju:] n brebis *f* ▸ **a ewe lamb** une agnelle.

ewer ['ju:ər] n aiguière *f*.

ex [eks] ◆ prep **1.** COMM départ, sortie / *price ex works* prix *m* départ or sortie usine **2.** FIN sans / *ex interest* sans or exonéré d'intérêts. ◆ n *inf* [gen] ex *mf* ; [husband] ex-mari *m* ; [wife] ex-femme *f* / *my ex* **a)** [girlfriend] mon ancienne petite amie **b)** [boyfriend] mon ancien petit ami.

ex- in comp ex-, ancien / *his ex-wife* son ex-femme / *he's an ex-teacher* c'est un ancien enseignant / *the ex-president* l'ancien président, l'ex-président.

exacerbate [ɪg'zæsəbeɪt] vt *fml* **1.** [make worse] exacerber, aggraver **2.** [annoy] énerver, exaspérer.

exact [ɪg'zækt] ◆ adj **1.** [accurate, correct] exact, juste / *it's an exact copy* **a)** [picture] c'est fidèle à l'original **b)** [document] c'est une copie conforme or textuelle / *she told me the exact opposite* elle m'a dit exactement le contraire / *that's the exact problem* c'est précisément le problème / *those were her exact words* ce furent ses propres paroles, voilà ce qu'elle a

EACH / EVERY / ALL / WHOLE

Each, **every** ou **all** sont des déterminants utilisés pour référer aux éléments qui composent un groupe, soit de manière à les prendre en compte individuellement (**each** et **every**), soit de manière à faire référence à la totalité des éléments du groupe (**every** et **all**). Le sens et les emplois de ces déterminants sont proches et les francophones les confondent fréquemment.

Whole est un adjectif dont le sens est proche de **all**, et qui peut être confondu avec ce dernier : on verra qu'ils se construisent différemment.

POUR INDIVIDUALISER LES ÉLÉMENTS D'UN GROUPE : EACH ET EVERY

Each et **every** sont des déterminants suivis par un nom dénombrable au singulier qui permettent de prendre en compte chacun des membres du groupe d'éléments ou de personnes dont on parle. **Each** et **every** ont des sens et des emplois très proches : on peut souvent les traduire tous les deux par ***chaque***.

Each + nom dénombrable au singulier :

Each answer is worth 2 points. Chaque réponse vaut deux points.

Every + nom dénombrable au singulier :

Every mistake creates a new opportunity. Chaque erreur crée une nouvelle opportunité.

❶ Un sens très proche

Bien que **each** et **every** soient fréquemment interchangeables, il existe une légère différence entre les deux : **each** est individualisant et permet à l'énonciateur de passer les éléments du groupe en revue les uns après les autres. **Every** au contraire est globalisant : on passe en revue l'ensemble des éléments du groupe pour arriver à la totalité.

I could hear **each** word they said. / I could hear **every** word they said. J'entendais chaque mot qui était prononcé / tous les mots qui étaient prononcés.

Dans cet exemple, le locuteur indique avec **each** qu'il s'attache à chacun des mots prononcés, l'un après l'autre. Avec **every**, il place l'accent sur le fait qu'il a pu entendre l'ensemble des mots prononcés par le locuteur. Toutefois ces deux énoncés se traduisent de manière identique en français, avec ***chaque*** ou ***tous***.

❷ Des différences d'emploi

- On peut utiliser **each** si le groupe ne comprend que deux éléments / personnes. En revanche, **every** ne peut être employé que lorsque le groupe comprend trois éléments et plus. On ne peut pas employer **every** pour deux éléments :

in **each** hand = dans chaque main
[jamais in every hand].

- **Every** s'emploie pour parler de la fréquence :

The bell rings **every** two and a half hours. La cloche sonne toutes les deux heures et demie.
*[**each** ne serait pas naturel ici]*
He visits me **every** Tuesday. Il vient me voir tous les mardis.
*[**each** ne serait pas naturel ici]*

- **Each** peut s'employer devant le verbe, jamais **every** :

They **each** got a present. Ils ont tous reçu un cadeau.

- **Each** peut être suivi par **of**, jamais **every** :

each of the books = chacun des livres
[jamais every of the books].

- **Each** et **every** peuvent être suivis de **one** :

Each one of them was searched at customs. Chacun d'entre eux a été fouillé à la douane.
Every (last) **one** of them was searched at customs. Chacun d'entre eux (jusqu'au dernier) a été fouillé à la douane.

Attention ! Ne pas confondre **every one** [= chacun(e)] et **everyone** [= tout le monde] :
Everyone's a winner in this game. Tout le monde gagne à ce jeu.
Pick a number, every one's a winner! Choisis un numéro, ils sont tous gagnants !

POUR TOTALISER LES ÉLÉMENTS D'UN GROUPE

❶ Every / all

On a vu que **every** + nom singulier dénombrable permet la prise en compte d'un ensemble d'éléments pour arriver à la totalité, alors que **all** permet d'envisager la totalité des éléments d'un groupe sans les prendre en compte individuellement :

This bed and breakfast is open every day / all year round. Cette chambre d'hôte est ouverte tous les jours / toute l'année.

All est un déterminant suivi soit d'un nom dénombrable au singulier ou au pluriel, soit d'un nom indénombrable :

All horses are animals, but not all animals are horses. Tous les chevaux sont des animaux, mais tous les animaux ne sont pas des chevaux.

All men were created equal. Tous les hommes naissent égaux.

Dans ces deux exemples, **all** est suivi de noms dénombrables pluriels : l'énonciateur parle de l'ensemble des éléments des classes des chevaux et des hommes, sans exception.

They stole all his money. Ils ont volé tout son argent.

They ate all the cheese. Ils ont mangé tout le fromage.

Dans ces deux exemples, **all** est suivi de noms indénombrables précédés d'un déterminant, ce qui permet à l'énonciateur de parler de la totalité de la quantité de fromage et d'argent disponible.

Every horse is an animal, but not every animal is a horse. Chaque cheval est un animal, mais tout animal n'est pas nécessairement un cheval.
All horses are animals, but not all animals are horses.

Ces énoncés sont équivalents, mais dans le premier l'énonciateur passe en revue l'ensemble des chevaux pour généraliser, alors que dans le deuxième énoncé on envisage directement la totalité des éléments de la classe des chevaux.

Remarque 1 : all, comme **each**, peut s'employer devant le verbe.

The kids all got presents. Les enfants ont tous reçu des cadeaux.

It all makes sense to me now. Tout s'explique maintenant.

Remarque 2 : all peut être suivi de **of**.

All of the above points... Tous les points ci-dessus...

Remarque 3 : la différence entre **all of** et **each of** est beaucoup plus nette que celle entre **each** et **every**. **All of you** signifie ***vous tous*** mais **each of you** veut dire ***chacun d'entre vous***.

❷ All / whole

Attention à la prononciation : on dit **all** [ɔːl] mais **whole** [həʊl].

All est un déterminant qui permet d'envisager la totalité des éléments d'un groupe, alors que **whole** est un adjectif suivi d'un nom singulier ou pluriel, et parfois précédé d'un article, qui indique qu'un élément est complet ou entier.

He spent the whole day fishing. Il a passé toute la journée à pêcher.

Let's forget the whole thing. Oublions tout ça.

We offer a whole variety of weekend breaks. Nous proposons toute une gamme d'escapades pour le week-end.

Bien qu'ils soient très proches au niveau du sens, ils ne sont pas interchangeables et s'utilisent dans des constructions différentes. **Whole** indique que l'on parle de la totalité d'un élément (the whole bottle = la totalité de la bouteille) alors que **all** permet d'évoquer la totalité des éléments d'une classe ou d'une quantité (all the wine = tout le vin).

He drank the whole bottle. Il a bu la bouteille tout entière.

He drank all the wine. Il a bu tout le vin.

Enfin, dans quelques cas, **whole** et **all** peuvent être équivalents :

the whole day / all day long = toute la journée.

Remarque : the whole of + singulier est équivalent à **all of** :

See the whole of Europe in one month. / See all of Europe in one month. = Voir toute l'Europe en un mois.

the whole of the money / all of the money = tout l'argent.

Attention ! The whole of n'est jamais suivi du pluriel : on ne peut pas dire the whole of my friends ; on dira : all of my friends.

dit textuellement **2.** [precise - amount, idea, value] exact, précis ; [- directions, place, time] précis / *is it 5 o'clock? — 5:03 to be exact* est-il 5 h ? — 5 h 03 plus exactement or précisément / *I'm 35 and 2 days to be exact* j'ai exactement 35 ans et 2 jours / *she likes music, or to be exact, classical music* elle aime la musique, ou plus précisément la musique classique / *can you be more exact?* pouvez-vous préciser ? / *we need exact details* il nous faut des précisions **3.** [meticulous - work] rigoureux, précis ; [- mind] rigoureux ; [- science] exact ; [- instrument] de précision. ◆ vt **1.** [demand - money] extorquer **2.** [insist upon] exiger.

exacting [ɪɡ'zæktɪŋ] adj [person] exigeant ; [activity, job] astreignant, exigeant.

exaction [ɪɡ'zækʃn] n **1.** [act] exaction *f*, extorsion *f* **2.** [money] paiement *m* **3.** [demand] extorsion *f*, exigence *f*.

exactitude [ɪɡ'zæktɪtju:d] n exactitude *f*.

exactly [ɪɡ'zæktlɪ] adv **1.** [accurately] précisément, avec précision / *I followed her instructions exactly* j'ai suivi ses instructions à la lettre or avec précision / *the computer can reproduce this sound exactly* l'ordinateur peut reproduire exactement ce son **2.** [entirely, precisely] exactement, justement / *I don't remember exactly* je ne me rappelle pas au juste / *that's not exactly what I meant* ce n'est pas exactement ce que je voulais dire / *he did exactly the opposite of what I told him* il a fait exactement le contraire de ce que je lui ai dit / *it's exactly the same thing* c'est exactement la même chose / *it's exactly 5 o'clock* il est 5 h juste / *it's been six months exactly* cela fait six mois jour pour jour / *the journey took exactly three hours* le voyage a duré très exactement trois heures / *are you ill? — not exactly* êtes-vous malade ? — pas exactement or pas vraiment / *he's not exactly poor* il n'est pas exactement (ce que l'on appelle) pauvre / *exactly!* exactement !, parfaitement !

exactness [ɪɡ'zæktnɪs] n exactitude *f*, soin *m*.

exaggerate [ɪɡ'zædʒəreɪt] ◆ vi exagérer / *don't exaggerate!* n'exagère pas ! / *she always exaggerates* elle exagère toujours. ◆ vt **1.** [overstate - quality, situation, size] exagérer ; [- facts] amplifier ; [- importance] s'exagérer / *he is exaggerating the seriousness of the problem* il s'exagère la gravité du problème **2.** [emphasize] accentuer / *she exaggerates her weakness to gain sympathy* elle se prétend plus faible qu'elle ne l'est réellement pour s'attirer la compassion / *tight trousers will exaggerate your thinness* des pantalons serrés accentueront ta minceur or te feront paraître encore plus mince.

exaggerated [ɪɡ'zædʒəreɪtɪd] adj **1.** [number, story] exagéré ; [fashion, style] outré / *to have an exaggerated opinion of o.s.* or *of one's own worth* avoir une trop haute opinion de soi-même **2.** MED exagéré.

exaggeratedly [ɪɡ'zædʒəreɪtɪdlɪ] adv d'une manière exagérée, exagérément.

exaggeration [ɪɡ,zædʒə'reɪʃn] n exagération *f*.

exalt [ɪɡ'zɔ:lt] vt **1.** [praise highly] exalter, chanter les louanges de **2.** [in rank] élever (à un rang plus important).

exaltation [,eɡzɔ:l'teɪʃn] n *(U)* **1.** [praise] louange *f*, louanges *fpl*, exaltation *f* **2.** [elation] exultation *f*, exaltation *f*.

exalted [ɪɡ'zɔ:ltɪd] adj **1.** [prominent - person] de haut rang, haut placé ; [- position, rank] élevé **2.** [elated] exalté.

exam [ɪɡ'zæm] (abbr of **examination**) ◆ n ▸ **to sit** or **to take an exam** passer un examen ▸ **to pass / to fail an exam** réussir à / échouer à un examen. ◆ comp d'examen ▸ **exam board** commission *f* d'examen ▸ **exam nerves** trac *m* des examens ▸ **exam paper a)** [set of questions] sujet *m* d'examen **b)** [written answer] copie *f* (d'examen) ▸ **exam results** : *when do the exam results come out?* quand les résultats de l'examen seront-ils connus ?

examination [ɪɡ,zæmɪ'neɪʃn] ◆ n **1.** [of records, proposal, etc.] examen *m* ; [of building - by official] inspection *f* ; [- by potential buyer] visite *f* / *it doesn't stand up to examination* **a)** [argument, theory] cela ne résiste pas à l'examen **b)** [alibi] cela ne tient pas ▸ **to carry out** or **to make an examination of sthg** procéder à l'examen de qqch / *her latest novel is an examination of the generation gap* son dernier roman est une analyse du fossé entre les générations / *the device was removed for examination* on a enlevé le mécanisme afin de l'examiner ▸ **on examination** après examen / *the proposal is still under examination* la proposition est encore à l'étude **2.** MED examen *m* médical ; [at school, work] visite *f* médicale ; [regular] bilan *m* de santé / *I'm just going in for an examination* j'y vais juste pour passer un examen médical **3.** *fml* SCH & UNIV examen *m* **4.** LAW [of witness] audition *f* ; [of suspect] interrogatoire *m*. ◆ comp [question, results] d'examen ▸ **examination board** commission *f* d'examen ▸ **examination paper a)** [set of questions] sujet *m* d'examen **b)** [written answer] copie *f* (d'examen).

examine [ɪɡ'zæmɪn] vt **1.** [records, proposal, etc.] examiner, étudier ; [building] inspecter / *the weapon is being examined for fingerprints* on est en train d'examiner l'arme pour voir si elle porte des empreintes digitales **2.** MED examiner / *he needs his head examined* *hum* il est complètement fou or cinglé **3.** SCH & UNIV faire passer un examen à / *you'll be examined in French / in all six subjects / on your knowledge of the subject* vous aurez à passer un examen de français / dans ces six matières / pour évaluer vos connaissances sur le sujet **4.** LAW [witness] entendre ; [suspect] interroger.

examinee [ɪɡ,zæmɪ'ni:] n candidat *m*, -e *f* *(à un examen)*.

examiner [ɪɡ'zæmɪnəʳ] n [in school, driving test] examinateur *m*, -trice *f* ▸ **the examiners** SCH & UNIV les examinateurs, le jury.

examining body [ɪɡ'zæmɪnɪŋ-] n jury *m* d'examen.

examining magistrate n UK LAW juge *m* d'instruction.

example [ɪɡ'zɑ:mpl] n **1.** [illustration] exemple *m* / *can you give us an example?* pouvez-vous nous donner un exemple ? / *to mention just a few examples* pour ne citer que quelques exemples / *this is an excellent example of what I meant* ceci illustre parfaitement ce que je voulais dire / *it's a classic example of 1960's architecture* c'est un exemple classique de l'architecture des années 1960 **2.** [person or action to be imitated] exemple *m*, modèle *m* / *you're an example to us all* vous êtes un modèle pour nous tous ▸ **to follow sb's example** suivre l'exemple de qqn / *I followed your example and complained about the poor service* j'ai fait comme vous et me suis plaint de la médiocrité du service / *following France's example, Britain has introduced sanctions* à l'exemple or à l'instar de la France, la Grande-Bretagne a pris des sanctions ▸ **to set an example** montrer l'exemple / *she sets us all an example* elle nous montre l'exemple à tous / *to set a good / bad example* montrer le bon / mauvais exemple / *you're setting your little brother a bad example* tu montres le mauvais exemple à ton petit frère ▸ **to hold sb up as an example** citer qqn en exemple **3.** [sample, specimen] exemple *m*, spécimen *m* ; [of work] échantillon *m* **4.** [warning] exemple *m* / *let this be an example to you* que ça te serve d'exemple ▸ **to make an example of sb** faire un exemple du cas de qqn.

❖ **for example** adv phr par exemple.

exarch ['eksɑ:k] n RELIG exarque *m*.

exasperate [ɪɡ'zæspəreɪt] vt [irritate] exaspérer / *her father was so exasperated with her that he lost his temper* elle a tellement exaspéré son père que celui-ci s'est mis en colère.

exasperating [ɪɡ'zæspəreɪtɪŋ] adj exaspérant / *it's been an exasperating day* j'ai passé une journée exaspérante.

exasperatingly [ɪɡ'zæspəreɪtɪŋlɪ] adv : *the service is exasperatingly slow in this restaurant* le service est d'une lenteur exaspérante or désespérante dans ce restaurant / *he's exasperatingly arrogant* son arrogance est exaspérante.

exasperation [ɪɡ,zæspə'reɪʃn] n [irritation, frustration] exaspération *f* / *to look at sb in exasperation* regarder qqn avec exaspération or un air exaspéré / *she was nearly weeping with* or *from exasperation* elle pleurait presque d'exaspération / *I did it out of sheer exasperation* j'ai fait cela parce que j'étais exaspéré or je n'en pouvais plus.

ex cathedra [ekskə'θi:drə] adj & adv ex cathedra.

excavate ['ekskəveɪt] vt **1.** [hole, trench] creuser, excaver **2.** ARCHEOL [temple, building] mettre au jour ▸ **to excavate a site** faire des fouilles sur un site.

excavation [,ekskə'veɪʃn] n **1.** [of hole, trench] excavation *f*, creusement *m* **2.** ARCHEOL [of temple, building] mise *f* au jour / *the excavations at Knossos* les fouilles *fpl* de Cnossos.

excavator ['ekskə,veɪtəʳ] n **1.** [machine] excavateur *m*, excavatrice *f* **2.** [archaeologist] personne qui conduit des fouilles.

exceed [ɪk'si:d] vt **1.** [be more than] dépasser, excéder / *her salary exceeds mine by £5,000 a year* son salaire annuel dépasse le mien de 5 000 livres **2.** [go beyond - expectations, fears] dépasser ; [- budget] excéder, déborder / *to exceed one's authority* outrepasser ses pouvoirs / *to exceed the speed limit* dépasser la limite de vitesse, faire un excès de vitesse / *to be fined for exceeding the speed limit* avoir une amende pour excès de vitesse / **'do not exceed the stated dose'** 'ne pas dépasser la dose prescrite'.

exceeding [ɪk'si:dɪŋ] *arch* = **exceedingly.**

exceedingly [ɪk'si:dɪŋlɪ] adv [extremely] extrêmement.

excel [ɪk'sel] (*pt & pp* **excelled**) ◆ vi exceller / *this is a field where Scots excel* c'est un domaine où les Écossais excellent / *to excel at* or *in music* exceller en musique / *I've never excelled at games* je n'ai jamais été très fort en sport / *the company excels in the export field* la société excelle dans l'exportation / *the company doesn't exactly excel at after-sales service* le service après-vente n'est pas vraiment le point fort de la société. ◆ vt surpasser ▸ **to excel o.s.** *lit & iro* se surpasser / *you've really excelled yourself this time!* tu t'es vraiment surpassé cette fois-ci !

excellence ['eksələns] n [high quality] qualité *f* excellente ; [commercially] excellence *f* / *a prize for general excellence* SCH un prix d'excellence / *to strive for excellence* s'efforcer d'atteindre une qualité excellente / *excellence is our hallmark* l'excellence est notre signe distinctif / *awards for excellence* prix d'excellence ▸ **centre of excellence** centre *m* d'excellence.

Excellency ['eksələnsɪ] (*pl* **Excellencies**) n Excellence *f* ▸ **Your / His Excellency** Votre / Son Excellence.

excellent ['eksələnt] adj excellent ; [weather] magnifique / *excellent!* formidable !, parfait !

excellently ['eksələntlɪ] adv de façon excellente, superbement / *it was excellently done* cela a été fait de main de maître.

Excelsior® [ek'selsɪɔ:ʳ] n *(U)* US copeaux *mpl* de bois.

except [ɪk'sept] ◆ prep [apart from] à part, excepté, sauf / *everybody was there except him* or *everybody except him was there* tout le monde était là à part or excepté or sauf lui / *except weekends* à part or excepté or sauf le week-end / *any day except Saturday and anywhere except here* n'importe quel jour sauf le samedi et n'importe où sauf ici / *I know nothing about it except what he told me* je ne sais rien d'autre que ce qu'il m'a raconté / *I remember nothing except that I was scared* je ne me souviens de rien sauf que or excepté que j'avais peur. ◆ conj **1.** [apart from] : *I'll do anything except sell the car* je ferai tout sauf vendre la voiture / *except if* sauf or à part si / *except when* sauf or à part quand **2.** [only] seulement, mais / *I would tell her except she wouldn't believe me* je le lui dirais bien, mais or seulement elle ne me croirait pas / *we would stay longer except (that) we have no more money* nous resterions bien plus longtemps, mais or seulement nous n'avons plus d'argent **3.** *arch* BIBLE [unless] à moins que. ◆ vt [exclude] excepter, exclure / *all countries, France excepted* tous les pays, la France exceptée or à l'exception de la France / *present company excepted* à l'exception des personnes présentes, les personnes présentes exceptées.

❖ **except for** prep phr sauf, à part / *the typing's*

finished except for the last page il ne reste plus que la dernière page à taper / *the office will be empty over Christmas except for the boss and me* il n'y aura que le patron et moi au bureau au moment de Noël / *he would have got away with it except for that one mistake* sans cette erreur il s'en serait tiré.

excepting [ɪk'septɪŋ] ◆ prep à part, excepté, sauf / *not excepting...* ... y compris / *always excepting really outstanding candidates* à l'exception *or* en dehors des candidats vraiment brillants. ◆ conj *arch* = **unless**.

exception [ɪk'sepʃn] n **1.** [deviation, exemption] exception *f* / *the exception proves the rule* l'exception confirme la règle / *I'll make an exception this time / in your case* je ferai une exception cette fois / dans votre cas / *without exception* sans exception / *but she's an exception* mais elle n'est pas comme les autres / *the only exception being Britain* or *Britain being the only exception* la seule exception étant la Grande-Bretagne / *with the exception of Daniel* à l'exception de Daniel / *and you're no exception* et cela te concerne aussi / *all Western countries are feeling the effects of the oil crisis, and Britain is no exception* tous les pays occidentaux ressentent les effets de la crise pétrolière, et la Grande-Bretagne n'est pas épargnée **2.** PHR **to take exception to sthg** s'offenser *or* s'offusquer de qqch, être outré par qqch / *I take exception to that remark* je suis outré par cette remarque / *he takes exception to being kept waiting* il n'aime pas du tout qu'on le fasse attendre.

exceptionable [ɪk'sepʃnəbl] adj [objectionable] offensant, outrageant.

exceptional [ɪk'sepʃənl] adj exceptionnel / *in exceptional circumstances* dans des circonstances exceptionnelles / *these are exceptional times we live in* nous vivons une époque exceptionnelle.

exceptionally [ɪk'sepʃnəlɪ] adv exceptionnellement / *that's exceptionally kind of you* c'est extrêmement gentil de votre part / *exceptionally, some companies prefer to recruit people over 40* il y a des cas exceptionnels de sociétés qui préfèrent recruter des gens de plus de 40 ans / *she's an exceptionally bright child* c'est une enfant d'une intelligence exceptionnelle.

excerpt ['eksɜːpt] n [extract] extrait *m* ▸ **an excerpt from sthg** un extrait de qqch.

excess ◆ n [ɪk'ses] **1.** [unreasonable amount] excès *m* / *an excess of salt / fat in the diet* un excès de sel / de graisses dans l'alimentation **2.** [difference between two amounts] supplément *m*, surplus *m* ; [in insurance] franchise *f* **3.** [over-indulgence] excès *m* / *a life of excess* une vie d'excès **4.** *(usu pl)* [unacceptable action] excès *m*, abus *m* / *the excesses of the occupying troops* les excès *or* abus commis par les soldats pendant l'occupation / *he is famous for his excesses* il est réputé pour ses excès. ◆ adj ['ekses] [extra] en trop, excédentaire / *you're carrying a lot of excess weight* tu as beaucoup de kilos en trop *or* à perdre ▸ **excess profit** superbénéfice *m*.

❖ **in excess of** prep phr [a stated percentage, weight] au-dessus de / *she earns in excess of £25,000 a year* elle gagne plus de 25 000 livres par an.

❖ **to excess** adv phr ▸ **to carry sthg to excess** pousser qqch trop loin / *he does* or *carries it to excess* il exagère, il dépasse les bornes / *to eat / to drink to excess* manger / boire à l'excès.

excess baggage ['ekses-] n *(U)* [on plane] excédent *m* de bagages / *I had 10 kilos of excess baggage* j'avais 10 kilos d'excédent de bagages.

excess fare ['ekses-] n UK supplément *m* de prix.

excessive [ɪk'sesɪv] adj [unreasonable] excessif ; [demand] excessif, démesuré / *that's a bit excessive* c'est un peu excessif / *to show excessive interest in sb / sthg* faire preuve d'un intérêt excessif pour qqn / qqch / *in excessive detail* avec trop de détails.

excessively [ɪk'sesɪvlɪ] adv excessivement.

exchange [ɪks'tʃeɪndʒ] ◆ vt **1.** [give and receive - gifts, letters, blows] échanger / *we didn't exchange more than a couple of words all evening* nous n'avons pas échangé plus de quelques mots de toute la soirée / *shots were exchanged* il y a eu un échange de coups de feu ▸ **to exchange sthg with sb** échanger qqch avec qqn ▸ **to exchange places with sb** changer de place avec qqn / *we exchanged places (with each other)* nous avons échangé nos places / *would you like to exchange places?* voulez-vous changer de place avec moi ? / *we exchanged addresses* nous avons échangé nos adresses / *I exchanged addresses with Nadine* Nadine et moi avons échangé nos adresses **2.** [give in return for sthg else] échanger ▸ **to exchange sthg for sthg** échanger qqch contre qqch / *I would not exchange my happiness for anything* je n'échangerais *or* ne donnerais mon bonheur contre rien au monde. ◆ n **1.** [of prisoners, ideas] échange *m* / *his old car for my new one didn't seem a fair exchange* échanger sa vieille voiture contre ma neuve ne me semblait pas équitable ▸ **exchange of contracts** échange *m* de contrats à la signature ▸ **fair exchange is no robbery** UK *prov* donnant donnant **2.** [discussion] échange *m* / *a heated exchange* un échange enflammé **3.** [cultural, educational] échange *m* / *as part of an exchange* dans le cadre d'un échange / *he took part in an exchange with a school in France* il a participé à un échange avec une école française / *she took up smoking on the French exchange* elle a commencé à fumer lors de l'échange avec la France ▸ **exchange student** *étudiant qui prend part à un échange avec l'étranger* ▸ **exchange visit** : *the Spanish students are here on an exchange visit* les étudiants espagnols sont en visite ici dans le cadre d'un échange **4.** TELEC central *m* téléphonique **5.** FIN change *m* ▸ **foreign exchange office** bureau *m* de change ▸ **exchange control** contrôle *m* des changes **6.** = **stock exchange**.

❖ **in exchange** adv phr en échange.

❖ **in exchange for** prep phr en échange de / *in exchange for helping with the housework she was given food and lodging* elle aidait aux travaux ménagers et en échange *or* en contrepartie elle était nourrie et logée.

exchangeable [ɪks'tʃeɪndʒəbl] adj échangeable, qui peut être échangé / *goods are exchangeable only when accompanied by a valid receipt* les articles ne peuvent être échangés que s'ils sont accompagnés du ticket de caisse.

exchange broker n cambiste *mf*.

exchange rate n taux *m* de change.

Exchange Rate Mechanism pr n mécanisme *m* (des taux) de change (du SME).

exchange value n contre-valeur *f*.

exchequer [ɪks'tʃekəʳ] n [finances] finances *fpl*.

❖ **Exchequer** n POL [department] ▸ **the exchequer** le ministère des Finances *(en Grande-Bretagne)*.

excipient [ɪk'sɪpɪənt] n PHARM excipient *m*.

excisable [ɪk'saɪzəbl] adj [taxable] taxable, imposable.

excise[1] ['eksaɪz] n **1.** [tax] taxe *f*, contribution *f* indirecte **2.** UK [government office] régie *f*, service *m* des contributions indirectes / *men from the excise* **a)** [customs officers] officiers *mpl* des douanes **b)** [VAT inspectors] inspecteurs *mpl* de la TVA.

excise[2] [ek'saɪz] vt **1.** *fml* [remove from a text] retrancher **2.** MED exciser.

excise duty ['eksaɪz-] n [taxation] contribution *f* indirecte ▸ **excise duty on sthg** contribution indirecte sur qqch.

exciseman ['eksaɪzmæn] (*pl* **excisemen** [-men]) n UK employé *m* de la régie *or* des contributions indirectes.

excise tax ['eksaɪz-] = **excise duty**.

excision [ek'sɪʒn] n **1.** *fml* [of a piece of text] coupure *f*, retranchement *m* **2.** MED excision *f*.

excitability [ɪk,saɪtə'bɪlətɪ] n nervosité *f*, émotivité *f*.

excitable [ɪk'saɪtəbl] adj excitable, nerveux.

excitation [,eksɪ'teɪʃn] n **1.** [process, state] excitation *f* **2.** TECH excitation *f* ▸ **excitation current** courant *m* d'excitation.

excite [ɪk'saɪt] vt **1.** [agitate] exciter, énerver / *the doctor said you weren't to excite yourself* le docteur a dit qu'il ne te fallait pas d'excitation *or* qu'il ne fallait pas que tu t'énerves / *the sight of the rabbit had excited the dogs* la vue du lapin avait excité les chiens / *excited by the gunfire, the horses bolted* excités *or* énervés par les coups de feu, les chevaux se sont emballés **2.** [fill with enthusiasm] enthousiasmer / *it takes a lot to excite her* il en faut beaucoup pour l'enthousiasmer / *I'm very excited by this latest development* ce fait nouveau me remplit d'enthousiasme **3.** [sexually] exciter **4.** [arouse - interest, curiosity] exciter, soulever, éveiller **5.** PHYSIOL exciter.

excited [ɪk'saɪtɪd] adj **1.** [enthusiastic, eager] excité ▸ **to be excited about** *or* **at sthg** être excité par qqch / *the children were excited at the prospect of going to the seaside* les enfants étaient tout excités à l'idée d'aller au bord de la mer / *you must be very excited at being chosen to play for your country* vous devez être fou de joie d'avoir été choisi pour jouer pour votre pays / *it's nothing to get excited about* il n'y a pas de quoi en faire un plat, ça n'a rien d'extraordinaire / *don't get too excited* ne t'excite *or* t'emballe pas trop / *well, don't sound too excited!* *iro* eh bien, quel enthousiasme ! / *you don't seem very excited* ça n'a pas l'air de t'emballer **2.** [agitated] : *don't go getting excited* or *don't get excited* ne va pas t'énerver / *it doesn't do him any good getting excited at his age* cela ne lui vaut rien de s'énerver *or* s'agiter à son âge **3.** [sexually] excité **4.** PHYS excité.

excitedly [ɪk'saɪtɪdlɪ] adv [behave, watch] avec agitation ; [say] sur un ton animé ; [wait] fébrilement.

excitement [ɪk'saɪtmənt] n **1.** [enthusiasm] excitation *f*, animation *f*, enthousiasme *m* / *in her excitement at the news she knocked over a vase* les nouvelles l'ont mise dans un tel état d'excitation *or* d'enthousiasme qu'elle a renversé un vase / *her excitement at the news was obvious* elle était de toute évidence très excitée *or* enthousiasmée par les nouvelles / *there was a look of excitement on the child's face* l'excitation *or* l'enthousiasme se lisait sur le visage de l'enfant / *an atmosphere of intense excitement* une grande effervescence *or* animation / *when the excitement had died down* quand l'agitation *or* l'effervescence fut retombée **2.** [agitation] excitation *f*, agitation *f* / *the doctor advised her to avoid excitement* le médecin lui a déconseillé toute agitation *or* toute surexcitation *or* tout énervement / *I don't think I could stand the excitement* *hum* je ne crois pas que je supporterais des sensations *or* émotions aussi fortes / *the excitement would kill her* une telle émotion lui serait fatale / *I've had quite enough excitement for one day* j'ai eu assez de sensations fortes pour une seule journée **3.** [sexual] excitation *f* **4.** [exciting events] animation *f* / *there should be plenty of excitement in today's match* le match d'aujourd'hui devrait être très animé / *we don't get much excitement round here* il n'y a pas beaucoup d'animation par ici / *all the excitement seemed to have gone out of their marriage* leur mariage semblait maintenant totalement dénué de passion / *what's all the excitement about?* mais que se passe-t-il ? / *you shouldn't have had yesterday off, you missed all the excitement* c'est dommage que tu n'aies pas travaillé hier, il y a eu beaucoup d'animation *or* c'était très animé / *I don't want to miss the excitement* je ne veux pas rater ça.

exciting [ɪk'saɪtɪŋ] adj **1.** [day, life, events, match] passionnant, palpitant ; [prospect] palpitant ; [person, novel, restaurant] formidable ; [news] sensationnel / *we've had an exciting time (of it) recently* ces derniers temps ont été mouvementés / *nothing exciting ever happens around here* il ne se passe jamais rien d'excitant *or* de palpitant par ici / *it was exciting to think that we'd soon be in New York* c'était excitant de penser que nous serions bientôt à New York / *it was an exciting place to live* c'était passionnant de vivre là-bas **2.** [sexually] excitant.

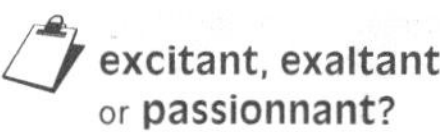

excitant, exaltant *or* **passionnant?**

These three terms denote different types of excitement, although they have areas of overlap. **Excitant** is more physical, **passionnant** can convey both physical involvement as well as mental processes, while **exaltant** is more intellectual, and belongs to a more literary register:

l'effet excitant du café
the stimulating effect of coffee
un match excitant / passionnant
an exciting match
un roman excitant / passionnant
an exciting novel
les accents exaltants de l'« Hymne à la joie » *the stirring strains of the Hymn to Joy*

Be careful however when using **excitant**, as it very often conveys the idea of sexual desire:

Je trouve ces photos assez excitantes. *I find these photos quite arousing.*

When talking about something that is engrossing, use **passionnant**. Reserve **excitant** for stimulants – sexual or otherwise – that have an effect on the body with little intellectual involvement.

excl. (written abbr of **excluding**) ▸ **excl. taxes** HT.

exclaim [ɪk'skleɪm] ◆ vi s'exclamer. ◆ vt : *"but why?", he exclaimed* « mais pourquoi ? » s'exclama-t-il.

exclamation [,ekskləˈmeɪʃn] n exclamation *f*.

exclamation mark UK, **exclamation point** US n point *m* d'exclamation.

exclamatory [ɪk'sklæmətrɪ] adj exclamatif.

exclude [ɪk'sklu:d] vt **1.** [bar] exclure ▸ **to exclude sb from sthg** exclure qqn de qqch / *I felt that I was being excluded from the conversation* je sentais qu'on m'excluait de la conversation / *his disability excluded him from many leisure pursuits* son infirmité l'empêchait de pratiquer de nombreux loisirs **2.** [not take into consideration] exclure ▸ **to exclude sthg / sb from sthg** exclure qqch / qqn de qqch / *submarine-launched missiles were excluded from the arms talks* les missiles sous-marins n'entraient pas dans le cadre des négociations sur les armements.

excluding [ɪk'sklu:dɪŋ] prep à l'exclusion or l'exception de, sauf, à part / *not excluding...* ... y compris.

exclusion [ɪk'sklu:ʒn] n **1.** [barring] exclusion *f* ▸ **the exclusion of sb from a society / conversation** l'exclusion de qqn d'une société / conversation **2.** [omission] exclusion *f* ▸ **the exclusion of sthg / sb from sthg** l'exclusion de qqch / qqn de qqch / *to the exclusion of everything* or *all else* à l'exclusion de toute autre chose.

exclusion clause n clause *f* d'exclusion.

exclusionist [ɪk'sklu:ʒənɪst] ◆ adj POL [action, measure] relevant d'une politique d'exclusion ; [person] partisan d'une politique d'exclusion. ◆ n POL partisan *m*, -e *f* d'une politique d'exclusion.

exclusive [ɪk'sklu:sɪv] ◆ adj **1.** [select - restaurant, neighbourhood] chic ; [- club] fermé / *they live at a very exclusive address* ils vivent dans un quartier très chic **2.** [deal] exclusif / *to have an exclusive contract with a company* avoir un contrat exclusif avec une société ▸ **exclusive economic zone** zone *f* économique exclusive ▸ **exclusive to** réservé (exclusivement) à **3.** [excluding taxes, charges, etc.] : *exclusive of VAT* TVA non comprise / *a single room is £30 a night, exclusive* une chambre pour une personne coûte 30 livres la nuit, hors taxe / *the rent is £100 a week exclusive* le loyer est de 100 livres par semaine sans les charges **4.** [excluding time] : *from the 14th to the 19th October, exclusive* du 14 au 19 octobre exclu **5.** [incompatible] exclusif / *the two propositions are / are not mutually exclusive* les deux propositions sont / ne sont pas incompatibles / *they are mutually exclusive* [propositions] l'une exclut l'autre, elles sont incompatibles **6.** [sole] unique / *their exclusive concern* leur seul souci / *the exclusive use of gold* l'emploi exclusif d'or. ◆ n PRESS exclusivité *f* ; [interview] interview *f* exclusive / *a "Tribune" exclusive* une exclusivité de « la Tribune ».

exclusive licence n licence *f* exclusive.

exclusively [ɪk'sklu:sɪvlɪ] adv [only] exclusivement / *published exclusively in the "Times"* publié en exclusivité dans le « Times ».

exclusiveness [ɪk'sklu:sɪvnɪs], **exclusivity** [,eksklu:'sɪvətɪ] n **1.** [of restaurant, address, district] chic *m* **2.** [of contract] nature *f* exclusive.

exclusive rights n droits *mpl* exclusifs, exclusivité *f*.

excommunicate [,ekskə'mju:nɪkeɪt] vt RELIG excommunier.

excommunication ['ekskə,mju:nɪ'keɪʃn] n RELIG excommunication *f*.

ex-con n *inf* ancien taulard *m*, ancienne taularde *f*.

excoriate [eks'kɔ:rɪeɪt] vt *fml* [censure, reprimand] condamner.

excrement ['ekskrɪmənt] n *(U) fml* excréments *mpl*.

excrescence [ɪk'skresəns] n [growth] excroissance *f*.

excreta [ɪk'skri:tə] pl n *fml* excréments *mpl*.

excrete [ɪk'skri:t] vt excréter.

excretion [ɪk'skri:ʃn] n **1.** [action] excrétion *f* **2.** [substance] sécrétion *f*.

excretory [ɪk'skri:tərɪ] adj excréteur.

excruciating [ɪk'skru:ʃɪeɪtɪŋ] adj **1.** [extremely painful] extrêmement douloureux, atroce / *the pain was excruciating* la douleur était atroce **2.** *inf* [extremely bad] atroce, abominable / *it was excruciating* **a)** [embarrassing] c'était affreux **b)** [boring] c'était atroce.

excruciatingly [ɪk'skru:ʃɪeɪtɪŋlɪ] adv [painful, boring] atrocement, affreusement / *it was excruciatingly funny* c'était à mourir de rire.

exculpate ['ekskʌlpeɪt] vt *fml* disculper ▸ **to exculpate sb from sthg** disculper qqn de qqch.

exculpation [,ekskʌl'peɪʃn] n *fml* disculpation *f*.

excursion [ɪk'skɜ:ʃn] n **1.** [organized trip] excursion *f* **2.** [short local journey] expédition *f* **3.** [into a different field] incursion *f* / *after a brief excursion into politics* après une brève incursion dans la politique.

excursion ticket n UK RAIL billet *m* circulaire *(bénéficiant de tarifs réduits)*.

excusable [ɪk'skju:zəbl] adj excusable, pardonnable.

excusably [ɪk'skju:zəblɪ] adv : *excusably perhaps, she refused to speak to them* elle a refusé de leur parler, ce qui est peut-être excusable or pardonnable.

excuse ◆ n [ɪk'skju:s] **1.** [explanation, justification] excuse *f* / *her excuse for not coming* son excuse pour n'être pas venue ▸ **to give sthg as one's excuse** donner qqch comme excuse / *that's no excuse* ce n'est pas une excuse or une raison / *that's no excuse for being rude* ce n'est pas une raison or une excuse pour être grossier / *there's no excuse for that kind of behaviour* ce genre de comportement est sans excuse or inexcusable / *there's no excuse for it* c'est sans excuse, c'est inexcusable / *he has no excuse for not finishing the job on time* il n'a pas d'excuse pour ne pas avoir terminé le travail à temps / *I don't want (to hear) any excuses!* je ne veux pas d'excuse ! / *well, what's your excuse this time?* alors, quelle excuse as-tu trouvé cette fois ? / *you'd better have a good excuse!* tu as intérêt à avoir une bonne excuse ! / *excuses, excuses!* des excuses, toujours des excuses ! / *he's always finding excuses for them* / *for their behaviour* il est tout le temps en train de leur trouver des excuses / d'excuser leur comportement / *I'm not making excuses for them* je ne les excuse pas ▸ **to make one's excuses** s'excuser, présenter ses excuses / *make my excuses to them* présente-leur mes excuses / *ignorance is no excuse* l'ignorance n'excuse pas tout / *by way of (an) excuse* en guise d'excuse **2.** [example] : *a poor excuse for a father* un père lamentable / *this is a poor excuse for a bus service* ce service d'autobus est lamentable **3.** [pretext] excuse *f*, prétexte *m* ▸ **an excuse to do** or **for doing sthg** une excuse or un prétexte pour faire qqch / *it's only an excuse* ce n'est qu'un prétexte / *any excuse will do* n'importe quelle excuse or n'importe quel prétexte fera l'affaire / *the government keeps finding excuses for not introducing reforms* le gouvernement n'arrête pas de trouver des excuses pour retarder l'introduction de réformes / *any excuse for a drink!* toutes les excuses sont bonnes pour boire un verre ! ◆ vt [ɪk'skju:z] **1.** [justify - bad behaviour] excuser / *he tried to excuse himself by saying that...* il a essayé de se justifier en disant que... **2.** [forgive - bad behaviour, person] excuser, pardonner / *you can excuse that in someone of his age* c'est pardonnable chez quelqu'un de son âge / *I'll excuse your lateness (just) this once* je te pardonne ton retard pour cette fois / *now, if you will excuse me* maintenant, si vous voulez bien m'excuser / *one could be excused for thinking that he was much younger* on dirait or croirait qu'il est beaucoup plus jeune / *excuse my interrupting, but...* excusez-moi or pardon de vous interrompre, mais... ▸ **excuse me** **a)** [to get past] pardon **b)** [as interruption, to attract sb's attention] pardon, excusez-moi **c)** US [as apology] pardon, excusez-moi / *excuse me, (but) aren't you...?* excusez-moi, vous ne seriez pas... ? / *excuse me for asking!* oh, ça va, je ne faisais que demander !, ce n'était qu'une question ! / *well, excuse me for mentioning it!* oh, ça va, je n'en parlerai plus ! ▸ **to excuse o.s.** s'excuser **3.** [exempt] dispenser ▸ **to excuse sb from sthg** dispenser qqn de qqch ▸ **to excuse sb from doing sthg** dispenser qqn de faire qqch / *he is excused gym* il est dispensé de gymnastique **4.** [allow to go] excuser / *please may I be excused?* **a)** [to go to lavatory] puis-je sortir, s'il vous plaît ? **b)** [from table] puis-je sortir de table, s'il vous plaît ?

excuse-me [ɪk'skju:z-] n *danse pendant laquelle on peut prendre le ou la partenaire de quelqu'un d'autre.*

ex-directory UK ◆ adj sur la liste rouge / *an ex-directory number* un numéro ne figurant pas dans l'annuaire or figurant sur la liste rouge. ◆ adv ▸ **to go ex-directory** se mettre sur la liste rouge.

ex dividend adj ST. EX ex-dividende.

exeat ['eksɪæt] n UK *fml* UNIV permission *f* de sortie.

exec. [ɪg'zek] n abbr of **executive**.

execrable ['eksɪkrəbl] adj *fml* exécrable.

execrably ['eksɪkrəblɪ] adv *fml* exécrablement.

execrate ['eksɪkreɪt] vt *fml* **1.** [loathe] exécrer **2.** [denounce] condamner, s'élever contre.

execration [,eksɪ'kreɪʃn] n *fml* **1.** [loathing] exécration *f* **2.** [denunciation] condamnation *f*, accusation *f*.

executable ◆ adj COMPUT exécutable. ◆ n COMPUT fichier *m* exécutable.

executant [ɪg'zekjʊtənt] n **1.** *fml* [of an order] exécutant *m*, -e *f* **2.** MUS exécutant *m*, -e *f*.

execute ['eksɪkju:t] vt **1.** [put to death] exécuter / *executed for murder / treason* exécuté pour meurtre / trahison **2.** *fml* [carry out] exécuter / *a superbly executed carving* une sculpture superbement exécutée **3.** LAW [will, sentence, law] exécuter **4.** COMPUT exécuter.

execution [,eksɪ'kju:ʃn] n **1.** [of person] exécution *f* **2.** *fml* [of order, plan, drawing] exécution *f* / *in the execution of one's duty* dans l'exercice de ses fonctions ▸ **to put sthg into execution** mettre qqch à exécution **3.** LAW [of will, sentence, law] exécution *f* **4.** COMPUT exécution *f*.

executioner [,eksɪ'kju:ʃnər] n bourreau *m*.

executive [ɪg'zekjʊtɪv] ◆ n **1.** [person] cadre *m* / *a business executive* un cadre commercial / *she looked the executive type* elle avait l'allure d'un cadre **2.** [body] corps *m* exécutif ; POL [branch of government] exécutif *m*. ◆ adj **1.** [dining room, washroom, etc.] des cadres, de la direction ; [suite, chair] de cadre, spécial cadre ▸ **executive briefcase** attaché-case *m* ▸ **executive model** or **version** [of car] modèle *m* grand luxe ▸ **executive toys** gadgets *mpl* pour cadres **2.** [function, role] exécutif / *an executive officer in the civil service* un cadre de l'administration / *he's not good at making executive decisions* il n'est pas doué pour prendre des décisions importantes / *we need an executive decision* il faut trancher / *you'll have to make an executive decision* *hum* il va falloir que tu prennes une décision capitale or déterminante ▸ **executive director** cadre *m* supérieur ▸ **executive producer** producteur *m* délégué ▸ **executive privilege** *droit dont bénéficie le président des États-Unis de ne pas divulguer certaines informations au Congrès.*

executor [ɪg'zekjʊtəʳ] n LAW [of will] exécuteur *m*, -trice *f* testamentaire ▸ **to make sb one's executor** désigner qqn comme son exécuteur testamentaire.

executrix [ɪg'zekjʊtrɪks] n LAW [of will] exécutrice *f* testamentaire.

exegesis [,eksɪ'dʒi:sɪs] n exégèse *f*.

exemplary [ɪg'zemplərɪ] adj **1.** [very good - behaviour, pupil] exemplaire **2.** [serving as a warning] exemplaire ▸ **exemplary punishment** châtiment exemplaire ▸ **exemplary damages** LAW dommages-intérêts *mpl* exemplaires or à titre exemplaire.

exemplification [ɪg,zemplɪfɪ'keɪʃn] n illustration *f*, illustrations *fpl*, exemplification *f* / *a few case studies serving as an exemplification of the thesis* quelques études de cas servant d'illustration or d'exemplification à la thèse / *this chapter could do with more exemplification* ce chapitre aurait besoin d'un peu plus d'illustrations or d'une illustration plus riche.

exemplify [ɪg'zemplɪfaɪ] vt **1.** [give example of] illustrer, exemplifier **2.** [be example of] illustrer.

exempt [ɪg'zempt] ◆ adj exempt ▸ **to be exempt from sthg** être exempt de qqch. ◆ vt [gen] exempter ; [from tax] exonérer ▸ **to exempt sb / sthg from sthg** exempter qqn / qqch de qqch.

exemption [ɪg'zempʃn] n [action, state] exemption *f* ▸ **tax exemption** exonération *f* fiscale.

exercise ['eksəsaɪz] ◆ n **1.** [physical] exercice *m* / *exercise is good for you* l'exercice est bon pour la santé / *it's good exercise* c'est un bon exercice / *I don't get much exercise these days* je ne fais pas beaucoup d'exercice ces temps-ci / *I'll walk, I need the exercise* j'y vais à pied, j'ai besoin d'exercice / *the doctor has told him to take more exercise* le docteur lui a dit de faire plus d'exercice / *this is a good exercise for the calf muscles* c'est un bon exercice pour les muscles des mollets **2.** [mental, in education] exercice *m* / *piano exercises* exercices de piano **3.** [use] exercice *m* / *in the exercise of one's duties* dans l'exercice de ses fonctions / *by the exercise of a little imagination* en usant d'un peu d'imagination, avec un peu d'imagination **4.** MIL exercice *m* / *they're on exercises* ils sont à l'exercice **5.** [activity, operation] : *a fact-finding exercise* une mission d'enquête / *it was an interesting exercise* cela a été une expérience intéressante / *this is more than just a PR exercise* ce n'est pas seulement de la poudre aux yeux / *it was a pointless exercise* cela n'a servi absolument à rien **6.** US [ceremony] cérémonie *f* ▸ **graduation exercises** cérémonie de remise des diplômes. ◆ vt **1.** [body, muscle] exercer, faire travailler ; [dog, horse] donner de l'exercice à / *if you were to exercise your brain on the problem* si tu faisais travailler tes méninges pour régler ce problème / *I'm not saying this just to exercise my voice!* je ne dis pas ça simplement pour le plaisir ! **2.** [troops] entraîner **3.** [use, put into practice - right, option, authority] exercer **4.** *fml* [preoccupy] préoccuper. ◆ vi **1.** [take exercise] faire de l'exercice **2.** [train] s'exercer, s'entraîner / *he was exercising on the rings* il s'exerçait or s'entraînait aux anneaux.

exercise bike n vélo *m* d'appartement.

exercise book n **1.** [for writing in] cahier *m* d'exercices **2.** [containing exercises] livre *m* d'exercices.

exerciser ['eksəsaɪzəʳ] n **1.** [piece of equipment] appareil *m* de gymnastique ; [bike] vélo *m* d'appartement **2.** [person] personne *f* qui fait de l'exercice.

exercise yard n [in prison] cour *f*, préau *m*.

exert [ɪg'zɜ:t] vt **1.** [pressure, force] exercer / *they were willing to exert their influence on behalf of our campaign* ils étaient d'accord pour mettre leur influence au service de notre campagne **2.** ▸ **to exert o.s.** [make effort] se donner de la peine or du mal / *don't exert yourself!* *iro* ne te donne pas trop de mal, surtout !

exertion [ɪg'zɜ:ʃn] n **1.** [of force] exercice *m* ▸ **the exertion of pressure on sb / sthg** la pression exercée sur qqn / qqch / *the exertion of influence on political figures by powerful industrialists* la manière dont certains puissants industriels utilisent leur influence sur les personnalités politiques **2.** [effort] effort *m* / *after the day's exertions* après les efforts de la journée / *by one's own exertions* par ses propres moyens.

exes ['eksɪz] pl n *inf* [expenses] ▸ **to put sthg on exes** faire passer qqch en note de frais.

exeunt ['eksɪʌnt] vi THEAT [in stage directions] : *exeunt the Queen and her attendants* la reine et sa suite sortent.

exfoliant [eks'fəʊlɪənt] n exfoliant *m*.

exfoliate [eks'fəʊlɪeɪt] ◆ vi s'exfolier. ◆ vt exfolier.

exfoliating [eks'fəʊlɪeɪtɪŋ] adj BIOL & GEOL exfoliant ▸ **exfoliating cream** crème *f* exfoliante ▸ **exfoliating scrub** crème *f* exfoliante, gommage *m* exfoliant.

ex gratia [eks'greɪʃə] adj ▸ **ex gratia payment** paiement *m* à titre gracieux.

exhalation [,ekshə'leɪʃn] n **1.** [breathing out - of air] expiration *f* ; [- of smoke, fumes] exhalation *f* **2.** [air breathed out] air *m* expiré, souffle *m*, exhalaison *f*.

exhale [eks'heɪl] ◆ vt [air] expirer ; [gas, fumes] exhaler. ◆ vi [breathe out] expirer.

exhaust [ɪg'zɔ:st] ◆ n **1.** [on vehicle - system] échappement *m* ; [- pipe] pot *m* or tuyau *m* d'échappement **2.** *(U)* [fumes] gaz *mpl* d'échappement. ◆ vt **1.** [use up - supplies, possibilities] épuiser / *you're exhausting my patience* tu mets ma patience à bout **2.** [tire out] épuiser, exténuer.

exhausted [ɪg'zɔ:stɪd] adj **1.** [person, smile] épuisé, exténué **2.** [used up - mine, land] épuisé / *my patience is exhausted* je suis à bout de patience.

exhaustedly [ɪg'zɔ:stɪdlɪ] adv [move, smile, sigh] d'un air épuisé or exténué.

exhaust fumes pl n gaz *mpl* d'échappement.

exhausting [ɪg'zɔ:stɪŋ] adj [job, climb, climate] épuisant, exténuant, éreintant ; [person] fatigant, excédant.

exhaustion [ɪg'zɔ:stʃn] n **1.** [tiredness] épuisement *m*, éreintement *m*, grande fatigue *f* / *to be suffering from exhaustion* être dans un état d'épuisement / *to be in a state of total exhaustion* être dans un état d'épuisement total or complet / *they worked to the point of exhaustion* ils ont travaillé jusqu'à épuisement **2.** [of supplies, topic] épuisement *m*.

exhaustive [ɪg'zɔ:stɪv] adj [analysis, treatment] exhaustif ; [investigation, enquiry] approfondi, poussé / *the list is not exhaustive* cette liste n'est pas exhaustive.

exhaustively [ɪg'zɔ:stɪvlɪ] adv exhaustivement.

exhaustiveness [ɪg'zɔ:stɪvnɪs] n [of analysis, treatment] caractère *m* exhaustif, exhaustivité *f* ; [of investigation, enquiry] caractère *m* approfondi or poussé.

exhaust manifold n MECH collecteur *m* d'échappement.

exhaust pipe n UK pot *m* or tuyau *m* d'échappement.

exhaust stroke n MECH [in internal combustion engine] temps *m* d'échappement.

exhaust system n AUTO échappement *m*.

exhaust valve n soupape *f* d'échappement.

exhibit [ɪg'zɪbɪt] ◆ vt **1.** [subj: artist] exposer ; [subj: companies] présenter **2.** [show, display - ID card, passport] montrer / *this permit must be clearly exhibited in the windscreen* ce permis doit être disposé bien en vue derrière le pare-brise **3.** [manifest - courage, self-control] montrer, manifester. ◆ vi [painter, company] exposer. ◆ n **1.** [in an exhibition] objet *m* (exposé) / *one of the most interesting exhibits at the fair* l'une des pièces les plus intéressantes en exposition à la foire **2.** LAW pièce *f* à conviction **3.** US [exhibition] exposition *f*.

exhibition [,eksɪ'bɪʃn] n **1.** [of paintings, products] exposition *f* ; [of film] présentation *f* / *he's having an exhibition at the new gallery* il expose à la nouvelle galerie / *the Klee exhibition* l'exposition Klee / *trade exhibition* exposition commerciale ▸ **exhibition centre** centre *m* d'exposition **2.** [of bad manners, ingenuity] démonstration *f* ▸ **to give sb an exhibition of sthg** faire une démonstration de qqch à qqn / *did you see the way she behaved? what an exhibition!* avez-vous vu la manière dont elle s'est comportée ? quel spectacle ! ▸ **to make an exhibition of o.s.** se donner en spectacle **3.** UK UNIV bourse *f* d'études.

exhibitioner [,eksɪ'bɪʃnəʳ] n UK UNIV boursier *m*, -ère *f*.

exhibitionism [,eksɪ'bɪʃnɪzm] n **1.** [gen] besoin *m* or volonté *f* de se faire remarquer **2.** PSYCHOL exhibitionnisme *m*.

exhibitionist [,eksɪ'bɪʃnɪst] n **1.** [gen] *personne qui cherche toujours à se faire remarquer* / *he's a terrible exhibitionist* il faut toujours qu'il cherche à se faire remarquer **2.** PSYCHOL exhibitionniste *mf*.

exhibitionistic [,eksɪ,bɪʃə'nɪstɪk] adj [behaviour, person] démonstratif, exubérant.

exhibition match n match-exhibition *m*.

exhibitor [ɪg'zɪbɪtəʳ] n [at gallery, trade fair] exposant *m*.

exhilarate [ɪg'zɪləreɪt] vt exalter, griser.

exhilarated [ɪg'zɪləreɪtɪd] adj [mood, laugh] exalté / *to feel exhilarated* se sentir exalté.

exhilarating [ɪg'zɪləreɪtɪŋ] adj exaltant, grisant.

exhilaration [ɪg,zɪlə'reɪʃn] n exaltation *f*, griserie *f*.

exhort [ɪg'zɔ:t] vt *fml* exhorter ▸ **to exhort sb to do sthg** exhorter qqn à faire qqch.

exhortation [,egzɔ:'teɪʃn] n *fml* [act, words] exhortation *f*.

exhumation [,ekshju:'meɪʃn] n *fml* exhumation *f* ▸ **exhumation order** ordre *m* d'exhumer.

exhume [eks'hju:m] vt *fml* exhumer.

ex-husband n ex-mari *m*.

exigency ['eksɪdʒənsɪ] *(pl* **exigencies**), **exigence** ['eksɪdʒəns] n *fml* **1.** *(usu pl)* [demand] exigence *f* / *the exigencies of the situation* les exigences de la situation **2.** [urgent situation] situation *f* urgente **3.** [urgency] urgence *f* / *a matter of some exigency* une affaire assez urgente or pressante.

exigent ['eksɪdʒənt] adj *fml* **1.** [urgent] urgent, pressant **2.** [demanding, exacting] exigeant.

exiguity [eksɪ'gju:ətɪ] *(pl* **exiguities**) n *fml* exiguïté *f*.

exiguous [eg'zɪgjʊəs] adj *fml* [means, income, quarters] exigu (exiguë).

exile ['eksaɪl] ◆ n **1.** [banishment] exil *m* / *his self-imposed exile* son exil volontaire ▸ **to live in exile** vivre en exil ▸ **to send sb into exile** envoyer qqn en exil ▸ **to go into exile** partir en exil / *they formed a government in exile* ils ont formé un gouvernement en exil ▸ **to return from exile** rentrer d'exil **2.** [person] exilé *m*, -e *f*. ◆ vt exiler, expatrier / *he was exiled from his native Poland* il a été exilé or expatrié de sa Pologne natale.

exiled ['eksaɪld] adj exilé / *the exiled government* le gouvernement en exil.

exist [ɪg'zɪst] vi exister / *do ghosts exist?* les fantômes existent-ils ? / *the half-litre pack doesn't exist any more* le carton d'un demi-litre n'existe or ne se fait plus / *they exist in three sizes* elles existent en trois tailles / *the species now only exists in zoos* cette espèce n'existe que dans les zoos / *there exists an ancient tradition which...* il existe une tradition ancienne qui... / *she treats me as if I don't exist* elle fait comme si je n'existais pas / *that's not living, that's just existing!* je n'appelle pas ça vivre, j'appelle ça subsister or survivre / *can life exist under these conditions?* la vie est-elle possible dans ces conditions ? / *he earns enough to exist on* il gagne suffisamment pour vivre / *the conditions that are necessary for life to exist* les conditions qui sont nécessaires à la vie / *we can't exist without oxygen* nous ne pouvons pas vivre sans oxygène.

existence [ɪg'zɪstəns] n **1.** [being] existence *f* / *ever since the existence of man* depuis que l'homme existe / *the continued existence of life on this planet* / *of these old-fashioned procedures* la survivance de la vie sur la planète / de ces procédures arriérées ▸ **to come into existence a)** [species] apparaître **b)** [the earth] se former **c)** [law, institution] naître, être créé / *it didn't come into existence until quite recently* cela n'existait pas il y a encore peu de temps ▸ **to be in existence** exister / *the* *oldest steam engine still in existence* la plus vieille machine à vapeur encore existante / *the only whale left in existence* la dernière baleine encore en vie ▸ **to go out of existence** cesser d'exister **2.** [life] existence *f* / *to lead a pleasant / wretched existence* mener une existence agréable / misérable.

existent [ɪg'zɪstənt] adj existant.

existential [,egzɪ'stenʃl] adj existentiel.

existentialism [,egzɪ'stenʃəlɪzm] n existentialisme *m*.

existentialist [,egzɪ'stenʃəlɪst] ◆ n existentialiste *mf*. ◆ adj existentialiste.

existing [ɪg'zɪstɪŋ] adj actuel / *under the existing circumstances* dans les circonstances actuelles or présentes.

exit ['eksɪt] ◆ n **1.** [way out - from room, motorway] sortie *f* / *let's turn off at the next exit* prenons la prochaine sortie ▸ **exit ramp** bretelle *f* de sortie / **'exit only'** 'réservé à la sortie' **2.** THEAT sortie *f*, exit *m inv* ; [act of going out - from a room] sortie *f* / *this was to be his final exit from my life* il sortait alors définitivement de ma vie / *the bullet made its exit through the shoulder* la balle est ressortie par l'épaule ▸ **to make one's exit** THEAT & *fig* faire sa sortie **3.** COMPUT sortie *f*. ◆ vi **1.** THEAT sortir / *he then exits stage left* puis il sort côté jardin / *exit Anne* [as stage direction] exit Anne, Anne sort **2.** [go out, leave] sortir ; [bullet] ressortir / *he exited through the rear door* il est sorti or parti par la porte de derrière **3.** COMPUT sortir. ◆ vt COMPUT sortir de ; [leave] quitter, sortir de.

exit charge(s) n frais *mpl* de sortie.

exit interview n *entretien entre un employeur et son employé lors du départ de ce dernier.*

exit permit n UK permis *m* de sortie.

exit poll UK, **exit survey** US [-'sɜːveɪ] n *sondage réalisé auprès des votants à la sortie du bureau de vote.*

exit strategy n stratégie *f* de sortie.

exit visa n visa *m* de sortie.

ex libris [eks'liːbrɪs] n [bookplate] ex-libris *m inv*.

exocrine ['eksəʊkraɪn] adj PHYSIOL exocrine.

exodus ['eksədəs] n exode *m* / *the exodus of capital abroad* l'exode des capitaux à l'étranger / *there was a general exodus to the bar* il y a eu un mouvement de masse en direction du bar.

❖ **Exodus** n **1.** [book] ▸ **(the Book of) Exodus** (l')Exode / *as it says in Exodus* comme il est dit dans l'Exode **2.** [journey] exode *m*.

ex officio [eksə'fɪʃɪəʊ] ◆ adj [member] de droit. ◆ adv [act, decide, etc.] de droit.

exogamy [ek'sɒgəmɪ] n SOCIOL exogamie *f*.

exogenous [ek'sɒdʒənəs] adj [gen & BIOL] exogène.

exonerate [ɪg'zɒnəreɪt] vt disculper, innocenter ▸ **to exonerate o.s.** se disculper.

exoneration [ɪg,zɒnə'reɪʃn] n disculpation *f*.

exorbitance [ɪg'zɔːbɪtəns] n [of price, demands] énormité *f*, démesure *f*.

exorbitant [ɪg'zɔːbɪtənt] adj [price, demands, claims] exorbitant, démesuré, excessif / *£85 for that? that's exorbitant!* 85 livres pour ça ? c'est exorbitant !

exorbitantly [ɪg'zɔːbɪtəntlɪ] adv [priced] excessivement, démesurément / *it's so exorbitantly expensive* c'est excessivement or démesurément cher.

exorcism ['eksɔːsɪzm] n exorcisme *m* ▸ **to carry out** or **to perform an exorcism** pratiquer un exorcisme.

exorcist ['eksɔːsɪst] n exorciste *mf*.

exorcize, **exorcise** ['eksɔːsaɪz] vt [evil spirits, place] exorciser.

exoskeleton ['eksəʊ,skelɪtn] n ZOOL exosquelette *m*, cuticule *f*.

exosphere ['eksəʊ,sfɪə^r] n exosphère *f*.

exoteric [,eksəʊ'terɪk] adj *fml* exotérique.

exothermia [,eksəʊ'θɜːmɪə] n exothermie *f*.

exothermic [,eksəʊ'θɜːmɪk], **exothermal** [,eksəʊ'θɜːml] adj CHEM exothermique.

exotic [ɪg'zɒtɪk] ◆ adj exotique / *an exotic-sounding name* un nom à consonance exotique / *exotic-looking* exotique. ◆ n [plant] plante *f* exotique.

exotica [ɪg'zɒtɪkə] pl n objets *mpl* exotiques / *a collection of literary exotica* une collection de pièces littéraires rares.

exotically [ɪg'zɒtɪklɪ] adv [dressed, decorated] avec exotisme / *exotically perfumed* **a)** [flower] aux senteurs exotiques **b)** [person] au parfum exotique.

exoticism [ɪg'zɒtɪsɪzm] n exotisme *m*.

exotoxin ['eksəʊ,tɒksɪn] n exotoxine *f*.

expand [ɪk'spænd] ◆ vt **1.** [empire, army, staff] agrandir ; [company, business] agrandir, développer ; [chest, muscles, ideas] développer ; [knowledge, influence] élargir, étendre ; COMPUT [memory] étendre ; [gas, metal] dilater / *to expand ideas into a theory* développer des idées pour en faire une théorie / *this idea could do with a little expanding* cette idée gagnerait à être un peu développée / *to expand a company into a multinational* agrandir une société pour en faire une multinationale **2.** MATH [equation] développer. ◆ vi **1.** [empire, army, staff] s'agrandir ; [company, business] s'agrandir, se développer ; [chest, muscles, market] se développer ; [knowledge, influence] s'étendre, s'élargir ; [gas, metal] se dilater ; [volume of traffic] augmenter ; [in business] se développer, s'agrandir / *we are looking to expand into the cosmetics industry* nous envisageons de nous diversifier en nous lançant dans l'industrie des cosmétiques **2.** [on an idea] s'étendre.

❖ **expand on** vt insep développer / *in the next chapter I shall expand further on these ideas* je développerai ces idées or je m'étendrai davantage sur ces idées au chapitre suivant.

expandable [ɪk'spændɪbl] adj [gas, material] expansible ; [idea, theory] qui peut être développé ; [basic set] qui peut être complété ; COMPUT [memory] extensible.

expanded [ɪk'spændɪd] adj [metal, gas] expansé ▸ **expanded polystyrene** polystyrène expansé.

expanding [ɪk'spændɪŋ] adj **1.** [company, empire, gas, metal] en expansion ; [influence] grandissant ; [industry, market] en expansion, qui se développe / *the expanding universe* l'univers en expansion ▸ **the expanding universe theory** la théorie de l'expansion de l'Univers **2.** [extendable] : *expanding watch strap* bracelet de montre extensible / *expanding suitcase / briefcase* valise / serviette extensible.

expanse [ɪk'spæns] n étendue *f* / *the vast expanse of the plain* l'immensité de la plaine / *the huge expanse of his stomach* l'énormité de son ventre / *she was showing a large expanse of thigh* on lui voyait une bonne partie des cuisses.

expansion [ɪk'spænʃn] n [of empire] expansion *f*, élargissement *m* ; [of army, staff] augmentation *f*, accroissement *m* ; [of chest, muscles, ideas] développement *m* ; [of knowledge, influence] élargissement *m* ; [of gas, metal] expansion *f*, dilatation *f* ; COMPUT [of memory] extension *f* ; [of business] développement *m*, agrandissement *m*, extension *f*.

expansion bolt n CONSTR boulon *m* de scellement or d'expansion ; [in rock-climbing] boulon *m* d'expansion.

expansion bottle n [for car radiator] vase *m* d'expansion.

expansion card n COMPUT carte *f* d'extension.

expansionism [ɪk'spænʃənɪzm] n expansionnisme *m*.

expansionist [ɪk'spænʃənɪst] ◆ adj expansionniste. ◆ n expansionniste *mf*.

expansion joint n MECH joint *m* de dilatation.

expansion slot n COMPUT emplacement *m* or logement *m* pour carte d'extension.

expansive [ɪk'spænsɪv] adj **1.** [person, mood, gesture] expansif **2.** PHYS [gas] expansible, dilatable.

expansively [ɪk'spænsɪvlɪ] adv [talk, gesture] de manière expansive.

expansiveness [ɪk'spænsɪvnɪs] n [of person] expansivité *f*.

expat [,eks'pæt] (abbr of **expatriate**) *inf* ◆ n expat *mf*. ◆ adj [person] expatrié ; [bar, community] des expatriés.

expatiate [eks'peɪʃɪeɪt] vi *fml* s'étendre, discourir ▸ **to expatiate on sthg** s'étendre or discourir sur qqch.

expatriate ◆ n [eks'pætrɪət] expatrié *m*, -e *f*. ◆ adj [eks'pætrɪət] [Briton, American, etc.] expatrié ; [bar, community] des expatriés. ◆ vt [eks'pætrɪeɪt] expatrier, exiler.

expatriation [eks,pætrɪ'eɪʃn] n expatriation *f*.

expect [ɪk'spekt] ◆ vt **1.** [anticipate] s'attendre à / *they are expecting an increase in prices* ils s'attendent à une hausse des prix / *we expect rain / bad weather* nous nous attendons à de la pluie / du mauvais temps / *we expected that it would be much bigger* nous nous attendions à ce qu'il soit beaucoup plus gros, nous pensions qu'il allait être beaucoup plus gros / *we expected you to bring your own* nous pensions que vous alliez apporter le vôtre ▸ **to expect sb to do sthg** s'attendre à ce que qqn fasse qqch / *she knew more Russian than I expected her to* elle était meilleure en russe que je ne m'y attendais / *I hadn't expected them to be French* je ne m'attendais pas à ce qu'ils soient français / *to expect the worst* s'attendre au pire / *I expected as much!* je m'en doutais !, c'est bien ce que je pensais ! / *it was better / worse than I expected* c'était mieux / pire que je ne m'y attendais / *she is as well as can be expected* elle va aussi bien que sa condition le permet / *I had expected better of* or *from you* je n'aurais pas cru ça de vous / *what can you expect?* que voulez-vous ? / *what can you expect from a government like that?* que voulez-vous, avec un gouvernement pareil ! / *as might have been expected* or *as was to be expected* comme on pouvait s'y attendre / *I never know what to expect with you* je ne sais jamais à quoi m'attendre or m'en tenir avec vous **2.** [count on] : *we're expecting you to help us* nous comptons sur votre aide / *don't expect me to be there!* ne t'attends pas à ce que j'y sois ! **3.** [demand] ▸ **to expect sb to do sthg** demander à qqn de faire qqch / *I expect complete obedience* je demande une obéissance totale / *I expect something to be done* j'exige qu'on fasse quelque chose à ce sujet / *you expect too much of him* tu lui en demandes trop / *it's no less than I would have expected from my own family* je ne me serais pas attendu à moins de la part de ma propre famille / *I'm expected to write all his speeches* je suis censé or supposé rédiger tous ses discours **4.** [suppose, imagine] imaginer, penser, supposer / *I expect so* je pense, j'imagine / *I don't expect so* je ne pense pas, j'imagine que non / *I expect you're right* tu dois avoir raison / *I expect it's where you left it* il doit être là où tu l'as laissé / *I expect you'll be wanting something to drink* **a)** vous boirez bien quelque chose **b)** [grudgingly] j'imagine que vous voulez quelque chose à boire **5.** [baby] attendre **6.** [await] attendre / *I'm expecting friends for dinner* j'attends des amis à dîner / *(at) what time should we expect you then?* à quelle heure devons-nous vous attendre alors ? / *I'll expect you when I see you then* UK *inf* bon, alors je verrai bien quand tu arrives / *you'll just have to expect me when you see me* UK *inf* tu verras bien quand j'arriverai / *we're expecting them back any minute now* nous attendons leur retour d'une minute à l'autre. ◆ vi ▸ **to be expecting** [be pregnant] être enceinte, attendre un enfant.

> Note that **s'attendre à ce que** is followed by a verb in the subjunctive:
> **Don't expect them to be experts.** *Ne vous attendez pas à ce qu'ils soient des experts.*

expectancy [ɪk'spektənsɪ], **expectance** [ɪk'spektəns] n [anticipation] : *the look of expectancy on his face* l'attente qui se lisait sur son visage / *in a tone of eager expectancy* sur un ton plein d'espérance or d'espoir.

expectant [ɪk'spektənt] adj **1.** [anticipating] : *with an expectant look in his eye* avec dans son regard l'air d'attendre quelque chose / *in an expectant tone of* *voice* la voix chargée d'espoir **2.** [pregnant] ▸ **expectant mother** future maman *f.*

expectantly [ɪk'spektəntlɪ] adv [enquire, glance] avec l'air d'attendre quelque chose ; [wait] impatiemment.

expectation [,ekspek'teɪʃn] n **1.** *(U)* [anticipation] : *can there be any expectation that some of the miners will still be alive?* y a-t-il un espoir que certains mineurs soient encore en vie ? / *with eager expectation* avec l'air d'espérer quelque chose / *in a tone of gloomy expectation* avec appréhension ▸ **in expectation of** dans l'attente de / *in the sure expectation of life everlasting* RELIG dans la certitude d'une vie éternelle / *we live in expectation* nous vivons dans l'attente or l'expectative **2.** *(usu pl)* [sthg expected] attente *f* / *my expectations for its success were not that high* je n'espérais pas vraiment que ça réussirait / *their expectations that he would fail were not fulfilled* ils s'attendaient à ce qu'il échoue, mais finalement ils se sont trompés / *performance did not confirm City expectations* les résultats n'ont pas répondu à l'attente de la City / *these unrealistically high profit expectations* ces prévisions de bénéfices totalement fantaisistes / *this merely confirms our worst expectations* cela ne fait que confirmer nos prévisions les plus noires / *contrary to expectations* contrairement à or contre toute attente ▸ **to exceed sb's expectations** dépasser l'attente or les espérances de qqn / *(not) to come up to expectations* (ne pas) être à la hauteur des espérances ▸ **to have high expectations of sb / sthg** attendre beaucoup de qqn / qqch / *we have certain expectations of our employees* [requirements] nous avons certaines exigences envers nos employés ▸ **to have great expectations** [prospects] avoir de grandes espérances / *what are your expectations?* [for salary, job prospects] quelles sont vos conditions or exigences ? / **'Great Expectations'** *Dickens* 'les Grandes Espérances'.

expected [ɪk'spektɪd] adj attendu / *please state expected salary* indiquez vos prétentions.

expectorant [ɪk'spektərənt] n expectorant *m.*

expectorate [ɪk'spektəreɪt] *fml* ◆ vi MED rejeter des expectorations. ◆ vt MED expectorer.

expediency [ɪk'spi:djənsɪ] *(pl* **expediencies**), **expedience** [ɪk'spi:djəns] n [advisability - of measure, policy, etc.] opportunité *f* ; [self-interest] opportunisme *m.*

expedient [ɪk'spi:djənt] ◆ adj [advisable] indiqué, convenable, opportun ; [involving self-interest] commode. ◆ n expédient *m.*

expedite ['ekspɪdaɪt] vt *fml* [work, legal process] hâter, activer, accélérer ; [completion of contract, deal] hâter / *to expedite matters* accélérer or activer les choses.

expedition [,ekspɪ'dɪʃn] n **1.** [scientific, of explorers, to shops, etc.] expédition *f* / *one (member) of the expedition* un des membres de l'expédition ▸ **to go on an expedition** aller or partir en expédition, aller faire une expédition ▸ **expedition leader** chef *m* d'expédition **2.** *arch & liter* [speed] diligence *f* / *with all possible expedition* avec la plus grande diligence.

expeditionary [,ekspɪ'dɪʃnərɪ] adj MIL ▸ **expeditionary mission** mission *f* d'expédition ▸ **expeditionary force** force *f* expéditionnaire.

expeditious [,ekspɪ'dɪʃəs] adj *fml* diligent.

expeditiously [,ekspɪ'dɪʃəslɪ] adv *fml* diligemment.

expel [ɪk'spel] vt **1.** [from school] renvoyer ; [from country, club] expulser **2.** [gas, liquid] expulser.

expend [ɪk'spend] vt **1.** [time, energy] consacrer ; [resources] utiliser, employer ▸ **to expend time / energy on sthg** consacrer du temps / de l'énergie à qqch **2.** [use up] épuiser.

expendability [ɪk,spendə'bɪlətɪ] n caractère *m* superflu or négligeable.

expendable [ɪk'spendəbl] adj [person, workforce, object] superflu ; [troops, spies] qui peut être sacrifié / *they decided I'm expendable* ils ont décidé qu'ils pouvaient se passer de moi / *none of them was expendable* toutes étaient indispensables / *he thinks people are expendable* il pense qu'il peut se débarrasser des gens comme bon lui semble.

expenditure [ɪk'spendɪtʃər] n **1.** [act of spending] dépense *f* **2.** *(U)* [money spent] dépenses *fpl* ▸ **expenditure on sthg** dépenses en qqch / *arms* / *defence expenditure* dépenses en armes / liées à la défense / *this will involve us in fairly heavy expenditure* cela va nous entraîner dans des dépenses assez considérables.

expense [ɪk'spens] n **1.** [cost] coût *m* / *anything we can do to offset the expense* tout ce que nous pouvons faire pour compenser le coût or les coûts or les frais / *it's not so much the expense I'm worried about* ce n'est pas tant le coût que cela représente qui m'inquiète / *that's an expense I hadn't reckoned with* c'est une dépense que je n'avais pas prévue / *if it can really be done with such little expense* si cela peut vraiment se faire à si peu de frais / *the huge expense of moving house* le coût énorme qu'entraîne un déménagement ▸ **to go to considerable expense to do sthg** faire beaucoup de frais pour faire qqch / *don't go to any expense over it* ne vous mettez pas en frais pour cela / *they had gone to the expense of hiring a firm of caterers* ils s'étaient mis en frais et avaient engagé des traiteurs / *no expense was spared* on n'a pas regardé à la dépense / *I'll do it regardless of expense* je le ferai quel qu'en soit le prix or sans regarder à la dépense / *without any thought for the expense* sans penser au coût que cela représentait ▸ **to do sthg at great personal expense** faire qqch à grands frais personnels / *I'll do it at my own expense* je le ferai à mes frais / *she had the book published at her own expense* elle a publié le livre à ses frais or à compte d'auteur **2.** [expensiveness] cherté *f,* coût *m* élevé **3.** *fig* : *a joke at somebody else's expense* une plaisanterie aux dépens de quelqu'un d'autre ▸ **at the expense of sthg** aux dépens de qqch / *to succeed at other people's expense* réussir aux dépens des autres / *not at my expense, you won't* pas à mes dépens, il n'en est pas question **4.** COMM : *no, that's my expense* non, c'est sur mon compte.

❖ **expenses** pl n frais *mpl* / *it's on expenses* c'est l'entreprise qui paie, cela passe dans les notes de frais ▸ **to live on expenses** vivre sur ses notes de frais, vivre aux frais de son entreprise ▸ **to put sthg on expenses** mettre qqch dans les notes de frais ▸ **to get expenses** [be paid expenses] être indemnisé de ses frais / *accommodation expenses* frais d'hôtel or de séjour / *entertainment expenses* frais de représentation / *incidental expenses* faux frais / *travelling expenses* frais de déplacement / *all expenses paid* tous frais payés.

expense account ◆ n indemnité *f* or allocation *f* pour frais professionnels / *the firm gives him an expense account for basic entertaining* l'entreprise lui attribue une allocation pour ses frais de représentation ▸ **to put sthg on the expense account** mettre qqch dans les (notes de) frais. ◆ comp ▸ **an expense account dinner** un dîner passé dans les notes de frais ▸ **expense account living** : *after years of expense account living* après des années passées à vivre sur ses notes de frais or aux frais de son entreprise.

expenses-paid adj [trip, holiday] tous frais payés.

expensive [ɪk'spensɪv] adj cher / *it's an expensive hobby* c'est un passe-temps coûteux or qui coûte cher / *the central heating became too expensive to run* le chauffage central a commencé à revenir trop cher / *to have expensive tastes* avoir des goûts de luxe / *it's an expensive place to live* la vie y est chère / *exactly how expensive was it?* combien cela a-t-il coûté exactement ? / *that could be an expensive mistake lit & fig* c'est une erreur qui pourrait coûter cher.

expensively [ɪk'pensɪvlɪ] adv à grands frais / *they entertain very expensively* ils reçoivent à grands frais / *if we could all try to live less expensively* si nous essayions tous de vivre à moindres frais.

expensiveness [ɪk'spensɪvnɪs] n cherté *f* ; [of mistake] coût *m* / *she was famous for the expensiveness of her tastes* elle était réputée pour ses goûts de luxe / *if the quality of their service only matched the expensiveness of their prices* si au moins la qualité de leur service était à la hauteur de leurs prix.

experience [ɪk'spɪərɪəns] ◆ n **1.** [in life, in a subject] expérience *f* / *he has lots of experience* il a beaucoup d'expérience or une grande expérience / *I had no previous experience* je n'avais aucune expérience préalable / *do you have any experience of working with animals?* avez-vous déjà travaillé avec des animaux ? / *she has considerable management experience* elle a une expérience considérable de or dans la gestion / *to lack experience* manquer d'expérience or de pratique / *experience shows* or *proves that...* l'expérience démontre or montre or prouve que... / *I know from experience that he's not to be trusted* je sais par expérience qu'il ne faut pas lui faire confiance ▸ **to know from bitter experience** savoir pour en avoir fait la cruelle expérience ▸ **to speak from experience** parler en connaissance de cause / *in* or *from my (own) experience, (speaking) from personal experience* d'après mon expérience personnelle / *my experience has been* or *it has been my experience that...* d'après mon expérience... / *has that been your experience?* [do you agree?] avez-vous remarqué la même chose ? ▸ **to put sthg down to experience** tirer un enseignement or une leçon de qqch / *let's just put it down to experience* prenons-en notre parti / *it's all good experience* [as consolation] à quelque chose malheur est bon / *experience is the best teacher* l'expérience est le meilleur des enseignements **2.** [event] expérience *f* / *I had so many exciting experiences* j'ai vécu tant d'aventures passionnantes / *after this stressful experience* après ce stress / *how did you enjoy the American experience?* comment as-tu trouvé l'Amérique ? / *my first experience of French cooking / of a real Scottish New Year* la première fois que j'ai goûté à la cuisine française / que j'ai assisté à un vrai réveillon écossais / *the crossing promises to be quite an experience* la traversée promet d'être une expérience mémorable / *I hope it wasn't a nasty experience for you* j'espère que cela n'a pas été trop désagréable pour toi. ◆ vt **1.** [undergo - hunger, hardship, recession] connaître / *to experience military combat* faire l'expérience du combat militaire / *he experienced great difficulty in opening the door* il a eu beaucoup de mal à ouvrir la porte **2.** [feel - thrill, emotion, despair] sentir, ressentir / *she experienced a certain feeling of fear* elle a ressenti une certaine frayeur / *he is experiencing a great deal of anxiety at the moment* il est très angoissé en ce moment **3.** [have personal knowledge of] : *come and experience Manhattan* venez découvrir Manhattan / *if you've never experienced French cooking* si vous n'avez jamais goûté à la cuisine française / *to experience a real Scottish New Year* assister à un vrai réveillon écossais.

experienced [ɪk'spɪərɪənst] adj expérimenté / *we're looking for someone a bit more experienced* nous recherchons quelqu'un qui ait un peu plus d'expérience ▸ **to be experienced in sthg** avoir l'expérience de qqch ▸ **to be experienced at doing sthg** avoir l'habitude de faire qqch.

experiential [ɪkspɪərɪ'enʃəl] adj *fml* PHILOS empirique, expérientiel.

experiment [ɪk'sperɪmənt] ◆ n *lit & fig* expérience *f* ▸ **to carry out** or **to conduct an experiment** réaliser or effectuer une expérience ▸ **an experiment in sthg** une expérience de qqch / *experiments on animals* des expériences sur les animaux / *as an* or *by way of experiment* à titre d'expérience / *it's a bit of an experiment actually* [as modest apology] je vous préviens, c'est une innovation. ◆ vi faire une expérience or des expériences / *to experiment with a new technique* expérimenter une nouvelle technique / *to experiment with drugs* essayer la drogue / *to experiment on animals* faire des expériences sur les animaux.

experimental [ɪk,sperɪ'mentl] adj expérimental.

experimentally [ɪk,sperɪ'mentəlɪ] adv [by experimenting] expérimentalement ; [as an experiment] à titre expérimental.

experimentation [ɪk,sperɪmen'teɪʃn] n expérimentation *f.*

experimenter [ɪk'sperɪmentər] n expérimentateur *m,* -trice *f* / *I've always been a bit of an experimenter* j'ai toujours aimé faire des expériences.

expert ['ekspɜ:t] ◆ n expert *m*, spécialiste *mf* / *to be an expert on one's subject* / *in one's field* être un expert dans sa matière / dans son domaine / *he's an expert at archery* c'est un expert au tir à l'arc / *to ask an expert* consulter un spécialiste ▸ **to look at sthg with the eye of an expert** regarder qqch avec l'œil d'un expert / *I'm no expert, but...* je ne suis pas expert or spécialiste en la matière, mais... / *do it yourself, you're the expert!* fais-le toi-même, c'est toi l'expert! ◆ adj [person] expert ; [advice, opinion] autorisé, d'expert ▸ **to be expert at doing sthg** être expert à faire qqch ▸ **to be expert at sthg** être expert en qqch ▸ **to run** or **to cast an expert eye over sthg** jeter un œil expert sur qqch ▸ **expert testimony** LAW témoignage *m* d'expert ▸ **expert panel** commission *f* d'experts.

expertise [,ekspɜ:'ti:z] n compétence *f* d'expert, savoir-faire *m* ▸ **to do sthg with great expertise** faire qqch avec beaucoup de compétence.

expertly ['ekspɜ:tlɪ] adv d'une manière experte, expertement.

expertness ['ekspɜ:tnɪs] = **expertise.**

expert system n COMPUT système *m* expert.

expert witness n LAW expert *m* *(appelé comme témoin)* / *to appear* or *to be called as an expert witness* paraître or être appelé à la cour comme expert.

expiate ['ekspɪeɪt] vt *fml* expier.

expiation [,ekspɪ'eɪʃn] n *fml* expiation *f* / *in expiation of one's sins* en expiation de ses péchés.

expiatory ['ekspɪətərɪ] adj *fml* expiatoire.

expiration [,ekspɪ'reɪʃn] n **1.** *fml* [expiry] expiration *f* **2.** *fml* [exhalation] expiration *f* **3.** *arch & liter* [death] mort *f*.

expire [ɪk'spaɪər] vi **1.** [contract, lease, visa, etc.] expirer, arriver à terme **2.** [exhale] expirer **3.** *arch & liter* [die] expirer.

expiry [ɪk'spaɪərɪ] n [of contract, lease, visa, etc.] expiration *f*, échéance *f*.

expiry date n [of contract, lease, visa, etc.] date *f* d'expiration or d'échéance.

explain [ɪk'spleɪn] ◆ vt **1.** [clarify] expliquer / *he explained to us how the machine worked* il nous a expliqué comment la machine marchait ▸ **to explain sthg in full** expliquer qqch en détail / *she explained that she was a tourist in the city* elle a expliqué qu'elle était dans la ville en touriste / *that is easily explained* or *that is easy to explain* c'est facile à expliquer, cela s'explique facilement / *that explains everything* cela explique tout **2.** [account for] expliquer / *she's got a cold which explains* or *will explain why she's off work today* elle a un rhume, ce qui explique pourquoi elle ne travaille pas aujourd'hui ▸ **to explain o.s.** s'expliquer / *I think you'd better explain yourself* je crois que tu ferais mieux de t'expliquer. ◆ vi [clarify] expliquer / *I don't understand, you'll need to explain* je ne comprends pas, il va falloir que tu m'expliques / *you've got a bit of* or *a little* or *some explaining to do* il va falloir que tu t'expliques.

❖ **explain away** vt sep [justify, excuse] justifier / *explain that away if you can!* essayez donc de justifier cela!

explainable [ɪk'spleɪnəbl] adj [explicable] : *it's easily explainable* cela s'explique facilement, c'est facilement explicable.

explanation [,eksplə'neɪʃn] n **1.** [clarification] explication *f* / *the instructions for this new video need a bit of explanation* les instructions de ce nouveau magnétoscope nécessitent des explications ▸ **to give** or **to offer an explanation for sthg** donner une explication à qqch ▸ **to find an explanation for sthg** trouver une explication à qqch / *the lecturer gave an explanation of the term* le professeur a donné une explication de ce terme **2.** [justification] explication *f* / *I want an explanation!* je veux une explication! / *you'd better have a good explanation!* j'espère que tu as une bonne excuse or une explication valable!

explanatory [ɪk'splænətrɪ] adj explicatif.

explant [eks'plɑ:nt] ◆ vt explanter *(prélever en vue d'une culture in vitro)*. ◆ n explant *m*.

expletive [ɪk'spli:tɪv] ◆ n **1.** [swearword] juron *m* ▸ **a stream** or **string of expletives** un chapelet de jurons **2.** GRAM explétif *m*. ◆ adj GRAM explétif.

explicable [ɪk'splɪkəbl] adj explicable.

explicate ['eksplɪkeɪt] vt *fml* éclaircir, clarifier.

explicit [ɪk'splɪsɪt] adj [denial, meaning, support] explicite / *explicit sex and violence on the television* le sexe et la violence montrés ouvertement à la télévision / *sexually explicit* sexuellement explicite / *the film has some explicit scenes* certaines scènes du film peuvent choquer / *it contains explicit language* cela comporte des mots qui peuvent choquer.

> ⚠ **Explicite** means explicit, but it does not mean 'likely to cause offence'. See the entry for details.

explicitly [ɪk'splɪsɪtlɪ] adv explicitement.

explode [ɪk'spləʊd] ◆ vt [detonate] faire exploser or sauter ; *fig* [theory, myth, etc.] détruire, anéantir. ◆ vi [bomb, mine, etc.] exploser, sauter ; *fig* : *to explode with laughter* éclater de rire / *to explode into fits of giggles* partir dans des fous rires / *to explode with anger* exploser de colère / *the game exploded into life* le match s'est animé d'un seul coup / *the boxer exploded into action* le boxeur est entré en action d'une manière fulgurante / *the population exploded with the advent of the industrial revolution* l'avènement de la révolution industrielle a provoqué une explosion démographique.

exploded [ɪk'spləʊdɪd] adj **1.** [bomb, mine, etc.] qu'on a fait exploser ; *fig* [theory, myth, etc.] détruit, anéanti **2.** [view, diagram] éclaté.

exploit ◆ n ['eksplɔɪt] exploit *m*. ◆ vt [ɪk'splɔɪt] **1.** [workers] exploiter **2.** [natural resources] exploiter.

exploitable [ɪk'splɔɪtəbl] adj [resource] exploitable.

exploitation [,eksplɔɪ'teɪʃn] n [of workers, of natural resources] exploitation *f*.

exploitative [ɪk'splɔɪtətɪv] adj [practices] relevant de l'exploitation / *the company's exploitative attitude towards the workforce* la manière dont l'entreprise exploite la main-d'œuvre.

exploiter [ɪk'splɔɪtər] n **1.** [of workers] exploiteur *m*, -euse *f* **2.** [of natural resources] exploitant *m*, -e *f*.

exploration [,eksplə'reɪʃn] n **1.** [of place, problem] exploration *f* / *to set off on an exploration of the world* partir explorer le monde, se lancer à la découverte du monde / *voyage of exploration* voyage *m* d'exploration **2.** MED exploration *f*.

exploratory [ɪk'splɒrətrɪ] adj [journey] d'exploration ; [talks, discussions] exploratoire ▸ **exploratory drilling** forage *m* d'exploration ▸ **exploratory surgery** chirurgie *f* exploratrice.

explore [ɪk'splɔ:r] ◆ vt **1.** [country] explorer ; [town] découvrir / *she explored her new filling with the tip of her tongue* elle a tâté son nouveau plombage du bout de la langue **2.** [issue, possibility, problem] explorer, examiner / *to explore every avenue fig* explorer toutes les voies or solutions possibles / *to explore the ground fig* tâter le terrain **3.** MED explorer, sonder. ◆ vi faire une exploration / *let's go exploring* **a)** [in the woods, countryside, etc.] partons en exploration **b)** [in a city] allons découvrir la ville.

explorer [ɪk'splɔ:rər] n **1.** [person] explorateur *m*, -trice *f* **2.** [instrument] sonde *f*.

explosion [ɪk'spləʊʒn] n **1.** [of bomb, gas] explosion *f* / *an explosion ripped through the building* une explosion a ébranlé le bâtiment ; *fig* : *an explosion of anger* une explosion de colère / *there was an explosion of laughter from the dining room* une explosion or une tempête de rires est arrivée de la salle à manger **2.** [act of exploding] explosion *f*.

explosive [ɪk'spləʊsɪv] ◆ adj **1.** explosif ; [gas] explosible ▸ **explosive device** dispositif *m* explosif ▸ **explosive situation** *fig* situation *f* explosive **2.** LING explosif. ◆ n **1.** [in bomb] explosif *m* ▸ **high explosive** explosif puissant ▸ **explosives expert** expert *m*, -e *f* en explosifs **2.** LING explosive *f*.

explosive belt n ceinture *f* explosive.

expo ['ekspəʊ] (*pl* **expos**) n [exhibition] expo *f*.

exponent [ɪk'spəʊnənt] n **1.** [of idea, theory] apôtre *m*, avocat *m*, -e *f* ; [of skill] représentant *m*, -e *f* / *he is a leading exponent of this theory* il est l'un des plus fervents apôtres de cette théorie **2.** MATH exposant *m*.

exponential [,ekspə'nenʃl] adj exponentiel.

exponentially [,ekspə'nenʃəlɪ] adv de manière exponentielle.

export ◆ n ['ekspɔ:t] **1.** [action] exportation *f* / *for export only* réservé à l'exportation **2.** [product] exportation *f* ▸ **visible** / **invisible exports** exportations visibles / invisibles. ◆ comp [duty, licence, trade] d'exportation ▸ **export agent** commissionnaire *m* exportateur ▸ **export ban** interdiction *f* d'exporter ▸ **export drive** campagne *f* visant à stimuler l'exportation ▸ **export-driven** [expansion, recovery] basé or centré sur les exportations ▸ **export earnings** revenus *mpl* or recettes *fpl* de l'exportation ▸ **export-intensive** [country] fortement exportateur ▸ **export reject** produit *m* impropre à l'exportation. ◆ vt [ɪk'spɔ:t] **1.** *lit & fig* exporter / *to export goods to other countries* exporter des marchandises vers d'autres pays **2.** COMPUT exporter. ◆ vi [ɪk'spɔ:t] exporter / *the firm exports all over the world* l'entreprise exporte dans le monde entier ▸ **exporting company** société exportatrice.

exportable [ɪk'spɔ:təbl] adj exportable.

exportation [,ekspɔ:'teɪʃn] n *fml* exportation *f*.

exporter [ek'spɔ:tər] n exportateur *m*, -trice *f*.

expose [ɪk'spəʊz] vt **1.** [uncover] découvrir ; PHOT exposer / *her low-cut dress leaves her shoulders exposed* sa robe décolletée découvre or laisse voir ses épaules ▸ **to expose sb** / **sthg to sthg** exposer qqn / qqch à qqch / *to be exposed to attack* être exposé aux attaques / *he was exposed to German from the age of five* il a été au contact de l'allemand depuis l'âge de cinq ans ▸ **to expose sthg to view** exposer qqch à la vue ▸ **to expose o.s.** [exhibitionist] s'exhiber / *to expose oneself is an offence* l'exhibitionnisme est un délit ▸ **to expose o.s. to sthg** [to criticism, ridicule, risk] s'exposer à qqch **2.** [reveal, unmask -plot] découvrir ; [-spy] découvrir, démasquer.

exposé [eks'pəʊzeɪ] n PRESS révélations *fpl* / *the newspaper's exposé of the MP's activities* les révélations du journal sur les activités du parlementaire.

exposed [ɪk'spəʊzd] adj [location, house, position, etc.] exposé ; TECH [parts, gears] apparent, à découvert ; ARCHIT [beam] apparent / *the troops are in an exposed position* les soldats sont à découvert / *in an exposed position fig* dans une position précaire.

exposition [,ekspə'zɪʃn] n **1.** [explanation] exposé *m* **2.** [exhibition] exposition *f*.

expostulate [ɪk'spɒstʃʊleɪt] vi *fml* récriminer ▸ **to expostulate with sb about sthg** récriminer contre qqn à propos de qqch.

expostulation [ɪk,spɒstʃʊ'leɪʃn] n *fml* récrimination *f*.

exposure [ɪk'spəʊʒər] n **1.** [to harm, radiation] exposition *f* / *exposure to danger is something he encounters daily* il est quotidiennement exposé au danger **2.** [to cold] : *to suffer from (the effects of) exposure* souffrir des effets d'une exposition au froid / *to die of exposure* mourir de froid **3.** [unmasking, revealing -of crime, scandal] révélation *f*, divulgation *f* **4.** PHOT pose *f* / *a film with 24 exposures* une pellicule de 24 poses ▸ **exposure counter** compteur *m* de prises de vue ▸ **exposure time** temps *m* de pose **5.** [position of house] exposition *f* / *the building has a southern exposure* le bâtiment est exposé au sud **6.** [media coverage] couverture *f* / *to receive a lot of exposure* [book, person] faire l'objet d'une couverture médiatique importante / *pop stars suffer from too much media exposure* les stars de la musique pop sont l'objet d'une attention excessive des média.

exposure meter n exposimètre *m*, posemètre *m*.

expound [ɪk'spaʊnd] vt exposer.

express [ɪk'spres] ◆ n **1.** [train] express *m* / *to travel by express* voyager en express **2.** [system of delivery] exprès *m* ▸ **the Express** PRESS *nom abrégé du «Daily Express»*. ◆ adj **1.** [clear - instructions, purpose] clair / *with the express intention of...* avec la claire intention de... **2.** [fast - delivery, messenger] express ▸ **express company** entreprise *f* de livraison exprès ▸ **express train** train *m* express, express *m*. ◆ adv [send] en exprès. ◆ vt **1.** [voice, convey] exprimer / *to express an interest in (doing) sthg* manifester de l'intérêt pour (faire) qqch / *she expresses her feelings by painting* elle exprime ses sentiments par or à travers la peinture / *the two men expressed optimism that a peaceful solution would be found* les deux hommes se sont montrés optimistes quant à un règlement pacifique ▸ **to express o.s.** s'exprimer ▸ **to express o.s. through sthg** s'exprimer par or à travers qqch **2.** [render in a different form] exprimer / *it's difficult to express this idea in Russian* cette idée est difficile à exprimer en russe / *to express sthg as a fraction* MATH exprimer qqch sous la forme d'une fraction **3.** *fml* [juice] extraire, exprimer ; [milk] tirer **4.** [send] envoyer en exprès.

expression [ɪk'spreʃn] n **1.** [of feelings, thoughts, friendship] expression *f* / *as an expression of our thanks, we took her out for a meal* pour lui exprimer nos remerciements, nous l'avons emmenée dîner au restaurant / *we'd like you to have it as an expression of our gratitude* nous vous l'offrons en témoignage de notre reconnaissance ▸ **to give expression to sthg** exprimer qqch / *her feelings found expression in music* ses sentiments trouvèrent leur expression dans la musique ▸ **freedom of expression** liberté *f* d'expression **2.** [feeling - in art, music] expression *f* / *to play / to paint with expression* jouer / peindre avec expression / *he puts a lot of expression into what he plays* il met beaucoup d'expression dans ce qu'il joue **3.** [phrase] expression *f* ▸ **set** or **fixed expression** LING expression or locution *f* figée or toute faite ▸ **algebraic expression** MATH expression algébrique **4.** [facial] expression *f* / *I could tell by her expression* je voyais bien à son expression.

expressionism [ɪk'spreʃənɪzm] n ART expressionnisme *m*.

expressionist [ɪk'spreʃənɪst] ◆ adj ART expressionniste. ◆ n ART expressionniste *mf*.

expressionistic [ɪk,spreʃə'nɪstɪk] adj ART expressionniste.

expressionless [ɪk'spreʃənlɪs] adj [face, person] inexpressif, sans expression ; [voice] inexpressif, éteint, terne / *the accused sat expressionless in the dock* l'inculpé était assis sans expression au banc des accusés.

expressive [ɪk'spresɪv] adj [face, gesture, smile] expressif ▸ **to be expressive of sthg** être indicatif de qqch.

expressively [ɪk'spresɪvlɪ] adv [gesture, smile] avec expression.

expressiveness [ɪk'spresɪvnɪs] n [of face, gesture, smile] expressivité *f*.

expressly [ɪk'spreslɪ] adv expressément / *I expressly forbid you to leave* je vous interdis formellement de partir.

expressman [ɪk'spresmæn] (*pl* **expressmen** [-men]) n US messager *m* d'une compagnie de livraison exprès.

expresso n expresso *m*.

expresso maker n machine *f* à expresso.

expressway [ɪk'spresweɪ] n US autoroute *f*.

expropriate [eks'prəʊprɪeɪt] vt exproprier.

expropriation [eks,prəʊprɪ'eɪʃn] n expropriation *f*.

expulsion [ɪk'spʌlʃn] n **1.** [from party, country] expulsion *f* ; [from school] renvoi *m* **2.** [of breath] expulsion *f*.

expunge [ɪk'spʌndʒ] vt *fml* [delete] supprimer, effacer ; [from memory] effacer.

expurgate ['ekspəgeɪt] vt [book, play] expurger ▸ **expurgated edition** édition *f* expurgée.

exquisite [ɪk'skwɪzɪt] adj **1.** [food, beauty, manners] exquis ; [jewellery, craftsmanship] raffiné / *a face of exquisite beauty* un visage d'une beauté exquise **2.** [intense - pleasure, pain, thrill] intense.

exquisitely [ɪk'skwɪzɪtlɪ] adv **1.** [superbly] de façon exquise / *exquisitely carved* finement sculpté / *exquisitely polite* d'une exquise courtoisie / *an exquisitely timed interjection* une interjection exquisément opportune **2.** [intensely] intensément.

ex-service adj UK retraité de l'armée.

ex-serviceman (*pl* **ex-servicemen**) n retraité *m* de l'armée.

ex-servicewoman (*pl* **ex-servicewomen**) n retraitée *f* de l'armée.

ext. (written abbr of extension) : *ext. 4174* p. 4174.

extant [ek'stænt] adj *fml* encore existant.

extemporaneous [ɪk,stempə'reɪnjəs], **extemporary** [ɪk'stempərərɪ] adj improvisé, impromptu.

extempore [ɪk'stempərɪ] ◆ adj improvisé, impromptu. ◆ adv [speak] impromptu.

extemporize [ɪk'stempəraɪz] ◆ vt [speech, piece of music] improviser. ◆ vi [speaker, musician] improviser.

extend [ɪk'stend] ◆ vt **1.** [stretch out - arm, leg] étendre, allonger ; [- wings] ouvrir, déployer ; [- aerial] déplier, déployer ▸ **to extend one's hand to sb** tendre la main à qqn **2.** [in length, duration - guarantee, visa, news programme] prolonger ; [- road, runway] prolonger, allonger / *they extended his visa by six months* on a prolongé son visa de six mois **3.** [make larger, widen - frontiers, law, enquiry, search] étendre ; [- building] agrandir ; [- vocabulary] enrichir, élargir / *the company decided to extend its activities into the export market* la société a décidé d'étendre ses activités au marché de l'exportation **4.** [offer - friendship, hospitality] offrir ; [- thanks, condolences, congratulations] présenter ; [- credit] accorder ▸ **to extend an invitation to sb** faire une invitation à qqn ▸ **to extend a welcome to sb** souhaiter la bienvenue à qqn **5.** [stretch - horse, person] pousser au bout de ses capacités or à son maximum ▸ **to extend o.s. in a race** se donner à fond dans une course. ◆ vi **1.** [protrude - wall, cliff] avancer, former une avancée **2.** [stretch - country, forest, hills, etc.] s'étendre / *the queue extended all the way down the street* il y avait la queue jusqu'au bout de la rue ; *fig* : *the parliamentary recess extends into October* les vacances parlementaires se prolongent jusqu'en octobre / *the laughter extended to the others in the room* le rire a gagné le reste de la salle / *the legislation does not extend to single mothers* la législation ne concerne pas les mères célibataires.

extendable [ɪk'stendəbl] adj **1.** [in space] ▸ **extendable aerial** antenne *f* télescopique ▸ **extendable ladder** échelle *f* à coulisse **2.** [in time - contract, visa] renouvelable / *tenancy extendable by one year* contrat de location pouvant être prolongé d'un an.

extended [ɪk'stendɪd] adj **1.** [in time - contract, visit] prolongé / *the firm gave him an extended contract* la société a reconduit son contrat / *to be on extended leave* être en arrêt prolongé / *owing to the extended news bulletin* en raison de la prolongation du bulletin d'informations ▸ **extended coverage** [on radio, TV] *informations détaillées sur un événement* **2.** [larger, wider - frontiers, enquiry, search] étendu ▸ **extended coverage** [in insurance] couverture *f* multirisque ▸ **extended credit** : *the bank granted him extended credit* la banque lui a accordé un crédit à long terme **3.** [in space] étendu, allongé ; [building] agrandi.

extended family n ▸ **the extended family** la famille élargie.

extendible [ɪk'stendəbl] = **extendable**.

extending [ɪk'stendɪŋ] ◆ adj [table] à rallonge or rallonges ; [ladder] à coulisse. ◆ n **1.** [of arm, leg, freedom] extension *f* **2.** [of contract, visa, road] prolongation *f*.

extensible [ɪk'stensəbl] = **extendable**.

extension [ɪk'stenʃn] n **1.** [of arm, legislation, frontiers] extension *f* **2.** [of house, building] ▸ **to build an extension onto** agrandir / *do you like the new extension?* **a)** [to the house] la nouvelle partie de la maison vous plaît-elle ? **b)** [of library, museum, etc.] la nouvelle aile vous plaît-elle ? **3.** [of motorway] prolongement *m* **4.** [of contract, visa, time period] prolongation *f* / *to ask for / to get an extension* [to pay, hand in work] demander / obtenir un délai / *the bar's been granted an extension* le bar a obtenu une prolongation de ses heures d'ouverture **5.** [telephone - in office building] poste *m* ; [- in house] poste *m* supplémentaire / *can I have extension 946?* pouvez-vous me passer le poste 946 ? **6.** ELEC prolongateur *m*, rallonge *f*.

❖ **by extension** adv phr par extension.

extension college n collège *m* de formation permanente.

extension cord US n = **extension lead**.

extension course n cours *m* de formation permanente.

extension ladder n échelle *f* à coulisse.

extension lead n UK prolongateur *m*, rallonge *f*.

extensive [ɪk'stensɪv] adj [desert, powers, knowledge] étendu ; [damage] important, considérable ; [tests, research, investigation] approfondi ; AGR extensif / *the area is remarkable for its extensive tree cover* cette région se distingue par l'étendue considérable de ses bois / *the issue has been given extensive coverage in the media* ce problème a été largement traité dans les médias / *to make extensive use of sthg* beaucoup utiliser qqch, faire un usage considérable de qqch.

⚠ Extensive should only be translated by **extensif** in the agricultural sense.

extensively [ɪk'stensɪvlɪ] adv [damaged, altered, revised] considérablement ; [quote] abondamment ; [travel, read] beaucoup ; [discuss] en profondeur / *the car has been extensively tested* la voiture a subi des tests approfondis or poussés / *to research sthg extensively* faire des recherches approfondies sur qqch / *to use sthg extensively* beaucoup utiliser qqch, faire un usage considérable de qqch.

extensor [ɪk'stensər] n ANAT extenseur *m*.

extent [ɪk'stent] n **1.** [size, range - of ground, damage, knowledge] étendue *f* ; [- of debts] importance *f* / *trees ran along the entire extent of the boulevard* des arbres longeaient le boulevard sur toute sa longueur / *debts to the extent of £1,000* dettes d'une valeur or d'un montant de 1 000 livres **2.** [degree] mesure *f*, degré *m* / *these figures show the extent to which tourism has been affected* ces chiffres montrent à quel point le tourisme a été affecté / *to what extent?* dans quelle mesure ? ▸ **to that extent** sur ce point, à cet égard ▸ **to the extent that...** or **to such an extent that...** à tel point que...

❖ **to a large extent, to a great extent** adv phr dans une large mesure, en grande partie.

❖ **to an extent, to some extent, to a certain extent** adv phr dans une certaine mesure, jusqu'à un certain point or degré.

extenuate [ɪk'stenjʊeɪt] vt atténuer.

extenuating [ɪk'stenjʊeɪtɪŋ] adj ▸ **extenuating circumstances** circonstances *fpl* atténuantes.

extenuation [ɪk,stenjʊ'eɪʃn] n atténuation *f*.

exterior [ɪk'stɪərɪər] ◆ adj extérieur ▸ **exterior angle** MATH angle externe ▸ **exterior to** extérieur à. ◆ n [of house, building] extérieur *m* ; [of person] apparence *f*, dehors *m* / *our house has a whitewashed exterior* notre maison a une façade blanchie à la chaux.

exteriorize [ɪk'stɪərɪəraɪz] vt extérioriser.

exterminate [ɪk'stɜːmɪneɪt] vt [pests] exterminer ; [race, people] exterminer, anéantir.

extermination [ɪk,stɜːmɪ'neɪʃn] n [of pests] extermination *f* ; [of race, people] extermination *f*, anéantissement *m*.

exterminator [ɪk'stɜːmɪneɪtər] n [person - gen] exterminateur *m*, -trice *f* ; [- of rats, mice] dératiseur *m* ; [poison] mort-aux-rats *f inv*.

extern ['ekstɜːn] n US MED externe *mf*.

external [ɪk'stɜːnl] ◆ adj [events, relations, trade, wall] extérieur ▸ **external debt** ECON dette *f* extérieure ▸ **external degree** UK *diplôme délivré par une université à des étudiants libres* ▸ **external device** COMPUT dispositif *m* externe, périphérique *m* ▸ **external ear** oreille *f* externe ▸ **external examiner** UNIV examinateur *m*, -trice *f* venant de l'extérieur ▸ **external financing** FIN financement *m* externe ▸ **external pressure** **a)** [on person] pression *f* de l'extérieur **b)** [on device] pression *f* extérieure or du dehors ▸ **'for external use only'** PHARM 'à usage externe uniquement'. ◆ n *(usu pl)* : *he judges people by externals* il juge les gens sur leur apparence.

externalize, externalise [ɪk'stɜːnəlaɪz] vt extérioriser.

externally [ɪk'stɜːnəlɪ] adv à l'extérieur / **'to be used externally'** PHARM 'à usage externe'.

externe ['ekstɜːn] = **extern**.

extinct [ɪk'stɪŋkt] adj [species, race] disparu / *extinct volcano* volcan *m* éteint / *the horse and plough are nearly extinct* le cheval et la charrue sont en voie d'extinction / *to become extinct* **a)** [species, tradition] s'éteindre disparaître **b)** [method] disparaître.

extinction [ɪk'stɪŋkʃn] n [of race, species] extinction *f*, disparition *f* ; [of fire] extinction *f* / *to be threatened with extinction* être menacé d'extinction / *to threaten sthg with extinction* menacer qqch d'extinction / *to hunt an animal to extinction* chasser un animal jusqu'à extinction de l'espèce.

extinguish [ɪk'stɪŋgwɪʃ] vt [fire, candle, etc.] éteindre ; *fig* [memory] effacer.

extinguisher [ɪk'stɪŋgwɪʃər] n extincteur *m*.

extirpate ['ekstəpeɪt] vt *fml* extirper.

extirpation [,ekstə'peɪʃn] n *fml* extirpation *f*.

extn. = **ext.**

extol, extoll US [ɪk'stəʊl] *(pt & pp* **extolled**, *cont* **extolling**) vt *fml* [person] chanter les louanges de ; [system, virtues, merits] vanter.

extort [ɪk'stɔːt] vt [money] extorquer, soutirer ; [confession, promise] extorquer, arracher ▸ **to extort money from sb** extorquer or soutirer de l'argent à qqn.

extortion [ɪk'stɔːʃn] n [of money, promise, confession] extorsion *f* / *that's sheer extortion!* [very expensive] c'est du vol pur et simple !

extortionate [ɪk'stɔːʃnət] adj [price, demand] exorbitant, démesuré / *that's extortionate!* [very expensive] c'est exorbitant or du vol !

extortionately [ɪk'stɔːʃnətlɪ] adv démesurément, excessivement.

extortioner [ɪk'stɔːʃnər], **extortionist** [ɪk'stɔːʃnɪst] n extorqueur *m*, -euse *f*.

extra ['ekstrə] ◆ adj **1.** [additional] supplémentaire / *there are some extra questions overleaf* il y a des questions supplémentaires au dos / *I put an extra jumper on* j'ai mis un pull en plus / *extra revision classes* des cours de révision supplémentaires or en plus / *he made an extra effort to get there on time* il a redoublé d'efforts pour y arriver à l'heure / *as an extra precaution* pour plus de précaution / *an extra helping of cake* une autre part de gâteau / *no extra charge / cost* aucun supplément de prix / frais supplémentaire / *service / VAT is extra* le service / la TVA est en supplément / *extra pay* supplément de salaire / *she asked for an extra £2* elle a demandé 2 livres de plus / *at no extra charge* sans supplément de prix ▸ **extra time** **a)** [to pay, finish, etc.] délai *m* **b)** SPORT prolongations *fpl* / *the game has gone into extra time* les joueurs sont en train de jouer les prolongations **2.** [spare] en plus / *an extra sheet of paper* une feuille en plus. ◆ adv **1.** [extremely - polite, kind] extrêmement ; [- strong, white] super- / *to work extra hard* travailler d'arrache-pied / *extra dry* **a)** [wine] très sec **b)** [champagne, vermouth] extra-dry *(inv)* / *extra fine* [flour, sugar] extrafin, surfin / *extra smart* [dress, outfit] super chic, ultra-chic / *for an extra white wash* pour un linge extra-blanc **2.** [in addition] plus, davantage / *to pay extra for a double room* payer plus or un supplément pour une chambre double. ◆ n **1.** [addition] supplément *m* / *the paper comes with a business extra* le journal est vendu avec un supplément affaires / *a car with many extras* une voiture avec de nombreux accessoires en option **2.** [in film] figurant *m*, -e *f* **3.** [additional charge] supplément *m* **4.** [luxury] ▸ **little extras** petits extras *mpl* or luxes *mpl*.

extra- in comp extra- ▸ **extra-large** grande taille ▸ **extra-special** ultra-spécial / *you'll have to take extra-special care over it* il faudra que tu y fasses super attention.

extract ◆ vt [ɪk'strækt] **1.** [take out - juice, oil, bullet] extraire ; [- tooth] arracher, extraire ; [- cork] ôter, enlever / *he extracted a comb from his pocket* il tira un peigne de sa poche / *to extract a quotation from a passage* extraire or tirer une citation d'un passage **2.** [obtain - information] soutirer, arracher ; [- money] soutirer / *to extract a confession from sb* soutirer or arracher un aveu à qqn. ◆ n ['ekstrækt] **1.** [from book, piece of music] extrait *m* **2.** [substance] extrait *m* ; PHARM extrait *m*, essence *f* / *beef / malt / vegetable extract* extrait de bœuf / de malt / de légumes.

extraction [ɪk'strækʃn] n **1.** [removal - of juice, oil, bullet] extraction *f* ; [- of tooth] extraction *f*, arrachage *m* **2.** [descent] extraction *f* / *of noble / humble extraction* de noble / modeste extraction / *he is of Scottish extraction* il est d'origine écossaise.

extractor [ɪk'stræktər] n [machine, tool] extracteur *m* ; [fan] ventilateur *m*, aérateur *m*.

extractor fan n ventilateur *m*, aérateur *m*.

extractor hood n [on stove] hotte *f* aspirante.

extracurricular [,ekstrəkə'rɪkjʊlər] adj SCH hors programme, extrascolaire ; UNIV hors programme ▸ **extra-curricular activities** activités *fpl* extrascolaires.

extraditable ['ekstrə,daɪtəbl] adj passible d'extradition.

extradite ['ekstrədaɪt] vt [send back] extrader ; [procure extradition of] obtenir l'extradition de.

extradition [,ekstrə'dɪʃn] ◆ n extradition *f* ▸ **to request / to obtain the extradition of sb** demander / obtenir l'extradition de qqn. ◆ comp [order, treaty] d'extradition.

extragalactic [,ekstrəgə'læktɪk] adj extragalactique.

extrajudicial [,ekstrədʒuː'dɪʃl] adj extrajudiciaire.

extramarital [,ekstrə'mærɪtl] adj extraconjugal ▸ **extramarital relations** relations *fpl* extraconjugales ▸ **extramarital sex** rapports *mpl* extraconjugaux.

extramural [,ekstrə'mjʊərəl] adj **1.** UNIV [course, studies, activities] ▸ **Department of Extramural Studies** ≃ Institut *m* d'éducation permanente **2.** [district] extra-muros.

extraneous [ɪk'streɪnjəs] adj **1.** [irrelevant - idea, point, consideration, issue] étranger, extérieur ▸ **to be extraneous to sthg** **a)** [idea, point, issue] être étranger à qqch **b)** [detail] être sans rapport avec qqch **2.** [from outside - noise, force] extérieur.

extranet n extranet *m*.

extraordinarily [ɪk'strɔːdnrəlɪ] adv **1.** [as intensifier] extraordinairement, incroyablement / *what an extraordinarily well taken goal!* quel tir extraordinaire ! / *that play was extraordinarily badly acted* cette pièce était incroyablement mal jouée / *it took an extraordinarily long time to get there* nous avons mis un temps incroyable pour arriver **2.** [unusually] extraordinairement, d'une manière inhabituelle.

extraordinary [ɪk'strɔːdnrɪ] adj **1.** [remarkable] extraordinaire / *quite extraordinary!* absolument extraordinaire ! / *(why,) that's* or *how extraordinary!* c'est extraordinaire or incroyable ! **2.** [surprising, unusual - story] inouï, invraisemblable ; [- house] curieux, singulier ; [- appearance, outfit] insolite, singulier ; [- event] invraisemblable ; [- behaviour, speech] étonnant, surprenant **3.** [additional - meeting, session] extraordinaire.

extraordinary rendition n US restitution *f* extraordinaire *(transfèrement de terroristes présumés vers des pays collaborant avec les services américains).*

extrapolate [ɪk'stræpəleɪt] ◆ vt [infer from facts] déduire par extrapolation ; MATH établir par extrapolation / *if we extrapolate these figures* **a)** [use them as a basis] si nous extrapolons à partir de ces chiffres **b)** [arrive at by extrapolation] si nous déduisons ces chiffres par extrapolation / *to extrapolate a curve on a graph* tracer une courbe par extrapolation. ◆ vi extrapoler ▸ **to extrapolate from sthg** extrapoler à partir de qqch.

extrapolation [ɪk,stræpə'leɪʃn] n extrapolation *f*.

extrasensory [,ekstrə'sensərɪ] adj extrasensoriel ▸ **extrasensory perception** perception *f* extrasensorielle.

extrasolar adj extrasolaire.

extra-special ◆ n PRESS [evening newspaper] deuxième édition *f* spéciale. ◆ adj : *you'll have to take extra-special care over it* il faudra que tu y fasses particulièrement attention / *an extra-special wine for those extra-special occasions* un grand vin pour les grandes occasions / *I've bought an extra-special bottle of wine for your birthday* j'ai acheté une très bonne bouteille de vin spécialement pour ton anniversaire ▸ **extra-special edition** PRESS [of evening newspaper] deuxième édition *f* spéciale.

extraterrestrial [,ekstrətə'restrɪəl] ◆ adj extraterrestre. ◆ n extraterrestre *mf*.

extraterritorial ['ekstrə,terɪ'tɔːrɪəl] adj [possessions] situé hors du territoire national ; [rights] d'exterritorialité, d'extraterritorialité.

extraterritoriality ['ekstrəterɪ,tɔːrɪ'ælətɪ] n exterritorialité *f*, extraterritorialité *f*.

extrauterine [,ekstrə'juːtəraɪn] adj extra-utérin.

extravagance [ɪk'strævəgəns] n **1.** [wasteful spending] dépenses *fpl* extravagantes / *a piece of extravagance* une folie **2.** [extravagant purchase] folie *f* / *to allow o.s. little extravagances* se permettre des petites folies.

extravagant [ɪk'strævəgənt] adj **1.** [wasteful, profligate - person] dépensier, prodigue ; [- tastes] coûteux, de luxe / *that was much too extravagant of you* tu as fait des folies / *I think you're being a bit extravagant, having the central heating on all the time* je trouve que c'est du gaspillage de laisser le chauffage central allumé en permanence comme tu le fais / *to be extravagant with one's money* être gaspilleur or dépensier, gaspiller son argent **2.** [exaggerated - idea, opinion] extravagant ; [- claim, behaviour, prices] extravagant, excessif / *to make extravagant claims* avoir des prétentions exagérées or excessives / *his extravagant prose style* le style excessif de sa prose.

extravagantly [ɪk'strævəgəntlɪ] adv **1.** [wastefully] : *to spend money extravagantly* jeter l'argent par les fenêtres / *to live extravagantly* vivre sur un grand pied / *to entertain extravagantly* recevoir sans regarder à la dépense / *an extravagantly furnished room* une pièce meublée à grands frais or luxueusement meublée / *extravagantly overpriced goods* marchandises à des prix excessifs **2.** [exaggeratedly - behave, act, talk] de manière extravagante ; [- praise] avec excès / *"I'm so hungry I could eat a horse", he claimed extravagantly* « j'ai si faim que je pourrais manger un cheval », exagéra-t-il / *extravagantly worded claims* des affirmations exagérées or excessives.

extravaganza [ɪk,strævə'gænzə] n [lavish performance] œuvre *f* à grand spectacle.

extravehicular [,ekstrəvɪ'hɪkjʊlər] adj ASTRONAUT extravéhiculaire.

extravert ['ekstrəvɜːt] = **extrovert**.

extra-virgin adj [olive oil] extra vierge.

extreme [ɪk'striːm] ◆ adj **1.** [heat, pain, views, measures] extrême / *they live in extreme poverty* ils vivent dans une misère extrême / *to be in extreme pain* souffrir terriblement or atrocement / *to be extreme in one's beliefs* être extrême dans ses convictions / *the extreme left wing of the party* l'aile d'extrême gauche du parti / *extreme old age* grand âge *m* ▸ **extreme sports** sports *mpl* extrêmes **2.** [furthest away] extrême / *at the extreme end of the platform* à l'extrémité du quai / *on the extreme right of the screen* à l'extrême droite de l'écran / *they are extreme opposites of the political spectrum* ils sont aux deux extrémités de l'éventail politique. ◆ n extrême *m* / *extremes of temperature* extrêmes de température ▸ **to go to extremes** exagérer ▸ **to take** or **to carry sthg to extremes, to go to extremes with sthg** pousser qqch à l'extrême ▸ **to be driven to extremes** être poussé à bout ▸ **to go from one extreme to the other** aller or passer d'un extrême à l'autre / *don't go to the opposite extreme* ne tombe pas dans l'extrême inverse.

❖ **in the extreme** adv phr à l'extrême / *polite / careful in the extreme* poli / soigneux à l'extrême.

extremely [ɪk'stri:mlɪ] adv [as intensifier] extrêmement.

extreme sport n sport *m* extrême.

extreme unction n RELIG extrême-onction *f*.

extremis [ɪk'stri:mɪs] ❖ **in extremis** adv phr en dernier recours, au pire / *we'll use him in extremis* nous ne ferons appel à lui qu'en dernier recours.

extremism [ɪk'stri:mɪzm] n POL extrémisme *m*.

extremist [ɪk'stri:mɪst] ◆ adj extrémiste. ◆ n extrémiste *mf*.

extremity [ɪk'streməti] (*pl* **extremities**) n **1.** [furthermost tip] extrémité *f* / *at the southernmost extremity of the peninsula* à l'extrémité sud de la péninsule **2.** *(usu pl)* [hand, foot] ▸ **the extremities** les extrémités *fpl* **3.** [extreme nature - of belief, view, etc.] extrémité *f* **4.** [adversity, danger] extrémité *f* / *she was reduced to the extremity of selling the family house* elle s'est vue réduite à vendre la maison familiale ▸ **to help sb in their extremity** aider qqn dans son malheur **5.** *(usu pl)* [extreme measure] extrémité *f* / *to resort to extremities* en venir à des extrêmes / *to drive sb to extremities* pousser or conduire qqn à des extrêmes.

extricate ['ekstrɪkeɪt] vt [thing] extirper, dégager ; [person] dégager / *to extricate o.s. from a tricky situation* se sortir or se tirer d'une situation délicate / *to extricate o.s. from a boring conversation* s'échapper d'une conversation ennuyeuse.

extrinsic [ek'strɪnsɪk] adj extrinsèque.

extrinsically [ek'strɪnsɪklɪ] adv extrinsèquement.

extroversion [,ekstrə'vɜ:ʃn] n PSYCHOL extraversion *f*, extroversion *f*.

extrovert ['ekstrəvɜ:t] ◆ adj PSYCHOL extraverti, extroverti. ◆ n PSYCHOL extraverti *m*, -e *f*, extroverti *m*, -e *f* / *he's an extrovert* c'est un extraverti.

extrude [ɪk'stru:d] ◆ vt **1.** TECH [metals, plastics] extruder **2.** *fml* [force out - lava] extruder. ◆ vi [protrude] déborder, s'avancer.

extruded [ɪk'stru:dɪd] adj extrudé.

extrusion [ɪk'stru:ʒn] n **1.** TECH [of metal, plastic] extrusion *f* **2.** *fml* [action] extraction *f* **3.** [protrusion] extrusion *f*.

extrusive [ɪk'stru:sɪv] adj [rock] effusif.

exuberance [ɪg'zju:bərəns] n **1.** [of person, writing] exubérance *f* / *to be full of exuberance* être plein d'exubérance / *youthful / natural exuberance* exubérance juvénile / naturelle **2.** [of vegetation] exubérance *f*.

exuberant [ɪg'zju:bərənt] adj **1.** [person, mood, style] exubérant **2.** [vegetation] exubérant.

exuberantly [ɪg'zju:bərəntlɪ] adv avec exubérance.

exude [ɪg'zju:d] ◆ vi [liquid, sap, blood, etc.] exsuder. ◆ vt [blood, sap] exsuder ; *fig* [confidence, love] déborder de.

exult [ɪg'zʌlt] vi [rejoice] exulter, jubiler ; [triumph] exulter / *to exult at* or *in one's success* [rejoice] se réjouir de son succès / *to exult over defeated opponents* [triumph] exulter de la défaite de ses adversaires.

exultant [ɪg'zʌltənt] adj [feeling, shout, look] d'exultation ; [mood, crowd] jubilant / *to look exultant* avoir l'air d'exulter / *to be* or *to feel exultant* exulter.

exultantly [ɪg'zʌltəntlɪ] adv avec exultation.

exultation [,egzʌl'teɪʃn] n exultation *f*.

exurbia [eks'ɜ:bɪə] n US grande banlieue *f* résidentielle.

ex-voto [eks'vəʊtəʊ] ◆ adj RELIG ▸ **an ex-voto offering** un ex-voto. ◆ n RELIG ex-voto *m inv*.

ex-wife n ex-femme *f*.

eye [aɪ] (*cont* **eyeing** *or* **eying**) ◆ n **1.** [organ] œil *m* / *to have green eyes* avoir les yeux verts / *a girl with green eyes* une fille aux yeux verts / *before your very eyes!* sous vos yeux ! / *look me in the eye and say that* regarde-moi bien dans les yeux et dis-le-moi / *I saw it with my own eyes* je l'ai vu de mes yeux vu or de mes propres yeux / *with one's eyes closed / open* les yeux fermés / ouverts / *she can't keep her eyes open fig* elle dort debout / *I could do it with my eyes closed* je pourrais le faire les yeux fermés / *he went into it with his eyes open* il s'y est lancé en toute connaissance de cause **2.** [gaze] regard *m* / *her eyes fell on the letter* son regard est tombé sur la lettre / *the film looks at the world through the eyes of a child* dans ce film, on voit le monde à travers les yeux d'un enfant / *with a critical eye* d'un œil critique / *I couldn't believe my eyes* je n'en croyais pas mes yeux / *he couldn't take his eyes off her* il ne pouvait pas la quitter des yeux **3.** MIL ▸ **eyes left / right!** tête à gauche / à droite ! ▸ **eyes front!** fixe ! **4.** SEW [of needle] chas *m*, œil *m* ; [eyelet] œillet *m* **5.** [of potato, twig] œil *m* **6.** [of storm] œil *m*, centre *m* **7.** [photocell] œil *m* électrique **8.** PHR **to close** or **shut one's eyes to sthg** : *we can't close* or *shut our eyes to the problem* on ne peut pas fermer les yeux sur ce problème / *to close one's eyes to the evidence* se refuser à l'évidence / *they can't close their eyes to the fact that the company's at fault* ils sont bien obligés d'admettre que la société est en faute / *the incident opened his eyes to the truth about her* l'incident lui ouvrit les yeux sur ce qu'elle était vraiment ▸ **for your eyes only** ultra-confidentiel ▸ **to have an eye** or **a good eye for sthg** : *she has a good eye for detail* elle a l'œil pour ce qui est des détails ▸ **to get one's eye in** UK prendre ses repères / *he only has eyes for her* il n'a d'yeux que pour elle / *the boss has his eye on Smith for the job* le patron a Smith en vue pour le poste / *she has her eye on the mayor's position* elle vise la mairie / *he always has an eye for* or *to the main chance* il ne perd jamais de vue ses propres intérêts / *in my / her eyes* à mes / ses yeux / *in the eyes of the law* aux yeux or au regard de la loi ▸ **to run** or **to cast one's eye over sthg** jeter un coup d'œil à qqch / *she ran an eye over the contract* elle a parcouru le contrat ▸ **to try to catch sb's eye** essayer d'attirer le regard de qqn / *keep your eye on the ball* fixez or regardez bien la balle / *could you keep your eye on the children / the house?* pourriez-vous surveiller les enfants / la maison ? / *I have to keep an eye on him* il faut que je l'aie à l'œil / *she keeps an eye on things* elle a l'œil à tout ▸ **to keep a close eye on sthg** surveiller qqch de près / *keep an eye on the situation* suivez de près la situation ▸ **to keep one's eye open for sthg** être attentif à qqch / *keep your eyes open or an eye out for a filling station* essayez de repérer une station service ▸ **to be all eyes** : *the children were all eyes* les enfants n'en perdaient pas une miette ▸ **an eye for an eye (and a tooth for a tooth)** œil pour œil (dent pour dent) / *his eyes are too big for his stomach* il a les yeux plus grands que le ventre ▸ **to give sb the eye a)** *inf* [flirt] faire de l'œil à qqn **b)** [give signal] faire signe à qqn (d'un clin d'œil) ▸ **to have eyes in the back of one's head** : *he has eyes in the back of his head* il a des yeux derrière la tête / *I've never clapped inf* or **set** or *laid eyes on her* je ne l'ai jamais vue de ma vie ▸ **to keep one's eyes skinned** or **peeled for sthg / sb** *inf* : *keep your eyes peeled for trouble* restez vigilant ▸ **to make eyes at sb** faire de l'œil à qqn ▸ **my eye!** *inf* mon œil ! ▸ **to see eye to eye with sb (about sthg)** : *she and I don't see eye to eye* **a)** [disagree] elle ne voit pas les choses du même œil que moi, elle n'est pas de mon avis **b)** [dislike one another] elle et moi, nous ne nous entendons pas / *that's one in the eye for him! inf* ça lui fera les pieds ! / *there's more to this than meets the eye* **a)** [suspicious] on ne connaît pas les dessous de l'affaire **b)** [difficult] c'est moins simple que cela n'en a l'air / *there's more to her than meets the eye* elle gagne à être connue ▸ **to be up to one's eyes in it** : *we're up to our eyes in it!* **a)** [overworked] on a du travail jusque là ! **b)** [in deep trouble] on est dans les ennuis jusqu'au cou ! ◆ comp [hospital, specialist] des yeux ▸ **eye bank** banque *f* des yeux. ◆ vt regarder, mesurer du regard / *the child eyed the man warily* l'enfant dévisagea l'homme avec circonspection / *she stood eyeing the sweets counter* elle restait là à lorgner les bonbons / *to eye sthg hungrily* dévorer qqch du regard.

❖ **with an eye to** prep phr ▸ **with an eye to sthg / to doing sthg** en vue de qqch / de faire qqch / *with an eye to the future* en vue or en prévision de l'avenir.

❖ **eye up** vt sep *v inf* reluquer.

eyeball ['aɪbɔ:l] ◆ n globe *m* oculaire ▸ **drugged (up) to the eyeballs** *fig* drogué à mort ▸ **eyeball to eyeball (with)** nez à nez (avec). ◆ vt *inf* regarder fixement, reluquer.

eyeball-to-eyeball adj *inf* nez à nez / *an eyeball-to-eyeball confrontation* une confrontation entre quat'z'yeux, un face-à-face *(inv)*.

eyebath ['aɪbɑ:θ] n UK MED œillère *f*.

eyebolt ['aɪbɒlt] n tire-fond *m*.

eyebrow ['aɪbraʊ] n sourcil *m* ▸ **to raise one's eyebrows** lever les sourcils / *her behaviour raised a few eyebrows fig* son comportement en a fait tiquer quelques-uns ▸ **to be up to one's eyebrows in sthg** être dans qqch jusqu'au cou.

eyebrow pencil n crayon *m* à sourcils.

eye candy n *(U) inf* tape *m* à l'œil *hum pej* / *it's not just eye candy* ce n'est pas que joli / *she's not just eye candy* ce n'est pas qu'une belle nana / *her boyfriend is total eye candy* son petit copain est trop canon.

eye-catcher n tire-l'œil *mf*.

eye-catching adj [colour, dress] qui attire l'œil ; [poster, title] accrocheur, tapageur.

eye contact n contact *m* visuel / *to establish eye contact (with sb)* croiser le regard (de qqn) / *to maintain eye contact (with sb)* regarder (qqn) dans les yeux.

eyecup ['aɪkʌp] US = **eyebath**.

-eyed [aɪd] in comp aux yeux… / *she stared at him, wide-eyed* elle le regardait, les yeux écarquillés.

eye drops pl n gouttes *fpl* (pour les yeux).

eyeful ['aɪfʊl] n **1.** [of dirt, dust] : *I got an eyeful of sand* j'ai reçu du sable plein les yeux **2.** *inf* [look] regard *m* ▸ **get an eyeful of that!** visez un peu ça ! **3.** *inf* [woman] belle fille *f*.

eyeglass ['aɪglɑ:s] n [monocle] monocle *m*.

❖ **eyeglasses** pl n US [spectacles] lunettes *fpl*.

eyehole ['aɪhəʊl] n **1.** [peephole - in mask] trou *m* pour les yeux ; [- in door, wall] judas *m* **2.** [eyelet] œillet *m* **3.** *inf* [eye socket] orbite *f*.

eyelash ['aɪlæʃ] n cil *m* ▸ **eyelash curler** recourbe-cils *m (inv)*.

eyeless ['aɪlɪs] adj [without eyes] sans yeux ; [blind] aveugle / **'Eyeless in Gaza'** *Huxley* 'la Paix des profondeurs'.

eyelet ['aɪlɪt] n **1.** [gen & SEW] œillet *m* **2.** [peephole - in mask] trou *m* pour les yeux ; [- in door, wall] judas *m*.

eye level n ▸ **at eye level** au niveau des yeux.

❖ **eye-level** adj qui est au niveau des yeux ▸ **eye-level grill** gril *m* surélevé.

eyelid ['aɪlɪd] n paupière *f*.

eyeliner ['aɪ,laɪnər] n eye-liner *m*.

eye makeup n maquillage *m* pour les yeux ▸ **eye makeup remover** démaquillant *m* pour les yeux.

eye-opener n *inf* **1.** [surprise] révélation *f*, surprise *f* / *her behaviour was a real eye-opener for him* son comportement lui a ouvert les yeux / *the experience proved a bit of an eye-opener!* l'expérience a été assez révélatrice ! **2.** US [drink] *petit verre pris au réveil*.

eye-opening adj *inf* qui ouvre les yeux, révélateur / *it was very eye-opening* ça a été très révélateur.

eyepatch ['aɪpætʃ] n [after operation] cache *m*, pansement *m (sur l'œil)* ; [permanent] bandeau *m*.

eyepiece ['aɪpi:s] n oculaire *m*.

eye-popper n : US *inf to be an eye-popper* valoir vraiment le coup d'œil.

eye-popping adj US *inf* sensationnel.

eye rhyme n rime *f* pour l'œil.

eyeshade ['aɪʃeɪd] n visière *f*.

eye shadow n fard *m* à paupières.

eyesight ['aɪsaɪt] n vue *f* / *do you have good eyesight?* avez-vous une bonne vue or de bons yeux? / *his eyesight is failing* sa vue baisse / *to lose one's eyesight* perdre la vue.

eye socket n orbite *f*.

eyesore ['aɪsɔːʳ] n abomination *f*, horreur *f*.

eyespot ['aɪspɒt] n BOT stigmate *m*.

eyestrain ['aɪstreɪn] n fatigue *f* des yeux / *computer screens can cause eyestrain* les ordinateurs fatiguent les yeux / *to suffer from eyestrain* avoir la vue fatiguée.

Eyetie ['aɪtaɪ] n UK *vulg terme injurieux désignant un Italien* ; ≃ Rital *v inf m*.

eyetooth ['aɪtuːθ] (*pl* **eyeteeth** [-tiːθ]) n canine *f* supérieure ▸ **I'd give my eyeteeth for a bike like that** UK *inf* je donnerais n'importe quoi pour avoir un vélo comme ça.

eyewash ['aɪwɒʃ] n MED collyre *m* ▸ **that's a load of eyewash! a)** UK *inf & fig* [nonsense] c'est de la foutaise! **b)** [boasting] ce n'est que de la frime!

eyewear ['aɪweəʳ] n *(U)* lunettes *fpl*.

eyewitness ['aɪwɪtnɪs] ◆ n témoin *m* oculaire. ◆ comp [account, description] d'un témoin oculaire ▸ **eyewitness account** : *he gave an eyewitness account* il a donné un témoignage direct.

eyot [eɪt] n UK *arch* îlot *m*.

eyrie ['ɪərɪ] n aire *f (d'aigle)*.

EZ MESSAGING **written abbr of easy.**

Ezekiel [ɪ'zɪkɪəl] pr n Ézéchiel.

e-zine ['iːziːn] n magazine *m* électronique.

Ezra ['ezrə] pr n Ezra.

EZY MESSAGING **written abbr of easy.**

f 1. (written abbr of **function of**) MATH f de **2.** (written abbr of **forte**) MUS f.

f (*pl* **f's** *or* **fs**), **F** (*pl* **F's** *or* **Fs**) [ef] ◆ n [letter] f *m*, F *m* / *is that spelt with an f?* est-ce que ça s'écrit avec un f ? / *how many fs are there in "buffoon"?* il y a combien d'f dans « buffoon » ? / *f for Freddie* ≃ F comme François ▸ **the F word** UK *euph le mot « fuck »*. ◆ **1.** written abbr of **fathom 2.** written abbr of **female 3.** (written abbr of **feminine**) f, fém.

F ◆ n **1.** MUS fa *m* / *a concerto in F* un concerto en fa **2.** SCH [grade] ▸ **to get an F** échouer. ◆ **1.** (written abbr of **Fahrenheit**) F **2.** (written abbr of **franc**) F **3.** (written abbr of **fluorine**) CHEM F **4.** (written abbr of **farad**) PHYS F **5.** (written abbr of **force**) PHYS F **6.** (written abbr of **frequency**) PHYS F **7.** written abbr of **false**.

F ? MESSAGING written abbr of **friends ?**

fa [fɑ:] = **fah**.

f.a., FA (abbr of **fanny adams**) n UK *inf* ▸ **sweet f.a.** que dalle.

FA (abbr of **Football Association**) pr n ▸ **the FA** *la Fédération britannique de football* ▸ **the FA cup** *championnat de football dont la finale se joue à Wembley.*

FAA (abbr of **Federal Aviation Administration**) pr n *direction fédérale de l'aviation civile américaine*

fab [fæb] adj UK *inf* super.

Fabian ['feɪbjən] ◆ adj temporisateur. ◆ n Fabien *m*, -enne *f*.

Fabianism ['feɪbjənɪzm] n fabianisme *m*.

Fabian Society pr n ▸ **the Fabian Society** *groupe socialiste de la fin du XIXe siècle en Grande-Bretagne.*

 **The Fabian Society**

Organisation fondée en 1883, au moment de l'émergence du socialisme en Grande-Bretagne. Composée en grande partie d'intellectuels, elle visait à accomplir un « changement progressif et pacifique » de la société capitaliste. Elle est toujours en activité aujourd'hui.

fable ['feɪbl] n **1.** [legend] fable *f*, légende *f* ; LITER fable **2.** [false account] fable *f*.

fabled ['feɪbld] adj [famous] légendaire, célèbre ; [fictitious] légendaire, fabuleux.

fabric ['fæbrɪk] n **1.** [cloth] tissu *m*, étoffe *f* **2.** [framework, structure] structure *f* / *the fabric of society* *fig* la structure de la société.

fabricate ['fæbrɪkeɪt] vt **1.** [make] fabriquer **2.** [story] inventer, fabriquer ; [document] faire un faux, contrefaire.

fabrication [,fæbrɪ'keɪʃn] n **1.** *fml* [manufacture] fabrication *f*, production *f* **2.** [falsehood] fabrication *f* / *it's pure fabrication* c'est de la pure invention.

fabric conditioner, fabric softener n assouplissant *m* (textile).

fabulist ['fæbjʊlɪst] n *liter* [storyteller] fabuliste *mf* ; [liar] fabulateur *m*, -trice *f*, menteur *m*, -euse *f*.

fabulous ['fæbjʊləs] adj **1.** [astounding] fabuleux, incroyable / *fabulous wealth* une fortune fabuleuse or incroyable **2.** *inf* [good] génial, super / *we had a fabulous time* on s'est amusés comme des fous / *it's fabulous!* c'est super ! / *you look fabulous!* tu es superbe ! **3.** [fictitious] fabuleux, légendaire.

fabulously ['fæbjʊləslɪ] adv fabuleusement / *a fabulously successful actor* un acteur qui a un succès fabuleux or fou / *fabulously rich* fabuleusement riche.

facade, façade [fə'sɑ:d] n ARCHIT & *fig* façade *f*.

face [feɪs] ◆ n **1.** ANAT visage *m*, figure *f* / *a handsome face* un beau visage / *injuries to the face* MED blessures *fpl* à la face or au visage / *I know that face* je connais cette tête-là, cette tête me dit quelque chose / *I have a good memory for faces* j'ai une bonne mémoire des visages, je suis très physionomiste ▸ **she was lying face down** or **downwards** elle était étendue à plat ventre or face contre terre ▸ **she was lying face up** or **upwards** elle était étendue sur le dos / *he told her to her face what he thought of her* il lui a dit en face or sans ambages ce qu'il pensait d'elle ▸ **to look sb in the face** *lit* regarder qqn en face or dans les yeux / *I'll never be able to look him in the face again* *fig* je n'oserai plus jamais le regarder en face ▸ **to put on one's face** *inf* [woman] se maquiller **2.** [expression] mine *f*, expression *f* ▸ **to make** or **to pull a face at sb** faire une grimace à qqn / *to pull a funny face* faire des simagrées, faire le singe / *what a grumpy face!* quel air renfrogné ! ▸ **to put on a brave** or **bold face** : *she put on a brave face* elle a fait bonne contenance ▸ **put a good** or **brave face on it** vous n'avez qu'à faire contre mauvaise fortune bon cœur **3.** [appearance] apparence *f*, aspect *m* / *it changed the face of the town* cela a changé la physionomie de la ville / *this is the ugly face of capitalism* voici l'autre visage or le mauvais côté du capitalisme **4.** [front -of building] façade *f*, devant *m* ; [-of cliff] paroi *f* ; [of mountain] face *f* **5.** [of clock] cadran *m* ; [of coin] face *f* ; [of page] recto *m* ; [of playing card] face *f*, dessous *m* ; [of the earth] surface *f* ▸ **it fell face down** / **up a)** [gen] c'est tombé du mauvais / bon côté **b)** [card, coin] c'est tombé face en dessous / en dessus ▸ **to vanish off the face of the earth** disparaître de la circulation or de la surface de la Terre **6.** UK *inf* [impudence] culot *m*, toupet *m* **7.** MIN front *m* de taille **8.** TYPO [typeface] œil *m* ; [fount] fonte *f* **9.** PHR *she laughed / shut the door in his face* elle lui a ri / fermé la porte au nez ▸ **to lose** / **to save face** perdre / sauver la face ▸ **to suffer a loss of face** subir une humiliation / *he set his face against our marriage* il s'est élevé contre notre mariage / *he won't show his face here again!* il ne risque pas de remettre les pieds ici ! / *her plans blew up in her face* tous ses projets se sont retournés contre elle ▸ **to be in sb's face** US *inf* faire chier qqn / *he was really in my face about missing the deadline* il m'a trop fait chier à cause du retard / *she's in my face the whole time* elle n'arrête pas de me faire chier / *get out of my face, will you?* ne me fais pas chier ! ◆ comp [cream] pour le visage. ◆ vt **1.** [turn towards] faire face à / *I turned and faced him* je me retournai et lui fis face / *face the wall* tournez-vous vers le mur **2.** [be turned towards] faire face à, être en face de / *he faced the blackboard* il était face au or faisait face au tableau / *she was facing him* elle était en face de lui / *facing one another* l'un en face de l'autre, en vis-à-vis / *we were facing one another* nous étions face à face, nous nous faisions face / *a room facing the courtyard* une chambre sur cour or donnant sur la cour / *the house faces south* la maison est orientée or exposée au sud / *my chair faced the window* ma chaise était or faisait face à la fenêtre / *two rows of seats facing one another* deux rangées de sièges en vis-à-vis / *facing page 9* en regard or en face de la page 9 **3.** [confront] faire face or front à, affronter ▸ **to be faced with sthg** être obligé de faire face à or être confronté à qqch / *I was faced with having to pay for the damage* j'ai été obligé or dans l'obligation de payer les dégâts / *he was faced with a difficult choice* il était confronté à un choix difficile / *faced with the evidence* devant l'évidence, confronté à l'évidence ▸ **to face the music** *inf* : *we'll just have to face the music* il va falloir affronter la tempête or faire front **4.** [deal with] faire face à / *to face a problem* faire face or s'attaquer à un problème / *I can't face telling her* je n'ai pas le courage de le lui dire / *we must face facts* il faut voir les choses comme elles sont / *they won't face the fact that it's too late* ils ne veulent pas se rendre à l'évidence et admettre qu'il est trop tard / *let's face it, we're lost* admettons-le, nous sommes perdus **5.** [risk -disaster] être menacé de ; [-defeat, fine, prison] encourir, risquer / *she faces the possibility of having to move* elle risque d'être obligée de déménager / *faced with eviction, he paid his rent* face à or devant la perspective d'une expulsion, il a payé son loyer / *thousands face unemployment* des milliers de personnes sont menacés de chômage **6.** [subj: problem, situation] se présenter à / *the problem facing us* le problème qui se pose (à nous) or devant lequel on se trouve / *the difficulties facing the EU* les difficultés que rencontre l'UE or auxquelles l'UE doit faire face **7.** [cover] revêtir de. ◆ vi **1.** [turn] se tourner ; [be turned] être tourné / *she was facing towards the camera* elle était tournée vers or elle faisait face à l'appareil photo ; MIL ▸ **right face!** US à droite, droite ! ▸ **about face!** US demi-tour ! **2.** [house, window] être orienté ; [look over] faire face à, donner sur / *the terrace faces towards the mountain* la terrasse donne sur la montagne / *facing forwards* [in bus, train] dans le sens de la marche / *facing backwards* dans le mauvais sens.

❖ **in the face of** prep phr : *she succeeded in the face of fierce opposition* elle a réussi malgré une opposition farouche / *in the face of adversity* face à l'adversité.

❖ **on the face of it** adv phr à première vue.
❖ **face down** vt sep tenir tête (à).
❖ **face off** vi US SPORT [teams] se rencontrer.
❖ **face out** vt sep UK surmonter.
❖ **face up to** vt insep faire face à, affronter / *he won't face up to the fact that he's getting older* il ne veut pas admettre qu'il vieillit.

face-ache n **1.** *lit* névralgie f faciale **2.** *inf & fig* face f de rat.

face card n US figure f *(de jeu de cartes).*

facecloth ['feɪsklɒθ] UK = **face flannel.**

-faced [feɪst] in comp au visage… ▸ **white-faced** blême, au visage pâle.

face flannel n UK ≃ gant *m* de toilette.

faceguard ['feɪsgɑ:d] n ≃ visière f de protection.

faceless ['feɪslɪs] adj anonyme.

face-lift n **1.** [surgery] lifting *m* / *to have a face-lift* se faire faire un lifting **2.** *inf* [renovation] restauration *f* / *the house could do with a face-lift* la maison a besoin d'être ravalée or retapée / *the school has had a face-lift* l'école a fait peau neuve.

face mask n [cosmetic] masque *m* de beauté ; SPORT masque *m*.

face-off n SPORT remise f en jeu ; *fig* confrontation *f*.

face pack n masque *m* de beauté.

faceplate ['feɪspleɪt] n [on lathe] plateau *m* de tour.

face powder n poudre f de riz.

facer ['feɪsər] n **1.** [tool] planeuse *f* **2.** US *inf* [problem] os *m*, tuile *f*.

face-saver n quelque chose qui sauve la face / *the new legislation is just a face-saver* le gouvernement passe ces nouvelles lois simplement pour sauver la face.

face-saving adj qui sauve la face / *a face-saving measure* une mesure qui sauve la face.

facet ['fæsɪt] n facette *f*.

faceted ['fæsɪtɪd] adj à facettes.

facetious [fə'si:ʃəs] adj [person] facétieux, moqueur ; [remark] facétieux, comique.

facetiously [fə'si:ʃəslɪ] adv de manière facétieuse, facétieusement.

facetiousness [fə'si:ʃəsnɪs] n caractère *m* facétieux or comique.

face to face adv face à face / *she brought him face to face with her father* elle l'a confronté avec son père / *it brought us face to face with the problem* cela nous a mis directement devant le problème.
❖ **face-to-face** adj [discussion, confrontation] face à face / *a face-to-face meeting* un face-à-face.

face towel n serviette f de toilette.

face value n FIN valeur *f* nominale / *I took her remark at face value fig* j'ai pris sa remarque au pied de la lettre or pour argent comptant / *don't take him at face value* ne le jugez pas sur les apparences.

facia ['feɪʃə] = **fascia.**

facial ['feɪʃl] ◆ adj facial ▸ **facial hair** poils *mpl* du visage / *to remove facial hair* enlever les poils disgracieux (du visage) ▸ **facial mask** masque *f* pour le visage ▸ **facial scrub** lotion *f* exfoliante pour le visage ▸ **facial tissues** lingettes *fpl* pour le visage. ◆ n soin *m* du visage / *to have a facial* se faire faire un soin du visage.

facially ['feɪʃəlɪ] adv de visage.

facies ['feɪʃɪi:z] (*pl* **facies**) n faciès *m*.

facile [UK 'fæsaɪl US 'fæsl] adj **1.** [easy -solution, victory] facile **2.** [accomplished -style] facile, coulant **3.** [adroit -performer, politician] adroit **4.** *pej* [superficial -person] superficiel, complaisant ; [-remark] facile, creux.

facilitate [fə'sɪlɪteɪt] vt faciliter.

facilitator [fə'sɪlɪteɪtər] n SOCIOL animateur *m*, -trice *f* de groupe.

facility [fə'sɪlətɪ] (*pl* **facilities**) n **1.** [ease] facilité *f* / *with great facility* avec beaucoup de facilité **2.** [skill] facilité *f*, aptitude *f* / *to have a facility for* or *with languages* avoir beaucoup de facilité pour les langues **3.** *(usu pl)* [equipment] équipement *m* ; [means] moyen *m* / *feel free to use the facilities* n'hésitez pas à utiliser toutes les installations / *there are facilities for cooking* il y a la possibilité de or il y a ce qu'il faut pour faire la cuisine / *books and other facilities for study* des livres et autres instruments de travail / *we don't have the facilities to hold a conference here* nous ne sommes pas équipés pour organiser une conférence ici / *washing facilities* installations sanitaires / *sports facilities* équipements sportifs / *transport facilities* moyens de transport ▸ **the facilities** *euph* les toilettes *fpl* **4.** [building] installation *f* **5.** [device] mécanisme *m* ; COMPUT fonction *f* / *the clock also has a radio facility* ce réveil fait aussi radio / *an automatic timing facility* un minuteur automatique **6.** [service] service *m* / *we offer easy credit facilities* nous offrons des facilités de paiement or crédit / *an overdraft facility* UK une autorisation de découvert ▸ **facilities management** services *mpl* généraux ▸ **facilities manager** responsable *mf* des services généraux.

facing ['feɪsɪŋ] n CONSTR revêtement *m* ; SEW revers *m*.

-facing in comp orienté vers… ▸ **north-facing** orienté or exposé au nord.

facsimile [fæk'sɪmɪlɪ] n fac-similé *m* / *in facsimile* en fac-similé.

fact [fækt] n **1.** [true item of data] fait *m* / *it's a (well-known) fact that…* tout le monde sait (bien) que… / *just stick to the facts* tenez-vous en aux faits / *let's get the facts straight* mettons les choses au clair / *ten facts about whales* dix choses à savoir sur les baleines / *I'll give you all the facts and figures* je vous donnerai tous les détails voulus ; [known circumstance] : *the fact that he left is in itself incriminating* le fait qu'il soit parti est compromettant en soi / *he broke his promise, there's no getting away from the fact* disons les choses comme elles sont, il n'a pas tenu sa promesse / *I'm her friend, a fact you seem to have overlooked* vous semblez ne pas tenir compte du fait que je suis son ami ▸ **to know for a fact that** : *I know for a fact that they're friends* je sais pertinemment qu'ils sont amis ▸ **to know sthg for a fact** : *I know it for a fact* je le sais de source sûre, c'est un fait certain ▸ **to teach sb the facts of life a)** [sex] apprendre à qqn comment les enfants viennent au monde **b)** [hard reality] apprendre à qqn la réalité des choses, mettre qqn devant la réalité de la vie ▸ **that's a fact** : *there's something strange going on, (and) that's a fact* il se passe quelque chose de bizarre, c'est sûr ▸ **is that a fact?** vraiment ? **2.** *(U)* [reality] faits *mpl*, réalité *f* / *based on fact* **a)** [argument] basé sur des faits **b)** [book, film] basé sur des faits réels / *fact and fiction* le réel et l'imaginaire / *the fact (of the matter) is that I forgot all about it* la vérité, c'est que j'ai complètement oublié / *the fact remains he's my brother* il n'en est pas moins mon frère **3.** LAW [act] fait *m*, action *f*.
❖ **in fact** adv phr **1.** [giving extra information] : *he asked us, in fact ordered us, to be quiet* il nous a demandé, ou plutôt ordonné, de nous taire **2.** [correcting] en fait / *he claims to be a writer, but in (actual) fact he's a journalist* il prétend être écrivain mais en fait c'est un journaliste **3.** [emphasizing, reinforcing] : *did she in fact say when she was going to arrive?* est-ce qu'elle a dit quand elle arriverait en fait ? / *he said it'd take two days and he was in fact correct* il a dit que cela mettrait deux jours et en fait, il avait raison.

> Note that le fait que can be followed by a verb in the indicative or the subjunctive:
> **The fact that they didn't understand.** *Le fait qu'ils n'ont pas compris* or *Le fait qu'ils n'aient pas compris.*

fact-finding adj d'information / *a fact-finding mission* une mission d'information / *he's on a fact-finding tour of the disaster area* il enquête sur la région sinistrée.

faction ['fækʃn] n **1.** [group] faction *f* **2.** [strife] dissension *f*, discorde *f* **3.** [book, programme] docudrame *m*.

factional ['fækʃənl] adj de faction ▸ **factional strife** luttes *fpl* intestines.

factious ['fækʃəs] adj factieux.

factitious [fæk'tɪʃəs] adj *liter* factice, artificiel.

factitive ['fæktɪtɪv] adj factitif.

factoid ['fæktɔɪd] n *inf* **1.** [falsehood stated as fact] fausse information *f* **2.** [piece of trivial news] fait *m* divers.

factor ['fæktər] n **1.** [element] facteur *m*, élément *m* / *age is an important factor* l'âge joue un rôle important / *a determining factor* un facteur décisif or déterminant / *the human factor* le facteur humain / *the safety factor* le facteur de sécurité / *the chill factor* le coefficient de froid / *factor 6* [in suntan cream] indice *m* 6 **2.** BIOL & MATH facteur *m* **3.** [agent] agent *m* **4.** Scot [manager] syndic *m*.
❖ **factor in** vt sep [add to calculation] inclure.

factorage ['fæktərɪdʒ] n courtage *m*, commission *f*.

factor analysis n analyse *f* factorielle.

factorial [fæk'tɔ:rɪəl] ◆ adj factoriel. ◆ n factorielle *f*.

factoring ['fæktərɪŋ] n FIN affacturage *m* ▸ **factoring agent** agent *m* d'affacturage ▸ **factoring charges** commission *f* d'affacturage ▸ **factoring company** société *f* d'affacturage.

factorization [,fæktəraɪ'zeɪʃn] n mise *f* en facteurs.

factorize, factorise ['fæktəraɪz] vt mettre en facteurs.

factory ['fæktərɪ] (*pl* **factories**) ◆ n usine *f* ; [smaller] fabrique *f* / *a car factory* une usine d'automobiles / *an arms factory* une fabrique d'armes / *a porcelain factory* une manufacture de porcelaine. ◆ comp [chimney, worker] d'usine ▸ **factory inspector** inspecteur *m*, -trice *f* du travail ▸ **factory price** prix *m* usine or sortie usine ▸ **factory work** travail *m* en usine or d'usine ▸ **factory floor** : *on the factory floor* dans les ateliers, parmi les ouvriers ▸ **factory gate** : *prices at the factory gate* prix *mpl* départ usine.

factory act n UK législation *f* industrielle.

factory farm n ferme *f* industrielle.

factory farming n élevage *m* industriel.

factory ship n navire-usine *m*.

factotum [fæk'təʊtəm] n factotum *m*.

fact sheet n prospectus *m*, brochure *f*.

factual ['fæktʃʊəl] adj [account, speech] factuel, basé sur les or des faits ; [event] réel.

factually ['fæktʃʊəlɪ] adv en se tenant aux faits ▸ **factually inaccurate** inexact dans les faits.

facultative ['fækltətɪv] adj **1.** [optional] facultatif **2.** PHILOS casuel, contingent.

faculty ['fækltɪ] (*pl* **faculties**) ◆ n **1.** [mental] faculté *f* / *she's in full command of her faculties* elle a toutes ses facultés / *his critical faculties* son sens critique / *the faculty of reason* la raison **2.** UNIV [section] faculté *f* ; US [staff] corps *m* enseignant / *the Faculty of Arts / of Medicine* la faculté de lettres / de médecine. ◆ comp [member, staff] de faculté.

fad [fæd] n *inf* [craze] mode *f*, vogue *f* ; [personal] lubie *f*, (petite) manie *f* / *it's just a (passing) fad* ce n'est qu'une lubie.

faddish ['fædɪʃ] adj *inf* [idea, taste] capricieux ; [person] maniaque, capricieux.

faddy ['fædɪ] (*compar* **faddier**, *superl* **faddiest**) adj UK *inf* [idea, taste] capricieux ; [person] maniaque, capricieux.

fade [feɪd] ◆ vi **1.** [colour] pâlir, passer ; [material] se décolorer, passer ; [light] baisser, diminuer / *the light faded from the sky* le jour baissa peu à peu / *guaranteed not to fade* TEXT garanti bon teint **2.** [wither -flower] se faner, se flétrir ; *fig* [beauty] se faner **3.** [disappear -figure] disparaître ; [-memory, sight] baisser ; [-thing remembered, writing] s'effacer ; [-sound] baisser, s'éteindre ; [-anger, interest] diminuer ; [-hope, smile] s'éteindre / *to fade from sight* disparaître aux regards / *the sound keeps fading* RADIO & TV il y a du fading, le son s'en va **4.** *liter* [die] dépérir, s'éteindre / *he's fading fast* il dépérit à vue d'œil. ◆ vt **1.** [discolour -material] décolorer ; [-colour] faner **2.** [reduce] baisser ; CIN & TV faire disparaître en fondu. ◆ n disparition *f* ; CIN & TV disparition *f* en fondu.

❖ **fade away** vi [gen] disparaître ; [memory, sight] baisser ; [thing remembered, writing] s'effacer ; [sound] s'éteindre ; [anger, interest] diminuer ; [hope, smile] s'éteindre / *he faded away* il a peu à peu dépéri.

❖ **fade in** ◆ vt sep CIN & TV faire apparaître en fondu ; RADIO monter. ◆ vi CIN & TV apparaître en fondu.

❖ **fade out** ◆ vi **1.** [sound] disparaître, s'éteindre ; *fig* [interest] diminuer, tomber ; [fashion] passer **2.** CIN & TV disparaître en fondu ; RADIO être coupé par un fondu sonore. ◆ vt sep CIN & TV faire disparaître en fondu ; RADIO couper par un fondu sonore.

fade-away n CIN fondu *m* en fermeture ; TV disparition *f* graduelle ; RADIO évanouissement *m*, fading *m*.

faded ['feɪdɪd] adj [material] décoloré, déteint ; [jeans] délavé ; [flower] fané, flétri ; [beauty] défraîchi, fané / *the city's faded glory* la gloire fanée de cette ville.

fade-in n CIN fondu *m* en ouverture ; TV apparition *f* graduelle ; RADIO fondu *m* sonore.

fade-out n CIN fondu *m* en fermeture ; TV disparition *f* graduelle ; RADIO fondu *m* sonore.

fading ['feɪdɪŋ] n RADIO fading *m*, atténuation *f* (du son).

faecal UK, **fecal** US ['fi:kl] adj fécal.

faeces UK, **feces** US ['fi:si:z] pl n fèces *fpl*.

Faeroe ['feərəʊ] pr n ▸ **the Faeroe Islands** or **the Faeroes** les îles Féroé *fpl* / *in the Faeroe Islands* aux îles Féroé.

Faeroese [,feərəʊ'i:z] (*pl* **Faeroese**) ◆ n **1.** [person] Féroïen *m*, -enne *f*, Féringien *m*, -enne *f* **2.** LING féroïen *m*, féringien *m*. ◆ adj féroïen, féringien.

faff [fæf] UK *inf* ◆ vi faire la mouche du coche / *stop faffing (about* or *around)!* arrêtez de tourner en rond ! ◆ n [panic] panique *f* ; [effort] : *it's too much of a faff* c'est trop compliqué.

fag [fæg] (*pt & pp* **fagged**, *cont* **fagging**) ◆ n **1.** UK *inf* [cigarette] clope *m ou f* **2.** US *v inf & pej* [homosexual] pédé *m* **3.** UK *inf* [task] corvée *f*, barbe *f* **4.** UK [at school] *jeune élève d'une «public school» qui exécute des corvées pour un élève de dernière année.* ◆ vi UK [at school] ▸ **to fag for sb** faire les corvées de qqn. ◆ vt *v inf* crever.

fag end n UK *inf* [remainder] reste *m* ; [of cloth] bout *m* ; [of conversation] dernières bribes *fpl* ; [cigarette] mégot *m*.

fagged [fægd] adj UK *inf* **1.** [exhausted] crevé, claqué / *we all ended up completely fagged (out)* nous étions tous complètement crevés or claqués à la fin **2.** [bothered] : *I can't be fagged* j'ai trop la flemme.

fagging ['fægɪŋ] n UK *sujétion d'un jeune élève à un «ancien» dans une «public school».*

faggot ['fægət] n **1.** UK [of sticks] fagot *m* **2.** UK CULIN boulette *f* de viande **3.** US *v inf & pej* [homosexual] pédé *m*, tapette *f*.

fag hag n US *v inf* ▸ **she's a fag hag** c'est une fille à pédés.

fagot ['fægət] US = **faggot**.

fah [fɑ:] n fa *m*.

Fahrenheit ['færənhaɪt] adj Fahrenheit (*inv*) / *the Fahrenheit scale* l'échelle *f* Fahrenheit / *it's 6° centigrade — what's that in Fahrenheit?* il fait 6° centigrade — ça fait combien en Fahrenheit ?

fail [feɪl] ◆ vi **1.** [not succeed - attempt, plan] échouer, ne pas réussir ; [- negotiations] échouer, ne pas aboutir ; [- person] échouer / *he failed (in his efforts) to convince us* il n'a pas réussi or il n'est pas arrivé à nous convaincre / *her attempt was bound to fail* sa tentative était vouée à l'échec / *to fail by three votes / five minutes* échouer à trois voix près / cinq minutes près / *it never fails* ça ne rate jamais / *if all else fails* en désespoir de cause **2.** SCH & UNIV échouer, être recalé / *I failed in maths* j'ai été collé or recalé en maths **3.** [stop working] tomber en panne, céder ; [brakes] lâcher / *his heart failed* son cœur s'est arrêté / *the power failed* il y a eu une panne d'électricité **4.** [grow weak - eyesight, health, memory] baisser, faiblir ; [- person, voice] s'affaiblir ; [- light] baisser **5.** [be insufficient] manquer, faire défaut / *their crops failed because of the drought* ils ont perdu les récoltes à cause de la sécheresse / *she failed in her duty* elle a manqué or failli à son devoir **6.** [go bankrupt] faire faillite. ◆ vt **1.** [not succeed in] échouer à, ne pas réussir à / *he failed his driving test* il n'a pas eu son permis ; SCH & UNIV [exam] échouer à, être recalé à ; [candidate] refuser, recaler / *he failed the exam / history* il a échoué à l'examen / en histoire / *she failed ten students* elle a refusé or recalé dix étudiants **2.** [let down] décevoir, laisser tomber / *I won't fail you* je ne vous laisserai pas tomber, vous pouvez compter sur moi / *his heart failed him* le cœur lui a manqué / *my memory fails me* la mémoire me fait défaut, ma mémoire me trahit / *her courage failed her* le courage lui a fait défaut or lui a manqué / *words fail me* les mots me manquent **3.** [neglect] manquer, négliger / *he failed to mention he was married* il a omis de signaler qu'il était marié / *they never fail to call* ils ne manquent jamais d'appeler / *he failed to keep his word* il a manqué à sa parole / *she failed to answer his letter* elle n'a pas répondu à sa lettre / *I fail to see how I can help* je ne vois pas comment je peux aider / *I fail to understand why she came* je n'arrive pas à comprendre pourquoi elle est venue / *such success never fails to arouse jealousy* une telle réussite ne va jamais sans provoquer des jalousies ▸ **to fail to appear** LAW faire défaut. ◆ n SCH & UNIV échec *m* / *he only had one fail and that was in maths* il n'a échoué or été recalé qu'en maths / *out of a class of 25, I had 23 passes and 2 fails* sur une classe de 25, 23 ont été reçus et 2 ont été recalés.

❖ **without fail** adv phr [for certain] sans faute, à coup sûr ; [always] inévitablement, immanquablement.

failed [feɪld] adj qui n'a pas réussi, raté / *she's a failed artist* c'est une artiste manquée / *a failed marriage* un mariage manqué or raté.

failing ['feɪlɪŋ] ◆ n défaut *m*. ◆ prep à défaut de ▸ **failing this** à défaut ▸ **failing which** faute or à défaut de quoi / *failing any advice / evidence to the contrary* sauf avis contraire, sauf preuve du contraire. ◆ adj [health] défaillant ; [business] qui fait faillite ; [marriage] qui va à la dérive ; US [student] faible, mauvais.

fail-safe ◆ adj [device, machine] à sûreté intégrée ; [plan] infaillible. ◆ n dispositif *m* de sécurité or de sûreté (intégrée).

failure ['feɪljər] n **1.** [lack of success] échec *m*, insuccès *m* / *to end in failure* se terminer par un échec / *doomed to failure* voué à l'échec or l'insuccès **2.** SCH & UNIV échec *m* / *failure in an exam / in maths* échec à un examen / en maths **3.** [fiasco] échec *m*, fiasco *m* ; [of plan] échec *m*, avortement *m* / *the party was a total failure* la soirée a été un fiasco complet / *their plan was a complete failure* leur projet a été un échec total or a échoué sur toute la ligne / *the play was a dismal failure* la pièce a été or a fait un four noir **4.** [person] raté *m*, -e *f* / *he's a failure as a father* il fait un mauvais père, il n'est pas doué pour la paternité / *I feel a complete failure* je me sens vraiment nulle, j'ai l'impression d'être complètement nulle / *I'm a complete failure at maths* je suis totalement nul en maths **5.** [breakdown] panne *f* / *a power failure* une panne d'électricité **6.** [lack] manque *m* / *a failure of nerve* un manque de courage ▸ **crop failure** perte *f* des récoltes **7.** [non-performance] manquement *m*, défaut *m* / *failure to keep one's word* manquement à sa parole / *his failure to arrive on time* le fait qu'il soit arrivé en retard / *his failure to appear meant I had to take charge* du fait qu'il ne s'est pas montré, j'ai dû me charger de tout / *the press criticized the government's failure to act* la presse a critiqué l'immobilisme du gouvernement / *failure to observe the rules will result in a fine* le manquement au règlement est passible d'une amende ▸ **failure to appear** LAW défaut *m* de comparution **8.** [bankruptcy] faillite *f*.

fain [feɪn] adv *arch* volontiers.

faint [feɪnt] ◆ adj **1.** [slight - breeze, feeling, sound, smell] faible, léger ; [- idea] flou, vague ; [- breathing, light] faible ; [- voice] faible, éteint / *there was a faint glow on the horizon* il y avait une faible lueur à l'horizon / *he hasn't the faintest chance of winning* il n'a pas la moindre chance de gagner / *I haven't the faintest idea* je n'en ai pas la moindre idée / *her cries grew fainter* ses cris s'estompaient or diminuaient **2.** [colour] pâle, délavé **3.** [half-hearted] faible, sans conviction / *a faint smile* **a)** [feeble] un vague sourire **b)** [sad] un pauvre or triste sourire / *faint praise* éloges *mpl* tièdes **4.** [dizzy] prêt à s'évanouir, défaillant / *to feel faint* se sentir mal, être pris d'un malaise / *he was faint with exhaustion* la tête lui tournait de fatigue **5.** PHR **faint heart never won fair lady** UK *prov* la pusillanimité n'a jamais conquis de cœur féminin. ◆ vi s'évanouir / *he fainted from the pain* il s'est évanoui de douleur ▸ **a fainting fit** un évanouissement / *to be fainting from* or *with hunger* défaillir de faim / *I almost fainted when they told me I'd got the job* *fig* j'ai failli m'évanouir quand on m'a dit que j'avais le poste. ◆ n évanouissement *m*, syncope *f* / *she fell to the floor in a (dead) faint* elle s'est évanouie or est tombée en syncope.

faint-hearted ◆ adj [person] timoré, pusillanime ; [attempt] timide, sans conviction. ◆ pl n : *not for the faint-hearted* à déconseiller à ceux qui ont le cœur mal accroché.

faint-heartedness [-'hɑ:tɪdnɪs] n pusillanimité *f*.

faintly ['feɪntlɪ] adv **1.** [breathe, shine] faiblement ; [mark, write] légèrement ; [say, speak] d'une voix éteinte, faiblement **2.** [slightly] légèrement, vaguement / *she smiled faintly* elle esquissa un sourire / *the taste is faintly reminiscent of cinnamon* cela rappelle vaguement la cannelle / *faintly absurd / ridiculous* quelque peu absurde / ridicule.

faintness ['feɪntnɪs] n **1.** [of light, sound, voice] faiblesse *f* ; [of breeze] légèreté *f* ; [of image, writing] manque *m* de clarté **2.** [dizziness] malaise *m*, défaillance *f*.

fair [feər] ◆ adj **1.** [just - person, decision] juste, équitable ; [- contest, match, player] loyal, correct ; [- deal, exchange] équitable, honnête ; [- price] correct, convenable ; [- criticism, profit] justifié, mérité / *it's not fair* ce n'est pas juste / *it's not fair to the others* ce n'est pas juste or honnête vis-à-vis des autres / *that's a fair point* c'est une remarque pertinente / *she's strict but fair* elle est sévère mais juste or impartiale / *to be fair (to them), they did contribute their time* rendons-leur cette justice, ils ont donné de leur temps / *it's only fair to let him speak* ce n'est que justice de le laisser parler / *as is only fair* ce n'est que justice, comme de juste / *I gave him fair warning* je l'ai prévenu à temps / *a fair sample* un échantillon représentatif / *he got his fair share of the property* il a eu tous les biens qui lui revenaient (de droit) / *she's had more than her fair share of problems* elle a largement eu sa part de problèmes ▸ **fair competition codes** règles *fpl* de concurrence loyale (*établies aux États-Unis pendant le New Deal, en 1933, entre les patrons et les salariés*) ▸ **to have a fair crack of the whip** UK ne pas être désavantagé par rapport aux autres ▸ **to give sb a fair go** US *inf* or **a fair shake (of the dice)** *inf* or **a fair deal** traiter qqn équitablement, être fair-play avec qqn ▸ **it's all fair and above board** or **it's all fair and square** tout est régulier or correct ▸ **all's fair in love and war** tous les moyens sont bons ▸ **by fair means or foul** par tous les moyens, d'une manière ou d'une autre ▸ **fair do's for all!** UK à chacun son dû ! ▸ **fair enough!** très bien !, d'accord ! / *that's fair enough but don't you think that...* très bien or d'accord, mais est-ce que vous ne pensez pas que... ▸ **fair's fair** : *fair's fair, it's her turn now* il faut être juste, c'est son tour maintenant **2.** [light - hair] blond ; [- skin] clair, blanc (blanche) / *he's very fair* il est très blond **3.** *liter* [lovely] beau (*before vowel or silent 'h'* **bel**, *f* **belle**) / *his fair lady* sa belle **4.** [weather] beau (*before vowel or silent 'h'* **bel**, *f* **belle**) ; [tide, wind] favorable, propice / *the wind's set fair for France* le temps est au beau fixe sur la France **5.** [adequate] passable, assez bon / *in fair condition* en assez bon état / *you have a fair chance of winning* vous avez des chances de gagner / *a fair standard* un assez bon niveau ▸ **fair to middling** passable, pas mal / *how are you? — fair to middling* comment allez-vous ? — comme ci comme ça **6.** [substantial] considérable / *he makes a fair amount of money* il gagne pas mal d'argent / *she reads a fair amount* elle lit pas mal / *I have a fair idea (of) why* je crois bien savoir pourquoi / *a fair number* un nombre respectable / *at a fair pace* à une bonne allure **7.** UK *inf* [real] véritable / *I had a fair old time getting here* j'ai eu pas mal de difficultés à arriver jusqu'ici. ◆ adv **1.** [act] équitablement, loyalement ▸ **to play fair** jouer franc jeu ▸ **fair and square** : *he told us fair and square* il nous l'a dit sans détours or carrément **2.** UK *inf & regional* [completely] tout à fait, vraiment / *you fair scared me to death* tu m'as vraiment fait une peur atroce **3.** PHR *the play bids fair to being a success* cette pièce a de grandes chances d'être or sera probablement un succès. ◆ n **1.** [entertainment] foire *f*, fête *f* foraine ; [for charity] kermesse *f*, fête *f* **2.** COMM foire *f* / *the Book Fair* **a)** la Foire du livre **b)** [in Paris] le Salon du livre.

fair copy n UK copie *f* au propre or au net / *I made a fair copy of the report* j'ai recopié le rapport au propre.

fair game n proie *f* idéale / *after such behaviour he was fair game for an attack fig* après s'être comporté de cette façon, il méritait bien qu'on s'en prenne à lui.

fairground ['feəgraʊnd] n champ *m* de foire ▸ **fairground attraction** or **ride** attraction *f (de fête foraine)*.

fair-haired adj [blond] blond, aux cheveux blonds / *the fair-haired girl* la blonde ▸ **the boss's fair-haired boy** US *inf* le favori or le chouchou du patron.

fairing ['feərɪŋ] n [on vehicle] carénage *m*.

fairish ['feərɪʃ] adj **1.** [chances, salary, weather] assez bon ; [number] respectable / *there's a fairish amount of work still to do* il y a encore pas mal de travail **2.** [blondish] plutôt blond.

Fair Isle, Fairisle ['feəraɪl] ◆ adj tricoté avec des motifs de couleurs vives. ◆ pr n GEOG Fair Isle *(dans les îles Shetland)*. ◆ n [sweater] *pull avec des motifs de couleurs vives*.

fairly ['feəlɪ] adv **1.** [justly - treat] équitablement, avec justice ; [- compare, judge] impartialement, avec impartialité **2.** [honestly] honnêtement, loyalement / *to fight / to play fairly* se battre / jouer loyalement / *fairly priced goods* articles à un prix honnête or raisonnable **3.** [moderately] assez, passablement / *a fairly good book* un assez bon livre / *I'm fairly certain* je suis à peu près certain / *she sings fairly well* elle chante passablement bien / *he works fairly hard* il travaille plutôt dur **4.** UK [positively] absolument, vraiment / *he was fairly beside himself with worry* il était dans tous ses états.

fair-minded adj équitable, impartial.

fair-mindedness [-'maɪndɪdnɪs] n impartialité *f*.

fairness ['feənɪs] n **1.** [justice] justice *f*, honnêteté *f* / *the report questions the fairness of the decision* le rapport met en cause l'honnêteté or l'impartialité de cette décision ▸ **in all fairness** en toute justice ▸ **in fairness** or **out of fairness to you** pour être juste envers or avec vous **2.** [of hair] blondeur *f*, blond *m* ; [of skin] blancheur *f*.

fair play n fair-play *m inv*, franc-jeu *m offic*.

fair rent n UK *loyer fixé après un examen officiel du logement par l'administration.*

fair sex n ▸ **the fair sex** le beau sexe.

fair-sized adj assez grand.

fair-skinned adj blanc (blanche), de peau.

fair-spoken adj *liter* qui parle courtoisement.

fair trade n commerce *m* équitable.

fairway ['feəweɪ] n **1.** [in golf] fairway *m* **2.** NAUT chenal *m*, passe *f*.

fair-weather adj [clothing, vessel] qui convient seulement au beau temps ▸ **a fair-weather friend** un ami des beaux or bons jours.

fairy ['feərɪ] (*pl* **fairies**) ◆ n **1.** [sprite] fée *f* ▸ **the bad fairy** la fée Carabosse ▸ **to be away with the fairies** *inf* être complètement à côté de ses pompes **2.** *v inf & pej* [homosexual] pédé *m*, tapette *f*. ◆ adj [enchanted] magique ; [fairylike] féerique, de fée ▸ **fairy voices** des voix de fées ▸ **fairy footsteps** des pas légers.

fairy cycle n UK petit vélo *m* d'enfant.

fairy godmother n bonne fée *f*.

fairyland ['feərɪlænd] n LITER royaume *m* des fées, féerie *f* ; *fig* féerie *f*.

fairy lights pl n guirlande *f* électrique.

fairy queen n reine *f* des fées.

fairy ring n cercle *m* or rond *m* des sorcières.

fairy story n LITER conte *m* de fées ; [untruth] histoire *f* à dormir debout.

fairy tale n LITER conte *m* de fées ; [untruth] histoire *f* invraisemblable or à dormir debout.

❖ **fairy-tale** adj : *a fairy-tale ending* une fin digne d'un conte de fées / *a fairy-tale romance* une histoire d'amour digne d'un conte de fées.

fait accompli [,feɪtə'kɒmplɪ] n fait *m* accompli.

faith [feɪθ] n **1.** [trust] confiance *f* / *I have faith in him* je lui fais confiance / *she has lost (all) faith in the doctors* elle n'a plus aucune confiance dans les médecins / *he's lost faith in their promises* il ne croit plus à leurs promesses ▸ **to put one's faith in sthg** mettre ses espoirs dans qqch **2.** RELIG [belief] foi *f* / *faith in God* foi en Dieu ▸ **Faith, Hope and Charity** la foi, l'espérance et la charité **3.** [particular religion] foi *f*, religion *f* / *the Buddhist faith* la religion bouddhiste **4.** [honesty] : *he did it in good faith* il l'a fait en toute bonne foi / *he acted in bad faith* il a agi de mauvaise foi **5.** [loyalty] fidélité *f* / *you must keep faith with the movement* il faut tenir vos engagements envers le mouvement ▸ **keep the faith!** *inf* bon courage ! ▸ **to break faith with sb** manquer à sa parole envers qqn.

faithful ['feɪθfʊl] ◆ adj **1.** [believer, friend, lover] fidèle ▸ **faithful to sb / sthg** fidèle à qqn / qqch **2.** [reliable] sûr, solide / *he's a faithful employee* c'est quelqu'un de sérieux or sur qui on peut compter **3.** [accurate - account, translation] fidèle, exact ; [- copy] conforme. ◆ pl n ▸ **the faithful a)** [supporters] les fidèles *mpl* **b)** RELIG les fidèles or croyants *mpl*.

faithfully ['feɪθfʊlɪ] adv **1.** [loyally] fidèlement, loyalement / *she promised faithfully to come* elle a donné sa parole qu'elle viendrait ▸ **yours faithfully** [in letter] veuillez agréer mes salutations distinguées **2.** [accurately] exactement, fidèlement.

faithfulness ['feɪθfʊlnɪs] n **1.** [loyalty] fidélité *f*, loyauté *f* / *faithfulness to the cause* fidélité à or loyauté envers la cause **2.** [of report, translation] fidélité *f*, exactitude *f* ; [of copy] conformité *f*.

faith healer n guérisseur *m*, -euse *f*.

faith healing n guérison *f* par la foi.

faithless ['feɪθlɪs] adj **1.** [dishonest, unreliable] déloyal, perfide **2.** RELIG infidèle, non-croyant.

faithlessness ['feɪθlɪsnɪs] n **1.** [dishonesty] déloyauté *f*, perfidie *f* **2.** RELIG manque *m* de foi.

faith school n UK SCH école *f* confessionnelle.

fajitas [fɑː'hiːtəz] pl n *plat de la cuisine Tex-Mex constitué d'une tortilla de maïs fourrée de viande grillée.*

fake [feɪk] ◆ vt **1.** [make - document, painting] faire un faux de, contrefaire ; [- style, furniture] imiter **2.** [alter - document] falsifier, maquiller ; [- account] falsifier ; [- election, interview, photograph] truquer **3.** [simulate] feindre / *he faked a headache / sadness* il a fait semblant d'avoir mal à la tête / d'être triste / *to fake a pass* SPORT feinter la passe ▸ **to fake it a)** faire semblant **b)** [simulate orgasm] simuler l'orgasme **4.** [ad-lib] improviser. ◆ vi faire semblant ; SPORT feinter. ◆ n **1.** [thing] article *m* or objet *m* truqué ; [antique, painting] faux *m* **2.** [person] imposteur *m* / *she's a fake* elle n'est pas ce qu'elle prétend être. ◆ adj [antique, painting] faux (fausse) ; [account, document] falsifié, faux (fausse) ; [elections, interview, photograph] truqué / *the pearls are fake* les perles sont fausses.

fakir ['feɪ,kɪəʳ] n fakir *m*.

falafel = **felafel**.

Falangist [fæ'lændʒɪst] ◆ adj phalangiste. ◆ n phalangiste *mf*.

falcon ['fɔːlkən] n faucon *m*.

falconer ['fɔːlkənəʳ] n fauconnier *m*.

falconry ['fɔːlkənrɪ] n fauconnerie *f*.

falderol ['fældɪ,rɒl] = **folderol**.

Falkland ['fɔːklənd] pr n ▸ **the Falkland Islands** or **the Falklands** les (îles *fpl*) Falkland *fpl*, les (îles *fpl*) Malouines *fpl* / *in the Falkland Islands* aux îles Falkland, aux Malouines ▸ **the Falklands War** la guerre des Malouines.

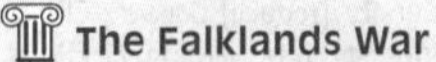

The Falklands War

Conflit armé qui opposa, en 1982, l'Argentine au Royaume-Uni, à la suite de l'attaque par la junte militaire argentine d'une colonie britannique, les îles Malouines. L'armée argentine se rendit deux mois plus tard. Cette victoire, très populaire en Angleterre, renforça, à l'époque, de manière significative la cote de popularité du Premier ministre, Margaret Thatcher.

Falklander ['fɔːkləndəʳ] n habitant *m*, -e *f* des îles Malouines or îles Falkland.

fall [fɔːl] (*pt* **fell** [fel], *pp* **fallen** ['fɔːln]) ◆ vi **1.** [barrier, cup, napkin, person] tomber / *the napkin fell to the floor* la serviette est tombée par terre / *I slipped and fell on the ice* j'ai dérapé sur la glace et je suis tombé / *the child fell into the pond* l'enfant est tombé dans la mare / *she fell off the stool / out of the window* elle est tombée du tabouret / par la fenêtre / *he fell over the pile of books* il est tombé en butant contre le tas de livres / *just let your arms fall to your sides* laissez simplement vos bras pendre or tomber sur les côtés / *he fell in a heap on the floor* il s'est affaissé or il est tombé comme une masse / *he fell full length* il est tombé de tout son long / *the crowd fell on* or *to their knees* la foule est tombée à genoux / *he fell at her feet to ask forgiveness* il est tombé à genoux devant elle pour lui demander pardon / *she did let fall a few hints* elle a fait effectivement quelques allusions / *the book fell open at page 20* le livre s'est ouvert à la page 20 ▸ **to fall on one's feet** *lit & fig* retomber sur ses pieds / *a cat always falls on its feet* un chat retombe toujours sur ses pattes ▸ **to fall flat on one's face** : *I fell flat on my face* **a)** *lit* je suis tombé à plat ventre or face contre terre **b)** *inf & fig* je me suis planté / *he fell flat on his ass* US *v inf, lit & fig* il s'est cassé la gueule ▸ **to fall flat** : *his only joke fell flat* la seule plaisanterie qu'il a faite est tombée à plat / *despite all their efforts, the party fell flat* en dépit de leurs efforts, la soirée a fait un flop ▸ **to fall to bits** or **to pieces** tomber en morceaux ▸ **to fall by the wayside** : *all her good intentions fell by the wayside* toutes ses bonnes intentions sont tombées à l'eau ▸ **to fall short** : *the job fell short of her expectations* le poste ne répondait pas à ses attentes **2.** [move deliberately] se laisser tomber / *I fell into the armchair* je me suis laissé tomber dans le fauteuil / *they fell into one another's arms* ils sont tombés dans les bras l'un de l'autre **3.** [bridge, building] s'écrouler, s'effondrer **4.** [err, go astray] s'écarter du droit chemin ; RELIG [sin] pécher ▸ **to fall from grace a)** RELIG perdre la grâce **b)** *fig* tomber en disgrâce **5.** [ground] descendre, aller en pente **6.** [government] tomber, être renversé ; [city, country] tomber / *after a long siege the city fell* après un long siège, la ville a capitulé / *Constantinople fell to the Turks* Constantinople est tombée aux mains des Turcs **7.** [darkness, light, night, rain, snow] tomber / *as night fell* à la tombée de la nuit / *the tree's shadow fell across the lawn* l'arbre projetait son ombre sur la pelouse **8.** [land - eyes, blow, weapon] tomber / *my eyes fell on the letter* mon regard est tombé sur la lettre **9.** [face, spirits] s'assombrir / *at the sight of her, his face fell* quand il l'a vue, son visage s'est assombri or s'est allongé / *my spirits fell* tout d'un coup, j'ai perdu le moral **10.** [hang down] tomber, descendre / *the curtains fall right to the floor* les rideaux tombent or descendent jusqu'au sol / *the fabric falls in gentle folds* ce tissu retombe en faisant de jolis plis **11.** [decrease in level, value - price, temperature] baisser, tomber / *their voices fell to a whisper* ils se sont mis à chuchoter / *the boss fell in our esteem* le patron a baissé dans notre estime **12.** [issue forth] tomber, s'échapper / *curses fell from her lips* elle laissa échapper des jurons / *the tears started to fall* il / elle se mit à pleurer **13.** [occur] tomber / *May Day falls on a Tuesday this year* le Premier Mai tombe un mardi cette année / *the accent falls on the third syllable* l'accent tombe sur la troisième syllabe **14.** [descend] : *a great sadness fell over the town* une grande tristesse s'abattit sur la ville

/ *a hush fell among* or *over the crowd* tout d'un coup, la foule s'est tue **15.** [become] : *to fall asleep* s'endormir / *the child fell fast asleep* l'enfant est tombé dans un profond sommeil / *the bill falls due on the 6th* la facture arrive à échéance le 6 / *he will fall heir to a vast fortune* il va hériter d'une grande fortune / *to fall ill* or *sick* tomber malade / *to fall pregnant* tomber enceinte / *to fall in love (with sb)* tomber amoureux (de qqn) / *to fall silent* se taire / *it falls vacant in February* **a)** [job] il se trouvera vacant au mois de février **b)** [apartment] il se trouvera libre or il se libérera au mois de février / *to fall victim to sthg* être victime de qqch / *she fell victim to depression* elle a fait une dépression **16.** [die] mourir / *the young men who fell in battle* les jeunes tombés au champ d'honneur **17.** [be classified] : *the athletes fall into two categories* les sportifs se divisent en deux catégories / *that falls outside my area of responsibility* cela ne relève pas de ma responsabilité / *that does not fall within the scope of our agreement* ceci n'entre pas dans le cadre de or ne fait pas partie de notre accord **18.** [inheritance] : *the fortune fell to his niece* c'est sa nièce qui a hérité de sa fortune **19.** SPORT [in cricket] : *two English wickets fell on the first day* deux batteurs anglais ont été éliminés le premier jour. ◆ n **1.** [tumble] chute *f* / *have you had a fall?* êtes-vous tombé ?, avez-vous fait une chute ? / *a fall from a horse* une chute de cheval / *a forty-metre fall* une chute de quarante mètres ▸ **the fall of night** *liter* la tombée de la nuit ▸ **the Fall (of Man)** RELIG la chute (de l'homme) ▸ **to be heading** or **riding for a fall** courir à l'échec / *the government is riding for a fall* le gouvernement va au-devant de la défaite **2.** [of rain, snow] chute *f* / *there was a heavy fall of snow overnight* il y a eu de fortes chutes de neige dans la nuit **3.** [collapse - of building, wall] chute *f*, effondrement *m* ; [- of dirt, rock] éboulement *m*, chute *f* ; [- of city, country] chute *f*, capitulation *f* ; [- of regime] chute *f*, renversement *m* / *the fall of the Roman Empire* la chute de l'Empire romain / **'The Fall of the House of Usher'** *Poe* 'la Chute de la maison Usher' **4.** [decrease - in price, temperature] baisse *f* ; [- in currency] dépréciation *f*, baisse *f* ; [more marked] chute *f* **5.** [drape] : *the fall of her gown* le drapé de sa robe, la façon dont tombe sa robe **6.** [slope] pente *f*, inclinaison *f* **7.** US [autumn] automne *m* / *in the fall* en automne **8.** SPORT [in judo] chute *f* ; [in wrestling] chute *f*. ◆ adj US [colours] automnal.

✧ **falls** pl n [waterfall] cascade *f*, chute *f* d'eau ▸ **Niagara Falls** les chutes du Niagara.

✧ **fall about** vi UK *inf* se tordre de rire / *they fell about (laughing)* ils se tordaient de rire.

✧ **fall apart** vi **1.** [book, furniture] tomber en morceaux ; *fig* [nation] se désagréger ; [conference] échouer ; [system] s'écrouler, s'effondrer / *her plans fell apart at the seams* ses projets sont tombés à l'eau / *her life was falling apart* toute sa vie s'écroulait / *their marriage is falling apart* leur mariage est en train de se briser or va à vau-l'eau / *talks with a potential investor have fallen apart* les négociations avec un investisseur potentiel se sont soldées par un échec **2.** [person] s'effondrer / *he more or less fell apart after his wife's death* il a plus ou moins craqué après la mort de sa femme.

✧ **fall away** vi **1.** [paint, plaster] s'écailler **2.** [diminish in size - attendance, figures] diminuer ; [- fears] se dissiper, fondre **3.** [defect] déserter / *support for his policies is beginning to fall away* dans la politique qu'il mène il commence à perdre ses appuis **4.** [land, slope] s'affaisser.

✧ **fall back** vi **1.** [retreat, recede] reculer, se retirer ; MIL se replier, battre en retraite **2.** [lag, trail] se laisser distancer, être à la traîne.

✧ **fall back on** vt insep ▸ **to fall back on sthg** avoir recours à qqch / *it's good to have sthg to fall back on* **a)** [skill] c'est bien de pouvoir se raccrocher à qqch **b)** [money] il vaut mieux avoir d'autres ressources.

✧ **fall behind** ◆ vi se laisser distancer, être à la traîne ; SPORT se laisser distancer ; [in cycling] décrocher / *she fell behind in* or *with her work* elle a pris du retard dans son travail / *they've fallen behind with their reading* ils ont pris du retard dans leurs lectures / *we can't fall behind in* or *with the rent* nous ne pouvons pas être en retard pour le loyer. ◆ vt insep prendre du retard sur / *he's fallen behind the rest of the class* il a pris du retard sur le reste de la classe.

✧ **fall down** vi [book, person, picture] tomber (par terre) ; [bridge, building] s'effondrer, s'écrouler ; [argument, comparison] s'écrouler, s'effondrer / *that house looks as if it's about to fall down* on dirait que cette maison va s'écrouler.

✧ **fall down on** vt insep ▸ **to fall down on sthg** échouer à qqch / *he's been falling down on the job lately* il n'était pas or ne s'est pas montré à la hauteur dernièrement.

✧ **fall for** vt insep *inf* **1.** [become infatuated with] tomber amoureux de / *they fell for each other* ils sont tombés amoureux l'un de l'autre / *they really fell for Spain in a big way* ils ont vraiment été emballés par l'Espagne **2.** [be deceived by] se laisser prendre par / *they actually fell for it!* ils ont vraiment mordu !, ils se sont vraiment fait avoir ! / *don't fall for that hard luck story of his* ne te fais pas avoir quand il te raconte qu'il a la poisse.

✧ **fall in** vi **1.** [tumble] tomber / *you'll fall in!* tu vas tomber dedans ! / *he leant too far over the side of the boat and fell in* il s'est trop penché hors du bateau et il est tombé **2.** [roof] s'effondrer, s'écrouler / *then the roof fell in* *fig* puis tout s'est écroulé **3.** [line up] se mettre en rang, s'aligner ; MIL [troops] former les rangs ; [one soldier] rentrer dans les rangs ▸ **fall in!** à vos rangs !

✧ **fall in with** vt insep **1.** [frequent] ▸ **to fall in with sb** se mettre à fréquenter qqn / *she fell in with a bad crowd* elle s'est mise à fréquenter des gens louches **2.** [agree with] : *I'll fall in with whatever you decide to do* UK je me rangerai à ce que tu décideras.

✧ **fall into** vt insep **1.** [tumble into] tomber dans / *they fell into the trap* ils sont tombés dans le piège / *to fall into sb's clutches* or *sb's hands* tomber dans les griffes de qqn, tomber entre les mains de qqn / *the pieces began to fall into place* *fig* les éléments ont commencé à se mettre en place **2.** [begin] : *she fell into conversation with the stranger* elle s'est mise à discuter avec l'étranger.

✧ **fall off** vi **1.** [drop off] tomber ; [in mountain climbing] dévisser / *the leaves of this plant are falling off* les feuilles de cette plante tombent, cette plante perd ses feuilles / *she fell off the bicycle / horse* elle est tombée du vélo / de cheval **2.** [diminish - attendance, exports, numbers, sales] diminuer, baisser ; [- enthusiasm, production] baisser, tomber ; [- population, rate] baisser, décroître ; [- interest, zeal] se relâcher.

✧ **fall on** vt insep **1.** [drop on] tomber sur / *something fell on my head* j'ai reçu quelque chose sur la tête **2.** [attack] attaquer, se jeter sur / *the starving children fell on the food* les enfants, affamés, se sont jetés sur la nourriture / *the guerrillas fell on the unsuspecting troops* MIL les guérilleros ont fondu sur or attaqué les troupes sans qu'elles s'y attendent **3.** [meet with] tomber sur, trouver / *they fell on hard times* ils sont tombés dans la misère, ils ont subi des revers de fortune **4.** [responsibility] revenir à, incomber à / *responsibility for looking after them falls on me* c'est à moi qu'il incombe de prendre soin d'eux.

✧ **fall out** vi **1.** [drop out] tomber / *the keys must have fallen out of my pocket* les clés ont dû tomber de ma poche / *his hair is falling out* ses cheveux tombent, il perd ses cheveux **2.** [quarrel] se brouiller, se disputer / *she's fallen out with her boyfriend* elle est or s'est brouillée avec son petit ami **3.** [happen] se passer, advenir **4.** MIL rompre les rangs ▸ **fall out!** rompez !

✧ **fall over** vi **1.** [lose balance] tomber (par terre) **2.** *inf* PHR *she was falling over herself to make us feel welcome* elle se mettait en quatre pour nous faire bon accueil / *the men were falling over each other to help her* les hommes ne savaient pas quoi inventer pour l'aider.

✧ **fall through** vi échouer / *the deal fell through* l'affaire n'a pas abouti / *all our plans fell through at the last minute* tous nos projets sont tombés à l'eau au dernier moment.

✧ **fall to** ◆ vt insep **1.** UK [begin] se mettre à / *we fell to work* nous nous sommes mis à l'œuvre / *we all fell to talking about the past* nous nous sommes tous mis à parler du passé **2.** [devolve upon] appartenir à, incomber à / *the task that falls to us is not an easy one* la tâche qui nous incombe or revient n'est pas facile / *it fell to her to break the news to him* ce fut à elle de lui annoncer la nouvelle. ◆ vi [eat] : *he brought in the food and they fell to* il a apporté à manger et ils se sont jetés dessus / *she fell to as if she hadn't eaten for a week* elle a attaqué comme si elle n'avait rien mangé depuis huit jours.

✧ **fall upon** vt insep **1.** [attack] attaquer, se jeter sur / *the army fell upon the enemy* MIL l'armée s'est abattue or a fondu sur l'ennemi / *they fell upon the food* ils se sont jetés sur la nourriture **2.** [meet with] tomber sur, trouver / *the family fell upon hard times* la famille a subi des revers de fortune.

fallacious [fəˈleɪʃəs] adj [statement] fallacieux, faux (fausse) ; [hope] faux (fausse), illusoire.

fallaciousness [fəˈleɪʃəsnɪs] n caractère *m* fallacieux, fausseté *f*.

fallacy [ˈfæləsɪ] (*pl* **fallacies**) n [misconception] erreur *f*, idée *f* fausse ; [false reasoning] mauvais raisonnement *m*, sophisme *m* ; LOGIC sophisme *m*.

fallback [ˈfɔːlbæk] n **1.** [retreat] retraite *f*, recul *m* **2.** [reserve] réserve *f* / *what's our fallback position?* sur quoi est-ce qu'on peut se rabattre ?

fallen [ˈfɔːln] ◆ pp ⟶ **fall.** ◆ adj **1.** [gen] tombé ; [hero, soldier] tombé, mort ; [leaf] mort **2.** [immoral] perdu ; [angel, woman] déchu. ◆ pl n ▸ **the fallen** ceux qui sont morts à la guerre.

fallen arches pl n MED affaissement *m* de la voûte plantaire.

faller [ˈfɔːləʳ] n ST. EX valeur *f* à la baisse.

fall guy n *inf* [dupe] pigeon *m* ; US [scapegoat] bouc *m* émissaire.

fallibility [ˌfæləˈbɪlətɪ] n faillibilité *f*.

fallible [ˈfæləbl] adj faillible / *everyone is fallible* tout le monde peut se tromper.

falling [ˈfɔːlɪŋ] adj [gen] qui tombe ; [population] décroissant ; [prices, value] en baisse.

falling-off n réduction *f*, diminution *f*, baisse *f* / *a falling-off in production* une baisse de production / *there has been a recent falling-off in sales* les ventes ont accusé une baisse ces derniers temps / *a gradual falling-off of interest / of support* une baisse progressive d'intérêt / de soutien.

falling star n étoile *f* filante.

falloff [ˈfɔːlɒf] = **falling-off**.

Fallopian tube [fəˈləʊpɪən-] n trompe *f* utérine or de Fallope.

fallout [ˈfɔːlaʊt] n *(U)* [radioactive] retombées *fpl* (radioactives) ; *inf & fig* [consequences] retombées *fpl*, répercussions *fpl* ▸ **fallout shelter** abri *m* antiatomique.

fallow [ˈfæləʊ] ◆ adj **1.** AGR [field, land] en jachère, en friche ▸ **to lie fallow** être en jachère ; *fig* [period] non productif **2.** [colour] fauve. ◆ n jachère *f*, friche *f*.

fallow deer n daim *m*.

Falls Road pr n *rue du quartier catholique de Belfast qui a souvent été le théâtre d'affrontements violents.*

false [fɔːls] ◆ adj **1.** [wrong] faux (fausse) ; [untrue] erroné, inexact / *a false idea* une idée fausse or erronée / *a false statement* une fausse déclaration / *she put a false interpretation on his invitation* elle a mal interprété son invitation / *in a false position* dans une position fausse ▸ **false dawn a)** *lit* lueurs annonciatrices de l'aube **b)** *fig* aube *f* trompeuse ▸ **false move** : *don't make any false moves* ne faites pas de faux pas ▸ **false pride** vanité *f* ▸ **false start** faux départ *m* **2.** [fake] faux (fausse) ; [artificial] artificiel ▸ **a false bottom** un double fond / *a suitcase with a false bottom* une valise à double fond ▸ **false eyelashes** faux cils *mpl* **3.** [deceptive] faux (fausse), mensonger / *false promises* promesses mensongères, fausses promesses / *a false report* or *rumour* une fausse rumeur ; LAW ▸ **under false pretences** par des moyens frauduleux / *you've got me here under false pretences* *fig* tu m'as bien piégé ▸ **to bear false witness** porter un faux témoignage **4.** [insincere] perfide, fourbe ; [disloyal] déloyal ▸ **a false friend a)** un ami déloyal **b)** LING un faux ami ▸ **false modesty** fausse modestie *f*. ◆ adv faux / *her story rings false* son histoire sonne faux ▸ **to play sb false** trahir qqn.

false alarm n fausse alerte *f*.

falsehood ['fɔːlshʊd] n *fml* **1.** [lie] mensonge *m* / *to tell* or *to utter a falsehood* mentir, dire des mensonges **2.** [lying] faux *m* / *truth and falsehood* le vrai et le faux **3.** [falseness] fausseté *f*.

falsely ['fɔːlslɪ] adv [claim, state] faussement ; [accuse, judge] à tort, injustement ; [interpret] mal ; [act] déloyalement / *she sounded falsely cheerful on the telephone* sa gaieté sonnait faux au téléphone.

false memory syndrome n syndrome *m* des faux souvenirs.

falseness ['fɔːlsnɪs] n **1.** [of belief, statement] fausseté *f* **2.** [of friend, lover] infidélité *f* **3.** [insincerity] fausseté *f*, manque *m* de sincérité.

false ribs pl n fausses côtes *fpl*.

false teeth pl n dentier *m*.

falsetto [fɔːl'setəʊ] (*pl* **falsettos**) ◆ n fausset *m*. ◆ adj de fausset, de tête.

falsies ['fɔːlsɪz] pl n *inf* soutien-gorge *m* rembourré.

falsifiable [,fɔːlsɪ'faɪəbəl] adj PHILOS falsifiable.

falsification [,fɔːlsɪfɪ'keɪʃn] n falsification *f*.

falsify ['fɔːlsɪfaɪ] (*pt & pp* **falsified**) vt **1.** [document] falsifier ; [evidence] maquiller ; [accounts, figures] truquer **2.** [misrepresent] déformer, dénaturer **3.** [disprove] réfuter.

falsity ['fɔːlsətɪ] (*pl* **falsities**) n **1.** [falseness] fausseté *f*, erreur *f* **2.** [lie] mensonge *m*.

falter ['fɔːltəʳ] ◆ vi **1.** [waver] vaciller, chanceler ; [courage, memory] faiblir / *demand for luxury goods has begun to falter* la demande de produits de luxe a commencé à baisser **2.** [stumble] chanceler, tituber **3.** [in speech] hésiter, parler d'une voix mal assurée. ◆ vt balbutier, bredouiller / *"I'm not sure, I don't... I can't...", he faltered* « je ne suis pas sûr, je... non... non... », bredouilla-t-il or balbutia-t-il.

faltering ['fɔːltərɪŋ] adj [attempt] timide, hésitant ; [voice] hésitant ; [steps] chancelant, mal assuré ; [courage, memory] défaillant.

falteringly ['fɔːltərɪŋlɪ] adv avec hésitation ; [move] d'un pas chancelant or mal assuré ; [speak] d'une voix hésitante or mal assurée.

fame [feɪm] n célébrité *f*, renommée *f* / *the film brought her fame and fortune* le film l'a rendue riche et célèbre / *his thirst for fame and fortune* sa soif de gloire et d'argent / *to rise to fame* se faire un nom / *Mick Jagger of Rolling Stones fame* Mick Jagger, le chanteur du célèbre groupe The Rolling Stones.

famed [feɪmd] adj célèbre, renommé / *famed for his generosity* connu or célèbre pour sa générosité.

familial [fə'mɪlɪəl] adj familial.

familiar [fə'mɪljəʳ] ◆ adj **1.** [well-known] familier / *a familiar face* un visage familier or connu / *his name is familiar* j'ai déjà entendu son nom (quelque part), son nom me dit quelque chose / *she's a familiar sight about town* tout le monde la connaît de vue en ville / *there's something familiar about the place* il me semble connaître cet endroit / *a familiar feeling* un sentiment bien connu / *it's a familiar story* c'est toujours la même histoire / *we're on familiar territory fig* nous voilà en terrain de connaissance **2.** [acquainted] ▶ **to be familiar with sthg** bien connaître qqch / *she's familiar with the situation* elle est au courant or au fait de la situation ▶ **to become familiar with sthg** se familiariser avec qqch **3.** [informal] familier, intime ▶ **to be on familiar terms with sb** entretenir des rapports amicaux avec qqn / *familiar language / tone* langage *m* / ton *m* familier **4.** *pej* [presumptuous - socially] familier ; [- sexually] trop entreprenant / *don't let him get too familiar (with you)* ne le laissez pas devenir trop entreprenant. ◆ n **1.** [friend] familier *m*, ami *m*, -e *f* **2.** [spirit] démon *m* familier.

familiarity [fə,mɪlɪ'ærətɪ] (*pl* **familiarities**) n **1.** [of face, place] caractère *m* familier **2.** [with book, rules, language] connaissance *f* / *her familiarity with his work* sa connaissance de ses œuvres ▶ **familiarity breeds contempt** *prov* la familiarité engendre le mépris **3.** [intimacy] familiarité *f*, intimité *f* **4.** (*usu pl*) *pej* [undue intimacy] familiarité *f*, privauté *f*.

familiarization [fə,mɪljəraɪ'zeɪʃn] n familiarisation *f*.

familiarize, familiarise [fə'mɪljəraɪz] vt **1.** [inform] familiariser ▶ **to familiarize o.s. with sthg** se familiariser avec qqch / *she familiarized him with the rules* elle l'a familiarisé avec les or l'a initié aux règles **2.** [make widely known] répandre, vulgariser.

familiarly [fə'mɪljəlɪ] adv familièrement.

family ['fæmlɪ] (*pl* **families**) ◆ n [gen, BIOL, BOT & LING] famille *f* / *have you any family?* **a)** [relatives] avez-vous de la famille ? **b)** [children] avez-vous des enfants ? ▶ **to raise a family** élever des enfants / *a large family* une famille nombreuse / *all the children in the family are redheads* tous les enfants de la famille sont roux ▶ **to start a family** avoir un (premier) enfant / *she's (just like) one of the family* elle fait (tout à fait) partie or elle est (tout à fait) de la famille / *his musical talent runs in the family* il tient son talent musical de la famille / *of good family* de bonne famille. ◆ comp [life] familial, de famille ; [car, friend] de la famille ; [dinner, likeness, quarrel] de famille ; [business, programme] familial ▶ **a family audience** un public or auditoire familial ▶ **a family business** une entreprise familiale ▶ **a family hotel** une pension de famille ▶ **family room** [in hotel] chambre *f* familiale ▶ **a family-size** or **family-sized jar of jam** [in pub] un pot de confiture familial ▶ **family Bible** Bible *f* familiale or de famille ▶ **family butcher** boucher *m* habituel ▶ **family circle** cercle *m* de (la) famille ▶ **family doctor** docteur *m* de famille ▶ **family law** droit *m* de la famille ▶ **family practice** US médecine *f* générale ▶ **family practitioner** US médecin *m* de famille, (médecin) généraliste *m* ▶ **Family Restaurants** *chaîne américaine de restaurants bon marché* ▶ **to be in the family way** *inf, dated & euph* être enceinte, attendre un enfant.

family allowance n UK allocations *fpl* familiales (*aujourd'hui « child benefit »*).

family court n US *tribunal pour toute affaire concernant des enfants.*

family credit n *prestation complémentaire pour familles à faibles revenus ayant au moins un enfant.*

Family Division n UK LAW *division du « High Court » s'occupant des affaires matrimoniales.*

family-friendly adj [pub, hotel, campsite] qui accueille volontiers les familles ; [policy, proposal] qui favorise la famille ; [show, entertainment] pour toute la famille.

family income supplement n ≃ complément *m* familial (*aujourd'hui « family credit »*).

family leave n congé *m* parental.

family man n ▶ **he's a family man** il aime la vie de famille, c'est un bon père de famille.

family name n nom *m* de famille.

family planning n planning *m* familial ▶ **a family planning clinic** un centre de planning familial.

family-run adj [hotel, restaurant] géré en famille, familial.

family-size(d) adj [jar, packet] familial.

family tree n arbre *m* généalogique.

famine ['fæmɪn] n famine *f*.

famished ['fæmɪʃt] adj affamé / *I'm famished! inf* je meurs de faim !, j'ai une faim de loup !

famous ['feɪməs] adj **1.** [renowned] célèbre, renommé / *the stately home is famous for its gardens* le château est connu or célèbre pour ses jardins / *a famous victory* une victoire célèbre / *so much for her famous cooking!* voilà ce que vaut or on sait maintenant ce que vaut sa fameuse cuisine ! ▶ **the Famous Five** LITER le Club des Cinq ▶ **famous last words!** c'est ce que tu crois ! **2.** *dated* [first-rate] fameux, formidable.

famously ['feɪməslɪ] adv **1.** *inf* fameusement (bien), rudement bien / *they get on famously* ils s'entendent à merveille or comme larrons en foire / *the project is coming along famously* l'opération marche comme sur des roulettes **2.** [notedly] : *her famously long legs* ses longues jambes si célèbres / *he had a famously open mind* son ouverture d'esprit était bien connue / *Eisenhower famously referred to the "military-industrial complex"* dans une phrase devenue célèbre, Eisenhower a parlé du « complexe militaro-industriel ».

fan [fæn] (*pt & pp* **fanned**, *cont* **fanning**) ◆ n **1.** [supporter] enthousiaste *mf*, passionné *m*, -e *f* ; [of celebrity] fan *mf* ; SPORT supporteur *m*, -trice *f* / *she's a chess / jazz fan* elle se passionne pour les échecs / le jazz / *a crowd of football fans* une foule de supporters de football / *he's a fan of Thai cooking* c'est un amateur de cuisine thaïlandaise / *I'm not one of her fans* or *I'm not a great fan of hers* je suis loin d'être un de ses admirateurs / *movie fans* des cinéphiles *mpl* **2.** [ventilator - mechanical] ventilateur *m* ; [- hand-held] éventail *m* / *shaped like a fan* en éventail **3.** AGR [machine] tarare *m* ; [basket] van *m* **4.** PHR **when it hits the fan** *inf* **a)** [when it comes to a head] quand ça va péter **b)** [when it goes public] quand ça se saura / *we'd better get out of here before it hits the fan* il vaut mieux qu'on se tire avant que ça ne pète. ◆ vt **1.** [face, person] éventer ▶ **to fan o.s.** s'éventer **2.** [fire] attiser, souffler sur ▶ **to fan the flames** *fig* jeter de l'huile sur le feu / *huge price increases fanned public hostility to the regime* la hausse considérable des prix a attisé l'hostilité du peuple contre le régime **3.** = **fan out.** ◆ vi s'étaler (en éventail).

❖ **fan out** ◆ vi [spread out] s'étaler (en éventail) ; [army, search party] se déployer. ◆ vt sep étaler (en éventail).

fan-assisted oven n four *m* à chaleur tournante.

fanatic [fə'nætɪk] ◆ adj fanatique. ◆ n fanatique *mf*.

fanatical [fə'nætɪkl] adj fanatique.

fanatically [fə'nætɪkəlɪ] adv fanatiquement.

fanaticism [fə'nætɪsɪzm] n fanatisme *m*.

fan belt n courroie *f* de ventilateur.

fanciable ['fænsɪəbl] adj UK *inf* plutôt bien, pas mal du tout.

fancied ['fænsɪd] adj **1.** [imagined] imaginaire **2.** SPORT [favoured] coté, en vogue.

fancier ['fænsɪəʳ] n **1.** [fan] amateur *m*, -trice *f* **2.** [breeder] éleveur *m*, -euse *f*.

fanciful ['fænsɪfʊl] adj **1.** [imaginary] imaginaire **2.** [imaginative] imaginatif, plein d'imagination **3.** [whimsical - person] capricieux, fantaisiste ; [- notion] fantasque, excentrique ; [- clothing] extravagant.

fancifully ['fænsɪfʊlɪ] adv **1.** [draw, write] avec imagination **2.** [act] capricieusement ; [dress] d'une façon extravagante or fantaisiste.

fancily ['fænsɪlɪ] adv d'une façon recherchée or raffinée / *they were very fancily dressed* ils étaient habillés avec soin, ils étaient endimanchés / *fancily decorated* décoré d'une manière compliquée or avec recherche.

fanciness ['fænsɪnɪs] n caractère *m* raffiné.

fan club n cercle *m* or club *m* de fans / *her fan club is here fig* ses admirateurs sont là.

fan-cooled [-kuːld] adj refroidi par ventilateur.

fancy ['fænsɪ] (*compar* **fancier**, *superl* **fanciest**, *pl* **fancies**, *pt & pp* **fancied**) ◆ adj **1.** [elaborate - clothes] recherché, raffiné ; [- style] recherché, travaillé ; [- excuse] recherché, compliqué / *fancy cakes* pâtisseries *fpl* / *a fancy dog* un chien de luxe **2.** [high-quality] de qualité supérieure, de luxe / *fancy food* denrées alimentaires de qualité supérieure **3.** *pej* [overrated - price] exorbitant ; [- talk, words] extravagant / *with all her fancy ways* avec ses grands airs. ◆ n **1.** [whim] caprice *m*, fantaisie *f* / *as the fancy takes him* comme ça lui chante / *it's just a passing fancy* ce n'est qu'une lubie **2.** UK [liking] goût *m*, penchant *m* / *I've taken a fancy to avocado pears lately* je me suis mis depuis quelque temps à aimer les avocats ▶ **to take a fancy to sb** se prendre d'affection pour qqn / *the dress took* or *caught her fancy* la robe lui a fait envie or lui a tapé dans l'œil / *the idea tickled my fancy inf* l'idée m'a séduit **3.** [imagination] imagination *f* / *the realm of fancy liter* le domaine de l'imaginaire, le royaume des chimères **4.** [notion] idée *f* fantasque, fantasme *m* / *I have a fancy that...* j'ai idée que... / *one of my fancies as a child was to join the circus* enfant, je rêvais de faire partie d'un cirque. ◆ vt **1.** UK *inf* [want] avoir envie de ; [like] aimer / *do you* *fancy a cup of tea?* ça te dirait une tasse de thé? / *I don't fancy travelling* je n'ai pas envie *or* cela ne me dit rien de voyager / *I've never fancied science fiction* je n'ai jamais été attiré par la science-fiction / *I don't fancy your chances of getting that job* j'imagine mal que vous obteniez ce travail ▸ **to fancy sb** s'enticher de qqn / *she really fancies herself* elle ne se prend vraiment pas pour rien / *which horse do you fancy?* SPORT à votre avis, quel sera le cheval gagnant?, quel cheval donnez-vous gagnant? **2.** *inf* [imagine] imaginer, s'imaginer / *she fancies herself as an intellectual* elle se prend pour une intellectuelle / *fancy meeting you here!* tiens! je ne m'attendais pas à vous voir ici! / *fancy anyone wanting to do that!* qu'est-ce que les gens vont chercher! / *fancy her coming!* qui aurait cru qu'elle allait venir! ▸ **fancy that!** tiens! voyez-vous cela! **3.** *liter* [believe] croire, se figurer / *he fancies he knows everything* il se figure tout savoir / *she fancied she heard the baby crying* elle a cru entendre pleurer le bébé / *I fancy we've met before* j'ai l'impression que nous nous sommes déjà rencontrés.

fancy dress n UK déguisement *m*, costume *m* / *in fancy dress* déguisé ▸ **a fancy dress ball** un bal masqué *or* costumé ▸ **fancy dress party** fête *f* déguisée.

fancy-free adj sans souci.

fancy goods pl n nouveautés *fpl*, articles *mpl* de fantaisie.

fancy man n *inf & pej* jules *m* / *he's her new fancy man* c'est son nouveau jules *or* mec.

fancy-pants ['fænsɪpænts] adj US *inf* [restaurant, hotel, neighbourhood] classe ; [person] frimeur.

fancy woman n *inf & pej* maîtresse *f*, petite amie *f*.

fancywork ['fænsɪwɜ:k] n *(U)* ouvrages *mpl* d'agrément.

fan dance n danse *f* des éventails.

fandangle [fæn'dæŋgl] n *inf* **1.** [ornament] ornement *m* clinquant **2.** *(U)* [nonsense] sottises *fpl*.

fandango [fæn'dæŋgəʊ] (*pl* **fandangos**) n fandango *m*.

fanfare ['fænfeəʳ] n MUS fanfare *f* ; *fig* [ostentation] : *with much fanfare* avec des roulements de tambour, avec éclat.

fang [fæŋ] n [of snake] crochet *m* ; [of wolf, vampire] croc *m*, canine *f*.

fan heater n radiateur *m* soufflant.

fan jet n [engine] turboréacteur *m* ; [plane] avion *m* à turboréacteurs.

fan letter n lettre *f* d'un admirateur.

fanlight ['fænlaɪt] n imposte *f* (semi-circulaire).

fan mail n courrier *m* des admirateurs.

fan mussel n jambonneau *m (coquillage)*.

Fannie Mae ['fænɪmeɪ] pr n *organisme de crédit américain.*

fanny ['fænɪ] (*pl* **fannies**) n **1.** UK *vulg* [female genitals] chatte *f* **2.** US *inf* [buttocks] fesses *fpl*.

fanny adams n UK *inf* ▸ **(sweet) fanny adams** que dalle.

fanny pack n US banane *f (sac)*.

fan-shaped adj en éventail.

fantabulous [fæn'tæbjələs] adj US *inf* génial.

fantail (pigeon) ['fænteɪl-] n pigeon *m* paon.

fantasia [fæn'teɪzjə] n LITER & MUS fantaisie *f*.

fantasize, fantasise ['fæntəsaɪz] vi fantasmer, se livrer à des fantasmes / *she fantasized about becoming rich and famous* elle rêvait de devenir riche et célèbre.

fantastic [fæn'tæstɪk] adj **1.** *inf* [wonderful] fantastique, sensationnel / *what a fantastic goal!* quel but fantastique *or* superbe! **2.** *inf* [very great - success] inouï, fabuleux ; [- amount, rate] phénoménal, faramineux **3.** [preposterous, strange - idea, plan, story] fantastique, bizarre.

fantastically [fæn'tæstɪklɪ] adv fantastiquement, extraordinairement / *it's fantastically expensive* c'est incroyablement *or* terriblement cher.

fantasy ['fæntəsɪ] (*pl* **fantasies**) n **1.** [dream] fantasme *m* ; PSYCHOL fantasme *m* ; [notion] idée *f* fantasque / *to indulge in fantasy* se livrer à des fantasmes *or* rêveries / *sexual fantasy* fantasme *m* **2.** [imagination] imagination *f* / *fantasy and reality* l'imaginaire *m* et la réalité / *to live in a fantasy world* vivre dans un monde à soi **3.** LITER & MUS fantaisie *f*.

> ⚠ **Fantaisie** is only used in literary or musical contexts. See the entry for alternative translations.

fan vaulting n *(U)* voûte *f or* voûtes *fpl* en éventail.

fanzine ['fænzi:n] n revue *f* spécialisée, fanzine *m*.

fao (written abbr of **for the attention of**) à l'attention de.

FAO (abbr of **Food and Agriculture Organization**) pr n FAO *f*.

FAQ ◆ adv (written abbr of **free alongside quay**) UK FLQ. ◆ n [fak *or* ɜ:feɪ'kju:] (abbr of **frequently asked questions**) COMPUT FAQ *f*.

far [fɑ:ʳ] (*compar* **farther** ['fɑ:ðəʳ] *or* **further** ['fɜ:ðəʳ], *superl* **farthest** ['fɑ:ðɪst] *or* **furthest** ['fɜ:ðɪst]) ◆ adv **1.** [distant in space] loin / *is it far?* est-ce (que c'est) loin? / *how far is it to town?* combien y a-t-il jusqu'à la ville? / *how far is he going?* jusqu'où va-t-il? / *have you come far?* êtes-vous venu de loin? / *the police are looking for them, they won't get very far* la police est à leur recherche, ils n'iront pas très loin / *he went as far north as Alaska* il est allé au nord jusqu'en Alaska / *far away or off in the distance* au loin, dans le lointain / *he doesn't live far away or off* il n'habite pas loin / *far above / below* loin au-dessus / au-dessous / *far beyond* bien au-delà / *far out at sea* en pleine mer ; *fig* : *his thoughts are far away* son esprit est ailleurs / *his work is far above the others'* son travail est de loin supérieur à celui des autres / *that's far beyond me* **a)** [physically] c'est bien au-dessus de mes forces **b)** [intellectually] ça me dépasse / *how far can you trust him?* jusqu'à quel point peut-on lui faire confiance? / *how far (on) are you in the book?* où en es-tu dans le livre? / *how far have you got with the translation?* où en es-tu de la traduction? ▸ **far and wide** de tous côtés / *they came from far and wide* ils sont venus de partout / *he travels far and wide* il court le monde / *far be it from me to interfere!* loin de moi l'idée d'intervenir! ▸ **to be far out** UK, **to be far off** US **a)** [person] se tromper complètement **b)** [report, survey] être complètement erroné **c)** [guess] être loin du compte / *he's not far off or wrong* il n'a pas tout à fait tort / *she's not far off being finished* elle n'est pas loin d'avoir fini ▸ **to carry** *or* **to take sthg too far** pousser qqch trop loin / *have you got far to go?* **a)** *lit* avez-vous encore beaucoup de chemin à faire? **b)** *fig* êtes-vous loin du but? / *you won't get far with that attitude* vous n'irez pas loin avec ce genre de comportement / *sincerity won't get you very far* la sincérité ne vous mènera pas loin **2.** [distant in time] loin / *as far back as 1800* déjà en 1800, dès 1800 / *as far back as I can remember* d'aussi loin que je me souvienne / *I can't look far beyond August* je ne sais pas ce qui se passera après le mois d'août / *she worked far into the night* elle a travaillé très avant *or* jusque tard dans la nuit / *don't look so far into the future* ne vous préoccupez pas de ce qui se passera dans un avenir aussi lointain / *the holidays aren't far off* les vacances ne sont plus loin *or* approchent / *he's not far off sixty* il n'a pas loin de la soixantaine **3.** *(with compar)* [much] beaucoup, bien / *this is far better* c'est beaucoup *or* bien mieux / *a far greater problem* un problème bien *or* autrement *or* beaucoup plus grave / *she is far more intelligent than I am* elle est bien *or* beaucoup plus intelligente que moi **4.** PHR **to go far a)** [person, idea] aller loin, faire son chemin / *this has gone far enough* trop, c'est trop, c'est allé trop loin / *his policy doesn't go far enough* sa politique ne va pas assez loin / *I would even go so far as to say...* j'irais même jusqu'à dire..., je dirais même... / *he went so far as to claim that...* il est allé jusqu'à prétendre que... **b)** [make progress] *she's gone too far to back out* elle s'est trop engagée pour reculer / *this goes quite far towards solving the problem* on approche d'une solution **c)** [money] *£5 doesn't go far nowadays* on ne va pas loin avec 5 livres de nos jours ▸ **to go too far** [exaggerate] dépasser les bornes, exagérer / *you're going too far!* vous exagérez! ◆ adj **1.** [distant] lointain, éloigné ; [remote] éloigné ▸ **it's a far cry from what she expected** ce n'est pas du tout *or* c'est loin de ce qu'elle attendait **2.** [more distant] autre, plus éloigné / *on the far side* de l'autre côté / *the far end of* l'autre bout de, l'extrémité de / *at the far end of the room* au fond de la salle **3.** [extreme] extrême / *the Far North* l'extrême nord *m* / *the far left / right* POL l'extrême gauche *f* / droite *f*.

❖ **as far as** ◆ prep phr jusqu'à / *I'll walk with you as far as the end of the lane* je vais vous accompagner jusqu'au bout du chemin. ◆ conj phr **1.** [distance] : *as far as the eye can see* à perte de vue ▸ **that's fine as far as it goes** c'est très bien, jusqu'à un certain point **2.** [to the extent that] autant que / *as far as possible* autant que possible, dans la mesure du possible / *as far as I can* dans la mesure de mon possible / *as far as I can judge* (pour) autant que je puisse (en) juger / *as far as she's / I'm concerned* en ce qui la / me concerne, pour sa / ma part / *as far as money goes or is concerned* pour ce qui est de l'argent.

❖ **by far** adv phr de loin, de beaucoup / *she's by far the cleverest* or *the cleverest by far* c'est de loin or de beaucoup la plus intelligente.

❖ **far and away** adv phr de loin.

❖ **far from** ◆ adv phr [not at all] loin de / *far from clean* loin d'être propre / *the report was far from complimentary* le rapport était loin d'être flatteur / *I'm far from approving all he does* je suis loin d'approuver tout ce qu'il fait ▸ **far from it** : *he's not rich, far from it* il n'est pas riche, loin de là *or* tant s'en faut. ◆ prep phr [rather than] loin de / *far from being generous, he is rather stingy* loin d'être généreux, il est plutôt radin / *far from improving, the situation got worse* loin de s'améliorer, les choses ont empiré.

❖ **in so far as** conj phr dans la mesure où.

❖ **so far** adv phr jusqu'ici, jusqu'à présent / *so far this month* depuis le début du mois ▸ **so far so good** jusqu'ici ça va.

❖ **so far as** conj phr = **as far as**.

farad ['færəd] n farad *m*.

faraday ['færədeɪ] n faraday *m*.

faraway ['fɑ:rəweɪ] adj [distant] lointain, éloigné ; [isolated] éloigné ; [sound, voice] lointain ; [look] absent / *her eyes had a faraway look* son regard était perdu dans le vague.

farce [fɑ:s] n **1.** THEAT & *fig* farce *f* / *this law is a farce* cette loi est grotesque *or* dérisoire **2.** CULIN farce *f*.

farcical ['fɑ:sɪkl] adj risible, ridicule / *the election was completely farcical* l'élection était grotesque *or* était une pure comédie.

fare [feəʳ] ◆ n **1.** [charge - for bus, underground] prix *m* du billet *or* ticket ; [- for boat, plane, train] prix *m* du billet ; [- in taxi] prix *m* de la course / *what is the fare?* **a)** [gen] combien coûte le billet? **b)** [in taxi] combien je vous dois? / *fares are going up* les tarifs des transports augmentent / *have you got the fare?* avez-vous de quoi payer le billet? / *(any more) fares, please!* [in bus, train] qui n'a pas son ticket? **2.** [passenger] voyageur *m*, -euse *f* ; [in taxi] client *m*, -e *f* **3.** [food] nourriture *f*, chère *f* ▸ **hospital fare** régime *m* d'hôpital. ◆ comp ▸ **fare dodger** resquilleur *m*, -euse *f*. ◆ vi : *how did you fare at the booking office?* comment ça s'est passé au bureau de réservation?

Far East pr n ▸ **the Far East** l'Extrême-Orient *m*.

Far Eastern adj extrême-oriental.

fare stage n UK [of bus] section *f*.

fare-thee-well n US *inf* ▸ **to a fare-thee-well** à la perfection.

farewell [,feə'wel] ◆ n adieu *m* / *farewell!* adieu! ▸ **to bid sb farewell** dire adieu à qqn / *we said our farewells and left* nous avons fait nos adieux et nous sommes partis / *you can say farewell to your chances of winning!* tu peux dire adieu à tes chances de victoire!, tu n'as plus aucune chance de gagner! / **'A Farewell to**

Arms' *Hemingway* 'l'Adieu aux armes'. ◆ comp [dinner, party] d'adieu.

far-fetched [-'fetʃt] adj bizarre, farfelu / *a far-fetched alibi* un alibi tiré par les cheveux / *a far-fetched story* une histoire à dormir debout.

far-flung adj [widespread] étendu, vaste ; [far] lointain.

farinaceous [,færɪ'neɪʃəs] adj farinacé.

farm [fɑ:m] ◆ n ferme *f*, exploitation *f* (agricole) / *to work on a farm* travailler dans une ferme ▸ **from farm to fork** de la ferme à l'assiette du consommateur. ◆ comp [equipment] agricole ▸ **farm labourer** or **worker** ouvrier *m*, -ère *f* agricole ▸ **farm produce** produits *mpl* agricoles or de ferme ▸ **farm shop** *magasin qui vend des produits de la ferme.* ◆ vt [land] cultiver, exploiter ; [animals] élever. ◆ vi être fermier, être cultivateur.

❖ **farm out** vt sep **1.** [shop] mettre en gérance ; [work] donner or confier à un sous-traitant / *she farms some work out to local people* elle cède du travail à des sous-traitants locaux **2.** [child] : *she farms her children out on an aunt* elle confie (la garde de) ses enfants à une tante.

farmable ['fɑ:məbl] adj [land] cultivable.

farmer ['fɑ:mə^r] n [of land] fermier *m*, -ère *f*, agriculteur *m*, -trice *f* ; [of animals] éleveur *m*, -euse *f*.

farmers' market n marché *m* de producteurs.

farmhand ['fɑ:mhænd] n ouvrier *m*, -ère *f* agricole.

farmhouse ['fɑ:mhaʊs] (*pl* [-haʊzɪz]) n (maison *f* de) ferme *f* ▸ **farmhouse Cheddar** cheddar *m* fermier.

farming ['fɑ:mɪŋ] ◆ n agriculture *f* ▸ **fish** / **mink farming** élevage *m* de poisson / vison ▸ **fruit** / **vegetable farming** culture *f* fruitière / maraîchère. ◆ comp [methods] de culture, cultural ; [equipment, machines] agricole ; [community, region] rural.

farmland ['fɑ:mlænd] n *(U)* terre *f* arable, terres *fpl* arables.

farmstay ['fɑ:msteɪ] n AUSTR : *farmstay (accommodation)* ≃ tourisme *m* vert à la ferme.

farmstead ['fɑ:msted] n US ferme *f (et ses dépendances)*.

farmyard ['fɑ:mjɑ:d] n cour *f* de ferme ▸ **farmyard animal** animal *m* de (la) ferme ▸ **farmyard smells** odeurs *fpl* de ferme.

Far North pr n ▸ **the Far North** le Grand Nord.

faro ['feərəʊ] n *jeu de cartes où l'on joue contre le donneur.*

Faroese ◆ adj féroïen. ◆ n **1.** GEOG Féroïen *m*, -enne *f* **2.** LING féroïen *m*.

Faroes Isles, Faroes pl n îles *fpl* Féroé.

far-off adj [place, time] lointain, éloigné.

far-out adj *inf* **1.** [odd] bizarre, farfelu ; [avant-garde] d'avant-garde **2.** [excellent] génial, super.

farrago [fə'rɑ:gəʊ] (*pl* **farragoes**) n *pej* amas *m* / *a farrago of lies* un fatras de mensonges.

far-reaching [-'ri:tʃɪŋ] adj d'une grande portée / *to have far-reaching consequences* avoir des conséquences considérables or d'une portée considérable.

farrier ['færɪə^r] n UK [blacksmith] maréchal-ferrant *m* ; [vet] vétérinaire *mf*.

farrow ['færəʊ] ◆ vi & vt mettre bas. ◆ n portée *f* (de cochons).

farseeing [,fɑ:'si:ɪŋ] adj [person] prévoyant, perspicace ; [action] prévoyant ; [decision] pris avec clairvoyance.

Farsi [,fɑ:'si:] n farsi *m*.

farsighted [,fɑ:'saɪtɪd] adj **1.** [shrewd - person] prévoyant, perspicace ; [- action] prévoyant ; [decision] pris avec clairvoyance **2.** US MED hypermétrope.

far-sightedly [-'saɪtɪdlɪ] adv d'une manière prévoyante.

farsightedness [,fɑ:'saɪtɪdnɪs] n **1.** [of person] prévoyance *f*, perspicacité *f* ; [of act, decision] clairvoyance *f* **2.** US MED hypermétropie *f*, presbytie *f*.

fart [fɑ:t] *v inf* ◆ n **1.** [gas] pet *m* **2.** [person] birbe *m* / *he's a boring old fart* il est rasoir, c'est un raseur. ◆ vi péter.

❖ **fart about** UK, **fart around** vi *v inf* gaspiller or perdre son temps, glander.

farther ['fɑ:ðə^r] *(compar of far)* ◆ adv **1.** [more distant] plus loin / *farther north* plus (loin) au nord / *how much farther is it?* c'est encore à combien ? / *have we much farther to go?* avons-nous encore beaucoup de chemin à faire ? / *farther than the shop* plus loin que le magasin / *farther ahead* loin devant / *farther along the corridor* plus loin dans le couloir / *farther away* or *farther off* plus loin / *to move farther and farther away* s'éloigner de plus en plus / *farther back* plus (loin) en arrière / *move farther back* reculez(-vous) / *farther back than 1900* avant 1900 / *farther down* / *up* plus bas / haut / *farther on* or *forward* plus loin **2.** [in addition] en plus, de plus. ◆ adj plus éloigné, plus lointain / *on the farther side of the room* de l'autre côté or au fond de la salle / *the farther end of the tunnel* l'autre bout du tunnel.

farthermost ['fɑ:ðə,məʊst] adj plus lointain, plus éloigné / *to the farthermost ends of the earth* jusqu'aux confins de la terre.

farthest ['fɑ:ðɪst] *(superl of far)* ◆ adj le plus lointain, le plus éloigné / *in the farthest depths of Africa* au fin fond de l'Afrique. ◆ adv le plus loin / *it's 3 km at the farthest* il y a 3 km au plus or au maximum / *the farthest removed* le plus éloigné.

farthing ['fɑ:ðɪŋ] n *pièce de monnaie qui valait le quart d'un ancien penny* / *we haven't a farthing* nous n'avons pas le sou.

farthingale ['fɑ:ðɪŋgeɪl] n HIST vertugadin *m*.

fas, FAS (**abbr of free alongside ship**) adj & adv UK FLB.

fascia (*pl* **fasciae** [-ʃɪi:]) n ['feɪʃə] **1.** [on building] panneau *m* **2.** UK [dashboard] tableau *m* de bord **3.** ['fæʃɪə] ANAT fascia *m*.

fasciated ['fæʃɪeɪtɪd] adj BOT fascié ; [leaf] fasciculé ▸ **fasciated stem** BOT tige *f* fasciée, fascie *f*.

fasciation [,fæʃɪ'eɪʃən] n BOT fasciation *f*.

fascicle ['fæsɪkl] n **1.** [gen, ANAT & BOT] faisceau *m* **2.** PRINT = **fascicule**.

fascicule ['fæsɪkju:l] n fascicule *m*.

fascinate ['fæsɪneɪt] vt **1.** [delight] fasciner, captiver / *she was fascinated by* or *with his story* elle était fascinée par son histoire **2.** [prey] fasciner.

fascinating ['fæsɪneɪtɪŋ] adj [country, idea, person] fascinant, captivant ; [book, speaker, speech] fascinant, passionnant.

fascinatingly ['fæsɪneɪtɪŋlɪ] adv d'une façon fascinante or passionnante.

fascination [,fæsɪ'neɪʃn] n fascination *f*, attrait *m* / *her fascination with the Orient* la fascination qu'exerce sur elle l'Orient / *it holds a fascination for him* ça le fascine.

fascinator n *peigne orné de plumes ou de fleurs qui se pique dans les cheveux.*

fascism ['fæʃɪzm] n fascisme *m*.

fascist ['fæʃɪst] ◆ adj fasciste. ◆ n fasciste *mf*.

fascistic [fə'ʃɪstɪk] adj fasciste.

fash [fæʃ] vt : SCOT *dinna fash yersel'* ne te fais pas de bile.

fashion ['fæʃn] ◆ n **1.** [current style] mode *f* ▸ **in fashion** à la mode, en vogue ▸ **to come back into fashion** revenir à la mode / *big weddings are no longer in fashion* ça ne se fait plus, les grands mariages / *she dresses in the latest fashion* elle s'habille à la dernière mode / *the Paris fashions* les collections (de mode) parisiennes / *hats are the fashion again* les chapeaux reviennent à la mode ▸ **to set the fashion** donner le ton, lancer la mode ▸ **out of fashion** démodé, passé de mode ▸ **to go out of fashion** se démoder **2.** [manner] façon *f*, manière *f* / *in an orderly fashion* d'une façon méthodique, méthodiquement / *after the fashion of Shakespeare* à la manière de Shakespeare / *after the French fashion* à la française ▸ **after a fashion** tant bien que mal / *he can paint after a fashion* il peint à sa manière. ◆ comp [editor, magazine, photographer] de mode ; [industry] de la mode ▸ **fashion designer** modéliste *mf* / *the great fashion designers* les grands couturiers ▸ **fashion house** maison *f* de (haute) couture ▸ **fashion model** mannequin *m* ▸ **fashion show** présentation *f* des modèles or des collections, défilé *m* de mode. ◆ vt [gen] fabriquer, modeler ; [carving, sculpture] façonner ; [dress] confectionner ; *fig* [character, person] former, façonner ▸ **to fashion sthg out of clay** façonner qqch en argile.

-fashion in comp : *he wore his scarf pirate-fashion* il portait son foulard comme les pirates.

fashionable ['fæʃnəbl] adj [clothing] à la mode ; [café, neighbourhood] chic, à la mode ; [subject, writer] à la mode, en vogue / *black is fashionable this year* le noir se porte beaucoup cette année / *a café fashionable with writers* un café fréquenté par des écrivains / *it is fashionable to say* il est de bon ton or bien vu de dire / *it is no longer fashionable to eat red meat* cela ne se fait plus de manger de la viande rouge ▸ **fashionable society** les gens à la mode.

fashionably ['fæʃnəblɪ] adv élégamment, à la mode / *her hair is fashionably short* elle a les cheveux coupés court selon la mode / *we were fashionably late* on était un peu en retard, comme le veut l'étiquette.

fashionista [fæʃə'nɪstə] n *inf* fashionista *mf*.

fashion plate n *lit* gravure *f* de mode ; *fig* élégant *m*, -e *f*.

fashion victim n *hum* victime *f* de la mode.

fast [fɑ:st] ◆ adj **1.** [quick] rapide / *a fast film* une pellicule rapide / *she's a fast runner* elle court vite / *at a fast pace* d'un pas vif or rapide / *a grass court is faster than a hard one* [in tennis] le jeu est plus rapide sur gazon que sur un court en dur ▸ **fast bowler** [in cricket] lanceur *m* rapide ▸ **fast train** rapide *m* ▸ **to pull a fast one on sb** *inf* jouer un mauvais tour à qqn / *he's a fast worker* **a)** *lit* il va vite en besogne **b)** *fig* il ne perd pas de temps **2.** [clock] en avance / *my watch is (three minutes) fast* ma montre avance (de trois minutes) **3.** [secure - knot, rope] solide ; [- door, window] bien fermé ; [- grip] ferme, solide ; [- friend] sûr, fidèle / *to make a boat fast* amarrer un bateau **4.** [colour] bon teint *(inv)*, grand teint *(inv)* / *the colour is not fast* la couleur déteint or s'en va **5.** [wild] libertin ▸ **fast living** vie dissolue or de dissipation / *he's in with a fast set* *inf* il fréquente une bande de viveurs or de fêtards. ◆ adv **1.** [quickly] vite, rapidement / *how fast is the car going?* à quelle vitesse roule la voiture ? / *he needs help fast* il lui faut de l'aide de toute urgence / *she ran off as fast as her legs would carry her* elle s'est sauvée à toutes jambes, elle a pris ses jambes à son cou / *the insults came fast and furious* les insultes volaient or pleuvaient dru / *as fast as I ate he gave me more* il me resservait à mesure que je mangeais / *he'll do it fast enough if you pay well* il ne se fera pas prier si vous payez bien / *not so fast!* doucement !, pas si vite ! / *not so fast, I haven't finished* une minute, je n'ai pas fini ▸ **to play fast and loose with sb** traiter qqn à la légère **2.** [ahead of correct time] en avance / *my watch is running fast* ma montre avance **3.** [securely] ferme, solidement / *shut fast* bien fermé ▸ **to hold fast (on) to sthg** tenir fermement qqch / *they held fast despite the threats* *fig* ils ont tenu bon malgré les menaces **4.** [soundly] profondément ▸ **to be fast asleep** dormir à poings fermés or profondément **5.** *arch* [near] tout près / *fast by the school* qui jouxte l'école, attenant à l'école. ◆ n jeûne *m* ▸ **to break one's fast** rompre le jeûne / *a fast day* RELIG un jour maigre or de jeûne. ◆ vi [gen] jeûner, rester à jeun ; RELIG jeûner, faire maigre.

fastback ['fɑ:stbæk] n voiture *f* deux-volumes, voiture *f* à hayon arrière.

fastball ['fæstbɔ:l] n [in baseball] balle *f* rapide *(lancée vers le batteur)*.

fast breeder reactor n surrégénérateur *m*, surgénérateur *m*.

fasten ['fɑ:sn] ◆ vt **1.** [attach] attacher ; [close] fermer ▸ **to fasten sthg with glue** / **nails** / **string to sthg** coller / clouer / lier qqch à qqch / *fasten your seatbelts* attachez votre ceinture / *he fastened the two ends together* il a attaché les deux bouts ensemble or l'un à l'autre **2.** [attention, eyes] fixer / *he fastened his eyes on the door* il a fixé la porte des yeux or a fixé son regard sur la porte **3.** [ascribe - guilt, responsibility] attribuer ; [- crime] imputer ▸ **to fasten sthg on sb** attribuer qqch à qqn / *they fastened the blame on him* ils ont rejeté la faute sur lui ▶ **to fasten one's attention on sthg** fixer son attention sur qqch. ◆ vi [bra, dress] s'attacher ; [bag, door, window] se fermer.

❖ **fasten down** vt sep [flap, shutter] fermer ; [envelope, sticker] coller.

❖ **fasten on** vt sep [belt, holster] fixer.

❖ **fasten onto** vt insep **1.** [seize upon] saisir / *to fasten onto an idea* se mettre une idée en tête **2.** [grip] se cramponner à, s'accrocher à / *he fastened onto our group fig* il s'est attaché à notre groupe.

❖ **fasten up** vt sep fermer, attacher.

❖ **fasten upon** vt insep **1.** [gaze at] fixer / *her eyes fastened upon the letter* elle fixait la lettre du regard or des yeux **2.** [seize upon] saisir / *to fasten upon an excuse* saisir un prétexte / *she fastened upon the idea of escaping* elle s'est mis en tête de s'échapper or de s'évader.

fastener ['fɑːsnər], **fastening** ['fɑːsnɪŋ] n [gen] attache *f* ; [on box, door] fermeture *f* ; [on bag, necklace] fermoir *m* ; [on clothing] fermeture *f* ; [button] bouton *m* ; [hook] agrafe *f* ; [press stud] pression *f*, bouton-pression *m* ; [zip] fermeture *f* Éclair / *what kind of fastener is it?* comment cela se ferme-t-il or s'attache-t-il ?

fast food n fast-food *m*, prêt-à-manger *m offic.*

❖ **fast-food** comp [chain, place, restaurant] de restauration rapide, de fast-food ▶ **fast-food restaurants** des fast-foods *mpl*.

fast-forward ◆ vi se dérouler en avance rapide. ◆ vt : *to fast-forward a tape* faire avancer or défiler une cassette. ◆ comp ▶ **fast-forward button** touche *f* d'avance rapide.

fastidious [fə'stɪdɪəs] adj **1.** [fussy about details] tatillon, pointilleux ; [meticulous -person] méticuleux, minutieux ; [-work] minutieux / *he is fastidious about the way he dresses* il est d'une coquetterie méticuleuse / *the manager is really fastidious* le patron est vraiment exigeant or pointilleux / *she is fastidious about protocol* elle est pointilleuse or à cheval sur le protocole **2.** [fussy about cleanliness] méticuleux, maniaque.

⚠ **Fastidieux** means boring, not fastidious.

fastidiously [fə'stɪdɪəslɪ] adv **1.** [meticulously] méticuleusement, minutieusement **2.** [fussily] : *he fastidiously examined the fork* il examina la fourchette avec un soin maniaque.

fastidiousness [fə'stɪdɪəsnɪs] n **1.** [meticulousness] minutie *f*, méticulosité *f liter* ; [fussiness about detail] caractère *m* pointilleux or tatillon **2.** [fussiness about cleanliness] méticulosité *f*.

fastigiate [fæ'stɪdʒɪət] adj fastigié.

fast lane n [in the UK] voie *f* de droite ; [on the continent, in the US, etc.] voie *f* de gauche ▶ **life in the fast lane** *fig* vie *f* excitante.

fast motion n ▶ **in fast motion** en accéléré.

fast-moving adj [film] plein d'action ▶ **fast-moving events** des évènements rapides.

fastness ['fɑːstnɪs] n **1.** [secureness] solidité *f* **2.** [of colour] solidité *f*, résistance *f* **3.** [stronghold] place *f* forte, repaire *m*.

fast-paced [-'peɪst] adj [novel, film, TV show] au rythme trépidant ; [game, sport] rapide.

fast talk n *inf* baratin *v inf m*.

❖ **fast-talk** vt *inf* baratiner / *he fast-talked me into it* il m'a persuadé grâce à son baratin.

fast-track adj ▶ **fast-track executives** *des cadres qui gravissent rapidement les échelons.*

fat [fæt] (*compar* **fatter**, *superl* **fattest**, *pt & pp* **fatted**, *cont* **fatting**) ◆ adj **1.** [heavy, overweight -person] gros (grosse), gras (grasse) ; [-cheeks, limb] gros (grosse) ; [-face] joufflu ▶ **to get** or **to grow fat** grossir, engraisser / *she's getting fat* elle prend de l'embonpoint / *they had grown fat on their investments fig* ils s'étaient enrichis or engraissés grâce à leurs investissements / *he's a fat cat* **a)** *inf* [rich] c'est un richard **b)** [important] c'est une huile ▶ **as fat as a pig** gras comme un cochon or un moine **2.** [meat] gras (grasse) **3.** [thick, hefty] gros (grosse) / *a fat book* un gros livre, un livre épais / *he made a fat profit inf* il a fait de gros bénéfices / *a fat wallet* un portefeuille bien garni **4.** [productive -year] gras (grasse), prospère ; [-land, soil] fertile, riche ▶ **to be in fat city** US *inf* être plein aux as **5.** *inf* PHR **get this into your fat head** mets-toi ça dans la tête une fois pour toutes / *I reckon you'll get it back — fat chance!* je pense qu'on te le rendra — tu parles ! / *fat chance you have of winning!* comme si tu avais la moindre chance de gagner ! / *a fat lot of good it did him!* ça l'a bien avancé !, le voilà bien avancé ! / *a fat lot he cares!* il s'en fout pas mal ! / *a fat lot you know about it!* comme si tu en savais quelque chose ! ◆ n **1.** [gen & ANAT] graisse *f* ▶ **rolls of fat** des bourrelets *mpl* de graisse **2.** CULIN [on raw meat] graisse *f*, gras *m* ; [on cooked meat] gras *m* ; [as cooking medium] matière *f* grasse ; [as part of controlled diet] lipide *m* / *we are trying to eat less fat* nous nous efforçons de manger moins de matières grasses or corps gras / *margarine low in fat* margarine pauvre en matières grasses or allégée / *beef / mutton fat* graisse de bœuf / de mouton / *pork fat* saindoux *m* / *fry in deep fat* faites frire / *fry in shallow fat* faites revenir / *fat content* (teneur *f* en) matières *fpl* grasses ▶ **the fat is in the fire** *inf* ça va chauffer ▶ **to live off the fat of the land** vivre comme un coq en pâte. ◆ vt engraisser ▶ **to kill the fatted calf** *fig* tuer le veau gras.

fatal ['feɪtl] adj **1.** [deadly -disease, injury] mortel ; [-blow] fatal, mortel ; [-result] fatal **2.** [ruinous -action, consequences] désastreux, catastrophique ; [-influence] néfaste, pernicieux ; [-mistake] fatal, grave / *such a decision would be fatal to our plans* une décision de ce type porterait un coup fatal or le coup de grâce à nos projets **3.** [crucial] fatal, fatidique.

fatalism ['feɪtəlɪzm] n fatalisme *m*.

fatalist ['feɪtəlɪst] ◆ adj fataliste. ◆ n fataliste *mf*.

fatalistic [,feɪtə'lɪstɪk] adj fataliste.

fatality [fə'tælətɪ] (*pl* **fatalities**) n **1.** [accident] accident *m* mortel ; [person killed] mort *m*, -e *f* ▶ **bathing fatalities** noyades *fpl* ▶ **road fatalities** morts sur la route / *a child was one of the fatalities* il y avait un enfant parmi les victimes **2.** *fml* [destiny] fatalité *f*.

fatally ['feɪtəlɪ] adv [wounded] mortellement / *to be fatally shot* être tué par balles / *to be fatally knifed or stabbed* être poignardé à mort / *fatally ill* condamné, perdu / *the plan was fatally flawed* le projet était voué à l'échec.

⚠ **Fatalement** means inevitably, not fatally.

fat-assed [-æst] adj US *v inf* gros.

fatback ['fætbæk] n lard *m* salé.

fat city n US *inf* ▶ **to be in fat city** être plein aux as.

fate [feɪt] n **1.** [destiny] destin *m*, sort *m* / *what does fate have in store for them?* qu'est-ce que le destin or le sort leur réserve ? **2.** [of person, thing] sort *m* / *I left her to her fate* je l'ai abandonnée à son sort ▶ **to meet one's fate** trouver la mort / *the new project met with a similar fate* le nouveau projet a connu un destin semblable ▶ **a fate worse than death** *fig* un sort pire que la mort.

❖ **Fates** pl pr n ▶ **the Fates** les Parques *fpl*.

fated ['feɪtɪd] adj **1.** [destined] destiné / *they seem fated to be unhappy* ils semblent destinés or condamnés à être malheureux / *he was fated never to return* il devait ne plus jamais revenir **2.** [doomed] voué au malheur.

fateful ['feɪtfʊl] adj **1.** [decisive -day, decision] fatal, décisif ; [disastrous] désastreux, catastrophique **2.** [prophetic] fatidique.

fat farm n US *inf* centre *m* d'amaigrissement.

fat-free adj sans matières grasses, sans corps gras.

fathead ['fæthed] n *inf & dated* imbécile *mf*.

fat-headed adj *inf* idiot, imbécile.

father ['fɑːðər] ◆ n **1.** [male parent] père *m* / *he's a good father* c'est un bon père / *he's like a father to me* il est comme un père pour moi / *from father to son* de père en fils / *on my father's side* du côté de mon père / *yes, Father* oui, père, oui, papa / *she's her father's daughter* c'est bien la fille de son père ▶ **like father, like son** *prov* tel père, tel fils *prov*, bon chien chasse de race *prov* / **'Fathers and Sons'** *Turgenev* 'Pères et fils' **2.** (*usu pl*) [ancestor] ancêtre *m*, père *m* **3.** [founder, leader] père *m*, fondateur *m*. ◆ vt **1.** [child] engendrer ; *fig* [idea, science] concevoir, inventer **2.** [impose] attribuer ▶ **to father sthg on sb** attribuer qqch à qqn / *they fathered the blame on her* ils lui ont fait porter le blâme.

❖ **Father** n RELIG **1.** [priest] père *m* / *Father Brown* le (révérend) père Brown / *yes, Father* oui, mon père **2.** [God] : *the Father, the Son and the Holy Ghost* le Père, le Fils et le Saint-Esprit / *Our Father who art in Heaven* Notre Père qui êtes aux cieux ▶ **to say the Our Father** dire le Notre Père **3.** POL ▶ **the Father of the House** *titre traditionnel donné au doyen (par l'ancienneté) des parlementaires britanniques.*

Father Christmas pr n UK le Père Noël.

father confessor n directeur *m* de conscience, père *m* spirituel.

father figure n personne *f* qui joue le rôle du père / *he was a father figure for all the employees* le personnel le considérait un peu comme un père.

fatherhood ['fɑːðəhʊd] n paternité *f*.

father-in-law n beau-père *m*.

fatherland ['fɑːðəlænd] n patrie *f*, mère *f* patrie.

fatherless ['fɑːðəlɪs] adj sans père.

fatherlike ['fɑːðə,laɪk], **fatherly** ['fɑːðəlɪ] adj paternel.

Father's Day n fête *f* des pères.

Father Time n ▶ **(Old) Father Time** le Temps.

fathom ['fæðəm] (*pl* **fathom** *or* **fathoms**) ◆ n brasse *f* (*mesure*) / *the ship lies 50 fathoms down* le navire repose par 91 mètres de fond. ◆ vt **1.** [measure depth of] sonder **2.** *inf* [understand] sonder, pénétrer / *I just can't fathom it* je n'y comprends rien.

fathomless ['fæðəmlɪs] adj **1.** [unmeasurable] insondable **2.** [impenetrable] insondable, impénétrable.

fatigue [fə'tiːg] ◆ n **1.** [exhaustion] fatigue *f*, épuisement *m* **2.** TECH [in material] fatigue *f* ▶ **metal fatigue** fatigue du métal **3.** MIL [chore] corvée *f* / *I'm on fatigues* je suis de corvée. ◆ comp **1.** MIL [shirt, trousers] de corvée ▶ **fatigue dress** or **uniform** treillis *m* or tenue *f* de corvée ▶ **fatigue duty** corvée *f* ▶ **a fatigue party** une corvée **2.** TECH [limit] de fatigue. ◆ vt **1.** *fml* [person] fatiguer, épuiser / *he felt fatigued after a long day in the office* il se sentait las après une longue journée de bureau **2.** TECH [material] fatiguer.

❖ **fatigues** pl n MIL [clothing] treillis *m*, tenue *f* de corvée.

fatiguing [fə'tiːgɪŋ] adj fatigant, épuisant.

fatless ['fætlɪs] adj sans matières grasses.

fatling ['fætlɪŋ] n jeune bête *f* à l'engrais.

fatness ['fætnɪs] n **1.** [of person] embonpoint *m*, corpulence *f* **2.** [of meat] teneur *f* en graisse.

fatso ['fætsəʊ] (*pl* **fatsoes**) n *inf & pej* gros lard *m*.

fat-soluble adj liposoluble.

fatstock ['fætstɒk] n (*U*) animaux *mpl* de boucherie.

fatten ['fætn] ◆ vt [animal, person] engraisser ; [ducks, geese] gaver. ◆ vi [animals] engraisser ; [person] engraisser, prendre de l'embonpoint.

❖ **fatten up** vt sep [person] engraisser, faire grossir ; AGR [animal] mettre à l'engrais.

fattening ['fætnɪŋ] ◆ adj qui fait grossir. ◆ n [of animals] engraissement *m* ; [of ducks, geese] gavage *m*.

fatty ['fætɪ] (*compar* **fattier**, *superl* **fattiest**, *pl* **fatties**) ◆ adj **1.** [food] gras (grasse) / *avoid fatty food* évitez les matières grasses or les aliments gras **2.** [tissue] adipeux ▶ **fatty degeneration** MED dégénérescence *f* graisseuse. ◆ n *inf & pej* gros *m* (bonhomme *m*), grosse *f* (bonne femme *f*).

fatty acid n acide *m* gras.

fatuity [fə'tjuːətɪ] (*pl* **fatuities**) n sottise *f*, niaiserie *f*.

fatuous ['fætjʊəs] adj [person, remark] sot (sotte), niais ; [look, smile] niais, béat.

fatuously ['fætjʊəslɪ] adv [say] sottement, niaisement ; [smile] niaisement, béatement.

fatuousness ['fætjʊəsnɪs] n sottise *f*, niaiserie *f*.

fatwa ['fætwə] n RELIG fatwa *f*.

faucet ['fɔ:sɪt] n US robinet *m*.

faugh [fɔ:] interj ▶ **faugh!** pouah !

fault ['fɔ:lt] ◆ n **1.** *(U)* [blame, responsibility] faute *f* / *it's not my fault* ce n'est pas de ma faute / *whose fault is it?* à qui la faute ?, qui est fautif ? / *whose fault is it if you're unhappy?* et à qui la faute si vous êtes malheureux ? / *it's nobody's fault but your own* vous n'avez à vous en prendre qu'à vous-même / *it's through no fault of mine* ce n'est absolument pas de ma faute ▶ **to be at fault** être fautif or coupable / *he's at fault this time* c'est lui le fautif or il est fautif cette fois / *she's at fault for not having taken action* elle est coupable de ne pas avoir agi or de ne pas être intervenue / *the judge found him to be at fault* le juge lui a donné tort **2.** [mistake] erreur *f* / *a fault in the addition* une erreur d'addition **3.** [flaw - in person] défaut *m* ; [- in machine] défaut *m*, anomalie *f* / *an electrical fault* un défaut électrique / *a mechanical fault* une défaillance mécanique / *a fault in the air supply* un défaut dans l'arrivée d'air / *for all her faults* or *in spite of her faults* malgré tous ses défauts / *honest to a fault* honnête à l'excès ▶ **to find fault with sthg** trouver à redire à qqch, critiquer qqch ▶ **to find fault with sb** critiquer qqn / *she finds fault with everything* elle trouve toujours à redire **4.** GEOL faille *f* **5.** TENNIS faute *f*. ◆ vt critiquer ▶ **to fault sthg / sb** trouver des défauts à qqch / chez qqn / *you can't fault her on her work* il n'y a rien à redire à son travail, vous ne pouvez pas prendre son travail en défaut / *you can't fault her for effort* vous ne pouvez pas critiquer ses efforts / *I can't fault her logic* je ne trouve aucune faille à sa logique. ◆ vi [make mistake] commettre une faute.

faultfinder ['fɔ:lt,faɪndər] n *pej* mécontent *m*, -e *f*, chicaneur *m*, -euse *f*.

faultfinding ['fɔ:lt,faɪndɪŋ] *pej* ◆ n *(U)* critiques *fpl*. ◆ adj chicanier, grincheux.

faultless ['fɔ:ltlɪs] adj [performance, work] impeccable, irréprochable ; [behaviour, person] irréprochable ; [logic, reasoning] sans faille.

faultlessly ['fɔ:ltlɪslɪ] adv impeccablement, parfaitement.

fault line n GEOL ligne *f* de faille.

fault-tolerant adj COMPUT quasi insensible aux défaillances, qui tolère les pannes.

faulty ['fɔ:ltɪ] (*compar* **faultier**, *superl* **faultiest**) adj [machine] défectueux ; [work] défectueux, mal fait ; [reasoning] défectueux, erroné / *the wiring is faulty* il y a un défaut dans l'installation électrique.

faun [fɔ:n] n faune *m*.

fauna ['fɔ:nə] (*pl* **faunas** *or* **faunae** [-ni:]) n faune *f*.

Faunus ['fɔ:nəs] pr n Faune.

Faustian ['faʊstɪən] adj faustien.

Fauvism ['fəʊvɪzm] n fauvisme *m*.

Fauvist ['fəʊvɪst] ◆ adj fauve. ◆ n fauve *m*.

faux pas [,fəʊ'pɑ:] (*pl* **faux pas** [,fəʊ'pɑ:]) n bévue *f*, gaffe *f*.

fava bean ['fɑ:və-] n US fève *f*.

fave [feɪv] adj *inf* préféré.

favor US = **favour**.

favorite US = **favourite**.

favour UK, **favor** US ['feɪvər] ◆ n **1.** [approval] faveur *f*, approbation *f* ▶ **to be in favour a)** [person] être bien en cour, être bien vu **b)** [artist, fashion] être à la mode or en vogue ▶ **to be out of favour a)** [person] être mal en cour, ne pas être bien vu **b)** [artist, book] ne pas être à la mode or en vo gue **c)** [fashion] être démodé or dépassé / *she's in favour with the boss* elle est bien vue du patron / *he speaks in their favour* il parle en leur faveur ▶ **to fall out of favour with sb** perdre les bonnes grâces de qqn ▶ **to find favour with sb** trouver grâce aux yeux de qqn, gagner l'approbation de qqn / *he is prepared to look with favour upon the suggestion* il est prêt à approuver or à examiner favorablement la proposition / *he looks with favour upon us* il est bien disposé à notre égard ▶ **to be in favour of sthg** être partisan de qqch, être pour qqch ▶ **to be in favour of doing sthg** être d'avis de or être pour faire qqch **2.** [act of goodwill] service *m*, faveur *f* / *will you do me a favour* or *do a favour for me?* voulez-vous me rendre (un) service ? / *may I ask a favour of you* or *ask you a favour?* puis-je vous demander un service ? / *I did it as a favour to her* je l'ai fait pour lui rendre service / *I ask you as a favour not to say anything* je vous serais très reconnaissant de ne rien dire / *do me a favour and play somewhere else* soyez gentil, allez jouer ailleurs ▶ **do me a favour!** *inf* : *are you going to buy it? — do me a favour!* tu vas l'acheter ? — je t'en prie ! ▶ **thank God for small favours a)** *lit* remercions le ciel pour ses petits bienfaits **b)** [with sarcasm] encore heureux ! **3.** [advantage] : *everything is in our favour* tout joue en notre faveur, nous avons tout pour nous / *the odds are in his favour* il est (donné) favori / *a point in her favour* un bon point pour elle, un point en sa faveur / *the magistrates decided in his favour* les juges lui ont donné raison or gain de cause / *he dropped the idea in favour of our suggestion* il a laissé tomber l'idée au profit de notre suggestion / *a will in favour of the children* un testament en faveur des enfants ▶ **a cheque in favour of** un chèque payable à / **'credit in your favour'** 'à votre crédit' **4.** [partiality] faveur *f*, partialité *f* **5.** HIST [badge] faveur *f* **6.** *liter* : *a woman's favours* les faveurs d'une femme **7.** [gift] petit cadeau *m* *(offert aux invités lors d'une fête)* **8.** UK *arch* [letter] communication *f*. ◆ vt **1.** [prefer] préférer ; [show preference for] montrer une préférence pour **2.** [support - suggestion, team] être partisan de, être pour ; [- candidate, project] favoriser, appuyer ; [- theory] soutenir **3.** [benefit] favoriser, faciliter / *the ground is quite firm, which favours this horse* le terrain est très ferme, ce qui est favorable à ce cheval or ce qui avantage ce cheval / *circumstances that would favour a June election* des circonstances (qui seraient) favorables à une élection en juin **4.** [honour] favoriser, gratifier / *she favoured him with a smile* elle l'a gratifié d'un sourire / *he favoured us with his company* il nous a fait l'honneur de se joindre à nous / *favoured with talent* talentueux, doué / *favoured with good looks* avantagé par la nature **5.** [resemble] ressembler à / *he favours his mother* il ressemble à or tient de sa mère.

favourable UK, **favorable** US ['feɪvrəbl] adj [answer, comparison, impression] favorable ; [time, terms] bon, avantageux ; [weather, wind] propice / *in a favourable light* sous un jour favorable / *to be favourable to an idea* approuver une idée / *the election will be held at the time most favourable to the government* les élections auront lieu au moment (qui sera) le plus favorable au gouvernement.

favourably UK, **favorably** US ['feɪvrəblɪ] adv [compare, react] favorablement ; [consider] d'un bon œil ▶ **to be favourably disposed to** or **towards sthg** voir qqch d'un bon œil ▶ **to be favourably disposed to** or **towards sb** être bien disposé envers qqn / *she speaks very favourably of you* elle parle de vous en très bons termes.

favoured UK, **favored** US ['feɪvəd] adj favorisé / *the favoured few* les privilégiés *mpl*.

favourite UK, **favorite** US ['feɪvrɪt] ◆ adj favori, préféré / *he's not one of my favourite people* je ne le porte pas dans mon cœur ▶ **favourite son** enfant *m* chéri. ◆ n **1.** [gen] favori *m*, -ite *f*, préféré *m*, -e *f* / *he's the teacher's favourite* c'est le chouchou du professeur / *she's everyone's favourite* tout le monde l'adore / *that book is one of my favourites* c'est un de mes livres préférés / *let's listen to some old favourites* écoutons de vieilles chansons à succès ▶ **to play favourites** US faire du favoritisme **2.** SPORT favori *m*.

favouritism UK, **favoritism** US ['feɪvrɪtɪzm] n favoritisme *m*.

fawn [fɔ:n] ◆ n **1.** [animal] faon *m* **2.** [colour] fauve *m*. ◆ adj (de couleur) fauve. ◆ vi ▶ **to fawn on sb a)** [person] ramper devant qqn, passer de la pommade à qqn **b)** [dog] faire la fête à qqn / *he fawns on the boss* il courbe l'échine or il rampe devant le patron.

fawning ['fɔ:nɪŋ] adj [attitude, person] flagorneur, servile ; [dog] trop affectueux or démonstratif.

fax [fæks] ◆ n [machine] fax *m*, télécopieur *m* ; [document] fax *m*, télécopie *f* / *by fax* par télécopie ▶ **fax card** carte *f* fax ▶ **fax cover sheet** feuille *f* de garde *(pour fax)*. ◆ vt faxer, envoyer par télécopie or par télécopieur / *fax me (through) the information* faxez-moi l'information.

fax machine n fax *m*, télécopieur *m*.

fax message n fax *m*, télécopie *f*.

fax modem n modem *m* fax.

fax number n numéro *m* de fax.

fay [feɪ] ◆ n *liter* [fairy] fée *f*. ◆ adj précieux.

faze [feɪz] vt *inf* déconcerter, dérouter.

FBI (abbr of **Federal Bureau of Investigation**) pr n ▶ **the FBI** le FBI.

FC 1. SPORT written abbr of **Football Club 2.** MESSAGING written abbr of **fingers crossed**.

FCC (abbr of **Federal Communications Commission**) pr n *conseil fédéral de l'audiovisuel aux États-Unis* ; ≃ CSA *m*.

FCO pr n abbr of **Foreign and Commonwealth Office**.

FD ◆ (written abbr of **Fidei Defensor**) UK *Défenseur de la foi*. ◆ n US abbr of **Fire Department**.

FDA pr n abbr of **Food and Drug Administration**.

FDIC n abbr of **Federal Deposit Insurance Corporation**.

FDR pr n abbr of **Franklin Delano Roosevelt**.

fealty ['fi:əltɪ] (*pl* **fealties**) n HIST fidélité *f*, allégeance *f*.

fear [fɪər] ◆ n **1.** [dread] crainte *f*, peur *f* / *many people have an irrational fear of snakes* beaucoup de personnes ont une peur irrationnelle des serpents / *have no fear* ne craignez rien, soyez sans crainte / *he expressed his fears about their future* il a exprimé son inquiétude en ce qui concerne leur avenir / *my one fear is that he will hurt himself* je n'ai qu'une crainte, c'est qu'il se blesse / *there are fears that he has escaped* on craint fort qu'il ne se soit échappé ▶ **to be** or **to go in fear for** or **of one's life** craindre pour sa vie / *she lives in a state of constant fear* elle vit dans la peur / *fear drove him to desperate action* sous l'effet de la peur, il a commis un acte désespéré / *for fear of what people would think* par peur du qu'en-dira-t-on / *for fear that she might find out* de peur qu'elle ne l'apprenne ▶ **without fear or favour** impartialement ▶ **overcome with fear** paralysé or transi de peur ▶ **(a) fear of heights** (le) vertige **2.** [awe] crainte *f*, respect *m* / *the fear of God* la crainte or le respect de Dieu ▶ **I put the fear of God into him a)** *inf* [scared] je lui ai fait une peur bleue **b)** [scolded] je lui ai passé un savon **3.** [risk] risque *m*, danger *m* / *there is no fear of her leaving* elle ne risque pas de partir, il est peu probable qu'elle parte / *there's no fear of that* ça ne risque pas d'arriver ▶ **no fear!** *inf* : *will you tell him? — no fear!* lui direz-vous ? — pas de danger or pas question ! ◆ vt **1.** [be afraid of] craindre, avoir peur de / *she fears nothing / no one* elle n'a peur de rien / de personne / *he feared asking again* il a eu peur de redemander or de poser à nouveau la question / *to fear the worst* craindre le pire / *he is a man to be feared* c'est un homme redoutable / *I fear he's in danger* je crains or j'ai peur qu'il ne soit en danger / *it is to be feared that...* *fml* il est à craindre que... / *never fear* or *fear not* ne craignez rien, soyez tranquille **2.** *fml* [be sorry] regretter / *I fear it's too late* je crois bien qu'il est trop tard **3.** [revere - God] révérer, craindre. ◆ vi : *I fear for my children* je crains or je tremble pour mes enfants / *he fears for his life* il craint pour sa vie / *they fear for the future* ils craignent or sont inquiets pour l'avenir.

Note that de peur que and de crainte que are followed by a verb in the subjunctive preceded by ne:
I locked him in for fear that he might do something stupid. *Je l'ai enfermé de peur qu'il ne fasse une bêtise.*

fearful ['fɪəfʊl] adj **1.** [very bad] épouvantable, affreux / *he has a fearful temper* il a un caractère épouvantable **2.** *inf & dated* [as intensifier] affreux / *he's a fearful bore!* c'est un raseur de première ! / *they were making a fearful din* ils faisaient un bruit épouvantable or un boucan infernal **3.** [afraid] peureux, craintif / *she is fearful of angering him* elle craint de le mettre en colère.

fearfully ['fɪəfʊlɪ] adv **1.** [look, say] peureusement, craintivement **2.** *inf & dated* [as intensifier] affreusement, horriblement / *he's fearfully mean* il est méchant à faire peur.

fearfulness ['fɪəfʊlnɪs] n [fear] crainte *f*, peur *f* ; [shyness] extrême timidité *f*.

fearless ['fɪəlɪs] adj intrépide, sans peur / *they set off, fearless of the danger* ils se mirent en route sans crainte du danger or bravant le danger.

fearlessly ['fɪəlɪslɪ] adv avec intrépidité.

fearlessness ['fɪəlɪsnɪs] n audace *f*, absence *f* de peur.

fearsome ['fɪəsəm] adj **1.** [frightening] redoutable, effroyable **2.** *liter* [afraid] peureux, craintif ; [timid] extrêmement timide.

fearsomely ['fɪəsəmlɪ] adv redoutablement, effroyablement.

feasibility [,fiːzə'bɪlətɪ] n : *to show the feasibility of a plan* démontrer qu'un plan est réalisable or faisable ▸ **the feasibility of doing sthg** la possibilité de faire qqch.

feasibility study n étude *f* de faisabilité.

feasible ['fiːzəbl] adj [plan, suggestion] faisable, réalisable.

feast [fiːst] ◆ n **1.** [large meal] festin *m* ▸ **midnight feast** festin *m* nocturne / *a feast for the eyes fig* un régal or une fête pour les yeux / *a feast of entertainment fig* une multitude de divertissements / *a feast of music / poetry fig* une véritable fête de la musique / poésie **2.** RELIG fête *f*. ◆ comp ▸ **feast day** (jour *m* de) fête *f*. ◆ vi festoyer ▸ **to feast on** or **off sthg** se régaler de qqch. ◆ vt **1.** *fig* ▸ **to feast o.s. on sthg** se régaler de qqch ▸ **to feast one's eyes on sthg** repaître ses yeux de qqch *liter*, se délecter à la vue de qqch **2.** [give feast to] donner un banquet en l'honneur de.

feasting ['fiːstɪŋ] n festin *m*.

feat [fiːt] n exploit *m*, prouesse *f* / *it was quite a feat getting the boss to agree to the idea* ça a été un véritable exploit or une véritable prouesse que de faire accepter cette idée au chef / *that was some feat!* quel exploit !, quelle prouesse ! / *a feat of courage* un acte courageux / *feat of arms* fait *m* d'armes / *feat of strength / of skill* tour *m* de force / d'adresse / *a feat of engineering* une (véritable) prouesse technique, un chef-d'œuvre de la technique.

feather ['feðəʳ] ◆ n [of bird] plume *f* ; [on tail, wing] penne *f* ; [of arrow] penne *f* ▸ **as light as a feather** léger comme une plume ▸ **in fine feather** en pleine forme ▸ **to show the white feather** manquer de courage / *that's a feather in his cap* il peut en être fier / *that's another feather in her cap* encore une chose dont elle peut être fière or se vanter ▸ **to make the feathers fly** mettre le feu aux poudres ▸ **you could have knocked me down with a feather** les bras m'en sont tombés. ◆ comp [mattress] de plume ; [headdress] de plumes. ◆ vt **1.** [put feathers on - arrow] empenner ▸ **to feather one's (own) nest** *pej* faire son beurre **2.** AERON [propeller] mettre en drapeau. ◆ vi [in rowing] plumer.

feather bed n lit *m* de plumes.

featherbed ['feðəbed] (*pt & pp* **featherbedded**, *cont* **featherbedding**) vt *pej* [industry, business] protéger (excessivement).

featherbedding ['feðəbedɪŋ] n *pej* [of industry, business] protection *f* excessive.

feather boa n boa *m* de plumes.

featherbrained ['feðəbreɪnd] adj *inf* étourdi, tête en l'air.

feather duster n plumeau *m*.

feathered ['feðəd] adj [headdress] de plumes ▸ **our feathered friends** *hum* nos amis les oiseaux.

featherweight ['feðəweɪt] ◆ n **1.** [boxer, category] poids plume *m inv* / *he started at featherweight* il a commencé (dans les) poids plume **2.** *fig* [person of little importance] poids plume *m inv* / *he's a (political / literary) featherweight* il n'a pas beaucoup de poids (sur le plan politique / littéraire). ◆ adj [contest, championship] poids plume ; [champion] de la catégorie or des poids plume.

feathery ['feðərɪ] adj **1.** [bird] à plumes **2.** *fig* [light and soft - snowflake] doux et léger comme la plume ▸ **feathery strokes** [with pencil] traits *mpl* légers.

feature ['fiːtʃəʳ] ◆ n **1.** [facial] trait *m* / *a woman with delicate features* une femme aux traits fins **2.** [characteristic - of style, landscape, play, etc.] caractéristique *f*, particularité *f* ; [- of personality] trait *m*, caractéristique *f* ; [- of car, machine, house, room] caractéristique *f* / *safety features* dispositifs *mpl* de sécurité / *this is a feature of the novel* c'est un élément caractéristique du roman / *the most interesting feature of the exhibition* l'élément or l'aspect le plus intéressant de l'exposition / *seafood is a special feature of the menu* les fruits de mer sont l'un des points forts du menu ▸ **to make a feature of sthg** mettre qqch en valeur / *the novel has just one redeeming feature* le roman est sauvé par un seul élément **3.** RADIO & TV reportage *m* ; PRESS [special] article *m* de fond ; [regular] chronique *f* **4.** CIN film *m*, long métrage *m* ▸ **full-length feature** long métrage ▸ **double-feature (programme)** programme *m* proposant deux films. ◆ vt **1.** CIN [star - actor, actress] avoir pour vedette / *also featuring Mark Williams* avec Mark Williams **2.** PRESS [display prominently] : *the story / the picture is featured on the front page* le récit / la photo est en première page / *all the papers feature the disaster on the front page* tous les journaux présentent la catastrophe en première page **3.** COMM [promote] promouvoir, mettre en promotion **4.** [subj : car, appliance] comporter, être équipé or doté de ; [subj : house, room] comporter. ◆ vi **1.** CIN figurer, jouer **2.** [appear, figure] figurer / *meat does not feature on the menu* la viande ne figure pas au menu / *the millionaire featured prominently in the scandal* le millionnaire était très impliqué dans le scandale / *do I feature in your plans?* est-ce que je figure dans tes projets ?

feature article n PRESS article *m* de fond.

feature creep n COMPUT *excès de fonctionnalités dans un logiciel.*

feature film n CIN long métrage *m*.

feature-length adj CIN : *a feature-length film* un long métrage / *a feature-length cartoon* un film d'animation.

featureless ['fiːtʃəlɪs] adj [desert, city, etc.] sans traits distinctifs or marquants.

features editor n *journaliste responsable d'une rubrique.*

feature story = **feature article**.

feature writer n PRESS journaliste *mf*.

featurism ['fiːtʃərɪzəm] n COMPUT ▸ **(creeping) featurism** *excès de fonctionnalités dans un logiciel.*

featuritis [,fiːtʃə'raɪtɪs] n COMPUT *excès de fonctionnalités dans un logiciel.*

Feb. (written abbr of **February**) févr.

febrile ['fiːbraɪl] adj *liter* fébrile, fiévreux.

February ['februərɪ] ◆ n février *m* / *I don't like February* je n'aime pas le mois de février / *this has been the wettest February on record* cela a été le mois de février le plus pluvieux qu'on ait jamais vu / *February was a difficult month* le mois de février a été difficile / *in February* en février, au mois de février / *in the month of February* au mois de février / *February first / ninth* US *the first / ninth of February, February the first / ninth* le premier / neuf février / *during (the month of) February* pendant le mois de février / *last / next February* en février dernier / prochain / *at the beginning / end of February* au début / à la fin février / *in the middle of February* au milieu du mois de février, à la mi-février / *early / late in February* or *in early / late February* au début / à la fin du mois de février / *every* or *each February* tous les ans en février. ◆ comp [weather] de février, du mois de février.

fecal US = **faecal**.

feces US = **faeces**.

feckless ['feklɪs] adj [ineffectual] incapable, qui manque d'efficacité ; [irresponsible] irresponsable.

fecklessness ['feklɪsnɪs] n [ineffectuality] manque *m* d'efficacité ; [irresponsibility] irresponsabilité *f*.

fecund ['fiːkənd] adj *liter* **1.** *lit* [woman, female animal] fécond **2.** *fig* [author] fécond ; [imagination] fécond, fertile.

fecundity [fɪ'kʌndətɪ] n *liter* **1.** *lit* [of woman, female animal] fécondité *f* **2.** *fig* [of author] fécondité *f* ; [of imagination] fécondité *f*, fertilité *f*.

fed [fed] ◆ pt & pp ⟶ **feed**. ◆ n US *inf* agent *m* (du bureau) fédéral or du FBI.

Fed [fed] ◆ pr n **1.** abbr of **Federal Reserve Board** **2.** abbr of **Federal Reserve System**. ◆ **1.** written abbr of **federal** **2.** written abbr of **federation** **3.** abbr of **Federal Agent**.

federal ['fedrəl] ◆ adj **1.** [republic, system] fédéral / *there's no need to make a federal case out of it* US *fig* il n'y a pas de quoi en faire une affaire d'État ▸ **the Federal Bureau of Investigation** = **FBI** ▸ **the Federal Deposit Insurance Corporation** *organisme américain garantissant la sécurité des dépôts dans les banques qui en sont membres* ▸ **the Federal Republic of Germany** la République fédérale d'Allemagne ▸ **the Federal Reserve Board** *organe de contrôle de la banque centrale américaine* ▸ **the Federal Reserve System** *système bancaire fédéral américain* ▸ **the Federal Trade Commission** *l'une des deux autorités fédérales chargées du respect de la loi antitrust aux États-Unis* **2.** [responsibility, funding] du gouvernement fédéral ; [taxes] fédéral. ◆ n US HIST nordiste *m*, fédéral *m*.

Federal Agent n US agent *m* fédéral, agente *f* fédérale.

federalism ['fedrəlɪzm] n fédéralisme *m*.

federalist ['fedrəlɪst] ◆ adj fédéraliste. ◆ n fédéraliste *mf*.

federalize ['fedrəlaɪz] ◆ vt fédéraliser. ◆ vi se fédéraliser.

federally ['fedrəlɪ] adv : *to be federally funded* être financé par le gouvernement fédéral.

federate ◆ vt ['fedəreɪt] fédérer. ◆ vi ['fedəreɪt] se fédérer. ◆ adj ['fedərət] fédéré.

federation [,fedə'reɪʃn] n fédération *f*.

fedora [fɪ'dɔːrə] n [hat] chapeau *m* mou.

fed up adj *inf* : *to be fed up* en avoir marre, en avoir ras le bol / *she's fed up with him* elle en a marre de lui / *she's fed up with it* elle en a marre ▸ **to be fed up (to the back teeth) with sb / with sthg / with doing sthg** en avoir (vraiment) marre or ras le bol de qqn / de qqch / de faire qqch / *I'm fed up with the way you don't pay any attention to me* j'en ai marre or ras le bol que tu ne fasses pas attention à moi / *what are you looking so fed up about?* pourquoi as-tu l'air aussi écœuré ? / *you sound fed up* tu as l'air d'en avoir marre or ras le bol.

fee [fiː] n **1.** [for doctor, lawyer] honoraires *mpl* **2.** [for speaker, performer] cachet *m* ; [retainer - for company director] jetons *mpl* de présence *(d'un administrateur)* ; [for private tutor] appointements *mpl* ; [for translator] tarif *m* ; [for agency] commission *f* / *for a small fee* contre une somme modique / *could you post that letter for me? — OK, for a small fee hum* tu peux poster cette lettre pour moi ? — d'accord, ça sera 100 balles **3.** LAW ▸ **property held in fee simple** propriété inconditionnelle.

feeble ['fiːbəl] adj **1.** [lacking strength] faible / *don't be so feeble!* ne sois pas une telle mauviette ! **2.** [lacking conviction, force - attempt, excuse] piètre ; [- argument] léger ; [- smile] timide / *that's a pretty feeble excuse* c'est une bien piètre excuse, c'est un peu léger comme excuse **3.** [silly - joke] qui manque de finesse, bête.

feeble-minded adj faible d'esprit.

feeble-mindedness [-'maɪndɪdnɪs] n faiblesse *f* d'esprit.

feebly ['fiːblɪ] adv [say, shine] faiblement ; [smile] timidement ; [suggest] sans (grande) conviction.

feed [fiːd] (*pt & pp* **fed** [fed]) ◆ vt **1.** [provide food for - person, family] nourrir ; [- country] approvisionner ; [- army] ravitailler / *she insisted on feeding us* elle a tenu à nous faire manger / *there are ten mouths to feed* il y a dix bouches à nourrir / *there's enough here to feed an army* *hum* il y a de quoi nourrir toute une armée / *the country is no longer able to feed itself* le pays n'est plus capable de subvenir à ses besoins alimentaires / *he earns just enough money to feed himself* il gagne juste de quoi se nourrir / *they were well fed at the restaurant* ils ont bien mangé au restaurant **2.** [give food to - person, animal] donner à manger à ; [subj: bird] donner la becquée à ; [breastfeed] allaiter ; [bottlefeed] donner le biberon à ; [fertilize - plant, soil, lawn, etc.] nourrir ▸ **to feed sthg to sb, to feed sb sthg** donner qqch à manger à qqn / *she is so ill she isn't even able to feed herself* elle est si malade qu'elle n'est pas capable de se nourrir or de manger toute seule / *our little son has just learnt to feed himself* notre petit garçon commence juste à manger tout seul / **'please do not feed the animals'** 'prière de ne pas donner à manger aux animaux' / *how much do you feed your cats?* quelle quantité de nourriture donnez-vous à vos chats ? / *the chimps are fed a diet of nuts and bananas* on donne des noix et des bananes à manger aux chimpanzés **3.** *fig* [supply - fire, furnace] alimenter ; [- lake, river] se jeter dans ; [- imagination, hope, rumour] alimenter, nourrir / *to feed a parking meter* mettre des pièces dans un parcmètre **4.** [transmit] : *the results are fed to the departments concerned* les résultats sont transmis aux services concernés / *to feed information to sb* or *to feed sb information* **a)** donner des informations à qqn **b)** [in order to mislead] donner de fausses informations à qqn *(afin de le tromper)* ▸ **to feed sb a line** *inf* faire avaler une histoire à qqn **5.** TECH [introduce - liquid] faire passer ; [- solid] faire avancer ; [insert - paper, wire, etc.] introduire / *to feed data into a computer* entrer des données dans un ordinateur **6.** THEAT [give cue to] donner la réplique à **7.** SPORT passer la balle à, servir. ◆ vi [person, animal] manger ; [baby - gen] manger ; [- breastfeed] téter ▸ **to feed on demand** [nursing mother] donner la tétée chaque fois que le bébé le réclame or à la demande / *to put the cattle out to feed* mettre le bétail en or au pâturage. ◆ n **1.** [foodstuff for animal] nourriture *f* ; [hay, oats, etc.] fourrage *m* **2.** [meal for baby - breast milk] tétée *f* ; [- bottled milk] biberon *m* / *the baby gets its last feed at midnight* le bébé boit sa dernière tétée or son dernier biberon à minuit ; [meal for animal] : *the dog gets two feeds a day* le chien a à manger deux fois par jour **3.** *inf* [meal] repas *m* / *that was the best feed I've ever had!* je n'ai jamais aussi bien bouffé ! **4.** TECH [introduction - of liquid] alimentation *f* ; [- of solid] avancement *m* ; [device] dispositif *m* d'alimentation or d'avancement ▸ **petrol feed** alimentation en essence ▸ **feed pump** pompe *f* d'alimentation or de circulation **5.** *inf* THEAT [cue] réplique *f* ; [comedian's partner] faire-valoir *m*.

❖ **feed back** vt sep [information, results] renvoyer.

❖ **feed in** vt sep [paper, wire] introduire ; COMPUT [data] entrer.

❖ **feed on** vt insep se nourrir de ; *fig* se repaître de.

❖ **feed up** vt sep [animal] engraisser ; [goose] gaver / *he needs feeding up* [person] il a besoin d'engraisser un peu.

feedback ['fiːdbæk] n **1.** ELECTRON rétroaction *f* ; [in microphone] effet *m* Larsen ; COMPUT réaction *f*, rétroaction *f*, retour *m* or remontée *f* de l'information ▸ **positive / negative feedback** ELECTRON réactions positives / négatives **2.** *(U)* [information] réactions *fpl*, échos *mpl* / *we haven't had much feedback from them* nous n'avons pas eu beaucoup de réactions or d'échos de leur part / *we welcome feedback from customers* nous sommes toujours heureux d'avoir les impressions or les réactions de nos clients / *we need more feedback* nous avons besoin de plus d'information or d'informations en retour / *this will provide us with much-needed feedback on public opinion* ceci nous fournira des informations dont nous avons grand besoin sur l'opinion publique.

feedbag ['fiːdbæg] n **1.** [container] sac *m* à nourriture ; [containing food] sac *m* de nourriture **2.** US [for horse] = **nosebag**.

feeder ['fiːdəʳ] ◆ n **1.** [person] mangeur *m* / *to be a heavy feeder* [person, animal] manger beaucoup / *the plant is a heavy feeder* cette plante a besoin de beaucoup de nourriture **2.** [child's bottle] biberon *m* **3.** [feeding device - for cattle] nourrisseur *m*, mangeoire *f* automatique ; [- for poultry] mangeoire *f* automatique ; [- for machine] chargeur *m* **4.** [river] affluent *m* ; [road] voie *f* or bretelle *f* de raccordement ; [air route] ligne *f* régionale de rabattement *(regroupant les passagers vers un aéroport principal)* **5.** ELEC câble *m* or ligne *f* d'alimentation. ◆ comp ▸ **feeder primary school** *école primaire fournissant des élèves à un collège* / *Broughton has five feeder primary schools* les élèves de Broughton viennent de cinq écoles primaires différentes ▸ **feeder road** voie *f* or bretelle *f* de raccordement ▸ **feeder route** [in air transport] ligne *f* régionale de rabattement *(regroupant les passagers vers un aéroport principal)*.

feed hopper n trémie *f*.

feeding ['fiːdɪŋ] ◆ n [of person, baby, animal, machine] alimentation *f*. ◆ comp ▸ **feeding bottle** biberon *m* ▸ **feeding cup** MED canard *m* ▸ **to be in a feeding frenzy** [sharks] être rendu fou or frénétique par la présence de nourriture / *the press will be having a feeding frenzy* les médias vont se jeter dessus comme des bêtes sauvages ▸ **feeding ground** or **grounds** *lieux où viennent se nourrir des animaux* ▸ **feeding mechanism a)** INDUST mécanisme *m* d'avance or d'avancement **b)** [for sthg liquid] mécanisme *m* d'alimentation ▸ **feeding stuff** nourriture *f* or aliments *mpl* pour animaux ▸ **feeding time** [for child, animal] heure *f* des repas / *it must be (his) feeding time* ce doit être l'heure de son repas / *it's like feeding time at the zoo* *hum* on dirait le moment du repas dans un zoo.

feed pipe n tuyau *m* d'alimentation.

feedstock ['fiːdstɒk] n matière *f* première.

feedstuff ['fiːdstʌf] n nourriture *f* or aliments *mpl* pour animaux.

feel [fiːl] (*pt & pp* **felt** [felt]) ◆ vi *(with complement)* **1.** [physically] : *to feel hot / cold / hungry / thirsty* avoir chaud / froid / faim / soif / *my hands / feet feel cold* j'ai froid aux mains / pieds / *my leg feels numb* j'ai la jambe engourdie, ma jambe est engourdie / *to feel good / old / full of energy* se sentir bien / vieux / plein d'énergie / *how do you feel* or *are you feeling today?* comment te sens-tu aujourd'hui ? / *are you feeling all right?* [physically] est-ce que tu te sens bien ? *also hum* / *she's feeling a lot better* elle se sent beaucoup mieux / *I felt really bad about it* j'étais dans mes petits souliers ▸ **to feel as though** or **as if** or **like** *inf* croire que, avoir l'impression que / *I feel* or *it feels as if I've been hit on the head with a hammer* j'ai l'impression qu'on m'a donné un coup de marteau sur la tête / *he's not feeling himself today* il n'est pas en forme aujourd'hui / *you'll soon be feeling (more) yourself* or *your old self again* tu iras bientôt mieux, tu seras bientôt remis ▸ **you're as old as you feel** on a l'âge que l'on veut bien avoir **2.** [emotionally] : *to feel glad / sad / undecided* être heureux / triste / indécis / *to feel (like) a fool* se sentir bête / *to feel (like) a failure* avoir l'impression d'être un raté / *I felt like a criminal* j'ai eu l'impression d'être un criminel / *I know how you feel* je sais ce que tu ressens / *if that's how you feel...* si c'est comme ça que tu vois les choses... / *how do you think it makes* ME *feel?* qu'est-ce que tu crois que je ressens, moi ? / *how would you feel if it happened to you?* comment te sentirais-tu or qu'est-ce que ça te ferait si ça t'arrivait à toi ? / *how do you feel about him / the plan?* qu'est-ce que tu penses de lui / ce projet ?, comment le trouves-tu / trouves-tu ce projet ? / *she feels very strongly about it* elle a une position très arrêtée là-dessus / *how do you feel about him coming to stay with us for a few months?* qu'est-ce que ça te ferait s'il venait habiter chez nous pendant quelques mois ? **3.** [in impersonal constructions] : *it feels good to be alive / home* c'est bon d'être en vie / chez soi / *it feels strange to be back* ça fait drôle d'être de retour / *does that feel better?* est-ce que c'est mieux comme ça ? / *it feels all wrong for me to be doing this* ça me gêne de faire ça / *it feels like rain / snow* on dirait qu'il va pleuvoir / neiger / *it feels like spring* ça sent le printemps / *what does it feel like* or *how does it feel to be Prime Minister?* quelle impression ça fait d'être Premier ministre ? **4.** [give specified sensation] : *to feel hard / soft / smooth / rough* être dur / doux / lisse / rêche (au toucher) / *the room felt hot / stuffy* il faisait chaud / l'atmosphère était étouffante dans la pièce / *your forehead feels hot* ton front est brûlant / *your neck feels swollen* on dirait que ton cou est enflé **5.** [be capable of sensation] sentir **6.** [grope] = **feel about 7.** PHR ▸ **to feel like** [want, have wish for] avoir envie de / *I feel like a cup of coffee / something to eat* j'ai envie d'une tasse de café / de manger quelque chose / *do you feel like going out tonight?* ça te dit de sortir ce soir ? / *don't do it if you don't feel like it* ne le fais pas si tu n'en as pas envie or si ça ne te dit rien. ◆ vt **1.** [touch] toucher ; [explore] tâter, palper / *feel it, it's so smooth* touche-le, c'est tellement doux / *feel the quality of this cloth* apprécie la qualité de ce tissu / *I felt the lump on my arm* j'ai tâté or palpé la grosseur sur mon bras / *he felt his pockets* il tâta ses poches ▸ **to feel one's way a)** avancer à tâtons **b)** [in new job, difficult situation, etc.] avancer avec précaution ▸ **to feel one's way into / out of / up** entrer / sortir / monter à tâtons / *I'm still feeling my way* je suis en train de m'habituer tout doucement **2.** [be aware of - wind, sunshine, atmosphere, tension] sentir ; [- pain] sentir, ressentir ; [be sensitive to - cold, beauty] être sensible à / *I can't feel anything in my foot* je ne sens plus rien dans mon pied / *I could feel her foot touching mine* je sentais son pied contre le mien / *I could feel myself blushing* je me sentais rougir / *feel the weight of it!* soupèse-moi ça ! / *he felt the full force of the blow* il a reçu le coup de plein fouet / *I bet he felt that!* il a dû le sentir passer ! / *I can feel a cold coming on* je sens que je suis en train de m'enrhumer / *I could feel somebody else in the room* je sentais qu'il y avait quelqu'un d'autre dans la pièce ▸ **I can feel it in my bones** j'en ai le pressentiment **3.** [experience - sadness, happiness, joy, relief] ressentir, éprouver ; [to be affected by - sb's absence, death] être affecté par / *to feel fear / regret* avoir peur / des regrets / *he feels things very deeply* il ressent les choses très profondément / *to feel the effects of sthg* ressentir les effets de qqch **4.** [think] penser, estimer / *I feel it is my duty to tell you* j'estime qu'il est de mon devoir de te le dire / *she feels very strongly that...* elle est tout à fait convaincue que... / *I can't help feeling that...* je ne peux pas m'empêcher de penser que... / *I feel that things have changed between us* j'ai l'impression que les choses ont changé entre nous / *you mustn't feel you have to do it* il ne faut pas que tu te sentes obligé de le faire. ◆ n **1.** [tactile quality, sensation] : *I could tell by the feel of it* je m'en étais rendu compte rien qu'au toucher / *this garment has a really nice feel to it* ce vêtement est vraiment agréable au toucher / *I like the feel of cotton next to* or *against my skin* j'aime bien le contact du coton sur ma peau / *it has soft feel rubber armrests* il est muni d'accoudoirs en caoutchouc très doux au toucher **2.** [act of feeling, touching] ▸ **to have a feel of sthg** toucher qqch / *can I have a feel?* je peux toucher ? / *he's always having a quick feel* *v inf* [sexually] il a la main baladeuse **3.** [knack] ▸ **to get the feel of sthg** s'habituer à qqch / *to have a real feel for translation / music* avoir la traduction / la musique dans la peau **4.** [atmosphere] atmosphère *f* / *the room has a nice homely feel (to it)* on se sent vraiment bien dans cette pièce / *his music has a really Latin feel (to it)* il y a vraiment une influence latine dans sa musique.

❖ **feel about** vi [in drawer, pocket] fouiller / *to feel about in one's pocket for the key* fouiller dans sa poche pour trouver sa clé / *to feel about in the dark for sthg* chercher qqch à tâtons dans le noir, tâtonner dans le noir pour trouver qqch.

❖ **feel for** vt insep **1.** [sympathize with] : *I feel for you* **a)** je compatis **b)** *hum* comme je te plains ! / *that poor woman, I feel for her* la pauvre, ça me fait de la peine pour elle **2.** [in drawer, handbag, pocket] chercher.

❖ **feel up** vt sep *v inf* [sexually] peloter, tripoter.

❖ **feel up to** vt insep ▸ **to feel up to (doing) sthg a)** [feel like] se sentir le courage de faire qqch **b)** [feel physically strong enough] se sentir la force de faire qqch **c)** [feel qualified, competent] se sentir capable or à même de faire qqch / *I don't really feel up to it* **a)** [feel like] je ne m'en sens pas le courage **b)** [feel strong enough] je ne m'en sens pas la force **c)** [feel competent enough] je ne me sens pas à la hauteur / *if you feel up to it, how about a weekend in London?* si tu t'en sens le courage, que dirais-tu d'un week-end à Londres ?

feeler ['fiːlər] n [of insect] antenne *f* ; [of snail] corne *f* ; [of octopus] tentacule *m* ▸ **to put out feelers** *fig* tâter le terrain.

feeler gauge n jauge *f* d'épaisseur.

feelgood ['fiːlgʊd] adj *inf* : *it's a real feelgood film* c'est un film qui donne la pêche ▸ **the feelgood factor** l'optimisme *m* ambiant.

feeling ['fiːlɪŋ] ◆ n **1.** [sensation] sensation *f* / *she gets a tingling feeling in her fingers* elle a une sensation de fourmillement dans les doigts / *I don't have any feeling in my left foot* je n'ai plus aucune sensation dans le pied gauche / *there's a feeling of spring in the air* ça sent le printemps / *a feeling of unease came over her* elle a commencé à se sentir mal à l'aise **2.** [opinion] avis *m*, opinion *f* / *she has very strong feelings about it* elle a des opinions très arrêtées là-dessus / *what is your feeling about...?* que pensez-vous de... ? / *the feeling I have is that...* à mon avis... / *the general feeling is that...,* or *there is a general feeling that...* l'opinion générale est que... **3.** [awareness - relating to the future] pressentiment *m* ; [- caused by external factors] impression *f* / *I had a feeling he would write* j'avais le pressentiment qu'il allait écrire / *I had a feeling you'd say that* j'étais sûr que tu allais dire ça / *I have a nasty feeling that...* j'ai le mauvais pressentiment que... / *I have a strong feeling that...* j'ai bien l'impression que... / *it's just a feeling* c'est un pressentiment, ce n'est qu'une impression / *I have a feeling that somebody's watching us* j'ai l'impression que quelqu'un nous observe / *I have the feeling you're trying to avoid me* j'ai l'impression que tu essaies de m'éviter **4.** [sensitivity, understanding] émotion *f*, sensibilité *f* / *a writer* / *a person of great feeling* un écrivain / une personne d'une grande sensibilité / *to play the piano* / *to sing with feeling* jouer du piano / chanter avec cœur or sentiment / *to have a feeling for poetry* / *music* être sensible à or apprécier la poésie / la musique / *she has a tremendous feeling for Latin-American rhythm* elle a vraiment le rythme de la musique latino-américaine dans la peau / *to show feeling for sb* faire preuve de sympathie pour qqn / *you have no feeling for other people* les autres te sont indifférents **5.** *(often pl)* [emotion] sentiment *m* ▸ **to have mixed feelings about sb** / **sthg** avoir des sentiments mitigés à l'égard de qqn / qqch ▸ **feelings are running high** les passions sont déchaînées / *feelings are running high about the new road* la nouvelle route déchaîne les passions ▸ **to hurt sb's feelings** blesser qqn ▸ **to show one's feelings** extérioriser ses émotions ▸ **bad** or **ill feeling** hostilité *f* / *it has caused a lot of bad feeling* cela a provoqué une grande hostilité / *I know the feeling* je sais ce que c'est / *the feeling is mutual* c'est réciproque / *he spoke on the subject of poverty with great feeling* il a parlé de la pauvreté avec énormément d'émotion ▸ **to say sthg with feeling** dire qqch avec émotion ▸ **no hard feelings?** sans rancune ? ◆ adj [person, look] sympathique.

feelingly ['fiːlɪŋlɪ] adv avec émotion.

fee-paying adj [school] privé ▸ **fee-paying students** *étudiants qui paient tous les droits d'inscription.*

feet [fiːt] pl ⟶ **foot.**

feign [feɪn] vt [surprise, innocence] feindre ; [madness, death] simuler / *to feign sleep* faire semblant or mine de dormir / *to feign illness* / *interest* faire semblant or mine d'être malade / intéressé / *with feigned surprise* / *innocence* avec une surprise / innocence feinte.

feigned [feɪnd] adj [surprise, innocence] feint ; [illness, madness, death] simulé.

feint [feɪnt] ◆ n MIL & SPORT feinte *f.* ◆ vi MIL & SPORT faire une feinte.

feint-ruled adj [paper] à réglure légère.

feistiness ['faɪstɪnɪs] n *inf* [liveliness] entrain *m* ; [combativeness] cran *m.*

feisty ['faɪstɪ] (*compar* **feistier**, *superl* **feistiest**) adj *inf* [lively] plein d'entrain ; [combative] qui a du cran.

felafel [fə'læfəl] n CULIN falafel *m.*

feldspar ['feldspɑːr] n MINER feldspath *m.*

felicitous [fɪ'lɪsɪtəs] adj *fml* **1.** [happy] heureux **2.** [word] bien trouvé, heureux ; [colour combination] heureux.

felicity [fɪ'lɪsətɪ] n *fml* **1.** [happiness] félicité *f* **2.** [aptness - of word, term] à-propos *m*, justesse *f.*

feline ['fiːlaɪn] ◆ adj [grace] félin ; [characteristic] du chat. ◆ n félin *m.*

fell [fel] ◆ pt ⟶ **fall.** ◆ vt [tree] abattre, couper ; *fig* [opponent] abattre, terrasser. ◆ n **1.** [UK] GEOG montagne *f*, colline *f* ▸ **the fells** [high moorland] les landes *fpl* des plateaux **2.** [hide, pelt] fourrure *f*, peau *f.* ◆ comp ▸ **fell walking** randonnée *f* en basse montagne ▸ **fell walker** randonneur *m*, -euse *f* de basse montagne ▸ **fell running** course *f* en basse montagne ▸ **fell runner** coureur *m*, -euse *f* en basse montagne. ◆ adj **1.** *arch & liter* [fierce - person] féroce, cruel ; [deadly - disease] cruel **2.** PHR **in** or **at one fell swoop** d'un seul coup.

fella ['felə] n *inf* [man] mec *m*, type *m.*

fellah ['felə] n **1.** [Arab peasant] fellah *m* **2.** *inf* = **fellow.**

fellatio [fe'leɪʃɪəʊ] n fellation *f* ▸ **to perform fellatio on sb** faire une fellation à qqn.

feller ['felər] [UK] *inf* = **fellow** *(noun).*

felling ['felɪŋ] n [of tree] abattage *m.*

fellow ['feləʊ] ◆ n **1.** *inf & dated* [man] gars *m*, type *m* / *a good fellow* un type or gars bien / *an old fellow* un vieux bonhomme / *poor old fellow* pauvre vieux / *the poor fellow's just lost his job* le pauvre vient juste de perdre son travail / *the poor little fellow* [animal] la pauvre bête / *hello, old fellow* salut, mon vieux / *my dear fellow* mon cher ami / *give a fellow a chance!* donne-moi une chance ! **2.** *liter* [comrade] ami *m*, -e *f*, camarade *mf* ; [other human being] semblable *mf* ; [person in same profession] confrère *m*, consœur *f* / *fellows in misfortune* compagnons *mpl* d'infortune ▸ **school fellow** camarade d'école **3.** UNIV [professor] professeur *m (faisant également partie du conseil d'administration)* ; [postgraduate student] étudiant *m*, -e *f* de troisième cycle *(souvent chargé de cours)* ▸ **research fellow** chercheur *m*, -euse *f* dans une université **4.** [of society] membre *m* **5.** [one of a pair] : *where is the fellow to this sock* / *glove?* où est la chaussette / le gant qui va avec celle-là / celui-là ? ◆ adj : *fellow prisoner* / *student* camarade *mf* de prison / d'études / *fellow passenger* / *sufferer* / *soldier* compagnon *m* de voyage / d'infortune / d'armes / *fellow being* or *creature* semblable *mf*, pareil *m*, -eille *f* / *one's fellow man* son semblable / *fellow worker* **a)** [in office] collègue *mf* (de travail) **b)** [in factory] camarade *mf* (de travail), compagnon *m* de travail / *fellow citizen* concitoyen *m*, -enne *f* / *fellow countryman* / *countrywoman* compatriote *mf* / *fellow traveller* **a)** [companion on journey] compagnon *m* de voyage or de route **b)** *fig* compagnon *m* de route **c)** POL communisant *m*, -e *f* / *it's rare to meet a fellow hang-glider* c'est rare de rencontrer un autre adepte du deltaplane / *an opportunity to meet your fellow translators* une occasion de rencontrer vos confrères traducteurs.

fellow feeling n sympathie *f.*

fellowship ['feləʊʃɪp] n **1.** [friendship] camaraderie *f* ; [company] compagnie *f* **2.** [organization] association *f*, société *f* ; RELIG confrérie *f* **3.** UNIV [scholarship] bourse *f* d'études de l'enseignement supérieur ; [position] poste *m* de chercheur.

felon ['felən] n LAW criminel *m*, -elle *f.*

felonious [fɪ'ləʊnjəs] adj LAW criminel.

felony ['felənɪ] n [US] LAW crime *m.*

felspar ['felspɑːr] = **feldspar.**

felt [felt] ◆ pt & pp ⟶ **feel.** ◆ n TEXT feutre *m* ▸ **roofing felt** feutre *m* bitumé. ◆ comp de or en feutre ▸ **a felt hat** un (chapeau de or en) feutre ▸ **felt pen** feutre *m.*

felt-tip (pen) n (stylo *m*) feutre *m.*

fem [fem] abbr of **feminine.**

female ['fiːmeɪl] ◆ adj **1.** [animal, plant, egg] femelle ; [sex, quality, voice, employee] féminin ; [vote] des femmes ; [equality] de la femme, des femmes / *a traditionally female job* un travail traditionnellement réservé aux femmes / *the young female giraffe* la jeune girafe femelle / *female doctor* femme médecin / *a study of the female character* une étude du caractère de la femme / *female company* la compagnie féminine or des femmes / *the female sex organs* les organes sexuels féminins or de la femme / *more female students than male study languages* il y a plus d'étudiantes que d'étudiants en langues / *male and female clients* des clients et des clientes / *there are not enough female politicians* il n'y a pas assez de femmes sur la scène politique / *that's typical female thinking!* c'est un raisonnement typiquement féminin ! **2.** TECH femelle. ◆ n **1.** [animal, plant] femelle *f* / *the female of the species* la femelle **2.** *offens* gonzesse *f.*

⚠ The adjective **femelle** is normally used to refer to animals, not humans.

female condom n préservatif *m* féminin.

female genital mutilation n excision *f.*

female impersonator n transformiste *m.*

femidom n préservatif *m* féminin.

feminine ['femɪnɪn] ◆ adj **1.** [dress, woman, hands, etc.] féminin / *the bedroom is very feminine* c'est une vraie chambre de femme / *this flat needs the feminine touch* cet appartement a besoin de la présence d'une femme **2.** GRAM [ending, form] féminin. ◆ n GRAM féminin *m* / *in the feminine* au féminin.

femininity [ˌfemɪ'nɪnətɪ] n féminité *f.*

feminism ['femɪnɪzm] n féminisme *m* / *I really admire her feminism* j'admire vraiment la façon dont elle soutient la cause de la femme or des femmes.

feminist ['femɪnɪst] ◆ adj féministe / *what will be the feminist reaction?* comment les féministes réagiront-elles ? ◆ n féministe *mf.*

femoral ['femərəl] adj ANAT fémoral.

femur ['fiːmər] n ANAT fémur *m.*

fen [fen] n marais *m*, marécage *m* ▸ **the Fens** *région de plaines anciennement marécageuses dans le sud-est de l'Angleterre.*

fence [fens] ◆ n **1.** [gen] barrière *f* ; [completely enclosing] barrière *f*, clôture *f* ; [high and wooden] palissade *f* ▸ **electric** / **barbed-wire fence** clôture électrique / en fil barbelé ▸ **to come down on the right** / **wrong side of the fence** choisir le bon / mauvais parti ▸ **to be on the other side of the fence** être de l'autre côté de la barricade ▸ **to mend one's fences a)** [with fans, electorate] se refaire une réputation **b)** [with friends, colleagues] se regagner des faveurs ▸ **to mend one's fences with sb a)** [fans, electorate] se refaire une réputation auprès or regagner les faveurs de qqn **b)** [friends, colleagues] se réconcilier avec qqn ▸ **to sit on the fence** ne pas se prononcer, rester neutre / *stop sitting on* or *come down off the fence* prononce-toi **2.** [in show-jumping] obstacle *m* ▸ **to rush one's fences a)** [horse] arriver trop vite sur l'obstacle **b)** *fig* aller trop vite en besogne **3.** *v inf* [of stolen goods] receleur *m*, -euse *f* **4.** TECH protection *f.* ◆ comp ▸ **fence post** piquet *m* de clôture. ◆ vt **1.** [land] clôturer **2.** *v inf* [stolen goods] receler. ◆ vi **1.** SPORT faire de l'escrime **2.** [evade question] se dérober ; [joust verbally] s'affronter verbalement **3.** *v inf* [handle stolen goods] faire du recel.

❖ **fence in** vt sep **1.** [garden] clôturer **2.** *fig* [restrict - person] enfermer, étouffer / *he feels pretty fenced in* il se sent enfermé, il étouffe ▸ **to feel fenced in by sthg** étouffer sous le poids de qqch.

❖ **fence off** vt sep séparer à l'aide d'une clôture.

fence-mending n *fig* reprise *f* des relations.

fencer ['fensər] n SPORT escrimeur *m*, -euse *f.*

fencing ['fensɪŋ] ◆ n **1.** SPORT escrime *f* **2.** [fences] clôture *f*, barrière *f* ; [material] matériaux *mpl* pour clôture **3.** *v inf* [handling stolen goods] recel *m.* ◆ comp [lesson, match] d'escrime.

fend [fend] vi ▸ **to fend for o.s. a)** se débrouiller tout seul **b)** [financially] s'assumer, subvenir à ses besoins.

❖ **fend off** vt sep [blow] parer ; [attack, attacker] repousser ; *fig* [question] éluder, se dérober à ; [person at door, on telephone] éconduire.

fender ['fendəʳ] n **1.** [for fireplace] garde-feu *m inv* **2.** NAUT défense *f* **3.** US [on car] aile *f* ; [on bicycle] garde-boue *m inv* ; [on train, tram - shock absorber] pare-chocs *m inv* ; [- for clearing track] chasse-pierres *m inv*.

fender-bender n US *inf* AUTO [minor accident] petit accrochage *m*.

fenestration [fenɪ'streɪʃn] n **1.** ARCHIT fenêtrage *m* **2.** MED fenestration *f*.

fenland ['fenlænd] n GEOG pays *m* marécageux.

fennec ['fenɪk] n fennec *m*.

fennel ['fenl] n fenouil *m*.

fenugreek ['fenjʊ,gri:k] n fenugrec *m*.

feral ['fɪərəl] adj [cat, goat, sheep] devenu sauvage.

ferment ◆ vt [fə'ment] faire fermenter ▸ **to ferment trouble** *fig* fomenter des troubles. ◆ vi [fə'ment] fermenter. ◆ n ['fɜ:ment] **1.** [agent] ferment *m* ; [fermentation] fermentation *f* **2.** *fig* [unrest] agitation *f* / *to be in (a state of) ferment* être en effervescence.

fermentation [,fɜ:mən'teɪʃn] n fermentation *f*.

fermented [fə'mentɪd] adj fermenté.

fern [fɜ:n] n fougère *f*.

ferocious [fə'rəʊʃəs] adj [animal, appetite, criticism, fighting] féroce ; [weapon] meurtrier ; [competition] acharné ; [heat] terrible, intense ; [climate] rude / *a ferocious war* une guerre sanguinaire.

ferociously [fə'rəʊʃəslɪ] adv [bark, criticize, attack] avec férocité, férocement ; [look at sb] d'un œil féroce / *this business is ferociously competitive* ce secteur est caractérisé par une concurrence acharnée.

ferociousness [fə'rəʊʃəsnɪs], **ferocity** [fə'rɒsətɪ] n [of person, animal, attack, criticism] férocité *f* ; [of climate] rudesse *f* ; [of heat] intensité *f*, caractère *m* torride / *the ferociousness of the competition for a place at university* la concurrence acharnée pour les places à l'université.

Ferrara [fə'rɑ:rə] pr n Ferrare.

ferret ['ferɪt] ◆ n furet *m*. ◆ vi **1.** [hunt with ferrets] chasser au furet ▸ **to go ferreting** aller à la chasse au furet **2.** *fig* = **ferret about, ferret around.**

❖ **ferret about** UK, **ferret around** vi [in pocket, drawer] fouiller ; [in room] fouiller, fureter / *to ferret about for information* fureter dans le but de trouver des renseignements / *to ferret about in sb's past* fureter dans le passé de qqn / *he's been ferreting about* il a fureté un peu partout.

❖ **ferret out** vt sep [information, truth] dénicher.

ferreting ['ferɪtɪŋ] n chasse *f* au furet.

ferric ['ferɪk] adj ferrique.

Ferris wheel ['ferɪs-] n grande roue *f*.

ferroconcrete [,ferəʊ'kɒŋkri:t] n béton *m* armé.

ferrous ['ferəs] adj ferreux.

ferrule ['feru:l] n [of umbrella, walking stick] virole *f*.

ferry ['ferɪ] (*pl* **ferries**, *pt & pp* **ferried**) ◆ n [large] ferry *m* ; [small] bac *m* / *to take the ferry* prendre le ferry or le bac / *we took the ferry to France* nous sommes allés en France en ferry ▸ **a ferry crossing** une traversée en ferry or bac ▸ **ferry service** ligne *f* de ferry ▸ **ferry terminal** gare *f* maritime ▸ **car ferry** ferry(-boat) *m* ▸ **passenger ferry** ferry *m* pour passagers piétons. ◆ vt **1.** [by large boat - subj: company] transporter en ferry ; [by small boat - subj: company] faire traverser en bac ; [- subj: boat] transporter / *Donald will ferry you across in his rowing boat* Donald vous fera traverser dans sa barque **2.** *fig* [by vehicle - goods] transporter ; [- people] conduire / *he spends most of his time ferrying the kids around* il passe la majeure partie de son temps à conduire les enfants à droite et à gauche.

ferryboat ['ferɪbəʊt] n ferry *m*.

ferryman ['ferɪmən] (*pl* **ferrymen** [-mən]) n passeur *m*.

fertile ['fɜ:taɪl] adj [land, soil] fertile ; [person, couple, animal] fécond ; *fig* [imagination] fertile, fécond / *a fertile egg* un œuf fécondé / *to fall on fertile ground fig* trouver un terrain propice.

Fertile Crescent n ▸ **the Fertile Crescent** GEOG le Croissant fertile.

fertility [fɜ:'tɪlətɪ] ◆ n [of land, soil] fertilité *f* ; [of person, animal] fécondité *f* ; *fig* [of imagination] fertilité *f*, fécondité *f*. ◆ comp [rate] de fécondité ; [rite, symbol] de fertilité ▸ **fertility clinic** centre *m* de traitement de la stérilité ▸ **fertility drug** médicament *m* pour le traitement de la stérilité.

fertilization [,fɜ:tɪlaɪ'zeɪʃn] n **1.** BIOL [of egg] fécondation *f* **2.** AGR [of soil] fertilisation *f*.

fertilize, **fertilise** ['fɜ:tɪlaɪz] vt **1.** BIOL [animal, plant, egg] féconder **2.** AGR [land, soil] fertiliser.

fertilizer ['fɜ:tɪlaɪzəʳ] n AGR engrais *m*.

ferule ['feru:l] = **ferrule.**

fervent ['fɜ:vənt] adj [desire, supporter, etc.] fervent, ardent / *he is a fervent believer in reincarnation* il croit ardemment à la réincarnation.

fervently ['fɜ:vəntlɪ] adv [beg, desire, speak, etc.] avec ferveur ; [believe] ardemment.

fervid ['fɜ:vɪd] *fml* = **fervent.**

fervour UK, **fervor** US ['fɜ:vəʳ] n ferveur *f*.

fess up [fes-] vi *inf* cracher le morceau.

fester ['festəʳ] vi **1.** [wound] suppurer ; *fig* [memory, resentment] s'aigrir **2.** UK *inf* [do nothing] buller.

festering ['festrɪŋ] adj [wound] suppurant ; [hatred, crisis, unrest, rebellion, resentment] qui couve.

festival ['festəvl] n [of music, film, etc.] festival *m* ; RELIG fête *f* ▸ **street festival** festival de rue ▸ **the Cannes Film Festival** le Festival de Cannes.

festival seating n US [in theatre] placement *m* libre.

festive ['festɪv] adj [atmosphere] de fête / *their golden wedding celebration was a very festive occasion* ils ont fait une grande fête pour célébrer leurs noces d'or / *there was a really festive atmosphere* l'atmosphère était vraiment à la fête / *the festive season* la période des fêtes / *to be in festive mood* [person] se sentir d'une humeur de fête / *the village is in festive mood* une ambiance de fête règne dans le village / *to look festive* [place] être décoré comme pour une fête.

festivity [fes'tɪvətɪ] (*pl* **festivities**) n [merriness] fête *f*.

❖ **festivities** pl n festivités *fpl* / *the Christmas festivities* les fêtes *fpl* de Noël / *come and join the festivities* viens te joindre à la fête, viens faire la fête avec nous.

festoon [fe'stu:n] ◆ n feston *m*, guirlande *f*. ◆ vt orner de festons, festonner ▸ **to be festooned in sthg** *fig* [draped with] être couvert de qqch.

festoon blind n store *m* autrichien.

feta ['fetə] n ▸ **feta (cheese)** feta *f*.

fetal US = **foetal.**

fetch [fetʃ] ◆ vt **1.** [go to get] aller chercher ; [come to get] venir chercher ▸ **to fetch sb back** aller chercher qqn ▸ **to fetch sb from the station / from school** aller chercher qqn à la gare / à l'école / *go / run and fetch him* va / va vite le chercher ▸ **to fetch sb in** faire rentrer qqn ▸ **to fetch sthg in** rentrer qqch / *she fetched him down from upstairs* elle est montée le chercher **2.** [generate - response, laugh] susciter / *the speech fetched a round of applause* le discours a été reçu par des applaudissements / *the joke fetched a laugh* la plaisanterie a suscité des rires / *it fetched no response* cela n'a suscité or soulevé aucune réaction **3.** [be sold for - money] rapporter ; [- price] atteindre / *it should fetch you £8,000* cela devrait vous rapporter 8 000 livres, vous devriez en tirer 8 000 livres / *the painting fetched £8,000* le tableau a atteint la somme de 8 000 livres **4.** *fml* [utter - sigh, groan] pousser **5.** *inf* [deal - blow] : *he fetched him one with his right fist* il lui a flanqué or envoyé un droit / *move or I'll fetch you one!* dégage ou je t'en mets une ! ◆ vi aller chercher ▸ **fetch!** [to dog] va chercher ! ▸ **to fetch and carry for sb** faire le grouillot pour qqn, être le grouillot de qqn.

❖ **fetch up** *inf* ◆ vi **1.** [end up] se retrouver / *to fetch up in hospital / in a ditch* se retrouver à l'hôpital / dans un fossé **2.** [vomit] rendre. ◆ vt sep [vomit] rendre.

fetching ['fetʃɪŋ] adj [smile, person, look] séduisant ; [hat, dress] seyant.

fetchingly ['fetʃɪŋlɪ] adv [smile] d'un air séduisant / *with his hat balanced fetchingly on his head* avec son chapeau élégamment posé sur la tête.

fête [feɪt] ◆ n fête *f*, kermesse *f* ▸ **village fête** fête de village. ◆ vt fêter.

Fête

En Grande-Bretagne, les **village fêtes** sont des fêtes de village, avec des ventes de produits artisanaux, des manifestations sportives et des jeux pour enfants ; elles sont souvent destinées à réunir des fonds pour des œuvres de charité.

fetid ['fetɪd] adj fétide.

fetish ['fetɪʃ] n PSYCHOL & RELIG fétiche *m* ▸ **to have a fetish for sthg** être un fétichiste de qqch ▸ **to have a fetish for** or **to make a fetish of sthg** être obsédé par qqch, être un maniaque de qqch / *there's no need to make a fetish of it* il ne faut pas que cela devienne une obsession.

fetishism ['fetɪʃɪzm] n PSYCHOL & RELIG fétichisme *m* ▸ **food fetishism** obsession *f* pour la nourriture ▸ **foot fetishism** fétichisme du pied.

fetishist ['fetɪʃɪst] n PSYCHOL & RELIG fétichiste *mf* ▸ **food fetishist** personne *f* obsédée par la nourriture ▸ **foot fetishist** fétichiste du pied.

fetishistic [,fetɪ'ʃɪstɪk] adj PSYCHOL fétichiste / *that borders on the fetishistic* cela confine au fétichisme.

fetlock ['fetlɒk] n [of horse - part of leg] partie *f* postérieure du pied ; [- joint] boulet *m* ; [- hair] fanon *m*.

fetter ['fetəʳ] vt [slave, prisoner] enchaîner ; [horse] entraver ; *fig* entraver.

❖ **fetters** pl n [of prisoner] fers *mpl*, chaînes *fpl* ; [of horse] entraves *fpl* ; *fig* [of marriage, job] chaînes *fpl*, sujétions *fpl* / *in fetters* **a)** [prisoner] enchaîné **b)** *fig* entravé ▸ **to put sb in fetters a)** mettre qqn aux fers **b)** *fig* entraver qqn.

fettle ['fetl] n *inf* ▸ **to be in fine** or **good fettle** aller bien.

fetus US = **foetus.**

feu [fju:] n SCOT LAW bail *m* perpétuel ▸ **feu duty** loyer *m* (de la terre).

feud [fju:d] ◆ n [between people, families] querelle *f* ; [more aggressive - between families] vendetta *f* / *a bloody feud* une vendetta ▸ **to have a feud with sb** être à couteaux tirés avec qqn. ◆ vi se quereller, se disputer ▸ **to feud with sb (over sthg)** se quereller or se disputer avec qqn (pour qqch) / *they were feuding with each other over who owned the property* ils se disputaient la possession de la propriété.

feudal ['fju:dl] adj [society, system] féodal ; *pej* [extremely old-fashioned] moyenâgeux ▸ **feudal lord** seigneur *m*.

feudalism ['fju:dəlɪzm] n féodalisme *m*.

feuding ['fju:dɪŋ] n *(U)* querelle *f*, querelles *fpl* ; [more aggressive] vendetta *f*.

fever ['fi:vəʳ] n **1.** MED [illness] fièvre *f* ▸ **a bout of fever** un accès or une poussée de fièvre / *to have a fever* [high temperature] avoir de la température or de la fièvre ▸ **to have a high fever** avoir beaucoup de température or de fièvre **2.** *fig* excitation *f* fébrile / *a fever of anticipation* une attente fiévreuse or fébrile / *football / election / gold fever* fièvre *f* du football / des élections / de l'or / *gambling fever* démon *m* du jeu / *the entire hall went into a fever of excitement* la salle entière s'enfiévra ▸ **to be in a fever about sthg** [nervous, excited] être tout excité à cause de qqch.

fevered ['fi:vəd] adj [brow] fiévreux ; *fig* [imagination] enfiévré.

feverfew ['fi:vəfju:] n BOT grande camomille *f*, matricaire *f*.

feverish ['fi:vərɪʃ] adj MED fiévreux ; *fig* [activity, atmosphere] fébrile.

feverishness ['fi:vərɪʃnɪs] n MED état *m* fébrile, fébrilité *f*.

fever pitch n *fig* : *things are at fever pitch here* l'excitation ici est à son comble / *excitement is rising to fever pitch* l'excitation est de plus en plus fébrile.

few [fju:] ◆ det **1.** [not many] peu de / *few people have done that* peu de gens ont fait cela / *there are very few suitable candidates for the post* très peu de candidats ont le profil requis / *so / too few books to read* si / trop peu de livres à lire / *there are four books too few* il manque quatre livres / *we are few (in number)* nous sommes peu nombreux / *with few exceptions* à peu d'exceptions près, sauf de rares exceptions ; *(with def art, poss adj, etc.)* : *on the few occasions that I have met him* les rares fois où je l'ai rencontré / *her few remaining possessions* le peu de biens qui lui restaient / *these few precious souvenirs* ces quelques précieux souvenirs / *it is one of the few surviving examples of...* c'est un des rares exemples qui restent de... / *she is one of the few women to have held the post* c'est une des rares femmes à avoir assumé ces fonctions ▸ **to be few and far between** : *visitors are few and far between* les visiteurs sont rares / *grants will be few and far between in future* les bourses se feront rares à l'avenir **2.** [indicating an unspecified or approximate number] : *every few minutes* toutes les deux ou trois minutes / *the first few copies* les deux ou trois premiers exemplaires / *in the past / next few days* pendant les deux ou trois derniers / prochains jours / *he's been living in London for the past few years* ça fait quelques années qu'il habite à Londres / *these past few weeks have been wonderful* ces dernières semaines ont été merveilleuses. ◆ pron [not many] : *how many of them are there? — very few* combien sont-ils ? — très peu nombreux / *I didn't realize how few there were* je ne m'étais pas rendu compte qu'ils étaient aussi peu nombreux / *few could have predicted the outcome* peu de personnes or rares sont ceux qui auraient pu prévoir le résultat / *the few who knew her* les quelques personnes qui la connaissaient ▸ **the chosen few** les heureux élus ▸ **the Few** UK HIST *les aviateurs britanniques qui ont défendu leur pays pendant la bataille d'Angleterre* ▸ **many are called but few are chosen** BIBLE il y a beaucoup d'appelés mais peu d'élus.

✣ **a few** ◆ det phr quelques / *I have a few ideas* j'ai quelques idées / *he has a few more friends than I have* il a un peu plus d'amis que moi / *a few more days / months / years* quelques jours / mois / années de plus / *a few more days should see the job done* encore quelques jours et le travail devrait être fini. ◆ pron phr quelques-uns (quelques-unes) / *do you have many friends? — I have a few* est-ce que tu as beaucoup d'amis ? — (j'en ai) quelques-uns / *we need a few more / less* il nous en faut un peu plus / moins / *a few of you* quelques-uns d'entre vous / *there are only a few of us who attend regularly* seuls quelques-uns parmi nous y vont régulièrement / *he's had a few (too many)* *inf* [drinks] il a bu un coup (de trop) ▸ **to name but a few** pour n'en citer que quelques-uns ▸ **not a few** pas peu.

✣ **a good few, quite a few** ◆ det phr un assez grand nombre de / *there were a good few* or *quite a few mistakes in it* il y avait un assez grand nombre de or pas mal de fautes dedans. ◆ pron phr un assez grand nombre / *quite a few agreed with me* ils étaient assez nombreux à être d'accord avec moi / *quite a few of us / of the books* un assez grand nombre d'entre nous / de livres / *I hadn't seen all her films, but I'd seen a good few* je n'avais pas vu tous ses films, mais j'en avais vu un assez grand nombre.

fewer ['fju:ər] *(compar of few)* ◆ det moins de / *more applicants are competing for fewer jobs* il y a plus de candidats et moins de postes / *there have been fewer accidents than last year* il y a eu moins d'accidents que l'an dernier / *fewer and fewer people* de moins en moins de gens / *the fewer people turn up the better* moins il y aura de monde et mieux ce sera ▸ **no fewer than** pas moins de. ◆ pron moins / *there are fewer of you than I thought* vous êtes moins nombreux que je ne le pensais / *I've got even / a lot fewer than you* j'en ai encore / beaucoup moins que toi / *the fewer the better* moins il y en a, mieux c'est / *how many days are you going to spend there? — the fewer the better* combien de jours vas-tu passer là-bas ? — le moins possible.

fewest ['fju:ɪst] *(superl of few)* ◆ adj le moins de / *the fewest mistakes possible* le moins d'erreurs possible / *this is the part where the fewest people live* c'est la région la moins peuplée. ◆ pron : *I had the fewest* c'est moi qui en ai eu le moins / *who's got the fewest?* qui en a le moins ?

fey [feɪ] adj **1.** [whimsical - person, behaviour] bizarre **2.** SCOT [clairvoyant] extralucide **3.** SCOT [having feeling of impending death] qui a des pressentiments de mort.

fez [fez] n fez *m*.

Fez [fez] pr n Fès.

FFA (abbr of **Future Farmers of America**) pr n *aux États-Unis, organisation nationale d'étudiants en agriculture.*

FGM n abbr of **female genital mutilation.**

FH UK written abbr of **fire hydrant.**

FHA (abbr of **Federal Housing Administration**) pr n *organisme de gestion des logements sociaux aux États-Unis.*

fiancé [fɪ'ɒnseɪ] n fiancé *m*.

fiancée [fɪ'ɒnseɪ] n fiancée *f*.

Fianna Fáil pr n *parti républicain irlandais.*

fiasco [fɪ'æskəʊ] (UK *pl* **fiascos** ; US *pl* **fiascoes**) n fiasco *m* / *it was a fiasco* ça a été un véritable fiasco / *to end in fiasco* se terminer par un fiasco.

fiat ['faɪæt] n [decree] décret *m*.

fiat money n US monnaie *f* fiduciaire.

fib [fɪb] *inf* ◆ n petit mensonge *m* ▸ **to tell fibs** raconter des histoires / *what a fib!* c'est des histoires ! ◆ vi raconter des histoires.

fibber ['fɪbər] n *inf* menteur *m*, -euse *f*.

Fibber McGee [,fɪbəmə'gi:] pr n *personnage d'un feuilleton radiophonique américain, surtout connu pour son placard toujours mal rangé.*

fibre UK, **fiber** US ['faɪbər] n **1.** [of cloth, wood] fibre *f* / *artificial / natural fibres* fibres artificielles / naturelles ▸ **moral fibre** *fig* force *f* morale ▸ **to love sb / sthg with every fibre of one's being** *fig* aimer qqn / qqch de tout son être **2.** *(U)* [in diet] fibres *fpl* / *to be high in fibre* [foodstuff] être riche en fibres ▸ **high-fibre diet** régime *m* or alimentation *f* riche en fibres.

fibreboard UK, **fiberboard** US ['faɪbəbɔ:d] n panneau *m* de fibres.

fibreglass UK, **fiberglass** US ['faɪbəglɑ:s] ◆ n fibre *f* de verre / *it's (made of) fibreglass* c'est en or de la fibre de verre. ◆ comp [boat, hull, etc.] en fibre de verre.

fibre optic ◆ n ▸ **fibre optics** fibre *f* optique, fibres *fpl* optiques. ◆ adj [cable] en fibres optiques.

fibre-tip pen n feutre *m* pointe fibre.

fibrillation [,faɪbrɪ'leɪʃn] n fibrillation *f*.

fibroid ['faɪbrɔɪd] ◆ adj [tissue] fibreux ▸ **fibroid tumour** fibrome *m*. ◆ n [tumour] fibrome *m*.

fibrosis [faɪ'brəʊsɪs] n *(U)* fibrose *f*.

fibrositis [,faɪbrə'saɪtɪs] n *(U)* fibrosite *f*.

fibrous ['faɪbrəs] adj fibreux.

fibula ['fɪbjʊlə] (*pl* **fibulas** *or* **fibulae** [-li:]) n ANAT péroné *m*.

FICA (abbr of **Federal Insurance Contributions Act**) pr n *loi américaine régissant les cotisations sociales.*

fickle ['fɪkl] adj [friend, fan] inconstant ; [weather] changeant, incertain ; [lover] inconstant, volage.

fickleness ['fɪklnɪs] n [of friend, fan, public, lover] inconstance *f* ; [of weather] instabilité *f*.

fiction ['fɪkʃn] ◆ n **1.** *(U)* LITER ouvrages *mpl* or œuvres *fpl* de fiction / *first prize for fiction* premier prix de fiction / *a work* or *piece of fiction* un ouvrage or une œuvre de fiction **2.** [invention] fiction *f* / *she has difficulty separating fact from fiction* elle a du mal à distinguer la réalité de la fiction / *it's pure fiction* c'est de la pure fiction / *we'll have to keep up the fiction a little longer* il nous faudra continuer encore un peu à faire semblant. ◆ comp ▸ **fiction list** classement *m* des meilleures ventes de romans ▸ **fiction writer** auteur *m* d'ouvrages de fiction.

fictional ['fɪkʃənl] adj fictif / *a well-known fictional character* un célèbre personnage de la littérature / *the fictional treatment of women* le thème de la femme dans les ouvrages de fiction.

fictionalize ['fɪkʃənəlaɪz] vt romancer.

fictitious [fɪk'tɪʃəs] adj [imaginary, invented] fictif.

ficus ['faɪkəs] n BOT ficus *m*.

fiddle ['fɪdl] ◆ n **1.** MUS [instrument] violon *m* ▸ **to be as fit as a fiddle** être en pleine forme, être frais comme un gardon ▸ **her face was as long as a fiddle** elle faisait une tête d'enterrement ▸ **to play second fiddle to sb** jouer les seconds violons or rôles auprès de qqn **2.** *inf* [swindle] truc *m*, combine *f* ▸ **to work a fiddle** UK combiner quelque chose / *it's a fiddle* c'est un attrape-nigaud ▸ **to be on the fiddle** traficoter ▸ **tax fiddle** fraude *f* fiscale. ◆ vi **1.** [be restless] ▸ **stop fiddling!** tiens-toi tranquille !, arrête de remuer ! ▸ **to fiddle with sthg a)** [aimlessly, nervously] jouer avec qqch **b)** [interfere with] jouer avec or tripoter qqch **2.** [tinker] bricoler / *he fiddled with the knobs on the television* il a tourné les boutons de la télé dans tous les sens **3.** MUS jouer du violon ▸ **to fiddle while Rome burns** s'occuper de futilités alors qu'il est urgent d'agir **4.** *inf* [cheat] trafiquer. ◆ vt **1.** *inf* [falsify - results, financial accounts] truquer, falsifier ; [- election] truquer / *to fiddle one's income tax* falsifier sa déclaration d'impôts / *he fiddled it so that he got the results he wanted* il a trafiqué pour obtenir les résultats qu'il voulait **2.** *inf* [gain dishonestly - money, time off] carotter **3.** *inf* [swindle - person] : *he fiddled me out of £20* il m'a refait de 20 livres / *I've been fiddled!* je me suis fait escroquer ! **4.** [play - tune] jouer au violon.

✣ **fiddle about** UK, **fiddle around** vi **1.** [fidget] jouer **2.** *inf* [mess about] bricoler ; [loaf about, waste time] traînasser.

fiddlededee [,fɪdldi:'di:], **fiddle-faddle** [-,fædl] *inf* = **fiddlesticks.**

fiddler ['fɪdlər] n *inf* **1.** MUS joueur *m*, -euse *f* de violon, violoniste *mf* **2.** [swindler] arnaqueur *m*, -euse *f*.

fiddler crab n crabe *m* violoniste.

fiddlesticks ['fɪdlstɪks] interj *inf & dated* [in disagreement] balivernes *fpl*, sornettes *fpl* ; [in annoyance] bon sang de bonsoir.

fiddling ['fɪdlɪŋ] ◆ adj [trivial - job] futile, insignifiant. ◆ n **1.** [fidgeting] ▸ **stop your fiddling!** arrête de gigoter ! **2.** *inf* [swindling] trafic *m*, falsification *f* / *his fiddling of the books* sa falsification des livres de comptes / *in spite of all his fiddling* malgré toutes ses combines.

fiddly ['fɪdlɪ] adj *inf* [awkward - job, task] délicat, minutieux ; [- small object] difficile à manier, difficile à tenir entre les doigts / *it's a bit fiddly* ça demande de la minutie.

fidelity [fɪ'delətɪ] n **1.** [of people] fidélité *f* / *they vowed fidelity to one another* ils se sont juré fidélité **2.** [of translation] fidélité *f* **3.** ELECTRON fidélité *f*.

fidget ['fɪdʒɪt] *inf* ◆ vi [be restless] avoir la bougeotte, gigoter / *stop fidgeting!* arrête de gigoter ! ▸ **to fidget with sthg** jouer avec qqch, tripoter qqch. ◆ n [restless person] : *she's such a fidget* elle ne tient pas en place, elle gigote tout le temps / *what a fidget you are today!* tu ne tiens pas en place or tu as la bougeotte aujourd'hui ! / *don't be such a fidget!* arrête de gigoter ! ▸ **to have** or **to get the fidgets** [be restless, nervous] ne pas tenir en place.

fidgety ['fɪdʒɪtɪ] adj *inf* qui ne tient pas en place / *I feel fidgety* je ne tiens plus en place.

Fido ['faɪdəʊ] pr n *nom typique pour un chien* ; ≃ Médor.

fiduciary [fɪ'du:ʃjərɪ] ◆ adj LAW & FIN fiduciaire. ◆ n LAW & FIN fiduciaire *m*.

fie [faɪ] interj *arch & hum* ▸ **fie on you!** vous devriez avoir honte !

fief [fi:f] n HIST & *fig* fief *m*.

fiefdom ['fi:fdəm] n HIST & *fig* fief *m*.

field [fi:ld] ◆ n **1.** AGR champ *m* / *to work in the fields* travailler dans les or aux champs **2.** SPORT [pitch] terrain *m* ▸ **the field** [in baseball] les défenseurs *mpl* / *Smith is way ahead of the (rest of the) field* Smith est loin devant or devance largement les autres / *there's a very strong field for the 100 metres* il y a une très belle brochette de concurrents or participants au départ du 100 mètres ▸ **sports** or **games field** terrain de sport ▸ **to take the field** entrer sur le terrain ▸ **to lead the field a)** [in race] mener la course, être en tête **b)** *fig* [in sales, area of study] être en tête **c)** [subj: theory] faire autorité ▸ **to play the field** *inf* [romantically] jouer sur plusieurs tableaux **3.** [of oil, minerals etc.] gisement *m* ▸ **oil / coal / gas, field** gisement de pétrole / de charbon / de gaz **4.** MIL ▸ **field (of battle)** champ *m* de bataille / *bravery in the field* bravoure sur le champ de bataille ▸ **to die on the field of honour** mourir or tomber au champ d'honneur ▸ **to hold the field** ne pas lâcher de terrain, tenir / *the French now held the field* les Français étaient maintenant maîtres du champ de bataille **5.** [sphere of activity, knowledge] domaine *m* / *experts from every field* des experts provenant de tous les domaines / *to be an expert in one's field* être expert dans son domaine / *in the political field* or *in the field of politics* dans le domaine politique / *to contribute to the field of human knowledge* contribuer à la connaissance humaine / *what's your field?* or *what field are you in?* quel est ton domaine ? / *that's not my field* ce n'est pas de mon domaine or dans mes compétences **6.** [practice rather than theory] terrain *m* / *to work / to study in the field* travailler / étudier sur le terrain / *to go out into the field* aller sur le terrain **7.** PHYS & OPT champ *m* ▸ **field of vision** champ visuel or de vision ; MIL ▸ **field of fire** champ *m* de tir **8.** COMPUT champ *m* **9.** HERALD [on coat of arms, coin] champ *m* ; [on flag] fond *m*. ◆ vt **1.** [team] présenter ; [player] faire jouer ; MIL [men, hardware] réunir ; POL [candidate] présenter **2.** [in cricket, baseball - ball] arrêter (et renvoyer) / *to field a question* *fig* savoir répondre à une question / *well fielded* *fig* bien répondu. ◆ vi [in cricket, baseball] être en défense, tenir le champ.

field ambulance n MIL ambulance *f*.

field artillery n MIL artillerie *f* de campagne.

field corn n US maïs *m* de grande culture.

fieldcraft ['fi:ldkrɑ:ft] n *(U)* connaissances *fpl* de la nature.

field day n SCH journée *f* en plein air ; MIL jour *m* des grandes manœuvres ▸ **to have a field day a)** *inf & fig* s'en donner à cœur joie **b)** [do good business] faire recette / *what a field day they had!* ils s'en sont mis plein les poches !

field-effect transistor n transistor *m* à effet de champ.

fielder ['fi:ldəʳ] n [in cricket, baseball] joueur *m* de l'équipe défendante or champ.

fieldfare ['fi:ldfeəʳ] n ORNITH litorne *f*.

field glasses pl n jumelles *fpl*.

field gun n MIL canon *m*.

field hockey n US hockey *m* (sur gazon).

field hospital n MIL antenne *f* chirurgicale, hôpital *m* de campagne.

fielding ['fi:ldɪŋ] n [in cricket, baseball] défense *f*.

field kitchen n MIL cuisine *f* roulante.

field label n [in dictionary] rubrique *f*, indicateur *m* de domaine.

field marshal n UK MIL maréchal *m*.

fieldmouse ['fi:ldmaʊs] (*pl* **fieldmice** [-maɪs]) n mulot *m*.

field office n bureau *m* local, succursale *f*.

field officer n MIL officier *m* supérieur.

field searching n COMPUT recherche *f* thématique.

fieldsman ['fi:ldzmən] (*pl* **fieldsmen** [-mən]) = **fielder**.

field sports pl n *la chasse et la pêche*.

field study n étude *f* sur le terrain.

field test n essai *m* sur le terrain.

❖ **field-test** vt [machine] soumettre à des essais sur le terrain.

field trials pl n [for machine] essais *mpl* sur le terrain.

field trip n SCH & UNIV voyage *m* d'études ; [of one afternoon, one day] sortie *f* d'études ▸ **geography field trip** excursion *f* d'études de géographie.

fieldwork ['fi:ldwɜ:k] n *(U)* travaux *mpl* sur le terrain ; [research] recherches *fpl* sur le terrain.

field worker n [social worker] travailleur *m* social, travailleuse *f* sociale ; [researcher] chercheur *m*, -euse *f* de terrain.

fiend [fi:nd] n **1.** [demon] démon *m*, diable *m* ; [evil person] monstre *m* **2.** *inf* [fanatic, freak] mordu *m*, -e *f*, fana *mf* / *tennis fiend* fana or mordu de tennis / *a health fiend* un maniaque de la santé / *dope* or *drug fiend* toxico *mf* / *sex fiend* **a)** satyre *m* **b)** [in newspaper headline] maniaque *m* sexuel.

fiendish ['fi:ndɪʃ] adj **1.** [fierce - cruelty, look] diabolique, démoniaque **2.** *inf* [plan, cunning] diabolique ; [very difficult - problem] abominable, atroce / *a trick of fiendish difficulty* un tour extrêmement difficile / *to take a fiendish delight* or *pleasure in doing sthg* prendre un plaisir diabolique à faire qqch.

fiendishly ['fi:ndɪʃlɪ] adv **1.** [cruelly] diaboliquement **2.** *inf* [extremely] : *fiendishly clever* d'une intelligence diabolique / *fiendishly difficult* abominablement or atrocement difficile.

fierce [fɪəs] adj **1.** [animal, person, look, words] féroce **2.** [heat, sun] torride ; [competition, fighting, loyalty, resistance] acharné ; [battle, criticism, desire, hatred, temper] féroce.

fiercely ['fɪəslɪ] adv **1.** *lit* férocement ▸ **to look fiercely at sb** regarder qqn d'un air féroce **2.** *fig* [argue, attack, criticize, fight] violemment ; [resist] avec acharnement ; [independent] farouchement / *to compete fiercely* se livrer à une concurrence acharnée / *it is a fiercely competitive business* c'est un secteur où la concurrence est acharnée / *to be fiercely loyal to sb* faire preuve d'une loyauté à toute épreuve or farouche envers qqn.

fierceness ['fɪəsnɪs] n **1.** [of animal, look, person] férocité *f* **2.** [of desire] violence *f* ; [of sun] ardeur *f* ; [of resistance] acharnement *m* ; [of criticism] férocité *f*.

fierily ['faɪərɪlɪ] adv [speak] avec fougue.

fiery ['faɪərɪ] adj [heat, sun, coals] ardent ; [speech] violent, fougueux / *to have a fiery temper* avoir un tempérament explosif ; [sky, sunset] embrasé ; [curry] très épicé / *a fiery red colour* une couleur rouge feu / *fiery red hair* cheveux d'un roux flamboyant / *fiery liquor* alcool très fort ▸ **the fiery cross** US la croix en flammes *(symbole du Ku Klux Klan)*.

fiesta [fɪ'estə] n fiesta *f*.

FIFA ['fi:fə] (abbr of **Fédération Internationale de Football Association**) pr n FIFA *f*.

fife [faɪf] n MUS fifre *m*.

FIFO (abbr of **first in first out**) n PEPS *m*.

fifteen [fɪf'ti:n] ◆ det quinze / *fifteen people* quinze personnes / *about fifteen people* une quinzaine de personnes / *to be fifteen* avoir quinze ans. ◆ n **1.** [numeral] quinze *m inv* / *about fifteen* une quinzaine **2.** [in rugby] quinze *m* / *the opposing fifteen* l'équipe rivale / *the school / Scottish fifteen* le quinze de l'école / d'Écosse. ◆ pron quinze / *fifteen is not enough* quinze, ce n'est pas assez / *I need fifteen* il m'en faut quinze.

fifteenth [fɪf'ti:nθ] ◆ det quinzième / *Louis the Fifteenth* Louis Quinze or XV. ◆ n [fraction] quinzième *m* ; [in series] quinzième *mf*.

fifth [fɪfθ] ◆ det cinquième / *a fifth part* un cinquième / *on the fifth day of the month* le cinq du mois / *in fifth place* à la cinquième place / *she came* or *was fifth* [in race, exam, etc.] elle est arrivée cinquième / *fifth from the end / right* cinquième en partant de la fin / droite / *on the fifth floor* **a)** UK au cinquième étage **b)** US au quatrième étage ▸ **fifth gear** AUTO cinquième vitesse ▸ **fifth form** UK SCH *classe de l'enseignement secondaire correspondant à la seconde* ▸ **to feel like a fifth wheel** avoir l'impression d'être la cinquième roue du carrosse ▸ **Fifth Amendment** Cinquième Amendement *m* *(de la Constitution des États-Unis, permettant à un accusé de ne pas répondre à une question risquant de jouer en sa défaveur)* / *I take the Fifth (Amendment)* *hum* ≃ je ne parlerai qu'en présence de mon avocat ▸ **Fifth Avenue** la Cinquième Avenue / *she's very Fifth Avenue* elle est très Cinquième Avenue *(fait référence à l'élite sociale new-yorkaise)* ▸ **the Fifth Republic** la Cinquième or Vᵉ République ▸ **George the Fifth** Georges Cinq or V. ◆ n **1.** [day of month] cinq *m inv* / *the fifth, on the fifth* le cinq / *July fifth* US, *the fifth of July, July the fifth* le cinq juillet / *today is the fifth* nous sommes le cinq aujourd'hui ; [fraction] cinquième *m* ; [in series] cinquième *mf* ▸ **the fifth of November** *jour anniversaire de la Conspiration des poudres aussi appelé Guy Fawkes' Day* **2.** MUS quinte *f* **3.** US [Fifth Amendment] ▸ **I'll take the Fifth** US *expression utilisée par une personne appréhendée pour invoquer le Cinquième Amendement.* ◆ adv **1.** [in contest] en cinquième position, à la cinquième place **2.** = **fifthly**.

fifth column n cinquième colonne *f*.

fifth columnist n membre *m* de la cinquième colonne.

fifth-generation adj COMPUT de cinquième génération.

fifth grade n US SCH *classe de l'enseignement primaire correspondant au CM2 (9-10 ans)*.

fifthly ['fɪfθlɪ] adv cinquièmement.

fiftieth ['fɪftɪəθ] ◆ adj cinquantième. ◆ n [fraction] cinquantième *m* ; [in series] cinquantième *mf*.

fifty ['fɪftɪ] ◆ det cinquante / *fifty people* cinquante personnes / *about fifty people* une cinquantaine de personnes. ◆ n **1.** [numeral] cinquante *m inv* / *he works a fifty hour week* il travaille cinquante heures par semaine / *about fifty* une cinquantaine / *to be fifty* avoir cinquante ans / *the fifties* les années cinquante / *in the early / late fifties* au début / à la fin des années cinquante / *the temperature will be in the high fifties* la température sera environ de quinze degrés / *she is in her fifties* elle a dans les cinquante ans / *to be in one's early / late fifties* avoir une petite cinquantaine / la cinquantaine bien sonnée / *he must be close to* or *getting on for fifty* il doit approcher de la cinquantaine / *to do fifty* AUTO ≃ faire du quatre-vingts **2.** US [money] billet *m* de cinquante (dollars). ◆ comp ▸ **fifty-one** cinquante et un ▸ **fifty-two / -three** cinquante-deux / -trois ▸ **fifty-first** cinquante et unième ▸ **fifty-second** cinquante-deuxième ▸ **fifty-odd** : *there were fifty-odd people at the party* il y avait une cinquantaine de personnes à la soirée. ◆ pron cinquante / *there are fifty (of them)* il y en a cinquante / *I need fifty (of them)* il m'en faut cinquante.

fifty-fifty ◆ adj : *on a fifty-fifty basis* moitié-moitié, fifty-fifty / *his chances of winning / surviving are fifty-fifty* il a une chance sur deux de gagner / de s'en tirer / *the animal's chances of survival are no more than fifty-fifty* les chances de survie de l'animal ne dépassent pas cinquante pour cent. ◆ adv moitié-moitié, fifty-fifty ▸ **to go fifty-fifty (with sb on sthg)** faire moitié-moitié or fifty-fifty (avec qqn pour qqch) / *I went fifty-fifty with my brother on it* je me suis mis de moitié avec mon frère.

fig [fɪg] n [fruit] figue *f* ▸ **fig (tree)** figuier *m* ▸ **it's not worth a fig** *inf* ça ne vaut pas un radis ▸ **I don't give** or **care a fig** *inf* je m'en moque comme de ma première chemise / *I don't give* or *care a fig what she thinks* je me contrefiche de ce qu'elle pense.

fight [faɪt] (*pt & pp* **fought** [fɔ:t]) ◆ n **1.** [physical] bagarre *f* ; [verbal] dispute *f* ; [of army, boxer] combat *m*, affrontement *m* ; [against disease, poverty, etc.] lutte *f*, combat *m* / *do you want a fight?* tu veux te battre ? / *he enjoys a good fight* **a)** [physical] il aime la bagarre or les bagarres **b)** [verbal] il aime les disputes **c)** [boxing match] il aime les bons combats de boxe ▸ **to have** or **to get into a fight with sb a)** [physical] se battre avec qqn **b)** [verbal] se disputer avec qqn / *they are always having fights* ils sont toujours en train de se bagarrer or se disputer / *you've been in a fight again* tu t'es encore battu or bagarré ▸ **to pick a fight (with sb)** chercher la bagarre (avec qqn) / *are you trying to pick a fight (with me)?* tu me provoques ?, tu cherches la bagarre ? / *a fight to the death* une lutte à mort / *are you going to the fight?* [boxing match] est-ce que tu vas voir le combat ? ▸ **to put up a (good) fight** (bien) se défendre / *the boxer put up a great fight* le boxeur s'est défendu avec acharnement ▸ **to make a fight of it** se défendre avec acharnement / *to give in without (putting up) a fight* capituler sans (opposer de) résistance / *he realized he would have a fight on his hands* il s'est rendu compte qu'il allait devoir lutter **2.** [fighting spirit] combativité *f* / *there's not much fight left in him* il a perdu beaucoup de sa combativité / *the news of the defeat took all the fight out of us* la nouvelle de la défaite nous a fait perdre tout cœur à nous battre or nous a enlevé le courage de nous battre / *to show fight* montrer de la combativité, ne pas se laisser faire. ◆ vi [physically - person, soldier] se battre ; [- boxer] combattre ; [- two boxers] s'affronter ; [verbally] se disputer ; [against disease, injustice, etc.] lutter / *to fight to the death* / *the last* se battre à mort / jusqu'à la fin / *he fought in the war* il a fait la guerre / *they were fighting with each other* ils étaient en train de se battre or se disputer / *they were always fighting over* or *about money* ils se disputaient toujours pour des problèmes d'argent / *the children were fighting over the last biscuit* les enfants se disputaient (pour avoir) le dernier biscuit / *to fight for one's rights* / *to clear one's name* lutter pour ses droits / pour prouver son innocence / *they fought for the leadership of the party* ils se sont disputé la direction du parti / *he fought for breath* il se débattait or il luttait pour respirer ▸ **to fight for one's life a)** [ill person] lutter contre la mort **b)** *fig* [in race, competition] se battre avec la dernière énergie, se démener ▸ **to go down fighting** se battre jusqu'au bout ▸ **to fight shy of doing sthg** tout faire pour éviter de faire qqch ▸ **to fight shy of sb** éviter qqn. ◆ vt [person, animal] se battre contre ; [boxer] combattre (contre), se battre contre ; [disease, terrorism, fire, etc.] lutter contre, combattre ▸ **to fight a duel** se battre en duel ▸ **to fight a battle** livrer (une) bataille / *I'm not going to fight your battles for you* *fig* c'est à toi de te débrouiller ▸ **to fight a court case a)** [subj: lawyer] défendre une cause **b)** [subj: plaintiff, defendant] être en procès ▸ **to fight an election** [politician] se présenter à une élection ▸ **to fight an election campaign** UK mener une campagne électorale / *John Brown is fighting Smithtown for the Tories* UK John Brown se présente à Smithtown pour les conservateurs / *I'll fight you for it* on réglera ça par une bagarre ▸ **to fight a losing battle (against sthg)** livrer une bataille perdue d'avance (contre qqch) / *she fought the urge to laugh* elle essayait de réprimer une forte envie de rire / *don't fight it* [pain, emotion] n'essaie pas de lutter / *you've got to fight it* il faut que tu te battes ▸ **to fight sb** / **a newspaper in court** emmener qqn / un journal devant les tribunaux, faire un procès à qqn / à un journal / *to fight one's way through the crowd* / *the undergrowth* se frayer un passage à travers la foule / les broussailles / *to fight one's way to the top of one's profession* se battre pour atteindre le sommet de sa profession / *he fought his way back to power* c'est en luttant qu'il est revenu au pouvoir.

❖ **fight back** ◆ vi [in physical or verbal dispute] se défendre, riposter ; [in boxing, football match] se reprendre ; [in race] revenir. ◆ vt sep [tears] refouler ; [despair, fear, laughter] réprimer.

❖ **fight off** vt sep [attack, enemy, advances] repousser ; [sleep] combattre ; [disease] résister à / *she has to fight men off* [has a lot of admirers] elle a des admirateurs à la pelle or à ne plus savoir qu'en faire.

❖ **fight on** vi continuer le combat.

❖ **fight out** vt sep : *just leave them to fight it out* laisse-les se bagarrer et régler cela entre eux.

fightback ['faɪtbæk] n reprise *f*.

fighter ['faɪtəʳ] ◆ n **1.** [person who fights] combattant *m*, -e *f* ; [boxer] boxeur *m* / *he's a fighter* *fig* c'est un battant **2.** [plane] avion *m* de chasse, chasseur *m*. ◆ comp [pilot] de chasseur, d'avion de chasse ; [squadron] de chasseurs, d'avions de chasse ; [plane] de chasse.

fighter-bomber n MIL chasseur *m* bombardier.

fighting ['faɪtɪŋ] ◆ n *(U)* [physical] bagarre *f*, bagarres *fpl* ; [verbal] dispute *f*, disputes *fpl*, bagarre *f*, bagarres *fpl* ; MIL combat *m*, combats *mpl* / *fighting broke out between police and fans* une bagarre s'est déclenchée entre la police et les fans / *the fighting is now at its height* on est au plus fort du combat / *there has been fierce fighting in all parts of the country* des combats acharnés ont eu lieu dans l'ensemble du pays / *fighting is not allowed in the playground* il est interdit de se bagarrer dans la cour. ◆ comp [forces, unit] de combat ▸ **fighting cock** coq *m* de combat ▸ **fighting men** MIL combattants *mpl* ▸ **to be in with** or **to have a fighting chance** avoir de bonnes chances ▸ **to be fighting fit** être dans une forme éblouissante, avoir la forme olympique ▸ **fighting spirit** esprit *m* combatif ▸ **that's fighting talk!** c'est un langage offensif !

fig leaf n BOT feuille *f* de figuier ; [on statue, in painting] feuille *f* de vigne ; *fig* camouflage *m*.

figment ['fɪgmənt] n ▸ **a figment of the imagination** un produit or une création de l'imagination.

Fig Newton® n *marque de petits gâteaux fourrés à la figue.*

figurative ['fɪgərətɪv] adj **1.** [language, meaning] figuré **2.** ART figuratif.

figuratively ['fɪgərətɪvlɪ] adv au (sens) figuré.

figure [UK 'fɪgəʳ US 'fɪgjər] ◆ n **1.** [number, symbol] chiffre *m* ; [amount] somme *f* / *six-figure number* nombre de six chiffres / *his salary is in* or *runs to six figures* ≃ il gagne plus d'un million d'euros / *in round figures* en chiffres ronds ▸ **to be in double figures** [inflation, unemployment] dépasser la barre or le seuil des 10 % ▸ **to put a figure on sthg** [give cost] évaluer le coût de or chiffrer qqch / *I couldn't put a figure on the number of people there* je ne pourrais pas dire combien de personnes il y avait / *she's good at figures* elle est bonne en calcul / *he has no head for figures* il n'est pas doué en calcul / *have you done your figures?* as-tu fait tes calculs ? / *name your figure* [to purchaser, seller] quel est votre prix ? / *the boss told him to name his figure* [for pay rise] le patron lui a demandé combien il voulait **2.** [human shape] ligne *f* / *she is always worrying about her figure* elle s'inquiète constamment pour sa ligne / *she has a good figure* elle a une jolie silhouette, elle est bien faite / *to look after one's figure* faire attention à sa ligne / *think of your figure!* pense à ta ligne ! / *to keep* / *to lose one's figure* garder / perdre la ligne ▸ **a fine figure of a woman** / **man** une femme / un homme qui a de l'allure ▸ **to cut a fine figure** avoir beaucoup d'allure ▸ **to cut a sorry figure** faire piètre figure / *he was a sorry figure standing there on the doorstep* [wet, dirty, etc.] il faisait piètre figure, debout sur les marches **3.** [human outline] silhouette *f* / *a figure appeared on the horizon* une silhouette est apparue à l'horizon **4.** [character in novel, film, etc.] personnage *m* / *the group of figures on the left* le groupe de personnes à gauche ▸ **key figure** personnage *m* central ▸ **figure of fun** objet *m* de risée **5.** [in geometry, skating, dancing] figure *f* ▸ **figure of eight** UK, **figure eight** US huit *m* **6.** [illustration, diagram] figure *f* **7.** [rhetorical] ▸ **figure of speech** figure *f* de rhétorique / *it was just a figure of speech* ce n'était qu'une façon de parler **8.** [statuette] figurine *f*. ◆ vi **1.** [appear] figurer, apparaître / *does he figure in your plans?* est-ce qu'il figure dans tes projets ? / *where do I figure in all this?* quelle est ma place dans tout cela ? / *guilt figures quite a lot in his novels* la culpabilité a or tient une place relativement importante dans ses romans / *she figured prominently in the scandal* elle a été très impliquée dans le scandale **2.** *inf* [make sense] sembler logique or normal / *that figures!* **a)** [I'm not surprised] tu m'étonnes ! **b)** [that makes sense] c'est logique / *it figures that he'd do that* ça paraît logique or normal qu'il ait fait ça / *it just doesn't figure* US ça n'a pas de sens ▸ **go figure!** *inf* va comprendre ! ◆ vt **1.** *inf* [reckon] penser / *we figured something like that must have happened* nous pensions or nous nous doutions bien que quelque chose de ce genre était arrivé **2.** US *inf* = **figure out 3.** [decorate - silk] brocher ▸ **figured velvet** UK velours *m* figuré **4.** MUS chiffrer.

❖ **figure in** vt sep [in calculations] inclure.

❖ **figure on** vt insep *inf* [plan on] compter / *when are you figuring on leaving?* quand comptes-tu or penses-tu partir ? / *you didn't figure on that (happening), did you?* tu ne comptais or pensais pas que ça arriverait, hein ?, tu ne comptais pas là-dessus, hein ?

❖ **figure out** vt sep **1.** [understand - person] arriver à comprendre / *we couldn't figure it out* nous n'arrivions pas à comprendre or saisir **2.** [work out - sum, cost, etc.] calculer / *figure it out for yourself* réfléchis donc un peu / *she still hasn't figured out how to do it* elle n'a toujours pas trouvé comment faire.

figurehead ['fɪgəhed] n NAUT figure *f* de proue ; *fig* [of organization, society] représentant *m* nominal, représentante *f* nominale ; *pej* homme *m* de paille.

figure-hugging [-,hʌgɪŋ] adj [dress] moulant.

figure-skate vi faire des figures en patinage, faire du patinage artistique.

figure skater n patineur *m*, -euse *f* artistique.

figure skating ◆ n patinage *m* artistique. ◆ comp [champion, championship] de patinage artistique.

figurine [UK 'fɪgəri:n US ,fɪgjə'ri:n] n figurine *f*.

figwort ['fɪgwɜ:t] n ficaire *f*.

Fiji ['fi:dʒi:] pr n Fidji / *in Fiji* à Fidji ▸ **the Fiji Islands** les îles *fpl* Fidji / *in the Fiji Islands* aux îles Fidji.

Fijian [,fi:'dʒi:ən] ◆ n **1.** [person] Fidjien *m*, -enne *f* **2.** LING fidjien *m*. ◆ adj fidjien.

filament ['fɪləmənt] n BOT & ELEC filament *m*.

filbert ['fɪlbət] n [nut] *espèce de grosse noisette.*

filch [fɪltʃ] vt *inf* [steal] piquer.

filching ['fɪltʃɪŋ] n *inf* [theft] fauche *f* / *there's a lot of filching from hotels* les gens piquent beaucoup dans les hôtels.

file [faɪl] ◆ n **1.** [folder] chemise *f* ; [box] classeur *m* ▸ **accordeon file** classeur accordéon **2.** [dossier, documents] dossier *m* ; [series or system of files] fichier *m* / *this file belongs in the customer file* ce dossier va dans le fichier clients ▸ **to have** / **to keep sthg on file** avoir / garder qqch dans ses dossiers / *it's on file* c'est dans les dossiers, c'est classé / *we have placed your CV on file* or *in our files* nous avons classé votre CV dans nos dossiers / *these papers are for the file* ces papiers sont à mettre dans les dossiers or sont à classer ▸ **to have** / **to keep a file on** avoir / garder un dossier sur ▸ **to open** / **to close a file on** ouvrir / fermer un dossier sur / *the police have closed their file on the case* la police a classé l'affaire / *he's been on our file* or *files for a long time* cela fait longtemps qu'il est dans nos dossiers **3.** COMPUT fichier *m* / *data on file* données *fpl* sur fichier ▸ **data file** fichier de données **4.** [row, line] file *f* ▸ **in single** or **Indian file** en or à la file indienne **5.** [for metal, fingernails] lime *f*. ◆ comp ▸ **file copy** copie *f* à classer ▸ **file extension** extension *f* de fichier ▸ **file format** format *m* de fichier ▸ **file name** nom *m* de fichier ▸ **file permissions** autorisations *fpl* fichier. ◆ vt **1.** [documents, information] classer / *to be filed under a letter* / *subject* être classé sous une lettre / dans une catégorie **2.** LAW ▸ **to file a suit against sb** intenter un procès à qqn / *to file a complaint (with the police* / *the manager)* déposer une plainte (au commissariat / auprès du directeur) / *to file a claim* déposer une demande / *to file a claim for damages* intenter un procès en dommages-intérêts / *to file a petition in bankruptcy* déposer son bilan **3.** [metal] limer / *to file one's fingernails* se limer les ongles / *to file through sthg* limer qqch. ◆ vi **1.** [classify documents, information] faire du classement **2.** [walk one behind the other] : *they filed up the hill* ils ont monté la colline en file (indienne) or les uns derrière les autres / *the troops filed under the bridge* les soldats sont passés sous le pont en file indienne or à la file / *the troops filed past the general* les troupes ont défilé devant le général / *the crowd filed slowly past the coffin* la foule a défilé lentement devant le cercueil / *to file into a room* entrer dans une pièce à la or en file / *to file out of a room* sortir d'une pièce à la or en file / *they all filed in* / *out* ils sont tous entrés / sortis à la file.

❖ **file away** vt sep **1.** [documents] classer **2.** [rough edges] polir à la lime ; [excess material] enlever à la lime.

❖ **file down** vt sep [metal, fingernails, rough surface] polir à la lime.

❖ **file for** vt insep : *to file for divorce* demander le divorce / *to file for bankrupcy* déposer son bilan.

file cabinet n US classeur *m*.

file card n fiche *f* (de classeur).

file clerk n US documentaliste *mf*.

file footage n US images *fpl* d'archives.

file management n COMPUT gestion *f* de fichiers.

file manager n COMPUT gestionnaire *m* de fichiers.

filename n nom *m* de fichier.

file server n COMPUT serveur *m* de fichiers.

file-sharing n partage *m* de fichiers.

filet US = **fillet.**

filial ['fɪljəl] adj [devotion, respect] filial.

filibuster ['fɪlɪbʌstər] ◆ n POL obstruction *f* (parlementaire). ◆ vi POL faire de l'obstruction ▸ **filibustering tactics** tactiques obstructionnistes. ◆ vt POL [legislation] faire obstruction à.

filibusterer ['fɪlɪbʌstərər] n POL obstructionniste *mf*.

filibustering ['fɪlɪbʌstərɪŋ] n POL obstructionnisme *m*.

filigree ['fɪlɪgriː] ◆ n filigrane *m*. ◆ adj en or de filigrane.

filing ['faɪlɪŋ] n **1.** [of documents] classement *m* / *I do the filing* je m'occupe du classement / *I still have a lot of filing to do* j'ai encore beaucoup de choses à classer **2.** LAW [of complaint, claim] dépôt *m*.

filing cabinet n classeur *m*.

filing clerk n documentaliste *mf*.

filings ['faɪlɪŋz] pl n [of metal] limaille *f*.

Filipino [,fɪlɪ'piːnəʊ] (*pl* **Filipinos**) ◆ n **1.** [person] Philippin *m* **2.** LING = **Tagalog.** ◆ adj philippin.

fill [fɪl] ◆ n ▸ **to eat one's fill** manger à sa faim, se rassasier ▸ **to drink one's fill** boire tout son soûl / *when they had eaten their fill* quand ils eurent mangé tout leur content ▸ **a fill of tobacco** [for pipe] une pipe de tabac ▸ **to have had one's fill of sb / sthg** *inf* : *I've had my fill of it / her* j'en ai assez / assez d'elle. ◆ vt **1.** [cup, glass, bottle] remplir ; [room, streets - subj: people, smoke, laughter] envahir ; [chocolates] fourrer ; [cake, pie] garnir ; [vegetables] farcir ; [pipe] bourrer / *to fill a page with writing* remplir une page d'écriture / *wind filled the sails* le vent a gonflé les voiles / *she filled his head with nonsense* elle lui a bourré le crâne de bêtises / *to be filled with people* [room, street] être plein or rempli de gens / *to be filled with horror / admiration* être rempli d'horreur / d'admiration / *she was filled with horror at the news* cette nouvelle l'a remplie d'horreur / *it filled me with sorrow* cela m'a profondément peiné / *such were the thoughts that filled his mind* telles étaient les pensées qui occupaient son esprit **2.** [plug - hole] boucher ; [- tooth] plomber / *to have a tooth filled* se faire plomber une dent / *the product filled a gap in the market* le produit a comblé un vide sur le marché ▸ **... or I'll fill you full of lead!** [shoot] ...ou je te farcis le crâne de plomb ! **3.** [position, vacancy - subj: employee] occuper ; [- subj: employer] pourvoir / *to fill the office of president* remplir les fonctions de président / *the post has been filled* le poste a été pris or pourvu **4.** [occupy - time] occuper **5.** [meet - requirement] répondre à ▸ **to fill the bill** *inf* faire l'affaire **6.** [supply] : *to fill an order* **a)** [in bar, restaurant] apporter ce qui a été commandé **b)** [for stationery, equipment, etc.] livrer une commande / *to fill a prescription* préparer une ordonnance. ◆ vi [room, bath, bus] se remplir ; [sail] se gonfler / *her eyes filled with tears* ses yeux se sont remplis de larmes.

❖ **fill in** ◆ vi faire un remplacement / *I'm often asked to fill in* on me demande souvent de faire des remplacements ▸ **to fill in for sb** remplacer qqn / *I'll fill in for you if necessary* je te remplacerai si besoin est. ◆ vt sep **1.** [hole, window, door] boucher / *he filled it in in green* [outline] il l'a colorié or rempli en vert / *to fill in the gaps in one's knowledge* combler ses lacunes **2.** [complete - form, questionnaire] compléter, remplir ; [insert - name, missing word] insérer **3.** [bring up to date] mettre au courant ▸ **to fill sb in on sthg** mettre qqn au courant de qqch **4.** [use - time] occuper / *he's just filling in time* il fait ça pour s'occuper or pour occuper son temps / *I've got a couple of months to fill in* je dois occuper mon temps pendant environ deux mois.

❖ **fill out** ◆ vi **1.** [cheeks] se remplir ; [person] s'étoffer **2.** [sails] se gonfler. ◆ vt sep **1.** [complete - form] remplir **2.** [pad out - essay, speech] étoffer.

❖ **fill up** ◆ vi se remplir / *to fill up with petrol* faire le plein d'essence / *don't fill up on biscuits, you two!* ne vous gavez pas de biscuits, vous deux ! ◆ vt sep **1.** [make full] remplir ; [person with food] rassasier / *he filled the car up* il a fait le plein (d'essence) / *fill her* or *it up, please* AUTO le plein, s'il vous plaît **2.** [use - day, time] occuper **3.** = **fill out** *(vt sep).*

filler ['fɪlər] n **1.** [for holes, cracks] mastic *m* ; [for cavity, open space] matière *f* de remplissage **2.** [funnel] entonnoir *m* **3.** [in quilt, bean bag, etc.] matière *f* de rembourrage ; [in cigar] tripe *f* **4.** PRESS & TV bouche-trou *m* **5.** LING ▸ **filler (word)** mot *m* de remplissage.

filler cap n bouchon *m* du réservoir d'essence.

fillet ['fɪlɪt] ◆ n CULIN filet *m* / *two pieces of fillet steak* deux biftecks dans le filet / *fillet steak is expensive* le filet de bœuf est cher. ◆ vt [meat, fish - prepare] préparer ; [cut into fillets - fish] faire des filets dans, lever les filets de ; [- meat] faire des steaks dans ▸ **filleted sole** filets *mpl* de sole.

fill-in n *inf* [person] remplaçant *m*, -e *f*.

filling ['fɪlɪŋ] ◆ adj [foodstuff] bourratif / *it was very filling* cela m'a rassasié. ◆ n **1.** [in tooth] plombage *m* / *I had to have a filling* il a fallu qu'on me fasse un plombage **2.** CULIN [for cake, pie - sweet] garniture *f* ; [for vegetables, poultry - savoury] farce *f* / *they all have different fillings* [chocolates] ils sont tous fourrés différemment.

filling station n station-service *f*, station *f* d'essence.

fillip ['fɪlɪp] n coup *m* de fouet ▸ **to give sb / sthg a fillip** donner un coup de fouet à qqn / qqch.

filly ['fɪlɪ] (*pl* **fillies**) n **1.** [horse] pouliche *f* **2.** *inf & dated* [girl] fille *f* / *she's a fine young filly, isn't she?* c'est un beau brin de fille, non ?

film [fɪlm] ◆ n **1.** [thin layer - of oil, mist, dust] film *m*, pellicule *f* ▸ **plastic film** film plastique **2.** PHOT pellicule *f* / *I left a film to be developed* j'ai laissé une pellicule à développer ▸ **a roll of film** une pellicule **3.** CIN film *m* / *the film of the book* le film tiré du livre ▸ **full-length / short-length film** (film) long / court métrage *m* ▸ **to shoot** or **to make a film (about sthg)** tourner or faire un film (sur qqch) / *the film's on at the local cinema* le film passe au cinéma du coin ▸ **to be in films** faire du cinéma. ◆ comp [critic, star, producer] de cinéma ; [clip, premiere] d'un film ; [sequence] de film ; [archives, award, rights] cinématographique ▸ **film buff** *inf* cinéphile *mf* ▸ **film crew** équipe *f* de tournage ▸ **film director** metteur *m* en scène ▸ **film festival** festival *m* de cinéma ▸ **the film industry** l'industrie *f* cinématographique or du cinéma ▸ **film library** cinémathèque *f* ▸ **film maker** cinéaste *mf* ▸ **film rights** droits *mpl* cinématographiques ▸ **film script** scénario *m* ▸ **film set** plateau *m* de tournage ▸ **film speed** PHOT sensibilité *f* d'une pellicule ▸ **film strip** bande *f* (de film) fixe ▸ **film studio** studio *m* (de cinéma). ◆ vt [event, people] filmer ; CIN [scene] filmer, tourner. ◆ vi **1.** [record] filmer ; CIN tourner / *they started filming at 7 a.m.* ils ont commencé à tourner or le tournage a commencé à 7 h ▸ **to film well** [be photogenic] bien passer à l'écran **2.** = **film over.**

❖ **film over** vi s'embuer, se voiler / *to film over with tears* s'embuer de larmes.

filmgoer ['fɪlm,gəʊər] n amateur *m* de cinéma, cinéphile *mf* / *she is a regular filmgoer* elle va régulièrement au cinéma.

filmic ['fɪlmɪk] adj *fml* cinématographique.

filming ['fɪlmɪŋ] n CIN tournage *m*.

film noir n CIN film *m* noir.

filmography [fɪl'mɒgrəfɪ] n filmographie *f*.

filmset ['fɪlmset] vt UK photocomposer.

filmsetter ['fɪlm,setər] n UK [machine] photocomposeuse *f* ; [person] photocompositeur *m*.

filmsetting ['fɪlm,setɪŋ] n UK photocomposition *f*.

filmy ['fɪlmɪ] adj [material] léger, vaporeux, aérien.

filo ['fiːləʊ] n CULIN ▸ **filo (pastry)** *pâte feuilletée très fine.*

filter ['fɪltər] ◆ n **1.** CHEM, MECH & PHOT filtre *m* **2.** UK AUTO flèche *f* lumineuse *(autorisant le dégagement des voitures à droite ou à gauche).* ◆ comp ▸ **filter coffee** café *m* filtre ▸ **filter lane** UK AUTO voie *f* de dégagement ▸ **filter paper** papier *m* filtre. ◆ vt [coffee, oil, water, etc.] filtrer. ◆ vi **1.** [liquid, light] filtrer **2.** UK AUTO suivre la voie de dégagement / *the cars filtered to the left* les voitures ont suivi la voie de dégagement vers la gauche.

❖ **filter in** vi [light, sound, information, news] filtrer ; [people] entrer petit à petit.

❖ **filter out** ◆ vt sep [sediment, impurities] éliminer par filtrage or filtration. ◆ vi [people] sortir petit à petit.

❖ **filter through** vi *lit & fig* filtrer.

filter bed n couche *f* de filtration.

filter tip n [tip] (bout *m*) filtre *m* ; [cigarette] cigarette *f* (bout) filtre.

filter-tipped adj [cigarette] (bout) filtre.

filth [fɪlθ] n *(U)* **1.** [on skin, clothes] crasse *f* ; [in street] saleté *f* **2.** [obscene books, films, etc.] ordures *fpl*, obscénités *fpl* ; [obscene words, jokes] grossièretés *fpl*, obscénités *fpl* / *it's sheer filth* [film, book] c'est un recueil d'ordures or d'obscénités **3.** UK *v inf* ▸ **the filth** [police] les flics *mpl*.

filthy ['fɪlθɪ] (*compar* **filthier**, *superl* **filthiest**) ◆ adj **1.** [dirty] dégoûtant, crasseux / *you filthy pig!* espèce de gros dégoûtant ! **2.** [obscene, smutty - language, talk, jokes] grossier, obscène, ordurier ; [- person] grossier, dégoûtant ; [- film, book, photograph] obscène, dégoûtant ; [- habit] dégoûtant / *to have a filthy mind* avoir l'esprit mal tourné **3.** *inf* [nasty - temper, day] atroce, abominable ; [- trick] vicieux, méchant ; [- look] méchant ; [- weather] sale / *he's in a filthy mood* il est de sale humeur, il est d'une humeur massacrante. ◆ adv ▸ **to be filthy rich** *inf* être plein aux as.

filtrate ['fɪltreɪt] n filtrat *m*.

filtration [fɪl'treɪʃn] n filtrage *m*, filtration *f*.

filtration plant n station *f* d'épuration.

Fimbra ['fɪmbrə] (**abbr of Financial Intermediaries, Managers and Brokers Regulatory Association**) pr n *organisme britannique contrôlant les activités des courtiers d'assurances.*

fin [fɪn] n **1.** [of fish] nageoire *f* ; [of shark] aileron *m* ; [of boat] dérive *f* **2.** [of aircraft, spacecraft] empennage *m* ; [of rocket, bomb] ailette *f* **3.** AUTO [of radiator] ailette *f* **4.** US [for swimming] ▸ **fins** palmes *fpl*.

finagle [fɪ'neɪgəl] vt US *inf* [obtain, through cleverness] se débrouiller pour avoir ; [through devious means] obtenir par subterfuge, carotter.

final ['faɪnl] ◆ adj **1.** [last] dernier / *the final instalment* [of hire purchase agreement] le dernier versement, le versement libératoire / *final demand* dernier rappel *m* / *final date* date *f* limite / *the final irony* le comble de l'ironie ▸ **final examinations** UNIV examens *mpl* de dernière année ▸ **a final-year student** UNIV un étudiant en or de dernière année **2.** [definitive] définitif ; [score] final / *that's my final offer* c'est mon dernier prix / *I'm not moving, and that's final!* je ne bouge pas, un point c'est tout ! / *the referee's decision is final* la décision de l'arbitre est sans appel / *is that your final answer?* c'est ta réponse définitive ? / *nothing's final yet* il n'y a encore rien de définitif, rien n'est encore arrêté **3.** PHILOS [cause] final ; GRAM [clause] de but, final. ◆ n **1.** SPORT finale *f* / *to get to the final* or *finals* arriver en finale / *are they in the final* or *finals?* est-ce qu'ils sont en finale ? / *how far did they get in the finals?* jusqu'où sont-ils arrivés en finale or dans les épreuves de finale ? **2.** PRESS dernière édition *f* ▸ **late final** dernière édition du soir.

❖ **finals** pl n UNIV examens *mpl* de dernière année / *to sit one's finals* passer ses examens de dernière année / *how did you do in your finals?* comment ça a marché à tes examens ?

final cut n CIN final cut *m*, montage *m* définitif.

finale [fɪ'nɑːlɪ] n MUS finale *m* ; *fig* final *m*, finale *m*.

finalist ['faɪnəlɪst] n [in competition] finaliste *mf*.

finality [faɪ'nælətɪ] n [of decision, death] irrévocabilité *f*, caractère *m* définitif / *there was a note of finality in his voice* il y avait quelque chose d'irrévocable dans sa voix.

finalization [,faɪnəlaɪ'zeɪʃn] n [of details, plans, arrangements] mise *f* au point ; [of deal, agreement] conclusion *f* / *work involved in the finalization of preparations* le travail nécessaire pour mettre la dernière main or la dernière touche or la touche finale aux préparatifs.

finalize, finalise ['faɪnəlaɪz] vt [details, plans] mettre au point ; [deal, decision, agreement] mener à bonne fin ; [preparations] mettre la dernière main or touche à, mettre la touche finale à ; [date] arrêter / *that hasn't been finalized yet* cela n'a pas encore été décidé or arrêté / *nothing has been finalized yet* rien n'a encore été décidé or arrêté.

finally ['faɪnəlɪ] adv **1.** [eventually] finalement, enfin / *when he finally arrived* finalement, quand il est arrivé / *she finally agreed to come* elle a fini par accepter de venir / *finally!* enfin ! **2.** [lastly] enfin / *and, finally, I would like to say...* et pour finir je voudrais dire que... / *we are, finally, only human* nous ne sommes, en fin de compte, que des hommes **3.** [irrevocably] définitivement / *no, she said finally* non, dit-elle fermement.

finance ◆ n ['faɪnæns] *(U)* [money management] finance *f* ; [financing] financement *m* / *in the world of French finance* dans le monde français de la finance / *it's a problem of finance* c'est un problème de financement / *through lack of finance* à cause d'un manque de financement ▸ **Minister / Ministry of Finance** ministre *m* / ministère *m* des Finances. ◆ vt [faɪ'næns] financer ; [project, enterprise] financer, trouver les fonds pour.

❖ **finances** pl n finances *fpl*, fonds *mpl* / *my finances are a bit low just now* je ne suis pas très en fonds en ce moment.

finance bill n POL projet *m* de loi de finances.

finance company n établissement *m* de crédit.

finance director n directeur *m* financier.

finance house n *société britannique de financement pour les achats à crédit.*

financial [faɪ'nænʃl] adj financier / *but does it make financial sense?* mais est-ce que c'est avantageux or intéressant du point de vue financier ? ▸ **financial administrator** administrateur *m* financier, administratrice *f* financière ▸ **financial adviser** conseiller *m* financier ▸ **financial backer** bailleur *m* de fonds ▸ **financial controller** contrôleur *m* financier ▸ **financial director** directeur *m* financier ▸ **financial services** services *mpl* financiers.

financial bubble n bulle *f* financière.

financially [faɪ'nænʃəlɪ] adv financièrement / *are they financially sound?* est-ce qu'ils ont une bonne assise financière ? / *he's financially naive* il est naïf sur les questions d'argent.

Financial Times pr n ▸ **the Financial Times** *quotidien britannique d'information économique et financière.*

The Financial Times

Le **Financial Times** est un quotidien britannique de qualité, spécialisé dans l'actualité financière et économique ; il est reconnaissable à la couleur saumon de son papier. Il existe une édition internationale, diffusée notamment en Allemagne et en France.

financial year n UK [gen] année *f* fiscale ; [of company] exercice *m* financier ; ADMIN année *f* budgétaire.

Financial year

En Grande-Bretagne, pour les impôts sur le revenu, l'année fiscale commence le 6 avril pour les particuliers et le 1er avril pour les organismes publics.

financier [fɪ'nænsɪər] n financier *m*.

finback ['fɪnbæk] n ZOOL balénoptère *m*, rorqual *m*.

finch [fɪntʃ] n fringillidé *m spec* ; [goldfinch] chardonneret *m* ; [chaffinch] pinson *m* ; [bullfinch] bouvreuil *m*.

find [faɪnd] *(pt & pp* **found** [faʊnd]) ◆ vt **1.** [by searching] trouver ; [lost thing, person] retrouver / *I can't find it anywhere* je ne le trouve nulle part / *did you find what you were looking for?* as-tu trouvé ce que tu cherchais ? / *she couldn't find anything to say* elle ne trouvait rien à dire / *the police could find no reason or explanation for his disappearance* la police n'arrivait pas à expliquer sa disparition / *I never did find those earrings* je n'ai jamais pu trouver ces boucles d'oreilles / *the missing airmen were found alive* les aviateurs disparus ont été retrouvés sains et saufs / *I can't find my place* [in book] je ne sais plus où j'en suis / *my wallet / he was nowhere to be found* mon portefeuille / il était introuvable ; [look for, fetch] chercher / *find and replace* COMPUT chercher or rechercher et remplacer / *he went to find help / a doctor* il est allé chercher de l'aide / un médecin / *go and find me a pair of scissors* va me chercher une paire de ciseaux / *could you find me a cloth?* tu peux me trouver un chiffon ? / *he said he'd try to find me a job* il a dit qu'il essaierait de me trouver un travail / *to find the time / money to do sthg* trouver le temps de / l'argent nécessaire pour faire qqch / *to find the courage / strength to do sthg* trouver le courage / la force de faire qqch ▸ **to find one's feet** [in new job, situation] prendre ses repères / *I'm still finding my feet* je ne suis pas encore complètement dans le bain / *she couldn't find it in her heart* or *herself to say no* elle n'a pas eu le cœur de dire non / *the bullet found its mark* la balle a atteint son but ▸ **to find one's way** trouver son chemin / *I'll find my own way out* je trouverai la sortie tout seul / *she found her way back home* elle a réussi à rentrer chez elle / *somehow, the book had found its way into my room* sans que je sache comment, le livre s'était retrouvé dans ma chambre **2.** [come across by chance] trouver / *we left everything as we found it* nous avons tout laissé dans l'état où nous l'avions trouvé / *we found this wonderful little bistro on our last visit* nous avons découvert un adorable petit bistro lors de notre dernière visite / *you won't find a better bargain anywhere* nulle part, vous ne trouverez meilleur prix / *this bird is found all over Britain* on trouve cet oiseau dans toute la Grande-Bretagne / *the complete list is to be found on page 18* la liste complète se trouve page 18 / *I found him at home* je l'ai trouvé chez lui / *I found her waiting outside* je l'ai trouvée qui attendait dehors / *you'll find someone else* tu trouveras quelqu'un d'autre / *to find happiness / peace* trouver le bonheur / la paix / *I take people as I find them* je prends les gens comme ils sont / *I hope this letter finds you in good health* j'espère que vous allez bien **3.** [expressing an opinion, personal view] trouver / *I don't find that funny at all* je ne trouve pas ça drôle du tout / *I find her very pretty* je la trouve très jolie / *she finds it very difficult / impossible to talk about it* il lui est très difficile / impossible d'en parler / *he finds it very hard / impossible to make friends* il a beaucoup de mal à / il n'arrive pas à se faire des amis / *I find it hot / cold in here* je trouve qu'il fait chaud / froid ici / *how did you find your new boss / your steak?* comment avez-vous trouvé votre nouveau patron / votre steak ? / *Rovers have been found wanting* or *lacking in defence* les Rovers ont fait preuve de faiblesse au niveau de la défense **4.** [discover, learn] constater / *I found (that) the car wouldn't start* j'ai constaté que la voiture ne voulait pas démarrer / *they came back to find the house had been burgled* à leur retour, ils ont constaté que la maison avait été cambriolée / *I find I have time on my hands now that I am no longer working* je m'aperçois que j'ai du temps à moi maintenant que je ne travaille plus / *I think you'll find I'm right* je pense que tu t'apercevras que j'ai raison **5.** LAW ▸ **to find sb guilty / innocent** déclarer qqn coupable / non coupable / *how do you find the accused?* déclarez-vous l'accusé coupable ou non coupable ? / *the court found that the evidence was inconclusive* le tribunal a déclaré que les preuves n'étaient pas suffisantes **6.** *dated & fml* [provide - one's own tools, uniform] fournir ▸ **£65 a week all found** 65 livres par semaine nourri et logé **7.** [reflexive use] ▸ **to find o.s.** : *I woke up to find myself on a ship* je me suis réveillé sur un bateau / *he found himself out of a job* il s'est retrouvé sans emploi / *I find / found myself in an impossible situation* je me trouve / me suis retrouvé dans une situation impossible / *I find myself unable to agree to your request fml* je me vois dans l'impossibilité d'accéder à votre demande / *she found herself forced to retaliate* elle s'est trouvée dans l'obligation de riposter. ◆ vi LAW ▸ **to find for / against the plaintiff** prononcer en faveur de l'accusation / de la défense. ◆ n [object] trouvaille *f* ; [person] merveille *f*.

❖ **find out** ◆ vi **1.** [investigate, make enquiries] se renseigner ▸ **to find out about sthg** se renseigner sur qqch **2.** [learn, discover] : *his wife / his boss found out* sa femme / son chef a tout découvert / *his wife found out about his affair* sa femme a découvert qu'il avait une liaison / *what if the police find out?* et si la police l'apprend ? / *I didn't find out about the party in time* on ne m'a pas mis au courant de la fête à temps / *I didn't find out about it in time* je ne l'ai pas su à temps. ◆ vt sep **1.** [learn, discover - truth, real identity] découvrir ; [- answer, phone number] trouver ; [- by making enquiries, reading instructions] se renseigner sur / *what have you found out about him / it?* qu'est-ce que tu as découvert sur lui / là-dessus ? / *can you find out the date of the meeting for me?* est-ce que tu peux te renseigner sur la date de la réunion ? / *when I found out the date of the meeting* quand j'ai appris la date de la réunion / *to find out how to do sthg / what sb is really like* découvrir comment faire qqch / la véritable nature de qqn / *I found out where he'd put it* j'ai trouvé où il l'avait mis **2.** [catch being dishonest] prendre ; [show to be a fraud] prendre en défaut / *make sure you don't get found out* veille à ne pas te faire prendre / *you've been found out* tu as été découvert.

finder ['faɪndər] n **1.** [of lost object] : *it becomes the property of the finder* celui / celle qui l'a trouvé en devient propriétaire ▸ **finders keepers(, losers weepers)** celui qui le trouve le garde **2.** [of camera] viseur *m*.

finding ['faɪndɪŋ] n **1.** [discovery, conclusion] ▸ **findings** conclusions *fpl*, résultats *mpl* **2.** LAW verdict *m*.

fine [faɪn] (*compar* **finer**, *superl* **finest**) ◆ adj **1.** [of high quality - meal, speech, view] excellent ; [beautiful and elegant - clothes, house] beau *(before vowel or silent 'h' bel, f belle)* ; [- fabric] précieux / *this is very fine workmanship* c'est un travail d'une grande qualité / *she is a very fine athlete* c'est une excellente athlète / *this is a very fine wine* c'est un vin vraiment excellent / *a fine chap* UK un bon gars / *she is a fine lady* **a)** [admirable character] c'est une femme admirable **b)** [elegant] c'est une femme élégante / *to appeal to sb's finer feelings* faire appel aux nobles sentiments de qqn / *to play at being the fine lady* jouer les grandes dames / *that was a fine effort by Webb* superbe effort de la part de Webb / *a fine example* un bel exemple / *of the finest quality* de première qualité / *made from the finest barley* fabriqué à base d'orge de la meilleure qualité / *her finest hour was winning the gold* elle a eu son heure de gloire quand elle a remporté la médaille d'or **2.** [very thin - hair, nib, thread] fin / *in this case there is a fine line between fact and fiction* dans le cas présent la frontière est très mince entre la réalité et la fiction ▸ **it's a fine line** la différence or la distinction est infime or très subtile **3.** [not coarse - powder, grain, drizzle] fin ; [- features, skin] fin, délicat ▸ **to chop** or **to cut sthg (up) fine** hacher qqch menu ▸ **to cut it fine** calculer juste / *that's cutting it a bit fine* tu calcules un peu juste **4.** [good, OK] : *how is everyone? — oh, they're all fine* comment va tout le monde ? — tout le monde va bien / *I'm just fine, thanks* ça va très bien, merci / *how are you? — fine, thanks* comment ça va ? — bien, merci / *more coffee? — no thanks, I'm fine* encore du café ? — non, ça va, merci / *the tent's fine for two, but too small for three* la tente convient pour deux personnes, mais elle est trop petite pour trois / *I'll be back in about an hour or so — fine* je serai de retour d'ici environ une heure — d'accord or entendu or très bien / *I was a bit worried about the new job, but it turned out fine in the end* j'étais un peu inquiet à propos de mon nouveau travail mais ça s'est finalement bien passé ▸ **(that's) fine** très bien, parfait / *that's fine by* or *with me* ça me va / *that's all very fine, but what about me?* tout ça c'est bien joli, mais moi qu'est-ce que je deviens dans l'affaire ? / *this is fine for those who can afford it* c'est très bien pour ceux qui peuvent se le permettre **5.** [well] : *that looks fine to me* cela m'a l'air d'aller / *he looks fine now* [in health] il a l'air de bien aller maintenant / *you look just fine, it's a very nice dress* tu es très bien, c'est une très jolie robe / *that sounds fine* **a)** [suggestion, idea] très bien, parfait **b)** [way of playing music] cela rend très bien **6.** UK [weather] beau / *a fine day* une belle journée / *there will be fine weather* or *it will be fine in all parts of the country* il fera beau or il y aura du beau temps dans tout le pays / *it's turned out fine again* il fait encore beau / *it was a bit cloudy in the morning, but it turned out fine in the end* le temps était un peu nuageux le matin, mais finalement ça a été une belle journée / *I hope it keeps fine for the barbecue* pourvu que le beau temps continue pour le barbecue / *I hope it keeps fine for you* j'espère que tu auras du beau temps ▸ **one of these fine days** un de ces jours / *one fine day* un beau jour **7.** [subtle - distinction, language] subtil ; [precise - calculations] minutieux, précis ▸ **fine detail** petit détail *m* / *to make some fine adjustments to sthg* **a)** [to text, plan] peaufiner qqch **b)** [to engine] faire des petits réglages sur qqch / *there are still a few fine adjustments to be made* il reste quelques petits détails à régler ▸ **not to put too fine a point on it** pour parler carrément **8.** *inf & iro* [awful, terrible] : *that's a fine thing to say!* c'est charmant de dire ça ! / *she was in a fine state* elle était dans un état épouvantable / *look at you, you're in a fine state!* non mais tu t'es vu, ah tu es dans un bel état ! / *you picked a fine time to leave me / tell me!* tu as bien choisi ton moment pour me quitter / me le dire ! / *this is a fine time to start that again!* c'est bien le moment de remettre ça sur le tapis ! / *you're a fine one to talk!* ça te va bien de dire ça !, tu peux parler ! / *here's another fine mess you've got me into!* tu m'as encore mis dans un beau pétrin ! / *a fine friend you are!* eh bien, tu fais un bon copain / une bonne copine ! / *this is a fine time to come in / get up!* c'est à cette heure-ci que tu rentres / te lèves ? ◆ adv [well] bien / *yes, that suits me fine* oui, cela me va très bien / *the baby is doing fine* le bébé va très bien / *we get along fine together* on s'entend très bien. ◆ n [punishment] amende *f*, contravention *f* ▸ **to impose a fine on sb** infliger une amende à qqn / *a parking fine* une contravention or amende pour stationnement illégal / *she was made to pay a fine* elle a dû payer une amende / *a £25 fine* une amende de 25 livres. ◆ vt [order to pay] condamner à une amende, donner une contravention à / *she was fined heavily* elle a été condamnée à une lourde amende or contravention / *she was fined for speeding* elle a reçu une contravention pour excès de vitesse / *they fined her £25 for illegal parking* ils lui ont donné or elle a eu une amende or contravention de 25 livres pour stationnement illégal.

❖ **fine down** vt sep [smooth - wood] polir, poncer ; *fig* [hone - theory, text] affiner.

fine art n *(U)* beaux-arts *mpl* / *to study fine art* étudier les beaux-arts / *he's got it down to a fine art* *inf* il est expert en la matière.

fine-cut adj [tobacco] haché fin.

fine-drawn adj *fig* [distinction] subtil ; [features] fin.

Fine Gael pr n *parti politique irlandais de centre droit.*

fine-grain adj PHOT [image] à grain fin ; [developer] pour grain fin.

fine-grained adj [wood] à fibres fines, à fil fin ▸ **fine-grained leather** cuir *m* à grain peu apparent.

finely ['faɪnlɪ] adv **1.** [grated, ground, sliced] finement ▸ **finely chopped** haché menu, finement haché ▸ **finely powdered** en poudre fine **2.** [delicately, subtly - tuned] avec précision / *the situation is very finely balanced* la situation est caractérisée par un équilibre précaire **3.** [carved, sewn, etc.] délicatement.

fineness ['faɪnnɪs] n **1.** [of clothes, manners] raffinement *m* ; [of work of art, features, handwriting] finesse *f* **2.** [of sand, sugar, etc.] finesse *f* **3.** [purity - of metal] pureté *f* **4.** [thinness - of thread, hair, nib] finesse *f* ; *fig* [of detail, distinction] subtilité *f*.

finery ['faɪnərɪ] n *(U)* parure *f* / *the princess in all her finery* la princesse dans or parée de ses plus beaux atours / *to be dressed in all one's finery* porter sa tenue d'apparat.

finespun [ˌfaɪn'spʌn] adj [yarn, wool] (filé) fin ; *fig* [argument, logic] subtil.

finesse [fɪ'nes] ◆ n **1.** [skill] finesse *f* **2.** CARDS impasse *f*. ◆ vi CARDS ▸ **to finesse against a card** faire l'impasse à une carte. ◆ vt CARDS ▸ **to finesse a card** faire l'impasse en jouant une carte.

fine-tooth(ed) comb n peigne *m* fin ▸ **to go through sthg with a fine-toothed comb** *fig* passer qqch au peigne fin.

fine-tune vt [machine, engine, radio] régler avec précision ; *fig* [plan] peaufiner ; [economy] *gérer grâce à des mesures fiscales et monétaires.*

fine-tuning [-'tju:nɪŋ] n [of machine, engine, radio] réglage *m* fin ; *fig* [of plan] peaufinage *m* ; [of economy] *réglage obtenu par des mesures fiscales et monétaires.*

finger ['fɪŋgər] ◆ n **1.** ANAT doigt *m* / *to wear a ring on one's finger* porter une bague au doigt / *she ran her fingers through her hair* elle s'est passé les doigts or la main dans les cheveux / *she ran her fingers through his hair* elle a passé ses doigts or sa main dans ses cheveux / *to lick one's fingers* se lécher les doigts / *to hold sthg between finger and thumb* tenir qqch entre le pouce et l'index / *to type with two fingers* taper (à la machine) avec deux doigts / *a finger's breadth* un doigt / *to point a finger at sb / sthg* montrer qqn / qqch du doigt ▸ **to twist sb round one's little finger** faire ce qu'on veut de qqn / *I can twist him round my little finger* j'en fais ce que je veux ▸ **to be all fingers and thumbs** avoir des mains de beurre, avoir deux mains gauches ▸ **get** or **pull your finger out!** UK *v inf* remue-toi ! ▸ **to have a finger in every pie** jouer sur tous les tableaux / *he has a finger in the pie* il a des intérêts dans l'affaire / *if you lay a finger on her* si tu touches à un seul de ses cheveux ▸ **to keep one's fingers crossed** croiser les doigts *(pour souhaiter bonne chance)* / *I'll keep my fingers crossed for you* je croiserai les doigts pour toi ▸ **to point the finger (of suspicion) at sb** diriger les soupçons sur qqn / *the finger of suspicion points at the accountant* les soupçons pèsent sur le comptable / *who are you to point the finger?* qui es-tu pour accuser les autres ? ▸ **to put the finger on sb** *inf* [inform against] balancer or donner qqn ▸ **to put one's finger on sthg** [identify] mettre le doigt sur qqch / *something has changed but I can't put my finger on it* il y a quelque chose de changé mais je n'arrive pas à dire ce que c'est ▸ **to have one's finger on the pulse** **a)** [person] être très au fait de ce qui se passe **b)** [magazine, TV programme] être à la pointe de l'actualité ▸ **to put two fingers up at sb** UK *inf*, **to give sb the finger** US *inf* ≃ faire un bras d'honneur à qqn / *success / happiness / the suspect slipped through his fingers* le succès / le bonheur / le suspect lui a glissé entre les doigts ▸ **to work one's fingers to the bone** s'épuiser à la tâche / *you never lift* or *raise a finger to help* tu ne lèves jamais le petit doigt pour aider **2.** [of glove] doigt *m* **3.** [of alcohol] doigt *m* ; [of land] bande *f* / *to cut a cake into fingers* couper un gâteau en petits morceaux rectangulaires. ◆ comp ▸ **finger exercises** MUS exercices *mpl* de doigté ▸ **finger puppet** marionnette *f* à doigts. ◆ vt **1.** [feel] tâter du doigt ; *pej* tripoter **2.** MUS doigter, indiquer le doigté de **3.** *v inf* [inform on] balancer, donner.

fingerboard ['fɪŋgəbɔ:d] n MUS touche *f*.

finger bowl n rince-doigts *m inv*.

finger buffet n *buffet où sont servis des petits sandwichs, des petits-fours et des légumes crus.*

fingered ['fɪŋgəd] adj **1.** [dirty, soiled] qui a été tripoté **2.** MUS doigté.

finger food n [savoury] amuse-gueules *mpl* ; [sweet] petits-fours *mpl*.

finger hole n MUS trou *m*.

fingering ['fɪŋgərɪŋ] n **1.** MUS [technique, numerals] doigté *m* **2.** *pej* [touching] tripotage *m* **3.** [knitting wool] laine *f* fine à tricoter.

fingerless glove ['fɪŋgələs-] n mitaine *f*.

fingermark ['fɪŋgəmɑ:k] n trace *f* or marque *f* de doigt.

fingernail ['fɪŋgəneɪl] n ongle *m* (de la main) ▸ **to hang on by one's fingernails** **a)** *lit* se retenir du bout des doigts **b)** *fig* se raccrocher comme on peut.

finger paint n peinture *f* pour peindre avec les doigts.

finger painting n peinture *f* avec les doigts / *children love finger painting* les enfants adorent peindre avec leurs doigts.

fingerplate ['fɪŋgəpleɪt] n plaque *f* de propreté *(pour protéger une porte des marques de doigts).*

fingerprint ['fɪŋgəprɪnt] ◆ n empreinte *f* digitale / *five different sets of fingerprints* cinq empreintes digitales différentes / *his fingerprints are all over it* **a)** *lit* c'est couvert de ses empreintes digitales **b)** *fig* tout indique que c'est lui ▸ **to take sb's fingerprints** prendre les empreintes digitales de qqn ▸ **genetic fingerprint** empreinte or code *m* génétique. ◆ comp ▸ **fingerprint expert** spécialiste *mf* en empreintes digitales or en dactyloscopie. ◆ vt [person] prendre les empreintes digitales de ; [object, weapon] relever les empreintes digitales sur ▸ **to fingerprint sb genetically** identifier l'empreinte or le code génétique de qqn.

fingerprinting ['fɪŋgəˌprɪntɪŋ] n *(U)* [of person] prise *f* d'empreintes digitales ; [of object] relevé *m* d'empreintes digitales ▸ **DNA** or **genetic fingerprinting** identification *f* de l'empreinte or du code génétique.

fingerstall ['fɪŋgəstɔ:l] n doigtier *m*.

fingertip ['fɪŋgətɪp] ◆ n bout *m* du doigt / *he rolled a cigarette between his fingertips* il s'est roulé une cigarette entre les doigts / *to be Irish to one's fingertips* être irlandais jusqu'au bout des ongles ▸ **to have information at one's fingertips** **a)** [be conversant with] connaître des informations sur le bout des doigts **b)** [readily available] avoir des informations à portée de main. ◆ comp ▸ **fingertip controls** commandes *fpl* à touches ▸ **fingertip search** passage *m* au peigne fin, examen *m* minutieux.

finial ['fɪnɪəl] n ARCHIT fleuron *m*.

finicky ['fɪnɪkɪ] adj **1.** [person] pointilleux, tatillon *pej* ; [habit] tatillon ▸ **to be finicky about sthg** être pointilleux or *pej* tatillon sur qqch / *to be a finicky eater* être difficile sur la nourriture **2.** [job, task] minutieux.

finish ['fɪnɪʃ] ◆ n **1.** [end, closing stage - of life, game, etc.] fin *f* ; [- of race] arrivée *f* / *a close finish* [in race] une arrivée serrée or dans un mouchoir ▸ **to be in at the finish** voir la fin ▸ **to fight to the finish** se battre jusqu'au bout / *it was a fight to the finish* la partie fut serrée **2.** [created with paint, varnish, veneer] finitions *fpl* / *stained with a walnut finish* teinté imitation noyer **3.** [quality of workmanship, presentation, etc.] finition *f* / *his prose / acting lacks finish* sa prose / son jeu manque de poli **4.** SPORT [of athlete] finish *m* **5.** [shot at goal] but *m* / *a superb finish* un but magnifique **6.** [of wine] longueur *f* en bouche / *this wine has a long / short finish* ce vin est long / court en bouche. ◆ vt **1.** [end, complete - work, meal, school] finir, terminer, achever ; [- race] finir, terminer ; [consume - supplies, food, drink] finir, terminer ▸ **to finish doing sthg** finir or terminer de faire qqch / *when do you finish work?* **a)** [time] à quelle heure est-ce que tu finis ? **b)** [date] quand or à quelle date finis-tu ? / *to be in a hurry to get sthg finished* être pressé de finir or terminer qqch / *finish your drinks* finissez or videz vos verres **2.** [ruin - sb's career] mettre un terme à ; [- sb's chances] détruire, anéantir **3.** [exhaust] achever, tuer **4.** [put finish on - wood, garment] finir, mettre les finitions à. ◆ vi [come to an end - concert, film, etc.] (se) finir, se terminer, s'achever ; [complete activity - person] finir, terminer ▸ **to finish by doing sthg** finir or terminer en faisant qqch / *when does the concert finish?* à quelle heure le concert (se) finit-il or se termine-t-il or s'achève-t-il ? / *please let me finish* [speaking] s'il te plaît, laisse-moi finir or terminer / *to finish first / third* [in race] arriver premier / troisième / *where did he finish?* [in race] en quelle position est-il arrivé or a-t-il fini ? / *the runner finished strongly / well* [in race] le coureur a fini fort / a bien fini.

❖ **finish off** ◆ vi [in speech, meal] finir, terminer / *they finished off with a coffee / by singing the national anthem* ils ont terminé par un café / en chantant l'hymne national. ◆ vt sep **1.** [complete - work, letter] finir, terminer, achever ; [- passing move in sport] terminer, finir, conclure **2.** [consume - drink] finir, terminer **3.** [kill - person, wounded animal] achever ; *fig* [exhaust - person] achever, tuer / *fierce competition finished the industry off* *fig* une concurrence féroce a eu raison de cette industrie.

❖ **finish up** ◆ vi [end up] finir / *to finish up in jail / hospital* finir en prison / à l'hôpital / *they finished up* *arguing* ils ont fini par se disputer / *she finished up a nervous wreck* à la fin c'était une vraie boule de nerfs, elle a fini à bout de nerfs / *you might finish up dead* tu risques de te faire tuer. ◆ vt sep [meal, food, drink] finir, terminer / *finish up your drink* finissez or terminez or videz votre verre.

❖ **finish with** vt insep **1.** [have no further use for] ne plus avoir besoin de / *have you finished with the paper / milk?* tu n'as plus besoin du journal / du lait ?, tu as fini avec le journal / le lait ? / *I haven't finished with it yet* j'en ai encore besoin **2.** [want no more contact with] en finir avec / *I've finished with journalism for good* j'en ai fini à jamais avec le journalisme, moi et le journalisme, c'est fini **3.** [end relationship] rompre avec / *she finished with her boyfriend* elle a rompu avec son petit ami **4.** [stop punishing] régler son compte à / *just wait till I finish with him* attends que je lui règle son compte, attends que j'en aie fini avec lui / *I haven't finished with you yet* je n'en ai pas encore fini avec toi.

finished ['fɪnɪʃt] adj **1.** fini ; *fig* [performance] parfaitement exécuté ; [appearance] raffiné / *it's beautifully finished* les finitions sont magnifiques, c'est magnifiquement fini **2.** *inf* [exhausted] mort, crevé **3.** [ruined -career] fini, terminé / *he's finished as a politician* sa carrière d'homme politique est terminée or finie, il est fini en tant qu'homme politique / *you're finished* c'est fini or terminé pour vous / *you're finished in this company* tu es fini dans cette société **4.** [completed -work, job] fini, terminé, achevé ; [consumed -wine, cake] fini / *the butter is finished* il n'y a plus de beurre / *the plumber was finished by 4 p.m.* le plombier avait terminé or fini à 16 h ▸ **finished product** or **article** produit *m* fini **5.** [over] fini / *you and I are finished* toi et moi,c'est fini / *I'm finished with him / my boyfriend* lui / mon petit ami et moi, c'est fini / *I'm finished with politics / journalism* la politique / le journalisme et moi, c'est fini, j'en ai fini avec la politique / le journalisme / *the headmaster was not finished with him yet* le principal n'en avait pas encore fini avec lui.

finisher ['fɪnɪʃər] n **1.** SPORT finisseur *m*, -euse *f* ; FOOT marqueur *m* / *he's a fast finisher* [athlete] il finit vite, il est rapide au finish **2.** [thorough person] : *he's not a finisher* il ne finit jamais complètement son travail **3.** INDUST finisseur *m*, -euse *f*.

finishing line ['fɪnɪʃɪŋ-] n UK SPORT ligne *f* d'arrivée.

finishing school n *école privée de jeunes filles surtout axée sur l'enseignement des bonnes manières.*

finishing touch n ▸ **to put the finishing touches to sthg** mettre la dernière touche or la dernière main à qqch.

finish line US = **finishing line.**

finite ['faɪnaɪt] adj limité ; PHILOS & MATH [number, universe] fini ; GRAM [verb] à aspect fini.

fink [fɪŋk] US *inf* ◆ n [strikebreaker] jaune *m* ; [informer] mouchard *m*, -e *f* ; [to police] indic *m*, balance *f* ; [nasty person] salaud *m*, salope *f*. ◆ vi ▸ **to fink on sb a)** [to police] donner or balancer qqn **b)** [to teacher, parent] moucharder qqn.

❖ **fink out** vi US *inf* [withdraw -from undertaking] laisser tomber, se dégonfler ; [-from promise] ne pas tenir parole ▸ **to fink out of doing sthg** laisser tomber or se dégonfler et ne pas faire qqch.

Finland ['fɪnlənd] pr n Finlande *f* / *in Finland* en Finlande.

Finlander ['fɪnləndər] n Finlandais *m*, -e *f*.

Finn [fɪn] n **1.** [inhabitant of Finland] Finlandais *m*, -e *f* **2.** HIST Finnois *m*, -e *f*.

finnan haddie [,fɪnən'hædɪ] n Scot CULIN haddock *m*.

Finnish ['fɪnɪʃ] ◆ n LING finnois *m*. ◆ adj **1.** [gen] finlandais **2.** HIST finnois.

Finno-Ugrian ['fɪnəʊ'u:grɪən], **Finno-Ugric** [-'u:grɪk] n finno-ougrien *m*.

fiord [fjɔ:d] n fjord *m*.

fioritura [,fɪɒrɪ'tʊərə] pl n MUS fioritures *fpl*.

fir [fɜ:r] ◆ n [tree, wood] sapin *m*. ◆ comp ▸ **fir cone** UK pomme *f* de pin ▸ **fir tree** sapin *m*.

fire ['faɪər] ◆ n **1.** [destructive] incendie *m* ▸ **fire!** au feu ! ▸ **to catch fire** prendre feu ▸ **to set fire to sthg** or **to set sthg on fire** mettre le feu à qqch / *be careful or you'll set fire to yourself* fais attention ou tu vas mettre le feu à tes vêtements ▸ **to cause** or **to start a fire** [person, faulty wiring] provoquer un incendie / *I'm always worried about fires* j'ai toujours peur d'un incendie / *that's how fires start* c'est comme ça qu'on met le feu ▸ **on fire** en feu / *the building / village was set on fire* le bâtiment / village a été incendié / *my throat's on fire fig* j'ai la gorge en feu / *his forehead / he is on fire fig* [because of fever] son front / il est brûlant ▸ **forest fire** incendie or feu *m* de forêt ▸ **to play with fire** jouer avec le feu ▸ **fight fire with fire** combattre le mal par le mal / *he would go through fire and water for her* il se jetterait au feu pour elle ▸ **to pull sb / sthg out of the fire** US *fig* sauver qqn / qqch / *this novel is not going to set the world on fire inf* ce roman ne casse pas des briques / *he'll never set the world on fire* il n'a jamais cassé trois pattes à un canard ▸ **the Great Fire of London** le grand incendie de Londres *(qui, en 1666, détruisit les trois quarts de la ville, et notamment la cathédrale Saint-Paul)* **2.** [in hearth, campsite] feu *m* ▸ **to lay a fire** préparer un feu ▸ **to light** or **to make a fire** allumer un feu, faire du feu ▸ **open fire** feu de cheminée ▸ **wood / coal fire** feu de bois / de charbon **3.** [element] feu *m* / *before man discovered fire* avant que l'homme ait découvert le feu / *to be afraid of fire* avoir peur du feu **4.** MIL feu *m* ▸ **open fire!** ouvrez le feu ! ▸ **to open / to cease fire** ouvrir / cesser le feu ▸ **to open fire on sb** ouvrir le feu or tirer sur qqn ▸ **to draw the enemy's fire** faire diversion en attirant le feu de l'ennemi ▸ **to return (sb's) fire** riposter (au tir de qqn) ▸ **hold your fire a)** [don't shoot] ne tirez pas **b)** [stop shooting] cessez le feu ▸ **to come under fire a)** *lit* essuyer le feu de l'ennemi **b)** *fig* être vivement critiqué or attaqué ▸ **between two fires** entre deux feux **5.** UK [heater] appareil *m* de chauffage / *to turn the fire on / off* allumer / éteindre le chauffage **6.** [passion, ardour] flamme *f* / *the fire of youth* la fougue de la jeunesse. ◆ comp ▸ **fire appliance** UK camion *m* de pompiers ▸ **fire prevention** mesures *fpl* de sécurité contre l'incendie ▸ **fire prevention officer** *personne chargée des mesures de sécurité contre l'incendie* ▸ **fire regulations** consignes *fpl* en cas d'incendie ▸ **fire sign** ASTROL signe *m* de feu ▸ **fire worship** culte *m* du feu. ◆ vt **1.** [shot, bullet] tirer ; [gun, cannon, torpedo] décharger ; [arrow] décocher / *only three bullets had been fired from the gun* seulement trois balles avaient été tirées avec le pistolet / *without a shot being fired* sans un seul coup de feu / *to fire a twenty one-gun salute* tirer vingt et un coups de canon ▸ **to fire questions at sb** *fig* bombarder qqn de questions **2.** [inspire -person, an audience, supporters, the imagination] enflammer ▸ **to fire sb with enthusiasm / desire** remplir qqn d'enthousiasme / de désir **3.** [in kiln] cuire **4.** [power, fuel -furnace] chauffer **5.** *inf* [dismiss] virer / *you're fired!* vous êtes viré ! ◆ vi **1.** [shoot -person] tirer, faire feu / *the rifle failed to fire* le coup n'est pas parti ▸ **fire!** MIL feu ! ▸ **fire at will!** MIL feu à volonté ! ▸ **to fire at** or **on sb** tirer sur qqn **2.** [engine] tourner ; [spark plug] s'allumer ; [pin on print head] se déclencher / *the engine is only firing on two cylinders* le moteur ne tourne que sur deux cylindres ▸ **to fire on all cylinders** *lit & fig* marcher à pleins tubes.

❖ **fire away** vi *inf* [go ahead] ▸ **fire away!** allez-y !

❖ **fire off** vt sep [round of ammunition] tirer ; *fig* [facts, figures] balancer ▸ **to fire off questions at sb** bombarder qqn de questions.

fire alarm n alarme *f* d'incendie.

fire-and-brimstone adj [preacher, sermon] menaçant des feux de l'enfer.

firearm ['faɪərɑ:m] n arme *f* à feu ▸ **firearms expert** expert *m*, -e *f* en armes à feu ▸ **firearms offence** LAW délit *m* lié à la détention d'armes à feu ▸ **firearms training** entraînement *m* à l'utilisation des armes à feu.

fireball ['faɪəbɔ:l] n boule *f* de feu.

fireboat ['faɪəbəʊt] n bateau-pompe *m*.

firebomb ['faɪəbɒm] ◆ n bombe *f* incendiaire. ◆ vt [building] attaquer à la bombe incendiaire.

firebox ['faɪəbɒks] n RAIL foyer *m*.

firebrand ['faɪəbrænd] n *fig* exalté *m*, -e *f*.

firebreak ['faɪəbreɪk] n [in forest] coupe-feu *m inv*.

firebrick ['faɪəbrɪk] n brique *f* réfractaire.

fire brigade n brigade *f* des pompiers or sapeurs-pompiers / *have you called the fire brigade?* as-tu appelé les pompiers ?

firebug ['faɪəbʌg] n *inf* incendiaire *mf*, pyromane *mf*.

fire chief n US capitaine *m* des pompiers or sapeurs-pompiers.

fire clay n argile *f* réfractaire.

firecracker ['faɪə,krækər] n pétard *m*.

fire curtain n THEAT rideau *m* de fer.

-fired ['faɪəd] in comp chauffé à ▸ **oil-fired / gas-fired central heating** chauffage central au mazout / gaz.

fire-damaged adj endommagé par le feu.

firedamp ['faɪədæmp] n MIN grisou *m* ▸ **firedamp explosion** coup *m* de grisou.

fire department US = **fire brigade.**

firedog ['faɪədɒg] n chenet *m*.

fire door n porte *f* coupe-feu.

fire drill n exercice *m* de sécurité *(en cas d'incendie)*.

fire-eater n [in circus] cracheur *m* de feu ; *fig* personne *f* belliqueuse, bagarreur *m*, -euse *f*.

fire engine n voiture *f* de pompiers.

fire escape n escalier *m* de secours or d'incendie.

fire exit n sortie *f* de secours.

fire extinguisher n extincteur *m*.

firefight ['faɪəfaɪt] n bataille *f* armée.

fire fighter n pompier *m*, sapeur-pompier *m* (volontaire).

fire fighting ◆ n lutte *f* contre les incendies. ◆ comp [equipment, techniques] de lutte contre les incendies ▸ **economic fire fighting programme** plan *m* de sauvetage économique.

firefly ['faɪəflaɪ] (*pl* **fireflies**) n luciole *f*.

fireguard ['faɪəgɑ:d] n [for open fire] pare-feu *m*, garde-feu *m*.

fire hazard n : *all those empty boxes are a fire hazard* toutes ces boîtes vides constituent or représentent un risque d'incendie / *smoking is forbidden since it is a fire hazard* il est interdit de fumer car cela pourrait provoquer un incendie.

fire hose n tuyau *m* de pompe à incendie.

firehouse ['faɪəhaʊs] n US caserne *f* de pompiers.

fire hydrant n bouche *f* d'incendie.

fire insurance n *(U)* assurance-incendie *f*.

fire irons pl n accessoires *mpl* de cheminée.

firelight ['faɪəlaɪt] n lueur *f* or lumière *f* du feu / *in the firelight* à la lueur or lumière du feu.

firelighter ['faɪəlaɪtər] n allume-feu *m*.

fireman ['faɪəmən] (*pl* **firemen** [-mən]) n **1.** pompier *m*, sapeur-pompier *m* **2.** RAIL chauffeur *m* de locomotive.

fire marshal US = **fire chief.**

fireplace ['faɪəpleɪs] n cheminée *f*.

fire plug n US **1.** [fire hydrant] bouche *f* d'incendie **2.** *inf* [person] *personne petite et grosse.*

firepower ['faɪə,paʊər] n puissance *f* de feu.

fireproof ['faɪəpru:f] ◆ adj [door, safe] à l'épreuve du feu ; [clothing, toys] ininflammable ; [dish] allant au feu. ◆ vt ignifuger, rendre ininflammable.

fireproofing ['faɪəpru:fɪŋ] adj [spray, material] ignifuge, ignifugeant.

fire-raiser n pyromane *mf*, incendiaire *mf*.

fire-raising [-'reɪzɪŋ] n pyromanie *f*.

fire-retardant adj ignifuge.

fire sale n *vente au rabais de marchandises ayant subi de légers dégâts à la suite d'un incendie.*

fire screen n écran *m* de cheminée.

fire service = **fire brigade.**

fireside ['faɪəsaɪd] n coin *m* du feu / *sitting by the fireside* assis au coin du feu ▸ **fireside chat** [by politician] causerie *f* au coin du feu.

fire station n caserne *f* de pompiers.

firestone ['faɪəstəʊn] n pierre *f* réfractaire.

firestorm ['faɪəstɔːm] n tempête *f* de feu.

firetrap ['faɪətræp] n : *there are too many of these firetraps* il y a trop de bâtiments qui sont de véritables pièges en cas d'incendie.

fire truck n US voiture *f* de pompiers.

fire walker n *personne en transe qui marche sur des braises.*

fire walking n : *the ritual of fire walking* le rituel consistant à marcher sur des braises.

firewall ['faɪəwɔːl] n COMPUT pare-feu *m*.

fire warden n [in forest] guetteur *m* d'incendie.

firewater ['faɪə,wɔːtəʳ] n *inf* gnôle *f*.

firewood ['faɪəwʊd] n bois *m* à brûler ; [for use in home] bois *m* de chauffage.

firework ['faɪəwɜːk] n pièce *f* d'artifice ▸ **firework** or **fireworks display** feu *m* d'artifice / *there were fireworks at the meeting inf & fig* il y a eu des étincelles à la réunion.

firing ['faɪərɪŋ] ◆ n **1.** *(U)* MIL tir *m* / *firing has been heavy* de nombreux coups de feu ont été tirés ▸ **burst of firing** fusillade *f* **2.** [of piece of pottery] cuisson *f*, cuite *f* **3.** *inf* [dismissal] renvoi *m* **4.** AUTO [of engine, spark-plug] allumage *m*. ◆ comp ▸ **firing order** or **sequence** AUTO [of engine] ordre *m* d'allumage ▸ **firing pin** percuteur *m* ▸ **firing practice** exercice *m* de tir ▸ **firing range** champ *m* de tir.

firing line n MIL ligne *f* de tir ▸ **to be in the firing line** *fig* être dans la ligne de tir.

firing squad n peloton *m* d'exécution / *to be executed by firing squad* passer devant le peloton d'exécution.

firm [fɜːm] ◆ n [company] entreprise *f* ; [of solicitors] étude *f* ; [of lawyers, barristers, consultants] cabinet *m* / *it's a good firm to work for* cette entreprise est un bon employeur. ◆ adj **1.** [solid, hard - flesh, fruit, mattress, etc.] ferme / *on firm ground* **a)** *lit* sur la terre ferme **b)** *fig* sur un terrain solide **2.** [stable, secure - basis] solide ; [- foundations] stable ; COMM & FIN [currency, market, etc.] stable **3.** [strong - handshake, grip, leadership] ferme ▸ **to have a firm hold** or **grasp** or **grip of sthg** tenir qqch fermement **4.** [unshakeable, definite - belief, evidence, friendship] solide ; [- view, opinion] déterminé, arrêté ; [- intention, voice, agreement, offer] ferme ; [- date] définitif / *they are firm friends* ce sont de bons amis / *he was very firm about this* il a été très ferme à ce propos / *she gave a firm denial* elle a nié fermement / *I am a firm believer in women's equality* je crois fermement à l'égalité de la femme / *to be firm with a child / dog* être ferme avec un enfant / chien / *he was polite but firm* il a été poli mais ferme. ◆ adv ▸ **to stand firm on sthg** ne pas céder sur qqch / *he stands firm on this issue* il a une position bien arrêtée sur le sujet. ◆ vt ▸ **to firm the soil** tasser le sol. ◆ vi = **firm up** *(vi)*.

❖ **firm up** ◆ vt sep [make firm - muscles, prices] raffermir / *to firm up an agreement* régler les derniers détails d'un accord. ◆ vi [muscles, prices] se raffermir.

firmament ['fɜːməmənt] n *arch & liter* [sky] firmament *m*.

firmly ['fɜːmlɪ] adv **1.** [securely - hold, grasp sthg] fermement ; [- closed, secured] bien / *to keep one's feet firmly on the ground fig* bien garder les pieds sur terre, rester fermement ancré dans la réalité **2.** [say, deny, refuse, deal with] fermement, avec fermeté.

firmness ['fɜːmnɪs] n **1.** [hardness - of flesh, fruit, mattress] fermeté *f* **2.** [stability - of basis] solidité *f* ; [- of foundations] stabilité *f* ; COMM & FIN [of currency, market, prices] stabilité *f* **3.** [strength - of grip, character, belief] fermeté *f* **4.** [of voice, denial, refusal] fermeté *f*.

firmware ['fɜːmweəʳ] n micrologiciels *mpl* / *a piece of firmware* un micrologiciel.

first [fɜːst] ◆ det **1.** [in series] premier / *the first few days* les deux ou trois premiers jours / *the first six months* les six premiers mois / *Louis the First* Louis Premier or Iᵉʳ / *to be first in the queue* être le premier de la queue / *I'm first* je suis or c'est moi le premier / *she was first in English Literature* elle était première en littérature anglaise / *she's in first place* [in race] elle est en tête / *to win first prize* gagner le premier prix / *this is the first time I've been to New York* c'est la première fois que je viens à New York ▸ **first floor a)** UK premier étage *m* **b)** US rez-de-chaussée *m* ▸ **first gear** AUTO première *f* (vitesse *f*) / *put the car into first gear* passe la première (vitesse) ▸ **first year a)** UK UNIV première année *f* **b)** SCH sixième *f* / *a first-year university student* UK UNIV un étudiant de première année à l'université / *I learnt of it at first hand* je l'ai appris de la bouche de l'intéressé / l'intéressée, c'est lui-même / elle-même qui me l'a appris / *I learned of her resignation at first hand* c'est elle-même qui m'a appris sa démission / *I haven't (got) the first idea* je n'en ai pas la moindre idée / *I don't know the first thing about cars* je n'y connais absolument rien en voitures / *I'll pick you up first thing (in the morning)* je passerai te chercher demain matin à la première heure / *I'm not at my best first thing in the morning* je ne suis pas au mieux de ma forme très tôt le matin / *there's a first time for everything* il y a un début à tout **2.** [immediately] tout de suite / *first thing after lunch* tout de suite après le déjeuner / *she's past her first youth liter* elle n'est plus de la première jeunesse **3.** [most important - duty, concern] premier / *the first priority* la priorité des priorités ▸ **to put first things first** commencer par le commencement / *first things first!* prenons les choses dans l'ordre ! ◆ adv **1.** [before the others - arrive, leave, speak] le premier, la première, en premier / *I saw it first!* c'est moi qui l'ai vu le premier or en premier ! / *you go first* vas-y en premier / *ladies first* les dames d'abord / *women and children first* les femmes et les enfants d'abord / *first in, first out* COMPUT premier entré premier sorti / *last in, first out* ADMIN dernier entré premier sorti ▸ **to come first a)** [in race] arriver premier **b)** [in exam] avoir la première place, être premier / *her career comes first* sa carrière passe d'abord or avant tout / *I've never come first with you, have I?* tu ne m'as jamais fait passer avant le reste, n'est-ce pas ? ▸ **to put one's family first** faire passer sa famille d'abord or avant tout ▸ **first come first served** *prov* les premiers arrivés sont les premiers servis **2.** [firstly, before anything else] d'abord / *first, I want to say thank you* tout d'abord, je voudrais vous remercier, je voudrais d'abord vous remercier / *first prepare the meat* préparez d'abord la viande / *I need to go to the lavatory first* il faut d'abord que j'aille aux toilettes / *what should I do first?* qu'est-ce que je dois faire en premier ? / *first hear the arguments, then make up your mind* écoutez d'abord les arguments, ensuite vous vous déciderez / *she says first one thing then another* elle dit d'abord une chose, et puis une autre / *I'm a mother first and a wife second* je suis une mère avant d'être une épouse **3.** [for the first time] pour la première fois / *we first met in London* nous nous sommes rencontrés à Londres ; [initially] au début / *when I first knew him* quand je l'ai connu **4.** [sooner, rather] : *I'd die first* plutôt mourir / *I'll see him damned first* or *in hell first inf* j'aimerais bien voir ça. ◆ n **1.** [before all others] ▸ **the first** le premier (la première) / *he was among the first to realise* il a été parmi les premiers à s'en rendre compte / *she was the first in our family to go to university* c'était la première de la famille à aller à l'université / *he came in an easy first* [in race] il est arrivé premier haut la main **2.** [achievement] première *f* / *that's a notable first for France* c'est une grande première pour la France **3.** [first time] : *the first we heard / knew of it was when...* nous en avons entendu parler pour la première fois / l'avons appris quand... / *it's the first I've heard of it!* première nouvelle ! **4.** UK UNIV : *he got a first in economics* ≃ il a eu mention très bien en économie / *she got a double first in French and Russian* ≃ elle a eu mention très bien en français et en russe **5.** AUTO première *f*.

❖ **at first** adv phr au début.

❖ **first and foremost** adv phr d'abord et surtout.

❖ **first and last** adv phr avant tout.

❖ **first of all** adv phr tout d'abord, pour commencer.

❖ **first off** adv phr *inf* pour commencer.

❖ **from first to last** adv phr du début à la fin.

❖ **from the (very) first** adv phr dès le début.

❖ **in the first instance** adv phr d'abord / *apply in the first instance to the personnel department* adressez d'abord votre demande au service du personnel.

❖ **in the first place** adv phr **1.** [referring to a past action] d'abord / *why did you do it in the first place?* et puis d'abord, pourquoi tu as fait ça ? / *I don't understand why he married her in the first place* d'abord, je ne comprends pas ce qui a bien pu le pousser à se marier avec elle **2.** [introducing an argument] d'abord / *in the first place... and in the second place* d'abord... et ensuite. **See also fifth.**

first aid ◆ n *(U)* [technique] secourisme *m* ; [attention] premiers soins *mpl* / *does anyone know any first aid?* quelqu'un s'y connaît-il en secourisme ? ▸ **to give** / **to receive first aid** donner / recevoir les premiers soins. ◆ comp [class, manual] de secourisme ▸ **first aid kit** or **box** trousse *f* à pharmacie ▸ **first aid post** or **station** UK poste *m* de secours.

first-aider [-'eɪdəʳ] n secouriste *mf*.

First Amendment n US ▸ **the First Amendment** le Premier Amendement *(de la Constitution des États-Unis, garantissant les libertés individuelles du citoyen américain, notamment la liberté d'expression).*

first-born ◆ adj premier-né. ◆ n premier-né *m*, première-née *f*.

first class n **1.** [on train, plane] première classe *f* **2.** [for letter, parcel] tarif *m* normal.

❖ **first-class** ◆ adj **1.** [seat] en première classe ; [compartment, ticket] de première classe **2.** [letter, stamp] au tarif normal / *to send a letter by first-class mail* envoyer une lettre au tarif normal **3.** UK UNIV : *she got a first-class honours degree (in French)* elle a eu mention très bien (en français) ▸ **to graduate with first-class honours** obtenir son diplôme avec mention très bien **4.** [excellent] = **first-rate.** ◆ adv [travel] en première classe ; [send letter] au tarif normal.

first cousin n cousin *m* germain, cousine *f* germaine.

first-day cover n [for stamp collector] émission *f* premier jour.

first-degree adj **1.** MED [burn] au premier degré **2.** LAW [in US] ▸ **first-degree murder** meurtre *m* avec préméditation.

first-ever n *inf* tout premier *m*, toute première *f*.

first-foot vt Scot ▸ **to first-foot sb** *être le premier à rendre visite à qqn pour lui souhaiter la bonne année la nuit de la Saint-Sylvestre.*

first-footer n Scot *premier visiteur venant souhaiter la bonne année, la nuit de la Saint-Sylvestre.*

first form n UK SCH sixième *f*.

first-former n UK SCH *élève du first form.*

first fruits pl n *lit & fig* premiers fruits *mpl*.

first-generation adj de première génération.

first grade n US SCH *classe de l'école primaire correspondant au CP (5-6 ans).*

firsthand [fɜːst'hænd] ◆ adj [knowledge, information, news] de première main / *I know from firsthand experience what it is like to be poor* je sais d'expérience ce que c'est que d'être pauvre. ◆ adv [hear of sthg] de première main.

first lady n [in US] *femme du président des États-Unis* / *the first lady of rock* / *of the detective novel fig* la grande dame du rock / du roman policier.

first language n langue *f* maternelle.

first lieutenant n NAUT lieutenant *m* de vaisseau ; US MIL & AERON lieutenant *m*.

firstly ['fɜːstlɪ] adv premièrement.

first mate n NAUT second *m*.

First Minister n UK POL *leader d'un des gouvernements régionaux du Royaume-Uni (Northern Ireland Assembly, Scottish Parliament, Welsh Assembly).*

first name n prénom *m* ▸ **to be on first name terms with sb** appeler qqn par son prénom / *we're on first name terms* ≃ on se tutoie.

first night ◆ n THEAT première *f*. ◆ comp THEAT ▸ **first night nerves** trac *m (du soir de la première).*

first-nighter [-'naɪtəʳ] n THEAT spectateur *m*, -trice *f* assistant or ayant assisté à la première.

first offender n délinquant *m*, -e *f* primaire.

first officer = **first mate**.

first-past-the-post adj UK POL [system] majoritaire à un tour ▸ **the first-past-the-post electoral system** le scrutin majoritaire à un tour.

first person n GRAM première personne *f* / *in the first person* à la première personne.

❖ **first-person** adj GRAM [pronoun] de la première personne / *a first-person narrative* un récit à la première personne.

first principle n principe *m* fondamental or de base.

first-rate adj [excellent - wine, meal, restaurant] de première qualité, excellent ; [- idea, performance, student] excellent / *of first-rate quality* d'excellente or de première qualité / *he's a first-rate badminton / chess player* il est excellent au badminton / aux échecs / *that's absolutely first-rate!* UK [idea, news, etc.] c'est formidable !

first refusal n préférence *f* ▸ **to give sb first refusal on sthg** donner la préférence à qqn pour qqch / *I promised Nadine first refusal* j'ai promis à Nadine que je lui donnerais la préférence.

first school n UK école *f* primaire.

first-strike adj MIL [missile] de première frappe ▸ **a first-strike capability** une force de frappe importante (permettant d'attaquer en premier).

first string n SPORT meilleur joueur *m*, meilleure joueuse *f (d'une équipe)*.

❖ **first-string** adj SPORT ▸ **first-string player a)** [regular] joueur *m* régulier, joueuse *f* régulière *(d'une équipe)* **b)** [best] meilleur joueur *m*, meilleure joueuse *f (d'une équipe)*.

first-time adj : *first-time (house) buyer* primo-accédant / *first-time visitors to the country* les personnes visitant le pays pour la première fois.

first violin n MUS [person, instrument] premier violon *m*.

First World n ▸ **the First World** les pays industrialisés.

firth [fɜːθ] n Scot estuaire *m*.

FIS n abbr of **Family Income Supplement**.

fiscal ['fɪskl] adj [measures, policy, etc.] fiscal ▸ **fiscal measure** mesure *f* fiscale ▸ **fiscal year a)** US [gen] année *f* fiscale **b)** [of company] exercice *m* financier **c)** ADMIN année *f* budgétaire.

 **Fiscal year**

Aux États-Unis, l'année fiscale correspond à l'année civile pour les particuliers et elle commence le 1er octobre pour le gouvernement.

fish [fɪʃ] (*pl* **fish** *or* **fishes**) ◆ n poisson *m* ▸ **to catch a fish** pêcher un poisson / *he caught three fish* il a attrapé or pris trois poissons / *I eat a lot of fish* je mange beaucoup de poisson ▸ **fish and chips** poisson frit avec des frites ▸ **he's a queer fish** *inf* c'est un drôle de type ▸ **to feel like a fish out of water** ne pas se sentir dans son élément ▸ **to drink like a fish** *inf* boire comme un trou ▸ **there are plenty more fish in the sea** un de perdu, dix de retrouvés ▸ **to have other fish to fry** avoir d'autres chats à fouetter ▸ **to be a big fish in a little pond** être le premier dans son village ▸ **to be a little fish in a big pond** être perdu dans la masse ▸ **neither fish nor fowl (nor good red herring)** ni chair ni poisson. ◆ comp [course, restaurant] de poisson. ◆ vi **1.** SPORT pêcher ▸ **to fish with a line / a rod** pêcher à la ligne / avec une canne ▸ **to go fishing** aller à la pêche / *to go trout fishing* or *fishing for trout* aller à la pêche à la truite, aller pêcher la truite ▸ **to fish in troubled waters** *fig* pêcher en eau trouble ▸ **it's time to fish or cut bait** US c'est le moment de décider si on continue ou pas **2.** [search, seek] : *he fished around for his pen under the papers* il a fouillé sous ses papiers pour trouver son crayon ▸ **to fish for information** essayer de soutirer des informations ▸ **to fish for compliments** rechercher les compliments. ◆ vt [river, lake, etc.] pêcher dans.

❖ **fish out** vt sep [from water] repêcher / *he fished out his wallet* **a)** *fig* il a sorti son portefeuille **b)** [with difficulty] il a extrait son portefeuille / *she fished her keys out of her bag* elle a fouillé dans son sac et en a extrait ses clés.

❖ **fish up** vt sep [from water] repêcher ▸ **to fish up sthg from one's memory** ressortir qqch de sa mémoire / *where did you fish that up from?* **a)** *inf* [object] où est-ce que tu as été dénicher ça ? **b)** [idea] où est-ce que tu as été pêcher ça ?

fish-and-chip shop n UK *magasin vendant du poisson frit et des frites*.

fishbone ['fɪʃbəʊn] n arête *f* de poisson.

fishbowl ['fɪʃbəʊl] n bocal *m* à poissons.

fishcake ['fɪʃkeɪk] n CULIN croquette *f* de poisson.

fish eagle n ORNITH balbuzard *m*.

fisher ['fɪʃər] n **1.** *arch* [fisherman] pêcheur *m* ▸ **fishers of men** BIBLE pêcheurs d'hommes **2.** [bird, animal] pêcheur *m*.

fisherman ['fɪʃəmən] (*pl* **fishermen** [-mən]) n pêcheur *m*.

fishery ['fɪʃərɪ] (*pl* **fisheries**) n [fishing ground] pêcherie *f* ; [fishing industry] industrie *f* de la pêche ▸ **fishery protection vessel** vedette *f* garde-pêche.

fish-eye lens n PHOT fish-eye *m*.

fish farm n établissement *m* piscicole.

fish farmer n pisciculteur *m*, -trice *f*.

fish farming n pisciculture *f*.

fish finger n CULIN bâtonnet *m* de poisson pané.

fish glue n colle *f* de poisson.

fish hawk = **fish eagle**.

fish hook n hameçon *m*.

fishing ['fɪʃɪŋ] ◆ n pêche *f* / *trout / salmon fishing* pêche à la truite / au saumon / *there is some good fishing to be had along this river* il y a de bons coins de pêche dans cette rivière / *we can do some fishing* nous pourrons aller à la pêche / **'no fishing'** 'pêche interdite'. ◆ comp [vessel, permit, port, tackle] de pêche ; [season] de la pêche ; [village, party] de pêcheurs.

fishing boat n bateau *m* de pêche.

fishing ground n zone *f* de pêche.

fishing line n ligne *f* de pêche.

fishing net n filet *m* de pêche.

fishing rod n canne *f* à pêche, gaule *f*.

fish kettle n poissonnière *f*.

fish ladder n échelle *f* à poissons.

fish market n marché *m* au poisson.

fish meal n farine *f* de poisson.

fishmonger ['fɪʃˌmʌŋgər] n UK poissonnier *m*, -ère *f* ▸ **fishmonger's** [shop] poissonnerie *f* / *to go to the fishmonger's* aller à la poissonnerie or chez le poissonnier.

fishnet ['fɪʃnet] ◆ n US [for catching fish] filet *m* (de pêche). ◆ adj ▸ **fishnet stockings / tights** bas *mpl* / collants *mpl* résille.

❖ **fishnets** pl n = **fishnet stockings / tights**.

fish paste n pâte *f* de poisson.

fishplate ['fɪʃpleɪt] n RAIL éclisse *f*.

fishpond ['fɪʃpɒnd] n étang *m* (à poissons).

fish sauce n sauce *f* de poisson, nam pla *m*.

fish shop n poissonnerie *f*.

fishskin disease ['fɪʃskɪn-] n ichtyose *f*.

fish slice n pelle *f* à poisson.

fish stick US = **fish finger**.

fish tank n [in house] aquarium *m* ; [on fish farm] vivier *m*.

fishway ['fɪʃweɪ] US = **fish ladder**.

fishwife ['fɪʃwaɪf] (*pl* **fishwives** [-waɪvz]) n poissonnière *f*, marchande *f* de poisson / *she's a real fishwife* *fig* elle a un langage de charretier, elle parle comme un charretier.

fishwrap, fish wrapper n US *inf* [bad newspaper] torchon *m*.

fishy ['fɪʃɪ] (*compar* **fishier**, *superl* **fishiest**) adj **1.** [smell] de poisson **2.** *inf* [suspicious] louche / *there's something fishy going on* il se passe quelque chose de louche / *there's something fishy about her alibi* il y a quelque chose qui ne colle pas dans son alibi.

fissile ['fɪsaɪl] adj fissible.

fission ['fɪʃn] n PHYS fission *f* ; BIOL scissiparité *f* ▸ **nuclear fission** fission nucléaire.

fissionable ['fɪʃnəbl] adj PHYS fissible.

fission bomb n bombe *f* atomique.

fission reactor n pile *f* atomique.

fissure ['fɪʃər] ◆ n [crevice, crack] fissure *f* ; *fig* fissure *f*, brèche *f*. ◆ vi se fissurer, se fendre.

fissured ['fɪʃəd] adj fissuré.

fist [fɪst] n poing *m* ▸ **to clench one's fists** serrer les poings / *he shook his fist at me* il m'a menacé du poing ▸ **to put one's fists up** se mettre en garde / *make a fist* serrez le poing.

fistfight ['fɪstfaɪt] n bagarre *f* aux poings ▸ **to have a fistfight with sb** se battre aux poings contre qqn.

fistful ['fɪstfʊl] n poignée *f* / **'A Fistful of Dollars'** *Leone* 'Pour une poignée de dollars'.

fisticuffs ['fɪstɪkʌfs] n *(U)* *hum* bagarre *f*.

fistula ['fɪstjʊlə] n fistule *f*.

fit [fɪt] ◆ adj (*compar* **fitter**, *superl* **fittest**) **1.** [suitable] convenable / *that dress isn't fit to wear* cette robe n'est pas mettable / *a country fit for heroes to live in* un pays digne d'accueillir ses héros / *fit to eat* **a)** [edible] mangeable **b)** [not poisonous] comestible / *fit to drink* [water] potable / *this coffee is not fit to drink* ce café est imbuvable / *a meal fit for a king* un repas digne d'un roi / *she's not fit to look after children* elle ne devrait pas avoir le droit de s'occuper d'enfants / *she's not a fit mother* c'est une mère indigne / *my grandmother is no longer fit to drive* ma grand-mère n'est plus capable de conduire / *I'm not fit to be seen* je ne suis pas présentable / *these programmes aren't fit for children* ce ne sont pas des programmes pour les enfants / *throw it in the bin, that's all it's fit for* jette-le à la poubelle, c'est tout ce que ça mérite / *that's all he's fit for* c'est tout ce qu'il mérite ▸ **to think** or **to see fit to do sthg** trouver or juger bon de faire qqch / *do as you see* or *think fit* fais comme tu penses or juges bon **2.** *inf* [ready] : *to be fit to drop* être mort de fatigue / *I feel fit to burst* je me sens prêt à éclater / *to laugh fit to burst* être plié en deux de rire ▸ **to be fit to be tied** US [extremely angry] : *I was fit to be tied* j'étais furieux **3.** [healthy] en forme ▸ **to get fit** UK retrouver la forme / *I've never felt fitter in my life* UK je ne me suis jamais senti en meilleure forme ▸ **to keep** or **to stay fit** entretenir sa forme / *the patient is not fit enough to be discharged* le patient n'est pas en état de quitter l'hôpital / *she is not a fit woman* [well] elle n'est pas en bonne santé / *the fittest member of the team* la personne la plus en forme de l'équipe / *it's a case of the survival of the fittest* ce sont les plus forts qui survivent ▸ **to be as fit as a fiddle** se porter comme un charme. ◆ n **1.** [size] : *it's a perfect fit* **a)** [item of clothing] cela me / vous etc. va à merveille **b)** [fridge, stove, piece of furniture] cela s'adapte parfaitement **c)** [two interlocking pieces] cela s'emboîte bien / *it's not a very good fit* **a)** [too large] c'est trop grand **b)** [too tight] c'est trop juste / *tight / loose / comfortable fit* [item of clothing] coupe *f* ajustée / ample / confortable / *these trousers are a bit of a tight fit* ce pantalon est un peu juste / *it was a bit of a tight fit* **a)** [in room, car] on était un peu à l'étroit **b)** [parking car] il n'y avait pas beaucoup de place **2.** MED [of apoplexy, epilepsy, hysterics] crise *f* / *fit of coughing* or *coughing fit* quinte *f* de toux / *fit of crying* crise de larmes ▸ **to have a fit** MED avoir une crise / *she'll have a fit when she finds out* *fig* elle va faire une crise quand elle le saura ▸ **to throw a fit** *inf* piquer une crise / *he nearly threw a fit when he heard the news* il a failli exploser quand il a appris la nouvelle **3.** [outburst - of anger] mouvement *m*, accès *m*, moment *m* ; [- of depression] crise *f* ; [- of pique, generosity] moment *m* / *he did it in a fit of rage* il a fait cela dans un mouvement de rage ▸ **to be in fits (of laughter)** avoir le fou rire / *he had us all in fits* il nous a fait hurler or mourir de rire /

to get a fit of the giggles être pris d'un or piquer un fou rire / *in a sudden fit of energy* dans un sursaut d'énergie ▸ **to work by** or **in fits** travailler par à-coups. ◆ vt (UK *pt & pp* **fitted** ; US *pt & pp* **fit**, *cont* **fitting**) **1.** [be of the correct size for] : *those trousers fit you better than the other ones* ce pantalon te va mieux que l'autre / *none of the keys fitted the lock* aucune des clés n'entrait dans la serrure / *the nut doesn't fit the bolt* l'écrou n'est pas de la même taille que le boulon / *doesn't the lid fit the box / jar?* le couvercle ne va-t-il pas sur la boîte / le bocal? / *the lid doesn't fit the pot very well* ce couvercle n'est pas très bien adapté à la casserole **2.** [correspond to, match - description] correspondre à / *to make the punishment fit the crime* adapter le châtiment au crime / *the music fitted the occasion* la musique était de circonstance ▸ **to fit the bill** faire l'affaire **3.** [make suitable for] : *what do you think fits you for the job?* en quoi estimez-vous correspondre au profil de l'emploi? **4.** [install - lock, door, window, etc.] installer ; [- carpet] poser / *to have double-glazing fitted* UK se faire installer or mettre le double vitrage / *to fit a kitchen* UK installer une cuisine / *to fit a key in a lock* engager or mettre une clé dans une serrure / *I've got special tyres fitted* UK je me suis fait mettre des pneus spéciaux **5.** [attach, fix on] fixer / *then you fit the parts together* puis vous assemblez les différentes pièces **6.** [equip] équiper ▸ **to fit sthg with sthg** équiper qqch de qqch / *fitted with electronic security devices* équipé de dispositifs de sécurité électroniques / *she has been fitted with a new hip replacement* elle s'est fait mettre une nouvelle hanche artificielle **7.** [take measurements of - person] : *to be fitted for a new suit* faire un essayage pour un nouveau costume / *the next time you come back to be fitted* lors de votre prochain essayage **8.** [adjust - idea, theory] adapter / *I'll fit the dress on you* j'essaierai la robe sur vous. ◆ vi (UK *pt & pp* **fitted** ; US *pt & pp* **fit**, *cont* **fitting**) **1.** [be of the correct size] : *the dress doesn't fit* la robe ne lui / me etc. va pas / *this lid / key doesn't fit* ce couvercle / cette clé n'est pas le bon / la bonne / *the key won't fit in the lock* la clé n'entre pas dans la serrure / *do these pieces fit together?* est-ce que ces morceaux vont ensemble? / *it won't fit* cela n'ira pas / *this lid doesn't fit very well* ce couvercle n'est pas très bien adapté / *we won't all fit round one table* nous ne tiendrons pas tous autour d'une table / *cut the pieces to fit* couper les morceaux aux mesures adéquates **2.** [correspond, match - description] correspondre / *it all fits* tout concorde ▸ **to fit with sthg** correspondre à qqch / *my face didn't fit* *inf* je n'avais pas le profil de l'emploi.

⇔ **fit in** ◆ vi **1.** [go in space available] tenir / *we won't all fit in* nous ne tiendrons pas tous / *that piece fits in here* [jigsaw] ce morceau va là **2.** [in company, group, etc.] s'intégrer / *you don't fit in here* tu n'es pas à ta place ici / *I feel that I don't fit in* j'ai l'impression de ne pas être à ma place / *I've tried to fit in* j'ai essayé de m'intégrer ▸ **to fit in with a)** [statement] correspondre à **b)** [plans, arrangements] cadrer avec **c)** [colour scheme] s'accorder avec / *she doesn't fit in easily with other people* elle a du mal à s'entendre avec les autres / *I think you should fit in with what I want to do* je pense que tu devrais t'adapter à ce que je veux faire. ◆ vt sep **1.** [install] installer **2.** [find room for - clothes in suitcase] faire entrer / *can you fit one more in?* [in car] peux-tu prendre une personne de plus? / *how on earth are you going to fit everyone in?* [in room, car, etc.] comment diable vas-tu réussir à faire tenir tout le monde? **3.** [find time for - patient] prendre ; [- friend] trouver du temps pour / *could you fit in this translation by the end of the week?* est-ce que vous pourriez faire cette traduction d'ici à la fin de la semaine? / *could you fit in lunch this week?* [with me] est-ce que tu seras libre pour déjeuner avec moi cette semaine? / *I hope we've got time to fit in a visit to the Louvre* j'espère que nous aurons le temps de visiter le Louvre / *I don't know how he fits it all in* je me demande comment il trouve le temps de tout faire.

⇔ **fit into** ◆ vt insep [furniture into room, clothes into suitcase, etc.] entrer dans, tenir dans ; [people into room, car] tenir dans ; [piece into another] s'emboîter dans. ◆ vt sep ▸ **to fit sthg into sthg** faire entrer or tenir qqch dans qqch / *he fits a lot into one day* il en fait beaucoup en une journée.

⇔ **fit on** ◆ vi : *this lid won't fit on* ce couvercle ne va pas / *where does this part fit on?* où va cette pièce? ◆ vt sep [attach] mettre.

⇔ **fit out** vt sep [ship] armer ; [person - with equipment] équiper / *to fit a child out with new clothes* renouveler la garde-robe d'un enfant.

⇔ **fit up** vt sep **1.** [equip - house, car] équiper ; [- person] munir ▸ **to fit sb / sthg up with sthg** munir qqn / équiper qqch de qqch **2.** UK *crime sl* monter un coup contre / *I've been fitted up* c'est un coup monté.

FITB MESSAGING **written abbr of fill in the blank.**

fitful ['fɪtfʊl] adj [sleep] intermittent / *attendance has been fitful* les gens ne sont pas venus régulièrement.

fitfully ['fɪtfʊlɪ] adv [work] par à-coups ; [attend] irrégulièrement ; [sleep] de manière intermittente.

fitment ['fɪtmənt] n UK [in bathroom, kitchen, etc.] élément *m* démontable.

fitness ['fɪtnɪs] ◆ n **1.** [health] forme *f* physique **2.** [suitability - of person for job] aptitude *f* / *your fitness as a mother is not in question* vos compétences de mère ne sont pas en cause. ◆ comp ▸ **fitness centre** UK club *m* de mise en forme ▸ **fitness freak** *inf* fana *mf* d'exercice physique ▸ **fitness room** salle *f* de mise en forme ▸ **fitness training** entraînement *m* physique.

fitted ['fɪtəd] adj **1.** [jacket] ajusté **2.** UK [made to measure] : *the house has fitted carpets in every room* il y a de la moquette dans toutes les pièces de la maison / *to lay a fitted carpet in a room* moquetter or poser une moquette dans une pièce ▸ **fitted sheet** drap-housse *m* **3.** UK [built-in - cupboard] encastré ▸ **fitted kitchen** cuisine *f* encastrée **4.** [suited] ▸ **to be fitted for sthg / doing sthg** être apte à qqch / à faire qqch.

fitter ['fɪtəʳ] n **1.** [of machine] monteur *m*, -euse *f* ; [of carpet] poseur *m*, -euse *f* **2.** [of clothes] essayeur *m*, -euse *f*.

fitting ['fɪtɪŋ] ◆ adj [suitable - conclusion, remark] approprié ; [- tribute] adéquat ; [socially correct] convenable. ◆ n **1.** [trying on - of clothes] essayage *m* **2.** UK [of shoe] : *have you got it in a wider / narrower fitting?* l'avez-vous en plus large / plus étroit? ◆ comp ▸ **fitting room a)** salon *m* or salle *f* d'essayage **b)** [cubicle] cabine *f* d'essayage.

⇔ **fittings** pl n UK ▸ **bathroom fittings** éléments *mpl* de salle de bains ▸ **office fittings** équipement *m* de bureau ▸ **electrical fittings** appareillage *m* électrique.

-fitting in comp ▸ **close-fitting** or **tight-fitting a)** [item of clothing] moulant **b)** [screwtop lid] qui ferme bien **c)** [lid of saucepan] adapté ▸ **loose-fitting** [item of clothing] ample, large.

fittingly ['fɪtɪŋlɪ] adv [dressed] convenablement / *fittingly, the government has agreed to ratify the treaty* comme il le fallait, le gouvernement a accepté de ratifier le traité.

fit-up n UK *crime sl* coup *m* monté.

five [faɪv] ◆ n [number, numeral, playing card] cinq *m* / *five times table* table *f* des cinq / *I'm waiting for a number five (bus)* j'attends le (bus numéro) cinq / *to be five* [image] avoir cinq ans / *it's five o'clock* il est cinq heures / *it's five to / past five* il est cinq heures moins cinq / cinq heures cinq / *to get five out of ten* avoir cinq sur dix / *a table for five* une table pour cinq (personnes). ◆ det cinq / *five people* cinq personnes / *trains leave at five minutes to the hour* le train part toutes les heures à moins cinq / *to be five years old* avoir cinq ans / **'Five Easy Pieces'** *Rafelson* 'Cinq Pièces faciles'. ◆ pron cinq / *five is not enough* cinq, ce n'est pas assez / *I need five (of them)* il m'en faut cinq / *there are five (of them)* **a)** [people] ils sont cinq **b)** [objects] il y en a cinq ▸ **give me five!** *v inf* tope là! *(pour conclure un marché, dire bonjour ou manifester son approbation).*

⇔ **fives** n *sorte de squash où l'on utilise ses mains ou des battes en guise de raquettes.*

five and dime, **five and ten** n US bazar *m*, supérette *f*.

five-a-side UK ◆ n SPORT football *m* à dix. ◆ comp SPORT ▸ **five-a-side football** football *m* à dix ▸ **five-a-side tournament** tournoi *m* de football à dix.

five-finger adj MUS ▸ **five-finger exercises** exercices *mpl* de doigté.

fivefold ['faɪvfəʊld] ◆ adj [increase] au quintuple. ◆ adv par cinq, au quintuple / *to increase fivefold* être multiplié par cinq, augmenter au quintuple, quintupler.

five-o'clock shadow n barbe *f* d'un jour, barbe *f* naissante / *he's always got five-o'clock shadow* il a toujours l'air mal rasé.

fiver ['faɪvəʳ] n *inf* [five pounds] billet *m* de cinq livres ; [five dollars] billet *m* de cinq dollars.

five-spice powder n cinq-épices *m*.

five spot n US *inf* billet *m* de cinq dollars.

five-star adj [hotel] cinq étoiles.

five-year adj [plan] quinquennal.

five-yearly adj [election] quinquennal ; [festival, event] qui a lieu tous les cinq ans.

fix [fɪks] ◆ vt **1.** [fasten in position - mirror, sign] fixer ; [attention, gaze] fixer ; [sthg in mind] inscrire, graver / *to fix a post in the ground* enfoncer un poteau dans le sol ▸ **fix bayonets!** MIL baïonnettes aux canons! ▸ **to fix the blame on sb** attribuer or imputer la faute à qqn ▸ **to fix one's hopes on sthg / sb** mettre tous ses espoirs en qqch / qqn **2.** [set - date, price, rate, limit] fixer ; [- meeting place] convenir de / *nothing has been fixed yet* rien n'a encore été fixé / *have you (got) anything fixed for Friday?* as-tu quelque chose de prévu pour vendredi? **3.** [arrange, sort out] s'occuper de / *I'll fix it* je vais m'en occuper / *try to fix it so you don't have to stay overnight* essaye de t'arranger pour que tu ne sois pas obligé de passer la nuit là-bas / *I'll fix it with your teacher* j'arrangerai cela avec ton professeur / *I've fixed it for them to come tomorrow* je me suis arrangé pour qu'ils viennent demain **4.** *inf* [settle a score with] s'occuper de, régler son compte à / *I'll fix him* je vais m'occuper de lui, je vais lui régler son compte / *that'll fix him* ça devrait lui régler son compte **5.** US *inf* [prepare - meal, drink] préparer / *can I fix you a drink?* puis-je te servir un verre? **6.** *inf* [adjust - make-up, tie] arranger / *to fix one's hair* **a)** se coiffer **b)** [redo] se recoiffer **7.** [mend, repair - car, puncture, etc.] réparer / *I've been meaning to get that fixed for ages* ça fait une éternité que j'ai l'intention de faire réparer ça **8.** *inf* [race, fight, election, result] truquer ; [interview] arranger ; [jury, official, security guard, etc. - bribe] acheter **9.** US *inf* [intend, plan] prévoir de ; [be determined] être résolu à / *he's fixing to go on holiday* **a)** [planning] il a prévu de partir en vacances **b)** [determined] il est résolu à partir en vacances **10.** AERON & NAUT [position] déterminer **11.** CHEM [nitrogen] fixer **12.** ART & PHOT [drawing, photo] fixer. ◆ n **1.** *inf* [tight spot, predicament] pétrin *m* ▸ **to be in a fix** être dans une mauvaise passe / *to get into / out of a fix* se mettre dans une / sortir d'une mauvaise passe / *you've put me in a bit of a fix* tu me mets dans l'embarras **2.** *drugs sl* dose *f*, fix *m* ▸ **to give o.s. a fix** prendre un fix, se piquer / *to get one's fix of coffee / news* *hum* avoir sa dose de café / d'informations **3.** AERON & NAUT ▸ **to get a fix on a)** [ship] déterminer la position de **b)** *fig* [get clear idea of] se faire une idée de **4.** *inf* [unfair arrangement] : *the result was a fix* le résultat avait été truqué.

⇔ **fix on** ◆ vt sep [attach] fixer. ◆ vt insep [decide on - date, candidate] choisir.

⇔ **fix up** ◆ vt sep **1.** [install, erect] mettre en place, installer **2.** *inf* [arrange - date, meeting] fixer ; [- deal, holiday] organiser, mettre au point / *fix me up with an appointment with the dentist* prends-moi un rendez-vous chez le dentiste / *he'll try to fix something up for us* il va essayer de nous arranger quelque chose / *have you got anything fixed up for this evening?* as-tu quelque chose de prévu pour ce soir? / *have you got fixed up for your holidays?* est-ce que tu t'es organisé pour tes vacances? / *I've managed to fix him up with some work* j'ai réussi à lui trouver du travail / *they fixed me up in a hotel* ils m'ont pris une chambre dans un hôtel / *you can stay here until you get fixed up (with a place to stay)* tu peux loger ici jusqu'à ce que tu trouves un endroit où habiter / *to fix sb up with a date* trouver un / une partenaire à qqn **3.** [room] refaire ; [flat, house] refaire, retaper / *we could always fix the smallest bedroom up as a study* on pourrait toujours transformer la plus petite chambre en bureau.

◆ vi s'arranger pour que / *I've fixed up for us to see the flat tomorrow* je me suis arrangé pour que nous visitions l'appartement demain.

fixated [fɪk'seɪtɪd] adj fixé ▸ **to be fixated on sthg** être fixé sur qqch.

fixation [fɪk'seɪʃn] n **1.** PSYCHOL fixation *f* ▸ **to have a fixation about sthg** faire une fixation sur qqch / *you've got a fixation!* c'est une idée fixe chez toi ! **2.** CHEM fixation *f*.

fixative ['fɪksətɪv] n PHOT fixateur *m* ; ART fixatif *m*.

fixed [fɪkst] adj **1.** [immovable - glare] fixe ; [- idea] arrêté ; [- smile] figé / *the seats are fixed to the floor* les sièges sont fixés au sol **2.** [set, unchangeable - price, rate, plans] fixe / *people on fixed incomes* des gens disposant de revenus fixes ▸ **of no fixed abode** LAW sans domicile fixe ▸ **fixed assets** FIN immobilisations *fpl* ▸ **fixed capital** FIN capitaux *mpl* immobilisés ▸ **fixed costs** FIN coûts *mpl* fixes ▸ **fixed disk** COMPUT disque *m* non amovible ▸ **fixed property** FIN immeubles *mpl* ▸ **fixed-rate mortgage** crédit *m* immobilier à taux fixe ▸ **fixed star** ASTRON étoile *f* fixe **3.** *inf* [placed] : *how are you fixed for time / money?* **a)** [how much] combien de temps / d'argent as-tu ? **b)** [is it sufficient] as-tu suffisamment de temps / d'argent ?

fixedly ['fɪksɪdlɪ] adv [stare] fixement.

fixed-price menu n menu *m* à prix fixe.

fixed-wing aircraft n avion *m* à ailes fixes.

fixer ['fɪksər] n **1.** *inf* [person] combinard *m*, -e *f* **2.** PHOT fixateur *m* **3.** [adhesive] adhésif *m*.

fixing bath n [container] cuvette *f* de fixage ; [solution] bain *m* de fixage.

fixings ['fɪksɪŋz] pl n US CULIN accompagnement *m*.

fixing solution n solution *f* de fixage.

fixity ['fɪksətɪ] n [of gaze] fixité *f* ▸ **fixity of purpose** détermination *f*.

fixture ['fɪkstʃər] ◆ n **1.** [in building] installation *f* fixe / *she's become a fixture here* *fig* elle fait partie des meubles à présent / *the Christmas party is a fixture in most offices* *fig* faire une fête à Noël est une tradition dans la plupart des bureaux ▸ **bathroom fixtures** installations *fpl* sanitaires / **'fixtures and fittings £2000'** 'reprise 2 000 livres' **2.** SPORT rencontre *f*. ◆ comp ▸ **fixture list** SPORT calendrier *m*.

fizz [fɪz] ◆ vi [drink] pétiller ; [firework] crépiter ▸ **to be fizzing** *inf & fig* [extremely angry] bouillir (de rage). ◆ n **1.** [of drink] pétillement *m* / *the champagne has lost its fizz* le champagne est éventé / *their marriage has lost its fizz* leur mariage a perdu de son piment **2.** [sound] sifflement *m* **3.** *inf* [soft drink] boisson *f* gazeuse ; UK [champagne] champagne *m*.

❖ **fizz up** vi [drink] mousser, faire de la mousse.

fizziness ['fɪzɪnɪs] n [of drink] pétillement *m* / *the champagne has lost its fizziness* le champagne est éventé.

fizzle ['fɪzl] vi [drink] pétiller ; [fire, firework] crépiter.

❖ **fizzle out** vi *fig* [interest, enthusiasm] tomber ; [plan, project] tomber à l'eau ; [book, film, party, strike, etc.] tourner or partir en eau de boudin ; [career] tourner court.

fizzy ['fɪzɪ] (*compar* **fizzier**, *superl* **fizziest**) adj [soft drink] gazeux ; [wine] pétillant, mousseux.

fjord [fjɔ:d] = **fiord**.

FL written abbr of **Florida**.

flab [flæb] n *inf* [of person] graisse *f*, lard *m* ; [in text] délayage *m*, verbiage *m* ▸ **to fight the flab** essayer de perdre sa graisse.

flabbergasted ['flæbəgɑ:stɪd] adj *inf* sidéré / *I was flabbergasted at* or *by the news* j'ai été sidéré par la nouvelle, la nouvelle m'a sidéré / *I was flabbergasted by how much he had improved* j'ai été sidéré or époustouflé par ses progrès.

flabby ['flæbɪ] (*compar* **flabbier**, *superl* **flabbiest**) adj *inf* [arms, stomach] flasque, mou (*before vowel or silent 'h' mol, f molle*) ; [person] empâté ; *fig* [argument, speech] qui manque de concision.

flaccid ['flæsɪd] adj flasque.

flack [flæk] US *inf* ◆ n [press agent] attaché *m*, -e *f* de presse. ◆ vi ▸ **to flack for sb** être l'attaché de presse de qqn.

flag [flæg] (*pt & pp* **flagged**, *cont* **flagging**) ◆ n **1.** [emblem of country, signal] drapeau *m* ; [for celebration] banderole *f*, fanion *m* ; NAUT pavillon *m* / *all the flags are out in the city* la ville est pavoisée ▸ **black flag** [of pirate ship] drapeau noir ▸ **flag of convenience** NAUT pavillon de complaisance ▸ **to drape** or **wrap o.s. in the flag** se draper dans le drapeau national, adopter une attitude patriotique ▸ **to fly the flag** défendre les couleurs de son pays ▸ **to go down with all flags flying** **a)** NAUT couler pavillon haut **b)** *fig* échouer la tête haute ▸ **to keep the flag flying** faire front ▸ **to put out the flags for sb** organiser une fête en l'honneur de qqn ▸ **to show the flag** **a)** NAUT battre pavillon **b)** *fig* faire acte de présence **2.** [for charity] *badge ou autocollant que l'on obtient lorsque l'on verse de l'argent à une œuvre de charité* **3.** [in taxi] : *the flag was down / up* le taxi était pris / libre / *the driver put the flag down* le chauffeur a éteint son signal lumineux pour indiquer qu'il n'était plus libre **4.** COMPUT drapeau *m*, fanion *m* **5.** [paving stone] dalle *f* **6.** BOT iris *m*. ◆ vt **1.** [put marker on - page of book] marquer / *to flag an error* COMPUT indiquer or signaler une erreur par un drapeau or un fanion **2.** [floor] daller. ◆ vi [strength] faiblir ; [energy, enthusiasm, interest, spirits] faiblir, tomber ; [efforts] se relâcher ; [conversation] tomber, s'épuiser / *I'm flagging* **a)** [becoming physically or mentally tired] je fatigue **b)** [unable to eat any more] je commence à être rassasié, je cale.

❖ **flag down** vt sep [taxi, bus, motorist, etc.] faire signe de s'arrêter à.

❖ **flag up** vt sep [identify] marquer.

flag day n **1.** [in UK] *jour de quête d'une œuvre de charité* **2.** [in US] ▸ **Flag Day** le 14 juin *(commémore l'adoption du drapeau américain)*.

 **Flag day**

En Grande-Bretagne, les **flag days** ont lieu en général le samedi. On fait appel à la générosité des particuliers qui, en contrepartie de leurs dons pour des œuvres de bienfaisance, reçoivent un insigne ou un badge. Aux États-Unis, **Flag Day** commémore l'adoption le 14 juin 1777 de **Stars and Stripes**, l'actuel drapeau américain.

flagellant ['flædʒələnt] n RELIG flagellant *m* ; [sexual] adepte *mf* de la flagellation.

flagellate ['flædʒəleɪt] ◆ vt *fml* flageller ; *fig* fustiger. ◆ adj BIOL & BOT flagellé. ◆ n BIOL & BOT flagellé *m*.

flagellation [,flædʒɪ'leɪʃn] n flagellation *f*.

flagellum [flə'dʒeləm] n BIOL & BOT flagelle *m*.

flagged [flægd] adj dallé.

flagging ['flægɪŋ] ◆ n [on floor] dallage *m*. ◆ adj [enthusiasm, spirits] qui baisse ; [conversation] qui tombe or s'épuise.

flag officer n NAUT contre-amiral *m*.

flagon ['flægən] n [jug] cruche *f* ; [bottle] bouteille *f*.

flagpole ['flægpəʊl] n mât *m* ▸ **let's run it up the flagpole (and see who salutes)** *inf & fig* soumettons-le et voyons les réactions.

flagrant ['fleɪgrənt] adj [injustice, lie, abuse] flagrant / *a flagrant disregard for the safety of others* un mépris flagrant or évident pour la sécurité d'autrui.

flagrante delicto [flə'græntɪdɪ'lɪktəʊ] adv phr ▸ **to be caught in flagrante delicto** être surpris en flagrant délit.

flagrantly ['fleɪgrəntlɪ] adv [abuse, disregard, defy, etc.] d'une manière flagrante.

flagship ['flægʃɪp] ◆ n NAUT vaisseau *m* or bâtiment *m* amiral ; *fig* [product] tête *f* de gamme. ◆ comp ▸ **flagship restaurant** restaurant *m* principal ▸ **flagship store** magasin *m* phare ▸ **flagship model / product** modèle *m* / produit *m* vedette.

flagstaff ['flægstɑ:f] = **flagpole**.

flagstone ['flægstəʊn] = **flag** *(noun)*.

flag-waving n *(U)* *inf & fig* discours *mpl* cocardiers.

flail [fleɪl] ◆ n AGR fléau *m*. ◆ vt AGR battre au fléau ; [arms] agiter. ◆ vi [person, limbs] s'agiter violemment.

❖ **flail about** ◆ vi [person, limbs] s'agiter dans tous les sens. ◆ vt sep [arms, legs] battre.

flair [fleər] n **1.** [stylishness] style *m* **2.** [gift] don *m* ▸ **to have a flair for sthg** avoir un don pour qqch.

flak [flæk] ◆ n **1.** [gunfire] tir *m* antiaérien or de DCA **2.** *(U)* *inf & fig* [criticism] critiques *fpl* / *I took a lot of flak over it* on m'a beaucoup critiqué pour cela ▸ **to come in for a lot of flak** se heurter à beaucoup de critiques. ◆ comp ▸ **flak jacket** gilet *m* pare-balles.

flake [fleɪk] ◆ n **1.** [of snow] flocon *m* ; [of metal] paillette *f* ; [of skin] peau *f* morte ; [of paint] écaille *f* ▸ **flakes of dandruff** pellicules *fpl* **2.** US *inf* [person] barjo *mf*. ◆ vi **1.** [plaster] s'effriter, s'écailler ; [paint] s'écailler ; [skin] peler ; [fish] s'émietter **2.** US *inf* : *she flaked on the meeting* elle a raté la réunion / *sorry I flaked on going shopping with you* désolé de ne pas être venu faire les boutiques avec toi / *he flaked on the deadline* il a raté le délai / *don't flake on me tomorrow!* ne rate pas notre rendez-vous or ne me pose pas un lapin demain ! ◆ vt CULIN [fish] émietter ▸ **flaked almonds** amandes *fpl* effilées.

❖ **flake off** vi = **flake** *(vi)*.

❖ **flake out** vi *inf* s'écrouler ; [fall asleep] s'endormir / *she was flaked out on the couch* elle roupillait sur le canapé.

flakiness ['flækɪnəs] n *(U)* US *inf* [of person] bizarreries *fpl*.

flaky ['fleɪkɪ] (*compar* **flakier**, *superl* **flakiest**) adj **1.** [paint, rock] effrité ▸ **flaky pastry** CULIN pâte *f* feuilletée **2.** US *inf* [person] barjo ; [idea] loufoque.

flambé ['flɑ̃beɪ] (*pt & pp* **flambéed**, *cont* **flambéing**) ◆ vt flamber. ◆ adj flambé.

flamboyance [flæm'bɔɪəns] n [of style, dress, behaviour, etc.] extravagance *f*.

flamboyant [flæm'bɔɪənt] adj [behaviour, lifestyle, personality] extravagant ; [colour] éclatant ; [clothes] aux couleurs éclatantes ; *pej* voyant ; ARCHIT flamboyant.

flamboyantly [flæm'bɔɪəntlɪ] adv de manière extravagante.

flame [fleɪm] ◆ n **1.** [of fire, candle] flamme *f* ▸ **to be in flames** [building, car] être en flammes ▸ **to burst into flames** prendre feu, s'enflammer ▸ **to go up in flames** s'embraser ▸ **flame red** rouge feu ▸ **to be shot down in flames** *lit & fig* être descendu en flammes **2.** *liter* [of passion, desire] flamme *f*. ◆ vi *fig* [face, cheeks] s'empourprer ; [passion, anger] brûler. ◆ vt **1.** CULIN flamber **2.** [via e-mail] descendre, injurier.

❖ **flame up** vi [fire] s'embraser ; *fig* [person] s'enflammer.

flame-coloured adj ponceau *(inv)*, couleur de feu *(inv)*.

flame-grilled adj CULIN grillé au feu de bois.

flamenco [flə'meŋkəʊ] ◆ n flamenco *m*. ◆ comp [dancer] de flamenco ▸ **flamenco music** flamenco *m*.

flameout ['fleɪmaʊt] n panne *f* de moteur *(d'avion)*.

flameproof ['fleɪmpru:f] adj [clothing] ininflammable, à l'épreuve des flammes ; [dish] allant au feu.

flame retardant n retardateur *m* de flamme, ignifuge *m*.

❖ **flame-retardant** comp [upholstery, sofa, etc.] ignifugé.

flamethrower ['fleɪmθrəʊər] n lance-flammes *m inv*.

flame war n COMPUT échange *m* d'insultes.

flaming ['fleɪmɪŋ] ◆ n [via e-mail] échange *m* or envoi *m* de propos injurieux. ◆ adj **1.** [sun, sky] embrasé ; [fire] flamboyant **2.** UK *inf* [extremely angry] : *to be in a flaming temper* être d'une humeur massacrante, être furax / *we had a flaming row about it* nous avons eu une belle engueulade là-dessus **3.** *inf* [as intensifier] fichu / *you flaming idiot!* espèce d'abruti ! / *you're a flaming pain in the neck!* tu es un sacré enquiquineur ! / *where are my flaming keys!* où sont mes fichues clés ! **4.** *inf &*

pej [effeminate] : ***a flaming queen*** un homo efféminé, une folle. ◆ adv UK *inf* [as intensifier] fichtrement / ***don't be so flaming stupid!*** ne sois donc pas aussi bête ! / ***you know flaming well what I mean*** tu sais fichtrement bien ce que je veux dire.

flamingo [flə'mɪŋgəʊ] n flamant *m* rose.

flammable ['flæməbl] adj [material, substance] inflammable.

flan [flæn] ◆ n CULIN tarte *f* ; [savoury] quiche *f*. ◆ comp CULIN ▸ **flan case** fond *m* de tarte.

Flanders ['flɑ:ndəz] pr n Flandre *f*, Flandres *fpl* / ***in Flanders*** dans les Flandres, en Flandre.

flange [flændʒ] ◆ n [on pipe] bride *f*, collerette *f* ; RAIL [on rail] patin *m*. ◆ comp ▸ **flange girder** poutre *f* en I.

flanged [flændʒd] adj [with flanges] à brides ; [attached by flanges] fixé par brides.

flank [flæŋk] ◆ n flanc *m* / ***to protect one's flanks*** MIL protéger ses flancs ▸ **flank of beef** CULIN flanchet *m*. ◆ vt **1.** [be on either side of] encadrer / ***flanked by his wife and son*** entouré de sa femme et de son fils **2.** MIL flanquer.

flanker ['flæŋkər] n RUGBY avant-aile *m*, flanqueur *m*.

flannel ['flænl] (UK *pt & pp* **flannelled**, *cont* **flannelling** ; US *pt & pp* **flanneled**, *cont* **flanneling**) ◆ n **1.** TEXT flanelle *f* **2.** UK [for washing] ≃ gant *m* de toilette **3.** *(U)* UK *inf* [empty words] baratin *m*, blabla *m*, blablabla *m* / ***to talk a lot of flannel*** faire beaucoup de baratin or de blabla. ◆ comp TEXT [nightgown, sheet, trousers, suit] en or de flanelle. ◆ vi UK *inf* [use empty words] faire du baratin or du blabla or du blablabla / ***stop flannelling!*** arrête ton baratin or ton blablabla !

❖ **flannels** pl n pantalon *m* en or de flanelle.

flannelette [flænə'let] ◆ n TEXT pilou *m*. ◆ comp TEXT [nightgown, sheet] en or de pilou.

flap [flæp] (*pt & pp* **flapped**, *cont* **flapping**) ◆ n **1.** [of sails] claquement *m* ; [of wings] battement *m* / ***the bird gave a flap of its wings*** l'oiseau a battu des ailes **2.** [of counter, desk - hinged] abattant *m* ; [- sliding] rallonge *f* ; [of pocket, tent, envelope] rabat *m* ; [in floor, door] trappe *f* ; [of aircraft] volet *m* (hypersustentateur) / ***a flap of skin*** un morceau de peau décollée **3.** *inf* [panic] panique *f* ▸ **to be in a flap** être dans tous ses états, être paniqué ▸ **to get into a flap** paniquer / ***there's a flap on at the office*** c'est la panique au bureau. ◆ vi **1.** [wings] battre ; [sails, shutters, washing, curtains] claquer / ***the seagull flapped away*** la mouette est partie dans un battement d'ailes **2.** *inf* [panic] paniquer, s'affoler. ◆ vt : ***the bird flapped its wings*** l'oiseau a battu des ailes / ***he was flapping his arms about to keep warm*** il agitait ses bras pour se tenir chaud.

flapjack ['flæpdʒæk] n CULIN [in UK] biscuit *m* à l'avoine ; [in US] *petite crêpe épaisse.*

flapper ['flæpər] n *jeune fille dans le vent (dans les années 1920).*

flare [fleər] ◆ n **1.** [bright flame - of fire, match] flamboiement *m* **2.** [signal] signal *m* lumineux ; [rocket] fusée *f* éclairante **3.** [in clothes] évasement *m* / ***a skirt with a flare in it*** une jupe à godets / ***trousers with a flare*** un pantalon à pattes d'éléphant. ◆ vi **1.** [flame, match] flamboyer **2.** [tempers] s'échauffer / ***tempers flared*** les esprits se sont échauffés **3.** [nostrils] frémir **4.** [clothes] s'évaser. ◆ vt [clothes] évaser.

❖ **flares** pl n ▸ **(a pair of) flares** un pantalon à pattes d'éléphant.

❖ **flare up** vi [fire] s'embraser ; *fig* [dispute, quarrel, violence] éclater ; [disease, epidemic, crisis] apparaître, se déclarer ; [person] s'emporter / ***he flared up at me*** il s'est emporté contre moi.

flared [fleəd] adj [trousers] à pattes d'éléphant ; [dress] évasé ; [skirt] évasé, à godets.

flare gun n pistolet *m* de détresse, lance-fusées *m inv*.

flare path n piste *f* à balises lumineuses.

flare-up n [of fire, light] flamboiement *m* ; *fig* [of anger, violence] explosion *f* ; [of tension] montée *f* ; [of disease, epidemic] apparition *f* ; [quarrel] dispute *f* / ***renewed flare-up*** **a)** [of anger, violence] reprise *f*, nouvelle explosion **b)** [of tension] remontée *f* **c)** [of disease, epidemic] réapparition *f*.

flash [flæʃ] ◆ n **1.** [of light, diamond] éclat *m* ; [of metal] reflet *m*, éclat *m* / ***we saw a flash of light in the distance*** nous avons vu l'éclat d'une lumière au loin / ***give three flashes of the torch*** allume la torche trois fois ▸ **flash of wit / humour** pointe *f* d'esprit / d'humour ▸ **flash of inspiration** éclair *m* de génie ▸ **in a flash** [very quickly] en un éclair, en un clin d'œil / ***it came to me in a flash*** cela m'est venu d'un seul coup ▸ **flash of lightning** éclair *m* ▸ **a flash in the pan** un feu de paille ▸ **(as) quick as a flash** aussi rapide que l'éclair, rapide comme l'éclair **2.** [of news] flash *m* (d'information) **3.** MIL [on uniform] écusson *m* **4.** [of colour] tache *f* **5.** PHOT flash *m* / ***are you going to use a flash for this one?*** est-ce que tu vas la prendre au flash, celle-ci ? **6.** US *inf* [flashlight] torche *f*. ◆ vi **1.** [light, torch, sign] clignoter ; [diamond] briller, lancer des éclats / ***lightning flashed directly overhead*** il y a eu des éclairs juste au-dessus / ***her eyes flashed*** ses yeux ont lancé des éclairs ▸ **to flash at sb** AUTO faire un appel de phares à qqn **2.** [move fast] filer comme l'éclair, aller à la vitesse de l'éclair / ***to flash in / out / past*** [person, car] entrer / sortir / passer comme un éclair / ***to flash past*** or ***by*** [time] passer à toute vitesse / ***the day / the days seemed to flash by*** la journée a semblé passer / les jours ont semblé défiler à toute vitesse / ***the thought flashed through*** or ***across her mind that...*** la pensée que... lui a traversé l'esprit / ***a smile flashed across his face*** un sourire éclaira soudain son visage / ***information flashed onto*** or ***up on the screen*** des informations sont apparues sur l'écran / ***my life flashed before me*** ma vie a défilé devant mes yeux **3.** UK *inf* [expose o.s.] s'exhiber **4.** US *inf* ▸ **to flash on sthg** être inspiré par qqch. ◆ vt **1.** [torch - turn on and off] faire clignoter ▸ **to flash a light in sb's face** or **eyes** diriger une lumière dans les yeux de qqn ▸ **to flash (one's headlights at) sb** AUTO faire un appel de phares à qqn ▸ **to flash a smile at sb** *fig* lancer or adresser un sourire à qqn / ***she flashed me a look of contempt*** *fig* elle m'a décoché un regard méprisant **2.** [give brief glimpse of - passport, photograph, etc.] montrer rapidement ▸ **to flash one's money around** **a)** [to impress] dépenser son argent avec ostentation **b)** [be indiscreet] montrer son argent **3.** [news, information] diffuser / ***to flash a message up on the screen*** faire apparaître un message sur l'écran. ◆ adj *inf* **1.** *pej* = **flashy** **2.** [expensive - looking] chic.

❖ **flash back** vi [in novel, film, etc.] ▸ **to flash back to sthg** revenir en arrière sur or faire un flash-back sur qqch / ***my mind flashed back to 1942*** l'année 1942 m'est soudain revenue à l'esprit.

flashback ['flæʃbæk] n [in novel, film, etc.] flash-back *m inv*, retour *m* en arrière / ***a flashback to the war*** un flash-back sur la guerre / ***I had a flashback to when I was a child*** mon enfance m'est revenue à l'esprit.

flashbulb ['flæʃbʌlb] n PHOT ampoule *f* de flash.

flash burn n brûlure *f (causée par un éclat très violent et brûlant, comme celui d'une bombe).*

flash card n SCH *carte portant un mot, une image, etc. utilisée dans l'enseignement comme aide à l'apprentissage.*

flashcube ['flæʃkju:b] n PHOT cube *m* de flash.

flash drive n COMPUT clé *f* USB.

flasher ['flæʃər] n **1.** AUTO [indicator] clignotant *m* **2.** *inf* [person] exhibitionniste *mf*.

flash flood n crue *f* subite.

flash freezing n surgélation *f*.

flash-fry vt saisir.

Flash Gordon [-gɔ:dn] pr n *héros de bandes dessinées et de films de science-fiction.*

flash gun n PHOT flash *m*.

flash Harry [-'hærɪ] n UK *inf* frimeur *m*.

flashily ['flæʃɪlɪ] adv *inf & pej* d'une manière tapageuse or tape-à-l'œil, tapageusement.

flashing ['flæʃɪŋ] ◆ adj [indicator, light, torch] clignotant / ***with flashing eyes, she stormed out*** elle sortit brutalement, les yeux ardents (de colère) ▸ **flashing emergency lights** AUTO feux *mpl* de détresse ▸ **flashing light** [on police car] gyrophare *m*. ◆ n **1.** *inf* [indecent exposure] exhibitionnisme *m* **2.** *(U)* [on roof] raccord *m*.

flashlight ['flæʃlaɪt] n **1.** PHOT ampoule *f* de flash **2.** US [torch] torche *f* électrique, lampe *f* électrique or de poche **3.** [flashing signal] fanal *m*.

flash photography n photographie *f* au flash.

flashpoint ['flɒʃpɔɪnt] n **1.** CHEM point *m* d'éclair **2.** *fig* [trouble spot] poudrière *f* / ***the situation has reached flashpoint*** *fig* la situation est explosive or sur le point d'exploser.

flashy ['flæʃɪ] adj *inf & pej* [person, car, clothes, taste] tapageur, tape-à-l'œil *(inv)* ; [colour] voyant, criard.

flask [flɑ:sk] n PHARM fiole *f* ; CHEM ballon *m* ; [for water, wine] gourde *f* ▸ **(vacuum** or **Thermos®) flask** (bouteille *f*) Thermos® *f*.

flat [flæt] ◆ adj **1.** [countryside, feet, stomach] plat ; [surface] plan ; [roof] plat, en terrasse ; [nose] épaté, camus ; [tyre - deflated] à plat, dégonflé ; [- punctured] crevé ; [ball, balloon] dégonflé ▸ **flat calm** NAUT calme *m* plat / ***to stretch out flat*** [person] s'allonger à plat / ***to stand flat against the wall*** **a)** [person] se plaquer contre le mur **b)** [item of furniture] être adossé contre le mur / ***it folds up flat*** c'est pliable / ***he was lying flat on his back*** il était allongé à plat sur le dos ▸ **to be flat on one's back** *fig* [with illness] être alité / ***lay the book flat on the desk*** pose le livre à plat sur le bureau / ***the blow laid him flat*** le coup l'a assommé ▸ **to fall flat on one's back** tomber sur le dos ▸ **to fall flat** [joke] tomber à plat ▸ **to fall flat on one's face** **a)** *lit* tomber la tête la première **b)** *fig* se casser le nez **2.** [soft drink, beer, champagne] éventé ▸ **to go flat** [beer, soft drink] s'éventer, perdre ses bulles ; *fig* [monotonous - style, voice] monotone, terne ; [without emotion - voice] éteint ; [stock market, business] au point mort ; [social life] peu animé ▸ **to feel flat** *fig* se sentir vidé or à plat **3.** [battery] à plat **4.** MUS en dessous du ton ▸ **to be flat** **a)** [singer] chanter en dessous du ton **b)** [instrumentalist] jouer en dessous du ton / ***E flat*** mi bémol **5.** [categorical - refusal, denial] catégorique / ***to give a flat refusal*** refuser catégoriquement / ***you're not going, and that's flat!*** tu n'iras pas, un point c'est tout ! **6.** COMM [rate, fare, fee] fixe. ◆ adv **1.** [categorically] catégoriquement / ***she turned me down flat*** elle m'a opposé un refus catégorique **2.** [exactly] : ***in thirty seconds flat*** en trente secondes pile **3.** MUS en dessous du ton **4.** PHR **flat broke** *inf* complètement fauché. ◆ n **1.** UK [in house] appartement *m* ▸ **(block of) flats** immeuble *m* (d'habitation) **2.** [of hand, blade] plat *m* **3.** [in horse racing] ▸ **the flat** **a)** [races] le plat **b)** [season] la saison des courses de plat / ***on the flat*** sur le plat **4.** MUS bémol *m* **5.** US *inf* [puncture] crevaison *f* ; [punctured tyre] pneu *m* crevé ; [deflated tyre] pneu *m* à plat / ***we had a flat*** [puncture] nous avons crevé **6.** THEAT ferme *f*.

❖ **flats** pl n GEOG ▸ **salt flats** marais *mpl* salants.

❖ **flat out** adv phr : ***to work flat out*** travailler d'arrache-pied / ***to be flat out*** **a)** [exhausted] être à plat, être vidé **b)** [drunk] être fin saoul **c)** [knocked out] être K-O / ***to be going flat out*** **a)** [car] être à sa vitesse maximale **b)** [driver, runner, horse] être au maximum or à fond / ***the car does 100 mph flat out*** la vitesse maximale or de pointe de la voiture est de 160 km/h / ***she's going flat out to win the chairmanship*** elle met tout en jeu pour obtenir la présidence.

flat-bed lorry n UK semi-remorque *m* à plateau.

flat-bed scanner n scanner *m* à plat.

flat-bed truck n US = **flat-bed lorry.**

flat-bottomed boat [-'bɒtəmd-] n bateau *m* à fond plat.

flat cap n casquette *f*.

flat-chested [-'tʃestɪd] adj : ***to be flat-chested*** **a)** ne pas avoir de poitrine **b)** *pej* être plat comme une planche à pain or une limande.

flat-dweller n UK personne *f* vivant en appartement.

flatfish ['flætfɪʃ] n poisson *m* plat.

flat-footed adj **1.** MED aux pieds plats **2.** *inf* [clumsy] empoté ; [tactless] maladroit, lourdaud **3.** [off guard] ▸ **to catch sb flat-footed** *inf* prendre qqn par surprise.

flat-hunt vi *(usu in progressive)* UK chercher un appartement / *I've spent the whole day flat-hunting* j'ai passé toute la journée à chercher un appartement.

flat-hunting n UK recherche *f* d'appartement / *flat-hunting takes up all my free time* la recherche d'un appartement occupe tout mon temps libre.

flatiron ['flætaɪən] n fer *m* à repasser *(non électrique)*.

Flatiron Building pr n *immeuble à New York dont la forme rappelle celle d'un fer à repasser.*

flatland ['flætlænd] n plaine *f*.

flat-leaf parsley n BOT & CULIN persil *m* plat.

flatlet ['flætlɪt] n UK studio *m*.

flatline ['flætlaɪn] vi US *inf* [die] mourir.

flatly ['flætlɪ] adv **1.** [categorically - deny, refuse] catégoriquement **2.** [without emotion - say, speak] d'une voix éteinte ; [monotonously] avec monotonie.

flatmate ['flætmeɪt] n UK *personne avec qui on partage un appartement / she and I were flatmates in London* elle et moi partagions un appartement à Londres.

flat-pack ◆ n meuble *m* en kit / *it comes as a flat-pack* c'est livré en kit. ◆ adj ▸ **flat-pack furniture** meubles *mpl* en kit.

flat-packed adj [furniture] en kit.

flat race n [in horse racing] course *f* de plat.

flat racing n [in horse racing - races] plat *m* ; [- season] saison *f* des courses de plat.

flat-screen adj TV & COMPUT à écran plat.

flat season n [in horse racing] saison *f* des courses de plat.

flatten ['flætn] ◆ vt **1.** [path, road, ground] aplanir ; [dough, metal] aplatir ; [animal, person - subj: vehicle] écraser ; [house, village - subj: bulldozer, earthquake] raser ; [crop - subj: wind, storm] écraser, aplatir ; [piece of paper] étaler / *to flatten o.s. against a wall* se plaquer or se coller contre un mur **2.** *inf* [defeat thoroughly] écraser, battre à plate couture **3.** *inf* [knock to the ground] démolir **4.** *inf* [subdue - person] clouer le bec à / *that'll flatten her* ça lui clouera le bec, ça la remettra à sa place **5.** MUS [note] baisser d'un demi-ton, bémoliser. ◆ vi = **flatten out**.

❖ **flatten out** ◆ vi **1.** [countryside, hills] s'aplanir **2.** AERON [plane] se redresser ; [pilot] redresser l'appareil. ◆ vt sep [piece of paper] étaler à plat ; [bump, path, road] aplanir.

flatter ['flætəʳ] ◆ vt [subj: person] flatter ; [subj: dress, photo, colour] avantager / *I'm flattered to have been chosen* je suis flatté d'avoir été choisi or que l'on m'ait choisi / *don't flatter yourself!* or *you flatter yourself!* non mais tu rêves ! / *we flatter ourselves on offering a more efficient service* nous nous flattons d'offrir un service plus efficace / *he flatters himself (that) he's a good singer* il a la prétention d'être un bon chanteur. ◆ vi flatter.

flatterer ['flætərəʳ] n flatteur *m*, -euse *f*.

flattering ['flætərɪŋ] adj [remark, person, offer] flatteur ; [picture, colour] avantageux, flatteur ; [dress] seyant / *how flattering!* comme c'est flatteur !

flatteringly ['flætərɪŋlɪ] adv [speak of, describe] en termes flatteurs, flatteusement.

flattery ['flætərɪ] n *(U)* flatterie *f* / *to use flattery* employer la flatterie or des flatteries / *flattery will get you nowhere* la flatterie ne vous mènera nulle part, vous n'obtiendrez rien par la flatterie.

flattie ['flætɪ] n chaussure *f* plate.

flat top n **1.** [haircut] brosse *f* **2.** US *inf* NAUT porte-avions *m inv*.

flatulence ['flætjʊləns] n flatulence *f*.

flatulent ['flætjʊlənt] adj flatulent.

flatware ['flætweəʳ] n *(U)* US [cutlery] couverts *mpl* ; [serving dishes] plats *mpl* ; [plates] assiettes *fpl*.

flatways ['flætweɪz], **flatwise** ['flætwaɪz] adv US à plat.

flatworm ['flæt,wɜ:m] n plathelminthe *m*, ver *m* plat.

flaunt [flɔ:nt] vt [wealth, beauty] étaler, faire étalage de ; [car, jewellery] faire parade de, exhiber ▸ **to flaunt o.s.** s'afficher / *if you've got it, flaunt it* si tu as ce qu'il faut, ne t'en cache pas.

flautist ['flɔ:tɪst] n UK MUS flûtiste *mf*.

Flavius ['fleɪvjəs] pr n ▸ **Flavius Josephus** Flavius Josèphe.

flavonoid n flavonoïde *m*.

flavor US = **flavour**.

flavour UK, **flavor** US ['fleɪvəʳ] ◆ n [of food, drink] goût *m* ; [of ice-cream, tea] parfum *m* / *chocolate / coffee flavour ice-cream* glace au chocolat / au café / *this coffee keeps its flavour well* ce café garde bien sa saveur / *it doesn't have much flavour* cela n'a pas beaucoup de goût / *it's got quite a spicy flavour* c'est assez épicé / *it gives the film a South American flavour* *fig* cela donne une note sud-américaine au film ▸ **to be flavour of the month** [in vogue] être au goût du jour / *you're not exactly flavour of the month at the moment* *inf* tu n'es pas comme qui dirait en odeur de sainteté en ce moment, tu n'as pas vraiment la cote en ce moment. ◆ comp ▸ **flavour enhancers** agents *mpl* de sapidité. ◆ vt [with spices, herbs] assaisonner ; [with fruit, alcohol] parfumer.

Flavour of the month

Dans les années 1930 aux États-Unis, les **ice cream parlors** *(salons de glace)* ont commencé à utiliser des slogans publicitaires qui mettaient en avant un parfum différent chaque mois appelé **flavor of the month.** L'expression est entrée dans l'usage courant pour évoquer, souvent avec une certaine ironie, une personne ou une chose qui fait l'objet d'un engouement éphémère :

My department's turning a profit again so I'm flavour of the month with the boss at the moment. *Mon département est à nouveau bénéficiaire, alors je suis dans les petits papiers du chef en ce moment.*

Gold stocks are flavour of the month again among market analysts. *Les valeurs or trouvent à nouveau grâce en ce moment aux yeux des analystes financiers.*

-flavoured ['fleɪvəd] in comp ▸ **chocolate-flavoured** au chocolat ▸ **vanilla-flavoured** à la vanille.

flavouring UK, **flavoring** US ['fleɪvərɪŋ] n CULIN [savoury] assaisonnement *m*, [sweet] parfum *m*, arôme *m* / **'no artificial flavourings'** [on tin, package] 'sans arômes artificiels'.

flavourless UK, **flavorless** US ['fleɪvəlɪs] adj sans goût, insipide.

flavoursome UK, **flavorsome** US ['fleɪvəsəm] adj [food] savoureux.

flaw [flɔ:] ◆ n [in material, plan, character] défaut *m* ; LAW vice *m* de forme. ◆ vt [object] endommager ; [sb's character, beauty] altérer.

flawed [flɔ:d] adj imparfait / *the argument is, however, flawed* cette argumentation a cependant un défaut or des défauts.

flawless ['flɔ:lɪs] adj parfait.

flawlessly ['flɔ:lɪslɪ] adv parfaitement.

flax [flæks] n lin *m*.

flaxen ['flæksn] adj [hair] blond pâle or filasse.

flaxen-haired adj aux cheveux blond pâle or filasse.

flay [fleɪ] vt [animal] dépouiller, écorcher ; [person] fouetter ; *fig* [criticize] éreinter ▸ **to flay sb alive** faire la peau à qqn.

flea [fli:] ◆ n puce *f* / *to have fleas* avoir des puces ▸ **to send sb off with a flea in his / her ear a)** *inf* [dismiss] envoyer balader qqn **b)** [scold] passer un savon à qqn. ◆ comp ▸ **flea circus** cirque *m* de puces savantes ▸ **flea powder** poudre *f* antipuce.

fleabag ['fli:bæg] n *inf* **1.** UK [animal, person] sac *m* à puces **2.** US [cheap hotel] hôtel *m* miteux.

fleabite ['fli:baɪt] n piqûre *f* or morsure *f* de puce ; *fig* [trifle] broutille *f*.

flea-bitten adj couvert de puces ; *fig* [shabby] miteux.

flea collar n collier *m* antipuces.

flea market n marché *m* aux puces.

fleapit ['fli:pɪt] n *inf* cinéma *m* or théâtre *m* miteux / *the local fleapit* *hum* le cinéma du coin.

fleck [flek] ◆ n [of colour] moucheture *f*, tacheture *f* ; [of sunlight] moucheture *f* ; [of dust] particule *f*. ◆ vt [with colour] moucheter, tacheter ; [with sunlight] moucheter / *hair flecked with grey* cheveux *mpl* grisonnants / *white flecked with brown* blanc moucheté or tacheté de marron.

fled [fled] pt & pp ⟶ **flee**.

fledged [fledʒd] adj [bird] emplumé.

fledgeling ['fledʒlɪŋ] ◆ n **1.** [young bird] oisillon *m* **2.** *fig* novice *mf*, débutant *m*, -e *f*. ◆ comp [company, industry, political party, etc.] naissant ▸ **a fledgeling doctor / lawyer** un docteur / avocat débutant.

flee [fli:] *(pt & pp* **fled** [fled]) ◆ vi s'enfuir, fuir ▸ **to flee from sb / sthg** fuir qqn / qqch / *to flee from a house / country* s'enfuir d'une maison / d'un pays / *to flee from temptation* fuir la tentation. ◆ vt [person, danger, temptation] fuir ; [country, town] s'enfuir de.

fleece [fli:s] ◆ n **1.** [of sheep] toison *f* ▸ **the Golden Fleece** MYTH la Toison d'or **2.** [sheepskin] peau *f* de mouton **3.** [polar fleece] (laine *f*) polaire *m* **4.** [jacket] veste *f* en (laine) polaire ; [sweat] sweat *m* en (laine) polaire. ◆ comp **1.** [sheepskin] en peau de mouton **2.** [polar fleece] en laine polaire. ◆ vt **1.** *inf* [cheat] escroquer / *I've been fleeced* je me suis fait escroquer **2.** [shear - sheep] tondre.

fleece-lined adj [with sheepskin] doublé en peau de mouton ; [with polar fleece] doublé en laine polaire.

fleecy ['fli:sɪ] adj [material] laineux ; [clouds] cotonneux / *a fleecy jacket* une veste en laine polaire.

fleet [fli:t] ◆ n **1.** NAUT flotte *f* ; [smaller] flottille *f* **2.** [of buses, taxis] parc *m* / *a fleet of ambulances took the injured to hospital* plusieurs ambulances ont transporté les blessés à l'hôpital ▸ **car fleet** parc *m* automobile. ◆ adj *liter* rapide ▸ **fleet of foot** aux pieds ailés.

fleet admiral n NAUT ≃ amiral *m* de France.

Fleet Air Arm pr n ▸ **the Fleet Air Arm** *l'aéronavale britannique.*

fleet-footed adj *liter* au pied léger.

fleeting ['fli:tɪŋ] adj [memory] fugace ; [beauty, pleasure] passager / *for a fleeting moment* l'espace d'un instant / *to catch a fleeting glimpse of* apercevoir, entrevoir.

fleetingly ['fli:tɪŋlɪ] adv [glimpse] rapidement.

Fleet Street [fli:t-] pr n *rue de Londres, dont le nom sert à désigner les grands journaux britanniques.*

Fleet Street

Cette rue de la City est traditionnellement associée à la presse. Même si, aujourd'hui, de nombreux journaux se sont établis dans d'autres quartiers de Londres, notamment les Docklands, **Fleet Street** continue à désigner le monde du journalisme.

Fleming ['flemɪŋ] n Flamand *m*, -e *f*.

Flemish ['flemɪʃ] ◆ n LING flamand *m*. ◆ pl n ▸ **the Flemish** les Flamands *mpl*. ◆ adj flamand.

flesh [fleʃ] n **1.** [of person, animal, fruit] chair *f* / *there's not much flesh on her* elle n'est pas très grasse ▸ **to put on flesh a)** [person] forcir **b)** [animal] engraisser / *it needs a bit more flesh* *fig* [proposal, essay, etc.] il a besoin d'être un peu étoffé / *she looks better on TV than she does in the flesh* elle est plus jolie à la télé qu'en chair et en os ▸ **flesh and blood** : *creatures of flesh and blood* êtres *mpl* de chair et de sang / *I'm only flesh and blood, you know* je suis comme tout le monde, tu sais / *it's more than flesh and blood can bear* or *stand* c'est plus que ce que la nature humaine peut endurer / *she's my own flesh and blood* c'est ma chair et mon sang ▸ **to press the flesh** *inf* [politicians, royalty, etc.] serrer des mains, prendre un bain de foule **2.** RELIG chair *f* ▸ **pleasures** / **sins of the flesh** plaisirs de la / péchés de chair ▸ **the spirit is willing but the flesh is weak** l'esprit est prompt mais la chair est faible ▸ **to go the way of all flesh** retourner à la or redevenir poussière **3.** [colour] couleur *f* chair.

❖ **flesh out** ◆ vt sep [essay, report, etc.] étoffer. ◆ vi [person] s'étoffer, prendre de la carrure.

flesh-coloured adj [tights] couleur chair ▸ **flesh-coloured tights** collants *mpl* chair.

fleshfly ['fleʃflaɪ] n ENTOM sarcophage *f*.

fleshpots ['fleʃpɒts] pl n *hum & pej* lieux *mpl* de plaisir.

flesh wound n blessure *f* superficielle or légère.

fleshy ['fleʃɪ] (*compar* **fleshier**, *superl* **fleshiest**) adj [person] bien en chair ; [part of the body, fruit, leaf] charnu.

fleur-de-lis, **fleur-de-lys** [ˌflɜːdə'liː] n HERALD fleur *f* de lis or lys.

flew [fluː] pt ⟶ **fly**.

flex [fleks] ◆ vt [one's arms, knees] fléchir ▸ **to flex one's muscles a)** *lit* bander or faire jouer ses muscles **b)** *fig* faire étalage de sa force. ◆ n [wire] fil *m* ; [heavy-duty] câble *m* ▸ **flex holder** enrouleur *m* pour fil électrique.

flex-cuff pl n lien *m* jetable *(pour attacher les poignets ou les chevilles d'un détenu)*.

flexibility [ˌfleksə'bɪlətɪ] n [of object] flexibilité *f*, souplesse *f* ; *fig* [of plan, approach] flexibilité *f* ; [of person's character] souplesse *f* / *he has always shown a lot of flexibility* [in timing, arrangements] il s'est toujours montré très disponible or arrangeant / *what I like about this software is its flexibility* ce qui me plaît dans ce logiciel, c'est sa flexibilité or souplesse d'emploi.

flexible ['fleksəbl] adj flexible, souple ; *fig* [approach, plans, timetable, etc.] flexible ; [person's character] souple ; [as regards timing, arrangements] arrangeant / *flexible working hours* horaires *mpl* variables / *my working hours are very flexible* j'ai des horaires de travail très libres or souples ▸ **flexible response** MIL riposte *f* graduée ▸ **my flexible friend** ma carte de crédit.

flexion ['flekʃn] n GRAM flexion *f*.

flexitime ['fleksɪtaɪm] n *(U)* horaires *m* à la carte or flexibles ▸ **to be on** or **to work flexitime** avoir des horaires à la carte.

flexor ['fleksəʳ] ◆ adj ANAT [muscle] fléchisseur. ◆ n ANAT fléchisseur *m*.

flexsecurity n flexsécurité *f*.

flextime ['flekstaɪm] = **flexitime**.

flibbertigibbet [ˌflɪbətɪ'dʒɪbɪt] n *dated* écervelé *m*, -e *f*, tête *f* de linotte.

flick [flɪk] ◆ n **1.** [with finger] chiquenaude *f* ; [with wrist] petit or léger mouvement *m* ; [with tail, whip, duster] petit or léger coup *m* / *with a flick of his finger* d'une chiquenaude / *give the table a quick flick with a duster* donne un petit coup de chiffon à or sur la table / *at the flick of a switch* en appuyant simplement sur un interrupteur **2.** US *inf* [film] film *m*. ◆ vt [switch] appuyer sur / *he flicked the horse with his whip* il a donné un petit coup de fouet au cheval / *don't flick your ash on the floor* ne mets pas tes cendres par terre / *she flicked the ash off the table* **a)** [with duster] d'un coup de chiffon, elle a enlevé la cendre de la table **b)** [with finger] d'une chiquenaude, elle a enlevé la cendre de la table.

❖ **flicks** pl n *inf & dated* ▸ **the flicks** le ciné, le cinoche.

❖ **flick off** vt sep [with finger - ash, paper, etc.] envoyer promener or enlever d'une chiquenaude ; [light, computer] éteindre.

❖ **flick on** vt sep [light, computer] allumer.

❖ **flick over** vt sep [pages of book, newspaper, etc.] tourner rapidement.

❖ **flick through** vt insep [book, newspaper] feuilleter / *to flick through the channels* TV passer rapidement d'une chaîne à une autre.

flicker ['flɪkəʳ] ◆ vi [flame, light] vaciller, trembler ; [eyelids, TV screen] trembler / *the candle was flickering* la flamme de la bougie vacillait. ◆ n [of flame, light] vacillement *m*, tremblement *m* ; [of eyelids, TV screen] tremblement *m*.

flicker-free adj [screen] anti-scintillements *(inv)*.

flickering ['flɪkərɪŋ] ◆ adj [light] vacillant ; [image] tremblotant. ◆ n **1.** [of light, flame] vacillement *m* **2.** [of image] tremblement *m*.

flick knife n (couteau *m* à) cran *m* d'arrêt.

flier ['flaɪəʳ] n **1.** AERON [pilot] aviateur *m*, -trice *f* ; [passenger] : *she's a good* / *bad flier* [likes/dislikes flying] elle supporte bien / ne supporte pas l'avion / *she's a frequent flier* elle prend souvent l'avion **2.** ORNITH : *the heron is an ungainly flier* le héron a un vol peu élégant **3.** *inf* SPORT [start to race] départ *m* lancé ; [false start] faux départ *m* ▸ **to get a flier** [good start] partir comme un boulet de canon **4.** *inf* [fall] vol *m* plané ▸ **to take a flier** faire un vol plané **5.** US *inf* [speculative venture] entreprise *f* à risques / *it's a bit of a flier, don't you think?* c'est un peu risqué, tu ne crois pas ? **6.** [leaflet] prospectus *m*.

flies [flaɪz] pl n **1.** = **fly 2.** THEAT dessus *mpl*, cintres *mpl*.

flight [flaɪt] n **1.** [flying] vol *m* / *capable of flight* capable de voler ▸ **to be in flight** être en vol **2.** [journey - of bird, spacecraft, plane, missile] vol *m* / *manned flight* [of spacecraft] vol habité / *a flight of 500 miles is nothing to a swallow* les hirondelles peuvent facilement effectuer des vols de 800 kilomètres **3.** AERON [journey in plane - by passenger] voyage *m* ; [- by pilot] vol *m* ; [plane itself] vol *m* / *how was your flight?* as-tu fait bon voyage ? / *this is my first transatlantic flight* **a)** [passenger] c'est la première fois que je traverse l'Atlantique en avion **b)** [pilot] c'est mon premier vol or ma première traversée transatlantique / *flight BA 314 to Paris* le vol BA 314 à destination de Paris / *when is the next flight to Newcastle?* à quelle heure part le prochain vol pour or à destination de Newcastle ? / *all flights out of Gatwick* tous les vols en provenance de Gatwick **4.** [group of birds] vol *m*, volée *f* ; [group of aircraft] flotte *f* aérienne **5.** [fleeing] fuite *f* ▸ **to be in full flight** être en pleine retraite ▸ **to take flight** prendre la fuite ▸ **to put sb** / **the enemy to flight** mettre qqn / l'ennemi en fuite / *the flight of capital overseas fig* la fuite des capitaux à l'étranger ▸ **the Flight into Egypt** la fuite en Égypte **6.** [of stairs] ▸ **flight (of) stairs** or **steps** escalier *m* / *I had to walk up all ten flights* j'ai dû monter les dix étages à pied / *it's another three flights up* c'est trois étages plus haut / *I'm not carrying this wardrobe up all those flights of stairs* je refuse de monter cette penderie tout là-haut / *a short flight of steps* quelques marches **7.** *fig* : *a flight of the imagination* une envolée de l'imagination / *it was just a flight of fancy* ce n'était qu'une idée folle **8.** [on arrow, dart] penne *f*, empennage *m* **9.** PHR **to be in the first** or **top flight** faire partie de l'élite.

flight attendant n [male] steward *m* ; [female] hôtesse *f* de l'air / *one of our flight attendants* un des membres de l'équipage.

flight control n [place] contrôle *m* aérien ; [people] contrôleurs *mpl* aériens.

flight crew n équipage *m (d'un avion)*.

flight deck n [of aircraft] poste *m* or cabine *f* de pilotage, habitacle *m* ; [of aircraft carrier] pont *m* d'envol.

flightiness ['flaɪtɪnɪs] n inconstance *f*.

flightless ['flaɪtlɪs] adj [bird] coureur.

flight lieutenant n *capitaine de l'armée de l'air britannique*.

flight number n numéro *m* de vol.

flight path n trajectoire *f* de vol.

flight plan n plan *m* de vol.

flight recorder n enregistreur *m* de vol.

flight sergeant n *sergent-chef de l'armée de l'air britannique*.

flight simulator n simulateur *m* de vol.

flighty ['flaɪtɪ] (*compar* **flightier**, *superl* **flightiest**) adj inconstant ; [in romantic relationships] volage, inconstant.

flimflam ['flɪmflæm] US *inf* ◆ n [nonsense] foutaises *fpl* ; [deceitful talk] blabla *m*, baratin *m* ▸ **flimflam artist** escroc *m*. ◆ vt rouler, escroquer.

flimsily ['flɪmzɪlɪ] adv [built, constructed] d'une manière peu solide, peu solidement.

flimsy ['flɪmzɪ] (*compar* **flimsier**, *superl* **flimsiest**) ◆ adj **1.** [material] fin, léger ; [clothes, shoes] léger ; [sthg built] peu solide ; [paper] peu résistant, fragile ; [toys, books] fragile **2.** [argument, case, excuse, etc.] léger. ◆ n [paper] papier *m* pelure ; [with typing on it] double *m* sur pelure.

flinch [flɪntʃ] vi **1.** [wince, with pain] tressaillir / *without flinching* sans broncher **2.** [shy away] : *to flinch from one's duty* / *obligations* reculer devant son devoir / ses obligations / *she didn't flinch from doing her duty* elle n'a pas reculé devant son devoir / *she flinched at the thought* l'idée l'a fait reculer.

fling [flɪŋ] (*pt & pp* **flung** [flʌŋ]) ◆ vt lancer, jeter / *don't just fling it, aim when you throw* ne le lance pas n'importe où, vise d'abord / *to fling one's arms around sb's neck* jeter ses bras autour du cou de qqn / *fling it in the dustbin* jette-le à la poubelle / *he flung himself into an armchair* il s'est jeté dans un fauteuil / *to fling oneself into a task* se lancer dans une tâche / *I flung a few things into a suitcase* j'ai fourré quelques affaires dans une valise / *you shouldn't just fling yourself into these jobs* / *relationships* tu ne devrais pas te lancer sans réfléchir dans ce type de travail / relation / *to fling sb into jail* jeter qqn en prison / *don't just fling yourself at him* ne te jette pas dans ses bras / *he flung himself off the top of the cliff* il s'est jeté du haut de la falaise / *with his coat casually flung over his shoulders* avec son manteau négligemment jeté sur ses épaules / *she flung the windows wide open* elle ouvrit les fenêtres en grand / *just fling in a bit of wine to give it taste inf* ajoute juste un peu de vin pour donner du goût / *she was flinging insults left right and centre* elle lançait des insultes de toutes parts / *to fling sthg in sb's face fig* envoyer qqch à la figure de qqn. ◆ n **1.** *inf* [attempt, try] ▸ **to have a fling at sthg** essayer de faire qqch / *let's give it a fling* essayons un coup **2.** [wild behaviour] : *youth must have its fling* il faut que jeunesse se passe / *I enjoy a little fling* j'aime bien me payer du bon temps ▸ **to have a fling with sb** *inf* [affair] avoir une aventure avec qqn / *the two of them are having a fling* ils ont une aventure **3.** [dance] *danse traditionnelle écossaise*.

❖ **fling about** vt sep [objects] lancer / *the luggage got flung about a bit during the flight* les bagages ont été un peu secoués pendant le vol / *he flung his arms about wildly* **a)** [fighting] il se démenait violemment **b)** [gesticulating] il gesticulait violemment.

❖ **fling away** vt sep [discard] jeter (de côté) / *that's just flinging your money away* c'est jeter ton argent par les fenêtres.

❖ **fling back** vt sep [ball] renvoyer ; [curtains] ouvrir brusquement / *she flung back her head* elle a rejeté sa tête en arrière.

❖ **fling down** vt sep [object] jeter par terre / *don't just fling the books down anywhere* ne jette pas les livres n'importe où / *to fling down a challenge* lancer or jeter un défi.

❖ **fling off** vt sep **1.** [coat, dress] jeter **2.** [attacker] repousser violemment **3.** [casual remarks] dire avec désinvolture ; [poems, article] écrire d'un trait.

❖ **fling out** vt sep [object] jeter, balancer ; [person] mettre à la porte, jeter dehors.

❖ **fling up** vt sep [throw - in air] jeter en l'air ; [- to sb in higher position] lancer, envoyer / *he flung up his hands in horror* horrifié, il leva les bras au ciel.

flint [flɪnt] ◆ n [substance] silex *m* ; [for cigarette lighter] pierre *f* à briquet. ◆ comp [tools, axe] en silex.

flintlock ['flɪntlɒk] n [rifle] mousquet *m* ; [pistol] pistolet *m* à fusil.

flinty ['flɪntɪ] (*compar* **flintier**, *superl* **flintiest**) adj [rocks, soil] siliceux ; [wine] minéral ; *fig* [heart] de pierre.

flip [flɪp] (*pt & pp* **flipped**, *cont* **flipping**) ◆ n **1.** [little push, flick] petit coup *m* ▶ **to give sthg a flip** donner un petit coup à qqch **2.** [turning movement] demi-tour *m* *(sur soi-même)* ; [somersault - in diving] saut *m* périlleux ; [- in gymnastics] flip-flap *m* **3.** ▶ **to have a (quick) flip through a magazine** feuilleter un magazine **4.** [drink] *boisson alcoolisée à l'œuf* **5.** US [of hair] petite boucle *f*. ◆ vt **1.** [move with a flick] donner un petit coup sec à / *he flipped the packet shut* d'un petit coup sec, il a refermé le paquet **2.** [throw] envoyer, balancer / *he casually flipped her back onto the trapeze* sans effort apparent, il l'a renvoyée sur le trapèze ▶ **to flip a coin (for sthg)** décider (qqch) à pile ou face **3.** PHR **to flip one's lid** *inf* = **flip** *(vi)*. ◆ vi *inf* **1.** [become ecstatic] être emballé, flasher ▶ **to flip over sthg** être emballé par qqch, flasher sur qqch **2.** [get angry] exploser, piquer une crise ; [go mad] devenir dingue, perdre la boule ; [under effects of stress] craquer. ◆ adj *inf* [flippant] désinvolte. ◆ interj *inf* mince, zut.

❖ **flip off** vt sep [flick off - dirt, dust, etc.] faire tomber ▶ **to flip sthg off sthg** faire tomber qqch de qqch ▶ **to flip sb off** US *inf* ≃ faire un bras d'honneur à qqn.

❖ **flip out** vi **1.** *inf* [get angry] exploser, piquer une crise ; [become ecstatic] être emballé, flasher **2.** [trailer of vehicle, racing car] faire un écart.

❖ **flip over** ◆ vt sep [turn over - stone, person] retourner ; [- page] tourner. ◆ vi [turn over - plane, boat, fish] se retourner ; [- page] tourner tout seul.

❖ **flip through** vt insep [magazine] feuilleter.

flip chart n tableau *m* à feuilles.

flip-flop ◆ n **1.** [sandal] tong *f* **2.** ELECTRON bascule *f* **3.** US *inf* [in attitude, policy] volte-face *f inv*, revirement *m* / *to do a flip-flop* faire volte-face, retourner sa veste. ◆ vi US *inf* faire volte-face, retourner sa veste.

flippancy [ˈflɪpənsɪ] n [of person, attitude] légèreté *f*, désinvolture *f* ; [of remark] désinvolture *f*.

flippant [ˈflɪpənt] adj désinvolte / *he was just being flippant* il ne parlait pas sérieusement.

flippantly [ˈflɪpəntlɪ] adv avec désinvolture.

flipper [ˈflɪpəʳ] n **1.** [for swimming] palme *f* **2.** [of seal, penguin] nageoire *f*.

flip phone n téléphone *m* à clapet.

flipping [ˈflɪpɪŋ] UK *inf* ◆ adj [as intensifier] fichu / *you've got a flipping nerve!* tu as un fichu or sacré culot ! / *you flipping idiot!* espèce d'idiot ! / *he's a flipping genius* c'est un super génie. ◆ adv [as intensifier] fichtrement / *it's flipping hot / cold in here* il fait fichtrement chaud / froid là-dedans / *it's too flipping late now* il est bien trop tard maintenant / *not flipping likely!* il n'y a pas de risque ! / *isn't it just flipping marvellous!* *iro* c'est pas formidable ! / *you can flipping well do it yourself!* tu n'as qu'à le faire toi-même si c'est comme ça !

flip side n *inf* [of record] face *f* B ; *fig* [disadvantage] inconvénient *m* / *the flip side was that I felt lonely* le côté négatif était que je me sentais seul ▶ **catch you on the flip side!** US *inf* à plus !

flip top ◆ n [of packet] couvercle *m* à rabat / *in the new flip-top pack* avec le nouveau couvercle à rabat. ◆ adj [mobile phone] à clapet.

flirt [flɜːt] ◆ vi **1.** [sexually] flirter / *he flirts with everybody* il flirte avec tout le monde **2.** *fig* : *to flirt with danger / death* frayer avec le danger / la mort / *to flirt with an idea* jouer avec une idée. ◆ n **1.** [person] charmeur *m*, -euse *f* / *he's just a flirt* il fait du charme à tout le monde, c'est un charmeur **2.** [act] badinage *m* amoureux.

flirtation [flɜːˈteɪʃn] n badinage *m* amoureux / *his flirtation with danger / the idea ended in disaster* *fig* il a frayé avec le danger / joué avec cette idée et cela a tourné au désastre.

flirtatious [flɜːˈteɪʃəs] adj charmeur.

flirtatiously [flɜːˈteɪʃəslɪ] adv d'un air charmeur.

flit [flɪt] (*pt & pp* **flitted**, *cont* **flitting**) ◆ vi **1.** [bird, bat, etc.] voleter / *bats were flitting about* des chauves-souris voletaient de-ci de-là ; [person] : *people were constantly flitting in and out of his office* les gens n'arrêtaient pas d'entrer et de sortir de son bureau / *an idea flitted into my mind* une idée me vint soudain à l'esprit / *to flit from one subject to another* sauter d'un sujet à un autre, passer du coq à l'âne / *to flit from woman to woman / job to job* passer continuellement d'une femme à une autre / d'un emploi à un autre **2.** UK *regional* [move house] déménager **3.** UK *inf & regional* [move house] déménager. ◆ n UK *regional* déménagement *m*.

flitch [flɪtʃ] n [of pork] flèche *f*.

flitting [ˈflɪtɪŋ] n UK *inf & regional* déménagement *m*.

flivver [ˈflɪvəʳ] n vieux tacot *m*.

float [fləʊt] ◆ n **1.** [for fishing line] bouchon *m*, flotteur *m* ; [on raft, seaplane, fishing net, in carburettor, toilet cistern] flotteur *m* ; [for swimming] planche *f* **2.** [vehicle - in parade, carnival] char *m* ; [- for milk delivery] voiture *f* du livreur de lait **3.** [cash advance] avance *f* ; [business loan] prêt *m* de lancement ; [money in cash register] encaisse *f* **4.** [drink] *soda avec une boule de glace*. ◆ vi **1.** [on water] flotter ; [be afloat - boat] flotter, être à flot / *the raft / log floated down the river* le radeau / le tronc d'arbre a descendu la rivière au fil de l'eau / *the bottle floated out to sea* la bouteille a été emportée vers le large / *the diver floated slowly up to the surface* le plongeur est remonté lentement à la surface / *we floated downstream* [in boat] le courant nous a portés **2.** [in the air - balloon, piece of paper] voltiger ; [- mist, clouds] flotter ; [- ghost, apparition] flotter, planer / *music / the sound of laughter floated in through the open window* de la musique est entrée / des bruits de rires sont entrés par la fenêtre ouverte **3.** [currency] flotter. ◆ vt **1.** [put on water - ship, raft, platform] mettre à flot ; [- paper ship, toy] faire flotter / *the timber is then floated downstream to the mill* le bois est ensuite flotté jusqu'à l'usine située en aval **2.** [launch - company] lancer, créer ; FIN [bonds, share issue] émettre **3.** FIN [currency] faire flotter **4.** *fig* [idea] lancer, proposer ; [plan] proposer.

❖ **float about** UK, **float around** vi *inf* [rumours] courir ; [unoccupied person] traîner / *she's / it's floating about somewhere* elle / il traîne dans les parages.

❖ **float off** ◆ vt sep [free - boat] remettre à flot. ◆ vi **1.** [be carried away - log, ship, etc.] partir or être emporté au fil de l'eau ; [in the air - balloon, piece of paper] s'envoler **2.** *fig* [person] s'envoler, disparaître.

floatation [fləʊˈteɪʃn] = **flotation**.

float chamber n [in carburettor] cuve *f*.

floater [ˈfləʊtəʳ] n US [floating voter] (électeur *m*) indécis *m*, électrice *f* indécise.

❖ **floaters** pl n [in eye] mouches *fpl* volantes, corps *mpl* flottants.

float glass n verre *m* flotté.

floating [ˈfləʊtɪŋ] ◆ adj **1.** [on water] flottant ▶ **floating crane** ponton-grue *m* ▶ **floating dock** dock *m* flottant **2.** [not fixed] : *he has led a sort of floating existence* il a mené une vie assez vagabonde ▶ **floating population** [within country] population *f* migrante ▶ **floating vote** : *there's a fairly large floating vote* les indécis sont assez nombreux / *the floating vote will determine the outcome* les voix des indécis détermineront le résultat ▶ **floating voters** (électeurs *mpl*) indécis *mpl* **3.** FIN [currency, exchange rate] flottant ; [capital] disponible ▶ **floating rate** taux *m* flottant **4.** COMPUT [accent] flottant ▶ **floating point** virgule *f* flottante **5.** MED ▶ **floating bodies** [in eye] mouches *fpl* volantes, corps *mpl* flottants ▶ **floating kidney** rein *m* flottant. ◆ n **1.** [putting on the water] mise *f* à flot ; [getting afloat again] remise *f* à flot **2.** [of new company] lancement *m*, création *f* **3.** [of currency] flottement *m* **4.** [of new idea, plan] proposition *f*.

floating floor n parquet *m* flottant.

floating-point adj COMPUT à or en virgule flottante.

flock [flɒk] ◆ n [of sheep] troupeau *m* ; [of birds] vol *m*, volée *f* ; *inf* [of people] foule *f* ; RELIG ouailles *fpl* / *they came in flocks* ils sont venus en foule or en masse ; TEXT bourre *f* ▶ **flock wallpaper** papier *m* tontisse. ◆ vi aller or venir en foule or en masse, affluer / *people are flocking to see it* les gens vont le voir en foule or en masse, les gens affluent pour le voir / *audiences are flocking in* les spectateurs viennent en foule or en masse, les spectateurs affluent / *the people flocked around him* les gens se sont massés or attroupés autour de lui.

❖ **flock together** vi [sheep] se regrouper, s'attrouper.

Flodden [flɒdn] pr n *lieu de la défaite des Écossais du roi Jacques IV contre les Anglais.*

floe [fləʊ] = **ice floe**.

flog [flɒg] (*pt & pp* **flogged**, *cont* **flogging**) vt **1.** [beat] fouetter ▶ **to flog a dead horse** *inf* : *we're just flogging a dead horse* nous nous dépensons en pure perte, nous nous acharnons inutilement ▶ **to flog an idea / a joke to death** *inf* accommoder une idée / blague à toutes les sauces **2.** *inf* [sell] vendre.

❖ **flog off** vt sep UK *inf* [sell off] bazarder / *they're flogging them off cheap* ils les bazardent pour pas cher.

flogging [ˈflɒgɪŋ] n [beating] flagellation *f* ; LAW supplice *m* du fouet or de la flagellation.

flood [flʌd] ◆ n **1.** *lit* inondation *f* ▶ **the Flood** le Déluge ▶ **to be in flood** [river] être en crue / *you've caused a flood in the bathroom* tu as inondé la salle de bains ▶ **flood warning** avis *m* de crue **2.** *fig* [of applications, letters, offers] déluge *m* ; [of light] flot *m* ▶ **floods of tears** un déluge or torrent de larmes ▶ **to be in floods of tears** pleurer à chaudes larmes **3.** = **flood tide** **4.** = **floodlight**. ◆ vt **1.** [unintentionally] inonder ; [deliberately] inonder, noyer / *you've flooded the bathroom* tu as inondé la salle de bains **2.** AUTO [carburettor] noyer **3.** [river - subj: rain] faire déborder **4.** *(usu passive)* *fig* [person - with letters, replies] inonder, submerger / *to be flooded with applications / letters* être submergé de demandes / lettres / *to be flooded in light* [room, valley] être inondé de lumière **5.** COMM ▶ **to flood the market** inonder le marché. ◆ vi **1.** [river] être en crue, déborder **2.** [land, area] être inondé **3.** *fig* [move in large quantities] : *to flood into the streets* envahir les rues / *refugees are still flooding across the border* les réfugiés continuent à passer la frontière en foule or en masse / *light was flooding through the window* la lumière entrait à flots par la fenêtre / *new energy was flooding through his veins* une énergie nouvelle coulait dans ses veines.

❖ **flood back** vi [people] revenir en foule or en masse ; [strength, memories] revenir à flots, affluer / *suddenly it all came flooding back to me* soudain tous mes souvenirs ont reflué en masse.

❖ **flood in** vi [people] entrer en foule or en masse, affluer ; [applications, letters] affluer ; [light, sunshine] entrer à flots.

❖ **flood out** ◆ vt sep inonder / *hundreds of families have been flooded out* [from homes] l'inondation a forcé des centaines de familles à quitter leurs maisons. ◆ vi [people] sortir en foule or en masse ; [words] sortir à flots ; [ideas] se bousculer, affluer.

flood barrier n digue *f* de retenue.

flood control n contrôle *m* des crues.

flood-damaged adj abîmé or endommagé par les eaux.

flooded [ˈflʌdɪd] adj [land, house] inondé ; [engine] noyé.

floodgate [ˈflʌdgeɪt] n vanne *f*, porte *f* d'écluse ▶ **to open the floodgates** *fig* : *the new law will open the floodgates to all kinds of fraudulent practices* cette nouvelle loi est la porte ouverte à toutes sortes de pratiques frauduleuses.

flooding [ˈflʌdɪŋ] n *(U)* inondation *f* ; [of submarine's tanks] remplissage *m* / *flooding is a major problem* les inondations sont un grand problème.

floodlight [ˈflʌdlaɪt] (*pt & pp* **floodlit** [-lɪt] *or* **floodlighted**) ◆ n [lamp] projecteur *m* ; [light] lumière *f* des projecteurs / *to play under floodlights* jouer à la lumière des projecteurs. ◆ vt [football pitch, stage] éclairer (aux projecteurs) ; [building] illuminer *f*.

floodlighting [ˈflʌdlaɪtɪŋ] n *(U)* [of pitch, stage] éclairage *m* (aux projecteurs) ; [of building] illumination *f*.

floodlit [ˈflʌdlɪt] adj [match, stage] éclairé (aux projecteurs) ; [building] illuminé.

floodplain [ˈflʌdpleɪn] n lit *m* majeur.

flood tide n marée *f* montante.

flooey ['flu:ɪ] adj US *inf* bizarre.

floor [flɔ:ʳ] ◆ n **1.** [ground - gen] sol *m* ; [- wooden] plancher *m*, parquet *m* ; [- tiled] carrelage *m* / *earthen floor* sol en terre battue / *to put sthg / to sit on the floor* poser qqch / s'asseoir par terre / *the forest floor* le sol de la forêt, la couverture *spec* ▸ **to wipe the floor with sb a)** [in match, fight] battre qqn à plate couture, réduire qqn en miettes **b)** [in argument] descendre qqn **2.** [bottom part - of lift, cage] plancher *m* ; [- of sea, ocean] fond *m* **3.** [storey] étage *m* / *we live ten floors up* nous habitons au dixième étage / *on the same floor* au même étage / *on the floor below* à l'étage en dessous / *on the second floor* **a)** UK au deuxième étage **b)** US au premier étage **4.** [for dancing] piste *f* (de danse) ▸ **to take the floor** aller sur la piste (de danse) / *shall we take the floor?* voulez-vous m'accorder cette danse ? **5.** [in parliament, assembly, etc.] enceinte *f* ; [of stock exchange] parquet *m* ▸ **the floor of the House** ≃ l'hémicycle *m* ▸ **to have / to take the floor** [speaker] avoir / prendre la parole / *he had the floor for twenty minutes* il a parlé or a gardé la parole pendant vingt minutes ▸ **to give sb the floor** accorder or donner la parole à qqn ▸ **questions from the floor** questions du public ▸ **to cross the floor** [in parliament] changer de parti. ◆ vt **1.** [building, house] faire le sol de ; [with linoleum] poser le revêtement de sol dans ; [with parquet] poser le parquet or plancher dans, parqueter ; [with tiles] poser le carrelage dans, carreler **2.** *inf* [opponent] terrasser **3.** *inf* [puzzle, baffle] dérouter ; [surprise, amaze] abasourdir.

floor area n [of room, office] surface *f*.

floorboard ['flɔ:bɔ:d] n lame *f* (de parquet) / *to take the floorboards up* enlever les lames du parquet.

floor cleaner n (produit *m*) nettoyant *m* pour sols.

floor cloth n serpillière *f* ; [old rag] chiffon *m*.

floor covering n [linoleum, fitted carpet] revêtement *m* de sol ; [rug] tapis *m*.

floor exercise n [in gymnastics] exercice *m* au sol.

flooring ['flɔ:rɪŋ] n *(U)* **1.** [act] : *the flooring has still to be done* il reste encore le plancher à faire **2.** [material] revêtement *m* de sol ▸ **flooring tiles** carreaux *mpl*.

floor lamp n US lampadaire *m*.

floor leader n POL *chef de file d'un parti siégeant au Sénat ou à la Chambre des représentants aux États-Unis.*

floor manager n **1.** [in department store] chef *m* de rayon **2.** TV régisseur *m*, -euse *f* de plateau.

floor model n modèle *m* d'exposition.

floor-mounted [-'maʊntɪd] adj [gear lever] au plancher.

floor plan n plan *m*.

floor polish n encaustique *f*, cire *f*.

floor polisher n [machine] cireuse *f*.

floor sample n US modèle *m* d'exposition.

floor show n spectacle *m* de cabaret.

floorspace ['flɔ:speɪs] n espace *m*.

floor tile n carreau *m*.

floorwalker ['flɔ:,wɔ:kəʳ] n ≃ chef *m* de rayon.

floor wax n cire *f*, encaustique *f*.

floozie, floozy ['flu:zɪ] (*pl* **floozies**) n *inf* traînée *f*.

flop [flɒp] (*pt & pp* **flopped**, *cont* **flopping**) ◆ vi **1.** [fall slackly - head, arm, etc.] tomber ; [- person] s'affaler, s'effondrer **2.** *inf* [attempt, idea, recipe] louper ; [fail - play, film] faire un four or un bide ; [- actor] faire un bide. ◆ n *inf* [failure] fiasco *m*, bide *m* / *this cake is a flop* ce gâteau est complètement loupé / *he was a flop as Othello* il était complètement nul dans le rôle d'Othello or en Othello. ◆ adv *inf* : *it went flop into the water* ça a fait plouf or floc en tombant dans l'eau.

❖ **flop about** UK, **flop around** vi : *the fish flopped about on the deck* les poissons frétillaient sur le pont / *he flopped about all day in his slippers* il traînait toute la journée en chaussons.

❖ **flop down** vi se laisser tomber lourdement.

❖ **flop over** vi se renverser.

flophouse ['flɒphaʊs] (*pl* [-haʊzɪz]) n US *inf* asile *m* de nuit.

floppy ['flɒpɪ] (*compar* **floppier**, *superl* **floppiest**) ◆ adj [ears, tail, plant] pendant ; [collar, brim of hat] mou *(before vowel or silent 'h' mol, f molle)* ; [trousers, sweater] flottant, large / *the jumper went all floppy when I washed it* le pull s'est complètement déformé au lavage / *this heat makes you feel all floppy* UK cette chaleur vous rend tout mou. ◆ n COMPUT disquette *f*.

floppy disk n COMPUT disquette *f*.

flora ['flɔ:rə] pl n flore *f*.

❖ **Flora** pr n MYTH Flore.

floral ['flɔ:rəl] adj [arrangement, display] floral ; [pattern, fabric, dress] à fleurs, fleuri.

floral tribute n [gen] bouquet *m* or gerbe *f* de fleurs ; [funeral wreath] couronne *f* de fleurs.

Florence ['flɒrəns] pr n Florence.

Florentine ['flɒrəntaɪn] ◆ adj florentin. ◆ n **1.** [person] Florentin *m*, -e *f* **2.** CULIN florentin *m*.

floret ['flɔ:rɪt] n fleuron *m*.

florid ['flɒrɪd] adj **1.** [complexion] coloré **2.** [style, architecture] chargé ; [music] qui comporte trop de fioritures.

Florida ['flɒrɪdə] pr n Floride *f* / *in Florida* en Floride.

florin ['flɒrɪn] n [British, Dutch] florin *m*.

florist ['flɒrɪst] n fleuriste *mf* ▸ **florist's (shop)** fleuriste *m*.

floss [flɒs] ◆ n **1.** [for embroidery] fil *m* de schappe or de bourrette **2.** [for teeth] fil *m* or soie *f* dentaire. ◆ vt [teeth] nettoyer au fil or à la soie dentaire.

flossy ['flɒsɪ] adj **1.** [resembling floss] cotonneux **2.** US *inf* [showy] tape-à-l'œil.

flotation [fləʊ'teɪʃn] n **1.** [of ship - putting into water] mise *f* à flot ; [- off sandbank] remise *f* à flot ; [of logs] flottage *m* ▸ **flotation rings** flotteurs *mpl* ▸ **flotation tank** caisson *m* étanche ▸ **flotation vest** gilet *m* de sauvetage **2.** [of new company] lancement *m*, création *f* ; FIN [of loan by means of share issues] émission *f* d'actions *(permettant de financer la création d'une entreprise)*.

flotilla [flə'tɪlə] n flottille *f*.

flotsam ['flɒtsəm] n *(U)* morceaux *mpl* d'épave ▸ **flotsam and jetsam** morceaux d'épave et détritus *mpl* / *the flotsam and jetsam of society fig* les laissés-pour-compte *mpl* de la société.

flounce [flaʊns] ◆ n [in garment] volant *m*. ◆ vi : *to flounce into / out of a room* entrer dans une / sortir d'une pièce de façon très théâtrale / *she's been flouncing around all morning* elle s'est agitée toute la matinée.

flounced [flaʊnst] adj [skirt] à volants.

flouncy ['flaʊnsɪ] adj [dress, skirt] froufroutant.

flounder ['flaʊndəʳ] ◆ vi **1.** [in water, mud] patauger péniblement / *the dolphin was floundering about in a few inches of water* le dauphin se débattait dans quelques centimètres d'eau **2.** [in speech, lecture, etc.] perdre pied, s'empêtrer / *I knew I had put my foot in it, but floundered on regardless* je savais que j'avais gaffé mais j'ai continué à m'enfoncer lamentablement / *somehow he floundered through his speech* il est allé tant bien que mal jusqu'à la fin de son discours / *the economy is still floundering* l'économie est encore instable. ◆ n [fish] flet *m*.

flour ['flaʊəʳ] ◆ n farine *f*. ◆ vt saupoudrer de farine, fariner.

flour bin n boîte *f* à farine.

flour dredger = **flour shaker**.

flourish ['flʌrɪʃ] ◆ vi [business, economy, plant] prospérer ; [arts, literature, etc.] fleurir, s'épanouir ; [in health] être en pleine forme or santé. ◆ vt [wave, brandish - sword, diploma] brandir. ◆ n **1.** [in lettering, design] ornement *m*, fioriture *f* ; [in signature] paraphe *m*, parafe *m* **2.** [wave] grand geste *m* de la main / *with an elaborate flourish of his hat* avec un grand mouvement de chapeau / *with a flourish of his sword* en faisant un moulinet avec son épée **3.** [in musical or written style] fioriture *f* ▸ **a flourish of trumpets** MUS une fanfare / *a little literary flourish* un petit effet de style.

flourishing ['flʌrɪʃɪŋ] adj [business, trade] florissant, prospère ; [trader] prospère ; [in health] en pleine forme or santé ; [plant] qui prospère.

flourmill ['flaʊəmɪl] n minoterie *f*.

flour shaker n saupoudreuse *f* à farine.

floury ['flaʊərɪ] adj **1.** [covered in flour - hands] enfariné ; [- clothes] couvert de farine **2.** [potatoes] farineux.

flout [flaʊt] vt [orders, instructions] passer outre à ; [tradition, convention] se moquer de ; [laws of physics] défier.

flow [fləʊ] ◆ vi **1.** [liquid] couler ; [electric current, air] circuler / *the river flows into the sea* la rivière se jette dans la mer / *I let the waves flow over me* j'ai laissé les vagues glisser sur moi / *blood was still flowing from the wound* le sang continuait à couler or s'écouler de la blessure / *a lot of blood will flow before peace is established* beaucoup de sang sera versé avant que la paix ne soit rétablie / *I could feel a new vital force flowing through my veins* je sentais un regain de force vitale m'envahir / *I let the sound of the music just flow over me fig* j'ai laissé la musique m'envahir **2.** [traffic, crowd] circuler, s'écouler / *new measures designed to enable the traffic to flow more freely* de nouvelles mesures destinées à rendre la circulation plus fluide / *the traffic isn't flowing as it should* la circulation n'est pas aussi fluide qu'elle devrait l'être **3.** [hair, dress] flotter **4.** [prose, style, novel] couler ; [work, project] avancer, progresser / *this essay doesn't flow very well* le style de cette dissertation n'est pas très fluide / *play it this way, it flows better* MUS joue-le comme ça, ça coule mieux / *in order to keep the conversation flowing* pour entretenir la conversation **5.** [appear in abundance] : *the whisky flowed freely* le whisky a coulé à flots / *ideas flowed fast and furious* les idées fusaient de tous côtés **6.** [tide] monter **7.** [emanate] provenir / *decisions flowing from head office* les décisions qui proviennent or émanent du siège social. ◆ n **1.** [of liquid] circulation *f* ; [of river] écoulement *m* ; [of lava] coulée *f* ; [of tears] ruissellement *m* / *the decreasing flow of oil from the North Sea* la quantité décroissante de pétrole en provenance de la mer du Nord **2.** [amount - of traffic, people, information, work] flux *m* ; [movement - of work] acheminement *m* ; [- of information] circulation *f* / *there is normally a very heavy flow of traffic here* il y a généralement beaucoup de circulation or une circulation intense par ici **3.** [of dress, cape] drapé *m* **4.** [of prose, novel, piece of music] flot *m* ▸ **to be in full flow** [orator] être en plein discours / *there's no stopping him once he's in full flow* il n'y a pas moyen de l'arrêter quand il est lancé **5.** [of the tide] flux *m*.

❖ **flow in** vi [water, liquid] entrer, s'écouler ; [contributions, messages of sympathy, people] affluer.

❖ **flow out** vi [water, liquid] sortir, s'écouler ; [people, crowds] s'écouler / *the sewage then flows out of the pipe into the lake* les égouts se déversent ensuite du conduit dans le lac.

flowchart ['fləʊtʃɑ:t] n organigramme *m*, graphique *m* d'évolution.

flow diagram = **flowchart**.

flower ['flaʊəʳ] ◆ n **1.** BOT fleur *f* / *flower market* marché *m* aux fleurs / *flower petal* pétale *m* de fleur ▸ **to be in flower** être en fleur or fleurs ▸ **to come into flower** fleurir / *the tree is coming into flower* l'arbre commence à fleurir / *no flowers please* [at funeral] ni fleurs ni couronnes / *to do the flowers* [arrange] s'occuper des compositions florales **2.** *fig* : *the flower of the youth of Athens / of the army liter* la fine fleur de la jeunesse athénienne / de l'armée / *in the full flower of youth* dans la fleur de la jeunesse **3.** CHEM ▸ **flowers of sulphur** fleur *f* de soufre. ◆ vi **1.** [plant, tree] fleurir **2.** *liter* [artistic movement, genre] fleurir, s'épanouir.

flower arrangement n art *m* floral ; [actual arrangement] composition *f* florale.

flower arranging [-ə'reɪndʒɪŋ] n *(U)* art *m* floral / *the flower arranging took no time at all* la composition florale a été réalisée en un rien de temps.

flowerbed ['flaʊəbed] n parterre *m* de fleurs.

flower child n hippy *mf*, hippie *mf (surtout des années 1960)*.

flowered ['flaʊəd] adj [dress, pattern] fleuri, à fleurs.

flower garden n jardin *m* d'agrément.

flower girl n **1.** [selling flowers] marchande *f* de fleurs **2.** US & Scot [at wedding] *petite fille qui porte des fleurs dans un mariage* ; ≃ demoiselle *f* d'honneur.

flower head n capitule *m*.

floweriness ['flaʊərɪnɪs] n [of language, speech, compliments] style *m* fleuri.

flowering ['flaʊərɪŋ] ◆ n **1.** [of plant, tree] floraison *f* **2.** [of artistic movement, talents] épanouissement *m*. ◆ adj [plant, tree - which flowers] à fleurs ; [- which is in flower] en fleurs ▸ **flowering ash** orne *m* ▸ **flowering cherry** cerisier *m* à fleurs.

flower people n hippies *mpl (surtout des années 1960)*.

flowerpot ['flaʊəpɒt] n pot *m* de fleurs.

flower power n *pacifisme prôné par les hippies, surtout dans les années 1960.*

flower-seller n vendeur *m*, -euse *f* de fleurs.

flower shop n fleuriste *m*, boutique *f* de fleurs / *she owns two flower shops* elle est propriétaire de deux boutiques de fleurs.

flower show n exposition *f* de fleurs ; [outdoors, on a large scale] floralies *fpl*.

flowery ['flaʊərɪ] adj **1.** [fields, perfume] fleuri ; [smell] de fleurs ; [pattern, dress, carpet] à fleurs **2.** [language, compliments] fleuri.

flowing ['fləʊɪŋ] adj [style, prose] fluide ; [beard, hair, robes] flottant ; [movement] fluide, coulant.

flown [fləʊn] pp ⟶ **fly**.

fl. oz. written abbr of **fluid ounce**.

flu [flu:] n grippe *f* / *to have flu* UK, *to have the flu* avoir la grippe, être grippé ▸ **flu vaccine** vaccin *m* contre la grippe or antigrippal ▸ **flu virus** virus *m* de la grippe.

flub [flʌb] vt *inf* rater, louper.

fluctuate ['flʌktʃʊeɪt] vi [rate, temperature, results, etc.] fluctuer ; [interest, enthusiasm, support] être fluctuant or variable ; [person - in enthusiasm, opinions, etc.] être fluctuant or changeant / *our production fluctuates from week to week* notre production est fluctuante or varie d'une semaine sur l'autre.

fluctuating ['flʌktʃʊeɪtɪŋ] adj [rate, figures, prices, etc.] fluctuant ; [enthusiasm, support, etc.] fluctuant, variable ; [needs, opinions, etc.] fluctuant, changeant.

fluctuation [,flʌktʃʊ'eɪʃn] n fluctuation *f*.

flue [flu:] n [chimney] conduit *m* ; [for stove, boiler] tuyau *m* ; MUS [of organ] tuyau *m*.

flue brush n hérisson *m*.

fluency ['flu:ənsɪ] n **1.** [in speaking, writing] facilité *f*, aisance *f* **2.** [in a foreign language] : *fluency in French is desirable* la connaissance du français parlé est souhaitable / *we can identify various levels of fluency* on peut distinguer différents niveaux de maîtrise de la langue / *the course aims at fluency rather than at explicit knowledge of grammar* le cours met l'accent sur l'expression plutôt que sur une connaissance formelle de la grammaire / *I doubt whether I'll ever achieve complete fluency* je doute d'arriver un jour à parler couramment **3.** SPORT [of play, strokes] facilité *f*, aisance *f*.

fluent ['flu:ənt] adj **1.** [prose, style] fluide / *he's a fluent speaker* il s'exprime aisément or avec facilité **2.** [in a foreign language] : *to be fluent in French* or *to speak fluent French* parler couramment (le) français / *he replied in fluent Urdu* il a répondu dans un ourdou aisé or coulant / *I'll never be fluent* je ne parlerai jamais couramment **3.** SPORT [play, strokes] facile, aisé.

fluently ['flu:əntlɪ] adv **1.** [speak, write] avec facilité or aisance **2.** [speak a foreign language] couramment **3.** SPORT [play] avec facilité or aisance.

flue pipe n MUS [of organ] tuyau *m*.

fluff [flʌf] ◆ n **1.** *(U)* [on baby animal, baby's head] duvet *m* ; [from pillow, material, etc.] peluches *fpl* ; [collected dust] moutons *mpl* ▸ **a bit of fluff** **a)** des peluches **b)** UK *inf & dated* [pretty girl] une minette, une nana **2.** UK *inf* [mistake] raté *m* / *he made a complete fluff of the line* il a complètement raté sa réplique. ◆ vt UK *inf* [lines, entrance] rater, louper ▸ **to fluff it** se planter.

❖ **fluff out** vt sep [feathers] hérisser, ébouriffer ; [hair] faire bouffer ; [pillows, cushions] secouer.

❖ **fluff up** vt sep [feathers] hérisser, ébouriffer ; [pillows, cushions] secouer.

fluffy ['flʌfɪ] (*compar* **fluffier**, *superl* **fluffiest**) adj **1.** [material, sweater] pelucheux ; [chick, kitten, hair] duveteux ; [mousse, sponge] léger ; [clouds] cotonneux ▸ **fluffy toy** UK (jouet *m* en) peluche *f* **2.** [covered in fluff, dust] couvert de moutons.

flugelhorn ['flu:gəlhɔ:n] n bugle *m*.

fluid ['flu:ɪd] ◆ adj **1.** [substance] fluide, liquide **2.** [flowing - style, play, match] fluide **3.** [liable to change - situation] indécis, indéterminé ; [- plans] indéterminé. ◆ n fluide *m*, liquide *m* ▸ **body fluids** sécrétions *fpl* corporelles ▸ **to be on fluids** [patient] ne prendre que des liquides.

fluid dram n drachme *f*.

fluidity [flu:'ɪdətɪ] n **1.** [of substance] fluidité *f* **2.** [of style, play] fluidité *f* **3.** [liability to change - of situation, plans] indétermination *f*.

fluid mechanics n *(U)* mécanique *f* des fluides.

fluid ounce n UK ≃ 0,028 litre ; US ≃ 0,03 litre.

fluke [flu:k] ◆ n **1.** *inf* [piece of good luck] coup *m* de bol or pot ; [coincidence] hasard *m* ▸ **by (a) sheer fluke** [coincidence] par un pur hasard **2.** [on anchor] patte *f*, bras *m* ; [on whale's tail] lobe *m* de la nageoire caudale **3.** [flounder] flet *m* ; [flatworm] douve *f*. ◆ comp [shot, discovery] heureux / *it was a fluke discovery* cela a été découvert par hasard.

fluky ['flu:kɪ] adj *inf* **1.** [lucky - shot, guess] heureux ; [- person] chanceux ; / *what a fluky goal!* quel coup de bol, ce but ! **2.** US [strange] bizarre.

flume [flu:m] n **1.** [channel] buse *f* **2.** [at swimming pool] *sorte de toboggan dans lequel coule de l'eau.*

flummery ['flʌmərɪ] n **1.** UK [dessert] *dessert à base de flocons d'avoine* **2.** *(U) inf* [flattering nonsense] baratin *m*.

flummox ['flʌməks] vt déconcerter, dérouter.

flummoxed ['flʌməkst] adj : *I was completely flummoxed* ça m'a complètement démonté.

flung [flʌŋ] pt & pp ⟶ **fling**.

flunk [flʌŋk] US *inf* ◆ vi [in exam, course] se planter. ◆ vt [subj: student - French, maths] se planter en ; [- exam] se planter à / *he flunked his test* il s'est planté à son examen / *the professor flunked her paper in geography* le prof ne lui a pas mis la moyenne à sa dissert' de géo.

❖ **flunk out** US *inf* ◆ vi [from college, university] se faire virer *(à cause de la médiocrité de ses résultats)*. ◆ n raté *m*, -e *f* / *he's a complete flunk* c'est un vrai raté.

flunk(e)y ['flʌŋkɪ] (*pl* **flunkies** *or* **flunkeys**) n [manservant] laquais *m* ; *pej* [assistant] larbin *m*.

fluorescence [flʊə'resəns] n fluorescence *f*.

fluorescent [flʊə'resənt] adj [lighting, paint] fluorescent ▸ **fluorescent tube** tube *m* fluorescent.

fluoridate ['flʊərɪdeɪt] vt [water] enrichir en fluor.

fluoridation [,flʊərɪ'deɪʃn] n fluoration *f*, fluoruration *f*.

fluoride ['flʊəraɪd] n fluorure *m* ▸ **fluoride toothpaste** dentifrice *m* au fluor.

fluorine ['flʊəri:n] n fluor *m*.

fluorocarbon [,flʊərəʊ'kɑ:bən] n hydrocarbone *m* fluoré, fluorocarbone *m*.

flurried ['flʌrɪd] adj paniqué ▸ **to get flurried** perdre la tête, paniquer.

flurry ['flʌrɪ] (*pl* **flurries**, *pt & pp* **flurried**, *cont* **flurrying**) ◆ n **1.** [of snow, wind] rafale *f* **2.** *fig* : *a flurry of activity* un branle-bas de combat / *to be in a flurry of excitement* être tout excité. ◆ vt *(usu passive)* agiter, troubler.

flush [flʌʃ] ◆ n **1.** [facial redness] rougeur *f* ▸ **to bring a flush to sb's cheeks** **a)** [compliment, crude joke] faire rougir qqn **b)** [wine] mettre le feu aux joues à qqn ▸ **hot flushes** MED bouffées *fpl* de chaleur **2.** [of beauty, youth] éclat *m* / *in the full flush of youth* dans tout l'éclat de la jeunesse / *in the first flush of victory / success* dans l'ivresse de la victoire / du succès **3.** [on toilet - device] chasse *f* (d'eau) ▸ **to pull the flush** tirer la chasse (d'eau) / *with a single flush* en tirant la chasse (d'eau) une seule fois ▸ **to give sthg a (good) flush (out)** [drains, pipes, etc.] nettoyer qqch à grande eau **4.** [in card games] flush *m*. ◆ vi **1.** [face, person] rougir / *his face flushed scarlet* il est devenu écarlate / *to flush with embarrassment* rougir d'embarras / *I can't drink punch, it makes me flush* je ne peux pas boire de punch, ça me met le feu aux joues **2.** [toilet] : *it's not flushing properly* la chasse d'eau ne marche pas bien / *the toilet flushes automatically* la chasse d'eau fonctionne automatiquement / *the toilet keeps on flushing* la chasse d'eau n'arrête pas de couler. ◆ vt **1.** [cheeks, face] empourprer **2.** [with water] ▸ **to flush the toilet** tirer la chasse (d'eau) / *you flush it by pushing this button / pulling this chain* pour actionner la chasse d'eau, appuyez sur le bouton / tirez sur la chaîne ▸ **to flush sthg down the toilet / sink** jeter qqch dans les toilettes / l'évier **3.** HUNT lever, faire sortir. ◆ adj **1.** [level] au même niveau / *flush with the side of the cupboard* dans l'alignement du placard / *flush with the ground* au niveau du sol, à ras de terre **2.** *inf* [with money] en fonds / *feeling flush today, are you?* tu es en fonds aujourd'hui ? **3.** TYPO justifié. ◆ adv **1.** [fit, be positioned] : *this piece has to fit flush into the frame* ce morceau doit être de niveau avec la charpente **2.** TYPO ▸ **set flush left / right** justifié à gauche / droite.

❖ **flush away** vt sep [in toilet] jeter dans les toilettes ; [in sink] jeter dans l'évier.

❖ **flush out** vt sep **1.** [clean out - container, sink, etc.] nettoyer à grande eau ; [- dirt, waste] faire partir **2.** HUNT [animal] faire sortir, lever ; *fig* [person] faire sortir ; [undercover agents] forcer à se trahir ; [truth] faire éclater.

flushed [flʌʃt] adj **1.** [person] rouge ; [cheeks] rouge, en feu / *he was looking rather flushed* il était plutôt rouge **2.** *fig* : *flushed with success* enivré or grisé par le succès.

fluster ['flʌstər] ◆ vt [make agitated, nervous] troubler, rendre nerveux. ◆ n ▸ **to be in a fluster** être troublé or nerveux ▸ **to get into a fluster** se troubler, devenir nerveux.

flustered ['flʌstəd] adj troublé / *you're looking a bit flustered* tu as l'air un peu agité / *to get flustered* se troubler, devenir nerveux.

flute [flu:t] n **1.** MUS flûte *f* **2.** ARCHIT [groove on column] cannelure *f* **3.** [glass] flûte *f*.

fluted ['flu:tɪd] adj ARCHIT cannelé.

fluting ['flu:tɪŋ] n ARCHIT cannelures *fpl*.

flutist ['flu:tɪst] US = **flautist**.

flutter ['flʌtər] ◆ vi **1.** [wings] battre ; [flag] flotter ; [washing] flotter, voler ; [heart] palpiter ; [pulse] battre irrégulièrement / *sometimes I feel my heart flutter* MED j'ai parfois des palpitations **2.** [butterfly, bird] voleter, voltiger ; [leaf, paper] voltiger / *a butterfly fluttered in through the window* un papillon est entré par la fenêtre en voletant or voltigeant / *to flutter away* [bird, butterfly] s'envoler en voletant or voltigeant / *what is she fluttering about for?* pourquoi est-ce qu'elle s'agite dans tous les sens comme ça ? / *her mother kept fluttering in and out of the room* sa mère entrait et sortait de la pièce sans arrêt. ◆ vt [fan, piece of paper] agiter ; [wings] battre ▸ **to flutter one's legs** [swimmer] battre des jambes ▸ **to flutter one's eyelashes at sb** aguicher qqn en battant des cils. ◆ n **1.** [of heart] battement *m* irrégulier, pulsation *f* irrégulière ; [of pulse] battement *m* irrégulier ; MED palpitation *f* ; [of wings] battement *m* / *with a flutter of her eyelashes* avec un battement de cils aguichant **2.** *inf* [nervous state] ▸ **to be all in** or **of a flutter** être dans tous ses états **3.** AERON oscillation *f* **4.** UK *inf* [gamble] pari *m* / *I have the odd little flutter from time to time* [on horse] je fais un petit pari or je parie de petites sommes de temps en temps / *to have a flutter on the Stock Exchange* tenter sa chance à la Bourse.

flutterboard ['flʌtəbɔ:d] n US planche *f (de natation)*.

flutter kick n [in swimming] battement *m* des jambes.

fluvial ['flu:vjəl] adj *fml* fluvial.

flux [flʌks] n *(U)* **1.** [constant change] : *to be in a state of constant flux* **a)** [universe] être en perpétuel devenir **b)** [government, private life, etc.] être en proie à des changements permanents / *all is flux* tout est devenir **2.** MED flux *m* **3.** METALL fondant *m*.

fly [flaɪ] (*pl* **flies**, *pt* **flew** [flu:], *pp* **flown** [fləʊn]) ◆ n **1.** ENTOM & FISHING mouche *f* ▸ **to drop like flies** *inf* [dying, fainting] : *they're dropping like flies* ils tombent comme des mouches / *this illness is killing them off like flies inf* cette maladie les fait tomber comme des mouches / *the recession is killing companies off like flies inf* la récession fait une véritable hécatombe parmi les entreprises ▸ **the fly in the ointment a)** [person] l'empêcheur *m* de tourner en rond **b)** [problem] l'os *m* / *there's a fly in the ointment* il y a un os / *there are no flies on him inf* il n'est pas fou / *he wouldn't hurt a fly* il ne ferait pas de mal à une mouche ▸ **a fly on the wall** *inf* : *I wouldn't mind being a fly on the wall* j'aimerais bien être une petite souris ▸ **to catch flies** *inf* [yawn, have mouth open] gober les mouches ▸ **to live on the fly** US *inf* vivre à cent à l'heure **2.** *(often pl)* [on trousers] braguette *f* **3.** [entrance to tent] rabat *m* **4.** = **flysheet 5.** = **flywheel 6.** [in aeroplane] ▸ **to go for a fly** faire un tour en avion **7.** PHR **on the fly a)** UK *inf* [secretly] *he did it on the fly* il l'a fait en douce **b)** [on the spot] *to make decisions on the fly* prendre des décisions sur-le-champ **c)** [as you go] *create audio playlists on the fly* créez des listes de lecture audio de façon autonome. ◆ vi **1.** [bird, insect, plane, pilot] voler ; [passenger] prendre l'avion ; [arrow, bullet, missile] voler, filer / *the first plane to fly faster than the speed of sound* le premier avion à dépasser la vitesse du son / *it flies well* [plane] il se pilote bien / *I'm flying to Berlin tomorrow* **a)** [passenger] je prends l'avion pour Berlin demain **b)** [pilot] je vole à Berlin demain / *he flies to Paris about twice a month* [passenger] il va à Paris en avion environ deux fois par mois / *soon we'll be flying over Manchester* nous allons bientôt survoler Manchester / *those who have flown in* UK or *with* US *Concorde* ceux qui ont voyagé en Concorde, ceux qui ont pris le Concorde / *he flies for an American airline* il est pilote dans une compagnie aérienne américaine / *which airline did you fly with?* avec quelle compagnie aérienne as-tu voyagé ? / *the trapeze artist flew through the air* le trapéziste a voltigé ▸ **the bird had already flown** *fig* l'oiseau s'était envolé ▸ **it'll never fly** [project, scheme] ça ne marchera jamais **2.** [move quickly - person] filer ; [- time] passer à toute vitesse ; [shoot into air - sparks, dust, shavings] voler / *I really must fly! inf* il faut vraiment que je file or que je me sauve ! / *she flew out of the room* elle est sortie de la pièce comme un bolide / *he came flying round the corner* il a débouché du coin comme un bolide / *he flew to her rescue* il a volé à son secours / *the time seems to have flown* le temps est passé à une vitesse ! / *the past two years have just flown* les deux dernières années ont passé à toute vitesse or se sont envolées / *time flies!* or *doesn't time fly!* comme le temps passe ! / *the door flew open and there stood...* la porte s'est ouverte brusquement sur... ▸ **to fly into a rage** or **temper** s'emporter, sortir de ses gonds ▸ **to knock** or **to send sb flying** envoyer qqn rouler à terre ▸ **to knock** or **to send sthg flying** envoyer qqch voler / *his hat went flying across the room* son chapeau a volé or voltigé à travers la pièce **3.** [kite] voler ; [flag] être déployé ; [in wind - flag, coat] flotter ; [- hair] voler **4.** [be successful] cartonner / *British film is flying right now* le cinéma britannique cartonne actuellement / *she's flying* [in career] elle va de succès en succès **5.** PHR **to let fly a)** [physically] envoyer or décocher un coup **b)** [verbally] s'emporter / *he let fly with a powerful left hook* il a décoché or envoyé un puissant crochet du gauche / *she then let fly with a string of accusations* elle a alors lancé un flot d'accusations ▸ **to (let) fly at sb a)** [physically] sauter or se jeter sur qqn **b)** [verbally] s'en prendre violemment à qqn ▸ **to fly in the face of sthg** [reason, evidence, logic] défier qqch / *this flies in the face of our agreement* cela contrecarre notre accord. ◆ vt **1.** [plane, helicopter - subj: pilot] piloter **2.** [passengers, people, goods] transporter en avion ; [route - subj: pilot, passenger] emprunter ; [airline] voyager avec ; [distance - subj: passenger, pilot, plane] parcourir ; [combat mission] effectuer / *to fly the Atlantic* **a)** [pilot, passenger] traverser l'Atlantique en avion **b)** [plane] traverser l'Atlantique **3.** [flag - subj: ship] arborer ; [kite] faire voler / *a flag is flown on public buildings when...* tous les bâtiments publics arborent un drapeau quand... **4.** [flee from - the country] fuir ▸ **to fly the coop** *inf* se faire la malle ▸ **to fly the nest a)** [baby bird] quitter le nid **b)** *fig* quitter le foyer familial. ◆ adj **1.** UK *inf & dated* [sharp] malin (maligne), rusé / *a fly guy* un malin, un rusé **2.** US *inf* [stylish] stylé, cool.

❖ **fly about** vi [bird, insect] voleter, voltiger ; [plane, pilot] voler dans les parages, survoler les parages.

❖ **fly away** vi [bird, insect, plane] s'envoler.

❖ **fly back** ◆ vi [bird, insect] revenir ; [plane] revenir ; [passenger] rentrer en avion. ◆ vt sep [person, passengers - to an area] emmener en avion ; [- from an area] ramener en avion ; [- to own country] rapatrier en avion.

❖ **fly by** vi [time] passer à toute vitesse.

❖ **fly in** ◆ vi **1.** [person] arriver en avion ; [plane] arriver **2.** [bird, insect] entrer. ◆ vt sep [troops, reinforcements, food] envoyer en avion ; [subj: pilot - to an area] emmener ; [- from an area] amener.

❖ **fly off** ◆ vi **1.** [bird, insect] s'envoler ; [plane] décoller ; [person] partir en avion / *when do you fly off to Paris?* quand prenez-vous l'avion pour Paris ? / *she's always flying off somewhere* elle est toujours entre deux avions **2.** [hat, lid] s'envoler ; [button] sauter. ◆ vt sep **1.** [from oil rig, island] évacuer en avion or hélicoptère **2.** [transport by plane - to an area] emmener en avion ; [- from an area] amener en avion.

❖ **fly out** ◆ vi **1.** [person] partir (en avion), prendre l'avion ; [plane] s'envoler / *planes fly out of the airport at a rate of 20 an hour* les avions décollent de l'aéroport au rythme de 20 par heure / *which airport did you fly out of?* de quel aéroport es-tu parti ? / *I'll fly out to join you next Monday* je prendrai l'avion pour te rejoindre lundi prochain / *we flew out but we're going back by boat* nous avons fait l'aller en avion mais nous rentrons en bateau **2.** [come out suddenly - from box, pocket] s'échapper. ◆ vt sep [person, supplies - to an area] envoyer par avion ; [- from an area] évacuer par avion / *they flew the President out* **a)** [to a place] ils ont emmené le président en avion **b)** [from a place] ils ont ramené le président en avion.

❖ **fly past** vi **1.** [plane, bird] passer ; [plane - as part of display, ceremony] défiler **2.** [time, days] passer à toute vitesse.

❖ **fly up** vi **1.** [plane, bird] s'envoler / *the plane flew up to 10,000 metres* l'avion est monté à 10 000 mètres **2.** [end of plank, lid] se soulever / *glass flew up into the air* des éclats de verre ont été projetés en l'air.

fly agaric n amanite *f* tue-mouches.

flyaway ['flaɪə,weɪ] adj **1.** [hair] fin, difficile **2.** [person] frivole, étourdi ; [idea] frivole.

fly ball n [in baseball] chandelle *f*.

flyblown ['flaɪbləʊn] adj *lit* couvert or plein de chiures de mouches ; [meat] avarié ; *fig* très défraîchi.

flyby ['flaɪ,baɪ] (*pl* **flybys**) n **1.** [of spacecraft] *passage d'un avion ou d'un engin spatial à proximité d'un objectif* **2.** US = **flypast**.

fly-by-night *inf* ◆ adj **1.** [unreliable] peu fiable, sur qui on ne peut pas compter ; [firm, operation] véreux, louche **2.** [passing] éphémère. ◆ n **1.** [person - irresponsible] écervelé *m*, -e *f* ; [- in debt] débiteur *m*, -trice *f* qui décampe en douce **2.** [nightclubber] fêtard *m*, -e *f*, couche-tard *mf*.

fly-by-wire n commandes *fpl* informatisées.

flycatcher ['flaɪ,kætʃər] n gobe-mouches *m inv*.

fly-drive adj ▸ **a fly-drive holiday package** une formule avion plus voiture.

flyer ['flaɪər] = **flier**.

fly-fish vi pêcher à la mouche ▸ **to go fly-fishing** aller à la pêche à la mouche.

fly-fishing n pêche *f* à la mouche.

fly half n RUGBY demi *m* d'ouverture / *to play fly half* jouer (en) demi d'ouverture.

flying ['flaɪɪŋ] ◆ n [piloting plane] pilotage *m* ; [travelling by plane] voyage *m* en avion / *I love flying* [as traveller] j'adore prendre l'avion / *to be afraid of flying* avoir peur de prendre l'avion / *he goes flying at the weekends* le week-end, il fait de l'aviation. ◆ adj **1.** [animal, insect] volant ▸ **flying machine** machine *f* volante **2.** [school] d'aviation ; [staff] navigant ▸ **flying club** aéro-club *m* ▸ **flying lessons** leçons *fpl* de pilotage (aérien) ▸ **flying time** heures *fpl* or temps *m* de vol **3.** [fast] rapide ▸ **a flying jump** or **leap** un saut avec élan / *she took a flying leap over the fence* elle a sauté par-dessus la barrière.

flying boat n hydravion *m*.

flying bomb n bombe *f* volante.

flying buttress n arc-boutant *m*.

flying circus n [exhibition] voltige *f* aérienne ; [group] groupe *m* de voltige aérienne.

flying colours pl n ▸ **to pass with flying colours** réussir brillamment.

flying doctor n médecin *m* volant.

Flying Dutchman n ▸ **the Flying Dutchman** [legend] le Hollandais volant / **'The Flying Dutchman'** *Wagner* 'le Vaisseau fantôme'.

flying fish n poisson *m* volant, exocet *m*.

flying fortress n forteresse *f* volante.

flying fox n roussette *f*.

flying officer n lieutenant *m* de l'armée de l'air.

flying picket n piquet *m* de grève volant.

flying saucer n soucoupe *f* volante.

Flying Squad pr n ▸ **the Flying Squad** *brigade de détectives britanniques spécialisés dans la grande criminalité.*

flying start n SPORT départ *m* lancé / *the runner got off to a flying start* le coureur est parti comme une flèche ; *fig* : *she got off to a flying start in the competition* lors de la compétition, elle est partie comme une flèche or elle a pris un départ foudroyant / *the campaign got off to a flying start* la campagne a démarré sur les chapeaux de roues / *his experience gives him a flying start over the others* son expérience lui donne un très net avantage sur les autres.

flying visit n visite *f* éclair.

fly kick n coup *m* de pied à suivre.

flyleaf ['flaɪli:f] (*pl* **flyleaves** [-li:vz]) n page *f* de garde.

Flymo® ['flaɪməʊ] n *tondeuse à gazon sur coussin d'air.*

fly-on-the-wall adj [documentary] pris sur le vif.

flyover ['flaɪ,əʊvər] n **1.** UK AUTO pont *m* routier **2.** US = **flypast**.

flypaper ['flaɪ,peɪpər] n papier *m* tue-mouches.

flypast ['flaɪ,pɑ:st] n UK défilé *m* aérien.

flyposting ['flaɪ,pəʊstɪŋ] n affichage *m* illégal.

fly rod n canne *f* à mouche.

flyscreen ['flaɪskri:n] n moustiquaire *f*.

flysheet ['flaɪʃi:t] n **1.** [on tent] auvent *m* **2.** [circular] feuille *f* volante ; [instructions] mode *m* d'emploi.

flyspeck ['flaɪspek] n [of fly] chiure *f* de mouche ; [gen] tache *f*.

flyspecked ['flaɪspekt] adj sali par les mouches.

fly spray n bombe *f* insecticide.

flyswat ['flaɪswɒt], **flyswatter** ['flaɪ,swɒtər] n tapette *f (pour tuer les mouches)*.

fly-tipping n dépôt *m* d'ordures illégal.

flytrap ['flaɪtræp] n [plant] dionée *f*, tue-mouches *m inv* ; [device] attrape-mouches *m inv*.

flyweight ['flaɪweɪt] ◆ n poids *m* mouche. ◆ adj de poids mouche.

flywheel ['flaɪwi:l] n TECH volant *m*.

flywhisk ['flaɪwɪsk] n chasse-mouches *m inv*.

FM n **1.** (**abbr of frequency modulation**) FM *f* ▸ **FM radio** (radio *f*) FM / *broadcast on FM only* diffusion en FM seulement **2. abbr of field marshal.**

FMCS (**abbr of Federal Mediation and Conciliation Service**) pr n *organisme américain de conciliation des conflits du travail.*

FMD (**abbr of foot and mouth disease**) n fièvre *f* aphteuse.

FO n **1. abbr of field office 2.** UK MIL **abbr of flying officer 3.** UK **abbr of Foreign Office.**

foal [fəʊl] ◆ n [of horse] poulain *m* ; [of donkey] ânon *m* / *the mare is in foal* la jument est pleine. ◆ vi mettre bas, pouliner.

foam ['fəʊm] ◆ n [gen] mousse *f* ; [of mouth, sea] écume *f* ; [in fire-fighting] mousse *f* (carbonique) ▸ **foam bath** bain *m* moussant. ◆ vi [soapy water] mousser, faire de la mousse ; [sea] écumer, moutonner ▸ **to foam at the mouth a)** [animal] baver, écumer **b)** [person] baver, avoir l'écume aux lèvres / *she was practically foaming at the mouth fig* elle écumait de rage.

foam-backed adj avec envers de mousse.

foaming ['fəʊmɪŋ] = **foamy.**

foam rubber n caoutchouc *m* Mousse.

foamy ['fəʊmɪ] (*compar* **foamier**, *superl* **foamiest**) adj [liquid] mousseux ; [sea] écumeux.

fob[1] [fɒb] (*pt & pp* **fobbed**, *cont* **fobbing**) n [pocket] gousset *m* ; [chain] chaîne *f* (de gousset).

❖ **fob off** vt sep se débarrasser de / *he fobbed her off with promises* il s'est débarrassé d'elle avec de belles promesses / *don't try to fob that rubbish off on me!* n'essayez pas de me refiler cette camelote !

fob[2], **FOB** (abbr of **free on board**) adj & adv FOB.

fob watch n montre *f* de gousset.

focaccia [,fə'kætʃjə] n fougasse *f*.

focal ['fəʊkl] adj focal.

focal distance = **focal length.**

focalization [,fəʊkəlaɪ'zeɪʃn] n focalisation *f*.

focal length n distance *f* focale, focale *f*.

focal plane n **1.** OPT plan *m* focal **2.** PHOT ▸ **focal plane shutter** obturateur *m* focal or à rideau.

focal point n OPT foyer *m* ; *fig* [of room] point *m* de convergence / *the focal point of the debate* le point central du débat.

focal ratio n diaphragme *m*.

foci ['fəʊsaɪ] pl ⟶ **focus.**

fo'c'sle ['fəʊksl] = **forecastle.**

focus ['fəʊkəs] (*pl* **focuses** *or* **foci** ['fəʊsaɪ], *pt & pp* **focussed**, *cont* **focussing**) ◆ n **1.** OPT foyer *m* / *the picture is in / out of focus* l'image est nette / floue, l'image est / n'est pas au point / *bring the image into focus* fais la mise au point, mets l'image au point **2.** [centre -of interest] point *m* central ; [-of trouble] foyer *m*, siège *m* / *taxes are currently the focus of attention* en ce moment, les impôts sont au centre des préoccupations / *the government is trying to shift the focus of the debate* le gouvernement tente de déplacer le débat / *let's try and get the problem into focus* essayons de préciser le problème / *the focus of the conference is on human rights* le point central de la conférence, ce sont les droits de l'homme **3.** MED siège *m*, foyer *m*. ◆ vt **1.** OPT mettre au point ▸ **to focus a camera (on sthg)** faire la mise au point d'un appareil photo (sur qqch) **2.** [eyes] fixer / *he couldn't focus his eyes* il voyait trouble / *all eyes were focussed on him* tous les regards étaient rivés sur lui **3.** [direct -heat, light] faire converger ; [-beam, ray] diriger ; *fig* [attention] concentrer. ◆ vi **1.** OPT mettre au point **2.** [eyes] se fixer, accommoder *spec* ▸ **to focus on sthg a)** [eyes] se fixer sur qqch **b)** [person] fixer le regard sur qqch / *I can't focus properly* je vois trouble, je n'arrive pas à accommoder **3.** [converge -light, rays] converger ; *fig* [attention] se concentrer / *the debate focussed on unemployment* le débat était centré sur le problème du chômage / *his speech focussed on the role of the media* son discours a porté principalement sur le rôle des médias.

focus group n **1.** POL & TV groupe *m* de discussion **2.** MARKETING groupe-témoin *m*, focus group *m*.

focussed ['fəʊkəst] adj : *she's very focussed* elle sait où elle va.

fodder ['fɒdər] n (*U*) [feed] fourrage *m* ; *fig & pej* [material] substance *f*, matière *f*.

foe [fəʊ] n *liter & fml* ennemi *m*, -e *f*, adversaire *mf*.

FOE pr n **1.** (abbr of **Friends of the Earth**) AT *mpl* **2.** (abbr of **Fraternal Order of Eagles**) *organisation caritative américaine.*

foetal UK, **fetal** US ['fi:tl] adj fœtal / *in the foetal position* en position fœtale, dans la position du fœtus ▸ **foetal heartbeat** rythme *m* cardiaque du fœtus ▸ **foetal distress** souffrance *f* fœtale.

foetid ['fi:tɪd] = **fetid.**

foetus UK, **fetus** US ['fi:təs] n fœtus *m*.

fog [fɒg] (*pt & pp* **fogged**, *cont* **fogging**) ◆ n **1.** [mist] brouillard *m*, brume *f* **2.** *fig* [mental] brouillard *m*, confusion *f* / *my mind is in a fog today* je suis dans le brouillard or je ne sais plus où j'en suis aujourd'hui **3.** PHOT voile *f*. ◆ vt **1.** [glass, mirror] embuer ; PHOT [film] voiler **2.** [confuse] embrouiller / *studying for too long just fogs the mind* quand on travaille trop longtemps, ça embrouille les idées. ◆ vi ▸ **to fog (over** or **up) a)** [glass, mirror] s'embuer **b)** PHOT [film] se voiler.

fog bank n banc *m* de brume.

fogbound ['fɒgbaʊnd] adj pris dans le brouillard or la brume.

fogey ['fəʊgɪ] n *inf* schnock *m* ▸ **old fogey** : *he's an old fogey* c'est un vieux schnock / *he's a bit of an old fogey* il est un peu vieux jeu.

fogged [fɒgd] adj PHOT voilé.

foggiest ['fɒgɪəst] ◆ n *inf* ▸ **I haven't the foggiest** je n'ai aucune idée, je n'en ai pas la moindre idée. ◆ adj ⟶ **foggy.**

foggy ['fɒgɪ] (*compar* **foggier**, *superl* **foggiest**) adj **1.** [misty] brumeux / *it's foggy* il y a du brouillard or de la brume / *it's getting foggy* le brouillard commence à tomber / *on a foggy day* par un jour de brouillard **2.** PHOT [film] voilé **3.** PHR **I haven't the foggiest idea** or **notion** je n'ai aucune idée, je n'en ai pas la moindre idée.

Foggy Bottom pr n *surnom donné au ministère américain des Affaires étrangères.*

foghorn ['fɒghɔ:n] n corne *f* or sirène *f* de brume ▸ **a voice like a foghorn** une voix tonitruante or de stentor.

fog lamp UK, **fog light** US n feu *m* de brouillard.

fogy ['fəʊgɪ] (*pl* **fogies**) = **fogey.**

FOI abbr of **freedom of information.**

foible ['fɔɪbl] n [quirk] marotte *f*, manie *f* ; [weakness] faiblesse *f*.

foil [fɔɪl] ◆ n **1.** [metal sheet] feuille *f* or lame *f* de métal ▸ **(silver) foil** CULIN (papier *m*) aluminium *m*, papier *m* alu / *cooked in foil* en papillote / *foil container* barquette *f* en aluminium **2.** [complement] repoussoir *m* ; [person] faire-valoir *m inv* / *he's the perfect foil to his wife* il sert de faire-valoir à sa femme / *it acts as a foil to her beauty* cela met en valeur sa beauté **3.** [sword] fleuret *m* **4.** [in jewellery] paillon *m*. ◆ vt [thwart -attempt] déjouer ; [-plan, plot] contrecarrer.

foist [fɔɪst] ❖ **foist on** vt sep **1.** [pass on] : *you're not foisting (off) your old rubbish on* or *onto me* il n'est pas question que j'hérite de ta vieille camelote **2.** [impose on] : *she foisted her ideas on us* elle nous a imposé ses idées / *he foisted himself on us for the weekend* il s'est imposé or invité pour le week-end.

fold [fəʊld] ◆ vt [bend] plier / *fold the blanket in two* pliez la couverture en deux / *she sat with her legs folded under her* elle s'assit les jambes repliées sous elle / *he folded his arms* il s'est croisé les bras / *she sat with her hands folded in her lap* elle était assise, les mains jointes sur les genoux / *the bird folded its wings* l'oiseau replia ses ailes / *he folded her in his arms* il l'a serrée dans ses bras, il l'a enlacée. ◆ vi **1.** [bed, chair] se plier, se replier **2.** *inf* [fail -business] faire faillite, fermer (ses portes) ; [-newspaper] disparaître, cesser de paraître ; [-play] être retiré de l'affiche / *the bakery folded last year* le boulanger a mis la clef sous la porte l'année dernière. ◆ n **1.** [crease] pli *m* / *the soft folds of her dress* les plis soyeux de sa robe **2.** [enclosure] parc *m* à moutons ; [flock] troupeau *m* **3.** *fig* [group] : *the fold of the Party / the Church* le sein du Parti / de l'Église ▸ **to return to the fold** rentrer au bercail **4.** GEOL pli *m*.

❖ **folds** pl n GEOL plissement *m*.

❖ **fold away** ◆ vt sep plier et ranger. ◆ vi se plier, se replier.

❖ **fold back** ◆ vt sep [sheet, sleeve] replier, rabattre ; [door, shutter] rabattre. ◆ vi se rabattre, se replier.

❖ **fold down** ◆ vt sep [sheet] replier, rabattre ; [chair, table] plier / *he folded down a corner of the page* il a corné la page. ◆ vi se rabattre, se replier.

❖ **fold in** vt sep CULIN incorporer / *fold in the sugar* incorporez le sucre.

❖ **fold over** ◆ vt sep [newspaper] plier, replier ; [sheet] replier, rabattre. ◆ vi se rabattre, se replier.

❖ **fold up** ◆ vt sep plier, replier. ◆ vi **1.** [chair, table] se plier, se replier **2.** = **fold** *(vi).*

-fold in comp : *a ten-fold increase* une multiplication par dix / *your investment should multiply six-fold* votre investissement devrait vous rapporter six fois plus.

foldaway ['fəʊldə,weɪ] adj pliant.

folder ['fəʊldər] n **1.** [cover] chemise *f* ; [binder] classeur *m* ; [for drawings] carton *m* / *where's the folder on the new project?* où est le dossier sur le nouveau projet ? ; COMPUT répertoire *m* **2.** [circular] dépliant *m*, brochure *f* **3.** TYPO [machine] plieuse *f*.

folderol ['fɒldərɒl] n *liter* **1.** *(U)* [nonsense] absurdités *fpl*, sottises *fpl* **2.** [trifle] bibelot *m*, babiole *f*.

folding ['fəʊldɪŋ] adj pliant ▸ **folding chair a)** [without arms] chaise *f* pliante **b)** [with arms] fauteuil *m* pliant ▸ **folding door** porte *f* (en) accordéon ▸ **folding seat** or **stool a)** [gen] pliant *m* **b)** AUTO & THEAT strapontin *m*.

folding money n *inf* billets *mpl* de banque.

foldout ['fəʊldaʊt] n encart *m*.

foley ['fəʊlɪ] n CIN bruitage *m* ▸ **foley artist** bruiteur *m*, -euse *f*.

foliage ['fəʊlɪɪdʒ] n feuillage *m* ▸ **foliage plant** plante *f* verte.

foliate ['fəʊlɪeɪt] ◆ vt **1.** [book] folioter **2.** [metal] battre ; [mirror] étamer **3.** [decorate] orner de rinceaux. ◆ vi **1.** BOT se garnir de feuilles, feuiller *spec* **2.** [split] se fendre.

foliation [,fəʊlɪ'eɪʃn] n **1.** [of book] foliotage *m* **2.** [of metal] battage *m* ; [of mirror] étamage *m* **3.** BOT foliation *f*, feuillaison *f* ; GEOL foliation *f* **4.** [decoration] rinceaux *mpl*.

folic acid ['fəʊlɪk-] n acide *m* folique.

folio ['fəʊlɪəʊ] (*pl* **folios**) n **1.** [of paper] folio *m*, feuillet *m* **2.** [book] (livre *m*) in-folio *m inv*.

folk [fəʊk] ◆ pl n **1.** [people] gens *mpl* / *they're good folk* ce sont de braves or de bonnes gens / *most folk just want a quiet life* la plupart des gens veulent avoir une vie tranquille / *what will folk think?* qu'est-ce que les gens vont penser ?, qu'est-ce qu'on va penser ? / *the old folk* les vieux *mpl* / *the young folk* les jeunes *mpl* ▸ **city / country folk** les gens *mpl* de la ville / de la campagne **2.** [race, tribe] race *f*, peuple *m*. ◆ n MUS [traditional] musique *f* folklorique ; [contemporary] musique *f* folk, folk *m*. ◆ adj : *folk dance* or *dancing* danse *f* folklorique / *folk wisdom* la sagesse populaire.

❖ **folks** pl n *inf* **1.** US [family] famille *f*, parents *mpl* / *my folks are from Chicago* ma famille est de Chicago **2.** [people] : *the old folks* les vieux *mpl* / *the young folks* les jeunes *mpl* / *hi folks!* bonjour tout le monde !

folk etymology n étymologie *f* populaire.

folklore ['fəʊklɔ:r] n folklore *m*.

folk medicine n *(U)* remèdes *mpl* de bonne femme.

folk memory n tradition *f* populaire.

folk music n [traditional] musique *f* folklorique ; [contemporary] musique *f* folk, folk *m*.

folk rock n folk-rock *m*.

folk singer n [traditional] chanteur *m*, -euse *f* de chansons folkloriques ; [contemporary] chanteur *m*, -euse *f* folk.

folk song n [traditional] chanson *f* or chant *m* folklorique ; [contemporary] chanson *f* folk.

folksy ['fəʊksɪ] (*compar* **folksier**, *superl* **folksiest**) adj *inf* **1.** US [friendly] sympa **2.** [casual -person] sans façon ; [-speech] populaire **3.** [dress, manners, town] typique ; [story] populaire.

follicle ['fɒlɪkl] n follicule *m*.

follicle-stimulating hormone n hormone *f* folliculo-stimulante.

follow ['fɒləʊ] ◆ vt **1.** [come after] suivre ; [in procession] aller or venir à la suite de, suivre / *follow me* suivez-moi / *he left, followed by his brother* il est parti, suivi de son frère / *the dog follows her (about) everywhere* le chien la suit partout or est toujours sur ses talons / *to follow sb in / out* entrer / sortir à la suite de qqn / *he followed me into the house* il m'a suivi dans la maison / *his eyes followed her everywhere* il la suivait partout du regard or des yeux / *she always follows the crowd* elle suit toujours la foule or le mouvement / *his talk will be followed by a discussion* son exposé sera suivi d'une discussion / *she followed this remark with a rather feeble joke* elle agrémenta cette remarque d'une plaisanterie un peu facile / *in the days that followed the accident* dans les jours qui suivirent l'accident / *he followed his father into politics* il est entré en politique sur les traces de son père / *she'll be a hard act* inf or *hard person to follow* il sera difficile de lui succéder ▸ **to follow suit** [in cards] fournir / *she sat down and I followed suit* fig elle s'est assise, et j'en ai fait autant or j'ai fait de même ▸ **just follow your nose a)** [walk] continuez tout droit **b)** [act] suivez votre instinct **2.** [pursue] suivre, poursuivre ; [suspect] filer / *he followed them to Rome* il les a suivis or il a suivi leurs traces jusqu'à Rome / *she had her husband followed* elle a fait filer son mari / *follow that car!* suivez cette voiture ! / *I'm being followed* on me suit / *we're continuing to follow this line of enquiry* nous continuons l'enquête dans la même direction **3.** [go along] suivre, longer / *follow the path* suivez le chemin / *follow the arrows* suivez les flèches / *the border follows the river* la frontière suit or longe le fleuve / *the streets follow an irregular pattern* les rues suivent un schéma irrégulier **4.** [conform to - diet, instructions, rules] suivre ; [- orders] exécuter ; [- fashion] suivre, se conformer à ; [- sb's advice, example] suivre **5.** [understand] suivre, comprendre / *do you follow me?* vous me suivez ? / *I don't quite follow you* je ne vous suis pas vraiment **6.** [watch] suivre or regarder attentivement ; [listen] suivre or écouter attentivement / *to follow a score* suivre une partition **7.** [take an interest in] suivre, se tenir au courant de / *she followed the murder case in the papers* elle a suivi l'affaire de meurtre dans les journaux / *have you been following that nature series on TV?* avez-vous suivi ces émissions sur la nature à la télé ? **8.** [accept - ideas] suivre ; [- leader] appuyer, être partisan de ; [- cause, party] être partisan de, être pour **9.** [practice - profession] exercer, suivre ; [- career] poursuivre ; [- religion] pratiquer ; [- method] employer, suivre. ◆ vi **1.** [come after] suivre / *in the years that followed* dans les années qui suivirent / *he answered as follows* il a répondu comme suit / *my theory is as follows* ma théorie est la suivante / *his sister followed hard on his heels* sa sœur le suivait de près or était sur ses talons / *revolution followed hard on the heels of the elections* la révolution suivit de très près or immédiatement les élections ▸ **to follow in sb's footsteps** lit & fig suivre les traces de qqn / *following in her father's footsteps, she became a writer* elle a suivi les traces de son père et est devenue écrivain **2.** [ensue] s'ensuivre, résulter / *it doesn't necessarily follow that he'll die* cela ne veut pas forcément dire qu'il va mourir / *from what he says, it follows that he'll be standing for Parliament* de ce qu'il a dit, il ressort qu'il sera candidat au Parlement / *that doesn't follow* ce n'est pas forcément or nécessairement vrai / *a disturbing conclusion follows from this* une conclusion inquiétante en découle **3.** [understand] suivre, comprendre **4.** [imitate] suivre, faire de même / *Paris sets the trend and the world follows* Paris donne le ton et le reste du monde suit.

❖ **follow on** vi **1.** [come after] suivre **2.** [in cricket] *reprendre la garde du guichet au début de la seconde partie faute d'avoir marqué le nombre de points requis.*

❖ **follow through** ◆ vt sep [idea, plan] poursuivre jusqu'au bout or jusqu'à sa conclusion / *he didn't follow our proposal through* il n'a pas donné suite à notre proposition. ◆ vi [in ball games] accompagner son coup or sa balle ; [in billiards] faire or jouer un coulé.

❖ **follow up** ◆ vt sep **1.** [pursue - advantage, success] exploiter, tirer parti de ; [- offer] donner suite à **2.** [maintain contact] suivre ; [subj: doctor] suivre, surveiller **3.** [continue, supplement] faire suivre, compléter / *follow up your initial phone call with a letter* confirmez votre coup de téléphone par écrit / *I followed up your suggestion for a research project* j'ai repris votre suggestion pour un projet de recherche. ◆ vi exploiter un avantage, tirer parti d'un avantage.

follower ['fɒləʊər] n **1.** [disciple] disciple *m*, partisan *m*, -e *f* / *a follower of fashion* quelqu'un qui suit la mode **2.** [supporter] partisan *m*, fan *mf* / *a follower of tennis* quelqu'un qui s'intéresse au tennis **3.** [attendant] domestique *mf* / *the king and his followers* le roi et sa suite **4.** arch [male admirer] amoureux *m*.

following ['fɒləʊɪŋ] ◆ adj **1.** [next] suivant / *the following day* le jour suivant, le lendemain / *the following names* les noms suivants, les noms que voici / *the following methods of payment are acceptable* sont acceptés les modes de paiement suivants **2.** [wind] arrière *(inv)*. ◆ prep après, suite à / *following his accident, he walked with a limp* après or suite à son accident, il est resté boiteux / *following our conversation* suite à notre entretien / *following your letter* COMM suite à or en réponse à votre lettre. ◆ n **1.** [supporters] partisans *mpl*, disciples *mpl* ; [entourage] suite *f* / *she has a large following* elle a de nombreux partisans or fidèles **2.** [about to be mentioned] : *he said the following* il a dit ceci / *her reasons are the following* ses raisons sont les suivantes / *the following have been selected from among the candidates* les personnes suivantes ont été choisies parmi les candidats.

follow-my-leader n UK *jeu où tout le monde doit imiter tous les mouvements d'un joueur désigné.*

follow-on n [in cricket] *reprise de la garde du guichet par une équipe au début de la deuxième partie faute d'avoir marqué assez de points.*

follow-the-leader US = **follow-my-leader**.

follow-through n **1.** [plan] suite *f*, continuation *f* **2.** [in ball games] accompagnement *m (d'un coup)* ; [in billiards] coulé *m*.

follow-up ◆ n **1.** [to event, programme] suite *f* ; [on case, file] suivi *m* ; MED [appointment] visite *f* or examen *m* de contrôle / *this meeting is a follow-up to the one held in May* cette réunion est la suite de celle tenue en mai **2.** [bill, letter] rappel *m*. ◆ adj [action, survey, work] complémentaire / *a follow-up visit* une visite de contrôle / *a follow-up letter / phone call* une lettre / un coup de téléphone de rappel or de relance ▸ **follow-up care** MED soins *mpl* post-hospitaliers.

folly ['fɒlɪ] (*pl* **follies**) n **1.** *(U)* fml [foolishness] folie *f*, sottise *f* / *it would be folly to continue* ce serait folie de continuer **2.** ARCHIT [building] folie *f*.

❖ **follies** pl n THEAT folies *fpl*.

FOMCL MESSAGING (written abbr of **fell off my chair laughing**) MDR.

foment [fəʊ'ment] vt MED & fig fomenter.

fomentation [,fəʊmen'teɪʃn] n MED & fig fomentation *f*.

fond [fɒnd] adj **1.** ▸ **to be fond of sb** aimer beaucoup qqn, avoir de l'affection pour qqn ▸ **to be fond of sthg** aimer beaucoup qqch, être amateur de qqch / *I'm very fond of sweet things* je suis très friande de sucreries, j'aime beaucoup les sucreries / *I'm rather fond of her* je l'aime bien / *he's fond of reading* il aime lire ; [loving - friend, wife] affectueux, tendre ; [- parent] indulgent, bon ; [- look] tendre / *with fondest love* affectueusement **2.** [hope] fervent ; [ambition, wish] cher / *my fondest dream* mon rêve le plus cher **3.** liter [foolish] naïf.

fondant ['fɒndənt] n fondant *m*.

fondle ['fɒndl] vt caresser.

fondly ['fɒndlɪ] adv **1.** [lovingly] tendrement, affectueusement **2.** [foolishly] naïvement / *he fondly believed she would accept* il avait la naïveté de croire or il croyait naïvement qu'elle accepterait.

fondness ['fɒndnɪs] n [for person] affection *f*, tendresse *f* ; [for things] prédilection *f*, penchant *m* ▸ **fondness for sb** affection pour or envers qqn / *to have a fondness for drink* avoir un penchant pour la boisson.

fondue ['fɒndu:] n fondue *f* ▸ **fondue set** service *m* à fondue.

font [fɒnt] n **1.** RELIG fonts *mpl* baptismaux **2.** TYPO fonte *f* ; COMPUT police *f*.

fontanelle UK, **fontanel** US [,fɒntə'nel] n fontanelle *f*.

food [fu:d] ◆ n **1.** *(U)* [nourishment] nourriture *f*, vivres *mpl* / *is there any food?* y a-t-il de quoi manger ? / *do you have enough food for everyone?* avez-vous assez à manger or assez de nourriture pour tout le monde ? / *they like spicy food* ils aiment la cuisine épicée / *we need to buy some food* il faut qu'on achète à manger or qu'on fasse des provisions / *we gave them food* nous leur avons donné à manger / *the food here is especially good* dans ce restaurant la cuisine est particulièrement bonne / *he's off his food* il n'a pas d'appétit, il a perdu l'appétit / *the cost of food* le prix de la nourriture or des denrées (alimentaires) / *food for babies / for pets* aliments *mpl* pour bébés / pour animaux / *foods recommended for diabetics* aliments conseillés aux diabétiques **2.** fig [material] matière *f* / *the accident gave her much food for thought* l'accident l'a fait beaucoup réfléchir / *the book provides the reader with food for reflection* ce livre donne au lecteur matière à réflexion **3.** HORT engrais *m*. ◆ comp [industry, product] alimentaire ; [crop] vivrier ▸ **food hall** [in shop] rayon *m* d'alimentation ▸ **food processing a)** [preparation] traitement *m* industriel des aliments **b)** [industry] industrie *f* alimentaire ▸ **food stamp** US bon *m* alimentaire *(accordé aux personnes sans ressources)* ▸ **food value** valeur *f* nutritive ▸ **Food and Agriculture Organization** Organisation *f* des Nations Unies pour l'alimentation et l'agriculture ▸ **Food and Drug Administration** US *organisme officiel chargé de contrôler la qualité des aliments et de délivrer les autorisations de mise sur le marché pour les produits pharmaceutiques.*

food chain n chaîne *f* alimentaire.

food court n *partie d'un centre commercial où se trouvent les restaurants.*

foodie ['fu:dɪ] n inf fin gourmet *m*.

food miles pl n kilomètres *mpl* alimentaires.

food mixer n mixeur *m*.

food parcel n colis *m* de vivres.

food poisoning n intoxication *f* alimentaire.

food processor n robot *m* ménager or de cuisine.

food safety n sécurité *f* alimentaire.

foodstore ['fu:dstɔ:r] n magasin *m* d'alimentation.

foodstuff ['fu:dstʌf] n aliment *m*.

food technology n technologie *f* alimentaire.

foody ['fu:dɪ] (*pl* **foodies**) inf = **foodie**.

fool [fu:l] ◆ n **1.** [idiot] idiot *m*, -e *f*, imbécile *mf* / *you stupid fool!* espèce d'imbécile or d'abruti ! / *what a fool I am!* suis-je idiot or bête ! / *don't be a fool!* ne fais pas l'idiot ! / *she was a fool to go* elle a été idiote d'y aller / *I felt such a fool* je me suis senti bête / *he was fool enough to agree* il a été assez bête pour accepter, il a fait la bêtise d'accepter / *he's more of a fool than I thought* il est encore plus idiot que je ne pensais / *he's no fool* or *nobody's fool* il n'est pas bête, il n'est pas né d'hier / *some fool of a politician* un imbécile or un abruti de politicien / *any fool can do it* n'importe quel imbécile peut le faire ▸ **to make a fool of sb a)** [ridicule] ridiculiser qqn, se payer la tête de qqn **b)** [trick] duper qqn / *she doesn't want to make a fool of herself* elle ne veut pas passer pour une imbécile or se ridiculiser ▸ **more fool you!** tu n'as qu'à t'en prendre à toi-même ! ▸ **there's no fool like an old fool** il n'y a pire imbécile qu'un vieil imbécile ▸ **a fool and his money are soon parted** prov aux idiots l'argent brûle les doigts prov **2.** [jester] bouffon *m*, fou *m* **3.** CULIN *sorte de mousse aux fruits* ▸ **raspberry fool** mousse *f* aux framboises. ◆ vt [deceive] duper, berner / *(I) fooled you!* je t'ai eu ! / *don't try to fool me* n'essayez pas de me faire marcher / *your excuses don't fool me* vos excuses ne prennent pas avec moi / *he fooled me into believing it* il a réussi à me le faire croire. ◆ vi **1.** [joke] faire l'imbécile or le pitre / *I'm only fooling* je ne fais que plaisanter, c'est pour rire / *stop fooling!* arrête de faire l'imbécile ! **2.** [mess with] ▸ **to fool with a)** [drugs] toucher à **b)** [machine] tripoter / *you'd better not fool with him* on ne plaisante pas avec lui. ◆ adj US inf idiot, sot / *that's just the kind of* *fool thing he'd do* c'est tout à fait le genre de bêtise or d'ânerie qu'il ferait / *that fool son of yours* ton imbécile de fils.

❖ **fool about** UK, **fool around** vi **1.** [joke] faire l'imbécile or le pitre / *I'm only fooling around* je ne fais que plaisanter, c'est pour rire **2.** [waste time] perdre du temps / *stop fooling around and get up!* arrête de traîner et lève-toi ! **3.** [mess with] ▸ **to fool around with** [drugs] toucher à / *stop fooling around with that computer!* arrête de jouer avec or tripoter cet ordinateur ! **4.** *inf* [have sex] avoir or se payer des aventures / *he's been fooling around with a married woman* il batifole avec une femme mariée.

foolery ['fu:lərɪ] (*pl* **fooleries**) n [behaviour] bouffonnerie *f*, pitrerie *f*, pitreries *fpl* ; [act, remark] bêtise *f*, sottise *f* ; [joke] farce *f*, tour *m*.

foolhardy ['fu:l,hɑ:dɪ] adj [act, person] téméraire, imprudent ; [remark] imprudent.

foolish ['fu:lɪʃ] adj **1.** [unwise] insensé, imprudent / *it would be foolish to leave now* ce serait de la folie de partir maintenant / *that was very foolish of her* ce n'était pas très malin de sa part / *I was foolish enough to believe her* j'ai été assez bête pour la croire / *don't do anything foolish* ne faites pas de bêtises **2.** [ridiculous] ridicule, bête / *I felt rather foolish* je me sentais plutôt idiot or ridicule / *I feel really foolish in this costume* je me sens vraiment ridicule dans ce costume / *the question made him look foolish* la question l'a ridiculisé.

foolishly ['fu:lɪʃlɪ] adv [stupidly] bêtement, sottement ; [unwisely] imprudemment / *foolishly, I believed him* comme un idiot or un imbécile je l'ai cru.

foolishness ['fu:lɪʃnɪs] n bêtise *f*, sottise *f*.

foolproof ['fu:lpru:f] ◆ adj [machine] indéréglable ; [plan] infaillible, à toute épreuve. ◆ vt [machine] rendre indéréglable, protéger contre les fausses manœuvres ; [idea, plan] rendre infaillible.

foolscap ['fu:lzkæp] ◆ n ≃ papier *m* ministre. ◆ comp [paper, size] ministre *(inv)* ▸ **foolscap envelope** enveloppe *f* longue ▸ **foolscap pad** bloc *m* de papier ministre.

foot [fʊt] (*pl* **feet** [fi:t]) ◆ n **1.** [of person, cow, horse, pig] pied *m* ; [of bird, cat, dog] patte *f* / *I came on foot* je suis venu à pied ▸ **to be on one's feet a)** [standing] être or se tenir debout **b)** [after illness] être sur pied or rétabli or remis / *she's on her feet all day* elle est debout toute la journée / *on your feet!* debout ! / *the speech brought the audience to its feet* l'auditoire s'est levé pour applaudir le discours ▸ **to get** or **to rise to one's feet** se mettre debout, se lever / *put your feet up* reposez-vous un peu ▸ **to put** or **to set sb on their feet again a)** [cure] remettre qqn d'aplomb **b)** [in business] remettre qqn en selle / *I've to set foot on land* poser le pied sur la terre ferme / *I've never set foot in her house* je n'ai jamais mis les pieds dans sa maison / *never set foot in this house again!* ne remettez plus les pieds dans cette maison ! / *we got the project back on its feet* *fig* on a relancé le projet / *it's slippery under foot* c'est glissant par terre / *the children are always under my feet* les enfants sont toujours dans mes jambes ▸ **foot passenger** piéton *m (passager sans véhicule)* ▸ **foot powder** poudre *f* pour pieds **2.** [of chair, glass, lamp] pied *m* **3.** [lower end - of bed, stocking] pied *m* ; [- of table] bout *m* ; [- of cliff, mountain, hill] pied *m* ; [- of page, stairs] bas *m* / *at the foot of the page* au bas or en bas de la page / *at the foot of the stairs* en bas de l'escalier **4.** [measurement] pied *m* (anglais) / *a 40-foot fall* or *a fall of 40 feet* une chute de 40 pieds ▸ **to feel ten feet tall** *inf* être aux anges or au septième ciel **5.** LITER pied *m* **6.** UK MIL infanterie *f* **7.** PHR **feet first** *inf* les pieds devant / *the only way I'll leave this house is feet first* *inf* je ne quitterai cette maison que les pieds devant ▸ **to run** or **to rush sb off their feet** accabler qqn de travail, ne pas laisser à qqn le temps de souffler / *I've been rushed off my feet all day* je n'ai pas arrêté de toute la journée ▸ **my foot!** *inf* : *he claims he's divorced — divorced, my foot!* il prétend être divorcé — divorcé, mon œil ! ▸ **to fall** or **to land on one's feet** retomber sur ses pieds ▸ **to find one's feet** s'adapter ▸ **to get a foot in the door** poser des jalons, établir le contact ▸ **to have a foot in the door** être dans la place / *well at least it's a foot in the door* au moins, c'est un premier pas or contact ▸ **to have a foot in both camps** avoir un pied dans chaque camp ▸ **to have one foot in the grave a)** *inf* [person] avoir un pied dans la tombe **b)** [business] être moribond ▸ **to have one's** or **both feet (firmly) on the ground** avoir les pieds sur terre ▸ **to have two left feet** *inf* être pataud or empoté ▸ **to have feet of clay** avoir un point faible or vulnérable, avoir une faiblesse de caractère ▸ **to put one's best foot forward a)** [hurry] se dépêcher, presser le pas **b)** [do one's best] faire de son mieux / *right, best foot forward now* **a)** [hurry] bon, dépêchons-nous **b)** [do one's best] bon, faisons de notre mieux ▸ **to put one's foot down a)** faire acte d'autorité **b)** AUTO accélérer ▸ **to put one's foot in it** UK *inf* or **in one's mouth** *inf* mettre les pieds dans le plat ▸ **to put a foot right / wrong** UK : *I never seem able to put a foot right* j'ai l'impression que je ne peux jamais rien faire comme il faut / *she didn't put a foot wrong* elle n'a pas commis la moindre erreur ▸ **to get** or **to start off on the right / wrong foot** être bien / mal parti ▸ **the boot** UK or **shoe** US **is on the other foot** les rôles sont inversés. ◆ vt **1.** [walk] : *he decided to foot it home* *inf* il a décidé de rentrer à pied **2.** [pay] ▸ **to foot the bill** *inf* payer (l'addition) / *who's going to foot the bill?* qui va régler la douloureuse ?

footage ['fʊtɪdʒ] n *(U)* **1.** [length] longueur *f* en pieds **2.** CIN [length] métrage *m* ; [material filmed] séquences *fpl* / *the film contains previously unseen footage of the war* le film contient des séquences inédites sur la guerre.

foot-and-mouth disease n fièvre *f* aphteuse.

football ['fʊtbɔ:l] ◆ n **1.** UK football *m* ; US football américain **2.** [ball] ballon *m* (de football), balle *f* / *the abortion issue has become a political football* *fig* les partis politiques se renvoient la balle à propos de l'avortement. ◆ comp [match, team] de football ; [season] du football ▸ **football club** UK club *m* de football ▸ **football field** US, **football pitch** UK terrain *m* de football ▸ **football game** US match *m* de football américain ▸ **football ground** UK terrain *m* de football ▸ **football hooligans** hooligans *mpl* ▸ **football hooliganism** vandalisme *m*, hooliganisme *m* ▸ **football fan** fan *mf* de foot ▸ **the Football League** *association réunissant les clubs de football professionnels en Angleterre, sauf ceux qui jouent en première division* ▸ **football supporter** supporter *m* (de football).

football coupon n UK grille *f* de Loto sportif.

footballer ['fʊtbɔ:lər] n UK joueur *m*, -euse *f* de football, footballeur *m*, -euse *f* ; US joueur *m*, -euse *f* de football américain.

football pools pl n UK pronostics *mpl (sur les matchs de football)* ▸ **to do the football pools** parier sur les matchs de football / *he won £20 on the football pools* il a gagné 20 livres en pariant sur les matchs de football.

footbath ['fʊtbɑ:θ] (*pl* [-bɑ:ðz]) n bain *m* de pieds.

footboard ['fʊtbɔ:d] n [lever] pédale *f* ; [on bed] panneau *m* de pied.

footbrake ['fʊtbreɪk] n frein *m* à pied.

footbridge ['fʊtbrɪdʒ] n passerelle *f*.

-footed [,fʊtɪd] in comp au pied… ▸ **swift-footed** au pied léger or rapide.

footer ['fʊtər] n **1.** UK *inf* foot *m* **2.** COMPUT titre *m* en bas de page.

-footer in comp : *the boat is a 15-footer* le bateau mesure 15 pieds or environ 4,50 mètres.

footfall ['fʊtfɔ:l] n **1.** [sound of footsteps] bruit *m* de pas **2.** [customers, visitors] fréquentation *f*.

foot fault n TENNIS faute *f* de pied.

footgear ['fʊt,gɪər] n *(U)* chaussures *fpl*.

foothills ['fʊthɪlz] pl n contreforts *mpl*.

foothold ['fʊthəʊld] n *lit* prise *f* de pied ; *fig* position *f* avantageuse ▸ **to gain** or **to get a foothold** *lit & fig* prendre pied / *he gained a foothold in the jazz world* il a su s'imposer dans le monde du jazz / *to get* or *to secure a foothold in a market* COMM prendre pied sur un marché.

footing ['fʊtɪŋ] n **1.** [balance] prise *f* de pied ▸ **to get one's footing** prendre pied ▸ **to keep / to lose one's footing** garder / perdre l'équilibre **2.** [position] : *to be on an equal footing* être sur un pied d'égalité / *let's try to keep things on a friendly footing* essayons de rester en bons termes / *on a war footing* sur le pied de guerre / *the business is now on a firm footing* l'affaire est maintenant en bonne voie.

footle ['fu:tl] *inf* ❖ **footle about** UK, **footle around** vi *inf* **1.** [potter] passer son temps à des futilités **2.** [talk nonsense] dire des bêtises, radoter.

footless ['fʊtlɪs] adj **1.** [tights] sans pieds **2.** US *fig* [stupid] idiot, stupide.

footlights ['fʊtlaɪts] pl n *lit* rampe ; *fig* [the stage] le théâtre, les planches *fpl*.

footling ['fu:tlɪŋ] adj *inf* [trivial] insignifiant, futile.

footloose ['fʊtlu:s] adj ▸ **footloose and fancy-free** libre comme l'air.

footman ['fʊtmən] (*pl* **footmen** [-mən]) n valet *m* de pied.

footmark ['fʊtmɑ:k] n UK empreinte *f* (de pied).

footmen [-mən] pl ⟶ **footman**.

footnote ['fʊtnəʊt] ◆ n [on page] note *f* en bas de page ; [in speech] remarque *f* supplémentaire / *as a footnote I should just mention…* en dernière remarque, je signalerai que… / *he was doomed to become just a footnote in the history of events* *fig* il était destiné à rester en marge de l'histoire des événements or à ne jouer qu'un rôle secondaire dans l'histoire des événements. ◆ vt annoter, mettre des notes de bas de page.

footpad ['fʊtpæd] n **1.** *arch* [thief] voleur *m* **2.** TECH [of spacecraft] semelle *f*.

footpath ['fʊtpɑ:θ] (*pl* [-pɑ:ðz]) n [path] sentier *m* ; [paved] trottoir *m*.

footplate ['fʊtpleɪt] n UK plate-forme *f (d'une locomotive)*.

footplateman ['fʊtpleɪtmən] (*pl* **footplatemen** [-mən]) n UK agent *m* de conduite.

footprint ['fʊtprɪnt] n **1.** [of foot] empreinte *f* (de pied) **2.** [of satellite] empreinte *f* **3.** [of machine] encombrement *m* **4.** ▸ **carbon footprint** empreinte *f* carbone.

footrest ['fʊtrest] n [gen] repose-pieds *m* ; [stool] tabouret *m*.

foot rot n BOT & VET piétin *m*.

footrule ['fʊtru:l] n règle *f* (d'un pied de long).

footsie ['fʊtsɪ] n *inf* ▸ **to play footsie with sb a)** UK faire du pied à qqn **b)** US être le complice de qqn.

Footsie ['fʊtsɪ] pr n *inf nom familier de l'indice boursier du Financial Times.*

footslog ['fʊtslɒg] (*pt & pp* **footslogged**, *cont* **footslogging**) vi *inf* marcher (d'un pas lourd).

footslogger ['fʊt,slɒgər] n *inf* MIL pousse-cailloux *m inv*, biffin *m*.

footslogging ['fʊt,slɒgɪŋ] n *inf* marche *f* / *this job involves a lot of footslogging* dans ce travail, il faut marcher beaucoup.

foot soldier n fantassin *m*.

footsore ['fʊtsɔ:r] adj : *I was tired and footsore* j'étais fatigué et j'avais mal aux pieds.

footstep ['fʊtstep] n [action] pas *m* ; [sound] bruit *m* de pas.

footstool ['fʊtstu:l] n tabouret *m*.

foot-up n [in rugby] faute *f* de pied ; [in football] pied *m* en avant.

footway ['fʊtweɪ] n UK [path] sentier *m* ; [paved] passerelle *f*.

footwear ['fʊtweər] n *(U)* chaussures *fpl* / *he's in footwear* COMM il est dans la chaussure.

footwork ['fʊtwɜ:k] n **1.** SPORT jeu *m* de jambes / *good footwork* bon jeu de jambes / *it took some fancy footwork to avoid legal action* *fig* il a fallu manœuvrer adroitement pour éviter un procès **2.** [walking] marche *f* / *the job entails a lot of footwork* le travail oblige à beaucoup marcher.

fop [fɒp] n dandy *m*.

foppish ['fɒpɪʃ] adj [man] dandy ; [dress] de dandy ; [manner] de dandy.

for [fɔːʳ] ◆ prep

A. PURPOSE, RECIPIENT OR DESTINATION
B. TIME, DISTANCE OR AMOUNT
C. EQUIVALENCE, CAUSE OR COMPARISON
D. FOLLOWED BY INFINITIVE
E. OTHER PHRASES

A. PURPOSE, RECIPIENT OR DESTINATION **1.** [expressing purpose or function] pour / *we were in Vienna for a holiday / for work* nous étions à Vienne en vacances / pour le travail / *what for?* pourquoi ? / *I don't know what she said that for* je ne sais pas pourquoi elle a dit ça / *what's this knob for?* à quoi sert ce bouton ? / *it's for adjusting the volume* ça sert à régler le volume / *what's this medicine for?* à quoi sert ce médicament ? / *an instrument for measuring temperature* un instrument pour mesurer la température / *clothes for tall men* vêtements pour hommes grands / **'not suitable for freezing'** 'ne pas congeler' **2.** [in order to obtain] pour / *write for a free catalogue* demandez notre catalogue gratuit *(par écrit)* / *for further information write to...* pour de plus amples renseignements, écrivez à... / *they play for money* ils jouent pour de l'argent **3.** [indicating recipient or beneficiary] pour, à l'intention de / *these flowers are for her* ces fleurs sont pour elle / *there's a phone call for you* il y a un appel pour vous / *I've got some news for you* j'ai une nouvelle à vous annoncer / *he left a note for them* il leur a laissé un mot, il a laissé un mot à leur intention / *opera is not for me* l'opéra, ça n'est pas pour moi / *equal pay for women* un salaire égal pour les femmes / **'parking for customers only'** 'parking réservé à la clientèle' / *what can I do for you?* que puis-je faire pour vous ? / *he's doing everything he can for us* il fait tout son possible pour nous / *a collection for the poor* une quête pour les or en faveur des pauvres / *it's for your own good* c'est pour ton bien / *he often cooks for himself* il se fait souvent la cuisine / *see for yourself!* voyez par vous-même ! / *she writes for a sports magazine* elle écrit des articles pour un magazine de sport / *I work for an advertising agency* je travaille pour une agence de publicité **4.** [indicating direction, destination] pour, dans la direction de / *they left for Spain* ils sont partis pour l'Espagne / *before leaving for the office* avant de partir au bureau / *she ran for the door* elle s'est précipitée vers la porte en courant / *he made for home* il a pris la direction de la maison / *the ship made for port* le navire a mis le cap sur le port / *trains for the suburbs* les trains pour la banlieue / *change trains here for Beaune* changez de train ici pour Beaune / *flight 402 bound for Chicago is now boarding* les passagers du vol 402 à destination de Chicago sont invités à se présenter à l'embarquement **5.** [available for] à / **'for rent'** 'à louer' / **'for sale'** 'à vendre' / *these books are for reference only* ces livres sont à consulter sur place.

B. TIME, DISTANCE OR AMOUNT **1.** [indicating span of time - past, future] pour, pendant ; [- action uncompleted] depuis / *they're going away for the weekend* ils partent pour le week-end / *they will be gone for some time* ils seront absents (pendant or pour) quelque temps / *they were in Spain for two weeks* ils étaient en Espagne pour deux semaines / *I lived there for one month* j'y ai vécu pendant un mois / *I've lived here for two years* j'habite ici depuis deux ans / *I'd only lived there for a week when the heating went wrong* je n'habitais là que depuis une semaine quand la chaudière est tombée en panne / *my mother has been here for two weeks* ma mère est ici depuis deux semaines / *you haven't been here for a long time* il y a or voilà or ça fait longtemps que vous n'êtes pas venu / *we've known them for years* nous les connaissons depuis des années, il y a des années que nous les connaissons / *she won't be able to go out for another day or two* elle devra rester sans sortir pendant encore un jour ou deux / *can you stay for a while?* pouvez-vous rester un moment ? / *it's the worst accident for years* c'est le pire accident qui soit arrivé depuis des années **2.** [indicating a specific occasion or time] pour / *I went home for Christmas* je suis rentré chez moi pour Noël / *he took me out to dinner for my birthday* il m'a emmené dîner au restaurant pour mon anniversaire / *we made an appointment for the 6th* nous avons pris rendez-vous pour le 6 / *the meeting was set for five o'clock* la réunion était fixée pour cinq heures / *it's time for bed* c'est l'heure de se coucher or d'aller au lit / *for the last / third time* pour la dernière / troisième fois **3.** [indicating distance] pendant / *you could see for miles around* on voyait à des kilomètres à la ronde / *we walked for several miles* nous avons marché pendant plusieurs kilomètres / *they drove for miles without seeing another car* ils ont roulé (pendant) des kilomètres sans croiser une seule voiture **4.** [indicating amount] : *they paid him £100 for his services* ils lui ont donné 100 livres pour ses services / *it's £2 for a ticket* c'est 2 livres le billet / *he's selling it for £200* il le vend 200 livres / *I wrote a cheque for £15* j'ai fait un chèque de 15 livres.

C. EQUIVALENCE, CAUSE OR COMPARISON **1.** [indicating exchange, equivalence] : *do you have change for a pound?* vous avez la monnaie d'une livre ? / *he exchanged the bike for another model* il a échangé le vélo contre or pour un autre modèle / *what will you give me in exchange for this book?* que me donnerez-vous en échange de ce livre ? / *he gave blow for blow* il a rendu coup pour coup / *"salvia" is the Latin term for "sage"* « salvia » veut dire « sauge » en latin / *what's the Spanish for "good"?* comment dit-on « bon » en espagnol ? / *F for François* F comme François / *what's the M for?* qu'est-ce que le M veut dire ? / *red for danger* rouge veut dire danger / *he has cereal for breakfast* il prend des céréales au petit déjeuner / *I know it for a fact* je sais que c'est vrai / *I for one don't care* pour ma part, je m'en fiche / *do you take me for a fool?* me prenez-vous pour un imbécile ? **2.** [indicating ratio] pour / *there's one woman applicant for every five men* sur six postulants il y a une femme et cinq hommes / *for every honest politician there are a hundred dishonest ones* pour un homme politique honnête, il y en a cent qui sont malhonnêtes **3.** [on behalf of] pour / *I'm speaking for all parents* je parle pour or au nom de tous les parents / *the lawyer was acting for his client* l'avocat agissait au nom de or pour le compte de son client / *I'll go to the meeting for you* j'irai à la réunion à votre place / *the representative for the union* le représentant du syndicat **4.** [in favour of] pour / *for or against* pour ou contre / *vote for Smith!* votez (pour) Smith ! / *they voted for the proposal* ils ont voté en faveur de la proposition / *he's for the ecologists* il est pour les écologistes / *I'm for shortening the hunting season* je suis pour une saison de chasse plus courte / *who's for a drink?* qui veut boire un verre ? / *I'm for bed* je vais me coucher **5.** [because of] pour, en raison de / *candidates were selected for their ability* les candidats ont été retenus en raison de leurs compétences / *she couldn't sleep for the pain* la douleur l'empêchait de dormir / *he's known for his wit* il est connu pour son esprit / *the region is famous for its wine* la région est célèbre pour son vin / *she's in prison for treason* elle est en prison pour trahison / *he couldn't speak for laughing* il ne pouvait pas parler tellement il riait / *you'll feel better for a rest* vous vous sentirez mieux quand vous vous serez reposé / *if it weren't for you, I'd leave* sans vous, je partirais / *for this reason* pour cette raison / *for fear of waking him* de crainte de le réveiller / *do it for my sake* faites-le pour moi / *for old time's sake* en souvenir du passé **6.** [indicating cause, reason] de / *the reason for his leaving* la raison de son départ / *there are no grounds for believing it's true* il n'y a pas de raison de croire que c'est vrai / *she apologized for being late* elle s'est excusée d'être en retard / *I thanked him for his kindness* je l'ai remercié de or pour sa gentillesse **7.** [concerning, as regards] pour / *so much for that* voilà qui est classé / *it may be true for all I know* c'est peut-être vrai, je n'en sais rien / *for my part, I refuse to go* pour ma part or quant à moi, je refuse d'y aller / *I'm very happy for her* je suis très heureux pour elle / *what are her feelings for him?* quels sont ses sentiments pour lui ? **8.** [given normal expectations] pour / *it's warm for March* il fait bon pour un mois de mars / *that's a good score for him* c'est un bon score pour lui / *she looks very young for her age* elle fait très jeune pour son âge.

D. FOLLOWED BY INFINITIVE [in phrase with infinitive verbs] : *it's not for him to decide* il ne lui appartient pas or ce n'est pas à lui de décider / *it's not for her to tell me what to do* ce n'est pas à elle de me dire ce que je dois faire / *it was difficult for her to apologize* il lui était difficile de s'excuser / *this job is too complicated for us to finish today* ce travail est trop compliqué pour que nous le finissions aujourd'hui / *there is still time for her to finish* elle a encore le temps de finir / *for us to arrive on time we'd better leave now* si nous voulons être à l'heure, il vaut mieux partir maintenant / *the easiest thing would be for you to lead the way* le plus facile serait que vous nous montriez le chemin / *there's no need for you to worry* il n'y a pas de raison de vous inquiéter.

E. OTHER PHRASES *oh for a holiday!* ah, si je pouvais être en vacances ! ▸ **to be (in) for it** *inf* : *you'll be (in) for it if your mother sees you!* ça va être ta fête si ta mère te voit ! / *now we're (in) for it!* qu'est-ce qu'on va prendre ! / *there's nothing for it but to pay him* il n'y a qu'à or il ne nous reste qu'à le payer / *that's the postal service for you!* ça c'est bien la poste !

◆ conj *fml* car, parce que / *I was surprised when he arrived punctually, for he was usually late* je fus surpris de le voir arriver à l'heure, car il était souvent en retard.

❖ **for all** ◆ prep phr malgré / *for all their efforts* malgré tous leurs efforts / *for all his success, he's very insecure* malgré sa réussite, il manque vraiment de confiance en soi. ◆ conj phr : *for all she may say* quoi qu'elle en dise ; [as far as] : *for all I know* autant que je sache / *for all the good it does* pour tout l'effet que ça fait.

❖ **for all that** ◆ adv phr pour autant, malgré tout. ◆ conj phr *fml* [although] : *for all that he tried to persuade me* malgré tous ses efforts pour me persuader.

❖ **for ever** adv phr [last, continue] pour toujours ; [leave] pour toujours, sans retour / *for ever and a day* jusqu'à la fin des temps / *for ever and ever* à tout jamais, éternellement / *for ever and ever, amen* pour les siècles des siècles, amen.

FOR adj & adv abbr of **free on rail.**

fora ['fɔːrə] pl ⟶ **forum.**

forage ['fɒrɪdʒ] ◆ n **1.** [search] fouille *f* ; [food] fourrage *m* **2.** MIL [raid] raid *m*, incursion *f*. ◆ vi **1.** [search] fourrager, fouiller ▸ **to forage for sthg** fouiller pour trouver qqch **2.** MIL [raid] faire un raid or une incursion. ◆ vt **1.** [obtain] trouver en fourrageant **2.** [feed] donner du fourrage à, donner à manger à.

forage cap n calot *m*.

forage harvester n fourragère *f*.

forasmuch as [fərəz'mʌtʃ-] conj *arch* or *liter* vu que.

foray ['fɒreɪ] ◆ n MIL [raid] raid *m*, incursion *f* ; [excursion] incursion *f* / *he made a foray into politics* il a fait une incursion dans la politique. ◆ vi faire un raid or une incursion.

forbad(e) [fə'bæd] pt ⟶ **forbid.**

forbear [fɔː'beəʳ] (*pt* **forbore** [-'bɔːʳ], *pp* **forborne** [-'bɔːn]) *fml* ◆ vi [abstain] s'abstenir ▸ **to forbear from doing** or **to do sthg** se garder or s'abstenir de faire qqch / *she forbore to make any comment* elle s'abstint de tout commentaire. ◆ vt renoncer à, se priver de. ◆ n = **forebear.**

forbearance [fɔː'beərəns] n **1.** [patience] patience *f*, tolérance *f* **2.** [restraint] abstention *f*.

forbearing [fɔː'beərɪŋ] adj patient.

forbid [fə'bɪd] (*pt* **forbad** *or* **forbade** [fə'bæd], *pp* **forbidden** [-'bɪdn]) vt **1.** [not allow] interdire, défendre / *to forbid sb alcohol* interdire l'alcool à qqn ▸ **to forbid sb to do sthg** défendre or interdire à qqn de faire qqch / *students are forbidden to talk during exams* les étudiants n'ont pas le droit de parler pendant les examens / *it is strictly forbidden to smoke* il est formellement interdit de fumer **2.** [prevent] empêcher ▸ **God forbid!** pourvu que non ! / *if she were to die, Heaven* or *God forbid, I don't know what I'd do* si elle venait à mourir, Dieu (m'en) préserve, je ne sais pas ce que je ferais *liter* / *Heaven forbid (that) all her family should come too!* pourvu qu'elle ne vienne pas avec toute sa famille !

forbidden [-'bɪdn] ◆ pp ⟶ **forbid.** ◆ adj interdit, défendu.

forbidden fruit n fruit *m* défendu.

forbidding [fə'bɪdɪŋ] adj [building, look, sky] menaçant ; [person] sévère, menaçant.

FOR / SINCE / AGO

Ces trois mots posent régulièrement problème aux francophones, car :

- **for** et **since** correspondent tous les deux à « depuis » lorsqu'ils expriment une durée :

Sylvie est à Londres depuis six ans. Sylvie has been in London for six years.

Sylvie est à Londres depuis septembre 2007. Sylvie has been in London since September 2007.

- **for** et **ago** correspondent également tous les deux à une même tournure en français :

Cela fait / il y a deux jours que je t'attends. I've been waiting for you for two days.

Cela fait / il y a deux jours que Marion est partie. Marion left two days ago.

Les cas d'emploi de **for**, **since** et **ago** sont néanmoins bien différenciés.

EXPRIMER UNE DURÉE : FOR ET SINCE

❶ For

For est une préposition aux sens variés dont l'une des fonctions est d'indiquer une durée de manière explicite, sans préciser de date. On trouve **for** suivi d'un syntagme nominal :

They lived in Dublin for twelve years. Ils ont vécu à Dublin pendant douze ans.

For a while I thought he was joking. Pendant un moment j'ai pensé qu'il plaisantait.

❷ Since

Since permet de mentionner le début de l'événement, et c'est à l'interlocuteur d'inférer la durée de ce dernier en la calculant. On date donc l'événement et on exprime sa durée de manière implicite.

Since peut être :

- une préposition suivie d'un syntagme nominal :

since yesterday evening depuis hier soir
since lunchtime depuis le déjeuner
since 2 o'clock depuis 14 h

- une préposition suivie d'un gérondif :

I've felt quite different about alcoholism since seeing that documentary. Je ne vois pas l'alcoolisme de la même façon depuis que j'ai vu ce documentaire.

- une conjonction introduisant une proposition subordonnée temporelle dont le verbe est au prétérit :

Since I got a new job in June 2008, my life has changed. Depuis que j'ai obtenu un nouveau travail en juin 2008, ma vie a changé.

❸ Choix du temps avec for et since

On trouve **for** et **since** fréquemment associés à une proposition principale au **present perfect**. Ce temps permet au locuteur d'effectuer un bilan au moment où il parle d'un événement ayant commencé dans le passé.

Since permet dans ce cas d'indiquer le point de départ d'un événement toujours en cours de réalisation au moment présent, et donc d'en faire mesurer l'étendue à l'interlocuteur :

I haven't eaten since breakfast. Je n'ai rien mangé depuis le petit déjeuner.

We've been waiting for you since 10 o'clock. Nous vous attendons depuis 10 h ce matin.

We have been friends since college. Nous sommes amis depuis la fac.

The house was built in 1919. Since then, it has changed owners several times. Cette maison a été construite en 1919. Depuis lors, elle a changé plusieurs fois de propriétaires.

Dans ces exemples, **since** introduit le « point de départ » (une date, un événement) et marque le chemin parcouru jusqu'au moment où l'on parle.

For employé avec le **present perfect** permet de préciser le temps écoulé entre le début de la période en question et le moment présent. Avec **for**, l'accent est mis sur la durée (un certain nombre de minutes, d'années…) et non sur le « point de départ », le début :

They've lived here for ages. Ça fait très longtemps qu'ils habitent ici.

We've been waiting for you for over an hour! On t'attend depuis plus d'une heure !

I haven't seen him for months. Cela fait des mois que je ne l'ai pas vu.

Le complément de durée introduit par **for** peut également se trouver avec un verbe :

- au présent **be** + **V-ing** ou avec **will** si l'événement en question est à venir, comme c'est le cas dans l'exemple suivant :

We're staying / We will stay there for the summer. Nous passons / passerons l'été là-bas.

- au prétérit si l'événement est révolu :

Liam lived in Japan for years. Liam a vécu des années au Japon.

SITUER UN ÉVÉNEMENT DANS LE PASSÉ : AGO

Ago est un adverbe qui indique qu'un événement se situe dans le passé. On mesure le temps écoulé entre l'événement évoqué et le moment présent : **ago** correspond donc à « il y a… ».

Ago se trouve toujours dans des énoncés au prétérit, à la fin du repère temporel :

He left the house over an hour ago. Il a quitté la maison il y a plus d'une heure.

The dinosaurs died out 65 million years ago. Les dinosaures se sont éteints il y a 65 millions d'années.

How long ago was it? C'était il y a combien de temps ?

Long ago / A long time ago, there lived a girl called Cinderella. Il y a très longtemps vivait une jeune fille qui s'appelait Cendrillon.

forbiddingly [fəˈbɪdɪŋlɪ] adv : *the castle towered forbiddingly over the town* le château, menaçant, dominait la ville / *forbiddingly difficult* / *complex* d'une difficulté / complexité rébarbative.

forbore [-ˈbɔːʳ] pt ⟶ **forbear.**

forborne [-ˈbɔːn] pp ⟶ **forbear.**

force [fɔːs] ◆ vt **1.** [compel] forcer, obliger ▸ **to force sb to do sthg** contraindre or forcer qqn à faire qqch / *I forced myself to be nice to them* je me suis forcé à être aimable avec eux / *don't force yourself!* hum ne te force surtout pas ! / *they were forced to admit I was right* ils ont été obligés de reconnaître que j'avais raison / *he was forced to retire* il a été mis à la retraite d'office ▸ **to force sb's hand** forcer la main à qqn **2.** [wrest] arracher, extorquer / *I forced a confession from* or *out of him* je lui ai arraché une confession **3.** [impose] imposer ▸ **to force sthg on** or **upon sb** imposer qqch à qqn ▸ **to force o.s. on sb** imposer sa présence à qqn / *he forced himself* or *his attentions on her* il l'a poursuivie de ses assiduités **4.** [push] : *to force one's way into a building* entrer or pénétrer de force dans un immeuble / *I forced my way through the crowd* je me suis frayé un chemin or passage à travers la foule / *don't force it* ne force pas / *the car forced us off the road* la voiture nous a forcés à quitter la route / *to force a bill through Parliament* forcer la Chambre à voter une loi ▸ **to force sb into a corner a)** lit pousser qqn dans un coin **b)** fig mettre qqn au pied du mur **5.** [break open] forcer / *to force open a door* / *lock* forcer une porte / une serrure **6.** [answer, smile] forcer / *she managed to force a smile* elle eut un sourire forcé **7.** [hurry] forcer, hâter / *to force flowers* / *plants* forcer des fleurs / des plantes / *we forced the pace* nous avons forcé l'allure or le pas / *I felt I had to force the issue* j'ai senti qu'il fallait que je force la décision **8.** [strain - metaphor, voice] forcer ; [- word] forcer le sens de. ◆ n **1.** [power] force *f*, puissance *f* / *forces of evil* / *nature* forces du mal / de la nature / *Europe is becoming a powerful economic force* l'Europe devient une grande puissance économique / *television could be a force for good* la télévision pourrait avoir une bonne influence / *France is a force to be reckoned with* la France est une puissance or force avec laquelle il faut compter / *she's a force to be reckoned with* il faudra compter avec elle / *there are several forces at work* il y a plusieurs forces en jeu **2.** [strength] force *f* ; [violence] force *f*, violence *f* / *I'm against the use of force* je suis contre le recours à la force / *the force of the blow laid him out* la violence du coup l'a mis K-O / *they used force to control the crowd* ils ont employé la force pour contrôler la foule / *I hit it with as much force as I could muster* je l'ai frappé aussi fort que j'ai pu **3.** [of argument, word] force *f*, poids *m* / *I don't see the force of her argument* je ne perçois pas la force de son argument **4.** PHYS force *f* / *centrifugal* / *coercive force* force centrifuge / coercitive / *the force of gravity* la pesanteur **5.** [of people] force *f* / *our sales force* COMM notre force de vente / *the allied forces* les armées *fpl* alliées, les alliés *mpl* ▸ **the (armed) forces** les forces armées ▸ **the (police) force** les forces de police **6.** PHR **force of circumstances** force *f* des choses ▸ **by** or **from force of habit** par la force de l'habitude ▸ **by sheer force** de vive force / *she managed it through sheer force of will* elle y est arrivée uniquement à force de volonté / *the law comes into force this year* la loi entre en vigueur cette année.

❖ **in force** adv phr en force / *the demonstrators arrived in force* les manifestants sont arrivés en force / *the students were there in force* les étudiants étaient venus en force or en grand nombre / *in full force* au grand complet.

❖ **in(to) force** adv phr en application, en vigueur / *the rules now in force* les règlements *mpl* en vigueur / *the law came into force last week* la loi est entrée en vigueur la semaine dernière / *entry into force* entrée *f* en vigueur.

❖ **force back** vt sep **1.** [push back] repousser, refouler ; MIL faire reculer, obliger à reculer **2.** [repress] réprimer / *she forced back the urge to laugh* elle réprima une envie de rire / *I forced back my tears* j'ai refoulé mes larmes.

❖ **force down** vt sep **1.** [push down] faire descendre (de force) / *he forced down the lid of the box* il a fermé la boîte en forçant / *to force down prices* faire baisser les prix **2.** [plane] forcer à atterrir **3.** [food] se forcer à manger or à avaler / *more cake? — I expect I could force down another slice hum* encore un peu de gâteau ? — ma foi, je suis sûr que j'ai encore un peu de place pour un autre petit morceau.

❖ **force out** vt sep **1.** [push out] faire sortir (de force) / *hunger eventually forced them out* la faim les a finalement obligés à sortir / *the opposition forced him out fig* l'opposition l'a poussé dehors **2.** [remark] : *he forced out an apology* il s'est excusé du bout des lèvres.

❖ **force up** vt sep faire monter (de force) / *to force prices up* faire monter les prix.

forced [fɔ:st] adj **1.** [compulsory] forcé ▸ **forced labour** travail *m* forcé ▸ **a forced landing** un atterrissage forcé ▸ **forced march** MIL marche *f* forcée **2.** [smile] forcé, artificiel / *he gave a forced laugh* il a ri du bout des lèvres **3.** [plant] forcé.

force-feed vt nourrir de force ; [livestock] gaver.

forceful ['fɔ:sfʊl] adj [person] énergique, fort ; [argument, style] puissant ; [impression] puissant / *he's not very forceful* il n'est pas très énergique.

forcefully ['fɔ:sfʊlɪ] adv avec force, avec vigueur.

forcefulness ['fɔ:sfʊlnɪs] n vigueur *f*.

forcemeat ['fɔ:smi:t] n farce *f*.

forceps ['fɔ:seps] pl n ▸ **(a pair of) forceps** un forceps ▸ **forceps delivery** accouchement *m* au forceps.

forcible ['fɔ:səbl] adj **1.** [by force] de or par force ▸ **forcible entry** LAW effraction *f* **2.** [powerful - argument, style] puissant ; [- personality] puissant, fort ; [- speaker] puissant **3.** [emphatic - opinion] catégorique ; [- wish] vif.

forcibly ['fɔ:səblɪ] adv **1.** [by force] de force, par la force / *they were forcibly removed from the house* on les a fait sortir de force de la maison **2.** [argue, speak] énergiquement, avec vigueur or force **3.** [recommend, remind] fortement.

forcing bid ['fɔ:sɪŋ-] n annonce forcée or de forcing.

forcing house n forcerie *f*, serre *f* chaude.

ford [fɔ:d] ◆ n gué *m*. ◆ vt passer or traverser à gué.

fordable ['fɔ:dəbl] adj guéable.

fore [fɔ:ʳ] ◆ adj **1.** [front] à l'avant, antérieur / *the fore and hind legs* les pattes de devant et de derrière **2.** NAUT à l'avant. ◆ n NAUT avant *m*, devant *m* ; *fig* ▸ **to come to the fore a)** [person] percer, commencer à être connu **b)** [courage] se manifester, se révéler / *the revolt brought these issues to the fore* la révolte a mis ces problèmes en évidence, la révolte a attiré l'attention sur ces problèmes. ◆ adv NAUT à l'avant / *fore and aft* de l'avant à l'arrière. ◆ interj [in golf] ▸ **fore!** attention !, gare !

fore-and-aft adj NAUT aurique / *fore-and-aft rig* gréement *m* aurique / *fore-and-aft sail* voile *f* aurique.

forearm ◆ n ['fɔ:rˌɑ:m] avant-bras *m*. ◆ vt [fɔ:r'ɑ:m] prémunir.

forebear ['fɔ:beəʳ] n ancêtre *m* / *our forebears* nos aïeux *mpl*.

forebode [fɔ:'bəʊd] vt *fml* augurer.

foreboding [fɔ:'bəʊdɪŋ] n [feeling] pressentiment *m*, prémonition *f* ; [omen] présage *m*, augure *m* / *she had a foreboding that things would go seriously wrong* elle a eu le pressentiment que les choses allaient très mal tourner / *her laughter filled me with foreboding* ses rires m'ont rendu très appréhensif.

forebrain ['fɔ:breɪn] n prosencéphale *m*.

forecast ['fɔ:kɑ:st] (*pt & pp* **forecast** *or* **forecasted**) ◆ vt [gen & METEOR] prévoir ; [in betting] pronostiquer. ◆ n **1.** [gen & METEOR] prévision *f* / *the forecast is not good* **a)** [gen] les prévisions ne sont pas bonnes **b)** [weather] la météo n'est pas bonne / *sales forecasts* COMM prévisions de ventes / *economic forecast* prévisions économiques ▸ **the weather forecast** le bulletin météorologique, la météo **2.** [in betting] pronostic *m*.

forecaster ['fɔ:kɑ:stəʳ] n pronostiqueur *m*, -euse *f* ▸ **weather forecaster** météorologiste *mf*, météorologue *mf*.

forecastle ['fəʊksl] n NAUT gaillard *m* d'avant ; [in merchant navy] poste *m* d'équipage.

foreclose [fɔ:'kləʊz] ◆ vt [mortgage] saisir. ◆ vi saisir le bien hypothéqué ▸ **to foreclose on sb** saisir les biens de qqn ▸ **to foreclose on a mortgage** saisir un bien hypothéqué.

foreclosure [fɔ:'kləʊʒəʳ] n forclusion *f*.

forecourt ['fɔ:kɔ:t] n avant-cour *f*, cour *f* de devant ; [of petrol station] devant *m* ▸ **forecourt prices** prix à la pompe.

foredoomed [fɔ:'du:md] adj *liter* voué à l'échec.

fore-end loader n AGR chargeur *m* frontal.

forefather ['fɔ:ˌfɑ:ðəʳ] n ancêtre *m* / *our forefathers* nos aïeux *mpl*.

forefinger ['fɔ:ˌfɪŋgəʳ] n index *m*.

forefoot ['fɔ:fʊt] (*pl* **forefeet** [-fi:t]) n [of cow, horse] pied *m* de devant or antérieur ; [of cat, dog] patte *f* de devant or antérieure.

forefront ['fɔ:frʌnt] n premier rang *m* ▸ **to be at** or **in the forefront of sthg a)** [country, firm] être au premier rang de qqch **b)** [person] être une sommité dans qqch.

foregather [fɔ:'gæðəʳ] = **forgather.**

forego [fɔ:'gəʊ] (*pt* **forewent** [-'went], *pp* **foregone** [-'gɒn]) = **forgo.**

foregoing [fɔ:'gəʊɪŋ] ◆ adj précédent, susdit / *the foregoing study* la susdite étude. ◆ n précédent *m*, -e *f* / *if we are to believe the foregoing* si nous devons croire ce qui précède.

foregone [-'gɒn] pp ⟶ **forego.**

foregone conclusion ['fɔ:gɒn-] n issue *f* certaine or prévisible / *it was a foregone conclusion* c'était gagné d'avance.

foreground ['fɔ:graʊnd] ◆ n [gen, ART & PHOT] premier plan / *in the foreground* au premier plan / *the Mayor is in the foreground fig* le maire est bien en évidence. ◆ vt privilégier.

forehand ['fɔ:hænd] ◆ n **1.** SPORT coup *m* droit **2.** [of horse] avant-main *m*. ◆ adj ▸ **forehand drive** coup *m* droit ▸ **forehand volley** volée *f* de face.

forehead ['fɔ:hed] n front *m*.

foreign ['fɒrən] adj **1.** [country, language, person] étranger ; [aid, visit - to country] à l'étranger ; [- from country] de l'étranger ; [products] de l'étranger ; [trade] extérieur / *students from foreign countries* des étudiants venant de l'étranger / *relations with foreign countries* les relations avec l'étranger / *a foreign-owned company* une firme sous contrôle étranger / *foreign relations* relations avec l'étranger / *foreign travel* voyages à l'étranger ▸ **foreign affairs** affaires *fpl* étrangères ▸ **foreign agent a)** [spy] agent *m* étranger **b)** COMM représentant *m*, -e *f* à l'étranger ▸ **foreign competition** concurrence *f* étrangère ▸ **foreign correspondent** correspondant *m*, -e *f* à l'étranger ▸ **foreign currency** or **exchange** devises *fpl* étrangères ▸ **foreign exchange market** marché *m* des changes ▸ **foreign investment** investissement *m* étranger ▸ **foreign minister** ministre *m* des Affaires étrangères ▸ **foreign policy** politique *f* étrangère or extérieure **2.** [alien] étranger / *such thinking is foreign to them* un tel raisonnement leur est étranger / *a foreign body, foreign matter* un corps étranger.

foreigner ['fɒrənəʳ] n étranger *m*, -ère *f*.

Foreign Legion n ▸ **the Foreign Legion** la Légion (étrangère).

foreignness ['fɒrɪnnɪs] n air *m* étranger ; [of place] caractère *m* étranger ; [exotic nature] exotisme *m* / *the foreignness of the food* / *their way of life* la nourriture / leur mode de vie bien à part / *given the foreignness of this concept to our culture* étant donné que ce concept est étranger à notre culture.

Foreign Office n ▸ **the Foreign (and Commonwealth) Office** *le ministère britannique des Affaires étrangères.*

Foreign Secretary, Foreign and Commonwealth Secretary n ▸ **the Foreign Secretary** *le ministre britannique des Affaires étrangères.*

foreign service n US service *m* diplomatique.

foreknowledge [ˌfɔ:'nɒlɪdʒ] n *fml* connaissance *f* anticipée, prescience *f* / *I had no foreknowledge of her plans* je ne savais pas à l'avance quels étaient ses projets.

foreland ['fɔ:lənd] n promontoire *m*, cap *m*.

foreleg ['fɔ:leg] n [of horse] jambe *f* de devant or antérieure ; [of dog, cat] patte *f* de devant or antérieure.

forelock ['fɔ:lɒk] n [of person] mèche *f*, toupet *m* ; [of horse] toupet *m* ▸ **to touch** or **to tug one's forelock a)** *lit* saluer en portant la main au front **b)** *fig* faire des courbettes.

foreman ['fɔ:mən] (*pl* **foremen** [-mən]) n INDUST contremaître *m*, chef *m* d'équipe ; LAW président *m*, -e *f*.

foremast ['fɔ:mɑ:st] n mât *m* de misaine.

foremost ['fɔ:məʊst] ◆ adj [first - in position] le plus en avant ; [- in importance] principal, le plus important. ◆ adv en avant.

forename ['fɔ:neɪm] n UK prénom *m*.

forenamed ['fɔ:neɪmd] adj susdit, précité.

forenoon ['fɔ:nu:n] n *arch, liter* or *regional* matinée *f*.

forensic [fə'rensɪk] adj **1.** [chemistry] légal ; [expert] légiste / *forensic department* département de médecine légale / *forensic evidence* expertise médico-légale / *forensic medicine* or *science* médecine *f* légale / *forensic scientist* médecin *m* légiste / *forensic tests showed him to be the killer* les tests médico-légaux ont prouvé qu'il était l'assassin **2.** [skill, term] du barreau.

forensics [fə'rensɪks] n *(U)* art *m* de la discussion or du débat.

foreordain [ˌfɔ:rɔ:'deɪn] vt *fml* prédestiner.

forepart ['fɔ:pɑ:t] n *fml* [gen] devant *m*, avant *m* ; [of century, day] début *m*.

forepaw ['fɔ:pɔ:] n patte de devant or antérieure.

foreplay ['fɔ:pleɪ] n *(U)* préliminaires *mpl*.

forequarters ['fɔ:ˌkwɔ:təz] pl n [of animal] avant-train *m* ; [of carcass] quartiers *mpl* de devant.

forerunner ['fɔ:ˌrʌnəʳ] n [precursor] précurseur *m* ; [omen] présage *m*, signe *m* avant-coureur.

foresail ['fɔ:seɪl] n (voile *f* de) misaine *f*.

foresee [fɔ:'si:] (*pt* **foresaw** [-'sɔ:], *pp* **foreseen** [-'si:n]) vt prévoir, présager.

foreseeable [fɔ:'si:əbl] adj prévisible / *in the foreseeable future* dans un avenir prévisible.

foreseen [-'si:n] pp ⟶ **foresee.**

foreshadow [fɔ:'ʃædəʊ] vt présager, annoncer / *her first novel foreshadowed this masterpiece* son premier roman a laissé prévoir ce chef-d'œuvre.

foreshore ['fɔ:ʃɔ:ʳ] n [beach] plage *f* ; GEOG laisse *f* de mer.

foreshorten [fɔ:'ʃɔ:tn] vt **1.** ART faire un raccourci de ; PHOT [horizontally] réduire ; [vertically] écraser **2.** [reduce] réduire ; [story] résumer.

foreshortened [fɔ:'ʃɔ:tnd] adj réduit.

foreshortening [fɔ:'ʃɔ:tnɪŋ] n **1.** ART raccourci *m* ; PHOT [horizontal] réduction *f* ; [vertical] écrasement *m* **2.** [reduction] réduction *f* ; [of story] résumé *m*.

foresight ['fɔ:saɪt] n prévoyance *f* / *lack of foresight* imprévoyance *f*.

foresighted ['fɔ:ˌsaɪtɪd] adj [person] prévoyant.

foreskin ['fɔ:skɪn] n prépuce *m*.

forest ['fɒrɪst] n forêt *f* / *a forest of hands fig* une multitude de mains.

forestall [fɔ:'stɔ:l] vt **1.** [prevent] empêcher, retenir / *she wanted to leave but he forestalled her* elle voulut partir mais il l'en empêcha **2.** [anticipate - desire, possibility] anticiper, prévenir ; [- person] devancer, prendre les devants sur.

forestation [ˌfɒrɪ'steɪʃn] n boisement *m*.

forester ['fɒrɪstəʳ] n forestier *m*, -ère *f*.

forest park n UK parc *m* forestier.

forest ranger n US garde *m* forestier.

forestry ['fɒrɪstrɪ] n sylviculture *f* ▸ **the Forestry Commission** *organisme britannique de gestion des forêts domaniales* ; ≃ les Eaux et Forêts *fpl*.

foretaste ['fɔ:teɪst] n avant-goût *m*.

foretell [fɔː'tel] (*pt & pp* **foretold** [-'təʊld]) vt prédire.

forethought ['fɔːθɔːt] n [premeditation] préméditation *f* ; [foresight] prévoyance *f*.

foretold [-'təʊld] pt & pp ⟶ **foretell**.

forever [fə'revəʳ] adv **1.** [eternally] (pour) toujours, éternellement / *it won't last forever* ça ne durera pas toujours / *I'll love you forever* je t'aimerai toujours / *Europe forever!* vive l'Europe ! **2.** [incessantly] toujours, sans cesse / *he's forever finding fault* il trouve toujours à redire **3.** [for good] pour toujours / *dinosaurs have vanished forever* les dinosaures ont disparu pour toujours **4.** *inf* [a long time] très longtemps / *it'll take forever!* ça va prendre des lustres ! / *he took forever to get ready* il a mis des heures à se préparer / *we can't wait forever* nous ne pouvons pas attendre jusqu'à la saint-glinglin.

forevermore [fəˌrevə'mɔː] adv pour toujours, à jamais.

forewarn [fɔː'wɔːn] vt prévenir, avertir / *he forewarned them that life there would be difficult* il les a prévenus que là-bas la vie serait difficile ▸ **forewarned is forearmed** *prov* un homme averti en vaut deux *prov*.

forewarning [ˌfɔː'wɔːnɪŋ] n avertissement *m*.

forewent [-'went] pt ⟶ **forego**.

foreword ['fɔːwɜːd] n avant-propos *m*, préface *f*.

forfeit ['fɔːfɪt] ◆ vt **1.** [lose] perdre ; [give up] renoncer à, abandonner / *to forfeit one's rights* perdre or être déchu de ses droits **2.** LAW [lose] perdre (par confiscation) ; [confiscate] confisquer. ◆ n **1.** [penalty] prix *m*, peine *f* ; COMM [sum] amende *f*, dédit *m* **2.** LAW [loss] perte *f* (par confiscation) **3.** [game] ▸ **to play forfeits** jouer aux gages ▸ **to pay a forfeit** avoir un gage. ◆ adj *fml* [subject to confiscation] susceptible d'être confisqué ; [confiscated] confisqué / *her life could be forfeit fig* elle pourrait le payer de sa vie.

forfeiture ['fɔːfɪtʃəʳ] n **1.** LAW [loss] perte *f* par confiscation ; *fig* [surrender] renonciation *f* ▸ **forfeiture of rights** renonciation aux droits **2.** [penalty] prix *m*, peine *f* ; COMM [sum] amende *f*, dédit *m*.

forfend [fɔː'fend] vt *arch* détourner, empêcher / *God* or *Heaven forfend! arch & hum* à Dieu ne plaise !, Dieu m'en préserve !

forgather [fɔː'gæðəʳ] vi *fml* se réunir, s'assembler.

forgave [fə'geɪv] pt ⟶ **forgive**.

forge [fɔːdʒ] ◆ vt **1.** [metal, sword] forger / *to forge an alliance / a friendship* sceller une alliance / une amitié **2.** [counterfeit - money, signature] contrefaire ; [- picture] faire un faux de, contrefaire ; [- document] faire un faux de / *a forged passport* un faux passeport / *a forged £20 note* un faux billet de 20 livres. ◆ vi [go forward] avancer / *we forged on, hoping to reach the village by nightfall* nous avons continué à toute allure dans l'espoir d'arriver au village avant la tombée de la nuit / *to forge into the lead* prendre la tête. ◆ n [machine, place] forge *f*.

❖ **forge ahead** vi prendre de l'avance ; *fig* faire son chemin, réussir, prospérer.

forger ['fɔːdʒəʳ] n [gen] faussaire *mf* ; [of money] faux-monnayeur *m*, faussaire *mf*.

forgery ['fɔːdʒərɪ] (*pl* **forgeries**) n **1.** [of money, picture, signature] contrefaçon *f* ; [of document] falsification *f* ▸ **to prosecute sb for forgery** poursuivre qqn pour faux (et usage de faux) **2.** [object] faux *m*.

forget [fə'get] (*pt* **forgot** [-'gɒt], *pp* **forgotten** [-'gɒtn]) ◆ vt **1.** [be unable to recall] oublier / *he'll never forget her* il ne l'oubliera jamais / *have you forgotten all your Latin?* avez-vous oublié tout votre latin ? / *I'll never forget seeing him play Lear* je ne l'oublierai jamais or je le reverrai toujours dans le rôle de Lear / *I forgot (that) you had a sister* j'avais oublié que tu avais une sœur / *she's forgotten how to swim* elle ne sait plus (comment) nager / *I forgot which house is his* je ne sais plus or j'ai oublié quelle maison est la sienne / *I never forget a face* j'ai la mémoire des visages / *she'll never let him forget his mistake* elle n'est pas près de lui pardonner son erreur ; [not think about] oublier / *I forgot the time* j'ai oublié l'heure / *to forget one's manners* oublier ses manières / *to forget o.s.* s'oublier / *he was so overwhelmed by emotion that he quite forgot himself* il était tellement ému qu'il perdit toute retenue / *it's my idea and don't you forget it!* c'est moi qui ai eu cette idée, tâchez de ne pas l'oublier ! / *such things are best forgotten* il vaut mieux ne pas penser à de telles choses / *that never-to-be-forgotten day* ce jour inoubliable or mémorable **2.** [neglect, overlook] oublier, omettre / *she forgot to mention that she was married* elle a oublié or a omis de dire qu'elle était mariée / *he seems to have forgotten his old friends* il semble avoir oublié ses anciens amis / *don't forget the poor at Christmas* n'oubliez pas les pauvres à Noël / *not forgetting...* sans oublier... / *let's forget our differences* oublions nos différends / *forget it!* **a)** *inf* [in reply to thanks] il n'y a pas de quoi ! **b)** [in reply to apology] ce n'est pas grave !, ne vous en faites pas ! **c)** [in irritation] laissez tomber ! **d)** [in reply to question] cela n'a aucune importance !, peu importe ! **3.** [leave behind] oublier, laisser / *don't forget your umbrella!* n'oublie pas ton parapluie ! **4.** [give up - idea, plan] abandonner, renoncer à / *if we don't get financial backing, we'll just have to forget the whole thing* si nous n'obtenons pas de soutien financier, il nous faudra renoncer au projet. ◆ vi ▸ **to forget about sb / sthg** oublier qqn / qqch / *sorry, I completely forgot about it* désolé, j'avais complètement oublié / *he agreed to forget about the outburst* il a accepté de fermer les yeux sur l'incartade.

forgetful [fə'getfʊl] adj [absent-minded] distrait ; [careless] négligent, étourdi / *she's so forgetful* elle oublie tout, elle est tellement distraite ▸ **to be forgetful of sthg** *fml* être oublieux de qqch.

forgetfulness [fə'getfʊlnɪs] n [absent-mindedness] manque *m* de mémoire ; [carelessness] négligence *f*, étourderie *f* / *in a moment of forgetfulness* dans un moment d'étourderie.

forget-me-not n myosotis *m*.

forgettable [fə'getəbl] adj qui ne présente pas d'intérêt.

forgivable [fə'gɪvəbl] adj pardonnable.

forgivably [fə'gɪvəblɪ] adv : *she was, quite forgivably, rather annoyed with him!* elle était plutôt en colère contre lui, et on la comprend !

forgive [fə'gɪv] (*pt* **forgave** [fə'geɪv], *pp* **forgiven** [-'gɪvn]) vt **1.** [pardon] pardonner ▸ **to forgive sb (for) sthg** pardonner qqch à qqn / *he asked me to forgive him* il m'a demandé pardon / *forgive my ignorance, but who exactly was Galsworthy?* pardonnez mon ignorance, mais qui était Galsworthy exactement ? / *can you ever forgive me?* pourras-tu jamais me pardonner ? / *forgive me, but haven't we met before?* pardonnez-moi or excusez-moi, mais est-ce qu'on ne s'est pas déjà rencontrés ? / *one might be forgiven for thinking that...* on pourrait penser que... / *forgive and forget* pardonner et oublier **2.** [debt, payment] ▸ **to forgive (sb) a debt** faire grâce (à qqn) d'une dette.

forgiveable [fə'gɪvəbl] = **forgivable**.

forgiveness [fə'gɪvnɪs] n **1.** [pardon] pardon *m* ▸ **to ask sb's forgiveness** demander pardon à qqn **2.** [tolerance] indulgence *f*, clémence *f*.

forgiving [fə'gɪvɪŋ] adj indulgent, clément.

forgo [fɔː'gəʊ] (*pt* **forwent** [-'went], *pp* **forgone** [-'gɒn]) vt renoncer à, se priver de.

forgot [-'gɒt] pt ⟶ **forget**.

forgotten [-'gɒtn] pp ⟶ **forget**.

fork [fɔːk] ◆ n **1.** [for eating] fourchette *f* **2.** AGR fourche *f* **3.** [junction - in road, railway] bifurcation *f*, embranchement *m* / *take the right fork* tournez or prenez à droite à l'embranchement **4.** [on bicycle, motorbike] fourche *f*. ◆ vt **1.** AGR fourcher **2.** [food] prendre avec une fourchette / *she was forking food into her mouth* elle enfournait la nourriture avec sa fourchette. ◆ vi **1.** [river, road] bifurquer, fourcher / *the road forks at Newton* la route fait une fourche à Newton **2.** [car, person] bifurquer, tourner / *he forked left* il a pris or a tourné à gauche / *fork right for the airport* prenez à droite pour l'aéroport.

❖ **fork out** *inf* ◆ vt sep [money] allonger, cracher. ◆ vi casquer *v inf*.

❖ **fork over** vt sep **1.** AGR fourcher **2.** *inf* [money] allonger, cracher.

❖ **fork up** *inf* = **fork out**.

forked [fɔːkt] adj [tongue] fourchu ; [river, road] à bifurcation.

forked lightning n éclair *m* en zigzag.

forkful ['fɔːkfʊl] n **1.** [of food] fourchetée *f* **2.** [of hay] fourchée *f*.

forklift ['fɔːklɪft] n ▸ **forklift (truck)** chariot *m* élévateur.

forlorn [fə'lɔːn] adj **1.** [wretched] triste, malheureux / *a forlorn cry* un cri de désespoir **2.** [lonely - person] abandonné, délaissé ; [- place] désolé, désert / *the empty house had a forlorn look about it* la maison vide avait l'air abandonnée **3.** [desperate] désespéré / *I went there in the forlorn hope that she'd see me* j'y suis allé en espérant contre tout espoir qu'elle accepterait de me voir / *they made one last forlorn attempt to contact her* ils ont fait un dernier effort désespéré pour la contacter.

forlornly [fə'lɔːnlɪ] adv **1.** [wretchedly] tristement **2.** [desperately] désespérément.

form [fɔːm] ◆ n **1.** [shape] forme *f* / *in the form of a heart* en forme de cœur / *her plan began to take form* son projet a commencé à prendre tournure or forme **2.** [body, figure] forme *f*, silhouette *f* / *a slender form appeared at the door* une silhouette élancée apparut à la porte / *the human form* la forme humaine **3.** [aspect, mode] forme *f* / *it's written in the form of a letter* c'est écrit sous forme de lettre / *the Devil appeared in the form of a goat* le diable apparut sous la forme d'une chèvre / *the same product in a new form* le même produit présenté différemment / *what form should my questions take?* comment devrais-je formuler mes questions ? / *the interview took the form of an informal chat* l'entrevue prit la forme d'une discussion informelle / *her anxiety showed itself in the form of anger* son inquiétude se manifesta par de la colère **4.** [kind, type] forme *f*, sorte *f* / *one form of cancer* une forme de cancer / *we studied three different forms of government* nous avons examiné trois systèmes de gouvernement or trois régimes différents / *all forms of sugar* le sucre sous toutes ses formes / *she sent some flowers as a form of thanks* elle a envoyé des fleurs en guise de remerciements **5.** [document] formulaire *m* ; [for bank, telegram] formule *f* / *to fill in* or *out a form* remplir un formulaire ▸ **printed form** imprimé *m* **6.** [condition] forme *f*, condition *f* ▸ **on form** UK, **in form** US en forme ▸ **in good form** en pleine forme, en excellente condition / *John was on* or *in good form at lunch* John était en forme or plein d'entrain pendant le déjeuner / *he's off form* or *out of form* il n'est pas en forme / *I'm on* UK or *in top form* je suis en pleine forme / *on* UK or *in their current form they're unlikely to win* étant donné leur forme actuelle, ils ont peu de chances de gagner ▸ **to study the form** [in horse racing] examiner le tableau des performances des chevaux **7.** [gen, ART, LITER & MUS] forme *f* / *form and content* la forme et le fond / *his writing lacks form* ce qu'il écrit n'est pas clair / *her ideas lack form* ses idées sont confuses **8.** [standard practice] forme *f*, règle *f* ▸ **to do sthg as a matter of form** faire qqch pour la forme / *what's the usual form in these cases?* que fait-on d'habitude or quelle est la marche à suivre dans ces cas-là ? ▸ **in due form** LAW en bonne et due forme **9.** *dated* [etiquette] forme *f*, formalité *f* / *it's bad form* cela ne se fait pas / *it's good form* c'est de bon ton, cela se fait **10.** [formula] forme *f*, formule *f* / *form of address* formule de politesse / *the correct form of address for a senator* la manière correcte de s'adresser à un sénateur / *it's only a form of speech* ce n'est qu'une façon de parler / *the form of the marriage service* les rites *mpl* du mariage **11.** [mould] forme *f*, moule *m* **12.** GRAM & LING forme *f* / *the masculine form* la forme du masculin, le masculin **13.** PHILOS [structure] forme *f* ; [essence] essence *f* **14.** UK SCH [class] classe *f* / *she's in the first form* ≃ elle est en sixième **15.** UK [bench] banc *m* **16.** UK *inf* [criminal record] casier *m* (judiciaire). ◆ comp UK SCH ▸ **form master, form mistress, form teacher** professeur *m* principal. ◆ vt **1.** [shape] former, construire ; [character, mind] former, façonner ;

[sentence] construire / *he formed the model out of* or *from clay* il a sculpté or façonné le modèle dans l'argile / *form the dough into a ball* pétrissez la pâte en forme de boule / *she has trouble forming certain words* elle a du mal à prononcer certains mots / *it was certainly a character-forming experience* c'est sans aucun doute une expérience qui forme or façonne le caractère **2.** [take the shape of] former, faire / *the coastline forms a series of curves* la côte forme une série de courbes / *the children formed a circle* les enfants formèrent un cercle / *form a queue* UK or *line* US *please* faites la queue s'il vous plaît / *the applicants formed a queue* les candidats firent la queue **3.** [develop - opinion] se former, se faire ; [- plan] concevoir, élaborer ; [- habit] contracter / *he's wary of forming friendships* il hésite à nouer des amitiés / *to form an impression* avoir une impression **4.** [organize - association, club] créer, fonder ; [- committee, government] former ; [COMM - company] fonder, créer **5.** [constitute] composer, former / *to form the basis of sthg* constituer la base de or servir de base à qqch / *to form a part of sthg* faire partie de qqch / *the countries forming the alliance* les pays qui constituent l'alliance **6.** GRAM former / *how to form the past tense* comment former le passé composé. ◆ vi **1.** [materialize] se former, prendre forme / *doubts began to form in his mind* des doutes commencèrent à prendre forme dans son esprit, il commença à avoir des doutes **2.** [take shape] se former / *form into a line!* alignez-vous ! / *we formed into groups* nous nous sommes mis en groupes, nous avons formé des groupes.

❖ **form up** vi UK se mettre en ligne, s'aligner.

formal ['fɔ:ml] ◆ adj **1.** [conventional - function] officiel, solennel ; [- greeting] solennel, cérémonieux / *a formal dance* un grand bal / *a formal dinner* un dîner officiel ▸ **formal dress a)** [for ceremony] tenue *f* de cérémonie **b)** [for evening] tenue *f* de soirée **2.** [official - announcement, approval] officiel ; [- order] formel, explicite / *formal agreement* / *contract* accord *m* / contrat *m* en bonne et due forme / *a formal denial* un démenti formel or catégorique / *she had no formal education* elle n'a jamais fait d'études / *no formal training is required* aucune formation spécifique n'est exigée / *we gave him a formal warning* nous l'avons averti officiellement or dans les règles **3.** [correct - person] solennel ; [- behaviour, style] soigné, solennel, guindé *pej* / *she's very formal* elle est très à cheval sur les conventions / *don't be so formal* ne sois pas si sérieux, sois un peu plus détendu / *in formal language* dans un style soigné or soutenu / *"vous" is the formal form* « vous » est la forme polie **4.** [ordered] formaliste, méthodique ▸ **formal garden** jardin *m* à la française **5.** [nominal] de forme / *formal agreement* accord *m* de forme / *she is the formal head of State* c'est elle le chef d'État officiel **6.** GRAM & LING formaliste, formel **7.** PHILOS formel. ◆ n US **1.** [dance] bal *m* **2.** [suit] habit *m* de soirée.

formaldehyde [fɔ:'mældɪhaɪd] n formaldéhyde *m*.

formalin ['fɔ:məlɪn] n formol *m*.

formalist ['fɔ:məlɪst] ◆ adj formaliste. ◆ n formaliste *mf*.

formality [fɔ:'mælətɪ] (*pl* **formalities**) n **1.** [ceremoniousness] cérémonie *f* ; [solemnity] solennité *f*, gravité *f* ; [stiffness] froideur *f*, raideur *f* ; [convention] formalité *f*, étiquette *f* **2.** [procedure] formalité *f* / *it's a mere formality* c'est une simple formalité / *let's forget the formalities* dispensons-nous des formalités.

formalize, **formalise** ['fɔ:məlaɪz] vt formaliser.

formally ['fɔ:məlɪ] adv **1.** [conventionally] solennellement, cérémonieusement / *formally dressed* **a)** [for ceremony] en tenue de cérémonie **b)** [for evening] en tenue de soirée **2.** [officially] officiellement, dans les règles / *an agreement was formally drawn up* un accord a été rédigé en bonne et due forme **3.** [speak] de façon soignée ; [behave] de façon solennelle or guindée *pej* **4.** [study, research] de façon méthodique ; [arrange] de façon régulière **5.** [nominally] pour la forme / *he did consult his father before proceeding, if only formally* il a demandé conseil à son père avant d'agir, ne serait-ce que pour la forme.

formant ['fɔ:mənt] n formant *m*.

format ['fɔ:mæt] (*cont* **formatting**, *pt & pp* **formatted**) ◆ n **1.** [size] format *m* **2.** [layout] présentation *f* / *the TV news now has a new format* le journal télévisé a adopté une nouvelle présentation **3.** COMPUT format *m*. ◆ vt **1.** [layout] composer la présentation de **2.** COMPUT formater.

formation [fɔ:'meɪʃn] n **1.** [establishment - of club] création *f*, fondation *f* ; [- of committee, company] formation *f*, fondation *f* ; [- of government] formation *f* **2.** [development - of character, person] formation *f* ; [- of idea] développement *m*, élaboration *f* ; [- of plan] élaboration *f*, mise *f* en place **3.** BOT, GEOL & MED formation *f* **4.** [arrangement] formation *f*, disposition *f* ; MIL [unit] formation *f*, dispositif *m* / *battle formation* formation de combat / *in close formation* en ordre serré.

formation dancing n danse *f* en formation.

formation flying n vol *m* en formation.

formative ['fɔ:mətɪv] ◆ adj formateur / *the formative years* les années *fpl* formatrices. ◆ n formant *m*, élément *m* formateur.

formatting ['fɔ:mætɪŋ] n COMPUT formatage *m*.

form class n catégorie *f* grammaticale.

forme UK, **form** US [fɔ:m] n PRINT forme *f*.

-formed [fɔ:md] in comp formé ▸ **badly / well-formed letters** lettres mal / bien formées.

former ['fɔ:məʳ] ◆ adj **1.** [time] passé / *in former times* or *days* autrefois, dans le passé **2.** [earlier, previous] ancien, précédent / *my former boss* mon ancien patron / *I'm a former student of his* je suis un de ses anciens élèves / *my former wife* mon ex-femme / *in a former life* dans une vie antérieure / *he's only a shadow of his former self* il n'est plus que l'ombre de lui-même **3.** [first] premier / *I prefer the former idea to the latter* je préfère la première idée à la dernière. ◆ n **1.** [first] premier *m*, -ère *f*, celui-là *m*, celle-là *f* / *of the two methods I prefer the former* des deux méthodes je préfère la première **2.** TECH gabarit *m*.

formerly ['fɔ:məlɪ] adv autrefois, jadis.

form feed n COMPUT avancement *m* du papier.

form-filling n : *there was a lot of form-filling* il y avait beaucoup de papiers à remplir.

formic ['fɔ:mɪk] adj formique.

Formica® [fɔ:'maɪkə] n Formica *m*, plastique *m* laminé.

formidable ['fɔ:mɪdəbl] adj **1.** [inspiring fear] redoutable, terrible ; [inspiring respect] remarquable / *she's a formidable athlete* c'est une athlète remarquable / *a formidable intellect* un esprit brillant **2.** [difficult] ardu / *a formidable problem* un problème difficile.

formidably ['fɔ:mɪdəblɪ] adv redoutablement, terriblement.

formless ['fɔ:mlɪs] adj [shape] informe ; [fear, idea] vague.

form letter n lettre *f* circulaire.

Formosa [fɔ:'məʊsə] pr n Formose / *in Formosa* à Formose.

formula ['fɔ:mjʊlə] n **1.** (*pl* **formulas** *or* **formulae** [-li:]) [gen, CHEM & MATH] formule *f* / *a formula acceptable to both sides* une formule or solution qui soit acceptable pour les deux parties / *a formula for happiness* une recette qui assure le bonheur **2.** (*pl* **formulas**) [expression] formule *f* **3.** (*pl* **formulas**) AUTO formule *f* ▸ **formula 1 (racing)** la formule 1 / *a formula 1 car* une voiture de formule 1 **4.** (*pl* **formula**) [for baby] ≃ bouillie *f (pour bébé)*.

formulaic [,fɔ:mjʊ'leɪɪk] adj stéréotypé / *the film is very formulaic* le film est plein de stéréotypes / *formulaic expression* formule *f* toute faite.

formulate ['fɔ:mjʊleɪt] vt **1.** [express] formuler **2.** [plan] élaborer.

formulation [,fɔ:mjʊ'leɪʃn] n **1.** [of idea] formulation *f*, expression *f* **2.** [of plan] élaboration *f*.

fornicate ['fɔ:nɪkeɪt] vi *fml* forniquer.

fornication [,fɔ:nɪ'keɪʃn] n *fml* fornication *f*.

forsake [fə'seɪk] (*pt* **forsook** [-'sʊk], *pp* **forsaken** [-'seɪkn]) vt *fml* **1.** [abandon - family, spouse] abandonner ; [- friend] délaisser ; [- place] quitter / *her customary patience forsook her* sa patience habituelle lui fit défaut **2.** [give up] renoncer à.

forsaken [-'seɪkn] ◆ pp ⟶ **forsake.** ◆ adj *liter* [person] abandonné ; [place] abandonné, désert / *forsaken by all* abandonné de tous.

forsook [-'sʊk] pt ⟶ **forsake.**

forsooth [fə'su:θ] *arch* ◆ adv à vrai dire, en vérité. ◆ interj ma foi, par exemple.

forswear [fɔ:'sweəʳ] (*pt* **forswore** [-'swɔ:ʳ], *pp* **forsworn** [-'swɔ:n]) *fml* ◆ vt **1.** [renounce] abjurer **2.** [deny] désavouer ▸ **to forswear o.s.** se parjurer. ◆ vi se parjurer, commettre un parjure.

forsythia [fɔ:'saɪθjə] n forsythia *m*.

fort [fɔ:t] n fort *m* ; [smaller] fortin *m* ▸ **to hold the fort** UK, **to hold down the fort** US assurer la permanence.

forte¹ ['fɔ:teɪ] n [strong point] fort *m* / *patience is hardly his forte* la patience n'est pas vraiment son (point) fort.

forte² ['fɔ:tɪ] ◆ adj & adv MUS forte. ◆ n forte *m*.

fortepiano [,fɔ:tɪpɪ'ænəʊ] n pianoforte *m*.

forth [fɔ:θ] adv *liter* **1.** [out, forward] en avant / *to go* or *to set forth* se mettre en route / *to bring forth* produire / *to send forth* envoyer **2.** [forwards in time] : *from this moment forth* dorénavant, désormais / *from this day forth* à partir d'aujourd'hui or de ce jour.

Forth Bridge pr n ▸ **the Forth Bridge** *pont ferroviaire construit au XIXᵉ siècle sur l'estuaire de la Forth, en Écosse.*

forthcoming [fɔ:θ'kʌmɪŋ] adj **1.** [imminent - event] à venir ; [- book] à paraître ; [- film] qui va sortir prochainement / *the forthcoming elections* les prochaines élections / **'forthcoming attractions'** 'prochainement' **2.** [made available] : *no answer was forthcoming* il n'y a eu aucune réponse / *the funds were not forthcoming* les fonds n'ont pas été débloqués **3.** [verbally] : *he wasn't very forthcoming* il n'a pas été très bavard.

forthright ['fɔ:θraɪt] adj [person, remark] franc (franche), direct / *she's very forthright* elle ne mâche pas ses mots / *he's a forthright critic of the government* il critique le gouvernement ouvertement.

forthwith [,fɔ:θ'wɪθ] adv *fml* incontinent *liter*, sur-le-champ.

fortieth ['fɔ:tɪɪθ] ◆ n **1.** [ordinal] quarantième *m* **2.** [fraction] quarantième *m*. ◆ det quarantième. **See also fifth.**

fortification [,fɔ:tɪfɪ'keɪʃn] n fortification *f*.

fortified ['fɔ:tɪfaɪd] adj fortifié.

fortified wine n UK vin *m* de liqueur, vin *m* doux naturel.

fortify ['fɔ:tɪfaɪ] (*pt & pp* **fortified**) vt **1.** [place] fortifier, armer ; *fig* [person] réconforter, remonter / *have a drink to fortify yourself* prenez un verre pour vous remonter **2.** [wine] augmenter la teneur en alcool, alcooliser ; [food] renforcer en vitamines.

fortitude ['fɔ:tɪtju:d] n courage *m*, force *f* morale.

Fort Knox [-nɒks] pr n *fort militaire dans le Kentucky contenant les réserves d'or des États-Unis.*

fortnight ['fɔ:tnaɪt] n UK quinzaine *f*, quinze jours *mpl* / *for a fortnight* pour quinze jours / *a fortnight ago* il y a quinze jours / *a fortnight tomorrow* demain en quinze / *a fortnight's holiday* quinze jours de vacances / *it's been postponed for a fortnight* cela a été remis à quinzaine.

fortnightly ['fɔ:t,naɪtlɪ] (*pl* **fortnightlies**) UK ◆ adj bimensuel. ◆ adv tous les quinze jours. ◆ n bimensuel *m*.

Fortnum and Mason ['fɑ:tnʌm-] pr n *grand magasin londonien réputé pour ses produits de luxe.*

fortress ['fɔ:trɪs] n [fort] fort *m* ; [prison] forteresse *f* ; [castle] château *m* fort ; [place, town] place *f* forte.

fortuitous [fɔ:'tju:ɪtəs] adj fortuit, imprévu.

fortuitously [fɔ:'tju:ɪtəslɪ] adv fortuitement, par hasard.

Fortuna [fɔ:'tju:nə] pr n Fortune.

fortunate ['fɔːtʃnət] ◆ adj [person] heureux, chanceux ; [choice, meeting] heureux, propice / *you are fortunate* vous avez de la chance / *I was fortunate enough to get the job* j'ai eu la chance d'obtenir le travail / *he is fortunate in his friends* il a de bons amis / *how fortunate!* quelle chance ! ◆ pl n : *the less fortunate* les déshérités *mpl*.

fortunately ['fɔːtʃnətlɪ] adv heureusement, par bonheur.

fortune ['fɔːtʃuːn] n **1.** [wealth] fortune *f* / *he came to London to make his fortune* il est venu à Londres pour faire fortune / *she makes a fortune* elle gagne beaucoup d'argent / *he made a fortune on the house* il a gagné beaucoup d'argent en vendant la maison / *to come into a fortune* hériter d'une fortune, faire un gros héritage / *a man of fortune* un homme fortuné ▸ **to cost / to pay / to spend a (small) fortune** coûter / payer / dépenser une (petite) fortune **2.** [future] destin *m* ▸ **to tell sb's fortune** dire la bonne aventure à qqn / *she tells fortunes* elle dit la bonne aventure **3.** [chance, fate] sort *m*, fortune *f* / *fortune smiled upon him* or *has been kind to him* la chance lui a souri / *the novel traces its hero's changing fortunes* le roman retrace les tribulations de son héros / *the fortunes of war* les hasards de la guerre **4.** [luck] fortune *f*, chance *f* / *he had the good fortune to win* il a eu la chance de gagner / *by good fortune* par chance, par bonheur ▸ **to try one's fortune** tenter sa chance.

fortune cookie n US *biscuit chinois dans lequel est caché un horoscope.*

Fortune Five Hundred pl n *les 500 plus grosses entreprises américaines (dont la liste est établie, chaque année, par le magazine « Fortune »).*

fortune-hunter n *pej* [man] coureur *m* de dot ; [woman] aventurière *f*, femme *f* intéressée.

fortune-teller n [gen] diseur *m*, -euse *f* de bonne aventure ; [with cards] tireur *m*, -euse *f* de cartes, cartomancien *m*, -enne *f*.

fortune-telling n [gen] *fait de dire la bonne aventure* ; [with cards] cartomancie *f*.

forty ['fɔːtɪ] (*pl* **forties**) ◆ det quarante *(inv)* / *about forty children* une quarantaine d'enfants, environ quarante enfants. ◆ n quarante *m* / *about forty* environ quarante, une quarantaine ▸ **the lower forty-eight** US les quarante-huit États américains *(à part l'Alaska et Hawaï)*. **See also fifty.**

forty-five n **1.** [record] quarante-cinq tours *m* **2.** US [pistol] quarante-cinq *m*.

❖ **Forty-Five** pr n UK HIST ▸ **the Forty-Five** *rébellion écossaise menée en 1745 par le prince Charles Édouard pour tenter de ramener les Stuarts au pouvoir.*

forty-niner [-'naɪnəʳ] n US ▸ **the forty-niners** *chercheurs d'or partis en Californie en 1849.*

forty winks pl n *inf* petit somme *m* / *to have forty winks* faire un petit somme.

forum ['fɔːrəm] (*pl* **forums** *or* **fora** ['fɔːrə]) n *fig* [gen] forum *m*, tribune *f* ; HIST forum *m* ; INTERNET forum *m*.

forward ['fɔːwəd] ◆ adj **1.** [towards front - movement] en avant, vers l'avant ; [- position] avant / *the seat is too far forward* le siège est trop avancé or en avant ▸ **forward line** SPORT ligne *f* des avants **2.** [advanced] : *the project is no further forward* le projet n'a pas avancé ▸ **forward planning** planification *f* à long terme **3.** [brash] effronté, impertinent **4.** [buying, delivery] à terme. ◆ adv **1.** [in space] en avant ; NAUT à l'avant / *to move forward* avancer / *keep going straight forward* continuez tout droit / *he reached forward* il a tendu le bras en avant / *three witnesses came forward* *fig* trois témoins se sont présentés / *forward, march!* MIL en avant, marche ! / *clocks go forward one hour at midnight* il faut avancer les pendules d'une heure à minuit **2.** *fml* [in time] : *from this moment forward* à partir de maintenant / *from this day forward* désormais, dorénavant. ◆ vt **1.** [send on] faire suivre ; COMM expédier, envoyer / *I've arranged to have my mail forwarded* j'ai fait le nécessaire pour qu'on fasse suivre mon courrier / **'please forward'** 'faire suivre SVP', 'prière de faire suivre' **2.** [advance, promote] avancer, favoriser. ◆ n SPORT avant *m*.

forwarding ['fɔːwədɪŋ] n **1.** [sending] expédition *f*, envoi *m* ; [of e-mail] réexpédition *f*, transfert *m* **2.** TYPO collage *m* et endossage *m*.

forwarding address ['fɔːwədɪŋ-] n adresse *f* pour faire suivre le courrier ; COMM adresse *f* pour l'expédition / *he left no forwarding address* il est parti sans laisser d'adresse.

forwarding agent ['fɔːwədɪŋ-] n transitaire *m*.

forward-looking adj [person] tourné vers or ouvert sur l'avenir ; [plans] tourné vers l'avenir or le progrès ; [company, policy] qui va de l'avant, dynamique, entreprenant.

forward market n marché *m* à terme.

forwardness ['fɔːwədnɪs] n **1.** [presumption] effronterie *f*, impertinence *f* ; [eagerness] empressement *m* **2.** UK [of child, season] précocité *f* ; [of project] état *m* avancé.

forward pass n en-avant *m inv*, passe *f* en avant.

forward roll n cabriole *f*, culbute *f*.

forwards ['fɔːwədz] adv = **forward.**

forward slash n COMPUT barre *f* oblique.

forwent [-'went] pt ⟶ **forgo.**

Fosbury flop ['fɒzbərɪ-] n fosbury(-flop) *m*.

fossa ['fɒsə] (*pl* **fossae** [-siː]) n ANAT fosse *f*.

Fosse Way [fɒs-] pr n ▸ **the Fosse Way** *voie romaine entre Lincoln et Exeter en Angleterre.*

fossil ['fɒsl] ◆ n fossile *m* / *he's an old fossil!* *inf & fig* c'est un vieux fossile ! ◆ adj fossilisé.

fossil fuel n combustible *m* fossile.

fossilize, fossilise ['fɒsɪlaɪz] ◆ vt fossiliser. ◆ vi se fossiliser.

fossilized ['fɒsɪlaɪzd] adj **1.** *lit* fossilisé **2.** *fig* fossilisé, figé ; LING figé.

foster ['fɒstəʳ] ◆ vt **1.** UK LAW [subj: family, person] accueillir ; [subj: authorities, court] placer / *the children were fostered (out) at an early age* les enfants ont été placés dans une famille tout jeunes **2.** [idea, hope] nourrir, entretenir **3.** [promote] favoriser, encourager. ◆ adj ▸ **foster child** enfant *m* placé dans une famille d'accueil ▸ **foster home** or **parents** famille *f* d'accueil ▸ **foster mother / father** mère *f* / père *m* de la famille d'accueil.

fostering ['fɒstərɪŋ] n LAW accueil *m (d'un enfant)*.

fought [fɔːt] pt & pp ⟶ **fight.**

foul [faʊl] ◆ adj **1.** [food, taste] infect ; [smell] infect, fétide ; [breath] fétide / *to smell foul* puer / *to taste foul* avoir un goût infect **2.** [filthy - linen] sale, souillé ; [- place] immonde, crasseux ; [- air] vicié, pollué ; [- water] croupi **3.** *inf* [horrible - weather] pourri ; [- person] infect, ignoble / *I've had a foul day* j'ai eu une sale journée / *she's in a foul mood* elle est d'une humeur massacrante / *he has a foul temper* il a un sale caractère or un caractère de chien / *foul weather* **a)** [gen] sale temps, temps de chien **b)** NAUT gros temps / *he's being really foul to me* il est absolument odieux or ignoble avec moi **4.** [language] grossier, ordurier / *he has a foul mouth* il est très grossier **5.** *liter* [vile] vil ; [unfair] déloyal **6.** [clogged] obstrué, encrassé **7.** PHR **to fall** or **to run foul of sb** se brouiller avec qqn / *he fell foul of the boss* il s'est mis le patron à dos / *they fell foul of the law* ils ont eu des démêlés avec la justice ▸ **to fall foul of a reef / ship** entrer en collision avec un récif / un navire. ◆ n SPORT [in boxing] coup *m* bas ; [in football, baseball, etc.] faute *f*. ◆ vt **1.** [dirty] salir, souiller ; [air, water] polluer, infecter ; [subj: dog] salir / *it is an offence to allow a dog to foul the pavement* UK il est contraire à la loi de laisser son chien souiller le trottoir **2.** [clog] obstruer, encrasser ; [entangle] embrouiller, emmêler ; [nets] se prendre dans **3.** [collide with] entrer en collision avec **4.** SPORT commettre une faute contre **5.** *fig* [reputation] salir. ◆ vi **1.** [tangle] s'emmêler, s'embrouiller **2.** SPORT commettre une faute.

❖ **foul out** vi être exclu *(pour excès de fautes)*.

❖ **foul up** vt sep **1.** [contaminate] polluer ; [clog] obstruer, encrasser **2.** *inf* [bungle] ficher en l'air, flanquer par terre.

foul line n [in baseball] ligne *f* de jeu ; [in basketball] ligne *f* de lancer franc ; [in bowling] ligne *f* de faute.

foul-mouthed adj au langage grossier.

foul play n SPORT jeu *m* irrégulier or déloyal ; [in cards, games] tricherie *f* / *the police suspect foul play* *fig* la police croit qu'il y a eu meurtre or croit au meurtre.

foul-smelling [-'smelɪŋ] adj puant, fétide.

foul-up n *inf* [mix-up] cafouillage *m* ; [mechanical difficulty] problème *m* or difficulté *f* mécanique.

found [faʊnd] ◆ pt & pp ⟶ **find.** ◆ adj *dated* **1.** [furnished] équipé / *the flat is well found* l'appartement est bien équipé **2.** PHR **all found** UK tout compris / *£30 a week all found* 30 livres la semaine tout compris. ◆ vt **1.** [establish - organization, town] fonder, créer ; [- business] fonder, établir **2.** [base] fonder, baser ▸ **to be founded on** être fondé sur / *our society is founded on the idea of equality* notre société est fondée sur la notion d'égalité **3.** [cast] fondre.

foundation [faʊn'deɪʃn] n **1.** [of business, town] fondation *f*, création *f* **2.** [institution] fondation *f*, institution *f* dotée ; [endowment] dotation *f*, fondation *f* **3.** [basis] base *f*, fondement *m* / *the foundation* or *foundations of our society* les fondements de notre société / *his work laid the foundation* or *foundations of modern science* son œuvre a jeté les bases de la science moderne / *the rumour is entirely without foundation* la rumeur est dénuée de tout fondement **4.** [make-up] fond *m* de teint **5.** US [of building] fondations *fpl*.

❖ **foundations** pl n CONSTR fondations *fpl* / *to lay the foundations* poser les fondations.

foundation course n cours *m* introductif.

foundation cream n fond *m* de teint.

foundation garment n [girdle] gaine *f*, combiné *m* ; [bra] soutien-gorge *m*.

foundation hospital n UK *hôpital faisant partie du système de sécurité sociale britannique, mais géré par une équipe privée.*

foundation stage n UK SCH *programme destiné au jeunes enfants (de 3 à 4 ans) avant leur scolarisation à 5 ans.*

foundation stone n pierre *f* commémorative / *to lay the foundation stone* poser la première pierre.

founder ['faʊndəʳ] ◆ n fondateur *m*, -trice *f* ▸ **founder member** UK membre *m* fondateur. ◆ vi **1.** [ship] sombrer, chavirer **2.** *fig* [fail] s'effondrer, s'écrouler / *the project foundered for lack of financial support* le projet s'est effondré faute de soutien financier **3.** [horse - in mud] s'embourber ; [- go lame] se mettre à boiter.

founding ['faʊndɪŋ] ◆ n [of business, organization, town] fondation *f*, création *f*. ◆ adj fondateur.

founding father n père *m* fondateur / *one of the founding fathers of the Society* l'un des pères fondateurs de la société.

Founding Fathers pl pr n ▸ **the Founding Fathers** *les « pères fondateurs » des États-Unis (Washington, Jefferson, Franklin).*

foundling ['faʊndlɪŋ] n *fml* enfant *mf* trouvé ▸ **foundling hospital** hospice *m* pour enfants trouvés.

foundry ['faʊndrɪ] (*pl* **foundries**) n [place] fonderie *f* ; [of articles] fonderie *f*, fonte *f* ; [articles] fonte *f*.

fount [faʊnt] n **1.** UK TYPO fonte *f* **2.** *liter* [spring] source *f* / *a fount of knowledge* un puits de science.

fountain ['faʊntɪn] n **1.** [natural] fontaine *f*, source *f* ; [man-made] fontaine *f*, jet *m* d'eau **2.** *fig* source *f* / *the fountain of youth* la source de la jeunesse.

fountainhead ['faʊntɪnhed] n [spring] source *f* ; *fig* [source] source *f*, origine *f*.

fountain pen n stylo *m* à encre.

four [fɔːʳ] ◆ n **1.** [number] quatre *m* **2.** [in rowing] quatre *m*. ◆ det quatre / *the four corners of the earth* les quatre coins du monde / *open to the four winds* ouvert à tous les vents or aux quatre vents ▸ **the Four Horsemen of the Apocalypse** les quatre cavaliers de l'Apocalypse. **See also five.**

4 MESSAGING (written abbr of **for**) pr.

four-ball n *partie de golf se jouant avec deux équipes de deux joueurs, chacun ayant sa propre balle.*

four-by-four n AUTO 4 x 4 *m*.

four-colour adj quadrichrome ▸ **four-colour printing process** TYPO quadrichromie *f*.

four-door adj à quatre portes.

four-engined adj à quatre moteurs.

4eva, 4E MESSAGING (written abbr of **for ever**) pr tjr.

four-eyes n *inf* binoclard *m*, -e *f*.

Four-F n *personne inapte (physiquement) au service militaire.*

four-flusher [-'flʌʃər] n US *inf* bluffeur *m*, -euse *f*.

fourfold ['fɔː,fəʊld] ◆ adv au quadruple. ◆ adj quadruple.

four-four n quatre-quatre *m* / *in four-four (time)* à quatre-quatre.

Four Freedoms pl n US HIST ▸ **the Four Freedoms** *les quatre formes fondamentales de liberté, énoncées par Franklin D. Roosevelt : liberté d'expression, liberté de culte, liberté de vivre à l'abri du besoin et de la peur.*

4gv MESSAGING written abbr of **forgive**.

4gvn MESSAGING written abbr of **forgiven**.

four-handed adj à quatre mains.

Four H (club) pr n *association éducative pour jeunes ruraux.*

four hundred, Four Hundred pl n US ▸ **the four hundred** l'élite *f* sociale.

Fourierism ['fʊrɪərɪzm] n fouriérisme *m*.

four-in-hand n **1.** [carriage] attelage *m* à quatre **2.** [tie] cravate *f*.

four-leaf clover, four-leaved clover n trèfle *m* à quatre feuilles.

four-legged [-'legɪd] adj quadrupède, à quatre pattes ▸ **our four-legged friends** *hum* nos compagnons à quatre pattes.

four-letter word n gros mot *m*, obscénité *f*.

four o'clock n BOT mirabilis *m*.

fourpence ['fɔːpəns] n **1.** [sum of money] quatre pence **2.** [coin] *ancienne pièce de monnaie anglaise qui valait quatre pence.*

four-ply adj [wool] à quatre fils ; [wood] contreplaqué *(à quatre plis).*

four-poster (bed) n lit *m* à baldaquin or à colonnes.

fourscore [,fɔː'skɔːr] *arch* ◆ adj quatre-vingts / *fourscore years and ten* quatre-vingt-dix ans. ◆ n quatre-vingts *m*.

four-seater n voiture *f* à quatre places.

foursome ['fɔːsəm] n **1.** [people] groupe *m* de quatre personnes ; [two couples] deux couples *mpl* / *we went as a foursome* nous y sommes allés à quatre **2.** [game] partie *f* à quatre / *will you make up a foursome for bridge?* voulez-vous faire le quatrième au bridge ?

foursquare [,fɔː'skweər] ◆ adj **1.** [square] carré **2.** [position, style] solide ; [approach, decision] ferme, inébranlable **3.** [forthright] franc (franche). ◆ adv [solidly] fermement.

four-star adj [gen & MIL] à quatre étoiles ▸ **four-star hotel** hôtel *m* quatre étoiles or de première catégorie ▸ **four-star petrol** UK super *m*, supercarburant *m*.

four-stroke ◆ adj à quatre temps. ◆ n moteur *m* à quatre temps.

fourteen [,fɔː'tiːn] ◆ det quatorze. ◆ n quatorze *m*. See also **five**.

fourteenth [,fɔː'tiːnθ] ◆ n **1.** [ordinal] quatorzième *mf* ▸ **the Fourteenth of July** le 14 Juillet *(fête nationale française)* **2.** [fraction] quatorzième *m*. ◆ det quatorzième ▸ **Louis the Fourteenth** Louis Quatorze or XIV. ◆ adv quatorzièmement / *he came fourteenth in the marathon* il est arrivé en quatorzième position or quatorzième dans le marathon. See also **fifth**.

Fourteenth Amendment pr n ▸ **the Fourteenth Amendment** *amendement à la Constitution américaine reconnaissant les anciens esclaves noirs comme citoyens à part entière.*

fourth [fɔːθ] ◆ n **1.** [ordinal] quatrième *mf* ▸ **the Fourth of July** le 4 Juillet *(fête nationale de l'Indépendance aux États-Unis)* **2.** [fraction] quart *m* **3.** MUS quarte *f*. ◆ det quatrième / *fourth-class mail* US paquet-poste *m* ordinaire / *the fourth finger* l'annulaire *m* / *to go* or *to change into fourth (gear)* AUTO passer en quatrième. ◆ adv quatrièmement / *she finished fourth in the race* elle a fini la course à la quatrième place. See also **fifth**.

fourth dimension n ▸ **the fourth dimension** la quatrième dimension.

fourth estate n ▸ **the fourth estate** le quatrième pouvoir, la presse.

fourth grade n US SCH *classe de l'école primaire correspondant au CM1 (8-9 ans).*

fourthly ['fɔːθlɪ] adv quatrièmement, en quatrième lieu.

Fourth World pr n ▸ **the Fourth World** le quart-monde.

four-way stop n US carrefour *m* à quatre stops.

four-wheel vi US faire du quatre-quatre.

four-wheel drive n propulsion *f* à quatre roues motrices ; [car] voiture *f* à quatre roues motrices, quatre-quatre *m inv* / *with four-wheel drive* à quatre roues motrices.

four-wheeler n véhicule *m* à quatre roues.

4yeo MESSAGING written abbr of **for your eyes only**.

fowl [faʊl] (*pl* **fowl** or **fowls**) ◆ n **1.** [for eating - collectively] volaille *f* ; [- one bird] volaille *f*, volatile *m* **2.** *arch* or *liter* [bird] oiseau *m* / *all the fowls of the air* tous les oiseaux. ◆ vi chasser le gibier à plumes.

fowling piece ['faʊlɪŋ-] n carabine *f*, fusil *m* de chasse léger.

fowl pest n peste *f* aviaire.

fox [fɒks] (*pl* **fox** or **foxes**) ◆ n **1.** [animal, fur] renard *m* / *he's a sly old fox fig* c'est un vieux renard ▸ **fox cub** renardeau *m* ▸ **as sly as a fox** rusé comme un renard ▸ **it's like setting the fox to mind the chickens** c'est faire entrer le loup dans la bergerie **2.** US *inf & dated* [woman] canon *m*. ◆ vt **1.** [outwit] duper, berner **2.** [baffle] souffler **3.** [paper] marquer or tacher de rousseurs.

foxed [fɒkst] adj [paper] marqué or taché de rousseurs.

foxglove ['fɒksglʌv] n digitale *f* (pourprée).

foxhole ['fɒkshəʊl] n **1.** [of fox] terrier *m* de renard, renardière *f* **2.** MIL gourbi *m*.

foxhound ['fɒkshaʊnd] n fox-hound *m*, chien *m* courant.

foxhunt ['fɒkshʌnt] n chasse *f* au renard.

foxhunter ['fɒks,hʌntər] n chasseur *m*, -euse *f* de renard.

foxhunting ['fɒks,hʌntɪŋ] n chasse *f* au renard ▸ **to go foxhunting** aller chasser le renard or à la chasse au renard.

foxtail ['fɒksteɪl] n BOT [grass] vulpin *m* ; [flower] queue-de-renard *f*.

fox terrier n fox *m inv*, fox-terrier *m*.

foxtrot ['fɒkstrɒt] ◆ n fox-trot *m*. ◆ vi danser le fox-trot.

foxy ['fɒksɪ] (*compar* **foxier**, *superl* **foxiest**) adj **1.** [wily] rusé, malin (maligne) **2.** [colour] roux (rousse) **3.** [paper] marqué or taché de rousseurs **4.** US *inf & dated* [sexy] sexy *(inv).*

foyer ['fɔɪeɪ] n **1.** [of cinema, hotel] hall *m*, vestibule *m* ; [of theatre] foyer *m* **2.** US [of house] entrée *f*, vestibule *m*.

FP n **1.** abbr of **former pupil** **2.** US abbr of **fire-plug**.

FPA (abbr of **Family Planning Association**) pr n *association pour le planning familial.*

Fr. 1. (written abbr of **father**) P **2.** (written abbr of **friar**) F.

fracas [UK 'frækɑː US 'freɪkæs] (UK *pl* **fracas** [-kɑːz] ; US *pl* **fracases** [-kəsɪz]) n [brawl] rixe *f*, bagarre *f* ; [noise] fracas *m*.

fractal ['fræktəl] n GEOM fractal *m*.

fraction ['frækʃn] n **1.** MATH fraction *f* **2.** *fig* [bit] fraction *f*, petite partie *f* / *at a fraction of the cost* pour une fraction du prix / *for a fraction of a second* pendant une fraction de seconde / *move back just a fraction* reculez un tout petit peu.

fractional ['frækʃənl] adj **1.** MATH fractionnaire **2.** *fig* [tiny] tout petit, infime / *fractional part* fraction *f* / *a fractional difference* une différence minime.

fractional currency n petite monnaie *f*.

fractionally ['frækʃnəlɪ] adv **1.** [slightly] un tout petit peu **2.** CHEM par fractionnement.

fractious ['frækʃəs] adj *fml* **1.** [unruly] indiscipliné, turbulent **2.** [irritable - child] grognon, pleurnicheur ; [- adult] irascible, revêche.

fracture ['fræktʃər] ◆ n fracture *f*. ◆ vt [break] fracturer / *he fractured his arm* il s'est fracturé le bras / *their withdrawal fractured the alliance fig* leur retrait brisa l'alliance. ◆ vi [break] se fracturer.

frag [fræg] (*pt & pp* **fragged**, *cont* **fragging**) US *mil sl* ◆ n grenade *f* offensive. ◆ vt *tuer ou blesser intentionnellement un officier ou un compagnon d'armes avec une grenade.*

fragile [UK 'frædʒaɪl US 'frædʒl] adj **1.** [china, glass] fragile ; *fig* [peace, happiness] précaire, fragile / *a fragile relationship* des relations fragiles or précaires / *a fragile link with the past* un lien fragile avec le passé **2.** [person] fragile, frêle ▸ **to feel fragile** : *I'm feeling a bit fragile today* je ne suis pas dans mon assiette ce matin.

fragility [frə'dʒɪlətɪ] n fragilité *f*.

fragment ◆ n ['frægmənt] [of china, text] fragment *m*, morceau *m* ; [of bomb] éclat *m* ; *fig* [of conversation] bribe *f* / *the report contains not a fragment of truth* le rapport ne contient pas un atome or une once de vérité. ◆ vt [fræg'ment] [break] fragmenter, briser ; [divide] fragmenter, morceler. ◆ vi [fræg'ment] se fragmenter.

fragmental [fræg'mentl] adj fragmentaire ; GEOL clastique, détritique.

fragmentary ['frægməntrɪ] adj fragmentaire.

fragmentation [,frægmen'teɪʃn] n [breaking] fragmentation *f* ; [division] fragmentation *f*, morcellement *m* ▸ **fragmentation bomb** bombe *f* à fragmentation ▸ **fragmentation grenade** grenade *f* offensive.

fragmented [fræg'mentɪd] adj fragmentaire, morcelé.

fragrance ['freɪgrəns] n parfum *m* / *our new fragrance* COMM notre nouveau parfum.

fragrance-free adj non parfumé.

fragrant ['freɪgrənt] adj parfumé / *a garden fragrant with flowers liter* un jardin où embaument les fleurs.

fragrant rice n riz *m* parfumé.

frail [freɪl] adj **1.** [object] fragile ; [person] fragile, frêle ; [health] délicat, fragile / *she's rather frail* elle a une petite santé **2.** [happiness, hope] fragile, éphémère / *human nature is very frail fig* la nature humaine est très fragile.

frailty ['freɪltɪ] (*pl* **frailties**) n [of health, hope, person] fragilité *f* ; [of character] faiblesse *f*.

frame [freɪm] ◆ n **1.** [border - gen] cadre *m* ; [- of canvas, picture, etc.] cadre *m*, encadrement *m* ; [- of window] cadre *m*, châssis *m* ; [- of door] encadrement *m* ; [- for spectacles] monture *f* / *glasses with red frames* des lunettes avec une monture rouge **2.** [support, structure - gen] cadre *m* ; [- of bicycle] cadre *m* ; [- of car] châssis *m* ; [- of lampshade, racket, tent] armature *f* ; [- of machine] bâti *m* ; [- for walking] déambulateur *m* / *the bed has a wooden frame* le lit est muni d'un cadre en bois ; CONSTR charpente *f* ; TEXT métier *m* **3.** [in snooker, pool, etc.] triangle *m* **4.** [body] charpente *f* / *the wrestler heaved his massive frame up from the floor* le lutteur releva sa masse imposante / *his slender frame was shaken by sobs* son corps menu or fluet était secoué par des sanglots **5.** [setting, background] cadre *m* ; [area, scope] cadre *m* **6.** PHOT image *f* ; CIN image *f*, photogramme *m* ; TV trame *f*. ◆ vt **1.** [enclose, encase] encadrer / *she's had all her diplomas framed* elle a fait encadrer tous ses diplômes / *her face was framed by a white silk scarf fig* un foulard de soie blanc encadrait son visage **2.** *fml* [design, draft] élaborer ; [formulate, express] formuler / *to frame a plan / system* élaborer un projet /

système / *the contract was framed in legal jargon* le contrat était formulé en jargon juridique **3.** *inf* [incriminate falsely] ▸ **to frame sb** monter un (mauvais) coup contre qqn / *I've been framed* j'ai été victime d'un coup monté.

frame house n maison *f* en bois.

frame of mind n état *m* d'esprit / *I'm not in the right frame of mind for celebrating* je ne suis pas d'humeur à faire la fête.

frame of reference n système *m* de référence.

framer ['freɪməʳ] n encadreur *m*.

frame rucksack UK, **frame backpack** US n sac *m* à dos à armature.

frame-up n *inf* coup *m* monté.

framework ['freɪmwɜ:k] n **1.** [structure] cadre *m*, structure *f* ; CONSTR charpente *f* ; TECH bâti *m* **2.** *fig* cadre *m* / *the bill seeks to provide a legal framework for divorce* le projet de loi vise à instaurer un cadre juridique pour les procédures de divorce.

framing ['freɪmɪŋ] n encadrement *m*.

franc [fræŋk] n franc *m*.

France [frɑ:ns] pr n France *f* / *in France* en France.

franchise ['fræntʃaɪz] ◆ n **1.** POL suffrage *m*, droit *m* de vote **2.** COMM & LAW franchise *f*. ◆ vt accorder une franchise à.

franchisee [,fræntʃaɪ'zi:] n COMM franchisé *m*.

franchiser ['fræntʃaɪzəʳ] n COMM franchiseur *m*.

franchising ['fræntʃaɪzɪŋ] n franchisage *m*.

Francis ['frɑ:nsɪs] pr n ▸ **Saint Francis (of Assisi)** saint François (d'Assise).

Franciscan [fræn'sɪskən] ◆ adj franciscain. ◆ n franciscain *m*, -e *f*.

francium ['frænsɪəm] n francium *m*.

Franco- ['fræŋkəʊ] in comp franco-.

Francophile ['fræŋkəfaɪl] ◆ adj francophile. ◆ n francophile *mf*.

Francophobe ['fræŋkəfəʊb] ◆ adj francophobe. ◆ n francophobe *mf*.

Francophone ['fræŋkəfəʊn] ◆ adj francophone. ◆ n francophone *mf*.

frangibility [,frændʒɪ'bɪlɪtɪ] n frangibilité *f*.

frangible ['frændʒɪbl] adj frangible.

frangipane ['frændʒɪpeɪn] n frangipane *f*.

frangipani [,frændʒɪ'pɑ:nɪ] n frangipanier *m*.

Franglais ['frɒŋgleɪ] n franglais *m*.

frank [fræŋk] ◆ adj franc (franche) / *I'll be frank with you* je vais vous parler franchement *or* être franc avec vous ▸ **to be (perfectly) frank** franchement *or* sincèrement. ◆ vt UK affranchir. ◆ n UK **1.** [on letter] affranchissement *m* **2.** US *inf* [sausage] saucisse *f* (de Francfort) ; [hot dog] hot-dog *m*.

Frank [fræŋk] n HIST Franc *m*, Franque *f*.

Frankenstein ['fræŋkənstaɪn] pr n Frankenstein.

Frankfurt ['fræŋkfət] pr n ▸ **Frankfurt (am Main)** Francfort(-sur-le-Main).

frankfurter ['fræŋkfɜ:təʳ] n saucisse *f* de Francfort.

frankincense ['fræŋkɪnsens] n encens *m*.

franking machine ['fræŋkɪŋ-] n machine *f* à affranchir.

Frankish ['fræŋkɪʃ] ◆ adj franc (franque). ◆ n francique *m*.

Franklin stove ['fræŋklɪn-] n US poêle *m* à bois.

frankly ['fræŋklɪ] adv franchement, sincèrement / *can I speak frankly?* puis-je parler franchement *or* en toute franchise ?

frankness ['fræŋknɪs] n franchise *f* / *I admire his frankness* j'admire sa franchise *or* son franc-parler.

frantic ['fræntɪk] adj **1.** [distraught, wild] éperdu, affolé / *she was frantic with worry* elle était folle d'inquiétude / *frantic screams* des cris éperdus *or* d'affolement **2.** [very busy] : *a scene of frantic activity* une scène d'activité frénétique / *things are pretty frantic at the office inf* il y a un travail fou au bureau.

frantically ['fræntɪklɪ] adv désespérément / *she worked frantically to finish the dress* elle travailla comme une forcenée pour terminer la robe / *the shop is frantically busy just before Christmas* il y a un monde fou au magasin juste avant Noël.

frappe [UK 'fræpeɪ US fræ'peɪ] n [drink] milk-shake *m (épais)*.

frat [fræt] n US **abbr of fraternity.**

fraternal [frə'tɜ:nl] adj fraternel ▸ **fraternal twins** des faux jumeaux.

fraternally [frə'tɜ:nəlɪ] adv fraternellement.

fraternity [frə'tɜ:nətɪ] (*pl* **fraternities**) n **1.** [friendship] fraternité *f* **2.** [association] confrérie *f* / *the medical fraternity* la confrérie des médecins **3.** US UNIV *association d'étudiants très sélective.*

fraternity pin n US UNIV insigne *m* de confrérie.

fraternization [,frætənaɪ'zeɪʃn] n fraternisation *f*.

fraternize, **fraternise** ['frætənaɪz] vi fraterniser.

fratricidal [,frætrɪ'saɪdl] adj fratricide.

fratricide ['frætrɪsaɪd] n fratricide *mf*.

fraud [frɔ:d] n **1.** LAW fraude *f* ; FIN escroquerie *f* / *she's been charged with fraud* elle a été inculpée de fraude / *tax fraud* fraude fiscale / *he obtained the painting by fraud* il a eu le tableau en fraude **2.** [dishonest person] imposteur *m* **3.** [product, work] supercherie *f*.

Fraud Squad n UK ▸ **the Fraud Squad** *section de la police britannique spécialisée dans les fraudes des entreprises.*

fraudster ['frɔ:dstəʳ] n UK fraudeur *m*, -euse *f*.

fraudulence ['frɔ:djʊləns] n caractère *m* frauduleux.

fraudulent ['frɔ:djʊlənt] adj frauduleux ; LAW frauduleux.

fraudulently ['frɔ:djʊləntlɪ] adv frauduleusement.

fraught [frɔ:t] adj **1.** [filled] chargé, lourd / *fraught with danger* rempli de dangers **2.** UK *inf* [tense] tendu / *I'm feeling a bit fraught* je me sens un peu angoissé *or* tendu / *things got rather fraught at work today* l'atmosphère était plutôt tendue au bureau aujourd'hui / *I've had a particularly fraught week* j'ai eu une semaine particulièrement stressante.

fray [freɪ] ◆ vt *(usu passive)* **1.** [clothing, fabric, rope] effilocher **2.** [nerves] mettre à vif / *her nerves were frayed* elle avait les nerfs à vif. ◆ vi **1.** [clothing, fabric, rope] s'effilocher / *her dress is fraying at the hem* l'ourlet de sa robe s'effiloche **2.** *fig* : *tempers began to fray* les gens commençaient à s'énerver *or* perdre patience. ◆ n ▸ **the fray** la mêlée / *to enter or to join the fray* se jeter dans la mêlée.

frayed [freɪd] adj **1.** [garment] élimé / *her jacket was frayed at the cuffs* sa veste était élimée aux poignets **2.** *fig* : *tempers were increasingly frayed* les gens étaient de plus en plus irritables.

frazil ['freɪzɪl] n frasil *m*.

frazzle ['fræzl] *inf* ◆ vt [exhaust] tuer, crever. ◆ n : *worn to a frazzle* crevé / *burnt to a frazzle* carbonisé, calciné.

frazzled ['fræzld] adj *inf* [exhausted] crevé.

FRB (abbr of **Federal Reserve Board**) pr n *organe de contrôle de la Banque centrale américaine.*

FRCO (abbr of **Fellow of the Royal College of Organists**) n *membre du RCO.*

FRCP (abbr of **Fellow of the Royal College of Physicians**) n *membre du RCP.*

FRCS (abbr of **Fellow of the Royal College of Surgeons**) n *membre du RCS.*

freak [fri:k] ◆ n **1.** [abnormal event] caprice *m* de la nature ; [abnormal person] phénomène *m* de foire ; [eccentric person] phénomène *m*, farfelu *m*, -e *f* / *by a freak of nature* par un caprice de la nature / *by some freak (of chance)* par un hasard inouï / *just because I choose not to eat meat, that doesn't make me a freak* ce n'est pas parce que je ne mange pas de viande que je suis anormal ▸ **freak show** exhibition *f* de monstres *(à la foire)* **2.** *inf* [fanatic] fana *mf* ; [addict] accro *mf* / *a health freak* un fana de la forme / *a speed / cocaine freak* un accro au speed / à la cocaïne **3.** *v inf* [hippie] hippie *mf* **4.** *liter* [caprice] foucade *f*. ◆ adj [accident, storm] insolite, anormal / *freak weather conditions* des conditions atmosphériques anormales. ◆ vi *v inf* = **freak out** *(vi).*

freak out *v inf* ◆ vi **1.** [on drugs] flipper **2.** [lose control of one's emotions] perdre les pédales. ◆ vt sep **1.** [cause to hallucinate] faire flipper **2.** [upset emotionally] déboussoler.

freaking, **freakin'** US *v inf* ◆ adj : *that freaking car* cette voiture à la con. ◆ adv : *I don't freaking well know!* je ne sais pas, bordel ! / *it's freakin' cold* il fait vachement froid.

freakish ['fri:kɪʃ] adj **1.** [abnormal, strange] étrange, insolite / *a freakish-looking man* un homme d'aspect bizarre *or* insolite **2.** *liter* [capricious, changeable] changeant.

freaky ['fri:kɪ] adj *inf* bizarre, insolite.

freckle ['frekl] ◆ n tache *f* de rousseur *or* son. ◆ vt marquer de taches de rousseur. ◆ vi se couvrir de taches de rousseur.

freckled ['frekld] adj taché de son, marqué de taches de rousseur / *a freckled face / nose* un visage / nez couvert de taches de rousseur.

Frederick ['fredrɪk] pr n ▸ **Frederick the Great** Frédéric le Grand.

free [fri:] ◆ adj **1.** [unconfined, unrestricted - person, animal, passage, way] libre / *the hostage managed to get free* l'otage a réussi à se libérer ▸ **to cut sb free** délivrer qqn en coupant ses liens ▸ **to let sb go free** relâcher qqn, remettre qqn en liberté ▸ **to set free a)** [prisoner, animal] remettre en liberté **b)** [slave] affranchir **c)** [hostage] libérer / *you are free to leave* vous êtes libre de partir / *you are free to refuse* libre à vous de refuser / *they gave us free access to their files* ils nous ont donné libre accès à leurs dossiers / *feel free to visit us any time* ne vous gênez pas pour nous rendre visite quand vous voulez / *can I use the phone? — yes, feel free* puis-je téléphoner ? — mais certainement ▸ **free pardon** LAW grâce *f* / **'free seating'** 'placement libre' **2.** [unattached] libre, sans attaches / *grab the free end of the rope* attrape le bout libre de la corde **3.** [democratic] libre / *it's a free country!* on est en démocratie ! / *a free press* une presse libre ▸ **the Free World** POL le monde libre **4.** [at no cost] gratuit / *free admission* entrée *f* gratuite *or* libre ▸ **free sample** COMM échantillon *m* gratuit ▸ **there's no such thing as a free lunch** les gens sont tous intéressés **5.** [not in use, unoccupied] libre / *is that seat free?* est-ce que ce siège est libre ? / *she doesn't have a free moment* elle n'a pas un moment de libre / *are you free for lunch today?* êtes-vous libre pour déjeuner aujourd'hui ? / *could you let us know when you're free?* pourriez-vous nous faire savoir quand vous êtes libre *or* disponible ? / *what do you do in your free time?* que faites-vous pendant vos loisirs ? / *she has very little free time* elle a peu de temps libre **6.** [unhampered] : *the jury was not entirely free of or from prejudice* les jurés n'étaient pas entièrement sans préjugés *or* parti pris / *to be free from care* être sans souci / *to be free from pain* ne pas souffrir / *I just want to be free of him!* je veux être débarrassé de lui ! / *they're trying to keep Antarctica free from pollution* ils essaient de préserver l'Antarctique de la pollution ▸ **free and easy** désinvolte, décontracté / *she has a very free and easy attitude to life* elle prend la vie de façon très décontractée ▸ **free love** union *f* libre **7.** [generous] : *she's very free with her criticism* elle ne ménage pas ses critiques **8.** [disrespectful] trop familier / *he's a bit free in his manners for my liking* il est un peu trop sans gêne à mon goût **9.** CHEM libre, non combiné ▸ **free nitrogen** azote *m* à l'état libre. ◆ adv **1.** [at no cost] gratuitement / *they will deliver free of charge* ils livreront gratuitement / *children travel (for) free* les enfants voyagent gratuitement **2.** [without restraint] librement / *wolves roamed free through the forests* les loups rôdaient librement à travers les forêts ▸ **to make free with sthg** se servir de qqch sans se gêner / *he made very free with his wife's money* il ne se gênait pas pour dépenser l'argent de sa femme. ◆ vt **1.** [release - gen] libérer ; [- prisoner] libérer, relâcher ; [- tied-up animal] détacher ; [- caged animal] libérer ; [- slave] affranchir / *giving up work has freed me to get on with my painting* arrêter de travailler m'a permis de continuer à peindre ; COMM [prices, trade] libérer ; [funds] débloquer **2.** [disengage, disentangle] dégager / *it took two hours to free the driver from the wreckage* il a fallu deux heures pour dégager le conducteur de sa voiture / *she tried to free herself from his grasp* elle essaya de se libérer or dégager de son étreinte / *he cannot free himself of guilt* *fig* il ne peut pas se débarrasser d'un sentiment de culpabilité **3.** [unblock - pipe] déboucher ; [- passage] libérer.

-free in comp ▸ **additive-free** sans additifs ▸ **salt-free** sans sel.

free agent n personne *f* libre or indépendante / *I'm a free agent* je ne dépends de personne.

free association n association *f* libre.

freebase ['fri:beɪs] vi *drugs sl* [purify cocaine] purifier de la cocaïne.

freebie, **freebee** *inf* ['fri:bɪ] ◆ n cadeau *m*. ◆ adj gratis *(inv)*.

freeboard ['fri:bɔ:d] n franc-bord *m*.

freebooter ['fri:ˌbu:tər] n flibustier *m*.

freeborn ['fri:bɔ:n] adj né libre.

free cash flow n free cash flow, flux *m* de trésorerie disponible.

Free Church of Scotland pr n ▸ **the Free Church of Scotland** Église protestante d'Écosse.

free climbing n SPORT escalade *f* libre.

freedom ['fri:dəm] n liberté *f* / *the students were ready to die for freedom* les étudiants étaient prêts à mourir pour la liberté / *the journalists were given complete freedom to talk to dissidents* les journalistes ont pu parler aux dissidents en toute liberté ▸ **freedom of speech** / **association** liberté d'expression / de réunion ▸ **freedom of information** liberté d'information ▸ **freedom of worship** liberté du culte / *freedom from hunger* le droit de manger à sa faim / *freedom from persecution* le droit de vivre sans persécution / *freedom from responsibility* le fait d'être dégagé de toute responsabilité / *she had the freedom of the whole house* elle avait la maison à son entière disposition ▸ **to be given** or **granted the freedom of the city** être nommé citoyen d'honneur de la ville ▸ **freedom of the seas** liberté de la haute mer.

freedom fighter n combattant *m*, -e *f* de la liberté.

free enterprise n libre entreprise *f*.

free-fall n chute *f* libre / *shares have gone into free-fall* les actions sont en chute libre.

free-floating adj en mouvement libre.

Freefone® ['fri:fəʊn] n UK *appel gratuit* ; ≃ numéro *m* vert / *call Freefone 800* appelez le numéro vert 800.

free-for-all n mêlée *f* générale.

free-form adj de forme libre.

freegan n *personne qui se nourrit d'aliments encore consommables trouvés dans les poubelles, récupérés après la fermeture des marchés, etc.*

free gift n COMM cadeau.

free hand n liberté *f* d'action ▸ **to give sb a free hand to do sthg** donner carte blanche à qqn pour faire qqch / *they gave me a completely free hand* ils m'ont donné toute liberté d'action.

❖ **freehand** adj & adv à main levée.

freehanded [ˌfri:'hændɪd] adj libéral, large.

freehearted [ˌfri:'hɑ:tɪd] adj [frank] franc (franche) ; [generous] large.

freehold ['fri:həʊld] ◆ n ≃ propriété *f* foncière inaliénable. ◆ adv ▸ **to buy** / **to sell sthg freehold** acheter / vendre qqch en propriété inaliénable. ◆ adj ▸ **freehold property** propriété *f* inaliénable.

freeholder ['fri:həʊldər] n ≃ propriétaire *m* foncier ; ≃ propriétaire *f* foncière *(à perpétuité)*.

free house n UK *pub libre de ses approvisionnements (et non lié à une brasserie particulière)*.

freeing ['fri:ɪŋ] n [of prisoner] libération *f*, délivrance *f* ; [of slave] affranchissement *m*.

free jazz n free jazz *m*.

free kick n coup *m* franc.

freelance ['fri:lɑ:ns] ◆ n travailleur *m* indépendant, travailleuse *f* indépendante, free-lance *mf* ; [journalist, writer] pigiste *mf*. ◆ adj indépendant, free-lance. ◆ adv en free-lance, en indépendant. ◆ vi travailler en free-lance or indépendant.

freelancer ['fri:lɑ:nsər] n travailleur *m* indépendant, travailleuse *f* indépendante, free-lance *mf*.

freeload ['fri:ləʊd] vi *inf* vivre aux crochets des autres.

freeloader ['fri:ləʊdər] n *inf* pique-assiette *mf*, parasite *mf*.

freeloading ['fri:ləʊdɪŋ] adj *inf* parasite.

freely ['fri:lɪ] adv **1.** [without constraint] librement / *can I speak freely?* puis-je parler librement ? / *she made her confession freely* elle a avoué de son plein gré / *traffic is moving freely again* la circulation est redevenue fluide / *the book is now freely available* on peut se procurer le livre facilement maintenant **2.** [liberally - spend] largement ; [- perspire, weep] abondamment / *the plant grows freely in hot countries* cette plante pousse en abondance dans les pays chauds.

freeman ['fri:mən] (*pl* **freemen** [-mən]) n HIST homme *m* libre ; [citizen] citoyen *m* / *he's a freeman of the city* il est citoyen d'honneur de la ville.

free-market adj ▸ **free-market economy** économie *f* de marché.

free-marketeer [-ˌmɑ:kə'tɪər] n libéral *m*, -e *f*, partisan *m* de l'économie de marché.

freemason, **Freemason** ['fri:ˌmeɪsn] n franc-maçon *m*.

freemasonry, **Freemasonry** ['fri:ˌmeɪsnrɪ] n franc-maçonnerie *f*.

free on board adj & adv franco à bord.

free on rail adj & adv franco wagon.

free paper n UK journal *m* gratuit.

free port n port *m* franc.

Freepost® ['fri:pəʊst] n UK port *m* payé.

free-range adj [chicken] fermier ▸ **free-range eggs** œufs *mpl* de poules élevées en plein air.

freesheet ['fri:ʃi:t] n publication *f* gratuite.

freesia ['fri:zjə] n freesia *m*.

free speech n liberté *f* de parole or d'expression.

free spirit n non-conformiste *mf*.

free-spoken adj franc (franche).

free-standing adj isolé ; GRAM indépendant.

freestone ['fri:stəʊn] n pierre *f* de taille.

freestyle ['fri:staɪl] n [in swimming] nage *f* libre ; [in skiing] ski *m* artistique or acrobatique ; [in wrestling] lutte *f* libre.

freethinker [ˌfri:'θɪŋkər] n libre-penseur *m*.

Freetown ['fri:taʊn] pr n Freetown.

free trade n libre-échange *m*.

free-trade agreement n accord *m* de libre-échange.

free verse n vers *m* libre.

free vote n vote *m* libre.

freeware ['fri:weər] n COMPUT gratuiciels *mpl* / *a piece of freeware* un gratuiciel.

freeway ['fri:weɪ] n US autoroute *f*.

freewheel [ˌfri:'wi:l] ◆ n [on bicycle] roue *f* libre. ◆ vi **1.** [cyclist] être en roue libre / *to freewheel down a slope* descendre une pente en roue libre **2.** [motorist] rouler au point mort.

freewheeling [ˌfri:'wi:lɪŋ] adj *inf* désinvolte, sans-gêne *(inv)*.

free will n libre arbitre *m* ▸ **to do sthg of one's own free will** faire qqch de son plein gré.

freeze [fri:z] (*pt* **froze** [frəʊz], *pp* **frozen** ['frəʊzn]) ◆ vi **1.** [earth, pipes, water] geler ; [food] se congeler / *to freeze to death* mourir de froid / *we'll freeze if you open the window!* nous allons geler si vous ouvrez la fenêtre ! **2.** *fig* [stop moving] : *(everybody) freeze!* que personne ne bouge ! / *she froze (in her tracks)* elle est restée figée sur place / *her blood froze* son sang se figea or se glaça dans ses veines. ◆ vt **1.** [water] geler, congeler ; [food] congeler ; [at very low temperatures] surgeler ; MED [blood, human tissue] congeler **2.** ECON & FIN [assets] geler ; [prices, wages] bloquer **3.** CIN ▸ **freeze it!** arrêtez l'image ! ◆ n METEOR gel *m* ; ECON & FIN gel *m*, blocage *m* / *we're in for another big freeze* **a)** METEOR il va y avoir une période de très grand froid **b)** ECON il va y avoir une crise économique / *they called for a freeze in the production of nuclear weapons* ils ont appelé à un gel de la production d'armes nucléaires ▸ **pay freeze** gel or blocage des salaires.

❖ **freeze out** vt sep *inf* exclure.

❖ **freeze over** vi geler.

❖ **freeze up** vi **1.** [turn to ice] geler **2.** *inf* [become immobilized] rester pétrifié.

freeze-dried adj lyophilisé.

freeze-dry vt lyophiliser.

freeze-drying n lyophilisation *f*.

freeze-frame n arrêt *m* sur image.

freezer ['fri:zər] n congélateur *m* ; [in refrigerator] freezer *m* ▸ **freezer compartment** compartiment *m* congélateur *(d'un réfrigérateur)* / *in the freezer section of your supermarket* au rayon surgelés de votre supermarché.

freeze-up n *inf* gel *m*.

freezing ['fri:zɪŋ] ◆ adj METEOR glacial ; [person] gelé, glacé / *I'm freezing* je suis gelé / *freezing rain* neige *f* fondue / *a freezing wind was blowing* un vent glacial soufflait / *it's freezing in this room!* on gèle dans cette pièce ! / *your hands are freezing* vous avez les mains gelées or glacées. ◆ n : *it's two degrees above* / *below freezing* il fait deux degrés au-dessus / au-dessous de zéro. ◆ adv : *a freezing cold day* une journée glaciale / *it's freezing cold outside* il fait un froid glacial dehors.

freezing point n point *m* de congélation.

freight [freɪt] ◆ n **1.** [goods] fret *m* **2.** [transport] ▸ **to send goods by freight** envoyer des marchandises en régime ordinaire ▸ **air freight** fret *m* par avion. ◆ comp [transport] de fret ▸ **freight charges** frais *mpl* de port ▸ **freight note** bordereau *m* d'expédition. ◆ vt transporter.

freightage ['freɪtɪdʒ] n fret *m*.

freight car n US wagon *m* de marchandises, fourgon *m*.

freight elevator n US monte-charge *m*.

freighter ['freɪtər] n NAUT navire *m* de charge ; AERON avion-cargo *m*, avion *m* de fret.

Freightliner® ['freɪtˌlaɪnər] n train *m* de transport de conteneurs.

freight train n US train *m* de marchandises.

freight yard n US dépôt *m* de marchandises.

French [frentʃ] ◆ pl n [people] ▸ **the French** les Français. ◆ n LING français *m* ▸ **pardon my French** *hum* passez-moi l'expression. ◆ adj [person, cooking, customs] français ; [ambassador, embassy, king] de France / **'The French Lieutenant's Woman'** *Fowles* 'Sarah et le lieutenant français'.

French bean n haricot *m* vert.

French bread n baguette *f*.

French Canadian ◆ adj canadien français. ◆ n **1.** [person] Canadien *m* français, Canadienne *f* française **2.** LING français *m* canadien.

French chalk n craie *f* de tailleur.

French cricket n *version simplifiée du cricket*.

French curve n pistolet *m* (de dessinateur).

French dip n US sauce *f* *(pour tremper les aliments)*.

French door = **French window**.

French dressing n [in UK] vinaigrette *f* ; [in US] *sauce de salade à base de mayonnaise et de ketchup*.

French fried potatoes pl n pommes *fpl* frites.

french fries pl n frites *fpl*.

French horn n cor *m* d'harmonie.

Frenchie ['frentʃɪ] *inf* ◆ adj français. ◆ n **1.** Français *m*, -e *f* **2.** abbr of **French kiss** **3.** abbr of **French letter**.

Frenchify ['frentʃɪfaɪ] (*pt & pp* **Frenchified**) vt *inf* franciser.

French kiss ◆ n baiser *m* profond. ◆ vt embrasser sur la bouche *(avec la langue)*. ◆ vi s'embrasser sur la bouche *(avec la langue)*.

French knickers pl n ≃ caleçon *m (culotte pour femme)*.

French leave n ▸ **to take French leave** UK *inf & dated* filer à l'anglaise.

French letter n UK *inf & dated* [condom] capote *f* anglaise.

French loaf n baguette *f*.

Frenchman ['frentʃmən] (*pl* **Frenchmen** [-mən]) n Français *m*.

French marigold n œillet *m* d'Inde.

French onion soup n gratinée *f*, soupe *f* à l'oignon.

French polish n UK vernis *m* (à l'alcool).

❖ **French-polish** vt UK vernir (à l'alcool).

French Riviera pr n ▸ **the French Riviera** la Côte d'Azur.

French seam n couture *f* anglaise.

French-speaking adj francophone.

French stick n UK baguette *f*.

French toast n [in UK] *pain grillé d'un seul côté* ; [in US] pain *m* perdu.

French Triangle pr n ▸ **the French Triangle** *région du sud des États-Unis comprise entre La Nouvelle-Orléans, Alexandria et Cameron.*

French window n UK porte-fenêtre *f*.

Frenchwoman ['frentʃ,wʊmən] (*pl* **Frenchwomen** [-,wɪmɪn]) n Française *f*.

Frenchy ['frentʃɪ] (*pl* **Frenchies**) *inf* = **Frenchie**.

frenemy ['frenəmɪ] n *ennemi qui se fait passer pour un ami* / *they're frenemies* ils se détestent cordialement.

frenetic [frə'netɪk] adj frénétique.

frenetically [frə'netɪklɪ] adv frénétiquement.

frenum ['fri:nəm] n US ANAT frein *m*, filet *m*.

frenzied ['frenzɪd] adj [activity] frénétique, forcené ; [crowd] déchaîné ; [person] forcené, déchaîné.

frenzy ['frenzɪ] n **1.** [fury, passion] frénésie *f* ▸ **to work o.s. (up) into a frenzy (over sthg)** se mettre dans une colère noire **2.** [fit, outburst] accès *m*, crise *f* / *in a frenzy of anger* dans un accès or une crise de colère.

Freon® ['frɪɒn] n Fréon®.

frequency ['fri:kwənsɪ] n fréquence *f*.

frequency distribution n distribution *f* des fréquences.

frequency modulation n modulation *f* de fréquence.

frequent ◆ adj ['fri:kwənt] fréquent / *a frequent visitor* un habitué. ◆ vt [frɪ'kwent] *liter* fréquenter.

frequentative [frɪ'kwentətɪv] adj LING fréquentatif.

frequently ['fri:kwəntlɪ] adv fréquemment, souvent.

frequent user card n carte *f* de fidélité.

fresco ['freskəʊ] (*pl* **frescoes** *or* **frescos**) n fresque *f* ▸ **fresco painter** fresquiste *mf*.

fresh [freʃ] ◆ adj **1.** [recently made or produced] frais (fraîche) / *fresh bread / butter* pain *m* / beurre *m* frais / *there's some fresh coffee in the pot* il y a du café (tout) frais dans la cafetière / *fresh flowers* fleurs *fpl* fraîches / *the vegetables are fresh from the garden* les légumes viennent directement du jardin / *there were fresh tracks in the snow* il y avait des traces toutes fraîches dans la neige / *fresh from* or *out of university* (tout) frais émoulu de l'université **2.** [idea, problem] nouveau *(before vowel or silent 'h' nouvel, f nouvelle)*, original ; [news, paint] frais (fraîche) ; [impression] frais (fraîche) / *I need some fresh air* j'ai besoin de prendre l'air / *a fresh approach* une approche nouvelle / *fresh capital* nouveaux capitaux / *they have agreed to fresh talks* ils ont accepté de reprendre leurs négociations / *to make a fresh start* prendre un nouveau départ / *he put on a fresh shirt* il mit une chemise propre / *start on a fresh page* prenez une nouvelle page / *the incident was still fresh in his mind* le souvenir de l'incident était encore tout frais dans sa mémoire / *the memory of her loss was still fresh* le souvenir de sa mort était encore tout frais **3.** [not salt - water] doux (douce) **4.** [rested] frais (fraîche) / *she looked fresh and relaxed* elle avait l'air fraîche et reposée ▸ **as fresh as a daisy** frais comme une rose **5.** [clean] frais (fraîche), pur / *a fresh complexion* un teint frais / *the fresh scent of lemons* le parfum frais des citrons **6.** [bright] ▸ **fresh colours** des couleurs fraîches **7.** METEOR [gen] frais (fraîche) ; [on Beaufort scale] ▸ **fresh breeze** bonne brise *f* ▸ **fresh gale** coup *m* de vent **8.** [refreshing - taste] rafraîchissant **9.** US *inf* [impudent] insolent ; [child] mal élevé / *don't you get fresh with me, young man!* pas d'insolence avec moi, jeune homme ! **10.** US *inf* [sexually forward] effronté / *he started to get fresh so she hit him* il commença à prendre des libertés avec elle alors elle le frappa. ◆ adv fraîchement / *fresh cut flowers* des fleurs fraîchement cueillies ▸ **to be fresh out of sthg** *inf* être à court de or manquer de qqch.

freshen ['freʃn] ◆ vt rafraîchir. ◆ vi NAUT [wind] fraîchir.

❖ **freshen up** ◆ vi faire un brin de toilette. ◆ vt sep **1.** [person] faire un brin de toilette à **2.** [house, room] donner un petit coup de peinture à **3.** [drink] : *let me freshen up your drink* laisse-moi te resservir à boire.

fresher ['freʃər] n *inf* UNIV bizut *m*, bizuth *m*, étudiant *m*, -e *f* de première année.

freshet ['freʃɪt] n **1.** *liter* [stream] ruisseau *m*, ruisselet *m* **2.** [rise in water level] crue *f* ; [flood] inondation *f*.

fresh-faced adj [person] au teint frais.

freshly ['freʃlɪ] adv récemment / *freshly made coffee* du café qui vient d'être fait / *freshly squeezed orange juice* jus *m* d'oranges pressées / *the grave had been freshly dug* la fosse avait été fraîchement creusée.

freshman ['freʃmən] (*pl* **freshmen** [-mən]) US = **fresher**.

freshness ['freʃnɪs] n fraîcheur *f*.

freshwater ['freʃ,wɔ:tər] adj ▸ **freshwater fish** poisson *m* d'eau douce.

fret [fret] (*pt & pp* **fretted**, *cont* **fretting**) ◆ vi [worry] tracasser ▸ **to fret about** or **over sb** se faire du souci pour qqn / *don't fret, I'll be alright* ne te tracasse pas pour moi, tout ira bien / *the small boy was fretting for his mother* le petit garçon réclamait sa mère en pleurant / *the dog fretted for its owner* le chien s'agitait parce que son maître n'était pas là. ◆ vt **1.** [worry] : *to fret one's life away* passer sa vie à se tourmenter or à se faire du mauvais sang **2.** [erode, wear down] ronger / *a fretted rope* une corde effilochée **3.** [decorate - metal, wood] chantourner. ◆ n **1.** *inf* [state] ▸ **to get in a fret about sthg** se faire du mauvais sang or se ronger les sangs à propos de qqch **2.** [on a guitar] touchette *f*, frette *f*.

fretful ['fretfʊl] adj [anxious] soucieux ; [irritable, complaining] grincheux, maussade / *a fretful child* un enfant grognon / *the baby's fretful crying* les pleurnichements du bébé.

fretfully ['fretfʊlɪ] adv **1.** [anxiously - ask, say] avec inquiétude / *the dog waited fretfully by the door* le chien attendait impatiemment à la porte **2.** [irritably] d'une manière maussade ; [ask, say] d'un ton grincheux or maussade.

fretsaw ['fretsɔ:] n scie *f* à chantourner.

fretwork ['fretwɜ:k] n chantournement *m*.

Freudian ['frɔɪdɪən] ◆ adj freudien. ◆ n disciple *mf* de Freud.

Freudianism ['frɔɪdɪənɪzm] n freudisme *m*.

Freudian slip n lapsus *m*.

FRG (abbr of **Federal Republic of Germany**) pr n RFA *f*.

Fri. (written abbr of **Friday**) ven.

friable ['fraɪəbl] adj friable.

friar ['fraɪər] n frère *m*, moine *m*.

friar's balsam n benjoin *m*.

friary ['fraɪərɪ] (*pl* **friaries**) n monastère *m*.

fricassee ['frɪkəsi:] ◆ n fricassée *f*. ◆ vt fricasser.

fricative ['frɪkətɪv] ◆ adj constrictif, fricatif. ◆ n constrictive *f*, fricative *f*.

frickin' ['frɪkɪn], **fricking** ['frɪkɪŋ] adj US *vulg* = **freakin(g)**.

friction ['frɪkʃn] n **1.** PHYS friction *f* **2.** [discord] friction *f*, conflit *m* / *it's an issue that often causes friction between neighbours* c'est un problème qui est souvent cause de frictions entre voisins.

friction clutch n embrayage *m* à friction.

friction drive n entraînement *m* par friction.

frictionless ['frɪkʃənlɪs] adj sans friction.

friction tape n US chatterton *m*.

Friday ['fraɪdeɪ] n vendredi *m* / *it's Friday today* nous sommes or on est vendredi aujourd'hui / *I'll see you (on) Friday* je te verrai vendredi / *he leaves on Friday, he leaves Friday* US il part vendredi / *the cleaning woman comes on Fridays* la femme de ménage vient le vendredi / *I work Fridays* je travaille le vendredi / *there's a market each Friday* or *every Friday* il y a un marché tous les vendredis or chaque vendredi / *every other Friday* or *every second Friday* un vendredi sur deux / *the first / last Friday of every month* le premier / dernier vendredi de chaque mois / *we arrive on the Friday and leave on the Sunday* nous arrivons le vendredi et repartons le dimanche / *the programme's usually shown on a Friday* généralement cette émission passe le vendredi / *the following Friday* le vendredi suivant / *she saw the doctor last Friday* elle a vu le médecin vendredi dernier / *I have an appointment next Friday* j'ai un rendez-vous vendredi prochain / *the Friday after next* vendredi en huit / *the Friday before last* l'autre vendredi / *a week from Friday, a week on Friday* UK, *Friday week* UK vendredi en huit / *a fortnight on Friday* or *Friday fortnight* UK vendredi en quinze / *a week / fortnight ago Friday* il y a eu huit / quinze jours vendredi / *Friday morning* vendredi matin / *Friday afternoon* vendredi après-midi / *Friday evening* vendredi soir / *we're going out (on) Friday night* nous sortons vendredi soir / *she spent Friday night at her friend's house* elle a passé la nuit de vendredi chez son amie / *we caught the Friday morning boat* nous avons pris le bateau du vendredi matin / *Friday 26 February* vendredi 26 février / *they were married on Friday June 12th* ils se sont mariés le vendredi 12 juin / *Friday the thirteenth* vendredi treize.

fridge [frɪdʒ] n UK réfrigérateur *m* ▸ **fridge magnet** magnet *m*.

fridge-freezer n réfrigérateur-congélateur *m*.

fried [fraɪd] adj frit ▸ **fried eggs** œufs *mpl* poêlés or sur le plat ▸ **fried food** friture *f* ▸ **fried potatoes** pommes *fpl* frites ▸ **(special) fried rice** riz *m* cantonais.

friend [frend] ◆ n **1.** [gen] ami *m*, -e *f* / *his school friends* ses camarades d'école / *Bill's a good friend of mine* Bill est un grand ami à moi / *we're just good friends* nous sommes bons amis sans plus / *my best friend* mon meilleur ami, ma meilleure amie / *he's a friend of the family* c'est un ami de la famille / *she's someone I used to be friends with* nous avons été amies ▸ **to make friends** se faire des amis / *he tried to make friends with her brother* il essaya d'être ami avec son frère / *shall we be friends?* **a)** on est amis ? **b)** [after a quarrel] on fait la paix ? / *she's no friend of mine* elle ne fait pas partie de mes amis / *I tell you this as a friend* je vous dis ça en ami / *she doesn't realize what a good friend you are* elle n'apprécie pas votre amitié à sa juste valeur / *they wanted to part friends* ils voulaient se quitter en amis / *you're among friends here* tu es entre amis ici / *I've always been a good friend to her* j'ai toujours été un bon ami pour elle ▸ **to have friends in high places** avoir des amis en haut lieu or bien placés ▸ **Friends of the Earth** les Amis de la Terre ▸ **they're friends with benefits** US *inf* ce sont des amis qui couchent ensemble ▸ **the (Society of) Friends** RELIG la Société des Amis, les Quakers ▸ **a friend in need is a friend indeed** *prov* c'est dans le besoin qu'on reconnaît ses vrais amis **2.** [addressing someone] : *listen, friend* écoute, mon pote **3.** [colleague] collègue *mf* / *friends, we are gathered here tonight…* chers amis or collègues, nous sommes réunis ici ce soir… **4.** [patron] mécène *m*, ami *m*, -e *f* / *the Friends of the Tate Gallery* les Amis de la Tate Gallery. ◆ vt US [on networking site] marquer comme ami / *will you friend me?* tu veux bien me marquer comme ami ?

friendless ['frendlɪs] adj sans amis.

friendliness ['frendlɪnɪs] n gentillesse *f* / *an atmosphere of warmth and friendliness* une ambiance chaleureuse et sympathique.

friendly ['frendlɪ] (*compar* **friendlier**, *superl* **friendliest**) ◆ adj **1.** [person] aimable, gentil ; [animal] gentil ; [advice, game, smile] amical ▸ **to be friendly to** or **towards sb** être gentil or aimable avec qqn / *a friendly welcome* or *reception* un accueil chaleureux / *that wasn't very friendly of him!* ce n'était pas très gentil de sa part ! **2.** [close, intimate] ami ; [allied] ami / *they've become very friendly lately* elles sont devenues très amies dernièrement / *Anne is still on friendly terms with her brother* Anne est toujours en bons termes avec son frère / *a friendly nation* un pays ami / *don't let him get too friendly* inf garde tes distances avec lui ▸ **friendly fire** MIL feu *m* allié ▸ **a friendly plane** un avion allié. ◆ n [match] match *m* amical.

friendly society n UK société *f* mutuelle or de secours mutuels.

friendly takeover bid n OPA *f* amicale.

friendship ['frendʃɪp] n amitié *f* / *I would never jeopardize my friendship with him* pour rien au monde je ne compromettrais notre amitié ▸ **to form a friendship with sb** se lier d'amitié avec qqn, nouer une amitié avec qqn ▸ **to strike up a friendship with sb** lier amitié avec qqn / *he did it out of friendship for her* il l'a fait par amitié pour elle / *to live in peace and friendship* vivre en paix et bonne intelligence / *the aim is to promote friendship between nations* le but est de promouvoir l'amitié entre les nations.

frier ['fraɪəʳ] = **fryer**.

Friesian ['friːʒən] n ▸ **Friesian (cow)** frisonne *f*.

frieze [friːz] n **1.** ARCHIT frise *f* **2.** TEXT ratine *f*.

frig [frɪg] (*pt & pp* **frigged**, *cont* **frigging**) ◆ vt *vulg* [have sex with] fricoter ; [masturbate] branler. ◆ vi UK *v inf* ▸ **to frig about** or **around** déconner, faire l'imbécile / *stop frigging about and get in the car* arrête de déconner or de faire l'imbécile et monte dans la voiture.

frigate ['frɪgət] n frégate *f*.

frigate bird n ORNITH frégate *f*.

frigging ['frɪgɪŋ] adj *v inf* : *move your frigging car!* enlève-moi cette foutue bagnole !

fright [fraɪt] n **1.** [sudden fear] frayeur *f*, peur *f* / *his face was pale with fright* il était vert de peur ▸ **to take fright at sthg** avoir peur de qqch ▸ **to give sb a fright** faire une frayeur à qqn / *you gave me a terrible fright!* vous m'avez fait une de ces frayeurs ! / *I got the fright of my life when he said that* j'ai eu la peur de ma vie quand il a dit ça **2.** *inf* [mess] : *you look an absolute fright* tu fais vraiment peur à voir.

frighten ['fraɪtn] vt effrayer, faire peur à / *stop it, you're frightening me!* arrête, tu me fais peur ! ▸ **to frighten sb out of doing sthg** dissuader qqn de faire qqch en lui faisant peur ▸ **to frighten sb into doing sthg** obliger qqn à faire qqch en lui faisant peur ▸ **to frighten sb to death** or **out of their wits, to frighten the life out of sb** faire une peur bleue à qqn.

❖ **frighten away** vt sep faire fuir (par la peur) ; [animal] effaroucher / *the burglars were frightened away by the police siren* effrayés par la sirène de police, les cambrioleurs ont pris la fuite.

❖ **frighten off** vt sep **1.** [cause to flee] faire fuir ; [animal] effaroucher **2.** [intimidate] chasser, faire peur à, faire fuir / *rising inflation has frightened off potential investors* l'inflation croissante a fait fuir les investisseurs potentiels.

frightened ['fraɪtnd] adj effrayé ▸ **to be frightened of sthg** avoir peur de qqch / *I was too frightened to speak* je n'arrivais pas à parler tellement j'avais peur / *there's nothing to be frightened of* il n'y a rien à craindre / *he looked frightened* il avait l'air d'avoir peur / *frightened faces / children* des visages / des enfants apeurés.

Note that **avoir peur que** and **craindre que** are followed by a verb in the subjunctive, usually preceded by **ne**:

I was frightened they might want to kill me. *J'avais peur / Je craignais qu'ils ne veuillent me tuer.*

frightener ['fraɪtnəʳ] n ▸ **to put the frighteners on sb** *v inf* filer la trouille à qqn.

frightening ['fraɪtnɪŋ] adj effrayant / *the consequences are too frightening to contemplate* on n'ose pas imaginer les conséquences / *it's frightening to think what might have happened* ça fait peur de penser à ce qui aurait pu arriver.

frighteningly ['fraɪtnɪŋlɪ] adv à faire peur / *the story was frighteningly true to life* l'histoire était d'un réalisme effrayant.

frightful ['fraɪtfʊl] adj **1.** [horrible] affreux, horrible / *the soldier had frightful wounds* le soldat avait d'affreuses blessures **2.** UK *inf* [unpleasant] : *we had a frightful time parking the car* on a eu un mal fou à garer la voiture / *he's a frightful bore* [as intensifier] il est horriblement or affreusement casse-pieds.

frightfully ['fraɪtfʊlɪ] adv UK *inf & dated* : *he's a frightfully good dancer* il danse remarquablement bien / *it was frightfully generous of you to buy me lunch* c'était vraiment très généreux à vous de m'inviter à déjeuner / *I'm frightfully sorry* je suis absolument désolé.

frigid ['frɪdʒɪd] adj **1.** [very cold] glacial, glacé ; GEOG & METEOR glacial **2.** [sexually] frigide.

frigidity [frɪ'dʒɪdətɪ] n **1.** [coldness] froideur *f* **2.** PSYCHOL frigidité *f*.

Frigid Zone pr n régions *fpl* polaires.

frijoles [frɪ'həʊlɪz] pl n *purée de haricots rouges frits.*

frill [frɪl] n TEXT ruche *f*, volant *m* ; CULIN papillote *f* ; ORNITH collerette *f*.

❖ **frills** pl n [ornamentation, luxuries] : *without frills* sans façon / *a cheap, basic package holiday with no frills* des vacances organisées simples et pas chères.

frilly ['frɪlɪ] adj **1.** TEXT orné de fanfreluches **2.** [style] affecté, apprêté.

fringe [frɪndʒ] ◆ n **1.** [decorative edge] frange *f* / *a fringe of trees* une bordure d'arbres **2.** [of hair] frange *f* **3.** [periphery] périphérie *f*, frange *f* ▸ **on the fringe** or **fringes of a)** *lit* en bordure de **b)** *fig* en marge de ▸ **fringe area** zone *f* limitrophe ▸ **fringe group** frange *f* / *she belongs to a fringe group of the Labour Party* elle fait partie d'une frange du parti travailliste **4.** THEAT ▸ **the Fringe (festival)** UK le festival off. ◆ vt franger / *the path was fringed with rosebushes* le sentier était bordé de rosiers / *palm-fringed beaches* des plages bordées de palmiers.

fringe benefit n avantage *m* annexe or en nature.

fringe theatre n UK théâtre *m* d'avant-garde or expérimental.

fringing reef ['frɪndʒɪŋ-] n récif *m* frangeant.

frippery ['frɪpərɪ] (*pl* **fripperies**) n **1.** [showy objects] colifichets *mpl*, babioles *fpl* ; [on clothing] fanfreluches *fpl* **2.** [ostentation] mignardises *fpl*, chichi *m*.

Frisbee® ['frɪzbɪ] n Frisbee *m inv*.

Frisco ['frɪskəʊ] pr n *inf* San Francisco.

Frisian ['friːʒən] ◆ n **1.** [person] Frison *m*, -onne *f* **2.** LING frison *m*. ◆ adj frison.

Frisian Islands pl pr n ▸ **the Frisian Islands** l'archipel *m* frison.

frisk [frɪsk] ◆ vi [play] gambader / *the two kittens frisked about in the garden* les deux chatons gambadaient dans le jardin. ◆ vt [search] fouiller. ◆ n [search] fouille *f*.

frisky ['frɪskɪ] (*compar* **friskier**, *superl* **friskiest**) adj [animal] fringant ; [person] gaillard.

fritillary [frɪ'tɪlərɪ] n fritillaire *f*.

fritter ['frɪtəʳ] ◆ n CULIN beignet *m* ▸ **banana fritters** beignets *mpl* de banane. ◆ vt = **fritter away**.

❖ **fritter away** vt sep gaspiller.

fritz [frɪts] n US *inf* ▸ **to be on the fritz** être en panne.

frivolity [frɪ'vɒlətɪ] (*pl* **frivolities**) n frivolité *f*.

frivolous ['frɪvələs] adj frivole.

frivolously ['frɪvələslɪ] adv de manière frivole.

frizz [frɪz] ◆ n : *she had a frizz of blond hair* elle avait des cheveux blonds tout frisés. ◆ vt faire friser. ◆ vi friser.

frizzle ['frɪzl] ◆ vt **1.** CULIN [overcook] griller / *frizzled pancetta* pancetta *f* grillée ; [burn] calciner, carboniser **2.** [curl] faire friser. ◆ vi **1.** [cook noisily] grésiller **2.** [curl] friser.

frizzly ['frɪzlɪ] (*compar* **frizzlier**, *superl* **frizzliest**), **frizzy** ['frɪzɪ] (*compar* **frizzier**, *superl* **frizziest**) adj crépu.

fro [frəʊ] ⟶ **to and fro**.

frock [frɒk] n [dress] robe *f* ; RELIG froc *m*.

frock coat n redingote *f*.

frog [frɒg] n **1.** ZOOL grenouille *f* ▸ **frog pond** grenouillère *f* ▸ **frog's legs** CULIN cuisses *fpl* de grenouille ▸ **to have a frog in one's throat** *inf* avoir un chat dans la gorge **2.** [on uniform] brandebourg *m* ; [on women's clothing] soutache *f*.

❖ **Frog** n UK *v inf* [French person] *terme injurieux désignant un Français.*

frogged [frɒgd] adj à brandebourgs.

frogging ['frɒgɪŋ] n *(U)* soutaches *fpl*.

Froggy ['frɒgɪ] n UK *v inf terme injurieux désignant un Français.*

frogman ['frɒgmən] (*pl* **frogmen** [-mən]) n homme-grenouille *m*.

frogmarch ['frɒgmɑːtʃ] vt UK *porter par les bras et les jambes, le visage vers le sol* / *the protesters were frogmarched to a police van* les manifestants furent entraînés jusqu'au fourgon de police / *they frogmarched us out of the building* [moved forcibly] ils nous ont délogés du bâtiment sans ménagement.

frogspawn ['frɒgspɔːn] n frai *m* de grenouilles.

frog spit, frog spittle n crachat *m* de coucou.

fro-ing ['frəʊɪŋ] ⟶ **to-ing and fro-ing**.

frolic ['frɒlɪk] (*pt & pp* **frolicked**, *cont* **frolicking**) ◆ vi s'ébattre, gambader / *the children frolicked about on the grass* les enfants gambadaient sur la pelouse. ◆ n [run] gambades *fpl*, ébats *mpl* ; [game] jeu *m* / *we let the dogs have a frolic in the park* on a laissé les chiens s'ébattre dans le parc.

frolicsome ['frɒlɪksəm] adj enjoué, badin.

from (*weak form* [frəm], *strong form* [frɒm]) prep **1.** [indicating starting point - in space] de ; [- in time] de, à partir de, depuis ; [- in price, quantity] à partir de / *Einstein came to this country from Germany* Einstein a quitté l'Allemagne pour s'établir ici / *her parents came from Russia* ses parents venaient de Russie / *where's your friend from?* d'où est or vient votre ami ? / *I've just come back from there* j'en reviens / *there are no direct flights from Hobart* il n'y a pas de vol direct à partir d'Hobart / *the 11:10 from Cambridge* le train de 11 h 10 en provenance de Cambridge / *the airport is about 15 kilometres from the city centre* l'aéroport se trouve à 15 kilomètres environ du centre-ville / *it rained all the way from Calais to Paris* il a plu pendant tout le trajet de Calais à Paris / *it takes 15 minutes from here to my house* il faut 15 minutes pour aller d'ici à chez moi / *from now on* désormais, dorénavant / *from the age of four* à partir de quatre ans / *she was unhappy from her first day at boarding school* elle a été malheureuse dès son premier jour à l'internat / *from the start* dès or depuis le début / *a week from today* dans huit jours / *where will we be a year from now?* où serons-nous dans un an ? / *we've got food left over from last night* nous avons des restes d'hier soir / *potatoes from 50 pence a kilo* des pommes de terre à partir de 50 pence le kilo / *knives from £2 each* des couteaux à partir de 2 livres la pièce / *6 from 14 is 8* 6 ôté de 14 donne 8 / *we went from 3 employees to 15 in a year* nous sommes passés de 3 à 15 employés en un an **2.** [indicating origin, source] de / *who's the letter from?* de qui est la lettre ? / *don't tell her that the flowers are from me* ne lui dites pas que les fleurs viennent de moi / *I got a phone call from her yesterday* j'ai reçu un coup de fil d'elle hier / *he got the idea from a book he read* il a trouvé l'idée dans un livre qu'il a lu / *where did you get the ring from?* où avez-vous eu la bague ? / *you can get a money order from the post office* vous pouvez avoir un mandat à la poste / *I bought my piano from a neighbour* j'ai acheté mon piano à un voisin / *you mustn't borrow money from them* vous ne devez pas leur emprunter de l'argent / *she stole some documents from the ministry* elle a volé des documents au ministère / *who stole the key from her?* qui lui a volé la clef ? / *I heard about it from the landlady* c'est la propriétaire qui m'en a parlé / *a scene from a play* une scène d'une pièce / *he translates from English into French* il traduit d'anglais en français / *she still has injuries resulting from the crash* elle a encore des blessures qui datent de l'accident / *she's been away from work for a week* ça fait une semaine qu'elle n'est pas allée au travail / *they returned from their holidays yesterday* ils sont rentrés de vacances hier / *the man from the Inland Revenue* le monsieur du fisc **3.** [off, out of] : *she took a book from the shelf* elle a pris un livre sur l'étagère / *he drank straight from the bottle* il a bu au goulot / *she drew a gun from her pocket* elle sortit un revolver de sa poche / *he took a beer from the fridge* il a pris une bière dans le frigo / **'guaranteed to remove stains from all surfaces'** 'enlève les taches sur toutes les surfaces' **4.** [indicating position, location] de / *from the top you can see the whole city* du haut on voit toute la ville / *you get a great view from the bridge* on a une très belle vue du pont / *the rock juts out from the cliff* le rocher dépasse de la falaise **5.** [indicating cause, reason] : *you can get sick from drinking the water* vous pouvez tomber malade en buvant l'eau / *his back hurt from lifting heavy boxes* il avait mal au dos après avoir soulevé des gros cartons / *I guessed she was Australian from the way she spoke* j'ai deviné qu'elle était australienne à sa façon de parler / *he died from grief* il est mort de chagrin **6.** [using] : *they are made from flour* ils sont faits à base de farine / *Calvados is made from apples* le calvados est fait avec des pommes / *she played the piece from memory* elle joua le morceau de mémoire / *I speak from personal experience* je sais de quoi je parle **7.** [judging by] d'après / *from the way she talks you'd think she were the boss* à l'entendre, on croirait que c'est elle le patron / *from the way she sings you'd think she were a professional* à l'entendre chanter on dirait que c'est son métier / *from what I gather...* d'après ce que j'ai cru comprendre... **8.** [in comparisons] de / *it's no different from riding a bike* c'est comme faire du vélo / *how do you tell one from the other?* comment les reconnais-tu l'un de l'autre ? **9.** [indicating prevention, protection] de / *she saved me from drowning* elle m'a sauvé de la noyade / *we sheltered from the rain in a cave* nous nous sommes abrités de la pluie dans une caverne / *they were hidden from view* on ne les voyait pas.

frond [frɒnd] n fronde *f* ; [on palm tree] feuille *f*.

front [frʌnt] ◆ n **1.** [forward part] devant *m* ; [of vehicle] avant *m* ; [of queue] début *m* ; [of stage] devant *m* ; [of building] façade *f* / *I'll be at the front of the train* je serai en tête de or à l'avant du train / *he sat up front near the driver* il s'est assis à l'avant près du conducteur / *our seats were at the front of the theatre* nous avions des places aux premiers rangs (du théâtre) / *come to the front of the class* venez devant / *she went to the front of the queue* elle alla se mettre au début de la queue / *the actors stood at the front of the stage* les comédiens étaient debout sur le devant de la scène / *the Times' theatre critic is out front tonight* le critique dramatique du Times est dans la salle ce soir / *she wrote her name on the front of the envelope* elle écrivit son nom sur le devant de l'enveloppe / *he got wine down his front* or *the front of his shirt* du vin a été renversé sur le devant de sa chemise / *his portrait was in the front of every schoolbook* son portrait figurait sur la couverture de tous les livres de classe **2.** [seashore] bord *m* de mer, front *m* de mer / *the hotel is on the front* l'hôtel est au bord de la or sur le front de mer / *a walk along* or *on the front* une promenade au bord de la mer **3.** MIL front *m* / *on the Eastern* / *Western front* sur le front est / ouest / *he fought at the front* il a combattu au front ; *fig* : *the Prime Minister is being attacked on all fronts* on s'en prend au Premier ministre de tous côtés / *little had been achieved on the domestic* or *home front* on avait accompli peu de choses sur le plan intérieur / **'All Quiet on the Western Front'** *Remarque* 'À l'Ouest, rien de nouveau' **4.** [joint effort] front *m* ▸ **to present a united front (on sthg)** faire front commun (devant qqch) **5.** [appearance] façade *f* / *his apparent optimism was only a front* son optimisme apparent n'était qu'une façade ▸ **to put on a bold** or **brave front** faire preuve de courage **6.** [cover] façade *f*, couverture *f* / *the shop is just a front for a drugs ring* le magasin n'est qu'une couverture pour des trafiquants de drogue **7.** METEOR front *m* ▸ **cold** / **warm front** front *m* froid / chaud **8.** ARCHIT façade *f* / *the north* / *south front* la façade nord / sud. ◆ adj **1.** [in a forward position] de devant / *front seat* / *wheel* AUTO siège *m* / roue *f* avant / *she was sitting in the front row* elle était assise au premier rang / *the front page* PRESS la première page / *his picture is on the front page* sa photo est en première page / *he came in through a front window* il est entré par une fenêtre de devant / *I'll be in the front end of the train* je serai en tête de or à l'avant du train / *his name is on the front cover* son nom est en couverture / *a front view* une vue de face **2.** [bogus, fake] de façade **3.** LING ▸ **a front vowel** une voyelle avant or antérieure. ◆ adv par devant ▸ **eyes front!** MIL fixe ! ◆ vi **1.** UK [face] : *the hotel fronts onto the beach* l'hôtel donne sur la plage **2.** [cover] : *the newspaper fronted for a terrorist organization* le journal servait de façade à une organisation terroriste. ◆ vt **1.** [stand before] : *lush gardens fronted the building* il y avait des jardins luxuriants devant le bâtiment **2.** CONSTR : *the house was fronted with stone* la maison avait une façade en pierre **3.** [lead] être à la tête de, diriger ; TV [present] présenter.

❖ **in front** adv phr [in theatre, vehicle] à l'avant ; [ahead, leading] en avant / *there was a very tall man in the row in front* il y avait un très grand homme assis devant moi / *the women walked in front and the children behind* les femmes marchaient devant et les enfants derrière ▸ **to be in front** SPORT être en tête or premier.

❖ **in front of** prep phr devant / *she was sitting in front of the TV* elle était assise devant la télé / *he was right in front of me* il était juste devant moi / *not in front of the children!* pas devant les enfants !

frontage ['frʌntɪdʒ] n **1.** [wall] façade *f* ; [shopfront] devanture *f* **2.** [land] terrain *m* en bordure.

frontage road n US contre-allée *f*.

frontal ['frʌntl] ◆ adj MIL [assault, attack] de front ; ANAT & MED frontal ▸ **frontal system** METEOR système *m* de fronts. ◆ n RELIG parement *m*.

frontbench [,frʌnt'bentʃ] n UK POL [members of the government] ministres *mpl* ; [members of the opposition] ministres *mpl* du cabinet fantôme / *he's never been on the frontbench* **a)** [government] il n'a jamais été ministre **b)** [opposition] il n'a jamais été membre du cabinet fantôme ▸ **the frontbenches** [in Parliament] *à la Chambre des communes, bancs situés à droite et à gauche du président et occupés respectivement par les ministres du gouvernement en exercice et ceux du gouvernement fantôme.*

frontbencher [,frʌnt'bentʃər] n UK POL [member of the government] ministre *m* ; [member of the opposition] membre *m* du cabinet fantôme.

front desk n réception *f*.

front door n [of house] porte *f* d'entrée ; [of vehicle] portière *f* avant.

front-end processor n processeur *m* frontal.

frontier [UK 'frʌn,tɪər US frʌn'tɪər] ◆ n **1.** *lit & fig* [border] frontière *f* / *the frontiers of science* les frontières or limites de la science **2.** US ▸ **the frontier** la Frontière *(nom donné à la limite des terres habitées par les colons pendant la colonisation de l'Amérique du Nord).* ◆ comp **1.** [dispute] de frontière ; [post] frontière **2.** US [spirit] de pionnier ▸ **a frontier town** *une bourgade d'une région limitrophe du pays.*

frontiersman [UK 'frʌntɪəzmən US frʌn'tɪrzmən] (*pl* **frontiersmen** [-mən]) n pionnier *m*.

frontispiece ['frʌntɪspi:s] n frontispice *m*.

front line n ▸ **the front line** MIL la première ligne / *she is in the front line in the fight against drug abuse* *fig* elle joue un rôle important dans la lutte contre la toxicomanie.

❖ **front-line** adj **1.** MIL [soldiers, troops] en première ligne ; [ambulance] de zone de combat **2.** POL ▸ **the front line states** les États *mpl* limitrophes **3.** US SPORT ▸ **front line player** avant *m*.

front-loader n [washing machine] machine *f* à laver à chargement frontal.

front-loading adj [washing machine] à chargement frontal.

front lot n US cour *f (devant un immeuble).*

front man n **1.** [representative, spokesman] porte-parole *m inv*, représentant *m* **2.** *pej* [figurehead] prête-nom *m* **3.** TV [presenter] présentateur *m*.

frontman ['frʌntmæn] n [lead singer] chanteur *m*.

front matter n *pages préliminaires (avant le texte) d'un livre.*

front of house n THEAT *partie d'un théâtre où peuvent circuler les spectateurs.*

front-page, front page adj [article, story] de première page / *it wasn't exactly front-page news* ça n'a pas fait la une des journaux.

front-rank adj : *a front-rank question* une question de premier ordre or plan.

front room n [at front of house] *pièce qui donne sur le devant de la maison* ; [sitting room] salon *m*.

front-runner n favori *m*, -e *f*.

frontwards ['frʌntwədz] adv en avant, vers l'avant.

front-wheel drive n traction *f* avant.

front yard n US jardin *m (devant une maison).*

frosh [frɒʃ] n US *inf & dated* = **freshman.**

frost [frɒst] ◆ n **1.** [freezing weather] gel *m*, gelée *f* / *there was a frost last night* il a gelé hier soir / *a late frost* des gelées tardives / *eight degrees of frost* huit degrés au-dessous de zéro **2.** [frozen dew] givre *m*, gelée *f* blanche / *the grass was covered in frost* le gazon était couvert de givre **3.** *inf* [cold manner] froideur *f* **4.** US *inf* [fiasco] four *m*, fiasco *m*. ◆ vt **1.** [freeze] geler ; [cover with frost] givrer / *the rim of the glass was frosted with sugar* le bord du verre avait été givré avec du sucre **2.** US [cake] glacer **3.** TECH [glass pane] dépolir. ◆ vi [freeze] geler ; [become covered with frost] se givrer.

❖ **frost over, frost up** ◆ vi se givrer. ◆ vt sep givrer.

frostbite ['frɒstbaɪt] n *(U)* gelure *f* / *he got frostbite in his toes* il a eu les orteils gelés / *the climber died of frostbite* l'alpiniste est mort gelé.

frostbitten ['frɒst,bɪtn] adj [hands, nose] gelé ; [plant] gelé, grillé par le gel.

frosted ['frɒstɪd] adj **1.** [frozen] gelé ; [covered with frost] givré **2.** [pane of glass] dépoli **3.** US [cake] glacé **4.** [lipstick, nail varnish] nacré **5.** [hair] grisonnant / *his hair was frosted with white* ses cheveux grisonnaient.

frost-free adj [refrigerator, freezer] à dégivrage automatique.

frostily ['frɒstɪlɪ] adv de manière glaciale, froidement.

frosting ['frɒstɪŋ] n US glaçage *m*, glace *f*.

frostproof ['frɒstpru:f] adj résistant à la gelée.

frosty ['frɒstɪ] (*compar* **frostier**, *superl* **frostiest**) adj **1.** [weather, air] glacial / *we had several frosty nights* il a gelé plusieurs nuits **2.** [ground, window] couvert de givre **3.** [answer, manner] glacial, froid.

froth [frɒθ] ◆ n *(U)* **1.** [foam] écume *f*, mousse *f* ; [on beer] mousse *f* ; [on lips] écume *f* **2.** [trivialities, empty talk] futilités *fpl*. ◆ vi [liquid] écumer, mousser ; [beer, soap] mousser / *the detergent frothed out of the washing machine* la mousse a débordé de la machine à laver ▸ **to froth at the mouth** écumer, baver / *he was so angry he was practically frothing at the mouth* *hum* il écumait de rage. ◆ vt faire mousser.

frothy ['frɒθɪ] (*compar* **frothier**, *superl* **frothiest**) adj **1.** [liquid] mousseux, écumeux ; [beer] mousseux ; [sea] écumeux **2.** [entertainment, literature] creux **3.** [dress, lace] léger, vaporeux.

frown [fraʊn] ◆ vi froncer les sourcils, se renfrogner / *she frowned at my remark* mon observation lui a

fait froncer les sourcils ▸ **to frown at sb** regarder qqn de travers, faire les gros yeux à qqn. ◆ n froncement *m* de sourcils / *she looked up with a disapproving / worried frown* elle leva les yeux avec un froncement de sourcils désapprobateur / inquiet / *he gave a frown* il fronça les sourcils. ◆ comp ▸ **frown lines** rides *fpl* inter-sourcilières.
❖ **frown on**, **frown upon** vt insep désapprouver / *her parents frown upon their friendship* ses parents voient leur amitié d'un mauvais œil / *such behaviour is rather frowned upon* ce type de comportement n'est pas vu d'un très bon œil.

frowsty ['fraʊstɪ] (*compar* **frowstier**, *superl* **frowstiest**) adj qui sent le renfermé.

frowsy ['fraʊzɪ] (*compar* **frowsier**, *superl* **frowsiest**) adj UK **1.** [shabby - person] négligé ; [- clothing] élimé, râpé **2.** = **frowsty**.

frowzy ['fraʊzɪ] (*compar* **frowzier**, *superl* **frowziest**) = **frowsy**.

froze [frəʊz] pt ⟶ **freeze**.

frozen ['frəʊzn] ◆ pp ⟶ **freeze**. ◆ adj **1.** [ground, lake, pipes] gelé ; [person] gelé, glacé / *the lake is frozen solid* le lac est complètement gelé / *my hands are frozen* j'ai les mains gelées or glacées / *I'm frozen stiff* je suis gelé jusqu'à la moelle (des os) / *frozen with terror* *fig* mort de peur ▸ **frozen food a)** [in refrigerator] aliments *mpl* congelés **b)** [industrially frozen] surgelés *mpl* ▸ **frozen food compartment** congélateur *m* ▸ **frozen peas** petits pois *mpl* surgelés **2.** [prices, salaries] bloqué ; FIN [assets, credit] gelé, bloqué **3.** MED ▸ **frozen shoulder** épaule *f* ankylosée.

FRS ◆ n (abbr of **Fellow of the Royal Society**) ≃ membre *m* de l'Académie des sciences. ◆ pr n abbr of **Federal Reserve System**.

fructification [ˌfrʌktɪfɪ'keɪʃn] n *fml* fructification *f*.

fructify ['frʌktɪfaɪ] (*pt & pp* **fructified**) *fml* ◆ vi fructifier. ◆ vt faire fructifier.

fructose ['frʌktəʊs] n fructose *m* ▸ **fructose syrup** sirop *m* de fructose.

frugal ['fru:gl] adj **1.** [person] économe, frugal ; [life] frugal, simple / *she's very frugal with her money* elle est près de ses sous **2.** [meal] frugal.

frugality [fru:'gælətɪ] n **1.** [of person] parcimonie *f*, frugalité *f* ; [of life] frugalité *f*, simplicité *f* **2.** [of meal] frugalité *f*.

frugally ['fru:gəlɪ] adv [live] simplement, frugalement ; [distribute, give] parcimonieusement / *we dined frugally on bread and cheese* nous avons dîné simplement de pain et de fromage.

fruit [fru:t] ◆ n **1.** (*pl* **fruit**) *lit* fruit *m* / *to eat fruit* manger des fruits / *a piece of fruit* un fruit / *would you like fruit or cheese?* voulez-vous un fruit ou du fromage ? / *we eat a lot of fruit* nous mangeons beaucoup de fruits / *a tree in fruit* un arbre qui porte des fruits / *the fruit or fruits of the earth* les fruits de la terre ; *fig* fruit *m* / *the fruit of her womb* le fruit de ses entrailles / *their plans have never borne fruit* leurs projets ne se sont jamais réalisés / *his book is the fruit of much research* son livre est le fruit de longues recherches **2.** UK *inf & dated* [term of address] ▸ **old fruit** mon vieux **3.** US *v inf & pej* [homosexual] pédé *m*, tante *f* **4.** US [strange person] : *he's a real fruit* il est vraiment loufoque. ◆ comp [basket, knife] à fruits ; [diet, farm, stall] fruitier ▸ **fruit dish a)** [individual] coupe *f*, coupelle *f* **b)** [large] coupe *f* à fruits, compotier *m* ▸ **fruit farmer** arboriculteur *m* (fruitier) ▸ **fruit farming** arboriculture *f* (fruitière) ▸ **fruit flavouring** arôme *m* de or aux fruits ▸ **fruit juice / salad** jus *m* / salade *f* de fruits ▸ **fruit tree** arbre *m* fruitier. ◆ vi BOT donner.

fruit bat n chauve-souris *f* frugivore.

fruit-bearing adj [tree, etc.] frugifère, fructifère.

fruit bowl n compotier *m*.

fruit cake n **1.** [cake] cake *m* **2.** *inf* [lunatic] cinglé *m*, -e *f*.

fruit cocktail n macédoine *f* de fruits.

fruit cup n [dessert] coupe *f* de fruits ; [drink] boisson *f* aux fruits *(parfois alcoolisée)*.

fruit drop n bonbon *m* aux fruits.

fruit-eating adj [animal] frugivore.

fruiterer ['fru:tərər] n UK marchand *m*, -e *f* de fruits, fruitier *m*, -ère *f*.

fruit fly n mouche *f* du vinaigre, drosophile *f*.

fruitful ['fru:tfʊl] adj **1.** [discussion, suggestion] fructueux, utile ; [attempt, collaboration] fructueux **2.** [soil] fertile, fécond ; [plant, tree] fécond, productif.

fruitfully ['fru:tfʊlɪ] adv fructueusement.

fruit gum n UK boule *f* de gomme.

fruition [fru:'ɪʃn] n *fml* réalisation *f* ▸ **to come to fruition** se réaliser ▸ **to bring sthg to fruition** réaliser qqch, concrétiser qqch.

fruitless ['fru:tlɪs] adj **1.** [discussion, effort] vain, sans résultat **2.** [plant, tree] stérile, infécond ; [soil] stérile.

fruitlessly ['fru:tlɪslɪ] adv en vain, vainement.

fruit machine n UK machine *f* à sous.

fruit salts pl n sels *mpl* purgatifs.

fruit sugar n fructose *m*.

fruity ['fru:tɪ] (*compar* **fruitier**, *superl* **fruitiest**) adj **1.** [flavour, sauce] fruité, de fruit ; [perfume, wine] fruité / *the wine has a fruity taste* le vin a un goût fruité / *it has a fruity smell* ça a une odeur fruitée **2.** [voice] étoffé, timbré **3.** *inf* [joke, story] corsé, salé **4.** *inf* [effeminate] efféminé.

frump [frʌmp] n femme *f* mal habillée / *she looks a bit of a frump these days* elle s'habille vraiment mal ces temps-ci.

frumpily ['frʌmpɪlɪ] adv : *frumpily dressed* mal fagoté.

frumpish ['frʌmpɪʃ], **frumpy** ['frʌmpɪ] adj mal habillé / *she wears rather frumpish clothes* elle s'habille plutôt mal / *she was dressed in a frumpish skirt and jumper* elle portait une jupe et un pull sans aucune allure.

frumpishly ['frʌmpɪʃlɪ] adv : *frumpishly dressed* mal fagoté.

frustrate [frʌ'streɪt] vt [person] frustrer, agacer, contrarier ; [efforts, plans] contrecarrer, faire échouer, contrarier ; [plot] déjouer, faire échouer / *the rain frustrated our plans* la pluie a contrarié nos projets / *all our efforts to contact her were frustrate* tous nos efforts pour la contacter ont été vains or ont échoué / *the prisoner was frustrated in his attempt to escape* le prisonnier a raté sa tentative d'évasion.

frustrated [frʌ'streɪtɪd] adj **1.** [annoyed] frustré, agacé ; [disappointed] frustré, déçu ; [sexually] frustré / *a frustrated poet* un poète manqué **2.** [attempt, effort] vain.

frustrating [frʌ'streɪtɪŋ] adj agaçant, frustrant, pénible / *it's very frustrating having to wait* c'est vraiment pénible de devoir attendre / *a frustrating person* une personne agaçante or pénible.

frustration [frʌ'streɪʃn] n [gen & PSYCHOL] frustration *f* / *it's one of the frustrations of the job* c'est un des aspects frustrants du travail.

fry [fraɪ] (*pt & pp* **fried**, *pl* **fries**) ◆ vt CULIN faire frire, frire / *he fried himself an egg* il s'est fait un œuf sur le plat ▸ **go fry an egg!** US *inf* va te faire cuire un œuf ! ◆ vi **1.** [food] frire ; *fig* [person] griller **2.** US *v inf* [be electrocuted] être exécuté sur la chaise électrique. ◆ n **1.** *(U)* ZOOL [fish] fretin *m* ; [frogs] têtards *mpl* **2.** US *sorte de pique-nique où on mange de la friture.*
❖ **fries** pl n US = **french fries**.
❖ **fry up** vt sep faire frire, frire.

fryer ['fraɪər] n **1.** [pan] poêle *f* (à frire) ; [for deep-fat frying] friteuse *f* **2.** [chicken] poulet *m* à frire.

frying ['fraɪɪŋ] n friture *f*.

frying pan UK, **fry pan** US n poêle *f* (à frire) ▸ **to jump out of the frying pan into the fire** tomber de Charybde en Scylla, changer un cheval borgne pour un cheval aveugle.

fry-up n UK *inf plat constitué de plusieurs aliments frits ensemble.*

FSA (abbr of **Food Standards Agency**) n *agence pour la sécurité alimentaire.*

FSH n abbr of **follicle-stimulating hormone**.

f-stop n ouverture *f* (du diaphragme) ▸ **f-stop scale** échelle *f* des diaphragmes.

ft 1. written abbr of **foot 2.** written abbr of **fort**.

FT pr n abbr of **Financial Times**.

FTC pr n abbr of **Federal Trade Commission**.

FT Index (abbr of **Financial Times Industrial Ordinary Share Index**) n UK indice *m* du « Financial Times » *(moyenne quotidienne des principales valeurs boursières britanniques).*

FTP (abbr of **file transfer protocol**) n FTP *m*.

FTSE ['futsi] pr n (abbr of **Financial Times Stock Exchange**) ▸ **the FTSE 100 index** l'index FTSE 100.

F2F, **FTF** MESSAGING written abbr of **face to face**.

F2T MESSAGING written abbr of **free to talk**.

fuchsia ['fju:ʃə] n [colour] fuchsia *m* ; BOT fuchsia *m*.

fuchsine ['fu:ksi:n] n fuchsine *f*.

fuck [fʌk] *vulg* ◆ vt baiser ▸ **fuck you!** or **go fuck yourself!** va te faire foutre or enculer ! ▸ **fuck it!** putain de merde ! ▸ **fuck me!** putain ! ◆ vi baiser ▸ **don't fuck with me!** *fig* essaie pas de te foutre de ma gueule ! ◆ n **1.** [act] baise *f* **2.** [sexual partner] : *he's a good fuck* il baise bien **3.** US [idiot] : *you stupid fuck!* espèce de connard ! **4.** [as intensifier] : *what the fuck do you expect?* mais qu'est-ce que tu veux, putain de merde ? **5.** PHR **I don't give a fuck** j'en ai rien à branler. ◆ interj putain de merde !
❖ **fuck about** UK, **fuck around** *vulg* ◆ vi déconner / *stop fucking about with the radio!* mais laisse donc cette putain de radio tranquille ! ◆ vt sep faire chier.
❖ **fuck off** vi *vulg* foutre le camp / *fuck off!* va te faire enculer or foutre !
❖ **fuck up** *vulg* ◆ vt sep [plan, project] foutre la merde dans ; [person] foutre dans la merde / *he's really fucked up emotionally* il est complètement paumé. ◆ vi merder.
❖ **fuck with** vt insep : *don't fuck with me* ne me fais pas chier.

fuck all n *vulg* que dalle / *it's got fuck all to do with you!* occupe-toi donc de tes fesses !

fucker ['fʌkər] n *vulg* : *you stupid fucker!* mais qu'est-ce que tu peux être con !

fuckface ['fʌkfeɪs] n *vulg* tête *f* de con.

fucking ['fʌkɪŋ] *vulg* ◆ adj : *I'm fed up with this fucking car!* j'en ai plein le cul de cette putain de bagnole ! / *you fucking idiot!* pauvre con ! ▸ **fucking A!** génial ! ▸ **fucking hell!** putain de merde ! ◆ adv : *he's fucking stupid!* tu parles d'un con ! / *it was a fucking awful day!* tu parles d'une putain de journée !

fuck-me adj *vulg* : *a fuck-me dress* une robe de pute / *fuck-me shoes* chaussures *fpl* de pute.

fuck-up n *vulg* **1.** [situation] merde *f* **2.** [bungler] bousilleur *m*, -euse *f* / *he's a real fuck-up* il fout sa merde partout.

fuckwit n US *vulg* pauvre con *m*, pauvre conne *f*.

fucus ['fju:kəs] n fucus *m*.

fuddle ['fʌdl] vt [confuse - ideas, person] embrouiller ; [intoxicate] griser.

fuddled ['fʌdld] adj [ideas, mind] embrouillé, confus ; [person - confused] confus ; [- tipsy] gris, éméché.

fuddy-duddy ['fʌdɪˌdʌdɪ] (*pl* **fuddy-duddies**) n *inf* vieux schnock *m*, vieille schnoque *f*.

fudge [fʌdʒ] ◆ n **1.** *(U)* [sweet] caramel *m* / *a piece of fudge* un caramel / *I made some fudge* j'ai fait des caramels **2.** *(U)* [nonsense] balivernes *fpl*, âneries *fpl* **3.** *(U)* [dodging] faux-fuyant *m*, échappatoire *f* **4.** TYPO [stop press box] emplacement *m* de la dernière heure ; [stop press news] (insertion *f* de) dernière heure *f*, dernières nouvelles *fpl*. ◆ vi [evade, hedge] esquiver le problème / *the President fudged on the budget issue* le président a esquivé les questions sur le budget. ◆ vt **1.** [make up - excuse] inventer ; [- story] monter ; [- figures, results] truquer **2.** [avoid, dodge] esquiver **3.** US [ruin] : *I fudged it* je l'ai complètement raté. ◆ interj *dated* ▸ **fudge!** balivernes !

fuel [fjʊəl] (UK *pt & pp* **fuelled**, *cont* **fuelling** ; US *pt & pp* **fueled**, *cont* **fueling**) ◆ n **1.** [gen & AERON] combustible *m* ; [coal] charbon *m* ; [oil] mazout *m*, fuel *m*, fioul *m* ; [wood] bois *m* ; AUTO carburant *m* / *what fuel do you use?* quel combustible utilisez-vous ? / *coal is not a very efficient fuel* le charbon n'est pas une source d'énergie très efficace ▸ **nuclear fuel** combustible *m* nucléaire **2.** *fig* ▸ **to add fuel to the flames** jeter de l'huile sur le feu / *his words were merely fuel to her anger* ses paroles n'ont fait qu'attiser or qu'aviver sa colère. ◆ comp [bill, costs] de chauffage ▸ **fuel gauge** jauge *f* à essence ▸ **fuel injector** injecteur *m* de carburant ▸ **fuel tank a)** [in home] cuve *f* à mazout **b)** [in car] réservoir *m* de carburant or d'essence **c)** [in ship] soute *f* à mazout or à fuel. ◆ vt **1.** [furnace] alimenter (en combustible) ; [car, plane, ship] approvisionner en carburant **2.** *fig* [controversy] aviver / *his words only fuelled their anger* / *their suspicions* ses paroles n'ont servi qu'à aviver leur colère / leurs soupçons.

❖ **fuel up** vi s'approvisionner or se ravitailler en carburant or combustible.

fuel cell n élément *m* de conversion.

fuel-efficient adj économique, qui ne consomme pas beaucoup.

fuel element n élément *m* combustible.

fuel injection n injection *f* (de carburant).

fuel oil n mazout *m*, fuel *m*, fioul *m*.

fuel pump n pompe *f* d'alimentation.

fug [fʌg] n UK renfermé *m* / *there's a terrible fug in here* ça sent vraiment le renfermé ici.

fuggy ['fʌgɪ] (*compar* **fuggier**, *superl* **fuggiest**) adj UK [house, room] qui sent le renfermé ; [space] confiné.

fugitive ['fju:ʤətɪv] ◆ n [escapee] fugitif *m*, -ive *f*, évadé *m*, -e *f* ; [refugee] réfugié *m*, -e *f* / *she's a fugitive from justice* elle fuit la justice, elle est recherchée par la justice. ◆ adj **1.** [debtor, slave] fugitif ▸ **fugitive slave law** *loi qui obligeait tout citoyen à livrer les esclaves fugitifs à leur propriétaire, avant l'abolition de l'esclavage aux États-Unis* **2.** *liter* [beauty, happiness] éphémère, passager ; [impression, thought, vision] fugitif, passager.

fugue [fju:g] n MUS & PSYCHOL fugue *f*.

Fuji ['fu:ʤɪ] pr n ▸ **Mount Fuji** le Fuji-Yama.

Fula(h) ['fu:lə] (*pl* **Fula(h)** *or* **Fulahs** *or* **Fulas**), **Fulani** [fu:'lɑ:nɪ] (*pl* **Fulani** *or* **Fulanis**) n **1.** [person] Peul *m*, -e *f* **2.** LING peul *m*, foulani *m*.

Fulbright Scholarship ['fʊlbraɪt-] n *aux États-Unis, bourse destinée à favoriser les échanges entre étudiants et professeurs d'universités de différents pays.*

fulcrum ['fʊlkrəm] (*pl* **fulcrums** *or* **fulcra** [-krə]) n [pivot] pivot *m*, point *m* d'appui ; *fig* [prop, support] point *m* d'appui.

fulfil UK, **fulfill** US [fʊl'fɪl] (*pt & pp* **fulfilled**, *cont* **fulfilling**) vt **1.** [carry out - ambition, dream, plan] réaliser ; [- prophecy, task] accomplir, réaliser ; [- promise] tenir ; [- duty, obligation] remplir, s'acquitter de **2.** [satisfy - condition] remplir ; [- norm, regulation] répondre à, obéir à ; [- desire, need] satisfaire, répondre à ; [- prayer, wish] exaucer ▸ **to fulfil o.s.** se réaliser / *she fulfilled herself both as an artist and as a mother* elle s'est épanouie à la fois comme artiste et comme mère / *it's important to feel fulfilled* il est important de se réaliser (dans la vie) **3.** [complete, finish - prison sentence] achever, terminer **4.** COMM [order] exécuter ; [contract] remplir, respecter.

fulfilled [fʊl'fɪld] adj [life] épanoui, heureux ; [person] épanoui, comblé.

fulfilling [fʊl'fɪlɪŋ] adj extrêmement satisfaisant.

fulfilment UK, **fulfillment** US [fʊl'fɪlmənt] n **1.** [of ambition, dream, wish] réalisation *f* ; [of desire] satisfaction *f* ; [of plan, condition, contract] exécution *f* ; [of duty, prophecy] accomplissement *m* ; [of prayer] exaucement *m* **2.** [satisfaction] (sentiment *m* de) contentement *m* or satisfaction *f* / *she gets a sense* or *feeling of fulfilment from her work* son travail la comble **3.** [of prison sentence] achèvement *m*, fin *f* **4.** COMM [of order] exécution *f*.

fulgent ['fʌlʤənt] adj *liter* fulgurant.

full [fʊl] ◆ adj **1.** [completely filled] plein, rempli / *the cup was full to the brim* or *full to overflowing with coffee* la tasse était pleine à ras bord de café / *this box is only half full* cette boîte n'est remplie qu'à moitié or n'est qu'à moitié pleine / *will you open the door for me, my hands are full* vous voulez bien m'ouvrir la porte, j'ai les mains occupées / *don't talk with your mouth full* ne parle pas la bouche pleine / *you shouldn't go swimming on a full stomach* tu ne devrais pas nager après avoir mangé / *I've got a full week ahead of me* j'ai une semaine chargée devant moi **2.** *fig* ▸ **(to be) full of** [filled with] (être) plein de / *her arms were full of flowers* elle portait des brassées de fleurs, elle avait des fleurs plein les bras / *her eyes were full of tears* elle avait les yeux pleins de larmes / *a look full of gratitude* un regard plein or chargé de reconnaissance / *his look was full of admiration* son regard était plein d'admiration / *the children were full of excitement* les enfants étaient très excités / *her parents were full of hope* ses parents étaient remplis d'espoir / *she's full of good ideas* elle est pleine de bonnes idées / *the day was full of surprises* la journée a été pleine de surprises / *her letters are full of spelling mistakes* ses lettres sont truffées de fautes d'orthographe / *full of energy* or *of life* plein de vie ▸ **to be full of o.s.** être plein de soi-même or imbu de sa personne / *he's full of his own importance* il est pénétré de sa propre importance / *they* / *the papers were full of news about China* ils / les journaux ne parlaient que de la Chine ▸ **to be full of it** *inf* or **full of shit** *vulg* brasser du vent **3.** [crowded - room, theatre] comble, plein ; [- hotel, restaurant, train] complet (complète) / *the hotel was full (up)* l'hôtel était complet / **'house full'** THEAT 'complet' **4.** [satiated] rassasié, repu / *I'm full (up)!* UK je n'en peux plus ! **5.** [complete, whole] tout, complet (complète) / *she listened to him for three full hours* elle l'a écouté pendant trois heures entières / *the house is a full 10 miles from town* la maison est à 15 bons kilomètres or est au moins à 15 kilomètres de la ville / *in full sunlight* en plein soleil / *full fare* **a)** [for adult] plein tarif **b)** [for child] une place entière / *he rose to his full height* il s'est dressé de toute sa hauteur / *to fall full length* tomber de tout son long / *he leads a very full life* il a une vie bien remplie / *I don't want a full meal* je ne veux pas un repas entier / *full member* membre *m* à part entière / *give him your full name and address* donnez-lui vos nom, prénom et adresse / *in full uniform* en grande tenue / *in full view of the cameras* / *of the teacher* devant les caméras / le professeur ▸ **full marks** : *to get full marks* avoir vingt sur vingt / *I got full marks in my maths test* j'ai eu vingt sur vingt à mon examen de maths / *full marks!* *fig* bravo ! / *full marks for observation!* bravo, vous êtes très observateur ! **6.** [maximum] plein / *make full use of this opportunity* mettez bien cette occasion à profit, tirez bien profit de cette occasion / *they had the music on full volume* ils avaient mis la musique à fond / *peonies in full bloom* des pivoines épanouies / *the trees are in full bloom* les arbres sont en fleurs / *it was going full blast* **a)** [heating] ça chauffait au maximum **b)** [radio, TV] ça marchait à pleins tubes **c)** [car] ça roulait à toute allure / *the orchestra was at full strength* l'orchestre était au grand complet / *full employment* ECON plein emploi *m* / *she caught the full force of the blow* elle a reçu le coup de plein fouet **7.** [detailed] détaillé / *I didn't get the full story* je n'ai pas entendu tous les détails de l'histoire / *he gave us a full report* il nous a donné un rapport détaillé / *I asked for full information* j'ai demandé des renseignements complets **8.** [plump - face] plein, rond ; [- figure] rondelet, replet (replète) ; [- lips] charnu / *dresses designed to flatter the fuller figure* des robes qui mettent en valeur les silhouettes épanouies **9.** [ample, wide - clothes] large, ample / *a full skirt* une jupe ample or large **10.** [sound] timbré ; [voice] étoffé, timbré **11.** [flavour] parfumé ; [wine] robuste, qui a du corps **12.** [brother, sister] germain **13.** UK MIL ▸ **full colonel** colonel *m* ▸ **full general** ≃ général *m* à cinq étoiles. ◆ adv **1.** [entirely, completely] complètement, entièrement / *I turned the heat full on* UK or *on full* j'ai mis le chauffage à fond / *he put the radio full on* UK il a mis la radio à fond **2.** [directly, exactly] carrément / *the blow caught her full in the face* elle a reçu le coup en pleine figure **3.** PHR *you know full well I'm right* tu sais très bien or parfaitement que j'ai raison ▸ **full out** UK à toute vitesse, à pleins gaz ▸ **to ride full out** filer à toute vitesse, foncer.

❖ **in full** adv phr intégralement / *she paid in full* elle a tout payé / *we paid the bill in full* nous avons payé la facture dans son intégralité / *they refunded my money in full* ils m'ont entièrement remboursé / *write out your name in full* écrivez votre nom en toutes lettres / *they published the book in full* ils ont publié le texte intégral or dans son intégralité.

❖ **to the full** adv phr au plus haut degré, au plus haut point / *enjoy life to the full* UK profitez de la vie au maximum.

fullback ['fʊlbæk] n arrière *m*.

full-blooded [-'blʌdɪd] adj **1.** [hearty - person] vigoureux, robuste ; [- effort] vigoureux, puissant ; [- argument] violent / *you have our full-blooded support* vous avez notre soutien inconditionnel **2.** [purebred] de pure race, pur sang / *a full-blooded Socialist* *fig* un socialiste pur et dur.

full-blown adj **1.** [flower] épanoui **2.** *fig* [complete] à part entière / *a full-blown doctor* UK un médecin diplômé / *full-blown war* la guerre totale / *the discussion developed into a full-blown argument* la discussion a dégénéré en véritable dispute **3.** MED ▸ **full-blown AIDS** UK sida *m* avéré.

full board n pension *f* complète.

full-bodied [-'bɒdɪd] adj [wine] qui a du corps, corsé.

full-court press n [basketball] zone-presse *f*.

full cream milk n UK lait *m* entier.

full dress n [evening clothes] tenue *f* de soirée ; [uniform] grande tenue *f*.

❖ **full-dress** adj ▸ **full-dress uniform** tenue *f* de cérémonie, grande tenue *f* ▸ **full-dress rehearsal** THEAT répétition *f* générale.

fuller's earth ['fʊləz-] n terre *f* à foulon.

full-face(d) adj **1.** [person] au visage rond **2.** [photograph] de face **3.** TYPO gras (grasse).

full-fashioned US = **fully-fashioned**.

full-fat adj entier.

full-flavoured adj **1.** [tobacco] qui a du corps ; [wine] généreux / *full-flavoured olive oil* huile *f* d'olive fruitée **2.** [story, joke, etc.] épicé, corsé.

full-fledged US = **fully-fledged**.

full frontal n *photographie montrant une personne nue de face.*

❖ **full-frontal** adj ▸ **full-frontal photograph** nu *m* de face *(photographie)* ▸ **full-frontal nudity** [in show] nu *m* intégral.

full-grown adj adulte.

full house n **1.** CARDS full *m* **2.** THEAT salle *f* comble ▸ **to play to a full house** jouer à guichets fermés.

full-length ◆ adj [mirror, portrait] en pied ; [curtain, dress] long (longue) / *a full-length film* un long métrage. ◆ adv : *he was stretched out full-length on the floor* il était étendu de tout son long par terre.

full monty [-'mɒntɪ] n *inf* ▸ **the full monty** la totale.

full moon n pleine lune *f* / *at full moon* à la pleine lune.

fullness ['fʊlnɪs] n **1.** [state] état *m* plein, plénitude *f* ; MED [of stomach] plénitude *f* ▸ **in the fullness of time** avec le temps **2.** [of details, information] abondance *f* **3.** [of face, figure] rondeur *f* / *the fullness of his lips* ses lèvres charnues **4.** [of skirt, sound, voice] ampleur *f*.

full-on adj *inf* [documentary, film - hard-hitting] dur ; [- sexually explicit] cru / *he's full-on* **a)** [gen] il en fait trop **b)** [making sexual advances] il est entreprenant.

full-page adj pleine page / *full-page advertisement* annonce *f* pleine page.

full professor n US professeur *m* d'université *(titulaire d'une chaire)*.

full sail adv toutes voiles dehors / *in full sail* *fig* toutes voiles dehors, à toute vapeur.

full-scale adj **1.** [model, plan] grandeur nature *(inv)* **2.** [all-out - strike, war] total ; [- attack, investigation] de grande envergure / *the factory starts full-scale production this week* l'usine commence à tourner à plein rendement cette semaine / *full-scale fighting* MIL bataille *f* rangée.

full score n partition *f*.

full-screen menu n COMPUT menu *m* plein écran.

full-size(d) adj [animal, plant] adulte ; [drawing, model] grandeur nature *(inv)* ▸ **full-sized car** US grosse voiture *f*.

full stop n UK **1.** [pause] arrêt *m* complet / *the parade came to a full stop* le défilé s'est arrêté / *the whole airport came to a full stop* toute activité a cessé dans l'aéroport **2.** GRAM point *m* / *I won't do it, full stop!* je ne le ferai pas, un point c'est tout !

full-term ◆ adj né à terme. ◆ adv à terme.

full-throated [-'θrəʊtɪd] adj à pleine gorge.

full time n [of working week] temps *m* complet ; SPORT fin *f* de match.

❖ **full-time** ◆ adj **1.** [job] à plein temps / *she's a full-time translator* elle est traductrice à plein temps / *it's a full-time job taking care of a baby!* ça prend beaucoup de temps de s'occuper d'un bébé ! **2.** SPORT ▸ **full-time score** score *m* final. ◆ adv à plein temps, à temps plein.

full-timer n *personne qui travaille à plein temps.*

fully ['fʊlɪ] adv **1.** [totally - automatic, dressed, satisfied, trained] complètement, entièrement / *I fully understand* je comprends très bien or parfaitement / *I fully agree* je suis tout à fait d'accord **2.** [thoroughly - answer, examine, explain] à fond, dans le détail **3.** [at least] au moins, bien / *it was fully two hours before he arrived* au moins deux heures ont passé avant qu'il n'arrive / *fully half of the planes were faulty* la moitié des avions au moins or une bonne moitié des avions étaient défectueux.

fully-fashioned UK, **full-fashioned** US [-'fæʃnd] adj moulant.

fully-fitted adj [kitchen] intégré.

fully-fledged UK, **full-fledged** US adj **1.** [bird] qui a toutes ses plumes **2.** *fig* à part entière / *a fully-fledged doctor* un médecin diplômé / *a fully-fledged member* un membre à part entière / *a fully-fledged atheist* un athée pur et dur.

fulmar ['fʊlmər] n fulmar *m*.

fulminate ['fʌlmɪneɪt] ◆ vi *fml* fulminer, pester / *he fulminated against* or *at his students* il fulminait or pestait contre ses étudiants / *the preacher fulminated against the abuse of drugs* le pasteur fulminait contre l'abus de stupéfiants. ◆ n fulminate *m* ▸ **fulminate of mercury** fulminate *m* de mercure.

fulness ['fʊlnɪs] = **fullness**.

fulsome ['fʊlsəm] adj [apology, thanks] excessif, exagéré ; [welcome] plein d'effusions ; [compliments, praise] dithyrambique.

fumarole ['fju:mərəʊl] n fumerolle *f*.

fumble ['fʌmbl] ◆ vi [grope - in the dark] tâtonner ; [- in pocket, purse] fouiller / *he fumbled (about* or *around) in the dark for the light switch* il a cherché l'interrupteur à tâtons dans l'obscurité / *she fumbled in her bag for a pen* elle a fouillé dans son sac pour trouver un stylo / *to fumble for words* *fig* chercher ses mots. ◆ vt **1.** [handle awkwardly] manier gauchement or maladroitement / *she fumbled her way down the dark corridor* elle chercha son chemin à tâtons le long du couloir sombre / *he fumbled his lines* il récita son texte en bafouillant **2.** SPORT [miss - catch] attraper or arrêter maladroitement. ◆ n **1.** [grope] tâtonnements *mpl* **2.** SPORT [bad catch] prise *f* de balle maladroite.

fume [fju:m] ◆ n *(usu pl)* ▸ **fumes a)** [gen] exhalaisons *fpl*, émanations *fpl* **b)** [of gas, liquid] vapeurs *fpl* / *factory fumes* fumées *fpl* d'usine / *tobacco fumes* fumée *f* (de cigarette). ◆ vi **1.** [gas] émettre or exhaler des vapeurs ; [liquid] fumer **2.** [person] rager / *I'm fuming because I haven't been invited* je suis furieux de ne pas avoir été invité / *the boss is fuming* le patron est furieux. ◆ vt **1.** [treat with fumes] fumer, fumiger **2.** [rage] : *"this is your fault", she fumed* « c'est de ta faute », dit-elle d'un ton rageur.

fume cupboard n sorbonne *f* (de laboratoire).

fumigate ['fju:mɪgeɪt] vi & vt désinfecter par fumigation, fumiger *fml*.

fumigation [,fju:mɪ'geɪʃn] n fumigation *f*.

fun [fʌn] ◆ n **1.** [amusement] amusement *m* ; [pleasure] plaisir *m* ▸ **to have fun** s'amuser / *we had fun at the party* nous nous sommes bien amusés à la soirée / *have fun!* amusez-vous bien ! / *what fun!* ce que c'est drôle or amusant ! / *I don't see the fun in kicking a ball round a field* je ne trouve pas ça drôle de faire le tour d'un terrain en donnant des coups de pied dans un ballon / *skiing is good* or *great fun* c'est très amusant de faire du ski / *it's fun to go cycling* c'est marrant de faire du vélo / *she's tremendous fun* elle est drôlement marrante / *her brother is a lot of fun* son frère est très drôle / *the children got a lot of fun out of the bicycle* les enfants se sont bien amusés avec le vélo / *I'm learning Chinese for fun* or *for the fun of it* j'apprends le chinois pour mon plaisir / *he only went for the fun of it* il n'y est allé que pour s'amuser / *just for the fun of it he pretended to be the boss* histoire de rire, il a fait semblant d'être le patron / *are you reading Marx for fun?* c'est par plaisir que tu lis Marx ? / *his sister spoiled the fun* sa sœur a joué les trouble-fête or les rabat-joie / *I don't want to spoil your fun, but could you keep the noise down?* je ne veux pas jouer les trouble-fête, mais est-ce que vous pourriez faire un peu moins de bruit ? / *having to wear a crash helmet takes all the fun out of motorcycling* devoir porter un casque gâche tout le plaisir qu'on a à faire de la moto / *her boyfriend walked in and that's when the fun began* *iro* son copain est entré et c'est là qu'on a commencé à rire ▸ **a figure of fun** : *the president has become a figure of fun* le président est devenu la risée de tous ▸ **to make fun of** or **to poke fun at sb** se moquer de qqn ▸ **fun and games** : *we'll have a children's party with lots of fun and games* on va organiser une fête pour les enfants avec des tas de jeux or divertissements / *I've had enough of your fun and games* [foolish behaviour] j'en ai assez de tes blagues or farces / *there'll be some fun and games if his wife finds out* [trouble] ça va mal aller si sa femme l'apprend **2.** [playfulness] enjouement *m*, gaieté *f* / *to be full of fun* être plein d'entrain or très gai / *he said it in fun* il l'a dit pour rire or en plaisantant. ◆ adj *inf* rigolo, marrant / *he's a fun guy* or *person* il est rigolo or marrant. ◆ vi US *inf* plaisanter, badiner / *I was just funning!* c'était pour rire !

funambulist [fju:'næmbjʊlɪst] n funambule *mf*.

funboard ['fʌnbɔ:d] n funboard *m*.

Funchal [fʊn'ʃɑ:l] pr n Funchal.

function ['fʌŋkʃn] ◆ vi fonctionner, marcher / *this room functions as a study* cette pièce sert de bureau or fait fonction de bureau. ◆ n **1.** [role - of machine, organ] fonction *f* ; [- of person] fonction *f*, charge *f* ▸ **vital functions** MED fonctions vitales / *it is the function of a lawyer to provide sound legal advice* l'avocat a pour fonction or tâche de donner de bons conseils juridiques **2.** [working] fonctionnement *m* / *they tested the heart function* ils ont examiné le fonctionnement du cœur **3.** [ceremony] cérémonie *f* ; [reception] réception *f* ; [meeting] réunion *f* **4.** [gen, LING & MATH] fonction *f* / *x is a function of y* x est une fonction de y **5.** COMPUT fonction *f*.

functional ['fʌŋkʃnəl] adj **1.** [gen, MATH & PSYCHOL] fonctionnel ▸ **functional illiterate** *personne qui, sans être tout à fait analphabète, est incapable de faire face à la vie de tous les jours dans une société industrialisée* **2.** [in working order] : *the machine is no longer functional* la machine ne marche plus or ne fonctionne plus.

functional food n aliment *m* fonctionnel.

functionalism ['fʌŋkʃnəlɪzm] n fonctionnalisme *m*.

functionalist ['fʌŋkʃnəlɪst] ◆ adj fonctionnaliste. ◆ n fonctionnaliste *mf*.

functionality [fʌŋkʃ'næləti] n fonctionnalité *f*.

functionary ['fʌŋkʃnərɪ] (*pl* **functionaries**) n [employee] employé *m*, -e *f (dans une administration)* ; [civil servant] fonctionnaire *mf*.

function key n COMPUT touche *f* de fonction.

function room n salle *f* de réception.

function word n mot *m* fonctionnel.

fund [fʌnd] ◆ n **1.** [reserve of money] fonds *m*, caisse *f* / *they've set up a fund for the earthquake victims* ils ont ouvert une souscription en faveur des victimes du séisme **2.** *fig* fond *m*, réserve *f* / *she has a large fund of amusing anecdotes* elle a tout un répertoire d'anecdotes amusantes / *a fund of knowledge* un trésor de connaissances. ◆ vt **1.** [provide money for] financer **2.** FIN [debt] consolider.

❖ **funds** pl n [cash resources] fonds *mpl* / *public funds* fonds public / *secret funds* une caisse noire / *we spent all of our scarce funds on housing* nous avons dépensé le peu de capitaux dont nous disposions pour le logement / *for all other countries, remit $37 US funds* autres pays : envoyer 37 dollars US ▸ **to be in** / **out of funds** être / ne pas être en fonds / *I'm a bit short of funds* je n'ai pas beaucoup d'argent / *insufficient funds* [in banking] défaut *m* de provision.

fundament ['fʌndəmənt] n **1.** [of building] fondation *f* **2.** *liter* [principle] principe *m* de base, fondement *m* **3.** *hum* [buttocks] fondement *m*.

fundamental [,fʌndə'mentl] ◆ adj **1.** [basic - concept, rule, principle] fondamental, de base ; [- difference, quality] fondamental, essentiel ; [- change, mistake] fondamental / *a knowledge of economics is fundamental to a proper understanding of this problem* il est essentiel or fondamental d'avoir des connaissances en économie pour bien comprendre ce problème ▸ **fundamental research** recherche *f* fondamentale **2.** [central] fondamental, principal / *it's of fundamental importance* c'est d'une importance capitale **3.** MUS fondamental. ◆ n **1.** *(usu pl)* : *the fundamentals of chemistry* les principes *mpl* de base de la chimie / *when it comes to the fundamentals* quand on en vient à l'essentiel **2.** MUS fondamentale *f*.

fundamentalism [,fʌndə'mentəlɪzm] n [gen & RELIG] fondamentalisme *m* ; [Muslim] intégrisme *m*.

fundamentalist [,fʌndə'mentəlɪst] ◆ adj [gen & RELIG] fondamentaliste ; [Muslim] intégriste. ◆ n [gen & RELIG] fondamentaliste *mf* ; [Muslim] intégriste *mf*.

fundamentally [,fʌndə'mentəlɪ] adv **1.** [at bottom] fondamentalement, essentiellement / *she seems hard but fundamentally she's good-hearted* elle a l'air dure, mais au fond elle a bon cœur **2.** [completely] : *I disagree fundamentally with his policies* je suis radicalement or fondamentalement opposé à sa politique.

fundamental particle n particule *f* élémentaire.

fundholder ['fʌndhəʊldər] n *cabinet médical ayant obtenu le droit de gérer son propre budget auprès du système de sécurité sociale britannique.*

funding ['fʌndɪŋ] n *(U)* fonds *mpl*, financement *m*.

funding gap n écart *m* de financement.

fund management n gestion *f* de fonds.

fundraiser ['fʌnd,reɪzər] n [person] collecteur *m*, -trice *f* de fonds ; [event] *projet organisé pour collecter des fonds.*

fund-raising [-,reɪzɪŋ] ◆ n collecte *f* de fonds. ◆ adj [dinner, project, sale] organisé pour collecter des fonds.

funeral ['fju:nərəl] ◆ n **1.** [service] enterrement *m*, obsèques *fpl* ; [more formal] funérailles *fpl* ; [in announcement] obsèques *fpl* ; [burial] enterrement *m* ▸ **it's** or **that's your funeral!** *inf* débrouille-toi !, c'est ton affaire ! **2.** [procession - on foot] cortège *m* funèbre ; [- in cars] convoi *m* mortuaire. ◆ adj funèbre / *funeral procession* cortège *m* funèbre.

funeral director n entrepreneur *m* de pompes funèbres.

funeral home US = **funeral parlour**.

funeral march n marche *f* funèbre.

funeral parlour n entreprise *f* de pompes funèbres.

funeral pyre n bûcher *m* (funéraire).

funeral service n service *m* or office *m* funèbre.

funerary ['fju:nərərɪ] adj *fml* funéraire.

funereal [fju:'nɪərɪəl] adj [atmosphere, expression] funèbre, lugubre ; [voice] sépulcral, lugubre ; [pace] lent, mesuré.

funfair ['fʌnfeər] n fête *f* foraine.

fun-filled adj divertissant.

fun fur n fausse fourrure *f*.

fungal ['fʌŋgl] adj fongique.

fungi ['fʌŋgaɪ] pl ⟶ **fungus**.

fungicidal [,fʌndʒɪ'saɪdl] adj antifongique, fongicide.

fungicide ['fʌndʒɪsaɪd] n fongicide *m*.

fungoid ['fʌŋgɔɪd] adj fongique.

fungus ['fʌŋgəs] (*pl* **fungi** ['fʌŋgaɪ]) ◆ n BOT champignon *m* ; [mould] moisissure *f* ; MED fongus *m*. ◆ comp ▸ **fungus infection** fongus *m*.

funicular [fju:'nɪkjʊlər] ◆ adj funiculaire ▸ **funicular railway** funiculaire *m*. ◆ n funiculaire *m*.

funk [fʌŋk] ◆ n **1.** MUS musique *f* funk, funk *m inv* **2.** *inf & dated* [fear] trouille *f*, frousse *f* ; [depression] découragement *m* ▸ **to be in a funk a)** [afraid] avoir la trouille **b)** [depressed] avoir le cafard ▸ **to be in a blue funk** avoir une peur bleue **3.** *dated* [coward] froussard *m*, -e *f* **4.** US *inf* [stink] puanteur *f*, odeur *f* infecte / *what a funk!* ce que ça pue ! ◆ vt **1.** [be afraid of] ne pas avoir le courage de / *she had her chance and she funked it* elle a eu sa chance mais elle s'est dégonflée / *I funked telling him* je n'ai pas eu le courage de lui dire **2.** *(usu passive)* [make afraid] ficher la frousse à. ◆ adj funky *(inv)*.

funky ['fʌŋkɪ] (*compar* **funkier**, *superl* **funkiest**) adj *inf* **1.** US [excellent] génial, super ; [fashionable] branché, dans le vent **2.** MUS funky *(inv)* / *funky jazz* jazz *m* funky **3.** US [foul] qui pue.

fun-loving adj qui aime s'amuser or rire.

funnel ['fʌnl] (UK *pt & pp* **funnelled**, *cont* **funnelling** ; US *pt & pp* **funneled**, *cont* **funneling**) ◆ n **1.** [utensil] entonnoir *m* **2.** [smokestack] cheminée *f*. ◆ vt [liquid] (faire) passer dans un entonnoir ; [crowd, funds] canaliser. ◆ vi : *the crowd funnelled out of the gates* la foule s'est écoulée par les grilles.

funnel cloud n tornade *f*.

funnel-web spider n ENTOM araignée *f* à toile en entonnoir.

funnies ['fʌnɪz] pl n ▸ **the funnies** les bandes *fpl* dessinées *(dans un journal)*.

funnily ['fʌnɪlɪ] adv **1.** [oddly] curieusement, bizarrement / *funnily enough, I was just thinking of you* c'est drôle or chose curieuse, je pensais justement à toi **2.** [in a funny manner] drôlement, comiquement.

funny ['fʌnɪ] (*pl* **funnies**) ◆ adj **1.** [amusing] amusant, drôle, comique / *I don't think that's funny* je ne trouve pas ça drôle / *it's not funny* ce n'est pas drôle / *you looked so funny in that hat* tu étais si drôle or amusant avec ce chapeau / *she didn't see the funny side of it* elle n'a pas vu le côté comique de la situation / *he's trying to be funny* il cherche à faire de l'esprit / *stop trying to be funny!* ce n'est pas le moment de plaisanter ! / *was it funny ha-ha or funny peculiar?* *inf* c'était drôle-rigolo ou drôle-bizarre ? **2.** [odd] bizarre, curieux, drôle / *she has some funny ideas about work* elle a de drôles d'idées sur le travail / *the wine tastes funny* le vin a un drôle de goût / *I think it's funny that he should turn up now* je trouve (ça) bizarre qu'il arrive maintenant / *the funny thing (about it) is that she claimed she was away* ce qu'il y a de bizarre or de curieux c'est qu'elle ait prétendu ne pas être là / *the funny thing is I just phoned you* c'est drôle, je viens juste de t'appeler / *she's funny that way* *inf* elle est comme ça / *that's funny, I thought I heard the phone ring* c'est curieux or drôle, j'ai cru entendre le téléphone / *the whole conversation left me with a funny feeling* la conversation m'a fait un drôle d'effet / *I've got a funny feeling that's not the last we've seen of her* j'ai comme l'impression qu'on va la revoir / *I feel a bit funny* **a)** *inf* [odd] je me sens tout drôle or tout chose **b)** [ill] je ne suis pas dans mon assiette, je suis un peu patraque / *he went all funny when he heard the news* *inf* la nouvelle l'a rendu tout chose / *the computer went all funny* *inf* l'ordinateur s'est détraqué **3.** [dubious, suspicious] louche / *none of your funny business!* *inf* or *don't try anything funny!* ne fais pas le malin ! / *there's some funny business* *inf* or *there's something funny going on* il se passe quelque chose de louche or de pas très catholique / *there's something funny about her wanting to see him* ça me paraît louche qu'elle veuille le voir / *there's something funny about that man* cet homme n'a pas l'air très catholique **4.** UK *inf* [mad] fou *(before vowel or silent 'h' fol, f folle)* / *he went funny in the head* il a perdu la tête. ◆ n *inf* [joke] blague *f* ▸ **to pull a funny on sb** US jouer un tour à qqn, faire une farce à qqn. ◆ adv *inf* [walk, talk] bizarrement.

funny bone n *inf* ANAT petit juif *m* ▸ **it touched my funny bone** [made me laugh] ça m'a fait rire.

funny farm n US *inf & euph* maison *f* de fous.

funny papers pl n US supplément *m* bandes dessinées.

fun-packed adj divertissant.

fun run n course *f* à pied pour amateurs *(pour collecter des fonds)*.

fur [fɜ:r] (*pt & pp* **furred**, *cont* **furring**) ◆ n **1.** [on animal] poil *m*, pelage *m*, fourrure *f* ▸ **to make the fur fly** or **to set the fur flying** *inf* : *her remark made the fur fly* ça a fait du grabuge quand elle a dit ça / *the fur really flew!* *inf* ça a bardé ! **2.** [coat, pelt] fourrure *f* / *she was dressed in expensive furs* elle portait des fourrures de prix ▸ **fur trapper** trappeur *m* **3.** [in kettle, pipe] incrustation *f*, (dépôt *m* de) tartre *m* **4.** MED [on tongue] enduit *m*. ◆ vt **1.** [person] habiller de fourrures **2.** [kettle, pipe] entartrer, incruster **3.** MED [tongue] empâter. ◆ vi ▸ **to fur (up)** [kettle, pipe] s'entartrer, s'incruster.

furbelow ['fɜ:bɪləʊ] n falbala *m pej* ▸ **frills and furbelows** des falbalas, des fanfreluches *fpl pej*.

furbish ['fɜ:bɪʃ] vt [polish] fourbir, astiquer ; [renovate] remettre à neuf.

fur coat n (manteau *m* de) fourrure *f*.

furious ['fjʊərɪəs] adj **1.** [angry] furieux / *she was furious with me for being late* elle m'en voulait de mon retard / *he was furious when he saw the car* il s'est mis en colère quand il a vu la voiture / *a furious look* un regard furibond **2.** [raging, violent - sea, storm] déchaîné ; [- effort, struggle] acharné ; [- pace, speed] fou *(before vowel or silent 'h' fol, f folle)*.

furiously ['fjʊərɪəslɪ] adv **1.** [answer, look] furieusement **2.** [fight, work] avec acharnement ; [drive, run] à une allure folle.

furl [fɜ:l] vt [flag, umbrella] rouler ; NAUT [sail] ferler, serrer.

furled [fɜ:ld] adj [umbrella, flag] roulé ; [sail] serré.

furlong ['fɜ:lɒŋ] n furlong *m (= 201,17 mètres)*.

furlough ['fɜ:ləʊ] ◆ n **1.** MIL [leave of absence] permission *f*, congé *m* ▸ **to be on furlough** être en permission **2.** US [laying off] mise *f* à pied provisoire. ◆ vt **1.** MIL [grant leave of absence] accorder une permission à **2.** US [lay off] mettre à pied provisoirement.

furnace ['fɜ:nɪs] n [for central heating] chaudière *f* ; INDUST fourneau *m*, four *m* / *the office was like a furnace* *fig* le bureau était une vraie fournaise.

furnish ['fɜ:nɪʃ] vt **1.** [supply - food, provisions] fournir ; [- information, reason] fournir, donner / *they furnished us with the translation* il nous ont donné la traduction / *they furnished the ship with provisions* ils ont ravitaillé le navire **2.** [house, room] meubler / *she furnished her house with antiques* elle a meublé sa maison avec des antiquités / *a comfortably furnished house* une maison confortablement aménagée.

furnished ['fɜ:nɪʃt] adj [room, apartment] meublé.

furnishing fabric n tissu *m* d'ameublement.

furnishings ['fɜ:nɪʃɪŋz] pl n **1.** [furniture] meubles *mpl*, mobilier *m*, ameublement *m* **2.** US [clothing] habits *mpl*, vêtements *mpl* ; [accessories] accessoires *mpl*.

furniture ['fɜ:nɪtʃər] ◆ n *(U)* **1.** [for house] meubles *mpl*, mobilier *m*, ameublement *m* / *a piece of furniture* un meuble / *antique furniture* des meubles anciens, du mobilier ancien / *living room furniture* un salon, des meubles or du mobilier de salon / *the room has little furniture* il n'y a pas beaucoup de meubles dans la chambre / *Louis XV furniture* du mobilier or des meubles Louis XV / *she feels as though she's just part of the furniture* *inf* elle a l'impression de faire partie des meubles / *he treats me as if I were part of the furniture* pour lui, je fais partie des meubles **2.** NAUT & TYPO garniture *f* **3.** [accessories] ▸ **street furniture** mobilier *m* urbain ▸ **door furniture** *éléments décoratifs pour portes d'entrée*. ◆ comp [shop, store] d'ameublement, de meubles ▸ **furniture polish** encaustique *f*, cire *f* ▸ **furniture remover** déménageur *m* ▸ **furniture showroom** magasin *m* de meubles ▸ **furniture van** camion *m* de déménagement.

furniture beetle n vrillette *f*.

furore UK [fjʊ'rɔ:rɪ], **furor** US ['fjʊrər] n scandale *m*, tumulte *m* / *to cause* or *to create a furore* faire un scandale.

furred [fɜ:d] adj **1.** [animal] à poils **2.** [kettle, pipe] entartré ; [tongue] pâteux, chargé.

furrier ['fʌrɪər] n fourreur *m*.

furrow ['fʌrəʊ] ◆ n [in field] sillon *m* ; [in garden] rayon *m*, sillon *m* ; [on forehead] ride *f*, sillon *m* ; [on sea] sillage *m*. ◆ vt **1.** [soil, surface] sillonner **2.** [brow] rider. ◆ vi se plisser / *her brow furrowed* son front se plissa.

furrowed ['fʌrəʊd] adj ridé, sillonné de rides / *he looked up with furrowed brow* il a levé les yeux en plissant le front.

furry ['fɜ:rɪ] (*compar* **furrier**, *superl* **furriest**) adj **1.** [animal] à poils ; [fabric] qui ressemble à de la fourrure ; [toy] en peluche **2.** [kettle, pipe] entartré ; [tongue] pâteux, chargé.

fur seal n phoque *m*.

further ['fɜ:ðər] ◆ adv *(compar of far)* **1.** [at a greater distance in space, time] plus loin / *I walked further than I intended to* je suis allé plus loin que je n'en avais l'intention / *further to the south* plus au sud / *she's never been further north than Leicester* elle n'est jamais allée plus au nord que Leicester / *further along the beach* plus loin sur la plage / *how much further is it?* c'est encore loin ? / *have you much further to go?* vous allez encore loin ? / *he got further and further away from the shore* il a continué à s'éloigner de la rive / *she moved further back* elle a reculé encore plus / *further back than 1960* avant 1960 / *further forward, further on* plus en avant, plus loin / *she's further on than the rest of the students* *fig* elle est en avance sur les autres étudiants / *I've got no further with finding a nanny* mes recherches pour trouver une nourrice n'ont pas beaucoup avancé / *nothing could be further from the truth* rien n'est moins vrai / *nothing could be further from my mind* j'étais bien loin de penser à ça **2.** [more] plus, davantage / *I have nothing further to say* je n'ai rien à ajouter, je n'ai rien d'autre or rien de plus à dire / *don't try my patience any further* ne pousse pas ma patience à bout, n'abuse pas de ma patience / *the police want to question him further* la police veut encore l'interroger / *she heard nothing further from her sister* elle n'a pas eu d'autres nouvelles de sa sœur / *I want nothing further to do with him* je ne veux plus avoir affaire à lui / *until you hear further* jusqu'à nouvel avis / *unless you hear further* sauf avis contraire **3.** [to a greater degree] : *her arrival only complicated things further* son arrivée n'a fait que compliquer les choses / *play was further interrupted by rain* le jeu fut à nouveau interrompu par la pluie **4.** *fml* [moreover] de plus, en outre / *and further I think it best we don't see each other again* et de plus or et en outre je crois qu'il vaut mieux que nous ne nous voyions plus **5.** PHR *I would go even further and say he's a genius* j'irais même jusqu'à dire que c'est un génie / *we need to go further into the matter* il faut approfondir davantage la question / *I'll go no further* **a)** [move] je n'irai pas plus loin **b)** [say nothing more] je vais en rester là / *this information must go no further* cette information doit rester entre nous or ne doit pas être divulguée. ◆ adj *(compar of far)* **1.** [more distant] plus éloigné, plus lointain / *she walked to the further end of the room* elle est allée à l'autre bout de la pièce **2.** [additional - comments, negotiations] additionnel, autre ; [- information, news] supplémentaire, complémentaire / *do you have any further questions?* avez-vous d'autres questions à poser ? / *I need a further nine hundred pounds* j'ai encore besoin de neuf cents livres / *upon further consideration* à la réflexion, après plus ample réflexion / *I have no further use for it* je ne m'en sers plus, je n'en ai plus besoin or l'usage / *she needs one or two further details* elle a besoin d'un ou deux autres petits renseignements / *I would like further details of the programme* j'aimerais avoir quelques précisions or indications supplémentaires sur le programme / *for further* *information, phone this number* pour tout renseignement complémentaire, appelez ce numéro / *please send me further information concerning the project* veuillez m'envoyer de plus amples renseignements sur or concernant le projet / *without further delay* sans autre délai, sans plus attendre / *until further notice* jusqu'à nouvel ordre ▸ **without further ado** sans plus de cérémonie. ◆ vt [cause, one's interests] avancer, servir, favoriser ; [career] servir, favoriser ; [chances] augmenter.

❖ **further to** prep phr *fml* suite à / *further to your letter of July 12* suite à votre lettre du 12 juillet / *further to our discussion / conversation* suite à notre discussion / conversation.

furtherance ['fɜːðərəns] n *fml* : *in the furtherance of their policy* pour servir leur politique.

further education ◆ n UK enseignement *m* postscolaire. ◆ comp [class, college] d'éducation permanente.

furthermore [,fɜːðə'mɔːʳ] adv en outre, par ailleurs.

furthermost ['fɜːðəməʊst] adj *liter* le plus éloigné, le plus lointain / *the furthermost reaches of Southern China* les recoins les plus éloignés de la Chine du Sud / *the furthermost reaches of the human soul* les recoins les plus secrets de l'âme humaine.

furthest ['fɜːðɪst] *(superl of* **far***)* ◆ adv le plus loin / *her house is the furthest away* sa maison est la plus éloignée. ◆ adj le plus lointain, le plus éloigné / *it's 10 miles at the furthest* il y a 16 kilomètres au plus or au maximum.

furtive ['fɜːtɪv] adj [behaviour, look] furtif ; [person] sournois.

furtively ['fɜːtɪvlɪ] adv furtivement, en douce.

fury ['fjʊərɪ] *(pl* **furies***)* n **1.** [anger] fureur *f*, furie *f* ▸ **to be in a fury** être dans une colère noire or en furie / *he was beside himself with fury* il était hors de lui **2.** [violence - of storm, wind] violence *f* ; [- of fight, struggle] acharnement *m* / *to work like fury* UK travailler d'arrache-pied or avec acharnement / *to run like fury* UK courir ventre à terre / *it's raining like fury* UK il pleut des cordes **3.** [frenzy] frénésie *f* / *a fury of activity* une période d'activité débordante.

❖ **Furies** pl n MYTH ▸ **the Furies** les Furies *fpl*, les Érinyes *fpl*.

furze [fɜːz] n *(U)* ajoncs *mpl*.

fuse [fjuːz] ◆ vi **1.** [melt] fondre ; [melt together] fusionner / *the two metals fused (together)* les deux métaux ont fusionné **2.** [join] s'unifier, fusionner / *at some point the aims of the parties fused* à un moment donné les objectifs des partis se sont rejoints or confondus **3.** UK ELEC : *the lights / the appliance fused* les plombs ont sauté. ◆ vt **1.** [melt] fondre ; [melt together] fondre, mettre en fusion **2.** [unite] fusionner, unifier, amalgamer / *an attempt to fuse traditional and modern methods* une tentative pour associer les méthodes modernes et traditionnelles **3.** UK ELEC ▸ **to fuse the lights** faire sauter les plombs **4.** [explosive] amorcer. ◆ n **1.** ELEC plomb *m*, fusible *m* ▸ **to blow a fuse** faire sauter un plomb or un fusible / *the fuse keeps blowing* les plombs n'arrêtent pas de sauter / *there's a fuse blown* un des fusibles a sauté ; *fig* ▸ **to blow a fuse** *inf* se mettre dans une colère noire, exploser **2.** [of explosive] amorce *f*, détonateur *m* ; MIN cordeau *m* ▸ **to have a short fuse** *inf* être soupe au lait, se mettre facilement en rogne.

fuse box n boîte *f* à fusibles, coupe-circuit *m inv* ; AUTO porte-fusible *m*.

fused [fjuːzd] adj [kettle, plug] avec fusible incorporé.

fuselage ['fjuːzəlɑːʒ] n fuselage *m*.

fusel oil [,fjuːzl-] n fusel *m*, huile *f* de fusel.

fuse wire n fusible *m*.

fusible ['fjuːzəbl] adj fusible / *fusible alloy* or *metal* alliage *m* fusible.

fusilier [,fjuːzə'lɪəʳ] n fusilier *m*.

fusillade [,fjuːzə'leɪd] n fusillade *f*.

fusion ['fjuːʒn] n METALL fonte *f*, fusion *f* ; PHYS fusion *f* ; *fig* [of ideas, parties] fusion *f*, fusionnement *m*.

fusion bomb n bombe *f* thermonucléaire or à hydrogène.

fusion food n cuisine *f* fusion.

fusion reactor n réacteur *m* nucléaire.

fuss [fʌs] ◆ n **1.** *(U)* [bother] histoires *fpl* / *what a lot of fuss about nothing!* que d'histoires pour rien ! / *all that fuss over a game of football!* tout ça pour un match de foot ! / *after a great deal of fuss she accepted* après avoir fait toutes sortes de manières, elle a accepté **2.** [state of agitation] panique *f* / *don't get into a fuss over it!* ne t'affole pas pour ça ! **3.** PHR **to kick up** *inf* or **to make a fuss about** or **over sthg** faire des histoires or tout un plat au sujet de qqch / *he kicked up quite a fuss about the bill* il a fait toute une histoire pour la facture / *people are making a fuss about the new road* les gens protestent contre la nouvelle route / *you should have made a fuss about it* tu n'aurais pas dû laisser passer ça ▸ **to make a fuss of** or **over sb** être aux petits soins pour qqn / *they made quite a fuss over her when she went to visit them* ils ont été aux petits soins pour elle quand elle est allée les voir / *he likes to be made a fuss over* il aime bien qu'on fasse grand cas de lui. ◆ vi [become agitated] s'agiter ; [worry] s'inquiéter, se tracasser ; [rush around] s'affairer / *she kept fussing with her hair* elle n'arrêtait pas de tripoter ses cheveux ▸ **to fuss over sb** être aux petits soins pour qqn / *he fussed over his grandchildren* il était aux petits soins pour ses petits-enfants / *stop fussing over me!* laisse-moi tranquille ! / *don't fuss, we'll be on time* ne t'en fais pas, on sera à l'heure. ◆ vt **1.** US agacer, embêter **2.** UK *inf* PHR *do you want meat or fish? — I'm not fussed* veux-tu de la viande ou du poisson ? — ça m'est égal / *I don't think he's particularly fussed whether we go or not* je crois que cela lui est égal qu'on y aille ou pas.

❖ **fuss about** UK, **fuss around** vi [rush around] s'affairer.

fussbudget ['fʌs,bʌdʒət] US = **fusspot**.

fussily ['fʌsɪlɪ] adv **1.** [fastidiously] de façon méticuleuse or tatillonne ; [nervously] avec anxiété **2.** [over-ornate] de façon tarabiscotée.

fussiness ['fʌsɪnɪs] n **1.** [fastidiousness] côté *m* tatillon **2.** [ornateness - of decoration] tarabiscotage *m*.

fusspot ['fʌspɒt] n *inf* **1.** [worrier] anxieux *m*, -euse *f* / *don't be such a fusspot* arrête de te faire du mauvais sang **2.** [fastidious person] tatillon *m*, -onne *f* / *she's such a fusspot!* qu'est-ce qu'elle peut être difficile !

fussy ['fʌsɪ] *(compar* **fussier**, *superl* **fussiest***)* adj **1.** [fastidious] tatillon, pointilleux / *her daughter is very fussy about what she eats* sa fille est très difficile sur la nourriture / *he's fussy about his food / about what he wears* il fait très attention à ce qu'il mange / à ce qu'il porte / *where shall we go? — I'm not fussy* où est-ce qu'on va ? — ça m'est égal **2.** [over-ornate - decoration] trop chargé, tarabiscoté ; [- style] ampoulé, qui manque de simplicité.

fustian ['fʌstɪən] n [fabric] futaine *f* ; *fig & liter* [bombast] grandiloquence *f*.

fusty ['fʌstɪ] *(compar* **fustier**, *superl* **fustiest***)* adj [room] qui sent le renfermé ; [smell] de renfermé, de moisi ; *fig* [idea, outlook] vieux jeu.

futile [UK 'fjuːtaɪl US 'fuːtl] adj [action, effort] vain ; [remark, question] futile, vain ; [idea] futile, creux / *it's futile trying to reason with him* il est inutile d'essayer de lui faire entendre raison / *all our attemps were futile* toutes nos tentatives ont été inutiles or vaines.

futility [fjuː'tɪlətɪ] *(pl* **futilities***)* n [of action, effort] futilité *f*, inutilité *f* ; [of remark, question] inanité *f* ; [of gesture] futilité *f*.

futon ['fuːtɒn] n futon *m*.

future ['fjuːtʃəʳ] ◆ n **1.** [time ahead] avenir *m* / *in (the) future* à l'avenir / *sometime in the near future* or *in the not so distant future* **a)** [gen] bientôt **b)** [more formal] dans un avenir proche / *in the distant future* dans un avenir lointain / *the future is still uncertain* l'avenir est encore incertain / *young people today don't have much of a future* les jeunes d'aujourd'hui n'ont pas beaucoup d'avenir / *he has a great future ahead of him as an actor* c'est un comédien plein d'avenir / *she wants to assure her son's future* elle veut assurer un bon avenir à son fils / *there is a future ahead for bilingual people in publishing* le monde de l'édition offre des possibilités d'avenir pour les personnes bilingues / *there's no future in farming* l'agriculture n'est pas un métier d'avenir / *I'll have to see what the future holds* or *has in store* on verra ce que l'avenir me réserve / *you have to think of the future* il faut songer à l'avenir **2.** [in science fiction] futur *m* / *a journey into the future* un voyage dans le futur **3.** GRAM futur *m* / *the future of the verb "to be"* le futur du verbe « être ». ◆ adj **1.** futur / *future generations* les générations futures or à venir / *my future wife* ma future épouse or femme / *current and future needs* les besoins actuels et futurs / *at a future date* à une date ultérieure / *I kept it for future reference* je l'ai conservé comme document **2.** COMM [delivery, estate] à terme.

❖ **in future** adv phr à l'avenir / *I shan't offer my advice in future!* je ne donnerai plus de conseils désormais ! / *in future, please ask before taking anything* à l'avenir, je vous prie de demander la permission avant de prendre quoi que ce soit.

> ⚠ Except in the contexts of grammar and science fiction, it is preferable to use **avenir**, not **futur**, to translate the noun future.

futureless ['fjuːtʃəlɪs] adj sans avenir.

future perfect n futur *m* antérieur.

future-proof ◆ adj COMPUT évolutif. ◆ vt COMPUT rendre évolutif.

futures ['fjuːtʃəz] pl n ST. EX marchandises *fpl* achetées à terme / *the futures market* le marché à terme / *sugar futures* sucre *m* (acheté) à terme.

future tense n future *m*.

futurism ['fjuːtʃərɪzm] n futurisme *m*.

futurist ['fjuːtʃərɪst] ◆ adj futuriste. ◆ n futuriste *mf*.

futuristic [,fjuːtʃə'rɪstɪk] adj futuriste.

futurity [fjuː'tjʊərətɪ] *(pl* **futurities***)* n *fml* **1.** [future time] avenir *m*, futur *m* **2.** [event] événement *m* futur or à venir.

futurologist [,fjuːtʃə'rɒlədʒɪst] n futurologue *mf*.

futurology [,fjuːtʃə'rɒlədʒɪ] n futurologie *f*, prospective *f*.

fuze [fjuːz] US = **fuse** *(noun)*.

fuzz [fʌz] ◆ n *(U)* **1.** [down - on peach] duvet *m* ; [- on body] duvet *m*, poils *mpl* fins ; [- on head] duvet *m*, cheveux *mpl* fins **2.** [frizzy hair] cheveux *mpl* crépus or frisottants **3.** [on blanket, sweater] peluches *fpl* **4.** *v inf* [police] ▸ **the fuzz** les flics *mpl* **5.** US [lint] peluches *fpl*. ◆ vt **1.** [hair] frisotter **2.** [image, sight] rendre flou. ◆ vi **1.** [hair] frisotter **2.** [image, sight] devenir flou **3.** [blanket, sweater] pelucher.

fuzzball ['fʌzbɔːl] n [on garment] peluche *f* ; [on floor] mouton *m*.

fuzzy ['fʌzɪ] *(compar* **fuzzier**, *superl* **fuzziest***)* adj **1.** [cloth, garment] peluché, pelucheux **2.** [image, picture] flou **3.** [confused - ideas] confus / *my head feels a bit fuzzy today* j'ai un peu la tête qui tourne aujourd'hui **4.** [hair] crépu, frisottant.

fuzzy logic n logique *f* floue.

fuzzy matching n COMPUT recherche *f* floue.

fuzzy-wuzzy ['fʌzɪ,wʌzɪ] n UK *dated & offens terme raciste et vieilli désignant un Noir.*

fwd. written abbr of **forward**.

FWIW n MESSAGING written abbr of **for what it's worth**.

f-word n ▸ **the f-word** le mot « fuck ».

fwy written abbr of **freeway**.

FX pl n CIN [special effects] effets *mpl* spéciaux.

FY n written abbr of **fiscal year**.

FYA MESSAGING written abbr of **for your amusement**.

FYEO MESSAGING written abbr of **for your eyes only**.

FYI (written abbr of **for your information**) adv pour information, pour info.

g [dʒiː] (*pl* **g's** *or* **gs**), **G** (*pl* **G's** *or* **Gs**) n [letter] g *m*, G *m*. **See also f.**

g 1. (**written abbr of gram**) g **2.** (**written abbr of gravity**) g.

G ◆ n **1.** MUS [note] sol *m* **2.** (**abbr of grand**) UK *inf* mille livres *fpl*, US mille dollars *mpl*. ◆ **1.** (**written abbr of good**) B **2.** (**written abbr of general (audience)**) US CIN *tous publics*.

GA written abbr of Georgia.

gab [gæb] (*pt & pp* **gabbed**, *cont* **gabbing**) *inf* ◆ n *(U)* [chatter] parlotte *f*, parlote *f*. ◆ vi papoter.

gabardine [,gæbə'diːn] = **gaberdine.**

gabble ['gæbl] ◆ vi **1.** [idly] faire la parlote, papoter / *they gabble (away) for hours* ils papotent pendant des heures **2.** [inarticulately] bredouiller, balbutier. ◆ vt bredouiller, bafouiller / *she gabbled (out) her story* elle a raconté son histoire en bredouillant. ◆ n baragouin *m*, flot *m* de paroles / *a gabble of voices* un bruit confus de conversations ▸ **to talk at a gabble** parler vite or avec volubilité, jacasser.

gabbler ['gæblər] n bavard *m*, -e *f*.

gabbling ['gæblɪŋ] n caquetage *m*, jacasserie *f* / *stop your gabbling!* arrêtez de jacasser !

gabbro ['gæbrəʊ] n GEOL gabbro *m*.

gabby ['gæbɪ] (*compar* **gabbier**, *superl* **gabbiest**) adj *inf* bavard.

gaberdine [,gæbə'diːn] ◆ n gabardine *f*. ◆ comp ▸ **gaberdine raincoat** gabardine *f*.

gabfest ['gæbfest] n *inf* **1.** [meeting, conference] réunion *f* *(où l'on brasse beaucoup de vent)* **2.** [chat] conversation *f* / *we had a quick gabfest* on a un peu bavardé.

gable ['geɪbl] n [wall] pignon *m* ; [over arch, door, etc.] gâble *m*, gable *m*.

gabled ['geɪbld] adj [house] à pignon or pignons ; [wall] en pignon ; [roof] sur pignon or pignons ; [arch] à gâble.

gable-end n pignon *m*.

gable window n fenêtre *f* sur pignon.

Gabon [gæ'bɒn] pr n Gabon *m* / *in Gabon* au Gabon.

Gabonese [,gæbɒ'niːz] ◆ n Gabonais *m*, -e *f*. ◆ pl n ▸ **the Gabonese** les Gabonais. ◆ adj gabonais.

Gabriel ['geɪbrɪəl] pr n Gabriel.

gad [gæd] (*pt & pp* **gadded**, *cont* **gadding**) ◆ vi ▸ **to gad about** vadrouiller / *she goes gadding all over the world* elle court le monde. ◆ vt MIN casser au coin or au picot. ◆ n **1.** MIN [chisel] coin *m* ; [pick] picot *m* **2.** [goad] aiguillon *m* **3.** US [spur] éperon *m*.

Gad [gæd] interj *arch & hum* ▸ **(by) Gad!** sapristi !, sacrebleu !

gadabout ['gædəbaʊt] n UK *inf* vadrouilleur *m*, -euse *f*.

Gadarene swine [,gædə'riːn-] pl n ▸ **the Gadarene swine** BIBLE la guérison des deux démoniaques *(expression parfois utilisée pour décrire un mouvement de foule)*.

gadfly ['gædflaɪ] (*pl* **gadflies**) n **1.** [insect] taon *m* **2.** [annoying person] enquiquineur *m*, -euse *f*, casse-pieds *mf*.

gadget ['gædʒɪt] n gadget *m* / *a kitchen with all the latest gadgets* une cuisine avec tous les derniers gadgets.

gadgetry ['gædʒɪtrɪ] n *(U)* gadgets *mpl*.

gadid ['geɪdɪd] n ZOOL gadidé *m*, gade *m*.

gadolinium [,gædə'lɪnɪəm] n gadolinium *m*.

gadzooks [,gæd'zuːks] *arch & hum* = **Gad.**

Gael [geɪl] n ▸ **the Gaels** les Gaëls *mpl*.

Gaelic ['geɪlɪk] ◆ adj gaélique. ◆ n LING gaélique *m*.

Gaelic coffee n Irish coffee *m*.

Gaelic football n football *m* gaélique.

Gaeltacht ['geɪltæxt] n ▸ **the Gaeltacht** *les régions d'Irlande où l'on parle le gaélique*.

gaff [gæf] ◆ n **1.** [fishhook] gaffe *f* **2.** NAUT [spar] corne *f* **3.** *(U)* UK [nonsense] foutaise *f*, foutaises *fpl* **4.** UK *v inf* [home] appart *m* / *where's your gaff?* tu crèches où ? **5.** PHR **to blow the gaff** *inf* vendre la mèche ▸ **to blow the gaff on sb** vendre qqn. ◆ vt [fish] gaffer.

gaffe [gæf] n [blunder] bévue *f* / *to commit* or *to make a gaffe* commettre une bévue / *a social gaffe* un faux pas, un impair.

gaffer ['gæfər] n *inf* **1.** UK [boss] ▸ **the gaffer** le patron, le chef **2.** [old man] vieux *m*.

gaff-rigged adj à gréement aurique.

gaff-sail n voile *f* aurique or à corne.

gag [gæg] (*pt & pp* **gagged**, *cont* **gagging**) ◆ n **1.** [over mouth] bâillon *m* / *they want to put a gag on the press* *fig* ils veulent bâillonner la presse **2.** *inf* [joke] gag *m* / *the funniest gag in the film* le gag le plus drôle du film **3.** MED ouvre-bouche *m*. ◆ vt [silence] bâillonner ; *fig* bâillonner, museler. ◆ vi **1.** [retch] avoir un haut-le-cœur / *he gagged on a fishbone* il a failli s'étrangler avec une arête de poisson **2.** *inf* [joke] blaguer, rigoler **3.** THEAT faire des improvisations comiques.

gaga ['gɑːgɑː] adj *inf* [senile, crazy] gaga / *he's absolutely gaga about her* il est complètement fou d'elle.

Gagarin [gə'gɑːrɪn] pr n ▸ **Yuri Gagarin** Iouri Gagarine.

gag-bit n mors *m* de force.

gage [geɪdʒ] ◆ n **1.** US = **gauge 2.** [pledge] gage *m* **3.** [challenge] défi *m* **4.** *arch* [glove] gant *m*. ◆ vt *arch* [pledge, wager] gager.

gaggle ['gægl] ◆ n *lit & fig* troupeau *m*. ◆ vi cacarder.

gag resolution, gag rule n US règle *f* du bâillon *(procédure parlementaire permettant de limiter le temps de parole et d'éviter l'obstruction systématique)*.

gaiety ['geɪətɪ] (*pl* **gaieties**) n gaieté *f* / *it brought a bit of gaiety into their lives* ça a apporté un peu de gaieté dans leur vie.

❖ **gaieties** pl n *liter* [merry-making] réjouissances *fpl*.

gaily ['geɪlɪ] adv **1.** [brightly] gaiement / *gaily coloured clothes* des vêtements aux couleurs vives **2.** [casually] tranquillement.

gain [geɪn] ◆ n **1.** [profit] gain *m*, profit *m*, bénéfice *m* ; *fig* avantage *m* / *to do sthg for personal gain* faire qqch par intérêt / *their loss is our gain* ce n'est pas perdu pour tout le monde **2.** [acquisition] gain *m* / *there were large Conservative gains* le parti conservateur a gagné de nombreux sièges **3.** [increase] augmentation *f* / *a gain in speed / weight* une augmentation de vitesse / poids **4.** ELECTRON gain *m*. ◆ vt **1.** [earn, win, obtain] gagner / *what would we (have to) gain by joining?* quel intérêt avons-nous à adhérer ? / *to gain friends (by doing sthg)* se faire des amis (en faisant qqch) / *they're trying to gain our sympathy* ils essaient de gagner notre sympathie / *they managed to gain entry to the building* ils ont réussi à s'introduire dans le bâtiment / *he managed to gain a hearing* il a réussi à se faire écouter **2.** [increase] gagner / *the share index has gained two points* l'indice des actions a gagné deux points **3.** [obtain more] gagner, obtenir / *to gain weight / speed* prendre du poids / de la vitesse / *to gain experience* acquérir de l'expérience / *to gain ground* gagner du terrain / *to gain time* gagner du temps **4.** [subj: clock, watch] avancer de / *my watch gains ten minutes a day* ma montre avance de dix minutes par jour **5.** *liter* [reach] atteindre, gagner / *we finally gained the shore* nous avons fini par atteindre la rive. ◆ vi **1.** [profit] profiter, gagner / *who stands to gain by this deal?* qui y gagne dans cette affaire ? **2.** [clock] avancer.

❖ **gain on, gain upon** vt insep [catch up] rattraper / *his pursuers are gaining on him* ses poursuivants sont en train de le rattraper.

gain control n réglage *m* du gain.

gainer ['geɪnər] n gagnant *m*, -e *f*.

gainful ['geɪnfʊl] adj *fml* **1.** [profitable] profitable, rémunérateur **2.** [paid] rémunéré ▸ **gainful employment** un emploi rémunéré.

gainfully ['geɪnfʊlɪ] adv *fml* de façon profitable, avantageusement ▸ **to be gainfully employed** avoir un emploi rémunéré.

gainsay [,geɪn'seɪ] (*pt & pp* **gainsaid** [-'sed]) vt *fml* [deny] nier ; [contradict] contredire / *you can't gainsay the facts* tu ne peux pas nier l'évidence / *there's no gainsaying her skill as an artist* on ne peut pas nier son talent artistique.

gainsayer [,geɪn'seɪər] n [contradictor] contradicteur *m* ; [opponent] opposant *m*, -e *f*.

gainst [geɪnst], **'gainst** [genst] *liter* = **against** *(prep)*.

gait [geɪt] n démarche *f*, allure *f* / *to walk with an unsteady gait* marcher d'un pas chancelant.

gaiters ['geɪtəz] pl n guêtres *fpl*.

Gaius ['gaɪəs] pr n Gaius.

gal [gæl] n **1.** *inf* [girl] fille *f* **2.** PHYS [unit of acceleration] gal *m*.

gal. written abbr of **gallon**.

GAL MESSAGING written abbr of **get a life**.

gala ['gɑːlə] ◆ n **1.** [festivity] gala *m* **2.** UK SPORT réunion *f* sportive ▶ **swimming gala** concours *m* de natation. ◆ comp [dress, day, evening] de gala ▶ **a gala occasion** une grande occasion.

galactic [gə'læktɪk] adj galactique ▶ **galactic plane** plan *m* galactique ▶ **galactic poles** pôles *mpl* galactiques.

galactometer [,gælək'tɒmɪtəʳ] n galactomètre *m*, pèse-lait *m inv*.

galactopoiesis [gə,læktəupɔɪ'iːsɪs] n galactopoïèse *f*.

galactose [gə'læktəus] n galactose *m*.

galago [gə'lɑːgəu] (*pl* **galagos**) n galago *m*.

Galahad ['gæləhæd] ◆ pr n ▶ **Sir Galahad** Galaad. ◆ n ▶ **he's a real Sir Galahad** UK *inf* c'est un vrai gentleman.

galangal n galangal *m*.

galantine ['gæləntiːn] n CULIN galantine *f*.

Galapagos Islands [gə'læpəgəs-] pl pr n ▶ **the Galapagos Islands** les (îles *fpl*) Galápagos *fpl* / *in the Galapagos Islands* aux (îles) Galápagos.

Galatian [gə'leɪʃjən] n ▶ **the Epistle of Paul to the Galatians** l'Épître de saint Paul aux Galates.

galaxy ['gæləksɪ] (*pl* **galaxies**) n **1.** ASTRON galaxie *f* ▶ **the Galaxy** la Voie lactée **2.** [gathering] constellation *f*, pléiade *f* / *a galaxy of film stars* une pléiade de vedettes de cinéma.

gale [geɪl] n **1.** [wind] coup *m* de vent, grand vent *m* / *a force 9 gale* un vent de force 9 / *it's blowing a gale outside!* quel vent ! ▶ **gale warning** avis *m* de coup de vent **2.** [outburst] éclat *m* ▶ **gales of laughter** des éclats de rire.

gale force n force *f* 8 à 9 ▶ **gale-force winds** coups *mpl* de vent.

galena [gə'liːnə] n galène *f*.

galenical [gə'lenɪkl] ◆ adj PHARM galénique. ◆ n PHARM médicament *m*.

galenite [gə'liːnaɪt] = **galena**.

Galicia [gə'lɪʃɪə] pr n **1.** [Central Europe] Galicie *f* / *in Galicia* en Galicie **2.** [Spain] Galice *f* / *in Galicia* en Galice.

Galician [gə'lɪʃɪən] ◆ adj galicien. ◆ n **1.** [person] Galicien *m*, -enne *f* **2.** LING galicien *m*.

Galilean [,gælɪ'liːən] ◆ adj galiléen. ◆ n Galiléen *m*, -enne *f*.

Galilee ['gælɪliː] pr n Galilée *f* / *in Galilee* en Galilée ▶ **the Sea of Galilee** le lac de Tibériade, la mer de Galilée.

Galileo [,gælɪ'leɪəu] pr n Galilée.

galingale ['gælɪŋgeɪl] n souchet *m*.

gall [gɔːl] ◆ n **1.** ANAT [human] bile *f* ; [animal] fiel *m* **2.** [bitterness] fiel *m*, amertume *f* **3.** [nerve] culot *m* / *he had the gall to say it was my fault!* il a eu le culot de dire que c'était de ma faute ! **4.** BOT galle *f* **5.** MED & VET écorchure *f*, excoriation *f*. ◆ comp ▶ **gall duct** ANAT voie *f* biliaire. ◆ vt **1.** [annoy] énerver / *it galled him to have to admit he was wrong* ça l'a énervé de devoir reconnaître qu'il avait tort **2.** MED & VET excorier.

gall. written abbr of **gallon**.

gallant ['gælənt] ◆ adj **1.** [brave] courageux, vaillant / *gallant deeds* des actions d'éclat, des prouesses **2.** (*also* [gə'lænt]) [chivalrous] galant **3.** *liter* [noble] noble ; [splendid] superbe, splendide. ◆ n *liter* galant *m*.

gallantly ['gæləntlɪ] adv **1.** [bravely] courageusement, vaillamment **2.** [chivalrously] galamment.

gallantry ['gæləntrɪ] (*pl* **gallantries**) n **1.** [bravery] courage *m*, vaillance *f* **2.** [brave deed] prouesse *f*, action *f* d'éclat **3.** [chivalry, amorousness] galanterie *f*.

gall bladder n vésicule *f* biliaire.

galleon ['gælɪən] n galion *m*.

galleria [gælə'rɪə] n puits *m* (*aménagé dans un grand magasin à plusieurs étages*).

galleried ['gælərɪd] adj ARCHIT à galerie or galeries.

gallery ['gælərɪ] (*pl* **galleries**) ◆ n **1.** [of art] musée *m* (des beaux-arts) / *private gallery* galerie *f* **2.** [balcony] galerie *f* ; [for spectators] tribune *f* / *the press gallery* la tribune de la presse **3.** [covered passageway] galerie *f* **4.** THEAT [upper balcony] dernier balcon *m* ; [audience] galerie *f* ▶ **to play to the gallery** *fig* poser pour la galerie **5.** [tunnel] galerie *f* **6.** GOLF [spectators] public *m*. ◆ comp ▶ **gallery forest** forêt-galerie *f*, galerie *f* forestière ▶ **gallery owner** galeriste *mf*.

galley ['gælɪ] ◆ n **1.** [ship] galère *f* ; [ship's kitchen] cambuse *f* ; [aircraft kitchen] office *m ou f* **2.** TYPO [container] galée *f* ; [proof] placard *m*. ◆ comp ▶ **galley kitchen** kitchenette *f*, cuisinette *f offic*.

galley proof n TYPO (épreuve *f* en) placard *m*.

galley slave n galérien *m*.

galley-west ['gælɪwest] adv US *inf* ▶ **to knock sb galley-west a)** [knock out] mettre qqn K-O **b)** [stupefy] renverser qqn / *I was knocked galley-west!* j'en suis resté baba ! ▶ **to knock sthg galley-west a)** [send flying] envoyer valser qqch **b)** [mess up] chambouler qqch, mettre qqch sens dessus dessous.

gallic ['gælɪk] adj CHEM gallique.

Gallic ['gælɪk] adj **1.** [French] français / *Gallic charm* charme *m* latin **2.** [of Gaul] gaulois ▶ **the Gallic Wars** la guerre des Gaules.

gallic acid n acide *m* gallique.

gallicism ['gælɪsɪzm] n gallicisme *m*.

gallicize, gallicise ['gælɪsaɪz] vt franciser.

gallimaufry [,gælɪ'mɔːfrɪ] (*pl* **gallimaufries**) n *liter* fatras *m*, fouillis *m*.

gallinaceous [,gælɪ'neɪʃəs] adj ZOOL gallinacé.

galling ['gɔːlɪŋ] adj [annoying] irritant ; [humiliating] humiliant, vexant.

gallingly ['gɔːlɪŋlɪ] adv de façon irritante.

gallinule ['gælɪnjuːl] n ZOOL poule *f* d'eau.

gallium ['gælɪəm] n gallium *m*.

gallivant [,gælɪ'vænt] vi *hum* ▶ **to gallivant about** or **around** se balader / *he's off gallivanting around Europe* il se balade quelque part en Europe.

gallon ['gælən] n gallon *m*.

gallonage ['gælənɪdʒ] n TECH capacité *f* (en gallons).

galloon [gə'luːn] n SEW galon *m*.

gallop ['gæləp] ◆ vi galoper / *we galloped across the fields* nous avons galopé à travers les champs / *to gallop away* or *off* partir au galop / *he came galloping down the stairs fig* il a descendu l'escalier au galop. ◆ vt faire galoper / *to gallop a horse* faire galoper un cheval. ◆ n galop *m* / *the pony broke into a gallop* le poney a pris le galop / *we decided to go for a gallop in the woods* nous décidâmes d'aller faire un galop dans les bois ▶ **to do sthg at a gallop** *fig* faire qqch à toute vitesse.

❖ **gallop through** vt insep faire à toute vitesse / *she galloped through her homework* elle a expédié ses devoirs / *I positively galloped through the book* j'ai vraiment lu ce livre à toute allure.

galloping ['gæləpɪŋ] adj [horse] au galop ; *fig* galopant / *galloping inflation* inflation *f* galopante.

Gallo-Roman [,gæləu'rəumən] ◆ adj [dialects] gallo-roman ; [civilization, remains] gallo-romain. ◆ n LING gallo-roman *m*.

gallows ['gæləuz] (*pl* **gallows**) n potence *f*, gibet *m*.

gallows humour n UK humour *m* noir.

gallows tree = **gallows**.

gallstone ['gɔːlstəun] n calcul *m* biliaire.

Gallup Poll ['gæləp-] n sondage *m* (d'opinion) (*réalisé par l'institut Gallup*).

galore [gə'lɔːʳ] adv en abondance / *we've got food galore* nous avons de la nourriture en abondance.

galoshes [gə'lɒʃɪz] pl n caoutchoucs *mpl* (*pour protéger les chaussures*).

galumph [gə'lʌmf] vi *inf* courir lourdement or comme un pachyderme / *he came galumphing down the stairs* il a descendu l'escalier avec la légèreté d'un éléphant or d'un hippopotame.

galvanic [gæl'vænɪk] adj **1.** ELEC galvanique **2.** [convulsive] convulsif **3.** [stimulating] galvanisant.

galvanism ['gælvənɪzm] n galvanisme *m*.

galvanize, galvanise ['gælvənaɪz] vt *lit & fig* galvaniser / *it galvanized the team into action* ça a poussé l'équipe à agir.

galvanometer [,gælvə'nɒmɪtəʳ] n galvanomètre *m*.

galvanoscope [gæl'vænəuskəup] n galvanoscope *m*.

galvanotropism [,gælvə'nɒtrəpɪzm] n galvanotropisme *m*.

Gambia ['gæmbɪə] pr n ▶ **(the) Gambia** (la) Gambie / *in (the) Gambia* en Gambie.

Gambian ['gæmbɪən] ◆ n Gambien *m*, -enne *f*. ◆ adj gambien.

gambit ['gæmbɪt] n [chess] gambit *m* / *king's / queen's gambit* gambit du roi / de la reine.

gamble ['gæmbl] ◆ vi jouer / *to gamble on the stock exchange* jouer à la Bourse, boursicoter. ◆ vt parier, miser. ◆ n **1.** [wager] pari *m* / *I like an occasional gamble on the horses* j'aime bien jouer aux courses de temps en temps **2.** [risk] coup *m* de poker / *his gamble paid off* son coup de poker a payé / *it's a gamble we have to take* c'est un risque qu'il faut prendre / *it's a bit of a gamble whether it'll work or not* nous n'avons aucun moyen de savoir si ça marchera.

❖ **gamble away** vt sep perdre au jeu.

❖ **gamble on** vt insep miser or tabler or compter sur / *we'd gambled on having fine weather* on avait misé sur le beau temps / *I wouldn't gamble on the plan succeeding* je ne tablerais pas sur la réussite du projet.

gambler ['gæmbləʳ] n joueur *m*, -euse *f*.

gambling ['gæmblɪŋ] ◆ n (*U*) jeu *m*, jeux *mpl* d'argent / *gambling debts* dettes *fpl* de jeu / *gambling fever* démon *m* du jeu / **'no gambling'** 'les jeux d'argent sont interdits'. ◆ adj joueur / *I'm not a gambling man but I would guess that they will accept the offer* je ne suis pas homme à parier mais je crois qu'ils vont accepter la proposition.

gambling den n *pej* maison *f* de jeu, tripot *m*.

gambling house, gambling parlor US n maison *f* de jeu.

gamboge [gæm'buːʒ] ◆ n gomme-gutte *f*. ◆ adj [light] jaune.

gambol ['gæmbl] (UK *pt & pp* **gambolled**, *cont* **gambolling** ; US *pt & pp* **gamboled**, *cont* **gamboling**) ◆ vi gambader, cabrioler. ◆ n gambade *f*, cabriole *f*.

gambrel roof ['gæmbrəl-] n toit *m* mansardé.

game [geɪm] ◆ n **1.** [gen] jeu *m* / *card / party games* jeux de cartes / de société / *a game of chance / of skill* un jeu de hasard / d'adresse / *ball games are forbidden* il est interdit de jouer au ballon / *the rules of the game* la règle du jeu / *she plays a good game of chess* c'est une bonne joueuse d'échecs, elle joue bien aux échecs / *it's only a game!* ce n'est qu'un jeu ! / *I'm off my game today* je joue mal aujourd'hui / *it put me right off my game* ça m'a complètement déconcentré ▶ **to play sb's game** entrer dans le jeu de qqn / *you're not playing the game!* tu ne joues pas le jeu ! / *politics is just a game to him* pour lui, la politique n'est qu'un jeu ▶ **the game is not worth the candle** UK le jeu n'en vaut pas la chandelle **2.** [contest] partie *f* ; [esp professional] match *m* / *do you fancy a game of chess?* ça te dit de faire une partie d'échecs ? / *tonight's big game* le grand match de ce soir **3.** [division of match - in tennis, bridge] jeu *m* / *game, set and match* jeu, set et match / *(one) game all* un jeu partout **4.** [playing equipment, set] jeu *m* **5.** *inf* [scheme, trick] ruse *f*, stratagème *m* / *what's your (little) game?* qu'est-ce que tu manigances ?, à quel jeu joues-tu ? ▶ **to play a double game**

jouer un double jeu ▸ **to beat sb at his / her own game** battre qqn sur son propre terrain ▸ **the game's up!** tout est perdu ! ▸ **two can play at that game,!** moi aussi je peux jouer à ce petit jeu-là ▸ **don't come that game with me!** tu ne m'auras pas à ce petit jeu-là ! ▸ **to give the game away** vendre la mèche / *that gave the game away* c'est comme ça qu'on a découvert le pot aux roses **6.** *inf* [undertaking, operation] : *at this stage in the game* à ce stade des opérations ▸ **to be ahead of the game** mener le jeu *fig* **7.** [activity] travail *m* / *I'm new to this game* je suis novice en la matière / *when you've been in this game as long as I have, you'll understand* quand tu auras fait ça aussi longtemps que moi, tu comprendras **8.** CULIN & HUNT gibier *m* **9.** PHR **to be on the game** UK *v inf* faire le tapin. ◆ comp de chasse ▸ **game bag** gibecière *f* ▸ **game laws** réglementation *f* de la chasse. ◆ adj **1.** [plucky] courageux, brave **2.** [willing] prêt, partant / *they're game for anything* ils sont toujours partants / *I'm game if you are!* si tu es partant, moi aussi ! **3.** UK [lame] estropié / *he's got a game leg* il a une jambe estropiée. ◆ vi *fml* [gamble] jouer (de l'argent).

❖ **games** pl n [international] jeux *mpl* ; UK SCH sport *m* / *they have games on Wednesdays* le mercredi ils ont sport.

gamebag ['geɪmbæg] n gibecière *f*.

game bird n : *the partridge is a game bird* on chasse la perdrix ▸ **game birds** gibier *m* à plumes.

gamecock ['geɪmkɒk] n UK coq *m* de combat.

game fish n poisson *m* noble *(saumon, brochet)*.

game-fishing n pêche *f (au saumon, à la truite, au brochet)*.

game fowl = **game bird**.

gamekeeper ['geɪm,ki:pəʳ] n garde-chasse *m*.

gamelan orchestra ['gæmɪlæn-] n gamelan *m*.

gamely ['geɪmlɪ] adv courageusement, vaillamment.

game park n [in Africa] réserve *f*.

game pie n tourte *f* au gibier ; ≃ pâté *m* en croûte.

game plan n stratégie *f*, plan *m* d'attaque.

game point n balle *f* de jeu.

gamer ['geɪməʳ] n **1.** [who plays computer games] *amateur de jeux vidéo* **2.** US [athlete, sportsperson] *sportif très compétitif*.

game reserve n réserve *f (pour animaux sauvages)*.

games console n console *f* de jeu.

game show n jeu *m* télévisé.

gamesmanship ['geɪmzmənʃɪp] n *art de gagner (aux jeux) en déconcertant son adversaire*.

gamester ['geɪmstəʳ] n [game-player, gambler] joueur *m*, -euse *f*.

gamete ['gæmi:t] n gamète *m*.

game theory n théorie *f* des jeux.

gametic [gə'metɪk] adj gamétique.

gametocyte [gə'mi:təʊsaɪt] n gamétocyte *m*.

gametogenesis [,gæmɪtəʊ'dʒenɪsɪs] n gamétogenèse *f*.

gametophyte [gə'mi:təʊfaɪt] n gamétophyte *m*.

game warden n **1.** [gamekeeper] garde-chasse *m* **2.** [in safari park] garde *m* (d'une réserve).

gameware ['geɪmweəʳ] n COMPUT ludiciel *m*.

gamey [geɪmɪ] (*compar* **gamier**, *superl* **gamiest**) = **gamy**.

gamine ['gæmi:n] UK ◆ n [impish girl] jeune fille *f* espiègle ; [tomboy] garçon *m* manqué. ◆ adj gamin / *a gamine haircut* une coupe à la garçonne.

gaming ['geɪmɪŋ] **1.** [video games] jeux *mpl* vidéo **2.** *fml* = **gambling** *(noun)*.

gaming laws pl n *lois réglementant les jeux de hasard*.

gaming table n table *f* de jeu.

gamma ['gæmə] n gamma *m*.

gamma globulin n gammaglobuline *f*.

gamma radiation n *(U)* rayons *mpl* gamma.

gamma ray n rayon *m* gamma.

gammon ['gæmən] ◆ n **1.** UK [cut] jambon *m* ; [meat] jambon *m* fumé **2.** [in backgammon] *victoire avant que l'adversaire ne puisse retirer aucune de ses pièces*. ◆ vt battre en réalisant un « gammon ».

gammon steak n UK *(épaisse) tranche de jambon fumé*.

gammy ['gæmɪ] (*compar* **gammier**, *superl* **gammiest**) adj UK *inf* estropié / *to have a gammy leg* avoir une jambe estropiée, avoir une patte folle.

gamogenesis [,gæməʊ'dʒenɪsɪs] n reproduction *f* sexuée.

gamp [gæmp] n UK *inf & arch* pébroque *m*.

gamut ['gæmət] n MUS & *fig* gamme *f* ▸ **to run the (whole) gamut of sthg** passer par toute la gamme de qqch.

gamy ['geɪmɪ] (*compar* **gamier**, *superl* **gamiest**) adj [meat] faisandé.

gander ['gændəʳ] n **1.** [goose] jars *m* **2.** UK *inf* [simpleton] nigaud *m*, -e *f*, andouille *f* **3.** UK *inf* [look] ▸ **to have** or **to take a gander at sthg** jeter un coup d'œil sur qqch / *have a gander at this!* jette un coup d'œil là-dessus !

gang [gæŋ] ◆ n **1.** [gen] bande *f* ; [of criminals] gang *m* / *a gang of young thugs* une bande de jeunes voyous / *she went out with a gang of friends* elle est sortie avec une bande de copains / *he's one of the gang now* il fait partie de la bande maintenant **2.** [of workmen] équipe *f* ; [of convicts] convoi *m* **3.** TECH [of tools] série *f*. ◆ vt TECH [tools, instruments] coupler.

❖ **gang together** vi se réunir (en bande), se mettre à plusieurs.

❖ **gang up** vi se mettre à plusieurs ▸ **to gang up against** or **on sb** se liguer contre qqn.

gang-bang n *vulg* viol *m* collectif.

gangbuster ['gæŋbʌstəʳ] n US *inf* **1.** [police officer] ≃ flic *m* de la brigade antigang **2.** *fig* : *this movie is a gangbuster* [excellent] ce film est vraiment super or génial / *the campaign is progressing like gangbusters* la campagne marche très fort / *to make money like gangbusters* gagner un argent fou.

ganger ['gæŋəʳ] n UK [foreman] contremaître *m*, chef *m* d'équipe.

Ganges ['gændʒi:z] pr n ▸ **the (River) Ganges** le Gange.

gangland ['gæŋlænd] ◆ n le milieu. ◆ comp ▸ **a gangland killing** un règlement de comptes *(dans le milieu)*.

ganglia ['gæŋglɪə] pl ⟶ **ganglion**.

gangling ['gæŋglɪŋ] adj dégingandé / *a tall, gangling young lad* un grand jeune homme dégingandé.

ganglion ['gæŋglɪən] (*pl* **ganglia** ['gæŋglɪə]) n **1.** ANAT ganglion *m* **2.** [centre, focus] centre *m*, foyer *m*.

gangly ['gæŋlɪ] = **gangling**.

gangplank ['gæŋplæŋk] n passerelle *f* (d'embarquement).

gang-rape vt commettre un viol collectif sur / *women who have been gang-raped* les femmes qui ont été victimes de viols collectifs / *they gang-raped her* ils l'ont violée.

gangrene ['gæŋgri:n] ◆ n MED & *fig* gangrène *f*. ◆ vi se gangrener.

gangrenous ['gæŋgrɪnəs] adj gangreneux / *the wound went gangrenous* la blessure s'est gangrenée.

gang saw n scie *f* multiple.

gang show n *spectacle de variétés organisé par les scouts*.

gangsta ['gæŋstə] n **1.** [music] : *gangsta (rap)* gangsta rap *m* **2.** [rapper] rappeur *m*, -euse *f* gangsta **3.** US [gang member] membre d'un gang.

gangster ['gæŋstəʳ] ◆ n gangster *m*. ◆ comp [film, story] de gangsters.

gangster capitalism n capitalisme *m* sauvage.

gangue [gæŋ] n MINER gangue *f*.

gangway ['gæŋweɪ] ◆ n **1.** NAUT = **gangplank** **2.** [passage] passage *m* ; UK [in theatre] allée *f*. ◆ interj ▸ **gangway!** dégagez le passage !

ganja ['gændʒə] n marijuana *f*.

gannet ['gænɪt] n **1.** ORNITH fou *m* de Bassan **2.** UK *inf* [greedy person] glouton *m*, -onne *f*.

gantry ['gæntrɪ] (*pl* **gantries**) n [for crane] portique *m* ▸ **(launching) gantry** ASTRON portique (de lancement) ▸ **(signal) gantry** RAIL portique (à signaux).

gantry crane n grue *f* (à) portique.

Ganymede ['gænɪmi:d] pr n Ganymède.

GAO (abbr of **General Accountability Office**) pr n *Cour des comptes américaine*.

gaol [dʒeɪl] UK = **jail**.

gap [gæp] n **1.** [hole, breach] trou *m*, brèche *f* / *a gap in the wall* un trou dans le mur / *the sun shone through a gap in the clouds* le soleil perça à travers les nuages **2.** [space between objects] espace *m* ; [narrower] interstice *m*, jour *m* / *there was a gap of a few metres between each car* il y avait une distance de quelques mètres entre chaque voiture / *he has a gap between his front teeth* il a les dents de devant écartées / *I could see through a gap in the curtains* je voyais par la fente entre les rideaux **3.** [blank] blanc *m* / *fill in the gaps with the missing letters* remplissez les blancs avec les lettres manquantes **4.** [in time] intervalle *m* / *there's a perceptible gap between stimulus and response* il y a un intervalle sensible entre le stimulus et la réponse / *she returned to work after a gap of six years* elle s'est remise à travailler après une interruption de six ans **5.** [lack] vide *m* / *to bridge* or *to fill a gap* combler un vide / *his death left a gap in our lives* sa mort a laissé un vide dans notre vie / *a gap in the market* un créneau sur le marché **6.** [omission] lacune *f* / *there are several gaps in his story* il y a plusieurs trous dans son histoire **7.** [silence] pause *f*, silence *m* **8.** [disparity] écart *m*, inégalité *f* / *we need to reduce the gap between theory and practice* il nous faut réduire l'écart entre la théorie et la pratique / *there's a technology gap between our two countries* il y a un fossé technologique entre nos deux pays **9.** [mountain pass] col *m*.

gape [geɪp] ◆ vi **1.** [stare] regarder bouche bée / *he gaped at me* il m'a regardé bouche bée / *what are you gaping at?* qu'est-ce que tu regardes avec cet air bête ? **2.** [open one's mouth wide] ouvrir la bouche toute grande **3.** [be open] être béant, béer *liter* / *a chasm gaped at our feet* un gouffre béant s'ouvrait à nos pieds. ◆ n [stare] regard *m* ébahi.

gaper ['geɪpəʳ] n **1.** [starer] badaud *m*, -e *f* **2.** [clam] mye *f*.

gaping ['geɪpɪŋ] adj **1.** [staring] bouche bée *(inv)* **2.** [wide open] béant / *a gaping wound* une blessure béante.

gappy ['gæpɪ] (*compar* **gappier**, *superl* **gappiest**) adj **1.** [account, knowledge] plein de lacunes **2.** ▸ **gappy teeth** des dents écartées.

gap-toothed adj [with spaces between teeth] aux dents écartées ; [with missing teeth] à qui il manque des dents.

gap year n SCH & UNIV *année d'interruption volontaire des études, avant l'entrée à l'université* / *I spent my gap year in Australia* j'ai passé un an en Australie avant d'aller à l'université.

garage ◆ n [UK 'gærɑ:ʒ or 'gærɪdʒ US gə'rɑ:ʒ] **1.** [shelter for car] garage *m* / *garage door* porte *f* de garage **2.** UK [filling station] station-service *f* ; [for selling cars] concessionnaire *m* automobile **3.** MUS garage *m*. ◆ vt [UK 'gærɑ:ʒ US gə'rɑ:ʒ] mettre au garage.

garage hand n mécanicien *m*, -enne *f*.

garage man n [mechanic] mécanicien *m*, -enne *f* ; [owner] garagiste *mf*.

garage mechanic n garagiste *mf*, mécanicien *m*, -enne *f*.

garage sale n *vente d'occasion chez un particulier* ; ≃ vide-grenier *m*.

garam masala n garam masala *m (mélange d'épices employé dans la cuisine indienne).*

garb [gɑ:b] *liter* ◆ n costume *m*, mise *f* / *she was in gipsy garb* elle était en costume de gitane, elle était déguisée en gitane / *a man dressed in very strange garb* un homme bizarrement accoutré. ◆ vt vêtir.

garbage [ˈgɑ:bɪdʒ] n *(U)* **1.** US [waste matter] ordures *fpl*, détritus *mpl* / *throw it in the garbage* jette-le à la poubelle **2.** *inf* [nonsense] bêtises *fpl*, âneries *fpl* / *you're talking garbage!* tu racontes des bêtises ! / *this newspaper is garbage!* ce journal est nul ! **3.** COMPUT données *fpl* erronées ▸ **garbage in, garbage out** la qualité des résultats est fonction de la qualité des données à l'entrée.

garbage bag n US sac-poubelle *m*.

garbage can n US poubelle *f*.

garbage chute n US vide-ordures *m inv*.

garbage collector n US éboueur *m*.

garbage disposal unit n US broyeur *m* d'ordures.

garbage dump n US décharge *f*.

garbage man US = garbage collector.

garbage shoot n US *inf* = garbage chute.

garbage truck n US camion *m* des éboueurs.

garbanzo [gɑ:ˈbɑ:nzəʊ] (*pl* **garbanzos**) n US ▸ **garbanzo (bean)** pois *m* chiche.

garble [ˈgɑ:bl] vt [involuntarily - story, message] embrouiller ; [- quotation] déformer ; [deliberately - facts] dénaturer, déformer.

garbled [ˈgɑ:bld] adj [story, message, explanation - involuntarily] embrouillé, confus ; [- deliberately] dénaturé, déformé.

garbo [ˈgɑ:bəʊ] n AUSTR *inf* éboueur *m*.

garda [ˈgɑ:də] (*pl* **gardai** [-di:]) n policier *m (en République d'Irlande).*

Garda [ˈgɑ:də] pr n ▸ **Lake Garda** le lac de Garde.

garden [ˈgɑ:dn] ◆ n jardin *m* ▸ **to do the garden** jardiner, faire du jardinage ▸ **the Garden of Eden** le jardin *m* d'Éden, l'Éden *m* ▸ **the Garden of England** *surnom du comté de Kent, célèbre pour ses vergers et ses champs de houblon* ▸ **everything in the garden is rosy** or **lovely** tout va bien. ◆ comp ▸ **garden chair** chaise *f* de jardin ▸ **garden path** allée *f (dans un jardin)* / *he ran down the garden path* il a descendu l'allée du jardin en courant ▸ **garden produce** produits *mpl* maraîchers ▸ **garden seat** banc *m* de jardin ▸ **garden shears** cisaille *f* or cisailles *fpl* de jardin ▸ **garden shed** resserre *f* ▸ **garden tools** outils *mpl* de jardinage ▸ **garden wall** mur *m* du jardin ▸ **garden wedding** US mariage *m* en plein air. ◆ vi jardiner, faire du jardinage.

❖ **gardens** pl n [park] jardin *m* public.

garden centre n jardinerie *f*.

garden city n cité-jardin *f*.

gardener [ˈgɑ:dnər] n jardinier *m*, -ère *f*.

garden flat n rez-de-jardin *m inv*.

garden gnome n gnome *m* (décoratif).

gardenia [gɑ:ˈdi:njə] n gardénia *m*.

gardening [ˈgɑ:dnɪŋ] ◆ n jardinage *m* / *he's fond of gardening* il aime jardiner. ◆ comp [book, programme] de or sur le jardinage ; [gloves] de jardinage.

garden party n UK garden-party *f*.

garden snail n petit-gris *m*.

garden suburb n banlieue *f* verte.

garden-variety adj US ordinaire.

garfish [ˈgɑ:fɪʃ] n orphie *f*, aiguille *f* de mer.

gargantuan [gɑ:ˈgæntjʊən] adj gargantuesque.

gargle [ˈgɑ:gl] ◆ vi se gargariser, faire des gargarismes. ◆ n gargarisme *m*.

gargoyle [ˈgɑ:gɔɪl] n gargouille *f*.

garibaldi [ˌgærɪˈbɔ:ldɪ] n UK *biscuit aux raisins secs.*

garish [ˈgeərɪʃ] adj [colour] voyant, criard ; [clothes] voyant, tapageur ; [light] cru, aveuglant.

garishly [ˈgeərɪʃlɪ] adv : *garishly dressed* vêtu de manière tapageuse / *garishly made-up* outrageusement fardé or maquillé.

garishness [ˈgeərɪʃnɪs] n [of appearance] tape-à-l'œil *m inv* ; [of colour] crudité *f*, violence *f*.

garland [ˈgɑ:lənd] ◆ n **1.** [on head] couronne *f* de fleurs ; [round neck] guirlande *f* or collier *m* de fleurs ; [hung on wall] guirlande *f* **2.** LITER [of poems] guirlande *f*, florilège *m*. ◆ vt [decorate] décorer avec des guirlandes, enguirlander ; [crown] couronner de fleurs.

garlic [ˈgɑ:lɪk] n ail *m* ▸ **garlic bread** *pain beurré frotté d'ail et servi chaud* ▸ **garlic butter** beurre *m* d'ail ▸ **garlic mushrooms** champignons *mpl* à l'ail ▸ **garlic salt** sel *m* d'ail ▸ **garlic sausage** saucisson *m* à l'ail.

garlicky [ˈgɑ:lɪkɪ] adj [taste] d'ail ; [breath] qui sent l'ail / *it smells garlicky* ça sent l'ail.

garlic mustard n alliaire *f*.

garlic press n presse-ail *m inv*.

garment [ˈgɑ:mənt] n vêtement *m* / *the garment industry* la confection.

garner [ˈgɑ:nər] ◆ n *liter* grenier *m* (à grain), grange *f*. ◆ vt [grain] rentrer, engranger ; *fig* [information] glaner, grappiller ; [compliments] recueillir.

❖ **garner in, garner up** vt sep engranger.

garnet [ˈgɑ:nɪt] ◆ n [stone, colour] grenat *m*. ◆ adj **1.** [in colour] grenat *(inv)* **2.** [jewellery] de or en grenat.

garnish [ˈgɑ:nɪʃ] ◆ vt **1.** CULIN garnir ; [decorate] embellir / *garnished with parsley* garni de persil **2.** US LAW faire pratiquer une saisie-arrêt à. ◆ n garniture *f*.

garnishing [ˈgɑ:nɪʃɪŋ] n CULIN garniture *f* ; *fig* embellissement *m*.

garnishment [ˈgɑ:nɪʃmənt] n **1.** LAW saisie-arrêt *f* **2.** CULIN garniture *f*.

garotte [gəˈrɒt] = garrot(t)e.

garret [ˈgærət] n [room] mansarde *f* / *to live in a garret* habiter une chambre sous les combles.

garrison [ˈgærɪsn] ◆ n garnison *f*. ◆ vt **1.** [troops] mettre en garnison / *they were garrisoned in Scotland* ils étaient en garnison en Écosse **2.** [town] placer une garnison dans.

garrison town n ville *f* de garnison.

garrison troops pl n (troupes *fpl* de) garnison *f*.

garrot(t)e [gəˈrɒt] ◆ n **1.** [execution] (supplice *m* du) garrot *m* **2.** [collar] garrot *m*. ◆ vt garrotter.

garrulous [ˈgærələs] adj **1.** [person] loquace, bavard **2.** [style] prolixe, verbeux.

garrulously [ˈgærələslɪ] adv verbeusement.

garryowen [ˌgærɪˈəʊɪn] n UK SPORT [in rugby] (coup *m* de pied en) chandelle *f*.

garter [ˈgɑ:tər] n **1.** UK [for stockings] jarretière *f* ; [for socks] fixe-chaussette *m* ▸ **Knight of the Garter** chevalier *m* de l'ordre de la Jarretière **2.** US [suspender] jarretelle *f*.

garter belt n US porte-jarretelles *m inv*.

garter snake n couleuvre *f (d'Amérique du Nord).*

garter stitch n point *m* mousse.

gas [gæs] (*pl* **gasses**) ◆ n **1.** [domestic] gaz *m* / *to turn on / off the gas* allumer / éteindre le gaz / *to use gas for cooking* faire la cuisine or cuisiner au gaz / *a street lit by gas* une rue éclairée au gaz **2.** CHEM gaz *m* **3.** MIN grisou *m* **4.** MED gaz *m* anesthésique or anesthésiant / *to have gas* subir une anesthésie gazeuse or par inhalation / *the dentist gave me gas* le dentiste m'a endormi au gaz ▸ **gas and air** [mask] masque *m* à oxygène **5.** US AUTO essence *f* ▸ **gas gauge** jauge *f* d'essence ▸ **step on** or **hit the gas! a)** *inf & lit* appuie sur le champignon ! **b)** *fig* grouille !, grouille-toi ! **6.** US *inf* [amusement] : *the party was a real gas* on s'est bien marrés or on a bien rigolé à la soirée **7.** UK *inf* [chatter] bavardage *m* / *they had a good gas on the phone* ils ont taillé une bonne bavette au téléphone **8.** *(U)* US [in stomach] gaz *mpl*. ◆ vt **1.** [poison] asphyxier or intoxiquer au gaz ▸ **to gas o.s. a)** [poison] s'asphyxier au gaz **b)** [suicide] se suicider au gaz **2.** MIL gazer. ◆ vi **1.** *inf* [chatter] bavarder, jacasser **2.** CHEM dégager des gaz. ◆ comp [company, industry] du gaz ; [engine, boiler] à gaz ▸ **gas central heating** chauffage *m* central au gaz ▸ **gas pedal** US accélérateur *m*.

❖ **gas up** US ◆ vt sep ▸ **to gas the automobile up** faire le plein d'essence. ◆ vi faire le plein d'essence.

gasbag [ˈgæsbæg] n UK *inf & pej* moulin *m* à paroles, pie *f*.

gas burner n brûleur *m*.

gas chamber n chambre *f* à gaz.

gas chromatography n chromatographie *f* en phase gazeuse.

Gascon [ˈgæskən] ◆ n **1.** [person] Gascon *m*, -onne *f* **2.** LING gascon *m*. ◆ adj gascon.

Gascony [ˈgæskənɪ] pr n Gascogne *f* / *in Gascony* en Gascogne.

gas cooker n UK cuisinière *f* à gaz, gazinière *f*.

gas-cooled reactor n réacteur *m* graphite-gaz.

gaseous [ˈgæsjəs or ˈgæɪzjəs] adj PHYS gazeux.

gas fire n UK (appareil *m* de) chauffage *m* au gaz.

gas-fired adj UK ▸ **gas-fired central heating** chauffage *m* central au gaz.

gas fitter n installateur *m* d'appareils à gaz.

gas gangrene n *(U)* gangrène *f* gazeuse.

gas guzzler n *inf* AUTO voiture *f* qui consomme beaucoup.

gash [gæʃ] ◆ vt **1.** [knee, hand] entailler ; [face] balafrer, taillader / *she fell and gashed her knee* elle est tombée et s'est entaillé or ouvert le genou **2.** [material] déchirer, lacérer. ◆ n **1.** [on knee, hand] entaille *f* ; [on face] balafre *f*, estafilade *f* / *there was a great gash in the side of the ship* il y avait une profonde entaille or une large brèche dans le flanc du navire **2.** [in material] (grande) déchirure *f*, déchiqueture *f*. ◆ adj *v inf* [surplus] superflu, en trop.

gas heater n [radiator] radiateur *m* à gaz ; [for water] chauffe-eau *m inv* à gaz.

gasholder [ˈgæsˌhəʊldər] n gazomètre *m*.

gasify [ˈgæsɪfaɪ] (*pt & pp* **gasified**) vt gazéifier.

gas jet n brûleur *m*.

gasket [ˈgæskɪt] n **1.** MECH joint *m* (d'étanchéité) ▸ **(cylinder) head gasket** AUTO joint *m* de culasse **2.** NAUT raban *m* de ferlage.

gaslight [ˈgæslaɪt] n **1.** [lamp] lampe *f* à gaz, appareil *m* d'éclairage à gaz ; [in street] bec *m* de gaz **2.** [light produced] lumière *f* produite par du gaz / *by gaslight* à la lumière d'une lampe à gaz.

gas lighter n [for cooker] allume-gaz *m* ; [for cigarettes] briquet *m* à gaz.

gaslit [ˈgæslɪt] adj éclairé au gaz.

gas main n conduite *f* de gaz.

gasman [ˈgæsmæn] (*pl* **gasmen** [-men]) n employé *m* du gaz.

gas mantle n manchon *m* à incandescence.

gas mask n masque *m* à gaz.

gas meter n compteur *m* à gaz.

gas oil n gas-oil *m*, gazole *m*.

gasoline, **gasolene** [ˈgæsəli:n] n US AUTO essence *f*.

gasometer [gæˈsɒmɪtər] n gazomètre *m*.

gas oven n [domestic] four *m* à gaz ; [cremation chamber] four *m* crématoire.

gasp [gɑ:sp] ◆ vi **1.** [be short of breath] haleter, souffler ▸ **to gasp for breath** or **for air** haleter, suffoquer **2.** [in shock, surprise] avoir le souffle coupé / *to gasp in* or *with amazement* avoir le souffle coupé par la surprise **3.** UK *inf & fig* : *I'm gasping for a cigarette* je meurs d'envie de fumer une cigarette / *I'm gasping (for a drink)* je meurs de soif. ◆ vt : *"what?" he gasped* « quoi ? », dit-il d'une voix pantelante / *she gasped out an explanation* elle s'est expliquée d'une voix haletante. ◆ n halètement *m* / *she gave* or *she let out a gasp of surprise* elle a eu un hoquet de surprise / *to give a gasp of horror* avoir le souffle coupé par l'horreur / *he was at* *his last gasp* **a)** [dying] il allait rendre son dernier souffle or soupir **b)** [exhausted] il était à bout de souffle / *to the last gasp* jusqu'au dernier souffle.

gasper ['gɑːspəʳ] n UK *inf & dated* sèche *f*, clope *m ou f*.

gas-permeable adj : *gas-permeable (contact) lenses* lentilles *fpl* perméables au gaz.

gas pipe n tuyau *m* à gaz.

gas pipeline n gazoduc *m*.

gas range n fourneau *m* à gaz.

gas ring n [part of cooker] brûleur *m* ; [small cooker] réchaud *m* à gaz.

gassed up [gæst-] adj US *inf* [drunk] bourré.

gas station n US poste *m* d'essence, station-service *f* / *gas station attendant* employé *m*, -e *f* de station-service, pompiste *mf*.

gas stove n UK [in kitchen] cuisinière *f* à gaz, gazinière *f* ; [for camping] réchaud *m* à gaz.

gassy ['gæsɪ] (*compar* **gassier**, *superl* **gassiest**) adj **1.** CHEM gazeux **2.** [drink] gazeux **3.** *inf* [chatty] bavard **4.** [bloated] ballonné ▸ **to feel gassy** se sentir ballonné **5.** [causing wind] qui provoque des ballonnements / *gassy foods* des aliments qui ont tendance à provoquer des ballonnements **6.** MIN grisouteux.

gas tank n **1.** [domestic] cuve *f* à gaz **2.** US AUTO réservoir *m* à essence.

gas tap n [on cooker] bouton *m* de cuisinière à gaz ; [at mains] robinet *m* de gaz.

gasteropod ['gæstrəpɒd] = **gastropod**.

gastrectomy [gæs'trektəmɪ] (*pl* **gastrectomies**) n gastrectomie *f*.

gastric ['gæstrɪk] adj gastrique.

gastric bypass n dérivation *f* gastrique.

gastric flu n *(U)* grippe *f* intestinale or gastro-intestinale.

gastric juice n suc *m* gastrique.

gastric ulcer n ulcère *m* de l'estomac, gastrite *f* ulcéreuse.

gastritis [gæs'traɪtɪs] n *(U)* gastrite *f*.

gastroenteritis [,gæstrəʊ,entə'raɪtɪs] n *(U)* gastro-entérite *f* / *to have gastroenteritis* avoir une gastro-entérite.

gastro-intestinal ['gæstrəʊ-] adj gastro-intestinal / *the gastro-intestinal tract* les voies *f* digestives.

gastronome ['gæstrənəʊm] n gastronome *mf*.

gastronomic [,gæstrə'nɒmɪk] adj gastronomique.

gastronomist [gæs'trɒnəmɪst] = **gastronome**.

gastronomy [gæs'trɒnəmɪ] n gastronomie *f*.

gastropod ['gæstrəpɒd] ◆ n gastéropode *m*, gastropode *m*. ◆ adj de gastéropode.

gastropub ['gæstrəʊpʌb] n UK pub *m* gastronomique.

gastroscopy [gæs'trɒskəpɪ] n gastroscopie *f*, fibroscopie *f* gastrique.

gas turbine n turbine *f* à gaz.

gasworks ['gæswɜːks] pl n inv usine *f* à gaz.

gat [gæt] ◆ pt *arch* ⟶ **get**. ◆ n US *v inf* flingue *m*, pétard *m*.

gate [geɪt] ◆ n **1.** [into garden] porte *f* ; [into driveway, field] barrière *f* ; [bigger - of mansion] portail *m* ; [- into courtyard] porte *f* cochère ; [low] portillon *m* ; [wrought iron] grille *f* / *the main gate* la porte or l'entrée principale / *the gates of heaven / hell* les portes du paradis / de l'enfer / *to pay at the gate* [for match] payer à l'entrée ▸ **to give sb the gate** US *inf* flanquer qqn à la porte / **'The Gates of Hell'** *Rodin* 'la Porte de l'enfer' **2.** [at airport] porte *f* / *proceed to gate 22* embarquement porte 22 **3.** [on ski slope] porte *f* **4.** [on canal] ▸ **lock gates** écluse *f*, portes *fpl* d'écluse **5.** SPORT [spectators] nombre *m* de spectateurs (admis) ; [money] recette *f*, entrées *fpl* / *there was a good / poor gate* il y a eu beaucoup / peu de spectateurs / *the match needed a gate of 50,000 to break even* il fallait 50 000 spectateurs au match pour que le club rentre dans ses frais **6.** ELECTRON gâchette *f* **7.** PHOT fenêtre *f* **8.** [in horse racing] starting-gate *f*. ◆ vt UK SCH consigner, mettre en retenue.

gateau ['gætəʊ] (*pl* **gateaux** [-təʊz]) n gros gâteau *m (décoré et fourré à la crème)*.

gatecrash ['geɪtkræʃ] *inf* ◆ vi [at party] s'inviter, jouer les pique-assiette ; [at paying event] resquiller. ◆ vt : *to gatecrash a party* aller à une fête sans invitation / *to gatecrash a concert* aller à un concert sans payer.

gatecrasher ['geɪtkræʃəʳ] n *inf* [at party] pique-assiette *mf* ; [at paying event] resquilleur *m*, -euse *f*.

gated community ['geɪtɪd-] n résidence *f* protégée.

gatefold ['geɪtfəʊld] n encart *m* dépliant *(dans un magazine)*.

gatehouse ['geɪthaʊs] (*pl* [-haʊzɪz]) n [of estate] loge *f* du portier ; [of castle] corps *m* de garde.

gatekeeper ['geɪt,kiːpəʳ] n **1.** portier *m*, -ère *f* **2.** RAIL garde-barrière *mf*.

gate-leg table, **gate-legged table** n table *f* à rabats.

gate money n recette *f*, montant *m* des entrées.

gatepost ['geɪtpəʊst] n montant *m* de barrière or de porte ▸ **between you, me and the gatepost** UK *inf* soit dit entre nous.

gateway ['geɪtweɪ] n porte *f*, entrée *f* ; COMPUT portail *m* ; *fig* porte *f* / *Istanbul, gateway to the East* Istanbul, la porte de l'Orient / *the gateway to success / happiness* la porte du succès / du bonheur / *this is a gateway drug* c'est une porte vers les drogues dures.

gather ['gæðəʳ] ◆ vt **1.** [pick, collect - mushrooms, wood] ramasser ; [- flowers, fruit] cueillir **2.** [bring together - information] recueillir ; [- taxes] percevoir, recouvrer ; [- belongings] ramasser / *to gather a crowd* attirer une foule de gens / *gather your things, we're leaving now* ramasse tes affaires, on s'en va **3.** [gain] prendre / *to gather strength* prendre des forces / *to gather speed* prendre de la vitesse **4.** [prepare] : *to gather one's thoughts* se concentrer / *to gather one's wits* rassembler ses esprits **5.** [embrace] serrer / *he gathered the children to him* il serra les enfants dans ses bras or sur son cœur **6.** [clothes] ramasser / *she gathered her skirts about her* elle ramassa ses jupes **7.** [deduce] déduire, comprendre / *from what she told me, I gather there will be an inquiry* à l'en croire, il y aura une enquête / *I gather he isn't coming then* j'en déduis qu'il ne vient pas, donc il ne vient pas / *as far as I can gather* d'après ce que j'ai cru comprendre **8.** SEW froncer / *the dress is gathered at the waist* la robe est froncée à la taille **9.** TYPO [signatures] assembler **10.** PHR ▸ **to gather dust** ramasser la poussière / *these books are just gathering dust* ces livres ne servent qu'à ramasser or prendre la poussière. ◆ vi **1.** [people] se regrouper, se rassembler ; [crowd] se former ; [troops] se masser / *they all gathered round the fire* ils se sont rassemblés autour du feu **2.** [clouds] s'amonceler ; [darkness] s'épaissir ; [storm] menacer, se préparer **3.** MED [abscess] mûrir ; [pus] se former.

❖ **gathers** pl n SEW fronces *fpl*.

❖ **gather in** vt sep **1.** [harvest] rentrer ; [wheat] récolter ; [money, taxes] recouvrer ; [books, exam papers] ramasser **2.** SEW : *gathered in at the waist* froncé à la taille.

❖ **gather round** vi se regrouper, se rassembler / *gather round and listen* approchez(-vous) et écoutez.

❖ **gather together** ◆ vi se regrouper, se rassembler. ◆ vt sep [people] rassembler, réunir ; [books, belongings] rassembler, ramasser.

❖ **gather up** vt sep **1.** [objects, belongings] ramasser / *he gathered up the toys and put them away* il ramassa les jouets et les mit de côté **2.** [skirts] ramasser, retrousser ; [hair] ramasser, relever / *her hair was gathered up into a bun* ses cheveux étaient ramassés or relevés en chignon.

gatherer ['gæðərəʳ] n ramasseur *m*, -euse *f*.

gathering ['gæðərɪŋ] ◆ n **1.** [group] assemblée *f*, réunion *f* / *a gathering of top scientists* une réunion de scientifiques de haut niveau / *a social gathering* une fête **2.** [accumulation] accumulation *f* ; [of clouds] amoncellement *m* **3.** [bringing together - of people] rassemblement *m* ; [- of objects] accumulation *f*, amoncellement *m* **4.** [harvesting] récolte *f* ; [picking] cueillette *f* **5.** [increase - in speed, force] accroissement *m* **6.** *(U)* SEW froncis *m*, fronces *fpl* **7.** *(U)* MED [abscess] abcès *m*. ◆ adj *liter* : *the gathering darkness* l'obscurité grandissante / *the gathering storm* l'orage qui se prépare or qui menace.

gator ['geɪtəʳ] n US *inf* alligator *m*.

GATT [gæt] (abbr of **General Agreement on Tariffs and Trade**) pr n GATT *m*.

gauche [gəʊʃ] adj gauche, maladroit.

gaucherie ['gəʊʃərɪ] n gaucherie *f*, maladresse *f*.

gaucho ['gaʊtʃəʊ] (*pl* **gauchos**) n gaucho *m*.

gaudily ['gɔːdɪlɪ] adv [dress] de manière voyante, tapageusement ; [decorate] de couleurs criardes.

gaudiness ['gɔːdɪnɪs] n [of colours] violence *f* ; [of clothes, décor] style *m* voyant, mauvais goût *m*.

gaudy ['gɔːdɪ] (*compar* **gaudier**, *superl* **gaudiest**) ◆ adj [dress] voyant ; [colour] voyant, criard, tape-à-l'œil *(inv)* ; [display] tapageur. ◆ n UK UNIV fête *f* annuelle *(des étudiants)*.

gauge UK, **gage** US [geɪdʒ] ◆ n **1.** [instrument] jauge *f*, indicateur *m* **2.** [standard measurement] calibre *m*, gabarit *m* ; [diameter - of wire, cylinder, gun] calibre *m* **3.** RAIL [of track] écartement *m* ; AUTO [of wheels] écartement *m* **4.** TECH [of steel] jauge *f* **5.** CIN [of film] pas *m* **6.** *fig* : *the survey provides a gauge of current trends* le sondage permet d'évaluer les tendances actuelles. ◆ vt **1.** [measure, calculate] mesurer, jauger / *to gauge the wind* mesurer la vitesse du vent / *to gauge the temperature of the political situation* jauger la situation politique / *she tried to gauge how much it would cost her* elle a essayé d'évaluer combien ça lui coûterait **2.** [predict] prévoir / *he tried to gauge what her reaction would be* il essaya de prévoir sa réaction **3.** [standardize] normaliser.

Gaul [gɔːl] ◆ pr n GEOG Gaule *f*. ◆ n [person] Gaulois *m*, -e *f*.

Gaullism ['gəʊlɪzm] n POL Gaullisme *m*.

Gaullist ['gəʊlɪst] ◆ adj POL Gaulliste. ◆ n POL Gaulliste *mf*.

gaunt [gɔːnt] adj **1.** [emaciated - face] creux, émacié ; [- body] décharné, émacié **2.** [desolate - landscape] morne, lugubre, désolé ; [- building] lugubre, désert.

gauntlet ['gɔːntlɪt] n [medieval glove] gantelet *m* ; [for motorcyclist, fencer] gant *m* (à crispin or à manchette) ▸ **to throw down / to take up the gauntlet** jeter / relever le gant ▸ **to run the gauntlet a)** *lit* passer par les baguettes **b)** *fig* se faire fustiger / *to run the gauntlet of an angry mob* se forcer or se frayer un passage à travers une foule hostile / *she had to run the gauntlet of their anger* elle a dû affronter leur colère.

gauntness ['gɔːntnɪs] n **1.** [of face, body] maigreur *f* / *the gauntness of his face* la maigreur de son visage **2.** [of landscape] aspect *m* morne or lugubre, désolation *f* ; [of house] aspect *m* lugubre.

gauss [gaʊs] n gauss *m*.

gauze [gɔːz] n gaze *f*.

gave [geɪv] pt ⟶ **give**.

gavel ['gævl] n marteau *m (de magistrat etc.)*.

gavotte [gə'vɒt] n gavotte *f*.

Gawd [gɔːd] interj UK *inf* mon Dieu !

gawk [gɔːk] *inf* ◆ vi être or rester bouche bée ▸ **to gawk at sb** regarder qqn bouche bée. ◆ n [person] godiche *f*, grand dadais *m*.

gawkish ['gɔːkɪʃ] adj gauche, emprunté.

gawky ['gɔːkɪ] (*compar* **gawkier**, *superl* **gawkiest**) adj *inf* gauche, emprunté.

gawp [gɔːp] vi UK *inf* rester bouche bée / *don't just stand there gawping!* ne reste pas là à bayer aux corneilles or à rêvasser !

gay [geɪ] ◆ adj **1.** [homosexual] gay, homosexuel **2.** *inf* [rubbish] : *that's so gay* c'est nul **3.** *dated* [cheerful, lively - appearance, party, atmosphere] gai, joyeux ; [- laughter] enjoué, joyeux ; [- music, rhythm] gai, entraînant, allègre / *she led a gay life* elle a mené joyeuse vie / *to have a gay time* prendre du bon temps ▸ **with gay abandon** avec insouciance, sans retenue **4.** *dated* [bright - colours, lights] gai, vif, éclatant / *the streets were gay with coloured flags / flowers* les rues étaient décorées de drapeaux / de fleurs aux couleurs gaies. ◆ n homosexuel *m*, -elle *f*, gay *m* / *gay rights* les droits *mpl* des homosexuels.

gay-affirmative adj US ▸ **to be gay-affirmative** avoir une attitude positive à l'égard des homosexuels.

gay-bashing [-bæʃɪŋ] n *inf* agressions *fpl* homophobes.

gaydar ['geɪdɑːʳ] n *inf capacité d'un homosexuel à reconnaître d'autres homosexuels / my gaydar went off the scale when he walked in* j'ai tout de suite su qu'il était homo quand il est entré dans la pièce / *my gaydar must be broken, I had no idea he was gay* je n'assure plus du tout, je n'avais pas capté qu'il était homo.

Gay Gordons [-'gɔːdnz] n ▸ **the Gay Gordons** *quadrille écossais.*

Gay Lib n abbr of Gay Liberation Movement.

Gay Liberation Movement n ▸ **the Gay Liberation Movement** le mouvement de libération des homosexuels.

gayness ['geɪnɪs] n **1.** [homosexuality] homosexualité *f* **2.** *dated* [of appearance, mood] gaieté *f* ; [of colours] gaieté *f*, éclat *m*.

Gaza ['gɑːzə] pr n Gaza.

Gaza Strip ['gɑːzə] pr n ▸ **the Gaza Strip** la bande de Gaza.

gaze [geɪz] ◆ vi ▸ **to gaze at sthg** regarder qqch fixement or longuement / *he was gazing at the ceiling* il regardait fixement le plafond, il fixait le plafond du regard / *she gazed at the landscape dreamily* elle regarda le paysage d'un air rêveur / *to gaze into space* avoir le regard perdu dans le vague, regarder dans le vide. ◆ n regard *m* fixe.

❖ **gaze about** UK, **gaze around** vi regarder autour de soi.

gazebo [gə'ziːbəʊ] (*pl* **gazebos**) n belvédère *m*.

gazelle [gə'zel] (*pl* **gazelle** *or* **gazelles**) n gazelle *f*.

gazette [gə'zet] ◆ n [newspaper] journal *m* ; [official publication] journal *m* officiel. ◆ vt UK publier or faire paraître au journal officiel.

gazetteer [,gæzɪ'tɪəʳ] n index *m* or nomenclature *f* géographique.

gazillion [gə'zɪljən] n US *inf* ▸ **gazillions of…** des tonnes de…

gazpacho [gə'spɑːtʃəʊ] n gaspacho *m*.

gazump [gə'zʌmp] UK *inf* ◆ vt *augmenter le prix d'un bien immobilier après une promesse de vente orale / we've been gazumped* la maison nous est passée sous le nez. ◆ vi *rompre une promesse de vente (d'un bien immobilier) à la suite d'une surenchère.*

gazunder vi UK *inf proposer un prix d'achat inférieur pour un bien immobilier à la dernière minute.*

GB, Gb [dʒiː'biː] (abbr of gigabyte) n gigaoctet *m*.

GB (abbr of Great Britain) pr n G-B *f*.

GBH n abbr of grievous bodily harm.

GC (abbr of George Cross) n *distinction honorifique britannique.*

GCE (abbr of General Certificate of Education) n *certificat de fin d'études secondaires en deux étapes (GCSE et A-level).*

GCH UK written abbr of gas central heating.

GCHQ (abbr of Government Communications Headquarters) pr n *centre d'interception des télécommunications étrangères en Grande-Bretagne.*

GCSE (abbr of General Certificate of Secondary Education) n *premier examen de fin de scolarité en Grande-Bretagne.*

GCSE

Examen sanctionnant la fin de la première partie de l'enseignement secondaire. Chaque élève présente les matières de son choix (généralement entre 5 et 10) selon un système d'unités de valeur. Le nombre d'unités et les notes obtenues déterminent le passage dans la classe supérieure. Après cet examen, les élèves peuvent choisir d'arrêter leurs études ou de préparer les **A-levels**.

GD, gd MESSAGING written abbr of good.

Gdansk [gə'dænsk] pr n Gdansk.

g'day [gə'deɪ] interj AUSTR salut.

Gdns. written abbr of Gardens.

GDP (abbr of gross domestic product) n UK PIB *m*.

GDR (abbr of German Democratic Republic) pr n RDA *f*.

gear [gɪəʳ] ◆ n **1.** *(U)* [accessories, equipment - for photography, camping] équipement *m*, matériel *m* ; [- for manual work] outils *mpl*, matériel *m* ; [- for household] ustensiles *mpl* / *he brought along all his skiing gear* il a apporté tout son équipement or toutes ses affaires de ski / *gardening gear* matériel de jardinage **2.** *(U)* [personal belongings] effets *mpl* personnels, affaires *fpl* ; [luggage] bagages *mpl* **3.** *(U)* [clothes] vêtements *mpl*, tenue *f* / *she was in her jogging / swimming gear* elle était en (tenue de) jogging / en maillot de bain **4.** *(U)* UK *inf* [fashionable clothes] fringues *fpl* / *she's got all the latest gear* elle s'habille très tendance **5.** *(U)* [apparatus] mécanisme *m*, dispositif *m* **6.** [in car, on bicycle] vitesse *f* / *to change gear* changer de vitesse / *put the car in gear* passez une vitesse / *to be in first / second gear* être en première / seconde / **'use** or **engage low gear'** 'utiliser le frein moteur', rétrograder / *I'm back in gear again now* *fig* c'est reparti pour moi maintenant ▸ **in high gear** US *fig* à plein régime **7.** MECH [cogwheel] roue *f* dentée, pignon *m* ; [system of cogs] engrenage *m*. ◆ vt **1.** [adapt] adapter / *the army was not geared for modern warfare* l'armée n'était pas prête pour la guerre moderne / *her work schedule is geared to fit in with her holiday plans* son programme de travail concorde avec ses projets de vacances / *the government's policies were not geared to cope with an economic recession* la politique mise en place par le gouvernement n'était pas prévue pour faire face à une récession économique / *the city's hospitals were not geared to cater for such an emergency* les hôpitaux de la ville n'étaient pas équipés pour répondre à une telle situation d'urgence **2.** AUTO & TECH engrener.

❖ **gear down** vt sep **1.** [reduce] réduire **2.** MECH démultiplier.

❖ **gear up** vt sep [prepare] ▸ **to be geared up** être paré or fin prêt / *the sprinters were all geared up and ready to go* les sprinters étaient fin prêts à partir / *she'd geared herself up to meet them* elle s'était mise en condition pour les rencontrer.

gearbox ['gɪəbɒks] n boîte *f* de vitesses.

gear change n changement *m* de vitesse.

gearing ['gɪərɪŋ] n **1.** MECH engrenage *m* **2.** UK FIN effet *m* de levier.

gearknob ['gɪənɒb] n AUTO poignée *f* du levier de vitesse.

gear lever UK, **gear shift** US n levier *m* de vitesse.

gear shift US = gear lever.

gear stick n levier *m* de changement de vitesse.

gear wheel n roue *f* dentée, pignon *m*.

gecko ['gekəʊ] n gecko *m*.

GED (abbr of general education development) n *aux États-Unis, diplôme d'études secondaires pour adultes souvent obtenu par correspondance.*

gee [dʒiː] interj US *inf* ▸ **gee!** ça alors ! ▸ **gee whiz!** super !, génial ! / *gee, mom, can we have ice cream for dessert?* dis, maman, on peut avoir de la glace comme dessert ?

gee-gee ['dʒiːdʒiː] n UK *baby talk* dada *m*.

geek [giːk] n *inf* débile *mf* ▸ **computer geek** fada *mf* or dingue *mf* d'informatique.

geekazoid ['giːkəzɔɪd] US *inf* ◆ n = geek. ◆ adj = geeky.

geeky adj *inf caractéristique de jeunes hommes obsédés par l'informatique ou les sciences et socialement inaptes / some geeky guy* un type ringard.

geese [giːs] pl ⟶ goose.

gee up ◆ interj hue ! ◆ vt sep UK *inf* faire avancer.

geezer ['giːzəʳ] n UK *inf* bonhomme *m*, coco *m*.

Geiger counter ['gaɪgəʳ-] n compteur *m* Geiger.

G8 n ECON & POL le G8, le groupe des 8.

geisha (girl) ['geɪʃə-] n geisha *f*.

gel¹ [dʒel] (*pt & pp* **gelled**, *cont* **gelling**) ◆ n **1.** CHEM [gen] gel *m* **2.** THEAT filtre *m* coloré. ◆ vi **1.** [idea, plan - take shape] prendre forme or tournure, se cristalliser **2.** [jellify] se gélifier.

gel² [gel] UK *hum* = girl.

gelatin ['dʒelətɪn], **gelatine** [,dʒelə'tiːn] n **1.** [substance] gélatine *f* **2.** THEAT filtre *m* coloré.

gelatinous [dʒə'lætɪnəs] adj gélatineux.

gelation [dʒɪ'leɪʃn] n **1.** [forming a gel] gélification *f* **2.** [freezing] gélation *f*.

geld [geld] vt [bull] châtrer ; [horse] hongrer.

gelding ['geldɪŋ] n (cheval *m*) hongre *m*.

gelid ['dʒelɪd] adj *liter* glacial.

gelignite ['dʒelɪgnaɪt] n gélignite *f*.

gem [dʒem] ◆ n **1.** [precious stone] gemme *f*, pierre *f* précieuse ; [semiprecious stone] gemme *f*, pierre *f* fine **2.** [masterpiece] joyau *m*, bijou *m*, merveille *f* / *the Petit Trianon is an architectural gem* le Petit Trianon est un joyau architectural / *that antique table is a real gem* cette table d'époque est une vraie merveille / *the gem of the collection* le joyau de la collection **3.** [person] : *you're a gem!* tu es un ange ! / *our baby-sitter is a real gem* notre baby-sitter est une perle **4.** [in printing] diamant *m*. ◆ vt orner, parer.

geminate ['dʒemɪneɪt] ◆ adj géminé. ◆ vt géminer.

gemination [,dʒemɪ'neɪʃn] n gémination *f*.

Gemini ['dʒemɪnaɪ] pr n ASTROL & ASTRON Gémeaux *mpl* / *he's a Gemini* il est Gémeaux.

gemma ['dʒemmə] (*pl* **gemmae** [-miː]) n BOT gemme *f*.

gemmology [dʒem'ɒlədʒɪ] n gemmologie *f*.

gemstone ['dʒemstəʊn] n [precious] gemme *f*, pierre *f* précieuse ; [semiprecious] gemme *f*, pierre *f* fine.

gen [dʒen] (*pt & pp* **genned**, *cont* **genning**) n *(U)* UK *inf* tuyaux *mpl*, renseignements *mpl* / *she gave me the latest gen on our new assignment* elle m'a donné les derniers renseignements concernant notre nouvelle mission / *what's the gen on the new neighbours?* qu'est-ce qu'on raconte sur les nouveaux voisins ?

❖ **gen up** UK *inf* ◆ vi se rencarder ▸ **to gen up on** se rencarder sur. ◆ vt sep rencarder, mettre au parfum / *she genned me up on the latest developments* elle m'a renseigné sur les or elle m'a mis au parfum des derniers événements.

gen. (written abbr of general, generally) gén.

Gen. (written abbr of general) Gal.

gender ['dʒendəʳ] n **1.** GRAM genre *m* / *common gender* genre commun **2.** [sex] sexe *m* ▸ **gender studies** *champ de recherche sur les différences entre les hommes et les femmes d'un point de vue sociologique.*

gender-bender n *v inf* travelo *m*.

gender reassignment n changement *m* de sexe.

gender-specific adj propre à l'un des deux sexes.

gene [dʒi:n] n gène *m* / *dominant / recessive gene* gène dominant / récessif.

genealogical [,dʒi:njə'lɒdʒɪkl] adj généalogique.

genealogical tree n arbre *m* généalogique.

genealogist [,dʒi:nɪ'ælədʒɪst] n généalogiste *mf*.

genealogy [,dʒi:nɪ'ælədʒɪ] n généalogie *f*.

gene flow n flux *m* génétique.

gene frequency n fréquence *f* génétique.

gene pool n patrimoine *m* or bagage *m* héréditaire.

genera ['dʒenərə] pl ⟶ **genus**.

general ['dʒenərəl] ◆ adj **1.** [common] général / *as a general rule* en règle générale, en général / *in general terms* en termes généraux / *in the general interest* dans l'intérêt de tous / *the general feeling was that he should have won* le sentiment général était qu'il aurait dû gagner / *there was a general movement to leave the room* la plupart des gens se sont levés pour sortir **2.** [approximate] général / *a general resemblance* une vague ressemblance / *to go in the general direction of sthg* se diriger plus ou moins vers qqch / *their house is over in that general direction* leur maison se trouve vers là-bas **3.** [widespread] général, répandu / *a general opinion* une opinion générale or répandue / *to be in general use* être d'usage courant or répandu / *this word is no longer in general use* ce mot est tombé en désuétude / *there is general agreement on the matter* il y a consensus sur la question / *this kind of attitude is fairly general in Europe* ce genre d'attitude est assez répandu en Europe **4.** [overall - outline, plan, impression] d'ensemble / *the general effect is quite pleasing* le résultat général est assez agréable / *I get the general idea* je vois en gros / *he gave her a general idea* or *outline of his work* il lui a décrit son travail dans les grandes lignes **5.** [ordinary] : *this book is for the general reader* ce livre est destiné au lecteur moyen ▸ **the general public** le grand public *m*. ◆ n **1.** [in reasoning] ▸ **to go from the general to the particular** aller du général au particulier **2.** MIL général *m* **3.** [domestic servant] bonne *f* à tout faire.

✧ **in general** adv phr en général.

General Agreement on Tariffs and Trade pr n Accord *m* général sur les tarifs douaniers et le commerce.

general assembly n assemblée *f* générale.

general dealer US = **general store**.

general degree n UNIV licence *f* comportant plusieurs matières.

general delivery n US poste *f* restante.

general election n élections *fpl* législatives.

general headquarters n (grand) quartier *m* général.

general hospital n centre *m* hospitalier.

generalissimo [,dʒenərə'lɪsɪməʊ] (*pl* **generalissimos**) n généralissime *m*.

generalist ['dʒenərəlɪst] n non-spécialiste *mf*, généraliste *mf*.

generality [,dʒenə'rælətɪ] (*pl* **generalities**) n **1.** [generalization] généralité *f* / *the Minister's speech was full of generalities* lors de son discours le Ministre n'a évoqué que des généralités / *a principle of great generality* un principe très général ▸ **in the generality** en règle générale **2.** *fml* [majority] plupart *f* / *the generality of people is* or *are against euthanasia* la plupart des gens sont hostiles à l'euthanasie.

generalization [,dʒenərəlaɪ'zeɪʃn] n **1.** [general comment] généralisation *f* **2.** [spread] généralisation *f*.

generalize, **generalise** ['dʒenərəlaɪz] ◆ vt généraliser. ◆ vi **1.** [person] généraliser **2.** MED [disease] se généraliser.

generalized ['dʒenərəlaɪzd] adj **1.** [involving many] généralisé **2.** [non-specific] général.

general knowledge n culture *f* générale.

generally ['dʒenərəlɪ] adv **1.** [usually] en général, d'habitude / *he generally comes in the afternoon* d'habitude, il vient l'après-midi **2.** [in a general way] en général, de façon générale / *generally speaking* en général, en règle générale **3.** [by most] dans l'ensemble / *it is generally agreed that it cannot be done* on s'accorde en général à penser que c'est infaisable.

general manager n directeur *m* général, directrice *f* générale.

general meeting n assemblée *f* générale.

general officer n général *m* en chef.

General Post Office = **GPO**.

general practice n médecine *f* générale.

general practitioner n médecin *m* généraliste, omnipraticien *m*, -enne *f*.

general-purpose adj polyvalent.

generalship ['dʒenərəlʃɪp] n *(U)* **1.** MIL [skill, duties] tactique *f* **2.** ADMIN capacités *fpl* administratives.

general staff n état-major *m*.

general store n bazar *m*.

general strike n grève *f* générale ▸ **the General Strike** *la grève de mai 1926 en Grande-Bretagne, lancée par les syndicats par solidarité avec les mineurs.*

General Studies pl n SCH ≃ cours *m* de culture générale.

General Synod pr n *le Synode général de l'Église anglicane.*

generate ['dʒenəreɪt] vt **1.** [produce - electricity, power] produire, générer ; *fig* [emotion] susciter, donner naissance à **2.** LING & COMPUT générer.

generating station n centrale *f* électrique.

generating unit n groupe *m* électrogène.

generation [,dʒenə'reɪʃn] n **1.** [age group] génération *f* / *the present generation is* or *are anxious about the future* la génération actuelle est inquiète face à l'avenir / *the hippie generation* la génération hippie / *the rising generation* la jeune or nouvelle génération / *a new generation of writers* une nouvelle génération d'écrivains / *from generation to generation* de génération en génération, de père en fils **2.** [by birth] : *she is second generation Irish* elle est née de parents irlandais / *third generation black Britons* les noirs britanniques de la troisième génération **3.** [period of time] génération *f* / *the house has been in the family for three generations* la maison est dans la famille depuis trois générations / *traditions that have been practised for generations* des traditions en vigueur depuis des générations **4.** [model - of machine] génération *f* / *a third generation micro processor* un microprocesseur de la troisième génération **5.** *(U)* [of electricity] génération *f*, production *f* ; LING génération *f*.

generation gap n écart *m* entre les générations ; [conflict] conflit *m* des générations.

generative ['dʒenərətɪv] adj génératif / *generative cell* cellule *f* générative.

generative grammar n grammaire *f* générative.

generative semantics n sémantique *f* générative.

generator ['dʒenəreɪtəʳ] n **1.** [electric] générateur *m*, groupe *m* électrogène ; [of steam] générateur *m*, chaudière *f* (à vapeur) ; [of gas] gazogène *m* **2.** [person] générateur *m*, -trice *f*.

generatrix ['dʒenəreɪtrɪks] (*pl* **generatrices** [-trɪsi:z]) n génératrice *f*.

generic [dʒɪ'nerɪk] adj générique / *generic brand* marque *f* générique / *generic product* produit *m* générique.

generically [dʒɪ'nerɪklɪ] adv génériquement.

generosity [,dʒenə'rɒsətɪ] n générosité *f*.

generous ['dʒenərəs] adj **1.** [with money, gifts] généreux / *she's always generous with her time* elle n'est pas avare de son temps / *he was very generous in his praise* il ne tarissait pas d'éloges / *more than generous* très généreux / *they've been less than generous* ils n'ont pas été très généreux **2.** [in value - gift] généreux ; [in quantity - sum, salary] généreux, élevé **3.** [copious] copieux, abondant ; [large] bon, abondant / *a generous portion* une part copieuse or généreuse / *food and drink were in generous supply* il y avait à boire et à manger en abondance / *she cut him a generous slice of cake* elle lui a servi une bonne tranche de gâteau / *they serve generous helpings of cream* ils ne lésinent pas sur la crème / *a generous harvest* une récolte abondante **4.** UK [strong - wine] généreux **5.** [physically - size] généreux, ample / *to have generous curves* *euph* avoir des formes généreuses.

generously ['dʒenərəslɪ] adv **1.** [unsparingly] généreusement, avec générosité **2.** [with magnanimity - agree, offer] généreusement ; [- forgive] généreusement, avec magnanimité **3.** [copiously] : *a plate of fish and chips generously sprinkled with salt and vinegar* une assiette de « fish and chips » généreusement salée et vinaigrée / *the soup was rather generously salted* [oversalted] la soupe était très généreusement salée **4.** [in size] amplement / *to be generously built* *euph* avoir des formes généreuses.

genesis ['dʒenəsɪs] (*pl* **geneses** [-si:z]) n genèse *f*, origine *f*.

✧ **Genesis** n BIBLE la Genèse.

genet ['dʒenɪt] n genette *f*.

genetic [dʒɪ'netɪk] adj génétique / *genetic map / marker* carte *f* / marqueur *m* génétique.

genetical [dʒɪ'netɪkl] = **genetic**.

genetically [dʒɪ'netɪklɪ] adv génétiquement ▸ **genetically modified** génétiquement modifié ▸ **genetically modified organism** organisme *m* génétiquement modifié.

genetic code n code *m* génétique.

genetic engineer n généticien *m*, -enne *f*.

genetic engineering n génie *m* génétique.

genetic fingerprinting n empreinte *f* génétique.

geneticist [dʒɪ'netɪsɪst] n généticien *m*, -enne *f*.

genetics [dʒɪ'netɪks] n *(U)* génétique *f*.

Geneva [dʒɪ'ni:və] pr n Genève ▸ **Lake Geneva** le lac Léman.

Geneva Convention pr n ▸ **the Geneva Convention** la Convention de Genève.

Genevan [dʒɪ'ni:vn], **Genevese** [,dʒenɪ'vi:z] (*pl* **Genevese**) ◆ n Genevois *m*, -e *f*. ◆ adj genevois.

Genghis Khan [,geŋgɪs'kɑ:n] pr n Gengis Khan

gengineer [,dʒendʒɪ'ˈnɪəʳ] n ingénieur *m*, -e *f* en génétique.

gengineering [,dʒendʒɪ'ˈnɪərɪŋ] n génie *m* génétique.

genial ['dʒi:njəl] adj **1.** [friendly - person] aimable, affable ; [- expression, voice] cordial, chaleureux ; [- face] jovial **2.** *liter* [clement - weather] clément.

geniality [,dʒi:nɪ'ælətɪ] n **1.** [of person, expression] cordialité *f*, amabilité *f* **2.** *liter* [of weather] clémence *f*.

genially ['dʒi:njəlɪ] adv affablement, cordialement, chaleureusement.

genie ['dʒi:nɪ] (*pl* **genii** [-nɪaɪ]) n génie *m*, djinn *m*.

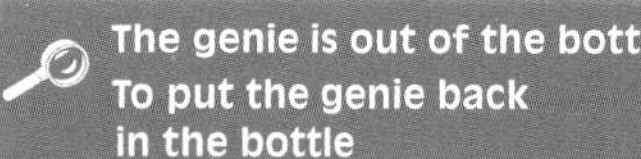

Ces expressions sont des allusions à l'histoire d'Aladin qui libère un génie en frottant une lampe magique. Elles sont employées pour évoquer l'impossibilité qu'il y a souvent à revenir en arrière dans une situation problématique:

Maybe it would have been better if the public hadn't known about this, but the genie's

out of the bottle now and justice must be done. *Il aurait peut-être mieux valu que le public ne soit pas informé de ceci, mais il est trop tard à présent et justice doit être faite.*

Music companies are desperately trying to put the genie back in the bottle by sending threats to peer-to-peer websites. *Les labels de musique tentent désespérément de rétablir la situation en envoyant des avertissements aux sites peer-to-peer.*

genii [-nɪaɪ] pl **1.** ⟶ **genie 2.** ⟶ **genius.**

genital ['dʒenɪtl] adj génital ▸ **the genital organs** les organes *mpl* génitaux.

✧ **genitals** pl n organes *mpl* génitaux.

genitalia [,dʒenɪ'teɪlɪə] pl n organes *mpl* génitaux, parties *fpl* génitales.

genitival [,dʒenɪ'taɪvl] adj du génitif.

genitive ['dʒenɪtɪv] ◆ n génitif *m* / *in the genitive* au génitif. ◆ adj du génitif / *the genitive case* le génitif. See box at 's.

genito-urinary [,dʒenɪtəʊ'jʊərɪnərɪ] adj génito-urinaire / *the genito-urinary tract* l'appareil *m* génito-urinaire.

genius ['dʒi:njəs] n (*pl* **geniuses**) **1.** [person] génie *m* / *she's a genius at music* c'est un génie en musique **2.** [special ability] génie *m* / *a work / writer of genius* une œuvre / un écrivain de génie ▸ **to have a genius for sthg** avoir le génie de qqch / *he has a genius for public relations* il a le génie des relations publiques / *some people have great natural genius* il y a des gens très doués de naissance / *her genius lies in her power to evoke atmosphere* son génie, c'est de savoir recréer une atmosphère / *she has a genius for remembering people's faces* elle a le génie or le don de se souvenir des visages **3.** [special character - of system, idea] génie *m* (particulier), esprit *m* **4.** (*pl* **genii** [-nɪaɪ]) [spirit, demon] génie *m* / *good / evil genius* bon / mauvais génie.

genoa ['dʒenəʊə] n NAUT génois *m.*

Genoa ['dʒenəʊə] pr n Gênes.

genocidal [,dʒenə'saɪdl] adj génocide.

genocide ['dʒenəsaɪd] n génocide *m.*

Genoese [,dʒenəʊ'i:z] (*pl* **Genoese**), **Genovese** [,dʒenə'vi:z] (*pl* **Genovese**) ◆ n Génois *m*, -e *f.* ◆ adj génois.

genome ['dʒi:nəʊm] n génome *m.*

genomics [dʒɪ'nəʊmɪks] n *(sg)* génomique.

genotype ['dʒenəʊtaɪp] n génotype *m.*

genre ['ʒɑ̃rə] ◆ n genre *m.* ◆ comp ▸ **genre painting** peinture *f* de genre.

gent [dʒent] (abbr of **gentleman**) n UK *inf* monsieur *m* / *to behave like a (real) gent* agir en gentleman / *gents' outfitters* magasin *m* de confection or d'habillement pour hommes.

✧ **gents** n *inf* ▸ **the gents** les toilettes *fpl* (pour hommes) / *where's the gents?* où sont les toilettes ?

genteel [dʒen'ti:l] adj **1.** [refined] comme il faut, distingué ▸ **to live in genteel poverty** vivre dans une misère respectable or une misère qui s'efforce de sauver les apparences **2.** [affected - speech] maniéré, affecté ; [- manner] affecté ; [- language] précieux.

gentian ['dʒenʃɪən] n gentiane *f.*

gentian blue n bleu *m* gentiane.

gentian violet n violet *m* gentiane.

Gentile ['dʒentaɪl] ◆ n HIST gentil *m.* ◆ adj HIST des gentils.

gentility [dʒen'tɪlətɪ] n **1.** [good breeding] distinction *f* **2.** [gentry] petite noblesse *f* **3.** *(U)* [affected politeness] manières *fpl* affectées.

gentle ['dʒentl] ◆ adj **1.** [mild - person, smile, voice] doux (douce) ; [- landscape] agréable / *a gentle soul* une bonne âme, une âme charitable ▸ **the gentle sex** le sexe faible ▸ **as gentle as a lamb** doux comme un agneau **2.** [light - knock, push, breeze] léger ; [- rain] fin, léger ; [- exercise] modéré **3.** [discreet - rebuke, reminder] discret (discrète) / *the gentle art of persuasion hum* l'art subtil de la persuasion / *to try gentle persuasion on sb* essayer de convaincre qqn par la douceur / *we gave him a gentle hint* nous l'avons discrètement mis sur la voie **4.** [gradual - slope, climb] doux (douce) / *a gentle transition* une transition progressive or sans heurts / *to come to a gentle halt* s'arrêter sans à-coup **5.** *arch* [noble] noble, de bonne naissance ▸ **gentle reader** *liter* aimable lecteur / *of gentle birth* de bonne famille. ◆ vt [animal] apaiser, calmer. ◆ n [maggot] asticot *m.*

⚠ **Gentil** means nice or kind, not gentle.

gentlefolk ['dʒentlfəʊk] pl n *arch* personnes *fpl* de bonne famille or de la petite noblesse.

gentleman ['dʒentlmən] (*pl* **gentlemen** [-mən]) n **1.** [man] monsieur *m* / *show the gentleman in* faites entrer monsieur / *come in, gentlemen!* entrez, messieurs ! **2.** [well-bred man] homme *m* du monde, gentleman *m* / *he's a real gentleman* c'est un vrai gentleman / *to act like a gentleman* agir en gentleman / *that's not how a gentleman would behave* c'est (une conduite) indigne d'un gentleman / *a born gentleman* un gentleman né / *the word of a gentleman* la parole (d'honneur) d'un gentleman / **'Gentlemen Prefer Blondes'** *Hawks* 'les Hommes préfèrent les blondes' **3.** [man of substance] rentier *m* ; [at court] gentilhomme *m.*

gentleman-at-arms n UK gentilhomme *m* à la garde.

gentleman farmer n gentleman-farmer *m.*

gentleman-in-waiting n UK gentilhomme *m* (au service du roi).

gentlemanly ['dʒentlmənlɪ] adj [person] bien élevé ; [appearance, behaviour] distingué ; [status] noble / *to behave in a gentlemanly way* agir en gentleman.

gentleman's gentleman n UK *domestique personnel d'un gentleman.*

gentlemen [-mən] pl ⟶ **gentleman.**

gentlemen's agreement n gentleman's agreement *m*, accord *m* reposant sur l'honneur.

gentlemen's club n club *m* de gentlemen.

gentleness ['dʒentlnɪs] n douceur *f*, légèreté *f.*

gentlewoman ['dʒentl,wʊmən] (*pl* **gentlewomen** [-,wɪmɪn]) n **1.** [of noble birth] dame *f* **2.** [refined] femme *f* du monde **3.** [lady-in-waiting] dame *f* d'honneur or de compagnie.

gently ['dʒentlɪ] adv **1.** [mildly - speak, smile] avec douceur **2.** [discreetly - remind, reprimand, suggest] discrètement / *he broke the news to her as gently as possible* il fit de son mieux pour lui annoncer la nouvelle avec tact or ménagement **3.** [lightly] : *a light breeze blew the curtains gently to and fro* une légère brise faisait onduler les rideaux / *the rain was falling gently* la pluie tombait doucement **4.** [gradually] doucement, progressivement / *the hill slopes gently down to the sea* la colline descend doucement or en pente douce vers la mer / *gently rolling hills* des collines qui ondoient (doucement) **5.** [slowly - move, heat] doucement / *a gently flowing river* une rivière qui coule paisiblement ▸ **gently does it!** doucement !

gentrification [,dʒentrɪfɪ'keɪʃn] n embourgeoisement *m.*

gentrified ['dʒentrɪfaɪd] adj UK [area, street] qui s'est embourgeoisé.

gentrify ['dʒentrɪfaɪ] (*pt & pp* **gentrified**) vt [suburb] embourgeoiser, rendre chic or élégant / *the area has been gentrified* le quartier est devenu chic.

gentry ['dʒentrɪ] (*pl* **gentries**) n petite noblesse *f.*

genuflect ['dʒenju:flekt] vi faire une génuflexion.

genuflection, **genuflexion** [,dʒenju:'flekʃn] n génuflexion *f.*

genuine ['dʒenjʊɪn] adj **1.** [authentic - antique] authentique ; [- gold, mahogany] véritable, vrai / *a genuine Van Gogh* un Van Gogh authentique / *he's the genuine article fig* c'est un vrai de vrai **2.** [sincere - person] naturel, franc (franche) ; [- emotion] sincère, vrai ; [- smile, laugh] vrai, franc (franche) / *it is my genuine belief that he is innocent* je suis intimement persuadé de son innocence / *her regret seemed genuine* elle semblait sincèrement désolée **3.** [real - mistake] fait de bonne foi **4.** [not impersonated - repairman, official] vrai, véritable **5.** [serious - buyer] sérieux / **'genuine enquiries only'** [in advert] 'pas sérieux s'abstenir'.

genuinely ['dʒenjʊɪnlɪ] adv [truly] authentiquement ; [sincerely] sincèrement, véritablement.

genus ['dʒi:nəs] (*pl* **genera** ['dʒenərə]) n BIOL genre *m.*

geocentric [,dʒi:əʊ'sentrɪk] adj géocentrique.

geochemical [,dʒi:əʊ'kemɪkl] adj géochimique.

geochemist [,dʒi:əʊ'kemɪst] n géochimiste *mf.*

geochemistry [,dʒi:əʊ'kemɪstrɪ] n géochimie *f.*

geode ['dʒi:əʊd] n géode *f.*

geodesic [,dʒi:əʊ'desɪk] adj géodésique ▸ **geodesic line** (ligne *f*) géodésique *f.*

geodesic dome n dôme *m* géodésique.

geodesy [dʒi:'ɒdɪsɪ] n géodésie *f.*

geodetic [,dʒi:əʊ'detɪk] = **geodesic.**

geodynamics [,dʒi:əʊdaɪ'næmɪks] n *(U)* géodynamique *f.*

geographer [dʒɪ'ɒgrəfə^r] n géographe *mf.*

geographical [dʒɪə'græfɪkl] adj géographique.

geographically [dʒɪə'græfɪklɪ] adv géographiquement.

geographical mile n mille *m* marin.

geography [dʒɪ'ɒgrəfɪ] n **1.** [science] géographie *f* / *physical / social geography* géographie physique / humaine / *geography lesson* cours *m* de géographie **2.** [layout] : *I don't know the geography of the building* je ne connais pas le plan du bâtiment.

geological [,dʒɪə'lɒdʒɪkl] adj géologique ▸ **geological time** temps *m* géologique.

geologically [,dʒɪə'lɒdʒɪklɪ] adv du point de vue géologique.

geologist [dʒɪ'ɒlədʒɪst] n géologue *mf.*

geology [dʒɪ'ɒlədʒɪ] n géologie *f.*

geomagnetic [,dʒi:əʊmæg'netɪk] adj géomagnétique / *a geomagnetic storm* un orage magnétique.

geomagnetism [,dʒi:əʊ'mægnɪtɪzm] n géomagnétisme *m*, magnétisme *m* terrestre.

geomarketing [,dʒi:əʊ'mɑ:kɪtɪŋ] n géomarketing *m.*

geometer [dʒɪ'ɒmɪtə^r] n géomètre *mf.*

geometric [,dʒɪə'metrɪk] adj géométrique / *geometric distribution* distribution *f* géométrique.

geometrical [,dʒɪə'metrɪkl] adj géométrique.

geometrically [,dʒɪə'metrɪklɪ] adv géométriquement.

geometrician [,dʒɪəʊmə'trɪʃn] n géomètre *mf.*

geometric mean n moyenne *f* géométrique.

geometric progression n progression *f* géométrique.

geometric series n série *f* géométrique.

geometry [dʒɪ'ɒmətrɪ] n géométrie *f.*

geomorphic [,dʒi:əʊ'mɔ:fɪk] adj géomorphologique.

geomorphology [,dʒi:əʊmɔ:'fɒlədʒɪ] n géomorphologie *f.*

geophysical [,dʒi:əʊ'fɪzɪkl] adj géophysique.

geophysicist [,dʒi:əʊ'fɪzɪsɪst] n géophysicien *m*, -enne *f.*

geophysics [,dʒi:əʊ'fɪzɪks] n *(U)* géophysique *f.*

geopolitical [,dʒi:əʊpə'lɪtɪkl] adj géopolitique.

geopolitics [,dʒi:əʊ'pɒlətɪks] n *(U)* géopolitique *f.*

Geordie ['ʤɔ:dɪ] UK inf ◆ n **1.** [person] *surnom des habitants de Tyneside, dans le nord-est de l'Angleterre* **2.** [dialect] *dialecte parlé par les habitants de Tyneside.* ◆ adj *caractéristique du Tyneside.*

George ['ʤɔ:ʤ] pr n **1.** ▸ **Saint George** saint Georges ▸ **King George V** le roi George V ▸ **by George!** *inf & dated* sapristi ! **2.** UK *inf* AERON *le pilote automatique.*

George Cross n *décoration britannique décernée aux civils pour des actes de bravoure.*

georgette [ʤɔ:'ʤet] n crêpe *m* georgette.

Georgia ['ʤɔ:ʤjə] pr n [in US, CIS] Géorgie *f* / *in Georgia* en Géorgie.

Georgian ['ʤɔ:ʤjən] ◆ n **1.** [inhabitant of Georgia] Géorgien *m*, -enne *f* **2.** LING géorgien *m*. ◆ adj **1.** [of Georgia] géorgien **2.** HIST géorgien *(du règne des rois George I-IV 1714-1830)* ▸ **Georgian architecture** architecture *f* de style géorgien **3.** LITER ▸ **Georgian poetry** poésie *f* géorgienne *(poésie britannique des années 1912-1922).*

geoscience [,ʤi:əʊ'saɪəns] n **1.** [particular] science *f* de la Terre **2.** *(U)* [collectively] sciences *fpl* de la Terre.

geostationary [,ʤi:əʊ'steɪʃnərɪ] adj géostationnaire / *in geostationary orbit* en orbite géostationnaire.

geostrategy [,ʤi:əʊ'strætəʤɪ] n géostratégie *f*.

geosyncline [,ʤi:əʊ'sɪŋklaɪn] n géosynclinal *m*.

geotectonic [,ʤi:əʊtek'tɒnɪk] adj géotectonique.

geotextile ['ʤi:əʊtekstaɪl] n géotextile *m*.

geothermal [,ʤi:əʊ'θ3:ml], **geothermic** [,ʤi:əʊ'θ3:mɪk] adj géothermique.

geothermics [,ʤi:əʊ'θ3:mɪks] n *(U)* géothermie *f*.

geotropical [,ʤi:əʊ'trɒpɪkl] adj géotropique.

geotropism [ʤɪ'ɑ:trə,pɪzm] n géotropisme *m*.

geranium [ʤɪ'reɪnjəm] ◆ n géranium *m*. ◆ adj rouge géranium *(inv)*, incarnat.

gerbil ['ʤ3:bɪl] n gerbille *f*.

geriatric [,ʤerɪ'ætrɪk] ◆ adj MED gériatrique ▸ **geriatric hospital** hospice *m* ▸ **geriatric medicine** gériatrie *f* ▸ **geriatric nurse** infirmier *m* (spécialisé en gériatrie), infirmière *f* (spécialisée) en gériatrie ▸ **geriatric ward** service *m* de gériatrie. ◆ n **1.** [patient] malade *mf* en gériatrie **2.** *pej* vieux *m*, vieille *f*.

geriatrician [,ʤerɪə'trɪʃn] n gériatre *mf*.

geriatrics [,ʤerɪ'ætrɪks] n *(U)* gériatrie *f*.

germ [ʤ3:m] n **1.** [microbe] microbe *m*, germe *m* **2.** BIOL germe *m* **3.** *fig* germe *m*, ferment *m* / *the germ of an idea* le germe d'une idée.

german ['ʤ3:mən] ◆ adj *fml* **1.** [cousin, brother] germain **2.** = **germane.** ◆ n US [dance] allemande *f*.

German ['ʤ3:mən] ◆ n **1.** [person] Allemand *m*, -e *f* **2.** LING allemand *m*. ◆ adj allemand.

German Democratic Republic pr n ▸ **the German Democratic Republic** la République démocratique allemande, la RDA.

germane [ʤ3:'meɪn] adj *fml* pertinent ▸ **germane to** en rapport avec / *it is not germane to my argument* cela n'a aucun rapport avec mon argument.

Germanic [ʤ3:'mænɪk] ◆ adj germanique. ◆ n LING germanique *m*.

germanium [ʤ3:'meɪnɪəm] n germanium *m*.

germanize, germanise ['ʤ3:mənaɪz] vt germaniser.

German measles n *(U)* rubéole *f*.

Germanophile [ʤ3:'mænəfaɪl] n germanophile *mf*.

Germanophobe [ʤ3:'mænəfəʊb] n germanophobe *mf*.

Germanophobia [ʤ3:,mænə'fəʊbɪə] n germanophobie *f*.

Germanophobic [ʤ3:,mænə'fəʊbɪk] adj germanophobe.

German shepherd (dog) n berger *m* allemand.

Germany ['ʤ3:mənɪ] pr n Allemagne *f* / *in Germany* en Allemagne.

germ cell n cellule *f* germinale or reproductrice.

germ-free adj stérilisé, aseptisé.

germicidal [,ʤ3:mɪ'saɪdl] adj germicide, bactéricide.

germicide ['ʤ3:mɪsaɪd] n bactéricide *m*.

germinal ['ʤ3:mɪnl] adj **1.** BIOL germinal **2.** *fig & fml* embryonnaire.

germinate ['ʤ3:mɪneɪt] ◆ vi **1.** BIOL germer **2.** *fig* [originate] germer, prendre naissance. ◆ vt **1.** BIOL faire germer **2.** *fig* faire germer, donner naissance à.

germination [,ʤ3:mɪ'neɪʃn] n germination *f*.

germ killer n germicide *m*, microbicide *m*.

germproof ['ʤ3:mpru:f] adj résistant aux microbes.

germ warfare n guerre *f* bactériologique.

Gerona [ʤə'rəʊnə] pr n Gérone.

Geronimo [dzə'rɒnɪməʊ] pr n *nom d'un célèbre chef apache (traditionnellement, les parachutistes américains crient son nom en sautant dans le vide).*

gerontocracy [,ʤerɒn'tɒkrəsɪ] (*pl* **gerontocracies**) n gérontocratie *f*.

gerontologist [,ʤerɒn'tɒləʤɪst] n gérontologue *mf*.

gerontology [,ʤerɒn'tɒləʤɪ] n gérontologie *f*.

gerrymander ['ʤerɪmændər] *pej* ◆ vi faire du charcutage électoral, redécouper des circonscriptions. ◆ vt redécouper (à des fins électorales). ◆ n charcutage *m* électoral.

gerrymandering ['ʤerɪmændərɪŋ] n *pej* charcutage *m* électoral.

gerund ['ʤerənd] n gérondif *m*.

gerundive [ʤɪ'rʌndɪv] ◆ n adjectif *m* verbal. ◆ adj du gérondif.

gesso ['ʤesəʊ] n [for painting] enduit *m* (au plâtre) ; [for sculpture] plâtre *m* (de Paris).

gestalt [gə'ʃtælt] n gestalt *f*.

gestalt psychology n gestaltisme *m*, théorie *f* de la forme.

Gestapo [ge'stɑ:pəʊ] pr n Gestapo *f*.

gestate [ʤe'steɪt] ◆ vi être en gestation ; *fig* mûrir / *my ideas need time to gestate* mes idées ont besoin de mûrir. ◆ vt **1.** BIOL [young] porter **2.** *fig* [idea, plan] laisser mûrir.

gestation [ʤe'steɪʃn] n gestation *f* / *gestation period* période *f* de gestation.

gesticulate [ʤe'stɪkjʊleɪt] ◆ vi gesticuler. ◆ vt [answer, meaning] mimer.

gesticulation [ʤe,stɪkjʊ'leɪʃn] n gesticulation *f*.

gesture ['ʤestʃər] ◆ n **1.** [expressive movement] geste *m* / *to make a gesture* faire un geste / *a gesture of acknowledgment* un signe de reconnaissance / *he made a gesture of dismissal* il les a congédiés d'un geste **2.** [sign, token] geste *m* / *as a gesture of friendship* en signe or en témoignage d'amitié / *as a gesture of protest* en signe de protestation / *it was a nice gesture* c'était une gentille attention / *they offered him a salary rise as a gesture of goodwill* ils lui ont offert une augmentation en gage de leur bonne volonté. ◆ vi : *to gesture with one's hands / head* faire un signe de la main / de la tête / *he gestured to me to stand up* il m'a fait signe de me lever / *he gestured to his wife* il fit signe à sa femme / *she gestured towards the pile of books* elle désigna or montra la pile de livres d'un geste. ◆ vt mimer.

gesundheit [gə'zʊnthaɪt] interj US à vos / tes souhaits.

get [get] (UK *pt & pp* **got** [gɒt], *cont* **getting** [getɪŋ] ; US *pt* **got** [gɒt], *pp* **gotten** [gɒtn], *cont* **getting** [getɪŋ])

◆ vt

A. RECEIVE, OBTAIN OR CATCH
B. EXPERIENCE OR ENCOUNTER
C. CAUSE
D. CONTACT OR ABSORB
E. HARM OR AFFECT

A. RECEIVE, OBTAIN OR CATCH **1.** [receive - gift, letter, phone call] recevoir, avoir ; [- benefits, pension] recevoir, toucher ; [MED - treatment] suivre / *I got a bike for my birthday* on m'a donné or j'ai eu or reçu un vélo pour mon anniversaire / *I get "The Times" at home* je reçois le « Times » à la maison / *this part of the country doesn't get much rain* cette région ne reçoit pas beaucoup de pluie, il ne pleut pas beaucoup dans cette région / *the living room gets a lot of sun* le salon est très ensoleillé / *I rang but I got no answer* **a)** [at door] j'ai sonné mais je n'ai pas obtenu or eu de réponse **b)** [on phone] j'ai appelé sans obtenir de réponse / *many students get grants* beaucoup d'étudiants ont une bourse / *he got 5 years for smuggling* il a écopé de or il a pris 5 ans (de prison) pour contrebande / *you're really going to get it!* *inf* qu'est-ce que tu vas prendre or écoper ! / *I'll see that you get yours!* *inf* je vais te régler ton compte ! **2.** [obtain - gen] avoir, trouver, obtenir ; [- through effort] se procurer, obtenir ; [- licence, loan, permission] obtenir ; [- diploma, grades] avoir, obtenir / *where did you get that book?* où avez-vous trouvé ce livre ? / *they got him a job* ils lui ont trouvé du travail / *I got the job!* ils m'ont embauché ! / *can you get them the report?* pouvez-vous leur procurer le rapport ? / *I got a glimpse of her face* j'ai pu apercevoir son visage / *the town gets its water from the reservoir* la ville reçoit son eau du réservoir / *we get our wine directly from the vineyard* en vin or pour le vin, nous nous fournissons directement chez le producteur / *they stopped in town to get some lunch* **a)** [had lunch there] ils se sont arrêtés en ville pour déjeuner **b)** [bought sthg to eat] ils se sont arrêtés en ville pour acheter de quoi déjeuner / *I'm going out to get a breath of fresh air* je sors prendre l'air / *I'm going to get something to drink / eat* **a)** [fetch] je vais chercher quelque chose à boire / manger **b)** [consume] je vais boire / manger quelque chose / *can I get a coffee?* US je pourrais avoir un café, s'il vous plaît ? / *get yourself a good lawyer* trouvez-vous un bon avocat / *get advice from your doctor* demandez conseil à votre médecin / *to get (o.s.) a wife / husband* se trouver une femme / un mari ▸ **to get sb to o.s.** avoir qqn pour soi tout seul / *to get a divorce* obtenir le divorce / *get plenty of exercise* faites plein d'exercice / *get plenty of sleep* dormez beaucoup / *try and get a few days off work* essayez de prendre quelques jours de congé / *I got a lot from or out of my trip to China* mon voyage en Chine m'a beaucoup apporté / *he didn't get a chance to introduce himself* il n'a pas eu l'occasion de se présenter **3.** [inherit - characteristic] tenir / *she gets her shyness from her father* elle tient sa timidité de son père **4.** [obtain in exchange] recevoir / *they got a lot of money for their flat* la vente de leur appartement leur a rapporté beaucoup d'argent / *they got a good price for the painting* le tableau s'est vendu à un bon prix / *he got nothing for his trouble* il s'est donné de la peine pour rien / *you don't get something for nothing* on n'a rien pour rien **5.** [offer as gift] offrir, donner / *what did she get him for Christmas?* qu'est-ce qu'elle lui a offert or donné pour Noël ? / *I don't know what to get Jill for her birthday* je ne sais pas quoi acheter à Jill pour son anniversaire **6.** [buy] acheter, prendre / *get your father a magazine when you go out* achète une revue à ton père quand tu sortiras / *get the paper too* prends or achète aussi le journal / *we got the house cheap* on a eu la maison (à) bon marché **7.** [learn - information, news] recevoir, apprendre / *we turned on the radio to get the news* nous avons allumé la radio pour écouter les informations / *she just got news or word of the accident* elle vient juste d'apprendre la nouvelle de l'accident / *he broke down when he got the news* en apprenant la nouvelle il a fondu en larmes **8.** [reach by calculation or experimentation - answer, solution] trouver ; [- result] obtenir / *multiply 5 by 2 and you get 10* multipliez 5 par 2 et vous obtenez 10 **9.** [earn, win - salary] recevoir, gagner, toucher ; [- prize] gagner ; [- reputation] se faire / *plumbers get £20 an hour* un plombier gagne or touche 20 livres de l'heure / *he got a good name or a reputation as an architect* il s'est fait une réputation dans le milieu de l'architecture / *someone's trying to get your attention* **a)** [calling] quelqu'un vous appelle **b)** [waving] quelqu'un vous fait signe **10.** [bring, fetch] (aller) chercher / *get me my coat* va me chercher or apporte-moi mon manteau / *we had to get a doctor* nous avons dû faire venir un médecin / *he went to get a taxi* il est parti chercher un taxi / *what can I get you to drink?* qu'est-ce que je vous sers à boire ? / *they sent him to get help* ils l'ont envoyé chercher de l'aide **11.** [catch - ball] attraper ; [- bus, train] prendre, attraper / *did you get your train?* est-ce que tu as eu ton train ? **12.** [capture] attraper, prendre ; [seize] prendre, saisir / *the Mounties always get their man* les Mounties attrapent toujours ceux qu'ils cherchent / *he got me by the arm* il m'a attrapé par le bras / *the dog got him by the leg* le chien l'a attrapé à la jambe / *(I've) got you!* je te tiens ! **13.** [book, reserve] réserver, retenir / *we're trying to get a flight to Budapest* nous essayons de réserver un vol pour Budapest **14.** [answer - door, telephone] répondre / *the doorbell's ringing — I'll get it!* quelqu'un sonne à la porte — j'y vais ! / *will you get the phone?* peux-tu répondre au téléphone ? **15.** RADIO & TV [signal, station] capter, recevoir.

B. EXPERIENCE OR ENCOUNTER **1.** [become ill with] attraper / *he got a chill* il a pris or attrapé froid / *I get a headache when I drink red wine* le vin rouge me donne mal à la tête ▸ **to get it bad for sb** *inf* avoir quelqu'un dans la peau **2.** [experience, feel - shock] recevoir, ressentir, avoir ; [- fun, pain, surprise] avoir / *I got the feeling something horrible would happen* j'ai eu l'impression or le pressentiment que quelque chose d'horrible allait arriver / *I get the impression he doesn't like me* j'ai l'impression que je ne lui plais pas / *to get a thrill out of (doing) sthg* prendre plaisir à (faire) qqch ▸ **to get religion** *inf* devenir croyant **3.** [encounter] : *you get some odd people on these tours* il y a de drôles de gens dans ces voyages organisés.

C. CAUSE **1.** *(with adj or pp)* [cause to be] : *she managed to get the window closed / open* elle a réussi à fermer / ouvrir la fenêtre / *I got the car started* j'ai démarré la voiture / *don't get your feet wet!* ne te mouille pas les pieds ! / *get the suitcases ready* préparez les bagages / *the children are getting themselves ready for school* les enfants se préparent pour (aller à) l'école / *we managed to get him in a good mood* nous avons réussi à le mettre de bonne humeur / *let me get this clear* que ce soit bien clair / *to get things under control* prendre les choses en main / *he likes his bath as hot as he can get it* il aime que son bain soit aussi chaud que possible / *the flat is as clean as I'm going to get it* j'ai nettoyé l'appartement le mieux que j'ai pu / *he got himself nominated president* il s'est fait nommer président / *don't get yourself all worked up* ne t'en fais pas **2.** *(with infinitive)* [cause to do or carry out] : *we couldn't get her to leave* on n'a pas pu la faire partir / *get him to move the car* demande-lui de déplacer la voiture / *I got it to work* or *working* j'ai réussi à le faire marcher / *we have to get the government to tighten up on pollution control* il faut que l'on obtienne du gouvernement qu'il renforce les lois contre la pollution / *he got the other members to agree* il a réussi à obtenir l'accord des autres membres / *I can always get someone else to do it* je peux toujours le faire faire par quelqu'un d'autre / *I got her to talk about life in China* je lui ai demandé de parler de la vie en Chine / *they can't get the landlord to fix the roof* ils n'arrivent pas à obtenir du propriétaire qu'il fasse réparer le toit / *how do you get jasmine to grow indoors?* comment peut-on faire pousser du jasmin à l'intérieur ? **3.** *(with past participle)* [cause to be done or carried out] ▸ **to get sthg done / repaired** faire faire / réparer qqch / *to get one's hair cut* se faire couper les cheveux / *I didn't get anything done today* je n'ai rien fait aujourd'hui / *it's impossible to get anything done around here* **a)** [by oneself] il est impossible de faire quoi que ce soit ici **b)** [by someone else] il est impossible d'obtenir quoi que ce soit ici **4.** [cause to come, go, move] : *how are you going to get this package to them?* comment allez-vous leur faire parvenir ce paquet ? / *they eventually got all the boxes downstairs / upstairs* ils ont fini par descendre / monter toutes leurs boîtes / *I managed to get the old man downstairs / upstairs* j'ai réussi à faire descendre / monter le vieil homme / *I managed to get him away from the others* j'ai réussi à l'éloigner des autres / *get him away from me* débarrassez-moi de lui / *can you get me home?* pouvez-vous me raccompagner ? / *his friends managed to get him home* ses amis ont réussi à le ramener (à la maison) / *how are we going to get the bike home?* comment est-ce qu'on va ramener le vélo à la maison ? / *he can't get the kids to bed* il n'arrive pas à mettre les enfants au lit / *I can't get my boots off / on* je n'arrive pas à enlever / mettre mes bottes / *we couldn't get the bed through the door* nous n'avons pas pu faire passer le lit par la porte / *that won't get you very far!* ça ne te servira pas à grand-chose !, tu ne seras pas beaucoup plus avancé ! **5.** [prepare - meal, drink] préparer / *he's in the kitchen getting dinner* il est à la cuisine en train de préparer le dîner / *who's going to get the children breakfast?* qui va préparer le petit déjeuner pour les enfants ?

D. CONTACT OR ABSORB **1.** [hear correctly] entendre, saisir / *I didn't get his name* je n'ai pas saisi son nom **2.** [establish telephone contact with] : *I got her father on the phone* j'ai parlé à son père or j'ai eu son père au téléphone / *did you get the number you wanted?* avez-vous obtenu le numéro que vous vouliez ? / *get me extension 3500* passez-moi or donnez-moi le poste 3500 **3.** *inf* [understand] comprendre, saisir / *I don't get it, I don't get the point* je ne comprends or ne saisis pas, je n'y suis pas du tout / *I don't get you* or *your meaning* je ne comprends pas ce que vous voulez dire / *don't get me wrong* comprenez-moi bien / *I think he's got the message now* je crois qu'il a compris maintenant / *I don't get the joke* je ne vois pas ce qui est (si) drôle / *get it?, get me?, get my drift?* tu saisis ?, tu piges ? / *(I've) got it!* ça y est !, j'y suis ! **4.** [take note of] remarquer / *did you get his address?* lui avez-vous demandé son adresse ? **5.** *v inf* [look at] viser / *get him! who does he think he is?* vise un peu ce mec, mais pour qui il se prend ? / *get (a load of) that!* vise un peu ça ! **6.** US [learn] apprendre ▸ **to get sthg by heart** apprendre qqch par cœur.

E. HARM OR AFFECT **1.** *inf* [hit] atteindre ; [hit and kill] tuer / *she got him in the face with a pie* elle lui a jeté une tarte à la crème à la figure / *the bullet got him in the back* il a pris la balle or la balle l'a atteint dans le dos / *a car got him* il a été tué par une voiture **2.** *inf* [harm, punish] : *everyone's out to get me* tout le monde est après moi **3.** *inf* [take vengeance on] se venger de / *we'll get you for this!* on te revaudra ça ! / *I'll get him for that!* je lui revaudrai ça ! **4.** *inf* [affect physically] : *the pain gets me in the back* j'ai des douleurs dans le dos ; [affect emotionally] émouvoir / *that song really gets me* cette chanson me fait vraiment quelque chose **5.** *inf* [baffle, puzzle] : *you've got me there* alors là, aucune idée **6.** *inf* [irritate] énerver, agacer / *it really gets me when you're late* qu'est-ce que ça peut m'énerver quand tu es en retard ! **7.** *arch* [beget] engendrer ▸ **to get sb with child** faire un enfant à qqn **8.** PHR *he got his in Vietnam* *inf* il est mort au Viêt Nam.

◆ vi

A. BECOME OR START DOING
B. MOVEMENT
C. FOLLOWED BY INFINITIVE

A. BECOME OR START DOING **1.** [become] devenir / *I'm getting hungry / thirsty* je commence à avoir faim / soif / *get dressed!* habille-toi ! / *to get fat* grossir / *to get married* se marier / *to get divorced* divorcer / *don't get lost!* ne vous perdez pas ! / *how did that vase get broken?* comment se fait-il que ce vase soit cassé ? / *he got so he didn't want to go out any more* il en est arrivé à ne plus vouloir sortir / *to get old* vieillir / *it's getting late* il se fait tard / *this is getting boring* ça devient ennuyeux / *to get used to (doing) sthg* s'habituer à (faire) qqch / *will you get with it!* *inf* mais réveille-toi un peu ! **2.** [used to form passive] : *to get elected* se faire élire, être élu / *suppose he gets killed* et s'il se fait tuer ? / *we got paid last week* on a été payés la semaine dernière / *I'm always getting invited to parties* on m'invite toujours à des soirées **3.** *(with present participle)* [start] commencer à, se mettre à / *let's get going* or *moving!* **a)** [let's leave] allons-y ! **b)** [let's hurry] dépêchons(-nous) !, grouillons-nous ! **c)** [let's start to work] au travail ! / *I'll get going on that right away* je m'y mets tout de suite / *I can't seem to get going today* je n'arrive pas à m'activer aujourd'hui / *she got talking to the neighbours* elle s'est mise à discuter avec les voisins / *we got talking about racism* nous en sommes venus à parler de racisme / *he got to thinking about it* il s'est mis à réfléchir à la question.

B. MOVEMENT **1.** [go] aller, se rendre ; [arrive] arriver / *when did you get home?* quand es-tu rentré ? / *it's nice to get home* ça fait du bien de rentrer chez soi / *how do you get to the museum?* comment est-ce qu'on fait pour aller au musée ? / *how did you get in here?* comment êtes-vous entré ? / *they should get here today* ils devraient arriver ici aujourd'hui / *how did you get here?* comment es-tu venu ? / *how did that bicycle get here?* comment se fait-il que ce vélo se trouve ici ? / *I took the train from Madrid to get there* j'ai pris le train de Madrid pour y aller / *she's successful now but it took her a while to get there* elle a une bonne situation maintenant, mais ça ne s'est pas fait du jour au lendemain / *he got as far as buying the tickets* il est allé jusqu'à acheter les billets / *I'd hoped things wouldn't get this far* j'avais espéré qu'on n'en arriverait pas là / *are you getting anywhere with that report?* il avance, ce rapport ? / *now you're getting somewhere!* enfin tu avances ! / *I'm not getting anywhere* or *I'm getting nowhere (fast)* *inf* *with this project* je fais du surplace avec ce projet / *we're not getting anywhere with this meeting* cette réunion est une perte de temps / *she won't get anywhere* or *she'll get nowhere if she's rude to people* elle n'arrivera à rien en étant grossière avec les gens / *where's your sister got to?* où est passée ta sœur ? / *where did my keys get to?* où sont passées mes clés ? **2.** [move in specified direction] : *he got along the ledge as best he could* il a avancé le long du rebord du mieux qu'il pouvait / *to get into bed* se coucher / *get in* or *into the car!* monte dans la voiture ! / *get over here!* viens ici ! / *we couldn't get past the truck* nous ne pouvions pas passer le camion **3.** US *inf* [leave] se tirer ▸ **get!** fous le camp !, tire-toi !

C. FOLLOWED BY INFINITIVE **1.** [start] commencer à, se mettre à / *each city is getting to look like another* toutes les grandes villes commencent à se ressembler / *to get to know sb* apprendre à connaître qqn / *we got to like her husband* nous nous sommes mis à apprécier or à aimer son mari / *you'll get to like it in the end* ça finira par te plaire / *his father got to hear of the rumours* son père a fini par entendre les rumeurs / *he's getting to be known* il commence à être connu, il se fait connaître / *they got to talking about the past* ils en sont venus or ils se sont mis à parler du passé **2.** [become] devenir / *it's getting to be impossible to find a flat* ça devient impossible de trouver un appartement / *she may get to be president one day* elle pourrait devenir or être présidente un jour **3.** [manage] réussir à / *we never got to see that film* nous n'avons jamais réussi à or nous ne sommes jamais arrivés à voir ce film **4.** *inf* [be allowed to] : *he never gets to stay up late* on ne le laisse jamais se coucher tard / *I never get to drive* on ne me laisse jamais conduire.

❖ **get about** vi **1.** [be up and about, move around] se déplacer / *how do you get about town?* comment vous déplacez-vous en ville ? / *she gets about on crutches / in a wheelchair* elle se déplace avec des béquilles / en chaise roulante / *I don't get about much these days* je ne me déplace pas beaucoup ces temps-ci **2.** [travel] voyager / *I get about quite a bit in my job* je suis assez souvent en déplacement pour mon travail **3.** [be socially active] : *she certainly gets about* elle connaît beaucoup de monde **4.** [story, rumour] se répandre, circuler / *the news got about that they were splitting up* la nouvelle de leur séparation s'est répandue.

❖ **get across** ◆ vi pénétrer, passer / *the river was flooded but we managed to get across* la rivière était en crue mais nous avons réussi à traverser. ◆ vt sep communiquer / *I can't seem to get the idea across to them* je n'arrive pas à leur faire comprendre ça / *he managed to get his point across* il a réussi à faire passer son message.

❖ **get after** vt insep poursuivre.

❖ **get ahead** vi [succeed] réussir, arriver / *to get ahead in life* or *in the world* réussir dans la vie / *if you want to get ahead at the office, you have to work* si tu veux de l'avancement au bureau, il faut que tu travailles.

❖ **get along** vi **1.** [fare, manage] aller / *how are you getting along?* comment vas-tu ?, comment ça va ? / *she's getting along well in her new job* elle se débrouille bien dans son nouveau travail / *we can get along without him* nous pouvons nous passer de lui or nous débrouiller sans lui **2.** [advance, progress] avancer, progresser / *the patient is getting along nicely* le patient est en bonne voie or fait des progrès **3.** [be on good terms] s'entendre / *we get along fine* nous nous entendons très bien, nous faisons bon ménage / *she doesn't get along with my mother* elle ne s'entend pas avec ma mère / *she's easy to get along with* elle est facile à vivre **4.** [move away] s'en aller, partir ; [go] aller, se rendre / *I must be getting along to the office* il faut que j'aille au bureau ▸ **get along with you now!** ne restez pas là ! ▸ **get along with you! a)** UK [leave] va-t'en !, fiche le camp ! **b)** *inf* [I don't believe you] à d'autres !

❖ **get around** ◆ vt insep [obstacle, problem] contourner ; [law, rule] tourner. ◆ vi = **get about.**

❖ **get around to** vt insep : *she won't get around to reading it before tomorrow* elle n'arrivera pas à (trouver le temps de) le lire avant demain / *he finally got around to fixing the radiator* il a fini par or il est finalement arrivé à réparer le radiateur / *it was some time before I got around to writing to her* j'ai mis pas mal de temps avant de lui écrire.

❖ **get at** vt insep **1.** [reach - object, shelf] atteindre ; [- place] parvenir à, atteindre / *I've put the pills where the children can't get at them* j'ai mis les pilules là où les enfants ne peuvent pas les atteindre **2.** [discover] trouver / *to get at the truth* connaître la vérité **3.** [mean, intend] entendre / *I see what you're getting at* je vois où vous voulez en venir / *just what are you getting at?* qu'est-ce que vous entendez par là ?, où voulez-vous en venir ? / *what I'm getting at is why did she leave now?* ce que je veux dire, c'est pourquoi est-elle partie maintenant ? **4.** *inf* [criticize] s'en prendre à, s'attaquer à / *you're always getting at me* tu t'en prends toujours à moi **5.** *inf* [bribe, influence] acheter, suborner / *the witnesses had been got at* les témoins avaient été achetés.

❖ **get away** vi **1.** [leave] s'en aller, partir / *she has to get away from home / her parents* il faut qu'elle parte de chez elle / s'éloigne de ses parents / *I was in a meeting and couldn't get away* j'étais en réunion et je ne pouvais pas m'échapper or m'en aller / *will you be able to get away at Christmas?* allez-vous pouvoir partir (en vacances) à Noël ? / *to get away from the daily grind* échapper au train-train quotidien / *get away from it all, come to Florida!* quittez tout, venez en Floride ! / *she's gone off for a couple of weeks to get away from it all* elle est partie quelques semaines loin de tout **2.** [move away] s'éloigner / *get away from that door!* éloignez-vous or écartez-vous de cette porte ! / *get away from me!* fichez-moi le camp ! **3.** [escape] s'échapper, se sauver / *the murderer got away* l'assassin s'est échappé / *the thief got away with all the jewels* le voleur est parti or s'est sauvé avec tous les bijoux / *there's no getting away from* or *you can't get away from the fact that the other solution would have been cheaper* on ne peut pas nier (le fait) que l'autre solution aurait coûté moins cher / *you can't get away from it* or *there's no getting away from it* c'est comme ça, on n'y peut rien ▸ **get away (with you)!** UK *inf* à d'autres !

❖ **get away with** vt insep : *he got away with cheating on his taxes* personne ne s'est aperçu qu'il avait fraudé le fisc / *I can't believe you got away with it!* je n'arrive pas à croire que personne ne t'ait rien dit !

❖ **get back** ◆ vi **1.** [move backwards] reculer / *get back!* éloignez-vous !, reculez ! **2.** [return] revenir, retourner / *I can't wait to get back home* je suis impatient de rentrer (à la maison) / *get back in bed!* va te recoucher !, retourne au lit ! / *I got back in the car / on the bus* je suis remonté dans la voiture / dans le bus / *to get back to sleep* se rendormir / *to get back to work* **a)** [after break] se remettre au travail **b)** [after holiday, illness] reprendre le travail / *things eventually got back to normal* les choses ont peu à peu repris leur cours (normal) / *getting* or *to get back to the point* pour en revenir au sujet qui nous préoccupe / *let's get back to your basic reasons for leaving* revenons aux raisons pour lesquelles vous voulez partir / *I'll get back to you on that* **a)** [call back] je vous rappelle pour vous dire ce qu'il en est **b)** [discuss again] nous reparlerons de cela plus tard **3.** [return to political power] revenir / *do you think the Democrats will get back in?* croyez-vous que le parti démocrate reviendra au pouvoir ? ◆ vt sep **1.** [recover - something lost or lent] récupérer ; [- force, strength] reprendre, récupérer ; [- health, motivation] retrouver / *he got his job back* il a été repris / *I got back nearly all the money I invested* j'ai récupéré presque tout l'argent que j'avais investi / *you'll have to get your money back from the shop* il faut que vous vous fassiez rembourser par le magasin **2.** [return] rendre / *we have to get this book back to her* il faut que nous lui rendions ce livre **3.** [return to original place] remettre, replacer / *I can't get it back in the box* je n'arrive pas à le remettre or le faire rentrer dans le carton / *I want to get these suitcases back down to the cellar* je veux redescendre ces valises à la cave / *he managed to get the children back to bed* il a réussi à remettre les enfants au lit **4.** PHR **to get one's own back (on sb)** *inf* se venger (de qqn).

❖ **get back at** vt insep se venger de / *he only said it to get back at him* il n'a dit ça que pour se venger de lui.

❖ **get behind** vi [gen] rester à l'arrière, se laisser distancer ; SPORT se laisser distancer ; *fig* : *he got behind with his work* il a pris du retard dans son travail / *we mustn't get behind with the rent* il ne faut pas qu'on soit en retard pour le loyer.

❖ **get by** vi **1.** [pass] passer / *let me get by* laissez-moi passer **2.** [be acceptable] passer, être acceptable / *their work just about gets by* leur travail est tout juste passable or acceptable **3.** [manage, survive] se débrouiller, s'en sortir / *how do you get by on that salary?* comment tu te débrouilles or tu t'en sors avec un salaire comme ça ? / *they get by as best they can* ils se débrouillent or s'en sortent tant bien que mal / *we can get by without him* nous pouvons nous passer de lui or nous débrouiller sans lui.

❖ **get down** ◆ vi descendre / *get down off that chair!* descends de cette chaise ! / *may I get down (from the table)?* [leave the table] puis-je sortir de table ? / *they got down on their knees* ils se sont mis à genoux / *get down!* **a)** [hide] couchez-vous ! **b)** [to dog] bas les pattes ! ◆ vt sep **1.** [write down] noter / *I didn't manage to get down what she said* je n'ai pas réussi à noter ce qu'elle a dit **2.** [depress] déprimer, démoraliser / *work is really getting me down at the moment* le travail me déprime vraiment en ce moment / *this rainy weather gets him down* cette pluie lui fiche le cafard / *don't let it get you down* ne te laisse pas abattre **3.** [swallow] avaler, faire descendre.

❖ **get down to** vt insep se mettre à / *I have to get down to balancing the books* il faut que je me mette à faire les comptes / *it's not so difficult once you get down to it* ce n'est pas si difficile une fois qu'on s'y met / *he got down to working on it this morning* il s'y est mis or s'y est attelé ce matin / *it's hard getting down to work after the weekend* c'est difficile de reprendre le travail après le week-end.

❖ **get in** ◆ vi **1.** [into building] entrer / *the thief got in through the window* le cambrioleur est entré par la fenêtre ; [into vehicule] : *a car pulled up and she got in* une voiture s'est arrêtée et elle est montée dedans **2.** [return home] rentrer / *we got in at about 4 a.m.* nous sommes rentrés vers 4 h du matin **3.** [arrive] arriver / *what time does your plane get in?* à quelle heure ton avion arrive-t-il ? **4.** [be admitted - to club] se faire admettre ; [- to school, university] entrer, être admis or reçu / *he applied to Oxford but he didn't get in* il voulait entrer à Oxford mais il n'a pas pu **5.** [be elected - person] être élu ; [- party] accéder au pouvoir **6.** *inf* [become involved] participer / *she got in at the beginning* elle est arrivée au début **7.** [interject] glisser / *"what about me?" she managed to get in* « et moi ? », réussit-elle à glisser. ◆ vt sep **1.** [fit in] : *I hope to get in a bit of reading on holiday* j'espère pouvoir lire or que je trouverai le temps de lire pendant mes vacances **2.** [collect, gather - crops] rentrer, engranger ; [- debts] recouvrer ; [- taxes] percevoir **3.** [lay in] : *I must get in some more coal* je dois faire une provision de charbon / *to get in supplies* s'approvisionner **4.** [call in - doctor, plumber] faire venir **5.** [hand in, submit] rendre, remettre / *did you get your application in on time?* as-tu remis ton dossier de candidature à temps ? **6.** [cause to be admitted - to club, university] faire admettre or accepter ; [cause to be elected] faire élire **7.** [plant - seeds] planter, semer ; [- bulbs, plants] planter **8.** UK *inf* [pay for drinks] payer, offrir / *he got the next round in* il a payé la tournée suivante. ◆ vt insep [building] entrer dans ; [vehicle] monter dans / *he had just got in the door when the phone rang* il venait juste d'arriver or d'entrer quand le téléphone a sonné.

❖ **get in on** ◆ vt insep : *to get in on a deal* prendre part à un marché / *to get in on the fun* se mettre de la partie. ◆ vt sep faire participer à / *he got me in on the deal* il m'a intéressé à l'affaire.

❖ **get into** ◆ vt insep **1.** [arrive in] arriver à / *we get into Madrid at 3 o'clock* nous arrivons à Madrid à 3 h / *the train got into the station at 3 o'clock* le train est entré en gare à 3 h **2.** [put on - dress, shirt, shoes] mettre ; [- trousers, stockings] enfiler, mettre ; [- coat] endosser / *she got into her clothes* elle a mis ses vêtements or s'est habillée / *can you still get into your jeans?* est-ce que tu rentres encore dans ton jean ? **3.** [be admitted to - club, school, university] entrer dans / *he'd like to get into the club* il voudrait devenir membre du club / *her daughter got into medical school* sa fille a été admise dans or est entrée dans une école de médecine / *to get into office* être élu **4.** [become involved in] : *he wants to get into politics* il veut se lancer dans la politique / *they got into a conversation about South Africa* ils se sont mis à parler de l'Afrique du Sud / *we got into a fight over who had to do the dishes* nous nous sommes disputés pour savoir qui devait faire la vaisselle / *this is not the moment to get into that* ce n'est pas le moment de parler de ça **5.** *inf* [take up] s'intéresser à / *he got into Eastern religions* il a commencé à s'intéresser aux religions orientales **6.** [become accustomed to] : *he soon got into her way of doing things* il s'est vite fait or s'est vite mis à sa façon de faire les choses **7.** [experience a specified condition or state] : *to get into debt* s'endetter / *he got into a real mess* il s'est mis dans un vrai pétrin / *the children were always getting into mischief* les enfants passaient leur temps à faire des bêtises / *I got into a real state about the test* j'étais dans tous mes états à cause du test / *she got into trouble with the teacher* elle a eu des ennuis avec le professeur **8.** [cause to act strangely] prendre / *what's got into you?* qu'est-ce qui te prend ?, quelle mouche te pique ? / *I wonder what got into him to make him act like that* je me demande ce qui l'a poussé à réagir comme ça. ◆ vt sep **1.** [cause to be admitted to - club] faire entrer à ; [- school, university] faire entrer dans / *he got his friend into the club* il a permis à son ami de devenir membre du club / *the president got his son into Harvard* le président a fait entrer or accepter or admettre son fils à Harvard **2.** [cause to be in a specified condition or state] mettre / *she got herself into a terrible state* elle s'est mis dans tous ses états / *he got them into a lot of trouble* il leur a attiré de gros ennuis **3.** [involve in] impliquer dans, entraîner dans / *you're the one who got us into this* c'est toi qui nous as embarqués dans cette histoire **4.** *inf* [make interested in] faire découvrir ; [accustom to] habituer à, faire prendre l'habitude de / *he got me into jazz* il m'a initié au jazz **5.** PHR *when will you get it into your thick head that I don't want to go?* *inf* quand est-ce que tu vas enfin comprendre que je ne veux pas y aller ?

❖ **get in with** vt insep s'insinuer dans les bonnes grâces de, se faire bien voir de / *they tried to get in with the new director* ils ont essayé de se faire bien voir du nouveau directeur.

❖ **get off** ◆ vi **1.** [leave bus, train, etc.] descendre / *get off at the next stop* descendez au prochain arrêt ▸ **to tell sb where to get off** *inf* : *I told him where to get off!* je l'ai envoyé sur les roses !, je l'ai envoyé promener ! / *where do you get off telling me what to do?* US *inf* qu'est-ce qui te prend de me dicter ce que je dois faire ? **2.** [depart - person] s'en aller, partir ; [- car] démarrer ; [- plane] décoller ; [- letter, parcel] partir / *I have to be getting off to work* il faut que j'aille au travail / *the project got off to a bad / good start* *fig* le projet a pris un mauvais / bon départ **3.** [leave work] finir, s'en aller ; [take time off] se libérer / *what time do you get off?* à quelle heure finissez-vous ? / *can you get off early tomorrow?* peux-tu quitter le travail de bonne heure demain ? **4.** [escape punishment] s'en sortir, s'en tirer, en être quitte / *she didn't think she'd get off so lightly* elle n'espérait pas s'en tirer à si bon compte / *the students got off with a fine / warning* les étudiants en ont été quittes pour une amende / un avertissement **5.** [go to sleep] s'endormir. ◆ vt insep **1.** [leave - bus, train, etc.] descendre de / *she got off the bicycle / train / plane* elle est descendue du vélo / du train / de l'avion / *he got off his horse* il est descendu de cheval / *if only the boss would get off my back* si seulement le patron me fichait la paix **2.** [depart from] partir de, décamper de / *get off my property* fichez le camp de chez moi / *we got off the road to let the ambulance pass* nous sommes sortis de la route pour laisser passer l'ambulance **3.** [escape from] se libérer de ; [avoid] échapper à / *she managed to get off work* elle a réussi à se libérer / *how did you get off doing the housework?* comment as-tu fait pour échapper au ménage ? ◆ vt sep **1.** [cause to leave, climb down] faire descendre / *get the cat off the table* fais descendre le chat de (sur) la table / *the conductor got the passengers off the train* le conducteur a fait descendre les passagers du train / *try to get her mind off her troubles fig* essaie de lui changer les idées **2.** [send] envoyer, faire partir / *I want to get this letter off* je veux expédier cette lettre or mettre cette lettre à la poste / *she got the boys off to school* elle a expédié or envoyé les garçons à l'école / *we got him off on the morning train* nous l'avons mis au train du matin **3.** [remove - clothing, lid] enlever, ôter ; [- stains] faire partir or disparaître, enlever / *I can't get this ink off my hands* je n'arrive pas à faire partir cette encre de mes mains / *get your hands off that cake!* ne touche pas à ce gâteau ! / *get your hands off me!* ne me touche pas ! / *he'd like to get that house off his hands fig* il aimerait bien se débarrasser de cette maison **4.** [free from punishment] tirer d'affaire ; [in court] faire acquitter / *he'll need a good lawyer to get him off* il lui faudra un bon avocat pour se tirer d'affaire **5.** [put to sleep] endormir / *I've just managed to get the baby off (to sleep)* je viens de réussir à endormir le bébé.

❖ **get off on** vt insep **1.** *inf* [sexually] : *he gets off on pornographic films* il prend son pied en regardant des films porno / *is that what you get off on?* c'est comme ça que tu prends ton pied ? ; *fig* : *he gets off on teasing people* il adore taquiner les gens / *I really get off on jazz!* j'adore le jazz ! **2.** *drugs sl* : *he gets off on heroin* il se défonce à l'héroïne.

❖ **get off with** vt insep UK *inf* sortir avec / *did you get off with anyone last night?* est-ce que tu as fait des rencontres hier soir ?

❖ **get on** ◆ vi **1.** [bus, plane, train] monter ; [ship] monter à bord **2.** [fare, manage] : *how's your husband getting on?* comment va votre mari ? / *how did he get on at the interview?* comment s'est passé son entretien ?, comment ça a marché pour son entretien ? / *you'll get on far better if you think about it first* tout ira mieux si tu réfléchis avant **3.** [make progress] avancer, progresser / *John is getting on very well in maths* John se débrouille très bien en maths / *how's your work getting on?* ça avance, ton travail ? **4.** [succeed] réussir, arriver / *to get on in life* or *in the world* faire son chemin or réussir dans la vie / *some say that in order to get on, you often have to compromise* il y a des gens qui disent que pour réussir (dans la vie), il faut souvent faire des compromis **5.** [continue] continuer / *we must be getting on* il faut que nous partions / *do you think we can get on with the meeting now?* croyez-vous que nous puissions poursuivre notre réunion maintenant ? / *get on with your work!* allez ! au travail ! / *they got on with the job* ils se sont remis au travail **6.** [be on good terms] s'entendre / *my mother and I get on well* je m'entends bien avec ma mère / *they don't get on* ils ne s'entendent pas / *she's never got on with him* elle ne s'est jamais entendue avec lui / *to be difficult / easy to get on with* être difficile / facile à vivre **7.** [grow late - time] : *time's getting on* il se fait tard / *it was getting on in the evening* or *the evening was getting on* la soirée tirait à sa fin **8.** [grow old - person] se faire vieux / *she's getting on (in years)* elle commence à se faire vieille **9.** PHR **get on with it!** **a)** [continue speaking] continuez ! **b)** [continue working] allez ! au travail ! **c)** [hurry up] mais dépêchez-vous enfin ! ▸ **get on with you!** *inf* [I don't believe you] à d'autres ! ◆ vt insep [bus, train] monter dans ; [plane] monter dans, monter à bord de ; [ship] monter à bord de ; [bed, horse, table, bike] monter sur / *he got on his bike* il est monté sur or il a enfourché son vélo / *get on your feet* levez-vous, mettez-vous debout / *it took the patient a while to get (back) on his feet fig* le patient a mis longtemps à se remettre sur pied. ◆ vt sep **1.** [help onto - bus, train] faire monter dans ; [- bed, bike, horse, table] faire monter sur / *they got him on his feet* ils l'ont mis debout / *the doctor got her on her feet fig* le médecin l'a remise sur pied **2.** [coat, gloves, shoes] mettre, enfiler ; [lid] mettre **3.** US *v inf* ▸ **to get it on (with sb)** baiser (avec qqn).

❖ **get on for** vt insep : *the president is getting on for sixty* le président approche la soixantaine or a presque soixante ans / *it's getting on for midnight* il est presque minuit, il n'est pas loin de minuit / *it's getting on for three weeks since we saw her* ça va faire bientôt trois semaines que nous ne l'avons pas vue / *there were getting on for ten thousand demonstrators* il n'y avait pas loin or il y avait près de dix mille manifestants.

❖ **get onto** ◆ vt insep **1.** = **get on** *(vt insep)* **2.** [turn attention to] ▸ **to get onto a subject** or **onto a topic** aborder un sujet / *how did we get onto reincarnation?* comment est-ce qu'on en est venus à parler de réincarnation ? / *I'll get right onto it!* je vais m'y mettre tout de suite ! **3.** [contact] prendre contact avec, se mettre en rapport avec ; [speak to] parler à ; [call] téléphoner à, donner un coup de fil à **4.** *inf* [become aware of] découvrir / *the plan worked well until the police got onto it* le plan marchait bien jusqu'à ce que la police tombe dessus **5.** [nag, rebuke] harceler / *his father is always getting onto him to find a job* son père est toujours à le harceler pour qu'il trouve du travail **6.** [be elected to] : *he got onto the school board* il a été élu au conseil d'administration de l'école. ◆ vt sep **1.** = **get on** *(vt sep)* **2.** [cause to talk about] faire parler de, amener à parler de / *we got him onto (the subject of) his activities in the Resistance* nous l'avons amené à parler de ses activités dans la Résistance.

❖ **get out** ◆ vi **1.** [leave - of building, room] sortir ; [- of car, train] descendre ; [- organization, town] quitter / *he got out of the car* il est sorti de la voiture / *to get out of bed* se lever, sortir de son lit / *you'd better get out of here* tu ferais bien de partir or sortir / *get out!* sortez ! ▸ **get out of here!** **a)** [leave] sortez d'ici ! **b)** US *inf* [I don't believe it] mon œil ! ▸ **to get out while the going is good** partir au bon moment **2.** [go out] sortir / *they don't get out much* ils ne sortent pas beaucoup **3.** [information, news] se répandre, s'ébruiter / *the secret got out* le secret a été éventé **4.** [escape] s'échapper / *the prisoner got out of his cell* le prisonnier s'est échappé de sa cellule / *he was lucky to get out alive* il a eu de la chance de s'en sortir vivant **5.** US [empty] : *theaters were getting out* les gens sortaient des théâtres. ◆ vt sep **1.** [champagne, furniture] sortir ; [person] (faire) sortir **2.** [produce, publish - book] publier, sortir ; [- list] établir, dresser **3.** [speak with difficulty] prononcer, sortir / *I could barely get a word out* c'est à peine si je pouvais dire or prononcer or sortir un mot ▸ **to get out from under** *inf* s'en sortir, s'en tirer.

❖ **get out of** ◆ vt insep **1.** [avoid] éviter, échapper à ; [obligation] se dérober or se soustraire à / *how did you get out of doing the dishes?* comment as-tu pu échapper à la vaisselle ? / *he tried to get out of helping me* il a essayé de se débrouiller pour ne pas devoir m'aider / *we have to go, there's no getting out of it* il faut qu'on y aille, il n'y a rien à faire or il n'y a pas moyen d'y échapper / *there's no getting out of it, you were the better candidate* il faut le reconnaître or il n'y a pas à dire, vous étiez le meilleur candidat **2.** [escape from] : *to get out of trouble* se tirer d'affaire / *they managed to get out of the clutches of the mafia* ils ont réussi à se tirer des griffes de la mafia / *how can I get out of this mess?* comment puis-je me tirer de ce pétrin ? ◆ vt sep **1.** [take out of] sortir de / *get the baby out of the house every now and then* sors le bébé de temps en temps / *she got a handkerchief out of her handbag* elle a sorti un mouchoir de son sac à main / *how many books did you get out of the library?* combien de livres as-tu emprunté à or sorti de la bibliothèque ? **2.** [help to avoid] : *the lawyer got his client out of jail* l'avocat a fait sortir son client de prison / *the phone call got her out of having to talk to me fig* le coup de fil lui a évité d'avoir à me parler / *he'll never get himself out of this one!* il ne s'en sortira jamais ! / *my confession got him out of trouble* ma confession l'a tiré d'affaire **3.** [extract - cork] sortir de ; [- nail, splinter] enlever de ; [- stain] faire partir de, enlever de / *I can't get the cork out of the bottle* je n'arrive pas à déboucher la bouteille / *the police got a confession / the truth out of him* la police lui a arraché une confession / la vérité / *we got the money out of him* nous avons réussi à obtenir l'argent de lui / *I can't get anything out of him* je ne peux rien tirer de lui **4.** [gain from] gagner, retirer ▸ **to get a lot out of sthg** tirer (un) grand profit de qqch / *I didn't get much out of that class* ce cours ne m'a pas apporté grand-chose, je n'ai pas retiré grand-chose de ce cours / *the job was difficult but she got something out of it* la tâche était difficile, mais elle y a trouvé son compte or en a tiré profit.

❖ **get over** ◆ vt insep **1.** [cross - river, street] traverser, franchir ; [- fence, wall] franchir, passer par-dessus **2.** [recover from - illness] se remettre de, guérir de ; [- accident] se remettre de ; [- loss] se remettre de, se consoler de / *I'll never get over her* je ne l'oublierai jamais / *he can't get over her death* il n'arrive pas à se remettre de sa mort or disparition / *we couldn't get over our surprise* nous n'arrivions pas à nous remettre de notre surprise / *I can't get over how much he's grown!* qu'est-ce qu'il a grandi, je n'en reviens pas ! / *I can't get over it!* je n'en reviens pas ! / *he couldn't get over the fact that she had come back* il n'en revenait pas qu'elle soit revenue / *I can't get over your having refused* je n'en reviens pas que vous ayez refusé / *he'll get over it!* il n'en mourra pas ! **3.** [master, overcome - obstacle] surmonter ; [- difficulty] surmonter, venir à bout de / *they soon got over their shyness* ils ont vite oublié or surmonté leur timidité. ◆ vt sep **1.** [cause to cross] faire traverser, faire passer **2.** [communicate - idea, message] faire passer. ◆ vi **1.** [cross] traverser **2.** [idea, message] passer.

❖ **get over with** vt insep [finish with] en finir avec / *let's get it over (with)* finissons-en / *I expect you'll be glad to get it over (with)* j'imagine que vous serez soulagé quand ce sera terminé.

❖ **get round** ◆ vt insep = **get around.** ◆ vt sep = **get around.** ◆ vi = **get about.**

❖ **get round to** = **get around to.**

❖ **get through** ◆ vi **1.** [reach destination] parvenir / *they managed to get through to the wounded* ils ont réussi à parvenir jusqu'aux blessés / *the letter got through to her* la lettre lui est parvenue / *the message didn't get through* le message n'est pas arrivé / *despite the crowds, I managed to get through* malgré la foule, j'ai réussi à passer **2.** [candidate, student - succeed] réussir ; [- in exam] être reçu, réussir / *the team got through to the final* l'équipe s'est classée pour la finale **3.** [bill, motion] passer, être adopté or voté **4.** [make oneself understood] se faire comprendre / *I can't seem to get through to her* elle et moi ne sommes pas sur la même longueur d'onde **5.** [contact] contacter ; TELEC obtenir la communication / *I can't get through to his office* je n'arrive pas à avoir son bureau **6.** US [finish] finir, terminer / *call me when you get through* appelez-moi quand vous aurez or avez fini. ◆ vt insep **1.** [come through - hole, window] passer par ; [- crowd] se frayer un chemin à travers or dans ; [- military lines] percer, franchir **2.** [survive - storm, winter] survivre à ; [- difficulty] se sortir de, se tirer de / *he got through it alive* il s'en est sorti (vivant) **3.** [complete, finish - book] finir, terminer ; [- job, project] achever, venir à bout de / *I got through an enormous amount of work* j'ai abattu beaucoup de travail / *it took us one week to get through the entire play* il nous a fallu une semaine pour venir à bout de la pièce **4.** [consume, use up] consommer, utiliser / *we get through a litre of olive oil a week* nous utilisons un litre d'huile d'olive par semaine / *they got through their monthly salary in one week* en une semaine ils avaient dépensé tout leur salaire du mois **5.** [endure, pass - time] faire passer / *how will I get through this without you?* comment pourrai-je vivre cette épreuve sans toi ? **6.** [exam] réussir, être reçu à **7.** [subj: bill, motion] passer / *the bill got through both Houses* le projet de loi a été adopté par les deux Chambres. ◆ vt sep **1.** [transmit - message] faire passer, transmettre, faire parvenir / *can you get this letter through to my family?* pouvez-vous transmettre or faire parvenir cette lettre à ma famille ? **2.** [make understood] : *when will you get it through* *your thick head that I don't want to go? inf* quand est-ce que tu vas enfin comprendre que je ne veux pas y aller ? **3.** [bill, motion] faire adopter, faire passer / *the party got the bill through the Senate* le parti a fait voter or adopter le projet de loi par le Sénat.

❖ **get through with** vt insep terminer, finir.

❖ **get to** vt insep **1.** [reach] arriver à / *where have you got to in the book?* où en es-tu dans le livre ? / *it got to the point where he couldn't walk another step* il en est arrivé au point de ne plus pouvoir faire un pas **2.** [deal with] s'occuper de / *I'll get to you in a minute* je suis à toi or je m'occupe de toi dans quelques secondes / *he'll get to it tomorrow* il va s'en occuper demain **3.** *inf* [have an effect on] : *that music really gets to me* **a)** [moves me] cette musique me touche vraiment **b)** [annoys me] cette musique me tape sur le système / *don't let it get to you!* ne t'énerve pas pour ça ! **4.** US *inf* : *they got to the witness* **a)** [bribed] ils ont acheté le témoin **b)** [killed] ils ont descendu le témoin.

❖ **get together** ◆ vi **1.** [meet] se réunir, se rassembler / *can we get together after the meeting?* on peut se retrouver après la réunion ? **2.** [reach an agreement] se mettre d'accord / *the committee got together on the date* les membres du comité se sont entendus or se sont mis d'accord sur la date / *you'd better get together with him on the proposal* vous feriez bien de vous entendre avec lui au sujet de la proposition. ◆ vt sep [people] réunir, rassembler ; [things] rassembler, ramasser ; [thoughts] rassembler / *let me get my thoughts together* laissez-moi rassembler mes idées ▸ **to get one's act together** *inf* se secouer.

❖ **get up** ◆ vi **1.** [arise from bed] se lever / *it was 6 o'clock when we got up* il était 6 h quand nous nous sommes levés / *I like to get up late on Sundays* j'aime faire la grasse matinée le dimanche / *get up!* sors du lit !, debout !, lève-toi ! **2.** [rise to one's feet] se lever, se mettre debout / *she had to get up from her chair* elle a été obligée de se lever de sa chaise / *to get up from the table* se lever or sortir de table / *get up off the floor!* relève-toi ! / *please don't bother getting up* restez assis, je vous prie **3.** [climb up] monter / *they got up on the roof* ils sont montés sur le toit / *she got up behind him on the motorcycle* elle est montée derrière lui sur la moto **4.** [subj: wind] se lever **5.** [to horse] ▸ **get up!** allez ! ◆ vt insep [stairs] monter ; [ladder, tree] monter à ; [hill] gravir. ◆ vt sep **1.** [cause to rise to feet] faire lever ; [awaken] réveiller **2.** [generate, work up] : *to get up speed* gagner de la vitesse / *to get one's courage up* rassembler son courage / *I can't get up any enthusiasm for the job* je n'arrive pas à éprouver aucun enthousiasme pour ce travail **3.** *inf* [organize - entertainment, party] organiser, monter ; [-petition] organiser ; [-play] monter ; [-excuse, story] fabriquer, forger **4.** [dress up] habiller ; [in costume] déguiser / *their children are always so nicely got up* leurs enfants sont toujours si bien habillés ▸ **to get o.s. up** se mettre sur son trente et un **5.** *inf* [study - subject] travailler, bûcher ; [-notes, speech] préparer **6.** PHR **to get it up** *v inf* bander.

❖ **get up to** vt insep faire / *he gets up to all kinds of mischief* il fait des tas de bêtises / *what have you been getting up to lately?* qu'est-ce que tu fais de beau ces derniers temps ?

getatable [get'ætəbl] adj *inf* [place, shelf] accessible, d'accès facile ; [person] accessible.

getaway ['getəweɪ] ◆ n **1.** [escape] fuite *f* ▸ **to make one's getaway** s'enfuir, filer / *they made a quick getaway* ils ont vite filé **2.** AUTO [start] démarrage *m* ; [in racing] départ *m*. ◆ adj : *a getaway car / vehicle* une voiture / un véhicule de fuyard.

get-go n US *inf* ▸ **from the get-go** dès le début.

Gethsemane [geθ'semənɪ] pr n Gethsémani.

get-rich-quick adj *inf* ▸ **a get-rich-quick scheme** un projet pour faire fortune rapidement.

get-there n US *inf* pêche *f*, allant *m*.

get-together n [meeting] (petite) réunion *f* ; [party] (petite) fête *f*.

Gettysburg Address ['getɪzbɜ:g-] pr n ▸ **the Gettysburg Address** *discours prononcé par Abraham Lincoln pendant la guerre de Sécession.*

The Gettysburg Address

Ce discours, prononcé le 19 novembre 1863 par Lincoln après la défaite des confédérés, appelle à la volonté de construire une nation libre, dirigée « par le peuple, pour le peuple » **(a government of the people, by the people, for the people)** ; cette formule est souvent utilisée comme définition de la démocratie.

getup ['getʌp] n *inf* **1.** [outfit] accoutrement *m* ; [disguise] déguisement *m* / *you're not going out in that getup!* tu ne vas pas sortir (habillé) comme ça or dans cet accoutrement ! **2.** [of book, product] présentation *f*.

get-up-and-go n *inf* allant *m*, dynamisme *m* / *to have plenty of get-up-and-go* avoir beaucoup d'allant, être très dynamique / *my get-up-and-go has got up and gone hum* je suis vanné.

get-well card n *carte de vœux pour un bon rétablissement.*

geum ['dʒi:əm] n benoîte *f*.

gewgaw ['gju:gɔ:] n UK bibelot *m*, babiole *f*, colifichet *m*.

geyser [UK 'gi:zər US 'gaɪzər] n **1.** GEOL geyser *m* **2.** UK [domestic] chauffe-eau *m inv* (à gaz).

GF MESSAGING written abbr of **girlfriend**.

G-force n pesanteur *f*.

GG MESSAGING written abbr of **good game**.

Ghana ['gɑ:nə] pr n Ghana *m* / *in Ghana* au Ghana.

Ghanaian [gɑ:'neɪən], **Ghanian** ['gɑ:nɪən] ◆ n Ghanéen *m*, -enne *f*. ◆ adj ghanéen.

ghastliness ['gɑ:stlɪnɪs] n **1.** [of crime] horreur *f*, atrocité *f* **2.** [of place, building, sight] aspect *m* sinistre or épouvantable ; [of experience, situation] caractère *m* horrible or affreux.

ghastly ['gɑ:stlɪ] (*compar* **ghastlier**, *superl* **ghastliest**) adj **1.** *inf* [very bad] affreux, épouvantable, atroce / *she wore the most ghastly outfit!* elle était accoutrée d'une façon indescriptible ! / *there's been a ghastly mistake* une terrible erreur a été commise / *we went to a really ghastly party* nous sommes allés à une soirée vraiment épouvantable / *the interview was ghastly* l'interview s'est très mal passée / *you look ghastly!* vous avez l'air d'un déterré ! **2.** [frightening, unnatural] horrible, effrayant / *a ghastly silence* un silence effrayant.

ghee n ghee *m*, beurre *m* clarifié.

Ghent [gent] pr n Gand.

gherkin ['gɜ:kɪn] n cornichon *m*.

ghetto ['getəʊ] (*pl* **ghettos** *or* **ghettoes**) n ghetto *m*.

ghetto blaster [-,blɑ:stər] n *inf grand radiocassette portatif.*

ghettoization [getəʊaɪ'zeɪʃn] n ghettoïsation *f*.

ghost [gəʊst] ◆ n **1.** [phantom] revenant *m*, fantôme *m*, spectre *m* / *to believe in ghosts* croire aux fantômes / *you look as if you've just seen a ghost!* on dirait que vous venez de voir un fantôme ! ▸ **to lay any ghosts to rest about sthg** dissiper le moindre doute quant à qqch **2.** [shadow, hint] ombre *f* / *the ghost of a smile* l'ombre d'un sourire, un vague sourire / *you don't have the ghost of a chance* vous n'avez pas la moindre chance or l'ombre d'une chance **3.** TV image *f* secondaire or résiduelle **4.** [writer] nègre *m* **5.** PHR **to give up the ghost** rendre l'âme / *this typewriter has given up the ghost hum* cette machine à écrire a rendu l'âme. ◆ vt ▸ **to ghost a book for an author** servir de nègre à l'auteur d'un livre. ◆ adj [story, film] de revenants, de fantômes / *a ghost ship / train* un vaisseau / un train fantôme.

ghosting ['gəʊstɪŋ] n TV image *f* fantôme, fantôme *m*.

ghostlike ['gəʊst,laɪk] ◆ adj spectral, de spectre. ◆ adv comme un spectre.

ghostly ['gəʊstlɪ] (*compar* **ghostlier**, *superl* **ghostliest**) adj spectral, fantomatique / *a ghostly figure* une véritable apparition / *a ghostly silence* un silence de mort.

ghost town n ville *f* fantôme.

ghostwrite ['gəʊstraɪt] (*pt* **ghostwrote** [-rəʊt], *pp* **ghostwritten** [-,rɪtn]) ◆ vt écrire or rédiger (comme nègre) / *I'm sure his books are ghostwritten* je suis sûr qu'il n'a écrit aucun des livres publiés sous son nom. ◆ vi ▸ **to ghostwrite for sb** servir de nègre à qqn.

ghostwriter ['gəʊst,raɪtər] n nègre *m*.

ghostwritten [-,rɪtn] pp ⟶ **ghostwrite**.

ghostwrote [-rəʊt] pt ⟶ **ghostwrite**.

ghoul [gu:l] n **1.** [evil spirit] goule *f* **2.** [macabre person] amateur *mf* de macabre / *don't be such a ghoul!* tu es vraiment morbide !

ghoulish ['gu:lɪʃ] adj **1.** [ghostly] de goule, vampirique **2.** [person, humour] morbide, macabre.

GHQ (abbr of **general headquarters**) n GQG *m*.

GHz (abbr of **gigahertz**) n GHz *m*.

GI (abbr of **Government Issue**) ◆ n [soldier] GI *m*, soldat *m* américain. ◆ comp ▸ **GI bride** épouse *f* (étrangère) d'un GI.

giant ['dʒaɪənt] ◆ n **1.** [in size] géant *m*, -e *f* **2.** *fig* : *a literary giant* un géant de la littérature / *an industrial giant* un magnat de l'industrie. ◆ adj géant, gigantesque / *with giant footsteps* à pas de géant.

giantess ['dʒaɪəntes] n géante *f*.

giantism ['dʒaɪəntɪzm] n MED gigantisme *m*.

giantkiller ['dʒaɪənt,kɪlər] n SPORT *petite équipe victorieuse d'une équipe plus forte.*

giantkilling ['dʒaɪənt,kɪlɪŋ] n UK SPORT *victoire surprise d'un concurrent peu coté* / *it was a giantkilling act* c'était la victoire de David contre Goliath.

giant panda n panda *m* géant.

Giant's Causeway pr n ▸ **the Giant's Causeway** la Chaussée des Géants.

giant sequoia n séquoia *m* géant.

giant-size(d) adj [pack] géant.

giant star n étoile *f* géante.

giardiasis [,dʒaɪɑ:'daɪəsɪs] n giardiase *f*.

gibber ['dʒɪbər] vi [person] bredouiller, bafouiller / *to gibber with fear* bafouiller de peur / *stop gibbering and tell me exactly what happened!* arrête de bafouiller et explique-toi clairement !

gibbering ['dʒɪbərɪŋ] adj : *I was a gibbering wreck!* j'étais dans un de ces états ! / *he's a gibbering idiot inf* c'est un sacré imbécile.

gibberish ['dʒɪbərɪʃ] n baragouin *m*, charabia *m* / *it's complete gibberish to me* je ne comprends absolument rien / *this instruction leaflet is a load of gibberish inf* ce mode d'emploi, c'est du vrai charabia / *the man's talking gibberish* ce que dit cet homme est totalement incompréhensible or n'a ni queue ni tête.

gibbet ['dʒɪbɪt] ◆ n potence *f*, gibet *m*. ◆ vt [hang] pendre.

gibbon ['gɪbən] n gibbon *m*.

gibbous ['gɪbəs] adj **1.** ASTRON gibbeux **2.** [humpbacked] bossu.

gibe [dʒaɪb] ◆ vt [taunt] railler, se moquer de. ◆ vi ▸ **to gibe at sb** railler qqn, se moquer de qqn. ◆ n [remark] raillerie *f*, moquerie *f*.

giblets ['dʒɪblɪts] pl n abats *mpl* de volaille.

Gibraltar [dʒɪ'brɔ:ltər] pr n Gibraltar / *in Gibraltar* à Gibraltar ▸ **the Strait of Gibraltar** le détroit de Gibraltar.

Gibraltarian [,dʒɪbrɔ:l'teərɪən] ◆ adj & n gibraltarien. ◆ n Gibraltarien *m*, -ne *f*.

giddily ['gɪdɪlɪ] adv **1.** [dizzily] vertigineusement **2.** [frivolously] à la légère, avec insouciance.

giddiness ['gɪdɪnɪs] n *(U)* **1.** [dizziness] vertiges *mpl*, étourdissements *mpl* **2.** [frivolousness] légèreté *f*, étourderie *f*.

giddy ['gɪdɪ] (*compar* **giddier**, *superl* **giddiest**) adj **1.** [dizzy - person] : *to be* or *to feel giddy* **a)** [afraid of height] avoir le vertige, être pris de vertige **b)** [unwell] avoir un étourdissement / *I feel giddy just watching them* j'ai la tête qui tourne or le vertige rien que de les regarder **2.** [lofty] vertigineux, qui donne le vertige / *the giddy heights of success* les hautes cimes de la réussite **3.** [frivolous - person, behaviour] frivole, écervelé / *she behaves just like a giddy schoolgirl* elle se comporte vraiment comme une jeune idiote or écervelée / *a giddy round of parties and social events* un tourbillon de soirées et de sorties mondaines ▶ **my giddy aunt!** UK *inf & dated* oh la la !

giddy up interj [to horse] ▶ **giddy up!** hue !

Gideon ['gɪdɪən] pr n Gédéon.

Gideon Bible n *bible placée dans les chambres d'hôtel par l'organisation chrétienne des Gideons.*

gift [gɪft] ◆ n **1.** [present - personal] cadeau *m* ; [-official] don *m* ▶ **to make sb a gift of sthg** offrir qqch à qqn, faire cadeau de qqch à qqn / *is it a gift?* c'est pour offrir ? / *I wouldn't have it as a gift!* je n'en voudrais pas même si on m'en faisait cadeau ! / *he thinks he's God's gift to mankind inf* / *to women inf* il se prend pour le Messie / pour Don Juan / *he's God's gift to advertising* c'est le roi de la pub / *her offer of help came like a gift from the gods* l'aide qu'elle nous offrait or sa proposition d'aide était un cadeau tombé du ciel / *the gift of friendship* / *of tears liter* le don de l'amitié / des larmes **2.** [talent] don *m* / *he has a great gift for telling jokes* il n'a pas son pareil pour raconter des plaisanteries / *she has a gift for music* elle a un don or elle est douée pour la musique ▶ **to have the gift of the gab** *inf* avoir la langue bien pendue, avoir du bagou(t) **3.** *inf* [bargain] affaire *f* / *at £5, it's a gift* 5 livres, c'est donné **4.** *inf* [easy thing] : *that exam question was a gift* ce sujet d'examen, c'était du gâteau **5.** [donation] don *m*, donation *f* / *as a gift* LAW à titre d'avantage or gracieux / *the posts abroad are in the gift of the French department* l'attribution des postes à l'étranger relève du département de français **6.** RELIG : *the gift of faith* la grâce de la foi / *the gift of tongues* le don des langues. ◆ vt US *fml* donner, faire don de / **'gifted by Mr Evans'** [on plaque] 'don de M. Evans'.

GIFT [gɪft] (**abbr of gamete intrafallopian transfer**) n FIVETE *f*.

gift certificate US = **gift token.**

gift coupon n bon *m* de réduction, point-cadeau *m*.

gifted ['gɪftɪd] adj [person] doué ; [performance] talentueux / *highly gifted children* des enfants surdoués / *she's gifted with a fantastic memory* elle a une mémoire fantastique.

gift horse n ▶ **don't** or **never look a gift horse in the mouth** *prov* à cheval donné on ne regarde pas la bouche *prov*.

gift shop n boutique *f* de cadeaux.

gift token n bon *m* d'achat.

gift voucher UK **1.** = **gift token 2.** = **gift coupon.**

gift-wrap vt faire un paquet cadeau de / *do you want it gift-wrapped?* je vous fais un paquet cadeau ?

gift-wrapped ['gɪftræpt] adj [article] sous paquet-cadeau.

gift wrapping n papier-cadeau *m*.

gig [gɪg] n **1.** [carriage] cabriolet *m* **2.** [boat] yole *f*, guigue *f* **3.** *inf* [concert] concert *m (de rock, de jazz).*

gigabyte ['gɪgəbaɪt] n gigaoctet *m*.

gigahertz ['gɪgəhɜːts] n gigahertz *m*.

gigantic [dʒaɪ'gæntɪk] adj géant, gigantesque.

gigantism [dʒaɪ'gæntɪzm] n gigantisme *m*.

giggle ['gɪgl] ◆ vi [stupidly] rire bêtement, ricaner ; [nervously] rire nerveusement / *they couldn't stop giggling* ils ne pouvaient pas se retenir de glousser or de pouffer. ◆ n [uncontrollable] fou rire *m* ; [nervous] petit rire *m* nerveux ; [stupid] ricanement *m* ▶ **to have a fit of the giggles** avoir le fou rire ▶ **to do sthg for a giggle** UK *inf* faire qqch pour rigoler.

giggling ['gɪglɪŋ] ◆ adj = **giggly.** ◆ n *(U)* fou rire *m*.

giggly ['gɪglɪ] adj qui rit bêtement / *they're like giggly schoolgirls* elles n'arrêtent pas de rire comme des gamines.

GIGO ['gaɪgəʊ] n **abbr of garbage in, garbage out.**

gigolo ['ʒɪgələʊ] (*pl* **gigolos**) n gigolo *m*.

gigot ['dʒɪgət] n gigot *m*.

GI Joe n *surnom collectif des soldats américains, notamment pendant la Seconde Guerre mondiale.*

Gilbert and Sullivan ['gɪlbətən'sʌlɪvn] pr n ▶ **Gilbert and Sullivan opera** *opérettes satiriques dues au compositeur Sullivan et au librettiste Gilbert (fin du XIXe siècle).*

gild [gɪld] (*pt* **gilded**, *pp* **gilded** *or* **gilt** [gɪlt]) ◆ n = **guild.** ◆ vt dorer ▶ **it would be gilding the lily** ce serait du peaufinage.

gilded ['gɪldɪd] adj doré ▶ **gilded youth** *fig* jeunesse *f* dorée.

gilding ['gɪldɪŋ] n dorure *f*.

gill[1] [dʒɪl] n [measure] quart *m* de pinte.

gill[2] [gɪl] n **1.** [of mushroom] lamelle *f* **2.** UK *regional* [ravine] ravin *m* ; [stream] ruisseau *m (de montagne).*

❖ **gills** pl n [of fish] ouïes *fpl*, branchies *fpl* ▶ **to be** / **to go green around the gills a)** [from shock] être / devenir vert (de peur) **b)** [from illness] avoir mauvaise mine.

gillie ['gɪlɪ] n Scot [for hunting] guide *m*, accompagnateur *m* ; [for fishing] accompagnateur *m*.

gill slit n fente *f* branchiale.

gillyflower ['dʒɪlɪˌflaʊəʳ] n giroflée *f*.

gilt [gɪlt] ◆ pp ⟶ **gild.** ◆ adj doré. ◆ n **1.** [gilding] dorure *f* ▶ **to take the gilt off the gingerbread** UK gâcher le plaisir **2.** [security] valeur *f* de tout repos.

gilt-edged [-edʒd] adj **1.** ST. EX [securities] de père de famille, sans risque **2.** [page] doré sur tranche.

gimbal ring ['dʒɪmbl-] n AERON & NAUT cardan *m*.

gimbals ['dʒɪmbəlz] pl n AERON & NAUT cardan *m*.

gimcrack ['dʒɪmkræk] adj [jewellery] en toc ; [ornament, car] de pacotille ; [theory, idea] bidon.

gimlet ['gɪmlət] n **1.** [tool] vrille *f* ▶ **to have eyes like gimlets** avoir des yeux perçants / *his gimlet eyes stared at her* il la fixa de ses yeux perçants **2.** [drink] *cocktail de vodka ou de gin avec du jus de citron vert.*

gimlet-eyed adj à l'œil perçant, aux yeux perçants.

gimme ['gɪmɪ] *inf* **abbr of give me.**

gimmick ['gɪmɪk] n **1.** [sales trick] truc *m*, astuce *f* ; [in politics] astuce *f*, gadget *m* / *advertising gimmick* trouvaille *f* publicitaire / *it's just a sales gimmick* c'est un truc pour faire vendre / *the voters aren't fooled by election gimmicks* les électeurs ne sont pas dupes des gadgets électoralistes **2.** [gadget, device] gadget *m* **3.** [personal trick] truc *m* / *he does a tapdance in the middle of the show purely as a gimmick* il fait un numéro de claquettes au milieu du spectacle simplement pour l'effet.

gimmickry ['gɪmɪkrɪ] n *(U) inf* truquage *m*, astuces *fpl*, gadgets *mpl* / *I'm sick of all this commercial gimmickry* j'en ai assez de tout ce tape-à-l'œil commercial.

gimmicky ['gɪmɪkɪ] adj *inf* qui relève du procédé / *the show was too gimmicky* le spectacle relevait trop du procédé.

gimp [gɪmp] n US *inf* **1.** *pej* [person] gogol *v inf mf* **2.** [object] scoubidou *m*.

gin [dʒɪn] (*pt & pp* **ginned**, *cont* **ginning**) ◆ n **1.** [drink] gin *m* ▶ **gin and tonic** gin-tonic *m* ▶ **gin and it** UK martini-gin *m* ▶ **gin fizz** gin-fizz *m* **2.** [trap] piège *m* **3.** INDUST [machine] égreneuse *f* (de coton). ◆ vt attraper, piéger.

ginger ['dʒɪndʒəʳ] ◆ n **1.** [spice] gingembre *m* ▶ **crystallized ginger** gingembre confit ▶ **ground ginger** gingembre en poudre ▶ **root** or **fresh ginger** gingembre en racine or frais **2.** *inf & fig* entrain *m*, allant *m*, dynamisme *m* **3.** [colour] brun roux *m*. ◆ adj [hair] roux (rousse), rouquin ; [cat] roux (rousse).

❖ **Ginger** pr n *inf* [nickname] Poil de Carotte.

❖ **ginger up** vt sep [activity, group, meeting] animer ; [speech, story] relever, pimenter, égayer.

ginger ale n *boisson gazeuse aux extraits de gingembre.*

ginger beer n *boisson légèrement alcoolisée obtenue par la fermentation de gingembre.*

gingerbread ['dʒɪndʒəbred] ◆ n pain *m* d'épices ▶ **gingerbread man** bonhomme *m* en pain d'épices. ◆ adj [ornament, style] tarabiscoté.

ginger group n *dans une organisation politique ou autre, faction dynamique cherchant à faire bouger les choses en incitant à l'action.*

ginger-haired adj roux (rousse).

gingerly ['dʒɪndʒəlɪ] ◆ adv [cautiously] avec circonspection, précautionneusement ; [delicately] délicatement. ◆ adj [cautious] circonspect, prudent ; [delicate] délicat / *to do sthg in a gingerly fashion* faire qqch avec beaucoup de précaution.

ginger nut n biscuit *m* au gingembre.

ginger snap = **ginger nut.**

ginger wine n *boisson alcoolisée à base de gingembre.*

gingery ['dʒɪndʒərɪ] adj **1.** [taste] de gingembre ; [colour] roux (rousse) **2.** *fig* [full of vigour] animé ; [biting] acerbe.

gingham ['gɪŋəm] n (tissu *m*) vichy *m* / *a gingham shirt* une chemise vichy.

gingival [dʒɪn'dʒaɪvl] adj gingival.

gingivitis [ˌdʒɪndʒɪ'vaɪtɪs] n *(U)* MED gingivite *f*.

gink [gɪŋk] n UK *v inf* type *m*, bonhomme *m*.

gin mill US = **gin palace.**

ginormous [ˌdʒaɪ'nɔːməs] adj *inf* gigantesque.

gin palace n UK tripot *m*.

gin rummy n gin-rummy *m*, gin-rami *m*.

ginseng ['dʒɪnseŋ] n ginseng *m*.

gippo ['dʒɪpəʊ] (*pl* **gippoes**) n UK *offens terme injurieux désignant un Gitan.*

gippy ['dʒɪpɪ] adj UK *inf* ▶ **to have a gippy tummy** avoir la courante.

gipsy ['dʒɪpsɪ] (*pl* **gipsies**) ◆ n Gitan *m*, -e *f*, bohémien *m*, -enne *f* ; *fig* [wanderer] vagabond *m*, -e *f* / *she's a gipsy at heart* c'est une bohème dans l'âme. ◆ adj [camp] de Gitans ; [dance, music] gitan / *gipsy caravan* roulotte *f*.

gipsy moth n zigzag *m*, bombyx *m* disparate.

giraffe [dʒɪ'rɑːf] n girafe *f* / *a young* or *baby giraffe* un girafeau, un girafon.

gird [gɜːd] (*pt & pp* **girded** *or* **girt** [gɜːt]) vt *liter* **1.** [waist] ceindre ▶ **a sea-girt country** *fig* un pays encerclé par la mer ▶ **to gird (up) one's loins** se préparer à l'action **2.** [clothe] ▶ **to gird with** revêtir de.

❖ **gird on** vt sep *arch & liter* ▶ **to gird on one's sword** ceindre l'épée.

girder ['gɜːdəʳ] n poutre *f* (métallique), fer *m* profilé ; [light] poutrelle *f*.

girdle ['gɜːdl] ◆ n **1.** [corset] gaine *f* **2.** *liter* [belt] ceinture *f* **3.** [in tree] incision *f* annulaire. ◆ vt **1.** *liter* ▶ **to girdle sthg with sthg** ceindre qqch de qqch **2.** [tree] baguer.

girdle cake, **girdle scone** n UK *sorte de petite galette.*

girl [gɜːl] n **1.** [child] (petite) fille *f* / *a little girl* une fillette, une petite fille / *a girls' school* une école de filles / *I knew her when she was a girl* je l'ai connue toute petite / *poor little girl!* pauvre petite ! **2.** [daughter] fille *f* / *the Murphy girl* la fille des Murphy **3.** [young woman] (jeune) fille *f* / *the other girls at the office* les autres filles du bureau / *come in, girls!* entrez, mesdemoiselles ! / *she's having an evening with the girls* elle passe la soirée dehors avec les filles / *he married a French girl* il a épousé une Française / *my dear girl* ma chère **4.** *inf* [girlfriend] (petite) amie *f*, copine *f* **5.** SCH [pupil] élève *f* **6.** [employee] (jeune) employée *f* ; [maid] bonne *f* ; [in shop] vendeuse *f* ; [in factory] ouvrière *f*.

girl Friday n *employée de bureau affectée à des tâches diverses.*

girlfriend ['gɜːlfrend] n [of boy] copine *f*, (petite) amie *f* ; US [of girl] copine *f*, amie *f* / *girlfriend trouble* problèmes *mpl* de cœur.

Girl Guide UK, **Girl Scout** US n éclaireuse *f*.

girlhood ['gɜːlhʊd] n [as child] enfance *f* ; [as adolescent] adolescence *f*.

girlie ['gɜːlɪ] adj *inf* ▸ **girlie magazine** magazine *m* masculin, revue *f* érotique.

girlish ['gɜːlɪʃ] adj [appearance, smile, voice] de fillette, de petite fille ; *pej* [boy] efféminé.

girlishly ['gɜːlɪʃlɪ] adv comme une petite fille.

Girl Scout US = **Girl Guide**.

giro ['dʒaɪrəʊ] n **1.** [system] *système de virement interbancaire introduit par la Poste britannique* ▸ **giro account** compte *m* chèque postal ▸ **(bank) giro** virement *m* bancaire / *to pay by bank giro* payer par virement bancaire ▸ **giro cheque** chèque *m* postal ▸ **National Giro** ≃ Comptes Chèques Postaux **2.** *inf* [for unemployed] chèque *m* d'allocation de chômage.

girt [gɜːt] pt & pp ⟶ **gird**.

girth [gɜːθ] ◆ n **1.** [circumference] circonférence *f*, tour *m* **2.** [stoutness] corpulence *f*, embonpoint *m* **3.** [of saddle] sangle *f*. ◆ vt [horse] sangler.

gist [dʒɪst] n essentiel *m* / *I get the gist of your argument* je comprends or saisis l'essentiel de ton argument / *give me the gist of the discussion* expliquez-moi les grandes lignes du débat.

git [gɪt] n UK *v inf* connard *m*, connasse *f*.

give [gɪv] (*pt* **gave** [geɪv], *pp* **given** ['gɪvn])

◆ vt

- **A. OFFER OR GRANT**
- **B. CAUSE, INFLICT OR COMMUNICATE**
- **C. UTTER SOUND OR PERFORM ACTION**
- **D. OTHER SENSES**

A. OFFER OR GRANT **1.** [hand over] donner ; [as gift] donner, offrir / *I gave him the book* or *I gave the book to him* je lui ai donné le livre / *we gave our host a gift* nous avons offert un cadeau à notre hôte / *the family gave the paintings to the museum* la famille a fait don des tableaux au musée / *he gave his daughter in marriage* il a donné sa fille en mariage / *she gave him her hand* **a)** [to hold] elle lui a donné or tendu la main **b)** [in marriage] elle lui a accordé sa main ▸ **to give o.s. to sb** *liter* se donner à qqn / *I give you the newlyweds!* [in toast] je lève mon verre au bonheur des nouveaux mariés ! / *I gave him my coat to hold* je lui ai confié mon manteau / *she gave them her trust* elle leur a fait confiance, elle leur a donné sa confiance / *in any relationship you have to learn to give and take* dans toutes les relations, il faut apprendre à prendre et à donner ▸ **to give as good as one gets** rendre coup pour coup ▸ **give it all you've got!** *inf* mets-y le paquet ! / *I'll give you something to cry about!* *inf* je vais te donner une bonne raison de pleurer, moi ! **2.** [grant - right, permission, importance etc.] donner / *give the matter your full attention* prêtez une attention toute particulière à cette affaire / *he gave your suggestion careful consideration* il a considéré votre suggestion avec beaucoup d'attention / *the court gave her custody of the child* LAW la cour lui a accordé la garde de l'enfant / *she hasn't given her approval yet* elle n'a pas encore donné son consentement **3.** [admit, concede] reconnaître, accorder / *she's certainly intelligent, I'll give you that* elle est très intelligente, ça, je te l'accorde / *he gave me the game* SPORT il m'a concédé la partie **4.** [provide with - drink, food] donner, offrir ; [- lessons, classes, advice] donner ; [- help] prêter / *give our guests something to eat / drink* donnez à manger / à boire à nos invités / *we gave them lunch* nous les avons invités or nous leur avons fait à déjeuner / *I think I'll give them beef for lunch* je crois que je vais leur faire du bœuf au déjeuner / *let me give you some advice* laissez-moi vous donner un conseil / *I gave her the biggest bedroom* je lui ai donné la plus grande chambre / *they're giving us a pay rise* ils nous donnent une augmentation de salaire / *the children can wash up, it will give them something to do* les enfants peuvent faire la vaisselle, ça les occupera / *she gave him two lovely daughters* elle lui a donné deux adorables filles / *to give sb / sthg one's support* soutenir qqn / qqch / *do you give a discount?* faites-vous des tarifs préférentiels ? / *give me time to think* donnez-moi or laissez-moi le temps de réfléchir / *she didn't give him time to say no* elle ne lui a pas laissé le temps de dire non / *just give me time!* sois patient ! / *such talent is not given to us all* nous n'avons pas tous un tel talent ▸ **give me jazz any day!** *inf* à mon avis rien ne vaut le jazz ! **5.** [confer - award] conférer / *they gave her an honorary degree* ils lui ont conféré un diplôme honorifique **6.** [dedicate] donner, consacrer / *she gave all she had to the cause* elle s'est entièrement consacrée à cette cause / *can you give me a few minutes?* pouvez-vous m'accorder or me consacrer quelques instants ? / *he gave his life to save the child* il est mort or il a donné sa vie pour sauver l'enfant **7.** [in exchange] donner ; [pay] payer / *I gave him my sweater in exchange for his gloves* je lui ai échangé mon pull contre ses gants / *I'll give you a good price for the table* je vous donnerai or payerai un bon prix pour la table / *how much will you give me for it?* combien m'en donneras-tu ? **8.** [transmit] donner, passer / *I hope I don't give you my cold* j'espère que je ne vais pas te passer mon rhume.

B. CAUSE, INFLICT OR COMMUNICATE **1.** [cause] donner, causer ; [headache] donner ; [pleasure, surprise, shock] faire / *the walk gave him an appetite* la promenade l'a mis en appétit or lui a ouvert l'appétit / *the news gave me a shock* la nouvelle m'a fait un choc **2.** [impose - task] imposer ; [- punishment] infliger / *the teacher gave us three tests this week* le professeur nous a donné trois interrogations cette semaine / *to give sb a black mark* infliger un blâme à qqn / *he was given (a sentence of) 15 years* LAW il a été condamné à 15 ans de prison **3.** [announce - verdict, judgment] : *the court gives its decision today* la cour prononce or rend l'arrêt aujourd'hui / *the court gave the case against / for the management* la cour a décidé contre / en faveur de la direction / *given this third day of March* délivré le trois mars / *given under my hand and seal* reçu par-devant moi et sous mon sceau / *the umpire gave the batsman out* l'arbitre a déclaré le joueur hors jeu **4.** [communicate - impression, order, signal] donner ; [- address, information] donner, fournir ; [- news, decision] annoncer / *to give sb a message* communiquer un message à qqn / *she gave her age as 45* elle a déclaré avoir 45 ans / *he is to give his decision tomorrow* il devra faire connaître or annoncer sa décision demain / *I gave a description of the suspect* j'ai donné or fourni une description du suspect / *you gave me to believe he was trustworthy* vous m'avez laissé entendre qu'on pouvait lui faire confiance / *I was given to understand she was ill* on m'a donné à croire qu'elle était malade / *she gave no sign of life* elle n'a donné aucun signe de vie **5.** [suggest, propose - explanation, reason] donner, avancer ; [- hint] donner / *that's given me an idea* ça me donne une idée / *give us a clue* donne-nous un indice / *let me give you an example* laissez-moi vous donner un exemple / *don't give me any nonsense about missing your train!* ne me raconte pas que tu as raté ton train ! / *don't give me that (rubbish)!* *inf* ne me raconte pas d'histoires !

C. UTTER SOUND OR PERFORM ACTION **1.** [utter - sound] rendre, émettre ; [- answer] donner, faire ; [- cry, sigh] pousser / *he gave a laugh* il a laissé échapper un rire / *he gave a loud laugh* il a éclaté de rire / *give us a song* chantez-nous quelque chose **2.** [make - action, gesture] faire / *she gave them an odd look* elle leur a jeté or lancé un regard curieux / *he gave her hand a squeeze* il lui a pressé la main / *give me a kiss* **a)** [gen] fais-moi la bise **b)** [lover] embrasse-moi / *I gave the boy a push* j'ai poussé le garçon / *the train gave a lurch* le train a cahoté / *she gave him a slap* elle lui a donné une claque / *she gave him a flirtatious smile* elle lui a adressé or fait un sourire séducteur / *he gave an embarrassed smile* il a eu un sourire gêné **3.** [perform in public - concert] donner ; [- lecture, speech] faire ; [- interview] accorder / *that evening she gave the performance of a lifetime* ce soir-là elle était au sommet de son art **4.** [hold - lunch, party, supper] donner, organiser / *they gave a dinner for the professor* ils ont donné un dîner en l'honneur du professeur.

D. OTHER SENSES **1.** [estimate the duration of] donner, estimer / *I give him one week at most* je lui donne une semaine (au) maximum / *I'd give their marriage about a year if that* je donne un an au maximum à leur mariage **2.** MATH [produce] donner, faire / *17 minus 4 gives 13* 17 moins 4 font or égalent 13 / *that gives a total of 26* ça donne un total de 26 **3.** PHR ▸ **to give way a)** [ground] s'affaisser **b)** [bridge, building, ceiling] s'effondrer, s'affaisser **c)** [ladder, rope] céder, (se) casser / *the ground gave way beneath* or *under our feet* le terrain s'est affaissé sous nos pieds / *her legs gave way (beneath her)* ses jambes se sont dérobées sous elle / *his health finally gave way* sa santé a fini par se détériorer or se gâter / *their strength gave way* leurs forces leur ont manqué / *it's easier to give way to his demands than to argue* il est plus commode de céder à ses exigences que de lui résister / *don't give way if he cries* ne cède pas s'il pleure / *I gave way to tears / to anger* je me suis laissé aller à pleurer / emporter par la colère / *he gave way to despair* il s'est abandonné au désespoir / *the fields gave way to factories* les champs ont fait place aux usines / *his joy gave way to sorrow* sa joie a fait place à la peine / **'give way to vehicles on your right'** 'priorité aux véhicules qui viennent de droite' / **'give way to pedestrians'** 'priorité aux piétons' / **'give way'** 'cédez le passage'.

◆ vi **1.** [contribute] donner / *please give generously* nous nous en remettons à votre générosité **2.** [collapse, yield - ground, wall] s'affaisser / *the fence gave beneath* or *under my weight* la barrière a cédé or s'est affaissée sous mon poids / *something's got to give* quelque chose va lâcher ; [cloth, elastic] se relâcher ; [person] céder **3.** US *inf* [talk] ▸ **now give!** accouche ! *v inf*, vide ton sac ! **4.** US *inf* ▸ **what gives?** qu'est-ce qui se passe ?

◆ n [of metal, wood] élasticité *f*, souplesse *f* / *there's not enough give in this sweater* ce pull n'est pas assez ample.

❖ **give or take** prep phr à… près / *give or take a few days* à quelques jours près.

❖ **give away** vt sep **1.** [hand over] donner ; [as gift] donner, faire cadeau de ; [prize] distribuer / *it's so cheap they're practically giving it away* c'est tellement bon marché, c'est comme s'ils en faisaient cadeau **2.** [bride] conduire à l'autel **3.** [throw away - chance, opportunity] gâcher, gaspiller **4.** [reveal - information] révéler ; [- secret] révéler, trahir / *he didn't give anything away* il n'a rien dit **5.** [betray] trahir / *her accent gave her away* son accent l'a trahie / *no prisoner would give another prisoner away* aucun prisonnier n'en trahirait un autre.

❖ **give back** vt sep **1.** [return] rendre ; [property, stolen object] restituer / *give the book back to her* rendez-lui le livre / *the store gave him his money back* le magasin l'a remboursé **2.** [reflect - image, light] refléter, renvoyer ; [sound] renvoyer.

❖ **give in** ◆ vi [relent, yield] céder ▸ **to give in to sthg / sb** céder à qqch / qqn / *the country refused to give in to terrorist threats* le pays a refusé de céder aux menaces des terroristes. ◆ vt sep [hand in - book, exam paper] rendre ; [- found object, parcel] remettre ; [- application, name] donner.

❖ **give off** vt sep **1.** [emit, produce - gas, smell] émettre **2.** BOT [shoots] former.

❖ **give onto** vt insep donner sur.

❖ **give out** ◆ vt sep **1.** [hand out] distribuer **2.** [emit] émettre, faire entendre **3.** [make known] annoncer, faire savoir / *the hospital gave out information on her condition to them* l'hôpital les a renseignés sur son état de santé / *it was given out that he was leaving* on a dit or annoncé qu'il partait. ◆ vi **1.** [fail - machine] tomber en panne ; [- brakes] lâcher ; [- heart] flancher / *the old car finally gave out* la vieille voiture a fini par rendre l'âme *hum* **2.** [run out] s'épuiser, manquer / *her strength was giving* *out* elle était à bout de forces, elle n'en pouvait plus / *his mother's patience gave out* sa mère a perdu patience / *my luck gave out* la chance m'a abandonné.

❖ **give out onto** vt insep donner sur.

❖ **give over** ◆ vt sep **1.** [entrust] donner, confier / *he gave the children over to his mother* il a confié les enfants à sa mère **2.** [set aside for] donner, consacrer ; ADMIN affecter / *the land was given over to agriculture* la terre a été consacrée à l'agriculture / *she gave herself over to helping the poor* elle s'est consacrée à l'aide aux pauvres. ◆ vt insep UK *inf* cesser de, arrêter de / *give over crying!* cesse de pleurer ! ◆ vi UK *inf* cesser, arrêter / *give over!* assez !, arrête !

❖ **give up** ◆ vt sep **1.** [renounce -habit] renoncer à, abandonner ; [-friend] abandonner, délaisser ; [-chair, place] céder ; [-activity] cesser / *she'll never give him up* elle ne renoncera jamais à lui / *he's given up smoking* il a arrêté de fumer, il a renoncé au tabac / *I haven't given up the idea of going to China* je n'ai pas renoncé à l'idée d'aller en Chine / *he gave up his seat to the old woman* il a cédé sa place à la vieille dame / *don't give up hope* ne perdez pas espoir / *he was ready to give up his life for his country* il était prêt à mourir pour la patrie / *they gave up the game* or *the struggle* ils ont abandonné la partie / *we gave her brother up for dead* nous avons conclu que son frère était mort / *they gave the cause up for lost* ils ont considéré que c'était une cause perdue / *to give up the throne* renoncer au trône **2.** [resign from -job] quitter ; [-position] démissionner de / *they gave up the restaurant business* ils se sont retirés de la restauration **3.** [hand over -keys] rendre, remettre ; [-prisoner] livrer ; [-responsibility] se démettre de / *the murderer gave himself up (to the police)* le meurtrier s'est rendu or livré (à la police) / *he gave his accomplices up to the police* il a dénoncé or livré ses complices à la police **4.** US *inf* [applaud] : *let's give it up for Harry Jones!* on applaudit Harry Jones ! ◆ vi : *I give up* **a)** [in game, project] je renonce **b)** [in guessing game] je donne ma langue au chat / *we can't give up now!* on ne va pas laisser tomber maintenant.

❖ **give up on** vt insep ▸ **to give up on sb a)** [stop waiting for] renoncer à attendre qqn **b)** [stop expecting sthg from] ne plus rien attendre de qqn / *I give up on him, he won't even try* j'abandonne, il ne fait pas le moindre effort.

❖ **give up to** vt sep ▸ **to give o.s. up to sthg** se livrer à qqch / *they gave themselves up to a life of pleasure* ils se sont livrés à une vie de plaisir / *he gave his life up to caring for the elderly* il a consacré sa vie à soigner les personnes âgées.

give-and-take n **1.** [compromise] concessions *fpl* (mutuelles) / *in a relationship there has to be some give-and-take* pour fonder une relation, il faut que chacun fasse des concessions or que chacun y mette du sien **2.** [in conversation] échange / *to encourage the give-and-take of ideas and opinions* favoriser l'échange d'idées.

giveaway ['gɪvə,weɪ] ◆ n **1.** [free gift] cadeau *m* ; COMM prime *f*, cadeau *m* publicitaire **2.** US RADIO & TV jeu *m* (doté de prix) **3.** [revelation] révélation *f* (involontaire) / *her guilty expression was a dead giveaway* son air coupable l'a trahie / *the fact that he knew her name was a giveaway* le fait qu'il sache son nom était révélateur or en disait long. ◆ adj **1.** [free] gratuit ; [price] dérisoire **2.** US ▸ **giveaway program a)** RADIO jeu *m* radiophonique **b)** TV jeu *m* télévisé **3.** *inf* [revealing] révélateur.

giveback ['gɪvbæk] n US [cut in pay] réduction *f* de salaire ; [reduced bonus] réduction *f* de prime.

given ['gɪvn] ◆ pp ⟶ **give.** ◆ adj **1.** [specified] donné ; [precise] déterminé / *at a given moment* à un moment donné **2.** [prone] ▸ **to be given to sthg** avoir une tendance à qqch ▸ **to be given to doing sthg** être enclin à faire qqch / *he's given to attacks of depression* il a des tendances dépressives / *I'm not given to telling lies* je n'ai pas l'habitude de mentir ; [on official statement] : *given in Melbourne on the sixth day of March* fait à Melbourne le six mars. ◆ prep **1.** [considering] étant donné / *given the circumstances* étant donné les circonstances, les circonstances étant ce qu'elles sont / *given the rectangle ABCD* MATH soit le rectangle ABCD **2.** PHR **given the chance** or **opportunity** si l'occasion se présentait / *she could be a good teacher, given the opportunity* elle ferait un bon professeur si l'occasion se présentait / *given the chance, I'd emigrate to Canada* si l'occasion se présentait, j'émigrerais au Canada. ◆ n [sure fact] fait *m* acquis.

❖ **given that** conj étant donné que.

given name n US prénom *m*.

giver ['gɪvəʳ] n donateur *m*, -trice *f*.

Gîza ['gi:zə] pr n ▸ **(El) Gîza** Gizeh, Guizèh.

gizmo ['gɪzməʊ] (*pl* **gizmos**) n US *inf* gadget *m*, truc *m*.

gizzard ['gɪzəd] n gésier *m* ▸ **it sticks in my gizzard** *fig* ça me reste en travers de la gorge.

glacé ['glæseɪ] adj **1.** [cherries] glacé, confit ▸ **glacé icing** glaçage *m (d'un gâteau)* **2.** [leather, silk] glacé **3.** US [frozen] glacé, gelé.

glacial ['gleɪsjəl] adj **1.** [weather, wind] glacial **2.** [politeness, atmosphere] glacial **3.** GEOL glaciaire ▸ **glacial melt a)** [process] fonte *f* des glaces or glaciaire **b)** [water] eaux *fpl* de fonte des glaces or glaciaire **4.** CHEM cristallisé, en cristaux.

glacially ['gleɪsjəlɪ] adv glacialement.

glaciated ['gleɪsɪeɪtɪd] adj glaciaire ▸ **glaciated valley** vallée *f* glaciaire.

glaciation [,gleɪsɪ'eɪʃn] n glaciation *f*.

glacier ['glæsjəʳ] n glacier *m*.

glaciology [,glæsɪ'ɒlədʒɪ] n glaciologie *f*.

glacis ['glæsɪs] (*pl* **glacis** ['glæsɪs] *or* **glacises** ['glæsi:z]) n glacis *m*.

glad [glæd] ◆ adj **1.** [person] heureux, content / *(I'm) glad you came* (je suis) heureux or bien content que tu sois venu / *I'm feeling a lot better today — oh, I am glad!* je me sens beaucoup mieux aujourd'hui — j'en suis ravi ! / *he's decided not to go — I'm glad about that* il a décidé de ne pas partir — tant mieux / *I was glad to hear the news* j'étais ravi d'apprendre la nouvelle / *he was only too glad to be asked* il n'attendait qu'une chose, c'est qu'on le lui demande / *I'd be only too glad to help* je ne demanderais pas mieux que d'aider / *could you do me a favour? — I'd be glad to* pourriez-vous me rendre service ? — avec plaisir or volontiers / *(I'm) glad to meet you!* enchanté ! / *they were glad of the money* cet argent tombait à point nommé or à pic / *we were glad of the opportunity to meet her* nous avons été heureux de pouvoir faire sa connaissance / *I was glad of your help* votre aide a été la bienvenue **2.** *liter* [news, occasion] joyeux, heureux ; [laughter] de bonheur ; [shout] joyeux / *it's a glad day for all of us* c'est un jour de fête pour nous tous **3.** PHR **to give sb the glad eye** faire les yeux doux à qqn, faire de l'œil à qqn. ◆ n *inf* = **gladiolus.**

> Note that être content / heureux / ravi que and se réjouir que are followed by a verb in the subjunctive:
> **I'm really glad my children are with me.**
> *Je suis très content que mes enfants soient auprès de moi.*

gladden ['glædn] vt [person] rendre heureux, réjouir ; [heart] réjouir.

glade [gleɪd] n *liter* clairière *f*.

glad hand n *inf* ▸ **to give sb the glad hand** accueillir qqn chaleureusement or à bras ouverts.

glad-hand ['glædhænd] vt *inf & pej* accueillir avec de grandes démonstrations d'amitié.

gladiator ['glædɪeɪtəʳ] n gladiateur *m*.

gladiatorial [,glædɪə'tɔ:rɪəl] adj de gladiateurs.

gladiolus [,glædɪ'əʊləs] (*pl* **gladioli** [-laɪ] *or* **gladioluses**) n glaïeul *m*.

gladly ['glædlɪ] adv avec plaisir, avec joie, de bon cœur.

gladness ['glædnɪs] n contentement *m*, joie *f*.

glad rags pl n *inf* vêtements *mpl* chic ▸ **to put on one's glad rags** se mettre sur son trente et un, se saper.

gladsome ['glædsəm] adj *arch & liter* joyeux, gai.

Gladstone bag ['glædstən-] n *sacoche de voyage en cuir.*

glair [gleəʳ] n glaire *f*.

glam [glæm] (*pt & pp* **glammed**, *cont* **glamming**) UK *inf* ◆ adj = **glamorous.** ◆ n = **glamour.**

❖ **glam up** vt sep *inf* **1.** [person] ▸ **to get glammed up a)** [with clothes] mettre ses belles fringues, se saper **b)** [with make-up] se faire une beauté, se faire toute belle **2.** [building] retaper ; [town] embellir.

glamor US = **glamour.**

glamorization [,glæməraɪ'zeɪʃn] n idéalisation *f*.

glamorize, glamorise ['glæməraɪz] vt idéaliser, montrer or présenter sous un jour séduisant / *the film glamorizes peasant life* le film idéalise la vie des paysans.

glamorous ['glæmərəs] adj **1.** [alluring -person] séduisant, éblouissant / *a glamorous actress* une actrice éblouissante or resplendissante / *glamorous dresses* robes éblouissantes or d'un chic inouï **2.** [exciting -lifestyle] brillant ; [-career] brillant, prestigieux ; [-show] splendide ; [-place] chic / *the glamorous parts of the French Riviera* les endroits chics de la Côte d'Azur.

glamorously ['glæmərəslɪ] adv brillamment, de manière éblouissante.

glamour UK, **glamor** US ['glæməʳ] ◆ n **1.** [allure -of person] charme *m*, fascination *f* ; [-of appearance, dress] élégance *f*, chic *m* **2.** [excitement -of lifestyle, show] éclat *m*, prestige *m* / *the novel captures all the glamour of London in the 1920s* le roman dépeint tout l'éclat du Londres des années vingt / *there isn't much glamour in my job* mon travail n'a rien de bien excitant or passionnant. ◆ comp de charme ▸ **glamour boy** *inf* beau gosse *m* ▸ **glamour girl** or **glamour puss a)** *inf* pin-up *f inv* **b)** [model] mannequin *m*.

glamourize, glamourise ['glæməraɪz] = **glamorize.**

glamourless ['glæməlɪs] adj [person] sans charme, sans élégance, fade ; [life] sans éclat, terne ; [job] terne, peu intéressant.

glamourous ['glæmərəs] = **glamorous.**

glance [glɑ:ns] ◆ vi **1.** [look] ▸ **to glance at sb** or **sthg** jeter un coup d'œil (rapide) à qqn or sur qqch / *he glanced at his watch* il jeta un coup d'œil sur sa montre / *he glanced at her quickly* il lui jeta un rapide coup d'œil **2.** [read quickly] : *she glanced through* or *over the letter* elle parcourut rapidement la lettre / *to glance through a book* feuilleter un livre / *to glance through a newspaper* lire un journal en diagonale, feuilleter un journal **3.** [look in given direction] : *he glanced back* or *behind* il a jeté un coup d'œil en arrière / *she opened the door and glanced round the room* elle ouvrit la porte et jeta un coup d'œil autour de la pièce / *they glanced towards the door* leurs regards se sont tournés vers la porte **4.** [gleam] étinceler. ◆ n **1.** [look] coup *m* d'œil, regard *m* ▸ **to have** or **to take a glance at** jeter un coup d'œil sur / *at first glance* au premier coup d'œil, à première vue / *I could tell* or *see at a glance* je m'en suis aperçu tout de suite / *one glance was enough* il m'a suffi d'un regard / *I didn't give it a second glance* je n'y ai guère prêté attention / *she walked away without a backward glance* elle est partie sans se retourner ▸ **to give sb a sidelong glance** lancer un regard oblique à qqn / *he cast an affectionate / anxious glance in her direction* il jeta un regard affectueux / inquiet dans sa direction **2.** [gleam] lueur *f*, éclat *m* ; [in water] reflet *m*.

❖ **glance away** vi détourner les yeux.

❖ **glance off** ◆ vi [arrow, bullet] ricocher, faire ricochet ; [sword, spear] être dévié, ricocher / *the arrow hit a tree and glanced off* la flèche a ricoché sur un arbre. ◆ vt insep ▸ **to glance off sthg a)** [subj: arrow, bullet] ricocher sur qqch **b)** [subj: sword, spear] dévier sur qqch.

❖ **glance up** vi **1.** [look upwards] regarder en l'air or vers le haut **2.** [from book] lever les yeux / *he glanced up from (reading) his book* il leva les yeux de son livre.

glancing ['glɑ:nsɪŋ] adj **1.** [blow] : *he struck me a glancing blow* il m'asséna un coup oblique **2.** [gleaming - sunlight] étincelant **3.** [indirect - allusion] indirect, fortuit.

gland [glænd] n **1.** PHYSIOL glande *f* **2.** MECH presse-étoupe *m inv*.

glanders ['glændəz] n *(U)* VET morve *f*.

glandes ['glændi:z] pl ⟶ **glans**.

glandular ['glændjʊlər] adj glandulaire, glanduleux.

glandular fever n *(U)* mononucléose *f* (infectieuse).

glans [glæns] *(pl* **glandes** ['glændi:z]) n ANAT gland *m*.

glare [gleər] ◆ vi **1.** [sun, light] briller d'un éclat éblouissant / *the sun glared down from the cloudless sky* il faisait un soleil éclatant or éblouissant dans un ciel sans nuage / *the sun glared down on them* un soleil de plomb les aveuglait **2.** [person] ▸ **to glare at sb** regarder qqn avec colère / *they glared at each other* ils échangèrent un regard menaçant / *he glared angrily at me* il m'a lancé un regard furieux. ◆ vt ▸ **to glare hatred / defiance at sb** lancer un regard plein de haine / de défi à qqn. ◆ n **1.** [light] lumière *f* éblouissante or aveuglante ; [of sun] éclat *m* / *he stood in the glare of the headlights* il était pris dans la lumière (aveuglante) des phares **2.** [of publicity] feux *mpl* / *politicians lead their lives in the (full) glare of publicity* la vie des hommes politiques est toujours sous les feux des projecteurs **3.** [of anger] regard *m* furieux ; [of contempt] regard *m* méprisant / *she looked at him with a glare of contempt* elle lui a lancé un regard méprisant **4.** US [sheet of ice] plaque *f* de verglas.

glare ice n US verglas *m*.

glaring ['gleərɪŋ] adj **1.** [dazzling - light] éblouissant, éclatant ; [- car headlights] éblouissant ; [- sun] aveuglant **2.** [bright - colour] vif ; *pej* criard, voyant **3.** [angry] furieux **4.** [obvious - error] qui saute aux yeux, qui crève les yeux, patent ; [- injustice, lie] flagrant, criant / *a glaring abuse of public funds* un détournement manifeste des fonds publics / *a glaring omission* une omission flagrante.

glaringly ['gleərɪŋlɪ] adv : *it's glaringly obvious* ça crève les yeux.

Glasgow ['glɑ:zgəʊ] pr n Glasgow ▸ **the Glasgow Herald** PRESS *quotidien écossais de qualité*.

glasnost ['glæznɒst] n glasnost *f*.

glass [glɑ:s] ◆ n **1.** [substance] verre *m* / *made of glass* en verre / *a pane of glass* un carreau, une vitre / *these plants are grown under glass* ces plantes sont cultivées en serre **2.** [vessel, contents] verre *m* / *a glass of water / beer* un verre d'eau / de bière / *a glass of champagne* une coupe de champagne ▸ **to raise one's glass to sb** [in toast] lever son verre à qqn **3.** [in shop, museum] vitrine *f* / *displayed under glass* exposé en vitrine **4.** [glassware] verrerie *f* **5.** [telescope] longue-vue *f* **6.** [barometer] baromètre *m* / *the glass is falling* le baromètre baisse. ◆ comp [ornament, bottle] en verre ; [door] vitré ; [industry] du verre ▸ **glass manufacturer** verrier *m* / **'The Glass Menagerie'** *Williams* 'la Ménagerie de verre'. ◆ vt [bookcase, porch] vitrer ; [photograph] mettre sous verre.

❖ **glasses** pl n **1.** [spectacles] lunettes *fpl* / *to wear glasses* porter des lunettes ▸ **glasses case** étui *m* à lunettes **2.** [binoculars] jumelles *fpl*.

❖ **glass in** vt sep = **glass** *(vt)*.

glassblower ['glɑ:s,bləʊər] n souffleur *m (de verre)*.

glassblowing ['glɑ:s,bləʊɪŋ] n soufflage *m (du verre)*.

glass case n [for display] vitrine *f*.

glass ceiling n plafond *m* de verre *(frontière invisible qui empêche la progression dans la hiérarchie)*.

glass cloth n essuie-verres *m inv*.

glasscutter ['glɑ:s,kʌtər] n **1.** [person] vitrier *m* **2.** [implement] coupe-verre *m inv*, diamant *m*.

glass eye n œil *m* de verre.

glass factory n verrerie *f (usine)*.

glass fibre ◆ n fibre *m* de verre. ◆ adj en fibre de verre.

glassful ['glɑ:sfʊl] n (plein) verre *m*.

glasshouse ['glɑ:shaʊs] *(pl* [-haʊzɪz]) n **1.** UK [greenhouse] serre *f* **2.** US [factory] verrerie *f (usine)* **3.** UK *mil sl* [prison] prison *f* militaire, trou *m*.

glassily ['glɑ:sɪlɪ] adv d'un œil vitreux or terne.

glassine [glæ'si:n] n papier *m* cristal.

glass jaw n *inf* [in boxing] ▸ **to have a glass jaw** avoir la mâchoire fragile.

glasspaper ['glɑ:s,peɪpər] ◆ n papier *m* de verre. ◆ vt poncer au papier de verre.

glass slipper n pantoufle *f* de verre.

glass snake n serpent *m* de verre.

glassware ['glɑ:sweər] n [glass objects] verrerie *f* ; [tumblers] verrerie *f*, gobeleterie *f*.

glass wool n laine *f* de verre.

glasswork ['glɑ:swɜ:k] n [gen] verrerie ; [making windows] vitrerie *f*.

glassworks ['glɑ:swɜ:ks] *(pl* **glassworks**) n verrerie *f (usine)*.

glasswort ['glɑ:swɜ:t] n [marsh samphire] salicorne *f* ; [saltwort] kali *m*.

glassy ['glɑ:sɪ] *(compar* **glassier**, *superl* **glassiest**) adj **1.** [eye, expression] vitreux, terne **2.** [smooth - surface] uni, lisse / *a glassy sea* une mer d'huile.

glassy-eyed adj à l'œil terne or vitreux / *to be glassy-eyed* avoir le regard vitreux or terne / *he looked at me glassy-eyed* il me fixa d'un œil vitreux.

Glaswegian [glæz'wi:dʒjən] ◆ n [inhabitant] habitant *m*, -e *f* de Glasgow ; [by birth] natif *m*, -ive *f* de Glasgow ; [dialect] dialecte *m* de Glasgow. ◆ adj de Glasgow.

glaucoma [glɔ:'kəʊmə] n *(U)* glaucome *m*.

glaucous ['glɔ:kəs] adj *liter* glauque.

glaze [gleɪz] ◆ vt **1.** [floor, tiles] vitrifier ; [pottery, china] vernisser ; [leather, silk] glacer **2.** [photo, painting] glacer **3.** CULIN glacer **4.** [window] vitrer. ◆ n **1.** [on pottery] vernis *m* ; [on floor, tiles] vernis *m*, enduit *m* vitrifié ; [on cotton, silk] glacé *m* **2.** [on painting, on paper, photo] glacé *m*, glacis *m* **3.** CULIN glace *f* **4.** US [ice] verglas *m*.

❖ **glaze over** vi : *his eyes glazed over* ses yeux sont devenus vitreux.

glazed [gleɪzd] adj **1.** [floor, tiles] vitrifié ; [pottery] vernissé, émaillé ; [leather, silk] glacé **2.** [photo, painting] glacé **3.** CULIN glacé **4.** [window] vitré ; [picture] sous verre **5.** [eyes] vitreux, terne / *there was a glazed look in her eyes* elle avait le regard vitreux or absent.

glaze ice n UK verglas *m*.

glazier ['gleɪzjər] n vitrier *m*.

glazing ['gleɪzɪŋ] n **1.** [of pottery] vernissage *m* ; [of floor, tiles] vitrification *f* ; [of leather, silk] glaçage *m* **2.** CULIN [process] glaçage *m* ; [substance] glace *f*.

GLC (abbr of **Greater London Council**) pr n *ancien organe administratif du grand Londres*.

gleam [gli:m] ◆ vi **1.** [metal, polished surface] luire, reluire ; [stronger] briller ; [cat's eyes] luire ; [water] miroiter **2.** *fig* : *her eyes gleamed with anticipation / mischief* ses yeux brillaient d'espoir / de malice. ◆ n **1.** [on surface] lueur *f*, miroitement *m* **2.** *fig* lueur *f* / *a gleam of hope* une lueur d'espoir / *she had a strange gleam in her eye* il y avait une lueur étrange dans son regard.

gleaming ['gli:mɪŋ] adj [metal] luisant, brillant ; [furniture] reluisant ; [kitchen] étincelant.

glean [gli:n] vt **1.** [collect - information, news] glaner **2.** AGR glaner.

gleaner ['gli:nər] n glaneur *m*, -euse *f*.

gleanings ['gli:nɪŋz] pl n **1.** [information] bribes *fpl* de renseignements (glanées çà et là) **2.** AGR glanure *f*, glanures *fpl*.

glebe [gli:b] n **1.** *poetic* glèbe *f*, terre *f* **2.** UK RELIG *terres faisant partie d'un bénéfice ecclésiastique*.

glee [gli:] n **1.** [joy] joie *f*, allégresse *f* / *to jump up and down with glee* sauter de joie / *with great glee* avec allégresse **2.** MUS chant *m* a capella *(à plusieurs voix)*.

glee club n US chorale *f*.

gleeful ['gli:fʊl] adj joyeux, radieux.

gleefully ['gli:fʊlɪ] adv joyeusement, avec allégresse or joie.

gleet [gli:t] n **1.** MED écoulement *m* (de l'urètre), goutte *f* militaire **2.** *arch* [pus] pus *m*.

glen [glen] n vallon *m*, vallée *f* étroite et encaissée *(en Écosse ou en Irlande)*.

Glencoe [glen'kəʊ] pr n *vallée de l'ouest de l'Écosse, site d'une célèbre bataille en 1692*.

Gleneagles [glen'i:glz] pr n *hôtel en Écosse possédant de célèbres terrains de golf*.

glib [glɪb] adj [answer, excuse] (trop) facile, désinvolte ; [lie] éhonté, désinvolte / *he's rather too glib* il parle trop facilement, il est trop volubile / *a glib talker* [as salesman] un beau parleur / *he has a glib tongue* il a la langue bien pendue.

glibly ['glɪblɪ] adv [talk, argue, reply] avec aisance, facilement ; [lie] avec désinvolture, sans sourciller.

glibness ['glɪbnɪs] n **1.** [of person] facilité *f* de parole **2.** [of argument, excuse] facilité *f*, désinvolture *f*.

glide [glaɪd] ◆ vi **1.** [gen] glisser ; [person] ▸ **to glide in / out a)** [noiselessly] entrer / sortir sans bruit **b)** [gracefully] entrer / sortir avec grâce **c)** [stealthily] entrer / sortir furtivement / *the swans glided across the lake* les cygnes traversaient le lac avec grâce or glissaient sur le lac / *the clouds glided across the sky* les nuages passaient dans le ciel / *the boat glided silently down the river* le bateau glissait sans bruit sur la rivière or descendait la rivière sans bruit / *the actress glided majestically into the room* la comédienne entra dans la salle d'un pas majestueux / *the motorcade glided past* le cortège de voitures passa sans bruit **2.** *fig* [time, weeks] ▸ **to glide by** s'écouler **3.** AERON planer ▸ **to go gliding** faire du vol à voile **4.** [in skating, skiing] glisser. ◆ vt (faire) glisser. ◆ n **1.** [gen] glissement *m* **2.** DANCE glissade *f* **3.** MUS port *m* de voix **4.** AERON vol *m* plané **5.** LING [in diphthong] glissement *m* ; [between two vowels] semi-voyelle *f* de transition.

glide path n AERON ligne *f* d'approche.

glider ['glaɪdər] n **1.** AERON planeur *m* **2.** US [swing] balançoire *f*.

glide slope = **glide path**.

gliding ['glaɪdɪŋ] n AERON vol *m* à voile.

glimmer ['glɪmər] ◆ vi [moonlight, candle] jeter une faible lueur, luire faiblement. ◆ n **1.** [of light] (faible) lueur *f* **2.** *fig* : *a glimmer of hope / interest* une (faible) lueur d'espoir / d'intérêt / *he showed not the faintest glimmer of intelligence* il n'y avait pas la moindre étincelle d'intelligence chez lui or dans son regard.

glimmering ['glɪmərɪŋ] adj [light] qui luit faiblement.

glimpse [glɪmps] ◆ vt entrevoir, entrapercevoir. ◆ n ▸ **to catch a glimpse of sthg** entrevoir or entrapercevoir qqch.

glint [glɪnt] ◆ vi **1.** [knife] étinceler, miroiter ; [water] miroiter **2.** *fig* [eyes] étinceler. ◆ n **1.** [of light] reflet *m*, miroitement *m* **2.** *fig* : *there was a strange glint in his eye* il y avait une lueur étrange dans son regard / *"perhaps not" he said, with a glint in his eye* « peut-être que non » dit-il, une lueur dans le regard / *a glint of humour / anger* une lueur d'humour / de colère.

glissade [glɪ'sɑ:d] ◆ vi **1.** [in climbing] glisser, descendre en ramasse **2.** DANCE faire une glissade. ◆ n glissade *f*.

glissando [glɪ'sændəʊ] *(pl* **glissandos** *or* **glissandi** [-di:]) n glissando *m*.

glisten ['glɪsn] vi [wet or damp surface] luire, miroiter / *his eyes glistened with tears* des larmes brillaient dans ses yeux / *dewdrops glistened in the grass* des gouttes de rosée luisaient dans l'herbe.

glistening ['glɪsnɪŋ] adj luisant.

glister ['glɪstəʳ] *arch & liter* = **glisten.**

glitch [glɪʧ] n *inf* [in plan] pépin *m* ; [in machine] *signal indiquant une baisse de tension du courant.*

glitter ['glɪtəʳ] ◆ vi **1.** [bright object] étinceler, scintiller, miroiter ; [jewel] chatoyer, étinceler ; [metal] reluire / *her fingers glittered with jewels* ses doigts brillaient de l'éclat des bijoux ▸ **all that glitters is not gold** *prov* tout ce qui brille n'est pas or *prov* **2.** [eyes] briller. ◆ n **1.** [of object] scintillement *m* **2.** [of glamour] éclat *m*, splendeur *f* **3.** [decoration, make-up] paillettes *fpl.*

glitterati [,glɪtə'rɑ:ti:] pl n *inf* ▸ **the glitterati** *hum* le beau monde *m inv.*

glitterball ['glɪtəbɔ:l] n boule *f* à facettes.

glittering ['glɪtərɪŋ] adj **1.** [jewels] scintillant, étincelant, brillant **2.** [glamorous] éclatant, resplendissant.

glittery ['glɪtərɪ] adj **1.** [light] scintillant, brillant **2.** *pej* [jewellery] clinquant ; [make-up, décor] voyant, tape-à-l'œil.

glitz [glɪts] n *inf* tape-à-l'œil *m*, clinquant *m* / *Hollywood glitz* le clinquant d'Hollywood.

glitzy ['glɪtsɪ] (*compar* **glitzier**, *superl* **glitziest**) adj *inf* tape-à-l'œil *(inv)* / *the premiere was one of the year's glitziest occasions* la première fut l'un des événements les plus tape-à-l'œil de l'année.

gloaming ['gləʊmɪŋ] n SCOT *liter* crépuscule *m.*

gloat [gləʊt] ◆ vi exulter, se délecter, jubiler ▸ **to gloat over sthg** se réjouir de qqch / *they gloated over their treasures* ils dévoraient leurs trésors des yeux / *he gloated over his success* son succès l'enivrait or le faisait jubiler / *she gloated over the downfall of her enemy* elle se réjouissait de la chute de son ennemi. ◆ n exultation *f*, jubilation *f* ▸ **to have a gloat** exulter.

gloating ['gləʊtɪŋ] adj [smile, look] triomphant.

gloatingly ['gləʊtɪŋlɪ] adv avec exultation, avec jubilation ; [over defeated enemy] triomphalement.

glob [glɒb] n globule *m*, (petite) boule *f* / *a glob of spittle* un crachat.

global ['gləʊbl] adj **1.** [world-wide] mondial, planétaire / *to go global* [company] se développer à l'international ▸ **global warming** réchauffement *m* de la planète ▸ **global warming potential** potentiel *m* de réchauffement global **2.** [overall - system, view] global / *to do a global search* COMPUT faire une recherche globale.

globalism ['gləʊbəlɪzm] n mondialisme *m.*

globalist ['gləʊbəlɪst] n mondialiste *mf.*

globalization, globalisation [,gləʊbəlaɪ'zeɪʃn] n mondialisation *f.*

globalize, globalise ['gləʊbəlaɪz] vt **1.** [make world-wide] mondialiser / *a globalized conflict* un conflit mondialisé **2.** [generalize] globaliser.

globally ['gləʊbəlɪ] adv **1.** [world-wide] mondialement, à l'échelle planétaire **2.** [generally] globalement.

global market n marché *m* mondial or international.

global marketplace n COMM marché *m* mondial or international.

global strategy n stratégie *f* globale.

global village n village *m* planétaire.

globe [gləʊb] n **1.** GEOG globe *m* (terrestre), terre *f* / *all over the globe* **a)** [surface] sur toute la surface du globe **b)** [in all parts] dans le monde entier **2.** [model] globe *m*, mappemonde *f* **3.** [spherical object] globe *m*, sphère *f* ; [as lampshade] globe ; [as goldfish bowl] bocal *m* ; [of eye] globe **4.** AUSTR & NZ [bulb] ampoule *f (électrique).*

globe artichoke n artichaut *m.*

globefish ['gləʊbfɪʃ] n poisson-globe *m.*

Globe Theatre pr n *théâtre à Londres où furent jouées pour la première fois les pièces de Shakespeare (détruit au XVIIe siècle, il est aujourd'hui reconstruit à l'identique).*

globetrotter ['gləʊb,trɒtəʳ] n globe-trotter *m.*

globetrotting ['gləʊb,trɒtɪŋ] n *(U)* voyages *mpl* aux quatre coins du monde.

globular ['glɒbjʊləʳ] adj globulaire, globuleux.

globule ['glɒbju:l] n globule *m.*

globulin ['glɒbjʊlɪn] n globuline *f.*

glockenspiel ['glɒkənʃpi:l] n glockenspiel *m.*

glom [glɒm] vi US *inf* : *he glommed on to her ideas* il s'est approprié ses idées / *he's glommed on to her and they're always together* il s'est collé à elle et ils sont toujours ensemble.

gloom [glu:m] ◆ n *(U)* **1.** [darkness] obscurité *f*, ténèbres *fpl* **2.** [despondency] tristesse *f*, mélancolie *f* / *the news filled me with gloom* la nouvelle me plongea dans la consternation / *the announcement cast gloom over the meeting* l'annonce jeta un froid sur la réunion / *gloom fell over the household* un voile de tristesse s'abattit sur la maison / *the news is all gloom and doom these days* les nouvelles sont des plus sombres ces temps-ci. ◆ vi [person] être mélancolique, broyer du noir.

gloomily ['glu:mɪlɪ] adv sombrement, mélancoliquement, tristement / *he looked around him gloomily* il regarda autour de lui d'un air sombre or morose.

gloominess ['glu:mɪnɪs] = **gloom** *(noun).*

gloomy ['glu:mɪ] (*compar* **gloomier**, *superl* **gloomiest**) adj **1.** [person - depressed] triste, mélancolique ; [- morose] sombre, lugubre / *to feel gloomy* broyer du noir, avoir le cafard / *don't look so gloomy* ne prends pas cet air malheureux **2.** [pessimistic - outlook] sombre ; [- news] triste / *she always takes a gloomy view of things* elle voit toujours tout en noir / *the future looks gloomy* l'avenir se présente sous des couleurs sombres / *he paints a gloomy view of life* sa vision de la vie est assez noire **3.** [sky] obscur, sombre ; [weather] morne, triste / *to become gloomy* s'assombrir **4.** [place, landscape] morne, lugubre.

glop [glɒp] n US *inf* **1.** [gooey matter] matière *f* visqueuse, mixture *f* ; [sentimentality] mièvrerie *f* **2.** = **glob.**

glorification [,glɔ:rɪfɪ'keɪʃn] n glorification *f.*

glorified ['glɔ:rɪfaɪd] adj : *he's called an engineer but he's really just a glorified mechanic* on a beau l'appeler ingénieur, il n'est que mécanicien, il n'a d'ingénieur que le nom, en réalité c'est un mécanicien / *they call it a health club but it's just a glorified swimming pool* en fait de centre de remise en forme, il ne s'agit que d'une vulgaire piscine.

glorify ['glɔ:rɪfaɪ] (*pt & pp* **glorified**) vt **1.** RELIG glorifier, rendre gloire à **2.** [praise - hero, writer] exalter / *the film glorifies war* le film fait l'apologie de or magnifie la guerre.

glorious ['glɔ:rɪəs] adj **1.** [illustrious - reign, saint, victory] glorieux ; [- hero] glorieux, illustre ; [- deed] glorieux, éclatant ▸ **the Glorious Twelfth a)** [in Ireland] *célébration de la victoire des Protestants sur les Catholiques (le 12 juillet 1690) en Irlande* **b)** [in UK] *date d'ouverture de la chasse à la grouse (le 12 août)* **2.** [wonderful - view, place] merveilleux, splendide ; [- weather, day] splendide, superbe, magnifique ; [- colours] superbe ; [- holiday, party] merveilleux, sensationnel / *everything was in a glorious mess!* tout était dans le plus beau désordre !

gloriously ['glɔ:rɪəslɪ] adv glorieusement / *gloriously funny* merveilleusement drôle / *gloriously chaotic* délicieusement chaotique.

Glorious Revolution pr n ▸ **the Glorious Revolution** UK HIST la Glorieuse Révolution.

The Glorious Revolution

Désapprouvant la politique religieuse menée par le roi catholique Jacques II, ses adversaires protestants firent appel à Guillaume d'Orange pour le renverser, en 1688. Jacques II s'enfuit en France et le Parlement proclama son abdication et couronna sa fille Mary, conjointement à Guillaume, en 1689. Cette révolution aboutit à instaurer en Angleterre une monarchie constitutionnelle.

glory ['glɔ:rɪ] (*pl* **glories**, *pt & pp* **gloried**) n **1.** [honour, fame] gloire *f* ; [magnificence] magnificence *f*, éclat *m* / *to be covered in glory* être couvert de gloire / *a garden at the height of its glory* un jardin au plus beau moment / *to have one's moment of glory* avoir son heure de gloire **2.** [splendour] gloire *f*, splendeur *f* / *the glory of a midsummer's day* la splendeur d'un jour au cœur de l'été / *in all her glory* dans toute sa splendeur or gloire / *Hollywood in all its glory* Hollywood dans toute sa splendeur **3.** [masterpiece] gloire *f*, joyau *m* / *the palace is one of the greatest glories of the age* le palais est un des joyaux or des chefs-d'œuvre de cette époque **4.** RELIG ▸ **to give glory to God** rendre gloire à Dieu / *Christ in glory* le Christ en majesté or en gloire / *to the greater glory of God* pour la plus grande gloire de Dieu ▸ **glory be!** *inf* mon Dieu ! **5.** *euph* [death] ▸ **to go to glory** passer de vie à trépas ▸ **to send sb to glory** expédier qqn ad patres.

❖ **glory in** vt insep ▸ **to glory in (doing) sthg** se glorifier de or s'enorgueillir de (faire) qqch / *he glories in it* il s'en glorifie, il en est très fier / *she was glorying in her new-found freedom* elle jouissait de or elle savourait sa nouvelle liberté / *he glories in the title of King of Hollywood* il se donne le titre ronflant de roi d'Hollywood.

glory hole n **1.** UK *inf* [cupboard] débarras *m* ; [untidy place] capharnaüm *m* **2.** NAUT [locker] petit placard *m* ; [storeroom] soute *f.*

Glos written abbr of **Gloucestershire.**

gloss [glɒs] ◆ n **1.** [sheen] lustre *m*, brillant *m*, éclat *m* ; [on paper, photo] glacé *m*, brillant *m* ; [on furniture] vernis *m* **2.** [appearance] apparence *f*, vernis *m* / *a gloss of politeness / respectability* un vernis de politesse / de respectabilité **3.** [charm] charme *m*, attrait *m* ▸ **to take the gloss off sthg** gâcher or gâter qqch **4.** [annotation, paraphrase] glose *f*, commentaire *m* **5.** = **gloss paint.** ◆ vt **1.** [paper] satiner, glacer ; [metal] faire briller, lustrer **2.** [explain, paraphrase] gloser.

❖ **gloss over** vt insep **1.** [minimize - failure, fault, mistake] glisser sur, passer sur, atténuer **2.** [hide - truth, facts] dissimuler, passer sous silence.

glossary ['glɒsərɪ] (*pl* **glossaries**) n glossaire *m.*

glossematics [,glɒsɪ'mætɪks] n *(U)* glossématique *f.*

glosseme ['glɒsi:m] n glossème *m.*

gloss finish n **1.** [painted] brillant *m* **2.** PHOT glaçage *m.*

glossiness ['glɒsɪnɪs] n lustre *m*, brillant *m*, éclat *m.*

glossolalia [,glɒsə'leɪlɪə] n glossolalie *f.*

gloss paint n peinture *f* brillante.

glossy ['glɒsɪ] (*compar* **glossier**, *superl* **glossiest**, *pl* **glossies**) ◆ adj **1.** [shiny - fur] lustré, luisant ; [- hair] brillant ; [- leather, satin] lustré, luisant, glacé ; [- leaves] luisant ; [surface - polished] brillant, poli ; [- painted] brillant, laqué **2.** *fig* [display, presentation, spectacle] brillant, scintillant, clinquant *pej* **3.** [photo] glacé, sur papier glacé ; [paper] glacé. ◆ n *inf* = **glossy magazine.**

glossy magazine n magazine *m (sur papier glacé).*

glottal ['glɒtl] adj **1.** ANAT glottique **2.** LING glottal ▸ **glottal stop** coup *m* de glotte.

glottis ['glɒtɪs] n glotte *f.*

glove [glʌv] ◆ n gant *m* / *I take size 7 in gloves* je prends du 7 pour les gants, je gante du 7 ▸ **it fits like a glove** ça me / te / lui etc. va comme un gant ▸ **the gloves are off** plus la peine de prendre des gants / *once the campaign started the gloves were off!* une fois la campagne partie, plus question de prendre des gants or tous les coups étaient permis ! ◆ comp à gants, de gants ▸ **glove factory** ganterie *f (usine)* ▸ **glove maker** gantier *m*, -ère *f* ▸ **glove shop** ganterie *f (magasin).*

glove box n AUTO & NUCL boîte *f* à gants.

glove compartment n AUTO boîte *f* à gants.

gloved [glʌvd] adj ganté.

glove puppet n marionnette *f (à gaine).*

glover ['glʌvəʳ] n gantier *m*, -ère *f*.

glow [gləʊ] ◆ vi **1.** [embers, heated metal] rougeoyer ; [sky, sunset] s'embraser, flamboyer ; [jewel] briller, rutiler **2.** [person] rayonner ; [eyes] briller, flamboyer / *to glow with health* éclater or rayonner de santé / *her face glowed in the cold wind* le vent froid lui avait fouetté le visage / *to glow with pleasure* rayonner de plaisir / *his words made her glow with pride* ses mots la firent rayonner de fierté. ◆ n **1.** [of fire, embers] rougeoiement *m* ; [of heated metal] lueur *f* ; [of sky, sunset] embrasement *m*, flamboiement *m* ; [of sun] feux *mpl* ; [of colours, jewel] éclat *m* / *it gives off a blue glow* cela émet une lumière bleue **2.** [of health, beauty] éclat *m* / *the compliments brought a glow to her cheeks* les compliments la faisaient rougir de plaisir **3.** [pleasure] plaisir *m* / *he gets a glow out of helping others* il prend plaisir à aider les autres.

glower ['glaʊəʳ] vi avoir l'air furieux, lancer des regards furieux ▸ **to glower at sb a)** [angrily] lancer à qqn un regard noir **b)** [threateningly] jeter à qqn un regard menaçant / *she sat glowering in a corner* elle restait assise dans un coin, l'air furieux.

glowering ['glaʊərɪŋ] adj [expression] mauvais, méchant, hostile ; [person] à l'air mauvais or méchant.

glowing ['gləʊɪŋ] adj **1.** [fire, embers] rougeoyant ; [heated metal] incandescent ; [sky, sunset] radieux, flamboyant ; [jewel] brillant **2.** [complexion] éclatant ; [eyes] brillant, flamboyant / *glowing with health* rayonnant or florissant (de santé) / *glowing with happiness* rayonnant de joie **3.** [laudatory] élogieux, dithyrambique / *I had read glowing reports of the play* j'avais lu des critiques dithyrambiques de la pièce / *he spoke of you in glowing terms* il a chanté tes louanges ▸ **to paint sthg in glowing colours** présenter qqch sous un jour favorable.

glowingly ['gləʊɪŋlɪ] adv ▸ **to speak glowingly of sb / sthg** parler de qqn / qqch en termes enthousiastes or chaleureux.

glow-worm n ver *m* luisant.

gloxinia [glɒk'sɪnɪə] n BOT gloxinia *m*.

glucose ['glu:kəʊs] n glucose *m* ▸ **glucose syrup** sirop *m* de glucose.

glucoside ['glu:kəsaɪd] n glucoside *m*.

glue [glu:] ◆ vt **1.** [stick] coller ▸ **to glue sthg to / onto sthg** coller qqch à / sur qqch / *you'll have to glue it (back) together again* il faudra le recoller / *can't you glue it down?* vous ne pouvez pas le faire tenir avec de la colle ? **2.** *fig* coller / *to be glued to the spot* être or rester cloué sur place / *he kept his eyes glued on the ball* il garda les yeux rivés sur la balle / *they're always glued to the TV screen* ils sont en permanence plantés devant la télé / *he's always glued to her side* il ne la quitte pas d'un pas or d'une semelle. ◆ n colle *f*.

glue-sniffer [-ˌsnɪfəʳ] n : *to be a glue-sniffer* inhaler or sniffer (de la colle).

glue-sniffing [-ˌsnɪfɪŋ] n inhalation *f* de colle.

gluey ['glu:ɪ] adj collant, gluant.

glug [glʌg] (*pt & pp* **glugged**, *cont* **glugging**) *inf* ◆ n : *glug (glug)* glouglou *m* / *he took a long glug of lemonade* il prit une longue goulée de limonade. ◆ vi faire glouglou.

glum [glʌm] adj triste, morose / *to be* or *to feel glum* avoir le cafard, broyer du noir / *to look glum* avoir l'air triste or sombre / *don't look so glum!* ne fais pas cette tête-là !, ne sois pas si triste !

glumly ['glʌmlɪ] adv tristement, avec morosité / *he watched them glumly* il les regarda d'un œil triste or morose.

glumness ['glʌmnɪs] n tristesse *f*, morosité *f*.

gluon ['glu:ɒn] n gluon *m*.

glut [glʌt] (*pt & pp* **glutted**, *cont* **glutting**) ◆ vt **1.** [with food] ▸ **to glut o.s. with** or **on sthg** se gorger or se gaver de qqch / *to be glutted with television* *fig* être saturé de télévision **2.** [saturate - market] saturer, inonder, surcharger / *the growers glutted the market with tomatoes* les producteurs de tomates ont saturé le marché / *the market is glutted with luxury goods* il y a surabondance d'objets de luxe sur le marché. ◆ n excès *m*, surabondance *f*, surplus *m* / *there's a glut of fruit on the market* il y a surabondance de fruits sur le marché / *there's a glut of apples this year* il y a surproduction de pommes cette année.

glutamate ['glu:təmeɪt] n glutamate *m*.

glutamic [glu:'tæmɪk] adj glutamique ▸ **glutamic acid** acide *m* glutamique.

glutamine ['glu:təmi:n] n glutamine *f*.

gluten ['glu:tən] n gluten *m* ▸ **gluten bread** pain *m* au gluten.

gluten-free adj sans gluten.

glutes [glu:ts] pl n *inf* muscles *mpl* fessiers / *how to get great glutes* comment muscler vos fessiers.

gluteus ['glu:tɪəs] n ANAT (muscle) fessier *m* ▸ **gluteus maximus** grand fessier *m*.

glutinous ['glu:tɪnəs] adj glutineux.

glutton ['glʌtn] n glouton *m*, -onne *f*, goulu *m*, -e *f* ▸ **to be a glutton for punishment** *fig* être un peu masochiste / *he's a glutton for work* c'est un bourreau or un forcené de travail.

gluttonous ['glʌtənəs] adj glouton, goulu.

gluttonously ['glʌtənəslɪ] adv gloutonnement, goulûment.

gluttony ['glʌtənɪ] n gloutonnerie *f*, goinfrerie *f*.

glyceric [glɪ'serɪk] adj glycérique ▸ **glyceric acid** acide *m* glycérique.

glycerin ['glɪsərɪn], **glycerine** ['glɪsəri:n] n glycérine *f*.

glycerol ['glɪsərɒl] n glycérol *m*.

glycine ['glaɪsi:n] n glycine *f*, glycocolle *m*.

glycogen ['glaɪkəʊdʒən] n glycogène *m*.

glycol ['glaɪkɒl] n glycol *m*.

glycolic [glaɪ'kɒlɪk] adj glycolique ▸ **glycolic acid** acide *m* glycolique.

glycolysis [glaɪ'kɒlɪsɪs] n glycolyse *f*.

glycosuria [ˌglaɪkəʊ'sjʊərɪə] n glycosurie *f*.

Glyndebourne ['glaɪndˌbɔ:n] pr n *lieu d'un festival annuel d'opéra dans le Sussex.*

glyph [glɪf] n glyphe *m*.

gm (written abbr of gram) g.

GM [dʒi:'em] (abbr of genetically modified) adj génétiquement modifié / *GM foods / products* aliments / produits génétiquement modifiés.

G-man n **1.** US agent *m* du FBI **2.** IR détective *m* politique *(en Irlande)*.

GMAT (abbr of Graduate Management Admissions Test) n *test en langue anglaise qui permet d'évaluer l'aptitude des candidats au MBA.*

GMB (abbr of General, Municipal, Boilermakers and Allied Trades Union) pr n *important syndicat britannique.*

GMC (abbr of general management committee) n comité *m* de direction.

GMO (abbr of genetically modified organism) n OGM *m*.

GMT (abbr of Greenwich Mean Time) n GMT *m*.

GMTA MESSAGING written abbr of great minds think alike.

gnarl [nɑ:l] n BOT nœud *m*.

gnarled [nɑ:ld] adj **1.** [tree, fingers] noueux **2.** [character] grincheux, hargneux.

gnash [næʃ] ◆ vt ▸ **to gnash one's teeth** grincer des dents / *there was much wailing and gnashing of teeth* il y a eu des pleurs et des grincements de dents. ◆ n grincement *m* (de dents).

gnat [næt] n moustique *m*.

gnaw [nɔ:] ◆ vt [bone] ronger / *to gnaw one's fingernails* se ronger les ongles / *the rats have gnawed their way into the cupboard* les rats ont fini par percer un trou dans le placard. ◆ vi ▸ **to gnaw (away) at sthg** ronger qqch ▸ **to gnaw through sthg** ronger qqch jusqu'à le percer / *guilt and sorrow gnawed at his heart* *fig* la culpabilité et le chagrin lui rongeaient le cœur / *hunger gnawed at him* *fig* il était tenaillé par la faim.

❖ **gnaw away** vt sep **1.** [animal] ronger **2.** [erode] ronger, miner.

❖ **gnaw off** vt sep ▸ **to gnaw sthg off** ronger qqch jusqu'à le détacher.

gnawing ['nɔ:ɪŋ] adj **1.** [pain] lancinant, tenaillant ; [hunger] tenaillant / *the gnawing pains of hunger* les affres or les tiraillements de la faim **2.** [anxiety, doubt] tenaillant, torturant.

gneiss [naɪs] n gneiss *m*.

G9 MESSAGING written abbr of genius.

gnocchi ['nɒkɪ] pl n gnocchi *mpl*, gnocchis *mpl*.

gnome [nəʊm] n **1.** MYTH gnome *m* ▸ **the gnomes of Zurich** *pej* les grands banquiers or financiers suisses **2.** [aphorism] aphorisme *m*.

gnomic ['nəʊmɪk] adj gnomique.

gnomish ['nəʊmɪʃ] adj de gnome.

gnosis ['nəʊsɪs] n gnose *f*.

gnostic, Gnostic ['nɒstɪk] ◆ adj gnostique. ◆ n gnostique *mf*.

gnosticism, Gnosticism ['nɒstɪsɪzm] n gnosticisme *m*.

GNP (abbr of gross national product) n PNB *m*.

gnu [nu:] n gnou *m*.

go¹ [gəʊ] n [game] go *m*.

go² [gəʊ] (*pres (3rd pers sg)* **goes** [gəʊz], *pt* **went** [went], *pp* **gone** [gɒn], *pl* **goes** [gəʊz])

◆ vi

- **A. TRAVEL OR PROCEED**
- **B. WITH STATE OR SITUATION**
- **C. FUTURE, INTENTION OR FUNCTION**
- **D. DISAPPEAR**
- **E. EXTEND OR DEVELOP**
- **F. VALIDITY, CONTENT OR WORTH**
- **G. WITH RECIPIENT OR RESULT**
- **H. OTHER SENSES AND PHRASES**

A. TRAVEL OR PROCEED **1.** [move, travel - person] aller ; [- vehicle] aller, rouler / *we're going to Paris / Japan / Spain* nous allons à Paris / au Japon / en Espagne / *he went to the office / a friend's house* il est allé au bureau / chez un ami / *I want to go home* je veux rentrer / *the salesman went from house to house* le vendeur est allé de maison en maison / *we went by car / on foot* nous y sommes allés en voiture / à pied / *there goes the train!* voilà le train (qui passe) ! / *the bus goes by way of* or *through Dover* le bus passe par Douvres / *does this train go to Glasgow?* ce train va-t-il à Glasgow ? / *the truck was going at 150 kilometres an hour* le camion roulait à or faisait 150 kilomètres à l'heure / *go behind those bushes* va derrière ces arbustes / *where do we go from here?* **a)** *lit* où va-t-on maintenant ? **b)** *fig* qu'est-ce qu'on fait maintenant ? / *to go to the doctor* aller voir or aller chez le médecin / *he went straight to the director* il est allé directement voir or trouver le directeur / *to go to sb for advice* aller demander conseil à qqn / *let the children go first* laissez les enfants passer devant, laissez passer les enfants d'abord / *I'll go next* c'est à moi après / *who goes next?* [in game] c'est à qui (le tour) ? / *who goes there?* MIL qui va là ?, qui vive ? / *here we go again!* ça y est, ça recommence ! / *there he goes!* le voilà ! / *there he goes again!* **a)** [there he is again] le revoilà ! **b)** [he's doing it again] ça y est, il est reparti ! **2.** [engage in a specified activity] aller / *to go shopping* aller faire des courses / *to go fishing / hunting* aller à la pêche / à la chasse / *to go riding* aller faire du cheval / *let's go for a walk / bike ride / swim* allons nous promener / faire un tour à vélo / nous baigner / *they went on a trip* ils sont partis en voyage / *go and buy the paper* UK, *go buy the paper* US va acheter le journal / *I'll go to see her* or US *go see her tomorrow* j'irai la voir demain / *don't go and* *tell him!* or *don't go telling him!* ne va pas le lui dire !, ne le lui dis pas ! / *don't go bothering your sister* ne va pas embêter ta sœur / *you had to go and tell him!* il a fallu que tu le lui dises ! / *he's gone and locked us out!* il nous a enfermés dehors ! **3.** [proceed to specified limit] aller / *he'll go as high as £300* il ira jusqu'à 300 livres / *the temperature went as high as 36°C* la température est montée jusqu'à 36° C / *he went so far as to say it was her fault* il est allé jusqu'à dire que c'était de sa faute à elle / *now you've gone too far!* là tu as dépassé les bornes ! / *I'll go further and say he should resign* j'irai plus loin et je dirai qu'il or j'irai jusqu'à dire qu'il devrait démissionner / *the temperature sometimes goes below zero* la température descend or tombe parfois au-dessous de zéro / *her attitude went beyond mere impertinence* son comportement était plus qu'impertinent **4.** [depart, leave] s'en aller, partir / *I must be going* il faut que je m'en aille or que je parte / *they went early* ils sont partis tôt / *you may go* vous pouvez partir / *what time does the train go?* à quelle heure part le train ? ▸ **get going!** *inf* vas-y !, file ! ▸ **be gone!** *arch* allez-vous-en ! / *either he goes or I go* l'un de nous deux doit partir **5.** [indicating regular attendance] aller, assister / *to go to church / school* aller à l'église / l'école / *to go to a meeting* aller or assister à une réunion / *to go to work* [to one's place of work] aller au travail **6.** [indicating direction or route] aller, mener / *that road goes to the market square* cette route va or mène à la place du marché **7.** [appear] : *to go on radio / television* passer à la radio / à la télévision.

B. WITH STATE OR SITUATION **1.** [be or remain in specified state] être / *to go barefoot / naked* se promener pieds nus / tout nu / *to go armed* porter une arme / *her family goes in rags* sa famille est en haillons / *the job went unfilled* le poste est resté vacant / *to go unnoticed* passer inaperçu / *such crimes must not go unpunished* de tels crimes ne doivent pas rester impunis **2.** [become] devenir / *my father is going grey* mon père grisonne / *she went white with rage* elle a blêmi de colère / *my hands went clammy* mes mains sont devenues moites / *have you gone mad?* tu es devenu fou ? / *to go bankrupt* faire faillite / *the country has gone Republican* le pays est maintenant républicain **3.** [stop working - engine] tomber en panne ; [- fuse] sauter ; [- bulb, lamp] sauter, griller / *the battery's going* la pile commence à être usée **4.** [wear out] s'user ; [split] craquer / *his trousers are going at the knees* son pantalon s'use aux genoux / *the jacket went at the seams* la veste a craqué aux coutures **5.** [deteriorate, fail - health] se détériorer ; [- hearing, sight] baisser / *all his strength went and he fell to the floor* il a perdu toutes ses forces et il est tombé par terre / *his voice is going* il devient aphone / *his voice is gone* il est aphone, il a une extinction de voix / *her mind has started to go* elle n'a plus toute sa tête or toutes ses facultés.

C. FUTURE, INTENTION OR FUNCTION **1.** [begin an activity] commencer / *what are we waiting for? let's go!* qu'est-ce qu'on attend ? allons-y ! ▸ **here goes!** *inf*, **here we go!** allez ! on y va ! ▸ **go!** partez ! / *you'd better get going on* or *with that report!* tu ferais bien de te mettre à or de t'attaquer à ce rapport ! / *it won't be so hard once you get going* ça ne sera pas si difficile une fois que tu seras lancé ▸ **go to it! a)** *inf* [get to work] au boulot ! **b)** [in encouragement] allez-y ! **2.** [expressing intention] ▸ **to be going to do sthg a)** [be about to] aller faire qqch, être sur le point de faire qqch **b)** [intend to] avoir l'intention de faire qqch / *you were just going to tell me about it* vous étiez sur le point de or vous alliez m'en parler / *I was going to visit her yesterday but her mother arrived* j'avais l'intention de or j'allais lui rendre visite hier mais sa mère est arrivée **3.** [expressing future] : *are you going to be at home tonight?* est-ce que vous serez chez vous ce soir ? / *we're going to do exactly as we please* nous ferons ce que nous voulons / *she's going to be a doctor* elle va être médecin / *there's going to be a storm* il va faire un orage / *he's going to have to work really hard* il va falloir qu'il travaille très dur **4.** [function - clock, machine] marcher, fonctionner ; [start functioning] démarrer / *is the fan going?* est-ce que le ventilateur est en marche or marche ? / *the car won't go* la voiture ne veut pas démarrer / *he had the television and the radio going* il avait mis la télévision et la radio en marche / *the washing machine is still going* la machine à laver tourne encore, la lessive n'est pas terminée ▸ **to get sthg going a)** [car, machine] mettre qqch en marche **b)** [business, project] lancer qqch / *her daughter kept the business going* sa fille a continué à faire marcher l'affaire / *to keep a conversation / fire going* entretenir une conversation / un feu **5.** [sound - alarm clock, bell] sonner ; [- alarm, siren] retentir **6.** [make movement] : *she went like this with her eyebrows* elle a fait comme ça avec ses sourcils.

D. DISAPPEAR **1.** [disappear] disparaître / *the snow has gone* la neige a fondu or disparu / *all the sugar's gone* il n'y a plus de sucre / *my coat has gone* mon manteau n'est plus là or a disparu / *all our money has gone* **a)** [spent] nous avons dépensé tout notre argent **b)** [lost] nous avons perdu tout notre argent **c)** [stolen] on a volé tout notre argent / *I don't know where the money goes these days* l'argent disparaît à une vitesse incroyable ces temps-ci / *gone are the days when he took her dancing* elle est bien loin, l'époque où il l'emmenait danser **2.** [be eliminated] : *the last paragraph must go* il faut supprimer le dernier paragraphe / *I've decided that car has to go* j'ai décidé de me débarrasser de cette voiture / *that new secretary has got to go* il va falloir se débarrasser de la nouvelle secrétaire **3.** *euph* [die] disparaître, s'éteindre / *he is (dead and) gone* il nous a quittés *euph* / *after I go...* quand je ne serai plus là...

E. EXTEND OR DEVELOP **1.** [extend, reach] aller, s'étendre / *our property goes as far as the forest* notre propriété va or s'étend jusqu'au bois / *the path goes right down to the beach* le chemin descend jusqu'à la mer ; *fig* : *her thinking didn't go that far* elle n'a pas poussé le raisonnement aussi loin / *my salary doesn't go very far* je ne vais pas loin avec mon salaire / *money doesn't go very far these days* l'argent part vite à notre époque / *their difference of opinion goes deeper than I thought* leur différend est plus profond que je ne pensais **2.** [develop, turn out] se passer / *how did your interview go?* comment s'est passé ton entretien ? / *I'll see how things go* je vais voir comment ça se passe / *we can't tell how things will go* on ne sait pas comment ça se passera / *everything went well* tout s'est bien passé / *the meeting went badly / well* la réunion s'est mal / bien passée / *the negotiations are going well* les négociations sont en bonne voie / *the vote went against them / in their favour* le vote leur a été défavorable / favorable / *there's no doubt as to which way the decision will go* on sait ce qui sera décidé / *everything was going fine until she showed up* tout allait or se passait très bien jusqu'à ce qu'elle arrive / *everything went wrong* ça a mal tourné / *how's it going? inf, how are things going?* (comment) ça va ? / *the way things are going, we might both be out of a job soon* au train où vont or vu comment vont les choses, nous allons bientôt nous retrouver tous les deux au chômage **3.** [time - elapse] s'écouler, passer ; [- last] durer / *the journey went quickly* je n'ai pas vu le temps passer pendant le voyage / *time goes so slowly when you're not here* le temps me paraît tellement long quand tu n'es pas là / *how's the time going?* combien de temps reste-t-il ?

F. VALIDITY, CONTENT OR WORTH **1.** [be accepted] : *what your mother says goes!* fais ce que dit ta mère ! / *whatever the boss says goes* c'est le patron qui fait la loi **2.** [be valid, hold true] s'appliquer / *that rule goes for everyone* cette règle s'applique à tout le monde / *that goes for us too* **a)** [that applies to us] ça s'applique à nous aussi **b)** [we agree with that] nous sommes aussi de cet avis **3.** [be expressed, run - report, story] : *the story or rumour goes that she left him* le bruit court qu'elle l'a quitté / *so the story goes* du moins c'est ce que l'on dit or d'après les on-dit / *how does the story go?* comment c'est cette histoire ? / *I forget how the poem goes now* j'ai oublié le poème maintenant / *the tune goes like this* l'air c'est ça / *her theory goes something like this* sa théorie est plus ou moins la suivante **4.** [be identified as] ▸ **to go by** or **under the name of** répondre au nom de / *he now goes by* or *under another name* il se fait appeler autrement maintenant **5.** [be sold] se vendre / *flats are going cheap at the moment* les appartements ne se vendent pas très cher en ce moment / *the necklace went for £350* le collier s'est vendu 350 livres ▸ **going, going, gone!** une fois, deux fois, adjugé !

G. WITH RECIPIENT OR RESULT **1.** [be given - award, prize] aller, être donné ; [- inheritance, property] passer / *the contract is to go to a private firm* le contrat ira à une entreprise privée / *credit should go to the teachers* le mérite en revient aux enseignants / *every penny will go to charity* tout l'argent va or est destiné à une œuvre de bienfaisance **2.** [be spent] : *a small portion of the budget went on education* une petite part du budget a été consacrée or est allée à l'éducation / *all his money goes on drink* tout son argent part dans la boisson **3.** [contribute] contribuer, servir / *all that just goes to prove my point* tout ça confirme bien ce que j'ai dit / *it has all the qualities that go to make a good film* ça a toutes les qualités d'un bon film **4.** [have recourse] avoir recours, recourir / *to go to arbitration* recourir à l'arbitrage.

H. OTHER SENSES AND PHRASES **1.** [be compatible - colours, flavours] aller ensemble / *orange and mauve don't really go* l'orange et le mauve ne vont pas vraiment ensemble **2.** [be available] : *let me know if you hear of any jobs going* faites-moi savoir si vous entendez parler d'un emploi / *are there any flats going for rent in this building?* y a-t-il des appartements à louer dans cet immeuble ? / *any whisky going? inf* tu as un whisky à m'offrir ? **3.** [belong] aller, se mettre, se ranger / *the dictionaries go on that shelf* les dictionnaires se rangent or vont sur cette étagère / *where do the towels go?* où est-ce qu'on met les serviettes ? / *that painting goes here* ce tableau se met or va là **4.** [be contained in, fit] aller / *this last sweater won't go in the suitcase* ce dernier pull n'ira pas or n'entrera pas dans la valise / *the piano barely goes through the door* le piano entre or passe de justesse par la porte / *this belt just goes round my waist* cette ceinture est juste assez longue pour faire le tour de ma taille / *the lid goes on easily enough* le couvercle se met assez facilement **5.** [endure] supporter, tenir le coup / *we can't go much longer without water* nous ne pourrons pas tenir beaucoup plus longtemps si nous n'avons pas d'eau **6.** *euph* [go to the toilet] : *we'll only stop if you're really desperate to go* on ne s'arrête que si tu ne tiens vraiment plus **7.** MATH : *5 into 60 goes 12* 60 divisé par 5 égale 12 / *6 into 5 won't go* 5 n'est pas divisible par 6 **8.** PHR *she isn't bad, as teachers go* elle n'est pas mal comme enseignante / *as houses go, it's pretty cheap* ce n'est pas cher pour une maison / *there goes my chance of winning a prize* je peux abandonner tout espoir de gagner un prix / *there you go again, always blaming other people* ça y est, toujours à rejeter la responsabilité sur les autres ! ▸ **there you go! a)** [here you are] tiens ! **b)** [I told you so] voilà ! / *there you go, two hamburgers and a coke* et voici, deux hamburgers et un coca / *there you go, what did I tell you?* voilà or tiens, qu'est-ce que je t'avais dit !

◆ vt **1.** [follow, proceed along] aller, suivre / *if we go this way, we'll get there much more quickly* si nous passons par là, nous arriverons bien plus vite **2.** [travel] faire, voyager / *we've only gone 5 kilometres* nous n'avons fait que 5 kilomètres / *she went the whole length of the street before coming back* elle a descendu toute la rue avant de revenir **3.** [say] faire ; [make specified noise] faire / *the ducks go "quack"* les canards font « coin-coin » / *the clock goes "tick tock"* l'horloge fait « tic tac » / *the gun went bang* et pan ! le coup est parti / *then he goes "hand it over" inf* puis il fait « donne-le-moi » **4.** *inf* PHR **to go it a)** *dated* [go fast] filer **b)** [behave wildly] se défoncer ▸ **how goes it?** ça marche ?

◆ n **1.** UK [attempt, try] coup *m*, essai *m* ▸ **to have a go at sthg / doing sthg** essayer qqch / de faire qqch / *he had another go* il a fait une nouvelle tentative, il a ressayé / *let's have a go!* essayons ! / *have another go!* encore un coup ! / *she passed her exams first go* elle a eu ses examens du premier coup / *he knocked down all the skittles at one go* il a renversé toutes les quilles d'un coup **2.** UK GAMES [turn] tour *m* / *it's your go* c'est ton tour or c'est à toi (de jouer) / *whose go is it?* à qui de jouer ?, à qui le tour ? **3.** *inf* [energy, vitality] dynamisme *m*, entrain *m* / *to be full of go* avoir plein d'énergie, être très dynamique / *she's got plenty of go* elle est pleine d'entrain / *the new man has no go in him* le nouveau manque d'entrain **4.** *inf* [success] succès *m*, réussite *f* / *he's made a go of the business* il a réussi à faire marcher l'affaire / *to* *make a go of a marriage* réussir un mariage / *I tried to persuade her but it was no go* j'ai essayé de la convaincre mais il n'y avait rien à faire **5.** [fashion] mode *f* / *short hair is all the go* les cheveux courts sont le dernier cri or font fureur **6.** *inf* PHR **to have a go at sb a)** [physically] rentrer dans qqn **b)** [verbally] passer un savon à qqn / *they had a real go at one another!* qu'est-ce qu'ils se sont mis ! / *she had a go at her boyfriend* elle a passé un de ces savons à son copain ▸ **to have a go** UK [tackle a criminal] : *police have warned the public not to have a go, the fugitive may be armed* la police a prévenu la population de ne pas s'en prendre au fugitif car il pourrait être armé ▸ **it's all go** ça n'arrête pas ! ▸ **all systems go!** c'est parti ! / *the shuttle is go for landing* la navette est bonne or est parée or a le feu vert pour l'atterrissage.

❖ **going on** adv phr : *he must be going on fifty* il doit approcher la or aller sur la cinquantaine / *it was going on (for) midnight by the time we finished* quand on a terminé il était près de minuit.

❖ **on the go** adj phr *inf* **1.** [busy] : *I've been on the go all day* je n'ai pas arrêté de toute la journée **2.** [in hand] : *I have several projects on the go at present* j'ai plusieurs projets en route en ce moment.

❖ **to go** ◆ adv phr à faire / *there are only three weeks / five miles to go* il ne reste plus que trois semaines / cinq miles / *five done, three to go* cinq de faits, trois à faire. ◆ adj phr US : *two hamburgers to go* deux hamburgers à emporter !

❖ **go about** ◆ vi NAUT [change tack] virer de bord. ◆ vt insep **1.** [get on with] s'occuper de / *to go about one's business* vaquer à ses occupations **2.** [set about] se mettre à / *she showed me how to go about it* elle m'a montré comment faire or comment m'y prendre / *how do you go about applying for the job?* comment doit-on s'y prendre or faire pour postuler l'emploi ?

❖ **go about with** vt insep [frequent] : *her son goes about with an older crowd* son fils fréquente des gens plus âgés que lui / *he's going about with Mary these days* il sort avec Mary en ce moment.

❖ **go across** ◆ vt insep traverser. ◆ vi traverser / *your brother has just gone across to the shop* ton frère est allé faire un saut au magasin en face.

❖ **go after** vt insep **1.** [follow] suivre **2.** [pursue, seek - criminal] poursuivre ; [- prey] chasser ; [- job, prize] essayer d'obtenir / *he goes after all the women* il court après toutes les femmes / *I'm going after that job* je vais essayer d'obtenir cet emploi.

❖ **go against** vt insep **1.** [disregard] aller contre, aller à l'encontre de / *she went against my advice* elle n'a pas suivi mon conseil / *I went against my mother's wishes* je suis allé contre or j'ai contrarié les désirs de ma mère **2.** [conflict with] contredire / *that goes against what he told me* c'est en contradiction avec or ça contredit ce qu'il m'a dit / *the decision went against public opinion* la décision est allée à l'encontre de or a heurté l'opinion publique / *it goes against my principles* c'est contre mes principes **3.** [be unfavourable to - subj: luck, situation] être contraire à ; [- subj: opinion] être défavorable à ; [- subj: behaviour, evidence] nuire à, être préjudiciable à / *the verdict went against the defendant* le verdict a été défavorable à l'accusé or a été prononcé contre l'accusé / *if luck should go against him* si la chance lui était contraire / *her divorce may go against her winning the election* son divorce pourrait nuire à ses chances de gagner les élections.

❖ **go ahead** vi **1.** [precede] passer devant / *he went (on) ahead of us* il est parti avant nous / *I let him go ahead of me in the queue* je l'ai fait passer devant moi dans la queue **2.** [proceed] aller de l'avant / *go ahead! tell me!* vas-y ! dis-le-moi ! / *the mayor allowed the demonstrations to go ahead* le maire a permis aux manifestations d'avoir lieu / *the move had gone ahead as planned* le déménagement s'était déroulé comme prévu **3.** [advance, progress] progresser, faire des progrès.

❖ **go along** vi **1.** [move from one place to another] aller, avancer / *go along and ask your mother* va demander à ta mère / *she went along with them to the fair* elle les a accompagnés or elle est allée avec eux à la foire / *we can talk it over as we go along* nous pouvons en discuter en chemin or en cours de route / *I just make it up as I go along* j'invente au fur et à mesure **2.** [progress] se dérouler, se passer / *things were going along nicely* tout allait or se passait bien.

❖ **go along with** vt insep [decision, order] accepter, s'incliner devant ; [rule] observer, respecter / *that's what they decided and I went along with it* c'est la décision qu'ils ont prise et je l'ai acceptée / *I go along with the committee on that point* je suis d'accord avec or je soutiens le comité sur ce point / *I can't go along with you on that* je ne suis pas d'accord avec vous là-dessus / *he went along with his father's wishes* il s'est conformé aux or a respecté les désirs de son père.

❖ **go around** vi **1.** [habitually] passer son temps à / *he goes around mumbling to himself* il passe son temps à radoter / *she just goes around annoying everyone* elle passe son temps à énerver tout le monde / *he goes around in black leather* il se promène toujours en or il est toujours habillé en cuir noir **2.** [document, illness] circuler ; [gossip, rumour] courir, circuler ▸ **what goes around comes around** on finit toujours par payer **3.** [be long enough for] : *will that belt go around your waist?* est-ce que cette ceinture sera assez grande pour toi ?

❖ **go around with** = **go about with.**

❖ **go at** vt insep *inf* [attack - food] attaquer, se jeter sur ; [- job, task] s'attaquer à / *they were still going at it the next day* ils y étaient encore le lendemain / *she went at the cleaning with a will* elle s'est attaquée au nettoyage avec ardeur.

❖ **go away** vi partir, s'en aller / *go away!* va-t'en ! / *I'm going away for a few days* je pars pour quelques jours / *she's gone away to think about it* elle est partie réfléchir.

❖ **go back** vi **1.** [return] revenir, retourner / *she went back to bed* elle est retournée au lit, elle s'est recouchée / *to go back to sleep* se rendormir / *they went back home* ils sont rentrés (chez eux or à la maison) / *I went back downstairs / upstairs* je suis redescendu / remonté / *to go back to work* **a)** [continue task] se remettre au travail **b)** [return to place of work] retourner travailler **c)** [return to employment] reprendre le travail / *to go back on one's steps* rebrousser chemin, revenir sur ses pas / *let's go back to chapter two* revenons or retournons au deuxième chapitre / *we went back to the beginning* nous avons recommencé / *let's go back to why you said that* revenons à la question de savoir pourquoi vous avez dit ça / *the clocks go back one hour today* on retarde les pendules d'une heure aujourd'hui **2.** [retreat] reculer / *go back!* recule ! **3.** [revert] revenir / *we went back to the old system* nous sommes revenus à l'ancien système / *he went back to his old habits* il a repris ses anciennes habitudes / *the conversation kept going back to the same subject* la conversation revenait sans cesse sur le même sujet / *men are going back to wearing their hair long* les hommes reviennent aux cheveux longs or se laissent à nouveau pousser les cheveux **4.** [in time] remonter / *our records go back to 1850* nos archives remontent à 1850 / *this building goes back to the Revolution* ce bâtiment date de or remonte à la Révolution / *we go back a long way, Sam and me* *inf* ça remonte à loin, Sam et moi **5.** [extend, reach] s'étendre / *the garden goes back 150 metres* le jardin s'étend sur 150 mètres.

❖ **go back on** vt insep [fail to keep - agreement] rompre, violer ; [- promise] manquer à, revenir sur / *they went back on their decision* ils sont revenus sur leur décision / *he won't go back on his word* il ne manquera pas à sa parole.

❖ **go before** ◆ vi [precede] passer devant ; [happen before] précéder / *that question has nothing to do with what went before* cette question n'a rien à voir avec ce qui précède or avec ce qui a été dit avant / *the election was like nothing that had gone before* l'élection ne ressemblait en rien aux précédentes. ◆ vt insep **1.** [precede] précéder / *we are indebted to those who have gone before us* nous devons beaucoup à ceux qui nous ont précédés **2.** [appear before] : *your suggestion will go before the committee* votre suggestion sera soumise au comité / *to go before a judge / jury* passer devant un juge / un jury / *the matter went before the court* l'affaire est allée devant les tribunaux.

❖ **go below** vi NAUT descendre dans l'entrepont.

❖ **go by** ◆ vi [pass - car, person] passer ; [- time] passer, s'écouler / *as the years go by* avec les années, à mesure que les années passent / *in days* or *in times* or *in years gone by* autrefois, jadis. ◆ vt insep **1.** [act in accordance with, be guided by] suivre, se baser sur / *don't go by the map* ne vous fiez pas à la carte / *I'll go by what the boss says* je me baserai sur ce que dit le patron / *he goes by the rules* il suit le règlement **2.** [judge by] juger d'après / *going by her accent, I'd say she's from New York* si j'en juge d'après son accent, je dirais qu'elle vient de New York / *you can't go by appearances* on ne peut pas juger d'après or sur les apparences.

❖ **go down** ◆ vi **1.** [descend, move to lower level] descendre ; [from a vertical position] : *he went down on all fours* or *on his hands and knees* il s'est mis à quatre pattes **2.** [proceed, travel] aller / *we're going down to Tours / the country / the shop* nous allons à Tours / à la campagne / au magasin **3.** [set - moon, sun] se coucher, tomber **4.** [sink - ship] couler, sombrer ; [- person] couler, disparaître (sous l'eau) **5.** [decrease, decline - level, price, quality] baisser ; [- amount, numbers] diminuer ; [- rate, temperature] baisser, s'abaisser ; [- fever] baisser, tomber ; [- tide] descendre / *the dollar is going down in value* le dollar perd de sa valeur, le dollar baisse / *eggs are going down (in price)* le prix des œufs baisse / *he's gone down in my estimation* il a baissé dans mon estime / *the neighbourhood's really gone down since then* le quartier ne s'est vraiment pas arrangé depuis **6.** [become less swollen - swelling] désenfler, dégonfler ; [- balloon, tyre] se dégonfler **7.** [food, medicine] descendre / *this wine goes down very smoothly* ce vin se laisse boire (comme du petit-lait) **8.** [produce specified reaction] être reçu / *a cup of coffee would go down nicely* une tasse de café serait la bienvenue / *his speech went down badly / well* son discours a été mal / bien reçu / *how will the proposal go down with the students?* comment les étudiants vont-ils prendre la proposition ? / *that kind of talk doesn't go down well with me* je n'apprécie pas du tout ce genre de propos **9.** [lose] être battu / *Mexico went down to Germany* le Mexique s'est incliné devant l'Allemagne / *Madrid went down to Milan by three points* Milan a battu Madrid de trois points **10.** [be relegated] descendre / *our team has gone down to the second division* notre équipe est descendue en deuxième division **11.** [be noted, recorded] être noté ; [in writing] être pris or couché par écrit / *this day will go down in history* ce jour restera une date historique / *she will go down in history as a woman of great courage* elle entrera dans l'histoire grâce à son grand courage **12.** [reach as far as] descendre, s'étendre / *this path goes down to the beach* ce sentier va or descend à la plage **13.** [continue as far as] aller, continuer / *go down to the end of the street* allez or continuez jusqu'en bas de la rue **14.** UK UNIV entrer dans la période des vacances **15.** [in bridge] chuter **16.** COMPUT tomber en panne / *the computer's gone down* l'ordinateur est en panne **17.** MUS [lower pitch] descendre **18.** UK *v inf* [be sent to prison] : *how long do you think he'll go down for?* il écopera de combien, à ton avis ? / *he went down for three years* il a écopé de trois ans **19.** *inf* [happen] se passer. ◆ vt insep descendre de / *my food went down the wrong way* j'ai avalé de travers / *the pianist went down an octave* MUS le pianiste a joué une octave plus bas or a descendu d'une octave / *to go down a class* UK SCH descendre d'une classe.

❖ **go down on** vt insep *vulg* sucer.

❖ **go down with** vt insep tomber malade de / *he went down with pneumonia* il a attrapé une pneumonie.

❖ **go for** vt insep **1.** [fetch] aller chercher / *he went for a doctor* il est allé or parti chercher un médecin **2.** [try to obtain] essayer d'obtenir, viser / *she's going for his job* elle va essayer d'obtenir son poste / *go for it!* *inf* vas-y ! / *I'd go for it if I were you!* à ta place, je n'hésiterais pas ! / *she was really going for it* elle donnait vraiment son maximum **3.** [attack - physically] tomber sur, s'élancer sur ; [- verbally] s'en prendre à / *dogs usually go for the throat* en général, les chiens attaquent à la gorge / *they went for each other* **a)** [physically] ils se sont jetés l'un sur l'autre **b)** [verbally] ils s'en sont pris l'un à l'autre / *the newspapers really went for the senator* les journaux s'en sont pris au sénateur sans retenue / *go for him!* [to dog] attaque ! **4.** *inf* [like] aimer, adorer / *I don't really go for that idea* l'idée ne me dit pas grand-chose / *he really goes for her in a big way* il est vraiment fou d'elle **5.** [choose, prefer] choisir, préférer **6.** [apply to, concern] concerner, s'appliquer à / *what I said goes for both of you* ce que j'ai dit vaut pour or s'applique à vous deux / *pollution is a real problem in Paris — that goes for Rome too* la pollution pose un énorme problème à Paris — c'est la même chose à Rome / *and the same goes for me* et moi aussi **7.** [have as result] servir à / *his twenty years of service went for nothing* ses vingt ans de service n'ont servi à rien **8.** [be to the advantage of] : *she has a lot going for her* elle a beaucoup d'atouts / *that idea hasn't got much going for it frankly* cette idée n'est franchement pas très convaincante.

❖ **go forth** vi *arch & liter* **1.** [leave] sortir / *the army went forth into battle* l'armée s'est mise en route pour la bataille ▸ **go forth and multiply** BIBLE croissez et multipliez-vous **2.** [be pronounced] être prononcé ; [be published] paraître / *the command went forth that...* il fut décrété que...

❖ **go in** vi **1.** [enter] entrer, rentrer / *it's cold — let's go in* il fait froid — entrons **2.** [disappear - moon, sun] se cacher.

❖ **go in for** vt insep **1.** [engage in - activity, hobby, sport] pratiquer, faire ; [- occupation] se consacrer à ; [- politics] s'occuper de, faire / *she went in for company law* elle s'est lancée dans le droit commercial / *he thought about going in for teaching* il a pensé devenir enseignant **2.** *inf* [be interested in] s'intéresser à ; [like] aimer / *I don't go in much for opera* je n'aime pas trop l'opéra, l'opéra ne me dit rien / *he goes in for special effects in a big way* il est très effets spéciaux / *we don't go in for that kind of film* nous n'aimons pas ce genre de film **3.** [take part in - competition, race] prendre part à ; [- examination] se présenter à **4.** [apply for - job, position] poser sa candidature à, postuler.

❖ **go into** vt insep **1.** [enter - building, house] entrer dans ; [- activity, profession] entrer à or dans ; [- politics, business] se lancer dans / *to go into the army* **a)** [as profession] devenir militaire de carrière **b)** [as conscript] partir au service / *he went into medicine* il a choisi la médecine **2.** [be invested - subj: effort, money, time] : *a lot of care had gone into making her feel at home* on s'était donné beaucoup de peine pour la mettre à l'aise / *two months of research went into our report* nous avons mis or investi deux mois de recherche dans notre rapport **3.** [embark on - action] commencer à ; [- explanation, speech] se lancer or s'embarquer dans, (se mettre à) donner ; [- problem] aborder / *I'll go into the problem of your taxes later* j'aborderai le problème de vos impôts plus tard / *the car went into a skid* la voiture a commencé à déraper / *to go into hysterics* avoir une crise de nerfs **4.** [examine, investigate] examiner, étudier / *you need to go into the question more deeply* vous devez examiner le problème de plus près / *the matter is being gone into* l'affaire est à l'étude **5.** [explain in depth] entrer dans / *the essay goes into the moral aspects of the question* l'essai aborde les aspects moraux de la question / *I won't go into details* je ne vais pas entrer dans les détails / *let's not go into that* ne parlons pas de ça **6.** [begin] : *to go into mourning* prendre le deuil **7.** [hit, run into] entrer dans / *a car went into him* une voiture lui est rentrée dedans.

❖ **go off** ◆ vi **1.** [leave] partir, s'en aller / *she went off to work* elle est partie travailler / *her husband has gone off and left her* son mari l'a quittée / *the actors went off* THEAT les acteurs ont quitté la scène **2.** [stop operating - light, radio] s'éteindre ; [- heating] s'éteindre, s'arrêter ; [- pain] partir, s'arrêter / *the electricity went off* l'électricité a été coupée **3.** [become activated - bomb] exploser ; [- gun] partir ; [- alarm] sonner / *the grenade went off in her hand* la grenade a explosé dans sa main / *the gun didn't go off* le coup n'est pas parti / *to go off into fits of laughter* être pris d'un fou rire ▸ **to go off on one** *inf* péter un plomb **4.** [have specified outcome] se passer / *the interview went off badly / well* l'entretien s'est mal / bien passé / *her speech went off well* son discours a été bien reçu **5.** [fall asleep] s'endormir **6.** UK [deteriorate - food] s'avarier, se gâter ; [- milk] tourner ; [- butter] rancir / *the play goes off in the second half* la pièce se gâte pendant la seconde partie. ◆ vt insep UK *inf* [stop liking] perdre le goût de / *he's gone off jazz / smoking* il n'aime plus le jazz / fumer, le jazz / fumer ne l'intéresse plus / *she's gone off her boyfriend* son copain ne l'intéresse plus.

❖ **go off with** vt insep **1.** [leave with] partir avec / *they went off with my sister* ils sont partis avec ma sœur **2.** [make off with] partir avec / *someone has gone off with his keys* quelqu'un est parti avec ses clés / *he went off with the jewels* il s'est enfui avec les bijoux.

❖ **go on** ◆ vi **1.** [move, proceed] aller ; [without stopping] poursuivre son chemin ; [after stopping] repartir, se remettre en route / *you go on, I'll catch up* allez-y, je vous rattraperai (en chemin) / *they went on without us* ils sont partis sans nous / *after dinner they went on to Susan's house* après le dîner, ils sont allés chez Susan / *we went on home* nous sommes rentrés **2.** [continue action] continuer / *she went on (with her) reading* elle a continué à or de lire / *the chairman went on speaking* le président a continué son discours / *you can't go on being a student for ever!* tu ne peux pas être étudiant toute ta vie ! / *go on looking!* cherchez encore ! / *go on, ask her* vas-y, demande-lui / *go on, be a devil* *inf* vas-y, laisse-toi tenter ! / *go on, I'm listening* continuez, je vous écoute / *I can't go on like this!* je ne peux plus continuer comme ça ! / *if he goes on like this, he'll get the sack* s'il continue comme ça, il va se faire renvoyer / *their affair has been going on for years* leur liaison dure depuis des années / *the party went on into the small hours* la soirée s'est prolongée jusqu'à très tôt le matin / *life goes on* la vie continue or va son train ▸ **go on (with you)!** UK *inf* allons, arrête de me faire marcher ! ▸ **to be going on with** : *they have enough (work) to be going on with* ils ont du pain sur la planche or de quoi faire pour le moment / *here's £25 to be going on with* voilà 25 livres pour te dépanner **3.** [proceed to another action] : *he went on to explain why* il a ensuite expliqué pourquoi / *she went on to become a doctor* elle est ensuite devenue médecin **4.** [be placed, fit] aller / *the lid goes on this way* le couvercle se met comme ça / *I can't get the lid to go on* je n'arrive pas à mettre le couvercle / *the cap goes on the other end* le bouchon se met or va sur l'autre bout **5.** [happen, take place] se passer / *what's going on here?* qu'est-ce qui se passe ici ? / *there was a fight going on* il y avait une bagarre / *a lot of cheating goes on during the exams* on triche beaucoup pendant les examens / *several conversations were going on at once* il y avait plusieurs conversations à la fois / *while the war was going on* pendant la guerre **6.** [elapse] passer, s'écouler / *as the week went on* au fur et à mesure que la semaine passait / *as time goes on* avec le temps, à mesure que le temps passe **7.** *inf* [chatter, talk] parler, jacasser / *she does go on!* elle n'arrête pas de parler !, c'est un vrai moulin à paroles ! ▸ **to go on about sthg** : *he goes on and on about politics* il parle politique sans cesse / *don't go on about it!* ça va, on a compris ! / *I don't want to go on about it, but...* je ne voudrais pas avoir l'air d'insister, mais... **8.** *inf* [act, behave] se conduire, se comporter / *what a way to go on!* en voilà des manières ! **9.** [start operating - light, radio, television] s'allumer ; [- heating, motor, power] s'allumer, se mettre en marche **10.** SPORT [player] prendre sa place, entrer en jeu **11.** THEAT [actor] entrer en scène **12.** US *inf* : *she's got it going on* elle a tout pour elle. ◆ vt insep **1.** [be guided by] se laisser guider par, se fonder or se baser sur / *the detective didn't have much to go on* le détective n'avait pas grand-chose sur quoi s'appuyer or qui puisse le guider / *she goes a lot on instinct* elle se fie beaucoup à or se fonde beaucoup sur son instinct **2.** *(usu neg)* UK *inf* [appreciate, like] aimer / *I don't go much on abstract art* l'art abstrait ne me dit pas grand-chose.

❖ **go on at** vt insep *inf* [criticize] critiquer ; [nag] s'en prendre à / *the boss went on and on at her at the meeting* le patron n'a pas cessé de s'en prendre à elle pendant la réunion / *he's always going on at his wife about money* il est toujours sur le dos de sa femme avec les questions d'argent / *I went on at my mother to go and see the doctor* j'ai embêté ma mère pour qu'elle aille voir le médecin / *don't go on at me!* laisse-moi tranquille !

❖ **go out** vi **1.** [leave] sortir / *my parents made us go out of the room* mes parents nous ont fait sortir de la pièce or quitter la pièce / *to go out to dinner* sortir dîner / *to go out for a walk* aller se promener, aller faire une promenade / *they went out to the country* ils sont allés or ils ont fait une sortie à la campagne / *she goes out to work* elle travaille en dehors de la maison or hors de chez elle / *he went out of her life* il est sorti de sa vie **2.** [travel] partir ; [emigrate] émigrer / *they went out to Africa* **a)** [travelled] ils sont partis en Afrique **b)** [emigrated] ils sont partis vivre or ils ont émigré en Afrique **3.** [date] sortir ▸ **to go out with sb** sortir avec qqn / *we've been going out together for a month* ça fait un mois que nous sortons ensemble **4.** [fire, light] s'éteindre **5.** [disappear] disparaître / *the joy went out of her eyes* la joie a disparu de son regard / *the spring went out of his step* il a perdu sa démarche légère / *all the heart went out of her* elle a perdu courage **6.** [cease to be fashionable] passer de mode, se démoder ▸ **to go out of style / fashion** ne plus être le bon style / à la mode / *that hair style went out with the ark* *inf* cette coiffure remonte au déluge **7.** [tide] descendre, se retirer / *the tide has gone out* la marée est descendue, la mer s'est retirée / *the tide goes out 6 kilometres* la mer se retire sur 6 kilomètres **8.** *fig* [set out] : *I went out to see for myself* j'ai décidé de voir par moi-même / *we have to go out and do something about this* il faut que nous prenions des mesures or que nous fassions quelque chose **9.** [be published - brochure, pamphlet] être distribué ; [be broadcast - radio or television programme] être diffusé **10.** [feelings, sympathies] aller / *our thoughts go out to all those who suffer* nos pensées vont vers tous ceux qui souffrent / *my heart goes out to her* je suis de tout cœur avec elle dans son chagrin **11.** CARDS terminer **12.** PHR **to go all out** *inf* : *she went all out to help us* elle a fait tout son possible pour nous aider.

❖ **go over** ◆ vi **1.** [move overhead] passer / *I just saw a plane go over* je viens de voir passer un avion **2.** [move in particular direction] aller ; [cross] traverser / *I went over to see her* je suis allé la voir / *they went over to talk to her* ils sont allés lui parler / *to go over to Europe* aller en Europe ; [capsize - boat] chavirer, capoter **3.** [change, switch] changer / *I've gone over to another brand of washing powder* je viens de changer de marque de lessive / *when will we go over to the metric system?* quand est-ce qu'on va passer au système métrique ? **4.** [change allegiance] passer, se joindre / *he's gone over to the Socialists* il est passé dans le camp des socialistes / *she went over to the enemy* elle est passée à l'ennemi **5.** [be received] passer / *the speech went over badly / well* le discours a mal / bien passé. ◆ vt insep **1.** [move, travel over] passer par-dessus / *the horse went over the fence* le cheval a sauté (par-dessus) la barrière / *we went over a bump* on a pris une bosse **2.** [examine - argument, problem] examiner, considérer ; [- accounts, report] examiner, vérifier / *would you go over my report?* voulez-vous regarder mon rapport ? **3.** [repeat] répéter ; [review - notes, speech] réviser, revoir ; [- facts] récapituler, revoir ; SCH réviser / *she went over the interview in her mind* elle a repassé l'entretien dans son esprit / *I kept going over everything leading up to the accident* je continuais de repenser à tous les détails qui avaient conduit à l'accident / *let's go over it again* reprenons, récapitulons / *he goes over and over the same stories* il rabâche les mêmes histoires **4.** TV & RADIO : *let's go over now to our Birmingham studios* passons l'antenne à notre studio de Birmingham / *we're going over live now to Paris* nous allons maintenant à Paris où nous sommes en direct.

❖ **go past** vt insep [move in front of] passer devant ; [move beyond] dépasser.

❖ **go round** vi **1.** [be enough] : *is there enough cake to go round?* est-ce qu'il y a assez de gâteau pour tout le monde ? **2.** [visit] aller / *we went round to his house* nous sommes allés chez lui / *I'm going round there later on* j'y vais plus tard **3.** [be continuously present - idea, tune] : *that song keeps going round in my head* j'ai cette chanson dans la tête **4.** [spin - wheel] tourner / *my head's going round* *fig* j'ai la tête qui tourne.

❖ **go through** ◆ vt insep **1.** [crowd, tunnel] traverser / *a shiver went through her* *fig* un frisson l'a parcourue or traversée **2.** [endure, experience] subir, souffrir / *he's going through hell* c'est l'enfer pour lui / *we all have to go through it sometime* on doit tous y passer un jour ou l'autre / *I can't face going through all that again* je ne supporterais pas de passer par là une deuxième fois / *after everything she's gone through* après tout ce qu'elle a subi or enduré / *we've gone through a lot together* nous avons vécu beaucoup de choses ensemble **3.** [consume, use up - supplies] épuiser ; [- money] dépenser ; [wear out] user / *she goes through a pair of tights a week* elle use une paire de collants par semaine / *I've gone through the toes of my socks* j'ai usé or troué mes chaussettes au bout / *how many assistants has he gone through now?* hum combien d'assistants a-t-il déjà eus ? / *his novel has gone through six editions* il y a déjà eu six éditions de son roman **4.** [examine - accounts, document] examiner, vérifier ; [- list, proposal] éplucher ; [- mail] dépouiller ; [- drawer, pockets] fouiller (dans) ; [- files] chercher dans ; [sort] trier / *we went through the contract together* nous avons regardé or examiné le contrat ensemble / *did customs go through your suitcase?* est-ce qu'ils ont fouillé votre valise à la douane ? / *he went through her pockets* il a fouillé ses poches **5.** [subj : bill, law] être voté / *the bill went through Parliament last week* le projet de loi a été voté la semaine dernière au Parlement **6.** [carry out, perform - movement, work] faire ; [- formalities] remplir, accomplir / *let's go through the introduction again* MUS reprenons l'introduction / *we had to go through the whole business of applying for a visa* nous avons dû nous farcir toutes les démarches pour obtenir un visa **7.** [participate in - course of study] étudier ; [- ceremony] participer à **8.** [practise - lesson, poem] réciter ; [THEAT - role, scene] répéter / *let's go through it again from the beginning* reprenons dès le début. ◆ vi [offer, proposal] être accepté ; [business deal] être conclu, se faire ; [bill, law] passer, être voté / *the adoption finally went through* l'adoption s'est faite finalement.

❖ **go through with** vt insep ▸ **to go through with sthg** aller jusqu'au bout de qqch, exécuter qqch / *he'll never go through with it* il n'ira jamais jusqu'au bout / *they went through with their threat* ils ont exécuté leur menace.

❖ **go together** vi **1.** [colours, flavours] aller bien ensemble ; [characteristics, ideas] aller de pair / *the two things often go together* les deux choses vont souvent de pair **2.** US [people] sortir ensemble.

❖ **go towards** vt insep **1.** [move towards] aller vers **2.** [effort, money] être consacré à / *all her energy went towards fighting illiteracy* elle a dépensé toute son énergie à combattre l'analphabétisme.

❖ **go under** ◆ vi **1.** [go down - ship] couler, sombrer ; [- person] couler, disparaître (sous l'eau) **2.** *fig* [fail - business] couler, faire faillite ; [- project] couler, échouer ; [- person] échouer, sombrer. ◆ vt insep passer par-dessous.

❖ **go up** ◆ vi **1.** [ascend, climb - person] monter, aller en haut ; [- lift] monter / *to go up to town* aller en ville / *I'm going up to bed* je monte me coucher / *have you ever gone up in an aeroplane?* êtes-vous déjà monté en avion ? / *going up!* on monte ! **2.** [reach as far as] aller, s'étendre / *the road goes up to the house* la route mène or va à la maison **3.** [increase - amount, numbers] augmenter, croître ; [- price] monter, augmenter ; [- temperature] monter, s'élever / *rents are going up* les loyers sont en hausse / *meat is going up (in price)* (le prix de) la viande augmente **4.** [sudden noise] s'élever / *a shout went up* un cri s'éleva **5.** [appear - notices, posters] apparaître ; [be built] être construit / *new buildings are going up all over town* de nouveaux immeubles surgissent dans toute la ville **6.** [explode, be destroyed] sauter, exploser **7.** MUS [raise pitch] monter **8.** THEAT [curtain] se lever / *before the curtain goes up* avant le lever du rideau **9.** UK UNIV entrer à l'université / *she went up to Oxford in 1950* elle est entrée à Oxford en 1950 **10.** US *v inf* [be sent to prison] : *he went up for murder* il a fait de la taule pour meurtre **11.** SPORT [be promoted] : *they look set to go up to the First Division* ils ont l'air prêts à entrer en première division. ◆ vt insep monter / *to go up a hill* / *ladder* monter une colline / sur une échelle / *the pianist went up an octave* MUS le pianiste a monté d'une octave / *to go up a class* UK SCH monter d'une classe.

❖ **go with** vt insep **1.** [accompany, escort] accompagner, aller avec ; *fig* : *to go with the crowd* suivre la foule or le mouvement / *you have to go with the times* il faut vivre avec son temps **2.** [be compatible - colours, flavours] aller avec / *that hat doesn't go with your suit* ce chapeau ne va pas avec ton ensemble / *a white Burgundy goes well with snails* le bourgogne blanc se marie bien or va bien avec les escargots **3.** [be part of] aller avec / *the flat goes with the job* l'appartement va avec le poste / *the sense of satisfaction that goes with having done a good job* le sentiment de satisfaction qu'apporte le travail bien fait **4.** *inf* [spend time with] sortir avec ; *euph* [have sex with] : *he's been going with other women* il a été avec d'autres femmes.

❖ **go without** ◆ vt insep se passer de, se priver de / *he went without sleep* or *without sleeping for two days* il n'a pas dormi pendant deux jours. ◆ vi s'en passer / *we'll just have to go without* il faudra s'en passer, c'est tout !

goad [gəʊd] ◆ n aiguillon *m*. ◆ vt **1.** [cattle] aiguillonner, piquer **2.** [person] harceler, provoquer / *stop goading the poor child!* cesse de houspiller ce petit ! ▸ **to goad sb into doing sthg** pousser qqn à faire qqch, harceler qqn jusqu'à ce qu'il fasse qqch / *he goaded me into losing my temper* il m'a harcelé jusqu'à ce que je me mette en colère / *the threat of redundancy goaded the men into action* la peur d'un licenciement incita les hommes à l'action.

❖ **goad on** vt sep aiguillonner / *she was goaded on by the prospect of wealth and power* elle était stimulée par la perspective des richesses et du pouvoir.

go-ahead ◆ n feu *m* vert ▸ **to give sb the go-ahead to do sthg** donner le feu vert à qqn pour (faire) qqch. ◆ adj [dynamic - person] dynamique, entreprenant, qui va de l'avant ; [- attitude, business] dynamique.

goal [gəʊl] ◆ n **1.** [aim] but *m*, objectif *m* / *what's your goal in life?* quel est ton but or quelle est ton ambition dans la vie ? ▸ **to achieve** or **attain one's goal** atteindre or réaliser son but / *she had achieved* or *attained her goal of becoming Prime Minister* elle avait atteint or réalisé son but de devenir Premier ministre / *commercial and financial goals need to be clearly defined* les objectifs commerciaux et financiers doivent être clairement définis **2.** SPORT but *m* ▸ **to score a goal** marquer un but / *they won by five goals to two* ils ont gagné par cinq buts à deux / *who plays in* or *keeps goal for Liverpool?* qui est gardien de but dans l'équipe de Liverpool ? ▸ **goal!** but ! ◆ comp de but.

goal area n (zone *f* des) six mètres *mpl*.

goal average n goal-average *m*.

goal difference n différence *f* de buts.

goal-driven adj volontariste.

goalie ['gəʊlɪ] n *inf* SPORT goal *m*, gardien *m* (de but).

goalkeeper ['gəʊl,ki:pər] n gardien *m* (de but), goal *m*.

goalkeeping ['gəʊl,ki:pɪŋ] n jeu *m* du gardien de but / *we saw some great goalkeeping on both sides* les deux gardiens de but ont très bien joué.

goal kick n coup *m* de pied de but, dégagement *m* aux six mètres.

goalless ['gəʊllɪs] adj ▸ **a goalless draw** un match sans but marqué or zéro à zéro.

goal line n ligne *f* de but.

goalminder ['gəʊl,maɪndər] n [ice hockey] gardien *m* (de but).

goalmouth ['gəʊl,maʊθ] *(pl* [-maʊðz]*)* n : *in the goalmouth* directement devant le but / *a goalmouth scuffle* un cafouillage devant le but.

goalpost ['gəʊlpəʊst] n poteau *m* (de but) ▸ **to move** or **shift the goalposts** *fig* changer les règles du jeu.

goalscorer ['gəʊl,skɔ:rər] n buteur *m*.

goaltender ['gəʊl,tendər] n US [in ice hockey] gardien *m* de but.

go-around n ▸ **to give sb the go-around** faire une réponse de Normand or répondre en Normand à qqn.

goat [gəʊt] n **1.** ZOOL chèvre *f* ▸ **goat's cheese** (fromage *m* de) chèvre *m* ▸ **goat's milk** lait *m* de chèvre **2.** *inf* [lecher] ▸ **old goat** vieux satyre *m* **3.** *inf & dated* [foolish person] andouille *f* / *you silly goat!* espèce d'andouille ! ▸ **to act** or **to play the (giddy) goat** faire l'andouille **4.** PHR ▸ **to get sb's goat** *inf* taper sur les nerfs or le système à qqn / *it gets my goat* ça me tape sur les nerfs.

goatee [gəʊ'ti:] n barbiche *f*, bouc *m*.

goatherd ['gəʊthɜ:d] n chevrier *m*, -ère *f*.

goatskin ['gəʊtskɪn] n **1.** [hide] peau *f* de chèvre **2.** [container] outre *f* (en peau de chèvre).

goatsucker ['gəʊt,sʌkər] n ORNITH engoulevent *m*, tête-chèvre *m*.

gob [gɒb] *(pt & pp* **gobbed**, *cont* **gobbing)** ◆ n **1.** UK *v inf* [mouth] gueule *f* ▸ **shut your gob!** ferme-la ! **2.** *inf* [lump - of mud, clay] motte *f* ; [- of spittle] crachat *m*, mollard *m* **3.** *inf* = **gobs**. ◆ vi *v inf* [spit] mollarder.

❖ **gobs** pl n *inf* ▸ **gobs of** un tas de, des masses de.

gobbet ['gɒbɪt] n *inf* morceau *m*.

gobble ['gɒbl] ◆ vi [turkey] glouglouter. ◆ vt *inf* [eat greedily] enfourner, engloutir / *he gobbled (down* or *up) his lunch* il a englouti son déjeuner à toute vitesse / *don't gobble your food!* ne mange pas si vite ! ◆ n glouglou *m*.

gobbledegook, **gobbledygook** ['gɒbldɪgu:k] n *inf* charabia *m*.

gobbler ['gɒblər] n *inf* [male turkey] dindon *m*.

gobby ['gɒbɪ] adj UK *inf* : *to be gobby* être une grande gueule.

go-between n intermédiaire *mf*.

gobful ['gɒbfʊl] n UK *v inf* [mouthful] bouchée *f* pleine.

Gobi ['gəʊbɪ] pr n ▸ **the Gobi Desert** le désert de Gobi.

goblet ['gɒblɪt] n coupe *f*, verre *m* à pied ; HIST gobelet *m*.

goblin ['gɒblɪn] n esprit *m* maléfique, lutin *m*.

gobo ['gəʊbəʊ] n **1.** [on camera lens, spotlight, etc.] volet *m* (coupe-flux), écran *m* (de protection) **2.** [on microphone] bonnette *f* de micro.

gobshite ['gɒbʃaɪt] n UK *v inf* [man] trouduc *m* ; [woman] connasse *f*.

gobsmacked ['gɒbsmækt] adj *inf* : *I was gobsmacked* j'en suis resté baba.

gobstopper ['gɒb,stɒpər] n UK *gros bonbon rond qui change de couleur à mesure qu'on le suce.*

goby ['gəʊbɪ] *(pl* **gobies)** n gobie *m*.

GOC (abbr of **General Officer Commanding / Commanding-in-Chief**) n *général commandant en chef.*

go-cart n **1.** = **go-kart 2.** US [toy wagon] chariot *m* **3.** US [babywalker] trotteur *m*.

god [gɒd] n dieu *m* / *the god of War* le dieu de la Guerre / *profit is their only god* leur seul dieu, c'est le profit ▸ **ye gods!** *hum* grands dieux !

❖ **God** n **1.** RELIG Dieu *m* / *God the Father, the Son and the Holy Ghost* Dieu le Père, le Fils, le Saint-Esprit ▸ **God's acre** *liter* cimetière *m* ▸ **the God slot** *inf expression humoristique désignant les émissions religieuses à la télévision* **2.** [in interjections and expressions] ▸ **God bless you!** Dieu vous bénisse ! ▸ **thank God! a)** *inf* heureusement ! **b)** *liter* grâce à Dieu !, Dieu soit loué ! / *thank God you didn't tell him* *inf* heureusement que tu ne lui as rien dit ▸ **(my** or **by) God!** *inf* mon Dieu ! ▸ **in the name of God!** *inf* (nom de) Dieu ! ▸ **for the love of God** *inf* pour l'amour de Dieu ▸ **for God's sake** *inf* : *for God's sake, don't tell him!* surtout ne lui dis rien ▸ **God knows why** / **how** Dieu sait pourquoi / comment ▸ **God (only) knows** Dieu seul le sait ▸ **God willing** s'il plaît à Dieu.

❖ **gods** pl n UK *inf* THEAT ▸ **the gods** le poulailler.

god-awful adj *v inf* atroce, affreux / *what god-awful weather!* quel sale temps !

god-botherer [-'bɒðərər] n *inf* cul-bénit *m*.

godchild ['gɒdtʃaɪld] *(pl* **godchildren** [-,tʃɪldrən]*)* n filleul *m*, -e *f*.

goddammit [,gɒd'dæmɪt] excl *v inf* bordel !

goddam(n) ['gɒdæm] US *v inf* ◆ interj ▸ **goddamn!** zut ! ◆ n : *he doesn't care* or *give a goddamn* il s'en fout. ◆ adj sacré, fichu / *that goddamn dog!* ce sacré chien ! / *you goddamn fool!* pauvre imbécile ! ◆ adv vachement / *it's goddamn hot* il fait vachement chaud.

goddamned ['gɒdæmd] US *v inf* = **goddam(n)** *(adj, adv)*.

goddaughter ['gɒd,dɔ:tər] n filleule *f*.

goddess ['gɒdɪs] n déesse *f*.

godet ['gəʊdeɪ] n SEW godet *m*.

godetia [gə'di:ʃə] n godetia *m*.

godfather ['gɒd,fɑ:ðər] n parrain *m* / **'The Godfather'** *Coppola* 'le Parrain'.

god-fearing adj croyant, pieux.

godforsaken ['gɒdfə,seɪkn] adj *inf* paumé.

godhead ['gɒdhed] n divinité *f* ▸ **the godhead** Dieu.

godless ['gɒdlɪs] adj irréligieux, impie.

godlike ['gɒdlaɪk] adj divin, céleste.

godliness ['gɒdlɪnɪs] n sainteté *f* (de l'âme), dévotion *f*.

godly ['gɒdlɪ] adj **1.** [pious] pieux **2.** [divine] divin.

godmother ['gɒd,mʌðər] n marraine *f*.

godown ['gəʊdaʊn] n entrepôt *m (en Asie, surtout en Inde)*.

godparent ['gɒd,peərənt] n parrain *m*, marraine *f*.

godsend ['gɒdsend] n aubaine *f*, bénédiction *f*.

godson ['gɒdsʌn] n filleul *m*.

godspeed [,gɒd'spi:d] interj *arch* ▸ **godspeed!** à Dieu vat !

godsquad ['gɒdskwɒd] n *inf & pej* ▸ **the godsquad** les soldats de Dieu.

godwit ['gɒdwɪt] n ORNITH barge *f*.

goer ['gəʊər] n UK *inf* **1.** [fast person, vehicle, animal] fonceur *m*, -euse *f* / *this horse is a real goer* il file or il fonce, ce cheval **2.** [sexually active person] : *he's / she's a real goer* il / elle n'y va pas par quatre chemins *(pour séduire qqn)*.

goes [gəʊz] ⟶ **go** *(vb)*.

go-faster stripe n *bande décorative sur la carrosserie d'une voiture*.

gofer ['gəʊfər] n *inf* [office employee] *employé(e) de bureau*.

go-getter [-'getər] n *inf* fonceur *m*, -euse *f*, battant *m*, -e *f*.

go-getting [-'getɪŋ] adj *inf* [person] plein d'allant, entreprenant ; [approach] dynamique.

goggle ['gɒgl] ◆ vi ouvrir de grands yeux or des yeux ronds ▸ **to goggle at sb / sthg** regarder qqn / qqch avec des yeux ronds. ◆ adj ▸ **to have goggle eyes** avoir les yeux saillants or exorbités or globuleux.

❖ **goggles** pl n **1.** [protective] lunettes *fpl* (de protection) ; [for motorcyclist] lunettes *fpl* (de motocycliste) ; [for diver] lunettes *fpl* de plongée ; [for swimmer] lunettes *fpl* **2.** *inf* [glasses] bésicles *fpl*.

goggle box n UK *inf & hum* télé *f*.

goggle-eyed adj les yeux saillants or exorbités or globuleux / *to stare goggle-eyed* regarder en écarquillant les yeux.

goggly ['gɒglɪ] = **goggle** *(adj)*.

go-go adj [music, dancing] go-go.

go-go dancer n danseur *m* de go-go.

Goidelic [gɔɪ'delɪk] ◆ n goïdélique *m*. ◆ adj relatif au goïdélique.

going ['gəʊɪŋ] ◆ n **1.** [leaving] départ *m* **2.** [progress] progrès *m* / *we made good going on the return journey* on est allés vite pour le retour / *that's pretty good going!* c'est plutôt rapide ! / *it was slow going, but we got the work done* il nous a fallu du temps, mais on a réussi à finir le travail **3.** [condition of ground] état *m* du terrain / *the going was heavy at Ascot racecourse yesterday* le terrain était lourd à l'hippodrome d'Ascot hier / *it's rough* or *heavy going on these mountain roads* c'est dur de rouler sur ces routes de montagne / *this novel is heavy going fig* ce roman ne se lit pas facilement / *he left while the going was good fig* il est parti au bon moment. ◆ adj **1.** [profitable] ▸ **going concern** : *her company is a going concern* son entreprise est en pleine activité / **'for sale as a going concern'** 'à vendre avec fonds' **2.** [current] actuel / *the going price* le prix actuel, le prix sur le marché / *she's getting the going rate for the job* elle touche le tarif en vigueur or normal pour ce genre de travail / *the best computer / novelist going* le meilleur ordinateur / romancier du moment.

going-away adj [party, present] d'adieu ▸ **going-away dress** robe *f* de voyage de noce.

going-over *(pl* **goings-over)** n *inf* **1.** [checkup] révision *f*, vérification *f* ; [cleanup] nettoyage *m* / *the house needs a good going-over* il faudrait nettoyer la maison à fond **2.** *fig* ▸ **to give sb a (good) going-over a)** [scolding] passer un savon à qqn **b)** [beating] passer qqn à tabac.

goings-on pl n *inf* **1.** *pej* [behaviour] conduite *f*, activités *fpl* / *there are some funny goings-on in that house* il s'en passe de drôles dans cette maison / *what goings-on!* il s'en passe des choses ! **2.** [events] événements *mpl*.

goitre UK, **goiter** US ['gɔɪtər] n goitre *m*.

go-kart n kart *m*.

Golan Heights ['gəʊ,læn-] pl pr n ▸ **the Golan Heights** le plateau du Golan.

gold [gəʊld] ◆ n **1.** [metal, colour] or *m* / *1,000 euros in gold* 1 000 euros en or ▸ **gold reserves** réserves *fpl* d'or ▸ **to be as good as gold** être sage comme une image ▸ **to have a heart of gold** avoir un cœur d'or ▸ **to be worth its weight in gold** valoir son pesant d'or **2.** [gold medal] médaille *f* d'or / *we won two golds and a silver* nous avons remporté deux médailles d'or et une (médaille) d'argent ▸ **to go for gold** viser la médaille d'or. ◆ adj **1.** [made of gold - coin, ingot, medal] d'or ; [- tooth, watch] en or **2.** [gold-coloured] or *(inv)*, doré.

goldbeater ['gəʊld,bi:tər] n batteur *m* d'or.

gold braid n galon *m* d'or.

goldbrick ['gəʊldbrɪk] n US *inf* ▸ **to sell sb a goldbrick** rouler qqn.

gold bullion n or *m* en barre or en lingots ▸ **gold bullion standard** étalon-or lingot *m*.

gold card n carte *f* de crédit illimité.

Gold Coast pr n **1.** HIST ▸ **the Gold Coast** la Côte-de-l'Or **2.** US [expensive area] beaux quartiers *mpl*.

gold-coloured adj or *(inv)*, doré.

goldcrest ['gəʊldkrest] n ORNITH roitelet *m* huppé.

gold-digger n chercheur *m* d'or ; *fig* aventurier *m*, -ère *f*.

gold disc n disque *m* d'or.

gold dust n poudre *f* d'or / *jobs are like gold dust around here fig* le travail est rare or ne court pas les rues par ici.

golden ['gəʊldən] adj **1.** *lit & fig* [made of gold] en or, d'or ; [opinion] favorable / *his last book won him golden opinions from the critics* son dernier livre a été encensé par la critique or lui a valu l'éloge de toute la critique / *a golden opportunity* une occasion en or / *golden hours* des heures précieuses or merveilleuses / **'The Golden Bowl'** *James* 'la Coupe d'or' **2.** [colour] doré, (couleur) d'or / *golden brown* doré / *she has long golden hair* elle a de longs cheveux dorés / *golden yellow* jaune *m* d'or **3.** *inf* [very successful] ▸ **golden boy / girl** enfant *mf* prodige.

Golden Age n ▸ **the Golden Age** l'âge *m* d'or.

golden calf n veau *m* d'or.

Golden Delicious *(pl* **Golden Delicious)** n golden *f*.

golden eagle n aigle *m* royal.

Golden Fleece n ▸ **the Golden Fleece** la Toison d'or.

Golden Gloves n *championnat américain de boxe amateur.*

golden handcuffs pl n *inf* primes *fpl (versées à un cadre à intervalles réguliers pour le dissuader de partir)*.

golden handshake n *inf* gratification *f* de fin de service.

golden hello n *inf* gratification *f* de début de service.

golden jubilee n (fête *f* du) cinquantième anniversaire *m*.

golden mean n ▸ **the golden mean** le juste milieu.

golden number n nombre *m* d'or.

golden oldie n *inf* vieux tube *m*.

golden oriole n loriot *m* (jaune).

golden parachute n *inf* parachute *m* doré.

golden pheasant n faisan *m* doré.

golden retriever n golden retriever *m*.

goldenrod ['gəʊldənrɒd] n verge *f* d'or, solidago *m*.

golden rule n règle *f* d'or.

golden section n section *f* d'or or dorée.

golden share n participation *f* majoritaire *(souvent détenue par le gouvernement britannique dans les entreprises privatisées)*.

golden syrup n UK mélasse *f* raffinée.

golden triangle n triangle *m* d'or.

golden wedding n noces *fpl* d'or.

gold fever n fièvre *f* de l'or.

goldfield ['gəʊldfi:ld] n terrain *m* aurifère.

gold filling n obturation *f* or incrustation *f* en or.

goldfinch ['gəʊldfɪntʃ] n chardonneret *m*.

goldfish ['gəʊldfɪʃ] n **1.** [as pet] poisson *m* rouge **2.** ZOOL cyprin *m* doré.

goldfish bowl n bocal *m* (à poissons rouges) / *it's like living in a goldfish bowl fig* on se croirait dans un aquarium.

Goldilocks ['gəʊldɪlɒks] pr n Boucles d'or.

gold leaf n feuille *f* d'or.

goldmine ['gəʊldmaɪn] n *lit & fig* mine *f* d'or ▸ **to be sitting on a goldmine** être assis sur une mine d'or.

gold plate n **1.** [utensils] orfèvrerie *f*, vaisselle *f* d'or **2.** [plating] plaque *f* d'or.

gold-plated adj plaqué or.

gold-rimmed adj : *gold-rimmed spectacles* lunettes *fpl* à montures en or.

gold rush n ruée *f* vers l'or ▸ **the Gold Rush** US HIST la ruée vers l'or / **'The Gold Rush'** *Chaplin* 'la Ruée vers l'or'.

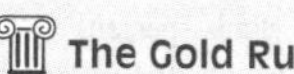

The Gold Rush

Mouvement de migration de grande ampleur qui, en 1848, à la suite de la découverte de gisements d'or en Californie, déplaça des centaines de milliers d'Américains vers la côte ouest. Un an plus tard, seuls 80 000 d'entre eux avaient atteint leur but, après avoir échappé à la maladie et aux dangers du voyage.

goldsmith ['gəʊldsmɪθ] n orfèvre *m*.

gold standard n étalon-or *m*.

golf [gɒlf] ◆ n golf *m*. ◆ comp ▸ **golf bag** sac *m* de golf ▸ **golf cart** caddie *m* (de golf). ◆ vi jouer au golf.

golf ball n **1.** SPORT balle *f* de golf **2.** [for typewriter] boule *f* ▸ **golf ball typewriter** machine *f* à écrire à boule.

golf club n **1.** [stick] club *m* or crosse *f* or canne *f* de golf **2.** [building, association] club *m* de golf.

golf course n (terrain *m* de) golf *m*.

golfer ['gɒlfər] n joueur *m*, -euse *f* de golf, golfeur *m*, -euse *f*.

golfing ['gɒlfɪŋ] n golf *m (activité)*.

golf links pl n links *mpl*.

golf widow n *inf & hum femme délaissée par un mari qui est toujours au golf.*

Golgotha ['gɒlgəθə] pr n Golgotha *m*.

Goliath [gə'laɪəθ] pr n Goliath.

golliwog ['gɒlɪwɒg] n *poupée de chiffon, au visage noir et aux cheveux hérissés.*

golly ['gɒlɪ] (*pl* **gollies**) *inf* ◆ n UK = **golliwog.** ◆ interj *dated* ▸ **(good) golly!** ciel !, mince (alors) !, flûte !

gollywog ['gɒlɪwɒg] = **golliwog.**

goloshes [gə'lɒʃɪz] = **galoshes.**

GOM pr n abbr of **Grand Old Man.**

gombo ['gɒmbəʊ] n BOT gumbo *m*.

Gomorrah, Gomorra [gə'mɒrə] n GEOG & BIBLE Gomorrhe.

gonad ['gəʊnæd] n gonade *f*.

gonadotrophin [,gɒnədəʊ'trəʊfɪn] n gonadotrophine *f*.

gondola ['gɒndələ] n **1.** [boat] gondole *f* **2.** [on airship or balloon, for window cleaner] nacelle *f* **3.** [in supermarket] gondole *f* **4.** [ski lift] cabine *f* (de téléphérique).

gondolier [,gɒndə'lɪəʳ] n gondolier *m*.

Gondwanaland [gɒnd'wɑːnəlænd] pr n continent *m* du Gondwana.

gone [gɒn] ◆ pp ⟶ **go.** ◆ adj **1.** [past] passé, révolu / *those days are gone now* c'est bien fini tout ça / *gone is the time when...* le temps n'est plus où... **2.** [away] : *be gone with you!* disparaissez de ma vue ! / **'Gone with the Wind'** *Mitchell* 'Autant en emporte le vent' **3.** *inf* [high, drunk] parti / *to be really gone* être parti, planer **4.** *inf* [pregnant] : *she is 4 months gone* elle est enceinte de 4 mois **5.** *inf* [infatuated] ▸ **to be gone on sb / sthg** être (complètement) toqué de qqn / qqch **6.** *euph* [dead] mort **7.** PHR ▸ **to be far gone a)** *inf* [weak] être bien faible **b)** [drunk] être bien parti. ◆ prep UK : *it's gone 11* il est 11 h passées or plus de 11 h.

goner ['gɒnəʳ] n *inf* ▸ **to be a goner** être fichu or cuit.

gong [gɒŋ] n **1.** [instrument] gong *m* **2.** UK *inf & hum* [medal] médaille *f*.

Gong Show pr n US TV ▸ **the Gong Show** *ancienne émission mettant en scène des artistes amateurs.*

goniometer [,gəʊnɪ'ɒmɪtəʳ] n goniomètre *m*.

gonna ['gɒnə] US *inf* abbr of **going to.**

gonorrhoea UK, **gonorrhea** US [,gɒnə'rɪə] n blennorragie *f*.

gonzo ['gɒnzəʊ] adj US *inf* [style] particulier, bizarre ; [person] barge ▸ **gonzo journalist** *journaliste excentrique qui s'implique dans les faits qu'il relate* ▸ **gonzo journalism** journalisme *m* ultra-subjectif.

goo [guː] n *inf* **1.** [sticky stuff] matière *f* poisseuse / *it's covered in goo!* c'est tout poisseux ! **2.** *fig & pej* sentimentalisme *m*.

good [gʊd] (*compar* **better** ['betəʳ], *superl* **best** [best])

◆ adj

- **A. AGREEABLE**
- **B. HIGH QUALITY OR COMPETENT**
- **C. MORALLY**
- **D. DESIRABLE OR CONVENIENT**
- **E. ATTRACTIVE OR SOUND**
- **F. INTENSIFYING**
- **G. INDICATING APPROVAL**

A. AGREEABLE [enjoyable, pleasant - book, feeling, holiday] bon, agréable ; [- weather] beau (*before vowel or silent 'h'* ***bel****, f* ***belle***) / *we're good friends* nous sommes très amis / *we're just good friends* on est des amis, c'est tout / *she has a good relationship with her staff* elle a un bon contact avec ses employés / *they have a good sex life* sexuellement, tout va bien entre eux / *they had a good time* ils se sont bien amusés / *we had good weather during the holidays* il faisait beau pendant nos vacances / *good to eat / to hear* bon à manger / à entendre / *it's good to be home* ça fait du bien or ça fait plaisir de rentrer chez soi / *it's good to be alive* il fait bon vivre ; [agreeable] bon / *wait until he's in a good mood* attendez qu'il soit de bonne humeur / *they took advantage of his good nature* ils ont profité de son bon naturel or caractère / *to feel good* être en forme / *he doesn't feel good about leaving her alone* **a)** [worried] ça le gêne de la laisser seule **b)** [ashamed] il a honte de la laisser seule ▸ **it's too good to be true** c'est trop beau pour être vrai or pour y croire ▸ **the good life** la belle vie / *she's never had it so good!* elle n'a jamais eu la vie si belle ! / *have a good day!* bonne journée ! ▸ **good to see you** US *inf* content de te voir ▸ **you can have too much of a good thing** on se lasse de tout, même du meilleur.

B. HIGH QUALITY OR COMPETENT **1.** [high quality - clothing, dishes] bon, de bonne qualité ; [- painting, film] bon ; [- food] bon / *it's a good school* c'est une bonne école / *he speaks good English* il parle bien anglais / *she put her good shoes on* elle a mis ses belles chaussures / *I need a good suit* j'ai besoin d'un bon costume / *this house is good enough for me* cette maison me suffit / *this isn't good enough* ça ne va pas / *this work isn't good enough* ce travail laisse beaucoup à désirer / *nothing is too good for her family* rien n'est trop beau pour sa famille / *it makes good television* c'est télévisuel **2.** [competent, skilful] bon, compétent / *do you know a good lawyer?* connaissez-vous un bon avocat ? / *she's a very good doctor* c'est un excellent médecin / *he's a good swimmer* c'est un bon nageur / *she's a good listener* c'est quelqu'un qui sait écouter ▸ **to be good at sthg** être doué pour or bon en qqch / *they're good at everything* ils sont bons en tout / *he's good with children* il sait s'y prendre avec les enfants / *to be good with one's hands* être habile or adroit de ses mains / *they're not good enough to direct the others* ils ne sont pas à la hauteur pour diriger les autres / *you're as good as he is* tu le vaux bien, tu vaux autant que lui / *she's as good an artist as you are* elle vous vaut en tant qu'artiste / *the good gardening guide* le guide du bon jardinier **3.** [useful] bon ▸ **to be good for nothing** être bon à rien / *this product is also good for cleaning windows* ce produit est bien aussi pour nettoyer les vitres.

C. MORALLY **1.** [kind] bon, gentil ; [loyal, true] bon, véritable ; [moral, virtuous] bon / *good behaviour* or *conduct* bonne conduite *f* / *she's a good person* c'est quelqu'un de bien / *he's a good sort* c'est un brave type / *she proved to be a good friend* elle a prouvé qu'elle était une véritable amie / *he's been a good husband to her* il a été pour elle un bon mari / *you're too good for him* tu mérites mieux que lui / *he's a good Christian* c'est un bon chrétien / *to lead a good life* **a)** [comfortable] avoir une belle vie **b)** [moral] mener une vie vertueuse or exemplaire / *they've always been good to me* ils ont toujours été gentils avec moi / *that's very good of you* c'est très aimable de votre part / *it's good of you to come* c'est aimable or gentil à vous d'être venu / *would you be good enough to ask him?* auriez-vous la bonté de lui demander ?, seriez-vous assez aimable pour lui demander ? / *would you be good enough to reply by return of post?* voudriez-vous avoir l'obligeance de répondre par retour du courrier ? / *and how's your good lady? dated & hum* et comment va madame ? ▸ **good men and true** *liter* des hommes vaillants **2.** [well-behaved] sage / *be good!* sois sage ! / *be a good boy and fetch Mummy's bag* sois mignon, va chercher le sac de maman / *good dog!* t'es un gentil chien, toi !

D. DESIRABLE OR CONVENIENT **1.** [desirable, positive] bon, souhaitable ; [cause] bon / *it's a good thing she's prepared to talk about it* c'est une bonne chose qu'elle soit prête à en parler / *she had the good fortune to arrive just then* elle a eu la chance d'arriver juste à ce moment-là / *it's a good job* or *good thing he decided not to go* c'est une chance qu'il ait décidé de or heureusement qu'il a décidé de ne pas y aller / *all good wishes for the New Year* tous nos meilleurs vœux pour le nouvel an **2.** [favourable - contract, deal] avantageux, favorable ; [- opportunity, sign] bon, favorable ▸ **to buy sthg at a good price** acheter qqch bon marché or à un prix avantageux / *she's in a good position to help us* elle est bien placée pour nous aider / *there are good times ahead* l'avenir est prometteur / *he put in a good word for me with the boss* il a glissé un mot en ma faveur au patron **3.** [convenient, suitable - place, time] bon, propice ; [- choice] bon, convenable / *it's a good holiday spot for people with children* c'est un lieu de vacances idéal pour ceux qui ont des enfants / *is this a good moment to ask him?* est-ce un bon moment pour lui demander ? / *this is as good a time as any* autant le faire maintenant / *it's as good a way as any to do it* c'est une façon comme une autre de le faire **4.** [acceptable] bon, convenable / *we made the trip in good time* le voyage n'a pas été trop long / *that's all very good* or *all well and good but...* c'est bien joli or bien beau tout ça mais... **5.** [beneficial] bon, bienfaisant / *protein-rich diets are good for pregnant women* les régimes riches en protéines sont bons pour les femmes enceintes / *eat your spinach, it's good for you* mange tes épinards, c'est bon pour toi / *hard work is good for the soul!* le travail forme le caractère ! / *whisky is good for a cold* le whisky est bon pour les rhumes / *this cold weather isn't good for your health* ce froid n'est pas bon pour ta santé or est mauvais pour toi / *it's good for him to spend time outdoors* ça lui fait du bien or c'est bon pour lui de passer du temps dehors / *he works more than is good for him* il travaille plus qu'il ne faudrait or devrait / *he doesn't know what's good for him* *fig* il ne sait pas ce qui est bon pour lui / *if you know what's good for you, you'll listen* *fig* si tu as le moindre bon sens, tu m'écouteras.

E. ATTRACTIVE OR SOUND **1.** [sound, strong] bon, valide / *I can do a lot with my good arm* je peux faire beaucoup de choses avec mon bras valide / *my eyesight / hearing is good* j'ai une bonne vue / l'ouïe fine **2.** [attractive - appearance] bon, beau (*before vowel or silent 'h'* ***bel****, f* ***belle***) ; [- features, legs] beau (*before vowel or silent 'h'* ***bel****, f* ***belle***), joli / *you're looking good!* **a)** [healthy] tu as bonne mine ! **b)** [well-dressed] tu es très bien ! / *that colour looks good on him* cette couleur lui va bien / *he has a good figure* il est bien fait **3.** [valid, well-founded] bon, valable / *she had a good excuse / reason for not going* elle avait une bonne excuse pour / une bonne raison de ne pas y aller / *I wouldn't have come without good reason* je ne serais pas venu sans avoir une bonne raison / *they made out a good case against drinking tap water* ils ont bien expliqué pourquoi il ne fallait pas boire l'eau du robinet **4.** [reliable, trustworthy - brand, car] bon, sûr ; COMM [& FIN - cheque] bon ; [- investment, securities] sûr ; [- debt] bon, certain / *my passport is good for 5 years* mon passeport est bon or valable pour 5 ans / *this coat is good for another year* ce manteau fera encore un an / *she's good for another ten years* *inf* elle en a bien encore pour dix ans / *he's always good for a laugh* *inf* il sait toujours faire rire / *how much money are you good for?* [do you have] de combien d'argent disposez-vous ? / *they are* or *their credit is good for £500* on peut leur faire crédit jusqu'à 500 livres **5.** [honourable, reputable] bon, estimé / *they live at a good address* ils habitent un quartier chic / *to protect their good name* pour défendre leur réputation / *the firm has a good name* la société a (une) bonne réputation / *she's from a good family* elle est de bonne famille / *a family of good standing* une famille bien.

F. INTENSIFYING **1.** [ample, considerable] bon, considérable / *a good amount* or *deal of money* beaucoup d'argent / *a good-sized room* une assez grande pièce / *a good (round) sum* une somme rondelette / *take good care of your mother* prends bien soin de ta mère / *to make good money* bien gagner sa vie / *I make good money* je gagne bien ma vie / *we still have a good way to go* nous avons encore un bon bout de chemin à faire / *a good thirty years ago* il y a bien trente ans / *the trip will take you a good two hours* il vous faudra deux bonnes heures pour faire le voyage / *she's been gone a good while* ça fait un bon moment qu'elle est partie / *they came in a good second* ils ont obtenu une bonne deuxième place / *there's a good risk of it happening* il y a de grands risques que ça arrive **2.** [proper, thorough] bon, grand / *I gave the house a good cleaning* j'ai fait le ménage à fond / *have a good cry* pleure un bon coup / *we had a good laugh* on a bien ri / *I managed to get a good look at his face* j'ai pu bien regarder son visage / *take a good look at her* regardez-la bien / *he got a good* *spanking* il a reçu une bonne fessée ▸ **good and** *inf* : *we were good and mad* on était carrément furax / *she'll call when she's good and ready* elle appellera quand elle le voudra bien / *I was good and sorry to have invited her* j'ai bien regretté de l'avoir invitée.

G. INDICATING APPROVAL bon, très bien / *I'd like a new suit — very good, sir!* j'ai besoin d'un nouveau costume — (très) bien, monsieur ! / *she left him — good!* elle l'a quitté — tant mieux ! / *he's feeling better — good, let him go* il va mieux — très bien, laissez-le partir / *good, that's settled* bon or bien, voilà une affaire réglée / *that's a good question* c'est une bonne question ▸ **that's a good one! a)** *inf* [joke] elle est (bien) bonne, celle-là ! **b)** *iro* [far-fetched story] à d'autres ! ▸ **good on you!** *inf* or **for you** bravo !, très bien !

◆ adv **1.** [as intensifier] bien, bon / *a good hard bed* un lit bien dur / *I'd like a good hot bath* j'ai envie de prendre un bon bain chaud / *he needs a good sound spanking* il a besoin d'une bonne fessée / *the two friends had a good long chat* les deux amis ont longuement bavardé / *we took a good long walk* nous avons fait une bonne or une grande promenade **2.** *(non standard) inf* [well] bien / *she writes good* elle écrit bien / *the boss gave it to them good and proper* le patron leur a passé un de ces savons / *their team beat us good and proper* leur équipe nous a battus à plate couture or à plates coutures **3.** PHR **to make good a)** [succeed] réussir **b)** [reform] changer de conduite, se refaire une vie / *a local boy made good* un garçon du pays or du coin qui a fait son chemin / *the prisoner made good his escape* le prisonnier est parvenu à s'échapper or a réussi son évasion / *they made good their promise* ils ont tenu parole or ont respecté leur promesse / *he made good his position as leader* il a assuré sa position de leader ▸ **to make sthg good a)** [mistake] remédier à qqch **b)** [damages, injustice] réparer qqch **c)** [losses] compenser qqch **d)** [deficit] combler qqch **e)** [wall, surface] apporter des finitions à qqch / *we'll make good any expenses you incur* nous vous rembourserons toute dépense ▸ **to make good on sthg** US honorer qqch.

◆ n **1.** [morality, virtue] bien *m* / *they do good* ils font le bien / *that will do more harm than good* ça fera plus de mal que de bien / *to return good for evil* rendre le bien pour le mal / *that organization is a power for good* cet organisme exerce une influence salutaire / *she recognized the good in him* elle a vu ce qu'il y avait de bon en lui ▸ **to be up to no good** préparer un mauvais coup / *their daughter came to no good* leur fille a mal tourné / *for good or evil, for good or ill* pour le bien et pour le mal **2.** [use] : *this book isn't much good to me* ce livre ne me sert pas à grand-chose / *if it's any good to him* si ça peut lui être utile or lui rendre service / *I was never any good at mathematics* je n'ai jamais été doué pour les maths, je n'ai jamais été bon or fort en maths / *he'd be no good as a teacher* il ne ferait pas un bon professeur / *what's the good?* à quoi bon ? / *what good would it do to leave now?* à quoi bon partir maintenant ? / *what good will it do you to see her?* ça te servira à quoi or t'avancera à quoi de la voir ? / *a fat lot of good that did you!* *inf* te voilà bien avancé maintenant ! / *that will do you a lot of good!* *iro* tu seras bien avancé !, ça te fera une belle jambe ! / *it's no good, I give up* ça ne sert à rien, j'abandonne / *it's no good worrying about it* ça ne sert à rien de or ce n'est pas la peine de or inutile de vous inquiéter / *I might as well talk to the wall for all the good it does* je ferais aussi bien de parler au mur, pour tout l'effet que ça fait **3.** [benefit, welfare] bien *m* / *I did it for your own good* je l'ai fait pour ton (propre) bien / *a holiday will do her good* des vacances lui feront du bien / *she resigned for the good of her health* elle a démissionné pour des raisons de santé / *it does my heart good to see you so happy* ça me réchauffe le cœur de vous voir si heureux / *much good may it do you!* grand bien vous fasse ! ▸ **the common good** l'intérêt *m* commun.

◆ pl n [people] : *the good* les bons *mpl*, les gens *mpl* de bien / *the good and the bad* les bons et les méchants / *only the good die young* ce sont toujours les meilleurs qui partent les premiers / **'The Good, the Bad and the Ugly'** *Leone* 'le Bon, la Brute et le Truand'.

❖ **as good as** adv phr pour ainsi dire, à peu de chose près / *I'm as good as blind without my glasses* sans lunettes je suis pour ainsi dire aveugle / *he's as good as dead* c'est comme s'il était mort / *the job is as good as finished* la tâche est pour ainsi dire or est pratiquement finie / *it's as good as new* c'est comme neuf / *he as good as admitted he was wrong* il a pour ainsi dire reconnu qu'il avait tort / *they as good as called us cowards* ils n'ont pas dit qu'on était des lâches mais c'était tout comme.

❖ **for good** adv phr pour de bon / *she left for good* elle est partie pour de bon / *they finally settled down for good* ils se sont enfin fixés définitivement ▸ **for good and all** une (bonne) fois pour toutes, pour de bon / *I'm warning you for good and all!* c'est la dernière fois que je te le dis !

❖ **to the good** adv phr : *that's all to the good* tant mieux / *he finished up the card game £15 to the good* il a fait 15 livres de bénéfice or il a gagné 15 livres aux cartes.

When translating 'it's good that...', remember that il est / c'est bien que is followed by a verb in the subjunctive:
It's good that you've all come. *C'est bien que vous soyez toutes venues.*

Good Book n ▸ **the Good Book** la Bible.

goodbye [,gʊd'baɪ] ◆ interj ▸ **goodbye!** au revoir ! / *goodbye for now* à bientôt, à la prochaine. ◆ n adieu *m*, au revoir *m* / *I hate goodbyes* j'ai horreur des adieux / *we said our goodbyes and left* on a fait nos adieux et on est partis ▸ **to say goodbye to sb** dire au revoir or faire ses adieux à qqn, prendre congé de qqn / *if you fail these exams, you can say goodbye to a career as a doctor* *fig* si tu rates ces examens, tu peux dire adieu à ta carrière de médecin / **'Goodbye To All That'** *Graves* 'Adieu à tout cela' / **'Goodbye to Berlin'** *Isherwood* 'Adieux à Berlin'.

good day interj **1.** US & UK *dated* [greeting] bonjour **2.** UK *dated* [goodbye] adieu.

good evening interj ▸ **good evening!** [greeting or saying goodbye] bonsoir !

good-for-nothing ◆ adj bon or propre à rien / *he's a good-for-nothing layabout!* c'est un bon à rien et un fainéant ! / *that good-for-nothing husband of hers* son vaurien de mari. ◆ n vaurien *m*, -enne *f*, propre-à-rien *mf*.

Good Friday n le Vendredi saint.

Good Friday Agreement n POL accord *m* du Vendredi saint *(accord de paix signé à Belfast en avril 1998, qui a mis en place la « Northern Ireland Assembly », un parlement quasi autonome avec un partage démocratique du pouvoir entre les communautés protestante et catholique).*

good-hearted adj [person] bon, généreux ; [action] fait avec les meilleures intentions.

good-humoured adj [person] qui a bon caractère ; [generally] bon enfant *(inv)* ; [on one occasion] de bonne humeur ; [discussion] amical ; [joke, remark] sans malice.

good-humouredly [-'hju:mədlɪ] adv avec bonne humeur.

goodie ['gʊdɪ] *inf* = **goody**.

goodish ['gʊdɪʃ] adj *inf* **1.** [quite good] assez bon, passable **2.** [number, quantity, amount] assez grand / *it's a goodish step from here* c'est à un bon bout de chemin d'ici / *it's a goodish size* c'est assez grand / *add a goodish pinch of salt* ajoutez une bonne pincée de sel.

good-looker n *inf* [man] bel homme *m* ; [younger] beau garçon *m* ; [woman] belle femme *f* ; [younger] belle fille *f*.

good-looking adj [person] beau *(before vowel or silent 'h' bel, f belle)* / *a good-looking woman* une belle or jolie femme.

good looks pl n [attractive appearance] beauté *f*.

goodly ['gʊdlɪ] adj **1.** *arch* [amount, size] considérable, important / *a goodly sum of money* une belle somme d'argent **2.** *arch & liter* [attractive] charmant, gracieux.

good morning interj ▸ **good morning! a)** [greeting] bonjour ! **b)** [goodbye] au revoir !, bonne journée !

good-natured adj [person] facile à vivre, qui a un bon naturel ; [face, smile] bon enfant *(inv)* ; [remark] sans malice.

good-naturedly [-'neɪtʃədlɪ] adv avec bonne humeur, avec bonhomie.

goodness ['gʊdnɪs] n **1.** [of person] bonté *f*, bienveillance *f*, bienfaisance *f* ; [of thing] (bonne) qualité *f*, excellence *f*, perfection *f* / *he believes in people's essential goodness* il croit en la bonté naturelle des gens **2.** [nourishment] valeur *f* nutritive / *there's a lot of goodness in fresh vegetables* les légumes frais sont pleins de bonnes choses **3.** *inf* [in interjections] ▸ **(my) goodness!** mon Dieu ! ▸ **goodness gracious (me)!** Seigneur !, mon Dieu ! ▸ **for goodness' sake** pour l'amour de Dieu, par pitié ▸ **goodness knows!** Dieu seul le sait ! / *goodness knows why* Dieu sait pourquoi / *I wish to goodness he would shut up!* si seulement il pouvait se taire !

good night ◆ interj ▸ **good night! a)** [when leaving] bonsoir ! **b)** [when going to bed] bonne nuit ! ◆ n : *they said good night and left* ils ont dit bonsoir et sont partis / *she kissed her mother good night and went to bed* elle a dit bonsoir à sa mère et est allée se coucher. ◆ comp ▸ **good night kiss** : *give your mother a good night kiss* embrasse ta mère *(pour lui dire bonsoir).*

good-oh excl UK & AUSTR *inf* super !

goods [gʊdz] pl n **1.** [possessions] biens *mpl* / *he gave up all his worldly goods* il a renoncé à tous ses biens matériels ▸ **goods and chattels** biens et effets *mpl* **2.** COMM marchandises *fpl*, articles *mpl* / *send us the goods by rail* envoyez-nous la marchandise par chemin de fer / *these goods are not for sale* ces articles ne sont pas à vendre / *leather goods* articles de cuir, maroquinerie *f* ▸ **to come up with** or **deliver the goods** *inf* tenir parole ▸ **have you got the goods?** *inf* vous avez ce qu'il faut ? / *he thinks she's the goods* *inf* il pense qu'elle est géniale **3.** US *inf* [information] renseignements *mpl* / *can you give me the goods on him?* pouvez-vous me rencarder sur lui ? *v inf.*

good Samaritan n bon Samaritain *m*, bonne Samaritaine *f* / *she's a real good Samaritan* elle a tout du bon Samaritain ▸ **the good Samaritan laws** US LAW *lois qui protègent un sauveteur de toutes poursuites éventuelles engagées par le blessé.*

❖ **Good Samaritan** n BIBLE ▸ **the Good Samaritan** le bon Samaritain.

Good Shepherd n ▸ **the Good Shepherd** le Bon Pasteur.

good-sized adj de bonne taille / *a good-sized room* une grande pièce.

goods train n train *m* de marchandises.

goods wagon n wagon *m* de marchandises.

goods yard n dépôt *m* de marchandises.

good-tempered adj [person] qui a bon caractère, d'humeur égale.

good-time girl n *inf & pej* fille *f* qui ne pense qu'à se donner du bon temps, noceuse *f*.

goodwill [,gʊd'wɪl] ◆ n **1.** [benevolence] bienveillance *f* ▸ **to show goodwill towards sb** faire preuve de bienveillance à l'égard de qqn **2.** [willingness] bonne volonté *f* / *there needs to be goodwill on both sides* il faut que chacun fasse preuve de bonne volonté or y mette du sien **3.** COMM clientèle *f*, (biens *mpl*) incorporels *mpl*. ◆ comp d'amitié, de bienveillance ▸ **a goodwill gesture** un geste or témoignage d'amitié ▸ **a goodwill mission** or **visit** une visite d'amitié.

Goodwood ['gʊdwʊd] pr n *champ de courses en Angleterre.*

goody ['gʊdɪ] *(pl* **goodies***) inf* ◆ interj ▸ **goody!** génial !, chouette !, chic ! ◆ n *(usu pl)* **1.** [good thing] bonne chose *f* ; [sweet] bonbon *m*, friandise *f* / *her latest film's a goody* son dernier film est un régal **2.** [good person] bon *m* / *the goodies and the baddies* les bons et les méchants.

goody-goody (*pl* **goody-goodies**) *inf & pej* ◆ adj : *he's too goody-goody* il est trop parfait. ◆ n âme *f* charitable *hum*, modèle *m* de vertu *hum*.

gooey ['gu:ɪ] adj *inf* **1.** [substance] gluant, visqueux, poisseux ; [sweets] qui colle aux dents **2.** [sentimental] sentimental / *she goes all gooey over babies* elle devient gâteuse quand elle voit un bébé.

goof [gu:f] *inf* ◆ n **1.** [fool] imbécile *mf*, andouille *f* **2.** US [blunder] gaffe *f*. ◆ vi [blunder] faire une gaffe.
❖ **goof around** vi US *inf* déconner.
❖ **goof off** vi US *inf* [waste time] flemmarder ; [malinger] tirer au flanc.
❖ **goof on** vt insep US *inf* se moquer de.
❖ **goof up** vt sep *inf* bousiller, saloper / *he goofed the job up* il a salopé le travail.

goofball ['gu:fbɔ:l] US *v inf* ◆ n **1.** [drug] barbiturique *m* **2.** [fool] crétin *m*, -e *f*, andouille *f*. ◆ vi gaffer, mettre les pieds dans le plat.

goof-off n US tire-au-flanc *m inv*.

goofy ['gu:fɪ] (*compar* **goofier**, *superl* **goofiest**) adj *inf* **1.** [stupid] dingo **2.** UK [teeth] en avant.

Google® ['gu:gl] vt [look up using Google] rechercher avec Google® / *I'll Google that* je vais chercher sur Google.

googly ['gu:glɪ] n [in cricket] balle *f* déviée ▸ **to bowl a googly** *lit* faire dévier une balle / *the boss bowled us a googly fig* le patron nous a joué un sale tour.

googol ['gu:gɒl] n dix *m* puissance cent.

goo-goo ◆ adj US *inf* ▸ **to go goo-goo** [baby] faire areu ▸ **to make goo-goo eyes at sb** faire les yeux doux à qqn. ◆ interj *baby talk* areu areu.

gook [gu:k] n US *offens terme raciste désignant un Asiatique.*

goolies ['gu:lɪz] pl n *v inf* roupettes *fpl*.

goon [gu:n] n *inf* **1.** [fool] abruti *m*, -e *f* ▸ **the Goons** *groupe de comédiens loufoques très populaires dans les années 1950 en Grande-Bretagne* **2.** US [hired thug] casseur *m* (*au service de quelqu'un*) ▸ **goon squad** [strike-breakers] milice *f* patronale.

gooney bird ['gu:nɪ-] n US albatros *m*.

Goonhilly [,gu:n'hɪlɪ] pr n *station de communications par satellite en Angleterre.*

goosander [gu:'sændər] n harle *m*.

goose [gu:s] (*pl* **geese** [gi:s]) ◆ n **1.** [bird] oie *f* ▸ **goose egg** US zéro *m* ▸ **to kill the goose that lays the golden egg** tuer la poule aux œufs d'or **2.** *inf* [fool] : *don't be such a goose!* ne sois pas si bête ! / *what a little goose she is!* quelle petite dinde ! ◆ vt US *inf* [prod] ▸ **to goose sb** *donner un petit coup sur les fesses de quelqu'un pour le faire sursauter.*

gooseberry ['gʊzbərɪ] n **1.** BOT groseille *f* à maquereau **2.** [unwanted person] ▸ **to play gooseberry** tenir la chandelle.

gooseberry bush n groseillier *m* ▸ **we found you under a gooseberry bush** *hum* on t'a trouvé dans un chou.

goose bumps US *inf* = **goose pimples**.

goose fat n graisse *f* d'oie.

gooseflesh ['gu:sfleʃ] n *(U)* = **goose pimples**.

goosegog ['gu:zgɒg] n UK *inf* groseille *f* à maquereau.

goose grass n grateron *m*, potentille *f*, ansérine *f*.

gooseneck ['gu:snek] n **1.** [shape] col *m* de cygne **2.** NAUT [joint] vit-de-mulet *m*.

goose pimples pl n UK la chair de poule ▸ **to get** or **to come out in goose pimples** avoir la chair de poule / *horror films give me goose pimples* les films d'horreur me donnent la chair de poule.

goosestep ['gu:s,step] (*pt & pp* **goosestepped**, *cont* **goosestepping**) ◆ n pas *m* de l'oie. ◆ vi faire le pas de l'oie / *they goosestepped across the parade ground* ils ont traversé le terrain de manœuvres au pas de l'oie.

GOP (abbr of **Grand Old Party**) pr n *le parti républicain aux États-Unis.*

gopher ['gəʊfər] n **1.** COMPUT gopher *m* **2.** [rodent] gaufre *m*, gauphre *m* **3.** [squirrel] spermophile *m* **4.** [tortoise] *espèce de tortues qui s'enfouissent dans le sol* **5.** *inf* = **gofer**.

Gorbachov ['gɔ:bətʃɒf] pr n ▸ **Mikhail Gorbachov** Mikhaïl Gorbatchev.

Gorbals ['gɔ:blz] pl pr n ▸ **the Gorbals** *quartier du sud de Glasgow autrefois connu pour ses taudis.*

gorblimey [gɔ:'blaɪmɪ] UK *inf* ◆ interj ▸ **gorblimey!** mon Dieu !, mince ! ◆ n : *he's got a real gorblimey accent* il a un bon accent cockney.

Gordian knot ['gɔ:djən-] n nœud *m* gordien ▸ **to cut the Gordian knot** couper or trancher le nœud gordien.

Gordon Bennett ['gɔ:dən'benɪt] excl UK *inf* nom d'une pipe !

Gordonstoun ['gɔ:dnstən] pr n ▸ **Gordonstoun (School)** *école privée en Écosse, fréquentée notamment par la famille royale.*

gore [gɔ:r] ◆ n **1.** [blood] sang *m* (coagulé) / *his films are always full of blood and gore* il y a beaucoup de sang dans ses films **2.** SEW godet *m* ; NAUT pointe *f* (de voile) ; [land] langue *f* de terre. ◆ vt **1.** [wound] blesser à coups de cornes, encorner / *the matador was gored by the bull* le matador a été encorné par le taureau / *he was gored to death* il a été tué d'un coup de corne **2.** NAUT [sail] mettre une pointe à.

gored [gɔ:d] adj [skirt] à godets.

gorge [gɔ:dʒ] ◆ n **1.** GEOG défilé *m*, gorge *f* **2.** *arch* [throat] gorge *f*, gosier *m* / *it made my gorge rise fig* cela m'a rendu malade or m'a soulevé le cœur. ◆ vt ▸ **to gorge o.s. (on sthg)** se gaver or se gorger or se bourrer (de qqch) / *don't gorge yourself with* or *on sweets* ne vous bourrez or gavez pas de bonbons.

gorgeous ['gɔ:dʒəs] adj **1.** *inf* [wonderful -person, weather] magnifique, splendide, superbe / *hello, gorgeous!* **a)** [to woman] salut beauté ! **b)** [to man] salut beau gosse ! ; [flat, clothing] magnifique, très beau ; [food, meal] délicieux **2.** [magnificent -fabric, clothing] somptueux.

Gorgon ['gɔ:gən] pr n MYTH ▸ **the Gorgons** les Gorgones *fpl*.
❖ **gorgon** n [fierce woman] harpie *f*, dragon *m*.

gorilla [gə'rɪlə] n **1.** ZOOL gorille *m* **2.** *inf* [thug] voyou *m* ; [bodyguard] gorille *m*.

Gorky ['gɔ:kɪ] pr n ▸ **Maxim Gorky** Maxime Gorki.

gormandize, **gormandise** ['gɔ:məndaɪz] vi *fml* engloutir, dévorer.

gormless ['gɔ:mlɪs] adj UK *inf* [person, expression] stupide, abruti / *don't look so gormless!* ne prends pas cet air d'abruti !

gorse [gɔ:s] n *(U)* ajoncs *mpl* ▸ **a gorse bush** un ajonc.

gory ['gɔ:rɪ] (*compar* **gorier**, *superl* **goriest**) adj [battle, scene, sight, death] sanglant / *a gory film* un film sanglant or très violent / *give me all the gory details hum* vas-y, raconte-moi tout / *spare me all the gory details hum* épargne-moi les détails.

gosh [gɒʃ] interj *inf* ▸ **gosh!** oh dis donc !, ça alors !, hé ben !

goshawk ['gɒshɔ:k] n autour *m*.

gosling ['gɒzlɪŋ] n oison *m*.

go-slow n UK grève *f* du zèle, grève *f* perlée.

gospel ['gɒspl] ◆ n **1.** *fig* ▸ **to take sthg as gospel** prendre qqch pour parole d'évangile **2.** MUS gospel *m*. ◆ comp **1.** *fig* ▸ **the gospel truth** la vérité vraie **2.** MUS ▸ **gospel music** gospel *m* ▸ **gospel song** negro spiritual *m*.
❖ **Gospel** ◆ n BIBLE ▸ **the Gospel** l'Évangile *m* / *the Gospel according to St Mark* l'Évangile selon saint Marc. ◆ comp ▸ **Gospel book** évangéliaire *m*.

gospeller UK, **gospeler** US ['gɒspələr] n évangéliste *m*.

gospel oath n serment *m* prêté sur l'Évangile.

gossamer ['gɒsəmər] ◆ n *(U)* [cobweb] fils *mpl* de la Vierge, filandres *fpl* ; [gauze] gaze *f* ; [light cloth] étoffe *f* transparente. ◆ comp arachnéen, très léger, très fin.

gossip ['gɒsɪp] ◆ n **1.** *(U)* [casual chat] bavardage *m*, papotage *m* ; *pej* [rumour] commérage *m*, ragots *mpl*, racontars *mpl* ; [in newspaper] potins *mpl* / *to have a good gossip* bien papoter / *have you heard the latest (bit of) gossip?* vous connaissez la dernière (nouvelle) ? / *that's just (idle) gossip* ce ne sont que des bavardages (futiles) / *don't listen to gossip* n'écoutez pas les racontars / *the paper gives all the local gossip* il y a tous les petits potins du coin dans le journal **2.** *pej* [person] bavard *m*, -e *f*, pie *f*, commère *f* / *he's such a gossip!* quelle commère ! ◆ vi bavarder, papoter ; [maliciously] faire des commérages, dire du mal des gens / *people are always gossiping about their neighbours* les gens ont toujours des ragots à raconter sur leurs voisins.

gossip column n échos *mpl* / *in the gossip columns* dans les échos.

gossip columnist n échotier *m*, -ère *f*.

gossiping ['gɒsɪpɪŋ] ◆ adj bavard ; *pej* cancanier. ◆ n *(U)* bavardage *m*, papotage *m* ; *pej* commérage *m*.

gossip writer = **gossip columnist**.

gossipy ['gɒsɪpɪ] adj *inf* [person] bavard ; [letter] plein de bavardages ; *pej* cancanier ; [style] anecdotique.

got [gɒt] pt & pp ⟶ **get**.

gotcha ['gɒtʃə] interj *inf* **1.** [I understand] ▸ **gotcha!** pigé ! **2.** [cry of success] ▸ **gotcha! a)** ça y est (je l'ai) ! **b)** [cry when catching sb] je te tiens !

goth [gɒθ] n [member of fashion mouvement] goth *mf*.

Goth [gɒθ] n ▸ **the Goths** les Goths *mpl*.

Gothenburg ['gɒθən,bɜ:g] pr n Göteborg.

Gothic ['gɒθɪk] ◆ adj [gen, ARCHIT & PRINT] gothique ▸ **Gothic novel** roman *m* gothique. ◆ n [gen & ARCHIT] gothique *m* ; LING gotique *m*, gothique *m*.

> **Gothic novel**
>
> Genre littéraire, en vogue en Grande-Bretagne dans la seconde moitié du XVIIIe siècle, caractérisé par des ambiances fantastiques, des événements mystérieux et violents, des atmosphères de ruine et de déclin.

go-to adj US *inf* : *he's your go-to guy* c'est votre interlocuteur or c'est à lui qu'il faut s'adresser en cas de problème.

gotta ['gɒtə] US *inf* **1.** abbr of **have got a** **2.** abbr of **have got to**.

gotten ['gɒtn] pp US & Scot ⟶ **get**.

gouache [gʊ'ɑ:ʃ] n gouache *f*.

gouge [gaʊdʒ] ◆ n gouge *f*. ◆ vt [with gouge] gouger ▸ **to gouge a hole a)** [intentionally] creuser un trou **b)** [accidentally] faire un trou / *you've gouged a great hole in the top of the table!* vous avez fait un gros trou sur le dessus de la table !
❖ **gouge out** vt sep [with gouge] gouger, creuser (à la gouge) ; [with thumb] évider, creuser ▸ **to gouge sb's eyes out** crever les yeux à qqn.

goulash ['gu:læʃ] n goulache *m*, goulasch *m*.

gourd [gʊəd] n [plant] gourde *f*, cucurbitacée *f* ; [fruit] gourde *f*, calebasse *f* ; [container] gourde *f*, calebasse *f*.

gourmand ['gʊəmənd] n [glutton] gourmand *m*, -e *f* ; [gourmet] gourmet *m*.

gourmet ['gʊəmeɪ] ◆ n gourmet *m*, gastronome *mf*. ◆ comp [meal, restaurant] gastronomique ▸ **a gourmet cook** un cordon-bleu.

gout [gaʊt] n **1.** *(U)* MED goutte *f* **2.** *arch & liter* [blob] goutte *f*.

gouty ['gaʊtɪ] adj [leg, person] goutteux.

gov [gʌv] *inf* abbr of governor.

govern ['gʌvən] ◆ vt **1.** [country] gouverner, régner sur ; [city, region, bank, etc.] gouverner ; [affairs] administrer, gérer ; [company, organization] diriger, gérer / *the politicians who govern Britain* les politiciens qui gouvernent la Grande-Bretagne / *when Louis XIV governed France* quand Louis XIV gouvernait la France or régnait sur la France **2.** [determine - behaviour, choice, events, speed] déterminer **3.** [restrain - passions] maîtriser, dominer **4.** GRAM [case, mood] gouverner, régir **5.** TECH régler. ◆ vi COMM & POL gouverner, commander, diriger.

governable ['gʌvnəbl] adj gouvernable.

governance ['gʌvnəns] n *fml* gouvernement *m*, régime *m*.

governess ['gʌvənɪs] n gouvernante *f*.

governing ['gʌvənɪŋ] adj **1.** COMM & POL gouvernant, dirigeant / *the governing party* le parti au pouvoir ▸ **governing body** conseil *m* d'administration **2.** [factor] dominant / *the governing principle* le principe directeur.

government ['gʌvnmənt] ◆ n **1.** [process of governing - country] gouvernement *m*, direction *f* ; [- company] administration *f*, gestion *f* ; [- affairs] conduite *f* **2.** POL [governing authority] gouvernement *m* ; [type of authority] gouvernement *m*, régime *m* ; [the State] gouvernement *m*, État *m* / *the Conservative government* le gouvernement conservateur / *to form a government* constituer or former un gouvernement / *the government has fallen* le gouvernement est tombé / *the Socialists have joined the coalition government* les socialistes sont entrés dans le gouvernement de coalition / *democratic government* la démocratie / *a stable government* un gouvernement stable / *the project is financed by the government* le projet est financé par l'État or le gouvernement. ◆ comp [measure, policy] gouvernemental, du gouvernement ; [borrowing, expenditure] de l'État, public ; [minister, department] du gouvernement / *a government-funded project* un projet subventionné par l'État ▸ **government aid** aide *f* gouvernementale or de l'État ▸ **government bonds** obligations *fpl* d'État, bons *mpl* du Trésor ▸ **government grant** subvention *f* de l'État ▸ **government handouts** subventions *fpl* gouvernementales ▸ **government health warning** *avertissement officiel contre les dangers du tabac figurant sur les paquets de cigarettes et dans les publicités pour le tabac* / **'The Government Inspector'** *Gogol* 'le Revizor' ▸ **government issue** émission *f* d'État or par le gouvernement / *government issue uniform* uniforme *m* fourni par l'État ▸ **government spending** dépenses *fpl* publiques ▸ **government subsidy** subvention *f* d'État.

governmental [,gʌvn'mentl] adj gouvernemental, du gouvernement / *governmental responsibilities* des responsabilités gouvernementales / *a governmental organization* une organisation gouvernementale.

government-funded adj subventionné par l'État.

Government House n UK palais *m* du gouverneur.

government-sponsored adj parrainé par le gouvernement / *government-sponsored terrorism* terrorisme *m* d'État.

governor ['gʌvənəʳ] n **1.** [of bank, country] gouverneur *m* ; UK [of prison] directeur *m*, -trice *f* ; UK [of school] membre *m* du conseil d'établissement ▸ **State governor** US gouverneur *m* d'État **2.** UK *inf* [employer] patron *m*, boss *m* **3.** TECH régulateur *m*.

governor-general (*pl* governor-generals), **Governor-General** n gouverneur *m* général.

governor-generalship n poste *m* de gouverneur général.

governorship ['gʌvənəʃɪp] n fonctions *fpl* de gouverneur.

govt (written abbr of government) gvt.

gown [gaʊn] n **1.** [gen] robe *f* **2.** SCH & UNIV toge *f*.

goy [gɔɪ] (*pl* goys *or* goyim ['gɔɪɪm]) n goy *mf*, goï *mf*.

GP (abbr of general practitioner) n (médecin *m*) généraliste *m*.

GPA n US abbr of grade point average.

GPO pr n **1.** [in UK] (abbr of General Post Office) ▸ **the GPO** *titre officiel de la Poste britannique avant 1969* **2.** [in US] (abbr of Government Printing Office) ▸ **the GPO** ≃ l'imprimerie *f* nationale.

GPS [,dʒi:pi:'es] (abbr of Global Positioning System) n GPS *m* ▸ **GPS-enabled** muni d'un GPS.

gr. written abbr of gross.

grab [græb] (*pt & pp* grabbed, *cont* grabbing) ◆ vt **1.** [object] saisir, s'emparer de ; [person] attraper / *he grabbed the book out of my hand* il m'a arraché le livre des mains / *he grabbed my purse and ran* il s'est emparé de mon porte-monnaie et est parti en courant / *she grabbed my arm* elle m'a attrapé par le bras **2.** *fig* [opportunity] saisir ; [attention] retenir ; [power] prendre ; [land] s'emparer de ; [quick meal] avaler, prendre (en vitesse) ; [taxi] prendre / *I'll grab a sandwich and work through the lunch hour* je vais me prendre un sandwich en vitesse et je travaillerai pendant l'heure du déjeuner **3.** *inf* PHR *how does that grab you?* qu'est-ce que tu en dis ? / *the film didn't really grab me* le film ne m'a pas vraiment emballé. ◆ vi ▸ **to grab at sb / sthg** essayer d'agripper qqn / qqch / *don't grab!* pas touche ! / *I grabbed at the chance* *fig* j'ai sauté sur l'occasion. ◆ n **1.** [movement] mouvement *m* vif ; [sudden theft] vol *m* (à l'arraché) ▸ **to make a grab at** or **for sthg** essayer de saisir or faire un mouvement vif pour saisir qqch ▸ **to be up for grabs** *inf* être disponible **2.** UK TECH benne *f* preneuse.

grab bag n US **1.** = lucky dip **2.** [assortment] fourre-tout *m inv*.

grabber ['græbəʳ] n **1.** [greedy person] personne *f* qui se précipite sur tout **2.** [attention-seeker] personne *f* qui cherche à attirer l'attention.

grabby ['græbɪ] adj *inf & pej* radin, pingre / *don't be so grabby* ne sois pas aussi pingre.

grace [greɪs] ◆ n **1.** [physical] grâce *f* ; [decency, politeness, tact] tact *m* ▸ **social graces** bonnes manières *fpl* ▸ **to do sthg with good / bad grace** faire qqch de bonne / mauvaise grâce / *at least he had the (good) grace to apologize* il a au moins eu la décence de s'excuser **2.** RELIG grâce *f* / *by the grace of God* par la grâce de Dieu / *in a state of grace* en état de grâce ▸ **to fall from grace a)** RELIG perdre la grâce **b)** *fig* tomber en disgrâce ▸ **there but for the grace of God (go I)** ça aurait très bien pu m'arriver aussi **3.** [amnesty] grâce *f* ; [respite] grâce *f*, répit *m* / *as an act of grace, the King...* LAW en exerçant son droit de grâce, le Roi... / *we have two days' grace* nous disposons de deux jours de répit / *days of grace* COMM jours *mpl* de grâce **4.** [prayer] ▸ **to say grace a)** [before meals] dire le bénédicité **b)** [after meals] dire les grâces **5.** PHR **to be in sb's good / bad graces** être bien / mal vu par qqn. ◆ vt **1.** [honour] honorer / *she graced us with her presence* *hum* elle nous a honorés de sa présence **2.** *fml & liter* [adorn] orner, embellir / *some exquisite watercolours graced the walls* les murs étaient ornés de très jolies aquarelles.

❖ **Grace** n [term of address] : *Your Grace* **a)** [to Archbishop] Monseigneur or (Votre) Excellence (l'archevêque) **b)** [to Duke] Monsieur le duc **c)** [to Duchess] Madame la duchesse / *His Grace the Duke* Monsieur le duc / *Her Grace the Duchess* Madame la duchesse / *His Grace the Archbishop* Monseigneur or Son Excellence l'archevêque.

❖ **Graces** pl n MYTH ▸ **the three Graces** les trois Grâces *fpl*.

grace-and-favour adj UK ▸ **grace-and-favour residence** *logement appartenant à la Couronne et prêté à une personne que le souverain souhaite honorer.*

graceful ['greɪsfʊl] adj [person, movement] gracieux ; [language, style, apology] élégant.

gracefully ['greɪsfʊlɪ] adv [dance, move] avec grâce, gracieusement ; [apologize] avec élégance.

gracefulness ['greɪsfʊlnɪs] n grâce *f*, élégance *f*.

graceless ['greɪslɪs] adj [behaviour, person, movement] gauche.

gracelessly ['greɪslɪslɪ] adv avec maladresse, de façon peu élégante.

grace note n note *f* d'agrément, ornement *m*.

gracious ['greɪʃəs] ◆ adj **1.** [generous, kind - gesture, smile] gracieux, bienveillant ; [- action] généreux / *to be gracious to* or *towards sb* faire preuve de bienveillance envers qqn / *Your Gracious Majesty* Votre Gracieuse Majesté / *by the gracious consent of...* par la grâce de... / *God has been gracious to us* Dieu s'est montré miséricordieux or bienveillant envers nous **2.** [luxurious] ▸ **gracious living** la vie facile. ◆ interj ▸ **(good** or **goodness) gracious (me)!** mon Dieu ! ▸ **goodness gracious!** *dated* Seigneur Dieu !, bonté divine !

graciously ['greɪʃəslɪ] adv [smile] gracieusement ; [accept, agree, allow] avec bonne grâce ; *fml* gracieusement ; RELIG miséricordieusement.

graciousness ['greɪʃəsnɪs] n [of person] bienveillance *f*, générosité *f*, gentillesse *f* ; [of action] grâce *f*, élégance *f* ; [of lifestyle, surroundings] élégance *f*, raffinement *m* ; RELIG miséricorde *f*, clémence *f*.

grackle [grækl] n **1.** [American songbird] quiscale *m* **2.** [starling] mainate *m*.

grad [græd] n *inf* abbr of graduate.

gradable ['greɪdəbl] adj **1.** [capable of being graded] qui peut être classé **2.** LING comparatif.

gradate [grə'deɪt] ◆ vt graduer. ◆ vi être gradué.

gradation [grə'deɪʃn] n gradation *f*, progression *f*, échelonnement *m* ; [stage] gradation *f*, degré *m*, palier *m* ; LING alternance *f* (vocalique), apophonie *f*.

gradational [grə'deɪʃənl] adj **1.** [gen] graduel, progressif, échelonné **2.** LING comparatif.

grade [greɪd] ◆ n **1.** [level] degré *m*, niveau *m* ; [on scale] échelon *m*, grade *m* ; [on salary scale] indice *m* / *the top grades of the civil service* les échelons supérieurs or les plus élevés de la fonction publique **2.** MIL grade *m*, rang *m*, échelon *m* ; [in hierarchy] échelon *m*, catégorie *f* **3.** [quality - of product] qualité *f*, catégorie *f* ; [- of petrol] grade *m* ; [size of products] calibre *m* / *a high grade of coal* un charbon de haute qualité / *there are two grades of eggs* il y a des œufs de deux calibres / *grade A potatoes* pommes de terre de qualité A **4.** US SCH [mark] note *f* ; [year] année *f*, classe *f* / *she gets good grades at school* elle a de bonnes notes à l'école / *a grade A student* un excellent élève / *he's in fifth grade* ≃ il est en CM2 **5.** US = grade school **6.** MATH grade *m* **7.** US [gradient] déclivité *f*, pente *f* ; RAIL rampe *f* **8.** PHR **to make the grade** être à la hauteur / *do you think she'll make the grade?* vous pensez qu'elle est or sera à la hauteur ? ◆ vt **1.** [classify - by quality] classer ; [- by size] calibrer ; [arrange in order] classer / *to grade food / questions* classer de la nourriture / des questions **2.** SCH [mark] noter **3.** [cross - livestock] améliorer par sélection **4.** [level] niveler / *to grade the ground* niveler le terrain.

❖ **grade down** vt sep mettre dans une catégorie inférieure.

❖ **grade up** vt sep **1.** mettre dans une catégorie supérieure **2.** [level] = grade (*vt*).

grade crossing n US RAIL passage *m* à niveau.

grade point average n US SCH moyenne *f*.

grader ['greɪdəʳ] n **1.** US SCH [marker of exams] correcteur *m*, -trice *f* ; [member of a grade] ▸ **fourth grader** élève *mf* de 4e année *(CM1)* **2.** TECH grader *m*, niveleuse *f*.

grade school n US école *f* primaire.

grade separation n US AUTO séparation *f* des niveaux de circulation.

grade teacher n US instituteur *m*, -trice *f*.

gradient ['greɪdjənt] n **1.** UK [road] déclivité *f*, pente *f*, inclinaison *f* ; RAIL rampe *f*, pente *f*, inclinaison *f* / *a steep gradient* une ligne à forte pente / *a gradient of three in ten* or *30%* une pente de 30 % **2.** METEOR & PHYS gradient *m* ▸ **pressure gradient** gradient de pression.

gradient post n RAIL indicateur *m* de pente.

grading ['greɪdɪŋ] n [classification] classification *f* ; [by size] calibration *f* ; SCH notation *f*.

gradiometer [,greɪdɪ'ɒmɪtəʳ] n clinomètre *m*.

gradual ['grædʒʊəl] ◆ adj [change, improvement] graduel, progressif ; [slope] doux (douce). ◆ n RELIG graduel *m*.

gradualism ['grædʒʊəlɪzm] n gradualisme *m* ; POL réformisme *m*.

gradually ['grædʒʊəlɪ] adv progressivement, petit à petit, peu à peu.

gradualness ['grædʒʊəlnɪs] n progressivité *f*.

graduand ['grædʒʊənd] n UK UNIV candidat *m*, -e *f*, postulant *m*, -e *f*, prétendant *m*, -e *f*.

graduate ◆ n ['grædʒʊət] **1.** UNIV licencié *m*, -e *f*, diplômé *m*, -e *f* ; US SCH bachelier *m*, -ère *f* / *she's an Oxford graduate* or *a graduate of Oxford* elle a fait ses études à Oxford / **'The Graduate'** *Nichols* 'le Lauréat' **2.** US [container] récipient *m* gradué. ◆ adj UNIV diplômé, licencié ▸ **graduate school** US *école où l'on poursuit ses études après avoir obtenu un bachelor's degree* ▸ **graduate student** étudiant de deuxième / troisième cycle. ◆ vi ['grædjʊeɪt] **1.** UNIV ≃ obtenir son diplôme ; US SCH *obtenir son diplôme de fin de Senior High School* ; ≃ obtenir le or être reçu au baccalauréat / *she graduated from the Sorbonne* elle a un diplôme de la Sorbonne / *he graduated in linguistics* il a une licence de linguistique **2.** [gain promotion] être promu, passer / *he graduated from the post of foreman to that of manager* il est passé du poste de contremaître à celui de directeur / *I've graduated from cheap plonk to good wines* *inf & fig* je suis passé du gros rouge aux bons vins. ◆ vt ['grædjʊeɪt] **1.** [calibrate] graduer / *the ruler is graduated in millimetres* la règle est graduée en millimètres **2.** [change, improvement] graduer / *the teacher graduated the exercises* le professeur a gradué les exercices **3.** US SCH & UNIV conférer or accorder un diplôme à.

graduated ['grædjʊeɪtɪd] adj [tax] progressif ; [measuring container, exercise, thermometer] gradué ; [colours] dégradé.

graduation [,grædʒʊ'eɪʃn] ◆ n **1.** [gen] graduation *f* **2.** US UNIV & SCH [ceremony] (cérémonie *f* de) remise *f* des diplômes. ◆ comp ▸ **graduation day** jour *m* de la remise des diplômes.

Graeco- [,gri:kəʊ] in comp gréco- ▸ **Graeco-Latin** gréco-latin ▸ **Graeco-Roman** gréco-romain ▸ **Graeco-Roman wrestling** SPORT lutte *f* gréco-romaine.

graffiti [grə'fi:tɪ] n *(U)* graffitis *mpl*.

graft [grɑ:ft] ◆ n **1.** HORT greffe *f*, greffon *m* ; MED greffe *f* / *they performed a cornea graft* ils ont effectué une greffe de la cornée **2.** *(U)* US *inf* [corruption] magouilles *fpl* **3.** *(U)* UK *inf* [hard work] travail *m* pénible. ◆ vt **1.** HORT & MED greffer / *they grafted a piece of skin onto his face* ils lui ont greffé un bout de peau sur le visage **2.** [obtain by corruption] obtenir par la corruption. ◆ vi **1.** [be involved in bribery] donner or recevoir des pots-de-vin **2.** HORT & MED : *pears graft fairly easily* les poires se greffent assez facilement **3.** UK *inf* [work hard] bosser dur.

grafter ['grɑ:ftəʳ] n **1.** BOT [instrument] greffoir *m* **2.** *inf* [hard worker] bourreau *m* de travail **3.** *inf* [corrupt person] corrupteur *m*, escroc *m* ; [corrupt official] fonctionnaire *m* corrompu, concussionnaire *m*.

graham cracker ['greɪəm-] n US *biscuit rond légèrement sucré*.

graham flour ['greɪəm-] n US farine *f* brute.

Grail [greɪl] n Graal *m*.

grain [greɪn] ◆ n **1.** *(U)* [seeds of rice, wheat] grain *m* ; [cereal] céréales *fpl* ; US blé *m* / *a cargo of grain* une cargaison de céréales **2.** [single] grain *m* / *grains of rice / wheat* grains *mpl* de riz / de blé ; [particle] grain *m* / *a grain of salt / sand* un grain de sel / de sable **3.** *fig* [of madness, sense, truth, etc.] grain *m*, brin *m* / *a few grains of comfort* une petite consolation **4.** [in leather, stone, wood, etc.] grain *m* ; PHOT grain *m* ▸ **to go against the grain** : *I'll help you, but it goes against the grain* je vous aiderai, mais ce n'est pas de bon cœur / *it goes against the grain for him to accept that they are right* ce n'est pas dans sa nature d'admettre qu'ils aient raison **5.** UK [weight] ≃ grain *m (poids)*. ◆ vt **1.** [salt] cristalliser **2.** [leather, paper] greneler ; [to paint to imitate wood] veiner. ◆ vi se cristalliser.

grain alcohol n alcool *m* de grains.

grained [greɪnd] adj **1.** [salt] cristallisé **2.** [leather, paper] grenu, grené ; [painted imitation of wood] veiné.

grain elevator n silo *m* à céréales.

graininess ['greɪnɪnɪs] n [of image] grain *m*.

grain store n silo *m* à grains.

grainy ['greɪnɪ] (*compar* **grainier**, *superl* **grainiest**) adj [surface, texture - of wood] veineux ; [- of stone] grenu, granuleux ; [- of leather, paper] grenu, grené ; PHOT qui a du grain.

gram [græm] n **1.** [metric unit] gramme *m* **2.** BOT [plant] pois *m* ; [seed] pois *m*, graine *f* de pois ▸ **gram flour** farine *f* de pois chiches.

gram atom n atome-gramme *m*.

gramineous [grə'mɪnɪəs] adj BOT graminée.

grammar ['græməʳ] n **1.** LING grammaire *f* / *that's not very good grammar* ce n'est pas très correct du point de vue grammatical **2.** [book] grammaire *f* / *a German grammar* une grammaire or un livre de grammaire allemande.

grammar checker n COMPUT vérificateur *m* grammatical.

grammarian [grə'meərɪən] n grammairien *m*, -enne *f*.

grammar school n [in UK] *type d'école secondaire* ; [in US] *école primaire*.

Grammar school

En Grande-Bretagne, ces écoles secondaires peuvent recevoir le soutien de l'État, mais elles demeurent indépendantes. On y entre sur concours ou sur dossier. L'enseignement qui y est dispensé est de haut niveau, traditionnel, et prépare aux études supérieures. Les élèves des **grammar schools** représentent une infime minorité de l'ensemble des élèves britanniques.

grammatical [grə'mætɪkl] adj grammatical / *grammatical mistake* faute *f* de grammaire.

grammaticality [grə,mætɪ'kælətɪ] n grammaticalité *f*.

grammatically [grə'mætɪklɪ] adv grammaticalement, du point de vue grammatical.

grammaticalness [grə'mætɪkəlnɪs] = **grammaticality**.

gramme [græm] = **gram**.

gram molecule n molécule-gramme *f*.

Grammy ['græmɪ] n ▸ **Grammy (award)** *distinction récompensant les meilleures œuvres musicales américaines de l'année (classique exclu)*.

gramophone ['græməfəʊn] UK *dated* ◆ n gramophone *m*, phonographe *m*. ◆ comp ▸ **gramophone needle** aiguille *f* de phonographe or de gramophone ▸ **gramophone record** *dated* disque *m*.

gramps [græmps] n *inf* papy *m*, pépé *m*.

grampus ['græmpəs] n épaulard *m*, orque *f*.

gran [græn] n UK *inf* mamie *f*, mémé *f*.

Granada [grə'nɑ:də] pr n Grenade.

granary ['grænərɪ] ◆ n grenier *m* à blé, silo *m* (à céréales). ◆ comp ▸ **granary bread, granary loaf** pain *m* aux céréales.

grand [grænd] ◆ adj **1.** [impressive - house] magnifique ; [- style] grand, noble ; [- music, occasion] grand ; [pretentious, self-important] suffisant, prétentieux ; [dignified, majestic] majestueux, digne ▸ **to do sthg in grand style** faire qqch en grande pompe / *to live in grand style* mener la grande vie / *she likes to do things on a grand scale* elle aime faire les choses en grand / *that dress is a bit too grand for me* cette robe est un peu trop chic pour moi ▸ **the Grand Old Man** *surnom de William Gladstone* **2.** UK *dated* or *regional* [wonderful] super / *I had a grand time last night* je me suis super bien amusé hier soir **3.** PHR *that comes to a grand total of £536* ça fait en tout 536 livres. ◆ n UK *inf* mille livres *fpl* ; US mille dollars *mpl*.

grandad ['grændæd] n *inf* pépé *m*, papy *m*.

grandaddy ['grændædɪ] n *inf* **1.** = **grandad 2.** [most ancient] ancêtre *m* / *it's the grandaddy of them all* c'est leur ancêtre à tous.

Grand Canary pr n Grande Canarie *f* / *in Grand Canary* à la Grande Canarie.

Grand Canyon pr n ▸ **the Grand Canyon** le Grand Canyon.

grandchild ['grændtʃaɪld] (*pl* **grandchildren** [-,tʃɪldrən]) n petit-fils *m*, petite-fille *f* / *is it your first grandchild?* vous étiez déjà grand-père / grand-mère ? / *she has six grandchildren* elle a six petits-enfants.

granddad ['grændæd] *inf* = **grandad**.

granddaddy ['grændædɪ] *inf* = **grandaddy**.

granddaughter ['græn,dɔ:təʳ] n petite-fille *f*.

grand duchess n grande-duchesse *f*.

grand duchy n grand-duché *m*.

grand duke n grand-duc *m*.

grandee [græn'di:] n grand *m* d'Espagne.

grandeur ['grændʒəʳ] n [of person] grandeur *f*, noblesse *f* ; [of building, scenery] splendeur *f*, magnificence *f* / *an air of grandeur* un air de grandeur.

grandfather ['grænd,fɑ:ðəʳ] n grand-père *m*.

grandfather clause n *aux États-Unis, clause de la Constitution de plusieurs États du Sud qui, jusqu'en 1915, n'accordait le droit de vote qu'à ceux dont un parent votait avant le 1er janvier 1861, excluant ainsi les Noirs puisqu'ils n'étaient pas encore affranchis à cette date*.

grandfather clock n horloge *f* (de parquet).

grandfatherly ['grænd,fɑ:ðəlɪ] adj de grand-père.

grand finale n apothéose *f*.

grandiloquence [græn'dɪləkwəns] n *fml* grandiloquence *f*.

grandiloquent [græn'dɪləkwənt] adj *fml* grandiloquent.

grandiose ['grændɪəʊz] adj *pej* [building, style, plan] grandiose.

grand jury n [in US] jury *m* d'accusation.

grand larceny n US vol *m* qualifié.

grandly ['grændlɪ] adv [behave, say] avec grandeur ; [live] avec faste ; [dress] avec panache.

grandma ['grænmɑ:] n *inf* grand-mère *f*, mémé *f*, mamie *f*.

grandmama ['grænmə,mɑ:] n *inf* grand-mère *f*.

grandmaster ['grænd,mɑ:stəʳ] n [of chess] grand maître *m*.

Grand Master n [of masonic lodge] Grand Maître *m*.

grandmother ['græn,mʌðəʳ] n grand-mère *f*.

grandmother clock n petite horloge *f*.

grandmotherly ['græn,mʌðəlɪ] adj de grand-mère.

Grand National pr n ▸ **the Grand National** *la plus importante course d'obstacles de Grande-Bretagne, qui se déroule à Aintree, dans la banlieue de Liverpool*.

grandnephew ['græn,nefju:] n petit-neveu *m*.

grandness ['grændnɪs] n [of behaviour] grandeur *f*, noblesse *f* ; [of lifestyle] faste *m* ; [of appearance] panache *m*.

grandniece ['grænni:s] n petite-nièce *f*.

Grand Old Party pr n US POL ▸ **the Grand Old Party** le parti républicain.

grand opera n grand opéra *m*.

grandpa ['grænpɑ:] *inf* = **grandad**.

grandpapa ['grænpə,pɑ:] n *inf* grand-père *m*.

grandparent ['græn,peərənt] n : *my grandparents* mes grands-parents *mpl*.

grand piano n piano *m* à queue.

grand prix [,grɒn'pri:] (*pl* **grands prix** [,grɒn'pri:]) ◆ n grand prix *m*. ◆ comp ▸ **grand prix racing** course *f* de grand prix ▸ **grand prix winner** : *last year's grand prix winner* le vainqueur du dernier grand prix.

grandsire ['græn,saɪəʳ] n *arch & liter* [grandfather] grand-père *m*, aïeul *m* ; [forefather] aïeul *m*.

grand slam n grand chelem *m*.

grandson ['grænsʌn] n petit-fils *m*.

grandstand ['grændstænd] ◆ n tribune *f*. ◆ vi US faire l'intéressant.

grandstanding ['grændstændɪŋ] n [in politics] démagogie *f*.

grandstand view n ▸ **to have a grandstand view (of sthg)** être aux premières loges (pour voir qqch).

grand tour n : *she did* or *went on a grand tour of Italy* elle a visité toute l'Italie ▸ **the Grand Tour** le tour d'Europe.

grand vizier n HIST grand vizir *m*.

grange [greɪndʒ] n **1.** UK [country house] manoir *m* ; [farmhouse] ferme *f* **2.** US [farm] ferme *f* **3.** *arch* [granary] grenier *m* à blé, grange *f*.

granger ['greɪndʒəʳ] n US fermier *m*.

granita [grə'ni:tə] n granité *m*.

granite ['grænɪt] ◆ n granit *m*, granite *m*. ◆ comp de granit or granite.

granitic [græ'nɪtɪk] adj granitique, graniteux.

granny, grannie ['grænɪ] n *inf* mamie *f*, mémé *f*.

granny bond n UK *inf type d'obligation visant le marché des retraités.*

granny dumping n *abandon d'une personne âgée qu'on a à charge.*

granny flat n UK appartement *m* indépendant *(dans une maison).*

granny knot n nœud *m* de vache.

Granny Smith n granny-smith *f inv*.

granola [grə'nəʊlə] n US muesli *m* ▸ **granola bar** barre *f* aux céréales.

grant [grɑ:nt] ◆ vt **1.** [permission, wish] accorder ; [request] accorder, accéder à ; SPORT [goal, point] accorder ; [credit, loan, pension] accorder ; [charter, favour, privilege, right] accorder, octroyer, concéder ; [property] céder / *to grant sb permission to do sthg* accorder à qqn l'autorisation de faire qqch / *to grant sb their request* accéder à la requête de qqn / *God grant you good fortune liter* que Dieu vous protège **2.** [accept as true] accorder, admettre, concéder / *will you at least grant that he is honest?* admettrez-vous au moins qu'il est honnête ? / *I grant you I made an error of judgement* je vous accorde que j'ai fait une erreur de jugement / *I'll grant you that point* je vous concède ce point / *granted, he's not very intelligent, but...* d'accord, il n'est pas très intelligent, mais... / *granted!* d'accord !, soit ! **3.** PHR ▸ **to take sthg for granted** considérer que qqch va de soi, tenir qqch pour certain or établi / *you seem to take it for granted he'll agree* / *help you* vous semblez convaincu qu'il sera d'accord / vous aidera ▸ **to take sb for granted** ne plus faire cas de qqn / *he takes her for granted* il la traite comme si elle n'existait pas / *you take me too much for granted* vous ne vous rendez pas compte de tout ce que je fais pour vous. ◆ n **1.** [money given] subvention *f*, allocation *f* ; [to student] bourse *f* **2.** [transfer - of property] cession *f* ; [- of land] concession *f* ; [permission] octroi *m* ▸ **grant of probate** validation *f* or homologation *f* d'un testament.

grant-aided adj [student] boursier ; [industry] subventionné ; [school] qui reçoit une subvention.

grant-in-aid n subvention *f (de l'État).*

grant-maintained adj subventionné *(par l'État)* ▸ **grant-maintained school** école privée *f* subventionnée *(acceptant en échange un droit de regard de l'État sur la gestion de ses affaires).*

grantor [grɑ:n'tɔ:ʳ] n cédant *m*, -e *f*, donateur *m*, -trice *f*.

granular ['grænjʊləʳ] adj [surface] granuleux, granulaire ; [structure] grenu.

granularity [,grænjʊ'lærɪtɪ] n granularité *f*.

granulate ['grænjʊleɪt] vt [lead, powder, tin] granuler ; [salt, sugar] grener, grainer ; [surface] grener, greneler, rendre grenu.

granulated sugar ['grænjʊleɪtɪd-] n sucre *m* semoule.

granulation [,grænjʊ'leɪʃn] n [texture] granulation *f* ; [action] granulation *f*, grenage *m*.

granule ['grænju:l] n granule *m*.

granuloma [,grænjʊ'ləʊmə] n granulome *m*.

grape [greɪp] n **1.** [fruit] grain *m* de raisin ▸ **black / white grapes** du raisin noir / blanc ▸ **grape harvest** or **picking** vendanges *fpl* ▸ **grape juice** jus *m* de raisin / **'The Grapes of Wrath'** *Steinbeck* 'les Raisins de la colère' **2.** *(U)* = **grapeshot**.

grapefruit ['greɪpfru:t] n pamplemousse *m f* ▸ **grapefruit tree** pamplemoussier *m*.

grape hyacinth n muscari *m*.

grapeshot ['greɪpʃɒt] n mitraille *f*.

grapevine ['greɪpvaɪn] n vigne *f* ▸ **to hear sthg through** or **on the grapevine** entendre dire qqch.

grapey ['greɪpɪ] = **grapy**.

graph [grɑ:f] ◆ n **1.** [diagram] graphique *m*, courbe *f* **2.** LING graphie *f*. ◆ vt mettre en graphique, tracer.

grapheme ['græfi:m] n LING graphème *m*.

graphic ['græfɪk] adj **1.** MATH graphique **2.** [vivid] imagé.

❖ **graphics** ◆ n *(U)* [drawing] art *m* graphique. ◆ pl n MATH (utilisation *f* des) graphiques *mpl* ; [drawings] représentations *fpl* graphiques ; COMPUT infographie *f*.

graphical ['græfɪkl] = **graphic**.

graphically ['græfɪklɪ] adv **1.** MATH graphiquement **2.** [vividly] de façon très imagée / *graphically clear* d'une clarté lumineuse.

graphical user interface n interface *f* graphique.

graphic artist n graphiste *mf*.

graphic arts pl n arts *mpl* graphiques.

graphic design n conception *f* graphique.

graphic designer n graphiste *mf*, maquettiste *mf*.

graphic display n graphisme *m*.

graphic equalizer n égaliseur *m* graphique.

graphic novel n bande *f* dessinée.

graphics card ['græfɪks-] n COMPUT carte *f* graphique.

graphic solution n analyse *f* or évaluation *f* graphique.

graphite ['græfaɪt] ◆ n graphite *m*, plombagine *f*, mine *f* de plomb. ◆ adj en graphite.

graphologist [græ'fɒlədʒɪst] n graphologue *mf*.

graphology [græ'fɒlədʒɪ] n graphologie *f*.

graph paper n papier *m* quadrillé ; [in millimetres] papier *m* millimétré.

grapnel ['græpnl] n grappin *m*.

grapple ['græpl] ◆ n TECH grappin *m*. ◆ vt **1.** TECH saisir avec un grappin **2.** US [person] ▸ **to grapple sb** saisir qqn contre soi. ◆ vi **1.** [physically] ▸ **to grapple with sb** en venir aux mains avec qqn **2.** *fig* : *to grapple with a problem* être aux prises avec un problème.

grappling hook, grappling iron ['græplɪŋ-] n NAUT grappin *m*, crochet *m* ; [of balloon] ancre *f*.

grappling iron ['græplɪŋ-] = **grapnel**.

grapy ['greɪpɪ] adj [wine] fruité.

grasp [grɑ:sp] ◆ vt **1.** [physically] saisir ▸ **to grasp (hold of) sthg** saisir qqch / *to grasp (hold of) sb's hand* saisir la main de qqn ; [opportunity] saisir ; [power] se saisir de, s'emparer de **2.** [understand] saisir, comprendre / *I didn't quite grasp what she meant* je n'ai pas bien compris or saisi ce qu'elle a voulu dire. ◆ n **1.** [grip] (forte) poigne *f* ; [action of holding] prise *f*, étreinte *f* ▸ **to have sb in one's grasp** *fig* avoir or tenir qqn en son pouvoir ▸ **to have sthg in one's grasp** avoir prise sur qqch **2.** *fig* [reach] portée *f* ▸ **within / beyond sb's grasp** à la portée / hors de (la) portée de qqn / *success is now within her grasp* le succès est désormais à sa portée **3.** [understanding] compréhension *f* / *she has a thorough grasp of the subject* elle a une connaissance approfondie de la question **4.** [handle] poignée *f*.

❖ **grasp at** vt insep [attempt to seize] chercher à saisir, essayer de saisir ; [accept eagerly] saisir / *to grasp at an opportunity* sauter sur or saisir l'occasion.

grasping ['grɑ:spɪŋ] adj avare, avide.

grass [grɑ:s] ◆ n **1.** [gen] herbe *f* ; [lawn] pelouse *f*, gazon *m* / **'keep off the grass'** 'défense de marcher sur la pelouse', 'pelouse interdite' / *to cut* or *to mow the grass* tondre la pelouse / *to put a field down to* or *under grass* mettre en pré or enherber un champ ▸ **to put out to grass** : *to put cattle* / *sheep out to grass* mettre le bétail / les moutons au pré ▸ **to put sb out to grass** mettre qqn au repos / *he doesn't let the grass grow under his feet* il ne perd pas de temps ▸ **the grass is always greener (on the other side of the fence)** *prov* on n'est jamais content de son sort, on jalouse toujours le sort du voisin **2.** BOT ▸ **grasses** graminées *fpl* **3.** *v inf* [marijuana] herbe *f* **4.** UK *v inf* [informer] mouchard *m*, indic *m*. ◆ vt **1.** ▸ **to grass (over) a)** [field] enherber, mettre en pré **b)** [garden] gazonner, engazonner **2.** US [animals] mettre au vert **3.** TEXT herber, blanchir au pré. ◆ vi UK *v inf* cafarder ▸ **to grass on sb** donner or vendre qqn.

grassbox ['grɑ:sbɒks] n [of lawnmower] panier *m* à herbes.

grass court n court *m* (en gazon).

grasshopper ['grɑ:s,hɒpəʳ] n sauterelle *f*, grillon *m*.

grassland ['grɑ:slænd] n prairie *f*, pré *m*.

grassless ['grɑ:slɪs] adj sans herbe.

grass roots ◆ pl n POL ▸ **the grass roots** la base. ◆ comp POL ▸ **at (the) grass roots level** au niveau de la base ▸ **grass roots opposition / support** résistance *f* / soutien *m* de la base.

grass skirt n jupe *f* hawaïenne.

grass snake n couleuvre *f*.

grass widow n *femme séparée de son mari.*

grass widower n *homme séparé de sa femme.*

grassy ['grɑ:sɪ] adj herbu, herbeux.

grate [greɪt] ◆ n [fireplace] foyer *m*, âtre *m* ; [for holding coal] grille *f* de foyer. ◆ vt **1.** CULIN râper **2.** [chalk, metal] faire grincer. ◆ vi **1.** [machine, metal] grincer ▸ **to grate on the ears** écorcher les oreilles **2.** *fig* : *the baby's crying began to grate (on him)* les pleurs du bébé ont commencé à l'agacer / *his behaviour grates after a while* son comportement est agaçant au bout d'un moment.

grateful ['greɪtfʊl] adj reconnaissant ▸ **to be grateful towards** or **to sb for sthg** être reconnaissant envers qqn de qqch / *I am extremely grateful to you* je vous suis extrêmement reconnaissant / *I am grateful for your help* je vous suis reconnaissant de votre aide / *I would be most* or *very grateful if you would help me* je vous serais très reconnaissant de m'aider / *a grateful letter* une lettre de remerciements / *with grateful thanks* avec toute ma reconnaissance, avec mes sincères remerciements / *be grateful for what you've got* estime-toi heureux avec ce que tu as.

gratefully ['greɪtfʊlɪ] adv avec reconnaissance or gratitude.

gratefulness ['greɪtfʊlnɪs] n reconnaissance *f*, gratitude *f*.

grater ['greɪtəʳ] n râpe *f* ▸ **cheese grater** râpe *f* à fromage.

graticule ['grætɪkju:l] n [on map] quadrillage *m* cartographique ; [in microscope, telescope] croisée *f* de fils.

gratification [ˌgrætɪfɪˈkeɪʃn] n [state or action] satisfaction *f*, plaisir *m* ; PSYCHOL gratification *f* / *he has the gratification of knowing that...* il a la satisfaction or le plaisir de savoir que... / *I noticed to my gratification that...* à ma grande satisfaction, j'ai remarqué que... / *sexual gratification* plaisir *m* sexuel, satisfaction *f* sexuelle.

gratify [ˈgrætɪfaɪ] vt **1.** [person] faire plaisir à, être agréable à / *it gratified him* or *he was gratified to learn that...* ça lui a fait plaisir or lui a été agréable d'apprendre que... / *I was gratified with* or *at the result* j'ai été très content or satisfait du résultat **2.** [whim, wish] satisfaire.

gratifying [ˈgrætɪfaɪɪŋ] adj [pleasant] agréable, plaisant ; [rewarding] gratifiant / *it's gratifying to know that...* c'est agréable or ça fait plaisir de savoir que...

gratifyingly [ˈgrætɪfaɪɪŋlɪ] adv agréablement.

gratin n gratin *m*.

gratin dish n plat *m* à gratin.

grating [ˈgreɪtɪŋ] ◆ n grille *f*, grillage *m*. ◆ adj [irritating] agaçant, irritant, énervant ; [sound] grinçant, discordant ; [voice] discordant.

gratis [ˈgrætɪs] ◆ adj gratuit. ◆ adv gratuitement.

gratitude [ˈgrætɪtjuːd] n gratitude *f*, reconnaissance *f* ▸ **to show / to express one's gratitude towards sb for sthg** témoigner / exprimer sa gratitude envers qqn pour qqch.

gratuitous [grəˈtjuːɪtəs] adj **1.** [unjustified] gratuit, sans motif, injustifié / *gratuitous violence* violence *f* gratuite **2.** *arch* [costing nothing] gratuit.

gratuitously [grəˈtjuːɪtəslɪ] adv **1.** [without good reason] gratuitement, sans motif **2.** *arch* [at no charge] gracieusement, gratuitement.

gratuity [grəˈtjuːətɪ] n **1.** *fml* [tip] gratification *f*, pourboire *m* **2.** UK [payment to employee] prime *f* ; MIL prime *f* de démobilisation.

gravadlax [ˈgrævədlæks] n CULIN *saumon séché et mariné dans un mélange d'épices, de sel et de sucre.*

grave[1] [greɪv] ◆ n [hole] fosse *f* ; [burial place] tombe *f* / *when I'm in my grave* quand je serai mort et enterré / *from beyond the grave* d'outre-tombe ▸ **mass grave** charnier *m* ▸ **to turn in one's grave** se retourner dans sa tombe ▸ **somebody has just walked over my grave** j'ai le frisson. ◆ adj [illness, situation] grave, sérieux / *he suddenly became grave* son regard s'assombrit soudain / *he came in with a grave look on his face* il entra, le regard sombre.

grave[2] [grɑːv] ◆ n LING ▸ **grave (accent)** accent *m* grave. ◆ adj LING grave.

gravedigger [ˈgreɪvˌdɪgər] n fossoyeur *m*.

gravel [ˈgrævl] (UK *pt & pp* **gravelled**, *cont* **gravelling** ; US *pt & pp* **graveled**, *cont* **graveling**) ◆ n gravier *m* ; [finer] gravillon *m* ; MED gravelle *f*. ◆ comp ▸ **gravel path** chemin *m* de gravier ▸ **gravel pit** gravière *f*, carrière *f* de gravier. ◆ vt gravillonner, répandre du gravier sur.

gravelled UK, **graveled** US [ˈgrævld] adj couvert de gravier.

gravelly [ˈgrævəlɪ] adj **1.** [like or containing gravel] graveleux ; [road] de gravier ; [riverbed] caillouteux **2.** [voice] rauque, râpeux.

gravely [ˈgreɪvlɪ] adv **1.** [speak] gravement, sérieusement / *she looked at him gravely* elle le fixa d'un regard grave **2.** [as intensifier - ill] gravement ; [- wounded] grièvement.

graven [ˈgreɪvn] adj *arch & liter* : *graven on my memory* gravé dans ma mémoire.

graveness [ˈgreɪvnɪs] n gravité *f*.

graven image n RELIG idole *f*, image *f*.

grave robber [greɪv-] n voleur *m* de cadavres *(qui les déterre et les vend pour dissection).*

graveside [ˈgreɪvsaɪd] n ▸ **at sb's graveside** sur la tombe de qqn.

gravestone [ˈgreɪvstəʊn] n pierre *f* tombale.

graveyard [ˈgreɪvjɑːd] n *lit & fig* cimetière *m*.

graveyard shift n travail *m* de nuit ▸ **to be on the graveyard shift** faire partie de l'équipe de nuit.

graveyard slot n **1.** RADIO & TV [late in the evening] plage *f* nocturne **2.** [at the same time as another programme] *tranche horaire pendant laquelle est diffusée une émission à taux de grande écoute sur une chaîne ou une station concurrente.*

gravid [ˈgrævɪd] adj gravide.

gravimetric(al) [ˌgrævɪˈmetrɪk(l)] adj gravimétrique.

graving dock [ˈgreɪvɪŋ-] n NAUT bassin *m* de radoub.

gravitas [ˈgrævɪtæs] n sérieux *m*.

gravitate [ˈgrævɪteɪt] vi graviter ▸ **to gravitate towards sthg / sb** graviter vers qqch / qqn / *many young people gravitate to the big cities* beaucoup de jeunes sont attirés par les grandes villes.

gravitation [ˌgrævɪˈteɪʃn] n gravitation *f*.

gravitational [ˌgrævɪˈteɪʃənl] adj gravitationnel, de gravitation.

gravitational field n champ *m* de gravitation.

gravitational force n force *f* de gravitation or gravitationnelle.

gravity [ˈgrævətɪ] n **1.** [seriousness] gravité *f* / *I don't think you appreciate the gravity of the situation* je n'ai pas l'impression que tu te rendes compte de or que tu réalises la gravité de la situation **2.** PHYS [force] pesanteur *f* ; [phenomenon] gravitation *f* / *the law of gravity* la loi de la pesanteur.

gravity feed n alimentation *f* par gravité.

gravlax [ˈgrævlæks] = **gravadlax**.

gravy [ˈgreɪvɪ] n **1.** CULIN sauce *f (au jus de viande)* **2.** US *v inf* [easy money] bénef *m* ▸ **it's gravy** [easy] c'est du gâteau.

gravy boat n saucière *f*.

gravy train n *inf* assiette *f* au beurre ▸ **to get on the gravy train** être à la recherche d'un bon filon.

gray US = **grey**.

grayling [ˈgreɪlɪŋ] n [fish] ombre *m*.

graze [greɪz] ◆ vi [animals] brouter, paître, pâturer ; [humans] grignoter. ◆ vt **1.** [touch lightly] frôler, effleurer, raser / *the boat just grazed the bottom* le bateau a effleuré le fond **2.** [skin] érafler, écorcher / *the bullet grazed his cheek* la balle lui a éraflé la joue / *she grazed her elbow on the wall* elle s'est écorché le coude sur le mur **3.** [animals] faire paître ; [grass] brouter, paître ; [field] pâturer. ◆ n écorchure *f*, éraflure *f* / *it's just a graze* c'est juste un peu écorché.

grazier [ˈgreɪzjər] n herbager *m*.

grazing [ˈgreɪzɪŋ] n [grass for animals] pâturage *m* ; [land] pâture *f*, pâturage *m*.

grease [griːs] ◆ n [gen] graisse *f* ; AUTO [lubricant] graisse *f*, lubrifiant *m* ; [used lubricant] cambouis *m* ; [dirt] crasse *f* / *to remove (the) grease from sthg* dégraisser qqch / *a collar covered in grease* un col couvert de crasse. ◆ vt [gen] graisser ; AUTO graisser, lubrifier.

greased lightning [ˈgriːst-] n : *like greased lightning inf* à tout berzingue, à fond la caisse.

grease gun n (pistolet *m*) graisseur *m*, pompe *f* à graisse.

grease monkey n *inf* mécano *m*.

grease nipple n graisseur *m*.

greasepaint [ˈgriːspeɪnt] n THEAT fard *m* (gras) / *a stick of greasepaint* un crayon gras.

greaseproof [ˈgriːspruːf] adj UK imperméable à la graisse ▸ **greaseproof paper** CULIN papier *m* sulfurisé.

greaser [ˈgriːsər] n *inf* **1.** [mechanic] graisseur *m*, mécano *m* **2.** UK [rocker] rocker *m* **3.** US *vulg terme injurieux désignant une personne d'origine latino-américaine.*

grease-stained adj taché de graisse, graisseux.

greasiness [ˈgriːzɪnɪs] n **1.** [gen] état *m* graisseux, nature *f* graisseuse ; [of cosmetics] onctuosité *f* ; [of hair, hands] nature *f* grasse **2.** [of road] surface *f* glissante.

greasy [ˈgriːsɪ] adj **1.** [food, substance] graisseux, gras (grasse) ; [tools] graisseux ; [cosmetics, hair, hands] gras (grasse) ▸ **the greasy pole** SPORT & *fig* le mât de cocagne **2.** [pavement, road] gras (grasse), glissant **3.** [clothes - dirty] crasseux, poisseux ; [- covered in grease marks] taché de graisse, plein de graisse **4.** [obsequious] obséquieux / *a greasy manner* des manières obséquieuses / *a greasy smile* un sourire obséquieux.

greasy spoon n *inf* gargote *f*.

great [greɪt] (*compar* **greater**, *superl* **greatest**) ◆ adj **1.** [in size, scale] grand ▸ **the Great Fire of London** le grand incendie de Londres / *he made a great effort to be nice* il a fait un gros effort pour être agréable **2.** [in degree] : *a great friend* un grand ami / *they're great friends* ce sont de grands amis / *great ignorance* une grande ignorance, une ignorance complète / *there's great ignorance about the problem* les gens ne sont pas conscients du problème / *great willpower* une grande or forte volonté / *she's got great willpower* elle est très volontaire / *to my great satisfaction* à ma grande satisfaction / *a great surprise* une grande surprise / *with great care* avec grand soin, avec beaucoup de soin / *with great pleasure* avec grand plaisir / *to be in great pain* souffrir (beaucoup) / *to have a great opinion of* avoir une haute opinion de / *I have a great liking for that country* j'aime beaucoup ce pays **3.** [in quantity] : *a great quantity of* une grande quantité de / *a great number of* un grand nombre de / *a great crowd* une grande or grosse foule, une foule nombreuse / *the great majority* la grande majorité **4.** [important - person, event] grand / *a great man* un grand homme / *Alfred the Great* Alfred le Grand / *the Great War* la Grande Guerre / *a great poet* un grand poète / *a great lady* une grande dame / *a great moment* un grand moment / *a great occasion* une grande occasion **5.** [main] : *the great hall* la grande salle, la salle principale / *France's greatest footballer* le plus grand footballeur français **6.** *inf* [term of approval] : *she has a great voice* elle a une voix magnifique / *he's a great guy* c'est un type super or génial / *she's great!* [nice person] elle est super !, je l'adore ! / *we had a great holiday* nous avons passé des vacances merveilleuses / *what's that film like? — great!* comment est ce film ? — génial ! / *it would be great to have lots of money* ce serait super d'avoir beaucoup d'argent / *you look great tonight!* [appearance] tu es magnifique ce soir ! / *he's coming too — oh, great iro* il vient aussi — oh, génial or super ! **7.** [keen] : *she's a great reader* elle adore lire, elle lit beaucoup / *she's a great one for television* elle adore la télévision **8.** *inf* [good at or expert on] : *he's great at languages* il est très doué pour les langues / *she's great on sculpture* elle s'y connaît vraiment en sculpture **9.** [in exclamations] ▸ **Great Scott!** grands dieux ! **10.** ZOOL : *the great apes* les grands singes. ◆ n : *it's one of the all-time greats* c'est un des plus grands classiques / *she's one of the all-time greats* c'est une des plus grandes stars. ◆ adv [as intensifier] : *a great big fish* un énorme poisson / *an enormous great house* une maison immense.

great auk n grand pingouin *m*.

great-aunt n grand-tante *f*.

Great Australian Bight pr n Grande Baie *f* australienne.

Great Barrier Reef pr n ▸ **the Great Barrier Reef** la Grande Barrière.

Great Basin pr n ▸ **the Great Basin** le Grand Bassin.

Great Bear pr n ▸ **the Great Bear** la Grande Ourse.

Great Bear Lake pr n le Grand Lac de l'Ours.

Great Britain pr n Grande-Bretagne *f* / *in Great Britain* en Grande-Bretagne.

great circle n grand cercle *m*.

greatcoat [ˈgreɪtkəʊt] n pardessus *m*, manteau *m* ; MIL manteau *m*, capote *f*.

Great Dane n danois *m*.

greater [ˈgreɪtər] compar ⟶ **great**.

Greater London pr n le Grand Londres.

greater-than sign n signe *m* « plus grand que », signe *m* « supérieur à ».

greatest ['greɪtɪst] superl ⟶ **great**.

greatest common divisor n plus grand commun diviseur *m*.

great-grandchild n arrière-petit-fils *m*, arrière-petite-fille *f* ▸ **great-grandchildren** arrière-petits-enfants *mpl*.

great-granddaughter n arrière-petite-fille *f*.

great-grandfather n arrière-grand-père *m*.

great-grandmother n arrière-grand-mère *f*.

great-grandparents pl n arrière-grands-parents *mpl*.

great-grandson n arrière-petit-fils *m*.

great-great-granddaughter n arrière-arrière-petite-fille *f*.

great-great-grandfather n arrière-arrière-grand-père *m*.

great-great-grandmother n arrière-arrière-grand-mère *f*.

great-great-grandparents pl n arrière-arrière-grands-parents *mpl*.

great-great-grandson n arrière-arrière-petit-fils *m*.

great-hearted adj *liter* au grand cœur, magnanime.

Great Lakes pl pr n ▸ **the Great Lakes** les Grands Lacs *mpl*.

greatly ['greɪtlɪ] adv très, beaucoup, fortement / *I was greatly impressed by her work* j'ai été très impressionné par son travail, son travail m'a beaucoup impressionné / *greatly improved* beaucoup amélioré / *you'll be greatly missed* vous nous manquerez beaucoup / *greatly irritated* très irrité / *greatly surprised* très or énormément surpris.

great-nephew n petit-neveu *m*.

greatness ['greɪtnɪs] n **1.** [size] grandeur *f*, énormité *f*, immensité *f* ; [intensity] intensité *f* **2.** [eminence] grandeur *f*, importance *f* / *he never achieved greatness as an artist* il n'est jamais devenu un grand artiste.

great-niece n petite-nièce *f*.

great organ n grand orgue *m* ; [in church] grandes orgues *fpl*.

Great Plains pl pr n ▸ **the Great Plains** les Grandes Plaines *fpl*.

great power n grande puissance *f* ▸ **the Great Powers** les grandes puissances.

great room n US séjour *m* cathédrale.

Great Salt Lake pr n ▸ **the Great Salt Lake** le Grand Lac Salé.

great tit n mésange *f* charbonnière.

great-uncle n grand-oncle *m*.

Great Wall of China pr n ▸ **the Great Wall of China** la Grande Muraille (de Chine).

Great War n ▸ **the Great War** la Grande Guerre, la guerre de 14 or de 14-18.

grebe [gri:b] n grèbe *m*.

Grecian ['gri:ʃn] ◆ adj grec (grecque) / *a Grecian profile* un profil grec. ◆ n Grec *m*, Grecque *f*.

Greco ['grekəʊ] pr n ▸ **El Greco** le Greco / *a painting by El Greco* un tableau du Greco.

Greco- [ˌgri:kəʊ] = **Graeco-**.

Greece [gri:s] pr n Grèce *f* / *in Greece* en Grèce.

greed [gri:d] n [for fame, power, wealth] avidité *f* ; [for food] gloutonnerie *f*.

greedily ['gri:dɪlɪ] adv [gen] avidement ; [consume food] gloutonnement, voracement.

greediness ['gri:dɪnɪs] = **greed**.

greedy ['gri:dɪ] adj [for food] glouton, gourmand ; [for fame, power, wealth] avide / *greedy for money* avide d'argent / *greedy for power* avide de pouvoir / *don't be so greedy!* ne sois pas si gourmand !

greedy-guts n *inf* glouton *m*, -onne *f*, goinfre *mf*.

Greek [gri:k] ◆ n **1.** [person] Grec *m*, Grecque *f* / **'Zorba the Greek'** *Kazantzakis* 'Alexis Zorba' **2.** LING grec *m* ▸ **ancient Greek** grec ancien ▸ **modern Greek** grec moderne ▸ **it's all Greek to me** *inf* tout ça, c'est du chinois or de l'hébreu pour moi. ◆ adj grec (grecque) ▸ **the Greek Islands** les îles *fpl* grecques.

Greek cross n croix *f* grecque.

Greek Orthodox ◆ n orthodoxe grec *m*, orthodoxe grecque *f*. ◆ comp ▸ **the Greek Orthodox Church** l'Église *f* orthodoxe grecque.

Greek salad n salade *f* grecque *(composée de tomates, concombre, oignons, feta et olives noires)*.

green [gri:n] ◆ adj **1.** [colour] vert ; [field, valley] vert, verdoyant / *the wall was painted green* le mur était peint en vert ▸ **to go** or **to turn green a)** [tree] devenir vert, verdir **b)** [traffic light] passer au vert **c)** [person] devenir blême, blêmir ▸ **to be** or **to go green with envy** être vert de jalousie ▸ **as green as grass** vert cru ▸ **Green Shield stamps** *timbres donnant droit à des cadeaux, distribués par certains magasins en fonction du montant des achats* ▸ **green wellies** UK *inf bottes de caoutchouc vertes (le terme évoque les classes bourgeoises ou aristocratiques habitant à la campagne)* **2.** [unripe fruit] vert, pas mûr ; [undried timber] vert ; [meat] frais (fraîche) ; [bacon] non fumé **3.** [naive] naïf ; [inexperienced] inexpérimenté / *I'm not as green as I might seem* je ne suis pas aussi naïf que j'en ai l'air / *a green young reporter* un jeune reporter inexpérimenté **4.** [ecological] écologique, vert ▸ **to go green** virer écolo **5.** *liter* [alive] vivant, vivace ▸ **to keep sb's memory green** chérir la mémoire de qqn. ◆ n **1.** [colour] vert *m* / *green suits you* le vert te va bien / *the girl in green* la fille en vert / *dressed in green* habillé de or en vert **2.** [grassy patch] pelouse *f*, gazon *m* **3.** GOLF green *m* / *on the green* sur le green.

❖ **Green** adj UK ECON & POL vert / *the Green party* le parti écologiste, les Verts *mpl* / *Green politics* la politique des Verts.

❖ **greens** pl n **1.** [vegetables] légumes *mpl* verts / *you should eat more greens* tu devrais manger plus de légumes verts **2.** US [foliage] feuillage *m (dans un bouquet)*.

❖ **Greens** pl n UK POL ▸ **the Greens** les Verts *mpl*, les écologistes *mpl*.

green audit n audit *m* vert.

greenback ['gri:nbæk] n US *inf* dollar *m*.

green bean n haricot *m* vert.

green belt n ceinture *f* verte.

Green Beret n US *inf* marine *m* ▸ **the Green Berets** les bérets *mpl* verts.

green card n **1.** [insurance] carte *f* verte *(prouvant qu'un véhicule est assuré pour un voyage à l'étranger)* **2.** US [work permit] carte *f* de séjour.

green collar adj [worker] qui travaille dans le domaine de l'environnement ; [job] dans le domaine de l'environnement.

green cross code n UK ▸ **the green cross code** le code de sécurité routière *(pour apprendre aux piétons à traverser la route avec moins de risques d'accident)*.

greenery ['gri:nərɪ] n verdure *f*.

green-eyed adj aux yeux verts ; [jealous] jaloux.

greenfield site ['gri:nfi:ld-] n *terrain non construit à l'extérieur d'une ville.*

greenfinch ['gri:nfɪntʃ] n verdier *m*.

green-fingered [-'fɪŋgəd] adj UK qui a la main verte.

green fingers pl n UK ▸ **to have green fingers** avoir le pouce vert, avoir la main verte.

greenfly ['gri:nflaɪ] (*pl* **greenfly** *or* **greenflies**) n puceron *m* (vert).

greengage ['gri:ngeɪdʒ] n reine-claude *f*.

greengrocer ['gri:nˌgrəʊsər] n UK marchand *m* de fruits et légumes / *to go to the greengrocer's* aller chez le marchand de fruits et légumes.

Greenham Common ['gri:nəm-] pr n *village en Angleterre où ont eu lieu de nombreuses manifestations hostiles à l'armement nucléaire.*

greenhorn ['gri:nhɔ:n] n US *inf* blanc-bec *m*.

greenhouse ['gri:nhaʊs] *(pl* [-haʊzɪz]*)* ◆ n serre *f*. ◆ comp ▸ **greenhouse plants** plantes *fpl* de serre ▸ **greenhouse gases** gaz *mpl* à effet de serre.

greenhouse effect n ▸ **the greenhouse effect** l'effet *m* de serre.

greening ['gri:nɪŋ] n prise *f* de conscience écologique.

greenish ['gri:nɪʃ] adj tirant sur le vert ; *pej* verdâtre.

greenkeeper ['gri:nˌki:pər] n *personne qui entretient les pelouses des terrains de sport.*

Greenland ['grinlənd] pr n Groenland *m* / *in Greenland* au Groenland.

Greenlander ['gri:nləndər] n Groenlandais *m*, -e *f*.

green light n *lit & fig* feu *m* vert ▸ **to give the green light to sb / sthg** donner le feu vert à qqn / pour qqch ▸ **to get the green light from sb** obtenir le feu vert de qqn.

greenlight ['gri:nlaɪt] vt US donner le feu vert à.

greenmail ['gri:nmeɪl] n US *pratique financière dans laquelle une société rachète les actions d'une autre société en la menaçant d'une OPA, pour pouvoir les lui revendre à un prix plus élevé.*

greenness ['gri:nnɪs] n **1.** [colour] couleur *f* verte, vert *m* ; [of field, valley] verdure *f* ; [of fruit] verdeur *f* **2.** [of person - inexperience] inexpérience *f*, manque *m* d'expérience ; [- naivety] naïveté *f* **3.** ECON & POL côté *m* écologique.

green onion n US ciboule *f*, cive *f*.

green paper n POL *document formulant des propositions destinées à orienter la politique gouvernementale.*

green peas pl n petits pois *mpl*.

green pepper n poivron *m* vert.

green plover n vanneau *m*.

green pound n ECON livre *f* verte.

greenroom ['gri:nrʊm] n THEAT foyer *m* des artistes.

green salad n salade *f* (verte).

greenshank ['gri:nʃæŋk] n chevalier *m*.

green shoots pl n ECON [signs of recovery] premiers signes *mpl* de reprise.

greenstick fracture n MED fracture *f* incomplète.

greenstuff ['gri:nstʌf] n **1.** *(U)* [vegetables] légumes *mpl* verts **2.** US *inf* [money] fric.

greensward ['gri:nswɔ:d] n *arch & liter* pelouse *f*, gazon *m*, tapis *m* de verdure.

green tax n taxe *f* verte.

green tea n thé *m* vert.

green thumb US = **green fingers**.

green-thumbed [-'θʌmd] US = **green-fingered**.

green vegetables pl n légumes *mpl* verts.

Greenwich Mean Time ['grenɪdʒ-] n heure *f* (du méridien) de Greenwich.

greenwood ['gri:nwʊd] n *arch* forêt *f* verdoyante.

green woodpecker n pivert *m*, pic-vert *m*.

greeny ['gri:nɪ] adj tirant sur le vert.

greet [gri:t] vt [meet, welcome] saluer, accueillir / *to greet sb with a wave of the hand* saluer qqn de la main / *to greet sb / sthg with open arms* accueillir qqn / qqch les bras ouverts / *the news was greeted with a sigh of relief* les nouvelles furent accueillies avec un soupir de soulagement / *a strange sound greeted our ears* un son étrange est parvenu à nos oreilles / *the sight that greeted her (eyes) defied description* la scène qui s'offrit à ses regards défiait toute description.

greeter ['gri:tər] n [male] *employé qui accueille les clients* ; [female] hôtesse *f*.

greeting ['gri:tɪŋ] n salut *m*, salutation *f* ; [welcome] accueil *m*.

❖ **greetings** pl n [good wishes] compliments *mpl*, salutations *fpl* ▸ **to send one's greetings to sb** envoyer son bon souvenir or le bonjour à qqn ▸ **birthday greetings** vœux *mpl* d'anniversaire.

greetings card UK, **greeting card** US n carte *f* de vœux.

gregarious [grɪ'geərɪəs] adj [animal, bird] grégaire ; [person] sociable.

gregariousness [grɪ'geərɪəsnɪs] n [of animal, bird] grégarisme *m* ; [of person] sociabilité *f*.

Gregorian [grɪ'gɔ:rɪən] adj grégorien.

Gregorian calendar n ▸ **the Gregorian calendar** le calendrier grégorien.

Gregorian chant n chant *m* grégorien.

Gregory ['gregərɪ] pr n ▸ **Saint Gregory** saint Grégoire ▸ **Gregory the Great** Grégoire le Grand.

GR8 MESSAGING **written abbr of great.**

gremlin ['gremlɪn] n *inf & hum diablotin malfaisant que l'on dit responsable de défauts mécaniques ou d'erreurs typographiques.*

Grenada [grə'neɪdə] pr n Grenade *f* / *in Grenada* à la Grenade.

grenade [grə'neɪd] n MIL grenade *f* ▸ **grenade launcher** lance-grenades *m*.

Grenadian [grə'neɪdɪən] ◆ n Grenadin *m*, -e *f*. ◆ adj grenadin.

grenadier [,grenə'dɪər] n [soldier] grenadier *m*.

Grenadier Guards pl pr n ▸ **the Grenadier Guards** *régiment d'infanterie de la Garde Royale britannique.*

grenadine ['grenədi:n] n grenadine *f*.

Gretna Green ['gretnə-] pr n *village en Écosse où autrefois on pouvait se marier sans formalités administratives.*

grew [gru:] pt ⟶ **grow.**

grey UK, **gray** US [greɪ] ◆ adj **1.** [colour, weather] gris / *to paint sthg grey* peindre qqch en gris / *grey weather* temps gris / *grey skies* ciel gris or couvert / *a cold grey day* un jour de froid et de grisaille **2.** [hair] gris, grisonnant ▸ **to go grey** grisonner / *it's enough to make your hair go* or *turn grey* il y a de quoi se faire des cheveux blancs **3.** [complexion] gris, blême / *she looked grey and ill* elle avait un teint gris de malade **4.** [life, situation] morne / *John leads a very grey existence* John mène une vie très morne. ◆ n **1.** [colour] gris *m* **2.** [horse] (cheval *m*) gris *m*. ◆ vi [hair] grisonner, devenir gris / *Jacques is beginning to grey at the temples* Jacques commence à avoir les tempes grisonnantes.

grey area n zone *f* d'incertitude or de flou / *the grey area between right and wrong* la frontière indistincte qui sépare le bien du mal.

greybeard UK, **graybeard** US ['greɪ,bɪəd] n *liter* vieil homme *m*.

grey cell n ANAT cellule *f* grise / *he's a little short on grey cells inf* il n'a pas inventé la poudre.

Grey Friar n franciscain *m*.

grey-haired adj aux cheveux gris, grisonnant.

Greyhound® pr n ▸ **Greyhound buses** *réseau d'autocars couvrant tous les États-Unis.*

greyhound ['greɪhaʊnd] n lévrier *m*, levrette *f* / *greyhound racing* course *f* de lévriers / *a greyhound (racing) track* un cynodrome.

greying UK, **graying** US ['greɪɪŋ] adj grisonnant.

greyish UK, **grayish** US ['greɪɪʃ] adj tirant sur le gris ; [beard] grisonnant ; *pej* grisâtre.

greylag ['greɪlæg] n ▸ **greylag (goose)** oie *f* cendrée.

grey literature n littérature *f* grise.

grey matter n matière *f* grise.

grey mullet n muge *m*.

greyness UK, **grayness** US ['greɪnɪs] n [of paint, skin] teinte *f* grise ; [of sky, weather] grisaille *f*.

greyscale UK, **grayscale** US ['greɪskeɪl] n COMPUT niveau *m* de gris.

grey seal n phoque *m* gris.

grey squirrel n écureuil *m* gris, petit-gris *m*.

grey whale n baleine *f* grise.

grey wolf n loup *m* (gris).

grid [grɪd] ◆ n **1.** [grating] grille *f*, grillage *m* **2.** [electrode] grille *f* ; ELEC réseau *m* / *they live off the grid* US ils ne sont pas raccordés au réseau électrique, ils n'ont pas l'électricité **3.** [on chart, map] grille *f* ; [lines on map] quadrillage *m* / *the earth's grid* le quadrillage terrestre **4.** [in nuclear reactor] grille *f* **5.** THEAT gril *m* **6.** CULIN gril *m* **7.** US AUTO zone quadrillée / **'do not enter grid unless exit is clear'** 'ne pas s'arrêter dans la zone quadrillée' **8.** US SPORT = **gridiron.** ◆ comp ▸ **grid pattern** : *the city was built on a grid pattern* la ville était construite en quadrillé or en damier.

gridded ['grɪdɪd] adj **1.** [grating] grillé, grillagé **2.** [chart, map] quadrillé.

griddle ['grɪdl] ◆ n [iron plate] plaque *f* en fonte ; [on top of stove] plaque *f* chauffante. ◆ vt cuire sur une plaque *(à galette)*.

griddle cake n *sorte de galette épaisse.*

gridiron ['grɪd,aɪən] n **1.** CULIN gril *m* **2.** THEAT gril *m* **3.** US [game] football *m* américain ; [pitch] terrain *m* de football.

gridline ['grɪdlaɪn] n COMPUT quadrillage *m*.

gridlock ['grɪdlɒk] n US [traffic jam] embouteillage *m* ; *fig* blocage *m*.

gridlocked ['grɪdlɒkt] adj [roads] bloqué ; *fig* [situation, negotiations] bloqué / *the two parties are gridlocked* chaque partie campe sur ses positions.

grid marking n [on charts, maps] repères *mpl* de quadrillage.

grid parity n ECOL parité *f* réseau *(seuil de compétitivité de l'énergie photovoltaïque).*

grid reference n coordonnées *fpl* de la grille.

grief [gri:f] n **1.** [sorrow] chagrin *m*, peine *f*, (grande) tristesse *f* / *he was driven almost mad with grief* son chagrin l'a presque rendu fou / *to die of grief* mourir de chagrin **2.** [as interjection] ▸ **good grief!** mon Dieu !, ciel ! **3.** PHR **to come to grief a)** [person] avoir de graves ennuis **b)** [project, venture] échouer, tomber à l'eau.

grievance ['gri:vns] n **1.** [cause for complaint] grief *m*, sujet *m* de plainte ; [complaint] réclamation *f*, revendication *f* / *my only grievance (against him) is…* le seul grief que j'ai (contre lui), c'est… / *the workers put forward a list of grievances* les travailleurs ont présenté un cahier de revendications ▸ **grievance procedure** *procédure permettant aux salariés de faire part de leurs revendications* **2.** [grudge] ▸ **to nurse a grievance** entretenir or nourrir une rancune or un ressentiment **3.** [injustice] injustice *f*, tort *m* / *to redress a grievance* redresser un tort or une injustice **4.** [discontent] mécontentement *m* / *they voiced their grievances* ils ont exprimé leur mécontentement.

grieve [gri:v] ◆ vt peiner, chagriner / *it grieved me to see him so ill* / *unhappy* ça m'a fait de la peine de le voir si malade / si malheureux / *I was grieved to discover that…* cela m'a fait beaucoup de peine d'apprendre que… ◆ vi [feel grief] avoir de la peine or du chagrin, être peiné ▸ **to grieve at** or **over** or **about sthg** avoir de la peine à cause de qqch ; [express grief] pleurer / *to grieve for the dead* pleurer les morts.

grieving ['gri:vɪŋ] ◆ adj [person] en deuil / *the grieving process* le (processus de) deuil. ◆ n deuil *m*.

grievous ['gri:vəs] adj **1.** *fml* [causing pain] affreux, cruel, atroce / *a grievous loss* une perte cruelle **2.** *liter* [grave, serious] grave, sérieux / *grievous injury* des blessures graves / *he committed a grievous error* il a commis une grave erreur **3.** LAW ▸ **grievous bodily harm** coups *mpl* et blessures *fpl*.

grievously ['gri:vəslɪ] adv *fml* gravement, sérieusement / *grievously mistaken* tout à fait dans l'erreur / *grievously wounded* grièvement blessé.

griffin ['grɪfɪn] n MYTH griffon *m*.

griffon ['grɪfn] n MYTH & ZOOL griffon *m*.

grift [grɪft] US *v inf* ◆ n [graft] corruption *f* ; [cunning trickery] escroquerie *f*, filouterie *f*. ◆ vi filouter, vivre de l'arnaque.

grifter ['grɪftər] n US *v inf* arnaqueur *m*, -euse *f*, escroc *m*.

grill [grɪl] ◆ vt **1.** CULIN (faire) griller **2.** *inf* [interrogate] cuisiner. ◆ vi CULIN griller. ◆ n **1.** CULIN [device] gril *m* ; [dish] grillade *f* ▸ **to cook sthg under the grill** faire cuire qqch au gril **2.** [grating] grille *f*, grillage *m* **3.** AUTO = **grille.**

grille [grɪl] n **1.** [grating] grille *f*, grillage *m* **2.** AUTO calandre *f*.

grilling ['grɪlɪŋ] n **1.** UK [of food] cuisson *f* sur le or au gril **2.** *inf* [interrogation] : *to give sb a grilling* cuisiner qqn.

grillroom ['grɪlrʊm] n grill *m (restaurant)*.

grilse [grɪls] n grilse *m*.

grim [grɪm] adj **1.** [hard, stern] sévère ; [reality, necessity, truth] dur / *a grim look* un regard sévère / *to look grim* avoir l'air sévère / *with grim determination* avec une volonté inflexible **2.** [gloomy] sinistre, lugubre / *grim prospects* de sombres perspectives / *a grim story* une histoire sinistre or macabre / *it was a grim reminder of his years in prison* c'était un sinistre souvenir de ses années en prison / *the economic situation is looking pretty grim* la situation économique n'est pas très encourageante **3.** [unpleasant] : *his new film is pretty grim* son nouveau film n'est pas terrible ; [unwell] patraque ; [depressed] déprimé, abattu / *I felt pretty grim this morning* **a)** [unwell] je ne me sentais pas bien du tout ce matin **b)** [depressed] je n'avais vraiment pas le moral ce matin.

grimace [grɪ'meɪs] ◆ n grimace *f* / *to make a grimace* faire une grimace. ◆ vi [in disgust, pain] grimacer, faire la grimace ; [to amuse] faire des grimaces.

grime [graɪm] n *(U)* crasse *f*, saleté *f*.

grimly ['grɪmlɪ] adv **1.** [threateningly] d'un air menaçant ; [unhappily] d'un air mécontent **2.** [defend, struggle] avec acharnement ; [hold on] inflexiblement, fermement ; [with determination] d'un air résolu, fermement.

grimness ['grɪmnɪs] n **1.** [sternness] sévérité *f*, gravité *f* **2.** [of story] côté *m* sinistre or macabre ; [of prospects, situation] côté *m* difficile.

grimy ['graɪmɪ] adj sale, crasseux.

grin [grɪn] ◆ n grand sourire *m* / *a broad grin* un large sourire. ◆ vi sourire ▸ **to grin at sb** faire or adresser un grand sourire à qqn / *what are you grinning at?* qu'est-ce que tu as à sourire comme ça ? ▸ **to grin and bear it** : *we'll just have to grin and bear it* il faudra le prendre avec le sourire.

grind [graɪnd] (*pt & pp* **ground** [graʊnd]) ◆ n **1.** [monotonous work] corvée *f* / *the daily grind* le train-train quotidien / *what a grind!* quelle corvée !, quelle barbe ! **2.** US *inf* [hard worker] bûcheur *m*, -euse *f*, bosseur *m*, -euse *f* **3.** *vulg* [copulation] ▸ **to have a good grind** bien baiser. ◆ vt **1.** [coffee, corn, pepper] moudre ; [stones] concasser ; US [meat] hacher ; [into powder] pulvériser, réduire en poudre ; [crush] broyer, écraser / *he ground his feet into the sand* il a enfoncé ses pieds dans le sable **2.** [rub together] écraser l'un contre l'autre ▸ **to grind one's teeth** grincer des dents ▸ **to grind sthg between one's teeth** broyer qqch entre ses dents ▸ **to grind the gears** AUTO faire grincer les vitesses **3.** [polish -lenses] polir ; [-stones] polir, égriser ; [sharpen -knife] aiguiser or affûter (à la meule) **4.** [turn handle] tourner / *to grind a pepper mill* tourner un moulin à poivre / *to grind a barrel-organ* tourner la manivelle de or jouer de l'orgue de Barbarie. ◆ vi **1.** [crush] : *this barley grinds well* cet orge est facile à moudre / *this pepper mill doesn't grind very well* ce moulin à poivre ne moud pas très bien **2.** [noisily] grincer ▸ **to grind to a halt** / **to a standstill a)** [machine, vehicle] s'arrêter / s'immobiliser en grinçant **b)** [company, economy, production] s'immobiliser peu à peu, s'arrêter progressivement **3.** US *inf* [work hard] bûcher or bosser (dur) **4.** *vulg* [copulate] baiser.

❖ **grind away** vi *inf* : *I've been grinding away at this essay all weekend* j'ai bûché sur cette dissertation tout le week-end.

❖ **grind down** vt sep **1.** *lit* pulvériser, réduire en poudre ; [lens] meuler **2.** *fig* [oppress] opprimer, écraser / *don't let your job grind you down* ne te laisse pas abattre par ton boulot / *the people were ground down by years of poverty* la population était écrasée par des années de misère.

❖ **grind in** vt sep ▸ **to grind in a valve** roder une soupape.

❖ **grind on** vi *inf* [speaker] parler à n'en plus finir ; [lecture, week] traîner en longueur.

❖ **grind out** vt sep **1.** [extinguish by grinding] : *she ground out her cigarette in the ashtray* elle a écrasé sa cigarette dans le cendrier **2.** *fig* [produce slowly] : *he was grinding out a tune on the barrel-organ* il jouait un air sur l'orgue de Barbarie / *she's just ground out another blockbuster* elle vient de pondre un nouveau best-seller.

❖ **grind up** vt sep pulvériser ▸ **to grind sthg up into powder** réduire qqch en poudre.

grinder ['graɪndəʳ] n **1.** [tooth] molaire *f* **2.** [person - of minerals] broyeur *m*, -euse *f* ; [- of knives, blades, etc.] rémouleur *m* **3.** [machine - for crushing] moulin *m*, broyeur *m* ; [- for sharpening] affûteuse *f*, machine *f* à aiguiser.

grinding ['graɪndɪŋ] ◆ n [sound] grincement *m*. ◆ adj **1.** [sound] : *a grinding noise* un bruit grinçant **2.** [oppressive] : *grinding boredom* ennui *m* mortel / *grinding poverty* misère *f* écrasante ▸ **to come to a grinding halt a)** [machine] s'arrêter en grinçant **b)** [production, negotiations] s'enrayer brusquement / *traffic was brought to a grinding halt* la circulation s'est brusquement arrêtée.

grindingly ['graɪndɪŋlɪ] adv : *grindingly boring* d'un ennui mortel / *grindingly slow* d'une lenteur insupportable.

grindstone ['graɪndstəʊn] n meule *f*.

gringo ['grɪŋgəʊ] (*pl* **gringos**) n *v inf & offens* gringo *m*.

grinning ['grɪnɪŋ] adj [face, person] souriant.

grip [grɪp] (*pt & pp* **gripped**, *cont* **gripping**) ◆ n **1.** [strong hold] prise *f*, étreinte *f* ; [on racket] tenue *f* ; [of tyres on road] adhérence *f* / *to lose one's grip* lâcher prise / *he tightened his grip on the rope* il a serré la corde plus fort ▸ **to get a grip of sthg / sb** empoigner qqch / qqn **2.** [handclasp] poigne *f* / *a strong grip* une forte poigne / *she held his hand in a vice-like grip* elle lui serrait la main comme un étau or tenait la main d'une poigne d'acier **3.** *inf* [self-control] : *he's losing his grip* il perd les pédales / *Grandad is starting to lose his grip* grand-père commence à baisser / *get a grip (of or on yourself)!* secoue-toi un peu ! **4.** [understanding] : *he has a good grip of the subject* il connaît or domine bien son sujet **5.** [handle] poignée *f* **6.** CIN & THEAT machiniste *mf* **7.** *dated* [bag] sac *m* de voyage **8.** PHR **to come** or **to get to grips with a problem** s'attaquer à un problème ▸ **to come** or **to get to grips with the enemy** être confronté à l'ennemi, être aux prises avec l'ennemi. ◆ vt **1.** [grasp - rope, rail] empoigner, saisir / *he gripped my arm* il m'a saisi le bras **2.** [hold tightly] serrer, tenir serré / *he gripped my hand* il m'a serré la main très fort **3.** [subj: tyres] adhérer / *to grip the road* [car] coller à la route **4.** [hold interest] passionner / *the trial gripped the nation* le procès a passionné or captivé le pays. ◆ vi [tyres] adhérer.

gripe [graɪp] ◆ n **1.** *inf* [complaint] ronchonnements *mpl* / *his gripe was that he received no compensation* il se plaignait de n'avoir reçu aucun dédommagement / *what's your gripe?* de quoi te plains-tu ? **2.** MED = **gripes**. ◆ vi *inf* [complain] ronchonner, rouspéter / *he's been griping at me all day* il a ronchonné contre moi toute la journée.

❖ **gripes** pl n MED coliques *fpl*.

gripe water n calmant *m* (*pour coliques*).

griping ['graɪpɪŋ] n *(U) inf* ronchonnements *mpl*, rouspétance *f*.

gripping ['grɪpɪŋ] adj [story, play] captivant, passionnant, palpitant.

grippingly ['grɪpɪŋlɪ] adv [written, told] de manière captivante or passionnante.

grisly ['grɪzlɪ] adj épouvantable, macabre, sinistre.

grist [grɪst] n blé *m* (à moudre) ▸ **it's all grist to the mill** c'est toujours ça de pris.

gristle ['grɪsl] n *(U)* [cartilage] cartilage *m*, tendons *mpl* ; [in meat] nerfs *mpl*.

gristly ['grɪslɪ] adj *pej* nerveux, tendineux.

grit [grɪt] (*pt & pp* **gritted**, *cont* **gritting**) ◆ n **1.** [gravel] gravillon *m* **2.** [sand] sable *m* **3.** [for fowl] gravier *m* **4.** = **gritstone 5.** [dust] poussière *f* / *I have a piece of grit in my eye* j'ai un grain de poussière dans l'œil **6.** *inf* [courage] cran *m* / *she's got real grit* elle a vraiment du cran. ◆ vt **1.** [road, steps] gravillonner, répandre du gravillon sur **2.** PHR **to grit one's teeth** serrer les dents.

❖ **grits** pl n US gruau *m* de maïs.

gritstone ['grɪtstəʊn] n grès *m*.

gritter ['grɪtəʳ] n camion *m* de sablage.

gritting ['grɪtɪŋ] n [of roads] sablage *m* ▸ **gritting lorry** camion *m* de sablage.

gritty ['grɪtɪ] (*compar* **grittier**, *superl* **grittiest**) adj **1.** [road] couvert de gravier **2.** *inf* [person] qui a du cran **3.** [incisive - remark, comment] incisif, mordant **4.** [play, film] naturaliste.

grizzle ['grɪzl] vi UK *inf* **1.** [cry fretfully] pleurnicher, geindre **2.** [complain] ronchonner.

grizzled ['grɪzld] adj [person, beard] grisonnant.

grizzly ['grɪzlɪ] (*compar* **grizzlier**, *superl* **grizzliest**) ◆ adj [greyish] grisâtre ; [hair] grisonnant. ◆ n = **grizzly bear**.

grizzly bear n grizzli *m*, grizzly *m*, ours *m* brun (*des montagnes Rocheuses*).

groan [grəʊn] ◆ n **1.** [of pain] gémissement *m*, plainte *f* **2.** [of disapproval] grognement *m* / *he gave a groan of annoyance* il a poussé un grognement d'exaspération **3.** [complaint] ronchonnement *m*. ◆ vi **1.** [in pain] gémir **2.** [in disapproval] grogner / *everybody groaned at his corny jokes* tout le monde levait les yeux au ciel quand il sortait ses plaisanteries éculées **3.** [be weighed down by] gémir / *the table groaned under the weight of the food* la table ployait sous le poids de la nourriture **4.** [complain] ronchonner.

groat [grəʊt] n *ancienne pièce de monnaie britannique*.

groats [grəʊts] pl n gruau *m* (d'avoine).

grocer ['grəʊsəʳ] n UK épicier *m* / *at the grocer's (shop)* à l'épicerie, chez l'épicier.

grocery ['grəʊsərɪ] (*pl* **groceries**) n [shop] épicerie *f*.

❖ **groceries** pl n [provisions] épicerie *f (U)*, provisions *fpl* / *what groceries do we need?* qu'est-ce qu'il nous faut comme épicerie or provisions ?

grocery shop UK, **grocery store** US n épicerie *f*.

grody ['grəʊdɪ] adj US *inf* dégueulasse / *grody to the max* franchement dégueulasse.

grog [grɒg] n grog *m*.

groggily ['grɒgɪlɪ] adv *inf* **1.** [weakly] faiblement **2.** [unsteadily - from exhaustion, from blows] de manière chancelante or groggy.

groggy ['grɒgɪ] (*compar* **groggier**, *superl* **groggiest**) adj *inf* **1.** [weak] faible, affaibli / *groggy with flu* affaibli par la grippe **2.** [unsteady - from exhaustion] groggy *(inv)*, vacillant, chancelant ; [- from blows] groggy *(inv)*, sonné.

groin [grɔɪn] n **1.** ANAT aine *f* **2.** UK *euph* [testicles] bourses *fpl* **3.** ARCHIT arête *f* **4.** US = **groyne**.

groined vault [grɔɪnd-] n ARCHIT voûte *f* d'arête.

grommet ['grɒmɪt] n **1.** [metal eyelet] œillet *m* **2.** MECH virole *f*, rondelle *f* **3.** NAUT erse *f*, estrope *f*, bague *f* en corde.

Groningen ['grəʊnɪŋən] pr n Groningue.

groom [gru:m] ◆ n **1.** [for horses] palefrenier *m*, -ère *f*, valet *m* d'écurie **2.** = **bridegroom**. ◆ vt **1.** [clean - horse] panser ; [- dog] toiletter ; [- subj: monkeys, cats] / *cats groom themselves* les chats font leur toilette **2.** [prepare - candidate] préparer, former / *Ray is being groomed for an executive position* on prépare or forme Ray pour un poste de cadre / *I'm grooming him to take over from me* c'est mon poulain **3.** ▸ **to groom a child** [paedophile] *manipuler un mineur à des fins sexuelles sur Internet.*

groomed [gru:md] adj soigné / *to be well-groomed* être soigné (de sa personne).

grooming ['gru:mɪŋ] n **1.** [of person] toilette *f* ; [neat appearance] présentation *f* **2.** [of horse] pansage *m* ; [of dog] toilettage *m* **3.** [by paedophile] *manipulation de mineurs à des fins sexuelles sur Internet.*

groove [gru:v] ◆ n **1.** [for pulley, in column] cannelure *f*, gorge *f* ; [in folding knife] onglet *m* ; [in piston] gorge *f* ; [for sliding door] rainure *f* ; [on record] sillon *m* **2.** *inf* [rut] ▸ **to get into** or **to be stuck in a groove** s'encroûter **3.** MUS groove *m* **4.** ▸ **to be in the groove** [be up-to-date] être branché, être dans le coup. ◆ vt [make a groove] canneler, rainurer, rainer. ◆ vi **1.** US [enjoy oneself] s'éclater **2.** [dance] danser.

grooved [gru:vd] adj cannelé, rainé ▸ **grooved bearing** coussinet *m* à gorges or à pattes d'araignée ▸ **grooved block** bossage *m* cannelé ▸ **grooved board** planche *f* bouvetée ▸ **grooved column** colonne *f* cannelée or striée ▸ **grooved panel** panneau *m* tarabiscoté ▸ **grooved rail** rail *m* à gorge or à rigole or à ornière ▸ **grooved rubber matting** tapis *m* en caoutchouc à côtes ▸ **grooved shaft** arbre *m* cannelé ▸ **grooved trough** PHOT cuve *f* à rainures ▸ **grooved tyre** pneu *m* cannelé ▸ **grooved wheel** roue *f* à gorge, réa *m*.

groovy ['gru:vɪ] (*compar* **groovier**, *superl* **grooviest**) *inf* ◆ adj **1.** [excellent] sensationnel, sensass, super **2.** [trendy] dans le vent. ◆ interj ▸ **groovy!** chouette !, génial !, super !

grope [grəʊp] ◆ vi [seek - by touch] tâtonner, aller à l'aveuglette ; [- for answer] chercher ▸ **to grope (about** or **around) for sthg** chercher qqch à tâtons or à l'aveuglette / *to grope for words* chercher ses mots. ◆ vt **1.** ▸ **to grope one's way** : *to grope one's way in the dark* avancer à tâtons dans l'obscurité / *to grope one's way in / out* entrer / sortir à tâtons **2.** *inf* [sexually] tripoter, peloter.

grosgrain ['grəʊgreɪn] n gros-grain *m*.

gross [grəʊs] ◆ adj **1.** [vulgar, loutish - person] grossier, fruste ; [- joke] cru, grossier **2.** [flagrant - inefficiency] flagrant / *gross injustice* injustice *f* flagrante / *gross ignorance* ignorance *f* crasse **3.** [fat] obèse, énorme **4.** [overall total] brut ▸ **gross income** [in accounts] produit *m* or revenu *m* brut ▸ **gross margin** marge *f* brute ▸ **gross profits** bénéfices *mpl* bruts ▸ **gross wage** salaire *m* brut **5.** *inf* [disgusting] dégueulasse. ◆ n **1.** (*pl* **grosses**) [whole amount] ▸ **the gross** le gros **2.** [twelve dozen] grosse *f*, douze douzaines *fpl*. ◆ vt COMM faire or obtenir une recette brute de / *our firm grossed $800,000 last year* notre société a fait or obtenu une recette brute de 800 000 dollars l'année dernière.

❖ **gross out** vt sep US *inf* dégoûter, débecter *v inf* / *it really grossed me out* ça m'a vraiment débecté.

gross domestic product n produit *m* intérieur brut.

grossly ['grəʊslɪ] adv **1.** [coarsely] grossièrement **2.** [as intensifier] outre mesure, excessivement / *grossly unfair* extrêmement injuste.

gross national product n produit *m* national brut.

Grosvenor Square ['grəʊvnəʳ-] pr n *grande place à Londres où se trouve notamment l'ambassade des États-Unis.*

grot [grɒt] n UK *inf* crasse *f*, saleté *f*.

grotesque [grəʊ'tesk] ◆ adj grotesque. ◆ n grotesque *m*.

grotesquely [grəʊ'tesklɪ] adv grotesquement, absurdement.

grotto ['grɒtəʊ] (*pl* **grottos** *or* **grottoes**) n grotte *f*.

grotty ['grɒtɪ] (*compar* **grottier**, *superl* **grottiest**) adj UK *inf* **1.** [unattractive] moche ; [unsatisfactory] nul **2.** [unwell] : *to feel grotty* ne pas se sentir bien, être mal fichu.

grouch [graʊtʃ] *inf* ◆ vi rouspéter, ronchonner, grogner ▸ **to grouch about sthg** rouspéter or ronchonner après qqch, grogner contre qqch. ◆ n rouspéteur *m*, -euse *f*.

grouchy ['graʊtʃɪ] (*compar* **grouchier**, *superl* **grouchiest**) adj *inf* grincheux, ronchon, grognon.

ground [graʊnd] ◆ pt & pp ⟶ **grind**. ◆ n **1.** [earth] terre *f* ; [surface] sol *m* / *the ground is often frozen in winter* la terre est souvent gelée en hiver / *at ground level* au niveau du sol / *the children sat on the ground* les enfants se sont assis par terre / *drive the stakes firmly into the ground* enfoncez solidement les pieux dans le sol / *above ground* en surface / *below ground* sous terre / *to burn sthg to the ground* réduire qqch en cendres / *to fall to the ground* tomber par or à terre ▸ **to go to ground** se terrer ▸ **to be on firm ground** être sûr de son fait ▸ **to get off the ground a)** *lit* [aeroplane] décoller **b)** *fig* [project] démarrer ▸ **to suit sb down to the ground** : *it suits him down to the ground* ça lui va à merveille, ça lui convient parfaitement ▸ **to run a car into the ground** utiliser une voiture jusqu'à ce qu'elle rende l'âme ▸ **to run a company into the ground** faire couler une entreprise **2.** *(U)* [land] terrain *m* ; [region] région *f*, coin *m* / *there's a lot of hilly ground in Scotland* il y a beaucoup de coins vallonnés en Écosse **3.** UK [piece of land] terrain *m* ; [stadium] stade *m* / *the crowds are leaving the ground* la foule des spectateurs sort du stade **4.** [area used for specific purpose] ▸ **fishing grounds** zones *fpl* réservées à la pêche ▸ **training ground** terrain *m* d'entraînement or d'exercice **5.** MIL terrain *m* ▸ **to give** / **to lose ground** céder / perdre du terrain ▸ **to stand** or **to hold one's ground** tenir bon / *firm ground* terrain bien assis, terre ferme ▸ **to gain ground a)** [in battle] gagner du terrain **b)** [idea, concept] faire son chemin, progresser **c)** [news] se répandre ▸ **on the ground** [on the spot] sur le terrain **6.** = **ground floor 7.** *(U)* [area of reference] domaine *m*, champ *m* / *his article covers a lot of ground* dans son article, il aborde beaucoup de domaines / *this is new ground for me* pour moi, c'est un domaine nouveau **8.** [subject] terrain *m*, sujet *m* / *you're on dangerous ground* vous êtes sur un terrain glissant / *for them, politics is forbidden ground* pour eux, la politique est un sujet tabou or un domaine interdit **9.** [background] fond *m* / *on a green ground* [of painting] sur fond vert / *the middle ground* le second plan **10.** [of sea] fond *m* **11.** US ELEC terre *f*, masse *f* / *a ground connection* une prise de terre **12.** MUS ▸ **ground (bass)** basse *f* contrainte. ◆ comp au sol ▸ **ground crew** personnel *m* au sol ▸ **ground fire** feu *m* de broussailles ▸ **ground frost** gelée *f* blanche ▸ **ground staff** *personnel qui s'occupe de l'entretien d'un terrain de sport*. ◆ vt **1.** [base] fonder, baser / *my fears proved well grounded* mes craintes se sont révélées fondées, il s'est avéré que mes craintes étaient fondées **2.** [train] former / *the students are well grounded in computer sciences* les étudiants ont une bonne formation or de bonnes bases en informatique **3.** [plane, pilot] ▸ **to be grounded** être interdit de vol / *the plane was grounded for mechanical reasons* l'avion a été interdit de vol à cause d'un incident mécanique **4.** [ship] échouer **5.** US ELEC relier à la terre or à la masse **6.** *inf* [child] priver de sortie. ◆ vi [ship] échouer / *the submarine had grounded on a sandbank* le sous-marin s'était échoué or avait échoué sur un banc de sable. ◆ adj [wheat, coffee] moulu ; [pepper] concassé ; [steel] meulé ; [meat] haché.

❖ **grounds** pl n **1.** [around house] parc *m*, domaine *m* ; [around block of flats, hospital] terrain *m* ; [more extensive] parc *m* / *the house has extensive grounds* la maison est entourée d'un grand parc / *the grounds are patrolled by dogs* le terrain est gardé par des chiens **2.** [reason] motif *m*, raison *f* ; [cause] cause *f*, raison *f* ; [basis] base *f*, raison *f* ; [pretext] raison *f*, prétexte *m* / *you have no grounds for believing that he's lying* vous n'avez aucune raison de croire qu'il ment / *there are grounds for suspecting arson* il y a lieu de penser qu'il s'agit d'un incendie criminel / *he was excused on the grounds of poor health* il a été exempté en raison de sa mauvaise santé / *on medical* / *moral grounds* pour (des) raisons médicales / morales ; LAW : *grounds for appeal* voies *fpl* de recours / *grounds for complaint* grief *m* / *grounds for divorce* motif *m* de divorce **3.** [of coffee] marc *m*.

> **Ground zero**
>
> Depuis les attentats du 11 septembre 2001, cette expression est venue s'appliquer au site de l'ancien **World Trade Center** sur l'île de Manhattan à New York. Elle tire son origine du jargon militaire, dans lequel elle désigne le point d'impact sur terre d'une éventuelle frappe nucléaire.

groundbait ['graʊndbeɪt] n FISHING amorce *f* de fond.

ground beef n US steak *m* haché.

ground-breaking adj révolutionnaire / *this is ground-breaking technology* c'est une véritable percée technologique.

groundcloth ['graʊndklɒθ] US = **groundsheet**.

ground control n AERON contrôle *m* au sol.

ground cover n végétation *f* basse ▸ **ground cover plant** (plante *f*) couvre-sol *m inv*.

grounded ['graʊndɪd] adj ▸ **to be grounded** [emotionally stable] avoir les pieds sur terre.

ground floor n rez-de-chaussée *m*.

ground glass n **1.** [glass] verre *m* dépoli **2.** [as abrasive] verre *m* pilé.

ground hog n marmotte *f* d'Amérique ▸ **Ground Hog Day** US *le 2 février, jour où les marmottes sont censées avoir fini leur hibernation*.

ground-in adj [dirt] incrusté.

grounding ['graʊndɪŋ] n **1.** [training] formation *f* ; [knowledge] connaissances *fpl*, bases *fpl* **2.** [of argument] assise *f* **3.** US ELEC mise *f* à la terre or à la masse **4.** NAUT échouage *m* **5.** [of balloon] atterrissage *m* **6.** [of plane] interdiction *f* de vol.

groundless ['graʊndlɪs] adj sans fondement, sans motif / *her fears proved groundless* ses craintes s'avérèrent sans fondement.

groundlessly ['graʊndlɪslɪ] adv sans raison.

ground level n **1.** [ground floor] rez-de-chaussée *m* **2.** [lowest level in organization] base *f*.

groundling ['graʊndlɪŋ] n **1.** [fish] poisson *m* de fond **2.** [plant] plante *f* rampante **3.** THEAT ≃ spectateur *m*, -trice *f* du parterre ; *fig* personne *f* sans culture, philistin *m*.

groundnut ['graʊndnʌt] = **peanut**.

ground plan n **1.** [plan of ground floor] plan *m* au sol **2.** [plan of action] plan *m* d'action.

ground rent n redevance *f* foncière.

ground rice n farine *f* de riz.

ground rule n procédure *f*, règle *f* / *to lay down the ground rules* établir les règles du jeu *fig*.

groundsel ['graʊnsl] n séneçon *m*.

groundsheet ['graʊndʃi:t] n tapis *m* de sol.

groundskeeper ['graʊnzki:pər] n US préposé *m* à l'entretien d'un terrain de sport.

groundsman ['graʊndzmən] (*pl* **groundsmen** [-mən]) n gardien *m* de stade.

groundspeed ['graʊndspi:d] n AERON vitesse *f* au sol.

ground squirrel n spermophile *m*.

ground stroke n TENNIS ▸ **to hit a ground stroke** frapper la balle au rebond.

groundswell ['graʊndswel] n lame *f* de fond / *there was a groundswell of public opinion in favour of the president* *fig* l'opinion publique a basculé massivement en faveur du président.

ground-to-air adj MIL [missile] sol-air *(inv)*.

ground-to-ground adj MIL [missile] sol-sol *(inv)*.

groundwork ['graʊndwɜ:k] n *(U)* travail *m* préparatoire, canevas *m*.

group [gru:p] ◆ n **1.** [of people] groupe *m* ; POL [party] groupement *m* ; [literary] groupe *m*, cercle *m* **2.** [of objects] groupe *m*, ensemble *m* ; [of mountains] massif *m* **3.** [in business] groupe *m* / *they're in or part of the Hachette group* ils font partie du groupe Hachette **4.** [blood] groupe *m* / *what (blood) group are you? — group AB* quel est votre groupe sanguin ? — le groupe AB **5.** MUS groupe *m* / *a pop* / *rock group* un groupe pop / rock **6.** LING groupe *m*, syntagme *m* **7.** MIL groupe *m*. ◆ comp [work] de groupe ; [action, decision] collectif. ◆ vt **1.** [bring together] grouper, réunir ; [put in groups] disposer en groupes / *the teacher grouped all the eight-year-olds together* l'institutrice a groupé or regroupé tous les enfants de huit ans **2.** [combine] combiner. ◆ vi se grouper, se regrouper / *they all grouped round their leader* ils se groupèrent tous autour de leur chef.

group captain n colonel *m* de l'armée de l'air / *Group Captain Ross* le colonel Ross.

grouper ['gru:pər] n ZOOL mérou *m*.

groupie ['gru:pɪ] n *inf* groupie *f*.

grouping ['gru:pɪŋ] n groupement *m*.

group leader n [on package tour] accompagnateur *m*, -trice *f* ; [for group of children] moniteur *m*, -trice *f*.

group practice n MED cabinet *m* médical ▸ **to be in group practice** faire partie d'un cabinet médical.

group therapy n thérapie *f* de groupe.

groupware ['gru:pweər] n COMPUT logiciel *m* de groupe, synergiciel *m*.

grouse [graʊs] ◆ n **1.** [bird] grouse *f*, lagopède *m* d'Écosse **2.** *inf* [grumble] rouspétance *f* ; [complaint] grief *m* ▸ **to have a grouse about sthg** rouspéter contre qqch. ◆ comp ▸ **grouse beating** rabattage *m* ▸ **grouse moor** chasse *f* réservée (à la chasse à la grouse) ▸ **grouse shooting** chasse *f* à la grouse. ◆ vi *inf* rouspéter, râler / *what are you grousing about?* pourquoi rouspètes-tu ?

grouser ['graʊsər] n *inf* [complainer] grognon *m*, rouspéteur *m*, -euse *f*.

grout [graʊt] ◆ n coulis *m* au ciment. ◆ vt jointoyer.

grouting ['graʊtɪŋ] n jointoiement *m*.

grove [grəʊv] n bosquet *m* ▸ **the groves of Academe** le milieu *m* universitaire, l'Université *f*.

grovel ['grɒvl] (UK *pt & pp* **grovelled**, *cont* **grovelling** ; US *pt & pp* **groveled**, *cont* **groveling**) vi **1.** [act humbly] ramper, s'aplatir ▸ **to grovel to sb (for sthg)** s'aplatir devant qqn (pour obtenir qqch) ▸ **to grovel before sb** ramper devant qqn **2.** [crawl on floor] se vautrer par terre / *stop grovelling around on the floor* arrête de te traîner par terre.

groveller UK, **groveler** US ['grɒvlər] n flagorneur *m*, -euse *f* *fml*, lèche-bottes *mf*.

grovelling UK, **groveling** US ['grɒvlɪŋ] ◆ adj rampant, servile / *a grovelling letter* une lettre obséquieuse / *a grovelling apology* de viles excuses. ◆ n *(U)* flagornerie *f*.

grovellingly UK, **grovelingly** US ['grɒvlɪŋlɪ] adv servilement, en rampant.

grow [grəʊ] (*pt* **grew** [gru:], *pp* **grown** [grəʊn]) ◆ vi **1.** [plants] croître, pousser ; [hair] pousser ; [seeds] germer / *orange trees grow best in a warm climate* les orangers poussent mieux en climat chaud / *money doesn't grow on trees* l'argent ne pousse pas sur les arbres **2.** [person - in age, height] grandir / *hasn't he grown!* qu'est-ce qu'il a grandi ! ; [develop] : *to grow in wisdom* / *understanding* devenir plus sage / compréhensif **3.** [originate] : *this custom grew from* or *out of a pagan ceremony* cette coutume est née d'une or a pour origine une cérémonie païenne **4.** [increase] s'accroître, augmenter / *the crime rate in the big cities is growing* le taux de criminalité augmente dans les grandes villes / *our love* / *friendship grew over the years* notre amour / amitié a grandi au fil des ans / *he has grown in my esteem* il a grandi or est monté dans mon estime / *the town grew in importance* la ville a gagné en importance

5. [become] devenir / *to grow angry* se mettre en colère / *to grow bigger* grandir, s'agrandir / *it's beginning to grow dark* il commence à faire nuit / *to grow old* devenir vieux, vieillir **6.** *(with infinitive)* [come gradually] : *I've grown to respect him* j'ai appris à le respecter / *to grow to like* / *to dislike* finir par aimer / détester. ◆ vt **1.** [crops, plants] cultiver **2.** [beard, hair] laisser pousser / *he's trying to grow a beard* il essaie de se laisser pousser la barbe / *she's growing her hair (long)* elle se laisse pousser les cheveux **3.** FIN [company] agrandir.

❖ **grow apart** vi [couple] s'éloigner l'un de l'autre.

❖ **grow away** vi : *they began to grow away from each other* ils ont commencé à s'éloigner l'un de l'autre *fig.*

❖ **grow back** vi [hair, nail] repousser.

❖ **grow into** vt insep **1.** [become] devenir (en grandissant) / *both her sons grew into fine-looking men* ses deux fils sont devenus de beaux jeunes gens **2.** [clothes] : *the pullover's too big for him, but he'll grow into it* le pull est trop grand pour lui, mais il pourra le mettre un jour / *he'll soon grow into those shoes* il pourra bientôt mettre ces chaussures, bientôt ces chaussures lui iront **3.** [become used to] : *to grow into a job* s'habituer à or s'adapter à un travail.

❖ **grow on** vt insep plaire de plus en plus à / *the song began to grow on him after a while* au bout d'un certain temps, la chanson commença à lui plaire de plus en plus / *it grows on you* on s'y fait.

❖ **grow out of** vt insep **1.** [clothes] : *he's grown out of most of his clothes* la plupart de ses vêtements ne lui vont plus, il ne rentre plus dans la plupart de ses vêtements **2.** [habit] perdre (avec le temps) / *he never grew out of (the habit of) biting his nails* il n'a jamais perdu cette habitude de se ronger les ongles.

❖ **grow up** vi **1.** [person] grandir, devenir adulte / *what do you want to be when you grow up?* que veux-tu faire quand tu seras grand ? / *I hope he won't grow up to be a liar* / *thief* j'espère qu'il ne sera pas un menteur / voleur plus tard / *grow up!* sois un peu adulte ! / *when are you going to grow up?* quand est-ce que tu seras un peu raisonnable ? **2.** [emotions, friendship] naître, se développer / *a strong feeling of hatred grew up between them* un puissant sentiment de haine est né entre eux.

grow bag n *sac plastique rempli de terreau dans lequel on fait pousser une plante.*

grower ['grəʊəʳ] n **1.** [producer] producteur *m*, -trice *f* ; [professional] cultivateur *m*, -trice *f* ; [amateur gardener] amateur *m* de jardinage / *vegetable grower* maraîcher *m*, -ère *f* / *rose grower* **a)** [professional] rosiériste *mf* **b)** [amateur] *he's a keen rose grower* il se passionne pour la culture des roses **2.** [plant, tree] : *a slow grower* une plante qui pousse lentement.

growing ['grəʊɪŋ] ◆ adj **1.** [plant] croissant, qui pousse ; [child] grandissant, en cours de croissance / *a growing child needs a well balanced diet* un enfant en pleine croissance a besoin d'une alimentation bien équilibrée **2.** [increasing -debt] qui augmente ; [-amount, number] grandissant, qui augmente ; [-friendship, impatience] grandissant / *growing numbers of people are out of work* de plus en plus de gens sont ou un nombre croissant de gens est au chômage / *a growing population* une population qui s'accroît / *there are growing fears of a nuclear war* on craint de plus en plus une guerre nucléaire. ◆ comp ▸ **wheat** / **potato growing region** région qui produit du blé / de la pomme de terre, région à blé / pommes de terre ▸ **wine growing region** région vinicole. ◆ n [of agricultural products] culture *f*.

growing pains pl n **1.** [of children] douleurs *fpl* de croissance **2.** [of business, project] difficultés *fpl* de croissance, problèmes *mpl* de départ.

growing season n saison *f* nouvelle.

growl [graʊl] ◆ vi [animal] grogner, gronder ; [person] grogner, grommeler ; [thunder] tonner, gronder ; [stomach] gargouiller ▸ **to growl at sb** grogner contre qqn. ◆ vt [answer, instructions] grommeler, grogner. ◆ n grognement *m*, grondement *m* ; [in stomach] gargouillement *m*, gargouillis *m*.

grown [grəʊn] ◆ pp ⟶ **grow.** ◆ adj **1.** [person] adulte / *you don't expect grown adults to behave so stupidly* on ne s'attend pas à ce que des adultes se comportent de manière si stupide / *he's a grown man* il est adulte / *the children are fully grown now* les enfants sont grands maintenant **2.** [garden] : *the garden is all grown over* le jardin est tout envahi par les mauvaises herbes.

-grown in comp **1.** [of size, development] grand, qui a fini sa croissance, qui est arrivé à maturité ▸ **half-grown** à mi-croissance **2.** [of plants] que l'on fait pousser, que l'on cultive ▸ **tub-grown** en bac.

grown-up ◆ n adulte *mf*, grande personne *f*. ◆ adj adulte / *our children are grown-up now* nos enfants sont grands maintenant.

growth [grəʊθ] n **1.** *(U)* [development -of child, plant] croissance *f* ; [-of friendship] développement *m*, croissance *f* ; [-of organization] développement *m* / *lack of certain vitamins can hinder growth* la carence en certaines vitamines peut entraver la croissance / *intellectual* / *spiritual growth* développement intellectuel / spirituel **2.** *(U)* [increase -in numbers, amount] augmentation *f*, croissance *f* ; [-of market, industry] croissance *f*, expansion *f* ; [-of influence, knowledge] développement *m*, croissance *f* / *the experts predict a 2% growth in tourism* / *imports* les experts prédisent une croissance du tourisme / des importations de 2 % ▸ **economic growth** développement *m* or croissance *f* économique ▸ **population growth** croissance *f* de la population **3.** [of beard, hair, weeds] pousse *f* / *two days' growth of beard* une barbe de deux jours **4.** MED excroissance *f*, tumeur *f*, grosseur *f*.

growth area n secteur *m* en expansion or en croissance.

growth factor n facteur *m* de croissance.

growth hormone n hormone *f* de croissance.

growth industry n industrie *f* en plein essor or de pointe.

growth market n marché *m* porteur or en croissance.

growth rate n taux *m* de croissance.

growth ring n anneau *m* de croissance.

growth shares pl n ST. EX valeurs *fpl* de croissance.

growth stock n = **growth shares.**

groyne UK, **groin** US [grɔɪn] n brise-lames *m inv*.

GRSM (abbr of Graduate of the Royal Schools of Music) n *diplômé du conservatoire de musique britannique.*

grub [grʌb] ◆ vi **1.** [animal] fouir **2.** [rummage] fouiller / *he grubbed around for clues* fig il fouinait à la recherche d'indices. ◆ n **1.** [insect] asticot *m* **2.** *inf* [food] bouffe *f* ▸ **grub** or **grub's up!** à la soupe !

❖ **grub up** vt sep [bone] déterrer ; [root] extirper ; [plant] déraciner ; [insects] déloger.

grubbiness ['grʌbɪnɪs] n *(U)* saleté *f*.

grubby ['grʌbɪ] adj sale, crasseux, malpropre.

grub-kick n [in rugby] coup *m* qui reste au sol.

grub screw n vis *f* noyée, vis *f* sans tête.

grubstake ['grʌbsteɪk] n US *inf* investissement *m*.

grudge [grʌdʒ] ◆ n rancune *f* ▸ **to bear** or **to hold a grudge against sb** en vouloir à qqn, avoir de la rancune contre qqn / *he still bears me a grudge* il m'en veut toujours. ◆ vt = **begrudge.**

grudging ['grʌdʒɪŋ] adj [compliment, praise] fait or donné à contrecœur ; [agreement] réticent.

grudgingly ['grʌdʒɪŋlɪ] adv à contrecœur, avec réticence.

gruel [grʊəl] n bouillie *f* d'avoine.

gruelling UK, **grueling** US ['grʊəlɪŋ] adj [race] éreintant, épuisant ; [punishment] sévère ; [experience] très difficile, très dur.

gruellingly UK, **gruelingly** US ['grʊəlɪŋlɪ] adv de manière épuisante.

gruesome ['gru:səm] adj [sight] horrible ; [discovery] macabre.

gruff [grʌf] adj **1.** [manner] brusque **2.** [speech, voice] bourru / *a gruff voice* une grosse voix.

gruffly ['grʌflɪ] adv **1.** [of manner] avec brusquerie **2.** [of speech, voice] : *to speak gruffly* parler d'un ton bourru.

gruffness ['grʌfnɪs] n **1.** [of manner] brusquerie *f* **2.** [of speech, voice] ton *m* bourru.

grumble ['grʌmbl] ◆ vi **1.** [complain] grogner, grommeler / *he's always grumbling about something* il rouspète constamment contre quelque chose / *why are you grumbling at me?* pourquoi rouspètes-tu contre moi ? / *stop grumbling!* arrête de te plaindre ! / *how are you? — oh, mustn't grumble!* ça va ? — on fait aller ! **2.** [thunder, artillery] gronder / *my stomach kept grumbling loudly* mon estomac n'arrêtait pas de gargouiller bruyamment. ◆ n **1.** [complaint] ronchonnement *m*, sujet *m* de plainte / *what's his latest grumble?* pourquoi se plaint-il cette fois ? **2.** [of thunder, artillery] grondement *m* / *a distant grumble of thunder* un lointain grondement de tonnerre.

grumbler ['grʌmbləʳ] n grincheux *m*, -euse *f*, mécontent *m*, -e *f*.

grumbling ['grʌmblɪŋ] ◆ adj grincheux, grognon / *a grumbling stomach* un estomac qui gargouille ▸ **grumbling appendix** MED appendicite *f* chronique. ◆ n *(U)* plaintes *fpl*, protestations *fpl*.

grummet ['grʌmɪt] = **grommet.**

grump [grʌmp] n *inf* bougon *m*, -onne *f*, ronchon *m*, -onne *f* / *you are an old grump this morning!* t'es qu'un vieux ronchon, ce matin ! ▸ **to have the grumps** être de mauvais poil.

grumpily ['grʌmpɪlɪ] adv *inf* en ronchonnant, d'un ton or air ronchon.

grumpiness ['grʌmpɪnɪs] n *inf* mauvaise humeur *f*, maussaderie *f*, caractère *m* désagréable.

grumpy ['grʌmpɪ] adj *inf* ronchon, bougon / *a grumpy old woman* une vieille grincheuse / *don't be so grumpy!* ne sois pas si ronchon !

grundyism ['grʌndɪɪzm] n pudibonderie *f*.

grunge [grʌndʒ] n *inf* **1.** US [dirt] crasse *f* **2.** [music, fashion] grunge *m*.

grungy ['grʌndʒɪ] adj *inf* **1.** US [dirty] crasseux **2.** [style, fashion] grunge *(inv)*.

grunt [grʌnt] ◆ vi grogner, pousser un grognement. ◆ vt [reply] grommeler, grogner / *"what?", he grunted* « quoi ? », grogna-t-il. ◆ n **1.** [sound] grognement *m* / *to give a grunt* pousser un grognement / *the pig gave a loud grunt* le cochon grogna bruyamment **2.** US *inf* [soldier] troufion *m*.

grunt work n *inf* travail *m* fastidieux / *it's grunt work* c'est du sale boulot / *to delegate the grunt work* déléguer le sale boulot / *this software takes the grunt work out of organizing files* ce logiciel rend l'organisation des fichiers beaucoup moins fastidieuse.

Gruyère ['gru:jeəʳ] n gruyère *m*.

gryphon ['grɪfn] n griffon *m*.

GS n abbr of General Staff.

G7 n ECON & POL le G7, le groupe des 7.

GSM (abbr of global system for mobile communication) n TELEC GSM *m*.

GSOH MESSAGING **1.** written abbr of good salary, own home **2.** written abbr of good sense of humour.

g-spot n point *m* G.

G-string n **1.** MUS (corde *f* de) sol *m* **2.** [item of clothing] string *m*.

g-suit n combinaison *f* anti-G.

GTG, G2G MESSAGING written abbr of got to go.

GTSY MESSAGING written abbr of glad to see you.

GU written abbr of Guam.

guac(h)amole [,gwɑ:kə'məʊlɪ] n *(U)* guacamole *m*, purée *f* d'avocat.

Guadeloupe [,gwɑ:də'lu:p] pr n Guadeloupe *f* / *in Guadeloupe* à la or en Guadeloupe.

guaiac ['gwaɪæk] n gaïac *m*.

guaiacum ['gwaɪəkəm] n bois *m* de gaïac.

Guam [gwɑ:m] pr n Guam / *in Guam* à Guam.

guano ['gwɑ:nəʊ] n guano *m*.

guarantee [,gærən'ti:] ◆ n **1.** COMM garantie *f* / *a guarantee against defective workmanship* une garantie contre les malfaçons / *money-back guarantee* remboursement *m* garanti ▶ **to be under guarantee** être sous garantie / *this cooker has a five-year guarantee* cette cuisinière est garantie cinq ans **2.** LAW [pledge] caution *f*, garantie *f*, gage *m* ▶ **to give sthg as a guarantee** donner qqch en caution or en gage **3.** [person] garant *m*, -e *f* ▶ **to act as guarantee** se porter garant **4.** [firm promise] garantie *f* / *what guarantee do I have that you'll bring it back?* comment puis-je être sûr que vous le rapporterez ? / *there's no guarantee it will arrive today* il n'est pas garanti or dit que ça arrivera aujourd'hui. ◆ comp ▶ **guarantee agreement** garantie *f* ▶ **guarantee form** formulaire *m* or fiche *f* de garantie. ◆ vt **1.** [goods] garantir / *the watch is guaranteed waterproof* la montre est garantie étanche / *the car is guaranteed against rust for ten years* la voiture est garantie contre la rouille pendant dix ans **2.** [loan, cheque] garantir, cautionner ▶ **to guarantee sb against loss** se porter garant des pertes de qqn **3.** [assure] certifier, assurer / *I can't guarantee that everything will go to plan* je ne peux pas vous certifier or garantir que tout se passera comme prévu / *our success is guaranteed* notre succès est garanti ▶ **guaranteed seat** US *place assurée sur le vol suivant pour un passager en stand-by qui cède sa place à quelqu'un payant plein tarif mais n'ayant pas réservé.*

guarantor [,gærən'tɔ:r] n garant *m*, -e *f*, caution *f* ▶ **to stand guarantor for sb** se porter garant pour qqn.

guaranty ['gærəntɪ] n **1.** [security] caution *f*, garantie *f* **2.** [guarantor] garant *m*, -e *f* **3.** [written guarantee] garantie *f*.

guard [gɑ:d] ◆ n **1.** [person] gardien *m*, garde *m* ; [group] garde *f* / *prison guard* gardien de prison / *call out the guard!* appelez la garde ! ▶ **guard of honour** garde *f* d'honneur **2.** [watch] garde *f* ▶ **to be on guard (duty)** être de garde ▶ **to mount (a) guard** monter la garde ▶ **to mount guard on** or **over** veiller sur / *the military kept guard over the town* les militaires gardaient la ville ▶ **to stand guard** monter la garde / *the changing of the guard* la relève de la garde / *there was a heavy police guard for the president's visit* il y avait d'importantes forces de police pour la visite du président **3.** [supervision] garde *f*, surveillance *f* / *to keep a prisoner under guard* garder un prisonnier sous surveillance ▶ **to put a guard on sb / sthg** faire surveiller qqn / qqch / *the prisoners were taken under guard to the courthouse* les prisonniers furent emmenés sous escorte au palais de justice **4.** [attention] garde *f* ▶ **on guard!** [in fencing] en garde ! ▶ **to be on one's guard** être sur ses gardes / *we must warn him to be on guard against robbers* nous devons lui dire de faire attention aux voleurs / *how can you put him on (his) guard?* comment le mettre en garde ? ▶ **to catch sb off guard** prendre qqn au dépourvu / *keep your guard up!* méfiez-vous ! ▶ **to drop** or **to lower one's guard** relâcher sa surveillance **5.** UK RAIL chef *m* de train **6.** [protective device - on machine] dispositif *m* de sûreté or de protection ; [- personal] protection *f*. ◆ vt **1.** [watch over - prisoner] garder / *guard your tongue!* surveille ta langue ! **2.** [defend - fort, town] garder, défendre / *the house was heavily guarded* la maison était étroitement surveillée **3.** [protect - life, reputation] protéger / *to guard sb against danger* protéger qqn d'un danger / *guard the letter with your life* veille bien sur cette lettre **4.** GAMES garder.

❖ **Guards** pl n MIL [regiment] Garde *f* royale *(britannique)* / *he's in the Guards* il est dans les régiments de la Garde royale.

❖ **guard against** vt insep se protéger contre or de, se prémunir contre ▶ **to guard against doing sthg** se garder de faire qqch / *plastic sheets help guard against frost* des housses en plastique aideront à protéger du gel / *how can we guard against such accidents (happening)?* comment éviter or empêcher (que) de tels accidents (arrivent) ?

guard dog n chien *m* de garde.

guard duty n ▶ **to be on guard duty** être de garde or de faction.

guarded ['gɑ:dɪd] adj prudent, circonspect, réservé / *to give a guarded reply* répondre avec réserve.

guardedly ['gɑ:dɪdlɪ] adv avec réserve, prudemment / *I'm guardedly optimistic* je suis d'un optimisme prudent.

guardhouse ['gɑ:dhaʊs] *(pl* [-haʊzɪz]*)* n MIL [for guards] corps *m* de garde ; [for prisoners] salle *f* de garde.

guardian ['gɑ:djən] n **1.** [gen] gardien *m*, -enne *f* ; [of museum] conservateur *m*, -trice *f* ▶ **the Guardian** PRESS *quotidien britannique de qualité, plutôt de gauche* ▶ **Guardian reader** *lecteur du Guardian (représentatif de la gauche intellectuelle)* **2.** LAW [of minor] tuteur *m*, -trice *f*. ⟶ **broadsheet**

guardian angel n ange *m* gardien.

Guardian Angels pl pr n *vigiles bénévoles dans le métro de Londres, de New York, etc.*

guardianship ['gɑ:djənʃɪp] n **1.** [gen] garde *f* **2.** LAW tutelle *f* / *the child was put under the guardianship of his aunt* l'enfant fut placé sous la tutelle de sa tante.

guardrail ['gɑ:dreɪl] n **1.** [on ship] bastingage *m*, garde-corps *m inv* **2.** RAIL contre-rail *m* **3.** US [on road] barrière *f* de sécurité.

guardroom ['gɑ:drʊm] n **1.** MIL [for guards] corps *m* de garde **2.** [for prisoners] salle *f* de garde.

guardsman ['gɑ:dzmən] *(pl* [-mən]*)* n UK MIL soldat *m* de la garde royale ; US soldat *m* de la garde nationale.

guard's van n UK fourgon *m* du chef de train.

Guatemala [,gwɑ:tə'mɑ:lə] pr n Guatemala *m* / *in Guatemala* au Guatemala.

Guatemalan [,gwɑ:tə'mɑ:lən] ◆ n Guatémaltèque *mf*. ◆ adj guatémaltèque.

guava ['gwɑ:və] n [tree] goyavier *m* ; [fruit] goyave *f*.

gubbins ['gʌbɪnz] n *inf* **1.** *(U)* [rubbish] déchets *mpl*, saletés *fpl* **2.** [thing] truc *m*, machin *m*.

gubernatorial [,gu:bənə'tɔ:rɪəl] adj US de or du gouverneur ▶ **gubernatorial elections** élections des gouverneurs.

gudgeon ['gʌdʒn] n **1.** [socket] tourillon *m* **2.** [fish] goujon *m*.

gudgeon pin n axe *m* de piston.

GUDLUK MESSAGING **written abbr of good luck.**

guelder rose [,geldə-] n [shrub] boule-de-neige *f*, obier *m*.

Guernsey ['gɜ:nzɪ] ◆ pr n [island] Guernesey / *in Guernsey* à Guernesey. ◆ n **1.** [cow] vache *f* de Guernesey **2.** [sweater] jersey *m*, tricot *m*.

guer(r)illa [gə'rɪlə] ◆ n guérillero *m*. ◆ comp ▶ **guerrilla band** or **group** guérilla *f*, groupe *m* de guérilleros ▶ **guerrilla strike** grève *f* sauvage ▶ **guerrilla warfare** guérilla *f (combat)*.

guess [ges] ◆ n **1.** [at facts, figures] ▶ **to have** UK or **to take** US **a guess at sthg** (essayer de) deviner qqch / *if you don't know, have a guess* si tu ne sais pas, essaie de deviner / *at a (rough) guess, I'd say 200* à vue de nez, je dirais 200 / *he made a good / a wild guess* il a deviné juste / à tout hasard / *I'll give you three guesses* devine un peu **2.** [hypothesis] supposition *f*, conjecture *f* / *it's anybody's guess* Dieu seul le sait, impossible de prévoir / *my guess is that he won't come* à mon avis il ne viendra pas, je pense qu'il ne viendra pas / *your guess is as good as mine* tu en sais autant que moi, je n'en sais pas plus que toi. ◆ vt **1.** [attempt to answer] deviner / *guess what!* devine un peu ! / *guess who!* devine qui c'est ! / *guess who I saw in town* devine (un peu) qui j'ai vu en ville / *I guessed as much* je m'en doutais, c'est bien ce que je pensais / **'Guess Who's Coming to Dinner?'** *Kramer* 'Devine qui vient dîner ?' **2.** [imagine] croire, penser, supposer / *I guess you're right* je suppose que vous avez raison / *I guess he isn't coming* je suppose qu'il ne viendra pas / *I guess so* je pense que oui / *I guess not* non, effectivement. ◆ vi deviner ▶ **to guess at sthg** deviner qqch / *how did you guess?* comment avez-vous deviné ? / *(try to) guess!* devine un peu ! / *you'll never guess* tu ne devineras jamais / *the police guessed right* la police a deviné or vu juste / *we guessed wrong* nous nous sommes trompés ▶ **to keep sb guessing** laisser qqn dans le doute / *don't keep me guessing!* ne me laissez pas dans le doute !

guesstimate ['gestɪmət] n *inf* calcul *m* au pifomètre.

guesswork ['geswɜ:k] n *(U)* conjecture *f*, hypothèse *f* ▶ **to do sthg by guesswork** faire qqch au hasard / *it's pure* or *sheer guesswork* c'est une simple hypothèse or supposition.

guest [gest] ◆ n **1.** [visitor - at home] invité *m*, -e *f*, hôte *mf* ; [at table] invité *m*, -e *f*, convive *mf* ▶ **guest of honour** invité d'honneur, invitée d'honneur ▶ **be my guest!** fais donc !, je t'en prie ! **2.** [in hotel] client *m*, -e *f* ; [in boarding-house] pensionnaire *mf*. ◆ vi [appear as guest] être reçu comme invité / *he guested on her show* elle l'a reçu comme invité dans son émission.

guest artist = **guest star**.

guest book n livre *m* d'or.

guesthouse ['gesthaʊs] *(pl* [-haʊzɪz]*)* n pension *f* de famille.

guest list n liste *f* des invités.

guestroom ['gestrʊm] n chambre *f* d'amis.

guest speaker n conférencier *m*, -ère *f (invité à parler par une organisation, une association)*.

guest star n invité-vedette *m*, invitée-vedette *f* / **'guest star Will Smith'** 'avec la participation de Will Smith'.

guest worker n travailleur immigré *m*, travailleuse immigrée *f*.

guff [gʌf] n *(U) inf* bêtises *fpl*, idioties *fpl*.

guffaw [gʌ'fɔ:] ◆ n gros éclat *m* de rire. ◆ vi rire bruyamment, s'esclaffer. ◆ vt : *"of course!" he guffawed* « bien sûr ! », s'esclaffa-t-il.

GUI (abbr of **graphical user interface**) n COMPUT interface *f* utilisateur graphique.

Guiana [gɪ'ɑ:nə] pr n Guyane *f* ▶ **the Guianas** les Guyanes / *in Guiana* en Guyane ▶ **Dutch Guiana** Guyane hollandaise ▶ **French Guiana** Guyane française.

Guianan [gɪ'ɑ:nən], **Guianese** [,gɪə'ni:z] ◆ n Guyanais *m*, -e *f*. ◆ adj guyanais.

guidance ['gaɪdəns] n **1.** [advice] conseils *mpl* / *she needs guidance concerning her education* elle a besoin de conseils pour son éducation **2.** [instruction] direction *f*, conduite *f* ; [supervision] direction *f*, supervision *f* ▶ **to do sthg under sb's guidance** faire qqch avec les conseils or sous la direction de qqn / *he's writing the book under the guidance of his former professor* il écrit ce livre sous la direction de son ancien professeur **3.** [information] information *f* / *diagrams are given for your guidance* les schémas sont donnés à titre d'information or à titre indicatif **4.** AERON guidage *m*.

guidance counselor n US conseiller *m*, -ère *f* d'orientation.

guide [gaɪd] ◆ n **1.** [for tourists] guide *mf* / *Gino was our guide during our tour of Rome* Gino nous servait de guide pendant notre visite de Rome **2.** [influence, direction] guide *m*, indication *f* / *let your conscience be your guide* laissez-vous guider par votre conscience ▶ **to take sthg as a guide** prendre qqch comme règle de conduite **3.** [indication] indication *f*, idée *f* / *as a rough guide* en gros, approximativement / *are these tests a good guide to intelligence?* ces tests fournissent-ils une bonne indication de l'intelligence ? / *conversions are given as a guide* les conversions sont données à titre indicatif **4.** [manual] guide *m*, manuel *m* pratique / *a guide to better French* un guide pour améliorer votre français / *a guide to France* un guide de la France **5.** UK [girl scout] ▶ **(Girl) Guide** éclaireuse *f* / *she's in the Guides* elle est éclaireuse **6.** [machine part] guide *m*. ◆ vt **1.** [show the way] guider, conduire / *to guide sb in / out* conduire qqn jusqu'à l'entrée / la sortie / *to guide sb upstairs* conduire qqn en haut / *the children guided us through the old city* les enfants nous ont guidés à travers la vieille ville **2.** [instruct] diriger, conduire **3.** [advise] conseiller, guider, orienter / *he guided the country through some difficult times* il a su conduire le pays durant des périodes difficiles / *I'll be guided by you* je me laisserai guider par vous **4.** AERON guider.

guidebook ['gaɪdbʊk] n guide *m* touristique *(manuel)*.

guided ['gaɪdɪd] adj guidé, sous la conduite d'un guide.

guided missile n missile *m* téléguidé.

guide dog n chien *m* d'aveugle.

guided tour n visite *f* guidée.

guideline ['gaɪdlaɪn] n **1.** [for writing] ligne *f* **2.** [hint, principle] ligne *f* directrice, directives *fpl*.

guide movement n *mouvement féminin de scoutisme*.

guidepost ['gaɪdpəʊst] n poteau *m* indicateur.

guide rope n [for hoist] corde *f* de guidage ; [for hot-air balloon] guiderope *m*.

guiding ['gaɪdɪŋ] ◆ adj [principle] directeur / *she gave me a guiding hand fig* elle m'a donné un coup de main / *he's been a guiding light in my career* il m'a toujours guidé dans ma carrière ▸ **guiding star** guide *m*. ◆ n guidage *m*, conduite *f*.

guido ['gwi:dəʊ] n US *v inf & pej terme injurieux désignant un Italien* ; ≃ Macaroni *m*.

guild [gɪld] n **1.** [professional] guilde *f*, corporation *f* / *the guild of goldsmiths* la guilde des orfèvres **2.** [association] confrérie *f*, association *f*, club *m* ▸ **women's / church guild** cercle *m* féminin / paroissial.

guilder ['gɪldəʳ] n florin *m* (hollandais).

guildhall ['gɪldhɔ:l] n palais *m* des corporations ▸ **The Guildhall** *l'hôtel de ville de la City de Londres*.

guile [gaɪl] n *(U) fml* [trickery] fourberie *f*, tromperie *f* ; [cunning] ruse *f*, astuce *f* / *she is without guile* elle ne trompe pas son monde.

guileful ['gaɪlfʊl] adj *fml* [deceitful] fourbe, trompeur ; [cunning] rusé, astucieux.

guileless ['gaɪllɪs] adj *fml* candide, ingénu.

guillemot ['gɪlɪmɒt] (*pl* **guillemot** *or* **guillemots**) n guillemot *m*.

guillotine ['gɪlə,ti:n] ◆ n **1.** [for executions] guillotine *f* **2.** [for paper] massicot *m* **3.** POL *procédure parlementaire consistant à fixer des délais stricts pour l'examen de chaque partie d'un projet de loi*. ◆ vt **1.** [person] guillotiner **2.** [paper] massicoter **3.** [discussion] clôturer.

guilt [gɪlt] n culpabilité *f* / *a sense of guilt* un sentiment de culpabilité / *guilt drove him to suicide* un sentiment de culpabilité l'a poussé au suicide.

guilt complex n complexe *m* de culpabilité.

guilt-free adj non culpabilisant / *guilt-free desserts* des desserts que l'on peut manger sans se sentir coupable.

guiltily ['gɪltɪlɪ] adv d'un air coupable.

guiltless ['gɪltlɪs] adj innocent.

guilty ['gɪltɪ] (*compar* **guiltier**, *superl* **guiltiest**) adj **1.** LAW coupable / *guilty of murder* coupable de meurtre ▸ **to plead guilty / not guilty** plaider coupable / non coupable / *the judge found her guilty* le juge l'a déclarée coupable **2.** *fig* coupable / *they're guilty of a terrible lack of sensitivity* ils font preuve d'un manque terrible de sensibilité ▸ **to have a guilty conscience** avoir mauvaise conscience / *there's no need to feel guilty* il n'y a pas de raison de culpabiliser / *she gave me a guilty look* elle me jeta un regard coupable / *I'm sure she has some guilty secret* je suis sûr qu'elle a un secret inavouable.

guinea ['gɪnɪ] n [money] guinée *f (ancienne monnaie britannique)*.

Guinea ['gɪnɪ] ◆ pr n Guinée *f* / *in Guinea* en Guinée. ◆ n US *vulg terme injurieux désignant un Italien* ; ≃ Rital *v inf m*.

Guinea-Bissau [-bɪ'səʊ] pr n Guinée-Bissau *f* / *in Guinea-Bissau* en Guinée-Bissau.

guinea fowl (*pl* **guinea fowl**) n pintade *f*.

guinea hen n pintade *f (femelle)*.

Guinean ['gɪnɪən] ◆ n Guinéen *m*, -enne *f*. ◆ adj guinéen.

guinea pig n cochon *m* d'Inde, cobaye *m* ; [used in experiments] cobaye *m* ▸ **to use sb as a guinea pig** se servir de qqn comme d'un cobaye, prendre qqn comme cobaye.

guise [gaɪz] n **1.** [appearance] apparence *f*, aspect *m* / *the same old policies in a new guise* la même politique sous des dehors différents ▸ **under** or **in the guise of** sous l'apparence de **2.** *arch* [costume] costume *m*.

guitar [gɪ'tɑ:ʳ] n guitare *f* ▸ **guitar case** étui *m* de guitare ▸ **guitar player** guitariste *mf*.

guitarist [gɪ'tɑ:rɪst] n guitariste *mf*.

Gujarati [,gu:dʒə'rɑ:tɪ] n gujarati *m*.

gulag ['gu:læg] n goulag *m* / **'The Gulag Archipelago'** *Solzhenitsyn* 'l'Archipel du Goulag'.

gulch [gʌltʃ] n US ravin *m*.

gulf [gʌlf] ◆ n **1.** [bay] golfe *m* ▸ **the Gulf of Aden** le golfe d'Aden ▸ **the Gulf of Bothnia** le golfe de Botnie ▸ **the Gulf of California** le golfe de Californie ▸ **the Gulf of Mexico** le golfe du Mexique ▸ **the Gulf of Siam** le golfe de Thaïlande **2.** [chasm] gouffre *m*, abîme *m* / *a huge gulf has opened up between the two parties fig* il y a désormais un énorme fossé entre les deux partis **3.** GEOG ▸ **the Gulf** le golfe Persique. ◆ comp [country, oil] du Golfe ▸ **the Gulf War** la guerre du Golfe ▸ **Gulf War Syndrome** MED syndrome *m* de la guerre du Golfe.

Gulf States pl pr n ▸ **the Gulf States a)** [in US] les États du golfe du Mexique **b)** [round Persian Gulf] les États du Golfe.

Gulf Stream pr n ▸ **the Gulf Stream** le Gulf Stream.

gulfweed ['gʌlfwi:d] n sargasse *f*.

gull [gʌl] ◆ n **1.** [bird] mouette *f*, goéland *m* **2.** *arch* [dupe] dupe *f*. ◆ vt *arch* duper.

gullet ['gʌlɪt] n [œsophagus] œsophage *m* ; [throat] gosier *m*.

gulley ['gʌlɪ] (*pl* **gulleys**) = **gully**.

gullibility [,gʌlə'bɪlətɪ] n crédulité *f*, naïveté *f*.

gullible ['gʌləbl] adj crédule, naïf.

gullibly ['gʌləblɪ] adv naïvement.

gull-wing door n AUTO portière *f* en papillon.

gully ['gʌlɪ] (*pl* **gullies**) n **1.** [valley] ravin *m* **2.** [drain] caniveau *m*, rigole *f*.

gulp [gʌlp] ◆ vt ▸ **to gulp (down) a)** [food] engloutir **b)** [drink] avaler à pleine gorge **c)** [air] avaler. ◆ vi [with emotion] avoir un serrement de gorge / *he gulped in surprise* la surprise lui a serré la gorge. ◆ n [act of gulping] : *she swallowed it in one gulp* elle l'a avalé d'un seul coup ; [with emotion] serrement *m* de gorge / *"oh dear", he said with a gulp* « mon Dieu », dit-il, la gorge serrée.

❖ **gulp back** vt sep avaler / *she gulped back her tears* elle a ravalé or refoulé ses larmes.

gum [gʌm] (*pt & pp* **gummed**, *cont* **gumming**) ◆ n **1.** ANAT gencive *f* **2.** [chewing gum] chewing-gum *m* ▸ **to chew gum** mâcher du chewing-gum **3.** [adhesive] gomme *f*, colle *f* **4.** BOT [substance] gomme *f* **5.** UK = **gumdrop**. ◆ vt **1.** [cover with gum] gommer / *gummed paper* papier gommé **2.** [stick] coller / *gum down the flap* collez le rabat / *gum the two edges together* collez les deux bords ensemble. ◆ vi BOT exsuder de la gomme. ◆ interj UK *inf & dated* ▸ **by gum!** nom d'un chien !, mince alors !

❖ **gum up** vt sep *inf* [mechanism] bousiller ; [plan] ficher en l'air / *that's gummed up the works!* ça a tout fichu en l'air ! / *the kitten's eyes were all gummed up* les yeux du chaton étaient tout collés.

GUM (abbr of **genito-urinary medicine**) n médecine *f* génito-urinaire.

gum arabic n gomme *f* arabique.

gumball ['gʌmbɔ:l] n US boule *f* de chewing-gum.

gumbo ['gʌmbəʊ] (*pl* **gumbos**) n **1.** [dish] *soupe épaisse aux fruits de mer originaire de Louisiane* **2.** US [okra] gombo *m*.

gumboil ['gʌmbɔɪl] n parulie *f*, abcès *m* gingival.

gumboot ['gʌmbu:t] n UK botte *f* de caoutchouc.

gumdrop ['gʌmdrɒp] n boule *f* de gomme.

gummy ['gʌmɪ] (*compar* **gummier**, *superl* **gummiest**) adj **1.** [sticky] collant, gluant **2.** [gum-like] gommeux.

gumption ['gʌmpʃn] n *(U) inf* **1.** UK [common sense] jugeote *f* / *he didn't even have the gumption to call the police* il n'a même pas eu la présence d'esprit d'appeler la police **2.** [initiative] initiative *f* / *at least he had the gumption to start up business on his own* au moins il a pris l'initiative de monter sa propre affaire.

gum resin n gomme-résine *f*.

gumshield ['gʌmʃi:ld] n protège-dents *m inv*.

gumshoe ['gʌmʃu:] US *v inf & dated* ◆ n [detective] privé *m* ▸ **gumshoe movie** film *m* de détective. ◆ vi aller à pas feutrés.

❖ **gumshoes** pl n [overshoes] caoutchoucs *mpl*.

gum tree n gommier *m* ▸ **to be up a gum tree** *inf* être dans le pétrin.

gun [gʌn] (*pt & pp* **gunned**, *cont* **gunning**) ◆ n **1.** arme *f* à feu ; [pistol] pistolet *m* ; [revolver] revolver *m* ; [rifle] fusil *m* ; [cannon] canon *m* / *the burglar had a gun* le cambrioleur était armé ▸ **to draw a gun on sb** braquer une arme sur qqn / *a 21-gun salute* une salve de 21 coups de canon ▸ **the guns** MIL l'artillerie *f* ▸ **to be going great guns** *inf* [enterprise] marcher à merveille / *she's going great guns* ça boume pour elle ▸ **the big guns** *inf* les huiles *fpl* ▸ **to bring out one's big guns** *inf* mettre le paquet ▸ **to jump the gun a)** SPORT partir avant le signal **b)** *fig* brûler les étapes ▸ **to stick to one's guns** tenir bon, camper sur ses positions **2.** [hunter] fusil *m* **3.** *inf* [gunman] gangster *m* ▸ **hired gun** tueur *m* à gages **4.** [dispenser] pistolet *m* ▸ **paint gun** pistolet *m* à peinture **5.** ELECTRON canon *m*. ◆ comp ▸ **gun law** loi *f* réglementant le port d'armes ▸ **gun lobby** lobby *m* favorable au port d'armes. ◆ vt AUTO ▸ **to gun the engine** accélérer.

❖ **gun down** vt sep abattre.

❖ **gun for** vt insep **1.** [look for] chercher / *the boss is gunning for you* le patron te cherche or est après toi **2.** [try hard for] faire des pieds et des mains pour obtenir.

gunboat ['gʌnbəʊt] n canonnière *f*.

gunboat diplomacy n diplomatie *f* imposée par la force, politique *f* de la canonnière.

gun carriage n affût *m* de canon.

gun cotton n fulmicoton *m*, coton-poudre *m*.

gun crew n servants *mpl* de pièce.

gundeck ['gʌndek] n NAUT batterie *f*.

gundog ['gʌndɒg] n chien *m* de chasse.

gunfight ['gʌnfaɪt] n fusillade *f*.

gunfighter ['gʌnfaɪtəʳ] n [in Western film, novel] bandit *m* armé.

gunfire ['gʌnfaɪəʳ] n *(U)* coups *mpl* de feu, fusillade *f* ; [of cannon] tir *m* d'artillerie.

gunge [gʌndʒ] n *(U) inf* substance *f* collante, amas *m* visqueux.

gung-ho [,gʌŋ'həʊ] adj tout feu tout flamme, enthousiaste.

gungy ['gʌndʒɪ] adj *inf* poisseux.

gunk [gʌŋk] n *(U) inf* substance *f* visqueuse, amas *m* répugnant.

gun licence n permis *m* de port d'armes.

gunman ['gʌnmən] (*pl* **gunmen** [-mən]) n gangster *m* (armé) ; [terrorist] terroriste *m* (armé).

gunmetal ['gʌn,metl] n **1.** [metal] bronze *m* à canon **2.** [colour] vert-de-gris *m inv*.

gun-metal grey ◆ adj vert-de-gris *(inv)*. ◆ n vert-de-gris *m inv*.

gunnel ['gʌnl] = **gunwale**.

gunner ['gʌnər] n artilleur *m*, canonnier *m*.

gunnery ['gʌnərɪ] n *(U)* artillerie *f*.

gunnery officer n officier *m* d'artillerie.

gunnery sergeant n sergent *m* d'artillerie.

gunny ['gʌnɪ] n toile *f* de jute (grossière).

gunnysack ['gʌnɪsæk] n sac *m* de jute ▸ **gunnysack race** course *f* en sac.

gunplay ['gʌnpleɪ] n US échange *m* de coups de feu.

gunpoint ['gʌnpɔɪnt] n ▸ **to have** or **to hold sb at gunpoint** menacer qqn d'un pistolet or d'un revolver or d'un fusil / *a confession obtained at gunpoint* une confession obtenue sous la menace d'un revolver.

gunpowder ['gʌn,paʊdər] n poudre *f* à canon.

Gunpowder Plot n ▸ **the Gunpowder Plot** UK HIST la Conspiration des poudres.

The Gunpowder Plot

Complot catholique, conduit par Guy Fawkes, le 5 novembre 1605, pour faire sauter le Parlement britannique et tuer le roi protestant Jacques Ier qui avait refusé d'instaurer la liberté de culte. Le complot fut déjoué et son instigateur exécuté. Cet événement est commémoré tous les ans par la **Guy Fawkes' Night**.

gun room n [in house] armurerie *f* ; [on warship] poste *m* des aspirants.

gunrunner ['gʌn,rʌnər] n trafiquant *m*, -e *f* d'armes.

gunrunning ['gʌn,rʌnɪŋ] n *(U)* trafic *m* d'armes.

gunsel ['gʌnsəl] n US *inf* **1.** [criminal] criminel *m* armé **2.** [boy] *jeune homme qui a des rapports sexuels avec un homme plus âgé.*

gunship ['gʌnʃɪp] n [helicopter] hélicoptère *m* armé.

gunshot ['gʌnʃɒt] n **1.** [shot] coup *m* de feu / *a gunshot wound* une blessure de or par balle **2.** [range] ▸ **to be out of / within gunshot** être hors de portée de / à portée de fusil.

gunshy ['gʌnʃaɪ] adj ▸ **to be gunshy** avoir peur des coups de feu.

gunslinger ['gʌn,slɪŋər] n *inf* bandit *m* armé.

gunsmith ['gʌnsmɪθ] n armurier *m*.

gunstock ['gʌnstɒk] n fût *m* (de fusil).

gun turret n tourelle *f*.

gunwale ['gʌnl] n NAUT plat-bord *m*.

guppy ['gʌpɪ] (*pl* **guppies**) n **1.** ZOOL guppy *m* **2.** *inf* [gay yuppie] homo *m* BCBG.

gurgle ['gɜːgl] ◆ vi [liquid] glouglouter, gargouiller ; [stream] murmurer ; [person - with delight] glousser, roucouler ; [baby] gazouiller. ◆ n [of liquid] glouglou *m*, gargouillis *m* ; [of stream] murmure *m*, gazouillement *m* ; [of laughter] gloussement *m*, roucoulement *m* ; [of baby] gazouillis.

Gurkha ['gɜːkə] n Gurkha *m*.

gurnard ['gɜːnəd] n grondin *m*.

gurney ['gɜrnɪ] n US chariot *m* d'hôpital.

guru ['gʊruː] n gourou *m*.

gush [gʌʃ] ◆ vi **1.** [flow] jaillir / *blood was gushing from his arm* le sang jaillissait de son bras / *water gushed forth* or *out* l'eau jaillissait **2.** [talk effusively] parler avec animation / *everyone was gushing over the baby* tout le monde se répandait en compliments sur le bébé / *"darling, you were wonderful", he gushed* « chérie, tu as été formidable », lança-t-il avec exubérance. ◆ n **1.** [of liquid, gas] jet *m*, flot *m* / *a gush of words* *fig* un flot de paroles **2.** [of emotion] vague *f*, effusion *f* / *a sudden gush of enthusiasm* une soudaine vague d'enthousiasme.

gusher ['gʌʃər] n [oil well] puits *m* jaillissant or éruptif.

gushing ['gʌʃɪŋ] adj **1.** [liquid] jaillissant, bouillonnant **2.** [person] trop exubérant / *gushing compliments* / *praise* compliments / éloges sans fin.

gushy ['gʌʃɪ] (*compar* **gushier**, *superl* **gushiest**) adj *inf & pej* [person] exubérant.

gusset ['gʌsɪt] n **1.** SEW soufflet *m* **2.** CONSTR gousset *m*.

gust [gʌst] ◆ n : *a gust (of wind)* un coup de vent, une rafale / *a gust of anger* *fig* un accès de colère. ◆ vi [wind] souffler en bourrasques ; [rain] faire des bourrasques / *winds gusting up to 50 mph were recorded* on a enregistré des pointes de vent à 80 km/h.

gustatory ['gʌstətrɪ] adj gustatif.

Gustav ['gʊstɑːv] pr n Gustave.

Gustavus Adolphus [gʊs'tɑːvəsə'dɒlfəs] pr n Gustave Adolphe.

gusto ['gʌstəʊ] n délectation *f*, enthousiasme *m* ▸ **to do sthg with gusto** faire qqch avec enthousiasme.

gusty ['gʌstɪ] (*compar* **gustier**, *superl* **gustiest**) adj : *it's a bit gusty out* il y a des rafales (de vent) or des bourrasques dehors / *a gusty wind* un vent qui souffle en rafales, des rafales de vent / *a gusty day* un jour de grand vent.

gut [gʌt] ◆ n **1.** *(usu pl)* ANAT boyau *m*, intestin *m* ▸ **guts** intestins *mpl*, boyaux *mpl*, entrailles *fpl* / *I've got a pain in the gut* *inf* j'ai mal au bide ▸ **gut feeling** pressentiment *m* ▸ **gut reaction** réaction *f* instinctive or viscérale **2.** *(usu pl)* *inf* [of machine] intérieur *m* **3.** *(U)* [thread - for violins] corde *f* de boyau ; [- for rackets] boyau *m* **4.** [in sea port] goulet *m*, passage *m* étroit. ◆ vt **1.** [fish, poultry, etc.] étriper, vider **2.** [building] ne laisser que les quatre murs de **3.** [book] résumer, extraire l'essentiel de.

❖ **guts** ◆ n *inf* [glutton] morfal *m*, -e *f* / *don't be such a (greedy) guts* ne sois pas si morfal. ◆ pl n ▸ **to have guts** avoir du cran or du cœur au ventre / *he has no guts* il n'a rien dans le ventre ▸ **to work** or **to sweat one's guts out** se casser les reins, se tuer au travail ▸ **to hate sb's guts** ne pas pouvoir blairer qqn / *I'll have your guts for garters* je vais faire de toi de la chair à pâté.

gut-churning adj *inf* déchirant.

gut course n US UNIV matière *f* lourde or difficile.

gutless ['gʌtlɪs] adj *inf* [cowardly] trouillard, dégonflé.

gutrot ['gʌtrɒt] n UK *inf* **1.** [drink] tord-boyaux *m inv* **2.** [stomach upset] mal *m* de bide.

gutsy ['gʌtsɪ] (*compar* **gutsier**, *superl* **gutsiest**) adj *inf* **1.** [courageous] qui a du cran / *she's one gutsy woman* c'est vraiment une femme qui a du cran **2.** [powerful - film, language, novel] qui a du punch, musclé / *a gutsy singer* un chanteur qui a des tripes.

gutta-percha [,gʌtə'pɜːtʃə] n gutta-percha *f*.

gutted ['gʌtɪd] adj UK *v inf* ▸ **to be** or **to feel gutted** en être malade.

gutter ['gʌtər] ◆ n **1.** [on roof] gouttière *f* ; [in street] caniveau *m*, ruisseau *m* ; *fig* : *to end up in the gutter* tomber or rouler dans le ruisseau / *to rescue sb from* or *to drag sb out of the gutter* tirer qqn du ruisseau / *to speak the language of the gutter* parler le langage des rues **2.** [ditch] rigole *f*, sillon *m* *(creusé par la pluie)* ; [in bookbinding] petits fonds *mpl*. ◆ vi [candle flame] vaciller, trembler.

guttering ['gʌtərɪŋ] n *(U)* [of roof] gouttières *fpl*.

gutter press n *pej* presse *f* de bas étage, presse *f* à scandale.

guttersnipe ['gʌtəsnaɪp] n *pej* gosse *mf* des rues.

guttural ['gʌtərəl] ◆ adj guttural. ◆ n LING gutturale *f*.

gut-wrenching adj *inf* déchirant.

guv [gʌv], **guvnor** ['gʌvnər] n UK *inf* ▸ **the guv** **a)** [boss] le chef, le boss **b)** *dated* [father] le pater, le paternel / *got a fag, guv?* n'auriez pas un mégot, patron ?

guy [gaɪ] n **1.** *inf* [man] gars *m*, type *m* / *a good guy* un mec or un type bien / *ok guys, let's go* **a)** allez les gars, on y va **b)** US [to both men and women] allez les copains, on y va / *are you guys ready?* **a)** vous êtes prêts, les gars ? **b)** US [to both men and women] tout le monde est prêt ? **2.** UK [for bonfire] *effigie de Guy Fawkes* **3.** [for tent] corde *f* de tente.

Guyana [gaɪ'ænə] pr n Guyana *m* / *in Guyana* au Guyana.

Guyanese [,gaɪə'niːz] adj guyanais.

Guy Fawkes' Night [-'fɔːks-] pr n *fête célébrée le 5 novembre en commémoration de la Conspiration des poudres.*

Guy Fawkes' Night

Cette fête populaire a lieu chaque année le 5 novembre autour d'un feu de joie où brûle l'effigie (**the Guy**) de Guy Fawkes, instigateur de la Conspiration des poudres. Des feux d'artifice sont tirés.

guyliner ['gaɪlaɪnər] n eye-liner *m* pour hommes.

guy rope = **guy**.

guzzle ['gʌzl] *inf* ◆ vt [food] bouffer, bâfrer ; [drink] siffler / *he's guzzled the whole lot!* **a)** [food] il a tout bouffé or bâfré ! **b)** [drink] il a tout sifflé ! / *this car really guzzles petrol* UK or *the gas* US cette voiture bouffe vraiment beaucoup (d'essence). ◆ vi [eat] s'empiffrer, se goinfrer ; [drink] boire trop vite. ◆ n : *I had a good guzzle* je me suis bien empiffré.

guzzler ['gʌzlər] n *inf* [person] goinfre *mf* ; [car] ⟶ gas guzzler.

GWP n (abbr of **global warming potential**) PRG *m*.

gym [dʒɪm] n [hall, building] gymnase *m* ; [activity] gymnastique *f*, gym *f*.

gymkhana [dʒɪm'kɑːnə] n gymkhana *m*.

gymnasium [dʒɪm'neɪzjəm] (*pl* **gymnasiums** or **gymnasia** [-zɪə]) n gymnase *m*.

gymnast ['dʒɪmnæst] n gymnaste *mf* / *I've never been much of a gymnast* je n'ai jamais été très fort en gymnastique.

gymnastic [dʒɪm'næstɪk] adj [exercises] de gymnastique ; [ability] de gymnaste.

gymnastics [dʒɪm'næstɪks] n *(U)* gymnastique *f* / *gymnastics display* exhibition *f* de gymnastique / *mental gymnastics* gymnastique cérébrale.

gymnosperm ['dʒɪmnəʊspɜːm] n gymnosperme *f*.

gym shoe n chaussure *f* de gymnastique or gym.

gymslip ['dʒɪm,slɪp], **gym tunic** n [part of uniform] blouse *f* d'écolière.

gynaecology [,gaɪnə'kɒlədʒɪ] UK = **gynecology**.

gynecological [,gaɪnəkə'lɒdʒɪkl] adj gynécologique.

gynecologist [,gaɪnə'kɒlədʒɪst] n gynécologue *mf*.

gynecology [,gaɪnə'kɒlədʒɪ] n gynécologie *f*.

gyp [dʒɪp] (*pt & pp* **gypped**, *cont* **gypping**) *inf* ◆ n **1.** UK : *my knee's been giving me gyp* j'ai mal au genou **2.** UK UNIV [cleaning lady] femme *f* de ménage **3.** US *inf* [cheat] ▸ **what a gyp!** quelle arnaque ! ◆ vt US [cheat] rouler / *you've been gypped* tu t'es fait rouler or avoir.

gyppo ['dʒɪpəʊ] (*pl* **gyppos**) *vulg* = **gippo**.

gypsophila [dʒɪp'sɒfɪlə] n gypsophile *f*.

gypsum ['dʒɪpsəm] n gypse *m*.

gypsy ['dʒɪpsɪ] (*pl* **gypsies**) = **gipsy**.

gyrate [dʒaɪ'reɪt] vi tournoyer.

gyration [dʒaɪ'reɪʃn] n giration *f*.

gyratory ['dʒaɪrətrɪ] adj giratoire.

gyrfalcon ['dʒɜːfɔːlkən] n gerfaut *m*.

gyro ['dʒaɪrəʊ] **1.** = **gyrocompass** **2.** = **gyroscope**.

gyrocompass ['dʒaɪrəʊ,kʌmpəs] n gyrocompas *m*.

gyromagnetic [,dʒaɪrəʊmæg'netɪk] adj gyromagnétique.

gyroscope ['dʒaɪrəskəʊp] n gyroscope *m*.

gyroscopic [,dʒaɪrəʊ'skɒpɪk] adj gyroscopique.

gyrostabilizer [,dʒaɪrəʊ'steɪbɪlaɪzər] n stabilisateur *m* gyroscopique.

gyrostat ['dʒaɪrəʊstæt] n gyrostat *m*.

h [eɪtʃ] *(pl* **h's** *or* **hs**), **H** *(pl* **H's** *or* **Hs**) n [letter] h *m*, H *m* ▸ **to drop one's h's** avaler ses h *(et révéler par là ses origines populaires)*. **See also f**.

ha [hɑː] interj [in triumph, sudden comprehension] ha !, ah ! ; [in contempt] peuh ! / *ha-ha, very funny! iro* ha ha ha, très drôle !

habeas corpus [ˌheɪbjəsˈkɔːpəs] n LAW habeas corpus *m* ▸ **to issue a writ of habeas corpus** délivrer un (acte d')habeas corpus.

The Habeas Corpus Act

Ordre écrit, datant de 1679, autorisant tout individu arrêté à demander à un juge ou à un tribunal d'examiner le caractère légal de son arrestation. Complété ultérieurement par d'autres lois (en 1816 et en 1960), cet ordre est toujours en vigueur en Grande-Bretagne et dans tous les pays soumis à la **Common Law** (Écosse exceptée). Il a également été intégré à la Constitution américaine.

haberdasher [ˈhæbədæʃəʳ] n **1.** UK [draper] mercier *m*, -ère *f* **2.** US [shirtmaker] chemisier *m*, -ère *f*.

haberdashery [ˈhæbədæʃərɪ] n **1.** UK [draper's] mercerie *f* **2.** US [shirtmaker's] marchand *m*, -e *f* de vêtements d'hommes *(en particulier de gants et de chapeaux)*.

habit [ˈhæbɪt] n **1.** [custom] habitude *f* ▸ **to be in / to get into the habit of doing sthg** avoir / prendre l'habitude de faire qqch / *you'd better get into the habit of being more punctual* il vaudrait mieux que tu prennes l'habitude d'être plus ponctuel ▸ **to get sb into the habit of doing sthg** faire prendre à qqn or donner à qqn l'habitude de faire qqch, habituer qqn à faire qqch ▸ **to make a habit of sthg / of doing sthg** prendre l'habitude de qqch / de faire qqch / *don't worry, I'm not going to make a habit of it* ne t'en fais pas, cela ne deviendra pas une habitude / *just don't make a habit of it!* ne recommence pas !, que cela ne se reproduise pas ! ▸ **to get out of a habit** perdre une habitude ▸ **to get sb out of the habit of doing sthg** faire perdre à qqn l'habitude de faire qqch / *he has a very strange habit of pulling his ear when he talks* il a un tic très étrange consistant à se tirer l'oreille quand il parle **2.** *inf* [drug dependency] ▸ **to have a habit** être accro *v inf* / *to have a heroin habit* être accro à l'héroïne / *he steals to pay for his habit* il vole pour payer sa drogue ▸ **to kick the habit** [drugs, tobacco] décrocher **3.** [dress - of monk, nun] habit *m* ; [- for riding] tenue *f* de cheval.

habitable [ˈhæbɪtəbl] adj habitable.

habitat [ˈhæbɪtæt] n habitat *m*.

habitation [ˌhæbɪˈteɪʃn] n **1.** [occupation] habitation *f* / *there were signs of recent habitation* l'endroit semblait avoir été habité dans un passé récent / *fit / unfit for habitation* **a)** habitable / inhabitable **b)** [from sanitary point of view] salubre / insalubre **2.** [place] habitation *f*, résidence *f*, demeure *f*.

habit-forming [-ˌfɔːmɪŋ] adj [drug] qui crée une accoutumance or une dépendance / *I'd better not have another, it could be habit-forming hum* il vaut mieux que je n'en prenne pas d'autre, je risquerais de ne plus pouvoir m'en passer.

habitual [həˈbɪtʃʊəl] adj [customary - generosity, lateness, good humour] habituel, accoutumé ; [- liar, drinker] invétéré ▸ **habitual offender** LAW récidiviste *mf*.

habitually [həˈbɪtʃʊəlɪ] adv habituellement, ordinairement.

habituate [həˈbɪtʃʊeɪt] vt *fml* ▸ **to habituate o.s. / sb to sthg** s'habituer / habituer qqn à qqch ▸ **to become habituated to sthg** s'habituer à qqch.

habitus [ˈhæbɪtəs] n SOCIOL habitus *m*.

Habsburg [ˈhæpsbɜːg] pr n Habsbourg.

hacienda [ˌhæsɪˈendə] n ranch *m*, hacienda *f*.

hack [hæk] ◆ n **1.** [sharp blow] coup *m* violent ; [kick] coup *m* de pied ▸ **to take a hack at sb** [kick] donner un coup de pied à qqn **2.** [cut] entaille *f* **3.** *pej* [writer] écrivaillon *m* ; [politician] politicard *m* **4.** [horse for riding] cheval *m* de selle ; [horse for hire] cheval *m* de louage ; [old horse, nag] rosse *f*, carne *f* **5.** [ride] ▸ **to go for a hack** aller faire une promenade à cheval **6.** [cough] toux *f* sèche **7.** US *inf* [car] tacot *m*. ◆ comp ▸ **hack writer** écrivaillon *m*, écrivain *m* médiocre ▸ **hack writing** travail *m* d'écrivaillon. ◆ vt **1.** [cut] taillader, tailler ▸ **to hack sb / sthg to pieces a)** tailler qqn / qqch en pièces **b)** *fig* [opponent, manuscript] mettre or tailler qqn / qqch en pièces ▸ **to hack sb to death** tuer qqn à coups de couteau or de hache / *he hacked his way through the jungle* il s'est taillé un passage à travers la jungle à coups de machette **2.** [kick - ball] donner un coup de pied sec dans ▸ **to hack sb on the shins** donner un coup de pied dans les tibias à qqn **3.** COMPUT ▸ **to hack one's way into a system** entrer dans un système par effraction **4.** *inf* PHR *I can't hack it* [can't cope] je n'en peux plus, je craque / *the new guy can't hack it* le nouveau ne tient pas le choc. ◆ vi **1.** [cut] donner des coups de couteau *(de hache, etc.)* ▸ **to hack (away) at sthg** taillader qqch **2.** [kick] ▸ **to hack at the ball** donner un coup de pied sec dans le ballon ▸ **to hack at sb's shins** donner des coups de pied dans les tibias à qqn **3.** COMPUT ▸ **to hack into a system** entrer dans un système par effraction **4.** [on horseback] aller à cheval ▸ **to go hacking** aller faire une promenade à cheval.

❖ **hack down** vt sep [tree] abattre à coups de hache ; [person] massacrer à coups de couteau *(de hache, etc.)*.

❖ **hack into** vt sep **1.** [body, corpse] taillader ; *fig* [text, article] massacrer **2.** COMPUT [system, computer] s'introduire dans / *he hacked into their mainframe* il a réussi à s'introduire dans leur ordinateur central.

❖ **hack off** vt sep [branch, sb's head] couper.

❖ **hack out** vt sep [centre of fruit, rotten parts] couper ; [hole, clearing] tailler.

❖ **hack up** vt sep [meat, wood] tailler or couper en menus morceaux ; [body, victim] mettre en pièces, découper en morceaux.

hacker [ˈhækəʳ] n COMPUT [enthusiast] mordu *m*, -e *f* de l'informatique ; [pirate] pirate *m* informatique.

hackette [hæˈket] n UK *inf* pisse-copie *f*.

hackie [ˈhækɪ] n US *inf* chauffeur *m* de taxi.

hacking [ˈhækɪŋ] ◆ n *(U)* **1.** [in football, rugby, etc.] coups *mpl* de pied dans les tibias **2.** [coughing] toux *f* sèche **3.** COMPUT piratage *m (informatique)*. ◆ adj ▸ **hacking cough** toux *f* sèche.

hacking jacket n veste *f* de cheval.

hackle [ˈhækl] n [of bird] plume *f* du cou.

hackles [ˈhæklz] pl n [of dog] poils *mpl* du cou / *when a dog has its hackles up* quand un chien a le poil hérissé ; *fig* : *my hackles rose* ça m'a hérissé le poil / *it gets my hackles up* or *it makes my hackles rise* ça me hérisse / *don't go getting your hackles up* ne t'énerve pas.

hackney [ˈhæknɪ] = **hackney carriage**.

hackney carriage [ˈhæknɪ-] n **1.** [horse-drawn] fiacre *m* **2.** *fml* [taxi] *taxi officiellement agréé*.

hackneyed [ˈhæknɪd] adj [subject] réchauffé, rebattu ; [turn of phrase] banal, commun / *hackneyed expression* cliché *m*, lieu *m* commun.

hacksaw [ˈhæksɔː] n scie *f* à métaux.

hackwork [ˈhækwɜːk] n écrivaillerie *f*.

had *(weak form* [həd], *strong form* [hæd]*)* pt & pp ⟶ **have**.

haddock [ˈhædək] n aiglefin *m*, églefin *m* ; [smoked] haddock *m*.

Hades [ˈheɪdiːz] pr n Hadès.

hadn't [ˈhædnt] abbr of **had not**.

Hadrian [ˈheɪdrɪən] pr n Hadrien ▸ **Hadrian's Wall** le Mur d'Hadrien.

haematite UK, **hematite** US [ˈhiːmətaɪt] n hématite *f*.

haematological UK, **hematological** US [ˌhiːmətəˈlɒdʒɪkl] adj hématologique.

haematologist UK, **hematologist** US [ˌhiːməˈtɒlədʒɪst] n hématologiste *mf*, hématologue *mf*.

haematology UK, **hematology** US [ˌhiːməˈtɒlədʒɪ] n hématologie *f*.

haematoma UK, **hematoma** US [ˌhiːməˈtəʊmə] n hématome *m*.

haemoglobin UK, **hemoglobin** US [ˌhiːməˈgləʊbɪn] n hémoglobine *f*.

haemophilia UK, **hemophilia** US [ˌhiːməˈfɪlɪə] n hémophilie *f*.

haemophiliac UK, **hemophiliac** US [ˌhiːməˈfɪlɪæk] n hémophile *mf*.

haemorrhage UK, **hemorrhage** US ['hemərɪdʒ] ◆ n hémorragie *f*. ◆ vi faire une hémorragie.

haemorrhaging UK, **hemorrhaging** US ['hemərɪˌdʒɪŋ] n *(U)* hémorragie / *there's still some haemorrhaging* l'hémorragie n'est pas encore arrêtée.

haemorrhoids UK, **hemorrhoids** US ['hemərɔɪdz] pl n hémorroïdes *fpl*.

hafnium ['hæfnɪəm] n CHEM hafnium *m*.

haft [hæft] n [of knife] manche *m* ; [of sword] poignée *f*.

hag [hæg] n [witch] sorcière *f* ; *pej* [old woman] vieille sorcière *f*, vieille chouette *f* ; [unpleasant woman] harpie *f* / *she's a real old hag* ce n'est qu'une vieille chouette.

Hagar ['heɪgɑːʳ] pr n Agar.

Haggai ['hægaɪ] pr n Aggée.

haggard ['hægəd] adj ▸ **to be** or **look haggard** avoir les traits tirés.

haggis ['hægɪs] n *plat typique écossais fait d'une panse de brebis farcie*.

haggle ['hægl] ◆ vi **1.** [bargain] marchander ▸ **to haggle over the price** marchander sur le prix **2.** [argue over details] chicaner, chipoter ▸ **to haggle over** or **about sthg** chicaner or chipoter sur qqch. ◆ n : *after a long haggle over the price* après un long marchandage sur le prix.

haggler ['hægləʳ] n **1.** [over price] marchandeur *m*, -euse *f* **2.** [over details, wording] chicaneur *m*, -euse *f*, chipoteur *m*, -euse *f*.

haggling ['hæglɪŋ] n *(U)* **1.** [over price] marchandage *m* **2.** [about details, wording] chicanerie *f*, chipotage *m*.

hagiographer [ˌhægɪ'ɒgrəfəʳ] n hagiographe *mf*.

hagiography [ˌhægɪ'ɒgrəfɪ] n hagiographie *f*.

HAGN MESSAGING written abbr of **have a good night**.

hag-ridden adj *liter* [tormented] tourmenté, ravagé ; *hum* [tormented by women] persécuté par les femmes.

Hague [heɪg] pr n ▸ **The Hague** La Haye.

hah [hɑː] = **ha**.

ha-ha ◆ interj [mock amusement] ha ha ; [representing laughter: in comic, novel] ha ha ha, hi hi hi. ◆ n [wall, fence] *mur ou clôture installé dans un fossé*.

hahnium ['hɑːnɪəm] n CHEM hahnium *m*.

Haifa ['haɪfə] pr n Haïfa, Haiffa.

hail [heɪl] ◆ n **1.** METEOR grêle *f* ; *fig* [of stones] grêle *f*, pluie *f* ; [of abuse] avalanche *f*, déluge *m* ; [of blows] grêle *f* / *he died in a hail of bullets* il est tombé sous une pluie de balles **2.** *liter* [call] appel *m* ▸ **within hail** à portée de voix. ◆ vi METEOR grêler. ◆ vt **1.** [call to - taxi, ship, person] héler / *within hailing distance* à portée de voix **2.** [greet - person] acclamer, saluer **3.** [acclaim - person, new product, invention, etc.] acclamer, saluer / *her book has been hailed as the most significant new novel this year* son livre a été acclamé comme le nouveau roman le plus marquant de cette année / *to hail sb emperor* proclamer qqn empereur **4.** PHR **to hail blows on sb** faire pleuvoir les coups sur qqn ▸ **to hail insults on sb** accabler qqn d'injures. ◆ interj *arch* salut à vous or toi.

❖ **hail down** ◆ vi [blows, stones, etc.] pleuvoir / *blows / rocks were hailing down on us* des coups / pierres nous pleuvaient dessus. ◆ vt sep ▸ **to hail down curses on sb** *liter* déverser un déluge de malédictions sur qqn.

❖ **hail from** vt insep [ship] être en provenance de ; [person] venir de, être originaire de / *where does she hail from?* [ship] quelle est sa provenance ?

hail-fellow-well-met adj *dated & pej* : *he's always very hail-fellow-well-met* il fait toujours montre d'une familiarité joviale.

Hail Mary n RELIG [prayer] Je vous salue Marie *m inv*, Ave (Maria) *m inv* / *say five Hail Marys* vous direz cinq Je vous salue Marie or cinq Ave (Maria).

hailstone ['heɪlstəʊn] n grêlon *m*.

hailstorm ['heɪlstɔːm] n averse *f* de grêle.

hair [heəʳ] ◆ n **1.** *(U)* [on person's head] cheveux *mpl* ▸ **to have long** / **short hair** avoir les cheveux longs / courts / *she's got such beautiful hair* elle a vraiment de beaux cheveux ▸ **to get** or **to have one's hair cut** se faire couper les cheveux ▸ **to get one's hair done** se faire coiffer / *who does your hair?* qui vous coiffe ? / *I like the way you've done your hair* j'aime bien la façon dont tu t'es coiffé ▸ **to wash one's hair** se laver les cheveux or la tête ▸ **to brush one's hair** se brosser (les cheveux) ▸ **to comb one's hair** se peigner (les cheveux) / *she put her hair up* elle a relevé ses cheveux / *she let her hair down* elle a défait ses cheveux / *your hair looks nice* tu es bien coiffée / *my hair's a mess* je suis vraiment mal coiffé **2.** [single hair - on person's head] cheveu *m* ; [- on person's or animal's face or body] poil *m* / *move it a hair over to the right* US *inf* déplace-le un chouia vers la droite **3.** *(U)* [on body, face] poils *mpl* ; [on animal] poils *mpl* / *a dog with smooth hair* un chien au pelage lisse ▸ **hair removal** dépilation *f* **4.** PHR **it makes your hair stand on end** [is frightening] c'est à vous faire dresser les cheveux sur la tête ▸ **it would make your hair curl a)** *inf* [ride, journey] c'est à vous faire dresser les cheveux sur la tête **b)** [prices, bad language] c'est à vous faire tomber à la renverse **c)** [drink] ça arrache ▸ **keep your hair on!** UK *inf* ne t'excite pas ! ▸ **to let one's hair down** se laisser aller, se défouler ▸ **to get in sb's hair** *inf* taper sur les nerfs de qqn / *keep him out of my hair inf* fais en sorte que je ne l'aie pas dans les jambes / *I'll keep out of your hair inf* je ne vais pas t'embêter ▸ **to have a bad hair day** *inf* : *I'm having a bad hair day* j'ai une journée de merde ▸ **to have a hair of the dog (that bit you)** *hum* reprendre un verre (pour faire passer sa gueule de bois) / *here, a hair of the dog is what you need* bois ça, il faut guérir le mal par le mal ▸ **to split hairs** couper les cheveux en quatre, chercher la petite bête / *not one hair of her head was harmed* elle s'en est sortie sans une égratignure / *if you harm one single hair of his head* si tu touches à un seul de ses cheveux / *she never has a hair out of place* [is immaculate] elle n'a jamais un cheveu de travers ▸ **to win by a hair** gagner d'un cheveu or d'un quart de poil ▸ **to lose by a hair** perdre d'un cheveu or à un quart de poil près / *she didn't turn a hair* elle n'a pas cillé ▸ **this will put hairs on your chest** *inf & hum* [strong drink, good steak, etc.] ça va te redonner du poil de la bête. ◆ comp **1.** [cream, conditioner, lotion] capillaire, pour les cheveux ▸ **hair appointment** rendez-vous *m* chez le coiffeur ▸ **hair care** soin *m* du cheveu ▸ **hair straightener** produit *m* défrisant **2.** [colour] de cheveux **3.** [mattress] de crin.

A hair of the dog (that bit you)

Selon une vieille croyance populaire anglaise, on pouvait traiter une morsure de chien en déposant quelques poils de l'animal sur la blessure. Aujourd'hui, l'expression **a hair of the dog** évoque métaphoriquement l'idée répandue selon laquelle on peut traiter une gueule de bois en buvant un peu d'alcool :

He offered me a hair of the dog but I felt bad enough already. *Il m'a proposé un verre pour faire passer ma gueule de bois mais je me sentais assez mal comme ça.*

I hope your hangover's better – Nothing that a hair of the dog won't cure! *J'espère que ta gueule de bois va mieux – Je vais boire un petit verre pour faire passer ça !*

hairball ['heəbɔːl] n **1.** [of cat's fur] boule *f* de poils **2.** US *fig* [messy situation] ▸ **it's a hairball** c'est vraiment un sac de nœuds.

hairband ['heəbænd] n bandeau *m*.

hairbreadth ['heəbretθ] = **hair's breadth**.

hairbrush ['heəbrʌʃ] n brosse *f* à cheveux.

haircare ['heəkeəʳ] n soin *m* du cheveu ▸ **haircare products** produits *mpl* de soin pour les cheveux.

hairclip ['heəklɪp] n barrette *f*.

hair clippers pl n tondeuse *f* ▸ **a pair of hair clippers** une tondeuse.

hair conditioner n après-shampooing *m*.

hair curlers pl n UK bigoudis *mpl*.

haircut ['heəkʌt] n coupe *f* (de cheveux) / *I like your haircut* j'aime bien ta coupe (de cheveux) / *I need a haircut* j'ai besoin de me faire couper les cheveux ▸ **to have a haircut** se faire couper les cheveux ▸ **to give sb a haircut** couper les cheveux à qqn / *where did you get that haircut!* où est-ce que tu t'es fait couper les cheveux ! / *some haircut!* quelle drôle de coupe !

hairdo ['heəduː] n *inf* coiffure *f*.

hairdresser ['heəˌdresəʳ] n [shop] salon *m* de coiffure / *to go to the hairdresser's* aller chez le coiffeur.

hairdressing ['heəˌdresɪŋ] n [skill] coiffure *f* ▸ **hairdressing salon** salon *m* de coiffure.

hair drier, **hair dryer** n [hand-held] sèche-cheveux *m inv*, séchoir *m* ; [over the head] casque *m*.

-haired [heəd] in comp ▸ **long** / **short-haired a)** [person] aux cheveux longs / courts **b)** [animal] à poil(s) long(s) / court(s) ▸ **wire-haired** [dog] à poil(s) dur(s).

hair follicle n follicule *m* pileux.

hair gel n gel *m* pour les cheveux.

hairgrip ['heəgrɪp] n UK pince *f* à cheveux.

hair lacquer n laque *f* (pour les cheveux).

hairless ['heəlɪs] adj [head] chauve, sans cheveux ; [face] glabre ; [body] peu poilu ; [animal] sans poils ; [leaf] glabre.

hairline ['heəlaɪn] ◆ n **1.** [of the hair] naissance *f* des cheveux ▸ **to have a receding hairline a)** [above forehead] avoir le front qui se dégarnit **b)** [at temples] avoir les tempes qui se dégarnissent **2.** [in telescope, gun sight] fil *m* **3.** TYPO filet *m* ultra-fin ; [in calligraphy] délié *m*. ◆ comp ▸ **hairline crack** fêlure *f* ▸ **hairline fracture** MED fêlure *f*.

hairnet ['heənet] n résille *f*, filet *m* à cheveux.

hair oil n huile *f* capillaire.

hairpiece ['heəpiːs] n [toupee] perruque *f (pour hommes)* ; [extra hair] postiche *m*.

hairpin ['heəpɪn] n **1.** [for hair] épingle *f* à cheveux **2.** ▸ **hairpin (bend)** virage *m* en épingle à cheveux.

hair-raising [-ˌreɪzɪŋ] adj *inf* [adventure, experience, story, account] à faire dresser les cheveux sur la tête, effrayant, terrifiant ; [prices, expenses] affolant, exorbitant / *driving in London traffic can be a hair-raising experience* conduire à Londres peut être une expérience terrifiante / *it was pretty hair-raising* c'était à vous faire dresser les cheveux sur la tête.

hair remover n crème *f* dépilatoire.

hair restorer n produit *m* pour la repousse des cheveux.

hair's breadth n : *the truck missed us by a hair's breadth* le camion nous a manqués d'un cheveu or de justesse / *we came within a hair's breadth of going bankrupt / of winning first prize* nous avons été à deux doigts de la faillite / de gagner le premier prix.

hair shirt n haire *f*, cilice *m*.

hair slide n UK barrette *f*.

hairsplitting ['heəˌsplɪtɪŋ] ◆ adj : *that's a hairsplitting argument* or *distinction* c'est de la chicanerie, c'est couper les cheveux en quatre. ◆ n *(U)* chicanerie *f*, pinaillage *m* / *that's just hairsplitting* tu es vraiment en train de couper les cheveux en quatre.

hair spray n laque *f* or spray *m* (pour les cheveux).

hairspring ['heəsprɪŋ] n [in clock] spiral *m (de montre)*.

hairstyle ['heəstaɪl] n coiffure *f*.

hairstyling salon ['heəˌstaɪlɪŋ-] n salon *m* de coiffure.

hairstylist ['heəˌstaɪlɪst] n styliste *mf* en coiffure.

hair transplant n implant *m* de cheveux.

hair trigger n [in firearm] détente *f* or gâchette *f* sensible.

❖ **hair-trigger** adj *fig* : *to have a hair-trigger temper* [lose one's temper easily] s'emporter facilement / *the hair-trigger tensions of a nuclear war have now eased* les tensions qui menaçaient de déclencher un conflit nucléaire sont aujourd'hui apaisées.

hair wax n cire *f* pour les cheveux.

hairy ['heərɪ] (*compar* **hairier**, *superl* **hairiest**) adj **1.** [arms, chest] poilu, velu ; [person, animal] poilu ; [stalk of plant] velu **2.** *inf* [frightening] à faire dresser les cheveux sur la tête ; [difficult, daunting] qui craint / *"that was a bit hairy", he said* « j'ai eu un peu la frousse », dit-il / *there were a few hairy moments when the brakes seemed to be failing* il y a eu des moments craignos où les freins semblaient lâcher / *he gave a pretty hairy description of his two hours at the dentist* il a fait une description assez horrible or atroce des deux heures qu'il a passées chez le dentiste / *he did some pretty hairy stunts* il a fait quelques cascades assez impressionnantes / *things are getting a bit hairy at the office* **a)** [because of workload] ça devient un peu la folie au bureau **b)** [because of personal or financial tension] ça commence à craindre au bureau.

Haiti ['heɪtɪ] pr n Haïti / *in Haiti* à Haïti.

Haitian ['heɪʃn] ◆ adj haïtien. ◆ n Haïtien *m*, -enne *f*.

HAK (written abbr of **hugs and kisses**) MESSAGING biz.

hake [heɪk] n merlu *m*, colin *m*.

halal [hə'lɑːl] ◆ n [meat] viande *f* halal. ◆ adj halal.

halberd ['hælbɜːd] n hallebarde *f*.

halcyon ['hælsɪən] adj ▸ **those halcyon days** *liter* ces temps heureux.

hale [heɪl] adj ▸ **hale and hearty** en pleine santé.

half [UK hɑːf US hæf] (*pl* **halves** [UK hɑːvz US hævz]) ◆ n **1.** moitié *f* ; [of standard measured amount] demi *m*, -e *f* ; [of ticket, coupon] souche *f* ▸ **to cut / to break sthg in half** couper / casser qqch en deux / *what's half of 13.72?* quelle est la moitié de 13,72 ? / *two and two halves, please* [on bus, train, etc.] deux billets tarif normal et deux billets demi-tarif, s'il vous plaît / *you can have the smaller half* la plus petite moitié est pour toi / *it cuts the journey time in half* cela réduit de moitié la durée du voyage / *three and a half pieces / years* trois morceaux / ans et demi / *bigger by half* UK plus grand de moitié, moitié plus grand / *two halves make a whole* deux moitiés or demis font un tout ▸ **to go halves with sb** partager avec qqn / *we'll go halves* on partage / *they don't do things by halves* ils ne font pas les choses à moitié / *he always was too clever by half* UK il a toujours été un peu trop malin / *you're too cheeky by half!* UK tu es bien trop effronté or culotté ! / *that was a walk and a half!* *inf* c'était une sacrée promenade ! / *I've got a headache and a half this morning!* *inf* j'ai un sacré mal de tête ce matin ! ▸ **and that's not the half of it** *inf* et ce n'est que le début ▸ **it's sort of half and half** c'est un peu de chaque ▸ **my better** or **other half** *hum* ma (chère) moitié ▸ **to see how the other half lives** *hum* voir comment on vit de l'autre côté de la barrière, voir comment vivent les autres **2.** [period of sports match] mi-temps *f inv* / *France were in the lead in the first half* la France menait pendant la première mi-temps **3.** [area of football or rugby pitch] camp *m* **4.** [rugby or football player] demi *m* **5.** UK [half pint of beer] demi *m* (de bière). ◆ pron : *leave half of it for me* laisse-m'en la moitié / *half of us were students* la moitié d'entre nous étaient des étudiants. ◆ adj : *a half chicken* un demi-poulet / *at half speed* au ralenti / *half fare* demi-tarif *m* / *to travel half fare* voyager à demi-tarif. ◆ predet : *half the time he seems to be asleep* on a l'impression qu'il est endormi la moitié du temps / *he's half a year older than me* il a six mois de plus que moi / *half a minute!* *inf* une (petite) minute ! / *I'll be down in half a second* *inf* je descends tout de suite / *I'll be there in half an hour* j'y serai dans une demi-heure / *just half a cup for me* juste une demi-tasse pour moi / *he's not half the man he used to be* il n'est plus que l'ombre de lui-même ▸ **to have half a mind to do sthg** *inf* avoir bien envie de faire qqch. ◆ adv **1.** [finished, asleep, dressed] à moitié ; [full, empty, blind] à moitié, à demi / *to be half full of sthg* être à moitié rempli de qqch / *you're only half right* tu n'as qu'à moitié raison / *a strange colour, half green, half blue* une couleur bizarre, entre le vert et le bleu / *to be half English and half French* être moitié anglais moitié français / *I half think that...* je suis tenté de penser que... / *for a minute I half thought that...* pendant une minute, j'ai presque pensé que... / *I was half afraid you wouldn't understand* j'avais un peu peur que vous ne compreniez pas / *I was only half joking* je ne plaisantais qu'à moitié **2.** UK *inf* [as intensifier] : *they're not half fit* ils sont en super forme / *he's not half lazy* il est drôlement or rudement paresseux / *it's not half cold today!* il fait rudement or sacrément froid aujourd'hui ! / *he didn't half yell* il a hurlé comme un fou / *she can't half run* elle court comme un lièvre / *you don't half put your foot in it sometimes!* tu mets vraiment les pieds dans le plat parfois ! / *they didn't half complain* ils se sont plaints, et pas qu'un peu / *did you complain? — I didn't half!* or *not half!* est-ce que vous vous êtes plaint ? — et comment ! or pas qu'un peu ! / *he's / it's not half bad* il est / c'est vraiment bon **3.** [time] : *it's half past two* UK, *it's half two* il est deux heures et demie / *half after six* US six heures et demie **4.** PHR ▸ **to be half as big / fast as sb / sthg** être moitié moins grand / rapide que qqn / qqch / *the radio was only half as loud as before* le son de la radio était moitié moins fort qu'avant ▸ **to earn half as much as sb** gagner moitié moins que qqn ▸ **to be half as big again (as sb / sthg)** être moitié plus grand (que qqn / qqch) / *he earns half as much again as you do* il gagne moitié plus que toi.

half-a-crown n UK HIST demi-couronne *f*.

half-and-half ◆ n UK [beer] *mélange de deux bières* ; US [for coffee] *mélange de crème et de lait.* ◆ adv moitié-moitié / *it's half-and-half* c'est moitié-moitié.

half-arsed UK [-'ɑːst], **half-assed** US [-'æst] adj *v inf* [incompetent] nul à chier / *he made a half-arsed attempt at a new blog / to quit smoking* il a vaguement tenté de créer un blog / d'arrêter de fumer / *this half-arsed excuse for a website* ce site web d'une nullité absolue.

halfback ['hɑːfbæk] n SPORT demi *m*.

half-baked [-'beɪkt] adj *inf & fig* [scheme, proposal] qui ne tient pas debout ; [person] niais / *they made a half-baked attempt to improve security* ils ont vaguement essayé d'améliorer la sécurité / *their half-baked attempt at adapting the book* leur tentative plutôt ratée d'adapter le livre.

half-binding n demi-reliure *f*.

half-blood n *dated & offens* métis *m*, -isse *f*.

half board UK ◆ n demi-pension *f*. ◆ adv en demi-pension.

half-bottle n demi-bouteille *f*.

half-breed ◆ n **1.** [animal] hybride *m* ; [horse] cheval *m* demi-sang **2.** *dated & offens* [person] métis *m*, -isse *f*. ◆ adj **1.** [animal] hybride ; [horse] demi-sang **2.** *dated & offens* [person] métis.

half-brother n demi-frère *m*.

half-caste *dated & offens* ◆ n [person] métis *m*, -isse *f*. ◆ adj métis.

half-century n demi-siècle *m*.

half-circle n demi-cercle *m*.

half cock n ▸ **to go off at half cock** [plan] avorter / *we don't want to go off at half cock on this one* il ne faut pas nous laisser prendre au dépourvu cette fois-ci.

half-cocked [-'kɒkt] adj **1.** [gun, pistol] à moitié armé **2.** US *inf* : *he went off half-cocked* [reacted angrily] il est parti en rogne.

half-crazy adj à moitié fou.

half-crown n UK HIST demi-couronne *f*.

half-cup adj ▸ **half-cup bra** soutien-gorge *m* à balconnet.

half-cut adj UK *inf* [drunk] bourré, pété, fait.

half-day ◆ n [at school, work] demi-journée *f* / *tomorrow is my half-day* [work] demain c'est ma demi-journée de congé / *to work half-days* faire des demi-journées. ◆ adj : *a half-day holiday* une demi-journée de congé ▸ **half-day closing** demi-journée *f* de fermeture.

half-dead adj UK *inf* [very tired] à moitié mort, complètement crevé.

half-deck n NAUT demi-pont *m*.

half-dollar n pièce *f* de 50 cents.

half-dozen n demi-douzaine *f* / *a half-dozen eggs* une demi-douzaine d'œufs.

half-drowned [-'draʊnd] adj à moitié or à demi noyé.

half-eaten adj à moitié mangé.

half-fill vt [glass] remplir à moitié or à demi.

half-full adj à moitié or à demi plein.

half-hardy adj BOT semi-rustique.

half-hearted adj [attempt, attitude] qui manque d'enthousiasme or de conviction, timide, hésitant ; [acceptance] tiède, qui manque d'enthousiasme / *he was very half-hearted about it* il était vraiment peu enthousiaste à ce propos / *they were very half-hearted about accepting* ils ont accepté sans grand enthousiasme or du bout des lèvres.

half-heartedly [-'hɑːtɪdlɪ] adv [accept, agree, say] sans enthousiasme or conviction, du bout des lèvres.

half-hitch n demi-clef *f*.

half-holiday n demi-journée *f* de congé.

half-hour ◆ n [period] demi-heure *f* / *I'll wait a half-hour* US j'attendrai une demi-heure / *on the half-hour* à la demie. ◆ comp : *at half-hour intervals* toutes les demi-heures.

half-hourly adj & adv toutes les demi-heures.

half-joking adj mi-figue, mi-raisin.

half-jokingly adv d'un air mi-figue, mi-raisin.

half-landing n [on staircase] palier *m* de repos.

half-length adj [portrait] en buste.

half-life n PHYS demi-vie *f*, période *f* ; MED demi-vie *f*.

half-light n demi-jour *m*.

half-marathon n semi-marathon *m*.

half-mast n ▸ **at half-mast** *hum* **a)** [flag] en berne **b)** [trousers] arrivant à mi-mollet.

half measure n demi-mesure *f* / *there are no half measures here!* on ne fait pas les choses à moitié ici !, on ne fait pas dans la demi mesure ici !

half-miler n [runner] coureur *m*, -euse *f* de demi-mile.

half-moon n demi-lune *f* ; [on fingernail] lunule *f*.

half-naked adj à moitié nu.

half-nelson n clef *f* cou côté opposé.

half-note n US [minim] blanche *f*.

half-open ◆ adj [eyes, door, window] entrouvert. ◆ vt [eyes, door, window] entrouvrir.

half-pay n demi-salaire *m* ; [in civil service] demi-traitement *m* ; MIL demi-solde *f* ▸ **to be on half-pay** **a)** toucher un demi-salaire or un demi-traitement **b)** MIL toucher une demi-solde.

halfpenny ['heɪpnɪ] (*pl* **halfpennies**) UK *dated* ◆ n demi-penny *m*. ◆ comp d'un demi-penny.

halfpennyworth ['heɪpəθ] n UK *dated* : *a halfpennyworth of ice cream* ≃ un sou de glace.

half-pint ◆ n **1.** [measurement] ≃ quart *m* de litre / *I'll just have a half-pint* [of beer] je prendrai juste un demi **2.** *inf* [small person] demi-portion *f*. ◆ comp ▸ **a half-pint glass** ≃ un verre de 25 cl.

half-price ◆ n demi-tarif *m* / *reduced to half-price* réduit de moitié / *these goods are going at half-price* ces produits sont vendus à moitié prix. ◆ adj [goods] à moitié prix ; [ticket] (à) demi-tarif. ◆ adv : *children get in half-price* les enfants payent demi-tarif / *I got it half-price* [purchase] je l'ai eu à moitié prix.

half-rest n US MUS demi-pause *f*.

half-seas over adj *inf & dated* [drunk] pompette, rond.

half-shut adj [eyes, door, window] mi-clos, à moitié fermé.

half-sister n demi-sœur *f*.

half-size ◆ adj [model] réduit de moitié. ◆ n [in shoes] demi-pointure *f* ; [in clothing] demi-taille *f*.

half-staff US = **half-mast**.

half-starved adj à moitié mort de faim, affamé.

half step n US MUS demi-ton *m*.

half term n UK SCH *congé scolaire en milieu de trimestre*.

❖ **half-term** adj ▸ **half-term holiday** petites vacances *fpl*.

half-timbered [-'tɪmbəd] adj [house] à colombages, à pans de bois.

half-time ◆ n **1.** SPORT mi-temps *f inv* / *at half-time* à la mi-temps / *that's the whistle for half-time* on siffle la mi-temps **2.** [in work] mi-temps *m* ▸ **to put sb on half-time** mettre qqn à mi-temps ▸ **to be on half-time** être or travailler à mi-temps. ◆ comp SPORT [whistle] de la mi-temps ; [score] à la mi-temps.

half-title n faux-titre *m*.

halftone ['hɑ:ftəʊn] n **1.** ART & PHOT similigravure *f* **2.** US MUS demi-ton *m*.

half-track n [vehicle] half-track *m*.

half-truth n demi-vérité *f*.

half-volley ◆ n [in tennis] demi-volée *f*. ◆ vt [in tennis] : *he half-volleyed the ball to the baseline* d'une demi-volée, il a envoyé la balle sur la ligne de fond. ◆ vi [in tennis] faire une demi-volée.

halfway [hɑ:f'weɪ] ◆ adv **1.** [between two places] à mi-chemin / *it's halfway between Rennes and Cherbourg* c'est à mi-chemin entre Rennes et Cherbourg / *we had got halfway to Manchester* nous étions arrivés à mi-chemin de Manchester / *they have now travelled halfway to the moon* ils sont maintenant à mi-chemin de leur voyage vers la lune / *we had climbed halfway up the mountain* nous avions escaladé la moitié de la montagne / *we had got halfway down the mountain* nous avions descendu la moitié de la montagne / *the path stops halfway up* le chemin s'arrête à mi-côte / *there's a blockage halfway up the pipe* il y a un bouchon à mi-hauteur du tuyau / *the ivy reaches halfway up the wall* le lierre monte jusqu'à la moitié du mur / *her hair hangs halfway down her back* ses cheveux lui arrivent jusqu'au milieu du dos / *he kicked the ball halfway into the French half* il a shooté dans le ballon et l'a envoyé à la moitié du camp français / *I've got halfway through chapter six* je suis arrivé à la moitié du chapitre six / *halfway through the programme / film* à la moitié de l'émission / du film / *to meet sb halfway* **a)** retrouver qqn à mi-chemin **b)** *fig* couper la poire en deux, faire un compromis / *I'm willing to meet you halfway fig* je veux bien couper la poire en deux, je suis prêt à t'accorder un compromis / *we're almost halfway there* **a)** [in travelling, walking, etc.] nous sommes presque à mi-chemin, nous avons fait presque la moitié du chemin **b)** [in work, negotiations] nous sommes presque à mi-chemin / *this will go halfway towards covering the costs* cela couvrira la moitié des dépenses / *it's halfway between an alsatian and a collie* c'est (à mi-chemin) entre le berger allemand et le colley **2.** *inf* [more or less] : *a halfway decent salary* un salaire à peu près décent / *don't you have something halfway presentable to wear?* tu n'as rien d'à peu près présentable à porter? ◆ comp ▸ **halfway stage** : *work has reached the halfway stage* le travail est à mi-chemin ▸ **halfway point** : *at the halfway point of his career* au milieu de sa carrière ▸ **halfway mark** [in race] : *they're at the halfway mark* ils sont à mi-course ▸ **halfway line** SPORT ligne *f* médiane.

halfway house n **1.** [on journey] (auberge *f*) relais *m* **2.** [for rehabilitation] centre *m* de réadaptation *(pour anciens détenus, malades mentaux, drogués, etc.)* **3.** *fig* [halfway stage] (stade *m* de) transition *f* ; [compromise] compromis *m*.

half-wit n *inf* imbécile / *some half-wit has parked right in front of the gate* il y a un imbécile qui s'est garé juste devant la grille / *only a half-wit would do something like that* il faut être débile pour faire un truc comme ça.

half-witted adj *inf* [person] faible or simple d'esprit ; [idea, suggestion, behaviour] idiot / *sometimes I think he's half-witted* parfois je le trouve débile.

half-yearly ◆ adj semestriel. ◆ adv tous les six mois.

halibut ['hælɪbət] n flétan *m*.

halitosis [,hælɪ'təʊsɪs] n *(U)* mauvaise haleine *f* ; MED halitose *f*.

hall [hɔ:l] n **1.** [of house] entrée *f*, vestibule *m* ; [of hotel, very large house] hall *m* ; [corridor] couloir *m* / *the hall carpet* le tapis dans l'entrée / *he left the hall light on* il a laissé la lumière allumée dans l'entrée **2.** [large room] salle *f* ▸ **to eat in hall** UK UNIV manger à la cantine or au restaurant universitaire / *prayers were held in hall every morning* toute l'école se réunissait chaque matin dans la grande salle pour prier **3.** [building] ▸ **hall of residence** UK UNIV résidence *f* universitaire / *I'm living in hall* UK UNIV je loge à l'université ▸ **hall of fame** *fig* panthéon *m* / *baseball's hall of fame* le panthéon de l'histoire du base-ball / *his name will go down in the hall of fame* son nom entrera au panthéon **4.** [mansion, large country house] château *m*, manoir *m* / *she works up at the hall* elle travaille au château or au manoir / *Fotheringham Hall* le château or le manoir de Fotheringham.

halleluja(h) [,hælɪ'lu:jə] ◆ interj alléluia. ◆ n alléluia *m* ▸ **the Hallelujah Chorus** MUS l'Alléluia.

hallmark ['hɔ:lmɑ:k] ◆ n **1.** *lit* poinçon *m* **2.** *fig* marque *f* / *it carries his hallmark* cela porte sa marque / *the hallmark of a creative mind* la marque or le sceau d'un esprit créatif / *to have the hallmark of genius* porter la marque or le sceau du génie / *the hallmark of any good author* ce qui caractérise tout bon auteur. ◆ vt [precious metals] poinçonner.

hallo [hə'ləʊ] interj = **hello**.

halloo [hə'lu:] (*pl* **halloos**, *pt & pp* **hallooed**, *cont* **hallooing**) ◆ interj HUNT taïaut, tayaut. ◆ vi HUNT crier taïaut or tayaut. ◆ n HUNT taïaut *m*, tayaut *m*.

halloumi [hæ'lu:mɪ] n CULIN halloumi *m*, haloumi *m*.

hallow ['hæləʊ] vt *fml* sanctifier, consacrer ▸ **hallowed be Thy name** que Ton nom soit sanctifié.

hallowed ['hæləʊd] adj saint, béni / *hallowed ground* **a)** RELIG terre *f* sainte or bénie **b)** *fig* lieu *m* de culte.

Halloween, Hallowe'en [,hæləʊ'i:n] pr n Halloween *f*.

hall porter n [in hotel] portier *m*.

hallstand ['hɔ:lstænd] n portemanteau *m*.

hall tree US = **hallstand**.

hallucinate [hə'lu:sɪneɪt] vi avoir des hallucinations / *it made her hallucinate* cela lui a donné des hallucinations / *I must be hallucinating!* je dois avoir des hallucinations !

hallucination [,həlu:sɪ'neɪʃn] n hallucination *f*.

hallucinatory [hə'lu:sɪnətrɪ] adj hallucinatoire.

hallucinogen [hə'lu:sɪnədʒen] n hallucinogène *m*.

hallucinogenic [hə,lu:sɪnə'dʒenɪk] adj hallucinogène.

hallway ['hɔ:lweɪ] n [of house] vestibule *m*, entrée *f* ; [corridor] couloir *m* ▸ **hallway chatter** US bavardage *m* de couloir / *there was a lot of hallway chatter about this at the conference* on a beaucoup parlé du sujet dans les couloirs lors du congrès / *please refrain from hallway chatter between classes* merci de ne pas bavarder dans les couloirs à l'intercours.

halo ['heɪləʊ] (*pl* **halos** *or* **haloes**) n [of saint] auréole *f*, nimbe *m* ; ASTRON halo *m* ; *fig* auréole *f* / *her halo never slips hum* c'est un modèle de vertu.

halo effect n effet *m* de halo.

halogen ['hælədʒen] n CHEM halogène *m* ▸ **halogen headlights / lamps** phares *mpl* / lampes *fpl* à halogène ▸ **halogen ring** [on cooker] foyer *m* halogène.

halt [hɔ:lt] ◆ n **1.** [stop] halte *f* ▸ **to bring to a halt a)** [vehicle] arrêter, immobiliser **b)** [horse] arrêter **c)** [production, project] interrompre / *the strike has brought production to a complete halt* la grève a complètement interrompu la production ▸ **to call a halt to sthg** mettre fin à qqch / *let's call a halt for today* arrêtons-nous pour aujourd'hui ▸ **to come to a halt** [vehicle, horse] s'arrêter, s'immobiliser / *the project has come to a halt* **a)** [temporarily] le projet s'est interrompu **b)** [for good] le projet s'est définitivement arrêté / *until the aircraft comes to a complete halt* jusqu'à l'arrêt complet de l'appareil / *this decline in education standards must come to a halt* cette baisse des niveaux scolaires doit cesser **2.** UK [small railway station] halte *f*. ◆ pl n BIBLE ▸ **the halt and the lame** les estropiés *mpl*. ◆ vi **1.** [stop] s'arrêter ▸ **halt! (, who goes there?)** MIL halte ! (, qui va là ?) **2.** *arch* [limp] boiter ; *fig* [style, writing, verse] être boiteux. ◆ vt arrêter ; [troops] faire faire halte à, stopper ; [production - temporarily] interrompre, arrêter ; [- for good] arrêter définitivement.

halter ['hɔ:ltər] n **1.** [for horse] licou *m*, collier *m* **2.** [on women's clothing] = **halter neck 3.** *arch* [noose] corde *f* (de pendaison).

halter neck n : *a dress with a halter neck* une robe dos nu or bain de soleil.

❖ **halter-neck** comp [dress] dos nu, bain de soleil.

halter top n bain *m* de soleil.

halting ['hɔ:ltɪŋ] adj [verse, style] boiteux, heurté ; [voice, step, progress] hésitant ; [growth] discontinu.

haltingly ['hɔ:ltɪŋlɪ] adv [say, speak] de façon hésitante.

halt sign n AUTO stop *m*.

halva, halwa ['hælvə] n *(U)* halva *m*.

halve [UK hɑ:v US hæv] vt **1.** [separate in two] couper or diviser or partager en deux **2.** [reduce by half] réduire or diminuer de moitié.

halves [UK hɑ:vz US hævz] pl ⟶ **half**.

halyard ['hæljəd] n NAUT drisse *f*.

ham [hæm] (*pt & pp* **hammed**, *cont* **hamming**) ◆ n **1.** [meat] jambon *m* / *a ham* un jambon / *ham and eggs* œufs *mpl* au jambon / *ham sandwich* sandwich *m* au jambon **2.** [radio operator] radioamateur *m* / *ham licence* permis *m* de radioamateur **3.** [actor] cabot *m*, cabotin *m*, -e *f* **4.** [of leg] cuisse *f*. ◆ comp ▸ **ham acting** cabotinage *m*. ◆ vi = **ham up**.

❖ **ham up** vt sep ▸ **to ham it up** *inf* en faire trop.

Ham [hæm] pr n BIBLE Cham.

Hamburg ['hæmbɜ:g] pr n Hambourg.

hamburger ['hæmbɜ:gər] n **1.** [beefburger] hamburger *m* **2.** US [minced beef] viande *f* hachée.

ham-fisted [-'fɪstɪd], **ham-handed** [-'hændɪd] adj [person] empoté, maladroit ; [behaviour] maladroit.

Hamitic [hæ'mɪtɪk] adj chamitique.

hamlet ['hæmlɪt] n [small village] hameau *m* / **'Hamlet'** *Shakespeare* 'Hamlet'.

hammam, hamam [hə'mɑ:m] n hammam *m*.

hammer ['hæmər] ◆ n **1.** [tool] marteau *m* ▸ **(throwing the) hammer** SPORT (lancer *m* du) marteau ▸ **the hammer and sickle** [flag] la faucille et le marteau ▸ **to come** or **to go under the hammer** être vendu aux enchères ▸ **to be** or **to go at it hammer and tongs a)** [argue] se disputer comme des chiffonniers **b)** [in work, match] y aller à fond or de bon cœur, mettre le paquet ▸ **to be as mad** or **daft as a bag of hammers** UK être complètement fêlé **2.** [of piano] marteau *m* ; [of firearm] chien *m* **3.** [in ear] marteau *m*. ◆ vt **1.** [nail, spike, etc.] enfoncer au marteau ; [metal] marteler ▸ **to hammer a nail into sthg** enfoncer un clou dans qqch ▸ **to hammer sthg flat** / **straight** aplatir / redresser qqch à coups de marteau ▸ **to hammer home a)** [nail] enfoncer à fond au marteau **b)** *fig* [point of view] insister lourdement sur / *she hammered it home with the heel of her shoe* elle l'a enfoncé avec le talon de sa chaussure / *I had it hammered into me that I mustn't do that type of thing* on m'a enfoncé dans la tête que je ne devais pas faire ce genre de choses / *they're always* *hammering it into us that...* ils nous rabâchent sans arrêt que... / *to hammer an agreement into shape* réussir à mettre un accord au point **2.** *inf* [defeat] battre à plate couture ; [criticize] descendre en flammes. ◆ vi **1.** frapper or taper au marteau ; *fig* [heart] battre fort / *the rain hammered at the window* la pluie tambourinait contre la fenêtre / *to hammer on the table* [with fist] taper du poing sur la table / *to hammer at the door* tambouriner à la porte **2.** *inf* [go fast, drive fast] foncer, aller à fond de train / *he came hammering round the final bend* il a débouché à fond de train du dernier virage / *the French champion was really hammering along the track when he tripped* le champion français était en pleine vitesse quand il a trébuché.

❖ **hammer away** vi [with hammer] donner des coups de marteau ▸ **to hammer away at sthg a)** taper sur qqch avec un marteau, donner des coups de marteau sur qqch **b)** *fig* [at agreement, contract] travailler avec acharnement à la mise au point de qqch **c)** [problem] travailler avec acharnement à la solution de qqch / *he hammered away at the door* [with fists] il a tambouriné à la porte / *to hammer away at the piano / on the typewriter* marteler le piano / la machine à écrire.

❖ **hammer down** vt sep [nail, spike] enfoncer (au marteau) ; [door] défoncer.

❖ **hammer in** vt sep [nail, spike] enfoncer (au marteau) / *it's no good telling him just once, you'll have to hammer it in fig* le lui dire une bonne fois ne suffira pas, il faudra le lui répéter sans cesse.

❖ **hammer out** vt sep [dent] aplatir au marteau ; *fig* [solution, agreement] mettre au point, élaborer ; [tune, rhythm] marteler.

hammer drill n perceuse *f* à percussion.

hammerhead ['hæməhed] n [shark] requin-marteau *m*.

hammering ['hæmərɪŋ] n **1.** [noise] martèlement *m* ; *fig* [of heart] battement *m* ; [of rain] tambourinement *m* **2.** *inf & fig* [defeat] raclée *f*, pâtée *f* ▸ **to give sb a hammering** battre qqn à plate couture, mettre une raclée or une pâtée à qqn ▸ **to take a hammering** se faire battre à plate couture, prendre une raclée or pâtée.

hammerlock ['hæməlɒk] n [in wrestling] retournement *m* de bras ▸ **to get sb in a hammerlock** faire une clé de bras à qqn.

hammertoe ['hæmətəʊ] n orteil *m* en marteau.

hammock ['hæmək] n hamac *m*.

hammy ['hæmɪ] (*compar* **hammier**, *superl* **hammiest**) adj *inf* affecté, exagéré.

hamper ['hæmpər] ◆ vt [impede - work, movements, person] gêner ; [- project] gêner la réalisation de, entraver. ◆ n [for picnic] panier *m* ; US [for laundry] panier *m* à linge sale / *a Christmas hamper* un panier de friandises de Noël.

Hampstead ['hæmpstɪd] pr n *quartier chic du nord de Londres.*

hamster ['hæmstər] n hamster *m* ▸ **hamster cage** cage *f* pour or à hamster.

hamstring ['hæmstrɪŋ] (*pt & pp* **hamstrung** [-strʌŋ]) ◆ n tendon *m* du jarret / *to pull a hamstring* se claquer le tendon du jarret. ◆ vt [cripple - animal, person] couper les tendons à ; *fig* handicaper / *the project is hamstrung* le projet est bloqué / *we are hamstrung* nous sommes bloqués.

hancock ['hæŋkɒk] n US [signature] signature *f*.

hand [hænd] ◆ n **1.** [of person] main *f* ▸ **to hold sb's hand** tenir la main de qqn / *I held her hand* je lui ai tenu la main / *she's asked me to go along and hold her hand fig* elle m'a demandé de l'accompagner pour lui donner du courage ▸ **to hold hands** se tenir par la main ▸ **to take sb's hand, to take sb by the hand** prendre qqn par la main, prendre la main de qqn ▸ **to lead sb by the hand** conduire qqn par la main / *to put one's hands over one's eyes* se couvrir les yeux de ses mains ▸ **to be on one's hands and knees** être à quatre pattes ▸ **to go down on one's hands and knees** *fig* se mettre à genoux or à plat ventre ▸ **to be good with one's hands** être adroit de ses mains / *my hands are full* j'ai les mains occupées or prises ▸ **to have one's hands full** *fig* avoir beaucoup à faire, avoir du pain sur la planche ▸ **to lay one's hands on sthg** [find] mettre la main sur qqch ▸ **to get** or **to lay one's hands on sthg** [obtain] dénicher qqch / *just wait till I get* or *lay my hands on her! fig* attends un peu que je l'attrape ! ▸ **to lift** or **to raise a hand to sb** lever la main sur qqn / *he never lifts a hand to help* il ne lève jamais le petit doigt pour aider ▸ **hands off!** bas les pattes !, pas touche ! / *hands off the unions / education system!* pas touche aux syndicats / au système éducatif ! / *he can't keep his hands to himself* il a la main baladeuse / *take your hands off me!* ne me touche pas ! ▸ **(put your) hands up!** les mains en l'air !, haut les mains ! / *hands up anyone who knows the answer* SCH que ceux qui connaissent la réponse lèvent le doigt or la main / *hands up all those who agree* que ceux qui sont d'accord lèvent la main ▸ **to tie sb's hands** attacher les mains de qqn / *they tied my hands behind my back* ils m'ont lié or attaché les mains dans le dos / *my hands are tied fig* j'ai les mains liées ▸ **to sit on one's hands a)** [applaud half-heartedly] applaudir sans enthousiasme **b)** [do nothing] ne rien faire ▸ **to ask for sb's hand in marriage** demander la main de qqn, demander qqn en mariage ▸ **at hand, near** or **close at hand a)** [about to happen] proche **b)** [nearby] à proximité ▸ **to suffer at the hands of sb** souffrir aux mains or dans les mains de qqn ▸ **to pass sthg from hand to hand** faire passer qqch de mains en mains ▸ **hand in hand** la main dans la main ▸ **to go hand in hand (with sthg)** *fig* aller de pair (avec qqch) ▸ **to be hand in glove with sb** travailler en étroite collaboration avec qqn ▸ **to make money hand over fist** gagner de l'argent par millions / *she doesn't do a hand's turn* UK *inf* elle n'en fiche pas une ▸ **to live from hand to mouth** arriver tout juste à joindre les deux bouts / *I could do it with one hand tied behind my back* je pourrais le faire sans aucun effort or les doigts dans le nez ▸ **many hands make light work** *prov* à beaucoup d'ouvriers la tâche devient aisée ▸ **on the one hand... but on the other hand...** [used in the same sentence] d'un côté... mais de l'autre... ▸ **on the other hand** [when beginning new sentence] d'un autre côté **2.** [assistance] ▸ **to give sb a hand (with sthg)** donner un coup de main à qqn / *do you need a hand (with that)?* as-tu besoin d'un coup de main ? **3.** [control, management] ▸ **to need a firm hand** avoir besoin d'être sérieusement pris en main ▸ **to rule with a firm hand** diriger avec de la poigne ▸ **to take sb / sthg in hand** prendre qqn / qqch en main ▸ **to be out of hand** [dog, child] ne rien écouter ▸ **to get out of hand a)** [dog, child] devenir indocile **b)** [meeting, situation] échapper à tout contrôle / *the garden is getting out of hand* le jardin à l'air d'une vraie jungle ▸ **to change hands** [company, restaurant, etc.] changer de propriétaire / *it's out of my hands* cela ne m'appartient plus, ce n'est plus ma responsabilité or de mon ressort / *the matter is in the hands of the headmaster* la question relève maintenant or est maintenant du ressort du principal / *I have put the matter in the hands of a lawyer* j'ai mis l'affaire entre les mains d'un avocat / *the answer lies in your own hands* la solution est entre tes mains ▸ **to have too much time on one's hands** avoir trop de temps à soi ▸ **to have sthg / sb on one's hands** avoir qqch / qqn sur les bras / *now that that's off my hands* à présent que je suis débarrassé de cela / *to fall into the hands of the enemy* tomber entre les mains de l'ennemi / *to fall into the wrong hands* [information, secret, etc.] tomber en de mauvaises mains / *in the right hands* en de bonnes mains / *to be in good* or *safe hands* être en de bonnes mains / *can I leave this in your hands?* puis-je te demander de t'en occuper ? / *it leaves too much power in the hands of the police* cela laisse trop de pouvoir à la police ▸ **to give sb a free hand** donner carte blanche à qqn ▸ **to take matters into one's own hands** prendre les choses en main ▸ **hands down** sans conteste / *she's the best dancer hands down* c'est sans conteste la meilleure danseuse **4.** [applause] ▸ **to give sb a (big) hand** applaudir qqn (bien fort) **5.** [influence, involvement] ▸ **to have a hand in sthg** avoir quelque chose à voir dans qqch / *I had no hand in it* je n'avais rien à voir là-dedans, je n'y étais pour rien / *I see* or *detect your hand in this* j'y vois ta marque **6.** [skill, ability] : *to have a light hand with pastry* réussir une pâte légère ▸ **to turn one's hand to sthg** : *she can turn her hand to anything* elle peut tout faire ▸ **to keep one's hand in** garder la main / *I was never much of a hand at it* je n'ai jamais été très doué pour cela ▸ **to try one's hand at sthg** s'essayer à qqch **7.** [in cards - cards held] main *f*, jeu *m* ; [- round, game] partie *f* ▸ **to show** or **to reveal one's hand** *fig* dévoiler son jeu ▸ **to throw in one's hand** *fig* jeter l'éponge **8.** [of clock] aiguille *f* **9.** [handwriting] écriture *f* / *to have a good hand* avoir une belle écriture **10.** [measurement of horse] paume *f* **11.** [worker] ouvrier *m*, -ère *f* ; [on ship] homme *m*, membre *m* de l'équipage / *she was lost with all hands* [ship] il a coulé avec tous les hommes à bord or tout l'équipage ▸ **all hands to the pump** *lit & fig* tout le monde à la rescousse **12.** CULIN [of bananas] régime *m* ▸ **hand of pork** jambonneau *m*. ◆ vt passer, donner ▸ **to hand sthg to sb** passer or donner qqch à qqn / *you have to hand it to her, she IS a good mother fig* c'est une bonne mère, il faut lui accorder cela.

❖ **by hand** adv phr [written] à la main ; [made, knitted, sewn] (à la) main / *to wash sthg by hand* laver qqch à la main / *to send sthg by hand* faire porter qqch / *to rear an animal by hand* élever un animal au biberon.

❖ **in hand** adv phr **1.** [available money] disponible ; [time] devant soi / *do we have any time in hand?* UK avons-nous du temps devant nous ? **2.** [being dealt with] en cours / *the matter is in hand* on s'occupe de l'affaire / *I have the situation well in hand* j'ai la situation bien en main / *keep your mind on the job in hand* concentre-toi sur le travail en cours.

❖ **on hand** adj phr [person] disponible.

❖ **out of hand** adv phr [immediately] sur-le-champ.

❖ **to hand** adv phr [letter, information, etc.] sous la main / *use what comes to hand* prends ce que tu as sous la main / *he took the first one that came to hand* il a pris le premier qui lui est tombé sous la main.

❖ **hand around** = **hand round.**

❖ **hand back** vt sep [return] rapporter, rendre / *I now hand you back to the studio / John Smith* RADIO & TV je rends maintenant l'antenne au studio / John Smith.

❖ **hand down** vt sep **1.** [pass, give from high place] passer, donner / *hand me down the hammer* passe-moi or donne-moi le marteau (qui est là-haut) **2.** [heirloom, story] transmettre / *the necklace / property has been handed down from mother to daughter for six generations* le collier est transmis / la propriété est transmise de mère en fille depuis six générations **3.** LAW [decision, sentence] annoncer ; [judgment] rendre / *to hand down the budget* US annoncer le budget.

❖ **hand in** vt sep [return, surrender - book] rendre ; [- ticket] remettre ; [- exam paper] rendre, remettre ; [something found - to authorities, police, etc.] déposer, remettre / *to hand in one's resignation* remettre sa démission.

❖ **hand off** vt sep RUGBY raffûter.

❖ **hand on** vt sep **1.** [give to someone else] passer ▸ **to hand sthg on to sb** passer qqch à qqn **2.** = **hand down.**

❖ **hand out** vt sep [distribute] distribuer / *we hand out 200 free meals a day* nous servons 200 repas gratuits par jour / *he's very good at handing out advice* il est très fort pour ce qui est de distribuer des conseils / *the French boxer handed out a lot of punishment* le boxeur français a frappé à coups redoublés.

❖ **hand over** ◆ vt sep **1.** [pass, give - object] passer, donner / *we now hand you over to the weather man / Bill Smith in Moscow* RADIO & TV nous passons maintenant l'antenne à notre météorologue / Bill Smith à Moscou / *I'm handing him over now* TELEC je te le passe tout de suite **2.** [surrender - weapons, hostage] remettre ; [- criminal] livrer ; [- power, authority] transmettre / *he was handed over to the French police* il a été livré à la or aux mains de la police française / *hand it over!* donne ! ◆ vi ▸ **to hand over to a)** [government minister, chairman, etc.] passer le pouvoir à **b)** [in meeting] donner la parole à ; TELEC passer or donner le combiné à.

❖ **hand round** vt sep [distribute] distribuer.

❖ **hand up** vt sep [pass, give from low place] passer, donner / *hand me up the hammer* passe-moi or donne-moi le marteau (qui est là en bas).

hand- in comp (à la) main ▸ **hand-knitted** tricoté (à la) main ▸ **hand-stitched** cousu main.

HAND MESSAGING written abbr of have a nice day.

handbag ['hændbæg] ◆ n UK sac *m* à main. ◆ vt UK *inf* [attack verbally] : *she handbagged him* elle l'a violemment attaqué.

hand baggage = hand luggage.

handball n **1.** ['hændbɔ:l] [game] handball *m* **2.** [hænd'bɔ:l] FOOT main *f*.

handbasin ['hændbeɪsn] n lavabo *m*.

handbell ['hændbel] n clochette *f*.

handbill ['hændbɪl] n UK prospectus *m*.

handbook ['hændbʊk] n [for car, machine] guide *m*, manuel *m* ; [for tourist's use] guide *m*.

handbrake ['hændbreɪk] n UK frein *m* à main.

handcart ['hændkɑ:t] n charrette *f* à bras.

handclap ['hændklæp] n ▸ **to get the slow handclap** UK [performer] se faire siffler ▸ **to give sb the slow handclap** UK siffler qqn.

handclasp ['hændklɑ:sp] n US poignée *f* de main.

handcraft ['hændkrɑ:ft] vt fabriquer or faire à la main.

handcrafted ['hænd,krɑ:ftɪd] adj fabriqué or fait à la main.

hand cream n crème *f* pour les mains.

handcuff ['hændkʌf] vt passer les menottes à ▸ **to handcuff sb to sthg** attacher qqn à qqch avec des menottes / *he was handcuffed* il avait les menottes aux poignets.

handcuffs ['hændkʌfs] pl n menottes *fpl* ▸ **to be in handcuffs** avoir les menottes (aux mains).

hand-drier n sèche-mains *m inv*.

hand-drill n perceuse *f* à main.

-handed ['hændɪd] in comp ▸ **four-handed** : *four-handed game of cards* jeu *m* de cartes pour quatre personnes.

Handel ['hændl] pr n Haendel.

-hander ['hændər] in comp ▸ **two-** / **three-hander** [play] pièce *f* pour deux / trois personnes.

handfeed [hænd'fi:d] (*pt & pp* **handfed** [-'fed]) vt nourrir à la main.

handful ['hændfʊl] n **1.** [amount] poignée *f* ▸ **a handful of** *fig* [a few] quelques / *a handful of people* quelques personnes / *how many people were there? — only a handful* combien de personnes y avait-il ? — seulement quelques-unes / **'A Handful of Dust'** *Waugh* 'Une poignée de cendre' **2.** *inf* [uncontrollable person] ▸ **to be a handful** être difficile / *he's proving to be a real handful for the defence* il donne du fil à retordre à la défense adverse.

hand grenade n grenade *f* à main.

handgrip ['hændgrɪp] n **1.** [on racket] grip *m* ; [on bicycle] poignée *f* **2.** [handshake] poignée *f* de main **3.** [holdall] fourre-tout *m inv*.

handgun ['hændgʌn] n US revolver *m*, pistolet *m*.

hand-held adj [appliance] à main ; [camera] portatif ▸ **hand-held computer** ordinateur *m* de poche.

handhold ['hændhəʊld] n prise *f* (de main).

handicap ['hændɪkæp] (*pt & pp* **handicapped**) ◆ n **1.** [physical, mental] handicap *m* ; *fig* [disadvantage] handicap *m*, désavantage *m* / *people with a (physical / mental) handicap* les gens qui souffrent d'un handicap (physique / mental) / *do you find it a handicap being so small?* trouvez-vous que c'est un handicap or un désavantage d'être aussi petit ? **2.** SPORT handicap *m*. ◆ vt **1.** *fig* handicaper, désavantager / *they were always handicapped by a lack of money* ils ont toujours été handicapés par le manque d'argent **2.** SPORT handicaper.

handicapped ['hændɪkæpt] ◆ adj handicapé / *to be mentally / physically handicapped* être handicapé mental / physique / **'handicapped parking'** US 'parking réservé aux handicapés'. ◆ pl n ▸ **the handicapped** les handicapés *mpl*.

handicraft ['hændɪkrɑ:ft] n **1.** [items] objets *mpl* artisanaux, artisanat *m* **2.** [skill] artisanat *m*.

handily ['hændɪlɪ] adv **1.** [conveniently] de façon commode or pratique / *the shop is handily situated only 100 metres from the house* le magasin n'est qu'à 100 mètres de la maison, ce qui est pratique or commode **2.** US [easily] : *to win handily* gagner haut la main.

handiwork ['hændɪwɜ:k] n *(U)* [work] travail *m* manuel ; [result] œuvre *f* / *the graffiti is the handiwork of vandals* les graffitis sont l'œuvre de vandales / *this is* YOUR *handiwork, is it?* c'est toi qui as fait ça ?

hand-job n *vulg* ▸ **to give sb a hand-job** branler qqn.

H&K MESSAGING (written abbr of hugs and kisses) biz.

handkerchief ['hæŋkətʃɪf] (*pl* **handkerchiefs** *or* **handkerchieves** [-tʃi:vz]) n mouchoir *m*.

handle ['hændl] ◆ n **1.** [of broom, knife, screwdriver] manche *m* ; [of suitcase, box, drawer, door] poignée *f* ; [of cup] anse *f* ; [of saucepan] queue *f* ; [of stretcher] bras *m* ▸ **to fly off the handle (at sb)** UK *inf* piquer une colère (contre qqn) **2.** [name of Internet user] pseudo *m* **3.** *inf* [name - of citizens' band user] nom *m* de code ; [- which sounds impressive] titre *m* de noblesse **4.** *inf* PHR ▸ **to get a handle on sthg** piger qqch / *I'll get back to you once I've got a handle on the situation* je vous recontacterai quand j'aurai la situation en main / *the first thing to do is to get a handle on the export market* la première chose à faire est de nous familiariser avec le marché à l'exportation. ◆ vt **1.** [touch] toucher à, manipuler / **'please do not handle the goods'** 'ne pas toucher' / **'handle with care'** 'fragile' / *pesticides should be handled with caution* les pesticides doivent être manipulés avec précaution ▸ **to handle the ball** [in football] faire une main **2.** [operate - ship] manœuvrer, gouverner ; [- car] conduire ; [- gun] se servir de, manier ; [- words, numbers] manier / *have you any experience of handling horses?* savez-vous vous y prendre avec les chevaux ? **3.** [cope with - crisis, problem] traiter ; [- situation] faire face à ; [- crowd, traffic, death] supporter / *you handled that very well* tu as très bien réglé les choses / *I couldn't have handled it better myself* je n'aurais pas mieux fait / *he's good at handling people* il sait s'y prendre avec les gens / *I don't know how to handle her* je ne sais pas comment la prendre / *leave this to me,* I'LL *handle him* laisse-moi m'en occuper, je me charge de lui / *four babies are a lot for one person to handle* quatre bébés, cela fait beaucoup pour une seule personne / *do you think you can handle the job?* penses-tu être capable de faire le travail ? / *I couldn't handle it if Dad died* si papa mourait, je ne le supporterais pas / *how is she handling it?* comment s'en sort-elle ? / *he can't handle his drink inf* il ne tient pas l'alcool / *it's nothing I can't handle* je me débrouille **4.** [manage, process] s'occuper de ; [address - topic, subject] aborder, traiter / *she handles my tax for me* elle s'occupe de mes impôts / *we're too small to handle an order of that size* notre entreprise est trop petite pour traiter une commande de cette importance / *could you handle this task as well?* pourriez-vous également vous charger de ce travail ? / *the airport handles two hundred planes a day* chaque jour deux cents avions passent par l'aéroport / *to handle stolen goods* receler des objets volés. ◆ vi [car, ship] répondre / *how does she handle?* [car] est-ce qu'elle répond bien ?

handlebar ['hændlbɑ:r] comp ▸ **handlebar moustache** moustache *f* en guidon de vélo ▸ **handlebar tape** Guidoline® *f*.

❖ **handlebars** pl n guidon *m* / *she went right over the handlebars* elle est passée par-dessus le guidon.

-handled ['hændld] in comp [broom, screwdriver, knife] à manche de ; [suitcase, box, drawer, door] à poignée de ▸ **a short-handled screwdriver** un tournevis à manche court ▸ **ivory-handled knives** des couteaux à manche d'ivoire.

handler ['hændlər] n **1.** [of dogs] maître-chien *m* **2.** [of baggage] bagagiste *m* **3.** US [PR person] attaché *m*, -e de presse.

handling ['hændlɪŋ] ◆ n **1.** [of pesticides, chemicals] manipulation *f* / *a penalty was awarded for handling* FOOT un penalty a été accordé pour main / *handling of stolen goods* recel *m* d'objets volés **2.** [of tool, weapon] maniement *m* / *the size of the car makes for easy handling* la taille de la voiture permet une grande maniabilité **3.** [of situation, operation] : *my handling of the problem* la façon dont j'ai traité le problème / *her handling of the interview was very professional* elle a conduit or mené l'entretien en professionnelle **4.** [of order, contract] traitement *m*, exécution *f* ; [of goods, baggage] manutention *f*. ◆ comp ▸ **handling charges a)** frais *mpl* de traitement **b)** [for physically shifting goods] frais *mpl* de manutention.

handloom ['hændlu:m] n métier *m* à tisser.

hand lotion n lotion *f* pour les mains.

hand luggage n *(U)* bagages *mpl* à main.

handmade [,hænd'meɪd] adj fabriqué or fait (à la) main.

handmaid(en) ['hændmeɪd(n)] n *arch* servante *f*, bonne *f* ; *fig* bonne *f*.

hand-me-down *inf* ◆ n vêtement *m* de seconde main / *this suit is a hand-me-down from my father* ce costume appartenait à mon père / *why do I always have to wear his hand-me-downs?* pourquoi dois-je toujours porter ses vieux vêtements ? ◆ adj [clothes] de seconde main ; *fig* [ideas] reçu.

hand-off n RUGBY raffut *m*.

handout ['hændaʊt] n **1.** [donation] aide *f*, don *m* / *to live off handouts* vivre de dons / *it's not a handout* ce n'est pas de la charité ▸ **government handouts** subventions *fpl* gouvernementales **2.** [printed sheet or sheets] polycopié *m* ▸ **press handout** communiqué *m* pour la presse **3.** [leaflet] prospectus *m*.

handover ['hændəʊvər] n [of power] passation *f*, transmission *f*, transfert *m* ; [of territory] transfert *m* ; [of hostage, prisoner] remise *f* ; [of baton] transmission *f*, passage *m*.

handpick [hænd'pɪk] vt **1.** [fruit, vegetables] cueillir à la main **2.** *fig* [people] sélectionner avec soin, trier sur le volet.

handpicked [,hænd'pɪkt] adj [people] trié sur le volet.

handrail ['hændreɪl] n [on bridge] rambarde *f*, garde-fou *m* ; NAUT rambarde *f* ; [of stairway - gen] rampe *f* ; [- against wall] main *f* courante.

handsaw ['hændsɔ:] n scie *f* à main ; [small] (scie *f*) égoïne *f*.

handset ['hændset] n TELEC combiné *m*.

handsewn [,hænd'səʊn] adj cousu main, cousu à la main.

hands-free [hænds-] adj TELEC mains libres.

hands-free kit n kit *m* mains libres.

handshake ['hændʃeɪk] n **1.** poignée *f* de main **2.** COMPUT établissement *m* de liaison, poignée *f* de main.

handshaking ['hændʃeɪkɪŋ] = handshake.

hand signal n signal *m* de la main / **'hand signals only'** [on vehicle] *indique qu'un véhicule n'est pas équipé de clignotants.*

hands-off [hændz'ɒf] adj [policy] non interventionniste, de non-intervention ; [manager] non interventionniste.

handsome ['hænsəm] adj **1.** [good-looking - person, face, room] beau *(before vowel or silent 'h'* **bel**, *f* **belle)** ; [- building, furniture] élégant / *a handsome man* un bel homme / *a handsome woman* une belle femme **2.** [generous - reward, compliment] beau *(before vowel or silent 'h'* **bel**, *f* **belle)** ; [- conduct, treatment] généreux ; [- apology] sincère / *that's very handsome of you* c'est très généreux de votre part, vous êtes bien bon **3.** [substantial - profit, price] bon ; [- fortune] joli / *a handsome amount* une coquette or jolie somme, une somme rondelette.

handsomely ['hænsəmlɪ] adv **1.** [beautifully] avec élégance, élégamment **2.** [generously] généreusement, avec générosité ; [sincerely] sincèrement **3.** [substantially] : *to win handsomely* gagner haut la main.

hands-on [hændz'ɒn] adj [training, experience] pratique ; [exhibition] *où le public peut toucher les objets exposés* / *I go for a hands-on style of management* je suis le genre de patron à contribuer concrètement au fonctionnement de mon entreprise or à mettre la main à la pâte.

handspring ['hændsprɪŋ] n saut *m* de mains.

handstand ['hændstænd] n appui *m* renversé, équilibre *m* sur les mains.

handstitched [hænd'stɪtʃt] adj cousu main.

hand-to-hand adj & adv au corps à corps.

hand-to-mouth ◆ adj ▸ **to lead** or **to have a hand-to-mouth existence** tirer le diable par la queue. ◆ adv ▸ **to live hand-to-mouth** tirer le diable par la queue.

hand towel n serviette *f*, essuie-mains *m inv*.

handwash ['hændwɒʃ] ◆ vt laver à la main. ◆ n : *to do a handwash* faire une lessive à la main.

handwork ['hændwɜːk] n SCH travail *m* à la main.

handwoven [,hænd'wəʊvn] adj tissé main.

handwriting ['hænd,raɪtɪŋ] n écriture *f* ▸ **handwriting expert** graphologue *mf*.

handwritten ['hænd,rɪtn] adj manuscrit, écrit à la main.

handy ['hændɪ] (*compar* **handier**, *superl* **handiest**) adj *inf* **1.** [near at hand] proche / *I always keep my glasses handy* je range toujours mes lunettes à portée de main / *have you got a pen and paper handy?* as-tu un stylo et du papier sous la main ? **2.** [person - good with one's hands] adroit de ses mains / *he's handy about the house* il est bricoleur / *he's not the handiest man in the world* ce n'est pas un très bon bricoleur ▸ **to be handy at doing sthg** être doué pour faire qqch, bien savoir faire qqch / *she's handy with a drill* elle sait se servir d'une perceuse / *he's a bit handy with his fists* il sait se servir de ses poings **3.** [convenient, useful] commode, pratique / *living in the centre is handy for work* pour le travail c'est pratique d'habiter en ville / *that's handy!* c'est pratique or commode ! / *he's a handy guy to have around* il peut rendre des tas de services / *she's a handy person to have around in a crisis* c'est quelqu'un qu'il est bon d'avoir or c'est quelqu'un d'utile en cas de crise / *a handy piece of advice* un conseil utile ▸ **to come in handy** être utile / *don't throw it away, it might come in handy one day* ne le jette pas, ça pourrait servir un jour.

handyman ['hændɪmæn] (*pl* **handymen** [-men]) n [employee] homme *m* à tout faire ; [odd job expert] bricoleur *m*.

hang [hæŋ] ◆ vt (*pt & pp* **hung**) **1.** [suspend - curtains, coat, decoration, picture] accrocher, suspendre ; [- door] fixer, monter ; [- art exhibition] mettre en place ; [- wallpaper] coller, poser ; [CULIN - game, meat] faisander ▸ **to hang sthg from** or **on sthg** accrocher qqch à qqch ▸ **to hang one's head (in shame)** baisser la tête (de honte) ▸ **to hang one on sb** US *inf* [punch] balancer un coup de poing à qqn ▸ **to hang fire a)** [project] être en suspens **b)** [person] mettre les choses en suspens **2.** (*usu passive*) [adorn] décorer / *a tree hung with lights* un arbre décoré or orné de lumières **3.** (*pt & pp* **hanged**) [criminal] pendre / *to be hanged for one's crime* être pendu pour son crime ▸ **to hang o.s.** se pendre ▸ **hanged** or **hung, drawn and quartered** pendu, éviscéré et écartelé / *hang him!* *inf* qu'il aille se faire voir ! / *I'll be hanged if I know* UK *inf* je veux bien être pendu si je le sais / *I'll be hanged if I'm going out in that weather* UK *inf* il n'y a pas de danger que je sorte par ce temps ▸ **hang it (all)!** UK *inf* ras le bol ! ▸ **(you) might as well be hanged for a sheep as a lamb** UK quitte à être puni, autant l'être pour quelque chose qui en vaille la peine **4.** US [turn] : *to hang a left* prendre à gauche. ◆ vi (*pt & pp* **hung**) **1.** [be suspended - rope, painting, light] être accroché, être suspendu ; [- clothes on clothes line] être étendu, pendre ▸ **to hang from sthg** être accroché or suspendu à qqch ▸ **to hang on sb's arm** être accroché au bras de qqn / *her pictures are now hanging in several art galleries* ses tableaux sont maintenant exposés dans plusieurs galeries d'art / *his suit hangs well* son costume tombe bien / *the way her hair hangs down her back* la façon dont ses cheveux lui tombent le long du dos / *time hangs heavy (on) my / his hands* le temps me / lui semble long ▸ **how's it hanging?** US *inf* ça gaze ? **2.** [float - mist, smoke, etc.] flotter, être suspendu / *the ball seemed to hang in the air* le ballon semblait suspendu en l'air **3.** (*pt & pp* **hanged**) [criminal] être pendu / *you'll hang for your crime* vous serez pendu pour votre crime / *she can go hang* UK *inf* elle peut aller se faire voir **4.** US *inf* [relax] glander / *I'm hangin' with my peeps* je glande avec mes potes. ◆ n *inf* **1.** [knack, idea] ▸ **to get the hang of doing sthg** prendre le coup pour faire qqch / *I never did get the hang of skiing* je n'ai jamais réussi à prendre le coup pour skier ▸ **to get the hang of sthg** [understand] piger qqch / *I can't get the hang of this computer* je n'arrive pas à piger comment marche cet ordinateur / *are you getting the hang of your new job?* est-ce que tu te fais à ton nouveau travail ? / *you'll soon get the hang of it* tu vas bientôt t'y faire **2.** PHR *he doesn't give a hang* UK [couldn't care less] il n'en a rien à taper or à cirer.

✤ **hang about** UK, **hang around** *inf* ◆ vi **1.** [wait] attendre / *he kept me hanging about* or *around for half an hour* il m'a fait poireauter pendant une demi-heure / *I've been hanging about* or *around, waiting for her to come* je tourne en rond à l'attendre / *I hate all this hanging about* or *around* je déteste toute cette attente, je déteste attendre comme ça / *hang about (a bit)!* UK attends ! / *hang about, that's not what I mean!* attends or doucement, ce n'est pas ce que je veux dire ! **2.** [be idle, waste time] traîner (à ne rien faire) / *to hang about* or *around on street corners* traîner dans les rues / *we can't afford to hang about if we want that contract* nous ne pouvons pas nous permettre de traîner si nous voulons obtenir ce contrat / *she doesn't hang about* or *around* [soon gets what she wants] elle ne perd pas de temps **3.** [be an unwanted presence] : *Mum doesn't want me hanging around when the guests arrive* Maman ne veut pas que je sois là quand les invités arriveront / *that kid's been hanging around for the past hour* ça fait une heure que ce gamin traîne dans les parages. ◆ vt insep ▸ **to hang about** or **around a place** traîner dans un endroit.

✤ **hang about with** vt insep UK *inf* traîner avec / *I don't like the boys she hangs about with* je n'aime pas les garçons avec qui elle traîne.

✤ **hang back** vi [wait behind] rester un peu plus longtemps ; [not go forward] se tenir or rester en arrière / *he hung back from saying what he really thought* UK *fig* il s'est retenu de dire ce qu'il pensait vraiment.

✤ **hang down** vi [light] pendre ; [hair] descendre, tomber.

✤ **hang in** vi *inf* ▸ **hang in there!** tiens bon !, accroche-toi !

✤ **hang on** ◆ vi **1.** [hold tight] se tenir, s'accrocher / *hang on tight* tiens-toi or accroche-toi bien **2.** *inf* [wait] attendre ▸ **hang on! a)** [wait] attends ! **b)** [indicating astonishment, disagreement, etc.] une minute ! / *hang on and I'll get him for you* [on phone] ne quitte pas, je te le passe / *do you mind hanging on for a minute or two?* ça ne te dérange pas de patienter quelques minutes ? / *I've been hanging on for the past quarter of an hour!* [on phone] ça fait un quart d'heure que j'attends ! **3.** [hold out, survive] résister, tenir (bon) ▸ **hang on in there!** *inf* [don't give up] tiens bon !, tiens le coup ! ◆ vt insep **1.** [listen to] : *she hung on his every word* elle buvait ses paroles, elle était suspendue à ses lèvres **2.** [depend on] dépendre de / *it all hangs on whether we get the loan* pour nous, tout dépend de l'obtention ou non du prêt / *this is what it all hangs on* tout dépend de cela.

✤ **hang onto** vt insep **1.** [cling to] s'accrocher à **2.** *inf* [keep] garder, conserver / *I'd hang onto that table if I were you* à ta place, je garderais cette table.

✤ **hang out** ◆ vi **1.** [protrude] pendre / *his shirt tails were hanging out* sa chemise pendait / *to hang out of the window* **a)** [flags] être déployé à la fenêtre **b)** [person] se pencher par la fenêtre ▸ **to let it all hang out a)** *inf* [person] se relâcher complètement, se laisser aller **b)** [speak without restraint] se défouler **2.** *inf* [frequent] traîner / *where does she hang out?* quels sont les endroits qu'elle fréquente ? **3.** [survive, not give in] résister, tenir bon / *they won't be able to hang out for more than another two days* ils ne résisteront or ne tiendront pas plus de deux jours / *the strikers are hanging out in their demands* les grévistes tiennent bon dans leurs revendications / *they're hanging out for 10%* ils insistent pour obtenir 10 %. ◆ vt sep [washing] étendre ; [flags] déployer.

✤ **hang out with** vt insep *inf* fréquenter / *she hangs out with a group of artists* elle fréquente un groupe d'artistes.

✤ **hang over** vt insep être suspendu au-dessus de, planer sur / *(a) thick fog hung over the town* un brouillard épais flottait au-dessus de la ville / *a question mark hangs over his future* un point d'interrogation plane sur son avenir / *she has got the threat of redundancy hanging over her head* or *her* une menace de licenciement plane sur elle / *I can't go out with exams hanging over me* avec les examens qui approchent, je ne peux pas sortir.

✤ **hang together** vi **1.** [be united - people] se serrer les coudes **2.** [be consistent - alibi, argument, plot, etc.] (se) tenir ; [- different alibis, statements] concorder.

✤ **hang up** ◆ vt sep [coat, hat, etc.] accrocher ; TELEC [receiver] raccrocher / *to hang up one's dancing shoes* [retire] raccrocher ses chaussons de danse. ◆ vi **1.** TELEC raccrocher ▸ **to hang up on sb** raccrocher au nez de qqn **2.** COMPUT [cease functioning] s'arrêter.

✤ **hang with** vt insep US *inf* ▸ **to hang with sb** traîner avec qqn.

hangar ['hæŋəʳ] n AERON hangar *m*.

hangdog ['hæŋdɒg] adj ▸ **to have a hangdog look** or **expression** avoir un air penaud or de chien battu.

hanger ['hæŋəʳ] n [hook] portemanteau *m* ; [coat hanger] portemanteau *m*, cintre *m* ; [loop on garment] cordon *m* or ganse *f* d'accrochage (*à l'intérieur d'un vêtement*).

hanger-on (*pl* **hangers-on**) n *pej* parasite *m*.

hang-glide vi faire du deltaplane / *to hang-glide down Mont Blanc* descendre le mont Blanc en deltaplane.

hang-glider n [aircraft] deltaplane *m* ; [person] libériste *mf*, adepte *mf* du deltaplane.

hang-gliding n deltaplane *m*.

hanging ['hæŋɪŋ] ◆ adj **1.** [suspended] suspendu ▸ **hanging wardrobe** penderie *f* ▸ **the Hanging Gardens of Babylon** les jardins suspendus de Babylone **2.** LAW ▸ **hanging judge** juge *m* à la main lourde ▸ **hanging offence** crime *m* passible de pendaison / *it's not a hanging offence* *fig* ce n'est pas une affaire d'État. ◆ n **1.** [death penalty] pendaison *f* / *hanging's too good for him* la pendaison, c'est encore trop bon pour lui **2.** [of wallpaper] pose *f* ; [of decorations, pictures] accrochage *m*, mise *f* en place **3.** [tapestry] ▸ **wall hangings** tentures *fpl* (murales).

hangman ['hæŋmən] (*pl* **hangmen** [-mən]) n [executioner] bourreau *m* ▸ **to play hangman** [word game] jouer au pendu.

hangnail ['hæŋneɪl] n envie *f* (*peau*).

hang-out n *inf* : *this is one of my favourite hang-outs* j'adore traîner dans ce coin / *this is one of his hang-outs* c'est l'un des endroits où on le trouve le plus souvent.

hangover ['hæŋ,əʊvəʳ] n **1.** [from alcohol] gueule *f* de bois / *to have a hangover* avoir la gueule de bois ▸ **hangover cure** remède *m* contre la gueule de bois **2.** [relic] reste *m*, vestige *m*, survivance *f*.

hang time n SPORT temps *m* de suspension (*du ballon en l'air*).

hang-up n **1.** *inf* [complex] complexe *m*, blocage *m* / *she has a hang-up about flying* elle a peur de prendre l'avion **2.** COMPUT blocage *m*, interruption *f* ▸ **hang-up loop** boucle *f* sans fin.

hank [hæŋk] n pelote *f*.

hanker ['hæŋkər] vi ▸ **to hanker after** or **for sthg** rêver de qqch, avoir énormément envie de qqch / *to hanker after an easy life* rêver d'une vie tranquille.

hankering ['hæŋkərɪŋ] n rêve *m*, envie *f* ▸ **to have a hankering after** or **for sthg** rêver de qqch, avoir énormément envie de qqch.

hankie, **hanky** ['hæŋkɪ] (*pl* **hankies**) n *inf* abbr of **handkerchief**.

hanky-panky [-'pæŋkɪ] n *(U) inf* **1.** [sexual activity] galipettes *fpl* ▸ **to have a bit of** or **a little hanky-panky** faire des galipettes **2.** [mischief] entourloupettes *fpl*, blagues *fpl* ▸ **to get up to (a bit of) hanky-panky** faire des entourloupettes or des blagues.

Hannah ['hænə] pr n BIBLE Anne.

Hannibal ['hænɪbl] pr n Hannibal, Annibal.

Hanoi [hæ'nɔɪ] pr n Hanoi.

Hanover ['hænəvər] pr n Hanovre.

Hanoverian [,hænə'vɪərɪən] ◆ adj hanovrien. ◆ n Hanovrien *m*, -enne *f*.

Hansard ['hænsɑ:d] pr n UK POL *compte rendu quotidien des débats de la Chambre des communes.*

Hanseatic [,hænsɪ'ætɪk] adj HIST ▸ **the Hanseatic League** la ligue hanséatique.

hansom (cab) ['hænsəm-] n fiacre *m*.

Hants written abbr of **Hampshire**.

ha'penny ['heɪpnɪ] (*pl* **ha'pence** [-pəns]) UK *inf* = **halfpenny**.

haphazard [,hæp'hæzəd] adj mal organisé / *it was done in a haphazard fashion* ça a été fait un peu n'importe comment / *the whole thing was a bit haphazard* c'était un peu n'importe quoi / *the city grew in a haphazard fashion* la ville s'est agrandie au gré des circonstances / *to choose in a haphazard fashion* choisir au petit bonheur la chance, choisir au hasard.

haphazardly [,hæp'hæzədlɪ] adv sans organisation, n'importe comment / *there were objects lying haphazardly on the table* des choses traînaient sur la table / *to choose haphazardly* choisir au petit bonheur la chance, choisir au hasard.

hapless ['hæplɪs] adj *liter* malchanceux.

haploid ['hæplɔɪd] adj haploïde.

ha'p'orth ['heɪpəθ] UK = **halfpennyworth**.

happen ['hæpən] ◆ vi **1.** [occur] arriver, se passer, se produire / *what's happened?* qu'est-il arrivé ?, que s'est-il passé ? / *when did this happen?* quand cela s'est-il produit or passé ?, quand cela est-il arrivé ? / *where did the accident happen?* où l'accident s'est-il produit or est-il arrivé or a-t-il eu lieu ? / *don't let it happen again* faites en sorte que cela ne se reproduise pas / *as if nothing had happened* comme si de rien n'était / *I pulled the lever, but nothing happened* j'ai tiré sur le manche, mais il ne s'est rien passé or ça n'a rien fait / *whatever happens* quoi qu'il arrive or advienne / *as (so) often happens* comme c'est bien souvent le cas / *it all happened so quickly* tout s'est passé si vite / *these things happen* ce sont des choses qui arrivent / *what happened next?* que s'est-il passé ensuite ? / *to find out what happens next...* RADIO & TV pour connaître la suite... / *it's all been happening this morning* ça n'a pas arrêté ce matin / *it's all happening here* ça bouge ici / *I wonder what has happened to her* **a)** [what has befallen her] je me demande ce qui a bien pu lui arriver **b)** [what she is doing now] je me demande ce qu'elle est devenue / *whatever happened to him?* qu'est-il devenu ? / *if anything happens* or *should happen to me* s'il m'arrivait quelque chose / *it couldn't happen to a nicer person* elle le mérite bien / *a funny thing happened to me last night* il m'est arrivé une drôle d'aventure hier soir / *what's happened to my coat?* [cannot be found] où est passé mon manteau ? / *what's happening to us?* qu'est-ce qui nous arrive ? / *what's happening?* US [as greeting] ça va ? / *this isn't happening!* or *this can't be happening!* *inf* c'est pas possible ! **2.** [chance] : *do you happen to have his address?* auriez-vous son adresse, par hasard ? / *it just so happens that I do* eh bien justement, oui / *you wouldn't happen to know where I could find him, would you?* vous ne sauriez pas où je pourrais le trouver ? ▸ **as it happens** justement / *I happen to know her* or *it so happens that I know her* or *I know her, as it happens* il se trouve que je la connais / *the man you're talking about happens to be my father* il se trouve que l'homme dont vous parlez est mon père / *if you happen to see him* si jamais tu le vois. ◆ adv UK *inf & regional* [maybe] peut-être.

⇝ **happen along**, **happen by** vi *inf* passer par hasard.

⇝ **happen on**, **happen upon** vt insep : *I happened on an old friend* / *a good pub* je suis tombé sur un vieil ami / un bon pub.

happening ['hæpənɪŋ] ◆ n [occurrence] événement *m* ; THEAT happening *m*. ◆ adj *inf* branché / *he's a happening kind of guy* avec lui on ne s'ennuie pas une minute / *this is a happening kind of place* il se passe toujours des tas de trucs ici.

happenstance ['hæpənstæns] n US hasard *m* / *we met by happenstance* nous nous sommes rencontrés par hasard.

happily ['hæpɪlɪ] adv **1.** [contentedly - say, smile] d'un air heureux ; [- play, chat] tranquillement / *I could live here very happily* je serais très heureux ici ▸ **they lived happily ever after** ≃ ils vécurent heureux et eurent beaucoup d'enfants / *I thought that when you got married you lived happily ever after* je croyais que quand on se mariait, on vivait heureux jusqu'à la fin de ses jours / *to be happily married* **a)** [man] être un mari comblé **b)** [woman] être une épouse comblée / *I always thought you two were happily married* j'ai toujours pensé que vous étiez un couple heureux **2.** [gladly] volontiers / *she said she would happily give her consent* elle a dit qu'elle donnerait volontiers son accord or qu'elle serait heureuse de donner son accord / *I could quite happily live here* je me verrais très bien vivre ici / *I could quite happily strangle him* j'ai bien envie de l'étrangler **3.** [luckily] heureusement / *happily, no-one was hurt* heureusement, il n'y a pas eu de blessés **4.** [appropriately] heureusement, avec bonheur / *a very happily chosen turn of phrase* une tournure de phrase très heureuse.

happiness ['hæpɪnɪs] n bonheur *m* ▸ **money can't buy you happiness** l'argent ne fait pas le bonheur *prov.*

happy ['hæpɪ] (*compar* **happier**, *superl* **happiest**) adj **1.** [content] heureux / *to make sb happy* rendre qqn heureux / *I want you to be happy* je veux que tu sois heureux, je veux ton bonheur / *I'm the happiest man in the world* je suis l'homme le plus heureux du monde / *I hope you'll both be very happy* je vous souhaite beaucoup de bonheur or d'être très heureux / *I'm very happy for you* je suis très heureux pour toi / *if you're happy, I'm happy* si tu es satisfait, moi aussi / *would you be happy living here?* serais-tu heureux ici ? / *in happier times* à une époque plus heureuse / *in happier circumstances* dans des circonstances plus heureuses / *those were happy days* c'était le bon temps / *I'm not at all happy about your decision* je ne suis pas du tout content de votre décision / *I'm still not happy about it* je n'en suis toujours pas content / *that should keep the kids happy* cela devrait occuper les enfants / *their happy smiling faces* leurs visages heureux et souriants / *it's a happy office* il y a une bonne ambiance dans ce bureau / *happy ending* [in book, film] fin *f* heureuse, dénouement *m* heureux / *to have a happy ending* [book, film] bien finir ▸ **happy birthday** or **anniversary!** joyeux anniversaire ! ▸ **Happy Christmas!** Joyeux Noël ! ▸ **Happy New Year!** Bonne Année ! ▸ **to be a happy camper** US *inf* être bien dans sa peau / *he's not a happy camper today* il n'a pas la pêche aujourd'hui ▸ **happy families** [card game] jeu *m* des sept familles ▸ **to be as happy as a lark** UK or **a sandboy**, UK or **a clam** US être heureux comme tout **2.** [willing] : *I'm only too happy to help* je suis ravi de rendre service / *I would be happy to do it* je le ferais volontiers / *we'd be happy to put you up* nous serions heureux de vous loger, nous vous logerions volontiers / *I'd be happy to live here* / *move to Scotland* j'aimerais bien habiter ici / aller habiter en Écosse **3.** [lucky, fortunate - coincidence] heureux / *the happy few* les privilégiés *mpl* **4.** [apt, appropriate - turn of phrase, choice of words] heureux **5.** *inf* [drunk] gris, pompette.

> Note that **être content / heureux / ravi que** and **se réjouir que** are followed by a verb in the subjunctive:
> **I'm really happy you've been able to make the journey.** *Je suis très heureux que vous ayez pu faire le voyage.*

happy-clappy [-'klæpɪ] (*pl* **happy-clappies**) UK *inf & pej* ◆ adj [service, meeting, Christian] exubérant. ◆ n chrétien *m*, -enne *f* évangélique *(agaçant de par sa joie exubérante).*

happy event n [birth] heureux événement *m*.

happy-go-lucky adj décontracté ; *pej* insouciant.

happy hour n [in pub, bar] happy hour *f (heure, généralement en début de soirée, pendant laquelle les boissons sont moins chères).*

happy hunting ground n paradis *m* des Indiens ; *fig* mine *f* d'or / *the market is a happy hunting ground for collectors* le marché est une vraie mine d'or pour les collectionneurs.

happy medium n équilibre *m*, juste milieu *m* ▸ **to strike a happy medium** trouver un équilibre or un juste milieu.

hara-kiri [,hærə'ki:rɪ] n hara-kiri *m* ▸ **to commit hara-kiri** faire hara-kiri.

harangue [hə'ræŋ] ◆ vt [person, crowd, etc.] haranguer ▸ **to harangue sb about sthg** haranguer qqn au sujet de qqch. ◆ n harangue *f*.

Harare [hə'rɑ:rɪ] pr n Harare.

harass ['hærəs] vt [torment] tourmenter ; [with questions, demands] harceler ; MIL harceler / *he claimed that the police had harassed him* il a déclaré que la police l'avait harcelé / *to sexually harass an employee* harceler une employée sexuellement.

> ⚠ **Harasser** means to exhaust, not to harass.

harassed ['hærəst] adj stressé ▸ **to be sexually harassed** être victime de harcèlement sexuel.

harassment ['hærəsmənt] n [tormenting] tracasserie *f* ; [with questions, demands] harcèlement *m* ; [stress] stress *m* ; MIL harcèlement *m* ▸ **police** / **sexual harassment** harcèlement policier / sexuel.

harbinger ['hɑ:bɪndʒər] n *liter* signe *m* avant-coureur / *swallows are a harbinger of spring* les hirondelles annoncent le printemps / *a harbinger of doom* **a)** [event, incident, etc.] un mauvais présage **b)** [person] un oiseau de malheur.

harbour UK, **harbor** US ['hɑ:bər] ◆ n [for boats] port *m* ; *fig* havre *m*. ◆ comp ▸ **harbour dues** droits *mpl* de port ▸ **the harbour lights** les lumières *fpl* du port ▸ **harbour master** capitaine *m* de port. ◆ vt **1.** [person] abriter, héberger ; [criminal] donner asile à, receler **2.** [grudge, suspicion] nourrir, entretenir en soi ▸ **to harbour a grudge against sb** garder rancune à qqn, nourrir de la rancune envers qqn **3.** [conceal - dirt, germs] renfermer, receler.

hard [hɑ:d] ◆ adj **1.** [not soft - substance, light, colour] dur ; LING [consonant] dur / *to get* or *to become hard* durcir ▸ **hard drug** drogue *f* dure ▸ **hard water** eau *f* calcaire or dure ▸ **a hard nut** *inf* or **man** un dur ▸ **the hard stuff** : *a glass of wine, or would you prefer a drop of the hard stuff?* un verre de vin, ou bien préféreriez-vous une goutte de quelque chose de plus fort ? / *keep off the hard stuff* évitez les boissons fortes ▸ **(as) hard as nails** : *she is (as) hard as nails* **a)** [emotionally] elle est dure, elle n'a pas de cœur **b)** [physically] c'est une dure à cuire ▸ **rock hard, (as) hard as rock** dur comme la pierre / *his muscles are rock hard* or *(as) hard as rock* ses muscles sont durs comme le fer, il a des muscles d'acier **2.** [concrete - facts] concret (concrète), tangible ; [- evidence] tangible / *the hard fact* *is that...* le fait est que... ▸ **hard news** PRESS nouvelles *fpl* sûres or vérifiées **3.** [difficult - question, problem, etc.] difficile, dur / *it's hard to explain* c'est difficile or dur à expliquer / *I find it hard to understand / believe that...* je n'arrive pas à comprendre / croire que... / *it's hard to say* c'est difficile à dire / *he's hard to get on with* il n'est pas facile à vivre / *she is hard to please* **a)** [never satisfied] elle est difficile **b)** [difficult to buy gifts for, etc.] c'est difficile de lui faire plaisir / *it's hard to beat* [value for money] pour le prix, c'est imbattable / *it's hard to beat a good Bordeaux* il n'y a rien de meilleur qu'un bon bordeaux / *life is hard* c'est dur, la vie / *these are hard times for all of us* c'est une période difficile pour tout le monde ▸ **to fall on hard times a)** [financially] connaître des temps difficiles or une période de vaches maigres **b)** [have difficult times] connaître des temps difficiles, en voir de dures ▸ **to give sb a hard time** en faire voir de dures à qqn / *the boss has just been giving me a hard time* le patron vient de me faire passer un mauvais quart d'heure / *come on, don't give me a hard time!* allez, laisse-moi tranquille ! / *you'll have a hard time (of it) persuading him to do that* tu vas avoir du mal à le convaincre de faire cela / *she had a hard time of it after her mother's death* elle a traversé une période difficile après la mort de sa mère / *she had a hard time of it when she was a child* la vie n'était pas drôle pour elle quand elle était enfant / *she had a hard time of it* [in childbirth, operation] elle a souffert ▸ **to learn sthg the hard way a)** [involving personal loss, suffering, etc.] apprendre qqch à ses dépens **b)** [in a difficult way] faire le rude apprentissage de qqch / *I learnt the hard way not to be underinsured* j'ai appris à mes dépens qu'il ne faut pas être sous-assuré / *I learnt skiing the hard way* j'ai appris à skier à la dure / *I learnt my seamanship the hard way* j'ai fait le rude apprentissage du métier de marin / *some people always have to do things the hard way* il y a des gens qui choisissent toujours la difficulté ▸ **to play hard to get** [flirt] jouer les insaisissables / *their financial expert is playing hard to get* hum leur expert financier semble jouer à cache-cache / **'Hard Times'** *Dickens* 'les Temps difficiles' **4.** [severe - voice, face, eyes] dur, froid ; [- climate, winter] rigoureux, rude ; [- frost] fort, rude ▸ **to be hard on sb** être dur avec qqn / *children are hard on their shoes* les enfants font subir de mauvais traitements à leurs chaussures / *it's hard on the nerves* c'est dur pour les nerfs / *it was hard on the others* ça a été dur pour les autres ▸ **to be a hard taskmaster** être dur à la tâche ▸ **to take a long hard look at sthg** examiner qqch de près / *you should take a long hard look at yourself* tu devrais bien te regarder ▸ **the hard left / right** POL l'extrême gauche / droite ▸ **hard cheese!** UK *dated inf*, **hard lines!** UK *inf*, **hard luck!** pas de chance !, pas de veine !, pas de bol ! / *it will be hard luck if he doesn't get the job* ça ne sera pas de veine or de bol s'il n'obtient pas le travail / *don't give me any of your hard luck stories* ne me raconte pas tes malheurs / *he gave me some hard luck story about having lost his investments* il a essayé de m'apitoyer en me racontant qu'il avait perdu l'argent qu'il avait investi **5.** [strenuous] : *it's hard work* c'est dur / *it's been a long hard day* la journée a été longue / *she's hard work* **a)** [difficult to get on with] elle n'est pas facile à vivre **b)** [difficult to make conversation with] elle n'est pas causante / *she's not afraid of hard work* le travail ne lui fait pas peur / *she's a hard worker* c'est un bourreau de travail / *he's a hard drinker* c'est un gros buveur, il boit beaucoup / *he's a hard charger* c'est un fonceur / *the climb was hard going* la montée était rude / *it's hard going making conversation with him* c'est difficile de discuter avec lui / *give it a good hard shove* pousse-le un bon coup, pousse-le fort **6.** TYPO [hyphen, return] imposé. ◆ adv **1.** [strenuously - pull, push, hit, breathe] fort ; [- work] dur ; [- run] à toutes jambes ; [- listen] attentivement ▸ **to work hard at sthg** beaucoup travailler qqch / *to work hard at improving one's service / French* beaucoup travailler pour améliorer son service / français ▸ **to work sb hard** faire travailler qqn dur / *work hard, play hard, that's what I say!* beaucoup travailler pour beaucoup s'amuser, telle est ma devise ! / *you'll have to try harder* il faudra que tu fasses plus d'efforts ▸ **to try hard to do sthg** essayer de son mieux de faire qqch / *try hard!* fais de ton mieux ! ▸ **to think hard** beaucoup réfléchir / *think hard!* réfléchis bien ! / *think harder!* réfléchis un peu plus ! ▸ **to look hard at sb** regarder qqn bien en face ▸ **to look hard at sthg** examiner qqch / *as hard as possible* or *as hard as one can* **a)** [work, try] le plus possible **b)** [push, hit, squeeze] de toutes ses forces ▸ **hard astern!** NAUT arrière, toute ! / *she hauled the wheel hard over* AUTO elle a braqué à fond ▸ **to be hard at it** : *they're hard at it* **a)** UK [working] ils sont plongés dans leur travail **b)** *inf* [engaged in sex] ils sont en train de s'envoyer en l'air **2.** [with difficulty] difficilement ▸ **to be hard put (to it) to do sthg** avoir du mal à faire qqch ▸ **old habits die hard** les vieilles habitudes ont la vie dure **3.** [harshly, severely - treat sb] durement, sévèrement ▸ **to feel hard done by** : *he's feeling hard done by* il a l'impression d'avoir été injustement traité ; [heavily, strongly - rain] à verse ; [- freeze, snow] fort ▸ **to be hard hit by sthg** être durement touché par qqch / *she took the news / his death pretty hard* la nouvelle / sa mort l'a beaucoup éprouvée / *it'll go hard with him if he keeps telling lies* ça va aller mal pour lui s'il continue à raconter des mensonges **4.** [solid] : *the ground was frozen hard* le gel avait complètement durci la terre / *to set hard* [concrete, mortar] prendre **5.** [close] ▸ **to follow hard on the heels of sb** être sur les talons de qqn ▸ **to follow** or **to come hard on the heels of sthg** suivre qqch de très près. ◆ n ▸ **to try one's hardest** faire de son mieux.

❖ **hard by** prep phr près de.

hard-and-fast adj [rule] strict, absolu ; [information] correct, vrai / *there's no hard-and-fast rule about it* il n'existe pas de règle absolue là-dessus.

hardass ['hɑːdæs] n US *v inf* [unpleasant person] enfoiré *m*, -e *f*.

hardassed ['hɑːdæst] adj US *v inf* vache.

hardback ['hɑːdbæk] ◆ n [book] livre *m* cartonné / *available in hardback* disponible en version cartonnée. ◆ adj cartonné.

hardball ['hɑːdbɔːl] n US [game] base-ball *m* ; [ball] balle *f* de base-ball ; ▸ **to play hardball** *inf & fig* employer les grands moyens.

hard-bitten [-'bɪtən] adj endurci.

hardboard ['hɑːdbɔːd] n panneau *m* de fibres / *a sheet of hardboard* un panneau dur.

hard-boil vt ▸ **to hard-boil an egg** faire un œuf dur.

hard-boiled [-'bɔɪld] adj **1.** [egg] dur **2.** *inf* [person] dur.

hard case n *inf* dur *m* à cuire.

hard cash n (argent *m*) liquide *m*.

hard cider n US cidre *m*.

hard coal n anthracite *m*.

hard copy n COMPUT sortie *f* papier, tirage *m*.

hard core n **1.** [nucleus] noyau *m* dur **2.** MUS hard rock *m*, hard *m* **3.** [pornography] porno *m* hard.

❖ **hard-core** adj [belief in political system] dur ; [believer] endurci ; [support] ferme ; [pornography, rock music] hard / *he's a hard-core gamer* c'est un accro des jeux vidéo / *the locals are pretty hard-core* les gens du coin sont un peu rustres / *god, you're pretty hard-core!* tu n'y vas pas avec le dos de la cuillère, toi !

hardcore ['hɑːdkɔːʳ] n [for roads, buildings] blocaille *f*.

hard court n UK [for tennis] court *m* en dur / *hard court tennis* tennis *m* sur dur / *he's a good hard court player* c'est un très bon joueur sur dur.

hardcover ['hɑːdˌkʌvəʳ] = **hardback.**

hard currency n monnaie *f* or devise *f* forte / *a hard currency shop* un magasin où on paye en devises.

hard disk n COMPUT disque *m* dur.

hard-disk drive n COMPUT unité *f* de disque dur.

hard-drinking adj qui boit beaucoup.

hard-earned [-'ɜːnt] adj [money] durement gagné ; [victory] durement or difficilement remporté ; [reputation] durement acquis ; [holiday, reward] bien mérité.

harden ['hɑːdn] ◆ vt **1.** [person - physically, emotionally] endurcir ; [steel] tremper ; LING [consonant] durcir ; MED [arteries] durcir, scléroser ▸ **to harden o.s. to sthg** s'endurcir à qqch ▸ **to harden one's heart** endurcir son cœur / *she hardened her heart against him* elle lui a fermé son cœur **2.** [plant] = **harden off.** ◆ vi **1.** [snow, skin, steel] durcir ; [concrete, mortar] prendre ; MED [arteries] durcir, se scléroser ; [person - emotionally] s'endurcir, se durcir ; [- physically] s'endurcir ; [attitude] se durcir **2.** FIN [prices, market] s'affermir.

❖ **harden off** ◆ vt sep [plant] mettre en jauge, habituer à des conditions plus dures. ◆ vi [plant] s'habituer à des conditions plus dures.

❖ **harden up** ◆ vi FIN [shares] se raffermir. ◆ vt sep [toughen - person] endurcir.

hardened ['hɑːdnd] adj [snow, skin] durci ; [steel] trempé, durci ; [arteries] sclérosé / *a hardened criminal* un criminel endurci or invétéré ▸ **to become hardened to sthg** se blinder contre qqch.

hardener ['hɑːdnəʳ] n [for glue, fingernails] durcisseur *m*.

hardening ['hɑːdnɪŋ] n [of snow, skin, attitudes] durcissement *m* ; [of steel] trempe *f* ; [of person - physical] endurcissement *m* ; [- emotional] durcissement *m* ; FIN [of prices] affermissement *m* ▸ **hardening of the arteries** MED durcissement or sclérose *f* des artères.

hard-faced [-'feɪst] adj au visage dur.

hard-fought [-'fɔːt] adj [game, battle] rudement disputé.

hard hat ◆ n **1.** *inf* [of construction worker] casque *m* **2.** US *inf* [construction worker] ouvrier *m* du bâtiment. ◆ comp ▸ **hard hat area** *zone où le port du casque est obligatoire* / **'hard hat area'** 'port du casque obligatoire'.

❖ **hard-hat** adj US *caractéristique des attitudes conservatrices des ouvriers du bâtiment.*

hard-headed [-'hedɪd] adj **1.** [tough, shrewd - person] à la tête froide ; [- realism] froid, brut ; [- bargaining] dur ; [- decision] froid **2.** US [stubborn - person] qui a la tête dure ; [- attitude] entêté.

hard-hearted adj [person] insensible, dur, au cœur de pierre ; [attitude] dur ▸ **to be hard-hearted towards sb** être dur avec or envers qqn.

hard-hit adj gravement atteint or touché / *one particularly hard-hit village* un village touché de façon particulièrement dure.

hard-hitting [-'hɪtɪŋ] adj **1.** [verbal attack] rude ; [speech, report] implacable, sans indulgence **2.** [boxer] qui frappe dur.

hardiness ['hɑːdɪnɪs] n [of person] résistance *f*, robustesse *f* ; [of plant, tree] résistance *f*.

hard labour n *(U)* travaux *mpl* forcés.

hard line n ligne *f* de conduite dure ▸ **to take a hard line on sb / sthg** adopter une ligne de conduite dure avec qqn / sur qqch.

❖ **hard-line** adj [policy, doctrine] dur ; [politician] intransigeant, endurci, intraitable.

hardliner [ˌhɑːd'laɪnəʳ] n partisan *m*, -e *f* de la manière forte.

hardly ['hɑːdlɪ] adv **1.** [barely] à peine, ne... guère / *he can hardly read* il sait à peine or tout juste lire / *you can hardly move in here for furniture* c'est à peine si on peut bouger ici tellement il y a de meubles / *I have hardly started* je viens à peine or tout juste de commencer / *I hardly get a minute to myself these days* c'est tout juste si j'ai une minute à moi ces jours-ci / *I can hardly believe it* j'ai du mal à le croire / *hardly had I said these words when he arrived* liter à peine avais-je prononcé ces mots qu'il arriva / *hardly anyone* presque personne / *hardly anywhere* presque nulle part / *I hardly ever see you these days* je ne te vois presque jamais ces temps-ci / *there's hardly anything in the fridge* il n'y a presque rien dans le frigo / *I paid hardly anything for it* ça m'a coûté trois fois rien / *you've hardly touched your food* tu n'as presque rien mangé / *I can hardly wait to see her* je suis très impatient de la voir / *I can hardly wait!* iro j'en frémis d'avance ! / *she* *hardly ever goes out* elle ne sort presque jamais / *hardly a week goes by without a telephone call from her* il se passe rarement une semaine sans qu'elle téléphone / *I need hardly say that…* ai-je besoin de vous dire que… ?, je n'ai pas besoin de vous dire que… **2.** [expressing negative opinion] : *it's hardly MY fault!* ce n'est quand même pas de ma faute ! / *it's hardly any of your business* cela ne te regarde absolument pas / *this is hardly the time to be selling your house* ce n'est vraiment pas le moment de vendre votre maison / *it's hardly surprising, is it?* ça n'a rien de surprenant, ce n'est guère surprenant / *it's hardly surprising that she left him* ce n'est pas surprenant qu'elle l'ait quitté, il n'est guère surprenant qu'elle l'ait quitté / *hardly!* [not in the slightest] bien au contraire !, loin de là ! / *she's hardly likely to agree* elle ne risque pas d'accepter / *he'd hardly have said that* cela m'étonnerait qu'il ait dit cela.

hard-mouthed [-'maʊθd] adj **1.** [horse] qui ne prend pas le mors or la bride **2.** [person] têtu.

hardness ['hɑ:dnɪs] n **1.** [of snow, skin, water] dureté *f* ; [of steel] trempe *f*, dureté *f* **2.** [difficulty] difficulté *f* ▶ **hardness of hearing** MED surdité *f* partielle **3.** [severeness - of personality] dureté *f* ; [- of heart] dureté *f*, froideur *f* **4.** [strenuousness] difficulté *f* **5.** FIN affermissement *m*.

hard-nosed [-'nəʊzd] *inf* = **hard-headed**.

hard of hearing ◆ pl n ▶ **the hard of hearing** les malentendants *mpl*. ◆ adj ▶ **to be hard of hearing** être dur d'oreille.

hard-on n *vulg* ▶ **to have** or **to get a hard-on** bander.

hard-packed [-'pækt] adj [snow, soil] tassé.

hard pad n VET coussinet *m* dur.

hard palate n voûte *f* du palais, palais *m* dur.

hard porn n porno *m* hard, hard *m*.

hard-pressed [-'prest], **hard-pushed** [-'pʊʃt] adj : *to be hard-pressed for money / ideas / suggestions* être à court d'argent / d'idées / de suggestions / *to be hard-pressed for time* manquer de temps ▶ **to be hard-pressed to do sthg** avoir du mal à faire qqch.

hard rock n hard rock *m*, hard *m*.

hard sauce n CULIN sauce *f* au cognac.

hardscape ['hɑ:dskeɪp] n hardscape *m* *(éléments en dur dans l'aménagement paysager)*.

hardscaping ['hɑ:dskeɪpɪŋ] n *mise en place des éléments en dur dans une zone paysagée.*

hard sell ◆ n vente *f* agressive / *the salesman gave us the hard sell* le vendeur a essayé de nous forcer la main. ◆ comp ▶ **hard sell approach** or **tactics** méthode *f* de vente agressive.

hardship ['hɑ:dʃɪp] ◆ n épreuves *fpl* / *to go through a time of hardship* traverser de terribles épreuves / *to suffer great hardship* or *hardships* subir or traverser de rudes épreuves / *a life of hardship* une vie pleine d'épreuves / *further hardship is in store* d'autres épreuves nous attendent. ◆ comp ▶ **hardship allowance** [for student] *aide accordée à un étudiant en cas de graves problèmes financiers.*

hard shoulder n UK AUTO bande *f* d'arrêt d'urgence.

hardtack ['hɑ:dtæk] n NAUT biscuit *m* de marin.

hardtop ['hɑ:dtɒp] n AUTO [of car] hard-top *m* ; [car] voiture *f* à hard-top.

hard up adj *inf* [short of money] fauché, à sec / *to be hard up for ideas* manquer d'idées, être à court d'idées / *to be hard up for volunteers* manquer de volontaires / *you must be hard up if you're going out with him!* *fig* il faut vraiment que tu n'aies rien à te mettre sous la dent pour sortir avec lui !

hardware ['hɑ:dweəʳ] ◆ n *(U)* **1.** COMM quincaillerie *f* **2.** COMPUT matériel *m*, hardware *m* **3.** MIL matériel *m* de guerre, armement *m* **4.** *inf* [guns] armes *fpl* / *he wasn't carrying any hardware* il ne portait pas d'armes, il n'était pas armé. ◆ comp COMPUT [company, manufacturer] de matériel informatique ; [problem] de matériel or hardware.

hardware shop, hardware store n quincaillerie *f*.

hardwearing [,hɑ:d'weərɪŋ] adj robuste, résistant.

hard-wired [-'waɪəd] adj COMPUT câblé.

hard-won [-'wʌn] adj [victory, trophy, independence] durement gagné ; [reputation] durement acquis.

hardwood ['hɑ:dwʊd] ◆ n [wood] bois *m* dur ; [tree] arbre *m* à feuilles caduques. ◆ comp [floor] en bois dur.

hardworking [,hɑ:d'wɜ:kɪŋ] adj travailleur ; [engine, machine, printer] robuste.

hardy ['hɑ:dɪ] (*compar* **hardier**, *superl* **hardiest**) adj **1.** [strong - person, animal] robuste, résistant ; [- plant] résistant ▶ **hardy annual** BOT plante *f* annuelle ▶ **hardy perennial a)** BOT plante *f* vivace **b)** *fig* serpent *m* de mer **2.** [intrepid - explorer, pioneer] intrépide, courageux.

Hardy Boys pl pr n ▶ **the Hardy Boys** *personnages d'une série de livres d'aventures pour jeunes garçons.*

hardy har har [-hɑ:hɑ:] interj US ha ! ha ! très drôle.

hare [heəʳ] (*pl* **hare** or **hares**) ◆ n **1.** CULIN & ZOOL lièvre *m* ▶ **to start a hare** UK mettre une question sur le tapis ▶ **to run with the hare and hunt with the hounds** jouer double jeu / **'The Hare and the Tortoise'** *La Fontaine* 'le Lièvre et la Tortue' **2.** SPORT [at dog race] lièvre *m* **3.** UK GAMES ▶ **hare and hounds** jeu *m* de piste. ◆ vi UK *inf* ▶ **to hare off** filer à toutes jambes / *she came haring down the stairs* elle a dévalé l'escalier à fond de train.

harebell ['heə,bel] n campanule *f*.

harebrained ['heə,breɪnd] adj [reckless, mad - person] écervelé ; [- scheme] insensé, fou *(before vowel or silent 'h' fol, f folle)*.

harelip [,heə'lɪp] n bec-de-lièvre *m*.

harem [UK hɑ:'ri:m US 'hærəm] n *lit & fig* harem *m* ▶ **harem pants** pantalon *m* bouffant.

haricot (bean) ['hærɪkəʊ-] n haricot *m* blanc.

harissa [hæ'ri:sə] n CULIN harissa *f*.

hark [hɑ:k] vi *liter* prêter l'oreille, ouïr / *hark, I hear voices!* écoutez or chut, j'entends des voix ! / *just hark at him!* UK *inf* écoutez-le donc !

❖ **hark back to** vt insep [recall] revenir à ▶ **to hark back to sthg** revenir (tout le temps) à qqch / *the style harks back to the 1940s* le style rappelle celui des années 1940.

harken ['hɑ:kn] vi *liter* prêter l'oreille.

Harlequin ['hɑ:lɪkwɪn] pr n Arlequin.

❖ **harlequin** adj [costume] bigarré ; [dog's coat] tacheté.

harlequinade [,hɑ:lɪkwɪ'neɪd] n arlequinade *f*.

Harley Street ['hɑ:lɪ-] pr n *rue du centre de Londres célèbre pour ses spécialistes en médecine.*

harlot ['hɑ:lət] n *arch* prostituée *f*.

harm [hɑ:m] ◆ n *(U)* [physical] mal *m* ; [psychological] tort *m*, mal *m* ▶ **to do sb harm** faire du mal à qqn / *I hope Ed won't come to (any) harm* j'espère qu'il n'arrivera rien à Ed / *a bath wouldn't do him any harm* un bain ne lui ferait pas de mal / *she has done you no harm* elle ne vous a fait aucun mal / *they didn't mean any harm* ils ne voulaient pas (faire) de mal / *Ted means no harm* Ted n'est pas méchant / *I know you didn't mean any harm when you said it* je sais que tu ne l'as pas dit méchamment / *the incident did a great deal of harm to his reputation* cet incident a beaucoup nui à sa réputation / *no harm done* il n'y a pas de mal / *there's no harm in trying* il n'y a pas de mal à essayer, on ne perd rien à essayer / *I see no harm in their going* je ne vois pas d'inconvénient à ce qu'ils y aillent / *what harm is there in it?* qu'est-ce qu'il y a de mal (à cela) ? / *no harm will come of it* ça n'est pas grave / *too much adverse publicity will do their cause a great deal of harm* trop de mauvaise publicité nuira énormément à leur cause / *to do more harm than good* faire plus de mal que de bien ▶ **out of harm's way a)** [person] en sûreté, en lieu sûr **b)** [things] en lieu sûr. ◆ vt **1.** [person - physically] faire du mal à ; [- psychologically] faire du tort à, nuire à / *Clive wouldn't harm a hair on her head* Clive ne lui ferait aucun mal / *he wasn't harmed by the experience* ça ne lui a pas fait de mal **2.** [surface] abîmer, endommager ; [crops] endommager **3.** [cause, interests] causer du tort à, être préjudiciable à ; [reputation] salir.

harmful ['hɑ:mfʊl] adj **1.** [person, influence] nuisible, malfaisant **2.** [chemicals] nocif ; [effects] nuisible / *harmful to plants* nuisible pour les plantes.

harmless ['hɑ:mlɪs] adj **1.** [person] inoffensif, qui n'est pas méchant ; [animal] inoffensif **2.** [joke] sans malice, anodin ; [pastime] innocent.

harmlessly ['hɑ:mlɪslɪ] adv sans faire de mal, sans dommage or dommages.

harmonic [hɑ:'mɒnɪk] ◆ n MATH & MUS harmonique *m*. ◆ adj [gen, MATH & MUS] harmonique.

harmonica [hɑ:'mɒnɪkə] n harmonica *m*.

harmonic analysis n analyse *f* harmonique.

harmonic mean n moyenne *f* harmonique.

harmonic progression n progression *f* harmonique.

harmonics [hɑ:'mɒnɪks] n *(U)* harmoniques *mpl*.

harmonic series n série *f* harmonique.

harmonious [hɑ:'məʊnjəs] adj harmonieux.

harmoniously [hɑ:'məʊnjəslɪ] adv harmonieusement.

harmonist ['hɑ:mənɪst] n harmoniste *mf*.

harmonium [hɑ:'məʊnjəm] n harmonium *m*.

harmonization [,hɑ:mənaɪ'zeɪʃn] n harmonisation *f*.

harmonize, harmonise ['hɑ:mənaɪz] ◆ vt **1.** MUS [instrument, melody] harmoniser **2.** [colours] harmoniser, assortir **3.** [views, statements] harmoniser, faire concorder ; [people] concilier, amener à un accord. ◆ vi **1.** MUS [sing in harmony] chanter en harmonie ; [be harmonious] être harmonieux or en harmonie ; [write harmony] harmoniser, faire des harmonies **2.** [colours] aller (bien) ensemble, se marier (bien) / *choose colours that harmonize with the background* choisissez des couleurs qui soient assorties au décor.

harmony ['hɑ:mənɪ] (*pl* **harmonies**) n **1.** MUS harmonie *f* / *to study harmony* étudier l'harmonie / *to sing in harmony* chanter en harmonie / *a three-part harmony* une harmonie en trois parties / *unusual harmonies* des harmonies inhabituelles **2.** [agreement - of colours] harmonie *f* ; [- of temperaments] harmonie *f*, accord *m* ▶ **to live in harmony with sb** vivre en harmonie avec qqn / *her choice is in perfect harmony with mine* ses choix sont parfaitement en harmonie or en accord avec les miens / *the scene was one of perfect harmony* une harmonie parfaite se dégageait de cette scène.

harness ['hɑ:nɪs] ◆ n **1.** [for horse, oxen] harnais *m*, harnachement *m* ; [for parachute, car seat] harnais *m* ; [for child] harnais *m* **2.** PHR ▶ **to get** or **to be back in harness** reprendre le collier. ◆ vt **1.** [horse] harnacher, mettre le harnais à ; [oxen, dogs] atteler / *the pony was harnessed to the cart* le poney était attelé à la charrette **2.** *fig* [resources] exploiter, maîtriser.

harness racing n *(U)* course *f* de trotteurs.

Harold ['hærəld] pr n Harold.

harp [hɑ:p] ◆ n MUS harpe *f*. ◆ vi MUS jouer de la harpe.

❖ **harp on** *inf* ◆ vi chanter (toujours) le même refrain or la même rengaine ▶ **to harp on about sthg** rabâcher qqch, revenir sans cesse sur qqch ▶ **to harp on at sb about sthg** rebattre les oreilles à qqn au sujet de qqch / *don't keep harping on!* arrêtez de rabâcher ! ◆ vt insep ▶ **to harp on sthg** revenir sans cesse sur qqch, rabâcher qqch.

harpist ['hɑ:pɪst] n harpiste *mf*.

harpoon [hɑ:'pu:n] ◆ n harpon *m*. ◆ vt harponner.

harpsichord ['hɑ:psɪkɔ:d] n clavecin *m*.

harpsichordist ['hɑ:psɪ,kɔ:dɪst] n claveciniste *mf*.

harpy ['hɑ:pɪ] (*pl* **harpies**) n *fig* harpie *f*, mégère *f*.

Harpy n MYTH ▸ **the Harpies** les Harpyes *fpl* or Harpies *fpl*.

harpy eagle n ORNITH harpie *f*.

harridan ['hærɪdn] n harpie *f*, vieille sorcière *f*.

harried ['hærɪd] adj [person] tracassé, harcelé / *a harried husband* un mari harcelé (par sa femme) ; [expression, look] tourmenté.

harrier ['hærɪəʳ] n **1.** [dog] harrier *m* **2.** SPORT [runner] coureur *m* (de cross) ▸ **Plymouth Harriers** l'équipe d'athlétisme de Plymouth **3.** ORNITH busard *m*.

Harris poll ['hærɪs-] n sondage *m* de l'institut Harris.

Harris tweed® ['hærɪs-] ◆ n tweed *m* (des Hébrides). ◆ comp [jacket] en tweed.

Harrods ['hærədz] pr n *grand magasin de luxe à Londres*.

Harrovian [hə'rəʊvjən] n UK SCH [present] élève *m* de Harrow ; [past] ancien élève *m* de Harrow.

harrow ['hærəʊ] ◆ n herse *f*. ◆ vt **1.** AGR labourer à la herse **2.** *fig* torturer, déchirer le cœur à **3.** RELIG ▸ **Christ harrowing Hell** la descente aux enfers du Christ.

Harrow pr n *prestigieuse « public school » dans la banlieue de Londres*.

harrowing ['hærəʊɪŋ] ◆ adj [story] poignant, navrant, angoissant ; [cry] déchirant ; [experience] pénible, angoissant / *the report makes harrowing reading* le rapport raconte des faits pénibles à lire. ◆ n hersage *m* ▸ **the harrowing of Hell** RELIG la descente aux enfers du Christ.

harrumph [hə'rʌmf] ◆ n & onomat *bruit que l'on fait en se raclant la gorge*. ◆ vi se racler la gorge.

harry ['hærɪ] (*pt & pp* **harried**) vt **1.** [harass - person] harceler, tourmenter / *he was harried by creditors* il était harcelé par ses créanciers **2.** [pillage - village] dévaster, mettre à sac **3.** MIL [enemy, troops] harceler.

harsh [hɑːʃ] ◆ adj **1.** [cruel, severe - person] dur, sévère, cruel ; [- punishment, treatment] dur, sévère ; [- fate] cruel ; [- criticism, judgment, words] dur, sévère ▸ **to be harsh with sb** être dur envers or avec qqn **2.** [conditions, weather] rude, rigoureux **3.** [bitter - struggle] âpre, acharné **4.** [cry, voice] criard, strident ; [tone] dur **5.** [colour, contrast] choquant ; [light] cru **6.** [bleak - landscape, desert] dur, austère. ◆ vt US *inf* ▸ **it harshed my mellow** ça a ébranlé ma sérénité.

harshly ['hɑːʃlɪ] adv **1.** [treat, punish] sévèrement, avec rigueur **2.** [answer, speak] avec rudesse or dureté ; [judge] sévèrement, durement / *don't speak so harshly of him* ne parlez pas de lui si durement **3.** [cry, shout] d'un ton strident.

harshness ['hɑːʃnɪs] n **1.** [of person] dureté *f*, sévérité *f* ; [of punishment, treatment] sévérité *f* ; [of judgement] dureté *f*, sévérité *f* ; [of statement, words, tone] dureté *f* **2.** [of climate] rigueur *f*, rudesse *f* **3.** [of cry, voice] discordance *f* **4.** [of light, contrast] dureté *f*.

hart [hɑːt] (*pl* **hart** *or* **harts**) n cerf *m*.

hartebeest ['hɒtəbiːst] n ZOOL bubale *m*.

harum-scarum [ˌheərəm'skeərəm] adj *inf* [wild, reckless] casse-cou *(inv)*.

Harvard ['hɑːvəd] pr n Harvard *(prestigieuse université située à Cambridge, dans le Massachusetts, faisant partie de la Ivy League)*.

harvest ['hɑːvɪst] ◆ n **1.** [gathering - of cereal, crops] moisson *f* ; [- of fruit, mushrooms] récolte *f*, cueillette *f* ; [- of grapes] vendange *f*, vendanges *fpl* **2.** [yield] récolte *f* **3.** *fig* [from experience, research] moisson *f* / *a bitter harvest* une moisson amère. ◆ vt **1.** AGR [cereal, crops] moissonner ; [fruit, mushrooms] cueillir, récolter ; [grapes] vendanger **2.** *fig* [benefits] moissonner ; [consequences] récolter. ◆ vi [for cereal, crops] moissonner, faire la moisson ; [for fruit] faire les récoltes ; [for grapes] vendanger.

harvester ['hɑːvɪstəʳ] n **1.** [machine] moissonneuse *f* **2.** [person] moissonneur *m*, -euse *f*.

harvest festival n fête *f* des moissons.

harvest home n **1.** UK [supper] fête *f* de la moisson **2.** [harvesting] moisson *f*.

harvesting ['hɑːvɪstɪŋ] ◆ n *(U)* moisson *f*, moissons *fpl*. ◆ adj [season] des moissons.

harvestman ['hɑːvɪstmæn] (*pl* **harvestmen** [-men]) n **1.** AGR moissonneur *m* **2.** ENTOM faucheur *m*.

harvest mite n aoûtat *m*.

harvest moon n pleine lune *f* (de l'équinoxe d'automne).

harvest mouse n rat *m* des moissons.

harvest supper n *en Grande-Bretagne, dîner réunissant une communauté villageoise à la fin de la moisson*.

Harvest Thanksgiving n US fête *f* des moissons.

harvest time n période *f* de la moisson / *at harvest time* à la moisson.

Harwell ['hɑːwel] pr n *centre de recherche en énergie atomique près d'Oxford, en Angleterre*.

has *(weak form* [həz], *strong form* [hæz]*)* ⟶ **have**.

has-been ['hæzbiːn] n *inf* has been *m inv*.

hash [hæʃ] ◆ n **1.** UK *inf* [muddle, mix-up] pagaille *f*, embrouillamini *m* ; [mess, botch] gâchis *m* ▸ **to make a hash of sthg** bousiller qqch, ficher qqch en l'air / *he certainly made a hash of putting that shelf up!* il a certainement fait un beau gâchis en installant cette étagère ! / *I made a real hash of the interview* j'ai complètement merdé à l'entretien **2.** CULIN hachis *m* **3.** *inf* [marijuana] hasch *m* **4.** *inf* PHR **to fix** or **to settle sb's hash a)** UK *dated* [in revenge, punishment] régler son compte à qqn **b)** [reduce to silence] clouer le bec à qqn. ◆ vt CULIN hacher.

hash up vt sep **1.** UK *inf* [mess up] bâcler, bousiller / *I'm afraid I completely hashed up the interview* j'ai bien peur d'avoir complètement merdé à l'entretien **2.** CULIN hacher.

hash browns pl n US *pommes de terre râpées et sautées (présentées parfois sous forme de galette)*.

hash house n US *inf* gargote *f*.

hashish ['hæʃiːʃ] n haschisch *m*.

hash key n touche *f* dièse.

hash mark n dièse *m*.

hash slinger [-ˌslɪŋəʳ] n US *inf* serveur *m*, -euse *f* dans une gargote.

hash-up n UK *inf* [mess] gâchis *m* ▸ **to make a hash-up of sthg** bousiller or gâcher qqch.

Hasid ['hæsɪd] n juif *m*, -ive *f* hassidique.

Hasidic [hə'sɪdɪk] adj hassidique.

haslet ['hæzlɪt] n *(U) sorte de pâté préparé avec des abats de porc*.

hasn't ['hæznt] abbr of **has not**.

hasp [hɑːsp] ◆ n [for door] loquet *m*, loqueteau *m*, moraillon *m* ; [for jewellery, lid, clothing] fermoir *m*. ◆ vt [door] fermer au loquet ; [lid] fermer ; [with padlock] cadenasser.

Hassid, Hassidic 1. = **Hasid 2.** = **Hasidic**.

hassle ['hæsl] *inf* ◆ n **1.** [difficulty, irritation] embêtement *m*, emmerdement *m* / *I don't want any hassle* je ne veux pas d'embêtements / *it's too much hassle* c'est trop compliqué / *it won't be any hassle* ça ne posera pas de problèmes / *finding their house was quite a hassle* trouver leur maison n'a pas été de la tarte, on a eu un mal fou à trouver leur maison **2.** [quarrel] dispute *f*, chamaillerie *f* / *there was a big hassle over who should drive* il y a eu une grosse dispute or bagarre pour savoir qui allait conduire. ◆ vt [annoy, nag] embêter, harceler / *don't hassle me about it* ne m'embête pas avec ça / *Yvonne's always hassling him to stop smoking* Yvonne est toujours après lui pour qu'il arrête de fumer. ◆ vi [argue] se quereller, se chamailler.

hassock ['hæsək] n **1.** RELIG coussin *m* d'agenouilloir **2.** [of grass] touffe *f* d'herbe **3.** US [pouffe] pouf *m*.

hast *(weak form* [həst], *strong form* [hæst]*)* vb *(2nd pers sg) arch* BIBLE ⟶ **have**.

haste [heɪst] n [speed] hâte *f* ; [rush] précipitation *f* ▸ **to do sthg in haste** faire qqch à la hâte, se dépêcher de faire qqch / *to act in haste* agir à la hâte or précipitamment ▸ **to make haste** se hâter, se dépêcher / *in my haste, I forgot my hat* dans ma hâte, j'ai oublié mon chapeau ▸ **more haste less speed** *prov* hâtez-vous lentement.

hasten ['heɪsn] ◆ vt **1.** [speed up - event, decline] précipiter, hâter / *the accident hastened his death* l'accident précipita or accéléra sa mort / *stress can hasten the ageing process* le stress peut accélérer le vieillissement **2.** [urge on - person] presser / *we were hastened along a corridor* on nous a entraînés précipitamment dans un couloir **3.** [say quickly] : *she hastened to assure us that all would be well* elle s'empressa de nous assurer que tout irait bien / *it wasn't me, I hastened to add* ce n'était pas moi, m'empressai-je d'ajouter. ◆ vi *liter* [verb of movement] : *to hasten away* partir à la hâte, se hâter de partir / *to hasten back* revenir à la hâte, se dépêcher de revenir.

hastily ['heɪstɪlɪ] adv **1.** [hurriedly] précipitamment, avec précipitation, à la hâte **2.** [impetuously, rashly] hâtivement, sans réfléchir.

Hastings ['heɪstɪŋz] pr n Hastings ▸ **the Battle of Hastings** la bataille de Hastings.

hasty ['heɪstɪ] adj **1.** [quick, hurried] précipité, à la hâte / *they made a hasty departure* ils sont partis à la hâte or précipitamment / *she beat a hasty retreat* elle a rapidement battu en retraite **2.** [rash] irréfléchi, hâtif / *a hasty decision* une décision prise à la hâte or à la légère / *let's not jump to any hasty conclusions* ne concluons pas à la légère or hâtivement / *let's not be over-hasty* ne nous précipitons pas.

hasty pudding n UK semoule *f* au lait ; US bouillie *f* de maïs *(servie avec de la mélasse)*.

hat [hæt] n **1.** chapeau *m* / *he always wears a hat* il porte toujours le or un chapeau ▸ **keep your hat on!** *inf* ne t'énerve pas ! ▸ **keep this under your hat** *inf* gardez ceci pour vous, n'en soufflez mot à personne ▸ **to pass the hat round** faire la quête ▸ **to throw one's hat into the ring** POL se mettre sur les rangs ▸ **my hat!** *inf* mon œil ! ▸ **that's old hat** *inf* c'est dépassé ▸ **to take one's hat off to sb** : *I take my hat off to him!* chapeau ! ▸ **to be all hat and no cattle** US *inf* : *he's all hat and no cattle* il a l'air très fort mais derrière il n'y a personne **2.** *fig* [role] rôle *m*, casquette *f* / *I'm wearing three different hats at the moment* je porte trois casquettes différentes or j'ai trois rôles différents en ce moment.

hatband ['hætˌbænd] n ruban *m* de chapeau.

hatbox ['hætˌbɒks] n boîte *f* à chapeau.

hatch [hætʃ] ◆ vt **1.** ZOOL [eggs] faire éclore **2.** *fig* [plan, plot] tramer, manigancer **3.** ART hachurer. ◆ vi [eggs] éclore ; [chicks] sortir de l'œuf. ◆ n **1.** [hatching of egg] éclosion *f* **2.** [brood] couvée *f* **3.** NAUT écoutille *f* ▸ **to batten down the hatches a)** *lit* fermer les descentes **b)** *fig* se préparer *(pour affronter une crise)* ▸ **down the hatch!** *inf* à la vôtre ! **4.** [trapdoor] trappe *f* ; [for inspection, access] trappe, panneau *m* ; [in aircraft, spaceship] sas *m* ; [in dam, dike] vanne *f (d'écluse)* **5.** [hatchway - for service] passe-plat *m*.

hatch up vt sep [plot, scheme] tramer, manigancer.

hatchback ['hætʃˌbæk] n **1.** [door] hayon *m* **2.** [model] voiture *f* à hayon, cinq portes *f*.

hatcheck clerk ['hættʃek-] n préposé *m*, -e *f* au vestiaire.

hatcheck girl ['hættʃek-] n fille *f* du vestiaire.

hatchery ['hætʃərɪ] (*pl* **hatcheries**) n **1.** [for chickens, turkeys] couvoir *m* **2.** [for fish] station *f* d'alevinage.

hatchet ['hætʃɪt] n hachette *f*, hache *f* (à main).

hatchet-faced adj au visage en lame de couteau.

hatchet job n *inf* ▸ **to do a hatchet job on sb / sthg** démolir qqn / qqch.

hatchet man n *inf* **1.** [killer] tueur *m* à gages **2.** INDUST & POL homme *m* de main.

hatching ['hætʃɪŋ] n **1.** [of eggs] éclosion *f* **2.** [brood] couvée *f* **3.** *(U)* ART hachures *fpl*.

hatchling ['hætʃlɪŋ] n [bird] oisillon *m* ; [chick] poussin *m* ; [duckling] caneton *m*.

hatchway ['hætʃˌweɪ] n NAUT écoutille *f* ; [gen] trappe *f*.

hate [heɪt] ◆ vt *(no cont)* [gen] détester, avoir horreur de ; [intensely] haïr, abhorrer / *I hate Sundays* je déteste les dimanches / *I hate getting up early* j'ai horreur de me lever tôt / *she hates having to wear school uniform* elle a horreur d'avoir à porter un uniforme scolaire / *I hate her for what she has done* je lui en veux vraiment pour ce qu'elle a fait / *I hate myself for letting them down* je m'en veux beaucoup de les avoir laissés tomber ▸ **to hate it when sb does sthg** détester que qqn fasse qqch ; [polite use] : *I would hate you to think I was avoiding you* je ne voudrais surtout pas vous donner l'impression que je cherchais à vous éviter / *I hate to mention it, but you still owe me £5* je suis désolé d'avoir à vous le faire remarquer, mais vous me devez toujours 5 livres / *I hate to bother you, but could I use your phone?* je ne voudrais surtout pas vous déranger, mais puis-je utiliser votre téléphone ? ◆ n **1.** [emotion] haine *f* / *I feel nothing but hate for him* je ne ressens que de la haine pour lui **2.** [person hated] personne *f* que l'on déteste ; [thing hated] chose *f* que l'on déteste.

Note that détester que is followed by a verb in the subjunctive:
I hate it when he drinks like that. *Je déteste qu'il boive comme ça.*

hate campaign n campagne *f* de dénigrement.

hate crime n délit *m* de haine.

hated ['heɪtɪd] adj détesté.

hateful ['heɪtfʊl] adj odieux, détestable, abominable / *the very idea is hateful to him* l'idée même lui est insupportable.

hate mail n lettres *fpl* d'injures.

hatesheet ['heɪt,ʃiːt] n US *inf* PRESS torchon *m* qui incite à la haine.

Hatfields and McCoys ['hætfiːldz-] pl pr n US ▸ **the Hatfields and McCoys** *noms fictifs représentant des familles rivales.*

hath [hæθ] *arch* BIBLE = **has.**

hatless ['hætlɪs] adj tête nue, sans chapeau.

hatmaker ['hæt,meɪkəʳ] n [for men] chapelier *m*, -ère *f* ; [for women] modiste *mf.*

hatpin ['hæt,pɪn] n épingle *f* à chapeau.

hat rack n porte-chapeaux *m inv.*

hatred ['heɪtrɪd] n haine *f* ▸ **to feel hatred for sb** avoir de la haine pour qqn, haïr qqn / *he had an intense hatred of the police* il avait une haine profonde de la police.

hat stand n portemanteau *m.*

hatter ['hætəʳ] n chapelier *m*, -ère *f.*

hat trick n UK [three goals] hat-trick *m* ; [three wins] trois victoires *fpl* consécutives.

haughtily ['hɔːtɪlɪ] adv avec arrogance, de manière hautaine.

haughtiness ['hɔːtɪnɪs] n arrogance *f*, caractère *m* hautain.

haughty ['hɔːtɪ] (*compar* **haughtier**, *superl* **haughtiest**) adj hautain, arrogant.

haul [hɔːl] ◆ vt **1.** [pull] tirer, traîner ; [tow] tirer, remorquer / *they hauled the boat out of the water* ils ont tiré le bateau hors de l'eau / *she has to haul her little brother everywhere with her* *fig* elle doit traîner son petit frère partout avec elle / *they were hauled in front of* or *before a judge* on les traîna devant un tribunal ▸ **to haul sb over the coals** passer un savon à qqn **2.** [transport] transporter ; [by truck] camionner, transporter **3.** [move with effort] hisser / *he hauled himself out of bed* il s'est péniblement sorti du lit / *he hauled himself into a sitting position* il s'est hissé en position assise **4.** PHR **to haul ass** US *v inf* se magner. ◆ vi **1.** [pull] tirer / *they hauled on the cable* ils ont tiré sur le câble **2.** NAUT [boat] lofer. ◆ n **1.** [catch, takings - of fisherman, customs] prise *f*, coup *m* de filet ; [- of robbers] butin *m* / *the thieves have made a good haul* les voleurs ont rapporté un beau butin **2.** [pull] ▸ **to give a haul on a rope / fishing net** tirer sur une corde / un filet de pêche **3.** [distance] parcours *m*, trajet *m* / *it was a long haul from Madrid to Paris* la route fut longue de Madrid à Paris ▸ **long- / short-haul flights** vols *mpl* long-courrier / moyen-courrier **4.** [in time] : *training to be a doctor is a long haul* les études de médecine sont très longues ▸ **to be in for the long haul a)** [see things in the long term] avoir une vision à long terme **b)** [be prepared for long wait] être prêt à attendre longtemps / *John and I are in for the long haul* [long-term relationship] John et moi, c'est du sérieux.

❖ **haul down** vt sep **1.** [pull down] descendre, faire descendre / *his parents had to haul him down from the tree* ses parents ont dû le faire descendre de l'arbre **2.** [lower - flag, sail] descendre, amener.

❖ **haul in** vt sep [catch, net, rope] tirer, amener / *the ship was hauled in for repairs* le bateau a été mis en cale pour réparations / *Tom was hauled in on a drink-driving charge* Tom a été épinglé pour conduite en état d'ivresse.

❖ **haul off** ◆ vt sep [take away] conduire, amener / *her mother hauled her off to the dentist's* sa mère l'a traînée chez le dentiste / *he was hauled off to prison* on l'a flanqué en prison. ◆ vi US *inf* lever le bras or le poing / *she hauled off and slugged him* elle a levé le bras et lui a asséné un coup de poing.

❖ **haul up** vt sep [pull up] tirer, hisser / *the boat was hauled up onto the beach* on a tiré le bateau sur le sable / *to haul sb up before a judge* traîner qqn devant le tribunal or le juge.

haulage ['hɔːlɪdʒ] ◆ n *(U)* **1.** [as business] transports *mpl*, transport *m* (routier) **2.** [act] transport *m* **3.** [cost] (frais *mpl* de) transport *m*. ◆ comp [company] de transport routier, de transports routiers ▸ **haulage business** : *she's in the haulage business* elle travaille dans le transport routier ▸ **haulage contractor** entrepreneur *m* de transports routiers ▸ **haulage firm** transporteur *m.*

haulier UK ['hɔːljəʳ], **hauler** US ['hɔːləʳ] n **1.** [business] entreprise *f* de transports routiers **2.** [owner] entrepreneur *m* de transports routiers **3.** [driver] routier *m*, camionneur *m.*

haunch [hɔːntʃ] n **1.** CULIN [of venison] cuissot *m* ; [of beef] quartier *m* **2.** [of human] hanche *f* ▸ **to squat down on one's haunches** s'accroupir **3.** [of animal] ▸ **haunches** arrière-train *m*, derrière *m.*

haunt [hɔːnt] ◆ vt **1.** [subj: ghost, spirit] hanter **2.** [subj: problems] hanter, tourmenter / *the memory still haunts me* le souvenir me hante encore / *she is haunted by her unhappy childhood* elle est hantée or tourmentée par son enfance malheureuse / *his past continues to haunt him* son passé ne cesse de le poursuivre or hanter **3.** *inf* [frequent - bar] hanter, fréquenter ; [- streets] hanter, traîner dans. ◆ n **1.** [place] lieu *m* que l'on fréquente beaucoup, lieu *m* de prédilection / *it's one of his favourite haunts* c'est un des endroits qu'il préfère / *we couldn't find her in any of her usual haunts* nous ne l'avons pas trouvée dans les endroits qu'elle fréquente d'habitude **2.** [refuge - for animals, criminals] repaire *m.*

haunted ['hɔːntɪd] adj **1.** [house, castle] hanté **2.** [look] hagard, égaré.

haunting ['hɔːntɪŋ] adj [memory, sound] obsédant ; [tune] qui vous trotte dans la tête / *she has a haunting beauty* elle est d'une beauté obsédante.

hauntingly ['hɔːntɪŋlɪ] adv : *hauntingly beautiful* d'une beauté obsédante.

Hausa ['haʊsə] (*pl* **Hausa** *or* **Hausas**) ◆ n **1.** [person] ▸ **the Hausa** les Haoussas *mpl*, les Hausas *mpl* **2.** LING haoussa *m*. ◆ comp des Haoussas.

Havana [hə'vænə] ◆ pr n [city] La Havane. ◆ n [cigar, tobacco] havane *m*. ◆ comp [tobacco, cigar] de Havane.

have [hæv] (*pres* **has** *(3rd pers sg, weak form* [həz], *strong form* [hæz]*), pt & pp* **had** [hæd])

◆ aux vb **1.** [used to form perfect tenses] avoir, être / *to have finished* avoir fini / *to have left* être parti / *to have sat down* s'être assis / *to have been / had* avoir été / eu / *has she slept?* a-t-elle dormi ? / *have they arrived?* sont-ils arrivés ? / *he has been ill* il a été malade / *when you've calmed down* quand vous vous serez calmé / *I will have forgotten by next week* j'aurai oublié d'ici la semaine prochaine / *the children will have gone to bed by the time we arrive* les enfants seront couchés quand nous arriverons / *you were silly not to have accepted* tu es bête de ne pas avoir accepté / *after* or *when you have finished, you may leave* quand vous aurez fini, vous pourrez partir / *she was ashamed of having lied* elle avait honte d'avoir menti / *she felt she couldn't change her mind, having already agreed to go* elle sentait qu'elle ne pouvait pas changer d'avis, étant donné qu'elle avait dit être d'accord pour y aller / *I have been thinking* j'ai réfléchi / *he has been working here for two months* il travaille ici depuis deux mois, il y a deux mois qu'il travaille ici / *I have known her for three years / since childhood* je la connais depuis trois ans / depuis mon enfance / *I had known her for years* cela faisait des années que je la connaissais, je la connaissais depuis des années / *she claimed she hadn't heard the news* elle a prétendu ne pas avoir entendu la nouvelle / *I had already gone to bed when he arrived* j'étais déjà couché quand il est arrivé / *we had gone to bed early* nous nous étions couchés de bonne heure / *when he had given his speech, I left* une fois qu'il eut terminé son discours, je partis / *had I known, I wouldn't have insisted* si j'avais su, je n'aurais pas insisté / *if I had known, I wouldn't have said anything* si j'avais su, je n'aurais rien dit / *they would have been happy if it hadn't been for the war* ils auraient vécu heureux si la guerre n'était pas survenue / *why don't you just leave him and have done with it?* pourquoi donc est-ce que vous ne le quittez pas, pour en finir ? ▸ **to have had it** : *he's had it* **a)** *inf* [is in trouble] il est fichu or foutu **b)** [is worn out] il est à bout / *I've had it with all your complaining!* *inf* j'en ai jusque-là de tes jérémiades ! / *this plant has had it* *inf* cette plante est fichue **2.** [elliptical uses] : *have you ever had the measles? — yes, I have / no, I haven't* avez-vous eu la rougeole ? — oui / non / *she hasn't finished — yes, she has!* elle n'a pas fini — (mais) si ! / *you've forgotten his birthday — no, I haven't!* tu as oublié son anniversaire — mais non ! / *have you ever considered going into politics? if you have... / if you haven't...* avez-vous déjà envisagé de rentrer dans la vie politique ? si oui... / si non... **3.** [in tag questions] : *you've read "Hamlet", haven't you?* vous avez lu « Hamlet », n'est-ce pas ? / *he hasn't arrived, has he?* il n'est pas arrivé, si ? / *so she's got a new job, has she?* elle a changé de travail alors ?

◆ vt

- **A. POSSESS**
- **B. EXPERIENCE OR SHOW**
- **C. RECEIVE OR ACCEPT**
- **D. HOLD OR GAIN ADVANTAGE OVER**
- **E. CAUSE**
- **F. CONSUME**
- **G. GIVE BIRTH TO**
- **H. WITH LOCATION OR POSITION**
- **I. BE ACCOMPANIED BY**
- **J. ASSERT, CLAIM**
- **K. SLEEP WITH**
- **L. OBLIGATION OR NECESSITY**

A. POSSESS **1.** [be in possession of, own] avoir, posséder / *do you have* or *have you got a car?* avez-vous une voiture ? / *they have (got) a lot of friends / money* ils ont beaucoup d'amis / d'argent / *they don't have* or *they haven't got any more* ils n'en ont plus / *she shares everything she has (got) with them* elle partage tout ce qu'elle a avec eux / *he has (got) £10 left* il lui reste 10 livres / *we have (got) six of them left* il nous en reste six / *do you have any children? if you have...* avez-vous des enfants ? si vous en avez or si oui... / *they have a 50% interest in the business* ils ont or détiennent 50 % des intérêts dans l'affaire / *do we have any milk in the house?* est-ce qu'on a du lait or est-ce qu'il y a du lait à la maison ? / *she has a baker's shop / bookshop* elle tient

HAVE / HAVE (GOT)

On rencontre **have** aussi bien dans des emplois d'auxiliaire, lorsqu'il sert à composer des formes verbales comme le **present perfect** ou le **past perfect**, que dans des emplois de verbe : on peut alors dans certains cas le remplacer par **have got**.
La prononciation de **have** change selon qu'il est utilisé en tant qu'auxiliaire ou en tant que verbe.

HAVE EN TANT QU'AUXILIAIRE

Emploi

- En tant qu'auxiliaire, have est utilisé pour former le **present perfect** ou le **past perfect** :
have + V-**en** / **had** + V-**en**
present perfect / *past perfect*
- **Have** auxiliaire sert de support à la négation et est utilisé également pour former les questions.
- On le trouve donc principalement sous trois formes (**have**, **has** et **had**), qui peuvent se combiner à la négation **not** :
  - **Have / has** au présent (lorsque l'on forme le present perfect) :
  I have lived in London for ten years. Cela fait dix ans que j'habite à Londres.
  He hasn't finished his thesis yet. Il n'a pas encore fini sa thèse.
  Have you visited the castle? Avez-vous visité le château ?
  - **Had** au prétérit (lorsque l'on forme le past perfect) :
  He had already cleaned the house when she arrived. Il avait déjà nettoyé la maison quand elle est arrivée.

Prononciation

Comme c'est le cas pour l'auxiliaire ***avoir*** en français, **have** est un mot grammatical lorsqu'il compose le **present perfect** ou le **past perfect** ; dans I have eaten too much (j'ai trop mangé), **have** n'apporte pas d'information particulière. Ce sont les mots **eat**, **too** et **much** qui apportent des informations. C'est pourquoi **have** auxiliaire n'est pas accentué dans la phrase en anglais, et en conséquence on l'entend à peine. On dit qu'il est alors prononcé de ***manière réduite***. Cela est transcrit à l'écrit par la ***forme contractée***.
I have eaten too much. → I've eaten too much.
[əv] [v]

Attention !
La négation nous apporte une information, et en conséquence **not** est toujours accentué. C'est pourquoi les formes contractées have**n't**, has**n't** ou had**n't** sont accentuées.
I have not eaten a lot. → I haven't eaten a lot.
[əv 'nɒt] ['hævnt]

HAVE (GOT) EN TANT QUE VERBE

Comme le verbe ***avoir*** en français, il a différents sens, dont celui de possession.

Prononciation et emplois

Have est porteur d'information et est donc toujours accentué :
have ['hæv] **has** ['hæz] **had** ['hæd] **having** ['hævɪŋ]
Comme les autres verbes, **have** utilise **have** auxiliaire pour la construction du **present perfect** et du **past perfect**, et **be** pour les formes en V-ing.
This singer hasn't had any success so far. Ce chanteur n'a pas eu de succès jusqu'à présent.
I'm having breakfast. Je suis en train de prendre mon petit déjeuner.

On trouve le verbe **have** dans deux types d'emploi :

- **Expression de la possession, d'un état** rapportés au sujet :
John has a dog. John a un chien.
possession
I have a headache. J'ai mal à la tête.
état du sujet
On peut alors le remplacer par **have got**.
- **Expression d'une action** accomplie par le sujet :
Did you have any difficulty finding the house? Avez-vous rencontré des difficultés pour trouver la maison ?

Have (got) : expression de la possession, d'un état

Pour former la négation et l'interrogation, **have** exprimant la possession ou l'état peut se comporter :

- soit comme un verbe ordinaire, avec **do** pour former l'interrogation et la négation au présent et au prétérit :
I didn't have any money. Je n'avais pas d'argent.
Do you have a pen? Est-ce que tu as un stylo ?
- soit comme **have** auxiliaire, et dans ce cas la construction de la négation et de l'interrogation s'effectue avec **have**. On préférera alors souvent le remplacer par **have got** (qui est la forme de present perfect de **get** ***obtenir***, mais garde le sens de **have**). Avec **have got**, l'accent est mis sur le résultat : **got** (participe passé de **get**) = ***obtenu***.
I haven't got any money. Je n'ai pas d'argent.
Have you got a pen? Est-ce que tu as un stylo ?

NB : il est possible d'utiliser I haven't any money. / Have you a pen?, mais cette option est plus formelle et moins usitée ; on la rencontre surtout en anglais britannique, dans un registre de langue assez élevé.

Have : expression d'une action

- Lorsque **have** exprime une action, l'interrogation et la négation se forment toujours à l'aide de **do** ; il est impossible d'utiliser **have got**. En revanche, il est possible d'utiliser la forme en V-ing :
Did you have a good time? Est-ce que tu as passé un bon moment ?
Bryan is having a drink at the Rose & Crown. Bryan est en train de prendre un verre au Rose & Crown.
- **Have** peut aussi exprimer l'action de faire faire quelque chose par un tiers :
Did they have the building painted? Ont-ils fait repeindre le bâtiment ?
- Enfin, dans ce sens, **have** entre dans beaucoup d'expressions : to have a drink (prendre un verre), to have a rest (se reposer), to have a dream (faire un rêve), to have a go (essayer, tenter le coup)...
- **Have** permet d'exprimer une expérience vécue par le sujet grammatical, et non plus simplement une caractéristique du sujet. Comparez les exemples suivants :
to have breakfast = to eat breakfast
= prendre le petit déjeuner, manger
[action : il s'agit d'accomplir l'action de manger]
to have blue eyes = to be blue-eyed
= avoir les yeux bleus
[propriété, état : aucune action n'est accomplie ; la couleur des yeux est une caractéristique du sujet]

Attention !
En anglais, on utilise **be** pour dire l'âge (I am 13 = J'ai 13 ans), ou pour exprimer certains états (I'm hungry / thirsty = J'ai faim / soif, I'm afraid = j'ai peur), alors que c'est le verbe ***avoir*** qui est utilisé en français dans ces expressions.
Voir aussi l'encadré have to page suivante.

une boulangerie / librairie / *do you have* or *have you got the time?* avez-vous l'heure ? / *he has no job* il n'a pas de travail, il est sans travail ▸ **give it all you have** or **all you've got!** *inf* mets-y le paquet ! / *I've got it!* ça y est, j'ai trouvé or j'y suis ! / *paper, envelopes and what have you* du papier, des enveloppes et je ne sais quoi encore ▸ **you can't have your cake and eat it** on ne peut pas avoir le beurre et l'argent du beurre **2.** [enjoy the use of] avoir, disposer de / *we had a couple of hours to do our errands* nous disposions de or nous avions quelques heures pour faire nos courses / *I don't have time* or *I haven't got time to stop for lunch* je n'ai pas le temps de m'arrêter pour déjeuner / *he has (got) a month to finish* il a un mois pour finir / *he hasn't (got) long to live* il ne lui reste pas longtemps à vivre / *do you have* or *have you (got) a minute (to spare)?* tu as une minute ? / *she had the house to herself* elle avait la maison pour elle toute seule / *such questions have an important place in our lives* ce genre de questions occupe une place importante dans notre vie **3.** [possess as quality or attribute] avoir / *she has (got) red hair* elle a les cheveux roux, elle est rousse / *you have beautiful eyes* tu as de beaux yeux / *the ticket has a name on it* il y a un nom sur le billet / *to have good taste* / *a bad temper* avoir bon goût / mauvais caractère / *she has a reputation for being difficult* elle a la réputation d'être difficile / *the house has a beautiful view of the mountains* de la maison, on a une belle vue sur les montagnes / *she has what it takes* or *she has it in her to succeed* elle a ce qu'il faut pour réussir / *you've never had it so good!* vous n'avez jamais eu la vie si belle ! / *he really has it bad for Dolores* *inf* il a complètement craqué pour Dolores **4.** [possess knowledge or understanding of] : *do you have any experience of teaching?* avez-vous déjà enseigné ? / *she has a clear sense of what matters* elle sait très bien ce qui est important / *he has some Greek and Latin* il connaît un peu le grec et le latin / *I have a little Spanish* je parle un peu espagnol.
B. EXPERIENCE OR SHOW **1.** [indicating experience of a specified situation] : *to have a dream* / *nightmare*

HAVE TO

Have to est un « quasi-modal » proche de **must** par son sens et ses emplois (voir must). Il indique :
- que le sujet de l'énoncé est dans l'obligation de faire quelque chose ;
- qu'un événement a de fortes chances de se réaliser (ou pas).

À la forme négative, **have to** devient **don't have to** : le sujet est libre de ne pas faire l'action.

OBLIGATION IMPERSONNELLE

À l'instar de **must**, **have to** marque l'obligation :
I won't apologize. — You have to.
Je ne m'excuserai pas. — Il le faut. / Tu dois le faire.

Avec **have to**, le sujet de l'énoncé (ici **you**) est tenu d'agir. La contrainte n'émane pas du locuteur. Ce dernier ne fait que rapporter objectivement une loi, une règle, un impératif extérieur :
I have to get up early tomorrow. Je dois me lever de bonne heure demain.
[ce n'est pas moi qui l'ai décidé, j'ai un rendez-vous]

Par opposition, I must get up early tomorrow (Je dois me lever de bonne heure demain) exprime une obligation que je me suis imposée à moi-même. Toutefois, cette subtilité s'estompe en contexte.

Au présent simple, **have got to** est également possible (voir have / have got). Dans ce cas, **got** est accentué :
You've got to tell me the truth. Vous devez me dire la vérité.

Have to s'emploie dans les cas où **must** est impossible, notamment au passé ou après d'autres modaux (puisque les modaux ne se combinent pas) :
Peter had to go to the dentist's. Peter a dû aller chez le dentiste.
I will have to think about it. Il va falloir que j'y réfléchisse.
modal

La construction négative **don't have to** atténue fortement la contrainte. Par conséquent, le sujet de l'énoncé est libre d'accomplir l'action ou non :
She doesn't have to drive if she doesn't want to. Elle n'est pas obligée de conduire si elle ne le veut pas.
On pourrait tout aussi bien avoir she needn't drive ou she doesn't need to drive en conservant un sens proche.

FORTE PROBABILITÉ

Have to indique également qu'un événement a de fortes chances de se réaliser :

It has to be true. C'est certainement vrai.

She has to be telling the truth. Elle dit certainement la vérité.

Le locuteur se contente de rapporter objectivement la forte probabilité en référence à des indices extérieurs. Son opinion importe peu, contrairement à ce que nous aurions avec **must**.

NB : cet emploi (expression d'une forte probabilité) est plus rare que le précédent (expression de l'obligation).

Pour résumer

Proches du point de vue du sens, **have to** et **must** ne sont pas pour autant interchangeables. Avec **have to**, le locuteur rapporte une obligation ou une forte probabilité de manière impersonnelle.

faire un rêve / cauchemar / *I have no regrets* je n'ai aucun regret or pas de regrets / *we have nothing* or *we don't have anything against dogs* on n'a rien contre les chiens / *I've had my appendix taken out* je me suis fait opérer de l'appendicite / *he had all his money stolen* il s'est fait voler or on lui a volé tout son argent / *I love having my back rubbed* j'adore qu'on me frotte le dos / *they had some strange things happen to them* il leur est arrivé de drôles de choses **2.** [be infected with, suffer from] avoir / *to have a cold* avoir un rhume, être enrhumé / *do you have* or *have you got a headache?* avez-vous mal à la tête ? / *he has (got) problems with his back* il a des problèmes de dos **3.** *(delexicalized use)* [perform, take part in - bath, lesson] prendre ; [- meeting] avoir / *we had our first argument last night* nous nous sommes disputés hier soir pour la première fois / *I'll have no part in it* je refuse de m'en mêler / *to have a party* **a)** [organize] organiser une fête **b)** [celebrate] faire la fête / *to have a stroll* se promener, faire un tour / *I want to have a think about it* je veux y réfléchir **4.** [pass, spend] passer, avoir / *I had a horrible day at work* j'ai passé une journée atroce au travail / *have a nice day!* bonne journée ! / *to have a good time* s'amuser / *did you have a good time?* c'était bien ? / *a good time was had by all* tout le monde s'est bien amusé / *she's had a hard time of it lately* elle vient de traverser une mauvaise passe **5.** [exhibit, show] avoir, montrer / *have mercy on us!* ayez pitié de nous ! / *he had the nerve to refuse* il a eu le culot de refuser / *he didn't even have the decency to apologize* il n'a même pas eu la décence de s'excuser.

C. RECEIVE OR ACCEPT **1.** [obtain, receive] avoir, recevoir / *I'd like him to have this picture* j'aimerais lui donner cette photo / *I'd like to have your advice on something* j'aimerais que vous me donniez un conseil à propos de quelque chose / *we had a phone call from the mayor* nous avons reçu or eu un coup de fil du maire / *they've still had no news of the lost plane* ils n'ont toujours pas de nouvelles de l'avion (qui a) disparu / *I have it on good authority* je le tiens de bonne source / *I must have your answer by tomorrow* il me faut votre réponse pour demain / *let me have your answer by next week* donnez-moi votre réponse avant la semaine prochaine / *let me have the book back when you've finished* rends-moi le livre quand tu auras fini / *she let them have the wardrobe for £300* elle leur a laissé or cédé l'armoire pour 300 livres / *there are plenty of nice flats to be had* il y a plein de jolis appartements / *stamps can be had at any newsagent's* on peut acheter des timbres chez le marchand de journaux ▸ **to let sb have it** : *I let him have it* **a)** *inf* [attacked him] je lui ai réglé son compte **b)** [told him off] je lui ai passé un savon / *you had it coming!* *inf* tu ne l'as pas volé ! **2.** [invite] recevoir, avoir / *she's having some people (over) for* or *to dinner* elle reçoit or elle a du monde à dîner / *let's have him round for a drink* et si on l'invitait à prendre un pot ? / *did you have any visitors?* avez-vous eu de la visite ? / *we're having his family down for the weekend* sa famille vient passer le week-end chez nous **3.** [accept, take] vouloir / *he'd like to marry but nobody will have him!* il aimerait se marier mais personne ne veut de lui ! / *do what you want, I'm having nothing more to do with your schemes* fais ce que tu veux je ne veux plus être mêlé à tes combines **4.** *(in negative)* [allow, permit] : *I will not have him in my house!* il ne mettra pas les pieds chez moi ! / *I won't have it!* ça ne va pas se passer comme ça ! / *we can't have you sleeping on the floor* nous ne pouvons pas vous laisser dormir par terre.

D. HOLD OR GAIN ADVANTAGE OVER **1.** [clutch] tenir / *the teacher had (got) him by the arm / the ear* le maître le tenait par le bras / l'oreille / *he had (got) his assailant by the throat* il tenait son agresseur à la gorge **2.** *fig* [gain control or advantage over] : *you have me there!* là vous me tenez ! / *I have (got) you right where I want you now!* je vous tiens ! / *the Celtics have it!* SPORT les Celtics ont gagné ! **3.** [bewilder, perplex] : *who won? — you've got me there* qui a gagné ? — là tu me poses une colle **4.** *(in passive)* *inf* [cheat, outwit] avoir / *you've been had!* tu t'es fait avoir !

E. CAUSE **1.** [cause to be] : *the news had me worried* la nouvelle m'a inquiété / *I'll have this light fixed in a minute* j'en ai pour une minute à réparer cette lampe / *we'll have everything ready* tout sera prêt **2.** *(with past participle)* [cause to be done] ▸ **to have sthg done** faire faire qqch / *I had my hair cut* je me suis fait couper les cheveux / *we must have the curtains cleaned* nous devons faire nettoyer les rideaux or donner les rideaux à nettoyer / *she had coffee brought up to the room* elle a fait monter du café dans la chambre **3.** *(with infinitive)* [cause to do] ▸ **to have sb do sthg** faire faire qqch à qqn / *she had him invite all the neighbours round* elle lui a fait inviter tous les voisins / *have them come in* faites-les entrer / *the boss had him up to his office* le patron l'a convoqué dans son bureau / *he soon had them all laughing* il eut tôt fait de les faire tous rire / *I had the children go to bed early* j'ai couché les enfants de bonne heure / *as he would have us believe* comme il voudrait nous le faire croire **4.** *(with 'will' or 'would')* [wish for] vouloir / *what would you have me do?* que voudriez-vous que je fasse ? / *I'll have you know I have a degree in French* je vous fais remarquer que j'ai une licence de français.

F. CONSUME [food, meal] avoir, prendre / *we were having lunch* nous étions en train de déjeuner / *we're having dinner out tonight* nous sortons dîner ce soir / *to have breakfast in bed* prendre le petit déjeuner au lit / *would you like to have coffee?* voulez-vous (prendre) un café ? / *do you have coffee or tea in the morning?* prenez-vous du café ou du thé le matin ? / *I had tea with her* j'ai pris le thé avec elle / *we stopped and had a drink* nous nous sommes arrêtés pour boire quelque chose / *what will you have? — I'll have the lamb* [in restaurant] qu'est-ce que vous prenez ? — je vais prendre de l'agneau / *we had fish for dinner* nous avons mangé or eu du poisson au dîner / *he always has a cigarette after dinner* il fume toujours une cigarette après le dîner / *will you have a cigarette?* voulez-vous une cigarette ?

G. GIVE BIRTH TO : *she's had a baby* elle a eu un bébé / *she had her baby last week* elle a accouché la semaine dernière / *she's going to have a baby* elle attend or elle va avoir un bébé / *he's had three children by her* il a eu trois enfants d'elle / *our dog has just had puppies* notre chien vient d'avoir des petits.

H. WITH LOCATION OR POSITION placer, mettre / *we'll have the wardrobe here and the table in there* nous mettrons l'armoire ici et la table par là / *she had her arm around his shoulders* elle avait mis le bras autour de ses épaules / *I had my back to the window* je tournais le dos à la fenêtre / *he had his head down* il avait la tête baissée.

I. BE ACCOMPANIED BY : *she had her mother with her* sa mère était avec elle / *I can't talk right now, I have someone with me* je ne peux pas parler, je ne suis pas seul or je suis avec quelqu'un.

J. ASSERT, CLAIM soutenir, maintenir / *rumour has it that they're married* le bruit court qu'ils sont mariés /

as the government would have it comme dirait le gouvernement.

K. SLEEP WITH v *inf* avoir.

L. OBLIGATION OR NECESSITY **1.** [indicating obligation] ▸ **to have (got) to do sthg** devoir faire qqch, être obligé de faire qqch / *do you have to* or *have you got to leave so soon?* êtes-vous obligé de partir or faut-il que vous partiez si tôt? / *I have (got) to go to the meeting* il faut que j'aille or je dois aller or je suis obligé d'aller à la réunion / *don't you have to* or *haven't you got to phone the office?* est-ce que tu ne dois pas appeler le bureau? / *he'll do it if he's got to* il le fera s'il est obligé de le faire / *you don't have to* or *you haven't got to go* tu n'es pas obligé d'y aller / *we had to take physics at school* nous étions obligés de suivre des cours de physique à l'école / *she had to take a blood test* elle a été obligée de or elle a dû faire un examen sanguin / *I hate having to get up early* j'ai horreur de devoir me lever tôt / *I won't apologize — you have to* je ne m'excuserai pas — il le faut ; [expressing disbelief, dismay, etc.] : *you've got to be joking!* vous plaisantez !, c'est une plaisanterie ! / *you didn't have to tell your father what happened!* tu n'avais pas besoin d'aller dire à ton père ce qui s'est passé ! / *the train would have to be late today of all days!* il fallait que le train soit en retard aujourd'hui ! / *that has (got) to be the stupidest idea I've ever heard!* *inf* ça doit être l'idée la plus idiote que j'aie jamais entendue ! **2.** [indicating necessity] devoir / *you have (got) to get some rest* il faut que vous vous reposiez, vous devez vous reposer / *I'll have to think about it* il va falloir que j'y réfléchisse / *I have to know* il faut que je le sache / *we have to be careful about what we say* on doit faire attention or il faut qu'on fasse attention à ce qu'on dit / *some problems still have to be worked out* il reste encore des problèmes à résoudre / *if you finish the report this evening you won't have to come in to work tomorrow* si vous finissez le rapport ce soir, vous n'aurez pas besoin de venir travailler demain / *the plumbing has to be redone* la plomberie a besoin d'être refaite / *you'd have to be deaf not to hear that noise* il faudrait être sourd pour ne pas entendre ce bruit / *do you have to turn the music up so loud?* vous ne pourriez pas baisser un peu la musique? **3.** [feel obligation or necessity in regard to] : *I have (got) a lot of work to finish* j'ai beaucoup de travail à finir / *he has (got) nothing to do / to read* il n'a rien à faire / à lire / *we have (got) a deadline to meet* nous avons un délai à respecter **4.** PHR **to have to do with sthg** : *the book has to do with archaeology* ce livre traite de l'archéologie / *their argument had to do with money* ils se disputaient à propos d'argent ▸ **to have nothing to do with sb** or **sthg** : *this has nothing to do with you* ça ne te concerne or regarde pas / *I'll have nothing more to do with her* je ne veux plus avoir affaire à elle / *they had nothing to do with her being fired* ils n'avaient rien à voir avec son licenciement.

❖ **haves** pl n ▸ **the haves** les riches *mpl*, les nantis *mpl* / *the haves and the have-nots* les riches et les pauvres, les nantis et les démunis.

❖ **have at** vt insep UK FENCING attaquer.

❖ **have away** vt sep ▸ **to have it away with sb** UK v *inf* coucher avec qqn.

❖ **have in** vt sep **1.** [cause to enter] faire entrer / *she had him in for a chat* elle l'a fait entrer pour discuter **2.** [invite] : *to have friends in for a drink* inviter des amis à prendre un pot **3.** [doctor, plumber] faire venir / *they've got workmen in at the moment* ils ont des ouvriers en ce moment **4.** PHR **to have it in for sb** *inf* avoir une dent contre qqn.

❖ **have off** vt sep ▸ **to have it off with sb** UK v *inf* coucher avec qqn.

❖ **have on** vt sep **1.** [wear] porter / *what does she have on?* qu'est-ce qu'elle porte?, comment est-elle habillée? / *the child had nothing on* l'enfant était tout nu **2.** [radio, television] : *have you got the radio on?* avez-vous allumé la radio?, est-ce que la radio est allumée? / *he has the radio / television on all night* sa radio / sa télévision est allumée toute la nuit **3.** [commitment, engagement] : *we have a lot on today* nous avons beaucoup à faire aujourd'hui / *do you have anything on for tonight?* avez-vous des projets pour or êtes-vous pris ce soir? / *I have nothing on for the weekend* je n'ai rien de prévu ce week-end **4.** UK *inf* [tease, trick] faire marcher / *you're having me on!* tu me fais marcher ! **5.** PHR *they have nothing on me* ils n'ont aucune preuve contre moi / *she must have something on the boss* elle doit savoir quelque chose de compromettant sur le patron.

❖ **have out** vt sep **1.** [tooth] se faire arracher **2.** [settle] ▸ **to have it out with sb** s'expliquer avec qqn / *she had it* or *the matter* or *the whole thing out with him* elle a eu une longue explication avec lui.

❖ **have over** vt sep [invite] inviter ▸ **to have one over on sb** avoir le dessus sur qqn.

❖ **have up** vt sep *inf* [bring before the authorities] : *I'll have you up for blackmail* je vais vous poursuivre (en justice) pour chantage / *they were had up by the police for vandalism* ils ont été arrêtés pour vandalisme / *he was had up (before the court) for breaking and entering* il a comparu (devant le tribunal) pour effraction.

Note that **falloir que** is followed by a verb in the subjunctive:
I have to go now. *Il faut que je m'en aille maintenant.*

have-a-go hero n UK *inf* membre du public, auteur d'un acte héroïque / *we don't want any have-a-go heroes* nous ne voulons pas que quelqu'un s'amuse à jouer les héros.

haven ['heɪvn] n **1.** [refuge] abri *m*, refuge *m* / *a safe haven* un abri sûr / *the garden is a haven of peace and tranquillity* *liter* le jardin est un havre de paix et de tranquillité **2.** *arch* or *liter* [harbour] havre *m*.

have-nots pl n ▸ **the have-nots** les démunis *mpl*, les défavorisés *mpl*.

haven't ['hævnt] abbr of **have not**.

haver ['heɪvəʳ] vi **1.** UK [dither] tergiverser **2.** Scot [talk nonsense] dire des sottises.

haversack ['hævəsæk] n havresac *m*.

havoc ['hævək] n *(U)* ravages *mpl*, chaos *m* ▸ **to wreak havoc on sthg** ravager qqch / *the strike played havoc with our plans* la grève a mis nos projets par terre / *a scene of havoc* un vrai capharnaüm.

haw [hɔ:] ◆ n BOT [berry] baie *f* d'aubépine, cenelle *f* ; [shrub] aubépine *f*. ◆ interj ▸ **haw!** euh ! ◆ vi ⟶ **hum** *(vi)*.

Hawaii [hə'waɪi] pr n Hawaii / *in Hawaii* à Hawaii.

Hawaiian [hə'waɪən] ◆ n **1.** [person] Hawaïen *m*, -enne *f* **2.** LING hawaïen *m*. ◆ adj hawaïen.

Hawaiian guitar n guitare *f* hawaïenne.

Hawaiian Standard Time n heure *f* de Hawaii.

hawfinch ['hɔ:fɪntʃ] n gros-bec *m*.

haw-haw interj ▸ **haw-haw!** ha, ha !

hawk [hɔ:k] ◆ n **1.** [bird] faucon *m* ▸ **to watch sb / sthg like a hawk** regarder qqn / qqch d'un œil perçant **2.** POL faucon *m* **3.** [cough] raclement *m* de gorge **4.** CONSTR taloche *f*. ◆ vi **1.** HUNT chasser au faucon **2.** [clear throat] se racler la gorge. ◆ vt **1.** [sell - from door to door] colporter ; [- in market, street] vendre à la criée **2.** *fig* [news, gossip] colporter **3.** [cough up] cracher.

hawker ['hɔ:kəʳ] n [street vendor] marchand *m* ambulant ; [door-to-door] démarcheur *m*, colporteur *m* / **'no hawkers'** 'démarchage interdit'.

hawk-eyed adj **1.** [keen-sighted] au regard d'aigle **2.** *fig* [vigilant] qui a l'œil partout.

hawking ['hɔ:kɪŋ] n HUNT chasse *f* au faucon.

hawkish ['hɔ:kɪʃ] adj POL dur.

hawkmoth ['hɔ:k,mɒθ] n ENTOM sphinx *m*.

hawknosed ['hɔ:knəʊzd] adj [person] au nez aquilin.

hawksbill ['hɔ:ks,bɪl] n tortue *f* (à écailles).

hawkweed ['hɔ:kwi:d] n BOT épervière *f*.

hawse [hɔ:z] n NAUT écubier *m*.

hawser ['hɔ:zəʳ] n NAUT grelin *m*, aussière *f*.

hawthorn ['hɔ:θɔ:n] ◆ n aubépine *f*. ◆ comp [hedge, berry] d'aubépine.

hay [heɪ] n foin *m* ▸ **to make hay** AGR faire les foins ▸ **to make hay while the sun shines** *prov* battre le fer pendant qu'il est chaud *prov*.

Haydn ['haɪdn] pr n Haydn.

hay fever n rhume *m* des foins / *to suffer from / to have hay fever* souffrir du / avoir le rhume des foins.

hayloft ['heɪ,lɒft] n grenier *m* à foin.

haymaker ['heɪ,meɪkəʳ] n **1.** AGR [worker] faneur *m*, -euse *f* ; [machine] faneuse *f* **2.** [punch] grand coup *m*.

haymaking ['heɪ,meɪkɪŋ] n *(U)* fenaison *f*, foins *mpl*.

Haymarket ['heɪmɑ:kɪt] pr n *rue de l'ouest de Londres où se trouve un théâtre du même nom.*

hayrack ['heɪ,ræk] n [in barn] râtelier *m* ; [on cart] ridelle *f*.

hayrick ['heɪ,rɪk] n meule *f* de foin.

hayride ['heɪraɪd] n US *lit promenade dans un chariot rempli de paille* ; *fig* ▸ **it was no hayride** ça n'a pas été une partie de plaisir.

hayseed ['heɪ,si:d] n **1.** BOT graine *f* de foin **2.** US *inf & pej* [yokel] péquenaud *m*, -e *f*.

haystack ['heɪ,stæk] n meule *f* de foin.

haywain ['heɪ,weɪn] n / **'The Haywain'** *Constable* 'la Charrette à foin'.

Hayward Gallery ['heɪwəd-] pr n ▸ **the Hayward Gallery** *musée d'art moderne à Londres.*

haywire ['heɪ,waɪəʳ] adj *inf* [system, person] détraqué ▸ **to go haywire a)** [machine] débloquer, se détraquer **b)** [plans] mal tourner.

hazard ['hæzəd] ◆ n **1.** [danger, risk] risque *m*, danger *m* / *the hazards of smoking* les dangers du tabac / *the hazards of life as a soldier* les risques or dangers de la vie de militaire / *a health / fire hazard* un risque pour la santé / d'incendie **2.** [in golf] obstacle *m*. ◆ vt **1.** [risk - life] risquer, hasarder ; [- reputation] risquer **2.** [venture - statement, advice, suggestion] hasarder, se risquer à faire ▸ **to hazard a guess** : *would you care to hazard a guess as to the weight?* voulez-vous essayer de deviner combien ça pèse? **3.** [stake, bet - fortune] risquer, miser.

❖ **hazards** pl n AUTO feux *mpl* de détresse.

⚠ **Hasard** means chance, not danger.

hazardous ['hæzədəs] adj **1.** [dangerous] dangereux, risqué / *hazardous waste* déchets *mpl* dangereux / *a hazardous stretch of road* une partie de la route qui est dangereuse **2.** [uncertain] hasardeux, incertain.

hazard warning ◆ n AUTO signal *m* de danger. ◆ comp AUTO ▸ **hazard warning triangle** triangle *m* de présignalisation ▸ **hazard warning lights** feux *mpl* de détresse.

Hazchem ['hæzkem] UK abbr of **hazardous chemicals**.

haze [heɪz] ◆ n **1.** METEOR brume *f* / *a heat haze* une brume de chaleur **2.** *(U)* [steam] vapeur *f*, vapeurs *fpl* ; [smoke] nuage *m* **3.** [confusion] brouillard *m* ▸ **to be in a haze** être dans le brouillard. ◆ vt US **1.** [harass] harceler **2.** MIL faire subir des brimades à ; SCH bizuter.

❖ **haze over** vi [sky] s'embrumer, devenir brumeux.

hazel ['heɪzl] ◆ n noisetier *m*. ◆ adj [colour] noisette *(inv)* / *hazel eyes* yeux *mpl* (couleur) noisette.

hazel grove n coudraie *f*.

hazelnut ['heɪzl,nʌt] ◆ n [nut] noisette *f* ; [tree] noisetier *m*. ◆ comp [flavour] de noisette ; [ice cream, yoghurt] à la noisette.

hazelwood ['heɪzl,wʊd] n (bois *m* de) noisetier *m*.

haziness ['heɪzɪnɪs] n **1.** [of sky, weather] état *m* brumeux **2.** [of memory, thinking] flou *m*, imprécision *f* **3.** PHOT flou *m*.

hazing ['heɪzɪŋ] n *(U)* US MIL brimades *fpl* ; SCH bizutage *m* ▸ **hazing week** (semaine *f* du) bizutage.

Hazmat ['hæzmæt] n US abbr of **hazardous material**.

Hazmat suit n US combinaison *f* de protection chimique.

hazy ['heɪzɪ] (*compar* **hazier**, *superl* **haziest**) adj **1.** [weather, sky] brumeux **2.** [memory] flou, vague ; [thinking, ideas] flou, embrouillé / *she's rather hazy about the details of what happened* elle n'a qu'un vague souvenir de ce qui s'est passé **3.** PHOT flou **4.** [colour] pâle.

HB (abbr of **hard-black**) n UK [on pencils] HB.

H-block n ▸ **the H-blocks** *les bâtiments construits en forme de H faisant partie de la prison de Maze, près de Belfast.*

H-bomb (abbr of **hydrogen bomb**) n bombe *f* H.

h & c written abbr of **hot and cold (water)**.

HCF abbr of **highest common factor**.

HD (abbr of **high density**) adj **1.** COMPUT HD **2.** (abbr of **high definition**) HD.

HDD (abbr of **hard disk drive**) n COMPUT disque *m* dur.

HDMI n (abbr of **high definition multimedia interface**) HDMI *m*.

HD-ready adj prêt pour la TVHD.

HDTV (abbr of **high-definition television**) n TVHD *f*.

HDV n (abbr of **high definition video**) HDV *m*.

he [hi:] ◆ pron il / *he works in London* il travaille à Londres / *he and I* lui et moi / *there he is!* le voilà ! / *she is older than he is fml* elle est plus âgée que lui / *every politician should do what he thinks best* chaque homme politique devrait faire ce qu'il pense être le mieux / *that's what HE thinks!* c'est ce qu'il croit ! ◆ n [animal] mâle *m* ; [boy] garçon *m*.

See box at lui.

HE 1. written abbr of **high explosive 2.** (written abbr of **His/Her Excellency**) S.Exc., SE.

head [hed] (*pl* **heads**) ◆ n **1.** [of human, animal] tête *f* / *she has a lovely head of hair* elle a de très beaux cheveux or une très belle chevelure / *he's already a head taller than his mother* il dépasse déjà sa mère d'une tête / *Sea Biscuit won by a head* [in horseracing] Sea Biscuit a gagné d'une tête ▸ **from head to toe** or **foot** de la tête aux pieds / *he was covered in mud from head to foot* il était couvert de boue de la tête aux pieds / *she was dressed in black from head to foot* elle était tout en noir or entièrement vêtue de noir ▸ **a head** or **per head** par tête, par personne / *it costs 50 euros a* or *per head* ça coûte 50 euros par tête or personne ▸ **to fall head over heels in love with sb** tomber éperdument amoureux de qqn ▸ **to have one's head in the clouds** avoir la tête dans les nuages / *he wanders around with his head in the clouds* il est toujours dans les nuages / *wine always goes to my head* le vin me monte toujours à la tête / *all this praise has gone to his head* toutes ces louanges lui ont tourné la tête ▸ **to give a horse its head** lâcher la bride à un cheval ▸ **to give sb their head** laisser agir qqn / *I could do it standing on my head* c'est simple comme bonjour ▸ **to have one's head screwed on (the right way)** : *she's got her head screwed on* elle a la tête sur les épaules / *she's head and shoulders above the rest* les autres ne lui arrivent pas à la cheville ▸ **to laugh one's head off** rire à gorge déployée ▸ **to shout** or **to scream one's head off** crier à tue-tête ▸ **to go heads up against** or **with sb** [in game] jouer contre qqn en face à face ▸ **heads will roll** des têtes tomberont ▸ **heads up!** US attention la tête ! **2.** [mind, thoughts] tête *f* ▸ **to take it into one's head to do sthg** se mettre en tête de faire qqch / *the idea never entered my head* ça ne m'est jamais venu à l'esprit / *don't put silly ideas into his head* ne lui mettez pas des idées stupides en tête / *I can't get these dates into my head* je n'arrive pas à retenir ces dates / *she got it into her head that she was being persecuted* elle s'est mis en tête or dans l'idée qu'on la persécutait / *the answer has gone right out of my head* j'ai complètement oublié la réponse / *use your head!* fais travailler tes méninges ! ▸ **it's doing my head in!** *inf* ça me tape sur le système ! / *I just can't get my head round the idea that she's gone inf* je n'arrive vraiment pas à me faire à l'idée qu'elle est partie ▸ **to get one's head straight** *inf* se ressaisir **3.** [aptitude] : *in my job, you need a good head for figures* pour faire mon métier, il faut savoir manier les chiffres / *she has no head for business* elle n'a pas le sens des affaires / *to have a (good) head for heights* ne pas avoir le vertige / *I've no head for heights* j'ai le vertige **4.** [clear thinking, common sense] : *keep your head!* gardez votre calme !, ne perdez pas la tête ! ▸ **to keep a cool head** garder la tête froide / *you'll need a clear head in the morning* vous aurez besoin d'avoir l'esprit clair demain matin ▸ **he's off his head!** UK *inf* il est malade !, il est pas bien ! **5.** [intelligence, ability] tête *f* / *we'll have to put our heads together and find a solution* nous devrons nous y mettre ensemble pour trouver une solution ▸ **off the top of my head** : *off the top of my head, I'd say it would cost about £1,500* à vue de nez je dirais que ça coûte dans les 1 500 livres / *I don't know off the top of my head* je ne sais pas, il faudrait que je vérifie / *he's talking off the top of his head* il raconte n'importe quoi / *her lecture was completely over my head* sa conférence m'a complètement dépassé ▸ **to talk over sb's head** s'exprimer de manière trop compliquée pour qqn ▸ **two heads are better than one** *prov* deux avis valent mieux qu'un **6.** *inf* [headache] mal *m* de tête / *I've got a bit of a head this morning* j'ai un peu mal à la tête ce matin **7.** [chief, boss - of police, government] chef *m* ; [- of school, of company] directeur *m*, -trice *f* / *the European heads of government* les chefs de gouvernement européens / *the crowned heads of Europe* les têtes couronnées de l'Europe **8.** [authority, responsibility] : *she went over my head to the president* elle est allée voir le président sans me consulter / *they were promoted over my head* ils ont été promus avant moi ▸ **on your (own) head be it!** c'est toi qui en prends la responsabilité !, à tes risques et périls ! **9.** [top, upper end, extremity - of racquet, pin, hammer] tête *f* ; [- of staircase] haut *m*, tête *f* ; [- of bed] chevet *m*, tête *f* ; [- of arrow] pointe *f* ; [- of page] tête *f* ; [- of letter] en-tête *m* ; [- of cane] pommeau *m* ; [- of valley] tête *f* ; [- of river] source *f* / *at the head of the procession* / *queue* en tête de (la) procession / de (la) queue / *sitting at the head of the table* assis au bout de la or en tête de table **10.** BOT & CULIN [of corn] épi *m* ; [of garlic] tête *f*, gousse *f* ; [of celery] pied *m* ; [of asparagus] pointe *f* ▸ **a head of cauliflower** un chou-fleur **11.** [of coin] côté *m* pile / *heads or tails?* pile ou face ? / *I can't make head nor tail of this* pour moi ça n'a ni queue ni tête **12.** (*pl* **head**) [of livestock] tête *f* / *50 head of cattle* 50 têtes de bétail **13.** ELECTRON [of tape recorder, VCR] tête *f* **14.** [title - of chapter] tête *f* ▸ **under this head** sous ce titre ; [of HTML document] en-tête *m* **15.** [on beer] mousse *f* **16.** [of pressure] pression *f* ▸ **to get up** or **to work up a head of steam** *fig* s'énerver **17.** [of drum] peau *f* **18.** [of ship] proue *f* **19.** GRAM tête *f* **20.** MED [of abscess, spot] tête *f* ▸ **to come to a head a)** [abscess, spot] mûrir **b)** *fig* [problem] arriver au point critique / *his resignation brought things to a head* sa démission a précipité les choses **21.** *vulg* [fellatio] ▸ **to give sb head** US tailler une pipe à qqn **22.** US *inf* [toilet] toilettes *fpl* / *I'm going to the head* je vais pisser. ◆ comp **1.** ANAT ▸ **head injuries** blessures *fpl* à la tête **2.** [chief - gardener, nurse, buyer] en chef ▸ **head porter** chef-portier *m*. ◆ vt **1.** [command - group, organization] être à la tête de ; [- project, revolt] diriger, être à la tête de ; [chair - discussion] mener ; [- commission] présider **2.** [be first] être or venir en tête de / *Rome heads the list of Europe's most interesting cities* Rome vient or s'inscrit en tête des villes les plus intéressantes d'Europe / *she headed the pack from the start* SPORT elle était en tête du peloton dès le départ **3.** [steer - vehicle] diriger ; [- person] guider, diriger / *we headed the sheep down the hill* nous avons fait descendre les moutons de la colline / *to head a ship westwards* NAUT mettre le cap à l'ouest **4.** [provide title for] intituler ; [be title of] être en tête de / *the essay is headed "Democracy"* l'essai s'intitule or est intitulé « Démocratie » **5.** FOOT : *he headed the ball into the goal* il a marqué de la tête **6.** [plant] écimer, étêter. ◆ vi [car, crowd, person] aller, se diriger ; NAUT mettre le cap sur / *where are you headed?* où vas-tu ? / *we headed back to the office* nous sommes retournés au bureau / *I'm going to head home* je vais rentrer / *when are you heading back?* quand comptez-vous rentrer ? / *the train headed into* / *out of a tunnel* le train est entré dans un / sorti d'un tunnel.

❖ **head for** vt insep [car, person] se diriger vers ; NAUT mettre le cap sur / *she headed for home* elle rentra (à la maison) / *he's heading for trouble* il va (tout droit) à la catastrophe / *to be heading for a fall* courir à l'échec ▸ **to head for the hills** filer.

❖ **head off** ◆ vt sep **1.** [divert - animal, vehicle, person] détourner de son chemin ; [- enemy] forcer à reculer / *she headed off all questions about her private life fig* elle a éludé toute question sur sa vie privée **2.** [crisis, disaster] prévenir, éviter ; [rebellion, revolt, unrest] éviter. ◆ vi partir / *the children headed off to school* les enfants sont partis pour or à l'école.

❖ **head up** vt sep [be leader of] diriger.

headache ['hedeɪk] n **1.** [pain] mal *m* de tête ; [migraine] migraine *f* / *to have a headache* [gen] avoir mal à la tête, avoir la migraine / *white wine gives me a headache* le vin blanc me donne mal à la tête / *he suffers a lot from headaches* il a souvent des maux de tête or mal à la tête **2.** *fig* [problem] problème *m* / *the trip was one big headache* le voyage a été un casse-tête du début à la fin / *convincing her is your headache* pour ce qui est de la convaincre, c'est ton problème.

headachy ['hedeɪkɪ] adj *inf* : *I'm feeling a bit headachy* j'ai un peu mal à la tête.

headband ['hedbænd] n bandeau *m*.

headbang ['hedbæŋ] vi *inf* secouer violemment la tête en rythme (sur du heavy metal).

headbanger ['hedbæŋəʳ] n *inf* **1.** [heavy metal fan] fan *mf* de heavy metal **2.** UK [mad person] cinglé *m*, -e *f*, toqué *m*, -e *f*.

headboard ['hed,bɔ:d] n tête *f* de lit.

head boy n UK *élève chargé d'un certain nombre de responsabilités et qui représente son école aux cérémonies publiques.*

headbutt ['hedbʌt] ◆ n coup *m* de tête, coup *m* de boule. ◆ vt donner un coup de tête or de boule à.

head case n *inf* dingue *mf*.

headcheese ['hed,tʃi:z] n US fromage *m* de tête.

head cold n rhume *m* de cerveau.

head count n vérification *f* du nombre de personnes présentes / *the teacher did a head count* la maîtresse a compté les élèves.

headdress ['hed,dres] n [gen] coiffure *f* ; [belonging to regional costume] coiffe *f*.

-headed ['hedɪd] in comp à tête... ▸ **a silver-headed cane** une canne à pommeau d'argent ▸ **a three-headed dragon** un dragon à trois têtes.

headed notepaper ['hedɪd-] n UK papier *m* à en-tête.

header ['hedəʳ] n **1.** [fall] chute *f* (la tête la première) ; [dive] plongeon *m* (la tête la première) / *he took a header into the ditch* il est tombé la tête la première dans le fossé **2.** FOOT (coup *m* de) tête *f* / *he scored with a header* il a marqué de la tête **3.** COMPUT en-tête *m* ▸ **header block** en-tête ▸ **header card** carte *f* en-tête **4.** UK AUTO ▸ **header (tank)** collecteur *m* de tête **5.** CONSTR (pierre *f* en) boutisse *f*.

head first [,hed'fɜ:st] adv **1.** [dive, fall, jump] la tête la première / *he dived head first into the pool* il a piqué une tête dans la piscine **2.** [rashly] sans réfléchir, imprudemment ▸ **to jump head first into sthg** se jeter tête baissée dans qqch.

headgear ['hed,gɪəʳ] n *(U)* coiffure *f* / *they were wearing some very odd headgear hum* ils avaient tous un drôle de chapeau.

head girl n UK *élève chargée d'un certain nombre de responsabilités et qui représente son école aux cérémonies publiques.*

headhunt ['hedhʌnt] ◆ vi recruter des cadres (pour une entreprise). ◆ vt ▸ **to be headhunted** être recruté par un chasseur de têtes.

headhunter ['hed,hʌntər] n ANTHR & *fig* chasseur *m* de têtes.

headhunting ['hed,hʌntɪŋ] n ANTHR & *fig* chasse *f* aux têtes ; [recruiting] chasse *f* aux têtes, recrutement *m* de cadres.

headiness ['hedɪnɪs] n **1.** [of wine] bouquet *m* capiteux / *the headiness of her perfume* son parfum capiteux / *the headiness of sudden success* la griserie or l'ivresse qu'apporte un succès imprévu **2.** [excitement] exaltation *f*, excitation *f* / *the headiness of the early sixties* l'euphorie du début des années 1960.

heading ['hedɪŋ] n **1.** [title - of article, book] titre *m* ; [- of chapter] titre *m*, intitulé *m* ▸ **page heading** tête *f* de page **2.** [subject] rubrique *f* / *their latest album comes under the heading of jazz* leur dernier album se trouve sous la rubrique jazz **3.** [letterhead] en-tête *m* **4.** AERON & NAUT [direction] cap *m* **5.** MIN [tunnel] galerie *f* d'avancement.

headlamp ['hedlæmp] n **1.** UK = **headlight 2.** MIN lampe-chapeau *f*.

headland ['hedlənd] n promontoire *m*, cap *m*.

headless ['hedlɪs] adj **1.** [arrow, body, screw] sans tête / *he was running around like a headless chicken* hum il courait dans tous les sens **2.** [company, commission] sans chef.

headlight ['hedlaɪt] n [on car] phare *m* ; [on train] fanal *m*, feu *m* avant.

headline ['hedlaɪn] ◆ n **1.** [in newspaper] (gros) titre *m*, manchette *f* / *the hijacking made the headlines* le détournement a fait la une des journaux / *I just glanced at the headlines* j'ai juste jeté un coup d'œil sur les gros titres / *it made headline news* cela a fait la une des journaux ▸ **to hit the headlines** faire les gros titres / *news of their marriage hit the headlines* l'annonce de leur mariage a fait les gros titres or a défrayé la chronique ▸ **headline risk** effet *m* d'annonce négatif **2.** RADIO & TV [news summary] grand titre *m* / *here are today's news headlines* voici les principaux titres de l'actualité. ◆ vt **1.** PRESS mettre en manchette **2.** [provide heading for] intituler / *the article was headlined "The New Poor"* l'article avait pour titre « Les nouveaux pauvres » **3.** US [have top billing in] avoir le rôle principal dans / *headlining the show is Jane Brown* Jane Brown est la vedette du spectacle. ◆ vi US [have top billing] avoir le rôle principal.

headliner ['hedlaɪnər] n US vedette *f*.

headlock ['hedlɒk] n cravate *f*.

headlong ['hedlɒŋ] ◆ adv **1.** [dive, fall] la tête la première / *she dived headlong into the lake* elle a piqué une tête dans le lac **2.** [rush - head down] tête baissée ; [- at great speed] à toute allure or vitesse / *he threw himself headlong against the door* il s'est littéralement jeté contre la porte **3.** [rashly] sans réfléchir, imprudemment / *she rushed headlong to her downfall* elle courait tout droit à sa perte / *he plunged headlong into the story* il s'est lancé dans l'histoire. ◆ adj **1.** [dive, fall] la tête la première **2.** [impetuous - action] imprudent, impétueux ▸ **headlong flight** sauve-qui-peut *m inv*, débandade *f* / *the crowd made a headlong dash for the exit* la foule s'est ruée vers la sortie.

headman ['hedmæn] (*pl* **headmen** [-men]) n chef *m*.

headmaster [,hed'mɑːstər] n SCH proviseur *m*, directeur *m*, chef *m* d'établissement.

headmastership [,hed'mɑːstəʃɪp] n SCH poste *m* de proviseur or de directeur.

headmistress [,hed'mɪstrɪs] n SCH directrice *f*, chef *m* d'établissement.

head office n siège *m* social, bureau *m* central.

head-on ◆ adv **1.** [collide, hit] de front, de plein fouet / *he ran head-on into the tree* il a heurté l'arbre de plein fouet / *the ship ran head-on into the wharf* le navire a heurté le quai par l'avant **2.** [confront, meet] de front / *to meet a problem head-on* aborder un problème de front / *management confronted the union head-on* la direction a affronté le syndicat. ◆ adj **1.** [collision - of car, plane] de front, de plein fouet ; [- of ships] par l'avant **2.** [confrontation, disagreement] violent.

headphone jack n prise *f* casque.

headphones ['hedfəʊnz] pl n casque *m (à écouteurs)*.

headpiece ['hedpiːs] n **1.** [helmet] casque *m* **2.** TYPO vignette *f*, en-tête *m*.

headpin ['hedpɪn] n quille *f* de tête.

headquarter [hed'kwɔːtər] vt ▸ **to be headquartered in** avoir son siège à.

headquarters [,hed'kwɔːtəz] pl n **1.** [of bank, office] siège *m* social, bureau *m* central ; [of army, police] quartier *m* général ▸ **police headquarters** le quartier général de la police **2.** MIL [commanding officers] quartier *m* général ▸ **headquarters staff** état-major *m*.

headrest ['hedrest] n appuie-tête *m*, repose-tête *m*.

head restraint n UK appuie-tête *m*, repose-tête *m*.

headroom ['hedrʊm] n place *f*, hauteur *f* / *there's not much headroom in the attic* le plafond du grenier n'est pas très haut, le grenier n'est pas très haut de plafond / *does the car have enough headroom?* est-ce qu'il y a assez de place dans la voiture pour ne pas se cogner la tête ? / **'max headroom 10 metres'** 'hauteur limite 10 mètres'.

headsail ['hedseɪl] n foc *m*.

headscarf ['hedskɑːf] (*pl* **headscarves** [-skɑːvz]) n foulard *m*.

headset ['hedset] n [with microphone] casque *m (à écouteurs et à micro)* ; US [headphones] casque *m (à écouteurs)*.

headship ['hedʃɪp] n **1.** [leadership] direction *f* ▸ **under the headship of** sous la direction de **2.** SCH poste *m* de directeur or de directrice.

headshrinker ['hed,ʃrɪŋkər] n **1.** ANTHR réducteur *m* de têtes **2.** *inf* [psychiatrist] psy *mf*.

headsquare ['hedskweər] n foulard *m*, carré *m*.

headstand ['hedstænd] n : *to do a headstand* faire le poirier.

head start n **1.** [lead] avance *f* / *he had a ten-minute head start over the others* il a commencé dix minutes avant les autres / *I got a head start* j'ai pris de l'avance sur les autres / *go on, I'll give you a head start* allez, vas-y, je te donne un peu d'avance **2.** [advantage] avantage *m* / *being bilingual gives her a head start over the others* étant bilingue, elle est avantagée par rapport aux autres.

headstone ['hedstəʊn] n **1.** [of grave] pierre *f* tombale **2.** ARCHIT [keystone] clef *f* de voûte.

headstream ['hedstriːm] n source *f* (d'un fleuve).

headstrong ['hedstrɒŋ] adj **1.** [wilful] têtu, entêté **2.** [rash] impétueux, imprudent.

head teacher n [man] proviseur *m*, directeur *m*, chef *m* d'établissement ; [woman] directrice *f*, chef *m* d'établissement.

head-up adj [in aeroplane, car] ▸ **head-up display** affichage *m* tête-haute.

head waiter n maître *m* d'hôtel.

headwaters ['hed,wɔːtəz] pl n sources *fpl* (d'un fleuve).

headway ['hedweɪ] n **1.** [progress] ▸ **to make headway a)** [gen] avancer, faire des progrès **b)** NAUT faire route / *they're making some / no headway in their plans* leurs projets avancent / n'avancent pas / *I'm not making much headway with this guest list* je n'avance pas dans la préparation de cette liste d'invités, je n'ai toujours pas fini cette liste d'invités **2.** [headroom] place *f*, hauteur *f* **3.** [between buses, trains] : *there is a ten-minute headway between buses* il y a dix minutes d'attente entre les bus.

headwind ['hedwɪnd] n [gen & AERON] vent *m* contraire ; NAUT vent *m* debout.

headword ['hedwɜːd] n entrée *f*, adresse *f*.

heady ['hedɪ] (*compar* **headier**, *superl* **headiest**) adj **1.** [intoxicating - wine] capiteux, qui monte à la tête ; [- perfume] capiteux / *the punch was a heady blend of wines and spirits* le punch était un mélange capiteux de vins et d'alcools / *she breathed in a heady draught of mountain air* elle respira l'air grisant or enivrant des montagnes **2.** [intoxicated] grisé, enivré / *he felt quite heady with success* il se sentait complètement grisé par le succès **3.** [exciting - experience, time] excitant, passionnant ; [- atmosphere] excitant, enivrant / *she recalled her heady days as a young reporter* elle se rappelait l'époque excitante où elle était jeune reporter.

heal [hiːl] ◆ vt **1.** [make healthy - person] guérir ; [- wound] guérir, cicatriser / *time heals all wounds* le temps guérit toutes les blessures **2.** [damage, division] remédier à, réparer ; [disagreement] régler / *I'd do anything to heal the breach between them* je ferais n'importe quoi pour les réconcilier or pour les raccommoder. ◆ vi [person] guérir ; [wound] se cicatriser, se refermer ; [fracture] se consolider.

❖ **heal over** vi se cicatriser.

❖ **heal up** vi [wound] se cicatriser, guérir ; [burn] guérir ; [fracture] se consolider.

healer ['hiːlər] n guérisseur *m*, -euse *f*.

healing ['hiːlɪŋ] ◆ n [of person] guérison *f* ; [of wound] cicatrisation *f*, guérison *f* ; [of fracture] consolidation *f*. ◆ adj **1.** [remedy, treatment] curatif ; [ointment] cicatrisant / *healing hands* mains *fpl* de guérisseur **2.** [wound] qui se cicatrise, qui guérit ; [fracture] qui se consolide, qui guérit **3.** [soothing - influence] apaisant.

health [helθ] n **1.** [general condition] santé *f* ▸ **to be in good / poor health** être en bonne / mauvaise santé / *his health has never been good* il a toujours été fragile / *smoking is bad for your health* le tabac est mauvais pour or nuisible à ta santé / *the economic health of the nation* fig la (bonne) santé économique de la nation / *health problems* problèmes *mpl* de santé ▸ **Department of Health** ≃ ministère de la Santé ▸ **the health minister** le ministre de la Santé **2.** [good condition] (bonne) santé *f* / *has he regained his health?* s'est-il remis ?, a-t-il recouvré la santé ?, a-t-il guéri ? / *she's the picture of health* elle respire la santé / *I'm not doing this (just) for the good of my health!* hum je ne fais pas ça pour le plaisir or pour m'amuser ! **3.** [in toast] ▸ **(to your) good health!** à votre santé ! / *we drank (to) the health of the bride and groom* nous avons porté un toast en l'honneur des mariés.

Health and Safety Committee n *comité d'hygiène, de sécurité et des conditions de travail*, ≃ CHSCT *m*.

Health and Safety Executive pr n UK inspection *f* du travail.

health care n services *mpl* médicaux.

health centre n centre *m* médico-social.

health club n club *m* de remise en forme.

health farm n centre *m* de remise en forme.

health food n aliments *mpl* diététiques or biologiques ▸ **health food shop** magasin *m* de produits diététiques.

healthful ['helθfʊl] *dated* or *liter* = **healthy**.

health hazard n risque *m* pour la santé.

healthily ['helθɪlɪ] adv [eat, live] sainement.

health insurance n assurance *f* maladie.

health risk n risque *m* pour la santé.

health service n **1.** [of firm, school] infirmerie *f* **2.** = **National Health Service**.

health services pl n services *mpl* de santé.

health visitor n UK *infirmière visiteuse qui s'occupe surtout des enfants en bas âge, des personnes âgées, etc.*

healthy ['helθɪ] (*compar* **healthier**, *superl* **healthiest**) adj **1.** [in good health - person] sain, en bonne santé ; [- animal, plant] en bonne santé / *he's very healthy* il se porte très bien, il est bien portant **2.** [showing good health - colour, skin] sain ; [appetite] robuste, bon **3.** [beneficial - air, climate] salubre ; [- diet, food] sain ; [- exercise] bon pour la santé, salutaire **4.** [thriving - economy] sain ; [- business] prospère, bien assis / *the new measures are* *designed to make the economy healthier* les nouvelles lois sont destinées à assainir l'économie **5.** [substantial - profits] considérable ; [- sum] considérable, important ; [- difference] appréciable **6.** [sensible - attitude] sain ; [- respect] salutaire / *he shows a healthy disrespect for opinion polls* il fait montre d'un dédain salutaire pour les sondages.

heap [hi:p] ◆ n **1.** [pile] tas *m*, amas *m* / *her things were piled in a heap* ses affaires étaient (mises) en tas / *he collapsed in a heap on the floor* il s'écroula or tomba par terre comme une masse / *he started at the bottom of the heap and worked his way up* il a commencé au bas de l'échelle et a peu à peu grimpé les échelons ▸ **to be struck** or **knocked all of a heap** UK *inf & dated* être soufflé, en rester comme deux ronds de flan **2.** *inf* [large quantity] tas *m*, masse *f* / *a heap* or *heaps of money* un paquet de fric / *I have a heap* or *heaps of work to do* j'ai un boulot monstre / *you've got heaps of time* tu as largement le temps or tout ton temps / *he's helped us out heaps of times* il nous a rendu service mille fois or des tas de fois / *they have heaps of room* ils ont de la place à ne plus savoir qu'en faire **3.** *inf* [old car] vieux clou *m*. ◆ vt **1.** [collect into a pile] entasser, empiler / *she heaped roast beef onto his plate* elle l'a généreusement servi en (tranches de) rosbif **2.** *fig* [lavish] ▸ **to heap sthg on sb** couvrir qqn de qqch / *her fiancé heaped flowers on her* son fiancé l'a couverte de fleurs / *to heap praise on* or *upon sb* couvrir or combler qqn d'éloges or de compliments / *the teacher heaped homework on the students* le professeur a submergé ses élèves de devoirs.

❖ **heap up** vt sep [pile - books, furniture] entasser, empiler ; [- money, riches] amasser / *she heaped up our plates with food* elle a rempli nos assiettes.

heaped UK [hi:pt], **heaping** US ['hi:pɪŋ] adj gros (grosse) / *a heaped teaspoonful* une cuiller à café bombée or pleine.

heaps [hi:ps] adv *inf & dated* drôlement / *it's heaps faster to go by train* ça va drôlement plus vite en train / *I feel heaps better* je me sens drôlement or rudement mieux.

hear [hɪəʳ] (*pt & pp* **heard** [hɜ:d]) ◆ vt **1.** [perceive with sense of hearing] entendre / *can you hear me?* m'entendez-vous (bien)? / *we can't hear you* nous ne vous entendons pas, nous n'entendons pas ce que vous dites / *he could hear someone crying* il entendait (quelqu'un) pleurer / *I can hear someone at the door* j'entends sonner à la porte / *a shout was heard* un cri se fit entendre / *he was heard to observe* or *remark that he was against censorship* *fml* on l'a entendu dire qu'il était opposé à la censure / *I've heard it said that...* j'ai entendu dire que... / *I've heard tell that they're engaged* j'ai entendu dire qu'ils étaient fiancés / *I've heard tell of such things* j'ai entendu parler de choses de ce genre / *I couldn't make myself heard above the noise* je n'arrivais pas à me faire entendre dans le bruit / *to hear my sister talk you'd think we were poor* à entendre ma sœur, vous pourriez croire que nous sommes pauvres / *he went on and on about it — I can just hear him!* il n'a pas arrêté d'en parler — c'est comme si j'y étais or pas la peine de me faire un dessin / *don't believe everything you hear* n'écoutez pas tous les bruits qui courent, ne croyez pas tout ce qu'on raconte / *you're hearing things* tu t'imagines des choses / *I can hardly hear myself think* je n'arrive pas à me concentrer (tant il y a de bruit) / *let's hear it for the Johnson sisters!* un grand bravo pour les sœurs Johnson !, et on applaudit bien fort les sœurs Johnson ! **2.** [listen to - music, person] écouter ; [- concert, lecture, mass] assister à, écouter / *be quiet, d'you hear!* taisez-vous, vous entendez ! / *let's hear what you think* dites voir or un peu ce que vous pensez / *so let's hear it!* allez, dis ce que tu as à dire ! / *I've never heard such nonsense!* qu'est-ce qu'il ne faut pas entendre ! / *I heard her rehearse her lines* je l'ai fait répéter or réciter son rôle / *the Lord heard our prayers* le Seigneur a écouté or exaucé nos prières **3.** [subj: authority, official] : *the priest hears confession on Saturdays* le prêtre confesse le samedi / *the court will hear the first witness today* LAW la cour entendra le premier témoin aujourd'hui / *the case will be heard in March* l'affaire se plaidera au mois de mars **4.** [understand, be told] entendre, apprendre / *I hear you're leaving* j'ai appris or j'ai entendu (dire) que tu partais / *I hear you've lived in Thailand* il paraît que tu as vécu en Thaïlande / *have you heard the latest?* connaissez-vous la dernière ? / *have you heard anything more about the accident?* avez-vous eu d'autres nouvelles de l'accident ? **5.** PHR *have you heard the one about the Scotsman and the Irishman?* connaissez-vous l'histoire de l'Écossais et de l'Irlandais ? / *I've heard that one before!* on ne me la fait plus ! / *she's heard it all before* elle connaît la musique / *I've heard good things about that school* j'ai eu des échos favorables de cette école / *you haven't heard the last of this!* **a)** [gen] vous n'avez pas fini d'en entendre parler ! **b)** [threat] vous aurez de mes nouvelles ! ▸ **I hear you** US [I understand] je te comprends. ◆ vi **1.** [able to perceive sound] entendre / *she doesn't hear very well* elle n'entend pas très bien, elle est un peu dure d'oreille **2.** [be aware of] être au courant / *haven't you heard? he's dead* vous n'êtes pas au courant ? il est mort **3.** PHR **hear, hear!** bravo !

❖ **hear about** vt insep **1.** [learn] entendre / *have you heard about the accident?* êtes-vous au courant pour or de l'accident ? / *yes, I heard about that* oui, je suis au courant / *have you heard about the time she met Churchill?* connaissez-vous l'histoire de sa rencontre avec Churchill ? / *I've heard so much about you* j'ai tellement entendu parler de vous **2.** [have news of] avoir or recevoir des nouvelles de / *I hear about her through her sister* j'ai de ses nouvelles par sa sœur.

❖ **hear from** vt insep **1.** [receive news of] avoir or recevoir des nouvelles de / *they'd be delighted to hear from you* ils seraient ravis d'avoir de tes nouvelles / *he never heard from her again* il n'a plus jamais eu de ses nouvelles / *you'll be hearing from me* **a)** [gen] je vous donnerai de mes nouvelles **b)** [threat] vous allez avoir de mes nouvelles, vous allez entendre parler de moi / *(I am) looking forward to hearing from you* [in letters] dans l'attente de vous lire **2.** [listen to] écouter / *we hear first from one of the survivors* nous allons d'abord écouter or entendre l'un des survivants.

❖ **hear of** vt insep **1.** [know of] entendre parler de, connaître / *I've never heard of her* je ne la connais pas **2.** [receive news of] entendre parler de / *the whole town had heard of his success* la ville entière était au courant de son succès or sa réussite / *the director was never heard of again* on n'a plus jamais entendu parler du directeur / *the missing boy was never heard of again* on n'a jamais retrouvé la trace du garçon qui avait disparu / *have you ever heard of such a thing?* avez-vous déjà entendu parler d'une chose pareille ? / *who ever heard of eating pizza for breakfast!* quelle (drôle d')idée de manger de la pizza au petit déjeuner ! / *we hear of nothing these days but rocketing interest rates!* ces temps-ci, on nous rebat les oreilles avec la montée en flèche or la croissance folle des taux d'intérêt ! **3.** *(usu neg)* [accept, allow] : *her father won't hear of it* son père ne veut pas en entendre parler or ne veut rien savoir / *I won't hear of you walking home* je ne veux absolument pas que tu rentres à pied / *may I pay for dinner? — I wouldn't hear of it!* puis-je payer or vous offrir le dîner ? — (il n'en est) pas question !

❖ **hear out** vt sep écouter jusqu'au bout / *at least hear me out before you refuse my offer* au moins écoutez-moi jusqu'au bout avant de refuser ma proposition.

heard [hɜ:d] pt & pp ⟶ **hear.**

hearer ['hɪərəʳ] n auditeur *m*, -trice *f*.

hearing ['hɪərɪŋ] ◆ adj [person] qui entend bien. ◆ n **1.** [sense of] ouïe *f* / *to have good / bad hearing* entendre bien / mal / *a keen sense of hearing* l'oreille *f* or l'ouïe fine / *his hearing gradually deteriorated* petit à petit il est devenu dur d'oreille / *cats have better hearing than humans* les chats entendent mieux or ont l'ouïe plus fine que les humains **2.** [earshot] ▸ **within hearing** à portée de voix / *you shouldn't have said that in* or *within hearing of his mother* tu n'aurais pas dû le dire devant or en présence de sa mère **3.** [act of listening] audition *f* / *I didn't enjoy the symphony at (the) first hearing* je n'ai pas aimé la symphonie à la première audition or la première fois que je l'ai écoutée **4.** [chance to be heard] audition *f* / *they were the only ones to get a hearing* ils furent les seuls à être entendus / *at least give me a hearing* laissez-moi au moins parler / *they judged the architect without a hearing* ils ont jugé l'architecte sans l'entendre or sans entendre sa défense ▸ **to give sb a fair hearing** laisser parler qqn, écouter ce que qqn a à dire **5.** LAW audition *f* / *the hearing of witnesses* l'audition des témoins / *the hearing of a trial* l'audience *f* / *the case will come up for hearing in March* l'affaire sera entendue or plaidée en mars **6.** [official meeting] séance *f*.

hearing aid n appareil *m* acoustique, audiophone *m*.

hearing impaired pl n ▸ **the hearing impaired** les malentendants *mpl*.

hearken ['hɑ:kn] vi *arch* or *liter* ▸ **to hearken to** or **unto sthg** écouter qqch.

hearsay ['hɪəseɪ] n ouï-dire *m inv*, rumeur *f* / *it's only hearsay* ce ne sont que des rumeurs / *I only know it by* or *from hearsay* je ne le sais que par ouï-dire.

hearsay evidence n déposition *f* sur la foi d'un tiers or d'autrui.

hearse [hɜ:s] n corbillard *m*, fourgon *m* mortuaire.

heart [hɑ:t] ◆ n **1.** ANAT [organ] cœur *m* / *he has a weak heart* il est cardiaque, il a le cœur malade ; *fig* : *her heart leapt* son cœur bondit / *her heart sank* elle eut un serrement de cœur / *my heart sinks every time I think about leaving* j'ai un pincement au cœur or un serrement de cœur chaque fois que je pense au départ / *two hearts that beat as one* *liter* deux cœurs qui battent à l'unisson / *he sat there, his heart in his boots* UK il était là, la mort dans l'âme / *she waited, her heart in her mouth* elle attendait, son cœur battant la chamade **2.** [bosom] poitrine *f* / *she clutched him to her heart* elle l'a serré contre sa poitrine or sur son cœur **3.** [seat of feelings, love] cœur *m* / *he has a heart of gold / of stone* il a un cœur d'or / de pierre / *it does my heart good to see them together* cela me réchauffe le cœur de les voir ensemble ▸ **to lose one's heart to sb** donner son cœur à qqn, tomber amoureux de qqn / *her words went straight to his heart* ses paroles lui sont allées droit au cœur / *the letter was written straight from the heart* la lettre était écrite du fond du cœur ▸ **to have one's heart set on sthg** s'être mis qqch dans la tête / *he has his heart set on winning* il veut à tout prix gagner / *they have their heart set on that house* ils ont jeté leur dévolu sur cette maison / *they have your welfare at heart* ils ne pensent qu'à ton bien, c'est pour ton bien qu'ils font cela / *they have everything their hearts could desire* ils ont tout ce qu'ils peuvent désirer / *my heart's desire is to see Rome again* *liter* mon plus cher désir est or ce que je désire le plus au monde c'est de revoir Rome / *she hardened* or *steeled her heart against him* elle s'est endurcie contre lui ▸ **dear heart** *arch* or *hum* mon cœur, mon chéri ▸ **to wear one's heart on one's sleeve** montrer or laisser paraître ses sentiments **4.** [innermost thoughts] fond *m* / *in his heart of hearts* au fond de lui-même or de son cœur, en son for intérieur / *in my heart I knew it was true* au fond de moi-même je savais que c'était la vérité / *there's a woman / a man after my own heart* voilà une femme / un homme selon mon cœur / *I thank you from the bottom of my heart* or *with all my heart* je vous remercie du fond du cœur or de tout mon cœur / *do you love him? — with all my heart* vous l'aimez ? — de tout mon cœur ▸ **to take sthg to heart** prendre qqch à cœur / *she takes criticism too much to heart* elle prend les critiques trop à cœur / *don't take it to heart* ne le prenez pas trop à cœur / *she opened* or *poured out her heart to me* elle m'a dévoilé son cœur **5.** [disposition, humour] ▸ **to have a change of heart** changer d'avis **6.** [interest, enthusiasm] : *I worked hard but my heart wasn't in it* j'ai beaucoup travaillé mais je n'avais pas le cœur à l'ouvrage or le cœur n'y était pas / *I can tell that your heart isn't in it* je vois bien que tu n'y tiens pas tellement / *she read to her heart's content* elle a lu tout son soûl / *a subject close to one's heart* un sujet qui tient à cœur / *she puts her heart* or *she throws herself heart and soul into her work* elle se donne à son travail corps et âme **7.** [courage] ▸ **to lose heart** perdre courage, se décourager ▸ **take heart!** courage ! / *she took heart from the* *fact that others shared her experience* elle était encouragée par le fait que d'autres partageaient son expérience / *the prospect of winning the prize put new heart into them* la perspective de gagner le prix leur a redonné du courage or du cœur (au ventre) ▸ **to be in good heart a)** [person] avoir bon moral **b)** UK [land] être fécond or productif **8.** [compassion] cœur *m* / *he has no heart* il n'a pas de cœur, il manque de cœur / *she didn't have the heart to refuse* or *she couldn't find it in her heart to refuse* elle n'a pas eu le courage or le cœur de refuser / *can you find it in your heart to forgive me?* est-ce que vous pourrez jamais me pardonner ? / *her heart's in the right place* elle a bon cœur ▸ **have a heart!** pitié ! **9.** [core, vital part - of matter, topic] fond *m*, vif *m* ; [- of city, place] centre *m*, cœur *m* / *the heart of the matter* le fond du problème / *the speaker went straight to the heart of the matter* le conférencier est allé droit au cœur du sujet or du problème / *the law strikes at the heart of the democratic system* la loi porte atteinte aux fondements du régime démocratique / *in the heart of the financial district* au centre or au cœur du quartier financier / *in the heart of winter* en plein hiver, au cœur de l'hiver / *in the heart of the forest* au cœur or au beau milieu or au fin fond de la forêt, en pleine forêt ▸ **the Heart of Dixie** US l'Alabama *m* / **'Heart of Darkness'** *Conrad* 'Au cœur des ténèbres' / **'The Heart of the Matter'** *Greene* 'le Fond du problème' **10.** [of cabbage, celery, lettuce] cœur *m* ; [of artichoke] cœur *m*, fond *m* **11.** CARDS cœur *m* / *to play a heart* jouer un or du cœur / *hearts are trumps* atout cœur / *have you got any hearts?* avez-vous du cœur ? ▸ **game of hearts** *jeu de cartes dont l'objet est de faire des plis ne comprenant ni des cœurs ni la dame de pique* **12.** [shape] cœur *m* / *a pattern of little red hearts* un motif de petits cœurs rouges / *she had drawn hearts all over the letter* elle avait dessiné des cœurs sur toute la lettre. ◆ comp ▸ **heart disease** maladie cardiovasculaire / *heart disease is on the increase* les maladies de cœur or cardiaques sont en augmentation / *smoking increases the incidence of heart disease* le tabagisme augmente le taux de maladies de cœur or cardiaques ▸ **heart patient** cardiaque *mf* ▸ **heart surgeon** chirurgien *m* cardiologue ▸ **heart surgery** chirurgie *f* du cœur ▸ **heart trouble** *(U)* maladie *f* du cœur, troubles *mpl* cardiaques / *to have* or *to suffer from heart trouble* souffrir du cœur, être cardiaque.

✧ **at heart** adv phr au fond / *at heart she was a good person* elle avait un bon fond / *my sister's a gypsy at heart* ma sœur est une bohémienne dans l'âme / *to feel sad at heart* avoir le cœur triste / *to be sick at heart* avoir la mort dans l'âme.

✧ **by heart** adv phr par cœur ▸ **to learn** / **to know sthg by heart** apprendre / savoir qqch par cœur.

heartache ['hɑ:teɪk] n chagrin *m*, peine *f* / *he caused her a lot of heartache* il lui a causé beaucoup de chagrin.

heart attack n MED crise *f* cardiaque / *to have a heart attack* avoir une crise cardiaque, faire un infarctus / *she nearly had a heart attack when she heard about it fig* en apprenant la nouvelle, elle a failli avoir une attaque.

heartbeat ['hɑ:tbi:t] n battement *m* de cœur, pulsation *f* / *an irregular heartbeat* un battement arythmique or irrégulier ▸ **to be a heartbeat away from sthg** être à deux doigts de qqch ▸ **in a heartbeat** US sans hésiter.

heartbreak ['hɑ:tbreɪk] n [grief - gen] (immense) chagrin *m*, déchirement *m* ; [- in love] chagrin *m* d'amour / **'Heartbreak House'** *Shaw* 'la Maison des cœurs brisés'.

heartbreaker ['hɑ:t,breɪkəʳ] n bourreau *m* des cœurs.

heartbreaking ['hɑ:t,breɪkɪŋ] adj déchirant, navrant / *it was heartbreaking to see children starving* c'était à vous fendre le cœur de voir des enfants mourir de faim / *heartbreaking scenes* des scènes déchirantes or navrantes.

heartbroken ['hɑ:t,brəʊkn] adj [person - gen] qui a un immense chagrin ; [- stronger] qui a le cœur brisé ; [sigh, sob] à fendre le cœur / *she's heartbroken over losing the job* elle n'arrive pas à se consoler or à se remettre d'avoir perdu ce travail / *the child was heartbroken* l'enfant avait un gros chagrin.

heartburn ['hɑ:tbɜ:n] n *(U)* brûlures *fpl* d'estomac.

heart condition n : *to have a heart condition* souffrir du cœur, être cardiaque.

hearten ['hɑ:tn] vt encourager, donner du courage à / *we were heartened to learn of the drop in interest rates* nous avons été contents d'apprendre que les taux d'intérêt avaient baissé.

heartening ['hɑ:tnɪŋ] adj encourageant, réconfortant / *I found the news heartening* la nouvelle m'a donné du courage or m'a encouragé.

heart failure n [condition] défaillance *f* cardiaque ; [cessation of heartbeat] arrêt *m* du cœur / *I nearly had heart failure when they told me I'd got the job fig* j'ai failli me trouver mal or avoir une syncope quand ils m'ont dit que j'avais le poste.

heartfelt ['hɑ:tfelt] adj [apology, thanks] sincère / *a heartfelt wish* un souhait qui vient (du fond) du cœur / *she expressed a heartfelt wish to see her country again* elle exprima le souhait sincère de revoir son pays / *with our heartfelt wishes for a speedy recovery* avec nos vœux sincères de prompt rétablissement.

hearth [hɑ:θ] n **1.** [of fireplace] foyer *m*, âtre *m* / *a fire was burning in the hearth* il y avait du feu dans la cheminée **2.** [home] foyer *m* ▸ **to leave hearth and home** quitter le foyer.

hearthrug ['hɑ:θrʌg] n devant *m* de foyer.

hearthstone ['hɑ:θstəʊn] n foyer *m*, âtre *m*.

heartily ['hɑ:tɪlɪ] adv **1.** [enthusiastically - joke, laugh] de tout son cœur ; [- say, thank, welcome] chaleureusement, de tout cœur ; [- eat] de bon appétit **2.** [thoroughly] : *I heartily recommend it* je vous le conseille vivement / *she heartily dislikes him* elle le déteste cordialement / *to be heartily disgusted with sthg* être on ne peut plus dégoûté de qqch / *they were heartily sick of the work* ils en avaient par-dessus la tête or ils en avaient plus qu'assez du travail.

heartiness ['hɑ:tɪnɪs] n **1.** [of thanks, welcome] cordialité *f*, chaleur *f* ; [of agreement] sincérité *f* ; [of appetite] vigueur *f* ; [of dislike] ardeur *f* **2.** [enthusiasm] zèle *m*, empressement *m*.

heartland ['hɑ:tlænd] n cœur *m*, centre *m* / *the heartland of France* la France profonde / *the industrial heartland of Europe* le principal centre industriel de l'Europe / *the Socialist heartland* le fief des socialistes.

heartless ['hɑ:tlɪs] adj [person] sans cœur, impitoyable ; [laughter, treatment] cruel.

heartlessly ['hɑ:tlɪslɪ] adv sans pitié.

heartlessness ['hɑ:tlɪsnɪs] n [of person] manque *m* de cœur, caractère *m* impitoyable ; [of laughter, treatment] cruauté *f*.

heart-lung machine n cœur-poumon *m* artificiel.

heart murmur n souffle *m* au cœur.

heartrending ['hɑ:t,rendɪŋ] adj déchirant, qui fend le cœur / *heartrending scenes of homeless refugees* des images navrantes or déchirantes de réfugiés sans abri.

heart-searching [-,sɜ:ʧɪŋ] n examen *m* de conscience / *you need to do some heart-searching before deciding* tu ferais mieux de réfléchir avant de te décider / *after much heart-searching she decided to leave* après s'être longuement interrogée or tâtée, elle décida de partir.

heart-shaped adj en forme de cœur.

heartsick ['hɑ:tsɪk] adj découragé, démoralisé / *a heartsick lover* un amoureux transi / *to be heartsick* avoir la mort dans l'âme / *heartsick and disillusioned, he gave up his search* démoralisé or abattu et désenchanté, il abandonna ses recherches.

heart-stopping adj terrifiant.

heartstrings ['hɑ:tstrɪŋz] pl n ▸ **to play on** or **to pull on** or **to tug at sb's heartstrings** faire vibrer or toucher la corde sensible de qqn / *he certainly knows how to play on an audience's heartstrings* il n'y a pas de doute, il sait faire vibrer la corde sensible d'un auditoire or il sait toucher la sensibilité d'un auditoire / *that song always tugs at my heartstrings* cette chanson me serre toujours le cœur.

heartthrob ['hɑ:tθrɒb] n coqueluche *f*, idole *f* / *he's her heartthrob* elle a le béguin pour lui / *he's the office heartthrob* il est la coqueluche des secrétaires.

heart-to-heart ◆ adj & adv à cœur ouvert *fig*. ◆ n conversation *f* intime or à cœur ouvert / *it's time we had a heart-to-heart* il est temps qu'on se parle (à cœur ouvert).

heartwarming ['hɑ:t,wɔ:mɪŋ] adj réconfortant, qui réchauffe le cœur.

heartwood ['hɑ:twʊd] n cœur *m* du bois, bois *m* de cœur, duramen *m spec*.

hearty ['hɑ:tɪ] (*pl* **hearties**, *compar* **heartier**, *superl* **heartiest**) ◆ adj **1.** [congratulations, welcome] cordial, chaleureux ; [thanks] sincère ; [approval, recommendation] sans réserves ; [laugh] gros (grosse), franc (franche) ; [knock, slap] vigoureux / *they're hearty eaters* ils ont un bon coup de fourchette, ce sont de gros mangeurs **2.** [person - robust] vigoureux, robuste, solide ; [- cheerful] jovial / *they're a bit too hearty for my liking* ils sont un peu trop bruyants or tapageurs à mon goût **3.** [meal] copieux, abondant **4.** [thorough] absolu / *I have a hearty dislike of hypocrisy* j'ai horreur de l'hypocrisie. ◆ n **1.** *arch* or *hum* ▸ **my hearties!** les gars ! **2.** *inf* [loud person] chahuteur *m*, -euse *f*.

heat [hi:t] ◆ n **1.** [gen & PHYSIOL] chaleur *f* ; [of fire, sun] ardeur *f*, chaleur *f* / *you should avoid excessive heat and cold* il faudrait que vous évitiez les trop grosses chaleurs et les trop grands froids / *the radiator gives off a lot of heat* le radiateur chauffe bien / *you shouldn't go out in this heat* tu ne devrais pas sortir par cette chaleur / *the heat of summer* le plus fort de l'été / *in the heat of the day* au (moment le) plus chaud de la journée / *the heat of the day has passed* le plus chaud de la journée est passé / *I couldn't take the heat of the tropics* je ne pourrais pas supporter la chaleur des tropiques / *can she take the heat?* est-ce qu'elle pourra supporter la pression ? / *they produced more heat than light fig* [in debate] ils ont beaucoup débattu mais n'ont pas apporté un éclairage nouveau ▸ **if you can't stand** or **take the heat, get out of the kitchen** que ceux qui ne sont pas contents s'en aillent / **'In the Heat of the Night'** *Jewison* 'Dans la chaleur de la nuit' **2.** [temperature] température *f*, chaleur *f* ▸ **body heat** chaleur *f* animale ; CULIN : *turn up the heat* mettre le feu plus fort / *reduce the heat* réduire le feu or la chaleur / *cook at a high* / *low heat* faire cuire à feu vif / doux **3.** [heating] chauffage *m* / *to turn the heat on* allumer or mettre le chauffage / *to turn off the heat* éteindre or arrêter le chauffage / *the building was without heat all week* l'immeuble est resté toute la semaine sans chauffage **4.** [intensity of feeling, fervour] feu *m*, passion *f* / *she replied with (some) heat* elle a répondu avec feu or avec passion **5.** [high point of activity] fièvre *f*, feu *m* / *in the heat of argument* dans le feu de la discussion / *in the heat of the moment* dans l'agitation or l'excitation du moment / *in the heat of battle* dans le feu du combat **6.** *inf* [coercion, pressure] : *the mafia turned the heat on the mayor* la mafia a fait pression sur le maire / *I'm lying low until the heat is off* je me tiens à carreau jusqu'à ce que les choses se calment / *the new deadline took the heat off him* le nouveau délai lui a permis de souffler un peu **7.** SPORT [round of contest] manche *f* ; [preliminary round] (épreuve *f*) éliminatoire *f* **8.** ZOOL chaleur *f*, rut *m* ▸ **on heat** UK, **in heat** en chaleur, en rut **9.** US *v inf* [police] ▸ **the heat** les flics *mpl*. ◆ vi [food, liquid] chauffer ; [air, house, room] se réchauffer. ◆ vt **1.** [gen & PHYSIOL] chauffer ; [overheat] échauffer / *wine heats the blood* le vin échauffe le sang **2.** *fig* [inflame] échauffer, enflammer.

✧ **heat up** ◆ vt sep réchauffer. ◆ vi [food, liquid] chauffer ; [air, house, room] se réchauffer ; *fig* [situation] se dégrader, s'aggraver.

heat bump n bouton *m* de chaleur.

heat capacity n capacité *f* calorifique.

heated ['hi:tɪd] adj **1.** [room, swimming pool] chauffé **2.** [argument, discussion] passionné ; [words] vif ; [person] échauffé / *he became quite heated about it* il s'est emporté or échauffé à ce propos / *the discussion became heated* le ton de la conversation a monté / *she made a heated reply* elle a répondu avec emportement / *there were a few heated exchanges* ils échangèrent quelques propos vifs.

heatedly ['hi:tɪdlɪ] adv [debate, talk] avec passion ; [argue, deny, refuse] avec passion or emportement, farouchement.

heater ['hi:tər] n **1.** [for room] appareil *m* de chauffage ; [for water] chauffe-eau *m inv* ; [for car] (appareil de) chauffage *m* / *I turned the heater on this morning* j'ai mis le chauffage ce matin **2.** US *v inf* [gun] flingue *m*.

heat exhaustion n épuisement *m* dû à la chaleur.

heath [hi:θ] n **1.** [moor] lande *f* **2.** [plant] bruyère *f*.

heat haze n brume *f* de chaleur.

heathen ['hi:ðn] (*pl* **heathen** *or* **heathens**) ◆ n [pagan] païen *m*, -enne *f* ; [barbaric person] barbare *mf*. ◆ adj [pagan] païen ; [barbaric] barbare.

heathenish ['hi:ðənɪʃ] adj *pej* **1.** [pagan - beliefs, rites] païen, barbare, idolâtre **2.** [barbaric] barbare, grossier.

heathenism ['hi:ðənɪzm] n paganisme *m*.

heather ['heðər] n bruyère *f*.

heathery ['heðərɪ] adj de bruyère.

heathland ['hi:θlænd] n lande *f*.

Heath Robinson [hi:θ'rɒbɪnsn] ◆ pr n *nom évoquant une machine d'une complexité absurde (d'après le nom d'un dessinateur qui imagina de nombreux dispositifs de ce genre)*. ◆ adj alambiqué.

heating ['hi:tɪŋ] ◆ n chauffage *m*. ◆ comp [apparatus, appliance, system] de chauffage.

heating element n [burner on stove] plaque *f* chauffante ; [in dishwasher, kettle] élément *m* chauffant, résistance *f*.

heating engineer n chauffagiste *m*.

heat loss n perte *f* or déperdition *f* de chaleur.

heatproof ['hi:tpru:f] adj [gen] résistant à la chaleur ; [dish] qui va au four.

heat rash n irritation *f* or inflammation *f* due à la chaleur.

heat-resistant adj [gen] résistant à la chaleur, thermorésistant *spec* ; [dish] qui va au four.

heat-seeking [-ˌsi:kɪŋ] adj [missile] autoguidé par infrarouge.

heat shield n AERON bouclier *m* thermique.

heat sink n COMPUT dissipateur *m* de chaleur.

heatstroke ['hi:tstrəʊk] n *(U)* coup *m* de chaleur.

heat-treat vt traiter par la chaleur.

heat treatment n traitement *m* par la chaleur, thermothérapie *f spec*.

heat wave n vague *f* de chaleur, canicule *f*.

heave [hi:v] (*pt & pp* **heaved** [həʊv], *cont* **heaving**) ◆ vt **1.** [lift] lever or soulever avec effort ; [pull] tirer fort ; [drag] traîner avec effort / *I heaved myself out of the chair* je me suis arraché or extirpé de ma chaise **2.** [throw] jeter, lancer / *he heaved a rock at the bear* il a lancé une pierre sur l'ours **3.** *fig* ▸ **to heave a sigh of relief** pousser un soupir de soulagement. ◆ vi **1.** (*pt & pp* **heaved** *or* **hove**) [rise and fall - sea, waves, chest] se soulever ; [- ship] tanguer / *his shoulders heaved with suppressed laughter* il était secoué par un rire étouffé **2.** [lift] lever, soulever ; [pull] tirer ▸ **heave!** ho ! hisse ! **3.** [retch] avoir des haut-le-cœur ; [vomit] vomir / *the sight made my stomach heave* le spectacle m'a soulevé le cœur or m'a donné des nausées **4.** NAUT aller, se déplacer / *the ship hove alongside the quay* le navire a accosté le quai ▸ **to heave into sight** or **into view** NAUT & *fig* paraître or poindre *liter* à l'horizon. ◆ n **1.** [attempt to move] : *one more heave and we're there* encore un coup or un petit effort et ça y est / *I gave the rope one more heave* j'ai tiré une fois de plus sur la corde / *with a heave he dragged the table against the door* dans un effort il traîna la table jusqu'à la porte ▸ **to give sb the heave** or **heave-ho a)** *inf* [subj: employer] virer qqn **b)** [boyfriend, girlfriend] plaquer qqn **2.** [retching] haut-le-cœur *m inv*, nausée *f* ; [vomiting] vomissement *m*.

❖ **heaves** pl n VET pousse *f* / *this horse has the heaves* ce cheval a la pousse or est poussif / *John had the heaves inf & fig* John avait des haut-le-cœur.

❖ **heave down** ◆ vt sep mettre or abattre en carène, caréner. ◆ vi caréner.

❖ **heave to** ◆ vi se mettre en panne. ◆ vt sep mettre en panne.

heaven ['hevn] n **1.** RELIG ciel *m*, paradis *m* ▸ **to go to heaven** aller au ciel, aller au or en paradis / *in heaven* au ciel, au or en paradis / *Our Father, who art in Heaven* Notre Père, qui êtes aux cieux **2.** *fig* : *the Caribbean was like heaven on earth* les Caraïbes étaient un véritable paradis sur terre / *this is sheer heaven!* c'est divin or merveilleux !, c'est le paradis ! / *I wish to heaven I'd never said it* comme je regrette de l'avoir dit ; [emphatic uses] ▸ **heaven forbid!** pourvu que non !, j'espère bien que non ! / *heaven forbid that I should see her* que Dieu me garde de la voir / *heaven help us if they catch us* que le ciel nous vienne en aide s'ils nous attrapent / *heaven knows I've tried!* Dieu sait si j'ai essayé ! / *she bought books, magazines and heaven knows what (else)* elle a acheté des livres, des revues et je ne sais or Dieu sait quoi encore / *what in heaven's name is that?* au nom du ciel, qu'est-ce que c'est que ça ? / *who in heaven's name told you that?* qui diable vous a dit ça ?, mais qui a donc pu vous dire cela ? ▸ **good heavens!** ciel !, mon Dieu ! / *(good) heavens, is that the time?* mon Dieu or juste ciel, il est si tard que ça ? ▸ **for heaven's sake! a)** [in annoyance] mince ! **b)** [in pleading] pour l'amour du ciel ! **3.** PHR *it smells* or *stinks to high heaven in here!* qu'est-ce que ça peut puer ici ! / *she's in heaven when she's with him* elle est au septième ciel or aux anges quand elle est avec lui ▸ **to move heaven and earth to do sthg** remuer ciel et terre pour faire qqch.

❖ **heavens** pl n [sky] ▸ **the heavens** *liter* le ciel, le firmament *liter* / *the heavens opened* il s'est mis à pleuvoir à torrents.

heavenly ['hevnlɪ] adj **1.** [of space] céleste, du ciel ; [holy] divin ▸ **Heavenly Father** Père *m* céleste **2.** [wonderful] divin, merveilleux.

heavenly body n corps *m* céleste.

heaven-sent adj providentiel / *a heaven-sent opportunity* une occasion providentielle or qui tombe à pic.

heavenward ['hevnwəd] ◆ adv [ascend, point] vers le ciel ; [glance] au ciel. ◆ adj vers le ciel / *with a heavenward glance* en levant les yeux au ciel.

heavenwards ['hevnwədz] UK = **heavenward** *(adv)*.

heavily ['hevɪlɪ] adv **1.** [fall, land] lourdement, pesamment ; [walk] d'un pas lourd or pesant, lourdement / *she leaned heavily on my arm* elle s'appuya de tout son poids sur mon bras ; *fig* : *time hangs heavily on her* elle trouve le temps long, le temps lui pèse / *it weighed heavily on my conscience* cela me pesait sur la conscience **2.** [laboriously - move] avec difficulté, péniblement ; [- breathe] péniblement, bruyamment **3.** [deeply - sleep] profondément / *she left the room, sighing heavily* en poussant un énorme or gros soupir, elle a quitté la pièce **4.** [as intensifier - bet, drink, smoke] beaucoup ; [- fine, load, tax] lourdement ; [- stress] fortement, lourdement / *it was raining heavily* il pleuvait des cordes / *it was snowing heavily* il neigeait très fort or dru or à gros flocons / *they lost heavily* **a)** [team] ils se sont fait écraser **b)** [gamblers] ils ont perdu gros / *they're heavily into yoga inf* ils donnent à fond dans le yoga / *they're heavily dependent on foreign trade* ils sont fortement tributaires du commerce extérieur / *heavily populated* très peuplé, à forte densité de population / *heavily wooded* très boisé.

heavily-built adj solidement bâti / *a heavily-built man* un homme costaud or bien charpenté.

heavily-laden adj lourdement chargé / *heavily-laden with books* lourdement chargé de livres.

heaviness ['hevɪnɪs] n **1.** [weight - of object, physique] lourdeur *f*, pesanteur *f*, poids *m* ; [- of movement, step] lourdeur, pesanteur / *a feeling of heaviness* une lourdeur, des lourdeurs **2.** [depression] abattement *m*, découragement *m* ; [sadness] tristesse *f* / *heaviness of heart* tristesse **3.** [of weather] lourdeur *f* **4.** [of humour] manque *m* de subtilité ; [of style] lourdeur *f* **5.** [of food] caractère *m* indigeste / *what I don't like about their cooking is its heaviness* ce que je n'aime pas dans leur cuisine, c'est qu'elle est lourde.

heavy ['hevɪ] (*compar* **heavier**, *superl* **heaviest**, *pl* **heavies**) ◆ adj **1.** [in weight] lourd ; [box, parcel] lourd, pesant / *how heavy is he?* combien pèse-t-il ? / *it's too heavy for me to lift* je ne peux pas le soulever, c'est or ça pèse trop lourd / *heavy luggage* gros bagages, bagages lourds / *heavy machinery* matériel *m* lourd ▸ **heavy goods vehicle** UK poids *m* lourd **2.** [burdened, laden] chargé, lourd / *the branches were heavy with fruit* les branches étaient chargées or lourdes de fruits / *her eyes were heavy with sleep* elle avait les yeux lourds de sommeil / *she was heavy with child arch & liter* elle était enceinte / *heavy with young* ZOOL gravide, grosse **3.** [in quantity - expenses, payments] important, considérable ; [- fine, losses] gros (grosse), lourd ; [- taxes] lourd ; [- casualties, damages] énorme, important ; [- crop] abondant, gros (grosse) ; [- dew] abondant / *she has a heavy cold* elle a un gros rhume, elle est fortement enrhumée / *there's a heavy demand for teachers* il y a une forte or grosse demande d'enseignants / *her students make heavy demands on her* ses étudiants sont très exigeants avec elle or exigent beaucoup d'elle / *heavy rain* forte pluie / *heavy seas* grosse mer / *heavy showers* grosses or fortes averses / *heavy sleep* sommeil profond or lourd / *heavy snow* neige abondante, fortes chutes de neige / *to be a heavy sleeper* avoir le sommeil profond or lourd / *they expect heavy trading on the Stock Exchange* ils s'attendent à ce que le marché soit très actif / *heavy traffic* circulation dense, grosse circulation **4.** [using large quantities] : *he's a heavy drinker / smoker* il boit / fume beaucoup, c'est un grand buveur / fumeur / *a heavy gambler* un flambeur / *the car's very heavy on petrol* UK *inf* la voiture consomme énormément d'essence / *you've been a bit heavy on the pepper inf* tu as eu la main un peu lourde avec le poivre **5.** [ponderous - movement] lourd ; [- step] pesant, lourd ; [- sigh] gros (grosse), profond ; [- thud] gros (grosse) / *he was dealt a heavy blow* **a)** [hit] il a reçu un coup violent **b)** [from fate] ça a été un rude coup or un gros choc pour lui / *heavy breathing* **a)** [from effort, illness] respiration *f* pénible **b)** [from excitement] respiration *f* haletante / *heavy fighting is reported in the Gulf* on signale des combats acharnés dans le Golfe / *we could hear his heavy tread on the stairs* nous l'entendions monter l'escalier d'un pas lourd / *a heavy landing* un atterrissage brutal ▸ **heavy breather** auteur *m* de coups de téléphone obscènes **6.** [thick - coat, sweater] gros (grosse) ; [- soil] lourd, gras (grasse) ▸ **heavy cream** US CULIN crème *f* fraîche épaisse **7.** [person - fat] gros (grosse), corpulent ; [- solid] costaud, fortement charpenté / *a man of heavy build* un homme solidement bâti **8.** [coarse, solid - line, lips] gros (grosse), épais (épaisse) ; [thick - beard] gros (grosse), fort / *heavy features* gros traits, traits épais or lourds / *heavy type* TYPO caractères gras **9.** [grave, serious - news] grave ; [- responsibility] lourd ; [- defeat] lourd, grave / *things got a bit heavy inf* les choses ont mal tourné **10.** [depressed - mood, spirits] abattu, déprimé / *with a heavy heart* or *heavy at heart* le cœur gros **11.** [tiring - task] lourd, pénible ; [- work] pénible ; [- day, schedule, week] chargé, difficile / *I've got a heavy day ahead of me* j'ai une journée chargée devant moi ▸ **heavy going** [in horseracing] terrain lourd / *fig they found it heavy going* ils ont trouvé cela pénible or difficile / *the rain made the trip heavy going* la pluie a rendu le voyage pénible / *it was heavy going getting them to agree* j'ai eu du mal à le leur faire accepter / *I found his last novel very heavy going* j'ai trouvé son dernier roman très indigeste **12.** [difficult to understand - not superficial] profond, compliqué, sérieux ; [- tedious] indigeste / *the report makes for heavy reading* le rapport n'est pas d'une lecture facile or est ardu **13.** [clumsy - humour, irony] peu subtil, lourd ; [- style] lourd **14.** [food, meal] lourd, indigeste ; [wine] corsé, lourd / *these scones are a bit on the heavy side* ces scones sont un peu lourds or indigestes **15.** [ominous, oppressive - air, cloud, weather] lourd ; [- sky] couvert, chargé, lourd ; [- silence] lourd, pesant, profond ; [- smell, perfume] lourd, fort ▸ **to make heavy weather of sthg** se compliquer l'existence / *don't make such heavy weather of it!* ne te complique pas tant l'existence ! **16.** [important] important / *she was getting ready for a heavy date* elle se préparait pour le rendez-vous de sa vie **17.** [stress] accentué ; [rhythm] aux accents marqués **18.** MIL ▸ **heavy artillery** artillerie *f* lourde or de gros calibre **19.** ST. EX : *the market is heavy* le marché est lourd or orienté vers la baisse **20.** THEAT [part - difficult] lourd, difficile ; [- dramatic] tragique. ◆ adv **1.** [lie, weigh] lourd, lourdement / *the lie weighed heavy on her conscience* le mensonge pesait lourd sur sa conscience / *time hangs heavy on his hands* il trouve le temps long **2.** [harshly] ▸ **to come on heavy with sb** être dur avec qqn. ◆ n **1.** THEAT [serious part] rôle *m* tragique ; [part of villain] rôle du traître / *he usually plays the heavy* d'habitude il joue des rôles de traître **2.** *inf* [tough guy] dur *m* / *he sent round the heavies* il a envoyé les brutes or les casseurs / *don't come the heavy with me* ne joue pas au dur avec moi **3.** *inf* [boxer, wrestler] (poids *m*) lourd *m* **4.** MIL gros calibre *m* **5.** Scot [beer] bière *f* très alcoolisée **6.** UK *inf* PRESS ▸ **the heavies** *les quotidiens de qualité.*

heavy cream n US crème *f* à fouetter.

heavy-duty adj **1.** [clothing, furniture] résistant ; [cleanser, equipment] à usage industriel **2.** *inf* [serious] sérieux / *we've got to do some heavy-duty socialising* nous sommes obligés d'assister à de nombreuses réceptions.

heavy-footed adj qui marche lourdement, au pas lourd.

heavy-handed adj **1.** [clumsy - person] maladroit ; [- style, writing] lourd **2.** [tactless - remark] qui manque de tact ; [- joke] lourd, qui manque de subtilité ; [- compliment] lourd, (trop) appuyé **3.** [harsh - person] dur, sévère ; [- action, policy] arbitraire.

heavy-handedness [-'hændɪdnɪs] n **1.** [clumsiness - of person] maladresse *f* ; [- of style, writing] lourdeur *f* **2.** [harshness - of person] caractère *m* dur or sévère ; [- of action, policy] caractère *m* arbitraire **3.** [of remark] manque *m* de tact ; [of joke] manque *m* de subtilité ; [of compliment] lourdeur *f*, maladresse *f*.

heavyhearted [,hevɪ'hɑːtɪd] adj abattu, découragé / *she felt sad and heavyhearted* elle se sentait triste et avait le cœur gros.

heavy hitter n US **1.** [baseball] *joueur qui frappe fort et marque beaucoup de points* **2.** *fig* personne *f* influente, gros bonnet *m*.

heavy hydrogen n hydrogène *m* lourd, deutérium *m*.

heavy industry n industrie *f* lourde.

heavy-laden adj [physically] très chargé ; [emotionally] accablé / *heavy-laden with worries* accablé de soucis / *come unto me all those who are heavy-laden* BIBLE venez à moi vous qui souffrez.

heavy metal n **1.** PHYS métal *m* lourd **2.** MUS heavy metal *m*.

heavy mob n *inf* ▸ **the heavy mob** les casseurs *mpl*, les durs *mpl*.

heavy oil n huile *f* lourde.

heavy petting [-'petɪŋ] n *(U)* caresses *fpl* très poussées.

heavy-set adj [solidly built - woman] fort ; [- man] bien charpenté, costaud ; [fat] gros (grosse), corpulent.

heavy water n eau *f* lourde.

heavyweight ['hevɪweɪt] ◆ n **1.** [large person, thing] colosse *m* ; *inf & fig* [important person] personne *f* de poids or d'envergure, ponte *m* / *a literary heavyweight* un écrivain profond or sérieux, un grand écrivain **2.** SPORT poids *m* lourd. ◆ adj **1.** [cloth, wool] lourd ; [coat, sweater] gros (grosse) **2.** *inf & fig* [important] important / *a heavyweight industrialist* un grand or gros industriel **3.** SPORT [championship, fight] poids lourd / *heavyweight champion* champion *m* poids lourd or dans la catégorie poids lourd(s) / *the heavyweight title* le titre (des) poids lourds / *he's a heavyweight fighter* c'est un poids lourd.

hebe [hiːb] n US *inf* youpin *m*, -e *f* *(terme injurieux désignant un Juif)*.

Hebraic [hiː'breɪɪk] adj hébraïque.

Hebrew ['hiːbruː] ◆ n **1.** [person] Hébreu *m*, Israélite *mf* ▸ **the Hebrews** les Hébreux *mpl* ▸ **the Epistle of Paul to the Hebrews** l'Épître de saint Paul aux Hébreux **2.** LING hébreu *m*. ◆ adj hébreu *(m only)*, hébraïque.

Hebrides ['hebrɪdiːz] pl pr n ▸ **the Hebrides** les (îles *fpl*) Hébrides / *in the Hebrides* aux Hébrides.

Hebron ['hebrɒn] pr n Hébron.

hecatomb ['hekətuːm] n hécatombe *f*.

heck [hek] *inf* ◆ n : *that's a heck of a lot of money!* c'est une sacrée somme d'argent ! / *what the heck are you doing here?* qu'est-ce que tu fous là ? / *where the heck did he go?* où diable est-il allé ? / *how the heck should I know?* mais enfin, comment veux-tu que je sache ? / *we saw a heck of a good film* on a vu un vachement bon film / *I went just for the heck of it* j'y suis allé, histoire de rire or de rigoler / *oh, what the heck!* et puis flûte ! ◆ interj zut, flûte.

heckle ['hekl] ◆ vt [interrupt] interrompre bruyamment ; [shout at] interpeller, harceler. ◆ vi crier *(pour gêner un orateur)*.

heckler ['heklər] n chahuteur *m*, -euse *f*.

heckling ['heklɪŋ] ◆ n *(U)* harcèlement *m*, interpellations *fpl*. ◆ adj qui fait du harcèlement, qui interpelle.

hectare ['hekteər] n hectare *m*.

hectic ['hektɪk] adj **1.** [turbulent] agité, bousculé ; [eventful] mouvementé / *I've had a hectic day* j'ai eu une journée mouvementée, j'ai été bousculé toute la journée / *we spent three hectic weeks preparing the play* ç'a été la course folle pendant les trois semaines où on préparait la pièce / *they lead a hectic life* **a)** [busy] ils mènent une vie trépidante **b)** [eventful] ils mènent une vie très mouvementée **2.** [flushed] fiévreux ; MED [fever, flush] hectique.

hectically ['hektɪklɪ] adv fiévreusement.

hectogram(me) ['hektəgræm] n hectogramme *m*.

hectolitre UK, **hectoliter** US ['hektə,liːtər] n hectolitre *m*.

hector ['hektər] ◆ vt harceler, tyranniser. ◆ vi être tyrannique, être une brute. ◆ n brute *f*, tyran *m*.

❖ **Hector** pr n Hector.

hectoring ['hektərɪŋ] ◆ n *(U)* harcèlement *m*, torture *f*. ◆ adj [behaviour] tyrannique ; [tone, voice] impérieux, autoritaire.

hectowatt ['hektəwɒt] n hectowatt *m*.

he'd [hiːd] **1.** abbr of **he had** **2.** abbr of **he would**.

hedge [hedʒ] ◆ n **1.** [shrubs] haie *f* ▸ **hawthorn hedge** haie d'aubépine **2.** *fig* [protection] sauvegarde *f* / *a hedge against inflation* une sauvegarde or une couverture contre l'inflation **3.** [statement] déclaration *f* évasive. ◆ comp [clippers, saw] à haie. ◆ vt **1.** [enclose] entourer d'une haie, enclore / *the field was hedged with beech* le champ était entouré d'une haie de hêtres **2.** [guard against losing] couvrir ▸ **to hedge one's bets** se couvrir. ◆ vi **1.** [plant] planter une haie ; [trim] tailler une haie **2.** [in action] essayer de gagner du temps, atermoyer / *they are hedging slightly on the trade agreement* ils essaient de gagner du temps avant de conclure l'accord commercial ; [in answering] éviter de répondre, répondre à côté ; [in explaining] expliquer avec des détours / *stop hedging!* dis-le franchement !, au fait ! **3.** [protect] se protéger / *it's a way of hedging against inflation* c'est un moyen de vous protéger or vous couvrir contre l'inflation.

❖ **hedge about** UK, **hedge around** vt sep entourer / *the offer was hedged about with conditions* *fig* l'offre était assortie de conditions.

❖ **hedge in** vt sep entourer d'une haie, enclore / *hedged in by restrictions* *fig* assorti de restrictions / *I'm feeling hedged in* je ne me sens pas libre.

❖ **hedge off** vt sep [area] entourer d'une haie ; [part of area] séparer par une haie.

hedgehog ['hedʒhɒg] n hérisson *m*.

hedgehop ['hedʒhɒp] *(pt & pp* **hedgehopped**, *cont* **hedgehopping***)* vi voler en rase-mottes, faire du rase-mottes.

hedgehopper ['hedʒhɒpər] n [pilot] pilote *m* qui vole en rase-mottes ; [aeroplane] avion *m* qui fait du rase-mottes.

hedgerow ['hedʒrəʊ] n haies *fpl*.

hedge sparrow n (accenteur *m*) mouchet *m*.

hedge trimmer n taille-haie *m*.

hedonic [hɪ'dɒnɪk] adj hédonique ▸ **hedonic treadmill** *état d'insatisfaction permanente engendré par le fait d'être blasé* / *she's on a hedonic treadmill* elle n'est jamais satisfaite de ce qu'elle a.

hedonism ['hiːdənɪzm] n hédonisme *m*.

hedonist ['hiːdənɪst] n hédoniste *mf*.

hedonistic [,hiːdə'nɪstɪk] adj hédoniste.

heebie-jeebies [,hiːbɪ'dʒiːbɪz] pl n *inf* ▸ **to have the heebie-jeebies** avoir la frousse or les chocottes / *the film gave me the heebie-jeebies* **a)** [revulsion] le film m'a donné la chair de poule **b)** [fright] le film m'a donné la trouille or la frousse / *he gives me the heebie-jeebies* il me met mal à l'aise.

heed [hiːd] ◆ n ▸ **to take heed of sthg, to pay** or **to give heed to sthg** tenir bien compte de qqch / *he pays little heed to criticism* il ne se soucie guère or il ne fait pas grand cas des critiques / *I took no heed of her advice* je n'ai tenu aucun compte de ses conseils / *pay no heed to him* ne faites pas attention à lui / *take heed!* prenez garde ! ◆ vt **1.** [warning, words] faire bien attention à, tenir compte de, prendre garde à **2.** [person - listen to] bien écouter ; [- obey] obéir à.

heedful ['hiːdfʊl] adj *fml* attentif / *she's heedful of the importance of secrecy* elle est consciente qu'il est important de garder le secret / *they seemed heedful of what they were doing* ils semblaient attentifs à ce qu'ils faisaient.

heedless ['hiːdlɪs] adj ▸ **heedless of** : *heedless of the danger* sans se soucier du danger / *heedless of my warning* sans tenir compte de mon avertissement / *she seemed heedless of what was going on around her* elle ne semblait pas prêter attention à ce qui se passait autour d'elle.

heedlessly ['hiːdlɪslɪ] adv **1.** [without thinking] sans faire attention, à la légère **2.** [inconsiderately] avec insouciance, négligemment.

hee-haw [,hiː'hɔː] ◆ n **1.** hi han *m* **2.** [guffaw] gros rire *m*. ◆ vi **1.** braire, faire hi-han **2.** [person] rire bruyamment. ◆ interj hi-han.

heel [hiːl] ◆ n **1.** ANAT talon *m* ▸ **to spin** or **to turn on one's heel** : *she spun* or *turned on her heel and walked away* elle a tourné les talons / *under the heel of fascism* *fig* sous le joug or la botte du fascisme / *we followed hard on her heels* **a)** [walked] nous lui emboîtâmes le pas **b)** [tracked] nous étions sur ses talons / *famine followed hard on the heels of drought* la sécheresse fut suivie de près par la famine / *he brought the dog to heel* il a fait venir le chien à ses pieds ▸ **to bring sb to heel** mettre qqn au pas ▸ **to take to one's heels, to show a clean pair of heels** se sauver à toutes jambes, prendre ses jambes à son cou **2.** [of shoe] talon *m* **3.** [of glove, golf club, hand, knife, sock, tool] talon *m* **4.** [of bread] talon *m*, croûton *m* ; [of cheese] talon *m*, croûte *f* **5.** *v inf & dated* [contemptible man] salaud *m* **6.** NAUT [of keel] talon *m* ; [of mast] caisse *f* **7.** [incline - of ship] bande *f* ; [- of vehicle, tower] inclinaison *f*. ◆ vt **1.** [boot, shoe] refaire le talon de **2.** SPORT [ball] talonner. ◆ vi **1.** [to dog] ▸ **heel!** au pied ! **2.** [ship] gîter, donner de la bande ; [vehicle, tower] s'incliner, se pencher.

❖ **heel over** vi [ship] gîter, donner de la bande ; [vehicle, tower] s'incliner, se pencher ; [cyclist] se pencher.

heel-and-toe ◆ adj **1.** [walking] ▸ **heel-and-toe walking** *façon de marcher où le talon d'un pied est posé avant que les orteils de l'autre pied ne quittent le sol* **2.** [driving] ▸ **heel-and-toe driving** *façon de conduire* *utilisant le talon et les orteils du même pied pour actionner l'accélérateur et le frein.* ◆ vi AUTO *conduire en se servant du talon et des orteils du même pied pour appuyer sur l'accélérateur et le frein.*

heel bar n talon-minute *m*, réparations-minute *fpl*.

heels [hi:lz] = **high heels.**

heeltap ['hi:ltæp] n fond *m* de verre.

heft [heft] *inf* ◆ n **1.** [weight] poids *m* **2.** US [main part] gros *m*. ◆ vt **1.** [lift] soulever ; [hoist] hisser **2.** [test weight of] soupeser.

hefty ['heftɪ] (*compar* **heftier**, *superl* **heftiest**) adj *inf* **1.** [package -heavy] lourd ; [-bulky] encombrant, volumineux ; [book] épais (épaisse), gros (grosse) ; [person] costaud **2.** [part, profit] gros (grosse) / *a hefty sum* une jolie somme / *he paid a hefty price for them* il les a payés drôlement cher / *she earns a hefty salary* elle se fait une bonne or sacrée paie / *they've made some hefty job cuts* ils ont supprimé un grand nombre d'emplois, ils ont fait des coupes sombres **3.** [blow, slap] puissant.

Hegelian [heɪ'gi:ljən] adj hégélien.

hegemony [hɪ'geməni] n hégémonie *f*.

Hegira, **Hejira** ['hedʒɪrə] n hégire *f*.

heifer ['hefəʳ] n génisse *f*.

heigh-ho ['heɪ'həʊ] interj **1.** [weariness] eh bien ; [sadness] hélas **2.** *dated & liter* [of surprise] ça alors, ça par exemple ; [of happiness] chouette alors.

height [haɪt] n **1.** [tallness -of person] taille *f*, grandeur *f* ; [-of building, tree] hauteur *f* / *what height are you?* combien mesurez-vous ? / *height: 1 m 80* [on form] taille : 1 m 80 / *I'm of average height* je suis de taille moyenne / *redwoods grow to a height of 100 metres* les séquoias peuvent atteindre 100 mètres (de haut) / *height restriction* limitation *f* de hauteur **2.** [distance above ground -of mountain, plane] altitude *f* ; [-of ceiling, river, stars] hauteur *f* / *to be at a height of three metres above the ground* être à trois mètres au-dessus du sol ▶ **height of land** US ligne *f* de partage des eaux **3.** [high position] hauteur *f* / *to fall from a great height* tomber de haut ▶ **the heights** GEOG les hauteurs / *fear of heights* **a)** [gen] vertige *m* **b)** MED acrophobie *f* / *I'm afraid of heights* j'ai le vertige ▶ **to reach new heights** *fig* augmenter encore / **'Wuthering Heights'** *Emily Brontë* 'les Hauts de Hurlevent' **4.** *fig* [peak -of career, success] point *m* culminant ; [-of fortune, fame] apogée *m* ; [-of arrogance, stupidity] comble *m* / *at the height of her powers* en pleine possession de ses moyens / *at its height the group had 300 members* à son apogée, le groupe comprenait 300 membres / *the tourist season is at its height* la saison touristique bat son plein / *the height of bad manners* le comble de l'impolitesse or de la grossièreté / *at the height of summer* en plein été, au plus chaud de l'été / *at the height of the battle / storm* au plus fort de la bataille / de l'orage / *to dress in the height of fashion* s'habiller à la dernière mode / *it's the height of fashion* c'est le dernier cri.

H8 MESSAGING written abbr of **hate.**

height-adjustable adj réglable en hauteur.

heighten ['haɪtn] ◆ vt **1.** [make higher -building, ceiling, shelf] relever, rehausser **2.** [increase -effect, fear, pleasure] augmenter, intensifier ; [-flavour] relever ; MED [fever] faire monter, aggraver / *the incident has heightened public awareness of environmental problems* l'incident a sensibilisé encore plus le public aux problèmes de l'environnement / *the colour heightened the deathly pallor of her skin* cette couleur faisait ressortir or accentuait sa pâleur cadavérique. ◆ vi [fear, pleasure] augmenter, monter.

heightened ['haɪtnd] adj **1.** [building, ceiling, shelf] relevé, rehaussé **2.** [fear, pleasure] intensifié ; [colour] plus vif.

heightening ['haɪtnɪŋ] n **1.** [of building, ceiling] rehaussement *m*, surélévation *f* **2.** [of fear, pleasure] accroissement *m*, intensification *f*.

Heimlich manoeuvre ['haɪmlɪk-] n manœuvre *f* de Heimlich.

heinie ['hi:nɪ] n US *v inf* fesses *fpl*.

heinous ['heɪnəs] adj *liter & fml* odieux, atroce / *a heinous crime* un crime abominable or odieux.

heir [eəʳ] n [gen] héritier *m* ; LAW héritier *m*, légataire *mf* / *he is heir to a vast fortune* il est l'héritier d'une immense fortune / *the heir to the throne* l'héritier du trône or de la couronne ▶ **heir apparent** LAW héritier *m* présomptif ▶ **heir at law** or **rightful heir** LAW héritier légitime or naturel ▶ **heir presumptive** LAW héritier présomptif *(sauf naissance d'un héritier en ligne directe).*

heiress ['eərɪs] n héritière *f*.

heirless ['eəlɪs] adj sans héritier.

heirloom ['eəlu:m] n **1.** [family property] ▶ **(family) heirloom** objet *m* de famille **2.** LAW [legacy] legs *m*.

heist [haɪst] US *inf* ◆ n [robbery] vol *m* ; [in bank] braquage *m* ; [stolen objects] butin *m*. ◆ vt [steal] voler ; [commit armed robbery] braquer.

held [held] pt & pp ⟶ **hold.**

Helen ['helɪn] pr n Hélène.

helianthus [,hi:lɪ'ænθəs] n BOT hélianthe *m*.

helical ['helɪkl] adj hélicoïdal.

helical gear n engrenage *m* hélicoïdal.

helices ['helɪsi:z] pl ⟶ **helix.**

helicoid(al) ['helɪkɔɪd(l)] ◆ adj [gen] hélicoïdal ; GEOM hélicoïde. ◆ n hélicoïde *m*.

helicopter ['helɪkɒptəʳ] ◆ n hélicoptère *m* / *the wounded were transported by helicopter* les blessés ont été héliportés. ◆ comp [patrol, rescue] en hélicoptère ; [pilot] d'hélicoptère ▶ **helicopter carrier** or **ship** porte-hélicoptères *m* ▶ **helicopter transfer** or **transport** héliportage *m*. ◆ vt transporter en hélicoptère / *they managed to helicopter in provisions* ils ont réussi à amener des provisions par hélicoptère.

helidrome ['helɪdrəʊm] n hélidrome *m*.

heliocentric [,hi:lɪəʊ'sentrɪk] adj héliocentrique.

heliograph ['hi:lɪəʊgrɑ:f] ◆ n **1.** [transmitter] héliographe *m* **2.** [camera] photohéliographe *m*. ◆ vt transmettre par héliographe.

heliometer [,hi:lɪ'ɒmɪtəʳ] n héliomètre *m*.

Helios ['hi:lɪɒs] pr n Hélios.

heliostat ['hi:lɪəʊstæt] n héliostat *m*.

heliotrope ['heljətrəʊp] ◆ n **1.** BOT héliotrope *m* **2.** [colour] violet *m* clair. ◆ adj violet clair.

heliotropism [,hi:lɪəʊ'trəʊpɪzm] n héliotropisme *m*.

helipad ['helɪpæd] n héliport *m*.

heliport ['helɪpɔ:t] n héliport *m*.

helistop ['helɪstɒp] n héliport *m*.

helium ['hi:lɪəm] n hélium *m*.

helix ['hi:lɪks] (*pl* **helices** ['helɪsi:z] *or* **helixes**) n **1.** ARCHIT & GEOM [spiral] hélice *f* **2.** ANAT & ZOOL hélix *m*.

hell [hel] n **1.** RELIG enfer *m* ; MYTH [underworld] les Enfers ▶ **to go to hell** **a)** [Christianity] aller en enfer **b)** MYTH descendre aux Enfers / *it's (as) hot as hell in there* il fait une chaleur de tous les diables or infernale là-dedans ▶ **go to hell!** *inf* va te faire voir ! / *to hell with society!* *inf* au diable la société ! / *to hell with what they think!* *inf* leur avis, je m'assois dessus ! ▶ **come hell or high water** *inf* contre vents et marées, envers et contre tout ▶ **when hell freezes over** à la saint-glinglin / *it'll be a cold day in hell before I apologize* je m'excuserai quand les poules auront des dents / *it was a journey from hell!* *inf* ce voyage, c'était l'horreur ! ▶ **all hell broke loose** *inf* ça a bardé ▶ **to give sb hell** *inf* passer un savon or faire sa fête à qqn / *give them hell!* *inf* rentre-leur dedans !, fais-leur en baver ! / *the damp weather plays hell with my arthritis* *inf* ce temps humide me fait rudement souffrir de mon arthrite !, par ces temps humides, qu'est-ce que je déguste avec mon arthrite ! / *there'll be hell to pay when he finds out* *inf* ça va barder or chauffer quand il l'apprendra / *they went into town to raise (a little) hell* *inf* ils sont allés faire la bringue en ville / *the boss raised hell when he saw the report* *inf* le patron a fait une scène de tous les diables en voyant le rapport ▶ **to do sthg just for the hell of it** *inf* : *I went along just for the hell of it* j'y suis allé histoire de rire or de rigoler / *he ran off hell for leather* *inf* il est parti ventre à terre / *to ride hell for leather* aller au triple galop or à bride abattue ▶ **hell's bells!, hell's teeth!** *inf* mince alors ! **2.** [torture] enfer *m* / *it's hell in here* c'est infernal ici / *working there was hell on earth* c'était l'enfer de travailler là-bas / *he made her life hell* il lui a fait mener une vie infernale **3.** *inf* [used as emphasis] : *it's colder / hotter than hell* il fait vachement froid / chaud / *he's as happy / tired as hell* il est vachement heureux / fatigué / *he's in a hell of a mess* il est dans un sacré pétrin / *a hell of a wind* un vent du diable or de tous les diables / *a hell of a lot of books* tout un tas or un paquet de livres / *we had a hell of a good time* nous nous sommes amusés comme des fous / *they had a hell of a time getting the car started* ils en ont bavé pour faire démarrer la voiture / *my arm started to hurt like hell* mon bras a commencé à me faire vachement mal / *he worked like hell* il a travaillé comme une brute or une bête / *to run / to shout like hell* courir / crier comme un fou / *will you lend me £50? — like hell I will!* peux-tu me prêter 50 livres ? — tu peux toujours courir ! / *I'm leaving — like (the) hell you are!* je pars — n'y compte pas ! / *I just hope to hell he leaves* j'espère de tout mon cœur qu'il partira / *get the hell out of here!* fous or fous-moi le camp ! / *what the hell are you doing?* qu'est-ce que tu fous ? / *why the hell did you go?* qu'est-ce qui t'a pris d'y aller ? / *how the hell would I know?* comment veux-tu que je le sache ? / *how the hell are you doing, my friend?* US comment ça va, mon pote ? / *where the hell are my keys?* où diable sont mes clefs ? / *who the hell do you think you are?* mais tu te prends pour qui ? / *oh well, what the hell!* oh qu'est-ce que ça peut bien faire ? / *did you agree? — hell, no!* as-tu accepté ? — tu plaisantes ! **4.** US *inf* [high spirits] : *there's hell in that boy* ce garçon respire la joie de vivre / *full of hell* plein d'entrain or de vivacité.

❖ **Hell** = **hell.**

he'll [hi:l] abbr of **he will.**

hellacious [he'leɪʃəs] adj US *inf* infernal.

hellbender ['hel,bendəʳ] n ZOOL *grande salamandre aquatique des États-Unis.*

hell-bent adj *inf* acharné / *he's hell-bent on going* il veut à tout prix y aller, il veut y aller coûte que coûte / *society seems hell-bent on self-destruction* la société semble décidée à aller tout droit à sa propre destruction.

hellcat ['helkæt] n harpie *f*, mégère *f*.

hellebore ['helɪbɔ:ʳ] n ellébore *m*.

Hellene ['heli:n] n Hellène *mf*.

Hellenic [he'li:nɪk] ◆ adj hellène, hellénique. ◆ n langue *f* hellénique.

Hellenism ['helɪnɪzm] n hellénisme *m*.

Hellenist ['helɪnɪst] n helléniste *mf*.

Hellenistic [,helɪ'nɪstɪk] adj [language, period] hellénistique.

hellfire ['helfaɪəʳ] ◆ n *lit* feu *m* de l'enfer ; *fig* [punishment] châtiment *m* divin. ◆ comp ▶ **hellfire preacher** prédicateur *m*. ◆ interj *inf* ▶ **hellfire!** bon sang !, sacré nom de Dieu !

hellhole ['helhəʊl] n *inf* bouge *m*.

hellhound ['helhaʊnd] n *lit* chien *m* des Enfers ; *fig* [fiend] monstre *m*, démon *m*.

hellion ['heljən] n US *inf* [child] galopin *m*, polisson *m*, -onne *f* ; [adult] chahuteur *m*, trublion *m*.

hellish ['helɪʃ] ◆ adj **1.** [cruel -action, person] diabolique **2.** *inf* [dreadful] infernal / *she's had a pretty hellish life* elle a eu une vie absolument infernale, sa vie a été un véritable enfer. ◆ adv *inf* = **hellishly.**

hellishly ['helɪʃlɪ] adv UK *inf* atrocement, épouvantablement.

hello [hə'ləʊ] (*pl* **hellos**) ◆ interj **1.** [greeting] bonjour, salut ; [in the evening] bonsoir ; [on answering telephone] allô **2.** [to attract attention] hé, ohé **3.** [in surprise] tiens. ◆ n [greeting] bonjour *m*, salutation *f* / *he gave me a cheery hello* il m'a salué joyeusement or avec entrain / *say hello to the lady* dis bonjour à la dame /

he asked me to say hello to you il m'a demandé de vous donner le bonjour.

hell-raiser n *inf* fouteur *m*, -euse *f* de merde.

Hell's Angels pl pr n Hell's Angels *mpl (nom d'un groupe de motards au comportement souvent considéré comme violent).*

helluva ['heləvə] adj *inf* : *a helluva noise* un sacré boucan / *a helluva wind* un de ces vents / *a helluva lot of money* un paquet de fric / *a helluva lot of kids* des tas d'enfants / *he's a helluva guy* c'est un type vachement bien / *I had a helluva time* **a)** [awful] je me suis emmerdé **b)** [wonderful] je me suis vachement marré / *they had a helluva time convincing her* ils ont eu vachement de mal à la convaincre.

helm [helm] ◆ n **1.** NAUT barre *f*, gouvernail *m* ▸ **to be at the helm a)** *lit* tenir la barre or le gouvernail **b)** *fig* tenir la barre or les rênes ▸ **to take the helm** *lit & fig* prendre la barre, prendre la direction des opérations / *he's at the helm of the company now* c'est lui qui dirige la société maintenant **2.** *arch* [helmet] casque *m*. ◆ vt **1.** NAUT gouverner, barrer ; *fig* diriger **2.** *arch* [supply with helmet] coiffer d'un casque.

helmet ['helmɪt] n [gen] casque *m* ; [medieval] heaume *m*.

helmeted ['helmɪtɪd] adj casqué, portant un casque.

helmsman ['helmzmən] (*pl* **helmsmen** [-mən]) n timonier *m*, homme *m* de barre.

helot ['helət] n ilote *mf*.

help [help] ◆ vt **1.** [assist, aid - gen] aider, venir en aide à ; [- elderly, poor, wounded] secourir, venir en aide à / *come and help me* viens m'aider / *can I help you with the dishes?* puis-je t'aider à faire la vaisselle ? / *they got their neighbours to help them move* ils se sont fait aider par leurs voisins pour le déménagement / *they help one another take care of the children* ils s'entraident pour s'occuper des enfants / *we want to help poorer countries to help themselves* nous voulons aider les pays sous-développés à devenir autonomes or à se prendre en main / *he helped me on / off with my coat* il m'a aidé à mettre / enlever mon manteau / *she helped the old man to his feet / across the street* elle a aidé le vieux monsieur à se lever / à traverser la rue / *let me help you up / down* laissez-moi vous aider à monter / descendre / *it might help if you took more exercise* ça irait peut-être mieux si tu faisais un peu plus d'exercice / *can I help you?* [in shop] vous désirez ? / *Grant Publishing, how may I help you?* [on telephone] ≃ les Éditions Grant, bonjour ▸ **so help me God! a)** [I swear] je le jure devant Dieu ! **b)** [praying for help] que Dieu me vienne en aide ! / *I'll get you for this, so help me inf* j'aurai ta peau, je le jure ! ▸ **God helps those who help themselves** *prov* aide-toi, le ciel t'aidera *prov* **2.** [contribute to] contribuer à ; [encourage] encourager, favoriser / *the rain helped firefighters to bring the flames under control* la pluie a permis aux pompiers de maîtriser l'incendie **3.** [remedy - situation] améliorer ; [- pain] soulager / *it helped to ease my headache* cela a soulagé mon mal de tête / *to help matters, it started to pour with rain iro* pour tout arranger, il s'est mis à pleuvoir des cordes *iro* / *crying won't help anyone* cela ne sert à rien or n'arrange rien de pleurer **4.** [serve] servir / *she helped me to more rice* elle m'a servi du riz une deuxième fois / *I helped myself to the cheese* je me suis servi en fromage / *help yourself!* servez-vous ! / *they helped themselves to more meat* ils ont repris de la viande / *he helped himself to the petty cash euph* il a pioché or il s'est servi dans la caisse **5.** *(with 'can', usu neg)* [avoid, refrain from] : *I can't help thinking that we could have done more* je ne peux pas m'empêcher de penser qu'on aurait pu faire plus / *we couldn't help laughing* or *but laugh* nous ne pouvions pas nous empêcher de rire / *I tried not to laugh but I couldn't help myself* j'essayais de ne pas rire mais c'était plus fort que moi / *she never writes any more than she can help* elle ne se foule pas pour écrire, elle écrit un minimum de lettres or le moins possible **6.** *(with 'can', usu neg)* [control] : *he can't help it if she doesn't like it* il n'y est pour rien or ce n'est pas de sa faute si cela ne lui plaît pas / *can he help it if the train is late?* est-ce que c'est de sa faute si le train est en retard ? / *she can't help her temper* elle ne peut rien à ses colères / *I can't help it* je n'y peux rien, ce n'est pas de ma faute / *it can't be helped* tant pis ! on n'y peut rien or on ne peut pas faire autrement / *are they coming? — not if I can help it!* est-ce qu'ils viennent ? — pas si j'ai mon mot à dire ! ◆ vi être utile / *she helps a lot around the house* elle se rend très utile à la maison, elle rend souvent service à la maison / *is there anything I can do to help?* puis-je être utile ? / *losing your temper isn't going to help* ça ne sert à rien de perdre ton calme / *every little bit helps* les petits ruisseaux font les grandes rivières *prov* / *every penny helps* il n'y a pas de petites économies. ◆ n **1.** [gen] aide *f*, assistance *f* ; [to drowning or wounded person] secours *m*, assistance *f* / *thank you for your help* merci de votre aide / *can I be of any help?* puis-je faire quelque chose pour vous ?, puis-je vous rendre service ? / *we're happy to have been of help* nous sommes contents d'avoir pu rendre service / *he went to get help* il est allé chercher du secours / *we yelled for help* nous avons crié au secours / *with the help of a neighbour* avec l'aide d'un voisin / *he opened the window with the help of a crowbar* il a ouvert la fenêtre à l'aide d'un levier / *she did it without any help* elle l'a fait toute seule / *I could never have done it without your help* jamais je n'aurais pu le faire sans vous or votre aide / *she needs help going upstairs* il faut qu'elle se fasse aider pour or elle a besoin qu'on l'aide à monter l'escalier / *the situation is now beyond help* la situation est désespérée or irrémédiable maintenant / *there's no help for it* on n'y peut rien **2.** [something that assists] aide *f*, secours *m* / *you've been a great help* vous m'avez été d'un grand secours, vous m'avez beaucoup aidé / *he's a great help! iro* il est d'un précieux secours ! *iro* **3.** *(U)* US [employees] personnel *m*, employés *mpl* / *it's hard to get good help* il est difficile de trouver des employés sérieux / **'help wanted'** 'cherchons employés' **4.** [domestic aid] femme *f* de ménage. ◆ interj ▸ **help! a)** [in distress] au secours !, à l'aide ! **b)** [in dismay] zut !, mince !

❖ **help along** vt sep [person] aider à marcher or avancer ; [plan, project] faire avancer.

❖ **help out** ◆ vt sep [gen] aider, venir en aide à ; [with supplies, money] dépanner / *the scholarship really helped her out* la bourse lui a été d'un grand secours / *she helps us out in the shop from time to time* elle vient nous donner un coup de main au magasin de temps en temps / *they help each other out* ils s'entraident / *she helps him out with his homework* elle l'aide à faire ses devoirs. ◆ vi aider, donner un coup de main.

help button n COMPUT case *f* d'aide.

help desk n COMPUT service *m* d'assistance, support *m*.

helper ['helpəʳ] n **1.** [gen] aide *mf*, assistant *m*, -e *f* ; [professional] auxiliaire *mf* **2.** US [home help] femme *f* de ménage **3.** MED ▸ **helper T-cell** lymphocyte *m* T « helper » *(T4)*.

helpful ['helpfʊl] adj **1.** [person] obligeant, serviable / *his secretary was very helpful* sa secrétaire nous a été très utile or nous a été d'un grand secours **2.** [advice, suggestion] utile ; [gadget, information, map] utile ; [medication] efficace, salutaire / *it's often helpful to talk to your doctor about it* il peut s'avérer utile d'en parler à votre médecin / *this book isn't very helpful* ce livre ne sert pas à grand-chose / *helpful hints* conseils utiles.

helpfully ['helpfʊlɪ] adv avec obligeance, obligeamment.

helpfulness ['helpfʊlnɪs] n **1.** [of person] obligeance *f*, serviabilité *f* **2.** [of gadget, map, etc.] utilité *f*.

helping ['helpɪŋ] n portion *f* / *to ask for a second helping* demander à en reprendre / *who's for a second helping?* qui en reprend ? / *he had four helpings* il en a repris trois fois.

helping hand n main *f* secourable ▸ **to give** or **lend (sb) a helping hand** donner un coup de main or prêter main-forte (à qqn).

helpless ['helplɪs] adj **1.** [vulnerable] désarmé, sans défense / *helpless children* des enfants sans défense **2.** [physically] faible, impotent ; [mentally] impuissant / *he lay helpless on the ground* il était allongé par terre sans pouvoir bouger **3.** [powerless - person] impuissant, sans ressource ; [- anger, feeling] impuissant ; [- situation] sans recours, désespéré / *he gave me a helpless look* il m'a jeté un regard désespéré / *he was helpless to stop her leaving* il était incapable de l'empêcher de partir / *I feel so helpless* je ne sais vraiment pas quoi faire, je me sens vraiment désarmé / *I'm helpless in the matter* je n'y peux rien / *they were helpless with laughter* ils n'en pouvaient plus de rire, ils étaient morts de rire.

helplessly ['helplɪslɪ] adv **1.** [without protection] sans défense, sans ressource **2.** [unable to react] sans pouvoir réagir ; [argue, struggle, try] en vain / *he looked on helplessly* il a regardé sans pouvoir intervenir / *she was lying helplessly on the floor* elle était allongée par terre sans pouvoir bouger / *she smiled helplessly* elle a eu un sourire où se lisait son impuissance / *"I don't know what to say", he said helplessly* « je ne sais pas quoi vous dire », dit-il d'un ton où se sentait or qui trahissait son impuissance / *they giggled helplessly* ils n'ont pas pu s'empêcher de glousser.

helplessness ['helplɪsnɪs] n **1.** [defencelessness] incapacité *f* de se défendre, vulnérabilité *f* **2.** [physical] incapacité *f*, impotence *f* ; [mental] incapacité *f* **3.** [powerlessness - of person] impuissance *f*, manque *m* de moyens ; [- of anger, feeling] impuissance *f* / *a feeling of helplessness* un sentiment d'impuissance.

helpline ['helplaɪn] n service *m* d'assistance téléphonique / *AIDS helpline* SOS SIDA.

helpmate ['helpmeɪt] n [companion] compagnon *m*, compagne *f* ; [helper] aide *mf*, assistant *m*, -e *f* ; [spouse] époux *m*, épouse *f*.

helpmeet ['helpmi:t] *arch* = **helpmate**.

help menu n COMPUT menu *m* d'aide.

Helsinki ['helsɪŋkɪ] pr n Helsinki.

helter-skelter [,heltə'skeltəʳ] ◆ adv [run, rush] en désordre, à la débandade ; [organize, throw] pêle-mêle, en vrac. ◆ adj [rush] à la débandade ; [account, story] désordonné. ◆ n UK [ride in fairground] toboggan *m*.

Helvellyn [hel'velɪn] pr n *l'un des principaux sommets dans le Lake District, dans le nord-ouest de l'Angleterre.*

Helvetia [hel'vi:ʃjə] pr n Suisse *f*, Helvétie *f*.

Helvetian [hel'vi:ʃjən] ◆ n Suisse *m*, Suissesse *f* ▸ **the Helvetians** les Suisses *mpl*, les Helvètes *mpl*. ◆ adj suisse, helvétique ; HIST helvète.

hem [hem] (*pt & pp* **hemmed**, *cont* **hemming**) ◆ n **1.** [of trousers, skirt] ourlet *m* ; [of handkerchief, sheet] bord *m*, ourlet *m* / *she let the hem down on her skirt* elle a défait l'ourlet pour rallonger sa jupe / *your hem's coming down* ton ourlet s'est défait or décousu **2.** [hemline] (bas *m* de l')ourlet *m* **3.** METALL ourlet *m*. ◆ vt ourler, faire l'ourlet de. ◆ interj ▸ **hem! a)** [to call attention] hem ! **b)** [to indicate hesitation, pause] euh ! ◆ vi faire hem ▸ **to hem and haw** bafouiller / *he hemmed and hawed before getting to the point* il a bafouillé or hésité avant d'en venir au fait.

❖ **hem about** vt sep entourer, encercler / *hemmed about by trees* entouré d'arbres.

❖ **hem in** vt sep [house, people] entourer, encercler ; [enemy] cerner / *he felt hemmed in* **a)** [in room] il faisait de la claustrophobie, il se sentait oppressé **b)** [in relationship] il se sentait prisonnier or pris au piège / *hemmed in by rules fig* entravé par des règles or règlements.

he-man ['hi:mæn] n *inf* homme *m* viril / *he thinks he's a real he-man* il se croit viril.

hematology US = **haematology**.

hemeralopia [hemərə'ləʊpɪə] n MED héméralopie *f*.

hemicycle ['hemɪ,saɪkl] n hémicycle *m*.

hemidemisemiquaver ['hemɪ,demɪ'semɪ,kweɪvəʳ] n UK quadruple croche *f*.

hemiplegia [,hemɪ'pli:dʒɪə] n hémiplégie *f*.

hemiplegic [,hemɪ'pli:dʒɪk] ◆ adj hémiplégique. ◆ n hémiplégique *mf*.

hemisphere ['hemɪ,sfɪəʳ] n hémisphère *m*.

hemispheric(al) [,hemɪ'sferɪk(l)] adj **1.** [in shape] hémisphérique **2.** US [pan-American] panaméricain.

hemistich ['hemɪstɪk] n hémistiche *m*.

hemline ['hemlaɪn] n (bas *m* de l')ourlet *m* / *hemlines are going up* les jupes vont raccourcir.

hemlock ['hemlɒk] n **1.** BOT [poison] ciguë *f* **2.** = **hemlock spruce**.

hemlock spruce n sapin *m* du Canada, sapin-ciguë *m*.

hemoglobin US = **haemoglobin**.

hemophilia US = **haemophilia**.

hemorrhage US = **haemorrhage**.

hemorrhoids US = **haemorrhoids**.

hemp [hemp] n **1.** [fibre, plant] chanvre *m* **2.** [marijuana] marijuana *f* ; [hash] haschisch *m*, hachisch *m*.

hemstitch ['hemstɪtʃ] ◆ n [stitch] jour *m* / *a row of hemstitch* un jour. ◆ vt ourler à jour.

hen [hen] n **1.** [chicken] poule *f* **2.** [female] femelle *f* ▸ **hen bird** oiseau *m* femelle ▸ **hen lobster** homard *m* femelle ▸ **hen pheasant** poule *f* faisane **3.** *inf* [woman] mémère *f* **4.** SCOT *inf* [term of address] : *hello, hen* bonjour, ma poule or cocotte.

henbane ['henbeɪn] n jusquiame *f* (noire), herbe *f* à poules.

hence [hens] adv **1.** [therefore] donc, d'où / *they are cheaper and hence more popular* ils sont moins chers et donc plus demandés / *he was born on Christmas Day, hence the name Noël* il est né le jour de Noël, d'où son nom **2.** *fml* [from this time] d'ici / *three days hence* dans or d'ici trois jours **3.** *fml* [from here] d'ici / *5 kilometres hence* à 5 kilomètres d'ici ▸ **(get thee) hence!** *arch & hum* hors d'ici or de ma vue !

henceforward [,hens'fɔ:wəd], **henceforth** [,hens'fɔ:θ] adv dorénavant, désormais.

henchman ['hentʃmən] (*pl* **henchmen** [-mən]) n **1.** [follower] partisan *m*, adepte *m* *pej* ; [right-hand man] homme *m* de main, suppôt *m* *pej* **2.** [squire, page] écuyer *m*.

hen coop n mue *f*, cage *f* à poules.

hen harrier n busard *m* Saint-Martin.

hen house n poulailler *m*.

Henley ['henlɪ] pr n *ville dans l'Oxfordshire* ▸ **Henley Regatta** *importante épreuve internationale d'aviron*.

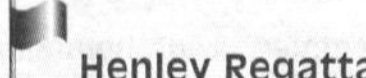

Henley Regatta

Cette épreuve internationale d'aviron a lieu tous les ans sur la Tamise, au mois de juillet. C'est une manifestation autant mondaine que sportive.

henna ['henə] ◆ n henné *m*. ◆ vt teindre au henné.

hennaed ['henəd] adj teint au henné.

hen night, hen party n *inf* [gen] soirée entre copines ; [before wedding] : *she's having her hen night* elle enterre sa vie de jeune fille.

henpecked ['henpekt] adj dominé / *a henpecked husband* un mari dominé par sa femme / *he's very henpecked* sa femme le mène par le bout du nez.

henrun ['henrʌn] n poulailler *m*.

henry ['henrɪ] (*pl* **henrys** or **henries**) n ELEC henry *m*.

Henry ['henrɪ] pr n Henri.

hep [hep] (*compar* **hepper**, *superl* **heppest**) adj *inf & dated* dans le coup / *he's hep to your plan* il est au courant de tes projets.

hepatic [hɪ'pætɪk] adj hépatique.

hepatitis [,hepə'taɪtɪs] n *(U)* hépatite *f* ▸ **serum hepatitis** hépatite B or sérique.

hepcat ['hepkæt] n *inf & dated* jeune homme *m* dans le vent, jeune femme *f* dans le vent.

heptagon ['heptəgən] n heptagone *m*.

heptagonal [hep'tægənl] adj heptagonal.

heptameter [hep'tæmɪtər] n heptamètre *m*.

heptane ['hepteɪn] n heptane *m*.

heptathlon [hep'tæθlɒn] n heptathlon *m*.

her [hɜ:r] ◆ det son *m*, sa *f*, ses *mf* / *her book* son livre / *her secretary* sa secrétaire / *her glasses* ses lunettes / *her university* son université / *she has broken her arm* elle s'est cassé le bras. ◆ pron **1.** [direct object - unstressed] la, l' *(before vowel or silent 'h')* ; [- stressed] elle / *I recognize her* je la reconnais / *I heard her* je l'ai entendue / *why did you have to choose HER?* pourquoi l'as-tu choisie elle ? **2.** [indirect object - unstressed] lui ; [- stressed] à elle / *give her the money* donne-lui l'argent / *he only told her, no-one else* il ne l'a dit qu'à elle, c'est tout / *why do they always give HER the interesting jobs?* pourquoi est-ce que c'est toujours à elle qu'on donne le travail intéressant ? **3.** [after preposition] elle / *I was in front of her* j'étais devant elle / *as rich as / richer than her* aussi riche / plus riche qu'elle / *she closed the door behind her* elle a fermé la porte derrière elle **4.** [with 'to be'] : *it's her* c'est elle / *if I were her* si j'étais elle, si j'étais à sa place **5.** *fml* [with relative pronoun] celle / *(to) her whom we adore* (à) celle que nous adorons.

Hera ['hɪərə] pr n Héra.

Heracles ['herəkli:z] pr n Héraclès.

Heraclitus [,herə'klaɪtəs] pr n Héraclite.

Heraklion [hɪ'rækliən] pr n Héraklion.

herald ['herəld] ◆ vt **1.** [announce] annoncer, proclamer / *his rise to power heralded a new era* son ascension au pouvoir a annoncé une nouvelle ère **2.** [hail] acclamer. ◆ n **1.** [medieval messenger] héraut *m* / *the herald of morn* *liter* le messager de l'aube **2.** [forerunner] héraut *m*, avant-coureur *m*.

heraldic [he'rældɪk] adj héraldique.

heraldry ['herəldrɪ] n **1.** [system, study] héraldique *f* **2.** [coat of arms] blason *m* **3.** [pageantry] faste *m*, pompe *f* (héraldique).

herb [hɜ:b, US ɜ:rb] n **1.** BOT herbe *f* ▸ **herbs** CULIN fines herbes, herbes aromatiques / *herb dressing* vinaigrette *f* aux fines herbes / *medicinal herbs* herbes médicinales or officinales, simples *mpl* **2.** *inf* [marijuana] herbe *f*.

herbaceous [hɜ:'beɪʃəs, US ɜ:r'beɪʃəs] adj [plant, stem] herbacé.

herbaceous border n bordure *f* de plantes herbacées.

herbage ['hɜ:bɪdʒ US 'ɜ:rbɪdʒ] n *(U)* [herbaceous plants] plantes *fpl* herbacées, herbages *mpl* ; [vegetation] herbage *m*.

herbal ['hɜ:bl US 'ɜ:rbl] ◆ adj aux herbes / *herbal medicine* **a)** [practice] phytothérapie *f* **b)** [medication] médicament *m* à base de plantes / *herbal tea* tisane *f*. ◆ n traité *m* sur les plantes, herbier *m* *arch*.

herbalist ['hɜ:bəlɪst, US 'ɜ:rbəlɪst] n herboriste *mf*.

herbarium [hɜ:'beərɪəm US ɜ:r'beərɪəm] (*pl* **herbaria** [-rɪə]) n herbier *m (collection)*.

herb garden n jardin *m* d'herbes aromatiques.

herbicide ['hɜ:bɪsaɪd, US 'ɜ:rbɪsaɪd] n herbicide *m*.

herbivore ['hɜ:bɪvɔ:r, US 'ɜ:rbɪvɔ:r] n herbivore *m*.

herbivorous [hɜ:'bɪvərəs, US ɜ:r'bɪvərəs] adj herbivore.

herb Paris n parisette *f*.

herb Robert n herbe *f* à Robert.

herculean, Herculean [,hɜ:kjʊ'li:ən] adj herculéen / *a herculean task* un travail de Titan or herculéen.

Hercules ['hɜ:kjʊli:z] pr n Hercule ; *fig* hercule.

herd [hɜ:d] ◆ n **1.** [of cattle, goats, sheep] troupeau *m* ; [of wild animals] troupe *f* ; [of horses] troupe *f*, bande *f* ; [of deer] harde *f* **2.** *inf* [of people] troupeau *m* *pej*, foule *f* ▸ **the herd** *pej* le peuple, la populace **3.** *arch & regional* [herdsman] gardien *m* de troupeau, pâtre *m* *liter*. ◆ vt **1.** [bring together] rassembler (en troupeau) ; [look after] garder **2.** [drive] mener, conduire / *he herded the students back into the classroom* il a reconduit les élèves dans la salle de cours. ◆ vi s'assembler en troupeau, s'attrouper.

❖ **herd together** ◆ vi s'assembler en troupeau, s'attrouper. ◆ vt sep rassembler en troupeau.

❖ **herd up** vt sep rassembler en troupeau.

herder ['hɜ:dər] n US [gen] gardien *m*, -enne *f* de troupeau ; [of cattle] vacher *m*, -ère *f*, bouvier *m*, -ère *f* ; [of sheep] berger *m*, -ère *f*.

herd instinct n instinct *m* grégaire.

herdsman ['hɜ:dzmən] (*pl* **herdsmen** [-mən]) n [gen] gardien *m* de troupeau ; [of cattle] vacher *m*, bouvier *m* ; [of sheep] berger *m*.

here [hɪər] ◆ adv **1.** [at, in this place] : *she left here yesterday* elle est partie d'ici hier / *I've lived here for two years* ça fait deux ans que j'habite ici, j'habite ici depuis deux ans / *is Susan here?* est-ce que Susan est là ? / *he won't be here next week* il ne sera pas là la semaine prochaine / *they're here* **a)** [I've found them] ils sont ici **b)** [they've arrived] ils sont arrivés / *winter is here* c'est l'hiver, l'hiver est arrivé / *the miniskirt is here to stay* la minijupe n'est pas près de disparaître / *where do I switch on the light? — here* où est l'interrupteur ? — ici / *sign here* signez ici / *it is a question here of finances* il s'agit ici d'argent / **'here lies Tom Smith'** 'ci-gît Tom Smith' ; *(after preposition)* : *around here* par ici / *it's 2 km from here* c'est à 2 km d'ici / *from here to here* d'ici jusqu'ici / *bring them in here* apportez-les (par) ici / *I'm in here* je suis là or ici / *they're over here* ils sont ici / *where are you? — over here!* où êtes-vous ? — (par) ici ! / *the water came up to here* l'eau est montée jusqu'ici ▸ **I've had it up to here** j'en ai jusque là ▸ **here today, gone tomorrow** tout passe / *any money he gets is here today and gone tomorrow* tout l'argent qu'il gagne disparaît au fur et à mesure **2.** [drawing attention to sthg] voici, voilà / *here's the key!* voilà or voici la clef ! / *here they come!* les voilà ! or voici ! / *here's a man who knows what he wants* voilà un homme qui sait ce qu'il veut / *here we are in San Francisco* nous voici à San Francisco / *have you got the paper? — here you are* vous avez le journal ? — le voilà or voici ▸ **here goes** *inf*, **here goes nothing** US *inf* allons-y ! ▸ **here we go! a)** [excitedly] c'est parti ! **b)** [wearily] et voilà, c'est reparti ! / *here we go again!* ça y est, c'est reparti pour un tour ! **3.** [emphasizing specified object, person, etc.] : *ask the lady here* demandez à cette dame ici / *it's this one here that I want* c'est celui-ci que je veux / *my friend here saw it* mon ami (que voici) l'a vu / *this here book* *inf* [that I am pointing to] ce livre-ci / *this here book you've all been talking about* *inf* ce bouquin dont vous n'arrêtez pas de parler tous **4.** [at this point] maintenant ; [at that point] alors, à ce moment-là / *here I would like to remind you…* maintenant je voudrais vous rappeler… / *here she paused* à ce moment-là, elle s'est arrêtée **5.** PHR **here's to** [in toasts] à / *here's to the newly-weds!* aux nouveaux mariés ! / *here's to your exams!* à tes examens ! / *here's to us!* à nous !, à nos amours ! ◆ interj **1.** [present] : *Alex Perrin? — here!* Alex Perrin ? — présent ! / *Emma Lindsay? — here!* Emma Lindsay ? — présente ! **2.** [giving, taking, etc.] ▸ **here!** tiens !, tenez ! / *here, give me that!* tiens, donne-moi ça ! **3.** [protesting] : *here! what do you think you're doing?* hé ! qu'est-ce que tu fais ? / *here, I never said that!* mais dites donc, je n'ai jamais dit ça !

❖ **here and now** adv phr sur-le-champ ; *(as noun)* ▸ **the here and now** le présent.

❖ **here and there** adv phr ici et là / *the paintwork needs retouching here and there* la peinture a besoin d'être refaite par endroits.

❖ **here, there and everywhere** adv phr *hum* un peu partout / *her things were scattered here, there and everywhere* ses affaires étaient éparpillées un peu partout.

hereabouts UK ['hɪərə,baʊts], **hereabout** US ['hɪərə,baʊt] adv par ici, près d'ici, dans les environs / *it must be somewhere hereabouts* ça doit être quelque part par ici.

hereafter [,hɪər'ɑ:ftər] ◆ n **1.** [life after death] au-delà *m inv* / *in the hereafter* dans l'autre monde **2.** *liter* [future] avenir *m*, futur *m*. ◆ adv **1.** *fml* LAW [in document] ci-après **2.** *liter* [after death] dans l'au-delà **3.** *liter* [in the future] désormais, dorénavant.

hereby [ˌhɪəˈbaɪ] adv *fml* LAW [in statement] par la présente (déclaration) ; [in document] par le présent (document) ; [in letter] par la présente ; [in act] par le présent acte, par ce geste ; [in will] par le présent testament / *I hereby declare you man and wife* en vertu des pouvoirs qui me sont conférés, je vous déclare mari et femme.

hereditament [ˌherɪˈdɪtəmənt] n *tout bien qui peut être transmis par héritage.*

hereditary [hɪˈredɪtrɪ] adj héréditaire.

heredity [hɪˈredətɪ] n hérédité *f*.

herein [ˌhɪərˈɪn] adv *fml* **1.** [in this respect] en ceci, en cela **2.** LAW [in this document] ci-inclus.

hereinafter [ˌhɪərɪnˈɑːftər] adv *fml* ci-après ; LAW ci-après, dans la suite des présentes.

hereof [ˌhɪərˈɒv] adv *fml* de ceci, de cela ; LAW des présentes.

hereon [ˌhɪərˈɒn] adv *fml* sur ce, là-dessus.

heresy [ˈherəsɪ] (*pl* **heresies**) n hérésie *f* / *an act of heresy* une hérésie.

heretic [ˈherətɪk] n hérétique *mf*.

heretical [hɪˈretɪkl] adj hérétique.

hereto [ˌhɪəˈtuː] adv *fml* à ceci, à cela ; LAW aux présentes.

heretofore [ˌhɪətʊˈfɔːr] adv *fml* jusqu'ici, auparavant ; LAW ci-devant.

hereunder [ˌhɪərˈʌndər] adv *fml* LAW **1.** [hereafter] ci-après, ci-dessous **2.** [under the authority of this] selon les modalités de ceci or des présentes.

hereupon [ˌhɪərəˈpɒn] adv *fml* **1.** [immediately following] sur ce, là-dessus **2.** [on this point] sur ce point, là-dessus.

herewith [ˌhɪəˈwɪð] adv *fml* **1.** [enclosed] ci-joint, ci-inclus / *I enclose herewith my curriculum vitae* veuillez trouver ci-joint mon curriculum vitae **2.** = **hereby**.

heritable [ˈherɪtəbl] adj LAW [property] dont on peut hériter ; [person] qui peut hériter.

heritage [ˈherɪtɪdʒ] n héritage *m*, patrimoine *m* / *the national heritage* le patrimoine national.

heritage centre n site *m* touristique *(faisant partie du patrimoine historique national).*

heritage officer n ≃ chargé *m*, -e *f* de mission patrimoine.

hermaphrodite [hɜːˈmæfrədaɪt] ◆ adj hermaphrodite. ◆ n hermaphrodite *m*.

hermaphroditism [hɜːˈmæfrədaɪtɪzm] n hermaphrodisme *m*.

hermeneutic(al) [ˌhɜːməˈnjuːtɪk(l)] adj herméneutique.

hermeneutics [ˌhɜːməˈnjuːtɪks] n *(U)* herméneutique *f*.

Hermes [ˈhɜːmiːz] pr n Hermès.

hermetic [hɜːˈmetɪk] adj hermétique.

hermetically [hɜːˈmetɪklɪ] adv hermétiquement.

Hermione [hɜːˈmaɪənɪ] pr n Hermione.

hermit [ˈhɜːmɪt] n [gen] ermite *m*, solitaire *m* ; RELIG ermite *m*.

hermitage [ˈhɜːmɪtɪdʒ] n ermitage *m*.

hermit crab n bernard-l'ermite *m inv*, pagure *m*.

hernia [ˈhɜːnɪə] (*pl* **hernias** *or* **herniae** [-nɪiː]) n hernie *f*.

herniated [ˈhɜːnɪeɪtɪd] adj hernié.

hero [ˈhɪərəʊ] (*pl* **heroes**) n **1.** [person] héros *m* / *they gave him a hero's welcome* ils l'ont accueilli en héros **2.** US [sandwich] *sorte de gros sandwich.*

❖ **Hero** pr n Héro.

Herod [ˈherəd] pr n Hérode.

Herodias [heˈrəʊdɪæs] pr n Hérodiade, Hérodias.

Herodotus [hɪˈrɒdətəs] pr n Hérodote.

heroic [hɪˈrəʊɪk] adj **1.** [act, behaviour, person] héroïque **2.** *liter* épique, héroïque.

heroically [hɪˈrəʊɪklɪ] adv héroïquement.

heroic couplet n distique *m* héroïque.

heroics [hɪˈrəʊɪks] pl n **1.** [language] emphase *f*, déclamation *f* ; [behaviour] affectation *f*, emphase *f* / *none of your heroics* inutile de chercher à nous impressionner **2.** LITER [heroic verse] (vers *m*) héroïques *m*.

heroic stanza n quatrain *m* en vers croisés.

heroic verse n *(U)* vers *m* héroïque.

heroin [ˈherəʊɪn] ◆ n héroïne *f*. ◆ comp ▸ **heroin addict** or **user** héroïnomane *mf* ▸ **heroin addiction** héroïnomanie *f*.

heroine [ˈherəʊɪn] n héroïne *f (femme).*

heroism [ˈherəʊɪzm] n héroïsme *m*.

heron [ˈherən] (*pl* **heron** *or* **herons**) n héron *m*.

hero worship n [admiration] adulation *f*, culte *m* (du héros) ; ANTIQ culte *m* des héros.

❖ **hero-worship** vt aduler, idolâtrer.

hero-worshipper n *personne qui voue une admiration excessive aux idoles.*

herpes [ˈhɜːpiːz] n *(U)* herpès *m* / *to have herpes* avoir de l'herpès.

herpes simplex n *(U)* herpès *m*.

herpes zoster [-ˈzɒstər] n zona *m*.

herpetologist [ˌhɜːpɪˈtɒlədʒɪst] n erpétologiste *mf*.

herpetology [ˌhɜːpɪˈtɒlədʒɪ] n ZOOL erpétologie *f*.

herring [ˈherɪŋ] (*pl* **herring** *or* **herrings**) ◆ n hareng *m*. ◆ comp ▸ **herring boat** harenguier *m*.

A red herring

Autrefois, on utilisait des harengs saurs (parfois appelés **red herrings**) dans l'entraînement des chiens à la chasse, notamment pour brouiller les pistes. En littérature, on parle d'un **red herring** lorsqu'un auteur sème la confusion et brouille les pistes, par exemple à l'aide de faux indices. Plus généralement, l'expression fait référence au fait de détourner l'attention de quelqu'un d'un sujet en évoquant une autre question ou en agissant de sorte à le distraire :

This new crime thriller has some unforgettable characters and bucketfuls of red herrings to keep you guessing until the end. *Dans ce nouveau roman policier l'auteur met en scène des personnages inoubliables et utilise une multitude d'éléments pour brouiller les pistes et nous tenir en haleine jusqu'au bout.*

Some people think emissions trading is just a red herring. *D'aucuns pensent que les échanges de quotas d'émissions ne sont qu'un leurre.*

herringbone [ˈherɪŋbəʊn] ◆ n **1.** [bone] arête *f* de hareng **2.** TEXT [pattern] (dessin *m* à) chevrons *mpl* ; [fabric] tissu *m* à chevrons **3.** CONSTR appareil *m* en épi **4.** [in skiing] montée *f* en ciseaux or en pas de canard. ◆ comp ▸ **herringbone tweed** tweed *m* à chevrons. ◆ vt **1.** SEW & TEXT faire au point d'épine (en chevron) **2.** ARCHIT faire un appareil en épi. ◆ vi monter en ciseaux or en pas de canard.

herringbone stitch n point *m* d'épine (en chevron).

herring gull n goéland *m* argenté.

hers [hɜːz] pron **1.** [gen] le sien *m*, la sienne *f*, les siens *mpl*, les siennes *fpl* / *this is my book, hers is over there* ça, c'est mon livre, le sien est là-bas / *this car is hers* cette voiture lui appartient or est à elle / *hers was the best photograph* sa photographie était la meilleure / *most speeches lasted 10 minutes, but hers lasted half an hour* la plupart des gens ont fait un discours de 10 minutes, mais le sien a duré une demi-heure / *hers is not an easy task* elle n'a pas la tâche facile **2.** [after preposition] : *she took his hand in hers* elle a pris sa main dans la sienne / *he's an old friend of hers* c'est un vieil ami à elle, c'est un de ses vieux amis / *no suggestion of hers could possibly interest him* aucune suggestion venant d'elle ne risquait de l'intéresser / *when's that book of hers coming out?* quand est-ce qu'il sort, son livre ? / *I blame that husband of hers* moi je dis que c'est de la faute de son sacré mari / *I can't stand that boyfriend / dog of hers* je ne supporte pas son copain / chien / *that (dreadful) voice of hers* sa voix (insupportable) / *that (dreadful) habit of hers* cette habitude (insupportable) qu'elle a **3.** [indicating authorship] d'elle / *are these paintings hers?* ces tableaux sont-ils d'elle ?

herself [hɜːˈself] pron **1.** [reflexive form] se, s' *(before vowel or silent 'h')* / *she introduced herself* elle s'est présentée / *she bought herself a car* elle s'est acheté une voiture / *she considers herself lucky* elle considère qu'elle a de la chance **2.** [emphatic form] elle-même / *she built the shelves herself* elle a monté les étagères elle-même / *I spoke with the teacher herself* j'ai parlé au professeur en personne **3.** [with preposition] elle / *she took it upon herself to tell us* elle a pris sur elle de nous le dire / *she has a room to herself* elle a sa propre chambre or sa chambre à elle / *the old woman was talking to herself* la vieille femme parlait toute seule / *"that's odd", she thought to herself* « c'est bizarre », se dit-elle / *she did it all by herself* elle l'a fait toute seule **4.** [her usual self] : *she isn't quite herself* elle n'est pas dans son état habituel / *she's feeling more herself now* elle va mieux maintenant.

Hershey bar® [ˈhɜːʃɪ-] n *barre de chocolat du nom d'une marque très connue aux États-Unis.*

Herts written abbr of **Hertfordshire**.

hertz [hɜːts] (*pl* **hertz**) n hertz *m*.

hertzian, **Hertzian** [ˈhɜːtsɪən] adj hertzien.

hertzian wave, **Hertzian wave** n onde *f* hertzienne.

he's [hiːz] **1.** abbr of **he is 2.** abbr of **he has**.

hesitance [ˈhezɪtəns], **hesitancy** [ˈhezɪtənsɪ] n hésitation *f*, indécision *f*.

hesitant [ˈhezɪtənt] adj **1.** [person - uncertain] hésitant, indécis ; [- cautious] réticent / *I'm hesitant about sending her to a new school* j'hésite à l'envoyer dans une nouvelle école **2.** [attempt, speech, voice] hésitant.

hesitantly [ˈhezɪtəntlɪ] adv [act, try] avec hésitation, timidement ; [answer, speak] d'une voix hésitante.

hesitate [ˈhezɪteɪt] vi hésiter / *don't hesitate to call me* n'hésitez pas à m'appeler / *she wrote to them after hesitating for some time* elle leur a écrit après avoir longuement hésité / *he will hesitate at nothing* il ne recule devant rien, rien ne l'arrête ▸ **he who hesitates is lost** *prov* un moment d'hésitation peut coûter cher.

hesitation [ˌhezɪˈteɪʃn] n hésitation *f* / *after much hesitation* après bien des hésitations, après avoir longuement hésité / *she answered with some hesitation* elle a répondu d'une voix hésitante / *I would have no hesitation in recommending him* je n'hésiterais pas à le recommander / *without a moment's hesitation* sans la moindre hésitation.

Hesperides [heˈsperɪdiːz] pl pr n ▸ **the Hesperides** les Hespérides.

Hesperus [ˈhespərəs] pr n [evening star] étoile *f* du berger ; [Venus] Vénus.

Hesse [hes] pr n Hesse *f*.

hessian [ˈhesɪən] ◆ n (toile *f* de) jute *m*. ◆ comp [fabric, sack] de jute.

het [het] *v inf* ◆ adj hétéro. ◆ n hétéro *mf*.

hetero [ˈhetərəʊ] (*pl* **heteros**) *inf* ◆ adj hétéro. ◆ n hétéro *mf*.

heteroclite [ˈhetərəklaɪt] ◆ adj hétéroclite. ◆ n mot *m* hétéroclite.

heterodox [ˈhetərədɒks] adj hétérodoxe.

heterodoxy [ˈhetərədɒksɪ] n hétérodoxie *f*.

heterodyne [ˈhetərədaɪn] ◆ adj hétérodyne. ◆ n hétérodyne *f*.

heterogeneous [ˌhetərəˈdʒiːnjəs] adj hétérogène.

heteromorphic [ˌhetərə'mɔːfɪk], **heteromorphous** [ˌhetərə'mɔːfəs] adj hétéromorphe.

heteronym ['hetərənɪm] n homographe *m* à prononciation différente.

heterosexism [ˌhetərə'seksɪzm] n hétérosexisme *m*.

heterosexual [ˌhetərə'sekʃʊəl] ◆ adj hétérosexuel. ◆ n hétérosexuel *m*, -elle *f*.

heterosexuality ['hetərəˌsekʃʊ'ælətɪ] n hétérosexualité *f*.

het up adj *inf* [angry] énervé ; [excited] excité, agité ▸ **to get all het up (about sthg)** se mettre dans tous ses états or s'énerver (pour qqch).

heuristic [hjʊə'rɪstɪk] adj heuristique.

heuristics [hjʊə'rɪstɪks] n *(U)* heuristique *f*.

hew [hjuː] (*pt* **hewed**, *pp* **hewed** *or* **hewn** [hjuːn]) ◆ vt [wood] couper ; [stone] tailler ; [coal] abattre / *to hew away* or *off a branch* élaguer une branche / *to hew down a tree* abattre un arbre / *they hewed a path through the undergrowth* ils se sont taillé or frayé un chemin à travers le sous-bois (à coups de hache) / *he hewed a statue out of the marble* il a taillé une statue dans le marbre. ◆ vi **1.** [strike with blows] frapper (à coups de hache) **2.** US [conform] se conformer / *they hewed to the company line* ils se sont pliés à la politique de la société.

HEW (abbr of **(Department of) Health, Education and Welfare**) pr n *ancien ministère américain de l'Éducation et de la Santé publique.*

hewer ['hjuːəʳ] n [of tree] abatteur *m* ; [of stone, wood] tailleur *m* ; [of coal] haveur *m*.

hex [heks] US ◆ n **1.** [spell] sort *m*, sortilège *m* ▸ **to put a hex on sb** jeter un sort à qqn **2.** [witch] sorcière *f*. ◆ vt jeter un sort à.

hexachlorophene [ˌheksə'klɔːrəfiːn] n hexachlorophène *m*.

hexachord ['heksəkɔːd] n hexacorde *m*.

hexadecimal (notation) [ˌheksə'desɪml-] n COMPUT codes *mpl* hexadécimaux, notation *f* hexadécimale.

hexagon ['heksəgən] n hexagone *m*.

hexagonal [hek'sægənl] adj hexagonal.

hexahedron [ˌheksə'hedrən] (*pl* **hexahedrons** *or* **hexahedra** [-drə]) n hexaèdre *m*.

hexameter [hek'sæmɪtəʳ] n hexamètre *m*.

hexapod ['heksəpɒd] n hexapode *m*.

hex sign n *panneau en bois portant un emblème décoratif typique des fermes en Pennsylvanie.*

hey [heɪ] interj ▸ **hey! a)** [to draw attention] hé !, ohé ! **b)** [to show surprise] tiens ! ▸ **hey presto!** [magician] passez muscade !, et hop ! ▸ **hey (there)!** US [as greeting] salut !

heyday ['heɪdeɪ] n [of cinema, movement] âge *m* d'or, beaux jours *mpl* ; [of nation, organization] zénith *m*, apogée *m* / *in her heyday* **a)** [youth] quand elle était dans la force de l'âge **b)** [success] à l'apogée de sa gloire, au temps de sa splendeur / *Hollywood in its heyday* l'âge d'or d'Hollywood / *the heyday of British theatre* l'âge d'or du théâtre britannique.

Hezekiah [ˌhezɪ'kaɪə] pr n Ézéchias.

HF (abbr of **high frequency**) HF.

HGV (abbr of **heavy goods vehicle**) n UK PL *m* ▸ **an HGV licence** un permis PL.

hi [haɪ] interj *inf* **1.** [hello] salut **2.** [hey] hé, ohé.

HI written abbr of **Hawaii**.

hiatus [haɪ'eɪtəs] (*pl* **hiatus** *or* **hiatuses**) n ANAT, LING & LITER hiatus *m* ; [in manuscript] lacune *f* ; [break, interruption] pause *f*, interruption *f*.

hiatus hernia n hernie *f* hiatale.

Hiawatha [ˌhaɪə'wɒθə] pr n *chef indien qui mit fin aux guerres tribales du XVᵉ siècle et qui devint le héros d'un poème de Longfellow.*

hibachi [hɪ'bɑːtʃɪ] n *petit barbecue de table.*

hibernal [haɪ'bɜːnl] adj hibernal.

hibernate ['haɪbəneɪt] vi hiberner.

hibernation [ˌhaɪbə'neɪʃn] n hibernation *f*.

Hibernian [haɪ'bɜːnjən] ◆ adj irlandais. ◆ n Irlandais *m*, -e *f*. ◆ pr n FOOT *équipe de football d'Édimbourg.*

hibiscus [hɪ'bɪskəs] n hibiscus *m*.

hiccough ['hɪkʌp], **hiccup** ['hɪkʌp] ◆ n **1.** [sound] hoquet *m* / *to have (the) hiccoughs* avoir le hoquet / *it gave me the hiccoughs* cela m'a donné le hoquet **2.** [problem] contretemps *m*. ◆ vi hoqueter.

hick [hɪk] US *inf* ◆ n péquenaud *m*, -e *f*, plouc *mf*. ◆ adj de péquenaud ▸ **hick town** bled *m pej.*

hickey ['hɪkɪ] n US *inf* **1.** [gadget] bidule *m* **2.** [love-bite] suçon *m*.

hickory ['hɪkərɪ] (*pl* **hickories**) ◆ n [tree] hickory *m*, noyer *m* blanc d'Amérique ; [wood] (bois *m* de) hickory *m*. ◆ comp en (bois de) hickory ▸ **a hickory table** une table en hickory ▸ **hickory nut** fruit *m* du hickory, noix *f* d'Amérique.

hid [hɪd] pt ⟶ **hide**.

hidden ['hɪdn] ◆ pp ⟶ **hide**. ◆ adj caché / *hidden from sight* à l'abri des regards indiscrets, caché / *a village hidden away in the mountains* un village caché or niché dans les montagnes / *a hidden meaning* un sens caché / *she has hidden talents* elle a des talents cachés / *a hidden agenda* un plan secret ▸ **hidden camera** caméra *f* cachée or invisible ▸ **hidden economy** économie *f* parallèle ▸ **hidden tax** impôt *m* indirect or déguisé.

hide [haɪd] (*pt* **hid** [hɪd], *pp* **hidden** ['hɪdn]) ◆ vt **1.** [conceal - person, thing] cacher ; [- disappointment, dismay, fright] dissimuler ▸ **to hide sthg from sb a)** [ball, letter] cacher qqch à qqn **b)** [emotion] dissimuler qqch à qqn / *we have nothing to hide* nous n'avons rien à cacher or à dissimuler / *the boy hid himself behind the door* le garçon s'est caché derrière la porte / *she hid her face* elle s'est caché le visage / *he hid it from sight* il l'a dissimulé or l'a dérobé aux regards ▸ **to hide one's light under a bushel** cacher ses talents / *she doesn't hide her light under a bushel* ce n'est pas la modestie qui l'étouffe **2.** [keep secret] taire, dissimuler / *to hide the truth (from sb)* taire or dissimuler la vérité (à qqn). ◆ vi se cacher ▸ **to hide from sb** se cacher de qqn / *he's hiding from the police* il se cache de la police / *the ambassador hid behind his diplomatic immunity* *fig* l'ambassadeur s'est réfugié derrière son immunité diplomatique. ◆ n **1.** UK cachette *f* ; [in hunting] affût *m* **2.** [animal skin - raw] peau *f* ; [- tanned] cuir *m* **3.** *inf & fig* [of person] peau *f* / *I'll have your hide for that* tu vas me le payer cher / *I haven't seen hide nor hair of them* je n'ai eu aucune nouvelle d'eux. ◆ adj de or en cuir.

❖ **hide away** ◆ vi se cacher ▸ **to hide away (from sb / sthg)** se cacher (de qqn / qqch). ◆ vt sep cacher.

❖ **hide out** vi se tenir caché / *he's hiding out from the police* il se cache de la police.

hide-and-seek n cache-cache *m* / *to play (at) hide-and-seek* jouer à cache-cache.

hideaway ['haɪdəweɪ] n cachette *f*.

hidebound ['haɪdbaʊnd] adj [person] obtus, borné ; [attitude, view] borné, rigide.

hideous ['hɪdɪəs] adj **1.** [physically ugly] hideux, affreux **2.** [ghastly - conditions, situation] atroce, abominable.

hideously ['hɪdɪəslɪ] adv **1.** [deformed, wounded] hideusement, atrocement, affreusement **2.** *fig* [as intensifier] terriblement, horriblement / *hideously expensive* horriblement cher.

hideout ['haɪdaʊt] n cachette *f*.

hidey-hole ['haɪdɪhəʊl] n *inf* planque *f*.

hiding ['haɪdɪŋ] n **1.** [concealment] ▸ **to be in hiding** se tenir caché ▸ **to go into hiding a)** [criminal] se cacher, se planquer **b)** [spy, terrorist] entrer dans la clandestinité **2.** *inf* [thrashing] rossée *f* ▸ **to give sb a good hiding** donner une bonne raclée à qqn **3.** [defeat] raclée *f*, dérouillée *f* / *they got a good hiding in the election* ils ont pris une raclée aux élections **4.** PHR ▸ **to be on a hiding to nothing** UK être voué à l'échec.

hiding place n cachette *f*.

hidy-hole ['haɪdɪhəʊl] *inf* = **hidey-hole**.

hie [haɪ] (*cont* **hieing** *or* **hying**) *arch & hum* ◆ vi se hâter, se presser. ◆ vt hâter, presser ▸ **hie thee hence!** hors d'ici !

hierarchic [ˌhaɪə'rɑːkɪk] adj hiérarchique.

hierarchically [ˌhaɪə'rɑːkɪklɪ] adv hiérarchiquement.

hierarchy ['haɪərɑːkɪ] (*pl* **hierarchies**) n **1.** [organization into grades] hiérarchie *f* ; [of animals, plants] classification *f*, classement *m* **2.** [upper levels of authority] dirigeants *mpl*, autorités *fpl*.

hieratic [ˌhaɪə'rætɪk] adj hiératique.

hieroglyph ['haɪərəglɪf] n hiéroglyphe *m*.

hieroglyphic [ˌhaɪərə'glɪfɪk] ◆ adj hiéroglyphique. ◆ n hiéroglyphe *m*.

hieroglyphics [ˌhaɪərə'glɪfɪks] pl n écriture *f* hiéroglyphique.

hi-fi ['haɪfaɪ] (abbr of **high fidelity**) *inf* ◆ n **1.** *(U)* hi-fi *f inv* **2.** [stereo system] chaîne *f* (hi-fi) ; [radio] radio *f* (hi-fi). ◆ comp [equipment, recording, system] hi-fi *(inv)* ▸ **a hi-fi system** une chaîne (hi-fi).

higgledy-piggledy [ˌhɪgldɪ'pɪgldɪ] *inf* ◆ adv pêle-mêle, en désordre. ◆ adj en désordre, pêle-mêle.

high [haɪ] ◆ adj **1.** [tall] haut / *how high is that building?* quelle est la hauteur de ce bâtiment ? / *the walls are three metres high* les murs ont or font trois mètres de haut, les murs sont hauts de trois mètres / *the building is eight storeys high* c'est un immeuble de or à huit étages / *when I was only so high* quand je n'étais pas plus grand que ça **2.** [above ground level - river, tide] haut ; [- altitude, shelf] haut, élevé / *the sun was high in the sky* le soleil était haut **3.** [above average - number] grand, élevé ; [- speed, value] grand ; [- cost, price, rate] élevé ; [- salary] élevé, gros (grosse) ; [- pressure] élevé, haut ; [- polish] brillant / *to the highest degree* au plus haut degré, à l'extrême / *she suffers from high blood pressure* elle a de la tension / *built to withstand high temperatures* conçu pour résister à des températures élevées / *he has a high temperature* il a beaucoup de température or fièvre / *areas of high unemployment* des régions à fort taux de chômage / *milk is high in calcium* le lait contient beaucoup de calcium / *high winds* des vents violents, de grands vents ▸ **the highest common factor** MATH le plus grand facteur commun **4.** [better than average - quality] grand, haut ; [- standard] haut, élevé ; [- mark, score] élevé, bon ; [- reputation] bon / *high-quality goods* articles de qualité supérieure or de première qualité / *our chances of success remain high* nos chances de succès restent très bonnes / *to have a high opinion of sb* avoir une bonne or haute opinion de qqn / *he has a high opinion of himself* il a une haute idée de lui-même / *she speaks of you in the highest terms* elle dit le plus grand bien de vous / *one of the highest honours in the arts* l'un des plus grands honneurs dans le monde des arts **5.** [honourable - ideal, thought] noble, élevé ; [- character] noble / *a man of high principles* un homme qui a des principes (élevés) / *he took a very high moral tone* il prit un ton très moralisateur **6.** [of great importance or rank] haut, important / *a high official* un haut fonctionnaire / *we have it on the highest authority* nous le tenons de la source la plus sûre ▸ **to have friends in high places** avoir des relations haut placées, avoir le bras long / *of high rank* de haut rang **7.** [sound, voice] aigu (aiguë) ; MUS [note] haut **8.** [at peak] ▸ **high summer** plein été *m* / *it was high summer* c'était au cœur de l'été / *it's high time we were leaving* il est grand temps qu'on parte ▸ **the High Middle Ages** le Haut Moyen Âge **9.** [intensely emotional] : *resentment was high* il y avait énormément de ressentiment / *moments of high drama* des moments extrêmement dramatiques / *high adventure* grande aventure / *high tragedy* THEAT grande tragédie **10.** UK [complexion] rougeaud, rubicond ▸ **to have a high colour** être haut en couleur **11.** [elaborate, formal - language, style] élevé, soutenu / *high register language* langage élevé or soutenu **12.** [prominent - cheekbones] saillant **13.** CARDS haut / *the highest card* la carte maîtresse **14.** UK [meat] avancé, faisandé ; [butter, cheese] rance **15.** [remote] haut ▸ **High Antiquity** Haute Antiquité **16.** GEOG [latitude] haut **17.** [conservative] : *a high Tory* un tory ultra-conservateur / *a high Anglican* un anglican de tendance conservatrice **18.** LING [vowel] fermé **19.** [excited] excité, énervé ; [cheerful] plein d'entrain, enjoué / *spirits are high amongst the staff* la bonne humeur règne parmi le personnel / *we had a high old time* *dated* on s'est amusés comme des fous **20.** *inf* [drunk] parti, éméché / *he gets high on sailing* *fig* il prend son pied en faisant de la voile ▸ **to feel (as) high as a kite** : *they were feeling as high as kites* **a)** [drunk] ils étaient bien partis **b)** [drugged] ils planaient **c)** [happy] ils étaient au septième ciel. ◆ adv **1.** [at, to a height] haut, en haut ; [at a great altitude] à haute altitude, à une altitude élevée ▸ **up high** en haut ▸ **higher up** plus haut / *higher and higher* de plus en plus haut / *he raised both hands high* il a levé les deux mains en l'air / *the kite flew high up in the sky* le cerf-volant est monté très haut dans le ciel / *she threw the ball high into the air* elle a lancé le ballon très haut / *the geese flew high over the fields* les oies volaient très haut au-dessus des champs / *the shelf was high above her head* l'étagère était bien au-dessus de sa tête / *he rose high in the company* il a accédé aux plus hauts échelons de la société ; *fig* ▸ **to look high and low for sthg** or **sb** : *we looked high and low for him* nous l'avons cherché partout ▸ **to set one's sights high** or **to aim high** viser haut / *they're flying high* ils visent haut, ils voient grand ▸ **to hold one's head high** *lit & fig* porter la tête haute ▸ **to leave sb high and dry** laisser qqn en plan **2.** [at, to a greater degree than normal] haut / *they set the price / standards too high* ils ont fixé un prix / niveau trop élevé / *I turned the heating up high* j'ai mis le chauffage à fond / *he rose higher in my esteem* il est monté encore plus dans mon estime / *salaries can go as high as £30,000* les salaires peuvent monter jusqu'à or atteindre 30 000 livres / *I had to go as high as £50* il a fallu que j'aille or que je monte jusqu'à 50 livres / *the card players played high* les joueurs de cartes ont joué gros (jeu) ▸ **to run high a)** [river] être en crue **b)** [sea] être houleuse or grosse / *feelings were running high* les esprits se sont échauffés **3.** PHR ▸ **to live high off** or **on the hog** US *inf* vivre comme un roi or nabab. ◆ n **1.** [height] haut *m* ▸ **on high a)** [at a height] en haut **b)** *fig* [in heaven] au ciel / *the decision came from on high* *hum* la décision fut prononcée en haut lieu **2.** [great degree or level] haut *m* / *to reach a new high* atteindre un nouveau record / *prices are at an all-time high* les prix ont atteint leur maximum / *the highs and lows* ST. EX les hausses et les baisses **3.** [setting on iron, stove] : *I put the oven on high* j'ai mis le four sur très chaud **4.** AUTO [fourth gear] quatrième *f* ; [fifth gear] cinquième *f* **5.** METEOR [anticyclone] anticyclone *m* **6.** *inf* [state of excitement] : *she's been on a permanent high since he came back* elle voit tout en rose depuis son retour ▸ **to be on a high a)** [drunk] être (complètement) parti **b)** [on drugs] planer.

❖ **High** n RELIG ▸ **the Most High** le Très-Haut.

-high in comp à la hauteur de... ▸ **shoulder-high** à la hauteur de l'épaule.

high altar n maître-autel *m*.

high-and-mighty adj arrogant, impérieux ▸ **to be high-and-mighty** se donner de grands airs / *don't act so high-and-mighty* descends de tes grands chevaux, ne prends pas tes airs de grand seigneur / grande dame.

high-angle shot n CIN plan *m* en plongée.

highball ['haɪˌbɔːl] US ◆ n *boisson à base d'un alcool avec de l'eau et des glaçons.* ◆ vi aller grand train or à toute vitesse, foncer. ◆ vt conduire à toute vitesse or à toute allure.

high board n plongeoir *m* le plus haut.

highborn ['haɪbɔːn] adj bien né, de bonne or haute naissance.

highboy ['haɪbɔɪ] n US commode *f* (haute).

highbrow ['haɪbraʊ] ◆ adj [literature, film] pour intellectuels ; [taste] intellectuel. ◆ n intellectuel *m*, -elle *f*, grosse tête *f*.

high-cal adj US *inf* : *I avoid high-cal food* j'évite tout ce qui est calorique.

high camp n **1.** [affectation] affectation *f*, cabotinage *m* **2.** [effeminate behaviour] manières *fpl* efféminées **3.** [style] kitsch *m*.

high chair n chaise *f* haute (pour enfants).

High Church ◆ n Haute Église *f (anglicane)*. ◆ adj propre au mouvement de la Haute Église.

High Churchman n *membre du mouvement de la Haute Église (anglicane).*

high-class adj [person] de la haute société, du grand monde ; [flat, neighbourhood] de grand standing ; [job, service] de premier ordre ; [car, hotel, restaurant] de luxe / *a high-class prostitute* une prostituée de luxe.

high-coloured adj rougeaud, rubicond.

high comedy n THEAT comédie *f* au dialogue brillant / *the debate ended in scenes of high comedy* le débat se termina par des scènes du plus haut comique.

high command n haut commandement *m*.

high commissioner n [gen & ADMIN] haut commissaire *m*.

High Court ◆ n ▸ **the High Court (of Justice)** ≃ le tribunal de grande instance *(principal tribunal civil en Angleterre et au pays de Galles)* ▸ **the High Court of Judiciary** *la plus haute instance de justice en Écosse.* ◆ comp ▸ **High Court judge** ≃ juge *m* du tribunal de grande instance.

high-definition adj à haute définition.

high-density adj **1.** [housing] à grande densité de population **2.** COMPUT haute densité.

high-diving n plongeon *m* de haut vol, haut vol *m*.

high-end adj [top-of-the-range] haut de gamme.

high-energy adj à haut rendement énergétique / *a high-energy diet* un régime hypercalorique or riche en calories.

higher ['haɪəʳ] ◆ adj **1.** [at greater height] plus haut **2.** [advanced] supérieur / *higher animals* animaux supérieurs / *a sum higher than 50* somme supérieure à 50 / *people in the higher income brackets* les gens appartenant aux tranches de revenus supérieurs / *institute of higher learning* institut *m* de hautes études / *the higher forms* or *classes* SCH les grandes classes, les classes supérieures. ◆ adv plus haut. ◆ n Scot = **Higher Grade.**

higher degree n diplôme *m* d'études supérieures.

higher education n enseignement *m* supérieur ▸ **to go on to higher education** faire des études supérieures.

Higher Grade n Scot diplôme *m* de fin d'études secondaires ; ≃ baccalauréat *m*.

higher mathematics n *(U)* mathématiques *fpl* supérieures.

Higher National Certificate n *brevet de technicien en Grande-Bretagne* ; ≃ BTS *m*.

Higher National Diploma n *brevet de technicien supérieur en Grande-Bretagne* ; ≃ DUT *m*.

higher-up n *inf* supérieur *m*, -e *f*.

highest ['haɪɪst] superl ⟶ **high.**

highfalutin [ˌhaɪfəˈluːtɪn] adj *inf* affecté, prétentieux / *I'm tired of her highfalutin ways* j'en ai assez de ses airs de grande dame.

high fashion n haute couture *f*.

high-fibre adj [food, diet] riche en fibres.

high fidelity n haute-fidélité *f*.

❖ **high-fidelity** adj haute-fidélité / *high fidelity equipment* matériel *m* hi-fi.

high finance n haute finance *f*.

high-five n *inf geste que font deux personnes pour se féliciter ou se dire bonjour et qui consiste à se taper dans la main.*

high-flier n [ambitious person] ambitieux *m*, -euse *f*, jeune loup *m* ; [talented person] cerveau *m*, grosse tête *f*, crack *m*.

high-flown adj **1.** [ideas, plans] extravagant **2.** [language] ampoulé, boursouflé ; [style] ampoulé.

high-flyer = **high-flier.**

high-flying adj **1.** [aircraft] qui vole à haute altitude ; [bird] qui vole haut **2.** [person] ambitieux ; [behaviour, goal] extravagant.

high frequency n haute fréquence *f*.

❖ **high-frequency** adj à or de haute fréquence.

Highgate ['haɪgeɪt] pr n *quartier du nord de Londres, connu pour son cimetière où repose, entre autres, Karl Marx.*

high gear n AUTO [fourth] quatrième *f* (vitesse *f*) ; [fifth] cinquième *f* (vitesse *f*) / *they moved into high gear* *fig* ils se sont dépêchés.

High German n haut allemand *m*.

high-grade adj de haute qualité, de premier ordre / *high-grade beef / fruit* bœuf / fruits de premier choix / *high-grade minerals* minéraux *mpl* à haute teneur / *a high-grade idiot* *fig* un imbécile de premier ordre.

high-handed adj [overbearing] autoritaire, despotique ; [inconsiderate] cavalier.

high-handedness [-ˈhændɪdnɪs] n [overbearing attitude - of person] caractère *m* autoritaire, despotisme *m* ; [- of behaviour] caractère *m* arbitraire ; [lack of consideration] caractère *m* cavalier.

high-hat *inf* ◆ adj snob, hautain. ◆ vt US snober, traiter de haut. ◆ n snob *m*.

high-heeled [-ˈhiːld] adj à talons hauts, à hauts talons.

high heels pl n hauts talons *mpl*.

high-income adj à revenus élevés.

highjack ['haɪdʒæk] = **hijack.**

high jinks pl n *inf* chahut *m* / *they're up to their usual high jinks* ils font les imbéciles comme d'habitude / *there were some high jinks at the party last night* on s'est amusés comme des fous à la soirée d'hier.

high jump n SPORT saut *m* en hauteur / *you're for the high jump when he finds out!* UK *inf & fig* qu'est-ce que tu vas prendre quand il l'apprendra !

high jumper n sauteur *m (qui fait du saut en hauteur).*

high-key adj comprenant peu de contraste, high-key.

highland ['haɪlənd] ◆ n région *f* montagneuse. ◆ adj des montagnes.

❖ **Highland** adj [air, scenery] des Highlands ; [holiday] dans les Highlands ▸ **Highland dress** *costume écossais pour les hommes.*

❖ **Highlands** pl n GEOG ▸ **the Highlands** [of Scotland] les Highlands *fpl*.

Highland cattle pl n race *f* bovine des Highlands.

Highland Clearances pl n *aux XVIIIe et XIXe siècles, déplacement souvent forcé des populations d'une partie des Highlands d'Écosse dans le but d'affecter les terres à l'élevage de moutons.*

highlander ['haɪləndəʳ] n [mountain dweller] montagnard *m*, -e *f*.

❖ **Highlander** n habitant *m*, -e *f* des Highlands, Highlander *m*.

Highland fling n *danse des Highlands traditionnellement exécutée en solo.*

Highland games pl n jeux *mpl* écossais.

Highland games

En Écosse, fête de plein air où se déroulent simultanément des concours (danse, cornemuse) et des épreuves sportives (courses, lancer du marteau, lancer de troncs [**tossing the caber**], tir à la corde [**tug-of-war**], ces deux derniers étant typiquement écossais).

high-level adj **1.** [discussion, meeting] à un haut niveau ; [diplomat, official] de haut niveau, de rang élevé / *high-level officers* **a)** [of company] cadres supérieurs **b)** MIL officiers supérieurs **2.** COMPUT ▸ **high-level language** langage *m* évolué or de haut niveau.

high life n ▸ **the high life** la grande vie / *she has a taste for the high life* elle a des goûts de luxe ▸ **to lead** or **to live the high life** mener la grande vie.

highlight ['haɪlaɪt] ◆ vt **1.** [emphasize] souligner, mettre en relief / *the report highlights the desperate plight of the refugees* le rapport fait ressortir or souligne la situation désespérée des réfugiés **2.** [with pen] surligner ; COMPUT mettre en surbrillance ▸ **highlighted text** texte *m* en surbrillance **3.** ART & PHOT rehausser **4.** [hair] faire des mèches dans. ◆ n **1.** [major event - of news] événement *m* le plus marquant ; [- of evening, holiday] point *m* culminant, grand moment *m* / *the news highlights* les grands titres de l'actualité / *the highlight of the party* le clou de la soirée **2.** [in hair - natural] reflet *m* ; [- bleached] mèche *f* / *she has had highlights (put in her hair)* elle s'est fait faire des mèches **3.** ART & PHOT rehaut *m*.

highlighter (pen) ['haɪlaɪtər] n surligneur *m*.

highly ['haɪlɪ] adv **1.** [very] très, extrêmement / *it's highly improbable* c'est fort peu probable / *a highly polished table* une table d'un beau poli / *the dish was highly seasoned* le plat était fortement relevé or épicé **2.** [very well] très bien / *very highly paid* très bien payés **3.** [favourably] : *to speak / think highly of sb* dire / penser beaucoup de bien de qqn / *he praised her work highly* il a chanté (haut) les louanges de son travail / *I highly recommend it* je vous le conseille vivement or chaudement **4.** [at an important level] haut / *a highly placed source* une source haut placée / *a highly placed official* **a)** [gen] un officiel de haut rang **b)** ADMIN un haut fonctionnaire.

highly-strung adj nerveux, tendu.

high mass, High Mass n grand-messe *f*.

high-minded adj de caractère noble, qui a des principes (élevés).

high-necked [-nekt] adj à col haut or montant.

highness ['haɪnɪs] n [of building, wall] hauteur *f*.

❖ **Highness** n [title] ▸ **His / Her Highness** son Altesse *f*.

high noon n plein midi *m* / *at high noon* à midi pile / **'High Noon'** *Zinnemann* 'le Train sifflera trois fois'.

high-octane adj *lit* à haut degré d'octane / *high-octane petrol* **a)** supercarburant *m*, super *m* **b)** *fig* explosif.

high-performance adj performant.

high-pitched adj **1.** [sound, voice] aigu (aiguë) ; MUS [note] haut **2.** [argument, discussion] passionné ; [style] ampoulé ; [excitement] intense **3.** [roof] à forte pente.

high place n RELIG haut lieu *m*.

high point n [major event - of news] événement *m* le plus marquant ; [- of evening, holiday] point *m* culminant, grand moment *m* ; [- of film, novel] point *m* culminant / *the high point of the party* le clou de la soirée.

high-powered [-'paʊəd] adj **1.** [engine, rifle] puissant, de forte puissance ; [microscope] à fort grossissement **2.** [dynamic - person] dynamique, entreprenant ; [- advertising, course, method] dynamique **3.** [important] très important.

high-pressure ◆ adj **1.** [cylinder, gas] à haute pression ▸ **high-pressure area** METEOR anticyclone *m*, zone *f* de hautes pressions (atmosphériques) **2.** *fig* [methods, selling] agressif ; [job, profession] stressant / *a high-pressure salesman* un vendeur de choc. ◆ vt US *inf* forcer la main à / *she high-pressured me to do it* or *into doing it* elle m'a forcé la main pour que je le fasse.

high priest n grand prêtre *m* / *the high priests of fashion fig* les gourous de la mode.

high priestess n grande prêtresse *f* / *the high priestess of rock fig* la grande prêtresse du rock.

high-principled adj aux principes élevés.

high profile n ▸ **to have a high profile** être très en vue.

❖ **high-profile** adj [job, position] qui est très en vue ; [campaign] qui fait beaucoup de bruit.

high-ranking adj de haut rang, de rang élevé / *a high-ranking official* ADMIN un haut fonctionnaire.

high relief n haut-relief *m*.

high-rent adj **1.** [housing] à loyer élevé **2.** US [high-quality] haut de gamme *(inv)*.

high-res [haɪrez] adj *inf* abbr of **high-resolution**.

high-resolution adj à haute résolution.

high-rise adj [flat] qui est dans une tour ; [skyline] composé de tours.

❖ **high rise** n tour *f (immeuble)*.

high-risk adj à haut risque, à hauts risques.

high road n **1.** [main road] route *f* principale, grand-route *f* **2.** *fig* [most direct route] bonne voie *f* / *he's on the high road to success* il est en bonne voie de réussir / *the high road to fame* la voie de la gloire.

high roller n US *inf* [spendthrift] dépensier *m*, -ère *f* ; [gambler] flambeur *m*.

high school ◆ n [in US] ≃ lycée *m* ; [in UK] établissement *m* d'enseignement secondaire / *she's still at high school* elle est toujours scolarisée or va toujours au lycée. ◆ comp [diploma] de fin d'études secondaires ; [teacher] de lycée.

high seas pl n : *on the high seas* en haute or pleine mer.

high season n haute or pleine saison *f* / *during the high season* en haute or pleine saison.

❖ **high-season** comp [prices] de haute saison.

High Sheriff n *dans les comtés anglais et gallois, représentant officiel du monarque.*

high sign n US signe *m* ▸ **to give sb the high sign** faire signe à qqn.

high society n haute société *f*, grand monde *m*.

high-sounding adj [ideas] grandiloquent, extravagant ; [language, title] grandiloquent, ronflant *pej*.

high-speed adj ultra-rapide / *high-speed train* train *m* à grande vitesse, TGV *m*.

high-spirited adj **1.** [person] plein d'entrain or de vivacité ; [activity, fun] plein d'entrain **2.** [horse] fougueux, nerveux.

high spirits pl n pétulance *f*, vitalité *f*, entrain *m* ▸ **to be in high spirits** avoir de l'entrain, être plein d'entrain ▸ **to put sb in high spirits** mettre qqn de bonne humeur.

high spot n **1.** = **high point 2.** US [place] endroit *m* intéressant / *we hit all the high spots* [tourists] nous avons vu toutes les attractions touristiques.

high-stepping adj **1.** [horse] qui lève haut les pieds **2.** *fig* [person] qui aime se divertir ; [town] qui offre beaucoup de divertissements.

high street n UK ▸ **the high street** la grand-rue, la rue principale / *the high street has been badly hit by the recession* les commerçants ont été durement touchés par la récession.

❖ **high-street** comp UK ▸ **the high-street banks** les grandes banques *(britanniques)* ▸ **high-street shops** le petit commerce ▸ **high-street fashion** prêt-à-porter *m*.

high-strung = **highly-strung**.

high table n UK [for guests of honour] table *f* d'honneur ; SCH & UNIV table *f* des professeurs.

hightail ['haɪteɪl] vt US *inf* filer / *I hightailed it out of there* j'ai foutu le camp / *you'd better hightail it back home* tu as intérêt à rentrer le plus vite possible.

high tea n *repas léger pris en début de soirée et accompagné de thé.*

high tech n **1.** [technology] technologie *f* avancée or de pointe **2.** [style] high-tech *m*.

❖ **high-tech** comp **1.** [industry, sector] de pointe ; [equipment] de haute technicité **2.** [furniture, style] high-tech *(inv)*.

high-tension adj à haute tension.

high tide n **1.** [of ocean, sea] marée *f* haute / *at high tide* à marée haute **2.** *fig* [of success] point *m* culminant.

high-tops pl n baskets *fpl*.

high treason n haute trahison *f*.

high-up *inf* ◆ n [important person] gros bonnet *m*, huile *f* ; [hierarchical superior] supérieur *m*, -e *f*. ◆ adj haut placé.

high water n [of ocean, sea] marée *f* haute ; [of river] crue *f* / *the river is at high water* le fleuve est en crue.

high water mark n **1.** [of ocean, river] niveau *m* des hautes eaux **2.** *fig* [of success] point *m* culminant.

highway ['haɪweɪ] n [road] route *f* ; US [main road] grande route, route nationale ; US [public road] voie *f* publique ; US [interstate] autoroute *f* ▸ **all the highways and byways** tous les chemins.

Highway Code n UK ▸ **the Highway Code** le code de la route.

highwayman ['haɪweɪmən] (*pl* **highwaymen** [-mən]) n bandit *m* de grand chemin.

highway robbery n banditisme *m* de grand chemin / *that's highway robbery! inf & fig* c'est du vol !

high wire n corde *f* raide or de funambule ▸ **to walk the high wire** marcher sur la corde raide.

hijack ['haɪdʒæk] ◆ vt **1.** [plane] détourner ; [car, train] s'emparer de, détourner **2.** [rob] voler. ◆ n détournement *m*.

hijacker ['haɪdʒækər] n **1.** [of plane] pirate *m* (de l'air) ; [of car, train] gangster *m* **2.** [robber] voleur *m*.

hijacking ['haɪdʒækɪŋ] n **1.** [of car, plane, train] détournement *m* **2.** [robbery] vol *m*.

hike [haɪk] ◆ vi faire de la marche à pied / *we went hiking in the mountains* nous avons fait des excursions or des randonnées à pied dans les montagnes / *he hiked through Spain* il a parcouru l'Espagne à pied. ◆ vt **1.** [walk] faire à pied, marcher / *to hike 5 kilometres* faire 5 kilomètres à pied / *we hiked all the way home* on a dû faire le chemin du retour à pied **2.** [price] augmenter (brusquement). ◆ n **1.** [gen & MIL] marche *f* à pied ; [long walk] randonnée *f* à pied, marche *f* à pied ; [short walk] promenade *f* / *they went for a four-hour hike* ils ont fait une excursion or une randonnée de quatre heures à pied / *it's a bit of a hike into town inf* ça fait une petite trotte pour aller en ville ▸ **take a hike!** *inf* dégage ! **2.** US [increase] hausse *f*, augmentation *f* / *price hike* hausse *f* des prix / *tax hike* augmentation *f* d'impôts.

❖ **hike up** vt sep **1.** [hitch up - skirt] relever ; [- trousers] remonter / *she hiked herself up over the wall* elle s'est hissée au-dessus du mur **2.** [price, rent] augmenter (brusquement).

hiker ['haɪkər] n [gen & MIL] marcheur *m*, -euse *f* ; [in mountains, woods] randonneur *m*, -euse *f*, promeneur *m*, -euse *f*.

hiking ['haɪkɪŋ] n *(U)* [gen & MIL] marche *f* à pied ; [in mountains, woods] randonnée *f*, trekking *m* ▸ **hiking boots** chaussures *fpl* de marche.

hilarious [hɪ'leərɪəs] adj [funny - person, joke, story] hilarant / *his stories are hilarious* ses histoires sont à se tordre de rire / *we had a hilarious time last night* nous nous sommes amusés comme des fous hier soir.

hilariously [hɪ'leərɪəslɪ] adv joyeusement, gaiement / *the film's hilariously funny* le film est à se tordre de rire.

hilarity [hɪ'lærətɪ] n hilarité *f*.

Hilary term ['hɪlərɪ-] n UK UNIV trimestre *m* de printemps *(à Oxford)*.

hill [hɪl] n **1.** colline *f*, coteau *m* / *we walked up the hill* nous avons gravi la colline ▸ **up hill and down dale** or **over hill and dale** par monts et par vaux / *the soldiers fought up hill and down dale* les soldats ont mené le combat avec force et persévérance ▸ **as old as the hills** vieux comme le monde or Mathusalem ▸ **to be over the hill** *inf* commencer à se faire vieux **2.** [slope] côte *f*, pente *f* / **'steep hill' a)** [up] montée or côte raide **b)** [down] 'descente abrupte or raide' **3.** [mound

-of earth] levée *f* de terre, remblai *m* ; [-of things] tas *m*, monceau *m* ▸ **that car isn't worth a hill of beans** US *inf* cette voiture ne vaut pas un clou ▸ **on the Hill** US au parlement *(par allusion à Capitol Hill, siège du Congrès)*.

hillbilly ['hɪl,bɪlɪ] *(pl* **hillbillies***)* US ◆ n montagnard *m*, -e *f* des Appalaches ; *pej* péquenaud *m*, -e *f*, plouc *mf*. ◆ adj des Appalaches / *hillbilly music* folk *m* (des Appalaches).

hill climb n course *f* de côtes.

hill farmer n éleveur *m* de moutons dans les alpages.

hillfort ['hɪlfɔːt] n HIST *endroit fortifié se trouvant au sommet d'une colline*.

hilliness ['hɪlɪnɪs] n vallonnement *m*, caractère *m* accidenté.

hillock ['hɪlək] n [small hill] mamelon *m*, butte *f* ; [artificial hill] monticule *m*, amoncellement *m*.

hillside ['hɪl,saɪd] n (flanc *m* de) coteau *m* / *vines grew on the hillside* des vignes poussaient à flanc de coteau.

hill start n démarrage *m* en côte.

hilltop ['hɪl,tɒp] ◆ n sommet *m* de la colline / *on the hilltop* au sommet or en haut de la colline. ◆ adj [village] au sommet or en haut de la colline ; [view] d'en haut de la colline.

hillwalker ['hɪl,wɔːkəʳ] n UK randonneur *m*, -euse *f (en terrain vallonné)*.

hillwalking ['hɪl,wɔːkɪŋ] n *(U)* UK randonnée *f (en terrain vallonné)*.

hilly ['hɪlɪ] *(compar* **hillier***, superl* **hilliest***)* adj [country, land] vallonné ; [road] accidenté, à fortes côtes.

hilt [hɪlt] n [of dagger, knife] manche *m* ; [of sword] poignée *f*, garde *f* ; [of gun] crosse *f* ▸ **(up) to the hilt** au maximum / *to back sb up to the hilt* soutenir qqn à fond / *to be up to the hilt in debt* être endetté jusqu'au cou.

him [hɪm] pron **1.** [direct object -unstressed] le, l' *(before vowel or silent 'h')* ; [-stressed] lui / *I recognize him* je le reconnais / *I heard him* je l'ai entendu / *why did you have to choose* HIM*?* pourquoi l'as-tu choisi lui ? **2.** [indirect object -unstressed] lui ; [-stressed] à lui / *give him the money* donne-lui l'argent / *she only told him, no one else* elle ne l'a dit qu'à lui, c'est tout / *why do they always give* HIM *the interesting jobs?* pourquoi est-ce toujours à lui qu'on donne le travail intéressant ? **3.** [after preposition] lui / *I was in front of him* j'étais devant lui / *as rich as / richer than him* aussi riche / plus riche que lui / *he closed the door behind him* il a fermé la porte derrière lui **4.** [with 'to be'] : *it's him* c'est lui / *if I were him* si j'étais lui, si j'étais à sa place **5.** *fml* [with relative pronoun] celui / *him who hesitates...* celui qui hésite...

Himalayan [,hɪmə'leɪən] adj himalayen.

Himalayas [,hɪmə'leɪəz] pl pr n ▸ **the Himalayas** l'Himalaya *m* / *in the Himalayas* dans l'Himalaya.

himbo ['hɪmbəʊ] n US *inf* [male bimbo] *homme séduisant mais superficiel*.

himself [hɪm'self] pron **1.** [reflexive form] se, s' *(before vowel or silent 'h')* / *he introduced himself* il s'est présenté / *he bought himself a car* il s'est acheté une voiture / *he considers himself lucky* il considère qu'il a de la chance **2.** [emphatic form] lui-même / *he built the shelves himself* il a monté les étagères lui-même / *I spoke with the teacher himself* j'ai parlé au professeur en personne **3.** [with preposition] lui / *he took it upon himself to tell us* il a pris sur lui de nous le dire / *he has a room to himself* il a sa propre chambre or sa chambre à lui / *the old man was talking to himself* le vieil homme parlait tout seul / *"that's odd", he thought to himself* « c'est bizarre », se dit-il / *he did it all by himself* il l'a fait tout seul **4.** [his usual self] : *he isn't quite himself* il n'est pas dans son état habituel / *he's feeling more himself now* il va mieux maintenant.

hind [haɪnd] ◆ n [deer] biche *f*. ◆ adj de derrière ▸ **hind leg** patte *f* de derrière / *he could talk the hind legs off a donkey hum* il est bavard comme une pie ▸ **to get up on one's hind legs** *hum* se mettre debout.

Hindenburg ['hɪndən,bɜːg] pr n ▸ **the Hindenburg** le Hindenburg.

hinder ['hɪndəʳ] vt [person] gêner ; [progress] entraver, gêner / *to hinder sb in his / her work* gêner qqn dans son travail ▸ **to hinder sb from doing sthg** empêcher qqn de faire qqch.

Hindi ['hɪndɪ] ◆ n LING hindi *m*. ◆ adj hindi.

hindmost ['haɪndməʊst] adj dernier, du bout.

hindquarters ['haɪndkwɔːtəz] pl n arrière-train *m*.

hindrance ['hɪndrəns] n **1.** [person, thing] obstacle *m*, entrave *f* / *you'll be more of a hindrance than a help* tu vas gêner plus qu'autre chose **2.** *(U)* [action] : *without any hindrance from the authorities* **a)** [referring to person] sans être gêné par les autorités **b)** [referring to project] sans être entravé par les autorités / *without any hindrance from the children / my husband* sans avoir les enfants / mon mari dans les jambes / *his illness has been something of a hindrance to the project* sa maladie a quelque peu retardé le projet.

hindsight ['haɪndsaɪt] n sagesse *f* acquise après coup / *with the benefit* or *wisdom of hindsight* avec du recul, après coup.

Hindu ['hɪnduː] ◆ n Hindou *m*, -e *f*. ◆ adj hindou.

Hinduism ['hɪnduːɪzm] n hindouisme *m*.

Hindustan [,hɪndʊ'stɑːn] pr n Hindoustan *m* / *in Hindustan* dans l'Hindoustan.

Hindustani [,hɪndʊ'stɑːnɪ] ◆ n LING hindoustani *m*. ◆ adj hindoustani.

hinge [hɪndʒ] ◆ n [of door] gond *m*, charnière *f* ; [of box] charnière *f* / *the door has come off its hinges* la porte est sortie de ses gonds. ◆ vt [door] munir de gonds or charnières ; [box] munir de charnières / *the door can be hinged to open either left or right* la porte peut être montée de façon à s'ouvrir soit à gauche soit à droite.

❖ **hinge on, hinge upon** vt insep dépendre de / *the company's future hinges on whether we get the contract* l'avenir de l'entreprise dépend de or tient à or repose sur ce contrat.

hinged [hɪndʒd] adj à charnière or charnières ▸ **hinged flap** [of counter] abattant *m*.

hinky ['hɪŋkɪ] adj US *inf* bizarre, louche.

hint [hɪnt] ◆ n **1.** [indirect suggestion] allusion *f* ; [clue] indice *m* ▸ **to drop a hint (about sthg)** faire une allusion (à qqch) / *you could try dropping a hint that if his work doesn't improve...* tu pourrais essayer de lui faire comprendre que si son travail ne s'améliore pas... / *he can't take a hint* il ne comprend pas les allusions / *OK, I can take a hint* oh ça va, j'ai compris / *I took the hint* j'ai saisi ce qu'on essayait de me faire comprendre / *give me a hint* donne-moi un indice ▸ **hint, hint** : *I just love plain chocolate, hint, hint* j'adore le chocolat noir, si tu vois où je veux en venir **2.** [helpful suggestion, tip] conseil *m*, truc *m* **3.** [small amount, trace -of emotion] note *f* ; [-of colour] touche *f* ; [-of flavouring] soupçon *m* / *there's a hint of spring in the air* ça sent le printemps, il y a du printemps dans l'air. ◆ vt insinuer / *that was what he hinted* c'est ce qu'il a insinué or laissé entendre. ◆ vi ▸ **to hint at sthg** faire allusion à qqch / *what are you hinting at?* **a)** qu'est-ce que tu insinues ? **b)** [in neutral sense] à quoi fais-tu allusion ? / *the speech seemed to hint at the possibility of agreement being reached soon* le discours semblait laisser entendre qu'un accord pourrait être conclu prochainement / *remember, no hinting in this game* souvenez-vous que vous n'avez droit à aucun indice dans ce jeu.

hinterland ['hɪntəlænd] n arrière-pays *m*.

hip [hɪp] ◆ n **1.** [part of body] hanche *f* / *with one's hands on one's hips* les mains sur les hanches / *to be big / small around the hips* avoir les hanches larges / étroites / *to break one's hip* se casser le col du fémur ▸ **to shoot from the hip** ne pas faire dans la dentelle **2.** [berry] fruit *m* de l'églantier / du rosier, cynorhodon *m*, gratte-cul *m*. ◆ comp ▸ **hip measurement** or **size** tour *m* de hanches. ◆ interj ▸ **hiphip, hooray!** hip hip hip, hourra ! ◆ adj *inf* [fashionable] branché ▸ **to be hip to sthg** être branché sur qqch.

hip bath n bain *m* de siège.

hipbone ['hɪpbəʊn] n os *m* iliaque.

hip flask n flasque *f*.

hip-hop n [music] hip-hop *m*.

hiphuggers ['hɪp,hʌgəz] pl n US pantalon *m* à taille basse.

hip joint n articulation *f* de la hanche.

hippie ['hɪpɪ] ◆ n hippie *mf*, hippy *mf*. ◆ adj hippie, hippy.

hippo ['hɪpəʊ] n *inf* hippopotame *m*.

hippocampus [,hɪpəʊ'kæmpəs] n ANAT, MYTH & ZOOL hippocampe *m* ▸ **hippocampus major** ANAT grand hippocampe *m* ▸ **hippocampus minor** ANAT petit hippocampe *m*.

hip pocket n poche *f* revolver.

Hippocrates [hɪ'pɒkrətiːz] pr n Hippocrate.

Hippocratic [,hɪpə'krætɪk] adj ▸ **the Hippocratic oath** le serment d'Hippocrate.

hippodrome ['hɪpədrəʊm] n hippodrome *m* ; [not for racing] arène *f*.

Hippolyta [hɪ'pɒlɪtə] pr n Hippolyté.

Hippolytus [hɪ'pɒlɪtəs] pr n Hippolyte.

hippopotamus [,hɪpə'pɒtəməs] *(pl* **hippopotamuses** *or* **hippopotami** [-maɪ]*)* n hippopotame *m*.

hippy ['hɪpɪ] *(pl* **hippies***)* = **hippie**.

hip replacement n [operation] remplacement *m* de la hanche par une prothèse ; [prosthesis] prothèse *f* de la hanche.

hipster ['hɪpstəʳ] n US *dated* beatnik *mf (des années 1940 et 1950)*.

❖ **hipsters** pl n UK [trousers] pantalon *m* (à) taille basse.

hire ['haɪəʳ] ◆ n **1.** UK [of car, room, suit, etc.] location *f* / **'for hire' a)** 'à louer' **b)** [taxi] 'libre' / *it's out on hire* il a été loué **2.** [cost -of car, boat, etc.] (prix *m* de) location *f* ; [-of worker] paie *f* **3.** US [employee] employé *m*, -e *f* / *how's that new hire working out?* comment ça va avec la nouvelle recrue ? ◆ comp ▸ **hire charges** (frais *mpl* or prix *m* de) location *f*. ◆ vt **1.** UK [car, room, suit, etc.] louer / *to hire sb's services* employer les services de qqn ▸ **to hire sthg from sb** louer qqch à qqn **2.** [staff] engager ; [labourer] embaucher, engager ▸ **hired hand a)** US [on farm] ouvrier *m*, -ère *f* agricole **b)** [employee] employé *m*, -e *f* ▸ **hired killer** or **assassin** tueur *m* à gages. ◆ vi engager du personnel, embaucher (des ouvriers) / *with authority to hire and fire* qui a pouvoir en matière d'embauche et de licenciement.

❖ **hire out** vt sep UK [car, room, suit, etc.] louer / *to hire out one's services* offrir or proposer ses services ▸ **to hire o.s. out a)** se faire engager **b)** [labourer] se faire engager or embaucher.

hire car n UK voiture *f* de location.

hired help ['haɪəd-] n [for housework] aide *f* ménagère.

hireling ['haɪəlɪŋ] n *pej* [menial] larbin *m* ; [illegal or immoral] mercenaire *mf*.

hire purchase n UK location-vente *f*, vente *f* à tempérament ▸ **to buy** or **to get sthg on hire purchase** acheter qqch en location-vente / *I don't own it, it's on hire purchase* ce n'est pas encore à moi, je l'achète en location-vente / *hire purchase agreement* contrat *m* de location / *hire purchase goods* biens achetés en location-vente or à tempérament.

hi-res ['haɪrez] (abbr of **high-resolution**) adj *inf* COMPUT (à) haute résolution.

hiring ['haɪərɪŋ] n **1.** [of car] location *f* **2.** [of employee] embauche *f*.

Hiroshima [hɪ'rɒʃɪmə] pr n Hiroshima.

hirsute ['hɜːsjuːt] adj *fml* poilu, velu.

his [hɪz] ◆ det son *m*, sa *f*, ses *mfpl* / *his table* sa table / *his glasses* ses lunettes / *his university* son université / *it's* HIS *fault not mine* c'est de sa faute à lui, pas de la mienne / *he has broken his arm* il s'est cassé le bras / *with his hands in his pockets* les mains dans les poches / *everyone must do his best* fml chacun doit faire de son mieux / *one has his pride* US on a sa fierté. ◆ pron **1.** [gen] le sien *m*, la sienne *f*, les siens *mpl*, les siennes *fpl* / *it's his* c'est à lui, c'est le sien / *the responsibility is his* c'est lui qui est responsable, la responsabilité lui revient / *is this coat his?* ce manteau est-il à lui?, ce manteau est-il le sien? / *no,* THIS *one is his* non, le sien c'est celui-ci / *whose fault is it? — his!* qui est le responsable? — lui! **2.** [after preposition] : *a friend of his* un de ses amis / *that dog of his is a nuisance* son sacré chien est vraiment embêtant / *it's always been a fault of his* ça a toujours été son défaut or un de ses défauts / *everyone wants what is his* fml chacun veut ce qui lui revient.

his and hers adj : *his and hers towels* des serviettes brodées « lui » et « elle ».

Hispanic [hɪ'spænɪk] ◆ n US Hispano-Américain *m*, -e *f*. ◆ adj hispanique.

Hispaniola [,hɪspænɪ'əʊlə] pr n Hispaniola *f* / *in Hispaniola* en Hispaniola.

Hispano-American [hɪ'spænəʊ-] ◆ n Hispano-Américain *m*, -e *f*. ◆ adj hispano-américain.

hiss [hɪs] ◆ n [of gas, steam] sifflement *m*, chuintement *m* ; [of person, snake] sifflement *m* ; [of cat] crachement *m* / *"be quiet", she said in a hiss* « tais-toi ! », dit-elle nerveusement / *there was an angry hiss from the bystanders* l'assistance émit un sifflement de colère / *he was greeted with hisses* il est arrivé sous les sifflets (du public) / *the cat backed away with a hiss* le chat a reculé en crachant. ◆ vt [say quietly] souffler ; [bad performer, speaker, etc.] siffler / *the audience hissed its disapproval* les spectateurs ont sifflé en signe de mécontentement / *the speaker was hissed off the platform* l'orateur quitta la tribune sous les sifflets (du public). ◆ vi [gas, steam] siffler, chuinter ; [snake] siffler ; [cat] cracher ; [person - speak quietly] souffler ; [- in disapproval, anger] siffler / *there was a loud hissing noise* il y a eu un bruit ressemblant à un fort sifflement / *why is the radiator making all these hissing noises?* pourquoi est-ce que le radiateur siffle comme ça ?

hissy fit ['hɪsɪ-] n inf ▸ **to have a hissy fit** piquer une crise.

hist [hɪst] interj *dated terme utilisé pour attirer l'attention.*

histamine ['hɪstəmi:n] n histamine *f*.

histocompatibility ['hɪstəʊkəmpætə'bɪlətɪ] n histocompatibilité *f*.

histogram ['hɪstəgræm] n histogramme *m*.

histologist [hɪs'tɒləʤɪst] n histologiste *mf*.

histology [hɪ'stɒləʤɪ] n histologie *f*.

historian [hɪ'stɔ:rɪən] n historien *m*, -enne *f*.

historiated [hɪs'tɔ:rɪ,eɪtɪd] adj [manuscript] historié.

historic [hɪ'stɒrɪk] adj **1.** [memorable - day, occasion, meeting, etc.] historique **2.** [of time past] révolu, passé ; [fear] ancestral / *in historic times* en des temps révolus ▸ **historic building** monument *m* historique.

historical [hɪ'stɒrɪkəl] adj historique / *it's a historical fact* c'est un fait historique / *to be of historical interest* présenter un intérêt historique ▸ **historical linguistics** linguistique *f* diachronique ▸ **historical present** GRAM présent *m* historique.

historically [hɪ'stɒrɪklɪ] adv historiquement ; [traditionally] traditionnellement.

historiographer [,hɪstɔ:rɪ'ɒgrəfər] n historiographe *mf*.

historiography [,hɪstɔ:rɪ'ɒgrəfɪ] n historiographie *f*.

history ['hɪstərɪ] (*pl* **histories**) ◆ n **1.** *(U)* [the past] histoire *f* / *ancient / modern history* histoire ancienne / moderne / *the history of France* or *French history* l'histoire de France / *to study history* étudier l'histoire / *I find history fascinating* l'histoire me fascine / *a character in history* un personnage historique or de l'histoire / *throughout history* tout au long de l'histoire / *the history plays of Shakespeare* les pièces historiques de Shakespeare / *tell me news, not history!* tu n'aurais pas de nouvelles un peu plus fraîches? ▸ **to make history** entrer dans l'histoire ▸ **to go down in history** : *a day that has gone down in history* une journée qui est entrée dans l'histoire ▸ **that's ancient history a)** [forgotten, in the past] c'est de l'histoire ancienne **b)** [everyone knows that] c'est bien connu ▸ **the rest is history** tout le monde connaît la suite **2.** *(U)* [development, lifespan] histoire *f* / *the worst disaster in aviation history* or *in the history of aviation* le plus grand désastre de l'histoire de l'aviation **3.** [account] histoire *f* / *Shakespeare's histories* les pièces historiques de Shakespeare **4.** *(U)* [record] : *employment history* expérience *f* professionnelle / *medical history* antécédents *mpl* médicaux / *there is a history of heart disease in my family* il y a des antécédents de maladie cardiaque dans ma famille / *the entire family has a history of political activity* toute la famille a fait de la politique / *he has a history of attempted rape* il a plusieurs tentatives de viol à son actif. ◆ comp [book, teacher, lesson] d'histoire.

histrionic [,hɪstrɪ'ɒnɪk] adj *pej* théâtral.

histrionics [,hɪstrɪ'ɒnɪks] pl n *pej* comédie *f*, simagrées *fpl*.

hit [hɪt] (*pt & pp* **hit**, *cont* **hitting**) ◆ n **1.** [blow] coup *m* / *we scored a direct hit on the palace* nous avons touché le palais en plein dans le mille / *that was a hit at me* fig ça m'était destiné, c'est moi qui étais visé **2.** SPORT [in ball game] coup *m* ; [in shooting] tir *m* réussi ; [in fencing] touche *f* ▸ **to score a hit a)** [in shooting] faire mouche, toucher la cible **b)** [in fencing] faire or marquer une touche / *he got three hits and one miss* il a réussi trois tirs et en a manqué un / *it only counts as a hit if the bullet goes inside the red line* le tir ne compte que si la balle se trouve à l'intérieur de la ligne rouge / *that was a hit* [in fencing] il y a eu touche / *we sent the mailshot to fifty companies and got thirteen hits* fig nous avons contacté cinquante entreprises par publipostage et avons eu treize réponses favorables **3.** [success - album, play, book] succès *m* ; [- song] succès *m*, hit *m*, tube *m* ▸ **to be a big hit** [book, album, etc.] faire or être un grand succès / *a hit with the public / the critics* un succès auprès du public / des critiques ▸ **to make a hit with sb** [person] conquérir qqn / *she's a hit with everyone* elle a conquis tout le monde / *I think you've made a hit with him* **a)** je crois que tu l'as conquis **b)** [romantically] je crois que tu as fait une touche **4.** v inf [murder] meurtre *m*, liquidation *f* / *a hit by the Mafia* un meurtre perpétré par la Mafia **5.** drugs sl [injection of heroin] dose *f*, shoot *m* **6.** COMPUT visite *f*. ◆ comp ▸ **hit record** (disque *m* à) succès *m* ▸ **hit single** or **song** succès, hit *m*, tube *m* ▸ **hit tune** air *m* à succès. ◆ vt **1.** [strike with hand, fist, stick, etc. - person] frapper ; [- ball] frapper or taper dans ; [- nail] taper sur ▸ **to hit sb in the face / on the head** frapper qqn au visage / sur la tête / *they hit him over the head with a base-ball bat* ils lui ont donné un coup de batte de base-ball sur la tête / *to hit a ball over the net* envoyer un ballon pardessus le filet / *to hit sb where it hurts most* fig toucher qqn là où ça fait mal ▸ **to hit a man when he's down** lit & fig frapper un homme quand il est à terre ▸ **to hit the nail on the head** mettre le doigt dessus **2.** [come or bring forcefully into contact with - subj: ball, stone] heurter ; [- subj: bullet, arrow] atteindre, toucher / *the bottle hit the wall and smashed* la bouteille a heurté le mur et s'est cassée / *the bullet hit him in the shoulder* la balle l'a atteint or touché à l'épaule / *I've been hit!* j'ai été touché ! / *the boat was hit by a missile* le bateau a été touché par un missile / *the windscreen was hit by a stone* une pierre a heurté le pare-brise / *he was hit by a stone* il a reçu une pierre / *the car hit a tree* la voiture a heurté or est rentrée dans un arbre / *the dog was hit by a car* le chien a été heurté par une voiture ▸ **to hit one's head / knee (against sthg)** se cogner la tête / le genou (contre qqch) ▸ **to hit sb's head against sthg** frapper or cogner la tête de qqn contre qqch / *it suddenly hit me that...* fig il m'est soudain venu à l'esprit que... **3.** [attack - enemy] attaquer **4.** [affect] toucher / *the company has been hit by the recession* l'entreprise a été touchée par la récession / *how badly did the postal strike hit you?* dans quelle mesure avez-vous été touchés par la grève des postes? / *the region worst hit by the earthquake* la région la plus sévèrement touchée par le tremblement de terre / *the child's death has hit them all very hard* la mort de l'enfant les a tous durement touchés or frappés / *it hits everyone in the pocket* inf tout le monde en subit financièrement les conséquences, tout le monde le sent passer **5.** inf [reach] arriver à / *the new model can hit 130 mph on the straight* le nouveau modèle peut atteindre les 210 km/h / *to hit a problem* se heurter à un problème or une difficulté / *to hit a note* **a)** MUS [singer] chanter une note **b)** [instrumentalist] jouer une note / *he didn't quite hit the note cleanly* la note n'est pas sortie tout à fait nettement / *we'll stop for dinner when we hit town* US nous nous arrêterons pour dîner quand nous arriverons dans la ville / *when it hits the shops* [product] quand il sera mis en vente / *to hit an all-time high / low* [unemployment, morale, etc.] atteindre son plus haut / bas niveau / *you'll hit the rush hour traffic* tu vas te retrouver en plein dans la circulation de l'heure de pointe **6.** SPORT [score - runs] marquer ; [in fencing] toucher / *to hit three runs* [cricket] marquer trois points / *to hit a home-run* [baseball] faire un tour complet de circuit **7.** v inf [kill] descendre, liquider **8.** US inf [borrow money from] taper / *to hit sb for $10* taper qqn de 10 dollars / *to hit sb for a loan* emprunter de l'argent à qqn **9.** PHR ▸ **to hit the books** US inf se mettre à étudier ▸ **to hit the bottle a)** inf [drink] picoler **b)** [start to drink] se mettre à picoler ▸ **to hit the ceiling** or **roof** inf sortir de ses gonds, piquer une colère folle ▸ **to hit the deck** inf [lie down] se mettre à terre / *hit the deck!* **a)** tout le monde à terre ! **b)** [get out of bed] debout là-dedans ! ▸ **to hit the gas** US inf appuyer sur le champignon ▸ **to hit the hay** or **the sack** inf aller se mettre au pieu, aller se pieuter / *if ever this hits the headlines we're in trouble* si jamais cela paraît dans les journaux nous aurons des problèmes ▸ **to hit home** [remark, criticism] faire mouche ▸ **to hit the jackpot** gagner le gros lot ▸ **to hit the road** se mettre en route / *hit the road!* [go away] fiche le camp ! ▸ **that really hits the spot** [food, drink] c'est juste ce dont j'avais besoin. ◆ vi **1.** frapper, taper / *don't hit so hard, we're only playing* ne frappe or tape pas si fort, ce n'est qu'un jeu / *the door was hitting against the wall* la porte cognait contre le mur / *the two cars didn't actually hit* en fait les deux voitures ne se sont pas heurtées / *the atoms hit against each other* les atomes se heurtent **2.** [inflation, recession, etc.] se faire sentir.

❖ **hit back** ◆ vi [reply forcefully, retaliate] riposter, rendre la pareille / *he hit back with accusations that they were giving bribes* il a riposté en les accusant de verser des pots-de-vin ▸ **to hit back at sb / sthg** [in speech] répondre à qqn / qqch / *to hit back at the enemy* riposter, répondre à l'ennemi / *our army hit back with a missile attack* notre armée a riposté en envoyant des missiles. ◆ vt sep : *to hit the ball back* renvoyer le ballon / *he hit me back* il m'a rendu mon coup.

❖ **hit off** vt sep **1.** [in words] décrire or dépeindre à la perfection ; [in paint] représenter de manière très ressemblante ; [in mimicry] imiter à la perfection **2.** PHR ▸ **to hit it off** [get on well] bien s'entendre ▸ **to hit it off with sb** bien s'entendre avec qqn / *we hit it off immediately* le courant est tout de suite passé entre nous.

❖ **hit on** vt insep **1.** [find - solution, plan, etc.] trouver **2.** US inf [try to pick up] draguer.

❖ **hit out** vi **1.** [physically - once] envoyer un coup ; [- repeatedly] envoyer des coups / *he started hitting out at me* il s'est mis à envoyer des coups dans ma direction **2.** [in speech, writing] ▸ **to hit out at** or **against** s'en prendre à, attaquer / *he hits out in his new book* il lance l'offensive dans son nouveau livre.

❖ **hit upon** vt insep = **hit on**.

hit-and-miss = hit-or-miss.

hit-and-run n accident *m* avec délit de fuite / *a child died in a hit-and-run (accident) yesterday* un enfant est mort hier dans un accident causé par un chauffard qui a pris la fuite / *he's confessed to the hit-and-run* il s'est reconnu coupable du délit de fuite ▸ **hit-and-run driver** conducteur *m*, -trice *f* coupable de délit de fuite ▸ **hit-and-run attack** MIL attaque *f* éclair ▸ **hit-and-run suit** US LAW poursuites *fpl* pour délit de fuite *(après avoir provoqué un accident de la route).*

hitch [hɪtʃ] ◆ vt **1.** *inf* ▸ **to hitch a lift a)** [gen] se faire emmener en voiture **b)** [hitchhiker] se faire prendre en stop / *can I hitch a lift, Dad?* tu m'emmènes, papa ? / *I hitched a lift from the woman next door* je me suis fait emmener par la voisine / *she has hitched her way round Europe* elle a fait toute l'Europe en stop or auto-stop **2.** [railway carriage] attacher, atteler ; [horse -to fence] attacher ; [-to carriage] atteler ; [rope] attacher, nouer **3.** PHR **to get hitched** *inf* **a)** [one person] se caser **b)** [couple] passer devant Monsieur le Maire. ◆ vi = **hitchhike.** ◆ n **1.** [difficulty] problème *m*, anicroche *f* / *there's been a hitch* il y a eu un problème / *without a hitch* or *any hitches* sans anicroche ▸ **I've got a hitch in my giddy-up** US *inf* je ne suis pas dans mon assiette **2.** US *inf* MIL : *he's doing a five year hitch in the navy* il s'est engagé pour cinq ans dans la marine **3.** [knot] nœud *m* **4.** [pull] ▸ **to give sthg a hitch (up)** remonter or retrousser qqch **5.** US [towbar] barre *f* de remorquage.

❖ **hitch up** vt sep **1.** [trousers, skirt, etc.] remonter, retrousser **2.** [horse, oxen, etc.] atteler.

hitcher [ˈhɪtʃər] *inf* = **hitchhiker.**

hitchhike [ˈhɪtʃhaɪk] ◆ vi faire du stop or de l'auto-stop / *to hitchhike to London* aller à Londres en stop / *I spent the summer hitchhiking in the South of France* j'ai passé l'été à voyager dans le sud de la France en auto-stop. ◆ vt : *to hitchhike one's way round Europe* faire l'Europe en auto-stop.

hitchhiker [ˈhɪtʃhaɪkər] n auto-stoppeur *m*, -euse *f*, stoppeur *m*, -euse *f* / *I picked up a couple of hitchhikers on the way* j'ai pris quelques auto-stoppeurs or stoppeurs en chemin.

hitchhiking [ˈhɪtʃhaɪkɪŋ], **hitching** [ˈhɪtʃɪŋ] n auto-stop *m*, stop *m*.

hi-tech, **hitech** [ˌhaɪˈtek] ◆ n **1.** [in industry] technologie *f* de pointe **2.** [style of interior design] high-tech *m*. ◆ adj **1.** [equipment, industry] de pointe **2.** [design, furniture] high-tech.

hither [ˈhɪðər] adv *arch* ici ▸ **hither and thither** *liter & hum* çà et là, de ci de là.

hitherto [ˌhɪðəˈtuː] adv *fml* jusqu'ici, jusqu'à présent / *a hitherto incurable disease* une maladie jusqu'ici or jusqu'à présent incurable / *the man who had hitherto been considered guilty* l'homme qui avait jusqu'alors été tenu pour coupable.

hit list n *inf* liste *f* noire ▸ **to be on sb's hit list** être sur la liste noire de qqn.

hit man n *inf* tueur *m* à gages.

hit-or-miss adj *inf* [method, approach] basé sur le hasard ; [work] fait n'importe comment or à la va-comme-je-te-pousse / *the service here is a bit hit-or-miss* le service ici est fait un peu n'importe comment.

hit parade n *dated* hit-parade *m*.

hit rate n MIL taux *m* de tirs réussis ; *fig* taux *m* de réussite.

hit squad n *inf* commando *m* de tueurs.

Hittite [ˈhɪtaɪt] ◆ n **1.** [person] Hittite *mf* **2.** LING hittite *m*. ◆ adj hittite.

HIV (abbr of **human immunodeficiency virus**) n VIH *m*, HIV *m* ▸ **to be HIV negative** être séronégatif ▸ **to be HIV positive** être séropositif.

hive [haɪv] ◆ n [for bees] ruche *f* ; [group of bees] essaim *m* / *a hive of industry* or *activity fig* une vraie or véritable ruche. ◆ vt mettre en ruche. ◆ vi entrer dans une ruche.

❖ **hive off** ◆ vt sep transférer. ◆ vi *inf* [go away, slip off] se tirer, se casser.

hives [haɪvz] n *(U)* MED urticaire *f* / *to have hives* avoir de l'urticaire.

hiya [ˈhaɪjə] interj *inf* salut.

hl (written abbr of **hectolitre**) hl.

HM (abbr of **His/Her Majesty**) SM.

h'm [hm] interj hum, mmm.

HMG (abbr of **His/Her Majesty's Government**) n *expression utilisée sur des documents officiels en Grande-Bretagne.*

HMI (abbr of **His/Her Majesty's Inspector**) n *inspecteur de l'Éducation nationale en Grande-Bretagne.*

HMO (abbr of **Health Maintenance Organization**) n *aux États-Unis, système de couverture médicale privilégiant la médecine préventive auquel certains contrats d'assurance donnent droit.*

HMP (abbr of **His/Her Majesty's Prison**) n *abréviation qui précède les noms de prison en Grande-Bretagne.*

HMS (abbr of **His/Her Majesty's Ship**) *dénomination officielle précédant le nom de tous les bâtiments de guerre de la marine britannique.*

HMSO (abbr of **His/Her Majesty's Stationery Office**) pr n *maison d'édition publiant les ouvrages ou documents approuvés par le Parlement, les ministères et autres organismes officiels* ; ≃ l'Imprimerie nationale.

HNC n abbr of **Higher National Certificate.**

HND n abbr of **Higher National Diploma.**

ho [həʊ] ◆ interj **1.** [attracting attention] hé ho **2.** [imitating laughter] ▸ **hoho!** ha ha ha ! ◆ n US *vulg* [whore] salope *f*.

hoagie [ˈhəʊgɪ] n US *sorte de gros sandwich.*

hoar [hɔːr] = **hoarfrost.**

hoard [hɔːd] ◆ n [of goods] réserve *f*, provisions *fpl* ; [of money] trésor *m*, magot *m*. ◆ vt [goods] faire provision or des réserves de, stocker ; [money] accumuler, thésauriser. ◆ vi faire des réserves, stocker.

hoarder [ˈhɔːdə] n [gen] *personne ou animal qui fait des réserves* ; [of money] thésauriseur *m*, -euse *f* / *you're such a hoarder!* quel conservateur tu fais !

hoarding [ˈhɔːdɪŋ] n **1.** *(U)* [of goods] mise *f* en réserve or en stock ; [of money] thésaurisation *f*, accumulation *f* / *hoarding is forbidden* il est interdit de faire des réserves or des stocks **2.** UK [fence] palissade *f* **3.** UK [billboard] panneau *m* publicitaire or d'affichage.

hoarfrost [ˈhɔːˌfrɒst] n givre *m*.

hoarse [hɔːs] adj [person] enroué ; [voice] rauque, enroué ▸ **to sound hoarse** être enroué, avoir la voix enrouée ▸ **to shout o.s. hoarse** s'enrouer à force de crier.

hoarsely [ˈhɔːslɪ] adv d'une voix rauque or enrouée.

hoary [ˈhɔːrɪ] (compar **hoarier**, superl **hoariest**) adj **1.** [greyish white -hair] blanc (blanche) ; [-person] aux cheveux blancs, chenu **2.** [old -problem, story] vieux *(before vowel or silent 'h' vieil, f vieille)* / *a hoary old joke* une blague usée.

hoax [həʊks] ◆ n canular *m* ▸ **to play a hoax on sb** jouer un tour à qqn, monter un canular à qqn ▸ **(bomb) hoax** fausse alerte *f* à la bombe. ◆ comp ▸ **hoax (telephone) call** canular *m* téléphonique. ◆ vt jouer un tour à, monter un canular à.

hoaxer [ˈhəʊksər] n mauvais plaisant *m*.

hob [hɒb] n [on stove top] plaque *f* (chauffante) ; [by open fire] plaque *f*.

hobble [ˈhɒbl] ◆ vi boitiller / *she hobbled across the street* elle a traversé la rue en boitillant. ◆ vt [horse] entraver. ◆ n **1.** [limp] boitillement *m* ▸ **to walk with a hobble** marcher en boitillant **2.** [for horse] entrave *f*. ◆ comp ▸ **hobble skirt** jupe *f* entravée.

hobbledehoy [ˌhɒbldɪˈhɔɪ] n *arch* dadais *m*, empoté *m*.

hobby [ˈhɒbɪ] (pl **hobbies**) n passe-temps *m*, hobby *m*.

hobbyhorse [ˈhɒbɪhɔːs] n **1.** [toy] cheval *m* de bois *(composé d'une tête sur un manche)* **2.** [favourite topic] sujet *m* favori, dada *m* / *she's off on her hobbyhorse again* la voilà repartie sur son sujet favori or son dada ▸ **to get sb on his / her hobbyhorse** brancher qqn sur son sujet favori or dada.

hobbyist [ˈhɒbɪɪst] n : *a computer hobbyist* un fana de l'informatique.

hobgoblin [hɒbˈgɒblɪn] n diablotin *m*.

hobnail [ˈhɒbneɪl] n clou *m* à grosse tête, caboche *f* ▸ **hobnail boots** chaussures *fpl* ferrées.

hobnob [ˈhɒbnɒb] (pt & pp **hobnobbed**, cont **hobnobbing**) vi ▸ **to hobnob with sb** frayer avec qqn, fréquenter qqn.

hobo [ˈhəʊbəʊ] (pl **hobos** or **hoboes**) n US *inf* **1.** [tramp] clochard *m*, -e *f*, vagabond *m*, -e *f* ▸ **hobo stick** bâton *m* de vagabond or de mendiant **2.** [itinerant labourer] saisonnier *m*, -ère *f*.

Hobson's choice [ˈhɒbsnz-] n : *it's (a case of) Hobson's choice* il n'y a pas vraiment le choix.

Hobson's choice

Hobson serait le nom d'un loueur de chevaux célèbre dans l'Angleterre du XVIe siècle pour sa façon d'imposer une monture à ses clients. Ceux-ci n'avaient en effet pas la possibilité de choisir un cheval à leur convenance, car Hobson ne les louait que selon un ordre préétabli bien précis. Depuis lors, l'expression **Hobson's choice** évoque l'absence de choix dans telle ou telle situation :

There was only one pub in town, so deciding where to eat was Hobson's choice. *Il n'y avait qu'un pub dans la ville, si bien que le choix de l'endroit où nous allions déjeuner était vite fait !*

People feel obliged to say they choose their lifestyle, even if in most cases it's Hobson's choice. *Les gens se sentent obligés de dire qu'ils ont opté pour tel ou tel style de vie, même si la plupart du temps il ne s'agit pas vraiment d'un choix.*

Ho Chi Minh [ˈhəʊˌtʃiːˈmɪn] pr n Hô Chi Minh.

Ho Chi Minh City pr n Hô Chi Minh-Ville.

hock [hɒk] ◆ n **1.** [joint] jarret *m* **2.** [wine] vin *m* du Rhin **3.** *inf* PHR **in hock a)** [in pawn] au clou **b)** [in debt] endetté / *how much are you in hock for?* de combien es-tu endetté ? / *I'm in hock for $500* j'ai 500 dollars de dettes / *I'm in hock to him for $500* je lui dois 500 dollars ▸ **to get sthg out of hock** retirer qqch du clou / *he was finally out of hock* enfin il n'avait plus de dettes. ◆ vt [pawn] mettre au clou.

hockey [ˈhɒkɪ] ◆ n **1.** UK hockey *m* sur gazon **2.** US hockey *m* sur glace. ◆ comp UK [ball, match, pitch, team] de hockey ; US de hockey sur glace ▸ **hockey player a)** UK joueur *m*, -euse *f* de hockey, hockeyeur *m*, -euse *f* **b)** US joueur *m*, -euse *f* de hockey sur glace ▸ **hockey stick a)** UK crosse *f* de hockey **b)** US crosse de hockey sur glace.

hocus-pocus [ˌhəʊkəsˈpəʊkəs] n **1.** [of magician] tours *mpl* de passe-passe **2.** [trickery] tricherie *f*, supercherie *f* ; [deceptive talk] paroles *fpl* trompeuses ; [deceptive action] trucage *m*, supercherie *f* / *it's just hocus-pocus* ce n'est que de la supercherie.

hod [hɒd] ◆ n [for bricks] *outil utilisé par les maçons pour porter les briques* ; [for mortar] auge *f*, oiseau *m* ; [for coal] seau *m* à charbon. ◆ comp ▸ **hod carrier** apprenti *m* or aide *m* maçon.

hodgepodge [ˈhɒdʒpɒdʒ] US = **hotchpotch.**

Hodgkin's disease [ˈhɒdʒkɪnz-] n MED maladie *f* de Hodgkin.

hoe [həʊ] ◆ n houe *f*, binette *f*. ◆ vt biner, sarcler.

hoedown [ˈhəʊdaʊn] n US bal *m* populaire.

hog [hɒg] (pt & pp **hogged**, cont **hogging**) ◆ n [castrated pig] cochon *m* or porc *m* châtré ; US [pig] cochon *m*, porc *m* ; *fig* [greedy person] goinfre *mf* ; [dirty person] porc *m* ▸ **to go the whole hog** *inf* ne pas faire les choses à moitié / *why don't we go the whole hog and order champagne?* pourquoi ne pas faire les choses en grand et commander du champagne ? ▸ **to live high on** or **off the hog** US *inf* mener la grande vie. ◆ vt *inf* monopoliser / *to hog the limelight* accaparer or monopoliser l'attention, se mettre en vedette / *to hog the middle of the road* prendre toute la route / *stop hogging all the wine for yourself* ne garde pas tout le vin pour ta poire.

hoggish ['hɒgɪʃ] adj [habits] de porc ; [person - dirty] sale ; [- greedy] goulu / *he's very hoggish* c'est un vrai porc.

hog heaven n US *inf* ▸ **to be in hog heaven** être comme un coq en pâte.

Hogmanay ['hɒgmənei] n SCOT *les fêtes de la Saint-Sylvestre en Écosse.*

hogshead ['hɒgzhed] n tonneau *m*, barrique *f*.

hogtie ['hɒgtaɪ] vt US ▸ **to be hogtied** être pieds et poings liés / *this has hogtied us* nous voici pieds et poings liés.

hogwash ['hɒgwɒʃ] n *(U)* **1.** *inf* [nonsense] bêtises *fpl*, imbécillités *fpl* ▸ **to talk hogwash** raconter des bêtises / *hogwash!* n'importe quoi ! **2.** [pigswill] eaux *fpl* grasses.

hogweed ['hɒgwi:d] n berce *f*.

hog-wild adj US *inf* : *she won the lottery and went hog-wild* après avoir gagné à la loterie elle s'est autorisé toutes les extravagances.

ho-hum [həʊ'hʌm] adj US *inf* **1.** [mediocre] médiocre / *it's a pretty ho-hum affair* ça ne casse pas des briques **2.** [unenthusiastic] peu enthousiaste / *I was pretty ho-hum about it* ça ne m'a pas emballé.

hoick [hɔɪk] vt *inf* soulever / *to hoick o.s. up onto a wall* se hisser sur un mur / *the helicopter hoicked him out of the sea* l'hélicoptère l'a tiré de la mer avec une secousse.

hoi polloi [,hɔɪpə'lɔɪ] pl n *pej* ▸ **the hoi polloi** la populace.

hoi sin [hɔɪ'sɪn] n CULIN : *hoi sin (sauce)* sauce *f* hoisin.

hoisin sauce n sauce *f* hoisin.

hoist [hɔɪst] ◆ vt [sails, flag] hisser ; [load, person] lever, hisser ▸ **to be hoist with one's own petard** être pris à son propre piège. ◆ n **1.** [elevator] monte-charge *m* ; [block and tackle] palan *m* **2.** [upward push, pull] ▸ **to give sb a hoist up a)** [lift] soulever qqn **b)** [pull] tirer qqn.

hoity-toity [,hɔɪtɪ'tɔɪtɪ] adj *inf & pej* prétentieux, péteux / *she's very hoity-toity* c'est une vraie bêcheuse ▸ **to go all hoity-toity** prendre ses grands airs.

hoke up [həʊk-] vt sep US agrémenter.

hokey ['həʊkɪ] adj US à l'eau de rose.

hokey cokey [-'kəʊkɪ] n UK *danse et chanson traditionnelles londoniennes.*

hokum ['həʊkəm] n *(U)* US *inf* [nonsense] fadaises *fpl*, foutaises *fpl* ; [sentimentality in play, film, etc.] niaiseries *fpl*, sentimentalisme *m*.

hold [həʊld] *(pt & pp* **held** [held]*)*
◆ vt

- **A. IN ONE'S HAND(S)**
- **B. SUSTAIN, POSSESS OR CONTAIN**
- **C. KEEP IN PLACE**
- **D. KEEP BACK OR CONTROL**
- **E. BELIEVE OR CONSIDER**
- **F. ORGANISE OR PUT ON**

A. IN ONE'S HAND(S) [clasp, grasp] tenir ▸ **to hold sthg in one's hand a)** [book, clothing, guitar] avoir qqch à la main **b)** [key, money] tenir qqch dans la main ▸ **to hold sthg with both hands** tenir qqch à deux mains / *will you hold my coat a second?* peux-tu prendre or tenir mon manteau un instant ? ▸ **to hold the door for sb** tenir la porte à or pour qqn ▸ **to hold sb's hand** *lit & fig* tenir la main à qqn ▸ **to hold hands** se donner la main, se tenir (par) la main / *hold my hand while we cross the street* donne-moi la main pour traverser la rue ▸ **to hold sb in one's arms** tenir qqn dans ses bras ▸ **to hold sb close** or **tight** serrer qqn contre soi / *hold it tight and don't let go* tiens-le bien et ne le lâche pas ▸ **to hold one's nose** se boucher le nez.

B. SUSTAIN, POSSESS OR CONTAIN **1.** [keep, sustain] ▸ **to hold sb's attention** retenir l'attention de qqn ▸ **to hold an audience** tenir un auditoire ▸ **to hold one's serve** [in tennis] défendre son service ▸ **to hold a seat a)** POL [to be an MP] occuper un siège de député **b)** [to be re-elected] être réélu ▸ **to hold one's own** tenir bon or ferme / *the Prime Minister held her own during the debate* le Premier ministre a tenu bon or ferme pendant le débat / *she is well able to hold her own* elle sait se défendre / *he can hold his own in chess* il se défend bien aux échecs / *our products hold their own against the competition* nos produits se tiennent bien par rapport à la concurrence ▸ **to hold the floor** garder la parole / *the senator held the floor for an hour* le sénateur a gardé la parole pendant une heure **2.** [continue without deviation] continuer / *we held our southerly course* nous avons maintenu le cap au sud, nous avons continué notre route vers le sud ▸ **to hold a note** MUS tenir une note **3.** TELEC : *will you hold (the line)?* voulez-vous patienter ? / *hold the line!* ne quittez pas ! / *the line's busy just now — I'll hold* le poste est occupé pour le moment — je patiente or je reste en ligne **4.** [have, possess - degree, permit, ticket] avoir, posséder ; [- job, position] avoir, occuper / *do you hold a clean driving licence?* avez-vous déjà été sanctionné pour des infractions au code de la route ? / *she holds the post of treasurer* elle occupe le poste de trésorière ▸ **to hold office a)** [chairperson, deputy] être en fonction, remplir sa fonction **b)** [minister] détenir or avoir un portefeuille **c)** [political party, president] être au pouvoir or au gouvernement ▸ **to hold a living** RELIG jouir d'un bénéfice ▸ **to hold stock** FIN détenir or avoir des actions ▸ **to hold a record** *lit & fig* détenir un record / *she holds the world record for the javelin* elle détient le record mondial du javelot **5.** [contain] contenir, tenir / *this bottle holds two litres* cette bouteille contient deux litres / *will this suitcase hold all our clothes?* est-ce que cette valise sera assez grande pour tous nos vêtements ? / *the car is too small to hold us all* la voiture est trop petite pour qu'on y tienne tous / *the hall holds a maximum of 250 people* la salle peut accueillir or recevoir 250 personnes au maximum, il y a de la place pour 250 personnes au maximum dans cette salle ▸ **to hold one's drink** bien supporter l'alcool / *the letter holds the key to the murder* la lettre contient la clé du meurtre **6.** [have, exercise] exercer / *the subject holds a huge fascination for some people* le sujet exerce une énorme fascination sur certaines personnes **7.** [have in store] réserver / *who knows what the future may hold?* qui sait ce que nous réserve l'avenir ? **8.** [conserve, store] conserver, détenir ; COMPUT stocker / *we can't hold this data forever* nous ne pouvons pas conserver or stocker ces données éternellement / *how much data will this disk hold?* quelle quantité de données cette disquette peut-elle stocker ? / *the commands are held in the memory / in a temporary buffer* les instructions sont gardées en mémoire / sont enregistrées dans une mémoire intermédiaire / *my lawyer holds a copy of my will* mon avocat détient or conserve un exemplaire de mon testament / *this photo holds fond memories for me* cette photo me rappelle de bons souvenirs **9.** AUTO : *the new car holds the road well* la nouvelle voiture tient bien la route.

C. KEEP IN PLACE **1.** [maintain in position] tenir, maintenir / *she held her arms by her sides* elle avait les bras le long du corps / *her hair was held in place with hairpins* des épingles (à cheveux) retenaient or maintenaient ses cheveux / *what's holding the picture in place?* qu'est-ce qui tient or maintient le tableau en place ? / *hold the picture a bit higher* tenez le tableau un peu plus haut **2.** [carry] tenir ▸ **to hold o.s. upright** or **erect** se tenir droit.

D. KEEP BACK OR CONTROL **1.** [confine, detain] détenir / *the police are holding him for questioning* la police l'a gardé à vue pour l'interroger / *they're holding him for murder* ils l'ont arrêté pour meurtre **2.** [keep back, retain] retenir ▸ **to hold sthg in trust for sb** tenir qqch par fidéicommis pour qqn / *the post office will hold my mail for me while I'm away* la poste gardera mon courrier pendant mon absence / *once she starts talking politics there's no holding her! fig* dès qu'elle commence à parler politique, rien ne peut l'arrêter ! / *one burger, hold the mustard!* US [in restaurant] un hamburger, sans moutarde ! **3.** [reserve, set aside] retenir, réserver / *we'll hold the book for you until next week* nous vous réserverons le livre or nous vous mettrons le livre de côté jusqu'à la semaine prochaine / *will the restaurant hold the table for us?* est-ce que le restaurant va nous garder la table ? **4.** [delay] : *don't hold dinner for me* ne m'attendez pas pour dîner / *they held the plane another thirty minutes* ils ont retenu l'avion au sol pendant encore trente minutes / *hold all decisions on the project until I get back* attendez mon retour pour prendre des décisions concernant le projet / *hold the front page!* ne lancez pas la une tout de suite ! **5.** [keep in check] : *we have held costs to a minimum* nous avons limité nos frais au minimum / *inflation has been held at the same level for several months* le taux d'inflation est maintenu au même niveau depuis plusieurs mois / *they held their opponents to a goalless draw* ils ont réussi à imposer le match nul **6.** [keep control or authority over] : *the guerrillas held the bridge for several hours* MIL les guérilleros ont tenu le pont plusieurs heures durant ▸ **to hold centre stage** THEAT & *fig* occuper le centre de la scène ▸ **hold it!** or **hold everything! a)** [stop and wait] attendez ! **b)** [stay still] arrêtez !, ne bougez plus ! ▸ **hold your horses!** *inf* pas si vite !

E. BELIEVE OR CONSIDER **1.** [assert, claim] maintenir, soutenir ; [believe] croire, considérer / *I hold that teachers should be better paid fml* je considère or j'estime que les enseignants devraient être mieux payés / *the Constitution holds that all men are free* la Constitution stipule que tous les hommes sont libres / *he holds strong beliefs on the subject of abortion* il a de solides convictions en ce qui concerne l'avortement / *she holds strong views on the subject* elle a une opinion bien arrêtée sur le sujet / *her statement is held to be true* sa déclaration passe pour vraie **2.** [consider, regard] tenir, considérer ▸ **to hold sb responsible for sthg** tenir qqn pour responsable de qqch / *I'll hold you responsible if anything goes wrong* je vous tiendrai pour responsable or je vous considérerai responsable s'il y a le moindre incident / *the president is to be held accountable for his actions* le président doit répondre de ses actes ▸ **to hold sb in contempt** mépriser or avoir du mépris pour qqn ▸ **to hold sb in high esteem** avoir beaucoup d'estime pour qqn, tenir qqn en haute estime **3.** LAW [judge] juger / *the appeal court held the evidence to be insufficient* la cour d'appel a considéré que les preuves étaient insuffisantes.

F. ORGANISE OR PUT ON [carry on, engage in - conversation, meeting] tenir ; [- party] donner ; [organize] organiser ▸ **to hold an election / elections** procéder à une élection / à des élections / *the book fair is held in Frankfurt* la foire du livre se tient or a lieu à Francfort / *the classes are held in the evening* les cours ont lieu le soir / *interviews will be held in early May* les entretiens auront lieu au début du mois de mai or début mai ▸ **to hold talks** être en pourparlers / *the city is holding a service for Armistice Day* la ville organise un office pour commémorer le 11 Novembre / *mass is held at 11 o'clock* la messe est célébrée à 11 h.

◆ vi **1.** [cling - person] se tenir, s'accrocher / *she held tight to the railing* elle s'est cramponnée or accrochée à la rampe / *hold fast!* or *hold tight!* accrochez-vous bien ! / *their resolve held fast* or *firm in the face of fierce opposition fig* ils ont tenu bon face à une opposition acharnée ; [remain in place - nail, fastening] tenir bon / *the rope won't hold for long* la corde ne tiendra pas longtemps **2.** [last - luck] durer ; [- weather] durer, se maintenir / *prices held at the same level as last year* les prix se sont maintenus au même niveau que l'année dernière / *the pound held firm against the dollar* la livre s'est maintenue par rapport au dollar / *we might buy him a guitar if his interest in music holds* nous lui achèterons peut-être une guitare s'il continue à s'intéresser à la musique **3.** [remain valid - invitation, offer] tenir ; [- argument, theory] valoir, être valable ▸ **to hold good a)** [invitation, offer] tenir **b)** [promises] tenir, valoir **c)** [argument, theory] rester valable / *the principle still holds good* le principe tient or vaut toujours / *that theory only holds if you consider...* cette théorie n'est valable que si vous prenez en compte… / *the same holds for Spain* il en est de même pour l'Espagne **4.** [stay, remain] ▸ **hold still!** *inf* ne bougez pas !

◆ n **1.** [grasp, grip] prise *f* ; [in wrestling] prise *f* ▸ **to catch** or **to grab** or **to seize** or **to take hold of sthg** se saisir de or saisir qqch / *she caught hold of the rope* elle a saisi la corde / *grab (a) hold of that towel* tiens ! prends cette serviette / *there was nothing for me to grab hold of* il n'y avait rien à quoi m'accrocher or me cramponner / *get a good* or *take a firm hold on* or *of the railing* tenez-vous bien à la balustrade / *I still had hold of his hand* je le tenais toujours par la main ▸ **to get hold of sthg** [find] se procurer or trouver qqch / *we got hold of the book you wanted* nous avons trouvé le livre que tu voulais / *where did you get hold of that idea?* où est-ce que tu es allé chercher cette idée ? ▸ **to get hold of sb** trouver qqn / *I've been trying to get hold of you all week!* je t'ai cherché toute la semaine ! / *just wait till the newspapers get hold of the story* attendez un peu que les journaux s'emparent de la nouvelle / *she kept hold of the rope* elle n'a pas lâché la corde / *you'd better keep hold of the tickets* tu ferais bien de garder les billets / *get a hold on yourself* ressaisis-toi, ne te laisse pas aller ▸ **to take hold a)** [fire] prendre **b)** [idea] se répandre ▸ **no holds barred** SPORT & *fig* tous les coups sont permis **2.** [controlling force or influence] prise *f*, influence *f* / *the church still exerts a strong hold on the country* l'Église a toujours une forte mainmise sur le pays ▸ **to have a hold over sb** avoir de l'influence sur qqn / *I have no hold over him* je n'ai aucune prise or influence sur lui / *the mafia obviously has some kind of hold over him* de toute évidence, la Mafia le tient d'une manière ou d'une autre **3.** [in climbing] prise *f* **4.** [delay, pause] pause *f*, arrêt *m* / *the company has put a hold on all new orders* l'entreprise a suspendu or gelé toutes les nouvelles commandes **5.** US [order to reserve] réservation *f* / *the association put a hold on all the hotel rooms* l'association a réservé toutes les chambres de l'hôtel **6.** [prison] prison *f* ; [cell] cellule *f* ; [fortress] place *f* forte **7.** [store - in plane] soute *f* ; [- in ship] cale *f* **8.** MUS point *m* d'orgue.

❖ **on hold** adv phr [gen & TELEC] en attente / *we've put the project on hold* nous avons mis le projet en attente / *the operator kept me on hold for ten minutes* le standardiste m'a mis en attente pendant dix minutes.

❖ **hold against** vt sep ▸ **to hold sthg against sb** en vouloir à qqn de qqch / *his collaboration with the enemy will be held against him* sa collaboration avec l'ennemi lui sera préjudiciable / *he lied to her and she still holds it against him* il lui a menti et elle lui en veut toujours / *I hope you won't hold it against me if I decide not to accept* j'espère que tu ne m'en voudras pas si je décide de ne pas accepter.

❖ **hold back** ◆ vt sep **1.** [control, restrain - animal, person] retenir, tenir ; [- crowd, enemy forces] contenir ; [- anger, laughter, tears] retenir, réprimer ; [- inflation] contenir / *the government has succeeded in holding back inflation* le gouvernement a réussi à contenir l'inflation **2.** [keep - money, supplies] retenir ; *fig* [information, truth] cacher, taire / *she's holding something back from me* elle me cache quelque chose **3.** US SCH : *they held her back a year* ils lui ont fait redoubler une classe, ils l'ont fait redoubler **4.** [prevent progress of] empêcher de progresser / *his difficulties with maths are holding him back* ses difficultés en maths l'empêchent de progresser. ◆ vi *lit* [stay back] rester en arrière ; *fig* [refrain] se retenir / *he has held back from making a commitment* il s'est abstenu de s'engager / *the president held back before sending in the army* le président a hésité avant d'envoyer les troupes / *don't hold back, tell me everything* vas-y, dis-moi tout.

❖ **hold down** vt sep **1.** [keep in place - paper, carpet] maintenir en place ; [- person] forcer à rester par terre, maintenir au sol / *it took four men to hold him down* il a fallu quatre hommes pour le maîtriser or pour le maintenir au sol ; [keyboard key] maintenir appuyé **2.** [keep to limit] restreindre, limiter / *they're holding unemployment down to 4%* ils maintiennent le taux de chômage à 4 % / *to hold prices down* empêcher les prix de monter, empêcher la montée des prix **3.** [employee] ▸ **to hold down a job** garder un emploi / *he's never managed to hold down a job* il n'a jamais pu garder un emploi bien longtemps.

❖ **hold forth** vi pérorer, disserter / *he held forth on the evils of drink* il a fait un long discours sur les conséquences néfastes de l'alcool.

❖ **hold in** vt sep **1.** [stomach] rentrer **2.** [emotion] retenir ; [anger] contenir.

❖ **hold off** ◆ vt sep **1.** [keep at distance] tenir à distance or éloigné / *the troops held off the enemy* les troupes ont tenu l'ennemi à distance / *they managed to hold off the attack* ils ont réussi à repousser l'attaque / *I can't hold the reporters off any longer* je ne peux plus faire attendre or patienter les journalistes **2.** [delay, put off] remettre à plus tard / *he held off going to see the doctor until May* il a attendu le mois de mai pour aller voir le médecin / *I held off making a decision* j'ai remis la décision à plus tard. ◆ vi **1.** [rain] : *at least the rain held off* au moins il n'a pas plu **2.** [abstain] s'abstenir / *hold off from smoking for a few weeks* abstenez-vous de fumer or ne fumez pas pendant quelques semaines.

❖ **hold on** ◆ vi **1.** [grasp, grip] tenir bien, s'accrocher ▸ **to hold on to sthg** bien tenir qqch, s'accrocher à qqch, se cramponner à qqch / *hold on!* accrochez-vous ! / *hold on to your hat!* tenez votre chapeau (sur la tête) ! **2.** [keep possession of] garder / *hold on to this contract for me* [keep it] garde-moi ce contrat / *all politicians try to hold on to power* tous les hommes politiques essaient de rester au pouvoir / *hold on to your dreams / ideals* accrochez-vous à vos rêves / idéaux **3.** [continue, persevere] tenir, tenir le coup / *how long can you hold on?* combien de temps pouvez-vous tenir (le coup) ? / *I can't hold on much longer* je ne peux pas tenir (le coup) beaucoup plus longtemps **4.** [wait] attendre ; [stop] arrêter / *hold on just one minute!* **a)** [stop] arrêtez ! **b)** [wait] attendez !, pas si vite ! / *hold on, how do I know I can trust you?* attends un peu ! qu'est-ce qui me prouve que je peux te faire confiance ? ; TELEC : *hold on please!* ne quittez pas ! / *I had to hold on for several minutes* j'ai dû patienter plusieurs minutes. ◆ vt sep [maintain in place] tenir or maintenir en place / *her hat is held on with pins* son chapeau est maintenu (en place) par des épingles.

❖ **hold out** ◆ vi **1.** [last - supplies, stocks] durer / *will the car hold out till we get home?* la voiture tiendra-t-elle (le coup) jusqu'à ce qu'on rentre ? **2.** [refuse to yield] tenir bon, tenir le coup / *the garrison held out for weeks* la garnison a tenu bon pendant des semaines / *the management held out against any suggested changes* la direction a refusé tous les changements proposés. ◆ vt sep [extend, offer] tendre / *she held out the book to him* elle lui a tendu le livre ▸ **to hold out one's hand to sb** *lit & fig* tendre la main à qqn / *I held out my hand* j'ai tendu la main / *his mother held her arms out to him* sa mère lui a ouvert or tendu les bras. ◆ vt insep [offer] offrir / *I can't hold out any promise of improvement* je ne peux promettre aucune amélioration / *the doctors hold out little hope for him* les médecins ont peu d'espoir pour lui / *science holds out some hope for cancer patients* la science offre un espoir pour les malades du cancer.

❖ **hold out for** vt insep exiger / *the workers held out for a shorter working week* les ouvriers réclamaient une semaine de travail plus courte.

❖ **hold out on** vt insep *inf* : *you're holding out on me!* tu me caches quelque chose !

❖ **hold over** vt sep **1.** [position] tenir au-dessus de / *she held the glass over the sink* elle tenait le verre au-dessus de l'évier / *they hold the threat of redundancy over their workers fig* ils maintiennent la menace de licenciement sur leurs ouvriers **2.** [postpone] remettre, reporter / *we'll hold these items over until the next meeting* on va remettre ces questions à la prochaine réunion **3.** [retain] retenir, garder / *they're holding the show over for another month* ils vont laisser le spectacle à l'affiche encore un mois **4.** MUS tenir.

❖ **hold to** ◆ vt insep [promise, tradition] s'en tenir à, rester fidèle à ; [decision] maintenir, s'en tenir à / *you must hold to your principles* vous devez rester fidèle à vos principes. ◆ vt sep : *we held him to his promise* nous lui avons fait tenir parole / *if I win, I'll buy you lunch — I'll hold you to that!* si je gagne, je t'invite à déjeuner — je te prends au mot !

❖ **hold together** vt sep [book, car] maintenir ; [community, family] maintenir l'union de / *we need a leader who can hold the workers together* il nous faut un chef qui puisse rallier les ouvriers.

❖ **hold up** ◆ vt sep **1.** [lift, raise] lever, élever / *I held up my hand* j'ai levé la main / *hold the picture up to the light* tenez la photo à contre-jour / *to hold up one's head* redresser la tête / *she felt she would never be able to hold her head up again fig* elle pensait qu'elle ne pourrait plus jamais marcher la tête haute **2.** [support] soutenir / *my trousers were held up with safety pins* mon pantalon était maintenu par des épingles de sûreté **3.** [present as example] : *they were held up as an example of efficient local government* on les présentait comme un exemple de gouvernement local compétent ▸ **to hold sb up to ridicule** tourner qqn en ridicule **4.** [delay] retarder ; [stop] arrêter / *the traffic held us up* la circulation nous a mis en retard / *the accident held up traffic for an hour* l'accident a bloqué la circulation pendant une heure / *I was held up* j'ai été retenu / *the project was held up for lack of funds* **a)** [before it started] le projet a été mis en attente faute de financement **b)** [after it started] le projet a été interrompu faute de financement **5.** [rob] faire une attaque à main armée / *to hold up a bank* faire un hold-up dans une banque. ◆ vi [clothing, equipment] tenir ; [supplies] tenir, durer ; [weather] se maintenir / *the car held up well during the trip* la voiture a bien tenu le coup pendant le voyage.

❖ **hold with** vt insep UK [agree with] être d'accord avec ; [approve of] approuver / *I don't hold with her ideas on socialism* je ne suis pas d'accord avec or je ne partage pas ses idées concernant le socialisme / *his mother doesn't hold with private schools* sa mère est contre or désapprouve les écoles privées.

holdall ['həʊldɔːl] n UK (sac *m*) fourre-tout *m inv*.

holder ['həʊldəʳ] n **1.** [for lamp, plastic cup, etc.] support *m* **2.** [person - of ticket] détenteur *m*, -trice *f* ; [- of passport, post, diploma] titulaire *mf* ; [- of lease] locataire *mf* ; [SPORT - of record, cup] détenteur *m*, -trice *f* ; [- of title] détenteur *m*, -trice *f*, tenant *m*, -e *f* ; [FIN - of stock] porteur *m*, -euse *f*, détenteur *m*, -trice *f*.

holding ['həʊldɪŋ] ◆ n **1.** [of meeting] tenue *f* **2.** [in boxing] : *holding is against the rules* il est contraire au règlement de tenir son adversaire **3.** [land] propriété *f* **4.** FIN participation *f* ▸ **holdings a)** [lands] propriétés *fpl*, terres *fpl* **b)** [stocks] participation *f*, portefeuille *m*. ◆ comp ▸ **holding company** FIN (société *f* en) holding *m* ▸ **holding operation** opération *f* de maintien ▸ **holding pattern** AERON : *we were in a holding pattern over Heathrow for two hours* nous avons eu une attente de deux heures au-dessus de Heathrow.

holdover ['həʊld,əʊvəʳ] n US vestige *m* ; CIN & THEAT *film ou pièce de théâtre qui reste à l'affiche plus longtemps que prévu* / *a holdover from the war* un vestige de la guerre.

hold-up n **1.** [robbery] hold-up *m*, vol *m* à main armée **2.** [delay - on road, railway track, etc.] ralentissement *m* ; [- in production, departure, etc.] retard *m*.

❖ **hold-ups** pl n [stockings] bas *mpl* auto-fixants.

hole [həʊl] ◆ n **1.** [in the ground] trou *m* ; [in wall, roof, etc.] trou *m* ; [in clouds] éclaircie *f* ▸ **to dig a hole** creuser un trou / *his socks were full of* or *in holes* ses chaussettes étaient pleines de trous / *his sock's got a hole in it* il a un trou à sa chaussette ▸ **to wear a hole in sthg** faire un trou à qqch / *to make a hole in one's savings / a bottle of whisky fig* bien entamer ses économies / une bouteille de whisky / *money burns a hole in my pocket* l'argent me file entre les doigts ▸ **to pick holes in an argument** trouver des failles à une argumentation / *to try to pick holes in an argument* chercher des failles à une argumentation / *his argument's full of holes* son argumentation est pleine de défauts or failles ▸ **a hole in the wall a)** un café or restaurant minuscule **b)** [cash dispenser] un distributeur de billets / *I need that like a hole in the head inf* c'est vraiment la dernière chose dont j'aie besoin / *you're talking through a hole in your head inf* tu racontes n'importe quoi ▸ **that's filled a hole!** *inf* ça m'a bien calé ! **2.** *inf & pej* [boring place] trou *m* / *what a hole!* [town] quel trou ! / *this is an aw-*

ful hole! [house, pub, disco] c'est mortel ici ! **3.** *inf* [tricky situation] pétrin *m* ▸ **to be in a hole** être dans le pétrin ▸ **to get sb out of a hole** sortir qqn du pétrin **4.** SPORT [in golf] trou *m* ▸ **to get a hole in one** faire un trou en un / *an 18-hole (golf) course* un parcours de 18 trous / *we played a few holes of golf together* nous avons fait quelques trous ensemble au golf. ◆ vt **1.** [make hole in] trouer **2.** [in golf] ▸ **to hole the ball** faire le trou / *he holed the fourteenth in four* il a fait le quatorzième trou en quatre (coups). ◆ vi **1.** [sock, stocking] se trouer **2.** [in golf] faire le trou / *to hole in four* faire le trou en quatre (coups).

❖ **hole out** vi [in golf] finir le trou.

❖ **hole up** ◆ vi **1.** [animal] se terrer **2.** *inf* [hide] se planquer. ◆ vt sep *(usu passive)* : *they're holed up in a hotel* ils se planquent or ils sont planqués dans un hôtel.

hole-and-corner adj *inf* [meeting, love affair, etc.] clandestin, secret (secrète).

hole in the heart n malformation *f* du cœur / *to have a hole in the heart* avoir une malformation du cœur, avoir la maladie bleue / *a baby born with a hole in the heart* un enfant bleu.

❖ **hole-in-the-heart** adj [baby] bleu / *a hole-in-the-heart operation* une opération d'une malformation du cœur.

hole punch n perforatrice *f*.

holey ['həʊlɪ] adj troué, plein de trous.

holiday ['hɒlɪdeɪ] ◆ n **1.** UK [period without work] vacances *fpl* / *Christmas holiday* vacances de Noël / *everyone is getting ready for the Christmas holidays* tout le monde prépare les fêtes / *summer holiday* or *holidays* **a)** vacances d'été **b)** SCH grandes vacances ▸ **on holiday** en vacances ▸ **to go on holiday** aller or partir en vacances / *to go on a camping holiday* aller passer ses vacances en camping / *I'm going on holiday in a week* je pars en vacances dans une semaine / *we went to Greece for our holidays last year* nous sommes allés passer nos vacances en Grèce l'année dernière / *to take a holiday* | *two months' holiday* prendre des vacances / deux mois de vacances / *how much* or *how long a holiday do you get?* combien de vacances as-tu ? / *holiday with pay* or *paid holidays* congés *mpl* payés / *I need* or *could do with a holiday* j'ai besoin de vacances / *take a holiday from the housework* oublie un peu les travaux ménagers / *I wish I could take a holiday from the children for a few days* si seulement je pouvais passer quelques jours sans les enfants / *it's no holiday!* ce n'est pas des vacances ! **2.** [day off] jour *m* de congé / *tomorrow is a holiday* demain c'est férié. ◆ comp [mood, feeling, destination] de vacances ; [pay] versé pendant les vacances ▸ **the holiday traffic** la circulation des départs en vacances ▸ **the holiday rush** : *the holiday rush has started* la folie or cohue des départs en vacances a commencé. ◆ vi UK passer les vacances.

holiday camp n UK *centre de vacances familial (avec animations et activités diverses).*

holiday home n UK maison *f* de vacances, résidence *f* secondaire.

holiday let n location *f* saisonnière.

holidaymaker ['hɒlɪdeɪ,meɪkəʳ] n UK vacancier *m*, -ère *f*.

holiday resort n UK lieu *m* de vacances or de séjour.

holiday season n UK saison *f* des vacances.

holiday village n UK village *m* de vacances.

holier-than-thou ['həʊlɪəðən'ðaʊ] adj *pej* [attitude, tone, person] moralisateur / *to be holier-than-thou towards other people* se comporter en pharisien avec les autres.

holiness ['həʊlɪnɪs] n sainteté *f* ▸ **His / Your Holiness** Sa / Votre Sainteté.

holism ['həʊlɪzm] n MED & PHILOS holisme *m*.

holistic [həʊ'lɪstɪk] adj MED & PHILOS holistique.

holland ['hɒlənd] n TEXT hollande *f*.

Holland ['hɒlənd] pr n **1.** [country] Hollande *f*, Pays-Bas *mpl* / *in Holland* en Hollande, aux Pays-Bas **2.** *arch* [gin] ▸ **Hollands** genièvre *m* de Schiedam.

hollandaise (sauce) [,hɒlən'deɪz-] n CULIN sauce *f* hollandaise.

holler ['hɑ:lr] *inf* ◆ vi brailler, beugler. ◆ vt brailler. ◆ n braillement *m* / *to give* or *to let out a holler* brailler.

❖ **holler out** vi & vt sep *inf* = **holler**.

hollow ['hɒləʊ] ◆ adj **1.** [not solid - tree, container] creux / *to have a hollow feeling in one's stomach* avoir une sensation de vide dans l'estomac ▸ **to feel hollow** [hungry] avoir le ventre or l'estomac creux ▸ **to have hollow legs** : *you must have hollow legs!* **a)** *inf* [able to eat a lot] tu dois avoir le ver solitaire ! **b)** [able to drink a lot] qu'est-ce que tu peux boire !, tu as une sacrée descente ! **2.** [sunken - eyes, cheeks] creux, cave **3.** [empty - sound] creux, caverneux ; [- laugh, laughter] faux (fausse), forcé / *in a hollow voice* d'une voix éteinte / *she gave a hollow laugh* elle a ri d'un air un peu faux or forcé, elle a ri jaune **4.** [worthless - promise, words] vain / *it was a hollow victory for her* cette victoire lui semblait dérisoire. ◆ adv ▸ **to sound hollow a)** [tree, wall] sonner creux **b)** [laughter, excuse, promise] sonner faux. ◆ n **1.** [in tree] creux *m*, cavité *f* **2.** [in ground] enfoncement *m*, dénivellation *f* **3.** [in hand, back] creux *m*. ◆ vt creuser.

❖ **hollow out** vt sep creuser.

Holloway ['hɒləweɪ] pr n ▸ **Holloway (Prison)** *grande prison pour femmes dans le nord de Londres.*

hollow-cheeked adj aux joues creuses.

hollow-eyed adj aux yeux caves or enfoncés.

hollowness ['hɒləʊnɪs] n **1.** [of tree] creux *m*, cavité *f* **2.** [of features] : *the hollowness of his eyes* ses yeux enfoncés / *the hollowness of his cheeks* ses joues creuses **3.** [of sound] timbre *m* caverneux ; [of laughter] fausseté *f* / *the hollowness of her voice* sa voix éteinte **4.** [of promise, excuse] fausseté *f*, manque *m* de sincérité / *the hollowness of a victory* une victoire qui ne veut rien dire.

holly ['hɒlɪ] ◆ n [tree, leaves] houx *m*. ◆ comp ▸ **holly berry** baie *f* de houx, cenelle *f* ▸ **holly tree** houx *m*.

hollyhock ['hɒlɪhɒk] n rose *f* trémière.

Hollywood ['hɒlɪwʊd] ◆ pr n Hollywood ▸ **the Hollywood Bowl** *salle de concerts semi-couverte à Hollywood.* ◆ adj hollywoodien.

holm [həʊm] = **holm oak**.

holmium ['hɒlmɪəm] n holmium *m*.

holm oak n chêne *m* vert, yeuse *f*.

holocaust ['hɒləkɔ:st] n holocauste *m* ▸ **the Holocaust** l'Holocauste.

hologram ['hɒləgræm] n hologramme *m*.

holograph ['hɒləgræf] ◆ n document *m* olographe or holographe. ◆ adj olographe, holographe.

holography [hɒ'lɒgrəfɪ] n holographie *f*.

hols [hɒlz] pl n UK *inf* SCH vacances *fpl*.

Holstein ['hɒlstaɪn] n US [cow] frisonne *f*.

holster ['həʊlstəʳ] n [for gun - on waist, shoulder] étui *m* de revolver ; [- on saddle] fonte *f* ; [for piece of equipment] étui *m*.

holy ['həʊlɪ] (*compar* **holier**, *superl* **holiest**) ◆ adj **1.** [sacred - bread, water] bénit ; [- place, ground, day] saint ▸ **to swear by all that is holy** jurer par tous les saints **2.** [devout] saint **3.** *inf* [as intensifier] : *that child is a holy terror* [mischievous] cet enfant est un vrai démon / *the new headmaster is a holy terror* [intimidating] le nouveau principal est redoutable ▸ **to have a holy fear of sthg** avoir une sainte peur de qqch **4.** PHR **holy smoke!** or **holy mackerel!** or **holy cow!** mince alors !, ça alors ! ▸ **holy shit!** US *vulg* merde alors ! ◆ n ▸ **the Holy of Holies a)** RELIG le saint des saints **b)** *hum & fig* [inner sanctum] sanctuaire *m*, antre *m* sacré **c)** [special place] lieu *m* saint.

Holy Bible n ▸ **the Holy Bible** la Sainte Bible.

Holy City n ▸ **the Holy City** la Ville sainte.

Holy Communion n la Sainte Communion ▸ **to take Holy Communion** communier, recevoir la Sainte Communion.

Holy Family n ▸ **the Holy Family** la Sainte Famille.

Holy Father n ▸ **the Holy Father** le Saint-Père.

Holy Ghost n ▸ **the Holy Ghost** le Saint-Esprit, l'Esprit saint.

Holy Grail n ▸ **the Holy Grail** le (Saint) Graal.

Holy Joe n *inf* bigot *m*.

Holy Land n ▸ **the Holy Land** la Terre sainte.

holy matrimony n les liens sacrés du mariage ▸ **to be joined in holy matrimony** être unis par les liens sacrés du mariage.

holy orders pl n ordres *mpl* ▸ **to take holy orders** entrer dans les ordres.

holy roller n US *pej* : *he's a real holy roller* il fait vraiment du prêchi-prêcha.

Holy Roman Empire n ▸ **the Holy Roman Empire** le Saint-Empire romain.

Holy Rood n ▸ **the Holy Rood** la Sainte Croix.

Holyrood ['hɒlɪru:d] pr n [Scottish Parliament] le Parlement écossais *(situé à Édimbourg).*

Holyrood Palace ['hɒlɪru:d-] pr n *palais à Édimbourg, propriété de la famille royale.*

Holy Scripture n l'Écriture sainte, les Saintes Écritures.

Holy See n ▸ **the Holy See** le Saint-Siège.

Holy Sepulchre n ▸ **the Holy Sepulchre** le Saint-Sépulcre.

Holy Spirit = **Holy Ghost**.

Holy Synod n ▸ **the Holy Synod** le saint-synode.

Holy Trinity n ▸ **the Holy Trinity** la Sainte Trinité.

holy war n guerre *f* sainte.

Holy Week n la Semaine sainte.

Holy Writ n l'Écriture sainte, les Saintes Écritures / *it's not Holy Writ!* *fig* ce n'est pas parole d'évangile !

homage ['hɒmɪdʒ] n hommage *m* ▸ **to pay** or **to do homage to sb, to do sb homage** rendre hommage à qqn / *in silent homage* en hommage silencieux.

hombre ['ɒmbreɪ] n US *inf* mec *m*.

homburg ['hɒmbɜ:g] n chapeau *m* mou, feutre *m* souple.

home [həʊm] ◆ n **1.** [one's house] maison *f* ; [more subjectively] chez-soi *m inv* / *a home from home* UK or *home away from home* US un second chez-soi / *I left home at 16* j'ai quitté la maison à 16 ans / *her home is not far from mine* sa maison n'est pas loin de chez moi / *to have a home of one's own* avoir un foyer or un chez-soi / *how long has he been missing from home?* depuis combien de temps a-t-il disparu de la maison ? / *he was found far away from home* on l'a trouvé loin de chez lui / *his home is in Nice* il habite Nice / *New York will always be home for me!* c'est toujours à New York que je me sentirai chez moi ! / *when did she make her home in Hollywood?* quand s'est-elle installée à Hollywood ? / *emigrants came to make their homes in Canada* des émigrés sont venus s'installer au Canada ▸ **to give sb a home** recueillir qqn chez soi / *they have a lovely home!* c'est très agréable chez eux ! ▸ **at home** chez soi, à la maison / *come and see me at home* passez me voir à la maison / *Mrs Carr is not at home on Mondays* *fml* Mme Carr ne reçoit pas le lundi / *make yourself at home* faites comme chez vous / *he made himself at home in the chair* il s'est mis à l'aise dans le fauteuil / *she feels at home everywhere!* elle est à l'aise partout ! ▸ **to be** or **to feel at home with** se sentir à l'aise avec / *he doesn't yet feel at home with the machine* il n'est pas encore à l'aise avec la machine / *I work out of* or *at home* or *from home* UK je travaille à domicile or chez moi ▸ **there's no place like home** *prov* on n'est vraiment bien que chez soi ▸ **home is where the heart is** *prov* où le cœur aime, là est le foyer **2.** [family unit] foyer *m* ; ADMIN habitation *f*, logement *m* / *the father left home* le père a abandonné le foyer ▸ **to start** or **to set up a home** fonder un foyer / *are you having prob-*

lems at home? est-ce que tu as des problèmes chez toi ? / *he comes from a good home* il vient d'une famille comme il faut **3.** [native land] patrie *f*, pays *m* natal / *it's the same at home* c'est la même chose chez nous or dans notre pays ; *fig* : *this discussion is getting a bit close to home!* on aborde un sujet dangereux ! / *let's look at a situation closer to* or *nearer home* examinons une situation qui nous concerne plus directement / *Kentucky, the home of bourbon* Kentucky, le pays du bourbon / *the home of jazz* le berceau du jazz **4.** BOT & ZOOL habitat *m* **5.** [mental hospital] maison *f* de repos ; [old people's home] maison *f* de retraite ; [children's home] foyer *m* pour enfants **6.** GAMES & SPORT [finishing line] arrivée *f* ; [on board game] case *f* départ ; [goal] but *m* / *they play better at home* ils jouent mieux sur leur terrain ▸ **to be at home to** recevoir / *the Rams meet the Braves at home* les Rams jouent à domicile contre les Braves. ◆ adv **1.** [to or at one's house] chez soi, à la maison ▸ **to go** or **to get home** rentrer (chez soi or à la maison) / *she'll be home tonight* elle sera à la maison ce soir ▸ **to see sb home** raccompagner qqn jusque chez lui / elle ▸ **to take sb home** ramener qqn chez lui / *Fido, home!* Fido, rentre or à la maison ! ▸ **it's nothing to write home about** *inf* il n'y a pas de quoi en faire un plat ▸ **home and dry** UK, **home free** US *inf* sauvé **2.** [from abroad] au pays natal, au pays / *when did you get* or *come home?* quand es-tu rentré ? ▸ **to send sb home** rapatrier qqn / *the grandparents want to go* or *to return home* les grands-parents veulent rentrer dans leur pays **3.** [all the way] à fond / *to drive a nail home* enfoncer un clou jusqu'au bout / *the remark really went home* le commentaire a fait mouche ▸ **to bring sthg home to sb** faire comprendre or voir qqch à qqn. ◆ adj **1.** [concerning family, household -life] de famille, familial ; [-for family consumption] familial, à usage familial / *home remedy* remède *m* de bonne femme / *home comforts* confort *m* du foyer **2.** [to, for house] à or pour la maison / *home visit / delivery* visite *f* / livraison *f* à domicile / *home decorating* décoration *f* intérieure / *home cleaning products* produits *mpl* ménagers **3.** [national -gen] national, du pays ; [-market, policy] intérieur ▸ **home sales** ventes *fpl* sur le marché intérieur **4.** SPORT [team -national] national ; [-local] local / *the home team today is...* l'équipe qui reçoit aujourd'hui est... / *home game* match *m* à domicile. ◆ vi [person, animal] revenir or rentrer chez soi ; [pigeon] revenir au colombier.

❖ **home in on** vt insep **1.** [subj: missile] se diriger (automatiquement) sur or vers ; [proceed towards -goal] se diriger vers ; *fig* mettre le cap sur **2.** [direct attention to -problem, solution] mettre l'accent sur ; [-difficulty, question] viser, cerner.

❖ **home on to** = **home in on.**

home address n [on form] domicile *m* (permanent) ; [not business address] adresse *f* personnelle.

home automation n domotique *f*.

home-baked adj **1.** [in home] maison *(inv)*, fait à la maison / *home-baked bread* pain *m* fait à la maison **2.** [on premises] maison *(inv)*, fait maison.

home banking n la banque à domicile.

homebody ['həʊm,bɒdɪ] (*pl* **homebodies**) n *inf* pantouflard *m*, -e *f*.

homebound ['həʊmbaʊnd] adj **1.** [going home] sur le chemin du retour **2.** [confined to home] obligé de rester à la maison ; [of sick people] qui garde la chambre.

homeboy ['həʊmbɔɪ] n US : *he's a homeboy* **a)** [from our town] c'est un gars de chez nous **b)** [in our gang] c'est un des nôtres.

homebred ['həʊmbred] adj **1.** *lit* élevé à la maison ; [homemade] fait à la maison **2.** [manner] naturel, rustique ; [humour, language, tastes] peu raffiné, populaire **3.** [not foreign] du pays / *he's a homebred version of Sinatra inf* c'est notre Sinatra à nous.

home brew n [beer] bière *f* faite à la maison ; [wine] vin *m* fait à la maison.

home-brewed adj [beer] fait maison.

home brewing [-'bruːɪŋ] n US [illegal distilling] *distillation clandestine d'alcool à domicile.*

homecoming ['həʊm,kʌmɪŋ] n [to family] retour *m* au foyer or à la maison ; [to country] retour *m* au pays / **'The Homecoming'** *Pinter* 'le Retour'.

❖ **Homecoming** n US SCH & UNIV *fête donnée en l'honneur de l'équipe de football d'une université ou d'une école et à laquelle sont invités les anciens élèves.*

home computer n ordinateur *m* personnel, micro-ordinateur *m*.

home cooking n cuisine *f* familiale.

Home Counties pl pr n ▸ **the Home Counties** *l'ensemble des comtés limitrophes de Londres.*

home country n pays *m* natal ▸ **the home country** le pays.

home economics, home ec US *inf* n *(U)* économie *f* domestique.

home fragrance n parfum *m* d'intérieur.

home fries pl n US CULIN pommes de terre *fpl* sautées.

home front n **1.** [during war] arrière *m* / *on the home front* à l'arrière **2.** [in the home country] : *what's the news on the home front?* quelles sont les nouvelles du pays ? **3.** [at home] : *how are things on the home front?* comment ça va à la maison ?

home ground n **1.** ▸ **to be on home ground** **a)** [near home] être en pays de connaissance **b)** *fig* [familiar subject] être sur son terrain **2.** SPORT : *our home ground* notre terrain / *when they play at their home ground* quand ils jouent sur leur terrain, quand ils reçoivent.

homegrown [,həʊm'grəʊn] adj [not foreign] du pays ; [from own garden] du jardin.

Home Guard n ▸ **the Home Guard** *les volontaires pour la défense du territoire en Grande-Bretagne en 1940-45, 1951-57.*

home help n UK aide *f* ménagère.

homeland ['həʊmlænd] n **1.** [native country] patrie *f* **2.** [South African political territory] homeland *m* / *the homelands policy* la politique des homelands.

home leave n UK congé *m* au foyer.

homeless ['həʊmlɪs] ◆ adj sans foyer ; [pet] abandonné, sans foyer. ◆ pl n ▸ **the homeless** les sans-abri *mpl*.

homelessness ['həʊmlɪsnɪs] n : *the problem of homelessness* le problème des sans-abri / *homelessness is an increasing problem* les sans-abri représentent un problème de plus en plus grave.

home life n vie *f* de famille.

home loan n prêt *m* immobilier.

home-lover n casanier *m*, -ère *f* ; [woman] femme *f* d'intérieur.

home-loving adj casanier.

homely ['həʊmlɪ] (*compar* **homelier**, *superl* **homeliest**) adj **1.** [unpretentious] simple, modeste / *they offer good but homely fare* on y mange bien mais sans façon / *they're homely folk* ce sont des gens sans prétention **2.** [kind] aimable, plein de bonté / *my aunt was a homely old sort inf* ma tante était une de ces bonnes vieilles dames **3.** US [plain, unattractive -person] peu attrayant / *what a homely woman!* elle n'est vraiment pas belle cette femme !

homemade [,həʊm'meɪd] adj **1.** [made at home] fait à la maison *(inv)* / *it's hard to believe your dress is homemade* c'est difficile à croire que tu as fait ta robe toi-même / *a homemade bomb* une bombe de fabrication artisanale **2.** [made on premises] maison *(inv)*, fait maison / *homemade apple pie* [on menu] tarte *f* aux pommes (fait) maison.

homemaker ['həʊm,meɪkə] n femme *f* au foyer.

home movie n film *m* d'amateur.

Home Office n ▸ **the Home Office** *le ministère britannique de l'Intérieur.*

homeopath ['həʊmɪəʊpæθ] n homéopathe *mf*.

homeopathic [,həʊmɪəʊ'pæθɪk] adj homéopathique / *a homeopathic doctor* un (médecin) homéopathe / *a homeopathic remedy* un remède homéopathique.

homeopathy [,həʊmɪ'ɒpəθɪ] n homéopathie *f*.

homeostasis [,həʊmɪəʊ'steɪsɪs] n homéostasie *f*.

homeostatic [,həʊmɪəʊ'stætɪk] adj homéostatique.

homeowner ['həʊm,əʊnəʳ] n propriétaire *mf*.

home page n COMPUT page *f* d'accueil.

home plate n [in baseball] *plaque qui marque le début et la fin du parcours que doit effectuer le batteur pour marquer un point.*

home port n NAUT port *m* d'attache.

homer ['həʊməʳ] n US abbr of **home run.**

Homer ['həʊməʳ] pr n Homère.

Homeric [həʊ'merɪk] adj homérique.

homeroom ['həʊm,ruːm] n US **1.** [place] *salle où l'on fait l'appel* **2.** [group] *élèves rassemblés pour l'appel.*

home rule n autonomie *f*.

❖ **Home Rule** n *mouvement pour l'autonomie de l'Irlande.*

Home Rule

Régime d'autonomie revendiqué par l'Irlande entre 1870 et 1914. Le projet de loi fut refusé à plusieurs reprises par les Communes mais, finalement, une loi sur l'autonomie fut votée en 1914, proposant la création d'un Parlement composé de deux chambres chargées des affaires locales. La mise en vigueur de cette loi, déjà compromise par l'opposition des protestants unionistes de l'Ulster, fut reportée lorsque la Première Guerre mondiale éclata. À la suite de l'insurrection nationaliste de 1916, les partisans du **Home Rule** revendiquèrent l'autonomie totale. Après deux ans de guerre civile, l'Irlande obtint son autonomie en 1921 et devint l'État libre d'Irlande, le nord-est du pays restant lié à la Grande-Bretagne.

home run n **1.** [in baseball] *coup de batte qui permet au batteur de marquer un point en faisant un tour complet en une seule fois* **2.** [last leg of trip] dernière étape *f* du circuit / *the ship / the delivery truck is on its home run* le navire / le camion rentre à son port d'attache / au dépôt.

Home Secretary n ministre *m* de l'Intérieur en Grande-Bretagne.

home shopping n [by telephone, computer] téléachat *m* ; [by post] achat *m* par correspondance.

Home Show n US ≃ salon *m* des arts ménagers et de la décoration.

homesick ['həʊmsɪk] adj nostalgique ▸ **to be homesick** avoir le mal du pays ▸ **to be homesick for sb** s'ennuyer de qqn ▸ **to be homesick for sthg** avoir la nostalgie de qqch / *he's homesick for his family* sa famille lui manque.

homesickness ['həʊm,sɪknɪs] n mal *m* du pays.

homesite ['həʊmsaɪt] n US terrain *m* à bâtir.

homespun ['həʊmspʌn] ◆ adj **1.** [wool] filé à la maison, de fabrication domestique ; [cloth] de homespun **2.** [simple] simple, sans recherche. ◆ n homespun *m*.

homestead ['həʊmsted] ◆ n **1.** US HIST *terre dont la propriété est attribuée à un colon sous réserve qu'il y réside et l'exploite* ▸ **the Homestead Act** *décret de 1862 par lequel le Congrès américain donnait 160 acres de terre à tout nouvel arrivant qui s'engageait à s'installer dans l'ouest* **2.** [buildings and land] propriété *f* ; [farm] ferme *f* ; AUSTR & NZ [house] maison *f (d'un ranch)* **3.** US [birthplace] : *he's returning to the homestead* il rentre au pays. ◆ vt US [acquire] acquérir ; [settle] s'installer à, coloniser. ◆ vi US *s'installer sur une terre pour en devenir propriétaire.*

homesteader ['həʊmstedəʳ] n **1.** US HIST *personne qui acquiert une propriété en vertu du Homestead Act* **2.** [farm-owner] propriétaire *mf* d'une ferme ; [ranch-owner] propriétaire *mf* d'un ranch.

home straight, home stretch n SPORT & *fig* dernière ligne *f* droite / *they're on* or *in the home straight* ils sont dans la dernière ligne droite.

home time n *heure où l'on rentre à la maison.*

home town n **1.** [of birth] ville *f* natale **2.** [of upbringing] : *his home town* la ville où il a grandi.

home truth n vérité *f* désagréable ▸ **to tell sb a few home truths** dire ses (quatre) vérités à qqn / *I learnt some home truths about myself* j'ai appris quelques vérités désagréables sur moi-même.

homeward ['həʊmwəd] ◆ adj du retour / *the homeward trip* le (voyage de) retour. ◆ adv = **homewards.**

homeward-bound adj [commuters] qui rentre chez soi ; [ship] sur le chemin du retour / *to be homeward bound* être sur le chemin du retour.

homewards ['həʊmwədz] adv **1.** [to house] vers la maison / *to head homewards* se diriger vers la maison **2.** [to homeland] vers la patrie / *to be homewards bound* prendre le chemin du retour / *the plane flew homewards* l'avion faisait route vers sa base / *the ship sailed homewards* le navire faisait route vers son port d'attache.

home waters pl n [territorial] eaux *fpl* territoriales ; [near home port] eaux *fpl* voisines du port d'attache.

homework ['həʊmwɜːk] ◆ n *(U)* SCH devoirs *mpl* (à la maison) ; [research] travail *m* préparatoire / *the minister hadn't done his homework* le ministre n'avait pas préparé son sujet. ◆ comp ▸ **a homework exercise** un devoir (à la maison).

homeworker ['həʊm,wɜːkəʳ] n travailleur *m*, -euse *f* à domicile.

homeworking ['həʊm,wɜːkɪŋ] n travail *m* à domicile.

homey ['həʊmɪ] (*pl* **homies**, *compar* **homier**, *superl* **homiest**) *inf* ◆ n US **1.** *Noir originaire du Sud récemment arrivé dans le Nord* **2.** [friend] pote *m*. ◆ adj US = **homy.**

homicidal [hɒmɪ'saɪdl] adj LAW homicide / *a homicidal maniac* un maniaque à tendances homicides or meurtrières.

homicide ['hɒmɪsaɪd] n LAW **1.** [act] homicide *m* ▸ **accidental homicide** homicide par imprudence **2.** [person] homicide *mf*.

homie ['həʊmɪ] US *inf* = **homey** *(noun).*

homily ['hɒmɪlɪ] (*pl* **homilies**) n **1.** RELIG homélie *f* **2.** *pej* sermon *m*, homélie *f* ▸ **to read sb a homily** sermonner qqn.

homing ['həʊmɪŋ] adj [pre-programmed] autoguidé ; [heat-seeking] à tête chercheuse ▸ **homing device** mécanisme *m* d'autoguidage ▸ **homing guidance systems** systèmes *mpl* d'autoguidage ▸ **homing missile** missile *m* à tête chercheuse.

homing pigeon n pigeon *m* voyageur.

hominid ['hɒmɪnɪd] ◆ n hominidé *m*. ◆ adj hominien / *the hominid family* les hominidés.

hominoid ['hɒmɪnɔɪd] ◆ n humanoïde *m*. ◆ adj humanoïde.

hominy ['hɒmɪnɪ] n US bouillie *f* de semoule de maïs.

homo ['həʊməʊ] *v inf & pej* ◆ n pédé *m*, homo *mf*. ◆ adj pédé, homo.

homoeopath ['həʊmɪəʊpæθ] = **homeopath.**

homoeotasis [,həʊmɪəʊ'steɪsɪs] = **homeostasis.**

homoerotic [,həʊməʊɪ'rɒtɪk] adj homoérotique.

homogamy [hə'mɒgəmɪ] n homogamie *f*.

homogenate [həʊ'mɒdʒəneɪt] n résultat *m* de l'homogénéisation.

homogeneity [,hɒməʊdʒə'niːɪtɪ] n homogénéité *f*.

homogeneous [,hɒmə'dʒiːnjəs] adj homogène / *a homogeneous population* une population homogène.

homogenization [hə,mɒdʒənaɪ'zeɪʃən] n homogénéisation *f*.

homogenize, homogenise [hə'mɒdʒənaɪz] vt homogénéiser, homogénéifier / *homogenized milk* lait *m* homogénéisé.

homogenous [hə'mɒdʒənɪs] = **homogeneous.**

homogeny [hə'mɒdʒənɪ] n *ressemblance due à un ancêtre génétique commun.*

homograph ['hɒməgrɑːf] n LING homographe *m*.

homographic [hɒmə'græfɪk] adj LING homographe.

homologate [hɒ'mɒləgeɪt] vt homologuer.

homologous [hɒ'mɒləgəs] adj homologue.

homologue ['hɒməlɒg] n BIOL & CHEM homologue *m*.

homonym ['hɒmənɪm] n homonyme *m* / *the words are homonyms (of each other)* ces mots sont homonymes (entre eux).

homonymous [hɒ'mɒnɪməs] adj homonyme.

homonymy [hɒ'mɒnɪmɪ] n homonymie *f*.

homophile ['hɒməfaɪl] adj homosexuel.

homophobe ['həʊməʊ,fəʊb] n homophobe *mf*.

homophobia [,həʊməʊ'fəʊbjə] n homophobie *f*.

homophobic [,həʊməʊ'fəʊbɪk] adj homophobe.

homophone ['hɒməfəʊn] n LING homophone *m*.

homophonic [,hɒmə'fɒnɪk] adj MUS homophonique.

homophonous [hɒ'mɒfənəs] adj LING homophone.

homophony [hɒ'mɒfənɪ] (*pl* **homophonies**) n MUS homophonie *f*.

homosexual [,hɒmə'sekʃʊəl] ◆ n homosexuel *m*, -elle *f*. ◆ adj homosexuel.

homosexuality [,hɒmə,sekʃʊ'ælətɪ] n homosexualité *f* ▸ **male / female homosexuality** homosexualité masculine / féminine.

homunculus [hɒ'mʌŋkjʊləs] (*pl* **homunculi** [-laɪ]) n **1.** [small man] homuncule *m*, homoncule *m* **2.** [in alchemy] homuncule *m*, homunculus *m*.

homy ['həʊmɪ] (*compar* **homier**, *superl* **homiest**) adj *inf* **1.** US [comfortable] accueillant, confortable / *you've made your place very homy* tu t'es fait un vrai chez-toi **2.** UK [home-loving] casanier / *he's the homy type* c'est un pantouflard **3.** UK [private] intime / *a homy little chat* une conversation intime.

hon [hʌn] n US *inf* chéri *m*, -e *f*.

hon. written abbr of **honorary.**

Hon. written abbr of **honourable.**

honcho ['hɒntʃəʊ] n US *inf* [boss] chef *m*.

Honduran [hɒn'djʊərən] ◆ n Hondurien *m*, -enne *f*. ◆ adj hondurien.

Honduras [hɒn'djʊərəs] pr n Honduras *m* / *in Honduras* au Honduras.

hone [həʊn] ◆ vt **1.** [sharpen] aiguiser, affûter, affiler ; [re-sharpen] repasser / *he honed the knife to a razor sharp edge* il a affûté le couteau pour qu'il coupe comme un rasoir **2.** [refine - analysis, thought] affiner / *finely honed arguments* arguments *mpl* d'une grande finesse / *practice will hone your reflexes* la pratique or l'entraînement améliorera tes réflexes. ◆ n pierre *f* à aiguiser.

❖ **hone down** vt sep [reduce] tailler ; [make slim] faire maigrir.

honest ['ɒnɪst] ◆ adj **1.** [not deceitful] honnête, probe ; [trustworthy] intègre / *an honest answer* une réponse honnête / *the honest truth* la pure vérité / *it pays to be honest* ça paie d'être honnête / *they are honest workers* ce sont des ouvriers consciencieux ▸ **to be (as) honest as the day is long** : *he's as honest as the day is long* il n'y a pas plus honnête que lui **2.** [decent, upright] droit ; [virtuous] honnête / *he's an honest bloke* UK *inf* c'est un brave type / *he's decided to make an honest woman of her hum* il a décidé de régulariser sa situation **3.** [not fraudulent] honnête / *he charges an honest price* ses prix ne sont pas excessifs / *an honest day's work* une bonne journée de travail / *they just want to make an honest profit* ils ne veulent qu'un profit légitime / *to earn an honest living* gagner honnêtement sa vie **4.** [frank - face] franc (franche), sincère / *let's be honest with each other* allons, soyons francs / *to be honest, I don't think it will work* à vrai dire, je ne crois pas que ça marchera / *give me your honest opinion* dites-moi sincèrement ce que vous en pensez. ◆ adv *inf* : *I didn't mean it, honest!* je plaisantais, je te le jure ! ▸ **honest to goodness** or **to God!** parole d'honneur !

honest broker n UK médiateur *m*, -trice *f* neutre.

honestly ['ɒnɪstlɪ] adv honnêtement / *quite honestly, I don't see the problem* très franchement, je ne vois pas le problème / *it's not my fault, honestly!* ce n'est pas ma faute, je te le jure ! / *honestly, the way some people behave!* franchement or vraiment, il y en a qui exagèrent ! / *honestly?* c'est vrai ?

honest-to-goodness adj : *a cup of honest-to-goodness English tea* une tasse de bon thé anglais.

honesty ['ɒnɪstɪ] n **1.** [truthfulness - of person] honnêteté *f* ; [- of text, words] véracité *f*, exactitude *f* ▸ **honesty is the best policy** *prov* l'honnêteté paie toujours **2.** [incorruptibility] intégrité *f* / *we have never doubted his honesty* nous n'avons jamais douté de son intégrité **3.** [upright conduct] droiture *f* / *a man of irreproachable honesty* un homme d'une droiture irréprochable **4.** [sincerity] sincérité *f*, franchise *f* / *the honesty of his intentions is self-evident* la sincérité de ses intentions est évidente **5.** BOT monnaie-du-pape *f*.

❖ **in all honesty** adv phr en toute sincérité.

honey ['hʌnɪ] (*pl* **honies**) ◆ n **1.** miel *m* / *clear / wildflower honey* miel liquide / de fleurs sauvages ; *fig* miel *m*, douceur *f* **2.** US *inf* [sweetheart] chou *m* ; [addressing man] mon chéri ; [addressing woman] ma chérie / *you're such a honey!* tu es un chou ! / *OK, honey!* OK, chéri ! / *a honey of a dress* une super robe / *a honey of a boat* un amour de bateau. ◆ adj miellé / *honey-coloured* couleur de miel / *honey cake* gâteau *m* d'épices au miel.

honey bear n **1.** [in Europe, Asia] ours *m* brun *(d'Europe et d'Asie)* **2.** [in South America] kinkajou *m*.

honeybee ['hʌnɪbiː] n abeille *f*.

honeybun(ch) ['hʌnɪbʌn(tʃ)] n *inf* [person] chou *m* (à la crème).

honeycomb ['hʌnɪkəʊm] ◆ n **1.** [in wax] rayon *m* or gâteau *m* de miel **2.** [material] structure *f* alvéolaire **3.** [pattern] nid *m* d'abeille ; TEXT nid *m* d'abeille **4.** METALL soufflure *f*. ◆ vt **1.** [surface] cribler **2.** [interior] miner / *the hills are honeycombed with secret tunnels* les collines sont truffées de passages secrets.

honeydew ['hʌnɪdjuː] n BOT [produced by insects] miellat *m* ; [produced by plants] miellée *f*.

honeydew melon n melon *m* d'hiver or d'Espagne.

honeyed ['hʌnɪd] adj *fig* mielleux / *he spoke in honeyed tones* il parlait d'un ton mielleux.

honeymoon ['hʌnɪmuːn] ◆ n **1.** [period] lune *f* de miel ; [trip] voyage *m* de noces / *they're on their honeymoon* ils sont en voyage de noces **2.** *fig* état *m* de grâce / *the new Prime Minister's honeymoon is over* l'état de grâce du nouveau Premier ministre est terminé. ◆ comp [couple, suite] en voyage de noces ▸ **honeymoon period** [of prime minister, president] lune *f* de miel, état *m* de grâce. ◆ vi passer sa lune de miel.

honeymooner ['hʌnɪmuːnəʳ] n jeune marié *m*, jeune mariée *f*.

honeypot ['hʌnɪpɒt] n **1.** [container] pot *m* à miel ▸ **to have one's fingers in the honeypot** *inf* se sucrer **2.** US *vulg* [vagina] chatte *f*.

honeysuckle ['hʌnɪ,sʌkl] n chèvrefeuille *m*.

honeytrap ['hʌnɪ,træp] n *piège tendu à une personnalité par la presse à sensation afin d'en tirer des confidences.*

Hong Kong [,hɒŋ'kɒŋ] pr n Hong Kong, Hongkong / *in Hong Kong* à Hongkong.

honied ['hʌnɪd] = **honeyed.**

honk [hɒŋk] ◆ vi **1.** [car] klaxonner **2.** [goose] cacarder. ◆ vt ▸ **to honk one's horn** donner un coup de Klaxon / *honk your horn at him!* klaxonne-le ! ◆ n **1.** [of car horn] coup *m* de Klaxon ▸ **honk, honk!** tut-tut ! **2.** [of geese] cri *m* ▸ **honk, honk!** couin-couin !

honker ['hɒŋkəʳ] n US *inf* **1.** [nose] blaire *m*, tarin *m* **2.** [breast] nichon *m* **3.** [device] bécane *f*.

honkie, **honky** ['hɒŋkɪ] (*pl* **honkies**) n US *v inf terme injurieux désignant un Blanc.*

honking ['hɒŋkɪŋ] adj *inf* **1.** [huge] énorme / *he's bought a honking great plasma screen* il a acheté un énorme écran plasma **2.** [brilliant] génial / *that's a honking great idea* c'est une idée géniale.

honky-tonk ['hɒŋkɪ,tɒŋk] ◆ n **1.** MUS musique *f* de bastringue **2.** US *inf* [brothel] maison *f* close ; *dated* [nightclub] beuglant *v inf m* ; [bar] bouge *m* ; [gambling den] tripot *m*. ◆ adj **1.** MUS de bastringue **2.** US [unsavoury] louche / *a honky-tonk district* un quartier chaud / *a honky-tonk woman* une putain / *a honky-tonk bar / night club* un bar / une boîte de nuit louche.

Honolulu [,hɒnə'lu:lu:] pr n Honolulu.

honor US = **honour.**

honorarium [,ɒnə'reərɪəm] (*pl* **honorariums** *or* **honoraria** [-rɪə]) n honoraires *mpl*.

honorary [UK 'ɒnərərɪ US ɒnə'reərɪ] adj [titular position] honoraire ; [in name only] à titre honorifique, honoraire ; [unpaid position] à titre gracieux / *honorary member / professor* membre / professeur honoraire / *honorary degree* grade honoris causa / *honorary secretary* secrétaire honoraire.

honorary diploma n diplôme *m* honoris causa.

honorific [,ɒnə'rɪfɪk] ◆ adj honorifique. ◆ n [general] témoignage *m* d'honneur ; [title] titre *m* d'honneur.

honor roll n US tableau *m* d'honneur.

honour UK, **honor** US ['ɒnəʳ] ◆ n **1.** [personal integrity] honneur *m* / *on my honour!* parole d'honneur ! / *he's on his honour to behave himself* il s'est engagé sur l'honneur or sur son honneur à bien se tenir / *it's a point of honour (with me) to pay my debts on time* je me fais un point d'honneur de or je mets un or mon point d'honneur à rembourser mes dettes / *the affair cost him his honour* l'affaire l'a déshonoré ▸ **(there is) honour amongst thieves** *prov* les loups ne se mangent pas entre eux *prov* **2.** [public, social regard] honneur *m* / *they came to do her honour* ils sont venus pour lui faire or rendre honneur / *peace with honour!* la paix sans le déshonneur ! **3.** *fml* [pleasure] : *it is a great honour to introduce Mr Reed* c'est un grand honneur pour moi de vous présenter Monsieur Reed / *may I have the honour of your company / the next dance?* pouvez-vous me faire l'honneur de votre compagnie / de la prochaine danse ? ▸ **to do the honours** **a)** [serve drinks, food] faire le service **b)** [make introductions] faire les présentations (entre invités) **4.** [credit] honneur *m*, crédit *m* / *she's an honour to her profession* elle fait honneur à sa profession **5.** [mark of respect] honneur *m* ▸ **military honours** honneurs militaires ▸ **to receive sb with full honours** recevoir qqn avec tous les honneurs / *all honour to him!* honneur à lui ! ▸ **Your Honour** **a)** Votre Honneur **b)** LAW ≃ Monsieur le Juge **c)** ≃ Monsieur le président **6.** GAMES [face card] honneur *m* / *it's your honour* [starter's right] à vous l'honneur. ◆ vt **1.** [person] honorer, faire honneur à / *she honoured him with her friendship* elle l'a honoré de son amitié / *my honoured colleague* mon cher collègue / *I'm most honoured to be here tonight fml* je suis très honoré d'être parmi vous ce soir **2.** [fulfil the terms of] honorer ; [observe - boycott, rule] respecter / *he always honours his obligations* il honore toujours ses obligations **3.** [pay - debt] honorer **4.** [dance partner] saluer.

❖ **honours** pl n UK UNIV [degree] ≃ licence *f* / *to take honours in History* ≃ faire une licence d'histoire / *he was an honors in university / in high school* US ≃ il a toujours eu mention très bien / les félicitations ▸ **first- / second-class honours** : *she got first- / second-class honours* elle a eu sa licence avec mention très bien / mention bien.

❖ **in honour of** prep phr en honneur de.

honourable UK, **honorable** US ['ɒnrəbl] adj **1.** honorable / *the profession is still an honourable one* la profession reste en honneur ▸ **honourable discharge** : *he got an honourable discharge* il a été rendu à la vie civile **2.** [title] ▸ **the (Right) Honourable** le (très) honorable / *my honourable friend the member for Calderdale* mon collègue l'honorable député du Calderdale / *the honourable member will no doubt recall...* mon honorable collègue se rappellera sans doute…

Honourable

Cette appellation est utilisée devant le nom de certains membres de l'aristocratie britannique : **the Honourable James Porter** ou **the Hon. James Porter**. Elle est également employée à la Chambre des communes lorsqu'un député parle d'un autre député : **the honourable member for Oxford**. Lorsqu'un député désigne un collègue du même parti, il emploie l'expression **my honourable friend** ; lorsque son interlocuteur appartient au parti opposé, le terme consacré est **the honourable gentleman** ou **lady**.

honourably UK, **honorably** US ['ɒnərəblɪ] adv honorablement.

honour bound adj ▸ **to be honour bound (to)** être tenu par l'honneur (à).

honour killing n crime *m* d'honneur.

honours degree n *diplôme universitaire obtenu avec mention.*

honours list n UK *liste de distinctions honorifiques conférées par le monarque deux fois par an.*

Hons. written abbr of **honours degree.**

Hon. Sec. written abbr of **honorary secretary.**

hooch [hu:tʃ] n US *v inf* **1.** [drink] gnôle *f* **2.** [marijuana] herbe *f*.

hood [hʊd] ◆ n **1.** [garment] capuchon *m* ; [with collar] capuche *f* ; [with eye-holes] cagoule *f* ; UNIV épitoge *f* ▸ **a rain hood** une capuche **2.** UK AUTO [cover] capote *f* ; US AUTO capot *m* ; [of pram] capote *f* ; [for fumes, smoke] hotte *f* ▸ **hood ornament** US calicot *m* **3.** [of animals, plants] capuchon *m* ; [for falcons] chaperon *m*, capuchon *m* **4.** US *crime sl* [gangster] gangster *m*, truand *m* **5.** US *inf* [neighbourhood] ▸ **the hood** le quartier **6.** *inf* = **hoodlum.** ◆ vt mettre le capuchon ; [falcon] chaperonner, enchaperonner.

hooded ['hʊdɪd] adj [clothing] à capuchon ; [person] encapuchonné ▸ **hooded eyes** *fig* yeux *mpl* tombants.

hooded crow n corneille *f* mantelée.

hoodie ['hʊdɪ] n *inf* **1.** [top] sweat-shirt *m* à capuche **2.** UK [person] *jeune qui porte un sweat-shirt à capuche.*

hoodlum ['hu:dləm] n *inf* voyou *m* / *a young hoodlum* un (petit) loubar or loubard, un blouson noir.

hoodoo ['hu:du:] ◆ n **1.** US *inf* [jinx] porte-malheur *mf* **2.** US GEOL [rock formation] cheminée *f* de fées. ◆ vt porter la poisse or la guigne à.

hoodwink ['hʊdwɪŋk] vt tromper, avoir / *he hoodwinked me into coming* par un tour de passe-passe il m'a fait venir.

hooey ['hu:ɪ] n *inf* foutaise *f* / *that's hooey* c'est du bidon / *to talk a load of hooey* raconter des bêtises.

hoof [hu:f or hʊf] (*pl* **hoofs** *or* **hooves** [hu:vz]) ◆ n sabot *m (d'animal)* ▸ **on the hoof** [alive] sur pied ▸ **to eat on the hoof** *inf* manger sur le pouce. ◆ vt ▸ **to hoof it** **a)** *inf* [go on foot] aller à pinces **b)** [flee] se cavaler **c)** [dance] guincher.

hoofbeat ['hʊfbi:t] n bruit *m* de sabots *(d'animal)* / *the (horse's) hoofbeats came closer* on entendait s'approcher des pas (de cheval).

hoofed [hu:ft] adj à sabots ; ZOOL ongulé.

hoofer ['hu:fəʳ] n *inf* danseur *m*, -euse *f (de music-hall)*.

hoofprint ['hʊfprɪnt] n empreinte *f* de sabot *(d'animal)*.

hoo-ha ['hu:,hɑ:] n *inf* **1.** [noise] boucan *m*, potin *m* ; [chaos] pagaille *f*, tohu-bohu *m* ; [fuss] bruit *m*, histoires *fpl* / *there was a lot of hoo-ha about it* ça en a fait des histoires **2.** US [party] fête *f* charivarique.

hook [hʊk] ◆ n **1.** [gen] crochet *m* ; [for coats] patère *f* ; [on clothes] agrafe *f* ; NAUT gaffe *f* / *hooks and eyes* agrafes (et œillets) / *the phone is off the hook* le téléphone est décroché / *the phone's been ringing off the hook all morning* le téléphone n'a pas arrêté de sonner toute la matinée / *our phones have been ringing off the hook* nous avons été inondés d'appels ▸ **to get one's hooks into sb** mettre le grappin sur qqn ▸ **by hook or by crook** coûte que coûte **2.** [fishing] hameçon *m* ▸ **hook, line and sinker** *inf* : *he swallowed the story, hook, line and sinker* il a gobé tout le paquet **3.** [in advertising] accroche *f* **4.** US *inf* [dismissal] ▸ **to give sb the hook** flanquer qqn à la porte, vider qqn / *he'll get the hook one day* il sera flanqué à la porte or vidé un jour **5.** [in golf] hook *m* ; [in cricket] coup *m* tourné ▸ **a right / left hook** [in boxing] un crochet (du) droit / gauche **6.** *inf* PHR **to get sb off the hook** tirer qqn d'affaire ▸ **to let** or **to get sb off the hook** [obligation] libérer qqn de sa responsabilité / *I'll let you off the hook this time* je laisse passer cette fois-ci. ◆ vt **1.** [snag] accrocher ; [seize - person, prey] attraper ; [- floating object] gaffer, crocher / *he hooked his arm through hers* il lui a pris le bras **2.** [loop] : *hook the rope around the tree* passez la corde autour de l'arbre / *she hooked one leg round the leg of the chair* elle passa or enroula une jambe autour du pied de la chaise **3.** FISHING [fish] prendre ; TECH hameçonner **4.** [in golf] faire un hook ; [in boxing] donner un crochet à ; [in rugby] talonner *(le ballon)* ; [in cricket] renvoyer d'un coup tourné **5.** *inf* [steal] piquer **6.** *inf & hum* [marry] passer la corde au cou à **7.** SEW [rug] fabriquer en nouant au crochet. ◆ vi **1.** [fasten] s'agrafer **2.** GOLF hooker.

❖ **hook on** ◆ vi s'accrocher / *this strap hooks on at the back* cette bride s'accroche or s'agrafe par derrière. ◆ vt sep accrocher.

❖ **hook up** ◆ vt sep **1.** [trailer] accrocher ; [dress] agrafer ; [boat] amarrer / *they hooked up an extra coach to the train* on a accroché un wagon supplémentaire au train **2.** *inf* [install] installer ; [plug in] brancher **3.** RADIO & TV faire un duplex entre **4.** = **hitch up.** ◆ vi **1.** [dress] s'agrafer **2.** US *inf* [meet] se rencontrer, se donner rendez-vous ; [work together] faire équipe **3.** US *inf* [be in relationship] ▸ **to hook up with sb** sortir avec qqn **4.** RADIO & TV ▸ **to hook up with** faire une émission en duplex avec.

hookah ['hʊkə] n narguilé *m*, houka *m*.

hooked [hʊkt] adj **1.** [hook-shaped] recourbé / *a hooked nose* un nez crochu **2.** [having hooks] muni de crochets ; [fishing line] muni d'un hameçon **3.** *inf & fig* [addicted] : *he got hooked on hard drugs* il est devenu accro aux drogues dures / *she's really hooked on TV soaps* c'est une mordue des feuilletons télévisés / *to get hooked on chess* devenir fana d'échecs.

hooker ['hʊkəʳ] n **1.** RUGBY talonneur *m* **2.** US *v inf* [prostitute] pute *f*.

hookey, **hooky** ['hʊkɪ] n US, AUSTR & NZ *inf* ▸ **to play hookey** sécher les cours, faire l'école buissonnière.

hook-nosed adj au nez recourbé or crochu.

hook shot n [in basketball] bras roulé *m* ; [in cricket] coup *m* tourné.

hookup ['hʊkʌp] n *inf* RADIO & TV relais *m* temporaire.

hookworm ['hʊkwɜ:m] n ankylostome *m*.

hooligan ['hu:lɪgən] n hooligan *m*, vandale *m*.

hooliganism ['hu:lɪgənɪzm] n vandalisme *m*.

hoop [hu:p] ◆ n **1.** [ring] cerceau *m* **2.** US *inf* [basketball] ▸ **hoop(s)** basket *m* ▸ **to jump through hoops** :

I had to jump through hoops to get the job j'ai dû faire des pieds et des mains pour obtenir ce travail ▸ **to put sb through the hoops a)** [interrogate] mettre qqn sur la sellette **b)** [test] mettre qqn à l'épreuve. ◆ comp ▸ **hoop earrings** (anneaux *mpl*) créoles *fpl*.

hooped [hu:pt] adj [barrel] cerclé ; [skirt] à cerceaux ; [earrings] en anneau.

hoopla ['hu:plɑ:] n **1.** UK [funfair game] jeu *m* d'anneaux *(dans les foires)* **2.** US *inf* = **hoo-ha 3.** US *inf* [advertising] publicité *f* tapageuse.

hoopoe ['hu:pu:] n huppe *f*.

hooray [hʊ'reɪ] interj hourra, hurrah.

Hooray Henry n UK *BCBG bruyant et malappris.*

hoosegow ['hu:sgaʊ] n US *v inf* tôle *f*, bloc *m*.

Hoosier ['hu:sjər] n [inhabitant] habitant *m*, -e *f* de l'Indiana ; [native] originaire *mf* de l'Indiana ▸ **the Hoosier State** *surnom donné à l'Indiana.*

hoot [hu:t] ◆ n **1.** [shout - of delight, pain] cri *m* ; [jeer] huée *f* / *hoots of laughter* éclats *mpl* de rire **2.** [of owl] hululement *m* **3.** AUTO coup *m* de Klaxon ; [of train] sifflement *m* ; [of siren] mugissement *m* **4.** *inf* [least bit] : *I don't give* or *care a hoot* or *two hoots* je m'en fiche, mais alors complètement, je m'en contrefiche **5.** *inf* [amusing event] bonne partie *f* de rigolade / *he's a real hoot!* c'est un sacré rigolo !, il est tordant ! ◆ vi **1.** *inf* [person] : *to hoot with laughter* s'esclaffer / *to hoot with anger* rugir de colère **2.** [owl] hululer **3.** AUTO klaxonner ; [train] siffler ; [siren] mugir.

❖ **hoot down** vt sep *inf* [person, show] huer, conspuer / *they hooted him down* ils l'ont fait taire par leurs huées.

hootch [hu:tʃ] *v inf* = **hooch.**

hootenanny ['hu:tnænɪ] (*pl* **hootenannies**) n **1.** US *fête populaire animée par des chanteurs de chansons folkloriques* **2.** [thing] machin *m*, truc *m*.

hooter ['hu:tər] n UK **1.** [car horn] klaxon *m* ; [in factory, ship] sirène *f* **2.** [party toy] mirliton *m* **3.** *inf* [nose] pif *m* **4.** US *inf* [breast] néné *m*, nichon *m*.

Hoover® ['hu:vər] n aspirateur *m*.

❖ **hoover** vt UK : *to hoover a carpet* passer l'aspirateur sur un tapis / *he hoovered the whole house* il a passé l'aspirateur dans toute la maison.

hoovering ['hu:vrɪŋ] n UK ▸ **to do the hoovering** passer l'aspirateur.

hooves [hu:vz] pl ⟶ **hoof.**

hop [hɒp] (*pt & pp* **hopped**, *cont* **hopping**) ◆ n **1.** [jump] saut *m* à cloche-pied ; [in rapid series] sautillement *m* ▸ **the hop, skip** or **step and jump** *dated* SPORT le triple saut ▸ **to catch sb on the hop** UK prendre qqn au dépourvu **2.** AERON étape *f* / *it's just a short hop from New York to Boston by plane* Boston n'est qu'à quelques minutes d'avion de New York **3.** *inf & dated* [dance] sauterie *f* ; [for young people] boum *f*, surpatte *f dated* **4.** BOT houblon *m* / *to pick hops* cueillir le houblon. ◆ vt *inf* **1.** US [bus, subway, etc. - legally] sauter dans ; [- illegally] prendre en resquillant **2.** PHR **to hop it** décamper, décaniller ▸ **hop it!** allez, dégage ! ◆ vi **1.** [jump] sauter ; [in rapid series] sautiller / *to hop on* / *off the bus inf* sauter dans le / du bus / *birds hopped about in the garden* les oiseaux sautillaient dans le jardin **2.** [jump on one leg] sauter à cloche-pied / *he hopped over to the door* il est allé à cloche-pied jusqu'à la porte **3.** *inf* [travel by plane] : *we hopped across to Paris for the weekend* nous sommes allés à Paris en avion pour le week-end.

❖ **hop off** vi *inf* [leave] décamper.

❖ **hop up** vt sep US **1.** [excite] exciter, stimuler / *all that coffee hopped him up* tout ce café l'a excité / *the crowd is really hopped up* le public est vraiment exubérant **2.** [make angry, nervy] énerver, exciter **3.** [drug user] défoncer ; [athlete, racehorse] doper **4.** AUTO = **hot up.**

hope [həʊp] ◆ n **1.** [desire, expectation] espoir *m* ; *fml* espérance *f* / *his hope is that...* ce qu'il espère or son espoir c'est que... / *in the hope of a reward* / *of leaving early* dans l'espoir d'une récompense / de partir tôt / *I have every hope (that) he'll come* j'ai bon espoir qu'il viendra / *there's hope for him yet* il reste de l'espoir en ce qui le concerne / *don't get your hopes up* ne comptez pas là-dessus ▸ **to give up hope (of)** perdre l'espoir (de) / *the situation is past* or *beyond hope* la situation est sans espoir / *she is past* or *beyond all hope euph* [of dying person] il n'y a plus aucun espoir ▸ **to raise sb's hopes a)** [for first time] susciter or faire naître l'espoir de qqn or chez qqn **b)** [anew] faire renaître l'espoir de qqn **c)** [increase] renforcer l'espoir de qqn / *don't raise his hopes too much* ne lui donne pas trop d'espoir / *with high hopes* avec un grand espoir ▸ **the Cape of Good Hope** le cap de Bonne-Espérance ▸ **some hope!** *inf & iro* tu parles ! **2.** [chance] espoir *m*, chance *f* / *he's got little hope of winning* il a peu de chances or d'espoir de gagner / *one's last* / *only hope* le dernier / l'unique espoir de quelqu'un **3.** RELIG espérance *f*. ◆ vi espérer ▸ **to hope for sthg** espérer qqch ▸ **to hope against hope** espérer contre toute attente / *we just have to hope for the best* espérons que tout finira or se passera bien / *you shouldn't hope for a high return* vous ne devez pas vous attendre à un rendement élevé. ◆ vt espérer / *he hopes* or *is hoping to go* il espère y aller / *he's hoping (that) she'll be there* il espère qu'elle sera là / *hoping* or *I hope to hear from you soon* j'espère avoir de tes nouvelles bientôt / *I really hope so!* je l'espère bien ! / *I hope not* j'espère que non / *I hope you don't mind me calling* j'espère que cela ne te dérange pas si je passe (te voir).

hope chest n US *lit* coffre *m* à trousseau ; *fig* trousseau *m*.

hopeful ['həʊpfʊl] ◆ adj **1.** [full of hope] plein d'espoir / *we're hopeful that we'll reach an agreement* nous avons bon espoir d'aboutir à un accord / *he's still hopeful that she'll come* il garde bon espoir qu'elle viendra / *he says he'll come, but I'm not that hopeful* il dit qu'il viendra mais je n'y compte pas trop / *I am hopeful about the outcome* je suis optimiste quant au résultat **2.** [inspiring hope] encourageant, prometteur / *the news is hopeful* les nouvelles sont encourageantes or laissent de l'espoir / *the situation looks hopeful* la situation s'annonce meilleure. ◆ n aspirant *m*, candidat *m* / *a young hopeful* un jeune loup / *Davis Cup hopefuls* les prétendants à la coupe Davis.

hopefully ['həʊpfəlɪ] adv **1.** [smile, speak, work] avec espoir, avec optimisme **2.** [with luck] on espère que... / *hopefully, they'll leave tomorrow* on espère qu'ils partiront demain / *will you get it finished today? — hopefully!* est-ce que tu l'auras terminé pour aujourd'hui ? — je l'espère ! or oui, avec un peu de chance !

hopeless ['həʊplɪs] adj **1.** [desperate - person] désespéré ; [- situation] désespéré, sans espoir / *it's hopeless!* c'est impossible or désespérant ! **2.** [incurable - addiction, ill person] incurable / *a hopeless case* un cas désespéré **3.** [inveterate - drunk, liar] invétéré, incorrigible **4.** *inf* [incompetent - person] nul ; [- at job] incompétent / *he's a hopeless dancer* il est nul comme danseur / *she's hopeless!* c'est un cas désespéré ! / *a hopeless case* un bon à rien / *I'm hopeless at this* je n'y arriverai jamais / *he's hopeless at swimming* il est nul en natation **5.** [pointless] : *it's hopeless trying to explain to him* il est inutile d'essayer de lui expliquer.

hopelessly ['həʊplɪslɪ] adv **1.** [speak] avec désespoir **2.** [irremediably] : *they are hopelessly in debt* / *in love* ils sont complètement endettés / éperdument amoureux / *by this time we were hopelessly late* / *lost* nous étions maintenant vraiment en retard / complètement perdus.

hopelessness ['həʊplɪsnɪs] n **1.** [despair] désespoir *m* **2.** [of position, situation] caractère *m* désespéré **3.** [pointlessness] inutilité *f*.

hopfield ['hɒpfi:ld] n houblonnière *f*.

hophead ['hɒphed] n US *v inf* défoncé *m*, -e *f*.

hopper ['hɒpər] n **1.** [jumper] sauteur *m*, -euse *f* ; AUSTR *inf* kangourou *m* **2.** [feeder bin] trémie *f* ▸ **grain hopper** trémie à blé ▸ **hopper car** RAIL wagon-trémie *m* ▸ **hopper barge** marie-salope *f* **3.** = **hop picker.**

hop picker n cueilleur *m*, -euse *f* de houblon.

hop picking n cueillette *f* du houblon.

hopping ['hɒpɪŋ] adv *inf* [as intensifier] : *he was hopping mad* il était fou furieux.

-hopping in comp ▸ **to go bar-hopping** aller de bar en bar, faire la tournée des bars ▸ **to go island-hopping** aller d'île en île, faire le tour des îles.

hopscotch ['hɒpskɒtʃ] n marelle *f*.

Horace ['hɒrɪs] pr n Horace.

horde [hɔ:d] n **1.** [nomadic] horde *f* **2.** *fig* [crowd] essaim *m*, horde *f* ; [of agitators] horde *f* / *hordes of tourists* des hordes de touristes ▸ **the horde** *pej* la horde, la foule.

horizon [hə'raɪzn] n horizon *m* / *the sun was sinking below the horizon* le soleil descendait au-dessous de l'horizon / *we saw a boat on the horizon* nous vîmes un bateau à l'horizon / *a new star on the political horizon fig* une nouvelle vedette à or sur l'horizon politique.

❖ **horizons** pl n [perspectives] horizons *mpl* / *to broaden one's horizons* élargir ses horizons / *a man of limited horizons* un homme aux vues étroites or à l'esprit étroit / *China presents new horizons for investment* la Chine offre de nouveaux horizons pour les investisseurs.

horizontal [ˌhɒrɪ'zɒntl] ◆ adj **1.** horizontal / *turn the lever to the horizontal position* mettez le levier à l'horizontale **2.** ADMIN & COMM [communication, integration] horizontal / *he asked for a horizontal move* il a demandé une mutation ▸ **horizontal market** marché *m* horizontal. ◆ n horizontale *f*.

horizontal bar n SPORT barre *f* fixe.

horizontally [ˌhɒrɪ'zɒntəlɪ] adv horizontalement / *extend your arms horizontally* tendez vos bras à l'horizontale ▸ **to move sb horizontally (to)** ADMIN & COMM muter qqn (à).

Horlicks® ['hɔ:lɪks] n *boisson chaude instantanée, généralement consommée le soir.*

hormonal [hɔ:'məʊnl] adj hormonal.

hormone ['hɔ:məʊn] n hormone *f* ▸ **hormone deficiency** insuffisance *f* hormonale ▸ **hormone replacement therapy** traitement *m* hormonal substitutif.

Hormuz [ˌhɔ:'mu:z] pr n Hormuz, Ormuz ▸ **the Strait of Hormuz** le détroit d'Hormuz or d'Ormuz.

horn [hɔ:n] ◆ n **1.** [gen] corne *f* ; [pommel] pommeau *m* ▸ **the horn of plenty** la corne d'abondance ▸ **the Horn of Africa** la Corne de l'Afrique, la péninsule des Somalis ▸ **Cape Horn** cap *m* Horn ▸ **to draw** or **to pull in one's horns a)** UK [back off] se calmer **b)** [spend less] restreindre son train de vie ▸ **to be on the horns of a dilemma** UK être pris dans un dilemme **2.** MUS cor *m* / *he blows a mean horn* **a)** *v inf* [jazz trumpet] il touche à la trompette **b)** [saxophone] il touche au saxo ▸ **horn section** les cors *mpl* ▸ **to blow one's own horn** se vanter **3.** AUTO klaxon *m* ; [manual] corne *f* ▸ **to sound** or **to blow the horn** klaxonner, corner **4.** NAUT sirène *f* ▸ **to sound** or **to blow the horn** donner un coup de sirène **5.** HUNT corne *f*, cor *m*, trompe *f* **6.** UK CULIN cornet *m* ▸ **a cream horn** *pâtisserie en forme de cornet remplie de crème* **7.** US *inf* téléphone *m*. ◆ adj [handle, bibelot] en corne.

❖ **horn in** vi *inf* [on conversation] mettre son grain de sel ; [on a deal] s'immiscer.

hornbeam ['hɔ:nbi:m] n charme *m*.

hornbill ['hɔ:nbɪl] n calao *m*.

horned ['hɔ:nd] adj cornu / *a two-horned rhinoceros* un rhinocéros (d'Afrique) à deux cornes.

horned owl n duc *m*.

horned toad n crapaud *m* cornu.

horned viper n vipère *f* cornue (d'Égypte).

hornet ['hɔ:nɪt] n frelon *m* ▸ **to stir up a hornet's nest** *fig* mettre le feu aux poudres.

hornless ['hɔ:nlɪs] adj sans cornes.

hornpipe ['hɔ:npaɪp] n matelote *f (danse)* / *to dance a hornpipe* danser une matelote.

horn-rimmed adj à monture d'écaille.

hornswoggle ['hɔ:nˌswɒgl] vt *v inf* blouser, embobiner.

horny ['hɔːnɪ] adj **1.** [calloused - nail, skin] calleux ; VET encorné **2.** *v inf* [randy] excité (sexuellement) / *he's horny as a toad* US il est en rut **3.** *v inf* [having sex appeal] sexy.

horology [hɔː'rɒlədʒɪ] n horlogerie *f*.

horoscope ['hɒrəskəʊp] n horoscope *m*.

horrendous [hɒ'rendəs] adj **1.** *lit* terrible **2.** *fig* [very bad] affreux, horrible.

horrendously [hɒ'rendəslɪ] adv horriblement.

horrible ['hɒrəbl] adj **1.** [horrific] horrible, affreux ; [morally repulsive] abominable / *a horrible tragedy / scream* une tragédie / un cri horrible **2.** [dismaying] horrible, effroyable / *in a horrible mess* dans une effroyable or horrible confusion / *I've a horrible feeling that things are going to go wrong* j'ai l'horrible pressentiment que les choses vont mal se passer **3.** [very unpleasant] horrible, atroce ; [food] infect.

horribly ['hɒrəblɪ] adv **1.** [nastily] horriblement, atrocement, affreusement / *he treated her horribly* il se conduisit d'une manière atroce or atrocement mal envers elle / *the story of a woman who was horribly murdered* l'histoire d'une femme qui fut assassinée de manière atroce **2.** [as intensifier] affreusement / *it's horribly extravagant but...* c'est de la folie douce mais... / *things went horribly wrong* les choses ont affreusement mal tourné.

horrid ['hɒrɪd] adj **1.** [unkind] méchant ; [ugly] vilain / *he was horrid to me* il a été méchant avec moi **2.** = **horrible**.

horridly ['hɒrɪdlɪ] adv [as intensifier] atrocement, affreusement.

horrific [hɒ'rɪfɪk] adj **1.** *lit* horrible, terrifiant ; *liter* horrifique **2.** *fig* [very unpleasant] horrible.

horrifically [hɒ'rɪfɪklɪ] adv **1.** [gruesomely] atrocement **2.** [as intensifier] : *horrifically expensive* affreusement cher.

horrified ['hɒrɪfaɪd] adj horrifié / *a horrified expression* une expression d'horreur.

horrify ['hɒrɪfaɪ] (*pt & pp* **horrified**) vt **1.** [terrify] horrifier **2.** [weaker use] horrifier, scandaliser.

horrifying ['hɒrɪfaɪɪŋ] adj **1.** [terrifying] horrifiant, terrifiant **2.** [weaker use] scandaleux.

horror ['hɒrəʳ] n **1.** [feeling] horreur *f* / *he has a horror of snakes* il a horreur des serpents ; [weaker use] : *to my horror, I discovered...* c'est avec horreur que j'ai découvert... ▸ **to give sb the horrors** UK *inf* : *he* or *it gives me the horrors!* il or ça me donne le frisson ! ▸ **horror story** *lit* histoire *f* d'horreur / *they told some real horror stories about their holiday inf & fig* ils ont raconté quelques histoires effrayantes sur leurs vacances **2.** [unpleasantness] horreur *f* / *I began to see the horror of it all* j'ai commencé à en mesurer toute l'horreur **3.** *inf* [person, thing] horreur *f* / *that child is a little horror* cet enfant est un petit monstre ▸ **horror of horrors!** l'horreur ! ▸ **oh, horrors!** UK quelle horreur !

horror film, **horror movie** n film *m* d'épouvante.

horror-stricken, **horror-struck** adj glacé or frappé d'horreur.

hors d'œuvre [ɔː'dɜːvr] n hors-d'œuvre *m inv* ; [cocktail snack] amuse-gueule *m* / *for* or *as an hors d'œuvre, a salad* en hors-d'œuvre, une salade.

horse [hɔːs] ◆ n **1.** [animal] cheval *m* / *to ride a horse* monter à cheval / *he fell off his horse* il a fait une chute de cheval ▸ **to play the horses** jouer aux courses ▸ **to back the wrong horse** *fig & lit* miser sur le mauvais cheval ▸ **I could eat a horse!** *inf* j'ai une faim de loup ! ▸ **to eat like a horse** manger comme quatre ▸ **(straight) from the horse's mouth** de source sûre ▸ **that's a horse of a different colour** UK c'est une autre paire de manches ▸ **to get on one's high horse** monter sur ses grands chevaux ▸ **wild horses couldn't drag it out of me** je serai muet comme une tombe **2.** [trestle] tréteau *m* ; SPORT cheval *m* d'arçons **3.** *drugs sl* [heroin] neige *f*, blanche *f*. ◆ comp ▸ **horse breeder** éleveur *m*, -euse *f* de chevaux ▸ **horse manure a)** crottin *m* de cheval **b)** [as fertilizer] fumier *m* de cheval. ◆ pl n MIL cavalière *f*.

❖ **horse about** UK, **horse around** vi *inf* [noisily] chahuter.

horse-and-buggy adj US qui date d'avant l'automobile ; [old-fashioned] vieillot.

horseback ['hɔːsbæk] n ▸ **on horseback** à cheval.

horseback riding n US équitation *f* / *do you like horseback riding?* tu aimes monter à cheval ?

horsebox ['hɔːsbɒks] n UK [trailer] van *m* ; [stall] box *m*.

horse brass n médaillon *m* de bronze *(fixé à une martingale)*.

horsebreaker ['hɔːs,breɪkəʳ] n UK dresseur *m*, -euse *f* de chevaux.

horse butcher n boucher *m* hippophagique.

horsecar ['hɔːskɑːʳ] n US fourgon *m* à chevaux.

horse chestnut n [tree] marronnier *m* (d'Inde) ; [nut] marron *m* (d'Inde).

horse doctor n *inf* vétérinaire *m*.

horse-drawn adj tiré par des chevaux, à chevaux.

horseflesh ['hɔːsfleʃ] n *(U) inf* **1.** [horses] chevaux *mpl* / *he's a good judge of horseflesh* il s'y connaît bien en chevaux **2.** = **horsemeat**.

horsefly ['hɔːsflaɪ] (*pl* **horseflies**) n taon *m*.

Horse Guards pl pr n ▸ **the Horse Guards a)** [regiment] *régiment de cavalerie attaché à la reine et remplissant certaines fonctions officielles* **b)** [building] *le bâtiment de Whitehall où se fait chaque jour la relève de la garde.*

Horse Guards Parade pr n *grande place à Londres où ont lieu les défilés des Horse Guards.*

horsehair ['hɔːsheəʳ] ◆ n crin *m* (de cheval). ◆ adj de crin (de cheval) / *a horsehair sofa / mattress* un canapé / un matelas de crin (de cheval).

horse latitudes pl n NAUT pot *m* au noir.

horselaugh ['hɔːslɑːf] n gros rire *m*, rire *m* tonitruant.

horseman ['hɔːsmən] (*pl* **horsemen** [-mən]) n **1.** [rider] cavalier *m*, écuyer *m* **2.** [breeder] éleveur *m* de chevaux.

horsemanship ['hɔːsmənʃɪp] n **1.** [activity] équitation *f* **2.** [skill] talent *m* de cavalier.

horsemeat ['hɔːsmiːt] n viande *f* de cheval.

horse mushroom n rosé-des-prés *f*.

horse nuts pl n avoine *f* enrichie *(pour l'alimentation des chevaux)*.

horse opera n US *inf & hum* western *m*.

horseplay ['hɔːspleɪ] n *(U)* chahut *m* brutal, jeux *mpl* tapageurs or brutaux.

horsepower ['hɔːs,paʊəʳ] n [unit] cheval-vapeur *m*, cheval *m* / *a 10-horsepower motor* un moteur de 10 chevaux / *it's a 4-horsepower car* c'est une 4 chevaux.

horse race n course *f* de chevaux.

horse racing n *(U)* courses *fpl* (de chevaux).

horseradish ['hɔːs,rædɪʃ] ◆ n BOT raifort *m*, radis *m* noir. ◆ comp ▸ **horseradish sauce** sauce *f* au raifort.

horserider ['hɔsraɪdə] n US cavalier *m*, -ère *f*.

horse riding n UK équitation *f*.

horse sense n *inf* (gros) bon sens *m*.

horseshit ['hɔːs,ʃɪt] n *(U) vulg* connerie *f*, conneries *fpl* / *he's full of horseshit* il déconne complètement.

horseshoe ['hɔːsʃuː] n fer *m* à cheval.

❖ **horseshoes** n [game] jeu *m* de fer à cheval.

horseshoe crab n crabe *m* des Moluques, limule *f*.

horse show n = **horse trials**.

horsetail ['hɔːsteɪl] n BOT prêle *f*.

horse trader n **1.** *lit* maquignon *m* **2.** UK *inf* [hard bargainer] négociateur *m*, -trice *f* redoutable.

horse-trading n UK *inf* négociation *f* dure ; *pej* maquignonnage *m* / *after much horse-trading an agreement was reached* un accord a été obtenu à l'arraché.

horsetrailer ['hɔːstreɪləʳ] n US = **horsebox**.

horse trials pl n concours *m* hippique.

horsewhip ['hɔːswɪp] (*pt & pp* **horsewhipped**, *cont* **horsewhipping**) ◆ n cravache *f*. ◆ vt cravacher / *I'll have him horsewhipped* je le ferai fouetter.

horsewoman ['hɔːs,wʊmən] (*pl* **horsewomen** [-,wɪmɪn]) n cavalière *f*, écuyère *f* ; [sidesaddled] amazone *f* / *she's a good horsewoman* elle est bonne cavalière, elle monte bien.

horsey, **horsy** ['hɔːsɪ] adj *inf* **1.** [horse-like] chevalin **2.** [fond of horses] féru de cheval / *he mixes with a very horsey crowd* il fréquente des (gens) passionnés de chevaux / *the horsey set* le monde or le milieu du cheval.

horticultural [,hɔːtɪ'kʌltʃərəl] adj horticole / *horticultural show* exposition *f* horticole or d'horticulture.

horticulturalist [,hɔːtɪ'kʌltʃərəlɪst] = **horticulturist**.

horticulture ['hɔːtɪkʌltʃəʳ] n horticulture *f*.

horticulturist [,hɔːtɪ'kʌltʃərɪst] n horticulteur *m*, -trice *f*.

hosanna [həʊ'zænə] ◆ n hosanna *m*. ◆ interj ▸ **hosanna!** hosanna !

hose [həʊz] ◆ n **1.** [tube] tuyau *m* ; AUTO Durit® *f* / *a length of rubber hose* un bout de tuyau en caoutchouc / *turn off the hose* **a)** arrêtez le jet **b)** TECH manche *f* à incendie ▸ **garden hose** tuyau d'arrosage ▸ **hose reel** dévidoir *m* **2.** *(U)* [stockings] bas *mpl* ; [tights] collant *m*, collants *mpl* ; COMM articles *mpl* chaussants *(de bonneterie)* ; HIST chausses *fpl* ; [knee breeches] haut-de-chausse *m*, haut-de-chausses *m*, culotte *f* courte. ◆ vt [lawn] arroser au jet ; [fire] arroser à la lance.

❖ **hose down** vt sep **1.** [wash] laver au jet **2.** [with fire hose] arroser à la lance.

❖ **hose out** vt sep = **hose down**.

hosepipe ['həʊzpaɪp] ◆ n tuyau *m*. ◆ comp ▸ **a hosepipe ban** une interdiction d'arroser.

hosier ['həʊzɪəʳ] n bonnetier *m*, -ère *f*.

hosiery ['həʊzɪərɪ] n *(U)* **1.** [trade] bonneterie *f* **2.** [stockings] bas *mpl* ; [socks] chaussettes *fpl* ; COMM articles *mpl* chaussants *(de bonneterie)* / *the (women's) hosiery department* le rayon des bas / *the (men's) hosiery department* le rayon des chaussettes.

hospice ['hɒspɪs] n **1.** [for travellers] hospice *m* **2.** [for the terminally ill] *hôpital pour grands malades en phase terminale.*

hospitable [hɒ'spɪtəbl] adj hospitalier / *a hospitable climate fig* un climat hospitalier.

hospitably [hɒ'spɪtəblɪ] adv avec hospitalité.

hospital ['hɒspɪtl] ◆ n hôpital *m* / *in hospital* à l'hôpital / *to hospital* UK, *to the hospital* US à l'hôpital / *to go into hospital* aller à l'hopital / *a children's hospital* un hôpital pour enfants. ◆ comp [centre, service, staff, treatment] hospitalier ; [bed, ward] d'hôpital ▸ **hospital care** soins *mpl* hospitaliers ▸ **a hospital case** un patient hospitalisé ▸ **hospital doctor** médecin *m* hospitalier ▸ **junior hospital doctor** UK ≃ interne *mf* ▸ **hospital nurse** infirmier *m*, -ère *f (d'hôpital)* ▸ **hospital train** train *m* sanitaire.

hospitalist ['hɒspɪtəlɪst] US n médecin *m* hospitalier.

hospitality [,hɒspɪ'tælətɪ] ◆ n hospitalité *f* / *thank you for your hospitality* merci pour votre hospitalité. ◆ comp ▸ **hospitality room** or **suite** salon *m* de réception *(où sont offerts des rafraîchissements lors d'une conférence, d'un événement sportif, etc.)*.

hospitalization [,hɒspɪtəlaɪ'zeɪʃn] n hospitalisation *f* / *does he have hospitalization insurance?* US a-t-il une assurance couvrant l'hospitalisation ?

hospitalize, **hospitalise** ['hɒspɪtəlaɪz] vt hospitaliser.

hospital ship n navire-hôpital *m*.

host [həʊst] ◆ n **1.** [person] hôte *m (qui reçoit)* ; TV animateur *m*, -trice *f* ; [innkeeper] aubergiste *mf* / *he acted as our host for the evening* il a été notre hôte pour la soirée / *Japan will be the next host for the conference* c'est le Japon qui accueillera la prochaine conférence **2.** BIOL & ZOOL hôte *m* **3.** [large number] foule *f* / *a host of complaints* toute une série de plaintes **4.** RELIG & *liter* armée *f* ▸ **the Lord God of Hosts** le Dieu des armées **5.** *liter* [denizen] hôte *m.* ◆ adj [cell] hôte ; [team] qui reçoit / *the host city for the Olympic Games* la ville organisatrice des jeux Olympiques ▸ **host computer a)** ordinateur *m* principal **b)** [in network] serveur *m* / *host country* pays *m* d'accueil. ◆ vt [TV show] animer ; [event] organiser / *she adores hosting dinner parties* elle adore recevoir à dîner ; COMPUT héberger.

❖ **Host** n RELIG ▸ **the Host** l'hostie *f.*

hosta ['hɒstə] n BOT hosta *m.*

hostage ['hɒstɪʤ] n otage *m* ▸ **to take / to hold sb hostage** prendre / garder qqn en otage / *they released the parents but kept the child as (a) hostage* ils ont libéré les parents et gardé l'enfant en otage ▸ **a hostage to fortune** *fig* le jouet du hasard.

hostage-taking n prise *f* d'otages.

hostel ['hɒstl] n **1.** [residence] foyer *m* **2.** *arch* auberge *f.*

hosteller UK, **hosteler** US ['hɒstələr] n **1.** [youth] ≃ ajiste *mf* **2.** *arch* [innkeeper] aubergiste *mf.*

hostelling ['hɒstəlɪŋ] n UK : *hostelling is popular with students* les étudiants aiment séjourner dans les auberges de jeunesse aux cours de leurs voyages.

hostelry ['hɒstəlrɪ] n hôtellerie *f* ; *arch* hostellerie *f* / *the local hostelry inf & hum* le bistrot du coin.

hostess ['həʊstes] n **1.** [at home] hôtesse *f* ▸ **the hostess with the mostest** *inf & hum* la plus chouette des hôtesses **2.** [in nightclub] entraîneuse *f* / *a hostess agency* une agence d'hôtesses **3.** [innkeeper] hôtelière *f*, aubergiste *f* **4.** = **air hostess.**

Hostess Trolley® n *table roulante avec chauffe-plats.*

host family n famille *f* d'accueil.

hostile [UK 'hɒstaɪl US 'hɒstl] ◆ adj hostile ▸ **to be hostile to sthg** être hostile à qqch / *people who are hostile to change* les gens qui n'aiment pas le changement. ◆ n US *inf* ennemi *m.*

hostile takeover bid n OPA *f* hostile.

hostility [hɒ'stɪlətɪ] (*pl* **hostilities**) n hostilité *f* ▸ **to show hostility to** or **towards sb** manifester de l'hostilité or faire preuve d'hostilité envers qqn / *the outbreak / cessation of hostilities* l'ouverture / la cessation des hostilités / *we want to avoid further hostilities* nous voulons éviter de nouvelles hostilités or la poursuite des hostilités.

hosting n COMPUT [of web site] hébergement *m* ▸ **hosting charge** frais *mpl* d'hébergement.

hostler ['ɒslər] = **ostler.**

host name n COMPUT nom *m* d'hôte.

hot [hɒt] (*compar* **hotter,** *superl* **hottest,** *pt & pp* **hotted,** *cont* **hotting**) ◆ adj **1.** [high in temperature] chaud / *to be hot* avoir (très or trop) chaud / *a hot, stuffy room* une pièce où il fait une chaleur étouffante or où l'on étouffe / *the engine / glass / oven is hot* le moteur / verre / four est chaud / *I'm getting hot* je commence à avoir chaud / *the water is getting hot* l'eau devient chaude / *how hot should the oven be?* le four doit être à quelle température ? / *it was hot work* le travail donnait chaud / *there's hot and cold running water* il y a l'eau courante chaude et froide / *we sat in the hot sun* nous étions assis sous un soleil brûlant / *I'd like a hot bath* j'aimerais prendre un bain bien chaud / *the doctor said not to have any hot drinks* le médecin m'a conseillé de ne pas boire chaud or m'a déconseillé les boissons chaudes / *keep the meat hot* tenez la viande au chaud / *serve the soup while it's hot* servez la soupe bien chaude / *the bread was hot from the oven* le pain sortait tout chaud du four / **'hot food always available'** 'plats chauds à toute heure' / *you're getting hot! fig* [in guessing game] tu brûles ! ▸ **to be** or **to get (all) hot and bothered about sthg** *inf* être dans tous ses états or se faire du mauvais sang au sujet de qqch ▸ **to be** or **to get hot under the collar (about sthg)** *inf* être en colère or en rogne au sujet de qqch ▸ **too hot to handle a)** *lit* trop chaud pour le prendre or saisir avec les mains **b)** *fig* brûlant ▸ **to sell like hot cakes** : *the books were selling like hot cakes* les livres se vendaient comme des petits pains **2.** METEOR : *it's hot* il fait très chaud / *it's really hot!* il fait vraiment très chaud ! / *it's getting hotter* il commence à faire très chaud / *I can't sleep when it's so hot* je ne peux pas dormir par cette chaleur / *it was very hot that day* il faisait très chaud ce jour-là, c'était un jour de grande or forte chaleur / *one hot afternoon in August* (par) une chaude après-midi d'août / *in (the) hot weather* pendant les chaleurs / *we had a hot spell last week* c'était la canicule la semaine dernière / *the hottest day of the year* la journée la plus chaude de l'année **3.** [clothing] qui tient chaud / *this jacket's too hot* cette veste tient trop chaud **4.** [colour] chaud, vif **5.** [pungent, spicy - food] épicé, piquant, relevé ; [- spice] fort / *a hot curry* un curry relevé or épicé **6.** [fresh, recent] tout frais (toute fraîche) / *the news is hot off the presses* ce sont des informations de toute dernière minute / *this book is hot off the press* ce livre vient juste de paraître **7.** [close, following closely] ▸ **to be hot on the trail** être sur la bonne piste / *the police were hot on their heels* or *on their trail* la police les talonnait or était à leurs trousses / *he fled with the police in hot pursuit* il s'est enfui avec la police à ses trousses **8.** [fiery, vehement] violent / *she has a hot temper* elle s'emporte facilement, elle est très soupe au lait **9.** [intense - anger, shame] intense, profond **10.** [keen] enthousiaste, passionné / *he's hot on my sister* US *inf* il en pince pour ma sœur **11.** *inf* [exciting] chaud / *the reporter was onto a hot story* le journaliste était sur un coup (fumant) / *this book is hot stuff* c'est un livre très audacieux **12.** *inf* [difficult, unpleasant] chaud, difficile / *we could make it* or *things very hot for you if you don't cooperate* nous pourrions vous mener la vie dure or vous en faire voir de toutes les couleurs si vous ne vous montrez pas coopératif / *the town had got too hot for the drug dealers* l'atmosphère de la ville était devenue irrespirable pour les trafiquants de drogue / *this issue is hot stuff, I wouldn't touch it* c'est un sujet brûlant, je n'y toucherais pas **13.** UK *inf* [severe, stringent] sévère, dur / *the police are really hot on drunk driving* la police ne badine vraiment pas avec la conduite en état d'ivresse **14.** *inf* [very good] génial, terrible ; [skilful] fort, calé / *how is he? — not so hot* [unwell] comment va-t-il ? — pas trop bien / *I don't feel so hot* je ne suis pas dans mon assiette / *I'm not so hot at maths* je ne suis pas très calé en maths / *she's hot stuff at golf* c'est un as or un crack au golf / *his latest book isn't so hot* son dernier livre n'est pas terrible or fameux / *that's hot!* c'est super ! ▸ **a hot tip** un tuyau sûr or increvable ▸ **a hot favourite** SPORT un grand favori **15.** *inf* [in demand, popular] très recherché / *she's really hot just now* elle a vraiment beaucoup de succès en ce moment / *windsurfing is hot stuff in this area* la planche à voile est très en vogue dans cette région **16.** *inf* MUS ▸ **hot jazz** (jazz *m*) hot *m* **17.** *inf* [sexually attractive] ▸ **to be hot (stuff)** être sexy *(inv)* / *he's hot* [sexually aroused] il a le feu au derrière ▸ **to be hot to trot** US avoir le feu aux fesses **18.** *inf* [stolen] volé **19.** UK *inf* [sought by police] recherché par la police **20.** ELEC [wire] sous tension **21.** METALL ▸ **hot drawing / rolling** tirage *m* / laminage *m* à chaud **22.** NUCL [atom] chaud ; *inf* [radioactive] chaud, radioactif. ◆ adv ▸ **to go hot and cold at the thought of sthg** avoir des sueurs froides à l'idée de qqch.

❖ **hots** pl n *inf* ▸ **to have the hots for sb** craquer pour qqn.

❖ **hot up** UK *inf* ◆ vt sep **1.** [intensify - argument, contest] échauffer ; [- bombing, fighting] intensifier ; [- party] mettre de l'animation dans ; [- music] faire balancer, faire chauffer / *they hotted up the pace* ils ont forcé l'allure **2.** AUTO ▸ **to hot up a car** gonfler le moteur d'une voiture / *a hotted-up car* une voiture au moteur gonflé. ◆ vi [intensify - discussion] s'échauffer ; [- fighting, situation] chauffer, s'intensifier / *the price war has hotted up* les prix sont montés en flèche.

hot air n *inf* : *he's full of hot air* c'est une grande gueule *v inf* / *all her promises are just a lot of hot air* toutes ses promesses ne sont que des paroles en l'air / *that's nothing but hot air!* tout ça n'est que du vent !

hot-air balloon n montgolfière *f.*

hotbed ['hɒtbed] n HORT couche *f* chaude, forcerie *f* ; *fig* pépinière *f*, foyer *m* / *a hotbed of crime / intrigue* un foyer de crime / d'intrigue.

hot-blooded adj **1.** [person - passionate] fougueux, au sang chaud **2.** [horse - thoroughbred] de sang pur.

hotcake ['hɒtkeɪk] n US crêpe *f.*

hotchpotch ['hɒʧpɒʧ] n UK **1.** [jumble] fatras *m*, salmigondis *m* / *a hotchpotch of ideas* un fatras d'idées **2.** CULIN ≃ hochepot *m* ; ≃ salmigondis *m.*

hot-cross bun n *petit pain brioché aux raisins secs et marqué d'une croix que l'on vend traditionnellement à Pâques.*

hot damn interj *v inf* ▸ **hot damn! a)** US [in excitement] bon sang !, nom d'un chien ! **b)** [in anger] merde !

hot-desking n partage *m* de bureaux.

hot dog ◆ n **1.** [sausage] hot dog *m* / *we met in front of the hot dog stand* nous nous sommes retrouvés devant le vendeur de hot dogs **2.** [in skiing] ski *m* acrobatique ; [in surfing] surf *m* acrobatique **3.** US *inf* [show-off] m'as-tu-vu *mf.* ◆ vi **1.** [in skiing] faire du ski acrobatique ; [in surfing] faire du surf acrobatique **2.** US *inf* [show off] crâner, poser (pour la galerie). ◆ interj US *inf* ▸ **hot dog!** génial !, super !

hot-dogger [-dɒgər] n **1.** SPORT skieur *m*, -euse *f* acrobatique ; [in surfing] *personne qui fait du surf acrobatique* **2.** US *inf* [show-off] frimeur *m*, -euse *f*, crâneur *m*, -euse *f.*

hot-dogging [-dɒgɪŋ] n **1.** SPORT ski *m* acrobatique ; [in surfing] acrobatique surf *m* **2.** US *inf* [showing off] frime *f.*

hotel [həʊ'tel] ◆ n hôtel *m* / *a two-star hotel* un hôtel deux étoiles / *a luxury hotel* un hôtel de luxe. ◆ comp [prices, reservation, room] d'hôtel ▸ **hotel accommodation** hébergement *m* en hôtel / *hotel accommodation not included* frais d'hôtel non inclus / *the town needs more hotel accommodation* la ville a besoin d'augmenter sa capacité hôtelière or de développer ses ressources hôtelières ▸ **the hotel business** l'hôtellerie *f* ▸ **hotel chain** chaîne *f* d'hôtels ▸ **hotel desk** réception *f* *(d'un hôtel)* / *leave a message at* or *with the hotel desk* laissez un message à la réception ▸ **the hotel industry** or **trade** l'industrie *f* hôtelière ▸ **hotel staff** personnel *m* hôtelier or de l'hôtel.

hotelier [həʊ'telɪər] n hôtelier *m*, -ère *f.*

hotelkeeper [həʊ'tel,kiːpər] n hôtelier *m*, -ère *f.*

hotel management n **1.** [training] gestion *f* hôtelière **2.** [people] direction *f (de l'hôtel).*

hotel manager n gérant *m*, -e *f* d'hôtel, directeur *m*, -trice *f* d'hôtel.

hot flush UK, **hot flash** US n bouffée *f* de chaleur.

hotfoot ['hɒt,fʊt] *inf* ◆ adv à toute vitesse. ◆ vt ▸ **to hotfoot it** galoper à toute vitesse.

hot gospeller n *prêcheur évangéliste qui harangue les foules.*

hothead ['hɒthed] n tête *f* brûlée, exalté *m*, -e *f.*

hotheaded [,hɒt'hedɪd] adj [person] impétueux, exalté ; [attitude] impétueux / *she's very hotheaded* c'est une exaltée or une tête brûlée.

hothouse ['hɒthaʊs] (*pl* [-haʊzɪz]) ◆ n **1.** HORT serre *f* (chaude) **2.** *fig* [hotbed] foyer *m* / *a hothouse of creativity / of decadence* un foyer de création / de décadence. ◆ adj de serre (chaude) / *hothouse tomatoes* tomates *fpl* de serre / *a hothouse plant lit & fig* une plante de serre (chaude).

hot Jupiter n ASTRON Jupiter *m* chaud.

hot key n COMPUT raccourci *m* clavier.

hot line n TELEC *ligne directe ouverte vingt-quatre heures sur vingt-quatre* ; POL téléphone *m* rouge / *he has a hot line to the president* il a une ligne directe avec le président / *she's on the hot line to the director* elle téléphone au directeur / *the hot line to the Kremlin* la ligne rouge avec le Kremlin.

hotlist ['hɒtlɪst] n COMPUT hotlist *f.*

hotly ['hɒtlɪ] adv [dispute] vivement ; [pursue] avec acharnement ; [say] avec flamme / *it was a hotly debated issue* c'était une question très controversée / *to be hotly contested* être très contesté / *he's hotly tipped to become president* c'est le grand favori dans la course présidentielle / *he's hotly tipped to win* c'est le grand favori.

hot money n *(U)* *inf* [stolen] argent *m* volé ; FIN capitaux *mpl* flottants or fébriles.

hot pad n US dessous-de-plat *m*.

hot pants pl n mini-short *m* *(très court et moulant)*.

hot pepper n piment *m*.

hotplate ['hɒtpleɪt] n [on stove] plaque *f* chauffante ; [portable] chauffe-plats *m inv*.

hotpot ['hɒtpɒt] n UK *ragoût de viande et de pommes de terre*.

hot potato n *lit* pomme de terre *f* chaude ; *inf & fig* sujet *m* brûlant et délicat / *a political hot potato* un sujet brûlant or une question brûlante de politique.

hot rod n *inf* AUTO voiture *f* gonflée.

hot seat n *inf* **1.** [difficult situation] ▸ **to be in the hot seat** être sur la sellette **2.** US [electric chair] chaise *f* électrique.

hot shoe n griffe *f* du flash, pied-sabot *m*.

hotshot ['hɒtʃɒt] *inf* ◆ n [expert] as *m*, crack *m* ; [VIP] gros bonnet *m*. ◆ adj super / *they've hired some hotshot lawyer* ils ont pris un as du barreau.

hotspot n **1.** [dangerous area] point *m* chaud or névralgique **2.** *inf* [night club] boîte *f* de nuit / *let's hit the town's hotspots* si on faisait la tournée des boîtes ? **3.** TECH point *m* chaud.

hot spring n source *f* chaude.

hotted-up ['hɒtɪd-] adj *inf* [car] au moteur gonflé.

hot-tempered adj colérique, emporté / *he's very hot-tempered* il est très soupe au lait.

Hottentot ['hɒtntɒt] ◆ n **1.** [person] Hottentot *m*, -e *f* **2.** LING hottentot *m*. ◆ adj hottentot.

hot ticket n *inf* ▸ **to be a hot ticket** être très en demande.

hottie ['hɒtɪ] n US *inf* [man] mec *m* canon ; [woman] fille *f* canon / *she's a hottie* c'est une bombe.

hot tub n *sorte de Jacuzzi qu'on installe dehors.*

hot war n guerre *f* chaude or ouverte.

hot water n *lit* eau *f* chaude ; *fig* : *their latest prank got them into* or *landed them in hot water* leur dernière farce leur a attiré des ennuis / *you'll be in hot water when she finds out* tu passeras un mauvais quart d'heure quand elle s'en apercevra.

hot-water bottle n bouillotte *f*.

hot wire n fil *m* sous tension.

❖ **hot-wire** vt *inf* ▸ **to hot-wire a car** *faire démarrer une voiture en bricolant les fils de contact.*

houmous, houmus ['hʊməs] = **hummus.**

hound [haʊnd] ◆ n **1.** [dog - gen] chien *m* ; [- for hunting] chien *m* courant, chien *m* de meute / *the hounds* or *a pack of hounds* HUNT la meute ▸ **to ride to** or **to follow the hounds** HUNT chasser à courre / **'The Hound of the Baskervilles'** *Conan Doyle* 'le Chien des Baskerville' **2.** *pej & dated* [person] canaille *f*, crapule *f*. ◆ vt **1.** [give chase] traquer, pourchasser **2.** [harass] s'acharner sur, harceler / *she was hounded by reporters* elle était pourchassée or harcelée par les journalistes.

❖ **hound down** vt sep prendre dans des rets, coincer ; HUNT forcer.

❖ **hound out** vt sep chasser de / *he was hounded out of town* il a été chassé de la ville.

houndstooth, hound's-tooth ['haʊndztu:θ] n TEXT pied-de-poule *m* / *a houndstooth (check) jacket* une veste en pied-de-poule.

hour ['aʊəʳ] n **1.** [unit of time] heure *f* / *a quarter of an hour* un quart d'heure / *half an hour* or *a half hour* une demi-heure / *an hour and three-quarters* une heure trois quarts / *at 60 km an* or *per hour* à 60 km à l'heure / *check it at least three times an hour* vérifie-le au moins trois fois par heure / *it's a two-hour drive / walk from here* c'est à deux heures de voiture / de marche d'ici / *the play is an hour long* la pièce dure une heure, c'est une pièce d'une heure / *he gets £10 an hour* il touche 10 livres (de) l'heure / *are you paid by the hour?* êtes-vous payé à l'heure ? / *a 35-hour week* une semaine de 35 heures / *the shop is open 24 hours a day* le magasin est ouvert 24 heures sur 24 / *he was an hour late* il était en retard d'une heure / *we arrived with hours to spare* nous sommes arrivés avec plusieurs heures devant nous or en avance de plusieurs heures / *the situation is deteriorating by the hour* la situation s'aggrave d'heure en heure / *it will save you hours* cela te fera gagner des heures / *we waited for hours and hours* on a attendu des heures / *Miami is three hours ahead of Fresno* Miami a trois heures d'avance sur Fresno / *output per hour* TECH puissance *f* horaire **2.** [time of day] heure *f* ▸ **on the hour** : *it chimes on the hour* ça sonne à l'heure juste / *every hour on the hour* toutes les heures justes ▸ **in the early** or **small hours (of the morning)** au petit matin, au petit jour / *at this late hour* vu l'heure avancée **3.** *fig* [specific moment] heure *f*, moment *m* / *the hour has come* l'heure est venue, c'est l'heure or le moment / *the man of the hour* l'homme de l'heure / *in one's hour of need* quand on est dans le besoin / *the burning questions of the hour* l'actualité brûlante.

❖ **hours** pl n heures *fpl* / *flexible working hours* INDUST horaires *mpl* variables / *opening hours* heures d'ouverture / *you'll have to make up the hours next week* il faudra que vous rattrapiez la semaine prochaine / *do you work long hours?* as-tu de longues journées de travail ? / *he keeps late hours* c'est un couche-tard, il veille tard / *to keep regular hours* avoir une vie réglée ▸ **until all hours** : *he was out until all hours* il est rentré à une heure indue.

hourglass ['aʊəglɑ:s] ◆ n sablier *m*. ◆ adj en forme d'amphore ▸ **an hourglass figure** une taille de guêpe.

hour hand n petite aiguille *f*.

hour-long adj d'une heure.

hourly ['aʊəlɪ] ◆ adj **1.** [each hour - flights, trains] : *hourly departures* départs toutes les heures ; COMM & TECH [earnings, rate] horaire / *the hourly wage has been increased* le salaire horaire a été augmenté **2.** [continual - anticipation] constant, perpétuel. ◆ adv **1.** [each hour] une fois par heure, chaque heure, toutes les heures ▸ **to be paid hourly** être payé à l'heure **2.** [repeatedly] sans cesse ; [at any time] à tout moment / *we expect them hourly* on les attend d'une minute à l'autre or à tout moment.

house ◆ n [haʊs] (*pl* **houses** ['haʊzɪz]) **1.** maison *f* / *at* or *to his house* chez lui / **'house for sale'** 'propriété à vendre' / *a house of cards* un château de cartes / *to clean the house* faire le ménage / *does he look after the house himself?* est-ce que c'est lui qui s'occupe de son ménage ? ▸ **to keep house (for sb)** tenir la maison or le ménage (de qqn) ▸ **to set up house** monter son ménage, s'installer / *they set up house together* ils se sont mis en ménage / *don't wake up the whole house!* ne réveille pas toute la maison ! ▸ **to get on** or **along like a house on fire** : *we got on like a house on fire* nous nous entendions à merveille or comme larrons en foire ▸ **to set** or **to put one's house in order** mettre de l'ordre dans ses affaires **2.** COMM [establishment] maison *f (de commerce)*, compagnie *f* ; RELIG maison *f* religieuse ; UK SCH *au sein d'une école, répartition des élèves en groupes concurrents* ▸ **a bottle of house red (wine)** une bouteille de (vin) rouge de la maison or de l'établissement ▸ **drinks are on the house!** la tournée est aux frais de la maison ! **3.** [family line] maison *f* / *the House of York* la maison de York **4.** THEAT salle *f*, auditoire *m* / *is there a good house tonight?* est-ce que la salle est pleine ce soir ? / *a decent house* une salle moyenne / *they played to an empty house* ils ont joué devant les banquettes (vides) / *there wasn't a soul in the house* il n'y avait personne dans la salle / *to have a full house* jouer à guichets fermés or à bureaux fermés / **'house full'** 'complet' / *the second house* UK la deuxième séance ▸ **to bring the house down a)** faire crouler la salle sous les applaudissements **b)** *fig* casser la baraque **5.** ▸ **the House a)** UK POL la Chambre **b)** US POL la Chambre des représentants **c)** ST. EX la Bourse **6.** [in debate] ▸ **this house believes...** la motion à débattre est la suivante... **7.** MUS = **house music.** ◆ vt [haʊz] [accommodate - subj: organization, person] héberger, loger ; [- subj: building] recevoir / *we can house them temporarily in tents* nous pouvons les loger provisoirement dans des tentes / *many families are still badly housed* de nombreuses familles sont encore mal logées / *this wing houses a laboratory / five families* cette aile abrite un laboratoire / cinq familles / *the library cannot house any more books* la bibliothèque ne peut pas abriter plus de livres / *his boat is housed in the garage during winter* son bateau est (remisé) au garage pendant l'hiver / *the archives are housed in the basement* on garde les archives dans les caves. ◆ interj [in bingo] ▸ **house!** ≃ carton !

House

Dans certaines écoles en Grande-Bretagne (particulièrement dans les **grammar schools** et les **public schools**), les élèves sont répartis en groupes, qui portent chacun un nom et une couleur et développent entre eux un véritable esprit de compétition.

house agent n UK agent *m* immobilier.

house arrest n assignation *f* à domicile or à résidence ▸ **to put sb under house arrest** assigner qqn à domicile or à résidence / *he is under house arrest* il est assigné à domicile, il est en résidence surveillée.

houseboat ['haʊsbəʊt] n house-boat *m*, péniche *f* (aménagée).

housebound ['haʊsbaʊnd] adj qui ne peut quitter la maison.

houseboy ['haʊsbɔɪ] n domestique *m*, valet *m* ; [colonial] boy *m*.

housebreaker ['haʊs,breɪkəʳ] n cambrioleur *m*, -euse *f*.

housebreaking ['haʊs,breɪkɪŋ] n cambriolage *m*.

housebroken ['haʊs,brəʊkn] adj US [pet] propre.

housebuilder ['haʊsbɪldəʳ] n entrepreneur *m* en bâtiment.

housebuilding ['haʊsbɪldɪŋ] n construction *f* de logements.

housecoat ['haʊskəʊt] n robe *f* d'intérieur.

housecraft ['haʊskrɑ:ft] n économie *f* ménagère.

house detective n responsable *m* de la sécurité, détective *m* de l'hôtel.

housefather ['haʊs,fɑ:ðəʳ] n responsable *m* (de groupe) *(dans un foyer)*.

housefly ['haʊsflaɪ] (*pl* **houseflies**) n mouche *f* (commune or domestique).

houseful ['haʊsfʊl] n : *a houseful of guests* une pleine maisonnée d'invités / *we've got a real houseful this weekend* la maison est vraiment pleine (de monde) ce week-end.

houseguest ['haʊsgest] n invité *m*, -e *f*.

household ['haʊshəʊld] ◆ n ménage *m*, (gens *mpl* de la) maison *f*, maisonnée *f* ; ADMIN & ECON ménage / *she grew up as part of a large household* elle a grandi au sein d'une famille nombreuse / *the head of the household* le chef de famille / *indicate your relationship to the other members of your household* indiquez les liens de parenté existant entre vous et les autres personnes qui résident avec vous or de votre foyer / *households with more than two children* ménages or familles de plus de deux enfants / *95 per cent of households have a television set* 95 pour cent des ménages possèdent un poste de télévision ▸ **the Royal Household** la maison royale. ◆ adj [products, expenses] de ménage ; ADMIN & ECON des ménages / **'for household use only'** 'à usage domestique seulement' ▸ **household appliance** appareil *m* ménager ▸ **household goods** : *label your boxes "household goods"* accolez l'étiquette « objets personnels » sur vos cartons.

Household Cavalry pr n *division de cavalerie de la Garde Royale britannique.*

householder ['haʊs,həʊldəʳ] n [occupant] occupant *m*, -e *f* ; [owner] propriétaire *mf* ; [tenant] locataire *mf*.

household gods pl n HIST dieux *mpl* du foyer.

household name n : *we want to make our brand a household name* nous voulons que notre marque soit connue de tous / *she's a household name* tout le monde la connaît or sait qui elle est.

household troops pl n garde *f* personnelle ; HIST garde *f* du palais ; [in UK] Garde *f* Royale.

household word = household name.

house-hunt vi chercher un or être à la recherche d'un logement.

househunting ['haʊs,hʌntɪŋ] n recherche *f* d'un logement / *I spent two months househunting* j'ai passé deux mois à chercher un logement or à la recherche d'un logement.

house husband n père *m* au foyer.

house journal n journal *m* interne, bulletin *m*.

housekeeper ['haʊs,ki:pər] n [institutional] économe *f*, intendante *f* ; [private] gouvernante *f* / *she's a good / bad housekeeper* c'est une bonne / mauvaise maîtresse de maison.

housekeeping ['haʊs,ki:pɪŋ] n *(U)* **1.** [of household - skill] économie *f* domestique ; [- work] ménage *m* ▸ **housekeeping (money)** argent *m* du ménage **2.** [of organization] services *mpl* généraux **3.** COMPUT opérations *fpl* de nettoyage et d'entretien.

houseleek n joubarbe *f*.

house lights pl n THEAT lumières *fpl* or éclairage *m* de la salle.

house magazine = house journal.

housemaid ['haʊsmeɪd] n bonne *f*, femme *f* de chambre.

housemaid's knee n MED inflammation *f* du genou.

houseman ['haʊsmən] (*pl* **housemen** [-mən]) n **1.** UK MED ≃ interne *m* **2.** = houseboy.

house manager n THEAT directeur *m*, -trice *f* de théâtre.

house martin n hirondelle *f* de fenêtre.

housemaster ['haʊs,mɑ:stər] n UK SCH *professeur responsable d'une « house ».*

housemen [-mən] pl ⟶ houseman.

housemistress ['haʊs,mɪstrɪs] n UK SCH *professeure responsable d'une « house ».*

housemother ['haʊs,mʌðər] n responsable *f* (de groupe) *(dans un foyer)*.

house music n house *f* (music).

House of Commons pr n ▸ **the House of Commons** la Chambre des communes.

 **House of Commons**

La Chambre des communes, chambre basse du Parlement britannique, est composée de 646 députés (**MPs**) élus au suffrage universel pour cinq ans, qui siègent environ 175 jours par an.

House of God n maison *f* de Dieu, église *f*, chapelle *f*.

House of Lords pr n ▸ **the House of Lords** la Chambre des lords.

 **House of Lords**

La Chambre des lords, chambre haute du Parlement britannique, est composée de **lords** spirituels (hommes d'Église) et de **lords** temporels (nobles), dont la plupart sont nommés par le gouvernement. C'est la plus haute cour au Royaume-Uni (Écosse non comprise). Elle peut amender des projets de loi votés par la Chambre des communes, qui, à son tour, peut rejeter des décisions prises par la Chambre des lords. Aujourd'hui, le gouvernement travailliste essaie d'apporter des réformes majeures à cette « Deuxième Chambre », ayant déjà effectué, en 2000, une importante réduction du nombre de pairs héréditaires qui ont le droit d'y siéger.

House of Representatives pr n ▸ **the House of Representatives** la Chambre des représentants *(aux États-Unis)*.

 **House of Representatives**

La Chambre des représentants constitue, avec le Sénat, l'organe législatif américain ; ses membres sont élus par le peuple, proportionnellement à la population de chaque État.

house-owner n propriétaire *mf*.

house painter n peintre *m* en bâtiment.

houseparent ['haʊs,peərənt] n responsable *mf* (de groupe) *(dans un foyer)*.

house party n **1.** [social occasion] fête *f* de plusieurs jours *(dans une maison de campagne)* **2.** [guests] invités *mpl*.

house physician n UK [in hospital] ≃ interne *m* (en médecine) ; [in hotel] médecin *m (attaché à un hôtel)*.

houseplant ['haʊsplɑ:nt] n plante *f* d'intérieur.

house-proud adj : *he's very house-proud* il attache beaucoup d'importance à l'aspect intérieur de sa maison, tout est toujours impeccable chez lui.

houseroom ['haʊsrʊm] n UK place *f (pour loger qqn ou qqch)* / *he has houseroom for two* il a de la place pour deux / *I wouldn't give that table houseroom!* je ne voudrais pas de cette table chez moi !

house rule n règle *f* de la maison ; GAMES règle du jeu particulière.

house-sit vi ▸ **to house-sit for sb** *s'occuper de la maison de qqn pendant son absence.*

house-sitter n *personne qui garde une maison en l'absence de ses occupants.*

Houses of Parliament pl pr n ▸ **the Houses of Parliament** le Parlement *m* (britannique).

house sparrow n moineau *m* domestique.

house surgeon n UK ≃ interne *m* (en chirurgie).

house-to-house adj [enquiry] de porte en porte ▸ **to make a house-to-house search for sb / sthg** aller de porte en porte à la recherche de qqn / qqch, fouiller chaque maison à la recherche de qqn / qqch.

housetop ['haʊstɒp] n toit *m* ▸ **to shout** or **to proclaim sthg from the housetops** crier qqch sur les toits.

house trailer n US caravane *f*.

house-train vt dresser à la propreté / *has the dog been house-trained?* est-ce que le chien est propre ? / *he used to be really untidy, but she soon got him house-trained!* *inf & hum* avant, il était très brouillon, mais elle a eu tôt fait de le dresser !

House Un-American Activities Committee pr n ▸ **the House Un-American Activities Committee** *organisme de répression des activités antiaméricaines (1938-1975), particulièrement actif dans la période maccartiste.*

housewares ['haʊsweəz] pl n articles *mpl* ménagers.

housewarming ['haʊs,wɔ:mɪŋ] n pendaison *f* de crémaillère ▸ **to give** or **to have a housewarming (party)** pendre la crémaillère.

housewife ['haʊswaɪf] (*pl* **housewives** [-waɪvz]) n ménagère *f* ; [not career woman] femme *f* au foyer.

housewifely ['haʊs,waɪflɪ] adj de ménagère.

housewifery ['haʊswɪfərɪ] n économie *f* domestique.

house wine n cuvée *f* du patron.

housewives [-waɪvz] pl ⟶ housewife.

housework ['haʊswɜ:k] n (travaux *mpl* de) ménage *m* / *to do the housework* faire le ménage / *we share the housework* nous nous partageons le ménage, nous faisons le ménage à tour de rôle.

housey-housey [,haʊzɪ'haʊzɪ] n UK ≃ loto *m (joué pour de l'argent)*.

housing ['haʊzɪŋ] ◆ n **1.** [accommodation] logement *m* / *the government has promised to provide more low-cost housing* le gouvernement a promis de fournir plus de logements à loyer modéré / *the budget allocation for housing has been cut* la part du budget réservée au logement a été réduite / *two per cent still live in substandard housing* deux pour cent habitent encore des logements qui ne sont pas aux normes / *there's a lot of new housing going up in the area* il y a beaucoup de logements nouveaux en construction dans le quartier **2.** TECH [of mechanism] carter *m* ; PHOT boîtier *m* ▸ **wheel housing** boîte *f* de roue ▸ **watch housing** boîtier de montre **3.** CONSTR encastrement *m*. ◆ comp ▸ **housing shortage** crise *f* du logement ▸ **the local housing department** ≃ l'antenne logement (de la commune) / *the government has no long-term housing strategy* le gouvernement n'a aucune stratégie à long terme en matière de logement ▸ **four housing units** quatre logements *mpl* or habitations *fpl*.

housing association n *association britannique à but non lucratif qui construit ou rénove des logements pour les louer à ses membres.*

housing benefit n UK *allocation de logement versée par l'État aux individus justifiant de revenus faibles.*

housing development n **1.** [estate] lotissement *m* **2.** [activity] construction *f* de logements.

housing estate n UK [of houses] lotissement *m* ; [of flats] cité *f*.

housing list n UK *liste d'attente pour bénéficier d'un logement social.*

housing project n **1.** US = housing estate **2.** [plan] plan *m* d'aménagement immobilier.

housing scheme n **1.** [plan] programme *m* municipal de logement **2.** [houses] = housing estate.

HOV (abbr of High Occupancy Vehicle) n US ▸ **HOV lane** *voie d'autoroute réservée aux automobiles occupées par au moins deux passagers.*

hove [həʊv] pt & pp ⟶ heave.

hovel ['hɒvl] n taudis *m*, masure *f*.

hover ['hɒvər] ◆ vi **1.** [in air - smoke] stagner ; [- balloon, scent] flotter ; [- insects] voltiger ; [- helicopter, hummingbird] faire du surplace / *bees hovered around the roses* des abeilles voltigeaient autour des roses / *when you hover over the item, a menu appears* COMPUT lorsqu'on positionne le curseur sur l'élément, un menu apparaît **2.** [linger - person] rôder ; [- smile] flotter ; [- danger] planer / *the waitress hovered over / round him* la serveuse rôdait / tournait autour de lui / *it's no use hovering over the phone like that* ce n'est pas la peine de guetter la sonnerie du téléphone comme ça / *she was hovering between life and death* elle restait suspendue entre la vie et la mort **3.** [hesitate] hésiter / *his finger hovered over the button* son doigt hésita à appuyer sur le bouton / *I'm hovering between the two possible options* j'hésite entre les deux options possibles. ◆ n = hovercraft.

hovercraft ['hɒvəkrɑ:ft] n aéroglisseur *m*.

hoverfly ['hɒvəflaɪ] (*pl* **hoverflies**) n syrphe *m*.

hoverport ['hɒvəpɔ:t] n hoverport *m*.

hovertrain ['hɒvətreɪn] n train *m* à coussin d'air.

Hovis® ['həʊvɪs] n *marque de pain complet.*

how [haʊ] ◆ adv **1.** [in what way] comment / *how do you write it?* comment est-ce que ça s'écrit ? / *how shall we go about it?* comment faire ? / *how could you be so careless?* comment as-tu pu être aussi étourdi ?

▸ **how is it that…?** comment se fait-il que…? ▸ **how so?, how can that be?** comment cela (se fait-il)? ▸ **how's that (again)?** comment? / *how's that for results?* alors ces résultats, qu'est-ce que vous en pensez? ▸ **how the heck should I know?** *inf* mais enfin, comment veux-tu que je sache? **2.** [in greetings, friendly enquiries, etc.] comment / *how are you?* comment allez-vous? / *how are you doing?* comment ça va? / *how are things?* ça marche? / *how did it go?* comment ça s'est passé? / *how's the dollar (doing)?* comment va le dollar? / *how did you like* or *how was the film?* comment as-tu trouvé le film? / *how was your trip?* avez-vous fait bon voyage? / *how's the water?* l'eau est bonne? ▸ **how do you do?** bonjour! **3.** [in exclamations] que, comme / *how sad she is!* qu'elle est triste!, comme elle est triste! / *how nice of you!* comme c'est aimable à vous! / *how decadent!* quelle décadence! / *how incredible!* c'est incroyable! / *how easily they forget!* comme ils oublient facilement! / *how I wish I could!* si seulement je pouvais! / *how cool is that!* *inf* trop cool! / *how stupid was that?* c'était particulièrement stupide! ▸ **how stupid can you get!** *inf* est-il possible d'être bête à ce point-là! **4.** *(with adj, adv)* [referring to measurement, rate, degree] : *how wide is the room?* quelle est la largeur de la pièce? / *how tall are you?* combien mesures-tu? / *how old is she?* quel âge a-t-elle? / *how well can you see it?* est-ce que tu le vois bien? / *how angry is he?* il est vraiment fâché? / *how fast* / *slowly was he walking?* à quelle vitesse marchait-il?; [referring to time, distance, quantity] : *how far is it from here to the sea?* combien y a-t-il d'ici à la mer? / *how much does this bag cost?* combien coûte ce sac? / *how much is it* / *do I owe you?* combien est-ce que ça coûte / vous dois-je? / *how often did she come? — about three or four times* combien de fois est-elle venue? — trois ou quatre fois / *how often did he write?* est-ce qu'il écrivait souvent? / *how long has he been here?* depuis quand or depuis combien de temps est-il ici? / *how soon can you deliver it?* à partir de quand pouvez-vous le livrer? / *how late will you stay?* jusqu'à quelle heure resteras-tu? ◆ conj **1.** [in what way] comment / *tell me how you do it* dites-moi comment vous faites / *he's learning how to read* il apprend à lire / *we know how to extract it* nous savons comment l'extraire / *I need more information on how the network functions* j'ai besoin de plus de renseignements sur le fonctionnement du réseau **2.** [the fact that] : *he told us how he had seen his child born* il nous a raconté qu'il avait vu naître son enfant / *you know how he always gets his own way* tu sais bien comment il est, il finit toujours par obtenir ce qu'il veut / *we all know how smell can influence taste* tout le monde sait comment l'odorat a une influence sur le goût / *I remember how he always used to turn up late* je me souviens qu'il était toujours en retard **3.** *inf* [however] comme / *arrange the furniture how you like* installe les meubles comme tu veux / *did you like it? — and how!* ça t'a plu? — et comment! ◆ n comment *m inv* / *the how and the why of it don't interest me* le pourquoi et le comment ne m'intéressent pas. ◆ interj *hum* [greeting] ▸ **how!** salut!

❖ **how about** adv phr *inf* : *how about a beer?* et si on prenait une bière? / *how about going out tonight?* si on sortait ce soir? / *how about Friday?* vendredi, ça va? / *how about you? what do you think?* et toi, qu'est-ce que tu en penses? ▸ **how about that!** US ça alors!

❖ **how come** adv phr *inf* ▸ **how come?** comment ça se fait? / *how come you left?* comment ça se fait que tu sois parti?

Howard Johnson's® [ˌhaʊəd'ʤɒnsnz] pr n *chaîne américaine de restaurants routiers.*

Howard League for Penal Reform ['haʊəd-] pr n ▸ **the Howard League for Penal Reform** *association britannique contre la torture et la peine de mort.*

howbeit [ˌhaʊ'biːɪt] conj *arch* bien que.

howdah ['haʊdə] n howdah *m.*

howdy ['haʊdɪ] interj US *inf* ▸ **howdy!** salut!

however [haʊ'evəʳ] ◆ adv **1.** [indicating contrast or contradiction] cependant, pourtant, toutefois / *I didn't see him, however* cependant or pourtant je ne l'ai pas vu / *if, however, you have a better suggestion…* si toutefois vous avez une meilleure suggestion (à faire)… **2.** *(with adj or adv)* [no matter how] si… que, quelque… que / *however nice he tries to be…* si gentil qu'il essaie d'être… / *all contributions will be welcome, however small* si petites soient-elles, toutes les contributions seront les bienvenues / *he'll never do it, however much* or *hard he tries* quelque effort qu'il fasse, il n'y arrivera jamais / *however cold* / *hot the weather* même quand il fait très froid / chaud / *however late* / *early you arrive, call me* quelle que soit l'heure à laquelle tu arrives, appelle-moi / *however long it takes (you)* quel que soit le temps que cela (te) prend / *however much he complains* même s'il se plaint beaucoup **3.** *(in questions)* [emphatic use] comment / *however did he find it?* comment a-t-il bien pu le trouver? ◆ conj [in whatever way] de quelque manière que, comme / *it'll be fine, however you do it* de quelque manière que vous le fassiez, ça ira / *we can present it however you like* or *want* on peut le présenter comme vous voulez.

See box at que.

howitzer ['haʊɪtsəʳ] n obusier *m.*

howl [haʊl] ◆ n **1.** [of person, animal] hurlement *m*; [of child] braillement *m*, hurlement *m*; [of wind] mugissement *m* / *to let out a howl of pain* pousser un hurlement de douleur / *the speech was greeted with howls of derision* le discours a été accueilli par des huées **2.** ELECTRON effet *m* Larsen. ◆ vi **1.** [person, animal] hurler; [child] brailler; [wind] mugir / *to howl with laughter* hurler de rire / *to howl in* or *with rage* hurler de rage **2.** *inf* [cry] chialer; [complain] gueuler. ◆ vt crier, hurler / *they howled their defiance at the guards* ils ont hurlé leur colère aux gardes.

❖ **howl down** vt sep [speaker] : *they howled him down* ils l'ont réduit au silence par leurs huées.

❖ **howl out** vt sep crier, hurler.

howler ['haʊləʳ] n **1.** *inf* [blunder] gaffe *f*, bourde *f* **2.** [monkey] hurleur *m*, alouate *m.*

howling ['haʊlɪŋ] ◆ n [of person, animal] hurlement *m*, hurlements *mpl*; [of child] braillement *m*, braillements *mpl*; [of wind] mugissement *m*, mugissements *mpl.* ◆ adj *inf* [error] énorme; [success] fou.

howsoever [ˌhaʊsəʊ'evəʳ] = **however** *(adv).*

how's-your-father n UK *inf & hum* [sexual intercourse] : *a bit of how's-your-father* une partie de jambes en l'air.

how-to US ◆ n : *he gave me the how-to* il m'a expliqué comment il fallait faire. ◆ adj : *he loves those how-to cookery programmes* il adore ces émissions où l'on explique des recettes de cuisine / *how-to books* livres *mpl* pratiques.

howzat [haʊ'zæt] interj *inf* [in cricket] ▸ **howzat!** sortez le batteur!

hoy [hɔɪ] interj UK ▸ **hoy! a)** [to people] ohé!, hep! **b)** [to animals] hue!

hoyden ['hɔɪdn] n garçon *m* manqué.

hoydenish ['hɔɪdənɪʃ] adj garçonnier.

hp, HP ◆ n (abbr of **hire purchase**) ▸ **to buy sthg on hp** acheter qqch à crédit. ◆ (written abbr of **horsepower**) CV.

HP Sauce® n *sauce épicée vendue en bouteille.*

HPV [eɪtʃpiː'viː] (abbr of **human papilloma virus**) n MED PVH *m.*

HQ (abbr of **headquarters**) n QG *m.*

HR n abbr of **human resources.**

HRH (written abbr of **His/Her Royal Highness**) SAR.

hr(s) (written abbr of **hour(s)**) h.

HRT n abbr of **hormone replacement therapy.**

HRU MESSAGING written abbr of **how are you.**

HS US written abbr of **high school.**

HST n **1.** (abbr of **high speed train**) ≃ TGV *m* **2.** abbr of **Hawaiian Standard Time.**

ht written abbr of **height.**

HT (written abbr of **high tension**) HT.

Ht4U MESSAGING (written abbr of **hot for you**) *tu me plais.*

HTH MESSAGING written abbr of **hope that helps.**

HTML (abbr of **Hypertext Markup Language**) n COMPUT HTML *m.*

h2cus MESSAGING written abbr of **hope to see you soon.**

hub [hʌb] n [of wheel] moyeu *m*; *fig* centre *m* / *a hub of finance* un centre financier / *the centre is a social hub for the entire community* le centre est un lieu de convivialité pour toute la communauté.

hub airport n US hub *m.*

hubble-bubble ['hʌblˌbʌbl] n UK **1.** = **hookah 2.** = **hubbub 3.** [bubbling sound] glouglou *m.*

hubbub ['hʌbʌb] n [of voices] brouhaha *m*; [uproar] vacarme *m*, tapage *m.*

hubby ['hʌbɪ] (*pl* **hubbies**) n *inf* bonhomme *m*, petit mari *m.*

hubcap ['hʌbkæp] n AUTO enjoliveur *m* (de roue).

hubris ['hjuːbrɪs] n orgueil *m* (démesuré).

huckleberry ['hʌklbərɪ] (*pl* **huckleberries**) n airelle *f*, myrtille *f* / **'The Adventures of Huckleberry Finn'** *Twain* 'les Aventures de Huckleberry Finn'.

huckster ['hʌkstəʳ] n **1.** [pedlar] colporteur *m*, -euse *f* **2.** US *pej* [in advertising] publicitaire *m* agressif / *political huckster* politicard *m*, -e *f.*

HUD [hʌd] (abbr of **Department of Housing and Urban Development**) pr n *ministère américain de l'Urbanisme et du Logement.*

huddle ['hʌdl] ◆ n **1.** [of people] petit groupe *m* (serré); [of objects] tas *m*, amas *m*; [of roofs] enchevêtrement *m* ▸ **to go into a huddle** *inf* se réunir en petit comité **2.** SPORT concentration *f (d'une équipe).* ◆ vi **1.** [crowd together] se blottir / *the sheep huddled under the trees* les moutons se blottissaient les uns contre les autres sous les arbres / *they huddled round the fire* ils se sont blottis autour du feu **2.** [crouch] se recroqueviller, se blottir / *he huddled in a corner of his cell* il s'est recroquevillé dans un coin de sa cellule / *she was huddling under a blanket* elle se blottissait sous une couverture.

❖ **huddle together** vi se serrer or se blottir les uns contre les autres; [for talk] se mettre en petit groupe or cercle serré / *they huddled together for warmth* ils se serraient or se blottissaient les uns contre les autres pour se tenir chaud.

❖ **huddle up** vi = **huddle** *(vi).*

huddled ['hʌdld] adj **1.** [for shelter] blotti; [curled up] pelotonné / *I found him huddled in a ditch* je l'ai trouvé blotti dans un fossé / *they lay huddled under the blanket* ils étaient blottis or pelotonnés les uns contre les autres sous la couverture / *the houses lay huddled in the valley* les maisons étaient blotties dans la vallée **2.** [hunched] recroquevillé / *he spends hours huddled over those maps* il passe des heures penché sur ces cartes.

Hudson ['hʌdsn] pr n ▸ **the Hudson (River)** l'Hudson *m.*

Hudson Bay pr n la baie d'Hudson.

Hudson River School pr n ▸ **the Hudson River School** *groupe de peintres américains du milieu du XIXᵉ siècle, connus pour leurs paysages romantiques.*

hue [hjuː] n **1.** [colour] teinte *f*, nuance *f* **2.** [aspect] nuance *f* / *that puts a different hue on the matter* cela donne à l'affaire une autre coloration, cela fait voir l'affaire sous un autre jour **3.** PHR ▸ **a hue and cry** UK une clameur (de haro) ▸ **to raise a hue and a cry against sb / sthg** crier haro sur qqn / qqch.

-hued [hjuːd] in comp ▸ **dark / light-hued** de couleur foncée / claire ▸ **many-hued** multicolore, bigarré.

huff [hʌf] ◆ vi ▸ **to huff and puff a)** [with exertion] haleter **b)** [with annoyance] maugréer / *they'll huff and puff a bit but they won't stop us* UK ils protesteront, mais ils nous laisseront faire. ◆ vt GAMES souffler (un pion). ◆ n *inf* ▸ **to be in a huff** être froissé or fâché ▸ **to take the huff** UK prendre la mouche, s'offusquer /

it's no use getting into a huff about it ça ne vaut pas la peine de t'en offusquer / *he went off in a huff* il est parti froissé or fâché.

huffed [hʌft] adj *inf* froissé, fâché.

huffily ['hʌfɪlɪ] adv [reply] d'un ton vexé or fâché ; [behave] avec (mauvaise) humeur.

huffy ['hʌfɪ] adj [piqued] froissé, vexé ; [touchy] susceptible / *don't go all huffy!* ne te vexe pas ! / *he went all huffy on me* il m'a fait la gueule.

hug [hʌg] (*pt & pp* **hugged**, *cont* **hugging**) ◆ vt **1.** [in arms] serrer dans ses bras, étreindre ▸ **to hug o.s. with delight (over** or **about sthg)** *fig* se réjouir vivement (de qqch), jubiler **2.** *fig* [idea] tenir à, chérir / *she hugged the memory of that moment to herself* elle chérissait le souvenir de cet instant **3.** [keep close to] serrer / *to hug the shore* serrer la côte / *don't hug the kerb* AUTO ne serrez pas le trottoir / *this car hugs the corners well* cette voiture prend bien les virages / *to hug the ground* AERON suivre le relief du terrain. ◆ n étreinte *f* ▸ **to give sb a hug** serrer qqn dans ses bras, étreindre qqn / *they greeted each other with hugs and kisses* ils se sont accueillis avec de grandes embrassades.

huge [hjuːʤ] adj **1.** [in size, degree] énorme, immense ; [in extent] vaste, immense ; [in volume] énorme, gigantesque **2.** *inf* [wonderful] énorme, génial.

hugely ['hjuːʤlɪ] adv [increase] énormément ; [as intensifier] énormément, extrêmement / *the project has been hugely successful / expensive* le projet a été un succès complet / a coûté extrêmement cher.

hugeness ['hjuːʤnɪs] n immensité *f* ; [of error, demands] énormité *f*.

huggable ['hʌgəbl] adj trognon.

hugger-mugger ['hʌgə,mʌgəʳ] *arch* ◆ n **1.** [disorder] fatras *m*, fouillis *m*, désordre *m* **2.** [secrecy] secret *m*. ◆ adj désordonné. ◆ adv en désordre.

Huguenot ['hjuːgənəʊ] ◆ n Huguenot *m*, -e *f*. ◆ adj huguenot.

huh [hʌ] interj [surprise] ▸ **huh?** hein ? ; [scepticism] ▸ **huh!** hum !

hula ['huːlə], **hula-hula** n danse *f* polynésienne ▸ **a hula skirt** une jupe en paille.

Hula-Hoop® n Hula-Hoop® *m*.

hulk [hʌlk] n **1.** [ship] épave *f* ; *pej* vieux rafiot *m* ; [used as prison, storehouse] ponton *m* / *to be sent to the hulks* être envoyé au ponton **2.** [person, thing] mastodonte *m* / *a great hulk of a man* un malabar *m*.

hulking ['hʌlkɪŋ] adj [person] balourd, massif ; [thing] gros (grosse), imposant ; [as intensifier] : *you hulking great oaf!* espèce de malotru !

hull [hʌl] ◆ n **1.** [of ship] coque *f* ; MIL [of tank] caisse *f* **2.** [of peas, beans] cosse *f*, gousse *f* ; [of nut] écale *f* ; [of strawberry] pédoncule *m*. ◆ vt **1.** [peas] écosser ; [nuts] écaler, décortiquer ; [grains] décortiquer ; [strawberries] équeuter **2.** [ship] percer la coque de.

hullabaloo [,hʌləbə'luː] n *inf* raffut *m*, chambard *m*, barouf *m* / *the press made a real hullabaloo about it* la presse en a fait tout un foin.

hullo [hə'ləʊ] interj UK **1.** ▸ **hullo! a)** [on meeting] salut ! **b)** [on phone] allô ! **2.** [for attention] ▸ **hullo!** ohé !, holà ! ▸ **hullo there!** holà, vous ! **3.** [in surprise] ▸ **hullo!** tiens !

hum [hʌm] (*pt & pp* **hummed**, *cont* **humming**) ◆ vi **1.** [audience, bee, wires] bourdonner ; [person] fredonner, chantonner ; [top, fire] ronfler ; ELECTRON ronfler ; [air conditioner] ronronner / *the motors hummed into action* les moteurs se sont mis à ronfler or vrombir / *everything was humming along nicely* *fig* tout marchait comme sur des roulettes **2.** [be lively] grouiller / *the airport / town was humming with activity* l'aéroport / la ville bourdonnait d'activité ▸ **to make things hum** mener les choses rondement / *the party was just beginning to hum when the police arrived* la fête commençait à s'animer quand la police est arrivée **3.** UK *inf* [stink] cocotter **4.** PHR **to hum and haw a)** *lit* bafouiller **b)** *fig* tergiverser, tourner autour du pot. ◆ vt [tune] fredonner, chantonner. ◆ n **1.** [of bees, voices] bourdonnement *m* ; [of vehicle] vrombissement *m* ; [of fire, top] ronflement *m* ; ELECTRON ronflement ; [of machine] ronronnement *m* / *the distant hum of traffic* le ronronnement lointain de la circulation **2.** UK *inf* [stench] puanteur *f*, mauvaise odeur *f* / *there's a bit of a hum in here!* ça cocotte là-dedans ! ◆ interj ▸ **hum!** hem !, hum !

human ['hjuːmən] ◆ adj humain / *the human race* le genre humain, l'espèce humaine / *they were treated as less than human* ils étaient traités comme des bêtes / *he's only human* personne n'est parfait / *I can't do all that work alone, I'm only human!* je ne peux pas faire tout ce travail tout seul, je ne suis pas une bête de somme ! / *the accident was caused by human error* l'accident était dû à une erreur or défaillance humaine / *it's those little human touches that make all the difference* ce sont les petites touches personnelles qui font toute la différence / **'Of Human Bondage'** *Maugham* 'Servitude humaine'. ◆ n (être *m*) humain *m*.

human being n être *m* humain.

humane [hjuː'meɪn] adj **1.** [compassionate -action, person] humain, plein d'humanité ; [-treatment] humain / *a humane method of killing animals* une façon humaine de tuer les animaux **2.** *fml & dated* [education] humaniste.

humanely [hjuː'meɪnlɪ] adv humainement.

human engineering n INDUST gestion *f* des relations humaines ; [ergonomics] ergonomie *f*.

humane society n [for animals] société *f* protectrice des animaux ; [for good works] société *f* or association *f* humanitaire.

Human Genome Project n projet *m* génome humain ▸ **the Human Genome Project** le projet génome humain.

human interest n PRESS dimension *f* humaine ▸ **a human interest story** un reportage à caractère social.

humanism ['hjuːmənɪzm] n humanisme *m*.

humanist ['hjuːmənɪst] ◆ n humaniste *m*. ◆ adj humaniste.

humanistic [,hjuːmə'nɪstɪk] adj humaniste.

humanitarian [hjuː,mænɪ'teərɪən] ◆ n humanitaire *mf*. ◆ adj humanitaire.

humanitarianism [hjuː,mænɪ'teərɪənɪzm] n [philanthropy] humanitarisme *m* ; [in theology] monophysisme *m*.

humanity [hjuː'mænətɪ] n **1.** [mankind] humanité *f* / *for the good of humanity* pour le bien de l'humanité **2.** [compassion] humanité *f* / *to treat sb with humanity* traiter qqn avec humanité / *the prison camps stripped the inmates of their humanity* les détenus perdaient toute humanité dans les camps de prisonniers.

❖ **humanities** pl n [arts] lettres *fpl* ; [classical culture] lettres *fpl* classiques / *humanities students* étudiants en lettres or humanités.

humanize, **humanise** ['hjuːmənaɪz] vt humaniser.

humankind [,hjuːmən'kaɪnd] n l'humanité *f*, le genre humain.

humanly ['hjuːmənlɪ] adv humainement / *I'll do all that is humanly possible to help her* je ferai tout ce qui est humainement possible pour l'aider.

human nature n nature *f* humaine / *it's only human nature to be jealous* c'est normal or humain d'être jaloux.

humanoid ['hjuːmənɔɪd] n humanoïde *mf*.

human papilloma virus n papillomavirus *m* humain.

human race ◆ n ▸ **the human race** le genre humain, l'espèce humaine. ◆ adj humanoïde.

human resources pl n ressources *fpl* humaines.

human rights pl n droits *mpl* de l'homme ▸ **a human rights organization** une organisation pour les droits de l'homme.

human shield n bouclier *m* humain.

human trafficking n trafic *m* or traite *f* d'êtres humains.

humble ['hʌmbl] ◆ adj **1.** [meek] humble / *in my humble opinion* à mon humble avis / *please accept my humble apologies* veuillez accepter mes humbles excuses / *your humble servant* [in letters] veuillez agréer, Monsieur, l'assurance de mes sentiments les plus respectueux ▸ **to eat humble pie** faire de plates excuses, faire amende honorable ▸ **to force sb to eat humble pie** forcer qqn à se rétracter **2.** [modest] modeste / *she has humble origins* elle a des origines modestes / *to come from a humble background* venir d'un milieu modeste / *welcome to my humble abode* *hum* bienvenue dans mon humble or ma modeste demeure / *the humble violet* *liter* l'humble violette. ◆ vt humilier, mortifier ▸ **to humble o.s. before sb** s'humilier devant qqn / *a severe defeat may humble his pride* un échec sérieux servira peut-être à le rendre moins orgueilleux / *it was a humbling experience* c'était une expérience humiliante.

humbleness ['hʌmblnɪs] n humilité *f*.

humbling ['hʌmblɪŋ] adj [experience] qui rend humble.

humbly ['hʌmblɪ] adv **1.** [speak, ask] humblement, avec humilité / *most humbly* en toute humilité **2.** [live] modestement / *humbly born* d'origine modeste or humble.

humbug ['hʌmbʌg] (*pt & pp* **humbugged**, *cont* **humbugging**) ◆ n **1.** [person] charlatan *m*, fumiste *mf* ; *(U)* [deception] charlatanisme *m* **2.** *(U)* [nonsense] balivernes *fpl* **3.** UK [sweet] berlingot *m*. ◆ vt tromper.

humdinger [,hʌm'dɪŋəʳ] n *inf* **1.** [person] : *she's a real humdinger!* elle est vraiment extra or sensass or terrible ! **2.** [thing] : *that was a humdinger of a game!* quel match extraordinaire ! / *they had a real humdinger of a row!* ils se sont engueulés, quelque chose de bien !

humdrum ['hʌmdrʌm] ◆ adj [person, story] banal ; [task, life] monotone, banal, routinier / *I'm sick of this humdrum routine* j'en ai marre de ce train-train. ◆ n monotonie *f*, banalité *f*.

humectant [hjʊ'mektənt] n hydratant *m*.

humeral ['hjuːmərəl] adj huméral.

humerus ['hjuːmərəs] (*pl* **humeri** [-raɪ]) n humérus *m*.

humid ['hjuːmɪd] adj humide.

humidifier [hjuː'mɪdɪfaɪəʳ] n humidificateur *m*.

humidify [hjuː'mɪdɪfaɪ] (*pt & pp* **humidified**) vt humidifier.

humidity [hjuː'mɪdətɪ] n humidité *f*.

humidor ['hjuːmɪdɔːʳ] n humidificateur *m*.

humiliate [hjuː'mɪlɪeɪt] vt humilier / *he refused to humiliate himself by apologizing to them* il a refusé de s'humilier en leur présentant des excuses.

humiliating [hjuː'mɪlɪeɪtɪŋ] adj humiliant.

humiliatingly [hjuː'mɪlɪeɪtɪŋlɪ] adv d'une façon humiliante / *they were humiliatingly close to failure* ils étaient au bord d'un échec humiliant.

humiliation [hjuː,mɪlɪ'eɪʃn] n humiliation *f*.

humility [hjuː'mɪlətɪ] n humilité *f*.

humming ['hʌmɪŋ] n [of bees, voices] bourdonnement *m* ; [of air conditioner, traffic] ronronnement *m* ; [of tune] fredonnement *m*.

hummingbird ['hʌmɪŋbɜːd] n oiseau-mouche *m*, colibri *m*.

humming top n toupie *f* ronflante.

hummock ['hʌmək] n [knoll] monticule *m*, mamelon *m*, tertre *m* ; [in ice field] hummock *m*.

hummus ['hʊmʊs] n houmous *m*.

humongous [hjuː'mʌŋgəs] adj US *inf* énorme.

humor US = **humour**.

humorist ['hjuːmərɪst] n humoriste *mf*.

humorous ['hjuːmərəs] adj [witty -remark] plein d'humour, amusant ; [-person] plein d'humour, drôle / *he replied in (a) humorous vein* il a répondu sur le mode humoristique.

humorously ['hjuːmərəslɪ] adv avec humour.

humour UK, **humor** US ['hju:mə^r] ◆ n **1.** [wit, fun] humour *m* / *the play is devoid of humour* la pièce est dénuée or dépourvue d'humour ▸ **sense of humour** sens *m* de l'humour / *I like her sense of humour* j'aime son sens de l'humour / *he's got no sense of humour* il n'a aucun sens de l'humour / *he has a very dry sense of humour* il est très pince-sans-rire **2.** *fml* [mood] humeur *f*, disposition *f* ▸ **in a good / bad humour** de bonne / mauvaise humeur / *he's in no humour to talk to anybody* il n'est pas d'humeur à parler à qui que ce soit ▸ **to be out of humour** *liter* être de mauvaise humeur **3.** *arch* MED humeur *f* ▸ **the four humours** les quatre humeurs. ◆ vt [person - indulge, gratify] faire plaisir à ; [- treat tactfully] ménager ; [whim, fantasy] se prêter à / *don't try to humour me* n'essaie pas de m'amadouer.

-humoured UK, **-humored** US ['hju:məd] in comp : *he's a pleasant good-humoured man* c'est un homme plaisant et d'humeur agréable / *he responded in a good-humoured enough way* il a répondu plutôt avec bonne humeur / *she seemed unpleasant and ill-humoured* elle paraissait déplaisante et de mauvaise humeur.

humourless UK, **humorless** US ['hju:məlɪs] adj [person] qui manque d'humour ; [book, situation, speech] sans humour / *totally humourless* totalement dépourvu d'humour / *a humourless smile* un sourire pincé.

hump [hʌmp] ◆ n **1.** [on back of animal or person] bosse *f* ; [hillock] bosse *f*, mamelon *m* ; [bump] tas *m* ▸ **to be over the hump** : *we're over the hump now* on a fait le plus dur or gros maintenant **2.** UK *inf* PHR **to get the hump** avoir le cafard or le bourdon / *he gives me the hump* il me donne le cafard or le bourdon. ◆ vt **1.** [back] arrondir, arquer **2.** UK *inf* [carry] trimbaler, trimballer **3.** *v inf* [have sex with] baiser **4.** *inf* PHR **to hump it** tenir le coup / *he hasn't the nerve to hump it through to the end* il n'a pas le cran de tenir le coup jusqu'au bout. ◆ vi *v inf* [have sex] baiser.

humpback ['hʌmpbæk] n **1.** = **hunchback** **2.** = **humpback whale**.

humpbacked ['hʌmpbækt] = **hunchbacked**.

humpback(ed) bridge n pont *m* en dos d'âne.

humpback whale n baleine *f* à bosse.

humph [mm or hʌmf] interj ▸ **humph!** hum !

Humpty Dumpty [,hʌmptɪ'dʌmptɪ] pr n *personnage en forme d'œuf figurant dans une comptine (désigne métaphoriquement une chose impossible à réparer).*

humungous [hju:'mʌŋgəs] adj *inf* [huge] énorme ; [great] super, génial / *the book was a humungous success* le livre a eu un méga succès.

humus ['hju:məs] n humus *m*.

Hun [hʌn] (*pl* **Hun** *or* **Huns**) n **1.** ANTIQ Hun *m* **2.** *v inf, dated & offens* Boche *m*.

hunch [hʌntʃ] ◆ n [inkling] pressentiment *m*, intuition *f* / *I have a hunch we'll meet again* j'ai comme un pressentiment que nous nous reverrons ▸ **to play** or **to follow one's hunch** suivre son intuition ▸ **to act on a hunch** suivre son instinct / *my hunch paid off, he was there* mon intuition s'est vérifiée, il était là / *it's only a hunch* c'est une idée que j'ai. ◆ vt [back] arrondir ; [shoulders] voûter / *he was hunched against the cold* il se recroquevillait sur lui-même pour se protéger du froid / *don't hunch (up) your shoulders like that!* ne rentre pas la tête dans les épaules comme ça !

hunchback ['hʌntʃbæk] n **1.** [person] bossu *m*, -e *f* / **'The Hunchback of Notre Dame'** *Hugo* 'Notre-Dame de Paris' **2.** ANAT bosse *f*.

hunchbacked ['hʌntʃbækt] adj bossu.

hunched [hʌntʃt] adj voûté / *he sat hunched in a corner* il était assis recroquevillé dans un coin / *she was sitting hunched (up) over her papers* elle était assise penchée sur ses papiers.

hundred ['hʌndrəd] ◆ det cent / *a hundred guests* cent invités / *six hundred pages* six cents pages / *about a hundred metres* une centaine de mètres / *one* or *a hundred per cent* cent pour cent / *I'm a hundred per cent sure* j'en suis absolument certain ▸ **to be a hundred per cent behind sb** soutenir qqn à fond ▸ **to give a** or **one hundred per cent** se donner à fond / *if I've told you once, I've told you a hundred times!* je te l'ai dit cent fois ! / **'One Hundred Years of Solitude'** *García Márquez* 'Cent ans de solitude'. ◆ n cent *m* / *he has a hundred (of them)* il en a cent / *one hundred and one* cent un / *two hundred* deux cents / *two hundred and one* deux cent un / *about a hundred* or *a hundred odd* une centaine / *in nineteen hundred* en dix-neuf cents / *in nineteen hundred and ten* en dix-neuf cent dix / *I'll never forget him (even) if I live to be a hundred* même si je deviens centenaire, je ne l'oublierai jamais / *the theatre seats five hundred* la salle contient cinq cents places (assises) / *in the hundred's place* MATH dans la colonne des centaines / *give me $500 in hundreds* donnez-moi 500 dollars en billets de cent / *the temperature is in the hundreds today* il fait plus de 30 aujourd'hui / *in the seventeen hundreds* au dix-septième siècle / *hundreds of* des centaines de / *I've asked you hundreds of times!* je te l'ai demandé cent fois ! / *hundreds and thousands of people* des milliers de gens / *they were dying in their hundreds* or *by the hundred* ils mouraient par centaines.

Hundred Days pl n ▸ **the Hundred Days** les Cent Jours *mpl*.

hundredfold ['hʌndrədfəʊld] ◆ adj centuple. ◆ n : *he has increased his initial investment (by) a hundredfold* il a multiplié par cent son investissement initial.

hundred-percenter [-pə'sentə^r] n US *inf* nationaliste *mf* extrémiste.

hundreds and thousands pl n *paillettes de sucre colorées servant à décorer les gâteaux.*

hundredth ['hʌndrətθ] n centième *mf* ; [fraction] centième *m*.

hundredweight ['hʌndrədweɪt] n UK (poids *m* de) cent douze livres *(50,8 kg)* ; US (poids *m* de) cent livres *(45,4 kg)*.

hundred-year-old adj centenaire.

Hundred Years' War n ▸ **the Hundred Years' War** la guerre de Cent Ans.

hung [hʌŋ] ◆ pt & pp ⟶ **hang**. ◆ adj [situation] bloqué ▸ **a hung parliament / jury** un parlement / un jury sans majorité.

Hungarian [hʌŋ'geərɪən] ◆ n **1.** [person] Hongrois *m*, -e *f* **2.** LING hongrois *m*. ◆ adj hongrois / **'Hungarian Rhapsodies'** *Liszt* 'Rhapsodies hongroises'.

Hungary ['hʌŋgərɪ] pr n Hongrie *f* / *in Hungary* en Hongrie.

hunger ['hʌŋgə^r] ◆ n faim *f* / *a conference on world hunger* une conférence sur la faim dans le monde ▸ **to satisfy one's hunger (for sthg)** satisfaire sa faim (de qqch) / *he was driven by a hunger for truth / knowledge* *fig* il était poussé par une soif de vérité / de savoir. ◆ vi *fig* ▸ **to hunger after** or **for sthg** avoir faim or soif de qqch / *he hungered for revenge* il avait faim or soif de vengeance.

hunger march n marche *f* de la faim.

hunger strike n grève *f* de la faim ▸ **to go on (a) hunger strike** faire la grève de la faim.

hunger striker n gréviste *mf* de la faim.

hung over adj *inf* : *to be hung over* avoir une or la gueule de bois / *he was too hung over to go to work* il avait une telle gueule de bois qu'il ne pouvait pas aller au travail.

hungrily ['hʌŋgrəlɪ] adv [eat] voracement, avidement ; *fig* [read, listen] avidement / *she eyed his lunch hungrily* elle jeta un regard de convoitise sur son déjeuner.

hungry ['hʌŋgrɪ] (*compar* **hungrier**, *superl* **hungriest**) adj **1.** [for food] ▸ **to be hungry** avoir faim / *we're very hungry* nous avons très faim, nous sommes affamés / *he still felt hungry* il avait encore faim / *she looked tired and hungry* elle avait l'air fatiguée et affamée / *are you getting hungry?* est-ce que tu commences à avoir faim ? ▸ **to go hungry** souffrir de la faim / *he'd rather go hungry than cook for himself* il se passerait de manger plutôt que de faire la cuisine / *that night he went hungry* cette nuit-là il est resté sur sa faim ▸ **this is hungry work!** ce travail donne faim ! **2.** *fig* [desirous] avide / *hungry for affection* avide d'affection / *she was hungry for news of her family* elle attendait avec impatience des nouvelles de sa famille / *you have to be hungry to make it to the top* *inf & fig* ce sont les battants qui réussissent.

hung up adj *inf* coincé ▸ **to be hung up on sb / sthg** faire une fixation sur qqn / qqch ▸ **to be hung up about sthg a)** [personal problem] être complexé par qqch **b)** [sexual matters] être coincé quand il s'agit de qqch.

hunk [hʌŋk] n **1.** [piece] gros morceau *m* **2.** *inf* [man] beau mec *m* or mâle *m* / *he's a real hunk* il est beau mec.

hunker ['hʌŋkə^r] vi US ▸ **to hunker (down) a)** [crouch] s'accroupir **b)** [squat] s'asseoir sur ses talons, s'accroupir **c)** [animal] se tapir / *I have to hunker down and work this term* *fig* je dois donner un bon coup de collier ce trimestre.

hunkers ['hʌŋkəz] pl n *inf* hanches *fpl* / *sitting on his hunkers* assis sur ses talons.

hunky ['hʌŋkɪ] ◆ n US *vulg terme injurieux désignant un travailleur d'origine slave, balte ou hongroise.* ◆ adj *inf* : *he's really hunky* c'est un beau mec.

hunky-dory [,hʌŋkɪ'dɔ:rɪ] adj *inf* ▸ **to be hunky-dory** être au poil / *everything is just hunky-dory!* tout baigne (dans l'huile) !

hunt [hʌnt] ◆ vt **1.** [for food, sport - subj: person] chasser, faire la chasse à ; [- subj: animal] chasser / *to hunt whales* pêcher la baleine / *they were hunted to extinction* ils ont été chassés jusqu'à extinction de l'espèce **2.** UK SPORT [area] chasser dans ▸ **to hunt the pack** diriger la meute / *he hunts his horse all winter* il monte son cheval à la chasse tout l'hiver **3.** [pursue] pourchasser, poursuivre / *he was being hunted by the police* il était pourchassé or recherché par la police **4.** [search] fouiller / *I've hunted the whole office for it* j'ai retourné tout le bureau pour le retrouver **5.** [drive out] chasser / *people were hunted from their homes* des gens étaient chassés de leurs foyers **6.** PHR **to play hunt the slipper** or **thimble** ≃ jouer à cache-tampon. ◆ vi **1.** [for food, sport] chasser / *they hunt by night / in packs* ils chassent la nuit / en bande / *to go hunting* aller à la chasse / *do you hunt?* chassez-vous ? ▸ **to hunt for sthg a)** [person] chasser or faire la chasse à qqch **b)** [animal] chasser qqch **2.** [search] chercher (partout) / *she hunted (around* or *about) in her bag for her keys* elle a fouillé dans son sac à la recherche de ses clefs / *you'll just have to hunt until you find it* vous n'aurez qu'à chercher jusqu'à ce que vous le trouviez / *I've hunted for it high and low* j'ai remué ciel et terre pour le retrouver / *I've hunted all over town for a linen jacket* j'ai parcouru or fait toute la ville pour trouver une veste en lin **3.** TECH [gauge] osciller ; [engine] pomper. ◆ n **1.** SPORT [activity] chasse *f* ; [hunters] chasse *f*, chasseurs *mpl* ; [area] chasse *f* ; [fox-hunt] chasse *f* au renard ▸ **a tiger / bear hunt** une chasse au tigre / à l'ours ▸ **hunt ball** *bal réunissant les notables locaux amateurs de chasse* **2.** [search] chasse *f*, recherche *f* / *the hunt is on for the terrorists* la chasse aux terroristes est en cours / *the hunt for the assassin continues* la chasse à l'assassin se poursuit / *I've had a hunt for your scarf* j'ai cherché ton écharpe partout, j'ai tout retourné pour trouver ton écharpe.

❖ **hunt down** vt sep [animal] forcer, traquer ; [person] traquer ; [thing, facts] dénicher ; [abuses, errors] faire la chasse à ; [truth] débusquer.

❖ **hunt out** vt sep UK dénicher, découvrir / *I've hunted out that book you wanted to borrow* j'ai déniché le livre que vous vouliez emprunter.

❖ **hunt up** vt sep UK [look up] rechercher / *I'm going to the library to hunt up that article she mentioned* je vais à la bibliothèque rechercher cet article dont elle parlait.

hunted ['hʌntɪd] adj traqué / *he has a hunted look about him* il a un air persécuté or traqué.

hunter ['hʌntə^r] n **1.** SPORT [person] chasseur *m* ; [horse] cheval *m* de chasse, hunter *m* ; [dog] chien *m* courant or de chasse **2.** [gen] chasseur *m* ; [pursuer] poursuivant *m* **3.** [watch] (montre *f* à) savonnette *f*.

hunter-gatherer n chasseur-cueilleur *m*.

hunter-killer adj MIL d'attaque ▸ **a hunter-killer submarine** un sous-marin d'attaque.

hunter's moon n *pleine lune qui suit celle de l'équinoxe d'automne.*

hunting ['hʌntɪŋ] ◆ n **1.** SPORT chasse *f* ; UK [fox-hunting] chasse *f* au renard ; HIST [mounted deer-hunt] chasse *f* à courre ; HIST [as an art] vénerie *f* ▸ **huntin' shootin' and fishin'** *expression employée pour parodier l'aristocratie rurale, en insinuant que sa principale activité est la chasse et la pêche* **2.** [pursuit] chasse *f*, poursuite *f* ▸ **bargain hunting** la chasse aux soldes. ◆ adj [boots, gun, knife, licence] de chasse / *he's a hunting man* c'est un grand chasseur.

hunting ground n SPORT & *fig* terrain *m* de chasse.

hunting horn n cor *m* or trompe *f* de chasse.

hunting lodge n pavillon *m* de chasse.

hunting pink ◆ adj rouge chasseur *(inv).* ◆ n *(U)* UK habit *m* rouge de chasse à courre.

hunting season n saison *f* de la chasse.

Huntington's chorea ['hʌntɪŋtənz-] n chorée *f* de Huntington.

huntress ['hʌntrɪs] n chasseuse *f* ▸ **Diana the Huntress** *liter* Diane chasseresse.

hunt saboteur n *personne qui tente d'arrêter les parties de chasse à courre.*

huntsman ['hʌntsmən] (*pl* **huntsmen** [-mən]) n **1.** [hunter] chasseur *m* **2.** [master of hounds] veneur *m*.

hurdle ['hɜ:dl] ◆ n **1.** SPORT haie *f* / *the 400 metre hurdles* le 400 mètres haies ▸ **to run a hurdle** or **hurdles race** faire or courir une course de haies / *she's the British hurdles champion* elle est la championne britannique de course de haies ▸ **to take** or **to clear a hurdle** franchir une haie **2.** *fig* obstacle *m* / *she took that hurdle in her stride* elle a franchi cet obstacle sans le moindre effort / *the next hurdle will be getting funding for the project* la prochaine difficulté sera d'obtenir des fonds pour le projet **3.** [for fences] claie *f*. ◆ vt [jump] sauter, franchir ; [overcome] franchir. ◆ vi SPORT faire de la course de haies.

hurdler ['hɜ:dlə^r] n coureur *m*, -euse *f (qui fait des courses de haies).*

hurdy-gurdy ['hɜ:dɪ,gɜ:dɪ] n **1.** [barrel organ] orgue *m* de Barbarie ▸ **a hurdy-gurdy man** un joueur d'orgue de Barbarie **2.** [medieval instrument] vielle *f*.

hurl [hɜ:l] ◆ vt **1.** [throw] lancer, jeter (avec violence) ▸ **to hurl o.s. at sb / sthg** se ruer sur qqn / qqch / *he hurled a vase at him* il lui a lancé un vase à la figure / *they were hurled to the ground* ils ont été précipités or jetés à terre / *she hurled herself off the top of the tower* elle s'est précipitée or jetée (du haut) de la tour / *he hurled himself into the fight* il s'est jeté dans la bagarre / *the boat was hurled onto the rocks* le bateau a été projeté sur les rochers / *they were hurled into the crisis fig* ils ont été précipités dans la crise **2.** [yell] lancer, jeter / *to hurl abuse at sb* lancer des injures à qqn, accabler qqn d'injures. ◆ vi US *inf* [vomit] dégueuler, gerber.

hurling ['hɜ:lɪŋ] n SPORT *jeu irlandais voisin du hockey sur gazon.*

hurly-burly ['hɜ:lɪ,bɜ:lɪ] UK ◆ n tohu-bohu *m* / *the hurly-burly of city life* le tourbillon de la vie urbaine. ◆ adj turbulent.

Huron ['hjʊərən] pr n ▸ **Lake Huron** le lac Huron.

hurrah UK [hʊ'rɑ:], **hurray** [hʊ'reɪ] ◆ n hourra *m* / *it was his last hurrah* US c'était son chant du cygne. ◆ interj ▸ **hurrah!** hourra ! / *hurrah for the cook!* pour le chef, hip hip hip hourra !

hurricane ['hʌrɪkən] n ouragan *m* ; [in Caribbean] hurricane *m* ▸ **Hurricane Mabel** l'ouragan Mabel.

hurricane force n force *f* douze (sur l'échelle de Beaufort).

❖ **hurricane-force** comp ▸ **hurricane-force winds** TECH des vents de force douze.

hurricane lamp n lampe-tempête *f*.

hurried ['hʌrɪd] adj [meeting, reply, gesture, trip] rapide ; [departure, steps] précipité ; [judgment, decision] hâtif ; [work] fait à la hâte / *to have a hurried meal* manger à la hâte / *I wrote a hurried note to reassure her* j'ai écrit un mot à la hâte or un mot bref pour la rassurer / *they only had time for a few hurried words* ils ont juste eu le temps d'échanger quelques mots rapides.

hurriedly ['hʌrɪdlɪ] adv [examine] à la hâte ; [leave] précipitamment / *she passed hurriedly over the unpleasant details* elle passa en vitesse sur les détails désagréables / *he hurriedly excused himself* il s'est empressé de s'excuser.

hurry ['hʌrɪ] (*pl* **hurries**, *pt & pp* **hurried**) ◆ n **1.** [rush] hâte *f*, précipitation *f* ▸ **to be in a hurry to do sthg** avoir hâte de faire qqch / *not now, I'm in (too much of) a hurry* pas maintenant, je suis (trop) pressé / *he needs it in a hurry* il en a besoin tout de suite / *to be in a tearing* or *an awful hurry* être très pressé / *in his* or *the hurry to leave he forgot his umbrella* dans sa hâte de partir il a oublié son parapluie / *there's no big* or *great hurry* rien ne presse / *there's no hurry for it* cela ne presse pas / *what's the* or *your hurry?* qu'est-ce qui (vous) presse ? / *it was obviously written in a hurry* de toute évidence, cela a été écrit à la hâte / *he won't try that again in a hurry!* UK *inf* il ne ressaiera pas de sitôt !, il n'est pas près de ressayer ! **2.** [eagerness] empressement *m* / *he's in no hurry to see her again* il n'est pas pressé or il n'a aucune hâte de la revoir / *a young man in a hurry* UK un jeune homme pressé de réussir or ambitieux. ◆ vi se dépêcher, se presser, se hâter / *he's hurrying to finish some work* il se dépêche or se presse or se hâte de finir un travail / *I must* or *I'd better hurry* il faut que je me dépêche / *you don't have to hurry over that report* vous pouvez prendre votre temps pour faire ce rapport / *he hurried into / out of the room* il est entré dans / sorti de la pièce en toute hâte or précipitamment / *he hurried down the stairs* il a descendu l'escalier en toute hâte or précipitamment / *don't hurry back, I'll take care of everything* ne te presse pas de revenir, je me chargerai de tout / *he hurried (over) to the bank* il s'est précipité à la banque, il s'est rendu à la banque en toute hâte / *hurry! it's already started* dépêche-toi ! c'est déjà commencé. ◆ vt **1.** [chivvy along] faire se dépêcher, presser, bousculer / *don't hurry him* ne le bouscule pas / *he was hurried into making a choice* on l'a pressé de faire un choix / *she won't be hurried* or *you can't hurry her* vous ne la ferez pas se dépêcher / *they hurried him through customs* ils lui ont fait passer la douane à la hâte **2.** [preparations, work] activer, presser, hâter / *this decision can't be hurried* cette décision exige d'être prise sans hâte **3.** [transport hastily] emmener d'urgence / *aid was hurried to the stricken town* des secours ont été envoyés d'urgence à la ville sinistrée.

❖ **hurry along** ◆ vi marcher d'un pas pressé / *hurry along now!* pressons, pressons ! / *we'd better be hurrying along* on ferait mieux de se presser. ◆ vt sep [person] faire presser le pas à, faire se dépêcher or s'activer ; [work] activer, accélérer / *he wants the investigation hurried along* il veut faire accélérer or faire avancer plus rapidement l'enquête.

❖ **hurry on** vi se dépêcher, continuer à la hâte or en hâte / *he hurried on to the next shelter* il s'est pressé de gagner l'abri suivant / *can we hurry on to the next item on the agenda?* peut-on vite passer or passer sans tarder à la prochaine question inscrite à l'ordre du jour ?

❖ **hurry up** ◆ vi se dépêcher, se presser ▸ **hurry up!** dépêchez-vous ! ◆ vt sep [person] faire se dépêcher ; [production, work] activer, pousser.

hurt [hɜ:t] (*pt & pp* **hurt**) ◆ vt **1.** [cause physical pain to] faire mal à ▸ **to hurt o.s.** se faire mal / *mind you don't hurt yourself* faites attention de ne pas vous faire mal or vous blesser / *I hurt my elbow on the door* je me suis fait mal au coude contre la porte / *is your back hurting you today?* est-ce que tu as mal au dos aujourd'hui ? / *where does it hurt you?* où est-ce que vous avez mal ?, où cela vous fait-il mal ? / *it hardly hurts (me) at all!* ça ne me fait presque pas mal ! / *the fall didn't hurt him* il ne s'est pas fait mal en tombant **2.** [injure] blesser / *two people were hurt in the crash* deux personnes ont été blessées dans la collision / *no one was hurt in the accident* personne n'a été blessé dans l'accident / *do as I say and no one gets hurt! inf* faites ce que je dis et il n'y aura pas de casse ! **3.** [upset] blesser, faire de la peine à / *he was very hurt by your criticism* il a été très blessé par vos critiques ▸ **to hurt sb's feelings** blesser or froisser qqn / *what hurt me most was his silence on the subject* ce qui me faisait le plus mal c'était son silence à ce propos **4.** [disadvantage] nuire à / *the new tax will hurt the middle classes most* ce sont les classes moyennes qui seront les plus touchées par le nouvel impôt / *it won't hurt you to miss the next meeting* cela ne vous nuira pas de manquer la prochaine réunion / *a bit of fresh air won't hurt you* un peu d'air frais or de grand air ne te fera pas de mal **5.** [damage -crops, machine] abîmer, endommager ; [-eyesight] abîmer. ◆ vi faire mal / *my head hurts* ma tête me fait mal / *where does it hurt?* où est-ce que vous avez mal ? / *a holiday certainly wouldn't hurt* ça ne ferait certainement pas de mal de prendre des vacances / *he's hurting* US il a mal ▸ **nothing hurts like the truth** il n'y a que la vérité qui blesse. ◆ n **1.** [physical pain] mal *m* ; [wound] blessure *f* **2.** [mental pain] peine *f* / *he wanted to make up for the hurt he had caused them* il voulait réparer la peine qu'il leur avait faite **3.** [damage] tort *m*. ◆ adj **1.** [physically] blessé / *he's more frightened than hurt* il a eu plus de peur que de mal / *several people were seriously / slightly hurt* plusieurs personnes ont été sérieusement / légèrement blessées **2.** [offended] froissé, blessé / *I'm deeply hurt that you didn't tell me first* que vous ne me l'ayez pas dit en premier m'a profondément blessé / *a hurt expression* un regard meurtri or blessé / *don't feel hurt* ne le prends pas mal / *he's feeling a bit hurt about it all* il se sent quelque peu peiné par tout ça **3.** US [damaged] ▸ **hurt books** livres endommagés.

hurtful ['hɜ:tfʊl] adj [event] préjudiciable, nuisible ; [memory] pénible ; [remark] blessant, offensant / *they ended up saying hurtful things to each other* ils ont fini par se dire des méchancetés / *what a hurtful thing to say!* comme c'est méchant or cruel de dire cela !

hurtle ['hɜ:tl] vi : *to hurtle along* avancer à toute vitesse or allure / *the cars hurtled round the track* les voitures tournaient autour de la piste à toute allure / *he went hurtling down the stairs* il dévala les escaliers / *the motorbike came hurtling towards him* la moto fonça sur lui à toute vitesse / *a rock hurtled through the air* une pierre a fendu l'air.

husband ['hʌzbənd] ◆ n mari *m*, époux *m* / *are they husband and wife?* sont-ils mari et femme ? / *they lived (together) as husband and wife* ils vivaient maritalement or comme mari et femme. ◆ vt [resources, strength] ménager, économiser.

husbandry ['hʌzbəndrɪ] n **1.** AGR agriculture *f* ; [as science] agronomie *f* **2.** *fml* [thrift] économie *f* ▸ **good husbandry** bonne gestion *f*.

hush [hʌʃ] ◆ n silence *m*, calme *m* / *a hush fell over the room* un silence s'est installé or s'est fait dans la salle / *in the hush of the early morning* dans le silence du petit matin. ◆ interj ▸ **hush! a)** [gen] silence ! **b)** [stop talking] chut ! ◆ vt **1.** [silence] faire taire / *she hushed the murmurs / the crowd with a gesture* elle a fait taire les murmures / la foule d'un geste **2.** [appease] apaiser, calmer. ◆ vi se taire.

❖ **hush up** vt sep **1.** [affair] étouffer ; [witness] faire taire, empêcher de parler **2.** [noisy person] faire taire.

hushed [hʌʃt] adj [whisper, voice] étouffé ; [silence] profond, grand / *to speak in hushed tones* parler à voix basse.

hush-hush adj *inf* secret (secrète), archi-secret / *it's all very hush-hush* tout cela c'est archi-secret or top secret.

hush money n *(U) inf* pot-de-vin *m (pour acheter le silence)* ▸ **to pay sb hush money** acheter le silence de qqn.

husk [hʌsk] ◆ n [of wheat, oats] balle *f* ; [of maize, rice] enveloppe *f* ; [of nut] écale *f*. ◆ vt [oats, barley] monder ; [maize] éplucher ; [rice] décortiquer ; [wheat] vanner ; [nuts] écaler.

huskily ['hʌskılı] adv [speak] d'une voix rauque ; [sing] d'une voix voilée.

huskiness ['hʌskınıs] n enrouement *m*.

husky ['hʌskı] (*compar* **huskier**, *superl* **huskiest**, *pl* **huskies**) ◆ adj **1.** [of voice - hoarse] rauque, enroué ; [- breathy] voilé / *his voice was husky with emotion* il avait la voix voilée par l'émotion **2.** *inf* [burly] costaud. ◆ n [dog] chien *m* esquimau or de traîneau.

hussar [hʊ'zɑːʳ] n hussard *m*.

hussy ['hʌsı] (*pl* **hussies**) n *arch & hum* [shameless woman] garce *f*, gourgandine *f dated* / *you brazen hussy!* espèce de garce ! / *you shameless hussy!* espèce de garce !

hustings ['hʌstıŋz] pl n UK **1.** [campaign] campagne *f* électorale ▸ **to go / to be out on the hustings** partir / être en campagne électorale **2.** [occasion for speeches] ≃ débat *m* public (*pendant la campagne électorale*) / *at the hustings* au cours du débat public.

hustle ['hʌsl] ◆ vt **1.** [cause to move - quickly] presser ; [- roughly] bousculer, pousser ▸ **to hustle sb in / out** faire entrer / sortir qqn énergiquement / *they hustled him into an alley* ils l'ont poussé dans une ruelle / *he hustled us into the president's office* il nous a pressés d'entrer chez le président / *after that, I was hustled off to boarding school* après cela, j'ai été expédié au pensionnat / *the doctor was hustled through the crowd* on a frayé un chemin au médecin dans la foule / *he was hustled away* or *off by two men* il a été emmené de force par deux hommes ▸ **to hustle one's butt** US *inf* se magner les fesses **2.** *inf* [obtain - resourcefully] faire tout pour avoir ; [- underhandedly] magouiller pour avoir / *he's been hustling jobs since he was 16* il s'est décarcassé or bagarré pour trouver des boulots depuis l'âge de 16 ans / *they hustled that building permit* ils ont magouillé pour obtenir ce permis de construire **3.** US *inf* [swindle] rouler, arnaquer / *he hustled me out of $100* il m'a roulé or arnaqué de 100 dollars / *he hustled the old lady for her savings* il a arnaqué la vieille dame de ses économies ; [pressure] ▸ **to hustle sb into doing sthg** forcer la main à qqn pour qu'il fasse qqch **4.** US *inf* [steal] piquer **5.** US *v inf* [subj: prostitute] racoler / *she hustles the bars* elle racole dans les bars. ◆ vi **1.** UK [shove] bousculer / *don't hustle in the back!* ne bousculez pas derrière ! **2.** = **hurry 3.** US *inf* [work hard] se bagarrer (pour réussir) / *they want that market and they're ready to hustle for it* ils veulent ce marché et ils sont prêts à tout (faire) or à se bagarrer pour l'avoir **4.** US *v inf* [engage in suspect activity] monter des coups, trafiquer ; [politically] magouiller / *so he's hustling in Washington now?* alors il magouille à Washington maintenant ? **5.** US *v inf* [prostitute] faire le tapin, tapiner. ◆ n **1.** [crush] bousculade *f* **2.** [bustle] grande activité *f* / *the hustle and bustle of the big city* le tourbillon d'activité des grandes villes **3.** US *v inf* [swindle] arnaque *f*.

❖ **hustle through** vt sep *inf* [deal rapidly with] expédier / *they hustled the legislation through in a single day* ils ont expédié le vote de la loi en une seule journée.

❖ **hustle up** US *inf* ◆ vt sep [prepare quickly] préparer en cinq sec. ◆ vi & vt sep = **hurry up**.

hustler ['hʌsləʳ] n **1.** *inf* [dynamic person] type *m* dynamique, débrouillard *m*, -e *f*, magouilleur *m*, -euse *f* **2.** *inf* [swindler] arnaqueur *m*, -euse *f* **3.** US *v inf* [female prostitute] pute *f* ; [male prostitute] prostitué *m*.

hut [hʌt] n [primitive dwelling] hutte *f* ; [shed] cabane *f*, baraque *f* ; [alpine] refuge *m*, chalet-refuge *m* ; MIL baraquement *m*.

hutch [hʌtʃ] n **1.** [cage] cage *f* ; [for rabbits] clapier *m* **2.** [chest] coffre *m* **3.** US [Welsh dresser] vaisselier *m* **4.** TECH [kneading trough] pétrin *m*, huche *f* **5.** MIN [wagon] wagonnet *m*, benne *f* (roulante).

hutment ['hʌtmənt] n MIL baraquements *mpl*.

huzzah [hə'zɑː] interj hourrah !

hyacinth ['haıəsınθ] n **1.** BOT jacinthe *f* / *hyacinth bulb* bulbe *m* de jacinthe **2.** [gem] hyacinthe *f* **3.** [colour] bleu jacinthe (*inv*), bleu violet (*inv*).

Hyades ['haıədiːz] pl pr n ▸ **the Hyades** les Hyades.

hyaena [haı'iːnə] = **hyena**.

hybrid ['haıbrıd] ◆ n [gen] hybride *m* ; [bicycle] VTC *m*. ◆ adj hybride.

hybrid bill n UK POL *loi dont certaines dispositions sont d'application générale et d'autres d'application restreinte.*

hybridization [,haıbrıdaı'zeıʃn] n hybridation *f*.

hybridize, **hybridise** ['haıbrıdaız] ◆ vt hybrider. ◆ vi s'hybrider.

hydra ['haıdrə] (*pl* **hydras** *or* **hydrae** [-driː]) n ZOOL & *fig* hydre *f*.

❖ **Hydra** pr n MYTH Hydre *f* (de Lerne).

hydra-headed adj à tête d'hydre.

hydrangea [haı'dreındʒə] n hortensia *m*.

hydrant ['haıdrənt] n prise *f* d'eau.

hydrate ['haıdreıt] ◆ n hydrate *m*. ◆ vt hydrater. ◆ vi s'hydrater.

hydration [haı'dreıʃn] n hydratation *f*.

hydraulic [haı'drɔːlık] adj hydraulique ▸ **hydraulic engineer** ingénieur *m* hydraulicien, hydraulicien *m*, -enne *f*.

hydraulically [haı'drɔːlıklı] adv hydrauliquement / *hydraulically controlled, hydraulically operated* à commande hydraulique, commandé or fonctionnant hydrauliquement / *hydraulically driven* actionné or mû hydrauliquement.

hydraulic brake n frein *m* hydraulique.

hydraulic press n presse *f* hydraulique.

hydraulics [haı'drɔːlıks] n (*U*) hydraulique *f*.

hydraulic suspension n suspension *f* hydraulique.

hydro ['haıdrəʊ] ◆ n **1.** UK [spa] établissement *m* thermal (*hôtel*) **2.** CAN [power] énergie *f* hydro-électrique ; [plant] centrale *f* hydro-électrique. ◆ adj hydro-électrique / *my hydro bill has gone up* CAN ma facture d'électricité a augmenté.

hydrocarbon [,haıdrə'kɑːbən] n hydrocarbure *m*.

hydrocephalic [,haıdrəsı'fælık] adj hydrocéphale.

hydrochloric [,haıdrə'klɒrık] adj chlorhydrique ▸ **hydrochloric acid** acide *m* chlorhydrique.

hydrochloride [,haıdrə'klɔːraıd] n chlorhydrate *m*.

hydrocortisone [,haıdrə'kɔːtızəʊn] n hydrocortisone *f*.

hydrodynamics [,haıdrədaı'næmıks] n (*U*) hydrodynamique *f*.

hydroelectric [,haıdrəʊı'lektrık] adj hydro-électrique ▸ **hydroelectric power** énergie *f* hydro-électrique.

hydroelectricity [,haıdrəʊılek'trısətı] n hydroélectricité *f*.

hydrofluorocarbon [,haıdrəʊ'flʊərəʊkɑːbən] n hydrofluorocarbone *m*.

hydrofoil ['haıdrəfɔıl] n hydrofoil *m*, hydroptère *m*.

hydrogen ['haıdrədʒən] n hydrogène *m*.

hydrogenate [haı'drɒdʒıneıt], **hydrogenize**, **hydrogenise** [haı'drɒdʒənaız] ◆ vt hydrogéner. ◆ vi s'hydrogéner.

hydrogenated [haı'drɒdʒıneıtıd] adj CHEM hydrogéné.

hydrogenation [haıdrɒdʒı'neıʃən] n CHEM hydrogénation *f*.

hydrogen bomb n bombe *f* à hydrogène.

hydrogen bond n liaison *f* hydrogène.

hydrogen peroxide n eau *f* oxygénée.

hydrogen sulphide n acide *m* sulfhydrique, hydrogène *m* sulfuré.

hydrography [haı'drɒgrəfı] n hydrographie *f*.

hydrologist [haı'drɒlədʒıst] n hydrologiste *mf*, hydrologue *mf*.

hydrology [haı'drɒlədʒı] n hydrologie *f*.

hydrolysis [haı'drɒlısıs] n hydrolyse *f*.

hydrometer [haı'drɒmıtəʳ] n hydromètre *m*.

hydrometry [haı'drɒmıtrı] n hydrométrie *f*.

hydropathic [,haıdrə'pæθık] adj hydrothérapique.

hydropathy [haı'drɒpəθı] n hydropathie *f*.

hydrophobia [,haıdrə'fəʊbjə] n hydrophobie *f*.

hydroplane ['haıdrəpleın] ◆ n **1.** [boat] hydroglisseur *m* **2.** [seaplane] hydravion *m* **3.** [pontoon] flotteur *m* (*d'un hydravion*) **4.** [on submarine] stabilisateur *m* d'assiette (*d'un sous-marin*). ◆ vi se dresser comme un hydroglisseur.

hydroponics [,haıdrə'pɒnıks] n (*U*) culture *f* hydroponique.

hydrosphere ['haıdrə,sfıəʳ] n hydrosphère *f*.

hydrostatics [,haıdrə'stætıks] n (*U*) hydrostatique *f*.

hydrotherapy [,haıdrə'θerəpı] n hydrothérapie *f*.

hydrous ['haıdrəs] adj CHEM hydraté ; [gen - containing water] aqueux.

hydroxide [haı'drɒksaıd] n hydroxyde *m*.

hyena [haı'iːnə] n hyène *f*.

hygiene ['haıdʒiːn] n hygiène *f* ▸ **personal hygiene** hygiène personnelle or corporelle.

hygienic [haı'dʒiːnık] adj hygiénique.

hygienically [haı'dʒiːnıklı] adv de façon hygiénique.

hygienics [haı'dʒiːnıks] n (*U*) hygiène *f*.

hygienist [haı'dʒiːnıst] n ≃ assistant *m* or assistante *f* dentaire.

hygrograph ['haıgrəgrɑːf] n hygromètre *m* enregistreur.

hygrometer [haı'grɒmıtəʳ] n hygromètre *m*.

hygrometry [haı'grɒmıtrı] n hygrométrie *f*.

hymen ['haımen] n ANAT hymen *m*.

❖ **Hymen** pr n Hymen.

hymn [hım] ◆ n **1.** RELIG hymne *f*, cantique *m* **2.** [gen - song of praise] hymne *m* / *a hymn to nature* un hymne à la nature **3.** PHR ▸ **to be singing from the same hymn sheet** parler d'une même voix. ◆ vt *liter* chanter un hymne à la gloire de.

hymnal ['hımnəl] = **hymn book**.

hymn book n livre *m* de cantiques.

hype [haıp] ◆ n **1.** (*U*) *inf* [publicity] battage *m* publicitaire / *the film got a lot of hype* il y a eu une publicité monstre autour de ce film / *it's all hype* ce n'est que du bla-bla / *I was put off by all the hype* toute cette pub me dégoûtait **2.** US *inf* [put-on] baratin *m* / *don't give me any hype* ne me baratine pas, ne me fais pas d'esbroufe **3.** US *v inf* [hypodermic] shooteuse *f* **4.** US *v inf* [addict] camé *m*, -e *f*. ◆ vt *inf* **1.** [falsify] baratiner **2.** [publicize] monter un gros coup de pub autour de / *her latest novel has been heavily hyped* son dernier roman a été lancé à grand renfort de publicité.

hyped up [haıpt-] adj *inf* speed (*inv*), speedé.

hyper ['haıpəʳ] adj *inf* **1.** = **hyperactive 2.** [angry] furax (*inv*) / *he got* or *went really hyper about it* ça l'a mis dans une colère noire.

hyperacidity [,haıpərə'sıdətı] n hyperacidité *f*.

hyperactive [,haıpər'æktıv] adj hyperactif.

hyperactivity [,haıpəræk'tıvətı] n hyperactivité *f*.

hyperaemia UK, **hyperemia** US [,haıpər'iːmıə] n hyperémie *f*.

hyperbola [haı'pɜːbələ] n MATH hyperbole *f*.

hyperbole [haı'pɜːbəlı] n hyperbole *f*.

hyperbolic(al) [,haıpə'bɒlık(l)] adj hyperbolique.

hyperboloid [haı'pɜːbəlɔıd] n hyperboloïde *m*.

hypercharge ['haıpətʃɑːdʒ] n hypercharge *f*.

hyperconscious [,haıpə'kɒnʃəs] adj US *inf* [aware] hyperconscient ; [sensitive] hypersensible.

hypercritical [,haıpə'krıtıkl] adj hypercritique.

hyperglycaemia UK, **hyperglycemia** US [,haıpəglaı'siːmıə] n hyperglycémie *f*.

hypergolic [,haıpə'gɒlık] adj hypergolique.

hyperinflation [,haıpərın'fleıʃn] n hyperinflation *f*.

Hyperion [haı'pıərıən] pr n Hypérion.

hyperlink ['haɪpəlɪŋk] n COMPUT lien *m* hypertexte, hyperlien *m* ▸ **hypertext link** lien *m* hypertexte.

hypermarket [,haɪpə'mɑːkɪt] n UK hypermarché *m*.

hypermedia ['haɪpəmiːdɪə] pl n hypermédia *mpl*.

hypermetropia [,haɪpəme'trəʊpɪə], **hypermetropy** [,haɪpə'metrəpɪ] n hypermétropie *f*.

hyperon ['haɪpərɒn] n hypéron *m*.

hyperrealism [,haɪpə'rɪəlɪzm] n hyperréalisme *m*.

hyperrealist [,haɪpə'rɪəlɪst] ◆ n hyperréaliste *mf*. ◆ adj hyperréaliste.

hypersensitive [,haɪpə'sensɪtɪv] adj hypersensible.

hypersensitivity ['haɪpə,sensɪ'tɪvətɪ] n hypersensibilité *f*.

hypersonic [,haɪpə'sɒnɪk] adj hypersonique.

hyperspace ['haɪpəspeɪs] n hyperespace *m*.

hypertension [,haɪpə'tenʃn] n hypertension *f*.

hypertext ['haɪpətekst] n COMPUT & LITER hypertexte *m*.

hyperthyroid [,haɪpə'θaɪrɔɪd] adj hyperthyroïdien.

hypertrophy [haɪ'pɜːtrəfɪ] (*pl* **hypertrophies**) ◆ n hypertrophie *f*. ◆ vt hypertrophier. ◆ vi s'hypertrophier.

hyperventilate [,haɪpə'ventɪleɪt] vi faire de l'hyperventilation or de l'hyperpnée.

hyperventilation ['haɪpə,ventɪ'leɪʃn] n hyperventilation *f*, hyperpnée *f*.

hyphen ['haɪfn] ◆ n trait *m* d'union. ◆ vt = **hyphenate**.

hyphenate ['haɪfəneɪt] vt mettre un trait d'union à ▸ **a hyphenated word** un mot qui s'écrit avec un trait d'union.

hypnosis [hɪp'nəʊsɪs] n hypnose *f* ▸ **to be under hypnosis** être en état hypnotique or d'hypnose ▸ **to put sb under hypnosis** mettre qqn sous hypnose.

hypnotherapist [,hɪpnəʊ'θerəpɪst] n PSYCHOL hypnothérapeute *mf*, médecin *m* hypnotiseur.

hypnotherapy [,hɪpnəʊ'θerəpɪ] n hypnothérapie *f*.

hypnotic [hɪp'nɒtɪk] ◆ adj hypnotique. ◆ n [drug] hypnotique *m* ; [person] hypnotique *mf*.

hypnotism ['hɪpnətɪzm] n hypnotisme *m*.

hypnotist ['hɪpnətɪst] n hypnotiseur *m*, -euse *f*.

hypnotize, **hypnotise** ['hɪpnətaɪz] vt hypnotiser.

hypoallergenic ['haɪpəʊ,ælə'dʒenɪk] adj hypoallergique.

hypocentre UK, **hypocenter** US ['haɪpəʊ,sentər] n **1.** [of earthquake] hypocentre *m* **2.** NUCL point *m* zéro.

hypochondria [,haɪpə'kɒndrɪə] n hypocondrie *f*.

hypochondriac [,haɪpə'kɒndrɪæk] ◆ adj hypocondriaque. ◆ n hypocondriaque *mf*, malade *mf* imaginaire / *she's such a hypochondriac* c'est une véritable malade imaginaire.

hypocoristic [,haɪpəkɔː'rɪstɪk] adj LING hypocoristique.

hypocrisy [hɪ'pɒkrəsɪ] (*pl* **hypocrisies**) n hypocrisie *f*.

hypocrite ['hɪpəkrɪt] n hypocrite *mf*.

hypocritical [,hɪpə'krɪtɪkl] adj hypocrite / *a hypocritical remark* une remarque hypocrite / *it would be hypocritical of me to get married in church* ce serait hypocrite de ma part de me marier à l'église.

hypocritically [,hɪpə'krɪtɪklɪ] adv hypocritement.

hypodermic [,haɪpə'dɜːmɪk] ◆ adj hypodermique / *hypodermic needle* aiguille *f* hypodermique / *hypodermic syringe* seringue *f* hypodermique. ◆ n **1.** [syringe] seringue *f* hypodermique **2.** [injection] injection *f* hypodermique.

hypoglycaemia UK, **hypoglycemia** US [,haɪpəʊglaɪ'siːmɪə] n hypoglycémie *f*.

hypoglycaemic UK, **hypoglycemic** US [,haɪpəʊglaɪ'siːmɪk] adj hypoglycémiant.

hyponym ['haɪpənɪm] n hyponyme *m*.

hypostasis [haɪ'pɒstəsɪs] (*pl* **hypostases** [-siːz]) n MED, PHILOS & RELIG hypostase *f*.

hypotension [,haɪpəʊ'tenʃn] n hypotension *f*.

hypotenuse [haɪ'pɒtənjuːz] n hypoténuse *f*.

hypothalamus [,haɪpəʊ'θæləməs] n hypothalamus *m*.

hypothermia [,haɪpəʊ'θɜːmɪə] n hypothermie *f*.

hypothesis [haɪ'pɒθɪsɪs] (*pl* **hypotheses** [-siːz]) n hypothèse *f* / *according to your hypothesis* selon or suivant votre hypothèse / *to put forward* or *to advance a hypothesis* émettre or énoncer une hypothèse / *this confirms my hypothesis that...* cela confirme mon hypothèse selon or d'après laquelle...

hypothesize, **hypothesise** [haɪ'pɒθɪsaɪz] ◆ vt supposer / *let's hypothesize the following* faisons les hypothèses suivantes / *he hypothesized that she was not in fact the killer* il a formulé l'hypothèse selon laquelle ce ne serait pas elle l'assassin. ◆ vi faire des hypothèses or des suppositions.

hypothetical [,haɪpə'θetɪkl] adj hypothétique / *it's purely hypothetical* c'est purement hypothétique.

hypothetically [,haɪpə'θetɪklɪ] adv hypothétiquement.

hypothyroid [,haɪpəʊ'θaɪrɔɪd] adj hypothyroïdien.

hypsography [hɪp'sɒgrəfɪ] (*pl* **hypsographies**) n **1.** [science of mapping] hypsométrie *f*, hypsographie *f* **2.** [relief - of a region] hypsométrie *f* **3.** [representation] carte *f* hypsographique.

hypsometer [hɪp'sɒmɪtər] n GEOG hypsomètre *m*.

hypsometry [hɪp'sɒmɪtrɪ] n hypsométrie *f*.

hyssop ['hɪsəp] n BOT hysope *f*.

hysterectomy [,hɪstə'rektəmɪ] (*pl* **hysterectomies**) n hystérectomie *f*.

hysteresis [,hɪstə'riːsɪs] n hystérésis *f*.

hysteria [hɪs'tɪərɪə] n **1.** PSYCHOL hystérie *f* **2.** [hysterical behaviour] crise *f* de nerfs / *his voice betrayed his mounting hysteria* sa voix trahissait la montée d'une crise de nerfs / *an atmosphere of barely controlled hysteria reigned in the office* une atmosphère de folie à peine contenue régnait dans le bureau / *the crowd was on the edge* or *verge of hysteria* *fig* la foule était au bord de l'hystérie / *a country in the grip of war hysteria* un pays en proie à une hystérie guerrière.

hysteric [hɪs'terɪk] n PSYCHOL hystérique *mf*.

hysterical [hɪs'terɪkl] adj **1.** PSYCHOL hystérique **2.** [sobs, voice] hystérique ; [laugh] hystérique, nerveux / *hysterical passengers fought to reach the emergency exits* des passagers hystériques se battaient pour atteindre la sortie de secours / *he's the hysterical type* c'est un grand nerveux / *he was hysterical with grief* il était fou de chagrin **3.** [overexcited] : *it's nothing to get hysterical about!* ce n'est pas la peine de faire une crise (de nerfs) ! **4.** *inf* [very funny] tordant, hilarant.

hysterically [hɪs'terɪklɪ] adv hystériquement / *to laugh hysterically* être plié en deux de rire / *it was hysterically funny!* c'était à mourir de rire !

hysterical pregnancy n US grossesse *f* nerveuse.

hysterics [hɪs'terɪks] pl n **1.** = **hysteria 2.** [fit] (violente) crise *f* de nerfs ▸ **to go into** or **to have hysterics** avoir une (violente) crise de nerfs **3.** *inf* [laughter] crise *f* de rire ▸ **to go into** or **to have hysterics** attraper un or avoir le fou rire / *we were in hysterics about* or *over it* on était pliés en deux de rire / *he had me in hysterics* il m'a fait mourir de rire.

Hz (written abbr of **hertz**) Hz.

i *(pl* **i's** *or* **is**), **I** *(pl* **I's** *or* **Is**) [aɪ] n [letter] i *m*, I *m* / *I as in Ivor* ≃ I comme Irma. **See also f.**

I [aɪ] pron [gen] je, j' *(before vowel or silent 'h')*; [emphatic] moi / *I like skiing* j'aime skier / *Ann and I have known each other for years* Ann et moi nous connaissons depuis des années / *I found it, not you* c'est moi qui l'ai trouvé, pas vous / *it is I who should be apologizing fml* c'est moi qui devrais m'excuser. **See box at lui.**

I. written abbr of **island.**

IA written abbr of **Iowa.**

IAC MESSAGING written abbr of **in any case.**

IAD8 MESSAGING written abbr of **it's a date.**

IAE MESSAGING written abbr of **in any event.**

IAEA (abbr of **International Atomic Energy Agency**) pr n AIEA *f.*

Iago [ɪ'ɑːgəʊ] pr n Iago *(personnage dans « Othello » de William Shakespeare, dont le nom désigne métaphoriquement un individu capable de trahir jusqu'à ses plus proches amis).*

iambic [aɪ'æmbɪk] adj iambique ▸ **iambic pentameter** pentamètre *m* iambique.

IAP (abbr of **Internet Access Provider**) n fournisseur *m* d'accès à l'Internet.

IATA [aɪ'ɑːtə] (abbr of **International Air Transport Association**) pr n IATA *f.*

iatrogenic [aɪˌætrəʊ'dʒenɪk] adj iatrogène, iatrogénique.

I beam n **1.** CONSTR fer *m* en I or en double T **2.** COMPUT pointeur *m* en I.

Iberia [aɪ'bɪərɪə] pr n Ibérie *f* / *in Iberia* en Ibérie.

Iberian [aɪ'bɪərɪən] ◆ n **1.** [person] Ibère *mf* **2.** LING ibère *m.* ◆ adj ibérique.

Iberian Peninsula pr n ▸ **the Iberian Peninsula** la péninsule Ibérique.

IBEW (abbr of **International Brotherhood of Electrical Workers**) pr n *syndicat regroupant des employés de l'industrie électrique des États-Unis et du Canada notamment.*

ibex ['aɪbeks] *(pl* **ibex** *or* **ibexes**) n bouquetin *m.*

ibid (written abbr of **ibidem**) ibid.

ibis ['aɪbɪs] *(pl* **ibis** *or* **ibises**) n ibis *m.*

Ibiza [ɪ'biːθə] pr n Ibiza / *in Ibiza* à Ibiza.

IBRD (abbr of **International Bank for Reconstruction and Development**) n BIRD *f.*

IBS n abbr of **irritable bowel syndrome.**

i/c written abbr of **in charge.**

IC¹ (abbr of **integrated circuit**) n CI *m.*

IC² MESSAGING written abbr of **I see.**

ICA pr n **1.** (abbr of **Institute of Contemporary Arts**) *centre d'art moderne à Londres* **2.** UK abbr of **Institute of Chartered Accountants 3.** abbr of **International Cooperation Administration.**

Icarus ['ɪkərəs] pr n Icare.

ICBM (abbr of **intercontinental ballistic missile**) n ICBM *m.*

ICC pr n (abbr of **International Chamber of Commerce**) CCI *f.*

ice [aɪs] ◆ n **1.** *(U)* [frozen water] glace *f*; [ice cube] glaçon *m*, glaçons *mpl* / *her feet were like ice* elle avait les pieds gelés ▸ **to put sthg on ice** : *the reforms have been put on ice* les réformes ont été gelées ▸ **to walk** or **to be on thin ice** avancer en terrain miné **2.** [on road] verglas *m* **3.** [in ice rink] glace *f* / *come out onto the ice* venez patiner or sur la piste **4.** [ice-cream] glace *f* **5.** *(U)* US *v inf* [diamonds] diams *mpl*, cailloux *mpl.* ◆ vt **1.** [chill - drink] rafraîchir ; [- with ice cubes] mettre des glaçons dans **2.** [cake] glacer **3.** US *v inf* [kill] liquider. ◆ vi (se) givrer.

❖ **ice over** ◆ vi [lake, river, etc.] geler ; [window, propellers] (se) givrer. ◆ vt sep ▸ **to be iced over a)** [lake, river, etc.] être gelé **b)** [window, propellers] être givré.

❖ **ice up** ◆ vi **1.** [lock, windscreen, propellers] (se) givrer, se couvrir de givre **2.** [road] se couvrir de verglas. ◆ vt sep ▸ **to be iced up a)** [lock, windscreen, propellers] être givré **b)** [road] être verglacé.

ICE MESSAGING written abbr of **in case of emergency.**

ice age n période *f* glaciaire.

❖ **ice-age** adj (datant) de la période glaciaire.

ice axe n piolet *m.*

ice bag n sac *m* à glaçons.

iceberg ['aɪsbɜːg] n **1.** iceberg *m* **2.** *inf* [cold person] glaçon *m.*

iceberg lettuce n laitue *f* iceberg.

ice blue ◆ n bleu métallique *m.* ◆ adj bleu métallique *(inv).*

iceboat ['aɪsbəʊt] n **1.** [ice yacht] char *m* à voile (sur patins) **2.** [icebreaker] brise-glace *m inv.*

icebound ['aɪsbaʊnd] adj bloqué par les glaces.

icebox ['aɪsbɒks] n **1.** UK [freezer compartment] freezer *m* **2.** US *dated* [refrigerator] réfrigérateur *m*, frigo *m* **3.** [coolbox] glacière *f* **4.** *fig* glacière *f* / *their house is like an icebox* c'est une vraie glacière or on gèle chez eux.

icebreaker ['aɪsˌbreɪkər] n **1.** [vessel] brise-glace *m inv* **2.** [at party] façon *f* de briser la glace.

ice bucket n seau *m* à glace.

ice cap n calotte *f* glaciaire.

ice-climbing n escalade *f* de murs de glace.

ice-cold adj [hands, drink] glacé ; [house, manners] glacial.

ice cream n glace *f* / *chocolate / strawberry ice cream* glace au chocolat / à la fraise.

ice cream bar n barre *f* glacée.

ice-cream cone, ice-cream cornet n cornet *m* de glace.

ice-cream parlour n salon *m* de dégustation de glaces.

ice-cream soda n soda *m* avec de la glace.

ice-cream van n camionnette *f* de vendeur de glaces.

ice cube n glaçon *m.*

iced [aɪst] adj **1.** [chilled - drink] glacé **2.** [decorated - cake, biscuit] glacé.

ice dancing n danse *f* sur glace.

icefield ['aɪsfiːld] n champ *m* de glace, ice-field *m.*

ice floe n glace *f* flottante.

ice hockey n hockey *m* sur glace.

icehouse ['aɪshaʊs] *(pl* [-haʊzɪz]) n glacière *f (local).*

Iceland ['aɪslənd] pr n Islande *f* / *in Iceland* en Islande.

Icelander ['aɪsləndər] n Islandais *m*, -e *f.*

Icelandic [aɪs'lændɪk] ◆ n islandais *m.* ◆ adj islandais.

ice lolly *(pl* **ice lollies**) n UK ≃ bâton *m* glacé.

ice machine n machine *f* à glace.

ice maiden n : *she's an ice maiden* c'est un glaçon.

iceman ['aɪsmæn] *(pl* **icemen** [-men]) n US livreur *m* de glace à domicile.

ice pack n **1.** [pack ice] banquise *f* **2.** [ice bag] sac *m* à glaçons ; MED poche *f* à glace.

ice pick n pic *m* à glace.

ice point n point *m* de congélation.

ice rink n patinoire *f.*

ice sheet n nappe *f* de glace.

ice show n spectacle *m* sur glace.

ice skate n patin *m* (à glace).

❖ **ice-skate** vi patiner ; [professionally] faire du patinage (sur glace) ; [for pleasure] faire du patin (à glace).

ice-skater n patineur *m*, -euse *f.*

ice-skating n patinage *m* (sur glace) / *to go ice-skating* faire du patin (à glace).

ice storm n tempête *f* de pluie verglaçante.

ice-tray n bac *m* à glace or à glaçons.

ice water n US eau *f* glacée.

ice yacht n UK char *m* à voile (sur patins).

Ichabod Crane ['ɪkəbɒd-] pr n *personnage dans « The Legend of Sleepy Hollow » de Washington Irving, qui se croit poursuivi par un chevalier sans tête.*

I Ching [ˌiː'tʃɪŋ] n Yijing *m*, Yi-king *m.*

ichthyology [ˌɪkθɪ'ɒlədʒɪ] n ichtyologie *f.*

ichthyosaurus [ˌɪkθɪəˈsɔːrəs] (*pl* **ichthyosaurus** *or* **ichthyosauri** [-raɪ]) n ichtyosaure *m*.

ichthyosis [ˌɪkθɪˈəʊsɪs] n ichtyose *f*.

icicle [ˈaɪsɪkl] n glaçon *m* (*qui pend d'une gouttière, etc.*).

icily [ˈaɪsɪlɪ] adv d'une manière glaciale / *to answer icily* répondre d'un ton *or* sur un ton glacial / *he looked at her icily* il lui lança un regard glacial.

icing [ˈaɪsɪŋ] n **1.** CULIN glaçage *m* ▸ **it's the icing on the cake** *fig* c'est la cerise sur le gâteau **2.** [on aeroplane - process] givrage *m* ; [- ice] givre *m*.

icing sugar n UK sucre *m* glace.

ICJ (abbr of **International Court of Justice**) pr n CIJ *f*.

ick [ɪk] US *inf* ◆ n (*U*) cochonneries *fpl*. ◆ interj beurk.

icky [ˈɪkɪ] (*compar* **ickier**, *superl* **ickiest**) adj *inf* [revolting] dégueulasse *v inf*.

icon [ˈaɪkɒn] n icône *f*.

iconoclasm [aɪˈkɒnəklæzm] n iconoclasme *m*.

iconoclast [aɪˈkɒnəklæst] n iconoclaste *mf*.

iconoclastic [aɪˌkɒnəˈklæstɪk] adj iconoclaste.

iconography [ˌaɪkɒˈnɒgrəfɪ] n iconographie *f*.

ICQ MESSAGING written abbr of **I seek you**.

ICR (abbr of **Institute of Cancer Research**) pr n *institut américain de recherche sur le cancer.*

ICRC pr n (abbr of **International Committee of the Red Cross**) CICR *m*.

ICT n (abbr of **Information and Communications Technology**) TIC *f*.

ICU [ˌaɪsiːˈjuː] (abbr of **intensive care unit**) n MED unité *f* de soins intensifs, service *m* de réanimation.

icy [ˈaɪsɪ] (*compar* **icier**, *superl* **iciest**) adj **1.** [weather] glacial ; [hands] glacé ; [ground] gelé **2.** [covered in ice - road] verglacé ; [- window, propeller] givré, couvert de givre ; RAIL [points] gelé **3.** *fig* [reception, stare] glacial / *his icy manner* sa froideur.

id [ɪd] n PSYCHOL ça *m*.

ID ◆ n (abbr of **identification**) (*U*) papiers *mpl* / *do you have any ID?* vous avez une pièce d'identité ? ◆ vt ▸ **to be** or **to get ID'd** subir un contrôle d'identité. ◆ written abbr of **Idaho**.

I'd [aɪd] **1.** abbr of **I had** **2.** abbr of **I would**.

Idaho [ˈaɪdəhəʊ] pr n Idaho *m* / *in Idaho* dans l'Idaho.

ID card n carte *f* d'identité.

IDD (abbr of **international direct dialling**) n indicatif *m* du pays.

idea [aɪˈdɪə] n **1.** [plan, suggestion, inspiration] idée *f* / *what a good idea!* quelle bonne idée ! / *I've had an idea* j'ai une idée / *it wasn't* MY *idea!* l'idée n'était pas de moi ! / *the idea of leaving you never entered my head* l'idée de te quitter ne m'a jamais effleuré / *where did you get the idea for your book?* d'où vous est venue l'idée de votre livre ? ▸ **ideas man** concepteur *m* ▸ **that's an idea!** ça, c'est une bonne idée ! ▸ **that's the idea!** c'est ça ! ▸ **what's the idea?** [showing disapproval] qu'est-ce que ça veut dire *or* signifie ? ▸ **the very idea!** en voilà une idée ! **2.** [notion] idée *f* / *our ideas about the universe* notre conception de l'univers / *he has some strange ideas* il a de drôles d'idées / *I have my own ideas on the subject* j'ai mes idées personnelles sur la question / *sorry, but this is not my idea of fun* désolé, mais je ne trouve pas ça drôle *or* ça ne m'amuse pas / *don't put ideas into his head* ne va pas lui fourrer *or* lui mettre des idées dans la tête / *she hasn't an idea in her head* elle n'a pas un grain de jugeote / *it was a nice idea to phone* c'est gentil d'avoir pensé à téléphoner / *you've no idea how difficult it was* tu n'imagines pas à quel point c'était difficile / *you've no idea of the conditions in which they lived* tu ne peux pas t'imaginer les conditions dans lesquelles ils vivaient / *has anyone any idea how the accident occurred?* est-ce qu'on a une idée de la façon dont l'accident est arrivé ? / *I have a rough idea of what happened* je m'imagine assez bien ce qui est arrivé / *no idea!* aucune idée ! / *she had no idea what the time was* elle n'avait aucune idée de l'heure / *I haven't the slightest idea* je n'en ai pas la moindre idée / *I've no idea where it came from* je ne sais vraiment pas d'où ça vient / *what gave him the idea that it would be easy?* qu'est-ce qui lui a laissé croire que ce serait facile ? **3.** [estimate] indication *f*, idée *f* / *can you give me an idea of how much it will cost?* est-ce que vous pouvez m'indiquer à peu près combien ça va coûter ? **4.** [suspicion] soupçon *m*, idée *f* / *she had an idea that something was going to happen* elle se doutait que quelque chose allait arriver / *I've an idea that he'll succeed* j'ai dans l'idée qu'il finira par réussir **5.** [objective, intention] but *m* / *the idea of the game* le but du jeu / *the idea is to provide help for people in need* il s'agit d'aider ceux qui sont dans le besoin.

ideal [aɪˈdɪəl] ◆ adj idéal / *an ideal couple* un couple idéal / *that's ideal!* c'est parfait ! ▸ **the Ideal Home Exhibition** ≃ le salon de l'habitat. ◆ n idéal *m*.

idealism [aɪˈdɪəlɪzm] n idéalisme *m*.

idealist [aɪˈdɪəlɪst] ◆ n idéaliste *mf*. ◆ adj idéaliste.

idealistic [aɪˌdɪəˈlɪstɪk] adj idéaliste.

idealistically [ˌaɪdɪəˈlɪstɪklɪ] adv d'une manière *or* façon idéaliste.

idealize, **idealise** [aɪˈdɪəlaɪz] vt idéaliser.

ideally [aɪˈdɪəlɪ] adv **1.** [perfectly] parfaitement / *they're ideally suited* c'est un couple parfaitement assorti / *the shop is ideally situated* l'emplacement du magasin est idéal **2.** [in a perfect world] dans l'idéal / *ideally, this wine should be served at room temperature* normalement *or* pour bien faire, ce vin doit être servi chambré / *ideally, accidents like this wouldn't happen* l'idéal serait que de tels accidents ne se produisent pas / *ideally, I would like to work in advertising* mon rêve ce serait de travailler dans la publicité.

identical [aɪˈdentɪkl] adj identique ▸ **identical to** or **with** identique à / *your hairstyle is identical to* or *with Jean's* tu as exactement la même coiffure que Jean / *they were wearing identical dresses* elles portaient la même robe.

identically [aɪˈdentɪklɪ] adv identiquement / *to be identically dressed* être habillé exactement de la même façon.

identical twins pl n vrais jumeaux *mpl*, vraies jumelles *fpl*.

identifiable [aɪˈdentɪfaɪəbl] adj identifiable.

identification [aɪˌdentɪfɪˈkeɪʃn] n **1.** [gen] identification *f* **2.** (*U*) [identity papers] papiers *mpl* / *the police asked me for identification* la police m'a demandé mes papiers *or* une pièce d'identité.

identification card n carte *f* d'identité.

identification papers pl n papiers *mpl* d'identité.

identification parade n UK séance *f* d'identification (*au cours de laquelle on demande à un témoin de reconnaître une personne*).

identifier [aɪˈdentɪfaɪəʳ] n COMPUT identificateur *m*, identifieur *m*.

identify [aɪˈdentɪfaɪ] (*pt & pp* **identified**) ◆ vt **1.** [recognize, name] identifier / *he was identified as one of the ringleaders* il fut identifié comme étant l'un des meneurs / *the winner has asked not to be identified* le gagnant a tenu à garder l'anonymat **2.** [distinguish - subj: physical feature, badge, etc.] : *she wore a red rose to identify herself* elle portait une rose rouge pour se faire reconnaître *or* pour qu'on la reconnaisse / *his accent immediately identified him to the others* les autres l'ont immédiatement reconnu à son accent **3.** [acknowledge - difficulty, issue, etc.] définir / *the report identifies two major problems* le rapport met en lumière deux problèmes principaux **4.** [associate - people, ideas, etc.] : *he has long been identified with right-wing groups* il y a longtemps qu'il est assimilé *or* identifié aux groupuscules de droite ▸ **to identify o.s. with** s'identifier avec / *she identifies herself with the activists* elle s'identifie avec les militants. ◆ vi ▸ **to identify with** s'identifier à *or* avec.

Identikit® [aɪˈdentɪkɪt] n ▸ **Identikit (picture)** portrait-robot *m*.

identity [aɪˈdentətɪ] (*pl* **identities**) ◆ n **1.** [name, set of characteristics] identité *f* / *only afterwards did they reveal his identity* ce n'est qu'après qu'ils ont révélé son identité / *it was a case of mistaken identity* il y a eu erreur sur la personne **2.** [sense of belonging] identité *f*. ◆ comp [bracelet, papers] d'identité.

identity card n carte *f* d'identité.

identity crisis n crise *f* d'identité.

identity fraud n fraude *f* identitaire.

identity parade = **identification parade**.

identity theft n vol *m* d'identité.

ideogram [ˈɪdɪəʊgræm], **ideograph** [ˈɪdɪəʊgrɑːf] n idéogramme *m*.

ideographic [ˌɪdɪəʊˈgræfɪk] adj idéographique.

ideological [ˌaɪdɪəˈlɒdʒɪkl] adj idéologique.

ideologically [ˌaɪdɪəˈlɒdʒɪklɪ] adv du point de vue idéologique, idéologiquement / *ideologically sound* **a)** [idea] défendable sur le plan idéologique **b)** [person] dont les idées sont défendables sur le plan idéologique.

ideologist [ˌaɪdɪˈɒlədʒɪst] n idéologue *mf*.

ideologue [ˈaɪdɪəlɒg] n idéologue *mf*.

ideology [ˌaɪdɪˈɒlədʒɪ] (*pl* **ideologies**) n idéologie *f*.

ides [aɪdz] n ides *fpl*.

idiocy [ˈɪdɪəsɪ] n **1.** [stupidity] stupidité *f*, idiotie *f* **2.** *arch* PSYCHOL [mental retardation] idiotie *f*.

idiolect [ˈɪdɪəlekt] n idiolecte *m*.

idiom [ˈɪdɪəm] n **1.** [expression] locution *f*, expression *f* idiomatique **2.** [language] idiome *m* **3.** [style - of music, writing, etc.] style *m*.

idiomatic [ˌɪdɪəˈmætɪk] adj idiomatique / *idiomatic expression* expression *f* idiomatique / *his Italian is fluent and idiomatic* il parle un italien tout à fait idiomatique.

idiomatically [ˌɪdɪəˈmætɪklɪ] adv de manière idiomatique.

idiosyncrasy [ˌɪdɪəˈsɪŋkrəsɪ] (*pl* **idiosyncrasies**) n [peculiarity] particularité *f* ; [foible] manie *f*.

idiosyncratic [ˌɪdɪəsɪŋˈkrætɪk] adj [style, behaviour] caractéristique.

idiot [ˈɪdɪət] n **1.** [fool] idiot *m*, -e *f*, imbécile *mf* / *(you) stupid idiot!* espèce d'idiot ! / *don't be an idiot!* ne sois pas idiot ! / *to behave like an idiot* se comporter comme un imbécile *or* un idiot / *that idiot Harry* cet imbécile de Harry / **'The Idiot'** *Dostoevsky* 'l'Idiot' **2.** *arch* PSYCHOL idiot *m*, -e *f*.

idiot board n *inf* prompteur *m*, téléprompteur *m*, télésouffleur *m*.

idiot box n *inf & pej* télé *f*.

idiotic [ˌɪdɪˈɒtɪk] adj idiot / *he looks absolutely idiotic!* il a l'air complètement idiot !

idiotically [ˌɪdɪˈɒtɪklɪ] adv stupidement, bêtement / *he behaved idiotically* il s'est comporté comme un imbécile / *he smiled idiotically* il a souri bêtement.

idiot light n [on dashboard] voyant *m* lumineux.

idiot-proof *inf* ◆ adj COMPUT à l'épreuve de toute fausse manœuvre / *an idiot-proof mechanism* un mécanisme (totalement) indéréglable. ◆ vt rendre infaillible.

IDK MESSAGING written abbr of **I don't know**.

idle [ˈaɪdl] ◆ adj **1.** [person - inactive] inoccupé, désœuvré ; [- lazy] oisif, paresseux / *in her idle moments* à ses moments perdus / *1,500 men have been made idle* 1 500 hommes ont été mis au chômage / *he's an idle good-for-nothing* c'est un fainéant et un bon à rien / *the idle rich* les riches désœuvrés *or* oisifs **2.** [not in use - factory, equipment] arrêté, à l'arrêt ▸ **to stand idle** [machine] être arrêté *or* au repos ▸ **to lie idle** **a)** [factory] chômer **b)** [money] dormir, être improductif **3.** [futile, pointless] inutile, vain ; [empty - threat, promise, etc.] vain, en l'air ; [- rumour] sans fondement / *it would be idle to speculate* il ne servirait à rien de se livrer à de vaines conjectures ; [casual] : *an idle glance* un regard distrait / *idle gossip* ragots *mpl* / *out of idle curiosity* par pure curiosité / *idle pleasure* plaisir *m* futile. ◆ vi [engine] tourner au ralenti. ◆ vt US [make unemployed -permanently] mettre au chômage ; [-temporarily] mettre en chômage technique.

❖ **idle about, idle around** vi UK traîner.

❖ **idle away** vt sep ▸ **to idle away one's time** tuer le temps.

idleness ['aɪdlnɪs] n **1.** [laziness] oisiveté *f*, paresse *f* ; [inactivity] désœuvrement *m* ▸ **to live in idleness** vivre dans l'oisiveté, mener une vie oisive **2.** [futility] futilité *f*.

idler ['aɪdləʳ] n **1.** [lazy person] paresseux *m*, -euse *f*, fainéant *m*, -e *f* **2.** TECH [pulley] poulie *f* folle ; [wheel] roue *f* folle.

idling speed ['aɪdlɪŋ-] n ralenti *m*.

idly ['aɪdlɪ] adv **1.** [lazily] paresseusement **2.** [casually] négligemment / *why not? she said idly* pourquoi pas ? dit-elle négligemment **3.** [unresponsively] sans réagir / *we will not stand idly by* nous n'allons pas rester sans réagir or sans rien faire.

idol ['aɪdl] n idole *f* / *a 1970s pop idol* une idole (pop) des années 1970.

idolater [aɪ'dɒlətəʳ] n idolâtre *mf*.

idolatrous [aɪ'dɒlətrəs] adj idolâtre.

idolatry [aɪ'dɒlətrɪ] n idolâtrie *f*.

idolize, idolise ['aɪdəlaɪz] vt idolâtrer.

Idomeneus [aɪ'dɒmɪnju:s] pr n Idoménée.

idyll ['ɪdɪl] n idylle *f*.

idyllic [ɪ'dɪlɪk] adj idyllique.

i.e. (abbr of **id est**) adv c'est-à-dire, à savoir.

IED (abbr of **Improvised Explosive Device**) EEI *m*.

if [ɪf] ◆ conj **1.** [supposing that] si / *if he comes, we'll ask him* s'il vient, on lui demandera / *if possible* si (c'est) possible / *have it done by Tuesday, if at all possible* faites-le pour mardi si possible / *if necessary* si (c'est) nécessaire, le cas échéant / *if so* si c'est le cas / *if all goes well, we'll be there by midnight* si tout va bien, nous y serons pour minuit / *if anyone wants me, I'm* or *I'll be in my office* si quelqu'un veut me voir, je suis dans mon bureau / *if she hadn't introduced herself, I would never have recognized her* si elle ne s'était pas présentée, je ne l'aurais pas reconnue / *if I'd known you were coming, I'd have baked a cake* si j'avais su que tu venais, j'aurais fait un gâteau / *if you'd told me the truth, this would never have happened* si tu m'avais dit la vérité, ça ne serait jamais arrivé / *if I was older, I'd leave home* si j'étais plus âgé, je quitterais la maison / *if you could have anything you wanted, what would you ask for?* si tu pouvais avoir tout ce que tu désires, qu'est-ce que tu demanderais ? / *if I were a millionaire, I'd buy a yacht* si j'étais millionnaire, j'achèterais un yacht / *would you mind if I invited Angie too?* ça te dérangerait si j'invitais aussi Angie ? **2.** [whenever] si / *if you mix blue and yellow you get green* si on mélange du bleu et du jaune, on obtient du vert / *if you ever come* or *if ever you come to London, do visit us* si jamais tu passes à Londres, viens nous voir / *if you are gratified by something, you are pleased by it* si (on dit que) quelque chose nous « satisfait », cela veut dire que ça nous fait plaisir / *he gets angry if I so much as open my mouth* si j'ai seulement le malheur d'ouvrir la bouche, il se fâche **3.** [given that] si / *if Paul was the brains in the family, then Anne was the organizer* si Paul était le cerveau de la famille, Anne en était l'organisatrice **4.** [whether] : *to ask / to know / to wonder if* demander / savoir / se demander si / *it doesn't matter if he comes or not* peu importe qu'il vienne ou (qu'il ne vienne) pas / *I'll see if she's up yet* je vais voir si elle est levée **5.** [with verbs or adjectives expressing emotion] : *I'm sorry if I upset you* je suis désolé si je t'ai fait de la peine / *if I gave you that impression, I apologize* je m'excuse si c'est l'impression que je vous ai donnée / *we'd be so pleased if you could come* ça nous ferait tellement plaisir si vous pouviez venir **6.** [used to qualify a statement] : *few, if any, readers will have heard of him* peu de lecteurs auront entendu parler de lui, ou même aucun / *he was intelligent if a little arrogant* il était intelligent, mais quelque peu arrogant **7.** [introducing comments or opinions] : *if I could just come in here...* si je puis me permettre d'intervenir... / *it's rather good, if I say so myself* c'est assez bon, sans fausse modestie / *I'll leave it there, if I may, and go on to my next point* j'en resterai là, si vous voulez bien et passerai au point suivant / *I thought you were rather rude, if you don't mind my saying so* je vous ai trouvé assez grossier, si je peux me permettre / *well, if you want my opinion* or *if you ask me, I thought it was dreadful* eh bien, si vous voulez mon avis, c'était affreux / *if you think about it, it is rather odd* si vous y réfléchissez, c'est plutôt bizarre / *if I remember rightly, she was married to a politician* si j'ai bonne mémoire, elle était mariée à un homme politique **8.** [in polite requests] si / *if you could just write your name here...* si vous voulez bien inscrire votre nom ici... / *if you could all just wait in the hall, I'll be back in a second* si vous pouviez tous attendre dans l'entrée, je reviens tout de suite / *would you like me to wrap it for you? — if you would, please* vous voulez que je vous l'emballe ? — oui, s'il vous plaît **9.** [expressing surprise, indignation] tiens, ça alors / *well, if it isn't my old mate Jim!* tiens or ça alors, c'est ce vieux Jim ! ◆ n si *m* / *if you get the job — and it's a big if — you'll have to move to London* si tu obtiens cet emploi, et je dis bien si, tu devras aller t'installer à Londres / *no ifs and buts, we're going* il n'y a pas de « mais » qui tienne or pas de discussions, on y va.

❖ **if and when** conj phr au cas où / *if and when he phones, I'll simply tell him to leave me alone* au cas où il appellerait, je lui dirais tout simplement de me laisser tranquille.

❖ **if anything** adv phr plutôt / *he doesn't look any slimmer, if anything, he's put on weight* il n'a pas l'air plus mince, il a même plutôt grossi / *I am, if anything, even keener to be involved* j'ai peut-être encore plus envie d'y participer.

❖ **if ever** conj phr : *there's a hopeless case if ever I saw one!* voilà un cas désespéré s'il en est ! / *if ever I saw a man driven by ambition, it's him* si quelqu'un est poussé par l'ambition, c'est bien lui.

❖ **if I were you** adv phr à ta place, si j'étais toi, à votre place, si j'étais vous / *if I were you I'd accept the offer* si j'étais toi or à ta place, j'accepterais la proposition.

❖ **if not** conj phr sinon / *I'm happy to eat out if you want to, if not, I'll just rustle something up here* on peut aller manger quelque part si tu veux, sinon je préparerai quelque chose ici / *are you going to read this book? if not, I will* tu vas lire ce livre ? sinon, je vais le lire moi / *did you finish on time? and if not, why not?* avez-vous terminé à temps ? sinon, pourquoi ? / *hundreds, if not thousands* des centaines, voire des milliers.

❖ **if only** conj phr **1.** [providing a reason] au moins / *I think I should come along too, if only to make sure you don't get into mischief* je crois que je devrais venir aussi, ne serait-ce que pour m'assurer que vous ne faites pas de bêtises / *all right, I'll let you go to the party, if only to keep you quiet* bon d'accord, tu peux aller à la fête, comme ça au moins, j'aurai la paix **2.** [expressing a wish] si seulement / *if only I could drive* si seulement je savais conduire / *if only someone would tell us what has happened* si seulement quelqu'un nous disait ce qui s'est passé / *if only we'd known* si seulement nous avions su.

See box on next page.

IFA (abbr of **independent financial adviser**) n conseiller *m* financier indépendant, conseillère *f* financière indépendante.

iffy ['ɪfɪ] (*compar* **iffier**, *superl* **iffiest**) adj *inf* [situation] incertain ; [result] tangent / *it all seems a bit iffy to me* ça ne me semble pas très clair, tout ça.

if-then operation n COMPUT inclusion *f*.

igloo ['ɪglu:] n igloo *m*, iglou *m*.

igneous ['ɪgnɪəs] adj igné.

ignite [ɪg'naɪt] ◆ vt [set fire to] mettre le feu à, enflammer ; [light] allumer ; [interest] susciter ; [conflict] déclencher. ◆ vi [catch fire] prendre feu, s'enflammer ; [be lit] s'allumer ; [conflict] se déclencher.

ignition [ɪg'nɪʃn] n **1.** AUTO allumage *m* ▸ **to turn on / off the ignition** mettre / couper le contact / *the keys are in the ignition* les clés sont sur le contact **2.** PHYS & CHEM ignition *f*.

ignition coil n bobine *f* d'allumage.

ignition key n clef *f* de contact.

ignition switch n contact *m*.

ignoble [ɪg'nəʊbl] adj infâme.

ignominious [,ɪgnə'mɪnɪəs] adj ignominieux.

ignominiously [,ɪgnə'mɪnɪəslɪ] adv ignominieusement.

ignominy ['ɪgnəmɪnɪ] n ignominie *f*.

ignoramus [,ɪgnə'reɪməs] (*pl* **ignoramuses**) n ignare *mf*.

ignorance ['ɪgnərəns] n **1.** [lack of knowledge, awareness] ignorance *f* / *out of* or *through sheer ignorance* par pure ignorance / *they kept him in ignorance of his sister's existence* ils lui ont caché l'existence de sa sœur / *forgive my ignorance, but...* excuse mon ignorance, mais... / *ignorance of the law is no excuse* nul n'est censé ignorer la loi **2.** *pej* [bad manners] grossièreté *f*.

ignorant ['ɪgnərənt] adj **1.** [uneducated] ignorant / *I'm really ignorant about classical music / politics* je ne connais absolument rien à la musique classique / la politique **2.** [unaware] ignorant / *I was ignorant as to his whereabouts* j'ignorais où il se trouvait / *he was ignorant of the facts* il ignorait les faits **3.** *pej* [bad-mannered] mal élevé, grossier / *don't be so ignorant, take your hat off!* tiens-toi bien, enlève ton chapeau !

ignorantly ['ɪgnərəntlɪ] adv [behave] d'une manière grossière.

ignore [ɪg'nɔ:ʳ] vt **1.** [pay no attention to -person, remark] ne pas prêter attention à, ignorer / *she completely ignored me* elle a fait semblant de ne pas me voir / *ignore him and he'll go away* fais comme s'il n'était pas là et il te laissera tranquille / *we can't continue to ignore these objections* on ne peut pas continuer à ne tenir aucun compte de ces objections **2.** [take no account of -warning, request, etc.] ne pas tenir compte de / *he ignored the doctor's advice and continued smoking* il n'a pas suivi les conseils de son médecin et a continué de fumer **3.** [overlook] : *they can no longer ignore what is going on here* il ne leur est plus possible d'ignorer or de fermer les yeux sur ce qui se passe ici / *the report ignores certain crucial facts* le rapport passe sous silence des faits cruciaux / *they seemed to ignore the fact that I was there* ils semblaient ignorer ma présence.

ignore character n COMPUT caractère *m* de suppression.

Iguaçu Falls [,i:gwə'su:-] pl pr n ▸ **the Iguaçu Falls** les chutes *fpl* d'Iguaçu.

iguana [ɪ'gwɑ:nə] n iguane *m*.

IIRC MESSAGING written abbr of **if I recall correctly**.

IKBS (abbr of **intelligent knowledge-based system**) n système *m* expert.

ikon ['aɪkɒn] = **icon**.

IL written abbr of **Illinois**.

ILA (abbr of **International Longshoremen's Association**) pr n *syndicat international de dockers.*

ileum ['ɪlɪəm] n iléon *m*.

ilex ['aɪleks] (*pl* **ilexes**) n yeuse *f*, chêne *m* vert.

iliac ['ɪlɪæk] adj iliaque.

Iliad ['ɪlɪəd] pr n / **'The Iliad'** *Homer* 'l'Iliade'.

ilium ['ɪlɪəm] n ilion *m*.

ilk [ɪlk] n [type] : *people of that ilk* ce genre de personnes / *books of that ilk* des livres de ce genre.

ill [ɪl] ◆ adj **1.** [sick, unwell] malade ▸ **to fall** or **to be taken ill** tomber malade / *seriously ill* gravement malade / *the smell makes me ill* l'odeur me rend malade / *I feel ill just thinking about it* rien que d'y penser, j'en suis malade **2.** UK [injured] : *he is critically ill with stab wounds* il est dans un état critique après avoir reçu de nombreux coups de couteau **3.** *liter* [bad] mauvais, néfaste / *ill fortune* malheur *m*, malchance *f* / *the ill effects of alcohol* les effets néfastes de l'alcool / *ill deeds* méfaits *mpl* / *a house of ill repute* une maison mal famée ▸ **it's an ill wind that blows nobody any good** *prov* à quelque chose malheur est bon *prov.* ◆ n **1.** *liter* [evil] mal *m* ▸ **to think / speak ill of sb** penser /

IF ET WISH

Avec **if** et **wish**, on imagine une scène dans laquelle on présente à l'interlocuteur ce qui pourrait, aurait pu ou aurait dû avoir lieu. Le plus souvent, cette scène est détachée du réel : on est dans le domaine de l'irréel.

LES CONSTRUCTIONS EN IF

La conjonction **if** s'emploie principalement dans les subordonnées de condition. Le type de condition exprimé (potentielle, irréelle) change en fonction du temps du verbe qui suit.

❶ If + verbe au présent simple

Dans une proposition subordonnée exprimant une condition, lorsque **if** est suivi du présent simple, l'événement auquel renvoie le verbe est potentiellement réalisable :

If Rachel comes, we will ask her.
[présent simple]
condition potentielle - événement soumis à condition
Si Rachel vient, on lui demandera.

Dans cet exemple, rien ne s'oppose à ce que Rachel vienne. Elle peut potentiellement venir à tout moment. Si la condition est remplie (Rachel comes) alors un autre événement se réalisera (we will ask Rachel). Autrement dit, la venue de Rachel est la condition pour que nous l'interrogions.

❷ If + verbe au prétérit modal

Lorsque **if** est suivi d'un verbe au prétérit dans une subordonnée de condition, l'événement auquel renvoie ce verbe n'est pas réalisé au moment présent. Le prétérit n'a alors pas ici de valeur temporelle : il indique une rupture avec le plan du réel. La construction en **if** exprime donc un irréel du présent :

If I were a millionaire, I would buy a yacht.
[prétérit modal]
Si j'étais millionnaire, j'achèterais un yacht.

Ici, l'achat du yacht est soumis à une condition : que je sois millionnaire (c'est pourquoi on emploie **would** à valeur de conditionnel). On voit bien que cette condition appartient au domaine du rêve : je suis loin d'être millionnaire, ce qui ne m'empêche pas de rêver. Notez qu'au prétérit modal on a **I were** au lieu de **I was**.

Dans cette construction, la réalisation de la condition étant improbable, l'événement qui y est soumis est tout aussi improbable :

If I were you, I wouldn't do that.
condition irréelle - événement soumis à condition
Si j'étais toi, je ne ferais pas ça.

Cette condition étant irréelle, je ne peux pas agir à ***ta*** place dans la réalité. En revanche, je peux imaginer une scène dans laquelle c'est possible : je ***te*** donne un conseil en imaginant que je suis à ***ta*** place.

❸ If + verbe au past perfect

Lorsque **if** est suivi d'un verbe au **past perfect** dans une subordonnée de condition, l'événement auquel renvoie ce verbe n'est pas réalisé au moment passé. Le **past perfect** n'a pas ici de valeur temporelle et la construction en **if** exprime alors un irréel du passé :

If Nancy had apologized, I would have forgiven her.
condition irréelle *événément non réalisé*
Si Nancy s'était excusée, je lui aurais pardonné.

Cet énoncé présuppose que Nancy ne s'est pas excusée lorsque je l'ai vue dans le passé. La condition pour que je lui pardonne n'a donc pas été remplie dans le passé (d'où l'appellation d'***irréel du passé***). Par conséquent, je ne lui ai pas pardonné.

LES CONSTRUCTIONS EN WISH

Wish est un verbe signifiant ***désirer***. En fonction du contexte, il sert à exprimer un souhait, un regret ou un reproche.

❶ Wish + verbe au prétérit modal

Lorsque **wish** est suivi d'une proposition subordonnée dont le verbe est au prétérit, il peut avoir plusieurs sens. En fonction de la situation, le locuteur exprimera :

- un souhait réalisable
  I wish you would be more careful. J'aimerais que vous fassiez plus attention.
  [les choses peuvent changer]
- un regret
  I wish you were here with us. J'aimerais bien que tu sois là avec nous.
  [les choses ne changeront probablement pas]

On est dans l'expression de l'irréel du présent, c'est-à-dire des événements perçus comme non réalisés au moment présent.

❷ Wish + verbe au past perfect

Lorsque **wish** est suivi d'une proposition subordonnée dont le verbe est au **past perfect**, le locuteur exprime un regret :

I wish I had never come!
Je n'aurais jamais dû venir !
[malheureusement, je ne peux pas revenir en arrière]

Wish apparaît parfois au prétérit, suivi du **past perfect** :

I wished I had thought of that before.
Je regrettais de n'y avoir pas pensé plus tôt.

Dans tous les cas, on est dans l'expression de l'irréel du passé, c'est-à-dire des événements non réalisés dans le passé.

❸ Autres constructions en wish

Dans certains cas, **wish** a conservé son sens premier :

I don't wish to appear rude, but...
Je ne voudrais pas paraître grossier, mais...

Do as you wish.
Faites comme vous le souhaitez.

Ce verbe est fréquent dans quelques expressions idiomatiques :

I wish you well.
Je vous souhaite de réussir dans tous vos projets.

She wished herself far away.
Elle aurait souhaité être loin.

Pour résumer

If et **wish** permettent de parler de l'irréel, c'est-à-dire de ce qui n'est pas réalisé dans la réalité.
If renvoie à une ***condition potentielle*** ou ***irréelle***, dans le présent ou dans le passé.
Wish rend possible l'expression d'un ***souhait***, d'un ***regret***, voire d'un ***reproche***.

dire du mal de qqn ▸ **for good or ill** [whatever happens] quoi qu'il arrive **2.** [difficulty, trouble] malheur *m* / *the nation's ills* les malheurs du pays. ◆ adv **1.** [hardly] à peine, difficilement / *we can ill afford these luxuries* ce sont des luxes que nous pouvons difficilement nous permettre / *we can ill afford to wait* nous ne pouvons vraiment pas nous permettre d'attendre **2.** *fml* [badly] mal / *it ill becomes* or *befits you to criticize* il vous sied mal de critiquer ▸ **to augur** or **to bode ill** être de mauvais augure.

ill. (written abbr of illustration) ill.

I'll [aɪl] **1.** abbr of I shall **2.** abbr of I will.

ill-advised adj [remark, comment] peu judicieux, hors de propos, déplacé ; [action] peu judicieux, déplacé / *he was ill-advised to go away* il a eu tort or il a été mal avisé de partir.

ill-assorted adj mal assorti, disparate.

ill-at-ease adj gêné, mal à l'aise.

illative [ɪ'leɪtɪv] ◆ adj LING illatif. ◆ n LING illatif *m*.

ill-behaved adj qui se conduit or se tient mal.

ill-bred adj mal élevé.

ill-breeding n manque *m* de savoir-vivre.

ill-concealed adj mal dissimulé.

ill-conceived [-kən'si:vd] adj mal pensé.

ill-considered adj [hasty] hâtif ; [thoughtless] irréfléchi.

ill-defined [-dɪ'faɪnd] adj mal défini.

ill-disposed [-dɪs'pəʊzd] adj mal disposé ▸ **to be ill-disposed towards sb** être mal disposé envers qqn ▸ **to be ill-disposed to do sthg** être peu enclin à faire qqch.

illegal [ɪ'li:gl] adj **1.** LAW illégal ▸ **illegal entry** violation *f* de domicile ▸ **illegal immigrant** immigré *m* clandestin, immigrée *f* clandestine **2.** COMPUT [character] interdit ; [instruction] erroné.

illegality [,ɪli:'gælətɪ] (*pl* **illegalities**) n illégalité *f*.

illegally [ɪ'li:gəlɪ] adv illégalement, d'une manière illégale / *to be illegally parked* être en stationnement interdit.

illegible [ɪ'ledʒəbl] adj illisible.

illegibly [ɪ'ledʒəblɪ] adv illisiblement.

illegitimacy [,ɪlɪ'dʒɪtɪməsɪ] n illégitimité *f*.

illegitimate [,ɪlɪ'dʒɪtɪmət] ◆ adj **1.** [child] naturel ; LAW illégitime **2.** [activity] illégitime, interdit **3.** [argument] illogique. ◆ n enfant naturel *m*, enfant naturelle *f*.

illegitimately [,ɪlɪ'dʒɪtɪmətlɪ] adv **1.** [outside marriage] hors mariage **2.** [illegally] illégitimement.

ill-equipped adj **1.** [lacking equipment] mal équipé, mal préparé **2.** [lacking qualities - for job, situation] ▸ **to be ill-equipped (for)** ne pas être à la hauteur (de), être mal armé (pour) / *he felt ill-equipped to cope with the pressures of the job* il ne se sentait pas capable d'affronter les problèmes posés par son travail.

ill-fated adj [action] malheureux, funeste ; [person] qui joue de malheur, malheureux ; [day] néfaste, de malchance ; [journey] funeste, fatal.

ill-favoured UK, **ill-favored** US adj **1.** [ugly] laid **2.** [unpleasant] désagréable.

ill feeling n ressentiment *m*, animosité *f*.

ill-fitting adj [garment, lid, window] mal ajusté.

ill-founded [-'faʊndɪd] adj [hopes, confidence] mal fondé ; [suspicions] sans fondement.

ill-gotten adj ▸ **ill-gotten gains** biens *mpl* mal acquis.

ill health n mauvaise santé *f* / *to suffer from ill health* avoir des problèmes de santé / *because of ill health* pour des raisons de santé.

ill-humoured, **ill-humored** US adj caractériel.

illiberal [ɪ'lɪbərəl] adj **1.** [bigoted, intolerant] intolérant ; POL [regime] arbitraire, oppressif ; [legislation] restrictif **2.** [mean] avare.

illicit [ɪ'lɪsɪt] adj illicite.

illicitly [ɪ'lɪsɪtlɪ] adv illicitement.

illicitness [ɪ'lɪsɪtnɪs] n caractère *m* illicite.

illimitable [ɪ'lɪmɪtəbl] adj illimité, infini.

ill-informed adj [person] mal renseigné ; [remark] inexact, faux (fausse).

Illinois [,ɪlɪ'nɔɪ] pr n Illinois *m* / *in Illinois* dans l'Illinois.

ill-intentioned [-ɪn'tenʃənd] adj malintentionné *(towards envers)*.

illiteracy [ɪ'lɪtərəsɪ] n illettrisme *m*, analphabétisme *m*.

illiterate [ɪ'lɪtərət] ◆ adj **1.** [unable to read] analphabète, illettré **2.** [uneducated] ignorant, sans éducation / *many young people are scientifically illiterate* de nombreux jeunes gens n'ont aucune formation or connaissance scientifique. ◆ n analphabète *mf*.

ill-judged [-dʒʌdʒd] adj [remark, attempt] peu judicieux.

ill-kempt [-kempt] adj **1.** [person, appearance, etc.] négligé ; [hair] hirsute, mal peigné **2.** [garden] mal tenu, négligé.

ill-mannered adj [person] mal élevé, impoli ; [behaviour] grossier, impoli.

ill-matched adj mal assorti.

ill-natured [-neɪtʃəd] adj qui a mauvais caractère.

illness ['ɪlnɪs] n maladie *f*.

ill-nourished [-'nʌrɪʃt] adj mal nourri.

illocution [,ɪlə'kju:ʃn] n illocution *f*, acte *m* illocutoire.

illocutionary [,ɪlə'kju:ʃnrɪ] adj illocutoire, illocutionnaire.

illogical [ɪ'lɒdʒɪkl] adj illogique / *that's illogical* ce n'est pas logique / *she knew it was illogical, but she felt very bitter* elle savait que c'était absurde, mais elle éprouvait une vive amertume.

illogicality [,ɪlɒdʒɪ'kælətɪ] (*pl* **illogicalities**) n illogisme *m*.

illogically [ɪ'lɒdʒɪklɪ] adv d'une manière illogique / *he assumed, illogically, that he meant nothing to her* il supposait, sans raison, qu'il n'était rien pour elle.

ill-prepared adj mal préparé.

ill-qualified adj ▸ **ill-qualified to do sthg a)** [unqualified for] peu qualifié pour faire qqch **b)** [unfit for] peu apte à faire qqch.

ill-starred [-stɑ:d] adj *liter* [person] né sous une mauvaise étoile ; [day] néfaste, funeste.

ill-suited adj mal assorti ▸ **to be ill-suited for** or **to sthg** être inapte à qqch.

ill-tempered adj [by nature] grincheux, qui a mauvais caractère ; [temporarily] de mauvaise humeur ; [remark, outburst, etc.] plein de mauvaise humeur.

ill-timed [-'taɪmd] adj [arrival, visit] inopportun, intempestif, qui tombe mal ; [remark, question] déplacé, mal à propos *(inv)* / *the meeting was very ill-timed* cette réunion ne pouvait plus mal tomber.

ill-treat vt maltraiter.

ill-treatment n mauvais traitement *m*.

illuminate [ɪ'lu:mɪneɪt] ◆ vt **1.** [light up] illuminer, éclairer **2.** [make clearer] éclairer / *this book illuminates many difficult problems* ce livre éclaire de nombreux problèmes complexes **3.** [manuscript] enluminer. ◆ vi s'illuminer.

illuminated [ɪ'lu:mɪneɪtɪd] adj **1.** [lit up - sign, notice] lumineux **2.** [decorated - manuscript] enluminé.

illuminati [ɪ,lu:mɪ'nɑ:ti:] pl n illuminés *mpl*.

illuminating [ɪ'lu:mɪneɪtɪŋ] adj [book, speech] éclairant.

illumination [ɪ,lu:mɪ'neɪʃn] n **1.** [light] éclairage *m* ; [of building] illumination *f* / *a candle was the only means of illumination* il n'y avait pour tout éclairage qu'une bougie **2.** [of manuscript] enluminure *f*.

❖ **illuminations** pl n [coloured lights] illuminations *fpl*.

illuminator [ɪ'lu:mɪneɪtər] n **1.** ELEC source *f* lumineuse **2.** [artist] enlumineur *m*, -euse *f*.

illumine [ɪ'lu:mɪn] vt *liter* illuminer.

ill-use *liter* ◆ vt [,ɪl'ju:z] [ill-treat] maltraiter. ◆ n [,ɪl'ju:s] [cruel treatment] mauvais traitement *m*.

illusion [ɪ'lu:ʒn] n **1.** [false impression] illusion *f* / *mirrors give an illusion of space* les miroirs donnent une illusion d'espace **2.** [false belief] illusion *f* ▸ **to be under an illusion** se faire une illusion / *we were living under an illusion* nous étions victimes d'une illusion / *she has no illusions* or *is under no illusions about her chances of success* elle ne se fait aucune illusion sur ses chances de succès or de réussir **3.** [magic trick] illusion *f*.

illusionist [ɪ'lu:ʒənɪst] n [conjurer, magician] illusionniste *mf*.

illusory [ɪ'lu:sərɪ] adj illusoire.

illustrate ['ɪləstreɪt] vt **1.** [with pictures] illustrer / *an illustrated children's book* un livre pour enfants illustré **2.** [demonstrate] illustrer / *it clearly illustrates the need for improvement* cela montre bien que des améliorations sont nécessaires.

illustration [,ɪlə'streɪʃn] n **1.** [picture] illustration *f* **2.** [demonstration] illustration *f* / *it's a clear illustration of a lack of government interest* cela illustre bien un manque d'intérêt de la part du gouvernement / *by way of illustration* à titre d'exemple.

illustrative ['ɪləstrətɪv] adj [picture, diagram] qui illustre, explicatif ; [action, event, fact] qui démontre, qui illustre / *the demonstrations are illustrative of the need for reform* les manifestations montrent que des réformes sont nécessaires / *illustrative examples* des exemples illustratifs.

illustrator ['ɪləstreɪtər] n illustrateur *m*, -trice *f*.

illustrious [ɪ'lʌstrɪəs] adj illustre.

ill will n malveillance *f* / *I bear them no ill will* je ne leur garde pas rancune, je ne leur en veux pas.

ILO (abbr of **International Labour Organization**) pr n OIT *f*.

ILU MESSAGING (**written abbr of I love you**) je t'm.

ILUA MESSAGING **written abbr of I love you a lot.**

ILU2 MESSAGING **written abbr of I love you too.**

ILWU (abbr of **International Longshoremen's and Warehousemen's Union**) pr n *syndicat international de dockers et de magasiniers.*

I'm [aɪm] **abbr of I am.**

image ['ɪmɪdʒ] n **1.** [mental picture] image *f* / *I still have an image of her as a child* je la vois encore enfant / *many people have the wrong image of her* / *of life in New York* beaucoup de gens se font une fausse idée d'elle / de la vie à New York **2.** [public appearance] ▸ **(public) image** image *f* de marque / *the party tried to change its image* le parti a essayé de changer son image de marque **3.** [likeness] image *f* / *man was made in God's image* l'homme a été créé à l'image de Dieu ▸ **to be the (very** or **living) image of sb** : *you are the very image of your mother* tu es tout le portrait or le portrait craché de ta mère **4.** [in art] image *f* / *I tried to create an image of wartime Britain* j'ai essayé de brosser un tableau de la vie en Grande-Bretagne pendant la guerre **5.** OPT & PHOT image *f*.

image-conscious adj soucieux de son image.

image file n COMPUT fichier *m* vidéo or image.

image intensifier n intensificateur *m* d'image, amplificateur *m* de luminance.

image processing n COMPUT traitement *m* des images.

image processor n COMPUT unité *f* de traitement d'images.

imagery ['ɪmɪdʒrɪ] n *(U)* **1.** [in literature] images *fpl* **2.** [visual images] imagerie *f*.

imaginable [ɪ'mædʒɪnəbl] adj imaginable / *the worst thing imaginable happened* ce qu'on pouvait imaginer de pire est arrivé / *ice creams of every imaginable flavour* des glaces à tous les parfums possibles et imaginables.

imaginary [ɪ'mædʒɪnrɪ] adj **1.** [in one's imagination - sickness, danger] imaginaire **2.** [fictional - character] fictif.

imagination [ɪ,mædʒɪ'neɪʃn] n [creativity] imagination *f* ; [mind] : *she tends to let her imagination run away with her* elle a tendance à se laisser emporter par son imagination / *it's all in her imagination* elle se fait des idées / *it was only my imagination* c'est mon imagination qui me jouait des tours.

imaginative [ɪ'mædʒɪnətɪv] adj [person] imaginatif ; [writing, idea, plan] original.

imaginatively [ɪ'mædʒɪnətɪvlɪ] adv avec imagination / *an imaginatively illustrated book* un livre illustré avec beaucoup d'imagination.

imaginativeness [ɪ'mædʒɪnətɪvnɪs] n imagination *f*.

imagine [ɪ'mædʒɪn] vt **1.** [picture - scene, person] imaginer, s'imaginer, se représenter / *I'd imagined him to be a much smaller man* je l'imaginais plus petit / *I can't imagine (myself) getting the job* je n'arrive pas à imaginer que je puisse être embauché / *imagine yourself in his situation* imaginez-vous dans sa situation, mettez-vous à sa place / *you can't imagine how awful it was* vous ne pouvez pas (vous) imaginer or vous figurer combien c'était horrible / *just imagine my disgust* imaginez combien j'étais dégoûté / *(you can) imagine his delight!* vous pensez s'il était ravi ! / *just imagine!* tu t'imagines ! / *you're imagining things* tu te fais des idées **2.** [suppose, think] supposer, imaginer / *I imagine you're tired* je suppose or j'imagine que vous êtes fatigué / *an intelligent child, I'd imagine* un enfant intelligent, j'imagine / *imagine (that) you're on a beach* imagine-toi sur une plage / *imagine (that) you've won* imagine que tu as gagné, suppose que tu aies gagné / *don't imagine I'll help you again* ne t'imagine pas que je t'aiderai encore.

imagines [ɪ'meɪdʒɪni:z] pl ⟶ **imago.**

imaginings [ɪ'mædʒɪnɪŋz] pl n [fears, dreams] : *never in my worst imaginings did I think it would come to this* je n'aurais jamais pensé que les choses en arriveraient là.

imagism ['ɪmədʒɪzm] n LITER imagisme *m*.

imago [ɪ'meɪgəʊ] (*pl* **imagoes** *or* **imagines** [-dʒɪni:z]) n **1.** ZOOL imago *m* **2.** PSYCHOL imago *f*.

imam [ɪ'mɑ:m] n imam *m*.

imbalance [,ɪm'bæləns] ◆ n déséquilibre *m*. ◆ vt déséquilibrer / *imbalanced growth* ECON croissance *f* déséquilibrée.

imbecile ['ɪmbɪsi:l] ◆ n **1.** [idiot] imbécile *mf*, idiot *m*, -e *f* ▸ **to act the imbecile** faire l'imbécile / *you imbecile!* espèce d'imbécile or d'idiot ! **2.** PSYCHOL imbécile *mf*. ◆ adj imbécile, idiot.

imbecility [,ɪmbɪ'sɪlətɪ] (*pl* **imbecilities**) n **1.** [stupidity] idiotie *f*, imbécillité *f* **2.** [stupid action] idiotie *f*, imbécillité *f* **3.** PSYCHOL imbécillité *f*.

imbed [ɪm'bed] = **embed.**

imbibe [ɪm'baɪb] ◆ vt **1.** *fml & hum* [drink] absorber **2.** *liter* [knowledge] assimiler **3.** PHYS absorber. ◆ vi *hum* boire.

imbroglio [ɪm'brəʊlɪəʊ] n imbroglio *m*.

imbue [ɪm'bju:] vt : *her parents had imbued her with high ideals* ses parents lui avaient inculqué de nobles idéaux / *his words were imbued with resentment* ses paroles étaient pleines de ressentiment.

IMCO MESSAGING written abbr of **in my considered opinion.**

IMF (abbr of **International Monetary Fund**) pr n FMI *m*.

IM4U MESSAGING written abbr of **I am for you.**

IMHO MESSAGING written abbr of **in my honest (or humble) opinion.**

IMI MESSAGING written abbr of **I mean it.**

imitable ['ɪmɪtəbl] adj imitable.

imitate ['ɪmɪteɪt] vt imiter.

imitation [,ɪmɪ'teɪʃn] ◆ n **1.** [copy] imitation *f* / *it's a cheap imitation* c'est du toc / *a poor imitation of the real thing* une pâle imitation de l'original / **'beware of imitations'** 'méfiez-vous des contrefaçons' **2.** [act of imitating] imitation *f* / *to learn by imitation* apprendre par mimétisme / *he does everything in imitation of his brother* il imite or copie son frère en tout / **'The Imitation of Christ'** *Thomas a Kempis* 'l'Imitation de Jésus-Christ'. ◆ comp faux (fausse) ▸ **an imitation diamond necklace** un collier en faux diamants ▸ **imitation fur** fourrure *f* synthétique ▸ **imitation jewellery** bijoux *mpl* (de) fantaisie ▸ **imitation leather** imitation *f* cuir, similicuir *m*.

imitative ['ɪmɪtətɪv] adj [behaviour, sound] imitatif ; [person, style] imitateur.

imitator ['ɪmɪteɪtər] n imitateur *m*, -trice *f*.

immaculate [ɪ'mækjʊlət] adj **1.** [clean - house, clothes] impeccable, d'une propreté irréprochable / *he's always immaculate* il est toujours impeccable or tiré à quatre épingles **2.** [faultless - work, behaviour, etc.] parfait, impeccable **3.** [morally pure] irréprochable.

Immaculate Conception n ▸ **the Immaculate Conception** l'Immaculée Conception *f*.

immaculately [ɪ'mækjʊlətlɪ] adv **1.** [spotlessly - clean, tidy] impeccablement / *immaculately dressed* tiré à quatre épingles / *immaculately clean* / *white* d'une propreté parfaite / blancheur éclatante **2.** [faultlessly - behave, perform, etc.] d'une manière irréprochable, impeccablement / *she played immaculately throughout the match* elle a joué d'une manière remarquable pendant tout le match.

immanence ['ɪmənəns] n immanence *f*.

immanent ['ɪmənənt] adj immanent.

immaterial [,ɪmə'tɪərɪəl] adj **1.** [unimportant] sans importance / *whether I was there or not is immaterial* que j'aie été présent ou non est sans importance / *that point is immaterial to what we are discussing* cela n'a rien à voir avec ce dont nous sommes en train de parler / *the truth is immaterial to him* la vérité est sans importance à ses yeux **2.** PHILOS immatériel.

immature [,ɪmə'tjʊər] adj **1.** [childish] immature / *she's very immature* elle manque vraiment de maturité **2.** BOT & ZOOL immature, jeune.

immaturity [,ɪmə'tjʊərətɪ] n **1.** [of person] manque *m* de maturité, immaturité *f* **2.** PSYCHOL, BOT & ZOOL immaturité *f*.

immeasurable [ɪ'meʒrəbl] adj **1.** *lit* incommensurable **2.** *fig* illimité, incommensurable.

immeasurably [ɪ'meʒrəblɪ] adv **1.** [long, high] incommensurablement **2.** [as intensifier] infiniment.

immediacy [ɪ'mi:djəsɪ] n impact *m* immédiat / *the immediacy of the famine as seen on television* l'impact immédiat des images de la famine montrées à la télévision / *the immediacy of the crisis* les effets immédiats de la crise.

immediate [ɪ'mi:djət] adj **1.** [instant] immédiat, urgent / *the problem needs immediate attention* il est urgent de régler le problème / *we need an immediate answer* il nous faut une réponse immédiate / *this pill gives immediate relief* ce cachet soulage instantanément, l'effet de ce cachet est instantané ; [close in time] immédiat / *in the immediate future* dans les heures or les jours qui viennent **2.** [nearest] immédiat, proche / *my immediate relatives* mes parents les plus proches / *my immediate neighbours* mes voisins immédiats ▸ **immediate constituent** LING constituant *m* immédiat **3.** [direct - cause, influence] immédiat, direct.

immediate access n COMPUT accès *m* direct.

immediately [ɪ'mi:djətlɪ] ◆ adv **1.** [at once] tout de suite, immédiatement / *come immediately* viens tout de suite / *I left immediately after* je suis parti tout de suite après **2.** [directly] directement **3.** [just] juste / *immediately above the window* juste au-dessus de la fenêtre. ◆ conj UK dès que / *let me know immediately he arrives* dès qu'il sera là, prévenez-moi.

immemorial [,ɪmɪ'mɔ:rɪəl] adj immémorial ▸ **since** or **from time immemorial** de temps immémorial.

immense [ɪ'mens] adj immense, considérable.

immensely [ɪ'menslɪ] adv immensément, extrêmement / *I'm immensely grateful to you* je vous suis extrêmement reconnaissant.

immensity [ɪ'mensətɪ] n immensité *f*.

immerse [ɪ'mɜ:s] vt **1.** [in liquid] immerger, plonger / *I'm going to immerse myself in a hot bath* je vais me plonger dans un bain chaud **2.** *fig* : *I immersed myself in my work* je me suis plongé dans mon travail / *they were immersed in a game of chess* ils étaient plongés dans une partie d'échecs / *she went to London to immerse herself in the English language* elle est allée à Londres en séjour linguistique **3.** RELIG baptiser par immersion.

immerser [ɪ'mɜ:sər] UK *inf* = **immersion heater.**

immersion [ɪ'mɜ:ʃn] n **1.** [in liquid] immersion *f* **2.** *fig* [in reading, work] absorption *f* ▸ **immersion course** stage *m* intensif **3.** ASTRON & RELIG immersion *f*.

immersion heater n chauffe-eau *m inv* électrique.

immigrant ['ɪmɪgrənt] ◆ n immigré *m*, -e *f*. ◆ adj immigré ▸ **immigrant children** enfants d'immigrés ▸ **immigrant worker** travailleur *m* immigré.

immigrate ['ɪmɪgreɪt] vi immigrer.

immigration [,ɪmɪ'greɪʃn] ◆ n **1.** [act of immigrating] immigration *f* / *the government wants to reduce immigration* le gouvernement veut restreindre l'immigration ▸ **the Immigration and Naturalization Service** *services américains de contrôle de l'immigration* ▸ **the Immigration Control Act** *loi de 1986 permettant aux immigrés illégaux résidant aux États-Unis depuis 1982 de recevoir un visa* **2.** [control section] ▸ **immigration (control)** services *mpl* de l'immigration ▸ **to go through immigration (control)** passer l'immigration. ◆ comp de l'immigration ▸ **immigration authorities** services *mpl* de l'immigration ▸ **immigration figures** chiffres *mpl* de l'immigration ▸ **immigration regulations** réglementation *f* relative à l'immigration.

imminence ['ɪmɪnəns] n imminence *f*.

imminent ['ɪmɪnənt] adj imminent.

immiscible [ɪ'mɪsəbl] adj non miscible.

immobile [ɪ'məʊbaɪl] adj immobile.

immobility [,ɪmə'bɪlətɪ] n immobilité *f*.

immobilization [ɪ,məʊbɪlaɪ'zeɪʃn] n [gen & FIN] immobilisation *f*.

immobilize, immobilise [ɪ'məʊbɪlaɪz] vt [gen & FIN] immobiliser.

immobilizer [ɪ'məʊbɪlaɪzər] n AUTO système *m* antidémarrage.

immoderate [ɪ'mɒdərət] adj immodéré, excessif.

immoderately [ɪ'mɒdərətlɪ] adv immodérément.

immodest [ɪ'mɒdɪst] adj **1.** [indecent] impudique **2.** [vain] prétentieux.

immodestly [ɪ'mɒdɪstlɪ] adv **1.** [indecently] impudiquement, de façon indécente **2.** [vainly] sans modestie / *he rather immodestly claims to be the best* il déclare non sans prétention qu'il est le meilleur.

immodesty [ɪ'mɒdɪstɪ] n **1.** [indecency] indécence *f*, impudeur *f* **2.** [vanity] manque *m* de modestie, prétention *f*.

immolate ['ɪməleɪt] vt *liter* immoler.

immoral [ɪ'mɒrəl] adj immoral.

immorality [,ɪmə'rælətɪ] n immoralité *f*.

immorally [ɪ'mɒrəlɪ] adv immoralement.

immortal [ɪ'mɔ:tl] ◆ adj immortel. ◆ n immortel *m*, -elle *f*.

immortality [,ɪmɔ:'tælətɪ] n immortalité *f*.

immortalize, immortalise [ɪ'mɔ:təlaɪz] vt immortaliser.

immov(e)able [ɪ'mu:vəbl] adj **1.** [fixed] fixe ; [impossible to move] impossible à déplacer ▸ **immoveable feast** RELIG fête *f* fixe **2.** [determined - person] inébranlable **3.** LAW ▸ **immoveable property** biens *mpl* immeubles or immobiliers.

⟡ **immovables** pl n LAW biens *mpl* immobiliers.

immune [ɪ'mju:n] adj **1.** MED immunisé / *immune to measles* immunisé contre la rougeole ▸ **immune serum** immun-sérum *m*, antisérum *m* **2.** *fig* ▸ **immune to** [unaffected by] à l'abri de, immunisé contre / *to be immune to temptation* / *flattery* être immunisé contre les tentations / la flatterie ; [exempt] ▸ **immune from** exempt de, exonéré de / *immune from taxation* exonéré d'impôts / *immune from prosecution* LAW inviolable.

immune deficiency n immunodéficience *f*.

immune response n réaction *f* immunitaire.

immune system n système *m* immunitaire.

immunity [ɪ'mju:nətɪ] n **1.** MED immunité *f*, résistance *f* / *immunity to* or *against measles* immunité contre la rougeole **2.** [exemption] ▸ **immunity from** exonération *f* de, exemption *f* de / *immunity from taxation* exonération d'impôts **3.** [diplomatic, parliamentary] immunité *f* / *immunity from prosecution* immunité, inviolabilité *f*.

immunization [,ɪmju:naɪ'zeɪʃn] n immunisation *f*.

immunize, immunise ['ɪmju:naɪz] vt immuniser, vacciner.

immunochemistry [,ɪmju:nəʊ'kemɪstrɪ] n immunochimie *f*.

immunodeficiency [,ɪmju:nəʊdɪ'fɪʃənsɪ] n immunodéficience *f*.

immunodeficient [,ɪmju:nəʊdɪ'fɪʃnt] adj immunodéficitaire.

immunodepressant [,ɪmju:nəʊdɪ'presnt] n immunodépresseur *m*.

immunodepressive [,ɪmju:nəʊdɪ'presɪv] adj immunodépressif.

immunogenic [,ɪmju:nəʊ'dʒenɪk] adj immunogène.

immunoglobulin [,ɪmju:nəʊ'glɒbjʊlɪn] n immunoglobuline *f*.

immunological [,ɪmju:nəʊ'lɒdʒɪkl] adj immunologique.

immunologist [,ɪmju:n'ɒlədʒɪst] n immunologiste *mf*.

immunology [,ɪmju:n'ɒlədʒɪ] n immunologie *f*.

immunopathology [,ɪmju:nəʊpə'θɒlədʒɪ] n immunopathologie *f*.

immunoreaction [ˌɪmju:nəʊrɪˈækʃn] n réaction f immunitaire, immunoréaction f.

immunosuppressant [ˌɪmju:nəʊsəˈpresnt] ◆ adj immunosuppresseur. ◆ n immunosuppresseur m.

immunosuppression [ˌɪmju:nəʊsəˈpreʃn] n immunosuppression f.

immunosuppressive [ˌɪmju:nəʊsəˈpresɪv] adj immunosuppressif.

immunotherapy [ˌɪmju:nəʊˈθerəpɪ] n immunothérapie f.

immure [ɪˈmjʊəʳ] vt emmurer ▸ **to immure o.s. in silence** *fig* se murer or s'enfermer dans le silence.

immutability [ɪˌmu:təˈbɪlətɪ] n immuabilité f.

immutable [ɪˈmju:təbl] adj immuable.

immutably [ɪˈmju:təblɪ] adv immuablement.

IMNSHO MESSAGING written abbr of **in my not so humble opinion.**

IMO MESSAGING written abbr of **in my opinion.**

imp [ɪmp] n [devil] lutin m ; [child] coquin m, -e f / *she's a little imp!* c'est une petite coquine !, elle est très espiègle !

impact ◆ n [ˈɪmpækt] **1.** *lit* impact m ▸ **on impact** au moment de l'impact **2.** *fig* impact m, impression f / *the scandal had little impact on the election results* le scandale a eu peu de répercussions or d'incidence sur les résultats de l'élection / *you made* or *had quite an impact on him* vous avez fait une forte impression sur lui / *she made quite an impact (at the meeting)* son intervention (lors de la réunion) a été très remarquée **3.** [marketing] impact m / *impact study* étude f d'impact. ◆ vt [ɪmˈpækt] **1.** [collide with] entrer en collision avec **2.** [influence] avoir un impact sur. ◆ vi [ɪmˈpækt] **1.** [affect] ▸ **to impact on** produire un effet sur **2.** COMPUT frapper.

impact adhesive n UK colle f instantanée.

impact crater n cratère m d'impact.

impacted [ɪmˈpæktɪd] adj [tooth] inclus ; [fracture] avec impaction.

impact printer n COMPUT imprimante f à impact.

impair [ɪmˈpeəʳ] vt **1.** [weaken] diminuer, affaiblir **2.** [damage] détériorer, endommager.

impaired [ɪmˈpeəd] adj **1.** [weakened] affaibli, diminué **2.** [damaged] détérioré, endommagé ▸ **impaired hearing** / **vision** ouïe f / vue f affaiblie **3.** CAN ▸ **impaired driving** conduite f en état d'ivresse.

impairment [ɪmˈpeəmənt] n **1.** [weakening] affaiblissement m, diminution f **2.** [damage] détérioration f.

impala [ɪmˈpɑ:lə] n impala m.

impale [ɪmˈpeɪl] vt empaler ▸ **to impale o.s. on sthg** s'empaler sur qqch.

impalpable [ɪmˈpælpəbl] adj impalpable.

impanel [ɪmˈpænl] US = **empanel.**

impart [ɪmˈpɑ:t] vt **1.** [communicate - news, truth] apprendre **2.** [transmit - knowledge, wisdom] transmettre **3.** [give - quality, flavour] donner.

impartial [ɪmˈpɑ:ʃl] adj impartial.

impartiality [ɪmˌpɑ:ʃɪˈælətɪ] n impartialité f.

impartially [ɪmˈpɑ:ʃəlɪ] adv impartialement.

impassable [ɪmˈpɑ:səbl] adj [road] impraticable ; [stream, frontier] infranchissable.

impasse [æmˈpɑ:s] n impasse f / *the talks have reached an impasse* les pourparlers sont dans une impasse / *there's no way out of this impasse* c'est une situation sans issue.

impassioned [ɪmˈpæʃnd] adj passionné ; [plea] fervent.

impassive [ɪmˈpæsɪv] adj impassible.

impassively [ɪmˈpæsɪvlɪ] adv impassiblement / *to look at sb* / *sthg impassively* regarder qqn / qqch d'un air impassible.

impasto [ɪmˈpæstəʊ] n ART empâtement m.

impatience [ɪmˈpeɪʃns] n **1.** [lack of patience] impatience f / *with impatience* avec impatience, impatiemment **2.** [irritation] irritation f / *I fully understand your impatience at the delay* je comprends parfaitement que ce retard vous irrite **3.** [intolerance] intolérance f.

impatient [ɪmˈpeɪʃnt] adj **1.** [eager, anxious] impatient / *I'm impatient to see her again* je suis impatient de la revoir / *they were impatient for the results* ils attendaient les résultats avec impatience / *the people were impatient for reform* le peuple réclamait des réformes **2.** [easily irritated] : *she's impatient with her children* elle n'a aucune patience avec ses enfants / *I'm getting impatient* je commence à m'impatienter or à perdre patience **3.** [intolerant] intolérant / *he's impatient with people who always ask the same questions* il ne supporte pas les gens qui lui posent toujours les mêmes questions.

impatiently [ɪmˈpeɪʃntlɪ] adv impatiemment, avec impatience.

impeach [ɪmˈpi:tʃ] vt **1.** [accuse] accuser, inculper **2.** ADMIN & POL [in US] entamer une procédure d'impeachment contre **3.** UK *fml* [doubt - motives, honesty] mettre en doute ; [- character] attaquer **4.** LAW ▸ **to impeach a witness** récuser un témoin.

impeachable [ɪmˈpi:tʃəbl] adj qui peut donner lieu à une procédure d'impeachment.

impeachment [ɪmˈpi:tʃmənt] n LAW [accusation] mise f en accusation ; [in US] *mise en accusation d'un élu devant le Congrès.*

impeccable [ɪmˈpekəbl] adj impeccable, irréprochable.

impeccably [ɪmˈpekəblɪ] adv impeccablement / *impeccably dressed* tiré à quatre épingles.

impecunious [ˌɪmpɪˈkju:njəs] adj *fml* nécessiteux.

impedance [ɪmˈpi:dəns] n impédance f.

impede [ɪmˈpi:d] vt **1.** [obstruct - traffic, player] gêner **2.** [hinder - progress] ralentir ; [- plan] faire obstacle à ; [- person] gêner.

impediment [ɪmˈpedɪmənt] n **1.** [obstacle] obstacle m **2.** [handicap] défaut m (physique) **3.** LAW empêchement m.

impedimenta [ɪmˌpedɪˈmentə] pl n MIL & *fig* impedimenta *mpl*.

impel [ɪmˈpel] (*pt & pp* **impelled**, *cont* **impelling**) vt **1.** [urge, incite] inciter ; [compel] obliger, contraindre / *I felt impelled to intervene* je me sentais obligé d'intervenir **2.** [propel] pousser.

impend [ɪmˈpend] vi [be imminent] être imminent ; [threaten - subj: danger] menacer.

impending [ɪmˈpendɪŋ] adj *(before noun)* imminent / *the impending visit by the President* la visite imminente du président / *the impending arrival of all my relations* l'arrivée prochaine de ma famille au grand complet / *the impending crisis* la crise imminente or qui couve / *there was an atmosphere of impending doom* il planait une atmosphère de désastre imminent.

impenetrable [ɪmˈpenɪtrəbl] adj **1.** [wall, forest, fog] impénétrable ; *fig* [mystery] insondable, impénétrable **2.** [incomprehensible - jargon, system, etc.] incompréhensible.

impenitence [ɪmˈpenɪtəns] n impénitence f.

impenitent [ɪmˈpenɪtənt] adj impénitent / *he is still utterly impenitent* il n'a toujours pas le moindre remords.

impenitently [ɪmˈpenɪtəntlɪ] adv avec impénitence.

imperative [ɪmˈperətɪv] ◆ adj **1.** [essential] (absolument) essentiel, impératif / *it's imperative that you reply immediately* il faut absolument que vous répondiez tout de suite / *it was imperative to finalize the deal* il fallait impérativement conclure l'affaire **2.** [categorical - orders, voice] impérieux, impératif **3.** GRAM impératif. ◆ n impératif m / *in the imperative* à l'impératif.

imperatively [ɪmˈperətɪvlɪ] adv **1.** [absolutely] impérativement **2.** [imperiously] impérieusement, impérativement.

imperceptible [ˌɪmpəˈseptəbl] adj imperceptible / *imperceptible to the human eye* / *ear* invisible / inaudible (pour l'homme).

imperceptibly [ˌɪmpəˈseptəblɪ] adv imperceptiblement.

imperceptive [ˌɪmpəˈseptɪv] adj peu perspicace.

imperfect [ɪmˈpɜ:fɪkt] ◆ adj **1.** [flawed - work, argument] imparfait ; [faulty - machine] défectueux ; [- goods] de second choix **2.** [incomplete] incomplet (incomplète), inachevé **3.** GRAM imparfait **4.** LAW inapplicable (pour vice de forme). ◆ n GRAM imparfait m / *in the imperfect* à l'imparfait.

imperfection [ˌɪmpəˈfekʃn] n [imperfect state] imperfection f ; [fault] imperfection f, défaut m.

imperfective [ˌɪmpəˈfektɪv] ◆ adj imperfectif. ◆ n imperfectif m.

imperfectly [ɪmˈpɜ:fɪktlɪ] adv imparfaitement.

imperial [ɪmˈpɪərɪəl] ◆ adj **1.** [in titles] impérial / *His Imperial Majesty* Sa Majesté Impériale **2.** [majestic] majestueux, auguste **3.** [imperious] impérieux **4.** [size - of clothes] grande taille *(inv)* ; [- of paper] grand format *(inv)* (*UK = 762 mm x 559 mm, US = 787 mm x 584 mm)* **5.** UK [measure] ▸ **imperial pint** pinte f (britannique). ◆ n [beard] impériale f, barbe f à l'impériale.

Imperial College pr n *établissement relevant de l'université de Londres et spécialisé dans la recherche scientifique, la mécanique et l'informatique.*

imperial gallon n UK gallon m (britannique).

imperialism [ɪmˈpɪərɪəlɪzm] n impérialisme m.

imperialist [ɪmˈpɪərɪəlɪst] ◆ adj impérialiste. ◆ n impérialiste mf.

imperialistic [ɪmˌpɪərɪəlˈɪstɪk] adj impérialiste.

imperially [ɪmˈpɪərɪəlɪ] adv [majestically] majestueusement ; [authoritatively] impérieusement.

Imperial War Museum pr n *musée militaire à Londres.*

imperil [ɪmˈperɪl] (UK *pt & pp* **imperilled**, *cont* **imperilling** ; US *pt & pp* **imperiled**, *cont* **imperiling**) vt mettre en péril.

imperious [ɪmˈpɪərɪəs] adj [authoritative] impérieux, autoritaire.

imperiously [ɪmˈpɪərɪəslɪ] adv [authoritatively] impérieusement, autoritairement.

imperishable [ɪmˈperɪʃəbl] adj [quality, truth] impérissable ; [goods] non périssable.

impermanence [ɪmˈpɜ:mənəns] n fugacité f.

impermanent [ɪmˈpɜ:mənənt] adj fugace.

impermeable [ɪmˈpɜ:mɪəbl] adj [soil, cell, wall] imperméable ; [container] étanche.

impersonal [ɪmˈpɜ:snl] adj **1.** [objective] objectif **2.** [cold] froid, impersonnel **3.** GRAM impersonnel.

impersonally [ɪmˈpɜ:snəlɪ] adv de façon impersonnelle.

impersonate [ɪmˈpɜ:səneɪt] vt **1.** [imitate] imiter **2.** [pretend to be] se faire passer pour.

impersonation [ɪmˌpɜ:səˈneɪʃn] n **1.** [imitation] imitation f **2.** [pretence of being] imposture f.

impersonator [ɪmˈpɜ:səneɪtəʳ] n **1.** [mimic] imitateur m, -trice f **2.** [impostor] imposteur m.

impertinence [ɪmˈpɜ:tɪnəns] n impertinence f.

impertinent [ɪmˈpɜ:tɪnənt] adj **1.** [rude] impertinent, insolent ▸ **to be impertinent to sb** être impertinent envers qqn **2.** [irrelevant] hors de propos, non pertinent.

impertinently [ɪmˈpɜ:tɪnəntlɪ] adv avec impertinence.

imperturbable [ˌɪmpəˈtɜ:bəbl] adj imperturbable.

imperturbably [ˌɪmpəˈtɜ:bəblɪ] adv imperturbablement.

impervious [ɪmˈpɜ:vjəs] adj **1.** [unreceptive, untouched - person] imperméable, fermé / *they are impervious to new ideas* ils sont imperméables or inaccessibles aux idées nouvelles / *impervious to criticism* imperméable à la critique / *he was impervious to her charm* il était insensible à son charme / *he remained impervious to our suggestions* il est resté sourd à nos propositions **2.** [resistant - material] : *impervious to heat* résistant à la chaleur / *impervious to water* imperméable.

impetigo [ˌɪmpɪˈtaɪgəʊ] n *(U)* impétigo m.

impetuosity [ɪm,petjʊ'ɒsətɪ] n impétuosité *f*.

impetuous [ɪm'petʃʊəs] adj impétueux.

impetuously [ɪm'petʃʊəslɪ] adv avec impétuosité.

impetuousness [ɪm'petʃʊəsnɪs] = **impetuosity**.

impetus ['ɪmpɪtəs] n **1.** [force] force *f* d'impulsion ; [speed] élan *m* ; [weight] poids *m* ▸ **to be carried by** or **under one's own impetus** être entraîné par son propre élan or par son propre poids **2.** *fig* [incentive, drive] impulsion *f*, élan *m* ▸ **to give new impetus to sthg** donner un nouvel élan à qqch, relancer qqch.

impiety [ɪm'paɪətɪ] (*pl* **impieties**) n **1.** RELIG impiété *f* **2.** [disrespect] irrévérence *f*.

impinge [ɪm'pɪndʒ] vi **1.** [affect] ▸ **to impinge on** or **upon** affecter **2.** [encroach] ▸ **to impinge on** or **upon** empiéter sur / *to impinge on sb's rights / time* empiéter sur les droits / le temps de qqn.

impingement [ɪm'pɪndʒmənt] n empiètement *m*.

impious ['ɪmpɪəs] adj *liter* impie.

impish ['ɪmpɪʃ] adj espiègle, taquin, malicieux.

impishly ['ɪmpɪʃlɪ] adv de façon espiègle.

impishness ['ɪmpɪʃnɪs] n espièglerie *f*.

implacable [ɪm'plækəbl] adj implacable.

implacably [ɪm'plækəblɪ] adv implacablement.

implant ◆ vt [ɪm'plɑːnt] **1.** [instil - idea, feeling] inculquer / *he tried to implant his own beliefs in his children's minds* il a essayé d'inculquer ses propres convictions à ses enfants **2.** MED [graft] greffer ; [place under skin] implanter. ◆ n ['ɪmplɑːnt] [under skin] implant *m* ; [graft] greffe *f*.

implausible [ɪm'plɔːzəbl] adj invraisemblable.

implausibly [ɪm'plɔːzəblɪ] adv invraisemblablement / *to end implausibly* [book, film, etc.] se terminer de façon peu vraisemblable.

implement ◆ n ['ɪmplɪmənt] **1.** [tool] outil *m* / *agricultural implements* matériel *m* agricole / *gardening implements* outils de jardinage / *kitchen implements* ustensiles *mpl* de cuisine **2.** *fig* [means] instrument *m*. ◆ vt ['ɪmplɪment] [plan, orders] exécuter ; [ideas, policies] appliquer, mettre en œuvre.

implementation [,ɪmplɪmen'teɪʃn] n [of ideas, policies] application *f*, mise *f* en œuvre ; [of plan, orders] exécution *f*.

implicate ['ɪmplɪkeɪt] vt impliquer ▸ **to be implicated in sthg** être impliqué dans qqch.

implication [,ɪmplɪ'keɪʃn] n **1.** [possible repercussion] implication *f* / *what are the implications of the survey?* quelles sont les implications de ce sondage ? / *I don't think you understand the implications of what you are saying* je ne suis pas sûr que vous mesuriez la portée de vos propos / *the full implications of the report are not yet clear* il est encore trop tôt pour mesurer pleinement les implications de ce rapport **2.** [suggestion] suggestion *f* ; [insinuation] insinuation *f* ; [hidden meaning] sous-entendu *m* ▸ **by implication** par voie de conséquence / *the implication was that we would be punished* tout portait à croire que nous serions punis **3.** [involvement] implication *f*.

> ⚠ When translating the word implication in the sense of a suggestion or insinuation, do not use the French word **implication**, as it does not have this meaning.

implicit [ɪm'plɪsɪt] adj **1.** [implied] implicite / *his feelings were implicit in his words* ses paroles laissaient deviner ses sentiments **2.** [total - confidence, obedience] total, absolu.

implicitly [ɪm'plɪsɪtlɪ] adv **1.** [by implication] implicitement **2.** [totally] absolument.

implied [ɪm'plaɪd] adj implicite, sous-entendu.

implode [ɪm'pləʊd] ◆ vi imploser. ◆ vt LING ▸ **imploded consonant** consonne *f* implosive.

implore [ɪm'plɔːr] vt supplier / *he implored me to give him the money* il m'a supplié de lui donner l'argent / *I implore you!* je vous en supplie !

imploring [ɪm'plɔːrɪŋ] adj suppliant.

imploringly [ɪm'plɔːrɪŋlɪ] adv : *he looked at me imploringly* il me suppliait du regard.

implosion [ɪm'pləʊʒn] n implosion *f*.

implosive [ɪm'pləʊsɪv] ◆ adj implosif. ◆ n implosive *f*.

imply [ɪm'plaɪ] (*pt & pp* **implied**) vt **1.** [insinuate] insinuer ; [give impression] laisser entendre or supposer / *are you implying that I'm mistaken?* voulez-vous insinuer que je me trompe ? / *she implied that it wouldn't take long* elle a laissé entendre que cela ne prendrait pas longtemps **2.** [presuppose] impliquer ; [involve] comporter / *it implies that one of them is lying* cela implique or veut dire que l'un d'eux ment / *it implies a lot of hard work* cela implique beaucoup de travail.

impolite [,ɪmpə'laɪt] adj impoli ▸ **to be impolite to sb** être or se montrer impoli envers qqn.

impolitely [,ɪmpə'laɪtlɪ] adv impoliment.

impoliteness [,ɪmpə'laɪtnɪs] n impolitesse *f*.

impolitic [ɪm'pɒlətɪk] adj peu or mal avisé, maladroit.

imponderable [ɪm'pɒndrəbl] ◆ adj impondérable. ◆ n impondérable *m*.

import ◆ n ['ɪmpɔːt] **1.** COMM importation *f* **2.** [imported article] importation *f*, article *m* importé / *the government has put a tax on imports* le gouvernement a instauré une taxe sur les produits d'importation or les produits importés **3.** *fml* [meaning] signification *f* ; [content] teneur *f* **4.** *fml* [importance] importance *f*. ◆ comp [ban, licence, surcharge] d'importation ; [duty] de douane, sur les importations ; [trade] des importations. ◆ vt [ɪm'pɔːt] **1.** COMM importer / *lamb imported from New Zealand into Britain* agneau de Nouvelle-Zélande importé en Grande-Bretagne **2.** [imply] signifier.

importance [ɪm'pɔːtns] n importance *f* ▸ **to be of importance** avoir de l'importance / *it is of great importance to act now* il est très important d'agir maintenant / *it's of no importance whatsoever* cela n'a aucune espèce d'importance ▸ **to give importance to sthg** attacher de l'importance à qqch / *a position of importance* un poste important / **'The Importance of being Earnest'** *Wilde* 'De l'importance d'être constant'.

important [ɪm'pɔːtnt] adj **1.** [essential] important / *it's not important* ça n'a pas d'importance / *it is important that you (should) get the job* il est important que vous obteniez cet emploi / *it is important for her to know the truth* il est important pour elle de connaître or il est important qu'elle connaisse la vérité / *my job is important to me* mon travail compte beaucoup pour moi / *to play an important part* jouer un rôle important or capital / *stop trying to look important* cesse de te donner des airs importants **2.** [influential] : *an important book / writer* un livre-clé / grand écrivain.

> Note that il est important que is followed by a verb in the subjunctive:
> **It's really important that they should know this.** *Il est très important qu'ils le sachent.*

importantly [ɪm'pɔːtntlɪ] adv d'un air important / *and, more importantly...* et, ce qui est plus important...

importation [,ɪmpɔː'teɪʃn] n importation *f*.

importer [ɪm'pɔːtər] n **1.** [person] importateur *m*, -trice *f* **2.** [country] pays *m* importateur / *an oil importer* un pays importateur de pétrole.

import-export n import-export *m* / *an import-export company* une société d'import-export.

importunate [ɪm'pɔːtjʊnət] adj *fml* [visitor, beggar] importun ; [demands, questions] incessant.

importune [ɪm'pɔːtjuːn] *fml* ◆ vt **1.** [gen] importuner, harceler ▸ **to importune sb with questions** harceler or presser qqn de questions **2.** UK [subj: prostitute] racoler. ◆ vi UK [prostitute] racoler.

importunity [,ɪmpɔː'tjuːnətɪ] n [harassment] sollicitation *f*.

impose [ɪm'pəʊz] ◆ vt [price, tax, attitude, belief] imposer ; [fine, penalty] infliger ▸ **to impose a task on sb** imposer une tâche à qqn / *he tried to impose his opinions on us* il a essayé de nous imposer ses opinions ▸ **to impose o.s. on sb** imposer sa présence à qqn. ◆ vi s'imposer / *I'm sorry to impose* je suis désolé de vous déranger ▸ **to impose on sb** abuser de la gentillesse de qqn / *they impose upon his hospitality* ils abusent de son hospitalité.

imposing [ɪm'pəʊzɪŋ] adj [person, building] impressionnant / *of imposing stature* d'une taille imposante or impressionnante.

imposingly [ɪm'pəʊzɪŋlɪ] adv d'une manière imposante.

imposition [,ɪmpə'zɪʃn] n **1.** [of tax, sanction] imposition *f* **2.** [burden] charge *f*, fardeau *m* / *I don't want to be an imposition (on you)* je ne veux pas abuser de votre gentillesse or de votre bonté **3.** TYPO imposition *f* **4.** UK SCH punition *f*.

> ⚠ Be careful when using the French word **imposition**, as it is more restricted in meaning than the English word (see the entry for details).

impossibility [ɪm,pɒsə'bɪlətɪ] (*pl* **impossibilities**) n impossibilité *f* / *it's a physical impossibility for us to arrive on time* nous sommes dans l'impossibilité matérielle d'arriver à l'heure / *it's a total impossibility* c'est totalement impossible.

impossible [ɪm'pɒsəbl] ◆ adj **1.** [not possible] impossible / *it's impossible for me to leave work before 6 p.m.* il m'est impossible de quitter mon travail avant 18 h / *you make it impossible for me to be civil to you* tu me mets dans l'impossibilité d'être poli envers toi / *I'm afraid that's quite impossible* je regrette, mais ça n'est vraiment pas possible **2.** [difficult to believe] impossible, invraisemblable / *but that's impossible!* mais ce n'est pas possible ! / *it is impossible that he should be lying* il est impossible qu'il mente **3.** [unbearable] impossible, insupportable / *he's absolutely impossible* il est vraiment impossible or insupportable / *he made their lives impossible* il leur a rendu la vie insupportable or impossible / *you're putting me in an impossible situation* vous me mettez dans une situation impossible. ◆ n impossible *m* / *to attempt / to ask the impossible* tenter / demander l'impossible.

> Note that être impossible que is followed by a verb in the subjunctive:
> **It was impossible for them to know that.**
> *Il était impossible qu'ils le sachent.*

impossibly [ɪm'pɒsəblɪ] adv **1.** [extremely] extrêmement / *impossibly difficult* extrêmement difficile / *the film is impossibly long* le film n'en finit pas / *the coach was travelling impossibly slowly* le car roulait incroyablement lentement **2.** [unbearably] insupportablement / *they behave impossibly* ils sont totalement insupportables.

impost ['ɪmpəʊst] n **1.** FIN impôt *m* **2.** ARCHIT imposte *f*.

impostor, **imposter** [ɪm'pɒstər] n imposteur *m*.

imposture [ɪm'pɒstʃər] n *fml* imposture *f*.

impotence ['ɪmpətəns] n [gen & MED] impuissance *f*.

impotent ['ɪmpətənt] adj **1.** [powerless] faible, impuissant **2.** [sexually] impuissant.

impound [ɪm'paʊnd] vt [gen] saisir ; [car] mettre en fourrière.

impoverish [ɪm'pɒvərɪʃ] vt appauvrir.

impoverished [ɪm'pɒvərɪʃt] adj appauvri, très pauvre.

impoverishment [ɪm'pɒvərɪʃmənt] n appauvrissement *m*.

impracticable [ɪm'præktɪkəbl] adj [not feasible] irréalisable, impraticable.

impractical [ɪm'præktɪkl] adj [plan] irréaliste ; [person] qui manque d'esprit pratique.

imprecation [,ɪmprɪ'keɪʃn] n *fml* imprécation *f*.

imprecise [ɪmprɪ'saɪs] adj imprécis.

imprecision [,ɪmprɪ'sɪʒn] n imprécision *f*.

impregnable [ɪm'pregnəbl] adj **1.** [fortress] imprenable **2.** *fig* [argument] irréfutable / *his position is impregnable* sa position est inattaquable.

impregnate ['ɪmpregneɪt] vt **1.** [fill] imprégner ▸ **impregnated with** imprégné de **2.** *fml* [make pregnant] féconder.

impregnation [,ɪmpreg'neɪʃn] n **1.** *fml* [fertilization] fécondation *f* **2.** [saturation] imprégnation *f*.

impresario [,ɪmprɪ'sɑːrɪəʊ] (*pl* **impresarios**) n impresario *m*.

imprescriptible [,ɪmprə'skrɪptəbl] adj *fml* imprescriptible.

impress ◆ vt [ɪm'pres] **1.** [influence, affect -mind, person] faire impression sur, impressionner / *I was favourably impressed by her appearance* son apparence m'a fait bonne impression / *I'm not in the least impressed* ça ne m'impressionne pas du tout / *he impressed the jury* il a fait une forte impression sur le jury / *I wasn't impressed by her friend* son ami ne m'a pas fait grande impression **2.** ▸ **to impress sthg on sb** [make understand] faire comprendre qqch à qqn **3.** [print] imprimer, marquer / *the clay was impressed with a design* or *a design was impressed onto the clay* un motif était imprimé dans l'argile / *her words are impressed on my memory fig* ses paroles sont gravées dans ma mémoire. ◆ n ['ɪmpres] empreinte *f*.

impression [ɪm'preʃn] n **1.** [impact -on person, mind, feelings] impression *f* / *he made a strong impression on them* il leur a fait une forte impression / *he always tries to make an impression* il essaie toujours d'impressionner les gens / *my words made no impression on him whatsoever* mes paroles n'ont eu absolument aucun effet sur lui / *they got a good impression of my brother* mon frère leur a fait bonne impression **2.** [idea, thought] impression *f* / *you should never trust first impressions* il ne faut pas se fier aux premières impressions / *it's my impression* or *I have the impression that she's rather annoyed with us* j'ai l'impression qu'elle est en colère contre nous / *what were your impressions of Tokyo?* quelles ont été vos impressions de Tokyo ? / *I was under the impression that you were unable to come* j'étais persuadé que vous ne pouviez pas venir **3.** [mark, imprint] marque *f*, empreinte *f* **4.** [printing] impression *f* ; [edition] tirage *m* **5.** [impersonation] imitation *f* ▸ **to do impressions** faire des imitations / *she does a very good impression of the Queen* elle imite très bien la reine.

impressionable [ɪm'preʃnəbl] adj impressionnable / *he is at a very impressionable age* il est à l'âge où on se laisse facilement impressionner / *an impressionable young man* un jeune homme impressionnable.

Impressionism [ɪm'preʃənɪzm] n ART & LITER impressionnisme *m*.

impressionist [ɪm'preʃənɪst] n [entertainer] imitateur *m*, -trice *f* ; ART & LITER impressionniste.

❖ **Impressionist** ◆ n impressionniste *mf*. ◆ adj impressionniste.

impressionistic [ɪm,preʃə'nɪstɪk] adj [vague] vague, imprécis.

impressive [ɪm'presɪv] adj impressionnant.

impressively [ɪm'presɪvlɪ] adv remarquablement.

imprimatur [,ɪmprɪ'meɪtər] n imprimatur *m inv*.

imprint ◆ n ['ɪmprɪnt] **1.** [mark] empreinte *f*, marque *f* / *the imprint of a hand* l'empreinte d'une main / *the imprint of suffering on her face* les marques de la souffrance sur son visage / *the war had left its imprint on all of us fig* la guerre nous avait tous marqués **2.** TYPO [name] : *published under the Larousse imprint* édité chez Larousse **3.** [design] logo *m*. ◆ vt [ɪm'prɪnt] **1.** [print] imprimer **2.** [in sand, clay, mud] imprimer ▸ **to be imprinted in** être imprimé dans **3.** *fig* [fix] implanter, graver / *her face was imprinted on my mind* son visage est resté gravé dans mon esprit.

imprinting [ɪm'prɪntɪŋ] n ZOOL empreinte *f*.

imprison [ɪm'prɪzn] vt **1.** [put in prison] mettre en prison, incarcérer / *he has been imprisoned several times* il a fait plusieurs séjours en prison **2.** [sentence] condamner / *she was imprisoned for 15 years* elle a été condamnée à 15 ans de prison.

imprisonment [ɪm'prɪznmənt] n emprisonnement *m* / *to be sentenced to six months' imprisonment* être condamné à six mois de prison.

improbability [ɪm,prɒbə'bɪlətɪ] (*pl* **improbabilities**) n **1.** [of event] improbabilité *f* **2.** [of story] invraisemblance *f*.

improbable [ɪm'prɒbəbl] adj **1.** [unlikely] improbable / *I think it highly improbable that he ever came here* il me paraît fort peu probable qu'il soit jamais venu ici **2.** [hard to believe] invraisemblable / *an improbable story* une histoire invraisemblable.

improbably [ɪm'prɒbəblɪ] adv invraisemblablement.

impromptu [ɪm'prɒmptjuː] ◆ adj impromptu, improvisé / *an impromptu speech* un discours improvisé. ◆ adv impromptu / *to speak impromptu* UK parler impromptu. ◆ n impromptu *m*.

improper [ɪm'prɒpər] adj **1.** [rude, shocking -words, action] déplacé / *his behaviour was most improper* il a eu un comportement tout à fait déplacé / *to make improper suggestions (to sb)* faire des propositions malhonnêtes (à qqn) **2.** [unsuitable] peu convenable **3.** [dishonest] malhonnête **4.** [incorrect -method, equipment] inadapté, inadéquat.

improperly [ɪm'prɒpəlɪ] adv **1.** [indecently] de manière déplacée / *he behaved most improperly* il s'est comporté d'une manière tout à fait déplacée **2.** [unsuitably] : *he was improperly dressed* il n'était pas habillé comme il faut **3.** [dishonestly] malhonnêtement **4.** [incorrectly] incorrectement, de manière incorrecte.

impropriety [ɪmprə'praɪətɪ] (*pl* **improprieties**) n **1.** [of behaviour] inconvenance *f* ▸ **to commit an impropriety** commettre une indélicatesse **2.** [of language] impropriété *f*.

improvable [ɪm'pruːvəbl] adj perfectible.

improve [ɪm'pruːv] ◆ vt **1.** [make better -work, facilities, result] améliorer / *to improve one's chances* augmenter ses chances / *if you cut your hair it would improve your looks* tu serais mieux avec les cheveux plus courts / *a little basil will greatly improve the flavour* ce sera nettement meilleur avec un peu de basilic / *she's gone to Madrid to improve her Spanish* elle est allée à Madrid pour améliorer son espagnol **2.** [increase -knowledge, productivity] accroître, augmenter **3.** [cultivate] : *to improve one's mind* se cultiver l'esprit / *reading improves the mind* on se cultive en lisant. ◆ vi [get better] s'améliorer ; [increase] augmenter ; [make progress] s'améliorer, faire des progrès / *her health is improving* son état (de santé) s'améliore / *business is improving* les affaires reprennent / *your maths has improved* vous avez fait des progrès en maths / *to improve with age* / *use* s'améliorer en vieillissant / à l'usage / *he improves on acquaintance* il gagne à être connu.

❖ **improve on, improve upon** vt insep **1.** [result, work] améliorer / *it's difficult to see how the performance can be improved on* il semble difficile d'améliorer cette performance **2.** [offer] ▸ **to improve on sb's offer** enchérir sur qqn.

improved [ɪm'pruːvd] adj [gen] amélioré ; [services] amélioré, meilleur ; [offer, performance] meilleur.

improvement [ɪm'pruːvmənt] n **1.** amélioration *f* ; [in person's work, performance] progrès *m* / *what an improvement!* c'est nettement mieux ! / *this is a great improvement on her previous work* c'est bien mieux que ce qu'elle faisait jusqu'à présent / *there has been some improvement* il y a un léger mieux / *there has been a slight improvement in his work* son travail s'est légèrement amélioré / *there is no improvement in the weather* le temps ne s'est pas arrangé / *to show some improvement* **a)** [in condition] aller un peu mieux **b)** [in work] faire quelques progrès / *there's room for improvement* ça pourrait être mieux **2.** [in building, road, etc.] rénovation *f*, aménagement *m* ▸ **(home) improvements** travaux *mpl* de rénovation / *to carry out improvements* effectuer des travaux de rénovation ▸ **motorway improvements** travaux de réfection des autoroutes.

improvidence [ɪm'prɒvɪdəns] n *fml* imprévoyance *f*.

improvident [ɪm'prɒvɪdənt] adj *fml* [thriftless] dépensier ; [heedless -person] imprévoyant ; [-life] insouciant.

improvidently [ɪm'prɒvɪdəntlɪ] adv *fml* [thriftlessly] dispendieusement ; [heedlessly] avec imprévoyance.

improvisation [,ɪmprəvaɪ'zeɪʃn] n improvisation *f*.

improvise ['ɪmprəvaɪz] vt & vi improviser.

imprudence [ɪm'pruːdəns] n imprudence *f*.

imprudent [ɪm'pruːdənt] adj imprudent.

imprudently [ɪm'pruːdəntlɪ] adv imprudemment.

impudence ['ɪmpjʊdəns] n effronterie *f*, impudence *f*.

impudent ['ɪmpjʊdənt] adj effronté, impudent / *he is impudent to his teachers* il est effronté avec ses professeurs.

impudently ['ɪmpjʊdəntlɪ] adv effrontément, impudemment.

impugn [ɪm'pjuːn] vt *fml* contester.

impulse ['ɪmpʌls] n **1.** [desire, instinct] impulsion *f*, besoin *m*, envie *f* / *I felt an irresistible impulse to hit him* j'ai éprouvé une irrésistible envie de le frapper ▸ **to act on impulse** agir par impulsion / *I bought it on impulse* je l'ai acheté sur un coup de tête / *I'm sorry, I did it on impulse* je m'excuse, j'ai fait ça sans réfléchir / *on a sudden impulse, he kissed her* pris d'une envie irrésistible, il l'a embrassée **2.** *fml* [impetus] impulsion *f*, poussée *f* / *government grants have given an impulse to trade* les subventions gouvernementales ont relancé les affaires **3.** ELEC & PHYSIOL impulsion *f*.

impulse buy n achat *m* d'impulsion or spontané.

impulse buyer n acheteur *m* impulsif, acheteuse *f* impulsive.

impulse buying n (*U*) achats *mpl* d'impulsion.

impulsion [ɪm'pʌlʃn] n impulsion *f*.

impulsive [ɪm'pʌlsɪv] adj **1.** [instinctive, spontaneous] impulsif ; [thoughtless] irréfléchi **2.** [force] impulsif.

impulsively [ɪm'pʌlsɪvlɪ] adv par or sur impulsion, impulsivement / *he kissed her impulsively* pris d'une envie irrésistible, il l'embrassa / *I acted impulsively* j'ai agi par impulsion.

impulsiveness [ɪm'pʌlsɪvnɪs] n caractère *m* impulsif.

impunity [ɪm'pjuːnətɪ] n *fml* impunité *f* ▸ **to act with impunity** agir en toute impunité or impunément.

impure [ɪm'pjʊər] adj **1.** [unclean -air, milk] impur **2.** *liter* [sinful -thought] impur, mauvais ; [-motive] bas **3.** ARCHIT [style] bâtard.

impurity [ɪm'pjʊərətɪ] (*pl* **impurities**) n impureté *f*.

imputable [ɪm'pjuːtəbl] adj imputable.

imputation [,ɪmpjuː'teɪʃn] n *fml* **1.** [attribution] attribution *f* **2.** [accusation] imputation *f*.

impute [ɪm'pjuːt] vt *fml* [attribute] imputer, attribuer / *the blame must be imputed to them* la responsabilité leur en revient.

IMR n abbr of **infant mortality rate**.

IMS (abbr of **International Monetary System**) n ECON SMI *m*.

IMTNG MESSAGING written abbr of **I am in a meeting**.

in [ɪn]

◆ prep

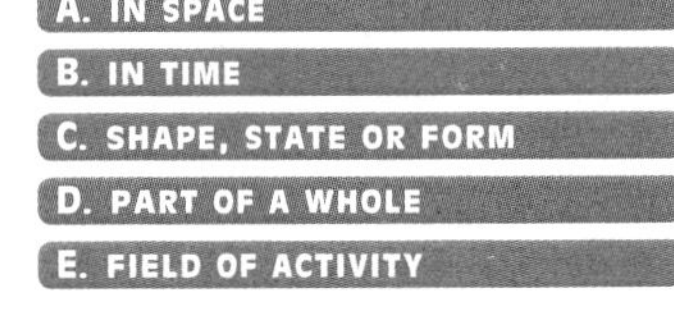
A. IN SPACE
B. IN TIME
C. SHAPE, STATE OR FORM
D. PART OF A WHOLE
E. FIELD OF ACTIVITY

F. RATIOS OR AMOUNTS

G. OTHER USES

A. IN SPACE **1.** [within a defined area or space] dans / *in a box* dans une boîte / *what have you got in your pockets?* qu'est-ce que tu as dans tes poches ? / *she was sitting in an armchair* elle était assise dans un fauteuil / *in the house* dans la maison / *in Catherine's house* chez Catherine / *they're playing in the garden / living room / street* ils jouent dans le jardin / le salon / la rue / *we live in a village* nous habitons un village / *he's still in bed / in the bath* il est encore au lit / dans son bain / *she shut herself up in her bedroom* elle s'est enfermée dans sa chambre / *the light's gone in the fridge* la lumière du réfrigérateur ne marche plus **2.** [within an undefined area or space] dans / *she trailed her hand in the water* elle laissait traîner sa main dans l'eau / *there's a smell of spring in the air* ça sent le printemps / *we swam in the sea* nous nous sommes baignés dans la mer **3.** [indicating movement] dans / *put it in your pocket* mets-le dans ta poche / *throw the letter in the bin* jette la lettre à la poubelle / *we headed in the direction of the port* nous nous sommes dirigés vers le port **4.** [contained by a part of the body] dans / *he had a knife in his hand* il avait un couteau dans or à la main / *she held her tight in her arms* elle la serrait dans ses bras / *with tears in his eyes* les larmes aux yeux **5.** [on or behind a surface] dans / *a hole in the wall* un trou dans le mur / *there were deep cuts in the surface* la surface était marquée de profondes entailles / *a reflection in the mirror* un reflet dans la glace / *how much is that pullover in the window?* combien coûte ce pull dans la vitrine ? / *who's that man in the photo?* qui est cet homme sur la photo ? **6.** [in a specified institution] : *she's in hospital / in prison* elle est à l'hôpital / en prison / *he teaches in a language school* il enseigne dans une école de langues ; US [in school] à l'école **7.** [with geographical names] : *in Paris* à Paris / *in France* en France / *in Afghanistan* en Afghanistan / *in the States* aux États-Unis / *in Portugal* au Portugal / *in the Pacific* dans l'océan Pacifique / *in the Third World* dans les pays du tiers-monde.

B. IN TIME **1.** [during a specified period of time] en / *in 1992* en 1992 / *in March* en mars, au mois de mars / *in (the) summer / autumn / winter* en été / automne / hiver / *in (the) spring* au printemps / *he doesn't work in the afternoon / morning* il ne travaille pas l'après-midi / le matin / *I'll come in the afternoon / morning* je viendrai l'après-midi / le matin / *at 5 o'clock in the afternoon / morning* à 5 h de l'après-midi / du matin / *in the future* un jour / *in the past* autrefois **2.** [within a specified period of time] en / *he cooked the meal in ten minutes* il prépara le repas en dix minutes **3.** [after a specified period of time] dans / *I'll be back in five minutes* je reviens dans cinq minutes, j'en ai pour cinq minutes **4.** [indicating a long period of time] : *we haven't had a proper talk in ages* nous n'avons pas eu de véritable conversation depuis très longtemps / *I hadn't seen her in years* ça faisait des années que je ne l'avais pas vue **5.** [during a specified temporary situation] : *in my absence* en or pendant mon absence / *in the ensuing chaos* or *confusion* dans la confusion qui s'ensuivit.

C. SHAPE, STATE OR FORM **1.** [indicating arrangement, shape] en / *in five rows / parts* en cinq rangées / parties / *stand in a ring* mettez-vous en cercle / *cut the cake in three / in half* coupe le gâteau en trois / en deux / *she had her hair up in a ponytail* ses cheveux étaient relevés en queue de cheval **2.** [indicating form, method] : *in cash* en liquide / *in English / French* en anglais / français / *written in ink* écrit à l'encre **3.** [indicating state of mind] : *she's in a bit of a state* elle est dans tous ses états / *to be in love* être amoureux / *don't keep us in suspense* ne nous tiens pas en haleine plus longtemps / *he watched in wonderment* il regardait avec émerveillement **4.** [indicating state, situation] dans, en / *in the present circumstances* dans les circonstances actuelles / *in the dark* dans l'obscurité / *in this weather* par or avec ce temps / *in the sun* au soleil / *in the rain / snow* sous la pluie / neige / *in danger / silence* en danger / silence / *in my presence* en ma présence / *she's got her leg in plaster* elle a une jambe plâtrée or dans le plâtre **5.** [wearing] en / *he was in a suit* il était en costume / *she was still in her dressing gown* elle était encore en robe de chambre / *he always dresses in green* il s'habille toujours en vert / *who's that woman in the hat?* qui est la femme avec le or au chapeau ? / *in uniform / mourning* en uniforme / deuil **6.** [covered by] : *sardines in tomato sauce* des sardines à la sauce tomate / *we were up to our waists in mud* nous étions dans la boue jusqu'à la taille **7.** [referring to plants and animals] : *in blossom* en fleur or fleurs / *in pup / calf / cub* plein / *in heat* US en chaleur **8.** [among] chez / *a disease common in five-year-olds* une maladie très répandue chez les enfants de cinq ans / *the sense of smell is more developed in dogs* l'odorat est plus développé chez les chiens.

D. PART OF A WHOLE **1.** [forming part of] dans / *in chapter six* dans le chapitre six / *we were standing in a queue* nous faisions la queue / *she's appearing in his new play / film* elle joue dans sa nouvelle pièce / son nouveau film / *he has two Picassos in his collection* il a deux Picasso dans sa collection / *the best player in the team* le meilleur joueur de l'équipe / *how many feet are there in a metre?* combien de pieds y a-t-il dans un mètre ? / *service is included in the charge* le service est inclus dans le prix **2.** [indicating a personality trait] : *she hasn't got it in her to be nasty* elle est bien incapable de méchanceté / *it's the Irish in me* c'est mon côté irlandais.

E. FIELD OF ACTIVITY **1.** [indicating specified field, sphere of activity] dans / *to be in the army / navy* être dans l'armée / la marine / *she's in advertising* elle est dans la publicité / *he's in business with his sister* il dirige une entreprise avec sa sœur / *there have been tremendous advances in the treatment of cancer* de grands progrès ont été faits dans le traitement du cancer / *a degree in Italian* un diplôme d'italien **2.** [indicating activity engaged in] : *our days were spent in swimming and sailing* nous passions nos journées à nager et à faire de la voile / *they spent hours (engaged) in complex negotiations* ils ont passé des heures en négociations difficiles / *you took your time in getting here!* tu en as mis du temps à venir !

F. RATIOS OR AMOUNTS **1.** [indicating approximate number, amount] : *people arrived in droves / in dribs and drabs* les gens sont arrivés en foule / par petits groupes / *they came in their thousands* ils sont venus par milliers / *he's in his forties* il a la quarantaine **2.** [in ratios] sur / *one child in three* un enfant sur trois / *a one-in-five hill* une pente de 20 %.

G. OTHER USES **1.** [indicating purpose, cause] : *he charged the door in an effort to get free* dans un effort pour se libérer, il donna un grand coup dans la porte / *in reply* or *response to your letter...* en réponse à votre lettre... / *there's no point in complaining* il est inutile de or ça ne sert à rien de se plaindre **2.** [as a result of] en / *in doing so, you only encourage him* en faisant cela, vous ne faites que l'encourager / *in attempting to save her son's life, she almost died* en essayant de sauver son fils, elle a failli mourir **3.** [as regards] : *it's five feet in length* ça fait cinq pieds de long / *the town has grown considerably in size* la ville s'est beaucoup agrandie / *a change in direction* un changement de direction / *he's behind in maths* il ne suit pas en maths / *spinach is rich in iron* les épinards sont riches en fer / *we've found the ideal candidate in Richard* nous avons trouvé en Richard le candidat idéal **4.** [indicating feelings about a person or thing] : *she has no confidence in him* elle n'a aucune confiance en lui / *they showed no interest in my work* mon travail n'a pas eu l'air de les intéresser le moins du monde **5.** [according to] : *in my opinion* or *view* à mon avis **6.** [indicating source of discomfort] : *I've got a pain in my arm* j'ai une douleur au or dans le bras.

◆ adv **1.** [into an enclosed space] à l'intérieur, dedans / *she opened the door and looked in* elle ouvrit la porte et regarda à l'intérieur / *he jumped in* il sauta dedans **2.** [indicating movement from outside to inside] : *breathe in then out* inspirez puis expirez / *we can't take in any more refugees* nous ne pouvons pas accueillir plus de réfugiés / *she's been in and out of mental hospitals all her life* elle a passé presque toute sa vie dans des hôpitaux psychiatriques **3.** [at home or place of work] : *is your wife / the boss in?* est-ce que votre femme / le patron est là ? / *it's nice to spend an evening in* c'est agréable de passer une soirée chez soi / *to eat / to stay in* manger / rester à la maison / *he usually comes in about 10 o'clock* en général, il est là vers 10 h **4.** [indicating entry] : *to go in* entrer / *come in!* entrez ! / *to saunter / to run in* entrer d'un pas nonchalant / en courant / *in we go!* on y va ! **5.** [indicating arrival] : *the bus isn't in yet* le bus n'est pas encore arrivé / *what time does your train get in?* quand est-ce que votre train arrive ? **6.** [towards the centre] : *the walls fell in* les murs se sont écroulés / *the edges bend in* le bord est recourbé **7.** [towards the shore] : *the tide is in* la marée est haute **8.** [indicating transmission] : *write in for further information* écrivez-nous pour plus de renseignements / *entries must be in by May 1st* les bulletins doivent nous parvenir avant le 1er mai / *offers of help poured in* les propositions d'aide sont arrivées en masse **9.** [indicating participation, addition] : *we asked if we could join in* nous avons demandé si nous pouvions participer / *stir in the chopped onions* ajouter les oignons en lamelles / *fill in the blanks* complétez en remplissant les blancs **10.** SPORT [within area of court] : *the umpire said that the ball was in* l'arbitre a dit que la balle était bonne **11.** [in cricket] à l'attaque / *the other side went in first* c'est l'autre équipe qui était d'abord à l'attaque **12.** POL [elected] : *he failed to get in at the last election* il n'a pas été élu aux dernières élections **13.** [in fashion] à la mode / *short skirts are coming back in* les jupes courtes reviennent à la mode **14.** PHR **to be in for sthg** : *you're in for a bit of a disappointment* tu vas être déçu / *he's in for a surprise / shock* il va avoir une surprise / un choc / *they don't know what they're in for* ils ne savent pas ce qui les attend ▸ **to be in for it** : *now he's really in for it* cette fois-ci, il va y avoir droit ▸ **to be in on sthg** : *he's in on the secret* il est dans le secret / *he's in on it* il est dans le coup / *we were all in on the plot* on était tous au courant / *I wasn't in on that particular conversation* je n'étais pas là pendant cette conversation ▸ **to be in with sb** *inf* être en bons termes avec qqn / *he's trying to get in with the boss* il essaie de se faire bien voir du patron.

◆ adj *inf* **1.** [fashionable] à la mode, branché / *that nightclub is very in* cette boîte est très à la mode / *it's the in place to go* c'est l'endroit branché du moment ▸ **to be the in thing** être à la mode **2.** [for a select few] ▸ **an in joke** : *it's an in joke* c'est une plaisanterie or une blague entre nous / eux etc., c'est un(e) private joke.

❖ **ins** pl n : *the ins and outs (of a situation)* les tenants et les aboutissants (d'une situation).

❖ **in all** adv phr en tout / *there are 30 in all* il y en a 30 en tout.

❖ **in between** ◆ adv phr **1.** [in intermediate position] : *a row of bushes with little clumps of flowers in between* un rang d'arbustes alternant avec des fleurs / *he's neither right nor left but somewhere in between* il n'est ni de droite ni de gauche mais quelque part entre les deux / *she either plays very well or very badly, never in between* elle joue très bien ou très mal, jamais entre les deux **2.** [in time] entre-temps, dans l'intervalle. ◆ prep phr entre.

❖ **in itself** adv phr en soi / *the town is not in itself beautiful but it has style* la ville n'est pas belle en soi mais elle a de l'allure / *this was in itself an achievement* c'était déjà un exploit en soi.

❖ **in that** conj phr puisque / *I'm not badly off in that I have a job and a flat but...* je ne peux pas me plaindre puisque j'ai un emploi et un appartement mais... / *we are lucky in that there are only a few of us* nous avons de la chance d'être si peu nombreux.

-in in comp *exprime l'aspect collectif d'une activité* ▸ **love-in** célébration *f* de l'amour en commun.

in. written abbr of **inch(es)**.

IN written abbr of **Indiana**.

inability [,ɪnəˈbɪlətɪ] n incapacité *f* / *our inability to help them* notre incapacité à les aider.

in absentia [,ɪnæbˈsentɪə] adv in absentia ; LAW par contumace.

inaccessibility [ˈɪnək,sesɪˈbɪlətɪ] n inaccessibilité *f*.

inaccessible [,ɪnəkˈsesəbl] adj **1.** [impossible to reach] inaccessible / *the inaccessible parts of Antarctica* les régions inaccessibles de l'Antarctique / *the village is* *inaccessible by car* le village n'est pas accessible en voiture **2.** [unavailable - person] inaccessible, inabordable ; [- information] inaccessible **3.** [obscure - film, book, music] inaccessible, incompréhensible.

inaccuracy [ɪn'ækjʊrəsɪ] (*pl* **inaccuracies**) n [of translation, calculation, information] inexactitude *f* ; [of word, expression] inexactitude *f*, impropriété *f*.

inaccurate [ɪn'ækjʊrət] adj [incorrect - figures] inexact ; [- term] impropre ; [- result] erroné ; [- description] inexact.

inaccurately [ɪn'ækjʊrətlɪ] adv inexactement / *the events have been inaccurately reported* les événements ont été présentés de façon inexacte.

inaction [ɪn'ækʃn] n inaction *f*.

inactivate [ɪn'æktɪveɪt] vt rendre inactif, désactiver.

inactive [ɪn'æktɪv] adj **1.** [person, animal - resting] inactif, peu actif ; [- not working] inactif **2.** [lazy] paresseux, oisif **3.** [inoperative - machine] au repos, à l'arrêt **4.** [dormant - volcano] qui n'est pas en activité ; [- disease, virus] inactif **5.** CHEM & PHYS inerte.

inactivity [,ɪnæk'tɪvətɪ] n inactivité *f*, inaction *f*.

inadequacy [ɪn'ædɪkwəsɪ] (*pl* **inadequacies**) n **1.** [insufficiency - of resources, facilities] insuffisance *f* **2.** [social] incapacité *f*, inadaptation *f* ; [sexual] impuissance *f*, incapacité *f* / *feelings of inadequacy* un sentiment d'impuissance **3.** [failing] défaut *m*, faiblesse *f*.

inadequate [ɪn'ædɪkwət] adj **1.** [insufficient] insuffisant / *our resources are inadequate to meet our needs* nos ressources ne correspondent pas à nos besoins **2.** [unsatisfactory] médiocre / *his performance in the test was inadequate* il n'a pas bien réussi son examen / *their response to the problem was inadequate* ils n'ont pas su trouver de réponse satisfaisante au problème **3.** [unsuitable - equipment] inadéquat / *our machinery is inadequate for this type of work* notre outillage n'est pas adapté à ce genre de travail **4.** [incapable] incapable ; [sexually] impuissant / *he's hopelessly inadequate for the job* il n'est vraiment pas fait pour ce travail / *being unemployed often makes people feel inadequate* les gens au chômage se sentent souvent inutiles / *he's socially inadequate* c'est un inadapté.

inadequately [ɪn'ædɪkwətlɪ] adv de manière inadéquate ; [fund, invest] insuffisamment.

inadmissible [,ɪnəd'mɪsəbl] adj inacceptable ▸ **inadmissible evidence** LAW témoignage *m* irrecevable.

inadvertence [,ɪnəd'vɜːtəns] n manque *m* d'attention, étourderie *f*, inadvertance *f* / *by inadvertence* par mégarde or inadvertance.

inadvertent [,ɪnəd'vɜːtnt] adj **1.** [not deliberate] accidentel, involontaire **2.** [careless] : *an inadvertent error* une erreur commise par inadvertance.

inadvertently [,ɪnəd'vɜːtəntlɪ] adv par mégarde or inadvertance.

inadvisability ['ɪnəd,vaɪzə'bɪlətɪ] n inopportunité *f*.

inadvisable [,ɪnəd'vaɪzəbl] adj déconseillé / *this plan is inadvisable* ce projet est à déconseiller / *it's inadvisable to invest all your money in one place* il est déconseillé d'investir tout son argent dans une seule entreprise.

inalienable [ɪn'eɪljənəbl] adj inaliénable / *inalienable right* droit *m* inaliénable.

inamorata [ɪn,æmə'rɑːtə] n *liter hum* amoureuse *f*.

inamorato [ɪn,æmə'rɑːtəʊ] n *liter hum* amoureux *m*.

inane [ɪ'neɪn] adj [person] idiot, imbécile ; [behaviour] stupide, inepte ; [remark] idiot, stupide, inepte.

inanely [ɪ'neɪnlɪ] adv de façon idiote or stupide or inepte.

inanimate [ɪn'ænɪmət] adj inanimé.

inanition [,ɪnə'nɪʃn] n **1.** [debility] inanition *f* **2.** [lethargy] léthargie *f*, torpeur *f*.

inanity [ɪ'nænətɪ] (*pl* **inanities**) n **1.** [stupidity] stupidité *f* **2.** [stupid remark] ineptie *f*, bêtise *f*.

inapplicable [,ɪnə'plɪkəbl] adj inapplicable / *the rule is inapplicable to this case* dans ce cas, la règle ne s'applique pas.

inapposite [ɪn'æpəzɪt] adj inopportun, inapproprié.

inappropriate [,ɪnə'prəʊprɪət] adj [unsuitable - action, remark] inopportun, mal à propos ; [- time, moment] inopportun ; [- clothing, equipment] peu approprié, inadéquat ; [- name] mal choisi / *you've come at an inappropriate time* vous arrivez au mauvais moment, vous tombez mal / *principles which are inappropriate to modern life* des principes qui ne sont pas adaptés à la vie moderne.

inappropriately [,ɪnə'prəʊprɪətlɪ] adv de manière peu convenable or appropriée / *she was inappropriately dressed* elle n'était pas vêtue pour la circonstance.

inapt [ɪn'æpt] adj **1.** [unsuitable - remark] mal choisi ; [- behaviour] peu convenable **2.** [incapable] inapte, incapable.

inaptitude [ɪn'æptɪtjuːd] n **1.** [unsuitability - of remark] manque *m* d'à-propos ; [- of dress, behaviour] inconvenance *f* **2.** [incapability] incapacité *f*, inaptitude *f*.

inarticulate [,ɪnɑː'tɪkjʊlət] adj **1.** [person] qui bredouille / *an inarticulate old man* un vieil homme qui a du mal à s'exprimer / *to be inarticulate with fear / rage* bégayer de peur / de rage / *his inarticulate suffering* la souffrance qu'il ne pouvait exprimer **2.** [words, sounds] indistinct / *inarticulate expressions of love* des mots d'amour bredouillés **3.** ANAT & BIOL inarticulé.

inarticulately [,ɪnɑː'tɪkjʊlətlɪ] adv [express o.s.] de manière confuse or peu claire ; [mumble] de façon indistincte, indistinctement.

inartistic [,ɪnɑː'tɪstɪk] adj **1.** [painting, drawing, etc.] dénué de toute valeur artistique **2.** [person - lacking artistic taste] sans goût artistique ; [- unskilled] sans talent.

inasmuch as [,ɪnəz'mʌtʃ-] conj *fml* [given that] étant donné que, vu que ; [insofar as] dans la mesure où.

inattention [,ɪnə'tenʃn] n manque *m* d'attention, inattention *f* / *your essay shows inattention to detail* il y a beaucoup d'erreurs de détail dans votre travail.

inattentive [,ɪnə'tentɪv] adj **1.** [paying no attention] inattentif **2.** [neglectful] peu attentionné, négligent ▸ **to be inattentive towards sb** être peu attentionné envers qqn, négliger qqn.

inattentively [,ɪnə'tentɪvlɪ] adv sans prêter or faire attention.

inaudible [ɪ'nɔːdɪbl] adj inaudible / *she spoke in an almost inaudible whisper* elle s'exprimait de façon presque inaudible.

inaudibly [ɪ'nɔːdɪblɪ] adv indistinctement / *"yes", she answered inaudibly* « oui », répondit-elle d'une voix inaudible.

inaugural [ɪ'nɔːgjʊrəl] ◆ adj inaugural, d'inauguration ▸ **inaugural address** or **speech** US POL discours *m* inaugural. ◆ n US discours *m* inaugural *(d'un président des États-Unis)*.

inaugurate [ɪ'nɔːgjʊreɪt] vt **1.** [open ceremoniously] inaugurer **2.** [commence formally] inaugurer / *to inaugurate a new policy* instaurer or inaugurer une nouvelle politique **3.** [herald - era] inaugurer **4.** [instate - official] installer (dans ses fonctions), investir ; [- king, bishop] introniser.

inauguration [ɪ,nɔːgjʊ'reɪʃn] n **1.** [of building] inauguration *f*, cérémonie *f* d'ouverture ; [of policy, era, etc.] inauguration *f* **2.** [of official] investiture *f*.

Inauguration Day n *jour de l'investiture du président des États-Unis (le 20 janvier)*.

inauspicious [,ɪnɔː'spɪʃəs] adj défavorable, peu propice / *things got off to an inauspicious start* les choses ont pris un mauvais départ / *an inauspicious event* un événement de mauvais augure or de sinistre présage.

inauspiciously [,ɪnɔː'spɪʃəslɪ] adv défavorablement / *to start inauspiciously* prendre un mauvais départ.

in-between adj intermédiaire.

inboard ['ɪnbɔːd] adj NAUT ▸ **inboard motor** in-bord *m inv*.

inborn [,ɪn'bɔːn] adj [characteristic, quality] inné ; MED congénital, héréditaire.

inbound ['ɪnbaʊnd] adj [flight, passenger, etc.] à l'arrivée.

inbox ['ɪnbɒks] n COMPUT boîte *f* de réception.

inbred [,ɪn'bred] adj **1.** [characteristic, quality] inné / *their hatred of violence is inbred* leur horreur de la violence est innée **2.** BIOL [trait] acquis par sélection génétique ; [strain] produit par le croisement d'individus consanguins ; [person] de parents consanguins ; [family, group] consanguin.

inbreeding [,ɪn'briːdɪŋ] n [of animals] croisement *m* ; [of people] : *generations of inbreeding* des générations d'alliances consanguines.

inbuilt ['ɪnbɪlt] adj **1.** [device] incorporé, intégré **2.** [quality, defect] inhérent.

inc. (written abbr of **inclusive**) : *12-15 April inc.* du 12 au 15 avril inclus.

Inc. (written abbr of **incorporated**) US ≃ SARL.

Inca ['ɪŋkə] (*pl* **Inca** *or* **Incas**) n Inca *mf*.

incalculable [ɪn'kælkjʊləbl] adj incalculable.

in camera [,ɪn'kæmərə] adj & adv *fml* à huis clos / **'In Camera'** *Sartre* 'Huis clos'.

incandescence [,ɪnkæn'desns] n incandescence *f*.

incandescent [,ɪnkæn'desnt] adj incandescent.

incandescent lamp n lampe *f* à incandescence.

incantation [,ɪnkæn'teɪʃn] n incantation *f*.

incapability [ɪn,keɪpə'bɪlətɪ] n incapacité *f*.

incapable [ɪn'keɪpəbl] adj **1.** [unable] incapable ▸ **to be incapable of doing sthg** être incapable de faire qqch / *he's incapable of showing emotion* il est incapable de montrer ce qu'il ressent / *she's incapable of such an act* elle est incapable de faire une chose pareille / *he's incapable of speech* il ne peut pas parler / *feelings incapable of expression liter* des sentiments impossibles à exprimer **2.** [incompetent] incapable ▸ **to be declared incapable** LAW être déclaré incapable, être frappé d'incapacité juridique.

incapacitant [,ɪnkə'pæsɪtənt] n incapacitant *m*.

incapacitate [,ɪnkə'pæsɪteɪt] vt **1.** [cripple] rendre infirme or invalide / *he was temporarily incapacitated by the accident* à la suite de l'accident, il a été temporairement immobilisé **2.** LAW frapper d'incapacité légale.

incapacity [,ɪnkə'pæsətɪ] (*pl* **incapacities**) n [gen & LAW] incapacité *f* / *his incapacity for work* son incapacité à travailler / *her incapacity to adapt* son incapacité à s'adapter.

incapacity benefit n UK prestation *f* d'invalidité.

in-car adj [computer, applications] embarqué ; AUTO ▸ **in-car stereo** or **entertainment system** autoradio *f*.

incarcerate [ɪn'kɑːsəreɪt] vt incarcérer.

incarceration [ɪn,kɑːsə'reɪʃn] n incarcération *f*.

incarnate [ɪn'kɑːneɪt] *liter* ◆ adj **1.** incarné / *he's stupidity incarnate* c'est la bêtise incarnée or personnifiée **2.** [colour] incarnat. ◆ vt incarner.

incarnation [,ɪnkɑː'neɪʃn] n incarnation *f* / *he's the very incarnation of humility* il est l'incarnation même de l'humilité, il est l'humilité incarnée / *I must have known her in a previous incarnation hum* j'ai dû la connaître dans une vie antérieure.

incautious [ɪn'kɔːʃəs] adj imprudent.

incautiously [ɪn'kɔːʃəslɪ] adv imprudemment.

incendiarism [ɪn'sendjərɪzm] n **1.** [arson] incendie *m* volontaire or criminel **2.** POL sédition *f*.

incendiary [ɪn'sendjərɪ] (*pl* **incendiaries**) ◆ n **1.** [arsonist] incendiaire *mf* **2.** [bomb] bombe *f* incendiaire **3.** *fig* [agitator] fauteur *m* de troubles. ◆ adj **1.** [causing fires] incendiaire ▸ **incendiary bomb / device** bombe *f* / dispositif *m* incendiaire **2.** [combustible] inflammable **3.** *fig* [speech, statement] incendiaire, séditieux.

incense ◆ n ['ɪnsens] encens *m*. ◆ vt [ɪn'sens] **1.** [anger] rendre furieux, excéder / *he was incensed by* or *at her indifference* son indifférence l'a rendu furieux / *I was absolutely incensed* j'étais hors de moi **2.** [perfume] encenser.

incense bearer n thuriféraire *m*.

incense burner n [in church] encensoir *m* ; [for home] brûle-encens *m*.

incense stick n bâtonnet *m* d'encens.

incentive [ɪn'sentɪv] ◆ n **1.** [motivation] motivation *f* / *they have lost their incentive* ils ne sont plus très motivés / *he has no incentive to work harder* rien ne le motive à travailler plus dur ▸ **to give sb the incentive to do sthg** motiver qqn à faire qqch **2.** FIN & INDUST incitation *f*, encouragement *m* / *the firm offers various incentives* la société offre diverses primes / *tax incentives* avantages *mpl* fiscaux. ◆ comp incitateur, incitatif ▸ **incentive bonus** UK prime *f* de rendement ▸ **incentive scheme** UK programme *m* d'encouragement.

incentive-based adj reposant sur l'incitation.

incentivize [ɪn'sentɪvaɪz] vt motiver.

inception [ɪn'sepʃn] n création *f*.

inceptive [ɪn'septɪv] ◆ adj **1.** [beginning] initial **2.** LING inchoatif. ◆ n LING inchoatif *m*.

incertitude [ɪn'sɜ:tɪtju:d] n incertitude *f*.

incessant [ɪn'sesnt] adj incessant.

incessantly [ɪn'sesntlɪ] adv continuellement, sans cesse.

incest ['ɪnsest] n inceste *m*.

incestuous [ɪn'sestjʊəs] adj incestueux / *publishing is a very incestuous business fig* le monde de l'édition est très fermé.

incestuously [ɪn'sestjʊəslɪ] adv incestueusement.

inch [ɪntʃ] ◆ n **1.** pouce *m* / *it's about 6 inches wide* cela fait à peu près 15 centimètres de large / *it's a few inches shorter* c'est plus court de quelques centimètres / *the car missed me by inches* la voiture m'a manqué de peu / *every inch of the wall was covered with posters* il n'y avait pas un centimètre carré du mur qui ne fût couvert d'affiches, le mur était entièrement couvert d'affiches **2.** PHR **give him an inch and he'll take a yard** or **a mile** on lui donne le doigt et il vous prend le bras ▸ **inch by inch** petit à petit, peu à peu / *we'll have to fight every inch of the way fig* nous ne sommes pas au bout de nos peines / *he's every inch a Frenchman* il est français jusqu'au bout des ongles / *the unions won't budge* or *give an inch* les syndicats ne céderont pas d'un pouce ▸ **to be within an inch of doing sthg** être à deux doigts de faire qqch / *he beat him to within an inch of his life* il l'a battu presque à mort. ◆ vt : *to inch one's way in* / *out* entrer / sortir petit à petit / *he inched his way to the door* petit à petit, il s'approcha de la porte / *she inched the car forward slowly* elle fit avancer la voiture très lentement. ◆ vi : *to inch in* / *out* entrer / sortir petit à petit / *he inched along the ledge* il avançait petit à petit le long du rebord.

Every inch a [King]

Cette formule fut d'abord employée par Shakespeare dans une scène poignante du *Roi Lear*. Lear, réduit à l'ombre de lui-même, délirant et couronné d'herbes folles, retrouve Gloucester, aveugle et dans un état tout aussi pathétique. Gloucester reconnaît Lear à sa voix et lui demande: **Is't not the king?** *N'est-ce pas le roi?* Dans sa folie, Lear lui répond: **Ay, every inch a king!** *Oui, de la tête aux pieds, un roi!* L'expression **every inch a...** est aujourd'hui employée de façon non ironique pour évoquer une personne ou une chose qui remplit parfaitement tel ou tel rôle ou fonction:

She's every inch a movie star, but she's also a devoted wife and mother. *Elle a tout d'une vedette de cinéma, mais c'est aussi une épouse et une mère dévouée.*

He's every inch a gun dog: lithe, muscular and full of nervous energy. *Il a tout d'un chien de chasse: agile, musclé et fougueux.*

-inch in comp ▸ **a five-inch floppy disk** une disquette cinq pouces.

inchoate [ɪn'kəʊeɪt] adj *fml* [incipient] naissant ; [unfinished] inachevé.

inchoative ['ɪnkəʊeɪtɪv] adj **1.** LING inchoatif **2.** *fml* [incipient] naissant.

inchtape ['ɪntʃteɪp] n UK mètre *m* (de couturier), mètre-ruban *m*.

inchworm ['ɪntʃwɜ:m] n arpenteuse *f*.

incidence ['ɪnsɪdəns] n **1.** [rate] taux *m* / *there is a higher* / *lower incidence of crime* le taux de criminalité est plus élevé / plus faible / *the incidence of the disease in adults* la fréquence de la maladie chez les adultes **2.** GEOM & PHYS incidence *f* ▸ **angle** / **point of incidence** angle *m* / point *m* d'incidence.

incident ['ɪnsɪdənt] ◆ n incident *m* / *the meeting went off without incident* la réunion s'est déroulée sans incident / *the match was full of incident* de nombreux incidents ont eu lieu pendant le match ▸ **border** or **frontier incident** incident de frontière ▸ **diplomatic incident** incident diplomatique. ◆ adj **1.** *fml* lié, attaché ▸ **incident to** lié à **2.** PHYS incident.

incidental [,ɪnsɪ'dentl] ◆ adj **1.** [minor] secondaire, accessoire ; [additional] accessoire / *the project will have other incidental benefits* ce projet aura encore d'autres avantages ▸ **incidental expenses** faux frais *mpl* **2.** [related] ▸ **incidental to** en rapport avec, occasionné par / *the fatigue incidental to such work* la fatigue occasionnée par un tel travail. ◆ n [chance happening] événement *m* fortuit ; [minor detail] détail *m* secondaire.

❖ **incidentals** pl n [expenses] faux frais *mpl*.

incidentally [,ɪnsɪ'dentəlɪ] adv **1.** [by chance] incidemment, accessoirement **2.** [by the way] à propos **3.** [additionally] accessoirement.

incidental music n musique *f* d'accompagnement.

incident room n UK [in police station] salle *f* des opérations.

incinerate [ɪn'sɪnəreɪt] vt incinérer.

incineration [ɪn,sɪnə'reɪʃn] n incinération *f*.

incinerator [ɪn'sɪnəreɪtəʳ] n incinérateur *m*.

incipient [ɪn'sɪpɪənt] adj naissant.

incised [ɪn'saɪzd] adj **1.** ART gravé **2.** MED incisé **3.** BOT découpé, incisé.

incision [ɪn'sɪʒn] n incision *f*.

incisive [ɪn'saɪsɪv] adj [mind] perspicace, pénétrant ; [wit, remark] incisif.

incisively [ɪn'saɪsɪvlɪ] adv [think] de façon incisive ; [ask, remark] de manière perspicace or pénétrante.

incisiveness [ɪn'saɪsɪvnɪs] n [of thought] perspicacité *f*, acuité *f* ; [of remark, wit] perspicacité *f*.

incisor [ɪn'saɪzəʳ] n incisive *f*.

incite [ɪn'saɪt] vt ▸ **to incite sb to do sthg** inciter qqn à faire qqch / *to incite sb to violence* inciter qqn à la violence / *they were accused of inciting racial hatred* on les accusa d'incitation à la haine raciale.

incitement [ɪn'saɪtmənt] n incitation *f* / *incitement to riot* / *violence* incitation à la révolte / à la violence.

incivility [,ɪnsɪ'vɪlətɪ] (*pl* **incivilities**) n *fml* **1.** [rudeness] impolitesse *f*, manque *m* de savoir-vivre, incivilité *f liter* **2.** [act, remark] impolitesse *f*, indélicatesse *f*.

incl. (written abbr of **including**) ▸ **incl. VAT** TTC.

inclemency [ɪn'klemənsɪ] n *liter* rigueur *f*, inclémence *f liter*.

inclement [ɪn'klemənt] adj *liter* [weather] inclément.

inclination [,ɪnklɪ'neɪʃn] n **1.** [tendency] disposition *f*, prédisposition *f*, tendance *f* / *a decided inclination towards laziness* une nette prédisposition à la paresse **2.** [liking] penchant *m*, inclination *f* / *you should follow your own inclination in the matter* tu devrais suivre ta propre inclination / *I do it from necessity, not from inclination* je le fais par nécessité, pas par inclination or par goût **3.** [slant, lean] inclinaison *f* ; [of body] inclination *f* / *a slight inclination of the head* une légère inclination de la tête **4.** [hill] pente *f*, inclinaison *f* **5.** ASTRON & MATH inclinaison *f*.

incline ◆ vt [ɪn'klaɪn] **1.** [dispose] disposer, pousser / *it's unlikely to incline them to work harder* il est peu probable que cela les pousse or incite à travailler davantage / *his unhappy childhood inclined him towards cynicism* or *to be cynical* c'est à cause de son enfance malheureuse qu'il a tendance à être cynique **2.** [lean, bend] incliner / *to incline one's head* incliner la tête. ◆ vi [ɪn'klaɪn] **1.** [tend] tendre, avoir tendance / *he inclines towards exaggeration* il a tendance à exagérer, il exagère facilement **2.** [lean, bend] s'incliner. ◆ n ['ɪnklaɪn] inclinaison *f* ; [slope] pente *f*, déclivité *f* ; RAIL rampe *f*.

inclined [ɪn'klaɪnd] adj **1.** [tending, disposed] avoir tendance à / *I'm inclined to agree* j'aurais tendance à être d'accord / *he's inclined to exaggeration* il a tendance à exagérer, il exagère facilement / *the drawers are inclined to stick* les tiroirs ont tendance à se coincer ▸ **to be well inclined towards sb** être bien disposé envers qqn / *if you are so inclined* si ça vous dit, si le cœur vous en dit / *I'm not that way inclined* je ne suis pas comme ça **2.** [slanting, leaning] incliné.

inclined plane n plan *m* incliné.

inclined railway n US (chemin *m* de fer) funiculaire *m*.

inclose [ɪn'kləʊz] = **enclose.**

inclosure [ɪn'kləʊʒəʳ] = **enclosure.**

include [ɪn'klu:d] vt comprendre, inclure / *each team includes eight forwards* chaque équipe comprend huit avants / *the price includes VAT* la TVA est comprise (dans le prix) / *everyone was in favour, myself included* tout le monde était pour, moi y compris / *does that remark include me?* cette remarque vaut-elle aussi pour moi ? / *don't forget to include the cheque* n'oubliez pas de joindre le chèque / **'batteries not included'** 'piles non fournies' / *my duties include sorting the mail* trier le courrier entre dans mes attributions or fait partie de mon travail / *the children refused to include him in their games* les enfants ont refusé de l'inclure dans leurs jeux.

included [ɪn'klu:dɪd] adj : *myself included* y compris moi / **'service not included'** 'service non compris' / *service charge included* service *m* compris.

including [ɪn'klu:dɪŋ] prep (y) compris / *14 guests including the children* 14 invités y compris les enfants / *14 guests not including the children* 14 invités sans compter les enfants / *up to and including page 40* jusqu'à la page 40 incluse / *five books, including one I hadn't read* cinq livres, dont un que je n'avais pas lu.

inclusion [ɪn'klu:ʒn] n [gen, GEOL & MATH] inclusion *f*.

inclusive [ɪn'klu:sɪv] adj **1.** inclus, compris / *inclusive of service charge* service *m* compris / *inclusive of tax* taxes *fpl* comprises / *from July to September inclusive* de juillet à septembre inclus / *inclusive prices* prix *mpl* nets / *all-inclusive holidays* voyages *mpl* organisés *(où tout est compris)* **2.** [list] exhaustif ; [survey] complet (complète), poussé **3.** PHILOS inclusif ▸ **inclusive or** ou *m* inclusif.

inclusively [ɪn'klu:sɪvlɪ] adv inclusivement.

inclusivity [,ɪnklu:'sɪvɪtɪ] n inclusion *f*, politique *f* d'inclusion.

incognito [,ɪnkɒg'ni:təʊ] (*pl* **incognitos**) ◆ adv incognito / *to remain incognito* **a)** [witness] garder l'anonymat **b)** [star, politician] garder l'incognito. ◆ n incognito *m*.

incognizant [ɪn'kɒgnɪzənt] adj *fml* ignorant, inconscient / *incognizant of the danger* inconscient du danger.

incoherence [,ɪnkəʊ'hɪərəns] n incohérence *f*.

incoherency [,ɪnkəʊ'hɪərənsɪ] (*pl* **incoherencies**) n incohérence *f*.

incoherent [,ɪnkəʊ'hɪərənt] adj [person, argument] incohérent ; [thought] incohérent, décousu.

incoherently [,ɪnkəʊ'hɪərəntlɪ] adv de manière incohérente / *to mutter incoherently* marmonner des paroles incohérentes.

income ['ɪŋkʌm] n revenu *m* / *a high* / *low income* un revenu élevé / faible / *to declare one's income* déclarer ses revenus / *the income from her shares* les revenus de ses actions.

income bracket, **income group** n tranche *f* de revenus / *most people in this area belong to the lower / higher income bracket* la plupart des habitants de ce quartier sont des économiquement faibles / ont des revenus élevés.

incomer ['ɪn,kʌmər] n nouveau venu *m*, nouvelle venue *f*.

incomes policy n UK politique *f* des revenus.

income support n *prestation complémentaire en faveur des personnes justifiant de faibles revenus.*

income tax n impôt *m* sur le revenu (des personnes physiques) / *income tax is deducted at source* les impôts sont prélevés à la source ▸ **income tax inspector** inspecteur *m* des contributions directes or des impôts ▸ **income tax return** déclaration *f* de revenus, feuille *f* d'impôts.

incoming ['ɪn,kʌmɪŋ] adj **1.** [in direction] : *incoming train / flight* train *m* / vol *m* à l'arrivée / *incoming passengers* passagers *mpl* à l'arrivée / *incoming mail* courrier *m* (du jour) / *incoming calls* appels *mpl* téléphoniques (reçus) / *please make a note of any incoming calls* veuillez noter tous les appels que vous recevez / *the incoming tide* la marée montante **2.** [cash, interest] qui rentre **3.** [official, administration, tenant] nouveau *(before vowel or silent 'h' nouvel, f nouvelle)*.

❖ **incomings** pl n [revenue] rentrée *f*, rentrées *fpl*, recettes *fpl* / *incomings and outgoings* recettes *fpl* et dépenses.

incommensurable [,ɪnkə'menʃərəbl] ◆ adj [gen & MATH] incommensurable. ◆ n MATH quantité *f* incommensurable.

incommensurate [,ɪnkə'menʃərət] adj *fml* **1.** [disproportionate] disproportionné, inadéquat / *it is incommensurate with our needs* cela ne correspond pas à nos besoins **2.** = **incommensurable**.

incommode [,ɪnkə'məʊd] vt *fml* incommoder, indisposer.

incommodious [,ɪnkə'məʊdjəs] adj *fml* **1.** [cramped] exigu, étriqué **2.** [troublesome] ennuyeux, fâcheux.

incommunicable [,ɪnkə'mju:nɪkəbl] adj incommunicable, indicible.

incommunicado [,ɪnkəmju:nɪ'kɑ:dəʊ] adj & adv sans communication avec le monde extérieur / *the prisoners are being kept* or *held incommunicado* les prisonniers sont (gardés) au secret.

incomparable [ɪn'kɒmpərəbl] adj incomparable.

incomparably [ɪn'kɒmpərəblɪ] adv incomparablement, infiniment.

incompatibility ['ɪnkəm,pætə'bɪlətɪ] n incompatibilité *f* ; [grounds for divorce] incompatibilité *f* d'humeur.

incompatible [,ɪnkəm'pætɪbl] adj incompatible.

incompetence [ɪn'kɒmpɪtəns], **incompetency** [ɪn'kɒmpɪtənsɪ] n incompétence *f*.

incompetent [ɪn'kɒmpɪtənt] ◆ adj incompétent. ◆ n incompétent *m*, -e *f*, incapable *mf*.

incomplete [,ɪnkəm'pli:t] adj **1.** [unfinished] inachevé **2.** [lacking something] incomplet (incomplète).

incompletely [,ɪnkəm'pli:tlɪ] adv incomplètement / *her plan was incompletely thought out* son projet était incomplètement préparé.

incompleteness [,ɪnkəm'pli:tnɪs] n **1.** caractère *m* incomplet / *there's a feeling of incompleteness about his paintings* ses tableaux donnent l'impression de ne pas être finis or achevés **2.** LOGIC incomplétude *f*.

incomprehensible [,ɪnkɒmprɪ'hensəbl] adj incompréhensible.

incomprehensibly [,ɪnkɒmprɪ'hensəblɪ] adv incompréhensiblement, de manière incompréhensible / *they were incomprehensibly absent* chose incompréhensible, ils étaient absents.

incomprehension [,ɪnkɒmprɪ'henʃn] n incompréhension *f*.

inconceivable [,ɪnkən'si:vəbl] adj inconcevable, inimaginable.

inconceivably [,ɪnkən'si:vəblɪ] adv incroyablement / *inconceivably rich* incroyablement riche.

inconclusive [,ɪnkən'klu:sɪv] adj peu concluant / *the results are inconclusive* les résultats sont peu concluants / *inconclusive data* données *fpl* peu probantes / *the talks have been inconclusive* les pourparlers n'ont pas abouti.

inconclusively [,ɪnkən'klu:sɪvlɪ] adv de manière peu concluante / *the meeting ended inconclusively* la réunion n'a abouti à aucune conclusion.

incongruent [ɪn'kɒŋgrʊənt] *fml* = **incongruous**.

incongruity [,ɪnkɒŋ'gru:ətɪ] (*pl* **incongruities**) n **1.** [strangeness, discordancy] incongruité *f* **2.** [disparity] disparité *f* / *their statements were full of incongruities* leurs témoignages contenaient un grand nombre d'incohérences.

incongruous [ɪn'kɒŋgrʊəs] adj [strange, discordant] incongru ; [disparate] incohérent / *he was an incongruous figure among the factory workers* on le remarquait tout de suite au milieu des ouvriers de l'usine.

incongruously [ɪn'kɒŋgrʊəslɪ] adv : *the incongruously named Palace Hotel* le Palace Hôtel, au nom incongru.

inconsequential [,ɪnkɒnsɪ'kwenʃl] adj sans importance / *an inconsequential detail* un détail insignifiant / *an inconsequential little man* un bonhomme sans importance.

inconsiderable [,ɪnkən'sɪdərəbl] adj insignifiant, négligeable / *a not inconsiderable amount of money* une somme d'argent non négligeable.

inconsiderate [,ɪnkən'sɪdərət] adj [person] qui manque de prévenance ; [action, remark] irréfléchi / *he's inconsiderate of other people's feelings* peu lui importe ce que pensent les autres / *that was very inconsiderate of you* vous avez agi sans aucun égard pour les autres ▸ **to be inconsiderate towards sb** manquer d'égards envers qqn.

inconsiderately [,ɪnkən'sɪdərətlɪ] adv sans aucune considération.

inconsistency [,ɪnkən'sɪstənsɪ] (*pl* **inconsistencies**) n **1.** [incoherence] manque *m* de cohérence, incohérence *f* **2.** [contradiction] contradiction *f* / *there are several inconsistencies in your argument* votre argumentation présente or laisse apparaître plusieurs contradictions.

inconsistent [,ɪnkən'sɪstənt] adj **1.** [person] incohérent *(dans ses comportements)* **2.** [performance] inégal **3.** [reasoning] incohérent **4.** [incompatible] incompatible ▸ **inconsistent with** incompatible avec.

⚠ **Inconsistant** means flimsy, runny or weak, not inconsistent.

inconsolable [,ɪnkən'səʊləbl] adj inconsolable.

inconsolably [,ɪnkən'səʊləblɪ] adv de façon inconsolable / *he cried inconsolably* il était inconsolable.

inconspicuous [,ɪnkən'spɪkjʊəs] adj [difficult to see] à peine visible, qui passe inaperçu ; [discreet] peu voyant, discret (discrète) / *she tried to make herself as inconspicuous as possible* elle fit tout son possible pour passer inaperçue.

inconspicuously [,ɪnkən'spɪkjʊəslɪ] adv discrètement.

inconstancy [ɪn'kɒnstənsɪ] n **1.** [of phenomenon] variabilité *f*, instabilité *f* **2.** [of person] versatilité *f*, inconstance *f*.

inconstant [ɪn'kɒnstənt] adj **1.** [weather] variable **2.** [person] inconstant, volage.

incontestable [,ɪnkən'testəbl] adj incontestable.

incontestably [,ɪnkən'testəblɪ] adv incontestablement, sans conteste.

incontinence [ɪn'kɒntɪnəns] n incontinence *f*.

incontinent [ɪn'kɒntɪnənt] adj incontinent.

incontrovertible [,ɪnkɒntrə'vɜ:təbl] adj indiscutable / *incontrovertible evidence* une preuve irréfutable.

incontrovertibly [,ɪnkɒntrə'vɜ:təblɪ] adv indiscutablement, indéniablement.

inconvenience [,ɪnkən'vi:njəns] ◆ n **1.** [disadvantage] inconvénient *m* / *the language barrier was a major inconvenience to the participants* la barrière de la langue a beaucoup gêné les participants **2.** [trouble] : *to cause inconvenience* déranger, gêner / *I hope it's not putting you to too much inconvenience* j'espère que cela ne vous dérange pas trop ; [disadvantages] incommodité *f*, inconvénients *mpl* / *the inconvenience of a small flat* les désagréments d'un petit appartement / *we apologize to our customers for any inconvenience caused* nous prions notre aimable clientèle de nous excuser pour la gêne occasionnée. ◆ vt déranger, incommoder.

inconvenient [,ɪnkən'vi:njənt] adj **1.** [inopportune, awkward] inopportun / *at an inconvenient time* au mauvais moment / *if it's not inconvenient* si cela ne vous dérange pas / *he has chosen to ignore any inconvenient facts* il a choisi d'ignorer tout ce qui pouvait poser problème **2.** [impractical - tool, kitchen] peu pratique.

inconveniently [,ɪnkən'vi:njəntlɪ] adv **1.** [happen, arrive] au mauvais moment, inopportunément **2.** [be situated] de façon malcommode, mal / *the switch was inconveniently placed above the door* l'interrupteur était placé à un endroit très peu pratique au-dessus de la porte.

inconvertible [,ɪnkən'vɜ:təbl] adj inconvertible, non convertible.

incorporate [ɪn'kɔ:pəreɪt] ◆ vt incorporer / *she incorporated many folk tunes into her performance* son programme comprenait de nombreux airs folkloriques / *the territory was incorporated into Poland* le territoire fut incorporé or annexé à la Pologne / *incorporate the butter into the flour* incorporez le beurre à la farine / *to incorporate amendments into a text* apporter des modifications à un texte. ◆ vi COMM [form a corporation] se constituer en société commerciale ; [merge] fusionner.

incorporated [ɪn'kɔ:pəreɪtɪd] adj constitué en société commerciale / *Bradley & Jones Incorporated* ≃ Bradley & Jones SARL.

incorporation [ɪn,kɔ:pə'reɪʃn] n **1.** [gen] incorporation *f*, intégration *f* **2.** COMM constitution *f* en société commerciale.

incorporeal [,ɪnkɔ:'pɔ:rɪəl] adj *liter* incorporel.

incorrect [,ɪnkə'rekt] adj **1.** [wrong - answer, result] erroné, faux (fausse) ; [- sum, statement] inexact, incorrect / *incorrect use of a word* usage *m* impropre d'un mot **2.** [improper] incorrect / *incorrect behaviour* comportement *m* déplacé.

incorrectly [,ɪnkə'rektlɪ] adv **1.** [wrongly] : *she answered incorrectly* elle a mal répondu / *I was incorrectly quoted* j'ai été cité de façon incorrecte / *the illness was incorrectly diagnosed* il y a eu erreur de diagnostic / *you're using that tool incorrectly* vous utilisez mal cet outil **2.** [improperly] incorrectement / *he behaved most incorrectly* il s'est conduit de façon déplacée, sa conduite était tout à fait déplacée.

incorrigible [ɪn'kɒrɪdʒəbl] adj incorrigible.

incorruptible [,ɪnkə'rʌptəbl] adj incorruptible.

increase ◆ vi [ɪn'kri:s] augmenter, croître / *to increase by 10%* augmenter de 10 % / *production / demand / inflation has increased* la production / la demande / l'inflation a augmenté / *the growth rate is likely to increase* le taux de croissance va probablement augmenter or s'accélérer / *the attacks have increased in frequency* la fréquence des attaques a augmenté / *to increase in size* grandir / *to increase in intensity* s'intensifier. ◆ vt [ɪn'kri:s] augmenter / *to increase output to 500 units a week* augmenter or faire passer la production à 500 unités par semaine / *recent events have increased speculation* des événements récents ont renforcé les rumeurs. ◆ n ['ɪnkri:s] augmentation *f* / *the increase in productivity / in the cost of living* l'augmentation de la productivité / du coût de la vie / *a 10% pay increase* une augmentation de salaire de 10 % / *an increase in population* un accroissement de la population / *an increase in the number of patients* une augmentation or un accroissement du nombre des malades.

❖ **on the increase** adj phr : *crime is on the increase* la criminalité est en hausse / *shoplifting is on the increase* les vols à l'étalage sont de plus en plus nombreux.

increased [ɪn'kri:st] adj accru / *increased investment leads to increased productivity* l'accroissement des investissements entraîne un accroissement or une augmentation de la productivité.

increasing [ɪn'kri:sɪŋ] adj croissant, grandissant / *there have been an increasing number of complaints* les réclamations sont de plus en plus nombreuses / *they make increasing use of computer technology* ils ont de plus en plus souvent recours à l'informatique ▸ **increasing returns** ECON rendement *m* croissant.

increasingly [ɪn'kri:sɪŋlɪ] adv de plus en plus.

incredible [ɪn'kredəbl] adj **1.** [unbelievable] incroyable, invraisemblable **2.** *inf* [fantastic, amazing] fantastique, incroyable.

Note that incroyable que is followed by a verb in the subjunctive:
I find it incredible that you eventually told him. *Je trouve incroyable que tu aies fini par lui dire.*

incredibly [ɪn'kredəblɪ] adv **1.** [amazingly] : *incredibly, we were on time* aussi incroyable que cela puisse paraître, nous étions à l'heure **2.** [extremely] incroyablement / *she was incredibly beautiful* elle était incroyablement belle.

incredulity [,ɪnkrɪ'dju:lətɪ] n incrédulité *f.*

incredulous [ɪn'kredjʊləs] adj incrédule / *an incredulous look* un regard incrédule.

incredulously [ɪn'kredjʊləslɪ] adv avec incrédulité.

incredulousness [ɪn'kredjʊləsnɪs] = **incredulity.**

increment ['ɪnkrɪmənt] ◆ n **1.** [increase] augmentation *f* / *a salary with yearly increments of £500* un salaire assorti d'augmentations annuelles de 500 livres **2.** COMPUT incrément *m* **3.** MATH accroissement *m.* ◆ vt COMPUT incrémenter.

incremental [,ɪnkrɪ'mentl] adj **1.** [increasing] croissant / *incremental increases* augmentations *fpl* régulières **2.** COMPUT incrémentiel, incrémental.

incriminate [ɪn'krɪmɪneɪt] vt incriminer, mettre en cause ▸ **to incriminate o.s.** se compromettre / *all the evidence seems to incriminate the maid* tous les indices semblent accuser la bonne.

incriminating [ɪn'krɪmɪneɪtɪŋ] adj accusateur, compromettant ▸ **incriminating evidence** pièce *f* or pièces *fpl* à conviction.

incrimination [ɪn,krɪmɪ'neɪʃn] n mise *f* en cause, incrimination *f.*

incriminatory [ɪn'krɪmɪnətrɪ] = **incriminating.**

in-crowd n *inf* coterie *f* ▸ **to be in with the in-crowd** être branché.

incrust [ɪn'krʌst] = **encrust.**

incubate ['ɪnkjʊbeɪt] ◆ vt **1.** BIOL [eggs - subj: bird] couver ; [- subj: fish] incuber ; [- in incubator] incuber **2.** *fig* [plot, idea] couver. ◆ vi **1.** BIOL [egg] être en incubation **2.** MED [virus] incuber / *the disease incubates for several days* la maladie a une période d'incubation de plusieurs jours **3.** *fig* [plan, idea] couver.

incubation [,ɪnkjʊ'beɪʃn] n [of egg, virus, disease] incubation *f* ▸ **incubation period** (période *f* d')incubation.

incubator ['ɪnkjʊbeɪtə^r] n [for premature baby] couveuse *f*, incubateur *m* ; [for eggs, bacteria] incubateur *m.*

incubus ['ɪnkjʊbəs] (*pl* **incubuses** *or* **incubi** [-baɪ]) n **1.** [demon] incube *m* **2.** *liter* [nightmare] cauchemar *m.*

inculcate ['ɪnkʌlkeɪt] vt inculquer ▸ **to inculcate sb with an idea** or **to inculcate an idea in sb** inculquer une idée à qqn.

inculcation [,ɪnkʌl'keɪʃn] n inculcation *f.*

incumbency [ɪn'kʌmbənsɪ] (*pl* **incumbencies**) n [office] office *m*, fonction *f* / *during my predecessor's incumbency* pendant l'exercice de mon prédécesseur.

incumbent [ɪn'kʌmbənt] ◆ adj *fml* **1.** [obligatory] : *it is incumbent on* or *upon the manager to check the takings* il incombe or il appartient au directeur de vérifier la recette **2.** [in office] en fonction, en exercice / *the incumbent mayor* **a)** [current] le maire en exercice **b)** [during election campaign] le maire sortant. ◆ n [office holder] titulaire *mf.*

incunabula [,ɪnkju:'næbjʊlə] pl n incunables *mpl.*

incur [ɪn'kɜ:^r] (*pt & pp* **incurred**, *cont* **incurring**) vt [blame, loss, penalty] s'exposer à, encourir ; [debt] contracter ; [losses] subir / *the expenses incurred* les dépenses encourues / *to incur sb's wrath* s'attirer les foudres de qqn.

incurable [ɪn'kjʊərəbl] ◆ adj [illness] incurable, inguérissable ; *fig* [optimist] inguérissable, infatigable. ◆ n incurable *mf.*

incurably [ɪn'kjʊərəblɪ] adv : *to be incurably ill* avoir une maladie incurable / *to be incurably lazy fig* être irrémédiablement paresseux.

incurious [ɪn'kjʊərɪəs] adj *liter* incurieux *liter*, sans curiosité.

incurred expenditure [ɪn'kɜ:d-] n FIN dépenses *fpl* engagées.

incurred expenses pl n FIN dépenses *fpl* engagées.

incursion [UK ɪn'kɜ:ʃn US ɪn'kɜ:ʒn] n incursion *f* / *an incursion into enemy territory* une incursion en territoire ennemi.

indebted [ɪn'detɪd] adj **1.** [for help] redevable ▸ **to be indebted to sb for sthg** : *I am greatly indebted to you for doing me this favour* je vous suis extrêmement reconnaissant de m'avoir rendu ce service / *I am indebted to you for your loyal support* je vous suis reconnaissant de votre soutien loyal **2.** [owing money] endetté / *heavily indebted* fortement endetté / *highly indebted poor countries* pays *mpl* pauvres très endettés.

indebtedness [ɪn'detɪdnɪs] n **1.** [for help] dette *f*, obligation *f* / *my indebtedness to her* ma dette envers elle **2.** [financial] endettement *m* **3.** [amount owed] dette *f*, dettes *fpl.*

indecency [ɪn'di:snsɪ] (*pl* **indecencies**) n [gen] indécence *f* ; LAW attentat *m* à la pudeur ▸ **gross indecency** outrage *m* à la pudeur.

indecent [ɪn'di:snt] adj **1.** [obscene] indécent / *an indecent proposition* une proposition indécente **2.** [unseemly] indécent, inconvenant, déplacé / *with indecent haste* avec une précipitation déplacée / *an indecent display of wealth* un étalage indécent de richesse.

indecent assault n attentat *m* à la pudeur.

indecent exposure n outrage *m* public à la pudeur.

indecently [ɪn'di:sntlɪ] adv indécemment.

indecipherable [,ɪndɪ'saɪfərəbl] adj indéchiffrable.

indecision [,ɪndɪ'sɪʒn] n indécision *f.*

indecisive [,ɪndɪ'saɪsɪv] adj **1.** [hesitating - person] indécis, irrésolu **2.** [inconclusive] peu concluant.

indecisively [,ɪndɪ'saɪsɪvlɪ] adv **1.** [hesitatingly] de manière indécise, avec hésitation **2.** [inconclusively] de manière peu convaincante or concluante / *the argument ended indecisively* la discussion s'est terminée de façon peu concluante.

indecisiveness [,ɪndɪ'saɪsɪvnɪs] = **indecision.**

indeclinable [,ɪndɪ'klaɪnəbl] adj indéclinable.

indecorous [ɪn'dekərəs] adj inconvenant, malséant.

indecorously [ɪn'dekərəslɪ] adv de manière inconvenante.

indeed [ɪn'di:d] adv **1.** [used to confirm] effectivement, en effet / *there was indeed a problem* il y avait effectivement or bien un problème / *we are aware of the problem; indeed, we are already investigating it* nous sommes conscients du problème ; en fait, nous sommes déjà en train de l'étudier **2.** [used to qualify] : *the problem, if indeed there is one, is theirs* c'est leur problème, si problème il y a / *it is difficult, indeed virtually impossible, to get in* il est difficile, pour ne pas dire impossible or voire impossible, d'entrer **3.** [used as intensifier] vraiment / *I'm very tired indeed* je suis vraiment très fatigué / *thank you very much indeed* merci beaucoup / *that's praise indeed!* ça, c'est un compliment !, voilà ce qui s'appelle un compliment ! ; [in replies] en effet / *I believe you support their policy — I do indeed* je crois que vous soutenez leur politique — en effet **4.** [as surprised, ironic response] : *he asked us for a pay rise — indeed!* il nous a demandé une augmentation — eh bien ! or vraiment ? / *I've bought a new car — have you indeed!* j'ai acheté une nouvelle voiture — vraiment ?

indefatigable [,ɪndɪ'fætɪgəbl] adj infatigable.

indefatigably [,ɪndɪ'fætɪgəblɪ] adv infatigablement, sans se fatiguer, inlassablement.

indefensible [,ɪndɪ'fensəbl] adj **1.** [conduct] injustifiable, inexcusable ; [argument] insoutenable, indéfendable **2.** MIL indéfendable.

indefensibly [,ɪndɪ'fensəblɪ] adv de façon indéfendable.

indefinable [,ɪndɪ'faɪnəbl] adj indéfinissable.

indefinably [,ɪndɪ'faɪnəblɪ] adv indescriptiblement.

indefinite [ɪn'defɪnɪt] adj [indeterminate] indéterminé, illimité / *for an indefinite period* pour une période indéterminée / *an indefinite strike* une grève illimitée / *of indefinite origin* d'origine incertaine ; [vague, imprecise] flou, peu précis / *an indefinite answer* une réponse floue or vague.

indefinite article n article *m* indéfini.

indefinitely [ɪn'defɪnətlɪ] adv **1.** [without limit] indéfiniment / *we can't go on indefinitely* on ne peut pas continuer indéfiniment / **'closed indefinitely'** 'fermé jusqu'à nouvel avis or ordre' **2.** [imprecisely] vaguement.

indefinite pronoun n pronom *m* indéfini.

indelible [ɪn'deləbl] adj [ink, stain] indélébile ; [memory] impérissable ▸ **indelible marker** UK marqueur *m* indélébile.

indelibly [ɪn'deləblɪ] adv de manière indélébile / *her face remained indelibly fixed in his memory* son visage resta à jamais gravé dans sa mémoire.

indelicacy [ɪn'delɪkəsɪ] (*pl* **indelicacies**) n **1.** [of behaviour, remark] indélicatesse *f* **2.** [tactless remark, action] manque *m* de tact.

indelicate [ɪn'delɪkət] adj [action] déplacé, indélicat ; [person, remark] indélicat, qui manque de tact.

indemnification [ɪn,demnɪfɪ'keɪʃn] n **1.** [act of compensation] indemnisation *f*, dédommagement *m* **2.** [sum reimbursed] indemnité *f.*

indemnify [ɪn'demnɪfaɪ] (*pt & pp* **indemnified**) vt **1.** [compensate] indemniser, dédommager ▸ **to be indemnified for sthg** être indemnisé or dédommagé de qqch **2.** [insure] assurer, garantir ▸ **to be indemnified for** or **against sthg** être assuré contre qqch.

indemnity [ɪn'demnətɪ] (*pl* **indemnities**) n **1.** [compensation] indemnité *f*, dédommagement *m* ▸ **war indemnities** réparations *fpl* de guerre **2.** [insurance] assurance *f* **3.** [exemption - from prosecution] immunité *f.*

indent ◆ vt [ɪn'dent] **1.** [line of text] mettre en retrait / *indent the first line* commencez la première ligne en retrait or avec un alinéa **2.** [edge] denteler, découper ; [more deeply] échancrer **3.** [surface] marquer, faire une empreinte dans **4.** UK COMM [goods] commander **5.** = **indenture.** ◆ vi [ɪn'dent] **1.** [at start of paragraph] faire un alinéa **2.** UK COMM passer commande ▸ **to indent on sb for sthg** commander qqch à qqn. ◆ n ['ɪndent] **1.** UK COMM [order] commande *f* ; [order form] bordereau *m* de commande **2.** = **indentation.**

indentation [,ɪnden'teɪʃn] n **1.** [in line of text] renfoncement *m* **2.** [in edge] dentelure *f* ; [deeper] échancrure *f* ; [in coastline] découpure *f* **3.** [on surface] empreinte *f* **4.** = **indenture.**

indented [ɪn'dentɪd] adj [edge] découpé, dentelé ; [coastline] découpé.

indenture [ɪn'dentʃə^r] ◆ n (*often pl*) contrat *m* ; [of apprentice] contrat *m* d'apprentissage. ◆ vt engager par contrat ; [apprentice] mettre or placer comme apprenti / *he was indentured to a carpenter* on le mit comme apprenti or en apprentissage chez un menuisier ▸ **indentured labour** / **labourer** UK ouvriers *mpl* / ouvrier *m* sous contrat.

indentureship [ɪn'dentʃəʳʃɪp] n travail *m* sous contrat.

independence [,ɪndɪ'pendəns] n [gen & POL] indépendance *f* / *the country has recently gained its independence* le pays vient d'accéder à l'indépendance ▸ **the (American) War of Independence** la guerre d'Indépendance (américaine).

 **The American War of Independence**

Guerre d'indépendance des 13 colonies de la Nouvelle-Angleterre, en réaction à la dureté de l'administration britannique qui leur imposait de lourdes taxes. Marqué par la Déclaration d'indépendance du 4 juillet 1776, le conflit dura sept ans ; la République fédérée des États-Unis fut reconnue en 1783 au traité de Paris.

Independence Day n fête *f* nationale de l'Indépendance *(aux États-Unis)*.

independency [,ɪndɪ'pendənsɪ] (*pl* **independencies**) n **1.** [country] État *m* indépendant **2.** = **independence**.

independent [,ɪndɪ'pendənt] ◆ adj **1.** indépendant / *to become independent* [country] accéder à l'indépendance / *she is independent of her parents* elle ne dépend plus de ses parents / *two independent studies have been made* deux études indépendantes ont été menées / *two independent sources have confirmed the rumour* deux sources indépendantes ont confirmé la rumeur / *he is incapable of independent thought* il est incapable de penser par lui-même ▸ **independent income** revenus *mpl* indépendants, rentes *fpl* ▸ **to be of independent means** être rentier, vivre de ses rentes ▸ **independent inquiry** enquête *f* indépendante **2.** GRAM, PHILOS & MATH indépendant. ◆ n **1.** [gen] indépendant *m*, -e *f* ▸ **The Independent** PRESS *quotidien britannique de qualité sans affiliation politique particulière* ⟶ **broadsheet 2.** POL indépendant *m*, -e *f*, non-inscrit *m*, -e *f*.

independently [,ɪndɪ'pendəntlɪ] adv de manière indépendante, de manière autonome ▸ **independently of** indépendamment de / *to be independently wealthy* vivre de sa fortune personnelle.

independent school n UK école *f* privée.

in-depth adj en profondeur.

indescribable [,ɪndɪ'skraɪbəbl] adj indescriptible.

indescribably [,ɪndɪ'skraɪbəblɪ] adv incroyablement.

indestructible [,ɪndɪ'strʌktəbl] adj indestructible.

indeterminable [,ɪndɪ'tɜ:mɪnəbl] adj **1.** [fact, amount, distance] indéterminable **2.** [controversy, problem] insoluble.

indeterminacy [,ɪndɪ'tɜ:mɪnəsɪ] n indétermination *f*.

indeterminate [,ɪndɪ'tɜ:mɪnət] adj **1.** [undetermined, indefinite] indéterminé / *for an indeterminate period* pour une période indéterminée / *indeterminate sentence* peine *f* (de prison) de durée indéterminée **2.** [vague, imprecise] flou, vague **3.** LING, MATH & PHILOS indéterminé.

indeterminately [,ɪndɪ'tɜ:mɪnətlɪ] adv **1.** [indefinitely] de façon indéterminée **2.** [vaguely] de manière floue, imprécisément.

indeterminism [,ɪndɪ'tɜ:mɪnɪzm] n indéterminisme *m*.

index ['ɪndeks] (*pl* **indexes** *or* **indices** [-dɪsi:z]) ◆ n **1.** (*pl* **indexes**) [in book, database] index *m* ▸ **name index** index des noms propres **2.** (*pl* **indexes**) [in library] catalogue *m*, répertoire *m* ; [on index cards] fichier *m* **3.** (*pl* **indexes**) [finger] index *m* **4.** (*pl* **indices** [-dɪsi:z]) ECON & PHYS indice *m* **5.** (*pl* **indices** [-dɪsi:z]) [pointer on scale] aiguille *f*, indicateur *m* ; *fig* [sign] indice *m*, indicateur *m* / *it is a good index of the current political mood* c'est un bon indicateur du climat politique actuel **6.** (*pl* **indices** [-dɪsi:z]) MATH [subscript] indice *m* ; [superscript] exposant *m* **7.** (*pl* **indexes**) TYPO [pointing fist] renvoi *m* **8.** RELIG ▸ **Index** Index *m*. ◆ vt **1.** [word, book, database] indexer / *all geographical names are indexed* tous les noms géographiques sont indexés / *you'll find it indexed under "science"* vous trouverez ça indexé à « science » or dans l'index sous (l'entrée) « science » **2.** ECON indexer ▸ **indexed to** indexé sur **3.** MECH indexer.

indexation [,ɪndek'seɪʃn] n indexation *f*.

index card n fiche *f*.

index finger n index *m*.

index fund n fonds *m* indiciel.

index-linked adj UK indexé.

index-linking n UK indexation *f*.

index number n [in statistics] indice *m*.

index page n index *m*, page *f* d'accueil.

index register n registre *m* d'index.

India ['ɪndjə] pr n Inde *f* / *in India* en Inde.

India ink US = **Indian ink**.

Indiaman ['ɪndjəmən] (*pl* **Indiamen** [-mən]) n UK *grand voilier assurant le commerce avec les Indes*.

Indian ['ɪndjən] ◆ n [person - in America, Asia] Indien *m*, -enne *f*. ◆ adj [American or Asian] indien.

Indiana [,ɪndɪ'ænə] pr n Indiana *m* / *in Indiana* dans l'Indiana.

Indian agent n US & CAN délégué *m*, -e *f* aux affaires indiennes.

Indianapolis [,ɪndɪə'næpəlɪs] pr n Indianapolis.

Indian club n massue *f (pour la gymnastique)*.

Indian corn n US maïs *m*.

Indian elephant n éléphant *m* d'Asie.

Indian file n ▸ **in Indian file** en file *f* indienne.

Indian hemp n UK chanvre *m* indien, cannabis *m*.

Indian ink n UK encre *f* de Chine.

Indian Mutiny pr n ▸ **the Indian Mutiny** *grande révolte indienne contre les Britanniques en 1857*.

Indian Ocean pr n ▸ **the Indian Ocean** l'océan *m* Indien.

Indian red n colcotar *m*, rouge *m* de Prusse.

Indian sign n US sort *m (jeté sur qqn)*.

Indian summer n été *m* de la Saint-Martin, été *m* indien ; *fig* vieillesse *f* heureuse.

Indian Territory pr n *région à l'ouest du Mississippi où les Indiens furent contraints d'immigrer à la fin du XIXᵉ siècle*.

Indian Wars pl pr n US HIST *guerres entre les Indiens d'Amérique et les colons aux XVIIIᵉ et XIXᵉ siècles*.

Indian wrestling n bras *m* de fer.

India paper n papier *m* bible.

India rubber n UK [substance] caoutchouc *m* ; [eraser] gomme *f*.

indicate ['ɪndɪkeɪt] ◆ vt **1.** [show, point to] indiquer / *to indicate the way* indiquer or montrer le chemin / *the footprints would seem to indicate that someone has been here* les traces de pas semblent indiquer que quelqu'un est passé par ici / *this dial indicates the temperature* ce cadran indique la température / *all the pointers indicate a rise in unemployment* tous les indicateurs font état d'une montée du chômage **2.** [make clear] signaler / *as I have already indicated* comme je l'ai déjà signalé or fait remarquer / *he indicated his willingness to help* il nous a fait savoir qu'il était prêt à nous aider / *she indicated that the interview was over* elle a fait comprendre que l'entretien était terminé **3.** UK AUTO ▸ **to indicate (that one is turning) left** / **right** mettre son clignotant à gauche / à droite (pour tourner) **4.** [recommend, require] indiquer / *surgery is indicated* l'opération semble tout indiquée. ◆ vi UK AUTO mettre son clignotant.

indication [,ɪndɪ'keɪʃn] n **1.** [sign] indication *f* / *she gave no indication that she had seen me* rien ne pouvait laisser supposer qu'elle m'avait vu / *he gave us a clear indication of his intentions* il nous a clairement fait comprendre or clairement indiqué ses intentions / *all the indications are that...* or *there is every indication that...* tout porte à croire que... **2.** [act of indicating] indication *f*.

indicative [ɪn'dɪkətɪv] ◆ adj **1.** [symptomatic] indicatif ▸ **indicative of** : *his handwriting is indicative of his mental state* son écriture est révélatrice de son état mental / *it is indicative of a strong personality* cela témoigne d'une forte personnalité **2.** GRAM indicatif ▸ **the indicative mood** le mode indicatif, l'indicatif *m*. ◆ n GRAM indicatif *m* / *in the indicative* à l'indicatif.

indicator ['ɪndɪkeɪtəʳ] n **1.** [instrument] indicateur *m* ; [warning lamp] voyant *m* ▸ **temperature indicator** indicateur *m* de température **2.** AUTO clignotant *m* **3.** [at station, in airport] ▸ **arrivals** / **departures indicator** panneau *m* des arrivées / des départs **4.** *fig* indicateur *m* ▸ **economic indicators** indicateurs *mpl* économiques **5.** CHEM indicateur *m* **6.** LING indicateur *m*.

indices [-dɪsi:z] pl ⟶ **index**.

indict [ɪn'daɪt] vt LAW inculper, mettre en examen *spec*.

indictable [ɪn'daɪtəbl] adj LAW **1.** [person] passible de poursuites **2.** [crime] passible des tribunaux.

indictment [ɪn'daɪtmənt] n **1.** LAW inculpation *f*, mise *f* en examen *spec* / *indictment for fraud* inculpation pour fraude **2.** *fig* : *a damning indictment of government policy* un témoignage accablant contre la politique gouvernementale.

indie ['ɪndɪ] adj *inf* [band, charts] indépendant *(dont les disques sont produits par des maisons indépendantes)*.

Indies ['ɪndɪz] pl n ▸ **the Indies** les Indes *fpl* / *in the Indies* aux Indes.

indifference [ɪn'dɪfrəns] n **1.** [unconcern] indifférence *f* / *with total indifference* avec une indifférence totale ▸ **indifference towards** manque *m* d'intérêt pour **2.** [mediocrity] médiocrité *f* **3.** [unimportance] insignifiance *f* / *it is a matter of great indifference to me* c'est une question qui me laisse totalement indifférent **4.** PHILOS indifférence *f*.

indifferent [ɪn'dɪfrənt] adj **1.** [unconcerned, cold] indifférent / *she was indifferent to the beauty of the landscape* elle était indifférente à la beauté du paysage / *he was indifferent to her pleas* il est resté sourd à ses suppliques / *indifferent to the danger* insouciant du danger **2.** [unimportant] indifférent / *it's indifferent to me whether they go or stay* qu'ils partent ou qu'ils restent, cela m'est égal or indifférent **3.** [mediocre] médiocre, quelconque / *good, bad or indifferent* bon, mauvais ou ni l'un ni l'autre **4.** BIOL [cell, tissue] indifférencié.

indifferently [ɪn'dɪfrəntlɪ] adv **1.** [unconcernedly] indifféremment, avec indifférence **2.** [not well] médiocrement.

indigence ['ɪndɪʤəns] n *fml* indigence *f*.

indigenous [ɪn'dɪʤɪnəs] adj **1.** [animal, plant, custom] indigène ; [population] autochtone / *rabbits are not indigenous to Australia* à l'origine, il n'y avait pas de lapins en Australie **2.** [innate] inné, natif *liter*.

indigent ['ɪndɪʤənt] *fml* ◆ adj indigent, nécessiteux. ◆ n indigent *m*, -e *f*.

indigestible [,ɪndɪ'ʤestəbl] adj indigeste.

indigestion [,ɪndɪ'ʤestʃn] n *(U)* indigestion *f* / *to have indigestion* avoir une indigestion.

indignant [ɪn'dɪgnənt] adj indigné, outré / *he was indignant at her attitude* il était indigné par son attitude / *an indignant look* un regard outré.

indignantly [ɪn'dɪgnəntlɪ] adv avec indignation.

indignation [,ɪndɪg'neɪʃn] n indignation *f* / *public indignation* indignation générale.

indignity [ɪn'dɪgnətɪ] (*pl* **indignities**) n indignité *f* / *he suffered the indignity of having to ask for a loan* il a dû s'abaisser à solliciter un prêt.

indigo ['ɪndɪgəʊ] (*pl* **indigos** *or* **indigoes**) ◆ n **1.** [dye, colour] indigo *m* **2.** [plant] indigotier *m*. ◆ adj indigo *(inv)*.

indigo blue = **indigo**.

indirect [,ɪndɪ'rekt] adj indirect / *by an indirect route* par un chemin indirect or détourné / *the indirect effects of radioactivity* les effets indirects or secondaires de la radioactivité / *an indirect reference* une allusion voilée ▸ **indirect free kick** FOOT coup *m* franc indirect.

indirect costs pl n coûts *mpl* indirects.

indirect lighting n éclairage *m* indirect.

indirectly [,ɪndɪ'rektlɪ] adv indirectement / *I heard about it indirectly* je l'ai appris indirectement or par personnes interposées / *she felt indirectly responsible* elle se sentait indirectement responsable.

indirectness [,ɪndɪ'rektnɪs] n caractère *m* indirect.

indirect object n objet *m* indirect.

indirect question n question *f* indirecte.

indirect speech n discours *m* indirect.

indirect tax n impôts *mpl* indirects.

indirect taxation n fiscalité *f* indirecte.

indiscernible [,ɪndɪ'sɜ:nəbl] adj indiscernable, imperceptible.

indiscipline [ɪn'dɪsɪplɪn] n indiscipline *f*.

indiscreet [,ɪndɪ'skri:t] adj indiscret (indiscrète).

indiscreetly [,ɪndɪ'skri:tlɪ] adv indiscrètement.

indiscretion [,ɪndɪ'skreʃn] n indiscrétion *f*.

indiscriminate [,ɪndɪ'skrɪmɪnət] adj : *it was indiscriminate slaughter* ce fut un massacre aveugle / *to distribute indiscriminate punishment / praise* distribuer des punitions / des éloges à tort et à travers / *children are indiscriminate in their television viewing* les enfants regardent la télévision sans discernement / *indiscriminate admiration* admiration inconditionnelle.

indiscriminately [,ɪndɪ'skrɪmɪnətlɪ] adv : *he reads indiscriminately* il lit tout ce qui lui tombe sous la main / *the plague struck rich and poor indiscriminately* la peste a frappé indifféremment les riches et les pauvres / *she admired everything indiscriminately* elle admirait tout sans discernement / *I use the two terms indiscriminately* j'utilise indifféremment les deux termes.

indiscrimination ['ɪndɪs,krɪmɪ'neɪʃn] n manque *m* de discernement.

indispensable [,ɪndɪ'spensəbl] adj indispensable ▸ **indispensable to** indispensable à or pour ▸ **to make o.s. indispensable to sb** se rendre indispensable à qqn.

indisposed [,ɪndɪ'spəʊzd] adj *fml* **1.** *euph* [sick] indisposé, souffrant **2.** [unwilling] peu enclin, peu disposé ▸ **to be indisposed to do sthg** être peu enclin or peu disposé à faire qqch.

indisposition [,ɪndɪspə'zɪʃn] n *fml* **1.** *euph* [illness] indisposition *f* **2.** [unwillingness] dispositions *fpl* peu favorables, manque *m* d'empressement.

indisputable [,ɪndɪ'spju:təbl] adj incontestable, indiscutable.

indisputably [,ɪndɪ'spju:təblɪ] adv incontestablement, indiscutablement.

indissoluble [,ɪndɪ'sɒljʊbl] adj indissoluble.

indissolubly [,ɪndɪ'sɒljʊblɪ] adv indissolublement.

indistinct [,ɪndɪ'stɪŋkt] adj indistinct.

indistinctly [,ɪndɪ'stɪŋktlɪ] adv indistinctement.

indistinguishable [,ɪndɪ'stɪŋgwɪʃəbl] adj **1.** [alike] impossible à distinguer / *his handwriting is indistinguishable from his brother's* son écriture est impossible à distinguer de celle de son frère / *the twins are indistinguishable* les jumeaux se ressemblent à s'y méprendre **2.** [imperceptible] imperceptible.

indistinguishably [,ɪndɪ'stɪŋgwɪʃəblɪ] adv imperceptiblement.

indium ['ɪndɪəm] n indium *m*.

individual [,ɪndɪ'vɪdʒʊəl] ◆ adj **1.** [for one person] individuel / *individual portions* portions *fpl* individuelles or pour une personne / *she has individual tuition* elle prend des cours particuliers / *individual rights* droits *mpl* de l'individu or de la personne **2.** [single, separate] particulier / *we cannot consider each individual case* nous ne pouvons pas considérer tous les cas particuliers or chaque cas en particulier / *it's impossible to investigate each individual complaint* il est impossible d'étudier séparément chaque réclamation / *each individual case is different* chaque cas est différent / *everyone will have his individual copy* chacun aura son exemplaire personnel or son propre exemplaire **3.** [distinctive] personnel, particulier / *she has a very individual way of working* elle a une façon très particulière or personnelle de travailler. ◆ n [gen, BIOL & LOGIC] individu *m* / *who's that strange individual?* qui est cet individu bizarre ? / *as a private individual* comme simple particulier.

individualism [,ɪndɪ'vɪdʒʊəlɪzm] n [gen, PHILOS & POL] individualisme *m*.

individualist [,ɪndɪ'vɪdʒʊəlɪst] n individualiste *mf*.

individualistic ['ɪndɪ,vɪdʒʊə'lɪstɪk] adj individualiste.

individuality ['ɪndɪ,vɪdʒʊ'ælətɪ] (*pl* **individualities**) n individualité *f*.

individualize, **individualise** [,ɪndɪ'vɪdʒʊəlaɪz] vt individualiser.

individually [,ɪndɪ'vɪdʒʊəlɪ] adv **1.** [separately] individuellement / *individually wrapped fruit* fruits emballés individuellement or séparément **2.** [distinctively] de façon distinctive / *he dresses very individually* il s'habille de façon très originale, il a une façon très personnelle de s'habiller.

individuate [,ɪndɪ'vɪdʒʊeɪt] vt différencier.

indivisible [,ɪndɪ'vɪzəbl] adj indivisible / *17 is indivisible by 3* 17 n'est pas divisible par 3.

Indo- ['ɪndəʊ] in comp indo- / *an Indo-Pakistani agreement* un accord indo-pakistanais.

Indochina [,ɪndəʊ'tʃaɪnə] pr n Indochine *f* / *in Indochina* en Indochine.

Indochinese [,ɪndəʊtʃaɪ'ni:z] ◆ n Indochinois *m*, -e *f*. ◆ adj indochinois.

indoctrinate [ɪn'dɒktrɪneɪt] vt endoctriner / *they were indoctrinated with revolutionary ideas* on leur a inculqué des idées révolutionnaires.

indoctrination [ɪn,dɒktrɪ'neɪʃn] n endoctrinement *m*.

Indo-European ['ɪndəʊ,jʊərə'pi:ən] ◆ n indo-européen *m*. ◆ adj indo-européen.

indolence ['ɪndələns] n **1.** [laziness] paresse *f*, indolence *f* **2.** MED indolence *f*.

indolent ['ɪndələnt] adj **1.** [lazy] paresseux, indolent **2.** MED indolent.

indolently ['ɪndələntlɪ] adv paresseusement, indolemment.

Indology [ɪn'dɒlədʒɪ] n étude *f* de la civilisation indienne.

indomitable [ɪn'dɒmɪtəbl] adj indomptable, irréductible.

indomitably [ɪn'dɒmɪtəblɪ] adv de façon indomptable, irréductiblement.

Indonesia [,ɪndə'ni:zjə] pr n Indonésie *f* / *in Indonesia* en Indonésie.

Indonesian [,ɪndə'ni:zjən] ◆ n **1.** [person] Indonésien *m*, -enne *f* **2.** LING indonésien *m*. ◆ adj indonésien.

indoor ['ɪndɔ:ʳ] adj [toilet] à l'intérieur ; [clothing] d'intérieur ; [swimming pool, tennis court] couvert ; [sport] pratiqué en salle ▸ **indoor athletics** athlétisme *m* en salle ▸ **indoor games a)** [sports] jeux *mpl* pratiqués en salle **b)** [board-games, charades, etc.] jeux *mpl* d'intérieur ▸ **indoor plants** plantes *fpl* d'intérieur or d'appartement ▸ **indoor scene** CIN & TV scène *f* tournée en intérieur.

indoors [,ɪn'dɔ:z] adv à l'intérieur / *let's go indoors* rentrons (à l'intérieur) / *it's much cooler indoors* il fait beaucoup plus frais à l'intérieur / *I don't like being indoors all day* je n'aime pas rester enfermée toute la journée.

indorse [ɪn'dɔ:s] = **endorse**.

indraught UK, **indraft** US ['ɪndrɑ:ft] n [of liquid, air] afflux *m*.

indrawn [,ɪn'drɔ:n] adj **1.** [air] ▸ **indrawn breath** aspiration *f*, inspiration *f* **2.** [person] replié sur soi-même, renfermé.

indubitable [ɪn'dju:bɪtəbl] adj indubitable.

indubitably [ɪn'dju:bɪtəblɪ] adv assurément, indubitablement.

induce [ɪn'dju:s] vt **1.** [cause] entraîner, provoquer / *this drug sometimes induces sleepiness* ce médicament peut provoquer la somnolence **2.** [persuade] persuader, décider / *nothing will induce me to change my mind* rien ne me décidera à or ne me fera changer d'avis **3.** MED [labour] déclencher (artificiellement) **4.** PHILOS [infer] induire **5.** ELEC induire.

-induced [ɪn'dju:st] in comp ▸ **work-induced injury** accident *m* du travail ▸ **drug-induced sleep** sommeil *m* provoqué par des médicaments.

inducement [ɪn'dju:smənt] n **1.** [encouragement] persuasion *f* **2.** [reward] incitation *f*, récompense *f* ; [bribe] pot-de-vin *m* / *he was offered considerable financial inducements to leave his company* on lui a offert des sommes considérables pour l'inciter à quitter son entreprise.

induct [ɪn'dʌkt] vt **1.** [into office, post] installer **2.** [into mystery, unknown field] initier **3.** US MIL appeler (sous les drapeaux) **4.** ELEC = **induce**.

inductance [ɪn'dʌktəns] n ELEC **1.** [property] inductance *f* **2.** [component] inducteur *m*.

inductee [,ɪndʌk'ti:] n US MIL conscrit *m*, appelé *m*.

induction [ɪn'dʌkʃn] n **1.** [into office, post] installation *f* ; [into mystery, new field] initiation *f* **2.** [causing] provocation *f*, déclenchement *m* / *induction of sleep by drugs* sommeil *m* provoqué par des médicaments **3.** MED [of labour] déclenchement *m* (artificiel) **4.** PHILOS induction *f* **5.** US MIL conscription *f*, appel *m* sous les drapeaux **6.** BIOL, ELEC & TECH induction *f*.

induction coil n bobine *f* d'inductance.

induction course n stage *m* préparatoire or de formation.

induction hob n plaque *f* de cuisson à induction.

induction motor n moteur *m* à induction.

inductive [ɪn'dʌktɪv] adj inductif.

inductor [ɪn'dʌktəʳ] n inducteur *m*.

indulge [ɪn'dʌldʒ] ◆ vi ▸ **to indulge in** se livrer à / *let us indulge in a little speculation* livrons-nous à quelques suppositions / *I occasionally indulge in a cigar* je me permets un cigare de temps en temps / *no thank you, I don't indulge* **a)** [drink] non merci, je ne bois pas **b)** [smoke] non merci, je ne fume pas. ◆ vt **1.** [person] gâter / *she indulges her children* elle gâte ses enfants, elle passe tout à ses enfants ▸ **to indulge o.s.** se faire plaisir / *we really indulged ourselves* on s'est vraiment fait plaisir **2.** [desire, vice] assouvir / *she indulged her passion for skiing* elle a satisfait sa passion pour le ski / *he indulges her every whim* il se prête à or il lui passe tous ses caprices **3.** COMM [debtor] accorder un délai de paiement à.

indulgence [ɪn'dʌldʒəns] n **1.** [tolerance, kindness] indulgence *f* **2.** [gratification] assouvissement *m* / *the indulgence of his every desire* l'assouvissement de tous ses désirs / *indulgence in bad habits* fait *m* de se complaire dans de mauvaises habitudes **3.** [privilege] privilège *m* ; [treat] gâterie *f* / *we allow ourselves a few small indulgences from time to time* nous nous offrons quelques petites gâteries de temps en temps / *smoking is my only indulgence* mon seul vice, c'est le tabac **4.** RELIG indulgence *f*.

indulgent [ɪn'dʌldʒənt] adj [liberal, kind] indulgent, complaisant / *you shouldn't be so indulgent with your children* vous ne devriez pas vous montrer aussi indulgent envers vos enfants.

indulgently [ɪn'dʌldʒəntlɪ] adv avec indulgence.

indulin ['ɪndjʊlɪn], **induline** ['ɪndjʊlaɪn] n induline *f*.

Indus ['ɪndəs] pr n ▸ **the (River) Indus** l'Indus *m*.

industrial [ɪn'dʌstrɪəl] adj [gen] industriel ; [unrest] social / *an industrial city* une ville industrielle ▸ **industrial accident** accident *m* du travail ▸ **industrial archaeology** archéologie *f* industrielle ▸ **industrial diamond** diamant *m* industriel or de nature ▸ **industrial dispute** conflit *m* social ▸ **industrial espionage** espionnage *m* industriel ▸ **industrial injury** accident *m* du travail ▸ **the Industrial Revolution** la révolution industrielle ▸ **indus-**

trial school US école *f* technique ▸ **industrial workers** travailleurs *mpl* de l'industrie.

⁂ **industrials** pl n ST. EX titres *mpl* industriels.

The Industrial Revolution

Processus d'industrialisation qui, au XVIIIe siècle, apporta de profonds changements dans la société britannique en bouleversant ses structures et son fonctionnement traditionnel. Si la richesse nationale augmenta rapidement, apportant à la Grande-Bretagne un rayonnement économique mondial, elle fut synonyme de misère pour la classe ouvrière jusqu'au XXe siècle.

industrial action n *(U)* UK grève *f*, grèves *fpl* / *they threatened (to take) industrial action* ils ont menacé de faire grève.

industrial arts pl n US SCH enseignement *m* technologique.

industrial design n dessin *m* industriel.

industrial estate n UK zone *f* industrielle.

industrialism [ɪn'dʌstrɪəlɪzm] n industrialisme *m*.

industrialist [ɪn'dʌstrɪəlɪst] n industriel *m*.

industrialization [ɪn,dʌstrɪəlaɪ'zeɪʃn] n industrialisation *f*.

industrialize, industrialise [ɪn'dʌstrɪəlaɪz] ◆ vt industrialiser. ◆ vi s'industrialiser.

industrialized [ɪn'dʌstrɪəlaɪzd] adj industrialisé / *the industrialized countries* les pays *mpl* industrialisés.

industrial park US = **industrial estate.**

industrial relations pl n relations *fpl* entre le patronat et les travailleurs / *industrial relations have deteriorated* le climat social s'est dégradé.

industrial-strength adj [adhesive, bleach, etc.] à usage industriel ; *hum* [coffee] hyper-costaud.

industrial tribunal n ≃ conseil *m* de prud'hommes.

industrious [ɪn'dʌstrɪəs] adj travailleur.

industriously [ɪn'dʌstrɪəslɪ] adv avec application, industrieusement *liter*.

industriousness [ɪn'dʌstrɪəsnɪs] n application *f*, diligence *f*.

industry ['ɪndʌstrɪ] *(pl* **industries***)* n **1.** [business] industrie *f* / *both sides of industry* syndicats *mpl* et patronat *m*, les partenaires *mpl* sociaux / *the oil / film industry* l'industrie pétrolière / cinématographique **2.** application *f*, diligence *f*.

industry-standard adj normalisé.

inebriate *fml* ◆ vt [ɪ'ni:brɪeɪt] enivrer, griser. ◆ adj [ɪ'ni:brɪət] ivre. ◆ n [ɪ'ni:brɪət] ivrogne *mf*, alcoolique *mf*.

inebriated [ɪ'ni:brɪeɪtɪd] adj *fml* ivre / *inebriated by his success fig* grisé par son succès.

inebriation [ɪ,ni:brɪ'eɪʃn] n *fml* enivrement *m* ; [habitual] ivrognerie *f*, alcoolisme *m*.

inedible [ɪn'edɪbl] adj **1.** [unsafe to eat] non comestible / *inedible mushrooms* des champignons non comestibles **2.** [unpleasant to eat] immangeable.

ineducable [ɪn'edjʊkəbl] adj inéducable.

ineffable [ɪn'efəbl] adj *liter* ineffable, indicible.

ineffably [ɪn'efəblɪ] adv *liter* ineffablement, indiciblement.

ineffective [,ɪnɪ'fektɪv] adj **1.** [person] inefficace, incapable, incompétent / *an ineffective leader* un dirigeant incompétent **2.** [action] inefficace, sans effet / *the drug is ineffective against the new virus* le médicament est inefficace or n'a aucun effet contre le nouveau virus.

ineffectively [,ɪnɪ'fektɪvlɪ] adv sans résultat.

ineffectiveness [,ɪnɪ'fektɪvnɪs] n inefficacité *f*.

ineffectual [,ɪnɪ'fektʃʊəl] adj incompétent.

inefficacious [,ɪnefɪ'keɪʃəs] adj inefficace, sans effet.

inefficacity [,ɪnefɪ'kæsətɪ], **inefficacy** [ɪn'efɪkəsɪ] n inefficacité *f*.

inefficiency [,ɪnɪ'fɪʃnsɪ] *(pl* **inefficiencies***)* n inefficacité *f*, manque *m* d'efficacité / *the inefficiency of the old machines* le manque de rendement or le faible rendement des anciennes machines.

inefficient [,ɪnɪ'fɪʃnt] adj inefficace / *an inefficient use of resources* une mauvaise utilisation des ressources / *these old machines are too inefficient* le rendement de ces vieilles machines est vraiment insuffisant.

inefficiently [,ɪnɪ'fɪʃntlɪ] adv inefficacement.

inelastic [,ɪnɪ'læstɪk] adj **1.** [material] rigide, inélastique ; [schedule] rigide, inflexible **2.** PHYS [collision] inélastique.

inelegant [ɪn'elɪgənt] adj inélégant.

inelegantly [ɪn'elɪgəntlɪ] adv de façon peu élégante.

ineligibility [ɪn,elɪdʒə'bɪlətɪ] n **1.** [gen] : *his ineligibility for unemployment benefit* le fait qu'il n'ait pas droit aux allocations de chômage / *the ineligibility of most of the applications* l'irrecevabilité *f* de la plupart des demandes **2.** [for election] inéligibilité *f*.

ineligible [ɪn'elɪdʒəbl] adj **1.** [unqualified] non qualifié / *he is ineligible for the post* il n'est pas qualifié pour le poste / *to be ineligible for military service* être inapte au service militaire / *they are ineligible for unemployment benefit* ils n'ont pas droit aux allocations de chômage / *they are ineligible to vote* ils n'ont pas le droit de voter **2.** [for election] inéligible.

ineluctable [,ɪnɪ'lʌktəbl] adj *fml* inéluctable.

inept [ɪ'nept] adj inepte.

ineptitude [ɪ'neptɪtju:d] n ineptie *f*.

ineptly [ɪ'neptlɪ] adv absurdement, stupidement.

ineptness [ɪ'neptnɪs] = **ineptitude.**

inequality [,ɪnɪ'kwɒlətɪ] *(pl* **inequalities***)* n inégalité *f*.

inequitable [ɪn'ekwɪtəbl] adj inéquitable.

inequity [ɪn'ekwətɪ] *(pl* **inequities***)* n *fml* injustice *f*, iniquité *f*.

ineradicable [,ɪnɪ'rædɪkəbl] adj indéracinable.

inert [ɪ'nɜ:t] adj inerte.

inert gas n gaz *m* inerte.

inertia [ɪ'nɜ:ʃə] n inertie *f*.

inertial [ɪ'nɜ:ʃəl] adj inertiel.

inertia-reel seat belt n ceinture *f* de sécurité à enrouleur.

inertia selling n *(U)* UK vente *f* forcée.

inescapable [,ɪnɪ'skeɪpəbl] adj [outcome] inévitable, inéluctable ; [fact] indéniable.

inescapably [,ɪnɪ'skeɪpəblɪ] adv inévitablement, indéniablement.

inessential [,ɪnɪ'senʃl] adj non essentiel.

⁂ **inessentials** pl n superflu *m* / *to do without inessentials* se passer du superflu.

inestimable [ɪn'estɪməbl] adj inestimable, incalculable.

inestimably [ɪn'estɪməblɪ] adv : *they're inestimably rich* ils ont une fortune incalculable / *he's been inestimably lucky* il a eu une chance absolument incroyable.

inevitability [ɪn,evɪtə'bɪlətɪ] n inévitabilité *f*.

inevitable [ɪn'evɪtəbl] ◆ adj [outcome, consequence] inévitable, inéluctable ; [end] inévitable, fatal / *war seems inevitable* la guerre semble inévitable / *it's inevitable that someone will feel left out* il est inévitable or on ne pourra empêcher que quelqu'un se sente exclu / *the inevitable cigarette in his mouth* l'éternelle or l'inévitable cigarette au coin des lèvres. ◆ n inévitable *m* / *we had to resign ourselves to the inevitable* il fallut nous résoudre à accepter l'inévitable.

Note that **inévitable que** is followed by a verb in the subjunctive:
It's inevitable that he'll hold it against you.
Il est inévitable qu'il t'en tienne rigueur.

inevitably [ɪn'evɪtəblɪ] adv inévitablement, fatalement.

inexact [,ɪnɪg'zækt] adj [imprecise] imprécis ; [wrong] inexact, erroné / *our figures are still inexact* nos chiffres sont encore imprécis.

inexactitude [,ɪnɪg'zæktɪtju:d] n **1.** [imprecision] imprécision *f* ; [incorrectness] inexactitude *f* **2.** [mistake] inexactitude *f*.

inexactly [,ɪnɪg'zæktlɪ] adv [imprecisely] de façon imprécise ; [incorrectly] inexactement, incorrectement.

inexcusable [,ɪnɪk'skju:zəbl] adj inexcusable, impardonnable.

inexcusably [,ɪnɪk'skju:zəblɪ] adv : *inexcusably rude* d'une grossièreté impardonnable / *he behaved quite inexcusably at the party* la façon dont il s'est comporté à la soirée est inexcusable.

inexhaustible [,ɪnɪg'zɔ:stəbl] adj **1.** [source, energy, patience] inépuisable, illimité **2.** [person] infatigable.

inexorable [ɪn'eksərəbl] adj inexorable.

inexorably [ɪn'eksərəblɪ] adv inexorablement.

inexpedient [,ɪnɪk'spi:djənt] adj peu judicieux, malavisé.

inexpensive [,ɪnɪk'spensɪv] adj bon marché *(inv)*, peu cher.

inexpensively [,ɪnɪk'spensɪvlɪ] adv [sell] (à) bon marché, à bas prix ; [live] à peu de frais.

inexperience [,ɪnɪk'spɪərɪəns] n inexpérience *f*, manque *m* d'expérience.

inexperienced [,ɪnɪk'spɪərɪənst] adj inexpérimenté.

inexpert [ɪn'ekspɜ:t] adj inexpérimenté, inexpert *liter*.

inexpertly [ɪn'ekspɜ:tlɪ] adv maladroitement.

inexplicable [,ɪnɪk'splɪkəbl] adj inexplicable.

inexplicably [,ɪnɪk'splɪkəblɪ] adv inexplicablement.

inexpressible [,ɪnɪk'spresəbl] adj inexprimable, indicible.

inexpressive [,ɪnɪk'spresɪv] adj inexpressif.

inextinguishable [,ɪnɪk'stɪŋgwɪʃəbl] adj [fire] impossible à éteindre, inextinguible *liter* ; [need, desire] insatiable ; [thirst] inextinguible ; [passion] irrépressible, incontrôlable.

in extremis [ɪnɪk'stri:mɪs] adv in extremis, de justesse.

inextricable [,ɪnɪk'strɪkəbl] adj inextricable.

inextricably [,ɪnɪk'strɪkəblɪ] adv inextricablement.

infallibility [ɪn,fælə'bɪlətɪ] n infaillibilité *f*.

infallible [ɪn'fæləbl] adj infaillible.

infallibly [ɪn'fæləblɪ] adv infailliblement, immanquablement.

infamous ['ɪnfəməs] adj **1.** [notorious] tristement célèbre, notoire **2.** [shocking -conduct] déshonorant, infamant.

infamy ['ɪnfəmɪ] *(pl* **infamies***)* n **1.** [notoriety] triste notoriété *f* **2.** [notorious act, event] infamie *f*.

infancy ['ɪnfənsɪ] *(pl* **infancies***)* n **1.** [early childhood] petite enfance *f* / *a child in its infancy* un enfant en bas âge **2.** *fig* débuts *mpl*, enfance *f* / *when electronics was still in its infancy* quand l'électronique n'en était qu'à ses balbutiements **3.** LAW minorité *f* (légale).

infant ['ɪnfənt] ◆ n **1.** [young child] petit enfant *m*, petite enfant *f*, enfant *mf* en bas âge ; [baby] bébé *m* ; [new-born] nouveau-né *m* **2.** UK SCH *élève dans les premières années d'école primaire* **3.** LAW mineur *m*, -e *f*. ◆ comp **1.** [food] pour bébés ; [disease] infantile ▸ **infant mortality rate** taux *m* de mortalité infantile **2.** UK [teacher, teaching] des premières années d'école primaire. ◆ adj [organization] naissant ▸ **the infant Church** l'Église des origines or des premiers jours ▸ **infant industry** ECON industrie *f* naissante.

infanticide [ɪn'fæntɪsaɪd] n **1.** [act] infanticide *m* **2.** [person] infanticide *mf*.

infantile ['ɪnfəntaɪl] adj **1.** *pej* [childish] infantile, puéril **2.** [of, for infants] infantile.

infantile paralysis n *(U) dated* paralysie *f* infantile.

infantilism [ɪn'fæntɪlɪzm] n infantilisme *m*.

infantry ['ɪnfəntrɪ] ◆ n infanterie *f.* ◆ adj de l'infanterie.

infantryman ['ɪnfəntrɪmən] (*pl* **infantrymen** [-mən]) n soldat *m* d'infanterie, fantassin *m.*

infant school n UK école *f* maternelle *(5-7 ans).*

infarct [ɪn'fɑ:kt], **infarction** [ɪn'fɑ:kʃn] n infarctus *m (du myocarde).*

infatuate [ɪn'fætjʊeɪt] vt : *he was infatuated with her* il s'était entiché d'elle.

infatuation [ɪn,fætjʊ'eɪʃn] n engouement *m* / *his infatuation for* or *with her* son engouement pour elle.

infect [ɪn'fekt] vt **1.** MED [wound, organ, person, animal] infecter / *is the liver infected?* est-ce que le foie est infecté or atteint? / *I hope that cut won't get infected* j'espère que cette coupure ne s'infectera pas ▸ **to infect sb with sthg** transmettre qqch à qqn / *he infected all his friends with the flu* il a transmis or donné sa grippe à tous ses amis **2.** [food, water] contaminer **3.** *fig* [subj: vice] corrompre, contaminer ; [subj: emotion] se communiquer à / *they infected us with their enthusiasm* ils nous ont communiqué leur enthousiasme.

infected [ɪn'fektɪd] adj [wound] infecté ; [area] contaminé.

infection [ɪn'fekʃn] n **1.** MED infection *f* / *a throat infection* une infection de la gorge, une angine **2.** *fig* contagion *f*, contamination *f.*

infectious [ɪn'fekʃəs] adj **1.** MED [disease] infectieux ; [person] contagieux **2.** *fig* contagieux, communicatif.

infectious hepatitis n *(U)* hépatite *f* infectieuse, hépatite *f* virale A.

infectious mononucleosis n *(U)* mononucléose *f* infectieuse.

infectiousness [ɪn'fekʃəsnɪs] n **1.** MED caractère *m* infectieux **2.** *fig* caractère *m* contagieux or communicatif, contagiosité *f liter.*

infelicitous [,ɪnfɪ'lɪsɪtəs] adj *liter* malheureux, malchanceux.

infelicity [,ɪnfɪ'lɪsɪtɪ] (*pl* **infelicities**) n *liter* **1.** [state of misfortune] malchance *f*, infortune *f liter* **2.** [piece of bad luck] malchance *f* **3.** [remark] parole *f* malheureuse, maladresse *f.*

infer [ɪn'fɜ:ʳ] (*pt & pp* **inferred**, *cont* **inferring**) vt **1.** [deduce] conclure, inférer, déduire / *what are we to infer from their absence?* que devons-nous conclure de leur absence ? / *I inferred from his look that I had done something wrong* à son regard, j'ai compris que j'avais fait quelque chose de mal **2.** [imply] suggérer, laisser supposer / *what are you inferring by that?* qu'insinuez-vous par là ?

inference ['ɪnfrəns] n déduction *f* ; LOGIC inférence *f* / *what inferences can we draw from it?* quelles conclusions pouvons-nous en tirer ?, que pouvons-nous en déduire ?

inferential [,ɪnfə'renʃl] adj [reasoning] par inférence ; [proof] déduit par inférence ; [belief] basé sur l'inférence.

inferior [ɪn'fɪərɪəʳ] ◆ adj **1.** [quality, worth, social status] inférieur / *he always felt inferior to his brother* il a toujours éprouvé un sentiment d'infériorité par rapport à son frère ▸ **to make sb feel inferior** donner un sentiment d'infériorité à qqn / *inferior imported goods* marchandises *fpl* importées de qualité inférieure **2.** [in rank] subalterne / *she holds an inferior position in the company* elle a un poste subalterne dans la société **3.** ANAT & SCI [in space, position] inférieur ▸ **the inferior maxillary** la mâchoire inférieure **4.** TYPO ▸ **inferior character** (caractère *m* en) indice *m* **5.** BOT ▸ **inferior ovary** ovaire *m* infère or adhérent. ◆ n [in social status] inférieur *m*, -e *f* ; [in rank, hierarchy] subalterne *mf*, subordonné *m*, -e *f* / *he never speaks to his inferiors* il n'adresse jamais la parole à ses subordonnés.

inferior court n cour *f* de juridiction inférieure.

inferiority [ɪn,fɪərɪ'ɒrətɪ] (*pl* **inferiorities**) n infériorité *f.*

inferiority complex n complexe *m* d'infériorité.

inferior planet n planète *f* inférieure.

infernal [ɪn'fɜ:nl] adj **1.** *inf* [awful] infernal / *stop that infernal racket* or *din!* arrêtez ce raffut or boucan infernal ! / *that infernal fuse has blown again!* ce satané fusible a encore sauté ! **2.** [of hell] infernal ; [diabolical] infernal, diabolique.

infernally [ɪn'fɜ:nəlɪ] adv *inf* terriblement, épouvantablement / *it's infernally hot* il fait une chaleur d'enfer.

inferno [ɪn'fɜ:nəʊ] (*pl* **infernos**) n **1.** [fire] brasier *m* / *the hotel was a blazing inferno* l'hôtel n'était qu'un gigantesque brasier **2.** [hell] enfer *m.*

infertile [ɪn'fɜ:taɪl] adj [person, animal] stérile ; [land, soil] stérile, infertile *liter.*

infertility [,ɪnfə'tɪlətɪ] n stérilité *f*, infertilité *f liter.*

infest [ɪn'fest] vt infester ▸ **infested with** infesté de / *shark-infested waters* eaux infestées de requins.

infestation [,ɪnfe'steɪʃn] n infestation *f.*

infibulation [ɪn,fɪbjʊ'leɪʃn] n infibulation *f.*

infidel ['ɪnfɪdəl] ◆ n infidèle *mf.* ◆ adj infidèle, incroyant.

infidelity [,ɪnfɪ'delətɪ] (*pl* **infidelities**) n **1.** [betrayal] infidélité *f* **2.** [lack of faith] incroyance *f*, irréligion *f.*

infield ['ɪnfi:ld] n SPORT [in cricket, baseball] champ *m* intérieur.

infighting ['ɪn,faɪtɪŋ] n *(U)* **1.** UK [within group] conflits *mpl* internes, luttes *fpl* intestines **2.** [in boxing] corps à corps *m.*

infill ['ɪnfɪl] ◆ vt remplir, combler. ◆ n matériau *m* de remplissage.

infiltrate ['ɪnfɪltreɪt] ◆ vt **1.** [organization] infiltrer, noyauter / *the police had infiltrated the terrorist group* la police avait infiltré or noyauté le groupe terroriste / *they infiltrated spies into the organization* ils ont envoyé des espions pour infiltrer l'organisation **2.** [subj: liquid] s'infiltrer dans. ◆ vi s'infiltrer.

infiltration [,ɪnfɪl'treɪʃn] n **1.** [of group] infiltration *f*, noyautage *m* **2.** [by liquid] infiltration *f.*

infiltrator ['ɪnfɪltreɪtəʳ] n agent *m* infiltré / *there are infiltrators in the party* le parti a été infiltré or noyauté.

infinite ['ɪnfɪnət] ◆ adj **1.** [not finite] infini ▸ **infinite set** MATH ensemble *m* infini **2.** *fig* [very great] infini, incalculable / *he showed infinite patience* il a fait preuve d'une patience infinie / *the government, in its infinite wisdom, has decided to close the factory iro* le gouvernement, dans son infinie sagesse, a décidé de fermer l'usine. ◆ n infini *m.*

infinitely ['ɪnfɪnətlɪ] adv infiniment.

infinitesimal [,ɪnfɪnɪ'tesɪml] adj **1.** MATH infinitésimal **2.** [tiny] infinitésimal, infime.

infinitesimally [,ɪnfɪnɪ'tesɪməlɪ] adv infiniment.

infinitival [ɪn,fɪnɪ'taɪvl] adj infinitif ▸ **infinitival clause** proposition *f* infinitive.

infinitive [ɪn'fɪnɪtɪv] ◆ n infinitif *m.* ◆ adj infinitif.

infinity [ɪn'fɪnətɪ] (*pl* **infinities**) n **1.** infinité *f*, infini *m* / *there is an infinity of names to choose from fig* on peut choisir parmi une infinité de noms / *it stretches to infinity* cela s'étend jusqu'à l'infini **2.** MATH & PHOT infini *m.*

infinity pool n piscine *f* à débordement.

infirm [ɪn'fɜ:m] ◆ adj **1.** [in health, body] invalide, infirme **2.** *liter* [in moral resolution] indécis, irrésolu ▸ **to be infirm of purpose** manquer de détermination **3.** LAW invalide. ◆ pl n ▸ **the infirm** les infirmes *mpl.*

infirmary [ɪn'fɜ:mərɪ] (*pl* **infirmaries**) n [hospital] hôpital *m*, dispensaire *m* ; [sickroom] infirmerie *f.*

infirmity [ɪn'fɜ:mətɪ] (*pl* **infirmities**) n **1.** [physical] infirmité *f* **2.** [moral] défaut *m*, faiblesse *f.*

infix ◆ vt [ɪn'fɪks] **1.** [instil] instiller, implanter **2.** LING insérer (comme infixe). ◆ n ['ɪnfɪks] LING infixe *m.*

inflame [ɪn'fleɪm] ◆ vt **1.** [rouse - person, crowd] exciter, enflammer ; [anger, hatred, passion] attiser, exacerber / *the argument became inflamed* la discussion s'est enflammée / *she was inflamed with anger / passion* elle brûlait de colère / de passion **2.** MED [wound, infection] enflammer ; [organ, tissue] irriter, infecter **3.** [set fire to] enflammer, mettre le feu à **4.** *liter* [redden] enflammer. ◆ vi **1.** [person, heart, passion] s'enflammer **2.** MED [wound, infection] s'enflammer ; [organ, tissue] s'irriter, s'infecter **3.** [catch fire] s'enflammer, s'embraser.

inflamed [ɪn'fleɪmd] adj **1.** MED [eyes, throat, tendon] enflammé, irrité **2.** *fig* [passions, hatred] enflammé, ardent.

inflammable [ɪn'flæməbl] ◆ adj inflammable / *an inflammable situation fig* une situation explosive. ◆ n matière *f* inflammable.

inflammation [,ɪnflə'meɪʃn] n inflammation *f.*

inflammatory [ɪn'flæmətrɪ] adj **1.** [speech, propaganda] incendiaire **2.** MED inflammatoire.

inflatable [ɪn'fleɪtəbl] ◆ adj [toy] gonflable ; [mattress, boat] pneumatique. ◆ n structure *f* gonflable.

inflate [ɪn'fleɪt] ◆ vt **1.** [tyre, balloon, boat] gonfler ; [lungs] emplir d'air ; [chest] gonfler, bomber **2.** [opinion, importance] gonfler, exagérer / *to inflate the importance of an event* exagérer or grossir l'importance d'un événement **3.** ECON [prices] faire monter, augmenter ; [economy] provoquer l'inflation de / *to inflate the currency* provoquer une inflation monétaire. ◆ vi **1.** [tyre] se gonfler ; [lungs] s'emplir d'air ; [chest] se gonfler, se bomber **2.** ECON [prices, money] subir une inflation / *the government decided to inflate* le gouvernement a décidé d'avoir recours à des mesures inflationnistes.

inflated [ɪn'fleɪtɪd] adj **1.** [tyre] gonflé **2.** [opinion, importance] exagéré ; [style] emphatique, pompier / *he has an inflated sense of his own importance* il se fait une idée exagérée de sa propre importance **3.** [price] exagéré.

inflation [ɪn'fleɪʃn] n **1.** ECON inflation *f* **2.** [of tyre, balloon, boat] gonflement *m* ; [of idea, importance] grossissement *m*, exagération *f.*

inflationary [ɪn'fleɪʃnrɪ] adj inflationniste ▸ **inflationary gap** écart *m* inflationniste.

inflationism [ɪn'fleɪʃənɪzm] n inflationnisme *m.*

inflationist [ɪn'fleɪʃənɪst] adj inflationniste.

inflation-proof adj protégé contre les effets de l'inflation.

inflect [ɪn'flekt] ◆ vt **1.** LING [verb] conjuguer ; [noun, pronoun, adjective] décliner ▸ **inflected form** forme *f* fléchie **2.** [tone, voice] moduler **3.** [curve] infléchir. ◆ vi LING : *adjectives do not inflect in English* les adjectifs ne prennent pas de désinence en anglais.

inflection [ɪn'flekʃn] n **1.** [of tone, voice] inflexion *f*, modulation *f* **2.** LING désinence *f*, flexion *f* **3.** [curve] flexion *f*, inflexion *f*, courbure *f* **4.** MATH inflexion *f* ▸ **point of inflection** point *m* d'inflexion.

inflectional [ɪn'flekʃənl] adj flexionnel.

inflexibility [ɪn,fleksə'bɪlətɪ] n inflexibilité *f*, rigidité *f.*

inflexible [ɪn'fleksəbl] adj inflexible, rigide.

inflexion UK [ɪn'flekʃn] = **inflection.**

inflexional [ɪn'flekʃənl] UK = **inflectional.**

inflict [ɪn'flɪkt] vt infliger / *to inflict pain / suffering on sb* faire mal à / faire souffrir qqn / *to inflict a defeat on sb* infliger une défaite à qqn / *I don't want to inflict myself* or *my company on you* je ne veux pas vous infliger ma compagnie.

infliction [ɪn'flɪkʃən] n [action] action *f* d'infliger / *to take pleasure in the infliction of pain* prendre du plaisir à infliger de la douleur.

in-flight adj en vol ▸ **in-flight meal** plateau-repas *m* ▸ **in-flight video** vidéo *f* projetée en vol ▸ **in-flight refuelling** ravitaillement *m* en vol.

inflorescence [,ɪnflɔ'resəns] n BOT **1.** inflorescence *f* **2.** [blossoming] floraison *f.*

inflow ['ɪnfləʊ] n [of water, gas] arrivée *f*, afflux *m* / *the inflow of capital* l'afflux de capitaux / *cash inflow* rentrées *fpl* d'argent.

influence ['ɪnflʊəns] ◆ n influence *f* ▸ **to have influence** avoir de l'influence ▸ **to bring one's influence to bear on sthg** exercer son influence sur qqch / *he is a man of influence* c'est un homme influent /

foreign influence in Africa l'influence étrangère en Afrique / *I have no influence over them* je n'ai aucune influence sur eux / *he is a bad influence on them* il a une mauvaise influence sur eux / *she is a disruptive influence* c'est un élément perturbateur / *you can see the influence of Bacon in his paintings* on voit l'influence de Bacon dans ses tableaux / *his music has a strong reggae influence* sa musique est fortement influencée par le reggae / *they acted under his influence* ils ont agi sous son influence / *she was under the influence of drink / drugs* elle était sous l'emprise de l'alcool / de la drogue / *driving under the influence of alcohol* conduite en état d'ivresse ▸ **to be under the influence** *inf* [drunk] être soûl. ◆ vt influencer, influer sur / *influenced by cubism* influencé par le cubisme / *don't let yourself be influenced by them* ne te laisse pas influencer par eux ▸ **to influence sb to the good** exercer une bonne influence sur qqn / *he is easily influenced* il se laisse facilement influencer, il est très influençable / *how can the stars influence our lives?* comment les étoiles peuvent-elles influer sur notre vie ?

influential [ˌɪnflʊˈenʃl] adj influent, puissant ; [newspaper, TV programme] influent, qui a de l'influence / *she's an influential woman* c'est une femme qui a de l'influence.

influenza [ˌɪnflʊˈenzə] n *(U) fml* grippe *f* / *to have influenza* avoir la grippe.

influx [ˈɪnflʌks] n **1.** [inflow] afflux *m* / *an influx of capital* un afflux de capitaux **2.** [of river] embouchure *f*.

info [ˈɪnfəʊ] n *(U) inf* tuyaux *mpl*.

infomercial [ˌɪnfəʊˈmɜːʃl] n US *publicité télévisée sous forme de débat sur l'annonceur et son produit.*

inform [ɪnˈfɔːm] ◆ vt **1.** [give information to] informer / *will you inform him of your decision?* allez-vous l'informer de votre décision ? / *I have been informed that the funds have arrived* on m'a informé que les fonds sont arrivés / *I'll keep you informed* je vous tiendrai au courant **2.** [influence] influencer / *her poetry is informed by her religious faith* sa poésie est influencée par sa foi / *architecture is informed by other disciplines* l'architecture se nourrit d'autres disciplines. ◆ vi ▸ **to inform on** or **against sb** dénoncer qqn.

informal [ɪnˈfɔːml] adj **1.** [discussion, meeting] informel ; [dinner] décontracté **2.** [clothes] : *his dress was informal* il était habillé simplement / *informal or evening dress?* tenue de ville ou tenue de soirée ? **3.** [unofficial -arrangement, agreement] officieux ; [-visit, talks] non officiel / *they had informal talks with the Russians* ils ont eu des entretiens non officiels avec les Russes **4.** [colloquial] familier.

⚠ The French word **informel** is much more restricted in meaning than the English word informal, as the entry shows.

informal economy n économie *f* informelle.

informality [ˌɪnfɔːˈmælətɪ] (*pl* **informalities**) n **1.** [of gathering, meal] simplicité *f* ; [of discussion, interview] absence *f* de formalité ; [of manners] naturel *m* **2.** [of expression, language] familiarité *f*, liberté *f*.

informally [ɪnˈfɔːməlɪ] adv **1.** [casually -entertain, discuss] sans cérémonie ; [-behave] simplement, avec naturel ; [-dress] simplement **2.** [unofficially] officieusement **3.** [colloquially] familièrement, avec familiarité.

informant [ɪnˈfɔːmənt] n [gen, SOCIOL & LING] informateur *m*, -trice *f*.

informatics [ˌɪnfəˈmætɪks] n *(U)* sciences *fpl* de l'information.

information [ˌɪnfəˈmeɪʃn] n **1.** *(U)* [facts] renseignements *mpl*, informations *fpl* / *a piece* or *bit of information* un renseignement, une information / *if my information is correct* si mes informations sont exactes / *do you have any information on* or *about the new model?* avez-vous des renseignements concernant or sur le nouveau modèle ? / *I'd like some information about train times* je voudrais des renseignements sur les horaires des trains / *for more information, call this number* pour plus de renseignements or de précisions, appelez ce numéro / *the government is operating an information blackout* le gouvernement fait de la rétention d'information ▸ **too much information!** *inf* tu n'avais pas besoin d'entrer dans le détail ! / *she told us all about her sex life — too much information!* elle nous a tout raconté sur sa vie sexuelle, elle aurait pu s'abstenir de parler de tout ça ! / *sorry, is that too much information?* désolé, je vous gêne en vous racontant ça ? **2.** [communication] information *f* / *they discussed the importance of information in our time* ils ont parlé de l'importance de l'information à notre époque **3.** *(U)* [knowledge] connaissances *fpl* / *her information on the subject is unequalled* elle connaît ce sujet mieux que personne / *for your information, please find enclosed...* ADMIN à titre d'information, vous trouverez ci-joint... / *for your information, it happened in 1938* je vous signale que cela s'est passé en 1938 **4.** COMPUT & SCI information *f* / *the transmission of genetic information* la transmission de l'information génétique **5.** *(U)* [service, department] (service *m* des) renseignements *mpl* / *ask at the information desk* adressez-vous aux renseignements / *to call information* US appeler les renseignements **6.** UK LAW acte *m* d'accusation ▸ **to lay an information against sb** porter une accusation contre qqn.

information bureau UK, **information office** n bureau *m* or service *m* des renseignements.

information processing n **1.** [action] traitement *m* de l'information **2.** [domain] informatique *f* ▸ **information processing error** erreur *f* dans le traitement de l'information.

information retrieval n recherche *f* documentaire ; COMPUT recherche *f* d'information.

information science n science *f* de l'information.

information scientist n informaticien *m*, -enne *f*.

information system n système *m* d'information.

information technology n technologie *f* de l'information, informatique *f*.

information theory n théorie *f* de l'information.

informative [ɪnˈfɔːmətɪv] adj [lecture, book, TV programme] instructif ; [person] : *he wasn't very informative about his future plans* il ne nous a pas dit grand-chose de ses projets.

informed [ɪnˈfɔːmd] adj **1.** [having information] informé, renseigné / *according to informed sources* selon des sources bien informées / *informed opinion has it that* on sait de source sûre or dans les milieux renseignés que / *she's very well informed* elle est très bien informée or renseignée **2.** [based on information] : *an informed choice* un choix fait en toute connaissance de cause / *it will allow us to make informed decisions* cela nous permettra de prendre des décisions en toute connaissance de cause / *he made an informed guess* il a essayé de deviner en s'aidant de ce qu'il sait ▸ **informed consent** MED consentement *m* éclairé **3.** [learned, cultured] cultivé.

informer [ɪnˈfɔːmər] n **1.** [denouncer] informateur *m* ▸ **police informer** indicateur (de police) **2.** [information source] informateur *m*, -trice *f*.

infotainment [ˈɪnfəʊteɪnmənt] n info-divertissement *m*.

infraction [ɪnˈfrækʃn] n infraction *f* / *infraction of the code / regulations* infraction au code / règlement.

infra dig [ˌɪnfrəˈdɪg] adj UK *inf & dated* dégradant.

infrared [ˌɪnfrəˈred] ◆ adj infrarouge ▸ **infrared mouse** COMPUT souris *f* infrarouge ▸ **infrared remote control** télécommande *f* (à) infrarouge ▸ **infrared photography** photographie *f* (à l')infrarouge. ◆ n infrarouge *m*.

infrasonic [ˌɪnfrəˈsɒnɪk] adj infrasonore.

infrasound [ˈɪnfrəˌsaʊnd] n infrason *m*.

infrastructure [ˈɪnfrəˌstrʌktʃər] n infrastructure *f*.

infrequency [ɪnˈfriːkwənsɪ] n rareté *f*.

infrequent [ɪnˈfriːkwənt] adj [event] peu fréquent, rare ; [visitor] épisodique.

infrequently [ɪnˈfriːkwəntlɪ] adv rarement, peu souvent.

infringe [ɪnˈfrɪndʒ] ◆ vt [agreement, rights] violer, enfreindre ; [law] enfreindre, contrevenir à ; [patent] contrefaire / *to infringe copyright* enfreindre les lois de copyright. ◆ vi ▸ **to infringe on** or **upon** empiéter sur.

infringement [ɪnˈfrɪndʒmənt] n [violation] infraction *f*, atteinte *f* ; [encroachment] empiètement *m* / *an infringement of the treaty conditions* une violation des termes du traité / *an infringement on freedom of speech* une atteinte à la liberté d'expression / *that's an infringement of my rights* c'est une atteinte à mes droits.

infuriate [ɪnˈfjʊərɪeɪt] vt [enrage] rendre furieux ; [exasperate] exaspérer.

infuriated [ɪnˈfjʊərɪeɪtɪd] adj furieux.

infuriating [ɪnˈfjʊərɪeɪtɪŋ] adj agaçant, exaspérant / *it's / he's infuriating!* c'est / il est exaspérant !

infuriatingly [ɪnˈfjʊərɪeɪtɪŋlɪ] adv : *infuriatingly stubborn* d'un entêtement exaspérant / *she remained infuriatingly polite* elle restait d'une politesse exaspérante.

infuse [ɪnˈfjuːz] ◆ vt **1.** [inspire] inspirer, insuffler, infuser *liter* ▸ **to infuse sb with sthg, to infuse sthg into sb** inspirer or insuffler qqch à qqn / *her speech infused them with courage* son discours leur a inspiré or insufflé du courage **2.** CULIN (faire) infuser. ◆ vi CULIN infuser.

infuser [ɪnˈfjuːzər] n ▸ **tea infuser** boule *f* à thé.

infusion [ɪnˈfjuːʒn] n infusion *f*.

ingenious [ɪnˈdʒiːnjəs] adj [person, idea, device] ingénieux, astucieux.

ingeniously [ɪnˈdʒiːnjəslɪ] adv ingénieusement.

ingenuity [ˌɪndʒɪˈnjuːətɪ] (*pl* **ingenuities**) n ingéniosité *f*.

ingenuous [ɪnˈdʒenjʊəs] adj [naive] ingénu ; [frank] candide.

ingenuously [ɪnˈdʒenjʊəslɪ] adv [naively] ingénument ; [frankly] franchement.

ingenuousness [ɪnˈdʒenjʊəsnɪs] n [naivety] ingénuité *f*, naïveté *f* ; [frankness] franchise *f*, candeur *f*.

ingest [ɪnˈdʒest] vt [food, liquid] ingérer.

ingestion [ɪnˈdʒestʃn] n ingestion *f*.

inglenook [ˈɪŋglnʊk] n coin *m* du feu ▸ **inglenook fireplace** vaste cheminée *f* à l'ancienne.

inglorious [ɪnˈglɔːrɪəs] adj [shameful] déshonorant / *an inglorious defeat* une défaite déshonorante or ignominieuse.

ingloriously [ɪnˈglɔːrɪəslɪ] adv sans gloire.

ingoing [ˈɪnˌgəʊɪŋ] adj [tenant, president] nouveau *(before vowel or silent 'h' nouvel, f nouvelle)*.

ingot [ˈɪŋgət] n lingot *m* ▸ **gold / cast-iron ingot** lingot d'or / de fonte.

ingrained [ˌɪnˈgreɪnd] adj [attitude, fear, prejudice] enraciné, inébranlable ; [habit] invétéré, tenace ; [belief] inébranlable ▸ **ingrained dirt** crasse *f*.

ingratiate [ɪnˈgreɪʃɪeɪt] vt ▸ **to ingratiate o.s. with sb** s'insinuer dans les bonnes grâces de qqn / *I'll try to ingratiate myself* je vais essayer de me faire bien voir.

ingratiating [ɪnˈgreɪʃɪeɪtɪŋ] adj [manners, person] insinuant ; [smile] mielleux.

ingratitude [ɪnˈgrætɪtjuːd] n ingratitude *f*.

ingredient [ɪnˈgriːdjənt] n **1.** CULIN ingrédient *m* / **'ingredients: fruit juice, water'** 'composition : jus de fruits, eau' **2.** [element] élément *m*, ingrédient *m liter*.

ingress [ˈɪngres] n **1.** *fml & liter* entrée *f* ▸ **to have free ingress** avoir accès libre **2.** ASTRON immersion *f*.

ingressive [ɪnˈgresɪv] adj LING ingressif.

in-group n groupe *m* d'initiés.

ingrowing toenail [ˈɪnˌgrəʊɪŋ-] n UK ongle *m* incarné.

ingrown [ˈɪnˌgrəʊn] adj **1.** [toenail] incarné **2.** [ingrained -habit] enraciné, tenace **3.** [introverted] renfermé, réservé.

inhabit [ɪnˈhæbɪt] vt habiter / *the island is no longer inhabited* l'île n'est plus habitée or est maintenant inhabitée.

inhabitable [ɪnˈhæbɪtəbl] adj habitable.

inhabitant [ɪnˈhæbɪtənt] n habitant *m*, -e *f*.

inhalant [ɪn'heɪlənt] n inhalation *f*.

inhalation [,ɪnhə'leɪʃn] n **1.** [of air] inspiration *f* **2.** [of gas, glue] inhalation *f*.

inhalator ['ɪnhəleɪtəʳ] n inhalateur *m*.

inhale [ɪn'heɪl] ◆ vt [fumes, gas] inhaler ; [fresh air, scent] respirer ; [smoke] avaler. ◆ vi [smoker] avaler la fumée ; [breathe in] aspirer.

inhaler [ɪn'heɪləʳ] = **inhalator**.

inhere [ɪn'hɪəʳ] vi *fml* être inhérent / *the powers that inhere in the state* les pouvoirs (qui sont) inhérents or propres à l'État.

inherent [ɪn'hɪərənt or ɪn'herənt] adj inhérent ▸ **inherent in** or **to** inhérent à.

inherently [ɪn'hɪərəntlɪ or ɪn'herəntlɪ] adv intrinsèquement, par nature / *the system is inherently inefficient* le système est inefficace par nature.

inherit [ɪn'herɪt] ◆ vt **1.** [property, right] hériter (de) ; [title, peerage] accéder à / *she inherited a million dollars* elle a hérité d'un million de dollars **2.** [situation, tradition, attitude] hériter / *the problems inherited from the previous government* les problèmes hérités du gouvernement précédent ; [characteristic, feature] hériter (de) / *she inherited her father's intelligence* elle a hérité (de) l'intelligence de son père. ◆ vi hériter / *she stands to inherit when her aunt dies* elle doit hériter à la mort de sa tante.

inheritance [ɪn'herɪtəns] n **1.** [legacy] héritage *m* ▸ **to come into an inheritance** faire or toucher un héritage **2.** [succession] succession *f* ▸ **to claim sthg by right of inheritance** revendiquer qqch en faisant valoir son droit à la succession **3.** SCI hérédité *f* / *genetic inheritance does not explain this phenomenon* ce phénomène ne peut s'expliquer par l'héritage génétique **4.** [heritage] héritage *m*, patrimoine *m* / *our cultural inheritance* notre héritage culturel.

inheritance tax n droits *mpl* de succession.

inheritor [ɪn'herɪtəʳ] n héritier *m*, -ère *f*.

inhibit [ɪn'hɪbɪt] vt **1.** [hinder - person, freedom] gêner, entraver / *were you inhibited by him being there?* est-ce que sa présence vous a gêné ? / *a law which inhibits free speech* une loi qui constitue une entrave à la liberté d'expression **2.** [check - growth, development] freiner, entraver / *to inhibit progress* entraver la marche du progrès **3.** [suppress - desires, emotions] inhiber, refouler ; PSYCHOL inhiber **4.** [forbid] interdire **5.** CHEM inhiber.

inhibited [ɪn'hɪbɪtɪd] adj inhibé.

inhibiting [ɪn'hɪbɪtɪŋ] adj inhibant.

inhibition [,ɪnhɪ'bɪʃn] n [gen] inhibition *f*.

inhibitor, **inhibiter** [ɪn'hɪbɪtəʳ] n inhibiteur *m*.

inhibitory [ɪn'hɪbɪtərɪ] adj **1.** CHEM & PSYCHOL inhibiteur **2.** [prohibitory] prohibitif.

inhospitable [,ɪnhɒ'spɪtəbl] adj **1.** [person] peu accueillant / *I don't wish to appear inhospitable, but...* je ne voudrais pas vous mettre à la porte, mais... **2.** [weather] rude, rigoureux.

inhospitably [,ɪnhɒ'spɪtəblɪ] adv d'une manière peu accueillante.

in-house ◆ adj interne *(à une entreprise)* ; [training] maison *(inv)* / *in-house journal* journal *m* interne / *a very small in-house staff* un personnel permanent très peu nombreux / *in-house training* formation *f* interne. ◆ adv sur place.

inhuman [ɪn'hju:mən] adj [behaviour] inhumain, barbare ; [person, place, process] inhumain.

inhumane [,ɪnhju:'meɪn] adj cruel.

inhumanity [,ɪnhju:'mænətɪ] (*pl* **inhumanities**) n **1.** [quality] inhumanité *f*, barbarie *f*, cruauté *f* / *man's inhumanity to man* la cruauté de l'homme pour l'homme **2.** [act] atrocité *f*, brutalité *f*.

inhumation [,ɪnhju:'meɪʃn] n *fml* inhumation *f*.

inhume [ɪn'hju:m] vt *fml* inhumer.

inimical [ɪ'nɪmɪkl] adj **1.** [unfavourable] hostile ▸ **inimical to** peu favorable à **2.** [unfriendly] inamical.

inimitable [ɪ'nɪmɪtəbl] adj inimitable.

inimitably [ɪ'nɪmɪtəblɪ] adv d'une façon inimitable.

iniquitous [ɪ'nɪkwɪtəs] adj inique.

iniquity [ɪ'nɪkwətɪ] n iniquité *f*.

initial [ɪ'nɪʃl] (UK *pt & pp* **initialled**, *cont* **initialling** ; US *pt & pp* **initialed**, *cont* **initialing**) ◆ adj initial / *my initial reaction* ma première réaction / *we expect a few problems in the initial stages* dans un premier temps, nous nous attendons à quelques difficultés / *the project is still in its initial stages* le projet en est encore à ses débuts ▸ **initial letter** initiale *f*. ◆ n **1.** [letter] initiale *f* / *it's got his initials on it* il y a ses initiales dessus **2.** TYPO [of chapter] lettrine *f*. ◆ vt [memo, page] parapher, parafer, signer de ses initiales.

initialization [ɪ,nɪʃəlaɪ'zeɪʃn] n COMPUT initialisation *f*.

initialize, **initialise** [ɪ'nɪʃəlaɪz] vt COMPUT initialiser.

initially [ɪ'nɪʃəlɪ] adv initialement, à l'origine / *the carpet was white initially* à l'origine, le tapis était blanc.

initiate ◆ vt [ɪ'nɪʃɪeɪt] **1.** [talks, debate] amorcer, engager ; [policy] lancer ; [quarrel, reaction] provoquer, déclencher / *the pilot has initiated landing procedures* le pilote a entamé or amorcé les procédures d'atterrissage / *I find it hard to initiate conversation with him* je trouve difficile d'engager la conversation avec lui **2.** [person] initier ▸ **to initiate sb into sthg** initier qqn à qqch. ◆ n [ɪ'nɪʃɪət] initié *m*, -e *f*.

initiation [ɪ,nɪʃɪ'eɪʃn] ◆ n **1.** [start] commencement *m*, début *m* / *he fought for the initiation of new policies* il s'est battu pour la mise en œuvre de politiques différentes **2.** [of person] initiation *f* / *her initiation into politics* son initiation à la politique / *his initiation into the world of crime* sa première expérience de la pègre. ◆ comp ▸ **initiation ceremony** cérémonie *f* d'initiation.

initiative [ɪ'nɪʃətɪv] ◆ n **1.** [drive] initiative *f* / *she's certainly got initiative* elle a de l'initiative, il n'y a pas de doute ▸ **to act on one's own initiative** agir de sa propre initiative / *you'll have to use your initiative* vous devrez prendre des initiatives ▸ **citizen's initiative** US POL initiative *f* populaire **2.** [first step] initiative *f* ▸ **to take the initiative** prendre l'initiative / *some new initiatives have been suggested* de nouvelles initiatives ont été proposées **3.** [lead] initiative *f* ▸ **to have the initiative** avoir l'initiative / *they lost the initiative to foreign competition* ils ont été dépassés par la concurrence étrangère. ◆ adj **1.** [preliminary] préliminaire **2.** [ritual] initiatique.

initiator [ɪ'nɪʃɪeɪtəʳ] n initiateur *m*, -trice *f*, instigateur *m*, -trice *f*.

inject [ɪn'dʒekt] vt **1.** MED faire une piqûre de, injecter / *to inject sb with penicillin* faire une piqûre de pénicilline à qqn / *have you been injected against tetanus?* êtes-vous vacciné contre le tétanos ? / *he injected novocaine into my gum* il m'a fait une injection or une piqûre de novocaïne dans la gencive ; INDUST : *the resin is injected into the mould* la résine est injectée dans le moule **2.** *fig* injecter / *they've injected billions of dollars into the economy* ils ont injecté des milliards de dollars dans l'économie / *he tried to inject some humour into the situation fig* il a tenté d'introduire un peu d'humour dans la situation.

injectant [ɪn'dʒektənt] n substance *f* injectée.

injection [ɪn'dʒekʃn] n MED & *fig* injection *f* ▸ **to give sb an injection** MED faire une injection or une piqûre à qqn / *an injection of capital* une injection de capitaux ▸ **injection moulding** moulage *m* par injection.

injector [ɪn'dʒektəʳ] n injecteur *m*.

injudicious [,ɪndʒu:'dɪʃəs] adj peu judicieux, imprudent.

injudiciously [,ɪndʒu:'dɪʃəslɪ] adv peu judicieusement.

Injun ['ɪndʒən] n US *inf & offens* Peau-Rouge *mf* ▸ **honest Injun!** *dated* parole de scout !, juré craché !

injunction [ɪn'dʒʌŋkʃn] n **1.** LAW ordonnance *f* ▸ **to take out an injunction against sb** mettre qqn en demeure **2.** [warning] injonction *f*, recommandation *f* formelle / *she smokes despite her father's injunctions against it* elle fume malgré les injonctions de son père.

injure ['ɪndʒəʳ] vt **1.** [physically] blesser / *he injured his knee skiing* il s'est blessé au genou en faisant du ski / *ten people were injured in the accident* l'accident a fait dix blessés / *you could injure yourself lifting that box* vous pourriez vous faire mal en soulevant cette caisse **2.** [damage - relationship, interests] nuire à **3.** [offend] blesser, offenser / *only his pride was injured* seul son amour-propre a été blessé / *try not to injure her feelings* faites en sorte de ne pas l'offenser or la blesser **4.** [wrong] faire du tort à.

injured ['ɪndʒəd] ◆ adj **1.** [physically] blessé / *his injured left foot* son pied gauche blessé / *her head is badly injured* elle est grièvement blessée à la tête **2.** [offended - person] offensé / *to feel injured* être offensé / *it's just his injured pride* il est blessé dans son amour-propre, c'est tout. ◆ pl n ▸ **the injured** les blessés *mpl*.

injurious [ɪn'dʒʊərɪəs] adj *fml* **1.** [detrimental] nuisible, préjudiciable ▸ **injurious to** préjudiciable à **2.** [insulting] offensant, injurieux.

injury ['ɪndʒərɪ] (*pl* **injuries**) n **1.** [physical] blessure *f* / *the explosion caused serious injuries* l'explosion a fait des blessés graves / *the team has had very few injuries this season* SPORT il n'y a eu que très peu de blessés dans l'équipe cette saison / *he escaped without injury* il s'en est sorti indemne / *be careful, you'll do yourself an injury!* UK fais attention, tu vas te blesser ! **2.** *fml & liter* [wrong] tort *m*, préjudice *m* / *you do him injury* vous lui faites du tort **3.** [offence] offense *f* **4.** LAW préjudice *m*.

injury time n *(U)* SPORT arrêts *mpl* de jeu ▸ **to play injury time** jouer les arrêts de jeu / *they scored during injury time* ils ont marqué un but pendant les arrêts de jeu.

injustice [ɪn'dʒʌstɪs] n injustice *f* ▸ **to do sb an injustice** être injuste envers qqn.

ink [ɪŋk] ◆ n **1.** encre *f* / *in ink* à l'encre ▸ **ink cartridge** COMPUT cartouche *f* d'encre ▸ **ink drawing** dessin *m* à l'encre ▸ **to have ink** *inf* [tattoos] être tatoué, avoir des tatouages **2.** [of squid, octopus, etc.] encre *f*, noir *m* ▸ **ink sac** sac *m* or poche *f* à encre. ◆ vt encrer.

❖ **ink in** vt sep [drawing] repasser à l'encre ; [lines] retracer à l'encre ; [writing] réécrire à l'encre.

❖ **ink up** vt sep **1.** US [stain with ink] faire une tache d'encre à or sur **2.** TYPO encrer.

Inkatha [ɪn'kɑ:tə] pr n Inkatha.

ink bag n ZOOL poche *f* à encre.

inkblot ['ɪŋkblɒt] n tache *f* d'encre, pâté *m* ▸ **inkblot test** test *m* de Rorschach or des taches d'encre.

ink cap n BOT coprin *m*.

ink eraser n gomme *f* à encre.

inkjet printer ['ɪŋkdʒet-] n imprimante *f* à jet d'encre.

inkling ['ɪŋklɪŋ] n vague or petite idée *f* / *I had some inkling of the* or *as to the real reason* j'avais bien une petite idée de la véritable raison / *you must have an inkling* tu dois bien avoir une petite idée / *I had no inkling* je ne m'en doutais pas du tout / *she didn't have the slightest inkling that her husband had been unfaithful* elle était à cent lieues de se douter que son mari l'avait trompée.

inkpad ['ɪŋkpæd] n tampon *m* (encreur).

ink pen n stylo *m* à encre.

inkpot ['ɪŋkpɒt] n encrier *m*.

ink rubber UK = **ink eraser**.

inkslinger ['ɪŋk,slɪŋəʳ] n *pej* écrivaillon *m*.

inkstain ['ɪŋksteɪn] n tache *f* d'encre.

inkstand ['ɪŋkstænd] n encrier *m*.

inkwell ['ɪŋkwel] n encrier *m* (encastré).

inky ['ɪŋkɪ] (*compar* **inkier**, *superl* **inkiest**) adj **1.** [inkstained] taché d'encre **2.** [dark] noir comme l'encre.

inlaid [,ɪn'leɪd] ◆ pt & pp ⟶ **inlay**. ◆ adj incrusté ; [wood] marqueté, incrusté / *an inlaid table* une table en marqueterie.

inland ◆ adj ['ɪnlənd] **1.** [not coastal - town, sea] intérieur ▸ **inland waterways** voies *fpl* navigables ▸ **inland**

navigation navigation *f* fluviale **2.** UK [not foreign] intérieur ▸ **inland mail** courrier *m* intérieur. ◆ adv [ɪn'lænd] [travelling] vers l'intérieur ; [located] à l'intérieur.

Inland Revenue n UK ▸ **the Inland Revenue** ≃ le fisc.

Inland Sea pr n ▸ **the Inland Sea** la mer Intérieure.

in-laws pl n *inf* [gen] belle-famille *f* ; [parents-in-law] beaux-parents *mpl*.

inlay (*pt & pp* **inlaid**) ◆ n [ˌɪn'leɪ] **1.** [gen] incrustation *f* ; [in woodwork] marqueterie *f* ; [in metalwork] damasquinage *m* / *the brooch has very fine inlay work* la broche a de très belles incrustations / *with ivory inlay* incrusté d'ivoire **2.** MED incrustation *f*, inlay *m*. ◆ vt ['ɪnleɪ] incruster ▸ **inlaid with** incrusté de / *the table was inlaid with ivory* la table avait des incrustations or était incrustée d'ivoire.

inlet ['ɪnlet] ◆ n **1.** [in coastline] anse *f*, crique *f* ; [between offshore islands] bras *m* de mer **2.** TECH [intake] arrivée *f*, admission *f* / *to regulate the inlet of steam* régler l'admission de (la) vapeur ; [opening] (orifice *m* d')entrée *f* ; [for air] prise *f* (d'air). ◆ comp d'arrivée ▸ **inlet pipe** tuyau *m* d'arrivée ▸ **inlet valve** soupape *f* d'admission.

in-line skates pl n patins *mpl* en ligne, rollers *mpl*.

in-line skating n SPORT roller *m*.

in loco parentis [ɪnˌləʊkəʊpə'rentɪs] adv ▸ **to act in loco parentis** agir en lieu et place des parents.

inmate ['ɪnmeɪt] n [of prison] détenu *m*, -e *f* ; [of mental institution] interné *m*, -e *f* ; [of hospital] malade *mf* ; [of house] occupant *m*, -e *f*, résident *m*, -e *f*.

in memoriam [ˌɪnmɪ'mɔːrɪəm] prep à la mémoire de ; [on gravestone] in memoriam.

inmost ['ɪnməʊst] = **innermost**.

inn [ɪn] n **1.** [pub, small hotel] auberge *f* **2.** UK LAW ▸ **the Inns of Court** *associations auxquelles appartiennent les avocats et les juges et dont le siège se trouve dans le quartier historique du même nom à Londres.*

innards ['ɪnədz] pl n *inf* entrailles *fpl*.

innate [ɪ'neɪt] adj [inborn] inné, naturel / *her innate gift for music* son don inné pour la musique.

innately [ɪ'neɪtlɪ] adv naturellement / *nobody is innately evil* aucun être n'est naturellement méchant.

inner ['ɪnəʳ] ◆ adj **1.** [interior - courtyard, pocket, walls, lane] intérieur ; [- structure, workings] interne / *the inner wall of the stomach* la paroi interne de l'estomac ▸ **Inner London** *partie centrale de l'agglomération londonienne* **2.** [inward - feeling, conviction] intime ; [- life, voice, struggle, warmth] intérieur / *inner calm* paix intérieure / *the inner meaning* le sens profond / *the inner man* or *woman* **a)** [spiritual self] l'être *m* intérieur **b)** *hum* [stomach] l'estomac *m* **3.** [privileged] : *in the inner circles of power* dans les milieux proches du pouvoir / *her inner circle of advisers / friends* le cercle de ses conseillers / amis les plus proches. ◆ n [in archery, darts] *zone rouge entourant le centre de la cible* / *he got three inners* il a mis trois fois dans le rouge.

inner city (*pl* **inner cities**) n *quartier défavorisé dans le centre d'une grande ville.*

inner ear n oreille *f* interne.

Inner Mongolia pr n Mongolie-Intérieure *f* / *in Inner Mongolia* en Mongolie-Intérieure.

innermost ['ɪnəməʊst] adj **1.** [feeling, belief] intime / *my innermost thoughts* mes pensées les plus secrètes / *in her innermost being* au plus profond d'elle-même **2.** [central - place, room] le plus au centre / *in the innermost depths of the cave* au plus profond de la grotte.

innerspring mattress ['ɪnəˌsprɪŋ-] n US matelas *m* à ressorts.

Inner Temple pr n ▸ **the Inner Temple** *la plus ancienne des « Inns of Court ».*

inner tube n [of tyre] chambre *f* à air.

inning ['ɪnɪŋ] n [in baseball] tour *m* de batte.

innings ['ɪnɪŋz] (*pl* **innings**) ◆ n [in cricket] tour *m* de batte / *he's had a good innings* UK *fig* il a bien profité de la vie. ◆ pl n [reclaimed land] polders *mpl*.

> **A good innings**
>
> Le mot **innings** désigne un tour de batte au cricket, qui sera plus ou moins long selon l'adresse du joueur. Métaphoriquement, un **innings** fait référence à la carrière, voire à la vie de quelqu'un ; a **good innings** signifie une longue et belle carrière ou une longue vie :
>
> **He had a good innings as a news presenter: twelve years in all.** *Il a fait une longue carrière en tant que présentateur du journal télévisé : douze ans au total.*
>
> **We'll all miss him terribly but he had a good innings.** *Il nous manquera beaucoup mais il a eu une longue et belle vie.*

innkeeper ['ɪnˌkiːpəʳ] n aubergiste *mf*.

innocence ['ɪnəsəns] n innocence *f*.

innocent ['ɪnəsənt] ◆ adj **1.** [not guilty] innocent ▸ **to be innocent of a crime** être innocent d'un crime ▸ **to prove sb innocent** innocenter qqn, reconnaître qqn innocent **2.** [naïve] innocent, naïf / *an innocent remark* une remarque innocente **3.** *fml* [devoid] ▸ **innocent of** dépourvu de, sans. ◆ n innocent *m*, -e *f* / *what an innocent you are!* quel innocent tu fais ! / *don't play* or *come the innocent!* ne fais pas l'innocent ! / **'The Innocents Abroad'** *Twain* 'le Voyage des innocents'.

innocently ['ɪnəsəntlɪ] adv innocemment.

innocuous [ɪ'nɒkjʊəs] adj inoffensif.

innovate ['ɪnəveɪt] vi & vt innover.

innovation [ˌɪnə'veɪʃn] n innovation *f* / *innovations in management techniques* des innovations en matière de gestion.

innovative ['ɪnəvətɪv] adj innovateur, novateur.

innovator ['ɪnəveɪtəʳ] n innovateur *m*, -trice *f*, novateur *m*, -trice *f*.

innovatory ['ɪnəvətərɪ] = **innovative**.

Innsbruck ['ɪnzbrʊk] pr n Innsbruck.

innuendo [ˌɪnjuː'endəʊ] (*pl* **innuendos** *or* **innuendoes**) n [insinuation] insinuation *f*, sous-entendu *m* ; [remark, taunt] allusion *f*, sous-entendu *m* ▸ **sexual innuendo(es)** insinuations d'ordre sexuel.

innumerable [ɪ'njuːmərəbl] adj innombrable / *innumerable times* un nombre incalculable de fois.

innumeracy [ɪ'njuːmərəsɪ] n incapacité *f* à compter.

innumerate [ɪ'njuːmərət] ◆ adj qui ne sait pas compter / *he's completely innumerate* il est incapable d'additionner deux et deux. ◆ n personne *f* qui ne sait pas compter.

inoculate [ɪ'nɒkjʊleɪt] vt MED [person, animal] vacciner ▸ **to inoculate sb against sthg** vacciner qqn contre qqch / *they inoculated guinea pigs with the virus* ils ont inoculé le virus à des cobayes.

inoculation [ɪˌnɒkjʊ'leɪʃn] n inoculation *f*.

in-off n [in billiards] *boule qui entre dans un trou après en avoir touché une autre.*

inoffensive [ˌɪnə'fensɪv] adj inoffensif.

inoperable [ɪn'ɒprəbl] adj **1.** MED inopérable **2.** [unworkable] impraticable.

inoperative [ɪn'ɒprətɪv] adj inopérant.

inopportune [ɪn'ɒpətjuːn] adj [remark] déplacé, mal à propos ; [time] mal choisi, inopportun ; [behaviour] inconvenant, déplacé.

inopportunely [ɪn'ɒpətjuːnlɪ] adv *fml* inopportunément *liter*, mal à propos.

inordinate [ɪn'ɔːdɪnət] adj [immense - size] démesuré ; [- pleasure, relief] incroyable ; [- amount of money] exorbitant / *they spent an inordinate amount of time on it* ils y ont consacré énormément de temps.

inordinately [ɪn'ɔːdɪnətlɪ] adv démesurément, excessivement.

inorganic [ˌɪnɔː'gænɪk] adj inorganique.

inorganic chemistry n chimie *f* inorganique or minérale.

in-patient n hospitalisé *m*, -e *f*, malade *mf*.

input ['ɪnpʊt] (*pt & pp* **input**, *cont* **inputting**) ◆ n (*U*) **1.** [during meeting, discussion] contribution *f* / *we'd like some input from marketing before committing ourselves* nous aimerions consulter le service marketing avant de nous engager plus avant **2.** COMPUT [data] données *fpl* (en entrée) ; [entering] entrée *f* (de données) / *the program requires input from the user* ce programme exige que l'utilisateur entre des données **3.** ELEC énergie *f*, puissance *f* / *to reduce the voltage input to a circuit* réduire la tension d'un circuit **4.** ECON input *m*, intrant *m*. ◆ comp [device, file, program] d'entrée. ◆ vt [gen] (faire) entrer, introduire ; COMPUT saisir.

input/output n COMPUT entrée-sortie *f* ▸ **input/output device** périphérique d'entrée-sortie.

inquest ['ɪnkwest] n LAW enquête *f* ; [into death] *enquête menée pour établir les causes des morts violentes, non naturelles ou mystérieuses.*

inquire [ɪn'kwaɪəʳ] ◆ vt [ask] demander ▸ **to inquire sthg of sb** s'enquérir de qqch auprès de qqn / *she inquired how to get to the park* elle a demandé qu'on lui indique le chemin du parc / *may I inquire what brings you here?* puis-je vous demander l'objet de votre visite ? ◆ vi [seek information] se renseigner, demander / **'inquire within'** 'se renseigner à l'intérieur' ▸ **to inquire about sthg** demander des renseignements or se renseigner sur qqch.

❖ **inquire after** vt insep UK demander des nouvelles de / *she inquired after you* elle a demandé de vos nouvelles.

❖ **inquire into** vt insep se renseigner sur ; [investigate] faire des recherches sur ; ADMIN & LAW enquêter sur / *they should inquire into how the money was spent* ils devraient enquêter sur la façon dont l'argent a été dépensé.

inquirer [ɪn'kwaɪərəʳ] n investigateur *m*, -trice *f*.

inquiring [ɪn'kwaɪərɪŋ] adj [voice, look] interrogateur ; [mind] curieux.

inquiringly [ɪn'kwaɪərɪŋlɪ] adv d'un air interrogateur / *she looked at him inquiringly* elle le regarda d'un air interrogateur, elle l'interrogea du regard.

inquiry [UK ɪn'kwaɪərɪ US 'ɪnkwərɪ] (*pl* **inquiries**) n **1.** [request for information] demande *f* (de renseignements) **2.** [investigation] enquête *f* ▸ **to hold** or **to conduct an inquiry into sthg** faire une enquête sur qqch / *the police are making inquiries* la police enquête, une enquête (policière) est en cours / *he is helping police with their inquiries* la police est en train de l'interroger / *upon further inquiry* après vérification ▸ **commission of inquiry** commission *f* d'enquête **3.** [questioning] : *a look / tone of inquiry* un regard / ton interrogateur.

inquiry agent n détective *m* (privé).

inquisition [ˌɪnkwɪ'zɪʃn] n **1.** *pej* [gen] inquisition *f* **2.** HIST ▸ **the Inquisition** l'Inquisition *f* **3.** LAW enquête *f*.

inquisitive [ɪn'kwɪzətɪv] adj [curious] curieux ; *pej* [nosy] indiscret (indiscrète).

inquisitively [ɪn'kwɪzətɪvlɪ] adv [curiously] avec curiosité ; *pej* [nosily] de manière indiscrète / *he stared inquisitively into the room* il jeta dans la pièce un regard inquisiteur.

inquisitiveness [ɪn'kwɪzətɪvnɪs] n [curiosity] curiosité *f* ; *pej* [nosiness] indiscrétion *f*.

inquisitor [ɪn'kwɪzɪtəʳ] n **1.** [investigator] enquêteur *m*, -euse *f* ; [interrogator] interrogateur *m*, -trice *f* **2.** HIST inquisiteur *m*.

inquisitorial [ɪnˌkwɪzɪ'tɔːrɪəl] adj inquisitorial.

inquorate [ɪn'kwɔːreɪt] adj UK sans quorum / *the meeting is inquorate* la réunion n'a pas atteint le quorum.

inroad ['ɪnrəʊd] n [raid] incursion *f* ; [advance] avance *f*.

❖ **inroads** pl n **1.** MIL : *to make inroads into enemy territory* avancer en territoire ennemi **2.** *fig* ▸ **to make inroads in** or **into** or **on a)** [supplies, funds] entamer

b) [spare time, somebody's rights] empiéter sur / *they have made significant inroads into our market share* ils ont considérablement mordu sur notre part du marché / *they've made great inroads on the work* ils ont bien avancé le travail.

inrush ['ɪnrʌʃ] n afflux *m*.

insalubrious [,ɪnsə'lu:brɪəs] adj *fml* [district, climate] insalubre, malsain.

insane [ɪn'seɪn] ◆ adj **1.** [mentally disordered] fou *(before vowel or silent 'h' fol, f folle)* / *temporarily insane* en état de démence temporaire ▸ **to go insane** perdre la raison **2.** *fig* [person] fou *(before vowel or silent 'h' fol, f folle)* / *it's driving me insane!* ça me rend fou ! ; [scheme, price] démentiel. ◆ pl n ▸ **the insane** les malades *mpl* mentaux.

insanely [ɪn'seɪnlɪ] adv **1.** [crazily - laugh, behave, talk] comme un fou / *they clapped insanely* ils applaudissaient comme des fous **2.** [as intensifier - funny, rich] follement / *he was insanely jealous* il était fou de jalousie.

insanitary [ɪn'sænɪtrɪ] adj insalubre, malsain.

insanity [ɪn'sænətɪ] n folie *f*, démence *f* ▸ **temporary insanity** démence temporaire.

insatiable [ɪn'seɪʃəbl] adj insatiable.

inscribe [ɪn'skraɪb] vt **1.** [on list] inscrire ; [on plaque, tomb, etc.] graver, inscrire / *he had the ring inscribed with her name* or *her name inscribed on the ring* il a fait graver son nom sur la bague / *his cigar case was inscribed with his name* son étui à cigares était gravé à son nom / *it's inscribed on my memory fig* c'est inscrit or gravé dans ma mémoire **2.** [dedicate] dédicacer / *an inscribed copy of the book* un exemplaire dédicacé du livre **3.** GEOM inscrire **4.** FIN ▸ **inscribed securities** titres *mpl* nominatifs.

inscription [ɪn'skrɪpʃn] n [on plaque, tomb] inscription *f* ; [in book] dédicace *f*.

inscrutability [ɪn,skru:tə'bɪlətɪ] n impénétrabilité *f*.

inscrutable [ɪn'skru:təbl] adj [person] énigmatique, impénétrable ; [remark] énigmatique.

insect ['ɪnsekt] n insecte *m* ▸ **insect bite** piqûre *f* d'insecte ▸ **insect repellent** produit *m* insectifuge.

insecticide [ɪn'sektɪsaɪd] n insecticide *m*.

insectivore [ɪn'sektɪvɔ:ʳ] n insectivore *m*.

insectivorous [,ɪnsek'tɪvərəs] adj insectivore.

insecure [,ɪnsɪ'kjʊəʳ] adj **1.** [person - temporarily] inquiet (inquiète) ; [- generally] pas sûr de soi, qui manque d'assurance / *he's so insecure* il est vraiment mal dans sa peau **2.** [chair, nail, scaffolding, etc.] peu solide **3.** [place] peu sûr **4.** [future, market] incertain ; [peace, job, relationship] précaire / *recent events have made her position* / *the regime insecure* les récents événements ont rendu sa position / le régime plus précaire.

insecurely [,ɪnsɪ'kjʊəlɪ] adv : *insecurely balanced* en équilibre instable / *insecurely closed* / *bolted* / *attached* mal fermé / verrouillé / attaché.

insecurity [,ɪnsɪ'kjʊərətɪ] (*pl* **insecurities**) n **1.** [lack of confidence] manque *m* d'assurance ; [uncertainty] incertitude *f* ▸ **job insecurity** précarité *f* de l'emploi **2.** [lack of safety] insécurité *f*.

inseminate [ɪn'semɪneɪt] vt inséminer.

insemination [ɪn,semɪ'neɪʃn] n insémination *f*.

insensate [ɪn'senseɪt] adj *fml* **1.** [unfeeling] insensible **2.** [foolish] insensé.

insensibility [ɪn,sensə'bɪlətɪ] (*pl* **insensibilities**) n *fml* **1.** [unconsciousness] inconscience *f* **2.** [indifference] insensibilité *f* / *his insensibility to music* son manque de sensibilité pour la musique.

insensible [ɪn'sensəbl] adj *fml* **1.** [unconscious] inconscient, sans connaissance / *she was knocked insensible by her fall* sa chute lui a fait perdre connaissance ; [numb] insensible / *her body was insensible to any pain* son corps était insensible à toute douleur **2.** [cold, indifferent] : *insensible to the suffering of others* insensible or indifférent à la souffrance d'autrui **3.** [unaware] inconscient *fig* / *insensible of the risks* inconscient des risques **4.** [imperceptible] insensible, imperceptible.

insensitive [ɪn'sensətɪv] adj **1.** [cold-hearted] insensible, dur / *they are insensitive brutes* ce sont des brutes épaisses / *the government's reaction was highly insensitive* le gouvernement a fait preuve d'une indifférence extrême **2.** [unaware] insensible ▸ **to be insensitive to sthg** être insensible à qqch **3.** [physically] insensible / *insensitive to pain* insensible à la douleur.

insensitively [ɪn'sensətɪvlɪ] adj avec un grand manque de tact.

insensitivity [ɪn,sensə'tɪvətɪ], **insensitiveness** [ɪn'sensətɪvnɪs] n insensibilité *f*.

inseparable [ɪn'seprəbl] adj inséparable.

inseparably [ɪn'seprəblɪ] adv inséparablement.

insert ◆ vt [ɪn'sɜ:t] introduire, insérer / *insert your coin* / *card into the machine* introduisez votre pièce / carte dans la machine / *she inserted a small ad in the local paper* elle a mis une petite annonce dans le journal local / *before inserting your contact lenses* avant de mettre vos verres de contact / *to insert a name on a list* ajouter un nom à une liste. ◆ n ['ɪnsɜ:t] **1.** [gen] insertion *f* ; [extra text] encart *m* **2.** SEW pièce *f* rapportée ; [decorative] incrustation *f*.

insertion [ɪn'sɜ:ʃn] n **1.** [act] insertion *f* **2.** [thing inserted] = **insert 3.** ANAT & BOT insertion *f* ▸ **point of insertion** point *m* d'insertion.

in-service adj ▸ **in-service training** formation *f* permanente or continue.

inset ['ɪnset] (*pt & pp* **inset**, *cont* **insetting**) ◆ vt **1.** [detail, map, diagram] insérer en encadré / *town plans are inset in the main map* des plans de ville figurent en encadrés sur la carte principale **2.** SEW [extra material] rapporter ▸ **inset pocket** poche *f* couture **3.** TYPO rentrer **4.** [jewel] incruster ▸ **inset with** incrusté de. ◆ n **1.** [in map, text] encadré *m* ; [on video, TV screen] incrustation *f* **2.** [in newspaper, magazine - extra pages] encart *m* **3.** SEW panneau *m* rapporté ▸ **lace inset** incrustation *f* de dentelle.

inshore ◆ adj ['ɪnʃɔ:ʳ] **1.** [near shore] côtier ▸ **inshore fishing** pêche *f* côtière **2.** [towards shore] ▸ **inshore wind** vent *m* de mer ▸ **inshore current** courant *m* qui porte vers la côte. ◆ adv [ɪn'ʃɔ:ʳ] [near shore] près de la côte ; [towards shore] vers la côte / *the boat was keeping close inshore* le bateau longeait or restait près de la côte.

inside [ɪn'saɪd] ◆ adv **1.** [within enclosed space] dedans, à l'intérieur / *it's hollow inside* c'est creux à l'intérieur, l'intérieur est creux **2.** [indoors] à l'intérieur / *bring the chairs inside* rentre les chaises / *she opened the door and went inside* elle ouvrit la porte et entra / *go and play inside* va jouer à l'intérieur ; UK [in bus] : *plenty of room inside!* il y a plein de place à l'intérieur ! / *move along inside there!* avancez jusqu'au fond ! **3.** *inf* [in prison] en taule / *he's been inside* il a fait de la taule **4.** [in one's heart] au fond (de soi-même) / *inside I was furious* au fond de moi-même, j'étais furieux. ◆ prep **1.** [within] à l'intérieur de, dans / *inside the house* à l'intérieur de la maison ; *fig* : *what goes on inside his head?* qu'est-ce qui se passe dans sa tête ? / *I'll be all right once I've got a few drinks inside me* tout ira bien quand j'aurai descendu quelques verres / *a little voice inside me kept saying "no"* une petite voix intérieure n'arrêtait pas de me dire « non » / *it's just inside the limit* c'est juste (dans) la limite / *the attack took place inside Turkey itself* l'assaut a eu lieu sur le territoire turc même / *someone inside the company must have told them* quelqu'un de l'entreprise a dû le leur dire **2.** [in less than] en moins de / *I'll have it finished inside 6 days* je l'aurai terminé en moins de 6 jours. ◆ n **1.** [inner part] intérieur *m* / *the inside of the box* l'intérieur de la boîte / *the door doesn't open from the inside* la porte ne s'ouvre pas de l'intérieur / *she has a scar on the inside of her wrist* elle a une cicatrice à l'intérieur du poignet **2.** [of pavement, road] : *walk on the inside* marchez loin du bord / *to overtake on the inside* **a)** AUTO [driving on left] doubler à gauche **b)** [driving on right] doubler à droite / *coming up on the inside is Golden Boy* Golden Boy remonte à la corde **3.** *fig* ▸ **on the inside** : *only someone on the inside would know that* seul quelqu'un de la maison saurait ça. ◆ adj **1.** [door, wall] intérieur / *inside toilet* toilettes *fpl* à l'intérieur / *inside leg measurement* hauteur *f* de l'entrejambe / *the inside pages* [of newspaper] les pages intérieures ▸ **the inside lane a)** [in athletics] la corde **b)** [driving on left] la voie de gauche **c)** [driving on right] la voie de droite ▸ **to be on the inside track a)** [in horse-racing] tenir la corde **b)** *fig* être bien placé **2.** *fig* : *he has inside information* il a quelqu'un dans la place / *find out the inside story* essaie de découvrir les dessous de l'histoire / *it looks like an inside job* on dirait que c'est quelqu'un de la maison qui a fait le coup **3.** FOOT ▸ **inside forward** inter *m*, intérieur *m* ▸ **inside left** / **right** inter *m* gauche / droit **4.** AUTO : *the inside wheel* / *door* la roue / portière côté trottoir.

❖ **insides** pl n *inf* [stomach] estomac *m* ; [intestines] intestins *mpl*, tripes *fpl*.

❖ **inside of** prep phr *inf* **1.** [in less than] en moins de **2.** US [within] à l'intérieur de, dans.

❖ **inside out** adv phr **1.** [with inner part outwards] : *your socks are on inside out* tu as mis tes chaussettes à l'envers / *he turned his pockets inside out* il a retourné ses poches / *they turned the room inside out fig* ils ont mis la pièce sens dessus dessous **2.** [thoroughly] : *he knows this town inside out* il connaît cette ville comme sa poche / *she knows her job inside out* elle connaît parfaitement son travail.

insider [,ɪn'saɪdəʳ] n initié *m*, -e *f* / *according to an insider* selon une source bien informée / *I got a hot tip from an insider* quelqu'un dans la place m'a donné un bon tuyau.

insider dealing, **insider trading** n *(U)* ST. EX délit *m* d'initiés / *to be accused of insider dealing* être accusé de délit d'initié.

insidious [ɪn'sɪdɪəs] adj insidieux.

insidiously [ɪn'sɪdɪəslɪ] adv insidieusement.

insight ['ɪnsaɪt] n **1.** [perspicacity] perspicacité *f* / *she has great insight* elle est très fine / *his book shows remarkable insight into the problem* son livre témoigne d'une compréhension très fine du problème **2.** [idea, glimpse] aperçu *m*, idée *f* / *I managed to get* or *gain an insight into her real character* j'ai pu me faire une idée de sa véritable personnalité / *his book offers us new insights into human behaviour* son livre nous propose un nouveau regard sur le comportement humain.

insightful ['ɪnsaɪtfʊl] adj pénétrant, perspicace.

insignia [ɪn'sɪgnɪə] (*pl* **insignia** *or* **insignias**) n insigne *m*, insignes *mpl* / *he wore the insignia of his office* il portait les insignes de sa fonction.

insignificance [,ɪnsɪg'nɪfɪkəns] n insignifiance *f*.

insignificant [,ɪnsɪg'nɪfɪkənt] adj **1.** [unimportant] insignifiant, sans importance **2.** [negligible] insignifiant, négligeable.

insincere [,ɪnsɪn'sɪəʳ] adj peu sincère / *his grief turned out to be insincere* il s'avéra que son chagrin n'était que feint / *did you think I was being insincere?* croyais-tu que je n'étais pas sincère ?

insincerely [,ɪnsɪn'sɪəlɪ] adv sans sincérité, de manière hypocrite.

insincerity [,ɪnsɪn'serətɪ] n manque *m* de sincérité.

insinuate [ɪn'sɪnjʊeɪt] vt **1.** [imply] insinuer, laisser entendre / *he insinuated that you were lying* il a insinué que vous mentiez **2.** [introduce] insinuer / *he insinuated himself into their favour* il s'est insinué dans leurs bonnes grâces.

insinuation [ɪn,sɪnjʊ'eɪʃn] n **1.** [hint] insinuation *f*, allusion *f* **2.** [act, practice] insinuation *f*.

insipid [ɪn'sɪpɪd] adj insipide, fade.

insipidity [,ɪnsɪ'pɪdətɪ] n insipidité *f*, fadeur *f*, manque *m* de saveur.

insist [ɪn'sɪst] ◆ vi **1.** [demand] insister / *if you insist* si tu insistes ▸ **to insist on sthg** / **doing sthg** : *he insisted on a new contract* il a exigé un nouveau contrat / *I insist on seeing the manager* j'exige de voir le directeur / *she insists on doing it her way* elle tient à le faire à sa façon / *he insisted on my taking the money* il a tenu à ce que je prenne l'argent **2.** [maintain] ▸ **to insist on** maintenir / *she insists on her innocence* elle maintient qu'elle est innocente **3.** [stress] ▸ **to insist on** insister sur / *I must insist on this point* je dois insister sur ce point. ◆ vt **1.** [demand] insister / *I insist that you tell no-one* j'insiste pour que vous ne le disiez à personne / *you should insist that you be paid* vous devriez exiger qu'on vous paye **2.** [maintain] maintenir, soutenir / *she insists that she locked the door* elle maintient qu'elle a fermé la porte à clef.

Note that **exiger que** is followed by a verb in the subjunctive:
He insisted I (should) write to my family.
Il a exigé que j'écrive à ma famille.

insistence [ɪn'sɪstəns] n : *their insistence on secrecy has hindered negotiations* en exigeant le secret, ils ont entravé les négociations / *her insistence on her innocence* ses protestations d'innocence / *his insistence on his rights* la revendication répétée de ses droits / *at* or *on my insistence* sur mon insistance / *I came here at her insistence* je suis venu ici parce qu'elle a insisté.

insistent [ɪn'sɪstənt] adj [person] insistant ; [demand] pressant ; [denial, refusal] obstiné / *she was most insistent* elle a beaucoup insisté / *the child's insistent cries* les pleurs incessants de l'enfant.

insistently [ɪn'sɪstəntlɪ] adv [stare, knock] avec insistance ; [ask, urge] avec insistance, instamment.

in situ [,ɪn'sɪtju:] adv phr sur place ; MED & BOT in situ.

insobriety [,ɪnsə'braɪətɪ] n *fml* [drunkenness] ébriété *f* ; [intemperance] intempérance *f*.

insofar as [,ɪnsəʊ'fɑ:r-] conj phr dans la mesure où / *I'll help her insofar as I can* je l'aiderai dans la mesure de mes capacités / *insofar as it's possible* dans la limite or mesure du possible.

insolation [,ɪnsəʊ'leɪʃn] n insolation *f*.

insole ['ɪnsəʊl] n semelle *f* intérieure.

insolence ['ɪnsələns] n insolence *f*.

insolent ['ɪnsələnt] adj insolent / *he's insolent to his teachers* il est insolent or il fait preuve d'insolence envers ses professeurs.

insolently ['ɪnsələntlɪ] adv insolemment, avec insolence.

insolubility [ɪn,sɒljʊ'bɪlətɪ] n insolubilité *f*.

insoluble [ɪn'sɒljʊbl] adj [problem, substance] insoluble.

insolvable [ɪn'sɒlvəbl] adj insoluble.

insolvency [ɪn'sɒlvənsɪ] n insolvabilité *f* / *they're going to declare insolvency* **a)** ils vont se déclarer insolvables **b)** [firm] ils vont déposer leur bilan.

insolvency provision n fonds *m* de garantie salariale.

insolvent [ɪn'sɒlvənt] ◆ adj insolvable / *he was insolvent by ten million dollars* il laissait une dette de dix millions de dollars. ◆ n insolvable *mf*.

insomnia [ɪn'sɒmnɪə] n *(U)* insomnie *f*.

insomniac [ɪn'sɒmnɪæk] ◆ adj insomniaque. ◆ n insomniaque *mf*.

insomuch as [,ɪnsəʊ'mʌtʃ-] = **inasmuch as**.

insouciant [ɪn'su:sjənt] adj *liter* insoucieux.

inspect [ɪn'spekt] ◆ vt **1.** [scrutinize] examiner, inspecter / *she inspected her body for bruises* elle examina son corps à la recherche de bleus **2.** [check officially - school, product, prison] inspecter ; [- ticket] contrôler ; [- accounts] contrôler / *the customs officer inspected our luggage* le douanier a inspecté nos bagages **3.** MIL [troops] passer en revue. ◆ vi faire une inspection.

inspecting officer [ɪn'spektɪŋ-] n inspecteur *m*, -trice *f*.

inspection [ɪn'spekʃn] n **1.** [of object] examen *m* (minutieux) ; [of place] inspection *f* / *on closer inspection* en regardant de plus près **2.** [official check] inspection *f* ; [of ticket, passport] contrôle *m* ; [of school, prison] (visite *f* d')inspection *f* ▸ **customs inspection** contrôle douanier ▸ **product quality inspection** contrôle de qualité des produits **3.** MIL [of troops] revue *f*, inspection *f*.

inspection chamber n bouche *f* d'égout.

inspection pit n AUTO fosse *f* (de réparations).

inspector [ɪn'spektər] n **1.** [gen] inspecteur *m*, -trice *f* ; [on public transport] contrôleur *m*, -euse *f* ▸ **inspector of taxes** or **tax inspector** UK ≃ inspecteur *m*, -trice *f* des impôts **2.** UK SCH inspecteur *m*, -trice *f* **3.** [in police force] ▸ **(police) inspector** ≃ inspecteur *m*, -trice *f* (de police) / **'An Inspector Calls'** *Priestley* 'Un inspecteur vous demande'.

inspectorate [ɪn'spektərət] n [body of inspectors] inspection *f* ; [duties, term of office] inspection *f*, inspectorat *m*.

inspector general (*pl* **inspectors general**) n **1.** [gen] inspecteur *m* général, inspectrice *f* générale **2.** MIL ≃ général *m* inspecteur.

inspiration [,ɪnspə'reɪʃn] n **1.** [source of ideas] inspiration *f* ▸ **to draw one's inspiration from** s'inspirer de / *her art draws* or *takes its inspiration from desert landscapes* son art s'inspire des paysages désertiques ▸ **to be an inspiration to sb** être une source d'inspiration pour qqn / *your generosity has been an inspiration for us all* votre générosité nous a tous inspirés / *the inspiration for her screenplay* l'idée de son scénario **2.** [bright idea] inspiration *f* / *hey, I've had an inspiration!* hé ! j'ai une idée géniale !

inspirational [,ɪnspə'reɪʃənl] adj **1.** [inspiring] inspirant **2.** [inspired] inspiré.

inspire [ɪn'spaɪər] vt **1.** [person, work of art] inspirer / *Moore's sculptures inspired her early work* les sculptures de Moore lui ont inspiré ses œuvres de jeunesse ▸ **to inspire sb to do sthg** inciter or pousser qqn à faire qqch / *he inspired her to become a doctor* il suscita en elle une vocation de médecin **2.** [arouse - feeling] inspirer / *whatever inspired you to do that?* qu'est-ce qui a bien pu te donner l'idée de faire ça ? / *the decision was inspired by the urgent need for funds* la décision a dû être prise pour répondre à un besoin urgent de fonds / *to inspire confidence / respect* inspirer (la) confiance / le respect / *a man who once inspired fear* un homme qui jadis inspirait la crainte / *his success inspired me with confidence* sa réussite m'a donné confiance en moi / *to inspire courage in sb* insuffler du courage à qqn.

inspired [ɪn'spaɪəd] adj [artist, poem] inspiré ; [moment] d'inspiration ; [performance] extraordinaire ; [choice, decision] bien inspiré, heureux ▸ **an inspired idea** une inspiration ▸ **to make an inspired guess** deviner or tomber juste.

inspiring [ɪn'spaɪərɪŋ] adj [speech, book] stimulant ; [music] exaltant / *it wasn't a very inspiring debate* ce débat n'avait rien de bien passionnant.

inst. (written abbr of **instant**) COMM courant / *of the 9th inst.* du 9 courant or de ce mois.

instability [,ɪnstə'bɪlətɪ] (*pl* **instabilities**) n instabilité *f*.

instal US = **install**.

install [ɪn'stɔ:l] vt **1.** [machinery, equipment, software] installer / *we're having central heating installed* nous faisons installer le chauffage central **2.** [settle - person] installer / *she installed herself in an armchair* elle s'installa dans un fauteuil **3.** [appoint - manager, president] nommer / *the Tories were installed with a huge majority* les conservateurs ont été élus avec une écrasante majorité.

installation [,ɪnstə'leɪʃn] n [gen & MIL] installation *f*.

installer [ɪn'stɔ:lər] n COMPUT [program] programme *m* d'installation.

installment plan n US *système de paiement à tempérament* ▸ **to buy sthg on an installment plan** acheter qqch à crédit.

instalment UK, **installment** US [ɪn'stɔ:lmənt] n **1.** [payment] acompte *m*, versement *m* partiel ▸ **monthly instalments** mensualités *fpl* ▸ **to pay in** or **by instalments** payer par versements échelonnés / *to pay off a loan in* or *by instalments* rembourser un prêt en plusieurs versements or tranches **2.** [of serial, story] épisode *m* ; [of book] fascicule *m* ; [of TV documentary] volet *m*, partie *f* / *the last instalment of our special report on Brazil* [on TV] le dernier volet de notre reportage spécial sur le Brésil / *published in instalments* publié par fascicules **3.** = **installation**.

instance ['ɪnstəns] ◆ n **1.** [example] exemple *m* ▸ **as an instance of** comme exemple de ; [case] occasion *f*, circonstance *f* / *he agrees with me in most instances* la plupart du temps or dans la plupart des cas il est d'accord avec moi / *our policy, in that instance, was to raise interest rates* notre politique en la circonstance or l'occurrence a consisté à augmenter les taux d'intérêt / *what would you have decided in that instance?* qu'auriez-vous décidé en pareil cas ? **2.** [stage] : *in the first / second instance* en premier / second lieu ▸ **court of first instance** LAW tribunal *m* de première instance **3.** *fml* [request] demande *f*, instances *fpl* ▸ **at the instance of** à la demande de. ◆ vt donner or citer en exemple.

❖ **for instance** adv phr par exemple.

instant ['ɪnstənt] ◆ adj **1.** [immediate] immédiat / *this wound needs instant attention* cette blessure doit être soignée immédiatement / *for instant weight loss* pour perdre du poids rapidement / *give yourself an instant new look* changez de look en un clin d'œil ▸ **instant replay** TV ralenti *m* **2.** CULIN [coffee] instantané, soluble ; [soup, sauce] instantané, en sachet ; [milk] en poudre ; [mashed potato] en flocons ; [dessert] à préparation rapide. ◆ n instant *m*, moment *m* / *at that instant* à ce moment-là / *the next instant he'd disappeared* l'instant d'après il avait disparu / *do it this instant* fais-le tout de suite or immédiatement or à l'instant / *she read it in an instant* elle l'a lu en un rien de temps / *I'll be with you in an instant* je serai à vous dans un instant / *call me the instant you arrive* appelle-moi dès que or aussitôt que tu seras arrivé / *I didn't believe it for one instant* je ne l'ai pas cru un seul instant / *he left on the instant* il est parti immédiatement or sur-le-champ.

instant-access adj [bank account] à accès immédiat.

instantaneous [,ɪnstən'teɪnjəs] adj instantané.

instantaneously [,ɪnstən'teɪnjəslɪ] adv instantanément.

instantly ['ɪnstəntlɪ] adv [immediately] immédiatement, instantanément / *he was killed instantly* il a été tué sur le coup / *cleans and refreshes instantly!* nettoie et rafraîchit instantanément !

instant messaging n messagerie *f* instantanée.

instate [ɪn'steɪt] vt *fml* installer *(dans une fonction)*.

instead [ɪn'sted] adv : *he didn't go to the office, he went home instead* au lieu d'aller au bureau, il est rentré chez lui / *I don't like sweet things, I'll have cheese instead* je n'aime pas les sucreries, je prendrai plutôt du fromage / *since I'll be away, why not send Mary instead?* puisque je ne serai pas là, pourquoi ne pas envoyer Mary à ma place ?

❖ **instead of** prep phr au lieu de, à la place de / *instead of reading a book* au lieu de lire un livre / *her son came instead of her* son fils est venu à sa place / *I had an apple instead of lunch* j'ai pris une pomme en guise de déjeuner.

instep ['ɪnstep] n **1.** ANAT cou-de-pied *m* ▸ **to have a high instep** avoir le pied très cambré **2.** [of shoe] cambrure *f*.

instigate ['ɪnstɪgeɪt] vt **1.** [initiate - gen] être à l'origine de ; [- project] promouvoir ; [- strike, revolt] provoquer ; [- plot] ourdir **2.** [urge] inciter, pousser ▸ **to instigate sb to do sthg** pousser or inciter qqn à faire qqch.

instigation [,ɪnstɪ'geɪʃn] n [urging] instigation *f*, incitation *f* / *at her instigation* à son instigation.

instigator ['ɪnstɪgeɪtər] n instigateur *m*, -trice *f*.

instil UK, **instill** US [ɪn'stɪl] vt [principles, ideals] inculquer ; [loyalty, courage, fear] insuffler ; [idea] faire comprendre.

instinct ['ɪnstɪŋkt] n instinct *m* ▸ **by instinct** d'instinct / *she has an instinct for business* elle a le sens des affaires / *he has an instinct for the right word* il a le don pour trouver le mot juste / *her first instinct was to run away* sa première réaction a été de s'enfuir / *to follow one's instinct* suivre or obéir à son instinct.

instinctive [ɪn'stɪŋktɪv] adj instinctif.

instinctively [ɪn'stɪŋktɪvlɪ] adv instinctivement / *animals are instinctively afraid of fire* les animaux ont une peur instinctive du feu.

institute ['ɪnstɪtju:t] ◆ vt **1.** [establish - system, guidelines] instituer, établir ; [- change] introduire, apporter ; [- committee] créer, constituer ; [- award, organization] fonder, créer **2.** [take up - proceedings] engager, entamer ; [- inquiry] ouvrir / *he threatened to institute legal action against them* il a menacé de leur intenter un procès **3.** [induct] installer ; RELIG instituer. ◆ n institut *m* ▸ **research institute** institut de recherche.

institute of education n UK *école formant des enseignants.*

institution [,ɪnstɪ'tju:ʃn] n **1.** [of rules] institution *f*, établissement *m* ; [of committee] création *f*, constitution *f* ; [of change] introduction *f* ; LAW [of action] début *m* ; [of official] installation *f* **2.** [organization] organisme *m*, établissement *m* ; [governmental] institution *f* ; [educational, penal, religious] établissement *m* ; [private school] institution *f* ; [hospital] hôpital *m*, établissement *m* hospitalier ; *euph* [mental hospital] établissement *m* psychiatrique **3.** [custom, political or social structure] institution *f* / *the institution of marriage* l'institution du mariage **4.** *hum* [person] institution *f* / *she's a national institution* elle est devenue une véritable institution nationale.

institutional [,ɪnstɪ'tju:ʃənl] adj **1.** [hospital, prison, school, etc.] institutionnel ▸ **institutional care** soins *mpl* hospitaliers / *he'd be better off in institutional care* il serait mieux dans un établissement or centre spécialisé / *after years of institutional life* après des années d'internement **2.** [belief, values] séculaire **3.** COMM institutionnel ▸ **institutional investors** investisseurs *mpl* institutionnels ▸ **institutional advertising** publicité *f* institutionnelle.

institutionalism [,ɪnstɪ'tju:ʃənlɪzm] n institutionnalisme *m*.

institutionalize, institutionalise [,ɪnstɪ'tju:ʃənlaɪz] vt **1.** [establish] institutionnaliser ▸ **to become institutionalized** s'institutionnaliser **2.** [place in a hospital, home] placer dans un établissement *(médical ou médico-social)* ▸ **to be institutionalized** être interné / *he's been institutionalized all his life* il a passé toute sa vie dans des établissements spécialisés ▸ **to become institutionalized** ne plus être capable de se prendre en charge *(après des années passées dans des établissements spécialisés).*

institutional racism, institutionalized racism n racisme *m* institutionnel.

in-store adj [bakery, childcare facilities, etc.] dans le magasin, sur place ▸ **in-store promotion** promotion *f* sur le lieu de vente.

instruct [ɪn'strʌkt] vt **1.** [command, direct] charger / *we have been instructed to accompany you* nous sommes chargés de or nous avons mission de vous accompagner **2.** [teach] former ▸ **to instruct sb in sthg** enseigner or apprendre qqch à qqn **3.** [inform] informer / *I have been instructed that the meeting has been cancelled* on m'a informé or avisé que la réunion a été annulée **4.** LAW [jury, solicitor] donner des instructions à.

instruction [ɪn'strʌkʃn] n **1.** [order] instruction *f* / *follow my instructions carefully* suis bien mes instructions or indications / *she gave instructions for the papers to be destroyed* elle a donné des instructions pour qu'on détruise les documents / *they were given instructions not to let him out of their sight* ils avaient reçu l'ordre de ne pas le perdre de vue ▸ **instructions (for use)** mode *m* d'emploi **2.** *(U)* [teaching] leçons *fpl* ; MIL instruction *f*.

instruction manual n COMM & TECH manuel *m* (d'utilisation et d'entretien).

instructive [ɪn'strʌktɪv] adj instructif.

instructor [ɪn'strʌktər] n **1.** [gen] professeur *m* ; MIL instructeur *m* ▸ **music instructor** professeur de musique ▸ **sailing instructor** moniteur *m*, -trice *f* de voile **2.** US UNIV ≃ assistant *m*, -e *f*.

instructress [ɪn'strʌktrɪs] n instructrice *f*, monitrice *f*.

instrument ['ɪnstrʊmənt] ◆ n **1.** MED, MUS & TECH instrument *m* ▸ **to fly by** or **on instruments** naviguer à l'aide d'instruments ▸ **instrument error** erreur due aux instruments **2.** *fig* [means] instrument *m*, outil *m* / *instrument of propaganda* outil de propagande **3.** FIN effet *m*, titre *m* ; LAW instrument *m*, acte *m* juridique / *an instrument of payment* un moyen de paiement. ◆ comp AERON [flying, landing] aux instruments (de bord). ◆ vt **1.** MUS orchestrer **2.** TECH munir or équiper d'instruments.

instrumental [,ɪnstrʊ'mentl] ◆ adj **1.** [significant] : *her work was instrumental in bringing about the reforms* elle a largement contribué à faire passer les réformes / *an instrumental role* un rôle déterminant **2.** MUS instrumental **3.** TECH d'instruments / *instrumental check* **a)** [of devices] vérification des instruments **b)** [by devices] vérification par instruments **4.** LING ▸ **instrumental phrase** complément *m* d'instrument ▸ **instrumental case** (cas *m*) instrumental *m*. ◆ n **1.** MUS morceau *m* instrumental / *they played a few instrumentals* ils ont joué quelques morceaux de musique instrumentale **2.** LING instrumental *m*.

instrumentalist [,ɪnstrʊ'mentəlɪst] n MUS instrumentiste *mf*.

instrumentation [,ɪnstrʊmen'teɪʃn] n **1.** [musical arrangement] orchestration *f*, instrumentation *f* ; [musical instruments] instruments *mpl* **2.** TECH instrumentation *f*.

instrument panel, instrument board n AERON & AUTO tableau *m* de bord ; TECH tableau *m* de contrôle.

insubordinate [,ɪnsə'bɔ:dɪnət] adj insubordonné ▸ **insubordinate behaviour** conduite *f* insubordonnée or rebelle.

insubordination ['ɪnsə,bɔ:dɪ'neɪʃn] n insubordination *f*.

insubstantial [,ɪnsəb'stænʃl] adj **1.** [structure] peu solide ; [book] facile, peu substantiel ; [garment, snack, mist] léger ; [claim] sans fondement ; [reasoning] faible, sans substance **2.** [imaginary] imaginaire, chimérique.

insufferable [ɪn'sʌfərəbl] adj insupportable, intolérable.

insufferably [ɪn'sʌfərəblɪ] adv insupportablement, intolérablement / *he's insufferably arrogant* il est d'une arrogance insupportable.

insufficiency [,ɪnsə'fɪʃnsɪ] (*pl* **insufficiencies**) n insuffisance *f*.

insufficient [,ɪnsə'fɪʃnt] adj insuffisant / *there is insufficient evidence* les preuves sont insuffisantes.

insufficiently [,ɪnsə'fɪʃntlɪ] adv insuffisamment.

insular ['ɪnsjʊlər] adj **1.** [island - tradition, authorities] insulaire ; [isolated] isolé / *he leads a very insular existence* il vit comme un ermite **2.** *fig & pej* [mentality] limité, borné / *she's very insular* elle est très bornée or a l'esprit très étroit.

insularity [,ɪnsjʊ'lærətɪ] n insularité *f* ; [isolation] isolement *m*.

insulate ['ɪnsjʊleɪt] vt **1.** [against cold, heat, radiation] isoler ; [hot water pipes, tank] calorifuger ; [soundproof] insonoriser / *insulated sleeping bag* sac de couchage isolant **2.** ELEC isoler / *insulated screwdriver* tournevis isolant **3.** *fig* [protect] protéger / *they are no longer insulated from the effects of inflation* ils ne sont plus à l'abri des effets de l'inflation / *his cynicism insulates him from any feelings of pity* son cynisme le protège contre tout sentiment de pitié.

insulating tape ['ɪnsjʊleɪtɪŋ-] n chatterton *m*.

insulation [,ɪnsjʊ'leɪʃn] n **1.** [against cold] isolation *f* (calorifuge), calorifugeage *m* ; [sound-proofing] insonorisation *f*, isolation *f* ▸ **loft insulation** isolation thermique du toit **2.** ELEC isolation *f* **3.** [feathers, foam, etc.] isolant *m* **4.** *fig* [protection] protection *f*.

insulator ['ɪnsjʊleɪtər] n [material] isolant *m* ; [device] isolateur *m*.

insulin ['ɪnsjʊlɪn] n insuline ▸ **insulin reaction** or **shock** choc *m* insulinique.

insulin-dependent adj MED insulinodépendant.

insult ◆ vt [ɪn'sʌlt] [abuse] insulter, injurier ; [offend] faire (un) affront à, offenser / *don't be insulted if I don't tell you everything* ne le prends pas mal or ne t'offense pas si je ne te dis pas tout. ◆ n ['ɪnsʌlt] insulte *f*, injure *f*, affront *m* / *they were hurling insults at each other* ils se lançaient des insultes à la figure / *his remarks were an insult to their intelligence* ses commentaires étaient une insulte à leur intelligence / *their ads are an insult to women* leurs pubs sont insultantes or une insulte pour les femmes ▸ **to add insult to injury** pour couronner le tout.

insulting [ɪn'sʌltɪŋ] adj [language] insultant, injurieux ; [attitude] insultant, offensant ; [behaviour] grossier.

insultingly [ɪn'sʌltɪŋlɪ] adv [speak] d'un ton insultant or injurieux ; [act] d'une manière insultante / *he behaved most insultingly towards her* son comportement a été très injurieux à son égard.

insuperable [ɪn'su:prəbl] adj insurmontable.

insuperably [ɪn'su:prəblɪ] adv de façon insurmontable / *insuperably difficult* d'une difficulté insurmontable.

insupportable [,ɪnsə'pɔ:təbl] adj **1.** [unbearable] insupportable, intolérable **2.** [indefensible] insoutenable.

insurable [ɪn'ʃɔ:rəbl] adj assurable.

insurance [ɪn'ʃɔ:rəns] ◆ n **1.** *(U)* [against fire, theft, accident] assurance *f* ; [cover] garantie *f* (d'assurance), couverture *f* ; [premium] prime *f* (d'assurance) ▸ **to take out insurance (against sthg)** prendre or contracter une assurance, s'assurer (contre qqch) ▸ **to have insurance against sthg** être assuré pour or contre qqch / *extend the insurance when you renew the policy* faites augmenter le montant de la garantie quand vous renouvelez le contrat d'assurance / *he bought himself a stereo out of the insurance* il s'est acheté une chaîne stéréo avec (une partie de) l'argent de l'assurance / *she got £2,000 in insurance* elle a reçu 2 000 livres de l'assurance / *how much do you pay in insurance?* combien payez-vous (de prime) d'assurance ? **2.** *fig* [means of protection] garantie *f*, moyen *m* de protection / *take Sam with you, just as an insurance* emmenez Sam avec vous, on ne sait jamais or au cas où. ◆ comp [premium, scheme] d'assurance ; [company] d'assurances.

insurance broker n courtier *m* or agent *m* d'assurance(s).

insurance claim n demande *f* d'indemnité.

insurance policy n police *f* d'assurance, contrat *m* d'assurance.

insure [ɪn'ʃɔ:r] vt **1.** [car, building, person] assurer / *he insured himself* or *his life* il a pris or contracté une assurance-vie ▸ **insured against** assuré contre **2.** *fig* [protect] : *what strategy can insure (us) against failure?* quelle stratégie peut nous prévenir contre l'échec or nous garantir que nous n'échouerons pas ? / *to insure one's future* assurer son avenir.

insured [ɪn'ʃɔ:d] (*pl* **insured**) ◆ adj assuré ▸ **insured risk** risque *m* couvert. ◆ n assuré *m*, -e *f*.

insurer [ɪn'ʃɔ:rər] n assureur *m*.

insurgency [ɪn'sɜ:dʒənsɪ], **insurgence** [ɪn'sɜ:dʒəns] n insurrection *f*.

insurgent [ɪn'sɜ:dʒənt] ◆ n insurgé *m*, -e *f*. ◆ adj insurgé.

insurmountable [,ɪnsə'maʊntəbl] adj insurmontable.

insurrection [,ɪnsə'rekʃn] n insurrection *f* ▸ **armed insurrection** soulèvement *m* armé, insurrection armée.

insurrectionary [,ɪnsə'rekʃnərɪ] (*pl* **insurrectionaries**) ◆ adj insurrectionnel. ◆ n insurgé *m*, -e *f*.

insurrectionist [,ɪnsə'rekʃnɪst] = **insurrectionary.**

intact [ɪn'tækt] adj intact.

intaglio [ɪn'tɑ:lɪəʊ] (*pl* **intaglios** *or* **intagli** [-lji:]) n [gem] intaille *f* ; [design] dessin *m* en intaille.

intake ['ɪnteɪk] n **1.** SCH & UNIV admission *f*, inscription *f* ; MIL recrutement *m* / *the intake of refugees* l'accueil des réfugiés / *they've increased their intake of medical students* ils ont décidé d'admettre davantage d'étudiants en médecine / *this year's intake of pupils is* or *are of a higher standard than usual* cette année les nouveaux élèves sont d'un niveau plus élevé que d'habitude ▸ **intake class** UK cours *m* préparatoire **2.** TECH [of water] prise *f*, arrivée *f* ; [of gas, steam] admission *f* /

an intake rate of 10 litres per second un débit d'admission de 10 litres par seconde / *a high energy intake* une consommation importante d'énergie ▸ **air intake** admission d'air ▸ **intake valve** soupape *f* d'admission **3.** [of food] consommation *f* / *a daily intake of 2,000 calories* une ration quotidienne de 2 000 calories / *there was a sharp intake of breath* tout le monde / il / elle etc. retint son souffle ▸ **oxygen intake** absorption *f* d'oxygène.

intangible [ɪn'tændʒəbl] ◆ adj [quality, reality] intangible, impalpable ; [idea, difficulty] indéfinissable, difficile à cerner ▸ **intangible assets** COMM immobilisations *fpl* incorporelles ▸ **intangible property** LAW biens *mpl* incorporels. ◆ n impondérable *m*.

integer ['ɪntɪdʒəʳ] n MATH (nombre *m*) entier *m* ; [whole unit] entier.

integral ['ɪntɪgrəl] ◆ adj **1.** [essential - part, element] intégrant, constitutif / *it's an integral part of your job* cela fait partie intégrante de votre travail **2.** [entire] intégral, complet (complète) **3.** MATH intégral. ◆ n MATH intégrale *f*.

integral calculus n calcul *m* intégral.

integrand ['ɪntɪgrænd] n expression *f* à intégrer.

integrate ['ɪntɪgreɪt] ◆ vt **1.** [combine] : *the two systems have been integrated* on a combiné les deux systèmes **2.** [include in a larger unit] intégrer ▸ **to integrate sb in a group** intégrer qqn dans un groupe / *his brief was to integrate the new building into the historic old quarter* il avait pour mission de concevoir un bâtiment qui soit en harmonie avec la vieille ville **3.** [end segregation of] : *the law was intended to integrate racial minorities* cette loi visait à l'intégration des minorités raciales / *to integrate a school* mettre fin à la ségrégation raciale dans une école **4.** MATH intégrer. ◆ vi **1.** [fit in] s'intégrer ▸ **to integrate into** s'intégrer dans / *at first they found it hard to integrate with the local community* au début, ils ont eu du mal à s'intégrer dans la collectivité locale **2.** [desegregate] ne plus pratiquer la ségrégation raciale.

integrated ['ɪntɪgreɪtɪd] adj [gen] intégré / *vertically integrated company* société à intégration verticale / *integrated port facilities* complexe portuaire intégré ▸ **integrated neighborhood** US quartier *m* multiracial ▸ **integrated school** US *école où se pratique l'intégration (raciale)* ▸ **integrated studies** SCH études *fpl* interdisciplinaires.

integrated circuit n circuit *m* intégré.

integration [,ɪntɪ'greɪʃn] n intégration *f* ▸ **racial integration** déségrégation *f* ▸ **school integration** US déségrégation des établissements scolaires ▸ **vertical / horizontal integration** ECON intégration verticale / horizontale.

integrator ['ɪntɪgreɪtəʳ] n [device] intégrateur *m*.

integrity [ɪn'tegrətɪ] n **1.** [uprightness] intégrité *f*, probité *f* / *she's a woman of great integrity* c'est une femme d'une grande intégrité **2.** [wholeness] totalité *f* / *cultural integrity* identité *f* culturelle.

integument [ɪn'tegjʊmənt] n tégument *m*.

intel ['ɪntel] n US [military intelligence] service *m* de renseignements de l'armée.

intellect ['ɪntəlekt] n **1.** [intelligence] intelligence *f* **2.** [mind, person] esprit *m*.

intellectual [,ɪntə'lektjʊəl] ◆ adj [mental] intellectuel ; [attitude, image] d'intellectuel / *an intellectual set* un petit groupe d'intellectuels / *intellectual property* propriété *f* intellectuelle. ◆ n intellectuel *m*, -elle *f*.

intellectualism [,ɪntə'lektjʊəlɪzm] n intellectualisme *m*.

intellectualize, intellectualise [,ɪntə'lektjʊəlaɪz] ◆ vt intellectualiser. ◆ vi tenir des discours intellectuels.

intellectually [,ɪntə'lektjʊəlɪ] adv intellectuellement.

intelligence [ɪn'telɪdʒəns] n *(U)* **1.** [mental ability] intelligence *f* ▸ **to have the intelligence to do sthg** avoir l'intelligence de faire qqch / *her decision shows intelligence* elle a fait preuve d'intelligence en prenant cette décision / *use your intelligence!* réfléchis un peu ! **2.** [information] renseignements *mpl*, information *f*, informations *fpl* / *intelligence is* or *are working on it* les services de renseignements y travaillent / *he used to work in intelligence* il travaillait pour les services secrets or de renseignement / *intelligence gathering* renseignement *m*, espionnage *m* ▸ **army intelligence** service *m* de renseignements de l'armée **3.** [intelligent being] intelligence *f*.

intelligence officer n officier *m* de renseignements.

intelligence quotient n quotient *m* intellectuel.

intelligence service n POL service *m* de renseignements.

intelligence test n test *m* d'aptitude intellectuelle.

intelligent [ɪn'telɪdʒənt] adj intelligent.

intelligent card n UK carte *f* à mémoire or à puce.

intelligent design n dessein *m* intelligent.

intelligently [ɪn'telɪdʒəntlɪ] adv intelligemment.

intelligentsia [ɪn,telɪ'dʒentsɪə] n intelligentsia *f*.

intelligibility [ɪn,telɪdʒə'bɪlətɪ] n intelligibilité *f*.

intelligible [ɪn'telɪdʒəbl] adj intelligible.

intelligibly [ɪn'telɪdʒəblɪ] adv intelligiblement.

intemperance [ɪn'tempərəns] n *fml* [overindulgence] intempérance *f*, manque *m* de modération.

intemperate [ɪn'tempərət] adj *fml* **1.** [overindulgent] intempérant / *intemperate drinking* consommation excessive d'alcool **2.** [uncontrolled - behaviour, remark] excessif, outrancier / *her intemperate refusal* la violence de son refus **3.** [harsh - climate] rigoureux, rude.

intend [ɪn'tend] vt **1.** [plan, have in mind] ▸ **to intend to do sthg, to intend doing** or US **on doing sthg** avoir l'intention de or projeter de faire qqch / *how do you intend to do it?* comment avez-vous l'intention de vous y prendre ? / *we arrived later than (we had) intended* nous sommes arrivés plus tard que prévu / *his statement was intended to mislead* la déclaration visait à induire en erreur / *I had intended staying* or *to stay longer* j'avais l'intention or prévu de rester plus longtemps / *he didn't intend her to see the letter* il n'avait pas l'intention de lui laisser voir la lettre / *we intend to increase our sales* nous entendons développer nos ventes / *the board intends her to become managing director* le conseil d'administration souhaite qu'elle soit nommée P-DG ▸ **to intend marriage** *liter* avoir l'intention de se marier / *no harm was intended* c'était sans mauvaise intention / *I'm sorry, no criticism / insult was intended* je suis désolé, je ne voulais pas vous critiquer / offenser / *I intended it to be a joke!* je voulais plaisanter ! / *no pun intended!* sans jeu de mots ! **2.** [destine] destiner / *a book intended for the general public* un livre destiné or qui s'adresse au grand public / *the funds were intended for disabled children* les fonds étaient destinés à l'enfance handicapée / *the device is intended to reduce pollution* ce dispositif a pour but or fonction de réduire la pollution / *the reform is intended to limit the dumping of toxic waste* cette réforme vise à limiter le déversement de déchets toxiques.

intended [ɪn'tendɪd] ◆ adj **1.** [planned - event, trip] prévu ; [- result, reaction] voulu ; [- market, public] visé **2.** [deliberate] intentionnel, délibéré. ◆ n *arch & hum* ▸ **his intended** sa future, sa promise *arch* ▸ **her intended** son futur, son promis *arch*.

intense [ɪn'tens] adj **1.** [gen] intense ; [battle, debate] acharné ; [hatred] violent, profond ; [pleasure] vif / *a period of intense activity* une période d'activité intense / *to my intense satisfaction / annoyance* à ma très grande satisfaction / mon grand déplaisir **2.** [person] : *he's so intense* **a)** [serious] il prend tout très au sérieux **b)** [emotional] il prend tout très à cœur **3.** US *inf* [very good] génial.

intensely [ɪn'tenslɪ] adv **1.** [with intensity - work, stare] intensément, avec intensité ; [- love] profondément, passionnément **2.** [extremely - hot, painful, curious] extrêmement ; [- moving, affected, bored] profondément.

intensification [ɪn,tensɪfɪ'keɪʃn] n intensification *f*.

intensifier [ɪn'tensɪfaɪəʳ] n **1.** LING intensif *m* **2.** PHOT renforçateur *m*.

intensify [ɪn'tensɪfaɪ] (*pt & pp* **intensified**) ◆ vt [feeling, impression, colour] renforcer ; [sound] intensifier / *the police have intensified their search for the child* la police redouble d'efforts pour retrouver l'enfant. ◆ vi s'intensifier, devenir plus intense.

intensity [ɪn'tensətɪ] (*pl* **intensities**) n intensité *f* / *the emotional intensity of his paintings* la force des sentiments exprimés dans ses tableaux / *the intensity of the debate* la véhémence du débat.

intensive [ɪn'tensɪv] ◆ adj intensif / *intensive security measures* mesures de sécurité draconiennes ▸ **intensive farming** culture *f* intensive ▸ **intensive security prison** US prison *f* où la surveillance est renforcée. ◆ n LING intensif *m*.

-intensive in comp qui utilise beaucoup de… ▸ **capital-intensive** qui mobilise beaucoup de capitaux ▸ **energy-intensive** [appliance, industry] grand consommateur d'énergie ▸ **labour-intensive** qui nécessite une main-d'œuvre importante.

intensive care n *(U)* MED soins *mpl* intensifs / *in intensive care* en réanimation.

intensive care unit n unité *f* de soins intensifs.

intensively [ɪn'tensɪvlɪ] adv intensivement.

intent [ɪn'tent] ◆ n intention *f*, but *m* / *with good / evil intent* dans une bonne / mauvaise intention / *with criminal intent* LAW dans un but délictueux ▸ **declaration of intent** déclaration *f* d'intention. ◆ adj **1.** [concentrated] attentif, absorbé / *with intent application* avec une concentration extrême / *he was silent, intent on the meal* il était silencieux, tout à son repas **2.** [determined] résolu, déterminé ▸ **to be intent on doing sthg** être déterminé or résolu à faire qqch.

❖ **to all intents and purposes** adv phr en fait.

intention [ɪn'tenʃn] n intention *f* / *despite my intention to say* or *of saying nothing* malgré mon intention de ne rien dire / *I have absolutely no intention of spending my life here* je n'ai aucune intention de passer ma vie ici / *he went to Australia with the intention of making his fortune* il est parti en Australie dans l'intention de or dans le but de faire fortune / *it was with this intention that I wrote to him* c'est dans cette intention or à cette fin que je lui ai écrit ▸ **intention to buy** intention *f* d'achat.

intentional [ɪn'tenʃənl] adj intentionnel, voulu.

intentionally [ɪn'tenʃənəlɪ] adv intentionnellement.

intently [ɪn'tentlɪ] adv [alertly - listen, watch] attentivement ; [thoroughly - question, examine] minutieusement.

inter [ɪn'tɜːʳ] (*pt & pp* **interred**, *cont* **interring**) vt *fml* enterrer, inhumer.

interact [,ɪntər'ækt] vi **1.** [person] : *they interact very well together* le courant passe bien (entre eux), ils s'entendent très bien **2.** [forces] interagir ; [substances] avoir une action réciproque / *the cold air interacts with the warm* il se produit une réaction entre l'air chaud et l'air froid **3.** COMPUT dialoguer.

interaction [,ɪntər'ækʃn] n interaction *f*.

interactive [,ɪntər'æktɪv] adj interactif ▸ **interactive mode** COMPUT mode conversationnel or interactif ▸ **interactive television** télévision *f* interactive.

interactive whiteboard n tableau *m* blanc interactif.

interactivity [,ɪntəræk'tɪvɪtɪ] n interactivité *f*.

inter alia [,ɪntər'eɪlɪə] adv phr *fml* notamment.

interbreed [,ɪntə'briːd] (*pt & pp* **interbred** [-bred]) ◆ vt [crossbreed - animals] croiser ; [- races] métisser. ◆ vi **1.** [crossbreed - animals] se croiser ; [- races] se métisser **2.** [within family, community] contracter des mariages consanguins.

interbreeding [,ɪntə'briːdɪŋ] n **1.** [crossbreeding - of animals] croisement *m* ; [- of races] métissage *m* **2.** [within breed] croisement *m* d'animaux de même souche ; [within family, community] union *f* consanguine, unions *fpl* consanguines.

intercalate [ɪn'tɜːkəleɪt] vt intercaler.

intercalation [ɪn,tɜːkə'leɪʃn] n intercalation *f*.

intercede [ˌɪntəˈsiːd] vi intercéder / *she interceded with the boss on my behalf* elle a intercédé en ma faveur auprès du patron.

intercellular [ˌɪntəˈseljʊlər] adj intercellulaire.

intercept ◆ vt [ˌɪntəˈsept] intercepter / *to intercept a blow* parer un coup. ◆ n [ˈɪntəsept] interception *f.*

intercepter [ˌɪntəˈseptər] = **interceptor.**

interception [ˌɪntəˈsepʃn] n interception *f.*

interceptor [ˌɪntəˈseptər] n [plane] intercepteur *m.*

intercession [ˌɪntəˈseʃn] n intercession *f.*

interchange ◆ vt [ˌɪntəˈtʃeɪndʒ] **1.** [exchange - opinions, information] échanger **2.** [switch round] intervertir, permuter / *these tyres can be interchanged* ces pneus sont interchangeables. ◆ n [ˈɪntətʃeɪndʒ] **1.** [exchange] échange *m* **2.** [road junction] échangeur *m.*

interchangeable [ˌɪntəˈtʃeɪndʒəbl] adj interchangeable.

intercity [ˌɪntəˈsɪtɪ] (*pl* **intercities**) adj [travel] d'une ville à l'autre, interurbain ▸ **intercity train** UK (train *m*) rapide *m.*

intercollegiate [ˌɪntəkəˈliːdʒɪət] adj entre collèges ; US [between universities] interuniversitaire.

intercom [ˈɪntəkɒm] n Interphone® *m* ▸ **to call sb on** or **over the intercom** appeler qqn à or par l'Interphone.

intercommunicate [ˌɪntəkəˈmjuːnɪkeɪt] vi communiquer.

intercommunication [ˈɪntəkəˌmjuːnɪˈkeɪʃn] n intercommunication *f.*

intercommunion [ˌɪntəkəˈmjuːnjən] n RELIG intercommunion *f.*

interconnect [ˌɪntəkəˈnekt] ◆ vt [gen] connecter / *interconnected corridors* couloirs *mpl* communicants / *the buildings are interconnected by underground walkways* les immeubles sont reliés par des passages souterrains / *interconnected ideas fig* idées étroitement reliées. ◆ vi [rooms, buildings] communiquer ; [circuits] être connecté.

interconnecting [ˌɪntəkəˈnektɪŋ] adj [wall, room] mitoyen.

interconnection [ˌɪntəkəˈnekʃn] n connexion *f*, lien *m* ; ELEC interconnexion *f.*

intercontinental [ˈɪntəˌkɒntɪˈnentl] adj intercontinental.

intercontinental ballistic missile n missile *m* balistique intercontinental.

intercostal [ˌɪntəˈkɒstl] adj intercostal ▸ **intercostal muscles** muscles *mpl* intercostaux.

intercourse [ˈɪntəkɔːs] n **1.** [sexual intercourse] rapports *mpl* (sexuels) ▸ **to have intercourse (with sb)** avoir des rapports sexuels (avec qqn) **2.** *fml* [communication] relations *fpl*, rapports *mpl* ▸ **commercial intercourse** relations commerciales ▸ **social intercourse** communication *f.*

interdenominational [ˈɪntədɪˌnɒmɪˈneɪʃənl] adj interconfessionnel.

interdepartmental [ˈɪntəˌdiːpɑːtˈmentl] adj [in company, hospital] entre services ; [in university, ministry] interdépartemental.

interdependence [ˌɪntədɪˈpendəns] n interdépendance *f.*

interdependent [ˌɪntədɪˈpendənt] adj interdépendant.

interdict ◆ vt [ˌɪntəˈdɪkt] **1.** LAW interdire **2.** RELIG jeter l'interdit sur. ◆ n [ˈɪntədɪkt] **1.** LAW interdiction *f* **2.** RELIG interdit *m.*

interdiction [ˌɪntəˈdɪkʃn] n LAW & RELIG interdiction *f.*

interdisciplinary [ˌɪntəˈdɪsɪˌplɪnərɪ] adj interdisciplinaire.

interest [ˈɪntrəst] ◆ n **1.** [curiosity, attention] intérêt *m* / *centre of interest* centre *m* d'intérêt / *she takes a great* / *an active interest in politics* elle s'intéresse beaucoup / activement à la politique / *he has* or *takes no interest whatsoever in music* il ne s'intéresse absolument pas à la musique ▸ **to show (an) interest in sthg** manifester de l'intérêt pour qqch / *he lost all interest in his work* il a perdu tout intérêt pour son travail / *pupils can often lose interest* il arrive souvent que les élèves décrochent ▸ **to hold sb's interest** retenir l'attention de qqn / *the book created* or *aroused a great deal of interest* le livre a suscité un intérêt considérable **2.** [appeal] intérêt *m* / *of no interest* sans intérêt / *politics has* or *holds no interest for me* la politique ne présente aucun intérêt pour moi ▸ **to be of interest to sb** intéresser qqn / *this information would be of great interest to the police* cette information intéresserait sûrement la police **3.** [pursuit, hobby] centre d'intérêt *m* / *we share the same interests* nous avons les mêmes centres d'intérêt / *his only interests are television and comic books* la télévision et les bandes dessinées sont les seules choses qui l'intéressent **4.** [advantage, benefit] intérêt *m* / *it's in your own interest* or *interests* c'est dans votre propre intérêt / *she helps us purely out of interest* elle ne nous aide que par intérêt / *it's in all our interests to cut costs* nous avons tout intérêt à or il est dans notre intérêt de réduire les coûts / *to act against one's own interests* agir à l'encontre de ses propres intérêts / *I have your interests at heart* tes intérêts me tiennent à cœur / *a conflict of interests* un conflit d'intérêts / *of public interest* d'intérêt public / *in the interests of hygiene* par mesure d'hygiène / *in the interests of accuracy* par souci d'exactitude **5.** [group with common aim] intérêt *m* / *big business interests* de gros intérêts commerciaux ▸ **interest group** groupe *m* d'intérêt **6.** [share, stake] intérêts *mpl* / *he has an interest in a sawmill* il a des intérêts dans une scierie / *our firm's interests in Europe* les intérêts de notre société en Europe **7.** FIN intérêts *mpl* / *to pay interest on a loan* payer des intérêts sur un prêt / *the investment will bear 6% interest* le placement rapportera 6 % / *he'll get it back with interest! fig* il va le payer cher ! ◆ vt intéresser / *can I interest you in our new model?* puis-je attirer votre attention sur notre nouveau modèle ?

interest-bearing adj productif d'intérêts.

interested [ˈɪntrestɪd] adj **1.** [showing interest] intéressé ▸ **to be interested in sthg** s'intéresser à qqch / *she is interested in fashion* elle s'intéresse à la mode, la mode l'intéresse / *would you be interested in meeting him?* ça t'intéresserait de le rencontrer ? / *we'd be interested to know* nous aimerions or voudrions savoir / *I'm interested to see how they do it* je suis curieux de voir comment c'est fait / *she seems interested in the offer* elle semble intéressée par la proposition / *a group of interested passers-by* un groupe de passants curieux **2.** [involved, concerned] intéressé ▸ **interested party** partie *f* intéressée.

interest-free adj FIN sans intérêt ▸ **interest-free credit** crédit *m* gratuit ▸ **interest-free loan** prêt *m* sans intérêt.

interesting [ˈɪntrəstɪŋ] adj intéressant.

interestingly [ˈɪntrəstɪŋlɪ] adv de façon intéressante / *interestingly enough, they were out* chose intéressante, ils étaient sortis.

interest rate n taux *m* d'intérêt.

interface ◆ n [ˈɪntəfeɪs] [gen & COMPUT] interface *f.* ◆ vt [ˌɪntəˈfeɪs] **1.** [connect] connecter **2.** SEW entoiler. ◆ vi [ˌɪntəˈfeɪs] COMPUT & TECH faire interface ▸ **to interface with** faire interface avec, s'interfacer à.

interfacing [ˌɪntəˈfeɪsɪŋ] n SEW entoilage *m.*

interfaith [ˌɪntəˈfeɪθ] adj interreligieux.

interfere [ˌɪntəˈfɪər] vi **1.** [intrude] s'immiscer, s'ingérer / *to interfere in sb's life* s'immiscer or s'ingérer dans la vie de qqn / *I warned him not to interfere* je l'ai prévenu de ne pas s'en mêler or de rester à l'écart / *I hate the way he always interferes* je déteste sa façon de se mêler de tout / *don't interfere between them* ne vous mêlez pas de leurs affaires **2.** [clash, conflict] ▸ **to interfere with** entraver / *to interfere with the course of justice* entraver le cours de la justice / *it interferes with my work* cela me gêne dans mon travail / *he lets his pride interfere with his judgment* il laisse son orgueil troubler son jugement **3.** [meddle] ▸ **to interfere with** toucher (à) / *don't interfere with those wires!* laisse ces fils tranquilles ! / *to interfere with a child euph* se livrer à des attouchements sur un enfant **4.** PHYS interférer **5.** RADIO : *local radio sometimes interferes with police transmissions* la radio locale brouille or perturbe parfois les transmissions de la police.

interference [ˌɪntəˈfɪərəns] n **1.** [gen] ingérence *f*, intervention *f* / *she won't tolerate interference in* or *with her plans* elle ne supportera pas qu'on s'immisce dans ses projets **2.** PHYS interférence *f* **3.** *(U)* RADIO parasites *mpl*, interférence *f* **4.** LING interférence *f.*

interfering [ˌɪntəˈfɪərɪŋ] adj [person] importun / *she's an interfering busybody* elle fourre son nez partout.

interferometer [ˌɪntəfəˈrɒmɪtər] n interféromètre *m.*

interferon [ˌɪntəˈfɪərɒn] n interféron *m.*

intergalactic [ˌɪntəgəˈlæktɪk] adj intergalactique.

intergenerational [ˌɪntədʒenəˈreɪʃənl] adj intergénérationnel ▸ **intergenerational equity** justice *f* intergénérationnelle.

intergovernmental [ˈɪntəˌgʌvənˈmentl] adj intergouvernemental.

interim [ˈɪntərɪm] ◆ n intérim *m.* ◆ adj [government, measure, report] provisoire ; [post, function] intérimaire ▸ **the interim minister** le ministre par intérim or intérimaire ▸ **interim payment** versement *m* provisionnel.

❖ **in the interim** adv phr entre-temps.

interior [ɪnˈtɪərɪər] ◆ adj intérieur ▸ **interior doors** portes *fpl* intérieures ▸ **interior monologue** monologue *m* intérieur ▸ **interior angle** MATH angle *m* interne ▸ **interior shot** CIN intérieur *m*, scène *f* d'intérieur. ◆ n **1.** [gen] intérieur *m* ▸ **the French Minister of the Interior** le ministre français de l'Intérieur ▸ **Secretary / Department of the Interior** *ministre / ministère chargé de l'administration des domaines et des parcs nationaux aux États-Unis* **2.** ART (tableau *m* d')intérieur *m.*

interior decoration n décoration *f* (d'intérieur).

interior decorator n décorateur *m*, -trice *f* (d'intérieur).

interior design n architecture *f* d'intérieur.

interior designer n architecte *mf* d'intérieur.

interiorize, interiorise [ɪnˈtɪərɪəraɪz] vt intérioriser.

interior-sprung mattress n UK matelas *m* à ressorts.

interject [ˌɪntəˈdʒekt] vt [question, comment] placer / *"not like that", he interjected* « pas comme ça », coupa-t-il.

interjection [ˌɪntəˈdʒekʃn] n **1.** LING interjection *f* **2.** [interruption] interruption *f.*

interlace [ˌɪntəˈleɪs] ◆ vt **1.** [entwine] entrelacer ▸ **interlaced video** vidéo *f* entrelacée **2.** [intersperse] entremêler. ◆ vi s'entrelacer, s'entrecroiser.

interlanguage [ˈɪntəˌlæŋgwɪdʒ] n LING interlangue *f.*

interlard [ˌɪntəˈlɑːd] vt entrelarder.

interleaf [ˈɪntəliːf] (*pl* **interleaves** [-liːvz]) n feuillet *m* intercalé.

interleave [ˌɪntəˈliːv] vt [book] interfolier ; [sheet] intercaler.

interline [ˌɪntəˈlaɪn] vt **1.** [text] interligner **2.** SEW poser une doublure intermédiaire à.

interlining [ˌɪntəˈlaɪnɪŋ] n SEW doublure *f* intermédiaire.

interlinked [ˌɪntəˈlɪŋkt] adj : *the problems are interlinked* les problèmes sont liés.

interlock ◆ vt [ˌɪntəˈlɒk] **1.** TECH enclencher **2.** [entwine] entrelacer. ◆ vi [ˌɪntəˈlɒk] **1.** TECH [mechanism] s'enclencher ; [cogwheels] s'engrener ▸ **interlocking chairs** *chaises qui s'accrochent les unes aux autres* **2.** [groups, issues] s'imbriquer. ◆ n [ˈɪntəlɒk] **1.** TECH enclenchement *m* **2.** TEXT interlock *m.*

interlocutor [ˌɪntəˈlɒkjʊtər] n interlocuteur *m*, -trice *f.*

interloper [ˈɪntələʊpər] n intrus *m*, -e *f.*

interlude [ˈɪntəluːd] n **1.** [period of time] intervalle *m* / *a brief interlude* un bref intervalle / *a pleasant interlude in her troubled life* un moment de répit dans sa vie mouvementée **2.** THEAT intermède *m* ; MUS & TV interlude *m*.

intermarriage [ˌɪntəˈmærɪdʒ] n **1.** [within family, clan] endogamie *f* **2.** [between different groups] mariage *m* mixte / *intermarriage between Jews and Christians* mariage mixte entre juifs et chrétiens.

intermarry [ˌɪntəˈmærɪ] (*pt & pp* **intermarried**) vi **1.** [within family, clan] pratiquer l'endogamie / *the tribe no longer intermarries* la tribu ne pratique plus l'endogamie **2.** [between different groups] : *members of different religions intermarried freely* les mariages mixtes se pratiquaient librement.

intermediary [ˌɪntəˈmiːdjərɪ] (*pl* **intermediaries**) ◆ adj intermédiaire. ◆ n intermédiaire *mf*.

intermediate [ˌɪntəˈmiːdjət] ◆ adj **1.** [gen] intermédiaire ▸ **intermediate range missile** missile *m* de moyenne portée or de portée intermédiaire **2.** SCH [class] moyen / *intermediate students* étudiants *mpl* de niveau moyen or intermédiaire / *an intermediate English course* un cours d'anglais de niveau moyen or intermédiaire ▸ **intermediate school** [NZ] *école qui ne comprend que les classes correspondant à la sixième et à la cinquième.* ◆ n **1.** [US] [car] voiture *f* de taille moyenne **2.** CHEM produit *m* intermédiaire.

intermediate technology n technologie *f* intermédiaire.

interment [ɪnˈtɜːmənt] n enterrement *m*, inhumation *f*.

intermezzo [ˌɪntəˈmetsəʊ] (*pl* **intermezzos** *or* **intermezzi** [-ˈmetsiː]) n THEAT intermède *m* ; MUS intermezzo *m*.

interminable [ɪnˈtɜːmɪnəbl] adj interminable.

interminably [ɪnˈtɜːmɪnəblɪ] adv interminablement / *the play seemed interminably long* la pièce semblait interminable / *the discussions dragged on interminably* les discussions s'éternisaient.

intermingle [ˌɪntəˈmɪŋgl] vi se mêler / *the different groups intermingled freely* les différents groupes se mêlaient librement.

intermission [ˌɪntəˈmɪʃn] n **1.** [break] pause *f*, trêve *f* ; [in illness, fever] intermission *f* / *without intermission* sans relâche **2.** CIN & THEAT entracte *m*.

intermittent [ˌɪntəˈmɪtənt] adj intermittent / *intermittent rain* pluies *fpl* intermittentes, averses *fpl*.

intermittently [ˌɪntəˈmɪtəntlɪ] adv par intervalles, par intermittence / *the journal has been published only intermittently* la revue n'a connu qu'une parution irrégulière.

intermodal [ˌɪntəˈməʊdl] adj [container] intermodal / *intermodal transport system* réseau *m* de transport intermodal / *intermodal points* points *mpl* de rupture de charge.

intermodality [ˌɪntəməʊˈdælɪtɪ] n intermodalité *f*.

intermolecular [ˌɪntəməˈlekjʊlə^r] adj intermoléculaire.

intern ◆ vt [ɪnˈtɜːn] POL interner. ◆ vi [ɪnˈtɜːn] [US] MED faire son internat ; SCH faire son stage pédagogique ; [with firm] faire un stage en entreprise. ◆ n [ˈɪntɜːn] **1.** MED interne *mf* ; [US] SCH (professeur *m*) stagiaire *mf* ; [US] [in firm] stagiaire *mf* **2.** [internee] interné *m*, -e *f* (politique).

internal [ɪnˈtɜːnl] ◆ adj **1.** [gen] interne, intérieur ▸ **internal bleeding** hémorragie *f* interne ▸ **internal examination** MED examen *m* interne ▸ **internal hard drive** disque *m* dur interne ▸ **internal injuries** lésions *fpl* internes ▸ **internal medicine** [US] médecine *f* interne ▸ **internal rhyme** rime *f* intérieure **2.** [inside country] intérieur ▸ **internal affairs** POL affaires *fpl* intérieures **3.** [inside organization, institution] interne / *internal disputes are crippling the party* des luttes intestines paralysent le parti ▸ **internal examiner** SCH examinateur *m*, -trice *f* d'un établissement scolaire ▸ **internal memo** note *f* à circulation interne. ◆ n MED examen *m* gynécologique.

internal-combustion engine n moteur *m* à explosion or à combustion interne.

internalization [ɪnˌtɜːnəlaɪˈzeɪʃn] n [of values, behaviour] intériorisation *f*.

internalize, internalise [ɪnˈtɜːnəlaɪz] vt **1.** [values, behaviour] intérioriser **2.** INDUST & FIN internaliser.

internally [ɪnˈtɜːnəlɪ] adv intérieurement / **'not to be taken internally'** PHARM 'à usage externe', ne pas avaler.

Internal Revenue Service pr n [US] fisc *m*.

international [ˌɪntəˈnæʃənl] ◆ adj international / *an international singing star* une vedette internationale de la chanson ▸ **international law** droit *m* international ▸ **international money market** marché *m* monétaire international ▸ **international relations** relations *fpl* internationales ▸ **international waters** eaux *fpl* internationales. ◆ n **1.** SPORT [match] match *m* international ; [player] international *m*, -e *f* **2.** POL ▸ **the International** l'Internationale *f* ▸ **the First International** la Première Internationale.

International Bank for Reconstruction and Development pr n Banque *f* internationale pour la reconstruction et le développement.

International Court of Justice pr n Cour *f* internationale de justice.

International Date Line pr n ligne *f* de changement de date.

Internationale [ˌɪntənæʃəˈnɑːl] n ▸ **the Internationale** l'Internationale *f*.

internationalism [ˌɪntəˈnæʃnəlɪzm] n internationalisme *m*.

internationalist [ˌɪntəˈnæʃnəlɪst] ◆ adj internationaliste. ◆ n internationaliste *mf*.

internationalization [ˈɪntəˌnæʃnəlaɪˈzeɪʃn] n internationalisation *f*.

internationalize, internationalise [ˌɪntəˈnæʃnəlaɪz] vt internationaliser.

International Labour Organization pr n Bureau *m* international du travail.

internationally [ˌɪntəˈnæʃnəlɪ] adv internationalement / *internationally famous* de renommée internationale / *internationally (speaking), the situation is improving* sur le or au plan international, la situation s'améliore.

International Monetary Fund pr n Fonds *m* monétaire international.

International Standards Organization n Organisation *f* internationale de normalisation.

internecine [UK] ˌɪntəˈniːsaɪn [US] ˌɪntərˈniːsn] adj *fml* **1.** [within a group] intestin / *internecine struggles* luttes *fpl* intestines **2.** [mutually destructive] : *internecine warfare* guerre *f* qui ravage les deux camps.

internee [ˌɪntɜːˈniː] n interné *m*, -e *f* (politique).

Internet [ˈɪntənet] ◆ pr n Internet *m*. ◆ comp ▸ **Internet café** cybercafé *m* ▸ **Internet company** cyberentreprise *f*.

Internet access n *(U)* accès *m* à l'Internet.

Internet Access Provider n fournisseur *m* d'accès à l'Internet.

Internet address n adresse *f* Internet.

Internet banking n banque *f* en ligne.

Internet-based adj [service, trade] sur Internet / *Internet-based firm* cyberentreprise *f*.

Internet connection n connexion *f* Internet.

Internet Presence Provider n *fournisseur d'accès à Internet proposant l'hébergement de sites Web.*

Internet protocol n protocole *m* Internet.

Internet radio n radio *f* (par) Internet or en ligne.

Internet Relay Chat n IRC *m (dialogue en temps réel).*

Internet service provider n fournisseur *m* d'accès.

Internet start-up, Internet start-up company n start-up *f*, jeune pousse *f* (d'entreprise) *offic.*

Internet telephony n téléphonie *f* Internet.

Internet television, Internet TV n *(U)* télévision *f* Internet or en ligne.

Internet user n internaute *mf*.

internist [ɪnˈtɜːnɪst] n [US] MED interniste *mf*, spécialiste *mf* de médecine interne.

internment [ɪnˈtɜːnmənt] n **1.** [gen] internement *m* (politique) / *internment without trial* internement sans jugement ▸ **internment camp** camp *m* d'internement **2.** [in Ireland] *système de détention des personnes suspectées de terrorisme en Irlande du Nord.*

 **Internment**

En Irlande du Nord, ce terme désigne l'emprisonnement de terroristes présumés auquel avaient recours les autorités britanniques au début des années 1970 pour contrôler les activités de l'IRA (**Irish Republican Army**). Cette pratique fut abandonnée en 1975.

internship [ˈɪntɜːnʃɪp] n [US] MED internat *m* ; [with firm] stage *m* en entreprise.

interpellate [ɪnˈtɜːpeleɪt] vt POL interpeller.

interpenetrate [ˌɪntəˈpenɪtreɪt] vt [permeate] imprégner, pénétrer.

interpenetration [ˈɪntəˌpenɪˈtreɪʃn] n [permeation] imprégnation *f*, pénétration *f*.

interpersonal [ˌɪntəˈpɜːsənl] adj interpersonnel / *interpersonal relationships* relations *fpl* interpersonnelles / *interpersonal skills* qualités *fpl* relationnelles.

interplanetary [ˌɪntəˈplænɪtrɪ] adj interplanétaire.

interplay [ˈɪntəpleɪ] n [between forces, events, people] interaction *f* / *the interplay of colours* le jeu des couleurs.

Interpol [ˈɪntəpɒl] pr n Interpol.

interpolate [ɪnˈtɜːpəleɪt] vt **1.** *fml* [passage of text] interpoler / *he interpolated several extra passages into the new edition* dans la nouvelle édition, il a interpolé plusieurs passages supplémentaires **2.** *fml* [interrupt] interrompre / *"that's utter nonsense", she interpolated* « c'est complètement absurde », interrompit-elle **3.** MATH interpoler.

interpolation [ɪnˌtɜːpəˈleɪʃn] n **1.** *fml* [gen] interpolation *f* **2.** MATH interpolation *f*.

interpose [ˌɪntəˈpəʊz] ◆ vt **1.** [between objects] interposer, intercaler **2.** [interject] lancer / *he interposed a few apt comments* il lança or plaça quelques remarques pertinentes. ◆ vi intervenir, s'interposer / *"that simply isn't true!" he interposed* « c'est tout simplement faux ! » lança-t-il.

interpret [ɪnˈtɜːprɪt] ◆ vt interpréter. ◆ vi servir d'interprète, interpréter.

interpretation [ɪnˌtɜːprɪˈteɪʃn] n interprétation *f* / *she puts quite a different interpretation on the facts* l'interprétation qu'elle donne des faits est assez différente ▸ **to be open to interpretation** donner lieu à interprétation.

interpretation centre n centre *m* d'information.

interpretative [ɪnˈtɜːprɪtətɪv] adj interprétatif.

interpreter [ɪnˈtɜːprɪtə^r] n **1.** [person] interprète *mf* **2.** COMPUT interpréteur *m*.

interpreting [ɪnˈtɜːprɪtɪŋ] n [occupation] interprétariat *m*.

interpretive [ɪnˈtɜːprɪtɪv] = **interpretative.**

interpretive center n [US] centre *m* d'information.

interracial [ˌɪntəˈreɪʃl] adj [relations] interracial / *interracial harmony* harmonie interraciale.

interregnum [ˌɪntəˈregnəm] (*pl* **interregnums** *or* **interregna** [-ˈregnə]) n interrègne *m* ▸ **the Interregnum** [UK] HIST l'Interrègne *m (intervalle (1649-1660) pendant lequel l'Angleterre, sous l'autorité de Cromwell, fut une république).*

interrelate [ˌɪntərɪ'leɪt] ◆ vt mettre en corrélation / *interrelated questions* questions interdépendantes or intimement liées. ◆ vi être interdépendant, interagir.

interrelation [ˌɪntərɪ'leɪʃn], **interrelationship** [ˌɪntərɪ'leɪʃnʃɪp] n corrélation *f* / *there's an interrelation between poverty levels and inflation* il y a une corrélation entre les niveaux de pauvreté et l'inflation.

interrogate [ɪn'terəgeɪt] vt [gen & COMPUT] interroger.

interrogation [ɪnˌterə'geɪʃn] n [gen, LING & COMPUT] interrogation *f* ; [by police] interrogatoire *m* ▸ **to undergo (an) interrogation** subir un interrogatoire / *she's been under interrogation* elle a subi un interrogatoire.

> **interrogation** or **interrogatoire?**
>
> The French word **interrogation** has a much broader meaning than in English, meaning simply the act of asking questions or wondering about something (**mon interrogation porte sur les couleurs à utiliser** *I'm wondering which colours we should use*). When you want to talk about an interrogation, a series of probing questions asked in a formal context, for example by the police, the French equivalent is **un interrogatoire**.

interrogation mark n point *m* d'interrogation.

interrogative [ˌɪntə'rɒgətɪv] ◆ adj **1.** [inquiring] interrogateur **2.** LING interrogatif. ◆ n [word] interrogatif *m* ; [grammatical form] interrogative *f* / *in the interrogative* à la forme interrogative.

interrogatively [ˌɪntə'rɒgətɪvlɪ] adv **1.** [look] interrogativement, d'un air interrogateur ; [remark] d'un or sur un ton interrogateur **2.** LING interrogativement.

interrogator [ɪn'terəgeɪtər] n **1.** interrogateur *m*, -trice *f* **2.** *dated* RADIO interviewer *m*, journaliste *mf*.

interrogatory [ˌɪntə'rɒgətrɪ] adj interrogateur.

interrupt [ˌɪntə'rʌpt] ◆ vt **1.** [person, lecture, conversation] interrompre / *don't interrupt me when I'm speaking to you!* ne m'interromps pas lorsque je te parle ! **2.** [process, activity] interrompre / *work on the project has been interrupted* les travaux sur le projet ont été interrompus / *we interrupt this programme for a news flash* nous interrompons notre émission pour un flash d'information **3.** [uniformity] rompre / *only an occasional tree interrupted the monotony of the landscape* seul un arbre ici et là venait rompre la monotonie du paysage. ◆ vi interrompre / *he tried to explain but you kept interrupting* il a essayé de s'expliquer mais vous n'avez cessé de l'interrompre or de lui couper la parole / *sorry to interrupt but...* désolé de vous interrompre mais... ◆ n COMPUT interruption *f*.

interrupter [ˌɪntəˌrʌptər] = **interruptor**.

interruption [ˌɪntə'rʌpʃn] n interruption *f* / *without interruption* sans interruption, sans arrêt / *he hates interruptions* il a horreur d'être interrompu.

interruptor [ˌɪntə'rʌptər] n ELECTRON interrupteur *m*.

intersect [ˌɪntə'sekt] ◆ vi se couper, se croiser / *intersecting lines* MATH lignes intersectées. ◆ vt couper, croiser / *the valley is intersected by a network of small roads* la vallée est quadrillée d'innombrables petites routes.

intersection [ˌɪntə'sekʃn] n **1.** [road junction] carrefour *m*, croisement *m* **2.** MATH intersection *f* ▸ **point of intersection** point *m* d'intersection.

interspace [ˌɪntə'speɪs] vt TYPO espacer.

intersperse [ˌɪntə'spɜːs] vt parsemer, semer / *our conversation was interspersed with long silences* notre conversation était ponctuée de longs silences / *there were small blue flowers interspersed amongst the daisies* les marguerites étaient parsemées de petites fleurs bleues / *sunny weather interspersed with the odd shower* temps ensoleillé entrecoupé de quelques averses.

interstate ['ɪntəsteɪt] ◆ adj [commerce, highway] entre États. ◆ n US autoroute *f*.

Interstate Commerce Commission pr n *commission régissant les relations commerciales entre les États américains.*

interstellar [ˌɪntə'stelər] adj interstellaire / *interstellar space* espace *m* interstellaire.

interstice [ɪn'tɜːstɪs] n interstice *m*.

interstitial [ˌɪntə'stɪʃl] adj interstitiel.

intertextual [ˌɪntə'tekstjʊəl] adj LITER intertextuel.

intertextuality [ˌɪntə'tekstjʊ'ælətɪ] n LITER intertextualité *f*.

intertwine [ˌɪntə'twaɪn] ◆ vt entrelacer / *their lives are inextricably intertwined* leurs vies sont inextricablement liées. ◆ vi s'entrelacer / *intertwining branches* branches entrelacées.

interurban [ˌɪntə'ɜːbn] adj interurbain.

interval ['ɪntəvl] n **1.** [period of time] intervalle *m* / *there was an interval of three months between applying for the job and being accepted* trois mois se sont écoulés entre la candidature et l'embauche / *I saw him again after an interval of six months* je l'ai revu après un intervalle de six mois ▸ **at intervals** par intervalles, de temps en temps / *at regular intervals* à intervalles réguliers / *at short intervals* à intervalles rapprochés / *at weekly intervals* toutes les semaines, chaque semaine **2.** [interlude] pause *f* ; UK THEAT entracte *m* ; SPORT mi-temps *f* **3.** [distance] intervalle *m*, distance *f* / *trees planted at regular intervals* des arbres plantés à intervalles réguliers **4.** METEOR ▸ **sunny intervals** éclaircies *fpl* **5.** MATH & MUS intervalle *m*.

interval ownership n US multipropriété *f*.

intervene [ˌɪntə'viːn] vi **1.** [person, government] intervenir / *they were unwilling to intervene in the conflict* ils ne souhaitaient pas intervenir dans le conflit / *I warned him not to intervene* **a)** [in fight] je lui avais bien dit de ne pas intervenir or s'interposer **b)** [in argument] je lui avais bien dit de ne pas s'en mêler / *the government intervened to save the dollar from falling* le gouvernement est intervenu pour arrêter la chute du dollar **2.** [event] survenir / *he was about to go to college when war intervened* il allait entrer à l'université lorsque la guerre a éclaté **3.** [time] s'écouler / *three months intervened between the agreement and actually signing the contract* trois mois se sont écoulés entre l'accord et la signature du contrat **4.** [interrupt] intervenir / *if I might just intervene here...* si je peux me permettre d'intervenir sur ce point...

intervening [ˌɪntə'viːnɪŋ] adj [period of time] intermédiaire / *during the intervening period* dans l'intervalle, entre-temps.

intervention [ˌɪntə'venʃn] n intervention *f* / *armed intervention* intervention armée ▸ **intervention price** ECON prix *m* d'intervention.

interventionism [ˌɪntə'venʃənɪzm] n interventionnisme *m*.

interventionist [ˌɪntə'venʃənɪst] ◆ adj interventionniste. ◆ n interventionniste *mf*.

intervertebral [ˌɪntə'vɜːtəbrəl] adj intervertébral.

interview ['ɪntəvjuː] ◆ n **1.** [for job, university place, etc.] entrevue *f*, entretien *m* / *interviews will be held at our London offices* les entretiens se dérouleront dans nos bureaux de Londres / *he's already had several interviews* il a déjà eu plusieurs entretiens ▸ **to invite** or **to call sb for interview** convoquer qqn pour une entrevue / *interview room* salle *f* d'entretien **2.** PRESS, RADIO & TV interview *f* / *she gave him an exclusive interview* elle lui a accordé une interview en exclusivité. ◆ vt **1.** [for university place, job, etc.] avoir une entrevue or un entretien avec / *shortlisted applicants will be interviewed in March* les candidats sélectionnés seront convoqués pour un entretien en mars / *we have interviewed ten people for the post* nous avons déjà vu dix personnes pour ce poste ; [for opinion poll] interroger, sonder / *900 voters were interviewed* 900 électeurs ont été interrogés, l'enquête a été effectuée auprès de 900 électeurs **2.** PRESS, RADIO & TV interviewer / *she's being interviewed by their top reporter* leur meilleur journaliste l'interviewe or l'interroge en ce moment **3.** [subj: police] interroger, questionner / *he is being interviewed in connection with a series of thefts* on l'interroge pour une série de vols. ◆ vi [interviewer] faire passer un entretien / *I'm interviewing all day* je fais passer des entretiens toute la journée ; [candidate] : *he interviews well / badly* il s'en sort / ne s'en sort pas bien aux entretiens.

interviewee [ˌɪntəvjuː'iː] n interviewé *m*, -e *f*.

interviewer ['ɪntəvjuːər] n **1.** [for media] interviewer *m*, intervieweur *m*, -euse *f* ; [for opinion poll] enquêteur *m*, -euse or -trice *f* **2.** [for job] : *the interviewer asked me what my present salary was* la personne qui m'a fait passer l'entretien or l'entrevue m'a demandé quel était mon salaire actuel.

intervocalic [ˌɪntəvə'kælɪk] adj intervocalique.

interwar [ˌɪntə'wɔːr] adj ▸ **the interwar period** or **years** l'entre-deux-guerres *m*.

interweave [ˌɪntə'wiːv] (*pt* **interwove** [-'wəʊv] *or* **interweaved**, *pp* **interwoven** [-'wəʊvn] *or* **interweaved**) ◆ vt entrelacer ▸ **interwoven with** entrelacé de / *our lives have become closely interwoven* *fig* nos deux vies sont devenues intimement liées. ◆ vi s'entrelacer, s'entremêler.

intestate [ɪn'testeɪt] ◆ adj intestat *(inv)* ▸ **to die intestate** décéder intestat. ◆ n intestat *mf*.

intestinal [ɪn'testɪnl] adj intestinal.

intestinal fortitude n US cran *m*.

intestine [ɪn'testɪn] n *(usu pl)* intestin *m* / *an infection of the intestine* or *intestines* une infection intestinale ▸ **large intestine** gros intestin ▸ **small intestine** intestin grêle.

intimacy ['ɪntɪməsɪ] (*pl* **intimacies**) n **1.** [closeness, warmth] intimité *f* **2.** [privacy] intimité *f* / *in the intimacy of one's own home* dans l'intimité du foyer **3.** *(U)* *euph & fml* [sexual relations] relations *fpl* sexuelles, rapports *mpl* / *intimacy took place on more than one occasion* ils ont eu des rapports à plusieurs reprises.

❖ **intimacies** pl n [familiarities] familiarités *fpl* / *they never really exchanged intimacies* ils ont toujours gardé une certaine réserve l'un envers l'autre.

intimate ◆ adj ['ɪntɪmət] **1.** [friend, relationship] intime / *we were never very intimate* nous n'avons jamais été (des amis) intimes / *we're on intimate terms with them* nous sommes très amis, ils font partie de nos amis intimes **2.** [small and cosy] intime / *an intimate little bar* un petit bar intime / *an intimate dinner for two* [lovers] un dîner en amoureux / *an intimate (little) dinner party* un dîner en tête à tête, un petit dîner à deux **3.** *euph & fml* [sexually] : *they were intimate on more than one occasion* ils ont eu des rapports (intimes) à plusieurs reprises / *he admitted to having had intimate relations with her* il a reconnu avoir eu des rapports avec elle **4.** [personal, private] intime / *spare me the intimate details!* *hum* fais-moi grâce de tous ces détails ! **5.** [thorough] profond, approfondi / *she has an intimate knowledge of the field* elle connaît le sujet à fond **6.** [close, direct] étroit / *an intimate link* un lien étroit. ◆ n ['ɪntɪmət] intime *mf*. ◆ vt ['ɪntɪmeɪt] [hint, imply] laisser entendre, insinuer / *he intimated that he had had an affair with her* il a laissé entendre qu'il avait eu une liaison avec elle / *her speech intimated strong disapproval* son discours laissait paraître son profond désaccord.

intimately ['ɪntɪmətlɪ] adv **1.** [talk, behave - in a friendly way] intimement ▸ **to know sb intimately** connaître qqn intimement **2.** [know - thoroughly] à fond ; [- closely, directly] étroitement / *the two questions are intimately related* les deux questions sont intimement liées / *I am intimately acquainted with the details of the matter* je connais l'affaire dans ses moindres détails.

intimation [ˌɪntɪ'meɪʃn] n *fml* [suggestion] suggestion *f* ; [sign] indice *m*, indication *f* ; [premonition] pressentiment *m* / *we had no intimation that disaster was imminent* rien ne laissait pressentir l'imminence d'une catastrophe / *her letter was the first intimation we had that she was in any danger* sa lettre a été pour nous le premier indice du danger qu'elle courait.

intimidate [ɪn'tɪmɪdeɪt] vt intimider / *don't let him intimidate you* ne le laisse pas t'intimider, ne te laisse pas intimider par lui.

intimidating [ɪn'tɪmɪdeɪtɪŋ] adj intimidant.

intimidation [ɪn,tɪmɪ'deɪʃn] n *(U)* intimidation *f*, menaces *fpl*.

into ['ɪntʊ] prep **1.** [indicating direction, movement, etc.] dans / *come into my office* venez dans mon bureau / *to run* / *stroll into a room* entrer dans une pièce en courant / d'un pas nonchalant / *they sank deeper into debt* ils se sont endettés de plus en plus / *Britain's entry into the Common Market* l'entrée de la Grande-Bretagne dans le Marché commun / *to feed data into a computer* entrer des données dans un ordinateur / *planes take off into the wind* les avions décollent face au vent **2.** [indicating collision] dans / *the truck ran* or *crashed into the wall* le camion est rentré dans or s'est écrasé contre le mur **3.** [indicating transformation] en / *the frog changed into a prince* la grenouille s'est transformée en prince / *he's grown into a man* c'est un homme maintenant / *mix the ingredients into a paste* mélangez les ingrédients jusqu'à ce qu'ils forment une pâte **4.** [indicating result] : *to frighten sb into confessing* faire avouer qqn en lui faisant peur / *they were shocked into silence* le choc leur a fait perdre la parole **5.** [indicating division] en / *cut it into three* coupe-le en trois / *7 into 63 goes 9* 63 divisé par 7 donne 9 / *6 into 10 won't go* on ne peut pas diviser 10 par 6 **6.** [indicating elapsed time] : *we worked well into the night* nous avons travaillé (jusque) tard dans la nuit / *he must be well into his forties* il doit avoir la quarantaine bien passée or sonnée / *a week into her holiday and she's bored already* il y a à peine une semaine qu'elle est en vacances et elle s'ennuie déjà **7.** *inf* [fond of] ▸ **to be into sthg** être passionné par qqch / *I was never really into pop music* je n'ai jamais été un fana de musique pop / *is he into drugs?* est-ce qu'il se drogue ? **8.** [curious about] : *the baby's into everything* le bébé est curieux de tout.

intolerable [ɪn'tɒlrəbl] adj intolérable, insupportable / *I find it intolerable that...* je trouve intolérable que...

intolerably [ɪn'tɒlrəblɪ] adv intolérablement, insupportablement / *he had been intolerably rude* il avait été d'une grossièreté intolérable.

intolerance [ɪn'tɒlərəns] n [gen & MED] intolérance *f*.

intolerant [ɪn'tɒlərənt] adj intolérant / *she is very intolerant of fools* elle ne supporte absolument pas les imbéciles.

intolerantly [ɪn'tɒlərəntlɪ] adv avec intolérance.

intonation [,ɪntə'neɪʃn] n intonation *f* ▸ **intonation pattern** LING intonation.

intone [ɪn'təʊn] vt entonner / *the priest intoned a hymn* le prêtre entonna un cantique.

in toto [-'təʊtəʊ] adv phr au total.

intoxicant [ɪn'tɒksɪkənt] ◆ n *fml* [alcohol] alcool *m*, boisson *f* alcoolisée ; [drug] stupéfiant *m*. ◆ adj enivrant, grisant.

intoxicate [ɪn'tɒksɪkeɪt] vt **1.** *lit & fig* enivrer, griser **2.** MED [poison] intoxiquer.

intoxicated [ɪn'tɒksɪkeɪtɪd] adj **1.** [drunk] ivre, en état d'ébriété *fml* **2.** *fig* ivre / *he was intoxicated with joy* il était ivre de joie / *she was intoxicated by success* son succès l'avait grisée or lui avait fait tourner la tête.

intoxicating [ɪn'tɒksɪkeɪtɪŋ] adj *lit* enivrant ; *fig* grisant, enivrant, excitant / *intoxicating liquor* boisson *f* alcoolisée / *an intoxicating perfume* un parfum enivrant or capiteux.

intoxication [ɪn,tɒksɪ'keɪʃn] n **1.** *lit & fig* ivresse *f* **2.** MED [poisoning] intoxication *f*.

intracellular [,ɪntrə'seljʊlər] adj BIOL intracellulaire.

intractability [ɪn,træktə'bɪlətɪ] n **1.** [of person] intransigeance *f*, fermeté *f*, opiniâtreté *f* **2.** [of problem] insolubilité *f*.

intractable [ɪn'træktəbl] adj **1.** [person] intraitable, intransigeant **2.** [problem] insoluble ; [situation] inextricable, sans issue.

intramural [,ɪntrə'mjʊərəl] adj SCH & UNIV [courses, sports] interne (à l'établissement) ▸ **intramural teams** *équipes sportives d'un même établissement jouant les unes contre les autres.*

intramuscular [,ɪntrə'mʌskjʊlər] adj intramusculaire.

intranet ['ɪntrənet] n intranet *m*.

intransigence [ɪn'trænzɪdʒəns] n intransigeance *f*.

intransigent [ɪn'trænzɪdʒənt] ◆ adj intransigeant. ◆ n intransigeant *m*, -e *f*.

intransitive [ɪn'trænzətɪv] ◆ adj intransitif. ◆ n intransitif *m*.

intransitively [ɪn'trænzətɪvlɪ] adv intransitivement.

intrastate [,ɪntrə'steɪt] adj à l'intérieur d'un même État.

intrauterine [,ɪntrə'ju:tərаɪn] adj intra-utérin.

intrauterine device n stérilet *m*.

intravenous [,ɪntrə'vi:nəs] adj intraveineux / *intravenous drugs user* usager *m* de drogue par voie intraveineuse ▸ **intravenous injection** (injection *f*) intraveineuse *f*.

intravenously [,ɪntrə'vi:nəslɪ] adv par voie intraveineuse / *he's being fed intravenously* on l'alimente par perfusion / *to take drugs intravenously* s'injecter de la drogue.

in-tray n corbeille *f* de courrier à traiter or « arrivée » / *put it in my in-tray* posez-ça sur le courrier à traiter.

intrepid [ɪn'trepɪd] adj intrépide.

intrepidly [ɪn'trepɪdlɪ] adv intrépidement.

intricacy ['ɪntrɪkəsɪ] (*pl* **intricacies**) n **1.** [complicated detail] complexité *f* / *he knows all the legal intricacies* il connaît toutes les subtilités du droit / *I couldn't follow all the intricacies of her argument* je n'ai pas suivi toutes les subtilités de son raisonnement **2.** [complexity] complexité *f* / *I admire the intricacy of her drawings* je suis en admiration devant la complexité de ses dessins.

intricate ['ɪntrɪkət] adj complexe, compliqué / *intricate patterns* des motifs complexes or très élaborés / *an intricate argument* un raisonnement complexe.

intricately ['ɪntrɪkətlɪ] adv de façon complexe or compliquée / *an intricately carved chair* une chaise aux sculptures complexes or très travaillées.

intrigue [ɪn'tri:g] ◆ n **1.** [plotting] intrigue *f* / *the boardroom was rife with intrigue* la salle du conseil d'administration sentait l'intrigue **2.** [plot, treason] complot *m* / *he was involved in various intrigues against the state* il a participé à plusieurs complots contre l'État **3.** [love affair] intrigue *f*. ◆ vt intriguer / *her silence intrigues me* son silence m'intrigue / *I'd be intrigued to know where they met* je serais curieux de savoir où ils se sont rencontrés. ◆ vi intriguer, comploter / *they intrigued with republicans against the throne* ils ont comploté avec des Républicains contre le roi.

intriguing [ɪn'tri:gɪŋ] adj bizarre, curieux / *I find the whole thing most intriguing* tout cela me paraît très bizarre / *it's an intriguing idea!* c'est une idée bizarre !

intriguingly [ɪn'tri:gɪŋlɪ] adv bizarrement, curieusement / *did he turn up on time? — intriguingly enough, he did* est-il arrivé à l'heure ? — curieusement, oui.

intrinsic [ɪn'trɪnsɪk] adj intrinsèque / *the picture has little intrinsic value* ce tableau a peu de valeur en soi / *such ideas are intrinsic to my argument* de telles idées sont essentielles or inhérentes à mon raisonnement.

intrinsically [ɪn'trɪnsɪklɪ] adv intrinsèquement.

intro ['ɪntrəʊ] (*pl* **intros**) n *inf* introduction *f*, intro *f*.

introduce [,ɪntrə'dju:s] vt **1.** [present - one person to another] présenter / *she introduced me to her sister* elle m'a présenté à sa sœur / *may I introduce you?* permettez-moi de or laissez-moi vous présenter / *let me introduce myself, I'm John* je me présente ? John / *has everyone been introduced?* les présentations ont été faites ? / *I don't think we've been introduced, have we?* nous n'avons pas été présentés, je crois ? / *to introduce a speaker* présenter un conférencier **2.** [radio or TV programme] présenter **3.** [bring in] introduire / *when were rabbits introduced into Australia?* quand a-t-on introduit les lapins en Australie ? / *I'd like to introduce a new topic into the debate, if I may* si vous le permettez, j'aimerais introduire dans le débat un nouveau sujet / *her arrival introduced a note of sadness into the festivities* son entrée mit une note de tristesse dans la fête **4.** [laws, legislation] déposer, présenter ; [reform] introduire / *the government hopes to introduce the new bill next week* le gouvernement espère déposer son nouveau projet de loi la semaine prochaine **5.** [initiate] initier / *she introduced me to the pleasures of French cooking* elle m'a initié aux or révélé les délices de la cuisine française ▸ **to introduce sb to sthg** initier qqn à qqch, faire découvrir qqch à qqn / *it was my sister who introduced me to yoga* c'est ma sœur qui m'a initiée au yoga or fait découvrir le yoga **6.** [start] ouvrir, donner le départ / *a fanfare introduced the start of the ceremony* une fanfare a ouvert la cérémonie **7.** *fml* [insert, put in] introduire / *introduce the wire carefully into the cavity* introduisez doucement le fil dans le trou.

introduction [,ɪntrə'dʌkʃn] n **1.** [of one person to another] présentation *f* / *would you do inf* or *make the introductions?* peux-tu faire les présentations ? / *our next guest needs no introduction* inutile de vous présenter l'invité suivant **2.** [first part - of book, speech, piece of music] introduction *f* **3.** [basic textbook, course] introduction *f*, initiation *f* / *an introduction to linguistics* une introduction à la linguistique / *an introduction to his more difficult work* une introduction aux parties difficiles de son œuvre **4.** [bringing in] introduction *f* / *the introduction of computer technology into schools* l'introduction de l'informatique à l'école **5.** [of bill, law] introduction *f*, présentation *f* **6.** [insertion] introduction *f*.

introductory [,ɪntrə'dʌktrɪ] adj [remarks] préliminaire ; [chapter, course] d'introduction ▸ **introductory offer** COMM offre *f* de lancement ▸ **introductory price** COMM prix *m* de lancement.

introit ['ɪntrɔɪt] n MUS & RELIG introït *m*.

intron ['ɪntrɒn] n intron *m*.

introspection [,ɪntrə'spekʃn] n introspection *f*.

introspective [,ɪntrə'spektɪv] adj introspectif.

introversion [,ɪntrə'vɜ:ʃn] n introversion *f*.

introvert ['ɪntrəvɜ:t] ◆ n PSYCHOL introverti *m*, -e *f*. ◆ vt rendre introverti.

introverted ['ɪntrəvɜ:tɪd] adj PSYCHOL introverti.

intrude [ɪn'tru:d] ◆ vi **1.** [disturb] déranger, s'imposer / *I hope I'm not intruding* j'espère que je ne vous dérange pas **2.** [interfere with] : *I don't let my work intrude on my private life* je ne laisse pas mon travail empiéter sur ma vie privée / *they're intruding on our private lives* ils se mêlent de or ils s'immiscent dans notre vie privée / *she didn't let the news intrude on her good mood* elle ne laissa pas cette nouvelle gâcher sa bonne humeur / *I felt I was intruding on their grief* j'ai eu l'impression de les déranger dans leur chagrin. ◆ vt *fml* [gen] imposer / *a doubt intruded itself into my mind* un doute m'est venu à l'esprit.

intruder [ɪn'tru:dər] n [criminal] cambrioleur *m* ; [outsider] intrus *m*, -e *f*, importun *m*, -e *f* / *they made us feel like intruders* nous avons eu l'impression de déranger or d'être de trop.

intrusion [ɪn'tru:ʒn] n **1.** [gen] intrusion *f*, ingérence *f* / *it's an intrusion into our privacy* c'est une intrusion dans notre vie privée **2.** GEOL intrusion *f*.

intrusive [ɪn'tru:sɪv] adj **1.** [person] importun / *he was an intrusive presence in the house* sa présence dans la maison était importune / *far away from the intrusive sounds of the city* loin de la rumeur importune de la ville **2.** GEOL intrusif **3.** LING ▸ **intrusive consonant** consonne *f* d'appui.

intubate ['ɪntjʊbeɪt] vt MED intuber.

INTUC ['ɪntʌk] (abbr of **Indian National Trade Union Congress**) pr n *confédération de syndicats indiens.*

intuit [ɪn'tju:ɪt] vt *fml* savoir or connaître intuitivement / *I could only intuit what had happened between them* je n'ai pu que deviner ce qui s'était passé entre eux.

intuition [ˌɪntjuːˈɪʃn] n intuition *f* / *(my) intuition tells me he won't be coming* mon intuition me dit qu'il ne viendra pas / *I had an intuition something was wrong* j'avais le sentiment que quelque chose n'allait pas.

intuitive [ɪnˈtjuːɪtɪv] adj intuitif / *an intuitive understanding* une connaissance intuitive / *he's very intuitive* c'est un intuitif.

intuitively [ɪnˈtjuːɪtɪvlɪ] adv intuitivement / *I knew intuitively that she was lying* je savais intuitivement qu'elle mentait, je sentais bien qu'elle ne disait pas la vérité.

intumescence [ˌɪntjuːˈmesns] n intumescence *f*.

Inuit [ˈɪnʊɪt] (*pl* **Inuit** *or* **Inuits**) ◆ n Inuit *mf*. ◆ adj inuit.

inundate [ˈɪnʌndeɪt] vt *lit & fig* inonder / *the whole area was inundated* toute la région a été inondée / *we've been inundated with phone calls / letters* nous avons été submergés de coups de fil / courrier / *I'm inundated with work just now* pour l'instant je suis débordé (de travail) or je croule sous le travail.

inundation [ˌɪnʌnˈdeɪʃn] n inondation *f*.

inure [ɪˈnjʊəʳ] ◆ vt aguerrir ▸ **to become inured to** s'habituer à / *he became inured to the pain* il s'est habitué or fait à la douleur. ◆ vi [law] entrer en vigueur.

invade [ɪnˈveɪd] vt **1.** MIL envahir **2.** *fig* envahir / *the village was invaded by reporters* les journalistes ont envahi le village / *her mind was invaded by sudden doubts* le doute s'empara soudain de son esprit ▸ **to invade sb's privacy** s'immiscer dans la vie privée de qqn.

invader [ɪnˈveɪdəʳ] n envahisseur *m*, -euse *f* / *to repel invaders* repousser l'envahisseur.

invading [ɪnˈveɪdɪŋ] adj **1.** [army] d'invasion / *the invading barbarians* l'envahisseur barbare **2.** [plants, insects] envahissant.

invalid[1] ◆ n [ˈɪnvəlɪd] [disabled person] infirme *mf*, invalide *mf* ; [ill person] malade *mf*. ◆ adj [ˈɪnvəlɪd] [disabled] infirme, invalide ; [ill] malade / *he has to look after his invalid mother* il doit s'occuper de sa mère infirme ▸ **invalid chair** fauteuil *m* roulant. ◆ vt [ˈɪnvəliːd] **1.** [disable] rendre infirme **2.** UK MIL : *he was invalided home* il a été rapatrié pour raisons médicales.

❖ **invalid out** vt sep MIL ▸ **to invalid sb out of the army** réformer qqn pour raisons médicales.

invalid[2] [ɪnˈvælɪd] adj **1.** [passport, ticket] non valide, non valable / *your passport will soon be invalid* votre passeport sera bientôt périmé **2.** [law, marriage, election] nul **3.** [argument] non valable / *your reasoning is invalid* votre raisonnement n'est pas valable or ne tient pas.

invalidate [ɪnˈvælɪdeɪt] vt **1.** [contract, agreement, etc.] invalider, annuler **2.** [argument] infirmer.

invalid car, invalid carriage n UK voiture *f* d'infirme.

invalidity [ˌɪnvəˈlɪdətɪ] n **1.** MED invalidité *f* **2.** [of contract, agreement, etc.] manque *m* de validité, nullité *f* **3.** [of argument] manque *m* de fondement / *to demonstrate the invalidity of an argument* prouver qu'un argument n'est pas valable.

invalidity benefit n UK prestation *f* d'invalidité *(aujourd'hui remplacée par l'« incapacity benefit »).*

invaluable [ɪnˈvæljʊəbl] adj inestimable, très précieux / *your help has been invaluable (to me)* votre aide m'a été très précieuse / *she's an invaluable asset (to the company)* elle représente un atout inestimable (pour l'entreprise).

invariable [ɪnˈveərɪəbl] ◆ adj invariable. ◆ n MATH constante *f*.

invariably [ɪnˈveərɪəblɪ] adv invariablement / *she was almost invariably dressed in black* elle était presque toujours habillée en noir.

invariant [ɪnˈveərɪənt] ◆ adj invariant. ◆ n invariant *m*.

invasion [ɪnˈveɪʒn] n **1.** MIL invasion *f*, envahissement *m* / *the Roman invasion of England* l'invasion de l'Angleterre par les Romains **2.** *fig* invasion *f*, intrusion *f* / *we expect the usual invasion of tourists this summer* nous nous attendons à l'habituelle invasion de touristes cet été / *he considered it an invasion of privacy* il l'a ressenti comme une intrusion dans sa vie privée.

invasive [ɪnˈveɪsɪv] adj MED [surgery] invasif ; *fig* envahissant.

invective [ɪnˈvektɪv] n *(U)* invective *f*, invectives *fpl* / *a stream of invective* un torrent d'invectives.

inveigh [ɪnˈveɪ] vi *fml* ▸ **to inveigh against sb / sthg** invectiver qqn / qqch, pester contre qqn / qqch.

inveigle [ɪnˈveɪgl] vt manipuler / *he had been inveigled into letting them in* on l'avait adroitement manipulé pour qu'il les laisse entrer / *she inveigled him into giving her a lift* elle l'a habilement persuadé de la conduire en voiture.

invent [ɪnˈvent] vt **1.** [new machine, process] inventer **2.** [lie, excuse] inventer.

invention [ɪnˈvenʃn] n **1.** [discovery, creation] invention *f* / *television is a wonderful invention* la télévision est une invention merveilleuse / *she has great powers of invention* elle a de grandes facultés d'invention **2.** [untruth] invention *f*, fabrication *f* / *the whole thing was an invention of the press* la presse a inventé or monté cette histoire de bout en bout / *it was pure invention* ce n'était que pure invention, c'était complètement faux.

inventive [ɪnˈventɪv] adj [person, mind] inventif ; [plan, solution] ingénieux.

inventiveness [ɪnˈventɪvnɪs] n esprit *m* d'invention, inventivité *f*.

inventor [ɪnˈventəʳ] n inventeur *m*, -trice *f*.

inventory [ˈɪnvəntrɪ] (*pl* **inventories**, *pt & pp* **inventoried**) ◆ n **1.** [list] inventaire *m* ▸ **to draw up** or **to make an inventory** dresser un inventaire ▸ **to take the inventory** faire l'inventaire **2.** *(U)* US [stock] stock *m*, stocks *mpl* / *our inventory is low* nos stocks sont bas / *inventory control* or *management* gestion *f* des stocks. ◆ vt inventorier.

inverse [ɪnˈvɜːs] ◆ adj inverse ▸ **to be in inverse proportion to** être inversement proportionnel à ▸ **in inverse video** COMPUT en vidéo inverse. ◆ n inverse *m*, contraire *m* ; MATH inverse *m*.

inversely [ɪnˈvɜːslɪ] adv inversement.

inversion [ɪnˈvɜːʃn] n **1.** [gen] inversion *f* ; [of roles, relations] renversement *m* **2.** MUS [of chord] renversement *m* ; [in counterpoint] inversion *f* **3.** ANAT, ELEC & MATH inversion *f*.

invert ◆ vt [ɪnˈvɜːt] **1.** [turn upside down or inside out] inverser, retourner ; [switch around] intervertir ; [roles] intervertir, renverser / *the two letters have been inverted* les deux lettres ont été interverties **2.** MUS [chord] renverser ; [interval] inverser **3.** CHEM [sugar] invertir. ◆ n [ˈɪnvɜːt] PSYCHOL inverti *m*, -e *f*.

invertebrate [ɪnˈvɜːtɪbreɪt] ◆ adj invertébré. ◆ n invertébré *m*.

inverted commas [ɪnˈvɜːtɪd-] pl n UK guillemets *mpl* / *in inverted commas* entre guillemets / *her "best friend", in inverted commas, ran off with her husband* sa « meilleure amie », entre guillemets, est partie avec son mari.

inverted snob n UK *personne d'origine modeste qui affiche du mépris pour les valeurs bourgeoises.*

inverter, invertor [ɪnˈvɜːtəʳ] n **1.** ELEC onduleur *m* (de courant) **2.** COMPUT inverseur *m*.

invert sugar n sucre *m* inverti.

invest [ɪnˈvest] ◆ vi investir / *to invest in shares / in the oil industry / on the stock market* investir en actions / dans l'industrie pétrolière / en Bourse / *they decided to invest in an automated system* ils ont décidé d'investir dans un système automatisé / *you ought to invest in a new coat inf* tu devrais t'offrir or te payer un nouveau manteau. ◆ vt **1.** [money] investir, placer / *they invested five million dollars in new machinery* ils ont investi cinq millions de dollars dans de nouveaux équipements **2.** [time, effort] investir / *we've invested a lot of time and energy in this project* nous avons investi beaucoup de temps et d'énergie dans ce projet **3.** *fml* [confer on] investir / *invested with the highest authority* investi de la plus haute autorité **4.** MIL [besiege, surround] investir **5.** *arch & liter* [clothe, cover] revêtir.

investigate [ɪnˈvestɪgeɪt] ◆ vt [allegation, crime, accident] enquêter sur ; [problem, situation] examiner, étudier. ◆ vi enquêter, mener une enquête.

investigation [ɪnˌvestɪˈgeɪʃn] n [into crime, accident] enquête *f* ; [of problem, situation] examen *m*, étude *f* / *months of investigation turned up no clues* après des mois d'enquête, aucun indice n'a été découvert / *his activities are under investigation* une enquête a été ouverte sur ses activités / *your case is currently under investigation* nous étudions actuellement votre cas.

investigative [ɪnˈvestɪgətɪv] adj PRESS, RADIO & TV d'investigation ▸ **investigative journalism** journalisme *m* d'investigation or d'enquête ▸ **investigative reporter** journaliste *mf* or reporter *m* d'investigation.

investigator [ɪnˈvestɪgeɪtəʳ] n enquêteur *m*, -euse or -trice *f*.

investigatory [ɪnˈvestɪgeɪtərɪ] adj d'investigation.

investiture [ɪnˈvestɪtʃəʳ] n investiture *f*.

investment [ɪnˈvestmənt] n **1.** [of money, capital] investissement *m*, placement *m* / *are these shares a good investment?* ces actions sont-elles un bon placement ? / *property is no longer such a safe investment* l'immobilier n'est plus un placement aussi sûr / *the company has investments all over the world* la société a des capitaux investis dans le monde entier **2.** [of time, effort] investissement *m* **3.** = **investiture 4.** MIL [of fortress] investissement *m*.

investment account n compte *m* d'investissement.

investment analyst n analyste *mf* en placements.

investment bank n banque *f* d'affaires.

investment trust n société *f* de placement.

investor [ɪnˈvestəʳ] n investisseur *m* ; [shareholder] actionnaire *mf*.

inveterate [ɪnˈvetərət] adj **1.** [habit, dislike] invétéré ; [hatred] tenace **2.** [drinker, gambler] invétéré ; [bachelor, liar, smoker] impénitent.

invidious [ɪnˈvɪdɪəs] adj [unfair] injuste / *invidious comparisons* des comparaisons injustes ; [unpleasant] ingrat, pénible / *an invidious task* une tâche pénible.

invigilate [ɪnˈvɪdʒɪleɪt] vi & vt UK SCH & UNIV surveiller *(pendant un examen)*.

invigilator [ɪnˈvɪdʒɪleɪtəʳ] n UK SCH & UNIV surveillant *m*, -e *f (d'un examen)*.

invigorate [ɪnˈvɪgəreɪt] vt revigorer, vivifier / *she felt invigorated by the cold wind* le vent frais la revigorait.

invigorating [ɪnˈvɪgəreɪtɪŋ] adj [air, climate] tonique, tonifiant, vivifiant ; [walk] revigorant ; [bath] tonifiant ; [discussion] enrichissant / *it's invigorating just talking to her* il suffit de lui parler pour se sentir revigoré.

invincibility [ɪnˌvɪnsɪˈbɪlətɪ] n invincibilité *f*.

invincible [ɪnˈvɪnsɪbl] adj [army, troops] invincible ; [belief] inébranlable.

inviolability [ɪnˌvaɪələˈbɪlətɪ] n inviolabilité *f*.

inviolable [ɪnˈvaɪələbl] adj inviolable.

inviolate [ɪnˈvaɪələt] adj *liter* inviolé.

invisibility [ɪnˌvɪzɪˈbɪlətɪ] n invisibilité *f*.

invisible [ɪnˈvɪzɪbl] adj **1.** invisible / *invisible to the naked eye* invisible à l'œil nu ▸ **invisible mending** stoppage *m* / **'The Invisible Man'** *Wells* 'l'Homme invisible' **2.** COMM [unrecorded] ▸ **invisible assets** biens *mpl* incorporels ▸ **invisible balance** balance *f* des invisibles ▸ **invisible earnings** revenus *mpl* invisibles ▸ **invisible imports** importations *fpl* invisibles.

invisible ink n encre *f* invisible or sympathique.

invisibly [ɪnˈvɪzɪblɪ] adv invisiblement.

invitation [ˌɪnvɪˈteɪʃn] n invitation *f* / *have you sent out the wedding invitations?* as-tu envoyé les invitations au mariage ? / *she's here at my invitation* c'est moi qui l'ai invitée ▸ **at the invitation of** à l'invitation de / *we went to the congress at the invitation of the President himself* nous sommes allés au congrès à l'invitation du président en personne / *by invitation only* sur invitation seulement / *your son is included in the invitation* votre fils est invité lui aussi / *a standing invitation* une invitation permanente / *prison conditions are an (open) invitation to violence* *fig* les conditions de détention sont une véritable incitation à la violence.

invite ◆ vt [ɪn'vaɪt] **1.** [ask to come] inviter / *to invite sb for lunch* inviter qqn à déjeuner / *the Thomsons have invited us over* les Thomson nous ont invités chez eux / *I invited him up for a coffee* je l'ai invité à monter prendre un café / *the discussion took place in front of a specially invited audience* la discussion s'est déroulée devant un public spécialement invité or invité pour l'occasion **2.** [ask to do sthg] demander, solliciter / *they invited her to become president* ils lui ont demandé de devenir présidente / *I've been invited for interview* j'ai été convoqué à un entretien **3.** [solicit] : *he invited comment on his book* il a demandé aux gens leur avis sur son livre / *we invite applications from all qualified candidates* nous invitons tous les candidats ayant le profil requis à postuler / *we invite suggestions from readers* toute suggestion de la part de nos lecteurs est la bienvenue **4.** [trouble, defeat, disaster] aller au devant de / *you're just inviting failure* tu vas au devant de l'échec ; [doubt, sympathy] appeler, attirer / *his garbled answers simply invited disbelief* ses réponses embrouillées ne faisaient que susciter la méfiance. ◆ n ['ɪnvaɪt] *inf* invitation *f*.

❖ **invite out** vt sep inviter (à sortir) / *she's invited me out tonight* elle m'a invité à sortir (avec elle) ce soir / *he's always getting invited out* il est toujours invité quelque part.

inviting [ɪn'vaɪtɪŋ] adj [gesture] d'invitation ; [eyes, smile] engageant ; [display] attirant, attrayant ; [idea] tentant, séduisant ; [place, fire] accueillant.

invitingly [ɪn'vaɪtɪŋlɪ] adv d'une manière attrayante / *the page was invitingly blank* la blancheur de la page or la page blanche était une invitation / *he gestured invitingly* il eut un geste d'invitation / *she spoke invitingly of blue seas and white sand* elle parlait de mer bleue et de sable blanc, c'était plutôt tentant.

in vitro [,ɪn'vi:trəʊ] ◆ adj in vitro ▸ **in vitro fertilization** fécondation *f* in vitro. ◆ adv in vitro.

in vivo [,ɪn'vi:vəʊ] ◆ adj in vivo. ◆ adv in vivo.

invocation [,ɪnvə'keɪʃn] n **1.** LAW & POL invocation *f* **2.** RELIG invocation *f* / *invocations to the gods* l'invocation des dieux.

invoice ['ɪnvɔɪs] ◆ n COMM facture *f* ▸ **to make out an invoice** établir une facture / *invoices should be settled within 30 days* les factures doivent être réglées sous 30 jours. ◆ vt [goods] facturer ▸ **to invoice sb for sthg** facturer qqch à qqn.

invoice clerk n facturier *m*, -ère *f*.

invoicing ['ɪnvɔɪsɪŋ] n COMM [of goods, etc.] facturation *f* ▸ **invoicing address** adresse *f* de facturation ▸ **invoicing instructions** instructions *fpl* de facturation ▸ **invoicing software** logiciel *m* de facturation.

invoke [ɪn'vəʊk] vt **1.** [cite] invoquer / *they invoked the non-intervention treaty* ils ont invoqué le traité de non-intervention / *she invoked the principle of free speech* elle a invoqué le principe de la liberté d'expression **2.** [call upon] en appeler à, faire appel à ▸ **to invoke sb's help** requérir l'aide de qqn / *they invoked the might of the gods* ils invoquèrent la puissance des dieux **3.** [conjure up] invoquer / *to invoke evil spirits* invoquer les mauvais esprits.

involuntarily [ɪn'vɒləntrəlɪ] adv involontairement / *she smiled involuntarily* elle ne put réprimer un sourire or s'empêcher de sourire.

involuntary [ɪn'vɒləntrɪ] adj involontaire / *involuntary memory* mémoire *f* involontaire.

involute(d) ['ɪnvəlu:t(ɪd)] adj **1.** [intricate] compliqué **2.** BOT involuté.

involution [,ɪnvə'lu:ʃn] n **1.** [intricacy] complexité *f* **2.** BOT, MATH, MED & ZOOL involution *f*.

involve [ɪn'vɒlv] vt **1.** [entail] impliquer, comporter / *it involves a lot of work* cela implique or nécessite or veut dire beaucoup de travail / *what does the job involve?* en quoi consiste le travail ? / *a job which involves meeting people* un travail où l'on est amené à rencontrer beaucoup de gens / *it won't involve you in much expense* cela ne t'entraînera pas dans de grosses dépenses / *there's a lot of work involved in launching a new product* le lancement d'un nouveau produit implique beaucoup de travail **2.** [concern, affect] concerner, toucher / *there are too many accidents involving children* il y a trop d'accidents dont les enfants sont les victimes **3.** [bring in, implicate] impliquer / *it was a huge operation involving thousands of helpers* c'était une opération gigantesque qui a nécessité l'aide de milliers de gens / *several vehicles were involved in the accident* plusieurs véhicules étaient impliqués dans cet accident / *it's not necessary to involve anyone else in this matter* il n'est pas nécessaire d'impliquer quelqu'un d'autre dans or d'associer quelqu'un d'autre à cette affaire / *we try to involve the parents in the running of the school* nous essayons de faire participer les parents à la vie de l'école / *I'm not going to involve myself in their private affairs* je ne vais pas me mêler de leur vie privée or de leurs affaires **4.** [absorb, engage] absorber / *a book which really involves the reader* un livre dont le lecteur n'arrive pas à se détacher or qui passionne le lecteur.

involved [ɪn'vɒlvd] adj **1.** [complicated] compliqué, complexe / *I can't explain, it's all terribly involved* je ne peux pas expliquer, c'est terriblement compliqué **2.** [implicated] impliqué / *were the CIA involved?* est-ce que la CIA était impliquée ? / *I don't want to get involved* je ne veux pas être impliqué, je ne veux rien avoir à faire avec cela / *they became involved in a long war* ils se sont trouvés entraînés dans une longue guerre / *the amount of work involved is enormous* la quantité de travail à fournir est énorme / *there are important principles involved* les principes en cause or en jeu sont importants / *he had no idea of the problems involved* il n'avait aucune idée des problèmes en jeu or en cause / *over 100 companies are involved in the scheme* plus de 100 sociétés sont associées à or parties prenantes dans ce projet / *I think he's involved in advertising* je crois qu'il est dans la publicité / *to be involved in politics* prendre part à la vie politique **3.** [absorbed] absorbé / *she's too involved in her work to notice* elle est trop absorbée par son travail pour remarquer quoi que ce soit **4.** [emotionally] ▸ **to be involved with sb** avoir une liaison avec qqn / *she's heavily involved with him* elle est très éprise de lui, elle est très accrochée / *he doesn't want to get involved* il ne veut pas s'engager.

involvement [ɪn'vɒlvmənt] n **1.** [participation] participation *f* / *my involvement in the project is strictly limited* ma participation au projet est strictement limitée / *they were against American involvement in the war* ils étaient opposés à toute participation américaine au conflit **2.** [commitment] investissement *m*, engagement *m* / *she's looking for work that requires total involvement* elle cherche un emploi qui demanderait un investissement total **3.** [relationship] liaison *f* / *their involvement was short-lived* leur liaison fut de courte durée / *he's frightened of emotional involvement* il a peur de s'engager sentimentalement, il redoute tout engagement affectif **4.** [complexity] complexité *f*, complication *f*.

invulnerability [ɪn,vʌlnərə'bɪlətɪ] n invulnérabilité *f*.

invulnerable [ɪn'vʌlnərəbl] adj invulnérable / *invulnerable to attack* invulnérable à toute attaque, inattaquable.

inward ['ɪnwəd] ◆ adj **1.** [thoughts, satisfaction] intime, secret **2.** [movement] vers l'intérieur. ◆ adv US = **inwards**.

inward-bound adj [flight] à l'arrivée ; [traffic] en direction de la ville.

inward investment n investissement *m* étranger.

inward-looking adj [person] introverti, replié sur soi ; [group] replié sur soi, fermé ; [philosophy] introspectif ; *pej* nombriliste / *he's become very inward-looking lately* il s'est beaucoup refermé or replié sur lui-même ces derniers temps.

inward-lookingness [-'lʊkɪŋnɪs] n repli *m* sur soi.

inwardly ['ɪnwədlɪ] adv [pleased, disgusted] secrètement / *she said nothing but was inwardly rejoicing* elle n'a rien dit mais elle se réjouissait secrètement / *he smiled inwardly* il sourit intérieurement / *inwardly I was still convinced that I was right* en mon for intérieur, j'étais toujours convaincu d'avoir raison / *we all groaned inwardly at the thought* à cette idée nous avons tous réprimé un mouvement d'humeur.

inwards ['ɪnwədz] adv **1.** [turn, face] vers l'intérieur / *the doors open inwards* les portes s'ouvrent vers l'intérieur **2.** [into one's own heart, soul, etc.] : *my thoughts turned inwards* je me suis replié sur moi-même / *he said we should look inwards to find our true selves* il a dit que c'est en nous-mêmes qu'il fallait chercher notre véritable identité.

in-your-face adj **1.** [uncompromising - documentary, film] cru **2.** [aggressive - attitude, personality] agressif.

Io ['aɪəʊ] pr n Io.

I/O (written abbr of **input/output**) E/S.

IOC (abbr of **International Olympic Committee**) pr n CIO *m*.

iodine [UK 'aɪədi:n US 'aɪədaɪn] n iode *m* ; PHARM teinture *f* d'iode.

iodize, iodise ['aɪədaɪz] vt ioder.

iodoform [aɪ'ɒdəfɔ:m] n iodoforme *m*.

IOM written abbr of **Isle of Man**.

ion ['aɪən] n ion *m*.

ion accelerator n accélérateur *m* d'ions.

ion engine n moteur *m* ionique.

Ionian [aɪ'əʊnjən] ◆ n **1.** [person] Ionien *m*, -enne *f* **2.** LING ionien *m*. ◆ adj ionien ▸ **Ionian mode** MUS mode *m* ionien.

Ionian Islands pl pr n ▸ **the Ionian Islands** les îles *fpl* Ioniennes / *in the Ionian Islands* aux îles Ioniennes.

Ionian Sea pr n ▸ **the Ionian Sea** la mer Ionienne.

ionic [aɪ'ɒnɪk] adj CHEM & PHYS ionique.

Ionic [aɪ'ɒnɪk] adj ARCHIT ionique.

ion implantation n implantation *f* d'ions.

ionization [,aɪənaɪ'zeɪʃən] n **1.** CHEM, PHYS & ELEC ionisation *f* **2.** MED (traitement *m* par) ionisation *f* ▸ **ionization chamber** chambre *f* d'ionisation ▸ **ionization potential** potentiel *m* d'ionisation.

ionize, ionise ['aɪənaɪz] vt ioniser.

ionized ['aɪənaɪzd] adj CHEM & PHYS ionisé / *ionized-gas anemometer* anémomètre *m* à ionisation.

ionizer ['aɪənaɪzə^r] n ioniseur *m*.

ionosphere [aɪ'ɒnə,sfɪə^r] n ionosphère *f*.

iota [aɪ'əʊtə] n **1.** [Greek letter] iota *m* **2.** [tiny bit] brin *m*, grain *m*, iota *m* / *she doesn't have an iota of sense* elle n'a pas un sou or une once de jugeote / *there's not one iota of truth in the letter* il n'y a pas un brin or grain de vrai dans cette lettre / *I don't care one iota* cela m'est complètement égal, je m'en fiche complètement / *they haven't changed one iota* ils n'ont absolument pas changé.

IOU (abbr of **I owe you**) n *reconnaissance de dette.*

IOW 1. MESSAGING written abbr of **in other words 2.** written abbr of **Isle of Wight**.

Iowa ['aɪəʊə] pr n Iowa *m* / *in Iowa* dans l'Iowa.

IP (abbr of **Internet Protocol**) n ▸ **IP address** adresse *f* IP ▸ **IP number** numéro *m* IP.

IPA (abbr of **International Phonetic Alphabet**) n API *m*.

ipecac ['ɪpɪkæk], **ipecacuanha** [,ɪpɪkækjʊ'ænə] n ipéca *m*.

Iphigenia [ɪ,fɪdʒɪ'naɪə] pr n Iphigénie / **'Iphigenia in Tauris'** *Euripides* 'Iphigénie en Tauride'.

iPod® ['aɪpɒd] n iPod® *m*.

iPodder ['aɪpɒdə^r] n utilisateur *m*, -trice *f* d'iPod.

IPP (abbr of **Internet Presence Provider**) n *fournisseur d'accès à Internet proposant l'hébergement de sites Web.*

ipse, **IPSE** (abbr of **integrated project support environment**) n outils *mpl* logiciels.

ipso facto ['ɪpsəʊ'fæktəʊ] adv ipso facto.

IQ (abbr of **intelligence quotient**) n QI *m*.

IRA ◆ pr n (abbr of **Irish Republican Army**) IRA *f*. ◆ n (abbr of **individual retirement account**) US *compte d'épargne retraite (à avantages fiscaux)*.

IRA

L'IRA est une organisation luttant pour la réunification de l'Irlande. En 1969, elle s'est scindée en deux et a donné naissance à la **Provisional IRA** et à l'**Official IRA**. En 1994, le processus de paix progressant, l'IRA s'est engagée à ne plus recourir à la violence. Le cessez-le-feu a été rompu plusieurs fois depuis, mais l'IRA, dans sa majorité, a suivi le Sinn Féin dans cette marche vers la paix (marquée en particulier par la signature de l'accord de paix d'Ulster, en avril 1998, le **Good Friday Agreement**). En 2005, l'IRA a annoncé la cessation de la lutte armée en faveur d'un dialogue démocratique visant la réunification de l'Irlande.

Iran [ɪ'rɑ:n] pr n Iran *m* / *in Iran* en Iran.

Irangate [ɪ'rɑ:ngeɪt] pr n ▸ **the Irangate scandal** *scandale politique sous le mandat Reagan : le président aurait autorisé la vente d'armes à l'Iran contre la mise en liberté d'otages américains, et versé une partie des revenus de ces opérations aux contras du Nicaragua.*

Iranian [ɪ'reɪnjən] ◆ n **1.** [person] Iranien *m*, -enne *f* **2.** LING iranien *m*. ◆ adj iranien.

Iraq [ɪ'rɑ:k] pr n Iraq *m*, Irak *m* / *in Iraq* en Iraq.

Iraqi [ɪ'rɑ:kɪ] ◆ n Irakien *m*, -enne *f*, Iraquien *m*, -enne *f*. ◆ adj irakien.

irascibility [ɪ,ræsə'bɪlətɪ] n irascibilité *f*.

irascible [ɪ'ræsəbl] adj irascible, coléreux.

irate [aɪ'reɪt] adj furieux / *she got most irate about it* cela l'a rendue furieuse / *an irate letter* une lettre courroucée.

IRBM (abbr of **intermediate range ballistic missile**) n IRBM *m*.

IRC (abbr of **Internet Relay Chat**) n IRC *m (dialogue en temps réel)*.

IRC channel n canal *m* IRC, canal *m* de dialogue en temps réel.

ire ['aɪər] n *liter* colère *f*, courroux *m liter*.

Ireland ['aɪələnd] pr n Irlande *f* / *in Ireland* en Irlande ▸ **the Republic of Ireland** la république d'Irlande.

iridescence [,ɪrɪ'desəns] n irisation *f*.

iridescent [,ɪrɪ'desənt] adj irisé, iridescent *liter*.

iridium [ɪ'rɪdɪəm] n iridium *m*.

iridology [,ɪrɪ'dɒlədʒɪ] n iridologie *f*, iridodiagnostic *m*.

iris ['aɪərɪs] n **1.** (*pl* **irises** or **irides** [ɪrɪdi:z]) ANAT iris *m* **2.** (*pl* **irises**) BOT iris *m* **3.** PHOT ▸ **iris (diaphragm)** iris *m*.

Iris ['aɪərɪs] pr n MYTH Iris.

Irish ['aɪrɪʃ] ◆ pl n ▸ **the Irish** les Irlandais. ◆ n LING irlandais *m*. ◆ adj irlandais ▸ **the Irish Free State** l'État *m* libre d'Irlande ▸ **Irish joke** *plaisanterie véhiculant une image négative des Irlandais.*

The Irish Free State

En 1921, après deux ans de guerre civile, la partition de l'Irlande donna naissance à l'Irlande du Nord et à l'État libre d'Irlande, membre du Commonwealth.

Irish coffee n irish-coffee *m*.

Irish Guards pl pr n *régiment de l'armée britannique.*

Irishism ['aɪrɪʃɪzm] n [idiom] locution *f* irlandaise ; [custom] coutume *f* irlandaise.

Irishman ['aɪrɪʃmən] (*pl* **Irishmen** [-mən]) n Irlandais *m*.

Irish Sea pr n ▸ **the Irish Sea** la mer d'Irlande.

Irish setter n setter *m* irlandais.

Irish stew n ≃ ragoût *m* de mouton.

Irish wolfhound n lévrier *m* irlandais.

Irishwoman ['aɪrɪʃ,wʊmən] (*pl* **Irishwomen** [-,wɪmɪn]) n Irlandaise *f*.

irk [ɜ:k] vt irriter, agacer / *it really irks me that he won't do the washing up* cela m'agace vraiment qu'il ne fasse jamais la vaisselle.

irksome ['ɜ:ksəm] adj irritant, agaçant.

IRL MESSAGING written abbr of **in real life**.

IRN (abbr of **Independent Radio News**) pr n *agence de presse radiophonique en Grande-Bretagne.*

iron ['aɪən] ◆ adj **1.** [made of, containing iron] de fer, en fer / *iron filings* limaille *f* de fer / *an iron grating* une grille en fer / *spinach has a high iron content* les épinards contiennent beaucoup de fer / *iron deficiency* MED carence *f* en fer **2.** *fig* [strong] de fer, d'acier / *an iron will* une volonté de fer / *iron discipline* une discipline de fer ▸ **the Iron Lady** UK POL la Dame de fer ▸ **the iron hand** or **fist in a velvet glove** une main de fer dans un gant de velours. ◆ vt [laundry] repasser. ◆ vi [laundry] se repasser. ◆ n **1.** [mineral] fer *m* / *made of iron* de or en fer / *she has a will of iron* elle a une volonté de fer ▸ **the iron and steel industry** la sidérurgie ▸ **(as) hard as iron** dur comme or aussi dur que le fer **2.** [for laundry] fer *m* (à repasser) ; [action] : *your shirt needs an iron* ta chemise a besoin d'un coup de fer or d'être repassée **3.** [tool, appliance] fer *m* ▸ **to have many irons in the fire** avoir plusieurs fers au feu, jouer sur plusieurs tableaux **4.** [golf club] fer *m* / *try a (number) five iron* essayez un (fer) cinq.

❖ **irons** pl n [chains] fers *mpl* / *clap them in irons!* mettez-les aux fers !

❖ **iron out** vt sep **1.** [crease] repasser **2.** *fig* [problem, difficulty] aplanir ; [differences] faire disparaître / *they've ironed out their differences* ils ont fait disparaître les différences qui existaient entre eux.

Iron Age n ▸ **the Iron Age** l'âge *m* du fer / *an Iron Age tool* un outil de l'âge du fer.

ironbound ['aɪənbaʊnd] adj **1.** [cask] cerclé de fer **2.** [rule, tradition] sévère, inflexible.

Ironbridge ['aɪənbrɪdʒ] pr n *ville de l'ouest de l'Angleterre considérée comme le foyer de la révolution industrielle en Grande-Bretagne.*

ironclad ['aɪənklæd] ◆ adj **1.** [ship] cuirassé **2.** [argument] inattaquable **3.** [rule] inflexible. ◆ n cuirassé *m*.

Iron Curtain HIST ◆ n ▸ **the Iron Curtain** le rideau *m* de fer. ◆ adj ▸ **the Iron Curtain countries** les pays *mpl* du bloc soviétique.

iron foundry n fonderie *f (de fonte)*.

iron-grey adj gris acier.

ironic(al) [aɪ'rɒnɪk(l)] adj ironique.

> Note that **il est ironique que** is followed by a verb in the subjunctive:
> **It's ironic that he's now so popular.** *Il est ironique qu'il soit si populaire aujourd'hui.*

ironically [aɪ'rɒnɪklɪ] adv **1.** [smile, laugh] ironiquement **2.** [paradoxically] : *ironically enough, he was the only one to remember* paradoxalement, il était le seul à s'en souvenir.

ironing ['aɪənɪŋ] n repassage *m* ▸ **to do the ironing** faire le repassage, repasser / *she does the ironing on Sundays* elle fait son repassage or elle repasse le dimanche.

ironing board n planche *f* or table *f* à repasser ▸ **ironing board cover** housse *f* de table à repasser.

ironize, **ironise** ['aɪrənaɪz] vi ironiser.

iron lung n MED poumon *m* d'acier.

ironmonger ['aɪən,mʌŋgər] n UK quincaillier *m* / *available at the ironmonger's* disponible en quincaillerie.

ironmongery ['aɪən,mʌŋgərɪ] n UK quincaillerie *f*.

iron-on transfer n transfert *m (appliqué au fer à repasser)*.

iron ore n minerai *m* de fer.

iron oxide n oxyde *m* de fer.

iron pyrites n *(U)* pyrite *f* (de fer).

ironstone ['aɪənstəʊn] n minerai *m* de fer.

iron tablet n MED comprimé *m* de fer.

iron-willed adj à la volonté de fer.

ironwork ['aɪənwɜ:k] n ferronnerie *f*.

ironworker ['aɪənwɜ:kər] n [in plant] ouvrier *m*, -ère *f* métallurgiste *mf* ; [in wrought iron] ferronnier *m*, -ère *f*.

ironworks ['aɪənwɜ:ks] (*pl* **ironworks**) n usine *f* sidérurgique.

irony ['aɪrənɪ] (*pl* **ironies**) n [gen & LITER] ironie *f* / *the irony is that it might be true* ce qui est ironique or ce qu'il y a d'ironique, c'est que cela pourrait être vrai.

Iroquois ['ɪrəkwɔɪ] ◆ n **1.** [person] Iroquois *m*, -e *f* ▸ **the Iroquois** les Iroquois **2.** LING iroquois *m*. ◆ adj iroquois.

irradiate [ɪ'reɪdɪeɪt] vt **1.** MED & PHYS [expose to radiation] irradier ; [food] irradier **2.** [light up] illuminer, éclairer.

irradiation [ɪ,reɪdɪ'eɪʃn] n **1.** MED & PHYS [exposure to radiation] irradiation *f* ; [X-ray therapy] radiothérapie *f* ; [of food] irradiation *f* **2.** OPT irradiation *f*.

irrational [ɪ'ræʃənl] adj **1.** [person, behaviour, feeling] irrationnel ; [fear] irraisonné ; [creature, being] incapable de raisonner / *don't be so irrational!* sois raisonnable ! **2.** MATH irrationnel.

irrationality [ɪ,ræʃə'nælətɪ] n irrationalité *f*.

irrationally [ɪ'ræʃnəlɪ] adv irrationnellement.

irrational number n nombre *m* irrationnel.

irreconcilable [ɪ'rekənsaɪləbl] adj **1.** [aims, views, beliefs] inconciliable, incompatible / *his beliefs are irreconcilable with his work* ses convictions sont incompatibles avec son travail **2.** [conflict, disagreement] insoluble / *to be irreconcilable enemies* être ennemis jurés.

irreconcilably [ɪ,rekən'saɪləblɪ] adv : *they are irreconcilably different* ils sont radicalement différents / *they are irreconcilably divided* il y a entre eux des divisions irréconciliables.

irrecoverable [,ɪrɪ'kʌvərəbl] adj **1.** [thing lost] irrécupérable ; [debt] irrécouvrable **2.** [loss, damage, wrong] irréparable.

irredeemable [,ɪrɪ'di:məbl] adj **1.** [share, bond] non remboursable ; [paper money] non convertible **2.** [person] incorrigible, impénitent **3.** [loss, damage, wrong] irréparable.

irredeemably [,ɪrɪ'di:məblɪ] adv irrémédiablement / *to be irredeemably wicked* être foncièrement méchant.

irreducible [,ɪrɪ'dju:səbl] adj irréductible.

irrefutable [,ɪrɪ'fju:təbl] adj [argument, proof] irréfutable ; [fact] certain, indéniable.

irrefutably [,ɪrɪ'fju:təblɪ] adv irréfutablement / *to prove irrefutably that one is right* prouver irréfutablement or sans conteste qu'on a raison.

irregular [ɪ'regjʊlər] ◆ adj **1.** [object, shape, etc.] irrégulier ; [surface] inégal / *an irregular polygon* un polygone irrégulier **2.** [intermittent, spasmodic] irrégulier / *her visits became increasingly irregular* ses visites se firent de plus en plus irrégulières / *she works irregular hours* elle a des horaires de travail irréguliers / *irregular breathing* respiration irrégulière or saccadée **3.** *fml* [unorthodox] irrégulier / *irregular conduct* conduite irrégulière / *your request is highly irregular* votre demande n'est absolument pas régulière **4.** LING irrégulier. ◆ n **1.** MIL irrégulier *m* **2.** US COMM article *m* de second choix.

irregularity [ɪ,regjʊ'lærətɪ] (*pl* **irregularities**) n [of surface, work, breathing] irrégularité *f*.

❖ **irregularities** pl n [errors, intringements] irrégularités *fpl* / *there were some irregularities in the paperwork* il y avait quelques irrégularités dans les écritures.

irregularly [ɪ'regjʊləlɪ] adv **1.** [spasmodically] irrégulièrement **2.** [unevenly] inégalement / *irregularly shaped triangles* des triangles aux formes irrégulières.

irrelevance [ɪ'reləvəns] n **1.** [of fact, comment] manque *m* de rapport, non-pertinence *f* / *the irrelevance of your remarks on the subject is all too obvious* il est évident que vos remarques n'ont pas de rapport avec le sujet **2.** [pointless fact or matter] inutilité *f* / *don't waste your time on irrelevances* ne perdez pas votre temps avec des choses sans importance / *the committee has become an irrelevance* le comité n'a plus de raison d'être.

irrelevancy [ɪ'reləvənsɪ] (*pl* **irrelevancies**) = **irrelevance**.

irrelevant [ɪ'reləvənt] adj sans rapport, hors de propos / *your question is totally irrelevant to the subject in hand* votre question n'a aucun rapport or n'a rien à voir avec le sujet qui nous intéresse / *irrelevant information* information non pertinente / *our personal feelings on the matter are irrelevant* nos sentiments personnels n'ont rien à voir ici / *age is irrelevant* l'âge est sans importance or n'est pas un critère.

irreligious [,ɪrɪ'lɪdʒəs] adj irréligieux.

irremediable [,ɪrɪ'mi:djəbl] adj irrémédiable / *irremediable damage* dégâts *mpl* irrémédiables.

irremediably [,ɪrɪ'mi:djəblɪ] adv irrémédiablement.

irreparable [ɪ'repərəbl] adj irréparable / *he's done irreparable harm to his career* il a compromis sa carrière de façon irréparable.

irreparably [ɪ'repərəblɪ] adv irréparablement.

irreplaceable [,ɪrɪ'pleɪsəbl] adj irremplaçable.

irrepressible [,ɪrɪ'presəbl] adj **1.** [need, desire] irrépressible ; [good humour] à toute épreuve **2.** [person] jovial, plein d'entrain.

irreproachable [,ɪrɪ'prəʊtʃəbl] adj irréprochable / *his behaviour has always been irreproachable* sa conduite a toujours été irréprochable.

irresistible [,ɪrɪ'zɪstəbl] adj irrésistible / *she's got an irresistible smile* elle a un sourire irrésistible / *the irresistible force of their argument* la force irrésistible de leur argument.

irresistibly [,ɪrɪ'zɪstəblɪ] adv irrésistiblement.

irresolute [ɪ'rezəlu:t] adj irrésolu, indécis.

irrespective [,ɪrɪ'spektɪv] ❖ **irrespective of** prep phr sans tenir compte de / *irrespective of race or religion* sans discrimination de race ou de religion / *irrespective of what has been said before* indépendamment de ce qui a été dit auparavant.

irresponsibility ['ɪrɪ,spɒnsə'bɪlətɪ] n irresponsabilité *f*.

irresponsible [,ɪrɪ'spɒnsəbl] adj [person] irresponsable ; [act] irréfléchi / *you're so irresponsible!* tu n'as aucun sens des responsabilités !

irresponsibly [,ɪrɪ'spɒnsəblɪ] adv **1.** [act, behave] de manière irresponsable **2.** LAW irresponsablement.

irretrievable [,ɪrɪ'tri:vəbl] adj [object] introuvable ; [loss, harm, damage] irréparable / *the damage is irretrievable* les dégâts sont irréparables.

irretrievably [,ɪrɪ'tri:vəblɪ] adv irréparablement, irrémédiablement / *irretrievably lost* perdu pour toujours or à tout jamais.

irreverence [ɪ'revərəns] n irrévérence *f*.

irreverent [ɪ'revərənt] adj irrévérencieux / *irreverent remarks* remarques irrévérencieuses or insolentes / *an irreverent sense of humour* un sens de l'humour insolent or impertinent.

irreverently [ɪ'revərəntlɪ] adv irrévérencieusement.

irreversible [,ɪrɪ'vɜ:səbl] adj irréversible.

irreversibly [,ɪrɪ'vɜ:səblɪ] adv irréversiblement.

irrevocable [ɪ'revəkəbl] adj irrévocable.

irrevocably [ɪ'revəkəblɪ] adv irrévocablement.

irrigable ['ɪrɪgəbl] adj irrigable.

irrigate ['ɪrɪgeɪt] vt [gen & MED] irriguer.

irrigation [,ɪrɪ'geɪʃn] n [gen & MED] irrigation *f* ▸ **irrigation canal** canal *m* d'irrigation ▸ **irrigation channel** fossé *m* or rigole *f* d'irrigation.

irritability [,ɪrɪtə'bɪlətɪ] n irritabilité *f*.

irritable ['ɪrɪtəbl] adj [gen & MED] irritable.

irritable bowel syndrome n syndrome *m* du côlon irritable.

irritably ['ɪrɪtəblɪ] adv avec irritation.

irritant ['ɪrɪtənt] ◆ adj irritant. ◆ n irritant *m*.

irritate ['ɪrɪteɪt] vt **1.** [annoy] irriter, contrarier, énerver **2.** MED irriter.

irritated ['ɪrɪteɪtɪd] adj **1.** [annoyed] irrité, agacé / *don't get irritated!* ne t'énerve pas ! **2.** MED [eyes, skin] irrité.

irritating ['ɪrɪteɪtɪŋ] adj **1.** [annoying] irritant, contrariant, énervant **2.** MED irritant, irritatif.

irritatingly ['ɪrɪteɪtɪŋlɪ] adv de façon agaçante or irritante / *he's irritatingly slow* il est d'une lenteur irritante.

irritation [ɪrɪ'teɪʃn] n **1.** [annoyance] irritation *f*, agacement *m* / *she tried to hide her irritation* elle tenta de cacher son agacement / *it's just one of life's little irritations* ce n'est qu'une de ces petites choses énervantes de la vie **2.** MED irritation *f*.

irruption [ɪ'rʌpʃn] n irruption *f*.

IRS (abbr of **Internal Revenue Service**) pr n ▸ **the IRS** *le fisc américain*.

is [ɪz] ⟶ **be**.

IS n abbr of **information system**.

ISA (abbr of **individual savings account**) n UK plan *m* d'épargne défiscalisé.

Isaac ['aɪzək] pr n Isaac.

Isaiah [aɪ'zaɪə] pr n Isaïe.

isallobar [aɪ'sæləbɑ:ʳ] n isallobare *f*.

ISBN (abbr of **International Standard Book Number**) n ISBN *m*.

ISDN (abbr of **integrated services digital network**) n RNIS *m* ▸ **ISDN card** carte *f* RNIS ▸ **ISDN line** ligne *f* RNIS ▸ **ISDN modem** modem *m* RNIS.

Isfahan [,ɪsfə'hɑ:n] pr n Ispahan.

isinglass ['aɪzɪŋglɑ:s] n **1.** [glue] ichtyocolle *f* **2.** [mica] mica *m*.

Isis ['aɪsɪs] pr n Isis.

Islam ['ɪzlɑ:m] n islam *m*, Islam *m*.

Islamabad [ɪz'lɑ:məbæd] pr n Islamabad.

Islamic [ɪz'læmɪk] adj islamique.

Islamic fundamentalist n fondamentaliste *mf* islamiste, intégriste *mf* islamiste.

Islamicist [ɪz'læmɪsɪst] n personne *f* qui étudie l'islam.

Islamicize, Islamicise [ɪz'læmɪsaɪz] vt islamiser.

Islamism ['ɪzləmɪzəm] n islamisme *m*.

Islamist ['ɪzləmɪst] adj & n islamiste *mf*.

Islamization [,ɪzləmaɪ'zeɪʃən] n islamisation *f*.

Islamize, Islamise ['ɪzləmaɪz] vt islamiser.

Islamophobia [ɪz,læmə'fəʊbɪə] n islamophobie *f*.

Islamophobic [ɪz,læmə'fəʊbɪk] adj islamophobe.

island ['aɪlənd] ◆ n GEOG île *f* / *they are an island race* c'est une race insulaire / *an island of peace* *fig* une oasis de tranquillité. ◆ vt [isolate] isoler.

islander ['aɪləndəʳ] n insulaire *mf*.

❖ **Islander** n NZ habitant *m*, -e *f* des îles du Pacifique.

isle [aɪl] n île *f*.

Isle of Dogs pr n *quartier de l'est de Londres faisant partie des Docklands*.

Isle of Man pr n ▸ **the Isle of Man** l'île *f* de Man / *in* or *on the Isle of Man* à l'île de Man.

Isle of Wight [-waɪt] pr n ▸ **the Isle of Wight** l'île *f* de Wight / *in* or *on the Isle of Wight* à l'île de Wight.

islet ['aɪlɪt] n îlot *m*.

ism ['ɪzm] n *inf & pej* doctrine *f*, idéologie *f*.

isn't ['ɪznt] abbr of **is not**.

ISO (abbr of **International Organization for Standardization**) n ISO *f*.

isobar ['aɪsəbɑ:ʳ] n isobare *f*.

isochronal [aɪ'sɒkrənl], **isochronous** [aɪ'sɒkrənəs] adj isochrone, isochronique.

isogloss ['aɪsəʊglɒs] n isoglosse *f*.

isolate ['aɪsəleɪt] vt [gen & MED] isoler.

isolated ['aɪsəleɪtɪd] adj **1.** [alone, remote] isolé **2.** [single] unique, isolé / *an isolated incident* un incident isolé.

isolation [aɪsə'leɪʃn] n isolement *m* / *a sense of complete isolation* un sentiment d'isolement total / *in isolation* en soi, isolément / *you cannot consider the problem in isolation* on ne peut pas considérer le problème isolément.

isolation hospital n hôpital *m* d'isolement.

isolationism [,aɪsə'leɪʃənɪzm] n isolationnisme *m*.

isolationist [,aɪsə'leɪʃənɪst] adj isolationniste.

isolation ward n service *m* des contagieux.

isomer ['aɪsəməʳ] n isomère *m*.

isomerism [aɪ'sɒmərɪzm] n isomérie *f*.

isometric [,aɪsəʊ'metrɪk] adj isométrique ▸ **isometric exercises** exercices *mpl* isométriques.

isometrics [,aɪsəʊ'metrɪks] n *(U)* exercices *mpl* isométriques.

isomorph ['aɪsəmɔ:f] n isomorphe *m*.

isomorphism [,aɪsə'mɔ:fɪzm] n isomorphisme *m*.

isosceles [aɪ'sɒsɪli:z] adj isocèle ▸ **an isosceles triangle** un triangle isocèle.

isotherm ['aɪsəθɜ:m] n isotherme *f*.

isotope ['aɪsətəʊp] n isotope *m*.

ISP n (abbr of **Internet service provider**) FAI *m*.

I-spy n *jeu d'enfant où l'un des joueurs donne la première lettre d'un objet qu'il voit et les autres doivent deviner de quoi il s'agit*.

Israel ['ɪzreɪəl] pr n Israël / *in Israel* en Israël.

Israeli [ɪz'reɪlɪ] (*pl* **Israeli** *or* **Israelis**) ◆ n Israélien *m*, -enne *f*. ◆ adj israélien.

Israelite ['ɪzrəlaɪt] n Israélite *mf*.

issue ['ɪʃu:] ◆ n **1.** [matter, topic] question *f*, problème *m* / *where do you stand on the abortion issue?* quel est votre point de vue sur (la question de) l'avortement ? / *the issue was raised at the meeting* le problème a été soulevé à la réunion / *your personal feelings are not the issue* vos sentiments personnels n'ont rien à voir là-dedans / *that's not the issue* il ne s'agit pas de ça / *it's become an international issue* le problème a pris une dimension internationale / *the important issues of the day* les grands problèmes du moment ▸ **at issue** en question / *the point at issue is not the coming election* le problème n'est pas l'élection à venir / *her competence is not at issue* sa compétence n'est pas en cause ▸ **to cloud** or **confuse the issue** brouiller les cartes ▸ **to avoid** or **duck** or **evade the issue** esquiver la question ▸ **to force the issue** forcer la décision **2.** [cause of disagreement] différend *m* / *the subject has now become a real issue between us* ce sujet est maintenant source de désaccord entre nous ▸ **to be at issue with sb over sthg** être en désaccord avec qqn au sujet de qqch / *they are at issue with the Japanese over import quotas* ils sont en désaccord avec les Japonais au sujet des quotas d'importations ▸ **to make an issue of sthg** monter qqch en épingle / *don't make such an issue of it!* inutile d'en faire toute une histoire ! ▸ **to take issue with sb / sthg** être en désaccord avec qqn / qqch / *I take issue with him on only one point* je suis en désaccord avec lui sur un point seulement **3.** [edition - of newspaper, magazine, etc.] numéro *m* / *the latest issue of the magazine* le dernier numéro du magazine **4.** [distribution - of supplies] distribution *f* ; [- of tickets, official document] délivrance *f* ; [- of shares, money, stamps] émission *f* ▸ **date of issue** date *f* de délivrance ▸ **army issue** modèle *m* de l'armée ▸ **standard issue** modèle *m* standard **5.** *fml* [result, outcome] issue *f*, résultat *m* / *I hope your request has a favourable issue* j'espère que votre demande connaîtra une issue or recevra une réponse favorable **6.** *arch* LAW [progeny] descendance *f*, progéniture *f* *liter* / *he died without issue* il est mort sans héritiers. ◆ vt **1.** [book, newspaper] publier, sortir / *the magazine is issued on Wednesdays* le magazine sort or paraît le mercredi ; [official document, passport] délivrer ; LAW [warrant, writ] lancer / *where was the passport issued?* où le passeport a-t-il été délivré ? ; [statement, proclamation] publier / *the government has issued a denial* le gouvernement a publié un démenti ; [shares, money, stamps] émettre / *the Bank of Scotland issues its own notes* la Bank of Scotland émet ses propres billets **2.** [distribute - supplies, tickets, etc.] distribuer / *the magazine is issued free to every household* le magazine est distribué gratuitement à or dans tous les foyers / *we were all issued with rations* on nous a distribué à tous des rations. ◆ vi *fml* **1.** [come or go out] sortir / *delicious smells issued from the kitchen* des odeurs délicieuses provenaient de la cuisine **2.** *fml* [result, originate] ▸ **to issue from** provenir de / *all our difficulties issue from that first mistake* c'est de cette première erreur que proviennent tous nos ennuis.

❖ **issue forth** vi *liter* jaillir.

issuing ['ɪʃuɪŋ] adj FIN [company] émetteur ▸ **issuing bank** UK banque *f* d'émission or émettrice.

Istanbul [ˌɪstæn'bʊl] pr n Istanbul.

isthmus ['ɪsməs] (*pl* **isthmuses** *or* **isthmi** [-maɪ]) n isthme *m*.

it [ɪt] ◆ pron **1.** [referring to specific thing, animal, etc. - as subject] il (elle) ; [- as direct object] le (la), l' *(before vowel or silent 'h')* ; [- as indirect object] lui / *is it a boy or a girl?* c'est un garçon ou une fille ? / *the building's dangerous, it should be pulled down* le bâtiment est dangereux, il devrait être démoli / *I'd lend you my watch but it's broken* je te prêterais bien ma montre mais elle est cassée / *I took my ring off and now I can't find it* j'ai enlevé ma bague et je ne la trouve plus / *take this plate and put it on the table* prends cette assiette et mets-la sur la table / *give it a tap with a hammer* donnez un coup de marteau dessus **2.** [after preposition] : *he told me all about it* il m'a tout raconté / *there was nothing inside it* il n'y avait rien dedans or à l'intérieur / *he walked on it* il a marché dessus / *I went over to it* je m'en suis approché / *I left the bag under it* j'ai laissé le sac dessous **3.** [impersonal uses] : *it's me!* c'est moi ! / *it's raining / snowing* il pleut / neige / *it's cold / dark today* il fait froid / sombre aujourd'hui / *it's Friday today* nous sommes or c'est vendredi aujourd'hui / *it seemed like a good idea* cela or ça semblait être une bonne idée / *it's 500 miles from here to Vancouver* Vancouver est à 800 kilomètres d'ici / *I like it here* je me plais beaucoup ici / *I love it when we go on a picnic* j'adore quand on va pique-niquer / *I couldn't bear it if she left* je ne supporterais pas qu'elle parte / *she found it easy to make new friends* ça lui a été facile de se faire de nouveaux amis / *it's not easy for me to say this, but...* je n'aime pas dire ce genre de chose, mais... / *it'll take us hours to get there* on va mettre des heures pour y arriver / *it'll cost (us) a fortune to have it repaired* ça va (nous) coûter une fortune pour le faire réparer / *it was agreed that we should move out* il a été convenu que nous déménagerions / *it's vital to plan ahead* il est indispensable de prévoir les choses à l'avance / *it might look rude if I don't go* si je n'y vais pas cela pourrait être considéré comme une impolitesse / *it seems* or *appears* or *would appear that there's been some trouble* il semble qu'il y ait eu des problèmes / *it's the Johnny Carson Show!* voici le Johnny Carson Show ! / *it's a goal!* but ! / *it was tipping it down* *inf* il pleuvait des cordes / *it's his constant complaining I can't stand* ce que je ne supporte pas c'est sa façon de se plaindre constamment. ◆ n *inf* **1.** [in games] : *you're it!* c'est toi le chat !, c'est toi qui y es ! **2.** [most important person] : *he thinks he's it (and a bit)* il s'y croit.

IT n (abbr of **information technology**) informatique *f* ▸ **IT guy** *inf* informaticien *m* ▸ **IT manager** responsable *mf* du service informatique ▸ **IT support** support *m* informatique.

ITA (abbr of **Initial Teaching Alphabet**) n ▸ **the ITA** *alphabet en partie phonétique parfois utilisé pour l'enseignement de la lecture.*

Italian [ɪ'tæljən] ◆ n **1.** [person] Italien *m*, -enne *f* **2.** LING italien *m*. ◆ adj italien / *the Italian embassy* l'ambassade *f* d'Italie.

Italianate [ɪ'tæljəneɪt] adj italianisant.

Italian dressing n vinaigrette *f* aux fines herbes.

Italianize, Italianise [ɪ'tæljənaɪz] vt italianiser.

italic [ɪ'tælɪk] ◆ adj italique. ◆ n italique *m* / *in italics* en italique.

❖ **Italic** ◆ adj [of ancient Italy] italique. ◆ n LING italique *m*.

italicize, italicise [ɪ'tælɪsaɪz] vt mettre en italique / *the italicized words* les mots en italique.

Italo- [ɪ'tæləʊ] in comp italo- ▸ **Italo-American** italo-américain.

Italy ['ɪtəlɪ] pr n Italie *f* / *in Italy* en Italie.

itch [ɪtʃ] ◆ n **1.** *lit* démangeaison *f* / *I've got an itch* ça me démange or me gratte **2.** *inf & fig* [desire] envie *f* ▸ **to have the itch to do sthg** brûler or mourir d'envie de faire qqch. ◆ vi **1.** [physically] avoir des démangeaisons / *I'm itching all over* j'ai des démangeaisons partout, je suis couvert de démangeaisons ; [insect bite, part of body] : *does it itch?* est-ce que cela te démange ? / *my back itches* mon dos me démange or me gratte / *that sweater itches* ce pull me gratte **2.** *inf & fig* [desire] ▸ **to be itching to do sthg** : *I was itching to tell her* ça me démangeait de lui dire / *we're itching to go* nous ne tenons plus en place.

itching ['ɪtʃɪŋ] n démangeaison *f*.

itching powder n poil *m* à gratter.

itchy ['ɪtʃɪ] (*compar* **itchier**, *superl* **itchiest**) adj qui gratte, qui démange / *an itchy pullover* un pull qui gratte / *I've got an itchy leg* ma jambe me démange ▸ **to have itchy feet** *inf* avoir la bougeotte.

it'd ['ɪtəd] **1.** abbr of **it would 2.** abbr of **it had**.

item ['aɪtəm] n **1.** [object] article *m* / *the items in the shop window* les articles en vitrine / *the only item he bought was a lighter* la seule chose qu'il ait achetée, c'est un briquet / *an item of clothing* un vêtement **2.** [point, issue] point *m*, question *f* / *there are two important items on the agenda* il y a deux points importants à l'ordre du jour / *I've several items of business to attend to* j'ai plusieurs affaires à régler **3.** [in newspaper] article *m* / *an item in the Times* un article dans le « Times » ; [on TV or radio] point *m* or sujet *m* d'actualité / *and here are today's main news items* et voici les principaux points de l'actualité **4.** COMPUT article *m* **5.** LING item *m* ▸ **lexical item** item lexical **6.** [in book-keeping] écriture *f* **7.** [couple] : *are they an item?* est-ce qu'ils sortent ensemble ? / *they're no longer an item* ils ne sortent plus ensemble.

itemize, itemise ['aɪtəmaɪz] vt détailler / *an itemized list / bill* une liste / une facture détaillée.

iterative ['ɪtərətɪv] adj [gen, LING & MATH] itératif.

it-girl n *inf jeune femme fortement médiatisée* / *she's the it-girl* c'est la fille dont on parle.

Ithaca ['ɪθəkə] pr n Ithaque.

itinerant [ɪ'tɪnərənt] ◆ adj itinérant ; [actors] ambulant, itinérant ▸ **itinerant preacher** prédicateur *m* itinérant ▸ **itinerant teacher** US professeur *m* remplaçant. ◆ n nomade *mf*.

itinerary [aɪ'tɪnərərɪ] (*pl* **itineraries**) n itinéraire *m*.

it'll [ɪtl] abbr of **it will**.

ITN (abbr of **Independent Television News**) pr n *service d'actualités télévisées pour les chaînes relevant de l'IBA.*

its [ɪts] det son *m*, sa *f*, ses *mf* / *the committee has its first meeting on Friday* le comité se réunit pour la première fois vendredi / *the dog wagged its tail* le chien a remué la queue / *the jug's lost its handle* le pichet n'a plus de poignée.

it's [ɪts] **1.** abbr of **it is 2.** abbr of **it has**.

itself [ɪt'self] pron **1.** [reflexive use] se, s' *(before vowel or silent 'h')* / *the cat was licking itself clean* le chat faisait sa toilette **2.** [emphatic use] lui-même *m*, elle-même *f* / *the town itself is quite small* la ville elle-même est assez petite / *she's kindness itself* c'est la gentillesse même **3.** [after preposition] : *it switches off by itself* ça s'éteint tout seul / *it's not dangerous in itself* ce n'est pas dangereux en soi / *working with her was in itself fascinating* le seul fait de travailler avec elle était fascinant.

itsy-bitsy [ˌɪtsɪ'bɪtsɪ], **itty-bitty** [ˌɪtɪ'bɪtɪ] adj *inf* tout petit, minuscule.

ITYS MESSAGING written abbr of **I think you stink**.

IUCD (abbr of **intrauterine contraceptive device**) n stérilet *m*.

IUD (abbr of **intrauterine device**) n stérilet *m*.

IUSS MESSAGING written abbr of **if you say so**.

Ivan ['aɪvn] pr n ▸ **Ivan the Great** Ivan le Grand ▸ **Ivan the Terrible** Ivan le Terrible.

Ivanhoe ['aɪvnhəʊ] pr n Ivanhoé.

I've [aɪv] abbr of **I have**.

IVF (abbr of **in vitro fertilization**) n FIV *f*.

ivied ['aɪvɪd] adj couvert de lierre.

Ivorian [aɪ'vɔːrɪən] ◆ n Ivoirien *m*, -enne *f*. ◆ adj ivoirien.

ivory ['aɪvərɪ] (*pl* **ivories**) ◆ adj **1.** [made of ivory] d'ivoire, en ivoire / *an ivory carving* une sculpture d'ivoire **2.** [ivory-coloured] (couleur) ivoire *(inv)*. ◆ n **1.** [substance] ivoire *m* **2.** [object] ivoire *m*.

❖ **ivories** pl n *inf* [piano keys] touches *fpl* ▸ **to tickle the ivories** *hum* toucher du piano.

Ivory Coast pr n ▸ **the Ivory Coast** la Côte-d'Ivoire / *in the Ivory Coast* en Côte-d'Ivoire.

ivory tower n tour *f* d'ivoire.

ivy ['aɪvɪ] (*pl* **ivies**) n lierre *m*.

Ivy League n *groupe des huit universités les plus prestigieuses du nord-est des États-Unis.*

❖ **Ivy-League** adj : *he had an Ivy-League education* il a fait ses études dans une grande université / *her boyfriend's very Ivy-League* *inf* son petit ami est très BCBG.

IWB n abbr of **interactive whiteboard**.

IYD MESSAGING written abbr of **in your dreams**.

Izmir ['ɪzmɪə'] pr n Izmir.

j (*pl* **j's** *or* **js**), **J** (*pl* **J's** *or* **Js**) [dʒeɪ] n j *m*, J *m*. See also **f.**

JA n abbr of **judge advocate**.

J/A written abbr of **joint account**.

jab [dʒæb] (*pt & pp* **jabbed**, *cont* **jabbing**) ◆ vt [pierce] piquer / *he jabbed my arm with a needle* or *he jabbed a needle into my arm* il m'a piqué le bras avec une aiguille, il m'a enfoncé une aiguille dans le bras ; [poke] : *you almost jabbed me in the eye with that knife!* tu as failli m'éborgner avec ce couteau ! / *he jabbed her in the ribs* il lui a enfoncé les doigts dans les côtes ; [brandish] pointer, brandir *(d'une façon menaçante)* / *she kept jabbing her finger at the defendant* elle ne cessait de pointer le doigt vers l'accusé or de désigner l'accusé du doigt. ◆ vi **1.** [stick] s'enfoncer / *something jabbed into my ribs* j'ai reçu un coup sec dans les côtes **2.** [gesture] : *he jabbed at me with his umbrella* il essaya de me donner un coup de parapluie / *she jabbed wildly at the buttons* elle appuyait frénétiquement sur les boutons **3.** [in boxing] : *he's jabbing with (his) right and left* il lui envoie un direct du droit et du gauche. ◆ n **1.** [poke] coup *m* *(donné avec un objet pointu)* ; [in boxing] (coup *m*) droit *m* or direct *m* **2.** *inf* MED piqûre *f* / *I've got to get a tetanus jab* je dois me faire vacciner contre le tétanos.

jabber ['dʒæbər] *inf* ◆ vi [idly] jacasser, caqueter *pej* ; [inarticulately] bredouiller, bafouiller ; [in foreign tongue] baragouiner / *they jabber (away) for hours on the phone* ils passent des heures à jacasser au téléphone / *they were all jabbering away in different languages* chacun baragouinait dans sa langue. ◆ vt ▸ **to jabber (out)** bredouiller, bafouiller / *I managed to jabber a few words of thanks* j'ai réussi à bredouiller or bafouiller quelques mots de remerciements. ◆ n *(U)* brouhaha *m*.

jabbering ['dʒæbərɪŋ] n *inf* [idle chatter] bavardage *m*, papotage *m* ; [in foreign tongue] baragouin *m*.

jacaranda [,dʒækə'rændə] n jacaranda *m*.

jack [dʒæk] ◆ vt MECH soulever avec un vérin ; AUTO mettre sur cric. ◆ n **1.** MECH & MIN [tool] vérin *m* ; AUTO cric *m* **2.** [playing card] valet *m* **3.** [in bowls] cochonnet *m* **4.** ELEC [male] = **jack plug** ; [female] = **jack socket 5.** US *v inf* [money] blé *m*, fric *m* **6.** PHR ▸ **every man jack (of them)** UK *inf* tous autant qu'ils sont / *I didn't understand jack shit* US *vulg* j'ai pigé que dalle / *she doesn't know jack about it* US *inf* elle y connaît que dalle.

❖ **Jack** pr n ▸ **I'm all right Jack** UK *inf* moi ça va ▸ **hey, Jack!** US [to call stranger] hé, vous là-bas !

❖ **jacks** n *(U)* [game] osselets *mpl*.

❖ **jack in** vt sep UK *inf* plaquer / *I've jacked my job in* j'ai plaqué mon boulot / *oh, jack it in, will you!* oh, ferme-la, tu veux !

❖ **jack up** vt sep **1.** [car] lever avec un cric **2.** *inf* [price, wage] augmenter, monter.

jackal ['dʒækəl] n *lit & fig* chacal *m*.

jackanapes ['dʒækəneɪps] n *arch & liter* [arrogant person] fat *m*, arrogant *m*, -e *f*, faquin *m* *liter* ; [mischievous child] polisson *m*, -onne *f*, galopin *m*.

jackass ['dʒækæs] n **1.** [donkey] âne *m*, baudet *m* **2.** *inf* [imbecile] imbécile *mf*.

jackboot ['dʒækbu:t] n botte *f* (de militaire) ▸ **life under the jackboot** *fig* la vie sous la botte de l'ennemi ▸ **jackboot tactics** des tactiques dictatoriales.

jackbooted ['dʒækbu:tɪd] adj botté.

jackdaw ['dʒækdɔ:] n choucas *m*.

jacket ['dʒækɪt] n **1.** [for men] veste *f* ; [for women] veste *f*, jaquette *f* ▸ **leather jacket** blouson *m* de cuir **2.** [of book] jaquette *f* ; US [of record] pochette *f* **3.** CULIN ▸ **jacket potato, potato (cooked) in its jacket** pomme de terre *f* en robe des champs or en robe de chambre **4.** TECH [of boiler] chemise *f*.

Jack Frost n *inf personnage imaginaire symbolisant l'hiver.*

jackfruit ['dʒækfru:t] n jaque *m*.

jackhammer ['dʒæk,hæmər] n US marteau piqueur *m*.

jack-in-office n UK *pej* petit chef *m*.

jack-in-the-box n diable *m* (à ressort).

jackknife ['dʒæknaɪf] (*pl* **jackknives** [-naɪvz]) ◆ n couteau *m* de poche. ◆ vi : *the truck jackknifed* le camion s'est mis en travers de la route.

jackknife dive n SPORT saut *m* de carpe.

jack-of-all-trades n *pej* homme *m* à tout faire ▸ **jack-of-all-trades and master of none** *prov* propre à tout et bon à rien.

jack-o'-lantern n feu follet *m*.

jack plug n jack *m* (mâle), fiche *f* jack.

jackpot ['dʒækpɒt] n gros lot *m* ; [in cards] pot *m* ▸ **to hit the jackpot** : *you hit the jackpot!* tu as décroché le gros lot !

jack rabbit n *gros lièvre d'Amérique.*

Jack Robinson n UK *inf* ▸ **before you could say Jack Robinson** avant d'avoir pu dire « ouf ».

Jack Russell [-'rʌsl] n Jack Russell (terrier) *m*.

jacksie ['dʒæksɪ] n UK *v inf* [buttocks] fesses *fpl*, popotin *m*.

jack socket n jack *m* (femelle), prise *f* jack.

jackstraws ['dʒækstrɔ:z] n jonchets *mpl*.

jack tar n *inf & dated* marin *m*, matelot *m*.

Jack-the-Lad n *inf* jeune frimeur *m*.

Jacob ['dʒeɪkəb] pr n Jacob.

Jacobean [,dʒækə'bɪən] adj jacobéen *m*, -enne *f* *(de l'époque de Jacques Ier d'Angleterre).*

Jacobin ['dʒækəbɪn] ◆ n Jacobin *m*, -e *f*. ◆ adj jacobin.

Jacobite ['dʒækəbaɪt] ◆ adj jacobite ▸ **the Jacobite Rising** *nom donné aux deux tentatives conduites par les Stuarts pour s'emparer du trône d'Angleterre, en 1715 et 1745.* ◆ n jacobite *mf*.

 **The Jacobites**

Membres du parti légitimiste anglais qui soutint, après la révolution de 1688, d'abord la cause de Jacques II contre Guillaume d'Orange, puis celle des derniers Stuarts contre la maison de Hanovre.

Jacuzzi® [dʒə'ku:zɪ] (*pl* **Jacuzzis**) n Jacuzzi® *m*, bain *m* à remous.

jade [dʒeɪd] ◆ n **1.** [stone] jade *m* **2.** [colour] vert jade *m inv* **3.** *arch* [horse] rosse *f*, haridelle *f* **4.** *arch* [woman - shrewish] mégère *f* ; [- disreputable] friponne *f*. ◆ adj **1.** [made of jade] de or en jade **2.** [colour] vert jade *(inv)*.

jaded ['dʒeɪdɪd] adj [person] désabusé, blasé, éreinté ; [appetite] écœuré, saturé / *I'm feeling a bit jaded today* je ne suis pas très en forme aujourd'hui.

jadeite ['dʒeɪdaɪt] n jadéite *f*.

jag [dʒæg] (*pt & pp* **jagged**, *cont* **jagging**) ◆ vt déchiqueter ; [fabric] taillader. ◆ n **1.** pointe *f*, aspérité *f* ; [of saw] dent *f* **2.** US *inf* [party] orgie *f* / *he broke into a coughing jag* il a eu une quinte de toux / *to go on a drinking jag* faire les bars / *a crying jag* une crise de larmes.

JAG n abbr of **judge advocate general**.

jagged ['dʒægɪd] adj [edge, coastline] déchiqueté ; [tear] irrégulier ; [rock] râpeux, rugueux / *pieces of jagged metal* des bouts de métal déchiqueté.

jaguar ['dʒægjʊər] n jaguar *m*.

jai alai [,haɪə'laɪ] n *jeu qui ressemble à la pelote basque, pratiqué surtout en Floride.*

jail [dʒeɪl] ◆ n prison *f* ▸ **to be in jail** être en prison ▸ **to be sent to jail** être incarcéré or emprisonné / *sentenced to 15 years in jail* condamné à 15 ans de prison. ◆ vt emprisonner, mettre en prison, incarcérer ▸ **to be jailed for life** être condamné à perpétuité or à vie.

jailbait ['dʒeɪlbeɪt] n *(U)* US *inf* mineur *m*, -e *f* / *she's jailbait* c'est un coup à se retrouver en taule *(pour détournement de mineur).*

jailbird ['dʒeɪlbɜ:d] n *inf* récidiviste *mf*.

jailbreak ['dʒeɪlbreɪk] n évasion *f*.

jailbreaker ['dʒeɪl,breɪkər] n évadé *m*, -e *f*.

jailer ['dʒeɪlər] n geôlier *m*, -ère *f*.

jailhouse ['dʒeɪlhaʊs] (*pl* [-haʊzɪz]) n US prison *f*.

Jain [dʒaɪn] ◆ n jaïn *m*, -e *f*. ◆ adj jaïn.

Jaipur [,dʒaɪ'pʊər] pr n Jaipur.

Jakarta [dʒə'kɑ:tə] pr n Djakarta, Jakarta.

jakes [ʤeɪks] pl n UK v inf & arch [toilet] ▸ **the jakes** les cabinets *mpl*.

jalapeño [ʤælə'piːnəʊ] n US petit piment *m*.

jalopy [ʤə'lɒpɪ] (*pl* **jalopies**) n *inf* tacot *m*, guimbarde *f*.

jam [ʤæm] (*pt & pp* **jammed**, *cont* **jamming**) ◆ n **1.** [preserve] confiture *f* / *strawberry jam* confiture de fraises / *he wants jam on it* UK *inf* et avec ça, on est difficile ! ▸ **it's a case of jam tomorrow** UK *inf* ce sont des promesses en l'air **2.** [congestion] encombrement *m* / *there was a jam of people at the exit* ça se bousculait à la sortie **3.** *inf* [predicament] pétrin *m* / *I'm in a bit of a jam* je suis plutôt dans le pétrin **4.** *inf* = **jam session**. ◆ comp [tart, pudding, sandwich] à la confiture. ◆ vt **1.** [crowd, cram] entasser, tasser / *we were jammed in like sardines* on était entassés or serrés comme des sardines / *all my clothes are jammed into one drawer* tous mes vêtements sont entassés dans un seul tiroir / *I was jammed (up) against the wall* j'étais coincé contre le mur ; [push roughly, ram] fourrer / *he jammed the gun into his pocket* il fourra le pistolet dans sa poche / *she jammed her hat on* elle enfonça or vissa son chapeau sur sa tête **2.** [make stick] coincer, bloquer / *she jammed the window shut with a wedge* elle coinça or bloqua la fenêtre avec une cale **3.** [congest] encombrer, bloquer, boucher / *a crowd of late arrivals jammed the entrance* une foule de retardataires bloquait l'entrée / *the streets were jammed with cars* les rues étaient embouteillées **4.** RADIO brouiller. ◆ vi **1.** [crowd] se tasser, s'entasser / *thousands of people jammed in for the concert* des milliers de personnes se sont entassées pour assister au concert **2.** [become stuck - gen] se coincer, se bloquer ; [- gun] s'enrayer ; [- brakes] se bloquer **3.** *inf* [play in a jam session] faire un bœuf **4.** US *inf* ▸ **to be jamming** aller très bien / *she's jammin'* elle va super bien.

❖ **jam on** vt sep *inf* ▸ **to jam on the brakes** piler.

Jam tomorrow

Dans *Alice aux pays des merveilles*, de Lewis Carroll, la Reine rouge énonce une règle portant sur la consommation de confiture dont Alice s'empresse de démontrer l'absurdité : **jam yesterday, jam tomorrow, but never jam today** (*confiture hier, confiture demain, mais jamais confiture aujourd'hui*). Entrée dans la langue courante, l'expression **jam tomorrow** est employée pour évoquer des promesses vaines :

The Chancellor's budget is being seen by many as a case of "jam tomorrow". *Le budget du chancelier de l'Échiquier britannique est considéré par beaucoup comme largement insuffisant pour réaliser quoi que ce soit.*

They're talking about building a high-speed rail link in 20 years, but critics are calling this "jam tomorrow". *Le projet de se doter d'un train à grande vitesse d'ici à vingt ans est vu par ses détracteurs comme une vaine promesse.*

Jamaica [ʤə'meɪkə] pr n Jamaïque *f* / *in Jamaica* à la Jamaïque ▸ **Jamaica rum** rhum *m* jamaïquain or jamaïcain or de la Jamaïque.

Jamaican [ʤə'meɪkn] ◆ n Jamaïcain *m*, -e *f*, Jamaïquain *m*, -e *f*. ◆ adj jamaïcain, jamaïquain.

jamb [ʤæm] n montant *m*.

jambalaya [ˌʤæmbə'laɪə] n *plat cajun à base de fruits de mer et de poulet*.

jamboree [ˌʤæmbə'riː] n **1.** [gathering] grande fête *f* **2.** [scout rally] jamboree *m*.

James [ʤeɪmz] pr n Jacques ▸ **Saint James** saint Jacques.

Jamestown ['ʤeɪmztaʊn] pr n *premier établissement anglais dans le nord des États-Unis (1607), aujourd'hui lieu touristique*.

jam-full adj *inf* bourré, archiplein.

jamjar ['ʤæmʤɑːʳ] n pot *m* à confiture.

jammin' ['ʤæmɪn] adj US *inf* [doing well] : *we're jammin'* tout baigne.

jamming ['ʤæmɪŋ] n **1.** coincement *m* ; [of brakes] blocage *m* **2.** RADIO brouillage *m*.

jammy ['ʤæmɪ] (*compar* **jammier**, *superl* **jammiest**) adj UK *inf* **1.** [sticky with jam] poisseux / *jammy fingers* des doigts poisseux de confiture **2.** [lucky] chanceux / *you jammy beggar!* espèce de veinard !

jam-packed = **jam-full**.

jampot ['ʤæmpɒt] = **jamjar**.

jams [ʤæmz] pl n US [shorts] bermuda *m*.

jam session n *inf* bœuf *m*, jam-session *f*.

Jan. (written abbr of **January**) janv.

Jane Doe [ʤeɪn-] n US LAW *expression désignant une femme dont on ignore l'identité ou dont on veut préserver l'anonymat*.

jangle ['ʤæŋgl] ◆ vi retentir (avec un bruit métallique or avec fracas) ; [more quietly] cliqueter / *his keys jangled in his pocket* ses clés cliquetaient dans sa poche. ◆ vt faire retentir ; [more quietly] faire cliqueter / *my nerves are all jangled fig* j'ai les nerfs en boule or en pelote. ◆ n [of bells] tintamarre *m* ; [of money] bruit *m*, cliquetis *m* / *the jangle of keys* le cliquetis des clés.

jangling ['ʤæŋglɪŋ] ◆ adj [bells] retentissant ; [keys] qui tintent / *a jangling noise* un bruit métallique. ◆ n vacarme *m*, tintamarre *m* ; [quieter] bruit *m* / *a jangling of keys* un bruit de clés.

janitor ['ʤænɪtəʳ] n US & SCOT [caretaker] gardien *m*, concierge *m* ; *dated* [doorkeeper] portier *m*.

janitress ['ʤænɪtrɪs] n US & SCOT *dated* [caretaker] concierge *f*, gardienne *f* ; [doorkeeper] portière *f*.

Jansenism ['ʤænsənɪzm] n jansénisme *m*.

Jansenist ['ʤænsənɪst] ◆ adj janséniste. ◆ n janséniste *mf*.

January ['ʤænjʊərɪ] n janvier *m*. See also **February**.

Janus ['ʤeɪnəs] pr n Janus.

Janus-faced adj à deux visages, hypocrite.

JAP (abbr of **Jewish American princess**) n US *inf & pej riche Juive américaine*.

Jap [ʤæp] n *inf & offens* Jap *m*.

japan [ʤə'pæn] ◆ n ART laque *f*. ◆ vt laquer.

Japan [ʤə'pæn] pr n Japon *m* / *in Japan* au Japon.

Japanese [ˌʤæpə'niːz] (*pl* **Japanese**) ◆ n **1.** [person] Japonais *m*, -e *f* **2.** LING japonais *m*. ◆ adj japonais / *the Japanese embassy* l'ambassade *f* du Japon.

Japanese artichoke n crosne *m*.

jape [ʤeɪp] n *inf & dated* farce *f*, blague *f*.

japonica [ʤə'pɒnɪkə] n cognassier *m* du Japon.

jar [ʤɑːʳ] (*pt & pp* **jarred**, *cont* **jarring**) ◆ n **1.** [container - glass] bocal *m* ; [- for jam] pot *m* ; [- earthenware] pot *m*, jarre *f* **2.** UK *inf* [drink] pot *m* / *to have a few jars with the lads* aller prendre un pot or un verre avec les copains **3.** [jolt] secousse *f*, choc *m*. ◆ vi **1.** [make harsh noise] grincer, crisser / *there's something about her voice which really jars* sa voix a quelque chose qui vous écorche les oreilles **2.** [clash - note] détonner ; [- colour] jurer / *it jars with your red dress* cela jure avec ta robe rouge / *his constant complaining jars on my nerves* ses lamentations continuelles me hérissent. ◆ vt [shake - structure] secouer, ébranler / *the fall jarred my bones* cette chute m'a secoué.

❖ **on the jar** adj phr [door] entrouvert.

jargon ['ʤɑːgən] n jargon *m*.

jarring ['ʤɑːrɪŋ] adj [sound] discordant ; [colour] criard / *a loud jarring noise* un bruit discordant.

Jarrow Marches ['ʤærəʊ'mɑːʧɪz] pl pr n ▸ **the Jarrow Marches** *«marches de la faim», du nord-est de l'Angleterre à Londres, organisées par les chômeurs pour protester contre leur condition, au milieu des années 1930*.

Jas. written abbr of **James**.

jasmine ['ʤæzmɪn] n jasmin *m*.

Jason ['ʤeɪsn] pr n Jason.

jasper ['ʤæspəʳ] n jaspe *m*.

jaundice ['ʤɔːndɪs] n **1.** (*U*) MED jaunisse *f* **2.** *fig* [bitterness] amertume *f*.

jaundiced ['ʤɔːndɪst] adj [bitter] aigri, cynique ; [disapproving] désapprobateur / *she has a very jaundiced view of English society* elle a une vision très négative de la société anglaise.

jaunt [ʤɔːnt] ◆ n balade *f*. ◆ vi : *she's always jaunting off to Paris* elle est toujours en balade entre ici et Paris.

jauntily ['ʤɔːntɪlɪ] adv [cheerfully] joyeusement, jovialement ; [in a sprightly way] lestement / *he was walking jauntily down the street* il descendait la rue d'un pas leste or allègre.

jauntiness ['ʤɔːntɪnɪs] n [cheerfulness] joie *f*, jovialité *f* ; [sprightliness] légèreté *f*.

jaunty ['ʤɔːntɪ] (*compar* **jauntier**, *superl* **jauntiest**) adj [cheerful] joyeux, enjoué, jovial ; [sprightly] leste, allègre.

java ['ʤɑːvə] n US *inf* [coffee] caoua *m*, café *m*.

Java ['ʤɑːvə] pr n Java / *in Java* à Java.

Javanese [ˌʤɑːvə'niːz] (*pl* **Javanese**) ◆ n **1.** [person] Javanais *m*, -e *f* **2.** LING javanais *m*. ◆ adj javanais.

Java script n COMPUT (langage *m*) Javascript *m*.

javelin ['ʤævlɪn] n [weapon] javelot *m*, javeline *f* ; SPORT javelot *m* ▸ **javelin thrower** lanceur *m*, -euse *f* de javelot.

jaw [ʤɔː] ◆ n **1.** ANAT mâchoire *f* / *she has a very square jaw* elle a une mâchoire très carrée / *his jaw dropped in astonishment* il en est resté bouche bée / *snatched from the jaws of death fig* arraché aux griffes de la mort / *the jaws of hell fig* les portes *fpl* de l'enfer ▸ **upper / lower jaw** mâchoire supérieure / inférieure / **'Jaws'** *Spielberg* 'les Dents de la mer' **2.** [of tool] mâchoire *f* **3.** *inf* [chat] ▸ **to have a good old jaw** tailler une petite bavette, papoter **4.** *inf* [moralizing speech] sermon *m*. ◆ vi *inf* [chat] papoter, tailler une bavette. ◆ vt *inf* [remonstrate with] sermonner.

jawbone ['ʤɔːbəʊn] ◆ n maxillaire *m*. ◆ vt US *inf* POL exercer des pressions sur.

jawbreaker ['ʤɔːˌbreɪkəʳ] n *inf* **1.** [word] mot *m* difficile à prononcer ; [name] nom *m* à coucher dehors **2.** US [sweet] *bonbon très dur en forme de boule*.

jawline ['ʤɔːlaɪn] n menton *m* / *a strong jawline* un menton saillant.

jay [ʤeɪ] n ORNITH geai *m*.

jaywalk ['ʤeɪwɔːk] vi US *marcher en dehors des passages pour piétons*.

jaywalker ['ʤeɪwɔːkəʳ] n US *piéton qui traverse en dehors des passages pour piétons*.

jaywalking ['ʤeɪwɔːkɪŋ] n US *délit mineur qui consiste à traverser une rue en dehors des clous ou au feu vert*.

jazz [ʤæz] ◆ n **1.** MUS jazz *m* ▸ **the Jazz Age** *l'âge d'or du jazz américain* / **'The Jazz Singer'** *Crosland* 'le Chanteur de jazz' **2.** *inf* [rigmarole] baratin *m*, blabla *m* / *don't give me that jazz!* ne me raconte pas de salades ! ▸ **and all that jazz** et tout le bataclan. ◆ comp [club, album, singer] de jazz ▸ **jazz band** jazz-band *m* ▸ **jazz version** : *they've done a jazz version of her song* ils ont fait une version jazz de sa chanson. ◆ vt US *v inf* [have sex with] baiser avec.

❖ **jazz up** vt sep **1.** MUS : *to jazz up a song* mettre une chanson sur un rythme (de) jazz / *it's jazzed up Beethoven* c'est du Beethoven sur un rythme de jazz **2.** *inf* [enliven] égayer / *they've jazzed up the hotel* ils ont refait la déco de l'hôtel.

jazzman ['ʤæzmæn] (*pl* **jazzmen** [-men]) n musicien *m* de jazz.

jazz rock n jazz-rock *m*.

jazzy ['dʒæzɪ] (*compar* **jazzier**, *superl* **jazziest**) adj **1.** [music] (de) jazz *(inv)*, sur un rythme de jazz / *a jazzy version of "Carmen"* une version jazz de « Carmen » **2.** *inf* [gaudy] tapageur, voyant ; [smart] chic *(inv)*.

JCB® n tractopelle *f*.

JCR (abbr of **junior common room**) n UK UNIV **1.** [place] ≃ foyer *m* des étudiants **2.** [students] ▸ **the JCR** les étudiants.

JCS pl pr n abbr of **Joint Chiefs of Staff**.

JD ◆ pr n **1.** abbr of **Justice Department 2.** abbr of **Doctor of Jurisprudence.** ◆ n US ≃ docteur *m* en droit.

jealous ['dʒeləs] adj **1.** [envious] jaloux / *he gets terribly jealous* il a des crises de jalousie terribles ▸ **to be jealous of sb** être jaloux de qqn / *he became very jealous of her sudden success* sa réussite soudaine l'a rendu très jaloux **2.** [possessive] jaloux, possessif / *to be jealous of one's reputation* être jaloux de or veiller à sa réputation.

jealously ['dʒeləslɪ] adv jalousement.

jealousy ['dʒeləsɪ] (*pl* **jealousies**) n jalousie *f*.

jeans [dʒi:nz] pl n jean *m*, blue-jean *m* ▸ **a pair of jeans** un jean.

Jedda ['dʒedə] pr n Djedda.

Jeep® [dʒi:p] n Jeep® *f*.

jeepers ['dʒi:pəz] interj US *inf* ▸ **jeepers (creepers)!** oh là là !

jeer [dʒɪər] ◆ vi [scoff] railler, se moquer ; [boo, hiss] pousser des cris hostiles or de dérision / *everybody jeered at me* ils se sont tous moqués de moi. ◆ vt huer, conspuer. ◆ n [scoffing] raillerie *f* ; [boo, hiss] huée *f*.

jeering ['dʒɪərɪŋ] ◆ adj railleur, moqueur. ◆ n *(U)* [scoffing] railleries *fpl* ; [boos, hisses] huées *fpl*.

Jeeves [dʒi:vz] pr n *personnage des romans de P.G. Wodehouse, type du valet impassible.*

jeez [dʒi:z] interj US *inf* purée !

Jehovah [dʒɪ'həʊvə] pr n Jéhovah ▸ **Jehovah's Witness** témoin de Jéhovah.

jejune [dʒɪ'dʒu:n] adj *liter* **1.** [puerile] naïf, puéril **2.** [dull] ennuyeux, morne ; [unrewarding] ingrat.

Jekyll and Hyde [,dʒekɪlənd'haɪd] n : *he's a real Jekyll and Hyde character* c'est un véritable docteur Jekyll.

jell [dʒel] ◆ vi = **gel.** ◆ n US *inf* = **jelly.**

jellied ['dʒelɪd] adj CULIN en gelée.

Jell-o® ['dʒeləʊ] n US = **jelly.**

jelly ['dʒelɪ] (*pl* **jellies**) ◆ n **1.** [gen] gelée *f* / *my legs feel like jelly* j'ai les jambes en coton or comme du coton / *my legs just turned to jelly* j'en ai eu les jambes coupées, je n'avais plus de jambes **2.** UK CULIN [dessert] gelée *f* **3.** US CULIN [jam] confiture *f*, gelée *f* **4.** *mil sl* [gelignite] gélignite *f*. ◆ vt gélifier.

jelly baby (*pl* **jelly babies**) n UK bonbon *m* gélifié *(en forme de bébé)*.

jelly bean n dragée *f* à la gelée de sucre.

jellyfish ['dʒelɪfɪʃ] (*pl* **jellyfish** or **jellyfishes**) n méduse *f*.

jelly roll n US (gâteau *m*) roulé *m*.

jemmy ['dʒemɪ] (*pl* **jemmies**, *pt & pp* **jemmied**) UK *inf* ◆ n pince-monseigneur *f*. ◆ vt ▸ **to jemmy a door (open)** forcer une porte avec une pince-monseigneur.

jenny ['dʒenɪ] (*pl* **jennies**) n **1.** [female of bird or animal] ▸ **jenny wren** roitelet *m* femelle ▸ **jenny (ass)** ânesse *f* **2.** [machine] = **spinning jenny.**

jeopardize, jeopardise ['dʒepədaɪz] vt compromettre, mettre en péril.

jeopardy ['dʒepədɪ] n danger *m*, péril *m* / *our future is in jeopardy* notre avenir est en péril or menacé or compromis.

Jerba ['dʒɜ:bə] = **Djerba.**

jerbil ['dʒɜ:bɪl] = **gerbil.**

jerboa [dʒɜ:'bəʊə] n gerboise *f*.

jeremiad [,dʒerɪ'maɪəd] n *liter* jérémiade *f*, lamentation *f*.

Jeremiah [,dʒerɪ'maɪə] ◆ pr n BIBLE Jérémie. ◆ n *fig* prophète *m* de malheur.

Jericho ['dʒerɪkəʊ] pr n Jéricho.

jerk [dʒɜ:k] ◆ vt **1.** [pull] tirer d'un coup sec, tirer brusquement / *the door was jerked open* la porte s'ouvrit brusquement or d'un coup sec **2.** [shake] secouer. ◆ vi **1.** [jolt] cahoter, tressauter / *the train began to jerk violently* le train se mit à cahoter or bringuebaler dans tous les sens / *to jerk to a halt* s'arrêter en cahotant **2.** [person - jump] sursauter / *to jerk awake* se réveiller en sursaut ; [person, muscle - twitch] se contracter / *her hand jerked up instinctively* instinctivement, elle leva la main. ◆ n **1.** [bump] secousse *f*, saccade *f* / *the train came to a halt with a jerk* le train s'arrêta brutalement **2.** [wrench] coup *m* sec / *she gave the handle a jerk* elle a tiré d'un coup sec sur la poignée **3.** [brusque movement] mouvement *m* brusque / *with a jerk of his head he indicated that I should leave* d'un brusque signe de la tête, il me fit comprendre qu'il me fallait partir / *to wake up with a jerk* se réveiller en sursaut **4.** US *v inf* [person] con *m* **5.** = **jerky** *(noun)*.
⇔ **jerk off** vi *vulg* se branler.

jerkily ['dʒɜ:kɪlɪ] adv par à-coups.

jerkin ['dʒɜ:kɪn] n blouson *m* ; HIST pourpoint *m*.

jerkoff ['dʒɜ:kɒf] n *vulg* branleur *m*.

jerky ['dʒɜ:kɪ] (*compar* **jerkier**, *superl* **jerkiest**) ◆ n US viande *f* séchée ▸ **beef jerky** bœuf *m* séché. ◆ adj **1.** [bumpy] saccadé / *a jerky ride* un trajet cahotant / *we got off to a jerky start* *fig* nos débuts ont été houleux **2.** US *v inf* [stupid] imbécile, con.

jeroboam [,dʒerə'bəʊəm] n jéroboam *m*.

Jeroboam [,dʒerə'bəʊəm] pr n Jéroboam.

Jerome [dʒə'rəʊm] pr n ▸ **Saint Jerome** saint Jérôme.

jerry ['dʒerɪ] (*pl* **jerries**) n UK *inf* pot *m* de chambre.

Jerry ['dʒerɪ] (*pl* **Jerries**) n *v inf, dated & offens* [German] Fritz *m*, Boche *m*.

jerry-builder n *pej marchand de biens peu scrupuleux qui fait construire des maisons de mauvaise qualité.*

jerry-built adj *pej* [house, building] construit en carton-pâte, peu solide.

jerry can n jerricane *m*.

jersey ['dʒɜ:zɪ] n **1.** [pullover] pull-over *m*, tricot *m* ; SPORT maillot *m* **2.** [fabric] jersey *m*.

Jersey ['dʒɜ:zɪ] ◆ pr n Jersey / *in Jersey* à Jersey. ◆ n = **Jersey cow.**

Jersey cow n vache *f* jersiaise.

Jerusalem [dʒə'ru:sələm] pr n Jérusalem.

Jerusalem artichoke n topinambour *m*.

jest [dʒest] ◆ n plaisanterie *f* ▸ **to say sthg in jest** dire qqch pour rire or pour plaisanter ▸ **there's many a true word spoken in jest** *prov* il n'y a pas de meilleures vérités que celles dites en riant. ◆ vi plaisanter.

jester ['dʒestər] n bouffon *m*, fou *m* (du roi).

jesting ['dʒestɪŋ] n *(U)* plaisanterie *f*, plaisanteries *fpl*.

Jesuit ['dʒezjʊɪt] ◆ n jésuite *m*. ◆ adj jésuite ▸ **Jesuit priest** prêtre *m* jésuite.

jesuitical [,dʒezjʊ'ɪtɪkl] adj jésuitique.

jesuitism ['dʒezjʊɪtɪzm] n jésuitisme *m*.

jesuitry ['dʒezjʊɪtrɪ] n *pej* jésuitisme *m*.

Jesus ['dʒi:zəs] ◆ pr n Jésus ▸ **Jesus Christ** Jésus-Christ. ◆ interj ▸ **Jesus (Christ)!, Jesus wept!** *v inf* nom de Dieu !

Jesus creepers pl n UK *v inf* sandales *fpl*.

jet [dʒet] (*pt & pp* **jetted**, *cont* **jetting**) ◆ n **1.** [aircraft] avion *m* à réaction, jet *m* ▸ **cool your jets!** US *inf* du calme ! **2.** [stream - of liquid] jet *m*, giclée *f* ; [- of gas, steam] jet *m* **3.** [nozzle, outlet] gicleur *m* ; [on gas cooker] brûleur *m* **4.** [gem] jais *m*. ◆ comp **1.** [fighter, bomber] à réaction ; [transport, travel] en avion (à réaction) ▸ **jet fuel** kérosène *m* **2.** [made of jet - earrings, necklace] en jais. ◆ vi **1.** *inf* [travel by jet] voyager en avion (à réaction) / *they jetted (over) to Paris for the weekend* ils ont pris l'avion pour passer le week-end à Paris **2.** [issue forth - liquid] gicler, jaillir. ◆ vt **1.** [transport by jet] transporter par avion (à réaction) / *supplies are being jetted into or to the disaster area* des avions apportent des vivres à la zone sinistrée **2.** [direct - liquid] faire gicler.

jet-black adj jais *(inv)*, noir de jais.

jet engine n moteur *m* à réaction.

jetfoil ['dʒetfɔɪl] n hydroglisseur *m*.

jetlag ['dʒetlæg] n fatigue *f* due au décalage horaire / *I'm still suffering from jetlag* je suis encore sous le coup du décalage horaire.

jet-lagged [-lægd] adj fatigué par le décalage horaire / *I'm still a bit jet-lagged* je ne suis pas complètement remis du décalage horaire.

jetliner ['dʒetlaɪnər] n avion *m* de ligne.

jet plane n avion *m* à réaction.

jet-powered = **jet-propelled.**

jet-propelled adj à réaction.

jetsam ['dʒetsəm] n *(U)* jet *m* à la mer.

jet set n *inf* jet-set *m*.

jet-setter n *inf* membre *m* du jet-set.

jetski ['dʒetski] n scooter *m* de mer, jetski *m*.

jet stream n jet-stream *m*, courant-jet *m*.

jettison ['dʒetɪsən] vt **1.** NAUT jeter à la mer, jeter par-dessus bord ; AERON [bombs, cargo] larguer **2.** *fig* [unwanted possession] se débarrasser de ; [theory, hope] abandonner.

jet trail n traînée *f* de condensation.

jetty ['dʒetɪ] (*pl* **jetties**) n [landing stage] embarcadère *m*, débarcadère *m* ; [breakwater] jetée *f*, môle *m*.

Jew [dʒu:] n Juif *m*, -ive *f*.

jewel ['dʒu:əl] n **1.** [precious stone] bijou *m*, joyau *m*, pierre *f* précieuse ; [in clockmaking] rubis *m* / *a three-jewel wristwatch* une montre trois rubis **2.** *fig* [person, thing] bijou *m*, perle *f* / *the new receptionist is an absolute jewel* la nouvelle réceptionniste est une vraie perle.

jewel box, jewel case n boîte *f* de CD.

jeweled US = **jewelled.**

jeweler US = **jeweller.**

jewelled UK, **jeweled** US ['dʒu:əld] adj orné de bijoux ; [watch] à rubis.

jeweller UK, **jeweler** US ['dʒu:ələr] n bijoutier *m*, -ère *f*, joaillier *m*, -ère *f* ▸ **jeweller's (shop)** bijouterie *f*.

jewellery UK, **jewelry** US ['dʒu:əlrɪ] n *(U)* bijoux *mpl* / *a piece of jewellery* un bijou.

Jewess ['dʒu:ɪs] n *arch & pej* Juive *f*.

Jewish ['dʒu:ɪʃ] adj juif.

Jewry ['dʒʊərɪ] n *arch & pej* [Jews collectively] la communauté juive.

jew's-harp n guimbarde *f*.

Jezebel ['dʒezə,bel] ◆ pr n BIBLE Jézabel. ◆ n *liter & hum* dévergondée *f*.

J4F MESSAGING written abbr of **just for fun.**

JFK[1] (abbr of **John Fitzgerald Kennedy International Airport**) pr n *aéroport de New York.*

JFK[2] MESSAGING written abbr of **just for kicks.**

jib [dʒɪb] (*pt & pp* **jibbed**, *cont* **jibbing**) ◆ n **1.** NAUT foc *m* / *I don't like the cut of his jib* **a)** [look] je n'aime pas son allure **b)** [manner, behaviour] je n'aime pas ses façons de faire **2.** [of crane] flèche *f*, bras *m*. ◆ vi UK [horse] regimber ; [person] ▸ **to jib (at sthg)** regimber or rechigner (à qqch) ▸ **to jib at doing sthg** rechigner à faire qqch.

jib boom n bâton *m* de foc.

jibe [dʒaɪb] ◆ vi **1.** US *inf* [agree] s'accorder, coller **2.** = **gibe.** ◆ n = **gibe.**

Jibouti [dʒɪ'bu:tɪ] = **Djibouti.**

jibsail ['dʒɪbseɪl] n NAUT marabout *m*.

Jidda ['dʒɪdə] = **Jedda.**

jiffy ['dʒɪfɪ] (*pl* **jiffies**), **jiff** [dʒɪf] n *inf* ▸ **to do sthg in a jiffy** faire qqch en un rien de temps or en moins de deux / *I'll be back in a jiffy* je serai de retour dans une minute / *half a jiffy* une petite minute.

Jiffy bag® n enveloppe *f* matelassée.

jig [dʒɪg] (*pt & pp* **jigged**, *cont* **jigging**) ◆ n **1.** [dance] gigue *f* **2.** TECH gabarit *m* **3.** FISHING leurre *m* **4.** US *offens* [black person] *terme raciste désignant un Noir.* ◆ vi **1.** [dance] danser allègrement **2.** UK ▸ **to jig (around** or **about)** sautiller, se trémousser. ◆ vt [shake] secouer (légèrement).

jigger ['dʒɪgəʳ] n **1.** [spirits measure] mesure *f (42 ml)* / *a jigger of gin / whisky* un petit verre de gin / whisky **2.** [golf club] fer *m* quatre **3.** [in billiards] chevalet *m*, appui-queue *m inv* **4.** NAUT tapecul *m* **5.** US *inf* [thing] machin *m*, truc *m* **6.** UK [flea] chique *f*, puce-chique *f*.

jiggered ['dʒɪgəd] adj *inf* **1.** [exhausted] crevé, vidé **2.** UK [as expletive] : *well, I'll be jiggered!* mince alors ! / *I'm jiggered if I'll do it!* pas question que je le fasse !

jiggery-pokery [,dʒɪgərɪ'pəʊkərɪ] n *(U)* UK *inf* micmacs *mpl* / *there's some jiggery-pokery going on* il se passe des choses pas très catholiques.

jiggle ['dʒɪgl] ◆ vt secouer (légèrement) / *you have to jiggle the key a bit to get it in* il faut tourner et retourner un peu la clef pour la faire entrer dans la serrure. ◆ vi ▸ **to jiggle (about** or **around)** se trémousser. ◆ n secousse *f* / *give it a jiggle* secoue-le un peu.

jiggy ['dʒɪgɪ] adj US *inf* [cool] cool.

jigsaw ['dʒɪgsɔ:] n **1.** [game] : *the pieces of the jigsaw were beginning to fall into place fig* peu à peu tout devenait clair ▸ **jigsaw (puzzle)** puzzle *m* **2.** [tool] scie *f* sauteuse.

jihad [dʒɪ'hɑ:d] n djihad *m*.

jilt [dʒɪlt] vt quitter / *he jilted her for someone else* il l'a quittée pour une autre.

Jim Crow n US **1.** *offens* [person] *terme raciste et vieilli désignant un Noir* ; ≃ nègre *m* **2.** [policy] politique *f* raciste ▸ **Jim Crow laws** lois *fpl* ségrégationnistes.

jim-dandy adj US *inf* chouette.

jimjams ['dʒɪmdʒæmz] pl n UK **1.** *v inf* [excitement] agitation *f* ; [nervousness] frousse *f* ▸ **to have the jimjams a)** [excited] être excité comme une puce **b)** [nervous] avoir la frousse or les foies **2.** *inf & baby talk* [pyjamas] pyjama *m*.

jimmy ['dʒɪmɪ] (*pl* **jimmies**, *pt & pp* **jimmied**) US = **jemmy.**

jimson weed ['dʒɪmsn-] n US stramoine *f*.

jingle ['dʒɪŋgl] ◆ n **1.** [sound] tintement *m* **2.** RADIO & TV jingle *m*. ◆ vi tinter. ◆ vt faire tinter.

jingo ['dʒɪŋgəʊ] n *inf & dated* ▸ **by jingo!** crénom de nom !

jingoism ['dʒɪŋgəʊɪzm] n *pej* chauvinisme *m*.

jingoist ['dʒɪŋgəʊɪst] *pej* ◆ n chauvin *m*, -e *f*, cocardier *m*, -ère *f*. ◆ adj = **jingoistic.**

jingoistic [,dʒɪŋgəʊ'ɪstɪk] adj *pej* chauvin, cocardier.

jink [dʒɪŋk] ◆ n [movement] esquive *f*. ◆ vi zigzaguer, se faufiler / *he jinked through the defence* SPORT il s'est faufilé à travers la défense adverse.

jinni ['dʒɪnɪ] (*pl* **jinn** [dʒɪn]) n djinn *m*.

jinx [dʒɪŋks] *inf* ◆ n malchance *f*, sort *m* / *there's a jinx on this car* cette voiture porte malheur or la guigne ▸ **to put a jinx on sb** jeter un sort à qqn. ◆ vt porter malheur à, jeter un sort à ▸ **to be jinxed** être poursuivi par le mauvais sort.

jism [dʒɪzm] n US *vulg* [semen] foutre *m*.

JIT (abbr of **just in time**) adj juste à temps, JAT ▸ **JIT distribution** distribution *f* JAT ▸ **JIT production** production *f* JAT ▸ **JIT purchasing** achat *m* JAT.

jitterbug ['dʒɪtəbʌg] ◆ n **1.** [dance] jitterbug *m* **2.** *inf* [nervous person] nerveux *m*, -euse *f*. ◆ vi [dance] danser le jitterbug.

jitters ['dʒɪtəz] pl n *inf* frousse *f* ▸ **to have the jitters** avoir la frousse or le trac ▸ **to give sb the jitters** flanquer la frousse à qqn.

jittery ['dʒɪtərɪ] adj *inf* [person] nerveux ; [situation] tendu, délicat / *he's always jittery before exams* il a toujours le trac avant un examen.

jiu-jitsu [dʒu:'dʒɪtsu:] = **ju-jitsu.**

Jivaro ['hi:vərəʊ] (*pl* **Jivaro**) n Jivaro *mf*.

jive [dʒaɪv] ◆ n **1.** [dance] swing *m* **2.** [slang] ▸ **jive (talk)** argot *m (employé par les Noirs américains, surtout les musiciens de jazz)* **3.** US *v inf* [lies, nonsense] baratin *m*, blabla *m* / *don't give me all that jive* arrête ton char. ◆ vt US *v inf* [deceive, mislead] baratiner, charrier / *stop jiving him* arrête de le charrier. ◆ vi **1.** [dance] danser le swing **2.** US *v inf* [fool around] déconner / *stop jiving and get to work!* assez déconné, au boulot ! ◆ adj US *v inf* [phoney, insincere] bidon *(inv)*.

jizz [dʒɪz] n **1.** [traits] *traits distinctifs d'une espèce animale ou végétale* **2.** *vulg* [semen] foutre *m*.

JK MESSAGING written abbr of **just kidding.**

Jnr (written abbr of **Junior**) : *Michael Roberts Jnr* Michael Roberts fils.

Joan of Arc [,dʒəʊnəv'ɑ:k] pr n Jeanne d'Arc.

job [dʒɒb] (*pt & pp* **jobbed**, *cont* **jobbing**) ◆ n **1.** [occupation, employment] emploi *m*, travail *m* / *to find a job* trouver du travail or un emploi / *to look for a job* chercher un emploi or du travail ▸ **to be out of a job** être sans emploi or au chômage / *a Saturday / summer job* un boulot or un job pour le samedi / l'été / *what's your job?* quelle est votre profession ?, que faites-vous (dans la vie) ? / *what kind of job does she do?* qu'est-ce qu'elle fait comme travail ? / *she's got a very good job* elle a une très bonne situation or place / *he took a job as a rep* il a pris un emploi de représentant / *hundreds of jobs have been lost* des centaines d'emplois ont été supprimés, des centaines de personnes ont été licenciées / *he really knows his job* il connaît bien son métier or son boulot / *he was sleeping on the job* il dormait pendant le travail or à son poste / *it's more than my job's worth* je risquerais ma place (si je faisais ça) ▸ **jobs for the boys** UK copinage *m* **2.** [piece of work, task] travail *m*, tâche *f* / *the job took longer than expected* le travail a pris plus longtemps qu'on ne pensait / *to do a good job* faire du bon travail or du bon boulot / *try to do a better job next time* essayez de faire mieux la prochaine fois / *she made a good job of fixing the car* elle s'en est bien sortie pour réparer la voiture / *we need to concentrate on the job in hand* il faut se concentrer sur ce que nous sommes en train de faire / *the car needs a paint job inf* la voiture aurait besoin d'un (bon) coup de peinture / *to have a breast job inf* se faire refaire les seins / *it's not perfect but it does the job fig* ce n'est pas parfait mais ça fera l'affaire ▸ **on the job** [working] pendant le travail ▸ **to be on the job** UK *v inf* [having sex] être en pleine action ▸ **great job!** US bravo ! **3.** [role, responsibility] travail *m* / *he was only doing his job* il ne faisait que son travail / *it's not my job* ce n'est pas mon travail / *it's not my job to answer questions* je ne suis pas là pour répondre à des questions / *she had the job of breaking the bad news* c'est elle qui était chargée d'annoncer les mauvaises nouvelles / *it's the children's job to do the dishes* c'est aux enfants de faire la vaisselle **4.** [difficult time] ▸ **to have a job doing sthg** avoir du mal à faire qqch / *you've got quite a job ahead of you* tu as du travail en perspective or de quoi faire **5.** [state of affairs] : *he's left the company, and a good job too!* il a quitté la société et personne ne s'en plaindra ! / *it's a good job they were home* heureusement qu'ils étaient à la maison / *thanks for the map, it's just the job* merci pour la carte, c'est exactement ce qu'il me fallait ▸ **to give sb / sthg up as a bad job** laisser tomber qqn / qqch qui n'en vaut pas la peine / *we decided to make the best of a bad job* nous avons décidé de faire avec ce que nous avions **6.** *inf* [crime] coup *m* ▸ **to pull a job** faire un casse ▸ **to do a job on sb** passer qqn à tabac ▸ **to be in on the job** : *the police think he was in on the job* la police croit qu'il était dans le coup **7.** *inf* [item, specimen] : *he drives a flashy Italian job* il conduit un petit bolide italien **8.** COMPUT tâche *f*. ◆ vi **1.** [do piecework] travailler à la pièce ; [work irregularly] faire des petits travaux or boulots **2.** UK COMM : *he jobs in used cars* il revend des voitures d'occasion. ◆ vt **1.** UK ST. EX négocier / *she jobs government securities* elle négocie des fonds d'État **2.** US *v inf* [swindle] arnaquer, truander ; [betray] vendre.

❖ **job out** vt sep sous-traiter / *they jobbed out the work to three different firms* ils ont confié le travail à trois sous-traitants.

Job [dʒəʊb] pr n BIBLE Job / *she has the patience of Job* elle a une patience à toute épreuve ▸ **Job's comforter** : *he's a real Job's comforter* pour te remonter le moral, tu peux lui faire confiance *iro* ▸ **as poor as Job** pauvre comme Job.

job analysis n analyse *f* des tâches or du travail.

jobber ['dʒɒbəʳ] n UK **1.** ST. EX courtier *m*, -ère *f* (en Bourse) **2.** [pieceworker] ouvrier *m*, -ère *f* à la pièce ; [casual worker] journalier *m*, -ère *f* **3.** COMM [wholesaler] grossiste *mf*.

jobbery ['dʒɒbərɪ] n UK concussion *f*.

jobbing ['dʒɒbɪŋ] adj UK : *jobbing gardener* jardinier *m* à la journée / *jobbing tailor* tailleur *m* à façon / *jobbing workman* ouvrier *m* à la tâche.

Jobcentre ['dʒɒb,sentəʳ] n UK *agence locale pour l'emploi* ; ≃ Pôle *m* emploi.

job creation n création *f* d'emplois ▸ **job creation scheme** programme *m* de création d'emplois.

job description n description *f* de poste.

job evaluation n ADMIN analyse *f* des postes.

jobholder ['dʒɒb,həʊldəʳ] n salarié *m*, -e *f*.

job-hop (*pt & pp* **job-hopped**, *cont* **job-hopping**) vi US aller d'un emploi à l'autre.

jobhunter ['dʒɒb,hʌntə] = **jobseeker.**

job hunting n recherche *f* d'un emploi / *to go / to be job hunting* aller / être à la recherche d'un emploi.

jobless ['dʒɒblɪs] ◆ adj au chômage, sans emploi. ◆ pl n ▸ **the jobless** les chômeurs *mpl*, les demandeurs *mpl* d'emploi.

joblessness ['dʒɒblɪsnɪs] n chômage *m*.

job lot n UK COMM lot *m* / *they sold off the surplus as a job lot* ils ont vendu tout l'excédent en un seul lot.

job queue n UK COMPUT file *f* d'attente des tâches.

job satisfaction n satisfaction *f* professionnelle.

job security n sécurité *f* de l'emploi.

jobseeker ['dʒɒbsi:kəʳ] n UK demandeur *m* d'emploi ▸ **jobseeker's allowance** indemnité de chômage.

job-share ◆ n partage *m* du travail / *we could do it as a job-share* nous pourrions nous partager le travail / *they applied for the post as a job-share* ils se sont présentés pour le poste en proposant de se partager le travail. ◆ vi partager le travail / *we could apply to job-share* nous pourrions nous présenter en proposant de nous partager le travail.

jobsharing ['dʒɒbʃeərɪŋ] n partage *m* du travail.

job spec n *inf* description *f* d'emploi.

Job's tears n BOT larme-de-Job *f*.

jobsworth ['dʒɒbzwəθ] n UK *inf* petit chef *m (qui invoque le règlement pour éviter toute initiative)*.

job title n titre *m* (de fonction).

Joburg, Jo'burg ['dʒəʊbɜ:g] abbr of **Johannesburg.**

Jocasta [dʒə'kæstə] pr n Jocaste.

jock [dʒɒk] n *inf* **1.** US [sporty type] sportif *m* **2.** [jockey] jockey *m* **3.** [disc jockey] disc-jockey *m*, animateur *m*, -trice *f*.

Jock [dʒɒk] n *inf* **1.** Scot [term of address] : *hello, Jock!* salut, vieux ! **2.** [Scotsman] *terme injurieux ou humoristique désignant un Écossais* **3.** [Scottish soldier] soldat *m* écossais.

jockey ['dʒɒkɪ] ◆ n **1.** SPORT jockey *m* **2.** US *inf* [driver] conducteur *m*, -trice *f* ; [operator] opérateur *m*, -trice *f* ▸ **desk jockey** *hum* rond-de-cuir *m* ▸ **elevator jockey** liftier *m* ▸ **truck jockey** routier *m*. ◆ vt

1. [horse] monter **2.** [trick] manipuler, manœuvrer / *they jockeyed him into lending them money* ils l'ont adroitement or habilement amené à leur prêter de l'argent. ◆ vi ▸ **to jockey for position** *lit & fig* essayer de se placer avantageusement / *the companies were all jockeying for position fig* toutes les entreprises essayaient de se placer.

jockey cap n casquette *f* de jockey.

Jockey shorts® pl n slip *m* kangourou.

jockstrap ['dʒɒkstræp] n slip *m* de sport ; MED suspensoir *m*.

jocose [dʒə'kəʊs] *liter* = **jocular**.

jocular ['dʒɒkjʊləʳ] adj **1.** [jovial] gai, jovial, enjoué **2.** [facetious] facétieux, badin / *a jocular remark* une remarque facétieuse.

jocularity [,dʒɒkjʊ'lærɪtɪ] n jovialité *f*.

jocularly ['dʒɒkjʊləlɪ] adv jovialement.

jocund ['dʒɒkənd] adj *liter* gai, jovial.

Jodhpur [,dʒɒd'pʊəʳ] pr n Jodhpur.

jodhpurs ['dʒɒdpəz] pl n jodhpurs *mpl*.

Jodrell Bank ['dʒɒdrəl-] pr n *observatoire astronomique dans le Cheshire.*

Joe [dʒəʊ] n US *inf* **1.** [man] type *m*, gars *m* **2.** [GI] soldat *m*, GI *m*.

Joe Bloggs UK [-blɒgz], **Joe Blow** US & AUSTR n *inf* Monsieur Tout le Monde.

Joe College n US *inf* UNIV l'étudiant *m* type.

Joe Public n *inf* Monsieur Tout le Monde.

Joe Six-pack n US *inf* l'Américain *m* moyen.

Joe Soap n UK *inf* Monsieur Tout le Monde.

joey ['dʒəʊɪ] n AUSTR *inf* **1.** [kangaroo] jeune kangourou *m* **2.** [child] môme *mf*, marmot *m*.

jog [dʒɒg] (*pt & pp* **jogged**, *cont* **jogging**) ◆ n **1.** [slow run] jogging *m* ; EQUIT petit trot *m* / *to go for a jog* aller faire un jogging **2.** [push] légère poussée *f* ; [nudge] coup *m* de coude. ◆ vi **1.** [run] courir à petites foulées ; [for fitness] faire du jogging / *she jogs to work every morning* tous les matins, elle va travailler en joggant **2.** [bump] se balancer / *his rifle jogged against his back* son fusil se balançait dans son dos. ◆ vt [nudge] donner un léger coup à ▸ **to jog sb's memory** *fig* rafraîchir la mémoire de qqn.

❖ **jog along** vi **1.** EQUIT trottiner, aller au petit trot **2.** *fig* suivre son cours / *my work is jogging along pretty steadily* mon travail avance assez bien.

jogger ['dʒɒgəʳ] n jogger *mf*, joggeur *m*, -euse *f*.

jogging ['dʒɒgɪŋ] n jogging *m* / *to go jogging* faire du jogging ▸ **jogging suit** jogging *m*.

joggle ['dʒɒgl] ◆ vt **1.** [shake] secouer (légèrement) **2.** CONSTR fixer, assembler *(au moyen d'une cheville ou d'un goujon)*. ◆ vi cahoter, ballotter / *the truck joggled along the track* le camion cahotait sur la piste. ◆ n **1.** [shake, jolt] secousse *f* **2.** CONSTR cheville *f*, goujon *m*.

jog top n [sweatshirt] sweat *m*.

jog trot n petit trot *m*.

❖ **jog-trot** vi trottiner, aller au petit trot.

Johannesburg [dʒə'hænɪsbɜːg] pr n Johannesburg.

john [dʒɒn] n US **1.** *inf* [lavatory] waters *mpl*, W-C *mpl* **2.** *v inf* [prostitute's client] micheton *m*.

John [dʒɒn] pr n ▸ **Saint John** saint Jean ▸ **the Gospel According to (Saint) John** l'Évangile selon saint Jean ▸ **(Saint) John the Baptist** (saint) Jean-Baptiste ▸ **John Lackland** Jean sans Terre.

John Birch Society [-bɜːtʃ-] pr n *organisation conservatrice américaine, particulièrement hostile au communisme, influente dans les années 1950-1960.*

John Bull pr n John Bull *(personnification de la nation anglaise, du peuple anglais).*

John Doe [-dəʊ] pr n US l'Américain *m* moyen ; LAW *expression désignant un homme dont on ignore l'identité ou dont on veut préserver l'anonymat.*

John Dory [-'dɔːrɪ] n saint-pierre *m inv*.

John Hancock [-'hænkɒk] n US *inf* signature *f* ▸ **to lay one's John Hancock** *apposer sa signature au bas d'un document.*

John Henry n US = **John Hancock**.

johnny ['dʒɒnɪ] (*pl* **johnnies**) n UK **1.** *inf & dated* [man] type *m*, gars *m* **2.** UK *v inf* [condom] ▸ **(rubber) johnny** capote *f* anglaise.

johnny cake, johnnycake ['dʒɒnɪkeɪk] n US & AUSTR crêpe *f*.

Johnny-come-lately n *inf* [newcomer] nouveau venu *m* ; *pej* [upstart] parvenu *m*.

Johnny Foreigner [,dʒɒnɪ'fɒrɪnəʳ] n *inf & hum* étranger *m*, -ère *f* / *Johnny Foreigner is interfering too much in our affairs* les étrangers se mêlent trop de nos affaires.

John o'Groats [-ə'grəʊts] pr n *village d'Écosse qui marque le point le plus septentrional de la Grande-Bretagne continentale.*

John Q Public n US Monsieur Tout le Monde.

John Thomas n [penis] *inf* zizi *m*.

join [dʒɔɪn] ◆ vt **1.** [political party, club, etc.] adhérer à / *so you've been burgled too? join the club!* alors, toi aussi tu as été cambriolé? bienvenue au club ! ; [armed forces] s'engager dans / *join the army!* engagez-vous ! **2.** [join company with, meet] rejoindre / *I'll join you later* je vous rejoindrai or retrouverai plus tard / *she joined the procession* elle se joignit au cortège / *I joined the queue at the ticket office* j'ai fait la queue au guichet / *to join one's ship* rallier son navire / *to join one's regiment* rejoindre son régiment / *they joined us for lunch* ils nous ont retrouvés pour déjeuner / *will you join me for* or *in a drink?* vous prendrez bien un verre avec moi ? ; [in activity or common purpose] se joindre à / *he didn't want to join the dancing* il n'a pas voulu se joindre or se mêler aux danseurs / *my wife joins me in offering our sincere condolences* ma femme se joint à moi pour vous adresser nos sincères condoléances **3.** [attach, fasten] joindre, raccorder / *to join (up) the two ends of a rope* nouer les deux bouts d'une corde / *you have to join these two electric wires* il faut raccorder ces deux fils électriques / *the workmen joined the pipes (together)* les ouvriers ont raccordé les tuyaux **4.** [unite] relier, unir / *to be joined in marriage* or *matrimony* être uni par les liens du mariage / *to join hands* **a)** [in prayer] joindre les mains **b)** [link hands] se donner la main / *we must join forces (against the enemy)* nous devons unir nos forces (contre l'ennemi) / *she joined forces with her brother* elle s'est alliée à son frère / *to join battle (with)* entrer en lutte (avec), engager le combat (avec) **5.** [intersect with] rejoindre / *does this path join the main road?* est-ce que ce chemin rejoint la grand- route ? / *we camped where the stream joins the river* nous avons campé là où le ruisseau rejoint la rivière. ◆ vi **1.** [become a member] devenir membre **2.** [meet, come together] se rejoindre **3.** [form an alliance] s'unir, se joindre / *they joined together to fight drug trafficking* ils se sont unis pour lutter contre le trafic de drogue / *we all join with you in your sorrow* [sympathize] nous nous associons tous à votre douleur. ◆ n [in broken china, wallpaper] (ligne *f* de) raccord *m* ; SEW couture *f*.

❖ **join in** ◆ vi : *she started singing and the others joined in* elle a commencé à chanter et les autres se sont mis à chanter avec elle. ◆ vt insep participer à / *she never joins in the conversation* elle ne participe jamais à la conversation / *he joined in the protest* il s'associa aux protestations / *all join in the chorus!* reprenez tous le refrain en chœur !

❖ **join on** ◆ vi s'attacher / *where does this part join on?* où cette pièce vient-elle se rattacher ? ◆ vt sep attacher, ajouter / *we got off the train while they were joining on more coaches* nous sommes descendus du train pendant que l'on accrochait de nouveaux wagons.

❖ **join up** ◆ vi **1.** MIL s'engager **2.** [meet] ▸ **to join up with sb** rejoindre qqn. ◆ vt sep = **join** *(vt).*

joined-up [dʒɔɪnd-] adj : *can you do joined-up writing yet?* tu sais lier les lettres ?

joiner ['dʒɔɪnəʳ] n **1.** [carpenter] menuisier *m* **2.** *inf* [person who joins clubs] : *he's a real joiner* il est de toutes les bonnes causes / *he's not really a joiner* il n'est pas très sociable.

joinery ['dʒɔɪnərɪ] n menuiserie *f*.

joint [dʒɔɪnt] ◆ n **1.** [gen & CONSTR] assemblage *m* ; MECH joint *m* **2.** ANAT articulation *f*, jointure *f* / *to put one's shoulder out of joint* se démettre or se déboîter l'épaule / *the change in schedule has put everything out of joint fig* le changement de programme a tout chamboulé **3.** UK CULIN rôti *m* **4.** *inf* [night club] boîte *f* ; [bar] troquet *m*, boui-boui *m* ; [gambling house] tripot *m pej* / *strip joint* club *m* de strip-tease **5.** US *inf* [house] baraque *f* / *nice joint you have here!* c'est pas mal chez toi ! **6.** US *inf* taule *f* **7.** *drugs sl* joint *m*. ◆ adj **1.** [united, combined] conjugué, commun / *to take joint action* mener une action commune / *thanks to their joint efforts...* grâce à leurs efforts conjugués... **2.** [shared, collective] joint, commun ▸ **joint account** BANK compte *m* joint ▸ **joint agreement a)** [gen] accord *m* commun **b)** INDUST convention *f* collective ▸ **joint committee a)** [gen] commission *f* mixte **b)** INDUST comité *m* paritaire ▸ **joint custody** LAW garde *f* conjointe ▸ **joint occupancy** colocation *f* ▸ **joint implementation** ECOL implémentation *f* commune ▸ **joint ownership** copropriété *f* ▸ **joint property** biens *mpl* communs ▸ **joint resolution** US POL ≃ projet *m* de loi ▸ **joint responsibility** or **liability** responsabilité *f* conjointe / *the project is their joint responsibility* le projet relève de leur responsabilité à tous les deux ▸ **joint tenancy** location *f* commune **3.** [associate] ▸ **joint author** coauteur *m* ▸ **joint heir** cohéritier *m* ▸ **joint owner** copropriétaire *mf*. ◆ vt **1.** MECH assembler, emboîter **2.** UK CULIN découper.

Joint Chiefs of Staff pl pr n ▸ **the Joint Chiefs of Staff** *organe consultatif du ministère américain de la Défense, composé des chefs d'état-major des trois armes.*

jointed ['dʒɔɪntɪd] adj articulé.

join-the-dots n *(U)* UK *jeu qui consiste à relier des points numérotés pour découvrir un dessin.*

jointly ['dʒɔɪntlɪ] adv conjointement / *the house is jointly owned* la maison est en copropriété / *jointly liable* LAW coresponsable, conjointement responsable.

joint-stock company n UK société *f* par actions.

jointure ['dʒɔɪntʃəʳ] n LAW douaire *m*.

joint venture n coentreprise *f*, société *f* en participation, joint-venture *m*.

joist [dʒɔɪst] n solive *f*.

jojoba [həʊ'həʊbə] n jojoba *m*.

joke [dʒəʊk] ◆ n **1.** [verbal] plaisanterie *f* ▸ **to tell a joke** raconter une plaisanterie ▸ **to make a joke of** or **about sthg** plaisanter sur or à propos de qqch / *we did it for a joke* nous l'avons fait pour rire or pour rigoler / *I don't get* or *see the joke* je ne comprends pas l'astuce / *he can't take a joke* il n'a pas le sens de l'humour / *it's gone beyond a joke* la plaisanterie a assez duré / *it's a private joke* c'est une plaisanterie entre nous / eux / *the test was a joke!* [easy] ce test, c'était de la rigolade ! / *it was no joke climbing that cliff!* escalader cette falaise, ce n'était pas de la tarte or de la rigolade ! / *the new legislation is just a joke* la nouvelle législation est une plaisanterie **2.** [prank] plaisanterie *f*, farce *f* ▸ **to play a joke on sb** jouer un tour à qqn, faire une farce à qqn / *the joke is on you* la plaisanterie s'est retournée contre toi **3.** [laughing stock] risée *f* / *his staff just regard him as a joke* il est la risée de tous ses employés. ◆ vi plaisanter / *I was only joking* je ne faisais que plaisanter / *you must be joking* or *you have (got) to be joking!* vous plaisantez !, vous n'êtes pas sérieux ! / *Tom's passed his driving test — you're joking!* Tom a eu son permis de conduire — sans blague ! or tu veux rire ? ▸ **to joke about sthg** se moquer de qqch.

joker ['dʒəʊkəʳ] n **1.** [funny person] farceur *m*, -euse *f* ; *pej* [frivolous person] plaisantin *m* **2.** [in cards] joker *m* **3.** *v inf* [man] type *m*, mec *m* **4.** [clause] clause *f* contradictoire / *the contract contained a joker* le contrat contenait une clause piège.

jokey ['dʒəʊkɪ] (*compar* **jokier**, *superl* **jokiest**) adj *inf* comique.

joking ['dʒəʊkɪŋ] ◆ adj badin. ◆ n *(U)* plaisanterie *f*, plaisanteries *fpl* / *joking apart* or *aside* plaisanterie mise à part, blague à part.

jokingly ['dʒəʊkɪŋlɪ] adv en plaisantant, pour plaisanter.

joky ['dʒəʊkɪ] *inf* = **jokey**.

jollies ['dʒɒlɪz] pl n US ▸ **to get one's jollies (doing sthg)** *inf* prendre son pied (à faire qqch).

jollifications [dʒɒlɪfɪ'keɪʃnz] pl n *hum* réjouissances *fpl*.

jollify ['dʒɒlɪfaɪ] (*pt & pp* **jollified**) vt égayer.

jollity ['dʒɒlətɪ] (*pl* **jollities**) n entrain *m*, gaieté *f*.

jolly ['dʒɒlɪ] (*compar* **jollier**, *superl* **jolliest**, *pt & pp* **jollied**) ◆ adj **1.** [person] gai, joyeux, jovial / *what are you so jolly about?* qu'est-ce qui te met de si bonne humeur? **2.** UK [enjoyable] agréable, plaisant / *we had a very jolly time* nous nous sommes bien amusés ▸ **jolly hockey sticks** *expression parodique utilisée en parlant d'une femme bourgeoise, éduquée dans une public school, caractérisée par un enthousiasme débordant et une certaine naïveté.* ◆ adv UK rudement, drôlement / *it's a jolly good thing he came* c'est rudement bien qu'il soit venu / *a jolly good fellow* un chic type / *you'll jolly well do what you're told!* tu feras ce qu'on te dit de faire, un point c'est tout! / *it jolly well serves them right!* c'est vraiment bien fait pour eux! ◆ vt UK [coax] enjôler, entortiller / *she jollied me into going* avec ses paroles enjôleuses, elle a fini par me convaincre d'y aller / *he'll come if you jolly him along a bit* il viendra si tu le pousses un peu.

❖ **jolly up** vt sep UK égayer / *we jollied up the room with some posters* nous avons égayé la pièce avec des affiches.

jolly boat n chaloupe *f*, canot *m*.

Jolly Roger [-'rɒdʒər] n pavillon *m* noir, drapeau *m* de pirate.

jolt [dʒəʊlt] ◆ vt **1.** [physically] secouer / *the passengers were jolted about in the bus* les passagers étaient secoués dans le bus **2.** [mentally] secouer, choquer ▸ **to jolt sb into action** pousser qqn à agir. ◆ vi cahoter / *the jeep jolted along the track* la jeep avançait en cahotant sur la piste. ◆ n **1.** [jar] secousse *f*, coup *m* / *the fall gave his spine a jolt* dans sa chute, il a reçu un choc à la colonne vertébrale **2.** [start] sursaut *m*, choc *m* / *to wake up with a jolt* se réveiller en sursaut.

Jonah ['dʒəʊnə] pr n Jonas.

Jonathan ['dʒɒnəθən] pr n Jonathan.

jones [dʒəʊnz] vi US *inf* ▸ **to jones for sthg** avoir très envie de qqch / *I'm jonesing for a night out* j'ai super envie de sortir.

Joneses ['dʒəʊnzɪz] pl n ▸ **to keep up with the Joneses** *inf* vouloir faire aussi bien que le voisin, ne pas vouloir être en reste.

jonquil ['dʒɒŋkwɪl] n (petite) jonquille *f*.

Jordan ['dʒɔ:dn] pr n Jordanie *f* / *in Jordan* en Jordanie ▸ **the (River) Jordan** le Jourdain.

Jordanian [dʒɔ:'deɪnjən] ◆ n Jordanien *m*, -enne *f*. ◆ adj jordanien.

Joseph ['dʒəʊzɪf] pr n Joseph ▸ **Joseph of Arimathea** Joseph d'Arimathie.

Josephine ['dʒəʊzəfi:n] pr n ▸ **the Empress Josephine** l'impératrice *f* Joséphine.

josh [dʒɒʃ] *inf* ◆ vi blaguer / *I'm only joshing* je plaisante. ◆ vt charrier. ◆ n quolibet *m*, moquerie *f*.

Joshua ['dʒɒʃʊə] pr n Josué.

Josiah [dʒəʊ'saɪə] pr n Josias.

joss stick [dʒɒs-] n bâtonnet *m* d'encens.

jostle ['dʒɒsl] ◆ vi se bousculer / *they were jostling for seats* ils se bousculaient pour avoir des places. ◆ vt bousculer, heurter / *she was jostled by the demonstrators* elle a été bousculée par les manifestants. ◆ n bousculade *f*.

jot [dʒɒt] (*pt & pp* **jotted**, *cont* **jotting**) n : *it won't change his mind one jot* ça ne le fera absolument pas changer d'avis / *there isn't a jot of truth in what he says* il n'y a pas un brin de vérité dans ce qu'il raconte / *it doesn't matter a jot* cela n'a pas la moindre importance ▸ **not one jot** or **tittle** pas un iota.

❖ **jot down** vt sep noter, prendre note de / *she jotted a few ideas down before the meeting* elle a rapidement noté quelques idées avant la réunion.

jotter ['dʒɒtər] n UK [exercise book] cahier *m*, carnet *m* ; [pad] bloc-notes *m*.

jottings ['dʒɒtɪŋz] pl n notes *fpl* / *her private jottings* ses notes personnelles.

joual [ʒwɑ:l] n joual *m*.

joule [dʒu:l] n joule *m*.

journal ['dʒɜ:nl] n **1.** [publication] revue *f* **2.** [diary] journal *m* intime **3.** NAUT [logbook] journal *m* de bord **4.** LAW procès-verbal *m* **5.** MECH tourillon *m* ▸ **journal bearing** palier *m* (de tourillon).

journalese [,dʒɜ:nə'li:z] n *pej* jargon *m* journalistique.

journalism ['dʒɜ:nəlɪzm] n journalisme *m*.

journalist ['dʒɜ:nəlɪst] n journaliste *mf*.

journalistic [dʒɜ:nə'lɪstɪk] adj journalistique.

journey ['dʒɜ:nɪ] ◆ n **1.** [gen] voyage *m* ▸ **to set out on a journey** partir en voyage / *she went on a journey to Europe* elle a fait un voyage en Europe / *the journey back* or *home* le (voyage du) retour ▸ **to break one's journey a)** [in plane, bus] faire escale **b)** [in car] faire une halte, s'arrêter ▸ **to reach (one's) journey's end a)** [arrive] arriver à destination **b)** [die] arriver au bout du voyage / *the journey into adulthood fig* le passage à l'âge adulte **2.** [shorter distance] trajet *m* / *a short tube journey* un court trajet en métro / *the journey to work takes me ten minutes* je mets dix minutes pour aller à mon travail. ◆ vi *fml* voyager.

journeyman ['dʒɜ:nɪmən] (*pl* **journeymen** [-mən]) n **1.** [qualified apprentice] compagnon *m* **2.** *arch* [day-worker] journalier *m*.

journo ['dʒɜ:nəʊ] n *inf* **abbr of journalist**.

joust [dʒaʊst] ◆ n joute *f*. ◆ vi jouter.

Jove [dʒəʊv] pr n Jupiter ▸ **by Jove!** UK *inf & dated* par Jupiter!

jovial ['dʒəʊvjəl] adj jovial, enjoué.

joviality [,dʒəʊvɪ'ælətɪ] n jovialité *f*, entrain *m*.

jovially ['dʒəʊvjəlɪ] adv jovialement.

-jowled [dʒaʊld] in comp ▸ **a heavy-jowled man** un homme aux joues flasques.

jowls [dʒaʊlz] pl n bajoues *fpl*.

joy [dʒɔɪ] n **1.** [pleasure] joie *f*, plaisir *m* / *to shout with* or *for joy* crier de joie / *she moved out, to the great joy of her neighbours* elle a déménagé, à la grande joie de ses voisins / *her grandchildren are a great joy to her* ses petits-enfants sont la joie de sa vie / *it was a joy to see him laughing again* c'était un plaisir de le voir rire à nouveau / *the joys of gardening* les plaisirs or les charmes du jardinage **2.** *inf* [luck, satisfaction] : *they had no joy at the casino* ils n'ont pas eu de chance au casino / *any joy at the job centre?* tu as trouvé quelque chose à l'agence pour l'emploi? / *you'll get no joy out of her* tu n'as pas grand-chose à attendre d'elle.

Joycean ['dʒɔɪsɪən] adj de (James) Joyce.

joyful ['dʒɔɪfʊl] adj joyeux, enjoué.

joyfully ['dʒɔɪfʊlɪ] adv joyeusement.

joyfulness ['dʒɔɪfʊlnɪs] n joie *f*, allégresse *f*.

joyless ['dʒɔɪlɪs] adj [unhappy] triste, sans joie ; [dull] morne, maussade.

joyous ['dʒɔɪəs] adj *liter* joyeux.

joyously ['dʒɔɪəslɪ] adv joyeusement.

joyride ['dʒɔɪraɪd] (*pt* **joyrode** [-rəʊd], *pp* **joyridden** [-rɪdn]) ◆ n : *they went for a joyride* ils ont volé une voiture pour aller faire un tour. ◆ vi ▸ **to go joyriding** faire une virée dans une voiture volée / *they were had up for joyriding* ils ont été convoqués devant les tribunaux pour vol de voiture.

joyrider ['dʒɔɪraɪdər] n *personne qui vole une voiture pour faire un tour.*

joyrode [-rəʊd] pt ⟶ **joyride**.

joystick ['dʒɔɪstɪk] n **1.** AERON manche *m* à balai **2.** COMPUT manette *f* (de jeux), manche *m* à balai.

JP (**abbr of Justice of the Peace**) n UK ≃ juge d'instance.

 **Justice of the Peace**

Les JPs sont nommés par le **Lord Chancellor**. Il s'agit en général de notables locaux (médecins, professeurs à la retraite...) jouissant d'une bonne réputation, bien que théoriquement chacun ait le droit de poser sa candidature.

JPEG (**abbr of Joint Photographic Experts Group**) n COMPUT (format *m*) JPEG *m*.

Jr. (**written abbr of Junior**) US junior, fils.

JSA [,dʒeɪes'eɪ] (**abbr of Jobseekers' Allowance**) n UK allocation *f* chômage.

jubilant ['dʒu:bɪlənt] adj débordant de joie, radieux / *the Prime Minister was jubilant at the election results* le Premier ministre fut transporté de joie à la vue des résultats du scrutin / *the jubilant champion* le champion radieux / *he gave a jubilant shout* il poussa un cri de joie.

jubilation [,dʒu:bɪ'leɪʃn] n *(U)* [rejoicing] joie *f*, jubilation *f* ; [celebration] réjouissances *fpl*.

jubilee ['dʒu:bɪli:] n jubilé *m*.

Judaea [dʒu:'dɪə] pr n Judée *f* / *in Judaea* en Judée.

Judaeo-Christian [dʒu:'di:əʊ-] adj judéo-chrétien.

Judah ['dʒu:də] pr n Juda.

Judaic [dʒu:'deɪɪk] adj judaïque.

Judaica [dʒu:'deɪɪkə] pl n [literature] littérature *f* judaïque ; [objects] objets *mpl* ayant trait à la culture judaïque.

Judaism ['dʒu:deɪ,ɪzm] n judaïsme *m*.

judas ['dʒu:dəs] n [peephole] judas.

Judas ['dʒu:dəs] ◆ pr n BIBLE Judas ▸ **Judas Iscariot** Judas Iscariote. ◆ n [traitor] judas *m*.

Judas tree n arbre *m* de Judée, gainier *m*.

judder ['dʒʌdər] ◆ vi UK [gen] vibrer ; [brakes, clutch] brouter / *the bus juddered to a halt* le bus s'est arrêté en cahotant. ◆ n trépidation *f* ; [of vehicle, machine] broutement *m*.

Jude [dʒu:d] pr n Jude / **'Jude the Obscure'** *Hardy* 'Jude l'obscur'.

Judea [dʒu:'dɪə] = **Judaea**.

Judeo-Christian [dʒu:'di:əʊ-] = **Judaeo-Christian**.

judge [dʒʌdʒ] ◆ n **1.** LAW juge *m* ▸ **presiding judge** président *m* du tribunal **2.** [in a competition] membre *m* du jury ; SPORT juge *m* / *the judges were divided* le jury était partagé **3.** *fig* juge *m* / *I'll let you be the judge of that* je vous laisse juge / *he's a bad judge of character* il manque de psychologie / *Bob is an excellent judge of* or *in such matters* Bob est un excellent juge en la matière. ◆ vt **1.** [pass judgment on, adjudicate] juger / *the case will be judged tomorrow* l'affaire sera jugée demain / *a panel of critics judged the competition* le concours a été jugé par un panel de critiques / *don't judge him too harshly* ne le juge pas trop sévèrement **2.** [consider] juger, considérer / *she judged it her duty to protest* elle a considéré qu'il était de son devoir de protester ; [estimate] évaluer, estimer / *can you judge the distance?* peux-tu évaluer la distance? / *I'd judge him to be about thirty* je lui donnerais la trentaine. ◆ vi juger / *if you don't believe me, judge for yourself* si vous ne me croyez pas, jugez-en par vous-même / *it isn't for me to judge* or *who am I to judge?* ce n'est pas à moi d'en juger / *you're in no position to judge* vous n'êtes pas en mesure d'en juger / *as far as I can judge* pour autant que je puisse en juger / *judging from* or *by what he said* si j'en juge par ce qu'il a dit / *to judge from* or *by her accent* à en juger par son accent, d'après son accent.

❖ **Judges** n ▸ **(the) book of Judges** BIBLE (le livre des) Juges.

judge advocate (*pl* **judge advocates**) n MIL assesseur *m* (*d'un tribunal militaire*) ▸ **judge advocate general** assesseur *m* général.

judgement ['dʒʌdʒmənt] = **judgment.**

judgment ['dʒʌdʒmənt] n **1.** LAW & RELIG jugement *m* ▸ **to pass judgment on sb / sthg** porter un jugement sur qqn / qqch / *to pass judgment on a prisoner* juger un prisonnier ▸ **to sit in judgment on** juger / *they have no right to sit in judgment over us!* ils n'ont pas le droit de nous juger ! / **'The Judgment'** *Kafka* 'le Verdict' **2.** [opinion] jugement *m*, opinion *f*, avis *m* ▸ **to reserve judgment on sthg** réserver son jugement or opinion sur qqch / *we will have to reserve judgment on the new arrangements fig* nous devrons attendre avant de nous prononcer sur les nouvelles dispositions / *against my better judgment we decided to go* malgré mon avis, nous avons décidé d'y aller **3.** [discernment] jugement *m*, discernement *m* / *he is a man of judgment* c'est un homme perspicace.

judgmental [dʒʌdʒ'mentl] adj [person - by nature] enclin à juger or à critiquer / *I'm not being judgmental* ce n'est pas une critique que je vous fais.

Judgment Day n (jour *m* du) Jugement *m* dernier.

judicature ['dʒu:dɪkətʃəʳ] n LAW **1.** [judge's authority] justice *f* **2.** [court's jurisdiction] juridiction *f* ▸ **court of judicature** cour *f* de justice **3.** [judges collectively] magistrature *f*.

judicial [dʒu:'dɪʃl] adj **1.** LAW judiciaire ▸ **to take** or **to bring judicial proceedings against sb** attaquer qqn en justice ▸ **judicial inquiry** enquête *f* judiciaire ▸ **judicial review a)** US [of ruling] examen *m* d'une décision de justice (*par une juridiction supérieure*) **b)** [of law] examen de la constitutionnalité d'une loi ▸ **judicial separation** séparation *f* de corps **2.** [impartial] impartial, critique / *a judicial mind* un esprit critique.

judicially [dʒu:'dɪʃəlɪ] adv judiciairement.

judiciary [dʒu:'dɪʃərɪ] ◆ adj judiciaire. ◆ n **1.** [judicial authority] pouvoir *m* judiciaire **2.** [judges collectively] magistrature *f*.

judicious [dʒu:'dɪʃəs] adj judicieux.

judiciously [dʒu:'dɪʃəslɪ] adv judicieusement.

Judith ['dʒu:dɪθ] pr n Judith.

judo ['dʒu:dəʊ] n judo *m*.

judoka ['dʒu:dəʊkə] n judoka *mf*.

Judy ['dʒu:dɪ] (*pl* **Judies**) n UK *v inf & dated* nana *f*, gonzesse *f*.

jug [dʒʌg] (*pt & pp* **jugged**, *cont* **jugging**) ◆ n **1.** UK [small - for milk] pot *m* ; [- for water] carafe *f* ; [- for wine] pichet *m*, carafe *f* ; [large - earthenware] cruche *f* ; [- metal, plastic] broc *m* / *a jug of wine* une carafe de vin ▸ **wine jug** carafe *f* à vin **2.** UK *v inf* [jail] tôle *f*, taule *f*, cabane *f* / *five years in jug* cinq ans en tôle **3.** US [narrow-necked] bonbonne *f* **4.** *v inf* [breasts] ▸ **jugs** nichons *mpl*, roberts *mpl*. ◆ vt **1.** CULIN cuire à l'étouffée or à l'étuvée **2.** *v inf* [imprison] mettre en taule or en cabane, coffrer.

jug band n US orchestre *m* de folk ou de jazz (*jouant avec des instruments de fortune*).

jugful ['dʒʌgfʊl] n (contenu *m* d'un) pot *m*, (contenu *m* d'une) carafe *f* / *he drank a whole jugful of water* il a bu toute une carafe d'eau.

jugged hare [dʒʌgd-] n lièvre *m* à l'étouffée.

juggernaut ['dʒʌgənɔ:t] n **1.** UK [large lorry] gros poids lourd *m* **2.** [force] force *f* fatale / *the juggernaut of history* la force aveugle de l'histoire / *the juggernaut of war* le pouvoir destructeur de la guerre.

juggle ['dʒʌgl] ◆ vi [as entertainment] jongler ▸ **to juggle with** [figures, dates] jongler avec. ◆ vt *lit & fig* jongler avec / *he juggled all the different possibilities fig* il envisagea toutes les possibilités. ◆ n jonglerie *f*.

juggler ['dʒʌgləʳ] n **1.** [entertainer] jongleur *m*, -euse *f* **2.** [deceitful person] tricheur *m*, -euse *f*.

juggling ['dʒʌglɪŋ], **jugglery** ['dʒʌglərɪ] n *lit & fig* jonglerie *f*.

Jugoslavia [,ju:gəʊ'slɑ:vjə] = **Yugoslavia.**

jugular ['dʒʌgjʊləʳ] ◆ adj jugulaire ▸ **jugular vein** jugulaire *f*. ◆ n jugulaire *f* ▸ **to go for the jugular** *inf* attaquer qqn sur ses points faibles.

jug wine n US vin *m* ordinaire.

juice [dʒu:s] ◆ n **1.** CULIN jus *m* / *grapefruit juice* jus de pamplemousse / *meat juice* jus de viande **2.** BIOL suc *m* **3.** *inf* [electricity] jus *m* ; [petrol] essence *f* **4.** US *inf* [spirits] tord-boyaux *m* ; [wine] pinard *m*. ◆ vt [fruit] presser.

❖ **juice up** vt sep US **1.** *inf* [battery] recharger **2.** *inf* [enliven] égayer, animer **3.** *v inf* [intoxicate] soûler / *he got juiced up on whisky* il s'est soûlé au whisky.

juice extractor n presse-fruits *m inv*.

juicer ['dʒu:səʳ] n presse-fruits *m inv*.

juiciness ['dʒu:sɪnɪs] n **1.** [of fruit] : *I chose these oranges for their juiciness* j'ai choisi ces oranges parce qu'elles sont juteuses **2.** *inf* [of story] piquant *m*.

juicy ['dʒu:sɪ] (*compar* **juicier**, *superl* **juiciest**) adj **1.** [fruit] juteux **2.** *inf* [profitable] juteux / *a juicy deal* une affaire juteuse **3.** *inf* [racy] savoureux / *a juicy story* une histoire osée or piquante / *let's hear all the juicy details* raconte-nous les détails croustillants.

ju-jitsu [dʒu:'dʒɪtsu:] n jiu-jitsu *m inv*.

juju ['dʒu:dʒu:] n [charm] amulette *f*.

jujube ['dʒu:dʒu:b] n jujube *m*.

jukebox ['dʒu:kbɒks] n juke-box *m*.

Jul. (written abbr of **July**) juill.

julep ['dʒu:lɪp] n **1.** [soft drink] boisson *f* sucrée **2.** [alcoholic drink] ▸ **(mint) julep** cocktail *m* à la menthe **3.** PHARM julep *m*.

Julian ['dʒu:ljən] pr n ▸ **Julian the Apostate** Julien l'Apostat.

Julian calendar n calendrier *m* julien.

Julius Caesar [,dʒu:ljəs'si:zəʳ] pr n Jules César.

July [dʒu:'laɪ] n juillet *m*. **See also February.**

jumbal ['dʒʌmbəl] n US CULIN *petit gâteau en forme d'anneau*.

jumble ['dʒʌmbl] ◆ n **1.** [confusion, disorder] fouillis *m*, désordre *m* / *my things are all in a jumble* mes affaires sont tout en désordre / *a jumble of colours* un kaléidoscope de couleurs **2.** UK [articles for jumble sale] bric-à-brac *m* **3.** US CULIN = **jumbal.** ◆ vt **1.** [objects, belongings] mélanger / *her clothes were all jumbled (up* or *together) in a suitcase* ses vêtements étaient fourrés pêle-mêle dans une valise **2.** [thoughts, ideas] embrouiller / *his essay was just a collection of jumbled ideas* sa dissertation n'était qu'un fourre-tout d'idées confuses.

jumble sale n UK *vente de charité où sont vendus des articles d'occasion et des produits faits maison*.

jumbo ['dʒʌmbəʊ] (*pl* **jumbos**) *inf* ◆ n **1.** [elephant] éléphant *m*, pachyderme *m* **2.** = **jumbo jet.** ◆ adj énorme, géant.

jumbo jet n (avion *m*) gros-porteur *m*, jumbo *m*, jumbo-jet *m*.

jumbo-size(d) adj énorme, géant / *a jumbo-sized packet of washing powder* un paquet de lessive familial.

jump [dʒʌmp] ◆ vi **1.** [leap] sauter, bondir / *they jumped across the crevasse* ils ont traversé la crevasse d'un bond / *to jump back* faire un bond en arrière / *can you jump over the hedge?* peux-tu sauter par-dessus la haie ? / *she jumped into / out of her car* elle a sauté dans / hors de sa voiture / *he jumped (down) off the train* il a sauté du train / *she jumped off* [from wall, bicycle] elle a sauté / *he jumped off the bridge* il s'est jeté du haut du pont / *he jumped up* or *he jumped to his feet* il se leva d'un bond / *the frog jumped from stone to stone* la grenouille bondissait de pierre en pierre / *why did he jump out of the window?* pourquoi a-t-il sauté par la fenêtre ? ; *fig* : *the answer suddenly jumped out at me* la réponse m'a subitement sauté aux yeux / *this record jumps* ce disque saute / *he jumped from one topic to another* il passait rapidement d'un sujet à un autre ▸ **to jump for joy** sauter de joie / *she was jumping up and down with rage* elle trépignait de rage ▸ **to jump to conclusions** tirer des conclusions hâtives ▸ **jump to it!** *inf* grouille ! ▸ **to jump down sb's throat** *inf* houspiller or enguirlander qqn **2.** [start] sursauter, tressauter / *the noise made her jump* le bruit l'a fait sursauter / *when the phone rang his heart jumped* il tressaillit en entendant la sonnerie du téléphone **3.** [rise sharply] grimper or monter en flèche / *prices jumped dramatically in 2002* les prix ont grimpé de façon spectaculaire en 2002 **4.** US *inf* [be lively] être très animé / *the joint was jumping* ça chauffait dans la boîte. ◆ vt **1.** [leap over] sauter / *to jump a fence* sauter or franchir un obstacle / *to jump rope* US sauter à la corde / *to jump a piece* [in draughts] prendre un pion ; *fig* : *he jumped all the others in his field* il a dépassé tout le monde dans sa spécialité **2.** [horse] faire sauter / *she jumped her horse over the stream* elle a fait sauter or franchir le ruisseau à son cheval **3.** [omit, skip] sauter / *to jump a line* sauter une ligne **4.** *inf* [attack] sauter sur, agresser / *two men jumped him in the park* deux hommes lui ont sauté dessus dans le parc **5.** *inf* [leave, abscond from] ▸ **to jump ship** *lit & fig* quitter le navire ▸ **to jump bail** ne pas comparaître au tribunal (*après avoir été libéré sous caution*) / *the fugitive jumped town* US le fugitif a réussi à quitter la ville **6.** [not wait one's turn at] : *to jump the queue* ne pas attendre son tour, resquiller / *she jumped the lights* elle a grillé or brûlé le feu (rouge) **7.** *inf* [not pay for, take illegally] ▸ **to jump a train** US voyager sans billet / *he jumped a (mining) claim* US il s'est approprié une concession (minière). ◆ n **1.** [leap, bound] saut *m*, bond *m* / *she got up with a jump* elle se leva d'un bond / *we need to keep one jump ahead of the competition fig* nous devons garder une longueur d'avance sur nos concurrents ▸ **to get the jump on sb** *inf* devancer qqn ▸ **to be on the jump** US *inf* être pressé or débordé **2.** [sharp rise] bond *m*, hausse *f* / *there has been a sudden jump in house prices* il y a eu une flambée des prix de l'immobilier **3.** EQUIT [fence, obstacle] obstacle *m* **4.** COMPUT saut *m* **5.** GAMES prise *f* (de pion).

❖ **jump about** UK, **jump around** vi sautiller.

❖ **jump at** vt insep sauter sur, saisir / *he jumped at the chance to go abroad* il sauta sur l'occasion de partir à l'étranger.

❖ **jump in** vi **1.** *lit* [into vehicle] monter / *go on, jump in!* vas-y, monte ! / *if you want a lift, jump in!* si tu veux que je te dépose, monte ! ; [into water, hole] sauter **2.** *inf & fig* [intervene] intervenir / *he jumped in to defend her* il est intervenu pour la défendre, il est venu à sa rescousse.

❖ **jump on** vt insep **1.** *lit* [bicyle, horse] sauter sur ; [bus, train] sauter dans ; [person] sauter sur **2.** *fig* [mistake] repérer / *the boss jumps on every little mistake* aucune faute n'échappe au patron.

jump ball n [in basketball] entre-deux *m inv*.

jumped-up ['dʒʌmpt-] adj UK *inf* parvenu / *she's just a jumped-up shop assistant* ce n'est qu'une petite vendeuse qui se donne de grands airs or qui se prend au sérieux.

jumper ['dʒʌmpəʳ] n **1.** UK [sweater] pull-over *m* **2.** US [dress] robe-chasuble *f* **3.** [person] sauteur *m*, -euse *f*.

jumper cables US = **jump leads.**

jumping ['dʒʌmpɪŋ] n EQUIT jumping *m*.

jumping bean n pois *m* sauteur.

jumping jack n **1.** [firework] pétard *m* mitraillette **2.** [puppet] pantin *m*.

jumping-off point, **jumping-off place** n point *m* de départ, tremplin *m* / *his success could be a jumping-off point for a new career fig* sa réussite pourrait être le point de départ d'une nouvelle carrière.

jumping rope n US corde *f* à sauter.

jump jet n UK avion *m* à décollage vertical.

jump leads pl n UK câbles *mpl* de démarrage.

jump-off n EQUIT barrage *m*.

jump rope n US corde *f* à sauter.

jump seat n UK strapontin *m*.

jump-start vt ▸ **to jump-start a car a)** [by pushing or rolling] faire démarrer une voiture en la poussant or en la mettant dans une pente **b)** [with jump leads] faire démarrer une voiture avec des câbles *(branchés sur la batterie d'une autre voiture)*.

jumpsuit ['dʒʌmpsu:t] n combinaison-pantalon *f*.

jumpy ['dʒʌmpɪ] (*compar* **jumpier**, *superl* **jumpiest**) adj **1.** *inf* [edgy] nerveux **2.** ST. EX instable, fluctuant.

Jun. 1. written abbr of **June 2.** US (written abbr of **Junior**) junior, fils.

junction ['dʒʌŋkʃn] n **1.** [of roads] carrefour *m*, croisement *m* ; [of railway lines, traffic lanes] embranchement *m* ; [of rivers, canals] confluent *m* **2.** ELEC [of wires] jonction *f*, raccordement *m*.

junction box n UK boîte *f* de dérivation.

juncture ['dʒʌŋktʃər] n **1.** *fml* [moment] conjoncture *f* / *at this juncture* dans la conjoncture actuelle, dans les circonstances actuelles / *at a crucial juncture* à un moment critique **2.** LING joncture *f*, jointure *f*, frontière *f* **3.** TECH jointure *f*.

June [dʒu:n] n juin *m*. See also **February**.

June beetle, **June bug** n hanneton *m*.

Jungian ['jʊŋɪən] ◆ adj jungien. ◆ n jungien *m*, -enne *f*.

jungle ['dʒʌŋgl] ◆ n **1.** [tropical forest] jungle *f* / **'The Jungle Book'** *Kipling* 'le Livre de la jungle' **2.** *fig* jungle *f* / *the world of business is a real jungle* le monde des affaires est une véritable jungle / *it's a jungle out there* c'est la jungle là-bas / *the jungle of tax laws* le labyrinthe du droit fiscal **3.** MUS jungle *f*. ◆ comp [animal] de la jungle.

jungle fever n *(U)* paludisme *m*.

jungle gym n *ensemble de jeux pour les enfants (balançoires, toboggans, etc.)*.

jungle juice n *inf* gnôle *f*.

junior ['dʒu:njər] ◆ n **1.** [younger person] cadet *m*, -ette *f* / *he is five years her junior* il est de cinq ans son cadet, il a cinq ans de moins qu'elle **2.** [subordinate] subordonné *m*, -e *f*, subalterne *mf* **3.** UK [pupil] écolier *m*, -ère *f (entre 7 et 11 ans)* / *she teaches juniors* elle est institutrice **4.** US SCH élève *mf* de troisième année ; US UNIV étudiant *m*, -e *f* de première année **5.** US *inf* [term of address] fiston *m*. ◆ comp UK [teaching, teacher] dans le primaire. ◆ adj **1.** [younger] cadet, plus jeune **2.** [lower in rank] subordonné, subalterne / *a junior member of staff* un employé subalterne / *he's junior to her in the department* il est son subalterne dans le service ▸ **junior doctor** interne *mf* ▸ **junior executive** cadre *m* débutant, jeune cadre ▸ **the junior faculty** US UNIV les enseignants non titulaires ▸ **junior minister** sous-secrétaire *m* d'État ▸ **junior partner** associé *m* adjoint **3.** [juvenile] jeune.
❖ **Junior** = **Jnr**.

Junior College n [in US] *établissement d'enseignement supérieur où l'on obtient un diplôme en deux ans*.

junior common room n UK UNIV salle *f* des étudiants.

junior high school n US ≃ collège *m* d'enseignement secondaire.

Junior League pr n *association féminine américaine d'aide à la communauté et au développement des femmes*.

junior school n UK école *f* élémentaire *(pour les enfants de 7 à 11 ans)* ▸ **a junior school teacher** instituteur *m*, institutrice *f*.

juniper ['dʒu:nɪpər] n genévrier *m* ▸ **juniper berry** baie *f* de genièvre.

junk [dʒʌŋk] ◆ n **1.** *(U) inf* [anything poor-quality or worthless] pacotille *f*, camelote *f* / *this watch is a real piece of junk* cette montre, c'est vraiment de la camelote or c'est de la vraie camelote / *all his so-called antiques were just a pile of junk* ses prétendues antiquités n'étaient en fait qu'un ramassis de vieilleries / *his latest film is a load of junk fig* son dernier film est absolument nul or un vrai navet **2.** *(U)* [second-hand, inexpensive goods] bric-à-brac *m* **3.** *(U) inf* [stuff] trucs *mpl*, machins *mpl* / *can you get your junk off the table?* tu peux enlever tes trucs or ton bazar de la table ? / *what's all that junk in the hall?* qu'est-ce que c'est que ce bric-à-brac or ce bazar dans l'entrée ? **4.** [boat] jonque *f* **5.** *(U) drugs sl* came *f*. ◆ vt *inf* jeter (à la poubelle), balancer.

junk bond n junk bond *m*.

junk e-mail n messages *mpl* publicitaires, spams *mpl*, pourriels *mpl*.

junker ['dʒʌnkər] n US *inf* [old car] vieille bagnole.

junket ['dʒʌŋkɪt] ◆ n **1.** *inf & pej* [official journey] voyage *m* aux frais de la princesse **2.** *inf* [festive occasion] banquet *m*, festin *m* **3.** CULIN ≃ fromage *m* frais (sucré et parfumé). ◆ vi voyager aux frais de la princesse.

junketing ['dʒʌŋkɪtɪŋ] n *(U) inf & pej* voyages *mpl* or réceptions *fpl* aux frais de la princesse.

junk food n *inf* nourriture *f* de mauvaise qualité / *their kids eat nothing but junk food* leurs gosses ne mangent que des cochonneries.

junk heap n dépotoir *m*.

junkie ['dʒʌŋkɪ] n *inf* **1.** [drug addict] drogué *m*, -e *f*, junkie *mf* **2.** *fig* dingue *mf*, accro *mf* / *a television / football junkie* un dingue de la télé / du football.

junk jewellery n *(U)* bijoux *mpl* fantaisie.

junk mail n **1.** [postal] publicité *f* (reçue par courrier) **2.** = **junk e-mail**.

junkman ['dʒʌŋkmæn] (*pl* **junkmen** [-men]) n US [dealer in old furniture] brocanteur *m* ; [ragman] chiffonnier *m* ; [scrap metal dealer] ferrailleur *m*, marchand *m* de ferraille.

junk shop n magasin *m* de brocante / *at the junk shop* chez le brocanteur.

junky ['dʒʌŋkɪ] = **junkie**.

junkyard ['dʒʌŋkjɑ:d] n **1.** [for scrap metal] entrepôt *m* de ferraille / *at the junkyard* chez le ferrailleur **2.** [for discarded objects] dépotoir *m*.

Juno ['dʒu:nəʊ] pr n Junon.

junoesque [,dʒu:nəʊ'esk] adj [woman] imposante.

Junr = **Jnr**.

junta UK 'dʒʌntə US 'hʊntə] n junte *f*.

Jupiter ['dʒu:pɪtər] pr n **1.** ASTRON Jupiter *f* **2.** MYTH Jupiter.

Jurassic [dʒʊ'ræsɪk] ◆ adj jurassique. ◆ n jurassique *m*.

juridical [dʒʊə'rɪdɪkl] adj juridique.

jurisdiction [,dʒʊərɪs'dɪkʃn] n LAW & ADMIN juridiction *f* / *the federal government has no jurisdiction over such cases* de tels cas ne relèvent pas de la compétence or des attributions du gouvernement fédéral ▸ **to come** or **to fall within the jurisdiction of** relever de la juridiction de / *it comes within our jurisdiction fig* cela relève de nos compétences, c'est de notre ressort / *this territory is within the jurisdiction of the United States* ce territoire est soumis à l'autorité judiciaire des États-Unis.

jurisdictional [,dʒʊərɪs'dɪkʃənl] adj juridictionnel ▸ **jurisdictional dispute** US querelle *f* d'attributions.

jurisprudence [,dʒʊərɪs'pru:dəns] n jurisprudence *f*.

jurist ['dʒʊərɪst] n juriste *mf*.

juror ['dʒʊərər] n juré *m*.

jury ['dʒʊərɪ] (*pl* **juries**) ◆ n **1.** LAW jury *m* ▸ **to serve on a jury** faire partie d'un jury / *Ladies and Gentlemen of the jury* Mesdames and Messieurs les jurés ▸ **the jury is still out on that one** ça reste à voir **2.** [in contest] jury *m*. ◆ adj NAUT de fortune, improvisé.

jury box n sièges *mpl* des jurés / *she was in the jury box* elle faisait partie des jurés.

jury duty US = **jury service**.

juryman ['dʒʊərɪmən] (*pl* **jurymen** [-mən]) n juré *m*.

jury-rigged adj NAUT avec un gréement de fortune.

jury-rigging n LAW truquage *m* d'un jury.

jury service n participation *f* à un jury.

jury shopping n US choix *m* vétilleux des jurés (par les avocats de la défense).

jurywoman ['dʒʊərɪ,wʊmən] (*pl* **jurywomen** [-,wɪmɪn]) n jurée *f*.

just[1] [dʒʌst] adv **1.** [indicating immediate past] juste / *just the other day* pas plus tard que l'autre jour / *just last week* pas plus tard que la semaine dernière / *she has just gone out* elle vient juste de sortir / *they had (only) just arrived* ils venaient (tout) juste d'arriver / *I've just been speaking to him on the phone* je viens juste de lui parler au téléphone, je lui parlais au téléphone à l'instant / *she's just this moment* or *minute left the office* elle vient de sortir du bureau à l'instant / *he's just been to Mexico* il revient or rentre du Mexique **2.** [indicating present or immediate future] juste / *I was just going to phone you* j'allais juste or justement te téléphoner, j'étais sur le point de te téléphoner / *I'm just off inf* je m'en vais / *just coming! inf* j'arrive tout de suite ! / *I was just about to tell you* j'allais justement te le dire / *I'm just making tea, do you want some?* je suis en train de faire du thé, tu en veux ? **3.** [only, merely] juste, seulement / *just a few* quelques-uns / quelques-unes seulement / *just a little* juste un peu / *just a minute* or *a moment* or *a second, please* une (petite) minute or un (petit) instant, s'il vous plaît / *do you want some whisky? — just a drop* est-ce que tu veux du whisky ? — juste une goutte / *it was just a dream* ce n'était qu'un rêve / *he's just a clerk* ce n'est qu'un simple employé / *we're just friends* nous sommes amis, c'est tout / *he was just trying to help* il voulait juste or simplement rendre service / *if he could just work a little harder!* si seulement il pouvait travailler un peu plus ! / *if the job is so unpleasant you should just leave* si le travail est désagréable à ce point, tu n'as qu'à démissionner / *don't argue, just do it!* ne discute pas, fais-le, c'est tout ! / *if you can just sign here please* juste une petite signature ici, s'il vous plaît / *you can't ask just anybody to present the prizes* tu ne peux pas demander au premier venu de présenter les prix / *this is not just any horse race, this is the Derby!* ça n'est pas n'importe quelle course de chevaux, c'est le Derby ! **4.** [exactly, precisely] exactement, juste / *just here / there* juste ici / là / *just at that moment* juste à ce moment-là / *that's just what I needed* **a)** c'est exactement or juste ce qu'il me fallait **b)** *iro* il ne me manquait plus que ça / *just what are you getting at?* où veux-tu en venir exactement ? / *he's just like his father* c'est son père tout craché / *she's just the person for the job* elle a exactement le profil requis pour ce poste / *that dress is just the same as yours* cette robe est exactement la même que la tienne / *oh, I can just picture it!* oh, je vois tout à fait ! / *that hat is just you* ce chapeau te va à merveille / *you speak French just as well as I do* ton français est tout aussi bon que le mien / *I'd just as soon go tomorrow* j'aimerais autant y aller demain / *(it's) just my luck! iro* c'est bien ma chance ! / *don't come in just yet* n'entre pas tout de suite **5.** [barely] (tout) juste, à peine / *I could just make out what they were saying* je parvenais tout juste à entendre ce qu'ils disaient / *you came just in time!* tu es arrivé juste à temps ! / *I just missed a lorry* j'ai failli heurter un camion / *the trousers just fit me* je rentre tout juste dans le pantalon ; [a little] : *it costs just over £50* ça coûte un tout petit peu plus de 50 livres / *it's just after / before two o'clock* il est un peu plus / moins de deux heures / *just afterwards* juste après / *it's just to the right of the painting* c'est juste à droite du tableau **6.** [possibly] : *I may* or *might just be able to do it* il n'est pas impossible que je puisse le faire / *his story might* or *could just be true* son histoire pourrait être vraie, il est possible que son histoire soit vraie **7.** [emphatic use] : *just think what might have happened!* imagine un peu ce qui aurait pu arriver ! / *just wait till I find the culprit!* attends un peu que je trouve le coupable ! / *now just you wait a minute, John!* hé, une petite minute, John ! / *I just won't do it* il n'est pas question que je le fasse / *it just isn't good enough* c'est loin d'être satisfaisant, c'est tout / *he looks terrible in that suit — doesn't he just!* ce costume ne lui va pas du tout — je ne te le fais pas dire ! / *don't you just love that hat?* adorable, ce chapeau, non ? ; [with adjective] : *the meal was just delicious* le repas était tout simplement or vraiment délicieux / *everything is just fine* tout est parfait / *this is just ridiculous* c'est vraiment ridicule.

just about adv phr **1.** [very nearly] presque, quasiment / *dinner is just about ready* le dîner est presque prêt / *she's just about as tall as you* elle est presque aussi grande que toi / *I've just about had enough of your sarcasm!* j'en ai franchement assez de tes sarcasmes ! **2.** [barely] (tout) juste / *can you reach the shelf? — just about!* est-ce que tu peux atteindre l'étagère ? — (tout) juste ! / *his handwriting is just about legible* son écriture est tout juste or à peine lisible **3.** [approximately] : *their plane should be taking off just about now* leur avion devrait être sur le point de décoller.

just as conj phr **1.** [at the same time as] juste au moment où / *they arrived just as we were leaving* ils sont arrivés juste au moment où nous partions **2.** [exactly as] : *just as I thought / predicted* comme je le pensais / prévoyais / *just as you like* or *wish* comme vous voulez or voudrez / *why not come just as you are?* pourquoi ne viens-tu pas comme tu es ?

just in case ◆ conj phr juste au cas où / *just in case we don't see each other* juste au cas où nous ne nous verrions pas. ◆ adv phr au cas où / *take a coat, just in case* prends un manteau, on ne sait jamais or au cas où.

just like that adv phr *inf* comme ça / *he told me to clear off, just like that!* il m'a dit de me tirer, carrément !

just now adv phr **1.** [at this moment] : *I'm busy just now* je suis occupé pour le moment / *not just now* pas en ce moment **2.** [a short time ago] : *I heard a noise just now* je viens juste d'entendre un bruit / *I've just now come from there* j'en viens à l'instant / *when did this happen? — just now* quand cela s'est-il passé ? — à l'instant.

just on adv phr UK exactement / *they've been married just on thirty years* ça fait exactement trente ans qu'ils sont mariés / *the fish weighed just on three kilos* le poisson pesait exactement trois kilos.

just so ◆ adv phr *fml* [expressing agreement] c'est exact / *are you a magistrate? — just so* vous êtes magistrat ? — c'est exact. ◆ adj phr UK [properly arranged] parfait / *she likes everything (to be) just so* elle aime que tout soit parfait.

just then adv phr à ce moment-là / *I was just then getting ready to go out* je me préparais justement à sortir / *just then a strange figure appeared* à ce moment-là une silhouette étrange apparut.

just the same adv phr [nonetheless] quand même / *just the same, it's as well to check* il vaut quand même mieux vérifier.

just[2] [ʤʌst] ◆ adj **1.** [fair, impartial] juste, équitable / *a just law* une loi juste or équitable / *a ruler who was just to* or *towards all men* un souverain qui a su faire preuve d'équité (envers tous) ; [reasonable, moral] juste, légitime / *a just cause* une juste cause / *he has just cause for complaint* il a de bonnes raisons pour se plaindre **2.** [deserved] juste, mérité / *a just reward* une juste récompense, une récompense bien méritée ▸ **to get one's just deserts** : *he got his just deserts* il n'a eu que ce qu'il méritait, ce n'est que justice **3.** [accurate] juste, exact / *a just account of the facts* un compte-rendu exact des faits **4.** RELIG [righteous] juste. ◆ pl n ▸ **the just** les justes *mpl* ▸ **to sleep the sleep of the just** dormir du sommeil du juste.

justice ['ʤʌstɪs] n **1.** LAW justice *f* ▸ **a court of justice** une cour de justice ▸ **to dispense justice** rendre la justice ▸ **to bring sb to justice** traduire qqn en justice ▸ **the Justice Department** or **the Department of Justice** US ≃ le ministère de la Justice **2.** [fairness] justice *f*, équité *f* / *where's your sense of justice?* qu'est-il advenu de ton sens de la justice ? / *they believe in the justice of their cause* ils croient à la justesse de leur cause / *there's no justice in their claim* leur demande est dénuée de fondement ▸ **to do sb / sthg justice** [represent fairly] rendre justice à qqn / qqch / *the portrait didn't do her justice* son portrait ne lui rendait pas justice / *to do him justice, he wasn't informed of the decision* il faut lui rendre cette justice que or il faut reconnaître que l'on ne l'avait pas mis au courant de la décision / *to do justice to a meal* faire honneur à un repas **3.** [punishment, vengeance] justice *f* / *the whole town called for justice* la ville entière réclamait vengeance **4.** [judge] juge *m* ▸ **Justice of the Peace** = JP.

justifiable ['ʤʌstɪˌfaɪəbl] adj justifiable ; LAW légitime.

justifiable homicide n **1.** [killing in self-defence] homicide *m* justifiable **2.** [state execution] application *f* de la peine de mort.

justifiably ['ʤʌstɪˌfaɪəblɪ] adv légitimement, à juste titre / *she was justifiably angry* elle était fâchée, et à juste titre.

justification [ˌʤʌstɪfɪ'keɪʃn] n **1.** [gen] justification *f* / *what justification do you have for such a statement?* comment justifiez-vous une telle affirmation ? / *poverty is no justification for theft* la pauvreté ne saurait justifier le vol / *he was accused of cheating, with some justification* il fut accusé d'avoir triché, non sans raison / *he spoke out in justification of his actions* il a parlé pour justifier ses actes **2.** COMPUT & TYPO justification *f* ▸ **left / right justification** justification à gauche / à droite.

justified ['ʤʌstɪfaɪd] adj **1.** [right, fair - action] justifié, légitime ; [- person] ▸ **to be justified in doing sthg** avoir raison de faire qqch **2.** COMPUT & TYPO [aligned] justifié.

justify ['ʤʌstɪfaɪ] (*pt & pp* **justified**) vt **1.** [gen] justifier / *nothing can justify such cruelty* rien ne saurait excuser or justifier une telle cruauté / *she tried to justify her behaviour to her parents* elle a essayé de justifier son comportement aux yeux de ses parents **2.** COMPUT & TYPO justifier **3.** LAW : *to justify a lawsuit* justifier une action en justice.

justly ['ʤʌstlɪ] adv **1.** [fairly] justement, avec justice **2.** [accurately, deservedly] à juste titre / *a justly unpopular decision* une décision impopulaire à juste titre / *justly famous* justement célèbre.

justness ['ʤʌstnɪs] n [of claim, demand] bien-fondé *m*, légitimité *f* ; [of idea, reasoning] justesse *f*.

jut [ʤʌt] (*pt & pp* **jutted**, *cont* **jutting**) vi ▸ **to jut out** dépasser, faire saillie / *a rocky peninsula juts (out) into the sea* une péninsule rocheuse avance dans la mer / *a large rock jutted out over the path* un gros rocher surplombait le sentier.

jute [ʤu:t] n [textile] jute *m*.

Jute [ʤu:t] n Jute *mf*.

Jutland ['ʤʌtlənd] pr n Jütland *m*, Jylland *m* / *in Jutland* dans le Jütland.

juvenile ['ʤu:vənaɪl] ◆ adj **1.** [young, for young people] jeune, juvénile *fml* ▸ **juvenile lead** jeune premier *m* ▸ **juvenile literature** livres *mpl* pour enfants or pour la jeunesse **2.** [immature] puéril, enfantin / *don't be so juvenile!* ne sois pas si puéril ! ◆ n **1.** *fml* mineur *m*, -e *f* **2.** THEAT jeune acteur *m*, -trice *f*.

juvenile court n tribunal *m* pour enfants *(10-16 ans)*.

juvenile delinquency n délinquance *f* juvénile.

juvenile delinquent n jeune délinquant *m*, -e *f*, mineur *m* délinquant, mineure *f* délinquante.

juvenilia [ˌʤu:və'nɪlɪə] pl n œuvres *fpl* de jeunesse.

juvie ['ʤu:vɪ] US *inf* **1.** abbr of **juvenile court** **2.** abbr of **juvenile delinquent**.

juxtapose [ˌʤʌkstə'pəʊz] vt juxtaposer.

juxtaposition [ˌʤʌkstəpə'zɪʃn] n juxtaposition *f*.

k (*pl* **k's** *or* **ks**), **K** (*pl* **K's** *or* **Ks**) [keɪ] n [letter] k *m*, K *m*. See also **f**.

K ◆ **1.** (written abbr of **kilobyte**) K, Ko **2.** written abbr of **Knight**. ◆ n (abbr of **thousand**) K.

kabala, **kabalism 1.** = **cabala 2.** = **cabalism**.

kabbala, **kabbalism 1.** = **cabala 2.** = **cabalism**.

kabob [kə'bɒb] = **kebab**.

kabuki [kə'bu:kɪ] n kabuki *m*.

Kabul ['kɑ:bʊl] pr n Kaboul, Kabul.

Kabyle [kə'baɪl] (*pl* **Kabyle** *or* **Kabyles**) n **1.** [person] Kabyle *mf* **2.** LING kabyle *m*.

Kabylia [kə'bɪlɪə] pr n Kabylie *f*.

Kabylian [kə'bɪlɪən] adj kabyle.

kaffee klatch ['kæfɪklætʃ] n US *réunion de femmes qui se retrouvent autour d'un café chez l'une d'entre elles.*

Kaf(f)ir ['kæfər] n **1.** SAfr *offens terme raciste désignant un Noir* **2.** ETHN Cafre *mf*.

kaffir lime n combava *m*.

Kafkaesque [,kæfkə'esk] adj kafkaïen.

kaftan ['kæftæn] n caftan *m*, cafetan *m*.

kahuna [kə'hu:nə] n US *inf* ▸ **the big kahuna** le patron, le big boss.

kail [keɪl] = **kale**.

kainite ['kaɪnaɪt] n kaïnite *f*.

Kaiser ['kaɪzər] n Kaiser *m*.

Kalahari Desert [,kælə'hɑ:rɪ-] pr n ▸ **the Kalahari Desert** le (désert du) Kalahari.

kalashnikov [kə'læʃnɪkov] n kalachnikov *m*.

kale [keɪl] n chou *m* frisé.

kaleidoscope [kə'laɪdəskəʊp] n *lit & fig* kaléidoscope *m*.

kaleidoscopic [kə,laɪdə'skɒpɪk] adj kaléidoscopique.

Kalinin [kə'lɪnɪn] pr n Kalinine.

kamikaze [,kæmɪ'kɑ:zɪ] ◆ n kamikaze *m*. ◆ adj **1.** *lit* ▸ **kamikaze pilot** kamikaze *m* ▸ **kamikaze plane** kamikaze *m*, avion-suicide *m* **2.** *fig* suicidaire.

Kampala [kæm'pɑ:lə] pr n Kampala.

Kampuchea [,kæmpu:'tʃɪə] pr n Kampuchéa *m* / *in Kampuchea* au Kampuchéa.

Kampuchean [,kæmpu:'tʃɪən] ◆ n Cambodgien *m*, -enne *f*. ◆ adj cambodgien.

Kandinsky [kæn'dɪnskɪ] pr n Kandinsky.

kangaroo [,kæŋgə'ru:] n kangourou *m*.

kangaroo court n tribunal *m* illégal ; [held by strikers, prisoners, etc.] ≃ tribunal *m* populaire.

kangaroo rat n rat-kangourou *m*.

Kansas ['kænzəs] pr n Kansas *m* / *in Kansas* dans le Kansas.

Kantian ['kæntɪən] adj kantien.

kaolin ['keɪəlɪn] n kaolin *m*.

kaon ['keɪɒn] n kaon *m*.

kapok ['keɪpɒk] ◆ n kapok *m* ▸ **kapok tree** kapokier *m*. ◆ comp de kapok.

Kaposi's sarcoma [kæ'pəʊsɪz-] n sarcome *m* de Kaposi.

kaput [kə'pʊt] adj *inf* fichu, foutu.

Karachi [kə'rɑ:tʃɪ] pr n Karachi.

karaoke [,kærə'əʊkɪ] n karaoké *m*.

karat US = **carat**.

karate [kə'rɑ:tɪ] n karaté *m* ▸ **karate chop** coup *m* de karaté *(donné avec le tranchant de la main).*

Karelia [kə'ri:lɪə] pr n Carélie *f*.

karma ['kɑ:mə] n karma *m*, karman *m*.

Karnak ['kɑ:næk] pr n Carnac, Karnac.

kart [kɑ:t] ◆ n kart *m*. ◆ vi ▸ **to go karting** faire du karting.

karyotype ['kærɪətaɪp] n caryotype *m*.

kasbah ['kæzbɑ:] n casbah *f*.

Kashmir [kæʃ'mɪər] n GEOG Cachemire *m*, Kashmir *m*.

Kashmiri [kæʃ'mɪərɪ] ◆ n **1.** [person] Cachemirien *m*, -enne *f* **2.** LING kashmiri *m*. ◆ adj cachemirien.

Katar ['kætɑ:r] pr n Katar *m*, Qatar *m* / *in Katar* au Qatar.

Katari [kə'tɑ:rɪ] n Katarien *m*, -enne *f*.

Katmandu [,kætmæn'du:] pr n Katmandou, Katmandu.

katydid ['keɪtɪdɪd] n sauterelle *f* (d'Amérique du Nord).

kauri ['kaʊrɪ] n kauri *m*, kaori *m*.

kayak ['kaɪæk] n kayak *m*.

kayo [keɪ'əʊ] (*pl* **kayos**, *pt & pp* **kayoed**) *inf* ◆ n SPORT K-O *m*. ◆ vt mettre K-O.

Kazakh [kæ'zæk] ◆ n Kasakh *m*, -e *f*. ◆ adj kasakh.

Kazakhstan [,kæzæk'stɑ:n] pr n Kazakhstan *m* / *in Kazakhstan* au Kazakhstan.

kazoo [kə'zu:] n mirliton *m*.

KB (written abbr of **kilobyte**) n COMPUT ko *m*, Ko *m*.

KC[1] (abbr of **King's Counsel**) n UK *avocat de la Couronne.*

KC[2] MESSAGING written abbr of **keep cool**.

kcal (written abbr of **kilocalorie**) Kcal.

KD (abbr of **knocked down**) adj livré en kit, à monter soi-même.

kebab [kɪ'bæb] n [gen] brochette *f* ; [in Turkish or Greek cuisine] chiche-kebab *m* ▸ **kebab house** *restaurant grec ou turc.*

keck [kek] vi US *inf* avoir des haut-le-cœur, avoir mal au cœur.

kedge [kedʒ] ◆ n ancre *f* à jet. ◆ vt haler, touer. ◆ vi se haler, se touer.

kedgeree ['kedʒəri:] n UK *plat anglo-indien à base de riz, de poisson et d'œufs.*

keel [ki:l] ◆ n **1.** NAUT quille *f* ▸ **on an even keel a)** *lit* à tirant d'eau égal **b)** *fig* en équilibre **2.** *liter* [ship] navire *m*. ◆ vi chavirer. ◆ vt faire chavirer, cabaner.

❖ **keel over** ◆ vi **1.** NAUT chavirer **2.** [fall] s'effondrer ; [faint] s'évanouir. ◆ vt sep NAUT faire chavirer, cabaner.

keelhaul ['ki:lhɔ:l] vt **1.** NAUT faire passer sous la quille **2.** *inf & fig* [rebuke] houspiller, enguirlander.

keen [ki:n] ◆ adj **1.** UK [eager, enthusiastic] passionné, enthousiaste / *she's a keen gardener* c'est une passionnée de jardinage / *he was keen to talk to her* il tenait à or voulait absolument lui parler / *I'm keen that they should get a second chance* je tiens à ce qu'ils aient une deuxième chance / *I'm not so keen on the idea* l'idée ne m'enchante or ne m'emballe pas vraiment / *they aren't so keen on going out tonight* ils n'ont pas (très) envie or ça ne leur dit pas grand-chose de sortir ce soir / *Susan is really keen on Tom* Susan a vraiment le béguin pour Tom ▸ **to be as keen as mustard a)** *inf* [enthusiastic] être très enthousiaste **b)** [clever] avoir l'esprit vif **2.** [senses, mind, wit] fin, vif / *to have a keen sense of smell* avoir un odorat subtil / *to have a keen eye* avoir le coup d'œil **3.** [fierce - competition, rivalry] acharné **4.** UK [cold - wind] glacial **5.** UK [sharp - blade, knife] affilé **6.** [intense] intense, profond / *she felt a keen desire to break free* elle ressentit une profonde envie de partir **7.** UK [very competitive] ▸ **keen prices** des prix *mpl* imbattables. ◆ vi & vt *regional* [mourn] pleurer. ◆ n *regional* [dirge] mélopée *f* funèbre.

keenly ['ki:nlɪ] adv UK **1.** [deeply, intensely] vivement, profondément / *she's keenly interested in the project* elle s'intéresse vivement or elle porte un vif intérêt au projet / *he felt her death keenly* sa mort l'a profondément affecté ; [fiercely] âprement / *a keenly contested game* un match âprement disputé **2.** [eagerly] ardemment, avec enthousiasme ; [attentively] attentivement.

keenness ['ki:nnɪs] n **1.** UK [enthusiasm] enthousiasme *m*, empressement *m*, ardeur *f* / *there's no doubting her keenness to help* son empressement à rendre service ne fait aucun doute **2.** [sharpness - of blade, senses] acuité *f*, finesse *f* / *keenness of eye* acuité *f* visuelle / *keenness of mind* perspicacité *f*, finesse *f* **3.** [intensity, fierceness] intensité *f*, âpreté *f*.

keep [ki:p] (*pt & pp* **kept** [kept])

◆ vt

A. HOLD, SAVE OR STORE

B. MAINTAIN IN POSITION OR STATE

C. SUPPORT

D. FULFIL OR GUARD

E. PREVENT

A. HOLD, SAVE OR STORE **1.** [retain - receipt, change] garder / *she's kept her English accent* elle a gardé son accent anglais / *please keep your seats* veuillez rester assis / *he's never kept a job for more than a year* il n'a jamais gardé or conservé le même emploi plus d'un an / *to keep a secret* garder un secret / *to keep one's temper* garder son calme ▶ **to keep sthg to o.s.** garder qqch pour soi / *they kept the discovery to themselves* ils ont gardé la découverte pour eux / *keep it to yourself!* garde ça pour toi ! / *you can keep your snide remarks to yourself!* tu peux garder tes remarques déplaisantes pour toi ! ▶ **to keep o.s. to o.s.** rester dans son coin / *they keep themselves very much to themselves* ce sont des gens plutôt discrets / *if that's your idea of a holiday, you can keep it!* *inf* si c'est ça ton idée des vacances, tu peux te la garder ! / *tell him he can keep his rotten job!* *inf* dis-lui qu'il peut se le garder, son sale boulot ! **2.** [save] garder / *we've kept some cake for you* on t'a gardé du gâteau / *can you keep my seat?* pouvez-vous (me) garder ma place ? / *we'll keep the tickets for you until Wednesday* nous vous garderons les tickets jusqu'à mercredi / *I'm keeping this cigar for later* je garde ce cigare pour plus tard **3.** [store, put] mettre, garder / *she keeps her money in the bank* elle met son argent à la banque / *I keep my comb in my pocket* je mets toujours mon peigne dans ma poche / *how long can you keep fish in the freezer?* combien de temps peut-on garder or conserver du poisson au congélateur ? / *where do you keep the playing cards?* où est-ce que vous rangez les cartes à jouer ? / *I've got nowhere to keep my books* je n'ai nulle part où mettre mes livres.

B. MAINTAIN IN POSITION OR STATE **1.** *(with adj complement)* [maintain in the specified state or place] : *to keep sb quiet* faire tenir qqn tranquille / *to keep sthg warm* garder qqch au chaud / *the noise kept me awake* le bruit m'a empêché de dormir, le bruit m'a tenu éveillé / *the doors are kept locked* les portes sont toujours fermées à clef / *to keep sthg up to date* tenir qqch à jour ; *(with adv complement)* : *a well- / badly-kept office* un bureau bien / mal tenu / *the weather kept us indoors* le temps nous a empêchés de sortir / *he kept his hands in his pockets* il a gardé les mains dans les poches / *keep your eyes on the red dot* ne quittez pas le point rouge des yeux / *keep the noise to a minimum* essayez de ne pas faire trop de bruit ; *(with present participle)* : *to keep sb waiting* faire attendre qqn / *keep the engine running* n'arrêtez pas le moteur / *we kept the fire burning all night* nous avons laissé le feu allumé toute la nuit / *to keep sthg going* **a)** [organization, business] faire marcher qqch **b)** [music, conversation] ne pas laisser qqch s'arrêter / *alcohol is the only thing that keeps me going* l'alcool est la seule chose qui me permette de tenir **2.** [delay] retenir / *I hope I've not kept you* j'espère que je ne vous ai pas retenu / *what kept you?* qu'est-ce qui t'a retenu ? ; [distract] : *I don't want to keep you from your work* je ne veux pas vous empêcher de travailler **3.** [not allow to leave] garder / *to keep sb in hospital / prison* garder qqn à l'hôpital / en prison.

C. SUPPORT **1.** [support] : *he hardly earns enough to keep himself* il gagne à peine de quoi vivre / *she has a husband and six children to keep* elle a un mari et six enfants à nourrir / *it keeps me in cigarette money* ça paie mes cigarettes **2.** *dated* [have as dependant or employee] avoir / *he keeps a mistress* il a une maîtresse / *they keep a maid and a gardener* ils ont une bonne et un jardinier **3.** [run - shop, business] tenir **4.** COMM [have in stock] vendre / *I'm afraid we don't keep that article* je regrette, nous ne vendons pas or nous ne faisons pas cet article **5.** [farm animals] élever / *they keep pigs / bees* ils élèvent des porcs / des abeilles **6.** [diary, list, etc.] tenir / *my secretary keeps my accounts* ma secrétaire tient or s'occupe de ma comptabilité.

D. FULFIL OR GUARD **1.** [fulfil - a promise, one's word] tenir **2.** [observe - silence] observer ; [- the Sabbath] respecter ; [- law] respecter, observer **3.** [uphold, maintain] maintenir / *to keep order / the peace* maintenir l'ordre / la paix / *to keep a lookout* faire le guet **4.** [guard] garder / *to keep goal* être gardien de but / *God keep you!* *arch* Dieu vous garde !

E. PREVENT **1.** [prevent] ▶ **to keep sb from doing sthg** empêcher qqn de faire qqch / *nothing will keep me from going* rien ne m'empêchera d'y aller **2.** [withhold] ▶ **to keep sthg from sb** cacher qqch à qqn / *to keep information from sb* dissimuler des informations à qqn / *I can't keep anything from her* je ne peux rien lui cacher / *they deliberately kept the news from his family* ils ont fait exprès de cacher les nouvelles à sa famille.

◆ vi **1.** *(with present participle)* [continue] continuer / *letters keep pouring in* les lettres continuent d'affluer / *don't keep apologizing* arrête de t'excuser / *they keep teasing him* ils n'arrêtent pas de le taquiner / *she had several failures but kept trying* elle a essuyé plusieurs échecs mais elle a persévéré / *to keep going* [not give up] continuer / *keep going till you get to the crossroads* allez jusqu'au croisement / *she kept going when everyone else had given up* elle a continué alors que tous les autres avaient abandonné / *with so few customers, it's a wonder the shop keeps going* avec si peu de clients, c'est un miracle que le magasin ne ferme pas **2.** [stay, remain] rester, se tenir / *keep calm!* restez calmes !, du calme ! / *she kept warm by jumping up and down* elle se tenait chaud en sautillant sur place / *keep to the path* ne vous écartez pas du chemin / *to keep in touch with sb* rester en contact avec qqn ▶ **to keep to o.s.** se tenir à l'écart **3.** [last, stay fresh] se conserver, se garder / *it will keep for a week in the refrigerator* vous pouvez le garder or conserver au réfrigérateur pendant une semaine / *the news will keep (until tomorrow)* *fig* la nouvelle peut attendre (jusqu'à demain) **4.** [in health] aller / *how are you keeping?* comment allez-vous ?, comment ça va ? / *I'm keeping well* je vais bien, ça va (bien).

◆ n **1.** [board and lodging] : *the grant is supposed to be enough to pay your keep* la bourse est censée vous permettre de vous nourrir et de vous loger / *he gives his mother £50 a week for his keep* il donne 50 livres par semaine à sa mère pour sa pension ▶ **to earn one's keep** *payer ou travailler pour être nourri et logé* / *our cat certainly earns his keep* notre chat vaut bien ce qu'il nous coûte **2.** [in castle] donjon *m* **3.** PHR **for keeps** *inf* pour de bon.

❖ **keep at** ◆ vt insep **1.** [pester] harceler / *she kept at him until he agreed* elle l'a harcelé jusqu'à ce qu'il accepte **2.** PHR **to keep at it** persévérer / *he kept at it until he found a solution* il a persévéré jusqu'à trouver une solution. ◆ vt sep ▶ **to keep sb at it** : *the sergeant kept us hard at it all morning* le sergent nous a fait travailler toute la matinée.

❖ **keep away** ◆ vt sep tenir éloigné, empêcher d'approcher / *keep the baby away (from the fire)* empêche le bébé d'approcher (du feu) / *spectators were kept away by the fear of violence* la peur de la violence tenait les spectateurs à distance. ◆ vi ne pas s'approcher / *keep away from the cooker* ne t'approche pas de la cuisinière / *keep away from those people* évitez ces gens-là / *I felt my visits were unwelcome and so I kept away* je n'avais pas l'impression que mes visites étaient bienvenues, alors je n'y suis plus allé.

❖ **keep back** ◆ vt sep **1.** [keep at a distance - crowd, spectators] tenir éloigné, empêcher de s'approcher **2.** [not reveal - names, facts] cacher / *I'm sure he's keeping something back (from us)* je suis sûr qu'il (nous) cache quelque chose **3.** [retain] retenir / *part of our salary is kept back every month* une partie de notre salaire est retenue tous les mois **4.** [detain] retenir / *to be kept back after school* être en retenue **5.** [restrain] retenir / *he struggled to keep back the tears* il s'est efforcé de retenir ses larmes. ◆ vi rester en arrière, ne pas s'approcher / *keep back!* restez où vous êtes !, n'approchez pas !

❖ **keep behind** vt sep [after meeting, class] retenir.

❖ **keep down** ◆ vt sep **1.** [not raise] ne pas lever / *keep your head down!* ne lève pas la tête !, garde la tête baissée ! / *keep your voices down!* parlez doucement ! **2.** [prevent from increasing] limiter / *we must keep our expenses down* il faut que nous limitions nos dépenses / *our aim is to keep prices down* notre but est d'empêcher les prix d'augmenter / *to keep one's weight down* garder la ligne **3.** [repress] réprimer / *the army kept the population / the revolt down* l'armée a tenu la population en respect / a maté la révolte ; [control - vermin, weeds] empêcher de proliférer / *you can't keep a good man down* rien n'arrêtera un homme de mérite **4.** [food] garder / *she can't keep solid foods down* son estomac ne garde aucun aliment solide **5.** SCH faire redoubler ▶ **to be kept down a year** redoubler une année. ◆ vi ne pas se lever / *keep down!* ne vous relevez pas !

❖ **keep from** vt insep s'empêcher de, se retenir de / *I couldn't keep (myself) from laughing* je n'ai pas pu m'empêcher de rire.

❖ **keep in** ◆ vt sep **1.** [not allow out] empêcher de sortir ; SCH donner une consigne à, garder en retenue / *the bad weather kept us in* le mauvais temps nous a empêchés de sortir **2.** [fire] entretenir **3.** [stomach] rentrer. ◆ vi [not go out] ne pas sortir, rester chez soi.

❖ **keep in with** vt insep ▶ **to keep in with sb** rester en bons termes avec qqn.

❖ **keep off** ◆ vt sep **1.** [dogs, birds, trespassers] éloigner ; [rain, sun] protéger de / *this cream will keep the mosquitoes off* cette crème vous / le / te etc. protégera contre les moustiques / *keep your hands off!* pas touche !, bas les pattes ! **2.** [coat, hat] ne pas remettre. ◆ vt insep **1.** [avoid] éviter / *keep off drink and tobacco* évitez l'alcool et le tabac / *we tried to keep off the topic* on a essayé d'éviter le sujet **2.** [keep at a distance from] ne pas s'approcher de / **'keep off the grass'** 'pelouse interdite'. ◆ vi **1.** [keep at a distance] ne pas s'approcher / *that's mine, keep off!* c'est à moi, n'y touchez pas ! **2.** [weather] : *the rain / snow kept off* il n'a pas plu / neigé / *if the storm keeps off* si l'orage n'éclate pas.

❖ **keep on** ◆ vt sep **1.** [coat, hat] garder **2.** [employee] garder. ◆ vi **1.** [continue] continuer / *keep on until you come to a crossroads* continuez jusqu'à ce que vous arriviez à un carrefour / *they kept on talking* ils ont continué à parler / *I keep on making the same mistakes* je fais toujours les mêmes erreurs **2.** *inf* [talk continually] parler sans cesse / *he keeps on about his kids* il n'arrête pas de parler de ses gosses / *don't keep on about it!* ça suffit, j'ai compris !

❖ **keep on at** vt insep [pester] harceler.

❖ **keep out** ◆ vt sep empêcher d'entrer / *a guard dog to keep intruders out* un chien de garde pour décourager les intrus / *a scarf to keep the cold out* une écharpe pour vous protéger du froid. ◆ vi ne pas entrer / **'keep out'** 'défense d'entrer', 'entrée interdite' / *to keep out of an argument* ne pas intervenir dans une discussion.

❖ **keep to** vt insep **1.** [observe, respect] respecter / *you must keep to the deadlines* vous devez respecter les délais **2.** [not deviate from] ne pas s'écarter de / *keep to the point* or *the subject!* ne vous écartez pas du sujet ! **3.** [stay in] garder / *to keep to one's room / bed* garder la chambre / le lit.

❖ **keep together** ◆ vt sep ne pas séparer / *I'd like them to be kept together* j'aimerais qu'ils ne soient pas séparés. ◆ vi rester ensemble.

❖ **keep under** vt sep **1.** [repress] réprimer **2.** [with drug] : *he's being kept under with Pentothal®* on le garde sous Penthotal®.

❖ **keep up** ◆ vt sep **1.** [prevent from falling - shelf, roof] maintenir / *I need a belt to keep my trousers up* j'ai besoin d'une ceinture pour empêcher mon pantalon de tomber / *it will keep prices up* ça empêchera les prix de baisser / *it's to keep the troops' morale up* c'est pour maintenir le moral des troupes / *keep your spirits up!* ne te laisse pas abattre ! **2.** [maintain - attack, bombardment] poursuivre ; [- correspondence, contacts, conversation] entretenir / *you have to keep up the payments* on ne peut pas interrompre les versements / *she kept up a constant flow of questions* elle ne cessait de poser des questions / *it's a tradition which hasn't been kept up* c'est une tradition qui s'est perdue ▶ **keep up the good work!** c'est du bon travail, continuez ! ▶ **to keep it up** : *you're doing well, keep it up!* c'est bien, continuez ! / *once they start talking politics, they can keep it up all night* une fois lancés sur la politique, ils sont capables d'y passer la nuit **3.** [prevent from going to bed] empêcher de dormir / *the baby kept us up all night* nous n'avons pas pu fermer l'œil de la nuit à cause du bébé **4.** [not allow to deteriorate - house, garden] entretenir / *the lawns haven't been kept up* les pelouses n'ont pas été entretenues / *she goes to evening classes to keep up her French* elle suit des cours du soir pour entretenir son français. ◆ vi **1.** [continue] continuer / *if this noise keeps up much longer, I'll scream* si ce bruit continue, je crois que je vais hurler **2.** [not fall] se maintenir / *if prices keep up* si les prix se maintiennent / *how are their spirits keeping up?* est-ce qu'ils gardent le moral ? **3.** [not fall behind] suivre / *he's finding it hard to keep up in his new class* il a du mal à suivre dans sa nouvelle classe / *things change so quickly I can't keep up* les choses bougent si vite que j'ai du mal à suivre.

❖ **keep up with** vt insep **1.** [stay abreast of] : *to keep up with the news* se tenir au courant de l'actualité **2.** [keep in touch with] rester en contact avec / *have you kept up with your cousin in Australia?* est-ce que tu es resté en contact avec ton cousin d'Australie ?

keeper ['ki:pər] n **1.** [gen] gardien *m*, -enne *f* ; [in museum] conservateur *m*, -trice *f* ▸ **am I my brother's keeper?** BIBLE suis-je le gardien de mon frère ? **2.** [goalkeeper] goal *m*, gardien *m* de but **3.** TECH [safety catch] cran *m* de sûreté.

keep-fit n culture *f* physique, gymnastique *f* (d'entretien) / *she goes to keep-fit (classes) every week* toutes les semaines elle va à son cours de gymnastique.

keeping ['ki:pɪŋ] n **1.** [care, charge] garde *f* / *he left the manuscript in his wife's keeping* il a confié le manuscrit à son épouse ▸ **in safe keeping** en sécurité, sous bonne garde **2.** [observing - of rule, custom, etc.] observation *f*.

❖ **in keeping** adj phr conforme à / *their dress was not at all in keeping with the seriousness of the occasion* leur tenue ne convenait pas du tout à la gravité de la circonstance.

❖ **in keeping with** prep phr conformément à / *in keeping with government policy* conformément à la politique du gouvernement.

❖ **out of keeping** adj phr ▸ **to be out of keeping with** être en désaccord avec.

keepsake ['ki:pseɪk] n souvenir *m* (objet) / *he gave it to her as a keepsake* il le lui a donné en souvenir.

kef [kef] = **kif**.

keg [keg] n **1.** [barrel] tonnelet *m*, baril *m* ; [of fish] baril ; [of beer] tonnelet ; [of herring] caque *f* **2.** [beer] bière *f* (à la) pression.

kegger ['kegər] n US *inf* [party with beer] soirée *f* bière.

kelly-green ['kelɪ-] adj US vert pomme.

kelp [kelp] n varech *m*.

kelvin ['kelvɪn] n kelvin *m*.

Kempton Park ['kemptən-] pr n *champ de courses dans le Surrey.*

ken [ken] (*pt & pp* **kenned**, *cont* **kenning**) ◆ n *dated & hum* ▸ **it is beyond my ken** cela dépasse mon entendement. ◆ vi & vt Scot connaître, savoir.

Kennedy ['kenɪdɪ] pr n Kennedy ▸ **Cape Kennedy** cap *m* Kennedy ▸ **the Kennedy assassination** l'assassinat *m* de Kennedy.

The Kennedy assassination

Assassinat, le 22 novembre 1963, du jeune président américain J. F. Kennedy, à Dallas, au Texas. Le meurtrier présumé, Lee Harvey Oswald, fut arrêté puis assassiné à son tour deux jours plus tard. Bien qu'officiellement close, cette affaire continue de susciter des doutes et des controverses, certains accusant la CIA d'avoir été impliquée.

Kennedy Round n ▸ **the Kennedy Round** les négociations *fpl* Kennedy.

kennel ['kenl] (UK *pt & pp* **kennelled** ; US *pt & pp* **kenneled**) ◆ n **1.** UK [doghouse] niche *f* **2.** US [for boarding or breeding] chenil *m*. ◆ vt mettre dans un chenil.

❖ **kennels** n UK [for boarding or breeding] chenil *m*.

Kentish ['kentɪʃ] adj du Kent.

Kent State ['kent,steɪt] pr n Kent State.

Kentucky [ken'tʌkɪ] pr n Kentucky *m* / *in Kentucky* dans le Kentucky ▸ **the Kentucky Derby** *course pour chevaux de trois ans qui a lieu chaque année à Louisville.*

Kenya ['kenjə] pr n Kenya *m* / *in Kenya* au Kenya.

Kenyan ['kenjən] ◆ n Kenyan *m*, -e *f*. ◆ adj kenyan.

kepi ['keɪpɪ] n képi *m*.

kept [kept] ◆ pt & pp ⟶ **keep**. ◆ adj *hum & pej* ▸ **a kept man** un homme entretenu ▸ **a kept woman** une femme entretenue.

keratin ['kerətɪn] n kératine *f*.

keratosis [,kerə'təʊsɪs] n kératose *f*.

kerb UK, **curb** US [kɜ:b] n bord *m* du trottoir / *he stepped off the kerb* il est descendu du trottoir / *the bus pulled into the kerb* l'autobus s'est arrêté le long du trottoir.

kerb crawler n *individu qui longe le trottoir en voiture à la recherche d'une prostituée.*

kerb crawling n *fait de longer le trottoir en voiture à la recherche d'une prostituée.*

kerb market n ST. EX marché *m* officieux *(où les valeurs sont échangées en dehors des heures d'ouverture de la Bourse).*

kerbstone UK, **curbstone** US ['kɜ:bstəʊn] n bordure *f* de trottoir.

kerb weight n poids *m* à vide.

kerchief ['kɜ:tʃɪf] n *dated* foulard *m*, fichu *m*.

kerfuffle [kə'fʌfl] n UK *inf* [disorder] désordre *m*, chahut *m* ; [fight] bagarre *f* / *there was a kerfuffle at the exit* il y a eu des remous à la sortie.

kernel ['kɜ:nl] n **1.** [of nut, fruit stone] amande *f* ; [of cereal] graine *f* **2.** *fig* [heart, core] cœur *m*, noyau *m*.

kerning ['kɜ:nɪŋ] n TYPO & COMPUT crénage *m*, rapprochement *m* de caractères.

kerosene, kerosine ['kerəsi:n] ◆ n US [for aircraft] kérosène *m* ; [for lamps, stoves] pétrole *m*. ◆ comp [lamp, stove] à pétrole.

kestrel ['kestrəl] n crécerelle *f*.

ketch [ketʃ] n ketch *m*.

ketchup ['ketʃəp] n ketchup *m*.

ketone ['ki:təʊn] n cétone *f*.

kettle ['ketl] n **1.** [for water] bouilloire *f* ▸ **to put the kettle on** mettre de l'eau à chauffer / *the kettle's boiling* l'eau bout **2.** [for fish] poissonnière *f* ▸ **that's another** or **a different kettle of fish** *inf* c'est une autre paire de manches ▸ **this is a fine** or **pretty kettle of fish!** UK *inf* quelle salade !, quel sac de nœuds !

kettledrum ['ketldrʌm] n timbale *f*.

Kevlar® ['kevlɑ:r] n *(U)* kevlar *m*.

Kew Gardens [kju:-] pr n *parc et jardin botanique dans l'ouest de Londres.*

kewl adj US *inf* cool.

key [ki:] ◆ n **1.** [for lock] clé *f*, clef *f* ; [for clock, mechanism, etc.] clé *f*, remontoir *m* / *the key to the drawer* la clé du tiroir / *where are the car keys?* où sont les clés de la voiture ? / *he was given the keys to the city* on lui a remis les clés de la ville ▸ **to get the key of the door** atteindre sa majorité ▸ **the (House of) Keys** *une des deux chambres du parlement de l'île de Man* **2.** *fig* [means] clé *f*, clef *f* / *the key to happiness* la clé du bonheur / *communication is the key to a good partnership* la communication est la clef d'une bonne association **3.** [on typewriter, computer, piano, organ] touche *f* ; [on wind instrument] clé *f*, clef *f* **4.** MUS ton *m* / *in the key of B minor* en si mineur ▸ **to play in / off key** jouer dans le ton / dans le mauvais ton ▸ **to sing in / off key** chanter juste / faux **5.** [on map, diagram] légende *f* **6.** [answers] corrigé *m*, réponses *fpl* / *the key to the exercises is on page 155* le corrigé des exercices se trouve page 155 **7.** TECH clé *f* or clef *f* (de serrage) **8.** [island] îlot *m* ; [reef] (petit) récif *m (qui s'étend au sud de la Floride)* **9.** *drugs sl* kilo *m (de marijuana).* ◆ adj clé, clef / *key industries* industries clés, industries-clés / *she was appointed to a key post* elle a été nommée à un poste clé / *a key factor* un élément décisif / *the key conspirator* la cheville ouvrière du complot / *one of the key issues in the election* un des enjeux fondamentaux de ces élections. ◆ vt **1.** [data, text] saisir, entrer **2.** [adjust, adapt] adapter / *his remarks were keyed to the occasion* ses commentaires étaient adaptés aux circonstances.

❖ **key in** vt sep COMPUT [word, number] entrer ; [data, text] saisir.

key account n grand compte *m* ▸ **key account manager** responsable *mf* grands comptes.

key bar n [in shop] stand *m* de clef-minute.

keyboard ['ki:bɔ:d] ◆ n [of instrument, typewriter, computer] clavier *m* / *who's on keyboards?* qui est aux claviers ? ▸ **keyboard instrument** instrument *m* à clavier ▸ **keyboard operator** claviste *mf*. ◆ vt saisir.

keyboarder ['ki:bɔ:dər] n TYPO claviste *mf*.

keyboardist ['ki:bɔ:dɪst] n [pianist] pianiste *mf* ; [on synthesizer] joueur *m*, -euse *f* de synthétiseur.

keyboard shortcut n raccourci *m* clavier.

key card n badge *m*.

key case n porte-clés *m*.

keyed up [ki:d-] adj surexcité / *the fans were all keyed up for the match* les supporters attendaient le match dans un état de surexcitation.

key grip n CIN technicien *m*, -enne *f* en chef *(chargé(e) de l'installation des décors et des rails de caméra au cinéma).*

keyguard ['ki:gɑ:d] n [on mobile phone] verrouillage *m* du clavier.

keyhole ['ki:həʊl] n trou *m* de serrure / *he looked through the keyhole* il regarda par le trou de la serrure.

keyhole surgery n cœliochirurgie *f*.

keying ['ki:ɪŋ] n saisie *f*.

keylogger ['ki:lɒgər] n enregistreur *m* de frappe.

key man n homme *m* clé.

key money n pas-de-porte *m*.

Keynesian ['keɪnzɪən] adj keynésien.

keynote ['ki:nəʊt] ◆ n **1.** [main point] point *m* capital / *industrial recovery is the keynote of government policy* le redressement industriel constitue l'axe central de la politique gouvernementale **2.** MUS tonique *f*. ◆ adj [address] introductif ; [speaker] principal ▸ **keynote speech** discours *m* introductif or liminaire. ◆ vt insister sur, mettre en relief / *she keynoted the need for party unity* elle a insisté sur la nécessité de cohésion au sein du parti.

keypad ['ki:pæd] n pavé *m* numérique.

keypal ['ki:pæl] n correspondant *m*, -e *f (avec qui l'on correspond via Internet).*

keyphone ['ki:fəʊn] n téléphone *m* à touches.

keypunch ['ki:pʌntʃ] n perforatrice *f* à clavier.

key ring n porte-clés *m inv*.

key signature n MUS armature *f*, armure *f*.

key skill n SCH compétence *f* de base.

keystage ['ki:steɪdʒ] n UK SCH *une des cinq étapes-clés du parcours scolaire en Grande-Bretagne.*

keystone ['ki:stəʊn] n CONSTR & *fig* clé *f* or clef *f* de voûte.

keystroke ['ki:strəʊk] n frappe *f (d'une touche)* / *codes are entered with a single keystroke* une seule touche suffit pour entrer les codes.

keyword n mot-clef *m*.

kg (written abbr of **kilogram**) kg.

KGB pr n KGB *m*.

Khachaturian [,kætʃə'tu:rɪən] pr n Khatchatourian.

khaki ['kɑ:kɪ] ◆ adj kaki *(inv).* ◆ n [colour] kaki *m* ; [material] treillis *m*. ◆ pl n US treillis *mpl*.

khaki election n UK *élection dont la date est fixée dans la foulée d'une victoire militaire, assurant le succès du gouvernement au pouvoir.*

khan [kɑ:n] n khan *m*.

khanga ['kæŋgə] n khanga *f (pièce de tissu porté comme châle ou comme jupe par les femmes en Afrique de l'Est).*

Khania [xɑ:'njə] pr n Khania, La Canée.

Khartoum [kɑ:'tu:m] pr n Khartoum.

Khmer [kmeər] ◆ n **1.** [person] Khmer *m*, -ère *f* ▸ **Khmer Rouge** Khmer rouge **2.** LING khmer *m*. ◆ adj khmer.

KHUF MESSAGING written abbr of **(I) know how you feel.**

KHz (abbr of **kilohertz**) n KHz *m*.

kibbutz [kɪ'bʊts] (*pl* **kibbutzes** *or* **kibbutzim** [kɪbʊt'sɪm]) n kibboutz *m*.

kibitz ['kɪbɪts] vi US *inf* [gen] mettre son grain de sel ; [during card game] *commenter une partie sans y avoir été invité.*

kibitzer ['kɪbɪtsər] n US *inf* [gen] mouche *f* du coche / *he's a real kibitzer* il fourre son nez partout ; [at card game] donneur *m*, -euse *f* de conseils.

kibosh ['kaɪbɒʃ] n *inf* ▸ **to put the kibosh on sthg** ficher qqch en l'air *v inf.*

kick [kɪk] ◆ vt **1.** donner un coup de pied à *or* dans / *she kicked the ball over the wall* elle a envoyé la balle par-dessus le mur (d'un coup de pied) / *I kicked the door open* j'ai ouvert la porte d'un coup de pied / *he had been kicked to death* il avait été tué à coups de pied / *the dancers kicked their legs in the air* les danseurs lançaient les jambes en l'air / *to kick a penalty* **a)** [in rugby] marquer *or* réussir une pénalité **b)** [in football] tirer un penalty / *to kick a ball into touch* mettre la balle en touche, botter (la balle) en touche **2.** PHR ▸ **to kick ass** *v inf* [with subordinates] employer la méthode dure / *he really kicks ass* **a)** [tough boss] il est super dur avec ses collaborateurs **b)** [good player] il décoiffe ! / *let's go and kick some ass!* [in team sport, competition] allons leur montrer ce qu'on sait faire ! / *this band really kicks ass!* c'est un groupe qui décoiffe ! ▸ **to kick the bucket** *inf* passer l'arme à gauche, casser sa pipe ▸ **to kick a habit** *inf* : *I used to smoke but I've managed to kick the habit* je fumais, mais j'ai réussi à m'arrêter ▸ **to kick one's heels** *inf* faire le pied de grue, poireauter / *you shouldn't kick a man when he's down* il ne faut jamais frapper un homme à terre ▸ **to kick o.s.** : *I could have kicked myself!* je me serais donné des gifles ! / *they must be kicking themselves* ils doivent s'en mordre les doigts ▸ **to kick sb upstairs** : *he was kicked upstairs* **a)** UK *inf* [promoted] on l'a promu pour se débarrasser de lui **b)** UK POL on s'est débarrassé de lui en l'envoyant siéger à la chambre des lords. ◆ vi **1.** donner *or* lancer un coup de pied / *I told you not to kick!* je t'ai dit de ne pas donner de coups de pied ! / *they dragged him away kicking and screaming* il se débattait comme un beau diable quand ils l'ont emmené / *the baby lay on its back kicking* le bébé gigotait, allongé sur le dos ; [in rugby] ▸ **to kick for touch** chercher une touche ▸ **to kick over the traces** UK ruer dans les brancards **2.** [in dance] lancer les jambes en l'air **3.** [gun] reculer. ◆ n **1.** coup *m* de pied / *a long kick upfield* un long coup de pied en avant ▸ **to aim a kick at sb / sthg** lancer *or* donner un coup de pied en direction de qqn / qqch ▸ **a kick in the teeth** *inf* : *it was a real kick in the teeth for him* ça lui a fait un sacré coup / *she needs a kick up the backside* *inf* or *in the pants* *inf* elle a besoin d'un coup de pied aux fesses **2.** *inf* [thrill] plaisir *m* ▸ **to get a kick from** *or* **out of doing sthg** prendre son pied à faire qqch ▸ **to do sthg for kicks** faire qqch pour rigoler *or* pour s'amuser **3.** *inf* [strength - of drink] : *his cocktail had quite a kick* son cocktail était costaud / *this beer's got no kick in it* cette bière est un peu plate *or* manque de vigueur **4.** *inf* [vitality, force] entrain *m*, allant *m* / *she's still got plenty of kick in her* elle a encore du ressort **5.** *inf* [fad] engouement *m* / *she's on a yoga kick at the moment* elle est emballée *or* elle ne jure que par le yoga en ce moment **6.** [recoil - of gun] recul *m*.

❖ **kick about** ◆ vi UK *inf* traîner / *don't just leave your clothes kicking about anywhere* ne laisse donc pas traîner tes vêtements n'importe où. ◆ vt sep = **kick around.**

❖ **kick about with** = **kick around with.**

❖ **kick against** vt insep *inf* regimber contre / *he was always trying to kick against the system* il n'arrêtait pas de regimber contre le système ▸ **to kick against the pricks** se rebeller en pure perte.

❖ **kick around** ◆ vt sep **1.** *lit* : *to kick a ball around* jouer au ballon / *they were kicking a tin can around* ils jouaient au foot avec une boîte de conserves **2.** *inf & fig* [idea] débattre / *we kicked a few ideas around* on a discuté à bâtons rompus **3.** *inf & fig* [mistreat] malmener, maltraiter / *I'm not going to let her kick me around* or *to be kicked by her any more* je ne vais plus me laisser faire par elle. ◆ vi UK *inf* traîner / *I know my old overalls are kicking around here somewhere* je suis sûr que mon vieux bleu de travail traîne quelque part par là.

❖ **kick around with** vt insep *inf* traîner avec / *who are you kicking around with these days?* avec qui tu traînes en ce moment ?

❖ **kick at** vt insep *inf* regimber contre.

❖ **kick back** ◆ vt sep **1.** [ball] renvoyer du pied **2.** US *inf* [money] verser / *he got 10% kicked back on the contract* il a touché 10 % du contrat en dessous-de-table. ◆ vi US se détendre.

❖ **kick down** vt sep [person] abattre *or* faire tomber à coups de pied ; [door] défoncer à coups de pied.

❖ **kick in** ◆ vt sep défoncer à coups de pied / *I'll kick his teeth in! inf* je vais lui casser la figure ! ◆ vi *inf* entrer en action.

❖ **kick off** ◆ vt sep **1.** [shoes] enlever d'un coup de pied **2.** *inf & fig* [start] démarrer **3.** SPORT donner le coup d'envoi à. ◆ vi **1.** SPORT donner le coup d'envoi / *they kicked off an hour late* le match a commencé avec une heure de retard **2.** *inf & fig* [start] démarrer, commencer.

❖ **kick out** ◆ vt sep *inf & lit* [person] chasser à coups de pied ; *fig* foutre dehors. ◆ vi **1.** [person] lancer des coups de pied ; [horse, donkey] ruer **2.** *inf* [complain] râler, rouspéter ; [revolt] se révolter.

❖ **kick over** vt sep renverser du pied *or* d'un coup de pied.

❖ **kick up** vt sep **1.** [dust, sand] faire voler (du pied) **2.** *inf & fig* ▸ **to kick up a fuss** *or* **a row (about sthg)** faire toute une histoire *or* tout un plat (au sujet de qqch) ▸ **to kick up a din** *or* **a racket** faire un boucan d'enfer.

kick-ass adj *inf* super.

kickback ['kɪkbæk] n **1.** *inf* [bribe] dessous-de-table *m inv*, pot-de-vin *m* **2.** TECH recul *m* **3.** [backlash] contrecoup *m*.

kickoff ['kɪkɒf] n **1.** SPORT coup *m* d'envoi / *the kick-off is at 3 pm* le coup d'envoi sera donné à 15 h **2.** UK *inf & fig* ▸ **for a kickoff** pour commencer.

kickpleat ['kɪkpli:t] n [in skirt] pli *m* d'aisance.

kickstand ['kɪkstænd] n béquille *f* (de moto).

kick-start ◆ n = **kick-starter.** ◆ vt démarrer (au kick) / *measures to kick-start the economy fig* des mesures pour faire repartir l'économie.

kick-starter n kick *m*.

kick turn n [in skiing] conversion *f*.

kid [kɪd] (*pt & pp* **kidded**, *cont* **kidding**) ◆ n **1.** *inf* [child, young person] gosse *mf*, môme *mf*, gamin *m*, -e *f* / *she's just a kid* ce n'est qu'une gamine or enfant / *listen to me, kid!* écoute-moi bien, petit ! / *that's kids' stuff* c'est pour les bébés / *college kids* US étudiants *mpl* / **'The Kid'** *Chaplin* 'le Gosse' / **'Butch Cassidy and the Sundance Kid'** *Hill* 'Butch Cassidy et le Kid' **2.** [young goat] chevreau *m*, chevrette *f* **3.** [hide] chevreau *m*. ◆ adj **1.** *inf* [young] : *kid brother* petit frère *m*, frérot *m* / *kid sister* petite sœur *f*, sœurette *f* **2.** [coat, jacket] en chevreau. ◆ vi *inf* [joke] blaguer / *I won it in a raffle — no kidding!* or *you're kidding!* je l'ai gagné dans une tombola — sans blague ! or tu rigoles ! / *don't get upset, I was just kidding* ne te fâche pas, je plaisantais or c'était une blague. ◆ vt *inf* **1.** [tease] taquiner, se moquer de / *they kidded him about his accent* ils se moquaient de lui à cause de son accent **2.** [deceive, mislead] charrier, faire marcher / *don't kid yourself!* il ne faut pas te leurrer or te faire d'illusions ! / *who do you think you're kidding?* tu te fous de moi ? / *you're not kidding!* je ne te le fais pas dire ! / *I kid you not* sans blague, sans rigoler.

❖ **kid around** vi *inf* raconter des blagues, rigoler.

❖ **kid on** UK *inf* ◆ vi faire semblant / *they were kidding on that I'd won* ils voulaient me faire croire que j'avais gagné. ◆ vt sep charrier, faire marcher.

kiddie ['kɪdɪ] *inf* = **kiddy.**

kidding ['kɪdɪŋ] n *(U) inf* plaisanterie *f*, plaisanteries *fpl*, blague *f*, blagues *fpl* / *kidding aside* blague à part, sans rigoler.

kiddo ['kɪdəʊ] (*pl* **kiddos**) n *inf* [addressing boy or young man] mon grand ; [addressing girl or young woman] ma grande.

kiddy ['kɪdɪ] (*pl* **kiddies**) n *inf* gosse *mf*, gamin *m*, -e *f*.

kiddy fiddler n UK *v inf* pédophile *mf*.

kid gloves pl n gants *mpl* de chevreau ▸ **to handle** or **to treat sb with kid gloves** prendre des gants avec qqn.

kidnap ['kɪdnæp] (UK *pt & pp* **kidnapped**, *cont* **kidnapping** ; US *pt & pp* **kidnaped**, *cont* **kidnaping**) ◆ vt enlever, kidnapper / **'Kidnapped'** *Stevenson* 'Enlevé'. ◆ n enlèvement *m*, rapt *m*, kidnapping *m*.

kidnaping ['kɪdnæpɪŋ] US = **kidnapping.**

kidnapper UK, **kidnaper** US ['kɪdnæpər] n ravisseur *m*, -euse *f*, kidnappeur *m*, -euse *f*.

kidnapping UK, **kidnaping** US ['kɪdnæpɪŋ] n enlèvement *m*, rapt *m*, kidnapping *m*.

kidney ['kɪdnɪ] ◆ n **1.** ANAT rein *m* **2.** CULIN rognon *m* / *pork kidneys* rognons de porc **3.** UK *liter* [temperament] nature *f*, caractère *f* / *a man of (quite) a different kidney* un homme d'un (tout) autre caractère. ◆ comp ANAT [ailment, trouble] des reins, rénal ▸ **kidney specialist** néphrologue *mf* ▸ **kidney stone** calcul *m* rénal.

kidney bean n haricot *m* rouge *or* de Soissons.

kidney machine n rein *m* artificiel / *he's on a kidney machine* il est sous rein artificiel *or* en dialyse *or* en hémodialyse.

kidology [kɪ'dɒlədʒɪ] n UK *inf* esbroufe *f*, bluff *m*.

kidskin ['kɪdskɪn] n (peau *f* de) chevreau *m*.

kidult n *inf* jeune adulte *mf*.

Kiev ['ki:ev] pr n Kiev.

kif [kɪf *or* ki:f] n *inf* kif *m*.

kike [kaɪk] n US *vulg terme antisémite désignant un juif* ; ≃ youpin *m*, -e *f v inf.*

kilim [kɪ'li:m] n kilim *m*.

Kilimanjaro [,kɪlɪmən'dʒɑ:rəʊ] pr n ▸ **(Mount) Kilimanjaro** le Kilimandjaro.

kill [kɪl] ◆ vt **1.** [person, animal] tuer ▸ **to kill o.s.** se tuer, se donner la mort *fml* / *the frost killed the flowers* le gel a tué les fleurs ; *fig* tuer / *I'll finish it even if it kills me* j'en viendrai à bout même si je dois me tuer à la tâche / *don't kill yourself working* ne te tue pas au travail / *he didn't exactly kill himself to find a job hum* il ne s'est pas trop fatigué pour trouver du travail / *don't kill yourself! hum* ne te fatigue pas trop !, ne te tue pas à la tâche ! / *if you tell them, I'll kill you!* si tu leur dis, je te tue ! / *this joke will kill you* cette plaisanterie va te faire mourir de rire / *they were killing themselves laughing* or *with laughter* ils étaient morts de rire ▸ **to kill two birds with one stone** *prov* faire d'une pierre deux coups ▸ **to kill time** tuer le temps **2.** *inf & fig* [cause pain to] faire très mal à / *these shoes are killing me* ces chaussures me font souffrir le martyre / *my back's killing me* j'ai très *or* horriblement mal au dos / *the heat will kill you* tu vas crever de chaleur **3.** [put an end to] tuer, mettre fin à / *the accident killed all his hopes of becoming a dancer* avec son accident ses espoirs de devenir danseur se sont évanouis *or* envolés **4.** [alleviate, deaden] atténuer, soulager / *this injection should kill the pain* cette piqûre devrait atténuer la douleur / *to kill the sound* étouffer or amortir le son **5.** *inf* POL [defeat] rejeter, faire échouer / *the Senate killed the appropriations bill* le Sénat a fait échouer le projet de loi de finances **6.** *inf* [cancel, remove] supprimer, enlever ; [computer file] effacer / *the editor had to kill the story* PRESS le rédacteur en chef a dû supprimer l'article **7.** *inf* [switch off] arrêter, couper / *to kill the engine* arrêter le moteur / *to kill the lights* éteindre les lumières. ◆ vi tuer / *to shoot to kill* tirer dans l'intention de tuer ▸ **thou shalt not kill** BIBLE tu ne tueras point ▸ **it's a case of kill or cure** c'est un remède de cheval. ◆ n **1.** mise *f* à mort / *the tiger had made three kills that week* le tigre avait tué à trois reprises or avait fait trois victimes cette semaine-là ▸ **to be in at the kill** assister au coup de grâce ▸ **to move in for the kill** donner or porter le coup de grâce **2.** [prey -killed by animal] proie *f* ; [-killed by hunter] chasse *f* / *the kill was plentiful* la chasse a été bonne.

❖ **kill off** vt sep tuer, exterminer / *high prices could kill off the tourist trade fig* des prix élevés pourraient porter un coup fatal au tourisme.

To kill someone with kindness

Dans *la Mégère apprivoisée*, de Shakespeare, le gentilhomme Petruchio tente de rendre plus docile Catharina, jeune femme au caractère épouvantable, en la privant, entre autres, de nourriture et de sommeil. Évoquant la «meilleure» façon de traiter une femme, Petruchio dit qu'il est possible de «tuer une femme en la comblant de bienfaits» **(to kill a wife with kindness)**. L'expression **to kill someone with kindness** est entrée dans l'usage, signifiant soit un excès de bonté qui peut finir par avoir des effets indésirables, soit le fait de répondre avec bienveillance à des actes ou des attitudes malveillants :

New research shows that Brits may be killing their pets with kindness. *Selon de récentes études, l'attention excessive que les Anglais portent à leurs animaux domestiques serait plus néfaste que positive.*

I love killing the mean guy next door with kindness; he knows I'm being overly sweet to him but he just can't do anything about it. *J'adore combler mon voisin teigneux d'amabilités ; il sait que cette prévenance exagérée n'est pas anodine, mais il ne peut rien faire.*

killer ['kɪlər] ◆ n **1.** *lit* tueur *m*, -euse *f* / *a convicted killer* une personne reconnue coupable d'homicide / *tuberculosis was once a major killer* jadis, la tuberculose faisait de nombreuses victimes or des ravages **2.** PHR ▸ **a real killer** *inf* : *the exam was a real killer* l'examen était d'une difficulté incroyable / *that walk was a real killer* cette promenade était vraiment crevante / *this joke is a real killer* cette histoire est à mourir de rire. ◆ comp [disease] meurtrier ▸ **a killer shark** un requin tueur. ◆ adj US *v inf* [excellent] d'enfer ▸ **killer abs / pecs** des abdos / des pectoraux d'enfer.

killer instinct n *fig* US *v inf* [excellent] : *he's got the killer instinct* c'est un battant / *he lacks the killer instinct* il manque d'agressivité or de combativité, il a trop de scrupules.

killer T-cell n lymphocyte *m* cytotoxique.

killer whale n épaulard *m*, orque *m*.

killing ['kɪlɪŋ] ◆ n **1.** [of person] assassinat *m*, meurtre *m* / *a wave of killings* une vague d'assassinats / *the killing of endangered species is forbidden* il est interdit de tuer un animal appartenant à une espèce en voie de disparition **2.** *inf* [profit] ▸ **to make a killing** se remplir les poches, s'en mettre plein les poches. ◆ adj UK *inf* **1.** [tiring] crevant, tuant **2.** *dated* [hilarious] tordant, bidonnant / *it was absolutely killing* c'était à se tordre or à mourir de rire.

killingly ['kɪlɪŋlɪ] adv UK *inf* : *it was killingly funny* c'était à se tordre or à mourir de rire.

killjoy ['kɪldʒɔɪ] n trouble-fête *mf* / *don't be such a killjoy!* ne sois pas rabat-joie !

kiln [kɪln] n four *m* (*à céramique, à briques, etc.*).

Kilner jar® ['kɪlnər-] n UK bocal *m* (à conserves).

kilo ['ki:ləʊ] (*pl* **kilos**) (abbr of **kilogram**) n kilo *m*.

kilobyte ['kɪləbaɪt] n kilobyte *m*, kilo-octet *m*.

kilocalorie ['kɪlə,kælərɪ] n kilocalorie *f*, grande calorie *f*.

kilocycle ['kɪlə,saɪkəl] n kilocycle *m*, kilohertz *m*.

kilogram(me) UK, **kilogram** US ['kɪlə,græm] n kilogramme *m*.

kilohertz ['kɪlə,hɜ:ts] n kilohertz *m*.

kilojoule ['kɪlə,dʒu:l] n kilojoule *m*.

kilolitre UK, **kiloliter** US ['kɪlə,li:tər] n kilolitre *m*.

kilometre UK, **kilometer** US ['kɪlə,mi:tər or kɪ'lɒmɪtər] n kilomètre *m*.

kiloton ['kɪlə,tʌn] n kilotonne *f*.

kilovolt ['kɪlə,vəʊlt] n kilovolt *m*.

kilowatt ['kɪlə,wɒt] n kilowatt *m*.

kilowatt-hour n kilowatt-heure *m*.

kilt [kɪlt] n kilt *m*.

kilted ['kɪltɪd] adj **1.** [person] en kilt **2.** [pleated] ▸ **kilted skirt** kilt *m*.

kilter ['kɪltər] ❖ **out of kilter** adj phr en dérangement, en panne.

kimono [kɪ'məʊnəʊ] (*pl* **kimonos**) n kimono *m*.

kin [kɪn] pl n parents *mpl*, famille *f*.

kind¹ [kaɪnd] n **1.** [sort, type] sorte *f*, type *m*, genre *m* / *hundreds of different kinds of books* des centaines de livres de toutes sortes / *they have every kind of bird imaginable* ils ont tous les oiseaux possibles et imaginables / *have you got any other kind?* en avez-vous d'autres ? / *all kinds of people* toutes sortes de gens / *what kind of people go there? — oh, all kinds* quel type de gens y va ? — oh, des gens très différents / *the place was packed with paintings of all kinds* il y avait là toutes sortes de tableaux / *it's a different kind of problem* c'est un tout autre problème, c'est un problème d'un autre ordre / *I think he's some kind of specialist* or *a specialist of some kind* je crois que c'est un genre de spécialiste / *are you some kind of nut? inf* tu es malade ou quoi ? / *what kind of fish is this?* quel type or quelle sorte de poisson est-ce ? / *what kind of computer have you got?* qu'est-ce que vous avez comme (marque d')ordinateur ? / *what kind of person do you think I am?* pour qui me prenez-vous ? / *it's all right, if you like that kind of thing* c'est bien si vous aimez ce genre de choses / *his books are not the kind to become best-sellers* ses livres ne sont pas du genre à devenir des best-sellers / *he's not the kind that would betray his friends* il n'est pas du genre à trahir ses amis / *they're not our kind of people* [not the sort we mix with] nous ne sommes pas du même monde / *Las Vegas is my kind of town* Las Vegas est le genre de ville que j'aime / *she's not the marrying kind* elle n'est pas du genre à se marier ▸ **nothing of the kind** : *I said nothing of the kind!* je n'ai rien dit de pareil or de tel ! / *you were drunk last night — I was nothing of the kind!* tu étais ivre hier soir — absolument pas or mais pas du tout ! / **'A Kind of Loving'** *Barstow, Schlesinger* 'Un amour pas comme les autres' **2.** [class of person, thing] : *he's a traitor to his kind* il a trahi les siens / *it's one of the finest of its kind* **a)** [animal] c'est l'un des plus beaux spécimens de son espèce **b)** [object] c'est l'un des plus beaux dans son genre **3.** PHR **a kind of** une sorte de, une espèce de / *a hat with a kind of (a) veil* un chapeau avec une espèce de voilette / *she had a kind of fit* elle a eu une sorte d'attaque / *I had a kind of (a) feeling you'd come* j'avais comme l'impression que tu viendrais ▸ **kind of** *inf* plutôt / *it's kind of big and round* c'est plutôt or dans le genre grand et rond / *I'm kind of sad about it* ça me rend un peu triste / *did you hit him? — well, kind of* tu l'as frappé ? — oui, si on veut / *we just kind of wandered about* on s'est un peu baladés ▸ **of a kind** : *they're two of a kind* ils sont de la même espèce / *one of a kind* unique (en son genre) / *did he give you any tips? — of a kind* vous a-t-il donné des conseils ? — si on peut appeler ça des conseils / *it's work of a kind, but only as a stopgap* c'est un emploi, d'accord, mais pas pour très longtemps.

❖ **in kind** adv phr **1.** [with goods, services] en nature ▸ **to pay sb in kind** payer qqn en nature **2.** [in similar fashion] de même / *he insulted me, and I replied in kind* il m'a insulté, et je lui ai rendu la monnaie de sa pièce.

kind² [kaɪnd] adj **1.** [good-natured, considerate] gentil, aimable / *she's a very kind woman* c'est une femme très gentille or une femme d'une grande bonté ▸ **to be kind to sb** être gentil avec qqn / *it's very kind of you to take an interest* c'est très gentil à vous de vous y intéresser / *how kind!* comme c'est gentil ! / *she was kind enough to say nothing* elle a eu la gentillesse de ne rien dire / *would you be so kind as to post this for me?* auriez-vous l'amabilité de mettre ceci à la poste pour moi ? ; [favourable] favorable / *most of the reviews were kind to the actors* la plupart des critiques étaient favorables aux acteurs / **'Kind Hearts and Coronets'** *Hamer* 'Noblesse oblige' **2.** [delicate, not harmful] doux (douce) / *a detergent that is kind to your hands* une lessive qui n'abîme pas les mains.

kinda ['kaɪndə] US *v inf* abbr of **kind of**.

kindergarten ['kɪndə,gɑ:tn] n US jardin *m* d'enfants, (école *f*) maternelle *f*.

kindergartner ['kɪndə,gɑ:tnər] n [child] enfant *m* de maternelle.

kind-hearted adj bon, généreux / *she's very kind-hearted* elle a bon cœur, elle est d'une grande générosité.

kind-heartedly [-'hɑ:tɪdlɪ] adv avec bonté, généreusement.

kind-heartedness [-'hɑ:tɪdnɪs] n bonté *f*, générosité *f*.

kindle ['kɪndl] ◆ vt **1.** [wood] allumer, faire brûler **2.** *fig* [interest] susciter ; [passion] embraser, enflammer ; [hatred, jealousy] attiser, susciter. ◆ vi **1.** [wood] s'enflammer, brûler **2.** *fig* [passion, desire] s'embraser, s'enflammer ; [interest] s'éveiller.

kindliness ['kaɪndlɪnɪs] n gentillesse *f*, amabilité *f*, bonté *f*.

kindling ['kɪndlɪŋ] n petit bois *m*, bois *m* d'allumage.

kindly ['kaɪndlɪ] (*compar* **kindlier**, *superl* **kindliest**) ◆ adv **1.** [affably, warmly] chaleureusement, affablement / *he has always treated me kindly* il a toujours été gentil avec moi **2.** [obligingly] gentiment, obligeamment / *she kindly offered to help us* elle a gentiment offert de nous aider **3.** [favourably] ▸ **to look kindly on sthg** voir qqch d'un bon œil / *they don't take kindly to people arriving late* ils n'apprécient pas beaucoup or tellement qu'on arrive en retard / *I have always thought kindly of him* j'ai toujours eu une bonne opinion de lui **4.** [in polite requests] : *would* or *will you kindly pass the salt?* auriez-vous la gentillesse or l'amabilité de me passer le sel ? / *kindly reply by return of post* prière de répondre par retour du courrier / *kindly refrain from smoking* prière de ne pas fumer ; [in anger or annoyance] : *will you kindly sit down!* asseyez-vous, je vous prie ! ◆ adj [person, attitude] gentil ; [smile] bienveillant.

kindness ['kaɪndnɪs] n **1.** [thoughtfulness] bonté *f*, gentillesse *f* / *an act of kindness* un acte de bonté / *she did it out of the kindness of her heart* elle l'a fait par bonté d'âme **2.** UK [considerate act] service *m* ▸ **to do sb a kindness** rendre service à qqn / *please do me the kindness of replying fml* pourriez-vous être assez gentil pour or pourriez-vous avoir l'amabilité de me donner une réponse ?

kindred ['kɪndrɪd] ◆ n *arch & liter* [relationship] parenté *f* ; [family] famille *f*, parents *mpl*. ◆ adj [related] apparenté ; [similar] similaire, analogue ▸ **kindred spirits** âmes *fpl* sœurs.

kinematics [,kɪnɪ'mætɪks] n (*U*) cinématique *f*.

kinesics [kɪ'ni:zɪks] n *(U)* kinésique *f*.

kinetic [kɪ'netɪk] adj cinétique.

kinetic art n art *m* cinétique.

kinetic energy n énergie *f* cinétique.

kinetics [kɪ'netɪks] n *(U)* cinétique *f*.

kinfolk ['kɪnfəʊk] US = **kinsfolk**.

king [kɪŋ] n **1.** roi *m* ▸ **King Henry the Eighth** le roi Henri VIII ▸ **the King of Spain / Belgium** le roi d'Espagne / des Belges ▸ **the Three Kings** les trois Mages, les Rois mages ▸ **the king of (the) beasts** *fig* le roi des animaux / *the fast-food king fig* le roi or magnat de la restauration rapide ▸ **to live like a king** vivre en grand seigneur ▸ **to pay a king's ransom (for sthg)** payer une fortune or un prix fou (pour qqch) ▸ **I'm the king of the castle!** *inf* [in children's games] c'est moi le plus fort! / **'King John'** *Shakespeare* 'le Roi Jean' / **'King Lear'** *Shakespeare* 'le Roi Lear' / **'King Solomon's Mines'** *Haggard* 'les Mines du roi Salomon' **2.** [in cards and chess] roi *m* ; [in draughts] dame *f* / *the king of hearts* le roi de cœur.

❖ **Kings** n ▸ **(the book of) Kings** BIBLE (le livre des) Rois.

kingbolt ['kɪŋbəʊlt] n MECH pivot *m*, cheville *f* ouvrière.

King Charles spaniel n king-charles *m inv*.

king cobra n cobra *m* royal, hamadryade *f*.

kingcup ['kɪŋkʌp] n UK populage *m*, souci *m* d'eau.

kingdom ['kɪŋdəm] n **1.** [realm] royaume *m* / *the kingdom of God / Heaven* BIBLE le royaume de Dieu / des cieux ▸ **till kingdom come** jusqu'à la fin des temps / *they were blown to kingdom come* ils ont été expédiés dans l'autre monde or dans l'au-delà **2.** [division] règne *m* ▸ **the animal / vegetable / mineral kingdom** le règne animal / végétal / minéral.

King Edward n [potato] (pomme de terre) King Edward *f*.

kingfisher ['kɪŋ,fɪʃəʳ] n martin-pêcheur *m*.

kingly ['kɪŋlɪ] (*compar* **kinglier**, *superl* **kingliest**) adj royal, majestueux / *to behave in a kingly manner* **a)** [be like a king] se conduire en roi **b)** [be generous] se conduire comme un prince.

kingmaker ['kɪŋ,meɪkəʳ] n HIST faiseur *m* de rois ; POL & *fig personne qui fait ou défait les candidats politiques*.

king penguin n manchot *m* royal.

kingpin ['kɪŋpɪn] n **1.** TECH pivot *m* **2.** *fig* pivot *m*, cheville *f* ouvrière.

king prawn n (grosse) crevette *f*.

King's Bench (Division) n ≃ cour *f* d'assises *(en Grande-Bretagne et au Canada)*.

King's Counsel n avocat *m* de la couronne *(en Grande-Bretagne)*.

King's English n UK ▸ **the King's English** le bon anglais.

King's evidence n UK ▸ **to turn King's evidence** témoigner contre ses complices.

King's highway n UK ▸ **the King's highway** la voie publique.

kingship ['kɪŋʃɪp] n royauté *f*.

king-size(d) adj [bed, mattress] (très) grand ; [cigarette] long (longue) ; [packet, container] géant / *I've got a king-sized hangover inf & fig* j'ai une gueule de bois carabinée.

Kings Road pr n *rue chic de Londres très à la mode dans les années 1960*.

kink [kɪŋk] ◆ n **1.** [in rope, wire] nœud *m* ; [in hair] boucle *f*, frisette *f* **2.** *inf & fig* [sexual deviation] perversion *f*, aberration *f* ; [quirk] bizarrerie *f*, excentricité *f* **3.** US *inf* [flaw] problème *m*. ◆ vt [rope, cable] entortiller, emmêler. ◆ vi [rope, cable] s'entortiller, s'emmêler.

kinkajou ['kɪŋkədʒu:] n kinkajou *m*.

kinky ['kɪŋkɪ] (*compar* **kinkier**, *superl* **kinkiest**) adj **1.** *inf* [behaviour] farfelu ; [sexually] vicieux, pervers / *he likes kinky sex* il a des goûts sexuels un peu spéciaux / *she wears kinky clothes* elle a une façon très spéciale de s'habiller **2.** [rope, cable] entortillé, emmêlé ; [hair] crépu, frisé.

kinsfolk ['kɪnzfəʊk] pl n parents *mpl*, famille *f*.

Kinshasa [kɪn'ʃæsə] pr n Kinshasa.

kinship ['kɪnʃɪp] n [relationship] parenté *f* ; *fig* [closeness] intimité *f* / *I feel no real kinship with my colleagues* je ne me sens pas du tout proche de mes collègues.

kinsman ['kɪnzmən] (*pl* **kinsmen** [-mən]) n parent *m*.

kinswoman ['kɪnz,wʊmən] (*pl* **kinswomen** [-,wɪmɪn]) n parente *f*.

kiosk ['ki:ɒsk] n [for newspapers, magazines] kiosque *m* ; US [for advertisements] ≃ colonne *f* Morris.

kip [kɪp] (*pt & pp* **kipped**, *cont* **kipping**) UK *inf* ◆ n [sleep] roupillon *m* ▸ **to have a** or **to get some kip** faire or piquer un roupillon / *I got no kip last night* je n'ai pas fermé l'œil de la nuit. ◆ vi roupiller.

❖ **kip down** vi *inf* se pieuter.

kipper ['kɪpəʳ] ◆ n hareng *m* fumé, kipper *m*. ◆ vt [fish] fumer ▸ **kippered herring** hareng *m* fumé, kipper *m*.

kipper tie n large cravate *f*.

KIPS [kɪps] (abbr of **kilo instructions per second**) n COMPUT *millier d'instructions par seconde*.

kirby-grip ['kɜ:bɪ-] n UK pince *f* à cheveux.

Kirgizia [kɜ:'gɪzɪə] pr n Kirghizie *f* / *in Kirgizia* en Khirgizie.

Kirgizstan [,kɪrgɪz'stɑ:n] n Kirghizistan *m*.

Kiribati ['kɪrɪbæti] n Kiribati *m*.

Kiritimati [kɪ'rɪsɪmæti] n GEOG Kiritimati *m*.

kirk [kɜ:k] n Scot église *f*.

kirsch [kɪəʃ] n Kirsch *m*.

kiss [kɪs] ◆ n **1.** baiser *m* / *they gave her a kiss* ils l'ont embrassée / *give us a kiss!* fais-moi un (gros) bisou ! / *she gave him a goodnight kiss* elle lui a souhaité une bonne nuit en l'embrassant, elle l'a embrassé pour lui souhaiter (une) bonne nuit ▸ **to give sb the kiss of life** faire du bouche-à-bouche à qqn / *it could be the kiss of life for the building trade* cela pourrait permettre à l'industrie du bâtiment de retrouver un or son second souffle ▸ **kiss of death** coup fatal / *the new supermarket was the kiss of death for local shopkeepers* l'ouverture du supermarché a entraîné la ruine des petits commerçants / **'The Kiss'** *Rodin* 'le Baiser' **2.** [sweet] ▸ **chocolate kiss** (petit) bonbon *m* au chocolat **3.** [in snooker] touche *f*, contre *m*. ◆ vt **1.** [with lips] embrasser / *he kissed her on the lips / forehead* il l'embrassa sur la bouche / sur le front / *he kissed her hand* il lui a baisé la main, il lui a fait le baisemain *liter* / *I kissed her goodnight* je l'ai embrassée or je lui ai fait une bise pour lui souhaiter (une) bonne nuit / *kiss your dad goodnight!* embrasse ton père or fais une bise à ton père avant d'aller te coucher ! ▸ **to kiss sthg goodbye, to kiss goodbye to sthg** *inf* : *you can kiss your money goodbye!* tu peux faire ton deuil de or tu peux faire une croix sur ton fric ! / **'Kiss me, Kate!'** *Porter* 'Embrasse-moi, Kate !' **2.** *liter* [touch lightly] caresser / *the sunlight kissed her hair* le soleil lui caressait les cheveux **3.** [in snooker] toucher. ◆ vi **1.** s'embrasser / *they kissed goodbye* ils se sont dit au revoir en s'embrassant ▸ **to kiss and make up** s'embrasser et faire la paix **2.** [in snooker] se toucher.

❖ **kiss away** vt sep : *she kissed away my tears* ses baisers ont séché mes larmes.

❖ **kiss off** US *v inf* ◆ vt sep **1.** [dismiss] envoyer promener **2.** [kill] descendre, buter. ◆ vi ▸ **kiss off!** va te faire voir !

kissagram ['kɪsəgræm] n baiser *m* par porteur spécial *(service utilisé à l'occasion d'un anniversaire, etc.)*.

kiss-and-tell adj PRESS : *another kiss-and-tell story by an ex-girlfriend* encore des révélations intimes faites or des secrets d'alcôve dévoilés par une ancienne petite amie.

kiss curl n UK accroche-cœur *m*.

kisser ['kɪsəʳ] n **1.** [person] : *is he a good kisser?* est-ce qu'il embrasse bien ? **2.** *inf* [face, mouth] tronche *f*.

kiss-me-quick adj UK ▸ **kiss-me-quick hat** *chapeau portant les mots « kiss me quick », traditionnellement vendu dans les stations balnéaires*.

kiss-off n US *v inf* ▸ **to give sb the kiss-off** envoyer promener qqn.

kit [kɪt] (*pt & pp* **kitted**, *cont* **kitting**) n **1.** [set] trousse *f* ▸ **tool / sewing kit** trousse à outils / à couture **2.** [equipment] affaires *fpl*, matériel *m* / *have you got your squash kit?* as-tu tes affaires de squash ? / *get your kit off! v inf & hum* à poil ! / *this camera's a nice piece of kit* c'est un très bel appareil ▸ **the whole kit and caboodle** *inf* tout le bazar or bataclan **3.** [soldier's gear] fourniment *m* / *in full battle kit* en tenue de combat ▸ **kit inspection** revue *f* de détail **4.** [parts to be assembled] kit *m* / *it's sold in kit form* c'est vendu en kit / *model aircraft kit* maquette *f* d'avion.

❖ **kit out, kit up** vt sep UK *inf* équiper / *we kitted ourselves out for a long trip* nous nous sommes équipés pour un long voyage / *he was kitted out for golf* il était en tenue de golf.

KIT MESSAGING written abbr of **keep in touch**.

kit bag n UK musette *f*, sac *m* de toile.

kitchen ['kɪtʃɪn] ◆ n cuisine *f*. ◆ comp [salt, scissors, table, utensil] de cuisine ▸ **kitchen floor** sol *m* de la cuisine ▸ **kitchen shop** magasin *m* d'articles de cuisine.

kitchen cabinet n **1.** [furniture] buffet *m* (de cuisine) **2.** UK POL cabinet *m* restreint *(conseillers proches du chef du gouvernement)*.

kitchenette [,kɪtʃɪ'net] n kitchenette *f*, cuisinette *f offic*.

kitchen foil n aluminium *m* ménager, papier *m* d'aluminium or d'alu.

kitchen garden n UK (jardin *m*) potager *m*.

kitchen paper, kitchen roll n UK essuie-tout *m*, Sopalin® *m*.

kitchen sink n évier *m* ▸ **everything but the kitchen sink** *fig & hum* tout sauf les murs ▸ **kitchen sink drama** *théâtre et cinéma réalistes des années 1950-1960 dépeignant l'ennui et la misère des gens ordinaires*.

kitchen unit n élément *m* (de cuisine).

kitchenware ['kɪtʃɪnweəʳ] n vaisselle *f* et ustensiles *mpl* de cuisine.

kite [kaɪt] ◆ n **1.** [toy] cerf-volant *m* ▸ **to fly a kite** **a)** *lit* faire voler un cerf-volant **b)** *fig* lancer un ballon d'essai ▸ **go fly a kite!** US *inf* va te faire voir ! **2.** ORNITH milan *m* **3.** UK *inf & dated* [aeroplane] zinc *m*. ◆ vi s'envoler.

Kite mark n *label représentant un petit cerf-volant apposé sur les produits conformes aux normes officielles britanniques*.

kitesurfing ['kaɪtsɜ:fɪŋ] n kitesurf *m*.

kith [kɪθ] pl n ▸ **kith and kin** amis *mpl* et parents *mpl* / *he's one of our own kith and kin* il est l'un des nôtres.

kitsch [kɪtʃ] ◆ adj kitsch. ◆ n kitsch *m*.

kitschy ['kɪtʃɪ] (*compar* **kitschier**, *superl* **kitschiest**) = **kitsch** *(adj)*.

kitten ['kɪtn] n chaton *m* / *our cat has had kittens* notre chatte a eu des petits / *he was having kittens* UK *inf* il était dans tous ses états or aux cent coups.

kitten heel n petit talon *m*.

kittenish ['kɪtənɪʃ] adj [playful] joueur, espiègle ; [flirtatious] coquet.

kittiwake ['kɪtɪweɪk] n mouette *f* tridactyle.

kitty ['kɪtɪ] (*pl* **kitties**) n **1.** *inf* [kitten] chaton *m* / *here, kitty kitty* viens, mon minou or minet **2.** [funds held in common] cagnotte *f*, caisse *f* (commune) ; [in gambling] cagnotte *f*.

kitty-corner US = **cater-corner**.

kiwi ['ki:wi:] n **1.** ORNITH kiwi *m*, aptéryx *m* **2.** [fruit] kiwi *m*.

Kiwi n *inf* [New Zealander] Néo-Zélandais *m*, -e *f* ▸ **the Kiwis** [rugby team] les Kiwis.

kiwi fruit n kiwi *m*.

KK MESSAGING OK.

KKK pr n abbr of **Ku Klux Klan**.

Klan [klæn] = **Ku Klux Klan**.

Klansman ['klænzmən] (*pl* **Klansmen** [-mən]) n membre *m* du Ku Klux Klan.

Klaxon® ['klæksn] n UK AUTO Klaxon® *m*.

Kleenex® ['kli:neks] n Kleenex® *m inv*, mouchoir *m* en papier.

kleptomania [,kleptə'meɪnɪə] n kleptomanie *f*, cleptomanie *f*.

kleptomaniac [,kleptə'meɪnɪæk] ◆ adj kleptomane, cleptomane. ◆ n kleptomane *mf*, cleptomane *mf*.

klieg light [kli:g-] n US lampe *f* à arc.

Klondike ['klɒndaɪk] pr n ▸ **the Klondike (River)** le Klondike ▸ **the Klondike gold rush** *la ruée vers l'or, aux États-Unis.*

klutz [klʌts] n *inf* balourd *m*, -e *f*, godiche *f*.

klystron ['klaɪstrɒn] n klystron *m*.

km (written abbr of **kilometre**) km.

km/h (written abbr of **kilometres per hour**) km/h.

knack [næk] n tour *m* de main, truc *m* / *it's easy, once you get the knack (of it)* c'est facile, une fois qu'on a compris le truc / *she's got a knack of finding the right word* elle sait toujours trouver le mot juste / *he's got a knack of turning up at meal-times hum* il a le chic pour arriver aux heures des repas.

knacker ['nækər] UK ◆ vt *v inf* crever / *that run completely knackered me* cette course m'a mis sur les genoux. ◆ n **1.** [slaughterer] équarrisseur *m* ▸ **knacker's yard** équarrissoir *m*, abattoir *m* **2.** [in real estate] démolisseur *m*.

knackers pl n UK *vulg* [testicles] couilles *fpl*.

knackered ['nækəd] adj *v inf* [tired] crevé ; [engine] mort.

knapsack ['næpsæk] n havresac *m*, sac *m* à dos.

knave [neɪv] n **1.** *arch* [rogue] fripon *m liter*, canaille *f* **2.** *fml* CARDS valet *m*.

knavery ['neɪvərɪ] (*pl* **knaveries**) n *arch* friponnerie *f*, canaillerie *f*, malhonnêteté *f*.

knavish ['neɪvɪʃ] adj *arch* [person] fripon ; [trick, deed] de fripon, de canaille.

knead [ni:d] vt [dough, clay] pétrir, malaxer ; [massage -body] pétrir, malaxer.

knee [ni:] ◆ n **1.** ANAT genou *m* / *the snow was up to our knees* or *we were up to our knees in snow* on avait de la neige jusqu'aux genoux ▸ **to go down on one's knees** or **to fall to one's knees** se mettre à genoux ▸ **to be on one's knees** *lit & fig* être à genoux ▸ **to bring sb to his / her knees** faire capituler qqn / *the war nearly brought the country to its knees* la guerre a failli entraîner la ruine du pays **2.** [of trousers] genou *m* / *worn at the knee(s)* usé aux genoux **3.** [lap] genoux *mpl* / *come and sit on my knee* viens t'asseoir sur mes genoux ▸ **to put sb over one's knee** donner la fessée à or corriger qqn / *I learnt it at my mother's knee* c'est ma mère qui me l'a appris lorsque je n'étais qu'un enfant ▸ **on bended knee** à genoux ▸ **to go down on bended knee** se mettre à genoux **4.** TECH [in a pipe] genou *m*, coude *m* ; [device] rotule *f*. ◆ vt donner un coup de genou à / *he kneed me in the groin* il m'a donné un coup de genou dans l'aine.

knee breeches pl n UK knickers *mpl*.

kneecap ['ni:kæp] (*pt & pp* **kneecapped**, *cont* **kneecapping**) ◆ n ANAT rotule *f*. ◆ vt : *he was kneecapped* on lui a brisé les rotules.

kneecapping ['ni:kæpɪŋ] n mutilation *f* des rotules.

knee-deep adj : *the snow was knee-deep* on avait de la neige jusqu'aux genoux / *the water was only knee-deep* l'eau ne nous arrivait qu'aux genoux / *we were knee-deep in water* l'eau nous arrivait or nous étions dans l'eau jusqu'aux genoux / *he was knee-deep in trouble fig* il était dans les ennuis jusqu'au cou.

knee drop n [in wrestling] projection *f* sur le genou.

knee-high adj [grass] à hauteur de genou / *knee-high socks* chaussettes *fpl* montantes / *the grass was knee-high* l'herbe nous arrivait (jusqu')aux genoux ▸ **knee-high to a grasshopper** *inf & hum* haut comme trois pommes.

knee jerk n réflexe *m* rotulien.

knee-jerk adj automatique / *knee jerk reaction fig & pej* réflexe *m*, automatisme *m* / *knee jerk support* POL soutien *m* systématique or inconditionnel.

knee joint n articulation *f* du genou.

kneel [ni:l] (*pt & pp* **knelt** [nelt] or **kneeled**) vi s'agenouiller, se mettre à genoux / *she was kneeling on the floor* elle était agenouillée or à genoux par terre / *to kneel in prayer* s'agenouiller pour prier ▸ **to kneel before sb** se mettre à genoux devant qqn.

kneel down vi se mettre à genoux, s'agenouiller.

knee-length adj : *a knee-length skirt* une jupe qui descend jusqu'au genou.

knee level n ▸ **at knee level** à hauteur du genou.

kneeling ['ni:lɪŋ] adj agenouillé, à genoux / *in a kneeling position* à genoux.

knee pad n genouillère *f*.

kneepan ['ni:pæn] n ANAT patelle *f*, rotule *f*.

knee reflex n réflexe *m* rotulien.

kneeroom ['ni:rʊm] n : *have you got enough kneeroom?* avez-vous assez de place pour vos genoux or vos jambes ?

knees-up n UK *inf* [dance] danse *f* (agitée) ; [party] fête *f*.

knee-trembler [-tremblər] n UK *inf & hum* : *to have a knee-trembler* faire l'amour debout.

knell [nel] n *liter* glas *m* ▸ **to toll the knell** sonner le glas.

knelt [nelt] pt & pp ⟶ **kneel**.

knew [nju:] pt ⟶ **know**.

knickerbocker glory ['nɪkəbɒkər-] n *coupe de glace avec fruits et crème Chantilly.*

knickerbockers ['nɪkəbɒkəz] pl n knickers *mpl* ; [for golf] culotte *f* de golf.

knickers ['nɪkəz] ◆ pl n **1.** UK [underwear] ▸ **(pair of) knickers** culotte *f*, slip *m (de femme)* ▸ **don't get your knickers in a twist! a)** *inf* [don't panic] ne t'affole pas ! **b)** [don't get angry] du calme !, calme-toi ! **2.** US = **knickerbockers**. ◆ interj UK *inf & dated* ▸ **knickers!** mon œil !

knick-knack ['nɪknæk] n [trinket] bibelot *m* ; [brooch] colifichet *m*.

knife [naɪf] (*pl* **knives** [naɪvz]) ◆ n **1.** [for eating] couteau *m* / *a knife and fork* une fourchette et un couteau / *her words cut me like a knife* ses paroles m'ont piqué au vif or profondément blessé ▸ **fish knife** couteau *m* à poisson ▸ **like a knife through butter** comme dans du beurre ▸ **to be** or **to go under the knife** *inf* passer sur le billard **2.** [as a weapon] couteau *m* / *to carry a knife* porter un couteau sur soi / *she really got her knife into them* elle en avait drôlement après eux, elle leur en voulait drôlement ▸ **the knives are out** ils sont à couteaux tirés or en guerre ouverte / *you really stuck the knife in! inf* tu ne l'as pas loupé ! ▸ **to turn** or **to twist the knife (in the wound)** retourner le couteau dans la plaie. ◆ comp ▸ **a knife wound / attack** une blessure / une attaque à coups de couteau. ◆ vt donner un coup de couteau à ▸ **to knife sb to death** tuer qqn à coups de couteau / *he was knifed* il a reçu un coup de couteau / *he was knifed in the back* **a)** *lit* il a reçu un coup de couteau or on lui a planté un couteau dans le dos **b)** *fig* on lui a tiré dans le dos or dans les pattes.

knife crime n attaques *fpl* à l'arme blanche / *is knife crime on the increase?* y a-t-il une recrudescence des attaques à l'arme blanche ?

knife-edge n **1.** [blade] fil *m* d'un couteau / *we were on a knife-edge fig* on était sur des charbons ardents / *his decision was (balanced) on a knife-edge* sa décision ne tenait qu'à un fil **2.** [of scales] couteau *m*.

knife-grinder n rémouleur *m*.

knife pleat n pli *m* plat.

knife-point n ▸ **at knife-point** sous la menace du couteau / *a knife-point attack* une agression avec menaces à l'arme blanche.

knife-rest n porte-couteau *m*.

knife-sharpener n [automatic] aiguisoir *m* ; [manual] fusil *m* (à aiguiser).

knifing ['naɪfɪŋ] n agression *f* à coups de couteau.

knight [naɪt] ◆ n **1.** HIST chevalier *m* ▸ **the Knights of the Round Table** les Chevaliers de la Table ronde ▸ **a knight in shining armour a)** [romantic hero] un prince charmant **b)** [saviour] un sauveur, un redresseur de torts **2.** UK [honorary title] chevalier *m* / *Laurence Olivier was made a knight* Laurence Olivier a été anobli or fait chevalier **3.** [chess piece] cavalier *m*. ◆ vt faire chevalier.

knight-errant (*pl* **knights-errant**) n HIST & *liter* chevalier *m* errant.

knighthood ['naɪthʊd] n **1.** UK [title] titre *m* de chevalier ▸ **to receive a knighthood** être fait chevalier, être anobli **2.** HIST chevalerie *f*.

knightly ['naɪtlɪ] adj chevaleresque.

Knightsbridge ['naɪtsbrɪdʒ] pr n *quartier chic de Londres connu pour ses magasins de luxe.*

knit [nɪt] (*pt & pp* **knit** or **knitted**, *cont* **knitting**) ◆ vt **1.** tricoter / *he knitted himself a scarf* il s'est tricoté une écharpe **2.** [in instructions] : *knit 2 purl 2* (tricoter) 2 mailles à l'endroit, 2 mailles à l'envers / *knit 2 together* tricoter 2 mailles ensemble **3.** [unite] unir **4.** PHR **to knit one's brows** froncer les sourcils. ◆ vi tricoter / *I like to knit in the evenings* j'aime bien tricoter or faire du tricot le soir.

knit together ◆ vi [heal -bones] se souder. ◆ vt sep [unite] unir ; MED [bones] souder.

knit up ◆ vi [yarn] : *this wool knits up easily* cette laine se tricote facilement. ◆ vt sep [garment] tricoter / *she knitted up a scarf from the spare wool* elle a fait une écharpe avec la laine qui restait.

-knit in comp **1.** [of woollen garment] ▸ **a chunky-knit sweater** un gros pull, un pull en grosse laine **2.** [united] ▸ **a close-knit family** une famille très unie.

knitted ['nɪtɪd] adj tricoté, en tricot.

knitter ['nɪtər] n tricoteur *m*, -euse *f* / *she's a good / a quick knitter* elle tricote bien / vite.

knitting ['nɪtɪŋ] ◆ n **1.** [garment] tricot *m* / *have you seen my knitting?* avez-vous vu mon tricot ? **2.** [activity] tricot *m* ; [on industrial scale] tricotage *m* / *to do some knitting* faire du tricot / *knitting helps me relax* le tricot m'aide à me détendre ▸ **machine knitting** tricots faits à la machine. ◆ comp [wool] à tricoter ; [pattern] de tricot ; [factory] de tricotage.

knitting machine n machine *f* à tricoter.

knitting needle, knitting pin n aiguille *f* à tricoter.

knitwear ['nɪtweər] n [garments] tricots *mpl*, pulls *mpl* ; [in department store] rayon *m* pulls / *knitwear manufacturer* fabricant *m* de tricots.

knives [naɪvz] pl ⟶ **knife**.

knob [nɒb] n **1.** [handle -of door, drawer] poignée *f*, bouton *m* ▸ **the same to you with knobs on!** UK *inf* toi-même ! **2.** [control -on appliance] bouton *m* **3.** [ball-shaped end -of walking stick] pommeau *m* ; [-on furniture] bouton *m* **4.** [of butter] noix *f* **5.** [hillock] monticule *m* **6.** UK *vulg* [penis] queue *f*, bite *f*.

knobbly UK ['nɒblɪ] (*compar* **knobblier**, *superl* **knobbliest**), **knobby** US ['nɒbɪ] (*compar* **knobbier**, *superl* **knobbiest**) adj noueux ▸ **knobbly knees** genoux couverts de bosses.

knock [nɒk] ◆ vt **1.** [hit] : *to knock a nail in* enfoncer un clou / *she knocked a nail into / she knocked a hole in the wall* elle a planté un clou / elle a fait un trou dans le mur / *he was knocked into the ditch* il a été projeté dans le fossé / *the boy was knocking the ball* *against the wall* le garçon lançait or envoyait la balle contre le mur / *the force of the explosion knocked us to the floor* la force de l'explosion nous a projetés à terre ▸ **to knock sb unconscious** or **cold** *inf* assommer qqn / *the boom knocked him off balance* la bôme, en le heurtant, l'a déséquilibré or lui a fait perdre l'équilibre / *the news knocked me off balance fig* la nouvelle m'a sidéré or coupé le souffle ; [bump] heurter, cogner / *I knocked my head on* or *against the low ceiling* je me suis cogné la tête contre le or au plafond **2.** *fig* ▸ **to knock holes in a plan** / **an argument** démolir un projet / un argument / *maybe it will knock some sense into him* cela lui mettra peut-être du plomb dans la cervelle, cela le ramènera peut-être à la raison / *he knocked all our hopes on the head* UK il a réduit nos espoirs à néant / *he can knock spots off me at chess* / *tennis* UK il me bat à plate couture aux échecs / au tennis / *it really knocked me for a loop* US *inf* ça m'a vraiment scié **3.** *inf* [criticize - author, film] éreinter ; [- driving, cooking] critiquer / *knocking your colleagues isn't going to help* ce n'est pas en débinant vos collègues or en cassant du sucre sur le dos de vos collègues que vous changerez quoi que ce soit / *they're always knocking the trade unions* ils n'arrêtent pas de taper sur les syndicats **4.** UK *v inf* [have sex with] se faire, se taper. ◆ vi **1.** [hit] frapper ▸ **to knock on** or **at the door** frapper (à la porte) / *she came in without knocking* elle est entrée sans frapper / *they knock on the wall when we're too noisy* ils tapent or cognent contre le mur quand on fait trop de bruit / *it was a branch knocking against the window* c'était une branche qui cognait contre la fenêtre **2.** [bump] ▸ **to knock against** or **into** heurter, cogner / *she knocked into the desk* elle s'est heurtée or cognée contre le bureau / *my elbow knocked against the door frame* je me suis cogné or heurté le coude contre le chambranle de la porte **3.** [make symptomatic sound] cogner / *my heart was knocking* je sentais mon cœur cogner dans ma poitrine, j'avais le cœur qui cognait / *the car engine is knocking* le moteur cogne / *his knees were knocking hum* ses genoux jouaient des castagnettes / *the pipes knock when you run the taps* les tuyaux cognent quand on ouvre les robinets. ◆ n **1.** [blow] coup *m* / *give it a knock with a hammer* donne un coup de marteau dessus / *there was a knock at the door* / *window* on a frappé à la porte / fenêtre / *she gave three knocks on the door* elle a frappé trois fois or coups à la porte / *no one answered my knock* personne n'a répondu quand j'ai frappé / *knock! knock!* toc ! toc ! / *can you give me a knock tomorrow morning?* est-ce que vous pouvez (venir) frapper à ma porte demain matin ? ; [bump] coup *m* / *I got a nasty knock on the elbow* **a)** [in fight, accident] j'ai reçu un sacré coup au coude **b)** [by one's own clumsiness] je me suis bien cogné le coude / *the car's had a few knocks, but nothing serious* la voiture est un peu cabossée mais rien de grave **2.** [setback] coup *m* / *his reputation has taken a hard knock* sa réputation en a pris un sérieux coup / *I've taken a few knocks in my time* j'ai encaissé des coups moi aussi **3.** *inf* [criticism] critique *f* / *she's taken a few knocks from the press* la presse n'a pas toujours été très tendre avec elle **4.** AUTO [in engine] cognement *m*.

✧ **knock about** UK, **knock around** ◆ vi *inf* [loiter] traîner / *Ray must be knocking about here somewhere* Ray doit traîner quelque part dans le coin / *I knocked about in Australia for a while* j'ai bourlingué or roulé ma bosse en Australie pendant quelque temps. ◆ vt insep *inf* traîner dans / *I knocked about town all day* j'ai traîné en ville toute la journée / *she spent a year knocking about Europe* elle a passé une année à se balader en Europe / *these clothes are OK for knocking about the house in* ces vêtements, ça va pour traîner à la maison. ◆ vt sep **1.** [beat] battre ; [ill-treat] malmener / *he used to knock his wife about a lot* il tapait sur sa femme / *the old car's been knocked about a bit* la vieille voiture a pris quelques coups ici et là **2.** [jolt, shake] ballotter / *we were really knocked about in the back of the truck* nous étions ballottés à l'arrière du camion **3.** *inf* [discuss] débattre / *we knocked the idea about for a while* nous en avons vaguement discuté pendant un certain temps.

✧ **knock about with** UK, **knock around with** vt insep *inf* fréquenter.

✧ **knock back** vt sep *inf* **1.** [drink] descendre / *she could knock back five cognacs in an hour* elle pouvait s'envoyer cinq cognacs en une heure / *he certainly knocks it back!* qu'est-ce qu'il descend ! **2.** [cost] coûter / *that car must have knocked him back a few thousand pounds* cette voiture a bien dû lui coûter quelques milliers de livres **3.** [surprise, shock] secouer, bouleverser / *the news really knocked me back* la nouvelle m'a vraiment abasourdi or m'a laissé pantois.

✧ **knock down** vt sep **1.** [person] renverser ; [in fight] envoyer par terre, étendre / *she was knocked down by a bus* elle a été renversée par un bus / *he knocked the champion down in the first round* il a envoyé le champion au tapis or il a mis le champion knock-down dans la première reprise **2.** [hurdle, vase, pile of books] faire tomber, renverser **3.** [demolish - building] démolir ; [- wall] démolir, abattre ; [- argument] démolir **4.** [price] baisser ; [salesman] faire baisser / *I managed to knock him down to $500* j'ai réussi à le faire baisser jusqu'à 500 dollars **5.** UK [at auction] adjuger / *it was knocked down to her for £300* on le lui a adjugé pour 300 livres.

✧ **knock off** ◆ vt sep **1.** [from shelf, wall, etc.] faire tomber / *the statue's arm had been knocked off* la statue avait perdu un bras / *he knocked the earth off the spade* il fit tomber la terre qui était restée collée à la bêche / *he was knocked off his bicycle* le choc l'a fait tomber de son vélo ▸ **to knock sb's block off** *inf* casser la figure à qqn **2.** [reduce by] faire une réduction de / *the salesman knocked 10% off (for us)* le vendeur nous a fait un rabais or une remise de 10 % **3.** *inf* [write rapidly] torcher / *she can knock off an article in half an hour* elle peut pondre un article en une demi-heure **4.** *v inf* [kill] descendre, buter **5.** UK *v inf* [steal] piquer, faucher ; [rob] braquer / *they knocked off a bank* ils ont braqué une banque **6.** UK *vulg* [have sex with] baiser **7.** PHR ▸ **knock it off!** *inf* [stop] arrête ton char ! ◆ vi *inf* [stop work] cesser le travail / *we knock off at 5* on finit à 17 h.

✧ **knock on** ◆ vi **1.** RUGBY faire un en-avant **2.** UK *inf* [age] : *my dad's knocking on a bit now* mon père commence à prendre de la bouteille. ◆ vt sep RUGBY ▸ **to knock the ball on** faire un en-avant. ◆ vt insep UK *inf* : *he's knocking on 60* il va sur la soixantaine / *there were knocking on 50 people in the hall* il n'y avait pas loin de 50 personnes dans la salle.

✧ **knock out** vt sep **1.** [nail] faire sortir ; [wall] abattre / *one of his teeth was knocked out* il a perdu une dent **2.** [make unconscious] assommer ; [in boxing] mettre K-O ; *inf* [subj: drug, pill] assommer, mettre K-O / *the sleeping pill knocked her out for ten hours inf* le somnifère l'a assommée or mise K-O pendant dix heures **3.** *inf* [astound] épater / *her performance really knocked me out!* son interprétation m'a vraiment épaté ! **4.** [eliminate] éliminer / *our team was knocked out in the first round* notre équipe a été éliminée au premier tour **5.** [put out of action] mettre hors service / *it can knock out a tank at 2,000 metres* cela peut mettre un tank hors de combat à 2 000 mètres **6.** *inf* [exhaust] crever / *I'm not going to knock myself out working for him* je ne vais pas m'esquinter à travailler pour lui **7.** [pipe] : *he knocked out his pipe* il a débourré sa pipe.

✧ **knock over** vt sep renverser, faire tomber / *I knocked a pile of plates over* j'ai renversé or fait tomber une pile d'assiettes / *she was knocked over by a bus* elle a été renversée par un bus.

✧ **knock together** ◆ vt sep [hit together] cogner l'un contre l'autre / *they make music by knocking bamboo sticks together* ils font de la musique en frappant des bambous l'un contre l'autre / *they need their heads knocking together, those two inf* ces deux-là auraient bien besoin qu'on leur secoue les puces. ◆ vi s'entrechoquer.

✧ **knock up** ◆ vt sep **1.** UK *inf* [make quickly] faire à la hâte / *these buildings were knocked up after the war* ces bâtiments ont été construits à la hâte après la guerre / *he knocked up a delicious meal in no time* en un rien de temps, il a réussi à nous préparer quelque chose de délicieux **2.** UK [waken] réveiller (en frappant à la porte) **3.** UK *inf* [exhaust] crever / *that walk yesterday really knocked me up* la promenade d'hier m'a complètement crevé ; [make ill] rendre malade / *he's knocked up with the flu* il a chopé la grippe **4.** US *inf* [damage] esquinter / *the furniture is pretty knocked up* les meubles sont plutôt esquintés or amochés **5.** *v inf* [make pregnant] mettre en cloque / *she got knocked up* elle s'est fait mettre en cloque **6.** [in cricket] marquer / *he knocked up 50 runs before tea* il a marqué 50 points avant le thé. ◆ vi UK [in ball games] faire des balles.

knockabout ['nɒkəbaʊt] ◆ adj turbulent, violent / *a knockabout comedy* or *farce* une grosse farce / *a knockabout comedian* un clown. ◆ n NAUT dériveur *m*.

knockdown ['nɒk,daʊn] ◆ adj **1.** [forceful] : *a knockdown blow* un coup à assommer un bœuf / *a knockdown argument* un argument massue **2.** UK [reduced] : *for sale at knockdown prices* en vente à des prix imbattables or défiant toute concurrence / *I got it for a knockdown price* je l'ai eu pour trois fois rien **3.** [easy to dismantle] démontable / *sold in knockdown form* vendu en kit. ◆ n **1.** [in boxing] knock-down *m* **2.** US *inf & dated* [introduction] présentation *f* / *I'll give you a knockdown to him* je te le présenterai.

knocker ['nɒkər] n **1.** [on door] heurtoir *m*, marteau *m* (de porte) **2.** *inf* [critic] débineur *m*, -euse *f*.

✧ **knockers** pl n *v inf* [breasts] nichons *mpl*.

knocker-up (*pl* **knockers-up**) n UK *autrefois, personne qui réveillait les gens en frappant à leur porte.*

knock-for-knock adj [in insurance] ▸ **knock-for-knock agreement** *accord à l'amiable selon lequel, lors d'un accident, chaque compagnie d'assurance paie les dégâts de son propre assuré.*

knocking ['nɒkɪŋ] n **1.** [noise] bruit *m* de coups, cognement *m* ; AUTO cognement *m*, cliquetis *m* **2.** UK *inf* [injury, defeat] ▸ **to take a knocking a)** [in fight] se faire rouer de coups **b)** [in match] se faire battre à plate couture or plates coutures / *their prestige took a knocking* leur prestige en a pris un coup.

knocking copy n *(U)* publicité *f* comparative.

knocking-off time n UK *inf* : *it's knocking-off time* c'est l'heure de se tirer.

knocking shop n UK *v inf* bordel *m*.

knock-kneed [-'ni:d] adj cagneux.

knock-knees pl n ▸ **to have knock-knees** avoir les genoux cagneux.

knock-on ◆ n RUGBY en-avant *m inv*. ◆ adj ▸ **knock-on effect** répercussion *f* ▸ **to have a knock-on effect** déclencher une réaction en chaîne.

knockout ['nɒkaʊt] ◆ n **1.** [in boxing] knock-out *m*, K-O *m* / *to win by a knockout* gagner par K-O **2.** *inf* [sensation] ▸ **to be a knockout** être sensationnel or génial **3.** SPORT tournoi *m* (par élimination directe). ◆ adj **1.** ▸ **knockout blow** coup *m* qui met K-O ▸ **knockout drops** *inf* soporifique *m*, somnifère *m* **2.** SPORT ▸ **knockout competition** tournoi *m* par élimination **3.** *inf* [great] génial.

knock-up n UK SPORT [in ball games] échauffement *m* ▸ **to have a knock-up** faire des balles.

knoll [nəʊl] n monticule *m*, tertre *m*.

Knossos ['knɒsəs] pr n Cnossos, Knossos.

knot [nɒt] (*pt & pp* **knotted**, *cont* **knotting**) ◆ n **1.** [fastening] nœud *m* ; *fig* [bond] lien *m* ▸ **to tie sthg in a knot, to tie a knot in sthg** nouer qqch, faire un nœud à qqch ▸ **to tie** / **to untie a knot** faire / défaire un nœud ▸ **to tie the (marriage) knot** se marier ▸ **tie a knot in it!** UK *inf* ferme-la ! **2.** [tangle] nœud *m* / *the wool is full of knots* la laine est toute emmêlée / *my stomach was in knots fig* j'avais l'estomac noué ▸ **to get tied up in knots, to tie o.s. (up) in knots** *inf* s'emmêler les pinceaux **3.** [in wood] nœud *m* **4.** ANAT & MED nœud *m*, nodule *m* **5.** [cluster of people] petit groupe *m* **6.** NAUT nœud *m* / *we are doing 15 knots* nous filons 15 nœuds ▸ **at a rate of knots** à toute allure, à un train d'enfer. ◆ vt [string] nouer, faire un nœud dans ; [tie] nouer / *he knotted the rope around his waist* il s'est attaché or noué la corde autour de la taille. ◆ vi [stomach] se nouer ; [muscles] se contracter, se raidir / *my stomach knotted up with fear* j'avais l'estomac noué par la peur.

knothole ['nɒthəʊl] n trou *m (laissé par un nœud dans du bois)*.

knotted ['nɒtɪd] adj noué ▸ **get knotted!** *v inf* va te faire voir !

knotty ['nɒtɪ] (*compar* **knottier**, *superl* **knottiest**) adj [wood, hands] noueux ; [wool, hair] plein de nœuds ; [problem] épineux.

knout [naut] n knout *m*.

know [nəʊ] (*pt* **knew** [nju:], *pp* **known** [nəʊn]) ◆ vt **1.** [person] connaître ▸ **to know sb by sight / by reputation** connaître qqn de vue / de réputation / *we've known each other for years* ça fait des années que nous nous connaissons / *I don't know him to speak to* je ne le connais pas assez pour lui parler / *knowing him, he'll still be in bed* tel que je le connais, il sera encore au lit / *you'll like her once you get to know her better* elle vous plaira une fois que vous la connaîtrez mieux **2.** [place] connaître / *I know Budapest well* je connais bien Budapest **3.** [fact, information] : *do you know her phone number?* vous connaissez son numéro de téléphone ? / *civilization as we know it* la civilisation telle que nous la connaissons / *how was I to know she wouldn't come?* comment aurais-je pu savoir ou deviner qu'elle ne viendrait pas ? / *I know for a fact that he's lying* je sais pertinemment qu'il ment / *I don't know that it's the best solution* je ne suis pas certain or sûr que ce soit la meilleure solution / *you don't know* or *you'll never know how glad I am that it's over* tu ne peux pas savoir combien or à quel point je suis content que ce soit terminé / *I know what I'm talking about* je sais de quoi je parle / *I'll let you know how it turns out* je te dirai comment ça s'est passé / *any problems, let me know* au moindre problème, n'hésitez pas / *do you know anything about him that could help us?* est-ce que vous savez quelque chose à son sujet qui pourrait nous aider ? / *she knows a lot about politics* elle s'y connaît en politique / *she knows a thing or two about business* *inf* elle s'y connaît en affaires / *she knows her own mind* elle sait ce qu'elle veut / *it's not an easy job — don't I know it!* *inf* ce n'est pas un travail facile — à qui le dis-tu ! ▸ **you know what I mean** tu vois ce que je veux dire / *he was just sort of lying there, know what I mean?* *inf* il était allongé là, tu vois ▸ **well, what do you know!** *inf* ça alors !, ça par exemple ! ▸ **you know what you can do with it!** *v inf* tu sais où tu peux te le mettre ! / *there's no knowing how he'll react* on ne peut pas savoir comment il réagira ▸ **God** or **Heaven knows why!** *inf* Dieu sait pourquoi ! **4.** [language, skill] : *he knows French* il comprend le français / *I know a few words of Welsh* je connais quelques mots de gallois / *she really knows her job / subject* elle connaît son boulot / sujet ▸ **to know how to do sthg** savoir faire qqch / *does he know how to cook?* sait-il cuisiner ? / *they knew how to make cars in those days!* en ce temps-là, les voitures, c'était du solide ! **5.** [recognize] reconnaître / *I knew her the moment I saw her* je l'ai reconnue dès que je l'ai vue / *the town centre has changed so much you wouldn't know it* le centre ville a tellement changé que vous auriez du mal à le reconnaître / *she knows a bargain when she sees one* elle sait reconnaître une bonne affaire / *he wouldn't know a good novel if it hit him* il est tout à fait incapable de reconnaître un bon roman **6.** [distinguish] distinguer, discerner / *she doesn't know right from wrong* elle ne sait pas discerner le bien du mal or faire la différence entre le bien et le mal **7.** [experience] connaître / *I've known poverty / failure* j'ai connu la pauvreté / l'échec / *I've never known him to be wrong* je ne l'ai jamais vu se tromper / *such coincidences have been known* de telles coïncidences se sont déjà vues **8.** [nickname, call] : *Ian White, known as "Chalky"* Ian White, connu sous le nom de « Chalky » / *they're known as June bugs in America* on les appelle des « June bugs » en Amérique **9.** [regard] considérer / *she's known as one of our finest singers* elle est considérée comme l'une de nos meilleures chanteuses **10.** *arch* BIBLE [have sex with] connaître. ◆ vi savoir / *who knows?* qui sait ? / *not that I know (of)* pas que je sache / *you never know* on ne sait jamais / *he might* or *should have known better* ce n'était pas très sage de sa part / *he always thinks he knows best* il croit toujours avoir raison / *Mother knows best* maman sait de quoi elle parle ▸ **to know about sthg** être au courant de qqch / *I've known about it for a week* je le sais or je suis au courant depuis une semaine / *do you know about the new arrangements?* est-ce que vous êtes au courant or avez-vous entendu parler des nouvelles dispositions ? / *he knows about cars* il s'y connaît en voitures / *I don't know about you, but I'm exhausted* toi, je ne sais pas, mais moi, je suis épuisé ▸ **to know of sb / sthg** avoir entendu parler de qqn / qqch / *do you know her? — well, I know of her* est-ce que tu la connais ? — non, mais j'ai entendu parler d'elle / *do you know of a good bookshop?* vous connaissez une bonne librairie ? / *have they got much money? — not that I know of* ont-ils beaucoup d'argent ? — pas que je sache / *it's just so difficult — oh, I know* c'est tellement difficile — oh, je sais / *it's difficult, I know, but not impossible* c'est difficile, je sais, mais pas impossible / *what's his name? — I don't know* comment s'appelle-t-il ? — je ne sais pas / *are you going to accept? — I don't know* tu vas accepter ? — je ne sais pas. ◆ n ▸ **to be in the know** *inf* être au courant.

❖ **as far as I know** adv phr (pour) autant que je sache / *not as far as I know* pas que je sache / *as far as I know, he lives in London* autant que je sache, il vit à Londres.

❖ **you know** adv phr **1.** [for emphasis] : *I was right, you know* j'avais raison, tu sais **2.** [indicating hesitancy] : *he was just, you know, a bit boring* il était juste un peu ennuyeux, si tu vois ce que je veux dire **3.** [to add information] : *it was that blonde woman, you know, the one with the dog* c'était la femme blonde, tu sais, celle qui avait un chien **4.** [to introduce a statement] : *you know, sometimes I wonder why I do this* tu sais, parfois je me demande pourquoi je fais ça.

See box at savoir.

knowable ['nəʊəbl] adj connaissable.

know-all UK, **know-it-all** US n *inf & pej* je-sais-tout *mf*, monsieur *m* or madame *f* or mademoiselle *f* je-sais-tout / *she's a real know-all* c'est une vraie (madame) je-sais-tout.

know-how n savoir-faire *m*.

knowing ['nəʊɪŋ] adj [look, laugh] entendu, complice / *she gave him a knowing look* elle l'a regardé d'un air entendu.

knowingly ['nəʊɪŋlɪ] adv **1.** [act] sciemment, consciemment **2.** [smile, laugh] d'un air entendu.

know-it-all US *inf* = **know-all**.

knowledgable ['nɒlɪdʒəbl] = **knowledgeable**.

knowledge ['nɒlɪdʒ] n **1.** [learning] connaissance *f*, savoir *m* ; [total learning] connaissances *fpl* / *she has a good knowledge of English* elle a une bonne connaissance de l'anglais / *he has a basic knowledge of computing* il a un minimum de connaissances en informatique / *to have a thorough knowledge of sthg* connaître qqch à fond **2.** [awareness] connaissance *f* / *I have no knowledge of what happened* je ne sais absolument rien de or j'ignore totalement ce qui s'est passé / *it has come to my knowledge that...* j'ai appris que... / *he brought the theft to my knowledge* il a porté le vol à ma connaissance, il m'a fait part du vol ▸ **to (the best of) my knowledge** (pour) autant que je sache, à ma connaissance / *not to my knowledge* pas que je sache / *without my knowledge* à mon insu, sans que je le sache / *it's (a matter of) common knowledge* c'est de notoriété publique, personne ne l'ignore.

knowledgeable ['nɒlɪdʒəbl] adj **1.** [well researched] bien documenté **2.** [expert] bien informé / *he's very knowledgeable about computing* il connaît bien l'informatique, il s'y connaît en informatique.

knowledgeably ['nɒlɪdʒəblɪ] adv en connaisseur / *he speaks very knowledgeably about art* il parle d'art en connaisseur.

knowledge engineer n COMPUT cogniticien *m*, -ienne *f*.

knowledge engineering n ingénierie *f* des connaissances.

knowledge management n gestion *f* des connaissances.

knowledge retrieval n récupération *f* des connaissances.

known [nəʊn] ◆ pp ⟶ **know.** ◆ adj [notorious] connu, notoire / *he's a known drugs dealer* c'est un revendeur de drogue notoire ; [recognized] reconnu / *she's a known expert in the field* c'est un expert reconnu or qui fait autorité dans ce domaine / *it's a known fact* c'est un fait établi ▸ **to make o.s. known** se faire connaître ▸ **to let it be known** faire savoir.

knuckle ['nʌkl] n **1.** [of human] articulation *f* or jointure *f* (du doigt) ; [of animal] première phalange *f* / *I grazed my knuckles on the wall* je me suis écorché les doigts contre le mur ▸ **near the knuckle** [joke, remark] osé **2.** [joint of meat] jarret *m*.

❖ **knuckles** pl n US = **knuckle-duster**.

❖ **knuckle down** vi UK s'y mettre / *we'd better knuckle down to some work* il vaudrait mieux se mettre or s'atteler au travail.

❖ **knuckle under** vi céder, se soumettre / *don't knuckle under to the pressure / management* ne cédez pas à la pression / la direction.

knucklebone ['nʌklbəʊn] n articulation *f* du doigt.

knuckle-duster n coup-de-poing *m* américain.

knucklehead ['nʌklhed] n *inf* andouille *f*.

knuckle sandwich n *v inf* coup *m* de poing / *I gave him a knuckle sandwich* je lui ai mis mon poing sur la gueule.

knurl [nɜ:l] ◆ n **1.** [in wood] nœud *m* **2.** [on screw] moletage *m*. ◆ vt TECH moleter ▸ **knurled ring** bague *f* moletée.

KO (*pl* **KO's**, *pt & pp* **KO'd**, *cont* **KO'ing**) (abbr of **knockout**) ◆ vt mettre K-O ; [in boxing] battre par K-O. ◆ n K-O *m*.

koala [kəʊ'ɑ:lə] n ▸ **koala (bear)** koala *m*.

kohl [kəʊl] n kohol *m*, khôl *m*.

kohlrabi [kəʊl'rɑ:bɪ] n chou-rave *m*.

koine ['kɔɪneɪ] n koinè *f*.

kola ['kəʊlə] = **cola**.

Komodo dragon, Komodo lizard [kə'məʊdəʊ-] n ZOOL dragon *m* de Komodo.

kook [ku:k] n US *inf* dingo *m*, cinglé *m*, -e *f*.

kookaburra ['kʊkəbʌrə] n martin-chasseur *m* (australien), kookaburra *m*.

kookie, kooky ['ku:kɪ] (*compar* **kookier**, *superl* **kookiest**) adj US *inf* fêlé, malade.

Kop [kɒp] pr n ▸ **the Kop** *partie du stade d'Anfield, à Liverpool, où se tiennent les supporters de l'équipe de la ville.*

kopeck, kopek ['kəʊpek] n kopeck *m*.

Koran [kɒ'rɑ:n] n ▸ **the Koran** le Coran.

Koranic [kɒ'rænɪk] adj coranique.

Korea [kə'rɪə] pr n Corée *f* / *in Korea* en Corée ▸ **the Democratic People's Republic of Korea** la République démocratique populaire de Corée.

Korean [kə'rɪən] ◆ n **1.** [person] Coréen *m*, -enne *f* **2.** LING coréen *m*. ◆ adj coréen ▸ **the Korean War** la guerre de Corée.

The Korean War

Conflit qui opposa, de 1950 à 1953, la Corée du Nord (régime communiste) aux forces des Nations unies (soutenant la Corée du Sud), dirigées au début par le général MacArthur, et largement composées de soldats américains. Un traité mit fin à cette guerre en établissant la frontière entre les deux pays sur la ligne de front.

korma ['kɔ:mə] n CULIN : *chicken / prawn korma* poulet *m* / crevettes *fpl* korma.

kosher ['kəʊʃər] ◆ adj **1.** RELIG kasher, cacher *(inv)* **2.** *inf* [honest] honnête, régulier / *it's not kosher* c'est louche, c'est pas catholique. ◆ n nourriture *f* kasher.

Kosova ['kɒsəvɑː] n Kosovo *m*.

Kosovan ['kɒsəvən], **Kosovar** ['kɒsəvər] ◆ n Kosovar *m*, -e *f*. ◆ adj kosovar.

Kosovar Albanian ◆ n Albanais *m*, -e *f* du Kosovo. ◆ adj albanais du Kosovo.

Kosovo ['kɒsəvəʊ] n Kosovo *m*.

KOTC (written abbr of **hugs and kisses**) MESSAGING biz.

KOTL MESSAGING written abbr of **kiss on the lips**.

Koweit [kə'weɪt] = **Kuwait**.

kowtow [ˌkaʊ'taʊ] vi ▸ **to kowtow to sb** faire des courbettes à qqn.

KP (abbr of **kitchen police**) n : *looks like we're on KP tonight fig* on dirait qu'on est de corvée de cuisine ce soir.

kph (written abbr of **kilometres per hour**) km/h.

kraal [krɑːl] n kraal *m*.

Krakow ['krækɒv] = **Cracow**.

K ration n US MIL ration *f* (alimentaire).

Kraut [kraʊt] *v inf & offens* ◆ n Boche *mf*. ◆ adj boche.

Kremlin ['kremlɪn] pr n Kremlin *m*.

krill [krɪl] n krill *m*.

kris(s) [krɪs] n kriss *m*, criss *m*.

Kriss Kringle [-'krɪŋgl] pr n US le père Noël.

krona ['krəʊnə] n couronne *f* suédoise.

krone ['krəʊnə] n [in Norway] couronne *f* norvégienne ; [in Denmark] couronne *f* danoise.

Krugerrand ['kruːgərænd] n Krugerrand *m*.

Krushchev ['krʊstʃɒf] pr n ▸ **Nikita Krushchev** Nikita Khrouchtchev.

krypton ['krɪptɒn] n krypton *m*.

KS ◆ n abbr of **Kaposi's sarcoma**. ◆ written abbr of **Kansas**.

Kt written abbr of **Knight**.

K-12 [ˌkeɪ'twelv] n US SCH *terme désignant l'ensemble de l'enseignement public du jardin d'enfant à la fin du secondaire.*

K2 [ˌkeɪ'tuː] pr n K2 *m* / *they climbed K2* ils ont escaladé le (pic) K2.

Kuala Lumpur [ˌkwɑːlə'lʊmˌpʊəʳ] pr n Kuala Lumpur.

kudlik ['kʌdlɪk] n kudlik *f (lampe à l'huile de phoque, traditionnellement utilisée par les Inuits).*

kudos ['kjuːdɒs] n gloire *f*, prestige *m*.

kudzu vine ['kʊdzuː-] n *plante fourragère très envahissante qui pousse dans le sud des États-Unis.*

Ku Klux Klan [ˌkuːklʌks'klæn] pr n Ku Klux Klan *m*.

kumquat ['kʌmkwɒt] n kumquat *m*.

kung fu [ˌkʌŋ'fuː] n kung-fu *m*.

Kurd [kɜːd] n Kurde *mf*.

Kurdish ['kɜːdɪʃ] ◆ n LING kurde *m*. ◆ adj kurde.

Kurdistan [ˌkɜːdɪ'stɑːn] pr n Kurdistan *m* / *in Kurdistan* au Kurdistan.

Kuril Islands, Kurile Islands [kʊ'riːl-] pl pr n ▸ **the Kuril Islands** les îles *f* Kouriles / *in the Kuril Islands* aux îles Kouriles.

Kuwait [kʊ'weɪt] pr n **1.** [country] Koweït *m* / *in Kuwait* au Koweït **2.** [town] Koweït City.

Kuwaiti [kʊ'weɪtɪ] ◆ n Koweïtien *m*, -enne *f*. ◆ adj koweïtien.

kvetch [kvetʃ] vi *inf* rouspéter.

kW (written abbr of **kilowatt**) kW.

Kwanzaa ['kwænzɑː] n Kwanzaa *f*.

kwashiorkor [ˌkwɒʃɪ'ɔːkɔːʳ] n kwashiorkor *m*.

KY written abbr of **Kentucky**.

KY jelly® n *gel intime*.

kymograph ['kaɪməgrɑːf] n LING & MED kymographe *m* ; AERON indicateur *m* de virage.

Kyoto ['kjəʊtəʊ] pr n Kyoto ▸ **the Kyoto Protocol** le protocole de Kyoto.

Kyrgyzstan [ˌkɜːgɪ'stɑːn] pr n ▸ **the Republic of Kyrgyzstan** la république du Kirghizistan.

l (written abbr of **litre**) l.

l (*pl* **l's** *or* **ls**), **L** (*pl* **L's** *or* **Ls**) [el] n [letter] l *m*, L *m*. See also f.

L 1. written abbr of **lake 2.** written abbr of **large 3.** (written abbr of **left**) g **4.** (written abbr of **learner**) *lettre apposée sur une voiture et signalant un apprenti conducteur (en Grande-Bretagne).*

la [lɑː] n MUS la *m*.

LA ◆ pr n abbr of **Los Angeles**. ◆ written abbr of **Louisiana**.

laager [ˈlɑːgəʳ] n MIL camp *m*.

lab [læb] *inf* ◆ n (abbr of **laboratory**) labo *m*. ◆ comp [book] de laboratoire ▸ **a lab assistant** un laborantin, une laborantine, un assistant de laboratoire, une assistante de laboratoire ▸ **lab coat** blouse *f* ▸ **lab technician** technicien *m*, -enne *f* de laboratoire ▸ **lab results** : *I got my lab results back* J'ai eu les résultats de mes analyses.

Lab [læb] written abbr of **Labour/Labour Party**.

label [ˈleɪbl] (UK *pt & pp* **labelled**, *cont* **labelling** ; US *pt & pp* **labeled**, *cont* **labeling**) ◆ n *lit & fig* étiquette *f* / *they brought out the album on the Mega label* ils ont sorti l'album chez Mega / *it's a good label* c'est une bonne marque / *I refuse to be pinned down with a label* je refuse d'être étiqueté ▸ **designer label** marque *f*, griffe *f*. ◆ vt **1.** [suitcase, jar] étiqueter / *you must label your clothes clearly* tous vos vêtements doivent être clairement marqués à votre nom / *the bottle was labelled "shake before use"* la bouteille portait l'étiquette « agiter avant de s'en servir » **2.** *fig* [person] étiqueter, cataloguer / *he's been labelled (as) a troublemaker* on l'a étiqueté or catalogué comme fauteur de troubles.

labelling UK, **labeling** US [ˈleɪblɪŋ] n étiquetage *m*.

labelmate [ˈleɪblmeɪt] n *personne qui travaille pour le même label* / *her labelmate, James Smith* James Smith, qui travaille pour le même label qu'elle.

labia [ˈleɪbɪə] pl n ANAT lèvres *fpl (de la vulve)* ▸ **labia minora / majora** petites / grandes lèvres.

labial [ˈleɪbjəl] ◆ adj LING labial. ◆ n LING labiale *f*.

labile [ˈleɪbaɪl] adj labile.

labiodental [ˌleɪbɪəʊˈdentl] ◆ adj LING labiodental. ◆ n LING labiodentale *f*.

labionasal [ˌleɪbɪəʊˈneɪzl] ◆ adj LING ▸ **labionasal consonant** consonne *f* nasale bilabiale. ◆ n LING nasale *f* bilabiale.

labiovelar [ˌleɪbɪəʊˈviːləʳ] ◆ adj LING labiovélaire. ◆ n LING labiovélaire *f*.

labor US = **labour**.

laboratory [UK ləˈbɒrətrɪ US ˈlæbrəˌtɔːrɪ] (*pl* **laboratories**) ◆ n laboratoire *m*. ◆ comp [assistant, equipment, technician] de laboratoire ▸ **laboratory conditions** : *tested under laboratory conditions* testé en laboratoire.

laboratory-tested adj testé en laboratoire.

Labor Code n code *m* du travail *(aux États-Unis).*

Labor Day n fête *f* du travail *(aux États-Unis, célébrée le premier lundi de septembre).*

Labor Day

La fête du travail aux États-Unis est célébrée le premier lundi de septembre, jour férié dans l'ensemble des États. Ses origines remontent aux années 1880, lorsque le **Central Labor Union**, puissant syndicat new-yorkais, cherche à imposer un jour chômé pour les ouvriers. Aujourd'hui cette fête n'a plus la même dimension politique ; pour la plupart des Américains, elle marque symboliquement la fin de l'été et fournit l'occasion de diverses activités de loisir : pique-niques et barbecues en famille, feux d'artifice, dernières fêtes d'adolescents avant la rentrée. Certaines villes organisent un défilé (**Labor Day Parade**).

laborious [ləˈbɔːrɪəs] adj laborieux.

laboriously [ləˈbɔːrɪəslɪ] adv laborieusement.

labor support professional n US doula *f*.

labor union n US syndicat *m*.

labour UK, **labor** US [ˈleɪbəʳ] ◆ n **1.** [work] travail *m* ; [hard effort] labeur *m* ▸ **a labour of love** un travail fait pour le plaisir / *her book was the result of five years' hard labour* son livre était le fruit de cinq ans de dur labeur or de travail acharné **2.** INDUST [manpower] main-d'œuvre *f* ; [workers] ouvriers *mpl*, travailleurs *mpl* **3.** POL ▸ **Labour** le parti travailliste britannique / *to vote Labour* voter travailliste **4.** MED travail *m* ▸ **to be in labour** être en travail ▸ **to go into labour** commencer le travail ▸ **labour pains** douleurs *fpl* de l'accouchement ▸ **labour ward** salle *f* d'accouchement. ◆ comp **1.** [dispute, movement] social ; [market] du travail ; [shortage] de main-d'œuvre ▸ **labour costs** coûts *mpl* de la main-d'œuvre ▸ **labour laws** législation *f* du travail ▸ **labour shortage** pénurie *f* de main-d'œuvre **2.** POL [government, victory] travailliste. ◆ vi **1.** [work] travailler dur **2.** [struggle - person] : *he laboured up the stairs* il monta péniblement l'escalier ▸ **to labour under a misapprehension** or **a delusion** *fig* se méprendre, être dans l'erreur ; [move with difficulty - vehicle] peiner / *the car laboured up the slope* la voiture peinait dans la montée / *the ship was labouring through heavy seas* le bateau avançait péniblement dans la mer démontée. ◆ vt [stress] insister sur / *there's no need to labour the point* ce n'est pas la peine de t'étendre or d'insister là-dessus.

Labour of love

L'origine de cette expression est biblique : **... remembering without ceasing your work of faith, and labour of love, and patience of hope in our Lord Jesus Christ...** *... (nous rappelant sans cesse l'œuvre de votre foi, le travail de votre charité, et la fermeté de votre espérance en Notre Seigneur Jésus-Christ...)* [1 Thessaloniens 1 : 3]. Elle évoque un travail généralement non rémunéré auquel on s'applique par plaisir ou par passion :

Hand-raising the baby animals was a real labour of love for the zookeeper. *C'est avec dévouement et passion que le gardien du zoo s'est consacré à l'élevage des jeunes animaux.*

Keeping the region's heritage alive is a labour of love for local enthusiasts. *Maintenir en vie le patrimoine culturel de la région est un véritable labeur passionné pour les citoyens enthousiastes.*

labour camp n camp *m* de travail.

laboured UK, **labored** US [ˈleɪbəd] adj **1.** [breathing] pénible, difficile **2.** [clumsy] lourd, laborieux.

labourer UK, **laborer** US [ˈleɪbərəʳ] n [gen] ouvrier *m*, -ère *f* ; [on building site] manœuvre *m*.

labour exchange n UK *dated* agence *f* pour l'emploi.

labour force n [in country] population *f* active ; [in firm] main-d'œuvre *f*.

labour-intensive adj : *a labour-intensive industry* une industrie à forte main-d'œuvre / *craftwork is very labour-intensive* le travail artisanal nécessite une main-d'œuvre considérable.

Labourite [ˈleɪbəraɪt] ◆ adj POL travailliste. ◆ n travailliste *mf*.

Labour Party n parti *m* travailliste.

Labour Party

Les origines du parti travailliste britannique remontent à 1900. D'abord résolument socialiste et proche des syndicats, le parti mène une campagne de nationalisations dans les années 1960 et 1970 (gouvernements de Harold Wilson et James Callaghan) avant le retour au pouvoir des conservateurs sous Margaret Thatcher en 1979. Dans les années 1980 et 1990, le parti réoriente sa politique sociale pour devenir davantage un parti de centre gauche. Mené par Tony Blair, le **New Labour**, centriste et social-démocrate, remporte une victoire écrasante aux élections de 1997.

labour relations pl n relations *fpl* sociales.

laboursaving UK, **laborsaving** US ['leɪbə,seɪvɪŋ] adj ▸ **laboursaving device a)** [in home] appareil *m* ménager **b)** [at work] appareil permettant un gain de temps.

Labrador ['læbrədɔːʳ] pr n GEOG Labrador *m* / *in Labrador* au Labrador.

❖ **labrador** n [dog] labrador *m*.

laburnum [lə'bɜːnəm] n ▸ **laburnum (tree)** cytise *m*, faux ébénier *m*.

labyrinth ['læbərɪnθ] n labyrinthe *m*, dédale *m*.

labyrinthine [,læbə'rɪnθaɪn] adj labyrinthique.

lace [leɪs] ◆ n **1.** TEXT dentelle *f* **2.** [in shoe, corset] lacet *m*. ◆ comp [handkerchief, tablecloth, etc.] en dentelle. ◆ vt **1.** [tie] lacer ; [put laces in] mettre des lacets à / *he's already learned to lace his own shoes* il a déjà appris à lacer ses souliers **2.** [add sthg to] : *he laced my orange juice with gin* il a mis du gin dans mon jus d'orange / *laced with irony* / *humour* teinté d'ironie / d'humour.

❖ **lace into** vt insep UK *inf* [physically] rosser ; [in criticism] attaquer violemment.

❖ **lace together** vt sep entrelacer / *she laced her fingers together* elle a entrelacé ses doigts.

❖ **lace up** vt sep UK [shoes] lacer.

lacemaker ['leɪs,meɪkəʳ] n dentellier *m*, -ère *f*.

lacemaking ['leɪs,meɪkɪŋ] n industrie *f* dentellière.

lacerate ['læsəreɪt] ◆ vt lacérer / *his hands were lacerated by the broken glass* il avait les mains lacérées par le verre brisé / *the encounter left her emotions lacerated fig* la rencontre lui avait déchiré le cœur or l'avait meurtrie. ◆ adj BOT ▸ **lacerate leaves** feuilles *fpl* dentées or dentelées.

laceration [,læsə'reɪʃn] n **1.** [action] lacération *f* **2.** MED [gash] : *he had deep lacerations on his back* il avait le dos profondément lacéré or entaillé.

lace-up adj [shoe, boot] à lacets.

❖ **lace-ups** pl n UK chaussures *fpl* à lacets.

lachrymal ['lækrɪml] adj lacrymal.

lachrymose ['lækrɪməʊs] adj *liter* larmoyant.

lacing ['leɪsɪŋ] n **1.** [on shoe, garment] laçage *m* **2.** UK *inf* [beating] raclée *f* / *he took a real lacing* il a pris une bonne raclée.

lack [læk] ◆ n manque *m* ▸ **through** or **for lack of** par manque de, faute de / *there's no lack of volunteers* ce ne sont pas les volontaires qui manquent. ◆ vt manquer de / *they certainly don't lack confidence* ils ne manquent certes pas de confiance en eux / *we lack the necessary resources* nous n'avons pas les ressources nécessaires.

❖ **lack for** vt insep manquer de / *he lacks for nothing* il ne manque de rien, il a tout ce qu'il lui faut.

lackadaisical [,lækə'deɪzɪkl] adj [person - apathetic] apathique ; [- lazy] indolent ; [work] tranquille.

lackaday ['lækədeɪ] interj *arch* hélas !

lackey ['lækɪ] ◆ n laquais *m* ; *pej* larbin *m*. ◆ vi : *I refuse to lackey for him* je refuse d'être son larbin.

lacking ['lækɪŋ] adj **1.** [wanting] qui manque de / *lacking in confidence* qui manque de confiance en soi / *originality is sadly lacking in his new novel* son nouveau roman manque malheureusement d'originalité **2.** *inf & euph* [stupid] demeuré, simple d'esprit.

lacklustre UK, **lackluster** US ['læk,lʌstəʳ] adj terne.

laconic [lə'kɒnɪk] adj laconique.

laconically [lə'kɒnɪklɪ] adv laconiquement.

lacquer ['lækəʳ] ◆ n **1.** [varnish, hairspray] laque *f* **2.** [varnished object] laque *m*. ◆ vt [wood] laquer ; [hair] mettre de la laque sur / *she lacquers her hair* elle se met de la laque (sur les cheveux).

lacquered ['lækəd] adj laqué / *a lacquered box* une boîte laquée.

lacquerware ['lækəweəʳ] n *(U)* laques *mpl*.

lacrimal ['lækrɪml] = **lachrymal**.

lacrosse [lə'krɒs] ◆ n lacrosse *f*, crosse *f* ▸ **lacrosse stick** crosse. ◆ comp [player] de crosse.

lactase ['lækteɪz] n lactase *f* ▸ **lactase deficiency** déficit *m* en lactase.

lactate ◆ n ['lækteɪt] CHEM lactate *m*. ◆ vi [læk'teɪt] sécréter du lait.

lactation [,læk'teɪʃn] n lactation *f*.

lacteal ['læktɪəl] ◆ adj lacté. ◆ n ANAT & MED veine *f* lactée.

lactic acid ['læktɪk-] n CHEM acide *m* lactique.

lactiferous [læk'tɪfərəs] adj lactifère.

lactobacillus [,læktəʊbə'sɪləs] (*pl* **lactobacilli** [-laɪ]) n lactobacille *m*, lactobacillus *m*.

lactogenic [,læktə'dʒenɪk] adj lactogène.

lacto-ovo-vegetarian [læktəʊəʊvəʊ-] n lacto-ovo-végétarien *m*, -enne *f*.

lactose ['læktəʊs] n lactose *m* ▸ **lactose intolerance** intolérance *f* au lactose ▸ **to be lactose intolerant** être intolérant au lactose.

lacto-vegetarian [læktəʊ-] n lacto-végétarien *m*, -enne *f*.

lacuna [lə'kjuːnə] (*pl* **lacunas** *or* **lacunae** [-niː]) n lacune *f*.

lacustrine [lə'kʌstraɪn] adj lacustre.

lacy ['leɪsɪ] (*compar* **lacier**, *superl* **laciest**) adj [lace-like] semblable à de la dentelle ; [made of lace] en dentelle.

lad [læd] n **1.** [young boy] garçon *m* ; [son] fils *m* / *he's only a lad* c'est seulement un gamin / *when I was a lad* quand j'étais jeune / *come here, lad* viens ici, mon gars or mon garçon **2.** UK *inf* [friend] copain *m* / *he went out for a drink with the lads* il est allé boire un coup avec des copains ; [colleague] collègue *m*, gars *m* / *the lads from work* les copains de travail / *morning lads!* salut les gars ! ▸ **to be one of the lads** aimer sortir en bande ▸ **lad culture** culture *f* macho **3.** UK *inf* [rake] noceur *m* / *he was a bit of a lad when he was young* il a eu une jeunesse assez tumultueuse.

Ladbrokes ['lædbrʊks] pr n *importante société de paris en Grande-Bretagne.*

ladder ['lædəʳ] ◆ n **1.** *lit & fig* échelle *f* ▸ **to be at the top of the ladder** *lit & fig* être arrivé au sommet or en haut de l'échelle ▸ **to kick away the ladder** : *the West has kicked away the ladder from poorer countries* l'Occident a arrêté de soutenir les pays pauvres **2.** UK [in stocking] maille *f* filée / *you've got a ladder in your tights* ton collant a filé, tu as filé ton collant. ◆ vi & vt UK filer.

ladder back n chaise *f* à barrettes.

ladderproof ['lædəpruːf] adj UK indémaillable.

laddie ['lædɪ] n Scot *inf* gars *m* / *come here, laddie* viens là, mon petit gars.

laddish ['lædɪʃ] adj UK macho.

laddism ['lædɪzəm] n UK machisme *m*.

lade [leɪd] (*pt* **laded**, *pp* **laden** ['leɪdn] *or* **laded**) vt *fml* [ship] charger.

laden ['leɪdn] ◆ pp ⟶ **lade**. ◆ adj chargé ▸ **laden with** chargé de / *apple-laden trees* arbres couverts de pommes / *a heavily laden ship* un navire à forte charge.

ladette [læ'det] n UK *inf* nénette *f*.

la-di-da [,lɑːdɪ'dɑː] adj *inf & pej* [manner] snob, prétentieux ; [voice] maniéré / *she speaks in a very la-di-da way* elle est assez pimbêche.

ladies ['leɪdɪz] n UK [toilet] toilettes *fpl* pour dames.

Ladies' Day pr n [in UK] *troisième jour des courses d'Ascot.*

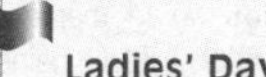

Ladies' Day

Troisième jour de la célèbre rencontre hippique d'Ascot en Angleterre, le fameux **Ladies' Day** est avant tout un événement mondain et une occasion de sortir ses plus beaux atours. Les chapeaux des femmes, sublimes, insolites ou grotesques, attirent toujours l'attention des médias.

ladies fingers n gombo *m*, okra *m*.

ladies' man n don Juan *m*, homme *m* à femmes.

ladies' night n [in bar] *soirée où les femmes ont droit à des réductions.*

ladies room US = **ladies**.

lading ['leɪdɪŋ] n [cargo] cargaison *f*, chargement *m*.

ladle ['leɪdl] ◆ n louche *f*. ◆ vt servir (à la louche).

❖ **ladle out** vt sep UK **1.** [soup] servir (à la louche) **2.** *inf & fig* [money, advice] distribuer à droite et à gauche.

ladleful ['leɪdlfʊl] n pleine louche *f*.

lad mag n UK *inf* magazine *m* masculin.

lady ['leɪdɪ] (*pl* **ladies**) ◆ n **1.** [woman] dame *f* / *Ladies and Gentlemen* Mesdames et Messieurs / *the lady of the house* la maîtresse de maison / *young lady* **a)** [girl] jeune fille **b)** [young woman] jeune femme / *ask the young lady over there* [in shop] demandez à la demoiselle que vous voyez là-bas / *well, young lady, what have you got to say for yourself?* eh bien, ma fille, qu'avez-vous à répondre ? / *his young lady dated* sa petite amie ; [by birth or upbringing] dame *f* / *she's a real lady* c'est une vraie dame / *she's no lady* elle n'a aucune classe ▸ **ladies who lunch** UK *inf* dames *fpl* de la bonne société ▸ **it isn't over till the fat lady sings** il ne faut jamais perdre espoir ; [term of address] ▸ **my Lady** Madame ; [as title] : *Lady Patricia* Lady Patricia ▸ **the Lady of the Lake** la Dame du lac ▸ **the Lady of the Lamp** la Dame à la Lampe *(Florence Nightingale, célèbre infirmière anglaise)* / **'Lady and the Tramp'** *Disney* 'la Belle et le clochard' / **'Lady Chatterley's Lover'** *Lawrence* 'l'Amant de Lady Chatterley' / **'Lady Windermere's Fan'** *Wilde* 'l'Éventail de Lady Windermere' / **'The Lady of the Camelias'** *Dumas* 'la Dame aux camélias' / **'The Lady's Not for Burning'** *Fry* 'La dame ne brûlera pas' / **'The Lady Vanishes'** *Hitchcock* 'Une femme disparaît' **2.** US *inf* [term of address] madame *f* / *hey lady!* eh, ma petite dame ! **3.** RELIG ▸ **Our Lady** Notre-Dame *f*. ◆ comp femme ▸ **a lady doctor** une femme médecin.

It isn't over till the fat lady sings

Il s'agit d'une allusion à l'univers du chant lyrique : dans l'opéra tragique, on peut toujours espérer une fin heureuse tant que la soprano, que l'on imagine bien en chair, n'a pas chanté son aria finale. Souvent employée dans les commentaires sportifs pour indiquer qu'un résultat surprise est toujours possible, l'expression est également utilisée dans d'autres contextes pour évoquer des situations dont on ne peut encore prédire l'issue :

We believe we can still win this election! There are a lot of undecided voters and it ain't over till the fat lady sings! *Nous pensons que nous pouvons encore remporter cette élection ! Les électeurs indécis sont très nombreux et rien n'est joué jusqu'à la dernière minute !*

Little progress has been made in the talks but you know what they say: It isn't over till the fat lady sings. *Les négociations n'ont pas beaucoup avancé, mais il ne faut préjuger de rien avant la fin de celles-ci.*

ladybird ['leɪdɪbɜːd] n UK coccinelle *f*.

lady bountiful n *pej & hum* généreuse bienfaitrice *f*.

ladyboy ['leɪdɪbɔɪ] n UK *inf* [transsexual] *jeune transsexuel asiatique.*

ladybug ['leɪdɪbʌg] n US coccinelle *f*.

Lady Chapel n chapelle *f* de la Sainte-Vierge.

Lady Day n (fête *f* de) l'Annonciation *f*.

ladyfinger ['leɪdɪfɪŋgəʳ] n US [biscuit] boudoir *m*.

ladyfriend ['leɪdɪfrend] n *dated* petite amie *f*.

Lady Godiva [-gə'daɪvə] pr n *au XIe siècle, dame de haut rang qui aurait parcouru la ville de Coventry en Angleterre nue et à cheval pour forcer son mari à réduire les impôts locaux.*

lady-in-waiting n dame *f* d'honneur.

ladykiller ['leɪdɪ,kɪləʳ] n *inf* bourreau *m* des cœurs / **'The Ladykillers'** *Mackendrick* 'Tueurs de dames'.

ladylike ['leɪdɪlaɪk] adj [person] distingué, bien élevé ; [manners] raffiné, élégant / *it's not very ladylike to smoke in the street!* une fille comme il faut ne fume pas dans la rue !

ladylove ['leɪdɪlʌv] n *liter* ▸ **his ladylove** sa bien-aimée.

Lady Macbeth [-mək'beθ] pr n Lady Macbeth *f* ▸ **Lady Macbeth strategy** ECON *dans le cadre d'une OPA, stratégie qui consiste à se faire passer pour un chevalier blanc alors qu'en réalité on est un allié de l'attaquant.*

Lady Mayoress n UK femme *f* du maire.

lady's finger n **1.** [biscuit] boudoir *m* **2.** [vegetable] gombo *m*.

ladyship ['leɪdɪʃɪp] n ▸ **Your** or **Her Ladyship a)** *lit* Madame (la baronne / la vicomtesse / la comtesse) **b)** *fig & hum* la maîtresse de ces lieux.

lady's maid n femme *f* de chambre.

lady's man n don Juan *m*.

lady's slipper n BOT sabot-de-Vénus *m*.

lag [læg] (*pt & pp* **lagged**, *cont* **lagging**) ◆ n **1.** [gap] décalage *m* / *there was a lag between completion and publication* il y a eu un décalage entre l'achèvement de l'œuvre et sa publication **2.** UK *v inf* [convict] ▸ **an old lag** un cheval de retour. ◆ vi rester en arrière, traîner. ◆ vt [pipe] calorifuger.

❖ **lag behind** ◆ vi [dawdle] traîner, lambiner ; [be at the back] rester derrière / *the youngest children were lagging behind* les enfants les plus jeunes restaient en arrière ; [be outdistanced] se laisser distancer / *our country is lagging behind in medical research* notre pays a du retard en matière de recherche médicale. ◆ vt insep [competitor] traîner derrière, avoir du retard sur.

lager ['lɑːgəʳ] n **1.** = **laager 2.** UK bière *f* blonde ▸ **lager lout** *jeune qui, sous l'influence de l'alcool, cherche la bagarre or commet des actes de vandalisme.* ⟶ **beer**

laggard ['lægəd] n traînard *m*, -e *f*.

lagging ['lægɪŋ] n isolant *m*, calorifuge *m*.

lagniappe ['lænjæp] n US COMM prime *f*.

lagoon [lə'guːn] n [gen] lagune *f* ; [in coral reef] lagon *m*.

Lagos ['leɪgɒs] pr n Lagos.

La Guardia [lə'gwɑːdɪə] pr n *un des trois aéroports de New York, principalement utilisé pour les vols intérieurs.*

lah [lɑː] = **la**.

lah-di-dah [,lɑːdɪ'dɑː] = **la-di-da**.

laic(al) ['leɪɪk(l)] adj laïque.

laicism ['leɪɪsɪzm] n laïcisme *m*.

laicize, laicise ['leɪɪsaɪz] vt laïciser.

laid [leɪd] pt & pp ⟶ **lay**.

laid-back adj *inf* décontracté, cool.

lain [leɪn] pp ⟶ **lie**.

lair [leəʳ] n [for animals] tanière *f* ; *fig* repaire *m*, tanière *f*.

laird [leəd] n laird *m*, propriétaire *m* foncier *(en Écosse)*.

lairy ['leərɪ] adj **1.** *inf* [object] tape à l'œil *(inv)* **2.** [noisy] bruyant.

laisser-faire, **laissez-faire** [,leseɪ'feə] ◆ n non-interventionnisme *m*. ◆ comp ▸ **laisser-faire economy** économie *f* basée sur le non-interventionnisme ▸ **laisser-faire policy** politique *f* du laisser-faire.

laity ['leɪətɪ] n *(U)* **1.** RELIG laïcs *mpl* **2.** [non-specialists] profanes *mpl*.

lake [leɪk] n **1.** GEOG lac *m* / *a wine lake fig* des excédents *mpl* de vin ▸ **go jump in a lake!** *inf* va te faire cuire un œuf ! **2.** [pigment] laque *f*.

❖ **Lakes** pl pr n ▸ **the Lakes** UK la région des lacs.

Lakes

Lake Baikal	le lac Baïkal
Lake Balaton	le lac Balaton
Lake Chad	le lac Tchad
Lake Como	le lac de Côme
Lake Constance	le lac de Constance
Lake Erie	le lac Érié
Lake Garda	le lac de Garde
Lake Geneva	le lac Léman
Lake Huron	le lac Huron
Lake Ladoga	le lac Ladoga
Lake Maggiore	le lac Majeur
Lake Malawi	le lac Malawi
Lake Michigan	le lac Michigan
Lake Mobutu	le lac Mobutu
Lake Nasser	le lac Nasser
Lake Ontario	le lac Ontario
Lake Superior	le lac Supérieur
Lake Tanganyika	le lac Tanganyika
Lake Tiberias	le lac de Tibériade
Lake Titicaca	le lac Titicaca
Lake Victoria	le lac Victoria
Lake Winnipeg	le lac Winnipeg
Lake Zug	le lac de Zoug
Lake Zürich	le lac de Zurich

Lake District pr n ▸ **the Lake District** le Lake District, la région des lacs *(dans le nord-ouest de l'Angleterre)*.

lake dweller n *habitant(e) d'une cité lacustre.*

lake dwelling n habitation *f* lacustre.

Lakeland ['leɪklənd] adj [of or in Lake District] de la région des lacs.

Lake Poets pl n lakistes *mpl (poètes anglais du début du XIXe siècle, dont Wordsworth et Coleridge)*.

lakeshore ['leɪkʃɔː] ◆ n rive *f* d'un lac. ◆ adj au bord du lac.

lakeside ['leɪksaɪd] ◆ n rive *f* or bord *m* d'un lac. ◆ comp [hotel] (situé) au bord d'un lac.

la-la land pr n *inf Los Angeles.*

Lallans ['lælənz] n lallans *m (dialecte du sud de l'Écosse)*.

lallation [læ'leɪʃn] n LING lallation *f*, lambdacisme *m*.

lallygag ['lælɪgæg] (*pt & pp* **lallygagged**, *cont* **lallygagging**) vi US *inf* traîner.

lam [læm] (*pt & pp* **lammed**, *cont* **lamming**) ◆ vt *inf* [beat] rosser. ◆ n US *v inf* [escape] cavale *f* ▸ **on the lam** en cavale ▸ **to take it on the lam** faire la belle.

❖ **lam into** vt insep UK *inf* **1.** [physically] rentrer dans / *he lammed into me* il m'est rentré dedans **2.** [verbally] enguirlander, sonner les cloches à.

lama ['lɑːmə] n RELIG lama *m*.

Lamaism ['lɑːməɪzm] n lamaïsme *m*.

Lamaist ['lɑːməɪst] n lamaïste *mf*.

lamasery ['lɑːməsərɪ] (*pl* **lamaseries**) n couvent *m* de lamas, lamaserie *f*.

lamb [læm] ◆ n **1.** ZOOL agneau *m* ▸ **like lambs to the slaughter** comme des veaux à l'abattoir **2.** [meat] agneau *m* **3.** *fig* [innocent person] agneau *m* ; [lovable person] : *she's a lamb* c'est un ange, elle est adorable / *be a lamb and fetch my glasses* sois un ange or sois gentil, va me chercher mes lunettes / *you poor little lamb!* mon pauvre chou ! **4.** RELIG ▸ **the Lamb of God** l'Agneau de Dieu. ◆ comp [chop, cutlet] d'agneau. ◆ vi agneler, mettre bas.

lambada [,læm'bɑːdə] n lambada *f*.

lambast [læm'bæst], **lambaste** [læm'beɪst] vt [scold] réprimander ; [thrash] battre, rosser.

lambda ['læmdə] n lambda *m*.

lambent ['læmbənt] adj *liter* [glowing] chatoyant, brillant ; [sparkling] étincelant.

lambert ['læmbət] n PHYS lambert *m*.

Lambeth Palace ['læmbəθ-] pr n *résidence londonienne de l'archevêque de Cantorbéry.*

Lambeth walk n *danse à la mode dans les années 1940, où tout le monde avance en ligne.*

lambing ['læmɪŋ] n agnelage *m* / *at lambing time* au moment de l'agnelage.

lambkin ['læmkɪn] n agnelet *m* ; [term of affection] : *my little lambkin* mon petit chou.

lambskin ['læmskɪn] ◆ n (peau *f* d')agneau *m*. ◆ comp [coat, gloves] en agneau.

lamb's lettuce n mâche *f*.

lambswool ['læmzwʊl] comp [scarf, sweater, etc.] en laine d'agneau, en lambswool.

lame [leɪm] ◆ adj **1.** [person, horse] boiteux / *to be lame* boiter / *to go lame* se mettre à boiter / *his left leg is lame* or *he's lame in his left leg* il boite de la jambe gauche **2.** [weak - excuse] piètre, bancal ; [- argument, reasoning] boiteux ; [- plot] boiteux, bancal / *what a lame joke!* quelle blague idiote !, quelle astuce vaseuse ! **3.** US *inf* [conventional] vieux jeu *(inv)*. ◆ vt estropier. ◆ pl n ▸ **the lame** les boiteux *mpl*.

lamé ['lɑːmeɪ] n lamé *m*.

lamebrain ['leɪmbreɪn] n *inf* crétin *m*, -e *f*.

lame duck n *fig* **1.** [gen & INDUST] canard *m* boiteux **2.** US POL *candidat sortant non réélu qui attend l'arrivée de son successeur.*

❖ **lame-duck** comp ▸ **a lame-duck president** *un président sortant non réélu.*

lamella [lə'melə] (*pl* **lamellas** *or* **lamellae** [-liː]) n ANAT & BOT lame *f*.

lamely ['leɪmlɪ] adv de façon peu convaincante, maladroitement.

lameness ['leɪmnɪs] n **1.** [limping] boiterie *f*, claudication *f spec* / *his lameness is the result of a childhood accident* il boite à la suite d'un accident qu'il a eu dans son enfance **2.** [weakness - of excuse, argument, etc.] faiblesse *f*.

lament [lə'ment] ◆ vt [feel sorrow for] regretter, pleurer ; [complain about] se lamenter sur, se plaindre de / *she lamented the passing of her youth* elle pleurait sa jeunesse perdue / *"I'll never finish in time!", she lamented* « je n'aurai jamais fini à temps ! », gémit-elle. ◆ vi se lamenter / *she was lamenting loudly over the loss of her jewels* elle se lamentait bruyamment or à grands cris d'avoir perdu ses bijoux. ◆ n **1.** [lamentation, complaint] lamentation *f* **2.** [poem] élégie *f* ; [song] complainte *f*.

lamentable ['læməntəbl] adj [regrettable] regrettable ; [poor] lamentable / *the lamentable state of the economy* l'état lamentable or déplorable de l'économie.

lamentably ['læməntəblɪ] adv lamentablement.

lamentation [,læmen'teɪʃn] n lamentation *f* ▸ **the Lamentations (of Jeremiah)** les Lamentations (de Jérémie).

lamented [lə'mentɪd] adj : *the late lamented Mr Jones* le regretté M. Jones.

lamina ['læmɪnə] (*pl* **laminas** *or* **laminae** [-niː]) n ANAT & BOT lame *f*.

laminal ['læmɪnl] adj LING laminal.

laminate ['læmɪneɪt] ◆ vt TECH [bond in layers] laminer ; [veneer] plaquer. ◆ n stratifié *m* / *a table covered in white laminate* une table recouverte de stratifié blanc.

laminated ['læmɪneɪtɪd] adj [wood] stratifié ; [glass] feuilleté ▸ **laminated windscreen** pare-brise *m inv* (en verre) feuilleté ; [document] plastifié.

lammergeier ['læmə,gaɪəʳ] n ORNITH gypaète *m* barbu.

lamp [læmp] n **1.** [gen] lampe *f* ; [street-lamp] réverbère *m* ; [on car, train] lumière *f*, feu *m* **2.** MED lampe *f* ▸ **infrared lamp** lampe à infrarouges.

lampblack ['læmpblæk] n noir *m* de carbone or de fumée.

lamp bracket n applique *f*.

lamplight [ˈlæmplaɪt] n : *her hair shone in the lamplight* la lumière de la lampe faisait briller ses cheveux / *to read by lamplight* lire à la lumière d'une or de la lampe.

lamplighter [ˈlæmplaɪtər] n **1.** [person] allumeur *m* de réverbères **2.** US [device] programmeur *m* d'éclairage.

lamplit [ˈlæmplɪt] adj éclairé par une lampe.

lampoon [læmˈpuːn] ◆ n [satire] satire *f* ; [written] pamphlet *m*. ◆ vt ridiculiser, tourner en dérision.

lampoonist [læmˈpuːnɪst] n [satirist] satiriste *mf* ; [in writings] pamphlétaire *mf*.

lamppost [ˈlæmppəʊst] n réverbère *m*.

lamprey [ˈlæmprɪ] n lamproie *f*.

lampshade [ˈlæmpʃeɪd] n abat-jour *m inv*.

lampstand [ˈlæmpstænd] n pied *m* de lampe.

lamp standard n lampadaire *m*.

LAN (abbr of **local area network**) n COMPUT réseau *m* local.

Lancaster [ˈlæŋkəstər] pr n **1.** GEOG Lancaster *m* **2.** HIST Lancastre *f*.

Lancastrian [læŋˈkæstrɪən] n **1.** GEOG habitant *m*, -e *f* de Lancaster **2.** HIST lancastrien *m*, -enne *f*.

lance [lɑːns] ◆ n **1.** [weapon] lance *f* ▸ **to break a lance with sb** UK *fig* se disputer avec qqn **2.** MED lancette *f*, bistouri *m*. ◆ vt MED percer, inciser.

lance corporal n caporal *m* *(dans l'armée britannique)*.

Lancelot [ˈlɑːnslɒt] pr n Lancelot.

lanceolate [ˈlɑːnsɪəˌleɪt] adj lancéolé.

lancer [ˈlɑːnsər] n HIST & MIL lancier *m*.

❖ **lancers** pl n [dance] (quadrille *m* des) lanciers *mpl*.

lancet [ˈlɑːnsɪt] n MED lancette *f*, bistouri *m*.

❖ **the Lancet** UK PRESS *importante revue médicale*.

lancet arch n arc *m* lancéolé or en lancette.

lancet window n fenêtre *f* en ogive.

Lancs written abbr of **Lancashire**.

land [lænd] ◆ vi **1.** AERON & ASTRONAUT atterrir / *they land at 7 pm* ils atterrissent or leur avion arrive à 19 h / *to land on the moon* atterrir sur la Lune, alunir / *to land in the sea* amerrir / *to land on an aircraft carrier* apponter (sur un porte-avions) **2.** NAUT [boat] arriver à quai ; [passengers] débarquer **3.** [ball, high jumper] tomber, retomber ; [falling object, bomb, parachutist] tomber ; [bird] se poser / *an apple landed on her head* elle a reçu une pomme sur la tête **4.** *inf* [finish up] finir, atterrir / *I hope that problem doesn't land on my desk* j'espère que ce problème ne va pas atterrir sur mon bureau / *the car landed (up) in the ditch* la voiture a terminé sa course dans le fossé / *he landed in jail* il s'est retrouvé en prison / *you'll land up in jail!* tu finiras en prison ! / *the letter landed up in Finland* la lettre a atterri en Finlande / *I landed up at a friend's house* j'ai atterri or échoué chez un ami. ◆ vt **1.** [plane] poser ; [cargo, passengers] débarquer / *they have succeeded in landing men on the moon* ils ont réussi à envoyer des hommes sur la Lune **2.** [fish - onto bank] hisser sur la rive ; [- onto boat] hisser dans le bateau **3.** *inf* [job, contract] décrocher **4.** *inf* [put, place] ficher / *he caught me a blow that nearly landed me in the water* il m'a flanqué un tel coup que j'ai bien failli me retrouver dans l'eau / *this could land us in real trouble* ça pourrait nous attirer de gros ennuis or nous mettre dans le pétrin / *it will land you in prison!* tu finiras en prison ! **5.** [blow] flanquer / *I landed him a blow* or *landed him one on the nose* je lui ai flanqué or collé mon poing dans la figure **6.** *inf* [encumber] ▸ **to get landed with sthg** : *I got landed with the job of organizing the party* c'est moi qui me suis retrouvé avec la fête à organiser, c'est moi qui me suis tapé l'organisation de la fête / *we got landed with their children for the weekend* ils nous ont refilé leurs gosses or il a fallu se farcir leurs gosses tout le week-end / *as usual, I got landed with all the work* comme d'habitude, c'est moi qui me suis tapé tout le travail / *they landed me with the bill* c'est moi qui ai écopé de l'addition. ◆ n **1.** [for farming, building, etc.] terre *f* / *he works on the land* il travaille la terre / *this is good farming land* c'est de la bonne terre ▸ **building land** terrain constructible / **'land for sale'** 'terrain à vendre' / *a piece of land* **a)** [for farming] un lopin de terre **b)** [for building] un terrain (à bâtir) ▸ **to live off the land** vivre des ressources naturelles de la terre ▸ **to see how the land lies, to find out the lie** or **lay of the land** tâter le terrain **2.** [property] terre *f*, terres *fpl* / *their lands were confiscated* leurs terres ont été confisquées / *get off my land!* sortez de mes terres ! **3.** [area, region] région *f* / *the desert lands of Northern Australia* les régions désertiques du nord de l'Australie **4.** [not sea] terre *f* / *they sighted land* ils aperçurent la terre / *we travelled by land to Cairo* nous sommes allés au Caire par la route / *over land and sea* sur terre et sur mer **5.** [nation, country] pays *m* / *to travel in distant lands* voyager dans des pays lointains / *the victory was celebrated throughout the land* le pays tout entier a fêté la victoire **6.** *fig* [realm] royaume *m*, pays *m* / *he is no longer in the land of the living* il n'est plus de ce monde / *she lives in a land of make-believe* elle vit dans un monde de chimères **7.** PHR **Land of Hope and Glory** *chanson patriotique anglaise sur un air d'Elgar, traditionnellement chantée lors de la* ***Last Night of the Proms*** ▸ **Land of My Fathers** *hymne du pays de Galles*. ◆ comp [prices - in town] du terrain ; [- in country] de la terre ; [reform] agraire ; [tax, ownership] foncier ; UK HIST [army] de terre ; [worker] agricole.

❖ **lands** pl n = **land** *(noun)*.

❖ **land up** vi = **land** *(vi)*.

terre or **terrain?**

When translating land, note that **terre** and **terrain** are not interchangeable. **Terre** is used to refer to land in general whereas **terrain** is used when talking about the quality of the soil or to refer to a plot of land.

land agent n **1.** [administrator] régisseur *m*, intendant *m*, -e *f* **2.** UK [estate agent] agent *m* immobilier.

landau [ˈlændɔː] n landau *m*.

land-based adj **1.** ECON basé sur la propriété terrienne **2.** MIL ▸ **land-based forces** forces *fpl* terrestres, armée *f* de terre ▸ **land-based missile** missile *m* terrestre.

land breeze n brise *f* de terre.

landed [ˈlændɪd] adj UK foncier ▸ **the landed gentry** la noblesse terrienne.

landfall [ˈlændfɔːl] n NAUT ▸ **to make landfall** apercevoir la terre, arriver en vue d'une côte.

landfill [ˈlændfɪl] n ensevelissement *m* de déchets.

landfill gas n gaz *m* d'enfouissement.

landgirl [ˈlændgɜːl] n UK HIST *membre du Women's Land Army, corps féminin qui assurait des travaux agricoles pendant la Seconde Guerre mondiale*.

land-grant college n US *college construit sur un terrain offert par le gouvernement fédéral*.

landholder [ˈlændˌhəʊldər] n propriétaire *m* terrien, propriétaire *f* terrienne.

landholding [ˈlændˌhəʊldɪŋ] ◆ adj foncier. ◆ n propriété *f*.

landing [ˈlændɪŋ] n **1.** [of plane, spacecraft] atterrissage *m* ; [on moon] alunissage *m* ; [of passengers, foods] débarquement *m* ; SPORT [of skier, high jumper] réception *f* / *he made a bad landing* il s'est mal reçu ▸ **the Normandy landings** HIST le Débarquement (en Normandie) **2.** [in staircase] palier *m* ; [floor] étage *m* **3.** [jetty] débarcadère *m*, embarcadère *m*.

landing beacon n AERON balise *f* d'atterrissage.

landing card n carte *f* de débarquement.

landing craft n navire *m* de débarquement.

landing field = **landing strip**.

landing gear n AERON train *m* d'atterrissage.

landing lights pl n [on plane] phares *mpl* d'atterrissage ; [at airport] balises *fpl* (d'atterrissage).

landing net n épuisette *f* *(filet)*.

landing stage n débarcadère *m*.

landing strip n piste *f* d'atterrissage.

landlady [ˈlændˌleɪdɪ] (*pl* **landladies**) n [owner] propriétaire *f* ; [in lodgings] logeuse *f* ; [in pub, guesthouse] patronne *f*.

landless [ˈlændlɪs] adj sans terre.

land-line n TELEC ligne *f* terrestre / *call me on my land-line* appelle-moi sur mon fixe.

landlocked [ˈlændlɒkt] adj [country] enclavé, sans accès à la mer ; [sea] intérieur.

landlord [ˈlændlɔːd] n [owner] propriétaire *m* ; [in lodgings] logeur *m* ; [in pub, guesthouse] patron *m*.

landlubber [ˈlændˌlʌbər] n *inf & hum* marin *m* d'eau douce.

landmark [ˈlændmɑːk] ◆ n **1.** *lit* point *m* de repère / *major Paris landmarks* les principaux monuments de Paris **2.** *fig* étape *f* décisive, jalon *m* / *the trial was a landmark in legal history* *fig* le procès a fait date dans les annales juridiques. ◆ comp [decision, event] qui fait date.

Landmark Trust n UK *association pour la protection du patrimoine*.

landmass [ˈlændmæs] n zone *f* terrestre / *the American landmass* le continent américain.

landmine [ˈlændmaɪn] n mine *f* (terrestre).

L&N MESSAGING written abbr of **landing**.

land-office adj US : *they're doing land-office business* les affaires sont florissantes.

Land-office business

Fondé en 1812, le **General Land Office** vendait des terrains appartenant au gouvernement dans l'Ouest américain. Le rythme effréné des ventes et les longues files d'attente devant les bureaux ont donné naissance à l'expression **to do land-office business** pour parler d'affaires florissantes :

Exporters of US farm commodities are doing land-office business. *Les affaires sont florissantes pour les exportateurs américains de produits agricoles.*

They've signed a 10-year contract with a firm in India, so they're doing land-office business. *Les affaires marchent bien pour eux car ils ont signé un contrat de 10 ans avec une société en Inde.*

landowner [ˈlændˌəʊnər] n propriétaire *m* foncier, propriétaire *f* foncière.

landowning [ˈlændˌəʊnɪŋ] adj : *the landowning classes* la classe des propriétaires fonciers.

land reform n réforme *f* agraire.

land registry n cadastre *m*.

Land Rover® n Land-Rover® *f*.

landscape [ˈlændskeɪp] ◆ n **1.** [gen] paysage *m* / *the political landscape* *fig* le paysage politique **2.** PRINT ▸ **to print in landscape** imprimer à l'italienne. ◆ adj **1.** ART ▸ **landscape painter** (peintre *m*) paysagiste *m* ▸ **landscape painting** le paysage **2.** HORT ▸ **landscape architect** architecte *mf* paysagiste ▸ **landscape gardener** jardinier *m* paysagiste, jardinière *f* paysagiste ▸ **landscape gardening** paysagisme *m* **3.** PRINT à l'italienne. ◆ vt [garden] dessiner ; [waste land] aménager / *they had their garden landscaped* ils ont fait dessiner leur jardin par un paysagiste.

landscaping [ˈlændˌskeɪpɪŋ] n aménagement *m* paysager.

Land's End pr n *pointe en Cornouailles qui marque l'extrémité sud-ouest de la Grande-Bretagne*.

landslide [ˈlændslaɪd] ◆ n glissement *m* de terrain. ◆ comp [election victory] écrasant ▸ **to win by a landslide** remporter une victoire écrasante.

landslip [ˈlændslɪp] n éboulement *m*.

land tax n impôt *m* foncier.

landward ['lændwəd] ◆ adj du côté de la terre / *on the landward side* du côté terre ▸ **landward breeze** vent *m* marin or qui souffle de la mer. ◆ adv = **landwards.**

landwards ['lændwədz] adv NAUT en direction de la terre ; [on land] vers l'intérieur (des terres).

lane [leɪn] n **1.** [road - in country] chemin *m* ; [- in street names] rue *f*, allée *f* **2.** [for traffic] voie *f* ; [line of vehicles] file *f* ; [for shipping, aircraft] couloir *m* ; [in athletics, swimming] couloir *m* / *get into the right-hand lane* mettez-vous dans la file or sur la voie de droite / **'keep in lane'** ne changez pas de file / **'lane ends'** 'chaussée rétrécie (à droite / à gauche)' / *a 4-lane road* une route à 4 voies / *to be in the wrong lane* être dans la mauvaise file.

lane closure n fermeture *f* de voies / *the traffic was held up by lane closures* la circulation a été ralentie par des rétrécissements (dus à des travaux).

lane markings pl n **1.** [on road] signalisation *f* au sol or horizontale des voies **2.** SPORT [on track] lignes *fpl* de marquage des couloirs ; [in swimming-pool] lignes *fpl* d'eau.

lang SCH & UNIV written abbr of **language.**

langlauf ['læŋlaʊf] n ski *m* de fond.

langoustine ['læŋgəsti:n] n langoustine *f*.

language ['læŋgwɪdʒ] ◆ n **1.** [means of communication] langage *m* / *I prefer language to literature* je préfère l'étude des langues à celle de la littérature / *the child's acquisition of language* l'acquisition du langage par l'enfant **2.** [specific tongue] langue *f* ; SCH & UNIV [area of study] langue *f* / *the French language* la langue française / *to study languages* faire des études de langue / *she speaks three languages fluently* elle parle trois langues couramment / *to speak the same language* parler le même langage / *you speak my language* nous parlons le même langage **3.** [code] langage *m* / *a computer language* un langage machine / *the language of love / flowers* le langage de l'amour / des fleurs **4.** [terminology] langue *f*, langage *m* / *medical / legal language* langage médical / juridique / *the language of diplomacy* [jargon] le langage diplomatique ; [manner of expression] expression *f*, langue *f* / *I find his language very pompous* je trouve qu'il s'exprime avec emphase or de façon très pompeuse ; [rude words] gros mots *mpl*, grossièretés *fpl* / *mind your language!* surveille ton langage ! ◆ comp [acquisition] du langage ; [course] de langues ; [barrier] linguistique ; [student] en langues.

langue or **langage?**

In everyday French, **une langue** is a natural language, while machine languages and animal languages are usually called **langages**. The language used by specific professional groups can be **langage** or **langue** (**la langue** / **le langage juridique**). In linguistics, Ferdinand de Saussure distinguished between **le langage** (the ability to communicate using language) and **la langue** (a particular language that exists thanks to that ability).

language laboratory, language lab n laboratoire *m* de langues.

languid ['læŋgwɪd] adj langoureux, alangui.

languidly ['læŋgwɪdlɪ] adv langoureusement.

languish ['læŋgwɪʃ] vi **1.** [suffer] languir / *to languish in prison* croupir en prison **2.** [become weak] dépérir / *to languish in the heat* **a)** [plant] dépérir à la chaleur **b)** [person] souffrir de la chaleur / *the project was languishing for lack of funds* le projet traînait, faute d'argent **3.** *liter* [pine] languir / *he languished for love of his lady* il languissait d'amour pour sa bien-aimée.

languishing ['læŋgwɪʃɪŋ] = **languid.**

languor ['læŋgəʳ] n langueur *f*.

languorous ['læŋgərəs] adj langoureux.

languorously ['læŋgərəslɪ] adv langoureusement.

laniard ['lænjəd] = **lanyard.**

lank [læŋk] adj [hair] terne, mou *(before vowel or silent 'h' mol, f molle)* ; [plant] étiolé, grêle.

lanky ['læŋkɪ] (*compar* **lankier**, *superl* **lankiest**) adj dégingandé.

lanolin(e) ['lænəlɪn] n lanoline *f*.

lantern ['læntən] n lanterne *f*.

lantern fish n poisson-lanterne *m*.

lantern-jawed [-dʒɔ:d] adj aux joues creuses.

lanternslide ['læntənslaɪd] n plaque *f* de lanterne magique.

lanthanoid series ['lænθənɔɪd-] n (groupe des) lanthanides *mpl*.

lanthanum ['lænθənəm] n lanthane *m*.

lanyard ['lænjəd] n corde *f*, cordon *m* ; NAUT ride *f*.

Lanzarote [,lænzə'rɒtɪ] pr n Lanzarote / *in Lanzarote* à Lanzarote.

Lao [laʊ] = **Laotian.**

Laos ['lɑ:ɒs] pr n Laos *m* / *in Laos* au Laos.

Laotian ['lɑ:ɒʃn] ◆ n **1.** [person] Laotien *m*, -enne *f* **2.** LING laotien *m*. ◆ adj laotien.

lap [læp] (*pt & pp* **lapped**, *cont* **lapping**) ◆ n **1.** [knees] genoux *mpl* / *come and sit on my lap* viens t'asseoir sur mes genoux / *don't think it's just going to fall into your lap!* *inf* ne t'imagine pas que ça va te tomber tout cuit dans le bec ! ▸ **it's in the lap of the gods** c'est entre les mains des dieux ▸ **the lap of luxury** le grand luxe / *to live in the lap of luxury* vivre dans le plus grand luxe **2.** SPORT tour *m* de piste / *we ran 2 laps* nous avons fait 2 tours de piste / *a 30-lap race* une course sur 30 tours / *the last lap* le tour de l'arrivée, le dernier tour (avant l'arrivée) **3.** [of journey] étape *f* ▸ **to be on the last lap** : *we're on the last lap* **a)** *lit* c'est le dernier tour **b)** *fig* on arrive au bout de nos peines. ◆ vt **1.** SPORT [competitor, car] dépasser, prendre un tour d'avance sur / *the slower drivers were soon lapped by the leaders* les pilotes les plus rapides n'ont pas tardé à prendre un tour d'avance sur les autres concurrents ; [time] chronométrer / *Kelly was lapped at over 200 mph* Kelly a été chronométré sur un tour à plus de 300 km/h **2.** [milk] laper **3.** [subj: waves] clapoter contre / *the waves lapped the hull* les vagues clapotaient contre la coque. ◆ vi **1.** SPORT tourner, faire un tour de circuit / *Kelly was lapping at over 200 mph* Kelly tournait à plus de 300 km/h de moyenne **2.** [waves] clapoter / *the waves lapped against the boat* les vagues clapotaient contre le bateau.

❖ **lap over** ◆ vt insep [tiles] chevaucher sur. ◆ vi se chevaucher.

❖ **lap up** vt sep **1.** [milk] laper **2.** *inf & fig* [praise] boire ; [information] avaler, gober / *he laps up every word she says* il gobe tout ce qu'elle dit ▸ **to lap it up** : *they were all paying her compliments and she was just lapping it up* tous lui faisaient des compliments et elle s'en délectait.

laparoscope ['læpərəskəʊp] n endoscope *m*.

laparoscopy [,læpə'rɒskəpɪ] n laparoscopie *f*, péritonéoscopie *f*.

La Paz [læ'pæz] pr n La Paz.

LAPD [,eleɪpi:'di:] (abbr of **Los Angeles Police Department**) n LAPD *m*, police *f* de Los Angeles.

lap dance ◆ vi danser *(pour les clients d'un bar)*. ◆ n lap dance *f*.

lap dancer n danseuse *f* de bar.

lap dancing n *danse érotique exécutée sur les genoux des clients.*

lapdog ['læpdɒg] n **1.** *lit* petit chien *m* d'appartement **2.** *pej* toutou *m*, caniche *m*.

lapel [lə'pel] n revers *m* / *he grabbed me by the lapels* il m'a saisi par le revers de ma veste.

lap-held adj [computer] portatif *(que l'on peut poser sur ses genoux)*.

lapidary ['læpɪdərɪ] (*pl* **lapidaries**) ◆ adj [cut in stone] lapidaire. ◆ n lapidaire *m*.

lapidate ['læpɪdeɪt] vt *liter* lapider.

lapis lazuli [,læpɪs'læzjʊlaɪ] n lapis *m*, lapis-lazuli *m inv*.

lap joint n enchevauchure *f*, assemblage *m* par recouvrement.

Lapland ['læplænd] pr n Laponie *f* / *in Lapland* en Laponie.

Laplander ['læplændəʳ] n Lapon *m*, -one *f*.

lap of honour n SPORT tour *m* d'honneur.

Lapp [læp] ◆ n **1.** [person] Lapon *m*, -one *f* **2.** LING lapon *m*. ◆ adj lapon *m*.

lapping ['læpɪŋ] n [of waves] clapotis *m*.

lap robe n US plaid *m*.

lapse [læps] ◆ n **1.** [failure] : *lapse of memory* trou *m* de mémoire / *lapse in* or *of concentration* moment *m* d'inattention **2.** [in behaviour] écart *m* (de conduite) / *she has occasional lapses* elle fait des bêtises de temps en temps / *the slightest lapse was punished harshly* la moindre faute était sévèrement punie / *a lapse from virtue* un manquement à la vertu **3.** [interval] laps *m* de temps, intervalle *m* / *after a lapse of six months* au bout de six mois **4.** [of contract] expiration *f* ; [of custom] disparition *f* ; [of legal right] déchéance *f*. ◆ vi **1.** [decline] baisser, chuter ▸ **to lapse from grace** RELIG pécher **2.** [drift] tomber / *she lapsed into a coma* elle est tombée dans le coma / *to lapse into bad habits* prendre de mauvaises habitudes / *to lapse into silence* garder le silence, s'enfermer dans le silence / *she kept lapsing into Russian* elle se remettait sans cesse à parler russe **3.** [pass - time] passer / *weeks lapsed before I saw her again* il se passa plusieurs semaines avant que je ne la revoie **4.** [law, custom] tomber en désuétude ; [licence, passport] se périmer ; [subscription] prendre fin, expirer / *he let his insurance lapse* il a laissé périmer son assurance **5.** RELIG [lose faith] abandonner or perdre la foi.

lapsed [læpst] adj [law] caduc ; [passport] périmé / *a lapsed Catholic* un catholique qui ne pratique plus.

laptop ['læptɒp] n ▸ **laptop (computer)** portable *m*.

lapwing ['læpwɪŋ] n vanneau *m*.

larboard ['lɑ:bəd] n *arch* bâbord *m*.

larceny ['lɑ:sənɪ] (*pl* **larcenies**) n LAW vol *m* simple.

larch [lɑ:tʃ] n mélèze *m*.

lard [lɑ:d] ◆ n saindoux *m*. ◆ vt larder / *an essay larded with quotations* *fig* une rédaction truffée de citations.

lardarse ['lɑ:dɑ:s], **lardass** US ['lɑ:dæs] n *v inf* [man] gros *m* plein de soupe ; [woman] grosse vache *f*.

larder ['lɑ:dəʳ] n [room] cellier *m* ; [cupboard] garde-manger *m inv* / *to raid the larder* *inf* faire une razzia dans le garde-manger.

large [lɑ:dʒ] ◆ adj **1.** [in size] grand ; [family] grand, nombreux ; [person] gros (grosse), grand ; [organization] gros (grosse), grand / *large size* **a)** [of clothes] grande taille **b)** [of product] grand modèle / *a large coat* un grand manteau / *on a large scale* à grande échelle / *he lives in a large house* il habite une grande maison / *she's a large woman* c'est une femme plutôt grosse or forte ; [in number, amount] grand, important / *a large proportion* une grande proportion, une part importante / *she wrote him a large cheque* elle lui a fait un chèque pour une somme importante or une grosse somme / *a large helping of potatoes / apple pie* une grosse portion de pommes de terre / part de tarte aux pommes / *a large number of* beaucoup de / *there are a large number of entrants this year* il y a beaucoup de participants or candidats cette année, les participants or candidats sont nombreux cette année / *to get large* grossir ▸ **as large as life** : *he was standing there as large as life* il était là, en chair et en os ▸ **larger than life** exagéré, outrancier **2.** [extensive - changes] considérable, important **3.** [liberal - views, ideas] libéral, large ; [generous - heart] grand, généreux. ◆ adv ▸ **to loom large** menacer, sembler imminent ▸ **to be writ large** être évident ▸ **to go large** *inf* voir les choses en grand.

❖ **at large** ◆ adj phr [at liberty] en liberté ; [prisoner] en fuite / *the rapist is at large somewhere in the city* le violeur se promène en (toute) liberté quelque part dans cette ville. ◆ adv phr [as a whole] dans son ensemble / *the country at large* le pays dans son ensemble.

❖ **by and large** adv phr de manière générale, dans l'ensemble.

large-hearted adj au grand cœur.

largely ['lɑːdʒlɪ] adv [mainly] en grande partie, pour la plupart ; [in general] en général, en gros.

large-minded adj large d'esprit, ouvert.

largeness ['lɑːdʒnɪs] n [in size] grandeur *f*, (grande) taille *f* ; [of sum] importance *f* ; [of number] grandeur *f*, importance *f*.

large-scale adj à grande échelle.

large-size(d) adj [clothes] grande taille ; [product] grand modèle ; [envelope] grand format.

largesse [lɑː'dʒes], **largess** US n *(U)* largesse *f*, largesses *fpl*.

large white n ENTOM piéride *f* (du chou).

largish ['lɑːdʒɪʃ] adj [in size] assez grand ; [in amount] assez grand, assez gros ; [in number] assez nombreux.

largo ['lɑːgəʊ] ◆ n largo *m*. ◆ adj & adv largo.

lariat ['lærɪət] US ◆ n lasso *m*. ◆ vt prendre au lasso.

lark [lɑːk] n **1.** ZOOL alouette *f* ▸ **to rise** or **to be up with the lark** se lever avec les poules or au chant du coq ▸ **as happy as a lark** UK gai comme un pinson **2.** *inf* [joke] rigolade *f* ; [prank] blague *f*, farce *f* / *for a lark* pour blaguer, pour rigoler / *what a lark!* quelle rigolade !, quelle bonne blague ! **3.** *inf* [rigmarole, business] histoire *f* / *I don't like the sound of this fancy dress lark* je n'aime pas beaucoup cette histoire de déguisement, cette idée de déguisement ne me dit rien qui vaille.

❖ **lark about, lark around** vi UK *inf* faire le fou / *stop larking about!* arrêtez de faire les fous or les imbéciles !

larkspur ['lɑːkspɜːʳ] n pied-d'alouette *m*, delphinium *m*.

larva ['lɑːvə] (*pl* **larvae** [-viː]) n larve *f*.

larval ['lɑːvl] adj larvaire.

laryngal [lə'rɪŋgl], **laryngeal** [ˌlærɪn'dʒiːəl] adj MED laryngé, laryngien ; LING laryngal, glottal.

laryngectomy [ˌlærɪn'dʒektəmɪ] (*pl* **laryngectomies**) n laryngectomie *f*.

laryngitis [ˌlærɪn'dʒaɪtɪs] n *(U)* laryngite *f* / *to have laryngitis* avoir une laryngite.

laryngoscope [lə'rɪŋgəskəʊp] n laryngoscope *m*.

laryngoscopy [ˌlærɪŋ'gɒskəpɪ] n MED laryngoscopie *f*.

laryngotomy [ˌlærɪŋ'gɒtəmɪ] (*pl* **laryngotomies**) n MED laryngotomie *f*.

larynx ['lærɪŋks] n larynx *m*.

lasagne, lasagna [lə'zænjə] n *(U)* lasagnes *fpl*.

lascar ['læskəʳ] n matelot *m* indien.

lascivious [lə'sɪvɪəs] adj lascif, lubrique.

lasciviously [lə'sɪvɪəslɪ] adv lascivement.

laser ['leɪzəʳ] n laser *m* ▸ **laser surgery** chirurgie *f* (au) laser.

laser beam n rayon *m* or faisceau *m* laser.

laser card n carte *f* à puce.

laser disc n disque *m* laser.

laser-guided adj guidé par laser.

laser printer n imprimante *f* (à) laser.

laser proof n épreuve *f* laser.

laser show n spectacle *m* laser.

laser weapon n arme *f* laser.

lash [læʃ] ◆ n **1.** [whip] lanière *f* ; [blow from whip] coup *m* de fouet / *he was given 60 lashes* on lui a donné or il a reçu 60 coups de fouet **2.** *fig* [of scorn, criticism] : *he'd often felt the lash of her tongue* il avait souvent été la cible de ses propos virulents **3.** [of rain, sea] : *the lash of the rain on the windows* le bruit de la pluie qui fouette les vitres / *the lash of the waves against the shore* le déferlement des vagues sur la grève **4.** [eyelash] cil *m*. ◆ vt **1.** [with whip] fouetter **2.** [subj: rain, waves] battre, fouetter / *the waves lashed the shore* les vagues venaient se fracasser sur la grève / *the cold rain lashed my face* la pluie froide me cinglait or me fouettait le visage / *the hail lashed the window* la grêle s'abattait sur la vitre / *he lashed them with his tongue fig* il leur adressa quelques remarques cinglantes **3.** [move] : *the tiger lashed its tail* le tigre fouettait l'air de sa queue **4.** [tie] attacher / *they lashed him to the chair* ils l'ont attaché solidement à la chaise / *they lashed the cargo to the deck* ils arrimèrent la cargaison sur le pont. ◆ vi : *its tail lashed wildly* il fouettait l'air furieusement de sa queue / *the hail lashed against the window* la grêle cinglait la vitre.

❖ **lash down** ◆ vt sep [cargo] arrimer, fixer / *the crates were lashed down* les caisses étaient solidement arrimées. ◆ vi [rain, hail] s'abattre, tomber avec violence.

❖ **lash into** vt insep UK [criticize] se déchaîner contre / *she really lashed into them* elle était véritablement déchaînée contre eux.

❖ **lash out** vi **1.** [struggle - with fists] donner des coups de poing ; [- with feet] donner des coups de pied / *she lashed out in all directions* elle se débattit de toutes ses forces **2.** *fig* [verbally] : *he lashed out at his critics* il a fustigé ses détracteurs **3.** UK *inf* [spend] ▸ **to lash out (on sthg)** dépenser un fric monstre (pour qqch) / *he lashed out and bought himself a new suit* il a claqué son fric pour s'acheter un nouveau costume.

lashing ['læʃɪŋ] n **1.** [with whip] flagellation *f*, fouet *m* ▸ **to give sb a lashing** donner des coups de fouet à qqn **2.** *fig* [scolding] réprimandes *fpl*, correction *f* **3.** [rope] corde *f* ; NAUT amarre *f*.

❖ **lashings** pl n UK [in amount] des montagnes / *with lashings of chocolate sauce* couvert de sauce au chocolat.

Las Palmas [ˌlæs'pælməs] pr n Las Palmas.

lass [læs] n Scot [girl] fille *f*.

Lassa ['læsə] = **Lhasa.**

Lassa fever ['læsə-] n fièvre *f* de Lhassa.

lassi n lassi *m* *(yaourt à boire, spécialité indienne)*.

lassie ['læsɪ] n Scot & IR fillette *f*, gamine *f*.

lassitude ['læsɪtjuːd] n lassitude *f*.

lasso, lassoo [læ'suː] ◆ n lasso *m*. ◆ vt prendre au lasso.

last[1] [lɑːst] ◆ adj **1.** [with dates, times of day] dernier / *last Monday* lundi dernier / *last week* / *year* la semaine / l'année dernière / *last July* en juillet dernier, l'année dernière au mois de juillet / *last night* **a)** [at night] cette nuit **b)** [in the evening] hier soir **2.** [final] dernier / *the last train* le dernier train / *that was the last time I saw him* c'était la dernière fois que je le voyais / *that's the last time I do him a favour* c'est la dernière fois que je lui rends service / *it's your last chance* c'est votre dernière chance / *at the last minute* or *moment* à la dernière minute / *it's our last day here* c'est notre dernière journée ici / *I'm down to my last cigarette* il ne me reste plus qu'une seule cigarette / *they were down to their last few bullets* il ne leur restait pratiquement plus de munitions / *one of the last few survivors* un des tout derniers survivants / *the last two pages* les deux dernières pages / *I'll sack every last one of them!* je vais les virer tous ! / *she used up every last ounce of energy* elle a utilisé tout ce qui lui restait d'énergie / *to the last detail* dans les moindres détails / *they were prepared to fight to the last man* ils étaient prêts à se battre jusqu'au dernier / *she was on her last legs* elle était au bout du rouleau / *your car is on its last legs* votre voiture ne va pas tarder à vous lâcher / *the regime is on its last legs* le régime vit ses derniers jours or est au bord de l'effondrement / *I'll get my money back if it's the last thing I do* je récupérerai mon argent coûte que coûte ▸ **last thing** : *I always clean my teeth last thing at night* je me brosse toujours les dents juste avant de me coucher / *we finished the work last thing on Tuesday afternoon* on a terminé le travail juste avant de partir mardi après-midi **3.** [most recent] : *you said that last time* c'est ce que tu as dis la dernière fois / *I've been here for the last five years* je suis ici depuis cinq ans, cela fait cinq ans que je suis ici / *I didn't like her last film* je n'ai pas aimé son dernier film **4.** [least likely] : *he's the last person I expected to see* c'est bien la dernière personne que je m'attendais à voir / *that's the last place I'd have looked* c'est bien le dernier endroit où j'aurais cherché / *that's the last thing I wanted* je n'avais vraiment pas besoin de ça **5.** PHR **Last Night of the Proms** *concert à l'Albert Hall qui clôt la saison des* ***Promenade Concerts***. ◆ adv **1.** [finally] : *she arrived last* elle est arrivée la dernière or en dernier ▸ **..., and last but not least...** ... et en dernier, mais non par ordre d'importance,... **2.** [most recently] : *when did you last see him?* quand l'avez-vous vu pour la dernière fois ? / *they last came to see us in 2008* leur dernière visite remonte à 2008 / *it's last in, first out* dernier entré, premier sorti **3.** = **lastly.** ◆ n & pron **1.** [final one] dernier *m*, -ère *f* / *the last in the class* le dernier de la classe / *she was the last to arrive* elle est arrivée la dernière / *the last of the Romanovs* le dernier des Romanov / *the next to last* or *the last but one* l'avant-dernier ▸ **last in first out** ECON dernier entré premier sorti **2.** [previous one] : *each more handsome than the last* tous plus beaux les uns que les autres / *the day before last* avant-hier / *the night before last* **a)** [at night] la nuit d'avant-hier **b)** [in the evening] avant-hier soir / *the winter before last* l'hiver d'il y a deux ans / *the Prime Minister before last* l'avant-dernier Premier ministre **3.** [end] : *that was the last I saw of her* c'était la dernière fois que je la voyais / *I hope that's the last we see of them* j'espère qu'on ne les reverra plus / *I'll never see the last of this!* je n'en verrai jamais la fin !, je n'en viendrai jamais à bout ! / *you haven't heard the last of this!* vous aurez de mes nouvelles ! ▸ **till last** : *leave the pans till last* gardez les casseroles pour la fin, lavez les casseroles en dernier **4.** [remainder] reste *m* / *we drank the last of the wine* on a bu ce qui restait de vin.

❖ **at last** adv phr enfin / *free at last* enfin libre ▸ **at long last** enfin / *at long last she's found a job she enjoys* elle a enfin trouvé un emploi qui lui plaît / *at last! where on earth have you been?* enfin ! mais où étais-tu donc ? / *at last he said: "do you forgive me?"* enfin il demanda : « tu me pardonnes ? ».

❖ **at the last** adv phr *fml* : *at the last the judges came out in her favour* à la dernière minute, les juges ont décidé en sa faveur / *she was there at the last* elle est restée jusqu'au bout.

❖ **to the last** adv phr jusqu'au bout / *she insisted to the last that she was not guilty* elle a dit jusqu'au bout qu'elle n'était pas coupable.

> Note word order, which is reversed with respect to English :
> **les** *quatre derniers* **jours**
> the *last four* days.

> **Last Night of the Proms**
>
> Les **Henry Wood Promenade Concerts**, communément appelés **The Proms**, désignent une saison annuelle de concerts classiques organisés principalement à **l'Albert Hall** à Londres. Les **Promenade Concerts** se distinguent par le fait que beaucoup de spectateurs sont debout (notamment au parterre), ce qui confère une atmosphère décontractée et chaleureuse à la manifestation. Le festival se termine par la célèbre **Last Night of the Proms** à l'Albert Hall, grande manifestation populaire où les spectateurs en liesse agitent des drapeaux en chantant des airs patriotiques (**Land of Hope and Glory, Rule Britannia, Jerusalem, God Save the Queen...**).

last[2] [lɑːst] ◆ vi **1.** [continue to exist or function] durer / *it lasted (for) ten days* cela a duré dix jours / *how long did the film last?* combien de temps le film a-t-il duré ?, quelle était la durée du film ? / *how long can we last without water?* combien de temps tiendrons-nous sans eau ? / *he didn't last more than a year as a singer* il n'a pas tenu plus d'un an dans la chanson / *their romance didn't last (for) long* leur idylle n'a pas duré longtemps / *he won't last long* **a)** [in job] il ne tiendra pas longtemps **b)** [will soon die] il n'en a plus pour longtemps / *the batteries didn't last (for) long* les piles n'ont pas duré longtemps / *built / made to last* construit / fait pour durer **2.** [be enough] : *we've got enough food to last another week* nous avons assez à manger pour une semaine encore **3.** [keep fresh - food] se conserver / *these flowers don't last (long)* ces fleurs ne tiennent or ne durent pas (longtemps). ◆ vt : *his money didn't last him to the end of the holiday* il n'a pas eu assez d'argent pour tenir jusqu'à la fin des vacances / *have we got enough to last us until tomorrow?* en avons-nous assez pour tenir or aller jusqu'à demain ? / *my camera's lasted me ten years* mon appareil photo a duré dix ans / *that fountain pen will last you a lifetime* vous pourrez garder ce stylo plume toute votre vie. ◆ n [for shoes] forme *f*.

❖ **last out** ◆ vi **1.** [survive] tenir / *I'm not sure I'll last out at this job* je ne sais pas si je pourrai faire ce travail longtemps / *how long will he last out?* combien de temps peut-il tenir ? **2.** [be enough] suffire / *will our supplies last out till the end of the month?* les provisions suffiront-elles jusqu'à la fin du mois ? ◆ vt sep : *he didn't last the night out* il n'a pas passé la nuit, il est mort pendant la nuit / *will the play last out the month?* est-ce que la pièce tiendra le mois ?

last chance saloon n : *these talks are seen as the last chance saloon by many observers* pour beaucoup d'observateurs, il s'agit des négociations de la dernière chance.

last-ditch adj [ultimate] ultime ; [desperate] désespéré / *a last-ditch attempt* or *effort* un ultime effort.

lasting ['lɑ:stɪŋ] adj durable / *to their lasting regret / shame* à leur plus grand regret / plus grande honte.

Last Judgment n ▸ **the Last Judgment** le Jugement dernier.

lastly ['lɑ:stlɪ] adv enfin, en dernier lieu.

last-minute adj de dernière minute.

last name n nom *m* de famille.

last post n UK MIL [at night] extinction *f* des feux ; [at funeral] sonnerie *f* aux morts.

last rites pl n derniers sacrements *mpl*.

Last Supper n ▸ **the Last Supper** la (sainte) Cène.

last word n **1.** [final decision] dernier mot *m* / *the Treasury has the last word on defence spending* le ministère des Finances a le dernier mot en matière de dépenses militaires **2.** [latest style] dernier cri *m* / *she was wearing the very last word in hats* elle portait un chapeau du dernier cri.

Las Vegas [,læs'veɪgəs] pr n Las Vegas.

latch [lætʃ] ◆ n loquet *m* / *leave the door on the latch* ne fermez pas la porte à clé / *the door was on the latch* la porte n'était pas fermée à clé. ◆ vt fermer au loquet. ◆ vi se fermer.

❖ **latch on** vi *inf* piger.

❖ **latch onto** vt insep *inf* **1.** [attach o.s. to] s'accrocher à / *to latch onto an idea* s'accrocher à une idée / *she always latches onto older children* elle s'accroche toujours à des enfants plus âgés **2.** UK [understand] piger / *I suddenly latched onto the fact that they were following me* d'un seul coup j'ai pigé qu'ils me suivaient **3.** US [obtain] se procurer, obtenir.

latchkey ['lætʃki:] n clef *f* (de la porte d'entrée).

latchkey child n *enfant dont les parents travaillent et ne sont pas là quand il rentre de l'école.*

late [leɪt] ◆ adj **1.** [behind schedule] en retard / *to be late* être en retard / *to be 10 minutes late* avoir 10 minutes de retard / *she's often late* elle est or elle arrive souvent en retard / *to make sb late* retarder qqn, mettre qqn en retard / *we apologize for the late arrival of flight 906* nous vous prions d'excuser le retard du vol 906 **2.** [in time] tardif / *at a late hour* à une heure tardive / *to keep late hours* veiller, se coucher tard / *in the late afternoon* tard dans l'après-midi, en fin d'après-midi / *she's in her late fifties* elle approche la soixantaine / *in the late seventies* à la fin des années soixante-dix / *in late 2001* fin 2001 / *at this late date* à cette date avancée / *at this late stage* à ce stade avancé / *to have a late lunch* déjeuner tard / *he was a late developer* **a)** [physically] il a eu une croissance tardive **b)** [intellectually] son développement intellectuel fut un peu tardif ; [news, edition] dernier / *there have been some late developments in the talks* il y a du nouveau dans les discussions ▸ **late booking** réservation *f* de dernière minute **3.** [former] ancien, précédent ; [deceased] : *the late lamented president* le regretté président / *the late Mr Fox* le défunt M. Fox, feu M. Fox *fml* / *her late husband* son défunt mari, feu son mari *fml* / *his late wife* feue sa femme *fml* **4.** [recent] récent, dernier. ◆ adv **1.** [in time] tard / *to arrive / to go to bed late* arriver / se coucher tard / *to arrive 10 minutes late* arriver avec 10 minutes de retard / *it's getting late* il se fait tard / *late in the afternoon* tard dans l'après-midi / *she came to poetry late in life* elle est venue à la poésie sur le tard / *they came too late* ils sont arrivés trop tard ▸ **late in the day** *lit* vers la fin de la journée / *it's rather late in the day to be thinking about that* *fig* c'est un peu tard pour penser à ça **2.** [recently] récemment / *even as late as last year he was still painting* pas plus tard que l'année dernière, il peignait encore **3.** *fml* [formerly] autrefois, anciennement / *Mr Fox, late of Delhi* M. Fox, anciennement domicilié à Delhi.

❖ **of late** adv phr récemment / *I haven't seen him of late* je ne l'ai pas vu récemment or ces derniers temps.

late adopter n utilisateur tardif *m*, utilisatrice *f* tardive.

late-blooming adj BOT à floraison tardive.

latecomer ['leɪt,kʌmər] n retardataire *mf* / *latecomers must wait in the foyer* les retardataires doivent attendre dans le foyer / **'latecomers will not be admitted'** ≃ le placement n'est plus assuré après le début de la représentation / *he was a latecomer to football* il est venu au football sur le tard.

lateen [lə'ti:n] n ▸ **lateen (sail)** voile *f* latine.

lateen-rigged [-rɪgd] adj gréé avec une voile latine ▸ **lateen-rigged boat** bâtiment *m* latin.

late-flowering adj BOT à floraison tardive.

lately ['leɪtlɪ] adv récemment, ces derniers temps, dernièrement / *I haven't been feeling well lately* je ne me sens pas bien ces temps-ci / *until lately* jusqu'à ces derniers temps, jusqu'à récemment.

latency ['leɪtənsɪ] n latence *f*.

lateness ['leɪtnɪs] n **1.** [of bus, train, person] retard *m* / *I find persistent lateness infuriating* les gens qui sont toujours en retard m'exaspèrent **2.** [late time] heure *f* tardive / *given the lateness of the hour* étant donné or vu l'heure tardive.

late-night adj [play, show, film] ≃ de minuit / *what's tonight's late-night movie?* [on TV] qu'est-ce qu'il y a au ciné-club ce soir ? / *a late-night film* [in cinema] une séance de minuit / *a late-night bus service* un bus de nuit ▸ **late-night opening** COMM nocturne *f* ▸ **late-night shopping** courses *fpl* en nocturne.

latent ['leɪtənt] adj latent.

latent heat n chaleur *f* latente.

latent image n image *f* latente.

latent period n **1.** MED incubation *f* **2.** = **latent time.**

latent time n latence *f*, état *m* latent, temps *m* de latence.

late payment n retard *m* de paiement.

later ['leɪtər] *(compar of* **late***)* ◆ adj ultérieur / *we can always catch a later train* on peut toujours prendre un autre train, plus tard / *a collection of her later poems* un recueil de ses derniers poèmes / *at a later date* à une date ultérieure / *at a later stage* à un stade plus avancé / *in later life* plus tard dans la vie. ◆ adv plus tard / *later that day* plus tard dans la journée ▸ **later on** plus tard / *see you later!* à plus tard ! / *no later than tomorrow* demain dernier délai, demain au plus tard. ◆ interj *inf* ciao, à plus, à tout'.

lateral ['lætərəl] ◆ adj latéral ▸ **lateral integration** ECON intégration *f* latérale. ◆ n LING (consonne *f*) latérale *f*.

laterally ['lætrəlɪ] adv latéralement.

lateral thinking n approche *f* originale / *we need a bit of lateral thinking on this problem* il nous faut adopter une approche du problème plus originale.

laterite ['lætəraɪt] n latérite *f*.

latest ['leɪtɪst] ◆ adj *(superl of* **late***)* dernier / *the latest date / time* la date / l'heure limite / *the latest news* les dernières nouvelles / *the latest model* le dernier modèle / *let's hope her latest novel won't be her last* espérons que le roman qu'elle vient de publier ne sera pas le dernier. ◆ n **1.** [most recent - news] : *have you heard the latest?* vous connaissez la dernière ? / *what's the latest on the trial?* qu'y a-t-il de nouveau sur le procès ? / *tune in at 7 p.m. for the latest on the elections* soyez à l'écoute à 19 h pour les dernières informations sur les élections / *have you met his / her latest?* [boyfriend, girlfriend] avez-vous fait la connaissance de sa dernière conquête ? **2.** [in time] ▸ **at the latest** au plus tard / *when is the latest you can come?* jusqu'à quelle heure pouvez-vous venir ?

latex ['leɪteks] n latex *m*.

lath [lɑ:θ] n [wooden] latte *f* ; [in venetian blind] lame *f*.

lathe [leɪð] ◆ n tour *m* *(à bois ou à métal)* ▸ **lathe operator** tourneur *m*. ◆ vt tourner.

lather ['lɑ:ðər] ◆ n **1.** [from soap] mousse *f* **2.** [foam - on horse, seawater] écume *f* ▸ **to get into a lather about** or **over sthg** UK s'énerver or se mettre dans tous ses états à propos de qqch / *he got into a real lather over the unpaid bills* les factures impayées l'ont mis dans tous ses états. ◆ vt [clean] savonner. ◆ vi **1.** [soap] mousser **2.** [horse] écumer.

Latin ['lætɪn] ◆ n **1.** [person] Latin *m*, -e *f* ▸ **the Latins a)** [in Europe] les Latins **b)** [in US] les Latino-américains *mpl* **2.** LING latin *m*. ◆ adj latin ; [alphabet] latin ▸ **the Latin Quarter** le Quartier latin.

Latin America pr n Amérique *f* latine / *in Latin America* en Amérique latine.

Latin American ◆ n Latino-américain *m*, -e *f*. ◆ adj latino-américain.

Latinate ['lætɪneɪt] adj [vocabulary] d'origine latine ; [style] empreint de latinismes.

Latinist ['lætɪnɪst] n latiniste *mf*.

Latinize, **Latinise** ['lætɪnaɪz] vt latiniser.

Latino [læ'ti:nəʊ] *(pl* **Latinos***)* n US Latino *mf*.

latish ['leɪtɪʃ] ◆ adj : *at a latish hour* à une heure assez avancée or tardive. ◆ adv : *it was getting latish* il commençait à se faire tard.

latitude ['lætɪtju:d] n **1.** ASTRON & GEOG latitude *f* / *at a latitude of 50° south* à 50° de latitude sud / *few animals live in these latitudes* rares sont les animaux qui vivent sous ces latitudes **2.** [freedom] latitude *f* / *they don't allow* or *give the children much latitude for creativity* ils n'encouragent guère les enfants à être créatifs.

latitudinal [,lætɪ'tju:dɪnl] adj latitudinal.

latitudinarian [,lætɪtju:dɪ'neərɪən] ◆ adj latitudinaire. ◆ n latitudinaire *mf*.

Latium ['leɪʃjəm] pr n Latium.

latrines [lə'tri:nz] pl n latrines *fpl*.

latte ['læteɪ] n café *m* au lait.

latter ['lætər] ◆ adj **1.** [in relation to former] dernier, second / *the latter proposal is unrealistic* la seconde or cette dernière proposition est irréaliste / *the latter half of the book was better* la seconde moitié du livre était meilleure **2.** [later] dernier, second / *in the latter years of her life* au cours des dernières années de sa vie / *the latter part of the holiday* la seconde partie des vacances. ◆ n ▸ **the former... the latter** le premier... le second, celui-là... celui-ci / *the latter is definitely the better book* le second livre est sans aucun doute le meilleur / *of tigers and cheetahs, the latter are by far the faster runners* des tigres et des guépards, ces derniers sont de loin les plus rapides.

latter-day adj d'aujourd'hui / *a latter-day St Francis* un saint François moderne ▸ **Church of the**

latter-day Saints Église *f* de Jésus-Christ des saints des derniers jours.

latterly ['lætəlɪ] adv [recently] récemment, dernièrement ; [towards the end] vers la fin.

lattice ['lætɪs] n [fence, frame] treillage *m* ; [design] treillis *m*.

latticed ['lætɪst] adj [fence] à claire-voie ; [ceramics] treillissé ; [pastry] en croisillons ; [dress] ajouré.

lattice window n fenêtre *f* à croisillons.

latticework ['lætɪswɜːk] n *(U)* treillis *m*.

Latvia ['lætvɪə] pr n Lettonie *f* / *in Latvia* en Lettonie.

Latvian ['lætvɪən] ◆ n **1.** [person] Letton *m*, -onne *f* **2.** LING letton *m*. ◆ adj letton.

laud [lɔːd] vt *fml & liter* louer, chanter les louanges de, glorifier ▸ **to laud sb to the skies** porter qqn aux nues.

laudable ['lɔːdəbl] adj louable, digne de louanges / *this is a laudable attempt to bring together* or *at bringing together new theories* ceci constitue une tentative louable de réunir de nouvelles théories.

laudably ['lɔːdəblɪ] adv de manière louable / *you behaved laudably* votre comportement a été admirable.

laudanum ['lɔːdənəm] n laudanum *m*.

laudatory ['lɔːdətrɪ] adj *fml* laudatif, élogieux.

laugh [lɑːf] ◆ vi **1.** [in amusement] rire / *she was laughing about his gaffe all day* sa gaffe l'a fait rire toute la journée / *you have to laugh* mieux vaut en rire ▸ **to burst out laughing** éclater de rire / *we laughed until we cried* on a ri aux larmes, on a pleuré de rire / *we laughed about it afterwards* après coup, cela nous a fait bien rire, on en a ri après coup / *it's easy for you to laugh!* vous pouvez rire ! ▸ **to laugh aloud** or **out loud** rire aux éclats / *he was laughing to himself* il riait dans sa barbe / *they didn't know whether to laugh or cry* ils ne savaient pas s'ils devaient en rire ou en pleurer ▸ **to laugh up one's sleeve** UK rire sous cape / *I'll make him laugh on the other side of his face* UK je lui ferai passer l'envie de rire, moi ▸ **he who laughs last laughs longest** UK or **best** US *prov* rira bien qui rira le dernier *prov* / **'The Laughing Cavalier'** *Hals* 'le Chevalier souriant' **2.** [in contempt, ridicule] rire / *they laughed in my face* ils m'ont ri au nez / *he laughed about his mistakes* il a ri de ses erreurs **3.** *fig* [be confident] : *once we get the contract, we're laughing* une fois qu'on aura empoché le contrat, on sera tranquilles / *she's laughing all the way to the bank* elle s'en met plein les poches. ◆ vt **1.** [in amusement] ▸ **to laugh o.s. silly** se tordre de rire, être plié en deux de rire **2.** [in ridicule] : *he was laughed off the stage / out of the room* il a quitté la scène / la pièce sous les rires moqueurs / *they laughed him to scorn* ils se sont moqués de lui ▸ **to laugh sthg out of court** tourner qqch en dérision **3.** [express] : *she laughed her scorn* elle eut un petit rire méprisant. ◆ n **1.** [of amusement] rire *m* ; [burst of laughter] éclat *m* de rire ▸ **to give a laugh** rire / *we had a good laugh about it* ça nous a bien fait rire / *she left the room with a laugh* elle sortit en riant or dans un éclat de rire ; [of contempt] rire *m* / *we all had a good laugh at his expense* nous nous sommes bien moqués de lui ▸ **to have the last laugh** avoir le dernier mot **2.** UK *inf* [fun] rigolade *f* ▸ **to have (a bit of) a laugh** rigoler or se marrer un peu / *he's always good for a laugh* avec lui, on se marre bien / *he's a laugh a minute* il est très marrant **3.** *inf* [joke] : *we did it for a laugh* or *just for laughs* on l'a fait pour rigoler / *what a laugh!* qu'est-ce qu'on s'est marré ! / *home-made cakes? — that's a laugh! iro* gâteaux faits maison ? — c'est une blague or ils plaisantent !

❖ **laugh at** vt insep **1.** [in amusement] : *we all laughed at the joke / the film* la blague / le film nous a tous fait rire **2.** [mock] se moquer de, rire de / *to laugh at someone else's misfortunes* se moquer des malheurs des autres / *to laugh at one's own mistakes* rire de ses propres erreurs **3.** [disregard] rire de, rester indifférent à / *they laughed at the dangers* ils (se) riaient des dangers.

❖ **laugh away** vt sep : *she laughed away her tears / cares* ça l'a amusée et elle a séché ses larmes / oublié ses soucis.

❖ **laugh down** vt sep [objection] ridiculiser.

❖ **laugh off** vt sep [difficulty] rire de, se moquer de ; [difficult situation] désamorcer / *I managed to laugh off an awkward situation* j'ai réussi à éviter une situation fâcheuse en plaisantant / *how can they just laugh it off like that?* comment osent-ils prendre ça à la légère ? / *he tried to laugh off the defeat* il s'efforça de ne pas prendre sa défaite trop au sérieux.

laughable ['lɑːfəbl] adj ridicule, dérisoire / *the whole situation is just laughable* tout ça est parfaitement ridicule / *he made a laughable attempt at reconciliation* il fit une tentative de réconciliation pitoyable.

laughably ['lɑːfəblɪ] adv : *laughably inadequate* or *low* dérisoire, ridiculement bas / *laughably stupid* d'une stupidité affligeante.

laughing ['lɑːfɪŋ] adj [eyes] riant, rieur / *this is no laughing matter* il n'y a pas de quoi rire.

laughing gas n gaz *m* hilarant.

laughing hyena n hyène *f* tachetée.

laughing jackass n martin-chasseur *m (d'Australie)*, kookaburra *m*.

laughingly ['lɑːfɪŋlɪ] adv **1.** [cheerfully] en riant **2.** [inappropriately] : *this noise is laughingly called folk music* c'est ce bruit qu'on appelle le plus sérieusement du monde de la musique folk.

laughing stock n : *they were the laughing stock of the whole neighbourhood* ils étaient la risée de tout le quartier / *they made laughing stocks of themselves* ils se sont couverts de ridicule.

laugh lines pl n rides *fpl* du sourire.

laughter ['lɑːftəʳ] n *(U)* rire *m*, rires *mpl* / *a burst of laughter* un éclat de rire / *there was much laughter over the misunderstanding* le malentendu provoqua des éclats de rire / *she continued to speak amid loud laughter* elle a continué à parler au milieu des éclats de rire.

launch [lɔːntʃ] ◆ n **1.** [boat] vedette *f* ; [long boat] chaloupe *f* ▸ **(pleasure) launch** bateau *m* de plaisance **2.** [of ship, spacecraft, new product] lancement *m* / *a book launch* le lancement d'un livre / *the launch of a new job creation scheme* le lancement d'un nouveau programme de création d'emplois. ◆ vt **1.** [boat - from ship] mettre à la mer ; [- from harbour] faire sortir ; [- for first time] lancer **2.** COMM lancer ; FIN [shares] émettre / *our firm has launched a new perfume on* or *onto the market* notre société a lancé un nouveau parfum **3.** [start] : *that was the audition that launched me on my career* cette audition a donné le coup d'envoi de ma carrière / *to launch a military offensive* déclencher or lancer une attaque.

❖ **launch forth** vi **1.** [set off] : *to launch forth on a new career* se lancer dans une nouvelle carrière **2.** [start speaking] : *he launched forth into a long explanation* il s'est lancé dans une longue explication.

❖ **launch into** vt insep [start] se lancer dans / *she launched into her work with vigour* elle s'est lancée dans son travail avec énergie / *to launch into a tirade against sb* se lancer dans une diatribe contre qqn.

❖ **launch out** vi se lancer / *Blakes have launched out into distilling* Blakes s'est lancé dans la distillation / *she's just launched out on her own* elle vient de se mettre à son compte.

launch complex n ASTRONAUT base *f* or station *f* de lancement.

launcher ['lɔːntʃəʳ] n ASTRONAUT & MIL lanceur *m*.

launching ['lɔːntʃɪŋ] n **1.** [of ship, spacecraft] lancement *m* ; [of lifeboat - from ship] mise *f* à la mer ; [- from shore] sortie *f* **2.** [of new product] lancement *m*.

launching ceremony n cérémonie *f* de lancement.

launching pad = **launch pad**.

launching site n aire *f* de lancement.

launching vehicle = **launch vehicle**.

launch pad n rampe *f* de lancement.

launch vehicle n fusée *f* de lancement.

launder ['lɔːndəʳ] vt **1.** [clothes] laver ; [at laundry] blanchir / *the sheets have been freshly laundered* **a)** [at home] les draps viennent d'être lavés **b)** [at laundry] les draps reviennent de chez le blanchisseur or le teinturier **2.** *fig* [money] blanchir.

Launderette® [ˌlɔːndə'ret] = **laundrette**.

laundering ['lɔːndrɪŋ] n **1.** [of clothes] blanchissage *m* **2.** *fig* [of money] blanchiment *m*.

laundress ['lɔːndrɪs] n blanchisseuse *f*.

laundrette [lɔːn'dret] n UK laverie *f* automatique.

Laundromat® ['lɔːndrəmæt] n US laverie *f* automatique.

laundry ['lɔːndrɪ] (*pl* **laundries**) n **1.** [shop] blanchisserie *f* ; [in house] buanderie *f* **2.** [washing] linge *m* ▸ **to do the laundry** faire la lessive **3.** PHR **you shouldn't do your dirty laundry in public** il ne faut pas laver son linge sale en public ▸ **who knows what kind of dirty laundry they'll turn up on him** qui sait quel genre de casseroles on va lui trouver.

laundry basket n panier *m* à linge.

laundryman ['lɔːndrɪmən] (*pl* **laundrymen** [-mən]) n **1.** [van-driver] livreur *m* de blanchisserie **2.** [worker in laundry] blanchisseur *m*.

laundry mark n étiquette *f* de la blanchisserie.

laundry room n buanderie *f*.

laundry van n camionnette *f* du blanchisseur.

laundrywoman ['lɔːndrɪˌwʊmən] (*pl* **laundrywomen** [-ˌwɪmɪn]) n blanchisseuse *f*.

laureate ['lɔːrɪət] n **1.** [prize winner] lauréat *m* ▸ **a Nobel laureate** un prix Nobel **2.** [poet] poète *m* lauréat.

laurel ['lɒrəl] ◆ n [tree] laurier *m*. ◆ comp [crown, wreath] de lauriers.

❖ **laurels** pl n [honours] lauriers *mpl* ▸ **to look to one's laurels** ne pas s'endormir sur ses lauriers ▸ **to rest on one's laurels** se reposer sur ses lauriers.

lav [læv] n UK *inf* cabinets *mpl*, W-C *mpl*.

lava ['lɑːvə] n lave *f* ▸ **lava bed** champ *m* de lave ▸ **lava flow** coulée *f* de lave.

lavage [læ'vɑːʒ] n MED lavement *m*.

lava lamp n lampe *f* à lave *(cylindre transparent contenant un liquide dans lequel des bulles colorées montent et descendent lentement)*.

lavalier(e) [læˌvælɪ'eəʳ] n US pendentif *m*.

lavatorial [ˌlævə'tɔːrɪəl] adj [style, humour] scatologique.

lavatory ['lævətrɪ] (*pl* **lavatories**) ◆ n UK toilettes *fpl*, cabinets *mpl* ; [bowl] cuvette *f* ▸ **to go to the lavatory** aller aux toilettes. ◆ adj des W-C ; [humour] scatologique.

lavatory bowl, lavatory pan n UK cuvette *f* (de W-C).

lavatory paper n UK papier *m* hygiénique.

lavatory seat n UK abattant *m* de W-C.

lavender ['lævəndəʳ] ◆ n lavande *f*. ◆ adj [colour] lavande.

lavender bag n sachet *m* de lavande.

lavender blue ◆ n bleu lavande *m inv*. ◆ adj bleu lavande *(inv)*.

lavender water n eau *f* de lavande.

laver ['leɪvəʳ] n porphyra *f*.

laver bread ['lɑːvəʳ-] n galette *f* d'algues.

lavish ['lævɪʃ] ◆ adj **1.** [abundant] copieux, abondant ; [luxurious] somptueux, luxueux **2.** [generous] généreux, magnanime / *he can afford to be lavish* il peut se permettre d'être généreux / *he was lavish in his praise* il ne tarissait pas d'éloges. ◆ vt prodiguer / *they lavish all their attention on their son* ils sont aux petits soins pour leur fils / *he lavished praise on the book* il ne tarissait pas d'éloges sur le livre.

lavishly ['lævɪʃlɪ] adv **1.** [generously, extravagantly] généreusement, sans compter / *she spends lavishly* elle dépense sans compter, elle ne regarde pas à la dépense / *he praised us lavishly* il n'a pas tari d'éloges à notre égard **2.** [luxuriously] luxueusement, somptueusement / *lavishly decorated / furnished* somptueusement décoré / meublé.

lavishness ['lævɪʃnɪs] n **1.** [generosity] générosité *f* ; [extravagance] extravagance *f* **2.** [luxuriousness] luxe *m*, somptuosité *f*.

law [lɔː] ◆ n **1.** [legal provision] loi *f* / *a law against gambling* une loi qui interdit les jeux d'argent / *there's no law against it!* il n'y a pas de mal à cela ! / *there ought to be a law against it* *hum* ça devrait être interdit par la loi ▶ **the Law Commission** *en Grande-Bretagne, commission des lois indépendante ayant pour mission de recommander des réformes juridiques* ▶ **Law Lords** UK *membres de la chambre des lords siégeant en tant que cour d'appel de dernière instance* ▶ **the Law Society** *association de soutien et de conseil aux* ***solicitors*** *dans les pays de* ***common law*** ▶ **to be a law unto o.s.** ne connaître ni foi ni loi **2.** [legislation] loi *f* / *it's against the law to sell alcohol* la vente d'alcool est illégale ▶ **by law** selon la loi / *in* or *under British law* selon la loi britannique ▶ **to break** / **to uphold the law** enfreindre / respecter la loi / *the bill became law* le projet de loi a été voté or adopté ▶ **the law of the land** la loi, les lois ▶ **the law of the jungle** la loi de la jungle ▶ **to lay down the law** *fig* imposer sa loi, faire la loi / *her word is law* *fig* ses décisions sont sans appel **3.** [legal system] droit *m* / *a student of law* un étudiant en droit **4.** [justice] justice *f*, système *m* juridique ▶ **to go to law** UK aller en justice ▶ **to take a case to law** UK porter une affaire en justice or devant les tribunaux ▶ **to take the law into one's own hands** (se) faire justice soi-même ; [police] ▶ **the law** *inf* les flics *mpl* / *the law soon arrived* les flics n'ont pas tardé à rappliquer / *I'll have the law on you!* je vais appeler les flics ! **5.** [rule - of club, sport] règle *f* / *the laws of rugby* les règles du rugby **6.** SCI [principle] loi *f* / *the laws of gravity* les lois de la pesanteur / *the law of supply and demand* ECON la loi de l'offre et de la demande. ◆ comp [faculty, school] de droit ▶ **law student** : *he's a law student* il est étudiant en droit.

The law of the jungle

C'est Rudyard Kipling qui a forgé cette expression dans *The Jungle Book (le Livre de la jungle)*, 1894 : **The law of the jungle, which never orders anything without a reason, forbids every beast to eat Man, except when he is killing to show his children how to...** On voit que le sens de cette locution a évolué : loin d'être une loi impitoyable justifiant la violence, la « loi de la jungle » de Kipling, chantre d'un impérialisme britannique qui se voulait « bienveillant », consistait à imposer un cadre moral aux agressions.

law-abiding adj respectueux de la loi / *a law-abiding citizen* un honnête citoyen.

law and order n l'ordre public *m* / *law-and-order issues* questions *fpl* d'ordre public / *he presents himself as the law-and-order candidate* il se présente comme le candidat de l'ordre (public).

law-breaker n personne *f* qui transgresse la loi.

law-breaking n infraction *f* à la loi.

law centre n bureau *m* d'aide judiciaire.

law court n tribunal *m*, cour *f* de justice.

law-enforcement adj US chargé de faire respecter la loi ▶ **law-enforcement officer** *représentant d'un service chargé de faire respecter la loi.*

lawful ['lɔːfʊl] adj [legal] légal ; [legitimate] légitime ; [valid] valide / *by all lawful means* par tous les moyens légaux / *my lawful wedded wife* mon épouse légitime ▶ **lawful permanent resident** US résident *m* permanent étranger, résidente *f* permanente étrangère.

lawfully ['lɔːfʊlɪ] adv légalement, de manière légale / *did you come by that money lawfully?* est-ce que vous avez gagné cet argent par des moyens légaux ?

lawgiver ['lɔːˌgɪvəʳ] n législateur *m*, -trice *f*.

lawless ['lɔːlɪs] adj [person] sans foi ni loi ; [activity] illégal ; [country] livré à l'anarchie / *a lawless frontier territory* un territoire sauvage situé aux confins du monde civilisé.

lawlessness ['lɔːlɪsnɪs] n non-respect *m* de la loi ; [anarchy] anarchie *f* ; [illegality] illégalité *f*.

lawmaker ['lɔːˌmeɪkəʳ] n législateur *m*, -trice *f*.

lawman ['lɔːmæn] (*pl* **lawmen** [-men]) n US [policeman] policier *m* ; [sheriff] shérif *m*.

lawn [lɔːn] n **1.** [grass] pelouse *f*, gazon *m* **2.** TEXT linon *m*.

lawn bowling n US boules *fpl*.

lawn chair n US chaise *f* de jardin.

lawn furniture n mobilier *m* de jardin.

lawnmower ['lɔːnˌməʊəʳ] n tondeuse *f* à gazon.

lawn party n US garden party *f*.

lawn roller n rouleau *m* à gazon.

lawn scarifier [-skeərɪfaɪəʳ] n scarificateur *m* à gazon.

lawn tennis ◆ n tennis *m* sur gazon. ◆ comp [club] de tennis.

Lawrence ['lɒrəns] pr n ▶ **Lawrence of Arabia** Lawrence d'Arabie.

lawrencium [lə'rensɪəm] n lawrencium *m*.

Lawrentian [lə'renʃɪən] adj lawrencien.

Law Society pr n ▶ **the Law Society** *conseil de l'ordre des avocats chargé de faire respecter la déontologie en Angleterre et au pays de Galles.*

lawsuit ['lɔːsuːt] n action *f* en justice ▶ **to bring a lawsuit against sb** intenter une action (en justice) contre qqn.

lawyer ['lɔːjəʳ] n **1.** [barrister] avocat *m*, homme *m* de loi **2.** [solicitor - for wills, conveyancing, etc.] notaire *m* **3.** [legal expert] juriste *mf* ; [adviser] conseil *m* juridique.

Lawyer

Aux États-Unis comme en Angleterre, le terme **lawyer** désigne un avocat (les Américains utilisent plus formellement le synonyme **attorney**). Au Royaume-Uni, il existe deux types d'avocats : le **solicitor** (ou « intermédiaire ») exerce dans un cabinet et représente ses clients devant certaines cours en cas de divorce ou de transfert de biens ; le **barrister** (ou « avocat ») défend son client à la cour devant un juge. Aux États-Unis, un avocat membre du barreau d'un État n'est pas toujours autorisé à exercer en dehors de sa juridiction ; toutefois, tout citoyen peut être représenté par un avocat dans l'État où il réside.

lax [læks] adj **1.** [person] négligent ; [behaviour, discipline] relâché ; [justice] laxiste ▶ **to be lax about sthg** négliger qqch **2.** [not tense - string] lâche, relâché ; LING [phoneme] lâche, relâché ; MED [bowels] relâché **3.** [imprecise - definition] imprécis, vague.

LAX n *sigle désignant l'aéroport international de Los Angeles.*

laxative ['læksətɪv] ◆ adj laxatif. ◆ n laxatif *m*.

laxity ['læksətɪ], **laxness** ['læksnɪs] n [slackness] relâchement *m* ; [negligence] négligence *f* ▶ **moral laxity** relâchement moral.

lay [leɪ] (*pt & pp* **laid** [leɪd]) ◆ pt ⟶ **lie.** ◆ vt **1.** [in specified position] poser, mettre / *lay the cards face upwards* posez les cartes face en l'air / *lay the photos on the shelf to dry* mettez les photos à plat sur l'étagère pour qu'elles sèchent / *he laid the baby on the bed* il a couché l'enfant sur le lit / *she laid her head on my shoulder* elle a posé sa tête sur mon épaule ▶ **to lay sb to rest** *euph* enterrer qqn ; [spread out] étendre / *she laid the blanket on the ground* elle a étendu la couverture par terre ▶ **to lay it on the line** ne pas y aller par quatre chemins **2.** [tiles, bricks, pipes, cable, carpet] poser ; [foundations] poser ; [wreath] déposer ; [mine] poser, mouiller / *to lay lino on the floor* or *to lay the floor with lino* poser du lino(léum) / *a roof laid with zinc* un toit recouvert de zinc / *the plan lays the basis* or *the foundation for economic development* *fig* le projet jette les bases du développement économique **3.** [set - table] mettre / *lay the table for six* mettez la table pour six (personnes), mettez six couverts / *they hadn't laid enough places* ils n'avaient pas mis assez de couverts, il manquait des couverts **4.** [prepare, arrange - fire] préparer / *to lay a trail* tracer un chemin / *they laid a trap for him* ils lui ont tendu un piège **5.** [egg] pondre / **'new-laid eggs'** 'œufs frais' **6.** [impose - burden, duty] imposer ▶ **to lay emphasis** or **stress on sthg** mettre l'accent sur qqch **7.** LAW [lodge] porter ▶ **to lay an accusation against sb** porter une accusation contre qqn / *charges have been laid against five men* cinq hommes ont été inculpés **8.** [present, put forward] : *she laid the scheme before him* elle lui soumit le projet **9.** [allay - fears] dissiper ; [exorcize - ghost] exorciser ; [refute - rumour] démentir **10.** [bet] parier / *I'll lay you ten to one that she won't come* je te parie à dix contre un qu'elle ne viendra pas **11.** *vulg* [have sex with] baiser ▶ **to get laid** baiser **12.** *liter* [strike] ▶ **to lay a whip across sb's back** fouetter qqn **13.** *liter* [cause to settle] faire retomber / *the rain helped to lay the dust* la pluie a fait retomber la poussière **14.** [with adjective complements] ▶ **to lay o.s. open to criticism** s'exposer à la critique. ◆ vi **1.** [bird, fish, etc.] pondre **2.** = **lie** *(vi)*. ◆ adj **1.** [non-clerical] laïque / *in lay dress* en habit laïque **2.** [not professional] profane, non-spécialiste ▶ **lay people** les profanes *mpl* / *the book is intended for a lay audience* le livre est destiné à un public de profanes. ◆ n **1.** *vulg* [person] : *he's / she's a good lay* c'est un bon coup **2.** [poem, song] lai *m*.

❖ **lay about** vt insep *liter* attaquer, taper sur / *she laid about him with her umbrella* elle l'a attaqué à coups de parapluie, elle lui a tapé dessus avec son parapluie.

❖ **lay aside** vt sep **1.** [put down] mettre de côté / *she laid her knitting aside to watch the news* elle posa son tricot pour regarder les informations / *you should lay aside any personal opinions you might have* *fig* vous devez faire abstraction de toute opinion personnelle **2.** [save] mettre de côté / *we have some money laid aside* nous avons de l'argent de côté.

❖ **lay by** vt sep UK [provisions] mettre de côté.

❖ **lay down** vt sep **1.** [put down] poser / *she laid her knife and fork down* elle posa son couvert / *to lay down one's arms* déposer or rendre les armes **2.** [renounce, relinquish] renoncer à / *to lay down one's life* se sacrifier **3.** [formulate, set out - plan, rule] formuler, établir ; [- condition] imposer / *as laid down in the contract, the buyer keeps exclusive rights* il est stipulé or il est bien précisé dans le contrat que l'acheteur garde l'exclusivité **4.** [store - wine] mettre en cave **5.** *inf* MUS [record - song, track] enregistrer **6.** AGR [field, land] : *he has laid down five acres of barley* il a semé deux hectares et demi d'orge.

❖ **lay in** vt sep [stores] faire provision de.

❖ **lay into** vt insep *inf* **1.** [attack - physically] tomber (à bras raccourcis) sur ; [- verbally] prendre à partie, passer un savon à / *he really laid into his opponent* il est tombé à bras raccourcis sur son adversaire / *she laid into the government for their hard-line attitude* elle a pris le gouvernement à partie pour son attitude intransigeante **2.** [eat greedily] se jeter sur.

❖ **lay off** ◆ vt sep **1.** [employees] licencier **2.** [in gambling - bet] couvrir. ◆ vt insep laisser tomber / *lay off it, will you!* laisse tomber, tu veux ! / *I told her to lay off my husband* je lui ai dit de laisser mon mari tranquille. ◆ vi *inf* laisser tomber.

❖ **lay on** vt sep **1.** [provide] fournir / *drinks will be laid on* les boissons seront fournies / *the meal was laid on by our hosts* le repas nous fut offert par nos hôtes / *they had transport laid on for us* ils s'étaient occupés de nous procurer un moyen de transport **2.** UK [install] installer, mettre / *the caravan has electricity laid on* la caravane a l'électricité **3.** [spread - paint, plaster] étaler ▶ **to lay it on thick** *inf & fig* en rajouter **4.** US *v inf* ▶ **to lay sthg on sb a)** [give] filer qqch à qqn **b)** [tell] raconter qqch à qqn / *let me lay some advice on you* je vais te filer un bon conseil / *did she lay a heavy one on me!* elle n'a pas mâché ses mots ! **5.** PHR *if you're not careful, I'll lay one on you!* *v inf* [hit] fais gaffe ou je t'en mets une !

❖ **lay out** vt sep **1.** [arrange, spread out] étaler / *he laid his wares out on the ground* il a étalé or déballé sa marchandise sur le sol **2.** [present, put forward] exposer, présenter / *her ideas are clearly laid out in her book* ses idées sont clairement exposées dans son livre **3.** [design] concevoir / *the house is badly laid out* la maison est mal conçue **4.** [corpse] faire la toilette de **5.** *inf* [spend] mettre / *we've already laid out a fortune on the project* nous avons déjà mis une fortune dans ce projet **6.** *inf* [knock out] assommer, mettre K-O / *he was laid out cold* il a été mis K-O **7.** TYPO faire la maquette de, monter.

❖ **lay over** vi US [stop off] faire une halte, faire escale.

❖ **lay to** ◆ vi NAUT se mettre en panne. ◆ vt sep NAUT mettre en panne.

❖ **lay up** vt sep UK **1.** [store, save] mettre de côté / *you're just laying up trouble for yourself* *fig* tu te prépares des ennuis **2.** *inf* [confine to bed] aliter / *she's laid up with mumps* elle est au lit avec les oreillons **3.** [ship] désarmer ; [car] mettre au garage / *my car is laid up* ma voiture est au garage.

layabout ['leɪəbaʊt] n UK *inf* paresseux *m*, -euse *f*, fainéant *m*, -e *f*.

lay analyst n psychanalyste *mf* sans diplôme de médecin.

layaway (plan) n US *système de vente à terme permettant de réserver un objet et de le payer en plusieurs fois avant de l'emporter.*

lay brother n frère *m* lai.

lay-by (*pl* **lay-bys**) n **1.** UK AUTO aire *f* de stationnement **2.** RAIL voie *f* de garage **3.** AUSTR, CAN & NZ [deposit] arrhes *fpl* ▸ **to buy sthg on lay-by** retenir qqch en versant des arrhes.

lay days pl n starie *f*, jours *mpl* de planche.

layer ['leɪəʳ] ◆ n **1.** [of skin, paint, wood] couche *f* ; [of fabric, clothes] épaisseur *f* / *the poem has many layers of meaning* *fig* le poème peut être lu de différentes façons **2.** GEOL strate *f*, couche *f* **3.** HORT marcotte *f* **4.** [hen] pondeuse *f*. ◆ vt [hair] couper en dégradé ; HORT marcotter.

layer cake n génoise *f* / *chocolate layer cake* génoise au chocolat.

layered ['leɪəd] adj : *layered hair* cheveux coupés en dégradé / *a layered skirt* une jupe à volants ▸ **the layered look a)** [hair] la coupe dégradée **b)** [clothes] le look superposé.

layette [leɪ'et] n layette *f*.

lay figure n ART mannequin *m*.

laying ['leɪɪŋ] ◆ n **1.** [of egg] ponte *f* **2.** [of cables, carpets] pose *f* ; [of mine] pose *f*, mouillage *m* ; [of wreath] dépôt *m* / *a wreath-laying ceremony* un dépôt de gerbe ▸ **laying on of hands** RELIG imposition *f* des mains. ◆ adj ▸ **laying hen** poule *f* pondeuse.

layman ['leɪmən] (*pl* **laymen** [-mən]) n **1.** [non-specialist] profane *mf*, non-initié *m*, -e *f* / *the book is incomprehensible to the layman* le livre est incompréhensible pour le profane / *a layman's guide to the stock market* un manuel d'initiation au système boursier / *in layman's terms* dans des termes simples **2.** [non-clerical] laïc *m*, laïque *f*.

lay midwife n US doula *f*.

lay-off n **1.** [sacking] licenciement *m* **2.** [inactivity] chômage *m* technique.

layout ['leɪaʊt] n **1.** [gen] disposition *f* ; [of building, park] disposition *f*, agencement *m* ; [of essay] plan *m* / *the layout of the controls is very straightforward* la disposition des commandes est très simple / *you've got quite a layout here!* *inf* c'est pas mal chez vous ! **2.** TYPO maquette *f* ▸ **layout artist** maquettiste *mf* **3.** [diagram] schéma *m*.

layover ['leɪəʊvəʳ] n US escale *f*, halte *f* / *we had a 3-hour layover in Miami* nous avons eu or fait une escale de 3 heures à Miami.

lay person n profane *mf*, non-initié *m*, -e *f*.

lay preacher n prédicateur *m* laïque.

lay reader n prédicateur *m* laïque.

lay sister n sœur *f* converse.

laywoman ['leɪ,wʊmən] (*pl* **laywomen** [-,wɪmɪn]) n [non-clerical clergywoman] laïque *f*.

Lazarus ['læzərəs] pr n Lazare.

laze [leɪz] ◆ vi [relax] se reposer ; [idle] paresser / *to laze in bed* traîner au lit / *we spent the holidays lazing on the beach* nous avons passé nos vacances à paresser sur la plage. ◆ n farniente *m* / *to have a laze in bed* traîner au lit.

❖ **laze about** UK, **laze around** vi paresser, fainéanter / *we just lazed about* on n'a rien fait de spécial.

❖ **laze away** vt sep : *to laze one's time away* passer son temps à ne rien faire.

lazily ['leɪzɪlɪ] adv paresseusement, avec paresse.

laziness ['leɪzɪnɪs] n paresse *f*, fainéantise *f*.

lazy ['leɪzɪ] (*compar* **lazier**, *superl* **laziest**) adj **1.** [idle] paresseux, fainéant ; [relaxed] indolent, nonchalant / *he's always been lazy about getting up* il a toujours eu du mal à se lever / *we spent a lazy afternoon on the beach* on a passé l'après-midi à paresser sur la plage **2.** [movement] paresseux, lent.

lazybones ['leɪzɪbəʊnz] n *inf* fainéant *m*, -e *f* / *come on, lazybones!* allez, secoue-toi or remue-toi un peu !

lazy eye n amblyopie *f* / *to have a lazy eye* être amblyope.

lazy Susan n [on table] plateau *m* tournant.

lb (written abbr of **pound**) : *3 lb* or *lbs* 3 livres.

LB written abbr of **Labrador**.

LBO n abbr of **leveraged buyout**.

lbw (abbr of **leg before wicket**) n *au cricket, faute d'un joueur qui met une jambe devant le guichet.*

lc (written abbr of **lower case**) bdc.

LC pr n abbr of **Library of Congress**.

L/C written abbr of **letter of credit**.

LCD (abbr of **liquid crystal display**) n LCD *m*.

LCM (abbr of **lowest common multiple** or **least common multiple**) n PPCM *m*.

Ld written abbr of **lord**.

LDC n abbr of **least developed country**.

L-dopa [,el'dəʊpə] n L-dopa *f*, lévo-dopa *f*.

LDR MESSAGING written abbr of **long distance relationship**.

L-driver (abbr of **learner-driver**) n UK *personne qui apprend à conduire.*

L-driver

En Grande-Bretagne, la lettre « L » apposée sur l'arrière d'un véhicule indique que le conducteur n'a pas encore son permis de conduire mais qu'il est en conduite accompagnée.

LDS (abbr of **Licentiate in Dental Surgery**) n *(titulaire d'un) diplôme en chirurgie dentaire.*

lea [li:] n *liter* pré *m*.

LEA n abbr of **local education authority**.

leach [li:tʃ] vt **1.** TECH lessiver, extraire par lessivage **2.** CHEM & PHARM lixivier.

leaching ['li:tʃɪŋ] n **1.** TECH lessivage *m* **2.** CHEM & PHARM lixiviation *f*.

lead[1] [li:d] (*pt & pp* **led** [led]) ◆ vt **1.** [take, guide] mener, emmener, conduire ▸ **to lead sb somewhere** mener or conduire qqn quelque part / *I was led into the garden* on m'a emmené or conduit dans le jardin / *he led them across the lawn* il leur fit traverser la pelouse / *she led him down the stairs* elle lui fit descendre l'escalier / *to lead an army into battle* mener une armée au combat / *the captain led the team onto the field* le capitaine a conduit son équipe sur le terrain / *she led them through the garden* **a)** [to get out] elle les fit passer par le jardin **b)** [to visit] elle leur fit visiter le jardin / *he led her to the altar* *liter* il la prit pour épouse ▸ **to lead the way** montrer le chemin / *police motorcyclists led the way* des motards de la police ouvraient la route ▸ **to lead sb up the garden path** mener qqn en bateau **2.** [be leader of] être à la tête de, diriger ; SPORT [be in front of] mener / *to lead the prayers / singing* diriger la prière / les chants / *Stardust is leading Black Beauty by 10 lengths* Stardust a pris 10 longueurs d'avance sur Black Beauty **3.** [induce] amener ▸ **to lead sb to do sthg** amener qqn à faire qqch / *despair led him to commit suicide* le désespoir l'a poussé au suicide / *he led me to believe (that) he was innocent* il m'a amené à croire qu'il était innocent / *everything leads us to believe (that) she is still alive* tout porte à croire or nous avons toutes les raisons de croire qu'elle est encore en vie / *he is easily led* il se laisse facilement influencer ; *fig* : *subsequent events led the country into war* des événements ultérieurs ont entraîné le pays dans la guerre / *this leads me to my second point* ceci m'amène à ma seconde remarque / *he led the conversation round to money again* il a ramené la conversation sur la question de l'argent **4.** [life] mener **5.** [in cards] demander, jouer / *to lead trumps* demander or jouer atout / *what was led?* qu'est-ce qui a été demandé ? **6.** LAW [witness] influencer. ◆ vi **1.** [go] mener / *this path leads to the village* ce chemin mène au village / *where does this door lead to?* sur quoi ouvre cette porte ? / *the stairs lead to the cellar* l'escalier mène or conduit à la cave / *take the street that leads away from the station* prenez la rue qui part de la gare / *that road leads nowhere* cette route ne mène nulle part / *this is leading nowhere!* *fig* cela ne rime à rien ! **2.** SPORT mener, être en tête / *to lead by 2 metres* avoir 2 mètres d'avance / *to lead by 3 points to 1* mener par 3 points à 1 / *Black Beauty is leading* Black Beauty est en tête ; [in cards] : *hearts led* cœur (a été) demandé / *Peter to lead* c'est à Peter de jouer **3.** [go in front] aller devant / *if you lead, I'll follow* allez-y, je vous suis **4.** UK PRESS ▸ **to lead with sthg** mettre qqch à la une / *the "Times" led with news of the plane hijack* le détournement d'avion faisait la une or était en première page du « Times » **5.** [in boxing] : *he leads with his right* il attaque toujours du droit or de la droite **6.** [in dancing] conduire. ◆ n **1.** SPORT tête *f* ▸ **to be in the lead** être en tête, mener ▸ **to go into** or **to take the lead a)** [in race] prendre la tête **b)** [in match] mener / *to have a 10-point / 10-length lead* avoir 10 points / 10 longueurs d'avance / *to have a good lead over the rest of the field* avoir une bonne avance sur les autres concurrents **2.** [initiative] initiative *f* / *he took the lead in asking questions* il fut le premier à poser des questions / *take your lead from me* prenez exemple sur moi ▸ **to follow sb's lead** suivre l'exemple de qqn / *it's up to the government to give a lead on housing policy* c'est au gouvernement (qu'il revient) de donner l'exemple en matière de politique du logement **3.** [indication, clue] indice *m*, piste *f* / *the police have several leads* la police tient plusieurs pistes **4.** UK PRESS gros titre *m* / *the news made the lead in all the papers* la nouvelle était à la une de tous les journaux / *the "Telegraph" opens with a lead on the Middle East crisis* le « Telegraph » consacre sa une à la crise au Proche-Orient **5.** CIN & THEAT [role] rôle *m* principal ; [actor] premier rôle *m* masculin ; [actress] premier rôle *m* féminin **6.** [in cards] : *whose lead is it?* c'est à qui de jouer ? / *you must follow the lead* il faut fournir à la couleur demandée / *a heart lead* une ouverture à cœur **7.** [for dog] laisse *f* / **'dogs must be kept on a lead'** 'les chiens doivent être tenus en laisse' **8.** ELEC fil *m*. ◆ adj [actor, singer] principal, premier ; PRESS [article] de tête.

❖ **lead away** vt sep emmener / *the guards led him away* les gardes l'ont emmené / *he led her away from the scene of the accident* il l'éloigna du lieu de l'accident.

❖ **lead back** ◆ vt sep ramener, reconduire / *they led him back to his room* ils l'ont ramené or reconduit à sa chambre / *she led the conversation back to the question of money* elle a ramené la conversation sur la question de l'argent. ◆ vi : *this path leads back to the beach* ce chemin ramène à la plage.

❖ **lead off** ◆ vi [in conversation] commencer, débuter ; [at dance] ouvrir le bal. ◆ vt insep **1.** [begin] commencer, entamer **2.** [go from] partir de / *several avenues lead off the square* plusieurs avenues partent de la place. ◆ vt sep conduire / *they were led off to jail* ils ont été conduits or emmenés en prison.

❖ **lead on** ◆ vi aller or marcher devant ▸ **lead on!** allez-y ! ◆ vt sep **1.** [trick] ▸ **to lead sb on** faire marcher qqn / *you shouldn't lead him on like that* vous ne devriez pas le faire marcher comme ça **2.** [bring on] faire entrer / *lead on the horses!* faites entrer les chevaux ! **3.** [in progression] amener / *this leads me on to my second point* ceci m'amène à mon deuxième point.

❖ **lead to** vt insep [result in, have as consequence] mener or aboutir à / *what's all this leading to?* sur quoi tout ceci va-t-il déboucher ? / *the decision led to panic on Wall Street* la décision a semé la panique à Wall Street / *one thing led to another* une chose en amenait une autre / *a course leading to a degree* un cursus qui débouche sur un diplôme / *several factors led to his decision to leave* plusieurs facteurs le poussèrent or l'amenèrent à décider de partir / *this could lead to some confusion* ça pourrait provoquer une certaine confusion / *her research led to nothing* ses recherches n'ont abouti à rien or n'ont rien donné.

❖ **lead up to** vt insep **1.** [path, road] conduire à, mener à / *a narrow path led up to the house* un étroit sentier menait jusqu'à la maison / *those stairs lead up to the attic* cet escalier mène au grenier **2.** [in reasoning] : *she's leading up to something* je me demande où elle veut en venir / *what are you leading up to?* où voulez-vous en venir ? **3.** [precede, cause] : *the events leading up to the war* les événements qui devaient déclencher la guerre / *in the months leading up to her death* pendant les mois qui précédèrent sa mort.

lead² [led] ◆ n **1.** [metal] plomb *m* / *it's made of lead* c'est en plomb ▸ **lead oxide** oxyde *m* de plomb **2.** *inf* [bullets] plomb *m* / *they pumped him full of lead* ils l'ont flingué **3.** [in pencil] mine *f* **4.** [piece of lead - for sounding] plomb *m* (de sonde) ; [- on car wheel, fishing line] plomb *m* ; TYPO interligne *m*. ◆ vt **1.** [seal] plomber **2.** TYPO interligner. ◆ adj [made of lead] de or en plomb ; [containing lead] plombifère ▸ **lead pipe** / **shot** tuyau *m* / grenaille *f* de plomb.

❖ **leads** pl n [on roof] plombs *mpl* (de couverture) ; [on window] plombures *fpl*, plombs *mpl*.

leaded ['ledɪd] adj **1.** [door, box, billiard cue] plombé / *leaded window* fenêtre *f* avec verre cathédrale **2.** [petrol] au plomb **3.** TYPO interligné.

leaden ['ledn] adj **1.** [made of lead] de or en plomb **2.** [dull - sky] de plomb, plombé ; [heavy - sleep] de plomb ; [- heart] lourd / *he walked with leaden steps* il marchait d'un pas lourd ; [oppressive - atmosphere] lourd, pesant ; [- silence] de mort.

leaden-eyed adj aux yeux ternes or morts.

leader ['liːdəʳ] n **1.** [head] chef *m* ; POL chef *m*, leader *m*, dirigeant *m*, -e *f* ; [of association] dirigeant *m*, -e *f* ; [of strike, protest] meneur *m*, -euse *f* / *the leaders of the march were arrested* les organisateurs de la manifestation ont été arrêtés ▸ **the Leader of the House a)** [in the Commons] *parlementaire de la majorité chargé de certaines fonctions dans la mise en place du programme gouvernemental* **b)** [in the Lords] *porte-parole du gouvernement* ▸ **the Leader of the Opposition** le chef de l'opposition **2.** SPORT [horse] cheval *m* de tête ; [athlete] coureur *m* de tête ; [in championship] leader *m* / *she was up with the leaders* elle était parmi les premiers or dans le peloton de tête ; [main body or driving force] : *the institute is a world leader in cancer research* l'institut occupe une des premières places mondiales en matière de recherche contre le cancer / *the leaders of fashion* ceux qui font la mode **3.** MUS ▸ **leader of the orchestra a)** UK premier violon *m* **b)** US chef *m* d'orchestre **4.** [in newspapers - editorial] éditorial *m* **5.** COMM produit *m* d'appel **6.** [for film, tape] amorce *f* **7.** [in climbing] premier *m* de cordée.

leaderboard ['liːdəbɔːd] n leaderboard *(bannière publicitaire grand format utilisée sur une page Web)*.

leaderless ['liːdəlɪs] adj sans chef, dépourvu de chef.

leadership ['liːdəʃɪp] n **1.** [direction] direction *f* / *during* or *under her leadership* sous sa direction / *he was offered the party leadership* on lui a offert la direction du parti / *she is clearly cut out for leadership* elle est manifestement née pour diriger / *he has great leadership qualities* c'est un excellent meneur d'hommes / *they looked to us for leadership* ils comptaient sur nous pour leur montrer le chemin **2.** [leaders] direction *f*, dirigeants *mpl* / *the leadership of the movement is divided on this issue* les chefs or les dirigeants du mouvement sont divisés sur cette question **3.** PHR **leadership battle** or **contest** POL lutte *f* pour la position de leader ▸ **leadership election** POL élections *fpl* du leader.

leader writer n UK éditorialiste *mf*.

lead-free [led-] adj [paint, petrol] sans plomb ; [toy] (garanti) sans plomb.

lead glass [led-] n verre *m* de or au plomb.

lead guitar n première guitare *f*.

lead-in [liːd-] n **1.** UK [introductory remarks] introduction *f*, remarques *fpl* préliminaires **2.** [wire] descente *f* d'antenne.

leading¹ ['liːdɪŋ] adj **1.** [prominent] premier, de premier plan ; [major] majeur, principal, dominant / *leading figure* figure *f* de premier plan / *they played a leading part in the discussions* ils ont joué un rôle prépondérant dans le débat / *he is the leading actor in the company* c'est le meilleur acteur de la troupe / *to play the leading role in a film* être la vedette d'un film / *leading shares* ST. EX valeurs *fpl* vedettes / *leading technology* technologie *f* de pointe **2.** SPORT [in race] de tête ; [in championship] premier ▸ **to be in the leading position** être en tête / *the leading runners / riders* les coureurs / cavaliers de tête / *the leading cyclists, the leading motorcyclists* le peloton de tête **3.** MATH [coefficient] premier.

leading² ['ledɪŋ] n TYPO [process] interlignage *m* ; [space] interligne *m*.

leading article ['liːdɪŋ-] n UK éditorial *m* ; US article *m* leader or de tête.

leading edge ['liːdɪŋ-] n **1.** AERON bord *m* d'attaque **2.** *fig* : *they are on* or *at the leading edge of technology* ils sont à la pointe de la technologie.

❖ **leading-edge** comp de pointe.

leading lady ['liːdɪŋ-] n CIN & THEAT premier rôle *m* (féminin) / *Vivian Leigh was the leading lady* Vivian Leigh tenait le premier rôle féminin.

leading light ['liːdɪŋ-] n personnage *m* (de marque).

leading man ['liːdɪŋ-] n CIN & THEAT premier rôle *m* (masculin) / *he was the leading man* il tenait le premier rôle masculin.

leading note ['liːdɪŋ-] n MUS sensible *f*.

leading question ['liːdɪŋ-] n question *f* orientée.

leading reins ['liːdɪŋ-] pl n UK harnais *m* *(pour enfant)*.

lead pencil [led-] n crayon *m* noir or à papier or à mine de plomb.

lead poisoning [led-] n **1.** MED intoxication *f* par le plomb, saturnisme *m* **2.** US *v inf* [death] mort *f* par balles ; [injury] blessure *f* par balles.

leads and lags [liːdz-] pl n termaillage *m*.

lead time [liːd-] n INDUST délai *m* de préparation ; COMM délai *m* de livraison.

lead user n utilisateur *m*, -trice *f* pilote.

leaf [liːf] (*pl* **leaves** [liːvz]) ◆ n **1.** [on plant, tree] feuille *f* ▸ **to come into leaf** se couvrir de feuilles / *the tree has lost its leaves* l'arbre a perdu son feuillage or ses feuilles / *the trees are in leaf* les arbres sont en feuilles **2.** [page] feuillet *m*, page *f* ▸ **to take a leaf out of sb's book** prendre exemple or modèle sur qqn **3.** [on table - dropleaf] abattant *m* ; [- inserted board] allonge *f*, rallonge *f* **4.** [of metal] feuille *f*. ◆ vi [tree] se feuiller.

❖ **leaf through** vt insep [book, magazine] feuilleter, parcourir.

leaf beet n bette *f*.

leafless ['liːflɪs] adj sans feuilles / *the leafless trees* les arbres dénudés.

leaflet ['liːflɪt] ◆ n **1.** [brochure] prospectus *m*, dépliant *m* ; [political] tract *m* ▸ **leaflet drop** largage *m* de prospectus or de tracts *(par avion)* **2.** [instruction sheet] notice *f* (explicative), mode *m* d'emploi **3.** BOT foliole *f*. ◆ vt distribuer des prospectus or des tracts à / *has the area been leafleted?* est-ce qu'on a distribué des tracts dans le quartier ?

leaf mould n terreau *m* de feuilles.

leaf spot n *(U)* (maladie *f* des) taches *fpl* noires.

leaf spring n ressort *m* à lames ▸ **leaf spring suspension** suspension *f* à lames.

leafstalk ['liːfstɔːk] n pétiole *m*.

leafy ['liːfɪ] (*compar* **leafier**, *superl* **leafiest**) adj [tree] feuillu ; [woodland] boisé, vert / *a leafy avenue* une avenue bordée d'arbres / *a leafy suburb* une banlieue verdoyante.

league [liːg] ◆ n **1.** [alliance] ligue *f* ▸ **to be in league (with sb)** être de mèche (avec qqn) / *they are in league together* ils sont complices or de mèche / *they're all in league against me* ils se sont tous ligués contre moi ▸ **League Against Cruel Sports** *association britannique qui s'oppose aux activités entraînant la souffrance des animaux : chasse, tauromachie, etc.* ▸ **the League of Nations** HIST la Société des Nations ▸ **League of Women Voters** *association citoyenne américaine qui a vocation d'informer les gens sur les enjeux politiques et de les encourager à voter* **2.** SPORT [competition] championnat *m* / *United are league leaders at the moment* United est en tête du championnat en ce moment ; [division] division *f* / *league match* match *m* de championnat or comptant pour le championnat **3.** *fig* [class] classe *f* / *he's not in the same league as his father* il n'a pas la classe de son père / *to be in the top league* être parmi les meilleurs **4.** *arch* [distance] lieue *f*. ◆ vi se liguer. ◆ vt ▸ **to be leagued with sb** être allié à or avec qqn.

league champion n champion *m* / *to become league champions* remporter le championnat.

league championship n championnat *m*.

league table n (classement *m* du) championnat *m*.

Leah ['lɪə] pr n Lia.

leak [liːk] ◆ n **1.** [in pipe, tank, roof] fuite *f* ; [in boat] voie *f* d'eau **2.** [disclosure - of information, secret] fuite *f* **3.** PHR **to go for** or **to take a leak** *v inf* [urinate] pisser un coup. ◆ vi [pen, pipe] fuir ; [boat, shoe] prendre l'eau / *the roof leaks* il y a une fuite dans le toit / *his pen leaked in his pocket* son stylo a fui or coulé dans sa poche ; [gas, liquid] fuir, s'échapper / *the rain leaks through the ceiling* la pluie s'infiltre par le plafond. ◆ vt **1.** [liquid] répandre, faire couler / *the can leaked oil onto my trousers* de l'huile du bidon s'est répandue sur mon pantalon **2.** [information] divulguer / *to leak news to the press* divulguer des informations à la presse / *the budget details were leaked* il y a eu des fuites sur le budget / *the documents had been leaked to a local councillor* quelqu'un avait communiqué or avait fait parvenir les documents à un conseiller municipal.

❖ **leak in** vi s'infiltrer / *the rain had leaked in through a crack in the wall* la pluie s'était infiltrée par une lézarde dans le mur.

❖ **leak out** vi **1.** [liquid, gas] fuir, s'échapper **2.** [news, secret] filtrer, transpirer / *the truth finally leaked out* la vérité a fini par se savoir.

leakage ['liːkɪdʒ] n *(U)* fuite *f* / *damage caused by leakage* des dégâts dus à des fuites.

leakproof ['liːkpruːf] adj étanche.

leaky ['liːkɪ] (*compar* **leakier**, *superl* **leakiest**) adj [boat, shoes] qui prend l'eau ; [pen, roof, bucket] qui fuit / *a leaky argument* un argument qui ne tient pas la route.

lean [liːn] (UK *pt & pp* **leaned** *or* **leant** [lent] ; US *pt & pp* **leaned**) ◆ vi [be on incline] pencher, s'incliner / *she / a ladder was leaning (up) against the wall* elle / une échelle était appuyée contre le mur / *he was leaning with his back to* or *against the wall* il était adossé au mur / *she leant down to speak to me* elle s'est penchée pour me parler / *to lean in through the window* pencher la tête par la fenêtre / *lean on my arm* appuyez-vous or prenez appui sur mon bras / *she was leaning with her elbows on the window sill* elle était accoudée à la fenêtre. ◆ vt **1.** [prop - ladder, bicycle] appuyer / *he leant the ladder / bike (up) against the tree* il appuya l'échelle / le vélo contre un arbre **2.** [rest - head, elbows] appuyer / *to lean one's elbows on sthg* s'accouder à qqch / *she leant her head on his shoulder* elle posa sa tête sur son épaule **3.** [incline] pencher / *to lean one's head to one side* pencher or incliner la tête. ◆ adj **1.** [animal, meat] maigre ; [person - thin] maigre ; [- slim] mince / *the company is lean and mean* l'entreprise reste très compétitive grâce à ses effectifs restreints **2.** [poor - harvest] maigre, pauvre ; [- period of time] difficile **3.** [deficient - ore, mixture] pauvre. ◆ n **1.** [slope] inclinaison *f* **2.** [meat] maigre *m*.

❖ **lean back** ◆ vi **1.** [person] se pencher en arrière / *he leaned back against the wall* il s'est adossé au mur / *don't lean back on your chair!* ne te balance pas sur ta chaise ! / *he leaned back in his armchair* il s'est renversé dans son fauteuil **2.** [chair] basculer / *this chair leans back if you pull that lever* on peut incliner or faire basculer le siège en poussant ce levier. ◆ vt sep pencher en arrière / *to lean one's head back* pencher or renverser la tête en arrière / *to lean one's chair back* pencher sa chaise en arrière.

❖ **lean forward** ◆ vi se pencher en avant. ◆ vt sep pencher en avant.

❖ **lean on, lean upon** vt insep **1.** [depend] s'appuyer sur / *to lean on sb's advice* compter sur les conseils de qqn / *she leans heavily on her family for financial support* financièrement, elle dépend beaucoup de sa famille **2.** UK *inf* [pressurize] faire pression sur / *they leaned on him for more information* ils ont fait pression sur lui pour qu'il parle / *they kept leaning on him until they got him to agree* ils ne l'ont pas lâché avant qu'il ait dit oui.

❖ **lean out** ◆ vi se pencher au dehors / *don't lean out of the window!* ne te penche pas par la fenêtre ! / **'do not lean out of the window'** 'interdiction de se pencher au dehors'. ◆ vt sep pencher au dehors / *he leaned his head out of the window* il a passé la tête par la fenêtre.

❖ **lean over** vi [person] se pencher en avant ; [tree, wall] pencher, être penché / *he leaned over to speak to me* il s'est penché vers moi pour me parler ▸ **to lean over backwards a)** *lit* se pencher en arrière **b)** *fig* remuer ciel et terre, se mettre en quatre.

❖ **lean towards** vt insep [tend] pencher pour / *I rather lean towards the view that we should sell* je pencherais plutôt pour la vente, j'ai tendance à penser que nous devrions vendre / *politically she leans towards the right* politiquement, elle se situe plutôt à droite.

lean body mass n masse *f* corporelle.

lean-burn adj [engine] fonctionnant avec un mélange pauvre.

leaning ['li:nɪŋ] ◆ n *(usu pl)* tendance *f*, penchant *m* / *she has communist / literary leanings* elle a des penchants communistes / aimerait être écrivain. ◆ adj [tree, wall] penché ▸ **the Leaning Tower of Pisa** la tour de Pise.

leanness ['li:nnɪs] n maigreur *f*.

leant [lent] pt & pp UK ⟶ **lean**.

lean-to n UK ▸ **a lean-to (shed)** un appentis.

leap [li:p] (UK *pt & pp* **leaped** *or* **leapt** [lept] ; US *pt & pp* **leaped**) ◆ vi **1.** [person, animal] bondir, sauter ; [flame] jaillir / *she leapt a good four feet* elle a sauté un bon mètre vingt / *to leap to one's feet* se lever d'un bond / *to leap for joy* **a)** [person] sauter de joie **b)** [heart] faire un bond / *we leapt back in fright* de frayeur, nous fîmes un bond en arrière / *to leap into the air* sauter en l'air / *the cat leapt off the chair onto the table* le chat sauta de la chaise sur la table / *we had to leap over the stream* nous avons dû sauter par-dessus le ruisseau **2.** *fig* faire un bond / *the price of petrol leapt by 10%* le prix du pétrole a fait un bond de 10 % / *the answer almost leapt off the page at me* la réponse m'a pour ainsi dire sauté aux yeux / *the idea suddenly leapt into my mind* l'idée m'est soudain venue à l'esprit / *she leapt to the wrong conclusion* elle a conclu trop hâtivement. ◆ vt **1.** [fence, stream] sauter (par-dessus), franchir d'un bond **2.** [horse] faire sauter. ◆ n **1.** [jump] saut *m*, bond *m* / *to take a leap forward lit & fig* faire un bond en avant, sauter en avant / *it's a great leap forward in medical research* c'est un grand bond en avant pour la recherche médicale ▸ **in leaps and bounds** à pas de géant ▸ **a leap in the dark** un saut dans l'inconnu **2.** [in prices] bond *m*.

❖ **leap about** UK, **leap around** ◆ vt insep gambader dans / *he kept leaping about the room* il n'a cessé de gambader dans la pièce. ◆ vi gambader.

❖ **leap at** vt insep **1.** [in attack] sauter sur / *the dog leapt at me* le chien m'a sauté dessus **2.** *fig* : *to leap at an opportunity* sauter sur l'occasion / *she leapt at the chance* elle a sauté sur l'occasion.

❖ **leap out** vi bondir ▸ **to leap out at sb** bondir sur qqn / *they leapt out from behind the bushes* ils ont surgi de derrière les buissons ; *fig* : *a familiar face leapt out at me from the newspaper* soudain, je remarquai dans le journal un visage que je connaissais / *he almost leapt out of his skin* il a failli tomber à la renverse.

❖ **leap up** vi [into the air] sauter (en l'air) ; [to one's feet] se lever d'un bond / *to leap up in surprise* sauter au plafond, sursauter / *to leap up in indignation* bondir d'indignation / *the dog leapt up at him* le chien lui a sauté dessus.

leapfrog ['li:pfrɒg] (*pt & pp* **leapfrogged**, *cont* **leapfrogging**) ◆ n saute-mouton *m* / *to play leapfrog* jouer à saute-mouton. ◆ vi UK ▸ **to leapfrog over sb** sauter par-dessus qqn / *to leapfrog into the computer age fig* se trouver propulsé à l'ère de l'informatique. ◆ vt UK *fig* dépasser.

leapt [lept] pt & pp UK ⟶ **leap**.

leap year n année *f* bissextile.

learn [lɜ:n] (UK *pt & pp* **learned** *or* **learnt** [lɜ:nt] ; US *pt & pp* **learned**) ◆ vt **1.** [by instruction] apprendre ▸ **to learn (how) to do sthg** apprendre à faire qqch ▸ **to learn sthg by heart** apprendre qqch par cœur / *he's learnt his lesson now fig* cela lui a servi de leçon **2.** [discover, hear] apprendre / *I subsequently learnt that he wouldn't be coming* j'ai appris par la suite qu'il ne viendrait pas **3.** *hum* [teach] apprendre / *that'll learn you!* ça t'apprendra ! ◆ vi **1.** [by instruction, experience] apprendre ▸ **to learn about sthg** apprendre qqch / *to learn from one's mistakes* tirer la leçon de ses erreurs / *they learnt the hard way* ils ont été à dure école / *it's never too late to learn* il n'est jamais trop tard pour apprendre **2.** [be informed] ▸ **to learn of sthg** apprendre qqch / *we only learnt of her death today* ce n'est qu'aujourd'hui que nous avons appris sa mort.

❖ **learn off** vt sep UK apprendre par cœur.

❖ **learn up** vt sep UK *inf* bûcher, potasser / *I've been learning up all about the town's history* j'ai potassé tout ce qui a trait à l'histoire de la ville.

learned adj **1.** ['lɜ:nɪd] [erudite - person] savant, érudit ; [- subject, book, society] savant **2.** ['lɜ:nɪd] LAW [lawyer] ▸ **my learned friend** mon éminent confrère **3.** [lɜ:nd] PSYCHOL [behaviour] acquis.

learnedly ['lɜ:nɪdlɪ] adv savamment, avec érudition.

learner ['lɜ:nər] n apprenant *m*, -e *f* / *to be a quick learner* apprendre vite ▸ **learner (driver)** UK apprenti *m* conducteur, apprentie *f* conductrice.

learning ['lɜ:nɪŋ] n **1.** [erudition] érudition *f*, savoir *m* / *a man of great learning* **a)** [in sciences] un grand savant **b)** [in arts] un homme d'une grande érudition or culture **2.** [acquisition of knowledge] étude *f* / *we see this as a learning opportunity* nous voyons ceci comme l'occasion d'apprendre quelque chose / *language learning* l'étude or l'apprentissage *m* des langues ▸ **learning difficulties** or **learning disability** US SCH difficultés *fpl* d'apprentissage ▸ **learning resources centre** centre *m* de documentation pédagogique.

learning curve n courbe *f* d'apprentissage / *it's been a steep learning curve* il a fallu apprendre très vite.

learning-disabled adj US : *to be learning-disabled* **a)** [child] avoir des difficultés scolaires **b)** [adult] avoir des difficultés d'apprentissage.

learning style n style *m* d'apprentissage.

learnt [lɜ:nt] UK ◆ pt & pp ⟶ **learn.** ◆ adj PSYCHOL acquis.

lease [li:s] ◆ n **1.** LAW bail *m* / *a 99-year lease* un bail de 99 ans ▸ **to take (out) a lease on a house** or **to take a house on lease** prendre une maison à bail ▸ **to sign a lease** signer un bail **2.** PHR *the trip has given her a new lease of* UK or *on* US *life* le voyage l'a remise en forme or lui a redonné du tonus ▸ **to take on a new lease of life** retrouver une nouvelle jeunesse. ◆ vt [house] louer à bail ; [car, sailboard] louer.

❖ **lease out** vt sep = **lease** *(vt)*.

leaseback ['li:sbæk] n cession-bail *f*.

leasehold ['li:shəʊld] ◆ n [lease] bail *m* ; [property] location *f* à bail. ◆ adj loué à bail.

leaseholder ['li:s,həʊldər] n [tenant] locataire *mf*.

leash [li:ʃ] n **1.** [for dog] laisse *f* / **'dogs must be kept on a leash'** 'les chiens doivent être tenus en laisse' **2.** PHR ▸ **to give sb a longer leash** lâcher la bride à qqn ▸ **to keep sb on a tight leash** tenir la bride à qqn.

leasing ['li:sɪŋ] n crédit-bail *m*, leasing *m*.

least [li:st] ◆ det & pron *(superl of* **little***)* **1.** [in quantity, size] : *he's the one who drank the least (wine)* c'est lui qui a bu le moins (de vin) / *he's got the least* c'est lui qui en a le moins **2.** [slightest] : *I haven't the least idea* je n'en ai pas la moindre idée / *the least thing upsets her* un rien la contrarie / *I'm not the least bit interested* cela ne m'intéresse pas le moins du monde / *it was the least we could do* c'était la moindre des choses / *that's the least of our worries* c'est le moindre or c'est le cadet de nos soucis ▸ **least said, soonest mended** *prov* moins on en dit, mieux on se porte. ◆ adv (le) moins / *which do you find (the) least useful?* à votre avis, lequel est le moins utile ? / *the least interesting film I've ever seen* le film le moins intéressant que j'aie jamais vu / *it's what we least expected* c'est ce à quoi nous nous attendions le moins.

❖ **at least** adv phr **1.** [not less than] au moins / *at least $500* au moins 500 dollars / *he smokes at least forty cigarettes a day* il fume au moins quarante cigarettes par jour / *she's at least as tall as you* elle est au moins aussi grande que toi **2.** [as a minimum] au moins / *you could at least have phoned* vous auriez pu au moins téléphoner / *at the very least he might have phoned us* la moindre des choses aurait été de nous téléphoner **3.** [indicating an advantage] au moins, du moins / *at least we've got an umbrella* au moins or du moins on a un parapluie **4.** [used to qualify] du moins / *I didn't like him, at least not at first* il ne m'a pas plu, en tout cas or du moins pas au début / *I understand now, at least I think I do* ça y est, je comprends, du moins je crois.

❖ **in the least** adv phr *(with neg)* ▸ **not in the least** pas du tout, pas le moins du monde / *am I boring you? — not in the least* je t'ennuie ? pas du tout / *she's not in the least angry* elle n'est pas du tout fâchée / *she didn't seem to mind in the least* ça ne semblait pas la déranger le moins du monde.

❖ **least of all** adv phr surtout pas / *nobody could understand it, Jim least of all* or *least of all Jim* personne ne comprenait, surtout pas Jim or Jim encore moins que les autres.

❖ **not least** adv phr : *many politicians, not least the Foreign Secretary, are in favour* de nombreux hommes politiques y sont favorables, notamment le ministre des Affaires étrangères.

least common denominator n UK ▸ **the least common denominator** le plus petit dénominateur commun.

least developed country n pays *m* moins développé ▸ **the least developed countries** les pays parmi les moins développés.

leastways ['li:stweɪz] adv *inf* du moins.

leastwise ['li:stwaɪz] US *inf* = **leastways**.

leather ['leðər] ◆ n **1.** [material] cuir *m* / *real leather* cuir véritable / *made of leather* de or en cuir **2.** [for polishing] ▸ **(wash** or **window) leather** peau *f* de chamois **3.** *inf* [sexual fetish] : *he's into leather* c'est un fétichiste du cuir. ◆ comp **1.** [jacket, shoes, sofa, bag] de or en cuir ▸ **leather goods a)** [ordinary] articles *mpl* en cuir **b)** [finer] maroquinerie *f* **2.** [bar, club] cuir *(inv)*. ◆ vt [punish] tanner le cuir à.

leatherback ['leðəbæk] n tortue *f* luth, fausse tortue *f*.

leatherbound ['leðəbaʊnd] adj relié (en) cuir.

leatherette [,leðə'ret] ◆ n similicuir *m*. ◆ adj en similicuir.

leathering ['leðərɪŋ] n UK *inf* raclée *f* ▸ **to give sb a leathering** tanner le cuir à qqn.

leatherjacket ['leðə,dʒækɪt] n ZOOL larve *f* de la tipule.

leather-look adj en similicuir *(inv)*.

leatherneck ['leðənek] n US *inf* marine *m (américain)*.

leathery ['leðərɪ] adj [meat] coriace ; [skin] parcheminé, tanné.

leave[1] [li:v] (*pt & pp* **left** [left]) ◆ vi **1.** [depart] partir / *my flight leaves at ten* mon avion part à dix heures / *when did you leave?* quand est-ce que vous êtes partis ? / *we're leaving for Mexico tomorrow* nous partons pour le Mexique demain / *which station do you leave from?* vous partez de quelle gare ? / *he's just left for lunch* il vient de partir déjeuner / *if you'd rather I left...* si vous voulez que je vous laisse... **2.** [quit] partir / *half of the staff have left* la moitié du personnel est partie / *fewer schoolchildren are now leaving at 16* les élèves sont aujourd'hui moins nombreux à quitter l'école à 16 ans **3.** [end relationship] : *Charles, I'm leaving!* Charles, je te quitte ! ◆ vt **1.** [depart from -place] quitter / *she left London yesterday* elle est partie de or elle a quitté Londres hier / *he left the room* il est sorti de or il a quitté la pièce / *I leave home at 8 every morning* je pars or je sors de chez moi tous les matins à 8 h / *to leave the table* se lever de table / *the boat finally left port at 6* le bateau quitta finalement le port à 6 h / *his brakes failed and the car left the road* ses freins ont lâché et la voiture a quitté la route **2.** [quit -job, institution] quitter / *she left the firm last year* elle a quitté l'entreprise l'année dernière / *I left home at 18* je suis parti de chez moi or de chez mes parents à 18 ans / *to leave school* quitter l'école **3.** [in specified place or state] laisser / *you can't leave them alone for a minute* on ne peut pas les laisser seuls une minute / *he left her asleep on the sofa* elle était endormie sur le canapé lorsqu'il la quitta / *I left him to his reading* je l'ai laissé à sa lecture / *I left him to himself* je l'ai laissé seul / *just leave me alone!* laissez-moi tranquille ! **4.** [abandon -person] quitter / *she left him for another man* elle l'a quitté pour un autre / *the prisoners were left to die* les prisonniers furent abandonnés à la mort ; *fml* [take leave of -person] laisser / *it's getting late, I must leave you now* il se fait tard, je dois vous laisser / *you may leave us now* vous pouvez disposer maintenant **5.** [deposit, set down] laisser / *it's no trouble to leave you at the station* ça ne me dérange pas de vous laisser or déposer à la gare **6.** [for somebody's use, information, etc.] laisser / *I've left your dinner in the oven for you* je t'ai laissé de quoi dîner dans le four / *leave your name with the receptionist* laissez votre nom à la réception / *he's out, do you want to leave a message?* il n'est pas là, voulez-vous laisser un message ? / *she left word for you to call her back* elle a demandé que vous la rappeliez **7.** [forget] laisser, oublier / *I must have left my gloves at the café* j'ai dû oublier mes gants au café **8.** [allow or cause to remain] laisser / *leave some cake for your brother* laisse du gâteau pour ton frère / *if you don't like your dinner, then leave it* si tu n'aimes pas ton dîner, laisse-le / *leave enough space for the address* laissez assez de place pour l'adresse / *leave the stew to cook for two hours* laissez mijoter le ragoût pendant deux heures / *leave yourself an hour to get to the airport* prévoyez une heure pour aller à l'aéroport / *I only left myself £20 a week to live on* je n'avais plus que 20 livres par semaine pour me nourrir / *don't leave things to the last minute* n'attendez pas la dernière minute (pour faire ce que vous avez à faire) / *he left his work unfinished* il n'a pas terminé son travail / *please leave the windows closed* veuillez laisser les fenêtres fermées / *to leave sthg unsaid* passer qqch sous silence / *their behaviour leaves a lot to be desired* leur conduite laisse beaucoup à désirer / *her words left me curious to know more* le peu qu'elle a dit m'a donné l'envie d'en savoir plus / *the decision leaves me in a bit of a quandary* cette décision me place devant un dilemme / *I want to be left on / off the list* je veux que mon nom reste / je ne veux pas que mon nom figure sur la liste / *I was left with the bill* c'est moi qui ai dû payer l'addition ; *(passive use)* ▸ **to be left** rester / *we finished what was left of the cake* on a fini ce qui restait du gâteau / *there's nothing left* il ne reste (plus) rien / *there wasn't enough left to go round* il n'en restait pas assez pour tout le monde / *I've got £10 / 10 minutes left* il me reste 10 livres / 10 minutes / *there's no doubt left in my mind* il n'y a plus le moindre doute dans mon esprit / *he had nothing left to do but lock up the house* il ne lui restait (plus) qu'à fermer la maison ; [mark, trace] laisser / *the wine left a stain* le vin a fait une tache **9.** [allow] : *can I leave you to deal with it, then?* vous vous en chargez, alors ? / *she leaves me to get on with things* elle me laisse faire / *right then, I'll leave you to it* bon, eh bien, je te laisse **10.** [entrust] laisser / *can I leave my suitcase with you for a few minutes?* puis-je vous confier ma valise quelques instants ? / *she left the detailed arrangements to her secretary* elle a laissé à sa secrétaire le soin de régler les détails / *you should leave such tasks to a specialist* vous devriez laisser or confier ce genre de travail à un spécialiste / *I'll leave it to you to finish it off* je vous laisse (le soin de) finir / *leave it to me!* je m'en occupe !, je m'en charge ! / *leave it with me* laissez-moi faire, je m'en charge **11.** UK MATH : *9 from 16 leaves 7* 16 moins 9 égale 7 / *what does 29 from 88 leave?* 29 ôté de 88 égale combien ? **12.** [bequeath] léguer / *she left all her money to charity* elle légua toute sa fortune à des œuvres de charité **13.** [be survived by] : *he leaves a wife and two children* il laisse une femme et deux enfants. ◆ n **1.** [from work] congé *m* ; MIL permission *f* ▸ **to be / to go on leave a)** [gen] être / partir en congé **b)** MIL être / partir en permission ▸ **leave of absence a)** congé (exceptionnel) **b)** [without pay] congé sans solde **2.** *fml* [permission] permission *f*, autorisation *f* / *he asked leave to address the meeting* il a demandé la permission de prendre la parole devant l'assemblée / *by* or *with your leave* avec votre permission **3.** [farewell] congé *m* ▸ **to take one's leave (of sb)** prendre congé (de qqn) ▸ **to take leave of sb** prendre congé de qqn ▸ **to take leave of one's senses** *fig* perdre la tête or la raison.

❖ **leave about** UK, **leave around** vt sep laisser traîner.

❖ **leave aside** vt sep laisser de côté / *leaving aside the question of cost for the moment* si on laisse de côté pour le moment la question du coût.

❖ **leave behind** vt sep **1.** [not take] laisser / *it's hard to leave all your friends and relations behind* c'est dur de laisser tous ses amis et sa famille derrière soi ; [forget] laisser, oublier / *somebody left their watch behind* quelqu'un a laissé or oublié sa montre **2.** [leave as trace] laisser / *the cyclone left behind a trail of destruction* le cyclone a tout détruit sur son passage **3.** [outstrip] distancer, devancer / *she soon left the other runners behind* elle a vite distancé tous les autres coureurs / *if you don't work harder you'll soon get left behind* si tu ne travailles pas plus, tu vas vite te retrouver loin derrière les autres.

❖ **leave in** vt sep [word, paragraph] garder, laisser.

❖ **leave off** ◆ vi [stop] s'arrêter / *we'll carry on from where we left off* nous allons reprendre là où nous nous étions arrêtés / *leave off, will you!* UK *inf* arrête, tu veux ! ◆ vt insep UK *inf* [stop] ▸ **to leave off doing sthg** arrêter de faire qqch / *if it leaves off raining, we'll go for a walk* s'il s'arrête de pleuvoir or si la pluie cesse, nous irons nous promener. ◆ vt sep **1.** [not put on] ne pas remettre / *who left the top of the toothpaste off?* qui a laissé le tube de dentifrice débouché ? / *you can leave your jacket off* ce n'est pas la peine de remettre ta veste **2.** [not switch or turn on -tap, gas] laisser fermé ; [-light] laisser éteint ; [not plug in -appliance] laisser débranché / *we left the heating off while we were away* nous avons arrêté or coupé le chauffage pendant notre absence.

❖ **leave on** vt sep **1.** [not take off -garment] garder ; [-top, cover] laisser / *don't leave the price tag on* enlève l'étiquette **2.** [not switch or turn off -tap, gas] laisser ouvert ; [-light] laisser allumé ; [not unplug -appliance] laisser branché / *I hope I didn't leave the gas on* j'espère que j'ai éteint le gaz.

❖ **leave out** vt sep **1.** [omit] omettre / *several names have been left out* plusieurs noms ont été omis / *leave out any reference to her husband in your article* dans votre article, évitez toute allusion à son mari **2.** [exclude] exclure / *I felt completely left out at the party* j'ai eu le sentiment d'être totalement tenu à l'écart or exclu de leur petite fête **3.** [not put away -by accident] ne pas ranger ; [-on purpose] laisser sorti, ne pas ranger / *he left a meal out for the children* il a laissé un repas tout prêt pour les enfants ; [leave outdoors] laisser dehors / *to leave the washing out to dry* mettre le linge à sécher (dehors) **4.** PHR **leave it out!** UK *v inf* lâche-moi !

❖ **leave over** vt sep [allow or cause to remain] laisser ▸ **to be left over** rester / *there are still one or two left over* il en reste encore un ou deux.

leave[2] [li:v] (*pt & pp* **leaved**, *cont* **leaving**) vi BOT [produce leaves] feuiller.

leaven ['levn] ◆ n [yeast] levain *m* / *he brought a leaven of humour to the dullest occasion fig* il apportait une touche or pointe d'humour dans les occasions les plus sinistres. ◆ vt **1.** CULIN faire lever **2.** *fig* [occasion] égayer.

leavened bread ['levnd-] n pain *m* au levain.

leavening ['levnɪŋ] n *lit & fig* levain *m*.

Leavenworth ['levnwɜ:θ] pr n *ville du Kansas connue pour sa prison.*

leaves [li:z] pl ⟶ **leaf**.

leave-taking n *(U)* adieux *mpl*.

leaving ['li:vɪŋ] n départ *m*.

leavings ['li:vɪŋz] pl n restes *mpl*.

Lebanese [,lebə'ni:z] (*pl* **Lebanese**) ◆ n Libanais *m*, -e *f*. ◆ adj libanais.

Lebanon ['lebənən] pr n Liban *m* / *in (the) Lebanon* au Liban.

lech [letʃ] *inf* ◆ vi : *stop leching!* ne prends pas ce regard lubrique ! / *he's always leching after my secretary* il n'arrête pas de reluquer ma secrétaire. ◆ n obsédé *m* (sexuel).

lecher ['letʃər] n obsédé *m* (sexuel).

lecherous ['letʃərəs] adj lubrique.

lecherously ['letʃərəslɪ] adv lubriquement, avec lubricité / *to look at sb lecherously* regarder qqn d'un œil lubrique.

lechery ['letʃərɪ] n lubricité *f*.

lecithin ['lesɪθɪn] n lécithine *f*.

lectern ['lektən] n lutrin *m*.

lector ['lektər] n RELIG & UNIV lecteur *m*, -trice *f*.

lecture ['lektʃər] ◆ n **1.** [talk] conférence *f*, exposé *m* ; UNIV [as part of course] cours *m* (magistral) / *she gave a very good lecture on Yeats* elle a fait un très bon cours sur Yeats / *have you been to his linguistics lectures?* avez-vous suivi ses cours de linguistique ? **2.** *fig* [sermon] sermon *m*, discours *m* / *I'm tired of his lectures about the virtues of healthy living* j'en ai assez de ses discours or de ses sermons sur les vertus d'une vie saine ▸ **to give sb a lecture** sermonner qqn, faire des remontrances à qqn / *she gave the children a lecture on how to behave* elle a donné aux enfants une leçon de bonne conduite / *end of lecture* j'arrête de te sermonner. ◆ comp [notes] de cours ▸ **lecture hall** or **theatre** salle *f* de cours, amphithéâtre *m* ▸ **lecture circuit** : *to be on the lecture circuit* faire des tournées de conférences. ◆ vi [talk] faire or donner une conférence ; [teach] faire (un) cours / *he lectures twice a week* il fait cours deux fois par semaine / *she lectures in linguistics* elle enseigne la or donne des cours de linguistique / *she lectures on Dante* elle donne des cours sur Dante. ◆ vt [reprimand] réprimander, sermonner / *he's always lecturing his children about their manners* il est toujours à sermonner or réprimander ses enfants sur leurs manières.

lecturer ['lektʃərər] n UK [speaker] conférencier *m*, -ère *f* ; UNIV [teacher] assistant *m*, -e *f* / *she's a lecturer in English at the University of Dublin* elle est professeur d'anglais à l'université de Dublin ▸ **assistant lecturer** ≃ maître-assistant *m* ▸ **senior lecturer** ≃ maître *m* de conférences.

lecture room n salle *f* de cours or de conférences.

lectureship ['lektʃəʃɪp] n UNIV poste *m* d'assistant / *he got a lectureship at the University of Oxford* il a été nommé assistant à l'université d'Oxford ▸ **senior lectureship** ≃ poste de maître de conférences.

led [led] pt & pp ⟶ **lead**[1].

LED (abbr of **light-emitting diode**) n LED *f* ▸ **LED display** affichage *m* (par) LED.

ledge [ledʒ] n **1.** [shelf] rebord *m* **2.** GEOG [on mountain] saillie *f* ; [on rock or cliff face] corniche *f* ; [on seabed] haut-fond *m* **3.** GEOL [vein] filon *m*.

ledger ['ledʒəʳ] n **1.** COMM & FIN grand livre *m* **2.** TECH longrine *f*.

ledger line n MUS ligne *f* supplémentaire.

lee [li:] ◆ n **1.** NAUT bord *m* sous le vent **2.** [shelter] abri *m* / *in the lee of a rock* à l'abri d'un rocher. ◆ adj sous le vent.

leech [li:tʃ] ◆ n *lit & fig* sangsue *f* / *to cling to sb like a leech* s'accrocher or coller à qqn comme une sangsue. ◆ vt MED saigner (avec des sangsues).

Lee-Enfield [li:'enfi:ld] n *fusil utilisé par l'armée britannique pendant les deux guerres mondiales.*

leek [li:k] n poireau *m*.

Leek

Le poireau est un emblème du pays de Galles.

leer [lɪəʳ] ◆ n [malevolent] regard *m* méchant ; [lecherous] regard *m* concupiscent or lubrique. ◆ vi ▸ **to leer at sb** lorgner qqn.

leery ['lɪərɪ] (*compar* **leerier**, *superl* **leeriest**) adj *inf* méfiant ▸ **to be leery of sthg** se méfier de qqch.

lees [li:z] pl n [sediment] lie *f* ▸ **to drink** or **to drain sthg to the lees** *fig* boire qqch jusqu'à la lie.

leeward ['li:wəd] ◆ adj sous le vent. ◆ n bord *m* sous le vent ▸ **to leeward** NAUT sous le vent.

Leeward Islands pl pr n ▸ **the Leeward Islands** les îles *fpl* Sous-le-Vent / *in the Leeward Islands* aux îles Sous-le-Vent.

leeway ['li:weɪ] n *(U)* **1.** [margin] marge *f* (de manœuvre) / *it doesn't give us much leeway* cela ne nous laisse pas une grande marge de manœuvre / *a quarter of an hour should be enough leeway* une marge de sécurité d'un quart d'heure devrait suffire **2.** [lost time] retard *m* **3.** AERON & NAUT [drift] dérive *f*.

left[1] [left] pt & pp ⟶ **leave**.

left[2] [left] ◆ adj [foot, eye] gauche / *on the left side* sur la gauche, du côté gauche / *I always sleep on my left side* je dors toujours sur le côté gauche / *with her left hand* de la main gauche / *left hand down a bit!* AUTO braquez un peu à gauche ! / *to make a left turn* tourner à gauche / *take the left fork* prenez à gauche à l'embranchement ▸ **left back** / **half** SPORT arrière *m* / demi *m* gauche. ◆ adv **1.** [gen] à gauche / *turn left at the junction* tournez or prenez à gauche au croisement / *eyes left!* MIL tête à gauche ! / *left turn!* MIL à gauche ! gauche ! **2.** POL à gauche / *to vote left* voter à gauche. ◆ n **1.** [gen] gauche *f* ▸ **on the left** sur la gauche, à gauche / *to drive on the left* rouler à gauche / *the building on the left* le bâtiment de gauche / *on your left* à or sur votre gauche / *it's to the left of the fireplace* c'est à gauche de la cheminée / *it's to* or *on the left of the picture* **a)** [in the picture] c'est sur la gauche du tableau **b)** [next to the picture] c'est à gauche du tableau / *move a bit to the left* déplacez-vous un peu vers la gauche / *to keep to the left* tenir sa gauche / *the second figure from the left* le deuxième chiffre en partant de la gauche / *he doesn't know his left from his right* il ne reconnaît pas sa droite de sa gauche **2.** POL gauche *f* / *the far* or *extreme left* l'extrême gauche / *the parties of the left* les partis de (la) gauche / *she is further to the left than her husband* elle est (politiquement) plus à gauche que son mari **3.** [in boxing] gauche *m* / *he knocked him out with a left to the chin* il l'a étendu d'un gauche au menton.

left-click vi cliquer gauche.

left field n US SPORT ▸ **to play left field** être ailier gauche ▸ **to be out in left field** *inf* être complètement à l'ouest.

left fielder n US SPORT ailier *m* gauche.

left-footed [-'fʊtɪd] adj gaucher (du pied).

left-hand adj gauche ▸ **on the left-hand side** à gauche, sur la gauche / *on my left-hand side, the Grand Palace* à or sur ma gauche, le Grand Palais / *a left-hand bend* un virage à gauche / *left-hand drive* conduite *f* à gauche / *my car is left-hand drive* ma voiture a le volant à gauche.

left-handed [-'hændɪd] ◆ adj **1.** [person] gaucher / *she's left-handed* elle est gauchère **2.** [scissors, instrument, golf club] pour gauchers **3.** US ▸ **a left-handed compliment** un faux compliment. ◆ adv de la main gauche.

left-handedness [-'hændɪdnɪs] n gaucherie *f*, latéralité *f* de gauche / *do you find left-handedness a problem?* est-ce qu'être gaucher vous pose des problèmes ?

left-hander [-'hændəʳ] n [person] gaucher *m*, -ère *f* ; [blow] coup *m* (donné de la main gauche).

leftie ['leftɪ] *inf* = **lefty**.

leftism ['leftɪzm] n [gen] idées *fpl* de gauche ; [extreme left] gauchisme *m*.

leftist ['leftɪst] ◆ n [gen] homme *m* de gauche, femme *f* de gauche ; [extreme left-winger] gauchiste *mf*. ◆ adj [gen] de gauche ; [extremely left-wing] gauchiste.

left luggage n *(U)* UK [cases] bagages *mpl* en consigne ; [office] consigne *f* ▸ **the left luggage lockers** la consigne automatique.

left-luggage office n UK consigne *f*.

left-of-centre adj POL de centre gauche / *his views are somewhat left-of-centre* ses opinions sont plutôt de centre gauche.

leftover ['leftəʊvəʳ] ◆ adj [food, material] qui reste ; [stock] en surplus / *she used the leftover wool to knit a scarf* elle a tricoté une écharpe avec la laine qui restait. ◆ n [throwback, vestige] vestige *m* / *the gun is a leftover from the war* le fusil est un souvenir de la guerre.

leftovers ['leftəʊvəz] pl n [food] restes *mpl*.

leftward ['leftwəd] ◆ adj de gauche. ◆ adv US = **leftwards**.

leftwards ['leftwədz] adv à gauche.

left wing n **1.** POL gauche *f* / *the left wing of the party* l'aile *f* gauche du parti **2.** SPORT [position] aile *f* gauche ; [player] ailier *m* gauche.

❖ **left-wing** adj POL de gauche / *a left-wing publication* une publication de gauche / *she's very left-wing* elle est très à gauche.

left-winger n **1.** POL homme *m* de gauche, femme *f* de gauche **2.** SPORT ailier *m* gauche.

lefty ['leftɪ] (*pl* **lefties**) n *inf* **1.** *pej* homme *m* de gauche, femme *f* de gauche **2.** US [left-handed person] gaucher *m*, -ère *f*.

leg [leg] (*pt & pp* **legged**, *cont* **legging**) ◆ n **1.** ANAT [of human, horse] jambe *f* ; [of smaller animals and birds] patte *f* / *his legs went from under him* ses jambes se sont dérobées sous lui / *he hasn't got a leg to stand on* sa position est indéfendable ▸ **to get one's leg over** *v inf* se faire quelqu'un ▸ **to pull sb's leg** faire marcher qqn **2.** CULIN [of lamb] gigot *m* ; [of pork, beef] rôti *m* ; [of chicken] cuisse *f* ▸ **frog's legs** cuisses de grenouille **3.** [of chair, table] pied *m* ; [of compasses] branche *f* **4.** [of trousers, pyjamas] jambe *f* **5.** [stage - of journey] étape *f* ; [- of competition] manche *f* / *they won the first* / *second leg* SPORT ils ont gagné le match aller / retour. ◆ vt ▸ **to leg it a)** *inf* [run] courir **b)** [walk] aller à pied **c)** [flee] se sauver, se tirer.

To pull somebody's leg

« Tirer la jambe de quelqu'un » ? S'il existe plusieurs explications fantaisistes de cette locution, les linguistes s'accordent à dire que son origine reste pour le moins obscure. Malgré une certaine ressemblance avec l'expression française « faire marcher quelqu'un », cette locution n'aurait pas la même formation.

Don't be silly, he's only pulling your leg! *Arrête, tu ne vois pas qu'il te fait marcher !*

I failed my driving test and my mates pulled my leg about it for weeks. *J'ai raté mon permis de conduire et mes copains m'ont charrié avec ça pendant des semaines.*

legacy ['legəsɪ] (*pl* **legacies**) n **1.** LAW legs *m* ▸ **to leave sb a legacy** faire un legs or laisser un héritage à qqn / *the money is a legacy from my aunt* j'ai hérité cet argent de ma tante, ma tante m'a légué cet argent **2.** *fig* héritage *m*.

legacy duty n droit *m* de succession.

legacy tax n droit *m* de succession.

legal ['li:gl] adj **1.** [lawful] légal ; [legitimate] légal, légitime / *they're below the legal age* ils n'ont pas atteint l'âge légal / *to be above the legal limit* [for drinking] dépasser le taux légal (d'alcoolémie) ▸ **to make sthg legal** légaliser qqch / **'legal, decent, honest, truthful'** *devise de la Advertising Standards Authority* **2.** [judicial - mind, matter, question] juridique ; [- power, investigation, error] judiciaire / *to take legal action* engager des poursuites judiciaires, intenter un procès / *to take legal advice* consulter un juriste or un avocat / *this is the legal procedure* c'est la procédure à suivre / *he's a member of the legal profession* c'est un homme de loi / *legal secretary* secrétaire *mf* juridique / *legal system* système *m* juridique.

legal adviser n conseil *m* juridique.

legal aid n assistance *f* judiciaire.

legal costs pl n frais *mpl* de procédure.

legal currency n monnaie *f* légale.

legal department n [in bank, company] (service *m* du) contentieux *m*.

legal eagle n *inf & hum* avocat *m*, -e *f*.

legal entity n personne *f* morale.

legalese [,li:gə'li:z] n *pej* jargon *m* juridique.

legal fees pl n frais *mpl* de procédure.

legal holiday n US jour *m* férié, fête *f* légale.

legalism ['li:gəlɪzm] n **1.** [strict respect of law] légalisme *m* **2.** [technicality] argutie *f* juridique.

legalistic [,li:gə'lɪstɪk] adj légaliste, formaliste.

legalistically [,li:gə'lɪstɪklɪ] adv avec légalisme, de façon légaliste.

legality [li:'gælətɪ] n légalité *f*.

legalization [,li:gəlaɪ'zeɪʃn] n légalisation *f*.

legalize, legalise ['li:gəlaɪz] vt légaliser, rendre légal.

legalized alien n US *résident étranger en situation régulière.*

legally ['li:gəlɪ] adv légalement / *to act legally* agir légalement or dans la légalité / *to be legally binding* avoir force de loi, être juridiquement contraignant / *to be held legally responsible for sthg* être tenu légalement or juridiquement responsable de qqch / *legally you're not responsible* légalement or du point de vue légal, vous n'êtes pas responsable / *they were not legally married* ils vivaient maritalement.

legal medicine n médecine *f* légale.

legal offence n infraction *f*.

legal opinion n avis *m* juridique.

legal pad n US bloc-notes *m*.

legal proceedings pl n poursuites *fpl* judiciaires ▸ **to start legal proceedings against sb** intenter une action en justice contre qqn, poursuivre qqn en justice.

legal redress n réparation *f* en justice ▸ **to seek legal redress** demander une réparation en justice.

legal separation n LAW séparation *f* de corps.

legal successor n ayant-droit *m*.

legal tender n monnaie *f* légale / *these coins are no longer legal tender* ces pièces n'ont plus cours or ont été démonétisées.

legate ['legɪt] n RELIG légat *m* ; [gen] messager *m*, -ère *f*.

legatee [,legə'ti:] n légataire *mf*.

legation [lɪ'geɪʃn] n légation *f*.

legend ['ledʒənd] n **1.** [myth] légende *f* / *she became a legend in her own lifetime* elle est entrée dans la légende de son vivant **2.** [inscription] légende *f*.

legendary ['ledʒəndrɪ] adj légendaire.

legerdemain [,ledʒədə'meɪn] n *(U)* [conjuring] (tours *mpl* de) prestidigitation *f* ; [cunning] tours *mpl* de passe-passe.

leggings ['legɪŋz] pl n caleçon *m (porté comme pantalon)*.

leggo [le'gəʊ] interj *v inf* abbr of **let go**.

leggy ['legɪ] (*compar* **leggier**, *superl* **leggiest**) adj [person] tout en jambes ; [colt, young animal] haut sur pattes.

Leghorn [,leg'hɔ:n] pr n Livourne.

legibility [,ledʒɪ'bɪlətɪ] n lisibilité *f*.

legible ['ledʒəbl] adj lisible.

legibly ['ledʒəblɪ] adv lisiblement.

legion ['li:dʒən] ◆ n MIL & *fig* légion *f*. ◆ adj *fml* légion *(inv)*.

legionary ['li:dʒənərɪ] (*pl* **legionaries**) ◆ n légionnaire *m*. ◆ adj de la légion.

legionella [,li:dʒə'nelə] n légionellose *f*.

legionnaire [,li:dʒə'neər] n légionnaire *m*.

legionnaire's disease n maladie *f* du légionnaire.

leg iron n MED appareil *m* orthopédique.

legislate ['ledʒɪsleɪt] vi légiférer ▸ **to legislate in favour of / against sthg** légiférer en faveur de / contre qqch / *you can't legislate for everything* *fig* on ne peut pas tout prévoir.

legislation [,ledʒɪs'leɪʃn] n législation *f* / *the legislation on immigration* la législation sur l'immigration / *a piece of legislation* une loi ▸ **to bring in legislation in favour of / against sthg** légiférer en faveur de / contre qqch.

legislative ['ledʒɪslətɪv] adj législatif ▸ **legislative assembly** assemblée *f* législative ▸ **legislative body** corps *m* législatif.

legislator ['ledʒɪsleɪtər] n législateur *m*, -trice *f*.

legislature ['ledʒɪsleɪtʃər] n (corps *m*) législatif *m*.

legit [lə'dʒɪt] adj *inf* réglo.

legitimacy [lɪ'dʒɪtɪməsɪ] n légitimité *f*.

legitimate ◆ adj [lɪ'dʒɪtɪmət] **1.** [legal, lawful] légitime / *legitimate child* enfant *mf* légitime **2.** [valid] légitime, valable / *his criticisms are perfectly legitimate* ses critiques sont parfaitement légitimes or fondées / *it would be perfectly legitimate to ask them to pay* on serait tout à fait en droit d'exiger qu'ils paient **3.** [theatre] sérieux. ◆ vt [lɪ'dʒɪtɪmeɪt] légitimer.

legitimately [lɪ'dʒɪtɪmətlɪ] adv **1.** [legally, lawfully] légitimement / *both legitimately and effectively* de droit comme de fait **2.** [justifiably] légitimement, avec raison / *it could legitimately be argued that...* on peut soutenir, non sans raison, que...

legitimize, legitimise [lɪ'dʒɪtəmaɪz] vt légitimer.

legless ['leglɪs] adj **1.** [without legs] cul-de-jatte **2.** UK *inf* [drunk] bourré, soûl ▸ **to get legless** se bourrer la gueule *v inf*.

leg-pull n *inf* canular *m*, farce *f* / *it was only a leg-pull!* on te faisait marcher !

leg-pulling n *(U) inf* blagues *fpl*, mise *f* en boîte / *he got a lot of leg-pulling about his marriage* on l'a beaucoup charrié sur son mariage.

legroom ['legrum] n place *f* pour les jambes.

leg show n *inf* revue *f* légère.

legume [le'gju:m] n légumineuse *f*.

leguminous [le'gju:mɪnəs] adj légumineux.

leg-up n ▸ **to give sb a leg-up a)** *lit* faire la courte échelle à qqn **b)** *fig* donner un coup de main or de pouce à qqn.

legwarmers ['leg,wɔ:məz] pl n jambières *fpl*.

legwork ['legwɜ:k] n *inf* : *who's going to do the legwork?* qui va se taper la marche ?

Leicester Square ['lestər-] pr n *place populaire de Londres connue pour ses grands cinémas.*

Leics written abbr of **Leicestershire**.

L8 MESSAGING written abbr of **late**.

L8r, L8R MESSAGING written abbr of **later**.

Leipzig ['laɪpzɪg] pr n Leipzig.

leisure [UK 'leʒər US 'li:ʒər] ◆ n *(U)* **1.** [spare time] loisir *m*, loisirs *mpl*, temps *m* libre / *during my leisure (time)* pendant mes loisirs, à mes heures perdues ▸ **to be at leisure to do sthg** avoir (tout) le loisir de faire qqch / *I'll read it at (my) leisure* je le lirai à tête reposée **2.** [relaxation] loisir *m* / *to lead a life of leisure* mener une vie oisive / *he's a man of leisure* il mène une vie de rentier. ◆ comp [activity, clothes] de loisir or loisirs ▸ **leisure industry** industrie *f* des loisirs.

leisure centre n centre *m* de loisirs.

leisured [UK 'leʒəd US 'li:ʒərd] adj oisif, qui mène une vie oisive.

leisurely [UK 'leʒəlɪ US 'li:ʒərlɪ] ◆ adj [gesture] mesuré, nonchalant ; [lifestyle] paisible, indolent / *we went for a leisurely stroll through the park* nous sommes allés faire une petite balade dans le parc / *at a leisurely pace* sans se presser / *he spoke in a leisurely way* il parlait en prenant son temps. ◆ adv [calmly] paisiblement, tranquillement ; [unhurriedly] sans se presser.

leisure suit n *tailleur-pantalon très en vogue, notamment aux États-Unis, dans les années 1970.*

leisurewear ['leʒəweər] n vêtements *mpl* de sport.

leitmotiv, leitmotif ['laɪtməʊ,ti:f] n [gen & MUS] leitmotiv *m*.

LEM [lem] (abbr of **lunar excursion module**) n module *m* lunaire.

lemma ['lemə] (*pl* **lemmas** *or* **lemmata** [-mətə]) n lemme *m*.

lemmatize, lemmatise ['lemətaɪz] vt lemmatiser.

lemme ['lemɪ] interj *v inf* abbr of **let me**.

lemming ['lemɪŋ] n lemming *m* / *the lemming-like behaviour of the shareholders* la fuite en avant des actionnaires / *they followed like lemmings* ils ont suivi tels des moutons de Panurge.

lemon ['lemən] ◆ n **1.** [fruit] citron *m* ; [tree] citronnier *m* ▸ **lemon juice a)** jus *m* de citron **b)** [lemon squash] citronnade *f* **c)** [freshly squeezed] citron pressé ▸ **lemon squash** citronnade *f*, sirop *m* de citron ▸ **lemon tea** thé *m* au citron **2.** [colour] jaune citron *m inv* **3.** UK *inf* [awkward person] idiot *m*, -e *f* / *I'm going to look a right lemon* je vais avoir l'air plutôt débile **4.** *inf* [useless object] : *she got sold a lemon* elle s'est fait rouler. ◆ adj [colour] (jaune) citron *(inv)* ; [flavour] citron *(inv)* / *lemon ice cream* glace *f* au citron.

lemonade [,lemə'neɪd] n [in UK] limonade *f* ; [in US] citron *m* pressé.

lemon balm n BOT mélisse *f* citronnelle.

lemon cheese, lemon curd n lemon curd *m*, crème *f* au citron.

lemon drop n bonbon *m* au citron.

lemongrass ['lemәngrɑ:s] n *(U)* citronnelle *f*.

lemon sole n limande-sole *f*.

lemon squeezer n presse-citron *m*.

lemon thyme n thym *m* citronné.

lemon verbena n verveine *f* citronnelle.

lemony ['lemənɪ] adj [smell, taste] citronné.

lemur ['li:mər] n lémur *m*, maki *m*.

lend [lend] (*pt & pp* **lent** [lent]) ◆ vt **1.** [money, book] prêter ▸ **to lend sthg to sb, to lend sb sthg** prêter qqch à qqn **2.** [contribute] apporter, conférer / *her presence lent glamour to the occasion* sa présence a conféré un certain éclat à l'événement / *the bright uniforms lent colour to the ceremony* les uniformes éclatants apportaient une touche de couleur à la cérémonie **3.** [give -support] apporter ; [-name] prêter ▸ **to lend sb a hand** donner un coup de main à qqn / *you can't expect me to lend my name to such an enterprise* ne comptez pas sur moi pour prêter mon nom à or cautionner cette affaire ▸ **to lend an ear** *fig* prêter l'oreille **4.** [adapt -to circumstances, interpretation] : *the novel doesn't lend itself to being filmed* le roman ne se prête pas à une adaptation cinématographique. ◆ n UK *inf* : *can I have a lend of your book?* tu peux me prêter ton livre ?

lender ['lendər] n prêteur *m*, -euse *f*.

lending ['lendɪŋ] n prêt *m*.

lending library n bibliothèque *f* de prêt.

lending limit n plafond *m* de prêt.

lending rate n taux *m* (d'un prêt).

lend-lease n *(U)* ECON & HIST prêt-bail *m*.

length [leŋθ] n **1.** [measurement, distance] longueur *f* / *what length is the room?* quelle est la longueur de la pièce ? / *the room is 20 metres in length* la pièce fait 20 mètres de long or de longueur / *a river 200 kilometres in length* un fleuve long de 200 kilomètres / *we walked the length of the garden* nous sommes allés jusqu'au bout du jardin / *flower beds ran the length of the street* il y avait des massifs de fleurs tout le long de la rue / *the ship can turn in its own length* UK le navire peut virer sur place / *throughout the length and breadth of the continent* partout sur le continent / *what length skirts are in this year?* [in fashion] quelle est la longueur des jupes cette année ? **2.** [effort] ▸ **to go to considerable** or **great lengths to do sthg** se donner beaucoup de mal pour faire qqch / *he would go to any lengths to meet her* il ferait n'importe quoi pour la rencontrer **3.** [duration] durée *f*, longueur *f* / *the length of time required to do sthg* le temps qu'il faut pour faire qqch / *the wine is kept in casks for a great length of time* le vin séjourne très longtemps dans des fûts / *bonuses are given for length of service* les primes sont accordées selon l'ancienneté **4.** [of text] longueur *f* / *articles must be less than 5,000 words in length* les articles doivent faire moins de 5 000 mots **5.** SPORT [in racing, rowing] longueur *f* / *to win by a length* gagner d'une longueur / *to have a three-length lead* avoir trois longueurs d'avance ; [in swimming] longueur *f* (de bassin) / *I swam ten lengths* j'ai fait dix longueurs **6.** [piece -of string, tubing] morceau *m*, bout *m* ; [-of wallpaper] lé *m* ; [-of fabric] pièce *f* / *a length of curtain material* une pièce de tissu pour faire des rideaux **7.** LING [of syllable, vowel] longueur *f*.

❖ **at length** adv phr [finally] finalement, enfin ; [in detail, for a long time] longuement / *she went on or spoke at some length about her experience* elle a parlé assez longuement de son expérience.

-length suffix à hauteur de ▸ **knee-length socks** chaussettes *fpl* (montantes), mi-bas *mpl*.

lengthen ['leŋθən] ◆ vi [shadow] s'allonger ; [day] rallonger ; [holiday, visit] se prolonger. ◆ vt [garment] allonger, rallonger ; [holiday, visit] prolonger ; LING [vowel] allonger.

lengthily ['leŋθɪlɪ] adv longuement.

lengthways ['leŋθweɪz], **lengthwise** ['leŋθwaɪz] ◆ adv dans le sens de la longueur, longitudinalement. ◆ adj en longueur, longitudinal.

lengthy ['leŋθɪ] (*compar* **lengthier**, *superl* **lengthiest**) adj (très) long / *after a lengthy wait* après avoir attendu très longtemps, après une attente interminable / *his speech was a bit lengthy* son discours n'en finissait plus.

leniency ['li:njənsɪ] n clémence *f*, indulgence *f*.

lenient ['li:njənt] adj [jury, sentence] clément ; [attitude, parent] indulgent / *his parents are too lenient with him* ses parents sont trop indulgents avec lui / *you shouldn't be so lenient with them* vous devriez être plus strict avec eux.

leniently ['li:njəntlɪ] adv avec clémence or indulgence / *the magistrate had treated him leniently* le magistrat s'était montré indulgent or avait fait preuve d'indulgence à son égard.

Lenin ['lenɪn] pr n Lénine.

Leningrad ['lenɪngræd] pr n Leningrad.

Leninism ['lenɪnɪzm] n léninisme *m*.

Leninist ['lenɪnɪst] ◆ adj léniniste. ◆ n léniniste *mf*.

lenitive ['lenɪtɪv] ◆ adj lénitif. ◆ n lénitif *m*.

lenity ['lenətɪ] (*pl* **lenities**) n *liter* clémence *f*.

lens [lenz] n **1.** OPT [in microscope, telescope] lentille *f* ; [in spectacles] verre *m* ; [in camera] objectif *m* ; [contact lens] lentille *f* or verre *m* (de contact) **2.** ANAT [in eye] cristallin *m*.

lens cap n bouchon *m* d'objectif.

lens hood n pare-soleil *m inv*.

lens paper n papier *m* pour surfaces optiques.

lent [lent] pt & pp ⟶ **lend.**

Lent [lent] n RELIG le carême ▸ **to keep Lent** faire carême, observer le carême / *I've given up sugar for Lent* j'ai renoncé au sucre pour le carême.

Lenten ['lentən] adj de carême.

lentil ['lentɪl] n BOT & CULIN lentille *f* ▸ **lentil soup** soupe *f* aux lentilles.

lentivirus ['entɪvaɪrəs] n lentivirus *m*.

Lent term n UK UNIV deuxième trimestre *m (de janvier à Pâques)*.

Leo ['li:əʊ] ◆ pr n ASTROL & ASTRON Lion *m*. ◆ n : *he's a Leo* il est (du signe du) Lion.

Leonardo da Vinci [,li:ə'nɑ:dəʊdə'vɪnʧɪ] pr n Léonard de Vinci.

leonine ['li:ənaɪn] adj *liter* léonin *liter*, de lion.

leopard ['lepəd] n léopard *m* ▸ **a leopard cannot change its spots** *prov* chassez le naturel, il revient au galop *prov*.

A leopard cannot change its spots

Cette expression est d'origine biblique : **Can the Ethiopian change his skin, or the leopard his spots?** *Un Éthiopien peut-il changer sa peau. Et un léopard ses taches ?* (Jérémie 13:23). Elle évoque l'idée selon laquelle les êtres ne sont pas capables de changer en profondeur :

We all have aspects of ourselves we'd like to change, but many of us think the leopard can't change its spots. *Nous avons tous le désir de changer certaines choses en nous, mais nous sommes nombreux à penser qu'il est impossible d'aller contre sa nature.*

My husband has started being really helpful around the house so maybe a leopard can change its spots after all! *Depuis quelque temps, mon époux m'aide beaucoup pour les tâches ménagères. Peut-être est-il possible après tout que les êtres changent !*

leopardess ['lepədɪs] n léopard *m* femelle.

leopard moth n zeuzère *f*.

leopard skin ◆ n peau *f* de léopard. ◆ adj [coat, rug] en (peau de) léopard.

Leopold ['lɪəpəʊld] pr n [emperor] Léopold.

leotard ['li:ətɑ:d] n body *m (pour le sport)*.

leper ['lepər] n lépreux *m*, -euse *f* ; *fig* pestiféré *m*, -e *f* ▸ **leper colony** léproserie *f*.

lepidopteran [,lepɪ'dɒptərən] (*pl* **lepidopterans** *or* **lepidoptera** [-rə]) ◆ adj lépidoptère. ◆ n lépidoptère *m*.

lepidopterist [,lepɪ'dɒptərɪst] n lépidoptériste *mf*.

leprechaun ['leprəkɔ:n] n lutin *m (dans la tradition irlandaise)*.

leprosarium [,leprə'seərɪəm] (*pl* **leprosaria** [-rɪə]) n léproserie *f*.

leprosy ['leprəsɪ] n lèpre *f*.

leprous ['leprəs] adj lépreux.

lepton ['leptɒn] n PHYS lepton *m*.

leptospirosis [,leptəʊspaɪ'rəʊsɪs] n leptospirose *f*.

Lermontov ['leəmɒntɒf] pr n Lermontov.

lesbian ['lezbɪən] ◆ adj lesbien / *a lesbian couple* un couple de lesbiennes / *a lesbian bar / club* un bar / une boîte pour lesbiennes / *lesbian issues* questions concernant les lesbiennes / *lesbian sex* sexe *m* entre lesbiennes. ◆ n lesbienne *f*.

lesbianism ['lezbɪənɪzm] n lesbianisme *m*.

lesbo ['lezbəʊ] n *v inf* gouine *f*.

lese majesty [,li:z'mæʤɪstɪ] n (crime *m* de) lèse-majesté *f inv*.

lesion ['li:ʒn] n lésion *f*.

Lesotho [lə'su:tu:] pr n Lesotho *m* / *in Lesotho* au Lesotho.

less [les] ◆ det *(compar of little)* moins de / *less money / time / bread* moins d'argent / de temps / de pain / *of less importance / value* de moindre importance / valeur / *that's one less cup to wash up!* voilà une tasse de moins à laver ! / *I seem to have less and less energy* on dirait que j'ai de moins en moins d'énergie. ◆ pron *(compar of little)* moins / *there was less than I expected* il y en avait moins que je m'y attendais / *he eats less than he used to* il mange moins qu'avant / *a bit less* un peu moins / *we found we had less and less to say to each other* nous nous sommes rendu compte que nous avions de moins en moins de choses à nous dire ▸ **less of** : *the evening was less of a success than she had hoped* la soirée était moins réussie qu'elle ne l'avait espéré / *let's hope we see less of them in future* espérons que nous les verrons moins souvent à l'avenir / *less of your noise!* faites moins de bruit ! / *less of that!* or *less of it! inf* ça suffit ! ▸ **less than** : *it took me less than five minutes* ça m'a pris moins de cinq minutes / *you won't get another one like it for less than $1,000* vous n'en retrouverez pas un comme ça à moins de 1 000 dollars / *nothing less than a four-star hotel is good enough for them* il leur faut au moins un quatre étoiles / *the weather was rather less than ideal* le temps était vraiment loin d'être idéal / *it would have been less than fair to have kept it from her* ça aurait été vraiment injuste de le lui cacher ▸ **in less than no time** en un rien de temps, en moins de deux. ◆ adv moins / *they couldn't be less friendly if they tried* il leur serait difficile d'être plus désagréables / *the blue dress costs less* la robe bleue coûte moins cher / *he was less amusing than I remembered* il était moins drôle que dans mes souvenirs / *we saw his books less as literature than as propaganda* nous considérions ses livres moins comme de la littérature que comme de la propagande / *less and less interesting* de moins en moins intéressant / *I don't think any (the) less of her* or *I think no less of her because of what happened* ce qui s'est passé ne l'a pas fait baisser dans mon estime / *we don't like her any the less for all her faults* nous ne l'aimons pas moins à cause de ses défauts / *the more I see of her the less I like her* plus je la vois moins elle me plaît. ◆ prep : *that's £300 less ten per cent for store card holders* ça fait 300 livres moins dix pour cent avec la carte du magasin / *8 less 3 is 5* 8 moins 3 or 3 ôté de 8 égale 5.

❖ **much less** conj phr encore moins / *he wouldn't even phone her, much less visit her* il ne voulait même pas l'appeler, encore moins aller la voir / *I hadn't really thought about it, much less talked to anyone else* je n'y avais pas vraiment réfléchi, et j'en avais encore moins parlé à qui que ce soit.

❖ **no less** adv phr rien de moins / *he won the Booker prize, no less!* il a obtenu le Booker prize, rien de moins que ça ! / *she married a duke, no less!* elle a épousé un duc, ni plus ni moins ! / *she had invited no less a person than the President himself* elle avait invité rien moins que le président lui-même.

❖ **no less than** adv phr pas moins de / *taxes rose by no less than 15%* les impôts ont augmenté de 15 %, ni plus ni moins.

❖ **still less** = much less.

less-developed country n pays *m* moins développé.

lessee [le'si:] n preneur *m*, -euse *f* (à bail).

lessen ['lesn] ◆ vt [cost, importance] diminuer, réduire ; [impact, effect] atténuer, amoindrir ; [shock] amortir. ◆ vi s'atténuer, s'amoindrir.

lessening ['lesənɪŋ] n *(U)* [of cost, importance] diminution *f* ; [of value, rate] réduction *f*, diminution *f*, baisse *f* ; [of powers] réduction *f*, baisse *f* ; [of impact, effect] amoindrissement *m* ; [of shock] amortissement *m*.

lesser ['lesər] adj **1.** [gen] moindre / *to be of lesser intelligence* être moins intelligent / *Wordsworth, Coleridge and their lesser contemporaries* Wordsworth, Coleridge et leurs contemporains de moindre envergure / *to a lesser extent* dans une moindre mesure / *she treats them as though they were lesser mortals* elle les traite de haut / *lesser mortals like me hum* les simples mortels comme moi **2.** BOT, GEOG & ZOOL petit ▸ **the lesser panda** le petit panda.

lesser-known adj moins connu.

lesson ['lesn] n **1.** [gen] leçon *f* ; SCH leçon *f*, cours *m* / *an English lesson* une leçon or un cours d'anglais / *a dancing / driving lesson* une leçon de danse / de conduite ▸ **to give a lesson** donner un cours or une leçon / *lessons start at half past eight* les cours commencent à huit heures et demie / *private lessons* cours *mpl* particuliers **2.** [example] leçon *f* / *her downfall was a lesson to us all* sa chute nous a servi de leçon à tous ▸ **to teach sb a lesson** donner une (bonne) leçon à qqn / *that'll teach him a lesson!* cela lui servira de leçon ! / *the experience has taught me a lesson I won't forget!* cette expérience m'a servi de leçon, croyez-moi ! ▸ **it was a lesson learned** cela m'a / nous a servi de leçon **3.** RELIG leçon *f*, lecture *f*.

lessor [le'sɔ:r] n bailleur *m*, -eresse *f*.

less-than sign n signe *m* inférieur à.

lest [lest] conj *liter* de peur que, de crainte que / *they whispered lest the children should hear* ils parlèrent à voix basse de peur or de crainte que les enfants ne les entendent / *she wrote it down, lest she forget* or *lest she might forget* elle l'a noté, de peur d'oublier / **'lest we forget'** 'in memoriam'.

let[1] [let] (*pt & pp* **let**, *cont* **letting**) ◆ vt **1.** UK [rent] louer / **'to let'** 'à louer' **2.** *arch* MED ▸ **to let (sb's) blood** faire une saignée (à qqn). ◆ n **1.** [rental] location *f* / *she took a six-month let on a house* elle a loué une maison pour six mois **2.** SPORT [in tennis, squash] ▸ **let (ball)** let *m* / *the ball was a let* la balle était let ▸ **to play a let** jouer un let **3.** *fml* [hindrance] ▸ **without let or hindrance** librement, sans entrave.

❖ **let out** vt sep [rent] louer.

let[2] [let] (*pt & pp* **let**, *cont* **letting**) vt **1.** [permit] laisser, permettre / *she let them watch the programme* elle les a laissés regarder l'émission / *I couldn't come because my parents wouldn't let me* je ne suis pas venu parce que mes parents ne me l'ont pas permis ; [allow] laisser / *I let the cakes burn* j'ai laissé brûler les gâteaux / *let me buy you all a drink* laissez-moi vous offrir un verre / *don't let me stop you going* je ne veux pas t'empêcher d'y aller / *let me see the newspaper* fais-moi voir le journal ▸ **to let sb past** laisser passer qqn / *they don't let anyone near the reactor* ils ne laissent personne approcher du réacteur / *don't let it get you down! inf* ne te laisse pas abattre pour ça ! / *don't let him get to you* ne te soucie pas de lui ▸ **to let sb have sthg** donner qqch à qqn / *don't be selfish, let him have a cake!* ne sois pas égoïste, donne-lui un gâteau ! / *I'll let you have a copy of the report* je vous ferai parvenir une copie du rapport / *she let him know what she thought of him* elle lui a fait savoir ce qu'elle pensait de lui / *please let me know if there's any change* veuillez me prévenir s'il y a du changement / *please God don't let anything happen to her!* faites qu'il ne lui arrive rien ! ▸ **to let sthg pass** laisser passer qqch ▸ **to let sb have it a)** *inf* [physically] casser la figure à qqn **b)** [verbally] dire ses quatre vérités à qqn **2.** [followed by 'go'] ▸ **to let sb go a)** [allow to leave] laisser partir qqn **b)** [release] relâcher qqn **c)** *euph* [dismiss, fire] licencier qqn / *they let the hostages go* ils ont relâché les otages / *she let her assistant go* elle a licencié son assistant ▸ **to let sb / sthg go** [allow to escape] laisser échapper qqn / qqch ▸ **to let sb / sthg go, to let go of sb / sthg** [stop holding] lâcher qqn / qqch / *hold the rope and don't let go (of it)!* tiens la corde et ne la lâche pas ! / *let me go!* or *let go of me!* lâchez-moi ! ▸ **to let o.s. go** [neglect o.s., relax] se laisser aller / *he's really let the garden go* il a vraiment négligé le jardin / *that remark was uncalled-for but let it go* cette réflexion était déplacée mais restons-en là / *give me £5 and we'll let it go at that* donne-moi 5 livres et on n'en parle plus **3.** [in making suggestions] : *let's go to bed* allons nous coucher / *let's go!* allons-y ! / *don't let's go out* or *let's not go out tonight* ne sortons pas ce soir / *shall we have a picnic? — yes, let's!* si on faisait un pique-nique ? — d'accord ! / *let us pray* *fml* prions ensemble **4.** [to focus attention] : *let me start by saying how pleased I am to be here* laissez-moi d'abord vous dire combien je suis ravi d'être ici / *let me put it another way* attends, je vais être plus clair / *let me try and explain* attendez que je vous explique **5.** [in hesitation] : *let me think* attends, voyons voir / *let me see* or *let's see* voyons **6.** [to express criticism or defiance] : *if she doesn't want my help, let her do it herself!* si elle ne veut pas de mon aide, qu'elle le fasse toute seule ! / *let them talk!* laisse-les dire ! **7.** [in threats] : *don't let me catch you at it again!* que je ne t'y reprenne plus ! / *let me catch you doing that again and you're for it!* *inf* si je te reprends à faire ça, ça va être ta fête ! **8.** [in commands] ▸ **let there be light** BIBLE que la lumière soit / *let the festivities begin!* que la fête commence ! / *let them be!* laisse-les tranquilles !, fiche-leur la paix ! **9.** [in making assumptions] : *let us suppose that...* supposons que... / *let x equal 17* MATH soit x égal à 17 / *let ABC be a right-angled triangle* MATH soit un triangle rectangle ABC.

❖ **let alone** conj phr : *I wouldn't go out with him, let alone marry him* je ne sortirais même pas avec lui, alors pour ce qui est de l'épouser...

❖ **let down** vt sep **1.** [disappoint] décevoir / *I felt really let down* j'étais vraiment déçu / *our old car has never let us down* notre vieille voiture ne nous a jamais laissés tomber / *she let us down badly* elle nous a proprement laissés tomber **2.** [lower, let fall - object] baisser, (faire) descendre ; [- hair] dénouer ▸ **to let sb down gently** *fig* traiter qqn avec ménagement **3.** SEW rallonger / *to let (the hem of) a dress down* rallonger une robe **4.** [deflate] dégonfler.

❖ **let in** vt sep **1.** [person, animal] laisser entrer ▸ **to let sb in** ouvrir (la porte) à qqn, faire entrer qqn / *his mother let me in* sa mère m'a fait entrer or m'a ouvert (la porte) / *here's the key to let yourself in* voici la clé pour entrer / *she let herself in with a pass key* elle est entrée avec un passe **2.** [air, water] laisser passer / *the roof lets the rain in* le toit laisse entrer or passer la pluie / *my shoes let in water* mes chaussures prennent l'eau **3.** AUTO ▸ **to let in the clutch** embrayer.

❖ **let in for** vt sep : *he didn't realize what he was letting himself in for* il ne savait pas à quoi il s'engageait.

❖ **let in on** vt sep ▸ **to let sb in on sthg** mettre qqn au courant de qqch / *have you let him in on the secret?* lui avez-vous confié le secret ?

❖ **let into** vt sep **1.** [allow to enter] laisser entrer / *my mother let her into the flat* ma mère l'a laissée entrer dans l'appartement **2.** [allow to know] : *I'll let you into a secret* je vais te confier un secret **3.** [insert] encastrer / *the pipes are let into the wall* les tuyaux sont encastrés dans le mur / *to let a door / window into a wall* percer une porte / fenêtre dans un mur.

❖ **let off** ◆ vt sep **1.** [excuse] dispenser ▸ **to let sb off doing sthg** dispenser qqn de faire qqch / *I've been let off work* je suis dispensé de travailler **2.** [allow to leave] laisser partir ; [allow to disembark] laisser descendre / *we were let off an hour early* on nous a laissés partir une heure plus tôt / *they let us off the bus* on nous a laissés descendre du bus **3.** [criminal, pupil, child] ne pas punir / *the judge let him off lightly* le juge a fait preuve d'indulgence à son égard / *she was let off with a fine* elle s'en est tirée avec une amende / *I'll let you off this once* pour cette fois, je passe **4.** [bomb, explosive] faire exploser ; [firework] faire partir ; [gun] laisser partir **5.** [release - steam, liquid] laisser échapper **6.** [rent] louer / *the whole building is let off as offices* tout l'immeuble est loué en bureaux. ◆ vi *inf* [break wind] péter.

❖ **let on** ◆ vi *inf* : *she never let on* elle ne l'a jamais dit / *somebody let on about the wedding to the press* quelqu'un a parlé du mariage à or a révélé le mariage à la presse. ◆ vt sep [allow to embark] laisser monter / *they let us on the train* on nous a laissés monter dans le train.

❖ **let out** ◆ vt sep **1.** [allow to leave] laisser sortir / *the teacher let us out early* le professeur nous a laissés sortir plus tôt / *my secretary will let you out* ma secrétaire va vous reconduire / *don't get up, I'll let myself out* ne vous levez pas, je connais le chemin **2.** [water, air] laisser échapper / *someone's let the air out of the tyres* quelqu'un a dégonflé les pneus **3.** [shout, oath, whistle] laisser échapper **4.** [secret] révéler / *who let it out that they're getting married?* qui est allé raconter qu'ils allaient se marier ? **5.** SEW [dress, trousers] élargir **6.** AUTO ▸ **to let out the clutch** débrayer **7.** [rent out] louer / *they let out boats by the hour* ils louent des bateaux à l'heure. ◆ vi US [end] finir.

❖ **let up** vi **1.** [stop] arrêter ; [diminish] diminuer / *the rain didn't let up all day* il n'a pas cessé or arrêté de pleuvoir de toute la journée **2.** [relax] : *he never lets up* il ne s'accorde aucun répit / *don't let up now, you're in the lead* ce n'est pas le moment de faiblir, tu es en tête.

❖ **let up on** vt insep *inf* ▸ **to let up on sb** lâcher la bride à qqn.

letch [letʃ] *inf* = **lech.**

letdown ['letdaʊn] n *inf* déception *f* / *the party was a bit of a letdown* la fête a été plutôt décevante.

lethal ['li:θl] adj fatal, mortel ; MED létal / *a lethal weapon* une arme meurtrière / *in the hands of a child, a plastic bag can be lethal* dans les mains d'un enfant, un sac en plastique peut être dangereux / *this substance is lethal to rats* c'est une substance mortelle pour les rats / *this vodka's lethal* *inf & fig* cette vodka est redoutable ▸ **lethal dose** dose *f* mortelle or létale ▸ **lethal gene** gène *m* létal.

lethally ['li:θəlɪ] adv mortellement.

lethargic [lə'θɑ:dʒɪk] adj [person, sleep] léthargique ; [atmosphere] soporifique / *I feel really lethargic today* je me sens complètement à plat aujourd'hui.

lethargy ['leθədʒɪ] n léthargie *f* / *to fall into a state of lethargy* tomber en léthargie.

let-out n UK [excuse] prétexte *m* ; [way out] échappatoire *f* / *I've been invited but I'm looking for a let-out* j'ai été invité, mais je cherche un prétexte pour ne pas y aller.

let's [lets] (abbr of **let us**) ⟶ **let.**

Lett [let] n Letton *m*, -on(n)e *f*.

letter ['letər] ◆ n **1.** [of alphabet] lettre *f* / *the letter B* la lettre B / *a six-letter word* un mot de six lettres / *he's got a lot of letters after his name* il est bardé de diplômes **2.** *fig* [exact meaning] lettre *f* ▸ **the letter of the law** la lettre de la loi ▸ **to keep** or **to stick to the letter of the law** respecter la loi au pied de la lettre or à la lettre / *she obeyed the instructions to the letter* elle a suivi les instructions à la lettre or au pied de la lettre **3.** [communication] lettre *f* ; [mail] courrier *m* / *by letter* par lettre or courrier / *he's a good letter writer* il écrit régulièrement / *I'm a bad letter writer* je n'écris pas souvent ▸ **to post letters** UK poster des lettres or du courrier / *a letter of introduction* une lettre de recommandation / *letters to the editor* [in newspapers, magazines] courrier des lecteurs / *the letters of D. H. Lawrence* la correspondance de D. H. Lawrence ▸ **letters of credence** ADMIN lettres de créance ▸ **letter of credit** COMM lettre de crédit ▸ **letter of intent** lettre *f* d'intention ▸ **letter of introduction** lettre *f* d'introduction ▸ **the letters page** le courrier des lecteurs. ◆ vt [write] inscrire des lettres sur ; [engrave] graver (des lettres sur) ; [manuscript] enluminer / *the title was lettered in gilt* le titre était inscrit en lettres dorées / *the rooms are lettered from A to K* les salles portent des lettres de A à K.

❖ **letters** pl n *fml* [learning] belles-lettres *fpl* ▸ **a man of letters a)** [scholar] un lettré **b)** [writer] un homme de lettres / *English letters* UK littérature *f* anglaise.

letter bomb n lettre *f* piégée.

letterbox ['letəbɒks] n UK boîte *f* à or aux lettres ▸ **letterbox format** TV format *m* boîte aux lettres.

letter card n carte-lettre *f*.

lettered ['letəd] adj **1.** *fml* [person] lettré **2.** [inscribed] : *lettered in gold* inscrit en lettres d'or.

letterhead ['letəhed] n en-tête *m inv (de lettre)*.

lettering ['letərɪŋ] n *(U)* [inscription] inscription *f* ; [characters] caractères *mpl* / *gold lettering* lettres *fpl* en or.

letter opener n coupe-papier *m inv*.

letter-perfect adj US [person] qui connait son texte parfaitement ; [text] parfait.

letterpress ['letəpres] n [technique] typographie *f* ; [text] texte *m* (imprimé).

letter quality n COMPUT qualité *f* courrier ▸ **near letter quality** qualité quasi-courrier *(pour une imprimante)*.

❖ **letter-quality** adj qualité courrier *(inv)*.

letter rack n porte-lettres *m inv*.

letterset ['letəset] n offset *m* sec.

letters patent pl n patente *f*.

letting ['letɪŋ] n [of house, property] location *f*.

lettuce ['letɪs] n [gen & CULIN] salade *f* ; BOT laitue *f* ▸ **lettuce leaf** feuille *f* de salade or de laitue.

letup ['letʌp] n [stop] arrêt *m*, pause *f* ; [abatement] répit *m* / *it's been raining for days without a letup* ça fait des jours qu'il n'arrête pas de pleuvoir or qu'il pleut sans arrêt.

leucin ['lu:sɪn], **leucine** ['lu:si:n] n leucine *f*.

leucocyte ['lu:kəsaɪt] n leucocyte *m* ▸ **leucocyte count** taux *m* de leucocytes.

leucocytosis [,lu:kəsaɪtəʊsɪs] n leucocytose *f*.

leucoma ['lu:kəʊmə] n leucome *m*.

leucopenia [,lu:kəʊ'pi:nɪə] n leucopénie *f*.

leucotomy [lu:'kɒtəmɪ] (*pl* **leucotomies**) n leucotomie *f*.

leukaemia UK, **leukemia** US [lu:'ki:mɪə] n *(U)* leucémie *f* / *he has leukaemia* il a une leucémie, il est atteint de leucémie.

leukocyte ['lu:kəsaɪt] = **leucocyte.**

Levant [lɪ'vænt] n ▸ **the Levant** le Levant.

Levantine ['levəntaɪn] ◆ n Levantin *m*, -e *f*. ◆ adj levantin.

levee ['levɪ] n **1.** US [embankment] levée *f* ; [surrounding field] digue *f* **2.** US [landing place] quai *m* **3.** HIST [in royal chamber] lever *m* (du roi) ; UK [at court] réception *f* à la cour.

level ['levl] (UK *pt & pp* **levelled**, *cont* **levelling** ; US *pt & pp* **leveled**, *cont* **leveling**) ◆ n **1.** [height - in a horizontal plane] niveau *m* ; [- in a vertical plane] hauteur *f* / *at ground level* au niveau du sol / *water seeks its own level* c'est le principe des vases communicants / *the level of the river has risen overnight* le niveau de la rivière a monté pendant la nuit / *the flood waters have reached the level of the bridge* la crue a atteint le niveau du pont / *the sink is on a level with the work surface* l'évier est au niveau du or de niveau avec le plan de travail / *on the same level* au même niveau **2.** [amount] niveau *m* ; [percentage] taux *m* / *noise levels are far too high* le niveau sonore est bien trop élevé / *a low level of sugar in the bloodstream* un faible taux de sucre dans le sang / *inflation has reached new levels* l'inflation a atteint de nouveaux sommets / *check the oil level* [in car] vérifiez le niveau d'huile **3.** [rank] niveau *m*, échelon *m* / *at cabinet / national level* à l'échelon ministériel / national / *at a regional level* au niveau régional / *talks are being held at the highest level* on négocie au plus haut niveau **4.** [standard] niveau *m* / *her level of English is poor* elle n'a pas un très bon niveau en anglais / *students at beginners' level* étudiants *mpl* au niveau débutant / *a high level of competence / intelligence* un haut niveau de compétence / d'intelligence / *they're not on the same level at all* ils ne sont pas du tout du même niveau, ils n'ont absolument pas le même niveau / *she's on a different level from the others* elle n'est pas au même niveau que les autres ▸ **to come down to sb's level** se mettre au niveau de qqn / *don't descend* or *sink to their level* ne t'abaisse pas à leur niveau **5.** [point of view] : *on a personal level, I really like him* sur le plan personnel, je l'aime beaucoup / *on a practical level* du point de vue pratique **6.** [storey] niveau *m*, étage *m* / *the library is on level three* la bibliothèque est au niveau trois or au troisième étage **7.** [flat land] plat *m* / *100 km/h on the level* 100 km/h sur le plat **8.** [for woodwork, building, etc.] ▸ **(spirit) level** niveau *m* (à bulle) **9.** *inf* PHR **on the level** [honest] honnête, réglo / *do you think he's on the level?* tu crois qu'il est réglo or que c'est un type réglo ? / *I'm giving it to you on the level* je te dis ça franchement or sans détours / *this deal is definitely on the level* cette affaire est tout ce qu'il y a de plus réglo. ◆ adj **1.** [flat] plat / *a level spoonful* une cuillerée rase ▸ **to make sthg level** aplanir qqch **2.** [at the same height] au même niveau, à la même hauteur ; [at the same standard] au même niveau / *the terrace is level with the pool* la terrasse est au même niveau que or de plain-pied avec la piscine / *his head is just level with my shoulder* sa tête m'arrive exactement à l'épaule **3.** [in horizontal position] : *hold the tray level* tenez le plateau à l'horizontale or bien à plat / *to fly level* AERON voler en palier **4.** [equal] à égalité / *the leading cars are almost level* les voitures de tête sont presque à la même hauteur ▸ **to draw level** se trouver à égalité / *the other runners drew level with me* les autres coureurs m'ont rattrapé **5.** [calm, steady] calme, mesuré / *to speak in a level voice* parler d'une voix calme or posée / *she gave me a level look* elle me regarda posément ▸ **to keep a level head** garder la tête froide **6.** *inf* [honest] honnête, réglo / *you're not being level with me* tu ne joues pas franc jeu avec moi **7.** *inf* PHR **to do one's level best** faire de son mieux / *she did her level best to irritate me* elle a tout fait pour me mettre en colère ▸ **level pegging** UK à égalité. ◆ vt **1.** [flatten] aplanir, niveler **2.** [aim] ▸ **to level a gun at sb** braquer une arme sur qqn / *a lot of criticism has been levelled at me* on m'a beaucoup critiqué. ◆ vi ▸ **to level with sb** *inf* être franc avec qqn, jouer franc jeu avec qqn.

❖ **level down** vt sep [surface] aplanir, niveler ; [standard] niveler par le bas.

❖ **level off** ◆ vi **1.** [production, rise, development] s'équilibrer, se stabiliser / *the curve on the graph levels off at this point* la courbe du graphique se stabilise à partir d'ici / *the team's performance has levelled off this season* les résultats de l'équipe se sont stabilisés cette saison **2.** AERON amorcer un palier. ◆ vt sep [flatten] aplatir, niveler.

❖ **level out** ◆ vi **1.** [road, surface] s'aplanir **2.** [stabilize] se stabiliser. ◆ vt sep niveler.

❖ **level up** vt sep niveler (par le haut).

level crossing n UK passage *m* à niveau.

leveler US = **leveller.**

level-headed [-'hedɪd] adj équilibré, pondéré, réfléchi / *he's a level-headed boy* c'est un garçon qui a la tête sur les épaules.

leveling US = **levelling.**

leveller UK, **leveler** US ['levələʳ] n POL égalitariste *mf*, niveleur *m*, -euse *f* ▸ **death is a great leveller** nous sommes tous égaux devant la mort.

❖ **the Levellers** pl n HIST les niveleurs *mpl*.

levelling UK, **leveling** US ['levəlɪŋ] ◆ n nivellement *m*, aplanissement *m* / *earth levelling* nivellement du terrain / *a levelling up / down of salaries is desirable* un nivellement des salaires par le haut / par le bas est souhaitable / *a levelling off of prices* une stabilisation des prix. ◆ adj de nivellement ▸ **levelling screw** vis *f* d'ajustement (de niveau) ▸ **levelling staff** mire *f* (parlante).

lever [UK 'li:vəʳ US 'levər] ◆ n *lit & fig* levier *m* ; [smaller] manette *f*. ◆ vt manœuvrer à l'aide d'un levier / *they levered the engine into position* ils installèrent le moteur à l'aide d'un levier.

❖ **lever out** vt sep extraire or extirper (à l'aide d'un levier) ; *fig* : *he levered himself out of bed* il s'extirpa du lit / *they levered the president out of office* ils ont délogé le président de son poste.

❖ **lever up** vt sep soulever (au moyen d'un levier) / *she levered herself up onto the rock* *fig* elle se hissa sur le rocher.

leverage [UK 'li:vərɪdʒ US 'levərɪdʒ] ◆ n **1.** MECH force *f* (de levier) / *I can't get enough leverage* je n'ai pas assez de prise **2.** [influence] : *he has no leverage with the management* il n'a aucun moyen de pression sur la direction / *the committee's findings give us considerable (political) leverage* les conclusions de la commission constituent pour nous des moyens de pression considérables (sur le plan politique) **3.** US ECON effet *m* de levier. ◆ vt **1.** [exploit, use profitably] tirer profit de / *how to leverage e-mail to increase turnover* comment exploiter le courrier électronique afin d'augmenter le chiffre d'affaires / *we need to leverage our assets* il faut que nous tirions profit de nos actifs **2.** [finance with debt] ▸ **to leverage a company** augmenter le ratio d'endettement d'une entreprise.

leveraged buyout [,levərɪdʒd'baɪaʊt] n leveraged buy out *(rachat des actions d'une entreprise financé par une très large part d'endettement)*.

leveraged management buyout n rachat *m* d'entreprise par les salariés.

lever-arch file n classeur *m* à levier.

leveret ['levərɪt] n levraut *m*.

Levi ['li:vaɪ] pr n Lévi.

leviathan [lɪ'vaɪəθn] n [ship] navire *m* géant ; [institution, organization] institution *f* or organisation *f* géante.

❖ **Leviathan** pr n Léviathan.

Levi's® ['li:vaɪz] pl n jean *m* or jeans *mpl* Levi's®.

levitate ['levɪteɪt] ◆ vi léviter. ◆ vt faire léviter, soulever par lévitation.

levitation [,levɪ'teɪʃn] n lévitation *f*.

Levite ['li:vaɪt] n lévite *m*.

Leviticus [lɪ'vɪtɪkəs] pr n le Lévitique.

levity ['levətɪ] (*pl* **levities**) n légèreté *f*, manque *m* de sérieux.

levy ['levɪ] (*pl* **levies**, *pt & pp* **levied**) ◆ n **1.** [levying] prélèvement *m* / *tax levy* prélèvement *m* fiscal / *a capital levy of 10%* un prélèvement de 10 % sur le capital **2.** [tax, duty] impôt *m*, taxe *f* / *to impose a levy on sugar imports* taxer les importations de sucre **3.** MIL levée *f*. ◆ vt **1.** [impose - tax] prélever ; [- fine] imposer, infliger / *to levy a duty on imports* prélever une taxe sur les importations **2.** [collect - taxes, fine] lever, percevoir **3.** MIL [troops] lever **4.** [wage] : *to levy war on small states* faire la guerre à de petits États.

❖ **levy on** vt insep *fml* LAW ▸ **to levy on sb's property** saisir les biens de qqn.

lewd [lju:d] adj [behaviour] lubrique ; [speech, gesture, act] obscène.

lewdness ['lju:dnɪs] n [of behaviour] lubricité *f* ; [of speech] obscénité *f*.

Lewis gun ['lu:ɪs-] n mitrailleuse *f* *(utilisée pendant la Première Guerre mondiale)*.

lexeme ['leksi:m] n lexème *m*.

lexical ['leksɪkl] adj lexical.

lexicalize, lexicalise ['leksɪkəlaɪz] vt lexicaliser.

lexicographer [,leksɪ'kɒgrəfəʳ] n lexicographe *mf*.

lexicographical [,leksɪkə'græfɪkl] adj lexicographique.

lexicography [,leksɪ'kɒgrəfɪ] n lexicographie *f*.

lexicologist [,leksɪ'kɒlədʒɪst] n lexicologue *mf*.

lexicology [,leksɪ'kɒlədʒɪ] n lexicologie *f*.

lexicon ['leksɪkən] n lexique *m*.

lexis ['leksɪs] n lexique *m*.

ley [leɪ] n pâturage *m*.

ley line n *ensemble de repères indiquant le tracé probable d'un chemin préhistorique.*

Lhasa ['lɑ:sə] pr n Lhassa.

LI written abbr of **Long Island.**

liability [,laɪə'bɪlətɪ] (*pl* **liabilities**) n **1.** *(U)* LAW [responsibility] responsabilité *f* (légale) / *he refused to admit liability for the damage* il refusa d'endosser la responsabilité des dégâts **2.** *(U)* [eligibility] assujettissement *m* / *liability for tax* assujettissement à l'impôt / *liability for military service* obligations *fpl* militaires **3.** [hindrance] gêne *f*, handicap *m* / *some qualifications are more of a liability than an asset* certains diplômes sont un handicap plus qu'un atout / *the house he had inherited was a real liability* la maison dont il avait hérité lui coûtait une petite fortune or lui revenait cher / *that man is a (total) liability* ce type est un vrai poids mort or un véritable boulet.

❖ **liabilities** pl n FIN [debts] passif *m*, engagements *mpl* financiers ▸ **to meet one's liabilities** faire face à ses engagements / *liabilities on an estate* passif d'une succession.

liability suit n US LAW procès *m* en responsabilité civile.

liable ['laɪəbl] adj **1.** LAW [responsible] responsable ▸ **to be held liable for sthg** être tenu (pour) responsable de qqch / *employers are liable for their staff's mistakes* les employeurs sont (civilement) responsables des erreurs de leur personnel ▸ **to be liable for sb's debts** répondre des dettes de qqn / *you'll be liable for damages* on sera en droit de vous demander or réclamer des dommages et intérêts **2.** [likely] ▸ **liable to** : *the programme is liable to change* le programme est susceptible d'être modifié, il se peut que le programme subisse des modifications / *he's liable to arrive at any moment* il peut arriver d'une minute à l'autre / *the bomb is liable to explode at any moment* la bombe risque d'exploser à tout instant / *we are all liable to make mistakes* tout le monde peut se tromper / *if you don't remind him, he's liable to forget* si on ne lui rappelle pas, il risque d'oublier / *liable to headaches* sujet aux maux de tête **3.** ADMIN : *to be liable for tax* **a)** [person] être assujetti à or redevable de l'impôt **b)** [goods] être assujetti à une taxe / *offenders are liable to a fine* les contrevenants sont passibles d'une amende / *he is liable to be prosecuted* il s'expose à des poursuites judiciaires ; MIL : *to be liable for military service* être astreint au service militaire.

liaise [lɪ'eɪz] vi ▸ **to liaise with sb** assurer la liaison avec qqn.

liaison [lɪ'eɪzɒn] n liaison *f*.

liaison officer n [between services, companies] agent *m* de liaison ; MIL officier *m* de liaison.

liana [lɪ'ɑ:nə] n liane *f*.

liar ['laɪəʳ] n menteur *m*, -euse *f*.

lib [lɪb] n *inf* abbr of **liberation.**

Lib [lɪb] abbr of **Liberal.**

libation [laɪ'beɪʃn] n *liter* [offering] libation *f* ; *hum* [drink] libations *fpl*.

libber ['lɪbəʳ] n *inf* ▸ **women's libber** féministe *f* ; ≃ adhérente *f* du MLF.

Lib Dem [-dem] n abbr of **Liberal Democrat.**

libel ['laɪbl] (UK *pt & pp* **libelled**, *cont* **libelling** ; US *pt & pp* **libeled**, *cont* **libeling**) ◆ n LAW [act of publishing] diffamation *f* ; [publication] écrit *m* diffamatoire ; *fig* [calumny] calomnie *f*, mensonge *m* ▸ **the libel laws** la législation en matière de diffamation ▸ **libel suit** procès *m* en diffamation. ◆ vt LAW diffamer ; *fig* calomnier.

libellee UK, **libelee** US [,laɪbə'li:] n personne *f* poursuivie pour diffamation.

libellous UK, **libelous** US ['laɪbələs] adj diffamatoire.

liberal ['lɪbərəl] ◆ adj **1.** [tolerant - person] libéral, large d'esprit ; [- ideas, mind] libéral, large ; [- education] libéral ▸ **liberal studies** culture *f* générale *(matière enseignée à l'université)* **2.** [generous] libéral, généreux ; [copious - helping, portion] abondant, copieux / *the cook was a bit too liberal with the salt* le cuisinier a eu la main un peu lourde avec le sel / *he was always very liberal with his praise* il n'était jamais avare de compliments. ◆ n [moderate] : *she's a liberal* elle est de centre gauche.

❖ **Liberal** ◆ adj POL [19th century] libéral ; [today] de centre gauche ▸ **the Liberal Party** le parti libéral ▸ **the Liberal Democrats** *parti centriste britannique.* ◆ n [party member] libéral *m*, -e *f*.

Liberal Democratic Party

Troisième parti politique en Grande-Bretagne, les **Lib Dems** ont vu le jour en 1988 suite à la fusion du **Liberal Party** et du **Social Democratic Party**. Parti pro-européen prônant le libéralisme social, les **Lib Dems** sont notamment en faveur de la représentation proportionnelle et du remplacement de la Chambre des lords par une assemblée d'élus.

liberal arts pl n ▸ **the liberal arts** US les sciences humaines.

liberalism [ˈlɪbərəlɪzm] n libéralisme *m*.

liberality [ˌlɪbəˈrælətɪ] (*pl* **liberalities**) n **1.** [tolerance] libéralisme *m* **2.** [generosity] libéralité *f*, largesse *f*.

liberalize, liberalise [ˈlɪbərəlaɪz] vt libéraliser.

liberally [ˈlɪbərəlɪ] adv libéralement / *a liberally spiced dish* un plat généreusement épicé / *the book is liberally illustrated* le livre est richement illustré ▸ **to be liberally educated** US avoir reçu une éducation libérale ▸ **liberally biased** US pro-démocrate ▸ **liberally-minded** large d'esprit.

liberal-minded [-maɪndɪd] adj large d'esprit.

liberate [ˈlɪbəreɪt] vt **1.** [gen] libérer ; CHEM libérer, dégager **2.** *hum* [steal] piquer.

liberated [ˈlɪbəreɪtɪd] adj libéré.

liberating [ˈlɪbəreɪtɪŋ] adj libérateur.

liberation [ˌlɪbəˈreɪʃn] n libération *f*.

liberationist [ˌlɪbəˈreɪʃənɪst] n [feminist] féministe *m* militant, féministe *f* militante.

liberation movement n mouvement *m* de libération.

liberation theology n théologie *f* de la libération.

liberator [ˈlɪbəreɪtəʳ] n libérateur *m*, -trice *f*.

Liberia [laɪˈbɪərɪə] pr n Liberia *m* / *in Liberia* au Liberia.

Liberian [laɪˈbɪərɪən] ◆ n Libérien *m*, -enne *f*. ◆ adj libérien.

libertarian [ˌlɪbəˈteərɪən] ◆ adj libertaire. ◆ n libertaire *mf*.

libertarianism [ˌlɪbəˈteərɪənɪzm] n [doctrine] doctrine *f* libertaire ; [political ideas] convictions *fpl* libertaires.

libertine [ˈlɪbəti:n] ◆ adj libertin. ◆ n libertin *m*, -e *f*.

liberty [ˈlɪbətɪ] (*pl* **liberties**) n [in behaviour] liberté *f* ▸ **to take liberties with sb** prendre or se permettre des libertés avec qqn / *to take liberties with the truth* prendre des libertés avec la vérité / *I took the liberty of inviting them* j'ai pris la liberté or je me suis permis de les inviter ; [cheek] : *what a liberty!* quel toupet !

❖ **at liberty** adj phr : *the criminals are still at liberty* les criminels sont toujours en liberté or courent toujours / *you are at liberty to leave* vous êtes libre de partir / *I'm not at liberty to say* il ne m'est pas possible or permis de le dire / *I'm not at liberty to comment* je n'ai pas le droit de or il ne m'est pas permis de faire de commentaires.

❖ **Liberty** pr n [UK organisation] *association britannique de défense des droits du citoyen, anciennement appelée* ***The National Council for Civil Liberties****.*

Liberty Bell pr n ▸ **the Liberty Bell** *cloche qui retentit pour annoncer l'indépendance des États-Unis en 1776, actuellement conservée à Philadelphie.*

liberty bodice n chemise *f* américaine.

liberty cap n bonnet *m* phrygien or d'affranchi.

liberty hall n *inf & pej* : *it's liberty hall in this house* chacun fait ce qui lui plaît or c'est la pétaudière dans cette maison.

liberty ship n *navire de marchandises construit en grande série par les États-Unis pendant la Seconde Guerre mondiale.*

libidinal [lɪˈbɪdɪnəl] adj libidinal.

libidinous [lɪˈbɪdɪnəs] adj libidineux.

libido [lɪˈbi:dəʊ] (*pl* **libidos**) n libido *f*.

Lib-Lab [ˈlɪblæb] (abbr of **Liberal-Labour**) adj UK *inf* POL [agreement, talks] entre libéraux et travaillistes ▸ **a Lib-Lab pact** un accord entre libéraux et travaillistes.

LIBOR [ˈlaɪbɔ:ʳ] (abbr of **London Inter-Bank Offer Rate**) n UK FIN LIBOR *m*.

Libra [ˈli:brə] ◆ pr n ASTROL & ASTRON Balance *f*. ◆ n : *he's a Libra* il est (du signe de la) Balance.

Libran [ˈli:brən] n (natif *m* de la) Balance *f*, (native *f* de la) Balance *f*.

librarian [laɪˈbreərɪən] n bibliothécaire *mf*.

librarianship [laɪˈbreərɪənʃɪp] n [science] bibliothéconomie *f* / *to study librarianship* faire des études de bibliothécaire or de bibliothéconomie.

library [ˈlaɪbrərɪ] (*pl* **libraries**) ◆ n **1.** [gen] bibliothèque *f* ▸ **the Library of Congress** la bibliothèque du Congrès *(équivalent américain de la Bibliothèque Nationale)* **2.** [published series] bibliothèque *f*, collection *f* **3.** COMPUT bibliothèque *f*. ◆ comp [book, card] de bibliothèque.

library edition n édition *f* de luxe.

library pictures pl n images *fpl* d'archives.

library science n bibliothéconomie *f* / *she's studying library science* elle fait des études de bibliothécaire.

library steps pl n escabeau *m* de bibliothèque.

librettist [lɪˈbretɪst] n librettiste *mf*.

libretto [lɪˈbretəʊ] (*pl* **librettos** *or* **libretti** [-tɪ]) n MUS livret *m*, libretto *m*.

Libreville [ˈli:brəvɪl] pr n Libreville.

Librium® [ˈlɪbrɪəm] n Librium® *m*.

Libya [ˈlɪbɪə] pr n Libye *f* / *in Libya* en Libye.

Libyan [ˈlɪbɪən] ◆ n Libyen *m*, -enne *f*. ◆ adj libyen ▸ **the Libyan Desert** le désert de Libye.

lice [laɪs] pl ⟶ **louse.**

licence UK, **license** US [ˈlaɪsəns] n **1.** [permit] permis *m* ; [for marriage] certificat *m* de publication des bans ; [for trade, bar] licence *f* ; [for TV, radio] redevance *f* ; [for pilot] brevet *m* ; [for driver] permis *m* (de conduire) / *do you have a TV licence?* avez-vous payé la redevance (télé) ? / *a licence to sell alcoholic drinks* une licence de débit de boissons **2.** ADMIN & COMM [permission] licence *f*, autorisation *f* ▸ **to manufacture sthg under licence** fabriquer qqch sous licence ▸ **to marry by special licence** ≃ se marier sans publication de bans ▸ **a licence to print money** *fig* : *that job's a licence to print money!* ce travail est une sinécure ! **3.** [liberty] licence *f*, liberté *f* / *the biographer has allowed himself a certain licence in his interpretation* le biographe s'est permis certaines libertés d'interprétation ▸ **artistic licence** licence artistique **4.** [immoral behaviour] licence *f*, débordements *mpl* ▸ **sexual licence** débordements sexuels.

licence number n [on vehicle] numéro *m* d'immatriculation ; [on driving licence] numéro *m* de permis de conduire.

license [ˈlaɪsəns] ◆ n US = **licence.** ◆ vt **1.** ADMIN & COMM [premises, trader] accorder une licence or une autorisation à / *licensed to practise medicine* habilité à exercer la médecine / *to license a car* immatriculer une voiture / *is this vehicle licensed?* UK ce véhicule est-il immatriculé ? **2.** [allow] ▸ **to license sb to do sthg** autoriser qqn à faire qqch, permettre à qqn de faire qqch.

licensed [ˈlaɪsənst] adj **1.** COMM fabriqué sous licence ; [for alcohol] : *these premises are licensed to sell alcoholic drinks* cet établissement est autorisé à vendre des boissons alcoolisées ▸ **licensed brand name** nom *m* de marque sous licence ▸ **licensed premises a)** [bar, pub] débit *m* de boissons **b)** [restaurant, cafeteria] établissement *m* autorisé à vendre des boissons alcoolisées ▸ **licensed product** produit *m* sous licence ▸ **licensed victualler** *fml* débitant *m* de boissons **2.** [pilot] breveté ; [driver] qui a son permis (de conduire).

licensed practical nurse n US infirmier *m*, -ère *f*.

licensee [ˌlaɪsənˈsi:] n [gen] titulaire *mf* d'une licence or d'un permis ; [pub-owner, landlord] débitant *m*, -e *f* (de boissons).

license plate n US plaque *f* minéralogique or d'immatriculation.

licensing [ˈlaɪsənsɪŋ] n [of car] immatriculation *f* ; [of activity] autorisation *f* ▸ **licensing agreement** accord *m* de licence ▸ **licensing authority** *organisme chargé de la délivrance des licences.*

licensing hours pl n [in UK] *heures d'ouverture des pubs.*

Licensing Hours

Les heures d'ouverture des pubs ont longtemps été conformes à une réglementation très stricte, mais celle-ci a été assouplie en 1988 et les pubs pouvaient dès lors rester ouverts de 11 h à 23 h. Depuis 2005, les pubs peuvent s'en référer aux autorités locales afin d'établir leurs horaires d'ouverture, et aujourd'hui certains établissements sont ouverts 24 heures sur 24.

licensing laws pl n [in UK] *lois réglementant la vente d'alcools.*

licentiate [laɪˈsenʃɪət] n diplômé *m*, -e *f*.

licentious [laɪˈsenʃəs] adj licencieux.

lichee [ˌlaɪˈtʃi:] n = **lychee.**

lichen [ˈlaɪkən] n lichen *m*.

lich-gate [ˈlɪtʃ-] = **lych-gate.**

licit [ˈlɪsɪt] adj licite.

lick [lɪk] ◆ vt **1.** [ice-cream] lécher ; [stamp] humecter / *the dog licked its bowl clean* le chien a nettoyé sa gamelle à coups de langue / *the dog licked her hand* le chien lui a léché la main / *the cat licked (up) the milk from the plate* le chat a lapé le lait qui était dans l'assiette / *he licked the jam off the bread* il lécha la confiture de la tartine / *the dog licked the crumbs off the floor* le chien léchait les miettes par terre ▸ **to lick one's chops** *inf* se lécher les babines / *the flames licked the walls of the house* *fig* les flammes léchaient les murs de la maison ▸ **to lick sb's boots** lécher les bottes à qqn ▸ **to lick one's lips a)** *lit* se lécher les lèvres **b)** *fig* [with satisfaction, lust] se frotter les mains **c)** [with eager anticipation] se lécher les babines ▸ **to lick one's wounds** panser ses blessures ▸ **to lick sthg** or **sb into shape** : *how long did it take to lick the garden into shape?* combien de temps vous a-t-il fallu pour que le jardin prenne forme ? / *a spell in the army will soon lick him into shape* un séjour à l'armée lui fera le plus grand bien **2.** *inf* [defeat] battre à plate couture ; [in fight] donner une raclée à / *this crossword has got me licked* ces mots croisés sont trop forts pour moi / *we've finally got the problem licked* nous sommes enfin venus à bout du problème. ◆ n **1.** [with tongue] coup *m* de langue ▸ **to give sthg a lick** lécher qqch / *can I have a lick of your ice-cream?* je peux goûter ta glace ? ▸ **a lick of paint** un (petit) coup de peinture ▸ **a lick and a promise** un brin de toilette **2.** UK *inf* [speed] ▸ **at a tremendous lick** à fond la caisse or de train **3.** AGR pierre *f* à lécher.

lickety-split [ˌlɪkətɪˈsplɪt] adv US *inf* à toute pompe, à toutes pompes, à fond la caisse.

licking [ˈlɪkɪŋ] n *inf* [thrashing] raclée *f*, dégelée *f* ; [defeat] déculottée *f* / *to get a good licking* prendre une raclée.

lickspittle [ˈlɪkˌspɪtl] n *inf* lèche-bottes *mf*.

licorice US = **liquorice.**

lid [lɪd] n **1.** [gen] couvercle *m* **2.** ANAT [eyelid] paupière *f* **3.** *inf* [hat] galure *m*, galurin *m* ; [helmet] casque *m* **4.** *inf* PHR *the scandal put the lid on the Chicago operation* le scandale mit fin à l'opération de Chicago / *the firm is keeping a lid on expenses* l'entreprise met un frein aux dépenses ▸ **that puts the (tin) lid on it!** UK ça, c'est le bouquet ! ▸ **to take** or **to lift the lid off sthg** percer or mettre qqch à jour ▸ **keep a lid on it!** US la ferme !

lidded [ˈlɪdɪd] adj : *heavy-lidded eyes* des yeux aux paupières lourdes.

lidless [ˈlɪdlɪs] adj [container] sans couvercle ; [eyes] sans paupières.

lido [ˈli:dəʊ] (*pl* **lidos**) n [pool] piscine *f* découverte ; [resort] station *f* balnéaire.

lie [laɪ] (*pt* **lay** [leɪ], *pp* **lain** [leɪn], *cont* **lying**) ◆ vi **1.** (*pp* **lied**) [tell untruth] mentir / *he lied about his age* il a menti sur son âge / *"it wasn't me", she lied* « ce n'était pas moi », mentit-elle / *the camera never lies* *fig* une photo ne ment pas **2.** [person, animal - recline] se coucher, s'allonger, s'étendre / *she lay on the beach all day* elle est restée allongée sur la plage toute la journée / *she was lying on the couch* elle était couchée or allongée sur le divan / *he lay helpless on the floor* il gisait là sans pouvoir bouger / *lie on your back* couchez-vous sur le dos / *lie still!* ne bouge pas ! / *I like lying in* *bed on Sunday mornings* j'aime rester au lit or faire la grasse matinée le dimanche matin / *they lay sound asleep* ils dormaient profondément, ils étaient profondément endormis / *she lay awake for hours* elle resta plusieurs heures sans pouvoir s'endormir / **'As I Lay Dying'** *Faulkner* 'Tandis que j'agonise' **3.** [corpse] reposer / *he* or *his body lies in the village graveyard* il or son corps repose au cimetière du village / *he will lie in state at Westminster Abbey* son corps sera exposé solennellement à l'abbaye de Westminster / **'here lies John Smith'** 'ci-gît John Smith' **4.** [team, competitor - rank] être classé, se classer / *France lies second, after Italy* la France est classée deuxième, après l'Italie / *she was lying fourth* [in race] elle était en quatrième position **5.** [thing - be, be placed] : *a folder lay open on the desk before her* un dossier était ouvert devant elle sur le bureau / *a pile of ammunition lay ready* des munitions étaient là, prêtes à servir / *I found your watch lying on the floor* j'ai trouvé ta montre qui traînait par terre / *several boats lay in the harbour* plusieurs bateaux avaient mouillé dans le port / *thick fog lay over the plain* un brouillard épais recouvrait la plaine / *snow lay (thick) on the ground* il y avait une (épaisse) couche de neige / *the castle now lies in ruins* le château est aujourd'hui en ruines / *all her hopes and dreams lay in ruins* *fig* tous ses espoirs et ses rêves étaient anéantis or réduits à néant **6.** [thing - remain, stay] rester / *the jewel lay hidden for many years* le bijou est resté caché pendant de nombreuses années / *our machines are lying idle* nos machines sont arrêtées or ne tournent pas **7.** [place - be situated] se trouver, être / *Texas lies to the south of Oklahoma* le Texas se trouve or s'étend au sud de l'Oklahoma ; [land - stretch, extend] s'étendre / *the valley lay at our feet* la vallée s'étendait à nos pieds / *a vast desert lay before us* un immense désert s'étendait devant nous **8.** [future event] : *they didn't know what lay ahead of them* ils ne savaient pas ce qui les attendait / *who knows what may lie in store for us* qui sait ce qui nous attend or ce que l'avenir nous réserve **9.** [answer, explanation, duty, etc.] : *the problem lies in getting them motivated* le problème, c'est de réussir à les motiver / *where do our real interests lie?* qu'est-ce qui compte vraiment pour nous? / *responsibility for the strike lies with the management* la responsabilité de la grève incombe à la direction / *the onus of proof lies with them* c'est à eux qu'il incombe de fournir la preuve **10.** LAW [appeal, claim] être recevable. ◆ n **1.** [untruth] mensonge *m* ▸ **to tell lies** dire des mensonges, mentir ▸ **a pack** or **tissue of lies** un tissu de mensonges ▸ **to give the lie to sthg** *liter* démentir qqch / *it was in June, no, I tell a lie, in July* c'était en juin, non, c'est faux, en juillet **2.** [of land] configuration *f*, disposition *f* **3.** SPORT [of golf ball] position *f* / *he's got a bad lie* c'est une balle difficile.

❖ **lie about** UK, **lie around** vi **1.** [person] traîner / *I lay about all weekend doing nothing* j'ai traîné tout le week-end à ne rien faire **2.** [thing] traîner / *don't leave your things lying about* ne laisse pas traîner tes affaires.

❖ **lie back** vi : *he lay back in his armchair* il s'est renversé dans son fauteuil / *just lie back and take it easy!* *fig* repose-toi un peu !

❖ **lie behind** vt insep se cacher derrière / *what can lie behind this unexpected decision?* qu'est-ce qui peut bien se cacher derrière cette décision soudaine ? / *deep insecurity lay behind his apparently successful life* sa vie, en apparence réussie, cachait une profonde insécurité.

❖ **lie down** vi se coucher, s'allonger, s'étendre / *go and lie down for an hour* va t'allonger une heure ▸ **to take sthg lying down** accepter qqch sans réagir or sans broncher / *I won't take this lying down!* je ne vais pas me laisser faire comme ça !

❖ **lie in** vi **1.** [sleep in] faire la grasse matinée **2.** *arch* MED être en couches.

❖ **lie off** vi NAUT rester au large.

❖ **lie to** vi NAUT se tenir or (se) mettre à la cape.

❖ **lie up** vi [person] rester au lit, garder le lit ; [machine] ne pas tourner, être arrêté ; [car] rester au garage.

lie-abed n *arch* paresseux *m*, -euse *f*.

Liechtenstein ['lɪktənstaɪn] pr n Liechtenstein *m* / *in Liechtenstein* au Liechtenstein.

lied [li:d] (*pl* **lieder** ['li:dər]) n MUS lied *m*.

lie detector n détecteur *m* de mensonges.

lie-down n UK *inf* ▸ **to have a lie-down** se coucher, s'allonger / *I think I'll go for a little lie-down* je crois que je vais aller m'allonger un peu / *that lie-down has done me good* ça m'a fait du bien de m'allonger un peu.

lief [li:f] adv *arch & liter* : *I'd as lief die as marry him* plutôt mourir que de l'épouser.

liege [li:dʒ] *arch* ◆ adj **1.** ▸ **liege lord** seigneur *m*, suzerain *m* **2.** [vassal, homage] lige ▸ **liege man** homme *m* lige. ◆ n seigneur *m*, suzerain *m*.

lie-in n UK *inf* ▸ **to have a lie-in** faire la grasse matinée.

lien ['lɪən] n LAW privilège *m*.

lieu [lju: or lu:] ❖ **in lieu** adv phr : *take Monday off in lieu* prends ton lundi pour compenser. ❖ **in lieu of** prep phr au lieu de, à la place de.

Lieut. (written abbr of **lieutenant**) lieut.

lieutenant UK lef'tenənt US lu:'tenənt] n **1.** MIL [in army] lieutenant *m* ; [in navy] lieutenant *m* de vaisseau **2.** [in US police] inspecteur *m* (de police) **3.** *fig* lieutenant *m*, second *m* / *the marketing director and his lieutenants* le directeur du marketing et ses lieutenants **4.** UK HIST lieutenant *m*.

lieutenant colonel n lieutenant-colonel *m*.

lieutenant commander n capitaine *m* de corvette.

lieutenant general n [in army] général *m* de corps d'armée ; [in US airforce] général *m* de corps aérien.

lieutenant governor n **1.** [in Canada] lieutenant *m* gouverneur **2.** [in US] gouverneur *m* adjoint.

life [laɪf] (*pl* **lives** [laɪvz]) ◆ n **1.** [existence] vie *f* / *they believe in life after death* ils croient à la vie après la mort / *it's a matter of life and death* c'est une question de vie ou de mort / *I've worked hard all my life* j'ai travaillé dur toute ma vie / *life is hard* la vie est dure / *life has been good to us* la vie nous a gâtés / *he hasn't seen much of life* il ne connaît pas grand-chose de la vie / *there have been several attempts on her life* elle a été victime de plusieurs attentats / *he's in hospital fighting for his life* il lutte contre la mort à l'hôpital / *how's life?* *inf* comment ça va ? / *what a life!* quelle vie ! / *I began life as a labourer* j'ai débuté dans la vie comme ouvrier / *it began life as a car chassis* à l'origine c'était un châssis de voiture / *just relax and enjoy life!* profite donc un peu de la vie ! / *I want to live my own life* je veux vivre ma vie / *is life worth living?* la vie vaut-elle la peine d'être vécue ? / *meeting him has made my life worth living* le rencontrer or notre rencontre a donné un sens à ma vie ▸ **to live life to the full** UK or **fullest** US croquer la vie à belles dents / *hundreds lost their lives* des centaines de personnes ont trouvé la mort / *he emigrated in order to make a new life for himself* il a émigré pour commencer une nouvelle vie or pour repartir à zéro / *we don't want to spend the rest of our lives here* on ne veut pas finir nos jours ici ▸ **to save sb's life** sauver la vie à qqn ▸ **to risk one's life (to do sthg)** risquer sa vie (à faire qqch) ▸ **to take sb's life** tuer qqn / *she took her own life* elle s'est donné la mort / *I've never eaten snails in my life* je n'ai jamais mangé d'escargots de ma vie / *she's the only woman in his life* c'est la seule femme dans sa vie / *I ran the race of my life!* j'ai fait la course de ma vie ! / *it gave me the fright of my life* je n'ai jamais eu aussi peur de ma vie ▸ **my / her / etc. life's work** l'œuvre *f* de toute ma / sa / etc. vie / *the fire destroyed her life's work* l'incendie a détruit l'œuvre de toute sa vie ▸ **to run for one's life** or **for dear life** s'enfuir à toutes jambes / *run for your lives!* sauve qui peut ! / *she was hanging on for dear life* elle s'accrochait de toutes ses forces / *for the life of me I can't remember where we met* rien à faire, je n'arrive pas à me rappeler où nous nous sommes rencontrés / *he can't sing to save his life* *inf* il chante comme un pied ▸ **not on your life!** jamais de la vie ! ▸ **to risk life and limb** risquer sa peau ▸ **to have nine lives** avoir l'âme chevillée au corps / *you take your life in your hands when cycling in London* on risque sa vie quand on fait du vélo à Londres ▸ **that's life!** c'est la vie ! ▸ **this is the life!** (ça, c'est) la belle vie ! ▸ **to have the time of one's life** : *I had the time of my life* je ne me suis jamais autant amusé ▸ **upon my life** *arch* seigneur !, mon Dieu ! **2.** [mode of existence] vie *f* / *they lead a strange life* ils mènent une drôle de vie / *school life* la vie scolaire / *she's not used to city life* elle n'a pas l'habitude de vivre en ville / *married life* la vie conjugale ▸ **to live the life of Riley** *inf* mener une vie de pacha ▸ **life at the top!** la grande vie ! / **'Life at the Top'** *Braine* 'la Vie au sommet' **3.** [living things collectively] vie *f* / *is there life on Mars?* y a-t-il de la vie sur Mars? **4.** *(U)* [physical feeling] sensation *f* / *life began to return to her frozen fingers* le sang se remit peu à peu à circuler dans ses doigts gelés **5.** [liveliness] vie *f* / *she's still young and full of life* elle est encore jeune et pleine de vie / *there's a lot more life in Sydney than in Wellington* Sydney est nettement plus animé que Wellington ▸ **to come to life** s'animer / *his arrival put new life into the firm* son arrivée a donné un coup de fouet à l'entreprise ▸ **there's life in the old boy** or **dog yet!** il est encore vert, le bonhomme ! ▸ **to be the life and soul of the party** : *she was the life and soul of the party* c'est elle qui a mis de l'ambiance dans la soirée **6.** [living person] vie *f* / *a phone call can save a life* un coup de fil peut sauver une vie / *200 lives were lost in the disaster* 200 personnes ont perdu la vie dans la catastrophe, la catastrophe a fait 200 morts **7.** [durability] (durée de) vie *f* / *double the life of your batteries* multipliez par deux la durée de vos piles / *the average life of an isotope* la durée de vie moyenne d'un isotope / *during the life of the previous government* sous le gouvernement précédent **8.** [biography] vie *f* / *she's writing a life of James Joyce* elle écrit une biographie de James Joyce **9.** ART nature *f* ▸ **to draw from life** dessiner d'après nature ; LITER réalité *f* / *his novels are very true to life* ses romans sont très réalistes / *that's her to the life* c'est elle tout craché **10.** GAMES vie *f* / *when you lose three lives you're out* quand on perd trois vies, on est éliminé **11.** *inf* [imprisonment] prison *f* à vie / *the kidnappers got life* les ravisseurs ont été condamnés à perpétuité or à la prison à vie / *he's doing life* il purge une peine à perpétuité. ◆ comp [post, member, president] à vie.

❖ **for life** adv phr : *he was crippled for life* il a été estropié à vie / *sent to prison for life* condamné à perpétuité / *if you help me, I'll be your friend for life* si tu m'aides, je serai ton ami pour la vie / *a job for life* un emploi à vie.

To have nine lives

Cette expression trouve son origine dans un aphorisme populaire, **a cat has nine lives**, faisant référence à la capacité miraculeuse que semblent avoir les chats de sortir indemnes de situations dangereuses. Elle évoque le fait d'être particulièrement résistant, chanceux ou pérenne:

Some dogmas seem to have nine lives: as soon as they appear to be losing ground, fresh support for the theory pops up. *Certains dogmes ont la vie dure; en effet, dès qu'ils commencent à perdre du terrain, de nouveaux éléments viennent en renforcer les principes pour les rendre plus intangibles encore.*

Referring to the recent attempts on his life, the president said he had nine lives. *Évoquant les récents attentats auxquels il a échappé, le président a dit qu'il avait plus d'une vie.*

To live the life of Riley

Cette expression trouve vraisemblablement son origine dans une chanson populaire américaine de la fin du XIXe siècle. *Is That Mr Reilly?* de Pat Rooney raconte ce que serait la vie de M. Reilly s'il devenait riche:

Is that Mr Reilly that owns the hotel? / Well if that's Mr Reilly they speak of so highly / Upon my soul, Reilly, you're doing quite well! L'expression **to live the life of Riley** signifie « mener grand train » :

Since they retired they've being living the life of Riley on the Costa del Sol. *Depuis qu'ils sont à la retraite, ils mènent grand train sur la Costa del Sol.*

I've been on the dole for six months so it's not exactly what you'd call the life of Riley. *Cela fait six mois que je suis au chômage, alors on ne peut pas dire que je mène la grande vie.*

life-and-death adj : *a life-and-death matter* une question de vie ou de mort / *this is a life-and-death decision* c'est une décision vitale / *a life-and-death struggle* un combat à mort, une lutte désespérée.

life assurance UK = **life insurance.**

life belt n bouée *f* de sauvetage.

lifeblood ['laɪfblʌd] n élément *m* vital.

lifeboat ['laɪfbəʊt] n [shore-based] canot *m* de sauvetage ; [on ship] chaloupe *f* de sauvetage.

lifeboatman ['laɪfbəʊtmən] (*pl* **lifeboatmen** [-mən]) n sauveteur *m* (en mer).

life buoy n bouée *f* de sauvetage.

life class n cours *m* de dessin d'après nature.

life coach n coach *m* de vie.

life cycle n cycle *m* de vie.

life drawing n dessin *m* d'après nature.

life expectancy n [of human, animal] espérance *f* de vie ; [of machine] durée *f* de vie probable.

life-force n force *f* vitale.

life-form n forme *f* de vie.

life-giving adj qui insuffle la vie, vivifiant.

lifeguard ['laɪfgɑːd] n maître-nageur *m*.

Life Guard pr n ▸ **the Life Guards** *régiment de cavalerie de la Garde Royale britannique.*

life history n vie *f* / *the organism takes on many different forms during its life history* l'organisme prend de nombreuses formes au cours de sa vie or de son existence / *she told me her whole life history* elle m'a raconté l'histoire de sa vie.

life imprisonment n prison *f* à vie.

life insurance n assurance-vie *f* ▸ **to take out life insurance** contracter une assurance-vie.

life jacket n gilet *m* de sauvetage.

lifeless ['laɪflɪs] adj **1.** [dead body] sans vie / *his lifeless form* son corps sans vie **2.** [where no life exists] sans vie / *a lifeless desert* un désert sans vie **3.** [dull -eyes] éteint ; [-hair] terne ; [-town] mort ; [-style] sans énergie.

lifelessness ['laɪflɪsnɪs] n [of body] absence *f* de vie ; [lack of vivacity] manque *m* de vigueur, mollesse *f*.

lifelike ['laɪflaɪk] adj **1.** [portrait] ressemblant **2.** [seeming alive] : *the new robots are extremely lifelike* ces nouveaux robots ont l'air or paraissent vraiment vivants.

lifeline ['laɪflaɪn] n **1.** NAUT [thrown to boat] remorque *f* ; [stretched across deck] sauvegarde *f*, filière *f* de mauvais temps or de sécurité / *they threw the drowning man a lifeline* ils ont lancé un filin à l'homme qui se noyait **2.** [for diver] corde *f* de sécurité **3.** *fig* lien *m* vital / *it's his lifeline to the outside world* c'est son lien avec le monde extérieur ▸ **to cut off sb's lifeline** couper les vivres à qqn.

lifelong ['laɪflɒŋ] adj de toute une vie / *it's been my lifelong ambition to meet her* toute ma vie, j'ai espéré la rencontrer ▸ **lifelong learning** formation *f* continue.

life-or-death = **life-and-death.**

life peer n UK *membre de la Chambre des lords dont le titre n'est pas héréditaire.*

life peerage n [in UK] pairie *f* à vie.

life preserver n US [life belt] bouée *f* de sauvetage ; [life jacket] gilet *m* de sauvetage.

lifer ['laɪfəʳ] n *inf* condamné *m*, -e *f* à perpète.

life raft n radeau *m* de sauvetage.

Life Saver® n *bonbon acidulé en forme de bouée de sauvetage.*

lifesaver ['laɪf,seɪvəʳ] n **1.** [lifeguard] maître-nageur *m* **2.** *inf & fig* : *thank you, you're a lifesaver!* merci, tu m'as sauvé la vie ! / *that money was a lifesaver* cet argent m'a sauvé la vie.

life-saving adj : *life-saving apparatus* appareils *mpl* or engins *mpl* de sauvetage / *life-saving vaccine* vaccin *m* qui sauve la vie.

life science n ▸ **the life sciences** les sciences de la vie / *anthropology is a life science* l'anthropologie fait partie des sciences de la Vie.

life sentence n condamnation *f* à vie or à perpétuité.

life-size(d) adj grandeur nature *(inv)*.

life span n durée *f* de vie.

life story n biographie *f*.

lifestyle ['laɪfstaɪl] n style *m* or mode *m* de vie / *for me being single is a lifestyle choice* pour moi, rester célibataire est un choix de vie ▸ **lifestyle disease** maladie *f* liée au mode de vie ▸ **lifestyle drug** médicament *m* du bien-être ▸ **lifestyle programme a)** [way of living] programme *m* de vie **b)** TV *émission traitant de l'art de vivre (habillement, décoration, cuisine, voyages, etc.).*

life-support system n MED respirateur *m* artificiel ; AERON & ASTRON équipement *m* de vie / *he's on a life-support system* il est sous assistance respiratoire.

life-threatening adj [illness] qui peut être mortel.

lifetime ['laɪftaɪm] n vie *f* / *it won't happen during our lifetime* nous ne serons pas là pour voir ça / *win the holiday of a lifetime!* gagnez les vacances de votre vie ! / *a once-in-a-lifetime experience* une expérience unique or qui ne se renouvellera pas / *it seems a lifetime since we last met* ça fait une éternité qu'on ne s'est pas vu ▸ **lifetime risk** MED risque *m* vie entière.

life vest = **life jacket.**

LIFO abbr of **last in first out.**

lift [lɪft] ◆ vt **1.** [object] soulever, lever / *help me lift the wardrobe* aide-moi à soulever l'armoire / *she lifted the washing basket off* or *from the table* elle a soulevé le panier à linge de la table / *I lifted the books out of the crate* j'ai sorti les livres de la caisse / *she lifted the suitcase down from the top of the wardrobe* elle a descendu la valise de dessus l'armoire / *I feel as if a burden has been lifted from my shoulders* j'ai l'impression qu'on m'a enlevé un poids des épaules ; [part of body] lever / *she lifted her eyes from her magazine* elle leva les yeux de sa revue ; *fml* [voice] élever ▸ **Lift Every Voice and Sing** *chanson patriotique américaine considérée comme l'hymne des Afro-Américains* **2.** [spirits, heart] remonter / *his music never fails to lift my spirits* sa musique me remonte toujours le moral **3.** [end -blockade, embargo, etc.] lever ; [-control, restriction] supprimer **4.** *inf* [steal] piquer, faucher ; [plagiarize] plagier, piquer **5.** AGR [bulbs, potatoes, turnips] arracher **6.** US [debt] rembourser **7.** [face] : *she's had her face lifted* elle s'est fait faire un lifting. ◆ vi **1.** [rise] se lever, se soulever / *our spirits lifted at the news* la nouvelle nous a remonté le moral **2.** [fog, mist] se lever, se dissiper / *his bad mood didn't lift all day* sa mauvaise humeur ne s'est pas dissipée de la journée. ◆ n **1.** [act of lifting] ▸ **to give sthg a lift** soulever qqch **2.** [in morale, energy] ▸ **to give sb a lift** remonter le moral à qqn / *glucose tablets are good if you need a quick lift* les comprimés de glucose sont bons si vous avez besoin d'un coup de fouet **3.** UK [elevator] ascenseur *m* ▸ **goods lift** monte-charge *m inv* **4.** [free ride] : *can I give you a lift home?* est-ce que je peux te raccompagner chez toi (en voiture) ? / *I got a lift in a lorry* j'ai été pris (en auto-stop) par un camion / *the roundabout's the best place to get a lift* le meilleur endroit pour faire du stop, c'est le rond-point.

❖ **lift off** ◆ vi [plane, rocket] décoller. ◆ vt sep [hat, lid] enlever, ôter.

❖ **lift up** vt sep soulever, lever / *lift me up so I can see the parade* soulève-moi pour que je puisse voir le défilé / *she lifted up the mat and found a key* elle souleva le paillasson et trouva une clé ; [part of body] lever / *to lift up one's head* lever la tête ; *fml* [voice] élever / *the choir lifted up their voices in song* le chœur s'est mis à chanter ; *fml* [heart] élever / *lift up your hearts in prayer* élevez vos âmes or cœurs dans la prière.

lift attendant n UK liftier *m*, -ère *f*, garçon *m* d'ascenseur.

liftboy ['lɪftbɔɪ] UK = **liftman.**

liftgate ['lɪftgeɪt] n US AUTO hayon *m*.

lifting ['lɪftɪŋ] n **1.** [of weight] levage *m* / *I can't do any heavy lifting* je ne peux pas porter de charges lourdes / *does the job involve any lifting?* est-ce qu'il faut porter des charges dans ce travail ? ▸ **lifting gear** appareil *m* de levage ▸ **lifting jack** cric *m* (de levage) **2.** [of blockade, embargo, etc.] levée *f* ; [of control, restriction] suppression *f* **3.** AGR arrachage *m*, récolte *f*.

liftman ['lɪftmæn] (*pl* **liftmen** [-men]) n UK liftier *m*, garçon *m* d'ascenseur.

lift-off n décollage *m* ▸ **we have lift-off!** décollage !

lift shaft n UK cage *f* d'ascenseur.

ligament ['lɪgəmənt] n ligament *m*.

ligature ['lɪgətʃəʳ] ◆ n **1.** [gen, MED & TYPO] ligature *f* **2.** MUS liaison *f*. ◆ vt ligaturer.

light [laɪt] ◆ n **1.** [luminosity, brightness] lumière *f* / *there's not enough light to read by* il n'y a pas assez de lumière pour lire / *it looks brown in this light* on dirait que c'est marron avec cette lumière / *by the light of our flashlamps* à la lumière de nos lampes de poche / *the light was beginning to fail* le jour commençait à baisser / *she took the picture against the light* elle a pris la photo à contre-jour ▸ **at first light** au point or au lever du jour / *you're (standing) in my light* tu me fais de l'ombre / *in the cold light of the morning* dans la lueur pâle du matin ; *fig* ▸ **to bring to light** mettre en lumière ▸ **to be brought** or **to come to light** être découvert or révélé ▸ **to throw** or **to cast light on sthg** : *the trial will throw* or *cast light on their real motives* le procès permettra d'en savoir plus sur or de percer à jour leurs véritables mobiles / *can you throw any light on this problem?* peux-tu apporter tes lumières sur ce problème ?, peux-tu éclaircir cette question ? ▸ **light wave** onde *f* lumineuse ▸ **the light at the end of the tunnel** le bout du tunnel ▸ **to see the light a)** [understand] comprendre **b)** [be converted] trouver le chemin de la vérité ▸ **to see the light of day** voir le jour **2.** [light source] lumière *f* ; [lamp] lampe *f* / *the lights of the city* les lumières de la ville / *a light went on in the window* une lumière s'est allumée à la fenêtre / *turn the light on / off* allume / éteins (la lumière) / *put the lights out before you go to bed* éteins les lumières avant de te coucher / *during the storm the lights went out* il y a eu une panne d'électricité or de lumière pendant l'orage ▸ **to go out like a light a)** [fall asleep] s'endormir tout de suite **b)** [faint] tomber dans les pommes **3.** *fig* [in sb's eyes] lueur *f* **4.** AUTO [gen] feu *m* ; [headlamp] phare *m* / *we were dazzled by the lights of the oncoming cars* les phares des véhicules qui venaient en face nous éblouissaient ▸ **parking / reversing lights** feux de stationnement / de recul **5.** [traffic light] ▸ **the lights** le feu (de signalisation) / *turn left at the lights* tournez à gauche au feu rouge / *she jumped the lights* elle a brûlé le feu rouge / *the lights were (on) amber* le feu était à l'orange / *the lights aren't working* les feux ne marchent pas **6.** [aspect, viewpoint] jour *m* / *I see the problem in a different light* je vois le problème sous un autre jour / *in a good / bad / new light* sous un jour favorable / défavorable / nouveau ▸ **to act according to one's lights** *fml* agir selon ses principes **7.** [flame] feu *m* / *could you give me a light?* pouvez-vous me donner du feu ? ▸ **to set light to sthg** mettre le feu à qqch **8.** [window] fenêtre *f*, jour *m*. ◆ adj **1.** [bright, well-lit] clair / *a large, light room* une grande pièce claire / *it isn't light enough to read* il n'y a pas assez de lumière pour lire / *it's getting light already* il commence déjà à faire jour / *it stays light until 10* il fait jour jusqu'à 10 h du soir **2.** [pale] clair / *she has light hair* elle a les cheveux clairs / *light yellow / brown* jaune / marron clair *(inv)* **3.** LING [in phonetics] atone **4.** [in weight] léger / *light clothes* vêtements *mpl* légers ▸ **a light aircraft** un avion de tourisme ▸ **light cream** US crème *f* liquide

▸ **light soil** terre *f* légère ▸ **light vehicle** véhicule *m* léger ▸ **light weapons** armes *fpl* légères ▸ **to be light on one's feet** être leste **5.** [comedy, music, etc.] léger, facile / *take some light reading* prends quelque chose de facile à lire / *light conversation* conversation peu sérieuse, propos anodins / *light entertainment* variétés *fpl* **6.** [not intense, strong, etc.] léger / *there was a light tap at the door* on frappa tout doucement à la porte / *the traffic was light* la circulation était fluide / *I had a light lunch* j'ai mangé légèrement à midi, j'ai déjeuné léger / *a light rain was falling* il tombait une pluie fine / *I'm a light sleeper* j'ai le sommeil léger / *a light wine* un vin léger / *he can only do light work* il ne peut faire que des travaux peu fatigants ▸ **light industry** industrie *f* légère ▸ **to make light of sthg** prendre qqch à la légère. ◆ adv ▸ **to travel light** voyager avec peu de bagages. ◆ vt (*pt & pp* **lit** [lɪt] *or* **lighted**) **1.** [illuminate] éclairer / *the room was lit by a single bare bulb* la pièce n'était éclairée que par une ampoule nue / *I'll light the way for you* je vais t'éclairer le chemin **2.** [lamp, candle, cigarette] allumer ; [match] craquer / *to light a fire* allumer un feu, faire du feu. ◆ vi (*pt & pp* **lit** [lɪt] *or* **lighted**) **1.** [lamp] s'allumer ; [match] s'enflammer ; [fire, coal] prendre **2.** *liter* [alight] se poser / *to light from a horse* descendre de cheval.

❖ **lights** pl n [lungs] mou *m*.

❖ **in (the) light of** prep phr : *in the light of these new facts* à la lumière de ces faits nouveaux.

❖ **light into** vt insep *inf* ▸ **to light into sb** [attack] rentrer dans le lard de qqn, agresser qqn.

❖ **light on, light upon** vt insep tomber (par hasard) sur, trouver par hasard.

❖ **light out** vi US *inf* se tirer.

❖ **light up** ◆ vt sep éclairer / *the house was all lit up* la maison était tout or toute éclairée / *joy lit up her face* son visage rayonnait de bonheur. ◆ vi **1.** [lamp] s'allumer **2.** [face, eyes] s'éclairer, s'illuminer **3.** *inf* [have a cigarette] allumer une cigarette.

light air n [on Beaufort scale] très légère brise *f*.

light ale n UK *bière brune légère.*

light breeze n [gen] petite brise *f*, brise *f* légère ; [on Beaufort scale] légère brise *f*.

light bulb n ampoule *f* (électrique).

lighted ['laɪtɪd] adj [room] éclairé ; [candle] allumé.

light-emitting diode [-ɪ'mɪtɪŋ-] n diode *f* électroluminescente.

lighten ['laɪtn] ◆ vt **1.** [make brighter] éclairer, illuminer / *a single candle lightened the darkness* seule une bougie trouait l'obscurité **2.** [make paler] éclaircir / *lighten the blue with a little white* éclaircissez le bleu avec un peu de blanc / *to have one's hair lightened* se faire éclaircir les cheveux **3.** [make less heavy] alléger / *having an assistant will lighten my workload* avec un assistant ma charge de travail sera moins lourde. ◆ vi **1.** [become light] s'éclairer, s'éclaircir / *the sky has lightened a little* le ciel s'est légèrement éclairci / *her mood lightened* sa mauvaise humeur se dissipa **2.** [load, burden] s'alléger.

❖ **lighten up** vi *inf* se remettre / *oh come on, lighten up!* allez, remets-toi or ne fais pas cette tête !

lighter ['laɪtər] ◆ n **1.** [for cigarettes] briquet *m* ; [for gas] allume-gaz *m inv* **2.** [barge] allège *f*, chaland *m* **3.** ⟶ **firelighter.** ◆ comp [flint, fuel] à briquet.

lighterage ['laɪtərɪdʒ] n aconage *m*, acconage *m*.

lighter-than-air adj plus léger que l'air.

lightface ['laɪtfeɪs] n TYPO (caractère *m*) maigre *m*.

light-fingered [-'fɪŋgəd] adj chapardeur.

light fitting n applique *f* (électrique).

light-footed [-'fʊtɪd] adj au pied léger, à la démarche légère.

light-haired [-'heəd] adj aux cheveux clairs, blond.

light-headed adj [dizzy] étourdi ; [tipsy] ivre, enivré / *to feel light-headed* avoir des vertiges or la tête qui tourne / *the wine had made me light-headed* le vin m'était monté à la tête.

light-headedness [-'hedɪdnɪs] n [dizziness] vertige *m* ; [tipsiness] ivresse *f*.

light-hearted adj [person, atmosphere] enjoué, gai ; [poem, irony] léger / *a light-hearted remark* une remarque bon enfant / *this programme takes a light-hearted look at politics* cette émission pose un regard amusé sur la politique.

light-heartedly [-'hɑːtɪdlɪ] adv joyeusement, gaiement.

light heavyweight ◆ n (poids *m*) mi-lourd *m*. ◆ adj mi-lourd.

lighthouse ['laɪthaʊs] (*pl* [-haʊzɪz]) n phare *m* ▸ **lighthouse keeper** gardien *m* de phare / **'To the Lighthouse'** *Woolf* 'la Promenade au phare'.

lighting ['laɪtɪŋ] n **1.** [gen] éclairage *m* ▸ **artificial / neon lighting** éclairage *m* artificiel / au néon **2.** *(U)* THEAT éclairages *mpl* ▸ **lighting effects** effets *mpl* d'éclairage or de lumière ▸ **lighting engineer** éclairagiste *mf*.

lighting-up time n UK *heure où les automobilistes doivent obligatoirement allumer leurs phares.*

lightly ['laɪtlɪ] adv **1.** [not heavily] légèrement / *lightly dressed* légèrement vêtu / *it was raining lightly* il tombait une pluie fine / *she stepped lightly onto the dance floor* elle entra sur la piste de danse d'un pas léger **2.** [casually] légèrement, à la légère ▸ **to take sthg lightly** prendre qqch à la légère / *"I'm getting married tomorrow", he said lightly* « je me marie demain », annonça-t-il d'un air détaché **3.** PHR **to get off lightly** s'en tirer à bon compte.

light meter n posemètre *m*.

light-middleweight ◆ n (poids *m*) mi-moyen *m*. ◆ adj mi-moyen.

lightness ['laɪtnɪs] n **1.** [brightness, light] clarté *f* **2.** [of object, tone, step, etc.] légèreté *f*.

lightning ['laɪtnɪŋ] ◆ n *(U)* éclairs *mpl*, foudre *f* / *lightning frightens me* les éclairs me font peur ▸ **a flash of lightning** un éclair ▸ **to be struck by lightning** être frappé par la foudre or foudroyé ▸ **to go like (greased) lightning** partir sur les chapeaux de roue. ◆ adj [raid, visit] éclair *(inv)* / *with* or *at lightning speed* à la vitesse de l'éclair, en un éclair.

lightning arrester n parafoudre *m* (de surtension).

lightning bug n US luciole *f*, ver *m* luisant.

lightning conductor, lightning rod n paratonnerre *m*.

lightning strike n grève *f* surprise *(inv)*.

light opera n opéra *m* comique, opérette *f*.

light pen n crayon *m* optique, photostyle *m*.

light pollution n pollution *f* lumineuse.

light-sensitive adj PHYS photosensible.

lightship ['laɪtʃɪp] n bateau-feu *m*, bateau-phare *m*.

light show n spectacle *m* de lumière / *a laser light show* un spectacle laser.

lights-out n extinction *f* des feux.

light switch n interrupteur *m*.

lightweight ['laɪtweɪt] ◆ n **1.** [in boxing] poids *m* léger / *the world lightweight championship* le championnat du monde des poids légers **2.** [insignificant person] personne *f* sans envergure / *he's a literary lightweight* c'est un écrivain sans envergure. ◆ adj **1.** [clothes, equipment] léger **2.** [in boxing] poids léger *(inv)*.

light-year n année-lumière *f* / *it seems light-years away* ça paraît si loin.

ligneous ['lɪgnɪəs] adj ligneux.

lignify ['lɪgnɪfaɪ] (*pt & pp* **lignified**) vi se lignifier.

lignin ['lɪgnɪn] n lignine *f*.

lignite ['lɪgnaɪt] n lignite *m*.

likable ['laɪkəbl] = **likeable.**

like[1] [laɪk] vt **1.** [find pleasant] aimer (bien) / *I like her, but I don't love her* je l'aime bien, mais je ne suis pas amoureux d'elle / *I don't like him* je ne l'aime pas beaucoup, il ne me plaît pas / *I like Anne better than Simon* j'aime mieux Anne que Simon / *I like Sally best* c'est Sally que je préfère / *what do you like about him?* qu'est-ce qui te plaît chez lui ? / *do you like coffee?* est-ce que tu aimes le café ? / *I like curry but it doesn't like me!* *hum* j'aime le curry mais ça ne me réussit pas tellement ! / *what's not to like?* *inf* il faudrait être difficile pour ne pas aimer ça **2.** [enjoy - activity] ▸ **to like doing** or **to do sthg** aimer faire qqch / *I like dancing* or *to dance* j'aime danser / *I like to spend my weekends at home* j'aime passer mes week-ends à la maison / *I don't like being talked at* je n'aime pas qu'on me fasse des discours / *how would* HE *like being kept waiting in the rain?* ça lui plairait, à lui, qu'on le fasse attendre sous la pluie ? **3.** [approve of] aimer / *I like people to be frank with me* j'aime qu'on soit franc avec moi / *I don't like you swearing* or *I don't like it when you swear* je n'aime pas que tu dises des gros mots / *they're not going to like it!* ça ne va pas leur plaire ! / *whether you like it or not!* que ça te plaise ou non ! / *well, I like that!* *iro* ça, c'est le bouquet ! / *I like the way you say "don't worry"* *hum* « ne t'inquiète pas », c'est facile à dire **4.** [want, wish] aimer, vouloir / *take any dress you like* prends la robe que tu veux or qui te plaît / *do what you like* fais ce que tu veux or ce qui te plaît / *what I'd like to know is where he got the money from* ce que je voudrais savoir, c'est où il a obtenu cet argent / *I didn't like to say anything, but…* je ne voulais rien dire mais… / *I'd like your opinion on this wine* j'aimerais savoir ce que tu penses de ce vin / *I would* or *I'd like to go out tonight* j'aimerais (bien) sortir ce soir ; [in polite offers, requests] : *would you like to go out tonight?* ça te dirait de or tu as envie de sortir ce soir ? / *would you like tea or coffee?* voulez-vous du thé ou du café ? / *would you like to leave a message?* voulez-vous laisser un message ? / *would you like me to do it for you?* veux-tu que je le fasse à ta place ? / *I'd like to speak to Mr Smith, please* je voudrais parler à M. Smith, s'il vous plaît / *I'd like the soup followed by a salad* je voudrais de la soupe puis une salade / *I'd like my steak rare, please* je voudrais mon steak saignant, s'il vous plaît **5.** [asking opinion] : *how do you like my jacket?* comment trouves-tu ma veste ? / *how would you like a trip to Paris?* ça te dirait d'aller à Paris ? **6.** [asking preference] : *how do you like your coffee, black or white?* vous prenez votre café noir ou avec du lait ? **7.** [in generalizations] : *I like to be in bed by 10 p.m.* j'aime être couché pour 10 h / *one doesn't like to interrupt* c'est toujours délicat d'interrompre quelqu'un.

When translating 'would like someone to do something', note that vouloir que, aimer que and souhaiter que are all followed by a verb in the subjunctive:
I'd like you to pay more attention. *Je voudrais que / J'aimerais que / Je souhaiterais que tu sois plus attentif.*

like[2] [laɪk] ◆ prep **1.** [similar to] comme / *there's a car like ours* voilà une voiture comme la nôtre / *their house is a bit like ours* leur maison est un peu comme la nôtre / *there's no place like home* rien ne vaut son chez-soi / *she's nothing like her sister* elle ne ressemble pas du tout à sa sœur / *he talks like his father* il parle comme son père / *it's shaped like an egg* ça a la forme d'un œuf / *do you have any more like this?* en avez-vous d'autres ? / *it seemed like hours* c'était comme si des heures entières s'étaient écoulées / *it looks like rain* on dirait qu'il va pleuvoir **2.** [asking for opinion or description] : *what's your new boss like?* comment est ton nouveau patron ? / *what's the weather like?* quel temps fait-il ? / *what does it taste like?* quel goût ça a ? / *what was it like?* c'était comment ? **3.** [such as] comme / *in a family like ours* dans une famille comme la nôtre / *I've had enough of people like him!* j'en ai assez des gens comme lui ! / *cities like Toronto and Ottawa* des villes comme Toronto et Ottawa / *I'm useless at things like sewing* je ne suis bon à rien quand il s'agit de couture et de choses comme ça **4.** [indicating typical behaviour] : *kids are like that, what do you expect?* les gosses sont comme ça, qu'est-ce que tu veux ! / *it's not like him to be rude* ça ne lui ressemble pas or ce n'est pas son genre d'être impoli / *it's just like him not to show up!* c'est bien son style or c'est bien de lui de ne pas venir ! ▸ **be like that then!** tant pis pour toi ! **5.** [in the same manner as] comme / *you're acting like a fool* tu te comportes comme un imbécile / *they chattered like monkeys* ils ont bavardé comme de vraies pipelettes / *we, like everyone else, were forced to queue all night* nous avons dû faire la queue toute la nuit, comme tout le monde / *do it like this / that* voici / voilà comment il faut faire ▸ **like so** comme ça / *sorry to interrupt you like this, but...* désolé de vous interrompre ainsi, mais... / *don't talk to me like that!* ne me parle pas sur ce ton ! **6.** [in approximations] : *it cost something like £200* ça a coûté dans les 200 livres / *it was more like midnight when we got home* il était plus près de minuit quand nous sommes arrivés à la maison ▸ **that's more like it!** voilà qui est mieux ! / *he ran like anything* or *like hell* or *like blazes* *inf* il a couru comme un dératé or comme s'il avait le feu aux fesses. ◆ adj : *we were treated in like manner* on nous a traités de la même façon. ◆ conj *inf* **1.** [as] comme / *like I was saying* *inf* comme je disais / *they don't make them like they used to!* ils / elles ne sont plus ce qu'ils / elles étaient ! / *I wish I could dance like you!* j'aimerais bien pouvoir danser comme toi ! / *it was just like in the films* c'était exactement comme au cinéma / *tell it like it is* dis les choses comme elles sont **2.** [as if] comme si / *he acted like he was in charge* il se comportait comme si c'était lui le chef / *she felt like she wanted to cry* elle avait l'impression qu'elle allait pleurer. ◆ adv UK *v inf* : *I was hungry, like, so I went into this café* j'avais faim, tu vois, alors je suis entré dans un café. ◆ n : *like attracts like* qui se ressemble s'assemble / *you can only compare like with like* on ne peut comparer que ce qui est comparable ▸ **to give** or **to return like for like** rendre la pareille / *she goes in for macramé, yoga and the like* elle fait du macramé, du yoga et d'autres choses comme ça / *I've never seen the like of it!* je n'ai jamais rien vu de pareil ! / *he was a president the like* or *likes of which we will probably never see again* *liter* c'était un président comme on n'en verra probablement plus jamais.

❖ **likes** pl n **1.** [preferences] goûts *mpl* / *try to discover their likes and dislikes* essayez de découvrir ce qu'ils aiment et ce qu'ils n'aiment pas **2.** PHR **the likes of us / them / etc.** *inf* les gens comme nous / eux / etc. / *it's not for the likes of us* ça n'est pas pour les gens comme nous.

❖ **(as) like as not** = like enough.

❖ **if you like** adv phr **1.** [expressing willingness] si tu veux / *I can do it, if you like* je peux le faire, si tu veux / *I'll get lunch, shall I? — if you like* je vais chercher de quoi manger, d'accord ? — si tu veux **2.** [as it were] si tu veux / *it was a surprise, a shock, if you like* ça m'a surpris, choqué si tu veux.

❖ **like enough** adv phr *inf* probablement / *he's still at the office, like enough* il y a des chances qu'il soit encore au bureau / *like enough, she hasn't even read it yet* elle ne l'a probablement même pas encore lu.

❖ **like it or not** adv phr : *like it or not, we're heading for a confrontation* qu'on le veuille ou non, nous ne pouvons éviter une confrontation.

See box at as.

-like suffix : *dream-like* onirique, de rêve / *ghost-like* fantomatique.

likeable ['laɪkəbl] adj sympathique, agréable / *he's a likeable person* c'est un type sympathique.

likelihood ['laɪklɪhʊd] n probabilité *f* / *there's not much likelihood of us moving* il est peu probable que nous déménagions / *there is little likelihood of us still being here* or *that we'll still be here in August* il y a peu de chances (pour) que nous soyons encore là en août / *there is every likelihood of an agreement* tout porte à croire qu'un accord sera conclu / *there's no likelihood of that!* ça ne risque pas d'arriver !, aucune chance !

❖ **in all likelihood** adv phr vraisemblablement, selon toute vraisemblance.

likely ['laɪklɪ] (*compar* **likelier**, *superl* **likeliest**) ◆ adj **1.** [probable] probable / *what are the likely consequences of this action?* quelles sont les conséquences probables de cette mesure ? / *such an occurrence does not seem likely* il est peu probable que cela se produise / *they're the likeliest candidates for the sack* *inf* ce sont eux qui ont le plus de chances de faire partie de la prochaine charrette / *it's more than likely that it will snow* il y a de grandes chances pour qu'il neige / *it's not* or *hardly likely to happen* il est peu probable or il y a peu de chances que cela se produise / *rain is likely in the east* il risque de pleuvoir dans l'est / *they're not likely to drop the case* il est peu probable qu'ils abandonnent les poursuites ▸ **a likely story!** *iro* mon œil !, elle est bien bonne ! **2.** [promising] prometteur / *we found a likely* or *likely-looking spot for a picnic* on a trouvé un endroit qui a l'air idéal pour pique-niquer. ◆ adv probablement, sans doute / *they'll very likely* or *most likely forget* ils vont très probablement oublier / *as likely as not she's already home* elle est sûrement déjà rentrée / *would you do it again? — not likely!* *inf* tu recommencerais ? — ça risque pas or y a pas de risque !

Note that il est probable que and il y a des chances que are followed by a verb in the subjunctive:

It's likely that no one survived. *Il est probable que personne n'ait survécu.*

He's likely to go to Paris later in the year. *Il y a des chances qu'il aille à Paris plus tard dans l'année.*

like-minded [-'maɪndɪd] adj : *like-minded people* des gens ayant la même vision des choses.

liken ['laɪkn] vt comparer / *his style has been likened to that of Peter Wolfe* on a comparé son style à celui de Peter Wolfe.

likeness ['laɪknɪs] n **1.** [resemblance] ressemblance *f* / *a family likeness* un air de famille / *she bears a strong likeness to her mother* elle ressemble beaucoup à sa mère **2.** [portrait] portrait *m* ▸ **to paint sb's likeness** faire le portrait de qqn / *it's a very good likeness of him* c'est tout à fait lui / *it isn't a very good likeness of him* ça ne lui ressemble pas beaucoup.

likewise ['laɪkwaɪz] adv **1.** [similarly] de même / *likewise in Israel, talks are in progress* en Israël aussi, des pourparlers ont été entamés / *he worked hard and expected his daughters to do likewise* il travaillait beaucoup et attendait de ses filles qu'elles fassent de même / *...and I suggest you do likewise* ...et je suggère que tu en fasses autant / *pleased to meet you — likewise* ravi de vous rencontrer — moi de même **2.** [by the same token] de même, de plus, en outre.

liking ['laɪkɪŋ] n **1.** [affection] sympathie *f*, affection *f* / *I have a great liking for Alan* j'ai beaucoup de sympathie pour Alan ▸ **to take a liking to sb** se prendre d'amitié pour qqn / *I took an instant liking to Rome* j'ai tout de suite aimé Rome **2.** [taste] goût *m*, penchant *m* / *she has a liking for expensive jewellery* elle a un faible pour les bijoux de prix / *is everything to your liking?* est-ce que tout est à votre convenance ? / *it's too small for my liking* c'est trop petit à mon goût.

lilac ['laɪlək] ◆ n [colour, flower] lilas *m*. ◆ adj [colour] lilas *(inv)*.

Lilliputian [,lɪlɪ'pju:ʃn] ◆ n lilliputien *m*, -enne *f*. ◆ adj lilliputien.

Lilo® ['laɪləʊ] (*pl* **Lilos**) n matelas *m* pneumatique.

Lilongwe [lɪ'lɒŋweɪ] pr n Lilongwe.

lilt [lɪlt] n **1.** [in voice] modulation *f* / *her voice has a lilt to it* sa voix a des inflexions mélodieuses **2.** [in music] rythme *m*, cadence *f* **3.** [in movement] balancement *m* harmonieux.

lilting ['lɪltɪŋ] adj **1.** [voice, accent] mélodieux **2.** [music, tune] chantant, mélodieux **3.** [movement] souple, harmonieux.

lily ['lɪlɪ] (*pl* **lilies**) n lis *m*, lys *m* ▸ **lily of the valley** muguet *m*.

lily-livered [-'lɪvəd] adj *inf* froussard.

lily pad n feuille *f* de nénuphar.

lily-white adj d'une blancheur de lis, d'un blanc immaculé.

Lima ['li:mə] pr n Lima.

lima bean ['laɪmə-] n haricot *m* de Lima or du Cap, pois *m* de sept ans.

limb [lɪm] n **1.** ANAT membre *m* / *let's rest our weary limbs!* *hum* si on soufflait un peu ! / *I'll tear him limb from limb!* je le taillerai en pièces ! **2.** [of tree] (grosse) branche *f* ▸ **to be out on a limb a)** *inf* [alone] se trouver tout seul **b)** [without support] être très exposé.

To be out on a limb

L'image évoquée ici est celle d'une personne assise tout au bout de la branche d'un arbre, incapable de reculer ni d'avancer et exposée à tous les dangers :

Without government subsidies the organisation would be out on a limb. *Sans les subventions de l'État, l'organisation se trouverait dans une situation très précaire.*

Germany has gone out on a limb on Iraq. *L'Allemagne prend des risques considérables sur l'Irak.*

-limbed [lɪmd] suffix : *to be long-limbed* avoir les membres longs, être élancé / *to be loose-limbed* être délié or souple.

limber ['lɪmbər] ◆ adj souple, agile. ◆ n [of gun carriage] avant-train *m*.

❖ **limber up** vi SPORT s'échauffer, faire des assouplissements / *do some limbering-up exercises first* commencez par des exercices d'assouplissement / *they're limbering up for a fight with the unions* *fig* ils se préparent à une bataille or ils fourbissent leurs armes en vue d'une bataille avec les syndicats.

limbo ['lɪmbəʊ] n **1.** *(U)* RELIG limbes *mpl* **2.** COMPUT ▸ **limbo file** fichier *m* temporaire **3.** (*pl* **limbos**) DANCE limbo *m* **4.** *fig* ▸ **to be in (a state of) limbo** être dans l'incertitude / *they kept us in limbo for weeks* ils nous ont laissés dans l'incertitude pendant des semaines.

lime [laɪm] ◆ n **1.** AGR & CHEM chaux *f* ▸ **caustic / slaked lime** chaux vive / éteinte ▸ **burnt lime** chaux vive **2.** [fruit] citron *m* vert, lime *f*, limette *f* ▸ **lime cordial / juice** sirop *m* / jus *m* de citron vert ▸ **lager and lime** bière *f* blonde au sirop de citron vert **3.** [citrus tree] limettier *m* **4.** [linden] ▸ **lime (tree)** tilleul *m*. ◆ vt **1.** AGR [soil] chauler **2.** [with birdlime - branch, bird] engluer.

limeade [laɪ'meɪd] n boisson *f* au citron vert.

lime green n vert *m* citron.

❖ **lime-green** adj vert citron *(inv)*.

lime kiln n four *m* à chaux.

limelight ['laɪmlaɪt] n *(U)* THEAT feux *mpl* de la rampe ▸ **to be in the limelight** être sous les feux de la rampe, occuper le devant de la scène / **'Limelight'** *Chaplin* 'les Feux de la rampe'.

lime pit n [quarry] fosse *f* à chaux ; [in tanning] pelain *m*.

limerick ['lɪmərɪk] n limerick *m* *(poème absurde ou indécent en cinq vers, dont les rimes doivent suivre un ordre précis)*.

Limerick

Le **limerick** est un petit poème humoristique de cinq vers dont les rimes suivent la séquence « aabba ». La forme fut popularisée par l'écrivain **Edward Lear (1812-1888)**. Parmi ses limericks les plus connus, on trouve :

There was an Old Man with a beard.

Who said, "It is just as I feared!

Two Owls and a Hen,

Four Larks and a Wren,

Have all built their nests in my beard!".

Aujourd'hui les limericks ont souvent un caractère grivois.

limestone ['laɪmstəʊn] n calcaire *m*, roche *f* calcaire.

limestone pavement n lapié *m*, lapiaz *m*.

lime twig n gluau *m*.

limewater ['laɪm,wɔ:tər] n eau *f* de chaux.

limey ['laɪmɪ] ◆ n US *inf & pej* **1.** [English person] ≃ Angliche *mf* **2.** [English sailor] matelot *m* anglais. ◆ adj ≃ angliche.

liminal ['lɪmɪnl] adj liminal.

limit ['lɪmɪt] ◆ n **1.** [boundary, greatest extent, maximum] limite *f* / *the eastern limits of the empire* les limites orientales de l'empire / *I know my limits* je connais mes limites, je sais ce dont je suis capable / *there is no limit to his powers* ses pouvoirs sont illimités / *our resources are stretched to the limit* nos ressources sont utilisées au maximum / *within the limits of the present regulations* dans le cadre délimité par le présent règlement / *I'd like to help but there are limits* je veux bien aider mais il y a des limites / *I agree with you, within limits* je suis d'accord avec toi, jusqu'à un certain point ▸ **off limits** interdit d'accès / *the bar's off limits to servicemen* le bar est interdit aux militaires ▸ **that's the (absolute) limit!** c'est le comble ! / *she really is the limit!* elle dépasse vraiment les bornes ! **2.** [restriction] limitation *f* / *the limit on Japanese imports* la limitation des importations japonaises ▸ **to put** or **to set a limit on sthg** limiter qqch ▸ **weight limit** limitation de poids ▸ **to be over the limit** UK [driver] dépasser le taux d'alcoolémie autorisé. ◆ vt limiter / *we're trying to limit costs* nous essayons de limiter les coûts / *they are limiting their research to one kind of virus* ils limitent leurs recherches à un seul type de virus / *she limits herself to one visit a week* elle se contente d'une visite par semaine.

limitation [,lɪmɪ'teɪʃn] n **1.** [restriction, control] limitation *f*, restriction *f* / *we will accept no limitation on our freedom* nous n'accepterons aucune entrave à notre liberté ▸ **arms limitation talks** négociations *fpl* sur la limitation des armements **2.** [shortcoming] limite *f* / *we all have our limitations* nous avons tous nos limites / *to know one's limitations* connaître ses limites **3.** LAW prescription *f*.

limited ['lɪmɪtɪd] adj **1.** [restricted] limité, restreint / *the choice was rather limited* le choix était plutôt limité / *only a limited number of players will be successful* seul un nombre limité or un petit nombre de participants gagneront / *the play met with only limited success* la pièce n'a connu qu'un succès relatif / *to a limited extent* jusqu'à un certain point / *they are of limited intelligence* ils ont une intelligence limitée **2.** US [train, bus] semi-direct.

limited company n société *f* à responsabilité limitée, SARL *f*.

limited edition n édition *f* à tirage limité.

limited liability n responsabilité *f* limitée.

limited liability company = limited company.

limiter ['lɪmɪtər] n ELECTRON limiteur *m*.

limiting ['lɪmɪtɪŋ] adj contraignant.

limitless ['lɪmɪtlɪs] adj illimité / *limitless resources* des ressources illimitées or inépuisables / *the limitless sea liter* la mer infinie.

limnology [lɪm'nɒləʤɪ] n limnologie *f*.

limo ['lɪməʊ] (*pl* **limos**) *inf* = **limousine**.

limousine ['lɪməzi:n] n limousine *f*.

limp [lɪmp] ◆ vi boiter ; [slightly] clopiner / *he limped into the room* il entra dans la pièce en boitant / *she was limping badly* elle boitait beaucoup / *the convoy limped into harbour fig* le convoi gagna le port tant bien que mal. ◆ n ▸ **to walk with a limp** boiter / *the accident left him with a limp* depuis son accident il boite / *a man with a limp* un boiteux. ◆ adj **1.** [cloth, lettuce, handshake] mou (*before vowel or silent 'h' mol, f molle*) ; [skin] flasque / *the plants had gone limp through lack of water* les plantes s'étaient étiolées faute d'être arrosées / *his body went completely limp* il s'affaissa **2.** [book-cover, binding] souple.

limpet ['lɪmpɪt] n ZOOL patelle *f*, bernique *f*, chapeau *m* chinois ▸ **to hold on to sthg** or **to cling to sthg like a limpet** se cramponner à qqch de toutes ses forces.

limpet mine n mine-ventouse *f*.

limpid ['lɪmpɪd] adj limpide.

limply ['lɪmplɪ] adv mollement.

limpness ['lɪmpnɪs] n [of handshake, bearing] mollesse *f* ; [of temperament] manque *m* de vigueur ; [of attitude] manque *m* de fermeté.

limp-wristed [-'rɪstɪd] adj *pej* efféminé.

limy ['laɪmɪ] (*compar* **limier**, *superl* **limiest**) adj **1.** [containing lime] calcaire **2.** [smeared with lime] englué, gluant.

linchpin ['lɪntʃpɪn] n **1.** TECH esse *f* (d'essieu) **2.** *fig* [person] pivot *m* / *it's the linchpin of government policy* c'est l'axe central de la politique du gouvernement.

Lincoln Center ['lɪŋkən-] pr n ▸ **the Lincoln Center** *grand complexe culturel à New York, siège de nombreuses compagnies artistiques.*

Lincoln Memorial ['lɪŋkən-] pr n ▸ **the Lincoln Memorial** *monument à la mémoire d'Abraham Lincoln, à Washington.*

Lincoln's Birthday ['lɪŋkənz-] n *le 12 février, jour férié dans certains États américains.*

Lincoln's Inn ['lɪŋkənz-] pr n *une des quatre « Inns of Court ».*

Lincs written abbr of **Lincolnshire**.

linctus ['lɪŋktəs] n sirop *m* (pour la toux).

linden ['lɪndən] n ▸ **linden (tree)** tilleul *m*.

line [laɪn] ◆ n **1.** [mark, stroke] ligne *f*, trait *m* ; [wrinkle] ride *f* ; MATH, SPORT & TV ligne / *to draw a line* tracer or tirer une ligne / *below the line* ACCOUNT hors bilan / *to score 50 points above* / *below the line* [in bridge] marquer 50 points d'honneur / de marche / *straight line* **a)** MATH droite *f* **b)** [gen] ligne *f* droite / *there are five lines to a stave* une portée est constituée de cinq lignes **2.** [path] ligne *f* / *light travels in a straight line* la lumière se propage en ligne droite / *it's on a line between Houston and Dallas* c'est sur la ligne qui va de Houston à Dallas / *the two grooves must be exactly in line* les deux rainures doivent être parfaitement alignées ▸ **line of thinking** : *I don't follow your line of thinking* je ne suis pas ton raisonnement ▸ **to be in the line of fire** être dans la ligne de tir ▸ **line of sight** or **of vision** ligne de visée ▸ **line of attack** : *let's try a different line of attack* essayons une approche différente ▸ **line of duty** : *it's all in the line of duty* cela fait partie de mes fonctions / *the problems I meet in the line of duty* les problèmes auxquels je suis confronté dans l'exercice de mes fonctions ▸ **to take the line of least resistance** UK choisir la solution de facilité / *there's been a terrible mistake somewhere along the line* il s'est produit une erreur grave quelque part / *I'll support them all along* or *right down the line* je les soutiendrai jusqu'au bout or sur toute la ligne / *the population is split along religious lines* la population est divisée selon des critères religieux / *he reorganized the company along more rational lines* il a réorganisé l'entreprise sur une base plus rationnelle / *we shall take action along the lines suggested* nous agirons dans le sens de ce qui a été proposé / *another idea along the same lines* une autre idée dans le même genre / *we seem to be thinking along the same lines* il semble que nous voyions les choses de la même façon ▸ **to be on the right lines** être sur la bonne voie **3.** [row - side by side] ligne *f*, rang *m*, rangée *f* ; [- one behind another] rang *m*, file *f* / *stand in line, children* mettez-vous en rang, les enfants ▸ **to step into line** se mettre en rang / *a line of trees* une rangée d'arbres ; US [queue] file *f* (d'attente), queue *f* / *we joined the line at the bus stop* nous avons fait la queue à l'arrêt de bus / *they wanted to be first in line* ils voulaient être les premiers dans la file d'attente ; *fig* : *he's in line for promotion* il est sur les rangs pour une promotion / *he's next in line for promotion* la prochaine promotion sera pour lui / *he's first in line for the throne* c'est l'héritier du trône **4.** *fig* [conformity] : *it's in* / *out of line with company policy* c'est conforme / ce n'est pas conforme à la politique de la société / *it's more or less in line with what we'd expected* cela correspond plus ou moins à nos prévisions / *to bring wages into line with inflation* actualiser les salaires en fonction de l'inflation / *the rebels have been brought into line* les rebelles ont été mis au pas / *to fall into line with government policy* accepter la politique gouvernementale ▸ **to step out of line** s'écarter du droit chemin **5.** [of writing, text] ligne *f* / *a 20-line program* COMPUT un programme de 20 lignes / *she gave me 100 lines* SCH elle m'a donné 100 lignes (à faire) ; [of poem, song] vers *m* / *she quoted a line from Wordsworth* elle a cité un vers de Wordsworth ; THEAT réplique *f* / *I only have two lines in the whole play!* je n'ai que deux répliques dans toute la pièce ! / *he forgot his lines* il a oublié son texte / *he gave me the usual line about his wife not understanding him* il m'a fait son numéro habituel comme quoi sa femme ne le comprend pas ▸ **to shoot a line a)** *inf* [boast] frimer **b)** [smooth talk] baratiner ▸ **to hand** or **give** or **pass sb a line** US *inf* [chat up] draguer qqn **6.** *inf* [letter] mot *m* ▸ **to drop sb a line** envoyer un mot à qqn **7.** [rope] corde *f* ; NAUT bout *m* ; FISHING ligne *f* / *to hang the washing on the line* mettre le linge à sécher, étendre le linge **8.** [pipe] tuyau *m* ; [pipeline] pipeline *m* **9.** UK RAIL [track] voie *f* ; [single rail] rail *m* / *the train left the line* le train a déraillé **10.** [travel route] ligne *f* / *underground line* ligne de métro / *there's a new coach line to London* il y a un nouveau service d'autocars pour Londres / *to keep the lines of communication open* maintenir ouvertes les lignes de communication ; [transport company] compagnie *f* ▸ **shipping line** compagnie de navigation **11.** ELEC ligne *f* / *the power lines have been cut* les lignes électriques ont été coupées / *the lines are still down after the gale* les lignes n'ont pas été rétablies depuis la tempête / *the power station comes on line in June* la centrale entre en service en juin **12.** TELEC ligne *f* / *the line went dead* la communication a été coupée / *I was on the line to Paris* je téléphonais à Paris / *then a voice came on the other end of the line* alors une voix a répondu à l'autre bout du fil / *a direct line to Washington* une ligne directe avec Washington ▸ **hold the line** ne quittez pas ▸ **on line** COMPUT en ligne **13.** [outline] ligne *f* / *the graceful line* or *lines of the new model* la ligne harmonieuse du nouveau modèle / *can you explain the main* or *broad lines of the project to me?* pouvez-vous m'expliquer les grandes lignes du projet ? **14.** [policy] ligne *f* / *they took a hard* or *tough line on terrorism* ils ont adopté une politique de fermeté envers le terrorisme / *the opposition takes a harder line on this issue* l'opposition a une politique plus dure sur cette question ▸ **to follow** or **to toe the party line** suivre la ligne du parti **15.** MIL ligne *f* / *they struggled vainly to hold the line* ils ont vainement tenté de maintenir leur position ▸ **battle lines** lignes de bataille ▸ **to infiltrate enemy lines** infiltrer les lignes ennemies ▸ **regiment** / **ship of the line** régiment *m* / navire *m* de ligne **16.** [boundary] frontière *f*, limite *f* / *the distant line of the horizon* la ligne lointaine de l'horizon / *the (dividing) line between frankness and rudeness* la limite entre la franchise et l'impolitesse ▸ **the poverty line** le seuil de pauvreté / *they crossed the state line into Nevada* ils ont franchi la frontière du Nevada ▸ **to cross the Line** [equator] traverser l'équateur **17.** [field of activity] branche *f* ; [job] métier *m* / *she's in the same line (of work) as you* elle travaille dans la même branche que toi / *what line (of business) are you in?* or *what's your line (of business)?* qu'est-ce que vous faites dans la vie ? / *if you need anything doing in the plumbing line* si vous avez besoin de faire faire des travaux de plomberie ; [field of interest] domaine *m* / *that's more in Katy's line* c'est plus du domaine de Katy / *opera isn't really my line* l'opéra n'est pas vraiment mon genre **18.** [range - of products] ligne *f* / *a new line of office furniture* une nouvelle ligne de meubles de bureau / *they produce* or *do an interesting line in chairs* ils produisent une gamme intéressante de chaises ▸ **product line** gamme *f* or ligne de produits **19.** [production line] chaîne *f* / *the new model will be coming off the line in May* le nouveau modèle sortira de l'usine en mai **20.** [lineage, ancestry] lignée *f* ▸ **line of descent** filiation *f* / *the Windsor line* la lignée des Windsor / *the title is transmitted by the male line* le titre se transmet par les hommes / *he comes from a long line of doctors* il est issu d'une longue lignée de médecins **21.** *inf* [information] : *I'll try and get a line on what actually happened* j'essaierai d'avoir des tuyaux sur ce qui s'est réellement passé / *the police have got a line on him* la police sait des choses sur lui **22.** *drugs sl* [of cocaine] ligne *f*. ◆ vt **1.** [road, river] border / *the avenue is lined with trees* l'avenue est bordée d'arbres / *crowds lined the streets* la foule était or s'était massée sur les trottoirs **2.** [paper] régler, ligner **3.** [clothes, curtains] doubler ; [container, drawer, cupboard] tapisser, garnir ; [brakes] garnir / *lined with silk* doublé de soie / *the tissue that lines the digestive tract* la paroi interne de l'appareil digestif / *the tubes are lined with plastic* l'intérieur des tubes est revêtu d'une couche de plastique / *walls lined with books* des murs tapissés de livres ▸ **to line one's pockets** *inf* s'en mettre plein les poches.

❖ **line up** ◆ vt sep **1.** [put in line - objects] aligner, mettre en ligne ; [- people] faire aligner / *he lined up the troops for inspection* il fit aligner les hommes pour passer l'inspection **2.** [bring into alignment] aligner / *the two grooves must be exactly lined up* les deux rainures doivent être parfaitement alignées / *he had the pheasant lined up in his sights* il avait le faisan dans sa ligne de mire **3.** *inf* [prepare, arrange] préparer, prévoir / *I've got a treat lined up for the kids* j'ai préparé une surprise pour les gosses / *he's lined up an all-star cast for his new film* la distribution de son nouveau film ne comprend que des stars. ◆ vi [stand in line] s'aligner, se mettre en ligne ; US [queue up] faire la queue / *the Liberals lined up behind the government* *fig* les Libéraux ont apporté leur soutien au gouvernement.

To be out of line ; to step out of line

L'origine de ces expressions est militaire : un soldat qui ne marche pas au pas, ou qui se trouve décalé lorsque la troupe avance en rang serré, est **out of line**. Au sens figuré, **out of line** signifie « non conforme à ce qui est normalement attendu ou considéré comme convenable » ; **to step out of line** signifie « s'écarter du droit chemin », « ne pas se conformer aux règles établies » :

Ian's comments at the meeting were way out of line. *Les commentaires de Ian lors de la réunion étaient totalement déplacés.*

It was made quite clear to me that if I stepped out of line I'd be sacked. *On m'a fait comprendre très clairement qu'il y avait une ligne à ne pas franchir si je ne voulais pas être licencié.*

To toe the line

L'image est celle du départ d'une course à pied : chaque athlète s'aligne en posant le bout du pied derrière la ligne de départ. Cette expression signifie « se conformer à ce qui est attendu », « se plier aux attentes des instances supérieures » :

In preparation for the next election, party rebels are going to have to toe the line. *En vue des prochaines élections, les dissidents vont devoir se plier à la ligne du parti.*

It's time to stop toeing the party line on economic policy. *Le temps est venu de rompre avec la politique économique du parti.*

lineage ['lɪnɪɪdʒ] n [ancestry] ascendance *f*, famille *f* ; [descendants] lignée *f*, descendance *f* / *of noble lineage* de famille or d'ascendance noble.

lineal ['lɪnɪəl] adj en ligne directe.

lineament ['lɪnɪəmənt] n *liter* trait *m*, linéament *m* *liter*.

linear ['lɪnɪər] adj linéaire.

linear equation n équation *f* linéaire.

linear perspective n perspective *f* linéaire.

linebacker ['laɪn,bækər] n SPORT secondeur *m*, -euse *f*.

line block n TYPO cliché *m* au trait.

line call n SPORT décision *f* du juge de ligne.

lined [laɪnd] adj **1.** [paper] réglé **2.** [face, skin] ridé **3.** [jacket] doublé ; [box] tapissé.

line dancing n line *m* dancing.

line drawing n dessin *m* au trait.

line feed n saut *m* de ligne.

line fence n US clôture *f*.

line gauge n TYPO typomètre *m*.

line judge n SPORT juge *m* de ligne.

lineman ['laɪnmən] (*pl* **linemen** [-mən]) n US ELEC & TELEC monteur *m* or ouvrier *m* de ligne.

linen ['lɪnɪn] ◆ n **1.** [fabric] (toile *f* de) lin *m* **2.** [sheets, tablecloths, towels, etc.] linge *m* (de maison) ; [underclothes] linge *m* (de corps) ▸ **dirty linen** linge sale ▸ **to wash one's dirty linen in public** UK *fig* laver son linge sale en public ▸ **table linen** linge de table. ◆ comp de fil, de lin ▸ **linen sheets** draps *mpl* de fil ▸ **linen thread** fil *m* de lin.

linen basket n corbeille *f* à linge.

linen closet, linen cupboard n armoire *f* or placard *m* à linge.

linen room n [in hospital, hotel] lingerie *f*.

line-out n SPORT touche *f*, remise *f* en jeu.

line printer n imprimante *f* ligne à ligne.

liner ['laɪnər] n **1.** [ship] paquebot *m* (de grande ligne) **2.** [eyeliner] eye-liner *m* **3.** [for clothing] doublure *f* **4.** TECH chemise *f*.

linesman ['laɪnzmən] (*pl* **linesmen** [-mən]) n **1.** SPORT [in rugby, football] juge *m* or arbitre *m* de touche ; [in tennis] juge *m* de ligne **2.** UK ELEC & TELEC monteur *m* or ouvrier *m* de ligne.

lineup ['laɪnʌp] n **1.** [identity parade] séance *f* d'identification ; [line of suspects] rangée *f* de suspects **2.** [composition] : *a jazz band with a traditional lineup* une formation de jazz traditionnelle / *the England lineup for tonight's match* la composition de l'équipe anglaise pour le match de ce soir / *we have an all-star lineup for tonight's programme* nous avons un plateau de vedettes pour l'émission de ce soir.

ling [lɪŋ] n **1.** [sea fish] lingue *f*, julienne *f* ; [freshwater fish] lotte *f* **2.** [heather] bruyère *f*.

linger ['lɪŋgər] vi **1.** [persist] persister, subsister / *a doubt lingered (on) in my mind* il subsistait un doute dans mon esprit **2.** [tarry] s'attarder, traîner / *we lingered over lunch* nous nous sommes attardés à table / *a few students lingered outside the classroom* quelques étudiants s'attardaient devant la salle de cours **3.** [stay alive] : *she might linger on for years yet* il se pourrait qu'elle tienne encore des années.

lingerie ['lænʒərɪ] n lingerie *f*.

lingering ['lɪŋgrɪŋ] adj [long] long (longue) / *he gave her a long lingering look* il lui lança un long regard langoureux / *they had no time for lingering goodbyes* ils n'avaient pas le temps d'échanger des adieux prolongés ; [persistent] persistant / *a lingering feeling of dissatisfaction* un irréductible sentiment d'insatisfaction / *a lingering doubt* un doute persistant ; [slow] lent / *a lingering death* une mort lente.

lingo ['lɪŋgəʊ] (*pl* **lingoes**) n *inf* : *I don't speak the lingo* je ne parle pas la langue du pays.

lingonberry ['lɪŋgənberɪ] n airelle *f* rouge.

lingua franca [,lɪŋgwə'fræŋkə] (*pl* **lingua francas** *or* **linguae francae** [,lɪŋgwi:'frænki:]) n lingua franca *f*, langue *f* véhiculaire.

linguist ['lɪŋgwɪst] n **1.** [in foreign languages - student] étudiant *m*, -e *f* en langues étrangères ; [- specialist] spécialiste *mf* en langues étrangères / *to be a good linguist* être doué pour les langues **2.** [in linguistics] linguiste *mf*.

linguistic [lɪŋ'gwɪstɪk] adj linguistique.

linguistically [lɪŋ'gwɪstɪklɪ] adv linguistiquement.

linguistics [lɪŋ'gwɪstɪks] n *(U)* linguistique *f*.

liniment ['lɪnɪmənt] n pommade *f*.

lining ['laɪnɪŋ] n **1.** [of clothes, curtains] doublure *f* **2.** [of container, bearing] revêtement *m* ; [of brake, clutch] garniture *f* **3.** ANAT paroi *f* interne / *the stomach lining* la paroi de l'estomac.

link [lɪŋk] ◆ n **1.** [of chain] chaînon *m*, maillon *m* **2.** [bond, relationship] lien *m* / *she's severed all links with her family* elle a coupé les ponts avec sa famille / *Britain's trade links with Spain* les relations commerciales entre la Grande-Bretagne et l'Espagne / *the link between inflation and unemployment* le lien or rapport entre l'inflation et le chômage **3.** [physical connection] liaison *f* ▸ **a road / rail / radio link** une liaison routière / ferroviaire / radio. ◆ vt **1.** [relate] lier / *the two crimes are linked* les deux crimes sont liés / *how would you link these two theories?* quel rapport voyez-vous entre ces deux théories ? **2.** [connect physically] relier / *it can be linked (up) to a computer* on peut le relier or connecter à un ordinateur / *they linked arms* ils se prirent le bras.

❖ **link up** ◆ vi **1.** [meet - persons] se rejoindre ; [- troops] effectuer une jonction ; [- spacecraft] s'arrimer **2.** [form a partnership] s'associer **3.** [be connected] se relier / *it can link up to a computer* on peut le relier or connecter à un ordinateur. ◆ vt sep relier.

linkage ['lɪŋkɪdʒ] n lien *m*, rapport *m*.

linkman ['lɪŋkmən] (*pl* **linkmen** [-mən]) n RADIO & TV journaliste *m* *(qui annonce les reportages des envoyés spéciaux)*.

link road n route *f* de jonction.

link rot n INTERNET *problème de validité d'un lien hypertexte qui pointe vers une ressource qui n'existe plus*.

links [lɪŋks] pl n (terrain *m* or parcours *m* de) golf *m*, links *mpl*.

link sausage n saucisse *f* *(vendue en chapelet)*.

linkup ['lɪŋkʌp] n **1.** [physical connection] liaison *f* ▸ **a telephone / satellite linkup** une liaison téléphonique / par satellite **2.** [of spacecraft, troops] jonction *f*.

linkwoman ['lɪŋk,wʊmən] (*pl* **linkwomen** [-,wɪmɪn]) n journaliste *f* *(qui annonce les reportages des envoyés spéciaux)*.

Linnean Society ['lɪnɪən] pr n ▸ **the Linnean Society** *société savante britannique fondée en 1788 qui publie plusieurs revues scientifiques*.

linnet ['lɪnɪt] n linotte *f*.

lino ['laɪnəʊ] n UK lino *m*.

linocut ['laɪnəʊkʌt] n linogravure *f*, gravure *f* sur linoléum.

linoleum [lɪ'nəʊljəm] n linoléum *m*.

lino tile n UK dalle *f* de linoléum.

Linotype® ['laɪnəʊtaɪp] n Linotype® *f*.

linseed ['lɪnsi:d] n graine *f* de lin.

linseed oil n huile *f* de lin.

lint [lɪnt] n *(U)* **1.** [fabric] tissu *m* gratté ▸ **lint bandage** charpie *f* **2.** US [fluff] peluches *fpl*.

lintel ['lɪntl] n linteau *m*.

lion ['laɪən] n **1.** ZOOL lion *m* ▸ **lion hunter** chasseur *m* de lions ▸ **the lion's den** l'antre *m* du lion ▸ **to fight like a lion** se battre comme un lion ▸ **to put one's head in the lion's mouth** se jeter dans la gueule du loup ▸ **the lion's share** la part du lion **2.** *fig* [courageous person] lion *m*, lionne *f* ; [celebrity] célébrité *f* ▸ **a literary lion** un grand nom de la littérature.

lion cub n lionceau *m*.

lioness ['laɪənes] n lionne *f*.

lionhearted ['laɪən,hɑ:tɪd] adj courageux comme un lion.

lionize, lionise ['laɪənaɪz] vt [make a celebrity] célébrer ; [treat like a celebrity] porter aux nues.

Lions Club pr n *association caritative britannique regroupant des entreprises et des membres des professions libérales.*

lion-tamer n dompteur *m*, -euse *f* (de lions).

lip [lɪp] n **1.** [human] lèvre *f* ; [animal] lèvre *f*, babine *f* ▸ **my lips are sealed** je ne dirai rien / *her name is on everyone's lips* son nom est sur toutes les lèvres / *they only pay lip service to the ideal of equality* ils ne souscrivent qu'en paroles à l'idéal d'égalité **2.** [of jug] bec *m* ; [of cup, bowl] rebord *m* ; [of wound] lèvre *f*, bord *m* ; [of crater] bord *m* **3.** *inf* [impertinence] culot *m* / *enough of your lip!* ne sois pas insolent !

lipase n lipase *f*.

lip balm n baume *m* pour les lèvres.

lip gloss n brillant *m* à lèvres.

lipid ['lɪpɪd] n lipide *m*.

lipoid ['lɪpɔɪd] adj lipoïde, lipoïdique.

lipoma [lɪ'pəʊmə] n lipome *m*.

lipoprotein [,lɪpəʊ'prəʊtiːn] n lipoprotéine *f*.

liposome ['lɪpəsəʊm] n liposome *m*.

liposuction ['lɪpəʊ,sʌkʃn] n liposuccion *f*.

-lipped [lɪpt] suffix : *thin-lipped* aux lèvres minces or fines.

lip pencil n crayon *m* à lèvres.

lippy ['lɪpɪ] (*compar* **lippier**, *superl* **lippiest**) adj *inf* insolent, culotté.

lip-read ['lɪpriːd] (*pt & pp* **lip-read** ['lɪpred]) ◆ vi lire sur les lèvres. ◆ vt lire sur les lèvres de.

lip-reading n lecture *f* sur les lèvres.

lip salve n pommade *f* or baume *m* pour les lèvres.

lip-smacking adj *inf* appétissant, qui met l'eau à la bouche.

lipstick ['lɪpstɪk] n **1.** [substance] rouge *m* à lèvres ▸ **lipstick lesbian** *inf* lesbienne *f* très féminine **2.** [stick] (tube *m* de) rouge *m* à lèvres.

lip-synch [-sɪŋk] ◆ vi chanter en play-back. ◆ vt ▸ **to lip-synch a song** chanter une chanson en play-back.

liquefaction [,lɪkwɪ'fækʃn] n liquéfaction *f*.

liquefy ['lɪkwɪfaɪ] (*pt & pp* **liquefied**) ◆ vt liquéfier. ◆ vi se liquéfier.

liqueur [lɪ'kjʊər] n liqueur *f* ▸ **cherry liqueur** liqueur aux cerises.

liqueur chocolate n chocolat *m* à la liqueur.

liqueur glass n verre *m* à liqueur.

liquid ['lɪkwɪd] ◆ adj **1.** [fluid] liquide ▸ **liquid air / nitrogen / fuel / oxygen** air *m* / azote *m* / combustible *m* / oxygène *m* liquide ▸ **to have a liquid lunch** *hum* boire de l'alcool en guise de déjeuner **2.** FIN liquide ▸ **liquid assets** liquidités *fpl* **3.** [clear - eyes, sound] limpide **4.** LING [consonant] liquide. ◆ n **1.** [fluid] liquide *m* **2.** LING [consonant] liquide *f*.

liquidate ['lɪkwɪdeɪt] ◆ vt **1.** *euph* [kill, eliminate] liquider, éliminer **2.** FIN & LAW [debt, company, estate] liquider ; [capital] mobiliser. ◆ vi FIN & LAW entrer en liquidation, déposer son bilan.

liquidation [,lɪkwɪ'deɪʃn] n **1.** *euph* [killing, elimination] liquidation *f* **2.** FIN & LAW [of debt, company, estate] liquidation *f* ; [of capital] mobilisation *f* ▸ **to go into liquidation** entrer en liquidation, déposer son bilan.

liquidator ['lɪkwɪdeɪtər] n liquidateur *m*, -trice *f*.

liquid crystal n cristal *m* liquide.

liquid crystal display n affichage *m* à cristaux liquides.

liquidity [lɪ'kwɪdətɪ] n liquidité *f* ▸ **liquidity cushion** coussin *m* de liquidités.

liquidize, **liquidise** ['lɪkwɪdaɪz] vt **1.** CULIN passer au mixeur **2.** PHYS liquéfier.

liquidizer ['lɪkwɪdaɪzər] n UK mixer *m*, mixeur *m*.

liquid paraffin n huile *f* de paraffine.

liquified petroleum gas ['lɪkwɪfaɪd-] n gaz *m* de pétrole liquéfié.

liquor ['lɪkər] n **1.** US [alcohol] alcool *m*, boissons *fpl* alcoolisées / *he never touches liquor* il ne touche jamais à l'alcool ▸ **to be the worse for liquor** être ivre **2.** CULIN jus *m*, bouillon *m* **3.** PHARM solution *f* aqueuse.

❖ **liquor up** US *v inf* ◆ vt sep saouler ▸ **to get liquored up** se pinter or se beurrer (la gueule). ◆ vi se biturer.

liquor cabinet, **liquor case** n bar *m (meuble)*.

liquorice UK, **licorice** US ['lɪkərɪs] n [plant, root] réglisse *f* ; [sweet] réglisse *f* ▸ **liquorice allsorts** *bonbons à la réglisse de différentes couleurs.*

liquor store n US magasin *m* de vins et spiritueux ▸ **state liquor store** *magasin de vins et spiritueux agréé par l'État.*

lira ['lɪərə] (*pl* **lire** [-rɪ] *or* **liras**) n lire *f*.

Lisbon ['lɪzbən] pr n Lisbonne.

lisle [laɪl] n ▸ **lisle (thread)** fil *m* d'Écosse.

lisp [lɪsp] ◆ vi parler avec un cheveu sur la langue, zézayer. ◆ vt dire en zézayant. ◆ n ▸ **to speak with** or **to have a lisp** avoir un cheveu sur la langue, zézayer.

lissom(e) ['lɪsəm] adj *liter* souple, agile.

list [lɪst] ◆ n **1.** [record] liste *f* ▸ **to make** or **to write a list** faire or dresser une liste / *address list* liste d'adresses **2.** [lean] inclinaison *f* ; NAUT gîte *f*, bande *f*. ◆ vt **1.** [make list of] dresser la liste de ; [enumerate] énumérer ; [enter in a list] inscrire (sur une liste) / *I've listed the things to be done* j'ai dressé une liste de choses à faire / *she listed the reasons for her decision* elle a énuméré les raisons pour lesquelles elle avait pris cette décision / *my name isn't listed* mon nom ne figure pas sur la liste **2.** [classify] classer / *they are listed by family name* ils sont classés par nom de famille / *it was officially listed as suicide* ce fut officiellement classé comme un suicide **3.** [price] : *what are the new laptops listed at?* les nouveaux portables sont vendus combien ? **4.** COMPUT lister **5.** ST. EX [shares] coter. ◆ vi [lean] pencher, être incliné ; NAUT [ship] gîter, donner de la bande.

list administrator n INTERNET administrateur *m*, -trice *f* de liste.

listed building ['lɪstɪd-] n UK monument *m* classé.

listed company ['lɪstɪd-] n UK société *f* cotée en Bourse.

listed securities ['lɪstɪd-] pl n valeurs *fpl* cotées en Bourse.

listen ['lɪsn] ◆ vi **1.** [to sound] écouter / *listen carefully* écoutez bien ▸ **to listen to sb / sthg** écouter qqn / qqch / *did you listen to the news?* as-tu écouté les informations ? **2.** [take notice - of advice] écouter / *if only I'd listened to my mother!* si seulement j'avais écouté ma mère or suivi les conseils de ma mère ! / *I told him but he wouldn't listen* je le lui ai dit, mais il ne voulait rien entendre. ◆ n *inf* : *have a listen to their latest album* écoute un peu leur dernier album.

❖ **listen (out) for** vt insep guetter, être à l'affût de / *she listens (out) for his steps on the stairs every evening* elle guette le bruit de ses pas dans l'escalier tous les soirs / *he was listening (out) for mistakes* il était à l'affût des fautes.

❖ **listen in** vi **1.** [to radio] écouter, être à l'écoute / *listen in tomorrow at the same time* soyez à l'écoute demain à la même heure **2.** [eavesdrop] écouter / *it's rude to listen in on other people's conversations* c'est impoli d'écouter les conversations.

❖ **listen up** vi *inf* : *hey you guys, listen up!* hé, écoutez un peu !

listener ['lɪsnər] n **1.** personne *f* qui écoute / *he's a good / bad listener* il sait / il ne sait pas écouter (les autres) **2.** RADIO auditeur *m*, -trice *f*.

listening device n dispositif *m* d'écoute.

listening post ['lɪsnɪŋ-] n poste *m* d'écoute.

listeria [lɪs'tiːrɪə] n listeria *f*.

listeriosis [lɪ,stɪərɪ'əʊsɪs] n listériose *f*.

listing ['lɪstɪŋ] n **1.** [gen - list] liste *f* ; [- entry] entrée *f* / *I found no listing for the company in the directory* je n'ai pas trouvé la société dans l'annuaire **2.** COMPUT listing *m*, listage *m*.

❖ **listings** pl n ▸ **cinema / TV listings** programme *m* des films / émissions de la semaine ▸ **listings magazine / website** magazine *m* / site *m* de programmes télé et cinéma.

listless ['lɪstlɪs] adj [torpid, unenergetic] apathique, endormi, avachi ; [weak] mou *(before vowel or silent 'h' mol, f molle)*, inerte ; [bored] indolent, alangui ; [indifferent] indifférent, insensible.

listlessly ['lɪstlɪslɪ] adv [without energy] sans énergie or vigueur, avec apathie ; [weakly] mollement ; [without interest] d'un air absent.

listlessness ['lɪstlɪsnɪs] n [lack of energy] manque *m* d'énergie or de vigueur, apathie *f* ; [weakness] mollesse *f* ; [boredom] langueur *f*, indolence *f* ; [indifference] indifférence *f*.

list price n prix *m* du catalogue / *I can get 20% off (the) list price* je peux avoir un rabais de 20 % sur le prix de vente.

lists [lɪsts] pl n lice *f* ▸ **to enter the lists** *lit & fig* entrer en lice.

list server n serveur *m* de liste (de diffusion).

lit [lɪt] ◆ pt & pp ⟶ **light.** ◆ adj **1.** éclairé / *the room is well / badly lit* la pièce est bien / mal éclairée **2.** US *inf* [drunk] soûl, allumé. ◆ n (**abbr of literature**) *inf* : *she teaches English lit* elle enseigne la littérature anglaise.

litany ['lɪtənɪ] (*pl* **litanies**) n *lit & fig* litanie *f*.

lit crit n *inf* critique *f* littéraire.

liter US = **litre.**

literacy ['lɪtərəsɪ] n [of individual] capacité *f* de lire et d'écrire ; [of population] alphabétisation *f* ▸ **a literacy campaign** une campagne d'alphabétisation or contre l'illettrisme / *the work requires a high degree of literacy* le poste exige une solide culture générale ▸ **adult literacy** l'alphabétisation des adultes.

literal ['lɪtərəl] adj [meaning] propre, littéral / *in the literal sense* au sens propre (du terme) / *don't be so literal!* arrête de tout prendre au premier degré ! ; [translation] littéral, mot à mot.

literally ['lɪtərəlɪ] adv **1.** [not figuratively] littéralement, au sens propre ; [word for word] littéralement ▸ **to take sthg literally** prendre qqch au pied de la lettre or à la lettre ▸ **to translate literally** faire une traduction littérale or mot à mot **2.** [in exaggeration] littéralement / *we've had literally millions of letters* nous avons reçu littéralement des millions de lettres.

literal-minded adj sans imagination, terre à terre.

literary ['lɪtərərɪ] adj **1.** [style, work, etc.] littéraire ▸ **a literary man** un homme de lettres ▸ **literary criticism** critique *f* littéraire **2.** [formal, written - language] littéraire.

literary agent n agent *m* littéraire.

literate ['lɪtərət] adj **1.** [able to read and write] capable de lire et d'écrire / *only 20% of the population is literate* seuls 20 % de la population savent lire et écrire **2.** [educated] instruit, cultivé.

-literate suffix ▸ **to be computer-literate** avoir des connaissances en informatique.

literati [,lɪtə'rɑːtɪ] pl n *fml* gens *mpl* de lettres, lettrés *mpl*.

literature ['lɪtrətʃər] n *(U)* **1.** [creative writing] littérature *f* **2.** [printed material] documentation *f* ▸ **scientific / medical literature** la documentation scientifique / médicale / *can you give me some literature?* pouvez-vous me donner de la documentation ? ▸ **sales literature** documentation *f*, brochures *fpl* de vente.

lithe [laɪð] adj [movement, person] agile ; [body] souple.

lithium ['lɪθɪəm] n lithium *m*.

lithium-ion battery n batterie *f* lithium-ion.

litho ['lɪθəʊ] ◆ adj abbr of **lithographic.** ◆ n **1.** abbr of **lithograph 2.** abbr of **lithography.**

lithograph ['lɪθəgrɑːf] ◆ n lithographie *f (estampe)*. ◆ vt lithographier.

lithographer [lɪ'θɒgrəfər] n lithographe *mf*.

lithographic [,lɪθə'græfɪk] adj lithographique.

lithography [lɪ'θɒgrəfɪ] n lithographie *f (procédé)*.

lithotripsy ['lɪθəʊtrɪpsɪ] n MED lithotritie *f*.

lithotriptor ['lɪθə,trɪptər], **lithotrite** ['lɪθə,traɪt] n MED lithotriteur *m*.

Lithuania [ˌlɪθjuˈeɪnjə] pr n Lituanie *f* / *in Lithuania* en Lituanie.

Lithuanian [ˌlɪθjuˈeɪnjən] ◆ n **1.** [person] Lituanien *m*, -enne *f* **2.** LING lituanien *m*. ◆ adj lituanien.

litigant [ˈlɪtɪgənt] ◆ n LAW plaideur *m*, -euse *f*, partie *f*. ◆ adj LAW en litige / *the litigant parties* les parties plaidantes or en litige.

litigate [ˈlɪtɪgeɪt] ◆ vt LAW contester (en justice). ◆ vi LAW plaider, intenter une action en justice.

litigation [ˌlɪtɪˈgeɪʃn] n LAW litige *m* / *the case went to litigation* le cas est passé en justice / *they are in litigation* ils sont en procès / *the issue is still in litigation* l'affaire est toujours devant or entre les mains de la justice.

litigious [lɪˈtɪdʒəs] adj **1.** *fml & pej* [fond of lawsuits] procédurier **2.** *fml & pej* [given to arguing] chicaneur, chicanier **3.** LAW litigieux, contentieux.

litmus [ˈlɪtməs] n tournesol *m*.

litmus paper n papier *m* de tournesol.

litmus test n CHEM réaction *f* au tournesol ; *fig* épreuve *f* de vérité.

litotes [ˈlaɪtəʊtiːz] (*pl* **litotes**) n litote *f*.

litre UK, **liter** US [ˈliːtəʳ] n litre *m*.

litter [ˈlɪtəʳ] ◆ n **1.** *(U)* [rubbish] détritus *mpl*, ordures *fpl* ; [dropped in street] papiers *mpl* (gras) / **'no litter'** 'respectez la propreté des lieux' **2.** [clutter] fouillis *m* / *his desk was covered in a litter of papers* son bureau était envahi par les papiers **3.** ZOOL portée *f* **4.** [material - to bed animals] litière *f* ; [- to protect plants] paille *f*, paillis *m* ▸ **litter tray** caisse *f* (pour litière) **5.** [sedan chair] litière *f*, palanquin *m*. ◆ vt **1.** [make untidy - public place] laisser des détritus dans ; [- house, room] mettre du désordre dans ; [- desk] encombrer / *don't litter the table (up) with your tools* n'encombre pas la table avec tes outils **2.** *(usu passive)* [cover, strew] joncher, couvrir ; *fig* parsemer / *beer cans littered the dance floor* la piste de danse était jonchée de cannettes de bière / *his life is littered with failed love affairs* sa vie est jalonnée d'échecs amoureux. ◆ vi **1.** ZOOL mettre bas **2.** US [with rubbish] / **'no littering'** 'respectez la propreté des lieux'.

litter bin n UK poubelle *f*.

litter lout UK, **litterbug** US [ˈlɪtəbʌg] n *inf personne qui jette des papiers ou des détritus par terre.*

little[1] [ˈlɪtl] adj **1.** [in size, quantity] petit / *a little group of children* un petit groupe d'enfants / *would you like a little drop of gin?* tu veux un peu de gin ? / *he has a little antiques shop* il a une petite boutique d'antiquités / *a little smile / sob / cry* un petit sourire / sanglot / cri / *would you like a little something to eat?* voudriez-vous manger un petit quelque chose ? ▸ **the little hand** [of clock] la petite aiguille **2.** [young - child, animal] petit / *a little boy* un petit garçon / *a little girl* une petite fille / *when I was little* quand j'étais petit / *my little sister* ma petite sœur / **'Little Women'** *Alcott* 'les Quatre Filles du docteur March' **3.** [short - time, distance] : *we spent a little time in France* nous avons passé quelque temps en France / *a little while ago* **a)** [moments ago] il y a quelques instants **b)** [days, months ago] il y a quelque temps / *she only stayed (for) a little while* elle n'est pas restée très longtemps / *the shop is a little way along the street* le magasin se trouve un peu plus loin dans la rue **4.** [unimportant] petit / *we had a little difference of opinion* nous avons eu un petit différend / *they had a little argument* ils se sont un peu disputés **5.** [expressing affection, pleasure, irritation] petit / *what a nice little garden!* quel joli petit jardin ! / *I've got my own little house in Oxford now* j'ai ma petite maison à moi à Oxford maintenant / *a little old lady* une petite vieille / *poor little thing!* pauvre petit ! / *she's a little horror!* c'est une petite peste ! / *you're a filthy little pig!* *inf* espèce de petit cochon ! / *I'm used to his little ways* je connais ses petites habitudes / *I've sussed his little game!* *inf* j'ai compris son petit jeu !

little[2] [ˈlɪtl] (*compar* **less** [les], *superl* **least** [liːst]) ◆ det [opposite of 'much'] peu de / *very little time / money* très peu de temps / d'argent / *I had little time to relax* je n'ai guère eu le temps de me détendre / *I watch very little television* je regarde très peu la télévision / *I'm afraid there's little hope left* je crains qu'il n'y ait plus beaucoup d'espoir / *to have little chance of doing sthg* avoir peu de chances de faire qqch / *they have so little freedom* ils ont si peu de liberté / *there was too little money* il y avait trop peu d'argent / *with no little difficulty* *fml* non sans peine. ◆ pron **1.** [small amount] pas grand-chose / *there's little one can say* il n'y a pas grand-chose à dire / *I see very little of him now* je ne le vois plus que très rarement / *very little is known about his childhood* on ne sait pas grand-chose or on ne sait que très peu de choses sur son enfance / *I gave her as little as possible* je lui ai donné le minimum / *you may be paid as little as £3 an hour* tu ne seras peut-être payé que 3 livres de l'heure / *so little* si peu / *you know so little about me* tu ne sais presque rien de moi / *too little* trop peu ▸ **to make little of a)** [fail to understand] ne pas comprendre grand-chose à **b)** [not emphasize] minimiser **c)** [scorn] faire peu de cas de **2.** [certain amount] : *a little of everything* un peu de tout / *the little I saw looked excellent* le peu que j'en ai vu paraissait excellent. ◆ adv **1.** [to a limited extent] : *it's little short of madness* ça frise la folie / *he's little more than a waiter* il n'est rien de plus qu'un simple serveur **2.** [rarely] peu / *we go there as little as possible* nous y allons le moins possible / *we talk very little now* nous ne nous parlons presque plus **3.** *fml* [never] : *I little thought* or *little did I think we would be friends one day* jamais je n'aurais cru que nous serions amis un jour.

❖ **a little** ◆ det phr un peu de / *there's still a little time / bread left* il reste encore un peu de temps / pain / *I speak a little French* je parle quelques mots de français ▸ **a little learning is a dangerous thing** *prov* il est moins dangereux de ne rien savoir que d'en savoir trop peu. ◆ pron phr un peu. ◆ adv phr **1.** [slightly] un peu / *he laughed a little* il a ri un peu / *I'm a little tired* je suis un peu fatigué / *a little too late* un peu trop tard / *a little less / more sugar* un (petit) peu moins / plus de sucre / *not even a little interested* pas le moins du monde intéressé **2.** [for a short time or distance] un peu / *I walked on a little* j'ai marché encore un peu / *I paused there (for) a little and then said…* j'ai marqué un petit temps d'arrêt, puis j'ai dit…

❖ **a little bit** adv phr *inf* = **a little.**

❖ **little by little** adv phr peu à peu, petit à petit / *he pieced the story together little by little* il reconstitua l'histoire peu à peu.

little- suffix : *a little-understood phenomenon* un phénomène (encore) mal compris / *a little-explored area* une zone presque inexplorée or (encore) peu explorée.

Little Bear pr n UK ASTRON ▸ **the Little Bear** la Petite Ourse.

Little Bighorn [ˈlɪtlˈbɪgˌhɔːn] pr n ▸ **the battle of the Little Bighorn** la bataille de Little Bighorn.

The battle of the Little Bighorn

Ultime bataille du général Custer, qui eut lieu en 1876 dans l'État du Montana. Ayant sous-estimé les Sioux de Sitting Bull et de Crazy Horse, le général conduisit ses soldats au massacre. Cet épisode est également connu sous le nom de **Custer's Last Stand**.

little black dress n petite robe *f* noire.

little-boy adj de petit garçon, de garçonnet ; [haircut] à la garçonne.

Little Dipper US ASTRON = **Little Bear.**

little end n UK AUTO pied *m* de bielle.

little Englander n *Anglais borné.*

little finger n auriculaire *m*, petit doigt *m* ▸ **to twist sb round one's little finger** faire ce qu'on veut de qqn.

little-girl adj de petite fille, de fillette.

little green men pl n petits hommes verts *mpl*, extraterrestres *mf*.

little-known adj peu connu.

little league adj US *inf* de second rang.

Little League pr n US SPORT *championnat de base-ball pour les jeunes de 8 à 12 ans.*

Little Orphan Annie [-ˈænɪ] pr n *personnage de bande dessinée américaine, petite orpheline protégée par un riche homme d'affaires, Daddy Warbucks.*

little owl n chevêche *f*.

little people pl n IR ▸ **the little people** les lutins *mpl*.

little toe n petit orteil *m*.

little woman n **1.** *dated* [wife] ▸ **the little woman** ma / ta / sa tendre moitié *f* **2.** *pej* [helpless woman] : *she plays the little woman* elle joue les faibles femmes.

littoral [ˈlɪtərəl] ◆ adj littoral. ◆ n littoral *m*.

liturgical [lɪˈtɜːdʒɪkl] adj liturgique.

liturgy [ˈlɪtədʒɪ] (*pl* **liturgies**) n liturgie *f*.

livable [ˈlɪvəbl] adj *inf* **1.** [inhabitable] habitable / *we're trying to make the house livable (in)* nous essayons de rendre la maison habitable **2.** [bearable] supportable / *his visits made her life livable* ses visites lui ont rendu la vie supportable / *she's not livable with* elle est invivable.

live[1] [lɪv] ◆ vi **1.** [be or stay alive] vivre / *plants need oxygen to live* les plantes ont besoin d'oxygène pour vivre / *as long as I live* tant que je vivrai, de mon vivant / *was she still living when her grandson was born?* est-ce qu'elle était encore en vie quand son petit-fils est né ? / *he hasn't long to live* il ne lui reste pas beaucoup de temps à vivre / *she didn't live long after her son died* elle n'a pas survécu longtemps à son fils / *the doctors think she'll live* les médecins pensent qu'elle vivra / *you'll live!* *iro* tu n'en mourras pas ! / *I won't live to see them grow up* je ne vivrai pas assez vieux pour les voir grandir ▸ **to live on borrowed time** être en sursis *fig* ▸ **to live to a ripe old age** vivre vieux or jusqu'à un âge avancé ; *fig* : *the dialogue is what makes the characters live* ce sont les dialogues qui donnent de la vie aux personnages / *your words will live in our hearts / memories* vos paroles resteront à jamais dans nos cœurs / notre mémoire **2.** [have a specified way of life] vivre / *to live dangerously* vivre dangereusement / *they lived happily ever after* ils vécurent heureux jusqu'à la fin de leurs jours / *he lives by the rules* il mène une vie bien rangée / *the rules we all live by* les règles auxquelles nous nous plions tous / *she lives for her children / for skiing* elle ne vit que pour ses enfants / que pour le ski / *he lived for music* il ne vivait que pour la musique / *to live in poverty / luxury* vivre dans la pauvreté / le luxe / *to live in fear* vivre dans la peur / *he lives in the past* il vit dans le passé / *we live in uncertain times* nous vivons une époque incertaine / *he lives in that shirt!* *hum* il a cette chemise sur le dos en permanence ! ▸ **live and let live!** *prov* laisse faire ! ▸ **well, you live and learn!** on en apprend tous les jours ! **3.** [reside] habiter / *where does she live?* où habite-t-elle ? / *they have nowhere to live* ils sont à la rue / *the giant tortoise lives mainly in the Galapagos* la tortue géante vit surtout aux Galápagos / *they live in Rome* ils habitent (à) Rome, ils vivent à Rome / *to live in a flat / a castle* habiter (dans) un appartement / un château / *I live in* or *on Bank Street* j'habite Bank Street / *they live in* or *on my street* ils habitent (dans) ma rue / *she lives on the ground floor* elle habite au rez-de-chaussée / *he practically lives in* or *at the library* il passe sa vie à la bibliothèque / *do you live with your parents?* habitez-vous chez vos parents ? ▸ **to live in sin (with sb)** *dated & hum* vivre dans le péché (avec qqn) **4.** [support o.s.] vivre / *they don't earn enough to live* ils ne gagnent pas de quoi vivre / *he lives by teaching* il gagne sa vie en enseignant / *the tribe lives by hunting* la tribu vit de la chasse / *how does she live on that salary?* comment s'en sort-elle avec ce salaire ? **5.** [obtain food] se nourrir / *we've been living out of cans* or *tins lately* on se nourrit de conserves depuis quelque temps / *he was reduced to living out of rubbish bins* il en était réduit à fouiller les poubelles pour se nourrir **6.** [exist fully, intensely] vivre / *she really knows how to live* elle sait vraiment profiter de la vie / *let's live for the moment* or *for today!* vivons l'instant présent ! / *if you haven't been to New York, you haven't lived!* si tu n'es jamais allé à New York, tu n'as rien vu ! ◆ vt vivre / *to live a life of poverty* vivre dans la pauvreté / *to live a solitary life* mener une vie solitaire ▸ **to live a lie** être dans une situation fausse / *she lived the life of a film star for six years* elle a vécu comme une star de cinéma pendant six ans ▸ **to live it up** *inf* faire la fête / *my father lives and breathes golf* mon père ne vit que pour le golf.

❖ **live down** vt sep [recover from - error, disgrace] : *they'll never let him live that down* ils ne lui passeront or pardonneront jamais cela / *if I forget her birthday, I'll never live it down!* si j'oublie son anniversaire, elle ne me le pardonnera jamais ! / *you'll never live this down!* [ridicule] tu n'as pas fini d'en entendre parler !

❖ **live in** vi **1.** [domestic] être logé et nourri ; [worker, nurse] être logé or habiter sur place / *all their farm hands live in* tous leurs ouvriers agricoles sont logés sur place **2.** [pupil] être interne.

❖ **live off** vt insep **1.** [sponge off] vivre aux crochets de / *he lives off his parents* il vit aux crochets de ses parents **2.** [savings] vivre de ; [nuts, berries] se nourrir de / *they live off the fruit of other people's labours* ils vivent du produit du travail d'autrui / *to live off the land* vivre de la terre.

❖ **live on** ◆ vi [person] continuer à vivre ; [custom, ideal] persister / *she lived on to the end in the same house* elle a vécu dans la même maison jusqu'à sa mort / *his memory lives on* son souvenir est encore vivant. ◆ vt insep **1.** [food] vivre de, se nourrir de / *to live on fruit and vegetables* vivre de fruits et de légumes **2.** [salary] vivre de / *his pension is all they have to live on* ils n'ont que sa retraite pour vivre / *to live on $800 a month* vivre avec 800 dollars par mois **3.** *fig* ▸ **to live on one's wits** vivre d'expédients ▸ **to live on one's name** vivre sur sa réputation.

❖ **live out** ◆ vt sep **1.** [spend] passer / *she lived out the rest of her life in Spain* elle a passé le reste de sa vie en Espagne **2.** [fulfil] vivre / *he lived out his destiny* sa destinée s'est accomplie, il a suivi son destin / *to live out one's fantasies* réaliser ses rêves. ◆ vi : *the maid lives out* la bonne ne loge pas sur place / *he studies here but lives out* il est étudiant ici mais il n'habite pas sur le campus.

❖ **live out of** vt insep : *they live out of tins* ils ne mangent que des conserves.

❖ **live through** vt insep connaître / *they've lived through war and famine* ils ont connu la guerre et la famine.

❖ **live together** vi [as a couple] vivre ensemble, cohabiter.

❖ **live up to** vt insep [name, reputation] se montrer à la hauteur de ; [expectation] être or se montrer à la hauteur de, répondre à / *we have a reputation to live up to!* nous avons une réputation à défendre ! / *the holiday didn't live up to our expectations* les vacances n'étaient pas à la hauteur de nos espérances.

❖ **live with** vt insep **1.** [cohabit with] vivre avec / *she lived with him for a couple of years before they got married* elle a vécu avec lui pendant quelques années avant qu'ils se marient **2.** [put up with] : *she's not easy to live with* elle n'est pas facile à vivre / *I don't like the situation, but I have to live with it* cette situation ne me plaît pas, mais je n'ai pas le choix / *I couldn't live with myself if I didn't tell him the truth* je ne supporterais pas de ne pas lui dire la vérité.

live[2] [laɪv] ◆ adj **1.** [alive - animal, person] vivant / *the live weight of the animal* le poids de l'animal sur pied / *a real live cowboy* *inf* un cow-boy, un vrai de vrai / *a live contender* un concurrent sérieux ▸ **live births** naissances *fpl* viables ▸ **live yoghurt** yaourt *m* actif **2.** MUS, RADIO & TV [programme, interview, concert] en direct / *live pictures from Mars* des images en direct de Mars / *Sinatra live at the Palladium* Sinatra en concert au Palladium / *recorded before a live audience* enregistré en public ▸ **live music** musique *f* live ▸ **live recording** enregistrement *m* live or public **3.** ELEC [connected] sous tension / *live circuit* circuit *m* alimenté or sous tension **4.** [unexploded] non explosé / *live ammunition* balles *fpl* réelles **5.** [still burning - coals, embers] ardent **6.** [not extinct - volcano] actif **7.** [controversial] controversé / *a live issue* un sujet controversé. ◆ adv en direct / *to perform live* [singer, group] chanter en direct / *the match can be seen / is going out live at 3.30 p.m.* on peut suivre le match / le match est diffusé en direct à 15 h 30.

liveable ['lɪvəbl] = **livable.**

livebait ['laɪvbeɪt] n [in fishing] vif *m*, appât *m* vivant.

lived-in ['lɪvdɪn] adj [comfortable] confortable ; [occupied] habité / *the room had a nice lived-in feel* on sentait que la pièce était habitée.

live-in ['lɪv-] adj [maid] logé et nourri ; [nurse, governess] à demeure / *his live-in girlfriend* sa compagne, la femme avec qui il vit / *she has a live-in lover* son ami habite chez elle.

livelihood ['laɪvlɪhʊd] n *(U)* moyens *mpl* d'existence, gagne-pain *m inv* / *to lose one's livelihood* perdre son gagne-pain / *writing isn't a hobby, it's my livelihood* écrire n'est pas un passe-temps, c'est mon gagne-pain or mon métier.

liveliness ['laɪvlɪnɪs] n [of person] vivacité *f* ; [of conversation, party] animation *f* ; [of debate, style] vigueur *f* ; [of music, dance] gaieté *f*, allégresse *f* ; [of colours] éclat *m*, gaieté *f*.

livelong ['lɪvlɒŋ] adj *liter* ▸ **all the livelong day** toute la journée, tout au long du jour.

lively ['laɪvlɪ] (*compar* **livelier**, *superl* **liveliest**) adj **1.** [full of life - person] vif, plein d'entrain ; [- kitten, puppy] plein de vie, espiègle ; [- horse] fringant ; [- music] gai, entraînant / *she's lively company* on ne s'ennuie pas avec elle **2.** [keen - mind, curiosity, imagination] vif ▸ **to take a lively interest in sthg** s'intéresser vivement à qqch **3.** [exciting - place, event, discussion] animé / *a very lively debate* un débat très animé / *the town gets a bit livelier in summer* la ville s'anime un peu en été / *a lively performance* une interprétation très enlevée **4.** [eventful - day, time] mouvementé, agité / *things got lively when the police arrived* il y a eu de l'animation quand la police est arrivée ▸ **look lively!** UK *inf* grouille-toi ! **5.** [brisk - pace] vif **6.** [vivid - colour] vif, éclatant.

liven ['laɪvn] vi US [respond] : *I didn't liven to his plan* son projet n'a pas éveillé mon intérêt.

❖ **liven up** ◆ vt sep **1.** [make cheerful - person, room] égayer **2.** [stimulate, make interesting] animer / *her arrival livened the party up* son arrivée a mis un peu d'animation dans la soirée / *they need to liven up their image* ils auraient besoin de rafraîchir leur image de marque. ◆ vi s'animer.

live oak n chêne *m* vert.

liver ['lɪvər] n **1.** ANAT foie *m* ▸ **liver complaint** maladie *f* du foie **2.** CULIN foie *m* ▸ **liver pâté** pâté *m* de foie **3.** [colour] rouge brun *m inv*, brun roux *m inv* **4.** [person] ▸ **fast** or **high liver** fêtard *m*, -e *f*, noceur *m*, -euse *f*.

Liver Building ['laɪvə-] pr n ▸ **the Liver Building** *édifice de Liverpool orné de deux statues d'oiseaux imaginaires, les Liver Birds.*

liver fluke n VET grande douve *f*.

liveried ['lɪvərɪd] adj en livrée.

liverish ['lɪvərɪʃ] adj **1.** *inf* [ill] : *to be* or *to feel liverish* avoir mal au foie **2.** [peevish] irritable, bilieux.

Liverpool ['lɪvəpu:l] pr n Liverpool.

Liverpudlian [,lɪvə'pʌdlɪən] ◆ n *habitant de Liverpool.* ◆ adj de Liverpool.

liver salts pl n lithiné *m*.

liver sausage n UK pâté *m* de foie.

liver spot n tache *f* de vieillesse.

liverwort ['lɪvəwɜ:t] n BOT hépatique *f*.

liverwurst ['lɪvəwɜ:st] US = **liver sausage.**

livery ['lɪvərɪ] (*pl* **liveries**) n **1.** [uniform] livrée *f* **2.** [of company] couleurs *fpl* / *the cars have been painted in the new company livery* les voitures ont été peintes aux nouvelles couleurs de la maison.

livery company n UK confrérie *f* *(de la cité de Londres).*

liveryman ['lɪvərɪmən] (*pl* **liverymen** [-mən]) n UK [member of livery company] membre *m* d'une confrérie londonienne.

livery stable n [for boarding] écurie *f* prenant des chevaux en pension ; [for hiring] écurie *f* de chevaux de louage.

lives [laɪvz] pl ⟶ **life.**

livestock ['laɪvstɒk] n *(U)* bétail *m*, cheptel *m*.

live wire ['laɪv-] n **1.** ELEC fil *m* sous tension **2.** *inf & fig* : *she's a real live wire* elle déborde d'énergie.

livid ['lɪvɪd] adj **1.** [blue-grey] livide / *he went livid with rage* il a blêmi de rage / *a livid sky* un ciel de plomb **2.** *inf* [angry] furax.

living ['lɪvɪŋ] ◆ n **1.** [livelihood] vie *f* / *I have to work for a living* je suis obligé de travailler pour vivre / *what do you do for a living?* qu'est-ce que vous faites dans la vie ? / *she made a (good) living as a pianist* elle gagnait (bien) sa vie comme pianiste / *you can't make a decent living in this business* on gagne mal sa vie or on a du mal à gagner sa vie dans ce métier **2.** [life, lifestyle] vie *f* / *come to California where the living is easy* venez en Californie, la vie y est facile / *plain living* la vie simple **3.** UK RELIG bénéfice *m*. ◆ adj **1.** [alive] vivant / *the study of living organisms* l'étude des organismes vivants / *he has no living relatives* il n'a plus de famille / *who's the greatest living boxer?* quel est le plus grand boxeur vivant ? / *it was the worst storm in living memory* de mémoire d'homme on n'avait jamais vu une tempête aussi violente / *I didn't see a living soul* je n'ai pas vu âme qui vive ▸ **living proof** : *she's living proof that the treatment works* elle est la preuve vivante que le traitement est efficace / *they made her life a living hell* ils lui ont rendu la vie infernale ▸ **the living dead** les morts-vivants *mpl* ▸ **living death** vie *f* de souffrances / *his life became a living death* sa vie ne fut plus qu'une longue souffrance **2.** GEOL ▸ **the living rock** la roche non exploitée / *sculpted from the living rock* taillé à même le roc. ◆ pl n ▸ **the living** les vivants *mpl*. ◆ comp **1.** [conditions] de vie ▸ **living expenses** frais *mpl* de subsistance ▸ **living standards** niveau *m* de vie **2.** [place] ▸ **living area** : *the living area is separated from the bedrooms* la partie séjour est séparée des chambres ▸ **living environment** cadre *m* de vie ▸ **living quarters** [for servants] logements *mpl* ; [on ship] partie *f* habitée / *these are the crew's living quarters* ce sont les quartiers de l'équipage.

living-flame adj : *living-flame gas fire chauffage au gaz à flammes réelles, imitant un feu de charbon.*

living-in adj UK [maid, cook] logé sur place.

living room n (salle *f* de) séjour *m* / *the living room carpet* la moquette du salon.

living space n espace *m* vital.

living thing n être *m* vivant.

living wage n ▸ **a living wage** le minimum vital / *£400 a month isn't a living wage* on ne peut pas vivre avec 400 livres par mois.

living will n *procuration donnant le pouvoir de décider à la place du mandant sur toute question concernant la santé de celui-ci, s'il venait à être hors d'état d'exprimer ses volontés.*

Livy ['lɪvɪ] pr n Tite-Live.

lizard ['lɪzəd] ◆ n lézard *m*. ◆ comp [belt, shoes] en lézard.

lizardskin ['lɪzədskɪn] ◆ n lézard *m*. ◆ comp en lézard.

llama ['lɑ:mə] n ZOOL lama *m*.

LLB (abbr of **Bachelor of Laws**) n ≃ (titulaire d'une) licence de droit.

LLD (abbr of **Doctor of Laws**) n ≃ docteur en droit.

LLDC (abbr of **least-developed country**) n PMD *m*.

Lloyd's of London pr n *importante compagnie d'assurances britannique.*

Lloyd's of London

Au XVIIe siècle, les premiers membres de cette association d'assureurs se réunissaient dans un café tenu par Edward Lloyd. Initialement spécialisée dans l'assurance maritime, la Lloyd's travaille aujourd'hui dans tous les domaines. Son siège à Lime Street, au cœur de la City, est un immeuble à l'architecture innovante avec une façade en acier dessinée par Richard Rogers.

LMAO MESSAGING (written abbr of **laughing my ass off**) MDR.

LMBO (abbr of **leveraged management buyout**) n RES *m*.

LMS (abbr of **local management of schools**) n *en Grande-Bretagne, système où l'administration des écoles publiques est confiée à l'échelon local.*

LMT (abbr of **Local Mean Time**) n *heure locale.*

lo [ləʊ] interj **1.** *arch & liter* regardez !, voyez ! **2.** PHR **lo and behold** : *and lo and behold there he was!* et voilà, il était là !

loach [ləʊtʃ] n loche *f*.

load [ləʊd] ◆ vt **1.** [person, animal, vehicle] charger ▸ **to load sthg with sthg** charger qqch sur qqch / *load the bags into the car* chargez or mettez les sacs dans la voiture / *the ship is loading grain* on est en train de charger le navire de céréales / *she left loaded with presents* elle est repartie les bras chargés de cadeaux / *he's trying to load the work (off) onto me* il essaie de se décharger de son travail sur moi **2.** [camera, gun, machine] charger / *load! take aim! fire!* chargez ! en joue ! feu ! / *to load a film / tape* mettre une pellicule / une cassette / *load the cassette into the recorder* introduisez la cassette dans le magnétophone / *to load a program (into memory)* COMPUT charger un programme (en mémoire) **3.** [insurance premium] majorer, augmenter **4.** PHR **to load the dice** piper les dés ▸ **to load the dice against sb** *fig* défavoriser qqn / *the dice are loaded against us* nous n'aurons pas la partie facile. ◆ vi **1.** [receive freight] charger / *the ship is loading* le navire est en cours de chargement / *the tankers load off shore* les pétroliers font le chargement en mer **2.** [camera, gun] se recharger ; [computer program] se charger. ◆ n **1.** [cargo] charge *f*, chargement *m* ; [carrying capacity] charge *f* / **'maximum load 5 tonnes'** 'charge maximum 5 tonnes' / *a load of gravel* un chargement de gravier / *one horse can't pull such a heavy load* un seul cheval ne peut pas tirer une charge aussi lourde / *we moved all the stuff in ten loads* nous avons tout transporté en dix voyages **2.** *fig* [burden] fardeau *m*, charge *f* / *the reforms should lighten the load of classroom teachers* les réformes devraient faciliter la tâche des enseignants / *hire somebody to share the load* embauchez quelqu'un pour vous faciliter la tâche / *that's a load off my mind!* me voilà soulagé d'un poids ! ▸ **take a load off!** détends-toi ! **3.** [batch of laundry] machine *f* / *I've two more loads to do* j'ai encore deux machines à faire **4.** ELEC, CONSTR & TECH charge *f* **5.** PHR **get a load of this a)** *inf* [look] vise un peu ça **b)** [listen] écoute-moi ça / *he has a load on* or *he's carrying a load* US *v inf* il est complètement bourré ▸ **to shoot one's load** *vulg* [ejaculate] décharger. ◆ comp COMPUT [program] de chargement ; [module] chargeable ▸ **load mode** mode *m* chargement.

❖ **a load of** det phr : *what a load of rubbish!* UK *inf* c'est vraiment n'importe quoi !

❖ **loads** adv *inf* beaucoup.

❖ **loads of** det phr *inf* des tas or des masses de / *it'll be loads of fun* ça va être super marrant / *it'll be loads of work* on va bosser comme des malades / *she's got loads of money* elle est bourrée de fric, elle a un fric monstre.

❖ **load down** vt sep charger (lourdement) / *he was loaded down with packages* il avait des paquets plein les bras / *I'm loaded down with work* je suis surchargé de travail.

❖ **load up** ◆ vt sep charger / *load the wheelbarrow up with bricks* remplissez la brouette de briques. ◆ vi charger.

load-bearing adj [wall] porteur.

loaded ['ləʊdɪd] adj **1.** [laden] chargé / *is the lorry fully loaded?* le camion est-il vraiment plein ? **2.** *fig* ▸ **to be loaded with** être chargé de or plein de / *his writing is loaded with metaphors* ses textes sont pleins de métaphores / *she's loaded with talent* elle est bourrée de talent **3.** [gun, camera] chargé **4.** [dice] pipé **5.** [statement, comment] insidieux ▸ **loaded question** question *f* piège **6.** *inf* [rich] plein aux as **7.** *v inf* [drunk] plein, bourré ; [high on drugs] défoncé, cassé.

loader ['ləʊdəʳ] n **1.** [person] chargeur *m*, -euse *f* **2.** ELEC, MIL & PHOT [device] chargeur *m* **3.** CONSTR [machine] chargeuse *f*, loader *m* **4.** COMPUT (programme *m*) chargeur *m*.

loading ['ləʊdɪŋ] n [of vehicle, machine, gun, computer program] chargement *m*.

loading bay n aire *f* de chargement.

load line n NAUT ligne *f* de charge.

loads [ləʊdz] adv *inf* vachement / *it's loads easier than I thought* c'est vachement plus facile que je croyais / *it'll cost loads* ça va coûter un max or vachement cher.

loadstar ['ləʊdstɑːʳ] = **lodestar**.

loadstone ['ləʊdstəʊn] = **lodestone**.

loaf [ləʊf] (*pl* **loaves** [ləʊvz]) ◆ n **1.** [of bread] pain *m* ; [large round loaf] miche *f* / *two loaves (of bread) please* deux pains, s'il vous plaît **2.** PHR **use your loaf!** UK *inf* fais travailler tes méninges ! ◆ vi *inf* fainéanter, traîner / *I spent the day loafing about* or *around the house* j'ai passé la journée à traîner chez moi.

loafer ['ləʊfəʳ] n **1.** *inf* [person] fainéant *m*, -e *f* **2.** [shoe] mocassin *m*.

loaf tin n [for bread] moule *m* à pain ; [for cake] moule *m* à cake.

loam [ləʊm] n **1.** AGR & HORT terreau *m* **2.** CONSTR pisé *m*.

loamy ['ləʊmɪ] (*compar* **loamier**, *superl* **loamiest**) adj [soil] riche en terreau.

loan [ləʊn] ◆ n **1.** [money lent] prêt *m* ; [money borrowed] emprunt *m* / *a £500 loan* un prêt de 500 livres / *he asked me for a loan* il m'a demandé de lui prêter de l'argent ▸ **student loans** des prêts aux étudiants **2.** [act of lending] : *may I have the loan of your typewriter?* UK peux-tu me prêter ta machine à écrire ? / *give me a loan of your scissors* UK *inf* prête-moi tes ciseaux / *I have three books on loan from the library* j'ai emprunté trois livres à la bibliothèque / *the book you want is out on loan* le livre que vous voulez est sorti / *the picture is on loan to an American museum* le tableau a été prêté à un musée américain / *she's on loan from head office* le siège l'a envoyée chez nous pour un temps **3.** = **loanword**. ◆ vt prêter ▸ **to loan sb sthg, to loan sthg to sb** prêter qqch à qqn / *he asked me to loan him £20 / my car* il m'a demandé de lui prêter 20 livres / ma voiture.

loan account n compte *m* de prêt.

loan capital n capital *m* d'emprunt.

loan collection n collection *f* en prêt.

loan shark n *pej* usurier *m*, -ère *f*.

loan translation n LING calque *m*.

loanword ['ləʊnwɜːd] n LING (mot *m* d')emprunt *m*.

loath [ləʊθ] adj ▸ **to be loath to do sthg** ne pas être disposé à faire qqch / *I'm very loath to admit it* j'ai beaucoup de mal à l'admettre / *they were loath to leave* ils étaient peu disposés à partir / *I am somewhat loath to contradict you, but...* je n'aime pas vous contredire, mais... ▸ **nothing loath** avec plaisir, très volontiers.

loathe [ləʊð] vt détester / *I loathe having to get up in the mornings* j'ai horreur d'être obligé de me lever le matin / *I loathe being mistaken for a tourist* je déteste or j'ai horreur qu'on me prenne pour un touriste / *you know how much I loathe him* tu sais à quel point je le déteste.

loathing ['ləʊðɪŋ] n aversion *f*, répugnance *f* / *I have an absolute loathing for people like them* j'ai horreur des gens comme eux / *it fills me with loathing* ça me révolte.

loathsome ['ləʊðsəm] adj [behaviour] abominable ; [person] détestable.

loaves [ləʊvz] pl ⟶ **loaf**.

lob [lɒb] (*pt & pp* **lobbed**, *cont* **lobbing**) ◆ n SPORT lob *m*. ◆ vt **1.** [throw] lancer / *he lobbed the stone into the air* il envoya la pierre en l'air / *lob me those cigarettes inf* balance-moi ces cigarettes **2.** SPORT [ball] envoyer haut ; [opponent] lober / *she lobbed the ball over my head* elle m'a lobé / *to lob a goalkeeper* lober un gardien de but. ◆ vi SPORT [player] faire un lob.

lobby ['lɒbɪ] (*pl* **lobbies**, *pt & pp* **lobbied**) ◆ n **1.** [in hotel] hall *m* ; THEAT foyer *m* ; [in large house, apartment block] entrée *f* **2.** POL [pressure group] groupe *m* de pression, lobby *m* / *the ecology lobby* le lobby écologiste ; [action] pression *f* / *yesterday's lobby of parliament* la pression exercée hier sur le parlement / *the nurses' lobby for increased pay* la pression exercée par les infirmières pour obtenir une augmentation de salaire **3.** UK POL [hall] salle *f* des pas perdus. ◆ vi : *ecologists are lobbying for the closure of the plant* les écologistes font pression pour obtenir la fermeture de la centrale / *he's being paid to lobby on behalf of the dairy farmers* il est payé par les producteurs laitiers pour faire pression en leur faveur. ◆ vt [person, parliament] exercer une pression sur / *a group of teachers came to lobby the minister* un groupe d'enseignants est venu faire pression sur le ministre.

lobby correspondent n UK POL journaliste *mf* parlementaire.

lobbying ['lɒbɪɪŋ] n *(U)* POL pressions *fpl* / *there has been intense lobbying against the bill* il y a eu de fortes pressions pour que le projet de loi soit retiré.

lobbyist ['lɒbɪɪst] n lobbyiste *mf*, membre *m* d'un groupe de pression.

lobe [ləʊb] n ANAT, BOT & RADIO lobe *m*.

lobectomy [ləʊ'bektəmɪ] (*pl* **lobectomies**) n lobectomie *f*.

lobelia [lə'biːljə] n BOT lobélie *f*.

lobotomize, **lobotomise** [lə'bɒtəmaɪz] vt pratiquer une lobotomie sur.

lobotomized [lə'bɒtəmaɪzd] adj US *inf* apathique, éteint / *he acts like he's lobotomized* on dirait qu'il est tombé sur la tête.

lobotomy [lə'bɒtəmɪ] (*pl* **lobotomies**) n lobotomie *f*, leucotomie *f*.

lobster ['lɒbstəʳ] (*pl* **lobster** or **lobsters**) n homard *m*.

lobsterpot ['lɒbstəpɒt] n casier *m* à homards or à langoustes.

lobster thermidor [-'θɜːmɪdɔːʳ] n homard *m* or langouste *f* thermidor.

lobule ['lɒbjuːl] n lobule *m*.

local ['ləʊkl] ◆ adj **1.** [of the immediate area - tradition, phone call] local ; [- hospital, shop] de quartier ; [- inhabitants] du quartier, du coin / *a local woman* une femme du quartier or du coin / *local traders* les commerces *mpl* de proximité **2.** ADMIN & POL [services, council] local, communal, municipal / *the local health authority* les services municipaux de la santé **3.** MED [infection, pain] localisé. ◆ n **1.** [person] habitant *m*, -e *f* (du lieu) ▸ **the locals** les gens *m* du pays or du coin / *ask one of the locals* demande à quelqu'un du coin **2.** UK *inf* [pub] troquet *m* du coin / *it used to be our local* c'est là qu'on allait boire un pot **3.** US [train] omnibus *m* ; [bus] bus *m* local **4.** US [union branch] section *f* syndicale **5.** *inf* MED anesthésie *f* locale **6.** CAN TELEC poste *m* / *local 476 please* le poste 476, s'il vous plaît **7.** US PRESS [item] nouvelle *f* locale.

local area network n COMPUT réseau *m* local.

local authority n administration *f* locale ; [in town] municipalité *f*.

local colour n couleur *f* locale.

locale [ləʊ'kɑ:l] n [place] endroit *m*, lieu *m* ; [scene, setting] cadre *m* / *a rural locale* un cadre champêtre.

local education authority n direction *f* régionale de l'enseignement *(en Angleterre et au pays de Galles).*

local government n administration *f* municipale ▸ **local government elections** élections *fpl* municipales ▸ **local government official** fonctionnaire *mf* de l'administration municipale.

Local government

■ Au Royaume-Uni

Chaque comté (**county**) en Angleterre est géré par un conseil municipal (**county council**). Les comtés sont divisés en **districts** (chacun ayant son **district council**), divisés à leur tour en **parishes** (paroisses). Les comtés où se trouvent les plus grandes villes (Birmingham, Sheffield, Leeds...) ont le statut de **metropolitan counties** et bénéficient d'une gestion spécifique. Londres a son propre système de gouvernement, avec une assemblée élue (**the London Assembly**) et un maire; onze autres municipalités ont également un maire élu. Les **councils** sont constitués de membres élus, avec un **council leader** (sauf dans les 12 municipalités gérées par des maires) et un cabinet de **councillors** qui se réunissent au **town hall** ou au **county hall**.

Le pays de Galles est divisé en **counties** et en **county boroughs**, l'Irlande du Nord en **districts**, et l'Écosse en **council areas**.

■ Aux États-Unis

La plupart des États ont une Constitution qui définit les pouvoirs exécutif, législatif et judiciaire. À la tête de l'exécutif se trouve le gouverneur (**governor**). La branche législative est généralement bicamérale, chaque État ayant son Sénat (**Senate**) et sa Chambre des représentants (**Chamber of Representatives**). Le pouvoir judiciaire dans chaque État est organisé autour d'une Cour suprême d'État (**State Supreme Court**). Les États sont divisés en **counties**, ayant tous leur propre **county government**. À la tête de la plupart des **counties** se trouve une assemblée élue appelée **Board of Commissioners** ou **Board of Supervisors**. Par ailleurs, la plupart des villes américaines ont un maire élu et un conseil municipal.

locality [lə'kælətɪ] (*pl* **localities**) n **1.** [neighbourhood] voisinage *m*, environs *mpl* ; [general area] région *f* / *he was seen in the (general) locality of the station* on l'a vu dans le quartier de la gare **2.** [location - of building, place] lieu *m*, site *m* ; [- of species] localité *f*.

localization [,ləʊkəlaɪ'zeɪʃn] n COMPUT localisation *f*.

localize, localise ['ləʊkəlaɪz] vt **1.** [pinpoint, locate] localiser, situer / *the source of the problem has been localized* on a réussi à localiser l'origine du problème **2.** [confine] localiser, limiter / *they have tried to localize the effect of the strike* ils ont essayé de limiter l'effet de la grève **3.** [concentrate - power, money] concentrer **4.** [acclimatize - species, plant] acclimater.

localized ['ləʊkəlaɪzd] adj localisé.

locally ['ləʊkəlɪ] adv localement / *she is well known locally* **a)** [in region] elle est très connue dans la région **b)** [in neighbourhood] elle est très connue dans le quartier / *there have been no disturbances locally* **a)** [in region] il n'y a pas eu de troubles dans la région **b)** [in neighbourhood] il n'y a pas eu de troubles dans le quartier / *he lives locally* il vit par ici / *we shop locally* nous faisons nos courses dans le quartier / *many issues have to be decided locally, not nationally* de nombreux problèmes doivent être résolus au niveau local, et non au niveau national / **'locally grown potatoes / carrots'** 'pommes de terre / carottes du pays' / *locally manufactured goods* articles *mpl* de fabrication locale.

locate [UK ləʊ'keɪt US 'ləʊkeɪt] ◆ vt **1.** [find] repérer, trouver, localiser / *they have located the cause of the trouble* ils ont localisé la cause du problème / *the police are trying to locate possible witnesses* la police recherche des témoins éventuels / *we are trying to locate his sister* nous essayons de savoir où se trouve sa sœur / *he had hoped to locate precisely the site of Troy* il avait espéré repérer l'emplacement exact de Troie **2.** *(usu passive)* [situate] situer / *the house is conveniently located for shops and public transport* la maison est située à proximité des magasins et des transports en commun. ◆ vi **1.** COMM [company, factory] s'établir, s'implanter **2.** US [settle] s'installer, s'établir.

location [ləʊ'keɪʃn] n **1.** [place, site] emplacement *m*, site *m* / *what a beautiful location for a campus!* quel site magnifique pour un campus universitaire ! / *the firm has moved to a new location* la société a déménagé ; [whereabouts] : *what is your present location?* où te trouves-tu en ce moment ? / *show me the exact location of the tower* montrez-moi l'emplacement exact de la tour **2.** CIN extérieurs *mpl* ▸ **shot on location** tourné en extérieur ▸ **location shot** extérieur *m* **3.** [finding, discovery] repérage *m*, localisation *f* / *location of the wreckage is proving difficult* l'endroit exact du naufrage s'avère difficile à localiser **4.** COMPUT position *f* ▸ **memory location** position (en) mémoire **5.** SAfr [township] township *m* ; [reservation] réserve *f* (noire).

locative ['lɒkətɪv] ◆ adj LING locatif. ◆ n LING locatif *m*.

locavore ['ləʊkəvɔ:ʳ] n locavore *mf* *(personne qui ne mange que des produits locaux).*

loc. cit. (written abbr of **loco citato**) loc. cit.

loch [lɒk or lɒx] n Scot loch *m*, lac *m*.

lochia ['lɒkɪə] n *(U)* lochies *fpl*.

loci ['ləʊsaɪ or 'ləʊkaɪ] pl ⟶ **locus**.

lock [lɒk] ◆ vt **1.** [door, drawer, car, etc.] fermer à clef / *check that all the doors and windows are locked* vérifiez que toutes les portes et les fenêtres sont bien fermées **2.** [valuables, person] enfermer / *lock all these papers in the safe* enfermez tous ces papiers dans le coffre-fort ; *fig* : *they were locked into the agreement* ils étaient tenus par l'accord **3.** [hold tightly] serrer / *they were locked in a passionate embrace* ils étaient unis or enlacés dans une étreinte passionnée ▸ **to lock arms** [police cordon] former un barrage / *the armies were locked in battle* les armées étaient engagées à fond dans la bataille / *the unions were locked in a dispute with the management* les syndicats étaient aux prises avec la direction ▸ **to be locked in combat a)** être engagé dans un combat **b)** *fig* être aux prises ▸ **to lock horns a)** [stags] s'entremêler les bois **b)** *fig* être aux prises **4.** [device, wheels, brakes] bloquer **5.** COMPUT [file] verrouiller. ◆ vi **1.** [door, drawer, car, etc.] (se) fermer à clef **2.** [engage] se joindre / *push the lever back until it locks into place* pousse le levier jusqu'à ce qu'il s'enclenche **3.** [wheels, brakes, nut] se bloquer. ◆ n **1.** [on door, drawer, etc.] serrure *f* ▸ **under lock and key** [object] sous clef / *the whole gang is now safely under lock and key* toute la bande est désormais sous les verrous **2.** [on canal] écluse *f* **3.** [grip - gen] prise *f* ; [in wrestling] clef *f*, prise *f* **4.** UK AUTO (rayon *m* de) braquage *m* / *on full lock* braqué à fond / *the car has a good / poor lock* la voiture a un bon / médiocre rayon de braquage **5.** TECH [device - gen] verrou *m* ; [- on gun] percuteur *m* ; [- on keyboard] ▸ **shift** or **caps lock** touche *f* de verrouillage majuscule **6.** COMPUT verrouillage *m* **7.** RUGBY ▸ **lock (forward)** deuxième ligne *m* **8.** [curl] boucle *f* ; [stray strand] mèche *f* **9.** PHR **lock, stock and barrel** en entier / *she bought the company lock, stock and barrel* elle a acheté la société en bloc / *his essay was lifted, lock, stock and barrel from a textbook* il a copié sa rédaction telle quelle or mot pour mot dans un manuel scolaire / *the family has moved lock, stock and barrel to Canada* la famille est partie avec armes et bagages s'installer au Canada.

❖ **locks** pl n *liter* chevelure *f*.

❖ **lock away** vt sep [valuables] mettre sous clef ; [criminal] incarcérer, mettre sous les verrous / *we keep the alcohol locked away* nous gardons l'alcool sous clef.

❖ **lock in** vt sep enfermer / *he locked himself in* il s'est enfermé (à l'intérieur).

❖ **lock onto** vt insep [subj: radar] capter ; [subj: homing device] se caler sur ; [subj: missile] se fixer or se verrouiller sur / *to lock onto a signal* capter un signal.

❖ **lock out** vt sep **1.** [accidentally] enfermer dehors ; [deliberately] laisser dehors / *her father threatened to lock her out if she was late home* son père a menacé de la laisser à la porte or dehors si elle rentrait en retard / *I've locked myself out* j'ai fermé la porte en laissant les clés à l'intérieur, je me suis enfermé dehors **2.** INDUST [workers] lock-outer.

❖ **lock up** ◆ vt sep **1.** [house, shop] fermer à clef **2.** [valuables, criminal] = **lock away 3.** [capital] immobiliser **4.** TYPO [type] caler ; [forme] serrer. ◆ vi fermer à clef / *the last to leave locks up* le dernier à partir ferme la porte à clef.

lockable ['lɒkəbl] adj qu'on peut fermer à clef.

lockdown ['lɒkdaʊn] n [in prison, hospital] confinement *m* ▸ **to be in lockdown** faire l'objet de mesures de confinement ▸ **to go into lockdown** [school, airport terminal] empêcher d'en sortir ou d'y entrer / *the bank has gone into lockdown* la banque a suspendu ses transactions.

locked-in syndrome n MED locked-in syndrome *m*, syndrome *m* d'enfermement.

locker ['lɒkəʳ] n **1.** [for clothes, valuables, etc.] casier *m*, petit placard *m* / *where are the left-luggage lockers?* où se trouve la consigne automatique ? **2.** US [freezer] congélateur *m*.

locker room n US vestiaire *m (avec casiers).*

❖ **locker-room** adj [humour, joke] corsé, salé.

locket ['lɒkɪt] n pendentif *m*.

lock gate n porte *f* d'écluse.

locking ['lɒkɪŋ] adj [door, briefcase] à serrure, qui ferme à clef ▸ **locking mechanism** mécanisme *m* de verrouillage.

lockjaw ['lɒkdʒɔ:] n tétanos *m*.

lock keeper n éclusier *m*, -ère *f*.

locknut ['lɒknʌt] n [supplementary nut] contre-écrou *m* ; [self-locking] écrou *m* autobloquant.

lockout ['lɒkaʊt] n [of workers] lock-out *m inv*.

locksmith ['lɒksmɪθ] n serrurier *m*.

lockstitch ['lɒkstɪtʃ] n SEW point *m* de piqûre.

locktician [lɒk'tɪʃən] n US *coiffeur / coiffeuse spécialisé(e) dans le tressage des cheveux des Afro-américains.*

lockup ['lɒkʌp] n **1.** US [jail] prison *f* ; [cell] cellule *f* **2.** UK [garage] garage *m* **3.** [act of locking up] fermeture *f*.

lock-up garage n UK garage *m* fermé, box *m*.

lock-up shop n UK & NZ (petite) boutique *f (sans logement attenant).*

loco ['ləʊkəʊ] (*pl* **locos**) ◆ adj US *v inf* dingue, cinglé. ◆ n UK *inf* RAIL loco *f*.

locomotion [,ləʊkə'məʊʃn] n locomotion *f*.

locomotive [,ləʊkə'məʊtɪv] ◆ n locomotive *f*. ◆ comp ▸ **locomotive roundhouse** RAIL rotonde *f* ▸ **locomotive works** usine *f* de construction de machines. ◆ adj automobile ; ANAT locomoteur.

locomotor [,ləʊkə'məʊtəʳ] adj locomoteur.

locomotor ataxia n MED ataxie *f* locomotrice.

locoweed ['ləʊkəʊwi:d] n astragale *m* toxique.

loctician [lɒk'tɪʃən] n = **locktician**.

locum ['ləʊkəm] n UK remplaçant *m*, -e *f (de prêtre, de médecin).*

locum tenens [ˌləʊkəm'tiːnenz] (*pl* **locum tenentes** [-tɪ'nentiːz]) UK *fml* = **locum**.

locus ['ləʊkəs] (*pl* **loci** ['ləʊsaɪ or 'ləʊkaɪ]) n **1.** *fml* [place] lieu *m* ; LAW lieux *mpl* **2.** MATH lieu *m* (géométrique) **3.** BIOL [of gene] locus *m*.

locust ['ləʊkəst] ◆ n **1.** [insect] locuste *f*, criquet *m* migrateur **2.** = **locust tree.** ◆ comp ▶ **locust bean** caroube *f*.

locust tree n **1.** [false acacia] robinier *m* **2.** [carob tree] caroubier *m*.

locution [lə'kjuːʃn] n *fml* **1.** [phrase] locution *f* **2.** [style] style *m*, phraséologie *f* ; [manner of speech] élocution *f*.

locutionary act [ləʊ'kjuːʃənrɪ-] n acte *m* de parole.

lode [ləʊd] n [vein - of metallic ore] veine *f* ; [- of gold, copper, silver] filon *m*.

lodestar ['ləʊdstɑːʳ] n (étoile *f*) Polaire *f* ; *fig* guide *m*, point *m* de repère.

lodestone ['ləʊdstəʊn] n MINER pierre *f* à aimant, magnétite *f* ; *fig* aimant *m*.

lodge [lɒdʒ] ◆ vt **1.** [house] héberger, loger / *the rescued passengers were lodged overnight in schools* les rescapés ont été hébergés pour la nuit dans des écoles / *the hotel can lodge 65 people* l'hôtel peut accueillir 65 personnes **2.** [stick, embed] loger / *a fish bone had lodged itself in his throat* une arête s'était logée dans sa gorge / *his words were lodged in my memory* ses paroles étaient gravées dans ma mémoire **3.** [make, file - claim] déposer ▶ **to lodge a complaint** porter plainte / *she lodged a formal complaint with the authorities* elle a déposé une plainte officielle auprès de l'administration ▶ **to lodge an accusation against sb** LAW porter plainte contre qqn **4.** [deposit for safekeeping] déposer, mettre en sûreté **5.** [invest - power, authority, etc.] investir. ◆ vi **1.** [stay] loger, être logé / *he is lodging at Mrs Smith's* or *with Mrs Smith* **a)** il loge chez Mme Smith **b)** [with board] il est en pension chez Mme Smith **2.** [stick, become embedded] se loger. ◆ n **1.** [cabin - for hunters] pavillon *m* ; [- for skiers] chalet *m* **2.** UK [on country estate] maison *f* du gardien ; [of porter] loge *f* **3.** US [in park, resort] bâtiment *m* central **4.** [Masonic] loge *f* **5.** [hotel] hôtel *m*, relais *m* **6.** [beavers'] hutte *f*.

lodgement ['lɒdʒmənt] = **lodgment.**

lodger ['lɒdʒəʳ] n locataire *mf* ; [with board] pensionnaire *mf*.

lodging ['lɒdʒɪŋ] n hébergement *m* / *they offered the family free lodging* ils ont offert d'héberger gratuitement la famille ▶ **full board and lodging** pension *f* complète.

❖ **lodgings** pl n UK chambre *f* meublée or chambres *fpl* meublées *(chez un particulier)* / *most of the students live in lodgings* la plupart des étudiants habitent dans des chambres meublées.

lodging house n meublé *m*.

lodgment ['lɒdʒmənt] n *fml* **1.** [placing] emplacement *m* **2.** [accumulation] accumulation *f* ; [obstruction] bouchon *m*.

loess ['ləʊɪs] n lœss *m*.

loft [lɒft] ◆ n **1.** [attic] grenier *m* ▶ **loft conversion** combles *mpl* aménagés / *they spent a lot of money on the loft conversion* ils ont dépensé beaucoup d'argent pour aménager les combles **2.** [elevated space - in church] tribune *f*, galerie *f* **3.** [warehouse space] loft *m*. ◆ vt SPORT [hit] lancer très haut / *he lofted the ball clear of the bushes* il a envoyé la balle loin au-dessus des buissons.

loftily ['lɒftɪlɪ] adv avec mépris, dédaigneusement.

lofty ['lɒftɪ] (*compar* **loftier**, *superl* **loftiest**) adj **1.** [high - summit, building, etc.] haut, élevé / *the lofty peaks of the Alps* les hauts sommets des Alpes / *a lofty interior* des pièces hautes (de plafond) **2.** [supercilious - manner] hautain, dédaigneux, méprisant **3.** [exalted - in spirit] noble, élevé ; [- in rank, position] éminent **4.** [elevated - style, prose] élevé, noble.

log [lɒg] (*pt & pp* **logged**, *cont* **logging**) ◆ n **1.** [of wood] rondin *m* ; [for firewood] bûche *f* **2.** [record] journal *m*, registre *m* ; NAUT journal *m* or livre *m* de bord ; AERON carnet *m* de vol ; [lorry driver's] carnet *m* de route / *keep a log of all the phone calls* notez tous les appels téléphoniques **3.** NAUT [apparatus] loch *m* **4.** (abbr of **logarithm**) log *m* **5.** [cake] ▶ **Yuletide** or **Christmas log** bûche *f* de Noël. ◆ comp ▶ **log fire** feu *m* de bois. ◆ vt **1.** [information - on paper] consigner, inscrire ; [- in computer memory] entrer **2.** [speed, distance, time] : *he has logged 2,000 hours flying time* il a 2 000 heures de vol à son actif, il totalise 2 000 heures de vol **3.** [tree] tronçonner ; [forest] mettre en coupe. ◆ vi [company] exploiter une forêt ; [person] travailler comme bûcheron.

❖ **log in** ◆ vi COMPUT se connecter. ◆ vt sep [user name, password] entrer, introduire.

❖ **log off** = **log out.**

❖ **log on** = **log in.**

❖ **log out** vi COMPUT se déconnecter.

❖ **log up** vt sep UK **1.** [do, achieve] avoir à son actif / *I've logged up three extra days' work* j'ai fait trois journées de travail supplémentaires / *they managed to log up 80 miles a day* ils ont réussi à faire 130 km par jour / *he has logged up yet another victory* il a remporté une nouvelle victoire **2.** [write up] consigner, inscrire.

loganberry ['ləʊgənbərɪ] (*pl* **loganberries**) n [plant] framboisier *m* (hybride) ; [fruit] mûre-framboise *f*.

logarithm ['lɒgərɪðm] n logarithme *m*.

logarithmic [ˌlɒgə'rɪðmɪk] adj logarithmique ▶ **logarithmic function** fonction *f* logarithme.

logbook ['lɒgbʊk] n **1.** [record] journal *m* ; NAUT journal *m* or livre *m* de bord ; AERON carnet *m* de vol **2.** UK AUTO ≃ carte *f* grise.

log cabin n cabane *f* en rondins.

Log cabin

Certains hommes politiques américains prétendent être nés dans une **log cabin** comme Abraham Lincoln, exprimant ainsi leur souci de proximité vis-à-vis des Américains d'origine modeste.

loge [ləʊʒ] n THEAT [box] loge *f* ; [gallery] galerie *f*, balcon *m*.

logger ['lɒgəʳ] n **1.** US [lumberjack] bûcheron *m* **2.** UK [tractor] tracteur *m* forestier.

loggerhead ['lɒgəhed] n ▶ **loggerhead (turtle)** ZOOL caouanne *f*.

loggerheads ['lɒgəhedz] pl n ▶ **to be at loggerheads (with sb)** : *he's at loggerheads with the management over the issue* il est en complet désaccord avec la direction sur cette question.

At loggerheads

Le **loggerhead** désigne un ustensile médiéval constitué d'une sorte de poêlon en fonte avec un long manche qui servait à faire fondre la poix et qui était utilisé également comme arme pour lancer la poix brûlante sur l'ennemi. Deux navires étaient dits **at loggerheads** lorsqu'ils se lançaient des boules de poix bouillante. L'expression **at loggerheads** évoque aujourd'hui un désaccord difficile à résoudre :

Bosses and unions have been at loggerheads on this issue for months. *Les patrons et les syndicats se tirent dessus à boulets rouges sur ce point depuis des mois.*

Congolese parties are at loggerheads over troop withdrawals. *Au Congo, les partis sont en profond désaccord sur le retrait des troupes.*

loggerhead shrike n pie-grièche *f*.

loggia ['ləʊdʒə] (*pl* **loggias** *or* **loggie** [-dʒe]) n loggia *f* ; THEAT galerie *f*.

logging ['lɒgɪŋ] n exploitation *f* forestière.

logic ['lɒdʒɪk] n [gen & COMPUT] logique *f* ; [reasoning] raisonnement *m* / *if you follow my logic* si tu suis mon raisonnement / *that's typical male logic!* c'est un raisonnement typiquement masculin !

logical ['lɒdʒɪkl] adj logique / *it's a logical impossibility* c'est logiquement impossible / *he is incapable of logical argument* il est incapable d'avoir un raisonnement logique / *a logical conclusion* une conclusion logique.

Note that il est logique que and il est normal que are followed by a verb in the subjunctive:

It's logical that he should be upset. *Il est logique / normal qu'il soit contrarié.*

logical form n LING forme *f* logique.

logically ['lɒdʒɪklɪ] adv logiquement / *if you think about it logically* si on y réfléchit bien / *logically, he should win* logiquement or normalement, il devrait gagner.

logical positivism n PHILOS positivisme *m* logique, néopositivisme *m*.

logical positivist n logicopositiviste *mf*.

logic circuit n COMPUT circuit *m* logique.

logician [lə'dʒɪʃn] n logicien *m*, -enne *f*.

login n connexion *f* / *since your last login* depuis votre dernière connexion ▶ **login name** (nom *m* de) login *m*.

logistical [lə'dʒɪstɪkl] adj logistique.

logistically [lə'dʒɪstɪklɪ] adv sur le plan logistique.

logistics [lə'dʒɪstɪks] pl n logistique *f*.

logjam ['lɒgdʒæm] n **1.** [in river] bouchon *m* de bois flottés **2.** *fig* [deadlock] impasse *f*.

logo ['ləʊgəʊ] (*pl* **logos**) n logo *m*.

logogram ['lɒgəgræm], **logograph** ['lɒgəgrɑːf] n logogramme *m*.

logorrhoea UK, **logorrhea** US [ˌlɒgə'rɪə] n logorrhée *f*.

logos ['lɒgɒs] n PHILOS logos *m*.

❖ **Logos** n RELIG Logos *m*.

logotype ['lɒgətaɪp] n TYPO logotype *m*.

logrolling ['lɒgrəʊlɪŋ] n US *pej* échange *m* de faveurs *(accord entre hommes politiques selon lequel on se rend mutuellement des services)*.

Logrolling

Cette expression trouve son origine dans l'histoire des pionniers américains. Lorsqu'on avait abattu des arbres afin de construire une maison ou une ferme en rondins, le voisinage prêtait main-forte pour déplacer les troncs d'arbre en les faisant rouler afin de dégager le terrain. Au sens figuré, cette expression, employée surtout dans le domaine de la politique, dénote des pratiques d'entraide peu recommandables (échanges de faveurs ou de votes, trafic d'influence).

The party has been accused of bribery and logrolling. *Le parti est accusé de corruption et de trafic d'influence.*

The senator has always refused to be involved in logrolling for local projects. *Le sénateur a toujours refusé de se laisser entraîner dans des trafics d'influence pour soutenir des projets locaux.*

log tables pl n tables *fpl* de logarithmes.

logy ['ləʊgɪ] (*compar* **logier**, *superl* **logiest**) adj US *inf* patraque / *you look a bit logy* tu n'as pas l'air en forme.

loin [lɔɪn] n CULIN [of pork] longe *f*, échine *f*, filet *m* ; [of beef] aloyau *m* ; [of veal] longe *f* ; [of lamb] carré *m*.

❖ **loins** pl n ANAT reins *mpl* ; *euph* [genitals] parties *fpl*.

loincloth ['lɔɪnklɒθ] n pagne *m*.

loiter ['lɔɪtər] vi **1.** [hang about] traîner ; [lurk] rôder / *there was someone loitering in the carpark* il y avait quelqu'un qui rôdait dans le parking / **'no loitering'** zone sous surveillance *(où il est interdit de s'attarder)* ▸ **loitering with intent** LAW délit *m* d'intention **2.** [dawdle] traîner ; [lag behind] traîner (en route).

LOL MESSAGING **1.** (written abbr of **laughing out loud**) LOL, MDR **2.** written abbr of **lots of love**.

loll [lɒl] vi **1.** [lounge] se prélasser / *he was lolling against the wall* il était nonchalamment appuyé contre le mur **2.** [dangle] dodeliner ; [hang heavily] pendre.

❖ **loll about** UK, **loll around** vi [in grass, armchair, etc.] se prélasser / *I just lolled about* or *around all day* j'ai paressé toute la journée.

❖ **loll out** vi [tongue] pendre (mollement).

lollapalooza [,lɒləpə'lu:zə] n US *v inf* merveille *f*, phénomène *m* / *her last film's a lollapalooza* son dernier film est vraiment prodigieux.

lollipop ['lɒlɪpɒp] n **1.** [sweet] sucette *f* **2.** UK [ice lolly] esquimau *m*, sucette *f* glacée.

lollipop lady, lollipop man n *inf en Grande-Bretagne, personne chargée d'aider les enfants à traverser une rue en arrêtant la circulation à l'aide d'un panneau en forme de sucette.*

lollop ['lɒləp] vi [person] marcher lourdement ; [animal] galoper.

lollo rosso [,lɒləʊ'rɒsəʊ] n BOT & CULIN lollo rosso *m*.

lolly ['lɒlɪ] (*pl* **lollies**) n **1.** UK *inf* = **lollipop 2.** UK *v inf* [money] fric *m*, pognon *m* **3.** AUSTR & NZ *inf* [sweet] bonbon *m*.

lollypop ['lɒlɪpɒp] = **lollipop**.

Lombard ['lɒmbəd] ◆ n Lombard *m*, -e *f*. ◆ adj lombard.

Lombard Street ['lɒmbəd-] pr n [in London] *rue de Londres, cœur de l'activité financière* ; [in San Francisco] *rue de San Francisco que l'on prétend la plus sinueuse du monde.*

Lombardy ['lɒmbədɪ] pr n Lombardie *f* / *in Lombardy* en Lombardie.

Lombardy poplar n peuplier *m* d'Italie.

Lomé ['ləʊmeɪ] pr n Lomé.

Lomond ['ləʊmənd] pr n ▸ **Loch Lomond** le loch Lomond.

London ['lʌndən] ◆ pr n Londres. ◆ comp [museums, shops, traffic] londonien ; [life] à Londres ▸ **London (Regional) Transport** *régie des transports publics londoniens.*

London Assembly pr n ▸ **the London Assembly** *assemblée de 25 élus dont le rôle est d'examiner les propositions et les décisions du maire de Londres.*

London Bridge pr n *pont construit sur la Tamise en 1968 pour remplacer l'ancien pont, qui fut vendu et remonté dans l'Arizona.*

London Coliseum pr n *théâtre londonien, siège du English National Opera.*

Londonderry [,lʌndən'derɪ] pr n Londonderry.

Londoner ['lʌndənər] n Londonien *m*, -enne *f*, habitant *m*, -e *f* de Londres.

London Eye pr n ▸ **the London Eye** *grande roue munie de nacelles panoramiques, attraction touristique sur les bords de la Tamise.*

London Palladium [-pə'leɪdɪʌm] pr n *théâtre londonien connu pour ses spectacles de variétés.*

London pride n BOT saxifrage *f* à feuilles en coin, désespoir-des-peintres *m*.

London weighting n UK indemnité *f* de résidence à Londres.

lone [ləʊn] adj [unaccompanied - rider, stag] solitaire ; [isolated - house] isolé ; [single, unique] unique, seul / *a lone fishing boat on the horizon* un seul bateau de pêche à l'horizon ▸ **lone parent** parent *m* unique.

loneliness ['ləʊnlɪnɪs] n [of person] solitude *f*, isolement *m* ; [of place] isolement *m* / **'The Loneliness of the Long Distance Runner'** *Sillitoe* 'la Solitude du coureur de fond'.

lonely ['ləʊnlɪ] (*compar* **lonelier**, *superl* **loneliest**) adj **1.** [sad - person] seul ; [- life] solitaire / *to be* or *to feel lonely* se sentir seul / *the house seems lonely without you* la maison paraît vide sans toi / *he went home to his lonely room* il regagna la solitude de sa chambre / *the loneliest hour of the day* l'heure de la journée où l'on se sent le plus seul **2.** [unfrequented - spot] isolé ; [- street] peu fréquenté, vide / *I find the village too lonely* je trouve le village trop isolé.

lonely hearts adj : *lonely hearts club* club *m* de rencontres / *lonely hearts column* rubrique *f* rencontres *(des petites annonces).*

loner ['ləʊnər] n *inf* [person] solitaire *mf* / *he's a bit of a loner* il est un peu sauvage or farouche.

Lone Ranger pr n ▸ **the Lone Ranger** *cowboy masqué dans un feuilleton télévisé américain.*

lonesome ['ləʊnsəm] ◆ adj US = **lonely**. ◆ n ▸ **on one's lonesome** *inf* tout seul.

lone star n ▸ **the Lone Star State** le Texas.

lone wolf = **loner**.

long [lɒŋ] (*compar* **longer** ['lɒŋgər], *superl* **longest** ['lɒŋgɪst]) ◆ adj **1.** [in space - road, garment, letter] long (longue) / *how long is the pool?* quelle est la longueur de la piscine ?, la piscine fait combien de long ? / *the pool's 33 metres long* la piscine fait 33 mètres de long / *the article is 80 pages long* l'article fait 80 pages / *is it a long way (away)?* est-ce loin (d'ici) ? / *it's a long way to the beach* la plage est loin / *she can throw a long way* elle lance loin / *to take the long way round* prendre le chemin le plus long / *to get* or *grow longer* **a)** [shadows] s'allonger **b)** [hair, beard] pousser ▸ **the Long March** HIST la Longue Marche ▸ **long trousers** or US **pants** pantalon *m* long ▸ **long dress** [for evening wear] robe *f* longue ▸ **why the long face?** pourquoi est-ce que tu fais cette tête de six pieds de long ? **2.** [in time - pause, speech, separation] long (longue) / *how long will the flight be / was the meeting?* combien de temps durera le vol / a duré la réunion ? / *the film is three hours long* le film dure trois heures / *her five-year-long battle with the authorities* sa lutte de cinq années contre les autorités ▸ **to have a long memory** avoir une bonne mémoire or une mémoire d'éléphant / *to get longer* [days, intervals] devenir plus long / *they want longer holidays* ils veulent des vacances plus longues / *she took a long swig of beer* elle a bu une grande gorgée de bière / *they took a long look at the view* ils restèrent longtemps à regarder la vue qui s'offrait à eux / *it was a long two months* ces deux mois ont été longs / *I've had a long day* j'ai eu une journée bien remplie / *I've known her (for) a long time* or *while* je la connais depuis longtemps, cela fait longtemps que je la connais ▸ **at long last!** enfin ! **3.** GRAM [vowel, syllable] long (longue) **4.** ST. EX : *they are long on copper* or *they have taken a long position on copper* ils ont investi dans le cuivre **5.** *inf* SPORT [in tennis] : *that serve was long* ce service était trop long **6.** PHR *she's long on good ideas* elle n'est pas à court de bonnes idées, ce ne sont pas les bonnes idées qui lui manquent / *his speeches are long on rhetoric but short on substance* ce n'est pas la rhétorique qui manque dans ses discours, c'est la substance. ◆ n **1.** GRAM [vowel, syllable] longue *f* **2.** PHR *the long and the short of it is that I got fired inf* enfin bref, j'ai été viré. ◆ adv **1.** [a long time] longtemps / *they live longer than humans* ils vivent plus longtemps que les êtres humains / *he won't keep you long / much longer* il ne vous gardera pas longtemps / beaucoup plus longtemps / *I haven't been here long* je viens d'arriver, j'arrive juste / *they haven't been married long* ça ne fait pas longtemps qu'ils sont mariés, ils ne sont pas mariés depuis longtemps / *how long will he be / was he in jail?* (pendant) combien de temps restera-t-il / est-il resté en prison ? / *how long has he been in jail?* ça fait combien de temps qu'il est en prison ?, depuis combien de temps est-il en prison ? / *how long is it since we last visited them?* quand sommes-nous allés les voir pour la dernière fois ? / *it happened long ago / not long ago* cela s'est passé il y a longtemps / il n'y a pas longtemps / *as long ago as 1937* déjà en 1937 / *long before you were born* bien avant que tu sois né / *not long before / after their divorce* peu avant / après leur divorce / *the decision had been taken long before* la décision avait été prise depuis longtemps / *long after* or *afterwards, when these events were mostly forgotten...* bien après, alors que ces évènements étaient presque complètement oubliés... / *colleagues long since promoted* des collègues promus depuis longtemps / *a law which had come into force not long since* une loi qui était entrée en vigueur depuis peu / *we talked long into the night* nous avons parlé jusque tard dans la nuit ; [with 'be', 'take'] : *will you be long?* tu en as pour longtemps ? / *I won't be long* je n'en ai pas pour longtemps / *please wait, she won't be long* attendez, s'il vous plaît, elle ne va pas tarder / *don't be* or *take too long* fais vite / *it wasn't long before he realized* or *it didn't take long for him to realize* il n'a pas mis longtemps à s'en rendre compte, il s'en est vite rendu compte / *he took* or *it took him so long to make up his mind...* il a mis si longtemps à se décider..., il lui a fallu tellement de temps pour se décider... / *how long does it take to get there?* combien de temps faut-il pour y aller ? / *this won't take long* ça va être vite fait / *this won't take longer than five minutes* ça sera fait en moins de cinq minutes ; [in wishes, toasts, etc.] : *long may our partnership continue!* à notre collaboration ! / *long live the Queen!* vive la reine ! **2.** [for a long time] depuis longtemps / *it has long been known that...* on sait depuis longtemps que... / *I have long suspected that he was involved in it* cela fait longtemps que je le soupçonne or je le soupçonne depuis longtemps d'être impliqué là-dedans / *the longest-running TV series* le plus long feuilleton télévisé **3.** [throughout] : *all day / week long* toute la journée / la semaine / *all my life long* toute ma vie **4.** PHR **so long!** *inf* salut !, à bientôt ! ◆ vi ▸ **to long for sb / sthg** : *I long for him* il me manque énormément / *she was longing for a letter from you* elle attendait impatiemment que vous lui écriviez / *we were longing for a cup of tea* nous avions très envie d'une tasse de thé ▸ **to long** or **to be longing to do sthg** être impatient or avoir hâte de faire qqch / *he's longing to go back to Italy* il meurt d'envie de retourner en Italie / *I was longing to tell her the truth* je mourais d'envie de lui dire la vérité / *I've been longing to meet you for years* cela fait des années que je souhaite faire votre connaissance.

❖ **as long as** conj phr **1.** [during the time that] aussi longtemps que, tant que / *as long as he's in power, there will be no hope* tant qu'il sera au pouvoir, il n'y aura aucun espoir **2.** [providing] à condition que, pourvu que / *you can have it as long as you give me it back* vous pouvez le prendre à condition que or pourvu que vous me le rendiez / *I'll do it as long as I get paid for it* je le ferai à condition d'être payé / *you can go out as long as you're back before midnight* tu peux sortir à condition de rentrer avant minuit **3.** US *inf* [seeing that] puisque / *as long as you're going to the post office get me some stamps* puisque tu vas à la poste, achète-moi des timbres.

❖ **before long** adv phr [soon] dans peu de temps, sous peu ; [soon afterwards] peu (de temps) après / *she'll be back before long* elle sera de retour dans peu de temps or sous peu / *before long, everything had returned to normal* tout était rapidement rentré dans l'ordre.

❖ **for long** adv phr longtemps / *he's still in charge here, but not for long* c'est encore lui qui s'en occupe, mais plus pour longtemps.

❖ **no longer** adv phr ne... plus / *she no longer loves him* elle ne l'aime plus.

❖ **not any longer** adv phr plus maintenant / *I can't wait any longer* je ne peux pas attendre plus longtemps, je ne peux plus attendre / *they used to live there, but not any longer* ils habitaient là autrefois, mais plus maintenant.

❖ **so long as** = **as long as**.

long. (written abbr of **longitude**) long.
long-awaited [-ə'weɪtɪd] adj très attendu.
longbed ['lɒŋbed] adj US ▸ **a longbed truck** un pick-up.
longboat ['lɒŋbəʊt] n chaloupe *f*.
longbow ['lɒŋbəʊ] n arc *m*.
longcase clock ['lɒŋkeɪs-] n horloge *f* (de parquet).
long-chain adj CHEM [molecule] à longue chaîne.
long-dated adj ST. EX à long terme.
long-distance ◆ adj **1.** [phone call] interurbain **2.** [runner, race] de fond ; [pilot, lorry driver] au long cours ; [journey] vers un pays lointain **3.** [device] (à) longue portée ; [aircraft] long-courrier. ◆ adv ▸ **to call** or **phone long-distance** appeler or téléphoner par l'interurbain / *I'm phoning long-distance from Aberdeen* c'est un appel interurbain, j'appelle d'Aberdeen.
long division n MATH division *f* posée ▸ **to do long division** / **a long division** faire des divisions / une division *(à la main)*.
long-drawn-out adj très long, interminable, qui n'en finit pas.
long drink n long drink *m* ; [non-alcoholic] *grand verre de jus de fruits, de limonade, etc.*
long-eared adj aux grandes oreilles ▸ **long-eared owl** hibou *m* moyen-duc.
longed-for ['lɒŋd-] adj très attendu.
longeron ['lɒndʒərən] n AERON longeron *m*.
long-established adj [tradition] qui existe depuis longtemps.
longevity [lɒn'dʒevətɪ] n longévité *f*.
long-forgotten adj oublié depuis longtemps / *a long-forgotten tradition* une tradition tombée en désuétude.
long-grain rice n riz *m* long.
long hair n US *inf & pej* hippie *mf*, baba (cool) *mf*.
longhand ['lɒŋhænd] n écriture *f* courante / *he writes everything out in longhand* **a)** [not on a typewriter] il écrit tout à la main **b)** [not in shorthand] il écrit tout en entier, il ne prend jamais de notes en sténo.
long-haul adj [aircraft] long-courrier.
longheaded [,lɒŋ'hedɪd] adj [shrewd] astucieux, malin (maligne).
longhorn ['lɒŋhɔːn] n AGR longhorn *m*.
longhouse ['lɒŋhaʊs] *(pl* [-haʊzɪz]*)* n long house *f*.
longing ['lɒŋɪŋ] ◆ n envie *f*, désir *m* / *I had a longing to see the sea* j'avais très envie de voir la mer / *the sight of her filled him with longing* en la voyant le désir s'empara de lui. ◆ adj d'envie, de désir / *a longing look* un regard plein d'envie.
longingly ['lɒŋɪŋlɪ] adv [with desire] avec désir or envie ; [with regret] avec regret / *to think longingly of the past* penser au passé avec nostalgie.
longish ['lɒŋɪʃ] adj assez long.
Long Island pr n Long Island / *on Long Island* à Long Island.
Long Island iced tea n *cocktail de thé glacé et d'alcool.*
longitude ['lɒŋɪtjuːd] n longitude *f* / *at a longitude of 60° east* par 60° de longitude est.
longitudinal [,lɒndʒɪ'tjuːdɪnl] adj longitudinal ▸ **longitudinal section** coupe *f* longitudinale.
longitudinally [,lɒndʒɪ'tjuːdɪnəlɪ] adv longitudinalement.
long johns pl n *inf* caleçon *m* long, caleçons *mpl* longs.
long jump n UK SPORT saut *m* en longueur.
long jumper n UK sauteur *m (qui fait du saut en longueur).*
long-lasting adj durable, qui dure longtemps.
Longleat ['lɒŋliːt] pr n *château dans le sud-ouest de l'Angleterre, connu pour son parc animalier.*
long-legged adj [person] aux jambes longues ; [animal] aux pattes longues.
long-life adj [milk] longue conservation *(inv)* ; [lightbulb, battery] longue durée *(inv)*.
long-limbed adj aux longs membres.
longlist ['lɒŋlɪst] n première liste *f*.
long-lived [-lɪvd] adj [family, species] d'une grande longévité ; [friendship] durable ; [prejudice] tenace, qui a la vie dure.
long-lost adj [friend, cousin] perdu de vue depuis longtemps ; [object] perdu depuis longtemps.
long-nosed adj au nez long.
Long Parliament pr n ▸ **the Long Parliament** *Parlement convoqué par Charles Ier en 1640, renvoyé par Cromwell en 1653 et dissous en 1660.*
long pig n chair *f* humaine.
long-playing record n 33 tours *m inv*, microsillon *m*.
long-range adj **1.** [weapon] à longue portée ; [vehicle, aircraft] à long rayon d'action **2.** [forecast, plan] à long terme.
long-running adj [show] qui tient l'affiche ; [battle, conflict, rivalry] qui existe depuis longtemps, de longue date.
longship ['lɒŋʃɪp] n drakkar *m*.
longshoreman ['lɒŋʃɔːmən] *(pl* **longshoremen** [-mən]*)* n US docker *m*.
long shot n **1.** [in race - runner, horse] *concurrent qui ne figure pas parmi les favoris* **2.** [bet] pari *m* risqué **3.** CIN plan *m* éloigné **4.** *fig* entreprise *f* hasardeuse / *it's a bit of a long shot* il y a peu de chances pour que cela réussisse / *it's a bit of a long shot, but we may be successful* c'est une entreprise hasardeuse mais nous réussirons peut-être / *I haven't finished by a long shot* je n'ai pas fini, loin de là.
longsighted [,lɒŋ'saɪtɪd] adj **1.** MED hypermétrope, presbyte **2.** *fig* [well-judged] prévoyant.
longsightedness [,lɒŋ'saɪtɪdnɪs] n **1.** MED hypermétropie *f*, presbytie *f* **2.** *fig* [good judgement] prévoyance *f*, discernement *m*.
long-sleeved adj à manches longues.
long-standing adj de longue date.
long-stemmed adj BOT à longue tige.
long-suffering adj (extrêmement) patient, d'une patience à toute épreuve ; [resigned] résigné / *she gave a long-suffering sigh* elle poussa un soupir résigné or de résignation.
long-tailed [-teɪld] adj à longue queue.
long term ❖ **long-term** adj à long terme ; [situation] prolongé ; [unemployment, illness] longue durée ▸ **long-term car park** UK parking *m* longue durée ▸ **long-term memory** mémoire *f* à long terme.
❖ **in the long term** adv phr à long terme.
long-time adj [friend, acquaintance] de longue date ; [interest, affiliation] ancien, qui dure depuis longtemps.
long ton n tonne *f* anglaise.
long vacation n UNIV grandes vacances *fpl*, vacances *fpl* d'été.
long view n prévisions *fpl* à long terme ▸ **to take the long view** voir le long terme.
long-waisted [-'weɪstɪd] adj [garment] à taille basse ; [person] au buste long.
long wave n RADIO grandes ondes *fpl* / *on (the) long wave* sur les grandes ondes.
❖ **long-wave** adj ▸ **long-wave broadcasts** émissions *fpl* sur grandes ondes.
longways ['lɒŋweɪz] adv longitudinalement, dans le sens de la longueur.
longwearing [,lɒŋ'weərɪŋ] adj US solide, résistant.
long weekend n week-end *m* prolongé / *to take a long weekend* prendre un week-end prolongé.
long-winded adj [person] prolixe, bavard ; [article, essay, lecture] interminable ; [style] verbeux, diffus.
longwise ['lɒŋwaɪz] = **longways**.
long-woolled [-wʊld] adj [sheep] à grosse laine.
Lonsdale Belt ['lɒnzdeɪl-] n *la plus haute distinction pour les boxeurs professionnels en Grande-Bretagne.*
loo [luː] n **1.** UK *inf* toilettes *fpl* ▸ **loo roll** rouleau *m* de papier hygiénique **2.** [card game] *jeu de cartes.*
loofa(h) ['luːfə] n luffa *m*, loofa *m*.
look [lʊk] ◆ vi **1.** [gen] regarder / *look, there's Brian!* regarde, voilà Brian ! / *what's happening outside? let me look* qu'est-ce qui se passe dehors ? laissez-moi voir / *have you cut yourself? let me look* tu t'es coupé ? montre-moi or laisse-moi voir / *go on, nobody's looking* vas-y, personne ne regarde / *they crept up on me while I wasn't looking* ils se sont approchés de moi pendant que j'avais le dos tourné / *I'm just looking* [in shop] je jette un coup d'œil / *look and see if there's anyone there* regarde voir s'il y a quelqu'un / *if you look very carefully you can see a tiny crack in it* si tu regardes bien, tu verras une toute petite fissure / *look this way* regardez par ici / *she looked along the row* / *down the list* elle a parcouru la rangée / la liste du regard / *he was looking out of the window* / *over the wall* / *up the chimney* il regardait par la fenêtre / par-dessus le mur / dans la cheminée ▸ **to look over sb's shoulder a)** *lit* regarder par-dessus l'épaule de qqn **b)** *fig* surveiller ce que fait qqn ▸ **look before you leap** *prov* il faut réfléchir deux fois avant d'agir **2.** [search] chercher / *you can't have looked hard enough* tu n'as pas dû beaucoup chercher **3.** [in imperative - listen, pay attention] écouter / *look, I can't pay you back just yet* écoute, je ne peux pas te rembourser tout de suite / *now look, Paul, I've had enough of this!* bon écoute, Paul, ça suffit maintenant ! ▸ **look here!** dites donc ! **4.** [seem, appear] avoir l'air / *that looks delicious!* ça a l'air délicieux ! / *you look* or *are looking better today* tu as l'air (d'aller) mieux aujourd'hui / *how do I look?* comment tu me trouves ? / *you look absolutely stunning in that dress* tu es vraiment ravissante dans cette robe / *it makes him look ten years older* / *younger* ça le vieillit / rajeunit de dix ans / *he's 70, but he doesn't look it* il a 70 ans mais il n'en a pas l'air or mais il ne les fait pas / *I can't hang the picture there, it just doesn't look right* je ne peux pas mettre le tableau là, ça ne va pas / *it looks all right to me* moi, je trouve ça bien / *how does the situation look to you?* que pensez-vous de la situation ? / *that's not how it looks to the man in the street* ce n'est pas comme ça que l'homme de la rue voit les choses / *things will look very different when you leave school* les choses te sembleront très différentes quand tu quitteras l'école / *it'll look bad if I don't contribute* ça fera mauvaise impression si je ne contribue pas / *things are looking black for the economy* les perspectives économiques sont assez sombres / *I must have looked a fool* j'ai dû passer pour un imbécile / *to make sb look a fool* or *an idiot* tourner qqn en ridicule / *he makes the rest of the cast look very ordinary* à côté de lui, les autres acteurs ont l'air vraiment quelconques ▸ **to look like sb** / **sthg** [resemble] ressembler à qqn / qqch / *she looks like her mother* elle ressemble à sa mère / *what does she look like?* **a)** [describe her] comment est-elle ? **b)** [she looks a mess] non mais, à quoi elle ressemble ! / *it looks like an oil refinery* ça ressemble à une raffinerie de pétrole, on dirait une raffinerie de pétrole / *I don't know what it is, but it looks like blood* je ne sais pas ce que c'est, mais on dirait or ça ressemble à du sang ▸ **it looks like rain** on dirait qu'il va pleuvoir / *it looks (to me) like he was lying* j'ai l'impression qu'il mentait / *is this our room? — it looks like it* c'est notre chambre ? — ça m'en a tout l'air / *the meeting looked like going on all day* la réunion avait l'air d'être partie pour durer toute la journée / *you look as if you've seen a ghost* on dirait que tu as vu un revenant / *it looks as if Wayne's going to resign* Wayne a l'air de vouloir démissionner / *it doesn't look as if they're coming* on dirait qu'ils ne vont pas venir ▸ **to look good** : *you're looking good* tu as l'air en forme / *he looks good in jeans* les jeans lui vont bien / *that hat looks very good on you* ce chapeau te va très bien / *it'll look good on your CV* ça fera bien sur ton curriculum / *things are looking pretty good here* les choses ont l'air de se présenter plutôt bien ici **5.** [face - house, window] : *to look (out) onto a park* donner sur un parc / *to look north* / *west* être exposé au nord / à l'ouest **6.** [intend] ▸ **to be looking to do sthg** chercher à faire qqch / *she'll be looking to improve on her previous best time* elle cherchera à améliorer son meilleur

temps / *we're looking to expand our export business* nous cherchons à développer nos exportations. ◆ vt **1.** [in imperative] : *look who's coming!* regarde qui arrive ! / *look who's talking!* tu peux parler, toi ! / *look what you're doing / where you're going!* regarde un peu ce que tu fais / où tu vas ! **2.** PHR ▸ **to look one's last on sthg** jeter un dernier regard à qqch ▸ **to look sb up and down** regarder qqn de haut en bas, toiser qqn du regard. ◆ n **1.** [gen] coup *m* d'œil ▸ **to have** or **to take a look (at sthg)** jeter un coup d'œil (sur) or à qqch, regarder (qqch) / *would you like a look through my binoculars?* voulez-vous regarder avec mes jumelles ? / *one look at him is enough to know he's a crook* on voit au premier coup d'œil que c'est un escroc / *it's worth a quick look* ça vaut le coup d'œil / *we need to take a long hard look at our image abroad* il est temps que nous examinions de près notre image de marque à l'étranger / *did the mechanic have a proper look at the car?* est-ce que le mécanicien a bien regardé la voiture ? / *and now a look ahead to next week's programmes* et maintenant, un aperçu des programmes de la semaine prochaine / *do you mind if I take a look around?* ça vous gêne si je jette un coup d'œil ? / *we'll just have a quick look round the garden* nous allons jeter un coup d'œil dans le jardin / *I took a quick look through the drawers* j'ai jeté un rapide coup d'œil dans les tiroirs **2.** [search] ▸ **to have a look for sthg** chercher qqch / *have another look* cherche encore **3.** [glance] regard *m* / *she gave me a dirty look* elle m'a jeté un regard mauvais / *you should have seen the looks we got from passers-by!* si tu avais vu la façon dont les passants nous regardaient ! / *he didn't say anything, but if looks could kill!* il n'a pas dit un mot, mais il y a des regards qui tuent ! **4.** [appearance, air] air *m* ; [expression] : *he had a strange look in his eyes* il avait un drôle de regard / *the old house has a neglected look* la vieille maison a l'air négligée / *she has the look of someone who's going places* elle a l'air de quelqu'un qui réussira dans la vie / *by the look* or *looks of her, I'd say she failed the exam* à la voir or rien qu'en la voyant, je dirais qu'elle a raté son examen / *there's trouble brewing by the look of it* or *things* on dirait que quelque chose se trame / *I quite like the look of the next candidate* j'aime assez le profil du prochain candidat / *I don't like the look of it* ça ne me dit rien de bon or rien qui vaille / *I didn't like the look of her at all* son allure ne m'a pas du tout plu **5.** [fashion] mode *f*, look *m* / *the hippie look* le look hippie.

❖ **looks** pl n [beauty] : *she's got everything, looks, intelligence, youth...* elle a tout pour elle, elle est belle, intelligente, jeune... / *he's kept his looks* il est resté beau / *he's lost his looks* il n'est plus aussi beau qu'avant.

❖ **look after** vt insep **1.** [take care of] s'occuper de / *my mother's looking after the kids / the cat this week-end* ma mère va s'occuper des enfants / du chat ce week-end / *she has a sick mother to look after* elle a une mère malade à charge / *you should look after your clothes more carefully* tu devrais prendre plus grand soin de tes vêtements / *he helps me to look after the garden* il m'aide à m'occuper du jardin ; *fig* : *look after yourself!* fais bien attention à toi ! / *don't worry, he can look after himself* ne t'inquiète pas, il est capable de se débrouiller tout seul **2.** [be responsible for] s'occuper de / *they look after our interests in Europe* ils s'occupent de nos affaires en Europe **3.** [keep temporarily - child] garder ; [- object] surveiller / *Grandma can look after the children while we're away* grand-mère peut garder les enfants pendant notre absence / *can you look after my luggage for a few minutes?* pouvez-vous surveiller mes bagages quelques instants ?

❖ **look ahead** vi regarder vers l'avenir / *looking ahead three or four years* dans trois ou quatre ans / *let's look ahead to the next century / to next month's meeting* pensons au siècle prochain / à la réunion du mois prochain.

❖ **look around** = **look round**.

❖ **look at** vt insep **1.** *lit* regarder / *she looked at herself in the mirror* elle se regarda dans la glace / *they looked at each other* ils ont échangé un regard / *oh dear, look at the time!* oh là là, regardez l'heure ! / *it's not much to look at* ça ne paie pas de mine / *you wouldn't think, to look at him, that he's a multi-millionaire* à le voir, on ne croirait pas avoir affaire à un multimillionnaire **2.** [consider] considérer / *look at the problem from my point of view* considérez le problème de mon point de vue / *that's not the way I look at it* ce n'est pas comme ça que je vois les choses / *they won't even look at the idea* ils refusent même de prendre cette idée en considération / *if you don't have money, he won't even look at you* si vous n'avez pas l'argent, il ne vous regardera même pas / *my brother can't look at an egg* *inf* mon frère ne supporte pas or déteste les œufs **3.** [check] vérifier, regarder / *could you look at the tyres?* pouvez-vous regarder les pneus ? / *to have one's teeth looked at* se faire examiner les dents / *you need your head looking at!* *inf* ça va pas, la tête ?

❖ **look away** vi détourner les yeux.

❖ **look back** vi **1.** [in space] regarder derrière soi / *she walked away without looking back* elle est partie sans se retourner **2.** [in time] regarder en arrière / *there's no point in looking back* ça ne sert à rien de regarder en arrière / *the author looks back on the war years* l'auteur revient sur les années de guerre / *it seems funny now we look back on it* ça semble drôle quand on y pense aujourd'hui / *we can look back on some happy times* nous avons connu de bons moments / *after she got her first job she never looked back* *fig* à partir du moment où elle a trouvé son premier emploi, tout lui a réussi.

❖ **look down** vi regarder en bas ; [in embarrassment] baisser les yeux / *we looked down on* or *at the valley* nous regardions la vallée en dessous.

❖ **look down on** vt insep [despise] mépriser.

❖ **look for** vt insep **1.** [seek] chercher / *she's still looking for a job* elle est toujours à la recherche d'un emploi / *are you looking for a fight?* tu cherches la bagarre ? **2.** [expect] attendre / *it's not the result we were looking for* ce n'est pas le résultat que nous attendions.

❖ **look forward to** vt insep attendre avec impatience / *we're looking forward to the end of term* nous attendons la fin du trimestre avec impatience ▸ **to look forward to doing sthg** être impatient de faire qqch / *they had been looking forward to this moment for months* cela faisait des mois qu'ils attendaient cet instant / *I look forward to hearing from you soon* [in letter] dans l'attente de votre réponse / *I'm not looking forward to the operation* la perspective de cette opération ne m'enchante guère.

❖ **look in** vi **1.** [inside] regarder à l'intérieur **2.** [pay a visit] passer ▸ **to look in on sb** rendre visite à or passer voir qqn / *he looked in at the pub on the way home* il s'est arrêté au pub en rentrant chez lui **3.** [watch TV] regarder la télévision.

❖ **look into** vt insep examiner, étudier / *it's a problem that needs looking into* c'est un problème qu'il faut examiner or sur lequel il faut se pencher.

❖ **look on** ◆ vi regarder / *the passers-by just looked on* les passants se sont contentés de regarder. ◆ vt insep considérer / *I look on him as my brother* je le considère comme mon frère ▸ **to look on sb / sthg with favour / disfavour** voir qqn / qqch d'un œil favorable / défavorable.

❖ **look out** ◆ vi **1.** [person] regarder dehors **2.** [room, window] : *the bedroom looks out on* or *over the garden* la chambre donne sur le jardin **3.** [be careful] faire attention / *look out, it's hot!* attention, c'est chaud ! / *you'll be in trouble if you don't look out* tu vas t'attirer des ennuis si tu ne fais pas attention. ◆ vt sep UK : *I'll look / I've looked that book out for you* je te chercherai / je t'ai trouvé ce livre.

❖ **look out after** vt insep US [take care of] prendre soin de.

❖ **look out for** vt insep **1.** [be on watch for] guetter / *I'll look out for you at the station* je te guetterai à la gare / *look out for the sign to Dover* guettez le panneau pour Douvres / *she's always looking out for bargains* elle est toujours à la recherche or à l'affût d'une bonne affaire / *you have to look out for snakes* il faut faire attention or se méfier, il y a des serpents **2.** *inf* PHR **to look out for o.s.** penser à soi / *you've got to look out for number one!* chacun pour soi !

❖ **look over** vt insep [glance over] jeter un coup d'œil sur ; [examine] examiner, étudier.

❖ **look round** ◆ vi **1.** [look at surroundings] regarder (autour de soi) / *I'm just looking round* je ne fais que jeter un coup d'œil, je jette simplement un coup d'œil / *I'd rather look round on my own than take the guided tour* je préférerais faire le tour moi-même plutôt que de suivre la visite guidée / *I looked round for an exit* j'ai cherché une sortie **2.** [look back] regarder derrière soi, se retourner. ◆ vt insep [museum, cathedral, factory] visiter ; [shop, room] jeter un coup d'œil dans.

❖ **look through** vt insep **1.** [window, screen] regarder à travers **2.** [book, report] jeter un coup d'œil sur or à, regarder **3.** *fig* [person] : *he looked straight through me* il m'a regardé comme si je n'étais pas là.

❖ **look to** vt insep **1.** [turn to] se tourner vers / *it's best to look to an expert* il est préférable de consulter un expert or de demander l'avis d'un expert / *don't look to her for help* ne compte pas sur elle pour t'aider / *they are looking to us to find a solution to this problem* ils comptent sur nous pour trouver une solution à ce problème **2.** *fml* [attend to] veiller à / *he should look to his reputation* il devrait veiller à sa réputation / *look to it that discipline is properly maintained* veillez à ce que la discipline soit bien maintenue.

❖ **look up** ◆ vi **1.** [raise one's eyes] lever les yeux **2.** [improve] s'améliorer / *things are looking up for the economy* les perspectives économiques semblent meilleures. ◆ vt sep **1.** [in reference work, directory, etc.] chercher / *look the word up in the dictionary* cherche le mot dans le dictionnaire / *look it up on the Web* cherche-le sur Internet **2.** [visit] passer voir, rendre visite à / *look us up when you're in New York* passe nous voir quand tu seras à New York.

❖ **look upon** = **look on** *(vt insep)*.

❖ **look up to** vt insep respecter, avoir du respect pour.

look-ahead adj US tourné vers l'avenir.

lookalike ['lʊkə,laɪk] n [double] sosie *m* / *a John Major lookalike* un sosie de John Major.

looked-for ['lʊkd-] adj recherché, attendu.

looker ['lʊkər] n *inf* canon *m* / *she's / he's quite a looker* elle / il n'est pas mal (du tout).

looker-on (*pl* **lookers-on**) n [spectator] spectateur *m*, -trice *f*.

look-in n UK *inf* **1.** [chance] : *she talked so much that I didn't get a look-in* elle ne m'a pas laissé le temps de placer un mot or d'en placer une / *the other people applying for the job don't have a look-in* les autres candidats n'ont aucune chance **2.** [visit] ▸ **to give sb a look-in** passer voir qqn, faire un saut chez qqn.

-looking ['lʊkɪŋ] suffix : *kind-looking* qui a l'air gentil / *filthy-looking* (d'aspect) très sale or répugnant.

looking glass n *dated* miroir *m*, glace *f* ▸ **a looking-glass world** *fig* un monde à l'envers.

lookout ['lʊkaʊt] n **1.** [watcher - gen] guetteur *m* ; MIL guetteur *m*, sentinelle *f* ; NAUT vigie *f* **2.** [watch] guet *m* ▸ **to keep (a) lookout** faire le guet ▸ **to keep a lookout** or **to be on the lookout for sthg** guetter qqch, être à l'affût de qqch / *keep a good lookout for them* guette-les bien / *I'm on the lookout for a better job* je suis à la recherche d'un meilleur emploi ▸ **lookout post / tower** poste *m* / tour *f* de guet **3.** MIL [observation post] poste *m* de guet ; NAUT poste *m* de vigie **4.** UK *inf* [prospect] : *it's a poor lookout when even doctors are on the dole* il y a de quoi s'inquiéter quand même les médecins sont au chômage ▸ **that's your / his lookout!** c'est ton / son problème !

look-over n *inf* coup *m* d'œil / *I've given the report a look-over* j'ai jeté un coup d'œil sur le rapport.

look-see n *inf* ▸ **to have** or **to take a look-see** jeter un petit coup d'œil.

lookup ['lʊkʌp] n COMPUT recherche *f*, consultation *f* ▸ **lookup query** requête *f* ▸ **lookup table** table *f* de recherche.

loom [lu:m] ◆ vi **1.** [appear] surgir / *an iceberg loomed out of* or *through the fog* un iceberg a soudain surgi du brouillard / *a figure loomed in the door-*

way une silhouette est apparue dans l'encadrement de la porte / *above us loomed a high cliff* une falaise se dressait au-dessus de nos têtes **2.** [approach] être imminent / *a sinister-looking character was looming up towards them* un personnage à l'air sinistre s'avançait vers eux de façon menaçante / *the deadline was looming nearer and nearer* la date fatidique approchait / *he's getting worried with the elections looming ahead* l'approche des élections l'inquiète **3.** ▸ **to loom large** [threaten] menacer / *the idea of eviction loomed large in their minds* l'idée d'être expulsés ne les quittait pas. ◆ n TEXT métier *m* à tisser ▸ **hand / power loom** métier manuel / mécanique.

❖ **loom up** vi apparaître indistinctement, surgir.

LOOM [lu:m] (abbr of **Loyal Order of the Moose**) pr n *association caritative américaine.*

looming ['lu:mɪŋ] adj **1.** [cliffs, mountains, etc.] imposant **2.** [deadline] qui s'approche dangereusement.

loon [lu:n] ◆ n **1.** *inf* [lunatic] dingue *mf* ; [simpleton] idiot *m*, -e *f* **2.** *arch* [commoner] roturier *m*, -ère *f* ▸ **lord and loon** seigneur et vilain **3.** US ORNITH plongeon *m*. ◆ vi UK *inf* ▸ **to loon (about)** faire le fou or l'imbécile.

looney ['lu:nɪ] *inf* = **loony**.

loon pants = **loons**.

loons [lu:nz] pl n *pantalon taille basse à pattes d'éléphant.*

loony ['lu:nɪ] (*compar* **loonier**, *superl* **looniest**, *pl* **loonies**) *inf* ◆ adj dingue, loufoque ▸ **the loony left** UK POL les extrémistes du parti travailliste. ◆ n dingue *mf*, malade *mf*.

loony bin n *inf & hum* asile *m* / *he's ready for the loony bin* il est bon pour l'asile.

loony tunes adj US *inf* [crazy] barjo(t), foldingue.

loop [lu:p] ◆ n **1.** [in string, rope] boucle *f* ; [in river] méandre *m* ; [in drainpipe] siphon *m* / *a loop of string served as a handle* une ficelle servait de poignée / *the film / the tape runs in a loop* le film / la bande défile en continu ▸ **the Loop** *quartier des affaires de Chicago (délimité par une ligne de métro faisant une boucle)* ▸ **to be / stay in the loop** être / rester dans la boucle ▸ **to keep sb in the loop** tenir qqn au courant ▸ **to be out of the loop** ne plus être dans la boucle **2.** COMPUT boucle *f* **3.** ELEC [closed circuit] circuit *m* fermé **4.** [contraceptive device] stérilet *m*. ◆ vt **1.** [in string, rope, etc.] faire une boucle à / *loop the rope around your waist / through the ring* passez la corde autour de votre taille / dans l'anneau / *streamers were looped across the room* la pièce était tendue de guirlandes **2.** AERON ▸ **to loop the loop** faire un looping. ◆ vi [road] zigzaguer ; [river] faire des méandres or des boucles / *the path looped round the side of the mountain* le sentier montait en lacet à flanc de montagne.

loop aerial n RADIO cadre *m*.

looper ['lu:pər] n ENTOM chenille *f* arpenteuse.

loopey ['lu:pɪ] = **loopy**.

loophole ['lu:phəʊl] n **1.** [gap, defect] lacune *f*, faille *f* / *a loophole in the law* un vide législatif **2.** ARCHIT meurtrière *f*.

loop stitch n point *m* de chaînette.

loopy ['lu:pɪ] (*compar* **loopier**, *superl* **loopiest**) adj **1.** [curly] bouclé ; [knotted] plein de nœuds **2.** *inf* [crazy] dingue, cinglé.

loose [lu:s] ◆ adj **1.** [not tightly fixed - nail] mal enfoncé ; [- screw, bolt] desserré ; [- button] qui pend, mal cousu ; [- knot] qui se défait ; [- floor tile] décollé ; [- shelf] mal fixé ; [- handle, brick] branlant ; [- flooboard] disjoint ; [- slate] mal fixé ; [- tooth] qui bouge / *your button's loose* ton bouton est décousu / *he prised a brick loose* il a réussi à faire bouger une brique / *remove all the loose plaster* enlève tout le plâtre qui se détache / *the steering seems loose* il y a du jeu dans la direction / *to work loose* **a)** [nail] sortir **b)** [screw, bolt] se desserrer **c)** [knot] se défaire **d)** [tooth, slate] bouger **e)** [button] se détacher / *the wind blew some slates loose* le vent a déplacé quelques ardoises ▸ **to have a loose cough** UK avoir une toux grasse ▸ **loose connection** ELEC mauvais contact *m* **2.** [free, unattached] libre / *tie the loose end of the rope to the post* attache le bout libre de la corde au poteau / *she picked up all the loose newspapers* elle a ramassé tous les journaux qui traînaient / *a loose sheet of paper* une feuille volante / *the cutlery was loose in the drawer* les couverts étaient en vrac dans le tiroir / *her hair hung loose about her shoulders* ses cheveux flottaient librement sur ses épaules / *several pages have come loose* plusieurs pages se sont détachées / *I got one hand loose* j'ai réussi à dégager une de mes mains / *if I manage to tear myself loose* si je réussis à me libérer or à me dégager / *he decided to cut loose from his family* il a décidé de couper les ponts avec sa famille / *all the cows were loose in the village* toutes les vaches se promenaient or étaient en liberté dans les rues du village / *a lion got loose from the zoo* un lion s'est échappé du zoo / *he set* or *let* or *turned a mouse loose in the kitchen* il a lâché une souris dans la cuisine / *he let loose a torrent of abuse* *fig* il a lâché un torrent d'injures ; COMM [not packaged] en vrac / *loose coal* charbon *m* en vrac / *loose cheese* fromage *m* à la coupe / *I always buy vegetables loose* je n'achète jamais de légumes préemballés **3.** [slack - grip, hold] mou *(before vowel or silent 'h' mol, f molle)* ; [- skin, flesh] flasque ; [- bowstring, rope] lâche / *she tied the ribbon in a loose bow* elle noua le ruban sans le serrer / *his arms hung loose at his sides* il avait les bras ballants ; *fig* [discipline] relâché ▸ **to have a loose tongue** ne pas savoir tenir sa langue / *loose talk* des propos lestes **4.** [not tight-fitting - dress, jacket] ample, flottant **5.** [weak - connection, link] vague / *they have loose ties with other political groups* ils sont vaguement liés à d'autres groupes politiques ; [informal - organization] peu structuré ; [- agreement] officieux / *a loose political grouping* un regroupement politique peu organisé **6.** [imprecise, broad - thinking, application] peu rigoureux ; [- translation, terminology] approximatif / *we can make a loose distinction between the two phenomena* nous pouvons faire une vague distinction entre les deux phénomènes **7.** *pej* [woman] facile ; [morals] léger / *loose living* débauche *f*, vie *f* dissolue **8.** [not dense or compact - earth] meuble ; [- knit, weave] lâche **9.** [relaxed - muscles] détendu, relâché, au repos ▸ **to have loose bowels** avoir la diarrhée **10.** FIN disponible / *loose money* argent *m* disponible, liquidités *fpl* **11.** PHR ▸ **to keep** or **to stay loose** US *v inf* rester cool / *hang* or *stay loose!* US *v inf* relax !, du calme ! ◆ n [in rugby] ▸ **in the loose** dans la mêlée ouverte. ◆ vt *liter* **1.** [unleash - dogs] lâcher ; [- panic, chaos] semer / *she loosed her tongue* or *fury upon me* elle s'est déchaînée contre moi ; [let fly - bullet] tirer ; [- arrow] décocher / *he loosed a volley of threats / abuse at her* *fig* il s'est répandu en menaces / invectives contre elle **2.** [undo - knot] défaire ; [- hair] détacher ; [unfasten - boat, raft] démarrer, détacher.

❖ **on the loose** adj phr ▸ **to be on the loose** **a)** [gen] être en liberté **b)** [on the run] être en fuite / *a gang of hooligans on the loose* une bande de jeunes voyous qui rôdent / *there was a gunman on the loose in the neighbourhood* il y avait un homme armé qui rôdait dans le quartier.

❖ **loose off** ◆ vt sep [bullet] tirer ; [arrow] décocher ; [gun] décharger ; [curses] lâcher. ◆ vi [with gun] tirer / *he loosed off into the crowd* il tira au hasard dans la foule ; US *fig* [with insults, criticism, etc.] ▸ **to loose off at sb** se déchaîner contre qqn, s'en prendre violemment à qqn.

loosebox ['lu:sbɒks] n UK EQUIT box *m*.

loose change n petite monnaie *f*.

loose cover n UK [for armchair, sofa] housse *f*.

loose end n : *I have a few loose ends to tie up* j'ai encore quelques petits détails à régler ▸ **to be at a loose end** UK or **at loose ends** US être dans un moment creux.

loose-jointed adj [supple] souple ; [gangling] dégingandé.

loose-leaf(ed) adj à feuilles mobiles or volantes ▸ **loose-leaf binder** classeur *m* (à feuilles mobiles) ▸ **loose-leaf paper** feuillets *mpl* mobiles.

loose-limbed adj souple, agile.

loosely ['lu:slɪ] adv **1.** [not firmly - pack, fit, hold, wrap] sans serrer ; [not closely - knit, weave] lâchement / *the dress was loosely gathered at the waist* la robe était peu ajustée à la taille / *the rope hung loosely* **a)** [unattached] la corde pendait **b)** [slackly] la corde était lâche **2.** [apply, interpret] mollement / *loosely translated* **a)** [freely] traduit librement **b)** [inaccurately] mal traduit / *loosely speaking, I'd say...* en gros, je dirais... **3.** [vaguely - connect, relate] vaguement / *the book is only loosely based on my research* le livre n'a qu'un rapport lointain avec mes recherches / *the exhibition is loosely organized around four themes* l'exposition tourne autour de quatre grands thèmes.

loosen ['lu:sn] ◆ vt **1.** [make less tight - knot, screw, lid] desserrer ; [- rope, cable] détendre ; [- grip, reins] relâcher / *he loosened his grip* il relâcha or desserra son étreinte / *I loosened my belt a notch* j'ai desserré ma ceinture d'un cran / *the accident loosened the front wheels* depuis l'accident, il y a du jeu dans le train avant / *the punch had loosened several of his teeth* le coup lui a déchaussé plusieurs dents / *loosen the cake from the sides of the tin* détachez le gâteau des bords du moule / *it loosens the bowels* c'est un laxatif / *loosen the soil with a hoe* ameublissez le sol avec une binette / *the wine soon loosened his tongue* le vin eut vite fait de lui délier la langue ; [weaken] affaiblir / *they have loosened their ties with Moscow* leurs liens avec Moscou se sont relâchés **2.** [liberalize - rules, restrictions] assouplir. ◆ vi [become less tight - knot, screw] se desserrer ; [- grip] se relâcher, se desserrer / *one of the bolts had loosened during the flight* un des boulons s'était desserré pendant le vol.

❖ **loosen up** ◆ vi **1.** [get less severe] se montrer moins sévère / *to loosen up on discipline* relâcher la discipline / *will they loosen up on immigration?* vont-ils adopter une position plus souple vis-à-vis de l'immigration ? **2.** [relax socially] se détendre / *loosen up a bit!* détends-toi un peu ! / *he began to loosen up once the meal was served* il commença à se détendre quand le repas fut servi **3.** [limber up - athlete, musician] s'échauffer. ◆ vt sep [muscles] échauffer.

looseness ['lu:snɪs] n **1.** [of screw, nail, lever] jeu *m* ; [of rope] relâchement *m*, mou *m* **2.** [of clothing] ampleur *f* **3.** [of thinking, interpretation] manque *m* de rigueur ; [of translation, terminology] manque *m* de précision / *he shows a certain looseness in his interpretation of the rules* il interprète le règlement de façon assez fantaisiste **4.** *pej* [of way of life] débauche *f*, licence *f* / *a growing looseness of morals* un relâchement croissant des mœurs.

loose scrum n RUGBY mêlée *f* ouverte.

loose strife n lysimaque *f* commune, souci *m* d'eau.

loose-tongued adj bavard.

loose-weave adj [fabric] lâche, à mailles lâches.

loot [lu:t] ◆ vt [town, goods, tomb] piller / *state coffers were looted to finance the war* *fig* les coffres de l'État ont été pillés pour financer la guerre. ◆ vi piller, se livrer au pillage. ◆ n **1.** [stolen goods] butin *m* **2.** *v inf* [money] pognon *m*, fric *m* / *where's the loot stashed?* où est planqué le fric ? / *he's got plenty of loot* il est plein aux as.

looter ['lu:tər] n [in war, riot] pillard *m*, -e *f* ; [of tombs, churches] pilleur *m*, -euse *f*.

looting ['lu:tɪŋ] n pillage *m*.

lop [lɒp] (*pt & pp* **lopped**, *cont* **lopping**) vt **1.** [tree] élaguer, tailler ; [branch] couper / *farmers have to lop and top all trees and hedges* les agriculteurs doivent tailler tous les arbres et toutes les haies **2.** *fig* [budget] élaguer, faire des coupes sombres dans ; [sum of money, item of expenditure] retrancher, supprimer.

❖ **lop off** vt sep **1.** [branch] couper, tailler **2.** *fig* [price, time] réduire / *they could easily lop another ten per cent off fares* ils pourraient facilement baisser le prix des billets de dix pour cent / *the new motorway will lop 30 minutes off the journey* la nouvelle autoroute va raccourcir le trajet de 30 minutes.

lope [ləʊp] ◆ vi [runner] courir à grandes foulées ; [animal] courir en bondissant. ◆ n [of runner] pas *m* de course *(rapide et souple)* ; [of animal] course *f (avec des bonds)*.

lop-eared adj UK aux oreilles tombantes.

lopsided adj **1.** [crooked - nose, grin] de travers ; [out of line - wall, roof, building] de travers ; [asymmetric] asymétrique ; [of uneven proportions] disproportionné / *her handwriting is all lopsided* son écriture part dans tous les sens **2.** [unevenly weighted] mal équilibré ; [unequal - debate, contest] inégal, déséquilibré / *the article presents a rather lopsided picture of events* l'article présente les événements de façon plutôt partiale.

loquacious [lə'kweɪʃəs] adj *fml* loquace, volubile.

loquacity [lə'kwæsətɪ] n *fml* volubilité *f*, loquacité *f*.

loquat ['lɒkwæt] n BOT [fruit] nèfle *f* du Japon ; [tree] néflier *m* du Japon.

lor [lɔːr] interj UK *v inf & dated* crénom !, nom d'une pipe !

loran ['lɔːrən] n loran *m*.

lord [lɔːd] n **1.** [master] seigneur *m* ; [nobleman] noble *m* / *the lords of industry* les barons de l'industrie / *to live like a lord* mener grand train, vivre en grand seigneur / *she mixes with lords and ladies* elle fréquente la haute société / *her lord and master hum* son seigneur et maître **2.** ASTROL maître *m*.

❖ **Lord** ◆ n UK [title] lord *m* / *Lord (Peter) Snow* lord (Peter) Snow ; [term of address] ▸ **my Lord a)** [to judge] monsieur le juge **b)** [to nobleman] monsieur le comte / marquis / duc **c)** [to bishop] monseigneur / **'Lord Jim'** *Conrad* 'Lord Jim' / **'The Lord of the Flies'** *Golding* 'Sa Majesté des Mouches' / **'The Lord of the Rings'** *Tolkien* 'le Seigneur des anneaux'. ◆ pr n RELIG ▸ **the Lord** le Seigneur ▸ **Our Lord Jesus Christ** Notre Seigneur Jésus-Christ / *in the year of our Lord 1897* en l'an de grâce 1897 ▸ **the Lord's Supper** l'eucharistie *f* ; [in interjections and expressions] ▸ **Good Lord!** *inf* Seigneur ! ▸ **oh Lord!** *inf* mon Dieu ! ▸ **Lord (only) knows!** Dieu seul le sait ! ▸ **Lord love a duck!** UK *inf* crénom de nom ! ◆ vt ▸ **to lord it over sb** UK prendre des airs supérieurs avec qqn.

Lord

Le titre de **Lord** est donné aux **peers** (« pairs », membres de la Chambre des lords), sauf lorsqu'ils ont par ailleurs le titre de **Duke**. L'expression **my Lord** est employée pour s'adresser aux pairs, aux évêques et aux juges ; dans ce dernier cas, elle est généralement abrégée en **M'Lud**.

Lord Advocate n ≃ procureur *m* de la République ; ≃ procureur *m* général *(en Écosse)*.

Lord Chamberlain n grand chambellan *m* *(en Grande-Bretagne)*.

Lord Chancellor n lord *m* chancelier.

Lord Chancellor

Le **Lord Chancellor** (ou **Lord High Chancellor**) est l'officier d'État traditionnellement responsable de l'indépendance et du bon fonctionnement des tribunaux. La création d'un ministère de la Justice en 2007 a réduit le périmètre du rôle afférent à ce titre ; même s'il se trouve que le ministre de la Justice est également **Lord Chancellor**, il faut se garder de traduire **Lord Chancellor** par « ministre de la Justice ».

Le **Lord Chancellor** était autrefois président (**Speaker**) de la Chambre des lords, mais depuis 2005 il n'a plus cette fonction, désormais assurée par le **Lord Speaker**.

Lord Chief Justice *(pl* **Lords Chief Justice***)* n ≃ président *m* de la Haute Cour *(en Grande-Bretagne)*.

Lord High Chancellor = **Lord Chancellor**.

Lord Justice of Appeal *(pl* **Lords Justices of Appeal***)* n ≃ président *m* de la cour d'appel.

Lord Lieutenant *(pl* **Lords Lieutenant** *or* **Lord Lieutenants***)* n lord-lieutenant *m* *(en Grande-Bretagne)*.

Lord Lieutenant

Le **Lord Lieutenant** est un représentant officiel de la Couronne au niveau du comté. Il accompagne les membres de la famille royale lors de visites officielles en province et participe à des activités civiques et caritatives locales. Il est également le chef des **magistrates** (« juges d'instance ») dans son comté.

lordly ['lɔːdlɪ] adj **1.** [arrogant] arrogant, hautain / *with lordly indifference* avec une indifférence souveraine **2.** [noble - gesture] noble, auguste ; [splendid - feast, occasion, life style] somptueux / *he lives in a lordly mansion* il vit dans une maison princière.

Lord Mayor n lord-maire *m*, maire *m*.

Lord Mayor

Le **Lord Mayor** est élu par le conseil municipal de certaines villes d'Angleterre et du pays de Galles. Ses fonctions sont purement cérémonielles (présence lors de manifestations civiques, remises de médailles...). Il ne faut pas confondre le **Lord Mayor** avec le **Mayor** (maire élu responsable de la gestion municipale dans 12 villes anglaises et galloises).

Le **Lord Mayor** de Londres, dont la résidence officielle est **Mansion House**, est surtout célèbre pour deux manifestations cérémonielles qui marquent son élection : le **Lord Mayor's Show** voit le nouveau **Lord Mayor** en costume d'apparat défiler dans les rues de Londres en carrosse doré, et le **Lord Mayor's Banquet** est un dîner officiel donné à l'occasion de son élection, où le Premier ministre fait traditionnellement un discours.

Lord Privy Seal *(pl* **Lords Privy Seal***)* n ▸ **the Lord Privy Seal** *titre du doyen du gouvernement britannique.*

Lord Provost n ▸ **the Lord Provost** le maire *(dans les villes d'Aberdeen, Dundee, Édimbourg et Glasgow)*.

Lord's [lɔːdz] pr n *célèbre terrain de cricket londonien.*

lordship ['lɔːdʃɪp] n **1.** [form of address] ▸ **Your / His Lordship a)** [to noble] monsieur le marquis, monsieur le baron **b)** [to judge] monsieur le juge **c)** [to bishop] Excellence / Son Excellence / *if His Lordship would care to sit down hum* si Votre Altesse daigne s'asseoir **2.** [lands, rights] seigneurie *f* ; [power] autorité *f*.

Lord Speaker pr n *président de la Chambre des lords.*

Lord's Prayer n ▸ **the Lord's Prayer** le Notre Père.

Lords Spiritual pl pr n *membres ecclésiastiques de la Chambre des lords.*

Lords Temporal pl pr n *membres laïques de la Chambre des lords.*

lore [lɔːr] n **1.** [folk legend] tradition *f*, traditions *fpl*, coutume *f*, coutumes *fpl* / *according to Celtic lore, it was built by fairies* la tradition celtique veut qu'il ait été construit par des fées **2.** [traditional knowledge] science *f*, savoir *m* / *she knows all the countryside lore* elle connaît tous les us et coutumes du pays.

lorgnette [lɔː'njet] n **1.** [spectacles] lorgnon *m*, face-à-main *m* **2.** [opera glasses] jumelles *fpl* de théâtre, lorgnette *f*.

loris ['lɒrɪs] n loris *m*.

Lorraine [lɒ'reɪn] pr n Lorraine *f* / *in Lorraine* en Lorraine.

lorry ['lɒrɪ] *(pl* **lorries***)* n UK camion *m*, poids lourd *m* ▸ **lorry park** aire *f* de stationnement pour poids lourds ▸ **it fell off the back of a lorry** *inf* c'est tombé du camion.

lorry driver n UK chauffeur *m* de camion, routier *m*.

lorry-load n UK chargement *m* / *he had a lorry-load of bricks to deliver* il avait un chargement de briques à livrer.

Los Alamos [lɒs'æləmɒs] pr n *ville du Nouveau-Mexique où se trouve le laboratoire chargé du* ***Manhattan Project****, programme de réalisations scientifiques destinées au développement d'armes nucléaires, grâce auquel les États-Unis ont réalisé la première bombe atomique en 1945.*

Los Angeles [lɒs'ændʒɪliːz] pr n Los Angeles.

lose [luːz] *(pt & pp* **lost** [lɒst]*)* ◆ vt **1.** [gen - limb, job, money, patience, etc.] perdre / *I've lost my umbrella again* j'ai encore perdu mon parapluie ▸ **to lose one's way** se perdre, s'égarer / *what have you got to lose?* qu'est-ce que tu as à perdre ? / *you've got nothing to lose* tu n'as rien à perdre / *we haven't got a moment to lose* il n'y a pas une seconde à perdre / *his shop is losing money* son magasin perd de l'argent / *they are losing their markets to the Koreans* ils sont en train de perdre leurs marchés au profit des Coréens / *he lost no time in telling her she was wrong* il ne s'est pas gêné pour lui dire qu'elle avait tort / *we lost 80 days in strikes last year* l'année dernière, nous avons perdu 80 journées de travail à cause des grèves / *don't talk so fast, you've lost me* ne parle pas si vite, je n'arrive pas à te suivre / *the hint / the suggestion was not lost on him* l'allusion / la suggestion ne lui a pas échappé / *your compliment was lost on her* elle ne s'est pas rendu compte que tu lui faisais un compliment / *at what age did he lose his mother?* à quel âge a-t-il perdu sa mère ? / *they lost their homes in the flood* ils ont perdu leur maison dans l'inondation / *30 lives were lost in the fire* 30 personnes ont péri dans l'incendie, l'incendie a fait 30 morts / *she lost a leg / her eyesight in an accident* elle a perdu une jambe / la vue dans un accident ▸ **to lose one's voice** avoir une extinction de voix ▸ **to lose one's appetite** perdre l'appétit / *it made me lose my appetite* ça m'a coupé l'appétit / *the plane is losing altitude* or *height* l'avion perd de l'altitude ▸ **to lose one's balance** perdre l'équilibre ▸ **to lose consciousness** perdre connaissance ▸ **to lose face** perdre la face ▸ **to lose ground** perdre du terrain ▸ **to lose one's head** perdre la tête / *he's losing it* US *inf* il craque / *I've lost interest in it* ça ne m'intéresse plus ▸ **to lose one's nerve** : *he lost his nerve at the last minute* le courage lui a manqué au dernier moment **2.** [not win] perdre / *he lost four games to Karpov* il a perdu quatre parties contre Karpov **3.** [shed, get rid of] perdre ▸ **to lose weight** perdre du poids / *I've lost several pounds* j'ai perdu plusieurs kilos / *the trees lose their leaves in winter* les arbres perdent leurs feuilles en hiver ; [elude, shake off] semer / *she managed to lose the detective* elle a réussi à semer le détective **4.** [cause to lose] coûter, faire perdre / *it lost him his job* ça lui a fait perdre son emploi / *it lost us the contract* cela nous a fait perdre le contrat / *his attitude lost him our respect* à cause de son attitude, il a perdu notre estime **5.** [subj: clock, watch] : *my watch loses five minutes a day* ma montre prend cinq minutes de retard par jour. ◆ vi **1.** perdre / *they lost by one goal* ils ont perdu d'un but / *either way, I can't lose* je suis gagnant à tous les coups / *the dollar is losing in value (against the euro)* le dollar baisse (par rapport à l'euro) / *his work loses a lot in translation* son œuvre se prête très mal à la traduction / *the play didn't lose much in the television version* la pièce n'a pas perdu beaucoup en étant adaptée pour la télévision / *if you sell the house now you'll lose on it* si tu vends la maison maintenant, tu vas perdre de l'argent / *I lost on the deal* j'ai été perdant dans l'affaire **2.** [clock, watch] retarder.

❖ **lose out** vi perdre, être perdant ▸ **to lose out on a deal** être perdant dans une affaire / *will the Americans lose out to the Japanese in computers?* les Américains vont-ils perdre le marché de l'informatique au profit des Japonais ?

loser ['lu:zəʳ] ◆ n **1.** [gen & SPORT] perdant *m*, -e *f* / *he's not a very good loser* il est mauvais perdant or joueur / *they're the losers by it* UK *fig* ce sont eux les perdants dans cette affaire **2.** *inf* [failure - person] raté *m*, -e *f*, loser *mf* / *he's a born loser* c'est un vrai raté, il échoue dans tout ce qu'il entreprend. ◆ adj US *inf* : *a real loser guy* un vrai loser.

losing ['lu:zɪŋ] adj **1.** [gen & SPORT] perdant ▸ **to fight a losing battle** engager une bataille perdue d'avance **2.** [unprofitable] : *the business was a losing concern* cette entreprise n'était pas viable / *it's a losing proposition* ce n'est pas rentable.

❖ **losings** pl n [losses] pertes *fpl*.

loss [lɒs] n **1.** [gen] perte *f* / *have you reported the loss to the police?* avez-vous signalé cette perte à la police? / *it's your gain and their loss* c'est vous qui y gagnez et eux qui y perdent / *it's your loss!* tant pis pour vous! / *her retirement will be a great loss to us all* son départ à la retraite sera une grande perte pour nous tous / *it's no great loss to me* ce n'est pas une grosse perte pour moi / *he would be no great loss to the firm* ce ne serait pas une grande perte pour l'entreprise / *it can cause temporary loss of vision* cela peut provoquer or entraîner une perte momentanée de la vue / *the loss of a close relative* la perte or la mort d'un parent proche / *the party suffered heavy losses in the last elections* le parti a subi de lourdes pertes or a perdu de nombreux sièges lors des dernières élections / *the company announced losses of* or *a loss of a million pounds* la société a annoncé un déficit d'un million de livres / *we made a loss of 10% on the deal* nous avons perdu 10 % dans l'affaire ▸ **to sell at a loss** vendre à perte / *the closure will cause the loss of hundreds of jobs* la fermeture provoquera la disparition de centaines d'emplois / *fortunately there was little loss of life* heureusement, il n'y eut que peu de victimes / *there was terrible loss of life in the last war* la dernière guerre a coûté beaucoup de vies humaines / *they inflicted heavy losses on the enemy* ils infligèrent de lourdes pertes à l'ennemi **2.** [feeling of pain, unhappiness] malheur *m*, chagrin *m* / *his family rallied round him in his loss* sa famille l'a beaucoup entouré dans son chagrin / *she tried to hide her sense of loss from her friends* elle essayait de cacher son chagrin à ses amis / *a tremendous feeling of loss overcame him* il réalisa avec angoisse ce qu'il avait perdu **3.** [in insurance] sinistre *m* / *the following losses are not covered by the policy* les sinistres suivants ne sont pas couverts par cette police **4.** PHR **to be at a loss** ne pas savoir quoi faire, être déconcerté or dérouté / *he's never at a loss* il ne se laisse jamais déconcerter / *I was at a loss for words* je ne savais pas quoi dire, les mots me manquaient / *I'm at a loss as to how to tell him the truth* je ne sais pas comment m'y prendre pour lui dire la vérité / *she was at a loss to explain why she'd done it* elle était dans l'incapacité d'expliquer son comportement.

loss adjuster n [for insurance] expert *m* ; NAUT dispatcheur *m*.

loss leader n COMM *article vendu à perte dans le but d'attirer la clientèle.*

lossless ['lɒslɪs] adj COMPUT ▸ **lossless compression** compression *f* sans perte.

lossmaker ['lɒsmeɪkəʳ] n gouffre *m* financier.

loss-making adj UK COMM qui tourne à perte, déficitaire.

lossy adj COMPUT ▸ **lossy compression** compression *f* avec perte.

lost [lɒst] ◆ pt & pp ⟶ **lose.** ◆ adj **1.** [keys, money, etc.] perdu / *all is not yet lost* tout n'est pas perdu / *they have discovered a lost masterpiece* ils ont découvert un chef-d'œuvre disparu / *the lost city of Atlantis* Atlantide, la ville engloutie **2.** [person - in direction] perdu, égaré / *can you help me, I'm lost* pouvez-vous m'aider, je me suis perdu or égaré ▸ **to get lost** se perdre / *they got lost on the way back* ils se sont perdus sur le chemin du retour ▸ **lost in action** MIL mort au combat ▸ **a lost sheep** *lit & fig* une brebis égarée ▸ **a lost soul** une âme en peine ▸ **a lost woman** *dated* une femme perdue *(moralement)* ▸ **get lost!** *inf* va te faire voir! **3.** *fig* [engrossed] perdu, plongé, absorbé / *she was lost in her book* elle était plongée dans son livre / *lost in a daydream* perdu dans une rêverie **4.** [wasted - time] perdu ; [- opportunity] perdu, manqué ; [- youth] gâché / *the allusion was lost on me* je n'ai pas compris or saisi l'allusion / *your advice would be lost on them* leur donner un conseil serait peine perdue **5.** [confused, bewildered] perdu / *I'm lost, start again!* je suis perdu or je ne vous suis plus, recommencez! ; [disconcerted] désorienté / *I felt quite lost in the new job* je me sentais complètement perdu dans mon nouveau travail / *I'm lost for words* je ne sais pas quoi dire **6.** [oblivious] insensible / *he was lost to the world* il avait l'esprit ailleurs.

lost-and-found n ▸ **lost-and-found (office)** US bureau *m* des objets trouvés / *I put an advert in the lost-and-found column* j'ai mis une annonce dans la rubrique des objets trouvés.

lost cause n cause *f* perdue.

lost generation n génération *f* perdue.

lost property n objets *mpl* trouvés.

lost property office n UK bureau *m* des objets trouvés.

lot [lɒt] n **1.** *inf* [group of people] : *this lot are leaving today and another lot are arriving tomorrow* ce groupe part aujourd'hui et un autre (groupe) arrive demain / *the new recruits are quite an interesting lot* les nouveaux sont tous assez intéressants / *I don't want you getting mixed up with that lot* je ne veux pas que tu traînes avec cette bande / *I'm taking my lot to the cinema* j'emmène les miens au cinéma / *come here, you lot!* venez ici, vous autres! / *he's a bad lot* c'est un sale type **2.** [group of things] : *most of the last lot of fans we had in were defective* presque tous les ventilateurs du dernier lot étaient défectueux / *take all this lot and dump it in my office* prends tout ça et mets-le dans mon bureau / *I've just been given another lot of letters to sign* on vient de me donner un autre paquet de lettres à signer **3.** [item in auction, in lottery] lot *m* / *lot 49 is a set of five paintings* le lot 49 est un ensemble de cinq tableaux / *the winner of lot 20* le gagnant du lot 20 **4.** [destiny, fortune] sort *m*, destin *m* / *to be content with one's lot* être content de son sort / *it was his lot in life to be the underdog* il était destiné à rester un sous-fifre / *it fell to my lot to be the first to try* le sort a voulu que je sois le premier à essayer ▸ **to throw in one's lot with sb** se mettre du côté de qqn **5.** [random choice] : *the winners are chosen by lot* les gagnants sont choisis par tirage au sort ▸ **to draw** or **cast lots** tirer au sort **6.** US [plot of land] terrain *m* / *a vacant lot* un terrain vague / *a used car lot* un parking de voitures d'occasion **7.** US CIN studio *m* (de cinéma).

❖ **lots** *inf* ◆ pron beaucoup / *do you need any paper / envelopes? I've got lots* est-ce que tu as besoin de papier / d'enveloppes? j'en ai plein / *there are lots to choose from* il y a du choix. ◆ adv beaucoup / *are you feeling better now? — oh, lots, thank you* vous vous sentez mieux maintenant? — oh, beaucoup mieux, merci / *this is lots easier than the last exam* c'est vachement plus facile que le dernier exam.

❖ **a lot** ◆ pron phr beaucoup / *there's a lot still to be done* il y a encore beaucoup à faire / *there's an awful lot wrong with the plan* il y a beaucoup de choses qui ne vont pas dans ce projet / *there's not a lot you can do about it* tu n'y peux pas grand-chose / *I'd give a lot to know* je donnerais beaucoup or cher pour savoir / *it did me a lot of good* ça m'a fait beaucoup de bien / *a lot of people think it's true* beaucoup de gens pensent que c'est vrai / *what a lot of people!* quelle foule!, que de monde! / *there's an awful lot of work still to be done* il reste encore beaucoup de travail à faire / *I've had such a lot of cards from well-wishers* j'ai vraiment reçu beaucoup de cartes de sympathie / *she takes a lot of care over her appearance* elle fait très attention à son apparence / *we see a lot of them* nous les voyons beaucoup or souvent / *a (fat) lot of help you were!* or *you were a (fat) lot of help!* *iro* ça, pour être utile, tu as été utile! *iro.* ◆ adv phr beaucoup / *a lot better / more* beaucoup mieux / plus / *their house is a lot bigger* leur maison est beaucoup plus grande / *he's changed a lot since I last saw him* il a beaucoup changé depuis la dernière fois que je l'ai vu / *she travels a lot on business* elle voyage beaucoup pour ses affaires / *thanks a lot!* merci beaucoup! / *a (fat) lot she cares!* *iro* elle s'en fiche pas mal!

❖ **lots of** det phr *inf* beaucoup de / *we had lots of fun* on s'est bien marrés / *I've been there lots of times* j'y suis allé plein de fois / *lots and lots of lovely money* tout plein de sous ▸ **lots of love** [at end of letter] ≃ je t'embrasse, grosses bises / *they've got money and lot of it!* ils ont de l'argent, et pas qu'un peu!

❖ **the lot** pron phr le tout / *there isn't much, take the lot* il n'y en a pas beaucoup, prenez tout / *there aren't many, take the lot* il n'y en a pas beaucoup, prenez-les tous / *she ate the (whole) lot* elle a tout mangé / *the (whole) lot of them came* ils sont tous venus / *clear off, the lot of you* débarrassez-moi tous le plancher / *it only cost me a pound for the lot* le tout ne m'a coûté qu'une livre / *that's the lot* tout est là / *that's the* or *your lot for tonight* *inf* c'est tout pour ce soir.

See box at **many.**

Lot [lɒt] pr n BIBLE Lot, Loth.

loth [ləʊθ] = **loath.**

Lothario [lə'θɑ:rɪəʊ] (*pl* **Lotharios**) n don Juan *m*, libertin *m*.

Lothian Region ['ləʊðjən-] pr n la région du Lothian *(Écosse).*

lotion ['ləʊʃn] n lotion *f*.

lottery ['lɒtərɪ] n **1.** loterie *f* ▸ **lottery ticket** billet *m* de loterie **2.** *fig* [matter of luck] loterie *f*.

lotto ['lɒtəʊ] n loto *m (jeu de société).*

lotus ['ləʊtəs] n lotus *m*.

lotus-eater n MYTH lotophage *m* ; *fig* doux rêveur *m*.

lotus position n position *f* du lotus.

loud [laʊd] ◆ adj **1.** [noise, shout] grand, puissant ; [voice, music] fort ; [explosion] fort, violent / *the television is too loud* la télévision est trop forte, le son de la télévision est trop fort / *the door slammed with a loud bang* la porte a claqué très fort / *a loud argument was going on in the next room* on se disputait bruyamment dans la pièce voisine / *"come tomorrow", he said in a loud whisper* «venez demain», chuchota-t-il, assez fort pour qu'on l'entende ; [vigorous - protest, applause] vif / *there were loud protests among politicians* de vives protestations se sont élevées dans la classe politique, la classe politique a vivement protesté / *they were loud in their support | condemnation of the project* ils ont vigoureusement soutenu / condamné le projet ; *pej* [loudmouthed, brash] bruyant, tapageur / *he's a bit loud, isn't he?* ce n'est pas le genre discret! **2.** [garish - colour] criard, voyant ; [- pattern] voyant / *he wore a suit with a loud check* il portait un costume à carreaux très voyant. ◆ adv fort / *can you speak a little louder?* pouvez-vous parler un peu plus fort? / *the music was turned up loud* on avait mis la musique à fond / *to read out loud* lire à haute voix / *I was thinking out loud* je pensais tout haut / *receiving you loud and clear* je vous reçois cinq sur cinq.

loudhailer [,laʊd'heɪləʳ] n UK porte-voix *m inv*, mégaphone *m* / *they spoke to him by loudhailer* ils lui ont parlé à l'aide d'un porte-voix.

loudly ['laʊdlɪ] adv **1.** [noisily - speak] d'une voix forte ; [- laugh] bruyamment / *our neighbour banged loudly on the wall* notre voisin a donné de grands coups contre le mur / *the supporters cheered loudly* les supporters ont applaudi bruyamment ; [vigorously] avec force or vigueur / *we protested loudly* nous avons protesté vigoureusement **2.** [garishly] de façon tapageuse or voyante.

loudmouth ['laʊdmaʊθ] (*pl* [-maʊðz]) n *inf* **1.** [noisy person] braillard *m*, -e *f*, gueulard *m*, -e *f* **2.** [boaster] crâneur *m*, -euse *f*, frimeur *m*, -euse *f* **3.** [gossip] commère *f*.

loudmouthed ['laʊdmaʊðd] adj *inf* **1.** [noisy] fort en gueule **2.** [boastful] grande gueule, qui l'ouvre **3.** [gossipy] bavard.

loudness ['laʊdnɪs] n **1.** [of sound] intensité *f*, force *f* ; [of voice] intensité *f* ; [of cheers] vigueur *f* / *the loudness of the music makes conversation impossible* la musique est tellement forte qu'on ne s'entend pas **2.** [on hi-fi system] ▸ **loudness control** correcteur *m* physiologique **3.** [of colours, dress] violence *f*, éclat *m*.

loud pedal n MUS pédale *f* forte.

loudspeaker [ˌlaʊd'spiːkər] n haut-parleur *m* ; [on stereo] enceinte *f*, baffle *m*.

lough [lɒk] n IR [lake] lac *m* ; [inlet] lagune *f*.

louis ['luːɪ] (*pl* **louis** ['luːɪ]) n [coin] louis *m* (d'or).

Louis ['luːɪ] pr n Louis ▸ **Saint Louis** Saint Louis.

Louisiana [luːˌiːzɪ'ænə] pr n Louisiane *f* / *in Louisiana* en Louisiane.

Louisiana Purchase pr n ▸ **the Louisiana Purchase** l'achat *m* de la Louisiane.

 **The Louisiana Purchase**

Rachat par les États-Unis du territoire de la Louisiane à la France, en 1803. Craignant l'expansion de l'empire napoléonien, Thomas Jefferson négocia cet immense territoire pour 15 millions de dollars en argent liquide. La superficie du pays s'en trouva doublée.

lounge [laʊndʒ] ◆ n **1.** [room - in private house, on ship, in hotel] salon *m* ; [- at airport] salle *f* d'attente ; [bar] (salle *f* de) bar *m* ; UK [in pub] = **lounge bar 2.** [rest] : *to have a lounge in the sun* paresser or se prélasser au soleil **3.** [seat] méridienne *f* **4.** MUS ▸ **lounge (music)** (musique *f*) lounge *m*. ◆ vi **1.** [recline] s'allonger, se prélasser ; [sprawl] être allongé / *he spent the afternoon lounging on the sofa reading* il a passé l'après-midi à lire allongé sur le canapé / *he lounged against the counter* il était appuyé nonchalamment contre le comptoir **2.** [laze] paresser ; [hang about] traîner / *gangs of kids were lounging on street corners* des bandes de gosses traînaient au coin des rues ; [stroll] flâner / *I spent the afternoon lounging round the shops* j'ai passé l'après-midi à flâner dans les magasins.

❖ **lounge about** UK, **lounge around** = **lounge** *(vi).*

lounge bar n UK *salon dans un pub (plus confortable et plus cher que le «public bar»).*

lounge lizard n *inf* salonnard *m*, -e *f*.

lounger ['laʊndʒər] n **1.** [sunbed] chaise *f* longue, bain *m* de soleil **2.** [person] paresseux *m*, -euse *f*.

lounge suit n UK costume *m* de ville ; [on invitation] tenue *f* de ville.

lour ['laʊər] vi = **lower** ² *(vi).*

louse [laʊs] ◆ n **1.** (*pl* **lice** [laɪs]) [insect] pou *m* **2.** (*pl* **louses**) *v inf* [person] salaud *m*, chienne *f*. ◆ vt [remove lice from] épouiller.

❖ **louse up** vt sep *v inf* [spoil] foutre en l'air.

lousy ['laʊzɪ] (*compar* **lousier**, *superl* **lousiest**) adj **1.** *inf* [appalling - film, singer] nul ; [- weather] pourri / *we had a lousy holiday!* bonjour les vacances ! / *I've got a lousy hangover!* j'ai une de ces gueules de bois ! / *I feel lousy this morning* je suis mal fichu ce matin / *I'm lousy at tennis* or *I'm a lousy tennis player* je suis nul au tennis, je joue au tennis comme un pied / *it's in lousy condition* il est en très mauvais état / *you're a lousy liar* **a)** [lie badly] tu ne sais pas mentir **b)** [as intensifier] tu n'es qu'un sale menteur ; [annoying] fichu, sacré / *I've got these lousy letters to write!* j'ai ces fichues lettres à écrire ! **2.** *inf* [mean] vache / *that was a lousy trick!* tu parles d'une vacherie ! / *I feel lousy about what happened* ça m'embête, ce qui est arrivé **3.** *inf & dated* [full] : *the town was lousy with police* la ville grouillait de flics / *they're lousy with money* ils sont bourrés de fric or pleins aux as **4.** [lice-infested] pouilleux.

lout [laʊt] n [bumpkin] rustre *m* ; [hooligan] voyou *m* / *you ignorant lout!* espèce de brute épaisse !

loutish ['laʊtɪʃ] adj [behaviour] grossier ; [manners] de rustre, mal dégrossi.

louvre UK, **louver** US ['luːvər] n [slat] lamelle *f* ; [window] jalousie *f*, volet *m* à claire-voie, persienne *f*.

louvred UK, **louvered** US ['luːvəd] adj à claire-voie.

lovable ['lʌvəbl] adj charmant, sympathique, attachant.

lovage ['lʌvɪdʒ] n BOT livèche *f*, levisticum *m*.

lovat ['lʌvət] n *couleur bleu-vert ou jaune-vert qu'on trouve en particulier dans les lainages et dans les tweeds.*

love [lʌv] ◆ vt **1.** [sweetheart] aimer ; [friends, relatives] aimer beaucoup or bien / *I like you but I don't love you* je t'aime bien mais je ne suis pas amoureux de toi / *I love my brother but...* j'aime beaucoup mon frère, mais... ▸ **I'll have to love you and leave you** *inf* ce n'est pas tout, mais il faut que j'y aille **2.** [enjoy] aimer, adorer / *don't you just love that little dress?* cette petite robe est vraiment adorable, tu ne trouves pas ? / *I love lying* or *to lie in bed on Sunday mornings* j'adore faire la grasse matinée le dimanche / *she loves to hear you sing* elle adore vous entendre chanter / *I'd love to come* j'aimerais beaucoup venir / *I'd love you to come* j'aimerais beaucoup que or cela me ferait très plaisir que tu viennes / *would you like to come too? — I'd love to* voudriez-vous venir aussi ? — avec grand plaisir **3.** [prize - one's country, freedom, etc.] aimer. ◆ n **1.** [for person] amour *m* / *motherly love* amour maternel / *we didn't marry for love* nous n'avons pas fait un mariage d'amour / *he did it out of love for her* il l'a fait par amour pour elle / *it was love at first sight* ce fut le coup de foudre ▸ **to be in love (with sb)** être amoureux (de qqn) / *they were deeply in love* ils s'aimaient profondément ▸ **to fall in love (with sb)** tomber amoureux (de qqn) ▸ **to make love** faire l'amour ▸ **to make love to sb a)** [have sex with] faire l'amour à qqn **b)** *arch* [court] faire la cour à qqn / *make love not war!* faites l'amour, pas la guerre ! ▸ **for the love of God** or UK **Mike!** *inf* pour l'amour du ciel ! / *Harry sends* or *gives you his love* Harry t'embrasse / *give my love to Harry* embrasse Harry de ma part or pour moi / *(lots of) love from Jane* or *all my love, Jane* [in letter] affectueusement, Jane / *I wouldn't do it for love nor money* *inf* je ne le ferais pas pour tout l'or du monde, je ne le ferais pour rien au monde / *you can't get a taxi for love nor money round here* *inf* pas moyen de trouver un taxi par ici ▸ **there's no love lost between them** ils se détestent cordialement / **'All For Love'** *Dryden* 'Tout pour l'amour' / **'Love's Labour's Lost'** *Shakespeare* 'Peines d'amour perdues' **2.** [for jazz, one's country, etc.] amour *m* / *his love of good food* sa passion pour la bonne chère / *she fell in love with the house immediately* elle a eu le coup de foudre pour la maison / *I don't do this job for the love of it* je ne fais pas ce travail pour le or par plaisir **3.** [beloved person] amour *m* / *he's one of her many loves* c'est un des nombreux hommes qu'elle a aimés / *she's the love of his life* c'est la femme de sa vie / *isn't he a love!* UK *inf* ce qu'il est mignon or chou ! ; [favourite activity] passion *f* / *music is his great love* la musique est sa grande passion **4.** [term of address] : *thank you, (my) love* *inf* merci, mon chou ; [to stranger] : *wait a minute, love!* **a)** UK *inf* [to child] attends une minute, mon petit ! **b)** [to adult] attendez une minute **5.** SPORT zéro *m* / *40 love* 40 zéro.

loveable ['lʌvəbl] = **lovable**.

love affair n liaison *f* (amoureuse) ; *fig* passion *f* / *his love affair with Paris* sa passion pour Paris.

love aid n [sex toy] gadget *m* érotique.

lovebird ['lʌvbɜːd] n **1.** ORNITH perruche *f* ▸ **lovebirds** inséparables *mpl* **2.** *hum* [lover] amoureux *m*, -euse *f* / *the lovebirds are in the other room* les amoureux or les tourtereaux sont dans l'autre pièce.

lovebite ['lʌvbaɪt] n UK suçon *m*.

love child n enfant *mf* de l'amour.

loved up [lʌvd-] adj UK *drugs sl* tout gentil *(sous l'effet de l'ecstasy).*

love handles pl n *inf* poignées *fpl* d'amour.

love-hate adj ▸ **a love-hate relationship** une relation d'amour-haine.

love-in n **1.** *dated* [hippie gathering] rassemblement *m* de hippies **2.** *fig situation dans laquelle des gens passent leur temps à se faire des compliments les uns aux autres.*

love-in-a-mist n *(U)* BOT cheveux *mpl* de Vénus, nigelle *f* de Damas.

love knot n lacs *m* d'amour.

loveless ['lʌvlɪs] adj [marriage] sans amour ; [person - unloved] mal aimé ; [- unloving] sans cœur, incapable d'aimer.

love letter n lettre *f* d'amour, billet *m* doux.

love-lies-bleeding n queue-de-renard *f*.

love life n vie *f* sentimentale / *how's your love life?* *inf* comment vont tes amours ?

loveliness ['lʌvlɪnɪs] n charme *m*, beauté *f*.

lovelorn ['lʌvlɔːn] adj malheureux en amour / *to be lovelorn* avoir le mal d'amour.

lovely ['lʌvlɪ] (*compar* **lovelier**, *superl* **loveliest**) ◆ adj **1.** [in appearance - person] beau *(before vowel or silent 'h' **bel**, f **belle**)*, joli ; [- child] joli, mignon ; [- home, scenery] joli **2.** [view, evening, weather] beau *(before vowel or silent 'h' **bel**, f **belle**)* ; [holiday] (très) agréable ; [dress] joli ; [meal] excellent / *what a lovely day!* quelle belle journée ! / *we had a lovely day at the beach* nous avons passé une très agréable journée à la plage / *it's a lovely idea* c'est une très bonne idée / *it's lovely to see you* je suis enchanté or ravi de vous voir / *this wool is lovely and soft* UK cette laine est très douce au toucher / *it's lovely and warm by the fire* UK il fait bon près de la cheminée / *it sounds lovely* cela a l'air très bien / *would you like to come to dinner next week? — that'd be lovely* tu veux venir dîner la semaine prochaine ? — ça serait vraiment bien or avec plaisir / **'Oh! What a Lovely War'** *Attenborough* 'Ah ! Dieu que la guerre est jolie' **3.** [in character] charmant, très aimable / *her parents are lovely people* ses parents sont des gens charmants. ◆ n *inf* mignonne *f*.

lovemaking ['lʌvˌmeɪkɪŋ] n **1.** [sexual intercourse] ébats *mpl* (amoureux) / *during their lovemaking* pendant qu'ils faisaient l'amour **2.** *arch* [courtship] cour *f*.

love match n mariage *m* d'amour.

love nest n nid *m* d'amour.

love potion n philtre *m*.

lover ['lʌvər] n **1.** [sexual partner] amant *m*, -e *f* / *he fancies himself as a great lover* il se considère comme un merveilleux amant / **'The Lover'** *Pinter* 'l'Amant' **2.** *dated* [suitor] amoureux *m*, soupirant *m* / *the young lovers* les jeunes amoureux *mpl* **3.** [enthusiast] amateur *m*, -trice *f* / *he's a real music lover* c'est un mélomane / *I'm not a dog lover myself* moi-même je n'aime pas beaucoup les chiens / *for all lovers of good food* pour tous les amateurs de bonne cuisine / *she's a great lover of the cinema* elle adore le cinéma, c'est une grande cinéphile.

lover-boy n *inf & hum* [womanizer] don Juan *m*, tombeur *m*, séducteur *m*.

love scene n scène *f* d'amour.

loveseat ['lʌvsiːt] n causeuse *f*.

lovesick ['lʌvsɪk] adj : *to be lovesick* se languir d'amour.

love song n chanson *f* d'amour.

love story n histoire *f* d'amour.

love token n gage *m* d'amour.

love triangle n triangle *m* amoureux.

lovey-dovey ['lʌvɪdʌvɪ] adj *inf & pej* doucereux.

loving ['lʌvɪŋ] adj [affectionate] affectueux ; [tender] tendre / *loving kindness* bonté *f*.

-loving suffix : *money-loving* qui aime l'argent, cupide / *music-loving* amateur de musique, mélomane / *wine-loving* qui aime le vin, amateur de vin.

loving cup n coupe *f* de l'amitié.

lovingly ['lʌvɪŋlɪ] adv [affectionately] affectueusement ; [tenderly] tendrement ; [passionately] avec amour, amoureusement ; [with great care] soigneusement, avec soin.

low [ləʊ] ◆ adj **1.** [in height] bas / *this room has a low ceiling* cette pièce est basse de plafond / *low hills* collines peu élevées / *a low neckline* un décolleté / *the sun was already low in the sky* le soleil était déjà bas dans le ciel / *the houses are built on low ground* les maisons sont bâties dans une cuvette / *the river is low today* la rivière est basse aujourd'hui / **'low bridge'**

AUTO 'hauteur limitée' **2.** [in scale - temperature] bas ; [- level] faible / *the temperature is in the low twenties* il fait un peu plus de vingt degrés / *old people are given very low priority* les personnes âgées ne sont absolument pas considérées comme prioritaires / *I've reached a low point in my career* j'ai atteint un creux dans ma carrière / *their relationship is at a low ebb* leurs relations sont au plus bas / *a low blood count* une numération globulaire basse / *low gear* US première (vitesse) *f* / **'engage low gear'** AUTO 'utilisez le frein moteur' ; [in degree, intensity - probability, visibility] faible ; [- fire] bas ; [- lighting] faible, tamisé / *cook on a low heat* faire cuire à feu doux / *a low pressure area* METEOR une zone de basse pression ; [in value, amount - figure, price] bas, faible ; [- profit] faible, maigre / *low economic growth* faible croissance économique / *attendance was low* il y avait peu de monde / *we're only playing for low stakes* nous ne jouons que de petites mises, nous ne jouons pas de grosses sommes / *we're rather low on whisky* on n'a plus beaucoup de whisky / *we're getting low on kerosene* nous allons bientôt être à court de kérosène / *the ammunition is getting low* nous aurons bientôt épuisé les munitions / *low in calories* pauvre en calories / *the soil is very low in nitrogen* la terre est très pauvre en azote / *to play a low trump* CARDS jouer un petit atout **3.** [poor - intelligence, standard] faible ; [- opinion] faible, piètre ; [- in health] mauvais, médiocre ; [- in quality] mauvais / *he's very low at the moment* il est bien bas or bien affaibli en ce moment / *I'm in rather low spirits* or *I feel rather low* je n'ai pas le moral, je suis assez déprimé / *the pupils in this school have a low standard of reading* les élèves de cette école ont un niveau faible en lecture / *a low quality carpet* une moquette de mauvaise qualité **4.** [in rank] bas, inférieur / *to be of low birth* être de basse extraction or d'origine modeste / *low ranking officials* petits fonctionnaires *mpl*, fonctionnaires *mpl* subalternes **5.** [vulgar - behaviour] grossier ; [- tastes] vulgaire / *to keep low company* fréquenter des gens peu recommandables / *that was a low trick* c'était un sale tour / *a man of low cunning* un homme d'une ruse ignoble ▸ **low comedy** THEAT farce *f* **6.** [primitive] : *low forms of life* des formes de vie inférieures or peu évoluées **7.** [soft - voice, music] bas, faible ; [- light] faible / *keep your voice low* ne parlez pas trop fort / *turn the radio down low* mettez la radio moins fort / *turn the lights down low* baissez les lumières / *she gave a low groan* elle poussa un faible gémissement / *we heard a low moan* nous avons entendu une plainte étouffée **8.** [deep - note, voice] bas. ◆ adv **1.** [in height] bas ▸ **lower down** plus bas / *aim low* visez bas / *I can't bend down that low* je ne peux pas me pencher si bas / *a helicopter flew low over the town* un hélicoptère a survolé la ville à basse altitude / *the sun sank low on the horizon* le soleil est descendu très bas sur l'horizon / *she was sitting very low in her chair* elle était avachie sur sa chaise / *he bowed low* il s'inclina profondément ▸ **to lie low a)** [hide] se cacher **b)** [keep low profile] adopter un profil bas ▸ **to be laid low** [ill] être immobilisé **2.** [in intensity] bas / *the fire had burnt low* le feu avait baissé / *stocks are running low* les réserves baissent / *the batteries are running low* les piles sont usées **3.** [in price] ▸ **to buy low a)** acheter à bas prix **b)** ST. EX acheter quand les cours sont bas **4.** [morally] : *I wouldn't stoop* or *sink so low as to tell lies* je ne m'abaisserais pas à mentir. ◆ n **1.** [in height] bas *m* ; [in intensity] minimum *m* / *the heating is on low* le chauffage est au minimum **2.** [low point] niveau *m* bas, point *m* bas / *the dollar has reached a record low* le dollar a atteint son niveau le plus bas / *relations between them are at an all-time low* leurs relations n'ont jamais été si mauvaises **3.** METEOR dépression *f* **4.** US AUTO ▸ **in low** en première or seconde **5.** *liter* [of cattle] meuglement *m*, beuglement *m*. ◆ vi meugler, beugler.

low-alcohol adj à faible teneur en alcool.

low-angle shot n TV & CIN contre-plongée *f*.

low-born adj d'origine modeste, de basse extraction.

lowboy ['ləʊbɔɪ] n commode *f* (basse).

lowbrow ['ləʊbraʊ] ◆ n *pej* personne *f* sans prétentions intellectuelles or terre à terre. ◆ adj [person] peu intellectuel, terre à terre ; [book, film] sans prétentions intellectuelles / *lowbrow literature* littérature *f* de hall de gare.

low-budget adj économique.

low-calorie, low-cal adj (à) basses calories.

Low Church adj à tendance évangélique *(dans l'Église anglicane)*.

low-cost adj (à) bon marché ; [airline] low cost.

Low Countries pl pr n ▸ **the Low Countries** les Pays-Bas *mpl* / *in the Low Countries* aux Pays-Bas.

low-cut adj décolleté.

low-density housing n zones *fpl* d'habitation peu peuplées.

lowdown ['ləʊdaʊn] n *(U) inf* renseignements *mpl* / *can you give me the lowdown on what happened?* tu peux me mettre au courant de ce qui s'est passé ?

❖ **low-down** adj **1.** [shameful] honteux, bas ; [mean] mesquin / *that was a dirty low-down trick* c'était un sale tour **2.** US [depressed] cafardeux / *I'm feeling low-down* j'ai le cafard.

low-end adj bas de gamme.

lower¹ ['ləʊəʳ] ◆ adj *(compar of low)* inférieur, plus bas ▸ **the lower back** le bas du dos ▸ **lower back pain** douleur *f* dans le bas du dos ▸ **the lower classes** les classes inférieures ▸ **the lower deck** [of ship] le pont inférieur / **'The Lower Depths'** *Gorki, Renoir* 'les Bas-Fonds' ▸ **the lower House** or **Chamber** UK POL la Chambre basse or des communes ▸ **the lower middle class** la petite bourgeoisie ▸ **lower vertebrates** vertébrés inférieurs. ◆ adv *(compar of low)* ▸ **the lower paid** la tranche inférieure du salariat. ◆ vt **1.** [blind] baisser ; [eyes] baisser ; [sails] abaisser, amener ; [lifeboat] mettre à la mer / *lower your aim a bit* visez un peu plus bas / *supplies were lowered down to us on a rope* on nous a descendu des provisions au bout d'une corde / *she lowered herself into the water* elle se laissa glisser dans l'eau ▸ **lowered control button** US *dans un ascenseur, bouton accessible aux personnes en fauteuil roulant* ▸ **to lower one's guard a)** [in boxing] baisser sa garde **b)** *fig* prêter le flanc **2.** [reduce - price, pressure, standard] baisser, diminuer / *lower your voice* parlez moins fort, baissez la voix **3.** [morally] : *she wouldn't lower herself to talk to them* elle ne s'abaisserait pas au point de leur adresser la parole. ◆ vi [diminish - pressure] diminuer ; [- price] baisser.

❖ **lower away** vi ▸ **lower away!** laissez descendre !

lower² ['laʊəʳ] vi **1.** [sky, weather] se couvrir / *a lowering sky* un ciel menaçant or couvert **2.** [person] regarder d'un air menaçant / *he sat in the corner and lowered at me* il s'assit dans un coin et il me regarda d'un œil or d'un air menaçant.

lower-case ['ləʊəʳ-] ◆ adj TYPO en bas de casse, minuscule. ◆ n bas *m* de casse.

lower-class ['ləʊəʳ-] adj populaire.

lowering¹ ['ləʊərɪŋ] ◆ n **1.** [of flag] abaissement *m* ; [of boat] mise *f* à la mer / *the lowering of the coffin into the grave* la descente du cercueil dans la tombe **2.** [reduction - of temperature, standards, prices] baisse *f*. ◆ adj humiliant.

lowering² ['laʊərɪŋ] adj [sky] sombre, couvert ; [clouds] menaçant.

lowermost ['ləʊəməʊst] adj *fml* le plus bas.

lowest ['ləʊɪst] adj *(superl of low)* le plus bas / *the sun was at its lowest* le soleil était très bas sur l'horizon / *the lowest of the low* le dernier des derniers / *the newspaper panders to the views of the lowest in society* *fig* ce journal flatte les instincts les plus bas de la société ▸ **the lowest common multiple** le plus petit commun multiple ▸ **the lowest common denominator** le plus petit dénominateur commun.

low-fat adj [yoghurt, crisps] allégé ; [milk] demi-écrémé.

low-flying adj volant à basse altitude.

low-frequency adj (à) basse fréquence.

Low German n bas allemand *m*.

low-grade adj [in quality] de qualité inférieure ; [in rank] (de rang) inférieur, subalterne.

low-heeled adj à talons plats.

low-income adj à faibles revenus ▸ **low-income group** population *f* à faibles revenus.

lowing ['ləʊɪŋ] n *(U) liter* meuglement *m*, beuglement *m*, mugissement *m*.

low-interest adj FIN [credit, loan] à taux réduit.

low-key adj [style] discret (discrète) ; [person] réservé / *the meeting was a very low-key affair* la réunion s'est tenue dans la plus grande discrétion / *a low-key approach* une approche discrète.

lowland ['ləʊlənd] n plaine *f*, basse terre *f* ▸ **the Lowlands** les Basses Terres.

low-lather adj peu moussant.

Low Latin n bas latin *m*.

low-level adj [talks] à bas niveau ; [operation] de faible envergure ▸ **low-level flying** AERON vol *m* à basse altitude ▸ **low-level language** COMPUT langage *m* non évolué or de bas niveau ▸ **low-level radiation** NUCL irradiation *f* de faible intensité ▸ **low-level radioactive waste** déchets *mpl* radioactifs de faible activité.

low life n [underworld] pègre *f*.

❖ **low-life** ◆ adj du milieu / *you low-life bastard!* *offens* espèce d'ordure ! *v inf*. ◆ n [despicable person] ordure *f v inf*.

lowlights ['ləʊlaɪts] pl n **1.** [in hair] mèches *fpl* **2.** *inf* [worst points] points *mpl* noirs.

lowliness ['ləʊlɪnɪs] n humilité *f*.

low-loader n RAIL wagon *m* à plate-forme surbaissée ; AUTO camion *m* à plate-forme surbaissée.

lowly ['ləʊlɪ] (*compar* **lowlier**, *superl* **lowliest**) adj [modest] modeste ; [meek] humble ; [simple] sans prétention or prétentions / *of lowly birth* issu d'un milieu humble.

low-lying adj [land - gen] bas ; [- below sea level] au-dessous du niveau de la mer ; [cloud] bas.

low-maintenance adj [pet] qui ne demande pas beaucoup de soins ; [garden, hairstyle] qui ne demande pas beaucoup d'entretien ; *hum* [friend] peu exigeant.

Low Mass n RELIG messe *f* basse.

low-minded adj vulgaire, grossier.

low-necked adj décolleté.

lowness ['ləʊnɪs] n **1.** [of wall, building] faible hauteur *f* ; [of land] faible élévation *f* **2.** [of wages, prices] modicité *f* **3.** [of temperature] faible élévation *f* **4.** [of voice - softness] douceur *f* ; [- in pitch] profondeur *f*.

low-octane fuel n carburant *m* à faible indice d'octane.

low-paid ◆ adj mal payé. ◆ pl n ▸ **the low-paid** les petits salaires *mpl*.

low-pitched adj **1.** [voice, note] bas, grave **2.** [roof] à faible pente.

low-powered adj de faible puissance.

low-pressure adj **1.** [gas] sous faible pression, de basse pression ; [tyre] à basse pression **2.** [job] peu stressant.

low-price(d) adj bon marché, peu cher.

low profile n ▸ **to keep a low profile** garder un profil bas.

❖ **low-profile** adj **1.** = low-key **2.** AUTO ▸ **low-profile tyre** pneu *m* à profil bas.

low-rent adj [housing] à loyer modéré.

low-res [ləʊrez] *inf* abbr of **low-resolution**.

low-resolution adj à basse résolution.

lowrider ['ləʊraɪdəʳ] n voiture *f* surbaissée.

low-rise adj [buildings] de faible hauteur, bas.

low season n ▸ **the low season** la basse saison / *low season holidays* vacances *fpl* hors saison.

low-slung adj [furniture] bas ; AUTO [chassis] surbaissé.

low-sodium adj à faible teneur en sodium.

low-spirited adj déprimé, démoralisé.

low-start mortgage n UK crédit *m* immobilier à faible taux initial.

low-sulphur petrol n essence *f* à basse teneur en soufre.

low-tar adj ▸ **low-tar cigarettes** cigarettes *fpl* à faible teneur en goudron.

low-tech adj rudimentaire.

low-tension adj ELEC (de) basse tension.

low tide n marée *f* basse / *at low tide* à marée basse.

low vision n basse vision *f*.

low-voltage adj à faible voltage, à faible tension.

low water n *(U)* basses eaux *fpl*.

lox [lɒks] n **1.** abbr of **liquid oxygen** **2.** [salmon] saumon *m* fumé.

loyal ['lɔɪəl] adj loyal, fidèle ▸ **to be loyal to sb** être loyal envers qqn, faire preuve de loyauté envers qqn / *a loyal friend* un ami fidèle / *loyal supporters* partisans fidèles ▸ **the loyal toast** *toast porté à la reine d'Angleterre à la fin d'un dîner.*

loyalism ['lɔɪəlɪzm] n loyalisme *m*.

loyalist ['lɔɪəlɪst] ◆ n loyaliste *mf*. ◆ adj loyaliste.

❖ **Loyalist** n loyaliste *mf*.

Loyalist

Dans le contexte britannique, le mot **Loyalist** désigne un protestant d'Irlande du Nord souhaitant que son pays reste rattaché au Royaume-Uni.

loyally ['lɔɪəlɪ] adv loyalement, fidèlement.

loyalty ['lɔɪəltɪ] (*pl* **loyalties**) n **1.** [faithfulness] loyauté *f*, fidélité *f* / *she's always shown great loyalty* elle a toujours fait preuve d'une grande loyauté / *the party demands loyalty to the principles of democracy* le parti exige le respect des principes de la démocratie / *her loyalty to the cause is not in doubt* son dévouement à la cause n'est pas mis en doute **2.** [tie] : *tribal loyalties* liens *mpl* tribaux / *my loyalties are divided* je suis déchiré (entre les deux), entre les deux mon cœur balance *hum*.

loyalty card n carte *f* de fidélité.

Loyola [lɔɪ'əʊlə] pr n ▸ **Saint Ignatius Loyola** saint Ignace de Loyola.

lozenge ['lɒzɪndʒ] n **1.** [sweet] pastille *f* ▸ **throat lozenge** pastille pour la gorge **2.** [rhombus] losange *m*.

LP (abbr of **long-play**) n ▸ **an LP** un 33 tours.

LPG [,elpi:'dʒi:] (abbr of **liquified petroleum gas**) n GPL *m*.

LPI written abbr of **lines per inch.**

L-plate n UK *plaque apposée sur la voiture d'un conducteur qui n'a pas encore son permis (L signifie «learner», apprenti).*

LPN (abbr of **licensed practical nurse**) n *aide-soignant(e) diplômé(e).*

LPR n US abbr of **lawful permanent resident.**

LRAM (abbr of **Licentiate of the Royal Academy of Music**) n *membre de la Royal Academy of Music.*

LSAT (abbr of **Law School Admission(s) Test**) n *test d'admission aux études de droit.*

LSD¹ (abbr of **lysergic acid diethylamide**) n LSD *m*.

LSD², lsd, Lsd (abbr of **librae, solidi, denarii**) n *symboles représentant les pounds, les shillings et les pence de l'ancienne monnaie britannique avant l'adoption du système décimal en 1971.*

LSE (abbr of **London School of Economics and Political Science**) pr n *prestigieux établissement universitaire dépendant de l'Université de Londres, spécialisé dans l'économie et les sciences politiques.*

L-shaped adj en (forme de) L.

LSI (abbr of **large scale integration**) n intégration *f* à grande échelle.

LSKOL MESSAGING written abbr of **long slow kiss on the lips.**

LSO (abbr of **London Symphony Orchestra**) pr n *orchestre symphonique de Londres.*

LT (written abbr of **low tension**) BT.

Lt. (written abbr of **lieutenant**) Lieut.

Ltd, ltd (written abbr of **limited**) ≃ SARL / *Smith and Sons, Ltd* ≃ Smith & Fils, SARL.

LTNC MESSAGING written abbr of **long time no see.**

LTNS MESSAGING written abbr of **long time no see.**

Luanda [lu:'ændə] pr n Luanda.

luau ['lu:aʊ] n US fête *f* hawaiienne.

lube n *inf* lubrifiant *m*.

lubricant ['lu:brɪkənt] ◆ adj lubrifiant. ◆ n lubrifiant *m* / *alcohol is a social lubricant* l'alcool facilite les contacts humains.

lubricate ['lu:brɪkeɪt] vt [gen] lubrifier ; [mechanism] lubrifier, graisser, huiler.

lubricated ['lu:brɪkeɪtɪd] adj *inf & hum* [drunk] beurré.

lubrication [,lu:brɪ'keɪʃn] n [gen] lubrification *f* ; [of mechanism] lubrification *f*, graissage *m*, huilage *m*.

lubricator ['lu:brɪkeɪtər] n graisseur *m*.

lubricious [lu:'brɪʃəs] adj *liter* lubrique.

lubricity [lu:'brɪsətɪ] n **1.** *liter* [lewdness] lubricité *f* **2.** TECH onctuosité *f*.

lucerne [lu:'sɜ:n] n UK AGR luzerne *f (cultivée).*

Lucerne [lu:'sɜ:n] pr n Lucerne.

lucid ['lu:sɪd] adj **1.** [clear-headed] lucide / *he has his lucid moments* il a des moments de lucidité **2.** [clear] clair, limpide / *a lucid narrative style* un style d'une grande clarté / *she gave a lucid account of events* elle donna un compte rendu net et précis des événements.

lucidity [lu:'sɪdətɪ] n **1.** [of mind] lucidité *f* **2.** [of style, account] clarté *f*, limpidité *f*.

lucidly ['lu:sɪdlɪ] adv lucidement, avec lucidité.

Lucifer ['lu:sɪfər] pr n Lucifer.

Lucius ['lu:sjəs] pr n Lucius.

luck [lʌk] n **1.** [fortune] chance *f* / *to have good luck* avoir de la chance ▸ **good luck!** bonne chance ! / *good luck to you! iro* je vous souhaite bien du plaisir ! / *good luck in your new job!* bonne chance pour ton nouveau travail ! ; [good fortune] : *that's a bit of luck!* c'est de la chance ! / *luck was with us* or *on our side* la chance était avec nous / *you're in luck* or *your luck's in* vous avez de la chance / *we're out of luck* on n'a pas de chance / *one more for luck* et un pour le pot / *better luck next time* vous aurez plus de chance la prochaine fois / *any luck?* alors, ça a marché ? / *some people have all the luck!* il y en a qui ont vraiment de la chance ! / *it would be just my luck to bump into my boss iro* ce serait bien ma veine de tomber sur mon patron ; [bad fortune] : *we had a bit of bad luck with the car* on a eu un pépin avec la voiture / *you've brought me nothing but bad luck* tu ne m'as causé que des malheurs / *it's bad luck to spill salt* renverser du sel porte malheur ▸ **bad** or **hard** or **tough luck!** pas de chance ! / *we thought the exam was cancelled — no such luck* nous croyions que l'examen était annulé — ç'aurait été trop beau ▸ **to be down on one's luck** avoir la poisse or la guigne ▸ **to push one's luck** jouer avec le feu ▸ **with (any) luck** avec un peu de chance ▸ **worse luck** tant pis / *no, he hasn't asked me out, worse luck!* non, il ne m'a pas invitée à sortir, tant pis ! **2.** [chance, opportunity] hasard *m* ▸ **it's the luck of the draw** c'est une question de chance ▸ **to try one's luck** tenter sa chance ▸ **as luck would have it a)** [by chance] par hasard **b)** [by good luck] par bonheur **c)** [by bad luck] par malheur / *as luck would have it I'd forgotten my keys* et comme par hasard, j'avais oublié mes clés.

❖ **luck out** vi US *inf* **1.** [succeed] avoir de la veine **2.** [fail] avoir la poisse.

It's the luck of the draw

Cette expression fait allusion au fait de tirer une carte dans un jeu. Elle est employée lorsqu'on attribue une situation au hasard :

I haven't had children, which is just the luck of the draw I suppose, so I've pretty much focused on my career. *Le hasard de la vie ayant fait que je n'ai pas eu d'enfants, je me suis concentrée sur ma carrière.*

Staying fit and healthy in old age isn't just the luck of the draw. *Rester en forme et en bonne santé lorsqu'on vieillit n'est pas le fait du hasard.*

luckily ['lʌkɪlɪ] adv heureusement, par chance / *luckily for him, he escaped* heureusement pour lui, il s'est échappé.

luckless ['lʌklɪs] adj [person] malchanceux ; [escapade, attempt] malheureux.

lucky ['lʌkɪ] (*compar* **luckier**, *superl* **luckiest**) adj **1.** [fortunate -person] chanceux ; [-encounter, winner] heureux ▸ **to be lucky** avoir de la chance ▸ **to get lucky** *inf* avoir un coup de bol / *you're lucky to have escaped with your life* vous avez eu de la chance de vous en tirer vivant / *what a lucky escape!* on l'a échappé belle ! / *it was lucky for them that we were there* heureusement pour eux que nous étions là / *it's lucky he heard you* heureusement qu'il t'a entendu, c'est une chance qu'il t'ait entendu ▸ **a lucky break** *inf* un coup de pot or de bol ▸ **it's my lucky day** c'est mon jour de chance ▸ **you lucky devil** or **thing!** *inf* sacré veinard ! / *I'd like a pay rise — you'll be lucky* or *you should be so lucky!* j'aimerais une augmentation — tu peux toujours courir ! ▸ **lucky you!** vous en avez de la chance ! / **'Lucky Jim'** *Amis* 'Jim-la-Chance' **2.** [token, number] porte-bonheur *(inv)* **3.** [guess] heureux.

Note that **c'est une chance que** is followed by a verb in the subjunctive :

It's lucky no one was killed. *C'est une chance que personne n'ait été tué.*

lucky dip n UK *jeu d'enfant consistant à chercher des cadeaux enfouis dans une caisse remplie de sciure* / *the job-market is a real lucky dip at the moment fig* de nos jours, trouver un emploi, c'est vraiment une question de chance.

Lucozade® ['lu:kəzeɪd] n *boisson gazeuse à base de glucose.*

lucrative ['lu:krətɪv] adj [job] bien rémunéré, lucratif ; [activity, deal] lucratif, rentable.

lucre ['lu:kər] n *hum & pej* ▸ **(filthy) lucre** lucre *m*.

Lucretia Borgia [lu:'kri:ʃə'bɔ:dʒə] pr n Lucrèce Borgia.

Lucretius [lu:'kri:ʃəs] pr n Lucrèce.

lucubration [,lu:kju:'breɪʃn] n *fml* [studying] travail *m* laborieux, élucubration *f* ; *liter* [literary work] élucubration *f*.

Luddite ['lʌdaɪt] ◆ n luddite *m*. ◆ adj luddite ▸ **the Luddite Riots** les émeutes *fpl* luddites.

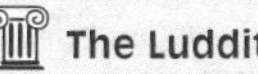

The Luddite Riots

Émeutes ouvrières qui eurent lieu en Grande-Bretagne pendant la crise de 1811-1813. Dans le nord du pays, des chômeurs détruisirent les machines-outils sous prétexte qu'elles étaient responsables de leur sort. Ces émeutes furent durement réprimées par le gouvernement. Aujourd'hui le mot **Luddite** peut désigner quelqu'un qui dédaigne les nouvelles technologies ou l'informatique.

lude [lu:d] n *inf* abbr of **Quaalude.**

ludicrous ['lu:dɪkrəs] adj ridicule, absurde.

ludicrously ['lu:dɪkrəslɪ] adv ridiculement.

ludo ['lu:dəʊ] n ≃ (jeu *m* des) petits chevaux *mpl*.

Ludwig ['lʊdvɪg] pr n ▸ **Ludwig of Bavaria** Louis de Bavière.

luff [lʌf] ◆ n NAUT bord *m* d'une voile aurique. ◆ vi NAUT lofer, venir au lof.

luffa [ˈlʌfə] = **loofa(h).**

lug [lʌg] (*pt & pp* **lugged**, *cont* **lugging**) ◆ vt *inf* [carry, pull] trimbaler / *I had to lug my bags all the way from the station* j'ai dû trimbaler mes bagages de la gare jusqu'ici / *he lugged his bike up the stairs* il s'est trimbalé son vélo jusqu'en haut des escaliers. ◆ n **1.** [for fixing] ergot *m*, (petite) patte *f* ; [handle] anse *f*, poignée *f* **2.** UK *v inf* = **lughole 3.** US [blockhead] niais *m* / *of course I love you, you big lug!* bien sûr que je t'aime, gros bêta !

⁂ **lug about** UK, **lug around** vt sep *inf* trimbaler / *he always has to lug his little sister about with him* il doit toujours trimbaler or traîner sa petite sœur à droite et à gauche.

luggage [ˈlʌgɪdʒ] n *(U)* bagages *mpl* ▸ **luggage compartment** compartiment *m* à bagages.

luggage handler n UK bagagiste *mf*.

luggage rack n UK RAIL [shelf] porte-bagages *m inv* ; [net] filet *m* (à bagages) ; AUTO galerie *f* (de toit).

luggage trolley n chariot *m* à bagages.

luggage van n UK RAIL fourgon *m* (à bagages).

lugger [ˈlʌgər] n lougre *m*.

lughole [ˈlʌghəʊl] n UK *v inf* [ear] esgourde *f*.

lugsail [ˈlʌgseɪl] n NAUT voile *f* à bourcet.

lug screw n vis *f* sans tête.

lugubrious [luːˈguːbrɪəs] adj lugubre.

lugubriously [luːˈguːbrɪəslɪ] adv lugubrement, de façon lugubre.

lugworm [ˈlʌgwɜːm] n arénicole *f*.

Luke [luːk] pr n Luc ▸ **Saint Luke** saint Luc ▸ **the Gospel According to (Saint) Luke** l'Évangile selon saint Luc.

lukewarm [ˈluːkwɔːm] adj [water, soup] tiède / *a lukewarm reception* **a)** *fig* [of person] un accueil peu chaleureux **b)** [of book, film] un accueil mitigé.

lull [lʌl] ◆ n [in weather] accalmie *f* ; [in fighting] accalmie *f*, pause *f* ; [in conversation] pause *f* ▸ **the lull before the storm** le calme avant la tempête. ◆ vt [calm - anxiety, person] calmer, apaiser / *she lulled the child to sleep* elle berça l'enfant jusqu'à ce qu'il s'endorme / *the sound of the engine lulled me to sleep* le ronronnement du moteur m'a endormi / *they were lulled into a false sense of security* ils ont fait l'erreur de se laisser rassurer par des propos lénifiants.

lullaby [ˈlʌləbaɪ] (*pl* **lullabies**) n berceuse *f*.

lulu [ˈluːluː] n US *v inf* : *it's a lulu!* c'est du tonnerre ! / *her latest film's a real lulu* son dernier film est champion.

lumbago [lʌmˈbeɪgəʊ] n *(U)* lumbago *m*, lombalgie *f*.

lumbar [ˈlʌmbər] adj lombaire.

lumbar puncture n ponction *f* lombaire, rachicentèse *f*.

lumber [ˈlʌmbər] ◆ n **1.** US [cut wood] bois *m* (d'œuvre) ; [ready for use] bois *m* de construction or de charpente **2.** UK [junk] bric-à-brac *m inv*. ◆ vt US [logs] débiter ; [tree] abattre, couper. ◆ vi **1.** [large person, animal] marcher pesamment / *I could hear him lumbering down the stairs* je l'entendais descendre l'escalier d'un pas pesant / *she lumbered into the room* elle entra dans la pièce d'un pas lourd ; [heavy vehicle] : *the tanks lumbered into the centre of the town* la lourde colonne de chars avançait vers le centre de la ville **2.** US [fell trees] abattre des arbres *(pour le bois)*.

⁂ **lumber with** vt sep UK *(usu passive) inf* [encumber] ▸ **to lumber sb with sthg** refiler qqch à qqn / *I'll get lumbered with it* ça va me retomber dessus.

lumbering [ˈlʌmbərɪŋ] ◆ n US exploitation *f* forestière. ◆ adj [heavy - step] pesant, lourd ; [- person] lourd, maladroit.

lumberjack [ˈlʌmbədʒæk] n bûcheron *m*, -onne *f* ▸ **lumberjack shirt** chemise *f* de bûcheron *(chemise épaisse à grands carreaux)*.

lumber-jacket n grosse veste *f* de bûcheron.

lumberman [ˈlʌmbəmən] (*pl* **lumbermen** [-mən]) US = **lumberjack.**

lumbermill [ˈlʌmbəˌmɪl] n US scierie *f*.

lumber room n UK débarras *m*.

lumberyard [ˈlʌmbəjɑːd] n US dépôt *m* de bois.

lumen [ˈluːmɪn] n PHYS lumen *m* ; ANAT lumière *f*.

luminance [ˈluːmɪnəns] n luminance *f*.

luminary [ˈluːmɪnərɪ] (*pl* **luminaries**) n **1.** [celebrity] lumière *f*, sommité *f* **2.** *liter* [heavenly body] astre *m*.

luminescence [ˌluːmɪˈnesəns] n luminescence *f*.

luminescent [ˌluːmɪˈnesənt] adj luminescent.

luminosity [ˌluːmɪˈnɒsətɪ] n luminosité *f*.

luminous [ˈluːmɪnəs] adj [paint, colour, sky] lumineux ; *fig* [explanation, argument] lumineux, limpide.

lumme [ˈlʌmɪ] interj UK *inf & dated* ben mon vieux.

lummox [ˈlʌməks] n *inf* empoté *m*, -e *f*.

lummy [ˈlʌmɪ] = **lumme.**

lump [lʌmp] ◆ n **1.** [of sugar] morceau *m* / *one lump or two?* un ou deux sucres ? **2.** [of solid matter - small] morceau *m* ; [- large] masse *f* ; [in food] grumeau *m* ; [of marble] bloc *m* / *a shapeless lump of melted plastic* une masse informe de plastique fondu ▸ **to have a lump in one's throat** avoir une boule dans la gorge, avoir la gorge serrée / *you've got to take your lumps* US *inf* tout n'est pas toujours rose **3.** [bump on surface] bosse *f* / *I've got a lump on my forehead* j'ai une bosse au front / *there are lots of lumps in this mattress* ce matelas est plein de bosses **4.** MED [swelling] grosseur *f*, protubérance *f* / *she has a lump in her breast* elle a une grosseur au sein **5.** [of money] : *you don't have to pay it all in one lump* vous n'êtes pas obligé de tout payer en une seule fois **6.** *inf & pej* [clumsy person] empoté *m*, -e *f* **7.** UK CONSTR ▸ **to work on the lump** *inf* travailler au noir ▸ **lump labour** main-d'œuvre *f* non déclarée. ◆ vt *inf* [put up with] : *if that's her final decision, we'll just have to lump it!* puisque c'est sa décision définitive, on n'a plus qu'à s'écraser ! / *if you don't like it you can lump it!* si ça ne te plaît pas, tant pis pour toi !

⁂ **lump together** vt sep **1.** [gather together] réunir, rassembler / *couldn't you lump all these paragraphs together under one heading?* ne pourrais-tu pas réunir or regrouper tous ces paragraphes sous un même titre ? **2.** [consider the same] mettre dans la même catégorie.

lumpectomy [ˌlʌmˈpektəmɪ] n ablation *f* d'une tumeur au sein.

lumpenproletariat [ˈlʌmpənˌprəʊlɪˈteərɪət] n lumpenprolétariat *m*.

lumpfish [ˈlʌmpfɪʃ] (*pl* **lumpfish** *or* **lumpfishes**) n lump *m*, lompe *m* ▸ **lumpfish roe** œufs *mpl* de lump.

lumpish [ˈlʌmpɪʃ] adj [clumsy] maladroit ; [dull-witted] idiot, abruti.

lump-sucker = **lumpfish.**

lump sugar n sucre *m* en morceaux.

lump sum n somme *f* forfaitaire / *they pay me a lump sum* je touche une somme forfaitaire ▸ **to work for a lump sum** travailler au forfait ▸ **to be paid in a lump sum** être payé en une seule fois.

lumpy [ˈlʌmpɪ] (*compar* **lumpier**, *superl* **lumpiest**) adj [sauce] plein de grumeaux ; [mattress] plein de bosses, défoncé.

lunacy [ˈluːnəsɪ] (*pl* **lunacies**) n **1.** [madness] démence *f*, folie *f* **2.** [folly] folie *f* / *it would be lunacy to accept such a proposal* ce serait de la folie d'accepter pareille proposition / *it's sheer lunacy!* c'est de la folie pure et simple !

lunar [ˈluːnər] adj [rock, month, cycle] lunaire ; [eclipse] de la Lune ▸ **lunar landing** alunissage *m* ▸ **lunar module** module *m* lunaire ▸ **lunar month** lunaison *f*.

lunatic [ˈluːnətɪk] ◆ n **1.** [madman] aliéné *m*, -e *f*, dément *m*, -e *f* **2.** *inf* [fool] cinglé *m*, -e *f* / *he's a complete lunatic!* il est fou à lier !, il est complètement cinglé ! ◆ adj **1.** [insane] fou *(before vowel or silent 'h' fol, f folle)*, dément **2.** *inf* [crazy - person] cinglé, dingue ; [- idea] insensé.

lunatic asylum n asile *m* d'aliénés.

lunatic fringe n *pej* extrémistes *mpl* fanatiques.

lunch [lʌntʃ] ◆ n déjeuner *m* ▸ **to have lunch** déjeuner / *after lunch* après le déjeuner / *she's gone out for lunch* elle est partie déjeuner / *I've invited him for lunch on Tuesday* je l'ai invité à déjeuner mardi prochain / *I have a lunch date* **a)** je déjeune avec quelqu'un, je suis pris pour le déjeuner **b)** [for business] j'ai un déjeuner d'affaires / *what did you have for lunch?* qu'est-ce que tu as mangé à midi ? / *they're giving a lunch at the Savoy* ils donnent un déjeuner au Savoy / *he's out to lunch* **a)** *lit* il est parti déjeuner **b)** *inf & fig* il débloque. ◆ vi déjeuner.

lunchbox [ˈlʌntʃbɒks] n **1.** [for sandwiches, etc.] *boîte dans laquelle on transporte son déjeuner* **2.** *inf* bijoux *mpl* de famille.

luncheon [ˈlʌntʃən] n *fml* déjeuner *m* / *a literary luncheon* un déjeuner littéraire.

luncheonette [ˌlʌntʃəˈnet] n US snack *m*, snack-bar *m*.

luncheon meat n *bloc de viande de porc en conserve.*

luncheon voucher n UK Ticket-Restaurant® *m*.

lunch hour n heure *f* du déjeuner / *she's not here, it's her lunch hour* elle n'est pas là, c'est l'heure à laquelle elle déjeune.

lunchpail [ˈlʌntʃpeɪl] US = **lunchbox.**

lunchtime [ˈlʌntʃtaɪm] n heure *f* du déjeuner / *I saw him at lunchtime* je l'ai vu à midi or à l'heure du déjeuner / *it's lunchtime* c'est l'heure de déjeuner.

lung [lʌŋ] ◆ n poumon *m* / *he filled his lungs with air* il inspira profondément. ◆ comp [artery, congestion, disease] pulmonaire ; [transplant] du poumon ▸ **lung cancer** cancer *m* du poumon ▸ **lung specialist** pneumologue *mf*.

lunge [lʌndʒ] ◆ n **1.** [sudden movement] ▸ **to make a lunge for sthg** se précipiter vers qqch **2.** FENCING fente *f* (avant) **3.** EQUIT longe *f*. ◆ vi [move suddenly] faire un mouvement brusque en avant / *she lunged at him with a knife* elle se précipita sur lui avec un couteau / *he lunged at his opponent* FENCING il allongea une botte à son adversaire. ◆ vt [horse] mener à la longe.

⁂ **lunge forward** vi se jeter en avant ; FENCING se fendre.

lungfish [ˈlʌŋfɪʃ] (*pl* **lungfish** *or* **lungfishes**) n dipneuste *m*.

lungful [ˈlʌŋfʊl] n : *she breathed in a lungful of cold air* elle aspira l'air froid à pleins poumons, elle aspira une grande bouffée d'air froid / *take a lungful of air* inspirez à fond.

lungwort [ˈlʌŋwɜːt] n pulmonaire *f*.

lunisolar [ˌluːnɪˈsəʊlər] adj luni-solaire.

lunula [ˈluːnjʊlə], **lunule** [ˈluːnjuːl] n lunule *f*.

lupin [ˈluːpɪn] n UK lupin *m*.

lupine [ˈluːpaɪn] ◆ n US = **lupin.** ◆ adj de loup.

lupus [ˈluːpəs] n lupus *m* (vulgaire).

lurch [lɜːtʃ] ◆ vi [person] tituber, chanceler / *he lurched into the room* il entra dans la pièce en titubant ; [car - swerve] faire une embardée ; [- jerk forwards] avancer par à-coups ; [ship] tanguer / *the car lurched out of control* la voiture livrée à elle-même fit une embardée / *his opinions lurch from one extreme to another* *fig* dans ses opinions, il passe d'un extrême à l'autre. ◆ n : *the car gave a sudden lurch and left the road* la voiture fit une embardée et quitta la route ▸ **to leave sb in the lurch** laisser qqn en plan.

To be left in the lurch

Dans le **cribbage**, jeu de cartes traditionnel, un joueur est **in the lurch** lorsqu'il n'a pas atteint un certain nombre de points à la fin d'une manche et se trouve par conséquent en position de perdant. **Lurch** trouve son origine dans le mot français « lourche », ancien jeu de cartes proche du backgammon. Au sens figuré, **to be left in the lurch** signifie se retrouver tout à coup dans une situation difficile par un manque de soutien subit ou non prévisible :

We were doing fine and then our Web designer resigned, which really left us in the lurch. *Notre société marchait très bien jusqu'à ce que notre Web designer démissionne et que nous nous retrouvions dans la panade.*

Flood victims claim to have been left in the lurch by the authorities. *Les victimes des inondations accusent les autorités de les avoir abandonnées.*

lurcher ['lɜːtʃəʳ] n *chien bâtard, croisement de lévrier et de colley.*

lure [ljʊəʳ] ◆ n **1.** [attraction] attrait *m* ; [charm] charme *m* ; [temptation] tentation *f* **2.** FISHING & HUNT leurre *m*. ◆ vt [person] attirer (sous un faux prétexte) / *he lured them into a trap* il les a attirés dans un piège.
❖ **lure away** vt sep : *he lured me away from my friends* il a fait en sorte que je ne voie plus mes amis, il m'a éloigné de mes amis / *she invited me over in order to lure me away from the office* elle m'a invité chez elle pour m'éloigner du bureau.

Lurex® ['lʊəreks] n [thread] Lurex® *m* ; [cloth] tissu *m* en Lurex®.

lurgy ['lɜːgɪ] n UK *inf & hum* : *I've got the dreaded lurgy* j'ai attrapé quelque chose.

lurid ['ljʊərɪd] adj **1.** [sensational -account, story] macabre, atroce, horrible ; [salacious] salace, malsain / *many newspapers go in for lurid sensationalism* de nombreux journaux exploitent le goût du public pour le sensationnel / *he gave me a lurid account of the plane crash* il m'a décrit l'accident d'avion sans m'épargner le moindre détail / *the book gives a lurid description of life at the castle* le livre donne une description haute en couleur de la vie au château **2.** [glaring -sky, sunset] sanglant, rougeoyant ; [-wallpaper, shirt] criard, voyant / *a lurid green dress* une robe d'un vert criard.

luridly ['ljʊərɪdlɪ] adv [garishly] violemment, tapageusement.

lurk [lɜːk] vi [person, animal] se tapir ; [danger] se cacher, menacer ; [doubt, worry] persister / *the burglar was lurking behind the trees* le cambrioleur était tapi derrière les arbres ▸ **to lurk in chatrooms** suivre des forums sans y participer.

lurker n [on Internet] *personne qui suit les chats dans un forum sans y participer.*

lurking ['lɜːkɪŋ] adj [suspicion] vague ; [danger] menaçant.

Lusaka [luː'sɑːkə] pr n Lusaka.

luscious ['lʌʃəs] adj **1.** [fruit] succulent ; [colour] riche **2.** [woman] séduisant ; [lips] pulpeux.

lush [lʌʃ] ◆ adj **1.** [vegetation] riche, luxuriant ; [fruit] succulent ; *fig* [description] riche **2.** [luxurious] luxueux. ◆ n US *v inf* poivrot *m*, -e *f*.

Lusitania [ˌluːsɪ'teɪnjə] pr n Lusitanie *f* / *in Lusitania* en Lusitanie.

Lusitanian [ˌluːsɪ'teɪnjən] ◆ n Lusitanien *m*, -enne *f*. ◆ adj lusitanien.

lust [lʌst] n **1.** [sexual desire] désir *m* sexuel, concupiscence *f* ; [as sin] luxure *f* **2.** [greed] soif *f*, convoitise *f* / *lust for power* soif de pouvoir.
❖ **lust after** vt insep [person] désirer, avoir envie de, convoiter ; [money, property] convoiter.
❖ **lust for** vt insep [money] convoiter ; [revenge, power] avoir soif de.

luster US = **lustre.**

lustful ['lʌstfʊl] adj **1.** [lecherous] concupiscent, lascif **2.** [greedy] avide.

lustfully ['lʌstfʊlɪ] adv **1.** [lecherously] lascivement **2.** [greedily] avidement.

lustily ['lʌstɪlɪ] adv [sing, shout] à pleine gorge, à pleins poumons.

lustre UK, **luster** US ['lʌstəʳ] n **1.** [sheen] lustre *m*, brillant *m* **2.** *fig* [glory] éclat *m*.

lustreless ['lʌstəlɪs] adj terne, sans éclat.

lustrous ['lʌstrəs] adj **1.** [shiny -pearls, stones] lustré, chatoyant ; [eyes] brillant ; [cloth] lustré / *lustrous black hair* cheveux d'un noir de jais **2.** *liter* [illustrious -career] illustre ; [name] glorieux.

lusty ['lʌstɪ] (*compar* **lustier**, *superl* **lustiest**) adj [strong -person, baby] vigoureux, robuste ; [-voice, manner] vigoureux.

lute [luːt] n MUS luth *m*.

lutecium [luː'tiːʃəm] = **lutetium.**

luteinizing hormone ['luːtɪɪnaɪzɪŋ-] n hormone *f* lutéinisante.

Lutetia [luː'tiːʃə] pr n Lutèce.

lutetium [luː'tiːʃəm] n lutécium *m*.

Lutheran ['luːθərən] ◆ n Luthérien *m*, -enne *f*. ◆ adj luthérien.

Lutheranism ['luːθərənɪzm] n luthéranisme *m*.

Lutine Bell ['luːtiːn-] pr n ▸ **the Lutine Bell** *cloche de navire rescapée du naufrage de celui-ci et conservée chez **Lloyd's of London**, son assureur, que l'on fait traditionnellement sonner lors d'un événement jugé d'importance nationale (mort d'un membre de la famille royale, catastrophe naturelle, attentat terroriste...)* ⟶ **Lloyd's of London.**

luv[1] [lʌv] n & vt UK *inf* = **love.**

LUV[2] MESSAGING written abbr of **love.**

luvvie ['lʌvɪ] n *inf & hum* acteur *m* prétentieux, actrice *f* prétentieuse.

lux [lʌks] n PHYS lux *m*.

luxate [lʌk'seɪt] vt luxer.

Luxembourg ['lʌksəmbɜːg] pr n **1.** [country] Luxembourg *m* / *in Luxembourg* au Luxembourg **2.** [town] Luxembourg.

Luxemburger ['lʌksəmbɜːgəʳ] n Luxembourgeois *m*, -e *f*.

Luxor ['lʌksɔːʳ] pr n Louqsor, Louxor.

luxuriance [lʌg'ʒʊərɪəns] n **1.** [luxury] luxe *m*, somptuosité *f* **2.** [of vegetation] luxuriance *f*, richesse *f* ; [of plants] exubérance *f*, abondance *f* ; [of hair] abondance *f*.

luxuriant [lʌg'ʒʊərɪənt] adj **1.** [luxurious -surroundings] luxueux, somptueux **2.** [vegetation] luxuriant ; [crops, undergrowth] abondant, riche ; [countryside] couvert de végétation, luxuriant ; *fig* [style] luxuriant, riche **3.** [flowing -hair, beard] abondant.

luxuriate [lʌg'ʒʊərɪeɪt] vi **1.** [take pleasure] ▸ **to luxuriate in sthg** se délecter de qqch / *to luxuriate in the sun / in a hot bath* se prélasser au soleil / dans un bain chaud **2.** *liter* [proliferate, flourish] proliférer.

luxurious [lʌg'ʒʊərɪəs] adj **1.** [opulent -house, decor, clothes] luxueux, somptueux ; [-car] luxueux / *to have luxurious tastes* avoir des goûts de luxe **2.** [voluptuous] voluptueux.

luxuriously [lʌg'ʒʊərɪəslɪ] adv **1.** [with, in luxury] luxueusement / *luxuriously furnished* luxueusement ou richement meublé / *to live luxuriously* vivre dans le luxe ou dans l'opulence **2.** [voluptuously] voluptueusement / *she stretched out luxuriously on the grass* elle s'allongea voluptueusement sur l'herbe.

luxuriousness [lʌg'ʒʊərɪəsnɪs] n luxe *m*.

luxury ['lʌkʃərɪ] (*pl* **luxuries**) ◆ n **1.** [comfort] luxe *m* ▸ **to live in luxury** ou **to lead a life of luxury** vivre dans le luxe **2.** [treat] luxe *m* / *whisky is the one luxury I still allow myself* le whisky est le seul luxe que je me permette encore / *one of life's little luxuries* un des petits plaisirs de la vie / *it's a luxury for them to eat meat* manger de la viande est, pour eux, un luxe. ◆ comp [car, restaurant, kitchen] de luxe ; [apartment] de luxe, de standing.

luxury goods pl n articles *mpl* de luxe.

LV 1. COMM written abbr of **luncheon voucher 2.** MESSAGING written abbr of **love.**

LW (written abbr of **long wave**) GO.

lycanthropy [laɪ'kænθrəpɪ] n lycanthropie *f*.

lyceum [laɪ'sɪəm] n **1.** [in names of public buildings] théâtre *m* **2.** US [hall] salle *f* publique ; [organization] association *f* culturelle.

lychee [ˌlaɪ'tʃiː] n litchi *m*, lychee *m*.

lych-gate ['lɪtʃ-] n porche *m* de cimetière.

Lycra® ['laɪkrə] n Lycra® *m*.

lye [laɪ] n CHEM lessive *f*.

lying ['laɪɪŋ] ◆ cont ⟶ **lie.** ◆ adj **1.** [reclining] couché, étendu, allongé **2.** [dishonest -person] menteur ; [-story] mensonger, faux (fausse) / *you lying bastard!* *v inf* sale menteur ! ◆ n **1.** [corpse] ▸ **lying in state** exposition *f* du corps **2.** *(U)* [dishonesty] mensonges *mpl*.

lying-in n MED couches *fpl*.

Lyme disease [laɪm-] n maladie *f* de Lyme.

lyme grass [laɪm-] n elymus *m*.

lymph [lɪmf] n lymphe *f*.

lymphadenopathy [lɪmˌfædɪ'nɒpəθɪ] n lymphadénopathie *f*.

lymphangitis [ˌlɪmfæn'dʒaɪtɪs] n lymphangite *f*.

lymphatic [lɪm'fætɪk] adj lymphatique ▸ **lymphatic drainage** drainage *m* lymphatique ▸ **lymphatic system** système *m* lymphatique ▸ **lymphatic vessels** vaisseaux *mpl* lymphatiques.

lymph gland, **lymph node** n ganglion *m* lymphatique.

lymphocyte ['lɪmfəsaɪt] n lymphocyte *m*.

lymphoid ['lɪmfɔɪd] adj lymphoïde.

lymphoma [lɪm'fəʊmə] n lymphome *m*.

lynch [lɪntʃ] vt lyncher.

lynching ['lɪntʃɪŋ] n lynchage *m*.

lynch law n loi *f* de Lynch.

lynchpin ['lɪntʃpɪn] = **linchpin.**

lynx [lɪŋks] (*pl* **lynx** *or* **lynxes**) n lynx *m inv*.

lynx-eyed adj aux yeux de lynx.

Lyon [liːɔ̃], **Lyons** ['laɪənz] pr n Lyon.

lyophilization [laɪˌɒfɪlaɪ'zeɪʃən] n lyophilisation *f*.

lyophilize, **lyophilise** [laɪ'ɒfɪlaɪz] vt lyophiliser.

lyre ['laɪəʳ] n lyre *f*.

lyrebird ['laɪəbɜːd] n oiseau-lyre *m*.

lyric ['lɪrɪk] ◆ adj lyrique. ◆ n [poem] poème *m* lyrique ▸ **lyrics writer** parolier *m*, -ère *f*.
❖ **lyrics** pl n [of song] paroles *fpl*.

lyrical ['lɪrɪkl] adj **1.** *lit* lyrique **2.** *fig* passionné / *he was positively lyrical about his visit to China* son séjour en Chine l'a véritablement enthousiasmé.

lyrically ['lɪrɪklɪ] adv [poetically] avec lyrisme ; [enthusiastically] avec enthousiasme / *she spoke / wrote lyrically of her voyage to Africa* elle a évoqué son voyage en Afrique avec beaucoup d'enthousiasme.

lyricism ['lɪrɪsɪzm] n lyrisme *m*.

lyricist ['lɪrɪsɪst] n [of poems] poète *m* lyrique ; [of song, opera] parolier *m*, -ère *f*.

Lysander [laɪ'sændəʳ] pr n Lysandre.

lysergic [laɪ'sɜːdʒɪk] adj lysergique ▸ **lysergic acid** acide *m* lysergique.

lysine ['laɪsiːn] n lysine *f*.

Lysol® ['laɪsɒl] *marque américaine de nettoyant désinfectant.*

lysozyme ['laɪsəzaɪm] n lysozyme *m*, muramidase *f*.

lytic adj lytique.

m *(pl* **m's** *or* **ms**), **M** *(pl* **M's** *or* **Ms**) [em] n [letter] m *m*, M *m*. See also **f**.

m 1. (written abbr of **metre**) m **2.** (written abbr of **million**) M **3.** written abbr of **mile**.

M ◆ (abbr of **motorway**) UK ▸ **the M5** l'autoroute M5. ◆ (written abbr of **medium**) M.

ma [mɑː] n *inf* maman *f* / *Ma Baker hum* la mère Baker.

MA ◆ n **1.** (abbr of **Master of Arts**) [in England, Wales and US] ≃ (titulaire d'une) maîtrise de lettres ; [in Scotland] *premier examen universitaire, équivalent de la licence* **2.** abbr of **military academy**. ◆ written abbr of **Massachusetts**.

ma'am [mæm] n madame *f*.

Maastricht ['mɑːstrɪkt] pr n Maastricht.

mac [mæk] *inf* **1.** (abbr of **macintosh**) UK imper *m* **2.** US & Scot : *come here mac!* amène-toi, mec !

macabre [mə'kɑːbrə] adj macabre.

macadam [mə'kædəm] ◆ n macadam *m*. ◆ comp [road] macadamisé, en macadam.

macadamia nut [,mækə'deɪmɪə-] n noix *f* de macadamia.

macadamize, **macadamise** [mə'kædəmaɪz] vt macadamiser.

Macao [mə'kaʊ] pr n Macao / *in Macao* à Macao.

macaque [mə'kɑːk] n macaque *m*.

macaroni [,mækə'rəʊnɪ] n *(U)* macaronis *mpl* ▸ **macaroni cheese** gratin *m* de macaronis.

macaronic [,mækə'rɒnɪk] ◆ n vers *m* macaronique, poésie *f* macaronique. ◆ adj macaronique.

macaroon [,mækə'ruːn] n CULIN macaron *m*.

macassar [mə'kæsəʳ] n macassar *m* ▸ **macassar oil** huile *f* de macassar.

macaw [mə'kɔː] n ara *m*.

macchiato [mæk'jɑːtəʊ] n café *m* macchiato ; ≃ café *m* noisette.

Mace® [meɪs] ◆ n [spray] gaz *m* lacrymogène. ◆ vt US *inf* bombarder au gaz lacrymogène.

mace [meɪs] n **1.** [spice] macis *m* **2.** [club] massue *f*, masse *f* d'armes ; [ceremonial] masse *f* ▸ **mace bearer** massier *m*.

Macedonia [,mæsɪ'dəʊnjə] pr n Macédoine *f* / *in Macedonia* en Macédoine.

Macedonian [,mæsɪ'dəʊnjən] ◆ n **1.** [person] Macédonien *m*, -enne *f* **2.** LING macédonien *m*. ◆ adj macédonien.

macerate ['mæsəreɪt] vi & vt macérer.

maceration [,mæsə'reɪʃn] n macération *f*.

Mach [mæk] n Mach / *to fly at Mach 3* voler à Mach 3.

machete [mə'ʃetɪ] n machette *f*.

Machiavelli [,mækɪə'velɪ] pr n Machiavel.

Machiavellian [,mækɪə'velɪən] adj machiavélique.

Machiavellianism [,mækɪə'velɪənɪzm] n machiavélisme *m*.

machinable [mə'ʃiːnəbl] adj usinable.

machinate ['mækɪneɪt] vt machiner.

machinations [,mækɪ'neɪʃnz] pl n machinations *fpl*.

machine [mə'ʃiːn] ◆ n **1.** [mechanical device] machine *f* ▸ **to do sthg by machine** or **on a machine** faire qqch à la machine ; *fig & pej* [person] machine *f*, automate *m* / *he thinks she's just a machine for doing housework* il la considère comme une machine à faire le ménage / *a thinking machine* une machine à penser **2.** [organization] machine *f*, appareil *m* / *the party machine* l'appareil du parti **3.** [car, motorbike] machine *f* ; [plane] appareil *m*. ◆ comp ▸ **the machine age** l'ère *f* de la machine. ◆ vt SEW coudre à la machine ; INDUST [manufacture] fabriquer à la machine ; [work on machine] usiner.

machine code n code *m* machine.

machine-finished adj [paper] apprêté, calandré ; [clothes] fini à la machine.

machine gun n mitrailleuse *f*.

❖ **machine-gun** vt mitrailler.

machine-gunner n mitrailleur *m*.

machine-gunning [-'gʌnɪŋ] n mitraillage *m*.

machine intelligence n intelligence *f* artificielle.

machine language n langage *m* machine.

machine-made adj fait or fabriqué à la machine.

machine operator n opérateur *m*, -trice *f* (sur machine).

machine pistol n mitraillette *f*, pistolet *m* mitrailleur.

machine-readable adj COMPUT exploitable par machine.

machine room n salle *f* des machines.

machinery [mə'ʃiːnərɪ] *(pl* **machineries**) n **1.** *(U)* [machines] machines *fpl*, machinerie *f* ; [mechanism] mécanisme *m* **2.** *fig* rouages *mpl* / *the machinery of state / of government* les rouages de l'État / du gouvernement.

machine shop n atelier *m* d'usinage.

machine-stitch ◆ n point *m* (de piqûre) à la machine. ◆ vt piquer (à la machine).

machine tool n machine-outil *f* ▸ **machine tool operator** machiniste *mf*.

machine translation n traduction *f* automatique.

machine washable adj lavable à la or en machine.

machinist [mə'ʃiːnɪst] n INDUST opérateur *m*, -trice *f* (sur machine) ; SEW mécanicien *m*, -enne *f*.

machismo [mə'tʃɪzməʊ or mə'kɪzməʊ] n machisme *m*.

machmeter ['mæk,miːtəʳ] n machmètre *m*.

Mach number n nombre *m* de Mach.

macho ['mætʃəʊ] *inf* ◆ adj macho. ◆ n macho *m*.

mack [mæk] = **mac**.

mackerel ['mækrəl] *(pl* **mackerel** *or* **mackerels**) n maquereau *m*.

mackerel shark n touille *f*.

mackerel sky n ciel *m* pommelé.

Mackinaw coat ['mækɪnɔː-] n US *grosse veste de laine croisée à carreaux*.

mackintosh ['mækɪntɒʃ] n UK imperméable *m*.

mackle ['mækl] n PRINT maculage *m*.

Mack truck® n US *semi-remorque à seize roues*.

macramé ['mækrəmeɪ] n macramé *m*.

macro ['mækrəʊ] *(pl* **macros**) n COMPUT macro-instruction *f*, macro *f*.

macrobiotic [,mækrəʊbaɪ'ɒtɪk] adj macrobiotique.

❖ **macrobiotics** n *(U)* macrobiotique *f*.

macroclimate ['mækrəʊ,klaɪmət] n macroclimat *m*.

macrocosm ['mækrəʊkɒzm] n macrocosme *m*.

macrocosmic [,mækrəʊ'kɒzmɪk] adj macrocosmique.

macroeconomics ['mækrəʊ,iːkə'nɒmɪks] n *(U)* macroéconomie *f*.

macrofauna ['mækrəʊ,fɔːnə] pl n ECOL macrofaune *f* / *soil macrofauna* macrofaune *f* du sol.

macroglobulin [,mækrəʊ'glɒbjʊlɪn] n macroglobuline *f*.

macroinstruction ['mækrəʊɪn,strʌkʃn] = **macro**.

macromarketing ['mækrəʊ,mɑːkɪtɪŋ] n macromarketing *m*.

macromolecule ['mækrəʊ,mɒlɪkjuːl] n macromolécule *f*.

macron ['mækrɒn] n TYPO macron *m*.

macrophage ['mækrəʊfeɪdʒ] n macrophage *m*.

macrophotography ['mækrəʊfə,tɒgrəfɪ] n macrophotographie *f*, photomacrographie *f*.

macroscopic [,mækrəʊ'skɒpɪk] adj macroscopique.

macrostructure ['mækrəʊ,strʌktʃəʳ] n macrostructure *f*.

maculation [,mækjʊ'leɪʃn] n maculation *f*, maculage *m*.

mad [mæd] ◆ adj **1.** UK [crazy] fou *(before vowel or silent 'h' fol, f folle)* ▸ **to go mad** devenir fou / *you must have been mad to do it* il fallait être fou pour faire ça / *that's a mad idea* c'est une idée folle or insensée / *to be mad with joy / grief* être fou de joie / douleur / *it's a case of patriotism gone mad* c'est du patriotisme poussé à l'extrême or qui frise la folie ▸ **to drive sb mad** rendre qqn fou / *it's enough to drive you mad* il y a de quoi devenir fou, c'est à vous rendre fou / *you're driving me mad with all your questions* tu me rends fou avec toutes tes questions ▸ **to be as mad as a hatter** or **a March hare** être fou à lier ▸ **MAD (magazine)** PRESS *magazine satirique américain très populaire* **2.** [absurd - ambition, plan] fou *(before vowel or silent 'h' fol, f folle)*, insensé / *he's always full of mad schemes for making money* il a toujours des plans insensés pour se faire de l'argent **3.** [angry] en colère, furieux / *he went mad when he saw them* il s'est mis dans une colère noire en les voyant ▸ **to be mad at** or **with sb** être en colère or fâché contre qqn / *she makes me mad* elle m'énerve / *don't get mad* ne vous fâchez pas **4.** [frantic] : *there was a mad rush for the door* tous les gens se sont rués vers la porte comme des fous / *I'm in a mad rush* *inf* je suis très pressé, je suis à la bourre / *there was a mad panic to sell* les gens n'avaient plus qu'une idée en tête, vendre / *don't go mad and try to do it all yourself* *fig* tu ne vas pas te tuer à essayer de tout faire toi-même ? ▸ **like mad** *inf* : *to run like mad* courir comme un fou or un dératé / *they were arguing like mad* ils discutaient comme des perdus / *the kettle was boiling away like mad* la bouilloire s'emballait **5.** UK *inf* [enthusiastic, keen] fou *(before vowel or silent 'h' fol, f folle)* ▸ **to be mad about** or **on sthg** être fou de qqch / *she's mad about cats* elle adore les chats / *he's mad about her* il est fou d'elle / *I can't say I'm mad about going* je ne peux pas dire que ça m'emballe or que je meure d'envie d'y aller **6.** [dog] enragé ; [bull] furieux. ◆ n US accès *m* de colère. ◆ adv UK ▸ **to be mad keen on** or **about sthg** *inf* être dingue or être un mordu de qqch.

Mad as a hatter

Dans l'Angleterre du XIXe siècle, la profession de chapelier avait la réputation de ne compter pour membres que des fous, car beaucoup souffraient de lésions cérébrales provoquées par l'inhalation de nitrate de mercure, produit toxique utilisé dans la fabrication du feutre. Lewis Carroll s'inspire de l'image populaire du chapelier fou en créant le personnage du **Hatter** dans *Alice au pays des merveilles.* L'expression **mad as a hatter** est encore couramment employée en anglais :

He may have been a brilliant painter, but everyone knew he was as mad as a hatter. *Il a sans doute été un grand peintre, mais tout le monde savait qu'il était complètement fou.*

Sounds like your family's just like mine – mad as hatters, the lot of them! *On dirait que dans ta famille ils sont exactement comme dans la mienne, tous plus givrés les uns que les autres !*

MAD [mæd] (abbr of **mutual assured destruction**) n destruction *f* mutuelle assurée.

Madagascan [ˌmædəˈgæskn] ◆ n Malgache *mf.* ◆ adj malgache.

Madagascar [ˌmædəˈgæskəʳ] pr n Madagascar / *in Madagascar* à Madagascar.

madam [ˈmædəm] n **1.** *fml* madame *f* / *Dear Madam* (Chère) Madame / *madam Chairman* Madame la présidente **2.** *pej* : *she's a little madam* c'est une petite effrontée **3.** [in brothel] tenancière *f.*

madcap [ˈmædkæp] ◆ adj fou *(before vowel or silent 'h' fol, f folle)*, insensé / *a madcap scheme* un projet insensé. ◆ n fou *m*, folle *f*, hurluberlu *m*, -e *f.*

mad cow disease n maladie *f* de la vache folle.

madden [ˈmædn] vt [drive insane] rendre fou ; [exasperate] exaspérer, rendre fou / *her silence maddened him* son silence l'exaspérait.

maddening [ˈmædnɪŋ] adj exaspérant / *a maddening noise* un bruit à vous rendre fou.

maddeningly [ˈmædnɪŋlɪ] adv de façon exaspérante / *maddeningly slow* d'une lenteur exaspérante.

madder [ˈmædəʳ] n BOT & TEXT garance *f.*

madding [ˈmædɪŋ] adj *liter & arch* effréné, frénétique.

made [meɪd] pt & pp ⟶ **make.**

-made in comp ▸ **factory-made** industriel ▸ **British-made** fabriqué au Royaume-Uni.

Madeira [məˈdɪərə] ◆ pr n [island] Madère / *in Madeira* à Madère. ◆ n [wine] madère *m.*

Madeira cake n ≃ quatre-quarts *m inv.*

made-to-measure adj (fait) sur mesure.

made-to-order adj (fait) sur commande.

made-up adj **1.** [wearing make-up] maquillé / *a heavily made-up face* un visage très maquillé **2.** [invented - story] fabriqué ; [- evidence] faux (fausse) **3.** UK *inf* [happy] super content.

madhouse [ˈmædhaʊs] *(pl* [-haʊzɪz]*)* n *inf* asile *m* d'aliénés, maison *f* de fous ; *fig* maison de fous / *the place was a complete madhouse when we arrived* lorsque nous sommes arrivés, on se serait crus dans une maison de fous.

Madison Avenue [ˈmædɪsn-] pr n *rue de New York dont le nom évoque le milieu de la publicité.*

Madison Square Garden [ˈmædɪsn-] pr n *grande salle à New York où ont lieu concerts et événements sportifs.*

madly [ˈmædlɪ] adv **1.** [passionately] follement / *madly excited* surexcité / *madly in love* éperdument or follement amoureux / *madly jealous* fou de jalousie **2.** [frantically] comme un fou, frénétiquement ; [wildly] comme un fou, follement / *to run* / *to shout madly* courir / crier comme un fou / *the dog was barking madly* le chien aboyait frénétiquement ; [desperately] désespérément / *she was madly trying to contact her parents* elle essayait désespérément de contacter ses parents.

madman [ˈmædmən] *(pl* **madmen** [-mən]*)* n fou *m*, aliéné *m.*

madness [ˈmædnɪs] n **1.** [insanity] folie *f*, démence *f* **2.** [folly] folie *f* / *it's madness even to think of going away now* il faut être fou pour songer à partir maintenant.

Madonna [məˈdɒnə] pr n RELIG Madone *f* ; [image] madone *f* / **'Madonna and Child'** 'Vierge à l'enfant'.

madras [məˈdrɑːs] n madras *m.*

Madras [məˈdrɑːs] pr n Madras.

madras curry n *curry très épicé.*

Madrid [məˈdrɪd] pr n Madrid.

madrigal [ˈmædrɪgl] n MUS madrigal *m.*

madwoman [ˈmædˌwʊmən] *(pl* **madwomen** [-ˌwɪmɪn]*)* n folle *f*, aliénée *f.*

Maecenas [miːˈsiːnæs] pr n Mécène.

maelstrom [ˈmeɪlstrɒm] n maelström *m* / *a maelstrom of violence* *fig* un ouragan de violence.

Maenad [ˈmiːnæd] n ménade *f* ▸ **the Maenads** les ménades.

maestro [ˈmaɪstrəʊ] *(pl* **maestros***)* n maestro *m* / *he's a real maestro on the violin* c'est un vrai virtuose du violon.

Mae West [ˌmeɪˈwest] n US *inf* gilet *m* de sauvetage (gonflable).

mafia [ˈmæfɪə] n *lit & fig* mafia *f*, maffia *f.*

mafioso [ˌmæfɪˈəʊsəʊ] *(pl* **mafiosi** [-siː]*)* n mafioso *m*, maffioso *m.*

mag [mæg] n *inf* **abbr of magazine.**

magazine [ˌmægəˈziːn] n **1.** [publication] magazine *m*, revue *f* ; TV magazine *m* **2.** [in gun] magasin *m* ; [cartridges] chargeur *m* **3.** MIL [store] magasin *m* ; [for weapons] dépôt *m* d'armes ; [munitions] munitions *fpl* **4.** PHOT magasin *m* ; [for slides] panier *m*, magasin *m.*

magazine rack n porte-revues *m.*

Magellan [məˈgelən] pr n Magellan ▸ **the Strait of Magellan** le détroit de Magellan.

magenta [məˈdʒentə] ◆ n magenta *m.* ◆ adj magenta *(inv).*

Maggiore [ˌmædʒɪˈɔːrɪ] pr n ▸ **Lake Maggiore** le lac Majeur.

maggot [ˈmægət] n asticot *m.*

maggoty [ˈmægətɪ] adj [food] véreux.

Maghreb [ˈmɑːgrəb] pr n ▸ **the Maghreb** le Maghreb / *in the Maghreb* au Maghreb.

Magi [ˈmeɪdʒaɪ] pl pr n ▸ **the Magi** les Rois *mpl* mages.

magic [ˈmædʒɪk] ◆ n **1.** [enchantment] magie *f* ▸ **like** or **as if by magic** *fig* comme par enchantement or magie / *the medicine worked like magic* le remède a fait merveille ; [conjuring] magie *f*, prestidigitation *f* **2.** [special quality] magie *f* / *the magic of Greta Garbo* la magie or le charisme de Greta Garbo / *discover the magic of Greece* découvrez les merveilles de la Grèce. ◆ adj **1.** [supernatural] magique / *a magic spell* un sortilège / *just say the magic words* il suffit de dire la formule magique / **'The Magic Flute'** *Mozart* 'la Flûte enchantée' ▸ **the Magic Kingdom** surnom de Disneyland / **'The Magic Mountain'** *Mann* 'la Montagne magique' ▸ **magic number** / **square** nombre *m* / carré *m* magique **2.** [special - formula, moment] magique **3.** *inf* [marvellous] génial. ◆ vt faire apparaître comme par magie / *you can't expect me to just magic it out of thin air!* tu ne peux pas me demander de le faire apparaître comme par magie !

❖ **magic away** vt sep faire disparaître comme par enchantement.

❖ **magic up** vt sep faire comme par magie / *she magicked up a wonderful meal* elle a confectionné un repas somptueux, comme par magie.

magical [ˈmædʒɪkl] adj magique / *her songs had a magical quality* ses chansons avaient quelque chose de magique.

magically [ˈmædʒɪklɪ] adv magiquement / *don't think it will just happen magically* ne t'imagine pas que cela va se produire comme par enchantement.

magic carpet n tapis *m* volant.

magic eye n œil *m* cathodique or magique.

magician [məˈdʒɪʃn] n magicien *m*, -enne *f.*

magic lantern n lanterne *f* magique.

magic mushroom n *inf* champignon *m* hallucinogène.

magic wand n baguette *f* magique.

magisterial [ˌmædʒɪˈstɪərɪəl] adj LAW de magistrat ; *fig* magistral.

magisterially [ˌmædʒɪˈstɪərɪəlɪ] adv magistralement.

magistracy [ˈmædʒɪstrəsɪ] *(pl* **magistracies***)* n magistrature *f.*

magistral [məˈdʒɪstrəl] adj magistral.

magistrate [ˈmædʒɪstreɪt] n magistrat *m.*

magistrates' court n tribunal *m* de première instance.

magma [ˈmægmə] n magma *m.*

Magna Carta, Magna Charta [ˈmægnəˈkɑːtə] pr n UK HIST la Grande Charte.

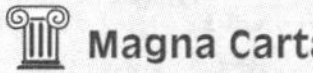

Magna Carta

Souvent prise pour le symbole de la lutte contre l'oppression, cette charte, imposée en 1215 au roi Jean sans Terre par les barons anglais, énonce les droits et privilèges des nobles, de l'Église et des « hommes libres » **(freemen)** face à l'arbitraire royal.

magna cum laude [ˌmægnəkʊmˈlaʊdeɪ] adv UNIV avec mention très bien.

magnanimity [ˌmægnəˈnɪmətɪ] n magnanimité *f.*

magnanimous [mægˈnænɪməs] adj magnanime.

magnanimously [mægˈnænɪməslɪ] adv avec magnanimité, magnanimement.

magnate ['mægneɪt] n magnat *m* / *a press magnate* un magnat de la presse.

magnesia [mæg'ni:ʃə] n magnésie *f*.

magnesium [mæg'ni:zɪəm] n magnésium *m* ▸ **magnesium oxide** magnésie *f*, oxyde *m* de magnésium.

magnet ['mægnɪt] n **1.** *lit* aimant *m* **2.** *fig* : *this place is a magnet for tourists* cet endroit attire beaucoup de touristes / *he's a girl magnet inf* il attire les filles / *she's a loser magnet inf* elle n'attire que des losers.

magnetic [mæg'netɪk] adj magnétique / *a magnetic personality fig* une personnalité fascinante or charismatique.

magnetically [mæg'netɪklɪ] adv magnétiquement.

magnetic disk n disque *m* magnétique.

magnetic field n champ *m* magnétique.

magnetic needle n aiguille *f* aimantée.

magnetic north n nord *m* magnétique.

magnetic storm n orage *m* magnétique.

magnetic tape n bande *f* magnétique.

magnetism ['mægnɪtɪzm] n magnétisme *m*.

magnetite ['mægnɪtaɪt] n magnétite *f*.

magnetize, magnetise ['mægnɪtaɪz] vt aimanter, magnétiser ; *fig* [charm] magnétiser.

magneton ['mægnɪtɒn] n magnéton *m*.

magnetron ['mægnɪtrɒn] n magnétron *m*.

magnificat [mæg'nɪfɪkæt] n magnificat *m inv* ▸ **the Magnificat** le Magnificat.

magnification [,mægnɪfɪ'keɪʃn] n **1.** OPT grossissement *m* ; ACOUST amplification *f* **2.** RELIG glorification *f*.

magnificence [mæg'nɪfɪsəns] n magnificence *f*, splendeur *f*.

magnificent [mæg'nɪfɪsənt] adj magnifique, splendide ▸ **Lorenzo the Magnificent** Laurent le Magnifique / **'The Magnificent Ambersons'** *Welles* 'la Splendeur des Amberson' / **'The Magnificent Seven'** *Sturges* 'les Sept Mercenaires'.

magnificently [mæg'nɪfɪsəntlɪ] adv magnifiquement.

magnifico [mæg'nɪfɪkəʊ] (*pl* **magnificos** *or* **magnificoes**) n grand seigneur *m*.

magnifier ['mægnɪfaɪəʳ] n OPT verre *m* grossissant.

magnify ['mægnɪfaɪ] (*pt & pp* **magnified**) vt **1.** OPT grossir ; ACOUST amplifier **2.** [exaggerate] exagérer, grossir / *the incident was magnified out of all proportion* on a terriblement exagéré l'importance de cet incident **3.** *liter* [exalt] exalter, magnifier ; RELIG glorifier.

magnifying glass ['mægnɪfaɪɪŋ-] n loupe *f*.

magniloquence [mæg'nɪləkwəns] n *fml* grandiloquence *f*, emphase *f*, pompe *f*.

magniloquent [mæg'nɪləkwənt] adj *fml* grandiloquent, emphatique, pompeux.

magnitude ['mægnɪtju:d] n [scale] ampleur *f*, étendue *f* ; ASTRON & GEOL magnitude *f* / *magnitude 7 on the Richter scale* magnitude 7 sur l'échelle (de) Richter ; [of problem - importance] importance *f* ; [- size] ampleur *f*.

magnolia [mæg'nəʊljə] ◆ n magnolia *m*. ◆ adj couleur magnolia *(inv)*, blanc rosé *(inv)*.

magnum ['mægnəm] n [wine bottle, gun] magnum *m*.

magnum opus n œuvre *f* maîtresse, chef-d'œuvre *m*.

magpie ['mægpaɪ] n **1.** ORNITH pie *f* **2.** *inf & fig* [chatterbox] pie *f*, moulin *m* à paroles ; UK [hoarder] chiffonnier *m*, -ère *f fig*.

magus ['meɪgəs] (*pl* **magi** [-ʤaɪ]) n mage *m*.

Magyar ['mægjɑ:] ◆ n **1.** [person] Magyar *m*, -e *f* **2.** LING magyar *m*. ◆ adj magyar.

maharaja(h) [,mɑ:hə'rɑ:ʤə] n maharaja *m*, maharadjah *m*.

maharani [,mɑ:hə'rɑ:ni:] n maharani *f*.

maharishi [,mɑ:hə'ri:ʃɪ] n maharishi *m*.

mahatma [mə'hɑ:tmə] n mahatma *m*.

mah-jong(g) [mɑ:'ʤɒŋ] n mah-jong *m*.

mahogany [mə'hɒgənɪ] (*pl* **mahoganies**) ◆ n acajou *m* ▸ **mahogany tree** acajou *m*. ◆ adj **1.** ▸ **mahogany (coloured)** acajou *(inv)* ▸ **mahogany brown** brun acajou *(inv)* **2.** [furniture] en acajou.

Mahomet [mə'hɒmɪt] = **Mohammed**.

Mahometan [mə'hɒmɪtn] *dated* ◆ adj mahométan. ◆ n Mahométan *m*, -e *f*.

mahout [mə'haʊt] n cornac *m*.

maid [meɪd] n **1.** [servant] bonne *f*, domestique *f* ; [in hotel] femme *f* de chambre ▸ **maid of all work** bonne à tout faire ▸ **maid of honour** demoiselle *f* d'honneur **2.** *liter* jeune fille *f*, demoiselle *f* ▸ **the Maid of Orleans** la pucelle d'Orléans.

maiden ['meɪdn] n [young girl] jeune fille *f* ; [virgin] vierge *f*.

maiden aunt n tante *f* célibataire.

maidenhair ['meɪdnheəʳ] n ▸ **maidenhair (fern)** capillaire *m*, cheveu-de-Vénus *m*.

maidenhead ['meɪdnhed] n *liter* [hymen] hymen *m* ; [virginity] virginité *f*.

maidenhood ['meɪdnhʊd] n virginité *f*.

maidenly ['meɪdənlɪ] adj virginal.

maiden name n nom *m* de jeune fille.

maiden over n *au cricket, série de balles où aucun point n'a été marqué.*

maiden speech n UK *premier discours prononcé par un parlementaire nouvellement élu.*

maiden voyage n voyage *m* inaugural.

maid-in-waiting (*pl* **maids-in-waiting**) n dame *f* d'honneur.

Maid Marian [-'mærɪən] pr n Marianne *(dans les histoires de Robin des bois)*.

maidservant ['meɪd,sɜ:vənt] n servante *f*.

mail [meɪl] ◆ n **1.** [postal service] poste *f* / *to send a letter by mail* envoyer une lettre par la poste / *the parcel got lost in the mail* le colis a été égaré par la poste / *your cheque is in the mail* votre chèque a été posté **2.** [letters] courrier *m* / *has the mail arrived?* est-ce que le courrier est arrivé ? / *the mail is only collected twice a week* il n'y a que deux levées par semaine **3.** [e-mail] courrier *m* électronique **4.** *(U)* [armour] mailles *fpl*. ◆ vt **1.** [parcel, goods, cheque] envoyer or expédier par la poste ; [letter] poster / *I've just mailed some money home* je viens d'expédier or d'envoyer de l'argent à ma famille **2.** [send by e-mail] envoyer (par courrier électronique).

❖ **Mail** pr n ▸ **the Mail** PRESS *nom abrégé du « Daily Mail »* ▸ **the Mail on Sunday** PRESS *hebdomadaire de centre droit paraissant le dimanche.*

mailable ['meɪləbl] adj US conforme aux règlements postaux.

mailbag ['meɪlbæg] n sac *m* postal.

mailboat ['meɪlbəʊt] n navire *m* postal.

mail bomb n US [letter] lettre *f* piégée ; [parcel] colis *m* piégé.

mailbot ['meɪlbɒt] n mailbot *m (logiciel de gestion de courrier électronique)*.

mailbox ['meɪlbɒks] n **1.** US [postbox] boîte *f* à lettres **2.** US [letterbox] boîte *f* aux lettres.

mail carrier n US facteur *m*, -trice *f*.

mail clerk n US employé *m*, -e *f* responsable du courrier.

mailcoach ['meɪlkəʊtʃ] n RAIL voiture-poste *f* ; [horse-drawn] malle-poste *f*.

mail drop n boîte *f* à or aux lettres.

mailed [meɪld] adj [armour] maillé.

mailing ['meɪlɪŋ] n **1.** [posting] expédition *f*, envoi *m* par la poste / *our prices are correct up to the time of mailing* nos prix sont valables au moment où nous vous les adressons ▸ **mailing address** adresse *f* postale **2.** COMM & COMPUT mailing *m*, publipostage *m*.

mailing list n fichier *m* d'adresses / *are you on our mailing list?* est-ce que vous êtes sur notre fichier ?

mailing shot = **mailshot**.

mailman ['meɪlmən] (*pl* **mailmen** [-mən]) n US facteur *m*.

mail merge n COMPUT publipostage *m*, mailing *m*.

mail order n vente *f* par correspondance ▸ **to buy sthg by mail order** acheter qqch par correspondance or sur catalogue.

❖ **mail-order** adj ▸ **mail-order catalogue** catalogue *m* de vente par correspondance ▸ **mail-order firm** maison *f* de vente par correspondance ▸ **mail-order goods** marchandises *fpl* vendues or achetées par correspondance.

mailroom ['meɪlru:m] n service *m* du courrier.

mail server n serveur *m* de courrier électronique, serveur *m* mail.

mailshot ['meɪlʃɒt] n mailing *m*, publipostage *m*.

mail train n train *m* postal.

mail truck n US camionnette *f* or fourgonnette *f* des postes.

mail van n UK AUTO camionnette *f* or fourgonnette *f* des postes ; RAIL voiture-poste *f*.

maim [meɪm] vt [disable] mutiler, estropier ; [injure] blesser / *people were badly maimed in the attack* des gens ont été grièvement blessés au cours de l'attaque ; [psychologically] marquer, perturber / *the experience maimed her for life* l'expérience l'a marquée pour la vie.

main [meɪn] ◆ adj **1.** [principal] principal ; [largest] principal, plus important ; [essential - idea, theme, reason] principal, essentiel / *the main body of public opinion* le gros de l'opinion publique / *the main points* les points principaux / *the main thing we have to consider is his age* la première chose à prendre en compte, c'est son âge / *you're safe, that's the main thing* tu es sain et sauf, c'est le principal / *that's the main thing to remember* c'est ce dont il faut se souvenir avant tout / *he always has an eye to the main chance inf* il ne perd jamais de vue ses propres intérêts ▸ **main course a)** plat *m* de résistance **b)** [on menu] plat *m* ▸ **main office a)** [gen] bureau *m* principal **b)** [headquarters] siège *m* **2.** *liter* [sheer] ▸ **to do sthg by main force** employer la force pour faire qqch. ◆ n **1.** [for gas, water - public] canalisation *f* principale ; [for electricity] conducteur *m* principal **2.** *arch* ▸ **the (Spanish) Main** [sea] la mer des Antilles **3.** NAUT grand mât *m*.

❖ **in the main** adv phr en gros, dans l'ensemble.

main beam n **1.** AUTO feux *mpl* de route ▸ **to be on main beam** rouler pleins phares **2.** CONSTR poutre *f* maîtresse.

main bearing n palier *m (dans un moteur)*.

mainbrace ['meɪnbreɪs] n grand bras *m* de vergue.

main clause n GRAM proposition *f* principale.

main deck n NAUT pont *m* principal.

main drag US *v inf* = **main street**.

Maine [meɪn] pr n le Maine / *in Maine* dans le Maine.

mainframe ['meɪnfreɪm] n ▸ **mainframe (computer)** gros ordinateur *m*, processeur *m* central.

mainland ['meɪnlənd] ◆ n continent *m* / *she sailed back to the mainland* elle regagna le continent en bateau / *the Danish mainland* le Danemark continental / *the British mainland* la Grande-Bretagne *(le Royaume-Uni sans l'Irlande du Nord)*. ◆ adj continental / *in mainland Europe* en Europe continentale / *in mainland Britain* en Grande-Bretagne proprement dite *(par opposition aux îles qui l'entourent)*.

mainlander ['meɪnləndəʳ] n habitant *m*, -e *f* du continent, continental *m*, -e *f*.

main line n RAIL grande ligne *f* ; US [road] grande route *f*.

❖ **main-line** adj [train, station] de grande ligne.

mainline ['meɪnlaɪn] *drugs sl* ◆ vi se piquer, se shooter. ◆ vt : *to mainline heroin* se shooter à l'héroïne.

mainliner ['meɪnlaɪnəʳ] n *drugs sl* drogué *m*, -e *f (qui se pique)*.

mainly ['meɪnlɪ] adv [chiefly] principalement, surtout ; [in the majority] pour la plupart, dans l'ensemble.

main mast n grand mât *m*.

main road n grande route *f*, route à grande circulation ; ≃ nationale *f*.

mains [meɪnz] ◆ n *(with sg* or *pl vb)* **1.** [main supply] réseau *m* / *where's the mains?* où est la conduite principale ? / *did you turn the electricity / gas off at the mains?* as-tu fermé l'arrivée de gaz / d'électricité ? **2.** ELEC secteur *m* / *my shaver works on battery or mains* mon rasoir marche sur piles ou sur (le) secteur. ◆ comp ▸ **mains electricity** : *the village doesn't have mains electricity* le village n'est pas raccordé au réseau électrique ▸ **mains gas** gaz *m* de ville ▸ **mains razor** rasoir *m* fonctionnant sur secteur ▸ **mains set** poste *m* secteur ▸ **mains supply** réseau *m* de distribution de gaz / d'eau / d'électricité ▸ **mains water** eau *f* courante.

mainsail ['meɪnseɪl or 'meɪnsəl] n NAUT grand-voile *f*.

main sewer n égout *m* collecteur.

mainsheet ['meɪnʃi:t] n écoute *f* de (la) grand-voile.

mains-operated adj fonctionnant sur secteur.

mainspring ['meɪnsprɪŋ] n **1.** TECH ressort *m* moteur **2.** *fig* moteur *m* / *his courage was the mainspring of his success* son courage était la raison profonde de son succès.

main squeeze n *v inf* US [girlfriend] petite copine *f* ; [boyfriend] petit copain *m*.

mainstay ['meɪnsteɪ] n **1.** NAUT étai *m* (de grand mât) **2.** *fig* soutien *m*, point *m* d'appui / *maize is the mainstay of their diet* le maïs constitue la base de leur alimentation.

mainstream ['meɪnstri:m] ◆ adj : *mainstream French politics* le courant dominant de la politique française / *mainstream America* la majorité des Américains / *their music is hardly what you'd call mainstream!* leur musique se démarque de ce qu'on entend habituellement ! ◆ n courant *m* / *the mainstream of modern European literature* la tendance qui prédomine dans la littérature européenne moderne / *he is in the mainstream of politics* en politique, il suit la plus forte pente or la tendance générale / *to live outside the mainstream of society* vivre en marge de la société.

mainstreaming ['meɪnstri:mɪŋ] n ▸ **(gender) mainstreaming** approche *f* intégrée de l'égalité.

main street n **1.** *lit* rue *f* principale, grande rue *f* **2.** US *fig* ▸ **Main Street** *les petits commerçants.*

mainstreeting ['meɪnstri:tɪŋ] n *(U)* CAN POL bains *mpl* de foule ▸ **to go mainstreeting** prendre un bain de foule.

maintain [meɪn'teɪn] ◆ vt **1.** [retain - institution, tradition] conserver, préserver / *the old rules have been maintained* les anciennes règles ont été conservées ; [preserve - peace, standard] maintenir / *to maintain law and order* maintenir l'ordre / *we must maintain our output* nous devons maintenir notre niveau de production / *to maintain a position* MIL & *fig* tenir une position ; [look after - roads, machinery] entretenir / *the grounds are well maintained* les jardins sont bien entretenus or tenus **2.** [uphold, keep - correspondence, friendship] entretenir ; [- silence, advantage, composure] garder ; [- reputation] défendre **3.** [financially - dependents] entretenir / *they have two children at university to maintain* ils ont deux enfants à charge à l'université / *he has a wife and 7 children to maintain* il a une femme et 7 enfants à nourrir **4.** [assert - opinion] soutenir, défendre ; [- innocence] affirmer / *I still maintain she's innocent* je soutiens or je maintiens toujours qu'elle est innocente. ◆ vi US ▸ **I'm maintaining!** [I'm fine] ça va !

maintainable [meɪn'teɪnəbl] adj [attitude, opinion, position] soutenable, défendable.

maintained school [meɪn'teɪnd-] adj UK ≃ école *f* publique.

maintainer [meɪn'teɪnər] n [of opinion, cause] défenseur *m*.

maintenance ['meɪntənəns] ◆ n **1.** [of roads, building] entretien *m* ; [of machinery, computer] maintenance *f* **2.** [financial support] entretien *m* / *he has very little money left for his own maintenance* il lui reste très peu d'argent pour vivre **3.** LAW [alimony] pension *f* alimentaire **4.** [of order] maintien *m* ; [of regulations] application *f* ; [of situation] maintien *m* / *maintenance of a reasonable standard of living* le maintien d'un niveau de vie correct. ◆ comp [costs, crew] d'entretien ▸ **maintenance contract** contrat *m* de maintenance or d'entretien ▸ **maintenance man** ouvrier *m* chargé de l'entretien or de la maintenance.

maintenance allowance n [to student] bourse *f* d'études ; [to businessman] indemnité *f* pour frais de déplacement.

maintenance-free adj sans entretien, sans maintenance.

maintenance grant = maintenance allowance.

maintenance order n obligation *f* alimentaire / *she got a maintenance order against him* elle a obtenu du tribunal qu'il lui verse une pension alimentaire.

maintop ['meɪntɒp] n grande hune *f*.

Mainz [maɪnts] pr n Mayence.

maisonette [,meɪzə'net] n UK [small house] maisonnette *f* ; [flat] duplex *m*.

maître d' [,metrə'di:], **maître d'hôtel** [,metrədəʊ'tel] n maître *m* d'hôtel.

maize [meɪz] n maïs *m*.

Maj. (written abbr of **Major**) ≃ Cdt.

majestic [mə'dʒestɪk] adj majestueux.

majestically [mə'dʒestɪklɪ] adv majestueusement.

majesty ['mædʒəstɪ] (*pl* **majesties**) n majesté *f* ▸ **His Majesty the King** Sa Majesté le Roi ▸ **Her Majesty the Queen** Sa Majesté la Reine.

majolica [mə'jɒlɪkə] n majolique *f*.

major ['meɪdʒər] ◆ adj **1.** [main] : *the major part of our research* l'essentiel de nos recherches / *the major portion of my time is devoted to politics* la majeure partie or la plus grande partie de mon temps est consacrée à la politique ▸ **major premise** PHILOS majeure *f* ▸ **major road** route *f* principale or à grande circulation ; ≃ nationale *f* ▸ **major subject** UNIV matière *f* principale **2.** [significant - decision, change, factor, event] majeur / *we shouldn't have any major problems* nous ne devrions pas rencontrer de problèmes majeurs / *don't worry, it's not a major problem* ne t'inquiète pas, ce n'est pas très grave / *of major importance* d'une grande importance, d'une importance capitale / *a major role* **a)** [in play, film] un grand rôle **b)** [in negotiations, reform] un rôle capital or essentiel / *to launch a major offensive* lancer une vaste offensive **3.** [serious - obstacle, difficulty] majeur / *the roof is in need of major repair work* la toiture a grand besoin d'être remise en état / *she underwent major surgery* elle a subi une grosse opération **4.** MUS majeur / *a sonata in E major* une sonate en mi majeur ▸ **in a major key** en (mode) majeur ▸ **a major third** une tierce majeure **5.** UK SCH [elder] : *Smith major* Smith aîné **6.** CARDS majeur ▸ **major suit** majeure *f*. ◆ n **1.** MIL [in air force] commandant *m* ; [in infantry] chef *m* de bataillon ; [in cavalry] chef *m* d'escadron **2.** *fml* [person over 18] personne *f* majeure **3.** US UNIV [subject] matière *f* principale / *Tina is a physics major* Tina fait des études de physique **4.** MUS (mode *m*) majeur *m* **5.** US [big company] : *the oil majors* les grandes compagnies pétrolières ▸ **the Majors** [film companies] *les cinq sociétés de production les plus importantes à Hollywood.* ◆ vi US UNIV [specialize] se spécialiser / *Fred majors in chemistry* Fred se spécialise en chimie ; [be a student] : *she majored in sociology* elle a fait des études de sociologie.

Majorca [mə'dʒɔ:kə or mə'jɔ:kə] pr n Majorque / *in Majorca* à Majorque.

Majorcan [mə'dʒɔ:kn or mə'jɔ:kn] ◆ n Majorquin *m*, -e *f*. ◆ adj majorquin.

majordomo [,meɪdʒə'dəʊməʊ] (*pl* **majordomos**) n majordome *m*.

majorette [,meɪdʒə'ret] n majorette *f*.

major general n général *m* de division.

majority [mə'dʒɒrətɪ] (*pl* **majorities**) ◆ n **1.** [of a group] majorité *f*, plupart *f* / *the majority of people* la plupart des gens / *in the majority of cases* dans la plupart des cas / *the majority was* or *were in favour* la majorité or la plupart d'entre eux était pour / *the vast majority of the tourists were Japanese* les touristes, dans leur très grande majorité, étaient des Japonais ; [in voting, opinions] majorité *f* ▸ **to be in a majority** être majoritaire / *the proposition had an overwhelming majority* la proposition a recueilli une écrasante majorité / *she was elected by a majority of 6* elle a été élue avec une majorité de 6 voix or par 6 voix de majorité **2.** LAW [voting age] majorité *f*. ◆ comp majoritaire ▸ **majority government** gouvernement *m* majoritaire ▸ **majority rule** gouvernement *m* à la majorité absolue, système *m* majoritaire ▸ **majority shareholder** actionnaire *mf* majoritaire ▸ **majority verdict** verdict *m* majoritaire.

Major League US ◆ n [gen] première division *f* ▸ **Major League team** grande équipe *(sportive)* ; [in base-ball] *une des deux principales divisions de base-ball professionnel aux États-Unis.* ◆ adj [significant] de premier rang ; [as intensifier] : *he's a major-league jerk* c'est un imbécile de première.

make [meɪk] (*pt & pp* **made** [meɪd])
◆ vt

A. FORM OR CREATE
B. CAUSE
C. ACHIEVE OR GAIN
D. AMOUNT TO
E. MAKE OR BE SUCCESSFUL
F. OTHER SENSES

A. FORM OR CREATE **1.** [construct, create, manufacture] faire, fabriquer / *to make one's own clothes* faire ses vêtements soi-même / *to make a meal* préparer un repas / *I'll make some tea* je vais préparer du thé / *they make computers* ils fabriquent des ordinateurs / **'made in Japan'** 'fabriqué au Japon' / *a vase made of* or *from clay* un vase en or de terre cuite / *what's it made of?* en quoi est-ce que c'est fait ? / *what do you make aluminium from?* à partir de quoi est-ce qu'on fabrique l'aluminium ? / *he makes models out of matchsticks* il fait des maquettes avec des allumettes ▸ **they're made for each other** ils sont faits l'un pour l'autre / *we're not made of money!* on n'a pas d'argent à jeter par les fenêtres ! / *I'll show them what I'm made of!* je leur montrerai de quel bois je me chauffe or qui je suis ! **2.** [cause to appear or happen - hole, tear, mess, mistake, noise] faire / *it made a dent in the bumper* ça a cabossé le pare-chocs / *he's always making trouble* il faut toujours qu'il fasse des histoires **3.** [establish - law, rule] établir, faire / *I don't make the rules* ce n'est pas moi qui fais les règlements **4.** [form - circle, line] former **5.** CIN & TV [direct] faire ; [act in] faire / *she's making a documentary* elle fait un documentaire / *he's made several films with Scott* il a fait plusieurs films avec Scott **6.** [indicating action performed] : *to make one's bed* [tidy] faire son lit / *we've made a few changes* nous avons fait or apporté quelques modifications / *I have no further comments to make* je n'ai rien à ajouter / *the police are making inquiries* la police procède à une enquête / *to make a note of sthg* prendre note de qqch / *to make an offer* faire une offre / *to make a phone call* passer un coup de fil / *to make a request* faire une demande / *to make a speech* faire un discours / *the Queen will make an official visit to Japan* la reine va se rendre en visite officielle au Japon.

B. CAUSE **1.** *(with adj or pp complement)* [cause to be] rendre / *to make sb happy / mad* rendre qqn heureux / fou / *this will make things easier* cela facilitera les choses / *it makes her tired* ça la fatigue / *what makes the sky blue?* qu'est-ce qui fait que le ciel est bleu ? / *I'd like to make it clear that it wasn't my fault* je voudrais qu'on comprenne bien que je n'y suis pour rien / *make yourselves comfortable* mettez-vous à l'aise / *it was hard to make myself heard / understood* j'ai eu du mal à me faire entendre / comprendre / *a child would make our happiness complete* il ne nous manque qu'un

MAKE ET DO

Les francophones confondent souvent **make** et **do** car ces verbes se traduisent tous les deux par *faire*. *Faire* en français s'emploie pour produire, fabriquer, créer à partir d'éléments divers (*faire du café, faire du pain, faire un gâteau*), mais aussi entreprendre et accomplir une action ou une activité (*faire du tennis, faire à manger, faire la vaisselle, faire un effort*...). En anglais, on a recours à deux verbes, **do** et **make**, pour exprimer cette variété de sens.

Créer, produire, fabriquer quelque chose : make

Make vient du vieil anglais *macian* qui veut dire « construire (une maison) ». Le sens premier de **make** est donc *créer, produire, fabriquer quelque chose* :

I'm going to make some coffee. Je vais préparer du café.

He'd made a chocolate cake. Il avait fait un gâteau au chocolat.

She makes all her own clothes. Elle fabrique tous ses vêtements.

Made in France. Fabriqué en France.

Lorsqu'il s'agit de préparer, de fabriquer quelque chose à partir d'éléments variés (eau, café, tissu, fil, farine, bois, métal...), on utilise **make**.

Parler d'actions à accomplir : make

Make est également employé pour parler d'actions :

I must make a telephone call. Je dois passer un coup de fil.

We must make a decision by tomorrow. Il faut que nous ayons pris une décision pour demain.

Somebody has made a donation of £10 million to the Red Cross. Quelqu'un a fait une donation de 10 millions de livres à la Croix-Rouge.

You're not making any effort. Tu ne fais aucun effort.

Someone has made a mistake. Quelqu'un a fait une erreur.

Can I make a suggestion? Est-ce que je peux faire une suggestion ?

Dans ces exemples, on parle d'actions à accomplir (ou accomplies) par l'énonciateur et non d'activités : on emploie **make** dans ce cas, et non **do**.

Décrire des activités : do

En revanche, lorsque l'on parle d'une activité (faire la vaisselle, faire les devoirs), on utilise **do**, qui vient du mot *don* en vieil anglais, qui signifiait « faire, agir, réaliser quelque chose ».

What are you doing this evening? Qu'est-ce que tu fais ce soir ?

Did you do the washing-up? As-tu fait la vaisselle ?

I've been doing my homework all evening. J'ai passé la soirée à faire mes devoirs.

I do aerobics once a week. Je fais de l'aérobic une fois par semaine.

I'm doing some research on the subject. Je mène des recherches sur ce sujet.

Remarque : dans quelques cas, **do** et **make** peuvent être synonymes :

Does this pub do / make lunches? Est-ce que ce pub fait à manger le midi ?

I'll make / do a copy of this for you. Je vais vous en faire une photocopie.

Voir aussi do.

enfant pour que notre bonheur soit parfait **2.** *(with noun complement or with 'into')* [change into] faire / *the film made her (into) a star* le film a fait d'elle une vedette / *to make a success of sthg* réussir qqch / *he was made president for life* il a été nommé président à vie / *they made Bonn the capital* ils ont choisi Bonn pour capitale / *they made Strasbourg the capital of Europe* ils ont fait de Strasbourg la capitale de l'Europe / *he makes a joke of everything* il tourne tout en plaisanterie / *the building has been made into offices* l'immeuble a été réaménagé or converti en bureaux / *I'll make you a present of it* je t'en ferai cadeau / *the latest cheque makes the total £10,000* le dernier chèque porte la somme totale à 10 000 livres / *I can't come in the morning, shall we make it 2 pm?* je ne peux pas venir le matin, est-ce que 14 h vous conviendrait ? **3.** *(with verb complement)* [cause] faire / *what makes you think they're wrong?* qu'est-ce qui te fait penser qu'ils ont tort ? / *peeling onions makes my eyes water* les oignons me font pleurer / *I can't make the coffee machine work* je n'arrive pas à faire marcher la machine à café / *you make it look easy* à vous voir, on croirait que c'est facile / *the hat / photo makes you look ridiculous* tu as l'air ridicule avec ce chapeau / sur cette photo / *don't make me laugh!* ne me fais pas rire ! **4.** [force, oblige] ▸ **to make sb do sthg a)** faire faire qqch à qqn **b)** [stronger] forcer or obliger or contraindre qqn à faire qqch / *they made me wait* or *I was made to wait* ils m'ont fait attendre / *if he doesn't want to do it you can't make him* s'il ne veut pas le faire, tu ne peux pas l'y obliger or forcer / *she made herself keep running* elle s'est forcée à continuer à courir.

C. ACHIEVE OR GAIN 1. [attain, achieve - goal] atteindre / *we made all our production targets* nous avons atteint tous nos objectifs de production / *their first record made the top ten* leur premier disque est rentré au top ten / *you won't make the team if you don't train* tu n'entreras jamais dans l'équipe si tu ne t'entraînes pas / *the story made the front page* l'histoire a fait la une des journaux **2.** [arrive at, get to - place] atteindre / *we should make Houston / port by evening* nous devrions arriver à Houston / atteindre le port d'ici ce soir / *did you make your train?* as-tu réussi à avoir ton train ? **3.** [be available for] : *I won't be able to make lunch* je ne pourrai pas déjeuner avec toi / elle / vous / etc. / *can you make Friday afternoon?* vendredi après-midi, ça vous convient ? **4.** [earn, win] faire, gagner / *how much do you make a month?* combien gagnes-tu par mois ? / *she made her first million selling beauty products* elle a gagné son premier million en vendant des produits de beauté / *what do they make out of the deal?* qu'est-ce qu'ils gagnent dans l'affaire ?, qu'est-ce que l'affaire leur rapporte ?

D. AMOUNT TO 1. [amount to, add up to] faire / *17 and 19 make* or *makes 36* 17 plus 19 font or égalent 36 / *if Kay comes, that will make eight* si Kay vient, ça fera huit / *that makes £4, Madam* ça fait or fera 4 livres, Madame / *that makes the third time you've been late this week* c'est la troisième fois que vous êtes en retard cette semaine / *how old does that make him?* quel âge ça lui fait ? **2.** [reckon to be] : *I make the answer 257* d'après moi, ça fait 257 / *I make it $14 each* si je compte bien, ça fait 14 dollars par personne / *what time do you make it?* quelle heure as-tu ? **3.** *(with noun complement)* [fulfil specified role, function, etc.] faire / *these shoes will make an excellent Christmas present* ces chaussures feront un très beau cadeau de Noël / *he'll make somebody a good husband* ce sera un excellent mari / *he'd make a good teacher* il ferait un bon enseignant / *they make a handsome couple* ils forment un beau couple / *her reminiscences make interesting reading* ses souvenirs sont intéressants à lire **4.** [score] marquer / *Smith made his second century* Smith a marqué deux cents points.

E. MAKE OR BE SUCCESSFUL [make successful] faire le succès de / *it's her performance that makes the film* tout le film repose sur son interprétation / *if this deal comes off we're made!* si ça marche, on touche le gros lot ! / *you've got it made!* tu n'as plus de souci à te faire ! / *what happens today will make or break us* notre avenir dépend entièrement de ce qui va se passer aujourd'hui.

F. OTHER SENSES 1. *v inf* [seduce] draguer ; [have sex with] se faire **2.** US [in directions] : *make a right / left* tournez à droite / à gauche. **3.** PHR **to make it a)** [arrive] arriver **b)** [be successful] réussir **c)** [be able to attend] être là / *I'll never make it for 10 o'clock* je ne pourrai jamais y être pour 10 h / *we made it to the airport with an hour to spare* nous sommes arrivés à l'aéroport avec une heure d'avance / *if he doesn't make it back in 10 minutes, start without him* s'il n'est pas revenu dans 10 minutes, commencez sans lui / *I hope she makes it through the winter* j'espère qu'elle passera l'hiver / *he'll never make it as a businessman* il ne réussira jamais dans les affaires / *I can't make it for supper tomorrow* je ne peux pas dîner avec eux / toi / etc. demain ▸ **to make it with sb** *v inf* se faire qqn.

◆ vi [act] ▸ **to make (as if) to** faire mine de / *she made (as if) to stand up* elle fit mine de se lever / *I walked in trying to make like a businessman* je suis entré en essayant d'avoir l'air d'un homme d'affaires / *make like you're asleep!* *inf* fais semblant de dormir ! / *I didn't know what it was all about but I made like I did* *inf* je ne savais pas de quoi il était question, mais j'ai fait comme si ▸ **to make believe** imaginer / *make believe you're a bird* imagine que tu es un oiseau ▸ **to make do (with) a)** [manage] se débrouiller (avec) **b)** [be satisfied] se contenter (de) / *it's broken but we'll just have to make do* c'est cassé mais il faudra faire avec.

◆ n **1.** [brand] marque *f* / *what make of washing machine have you got?* quelle est la marque de votre machine à laver ?, qu'est-ce que vous avez comme machine à laver ? **2.** [in bridge] contrat *m* **3.** PHR **to be on the make a)** *inf* [for power, profit] avoir les dents longues **b)** [looking for sexual partner] draguer.

❖ **make away with** = **make off with.**

❖ **make for** vt insep **1.** [head towards] se diriger vers ; [hastily] se précipiter vers / *the plane is making for Berlin* l'avion se dirige sur Berlin / *he made straight for the fridge* il se dirigea tout droit vers le frigo / *when it started to rain everyone made for the trees* quand il s'est mis à pleuvoir, tout le monde s'est précipité vers les arbres / *the truck was making right for him* le camion fonçait droit sur lui / *he made for his gun* il fit un geste pour saisir son pistolet **2.** [contribute to] mener à / *the treaty should make for a more lasting peace* le traité devrait mener or aboutir à une paix plus durable / *this typeface makes for easier reading* cette police permet une lecture plus facile / *a good diet makes for healthier babies* un bon régime alimentaire donne des bébés en meilleure santé.

❖ **make of** ◆ vt sep **1.** [understand] comprendre à / *can you make anything of these instructions?* est-ce que tu comprends quelque chose à ce mode d'emploi ? **2.** [give importance to] : *I think you're making too much of a very minor problem* je pense que tu exagères l'importance de ce petit problème / *do you want to make something of it, then?* *inf* [threat] tu cherches des histoires ou quoi ? ◆ vt insep [think of] penser de / *what do you make of the Smiths?* qu'est-ce que tu penses des Smith ?

❖ **make off** vi partir.

❖ **make off with** vt insep partir avec / *he made off with the cash* il est parti avec l'argent.

❖ **make out** ◆ vt sep **1.** [see] distinguer ; [hear] entendre, comprendre ; [read] déchiffrer / *I could just* *make out the outline of the castle* je distinguais juste la silhouette du château / *I couldn't make out what he said* je ne comprenais pas ce qu'il disait / *I can't make out the address* je n'arrive pas à déchiffrer l'adresse **2.** [understand] comprendre / *I couldn't make out how to fit it together* je ne comprenais pas comment l'assembler / *I can't make her out at all* je ne la comprends pas du tout **3.** [claim] prétendre / *she made out that she was busy* elle a fait semblant d'être occupée / *don't make yourself out to be something you're not* ne prétends pas être ce que tu n'es pas / *it's not as bad as everyone makes out* ce n'est pas aussi mauvais qu'on le prétend **4.** [fill out - form, cheque] remplir / *who shall I make the cheque out to?* je fais le chèque à quel ordre ? **5.** [draw up - list] dresser, faire ; [- will, contract] faire, rédiger, établir ; [- receipt] faire. ◆ vi **1.** *inf* [manage] se débrouiller / *I'm sure she'll make out whatever happens* je suis sûr qu'elle se débrouillera quoi qu'il arrive / *how did you make out at work today?* comment ça s'est passé au boulot aujourd'hui ? **2.** US *v inf* [neck, pet] se peloter ▸ **to make out with sb** [have sex] s'envoyer qqn.

❖ **make over** vt sep **1.** [transfer] transférer, céder **2.** US [convert - room, house] réaménager / *the garage had been made over into a workshop* le garage a été transformé en atelier **3.** US [change the appearance of] transformer.

❖ **make up** ◆ vi **1.** [put on make-up] se maquiller **2.** [become reconciled] se réconcilier. ◆ vt sep **1.** [put make-up on] maquiller ▸ **to make o.s. up** se maquiller / *he was heavily made up* il était très maquillé or fardé **2.** [prepare] faire, préparer / *we can make up a bed for you in the living room* nous pouvons vous faire un lit dans le salon / *the chemist made up the prescription* le pharmacien a préparé l'ordonnance / *the fire needs making up* il faut remettre du charbon / du bois sur le feu **3.** [invent] inventer / *I'm sure he made the story up* je suis sûr qu'il a inventé cette histoire (de toutes pièces) **4.** TYPO mettre en pages **5.** PHR ▸ **to make (it) up with sb** se réconcilier avec qqn / *have you made it up with him?* est-ce que vous vous êtes réconciliés ? ◆ vt insep **1.** [constitute] composer, constituer / *the different ethnic groups that make up our organization* les différents groupes ethniques qui constituent notre organisation / *the cabinet is made up of 11 ministers* le cabinet est composé de 11 ministres / *it is made up of a mixture of different types of tobacco* c'est un mélange de plusieurs tabacs différents **2.** [compensate for - losses] compenser / *to make up lost ground* regagner le terrain perdu / *he's making up time* il rattrape son retard **3.** [complete] : *this cheque will help you make up the required sum* ce chèque vous aidera à atteindre le montant requis / *we need two more players to make up the team* nous avons besoin de deux joueurs de plus pour que l'équipe soit au complet / *I'll make up the difference* je mettrai la différence.

❖ **make up for** vt insep compenser / *the pay doesn't make up for the poor conditions* le salaire ne compense pas les piètres conditions de travail / *how can I make up for all the trouble I've caused you?* que puis-je faire pour me faire pardonner tous les ennuis que je vous ai causés ? / *she's making up for lost time now!* *lit & fig* elle est en train de rattraper le temps perdu !

❖ **make up to** ◆ vt insep ▸ **to make up to sb** **a)** [try to win favour] essayer de se faire bien voir par qqn **b)** [make advances] faire du plat à qqn. ◆ vt sep ▸ **to make it up to sb** : *I promise I'll make it up to you someday* je te promets que je te revaudrai ça (un jour).

❖ **make with** vt insep *inf* : *make with the drinks!* à boire ! / *make with the music!* musique !

make-believe ◆ n : *it's only make-believe* ce n'est qu'illusion / *a world of make-believe* un monde d'illusions ▸ **to play at make-believe** jouer à faire semblant. ◆ adj imaginaire / *a make-believe friend* un ami imaginaire / *they turned the bed into a make-believe raft* ils imaginèrent que le lit était un radeau.

makeover ['meɪkəʊvəʳ] n *lit & fig* [transformation] relookage *m* / *they've given their garden a complete makeover* ils ont complètement transformé leur jardin ▸ **cosmetic makeover** démonstration *f* de maquillage.

maker ['meɪkəʳ] n **1.** [craftsman] fabricant *m*, -e *f* **2.** RELIG ▸ **Maker** Créateur *m* ▸ **to go to meet one's Maker** *euph & hum* passer de vie à trépas.

-maker in comp **1.** [manufacturer] fabricant *m* ▸ **dress-maker** couturière *f* **2.** [machine] ▸ **electric coffee-maker** cafetière *f* électrique ▸ **ice cream-maker** sorbetière *f*.

makeshift ['meɪkʃɪft] ◆ adj de fortune / *a makeshift shelter* un abri de fortune / *the accommodation was very makeshift* le logement était plutôt improvisé. ◆ n expédient *m*.

make-up n **1.** [cosmetics] maquillage *m*, fard *m* / *she had a lot of make-up on* elle était très maquillée ▸ **eye make-up** fard pour les yeux ▸ **make-up artist** maquilleur *m*, -euse *f* ▸ **make-up bag** trousse *f* de maquillage ▸ **make-up remover** démaquillant *m* **2.** [constitution] constitution *f* / *she changed the make-up of the cabinet* elle a procédé à un remaniement ministériel ▸ **genetic make-up** caractéristiques *fpl* génétiques **3.** [nature, character] nature *f*, caractère *m* / *spontaneous generosity is not really in her make-up* elle n'est pas généreuse de nature **4.** TYPO mise *f* en pages **5.** US [test, exam] ▸ **make-up (test)** examen *m* de rattrapage.

makeweight ['meɪkweɪt] n [on scales] complément *m* de poids / *I'm only here as a makeweight* *fig* je ne suis là que pour faire nombre.

making ['meɪkɪŋ] n **1.** [manufacture, creation] fabrication *f* / *the situation is entirely of his own making* il est entièrement responsable de la situation dans laquelle il se trouve / *the incident was to be the making of his career as a politician* l'incident devait être à l'origine de sa carrière d'homme politique / *the two years she spent abroad were the making of her success* les deux années qu'elle a passées à l'étranger ont été la clé de sa réussite **2.** [preparation - of cake] confection *f*, préparation *f* ; [- of film] tournage *m*.

❖ **in the making** adj phr [idea] en gestation ; [plan] à l'étude ; [building] en construction / *it's history in the making* c'est une page d'histoire qui s'écrit sous nos yeux.

❖ **makings** pl n [essential elements] ingrédients *mpl* / *his war stories have the makings of a good film* il y a de quoi faire un bon film avec ses récits de guerre / *the affair has all the makings of a national scandal* il y a dans cette affaire largement de quoi déclencher un scandale national ; [potential] : *that child has the makings of a genius* cet enfant présente toutes les caractéristiques du génie.

-making in comp ▸ **cake-making** fabrication *f* de gâteaux ▸ **film-making** tournage *m* d'un film.

making-up n ST. EX ▸ **making-up day** jour *m* de liquidation ▸ **making-up price** cours *m* de compensation.

Malabar Coast ['mæləbɑ:-] pr n ▸ **the Malabar Coast** la côte de Malabar.

malabsorption [,mæləb'sɔ:pʃn] n malabsorption *f*.

Malachi ['mæləkaɪ] pr n Malachie.

malachite ['mæləkaɪt] n malachite *f*.

maladapted [,mælə'dæptɪd] adj inadapté.

maladjusted [,mælə'ʤʌstɪd] adj **1.** PSYCHOL [child] inadapté ▸ **maladjusted children** l'enfance *f* inadaptée ▸ **to be socially maladjusted** être socialement inadapté **2.** [engine, TV picture] mal réglé ; [mechanism] mal ajusté.

maladjustment [,mælə'ʤʌstmənt] n **1.** [psychological or social] inadaptation *f* ; [emotional] déséquilibre *m* **2.** [of engine, TV] mauvais réglage *m* ; [of mechanism] mauvais réglage *m*, mauvais ajustement *m*.

maladminister [,mæləd'mɪnɪstəʳ] vt mal administrer, mal gérer.

maladministration ['mæləd,mɪnɪs'treɪʃn] n [of country, economy] mauvaise administration *f* ; [of business] mauvaise gestion *f*.

maladroit [,mælə'drɔɪt] adj maladroit, gauche, malhabile.

maladroitly [,mælə'drɔɪtlɪ] adv maladroitement, gauchement.

maladroitness [,mælə'drɔɪtnɪs] n maladresse *f*.

malady ['mælədɪ] (*pl* **maladies**) n *liter* maladie *f*, affection *f*, mal *m*.

Malaga ['mæləgə] pr n Malaga.

Malagasy [,mælə'gæsɪ] ◆ n **1.** [person] Malgache *mf* **2.** LING malgache *m*. ◆ adj malgache.

malaise [mæ'leɪz] n malaise *m*.

malapropism ['mæləprɒpɪzm] n lapsus *m*.

malaria [mə'leərɪə] n malaria *f*, paludisme *m*.

malarial [mə'leərɪəl] adj [disease, fever] paludéen.

malarkey [mə'lɑ:kɪ] n *(U)* *inf* bêtises *fpl*, sottises *fpl*.

Malawi [mə'lɑ:wɪ] pr n Malawi *m* / *in Malawi* au Malawi.

Malawian [mə'lɑ:wɪən] ◆ n Malawite *mf*. ◆ adj malawite.

Malay [mə'leɪ] ◆ n **1.** [person] Malais *m*, -e *f* **2.** LING malais *m*. ◆ adj malais.

Malaya [mə'leɪə] pr n Malaisie *f*, Malaysia *f* Occidentale / *in Malaya* en Malaisie.

Malayan [mə'leɪən] ◆ n Malais *m*, -e *f*. ◆ adj malais.

Malay Peninsula pr n ▸ **the Malay Peninsula** (la presqu'île de) Malacca, la presqu'île Malaise.

Malaysia [mə'leɪzɪə] pr n Malaysia *f* / *in Malaysia* en Malaysia.

Malaysian [mə'leɪzɪən] ◆ n Malais *m*, -e *f*. ◆ adj malais.

malcontent ['mælkən,tent] n *fml* mécontent *m*, -e *f*.

Maldives ['mɔ:ldaɪvz] pl pr n ▸ **the Maldives** les (îles *fpl*) Maldives *fpl* / *in the Maldives* aux Maldives.

Maldivian [mɔ:l'dɪvɪən] ◆ n *habitant ou natif des Maldives*. ◆ adj des Maldives.

male [meɪl] ◆ adj **1.** ZOOL & BOT mâle / *male attitudes* l'attitude des hommes / *male child* enfant mâle / *when I phoned her, a male voice answered* quand je l'ai appelée, c'est une voix d'homme qui a répondu / *the male sex* le sexe masculin ▸ **male voice choir** chœur *m* d'hommes **2.** [virile] mâle, viril **3.** TECH [plug] mâle. ◆ n ZOOL & BOT mâle *m* ; [gen - man] homme *m*.

Malé ['mɑ:leɪ] pr n Malé.

male chauvinism n phallocratie *f*.

male chauvinist n phallocrate *m* ▸ **male chauvinist pig!** sale phallocrate !

malediction [,mælɪ'dɪkʃn] n *liter* malédiction *f*.

malefactor ['mælɪfæktəʳ] n *fml* malfaiteur *m*.

maleficent [mə'lefɪsnt] adj *liter* maléfique.

maleic [mə'leɪɪk] adj maléique ▸ **maleic acid** acide *m* maléique.

maleness ['meɪlnɪs] n masculinité *f*.

malevolence [mə'levələns] n malveillance *f*.

malevolent [mə'levələnt] adj malveillant.

malevolently [mə'levələntlɪ] adv avec malveillance.

malfeasance [mæl'fi:zns] n LAW méfait *m*, malversation *f*.

malformation [,mælfɔ:'meɪʃn] n malformation *f*.

malformed [mæl'fɔ:md] adj difforme.

malfunction [mæl'fʌŋkʃn] ◆ n [fault] fonctionnement *m* défectueux ; [breakdown] panne *f*, défaillance *f*. ◆ vi [go wrong] mal fonctionner ; [break down] tomber en panne.

malfunction routine n COMPUT programme *m* de diagnostic.

Mali ['mɑ:lɪ] pr n Mali *m* / *in Mali* au Mali.

Malian ['mɑ:lɪən] ◆ n Malien *m*, -enne *f*. ◆ adj malien.

malic ['mælɪk] adj malique ▸ **malic acid** acide *m* malique.

malice ['mælɪs] n méchanceté *f*, malveillance *f* / *I don't bear any malice towards them* or *I don't bear* *them any malice* je ne leur en veux pas, je ne leur veux aucun mal / *out of* or *through malice* par méchanceté, par malveillance ▸ **with malice aforethought** LAW avec préméditation.

⚠ The French word **malice** means mischievousness, not malice.

malicious [mə'lɪʃəs] adj **1.** [gen] méchant, malveillant / *malicious gossip* médisances *fpl* **2.** LAW criminel ▸ **malicious damage** UK, **malicious mischief** US ≃ dommage *m* causé avec intention de nuire.

⚠ **Malicieux** means mischievous, not malicious.

maliciously [mə'lɪʃəslɪ] adv **1.** [gen] méchamment, avec malveillance **2.** LAW avec préméditation, avec intention de nuire.

malign [mə'laɪn] ◆ vt [slander] calomnier ; [criticize] critiquer, dire du mal de / *the much-maligned government* le gouvernement, dont on dit beaucoup de mal or que l'on a souvent critiqué. ◆ adj **1.** [evil] pernicieux, nocif **2.** MED malin (maligne).

malignancy [mə'lɪgnənsɪ] (*pl* **malignancies**) n **1.** [ill will] malignité *f*, malveillance *f*, méchanceté *f* **2.** MED malignité *f*.

malignant [mə'lɪgnənt] adj **1.** [person, behaviour, intentions] malveillant, malfaisant, méchant **2.** MED malin (maligne) ▸ **malignant tumour** tumeur *f* maligne.

malignity [mə'lɪgnətɪ] = **malignancy**.

malinger [mə'lɪŋgəʳ] vi simuler la maladie, faire semblant d'être malade.

malingerer [mə'lɪŋgərəʳ] n faux malade *m*, personne *f* qui fait semblant d'être malade.

malingering [mə'lɪŋgərɪŋ] n simulation *f* (de maladie).

mall [mɔ:l] n **1.** [avenue] mail *m*, avenue *f* **2.** US = **shopping mall**.

❖ **Mall** pr n ▸ **the Mall a)** [in London] *large avenue reliant Buckingham Palace à Trafalgar Square* **b)** [in Washington] *jardin public sur lequel donnent les principaux musées de la ville.*

mallard ['mælɑ:d] n ▸ **mallard (duck)** colvert *m*.

malleability [,mælɪə'bɪlətɪ] n malléabilité *f*.

malleable ['mælɪəbl] adj [substance] malléable ; [person] influençable, malléable.

mallet ['mælɪt] n maillet *m*.

mallow ['mæləʊ] n BOT mauve *f*.

mallrat ['mɔ:lræt] n US *adolescent qui traîne dans les centres commerciaux.*

malnourished [,mæl'nʌrɪʃt] adj sous-alimenté.

malnutrition [,mælnju:'trɪʃn] n malnutrition *f*.

malodorous [mæl'əʊdərəs] adj *hum* malodorant, nauséabond.

malpractice [,mæl'præktɪs] n *(U)* [professional] faute *f* professionnelle ; [financial] malversation *f*, malversations *fpl* ; [political] fraude *f*.

malpractice suit n US LAW *procès pour faute ou négligence professionnelle.*

malt [mɔ:lt] ◆ n **1.** [substance] malt *m* **2.** = **malt whisky 3.** US [milk shake] milk-shake *m* au malt. ◆ comp [extract, sugar, vinegar] de malt. ◆ vt malter.

Malta ['mɔ:ltə] pr n Malte / *in Malta* à Malte.

malted ['mɔ:ltɪd] n ▸ **malted (milk)** lait *m* malté.

Maltese [,mɔ:l'ti:z] ◆ n **1.** [person] Maltais *m*, -e *f* **2.** LING maltais *m*. ◆ adj maltais ▸ **Maltese cat** chat *m* maltais ▸ **the Maltese Cross** la croix de Malte / **'The Maltese Falcon'** *Hammett, Huston* 'le Faucon maltais'.

Malthusian [mæl'θju:zjən] adj malthusien.

Malthusianism [mæl'θju:zjənɪzm] n malthusianisme *m*.

maltings ['mɔ:ltɪŋs] (*pl* **maltings**) n malterie *f*.

malt liquor n US *boisson alcoolisée tirée du malt.*

maltreat [,mæl'tri:t] vt maltraiter.

maltreatment [,mæl'tri:tmənt] n *(U)* mauvais traitement *m* or traitements *mpl*, sévices *mpl*.

malt whisky n whisky *m* au malt.

malty ['mɔ:ltɪ] (*compar* **maltier**, *superl* **maltiest**) adj [in smell] qui sent le malt ; [in taste] qui a un goût de malt / *a malty taste* un goût de malt.

malware ['mælweəʳ] n logiciels *mpl* malveillants / *a piece of malware* un logiciel malveillant.

mam [mæm] n *inf & regional* maman *f*.

mama¹ [mə'mɑ:] n UK *dated* maman *f*.

mama² ['mɒmə] n US maman *f*.

mama's boy n US *inf* fils *m* à sa maman.

mamba ['mæmbə] n mamba *m*.

mambo ['mæmbəʊ] (*pl* **mambos**) n mambo *m*.

mamelon ['mæmələn] n mamelon *m*, butte *f*.

mamma ['mæmə] n US **1.** *inf* [mother] maman *f* **2.** *v inf* [woman] môme *f*, nana *f*.

mammal ['mæml] n mammifère *m*.

mammalian [mə'meɪljən] adj mammalien.

mammary ['mæmərɪ] adj mammaire ▸ **mammary gland** glande *f* mammaire.

mammography [mæ'mɒgrəfɪ] n mammographie *f*.

Mammon ['mæmən] pr n Mammon *m*.

mammoth ['mæməθ] ◆ n mammouth *m*. ◆ adj immense, colossal, gigantesque / *a mammoth task* un travail de Titan.

mammy ['mæmɪ] (*pl* **mammies**) n *inf* **1.** [mother] maman **2.** *pej & dated* [black nanny] *nourrice noire.*

man [mæn] (*pl* **men** [men], *pt & pp* **manned**, *cont* **manning**) ◆ n **1.** [adult male] homme *m* / *a young man* un jeune homme / *an old man* un vieillard / *he seems a nice man* il a l'air gentil / *a blind man* un aveugle / *he's lived here, man and boy, for forty years* c'est ici qu'il a grandi et vécu pendant quarante ans / *I'm just a man* je ne suis qu'un homme comme les autres / *one move and you're a dead man!* un (seul) geste et tu es un homme mort ! ▸ **he's a man's man** il aime bien être avec ses copains ▸ **he's a man of the world** c'est un homme d'expérience ▸ **the man in the moon** le visage de la lune **2.** [type] homme *m* / *he's not a betting* | *drinking man* ce n'est pas un homme qui parie / boit / *he was never a man for taking risks* il n'a jamais été homme à or ce n'est pas le genre d'homme à prendre des risques / *he's not a man to make a mistake* il n'est pas homme à se tromper **3.** [appropriate person] homme *m* / *he's the man for the job* c'est l'homme qu'il faut pour faire ce travail / *I'm your man* je suis votre homme / *he's not the man for that kind of work* il n'est pas fait pour ce genre de travail **4.** [professional] ▸ **a medical man** un médecin ▸ **a man of learning** un savant ▸ **a man of letters** un homme de lettres **5.** [with manly qualities] homme *m* ▸ **to act like a man** se comporter en homme / *he took the news like a man* il a pris la nouvelle avec courage / *he's not man enough to own up* il n'aura pas le courage d'avouer / *the army will make a man of him!* l'armée en fera un homme ! / *a holiday will make a new man of me* des vacances me feront le plus grand bien / *this will separate* or *sort the men from the boys* c'est là qu'on verra les vrais hommes **6.** [person, individual] homme *m*, individu *m* / *what more can a man do?* qu'est-ce qu'on peut faire de plus ? / *any man would have reacted in the same way* n'importe qui aurait réagi de la même façon / *all men are born equal* tous les hommes naissent égaux / *the man must be mad!* il doit être fou ! / *I've never met the man* je n'ai jamais rencontré l'individu en question ▸ **to be one's own man** être indépendant or son propre maître ▸ **to the last man a)** [without exception] sans exception **b)** [until defeat] jusqu'au dernier ▸ **it's every man for himself** c'est chacun pour soi ▸ **the man in the street** l'homme de la rue ▸ **one man's meat is another man's poison** *prov* le malheur des uns fait le bonheur des autres *prov* **7.** [as husband, father] homme *m* / *he's a real family man* c'est un vrai père de famille ▸ **man and wife** mari et femme ▸ **to live as man and wife** vivre maritalement or en concubinage ▸ **the man of the house** l'homme de la maison ; *hum* le pater familias ▸ **my old man** *inf* **a)** [husband] mon homme **b)** [father] mon vieux **8.** [boyfriend, lover] homme *m* / *there's a new man in her life* il y a un nouvel homme dans sa vie / *have you met her young man?* **a)** [boyfriend] avez-vous rencontré son petit ami ? **b)** [fiancé] avez-vous rencontré son fiancé ? **9.** [inhabitant, native] : *I'm a Dublin man* je suis de Dublin / *he's a local man* c'est un homme du pays **10.** [student] : *he's a Harvard man* **a)** [at present] il fait ses études à Harvard **b)** [in the past] il a fait ses études à Harvard **11.** [servant] valet *m*, domestique *m* **12.** [employee - in industry, on farm] ouvrier *m* ; [- in business, shop] employé *m* / *the men have gone on strike* les hommes se sont mis en grève / *a TV repair man* un réparateur télé / *we'll send a man round to look at it* nous vous envoyons quelqu'un pour voir / *our man in Paris* **a)** [representative] notre représentant à Paris **b)** [journalist] notre correspondant à Paris **c)** [diplomat] notre envoyé diplomatique à Paris **13.** [in armed forces - soldier] soldat *m*, homme *m* (de troupe) ; [- sailor] matelot *m*, homme *m* (d'équipage) / *officers and men* **a)** [in army] officiers et hommes de troupe **b)** [in navy] officiers et matelots **14.** [player] joueur *m*, équipier *m* / *a 3-man team* une équipe de 3 joueurs / *twelfth man* [in cricket] remplaçant *m* **15.** [mankind] homme *m* / *primitive* | *modern man* l'homme primitif / moderne / *one of the most deadly poisons known to man* un des plus dangereux poisons connus de l'homme ▸ **man proposes, God disposes** *prov* l'homme propose, Dieu dispose *prov* ▸ **man cannot live by bread alone** *prov* l'homme ne vit pas que de pain **16.** [as term of address] : *come on, man!* allez, viens ! / *hey, man, how are you doing?* *v inf* salut, mon pote, comment tu vas ? / *what can I do for you, young man?* que puis-je faire pour vous, jeune homme ? / *my good man* *dated* mon cher monsieur / *good man!* c'est bien ! / *how are you, old man?* *dated* comment tu vas, mon vieux ? **17.** [in chess] pièce *f* ; [in draughts] pion *m*. ◆ vt **1.** MIL [ship] armer, équiper ; [pumps] armer ; [cannon] servir / *the tanker was manned by Greek seamen* le pétrolier avait un équipage grec / *man the lifeboats!* mettez les canots à la mer ! / *manned space-flight* vol *m* spatial habité / *the sentries manned the battlements* il y avait des sentinelles sur les remparts / *the fort was manned by 20 soldiers* le fort était tenu par une garnison de 20 soldats / *can you man the fort while I'm at lunch?* *hum* pouvez-vous prendre la relève or me remplacer pendant que je vais déjeuner ? **2.** [staff - machine] faire tourner, s'occuper de ; [- switchboard] assurer le service or la permanence de / *who's manning the telephone?* qui assure la permanence téléphonique ? / *the office is manned by a skeleton staff* le bureau tourne à effectif réduit. ◆ interj US *inf* : *man, was it big!* bon sang, qu'est-ce que c'était grand !

❖ **as one man** adv phr comme un seul homme.

❖ **to a man** adv phr sans exception / *they agreed to a man* ils ont accepté à l'unanimité.

❖ **man up** vi US *inf* : *you need to man up and get over that girl* il faut que tu trouves la force d'oublier cette fille / *I manned up and confessed* j'ai pris mon courage à deux mains et j'ai avoué / *she should man up* il faudrait qu'elle assume ses responsabilités.

man-about-town (*pl* **men-about-town**) n UK homme *m* du monde, mondain *m*.

manacle ['mænəkl] vt [shackle] enchaîner ; [handcuff] mettre or passer les menottes à / *his wrists were manacled* il portait des menottes.

❖ **manacles** pl n [shackles] fers *mpl*, chaînes *fpl* ; [handcuffs] menottes *fpl*.

manage ['mænɪʤ] ◆ vt **1.** [business, hotel, shop] gérer, diriger ; [property, estate] gérer / *she manages a shoe shop* elle est gérante d'une boutique de chaussures / *he manages his father's company* il dirige la société de son père ; [team] être le manager de, diriger / *he manages Melchester United* c'est le manager de or il manage Melchester United ; [finances, resources] s'occuper de / *he needs somebody to manage his affairs* il a besoin de quelqu'un pour s'occuper de ses affaires / *I'm* *very bad at managing money* je suis incapable de gérer un budget ; [crisis, illness] gérer **2.** [accomplish] réussir / *you'll manage it* ça ira / *she managed a smile* elle trouva la force de sourire ▸ **to manage to do sthg** réussir or parvenir or arriver à faire qqch / *he managed to keep a straight face* il est parvenu à garder son sérieux / *did you manage to get anything to eat?* as-tu finalement trouvé quelque chose à manger ? / *he always manages to arrive at meal times* il se débrouille toujours pour arriver or il trouve toujours le moyen d'arriver à l'heure des repas **3.** [handle - person, animal] savoir s'y prendre avec / *she's a difficult child to manage* c'est une enfant difficile, c'est une enfant dont on ne fait pas ce qu'on veut / *he doesn't know how to manage people* il ne sait pas s'y prendre avec les gens ; [manipulate - machine, tool] manier, se servir de / *I can't manage these new typewriters* je ne sais pas bien me servir de ces nouvelles machines à écrire **4.** [be available for] : *can you manage 9 o'clock / next Saturday?* pouvez-vous venir à 9 h / samedi prochain ? / *can you manage lunch tomorrow?* pouvez-vous déjeuner avec moi demain ? **5.** [cope with] : *I can't manage all this extra work* je ne peux pas faire face à ce surcroît de travail / *can you manage that rucksack?* pouvez-vous porter ce sac à dos ? / *he can't manage the stairs any more* il n'arrive plus à monter l'escalier / *we can't manage any more guests* nous ne pouvons pas accueillir plus de gens ; [eat or drink] : *I think I could manage another slice* j'en reprendrais volontiers une tranche / *I couldn't manage another thing* je ne peux plus rien avaler ; [financially] : *can you manage £10?* pouvez-vous aller jusqu'à 10 livres ? ◆ vi [cope] se débrouiller, y arriver / *we'll have to manage on our own* nous devrons nous débrouiller tout seuls / *can you manage?* ça ira ? / *give me a fork, I can't manage with chopsticks* donne-moi une fourchette, je ne m'en sors pas avec des baguettes / *we had to manage without heating* nous avons dû nous passer de chauffage ; [financially] se débrouiller, s'en sortir / *they just about manage on the dole* ils arrivent tout juste à s'en sortir avec les allocations de chômage / *how am I going to manage without a job?* comment vais-je faire or m'en sortir sans travail ?

manageable ['mænɪdʒəbl] adj [size, amount] raisonnable ; [tool, car, boat] maniable ; [hair] facile à coiffer / *this new shampoo leaves your hair shiny and manageable* ce nouveau shampooing rendra vos cheveux brillants et faciles à coiffer / *cut the wood into manageable pieces* coupez le bois en morceaux faciles à manipuler.

managed fund n fonds *m* géré.

management ['mænɪdʒmənt] n **1.** [control - of firm, finances, property] gestion *f*, direction *f* / *the management of the country's economy* la gestion de l'économie du pays / *all their problems are due to bad management* tous leurs problèmes sont dus à une mauvaise gestion / *under Gordon's management sales have increased significantly* depuis que c'est Gordon qui s'en occupe, les ventes ont considérablement augmenté / *who looks after the management of the farm?* qui s'occupe de l'exploitation de la ferme ? ; [handling] : *she was praised for her management of the situation* on a applaudi la façon dont elle s'est comportée dans cette situation ; [of crisis, illness, etc.] gestion *f* ▸ **man management** UK gestion des ressources humaines **2.** [of shop, hotel, etc.] direction *f* / **'the management cannot accept responsibility for any loss or damage'** 'la direction décline toute responsabilité en cas de perte ou de dommage' / **'under new management'** 'changement de direction or de propriétaire' / *they're on the management* ils font partie de la direction ; INDUST patronat *m* / *negotiations between management and unions have broken down* les négociations entre le patronat et les syndicats ont échoué.

management buy-in n management buy-in *m* *(achat d'une société, le plus souvent par endettement, accompagné de l'arrivée d'une nouvelle équipe).*

management buyout n UK rachat *m* d'une entreprise par les salariés.

management committee n comité *m* de direction.

management consultancy n [activity] conseil *m* en gestion (d'entreprise) ; [firm] cabinet *m* (de) conseil.

management consultant n conseiller *m*, -ère *f* en or de gestion (d'entreprise).

management information system n COMPUT système *m* intégré de gestion.

management studies n *(U)* études *fpl* de gestion.

manager ['mænɪdʒəʳ] n **1.** [of firm, bank] directeur *m*, -trice *f* ; [of shop] directeur *m*, -trice *f*, gérant *m* ; [of restaurant] gérant *m*, -e *f* ; [of pop star, football team] manager *m* ; FIN directeur *m*, -trice *f* / *fund manager* directeur financier / *he's been made manager* il est passé cadre **2.** [organizer] : *she's a good home manager* elle sait tenir une maison.

manageress [,mænɪdʒə'res] n [of shop] directrice *f*, gérante *f* ; [of restaurant] gérante *f* ; [of bank] directrice *f*.

managerial [,mænɪ'dʒɪərɪəl] adj gestionnaire ▸ **managerial staff** cadres *mpl*, encadrement *m* ▸ **managerial skills** qualités *fpl* de gestionnaire.

managing director ['mænɪdʒɪŋ-] n directeur *m* général, directrice *f* générale, P-DG *m*.

managing editor n rédacteur *m*, -trice *f* en chef.

Managua [mə'nægwə] pr n Managua.

man-at-arms *(pl* **men-at-arms***)* n HIST homme *m* d'armes.

manatee [,mænə'tiː] n lamantin *m*.

manbag ['mænbæg] n sacoche *f*.

man-child *(pl* **man-children***)* n *liter* enfant *m* mâle.

Manchu [mæn'tʃuː] ◆ n Mandchou *m*, -e *f*. ◆ adj mandchou.

Manchuria [mæn'tʃʊərɪə] pr n Mandchourie *f* / *in Manchuria* en Mandchourie.

Manchurian [mæn'tʃʊərɪən] ◆ n **1.** [person] Mandchou *m*, -e *f* **2.** LING mandchou *m*. ◆ adj mandchou.

manciple ['mænsɪpl] n intendant *m*.

Mancunian [mæŋ'kjuːnjən] ◆ n [inhabitant] habitant *m*, -e *f* de Manchester ; [native] natif *m*, -ive *f* de Manchester. ◆ adj de Manchester.

Mandalay [,mændə'leɪ] pr n Mandalay.

mandarin ['mændərɪn] n **1.** HIST & *fig* mandarin *m* **2.** BOT [tree] mandarinier *m* **3.** [fruit] ▸ **mandarin (orange)** mandarine *f*.

❖ **Mandarin** n LING ▸ **Mandarin (Chinese)** mandarin *m*.

mandarin collar n col *m* Mao.

mandarin duck n (canard *m*) mandarin *m*.

man date n *inf* sortie *f* entre hommes.

mandate ◆ n ['mændeɪt] **1.** POL mandat *m* / *the government receives its mandate from the electorate* c'est l'électorat qui mandate les membres du gouvernement / *the government has no mandate to introduce the new tax* le gouvernement n'a pas été mandaté pour mettre en place ce nouvel impôt **2.** [country] (territoire *m* sous) mandat *m* / *under British mandate* sous mandat britannique **3.** [task] tâche *f*, mission *f*. ◆ vt [,mæn'deɪt] **1.** [give authority] mandater ▸ **to mandate sb to do sthg** donner mandat à qqn de faire qqch **2.** [country] mettre sous mandat, administrer par mandat.

mandatory ['mændətrɪ] *(pl* **mandatories***)* ◆ adj **1.** [obligatory] obligatoire / *participation is mandatory* la participation est obligatoire **2.** [of a mandate] découlant d'un mandat ▸ **mandatory powers** pouvoirs *mpl* donnés par mandat. ◆ n mandataire *mf*.

man-day n UK jour-homme *m* / *30 man-days* 30 journées *fpl* de travail.

mandible ['mændɪbl] n mandibule *f*.

mandolin ['mændəlɪn] n mandoline *f*.

mandrake ['mændreɪk] n mandragore *f*.

mandrel ['mændrəl] n TECH mandrin *m*.

mandrill ['mændrɪl] n ▸ **mandrill (ape)** mandrill *m*.

mane [meɪn] n [of horse, lion] crinière *f* / *a mane of golden hair* une crinière blonde.

man-eater n [animal] anthropophage *m* ; [cannibal] cannibale *m*, anthropophage *m* ; *hum* [woman] dévoreuse *f* d'hommes, mante *f* religieuse.

man-eating adj [animal] mangeur d'hommes, anthropophage ; [people] cannibale, anthropophage.

manege, **manège** [mæ'neɪʒ] n [training] manège *m* ; [school] école *f* d'équitation, centre *m* hippique.

maneuver US = **manoeuvre.**

man-for-man adj UK SPORT ▸ **man-for-man marking** marquage *m* individuel.

man Friday n [servant] fidèle serviteur *m*.

❖ **Man Friday** pr n Vendredi.

manful ['mænfʊl] adj [courageous] vaillant, ardent.

manfully ['mænfʊlɪ] adv [courageously] vaillamment, courageusement.

manga ['mæŋgə] n manga *m*.

manganese ['mæŋgəniːz] n manganèse *m*.

manganese steel n acier *m* au manganèse.

mange [meɪndʒ] n gale *f*.

mangel-wurzel ['mæŋgl,wɜːzl] n betterave *f* fourragère.

manger ['meɪndʒəʳ] n [trough] mangeoire *f* ; RELIG crèche *f*.

mangetout [,mɑ̃ʒ'tuː] n mange-tout *m*.

mangey ['meɪndʒɪ] = **mangy.**

mangle ['mæŋgl] ◆ vt **1.** [body] mutiler, déchiqueter ; [vehicle] rendre méconnaissable ; [quotation, text] estropier, mutiler / *the mangled wreckage of the two cars* les carcasses déchiquetées des deux voitures **2.** [laundry, linen] essorer. ◆ n essoreuse *f* (à rouleaux).

mango ['mæŋgəʊ] *(pl* **mangos** *or* **mangoes***)* n **1.** [fruit] mangue *f* **2.** [tree] manguier *m*.

mangold(-wurzel) ['mæŋgəld(,wɜːzl)] = **mangel-wurzel.**

mangosteen ['mæŋgəstiːn] n mangoustan *m* ▸ **mangosteen (tree)** mangoustanier *m*.

mangrove ['mæŋgrəʊv] n manglier *m*, palétuvier *m* ▸ **mangrove swamp** mangrove *f*.

mangy ['meɪndʒɪ] *(compar* **mangier**, *superl* **mangiest***)* adj **1.** [having mange - animal] galeux **2.** [shabby - coat, carpet] miteux, pelé.

manhandle ['mæn,hændl] vt **1.** [treat roughly] maltraiter, malmener **2.** [move] porter or transporter (à bras d'homme).

Manhattan [mæn'hætn] ◆ pr n GEOG Manhattan ▸ **the Manhattan Project** *nom de code du projet secret de construction d'une bombe nucléaire lancé aux États-Unis en 1942, qui aboutit à la réalisation de la première bombe A en 1945.* ◆ n [cocktail] manhattan *m*.

manhole ['mænhəʊl] n regard *m* ; [into sewer] bouche *f* d'égout ▸ **manhole cover** plaque *f* d'égout.

manhood ['mænhʊd] n **1.** [age] âge *m* d'homme / *he has reached manhood* c'est un homme maintenant **2.** [virility] virilité *f* **3.** [men collectively] hommes *mpl*, population *f* masculine.

man-hour n UK heure-homme *f* / *300 man-hours* 300 heures *fpl* de travail.

manhunt ['mænhʌnt] n chasse *f* à l'homme.

mania ['meɪnjə] n **1.** PSYCHOL manie *f* ; [obsession] obsession *f* **2.** [zeal] manie *f pej*, passion *f* / *he has a mania for collecting old photographs* il a la manie de collectionner les vieilles photos / *he's got football mania* c'est un passionné de football.

maniac ['meɪnɪæk] ◆ n **1.** [dangerous person] fou *m*, folle *f* ; [sexual] obsédé *m*, -e *f* / *I've been working like a maniac for the past two months* ça fait deux mois que je travaille comme un fou / *to drive like a maniac* conduire comme un fou **2.** [fan] fou *m*, folle *f* / *he's a football maniac* c'est un fan or un mordu de football **3.** PSYCHOL maniaque *mf*. ◆ adj **1.** [gen] fou *(before vowel or silent 'h' fol, f folle)* **2.** PSYCHOL maniaque.

maniacal [mə'naɪəkl] adj **1.** [crazy] fou *(before vowel or silent 'h' fol, f folle)* / *maniacal laughter* rire *m* hystérique **2.** PSYCHOL maniaque.

maniacally [mə'naɪəklɪ] adv de manière hystérique.

manic ['mænɪk] ◆ adj **1.** [crazy] fou *(before vowel or silent 'h' fol, f folle)* **2.** PSYCHOL maniaque. ◆ n maniaque *mf*.

manic depression n psychose *f* maniaco-dépressive.

manic-depressive ◆ adj maniaco-dépressif. ◆ n maniaco-dépressif *m*, -ive *f*.

Manichean [,mænɪ'ki:ən] ◆ adj manichéen. ◆ n manichéen *m*, -enne *f*.

manicure ['mænɪ,kjʊəʳ] ◆ n soins *mpl* des mains ▸ **to give sb a manicure** faire les mains de qqn, manucurer qqn. ◆ comp [case, scissors] de manucure, à ongles ▸ **manicure set** onglier *m*. ◆ vt faire les mains à, manucurer / *she was manicuring her nails* elle était en train de se faire les ongles / *a manicured lawn* une pelouse impeccable.

manicurist ['mænɪ,kjʊərɪst] n manucure *mf*.

manifest ['mænɪfest] ◆ adj *fml* manifeste, évident. ◆ vt manifester / *to manifest open hostility* manifester une franche hostilité / *how did this mania manifest itself?* comment cette obsession s'est-elle manifestée ? ◆ vi [ghost, spirit] se manifester. ◆ n [of ship, plane] manifeste *m*.

manifestation [,mænɪfes'teɪʃn] n manifestation *f*.

Manifest Destiny n US HIST *au XIX*[e] *siècle, idéologie selon laquelle l'établissement des colons en Amérique du Nord relevait de la volonté divine.*

manifestly ['mænɪfestlɪ] adv manifestement, à l'évidence.

manifesto [,mænɪ'festəʊ] (*pl* **manifestos** *or* **manifestoes**) n manifeste *m*.

manifold ['mænɪfəʊld] ◆ adj *fml* [numerous] multiple, nombreux ; [varied] varié, divers. ◆ n AUTO ▸ **inlet manifold** tubulure *f* d'admission.

manikin ['mænɪkɪn] = **mannikin**.

Manila [mə'nɪlə] pr n Manille.

manil(l)a [mə'nɪlə] ◆ n [hemp] chanvre *m* de Manille ; [paper] papier *m* kraft. ◆ comp ▸ **manilla envelope** enveloppe *f* en papier kraft.

manil(l)a hemp n chanvre *m* de Manille.

manil(l)a paper n papier *m* kraft.

manioc ['mænɪɒk] n manioc *m*.

manipulate [mə'nɪpjʊleɪt] vt **1.** [equipment] manœuvrer, manipuler ; [tool] manier ; [vehicle] manœuvrer **2.** *pej* [person] manipuler, manœuvrer ; [facts, figures] manipuler / *he skilfully manipulated situations (to his own end)* il avait l'art de tirer profit de toutes les situations **3.** MED : *to manipulate bones* pratiquer des manipulations.

manipulation [mə,nɪpjʊ'leɪʃn] n [of equipment] manœuvre *f*, manipulation *f* ; *pej* [of people, facts, situation] manipulation *f* ; MED manipulation *f*.

manipulative [mə'nɪpjʊlətɪv] adj *pej* : *he can be very manipulative* il n'hésite pas à manipuler les gens / *that's so manipulative* [remark, action] c'est de la manipulation.

manipulator [mə'nɪpjʊleɪtəʳ] n manipulateur *m*, -trice *f*.

Manitoba [,mænɪ'təʊbə] pr n Manitoba *m* / *in Manitoba* dans le Manitoba.

man jack n UK *inf* ▸ **every man jack of them** chacun d'eux sans exception.

mankind [mæn'kaɪnd] n **1.** [species] humanité *f*, espèce *f* humaine / *for the good of mankind* pour le bien de l'humanité **2.** [men in general] hommes *mpl*.

manky ['mæŋkɪ] (*compar* **mankier**, *superl* **mankiest**) adj UK *v inf* [worthless] nul ; [dirty] miteux, pourri.

manlike ['mænlaɪk] adj **1.** [virile] viril, masculin **2.** [woman] masculin.

manliness ['mænlɪnɪs] n virilité *f*.

manly ['mænlɪ] (*compar* **manlier**, *superl* **manliest**) adj viril, mâle.

man-mad adj obsédé par les hommes, nymphomane.

man-made adj [fibre] synthétique ; [construction, lake] artificiel ; [landscape] modelé or façonné par l'homme.

manna ['mænə] n manne *f* ▸ **manna from heaven** *fig* manne céleste.

manned [mænd] adj [ship, machine] ayant un équipage / *manned spacecraft* vaisseau *m* spatial habité.

mannequin ['mænɪkɪn] n mannequin *m*.

manner ['mænəʳ] n **1.** [way] manière *f*, façon *f* / *in the same manner* de la même manière or façon / *it's just a manner of speaking* c'est juste une façon de parler / *it was the manner in which he did it that upset me* c'est la manière or la façon dont il s'y est pris qui m'a blessé / *she dealt with them in a very gentle manner* elle a été d'une grande douceur avec eux / *to keep sb in the manner to which he is accustomed* permettre à qqn de maintenir son train de vie **2.** [attitude] attitude *f*, manière *f* ; [behaviour] comportement *m*, manière *f* de se conduire / *to have a pleasant manner* avoir des manières agréables / *I don't like his manner* je n'aime pas ses façons / *he has a good telephone manner* il fait bonne impression au téléphone / *there was something in his manner that made me suspicious* quelque chose dans son comportement a éveillé mes soupçons ▸ **in a manner of speaking** pour ainsi dire, dans un certain sens ▸ **by all manner of means** [of course] bien entendu ▸ **not by any manner of means** en aucune manière, aucunement ▸ **to the manner born** vraiment fait pour ça **3.** [style] manière *f* / *in the manner of Rembrandt* dans le style or à la manière de Rembrandt / *painted in the Italian manner* peint à la manière italienne **4.** [kind] sorte *f*, genre *m* / *all manner of rare books* toutes sortes de livres rares / *what manner of man is he?* *arch* quel genre d'homme est-ce ?

❖ **manners** pl n **1.** [social etiquette] manières *fpl* / *good / bad manners* bonnes / mauvaises manières / *to have good table manners* savoir se tenir à table / *it's bad manners to talk with your mouth full* c'est mal élevé or ce n'est pas poli de parler la bouche pleine / *she has no manners* elle n'a aucune éducation, elle est mal élevée / *where are your manners?* **a)** [say thank you] qu'est-ce qu'on dit quand on est bien élevé ? **b)** [behave properly] est-ce que c'est une façon de se tenir ? ▸ **manners maketh the man** *prov* un homme n'est rien sans les manières **2.** *liter* [social customs] mœurs *fpl*, usages *mpl*.

mannered ['mænəd] adj maniéré, affecté, précieux.

-mannered in comp ▸ **mild-mannered** doux, d'un naturel doux ▸ **well / bad-mannered** bien / mal élevé.

mannerism ['mænərɪzm] n tic *m*, manie *f*.

❖ **Mannerism** n ART maniérisme *m*.

Mannerist ['mænərɪst] ◆ adj ART maniériste. ◆ n ART maniériste *mf*.

mannerly ['mænəlɪ] adj bien élevé, courtois, poli.

mannikin ['mænɪkɪn] n **1.** [dwarf] nain *m* **2.** = **mannequin**.

mannish ['mænɪʃ] adj [woman] masculin.

mannishly ['mænɪʃlɪ] adv comme un homme.

manoeuvrability UK, **maneuverability** US [mə,nu:vrə'bɪlətɪ] n manœuvrabilité *f*, maniabilité *f*.

manoeuvrable UK, **maneuvrable** US [mə'nu:vrəbl] adj manœuvrable, maniable.

manoeuvre UK, **maneuver** US [mə'nu:vəʳ] ◆ n manœuvre *f* ▸ **to be on manoeuvres** MIL être en manœuvres / *it was only a manoeuvre to get him to resign* ce n'était qu'une manœuvre pour l'amener à démissionner / *room for manoeuvre* marge *f* de manœuvre. ◆ vt **1.** [physically] manœuvrer / *he manoeuvred the ladder through the window* il a manœuvré pour faire passer l'échelle par la fenêtre / *they manoeuvred the animal into the pen* ils ont fait entrer l'animal dans l'enclos **2.** [by influence, strategy] manœuvrer / *she manoeuvred her way to the top* elle a réussi à se hisser jusqu'au sommet / *they manoeuvred him into resigning* ils l'ont poussé à démissionner. ◆ vi manœuvrer / *to manoeuvre for position* manœuvrer pour se placer avantageusement.

man-of-war [,mænə'wɔ:ʳ] (*pl* **men-of-war** [,men-]) n bâtiment *m* de guerre.

manometer [mə'nɒmɪtəʳ] n manomètre *m*.

manor ['mænəʳ] n **1.** [house] ▸ **manor (house)** manoir *m*, château *m* **2.** HIST seigneurie *f*, domaine *m* seigneurial ▸ **lord of the manor** châtelain *m* ▸ **lady of the manor** châtelaine *f* **3.** UK *v inf* [of police, local] îlot *m*.

manorial [mə'nɔ:rɪəl] adj seigneurial.

man-o'-war [,mænə'wɔ:ʳ] = **man-of-war**.

manpower ['mæn,paʊəʳ] n *(U)* [personnel] main-d'œuvre *f* ; MIL effectifs *mpl* / *we don't have the necessary manpower* nous ne disposons pas des effectifs nécessaires.

Manpower Services Commission n *agence britannique pour l'emploi, aujourd'hui remplacée par la Training Agency.*

mansard ['mænsɑ:d] n [roof] toit *m* mansardé ; [attic] mansarde *f*.

manscaping ['mænskeɪpɪŋ] n toilettage *m* masculin.

manse [mæns] n presbytère *m*.

manservant ['mænsɜ:vənt] n [gen] domestique *m* ; [valet] valet *m* (de chambre).

mansion ['mænʃn] n [in town] hôtel *m* particulier ; [in country] château *m*, manoir *m* / *their house is more like a mansion* leur maison est un vrai château ▸ **mansion block** résidence *f* de standing.

Mansion House pr n ▸ **the Mansion House** *la résidence officielle du maire de Londres.*

man-size(d) adj [job, task] ardu, difficile ; [meal] copieux ▸ **man-sized tissues** grands mouchoirs *mpl* (en papier).

manslaughter ['mæn,slɔ:təʳ] n homicide *m* involontaire.

manta ray ['mæntə-] n raie *f* manta *f*, mante *f*.

mantel ['mæntl] n [shelf] (tablette *f* de) cheminée *f* ; [frame] manteau *m*.

mantelpiece ['mæntlpi:s] n **1.** [surround] (manteau *m* de) cheminée *f* **2.** [shelf] (tablette *f* de) cheminée *f*.

mantelshelf ['mæntlʃelf] (*pl* **mantelshelves** [-ʃelvz]) = **mantelpiece**.

mantic ['mæntɪk] adj divinatoire, prophétique.

mantilla [mæn'tɪlə] n mantille *f*.

mantis ['mæntɪs] n mante *f* ; ⟶ **praying mantis**.

mantissa [mæn'tɪsə] n mantisse *f*.

mantle ['mæntl] n **1.** [cloak] cape *f* ; *fig* manteau *m* / *a mantle of fog* un manteau de brume ▸ **to take on** or **to assume the mantle of** *fig* assumer le rôle de **2.** ZOOL & GEOL manteau *m* **3.** [of gas-lamp] manchon *m* / *turn up the mantle* UK montez le gaz **4.** = **mantel**.

man-to-man ◆ adj **1.** [discussion] entre hommes, d'homme à homme **2.** SPORT = **man-for-man**. ◆ adv entre hommes, d'homme à homme.

mantra ['mæntrə] n mantra *m inv*.

mantrap ['mæntræp] n piège *m* à hommes.

Mantua ['mæntʊə] pr n Mantoue.

manual ['mænjʊəl] ◆ adj manuel ▸ **manual worker** travailleur *m* manuel ▸ **manual labour** travail *m* manuel ▸ **manual dexterity** dextérité *f*, habileté *f* manuelle. ◆ n **1.** [handbook] manuel *m* **2.** [of organ] clavier *m*.

manually ['mænjʊəlɪ] adv manuellement, à la main.

manufacture [,mænjʊ'fæktʃəʳ] ◆ n **1.** [making] fabrication *f* ; [of clothes] confection *f* **2.** TECH [product] produit *m* manufacturé. ◆ vt **1.** [produce] fabriquer, produire ; [clothes] confectionner ▸ **manufactured goods** produits *mpl* manufacturés **2.** [invent - news, story] inventer ; [- evidence] fabriquer.

manufacturer [,mænjʊ'fæktʃərəʳ] n fabricant *m*, -e *f*.

manufacturing [,mænjʊ'fæktʃərɪŋ] ◆ adj [city, area] industriel ▸ **manufacturing industry** les industries *fpl* manufacturières or de transformation. ◆ n fabrication *f* ▸ **manufacturing costs** coûts *mpl* de fabrication.

manumission [ˌmænjʊ'mɪʃn] n manumission *f*.

manumit [ˌmænjʊ'mɪt] (*pt & pp* **manumitted**, *cont* **manumitting**) vt affranchir, émanciper.

manure [mə'njʊəʳ] ◆ n [farmyard] fumier *m* ; [fertilizer] engrais *m* ▸ **liquid manure** purin *m*, lisier *m* ▸ **manure heap** tas *m* de fumier. ◆ vt [with dung] fumer ; [with fertilizer] répandre de l'engrais sur.

manuscript ['mænjʊskrɪpt] ◆ n manuscrit *m* / *I read the book in manuscript* j'ai lu le manuscrit du livre ; [for music] ▸ **manuscript (paper)** papier *m* à musique. ◆ adj manuscrit, (écrit) à la main.

Manx [mæŋks] ◆ pl n ▸ **the Manx** les Manxois *mpl*. ◆ n LING manx *m*. ◆ adj manxois.

Manx cat n chat *m* (sans queue) de l'île de Man.

Manxman ['mæŋksmən] (*pl* **Manxmen** [-mən]) n Manxois *m*.

Manxwoman ['mæŋksˌwʊmən] (*pl* **Manxwomen** [-ˌwɪmɪn]) n Manxoise *f*.

many ['menɪ] (*compar* **more** [mɔː], *superl* **most** [məʊst]) ◆ det & pron beaucoup de, de nombreux / *many people* beaucoup de *or* bien des gens / *many years* bien des années, de nombreuses années / *many times* souvent, bien des fois / *she had cards from all her many admirers* elle a reçu des cartes de ses nombreux admirateurs / *many of the audience were children* il y avait de nombreux enfants *or* beaucoup d'enfants dans l'assistance / *many of them* beaucoup d'entre eux / *many's the time* bien des fois / *many's the holiday I spent there* j'y ai passé bien des vacances / *take as many books as you like* prenez autant de livres *or* tous les livres que vous voudrez / *they admitted as many (people) as they could* ils ont laissé entrer autant de gens que possible / *as many again* encore autant / *twice | three times as many* deux / trois fois plus / *we visited six cities in as many days* nous avons visité six villes en autant de jours / *as many as 8,000 students enrolled* jusqu'à *or* près de 8 000 étudiants se sont inscrits / *how many?* combien ? / *how many students came?* combien d'étudiants sont venus ? / *how many were there?* combien étaient-ils ? / *so many people* tant de gens / *we can only fit in so many* nous n'avons de place que pour un certain nombre de personnes / *too many people* trop de gens / *don't give me too many* ne m'en donne pas trop / *a good many* un bon nombre / *we met a good many times* on s'est vus bien des fois / *a great many* un grand nombre / *I've received a great many applications* j'ai reçu de très nombreuses *or* un grand nombre de candidatures. ◆ predet : *many a time* bien des fois / *many a child would be glad of it* bien des enfants s'en contenteraient. ◆ pl n [masses] ▸ **the many** la majorité / *the many who loved her* tous ceux qui l'aimaient.

many-coloured adj UK multicolore.

many-sided adj **1.** [figure, shape] qui a de nombreux côtés **2.** [problem] aux aspects multiples, multiforme **3.** [personality] qui a de nombreuses facettes ; [individual] aux talents multiples.

Maoism ['maʊɪzm] n maoïsme *m*.

Maoist ['maʊɪst] ◆ adj maoïste. ◆ n maoïste *mf*.

Maori ['maʊrɪ] (*pl* **Maori** *or* **Maoris**) ◆ n **1.** [person] Maori *m*, -e *f* **2.** LING maori *m*. ◆ adj maori.

Mao Tse-Tung, Mao Zedong ['maʊtse'tʊŋ] pr n Mao Tsé-toung, Mao Zedong.

map [mæp] (*pt & pp* **mapped**, *cont* **mapping**) ◆ n **1.** [of country] carte *f* ; [of town, network] plan *m* / *to read a map* lire une carte / *a map of India* une carte de l'Inde / *it doesn't look far on the map* ça n'a pas l'air loin sur la carte / *the city was wiped off the map* fig la ville a été rayée de la carte ▸ **to put sthg on the map** faire connaître qqch / *the election results put them firmly on the political map* le résultat des élections leur assure une place sur l'échiquier politique / *the legend of the monster put Loch Ness on the map* la légende du monstre a rendu le loch Ness célèbre ▸ **it's all over the map** US *inf* ça part dans tous les sens **2.** MATH fonction *f*, application *f*. ◆ vt **1.** [country, region] faire *or* dresser la carte de ; [town] faire *or* dresser le plan de **2.** MATH ▸ **to map sthg onto sthg** représenter qqch sur qqch.

❖ **map out** vt sep [itinerary] tracer ; [essay] faire le plan de ; [plan] établir les grandes lignes de ; [career, future] organiser, prévoir / *they have Laura's future all mapped out for her* ils ont déjà planifié l'avenir de Laura / *to map out one's time* organiser son emploi du temps.

MAP (abbr of **Modified American Plan**) n *dans un hôtel américain, séjour en demi-pension.*

maple ['meɪpl] n érable *m*.

maple leaf n feuille *f* d'érable.

maple sugar n sucre *m* d'érable.

maple syrup n sirop *m* d'érable.

mapmaker ['mæpˌmeɪkəʳ] n cartographe *mf*.

mapmaking ['mæpˌmeɪkɪŋ] n cartographie *f*.

mapping ['mæpɪŋ] n MATH application *f*, fonction *f*.

mapping pen n plume *f* à dessin.

map reading n lecture *f* de carte.

Maputo [mə'puːtəʊ] pr n Maputo.

mar [mɑːʳ] (*pt & pp* **marred**, *cont* **marring**) vt gâter, gâcher / *today will make or mar their future* c'est aujourd'hui que se décide *or* se joue leur avenir.

Mar. written abbr of **March**.

MUCH / MANY / A LOT OF

Les francophones confondent souvent **much**, **many** et **a lot of** car tous se traduisent par ***beaucoup***. Toutefois, **much** n'est employé qu'avec les indénombrables, **many** seulement avec les dénombrables au pluriel, alors que **a lot of** / **lots of** s'emploient aussi bien avec les indénombrables que les dénombrables.

- **not much money** / **not a lot of money** = pas beaucoup d'argent
  much / **a lot of** + N indénombrable
  [mais pas many money]
- **many books** / **a lot of books** = beaucoup de livres
  many / **a lot of** + N dénombrable pluriel
  [mais pas much books]

AVEC LES INDÉNOMBRABLES : MUCH OU A LOT OF / LOTS OF

Much est un déterminant que l'on utilise avec les noms indénombrables :

Jane and Henry don't have much money. Jane et Henry n'ont pas beaucoup d'argent.

On le trouve fréquemment dans des phrases négatives :

There isn't much milk left. Il ne reste plus beaucoup de lait.

Dans les phrases affirmatives, on préfère généralement **a lot of** :

There's a lot of truth in what you say. Il y a beaucoup de vérité dans ce que tu dis.

That's a lot of money! Ça fait beaucoup d'argent !

À noter : dans un contexte familier, on pourra utiliser **lots of** :

It cost me lots of money. Ça m'a coûté beaucoup d'argent.

Much est souvent associé à **as**, **so** et **too**.

There was as much traffic as last weekend. Il y avait autant de circulation que le week-end dernier.

Thank you so much! Merci beaucoup !

There's too much to do! Il y a trop de choses à faire !

Much et **a lot** peuvent aussi être employés comme adverbes :

- avant un adjectif :

I feel much better now. / I feel a lot better now. Je me sens beaucoup mieux maintenant.

- après un verbe :

I like him very much / a lot. Je l'aime beaucoup.

Ann misses her parents very much / a lot. Les parents d'Anne lui manquent beaucoup.

À noter : **a lot of** / **lots of** sont plus familiers que **much** ; à l'écrit, tout particulièrement en anglais britannique, on préférera utiliser **much**, **a great deal of** ou **a large amount of** plutôt que **a lot of** / **lots of**.

AVEC DES DÉNOMBRABLES : MANY OU A LOT OF / LOTS OF

On utilise **many** uniquement avec des noms dénombrables. Comme **much**, on l'emploie le plus souvent dans des phrases négatives ou interrogatives :

Were there many trucks on the road? Y avait-il beaucoup de camions sur la route ?

There aren't many people around. Il n'y a pas grand monde ici.

I haven't seen many movies this year. Je n'ai pas vu beaucoup de films cette année.

Dans les phrases affirmatives, on peut trouver **many**, mais **a lot of** ou **lots of** (familier) sont plus fréquents :

There are a lot of / There are many foreign students here. Il y a beaucoup d'étudiants étrangers ici.

There are lots of foreign students in this university. Il y a plein d'étudiants étrangers dans cette université.

Attention ! On utilise **there is** avec **a lot of** et **there are** avec **many** et **lots of**.

Comme **much**, **many** peut être utilisé avec **so**, **as** et **too** :

I've seen that movie so many times but I still can't remember the title. J'ai vu ce film très souvent et pourtant je n'arrive toujours pas à me souvenir du titre.

As many as 1,500 people are said to have taken part in the marathon. Le marathon aurait compté jusqu'à 1 500 participants.

There are too many people in this room. Il y a trop de monde dans cette pièce.

À noter : **a lot of** / **lots of** sont plus familiers que **many** ; à l'écrit, tout particulièrement en anglais britannique, on préférera utiliser **many** ou **a large** / **great number of** plutôt que **a lot of** ou **lots of**.

marabou ['mærəbu:] n ORNITH marabout *m*.

maraca [mə'rækə] n maraca *f*.

maraschino [,mærə'ski:nəʊ] (*pl* **maraschinos**) n marasquin *m* ▸ **maraschino cherry** cerise *f* au marasquin.

marathon ['mærəθn] ◆ n SPORT marathon *m* / *dance marathon fig* marathon de danse. ◆ comp ▸ **marathon race** marathon *m* ▸ **marathon runner** coureur *m*, -euse *f* de marathon, marathonien *m*, -enne *f*. ◆ adj marathon *(inv)* / *a marathon exam* un examen-marathon.

marauder [mə'rɔ:dər] n [person] maraudeur *m*, -euse *f* ; [animal, bird] maraudeur *m*, prédateur *m*.

marauding [mə'rɔ:dɪŋ] adj maraudeur, en maraude / *marauding soldiers* des soldats en maraude.

marble ['mɑ:bl] ◆ n **1.** [stone, sculpture] marbre *m* **2.** [for game] bille *f* / *to play marbles* jouer aux billes ▸ **to lose one's marbles** *inf* perdre la boule. ◆ comp [fireplace, staircase, statue] de or en marbre ; [industry] marbrier ▸ **marble quarry** marbrière *f*, carrière *f* de marbre. ◆ vt marbrer.

Marble Arch pr n *grande arche monumentale dans le centre de Londres.*

marble cake n gâteau *m* marbré.

marbled ['mɑ:bld] adj marbré.

marbling ['mɑ:blɪŋ] n [gen] marbrure *f* ; [in meat] marbré *m*.

marcasite ['mɑ:kə,saɪt] n marcassite *f*.

march [mɑ:tʃ] ◆ n **1.** MIL marche *f* / *troops on the march* des troupes en marche / *the march on Versailles* la marche sur Versailles / *a march of 20 km* une marche de 20 km / *their camp was a day's march away* leur camp était à une journée de marche / *the march of time* / *events fig* la marche du temps / des événements ▸ **quick march!** en avant, marche ! ▸ **Sherman's march to the sea** US HIST la marche vers l'océan du général Sherman **2.** [demonstration] manifestation *f*, marche *f* ▸ **to go on a march** manifester, descendre dans la rue ▸ **peace march** marche pour la paix **3.** [music] marche *f* ▸ **slow** / **quick march** marche lente / rapide **4.** *(usu pl)* [frontier] frontière *f* ▸ **the Welsh Marches** les marches *fpl* galloises. ◆ vi **1.** MIL marcher (au pas) / *the soldiers marched for three days and nights* les soldats ont marché pendant trois jours et trois nuits / *to march against the enemy* marcher contre l'ennemi / *to march off to war* / *into battle* partir à la guerre / au combat / *to march on a city* marcher sur une ville ; [at a ceremony, on parade] défiler / *the regiment marched past the President* le régiment défila devant le président ; *fig* [time, seasons] avancer, s'écouler / *time marches on* le temps s'écoule inexorablement **2.** [walk briskly] avancer d'un pas ferme or résolu / *to march down the street* / *into a room* descendre la rue / entrer dans une pièce d'un pas résolu / *they marched off in a huff* ils partirent furieux / *she marched up to him and slapped him across the face* elle se dirigea droit sur lui et le gifla / *he marched impatiently up and down the station platform* il arpentait le quai impatiemment / *he marched upstairs* il monta l'escalier d'un air décidé **3.** [in demonstration] manifester / *the students marched alongside the workers* les étudiants manifestèrent aux côtés des ouvriers. ◆ vt **1.** MIL faire marcher au pas / *the troops were marched out of the citadel* on fit sortir les troupes de la citadelle **2.** [lead forcibly] : *the prisoner was marched away* / *back to his cell* on conduisit / ramena le prisonnier dans sa cellule / *the shoplifter was marched into the manager's office* on conduisit le voleur dans le bureau du directeur / *the children were marched off to bed* les enfants ont été expédiés au lit (au pas de gymnastique).

March [mɑ:tʃ] n (mois *m* de) mars *m* ▸ **March hare** lièvre *m* en rut ▸ **the March Hare** [in stories] le Lièvre. See also **February**.

marcher ['mɑ:tʃər] n [in demonstration] manifestant *m*, -e *f*.

marching ['mɑ:tʃɪŋ] ◆ n [gen & MIL] marche *f*. ◆ adj cadencé / *the sound of marching feet* le bruit de pas cadencés.

marching orders pl n **1.** MIL ordre *m* de route **2.** UK *inf & fig* ▸ **to give sb his / her marching orders** flanquer qqn à la porte / *she got her marching orders* elle a été virée.

marchioness ['mɑ:ʃənes] n [aristocrat] marquise *f*.

March of Dimes pr n *association caritative américaine d'aide aux enfants handicapés.*

march-past n défilé *m* (militaire).

Marcus Aurelius ['mɑ:kəsɔ:'ri:ljəs] pr n Marc Aurèle.

Mardi Gras [,mɑ:dɪ'grɑ:] n mardi *m* gras, carnaval *m*.

mare [meər] n jument *f*.

mare's nest n [illusion] illusion *f* ; [disappointment] déception *f*.

margarine [,mɑ:dʒə'ri:n or ,mɑ:gə'ri:n] n margarine *f*.

margarita [,mɑ:gə'ri:tə] n margarita *f*.

marge [mɑ:dʒ] UK *inf* = **margarine.**

margin ['mɑ:dʒɪn] n **1.** [on page] marge *f* / *written in the margin* écrit dans la or en marge **2.** [leeway] marge *f* / *a margin of error* / *of safety* une marge d'erreur / de sécurité ; [distance, gap] marge *f* / *the opposition candidate won by a 10% margin* le candidat de l'opposition a gagné avec une marge de 10 % / *they won by a narrow* / *wide margin* ils ont gagné de justesse / avec une marge confortable **3.** [periphery - of field, lake] bord *m* ; [- of wood] lisière *f*, orée *f* ; [- of society] marge *f*.

marginal ['mɑ:dʒɪnl] ◆ adj **1.** [slight - improvement] léger ; [- effect] minime, insignifiant ; [- importance] mineur, secondaire ; [- case] limite ; [- problem] d'ordre secondaire ▸ **marginal land** AGR terre *f* de faible rendement **2.** COMM [business, profit] marginal **3.** [in margin - notes] marginal, en marge. ◆ n POL = **marginal seat.**

marginalia [,mɑ:dʒɪ'neɪljə] pl n annotations *fpl* or notes *fpl* en marge.

marginalize, **marginalise** ['mɑ:dʒɪnəlaɪz] vt marginaliser.

marginally ['mɑ:dʒɪnəlɪ] adv à peine, légèrement / *his health has improved only marginally* son état ne s'est guère amélioré.

marginal seat n POL *en Grande-Bretagne, circonscription dont le député ne dispose que d'une majorité très faible.*

marguerite [,mɑ:gə'ri:t] n BOT marguerite *f*.

Maria [mə'raɪə] ⟶ **Black Maria**

Maria de Medici [mə'rɪədə'medɪtʃi:] pr n Marie de Médicis.

Mariana Islands [,mærɪ'ɑ:nə-] pl pr n ▸ **the Mariana Islands** les îles *fpl* Mariannes / *in the Mariana Islands* aux îles Mariannes.

marigold ['mærɪgəʊld] n [African] rose *f* d'Inde ; [French] œillet *m* d'Inde ▸ **(pot) marigold** souci *m* (des jardins).

marihuana, **marijuana** [,mærɪ'wɑ:nə] n marihuana *f*, marijuana *f*.

marina [mə'ri:nə] n marina *f*.

marinade [,mærɪ'neɪd] ◆ n CULIN marinade *f*. ◆ vt mariner.

marinate ['mærɪneɪt] vt & vi CULIN mariner.

marine [mə'ri:n] ◆ adj **1.** [underwater] marin ▸ **marine biology** biologie *f* marine ▸ **marine life** vie *f* marine **2.** [naval] maritime ▸ **marine engineering** mécanique *f* navale ▸ **marine insurance** assurance *f* maritime. ◆ n **1.** [ships collectively] marine *f* **2.** [soldier] fusilier *m* marin ; [British or American] marine *m* ▸ **go tell it to the marines!** *inf* mon œil !, à d'autres !

Marine Corps pr n US MIL Marines *mpl*.

mariner ['mærɪnər] n *fml & liter* marin *m*.

Mariolatry [,meərɪ'ɒlətrɪ] n culte *m* excessif de la Vierge.

Mariology [,meərɪ'ɒlədʒɪ] n mariologie *f*.

marionette [,mærɪə'net] n marionnette *f*.

marital ['mærɪtl] adj [vows, relations, duty] conjugal ; [problem] conjugal, matrimonial ▸ **marital rights** droits *mpl* conjugaux ▸ **marital status** situation *f* de famille.

marital aid n gadget *m* érotique.

maritime ['mærɪtaɪm] adj maritime ▸ **maritime climate** / **law** climat *m* / droit *m* maritime.

Maritime Provinces, **Maritimes** pl pr n ▸ **the Maritime Provinces** les Provinces *fpl* Maritimes.

marjoram ['mɑ:dʒərəm] n marjolaine *f*, origan *m*.

mark [mɑ:k] ◆ n **1.** [symbol, sign] marque *f*, signe *m* ▸ **to make a mark on sthg** faire une marque sur qqch, marquer qqch ; [on scale, in number, level] marque *f*, niveau *m* / *sales topped the 5 million mark* les ventes ont dépassé la barre des 5 millions / *to reach the half-way mark* arriver à mi-course / *don't go beyond the 50-metre mark* ne dépassez pas les 50 mètres / *gas mark 6* UK CULIN thermostat 6 ; [model] : *mark 3* COMM modèle *m* or série *f* 3 ; [feature] marque *f* / *the town bears the mark of Greek classicism* la ville porte la marque du classicisme grec ; [token] marque *f*, signe *m* / *a mark of affection* une marque d'affection / *as a mark of my esteem* / *friendship* en témoignage de mon estime / de mon amitié / *as a mark of respect* en signe de respect **2.** [trace] trace *f*, marque *f* / *to leave marks in the snow* [car] laisser des traces dans la neige / *there are finger marks on the mirror* il y a des traces or des marques de doigts sur la glace / *there are muddy marks on the carpet* il y a des traces de boue sur la moquette / *the years she spent in prison have left their mark* ses années en prison l'ont marquée ; [stain, blemish] tache *f*, marque *f* / *the cup has left a mark on the table* la tasse a laissé une marque sur la table ; [wound] trace *f* de coups / *there wasn't a mark on the body* le corps ne portait aucune trace de coups **3.** SCH [grade] note *f* / *the mark is out of 100* la note est sur 100 ▸ **to get full marks** obtenir la meilleure note (possible) ; [point] point *m* / *you need ten more marks* il vous faut encore dix points ; *fig* : *it will be a black mark against his name* ça va jouer contre lui, ça ne va pas jouer en sa faveur / *she deserves full marks for imagination* il faut saluer son imagination / *no marks for guessing the answer!* il ne faut pas être sorcier pour deviner la réponse ! **4.** [impact] empreinte *f*, impression *f* ▸ **to make one's mark** s'imposer, se faire un nom / *she made her mark as a singer* elle s'est imposée or elle s'est fait un nom dans la chanson / *they left their mark on 20th-century history* ils ont profondément marqué l'histoire du XXe siècle ; [distinction] marque *f* ▸ **to be of little mark** UK avoir peu d'importance **5.** UK [standard] ▸ **to be up to the mark a)** [be capable] être à la hauteur **b)** [meet expectations] être satisfaisant / *I'm afraid the work just isn't up to the mark* malheureusement le travail laisse à désirer ; [in health] : *I still don't feel quite up to the mark* je ne suis pas encore en pleine forme **6.** [target] but *m*, cible *f* ▸ **to hit** / **to miss the mark** atteindre / manquer la cible / *your answer was nearest the mark* c'est vous qui avez donné la meilleure réponse / *he was an easy mark* c'était une cible facile **7.** SPORT : *on your marks, (get) set, go!* à vos marques, prêts, partez ! ; UK *fig* ▸ **to be quick** / **slow off the mark** : *she is quick* / *slow off the mark* **a)** [clever] elle est / n'est pas très maligne, elle a / n'a pas l'esprit très vif **b)** [in reactions] elle est / n'est pas très rapide / *you have to be quick off the mark* il faut réagir tout de suite or immédiatement / *he's sometimes a bit too quick off the mark in his criticism* il lui arrive d'avoir la critique un peu trop facile **8.** RUGBY arrêt *m* de volée ▸ **to call for a mark** crier « marque » *(en faisant un arrêt de volée)* **9.** [currency] mark *m*. ◆ vt **1.** [label] marquer / *the towels were marked with his name* les serviettes étaient à son nom, son nom était marqué sur les serviettes / *mark the text with your initials* inscrivez vos initiales sur ce texte / *shall I mark her absent?* est-ce que je la marque absente ? / *the table was marked "sold"* la table portait l'étiquette « vendue » **2.** [stain] tacher, marquer / *the red wine marked the carpet* le vin rouge a taché la moquette ; [face, hands] marquer / *his face was marked by suffering* son visage était marqué par la souffrance / *the scandal marked him for life* [mentally] le scandale l'a marqué pour la vie ; ZOOL tacheter / *brown wings marked with blue* des ailes brunes tachetées de bleu **3.** [indicate] indiquer, marquer / *X marks the spot* l'endroit est marqué d'un X / *today marks a turning point in our lives* aujourd'hui marque un tournant dans notre vie **4.** [celebrate - anniversary, event] célébrer, marquer / *let's have some champagne to mark the occasion* ouvrons une bouteille de champagne pour fêter l'événement **5.** [distinguish] marquer / *he has all the qualities that mark a good golfer* il possède toutes les qualités d'un bon golfeur / *the period was marked by religious persecution* cette époque fut marquée par des persécutions religieuses **6.** SCH [essay, homework] corriger ; [student] noter / *the exam was marked out of 100* l'examen a été noté sur 100 ▸ **to mark sthg wrong / right** marquer qqch comme étant faux / juste **7.** [pay attention to] ▸ **(you) mark my words!** souvenez-vous de ce que je vous dis ! / *mark how he does it* UK observez bien la façon dont il s'y prend / *mark you, I didn't believe him* UK remarquez, je ne l'ai pas cru **8.** SPORT [opponent] marquer **9.** PHR **to mark time a)** MIL marquer le pas **b)** *fig* attendre son heure or le moment propice / *the government are just marking time until the elections* le gouvernement fait traîner les choses en attendant les élections. ◆ vi [garment] être salissant, se tacher facilement / *this material marks easily* ce tissu est salissant.

❖ **mark down** vt sep **1.** [write] noter, prendre note de, inscrire / *mark the address down in your diary* notez l'adresse dans votre agenda **2.** [reduce - price] baisser ; [- article] baisser le prix de / *marked down shirts* chemises démarquées or soldées / *prices were marked down in early trading* ST. EX les valeurs étaient en baisse or ont reculé en début de séance ; SCH [essay, student] baisser la note de / *he was marked down for bad grammar* il a perdu des points à cause de la grammaire **3.** [single out] désigner / *my brother was marked down for the managership* mon frère a été désigné pour le poste de directeur / *I marked him down as a troublemaker* j'avais remarqué qu'il n'était bon qu'à créer des ennuis.

❖ **mark off** vt sep **1.** [divide, isolate - area, period of time] délimiter / *one corner of the field had been marked off by a fence* un coin du champ avait été isolé par une barrière **2.** [measure - distance] mesurer **3.** UK [distinguish] distinguer / *his intelligence marked him off from his school friends* il se distinguait de ses camarades d'école par son intelligence **4.** [on list] cocher.

❖ **mark out** vt sep **1.** [with chalk, paint - court, pitch] tracer les lignes de ; [with stakes] jalonner ; [with lights, flags] baliser / *his path in life is clearly marked out* *fig* son avenir est tout tracé **2.** [designate] désigner / *Brian was marked out for promotion* Brian était désigné pour obtenir une promotion / *they were marked out for special treatment* ils ont bénéficié d'un régime particulier **3.** UK [distinguish] distinguer / *her ambition marks her out from her colleagues* son ambition la distingue de ses collègues.

❖ **mark up** vt sep **1.** [on notice] marquer / *the menu is marked up on the blackboard* le menu est sur le tableau **2.** [increase - price] augmenter, majorer ; [- goods] augmenter le prix de, majorer / *prices at last began to be marked up* ST. EX les cours sont enfin à la hausse **3.** [annotate] annoter / *I've marked the manuscript up* j'ai annoté le manuscrit.

Mark [mɑːk] pr n Marc ▸ **Mark Antony** Marc Antoine ▸ **Saint Mark** saint Marc ▸ **the Gospel According to (Saint) Mark** l'Évangile selon saint Marc.

markdown ['mɑːkdaʊn] n démarque *f*.

marked [mɑːkt] adj **1.** [noticeable] accentué, marqué, sensible ; [accent] prononcé **2.** [bearing a mark] marqué / *he's a marked man* c'est l'homme à abattre **3.** LING marqué.

markedly ['mɑːkɪdlɪ] adv d'une façon marquée, sensiblement, ostensiblement.

marker ['mɑːkəʳ] n **1.** [pen] feutre *m*, marqueur *m* **2.** [indicator, landmark] jalon *m*, balise *f* ▸ **to put down a marker** *fig* poser un jalon **3.** [scorekeeper] marqueur *m*, -euse *f* **4.** SCH correcteur *m*, -trice *f* ▸ **to be a hard marker** noter sévèrement **5.** [page marker] marque-page *m*, signet *m* **6.** SPORT marqueur *m* ▸ **to lose one's marker** se démarquer (d'un adversaire) **7.** LING marque *f*.

marker buoy n bouée *f* de balisage.

marker gene n gène *m* marqueur or rapporteur.

marker pen n marqueur *m*.

market ['mɑːkɪt] ◆ n **1.** [gen] marché *m* / *to go to (the) market* aller au marché, aller faire son marché ▸ **market square** place *f* du marché ▸ **market day** jour *m* de marché **2.** ECON marché *m* / *home and foreign market* marché intérieur et extérieur / *the job market* le marché de l'emploi / *the property market* le marché immobilier ▸ **to put sthg on the market** mettre qqch en vente or sur le marché / *they've just put their house on the market* ils viennent de mettre leur maison en vente / *new products are always coming onto the market* de nouveaux produits apparaissent constamment sur le marché / *a new electric car has been brought onto the market* une nouvelle voiture électrique a été mise sur le marché ▸ **to be on the open market** être sur le marché libre / *she's in the market for Persian rugs* elle cherche à acheter des tapis persans, elle est acheteuse de tapis persans ; [demand] demande *f*, marché *m* / *there's always a (ready) market for computer software* il y a toujours une forte demande pour les logiciels ; [outlet] débouché *m*, marché *m* / *he's unable to find a market for his products* il ne trouve pas de débouchés pour ses produits ; [clientele] marché *m*, clientèle *f* / *we hope to conquer the Australian market* nous espérons conquérir le marché australien / *this ad should appeal to the teenage market* cette pub devrait séduire les jeunes **3.** ST. EX marché *m* ; [index] indice *m* ; [prices] cours *mpl* / *the market has risen 10 points* l'indice est en hausse de 10 points ▸ **to play the market** jouer en Bourse, spéculer. ◆ vt [sell] vendre, commercialiser ; [launch] lancer or mettre sur le marché. ◆ vi US [go shopping] faire le marché ▸ **to go marketing** aller faire ses courses.

marketability [,mɑːkɪtə'bɪlətɪ] n possibilité *f* de commercialisation.

marketable ['mɑːkɪtəbl] adj vendable, commercialisable ; ST. EX négociable.

market analysis n analyse *f* de marché.

market analyst n analyste *mf* de marché.

market conditions n conditions *fpl* du marché.

market demand n demande *f* du marché.

market-driven adj répondant aux besoins du marché, orienté marché.

market-driven economy n économie *f* de marché.

market economy n économie *f* de marché or libérale.

marketeer [,mɑːkə'tɪəʳ] n **1.** ▸ **black marketeer** trafiquant *m*, -e *f* (au marché noir) **2.** UK POL ▸ **pro-marketeer** partisan *m*, -e *f* du Marché commun ▸ **anti-marketeer** adversaire *mf* du Marché commun.

market entry n entrée *f* sur le marché.

market forces pl n forces *fpl* du marché.

market garden n UK jardin *m* maraîcher.

market gardener n UK maraîcher *m*, -ère *f*.

market gardening n UK culture *f* maraîchère.

market growth n croissance *f* du marché.

market indicator n indicateur *m* de marché.

marketing ['mɑːkɪtɪŋ] n [selling] commercialisation *f*, distribution *f* ; [promotion, research] marketing *m*.

marketing analyst n analyste *mf* marketing.

marketing campaign n campagne *f* marketing.

marketing concept n concept *m* marketing.

marketing consultant n conseil *m* en marketing.

marketing department n service *m* or département *m* marketing.

marketing director n directeur *m*, -trice *f* marketing.

marketing manager = **marketing director**.

marketing mix n marketing mix *m*.

marketing plan n plan *m* marketing.

marketing spend n dépenses *fpl* de marketing.

marketing strategy n stratégie *f* marketing.

marketing tool n outil *m* de marketing.

market intelligence n [knowledge] connaissance *f* du marché ; [data] données *fpl* marché.

market leader n [firm, product] leader *m* du marché.

market maker n FIN teneur *m* de marché.

market penetration n pénétration *f* du marché.

marketplace ['mɑːkɪtpleɪs] n **1.** [in town] place *f* du marché **2.** COMM marché *m* / *the ethics of the marketplace* l'éthique *f* du marché / *the international / European marketplace* le marché international / européen.

market positioning n positionnement *m* sur le marché.

market price n COMM prix *m* courant ; ST. EX cours *m* de (la) Bourse.

market profile n profil *m* du marché.

market research n étude *f* or études *fpl* de marché / *market research has shown that the idea is viable* des études de marché ont montré que l'idée a des chances de réussir / *he works in market research* il travaille dans le marketing.

market researcher n *personne qui fait des études de marché.*

market segment n segment *m* de marché.

market share n part *f* de marché.

market survey n enquête *f* de marché.

market town n bourg *m*.

market trader n marchand *m*, -e *f*.

market value n COMM valeur *f* marchande ; ST. EX valeur *f* boursière or en Bourse.

marking ['mɑːkɪŋ] n **1.** ZOOL tache *f*, marque *f* **2.** SCH correction *f* **3.** SPORT marquage *m*.

marking ink n encre *f* indélébile.

marksman ['mɑːksmən] (*pl* **marksmen** [-mən]) n tireur *m* d'élite / *police marksmen* des tireurs d'élite de la police.

marksmanship ['mɑːksmənʃɪp] n habileté *f* au tir.

markswoman ['mɑːks,wʊmən] (*pl* **markswomen** [-,wɪmɪn]) n tireuse *f* d'élite.

markup ['mɑːkʌp] n majoration *f*, augmentation *f* (de prix).

marl [mɑːl] ◆ n marne *f*. ◆ vt AGR marner.

Marlborough ['mɑːlbrə] pr n *ville du Wiltshire où se trouve Marlborough College, prestigieuse école privée.*

marlin ['mɑːlɪn] n **1.** [fish] makaire *m* **2.** = **marline**.

marline ['mɑːlɪn] n NAUT merlin *m*.

marlinspike ['mɑːlɪnspaɪk] n épissoir *m*.

marly ['mɑːlɪ] adj marneux.

marmalade ['mɑːməleɪd] ◆ n [gen] confiture *f* d'agrumes ; [orange] marmelade *f* d'orange ▸ **marmalade orange** orange *f* amère, bigarade *f*. ◆ adj [cat] roux (rousse).

Marmite® ['mɑːmaɪt] n *pâte à tartiner végétale à base d'extrait de levure.*

marmoreal [mɑː'mɔːrɪəl] adj *liter* marmoréen.

marmoset ['mɑːməzet] n ouistiti *m*.

marmot ['mɑːmət] n marmotte *f*.

Maronite ['mærənaɪt] ◆ adj maronite. ◆ n Maronite *mf*.

maroon [mə'ruːn] ◆ vt [abandon] abandonner (*sur une île ou une côte déserte*) ▸ **to be marooned** [shipwrecked] faire naufrage / *he felt marooned in his suburban flat* *fig* il se sentait abandonné dans son appartement de banlieue. ◆ adj [colour] bordeaux (*inv*). ◆ n **1.** [colour] bordeaux *m* **2.** [rocket] fusée *f* de détresse.

Marplan ['mɑːplæn] pr n *nom d'un institut de sondage.*

marque [mɑːk] n [brand] marque *f*.

marquee [mɑːˈkiː] n **1.** UK [tent] grande tente *f* ; [for circus] chapiteau *m* **2.** US [canopy at hotel, theatre] marquise *f*.

Marquesas Islands [mɑːˈkeɪsæs-] pl pr n ▸ **the Marquesas Islands** les îles *fpl* Marquises / *in the Marquesas Islands* aux îles Marquises.

marquess [ˈmɑːkwɪs] n marquis *m*.

marquetry [ˈmɑːkɪtrɪ] ◆ n marqueterie *f*. ◆ adj [table] en marqueterie.

marquis [ˈmɑːkwɪs] = **marquess**.

Marrakech, **Marrakesh** [ˌmærəˈkeʃ] pr n Marrakech.

marriage [ˈmærɪdʒ] ◆ n **1.** mariage *m* ; [ceremony] mariage *m*, noces *fpl* ▸ **to make an offer of marriage** faire une proposition de mariage ▸ **to give sb in marriage** donner qqn en mariage ▸ **to take sb in marriage** prendre qqn pour époux / épouse, épouser qqn / *he's my uncle by marriage* c'est mon oncle par alliance / **'The Marriage at Cana'** *Veronese* 'les Noces de Cana' / **'The Marriage of Figaro' a)** [Beaumarchais] 'le Mariage de Figaro' **b)** [Mozart] 'les Noces de Figaro' **2.** *fig* [union] mariage *m*, alliance *f*. ◆ comp conjugal, matrimonial ▸ **marriage bed** lit *m* conjugal ▸ **marriage ceremony** cérémonie *f* de mariage ▸ **marriage vows** vœux *mpl* de mariage.

marriageable [ˈmærɪdʒəbl] adj mariable ▸ **to be of marriageable age** être en âge de se marier.

marriage broker n agent *m* matrimonial.

marriage bureau n agence *f* matrimoniale.

marriage certificate n extrait *m* d'acte de mariage.

marriage guidance n conseil *m* conjugal ▸ **marriage guidance counsellor** conseiller *m* conjugal, conseillère *f* conjugale.

marriage licence n ≃ certificat *m* de non-opposition au mariage.

marriage lines pl n UK *inf & dated* = **marriage certificate**.

marriage of convenience n mariage *m* de raison.

marriage settlement n [dowry] dot *f* ; [between couple] ≃ contrat *m* de mariage ; ≃ régime *m* matrimonial.

married [ˈmærɪd] adj [man, woman] marié, mariée ; [life] conjugal / **'just married'** 'jeunes mariés' / *he's married to his work fig* il passe son temps à travailler ▸ **married couple** couple *m* marié ▸ **married name** nom *m* d'épouse.

marrow [ˈmærəʊ] n **1.** BIOL & *fig* moelle *f* ▸ **frozen** or **chilled to the marrow** gelé jusqu'à la moelle des os **2.** [vegetable] courge *f*.

marrowbone [ˈmærəʊbəʊn] n os *f* à moelle.

marrowfat pea [ˈmærəʊfæt] n pois *m* carré.

marry [ˈmærɪ] (*pt & pp* **married**) ◆ vt **1.** [subj: fiancé] épouser, se marier avec ▸ **to get married** se marier ▸ **to be married (to sb)** être marié (avec qqn) / *will you marry me?* veux-tu m'épouser ? ▸ **to marry money** faire un mariage d'argent **2.** [subj: priest] marier / *they were married by the archbishop* ils ont été mariés par l'archevêque **3.** *fig* [styles] marier, allier. ◆ vi se marier / *he's not the marrying type* ce n'est pas le genre à se marier / *she married beneath herself / above herself* elle s'est mésalliée / a fait un beau mariage ▸ **to marry for money** faire un mariage d'argent / *she married into a farming family* elle a épousé un agriculteur.

❖ **marry off** vt sep marier / *she married off her daughter to an aristocrat* elle a marié sa fille à un aristocrate.

❖ **marry up** ◆ vt sep [join together] marier. ◆ vi s'associer.

Mars [mɑːz] pr n ASTRON & MYTH Mars.

Marseille, **Marseilles** [mɑːˈseɪ] pr n Marseille.

marsh [mɑːʃ] n marais *m*, marécage *m*.

marshal [ˈmɑːʃl] (UK *pt & pp* **marshalled**, *cont* **marshalling** ; US *pt & pp* **marshaled**, *cont* **marshaling**) ◆ n **1.** MIL maréchal *m* **2.** [at public event] membre *m* du service d'ordre ; [in law court] huissier *m* ; [at race-track] commissaire *m* **3.** US [police chief] commissaire *m* de police ; [fire chief] capitaine *m* des pompiers ; [district police officer] commissaire *m*. ◆ vt **1.** MIL [troops] masser, rassembler / *the troops were marshalled into the square* on rassembla les troupes sur la place ; [people, group] canaliser, diriger / *she marshalled the children out of the room* elle dirigea les enfants vers la porte **2.** [organize - arguments, thoughts] rassembler / *he's trying to marshal support for his project* il essaie d'obtenir du soutien pour son projet.

marshalling yard [ˈmɑːʃəlɪŋ-] n UK centre *m* or gare *f* de triage.

Marshall Islands [ˈmɑːʃl-] pl pr n ▸ **the Marshall Islands** les îles *fpl* Marshall / *in the Marshall Islands* aux îles Marshall.

Marshall Plan [ˈmɑːʃl-] pr n ▸ **the Marshall Plan** le plan Marshall.

Marshall Plan

Le plan Marshall, du nom de son auteur, le général et secrétaire d'État George C. Marshall, est le programme américain d'aide à la reconstruction économique de l'Europe après la Seconde Guerre mondiale.

marsh fever n fièvre *f* des marais, paludisme *m*.

marsh gas n gaz *m* des marais, méthane *m*.

marsh hen n poule *f* d'eau, râle *m* d'eau.

marshland [ˈmɑːʃlænd] n marais *m*, terrain *m* marécageux.

marshmallow [UK mɑːʃˈmæləʊ US ˈmarʃˌmeləʊ] n BOT guimauve *f* ; CULIN [sweet] guimauve *f*.

marsh marigold n souci *m* d'eau, populage *m*.

marshy [ˈmɑːʃɪ] (*compar* **marshier**, *superl* **marshiest**) adj marécageux.

Marston Moor [ˈmɑːstənˈmɔːr] pr n *première grande victoire, en 1644, des armées alliées du Parlement anglais et de l'Écosse contre les royalistes, pendant la guerre civile en Angleterre.*

marsupial [mɑːˈsuːpjəl] ◆ adj marsupial. ◆ n marsupial *m*.

mart [mɑːt] n **1.** [market] marché *m* / *second-hand car mart* magasin *m* de voitures d'occasion **2.** [auction room] salle *f* des ventes.

Martello towers [mɑːˈteləʊ-] pl n *petites tours défensives bâties au XIXe siècle sur les côtes anglaises et dans certaines colonies.*

marten [ˈmɑːtɪn] n marte *f*, martre *f*.

Martha [ˈmɑːθə] pr n Marthe.

martial [ˈmɑːʃl] adj [military] martial ; [warlike] martial, guerrier ▸ **martial music** musique *f* militaire.

martial art n art *m* martial.

martial law n loi *f* martiale.

Martian [ˈmɑːʃn] ◆ n Martien *m*, -enne *f*. ◆ adj martien.

martin [ˈmɑːtɪn] n martinet *m*.

martinet [ˌmɑːtɪˈnet] n tyran *m*.

martingale [ˈmɑːtɪŋgeɪl] n [of horse] martingale *f*.

Martini® [mɑːˈtiːnɪ] n Martini® *m*.

Martinique [ˌmɑːtɪˈniːk] pr n Martinique *f* / *in Martinique* à la or en Martinique.

Martinmas [ˈmɑːtɪnməs] n Saint-Martin *f* / *at Martinmas* à la Saint-Martin.

martyr [ˈmɑːtər] ◆ n martyr *m*, -e *f* ▸ **to die a martyr** mourir en martyr ; *fig* : *she's always making a martyr of herself* elle joue toujours les martyres / *he's a martyr to rheumatism* ses rhumatismes lui font souffrir le martyre. ◆ vt martyriser.

martyrdom [ˈmɑːtədəm] n RELIG martyre *m* ; *fig* martyre *m*, calvaire *m*.

martyred [ˈmɑːtəd] adj de martyr ▸ **to put on a martyred look** prendre des airs de martyr.

martyrize, **martyrise** [ˈmɑːtəraɪz] vt martyriser.

MARV [mɑːv] (abbr of **manoeuvrable re-entry vehicle**) n MARV *m*.

marvel [ˈmɑːvl] (UK *pt & pp* **marvelled**, *cont* **marvelling** ; US *pt & pp* **marveled**, *cont* **marveling**) ◆ n **1.** [miracle] merveille *f*, miracle *m*, prodige *m* ▸ **to do** or **to work marvels** faire des merveilles / *it's a marvel to me that she managed to survive* pour moi, c'est un miracle qu'elle ait survécu **2.** [marvellous person] : *you're a marvel!* tu es une vraie petite merveille ! ◆ vi ▸ **to marvel at sthg** s'émerveiller de qqch / *I marvel at the speed they get things done* je suis émerveillé par la vitesse à laquelle ils font les choses. ◆ vt : *he marvelled that she had kept so calm* il n'en revenait pas qu'elle ait pu rester si calme.

marvellous UK, **marvelous** US [ˈmɑːvələs] adj [amazing] merveilleux, extraordinaire ; [miraculous] miraculeux.

marvellously UK, **marvelously** US [ˈmɑːvələslɪ] adv merveilleusement, à merveille.

Marxism [ˈmɑːksɪzm] n marxisme *m*.

Marxism-Leninism n marxisme-léninisme *m*.

Marxist [ˈmɑːksɪst] ◆ adj marxiste. ◆ n marxiste *mf*.

Marxist-Leninist ◆ adj marxiste-léniniste. ◆ n marxiste-léniniste *mf*.

Mary [ˈmeərɪ] pr n Marie ▸ **Mary Magdalene** Marie Madeleine ▸ **the Virgin Mary** la Vierge Marie.

Maryland [ˈmeərɪlənd] pr n Maryland *m* / *in Maryland* dans le Maryland.

marzipan [ˈmɑːzɪpæn] ◆ n pâte *f* d'amandes. ◆ comp [cake, sweet, etc.] à la pâte d'amandes.

marzipan layer n US ▸ **the marzipan layer** [in company] *les cadres supérieurs hiérarchiquement situés juste en dessous de la direction.*

masala [məˈsɑːlə] n CULIN masala *m*.

mascara [mæsˈkɑːrə] n mascara *m*.

mascaraed [mæsˈkɑːrəd] adj : *she had heavily mascaraed eyelashes* elle portait beaucoup de mascara.

mascon [ˈmæskɒn] n mascon *m*, réplétion *f*.

mascot [ˈmæskət] n mascotte *f*.

masculine [ˈmæskjʊlɪn] ◆ adj [gen] masculin ; [virile] viril / *a very masculine fragrance* un parfum très viril. ◆ n GRAM masculin *m*.

masculinity [ˌmæskjʊˈlɪnətɪ] n masculinité *f*.

maser [ˈmeɪzər] n maser *m*.

mash [mæʃ] ◆ n **1.** UK *inf* CULIN purée *f* (de pommes de terre) **2.** [for horses] mash *m* **3.** [in brewing] moût *m* **4.** *inf* [pulp] pulpe *f*, bouillie *f*. ◆ vt **1.** [crush] écraser, broyer / *mash it all together* écraser le tout / *mash it (up) well* bien écraser **2.** CULIN faire une purée de ▸ **mashed potato** or **potatoes** purée *f* (de pommes de terre) / *instant mashed potatoes* purée *f* instantanée, purée *f* Mousseline® **3.** [in brewing] brasser.

MASH [mæʃ] (abbr of **mobile army surgical hospital**) n *hôpital militaire de campagne.*

masher [ˈmæʃər] n broyeur *m* ; [for potatoes] presse-purée *m inv*.

mask [mɑːsk] ◆ n **1.** *lit & fig* masque *m* ; PHOT cache *m* **2.** COMPUT masque *m*. ◆ vt **1.** [face] masquer **2.** [truth, feelings] masquer, cacher, dissimuler **3.** [house] masquer, cacher ; [view] boucher, masquer ; [flavour, smell] masquer, recouvrir **4.** [in painting, photography] masquer, cacher.

❖ **mask out** vt sep PHOT masquer, cacher.

❖ **mask up** vi [surgeon] se masquer, se mettre un masque.

masked [mɑːskt] adj [face, man] masqué.

masked ball n bal *m* masqué.

masking [ˈmɑːskɪŋ] n masquage *m*.

masking tape [ˈmɑːskɪŋ-] n papier *m* à maroufler.

masochism [ˈmæsəkɪzm] n masochisme *m*.

masochist ['mæsəkɪst] ◆ adj masochiste. ◆ n masochiste *mf*.

masochistic [,mæsə'kɪstɪk] adj masochiste.

mason ['meɪsn] n [stoneworker] maçon *m*.
❖ **Mason** n [Freemason] maçon *m*, franc-maçon *m*.

Mason-Dixon Line [,meɪsn'dɪksn-] pr n *frontière sud de la Pennsylvanie qui marquait aussi la limite entre les États esclavagistes et les États anti-esclavagistes.*

Masonic [mə'sɒnɪk] adj maçonnique, franc-maçonnique ▸ **Masonic lodge** loge *f* maçonnique.

masonite ['meɪsənaɪt] n MINER masonite *f*.

masonry ['meɪsnrɪ] ◆ n [stonework, skill] maçonnerie *f* / *a large piece of masonry* un gros bloc de pierre / **'beware of falling masonry'** 'attention, chute de matériaux'. ◆ comp ▸ **masonry drill** perçeuse *f*.
❖ **Masonry** n [Freemasonry] Maçonnerie *f*, franc-maçonnerie *f*.

masque [mɑːsk] n THEAT masque *m*.

masquerade [,mæskə'reɪd] ◆ n *lit & fig* mascarade *f*. ◆ vi ▸ **to masquerade as a)** [pretend to be] se faire passer pour **b)** [disguise o.s. as] se déguiser en.

mass [mæs] ◆ n **1.** PHYS masse *f* ▸ **dyed in the mass** TEXT teinté dans la masse **2.** [large quantity or amount] masse *f*, quantité *f* / *a mass of documents* une masse de documents / *a mass of work* une quantité de travail / *the streets were a solid mass of people / traffic* les rues regorgeaient de monde / de voitures ; [bulk] masse *f* / *the dark mass of the mountains* la masse sombre des montagnes **3.** [majority] majorité *f*, plupart *f* / *the mass of the people are in favour of this policy* la majorité des gens est favorable à cette politique ▸ **in the mass** dans l'ensemble **4.** GEOG ▸ **land mass** masse *f* continentale. ◆ adj [for all -communication, education] de masse ; [large-scale -starvation, unemployment] à or sur une grande échelle ; [involving many -resignation] massif, en masse ; [collective -funeral] collectif / *this product will appeal to a mass audience* ce produit plaira à un large public ▸ **mass consumption** / **culture** consommation *f* / culture *f* de masse ▸ **mass demonstration** grande manifestation *f* ▸ **mass execution** exécution *f* en masse ▸ **mass grave** charnier *m* ▸ **mass hypnosis** / **hysteria** hypnose *f* / hystérie *f* collective ▸ **mass meeting** grand rassemblement *m* ▸ **mass murder** tuerie *f* ▸ **mass murderer** tueur *m* fou ▸ **mass suicide** suicide *m* collectif. ◆ vi [people] se masser ; [clouds] s'amonceler / *the crowds were massing in the square* des milliers de personnes se massaient sur la place. ◆ vt [troops] masser.

Mass [mæs] n RELIG **1.** [music] messe *f* / *Mass in B Minor* messe en si mineur **2.** [ceremony] messe *f* ▸ **to go to Mass** aller à la messe ▸ **to say Mass** dire la messe.

Mass. written abbr of Massachusetts.

Massachusetts [,mæsə'tʃuːsɪts] pr n Massachusetts *m* / *in Massachusetts* dans le Massachusetts.

massacre ['mæsəkər] ◆ vt **1.** [kill] massacrer **2.** *inf* SPORT écraser. ◆ n massacre *m* ▸ **the Massacre of the Innocents** le Massacre des Innocents.

massage [UK 'mæsɑːʒ US mə'sɑːʒ] ◆ n massage *m* ; [of scalp] friction *f*. ◆ vt *lit* masser ; *fig* [statistics, facts] manipuler.

massage parlour n salon *m* de massage.

masse [mæs] n ⟶ en masse.

massed [mæst] adj **1.** [crowds, soldiers] massé, regroupé ▸ **massed bands** UK ensemble *m* de fanfares **2.** [collective] de masse / *the massed weight of public opinion* le poids de l'opinion publique.

mass-energy comp ▸ **mass-energy equation** or **relation** relation *f* masse-énergie.

masses ['mæsɪz] pl n **1.** ▸ **the masses** les masses *fpl* / *culture for the masses* la culture à la portée de tous **2.** *inf* [large amount] : *we've got masses* on en a plein ▸ **masses of** des masses de, plein de / *we ate masses of sweets* on a mangé plein de bonbons.

masseur [UK mæ'sɜːr US mæ'sʊər] n masseur *m*.

masseuse [UK mæ'sɜːz US mæ'suːz] n masseuse *f*.

massif ['mæsiːf] n massif *m* (montagneux).

massive ['mæsɪv] adj [in size] massif, énorme ; [dose, increase] massif ; [majority] écrasant ; [change, explosion] énorme ; [sound] retentissant / *the general was a massive man* le général était un homme massif.

massively ['mæsɪvlɪ] adv massivement / *he's massively built* il est solidement bâti.

mass mailing n envoi *m* en nombre, publipostage *m*.

mass-market adj grand public *(inv)*.

mass media n & pl n mass media *mpl*.

mass noun n nom *m* non comptable.

mass number n nombre *m* de masse.

mass-produce vt fabriquer en série.

mass-produced adj fabriqué en série.

mass production n fabrication *f* or production *f* en série.

mass unemployment n chômage *m* massif.

mast [mɑːst] n **1.** [on ship, for flag] mât *m* ; [for radio or TV aerial] pylône *m* **2.** [animal food] faine *f (destinée à l'alimentation animale)*.

mastectomy [mæs'tektəmɪ] (*pl* **mastectomies**) n mastectomie *f*, mammectomie *f*.

master ['mɑːstər] ◆ n **1.** [of household, dog, servant, situation] maître *m* / *the master of the house* le maître de maison / *to be master in one's own house* être maître chez soi / *to be one's own master* être son propre maître / *to be (the) master of one's fate* être maître de son destin / *he's master of the situation* il est maître de la situation ▸ **master of ceremonies a)** [at reception] maître des cérémonies **b)** [on TV show] présentateur *m* ▸ **master of hounds** or **foxhounds** maître d'équipage ▸ **Master of the Rolls** ≃ président *m* de la cour d'appel *(en Grande-Bretagne)* **2.** [expert] maître *m* / *chess master* maître / *he's a master at the art of ducking questions* il est maître dans l'art d'éluder les questions **3.** SCH [in primary school] instituteur *m*, maître *m* d'école ; [in secondary school] professeur *m* ; [private tutor] maître *m* / *history master* professeur d'histoire **4.** UNIV ▸ **Master of Arts** / **Science a)** [diploma] ≃ maîtrise *f* ès lettres / ès sciences **b)** [person] ≃ titulaire *mf* d'une maîtrise de lettres / de sciences / *she's doing a master's (degree) in philosophy* elle prépare une maîtrise de philosophie **5.** *dated & fml* [boy's title] monsieur *m* **6.** ART maître *m* **7.** NAUT [of ship] capitaine *m* ; [of fishing boat] patron *m* **8.** UNIV [head of college] principal *m* **9.** [original copy] original *m* ; [standard] étalon *m*. ◆ vt **1.** [person, animal] maîtriser, dompter ; [problem, difficulty] surmonter, venir à bout de ; [emotions] maîtriser, surmonter ; [situation] maîtriser, se rendre maître de ▸ **to master o.s.** se maîtriser, se dominer **2.** [subject, technique] maîtriser / *she mastered Portuguese in only 6 months* 6 mois lui ont suffi pour maîtriser le portugais. ◆ adj **1.** [overall] directeur, maître ▸ **master plan** stratégie *f* globale **2.** [in trade] maître ▸ **master chef** / **craftsman** maître chef *m* / artisan *m* ▸ **a master thief** / **spy** un voleur / un espion de génie **3.** [controlling] principal ▸ **master switch** interrupteur *m* général **4.** [original] original ▸ **master copy** original *m* ▸ **master tape** bande *f* originale.

master-at-arms (*pl* **masters-at-arms**) n capitaine *m* d'armes.

master beam n poutre *f* maîtresse.

master bedroom n chambre *f* principale.

masterbrand ['mɑːstəbrænd] n marque *f* vedette.

master builder n maître *m* bâtisseur.

master card n carte *f* maîtresse.

master class n cours *m* de maître ; MUS master class *m*.

master cylinder n maître-cylindre *m*.

master (disk) n COMPUT disque *m* d'exploitation.

master file n COMPUT fichier *m* principal or maître.

masterful ['mɑːstəfʊl] adj **1.** [dominating] autoritaire **2.** = **masterly**.

masterfully ['mɑːstəfʊlɪ] adv **1.** [dominatingly] fermement, autoritairement / *to speak masterfully* parler sur un ton autoritaire **2.** [skilfully] magistralement.

master key n passe-partout *m inv*.

masterly ['mɑːstəlɪ] adj magistral / *a masterly performance* une performance magistrale / *in a masterly fashion* magistralement, avec maestria.

master mariner n capitaine *m*.

mastermind ['mɑːstəmaɪnd] ◆ n [genius] cerveau *m*, génie *m* ; [of crime, operation] cerveau *m*. ◆ vt diriger, organiser / *she masterminded the whole operation* c'est elle qui a dirigé toute l'opération, c'est elle le cerveau de toute l'opération.
❖ **Mastermind** pr n *jeu télévisé britannique portant sur des questions de culture générale.*

masterpiece ['mɑːstəpiːs] n *lit & fig* chef-d'œuvre *m*.

master race n race *f* supérieure.

masterstroke ['mɑːstəstrəʊk] n coup *m* de maître.

masterwork ['mɑːstəwɜːk] n chef-d'œuvre *m*.

mastery ['mɑːstərɪ] (*pl* **masteries**) n **1.** [domination, control] maîtrise *f*, domination *f* / *mastery of* or *over a situation* maîtrise d'une situation / *mastery of an opponent* supériorité *f* sur un adversaire **2.** [of art, subject, language] maîtrise *f*, connaissance *f* **3.** [masterly skill] maestria *f*, brio *m*.

masthead ['mɑːsthed] n **1.** NAUT tête *f* de mât **2.** PRESS titre *m*.

mastic ['mæstɪk] n [resin] mastic *m* de Chio ; [filler, seal] mastic *m* ▸ **mastic tree** lentisque *m*, arbre *m* à mastic.

masticate ['mæstɪkeɪt] vi & vt mastiquer, mâcher.

mastication [,mæstɪ'keɪʃn] n mastication *f*.

masticatory ['mæstɪkətrɪ] ◆ n MED masticatoire *m*. ◆ adj [muscle] masticateur ; [function] masticatoire.

mastiff ['mæstɪf] n mastiff *m*.

mastitis [mæs'taɪtɪs] n mastite *f*.

mastodon ['mæstədɒn] n mastodonte *m*.

mastoid ['mæstɔɪd] ◆ adj ANAT mastoïdien, mastoïde. ◆ n **1.** [bone] mastoïde *f* **2.** *inf* = **mastoiditis**.

mastoiditis [,mæstɔɪ'daɪtɪs] n *(U)* mastoïdite *f*.

masturbate ['mæstəbeɪt] ◆ vi se masturber. ◆ vt masturber.

masturbation [,mæstə'beɪʃn] n masturbation *f*.

masturbatory [,mæstə'beɪtərɪ] adj masturbatoire.

mat [mæt] (*pt & pp* **matted**, *cont* **matting**) ◆ adj = **matt**. ◆ n **1.** [floor covering] (petit) tapis *m*, carpette *f* ; [doormat] paillasson *m* ; [in gym] tapis *m* ▸ **to be on the mat** *inf* être sur la sellette ▸ **to have sb on the mat** *inf* faire passer un mauvais quart d'heure à qqn **2.** [for sleeping on] natte *f* **3.** [on table] set *m* de table ; [for hot dishes] dessous-de-plat *m inv*. ◆ vi **1.** [hair] s'emmêler **2.** [material] (se) feutrer.

MAT n (abbr of machine-assisted translation) TAO *f*.

matador ['mætədɔːr] n matador *m*.

match [mætʃ] ◆ n **1.** SPORT match *m*, rencontre *f* / *a rugby / boxing match* un match de rugby / de boxe / *game, set and match* TENNIS jeu, set et match / *to play a match* jouer un match **2.** [equal] égal *m*, -e *f* / *he's found* or *met his match (in Pauline)* il a trouvé à qui parler (avec Pauline) / *he's a match for her any day* il est de taille à lui faire face / *Dave is no match for Rob* Dave ne fait pas le poids contre Rob / *they were more than a match for us* nous ne faisions pas le poids contre eux **3.** [couple] couple *m* ; [marriage] mariage *m* / *they are* or *make a good match* ils vont bien ensemble ▸ **to make a match** arranger un mariage ▸ **to find a (good) match for sb** trouver un (beau) parti à qqn **4.** [combination] : *these colours are a good match* ces couleurs se marient bien or vont bien ensemble / *the new paint's not quite a perfect match* la nouvelle peinture n'est pas exactement de la même couleur que la précédente **5.** [for lighting] allumette *f* ▸ **to light** or **to strike a match** frotter or craquer une allumette ▸ **to put** or **to set a match to sthg** mettre le feu à qqch ▸ **a box / book of matches** une boîte / une pochette d'allumettes **6.** [fuse] mèche *f*. ◆ vt **1.** [be equal to] être l'égal de, égaler / *his arrogance is matched only by that of his father* son arrogance n'a d'égale que celle de son père **2.** [go with - subj: clothes, colour] s'assortir à, aller (bien) avec, se marier (harmonieusement) avec / *the gloves match the scarf* les gants sont assortis à l'écharpe **3.** [coordinate] : *I'm trying to match this paint* je cherche une peinture identique à celle-ci / *can you match the names with the photographs?* pouvez-vous attribuer à chaque photo le nom qui lui correspond ? / *I tried to match my gestures to theirs* j'ai essayé d'imiter leurs gestes / *he and his wife are well matched* lui et sa femme vont bien ensemble **4.** [oppose] ▸ **to match sb against sb** opposer qqn à qqn / *he matched his skill against the champion's* il mesura son habileté à celle du champion / *the two teams are well matched* les deux équipes sont de force égale **5.** [find equal to] égaler / *to match an offer* égaler une offre / *this restaurant can't be matched for quality* ce restaurant n'a pas son pareil pour ce qui est de la qualité. ◆ vi aller (bien) ensemble, être bien assorti / *these colours don't match* ces couleurs ne vont pas très bien ensemble / *a red scarf with a bonnet to match* un foulard rouge avec un bonnet assorti / *I can't find two socks that match* je ne parviens pas à trouver deux chaussettes identiques / *none of the glasses matched* les verres étaient tous dépareillés.

❖ **match up** ◆ vt sep = **match** *(vt)*. ◆ vi [dates, figures] correspondre ; [clothes, colours] aller (bien) ensemble, être bien assorti.

❖ **match up to** vt insep valoir / *his jokes don't match (up to) Mark's* ses plaisanteries ne valent pas celles de Mark / *the hotel didn't match (up to) our expectations* l'hôtel nous a déçus or ne répondait pas à notre attente.

matchboard ['mætʃbɔːd] n *(U)* [for floor] lames *fpl* de parquet ; [for walls, ceiling] lambris *mpl*.

matchbook ['mætʃbʊk] n pochette *f* d'allumettes.

matchbox ['mætʃbɒks] n boîte *f* d'allumettes.

match-fit adj UK : *they only have ten match-fit players* ils n'ont que dix joueurs en état de jouer.

match fitness n UK : *I haven't reached full match fitness yet* je n'ai pas encore retrouvé ma forme (pour jouer).

match-fixing n UK : *they were accused of match-fixing* on les a accusés d'avoir truqué le match.

matching ['mætʃɪŋ] adj assorti / *a blue suit with a matching tie* un costume bleu avec une cravate assortie.

matchless ['mætʃlɪs] adj *liter* sans égal, sans pareil.

matchlock ['mætʃlɒk] n fusil *m* à mèche.

matchmaker ['mætʃ,meɪkəʳ] n **1.** [gen] entremetteur *m*, -euse *f* ; [for marriage] marieur *m*, -euse *f* **2.** [manufacturer] fabricant *m* d'allumettes.

matchmaking ['mætʃ,meɪkɪŋ] n : *he loves matchmaking* **a)** [gen] il adore jouer les entremetteurs **b)** [for marriage] il adore jouer les marieurs.

match play n GOLF match-play *m*.

❖ **match-play** adj ▸ **match-play tournament** match-play *m*.

match point n TENNIS balle *f* de match.

matchstick ['mætʃstɪk] n UK allumette *f* ▸ **matchstick men** personnages *mpl* stylisés *(dessinés de simples traits)*.

match-winner n atout *m* pour gagner, joker *m* / *he is the possible match-winner in the team* il est sans doute le meilleur atout de l'équipe (pour gagner).

matchwood ['mætʃwʊd] n bois *m* d'allumettes / *smashed* or *reduced to matchwood* UK réduit en miettes.

mate¹ [meɪt] ◆ n **1.** UK & AUSTR *inf* [friend] pote *m*, copain *m* ; [term of address] : *listen, mate!* écoute, mon vieux ! **2.** [colleague] camarade *mf* (de travail) **3.** [workman's helper] aide *mf* ▸ **plumber's mate** aide-plombier *m* **4.** NAUT [in navy] second maître *m* ; [on merchant vessel] ▸ **(first) mate** second *m* ▸ **second mate** lieutenant *m* **5.** ZOOL mâle *m*, femelle *f* ; *hum* [husband] époux *m* ; [wife] épouse *f* ; [lover] partenaire *mf* / *some animals pine when separated from their mate* certains animaux dépérissent quand on les sépare de leur compagnon **6.** [in chess] mat *m*. ◆ vt **1.** ZOOL accoupler / *to mate a cow with a bull* accoupler une vache à un taureau **2.** [in chess] mettre échec et mat, mater. ◆ vi s'accoupler.

mate², maté ['mæteɪ] n **1.** [tree] (variété *f* de) houx *m* **2.** [drink] maté *m*.

mater ['meɪtəʳ] n UK *dated & hum* mère *f*, maman *f*.

material [mə'tɪərɪəl] ◆ n **1.** [wood, plastic, stone, etc.] matière *f*, substance *f* ; [as constituent] matériau *m* / *building materials* matériaux de construction **2.** [cloth] tissu *m*, étoffe *f* / *curtain material* tissu pour faire des rideaux **3.** *(U)* [ideas, data] matériaux *mpl*, documentation *f* / *I'm collecting material for a novel* je rassemble des matériaux pour un roman / *background material* documentation de base **4.** [finished work] : *written material* des textes *mpl* / *published material* des publications *fpl* / *a comic who writes his own material* un comique qui écrit ses propres textes or sketches / *a singer who writes his own material* un auteur-compositeur / *publicity material* publicité *f* / *reading material* lecture *f* **5.** [necessary equipment] matériel *m* / *writing material* matériel pour écrire / *teaching materials* SCH supports *mpl* pédagogiques / *reference materials* documents *mpl* de référence **6.** [suitable person or persons] : *is he officer / university material?* a-t-il l'étoffe d'un officier / universitaire ? / *they're not first division material* ils ne sont pas de taille à jouer en première division. ◆ adj **1.** [concrete] matériel / *the material world* le monde matériel / *material comforts* confort *m* matériel / *material possessions* biens *mpl* matériels / *of material benefit* d'un apport capital **2.** *fml* [relevant] pertinent / *that is not material to the present discussion* cela n'a aucun rapport or n'a rien à voir avec ce dont nous discutons / *the facts material to the investigation* les faits qui présentent un intérêt pour l'enquête ▸ **material evidence** LAW preuve *f* matérielle or tangible.

matériel, matériau or matière?

The word **matière** is a generic word for materials in the sense of substances (**matières premières** *raw materials*; **une matière résistante** *a resilient material*). The word **matériau** refers more specifically to a material used to make something (**matériaux de construction** *building materials*; **des matériaux de revêtement intérieur** *indoor wall and floor covering materials*). The word **matériel** generally refers to material in the sense of equipment (**matériel pédagogique** *teaching material*).

materialism [mə'tɪərɪəlɪzm] n matérialisme *m*.

materialist [mə'tɪərɪəlɪst] ◆ adj matérialiste. ◆ n matérialiste *mf*.

materialistic [mə,tɪərɪə'lɪstɪk] adj matérialiste.

materialization [mə,tɪərɪəlaɪ'zeɪʃn] n matérialisation *f*.

materialize, materialise [mə'tɪərɪəlaɪz] ◆ vi **1.** [become fact] se matérialiser, se réaliser ; [take shape] prendre forme / *the promised pay rise never materialized* l'augmentation promise ne s'est jamais concrétisée **2.** *inf* [arrive] : *he eventually materialized around ten* il a fini par se pointer vers dix heures **3.** [ghost, apparition] se matérialiser. ◆ vt matérialiser.

materially [mə'tɪərɪəlɪ] adv matériellement.

maternal [mə'tɜːnl] adj **1.** [motherly] maternel **2.** [related through mother] maternel / *maternal grandfather* grand-père *m* maternel.

maternity [mə'tɜːnətɪ] ◆ n maternité *f*. ◆ comp [dress] de grossesse ; [ward] de maternité ▸ **maternity home** or **hospital** maternité *f*.

maternity allowance n *allocation de maternité versée par l'État à une femme n'ayant pas droit à la « maternity pay »*.

maternity benefit n ≃ allocations *fpl* de maternité.

maternity leave n congé *m* (de) maternité.

maternity pay n *allocation de maternité versée par l'employeur*.

matey ['meɪtɪ] *inf* ◆ n UK pote *m* ; [term of address] : *listen, matey* écoute, mon vieux. ◆ adj [pally] copain / *he's very matey with me* il est très copain avec moi.

mateyness ['meɪtɪnɪs] = **matiness**.

math [mæθ] US maths *fpl* ▸ **to do the math** faire le calcul / *if you do the math, you see that you can make a saving of $1,000 a year* en faisant le calcul, vous verrez que vous pouvez économiser 1 000 dollars par an / *I lost my job, my wife left me — you do the math, it was rough* j'ai perdu mon job, ma femme m'a quitté, pas besoin de vous faire un dessin : c'était dur.

mathematical [,mæθə'mætɪkl] adj mathématique / *a mathematical genius* un génie en mathématiques / *I haven't got a mathematical mind* je n'ai pas l'esprit mathématique ▸ **mathematical linguistics / logic** linguistique *f* / logique *f* mathématique.

mathematically [,mæθə'mætɪklɪ] adv mathématiquement.

mathematician [,mæθəmə'tɪʃn] n mathématicien *m*, -enne *f*.

mathematics [,mæθə'mætɪks] ◆ n *(U)* [science, subject] mathématiques *fpl*. ◆ pl n [calculations involved] : *can you explain the mathematics of it to me?* pouvez-vous m'expliquer comment on parvient à ce résultat ?

mathlete ['mæθliːt] n US *inf* matheux *m*, -euse *f*.

maths [mæθs] (abbr of **mathematics**) n *(U)* UK maths *fpl*.

maths coprocessor [-,kəʊ'prəʊsesəʳ] n COMPUT coprocesseur *m* mathématique.

matinee, matinée ['mætɪneɪ] n CIN & THEAT matinée *f*.

matinee coat n UK veste *f* de bébé.

matinee idol n *dated & hum* idole *f* (romantique).

matinee jacket UK = **matinee coat**.

matiness ['meɪtɪnɪs] n UK *inf* camaraderie *f*.

mating ['meɪtɪŋ] ◆ n accouplement *m*. ◆ comp ▸ **mating call** appel *m* du mâle or de la femelle ▸ **mating instinct** instinct *m* sexuel ▸ **mating season** saison *f* des amours.

matins ['mætɪnz] = **mattins**.

matriarch ['meɪtrɪɑːk] n [ruler, head of family] chef *m* de famille *(dans un système matriarcal)* ; [old woman] matrone *f*.

matriarchal [,meɪtrɪ'ɑːkl] adj matriarcal.

matriarchy ['meɪtrɪɑːkɪ] (*pl* **matriarchies**) n matriarcat *m*.

matric [mə'trɪk] n UK *inf* abbr of **matriculation**.

matrices ['meɪtrɪsiːz] pl ⟶ **matrix**.

matricide ['mætrɪsaɪd] n **1.** [act] matricide *m* **2.** [person] matricide *mf*.

matriculate [mə'trɪkjʊleɪt] vi **1.** [register] s'inscrire, se faire immatriculer ; [at university] s'inscrire **2.** UK SCH ≃ obtenir son baccalauréat.

matriculation [mə,trɪkjʊ'leɪʃn] n **1.** [registration] inscription *f*, immatriculation *f* ; [at university] inscription *f* ▸ **matriculation fees** droits *mpl* d'inscription **2.** UK SCH *ancien examen équivalent au baccalauréat*.

matrilineal [,mætrɪ'lɪnɪəl] adj matrilinéaire.

matrimonial [,mætrɪ'məʊnjəl] adj matrimonial, conjugal.

matrimony ['mætrɪmənɪ] US 'mætrɪməʊnɪ] (*pl* **matrimonies**) n *fml* mariage *m*.

matrix ['meɪtrɪks] (*pl* **matrixes** or **matrices** ['meɪtrɪsiːz]) n matrice *f*.

matrix management n organisation *f* matricielle.

matron ['meɪtrən] n **1.** UK [in hospital] infirmière *f* en chef ; [in school] infirmière *f* **2.** *liter* [married woman] matrone *f*, mère *f* de famille **3.** [in retirement home] surveillante *f* **4.** US [in prison] gardienne *f*, surveillante *f*.

matronly ['meɪtrənlɪ] adj : *she looks very matronly* elle a tout de la matrone.

matron of honour (*pl* **matrons of honour**) n dame *f* d'honneur.

matt [mæt] adj UK mat / *matt paint* peinture *f* mate.

matte [mæt] ◆ adj UK = **matt.** ◆ n METALL matte *f*, maton *m*.

matted ['mætɪd] adj [material] feutré ; [hair] emmêlé ; [vegetation, roots] enchevêtré.

matter ['mætər] ◆ n **1.** [affair] affaire *f* ; [subject] sujet *m* / *I reported the matter to the police* j'ai rapporté les faits à la police / *business matters* affaires *fpl* / *money matters* questions *fpl* d'argent / *the matter in hand* les faits qui nous préoccupent / *I consider the matter closed* pour moi, c'est une affaire classée / *this is no laughing matter* il n'y a pas de quoi rire / *it is no easy matter* c'est une question difficile or un sujet délicat / *I will give the matter my immediate attention* j'accorderai toute mon attention à ce problème / *I think we should let the matter drop* je pense que nous devrions laisser tomber le sujet / *you're not going out, and that's the end of* or *there's an end to the matter!* tu ne sortiras pas, un point c'est tout ! **2.** [question] question *f* / *there's the small matter of the £100 you owe me* il y a ce petit problème des 100 livres que tu me dois / *a matter of life and death* une question de vie ou de mort / *that's quite another matter* or *that's a different matter altogether* ça c'est une (tout) autre affaire / *a matter of taste* une question de goût / *that's a matter of opinion* ça c'est une question d'opinion / *as a matter of course* tout naturellement / *as a matter of principle* par principe / *as a matter of urgency* d'urgence / *she'll do it in a matter of minutes* cela ne lui prendra que quelques minutes / *it'll be a matter of days rather than weeks before we get a result* obtenir le résultat sera une question de jours plutôt que de semaines / *it's only* or *just a matter of time* ce n'est qu'une question de temps / *it's only* or *just a matter of filling in a few forms* il ne s'agit que de remplir quelques formulaires **3.** [physical substance] matière *f* / *organic / inorganic matter* matière organique / inorganique **4.** [written material] : *advertising matter* matériel *m* publicitaire / *printed matter* **a)** texte *m* imprimé **b)** [sent by post] imprimés *mpl* **5.** MED [pus] pus *m* **6.** PHR **what's the matter?** qu'est-ce qu'il y a ?, qu'est-ce qui ne va pas ? / *what's the matter with you?* qu'est-ce que tu as ?, qu'est-ce qui ne va pas ? / *what's the matter with Jim?* qu'est-ce qu'il a, Jim ? / *what's the matter with your eyes?* qu'est-ce que vous avez aux yeux ? / *what's the matter with the television?* qu'est-ce qu'elle a, la télévision ? / *what's the matter with the way I dress?* qu'est-ce que vous reprochez à ma façon de m'habiller ? / *what's the matter with telling him the truth?* quel mal y a-t-il à lui dire la vérité ? / *there's something the matter with my leg* j'ai quelque chose à la jambe / *there's something the matter with the aerial* il y a un problème avec l'antenne ▸ **is there something** or **is anything the matter?** il y a quelque chose qui ne va pas ?, il y a un problème ? / *something must be the matter* il doit y avoir quelque chose ▸ **nothing's the** or **there's nothing the matter** il n'y a rien, tout va bien / *nothing's the matter with me* je vais parfaitement bien / *there's nothing the matter with the engine* le moteur est en parfait état de marche ▸ **no matter!** peu importe ! / *no matter what I do* quoi que je fasse / *no matter what the boss thinks* peu importe ce qu'en pense le patron / *don't go back, no matter how much he begs you* même s'il te le demande à genoux, n'y retourne pas ▸ **no matter what** quoi qu'il arrive / *I'll be there tomorrow no matter what* j'y serai demain quoi qu'il arrive / *we've got to win, no matter what* il faut que nous gagnions à tout prix / *no matter how hard I try* quels que soient les efforts que je fais / *I must speak to her, no matter how ill she is* je dois lui parler, quel que soit son état de santé / *no matter when it happens* peu importe quand ça arrivera / *no matter where I am* où que je sois. ◆ vi importer, avoir de l'importance / *what does it matter?* quelle importance est-ce que ça a ?, qu'importe ? / *it matters a lot* cela a beaucoup d'importance, c'est très important / *it doesn't matter* cela n'a pas d'importance, ça ne fait rien / *it doesn't matter to me what you do with your money* ce que tu fais de ton argent m'est égal / *money is all that matters to him* il n'y a que l'argent qui l'intéresse / *I forgot to tell him, not that it matters, he'll find out soon enough* j'ai oublié de le lui dire mais c'est sans importance, il s'en rendra vite compte / *she matters a lot to him* il tient beaucoup à elle, elle compte beaucoup pour lui / *she knows all the people who matter* elle connaît tous les gens qui comptent.

❖ **matters** pl n : *as matters stand* les choses étant ce qu'elles sont / *getting angry won't help matters at all* se mettre en colère n'arrangera pas les choses / *matters have taken a turn for the worse* les choses ont pris un tour plus alarmant.

❖ **as a matter of fact** adv phr en fait, à vrai dire, en réalité.

❖ **for that matter** adv phr d'ailleurs.

Matterhorn ['mætəhɔ:n] pr n ▸ **the Matterhorn** le mont Cervin.

matter-of-fact adj [down-to-earth] terre à terre *(inv)* ; [prosaic] prosaïque ; [unemotional] neutre / *Frank has a very matter-of-fact approach* Frank a une vision très pratique des choses / *he has a very matter-of-fact way of speaking* il dit les choses comme elles sont / *in a matter-of-fact voice* d'une voix neutre / *she took the news in a very matter-of-fact way* elle a pris les nouvelles avec beaucoup de sang-froid.

matter-of-factly [-'fæktlɪ] adv [in a down-to-earth manner] de façon pragmatique ; [prosaically] prosaïquement ; [unemotionally] d'un air détaché / *she announced that he was dead quite matter-of-factly* elle annonça qu'il était mort d'un air détaché.

Matthew ['mæθju:] pr n Matthieu ▸ **the Gospel According to (Saint) Matthew** l'Évangile selon saint Matthieu.

Matthias [mə'θaɪəs] pr n Matthias, Mathias.

matting ['mætɪŋ] n *(U)* [used as mat] natte *f*, tapis *m*.

mattins ['mætɪnz] n *(U)* RELIG matines *fpl*.

mattock ['mætək] n pioche *f*.

mattress ['mætrɪs] n matelas *m*.

maturation [,mætjʊ'reɪʃn] n BOT & BIOL maturation *f* ; *fig* mûrissement *m*.

mature [mə'tjʊər] ◆ adj **1.** [person -physically] mûr ; [-mentally] mûr, mature / *a man of mature years* un homme d'âge mûr / *her style is not yet mature* son style n'est pas encore arrivé à maturité **2.** [cheese] fait ; [wine, spirits] arrivé à maturité **3.** FIN échu **4.** MED [cell] mature. ◆ vi **1.** [person, attitude] mûrir / *he has matured into a very sensible young man* c'est maintenant un jeune homme plein de bon sens **2.** [wine] arriver à maturité ; [cheese] se faire **3.** FIN arriver à échéance, échoir. ◆ vt [cheese] faire mûrir, affiner ; [wine, spirits] faire vieillir.

> ⚠ The French adjective **mature** is used to refer to psychological maturity and in some technical terms. In other contexts, use **mûr**.

mature economy n économie *f* mature.

mature student n UNIV *adulte qui fait des études.*

maturity [mə'tjʊərətɪ] n **1.** [gen] maturité *f* ▸ **to reach maturity** [person] devenir majeur **2.** FIN ▸ **maturity (date)** échéance *f*.

matzo [mætsəʊ] (*pl* **matzos**) n pain *m* azyme.

maudlin ['mɔ:dlɪn] adj larmoyant, sentimental.

maul [mɔ:l] ◆ vt **1.** [attack -subj: animal] mutiler ; [-subj: person, crowd] malmener / *he was mauled to death by a lion* il a été mis en pièces par un lion **2.** *inf* [handle clumsily] tripoter **3.** [criticize] démolir, mettre en pièces. ◆ vi RUGBY faire un maul. ◆ n RUGBY maul *m*.

maulers ['mɔ:ləz] pl n UK *v inf* [hands] pattes *fpl*.

maunder ['mɔ:ndər] vi UK **1.** [talk] divaguer, parler à tort et à travers / *what's he maundering on about?* qu'est-ce qu'il raconte ? **2.** [walk] errer.

Maundy money ['mɔ:ndɪ-] n *(U) pièces de monnaie spéciales offertes par le souverain britannique à certaines personnes âgées le jour du jeudi saint.*

Maundy Thursday ['mɔ:ndɪ-] n RELIG jeudi *m* saint.

Mauritania [,mɒrɪ'teɪnjə] pr n Mauritanie *f* / *in Mauritania* en Mauritanie.

Mauritanian [,mɒrɪ'teɪnjən] ◆ n Mauritanien *m*, -enne *f*. ◆ adj mauritanien.

Mauritian [mə'rɪʃn] ◆ n Mauricien *m*, -enne *f*. ◆ adj mauricien.

Mauritius [mə'rɪʃəs] pr n l'île *f* Maurice / *in Mauritius* à l'île Maurice.

mausoleum [,mɔ:sə'lɪəm] n mausolée *m*.

mauve [məʊv] ◆ adj mauve. ◆ n mauve *m*.

maven ['meɪvn] n US *inf* expert *m*.

maverick ['mævərɪk] ◆ n **1.** [person] franc-tireur *m*, indépendant *m*, -e *f* **2.** [calf] veau *m* non marqué. ◆ adj non-conformiste, indépendant / *a maverick Marxist* un franc-tireur du marxisme.

maw [mɔ:] n ZOOL [of cow] caillette *f* ; [of bird] jabot *m* ; *fig* gouffre *m*.

mawkish ['mɔ:kɪʃ] adj [sentimental] mièvre ; [nauseating] écœurant / *a mawkish smile* un sourire niais.

mawkishness ['mɔ:kɪʃnɪs] n mièvrerie *f*, niaiserie *f*.

max adv *inf* maximum / *three days max* trois jours grand maximum.

❖ **max out** US vt sep : *I maxed out my credit card* j'ai atteint la limite sur ma carte de crédit / *with two kids and a dog, I'm maxed out* avec deux gosses et un chien, les fins de mois sont difficiles.

max. (written abbr of **maximum**) max.

maxi ['mæksɪ] ◆ adj [skirt, dress, etc.] maxi. ◆ n maxi *m*.

maxilla [mæk'sɪlə] (*pl* **maxillae** [-li:]) n ANAT maxillaire *m*.

maxim ['mæksɪm] n maxime *f*.

maxima ['mæksɪmə] pl ⟶ **maximum.**

maximal ['mæksɪml] adj maximal.

maximalist ['mæksɪməlɪst] ◆ adj maximaliste. ◆ n maximaliste *mf*.

maximize, maximise ['mæksɪmaɪz] vt maximiser, maximaliser.

maximum ['mæksɪməm] (*pl* **maximums** or **maxima** ['mæksɪmə]) ◆ n maximum *m* / *a maximum of 40 people* un maximum de 40 personnes, 40 personnes au maximum / *to the maximum* au maximum. ◆ adj maximum, maximal / *what is the maximum speed?* quelle est la vitesse maximum ? / *maximum load* charge *f* maximale or limite ▸ **maximum security prison** prison *f* de haute sécurité. ◆ adv au maximum / *it happens twice a year maximum* ça se produit deux fois par an au maximum / *you can stay for two hours maximum* vous ne pouvez pas rester plus de deux heures.

maxwell ['mækswel] n PHYS maxwell *m*.

may[1] [meɪ] modal vb **1.** [expressing possibility] : *this may take some time* ça prendra peut-être or il se peut que ça prenne du temps / *symptoms may disappear after a few days* les symptômes peuvent disparaître après quelques jours / *you may be right* vous avez peut-être raison, il se peut que vous ayez raison / *you may well be right* il est fort possible or il se peut bien que vous ayez raison / *what he says may be true* ce qu'il dit est peut-être vrai / *it may well be that he misunderstood* il est fort possible or il se peut bien qu'il ait mal compris / *I may live to regret this!* il se peut que je le regrette un jour ! / *she may have missed the plane* elle a peut-être manqué l'avion, il se peut qu'elle ait manqué l'avion / *she may not have arrived yet* il se peut or il se pourrait qu'elle ne soit pas encore arrivée / *he may have been right* il avait peut-être raison **2.** [expressing permission] : *you may sit down* vous pouvez vous asseoir / *only close*

MAY / MIGHT

Les modaux **may** et **might** s'emploient pour exprimer la ***permission***, la ***probabilité***, ou pour se prononcer sur une ***éventualité*** présente ou passée. Ils ont également d'autres emplois particuliers comme le ***but*** ou la ***concession***, voire le ***reproche***.

MAY

❶ La demande et la permission

May sert à demander ou à accorder poliment la permission de faire quelque chose :

May I make a suggestion? Puis-je me permettre de faire une suggestion ?

You may sit down. Vous pouvez vous asseoir.

À la forme négative (**may not**), aucune autorisation n'est accordée. Dans l'exemple ci-dessous, le locuteur (par exemple une mère parlant à son enfant) est catégorique.

You may not leave the table now. Je t'interdis de sortir de table.

❷ La probabilité

On emploie aussi **may** pour se prononcer sur les chances de réalisation d'un événement :

Jimmy may be in bed now. Il se peut que Jimmy soit couché, là.

Le locuteur n'est sûr de rien. Il y a une chance sur deux pour que Jimmy soit couché au moment présent (et donc une chance sur deux pour qu'il ne le soit pas). L'ajout de l'adverbe **well** fait pencher la balance vers plus de certitude : « il est fort probable / possible que » :

You may well be right. Il est fort possible que vous ayez raison.

Dans le même ordre d'idées, **may** indique une caractéristique éventuelle du sujet :

This medication may cause nausea. Ce médicament peut provoquer des nausées.

Les nausées sont un effet secondaire possible. On retrouve cet emploi dans les notices d'utilisation ou les descriptions scientifiques.

Le jugement de probabilité peut aussi s'appliquer sur un événement passé. Après **may**, on aura donc **have** + **V-en** :

She may have thought we were joking. Peut-être a-t-elle cru que nous plaisantions.

Have thought indique que le fait de croire (qu'il soit avéré ou non) est situé dans le passé. C'est comme si on tentait de reconstituer une scène passée.

❸ Autres emplois

- la concession :
He may not be very bright, but he's got a heart of gold. Il n'est peut-être pas très intelligent, mais il a un cœur d'or.

- le but :
They work hard so that their children may have a better life. Ils travaillent dur pour que leurs enfants aient une vie meilleure.

- le souhait, le vœu :
May she rest in peace. Qu'elle repose en paix.
May the best team win! Que les meilleurs gagnent !

MIGHT

Might est la forme passée de **may**, mais ce modal ne se limite pas à la simple expression de la possibilité dans le passé.

❶ La possibilité au passé

Might s'emploie comme passé de **may** au style indirect pour indiquer que le sujet est disposé à faire quelque chose :

He said he might come [= he said: 'I may come'].
Il a dit qu'il allait peut-être venir.

We feared you might be dead. Nous avons eu peur que vous ne soyez mort.

Au style direct, **might** ne se traduit que très rarement par un passé de l'indicatif en français.

❷ La probabilité

Might indique que la personne qui parle observe l'événement avec une certaine distance. La probabilité exprimée par **might** est donc plus faible qu'avec **may**. C'est pourquoi on le traduit le plus souvent (mais pas obligatoirement) par un temps du conditionnel en français. Comparez :

It may snow. Il se peut qu'il neige.
It might snow. Il se pourrait qu'il neige.

Attention !

- ***Au style direct***, le jugement de probabilité est émis au moment où l'on parle, il ne faut donc pas le traduire par un temps du passé en français :
She might have forgotten to lock the door.
[jugement au présent, événement probable au passé]
Il se peut qu'elle ait oublié de fermer la porte à clé.

  Il n'est absolument pas certain que l'action en question (oublier de fermer la porte à clé) se soit effectivement produite. Dans tous les cas, elle n'a pu se produire que dans le passé (d'où l'emploi de la forme **have forgotten** après **might**). La probabilité (faible) est exprimée quant à elle au moment présent.
- ***Au style indirect***, le jugement rapporté a eu lieu dans le passé. On peut donc traduire par un temps du passé :
I never considered that she might want to come. Je n'avais jamais pensé qu'elle pouvait avoir envie de venir.

❸ La suggestion

Might est moins insistant (donc plus poli) que **may** :

You might try using a different approach altogether. Vous pourriez essayer d'adopter une approche entièrement différente.

Cette retenue n'est plus de mise avec l'expression adverbiale **at least** :

You might at least tidy up your room! Tu pourrais au moins ranger ta chambre !

❹ Le reproche

Might s'emploie parfois dans l'expression d'un reproche. Le modal est alors très proche de **should** (ce dernier est d'ailleurs bien plus fréquent dans ce contexte) :

You might have warned me! Tu aurais pu me prévenir !

Le locuteur reproche à son interlocuteur de ne pas l'avoir prévenu alors qu'il en avait la possibilité.

---

relatives may attend seuls les parents proches sont invités à assister à la cérémonie / *I will go home now, if I may* je vais rentrer chez moi, si vous me le permettez / *if I may say so* si je peux or puis me permettre cette remarque / *you may well ask!* bonne question ! **3.** [in polite questions, suggestions] : *may I interrupt?* puis-je vous interrompre ?, vous permettez que je vous interrompe ? / *may I?* vous permettez ? / *may I make a suggestion?* puis-je me permettre de faire une suggestion ? / *may I help you?* puis-je vous aider ? / *may I buy you ladies a drink?* puis-je vous offrir un verre, mesdames ? / *may I come too? — yes, you may* puis-je venir aussi ? — oui / *and how, may I ask, did you find out?* et comment vous en êtes-vous rendu compte, s'il vous plaît ? / *may I say how pleased we are that you could come* permettez-moi de vous dire à quel point nous sommes ravis que vous ayez pu venir **4.** [contradicting a point of view] : *you may think I'm imagining things, but I think I'm being followed* tu vas croire que je divague mais je crois que je suis suivi / *such facts may seem insignificant, but they could prove vital* de telles choses peuvent paraître insignifiantes mais elles pourraient se révéler vitales / *he may not be very bright, but he's got a heart of gold* il n'est peut-être pas très brillant mais il a un cœur d'or / *brilliant she may be, but is she reliable?* elle est peut-être brillante, mais peut-on lui faire confiance ? ▸ **that's as may be** c'est possible / *that's as may be, but I still don't think you're right* c'est possible mais je ne suis toujours pas convaincu que tu aies raison **5.** [giving additional information] : *this, it may be said, is yet another example of government interference* c'est là, on peut le dire, un autre exemple de l'interventionnisme de l'État **6.** *fml* [expressing purpose] : *they work hard so that their children may have a better life* ils travaillent dur pour que leurs enfants aient une vie meilleure **7.** [expressing wishes, hopes] : *long may he reign* vive le roi / *may she rest in peace* qu'elle repose en paix / *may he rot in hell!* qu'il aille au diable ! / *may the best man win!* que le meilleur gagne ! **8.** PHR **may as well** : *can I go home now? — you may as well* est-ce que je peux rentrer chez moi maintenant ? — tu ferais aussi bien / *we may as well have another drink* tant qu'à faire, autant prendre un autre verre.

Note that il se peut / pourrait que is followed by a verb in the subjunctive:
This may just be the house we've always dreamed of. *Il se peut / pourrait que ce soit la maison de nos rêves.*

may² [meɪ] n [hawthorn] aubépine *f*, épine *f* de mai.

May [meɪ] n mai *m*. See also **February**.

Maya ['maɪə] n **1.** (*pl* **Maya** *or* **Mayas**) [person] Indien *m*, -enne *f* maya ▸ **the Maya(s)** les Mayas *mpl* **2.** LING maya *m*.

Mayan ['maɪən] ◆ n **1.** [person] Indien *m*, -enne *f* maya **2.** LING maya *m*. ◆ adj maya.

May ball n *bal qui se tient au mois de juin à l'université de Cambridge.*

maybe ['meɪbi:] adv peut-être / *maybe she'll come tomorrow* elle viendra peut-être demain ▸ **maybe so** peut-être bien que oui ▸ **maybe not** peut-être bien que non / *maybe so, but...* peut-être bien, mais...

may blossom n *(U)* fleurs *fpl* d'aubépine.

May bug n hanneton *m*.

May Day n le Premier Mai.

Mayday ['meɪdeɪ] n [SOS] SOS *m* ▸ **to send out a Mayday signal** envoyer un signal de détresse or un SOS.

Mayfair ['meɪfeəʳ] pr n *quartier chic de Londres.*

mayflower ['meɪflaʊəʳ] n [gen] fleur *f* printanière ; UK [marsh marigold] souci *m* d'eau ; UK [hawthorn] aubépine *f*.

❖ **Mayflower** pr n ▸ **the Mayflower** US HIST le Mayflower ▸ **the Mayflower Compact** *déclaration des principes du nouvel établissement signée par une quarantaine de passagers du Mayflower.*

The Mayflower Compact

Accord signé à bord du **Mayflower** par les Pères pèlerins en novembre 1620, avant leur débarquement à Plymouth. Cette convention officialisait la création d'un gouvernement indépendant ; elle est considérée comme la première Constitution de l'Amérique du Nord.

mayfly ['meɪflaɪ] (*pl* **mayflies**) n éphémère *m*.

mayhem ['meɪhem] n **1.** [disorder] désordre *m* / *it was absolute mayhem in that office* c'était le désordre le plus complet dans ce bureau / *to create* or *to cause mayhem* semer la panique **2.** LAW mutilation *f* du corps humain.

mayn't [meɪnt] UK abbr of **may not**.

mayo ['meɪəʊ] n US *inf* mayonnaise *f*.

mayonnaise [,meɪə'neɪz] n mayonnaise *f*.

mayor [meəʳ] n maire *m*, mairesse *f*.

mayoralty ['meərəltɪ] (*pl* **mayoralties**) n mandat *m* de maire.

mayoress ['meərɪs] n femme *f* du maire.

maypole ['meɪpəʊl] n ≃ arbre *m* de mai *(mât autour duquel on danse le Premier mai).*

May queen n reine *f* du Premier mai.

may've ['meɪəv] *inf* abbr of **may have**.

mayweed ['meɪwi:d] n BOT [scentless] camomille *f* inodore ; [scented] camomille *f* allemande.

May week n *semaine du mois de juin pendant laquelle se tiennent les « May balls ».*

maze [meɪz] n *lit & fig* labyrinthe *m*, dédale *m* / *the hospital is a maze of corridors* cet hôpital est un vrai labyrinthe.

❖ **Maze** pr n ▸ **the Maze (Prison)** *prison d'Irlande du Nord.*

mazuma [mə'zu:mə] n US *v inf* fric *m*, oseille *f*.

mazurka [mə'zɜ:kə] n mazurka *f*.

MB 1. (written abbr of **megabyte**) Mo **2.** written abbr of **Manitoba**.

MBA (abbr of **Master of Business Administration**) n MBA *m*.

MBBS (abbr of **Bachelor of Medicine and Surgery**) n *(titulaire d'une) licence de médecine et de chirurgie.*

MBE (abbr of **Member of the Order of the British Empire**) n *(membre de) l'ordre de l'Empire britannique (titre honorifique).*

MBI (abbr of **management buy-in**) n MBI *m*.

MBO (abbr of **management buyout**) n UK RES *m*.

MC n **1.** abbr of **master of ceremonies 2.** UK abbr of **Military Cross 3.** US abbr of **Member of Congress 4.** US abbr of **Marine Corps**.

MCAT (abbr of **Medical College Admissions Test**) n *test d'admission aux études de médecine.*

MCC (abbr of **Marylebone Cricket Club**) pr n *célèbre club de cricket de Londres.*

McCarthyism [mə'kɑ:θɪɪzm] n POL maccartisme *m*, maccarthysme *m*.

McCarthyism

Cette campagne anticommuniste vit le jour dans les années 1950 aux États-Unis, et donna lieu à une chasse aux sorcières dans les milieux artistiques, professionnels et politiques. Elle tire son nom du sénateur McCarthy. Celui-ci fut désavoué en 1954 par le Sénat.

McCarthyist [mə'kɑ:θɪɪst], **McCarthyite** [mə'kɑ:θɪaɪt] ◆ n partisan *m*, -e *f* du maccartisme. ◆ adj maccartiste.

McCoy [mə'kɔɪ] n ▸ **it's the real McCoy** *inf* c'est du vrai de vrai, c'est de l'authentique.

McNaughten Rules [mək'nɔ:tn-] pl n *article de la loi anglaise autorisant l'accusé à plaider la démence temporaire.*

MCP (abbr of **male chauvinist pig**) n *inf* phallo *m*.

MD ◆ n **1.** abbr of **Doctor of Medicine 2.** abbr of **managing director**. ◆ written abbr of **Maryland**.

MDF n (abbr of **medium density fibreboard**) médium *m*.

MDMA (abbr of **methylenedioxymethamphetamine**) n MDMA *f*.

MDT n abbr of **Mountain Daylight Time**.

me[1] [mi:] ◆ pron **1.** [direct or indirect object - unstressed] me, m' *(before vowel or silent 'h')* ; [-stressed] moi / *do you love me?* tu m'aimes ? / *give me a light* donne-moi du feu / *what, me, tell a lie?* moi, mentir ? **2.** [after preposition] moi / *they're talking about me* ils parlent de moi / *come with me* viens avec moi **3.** [used instead of 'I'] moi / *it's me* c'est moi / *it's always me who pays* c'est toujours moi qui paie / *is it just me or is it cold in here?* c'est moi, ou bien il fait froid ici ? / *she's bigger than me* elle est plus grande que moi / *this hairstyle isn't really me fig* cette coiffure, ce n'est pas vraiment mon style **4.** [in interjections] : *poor me!* pauvre de moi ! / *silly me!* que je suis bête ! ◆ n moi *m* / *now I'm going to show you the real me* maintenant je vais te montrer qui je suis ▸ **the me generation** *la génération des années 1980, considérées comme celles de l'individualisme.* ◆ det *inf* = **my**.

me[2] [mi:] MUS = **mi**.

ME ◆ n (abbr of **myalgic encephalomyelitis**) *(U)* myélo-encéphalite *f*. ◆ written abbr of **Maine**.

mead [mi:d] n **1.** *liter* = **meadow 2.** [drink] hydromel *m*.

meadow ['medəʊ] n pré *m*, prairie *f*.

meadow grass n pâturin *m*.

meadowland ['medəʊlænd] n prairie *f*, pâturages *mpl*.

meadow pipit n pipit *m* des prés, farlouse *f*.

meadow saffron n safran *m* des prés, colchique *m*.

meadowsweet ['medəʊswi:t] n reine-des-prés *f*.

meagre UK, **meager** US ['mi:gəʳ] adj maigre / *I can't live on such a meagre salary* je ne peux pas vivre avec un salaire aussi maigre.

meagrely UK, **meagerly** US ['mi:gəlɪ] adv maigrement.

meagreness UK, **meagerness** US ['mi:gənɪs] n maigreur *f*.

meal [mi:l] n **1.** repas *m* / *he had an enormous meal* il a mangé comme un ogre / *go to bed as soon as you've finished your meal* va te coucher dès que tu as fini de manger / *children need three meals a day* les enfants ont besoin de trois repas par jour / *have a nice meal!* or *enjoy your meal!* bon appétit ! / *they've invited us round for a meal* ils nous ont invités à manger ▸ **evening meal** dîner *m* / *we have our evening meal early* nous dînons tôt ▸ **to make a meal of sthg** *inf* faire tout un plat de qqch **2.** [flour] farine *f* **3.** *(U)* Scot [oatmeal] flocons *mpl* d'avoine.

mealie meal ['mi:lɪ-] n farine *f* de maïs.

meals on wheels n *service de repas à domicile à l'intention des invalides et des personnes âgées.*

meal ticket n **1.** US ticket *m* restaurant **2.** *inf* [source of income] gagne-pain *m inv* / *I can't leave Harry, he's my meal ticket* je ne peux pas quitter Harry, c'est lui qui fait bouillir la marmite.

mealtime ['mi:ltaɪm] n [lunch] heure *f* du déjeuner ; [dinner] heure *f* du dîner / *at mealtimes* aux heures des repas.

mealworm ['mi:lwɜ:m] n ver *m* de farine.

mealy ['mi:lɪ] (*compar* **mealier**, *superl* **mealiest**) adj **1.** [floury] farineux / *mealy potatoes* des pommes de terre farineuses **2.** [pale] pâle.

mealy bug n cochenille *f* farineuse.

mealy-mouthed [-'maʊðd] adj doucereux, patelin.

mean [mi:n] (*pt & pp* **meant** [ment]) ◆ adj **1.** [miserly] avare, radin, pingre / *he's mean with his money* il est près de ses sous / *they're very mean about pay rises* ils accordent les augmentations de salaire au compte-gouttes **2.** [nasty, unkind] méchant, vache / *don't be mean to your sister!* ne sois pas méchant avec ta sœur ! / *go on, don't be mean!* allez, ne sois pas vache ! / *to play a mean trick on sb* jouer un sale tour à qqn / *I feel mean about not inviting her* j'ai un peu honte de ne pas l'avoir invitée / *he gets mean after a few drinks* US *inf* il devient mauvais or méchant après quelques verres / *mean weather* US *inf* sale temps / *the sky was a mean shade of gray* US le ciel était d'une méchante couleur grise **3.** [inferior] : *the meanest intelligence* l'esprit le plus borné / *he's no mean architect / guitarist* c'est un architecte / guitariste de talent / *it was no mean feat* ce n'était pas un mince exploit **4.** [average] moyen / *mean deviation* écart *m* moyen / *mean distance / duration* distance *f* / durée *f* moyenne **5.** *v inf* [excellent] terrible, super / *she plays a mean guitar* comme guitariste, elle est super / *he makes a mean chocolate cake* pas mal, son gâteau au chocolat **6.** [shabby] miteux, misérable / *mean slums* taudis misérables **7.** *liter* [of lower rank or class] : *of mean birth* de basse extraction. ◆ n **1.** [middle point] milieu *m*, moyen terme *m* ▸ **the golden** or **happy mean** le juste milieu **2.** MATH moyenne *f*. ◆ vt **1.** [signify - subj: word, gesture] vouloir dire, signifier ; [- subj: person] vouloir dire / *what does this term mean?* que signifie or que veut dire ce terme ? / *what do you mean?* qu'est-ce que tu veux dire ? / *what do you mean by "wrong"?* qu'entendez-vous par « faux » ? / *what do you mean you don't like the cinema?* comment ça, vous n'aimez pas le cinéma ? / *do you mean* or *you mean it's over already?* tu veux dire que c'est déjà fini ? / *what, take them to court, you mean?* tu veux dire les traîner en justice ? / *that film didn't mean anything to me* je n'ai rien compris à ce film / *how do you mean?* qu'entendez-vous par là ? / *does the name Heathcliff mean anything to you?* est-ce que le nom de Heathcliff vous dit quelque chose ? / *that was when the word "friendship" still meant something* c'était à l'époque où le mot « amitié » avait encore un sens / *that doesn't mean a thing!* ça ne veut (strictement) rien dire ! ; [requesting or giving clarification] : *when he says early afternoon he really means around four* quand il dit en début d'après-midi, il veut dire vers quatre heures / *do you mean it?* tu es sérieux ? / *she always says what she means* elle dit toujours ce qu'elle pense / *I'll never speak to you again, I mean it* or *I mean what I say* je ne t'adresserai plus jamais la parole, je suis sérieux / *I want to see him now! and I mean now!* je veux le voir tout de suite ! Et quand je dis tout de suite, c'est tout de suite ! ▸ **I mean** [that's to say] je veux dire / *I was with Barry, I mean Harry* j'étais avec Barry, je veux dire Harry / *why diet? I mean, you're not exactly fat* pourquoi te mettre au régime ? on ne peut pas dire que tu sois grosse / *I mean to say...* ce que je veux dire c'est... **2.** [imply, entail - subj : event, change] signifier / *this will mean more unemployment* ça veut dire or signifie qu'il y aura une augmentation du chômage / *going to see a film means driving into town* pour voir un film, nous sommes obligés de prendre la voiture et d'aller en ville / *does that mean we shouldn't wait for him?* est-ce que cela veut dire or signifie que nous ne devrions pas l'attendre ? / *she's never known what it means to be loved* elle n'a jamais su ce que c'est que d'être aimée **3.** [matter, be of value] compter / *this watch means a lot to me* je suis très attaché à cette montre / *your friendship means a lot to her* votre amitié compte beaucoup pour elle / *you mean everything to me* tu es tout pour moi / *he means nothing to me* il n'est rien pour moi / *I can't tell you what this means to me* je ne peux pas te dire ce que ça représente pour moi / *$20 means a lot to me* 20 dollars, c'est une grosse somme or c'est beaucoup d'argent pour moi **4.** [refer to] : *do you mean us?* tu veux dire nous ? / *it was you she meant when she said that* c'était à vous qu'elle pensait or qu'elle faisait allusion quand elle a dit ça **5.** [intend] avoir l'intention de, vouloir, compter / *we mean to win* nous avons (bien) l'intention de gagner, nous comptons (bien) gagner / *I meant to tell you about it* j'avais l'intention de t'en parler / *I meant to phone you last night* je voulais or j'avais l'intention de vous téléphoner hier soir / *I didn't mean to hurt you* je ne voulais pas te faire de mal / *I only meant to help* je voulais seulement me rendre utile / *I mean to see him now — and I mean now!* j'ai l'intention de le voir tout de suite, et quand je dis tout de suite, c'est tout de suite ! / *I didn't mean it!* **a)** [action] je ne l'ai pas fait exprès ! **b)** [words] je n'étais pas sérieux ! / *without meaning to* involontairement / *I meant it as a joke* c'était une plaisanterie / *that remark was meant for you* cette remarque s'adressait à vous / *the present was meant for your brother* le cadeau était destiné à ton frère / *they're meant for each other* ils sont faits l'un pour l'autre / *what's this switch meant to be for?* à quoi est censé servir cet interrupteur ? / *it's meant to be a horse* c'est censé représenter un cheval / *perhaps I was meant to be a doctor* peut-être que j'étais fait pour être médecin / *it was meant to be* c'était écrit / *he means well* il a de bonnes intentions / *he meant well* il croyait bien faire **6.** [consider, believe] : *it's meant to be good for arthritis* il paraît que c'est bon pour l'arthrite / *this painting is meant to be by Rembrandt* ce tableau est censé être un Rembrandt **7.** [suppose] : *that box isn't meant to be in here* cette boîte n'est pas censée être ici / *you're meant to bow when she comes in* tu dois faire la révérence quand elle entre.

meander [mɪ'ændəʳ] ◆ vi **1.** [river] serpenter, faire des méandres **2.** [person] errer (sans but), se promener au hasard / *we meandered off into the night* nous sommes partis sans but dans la nuit. ◆ n méandre *m.*

meanie ['mi:nɪ] n *inf* radin *m*, -e *f*, pingre *mf* / *you old meanie!* vieux radin !

meaning ['mi:nɪŋ] ◆ n sens *m*, signification *f* / *I don't know the meaning of this word* je ne connais pas le sens de ce mot, je ne sais pas ce que veut dire ce mot / *love? you don't know the meaning of the word!* aimer ? mais tu ne sais pas ce que ça veut dire ! / *he doesn't know the meaning of hard work* il ne sait pas ce que c'est que de travailler dur / *they're just good friends, if you get my meaning* ils sont seulement bons amis, si vous voyez ce que je veux dire / *what's the meaning of this?* [in anger] qu'est-ce que ça veut dire ? / *the meaning of life* le sens de la vie / *our success gives meaning to what we're doing* notre réussite donne un sens à ce que nous faisons. ◆ adj [look, smile] significatif, éloquent.

meaningful ['mi:nɪŋfʊl] adj **1.** [expressive - gesture] significatif, éloquent / *she gave him a meaningful look* elle lui adressa un regard qui en disait long **2.** [comprehensible - explanation] compréhensible / *nobody had ever explained it to me in such a meaningful way* personne ne me l'avait jamais expliqué de façon aussi claire or compréhensible ; [significant] significatif / *the experiment produced no meaningful results* l'expérience n'a donné aucun résultat significatif **3.** [profound - experience, relationship] profond / *I wouldn't say we had a very meaningful relationship* je ne qualifierais pas notre relation de profonde.

meaningfully ['mi:nɪŋfʊlɪ] adv de façon significative.

meaningless ['mi:nɪŋlɪs] adj **1.** [devoid of sense] dénué de sens, sans signification / *the lyrics of this song are completely meaningless* les paroles de cette chanson n'ont absolument aucun sens / *meaningless poems* des poèmes dénués de sens or qui ne veulent rien dire **2.** [futile] futile, vain / *they lead very meaningless lives* ils mènent une vie très futile / *a meaningless task* une tâche inutile / *meaningless violence* de la violence gratuite.

meanness ['mi:nnɪs] n **1.** [stinginess] avarice *f* **2.** US [nastiness, spitefulness] méchanceté *f*, mesquinerie *f* **3.** *liter* [poverty] pauvreté *f.*

means [mi:nz] (*pl* **means**) ◆ n **1.** [way, method] moyen *m* ▸ **a means of doing sthg** un moyen de faire qqch / *is there no means of doing it any faster?* n'y a-t-il pas moyen de le faire plus vite ? / *he has no means of support* il est sans ressources / *it's just a means to an end* ce n'est qu'un moyen d'arriver au but ▸ **the end justifies the means** *prov* la fin justifie les moyens / *by means of a screwdriver* à l'aide d'un tournevis / *they communicate by means of signs* ils communiquent par signes / *by what means may I send it to him?* par quel moyen or quels moyens puis-je le lui faire parvenir ? / *by some means or other* or *another* d'une façon ou d'une autre ▸ **means of production** moyens de production ▸ **means of transport** moyen de transport **2.** PHR *may I leave? — by all means!* puis-je partir ? — je vous en prie or mais bien sûr ! ▸ **by no (manner of) means** pas du tout / *it's by no means easy* c'est loin d'être facile / *she's not his friend by any (manner of) means* elle est loin d'être son amie. ◆ pl n [money, resources] moyens *mpl*, ressources *fpl* ▸ **to have the means to do sthg** avoir les moyens de faire qqch / *to live within one's means* vivre selon ses moyens / *to live beyond one's means* vivre au-dessus de ses moyens / *the means at our disposal* les moyens dont nous disposons / *her family obviously has means* il est évident qu'elle vient d'une famille aisée.

mean-spirited adj mesquin.

means test n enquête *f* sur les revenus *(d'une personne désirant bénéficier d'une allocation d'État)* / *to undergo a means test* faire l'objet d'une enquête sur les revenus / *the grant is subject to a means test* cette allocation est assujettie à des conditions de ressources.

❖ **means-test** vt : *is unemployment benefit means-tested?* les allocations de chômage sont-elles attribuées en fonction des ressources or des revenus du bénéficiaire ? / *all applicants are means-tested* tous les candidats font l'objet d'une enquête sur leurs revenus.

meant [ment] pt & pp ⟶ **mean.**

meantime ['mi:n,taɪm] adv pendant ce temps / *meantime things were changing* pendant ce temps, les choses étaient en train de changer.

❖ **in the meantime** adv phr entre-temps / *in the meantime I had got married* entre-temps, je m'étais marié.

❖ **for the meantime** adv phr pour l'instant / *for the meantime, at least, the situation is resolved* le problème est résolu, au moins pour l'instant.

meanwhile ['mi:n,waɪl] adv entre-temps, pendant ce temps / *I, meanwhile, was stuck in the lift* pendant ce temps, moi, j'étais coincé dans l'ascenseur / *meanwhile, another 2,000 people have lost their jobs* entre-temps or en attendant, 2 000 personnes de plus ont perdu leur emploi.

meany ['mi:nɪ] (*pl* **meanies**) *inf* = **meanie.**

measles ['mi:zlz] n rougeole *f* / *to have (the) measles* avoir la rougeole.

measly ['mi:zlɪ] (*compar* **measlier**, *superl* **measliest**) adj *inf* minable, misérable / *all I got was one measly bar of chocolate!* je n'ai eu qu'une misérable tablette de chocolat ! / *all that for a measly £5!* tout ça pour cinq malheureuses livres !

measurable ['meʒərəbl] adj **1.** [rate, change, amount] mesurable **2.** [noticeable, significant] sensible, perceptible / *we've made measurable progress* nous avons sensiblement progressé.

measurably ['meʒərəblɪ] adv [noticeably, significantly] sensiblement, notablement.

measure ['meʒəʳ] ◆ n **1.** [measurement] mesure *f* / *the metre is a measure of length* le mètre est une mesure de longueur / *weights and measures* les poids *mpl* et mesures / *linear* / *square* / *cubic measure* mesure de longueur / de superficie / de volume ▸ **to give good** or **full measure a)** [in length, quantity] faire bonne mesure **b)** [in weight] faire bon poids ▸ **to give short measure a)** [in quantity] tricher sur la quantité **b)** [in weight] tricher sur le poids ▸ **for good measure** *fig* pendant qu'il / elle y est / *then he painted the door, just for good measure* et puis, pendant qu'il y était, il a peint la porte ▸ **to take** or **to get the measure of sb** *fig* jauger qqn, se faire une opinion de qqn / *this award is a measure of their success* ce prix ne fait que refléter leur succès / *her joy was beyond measure* sa joie était incommensurable / **'Measure for Measure'** *Shakespeare* 'Mesure pour mesure' **2.** [degree] mesure *f* / *a measure of success* un certain succès / *in some measure* dans une certaine mesure, jusqu'à un certain point / *in large measure* dans une large mesure, en grande partie **3.** [device - ruler] mètre *m*, règle *f* ; [- container] mesure *f* / *a pint measure* une mesure d'une pinte **4.** [portion] portion *f*, dose *f* / *she poured me a generous measure of gin* elle m'a servi une bonne dose de gin **5.** [step, legislation] mesure *f* / *as a precautionary measure* par mesure de précaution / *parliament must draft measures to halt this trade* le parlement doit élaborer des mesures pour mettre fin à ce trafic / *we have taken measures to correct the fault* nous avons pris des mesures pour rectifier l'erreur **6.** MUS & LITER mesure *f.* ◆ vt **1.** [take measurement of] mesurer / *he measured me for a suit* il a pris mes mesures pour me faire un costume / *a thermometer measures temperature* un thermomètre sert à mesurer la température ▸ **to measure one's length** s'étaler de tout son long **2.** [judge] jauger, mesurer, évaluer ▸ **to measure oneself** or **one's strength against sb** se mesurer à qqn. ◆ vi mesurer / *the room measures 18 feet by 12* la pièce mesure 18 pieds sur 12.

❖ **measure off** vt sep mesurer / *he measured off a metre of ribbon* il mesura un mètre de ruban.

❖ **measure out** vt sep mesurer / *measure out a pound of flour* mesurez une livre de farine / *he measured out a double gin* il versa un double gin.

❖ **measure up** ◆ vt sep mesurer ▸ **to measure sb up** *fig* jauger qqn, prendre la mesure de qqn. ◆ vi être or se montrer à la hauteur ▸ **to measure up to sb's expectations** répondre aux espérances de qqn / *the hotel didn't measure up (to our expectations)* l'hôtel nous a déçus.

measured ['meʒəd] adj **1.** [distance, length, etc.] mesuré / *the record over a measured mile* le record officiel sur un mile **2.** [careful, deliberate] mesuré / *a measured speech* un discours mesuré or modéré / *with measured steps* à pas mesurés.

measureless ['meʒəlɪs] adj infini, incommensurable.

measurement ['meʒəmənt] n **1.** [dimension] mesure *f* / *to take (down) the measurements of a piece of furniture* prendre les dimensions d'un meuble / *he took my measurements* il a pris mes mesures / *waist* / *hip measurement* tour *m* de taille / de hanches / *what are her measurements?* quelles sont ses mensurations ? **2.** [act] mesurage *m.*

measurement ton n tonne *f* d'encombrement.

measuring ['meʒərɪŋ] n mesurage *m.*

measuring jug n verre *m* gradué, doseur *m.*

measuring tape n mètre *m* à ruban.

measuring worm n (chenille *f*) arpenteuse *f.*

meat [miːt] n **1.** viande *f* ▸ **red** / **white meat** viande rouge / blanche ▸ **cooked** or **cold meats** viande froide **2.** *liter* [food] nourriture *f* / *that's meat and drink to him!* pour lui, c'est du gâteau ! / *one man's meat is another man's poison prov* ce qui est bon pour les uns ne l'est pas forcément pour les autres **3.** [substance, core] substance *f* / *there's not much meat in his report* il n'y a pas grand-chose dans son rapport.

meatball ['miːtbɔːl] n **1.** CULIN boulette *f* (de viande) **2.** US *v inf* [idiot] imbécile *mf*, andouille *f*.

meat-eater n carnivore *mf* / *we aren't big meat-eaters* nous ne mangeons pas beaucoup de viande, nous ne sommes pas de gros mangeurs de viande.

meat-eating adj carnivore.

meathead ['miːthed] n US *v inf* imbécile *mf*.

meat hook n crochet *m* de boucherie.

meat loaf (*pl* **meat loaves**) n pain *m* de viande.

meat pie n pâté *m* de viande en croûte.

meat safe n garde-manger *m inv*.

meatus [mɪ'eɪtəs] n ANAT conduit *m*, méat *m*.

meaty ['miːtɪ] (*compar* **meatier**, *superl* **meatiest**) adj **1.** [taste] de viande / *a good, meaty meal* [full of meat] un bon repas riche en viande **2.** [rich in ideas] substantiel, étoffé / *a meaty novel* un roman substantiel.

mebbe, **mebby** ['mebɪ] *v inf* = **maybe**.

Mecca ['mekə] pr n la Mecque.

❖ **mecca** n *fig* : *it's a Mecca for book lovers* c'est la Mecque des bibliophiles / *the Mecca of country music* le haut lieu de la country.

mechanic [mɪ'kænɪk] n mécanicien *m*, -enne *f*.

> ⚠ The feminine noun **mécanique** means mechanics. A mechanic is **un(e) mécanicien(ne)**.

mechanical [mɪ'kænɪkl] adj **1.** [device, process] mécanique / *mechanical shovel* pelle *f* mécanique, pelleteuse *f* **2.** [machine-like] machinal, mécanique / *a mechanical gesture* un geste machinal.

mechanical drawing n dessin *m* aux instruments.

mechanical engineer n ingénieur *m* mécanicien.

mechanical engineering n [study] mécanique *f* ; [industry] construction *f* mécanique / *the mechanical engineering industries* les industries *fpl* mécaniques.

mechanically [mɪ'kænɪklɪ] adv mécaniquement ; *fig* machinalement, mécaniquement / *he answered mechanically* il a répondu machinalement / *mechanically recovered meat* viande *f* séparée mécaniquement.

mechanics [mɪ'kænɪks] ◆ n (*U*) [study] mécanique *f*. ◆ pl n [functioning] mécanisme *m* / *the mechanics of government* les mécanismes gouvernementaux, les rouages du gouvernement / *I haven't got to grips yet with the mechanics of the system* je n'ai pas encore compris comment fonctionne le système.

mechanism ['mekənɪzm] n mécanisme *m*.

mechanistic [,mekə'nɪstɪk] adj mécaniste.

mechanization [,mekənaɪ'zeɪʃn] n mécanisation *f*.

mechanize, **mechanise** ['mekənaɪz] vt **1.** [equip with machinery] mécaniser / *a highly mechanized industry* une industrie fortement mécanisée **2.** MIL [motorize] motoriser.

mechanotherapy [,mekənəʊ'θerəpɪ] n mécanothérapie *f*.

meconium [mɪ'kəʊnɪəm] n méconium *m*.

MEd [,em'ed] (abbr of **Master of Education**) n ≃ (titulaire d'une) maîtrise en sciences de l'éducation.

Med [med] pr n UK *inf* ▸ **the Med** la Méditerranée.

medal ['medl] n médaille *f* ▸ **gold medal** médaille d'or.

medalist US = **medallist**.

medallion [mɪ'dæljən] n médaillon *m* ▸ **medallion man** *hum type du séducteur macho*.

medallist UK, **medalist** US ['medəlɪst] n [winner of medal] médaillé *m*, -e *f* / *the bronze medallist* le détenteur de la médaille de bronze.

meddle ['medl] vi **1.** [interfere] ▸ **to meddle in sthg** se mêler de qqch / *stop meddling in my affairs!* cessez de vous mêler de mes affaires ! / *he can't resist the temptation to meddle* il ne peut pas s'empêcher de se mêler de tout or de ce qui ne le regarde pas / *I do try not to meddle* j'essaie vraiment de ne pas m'occuper des affaires des autres **2.** [tamper] ▸ **to meddle with sthg** toucher à qqch, tripoter qqch / *someone's been meddling with the carburettor* quelqu'un a touché au carburateur.

meddler ['medlər] n **1.** [busybody] : *she's such a meddler* il faut toujours qu'elle fourre son nez partout **2.** [tamperer] touche-à-tout *mf*.

meddlesome ['medlsəm] adj indiscret (indiscrète), qui se mêle de tout.

meddling ['medəlɪŋ] ◆ n [action] ingérence *f* (*in* / *dans*). ◆ adj indiscret, qui se mêle de tout.

Medea [mɪ'dɪə] pr n Médée.

medevac ['medɪvæk] n MIL hélicoptère *m* sanitaire *(qui évacue les blessés)*.

media ['miːdjə] ◆ pl n **1.** (*often sg*) ▸ **the media** les médias *mpl* / *he works in the media* il travaille dans les médias / *the power of the media* la puissance des médias ▸ **the news media** la presse / *he knows how to handle the media* il sait s'y prendre avec les journalistes / *the media follow* or *follows her everywhere* les journalistes la suivent partout **2.** ⟶ **medium.** ◆ comp des médias ; [interest, coverage, event] médiatique ▸ **media baron** magnat *m* des médias ▸ **media blitz** [campaign] campagne *f* médiatique / *there's been a media blitz about their affair* leur liaison a fait les choux gras des médias ▸ **media centre** COMPUT centre *m* multimédia ▸ **media circus** cirque *m* médiatique ▸ **media consultant** consultant *m*, -e *f* média ▸ **media coverage** couverture *f* médiatique ▸ **media darling** : *to be a media darling* être le chouchou des médias ▸ **media event** événement *m* médiatique ▸ **media hype** battage *m* médiatique ▸ **media junkie** *inf* : *to be a media junkie* être accro aux médias ▸ **media literacy** analyse *f* critique des médias ▸ **media market** marché *m* des médias ▸ **media mix** MARKETING mix-média *m* ▸ **media officer** responsable *mf* des relations presse ▸ **media person** homme *m* de communication, femme *f* de communication ▸ **media player** lecteur *m* multimédia ▸ **media room** salle *f* de presse ▸ **media sales** ventes *fpl* média ▸ **media star** vedette *f* des médias ▸ **media studies** *études de communication*.

mediaeval [,medɪ'iːvl] = **medieval**.

media-friendly adj ▸ **to be media-friendly** avoir de bonnes relations avec les médias.

mediagenic ['miːdjə,dʒenɪk] adj [person] médiatique.

medial ['miːdjəl] ◆ adj **1.** [average] moyen **2.** [middle] médian **3.** LING médial, médian. ◆ n LING médiale *f*.

median ['miːdjən] ◆ adj médian ▸ **median line** ligne *f* médiane. ◆ n **1.** MATH médiane *f* **2.** US AUTO = **median strip**.

median strip n US terre-plein *m* central.

mediant ['miːdɪənt] n médiante *f*.

media-savvy adj *inf* ▸ **to be media-savvy** bien connaître le fonctionnement des médias.

mediascape ['miːdɪəskeɪp] n paysage *m* médiatique.

media-shy adj : *she's media-shy* elle n'aime pas être interviewée.

mediaspeak ['miːdɪəspiː,k] n jargon *m* des médias.

mediate ['miːdɪeɪt] ◆ vi [act as a peacemaker] servir de médiateur / *to mediate in a dispute* servir de médiateur dans un conflit ▸ **to mediate between** servir d'intermédiaire entre. ◆ vt **1.** [agreement, peace] obtenir par médiation ; [dispute] servir de médiateur dans, se faire le médiateur de / *to mediate a dispute* servir de médiateur dans un conflit / *the United States mediated an agreement between the two countries* les États-Unis ont servi de médiateur pour qu'un accord soit conclu entre les deux pays / *to mediate an industrial dispute* servir de médiateur dans un conflit social **2.** [moderate] modérer.

mediating ['miːdɪeɪtɪŋ] adj médiateur.

mediation [,miːdɪ'eɪʃn] n médiation *f*.

mediator ['miːdɪeɪtər] n médiateur *m*, -trice *f*.

media-wise adj ▸ **to be media-wise** bien connaître le fonctionnement des médias.

medic ['medɪk] n *inf* **1.** [doctor] toubib *m* **2.** UK [medical student] étudiant *m* en médecine.

medicable ['medɪkəbl] adj guérissable, curable.

Medicaid ['medɪkeɪd] pr n US assistance *f* médicale.

medical ['medɪkl] ◆ adj médical ▸ **medical board a)** commission *f* médicale **b)** MIL conseil *m* de révision ▸ **medical insurance** assurance *f* maladie ▸ **medical officer a)** INDUST médecin *m* du travail **b)** MIL médecin *m* militaire ▸ **Medical Officer of Health** directeur *m*, -trice *f* de la santé publique ▸ **medical practitioner** (médecin *m*) généraliste *mf* ▸ **the medical profession** le corps médical ▸ **medical school** faculté *f* de médecine ▸ **medical student** étudiant *m*, -e *f* en médecine. ◆ n visite *f* médicale ▸ **to have a medical** passer une visite médicale ▸ **to pass** / **fail a medical** être déclaré apte / inapte à un travail après un bilan de santé.

medical certificate n certificat *m* médical.

medical examination n visite *f* médicale.

medically ['medɪklɪ] adv médicalement / *medically speaking* d'un point de vue médical / *medically approved* approuvé par les autorités médicales ▸ **to be medically examined** passer une visite médicale.

Medical Research Council pr n *organisme public de financement des centres de recherche médicale et des hôpitaux en Grande-Bretagne*.

medicament [mɪ'dɪkəmənt] n médicament *m*.

Medicare ['medɪkeər] pr n *aux États-Unis, programme fédéral d'assistance médicale pour personnes âgées qui a largement contribué à réhabiliter socialement le 3ᵉ âge*.

medicated ['medɪkeɪtɪd] adj traitant / *medicated soap* / *shampoo* savon *m* / shampooing *m* traitant.

medication [,medɪ'keɪʃn] n médication *f* ▸ **to be on medication** être sous médicaments.

medicinal [me'dɪsɪnl] adj médicinal.

medicine ['medsɪn] n **1.** [art] médecine *f* / *preventive medicine* médecine préventive ▸ **to practise medicine** exercer la médecine / *he studies medicine* il est étudiant en médecine / *she studied medicine* elle a fait des études de médecine **2.** [substance] médicament *m*, remède *m* / *don't forget to take your medicine* n'oublie pas de prendre tes médicaments ▸ **to take one's medicine** UK avaler la pilule ▸ **to give sb a dose** or **taste of his** / **her own medicine** rendre à qqn la monnaie de sa pièce.

medicine ball n medicine-ball *m*, médecine-ball *m*.

medicine cabinet, **medicine chest** n (armoire *f* à) pharmacie *f*.

medicine man n sorcier *m*, medicine-man *m*.

medico ['medɪkəʊ] (*pl* **medicos**) UK *inf* = **medic**.

medieval [,medɪ'iːvl] adj médiéval.

medievalism [,medɪ'iːvəlɪzm] n médiévisme *m*.

medievalist [,medɪ'iːvəlɪst] n médiéviste *mf*.

Medieval Latin n latin *m* médiéval.

medina [me'diːnə] n médina *f*.

mediocre [,miːdɪ'əʊkər] adj médiocre.

mediocrity [,miːdɪ'ɒkrətɪ] (*pl* **mediocrities**) n **1.** [gen] médiocrité *f* **2.** [mediocre person] médiocre *mf*, incapable *mf*.

meditate ['medɪteɪt] vi **1.** [practise meditation] méditer **2.** [reflect, ponder] réfléchir, songer ▸ **to meditate on** or **upon sthg** réfléchir or songer à qqch.

meditation [,medɪ'teɪʃn] n méditation *f*, réflexion *f* / *to spend one's days in prayer and meditation* passer ses journées en prière et en méditation.

meditative ['medɪtətɪv] adj méditatif.

meditatively ['medɪtətɪvlɪ] adv d'un air méditatif or songeur.

Mediterranean [,medɪtə'reɪnjən] ◆ pr n ▸ **the Mediterranean (Sea)** la (mer) Méditerranée. ◆ n Méditerranéen *m*, -enne *f*. ◆ adj méditerranéen.

medium ['mi:djəm] ◆ n **1.** (*pl* **media** ['mi:djə]) [means of communication] moyen *m* (de communication) / *the decision was made public through the medium of the press* la décision fut rendue publique par voie de presse or par l'intermédiaire des journaux / *television is a powerful medium in education* la télévision est un très bon instrument éducatif / *his favourite medium is watercolour* son moyen d'expression favori est l'aquarelle / *a medium of exchange* un moyen d'échange / *documents can be presented in different media* les documents peuvent être présentés sur des supports différents ▸ **the medium is the message** le support est le message **2.** (*pl* **media** ['mi:djə] *or* **mediums**) PHYS [means of transmission] véhicule *m*, milieu *m* / *sound travels through the medium of air* les sons sont propagés or véhiculés par l'air / *a refractive medium* un milieu réfringent **3.** (*pl* **media** ['mi:djə] *or* **mediums**) BIOL [environment] milieu *m* / *in its natural medium* dans son milieu naturel **4.** (*pl* **mediums**) [spiritualist] médium *m* **5.** (*pl* **mediums**) [middle course] milieu *m* ▸ **the happy medium** le juste milieu **6.** (*pl* **mediums**) [size] taille *f* moyenne. ◆ adj **1.** [gen] moyen / *in the medium term* à moyen terme / *she's of medium height* elle est de taille moyenne / *medium brown* châtain **2.** CULIN [meat] à point.

medium-dry adj [wine] demi-sec.

medium-haul adj [flight, route] moyen-courrier.

medium-range adj : *medium-range missile* missile *m* à moyenne portée.

medium-rare adj CULIN [meat] entre saignant et à point.

medium-sized adj moyen, de taille moyenne.

medium-term adj à moyen terme.

medium wave n *(U)* RADIO ondes *fpl* moyennes / *on medium wave* sur (les) ondes moyennes.

❖ **medium-wave** adj [broadcast] sur ondes moyennes ; [station, transmitter] émettant sur ondes moyennes.

medlar ['medlə^r] n [fruit] nèfle *f* ; [tree] néflier *m*.

medley ['medlɪ] n **1.** [mixture] mélange *m* **2.** MUS pot-pourri *m* **3.** [in swimming] quatre nages *m inv*.

medspeak ['medspi:k] n jargon *m* médical.

medulla [mɪ'dʌlə] n **1.** ANAT [part of organ, structure] moelle *f* ; [part of brain] bulbe *m* rachidien **2.** BOT moelle *f*.

Medusa [mɪ'dju:zə] pr n Méduse.

meek [mi:k] adj doux (douce), docile ▸ **meek and mild** doux comme un agneau.

meekly ['mi:klɪ] adv doucement, docilement.

meekness ['mi:knɪs] n douceur *f*, docilité *f*.

meerkat ['mɪəkæt] n suricate *m*.

meerschaum ['mɪəʃəm] n **1.** [pipe] pipe *f* en écume **2.** [mineral] écume *f* de mer, magnésite *f*.

meet [mi:t] (*pt & pp* **met** [met]) ◆ vt **1.** [by chance] rencontrer / *guess who I met this morning* devine qui j'ai rencontré ce matin / *to meet sb on the stairs* croiser qqn dans l'escalier / *fancy meeting you here!* je ne m'attendais pas à vous trouver ici ! ; [by arrangement] rejoindre, retrouver / *I'll meet you on the platform in 20 minutes* je te retrouve sur le quai dans 20 minutes / *I'll meet you after work* je te retrouverai après le travail / *I'm meeting Gregory this afternoon* j'ai rendez-vous avec Gregory cet après-midi / *the train meets the ferry at Dover* le train assure la correspondance avec le ferry à Douvres **2.** [wait for, collect] attendre, aller or venir chercher / *nobody was at the station to meet me* personne ne m'attendait à la gare / *I'll be there to meet the bus* je serai là à l'arrivée du car / *he'll meet us at the station* il viendra nous chercher à la gare / *I'll send a car to meet you* j'enverrai une voiture vous chercher or vous prendre **3.** [greet] : *she came to meet us* elle est venue à notre rencontre **4.** [make acquaintance of] rencontrer, faire la connaissance de / *I met him last year* je l'ai rencontré or j'ai fait sa connaissance l'année dernière / *I'd like you to meet Mr Jones* j'aimerais vous présenter M. Jones / *meet Mrs Dickens* je vous présente Mme Dickens / *(I'm very) glad* or *pleased to meet you* enchanté (de faire votre connaissance) / *nice to have met you* enchanté d'avoir fait votre connaissance **5.** [satisfy] satisfaire, répondre à / *we couldn't meet their needs* nous n'avons pu répondre à leurs besoins / *supply isn't meeting demand* l'offre est inférieure à la demande ▸ **to meet sb halfway** *fig* trouver un compromis avec qqn / *they decided to meet each other halfway* ils décidèrent de couper la poire en deux ; [settle] régler / *I couldn't meet the payments* je n'ai pas pu régler or payer les échéances **6.** [face] rencontrer, affronter / *he meets the champion on Saturday* il rencontre le champion samedi / *to meet an obstacle* se heurter à or rencontrer un obstacle / *to meet the enemy* affronter l'ennemi / *how are we going to meet the challenge?* comment allons-nous relever le défi ? / *to meet one's death* trouver la mort **7.** [come in contact with] rencontrer / *it's the first case of this sort I've met* c'est la première fois que je vois un cas semblable / *his hand met hers* leurs mains se rencontrèrent / *my eyes met his* nos regards se croisèrent or se rencontrèrent / *he couldn't meet her eye* il ne pouvait pas la regarder dans les yeux **8.** [treat] accueillir / *his suggestion was met with howls of laughter* sa proposition a été accueillie par des éclats de rire / *we shall meet violence with violence* à la violence, nous répondrons par la violence. ◆ vi **1.** [by chance] se rencontrer / *we met on the stairs* nous nous sommes croisés dans l'escalier ; [by arrangement] se retrouver, se rejoindre, se donner rendez-vous / *shall we meet at the station?* on se retrouve or on se donne rendez-vous à la gare ? / *we arranged to meet at the station* nous nous sommes donné rendez-vous à la gare / *they weren't to meet again for a long time* ils ne devaient pas se revoir avant longtemps / *until we meet again!* à la prochaine ! / *I think they meet every day* je crois qu'ils se voient tous les jours / **'We'll Meet Again'** *chanson très populaire pendant la Seconde Guerre mondiale* **2.** [become acquainted] se rencontrer, faire connaissance / *we first met in 2008* nous nous sommes rencontrés pour la première fois en 2008 / *have you two met?* est-ce que vous vous connaissez déjà ?, vous vous êtes déjà rencontrés ? **3.** [assemble] se réunir / *the delegates will meet in the conference room* les délégués se réuniront dans la salle de conférence / *the committee meets once a month* le comité se réunit une fois par mois / *the classes have begun to meet* les cours ont commencé **4.** [join -lines, wires] se rencontrer, se joindre / *the cross stands where four roads meet* la croix se trouve à la jonction de quatre routes / *their eyes met* leurs regards se rencontrèrent or se croisèrent **5.** [teams, opponents] se rencontrer, s'affronter ; [armies] s'affronter, se heurter. ◆ n **1.** UK [in hunting] rendez-vous *m* (de chasse) **2.** US SPORT rencontre *f* ▸ **athletics meet** rencontre *f* or meeting *m* d'athlétisme. ◆ adj *arch & fml* [suitable] séant, convenable ; [right] juste / *it is only meet that they should be the ones to leave* ce n'est que justice que ce soient eux qui partent.

❖ **meet up** vi [by chance] se rencontrer ; [by arrangement] se retrouver, se donner rendez-vous ▸ **to meet up with sb** retrouver qqn / *we met up with them in Paris* nous les avons retrouvés à Paris.

❖ **meet with** vt insep **1.** [encounter] rencontrer / *they met with considerable difficulties* ils ont rencontré d'énormes difficultés / *the agreement met with general approval* l'accord a reçu l'approbation générale / *to meet with a refusal* se heurter à or essuyer un refus / *the play met with great success* la pièce a eu beaucoup de succès / *I'm afraid your dog has met with an accident* j'ai bien peur que votre chien n'ait eu un (petit) accident **2.** US = meet *(vt)*.

meeting ['mi:tɪŋ] n **1.** [assembly] réunion *f* ; POL assemblée *f*, meeting *m* ; UK SPORT rencontre *f*, meeting *m* ▸ **to hold a meeting** tenir une réunion / *to call a meeting of the committee* / *the workforce* convoquer les membres du comité / le personnel / *the meeting voted in favour of the measure* l'assemblée a voté la proposition / *the (general) meeting of shareholders* l'assemblée (générale) des actionnaires ▸ **athletics meeting** rencontre *f* or meeting *m* d'athlétisme ▸ **committee meeting** réunion du comité **2.** [encounter] rencontre *f* / *a chance meeting in the street* une rencontre fortuite dans la rue **3.** [arranged] rendez-vous *m* / *I have a meeting with the boss this morning* j'ai rendez-vous avec le patron ce matin / *the Governor had a meeting with Church dignitaries* le Gouverneur s'est entretenu avec or a rencontré les dignitaires de l'Église **4.** [junction -of roads] jonction *f*, rencontre *f* ; [-of rivers] confluent *m* **5.** RELIG [Quakers'] culte *m* ▸ **to go to meeting** aller au culte.

meetinghouse ['mi:tɪŋhaʊs] (*pl* [-haʊzɪz]) n RELIG temple *m*.

meeting place n [for gatherings] lieu *m* de réunion ; [for rendez-vous] (lieu *m* de) rendez-vous *m*.

mega- ['megə-] in comp *inf* super, méga- / *he's mega-intelligent* il est super intelligent.

megabit ['megəbɪt] n COMPUT méga-bit *m*.

megabuck ['megəbʌk] n US *inf* million *m* de dollars / *we're talking megabucks* c'est de millions de dollars qu'il s'agit là, ce sont des millions de dollars qui sont en jeu.

megabucks ['megəbʌks] n *inf* un fric fou, une fortune / *her job pays megabucks* elle gagne une fortune dans son travail.

megabyte ['megəbaɪt] n mégaoctet *m*.

megacycle ['megə,saɪkl] n mégacycle *m*.

megadeath ['megədeθ] n million *m* de morts / *weapons capable of causing 100 megadeaths* des armes capables de faire des centaines de millions de morts.

megadose ['megədəʊs] n *inf* superdose *f*.

megahertz ['megəhɜ:ts] (*pl* **megahertz**) n mégahertz *m*.

megalith ['megəlɪθ] n mégalithe *m*.

megalithic [,megə'lɪθɪk] adj mégalithique.

megalomania [,megələ'meɪnjə] n mégalomanie *f*.

megalomaniac [,megələ'meɪnɪæk] ◆ adj mégalomane. ◆ n mégalomane *mf*.

megalopolis [,megə'lɒpəlɪs] n mégapole *f*, mégalopole *f*.

megaphone ['megəfəʊn] n porte-voix *m inv*, mégaphone *m*.

megapixel ['megəpɪksl] n mégapixel.

megascopic [,megə'skɒpɪk] adj macroscopique.

megastar ['megəstɑ:^r] n *inf* superstar *f*.

megastore ['megəstɔ:^r] n très grand magasin *m*.

megaton ['megətʌn] n mégatonne *f* / *a 5 megaton bomb* une bombe de 5 mégatonnes.

megawatt ['megəwɒt] n mégawatt *m*.

megrim ['megrɪm] n ZOOL cardine *f* franche.

M8 MESSAGING written abbr of mate.

meiosis [maɪ'əʊsɪs] (*pl* **meioses** [-si:z]) n **1.** BIOL méiose *f* **2.** [in rhetoric] litote *f*.

meiotic [maɪ'ɒtɪk] adj BIOL méiotique.

Mekong [,mi:'kɒŋ] pr n ▸ **the Mekong** le Mékong.

melamine ['meləmi:n] n mélamine *f*.

melancholia [,melən'kəʊljə] n PSYCHOL mélancolie *f*.

melancholic [,melən'kɒlɪk] ◆ adj mélancolique. ◆ n mélancolique *mf*.

melancholy ['melənkəlɪ] ◆ n *liter* mélancolie *f*. ◆ adj [person, mood] mélancolique ; [news, sight, thought] sombre, triste.

Melanesia [,melə'ni:zjə] pr n Mélanésie *f* / *in Melanesia* en Mélanésie.

Melanesian [,melə'ni:zjən] ◆ n **1.** [person] Mélanésien *m*, -enne *f* **2.** LING mélanésien *m*. ◆ adj mélanésien.

melanin ['melənɪn] n mélanine *f*.

melanism ['melənɪzm] n mélanisme *m*.

melanocyte ['melənəʊsaɪt] n mélanocyte *m*.

melanoma [,melə'nəʊmə] n mélanome *m*.

melatonin [ˌmelə'təʊnɪn] n PHYSIOL mélatonine *f*.

Melba ['melbə] adj CULIN Melba *(inv)*.

Melba toast n *tartine de pain grillé très fine.*

Melbourne ['melbən] pr n Melbourne.

Melchior ['melkɪˌɔːr] pr n Melchior.

meld [meld] ◆ n CARDS pose *f*. ◆ vi poser ses cartes. ◆ vt US [merge] fusionner, amalgamer.

melee, mêlée ['meleɪ] n mêlée *f*.

mellifluous [me'lɪflʊəs], **mellifluent** [me'lɪflʊənt] adj *liter* mélodieux, doux (douce).

mellophone ['meləʊfəʊn] n cor *m* d'harmonie.

mellow ['meləʊ] ◆ adj **1.** [fruit] mûr ; [wine] velouté **2.** [bricks] patiné ; [light] doux (douce), tamisé ; [colour] doux (douce) ; [voice, music] doux (douce), mélodieux **3.** [person, mood] serein, tranquille / *to become* or *to grow mellow* s'adoucir / *mellow thoughts* des pensées langoureuses **4.** *inf* [relaxed] cool, relax, relaxe **5.** *inf* [tipsy] éméché, gai. ◆ vt [subj: age, experience] adoucir ; [subj: food, alcohol] détendre, décontracter. ◆ vi **1.** [fruit] mûrir ; [wine] devenir moelleux, se velouter **2.** [light, colour] s'adoucir ; [stone, brick, building] se patiner ; [sound, music] s'adoucir, devenir plus mélodieux / *her voice has mellowed* sa voix s'est adoucie **3.** [person] : *he's mellowed (with age)* il s'est adouci avec l'âge / *I've mellowed a lot since those days* j'ai mûri depuis cette époque ; [with food, alcohol] se décontracter / *after the second whisky he began to mellow* après le deuxième whisky, il a commencé à se décontracter.

❖ **mellow out** vi [relax] *inf* se calmer, se détendre.

mellowing ['meləʊɪŋ] ◆ n **1.** [of fruit, wine] maturation *f* **2.** [of person, mood, light] adoucissement *m* ; [of stone] patine *f*. ◆ adj adoucissant / *the alcohol had a mellowing effect on them* l'alcool les a détendus.

mellowness ['meləʊnɪs] n **1.** [of fruit] douceur *f* ; [of wine] moelleux *m*, velouté *m* **2.** [of light, colour] douceur *f* ; [of voice, music] douceur *f*, mélodie *f* **3.** [of person, mood] douceur *f*, sérénité *f*.

melodic [mɪ'lɒdɪk] adj mélodique.

melodically [mɪ'lɒdɪklɪ] adv mélodiquement.

melodious [mɪ'ləʊdjəs] adj mélodieux.

melodiously [mɪ'ləʊdjəslɪ] adv mélodieusement.

melodrama ['melədrɑːmə] n mélodrame *m*.

melodramatic [ˌmelədrə'mætɪk] adj mélodramatique.

melodramatically [ˌmelədrə'mætɪklɪ] adv de façon mélodramatique / *he spoke melodramatically of leaving her* d'un air mélodramatique, il parla de la quitter.

melody ['melədɪ] (*pl* **melodies**) n mélodie *f*.

Melody Maker pr n *hebdomadaire britannique consacré à la musique pop.*

melon ['melən] n melon *m*.

melt [melt] ◆ vi **1.** [become liquid] fondre / *that chocolate melts in your mouth* ce chocolat fond dans la bouche / *his heart melted* ça l'a attendri **2.** [disappear] ▸ **to melt (away)** disparaître, s'évaporer / *her anger melted away* sa colère s'est évanouie / *the crowd melted (away)* la foule s'est dispersée / *all my problems seemed to melt away* tous mes problèmes semblaient s'évanouir **3.** [blend] se fondre / *he tried to melt into the crowd* il a essayé de se fondre or de disparaître dans la foule / *the green melts into the blue* le vert se fond dans le bleu or se confond avec le bleu / *the images melted into one another* les images se fondaient les unes dans les autres. ◆ vt [gen] (faire) fondre ; [metal] fondre / *the sun will melt the ice* le soleil fera fondre la glace / *melt the butter in a pan* faire fondre le beurre dans une poêle ▸ **to melt sb's heart** attendrir (le cœur de) qqn. ◆ n [sandwich] toast *m* au fromage fondu / *a tuna melt* un sandwich grillé au thon et au fromage fondu.

❖ **melt down** vt sep & vi fondre.

meltdown ['meltdaʊn] n NUCL fusion *f* (du cœur) ; *fig* effondrement *m* / *to have a meltdown* [emotionally] craquer, s'effondrer / *to go into meltdown* s'effondrer.

melted cheese ['meltɪd-] n fromage *m* fondu / *a melted cheese sandwich* un sandwich au fromage fondu.

melting ['meltɪŋ] ◆ adj **1.** *lit* fondant / *melting ice* / *snow* de la glace / neige qui fond **2.** *fig* attendrissant / *she gave him a melting look* elle lui a lancé un regard attendrissant. ◆ n [of ice, snow] fonte *f* ; [of metal] fusion *f*, fonte *f*.

melting point n point *m* de fusion.

melting pot n creuset *m* / *a melting pot of several cultures fig* un mélange de plusieurs cultures / *the American melting pot fig* le melting-pot américain.

meltwater ['meltˌwɔːtər] n eaux *fpl* de fonte.

member ['membər] ◆ n **1.** [of club, union, political party, etc.] membre *m*, adhérent *m*, -e *f* / *to become a member of a club* / *society* devenir membre d'un club / d'une association / *he became a member of the party in 2006* il a adhéré au parti en 2006 **2.** [of group, family, class] membre *m* / *you're practically a member of the family now* tu fais presque partie de la famille maintenant / *it's a member of the cat family* il fait partie de or il appartient à la famille des félins / *a member of the opposite sex* un représentant du sexe opposé / *a member of the audience* un spectateur / *a member of the public* un membre du public **3.** ANAT, ARCHIT & MATH membre *m* ▸ **(male) member** ANAT membre (viril). ◆ comp ▸ **member country** / **state** pays *m* / État *m* membre.

❖ **Member** n [of legislative body] ▸ **Member of Parliament** membre *m* de la Chambre des communes ; ≃ député *m* / *the Member (of Parliament) for Leicester* le député de Leicester ▸ **Member of Congress** membre *m* du Congrès ▸ **Member of the House of Representatives** membre *m* de la Chambre des représentants.

membership ['membəʃɪp] n **1.** [condition] adhésion *f* / *membership of the union will entitle you to vote in meetings* l'adhésion au syndicat vous donne le droit de voter lors des réunions / *his country's membership of UNESCO is in question* l'adhésion de son pays à l'UNESCO est remise en question / *to apply for membership* faire une demande d'adhésion / *they have applied for membership to the EU* ils ont demandé à entrer dans or à faire partie de l'UE / *to take up party membership* prendre sa carte du or adhérer au parti / *it's hard to get membership of the golf club* il est difficile de devenir membre du club de golf ▸ **membership card** carte *f* d'adhérent or de membre ▸ **membership fee** cotisation *f* **2.** [body of members] : *our club has a large membership* notre club compte de nombreux adhérents or membres / *membership increased last year* le nombre d'adhérents a augmenté l'année dernière / *the rank and file membership of the party* la base militante du parti / *we have a membership of about 20* nous avons environ 20 adhérents.

membrane ['membreɪn] n membrane *f*.

membranous ['membrənəs] adj membraneux.

memento [mɪ'mentəʊ] (*pl* **mementos** *or* **mementoes**) n souvenir *m* / *a memento of our visit* un souvenir de notre visite.

memo ['meməʊ] (*pl* **memos**) n note *f*.

memoir ['memwɑːr] n **1.** [biography] biographie *f* **2.** [essay, monograph] mémoire *m*.

❖ **memoirs** pl n [autobiography] mémoires *mpl*.

memoirist ['memwɑːrɪst] n mémorialiste *mf*.

memo pad n bloc-notes *m*.

memorabilia [ˌmemərə'bɪlɪə] pl n souvenirs *mpl*.

memorable ['memərəbl] adj mémorable, inoubliable.

memorably ['memərəblɪ] adv : *a memorably hot summer* un été torride dont on se souvient encore.

memorandum [ˌmemə'rændəm] (*pl* **memoranda** [-də]) n **1.** COMM note *f* / *I've received a memorandum from head office* j'ai reçu une note (de service) du siège **2.** LAW sommaire *m* ▸ **memorandum of association** statuts *mpl* **3.** [diplomatic communication] mémorandum *m*.

memorial [mɪ'mɔːrɪəl] ◆ n **1.** [monument] monument *m* (commémoratif), mémorial *m* **2.** [diplomatic memorandum] mémorandum *m* ; [petition] pétition *f* ; [official request] requête *f*, mémoire *m*. ◆ adj **1.** [commemorative] commémoratif / *the Marcel Proust memorial prize* le prix Marcel Proust ▸ **memorial service** commémoration *f* **2.** [of memory] mémoriel.

Memorial Day n US *dernier lundi du mois de mai (férié aux États-Unis en l'honneur des soldats américains morts pour la patrie).*

memorize, memorise ['meməraɪz] vt mémoriser.

memory ['memərɪ] (*pl* **memories**) n **1.** [capacity to remember] mémoire *f* ▸ **to have a good** / **bad memory** avoir (une) bonne / mauvaise mémoire ▸ **to have a short memory** avoir la mémoire courte / *I've got a very good* / *bad memory for names* j'ai / je n'ai pas une très bonne mémoire des noms / *to quote a figure from memory* citer un chiffre de mémoire or de tête ▸ **to lose one's memory** perdre la mémoire / *it will long remain in our memories* nous nous en souviendrons longtemps ▸ **if (my) memory serves me well** or **right, to the best of my memory** si j'ai bonne mémoire, autant que je m'en souvienne ▸ **within living memory** de mémoire d'homme **2.** [recollection] souvenir *m* / *childhood memories* des souvenirs d'enfance ▸ **to have good** / **bad memories of sthg** garder un bon / mauvais souvenir de qqch / *I have very bad memories of that evening* j'ai de très mauvais souvenirs or j'ai (gardé) un très mauvais souvenir de cette soirée ▸ **to have no memory of sthg** / **sb** n'avoir aucun souvenir de qqch / qqn ▸ **to the memory of** à la mémoire de ▸ **to keep the memory of sthg** / **sb alive** or **green** garder vivant or entretenir le souvenir de qqch / qqn / *I cherish his memory* je chéris sa mémoire or son souvenir ▸ **to take a trip down memory lane** faire un voyage en arrière **3.** COMPUT mémoire *f* / *how much memory does this computer have?* cet ordinateur a combien de mémoire ? / *data is stored in the memory* les données sont (entrées) en mémoire ▸ **memory dump** vidage *m* de mémoire.

❖ **in memory of** prep phr en souvenir de.

memory bank n bloc *m* de mémoire.

memory card n COMPUT carte *f* d'extension mémoire ▸ **memory card slot** fente *f* d'extension.

memory leak n COMPUT fuite *f* mémoire.

memory module n COMPUT module *m* de mémoire.

memory span n empan *m* mnémonique *spec*, capacité *f* de mémorisation (de courte durée).

memory trace n trace *f* mnésique.

Memphis ['memfɪs] pr n Memphis.

memsahib ['memˌsɑːhɪb] n *dated* [in colonial India] Européenne *f* ; [form of address] Madame *f*.

men [men] pl ⟶ **man.**

menace ['menəs] ◆ n **1.** [source of danger] danger *m* / *these steps are a real menace at night* ces escaliers sont vraiment dangereux la nuit / *some drivers are a public menace* certains conducteurs constituent un véritable danger public or sont de véritables dangers publics **2.** [threat] menace *f* / *the new weapon is a menace to world peace* cette nouvelle arme constitue une menace pour la paix mondiale **3.** *inf* [annoying person or thing] plaie *f*. ◆ vt menacer.

menacing ['menəsɪŋ] adj menaçant.

menacingly ['menəsɪŋlɪ] adv [speak, act] de manière menaçante ; [look] d'un air menaçant.

menagerie [mɪ'nædʒərɪ] n ménagerie *f*.

Mencap ['menkæp] pr n *association britannique pour les enfants et les adultes handicapés mentaux.*

mend [mend] ◆ vt **1.** [repair - machine, television, broken vase] réparer ; [- clothes] raccommoder ; [- hem] recoudre ; [darn - socks] repriser, ravauder ▸ **to get** or **to have sthg mended** faire réparer qqch **2.** [rectify] rectifier, réparer ▸ **to mend matters** arranger les choses ▸ **to mend one's ways** s'amender. ◆ vi [improve - patient] se remettre, être en voie de guérison ; [- weather] s'améliorer. ◆ n **1.** [darn] reprise *f* ; [patch] pièce *f* **2.** PHR ▸ **to be on the mend a)** *inf* s'améliorer **b)** [patient] se remettre, être en voie de guérison.

mendacious [men'deɪʃəs] adj *fml* [statement, remark] mensonger, fallacieux ; [person] menteur.

mendacity [men'dæsətɪ] (*pl* **mendacities**) n *(U) fml* mensonge *m*, mensonges *mpl*.

mendelevium [,mendɪ'li:vɪəm] n mendélévium *m*.

Mendelian [men'di:ljən] adj mendélien.

Mendelianism [men'di:ljənɪzm], **Mendelism** ['mendəlɪzm] n mendélisme *m*.

mendicant ['mendɪkənt] ◆ n mendiant *m*, -e *f*. ◆ adj mendiant ▸ **mendicant order** RELIG ordre *m* mendiant.

mendicity [men'dɪsətɪ] n mendicité *f*.

mending ['mendɪŋ] n raccommodage *m* / *I've got a whole pile of mending to do* j'ai toute une pile de raccommodage (à faire).

Menelaus [,menɪ'leɪəs] pr n Ménélas.

menfolk ['menfəʊk] pl n hommes *mpl* / *all the menfolk of the village* tous les hommes du village.

menhir ['men,hɪəʳ] n menhir *m*.

menial ['mi:njəl] ◆ adj : *menial tasks* tâches *fpl* ingrates or sans intérêt / *I find the work a bit menial* je trouve le travail un peu ingrat. ◆ n [subordinate] subalterne *mf* ; [servant] domestique *mf*, laquais *m pej*.

meningitis [,menɪn'dʒaɪtɪs] n méningite *f*.

meniscus [mə'nɪskəs] (*pl* **meniscuses** *or* **menisci** [-'nɪsaɪ]) n ménisque *m*.

menology [mɪ'nɒlədʒɪ] (*pl* **menologies**) n ménologe *m*.

menopausal [,menə'pɔ:zl] adj ménopausique.

menopause ['menəpɔ:z] n ménopause *f* ▸ **the male menopause** l'andropause *f*.

menorrhagia [,menə'reɪdʒɪə] n ménorragie *f*.

Mensa ['mensə] pr n *association de personnes ayant un QI particulièrement élevé.*

mensch [menʃ] n US *v inf* chic type *m*.

menservants ['mens3:vənts] pl ⟶ **manservant**.

menses ['mensi:z] pl n menstrues *fpl*, règles *fpl*.

Menshevik ['menʃəvɪk], **Menshevist** ['menʃəvɪst] ◆ adj menchevique, menchevik. ◆ n menchevique *mf*, menchevik *mf*.

Menshevism ['menʃəvɪzm] n menchévisme *m*.

Menshevist ['menʃəvɪst] ◆ adj menchéviste. ◆ n menchéviste *mf*.

men's room n US toilettes *fpl (pour hommes)*.

menstrual ['menstrʊəl] adj menstruel ▸ **menstrual cycle** cycle *m* menstruel.

menstruate ['menstrʊeɪt] vi avoir ses règles.

menstruation [,menstrʊ'eɪʃn] n menstruation *f*, règles *fpl*.

mensurable ['menʃərəbl] adj mesurable.

mensuration [,menʃə'reɪʃn] n mesurage *m*, mensuration *f*.

menswear ['menzweəʳ] n *(U)* vêtements *mpl* pour hommes.

mental ['mentl] adj **1.** [intellectual] mental / *mental faculties* facultés *fpl* mentales or intellectuelles / *he has a mental age of seven* il a un âge mental de sept ans **2.** [in the mind] mental ▸ **to make a mental note of sthg** prendre note de qqch / *she made a mental note to speak to him about the matter* elle se promit de lui en parler **3.** [psychiatric] mental / *it can cause great mental strain* cela peut provoquer une grande tension nerveuse / *he had a mental breakdown* il a fait une dépression nerveuse ▸ **to suffer from mental handicap** être handicapé mental ▸ **mental illness** maladie *f* mentale ▸ **mental nurse** infirmier *m*, -ère *f* psychiatrique ▸ **mental patient** malade *m* mental, malade *f* mentale ▸ **mental ward** service *m* psychiatrique **4.** *v inf* [crazy] malade, timbré.

mental arithmetic n calcul *m* mental.

mental cruelty n cruauté *f* mentale.

mental health n santé *f* mentale.

mental home, **mental hospital** n hôpital *m* psychiatrique.

mentalism ['mentəlɪzm] n PHILOS mentalisme *m*.

mentality [men'tælətɪ] (*pl* **mentalities**) n mentalité *f* / *a civil servant mentality* une mentalité de fonctionnaire.

mentally ['mentəlɪ] adv mentalement / *she's mentally and physically exhausted* elle est épuisée mentalement et physiquement ▸ **the mentally disabled** or **handicapped** les handicapés mentaux ▸ **mentally ill** malade *(mentalement)* ▸ **mentally defective** (mentalement) déficient ▸ **mentally disturbed** déséquilibré (mental) ▸ **mentally retarded** (mentalement) arriéré.

mentee [men'ti:] n élève *mf*.

menthol ['menθɒl] n menthol *m* ▸ **menthol cigarette** cigarette *f* au menthol or mentholée.

mentholated ['menθəleɪtɪd] adj au menthol, mentholé.

mention ['menʃn] ◆ vt [talk about] mentionner, faire mention de, parler de / *he didn't mention his divorce* il n'a pas parlé de son divorce / *the newspapers didn't mention it* les journaux n'en ont pas fait mention or n'en ont pas parlé / *she never mentions her past* elle ne parle jamais de son passé / *how dare you mention such a thing!* comment osez-vous parler d'une chose pareille ! / *I shall never mention it again* je n'en parlerai jamais plus / *I'll mention it to him sometime* je lui en toucherai un mot à l'occasion / *thank you very much — don't mention it!* merci beaucoup — il n'y a pas de quoi ! or je vous en prie ! / *it's not worth mentioning* ça ne vaut pas la peine d'en parler ; [remark, point out] signaler / *I should mention that it was dark at the time* il faut signaler or je tiens à faire remarquer qu'il faisait nuit / *she did mention a couple of good restaurants to me* elle m'a bien donné l'adresse de or elle m'a bien signalé quelques bons restaurants ; [name, cite] mentionner, citer, nommer / *don't mention any names* ne citez aucun nom / *someone, without mentioning any names, has broken my hairdryer* je ne citerai personne, mais quelqu'un a cassé mon séchoir à cheveux / *just mention my name to her* dites-lui que c'est de ma part / *to mention sb in one's will* coucher qqn sur son testament. ◆ n mention *f* / *there's no mention of it in the papers* les journaux n'en parlent pas / *it got a mention in the local paper* le journal local en a parlé or y a fait allusion / *special mention should be made of all the people behind the scenes* n'oublions pas tous ceux qui ont travaillé dans l'ombre or en coulisse ▸ **honourable mention** mention *f*.

❖ **not to mention** prep phr sans parler de / *not to mention the children* sans parler des enfants.

mentor ['mentɔ:ʳ] n mentor *m*.

❖ **Mentor** pr n Mentor.

menu ['menju:] n **1.** [in restaurant] menu *m*, carte *f* / *on the menu* au menu / *they have a very varied menu* ils ont une carte très variée **2.** COMPUT menu *m*.

menu bar n COMPUT barre *f* de menu.

menu-controlled adj COMPUT contrôlé par menu.

menu-driven adj COMPUT dirigé or piloté par menu.

meow [mi:'aʊ] US = **miaow**.

MEP (abbr of **Member of the European Parliament**) n député *m* à l'Assemblée européenne, membre *m* du Parlement européen.

mephistophelean, **mephistophelian** [,mefɪstə'fi:ljən] adj méphistophélique.

Mephistopheles [,mefɪ'stɒfɪli:z] pr n Méphistophélès.

meprobamate [mə'prəʊbəmeɪt] n méprobamate *m*.

mercantile ['m3:kəntaɪl] adj **1.** COMM ▸ **mercantile agreement** accord *m* commercial ▸ **mercantile company** société *f* commerciale ▸ **mercantile law** droit *m* commercial ▸ **mercantile nation** nation *f* commerçante ▸ **the mercantile system** le système marchand **2.** ECON [concerning mercantilism] mercantiliste.

mercantilism ['m3:kəntɪlɪzm] n mercantilisme *m*.

mercantilist ['m3:kəntɪlɪst] ◆ adj mercantiliste. ◆ n mercantiliste *mf*.

Mercator's projection [m3:'keɪtɔ:z-] n projection *f* de Mercator.

mercenarily ['m3:sɪnərɪlɪ] adv de manière intéressée.

mercenary ['m3:sɪnrɪ] (*pl* **mercenaries**) ◆ n mercenaire *m*. ◆ adj **1.** *pej* intéressé **2.** MIL mercenaire.

mercer ['m3:səʳ] n UK *dated* négociant *m*, -e *f* en tissus.

mercerize, **mercerise** ['m3:səraɪz] vt merceriser.

merchandise ['m3:tʃəndaɪz] ◆ n *(U)* marchandises *fpl*. ◆ vt commercialiser.

merchandising ['m3:tʃəndaɪzɪŋ] n merchandising *m*, marchandisage *m*.

merchant ['m3:tʃənt] ◆ n **1.** [trader] négociant *m*, -e *f* ; [shopkeeper] marchand *m*, -e *f* / *wool merchant* lainier *m*, négociant en laines / **'The Merchant of Venice'** *Shakespeare* 'le Marchand de Venise' **2.** *fig* : *merchant of death* marchand de mort / *a doom merchant* un prophète de malheur. ◆ adj marchand.

merchant bank n banque *f* d'affaires.

merchant banker n banquier *m* d'affaires.

merchantman ['m3:tʃəntmən] (*pl* **merchantmen** [-mən]) = **merchant ship**.

merchant marine n US marine *f* marchande.

merchant navy n UK marine *f* marchande.

merchant seaman n marin *m* de la marine marchande.

merchant ship n navire *m* de commerce.

merciful ['m3:sɪfʊl] adj clément, miséricordieux ▸ **to be merciful to** or **towards sb** faire preuve de clémence or de miséricorde envers qqn / *a merciful act* un geste charitable / *her death was a merciful release* sa mort a été une délivrance.

mercifully ['m3:sɪfʊlɪ] adv **1.** [luckily] heureusement, par bonheur / *mercifully, nobody was hurt* par bonheur il n'y a pas eu de blessés **2.** [with clemency] avec clémence / *he acted mercifully* il a fait preuve de clémence or de miséricorde.

merciless ['m3:sɪlɪs] adj impitoyable, implacable.

mercilessly ['m3:sɪlɪslɪ] adv sans merci, impitoyablement, implacablement.

mercurial [m3:'kjʊərɪəl] adj **1.** [changeable] versatile, d'humeur inégale, changeant **2.** [lively] vif, plein de vie, gai **3.** CHEM mercuriel.

mercurous ['m3:kjʊrəs] adj mercureux.

mercury ['m3:kjʊrɪ] n **1.** CHEM mercure *m* **2.** BOT mercuriale *f*.

❖ **Mercury** pr n ASTRON & MYTH Mercure.

Mercury program n ▸ **the Mercury program** *le programme spatial américain Mercury (1961-1963).*

mercy ['m3:sɪ] (*pl* **mercies**) ◆ n **1.** [clemency] clémence *f*, pitié *f*, indulgence *f* / *without mercy* sans pitié, sans merci / *she had* or *showed no mercy* elle n'a eu aucune pitié, elle a été sans pitié ▸ **to have mercy on sb** avoir pitié de qqn ▸ **(have) mercy!** (ayez) pitié ! / *I'll have him begging* or *crying for mercy!* il va le regretter ! ; RELIG miséricorde *f* / *may God in his mercy forgive you* que Dieu vous pardonne en sa miséricorde **2.** [blessing] chance *f*, bonheur *m* / *it's a mercy that he doesn't know* heureusement qu'il ne sait pas, c'est une chance qu'il ne sache pas / *we must be thankful for small mercies* il faut savoir apprécier les moindres bienfaits / *it was really a mercy that she left* son départ fut un véritable soulagement or une véritable délivrance **3.** [power] merci *f* ▸ **to be at sb's** / **sthg's mercy** être à la merci de qqn / qqch / *the ship was at the mercy of the storm* le navire était à la merci de la tempête / *I throw myself on your mercy fml* je mets mon sort entre vos mains ▸ **to leave sb to the tender mercies of sb** *iro* abandonner qqn aux bons soins de qqn. ◆ comp humanitaire, de secours ▸ **mercy dash** course *f* contre la mort ▸ **mercy mission** : *on a mercy mission* en mission humanitaire.

mercy killing n euthanasie *f*.

mere [mɪəʳ] ◆ adj seul, simple, pur / *I'm a mere beginner* je ne suis qu'un débutant / *it's a mere formality* ce n'est qu'une simple formalité / *the mere thought of it disgusts her* rien que d'y penser ça lui répugne / *the mere sight of fish makes me queasy* la seule vue du poisson me donne la nausée / *a mere five per cent of the population* cinq pour cent seulement de la population / *his eyes light up at the merest mention of money* son regard s'allume dès qu'on commence à parler d'argent. ◆ n (petit) lac *m*, étang *m*.

merely ['mɪəlɪ] adv seulement, (tout) simplement / *I'm merely a beginner* je ne suis qu'un débutant / *I was merely wondering if this is the best solution* je me demandais seulement or simplement si c'était la meilleure solution / *she merely glanced at it* elle n'a fait qu'y jeter or elle s'est contentée d'y jeter un coup d'œil.

meretricious [,merɪ'trɪʃəs] adj *fml* [glamour, excitement] factice ; [impression] faux (fausse) ; [ornamentation, design] clinquant, tape-à-l'œil ; [style] ampoulé, pompier.

merganser [mɜː'gænsəʳ] n harle *m*.

merge [mɜːdʒ] ◆ vi **1.** [join - rivers] se rejoindre, confluer ; [- roads] se rejoindre ; [- colours, voices] se confondre ; [- cultures] se mélanger ; POL s'unir **2.** [vanish] se perdre / *the thief merged into the crowd* le voleur s'est fondu dans la foule **3.** COMM fusionner / *they have merged with their former competitor* ils ont fusionné avec leur ancien concurrent. ◆ vt joindre, fusionner ; COMM & COMPUT fusionner ; POL unifier.

merger ['mɜːdʒəʳ] n COMM fusion *f*.

meridian [mə'rɪdɪən] ◆ n **1.** ASTRON, GEOG & MED méridien *m* ▸ **the Greenwich meridian** le méridien de Greenwich **2.** MATH méridienne *f* **3.** *fig* [zenith] zénith *m*, sommet *m*, apogée *m*. ◆ adj méridien.

meridional [mə'rɪdɪənl] ◆ adj **1.** = **meridian 2.** [southern] méridional. ◆ n méridional *m*, -e *f*.

meringue [mə'ræŋ] n meringue *f*.

merino [mə'riːnəʊ] (*pl* **merinos**) ◆ n [sheep, wool] mérinos *m*. ◆ adj en mérinos.

merit ['merɪt] ◆ n mérite *m* / *its great merit is its simplicity* ça a le grand mérite d'être simple / *promotion is on merit alone* l'avancement se fait uniquement au mérite / *I don't see much merit in the idea* cette idée ne me paraît pas particulièrement intéressante / *a work of great merit* une œuvre remarquable / *the relative merits of theatre and cinema* les avantages respectifs du théâtre et du cinéma / *the project has the further merit of being cheap* le projet a de plus l'avantage d'être bon marché. ◆ vt mériter / *the case merits closer examination* le cas mérite d'être examiné de plus près.

merit increase n augmentation *f* au mérite.

meritocracy [,merɪ'tɒkrəsɪ] (*pl* **meritocracies**) n méritocratie *f*.

meritorious [,merɪ'tɔːrɪəs] adj [person] méritant ; [act] méritoire, louable.

merit system n US ADMIN système *m* d'avancement fondé sur le mérite.

merlin ['mɜːlɪn] n émerillon *m*.

Merlin ['mɜːlɪn] pr n Merlin ▸ **Merlin the Wizard** Merlin l'Enchanteur.

mermaid ['mɜːmeɪd] n MYTH sirène *f*.

merman ['mɜːmæn] (*pl* **mermen** [-men]) n MYTH triton *m*.

Merovingian [,merə'vɪndʒɪən] ◆ n Mérovingien *m*, -enne *f*. ◆ adj mérovingien.

merrily ['merɪlɪ] adv [happily] joyeusement, gaiement ; [blithely] allègrement.

merriment ['merɪmənt] n [joy] joie *f*, gaieté *f* ; [laughter] rire *m*, rires *mpl*, hilarité *f* / *sounds of merriment came from the garden* on entendait des éclats de rire venant du jardin.

merry ['merɪ] (*compar* **merrier**, *superl* **merriest**) adj **1.** [happy] joyeux, gai ▸ **Merry Christmas!** Joyeux Noël ! ▸ **the more the merrier** *prov* plus on est de fous, plus on rit *prov* **2.** *inf* [tipsy] éméché, pompette **3.** [good] : *the merry month of May* le joli mois de mai ▸ **the merry men** LITER *compagnons de Robin des Bois* / *the Minister and his merry men hum* le ministre et son état-major ▸ **Merry England** la bonne vieille Angleterre ▸ **the Merry Monarch** *surnom du roi Charles II* / **'The Merry Widow'** *Lehar* 'la Veuve joyeuse' / **'The Merry Wives of Windsor'** *Shakespeare* 'les Joyeuses Commères de Windsor'.

merry-go-round n UK manège *m* ; *fig* [whirl] tourbillon *m*.

merrymaker ['merɪ,meɪkəʳ] n fêtard *m*, -e *f*.

merrymaking ['merɪ,meɪkɪŋ] n *(U)* réjouissances *fpl*, festivités *fpl*.

mesa ['meɪsə] n mesa *f*.

mescal ['meskæl] n **1.** BOT peyotl *m* **2.** [alcohol] mescal *m*, mezcal *m*.

mescaline ['meskəliːn], **mescalin** ['meskəlɪn] n mescaline *f*.

mesclun ['mesklʌn] n mesclun *m*.

mesh [meʃ] ◆ n **1.** [of net] mailles *fpl* ; [of sieve] grille *f* / *the mesh is too fine* les mailles sont trop serrées / *fine-mesh stockings* des bas à mailles fines / *3 cm mesh netting* du filet à mailles de 3 cm / *a mesh shopping bag* un filet à provisions **2.** [fabric] tissu *m* à mailles / *nylon mesh* tulle *m* de Nylon ® **3.** *fig* [trap] rets *mpl*, piège *m* / *caught in a mesh of lies* enfermé dans or prisonnier de ses propres mensonges ; [network] réseau *m* / *a mesh of intrigue* un réseau d'intrigues **4.** MECH [of gears] engrenage *m* ▸ **in mesh** en prise. ◆ vi **1.** [be in harmony] s'harmoniser, s'accorder / *our temperaments just don't mesh* nos caractères ne s'accordent pas **2.** [tally, coincide] cadrer, concorder ▸ **to mesh with** cadrer or concorder avec **3.** MECH [gears] s'engrener.

meshing ['meʃɪŋ] n *(U)* rets *mpl*, mailles *fpl*.

meshuga [mə'ʃʊgə] adj *inf* dingue.

mesmerism ['mezmərɪzm] n **1.** [hypnotism] hypnotisme *m* **2.** [Mesmer's doctrine] mesmérisme *m*.

mesmerist ['mezmərɪst] n hypnotiseur *m*, -euse *f*.

mesmerize, **mesmerise** ['mezməraɪz] vt **1.** [hypnotise] hypnotiser **2.** [entrance] ensorceler, envoûter.

mesoblast ['mesəʊblæst] n mésoblaste *m*.

mesocarp ['mesəʊkɑːp] n mésocarpe *m*.

mesoderm ['mesəʊdɜːm] n mésoderme *m*.

Mesolithic [,mesə'lɪθɪk] ◆ adj mésolithique. ◆ n mésolithique *m*.

mesomorph ['mesəʊmɔːf] n mésomorphe *m*.

meson ['miːzɒn] n méson *m*.

Mesopotamia [,mesəpə'teɪmjə] pr n Mésopotamie *f* / *in Mesopotamia* en Mésopotamie.

Mesopotamian [,mesəpə'teɪmjən] ◆ n Mésopotamien *m*, -enne *f*. ◆ adj mésopotamien.

mesosphere ['mesəʊsfɪə] n mésosphère *f*.

mesotherapist [,miːzəʊ'θerəpɪst] n mésothérapeute *mf*.

mesotherapy [,miːzəʊ'θerəpɪ] n mésothérapie *f*.

Mesozoic [,mesə'zəʊɪk] adj mésozoïque.

mess [mes] ◆ n **1.** [untidiness] désordre *m*, fouillis *m* / *what a mess!* quel désordre !, quelle pagaille ! / *Tom's room is (in) a real mess!* il y a une de ces pagailles or un de ces fouillis dans la chambre de Tom ! / *my papers are in a mess* mes papiers sont en désordre / *clear up this mess!* mets un peu d'ordre là-dedans !, range un peu tout ce fouillis ! / *your essay is a real mess! inf* ta rédaction est un vrai torchon ! / *my hair's a mess!* je suis coiffé comme l'as de pique ! / *I feel a mess* je suis dans un état lamentable / *you're a mess, go and clean up* tu n'es pas présentable, va t'arranger ; [dirtiness] saleté *f*, saletés *fpl* / *clean up that mess!* nettoie un peu ces saletés or cette crasse ! / *the cooker is (in) a horrible mess* la cuisinière est vraiment sale or dégoûtante / *the dog has made a mess on the carpet* le chien a fait des saletés sur le tapis **2.** [muddle] gâchis *m* / *to make a mess of a job* gâcher un travail / *to make a mess of one's life* gâcher sa vie / *I'm afraid I've made a mess of the travel arrangements* je suis désolé, je me suis trompé dans les préparatifs de voyage / *this country is in a mess!* la situation dans ce pays n'est pas vraiment réjouissante ! **3.** *inf* [predicament] pétrin *m* / *he's got himself into a bit of a mess* il s'est fourré dans de beaux draps or dans le pétrin / *thanks for getting me out of that mess* merci de m'avoir tiré de ce pétrin **4.** MIL [canteen] mess *m* / *the whole mess got food poisoning* tous ceux qui ont pris leur repas au mess ont été victimes d'une intoxication alimentaire **5.** MIL [food] ordinaire *m*, gamelle *f* **6.** *arch* [dish] plat *m* ▸ **a mess of pottage** BIBLE un plat de lentilles. ◆ vt [dirty] salir, souiller. ◆ vi **1.** *inf* [meddle] ▸ **to mess with sb** embêter qqn / *don't mess with me!* ne me cherche pas ! / *it's true, no messing!* c'est vrai, je ne blague pas ! **2.** MIL manger or prendre ses repas au mess / *they don't mess with the other officers* ils ne mangent pas avec les autres officiers.

❖ **mess about**, **mess around** *inf* ◆ vi UK **1.** [waste time] perdre son temps ; [dawdle, hang around] traîner / *get on with the job and stop messing about!* mettez-vous au travail et que ça saute ! ; [potter] bricoler / *I spent the weekend messing about (in) the house* j'ai passé le week-end à faire des bricoles dans la maison / *he likes messing about in the garden* il aime s'occuper dans le jardin ; [play the fool] faire l'imbécile / *stop messing about and listen to me!* arrête de faire l'imbécile et écoute-moi ! **2.** [meddle, fiddle] tripoter, tripatouiller / *don't mess about with my computer* ne tripote pas mon ordinateur ; *fig* ▸ **to mess about with sb a)** [annoy] embêter qqn **b)** [have an affair] coucher avec qqn / *if I catch her messing about with my husband I'll kill her!* si je l'attrape à faire du gringue à mon mari, je la tue ! ◆ vt sep [person] embêter / *I'm fed up with being messed about by men* j'en ai marre des hommes qui se moquent de moi.

❖ **mess up** vt sep **1.** [make disorderly - room, papers] mettre en désordre / *stop it, you'll mess my hair up!* arrête, tu vas me décoiffer ! **2.** *inf* [spoil] ficher en l'air / *that's really messed our plans up!* ça a vraiment fichu nos projets en l'air ! **3.** [dirty] salir, souiller.

[That's] another fine mess [you've gotten me into]

Pour les Anglo-Saxons, cette expression évoque immanquablement l'univers des films de Laurel et Hardy. Les mots exacts d'Oliver Hardy pour exprimer son exaspération à l'égard de son partenaire sont : **Well, here's another nice mess you've gotten me into,** mais la postérité a retenu une version légèrement différente, **Another Fine Mess** étant par ailleurs le titre d'un de leurs films (1930). Dans l'usage courant, on emploie cette expression pour faire par exemple allusion à une situation inextricable résultant des actions maladroites d'autrui :

Well, that's another fine mess this government's gotten us into! *Encore une situation catastrophique dans laquelle nos dirigeants ont entraîné le pays !*

Well, this looks like another fine mess people's irrational fear of immigration has gotten them into. *Et voilà le genre d'excès que les gens peuvent être amenés à commettre par peur irrationnelle de l'immigration.*

message ['mesɪdʒ] ◆ n **1.** [communication] message *m*, commission *f* ; [written] message *m*, mot *m* / *to take* / *to leave a message* prendre / laisser un message / *can you give her a message?* pouvez-vous lui transmettre un message ? / *would you like to leave a message for him?* voulez-vous (lui) laisser un message ? **2.** [theme - of book, advert] message *m* ; [teaching - of prophet] message *m*, enseignement *m* ▸ **to get one's message across** se faire comprendre / *(do you) get the message? inf* tu piges ? **3.** Scot commission *f*, course *f* ▸ **to do a message for sb** faire une commission pour qqn **4.** LING message *m*. ◆ vt [send SMS to] envoyer un SMS à.

✧ **messages** pl n IR & SCOT [shopping] courses *fpl* / *he's out doing the messages* il est sorti faire les courses.

message switching [-ˈswɪtʃɪŋ] n COMPUT commutation *f* de messages.

messaging [ˈmesɪdʒɪŋ] n COMPUT messagerie *f*.

messenger [ˈmesɪndʒəʳ] n [gen] messager *m*, -ère *f* ; [errand boy - in office] coursier *m* ; [in hotel] chasseur *m*, coursier *m* ; [in post office] télégraphiste *mf* / *by special messenger* par porteur spécial ▸ **bike** or **bicycle messenger** coursier *m*, -ère *f* à vélo ▸ **messenger boy** coursier *m*, garçon *m* de courses ▸ **messenger service** messagerie *f*.

messenger bag n sacoche *f*.

messenger RNA n ARN messager *m*.

messiah [mɪˈsaɪə] n messie *m*.

✧ **Messiah** n Messie *m*.

messianic [ˌmesɪˈænɪk] adj messianique.

messianism [meˈsaɪənɪzm] n messianisme *m*.

messily [ˈmesɪlɪ] adv **1.** [untidily] mal, de façon peu soignée ; [in a disorganized way] n'importe comment / *she did it really messily* elle l'a vraiment fait n'importe comment / *the affair ended messily fig* l'affaire s'est mal terminée **2.** [dirtily] comme un cochon.

Messina [meˈsiːnə] pr n Messine.

messiness [ˈmesɪnɪs] n **1.** [disorder] désordre *m*, pagaille *f* **2.** [dirt] saleté *f* **3.** [unpleasant situation] difficultés *fpl*, confusion *f*.

mess jacket n MIL veston *m* de tenue de soirée ; [civilian] veste *f* courte.

mess kit n **1.** UK *inf* MIL [clothes] tenue *f* de soirée **2.** MIL [eating equipment] gamelle *f*.

messmate [ˈmesmeɪt] n commensal *m*, -e *f*.

mess-room n NAUT carré *m*.

Messrs, **Messrs.** [ˈmesəz] MM, Messieurs.

mess tin n gamelle *f*.

messuage [ˈmeswɪdʒ] n LAW propriété *f*, maison *f* avec ses dépendances.

mess-up n *inf* confusion *f* / *there was a mess-up over the dates* on s'est embrouillé dans les dates.

messy [ˈmesɪ] (*compar* **messier**, *superl* **messiest**) adj **1.** [dirty - hands, clothes] sale, malpropre ; [- job] salissant / *don't get all messy* ne te salis pas / *he did some painting and got all messy* il a fait de la peinture et il s'en est mis partout **2.** [untidy - place] en désordre, désordonné, mal tenu ; [- person] peu soigné, négligé, débraillé ; [- hair] ébouriffé, en désordre, en bataille **3.** [badly done] bâclé / *a messy piece of homework* un devoir bâclé **4.** *fig* compliqué, embrouillé, délicat / *a messy situation* une situation délicate or difficile / *a very messy business* une affaire très embrouillée / *a messy divorce* un divorce difficile or compliqué.

met [met] pt & pp ⟶ meet.

Met [met] pr n *inf* **1.** US abbr of **Metropolitan Opera 2.** US abbr of **Metropolitan Museum 3.** UK abbr of **Metropolitan Police**.

metabolic [ˌmetəˈbɒlɪk] adj métabolique.

metabolism [mɪˈtæbəlɪzm] n métabolisme *m*.

metabolite [mɪˈtæbəlaɪt] n métabolite *m*.

metabolize, **metabolise** [mɪˈtæbəlaɪz] vt métaboliser.

metacarpal [ˌmetəˈkɑːpl] ◆ adj métacarpien. ◆ n métacarpien *m*.

metacarpus [ˌmetəˈkɑːpəs] (*pl* **metacarpi** [-paɪ]) n métacarpe *m*.

metadata [ˈmetədeɪtə] pl n métadonnées *fpl*.

metafile [ˈmetəfaɪl] n métafichier *m*.

metal [ˈmetl] (UK *pt & pp* **metalled**, *cont* **metalling** ; US *pt & pp* **metaled**, *cont* **metaling**) ◆ n **1.** [gen & CHEM] métal *m* / *made of metal* en métal **2.** TYPO plomb *m* **3.** [for road - building] cailloutis *m*, empierrement *m* **4.** [glass] pâte *f* de verre. ◆ adj en métal, métallique / *a metal box* une boîte en métal. ◆ vt **1.** [cover with metal] couvrir de métal **2.** [road] empierrer.

✧ **metals** pl n UK RAIL voie *f* ferrée, rails *mpl*.

metalanguage [ˈmetəˌlæŋgwɪdʒ] n métalangue *f*, métalangage *m*.

metal detector n détecteur *m* de métaux.

metaled US = **metalled**.

metalinguistic [ˌmetəlɪŋˈgwɪstɪk] adj métalinguistique.

metalinguistics [ˌmetəlɪŋˈgwɪstɪks] n *(U)* métalinguistique *f*.

metalled UK, **metaled** US [ˈmetld] adj [road] revêtu *(de macadam, de pierres, etc.)*.

metallic [mɪˈtælɪk] adj **1.** CHEM métallique **2.** [colour] : *metallic blue / grey* bleu / gris métallisé ▸ **metallic paint** peinture *f* métallisée **3.** [voice] métallique ; [sound] métallique, grinçant.

metalling UK, **metaling** US [ˈmetəlɪŋ] n [of road] revêtement *m (en macadam, en pierre, etc.)*.

metallize, **metallise** [ˈmetəlaɪz] vt métalliser.

metallurgist [meˈtælədʒɪst] n métallurgiste *m*, ingénieur *m* en métallurgie.

metallurgy [meˈtælədʒɪ] n métallurgie *f*.

metalware [ˈmetəlweəʳ] n ustensiles *mpl* (domestiques) en métal.

metalwork [ˈmetəlwɜːk] n **1.** [objects] ferronnerie *f* **2.** [activity] travail *m* des métaux **3.** [metal framework] tôle *f*, métal *m* ; [of crashed car, plane] carcasse *f*.

metalworker [ˈmetəlˌwɜːkəʳ] n **1.** [in factory] métallurgiste *m*, métallo *m* **2.** [craftsman] ferronnier *m*.

metalworking [ˈmetəlˌwɜːkɪŋ] n travail *m* des métaux.

metamathematics [ˌmetəmæθəˈmætɪks] n *(U)* métamathématique *f*.

metamorphic [ˌmetəˈmɔːfɪk] adj métamorphique.

metamorphism [ˌmetəˈmɔːfɪzm] n métamorphisme *m*.

metamorphose [ˌmetəˈmɔːfəʊz] ◆ vi se métamorphoser ▸ **to metamorphose into sthg** se métamorphoser en qqch. ◆ vt métamorphoser.

metamorphosis [ˌmetəˈmɔːfəsɪs or ˌmetəmɔːˈfəʊsɪs] (*pl* **metamorphoses** [-siːz]) n métamorphose *f*.

metamorphous [ˌmetəˈmɔːfəs] = **metamorphic**.

metaphor [ˈmetəfəʳ] n métaphore *f* / *it's a metaphor for loneliness* c'est une métaphore de la solitude.

metaphorical [ˌmetəˈfɒrɪkl] adj métaphorique.

metaphorically [ˌmetəˈfɒrɪklɪ] adv métaphoriquement / *metaphorically speaking* métaphoriquement.

metaphrase [ˈmetəfreɪz] ◆ vt traduire littéralement or mot à mot. ◆ n traduction *f* littérale or mot à mot.

metaphysic [ˌmetəˈfɪzɪk] n métaphysique *f*.

metaphysical [ˌmetəˈfɪzɪkl] adj LITER & PHILOS métaphysique ; *fig* [abstract] métaphysique, abstrait.

metaphysically [ˌmetəˈfɪzɪklɪ] adv métaphysiquement.

metaphysician [ˌmetəfɪˈzɪʃn] n métaphysicien *m*, -enne *f*.

metaphysics [ˌmetəˈfɪzɪks] n *(U)* métaphysique *f*.

metaplasm [ˈmetəplæzm] n LING métaplasme *m*.

metapsychology [ˌmetəsaɪˈkɒlədʒɪ] n métapsychologie *f*.

meta-search n COMPUT métarecherche *f* ▸ **metasearch engine** moteur *m* de métarecherche.

metastable [ˈmetəsteɪbl] adj métastable.

metastasis [meˈtæstəsɪs] (*pl* **metastases** [-siːz]) n métastase *f*.

metatag [ˈmetətæg] n COMPUT métabalise *f*.

metatarsal [ˌmetəˈtɑːsl] ◆ adj métatarsien. ◆ n métatarsien *m*.

metatarsus [ˌmetəˈtɑːsəs] (*pl* **metatarsi** [-saɪ]) n métatarse *m*.

metatheory [ˌmetəˈθɪərɪ] (*pl* **metatheories**) n métathéorie *f*.

metathesis [mɪˈtæθəsɪs] (*pl* **metatheses** [-siːz]) n métathèse *f*.

metaverse [ˈmetəvɜːs] n métavers *m*, méta-univers *m*.

metazoan [metəˈzəʊən] n métazoaire *m*.

mete [miːt] ✧ **mete out** vt sep [punishment] infliger ; [judgment, justice] rendre.

metempsychosis [ˌmetəmsaɪˈkəʊsɪs] n métempsychose *f*.

meteor [ˈmiːtɪəʳ] n météore *m* ▸ **meteor shower** pluie *f* d'étoiles filantes, averse *f* météorique.

meteoric [miːtɪˈɒrɪk] adj **1.** ASTRON météorique **2.** *fig* fulgurant, très rapide / *Hitler's meteoric rise to power* l'ascension fulgurante d'Hitler au pouvoir.

meteorite [ˈmiːtjəraɪt] n météorite *f*.

meteorograph [ˈmiːtjərəgrɑːf] n météorographe *m*.

meteoroid [ˈmiːtjərɔɪd] n météoroïde *m*.

meteorological [ˌmiːtjərəˈlɒdʒɪkl] adj météorologique ▸ **meteorological office** office *m* météorologique.

meteorologist [ˌmiːtjəˈrɒlədʒɪst] n météorologue *mf*, météorologiste *mf*.

meteorology [ˌmiːtjəˈrɒlədʒɪ] n météorologie *f*.

meter [ˈmiːtəʳ] ◆ n **1.** [for water, gas, electricity] compteur *m* ▸ **to feed the meter** mettre des pièces dans le compteur ▸ **to read the meter** relever le compteur ▸ **(parking) meter** parcmètre *m*, parcomètre *m* ▸ **(taxi) meter** taximètre *m*, compteur *m* **2.** US = **metre**. ◆ vt **1.** [electricity, water, gas] mesurer à l'aide d'un compteur **2.** [mail] affranchir *(avec une machine)*.

metered [ˈmiːtəd] adj décompté à la minute.

meter maid n *inf* contractuelle *f*, aubergine *f*.

methadone [ˈmeθədəʊn] n méthadone *f*.

methane [ˈmiːθeɪn] n méthane *m*.

methane series n alcanes *mpl*.

methanol [ˈmeθənɒl] n méthanol *m*.

methinks [mɪˈθɪŋks] (*pt* **methought** [-ˈθɔːt]) vb *arch & hum* ce me semble.

method [ˈmeθəd] n **1.** [means] méthode *f*, moyen *m* ; [manner] manière *f* ; [instruction] méthode *f*, mode *m* d'emploi ▸ **method of doing sthg** manière de faire qqch, méthode (employée) pour faire qqch **2.** [procedure] méthode *f*, procédé *m* / *experimental methods* des méthodes expérimentales / *their methods of investigation have come under fire* la façon dont ils mènent leurs enquêtes a été critiquée, on a critiqué leur façon d'enquêter ; [theory] théorie *f*, méthode *f* ▸ **the Montessori method** la méthode Montessori **3.** [organization] méthode *f*, organisation *f* / *his work lacks method* son travail manque de méthode / *there's method in her madness* elle n'est pas aussi folle qu'elle en a l'air.

✧ **Method** n ▸ **Method acting** la méthode Stanislavski.

methodical [mɪˈθɒdɪkl] adj méthodique.

methodically [mɪˈθɒdɪklɪ] adv méthodiquement, de façon méthodique, avec méthode.

Methodism [ˈmeθədɪzm] n méthodisme *m*.

Methodist [ˈmeθədɪst] ◆ adj méthodiste. ◆ n méthodiste *mf*.

methodize, **methodise** [ˈmeθədaɪz] vt systématiser.

methodological [ˌmeθədəˈlɒdʒɪkl] adj méthodologique.

methodologically [ˌmeθədəˈlɒdʒɪklɪ] adv méthodologiquement.

methodology [ˌmeθəˈdɒlədʒɪ] (*pl* **methodologies**) n méthodologie *f*.

meths [meθs] (abbr of **methylated spirits**) n UK *inf* alcool *m* à brûler ▸ **meths drinker** *alcoolique qui boit de l'alcool à brûler*.

Methuselah [ˌmɪˈθjuːzələ] ◆ pr n BIBLE Mathusalem ▸ **as old as Methuselah** vieux comme Mathusalem. ◆ n [bottle] mathusalem *m*.

methyl ['meθɪl] n méthyle *m*.

methyl acetate n acétate *m* de méthyle.

methylal ['meθəlæl] n méthylal *m*.

methyl alcohol n méthanol *m*, alcool *m* méthylique.

methylate ['meθɪleɪt] vt méthyler.

methylated spirits ['meθɪleɪtɪd] n alcool *m* à brûler.

methylene ['meθəli:n] n méthylène *m*.

metic ['metɪk] n ANTIQ métèque *m*.

meticulous [mɪ'tɪkjʊləs] adj méticuleux.

meticulously [mɪ'tɪkjʊləslɪ] adv méticuleusement / *meticulously honest* d'une honnêteté scrupuleuse.

meticulousness [mɪ'tɪkjʊləsnɪs] n minutie *f*, méticulosité *f* *liter* / *with great meticulousness* avec un soin tout particulier.

Met Office [met-] (abbr of **Meteorological Office**) pr n *les services météorologiques britanniques*.

metol ['mi:tɒl] n métol *m*.

metonym ['metənɪm] n métonymie *f*.

metonymic [,metə'nɪmɪk] adj métonymique.

metonymy [mɪ'tɒnɪmɪ] n métonymie *f*.

me-too adj MARKETING [product, brand] me-too.

metre UK, **meter** US ['mi:tər] n **1.** [measurement] mètre *m* **2.** LITER mètre *m* ▸ **in iambic metre** en vers *mpl* iambiques **3.** MUS mesure *f*.

metric ['metrɪk] adj MATH métrique ▸ **to go metric** adopter le système métrique ▸ **metric hundredweight** 50 kilogrammes *mpl* ▸ **metric ton** tonne *f*.

metrical ['metrɪkl] adj LITER métrique.

metrically ['metrɪklɪ] adv **1.** LITER en vers **2.** MATH selon le système métrique.

metricate ['metrɪkeɪt] vt convertir au système métrique.

metrication [,metrɪ'keɪʃn] n conversion *f* au système métrique, métrisation *f*.

metric system n ▸ **the metric system** le système métrique.

metrify ['metrɪfaɪ] (*pt & pp* **metrified**) vt LITER versifier.

metro ['metrəʊ] (*pl* **metros**) n métro *m*.

Metroliner® ['metrəʊ,laɪnər] pr n *ligne de chemin de fer entre Boston et New York*.

metrology [me'trɒlədʒɪ] n métrologie *f*.

metronome ['metrənəʊm] n métronome *m*.

metronymic [,metrə'nɪmɪk] ◆ adj matronymique. ◆ n matronyme *m*.

metropolis [mɪ'trɒpəlɪs] (*pl* **metropolises** [-i:z]) n métropole *f*, grande ville *f*, grand centre *m* urbain.

metropolitan [,metrə'pɒlɪtn] ◆ adj **1.** GEOG métropolitain **2.** RELIG métropolitain ▸ **metropolitan bishop** métropolitain *m*. ◆ n RELIG métropolitain *m* ; [in orthodox church] métropolite *m*.

metropolitan district n [in UK] circonscription *f* administrative.

Metropolitan Museum of Art pr n *un des principaux musées américains, à New York*.

Metropolitan Opera pr n ▸ **the Metropolitan Opera** *l'Opéra de New York*.

Metropolitan Police n **1.** UK police *f* londonienne **2.** US police *f* urbaine.

metrosexual [,metrə'sekʃʊəl] ◆ n métrosexuel *m*. ◆ adj métrosexuel.

Mets [mets] pl pr n ▸ **the (New York) Mets** *l'une des équipes de base-ball de New York*.

mettle ['metl] n courage *m* ▸ **to show** or **to prove one's mettle** montrer ce dont on est capable / *this new challenge has really put him on his mettle* ce nouveau défi l'a vraiment forcé à donner le meilleur de lui-même.

mettlesome ['metəlsəm] adj *liter* courageux.

mew [mju:] ◆ vi [cat] miauler ; [gull] crier. ◆ n **1.** [of cat] miaulement *m* ; [of gull] cri *m* **2.** [gull] mouette *f*.

mewl [mju:l] vi vagir, geindre.

mews [mju:z] ◆ n UK **1.** [flat] *appartement chic aménagé dans une écurie rénovée* / *she lives in a converted mews (flat)* elle habite un appartement aménagé dans une ancienne écurie **2.** [street] ruelle *f*. ◆ pl n *arch* écurie *f*, écuries *fpl*.

mews flat = **mews** *(noun)*.

Mexican ['meksɪkn] ◆ n Mexicain *m*, -aine *f*. ◆ adj mexicain ▸ **the Mexican War** la guerre du Mexique.

The Mexican War

Conflit qui opposa les États-Unis au Mexique de 1846 à 1848. Vaincu, celui-ci renonça à ses prétentions sur le Texas et céda un vaste territoire comprenant plusieurs États américains actuels (dont le Nouveau-Mexique et la Californie).

Mexican wave n ola *f*.

Mexico ['meksɪkəʊ] pr n Mexique *m* / *in Mexico* au Mexique ▸ **the Gulf of Mexico** le golfe du Mexique.

Mexico City pr n Mexico.

mezzanine ['metsəni:n] n **1.** mezzanine *f* **2.** US [in theatre] corbeille *f*.

mezzo ['metsəʊ] (*pl* **mezzos**) *inf* = **mezzo-soprano**.

mezzo-soprano (*pl* **mezzo-sopranos**) n **1.** [singer] mezzo-soprano *f* **2.** [voice] mezzo-soprano *m*.

mezzotint ['medzəʊtɪnt] n mezzotinto *m inv*.

MFA (abbr of **Master of Fine Arts**) n *(titulaire d'une) maîtrise en beaux-arts*.

MFL n abbr of **modern foreign languages**.

mfr written abbr of **manufacturer**.

mg (written abbr of **milligram**) mg.

MGB MESSAGING written abbr of **may god bless**.

Mgr 1. (written abbr of **Monseigneur, Monsignor**) Mgr **2.** written abbr of **manager**.

MHC (abbr of **major histocompatibility complex**) n MED CMH *m*.

mho [məʊ] (*pl* **mhos**) n *dated* MHO *m* *dated*, siemens *m*.

MHOTY MESSAGING written abbr of **my hat's off to you**.

MHR n abbr of **Member of the House of Representatives**.

MHz (written abbr of **megahertz**) MHz.

mi [mi:] n MUS mi *m inv*.

MI written abbr of **Michigan**.

MIA (abbr of **missing in action**) adj *expression indiquant qu'une personne a disparu lors d'un combat*.

Miami [mai'æmɪ] pr n Miami.

miaow [mi:'aʊ] UK ◆ vi miauler. ◆ n miaulement *m*. ◆ interj miaou.

miasma [mɪ'æzmə] n *liter* **1.** [vapour] miasme *m* ; [of smoke] bouffée *f* **2.** [evil influence] emprise *f*, empire *m* / *the miasma of despair / of poverty* l'emprise du désespoir / de la misère.

mica ['maɪkə] n mica *m*.

Micah ['maɪkə] pr n Michée.

Micawber [mɪ'kɔ:bər] pr n ▸ **Mr Micawber** *personnage du roman de Charles Dickens « David Copperfield », qui fait preuve d'un optimisme à toute épreuve malgré des difficultés financières*.

mice [maɪs] pl ⟶ **mouse**.

Mich. written abbr of **Michigan**.

Michael ['maɪkl] pr n ▸ **Saint Michael** saint Michel ▸ **to take the Michael** UK *inf & hum* : *are you taking the Michael?* tu me fais marcher ou quoi ?

Michaelmas ['mɪkəlməs] n **1.** RELIG Saint-Michel *f* / *at Michaelmas* à la Saint-Michel **2.** UK UNIV ▸ **Michaelmas (term)** premier trimestre *m*.

Michaelmas daisy n aster *m* (d'automne).

Michelangelo [,maɪkəl'ændʒɪləʊ] pr n Michel-Ange.

Michelin man ['mɪtʃlɪn-] n ▸ **the Michelin man** le bonhomme Michelin.

Michigan ['mɪʃɪgən] pr n Michigan *m* / *in Michigan* dans le Michigan ▸ **Lake Michigan** le Lac Michigan.

Mick [mɪk] n *v inf terme injurieux désignant un Irlandais*.

mickey ['mɪkɪ] n **1.** UK ▸ **to take the mickey out of sb** *inf* se payer la tête de qqn / *are you taking the mickey?* tu me fais marcher ou quoi ? **2.** *v inf* = **Mickey Finn**.

Mickey Finn n boisson *f* droguée.

Mickey Mouse ◆ pr n Mickey. ◆ adj *inf* [trivial] de pacotille ▸ **a Mickey Mouse job** un boulot à la manque or à la noix.

mickle ['mɪkl] n ▸ **many a mickle makes a muckle** *prov* les petits ruisseaux font les grandes rivières *prov*.

MICR (abbr of **magnetic ink character recognition**) n *reconnaissance magnétique de caractères*.

micro ['maɪkrəʊ] (*pl* **micros**) ◆ adj très petit, microscopique. ◆ n [microcomputer] micro-ordinateur *m*, micro *m*.

microampere ['maɪkrəæmpeər] n microampère *m*.

microanalysis [,maɪkrəʊə'næləsɪs] (*pl* **microanalyses** [-si:z]) n micro-analyse *f*.

microbe ['maɪkrəʊb] n microbe *m*.

microbial [maɪ'krəʊbɪəl], **microbic** [maɪ'krəʊbɪk] adj microbien.

microbiological ['maɪkrəʊ,baɪə'lɒdʒɪkl] adj microbiologique.

microbiologist [,maɪkrəʊbaɪ'ɒlədʒɪst] n microbiologiste *mf*.

microbiology [,maɪkrəʊbaɪ'ɒlədʒɪ] n microbiologie *f*.

microbrewery ['maɪkrəbruərɪ] n microbrasserie *f*.

microchemistry [,maɪkrəʊ'kemɪstrɪ] n microchimie *f*.

microchip ['maɪkrəʊtʃɪp] n microprocesseur *m*.

microcircuit ['maɪkrəʊ,sɜ:kɪt] n microcircuit *m*.

microcircuitry [,maɪkrəʊ'sɜ:kɪtrɪ] n *(U)* microcircuits *mpl*.

microclimate ['maɪkrəʊ,klaɪmət] n microclimat *m*.

micrococcus [,maɪkrəʊ'kɒkəs] (*pl* **micrococci** [-kaɪ]) n microcoque *m*, micrococcus *m*.

microcode ['maɪkrəʊkəʊd] n micro-code *m*.

microcoding ['maɪkrəʊkəʊdɪŋ] n microprogrammation *f*.

microcomputer [,maɪkrəʊkəm'pju:tər] n micro-ordinateur *m*.

microcomputing [,maɪkrəʊkəm'pju:tɪŋ] n micro-informatique *f*.

microcopy ['maɪkrəʊ,kɒpɪ] (*pl* **microcopies**) n microcopie *f*.

microcosm ['maɪkrəʊ,kɒzm] n microcosme *m*.

microcosmic [,maɪkrəʊ'kɒzmɪk] adj microcosmique.

microcredit ['maɪkrəʊkredɪt] n microcrédit *m*.

microcrystal ['maɪkrəkrɪstl] n microcristal *m*.

microdot ['maɪkrəʊdɒt] n micropoint *m*, micro-image *f*.

microeconomic ['maɪkrəʊ,i:kə'nɒmɪk] adj microéconomique.

microeconomics ['maɪkrəʊ,i:kə'nɒmɪks] n *(U)* microéconomie *f*.

microelectronic ['maɪkrəʊɪ,lek'trɒnɪk] adj microélectronique.

microelectronics ['maɪkrəʊɪ,lek'trɒnɪks] n microélectronique *f*.

microfibre UK, **microfiber** US ['maɪkrə,faɪbəʳ] n microfibre *f*.

microfiche ['maɪkrəʊfiːʃ] n microfiche *f*.

microfilm ['maɪkrəʊfɪlm] ◆ n microfilm *m*. ◆ vt microfilmer, mettre sur microfilm.

microform ['maɪkrəfɔːm] n microforme *f*.

microfossil ['maɪkrəfɒsl] n microfossile *m*.

micrograph ['maɪkrəgrɑːf] ◆ n micrographie *f*. ◆ vt micrographier.

micrographic [,maɪkrə'græfɪk] adj micrographique.

micrography [maɪ'krɒgrəfɪ] n micrographie *f*.

microgravity ['maɪkrəgrævɪtɪ] n microgravité *f*.

microgreen ['maɪkrəʊgriːn] n CULIN jeunes pousses *fpl* de salade.

microgroove ['maɪkrəgruːv] n microsillon *m*.

microhabitat [,maɪkrəʊ'hæbɪtæt] n microécosystème *m*.

microinstruction [,maɪkrəʊɪn'strʌkʃn] n micro-instruction *f*.

microlight ['maɪkrəlaɪt] n AERON ultra-léger motorisé *m*, ULM *m*.

microlinguistics [,maɪkrəʊlɪŋ'gwɪstɪks] n *(U)* microlinguistique *f*.

microlith ['maɪkrəʊlɪθ] n microlithe *m*.

micromarketing ['maɪkrəʊ,mɑːkɪtɪŋ] n micromarketing *m*.

micromesh ['maɪkrəʊmeʃ] adj [tights] surfin.

micrometer [maɪ'krɒmɪtəʳ] n [device] micromètre *m (appareil)* ▸ **micrometer screw** vis *f* micrométrique ▸ **micrometer screw gauge** palmer *m*.

micrometre UK, **micrometer** US ['maɪkrəʊ,miːtəʳ] n micromètre *m (mesure)*.

micrometry [maɪ'krɒmətrɪ] n micrométrie *f*.

microminiaturization ['maɪkrəʊ,mɪnətʃəraɪ'zeɪʃn] n microminiaturisation *f*.

microminiaturize, microminiatureise [,maɪkrəʊ'mɪnətʃəraɪz] vt microminiaturiser.

micron ['maɪkrɒn] (*pl* **microns** *or* **micra** [-krə]) n micron *m*.

Micronesia [,maɪkrə'niːzjə] pr n Micronésie *f* / *in Micronesia* en Micronésie.

Micronesian [,maɪkrə'niːzjən] ◆ n **1.** [person] Micronésien *m*, -enne *f* **2.** LING micronésien *m*. ◆ adj micronésien.

microorganism [,maɪkrəʊ'ɔːgənɪzm] n micro organisme *m*.

microphone ['maɪkrəfəʊn] n microphone *m* ▸ **to talk into a microphone** parler dans un micro.

microphotograph [,maɪkrəʊ'fəʊtəgrɑːf] n microphotographie *f*.

microphotography [,maɪkrəʊfə'tɒgrəfɪ] n microphotographie *f*.

microphysics [,maɪkrəʊ'fɪzɪks] n *(U)* microphysique *f*.

microprobe ['maɪkrəʊprəʊb] n microsonde *f*.

microprocessor ['maɪkrəʊ,prəʊsesəʳ] n microprocesseur *m*.

microprogram ['maɪkrəʊ,prəʊgræm] n microprogramme *m*.

microprogramming [,maɪkrəʊ'prəʊgræmɪŋ] n microprogrammation *f*.

microreader ['maɪkrəʊ,riːdəʳ] n micro-lecteur *m*, lecteur *m* de microformes.

micro scooter n trottinette *f* pliante.

microscope ['maɪkrəskəʊp] n microscope *m* ▸ **to look at sthg under the microscope a)** *lit* observer or examiner qqch au microscope **b)** *fig* examiner qqch de très près.

microscopic [,maɪkrə'skɒpɪk] adj **1.** [tiny] microscopique **2.** [using a microscope] au microscope, microscopique.

microscopically [,maɪkrə'skɒpɪklɪ] adv [examine] au microscope ▸ **microscopically small** invisible à l'œil nu.

microscopy [maɪ'krɒskəpɪ] n microscopie *f*.

microsecond ['maɪkrəʊ,sekənd] n microseconde *f*.

microstructure ['maɪkrəʊ,strʌktʃəʳ] n microstructure *f*.

microsurgery [,maɪkrəʊ'sɜːdʒərɪ] n microchirurgie *f*.

microsurgical [,maɪkrəʊ'sɜːdʒɪkl] adj microchirurgical.

microwave ['maɪkrəweɪv] ◆ n **1.** PHYS micro-onde *f* **2.** = **microwave oven.** ◆ vt faire cuire au micro-ondes.

microwaveable ['maɪkrəʊ,weɪvəbl] adj micro-ondable.

microwave oven n four *m* à micro-ondes.

microwriter ['maɪkrəʊ,raɪtəʳ] n COMPUT micro-ordinateur *m* de traitement de texte.

micturate ['mɪktjʊəreɪt] vi *fml* uriner.

micturition [mɪktjərɪʃn] n *fml* miction *f*.

mid [mɪd] ◆ adj **1.** [middle] : *in mid October* à la mi-octobre, au milieu du mois d'octobre / *he's in his mid fifties* il a environ 55 ans / *she stopped in mid sentence* elle s'est arrêtée au milieu de sa phrase, sa phrase est restée en suspens **2.** [half] : *mid green* vert ni clair ni foncé **3.** [central] central, du milieu / *mid Wales* le centre or la région centrale du pays de Galles / *mid vowels* voyelles *fpl* centrales. ◆ prep = **amid.**

'mid [mɪd] = **amid.**

midair [mɪd'eəʳ] ◆ adj en plein ciel. ◆ n : *in midair* en plein ciel.

Midas ['maɪdəs] pr n Midas ▸ **to have the Midas touch** avoir le sens des affaires.

mid-Atlantic ◆ adj [accent] américanisé. ◆ n : *in (the) mid-Atlantic* au milieu de l'Atlantique.

midbrain ['mɪdbreɪn] n ANAT mésencéphale *m*.

midcourse ['mɪdkɔːs] ◆ n ▸ **in midcourse** à mi-course. ◆ adj ASTRON ▸ **midcourse corrections** corrections *fpl* de trajectoire.

midday ['mɪddeɪ] n midi *m* / *at midday* à midi / *the midday heat* la chaleur de midi / *midday meal* repas *m* de midi.

midden ['mɪdn] n **1.** *regional* [dung heap] (tas *m* de) fumier *m* **2.** ARCHEOL ordures *fpl* ménagères, rejets *mpl* domestiques.

middle ['mɪdl] ◆ n **1.** [in space] milieu *m*, centre *m* ▸ **in the middle (of)** au milieu (de), au centre (de) / *a square with a dot in the middle* un carré avec un point au milieu / *two seats in the middle of the row* deux places en milieu de rangée / *in the middle of the crowd* au milieu de la foule / *in the middle of London* en plein Londres / *right in the middle of the target* au beau milieu or en plein centre de la cible / *in the middle of the road* au milieu de la route / *in the middle of the Atlantic* au milieu de l'Atlantique, en plein Atlantique ▸ **the middle of nowhere** : *they live in the middle of nowhere* ils habitent dans un trou perdu / *we broke down in the middle of nowhere* on est tombés en panne dans un endroit perdu **2.** [in time] milieu *m* / *in the middle of the week* au milieu de la semaine / *in the middle of October* à la mi-octobre, au milieu (du mois) d'octobre / *in the middle of the night* en pleine nuit, en plein milieu de la nuit / *in the middle of winter* en plein hiver ; [in activity] ▸ **to be in the middle of (doing) sthg** être en train de faire qqch **3.** [stomach] ventre *m* ; [waist] taille *f* / *he's got rather fat around the middle* il a pris du ventre. ◆ adj **1.** [in the centre] du milieu / *the middle book* | *shelf* le livre / l'étagère du milieu / *to take the middle course* or *way fig* trouver le juste milieu / *the middle path* **a)** *lit* le chemin du milieu **b)** *fig* la voie de la modération ▸ **middle C** do *m* du milieu du clavier **2.** [average] moyen / *of middle height* UK de taille moyenne ; [intermediate] moyen, intermédiaire / *this car is in the middle price range* cette voiture se situe dans un ordre de prix moyen. ◆ vt **1.** NAUT [sail] plier en deux **2.** FOOT centrer.

❖ **Middle** adj LING ▸ **Middle Irish** / **French** moyen gaélique / français.

middle age n la cinquantaine / *a man in middle age* un homme d'un certain âge / *to reach middle age* avoir un certain âge / *she's well into middle age* elle a plus de 50 ans.

❖ **middle-age** comp ▸ **middle-age spread** : *he's got middle-age spread* il prend de l'embonpoint.

middle-aged adj d'une cinquantaine d'années / *a middle-aged businessman* un homme d'affaires d'un certain âge.

Middle Ages pl n Moyen Âge *m* / *in the Middle Ages* au Moyen Âge.

Middle America pr n **1.** GEOG Amérique *f* centrale **2.** SOCIOL l'Amérique *f* moyenne ; *pej* l'Amérique *f* bien pensante.

Middle American ◆ n **1.** GEOG Américain *m*, -e *f* du Middle-West **2.** *fig* Américain *m* moyen, Américaine *f* moyenne. ◆ adj **1.** GEOG du Middle-West **2.** *fig* de l'américain moyen.

middlebrow ['mɪdlbraʊ] ◆ n *pej* [reader] lecteur *m* moyen, lectrice *f* moyenne ; [audience] spectateur *m* moyen, spectatrice *f* moyenne. ◆ adj [reader, audience] moyen / *their music's very middlebrow* leur musique s'adresse à un public moyen / *middlebrow books* livres sans prétentions / *middlebrow programmes* programmes s'adressant à un public moyen.

middle class n ▸ **the middle class** or **the middle classes** la classe moyenne, les classes moyennes.

❖ **middle-class** adj des classes moyennes.

middle distance n ▸ **in the middle distance a)** à mi-distance **b)** [in picture] au second plan.

❖ **middle-distance** adj SPORT ▸ **middle-distance runner** / **race** coureur *m*, -euse *f* / course *f* de demi-fond.

middle ear n ANAT oreille *f* moyenne.

Middle East pr n ▸ **the Middle East** le Moyen-Orient / *in the Middle East* au Moyen-Orient.

Middle Eastern adj moyen-oriental.

Middle England n l'Angleterre *f* moyenne.

Middle Englander [-'ɪŋgləndəʳ] n Anglais *m* moyen, Anglaise *f* moyenne.

Middle English n LING moyen anglais *m*.

middle finger n majeur *m*.

middle game n [in chess] milieu *m* de partie.

middle ground n **1.** [in picture] second plan *m* **2.** *fig* terrain *m* neutre ▸ **to occupy the middle ground** adopter une position de compromis.

Middle High German n le moyen haut-allemand.

middleman ['mɪdlmæn] (*pl* **middlemen** [-men]) n intermédiaire *mf*.

middle management n *(U)* cadres *mpl* moyens.

middlemost ['mɪdlməʊst] adj le plus proche du centre.

middle name n deuxième prénom *m* / *honesty is her middle name* c'est l'honnêteté même.

middle-of-the-road adj [opinions, policies] modéré ; *pej* timide, circonspect ▸ **middle-of-the-road music** variétés *fpl* or musique *f* passe-partout *pej*.

middle school n UK *cycle d'enseignement à cheval sur le primaire et le secondaire (8 à 13 ans)* ; US *enseignement secondaire correspondant au premier cycle (10 à 13 ans)* ; ≃ collège.

middle-sized adj de taille moyenne.

middle term n PHILOS moyen terme *m (d'un syllogisme)*.

middleweight ['mɪdlweɪt] ◆ n poids *m* moyen. ◆ adj [championship] de poids moyen ▸ **middleweight champion** : *he's the world middleweight champion* c'est le champion du monde des poids moyens.

Middle West = **Midwest.**

middling ['mɪdlɪŋ] adj *inf* [average] moyen ; [mediocre] médiocre ; [in health] : *he's only middling* ça va sans plus / *how are you? — fair to middling* ça va ? — on fait aller.

Middx written abbr of Middlesex.

Mideast [ˌmɪd'iːst] US = Middle East.

midfield [ˌmɪd'fiːld] n SPORT milieu *m* du terrain / *in midfield* au milieu du terrain ▸ **midfield player** (joueur *m* du) milieu *m* de terrain.

midge [mɪdʒ] n moucheron *m*.

midget ['mɪdʒɪt] ◆ n [dwarf] nain *m*, naine *f*. ◆ adj nain, minuscule.

midi ['mɪdɪ] n [coat] manteau *m* à mi-mollet ; [skirt] jupe *f* à mi-mollet.

midiron ['mɪdaɪən] n [in golf] fer *m* moyen.

midi system n mini-chaîne *f*.

midland ['mɪdlənd] adj au centre du pays.

Midlands ['mɪdləndz] pl pr n ▸ **the Midlands** les Midlands *(comtés du centre de l'Angleterre)*.

midlife ['mɪdlaɪf] n la cinquantaine / *in midlife, it's hard to find a new job* la cinquantaine passée, il est difficile de retrouver un emploi.

midlife crisis n : *he's having* or *going through a midlife crisis* il a du mal à passer le cap de la cinquantaine.

midmorning [ˌmɪd'mɔːnɪŋ] n milieu *m* de la matinée / *we had a midmorning snack* nous avons mangé quelque chose vers 11 h.

midmost ['mɪdməʊst] adj le plus proche du centre.

midnight ['mɪdnaɪt] ◆ n minuit *m* / *at midnight* à minuit / **'Midnight's Children'** *Rushdie* 'les Enfants de minuit'. ◆ adj [mass, swim] de minuit ▸ **midnight feast** *petit repas pris en cachette la nuit* / *we had a midnight feast* on a mangé quelque chose au milieu de la nuit ▸ **to burn the midnight oil** travailler tard dans la nuit ▸ **the land of the midnight sun** les pays du soleil de minuit *(au nord du cercle polaire arctique)* / **'Midnight Cowboy'** *Schlesinger* 'Macadam cowboy' ▸ **the Midnight ride** US HIST *épisode héroïque de la guerre d'Indépendance américaine*.

The Midnight ride

Nom donné à l'acte héroïque de Paul Revere qui, dans la nuit du 18 avril 1775, pendant la guerre d'Indépendance, alla de Boston à Lexington afin de prévenir les patriotes américains du débarquement des troupes anglaises.

midnight blue adj bleu nuit *(inv)*.

mid-off n *au cricket, position du joueur le plus proche du lanceur, à gauche de celui-ci s'il est gaucher, à sa droite s'il est droitier.*

mid-on n *au cricket, position du joueur le plus proche du lanceur, à sa gauche de celui-ci s'il est droitier, à sa droite s'il est gaucher.*

midpoint ['mɪdpɔɪnt] n [in space, time] milieu *m*.

mid-range adj COMM [computer, car] de milieu de gamme.

midrib ['mɪdrɪb] n nervure *f* centrale.

midriff ['mɪdrɪf] n **1.** [stomach] ventre *m* / *he's developed a bit of a midriff bulge* il a pris du ventre **2.** ANAT diaphragme *m*.

midrise ['mɪdraɪz] adj US ▸ **midrise apartment block** immeuble *m* de hauteur moyenne *(10 étages au maximum)*.

midshipman ['mɪdʃɪpmən] (*pl* **midshipmen** [-mən]) n NAUT aspirant *m*, enseigne *m* de vaisseau (deuxième classe).

midst [mɪdst] n **1.** [in space] milieu *m*, cœur *m* ▸ **in the midst of** au milieu or au cœur de / *there's a spy in our midst* il y a un espion parmi nous **2.** [in time] : *in the midst of the crisis* en pleine crise.

midstream [mɪd'striːm] n ▸ **in midstream** *lit* au milieu du courant / *he stopped talking in midstream fig* il s'arrêta au beau milieu d'une phrase / *to change horses in midstream* se raviser en cours de route.

midsummer ['mɪdˌsʌmər] n : *in midsummer* au milieu de l'été, en été / *a midsummer night* une nuit d'été ▸ **midsummer madness** folie *f* estivale / **'A Midsummer Night's Dream'** *Shakespeare* 'le Songe d'une nuit d'été'.

Midsummer Day, Midsummer's Day n le solstice d'été.

midterm [mɪd'tɜːm] n **1.** SCH & UNIV milieu *m* du trimestre / *at* or *in midterm* au milieu du trimestre / *midterm exams* examens *mpl* de milieu du trimestre **2.** MED [of pregnancy] milieu *m* **3.** POL ▸ **midterm elections** *aux États-Unis, élections législatives qui ont lieu au milieu du mandat présidentiel.*

midtown ['mɪdtaʊn] n US *centre-ville dans les très grandes villes* / *a midtown apartment* un appartement dans le centre.

midway ◆ adv [ˌmɪd'weɪ] à mi-chemin / *we broke our journey midway* nous avons interrompu notre voyage à mi-chemin / *she was midway through writing the first chapter* elle avait déjà écrit la moitié du premier chapitre ▸ **midway between** à mi-chemin entre. ◆ adj ['mɪdweɪ] ▸ **midway point** [in time, space] milieu *m* / *we've reached a midway point in the negotiations* nous avons parcouru la moitié du chemin dans les négociations. ◆ n ['mɪdweɪ] US [in fairground] allée *f* centrale.

midweek ◆ adv [mɪd'wiːk] [travel, arrive, meet] au milieu de la semaine ; RAIL ≃ en période bleue. ◆ adj ['mɪd'wiːk] [travel, prices, performance] au milieu de la semaine ; RAIL ≃ (en) période bleue.

midweight ['mɪdweɪt] adj **1.** [garment] (assez) léger **2.** [in job ads: designer, developer] assez expérimenté.

Midwest [ˌmɪd'west] pr n ▸ **the Midwest** le Midwest / *in the Midwest* dans le Midwest.

Midwestern [ˌmɪd'westən] adj du Midwest.

midwife ['mɪdwaɪf] (*pl* **midwives** [-waɪvz]) n sage-femme *f*.

midwifery ['mɪdˌwɪfərɪ] n obstétrique *f*.

midwife toad n crapaud *m* accoucheur, alyte *m*.

midwinter [ˌmɪd'wɪntər] n [solstice] solstice *m* d'hiver / *in midwinter* au milieu de l'hiver / *a midwinter* or *midwinter's day* un jour d'hiver.

midyear [ˌmɪd'jɪər] ◆ n milieu *m* de l'année. ◆ adj du milieu de l'année.

❖ **midyears** pl n US UNIV ≃ partiels *mpl* du deuxième trimestre.

miffed [mɪft] adj *inf* [person] piqué, fâché ; [expression] froissé, fâché.

miffy ['mɪfɪ] (*compar* **miffier**, *superl* **miffiest**) adj *inf* en rogne.

MI5[1] (abbr of Military Intelligence section 5) pr n *service de contre-espionnage britannique.*

might[2] [maɪt] modal vb **1.** [expressing possibility] : *you might well be right* il se pourrait bien que vous ayez raison / *I might be home late tonight* je rentrerai peut-être tard ce soir / *why not come with us? — I might* pourquoi ne viens-tu pas avec nous ? — peut-être / *don't eat it, it might be poisonous* n'en mange pas, tu pourrais t'empoisonner / *hundreds of lives might have been lost unnecessarily* des centaines de gens sont peut-être morts inutilement / *she might well have decided to turn back* il se pourrait or il se peut bien qu'elle ait décidé de rentrer / *they might have reached the summit by now* ils ont peut-être déjà atteint le sommet / *she might have decided not to go* il se peut qu'elle ait décidé de ne pas y aller **2.** [past form of 'may'] : *I never considered that she might want to come* je n'avais jamais pensé qu'elle pouvait avoir envie de venir / *we feared you might be dead* nous avons eu peur que vous ne soyez mort **3.** [in polite questions or suggestions] : *might I interrupt?* puis-je me permettre de vous interrompre ? / *and what, might I ask, was the reason?* et puis-je savoir quelle en était la raison ? / *might I* or *if I might make a suggestion?* puis-je me permettre de suggérer quelque chose ? / *you might try using a different approach altogether* vous pourriez adopter une approche entièrement différente / *I thought we might have tea together somewhere* je m'étais dit que nous pourrions aller prendre un thé ensemble quelque part **4.** [commenting on a statement made] : *that, I might add, was not my idea* cela n'était pas mon idée, soit dit en passant / *this, as one might expect, did not go down well with the government* le gouvernement, est-il nécessaire de le préciser, n'a guère apprécié **5.** [ought to] : *you might at least tidy up your room!* tu pourrais au moins ranger ta chambre ! / *I might have known he'd be the last (to arrive)* j'aurais dû savoir qu'il serait le dernier (à arriver) / *you might have warned me!* tu aurais pu me prévenir ! **6.** [used to contradict or challenge] : *they might say they support women, but they do nothing practical to help them* ils disent peut-être qu'ils soutiennent les femmes mais ils ne font rien pour les aider sur le plan concret **7.** *fml & hum* [in questions] : *and who might you be?* et qui êtes-vous donc ? / *and what might you be up to?* et que faites-vous donc ? **8.** PHR *we might as well go home (as stay here)* nous ferions aussi bien de rentrer chez nous (plutôt que de rester ici) / *I might as well have stayed in bed* j'aurais aussi bien fait de rester au lit / *he's regretting it now, as well he might!* il le regrette maintenant, et pour cause !

See box at may.

Note that il se peut / pourrait que is followed by a verb in the subjunctive:
This might just be the perfect solution.
Il se peut / pourrait que ce soit la solution parfaite.

might[3] [maɪt] n **1.** [power - of nation] pouvoir *m*, puissance *f* ; [- of army] puissance *f* **2.** [physical strength] force *f* ▸ **with all one's might** de toutes ses forces / *he started yelling with all his might* il se mit à crier à tue-tête ▸ **with might and main** de toutes ses forces ▸ **might is right** *prov* force fait loi *prov*.

might-have-been n **1.** [opportunity] occasion *f* manquée ; [hope] espoir *m* déçu **2.** *inf* [person] raté *m*, -e *f*.

mightily ['maɪtɪlɪ] adv **1.** [with vigour] avec vigueur, vigoureusement **2.** [extremely] extrêmement.

mightn't ['maɪtənt] abbr of might not.

might've ['maɪtəv] abbr of might have.

mighty ['maɪtɪ] (*compar* **mightier**, *superl* **mightiest**) ◆ adj **1.** [powerful] puissant **2.** [impressive] imposant ; [enormous] énorme. ◆ adv US *inf* rudement / *that's mighty kind of you* c'est rudement gentil de votre part.

mignonette [ˌmɪnjə'net] n réséda *m*.

migraine ['miːgreɪn or 'maɪgreɪn] n migraine *f* / *to suffer from migraine* avoir des migraines / *I've got a migraine* j'ai la migraine.

migrant ['maɪgrənt] ◆ n **1.** [bird, animal] migrateur *m* **2.** [worker - in agriculture] (travailleur *m*) saisonnier *m* ; [- foreign] travailleur *m* immigré **3.** AUSTR immigré *m*, -e *f*. ◆ adj **1.** [bird, animal] migrateur **2.** [person] ▸ **migrant worker a)** [seasonal] (travailleur *m*) saisonnier *m*, (travailleuse *f*) saisonnière *f* **b)** [foreign] travailleur *m* immigré, travailleuse *f* immigrée **3.** AUSTR [immigrant] immigrant ▸ **migrant accommodation** logement *m* pour les immigrés.

migrate [UK maɪ'greɪt US 'maɪgreɪt] ◆ vi **1.** [bird, animal] migrer **2.** [person, family] migrer, se déplacer, émigrer / *the people migrated to the cities* les gens ont migré vers les villes. ◆ vt [data] transférer, migrer.

migration [maɪ'greɪʃn] n migration *f*.

migratory ['maɪgrətrɪ] adj **1.** [bird, fish] migrateur **2.** [habit, movement] migratoire.

mikado [mɪ'kɑːdəʊ] (*pl* **mikados**) n mikado *m* *(empereur)*.

mike [maɪk] (abbr of microphone) n *inf* micro *m*.

mil [mɪl] n **1.** [unit of length] millième *m* de pouce **2.** [thousand] mille *m inv*.

milady [mɪ'leɪdɪ] (*pl* **miladies**) n *arch* madame *f*.

Milan [mɪ'læn] pr n Milan.

Milanese [ˌmɪlə'ni:z] ◆ n Milanais *m*, -e *f*. ◆ adj milanais.

milch cow ['mɪltʃ-] n vache *f* laitière ; *fig* vache *f* à lait.

mild [maɪld] ◆ adj **1.** [person, manner, voice] doux (douce) **2.** [in taste - cheese] doux (douce) ; [- curry] pas très fort or épicé ; [soap, shampoo] doux (douce) ; [in strength - sedative, cigarette] léger **3.** [clement - winter] doux (douce) / *the weather's mild for the time of year* il fait (un temps) doux pour la saison **4.** [punishment] léger ; [criticism] clément. ◆ n UK *bière moins riche en houblon et plus foncée que la « bitter ».*

mildew ['mɪldju:] ◆ n **1.** [on cereals, flowers] rouille *f* ; [on vines, potatoes, tomatoes] mildiou *m* **2.** [on paper, leather, food] moisissure *f*. ◆ vi **1.** [cereals, flowers] se rouiller ; [vines, potatoes, tomatoes] être atteint par le mildiou **2.** [paper, leather, food] moisir.

mildewed ['mɪldju:d] adj [cereals, flowers] rouillé ; [vines, potatoes, tomatoes] mildiousé ; [paper, leather, food] moisi.

mildly ['maɪldlɪ] adv **1.** [in manner, voice] doucement, avec douceur **2.** [slightly] modérément, légèrement / *that's putting it mildly!* c'est le moins qu'on puisse dire ! / *it was rather silly, to put it mildly* c'était plutôt idiot, c'est le moins qu'on puisse dire.

mildness ['maɪldnɪs] n **1.** [of manner] douceur *f* **2.** [in taste] : *she appreciated the mildness of the curry* elle apprécia le fait que le curry n'était pas trop épicé **3.** [of weather] douceur *f* **4.** [of rebuke] indulgence *f*, clémence *f*.

mild steel n acier *m* doux.

mile [maɪl] n **1.** [measurement] mille *m* *(1 609,33 m)* ; [in athletics] mile *m* / *it's 10 miles away* c'est à une quinzaine de kilomètres d'ici / *she lives 30 miles from Birmingham* elle habite à une cinquantaine de kilomètres de Birmingham / *the two towns are 50 miles apart* les deux villes sont (situées) à 80 kilomètres l'une de l'autre / *it's 10 miles back* c'est à une quinzaine de kilomètres derrière nous / *we passed a restaurant a few miles back* nous sommes passés devant un restaurant quelques kilomètres plus haut / *a 100-mile journey* un voyage de 160 kilomètres / *a 10-mile tailback (of traffic)* un bouchon d'une quinzaine de kilomètres **2.** [long distance] : *you can see it a mile off* ça se voit de loin / *they live miles apart* ils habitent à des kilomètres l'un de l'autre / *the best doctor for miles around* le meilleur médecin à des kilomètres à la ronde / *we're miles from the nearest town* on est à des kilomètres de la ville la plus proche / *it's miles from anywhere* c'est un endroit complètement isolé / *you can see for miles and miles* on voit à des kilomètres à la ronde / *we walked (for) miles and miles* on a fait des kilomètres (à pied) / *I've had to use miles of string* il m'a fallu des kilomètres de ficelle **3.** *fig* : *they're miles ahead of their competitors* ils ont une avance considérable sur leurs concurrents / *the two judges are miles apart on capital punishment* les deux juges ont des points de vue or des avis radicalement opposés sur la peine de mort / *he was miles away* il était dans la lune / *you could see what was going to happen a mile off* on voyait d'ici ce qui allait arriver / *your calculations are miles out* vous vous êtes complètement trompé dans vos calculs / *not a million miles from here* tout près d'ici, parmi nous / *it's not a million miles from what we tried to do* cela ressemble assez à ce que nous avons essayé de faire **4.** *(adverbial use)* *inf* [much] : *she's miles better than me at languages* elle est bien plus forte que moi en langues / *I'm feeling miles better already* je me sens déjà cent fois mieux.

mileage ['maɪlɪdʒ] n **1.** AUTO [distance] ≃ kilométrage *m* / *the car's got a very high mileage* la voiture a beaucoup roulé or a un kilométrage élevé / *the papers got tremendous mileage out of the scandal* *fig* les journaux ont exploité le scandale au maximum **2.** [consumption] consommation *f* (d'essence) / *you get better mileage with a small car* on consomme moins avec une petite voiture.

mileage allowance n indemnité *f* kilométrique.

Mile-High City pr n *surnom de la ville de Denver.*

mileometer [maɪ'lɒmɪtəʳ] n ≃ compteur *m* (kilométrique).

milepost ['maɪlpəʊst] n ≃ borne *f* (kilométrique).

miler ['maɪləʳ] n coureur *m*, -euse *f* du mile.

milestone ['maɪlstəʊn] n **1.** *lit* ≃ borne *f* (kilométrique) **2.** *fig* [important event] jalon *m*, étape *f* importante / *a milestone in the history of aviation* une étape importante dans l'histoire de l'aviation.

milfoil ['mɪlfɔɪl] n BOT mille-feuille *f*.

milieu [UK 'mi:ljɜ: US mi:l'ju:] n environnement *m* (social).

militancy ['mɪlɪtənsɪ] n militantisme *m*.

militant ['mɪlɪtənt] ◆ adj militant / *she's a militant feminist* c'est une féministe militante. ◆ n **1.** [gen] militant *m*, -e *f* **2.** UK = **Militant (Tendency)**.

⇔ **Militant (Tendency)** pr n POL *tendance d'extrême gauche à l'intérieur du parti travailliste britannique.*

militarily [UK 'mɪlɪtərɪlɪ US ˌmɪlə'terəlɪ] adv militairement.

militarism ['mɪlɪtərɪzm] n militarisme *m*.

militarist ['mɪlɪtərɪst] n militariste *mf*.

militaristic [ˌmɪlɪtə'rɪstɪk] adj militariste.

militarization [ˌmɪlɪtəraɪ'zeɪʃn] n militarisation *f*.

militarize, **militarise** ['mɪlɪtəraɪz] vt militariser.

militarized zone ['mɪlɪtəraɪzd-] n zone *f* militarisée.

military ['mɪlɪtrɪ] ◆ adj militaire / *he's a military man* c'est un militaire (de carrière) ▸ **military academy** école *f* militaire ▸ **military band** fanfare *f* militaire ▸ **military service** service *m* militaire. ◆ n ▸ **the military** l'armée *f*.

Military Cross n *distinction militaire britannique.*

military police n police *f* militaire.

military policeman n *membre de la police militaire.*

militate ['mɪlɪteɪt] ⇔ **militate against** vt insep [facts, actions] militer contre / *her temperament militates against her* son tempérament joue contre elle.

militia [mɪ'lɪʃə] n **1.** [body of citizens] milice *f* **2.** US [reserve army] réserve *f*.

militiaman [mɪ'lɪʃəmən] (*pl* **militiamen** [-mən]) n milicien *m*.

milk [mɪlk] ◆ n lait *m* ▸ **mother's milk** lait maternel ▸ **cow's milk** lait de vache ▸ **goat's milk** lait de chèvre ▸ **Milk of Magnesia®** lait de magnésie ▸ **a land flowing with milk and honey** un pays de cocagne ▸ **the milk of human kindness** *fig* le lait de la tendresse humaine. ◆ comp [bottle, churn, jug, etc. - empty] à lait ; [- full] de lait ▸ **milk can** US pot *m* à lait. ◆ vt **1.** [cow, goat] traire **2.** [snake] extraire le venin de **3.** *fig* : *to milk a country of its resources* dépouiller un pays de ses ressources / *he really milks his clients* il plume ses clients / *she milked the subject dry* elle a épuisé le sujet / *to milk the applause* faire durer les applaudissements / *he milked the joke for all it was worth* il a fait durer sa blague un maximum de temps. ◆ vi : *the cow milks well* la vache donne beaucoup de lait.

milk bank n lactarium *m*.

milk bar n milk-bar *m*.

milk chocolate n chocolat *m* au lait.

milk duct n canal *m* galactophore.

milker ['mɪlkəʳ] n **1.** [cow] : *a good milker* une bonne laitière **2.** [dairy hand] trayeur *m*, -euse *f* **3.** [machine] trayeuse *f*.

milk fever n fièvre *f* lactée.

milk float n UK camionnette *f* du laitier.

milk gland n glande *f* lactéale or galactophore.

milking ['mɪlkɪŋ] n traite *f* ▸ **to do the milking** traire les vaches ▸ **milking time** l'heure *f* de la traite.

milking machine n machine *f* à traire, trayeuse *f*.

milking parlour n salle *f* de traite.

milking stool n tabouret *m* à traire.

milk loaf n pain *m* brioché.

milkmaid ['mɪlkmeɪd] n vachère *f*, trayeuse *f*.

milkman ['mɪlkmən] (*pl* **milkmen** [-mən]) n [who delivers milk] laitier *m* ; UK [who milks] vacher *m*, trayeur *m*.

milkpail ['mɪlkpeɪl] n US pot *m* à lait.

milk powder n lait *m* en poudre.

milk pudding n UK entremets *m* au lait.

Milk Race pr n ▸ **the Milk Race** *course cycliste en Grande-Bretagne.*

milk round n UK **1.** [for milk delivery] tournée *f* du laitier **2.** UNIV *tournée des universités par les employeurs pour recruter des étudiants en fin d'études.*

milk run n *inf* **1.** AERON vol *m* sans histoire, partie *f* de rigolade **2.** [regular journey] trajet *m* habituel, tournée *f* habituelle.

milk shake n milk-shake *m*.

milksop ['mɪlksɒp] n chiffe *f* molle / *he's such a milksop!* c'est une vraie chiffe molle !

milk stout n UK bière *f* brune.

milk tooth n dent *f* de lait.

milk train n premier train *m*.

milk truck US = **milk float**.

milkweed ['mɪlkwi:d] n asclépias *f*.

milk-white adj d'un blanc laiteux.

milky ['mɪlkɪ] (*compar* **milkier**, *superl* **milkiest**) adj **1.** [taste] laiteux, de lait ; [dessert] lacté, à base de lait ; [tea, coffee] avec du lait / *do you have your tea milky?* est-ce que vous prenez beaucoup de lait dans votre thé ? **2.** [colour] laiteux ; [skin] d'un blanc laiteux **3.** [cloudy - liquid] laiteux, lactescent.

Milky Way pr n ▸ **the Milky Way** la Voie lactée.

mill [mɪl] ◆ n **1.** [for flour] moulin *m* ; [on industrial scale] meunerie *f*, minoterie *f* / *she's been through the mill* elle en a souffert / *she put him through the mill* elle lui en a fait voir / **'The Mill on the Floss'** *Eliot* 'le Moulin sur la Floss' **2.** [factory] usine *f* ▸ **steel mill** aciérie *f* **3.** [domestic - for coffee, pepper] moulin *m* **4.** TECH [for coins] machine *f* à créneler ; [for metal] fraiseuse *f*. ◆ vt **1.** [grain] moudre ; [ore] broyer **2.** [mark - coin] créneler ; [- screw] moleter ; [- surface] strier, rainer / *a coin with a milled edge* une pièce crénelée.

⇔ **mill about** UK, **mill around** vi [crowd, people] grouiller.

millboard ['mɪlbɔ:d] n carton *m* gris.

millenarian [ˌmɪlɪ'neərɪən] ◆ adj millénariste. ◆ n millénariste *mf*.

millenarianism [ˌmɪlɪ'neərɪənɪzm] n millénarisme *m*, chiliasme *m*.

millenary [mɪ'lenərɪ] (*pl* **millenaries**) ◆ adj millénaire. ◆ n millénaire *m*.

millennial [mɪ'lenɪəl] adj du millenium.

millennium [mɪ'lenɪəm] (*pl* **millenniums** *or* **millennia** [-nɪə]) n **1.** [thousand years] millénaire *m* **2.** RELIG & *fig* ▸ **the millennium** le millénium.

millennium bug n bogue *m* de l'an 2000.

millepede ['mɪlɪpi:d] = **millipede**.

miller ['mɪləʳ] n meunier *m*, -ère *f*.

miller's thumb n [fish] meunier *m*.

millet ['mɪlɪt] n millet *m*.

mill hand n *dated* ouvrier *m*, -ère *f*.

milliard ['mɪljɑ:d] n UK milliard *m*.

millibar ['mɪlɪbɑ:ʳ] n millibar *m*.

milligram(me) ['mɪlɪgræm] n milligramme *m*.

millilitre UK, **milliliter** US ['mɪlɪˌli:təʳ] n millilitre *m*.

millimetre UK, **millimeter** US ['mɪlɪˌmi:təʳ] n millimètre *m*.

milliner ['mɪlɪnəʳ] n modiste *mf*.

millinery ['mɪlɪnrɪ] n [manufacture] fabrication *f* de chapeaux de femmes ; [sale] vente *f* de chapeaux de femmes.

milling ['mɪlɪŋ] n crénelage *m*.

milling machine n fraiseuse *f*.

million ['mɪljən] n **1.** *lit* million *m* / *two million dollars* deux millions de dollars / *millions of pounds* des millions de livres / *the population of Scotland is five million* l'Écosse a cinq millions d'habitants / *the chance of that happening is one in a million* il y a une chance sur un million que ça arrive / *his secretary is one in a million* sa secrétaire est une perle rare / *that man is worth several million* cet homme est plusieurs fois milliardaire **2.** [enormous number] : *there were simply millions of people at the concert!* il y avait un monde fou au concert ! / *I've told you a million times not to do that* je t'ai dit cent fois de ne pas faire ça / *there are a million and one ways of cooking vegetables* il y a mille et une façons de préparer les légumes.
❖ **millions** pl n [masses] masses *fpl* / *the nameless millions who will come after us* les millions d'inconnus qui nous succéderont.

millionaire [ˌmɪljə'neəʳ] n ≃ milliardaire *mf* ▸ **dollar millionaire** : *he's a dollar millionaire* il possède des millions de dollars.

millionairess [ˌmɪljə'neərɪs] n ≃ milliardaire *f*.

million-selling adj : *a million-selling album* un album qui s'est vendu à plus d'un million d'exemplaires.

millionth ['mɪljənθ] ◆ det millionième. ◆ n **1.** [ordinal] millionième *mf* **2.** [fraction] millionième *m*.

millipede ['mɪlɪpiːd] n mille-pattes *m inv*.

millisecond ['mɪlɪˌsekənd] n milliseconde *f*, millième *m* de seconde.

milliwatt ['mɪlɪwɒt] n milliwatt *m*.

millpond ['mɪlpɒnd] n retenue *f* de moulin / *the sea was like a millpond fig* la mer était d'huile.

millrace ['mɪlreɪs] n bief *m*.

Mills and Boon® ['mɪlzn,buːn] pr n *maison d'édition publiant des romans sentimentaux au Royaume-Uni*.

millstone ['mɪlstəʊn] n **1.** *lit* meule *f* **2.** *fig* fardeau *m* / *another millstone round the taxpayer's neck* une charge supplémentaire pour le contribuable.

millstream ['mɪlstriːm] n courant *m* du bief.

millwheel ['mɪlwiːl] n roue *f* (d'un moulin).

millwright ['mɪlraɪt] n constructeur *m* de moulins.

milometer [maɪ'lɒmɪtəʳ] = **mileometer**.

milord [mɪ'lɔːd] n *arch* milord *m*.

milquetoast ['mɪlktəʊst] n US chiffe *f* molle.

milt [mɪlt] n [of fish - fluid] laitance *f* ; [- organ] testicule *m*.

mim [mɪm] adj UK *inf & regional* bégueule.

mime [maɪm] ◆ n [actor, play] mime *m* / *to explain something in mime* expliquer quelque chose par gestes / *to study mime* étudier l'art du mime. ◆ vi **1.** THEAT faire du mime **2.** [pop singer] chanter en play-back. ◆ vt mimer ; [derisively] singer.

Mimeograph® ['mɪmɪəgrɑːf] ◆ n **1.** [machine] Ronéo® *f*, duplicateur *m* (à stencil) **2.** [text] polycopié *m*, texte *m* ronéotypé. ◆ vt ronéotyper, ronéoter.

mimesis [mɪ'miːsɪs] n BIOL mimétisme *m*.

mimetic [mɪ'metɪk] adj mimétique.

mimic ['mɪmɪk] (*pt & pp* **mimicked**, *cont* **mimicking**) ◆ vt **1.** [gestures] mimer ; [satirically] parodier, singer **2.** BIOL imiter (par mimétisme). ◆ n imitateur *m*, -trice *f* / *she's an excellent mimic* c'est une excellente imitatrice. ◆ adj **1.** [mock - battle, warfare] simulé ▸ **mimic colouring** mimétisme *m* des couleurs **2.** THEAT mimique.

mimicry ['mɪmɪkrɪ] n **1.** [imitation] imitation *f* **2.** BIOL mimétisme *m*.

mimosa [mɪ'məʊzə] n mimosa *m*.

min. 1. (written abbr of **minute**) mn, min **2.** (written abbr of **minimum**) min.

Min. written abbr of **ministry**.

mina ['maɪnə] = **myna**.

minaret [mɪnə'ret] n minaret *m*.

minatory ['mɪnətrɪ] adj *fml* comminatoire.

mince [mɪns] ◆ vt **1.** CULIN hacher **2.** PHR *he doesn't mince his words* il ne mâche pas ses mots. ◆ vi **1.** [speak] parler avec affectation **2.** [move] marcher en se trémoussant / *he minced into the room* il est entré dans la salle en se trémoussant. ◆ n **1.** UK [meat] viande *f* hachée, haché *m* **2.** US = **mincemeat**.

mincemeat ['mɪnsmiːt] n **1.** [meat] viande *f* hachée **2.** [sweet filling] *mélange de fruits secs et d'épices qui sert de garniture à des tartelettes* **3.** PHR **to make mincemeat of sb** *inf* réduire qqn en bouillie or en chair à pâté.

mince pie n *tartelette fourrée avec un mélange de fruits secs et d'épices que l'on sert à Noël en Grande-Bretagne*.

mincer ['mɪnsəʳ] n hachoir *m*, hache-viande *m inv*.

mincing ['mɪnsɪŋ] adj affecté, maniéré / *he came in with mincing steps* il est entré en se trémoussant.

mincingly ['mɪnsɪŋlɪ] adv en minaudant.

mincing machine = **mincer**.

mind [maɪnd] ◆ n **1.** [reason] esprit *m* / *the power of mind over matter* le pouvoir de l'esprit sur la matière ▸ **to be strong in mind and body** être physiquement et mentalement solide ▸ **to be of sound mind** être sain d'esprit / *his mind became unhinged* il a perdu la raison, il est devenu fou ▸ **to be** / **to go out of one's mind** être / devenir fou / *he was out of his mind with worry* il était fou d'inquiétude / *he isn't in his right mind* il n'a pas tous ses esprits / *no-one in their right mind would do such a thing* aucune personne sensée n'agirait ainsi **2.** [thoughts] : *there's something on her mind* il y a quelque chose qui la tracasse / *I have a lot on my mind* j'ai beaucoup de soucis / *what's going on in her mind?* qu'est-ce qui se passe dans son esprit or sa tête ? ▸ **at the back of one's mind** : *I've had it* or *it's been at the back of my mind for ages* j'y pense depuis longtemps, ça fait longtemps que ça me travaille ▸ **to put sthg to the back of one's mind** chasser qqch de son esprit / *I just can't get him out of my mind* je n'arrive absolument pas à l'oublier ▸ **to have sb** / **sthg in mind** penser à qqn / qqch de précis / *who do you have in mind for the role?* à qui songez-vous pour le rôle ?, qui avez-vous en vue pour le rôle ? / *what kind of holiday did you have in mind?* qu'est-ce que tu voulais or voudrais faire pour les vacances ? / *you must put the idea out of your mind* tu dois te sortir cette idée de la tête ▸ **to set one's mind on doing sthg** se mettre en tête de faire qqch ▸ **to have one's mind set on sthg** vouloir qqch à tout prix / *a drink will take your mind off the accident* bois un verre, ça te fera oublier l'accident ▸ **to see things in one's mind's eye** bien se représenter qqch **3.** [attention] : *I can't seem to apply my mind to the problem* je n'arrive pas à me concentrer sur le problème / *keep your mind on the job* ne vous laissez pas distraire / *she does crosswords to keep her mind occupied* elle fait des mots croisés pour s'occuper l'esprit / *don't pay him any mind* US ne fais pas attention à lui **4.** [memory] : *my mind has gone blank* j'ai un trou de mémoire / *it brings to mind the time we were in Spain* cela me rappelle l'époque où nous étions en Espagne / *Churchill's words come to mind* on pense aux paroles de Churchill / *it went clean* or *right out of my mind* cela m'est complètement sorti de l'esprit or de la tête / *it puts me in mind of Japan* cela me fait penser au Japon, cela me rappelle le Japon / *it must have slipped my mind* j'ai dû oublier / *time out of mind I've warned him not to go there* UK cela fait une éternité que je lui dis de ne pas y aller **5.** [intellect] esprit *m* / *she has an outstanding mind* elle est d'une très grande intelligence / *he has the mind of a child* il a l'esprit d'un enfant ; [intelligent person, thinker] esprit *m*, cerveau *m* / *the great minds of our century* les grands esprits or cerveaux de notre siècle ▸ **great minds think alike** *hum* les grands esprits se rencontrent **6.** [way of thinking] : *the Western mind* les modes de pensée occidentaux / *he has a suspicious mind* il est soupçonneux de nature **7.** [opinion] ▸ **to be of the same** or **of like** or **of one mind** être du même avis / *they're all of one mind* ils sont tous d'accord or du même avis ▸ **to my mind** à mon avis, selon moi ▸ **to be in two minds (about sthg)** : *I'm in two minds about where to go for my holidays* je ne sais pas très bien où aller passer mes vacances ▸ **to make up one's mind** se décider, prendre une décision / *my mind is made up* ma décision est prise ▸ **to make up one's mind about sthg** décider qqch ▸ **to make up one's mind to do sthg** se décider à faire qqch / *she's made up her mind to move house* elle s'est résolue à déménager **8.** [desire] : *I've half a mind to give up* j'ai à moitié envie de renoncer / *I've a good mind to tell him what I think* j'ai bien envie de lui dire ce que je pense ; [intention] : *nothing was further from my mind* je n'en avais nullement l'intention / *I've had it in mind for some time now* j'y songe depuis un moment.
◆ vt **1.** [look after - children] garder ; [- bags, possessions] garder, surveiller ; [- shop, business] garder, tenir ; [- plants, garden] s'occuper de, prendre soin de / *can you mind the house for us while we're away?* **a)** [watch] pouvez-vous surveiller la maison pendant notre absence ? **b)** [look after] pouvez-vous vous occuper de la maison pendant notre absence ? **2.** [pay attention to] faire attention à / *don't mind the dog* ne faites pas attention au chien / *he didn't mind my advice* il n'a pas fait attention à or n'a pas écouté mes conseils / *mind your own business!* occupe-toi de ce qui te regarde !, mêle-toi de tes oignons ! / *mind your language!* surveille ton langage ! / *to mind one's manners* se surveiller / **'mind the step'** 'attention à la marche' / *mind the cat!* attention au chat ! **3.** *(with verb phrase)* [be sure of] faire attention à / *mind (that) you don't forget* n'oubliez surtout pas / *mind you don't break it* fais bien attention de ne pas le casser / *mind what you say* **a)** [pay attention] réfléchissez à or faites attention à ce que vous dites **b)** [don't be rude] mesurez vos paroles / *mind what you're doing!* regarde ce que tu fais ! ; [remember] : *mind you post my letter* n'oubliez surtout pas de poster ma lettre **4.** [bother about] faire attention à, s'inquiéter de or pour / *don't mind me, I'll just sit here quietly* ne vous inquiétez pas de moi, je vais m'asseoir ici et je ne dérangerai personne / *I really don't mind what he says* / *thinks* je me fiche de ce qu'il peut dire / penser **5.** [object to] : *I don't mind him* il ne me dérange pas / *you don't mind me using the car, do you? — I mind very much* cela ne te dérange pas que je prenne la voiture ? — cela me dérange beaucoup / *do you mind going out when the weather's cold?* est-ce que cela vous ennuie de sortir quand il fait froid ? / *do you mind me smoking?* cela ne vous ennuie or dérange pas que je fume ? / *did you mind me inviting her?* tu aurais peut-être préféré que je ne l'invite pas ?, ça t'ennuie que je l'aie invitée ? / *would you mind turning out the light, please?* **a)** [politely] pourriez-vous éteindre la lumière, s'il vous plaît ? **b)** [aggressively] est-ce que cela vous dérangerait beaucoup d'éteindre la lumière ? / *I wouldn't mind a cup of tea* je prendrais bien or volontiers une tasse de thé **6.** SCOT & IR [remember] se rappeler, se souvenir de **7.** PHR *mind (you), I'm not surprised* remarque or tu sais, cela ne m'étonne pas / *mind you, he's a bit young* ceci dit, il est un peu jeune / *never mind that now* **a)** [leave it] ne vous occupez pas de cela maintenant **b)** [forget it] oubliez ça / *never mind the consequences* ne vous préoccupez pas des conséquences, peu importent les conséquences / *never mind what people say* / *think* peu importe ce que disent / pensent les gens / *never mind his feelings, I've got a business to run!* je n'ai que faire de ses états d'âme, j'ai une affaire à diriger ! / *never mind him, just run for it!* ne t'occupe pas de lui, fonce ! ◆ vi **1.** [object - esp in requests] : *do you mind if I open the window?* cela vous dérange si j'ouvre la fenêtre ? / *would you mind if I opened the window?* est-ce que cela vous ennuierait si j'ouvrais la fenêtre ? / *do you mind if I smoke?* est-ce que cela vous gêne or dérange que je fume ? / *I don't mind in the least* cela ne me dérange pas le moins du monde / *if you don't mind* si vous voulez bien, si vous n'y voyez pas d'inconvénient / *I can't say I really mind* je ne peux pas dire que cela m'ennuie or me dérange vraiment / *do you mind if I take the car? — of course I don't (mind)* est-ce que cela vous ennuie que je prenne la voiture ? — bien sûr que non / *I don't mind if I do* [in reply to offer] volontiers, je ne dis pas non, ce n'est pas de refus **2.** [care, worry] : *I don't mind if people laugh at me — but you should mind!* je ne me soucie guère que les gens se moquent de moi — mais vous devriez ! /

if you don't mind, I haven't finished si cela ne vous fait rien, je n'ai pas terminé ▸ **do you mind! a)** *iro* [politely] vous permettez ? **b)** [indignantly] non mais ! ▸ **never mind a)** [it doesn't matter] cela ne fait rien, tant pis **b)** [don't worry] ne vous en faites pas ▸ **never you mind! a)** [don't worry] ne vous en faites pas ! **b)** [mind your own business] ce n'est pas votre affaire ! / *never mind about the money now* ne t'en fais pas pour l'argent, on verra plus tard **3.** UK [be careful] faire attention / *mind when you cross the road* fais attention en traversant la route ▸ **mind!** attention !

❖ **mind out** vi UK faire attention ▸ **mind out!** attention ! / *mind out for (the) rocks!* attention aux rochers !

MIND [maɪnd] pr n *organisme d'aide aux handicapés mentaux.*

mind-altering [-ˈɒltərɪŋ] adj [drug] psychotrope.

mind-bending [-bendɪŋ] adj *inf* **1.** [complicated] compliqué **2.** [drugs] psychotrope.

mind-blowing adj *inf* [amazing] époustouflant.

mind-boggling adj extraordinaire, stupéfiant.

minded [ˈmaɪndɪd] adj *fml* disposé / *she could easily lend us the money, if she were minded to do so* elle pourrait facilement nous prêter l'argent, si elle y était disposée or le voulait.

-minded [ˌmaɪndɪd] in comp **1.** *(with adj)* : *they're so narrow-minded* ils sont tellement étroits d'esprit **2.** *(with adv)* : *to be politically-minded* s'intéresser beaucoup à la politique / *many young people are scientifically-minded* beaucoup de jeunes ont l'esprit scientifique **3.** *(with noun)* : *my parents are very money-minded* mes parents ont un faible pour l'argent or sont très portés sur l'argent / *he's very sports-minded* c'est un passionné de sports.

minder [ˈmaɪndər] n **1.** UK *inf* [bodyguard] gorille *m* **2.** [gen] gardien *m*, -enne *f*, surveillant *m*, -e *f*.

mind-expanding adj [drugs] hallucinogène, psychédélique.

mindful [ˈmaɪndfʊl] adj *fml* : *mindful of her feelings on the subject, he fell silent* attentif à ce qu'elle ressentait à ce sujet, il se tut / *he was always mindful of his children's future* il a toujours été soucieux or il s'est toujours préoccupé de l'avenir de ses enfants.

mindless [ˈmaɪndlɪs] adj **1.** [stupid - film, book] idiot, stupide ; [senseless - cruelty, violence] insensé, sans nom **2.** [boring] bête, ennuyeux / *a mindless job* un travail ingrat or stupide **3.** [heedless] : *mindless of the danger, he dived into the river* insouciant du danger, il plongea dans la rivière.

mind-numbing [-nʌmɪŋ] adj abrutissant.

mind reader n : *he must be a mind reader* il lit dans les pensées comme dans un livre / *I'm not a mind reader* je ne suis pas devin.

mindset [ˈmaɪndset] n mentalité *f* / *this is a dangerous mindset to be in* c'est une attitude dangereuse.

mine¹ [maɪn] ◆ pron le mien *m*, la mienne *f*, les miens *mpl*, les miennes *fpl* / *is this pen mine? — no, it's mine!* il est à moi ce stylo ? — non, c'est le mien ! / *this bag is mine* ce sac m'appartient or est à moi / *the furniture is his but the house is mine* les meubles lui appartiennent mais la maison est à moi / *he's an old friend of mine* c'est un vieil ami à moi / *where did that brother of mine get to?* mais où est-ce que mon frère est encore passé ? / *I took her hands in mine* j'ai pris ses mains dans les miennes / *mine is an exceptional situation* je me trouve dans une situation exceptionnelle / *what's mine is yours* ce qui est à moi est à toi. ◆ det *arch* mon *m*, ma *f*, mes *(pl)* / *mine only hope* mon seul espoir.

mine² [maɪn] ◆ n **1.** [for coal, gold, salt, etc.] mine *f* / *he went down the mine* or *mines at 16* il est descendu à la mine à 16 ans **2.** *fig* [valuable source] mine *f* / *she's a mine of information* c'est une véritable mine de renseignements **3.** [explosive] mine *f* / *to clear a road of mines* déminer une route. ◆ vt **1.** GEOL [coal, gold, etc.] extraire / *they mine coal in the area* il y a des mines de charbon dans la région **2.** MIL [road, sea] miner / *the path was mined* le chemin était miné ; [destroy] : *their jeep was mined* leur jeep a sauté sur une mine **3.** [undermine - fortification] saper. ◆ vi exploiter une mine / *to mine for uranium* **a)** [prospect] chercher de l'uranium, prospecter pour trouver de l'uranium **b)** [extract] exploiter une mine d'uranium.

mine detector n détecteur *m* de mines.

minefield [ˈmaɪnfiːld] n **1.** *lit* champ *m* de mines **2.** *fig* : *the minefield of high-level diplomacy* les chausse-trappes de la haute diplomatie / *a political minefield* une situation épineuse du point de vue politique.

minehunter [ˈmaɪnˌhʌntər] n NAUT chasseur *m* de mines.

minelayer [ˈmaɪnˌleɪər] n mouilleur *m* de mines.

miner [ˈmaɪnər] n MIN mineur *m*.

mineral [ˈmɪnərəl] ◆ n **1.** GEOL minéral *m* **2.** UK [soft drink] boisson *f* gazeuse (non alcoolique), soda *m*. ◆ adj minéral.

mineral jelly n UK vaseline *f*.

mineralogical [ˌmɪnərəˈlɒdʒɪkl] adj minéralogique.

mineralogist [ˌmɪnəˈrælədʒɪst] n minéralogiste *mf*.

mineralogy [ˌmɪnəˈrælədʒɪ] n minéralogie *f*.

mineral oil n UK huile *f* minérale ; US huile *f* de paraffine.

mineral ore n minerai *m*.

mineral water n eau *f* minérale.

miner's lamp n lampe *f* de mineur.

miner's lung n anthracose *f*.

Minerva [mɪˈnɜːvə] pr n Minerve.

mineshaft [ˈmaɪnʃɑːft] n puits *m* de mine.

minestrone (soup) [ˌmɪnɪˈstrəʊnɪ-] n minestrone *m*.

minesweeper [ˈmaɪnˌswiːpər] n dragueur *m* de mines.

mineworker [ˈmaɪnˌwɜːkər] n ouvrier *m*, -ère *f* de la mine, mineur *m*.

minge [mɪndʒ] n UK *vulg* chatte.

minging [ˈmɪŋɪŋ] adj UK *v inf* horrible.

mingle [ˈmɪŋgl] ◆ vt mélanger, mêler / *he mingled truth with lies* il mélangeait le vrai et le faux / *she read the letter with mingled sadness and relief* elle lut la lettre avec un mélange de tristesse et de soulagement. ◆ vi se mêler (aux autres) / *people from all walks of life mingled together* des gens de toutes conditions sociales se mêlaient les uns aux autres ; [at party] : *excuse me, I must mingle* excusez-moi, il faut que je salue d'autres invités.

mingy [ˈmɪndʒɪ] (*compar* **mingier**, *superl* **mingiest**) adj UK *inf* [mean - person] radin, pingre ; [- portion, quantity] chiche, misérable, maigre.

mini [ˈmɪnɪ] ◆ n *inf* **1.** [skirt] minijupe *f* **2.** COMPUT mini-ordinateur *m*, mini *m*. ◆ adj mini *(inv)*.

❖ **Mini®** n [car] (Austin®) Mini *f*.

miniature [ˈmɪnətʃər] ◆ adj [in miniature] en miniature ; [model] miniature ; [tiny] minuscule / *a miniature Eiffel Tower* une tour Eiffel miniature ▸ **miniature golf** golf *m* miniature ▸ **miniature poodle** caniche *m* nain ▸ **miniature railway** chemin *m* de fer miniature. ◆ n [gen & ART] miniature *f* / *in miniature* en miniature.

miniaturist [ˈmɪnətʃərɪst] n miniaturiste *mf*.

miniaturization [ˌmɪnətʃəraɪˈzeɪʃn] n miniaturisation *f*.

miniaturize, **miniaturise** [ˈmɪnətʃəraɪz] vt miniaturiser.

miniaturized [ˈmɪnətʃəraɪzd] adj miniaturisé.

minibar [ˈmɪnɪbɑːr] n minibar *m*.

mini-break n [holiday] mini-séjour *m*.

minibudget [ˈmɪnɪˌbʌdʒɪt] n UK POL *annexe à la loi de finances.*

minibus [ˈmɪnɪbʌs] (*pl* **minibuses**) n minibus *m*.

minicab [ˈmɪnɪkæb] n UK *voiture de série convertie en taxi.*

minicam [ˈmɪnɪkæm] n caméra *f* de télévision miniature.

minicomputer [ˌmɪnɪkəmˈpjuːtər] n mini-ordinateur *m*.

minicourse [ˈmɪnɪkɔːs] n US SCH stage *m* (intensif).

mini-cruise n mini-croisière *f*.

MiniDisc® [ˈmɪnɪdɪsk] n Minidisc® *m*.

MiniDisc® player n lecteur de MiniDiscs® *m*.

minidish [ˈmɪnɪdɪʃ] n TV mini antenne *f* parabolique.

minidisk [ˈmɪnɪdɪsk] n mini-disquette *f*.

minidress [ˈmɪnɪdres] n mini-robe *f*.

minigolf [ˈmɪnɪgɒlf] n minigolf *m*.

minikini [ˈmɪnɪkiːnɪ] n minikini *m*.

minim [ˈmɪnɪm] n **1.** UK MUS blanche *f* **2.** [measure] ≃ goutte *f (0,5 ml)*.

minima [ˈmɪnɪmə] pl ⟶ **minimum.**

minimal [ˈmɪnɪml] adj minimal / *there has been only a minimal improvement* il n'y a eu qu'une infime amélioration ▸ **minimal art** art *m* minimal ▸ **minimal pair** LING paire *f* minimale.

minimalism [ˈmɪnɪməlɪzm] n minimalisme *m*.

minimalist [ˈmɪnɪməlɪst] n minimaliste *mf*.

minimalize, **minimalise** [ˈmɪnɪməlaɪz] vt minimaliser.

minimally [ˈmɪnɪməlɪ] adv à peine / *the new system is only minimally more efficient* le nouveau système n'est guère plus efficace.

minimarket [ˈmɪnɪˌmɑːkɪt], **minimart** [ˈmɪnɪmɑːt] n supérette *f*, petit supermarché *m*.

minimax [ˈmɪnɪmæks] n MATH minimax *m*.

minimize, **minimise** [ˈmɪnɪˌmaɪz] vt **1.** [reduce - size, amount] réduire au minimum, diminuer le plus possible / *they are trying to minimize the levels of CO^2 in the atmosphere* on essaie de réduire les niveaux de CO^2 dans l'atmosphère **2.** [diminish - importance, achievement] minimiser / *he tried to minimize her success as a novelist* il essayait de minimiser son succès en tant que romancière **3.** COMPUT [display window] minimiser.

minim rest n UK MUS demi-pause *f*.

minimum [ˈmɪnɪməm] (*pl* **minimums** *or* **minima** [ˈmɪnɪmə]) ◆ n minimum *m* / *costs were reduced to the* or *a minimum* les coûts furent réduits au minimum / *there was only the minimum of damage* il n'y a eu que des dégâts minimes / *reduced to the very minimum* réduit au strict minimum / *keep expenses to a minimum* limitez au minimum les dépenses, dépensez le moins possible / *at the (very) minimum it will cost £2,000* (en mettant les choses) au mieux, cela coûtera 2 000 livres / *we will need £50 each minimum* or *a minimum of £50 each* il nous faudra 50 livres chacun (au) minimum. ◆ adj minimum, minimal.

minimum charge n tarif *m* minimum.

minimum deposit n acompte *m* minimum.

minimum lending rate n UK taux *m* d'escompte or de base.

minimum payment n paiement *m* minimum.

minimum safeguard price n UK prix *m* minimum de sauvegarde *(du pétrole)*.

minimum wage n salaire *m* minimum *(légal)* ; ≃ SMIC *m*.

mining [ˈmaɪnɪŋ] ◆ n **1.** MIN exploitation *f* minière, extraction *f* **2.** MIL [on land] pose *f* de mines ; [at sea] mouillage *m* de mines. ◆ adj [town, company] minier ; [family] de mineurs.

mining engineer n ingénieur *m* des mines.

mining engineering n ingénierie *f* des mines.

minion [ˈmɪnjən] n *pej* laquais *m*.

minipill [ˈmɪnɪpɪl] n minipilule *f*.

miniroundabout [mɪnɪˈraʊndəbaʊt] n UK petit rond-point *m*.

miniscule [ˈmɪnɪskjuːl] adj minuscule.

mini-series n TV mini-feuilleton *m*.

miniskirt ['mɪnɪskɜːt] n minijupe *f*.

minister ['mɪnɪstəʳ] ◆ n **1.** UK POL ministre *m* ▶ **the Minister of Education / Defence** le ministre de l'Éducation / de la Défense ▶ **minister of state** secrétaire *mf* d'État ▶ **minister without portfolio** ministre *m* sans portefeuille **2.** [diplomat] ministre *m* **3.** RELIG pasteur *m*, ministre *m* ▶ **minister of God** ministre du culte. ◆ vi **1.** [provide care] ▶ **to minister to sb** secourir qqn, donner des soins à qqn ▶ **to minister to sb's needs** pourvoir aux besoins de qqn / *he ministered to the sick* il secourait les malades **2.** RELIG : *he ministered to St. Luke's for 20 years* il a été le pasteur de l'église St-Luc pendant 20 ans.

ministerial [,mɪnɪ'stɪərɪəl] adj **1.** UK POL [project, crisis] ministériel ; [post] de ministre ▶ **ministerial benches** banc *m* des ministres ▶ **to hold ministerial office** être ministre ▶ **ministerial responsibility** responsabilité *f* ministérielle **2.** RELIG pastoral, sacerdotal.

ministering angel ['mɪnɪstrɪŋ-] n *fig* ange *m* de bonté.

ministration [,mɪnɪ'streɪʃn] n RELIG ministère *m*.
❖ **ministrations** pl n *fml* soins *mpl* / *despite her ministrations the animal died* malgré les soins qu'elle lui a prodigués, l'animal est mort.

ministry ['mɪnɪstrɪ] (*pl* **ministries**) n **1.** UK POL [department] ministère *m* ▶ **the Ministry of Defence** le ministère de la Défense **2.** [government] gouvernement *m* **3.** RELIG [collective body] sacerdoce *m*, saint ministère *m* ▶ **to join the ministry a)** [Roman Catholic] se faire ordonner prêtre **b)** [Protestant] devenir pasteur ; [period of office] ministère *m* / *at the end of his ministry in London he moved away* il quitta Londres au terme de son ministère dans cette ville.

minium ['mɪnɪəm] n minium *m*.

minivan ['mɪnɪvæn] n fourgonnette *f*.

mink [mɪŋk] ◆ n [animal, fur] vison *m* ; [coat] manteau *m* en or de vison, vison *m*. ◆ comp [coat, stole] en or de vison.

minke (whale) ['mɪŋkɪ-] n ZOOL baleine *f* de Minke, petit rorqual *m*.

Minnesota [,mɪnɪ'səʊtə] pr n Minnesota *m* / *in Minnesota* dans le Minnesota.

minnow ['mɪnəʊ] (*pl* **minnow** *or* **minnows**) n **1.** [specific fish] vairon *m* ; [any small fish] fretin *m (U)* **2.** UK *fig* [insignificant person] (menu) fretin *m*.

Minoan [mɪ'nəʊən] ◆ n minoen *m*. ◆ adj minoen.

minor ['maɪnəʳ] ◆ adj **1.** [secondary - road, role, position] secondaire ; [- writer] mineur ; [- importance, interest] secondaire, mineur ; [- share] petit, mineur ▶ **minor orders** ordres *mpl* mineurs ▶ **minor planet** astéroïde *m* ▶ **minor premise** LOGIC (proposition *f*) mineure *f* ▶ **minor suit** CARDS couleur *f* mineure **2.** [unimportant - problem, worry] mineur, peu important **3.** [small - alteration, disagreement] mineur, petit ; [- detail, expense] mineur, petit, menu **4.** [not serious - accident] mineur, petit ; [- illness, injury] bénin (bénigne) ▶ **minor offence** LAW délit *m* mineur ▶ **to have a minor operation** MED subir une petite intervention chirurgicale or une intervention chirurgicale bénigne **5.** MUS mineur / *in A minor* en la mineur ▶ **in a minor key** en mode mineur ▶ **minor third** tierce *f* mineure **6.** UK SCH : *Jones minor* Jones junior **7.** US UNIV [subject] facultatif. ◆ n **1.** [in age] mineur *m*, -e *f* **2.** US UNIV matière *f* secondaire **3.** US ▶ **the Minors** [film companies] *les trois sociétés de production secondaires (par rapport aux « Majors ») à Hollywood : Universal, United Artists, Columbia.* ◆ vi US UNIV : *she minored in French* elle a pris le français comme matière secondaire.

Minorca [mɪ'nɔːkə] pr n Minorque / *in Minorca* à Minorque.

Minorcan [mɪ'nɔːkn] ◆ n Minorquin *m*, -e *f*. ◆ adj minorquin.

minority [maɪ'nɒrətɪ] (*pl* **minorities**) ◆ n **1.** [small group] minorité *f* ▶ **to be in a** or **the minority** être dans la minorité / *only a minority (of people) watch late-night TV* seule une minorité (de gens) regarde la télé tard le soir / *I'm afraid you're in a minority of one hum* j'ai bien peur que vous ne soyez le seul de cet avis ▶ **the vocal minority** la minorité qui se fait entendre **2.** LAW [age] minorité *f*. ◆ comp [government, movement, tastes] minoritaire ▶ **minority group** minorité *f* ▶ **minority report** contre-rapport *m (soumis par une minorité)* ▶ **a minority TV programme** *une émission de télévision destinée à un public restreint* ▶ **minority verdict** LAW verdict *m* de la minorité.

minority shareholder UK, **minority stockholder** US n actionnaire *mf* minoritaire.

minor league ◆ n US SPORT ≃ division *f* d'honneur. ◆ adj *fig* secondaire, de peu d'importance / *they're minor league compared with some American corporations* ils sont loin d'avoir l'envergure de certaines grandes sociétés américaines.

Minos ['maɪnɒs] pr n Minos.

Minotaur ['maɪnətɔːʳ] n ▶ **the Minotaur** le Minotaure.

Minsk [mɪnsk] pr n Minsk.

minster ['mɪnstəʳ] n [abbey church] (église *f*) abbatiale *f* ; [cathedral] cathédrale *f*.

minstrel ['mɪnstrəl] n ménestrel *m*, troubadour *m*.

minstrel gallery n tribune *f* des musiciens.

minstrel show n UK *spectacle de variétés donné par des chanteurs déguisés en Noirs.*

mint [mɪnt] ◆ n **1.** BOT menthe *f* **2.** [sweet] bonbon *m* à la menthe **3.** [for coins] ▶ **the Mint** l'Hôtel *m* de la Monnaie, la Monnaie **4.** *inf* [fortune] fortune *f* ▶ **to make a mint** faire fortune / *it's worth a mint* cela vaut une fortune. ◆ comp [chocolate, sauce, tea] à la menthe. ◆ adj [stamps, coins] (tout) neuf ▶ **in mint condition** *fig* en parfait état, à l'état neuf. ◆ vt **1.** [coins] fabriquer, frapper, battre **2.** [invent - word] inventer, créer ; [- expression] forger.

mintage ['mɪntɪdʒ] n [process of minting] monnayage *m*, frappe *f* (de monnaie).

minted ['mɪntɪd] adj UK *inf* plein aux as, bourré de fric.

Minton ['mɪntən] n [china] *porcelaine tendre fabriquée à Stoke-on-Trent en Angleterre.*

minuend ['mɪnjʊend] n MATH nombre *m* à diminuer.

minuet [,mɪnjʊ'et] n menuet *m*.

minus ['maɪnəs] (*pl* **minuses** *or* **minusses**) ◆ prep **1.** MATH moins / *seven minus two leaves* or *equals five* sept moins deux font cinq / *minus 12* moins 12 **2.** [in temperature] : *it's minus 5° outside* il fait moins 5° dehors **3.** *inf* [without] : *he came home minus his shopping* il est rentré sans ses achats / *that chair is minus a leg* cette chaise a un pied en moins. ◆ n **1.** [sign] moins *m* / *put a minus in front of the 12* mettez un moins devant le 12 **2.** [drawback] inconvénient *m* / *one of the minuses is that we risk losing money* un des inconvénients est que nous risquons de perdre de l'argent. ◆ adj **1.** [number] moins **2.** *fig* négatif / *the one minus factor in the job is the low salary* le seul aspect négatif de ce poste est le salaire, qui est bas.

minuscule ['mɪnəskjuːl] ◆ adj **1.** [tiny] minuscule **2.** [lower-case] en (lettres) minuscules. ◆ n minuscule *f*.

minus sign n signe *m* moins.

minute[1] ['mɪnɪt] ◆ n **1.** [period of 60 seconds] minute *f* / *for ten minutes* pendant dix minutes / *I'll be ready in ten minutes* je serai prêt dans dix minutes / *it's only a few minutes' walk (from here)* c'est seulement à quelques minutes (d'ici) à pied / *he got there with only a minute to spare* il y est arrivé avec une seule minute d'avance ; [in telling the time] : *two minutes past / to ten* dix heures deux / moins deux **2.** [moment] instant *m*, minute *f* / *I'll be back in a minute* je reviens dans une minute or dans un instant or tout de suite / *it only took him a minute* il en a eu pour une minute / *wait a minute, please* attendez un instant, s'il vous plaît / *just a minute!* **a)** un instant ! **b)** [aggressively] une minute ! / *come here this minute!* viens ici tout de suite ! / *I think of you every minute of the day* je pense à vous à chaque instant de la journée / *I'll talk to him the minute he arrives* je lui parlerai dès qu'il arrivera / *the weather here changes from one minute to the next* ici, le temps change d'une minute à l'autre / *any minute now* d'un instant à l'autre / *at the minute* en ce moment / *right up till the last minute* jusqu'à la toute dernière minute / *she left the house within minutes of his arrival* elle a quitté la maison dans les minutes qui ont suivi son arrivée / *the flight took two hours to the minute* le vol a duré deux heures à la minute près or exactement / *she arrived at six o'clock to the minute* UK elle est arrivée à six heures précises or à six heures pile **3.** GEOM [of degree] minute *f*. ◆ vt **1.** [take down - fact, remark] inscrire au procès-verbal **2.** [time] minuter, chronométrer.
❖ **minutes** pl n **1.** [of meeting] procès-verbal *m*, compte rendu *m* **2.** [report] note *f*.

minute[2] [maɪ'njuːt] adj **1.** [tiny] minuscule, infime ; [very slight - difference, improvement] infime, minime **2.** [precise] minutieux, détaillé / *with minute care* avec un soin minutieux / *in minute detail* par le menu / *in the minutest detail* dans les moindres détails.

minute book ['mɪnɪt-] n registre *m* des délibérations or des procès-verbaux.

minute gun ['mɪnɪt-] n *canon dont les coups sont tirés à intervalles d'une minute, pour des funérailles par exemple.*

minute hand ['mɪnɪt-] n grande aiguille *f*, aiguille *f* des minutes.

minutely [maɪ'njuːtlɪ] adv **1.** [carefully] minutieusement, avec un soin minutieux ; [in detail] en détail, par le menu **2.** [fold] tout petit ; [move] imperceptiblement, très légèrement.

Minuteman ['mɪnɪtmæn] (*pl* **Minutemen** [-men]) n **1.** [soldier] homme-minute *m (soldat volontaire de la guerre d'Indépendance américaine)* **2.** [missile] Minuteman *m (missile balistique)*.

Minutemen

Les « hommes-minute » étaient des soldats qui devaient se tenir prêts à rejoindre les troupes à tout moment pendant la guerre d'Indépendance. Pendant la guerre froide, le nom de **Minuteman** fut donné à un type de missile américain.

minute steak ['mɪnɪt-] n entrecôte *f* minute.

minutiae [maɪ'njuːʃɪaɪ] pl n menus détails *mpl*, petits détails *mpl* ; *pej* [trivialities] vétilles *fpl*, riens *mpl*.

minx [mɪŋks] n *dated & hum* coquine *f*, friponne *f*.

Miocene ['maɪəsiːn] ◆ adj miocène. ◆ n miocène *m*.

MIPS [mɪps] (abbr of million instructions per second) pl n COMPUT MIPS.

miracle ['mɪrəkl] ◆ n **1.** RELIG & *fig* miracle *m* ▶ **to work miracles** faire or accomplir des miracles / *she's worked miracles with those kids* elle a fait des miracles avec ces enfants / *by a miracle, disaster was averted* la catastrophe a été évitée par miracle / *it was a miracle (that) she survived* c'est un miracle qu'elle ait survécu ; [achievement] : *economic miracle* miracle *m* économique / *a miracle of modern science* un prodige or miracle de la science moderne **2.** = **miracle play**. ◆ comp [drug] miracle ; [cure] miraculeux ▶ **miracle worker** faiseur *m*, -euse *f* de miracles.

miracle play n miracle *m (drame)*.

miraculous [mɪ'rækjʊləs] adj miraculeux / *they had a miraculous escape* c'est un miracle qu'ils s'en soient tirés (vivants) / *a miraculous beauty* une beauté extraordinaire.

miraculously [mɪ'rækjʊləslɪ] adv **1.** [by a miracle] miraculeusement, par miracle **2.** [extremely] merveilleusement, prodigieusement.

mirage [mɪ'rɑːʒ] n mirage *m*.

Miranda [mə'rændə] pr n US ▶ **Miranda decision** *décision rendue par la Cour suprême en 1966, obligeant la police à informer toute personne arrêtée de ses droits* ▶ **Miranda rights** *droit accordé à tout prévenu d'être défendu par un avocat et de garder le silence.*

Mirandize [mə'rændaɪz] vt US ▶ **to Mirandize sb** lire ses droits à qqn.

mire [maɪəʳ] *liter* ◆ n boue *f* ; [deep] bourbier *m* ▸ **to drag sb's name through the mire** traîner le nom de qqn dans la boue. ◆ vt *(usu passive)* **1.** *liter* [in debt, difficulty] empêtrer **2.** [in mud] embourber.

mirror ['mɪrəʳ] ◆ n **1.** [looking glass] miroir *m*, glace *f* ; AUTO rétroviseur *m* ▸ **to hold up a mirror to sthg** *fig* refléter qqch / *the tabloid press is not necessarily a mirror of national opinion* la presse à sensation ne reflète pas nécessairement l'opinion du pays ▸ **the mirror stage** PSYCHOL le stade du miroir **2.** COMPUT site *m* miroir **3.** PRESS ▸ **the Mirror** *nom abrégé du «Daily Mirror».* ◆ vt **1.** [reflect] réfléchir, refléter / *the water mirrored her face* l'eau réfléchissait son visage / *the stars were mirrored in the smooth surface of the lake* les étoiles se réfléchissaient or se reflétaient sur la surface lisse du lac **2.** [imitate] imiter / *her career exactly mirrored her brother's* sa carrière fut calquée exactement sur celle de son frère **3.** COMPUT donner un site miroir à.

mirrorball ['mɪrəbɔːl] n boule *f* à facettes.

mirrored ['mɪrəd] adj [ceiling] couvert de miroirs ▸ **mirrored glasses** lunettes *fpl* métallisées.

mirror image n image *f* en miroir, image *f* spéculaire ; *fig* copie *f* conforme.

mirrorlike ['mɪrəlaɪk] adj [sea, lake] lisse comme un miroir.

mirror site n COMPUT site *m* miroir.

mirror will n testament *m* miroir.

mirror writing n écriture *f* spéculaire or en miroir.

mirth [mɜːθ] n *(U)* rires *mpl*, hilarité *f*.

mirthful ['mɜːθfʊl] adj *liter* rieur, joyeux.

mirthless ['mɜːθlɪs] adj *liter* triste, sombre, morne ; [laugh] faux, forcé.

mirthlessly ['mɜːθlɪslɪ] adv *liter* sans joie / *she laughed mirthlessly* elle eut un rire forcé.

MIRV [mɜːv] (abbr of **multiple independently targetable re-entry vehicle**) n MIL MIRV *m*.

miry ['maɪərɪ] *(compar* **mirier***, superl* **miriest***)* adj boueux, fangeux.

MIS (abbr of **management information system**) n COMPUT système intégré *m* de gestion, SIG *m*.

misadventure [,mɪsəd'ventʃəʳ] n [accident] mésaventure *f* ; [misfortune] malheur *m*.

misaligned [,mɪsə'laɪnd] adj mal aligné.

misalliance [,mɪsə'laɪəns] n mésalliance *f*.

misanthrope ['mɪsənθrəʊp] n misanthrope *mf*.

misanthropic [,mɪsən'θrɒpɪk] adj [person] misanthrope ; [thoughts] misanthropique.

misanthropist [mɪ'sænθrəpɪst] n misanthrope *mf*.

misanthropy [mɪ'sænθrəpɪ] n misanthropie *f*.

misapplication ['mɪs,æplɪ'keɪʃn] n mauvaise utilisation *f*, mauvaise application *f* ; [of law] mauvaise application *f* ; [of money] détournement *m*.

misapply [,mɪsə'plaɪ] *(pt & pp* **misapplied***)* vt [learning] mal utiliser, mal exploiter ; [law] mal appliquer, appliquer à tort ; [money] détourner.

misapprehend ['mɪs,æprɪ'hend] vt *fml* se méprendre sur.

misapprehension ['mɪs,æprɪ'henʃn] n *fml* malentendu *m* / *I'm afraid you are under a* or *some misapprehension* je crains que vous ne vous mépreniez.

misappropriate [,mɪsə'prəʊprɪeɪt] vt *fml* [money, funds] détourner ; [property] voler.

misappropriation ['mɪsə,prəʊprɪ'eɪʃn] n *fml* détournement *m*.

misbegotten [,mɪsbɪ'gɒtn] adj *fml* **1.** [plan] mal conçu, bâtard ; [child] bâtard, illégitime **2.** [illegally obtained] d'origine douteuse.

misbehave [,mɪsbɪ'heɪv] vi ▸ **to misbehave (o.s.)** se conduire mal / *stop misbehaving!* sois sage ! / *he's misbehaving again!* il fait encore des siennes !

misbehaviour UK, **misbehavior** US [,mɪsbɪ'heɪvjəʳ] n mauvaise conduite *f*.

misc written abbr of **miscellaneous.**

miscalculate [,mɪs'kælkjʊleɪt] ◆ vt [amount, distance] mal calculer ; *fig* mal évaluer. ◆ vi MATH se tromper dans ses calculs ; *fig* [judge wrongly] se tromper.

miscalculation [,mɪskælkjʊ'leɪʃn] n MATH erreur *f* de calcul ; *fig* mauvais calcul *m*.

miscall [,mɪs'kɔːl] vt *fml* appeler à tort.

miscarriage [,mɪs'kærɪdʒ] n **1.** MED fausse couche *f* ▸ **to have a miscarriage** faire une fausse couche **2.** [failure] échec *m* ▸ **miscarriage of justice** erreur *f* judiciaire **3.** UK [loss - of mail, cargo] perte *f*.

miscarry [,mɪs'kærɪ] *(pt & pp* **miscarried***)* vi **1.** MED faire une fausse couche **2.** [fail - plan, hopes] échouer, avorter, mal tourner **3.** UK [mail, cargo] s'égarer, se perdre.

miscast [,mɪs'kɑːst] *(pt & pp* **miscast***)* vt CIN & THEAT [play] se tromper dans la distribution de ; [actor] mal choisir le rôle de / *Jim was hopelessly miscast as Romeo* Jim n'était vraiment pas fait pour jouer le rôle de Roméo.

miscegenation [,mɪsɪdʒɪ'neɪʃn] n *fml* métissage *m (de races humaines).*

miscellanea [,mɪsə'leɪnɪə] pl n miscellanées *fpl*.

miscellaneous [,mɪsə'leɪnɪəs] adj [assorted] divers, varié ; [jumbled] hétérogène, hétéroclite, disparate ▸ **miscellaneous expenses** frais *mpl* divers.

miscellany UK mɪ'selənɪ US 'mɪsəleɪnɪ] *(pl* **miscellanies***)* n **1.** [mixture, assortment] amalgame *m*, mélange *m* **2.** [anthology] recueil *m*, anthologie *f*.

mischance [,mɪs'tʃɑːns] n *fml* malheur *m*, malchance *f* / *by pure mischance* **a)** par pure malchance **b)** [stronger] par malheur.

mischief ['mɪstʃɪf] n **1.** *(U)* [naughtiness] espièglerie *f*, malice *f* ▸ **to get up to mischief** faire des bêtises or sottises ▸ **to keep sb out of mischief** occuper qqn / *to do sthg out of sheer mischief* faire qqch par pure espièglerie or par pure malice / *they're always up to (some) mischief* ils trouvent toujours des bêtises à faire / *a smile full of mischief* un sourire espiègle / *she looked at me with mischief in her eyes* elle me regardait d'un air taquin or malicieux **2.** *(U)* [trouble] ▸ **to make mischief** semer la zizanie **3.** *(U) fml* [damage] dommages *mpl*, dégâts *mpl* **4.** UK [injury] ▸ **to do o.s. a mischief** se blesser, se faire mal / *he did himself a mischief carrying the suitcases* il s'est fait mal en portant les valises **5.** *inf & hum* [child] polisson *m*, -onne *f*, (petite) canaille *f* / *come here, mischief!* viens ici, petit polisson !

mischief-maker n faiseur *m* d'histoires or d'embarras / *she's a terrible mischief-maker* **a)** [naughtiness] elle est toujours prête à jouer des tours **b)** [nastiness] avec elle, on est sûr d'avoir des histoires.

mischievous ['mɪstʃɪvəs] adj **1.** [child, trick] espiègle, malicieux ; [look] taquin, narquois ; [thought] malicieux **2.** [harmful] méchant, malveillant / *mischievous gossip* médisances *fpl*.

mischievously ['mɪstʃɪvəslɪ] adv [naughtily, teasingly] malicieusement ; [nastily] méchamment, avec malveillance.

mischievousness ['mɪstʃɪvəsnɪs] n [naughtiness] espièglerie *f*, malice *f* ; [nastiness] malveillance *f*, méchanceté *f*.

misconceive [,mɪskən'siːv] vt [misunderstand] mal comprendre, mal interpréter ; [have wrong idea of] se faire une idée fausse de.

misconceived [,mɪskən'siːvd] adj [plan] mal conçu ; [idea] faux (fausse), erroné.

misconception [,mɪskən'sepʃn] n [poor understanding] mauvaise compréhension *f* ; [complete misunderstanding] idée fausse *f*, méprise *f* / *the whole scheme is based on a basic misconception* tout le projet repose sur une idée fausse / *a popular misconception* une fausse idée couramment répandue.

misconduct ◆ n [,mɪs'kɒndʌkt] **1.** [bad behaviour] mauvaise conduite *f* ; [immoral behaviour] inconduite *f* ; [adultery] adultère *m* ▸ **(professional) misconduct** faute *f* professionnelle **2.** [bad management] mauvaise gestion *f* / *they accused her of misconduct of the company's affairs* ils l'ont accusée d'avoir mal géré la société. ◆ vt [,mɪskən'dʌkt] [mismanage - business] mal gérer ; [- affair] mal conduire.

misconstruction [,mɪskən'strʌkʃn] n **1.** [gen] fausse interprétation *f* / *the law is open to misconstruction* la loi peut prêter à des interprétations erronées **2.** GRAM mauvaise construction *f*.

misconstrue [,mɪskən'struː] vt mal interpréter.

miscount ◆ vt [,mɪs'kaʊnt] mal compter, faire une erreur en comptant. ◆ vi [,mɪs'kaʊnt] se tromper dans le compte. ◆ n ['mɪskaʊnt] mécompte *m* / *there was a miscount* POL une erreur s'est produite dans le décompte des voix.

miscreant ['mɪskrɪənt] n **1.** *liter* [villain] scélérat *m*, -e *f*, vaurien *m*, -enne *f* **2.** *arch* [unbeliever] mécréant *m*, -e *f*.

misdate [,mɪs'deɪt] vt mal dater / *the letter was misdated* la lettre ne portait pas la bonne date.

misdeal [,mɪs'diːl] *(pt & pp* **misdealt** [-'delt]*)* ◆ vt ▸ **to misdeal the cards** faire (une) maldonne. ◆ vi faire (une) maldonne. ◆ n maldonne *f*.

misdeed [,mɪs'diːd] n *fml* méfait *m* ; LAW délit *m*.

misdemeanour UK, **misdemeanor** US [,mɪsdɪ'miːnəʳ] n méfait *m* ; LAW délit *m*, infraction *f*.

misdiagnose [,mɪs'daɪəgnəʊz] vt MED & *fig* se tromper dans le diagnostic de.

misdiagnosis [,mɪsdaɪəg'nəʊsɪs] *(pl* **misdiagnoses** [-siːz]*)* n MED & *fig* erreur *f* de diagnostic, mauvais diagnostic *m*.

misdirect [,mɪsdɪ'rekt] vt **1.** [to destination - traveller] mal orienter, mal renseigner ; [- letter] mal adresser **2.** [misuse - efforts, talents] mal employer, mal orienter / *misdirected energy* énergie mal utilisée **3.** LAW [jury] mal renseigner.

misdirection [,mɪsdɪ'rekʃn] n **1.** [of traveller] mauvaise orientation *f* **2.** [of efforts, talents] mauvais emploi *m*, mauvais usage *m*.

misdoing [,mɪs'duːɪŋ] n méfait *m*.

miser ['maɪzəʳ] n **1.** [person] avare *mf* / *he's a real miser* c'est un vrai grippe-sou / **'The Miser'** *Molière* 'l'Avare' **2.** [tool] tarière *f* à gravier.

miserable ['mɪzrəbl] adj **1.** [unhappy] malheureux, triste / *to look miserable* avoir l'air déprimé or malheureux / *I feel really miserable today* je n'ai vraiment pas le moral aujourd'hui / *to make sb miserable* rendre qqn malheureux, faire de la peine à qqn / *don't be so miserable!* allez ! ne fais pas cette tête / *they make her life miserable* ils lui rendent or mènent la vie dure **2.** [unpleasant - evening, sight] pénible ; [- weather, summer] épouvantable, pourri ; [- conditions, holiday] déplorable, lamentable / *I've got a miserable cold* j'ai un sale rhume / *he had a miserable time of it at the dentist's* il a passé un sale quart d'heure chez le dentiste / *to have a miserable time* passer un mauvais moment / *we had a miserable time on holiday* nous avons passé des vacances atroces or détestables **3.** [poor - hotel] miteux ; [- tenement] misérable ; [- meal] maigre / *all their efforts were a miserable failure* tous leurs efforts ont échoué lamentablement / *a miserable performance* une piètre performance **4.** [mean - reward] minable, misérable ; [- salary] de misère ; [- donation, amount] dérisoire / *he was paid a miserable salary* il avait un salaire de misère / *they only gave us five miserable dollars* ils ne nous ont donné que cinq malheureux or misérables dollars **5.** *pej* méchant / *you miserable brat!* sale gosse ! **6.** SCOT & AUSTR [stingy] pingre.

miserably ['mɪzrəblɪ] adv **1.** [extremely - unhappy, cold] extrêmement ; [very badly - play] de façon lamentable or déplorable ; [- fail] lamentablement ; [- pay] très mal **2.** [unhappily] malheureusement, d'un air malheureux / *she sat miserably at the back of the class* elle était assise, l'air malheureux or pitoyable, au fond de la classe **3.** [in poverty] misérablement, dans la misère / *he died miserably in a garret* il est mort pauvre dans une mansarde.

misère [mɪ'zeəʳ] n [in cards] misère *f*.

miserliness ['maɪzəlɪnɪs] n avarice *f.*

miserly ['maɪzəlɪ] adj avare.

misery ['mɪzərɪ] (*pl* **miseries**) n **1.** [unhappiness] malheur *m*, tristesse *f* ▸ **to make sb's life a misery** rendre la vie insupportable à qqn **2.** [suffering] : *she begged to be put out of her misery* elle suppliait qu'on mît fin à ses souffrances / *go on, put me out of my misery and tell me the worst* continue, mets fin à mon supplice, dis-moi tout / *to put a sick animal out of its misery* *euph* achever un animal malade **3.** [misfortune] malheur *m*, misère *f* **4.** [poverty] misère *f* **5.** UK *inf* [gloomy person] rabat-joie *m inv*, grincheux *m*, -euse *f* / *don't be such an old misery!* cesse de jouer les rabat-joie !

misery-guts n *inf* rabat-joie *m.*

misfile ◆ vt [,mɪs'faɪl] [papers, information] mal classer. ◆ n ['mɪsfaɪl] COMPUT erreur *f* de classement.

misfire ◆ vi [,mɪs'faɪər] **1.** [gun] faire long feu ; *fig* [plan, joke] rater, échouer **2.** [engine] avoir des problèmes d'allumage or des ratés. ◆ n ['mɪsfaɪər] MIL & AUTO raté *m.*

misfit ['mɪsfɪt] n inadapté *m*, -e *f*, marginal *m*, -e *f* / *she was always a misfit at school* à l'école, elle n'a jamais été acceptée par les autres / *a social misfit* un inadapté social.

misfortune [mɪs'fɔːtʃuːn] n **1.** [bad luck] malchance *f*, infortune *f* / *allies* or *companions in misfortune* compagnons *mpl* d'infortune / *I had the misfortune to meet him in Paris* j'ai eu la malchance de le rencontrer à Paris **2.** [unfortunate event] malheur *m* / *to be plagued by misfortunes* jouer de malchance.

misgiving [mɪs'gɪvɪŋ] n doute *m*, appréhension *f* ▸ **to have misgivings about** avoir des doutes quant à, douter de / *the whole idea fills me with misgiving* l'idée même me remplit d'appréhension.

misgovern [,mɪs'gʌvən] vi & vt mal gouverner.

misgovernment [,mɪs'gʌvənmənt] n [of country] mauvais gouvernement *m* ; [of affairs] mauvaise gestion *f.*

misguidance [,mɪs'gaɪdəns] n mauvaise influence *f.*

misguided [,mɪs'gaɪdɪd] adj [attempt] malencontreux ; [decision] peu judicieux ; [attack] malavisé, maladroit ; [idealist] égaré ; [nationalism] dévoyé / *a misguided genius* un génie dévoyé / *it was very misguided of him to try to intervene* il a commis une grosse bévue en essayant d'intervenir.

misguidedly [,mɪs'gaɪdɪdlɪ] adv malencontreusement.

mishandle [,mɪs'hændl] vt **1.** [equipment] mal utiliser, mal se servir de ; [resources, information] mal exploiter ; [affair] mal gérer / *the case was mishandled from the outset* l'affaire a été mal menée depuis le début **2.** [treat insensitively - customer] malmener, traiter avec rudesse.

mishap ['mɪshæp] n [misadventure] mésaventure *f*, accident *m* / *he arrived without mishap* il est arrivé sans encombre / *she had a slight mishap on the way here* il lui est arrivé une petite mésaventure en venant ici.

mishear [,mɪs'hɪər] (*pt & pp* **misheard** [-'hɜːd]) vt mal entendre, mal comprendre.

mishit [,mɪs'hɪt] (*pt & pp* **mishit**) ◆ vt SPORT [ball] mal frapper. ◆ vi [,mɪs'hɪt] mal frapper la balle. ◆ n ['mɪshɪt] mauvais coup *m*, coup *m* manqué.

mishmash ['mɪʃmæʃ] n *inf* méli-mélo *m*, mic-mac *m.*

misinform [,mɪsɪn'fɔːm] vt [unintentionally] mal renseigner ; [intentionally] donner de faux renseignements à, tromper.

misinformation [,mɪsɪnfə'meɪʃn] n (*U*) fausse information *f*, intox *m inf.*

misinterpret [,mɪsɪn'tɜːprɪt] vt mal comprendre, mal interpréter / *now don't misinterpret what I'm saying* surtout, ne vous méprenez pas sur le sens de mes propos / *she misinterpreted his silence as contempt* elle a pris à tort son silence pour du mépris.

misinterpretation ['mɪsɪn,tɜːprɪ'teɪʃn] n erreur *f* d'interprétation / *the rules are open to misinterpretation* l'interprétation du règlement prête à confusion.

MI6 (abbr of **Military Intelligence section 6**) pr n *service de renseignements britannique.*

misjudge [,mɪs'dʒʌdʒ] vt [distance, reaction] mal juger, mal évaluer ; [person] mal juger / *I have misjudged her* je me suis trompé sur son compte, je l'ai mal jugée.

misjudg(e)ment [,mɪs'dʒʌdʒmənt] n erreur *f* de jugement.

miskey ◆ n ['mɪskiː] faute *f* de frappe. ◆ vt [,mɪs'kiː] ne pas taper correctement.

miskick ◆ vt [,mɪs'kɪk] SPORT : *he miskicked the ball* il a raté son coup de pied. ◆ vi [,mɪs'kɪk] rater le ballon. ◆ n ['mɪskɪk] coup *m* de pied raté.

mislay [,mɪs'leɪ] (*pt & pp* **mislaid** [-'leɪd]) vt égarer.

mislead [,mɪs'liːd] (*pt & pp* **misled** [-'led]) vt tromper, induire en erreur / *we were misled into believing he was dead* on nous a fait croire qu'il était mort.

misleading [,mɪs'liːdɪŋ] adj [false] trompeur, fallacieux ; [confusing] équivoque / *misleading advertising* publicité *f* mensongère / *the map is very misleading* cette carte n'est pas claire du tout.

misleadingly [,mɪs'liːdɪŋlɪ] adj [falsely] trompeusement.

misled [-'led] pt & pp ⟶ **mislead.**

mismanage [,mɪs'mænɪdʒ] vt mal gérer.

mismanagement [,mɪs'mænɪdʒmənt] n mauvaise gestion *f.*

mismatch ◆ vt [,mɪs'mætʃ] **1.** [colours, clothes] mal assortir **2.** [in marriage] : *they were totally mismatched* **a)** [socially] ils étaient vraiment mal assortis **b)** [by temperament] ils n'étaient absolument pas faits pour s'entendre. ◆ n ['mɪsmætʃ] **1.** [clash] : *the colours are a mismatch* ces couleurs ne vont vraiment pas ensemble or sont vraiment mal assorties **2.** [in marriage] mésalliance *f* **3.** SPORT match *m* inégal **4.** COMPUT incohérence *f.*

misname [,mɪs'neɪm] vt mal nommer.

misnomer [,mɪs'nəʊmər] n nom *m* inapproprié / *to call it a democratic country is a complete misnomer* ce pays ne mérite vraiment pas le nom de démocratie.

miso ['miːsəʊ] n miso *m.*

misogamy [mɪ'sɒgəmɪ] n misogamie *f.*

misogynist [mɪ'sɒdʒɪnɪst] n misogyne *mf.*

misogynistic [mɪ'sɒdʒɪnɪstɪk], **misogynous** [mɪ'sɒdʒɪnəs] adj misogyne.

misogyny [mɪ'sɒdʒɪnɪ] n misogynie *f.*

misoneism [,mɪsəʊ'niːɪzm] n misonéisme *m.*

misplace [,mɪs'pleɪs] vt **1.** [put in wrong place] mal placer / *she's utterly misplaced in social work* elle n'est vraiment pas à sa place dans le secteur social **2.** [mislay] égarer **3.** [trust, confidence] mal placer.

misplaced [,mɪs'pleɪst] adj [trust, confidence] mal placé.

misprint ◆ n ['mɪsprɪnt] faute *f* d'impression, coquille *f.* ◆ vt [,mɪs'prɪnt] : *my name was misprinted in the newspaper* il y a eu une coquille dans mon nom sur le journal.

mispronounce [,mɪsprə'naʊns] vt [word] mal prononcer, prononcer incorrectement ; [name] estropier, écorcher.

mispronunciation ['mɪsprə,nʌnsɪ'eɪʃn] n faute *f* de prononciation.

misquotation [,mɪskwəʊ'teɪʃn] n citation *f* inexacte.

misquote ◆ vt [,mɪs'kwəʊt] [author, text] citer inexactement ; [speaker] déformer les propos de / *on your programme you misquoted me as saying "..."* dans votre émission vous m'avez attribué à tort la phrase suivante : « ... ». ◆ n ['mɪskwəʊt] *inf* = **misquotation.**

misread ◆ vt [,mɪs'riːd] (*pt & pp* **misread** [-red]) [word, text] mal lire ; *fig* [actions, motives] mal interpréter, mal comprendre. ◆ n ['mɪsriːd] COMPUT erreur *f* de lecture.

misreport [,mɪsrɪ'pɔːt] ◆ n rapport *m* inexact. ◆ vt rapporter inexactement.

misrepresent ['mɪs,reprɪ'zent] vt [facts, events] déformer ; [person] donner une image fausse de / *I have been grossly misrepresented by my opponents* mes adversaires donnent de moi une image entièrement fausse.

misrepresentation ['mɪs,reprɪzen'teɪʃn] n [of truth] déformation *f* / *what they say is a complete misrepresentation of the facts* ils déforment complètement la réalité.

misrule [,mɪs'ruːl] ◆ vt mal gouverner. ◆ n **1.** [misgovernment] mauvais gouvernement *m* **2.** [anarchy] désordre *m*, anarchie *f.*

miss [mɪs] ◆ vt **1.** [bus, film, target] manquer, rater ; [opportunity, turn] manquer, laisser passer / *we missed the train by five minutes* on a manqué le train de cinq minutes / *he missed breakfast* **a)** [too late] il a manqué le petit déjeuner **b)** [didn't go] il a sauté le petit déjeuner / *this film is not to be missed* c'est un film à ne pas manquer or à ne manquer sous aucun prétexte / *at that price, it's a bargain not to be missed* à ce prix, c'est une affaire à ne pas manquer / *you didn't miss much* vous n'avez pas manqué grand-chose / *it's too good an opportunity to miss* c'est une occasion trop belle pour qu'on la manque ▸ **to miss the boat** rater une occasion, manquer le coche / *you're going to miss the boat if you delay your application* vous allez manquer le coche si vous tardez à poser votre candidature ▸ **to miss one's cue** **a)** THEAT manquer sa réplique **b)** *fig* rater l'occasion **2.** [fail to do, find, see, etc.] manquer / *to miss school* manquer l'école / *it's at the end of the street, you can't miss it* c'est au bout de la rue, vous ne pouvez pas le manquer / *to miss a turning* rater un tournant / *I'm sorry, I missed you in the crowd* désolé, je ne vous ai pas vu or remarqué or aperçu dans la foule / *I missed seeing them in Australia* **a)** [for lack of time] je n'ai pas eu le temps de les voir en Australie **b)** [for lack of opportunity] je n'ai pas eu l'occasion or la possibilité de les voir en Australie / *I missed the beginning of your question* je n'ai pas entendu le début de votre question / *they've missed my name off the list* ils ont oublié mon nom sur la liste / *you've missed* or *you're missing the point!* vous n'avez rien compris ! / *he missed the point of the exercise* il n'a pas compris or saisi le but de l'exercice / *she missed her footing* or *step* UK elle a glissé or trébuché / *they never* or *don't miss a trick* UK rien ne leur échappe **3.** [escape, manage to avoid] : *I narrowly* or *just missed being killed* j'ai bien failli me faire tuer **4.** [regret the absence of] : *I miss her* elle me manque / *you'll be missed when you retire* on vous regrettera or vous nous manquerez quand vous serez à la retraite / *I miss the warm weather* / *the sea* la chaleur / la mer me manque **5.** [be short of, lack] manquer de / *I'm missing two books from my collection* il me manque deux livres dans ma collection, deux livres de ma collection ont disparu **6.** [notice disappearance of] : *when did you first miss your passport?* quand est-ce que vous vous êtes aperçu pour la première fois de la perte de or que vous aviez perdu votre passeport ? / *he disappeared for a week and no-one ever missed him* il a disparu pendant une semaine et personne ne s'en est aperçu / *he's got so many records he won't miss one* il a tellement de disques qu'il ne s'apercevra pas qu'il lui en manque un. ◆ vi **1.** [fail to hit target] manquer or rater son coup ▸ **missed!** raté ! **2.** [engine] avoir des ratés **3.** PHR ▸ **to be missing** manquer / *there's a piece missing* il manque une pièce / *there's one missing* or *one is missing* il en manque un / *two of the children are still missing* il manque encore deux enfants, deux enfants manquent encore. ◆ n **1.** [gen & SPORT] coup *m* raté or manqué ▸ **a miss is as good as a mile** UK *prov* rater de peu ou de beaucoup, c'est toujours rater **2.** *inf* [girl] jeune fille *f* / *everything for the modern miss* tout ce qu'il faut pour la jeune fille moderne / *impudent little miss!* petite effrontée ! **3.** TEXT [size] junior **4.** PHR ▸ **to give sthg a miss** **a)** UK [do without] se passer de qqch **b)** [avoid] éviter qqch / *I gave work a miss yesterday* je ne suis pas allé travailler hier / *I gave lessons a miss last week* je n'ai pas assisté aux cours la semaine dernière / *why don't you give the TV a miss tonight?* pourquoi ne pas te passer de (la) télé ce soir ?

❖ **Miss** n [term of address] mademoiselle *f* / *Dear Miss Brett* Chère Mademoiselle Brett, Chère Mlle Brett

/ *the Misses Brett* *fml* Mesdemoiselles Brett / *the Miss Bretts* les demoiselles Brett / *Miss West Indies* Miss Antilles / *please Miss!* UK SCH Madame !

miss out ◆ vt sep [omit] omettre, sauter ; [forget] oublier ; [in distribution] oublier, sauter / *they missed my first name out* on a oublié mon prénom / *you've missed out one important fact* vous avez omis or oublié un fait important. ◆ vi : *he missed out because he couldn't afford to go to college* il a été désavantagé parce qu'il n'avait pas les moyens de poursuivre ses études.

miss out on vt insep [advantage, opportunity] manquer, rater / *you're missing out on all the fun* tu rates une occasion de bien t'amuser / *he missed out on a proper education* il n'a pas eu la possibilité de faire de vraies études / *we missed out on the deal* l'affaire nous est passée sous le nez or nous a échappé.

missal ['mɪsl] n missel *m*.

misshapen [,mɪs'ʃeɪpn] adj difforme, tordu, déformé.

missile [UK 'mɪsaɪl US 'mɪsəl] n **1.** MIL missile *m* ▸ **missile base** base *f* de missiles **2.** [object thrown] projectile *m*.

missile carrier n porte-missiles *m inv*.

missile launcher n lance-missiles *m inv*.

missil(e)ry ['mɪsəlrɪ] n **1.** [stocks] (ensemble *m* des) missiles *mpl* **2.** [science] étude *f* des missiles.

missing ['mɪsɪŋ] adj **1.** [lacking] manquant / *the table had one leg missing* il manquait un pied à la table / *fill in the missing words* complétez avec les mots manquants **2.** [lost - person] disparu ; [- object] manquant, égaré, perdu ▸ **to go missing a)** disparaître **b)** [in war] être porté disparu / *the missing diamonds were found in her suitcase* les diamants qui avaient disparu ont été retrouvés dans sa valise / *the missing climbers are safe* les alpinistes dont on était sans nouvelles sont sains et saufs / *the expedition was reported missing* l'expédition a été portée disparue ▸ **missing person a)** personne *f* disparue **b)** MIL & POL disparu *m*.

missing link n chaînon *m* manquant.

mission ['mɪʃn] n **1.** [delegation] mission *f* / *mission of inquiry* mission d'enquête / *he was sent on a rescue mission* il fut envoyé en mission de sauvetage / *a Chinese trade mission* une mission commerciale chinoise **2.** [job, vocation] mission *f* / *she saw it as her mission in life to provide for the homeless* elle s'est donné pour mission d'aider les sans-abri **3.** [organization, charity] mission *f* ▸ **Mission to Seamen** Mission aux Marins **4.** RELIG [campaign, building] mission *f* ▸ **mission station** mission **5.** MIL, COMM & ASTRONAUT mission *f* / *he had flown 20 missions* il avait effectué 20 missions ▸ **mission accomplished** mission accomplie.

missionary ['mɪʃənrɪ] (*pl* **missionaries**) ◆ n missionnaire *mf*. ◆ adj [work] missionnaire ; [zeal] de missionnaire ▸ **missionary society** société *f* de missionnaires.

missionary position n position *f* du missionnaire.

mission control n centre *m* de contrôle.

mission controller n chef *m* du centre de contrôle.

mission statement n ordre *m* de mission.

missis ['mɪsɪz] = **missus**.

Mississippi [,mɪsɪ'sɪpɪ] pr n **1.** [river] ▸ **the Mississippi (River)** le Mississippi **2.** [state] Mississippi *m* / *in Mississippi* dans le Mississippi.

missive ['mɪsɪv] n *fml* missive *f*.

Missouri [mɪ'zʊərɪ] pr n **1.** [river] ▸ **the Missouri (river)** le Missouri **2.** [state] Missouri *m* / *in Missouri* dans le Missouri ▸ **the Missouri Compromise** le compromis du Missouri ▸ **I'm from Missouri** *fig* montrez-moi, je veux voir.

I'm from Missouri

Le Missouri est traditionnellement surnommé **the Show-Me State**. Sans doute initialement une référence péjorative à la lenteur supposée des Missouriens (« montrez-moi, je ne comprends pas »), cette expression aurait ensuite été récupérée et détournée par ceux-ci, évoquant désormais un scepticisme salutaire (« montrez-moi d'abord, j'ai besoin de voir ») :

You made that cake, huh? Come on, I'm from Missouri! *C'est toi qui a fait ce gâteau, hein ? À d'autres !*

I asked them to see their source files because I'm from Missouri and I know how numbers can be manipulated. *J'ai demandé à voir leurs fichiers sources car je suis méfiant et je sais que les chiffres peuvent être manipulés.*

misspell [,mɪs'spel] (*pt & pp* **misspelt** [,mɪs'spelt] *or* **misspelled**) vt [in writing] mal écrire, mal orthographier ; [in speaking] mal épeler.

misspelling [,mɪs'spelɪŋ] n faute *f* d'orthographe.

misspelt [,mɪs'spelt] pt & pp ⟶ **misspell**.

misspend [,mɪs'spend] (*pt & pp* **misspent** [-'spent]) vt [money, talents] gaspiller, gâcher / *my misspent youth* mes folles années de jeunesse.

misstate [,mɪs'steɪt] vt [case, argument] rapporter or exposer incorrectement ; [truth] déformer.

misstatement [,mɪs'steɪtmənt] n [report] rapport *m* inexact ; [mistake] inexactitude *f*.

mis-suit [,mɪs'sju:t] vt *liter* convenir mal à, messeoir à.

missus ['mɪsɪz] n UK *inf* **1.** [wife] bourgeoise *f* / *I'll have to ask the missus* je dois demander à la patronne **2.** [woman] : *eh, missus!* dites, m'dame or ma p'tite dame !

missy ['mɪsɪ] (*pl* **missies**) n *inf & dated* jeune fille *f*.

mist [mɪst] ◆ n **1.** [fog] brume *f* / *the morning mist will clear by noon* les brumes matinales se dissiperont avant midi / *the mists of time* *fig* la nuit des temps **2.** [vapour - on window, glasses] buée *f* ; [- from spray] brouillard *m*, nuage *m*. ◆ vt ▸ **to mist (over** or **up)** embuer / *tears misted his eyes* ses yeux étaient brouillés par les larmes. ◆ vi ▸ **to mist (over** or **up)** [window, glasses, eyes] s'embuer.

mistake [mɪ'steɪk] (*pt* **mistook** [-'stʊk], *pp* **mistaken** [-'steɪkn]) ◆ n **1.** [error] erreur *f* ; [in grammar, spelling] faute *f* ▸ **to make a mistake** faire une erreur or une faute / *I made the mistake of losing my temper* j'ai commis l'erreur de or j'ai eu le tort de me fâcher / *anybody can make a mistake* tout le monde peut se tromper / *you're making a big mistake* vous faites une grave erreur / *make no mistake (about it)* ne vous y trompez pas / *there must be some mistake* il doit y avoir erreur or un malentendu / *she knew it was a mistake ever to have married him* elle savait bien qu'elle n'aurait pas dû commettre l'erreur de l'épouser / *sorry, my mistake* **a)** [my fault] excusez-moi, c'est (de) ma faute **b)** [I got it wrong] excusez-moi, c'est moi qui me trompe **2.** [inadvertence] ▸ **by** or UK **in mistake** par mégarde or erreur / *I took her scarf in mistake for mine* en croyant prendre mon écharpe, j'ai pris la sienne / *I went into the wrong room by mistake* je suis entré par erreur dans la mauvaise pièce **3.** PHR *he's a big man and no mistake!* UK pour être costaud, il est costaud ! ◆ vt **1.** [misunderstand - meaning, intention] mal comprendre, se tromper sur / *there's no mistaking what she said* on ne peut pas se méprendre sur le sens de ses propos **2.** [fail to distinguish] se tromper sur / *you can't mistake our house, it has green shutters* vous ne pouvez pas vous tromper or il n'y a pas de confusion possible, notre maison a des volets verts / *there's no mistaking the influence of Brahms on his music* l'influence de Brahms sur sa musique est indéniable **3.** [date, route] se tromper de ; [person] : *I'm often mistaken for my sister* on me prend souvent pour ma sœur / *I mistook his shyness for arrogance* j'ai pris sa timidité pour de l'arrogance.

mistaken [-'steɪkn] ◆ pp ⟶ **mistake**. ◆ adj [wrong - idea, conclusion] erroné, faux (fausse) ▸ **to be mistaken** se tromper, être dans l'erreur / *I was mistaken about the date* je faisais erreur en ce qui concerne la date / *if I'm not mistaken* si je ne me trompe, si je ne m'abuse / *it was a case of mistaken identity* il y avait erreur sur la personne / *unless I'm very much mistaken, that's Nick's daughter* si je ne m'abuse, c'est la fille de Nick / *he proposed to her in the mistaken belief that she loved him* il la demanda en mariage, croyant à tort qu'elle l'aimait.

mistakenly [mɪ'steɪknlɪ] adv [in error] par erreur ; [wrongly] à tort / *they quite mistakenly believed that it would be easy* ils croyaient, tout à fait à tort, que ce serait facile.

mister ['mɪstər] n *inf* monsieur *m* / *hey mister!* dites, m'sieur ! / *mister knowall* UK, *mister know-it-all* US monsieur je-sais-tout.

mistime [,mɪs'taɪm] vt mal calculer (le moment de) / *the producer had mistimed the release of the film* le producteur n'avait pas choisi le bon moment or la bonne date pour sortir le film / *she mistimed her volley* elle a mal calculé sa volée, le timing de sa volée était mauvais.

mistiness ['mɪstɪnɪs] n **1.** [mist] brume *f* ; [drizzle] bruine *f* / *there may be some mistiness early on* on peut s'attendre à des brumes matinales **2.** [condensation] condensation *f*, buée *f*.

mistle thrush ['mɪsl-] n draine *f*.

mistletoe ['mɪsltəʊ] n gui *m*.

mistook [-'stʊk] pt ⟶ **mistake**.

Mistra ['mɪstrə] pr n Mistra.

mistranslate [,mɪstræns'leɪt] ◆ vt mal traduire. ◆ vi faire des contresens.

mistranslation [,mɪstræns'leɪʃn] n **1.** [mistake] contresens *m*, faute *f* or erreur *f* de traduction **2.** [faulty text] traduction *f* inexacte, mauvaise traduction *f*.

mistreat [,mɪs'tri:t] vt maltraiter.

mistreatment [,mɪs'tri:tmənt] n mauvais traitement *m*.

mistress ['mɪstrɪs] n **1.** [woman in control] maîtresse *f* / *she's her own mistress* elle est sa propre maîtresse / *she was mistress of the situation* elle était maîtresse de la situation, elle maîtrisait la situation / *the mistress of the house* la maîtresse de maison **2.** [lover] maîtresse *f* / *he kept a mistress for years* il a eu une maîtresse pendant des années **3.** UK SCH [in primary school] maîtresse *f* ; [in secondary school] professeur *m (femme)* / *the PE mistress* le professeur de gymnastique **4.** UK [of servants] maîtresse *f* / *the mistress wouldn't like it* cela déplairait à Madame **5.** *arch* [title] : *Mistress Bacon* Madame or Mme Bacon **6.** [of pet] maîtresse *f*.

mistrial ['mɪstraɪəl] n erreur *f* judiciaire ; US [with hung jury] *procès annulé par manque d'unanimité parmi les jurés*.

mistrust [,mɪs'trʌst] ◆ n méfiance *f*, défiance *f* / *she has an instinctive mistrust of doctors* elle éprouve une méfiance instinctive à l'égard des médecins. ◆ vt [be suspicious, wary of] se méfier de ; [doubt] douter de, ne pas avoir confiance en / *he mistrusts his own abilities* il doute de ses propres capacités.

mistrustful [,mɪs'trʌstfʊl] adj méfiant ▸ **to be mistrustful of sb** se méfier de qqn.

misty ['mɪstɪ] (*compar* **mistier**, *superl* **mistiest**) adj **1.** [weather, morning] brumeux / *it was still misty* le temps était encore brumeux, la brume ne s'était toujours pas levée **2.** [window, eyes] embué ; [horizon, mountain] embrumé / *her eyes were misty with tears* ses yeux étaient embués or voilés de larmes **3.** [vague - idea, memory] flou, nébuleux **4.** [like mist] vaporeux / *a misty veil of cloud* un léger voile de nuages / *misty blue* bleu pâle.

mistype [,mɪs'taɪp] ◆ vt faire une faute de frappe dans / *the address has been mistyped* il y a une faute de frappe dans l'adresse. ◆ n faute *f* de frappe.

misunderstand [,mɪsʌndə'stænd] (*pt & pp* **misunderstood** [-'stʊd]) vt **1.** [misinterpret] mal comprendre, comprendre de travers / *I misunderstood the message* j'ai mal compris le message / *don't misunderstand me* comprenez-moi bien / *your irony could be misunderstood* votre ironie pourrait être mal interprétée **2.** *(usu passive)* [misjudge, underrate] méconnaître / *a misunderstood artist* un artiste méconnu / *he feels misunderstood* il se sent incompris.

misunderstanding [ˌmɪsʌndəˈstændɪŋ] n **1.** [misapprehension] méprise *f*, quiproquo *m*, malentendu *m* / *there seems to have been some misunderstanding* il semble qu'il y ait eu méprise or une erreur / *his statement is open to misunderstanding* sa déclaration prête à confusion / *the whole dispute hinges on a misunderstanding* cette discussion repose toute entière sur un malentendu / *to clear up a misunderstanding* dissiper un malentendu / *through a misunderstanding* à cause d'un malentendu **2.** *euph* [quarrel] mésentente *f*, brouille *f* / *we've had a misunderstanding with the neighbours* nous nous sommes brouillés avec les voisins.

misunderstood [-ˈstʊd] pt & pp ⟶ **misunderstand.**

misusage [ˌmɪsˈjuːsɪdʒ] = **misuse** *(noun)*.

misuse ◆ vt [ˌmɪsˈjuːz] **1.** [privilege, position, etc.] abuser de ; [word, phrase] employer abusivement ; [equipment, gun] mal employer, mal utiliser ; [money, time] mal employer / *the government is misusing our natural resources* le gouvernement fait un mauvais usage de nos ressources naturelles **2.** [funds] détourner **3.** [ill-treat] maltraiter, malmener. ◆ n [ˌmɪsˈjuːs] **1.** [of privilege, one's position] abus *m* ; [of word, phrase] emploi *m* abusif ; [of equipment, gun] mauvais usage *m*, mauvaise utilisation *f* ; [of money, time] mauvais emploi *m* **2.** [of funds] détournement *m*.

MIT (abbr of **Massachusetts Institute of Technology**) pr n MIT *m (prestigieux Institut de Technologie du Massachusetts)*.

mite [maɪt] n **1.** [insect] mite *f* **2.** [little bit] grain *m*, brin *m*, tantinet *m* / *I am a mite tired after my journey* je me sens un tantinet fatigué après mon voyage **3.** *inf* [child] mioche *mf* / *poor little mite!* pauvre petit ! **4.** [coin] denier *m* ; [donation] obole *f*.

miter US = **mitre.**

mitigate [ˈmɪtɪgeɪt] vt [anger, grief, pain] adoucir, apaiser, alléger ; [conditions, consequences, harm] atténuer.

mitigating [ˈmɪtɪgeɪtɪŋ] adj ▸ **mitigating circumstances** LAW circonstances *fpl* atténuantes.

mitigation [ˌmɪtɪˈgeɪʃn] n *fml* [of anger, grief, pain] adoucissement *m*, allègement *m* ; [of conditions, consequences, harm] atténuation *f*, mitigation *f* / *in mitigation, it is obvious that she was provoked* il est évident qu'elle a été provoquée, ce qui constitue une circonstance atténuante.

mitosis [maɪˈtəʊsɪs] *(pl* **mitoses** [-siːz]) n mitose *f*.

mitral valve n valvule *f* mitrale.

mitre UK, **miter** US [ˈmaɪtəʳ] ◆ n **1.** RELIG mitre *f* ▸ **bishop's mitre** mitre d'évêque **2.** [in carpentry] onglet *m*. ◆ vt [in carpentry - cut] tailler en onglet ; [join] assembler en onglet.

mitre block, mitre box n boîte *f* à onglet.

mitre joint n (assemblage *m* à or en) onglet *m*.

mitre square n équerre *f* d'onglets.

mitt [mɪt] n **1.** = **mitten 2.** [glove] gant *m* ; [boxing glove] gant *m* (de boxe) ▸ **oven mitt** gant isolant ▸ **baseball mitt** US gant de baseball **3.** *inf* [hand] paluche *f* / *keep your mitts off my lunch!* touche pas à mon déjeuner !

mitten [ˈmɪtn] n [with fingers joined] moufle *f* ; [with cut-off fingers] mitaine *f* ; [boxing glove] gant *m* (de boxe), mitaine *f*.

mix [mɪks] ◆ vt **1.** [combine, blend] mélanger / *mix the sugar and* or *with the flour* mélangez le sucre et or avec la farine / *mix the sugar into the batter* incorporez le sucre à la pâte / *the screws and nails were all mixed together* les vis et les clous étaient tous mélangés / *I never mix business and pleasure* je ne mélange jamais les affaires et le plaisir / *never mix your drinks* ne faites jamais de mélanges de boissons / *to mix metaphors* faire des amalgames de métaphores ▸ **to mix it** UK *inf* [fight] chercher la bagarre, être bagarreur **2.** [prepare - cocktail, medicine] préparer ; [- cement, plaster] malaxer / *sit down and I'll mix you a drink* assieds-toi, je vais te préparer un cocktail **3.** [stir - salad] tourner **4.** CIN, ELECTRON & MUS mixer. ◆ vi **1.** [combine, blend] se mélanger / *oil and water don't mix* l'huile et l'eau ne se mélangent pas / *the fuel mixes with air in the carburettor* le mélange air carburant s'effectue dans le carburateur **2.** [go together] aller ensemble, faire bon ménage / *drinking and driving don't mix* l'alcool et le volant ne font pas bon ménage **3.** [socialize] : *she mixes well* elle est très sociable / *he mixes with a strange crowd* il fréquente de drôles de gens / *my friends and his just don't mix* mes amis et les siens ne sympathisent pas. ◆ n **1.** [combination, blend] mélange *m* / *it's a mix of gothic and baroque* c'est un mélange de gothique et de baroque / *a fascinating mix of cultures* un mélange de cultures fascinant / *there's not enough cement in the mix* le mélange ne contient pas assez de ciment / *he's put together the right mix of talent for the show* il est parvenu à réunir pour ce spectacle un superbe choix de talents **2.** UK [act of mixing] : *give the paint a (good) mix* mélangez (bien) la peinture **3.** CULIN [in package] préparation *f* ; [batter] pâte *f* / *a packet of soup mix* un sachet de soupe instantanée **4.** CIN, ELECTRON & MUS mixage *m*.

❖ **mix in** ◆ vt sep mélanger / *add the sugar and mix it in well* ajoutez le sucre et mélangez bien (la préparation). ◆ vi : *she makes no effort to mix in* elle ne fait aucun effort pour se montrer sociable.

❖ **mix up** vt sep **1.** [mistake] confondre / *I always mix her up with her sister* je la confonds toujours avec sa sœur ; [baffle, confuse] embrouiller / *I'm mixed up about how I feel about him* mes sentiments pour lui sont très confus ; [scramble] : *you've got the story completely mixed up* tu t'es complètement embrouillé dans cette histoire **2.** *(usu passive)* [involve] impliquer / *he was mixed up in a burglary* il a été impliqué or mêlé à une affaire de cambriolage / *she got mixed up with some awful people* elle s'est mise à fréquenter des gens épouvantables / *I got mixed up in their quarrel* je me suis trouvé mêlé à leur querelle **3.** [disorder] mélanger / *you've mixed all my papers up* tu as mélangé tous mes papiers **4.** [combine, blend] mélanger / *mix up all the ingredients* mélangez tous les ingrédients.

mix-and-match adj [clothes] que l'on peut coordonner à volonté.

mixed [mɪkst] adj **1.** [assorted] mélangé / *there was a very mixed crowd at the party* il y avait toutes sortes de gens à la fête / *a bag of mixed sweets* un sachet de bonbons assortis / *we had rather mixed weather* nous avons eu un temps assez variable ▸ **mixed border** HORT *plate-bande composée de fleurs de variétés différentes* ▸ **mixed economy** économie *f* mixte ▸ **mixed fabric** tissu *m* mélangé ▸ **mixed farming** polyculture *f* ▸ **mixed grill** assortiment *m* de grillades, mixed grill *m* ▸ **mixed leaves** mesclun *m* ▸ **mixed metaphor** mélange *m* de métaphores ▸ **mixed vegetables** jardinière *f* de légumes **2.** [not wholly positive] mitigé / *to meet with a mixed reception* recevoir un accueil mitigé / *I have mixed feelings about it* je ne sais pas très bien ce que j'en pense, je suis partagé à ce sujet ▸ **it's a bit of a mixed bag** *inf* il y a un peu de tout ▸ **it's a mixed blessing** il y a du pour et du contre / *he gives out mixed messages* il dit des choses contradictoires **3.** [sexually, racially] mixte / *it's not a proper topic for mixed company* ce n'est pas un sujet à aborder devant les dames / *man of mixed race* métis *m* / *woman of mixed race* métisse *f* ▸ **mixed marriage** mariage *m* mixte ▸ **mixed school** / **doubles** école *f* / double *m* mixte **4.** MATH ▸ **mixed number** nombre *m* mixte (fractionnaire).

mixed-ability adj [class, teaching] sans niveaux.

mixed-media adj multimédia.

mixed-up adj [confused] désorienté, déboussolé / *she's a crazy mixed-up kid* *inf* elle est un peu paumée, cette gamine.

mixer [ˈmɪksəʳ] n **1.** [device - gen] mélangeur *m* ; CULIN [mechanical] batteur *m* ; [electric] mixeur *m*, mixer *m* ; CIN, ELECTRON & MUS mixeur *m*, mélangeur *m* de signaux **2.** [sociable person] ▸ **to be a good / poor mixer** être sociable / peu sociable **3.** *inf* [troublemaker] provocateur *m*, -trice *f* **4.** [soft drink] boisson *f* gazeuse *(servant à la préparation des cocktails)*.

mixer tap n (robinet *m*) mélangeur *m*.

mixing [ˈmɪksɪŋ] n **1.** [gen] mélange *m* **2.** CIN, ELECTRON & MUS mixage *m* ▸ **the mixing room** TV la régie ▸ **mixing desk** table *f* de mixage.

mixing bowl n [big] saladier *m* ; [smaller] bol *m*.

mixologist [mɪkˈsɒlədʒɪst] n *barman spécialisé dans les cocktails.*

mixology [mɪkˈsɒlədʒɪ] n *l'art de faire des cocktails.*

mixture [ˈmɪkstʃəʳ] n **1.** [gen] mélange *m* / *they speak a mixture of French and English* ils parlent un mélange de français et d'anglais **2.** MED mixture *f*.

mix-up n confusion *f* / *there was a mix-up over the bookings* il y a eu confusion dans les réservations.

mizen, mizzen [ˈmɪzn] n artimon *m*.

mizzenmast [ˈmɪznmɑːst] n mât *m* d'artimon.

mizzle [mɪzl] n UK *regional* bruine *f*.

MJPEG (abbr of **Motion Joint Photographic Expert Group**) n COMPUT (format *m*) MJPEG *m*.

mk, MK written abbr of **mark.**

mkt written abbr of **market.**

ml (written abbr of **millilitre**) ml.

MLitt [emˈlɪt] (abbr of **Master of Literature, Master of Letters**) n ≃ (titulaire d'une) maîtrise de lettres.

MLR n abbr of **minimum lending rate.**

M'lud [mˈlʌd] n *manière conventionnelle de représenter la prononciation de « My Lord », terme utilisé lorsqu'on s'adresse à un juge.*

mm (written abbr of **millimetre**) mm.

MMR [ˌememˈɑːʳ] (abbr of **measles, mumps & rubella**) n MED ROR *m*.

MMX (abbr of **multimedia extensions**) n COMPUT MMX *m*.

MN ◆ n abbr of **Merchant Navy.** ◆ written abbr of **Minnesota.**

mnemonic [nɪˈmɒnɪk] ◆ adj **1.** [aiding memory] mnémonique, mnémotechnique ▸ **mnemonic code** code *m* mnémotechnique **2.** [relating to memory] mnémonique. ◆ n formule *f* mnémotechnique, aide *f* à la mémoire ; COMPUT mnémonique *m*.

mnemonics [nɪˈmɒnɪks] n *(U)* mnémotechnique *f*.

mo, mo' [məʊ] n *inf* moment *m*, instant *m* / *half a mo* un petit instant, une (petite) minute / *(I) won't be a mo* j'en ai pour une minute.

MO ◆ n **1.** abbr of **medical officer 2.** abbr of **modus operandi 3.** written abbr of **money order.** ◆ written abbr of **Missouri.**

moan [məʊn] ◆ vi **1.** [in pain, sadness] gémir / *he lay moaning in the gutter* il était étendu dans le caniveau et gémissait / *the wind moaned in the trees* le vent gémissait dans les arbres **2.** [grumble] ronchonner, grogner / *stop moaning!* arrête de maugréer or ronchonner ! / *what are you moaning about now?* de quoi te plains-tu encore ? ◆ vt maugréer / *"I'm so bored!", she moaned* « qu'est-ce que je m'ennuie ! », maugréa-t-elle. ◆ n [of pain, sadness] gémissement *m* ; [of complaint] plainte *f* / *she gave a moan* elle poussa un gémissement.

moaner [ˈməʊnəʳ] n *inf* grognon *m*, -onne *f*, râleur *m*, -euse *f*.

moaning [ˈməʊnɪŋ] ◆ n *(U)* **1.** [in pain, sadness] gémissement *m*, gémissements *mpl* **2.** [complaining] plaintes *fpl*, jérémiades *fpl* / *stop your moaning!* arrête de ronchonner ! ◆ adj **1.** [groaning] gémissant / *a moaning sound* un gémissement **2.** [complaining] grognon, râleur / *she's a real moaning Minnie* UK *inf* quelle râleuse, celle-là !

moat [məʊt] n douves *fpl*, fossé *m*, fossés *mpl*.

moated ['məʊtɪd] adj entouré d'un fossé or de fossés.

mob [mɒb] (*pt & pp* **mobbed**) ◆ n **1.** [crowd] foule *f*, cohue *f* / *we were surrounded by an angry mob* nous étions cernés par une foule en colère ▸ **mob hysteria** hystérie *f* collective ▸ **mob rule** loi *f* de la rue **2.** *pej* [common people] ▸ **the mob** la populace **3.** [of criminals] gang *m* ▸ **the Mob** la Mafia **4.** *inf* [bunch, clique] bande *f*, clique *f pej* / *he was surrounded by the usual mob of hangers-on* il était entouré par sa bande habituelle de parasites. ◆ vt [person] attaquer, agresser ; [place] assiéger.

Mob MESSAGING written abbr of **mobile**.

mob cap n charlotte *f (bonnet)*.

mobile ['məʊbaɪl] ◆ adj **1.** mobile / *mobile troops* troupes mobiles / *she's no longer mobile* elle ne peut plus se déplacer seule ▸ **mobile library** bibliobus *m* **2.** [features, face] mobile, expressif **3.** [socially] : *the middle classes tend to be particularly mobile* les classes moyennes se déplacent plus facilement que les autres **4.** *inf* [having transport] : *are you mobile?* tu es motorisé ? ◆ n **1.** ART mobile *m* **2.** UK *inf* = **mobile phone**.

mobile home n caravane *f*.

mobile phone n UK (téléphone *m*) portable *m*, (téléphone *m*) mobile *m*.

mobile shop n marchand *m* ambulant.

mobility [mə'bɪlətɪ] n mobilité *f* ▸ **mobility allowance** indemnité *f* de déplacement *(versée aux personnes handicapées)*.

mobilization [,məʊbɪlaɪ'zeɪʃn] n mobilisation *f*.

mobilize, mobilise ['məʊbɪlaɪz] vi & vt mobiliser.

mobocracy [mɒb'ɒkrəsɪ] (*pl* **mobocracies**) n UK voyoucratie *f*.

mobster ['mɒbstəʳ] n *inf* gangster *m*.

moccasin ['mɒkəsɪn] n **1.** [shoe] mocassin *m* **2.** ZOOL mocassin *m*.

mocha ['mɒkə] n moka *m*.

mochaccino [mɒkə'tʃi:nəʊ] n mochaccino *m*.

mock [mɒk] ◆ vt **1.** [deride] se moquer de, tourner en dérision / *don't mock the afflicted!* ne te moque pas des malheureux ! **2.** [imitate] singer, parodier **3.** *liter* [thwart] déjouer. ◆ vi se moquer / *you shouldn't mock* tu ne devrais pas te moquer. ◆ adj **1.** [imitation] faux (fausse), factice ▸ **mock turtle soup** consommé *m* à la tête de veau **2.** [feigned] feint / *mock horror / surprise* horreur / surprise feinte **3.** [as practice] ▸ **mock battle** exercice *m* de combat ▸ **mock examination** examen *m* blanc. ◆ n **1.** UK *inf* [examination] examen *m* blanc **2.** PHR **to make a mock of sb / sthg** *liter* tourner qqn / qqch en dérision.

❖ **mock up** vt sep UK faire une maquette de.

mock-epic = **mock-heroic**.

mocker ['mɒkəʳ] n moqueur *m*, -euse *f*.

mockers ['mɒkəz] pl n UK *inf* ▸ **to put the mockers on sthg** ficher qqch en l'air, bousiller qqch.

mockery ['mɒkərɪ] (*pl* **mockeries**) n **1.** [derision] moquerie *f*, raillerie *f* ▸ **to hold sthg up to mockery** tourner qqch en ridicule or en dérision / *he soldiered on despite the mockery of his colleagues* il persévéra en dépit des railleries de ses collègues **2.** [travesty] parodie *f* / *a mockery of justice* une parodie de justice / *the interview was a mockery* l'entretien était une véritable caricature ▸ **to make a mockery of sthg** rendre qqch ridicule, enlever toute crédibilité à qqch.

mock-heroic adj burlesque.

mocking ['mɒkɪŋ] ◆ n moquerie *f*, raillerie *f*. ◆ adj moqueur, railleur.

mockingbird ['mɒkɪŋbɜ:d] n ORNITH moqueur *m*.

mockingly ['mɒkɪŋlɪ] adv de façon moqueuse.

mock orange n seringa *m*.

mock turtleneck n US pull *m* à col cheminée.

mock-up n maquette *f*.

mod [mɒd] ◆ adj *inf & dated* [fashionable] à la mode. ◆ n **1.** *en Angleterre, membre d'un groupe de jeunes des années 1960 qui s'opposaient aux rockers* **2.** [festival] *festival de littérature et de musique gaélique en Écosse*.

MoD, MOD pr n UK abbr of **Ministry of Defence**.

modal ['məʊdl] adj GRAM, PHILOS & MATH modal ▸ **modal auxiliary** or **verb** auxiliaire *m* modal.

modality [mə'dælətɪ] (*pl* **modalities**) n modalité *f*.

modally ['məʊdəlɪ] adv de manière modale.

mod cons [-kɒnz] (abbr of **modern conveniences**) pl n *inf* ▸ **all mod cons** tout confort, tt. conf.

mode [məʊd] n **1.** [manner] mode *m*, manière *f* ▸ **mode of life** mode de vie ▸ **modes of transport** moyens de transport **2.** GRAM, PHILOS & MATH mode *m* **3.** COMPUT mode *m* ▸ **access / control mode** mode d'accès / de contrôle **4.** [prevailing fashion] mode *f* / *the current mode is for sixties fashion* le dernier cri, c'est la mode des années soixante.

model ['mɒdl] (UK *pt & pp* **modelled**, *cont* **modelling** ; US *pt & pp* **modeled**, *cont* **modeling**) ◆ n **1.** [copy, representation] modèle *m*, maquette *f* ; [theoretical pattern] modèle *m* **2.** [perfect example] modèle *m* / *your essay is a model of concision* votre rédaction est un modèle de concision / *they always hold my brother up as a model of intelligence* ils citent toujours mon frère comme un modèle d'intelligence **3.** ART & PHOT [sitter] modèle *m* **4.** [in fashion show] mannequin *m* ▸ **male model** mannequin (homme) **5.** COMM modèle *m* / *it's the latest model* c'est le dernier modèle ▸ **demonstration model** modèle de démonstration **6.** US [showhouse] résidence *f* témoin. ◆ vt **1.** [shape] modeler / *to model clay* modeler l'argile / *to model figures out of clay* modeler des figures en argile ▸ **to model o.s. on sb** prendre modèle sur qqn **2.** [in fashion show] : *she models clothes* elle est mannequin / *she models hats* elle présente des chapeaux dans des défilés de mode. ◆ vi [for artist, photographer] poser ; [in fashion show] être mannequin / *she has modelled for Dior* elle a été mannequin chez Dior. ◆ adj **1.** [miniature] (en) miniature ▸ **model aeroplane** maquette *f* d'avion ▸ **model car a)** [toy] petite voiture *f* **b)** [for collectors] modèle *m* réduit **2.** [exemplary] modèle / *model factory* usine modèle *f*, usine-pilote *f* / *he's a model pupil / husband* c'est un élève / mari modèle.

modelling UK, **modeling** US ['mɒdəlɪŋ] n **1.** [building models] modelage *m* ; [as a hobby] construction *f* de maquettes **2.** [in fashion shows] : *modelling is extremely well-paid* le travail de mannequin est très bien payé, les mannequins sont très bien payés / *to make a career in modelling* faire une carrière de mannequin **3.** MATH modélisation *f*.

Model T (Ford) n AUTO Ford T *f (première voiture fabriquée à la chaîne [1909-1927] par les usines Ford)*.

modem ['məʊdem] n modem *m*.

Modena ['mɒdɪnə] pr n Modène.

moderate ◆ adj ['mɒdərət] **1.** [restrained, modest] modéré / *a moderate wage increase* une augmentation raisonnable des salaires / *the candidate holds moderate views* le candidat défend des idées modérées / *he's a moderate drinker* il boit avec modération / *moderate language* langage mesuré **2.** [average] moyen / *pupils of moderate ability* élèves moyens / *a moderate performance* une prestation moyenne **3.** METEOR tempéré. ◆ n ['mɒdərət] POL modéré *m*, -e *f*. ◆ vt ['mɒdəreɪt] **1.** [make less extreme] modérer / *they have since moderated their demands* depuis, ils ont modéré leurs exigences **2.** [preside over - meeting, group, debate] présider **3.** NUCL [slow down - neutrons] modérer, ralentir. ◆ vi **1.** [lessen] se modérer **2.** [preside] présider, être président.

moderate breeze n [on Beaufort scale] jolie brise *f*.

moderate gale n [on Beaufort scale] grand frais *m*.

moderately ['mɒdərətlɪ] adv [with moderation] modérément, avec modération / *moderately priced* d'un prix raisonnable ; [slightly] moyennement / *she was only moderately pleased with her new job* elle n'était que moyennement satisfaite de son nouvel emploi.

moderation [,mɒdə'reɪʃn] n modération *f* / *a slight moderation of temperature* un léger changement de température / *to drink in* or *with moderation* boire avec modération / *smoking is dangerous even in moderation* il est dangereux de fumer même avec modération.

moderator ['mɒdəreɪtəʳ] n **1.** [president] président *m*, -e *f* ; [mediator] médiateur *m*, -trice *f* ; RELIG modérateur *m* **2.** NUCL modérateur *m*, ralentisseur *m*.

modern ['mɒdən] ◆ adj moderne ▸ **modern dance** HIST modern dance *f* ▸ **modern English / French / Greek** anglais *m* / français *m* / grec *m* moderne ▸ **modern face** TYPO didot *m* ▸ **modern jazz** jazz *m* moderne ▸ **modern languages** langues *fpl* vivantes ▸ **modern maths** mathématiques *fpl* modernes. ◆ n **1.** [person] moderne *mf* **2.** TYPO didot *m*.

modern art n art *m* moderne.

modern-day adj d'aujourd'hui / *a modern-day Joan of Arc* la Jeanne d'Arc des temps modernes.

modern dress n THEAT costumes *mpl* modernes.

modernism ['mɒdənɪzm] n **1.** modernisme *m* **2.** [expression, word] néologisme *m*.

modernist ['mɒdənɪst] ◆ adj moderniste. ◆ n moderniste *mf*.

modernistic [,mɒdə'nɪstɪk] adj moderniste.

modernity [mɒ'dɜ:nətɪ] n modernité *f*.

modernization [,mɒdənaɪ'zeɪʃn] n modernisation *f*.

modernize, modernise ['mɒdənaɪz] ◆ vt moderniser. ◆ vi se moderniser.

modest ['mɒdɪst] adj **1.** [unassuming] modeste / *she's very modest about her success* son succès ne lui est pas monté à la tête **2.** [small, moderate, simple] modeste ; [meagre] modique / *a modest salary* un salaire modique / *we are very modest in our needs* nous avons besoin de très peu **3.** [decorous] pudique.

modestly ['mɒdɪstlɪ] adv **1.** [unassumingly] modestement, avec modestie **2.** [simply] modestement, simplement / *they live very modestly* ils vivent très simplement, ils mènent une vie très simple **3.** [with decorum] avec pudeur, pudiquement / *to dress modestly* s'habiller avec pudeur.

modesty ['mɒdɪstɪ] n **1.** [lack of conceit] modestie *f* / *in all modesty* en toute modestie / *false modesty* fausse modestie **2.** [moderation] modestie *f* ; [meagreness] modicité *f* **3.** [decorum] pudeur *f* / *she lowered her gaze out of modesty* la pudeur lui a fait baisser les yeux.

modicum ['mɒdɪkəm] n minimum *m* / *she showed a modicum of common sense* elle a fait preuve d'un minimum de bon sens.

modifiable ['mɒdɪfaɪəbl] adj modifiable.

modification [,mɒdɪfɪ'keɪʃn] n modification *f* / *he made several modifications in* or *to the text* il apporta plusieurs modifications au texte / *the rules need some modification* il faut modifier les règles.

modifier ['mɒdɪfaɪəʳ] n GRAM modificateur *m*.

modify ['mɒdɪfaɪ] (*pt & pp* **modified**) vt **1.** [alter] modifier / *once they had modified the engine it worked perfectly* après quelques modifications, le moteur était en parfait état de marche **2.** [moderate] modérer **3.** GRAM modifier / *the adjective agrees with the noun it modifies* l'adjectif s'accorde avec le nom auquel il se rapporte.

modish ['məʊdɪʃ] adj à la mode.

modishly ['məʊdɪʃlɪ] adv selon la mode.

Mods [mɒdz] (abbr of **(Honour) Moderations**) pl n *premier examen du cursus universitaire à Oxford*.

modular ['mɒdjʊləʳ] adj modulaire ▸ **modular degree** ≃ licence *f* à UV ▸ **modular furniture** mobilier *m* modulaire or à éléments ▸ **modular programming** programmation *f* modulaire.

modularity [,mɒdjʊ'lærətɪ] n modularité *f*.

modulate ['mɒdjʊleɪt] vt **1.** ELECTRON & MUS moduler ; [voice] moduler **2.** [moderate, tone down] adapter, ajuster / *they modulate their prices to the US market* ils adaptent leurs prix au marché américain.

modulated ['mɒdjʊleɪtɪd] adj modulé.

modulation [ˌmɒdjʊ'leɪʃn] n modulation *f*.

modulator ['mɒdjʊleɪtər] n ELECTRON modulateur *m*.

module ['mɒdju:l] n **1.** [gen] module *m* **2.** UNIV ≃ unité *f* de valeur ; ≃ UV *f*.

modulus ['mɒdjʊləs] n PHYS & MATH module *m*.

modus operandi ['məʊdəsˌɒpə'rændi:] n *fml & liter* méthode *f* (de travail), procédé *m* ; [of criminal] mode *m* opératoire.

modus vivendi ['məʊdəsvɪ'vendi:] n *fml & liter* modus vivendi *m*.

mog [mɒg] *inf* = **moggie**.

Mogadiscio, Mogadishu [ˌmɒgə'dɪʃu:] pr n Mogadiscio.

moggie, moggy ['mɒgɪ] (*pl* **moggies**) n UK *inf* minou *m*.

mogul ['məʊgl] n **1.** [magnate] magnat *m* **2.** [on ski slope] bosse *f*.

❖ **Mogul** ◆ n Moghol *m*. ◆ adj moghol.

MOH (abbr of **Medical Officer of Health**) n UK directeur *m*, -trice *f* de la santé publique.

mohair ['məʊheər] ◆ n mohair *m*. ◆ adj en or de mohair.

Mohammed [mə'hæmɪd] pr n Mahommed, Mahomet.

Mohammedan [mə'hæmɪdn] ◆ n musulman *m*, -e *f*. ◆ adj musulman.

Mohawk ['məʊhɔ:k] (*pl* **Mohawk** *or* **Mohawks**) n Mohawk *m*.

❖ **mohawk** n [in ice-skating] mohawk *m*.

Mohican [məʊ'hi:kən or 'məʊɪkən] (*pl* **Mohican** *or* **Mohicans**) ◆ n **1.** [person] Mohican *m*, -e *f* **2.** LING mohican *m*. ◆ adj mohican.

❖ **mohican** n [hairstyle] coupe *f* à l'iroquoise.

moiré ['mwɑ:reɪ] ◆ adj moiré ▸ **moiré silk** moire *f* de soie. ◆ n moiré *m*.

moist [mɔɪst] adj [skin, air, heat] moite ; [climate, soil, surface] humide ; [cake] moelleux.

moisten ['mɔɪsn] ◆ vt humecter, mouiller / *she moistened her lips* elle s'humecta les lèvres. ◆ vi [eyes] se mouiller ; [palms] devenir moite.

moistness ['mɔɪstnɪs] n moiteur *f*, humidité *f*.

moisture ['mɔɪstʃər] n humidité *f* ; [on mirror, window, etc.] buée *f* / *he wiped the moisture from the window* il essuya la buée de la fenêtre ▸ **moisture content** teneur *f* en humidité or en eau.

moistureproof ['mɔɪstʃəpru:f] adj [clothing, shoes] imperméable ; [watch, container] étanche ; [finish, sealant] hydrofuge.

moisturize, moisturise ['mɔɪstʃəraɪz] vt [skin] hydrater ; [air] humidifier.

moisturizer ['mɔɪstʃəraɪzər] n crème *f* hydratante.

mojito [mə'hi:təʊ] n mojito *m*.

mojo ['məʊdʒəʊ] n US *inf* [energy] peps *m*.

moke [məʊk] n UK *inf* [donkey] bourricot *m* ; AUSTR [horse] canasson *m*.

molar ['məʊlər] ◆ adj [quantity, solution] molaire. ◆ n [tooth] molaire *f*.

molasses [mə'læsɪz] n (*U*) mélasse *f*.

mold US = **mould**.

Moldavia [mɒl'deɪvjə] pr n Moldavie *f* / *in Moldavia* en Moldavie.

Moldavian [mɒl'deɪvjən] ◆ n Moldave *mf*. ◆ adj moldave.

Moldova [mɒl'dəʊvə] pr n ▸ **the Republic of Moldova** la république de Moldova.

Moldovan [mɒl'dəʊvən] ◆ adj moldave. ◆ n Moldave *mf*.

mole [məʊl] n **1.** [on skin] grain *m* de beauté **2.** ZOOL taupe *f* **3.** *fig* [spy] taupe *f* **4.** [breakwater] môle *m*, digue *f* **5.** [unit of substance] mole *f*.

mole cricket n courtilière *f*.

molecular [mə'lekjʊlər] adj moléculaire ▸ **molecular formula / weight** formule *f* / poids *m* moléculaire.

molecule ['mɒlɪkju:l] n molécule *f*.

molehill ['məʊlhɪl] n taupinière *f*.

moleskin ['məʊlskɪn] n **1.** [fur] (peau *f* de) taupe *f* **2.** [cotton] coton *m* sergé / *moleskin trousers* pantalon en coton sergé.

molest [mə'lest] vt [bother] importuner, tracasser ; [more violently] molester, malmener ; [sexually] agresser (sexuellement).

molestation [ˌməʊle'steɪʃn] n (*U*) brutalité *f*, violences *fpl* ; [sexual] attentat *m* à la pudeur.

molester [mə'lestər] n agresseur *m* ▸ **child molester** pédophile *mf*.

moll [mɒl] n *v inf* poule *f*, nana *f*.

Moll Flanders [-'flɑ:ndəz] pr n *héroïne haute en couleurs d'un roman de D. Defoe.*

mollification [ˌmɒlɪfɪ'keɪʃn] n apaisement *m*.

mollify ['mɒlɪfaɪ] (*pt & pp* **mollified**) vt apaiser, amadouer.

mollusc UK, **mollusk** US ['mɒləsk] n mollusque *m*.

mollycoddle ['mɒlɪˌkɒdl] vt UK *inf & pej* dorloter, materner.

Molly Maguires [ˌmɒlɪmə'gwaɪəz] pl pr n US HIST *membres d'une organisation clandestine luttant pour de meilleures conditions de travail dans les mines de Pennsylvanie au XIXe siècle.*

Molotov cocktail ['mɒlətɒf-] n cocktail *m* Molotov.

molt US = **moult**.

molten ['məʊltn] adj [metal, lava] en fusion.

Molucca [məʊ'lʌkə] pl pr n ▸ **the Molucca Islands** or **the Moluccas** les îles *fpl* Moluques.

molybdenite [mə'lɪbdənaɪt] n molybdénite *f*.

molybdenum [mə'lɪbdənəm] n molybdène *m*.

mom [mɑ:m] n US *inf* maman *f* ▸ **mom and pop store** *petit magasin familial.*

MoMa ['məʊmɑ:] (abbr of **Museum of Modern Art**) pr n *musée d'art moderne à New York.*

momager ['mɒmədʒər] n *mère qui gère la carrière de son enfant artiste ou sportif.*

moment ['məʊmənt] n **1.** [period of time] moment *m*, instant *m* / *at the moment* en ce moment / *at that moment* à ce moment-là / *at this (very) moment* en ce moment même / *at this moment in time* à l'heure qu'il est / *from that moment on* désormais / *she's the idol of the moment* c'est elle l'idole du moment / *for the moment* pour le moment / *let me think (for) a moment* laissez-moi réfléchir un moment or une seconde / *for a long moment he remained silent* pendant un long moment il est resté sans parler / *I'll do it in a moment* je le ferai dans un instant / *I didn't believe them for a* or *one moment* je ne les ai pas crus un seul instant / *one moment, please* **a)** un instant, s'il vous plaît **b)** [on telephone] ne quittez pas / *just a moment, you haven't paid yet* un instant, vous n'avez pas encore payé / *she's just this moment gone out* elle vient de sortir / *don't wait until the last moment* n'attendez pas la dernière minute / *the next moment the phone rang* l'instant d'après le téléphone a sonné / *without a moment's hesitation* sans la moindre hésitation / *he fell in love with her the moment he saw her* il est tombé amoureux d'elle à l'instant même où il l'a vue / *it was her darkest moment* ce fut l'époque la plus sombre de sa vie / *it was one of the worst moments of my life* ce fut un des pires moments de ma vie / *her moment of glory* son heure de gloire / *the moment of truth* l'heure de vérité / *in the heat of the moment* dans le feu de l'action / *the film has its moments* le film est parfois intéressant or a de bons passages **2.** *fml* [import, consequence] importance *f*, signification *f*, portée *f* / *an event of great historical moment* un événement d'une très grande portée historique **3.** PHYS moment *m* ▸ **magnetic moment** moment magnétique.

momentarily [UK 'məʊməntərɪlɪ US ˌməʊmen'terɪlɪ] adv **1.** [briefly, temporarily] momentanément **2.** US [immediately] immédiatement, tout de suite / *I'll be with you momentarily* je suis à vous dans une seconde.

momentary ['məʊməntrɪ] adj **1.** [brief, temporary] momentané / *there will be a momentary delay* il y aura un retard de quelques minutes **2.** *liter* [continual] constant, continuel.

momentous [mə'mentəs] adj capital, d'une importance capitale / *on this momentous occasion* en cette occasion mémorable / *a momentous decision* une décision d'une importance capitale.

momentousness [mə'mentəsnɪs] n importance *f* capitale.

momentum [mə'mentəm] n **1.** [impetus] vitesse *f*, élan *m* ▸ **to gain momentum** *lit & fig* atteindre sa vitesse de croisière ▸ **to lose momentum a)** [vehicle] perdre de la vitesse **b)** [campaign] s'essouffler **2.** MECH & PHYS moment *m*.

momma ['mɒmə] n US *inf* maman *f* / *he's a momma's boy* il est toujours fourré dans les jupons de sa mère.

mommy ['mɒmɪ] US *inf* = **mummy**.

Mon. (written abbr of **Monday**) lun.

Monacan ['mɒnəkən] = **Monegasque**.

Monaco ['mɒnəkəʊ] pr n Monaco.

monad ['məʊnæd] (*pl* **monads** *or* **monades** [-di:z]) n PHILOS monade *f*.

Mona Lisa ['məʊnə'li:zə] pr n / **'The Mona Lisa'** *Leonardo da Vinci* 'la Joconde'.

monarch ['mɒnək] n [gen & ENTOM] monarque *m*.

monarchical [mə'nɑ:kɪkl] adj monarchique.

monarchism ['mɒnəkɪzm] n monarchisme *m*.

monarchist ['mɒnəkɪst] ◆ adj monarchiste. ◆ n monarchiste *mf*.

monarchy ['mɒnəkɪ] (*pl* **monarchies**) n monarchie *f*.

monastery ['mɒnəstrɪ] (*pl* **monasteries**) n monastère *m*.

monastic [mə'næstɪk] adj monastique.

monasticism [mə'næstɪsɪzm] n monachisme *m*.

monatomic [ˌmɒnə'tɒmɪk] adj monoatomique.

monaural [mɒ'nɔ:rəl] adj monaural.

Monday ['mʌndeɪ] n lundi *m* / *I've got that Monday morning feeling* je me sens comme on peut se sentir un lundi matin ▸ **the Monday Club** UK POL *club conservateur britannique.* **See also Friday.**

Monegasque [ˌmɒnɪ'gæsk] ◆ n Monégasque *mf*. ◆ adj monégasque.

moneme ['məʊni:m] n monème *m*.

monetarism ['mʌnɪtərɪzm] n monétarisme *m*.

monetarist ['mʌnɪtərɪst] ◆ adj monétariste. ◆ n monétariste *mf*.

monetary ['mʌnɪtrɪ] adj monétaire ▸ **monetary policy** politique *f* monétaire / *a tight monetary policy* une politique monétaire stricte ▸ **monetary reform** réforme *f* monétaire ▸ **monetary unit** unité *f* monétaire.

money ['mʌnɪ] (*pl* **moneys** *or* **monies**) ◆ n **1.** [gen] argent *m* / *have you got any money on you?* est-ce que tu as de l'argent or du liquide sur toi ? / *they don't accept foreign money* ils n'acceptent pas l'argent étranger or les devises étrangères / *your money or your life!* la bourse ou la vie ! / *to get one's money's worth* en avoir pour son argent ▸ **to put money into sthg** investir dans qqch ▸ **to throw money at sthg** investir massivement dans qqch / *throwing money at the problem is no solution* ce n'est pas avec de l'argent que le problème sera résolu / *it's money well spent* c'est une bonne affaire / *the best dictionary that money can buy* le meilleur dictionnaire qui existe or qui soit ▸ **to make money a)** [person] gagner de l'argent **b)** [business, investment] rapporter / *the shop isn't making any money* la boutique ne rapporte pas / *how did she make her money?* comment a-t-elle gagné son argent ? / *money is no object* peu importe le prix, l'argent n'entre pas en ligne de compte / *I'm no good with money*

je n'ai pas la notion de l'argent / *there's no money in translating* la traduction ne rapporte pas or ne paie pas / *toys cost money, you know* les jouets, ce n'est pas gratuit, tu sais / *we paid good money for it* cela nous a coûté cher / *you can earn big money selling carpets* on peut gagner beaucoup d'argent en vendant des tapis / *I'm not made of money, you know* tu as l'air de croire que je roule sur l'or ▸ **to put money on a horse** miser sur un cheval ▸ **to be in the money** *inf* être plein aux as ▸ **put your money where your mouth is** il est temps de joindre le geste à la parole ▸ **to have money to burn** avoir de l'argent à jeter par les fenêtres ▸ **it's money for old rope** UK *inf* c'est de l'argent vite gagné or du fric vite fait / *for my money, he's the best candidate* à mon avis, c'est le meilleur candidat ▸ **money talks** l'argent peut tout ▸ **money is the root of all evil** *prov* l'argent est la source de tous les maux **2.** FIN [currency] monnaie *f* ▸ **to coin** or **to mint money** battre or frapper de la monnaie ▸ **counterfeit money** fausse monnaie. ◆ comp [problems, matters] d'argent, financier.
❖ **moneys, monies** pl n LAW [sums] sommes *fpl* (d'argent) ▸ **public moneys** deniers *mpl* publics.

money-back guarantee n garantie *f* de remboursement.

money-back offer n offre *f* de remboursement.

moneybags ['mʌnɪbægz] (*pl* **moneybags**) n *inf* richard *m*, -e *f*, rupin *m*, -e *f*.

money belt n ceinture *f* portefeuille.

moneybox ['mʌnɪbɒks] n tirelire *f*.

money changer n **1.** [person] cambiste *mf* **2.** US [machine] changeur *m* de monnaie.

moneyed ['mʌnɪd] adj riche, nanti.

money-grubber [-,grʌbəʳ] n *inf* radin *m*, -e *f*, pingre *mf*.

money-grubbing [-,grʌbɪŋ] *inf* ◆ n radinerie *f*. ◆ adj radin.

moneylender ['mʌnɪ,lendəʳ] n FIN prêteur *m*, -euse *f* ; [usurer] usurier *m*, -ère *f* ; [pawnbroker] prêteur *m*, -euse *f* sur gages.

moneymaker ['mʌnɪ,meɪkəʳ] n affaire *f* qui rapporte, mine *f* d'or *fig*.

moneymaking ['mʌnɪ,meɪkɪŋ] adj lucratif / *it's another of her moneymaking schemes* c'est encore une de ses idées pour faire fortune.

money market n marché *m* monétaire ▸ **money market fund** fonds *m* commun de placement.

money order n mandat *m*.

money spider n araignée *f* porte-bonheur.

money-spinner UK *inf* = **moneymaker**.

money-spinning UK *inf* = **moneymaking**.

money supply n masse *f* monétaire.

mongol ['mɒŋgəl] *dated & offens* ◆ n MED mongolien *m*, -enne *f*. ◆ adj MED mongolien.

Mongol ['mɒŋgəl] ◆ n **1.** [person] Mongol *m*, -e *f* **2.** LING mongol *m*. ◆ adj mongol.

Mongolia [mɒŋ'gəʊlɪə] pr n Mongolie *f* / *in Mongolia* en Mongolie ▸ **Inner** / **Outer Mongolia** Mongolie-Intérieure / -Extérieure.

Mongolian [mɒŋ'gəʊlɪən] = **Mongol**.

Mongolic [mɒŋ'gɒlɪk] adj **1.** LING mongol **2.** [people, customs, etc.] mongoloïde.

mongolism ['mɒŋgəlɪzm] n *dated & offens* MED mongolisme *m*, trisomie *f*.

Mongoloid ['mɒŋgəlɔɪd] ◆ adj mongol, mongolique. ◆ n mongol *m*, -e *f*, mongolique *mf*.

mongoose ['mɒŋgu:s] n mangouste *f*.

mongrel ['mʌŋgrəl] ◆ adj [dog] bâtard ; [other animal] hybride. ◆ n [dog] bâtard *m* ; [other animal] hybride *m*.

mongst, 'mongst [mʌŋst] *poetic* = **among(st)**.

monicker ['mɒnɪkəʳ] *v inf* = **moniker**.

monied ['mʌnɪd] = **moneyed**.

moniker ['mɒnɪkəʳ] n *v inf* [name] nom *m* ; [nickname] surnom *m*.

monism ['mɒnɪzm] n monisme *m*.

monitor ['mɒnɪtəʳ] ◆ n **1.** MED & TECH [checking device] moniteur *m* **2.** COMPUT & TV [screen] moniteur *m* **3.** SCH ≃ chef *m* de classe ▸ **dinner monitor** *élève chargé de veiller au bon déroulement des repas à la cantine* **4.** RADIO employé *m*, -e *f* d'un service d'écoute **5.** ZOOL ▸ **monitor (lizard)** varan *m*. ◆ vt **1.** [check] suivre, surveiller / *their progress is carefully monitored* leurs progrès sont suivis de près / *the FBI is monitoring his movements* le FBI surveille ses déplacements / *this instrument monitors the pulse rate* cet instrument surveille le pouls du patient **2.** [listen in to - broadcasts] écouter ▸ **monitoring station** station *f* d'écoute.

monitory ['mɒnɪtərɪ] adj *fml* [warning] d'avertissement ; [reproving] d'admonition.

monk [mʌŋk] n moine *m*, religieux *m*.

monkey ['mʌŋkɪ] n **1.** [animal] singe *m* ▸ **female monkey** guenon *f* ▸ **to make a monkey out of sb** *inf* se payer la tête de qqn ▸ **to have a monkey on one's back** US *inf* être accro **2.** *inf* [scamp] polisson *m*, -onne *f*, galopin *m* **3.** UK *v inf* [£500] *cinq cents livres*.
❖ **monkey about** UK, **monkey around** vi *inf* **1.** [play the fool] faire l'imbécile **2.** [tamper] ▸ **to monkey about** or **around with sthg** tripoter qqch / *don't monkey about with my tools* ne t'amuse pas avec mes outils.

monkey bars n US cage *f* d'écureuil.

monkey business n *(U) inf* [suspect activity] combines *fpl* ; [mischief] bêtises *fpl* / *they're up to some monkey business* ils sont en train de combiner quelque chose.

monkey jacket n veste *f* courte.

monkey nut n UK cacahouète *f*, cacahuète *f*.

monkey-puzzle n ▸ **monkey-puzzle (tree)** araucaria *m*, désespoir *m* des singes.

monkey suit n *inf* tenue *f* de soirée, habit *m*.

monkey wrench n clef *f* anglaise or à molette.

monkfish ['mʌŋkfɪʃ] (*pl* **monkfish** *or* **monkfishes**) n [angler fish] baudroie *f*, lotte *f* ; [angel shark] ange *m* de mer.

monkhood ['mʌŋkhʊd] n **1.** [institution] monachisme *m* ; [way of life] vie *f* monastique ▸ **to enter the monkhood** entrer dans les ordres (monastiques) **2.** [monks collectively] ▸ **the monkhood** les moines *mpl*.

monkish ['mʌŋkɪʃ] adj monacal, de moine.

monk's beard n BOT soude *f* commune.

monkshood ['mʌŋkshʊd] n aconit *m (normal)*.

mono ['mɒnəʊ] (*pl* **monos**) ◆ adj (abbr of **monophonic**) mono *(inv)*, monophonique ▸ **mono record player** électrophone *m* mono. ◆ n **1.** ACOUST monophonie *f* / *in mono* en monophonie **2.** US *inf* [mononucleosis] mononucléose *f* (infectieuse).

monoacid [,mɒnəʊ'æsɪd] n monoacide *m*.

monobasic [,mɒnəʊ'beɪsɪk] adj monobasique.

monobox ['mɒnəʊbɒks] n AUTO monocorps *m*.

monochromatic [,mɒnəkrə'mætɪk] adj monochromatique.

monochrome ['mɒnəkrəʊm] ◆ adj [photograph] en noir et blanc ; [television set] en noir et blanc *(inv)* ; [computer screen] monochrome ; [painting] en camaïeu / *he leads a very monochrome existence* *fig* il mène une existence très terne. ◆ n **1.** [technique] monochromie *f* ; PHOT & TV noir et blanc *m* ; ART camaïeu *m* **2.** [photograph] photographie *f* en noir et blanc ; [painting] camaïeu *m* ; [in modern art] monochrome *m*.

monocle ['mɒnəkl] n monocle *m*.

monocled ['mɒnəkld] adj qui porte un monocle.

monocline ['mɒnəklaɪn] n monoclinal *m*.

monoclinic [mɒnə'klɪnɪk] adj monoclinique.

monoclonal antibody [,mɒnə'kləʊnl-] n anticorps *m* monoclonal.

monocoque ['mɒnəkɒk] n AERON construction *f* monocoque ; AUTO monocoque *f*.

monocotyledon [,mɒnəʊkɒtɪ'li:dn] n monocotylédone *f*.

monocracy [mɒ'nɒkrəsɪ] (*pl* **monocracies**) n monocratie *f*.

monocratic [,mɒnəʊ'krætɪk] adj monocratique.

monocular [mɒ'nɒkjʊləʳ] adj monoculaire.

monoculture ['mɒnə,kʌltʃəʳ] n monoculture *f*.

monocyclic [mɒnə'saɪklɪk] adj monocyclique.

monocyte ['mɒnəsaɪt] n monocyte *m*.

monody ['mɒnədɪ] (*pl* **monodies**) n monodie *f*.

monofilament ['mɒnəfɪləmənt] n monofilament *m*.

monogamist [mɒ'nɒgəmɪst] n monogame *mf*.

monogamous [mɒ'nɒgəməs] adj monogame.

monogamy [mɒ'nɒgəmɪ] n monogamie *f*.

monogenesis [,mɒnəʊ'dʒenəsɪs] n **1.** [of human race] monogénisme *m* **2.** BIOL [asexual reproduction] multiplication *f* asexuée.

monogram ['mɒnəgræm] (*pt & pp* **monogrammed**, *cont* **monogramming**) ◆ n monogramme *m*. ◆ vt marquer d'un monogramme / *monogrammed handkerchiefs* mouchoirs avec un monogramme brodé.

monogrammed UK, **monogramed** US ['mɒnəgræmd] adj qui porte un monogramme.

monograph ['mɒnəgrɑ:f] n monographie *f*.

monohull ['mɒnə,hʌl] n NAUT monocoque *m*.

monokini ['mɒnəki:nɪ] n monokini *m*.

monolingual [,mɒnə'lɪŋgwəl] adj monolingue.

monolith ['mɒnəlɪθ] n monolithe *m*.

monolithic [,mɒnə'lɪθɪk] adj monolithique.

monologue UK, **monolog** US ['mɒnəlɒg] ◆ n monologue *m*. ◆ vi monologuer.

monomania [,mɒnə'meɪnjə] n monomanie *f*.

monomaniac [,mɒnə'meɪnɪæk] ◆ adj monomaniaque, monomane. ◆ n monomaniaque *mf*, monomane *mf*.

monomer ['mɒnəməʳ] n monomère *m*.

monomial [mɒ'nəʊmɪəl] ◆ n MATH monôme *m*. ◆ adj de or en monôme ▸ **monomial function** fonction monôme.

monomorphic [,mɒnəʊ'mɔ:fɪk] adj monomorphe.

monomorphism [,mɒnəʊ'mɔ:fɪzm] n monomorphisme *m*.

mononuclear [,mɒnəʊ'nju:klɪəʳ] adj mononucléaire.

mononucleosis ['mɒnəʊ,nju:klɪ'əʊsɪs] n *(U)* mononucléose *f* (infectieuse).

monophonic [,mɒnə'fɒnɪk] adj monophonique, monaural.

monophthong ['mɒnəfθɒŋ] n monophtongue *f*.

monoplane ['mɒnəpleɪn] n monoplan *m*.

monoplegia [mɒnə'pli:dʒə] n monoplégie *f*.

monopolist [mə'nɒpəlɪst] n monopoliste *mf*, monopoleur *m*, -euse *f*.

monopolistic [mə,nɒpə'lɪstɪk] adj monopoliste, monopolistique.

monopolization [mə,nɒpəlaɪ'zeɪʃn] n monopolisation *f*.

monopolize, monopolise [mə'nɒpəlaɪz] vt monopoliser.

monopoly [mə'nɒpəlɪ] (*pl* **monopolies**) n monopole *m* ▸ **to have a monopoly of** or **in** or **on sthg** avoir le monopole de qqch ▸ **state monopoly** monopole d'État ▸ **the Monopolies and Mergers Commission** *commission veillant au respect de la législation antitrust en Grande-Bretagne*.
❖ **Monopoly®** n [game] Monopoly® *m* ▸ **monopoly money** *fig* billets *mpl* de Monopoly.

monopsony [mə'nɒpsənɪ] (*pl* **monopsonies**) n monopsone *m*.

monorail ['mɒnəreɪl] n monorail *m*.

monosaccharide [ˌmɒnəʊ'sækəraɪd] n monosaccharide *m*, ose *m*.

monosemic [ˌmɒnəʊ'si:mɪk] adj monosémique.

monosemy ['mɒnəʊˌsi:mɪ] n monosémie *f*.

monoski ['mɒnəʊskɪ] n monoski *m*.

monosodium glutamate [ˌmɒnə'səʊdjəm'glu:təmeɪt] n CULIN glutamate *m* (de sodium).

monostable [ˌmɒnəʊ'steɪbl] adj monostable.

monosyllabic [ˌmɒnəsɪ'læbɪk] adj **1.** LING monosyllabe, monosyllabique **2.** [person] qui s'exprime par monosyllabes / *he's very monosyllabic* il ne parle que par monosyllabes.

monosyllable ['mɒnəˌsɪləbl] n monosyllabe *m* ▸ **to speak in monosyllables** parler par monosyllabes.

monotheism ['mɒnəθi:ˌɪzm] n monothéisme *m*.

monotheist ['mɒnəθi:ˌɪst] ◆ adj monothéiste. ◆ n monothéiste *mf*.

monotheistic [ˌmɒnəθi:'ɪstɪk] adj monothéiste.

monotone ['mɒnətəʊn] ◆ n ton *m* monocorde ▸ **to speak in a monotone** parler d'un ton monocorde. ◆ adj monocorde.

monotonous [mə'nɒtənəs] adj monotone.

monotonously [mə'nɒtənəslɪ] adv de façon monotone / *he droned monotonously on* il ânonnait d'un ton monotone.

monotony [mə'nɒtənɪ] (*pl* **monotonies**) n monotonie *f* / *her visits broke the monotony of his life* les visites qu'elle lui rendait rompaient la monotonie de son existence / *the monotony of the landscape* l'uniformité or la monotonie du paysage.

monotype ['mɒnətaɪp] n ART & BIOL monotype *m*.

❖ **Monotype®** n TYPO [machine] Monotype® *f*.

monovalent [ˌmɒnəʊ'veɪlənt] adj monovalent, univalent.

monoxide [mɒ'nɒksaɪd] n monoxyde *m* ▸ **nitrogen monoxide** protoxyde *m* d'azote.

Monroe Doctrine [mən'rəʊ-] n ▸ **the Monroe Doctrine** la doctrine de Monroe.

 **Monroe Doctrine**

La doctrine de Monroe, énoncée en 1823, inaugura une période isolationniste aux États-Unis, pendant laquelle le continent américain se ferma à l'Europe colonialiste et se détourna délibérément des affaires européennes.

Monrovia [mən'rəʊvɪə] pr n Monrovia.

monsignor [mɒn'si:njər] (*pl* **monsignors** *or* **monsignori** [-si:'njɔ:rɪ]) n monseigneur *m*.

monsoon [mɒn'su:n] n mousson *f* ▸ **the monsoon season** la mousson.

monster ['mɒnstər] ◆ n monstre *m* / *she's becoming a monster* elle devient un monstre / *it's a monster of a machine* c'est un vrai monstre, cette machine. ◆ adj colossal, monstre.

monstrance ['mɒnstrəns] n ostensoir *m*.

monstrosity [mɒn'strɒsətɪ] (*pl* **monstrosities**) n **1.** [monstrous nature] monstruosité *f* **2.** [ugly person, thing] horreur *f* / *the town hall is a huge Victorian monstrosity* la mairie est une horreur de l'époque victorienne.

monstrous ['mɒnstrəs] adj **1.** [appalling] monstrueux, atroce **2.** [enormous] colossal, énorme **3.** [abnormal] monstrueux.

monstrously ['mɒnstrəslɪ] adv affreusement.

montage ['mɒntɑ:ʒ] n ART, CIN & PHOT montage *m*.

Montana [mɒn'tænə] pr n Montana *m* / *in Montana* dans le Montana.

Mont Blanc [ˌmɔ̃'blɑ̃] pr n mont Blanc *m*.

Monte Carlo [ˌmɒntɪ'kɑ:ləʊ] pr n Monte-Carlo.

Montenegro [ˌmɒntɪ'ni:grəʊ] pr n Monténégro *m*.

Montevideo [ˌmɒntɪvɪ'deɪəʊ] pr n Montevideo.

Montezuma [ˌmɒntɪ'zu:mə] n ▸ **Montezuma's revenge** *inf & hum* la tourista.

month [mʌnθ] n mois *m* / *how much does she earn a month?* combien gagne-t-elle par mois ? / *he's six months old* il a six mois / *he got six months inf* il a été condamné à six mois de prison / *every month* tous les mois / *in a month's time* dans un mois / *by the month* au mois / *two months' holiday* or *vacation* deux mois de vacances / *I can't keep it up month after month* je ne pourrai pas tenir ce rythme éternellement / *month by month you can see an improvement* on constate une amélioration de mois en mois / *she hasn't heard from him in a month of Sundays inf* ça fait des siècles or un bail qu'elle n'a pas de nouvelles de lui / *never in a month of Sundays* à la saint-glinglin.

monthly ['mʌnθlɪ] (*pl* **monthlies**) ◆ adj mensuel ▸ **monthly instalment** or **payment** mensualité *f* ▸ **monthly period** MED règles *fpl* ▸ **monthly statement** relevé *m* mensuel. ◆ n [periodical] mensuel *m*. ◆ adv [meet, occur] tous les mois ; [pay] mensuellement.

❖ **monthlies** pl n *inf* [menstrual period] règles *fpl*.

Montreal [ˌmɒntrɪ'ɔ:l] pr n Montréal.

Montserrat ['mɒntsəræt] pr n Montserrat *f*.

monument ['mɒnjʊmənt] n **1.** [memorial] monument *m* / *a monument to the war dead* un monument aux morts / *it is a monument to man's stupidity* c'est un monument à la bêtise humaine **2.** [historic building] monument *m* historique / *a national monument* un monument national.

monumental [ˌmɒnjʊ'mentl] adj monumental / *the film is a monumental failure* le film est un échec monumental or complet / *he's a monumental bore* il est prodigieusement ennuyeux.

monumentally [ˌmɒnjʊ'mentəlɪ] adv **1.** [build] de façon monumentale **2.** [extremely] extrêmement / *it was monumentally boring* c'était extrêmement ennuyeux.

moo [mu:] ◆ n **1.** [sound] meuglement *m*, beuglement *m*, mugissement *m* **2.** UK *inf* [stupid woman] bécasse *f* / *silly moo!* bécasse !, vieille bique ! ◆ vi meugler, beugler, mugir. ◆ onomat meuh.

mooch [mu:tʃ] *inf* ◆ vi **1.** UK [wander aimlessly] traîner / *he mooched down the street* il descendit la rue en flânant **2.** US [cadge] : *he's always mooching off* or *on people* il passe son temps à quémander, il est toujours en train de taper quelqu'un. ◆ vt US **1.** [cadge] taper / *to mooch $10 off* or *from sb* taper qqn de 10 dollars / *can I mooch a cigarette off you?* est-ce que je peux te piquer une cigarette ? **2.** [steal] chiper, piquer. ◆ n US = moocher.

❖ **mooch about, mooch around** vi UK *inf* [loaf] traîner / *I was just mooching about at home* je traînais or flemmardais à la maison.

moocher [mu:tʃər] n US *inf* tapeur *m*, -euse *f*.

moo cow n *baby talk* meuh meuh *f*.

mood [mu:d] n **1.** [humour] humeur *f*, disposition *f* ▸ **to be in a good / bad mood** être de bonne / mauvaise humeur / *it's hard to predict the mood of the electorate* il est difficile de prédire l'état d'esprit or l'humeur des électeurs / *she can be quite funny when the mood takes her* elle peut être plutôt drôle quand l'envie lui en prend / *are you in the mood for a hamburger?* un hamburger, ça te dit ? / *I'm not in the mood* or *I'm in no mood to hear his life story* je ne suis pas d'humeur à l'écouter raconter (l'histoire de) sa vie **2.** [bad temper, sulk] mauvaise humeur *f*, bouderie *f* ▸ **to be in a mood** être de mauvaise humeur / *she's in one of her moods* elle est de mauvaise humeur, elle fait la tête **3.** [atmosphere] ambiance *f*, atmosphère *f* / *the mood is one of cautious optimism* l'ambiance est à l'optimisme prudent ▸ **mood music** musique *f* d'ambiance **4.** GRAM mode *m* / *imperative mood* impératif *m*.

mood elevator n [drug] stimulant *m*.

moodily ['mu:dɪlɪ] adv [behave] maussadement, d'un air morose ; [talk, reply] d'un ton maussade / *"oh, do what you like", he said moodily* « oh ! faites ce que vous voulez », dit-il d'un ton maussade or boudeur.

moodiness ['mu:dɪnɪs] n **1.** [sullenness] humeur *f* maussade, maussaderie *f* **2.** [volatility] humeur *f* changeante / *it's his moodiness I can't stand* ce sont ses sautes d'humeur que je ne supporte pas.

mood swing n saute *f* d'humeur.

moody ['mu:dɪ] (*compar* **moodier**, *superl* **moodiest**) adj **1.** [sullen] de mauvaise humeur, maussade, grincheux **2.** [temperamental] versatile, d'humeur changeante / *he's very moody* il est d'humeur très changeante, il est très lunatique.

moolah ['mu:lə] n US *inf* fric *m*.

mooli ['mu:lɪ] n BOT radis *m* blanc.

moon [mu:n] ◆ n **1.** lune *f* ▸ **the Moon** la Lune / *Saturn has several moons* Saturne a plusieurs lunes / *there's a moon tonight* on voit la lune ce soir / *by the light of the moon* au clair de (la) lune ▸ **many moons ago** il y a bien des lunes ▸ **to be over the moon** *inf* être aux anges / *he promised her the moon (and the stars)* il lui promit la lune or monts et merveilles ▸ **once in a blue moon** tous les trente-six du mois / **'The Moon and Sixpence'** *Maugham* 'l'Envoûté' **2.** US *inf* [bare backside] lune *f*. ◆ comp [base, flight, rocket] lunaire. ◆ vi *inf* [show one's buttocks] montrer son derrière or ses fesses.

❖ **moon about** UK, **moon around** vi *inf* [idly] paresser, traîner, flemmarder ; [dreamily] rêvasser ; [gloomily] se morfondre.

❖ **moon over** vt insep *inf* soupirer après / *she's still mooning over her old boyfriend* elle soupire toujours après son ancien petit ami.

moonbeam ['mu:nbi:m] n rayon *m* de lune.

moonboots ['mu:nbu:ts] pl n après-skis *mpl*.

moon buggy (*pl* **moon buggies**) n Jeep® *f* lunaire.

moon-faced adj joufflu, aux joues rebondies.

moonfish ['mu:nfɪʃ] n poisson-lune *m*.

Moonie ['mu:nɪ] n *inf* adepte *m* de la secte Moon, mooniste *mf*.

moon landing n atterrissage *m* sur la Lune, alunissage *m*.

moonless ['mu:nlɪs] adj sans lune.

moonlight ['mu:nlaɪt] ◆ n clair *m* de lune / *they took a walk by moonlight* ils se sont promenés au clair de (la) lune / **'The Moonlight Sonata'** *Beethoven* 'la Sonate au clair de lune'. ◆ adj [walk] au clair de (la) lune. ◆ vi *inf* [have second job] avoir un deuxième emploi ; [illegally] travailler au noir.

moonlighter ['mu:nlaɪtər] n travailleur *m* non déclaré, travailleuse *f* non déclarée.

moonlight flit n UK *inf* ▸ **to do a moonlight flit** déménager à la cloche de bois.

moonlighting ['mu:nlaɪtɪŋ] n [illegal work] travail *m* au noir.

moonlit ['mu:nlɪt] adj éclairé par la lune / *a moonlit night* une nuit de lune / *a bright moonlit night* une nuit très claire / *we walked through the moonlit fields* nous avons marché à travers champs, au clair de lune.

moonrise ['mu:nraɪz] n lever *m* de la Lune.

moonscape ['mu:nskeɪp] n paysage *m* lunaire.

moonshine ['mu:nʃaɪn] n (*U*) **1.** = **moonlight** (*noun*) **2.** *inf* [foolishness] sornettes *fpl*, sottises *fpl*, bêtises *fpl* / *that's a bag* or *a load of moonshine* c'est des contes bleus, c'est des conneries **3.** US [illegally made spirits] alcool *m* de contrebande.

moonshining ['mu:nʃaɪnɪŋ] n US *fabrication clandestine d'alcool en milieu rural.*

moon shot n lancement *m* d'un vaisseau lunaire.

moonstone ['mu:nstəʊn] n pierre *f* de lune, adulaire *f* / **'The Moonstone'** *Collins* 'la Pierre de lune'.

moonstruck ['mu:nstrʌk] adj [dreamy] dans la lune ; [mad] fou (*before vowel or silent 'h'* **fol**, *f* **folle**), détraqué.

moon walk n marche *f* sur la Lune.

moony ['mu:nɪ] (*compar* **moonier**, *superl* **mooniest**) adj *inf* **1.** [dreamy] rêveur, dans la lune **2.** UK [crazy] dingue, timbré.

moor [mʊə] ◆ vt [boat] amarrer ; [buoy] mouiller. ◆ vi mouiller. ◆ n lande *f*.

Moor [mɔ:ʳ] n Maure *m*, Mauresque *f*.

moorage ['mɔ:rɪdʒ] n **1.** [place] mouillage *m* **2.** [fee] droit *m* d'ancrage.

moorhen ['mɔ:hen] n **1.** [waterfowl] poule *f* d'eau **2.** [female grouse] grouse *f* d'Écosse.

mooring ['mɔ:rɪŋ] n **1.** [act] amarrage *m*, mouillage *m* **2.** [place] mouillage *m*.

❖ **moorings** pl n [cables, ropes, etc.] amarres *fpl* / *the boat was (riding) at her moorings* le bateau tirait sur ses amarres / *he's lost his moorings fig* il est à la dérive.

mooring buoy n corps-mort *m*.

mooring ring n organeau *m*.

Moorish ['mɔ:rɪʃ] adj maure.

moorland ['mɔ:lənd] n lande *f*.

moose [mu:s] (*pl* **moose**) n orignal *m*.

moot [mu:t] ◆ vt [question, topic] soulever / *a change in the rules has been mooted* il a été question de modifier le règlement. ◆ n **1.** HIST assemblée *f* **2.** UNIV [in law faculties] tribunal *m* fictif.

moot point n ▸ **that's a moot point** c'est discutable or ce n'est pas sûr.

mop [mɒp] (*pt & pp* **mopped**, *cont* **mopping**) ◆ n **1.** [for floor - string, cloth] lave-pont *m*, balai *m* (à franges) ; [- sponge] balai-éponge *m* ; NAUT vadrouille *f* ; [for dishes] lavette *f* (à vaisselle) **2.** [of hair] tignasse *f* / *a mop of blond hair* une tignasse blonde. ◆ vt [floor] laver ; [table, face, spilt liquid] essuyer, éponger / *he mopped the sweat from his brow* il s'épongea le front.

❖ **mop up** vt sep **1.** [floor, table, spilt liquid] essuyer, éponger / *have some bread to mop up the sauce* prenez un morceau de pain pour saucer votre assiette **2.** *inf* [win, make off with] rafler / *they mopped up all the gold medals* ils ont raflé toutes les médailles d'or **3.** MIL [resistance] liquider.

mopboard ['mɒpbɔ:rd] n US plinthe *f*.

mope [məʊp] vi broyer du noir / *he's been moping around* or *about all week* il a passé la semaine à broyer du noir / *there's no use moping about* or *over it* ça ne sert à rien de passer ton temps à ressasser ce qui s'est passé.

moped ['məʊped] n UK Mobylette® *f*, cyclomoteur *m*, vélomoteur *m*.

mophead ['mɒphed] n [scruffy person] épouvantail *m fig*.

moppet ['mɒpɪt] n *inf* chou *m*.

mopping-up operation ['mɒpɪŋ-] n opération *f* de nettoyage.

moquette [mɒ'ket] n moquette *f (étoffe)*.

moraine [mɒ'reɪn] n moraine *f*.

moral ['mɒrəl] ◆ adj moral / *it's a very moral story* c'est une histoire très morale / *he complains about the decline in moral standards* il se plaint du déclin des valeurs morales or du relâchement des mœurs / *we have a moral duty to help them* nous sommes moralement obligés de les aider ▸ **to give sb moral support** soutenir qqn moralement ▸ **moral philosophy** morale *f*, éthique *f* ▸ **moral victory** victoire *f* morale. ◆ n [lesson] morale *f* / *what's the moral of the story?* quelle est la morale de l'histoire ?

❖ **morals** pl n [standards] sens *m* moral, moralité *f* / *he has no morals* il n'a aucun sens moral.

morale [mə'rɑ:l] n moral *m* / *morale is high* / *low among the troops* les troupes ont bon / mauvais moral, les troupes ont / n'ont pas le moral / *she tried to raise their morale* elle a essayé de leur remonter le moral or de leur redonner (du) courage / *news of the defeat sapped the troops' morale* la nouvelle de la défaite a sapé le moral des troupes.

morale-booster n : *it was a morale-booster* ça nous / leur / etc. a remonté le moral.

moralist ['mɒrəlɪst] n moraliste *mf*.

moralistic [,mɒrə'lɪstɪk] adj moraliste.

morality [mə'rælətɪ] (*pl* **moralities**) n **1.** moralité *f* **2.** ▸ **morality (play)** THEAT moralité *f*.

moralize, **moralise** ['mɒrəlaɪz] ◆ vi moraliser ▸ **to moralize about sthg** moraliser sur qqch / *he's forever moralizing about things* il passe son temps à faire la morale. ◆ vt moraliser.

moralizing ['mɒrəlaɪzɪŋ] ◆ adj moralisateur, moralisant. ◆ n *(U)* leçons *fpl* de morale, prêches *mpl pej*.

morally ['mɒrəlɪ] adv moralement ▸ **to be morally bound to do sthg** être obligé moralement de faire qqch / *the parents are morally responsible* les parents sont moralement responsables / *morally wrong* contraire à la morale.

moral majority n ▸ **the moral majority** les néo-conservateurs *mpl (surtout aux États-Unis)*.

Moral Rearmament pr n *mouvement international pour un renouveau moral et spirituel fondé en 1938.*

morass [mə'ræs] n **1.** [disordered situation] bourbier *m* ; [of paperwork, information] fouillis *m*, fatras *m* / *bogged down in a morass of rules and regulations* empêtré dans un fatras de règles et de règlements **2.** [marsh] marais *m*, bourbier *m*.

moratorium [,mɒrə'tɔ:rɪəm] (*pl* **moratoriums** *or* **moratoria** [-rɪə]) n **1.** [suspension of activity] moratoire *m* / *they are calling for a moratorium on arms sales* ils appellent à un moratoire sur les ventes d'armes **2.** ECON & LAW moratoire *m* ; [of debt] moratoire, suspension *f*.

Moravia [mə'reɪvjə] pr n Moravie *f* / *in Moravia* en Moravie.

Moravian [mə'reɪvjən] ◆ n Morave *mf*. ◆ adj morave.

moray ['mɒreɪ] n ▸ **moray (eel)** murène *f*.

morbid ['mɔ:bɪd] adj **1.** [gen] morbide ; [curiosity] malsain / *he has a morbid outlook on life* il voit les choses en noir / *morbid thoughts* pensées morbides / *don't be so morbid!* ne sois pas si morbide ! **2.** MED [state, growth] morbide ▸ **morbid anatomy** anatomie *f* pathologique.

morbidity [mɔ:'bɪdətɪ] n **1.** [gen] morbidité *f* **2.** ▸ **morbidity (rate)** MED morbidité *f* (relative).

morbidly ['mɔ:bɪdlɪ] adv maladivement.

morbidness ['mɔ:bɪdnɪs] n morbidité *f*.

mordant ['mɔ:dənt] adj mordant, caustique.

mordent ['mɔ:dənt] n MUS mordant *m*.

more [mɔ:ʳ] ◆ det **1.** *(compar of* **many, much***)* [greater in number, amount] plus de, davantage de / *there were more boys than girls* il y avait plus de garçons que de filles / *there's much* or *a lot* or *far more room in the other building* il y a beaucoup plus de place dans l'autre bâtiment **2.** [further, additional] : *you should eat more fish* tu devrais manger davantage de or plus de poisson / *I need more time* j'ai besoin de plus de temps / *three more people arrived* trois autres personnes sont arrivées / *do you have any more questions?* avez-vous d'autres questions ? / *do you have any more stamps?* est-ce qu'il vous reste des timbres ? / *is there any more butter?* reste-t-il du beurre ? / *just wait a few more minutes* patiente encore quelques instants / *a little more sugar?* encore un peu de sucre ? / *there are no more* or *there aren't any more green lampshades* il n'y a plus d'abat-jour verts / *no more talking* maintenant, taisez-vous or silence ! / *there'll be no more skiing this winter* le ski est fini pour cet hiver / *there have been several more incidents in the same area* plusieurs autres incidents se sont produits dans le même quartier / *bring me some more potatoes, please* apporte-moi encore des pommes de terre, s'il te plaît / *there's some more paper in that drawer* il y a encore du papier dans ce tiroir / *would you like some more soup?* voulez-vous un peu plus de soupe ? ◆ pron **1.** *(compar of* **many, much***)* [greater amount] plus, davantage ; [greater number] plus / *he earns more than I do* or *than me* il gagne plus que moi / *I wish I could do more for her* j'aimerais pouvoir l'aider plus or davantage / *it'll take a lot more than that to persuade them* il en faudra bien plus (que ça) or bien davantage pour les convaincre / *some opted for A, but many more chose B* certains ont choisi A, mais ceux qui ont choisi B étaient bien plus nombreux / *there are more of them than there are of us* ils sont plus nombreux que nous ▸ **more of** : *he's even more of a coward than I thought* il est encore plus lâche que je ne pensais / *it's more of a problem now than it used to be* ça pose plus de problèmes maintenant qu'avant / *she's more of a singer than a dancer* c'est une chanteuse plus qu'une danseuse **2.** [additional amount] plus, encore / *there's more if you want it* il y en a encore si tu veux / *he asked for more* il en redemanda / *I couldn't eat any more, thanks* je ne pourrais plus rien avaler, merci / *she just can't take any more* elle n'en peut vraiment plus / *please can I have some more?* [food] puis-je en reprendre, s'il vous plaît ? / *there are some more here that you haven't washed* il en reste ici que tu n'as pas lavés / *I could say more, but...* je pouvais en dire plus mais... / *something* / *nothing more* quelque chose / rien de plus / *I have something* / *nothing more to say* j'ai encore quelque chose / je n'ai plus rien à dire / *what more do you want?* que voulez-vous de plus ? / *what more could you ask for!* *hum* que demande le peuple ! / *but more of that later...* mais nous reparlerons de ça plus tard... / *I want no more of this defeatist talk* je ne veux plus de ces discours défaitistes / *that's more like it!* voilà, c'est mieux ! ▸ **no more no less** ni plus ni moins ▸ **more of the same** la même chose / *the government simply promises more of the same* le gouvernement se contente de refaire les mêmes promesses ▸ **there's plenty more where that came from** si vous en revoulez, il n'y a qu'à demander ▸ **need I say more?** si tu vois ce que je veux dire **3.** *hum* [additional people] : *any more for the ferry?* qui d'autre prend le ferry ? ◆ adv **1.** [forming comparatives] plus / *more intelligent* plus intelligent / *more comfortably* plus confortablement **2.** [to a greater extent, degree] plus, davantage / *you should read more* tu devrais lire plus or davantage / *it worries me more than it used to* ça m'inquiète plus qu'avant / *I like wine more than beer* je préfère le vin à la bière, j'aime mieux le vin que la bière / *he's intelligent but his sister is more so* il est intelligent mais sa sœur l'est davantage / *I'll give you £20, not a penny more* je te donnerai 20 livres, pas un sou de plus ; [rather] plutôt / *she was more disappointed than angry* elle était plus déçue que fâchée / *do it more like this* fais-le plutôt comme ceci / *it's more a question of who foots the bill* il s'agit plutôt de savoir qui paiera la facture **3.** [again] : *once* / *twice more* encore une / deux fois.

❖ **more and more** ◆ det phr de plus en plus / *more and more people are using it* de plus en plus de gens l'utilisent. ◆ adv phr de plus en plus / *I was growing more and more tired* j'étais de plus en plus fatigué.

❖ **more or less** adv phr **1.** [roughly] plus ou moins / *that's more or less what I expected* c'est plus ou moins ce à quoi je m'attendais / *is that correct? — well, more or less* est-ce que c'est vrai ? — plus ou moins, oui **2.** [almost] presque / *we've more or less finished* nous avons presque terminé.

❖ **more than** ◆ prep phr [with numbers, measurements, etc.] plus de / *more than 500 people* plus de 500 personnes / *it costs much* or *a lot more than $50* ça coûte bien plus de 50 dollars / *for little more than £500* pour à peine plus de 500 livres / *I won't be more than two hours* je n'en ai pas pour plus de deux heures, j'en ai pour deux heures au maximum. ◆ adv phr plus que / *I'd be more than happy to do it* je serais ravi de le faire / *you've been more than generous* vous avez été plus que généreux / *this more than makes up for his previous mistakes* voilà qui rachète largement ses anciennes erreurs.

❖ **more than a little** adv phr vraiment / *we were more than a little shocked* nous étions vraiment choqués.

❖ **no more** adv phr **1.** [neither] non plus / *he doesn't believe the rumours and no more do I* il ne croit pas les rumeurs et moi non plus **2.** [as little] pas plus / *she's no more a spy than I am!* elle n'est pas plus espionne que moi ! / *it's no more dangerous than crossing the street* ce n'est pas plus dangereux que de traverser la rue / *they can no more act than fly in the air* inf ils jouent comme des pieds **3.** *liter* [no longer] : *no more will she grace our company* plus jamais elle ne nous tiendra compagnie / *the Empire is no more* l'Empire n'est plus.

❖ **not... any more** adv phr : *we don't go there any more* nous n'y allons plus / *he still works here, doesn't he? — not any more (he doesn't)* il travaille encore ici, n'est-ce pas ? — non, plus maintenant.

❖ **the more** adv phr *fml* d'autant plus / *I was the more disappointed* j'étais d'autant plus déçu / *they went the more willingly on that account* ils y sont allés d'autant plus volontiers ▸ **the more so because...** d'autant plus que...

❖ **the more... the more** conj phr plus... plus / *the more they have, the more they want* plus ils en ont, plus ils en veulent / *the more I see him, the more I like him* plus je le vois, plus il me plaît.

❖ **what is more**, **what's more** adv phr qui plus est.

moreish ['mɔːrɪʃ] adj UK *inf* appétissant / *these peanuts are very moreish* on en mangerait de ces cacahuètes, ces cacahuètes ont un petit goût de revenez-y.

morel [mə'rel] n morille *f*.

morello [mə'reləʊ] (*pl* **morellos**) n ▸ **morello (cherry)** griotte *f*.

moreover [mɔː'rəʊvər] adv de plus.

mores ['mɔːreɪz] pl n *fml* mœurs *fpl*.

Moresque [mɔː'resk] adj mauresque.

morganatic [,mɔːgə'nætɪk] adj morganatique.

morgue [mɔːg] n **1.** [mortuary] morgue *f* **2.** *inf* PRESS archives *fpl*.

MORI ['mɒrɪ] (abbr of **Market & Opinion Research Institute**) pr n *institut de sondage britannique*.

moribund ['mɒrɪbʌnd] adj moribond.

morish ['mɔːrɪʃ] *inf* = **moreish**.

Mormon ['mɔːmən] ◆ n mormon *m*, -e *f*. ◆ adj mormon.

Mormonism ['mɔːmənɪzm] n mormonisme *m*.

morn [mɔːn] n **1.** *liter* [morning] matin *m* **2.** Scot ▸ **the morn** [tomorrow] demain.

morning ['mɔːnɪŋ] ◆ n **1.** matin *m*, matinée *f* / *at three / ten o'clock in the morning* à trois / dix heures du matin / *I worked all morning* j'ai travaillé toute la matinée / *one summer morning* un matin d'été / *when I awoke it was morning* quand je me suis réveillé il faisait jour / *every Saturday / Sunday morning* tous les samedis / dimanches matin / *from morning till night* du matin jusqu'au soir / *there's a flight in the morning* **a)** [before noon] il y a un vol le matin **b)** [sometime during] il y a un vol dans la matinée **c)** [tomorrow] il y a un vol demain matin / *he's leaving in the morning* il s'en va dans la matinée / *it's open in the morning* or *mornings* c'est ouvert le matin / *see you in the morning!* à demain matin ! / *in the early / late morning* en début / fin de matinée / *I'll be back on Monday morning* je serai de retour lundi matin / *the cleaning lady comes on Monday mornings* la femme de ménage vient le lundi matin / *on the morning of the twelfth* le matin du douze, le douze au matin / *do you work mornings?* est-ce que vous travaillez le matin ? / *I'm on mornings this week* je travaille le matin cette semaine / *could I have the morning off?* puis-je avoir la matinée de libre ? ▸ **(good) morning! a)** [hello] bonjour ! **b)** [goodbye] au revoir ! / *this morning* ce matin / *that morning* ce matin-là / *the previous morning* or *the morning before* la veille au matin / *the next morning* or *the morning after* le lendemain matin ▸ **the morning after the night before** *inf* un lendemain de cuite **2.** *liter* [beginning] matin *m*, aube *f* / *in the morning of one's life* à l'aube de sa vie. ◆ comp [dew, sun, bath] matinal, du matin ; [newspaper, broadcast] du matin ▸ **the morning rush hour** les heures de pointe du matin / *cancel the Monday morning meeting* annulez le rendez-vous de lundi matin ▸ **morning coffee** : *we have morning coffee around 11* nous faisons une pause-café vers 11 h du matin.

morning-after pill n pilule *f* du lendemain.

morning coat n queue-de-pie *f*.

morning dress n **1.** (U) UK [suit] *habit porté lors des occasions importantes et comportant queue-de-pie, pantalon gris et haut-de-forme gris* **2.** US [dress] robe *f* d'intérieur.

morning glory n ipomée *f*, volubilis *m*.

Morning Prayer n office *m* du matin (*Église anglicane*).

morning room n petit salon *m*.

mornings ['mɔːnɪŋz] adv US le matin.

morning sickness n nausées *fpl* matinales or du matin.

morning star n étoile *f* du matin.

Moroccan [mə'rɒkən] ◆ n Marocain *m*, -e *f*. ◆ adj marocain.

Morocco [mə'rɒkəʊ] pr n Maroc *m* / *in Morocco* au Maroc.

❖ **morocco** n ▸ **morocco (leather)** maroquin *m*.

moron ['mɔːrɒn] n **1.** *v inf* [stupid person] imbécile *mf*, crétin *m*, -e *f* / *you moron!* pauvre imbécile ! **2.** *dated* [mentally retarded person] débile *m* léger, débile *f* légère.

Moroni [mə'rəʊnɪ] pr n Moroni.

moronic [mə'rɒnɪk] adj imbécile, stupide.

moronically [mə'rɒnɪklɪ] adv comme un imbécile.

morose [mə'rəʊs] adj morose.

morosely [mə'rəʊslɪ] adv avec morosité.

morph [mɔːf] ◆ n LING morphe *f*. ◆ vi se transformer / *the car morphs into a robot* la voiture se transforme en robot.

morpheme ['mɔːfiːm] n morphème *m*.

morphemics [mɔː'fiːmɪks] n (U) morphématique *f*.

Morpheus ['mɔːfjuːs] pr n Morphée ▸ **in the arms of Morpheus** dans les bras de Morphée.

morphine ['mɔːfiːn], **morphia** ['mɔːfjə] n morphine *f* ▸ **morphine addict** morphinomane *mf* ▸ **morphine addiction** morphinomanie *f*.

morphing ['mɔːfɪŋ] n COMPUT morphing *m*.

morphological [,mɔːfə'lɒdʒɪkl] adj BIOL & LING morphologique.

morphology [,mɔː'fɒlədʒɪ] n BIOL & LING morphologie *f*.

morphophoneme [,mɔːfəʊ'fəʊniːm] n LING morphophonème *m*.

morphophonemics [,mɔːfəʊfə'niːmɪks] n (U) morphophonémique *f*.

morris ['mɒrɪs] n ▸ **morris dance** *danse folklorique anglaise* ▸ **morris dancer, morris man** *danseur folklorique anglais* ▸ **morris dancing** *danses folkloriques anglaises*.

morrow ['mɒrəʊ] n **1.** *liter* [next day] lendemain *m* / *on the morrow* le lendemain **2.** *arch & liter* [morning] matin *m*.

Morse [mɔːs] n ▸ **Morse alphabet** alphabet *m* morse ▸ **Morse (code)** morse *m* ▸ **Morse signals** signaux *mpl* en morse.

morsel ['mɔːsl] n [gen] morceau *m* ; [mouthful] bouchée *f* ▸ **a choice morsel** un morceau de choix.

Mortadella [,mɔːtə'delə] n mortadelle *f*.

mortal ['mɔːtl] ◆ adj **1.** [not immortal] mortel / *all men are mortal* tous les hommes sont mortels ▸ **mortal remains** *euph* dépouille *f* mortelle **2.** [fatal - blow, disease, injury] mortel, fatal ; [deadly - enemy, danger] mortel / *they were locked in mortal combat* ils étaient engagés dans un combat mortel **3.** *inf & dated* [blessed, damned] sacré, satané / *I've tried every mortal thing!* j'ai absolument tout essayé ! **4.** [very great] : *he lived in mortal fear of being found out* il vivait dans une peur mortelle d'être découvert. ◆ n mortel *m*, -elle *f* / *a mere mortal* un simple mortel.

mortality [mɔː'tælətɪ] (*pl* **mortalities**) n **1.** [loss of life] mortalité *f* / *no mortalities have been reported* on ne fait état d'aucun mort, aucun décès n'a été enregistré ▸ **infant mortality** la mortalité infantile ▸ **the mortality rate** le taux de mortalité ▸ **mortality tables** tables *fpl* de mortalité or de létalité **2.** [mortal] mortalité *f*.

mortally ['mɔːtəlɪ] adv mortellement / *mortally offended* mortellement offensé / *mortally wounded* blessé à mort / *to be mortally afraid* être mort de peur *fig*.

mortal sin n péché *m* mortel.

mortar ['mɔːtər] ◆ n CONSTR, MIL & PHARM mortier *m*. ◆ vt CONSTR cimenter.

mortarboard ['mɔːtəbɔːd] n **1.** SCH & UNIV ≃ mortier *m* (*couvre-chef de professeur, d'universitaire*) **2.** CONSTR taloche *f*.

mortgage ['mɔːgɪdʒ] ◆ n **1.** [to buy house] crédit *m* (immobilier) / *a 25-year mortgage at 4%* un emprunt sur 25 ans à 4 % ▸ **to take out** or **raise a mortgage** souscrire un crédit immobilier ▸ **to pay off** or **clear a mortgage** rembourser un crédit immobilier / *we can't meet our mortgage repayments* nous ne pouvons pas payer les mensualités de notre emprunt ▸ **second mortgage** hypothèque *f* ▸ **mortgage affordability calculator** calculateur *m* de crédit immobilier **2.** [surety] hypothèque *f*. ◆ vt *lit & fig* hypothéquer, prendre une hypothèque sur / *to be mortgaged to the hilt* [person] crouler sous les remboursements / *to mortgage one's happiness* hypothéquer son bonheur.

mortgageable ['mɔːgɪdʒəbl] adj hypothécable.

mortgage broker n courtier *m* en prêts hypothécaires.

mortgagee [,mɔːgɪ'dʒiː] n créancier *m*, -ère *f* hypothécaire, prêteur *m*, -euse *f* (sur une hypothèque).

mortgage famine n crise *f* du crédit immobilier.

mortgage lender n prêteur *m* hypothécaire.

mortgage rate n taux *m* de crédit immobilier.

mortgage relief n aide *f* aux emprunteurs en difficulté.

mortgage repossession n mainlevée *f* d'une hypothèque.

mortgagor [,mɔːgɪ'dʒɔːr] n débiteur *m*, -trice *f* hypothécaire, emprunteur *m*, -euse *f* (*sur une hypothèque*).

mortice ['mɔːtɪs] = **mortise**.

mortician [mɔː'tɪʃn] n US entrepreneur *m* de pompes funèbres.

mortification [,mɔːtɪfɪ'keɪʃn] n [gen, MED & RELIG] mortification *f* ▸ **mortification of the flesh** mortification de la chair.

mortified ['mɔːtɪfaɪd] adj mortifié, gêné / *I was absolutely mortified* j'étais mortifié or profondément gêné.

mortify ['mɔːtɪfaɪ] (*pt & pp* **mortified**) ◆ vt mortifier. ◆ vi MED [become gangrenous] se gangrener ; [undergo tissue death] se nécroser, se mortifier.

mortise ['mɔːtɪs] ◆ n mortaise *f*. ◆ vt mortaiser.

mortise lock n serrure *f* encastrée.

mortuary ['mɔːtʃʊərɪ] (*pl* **mortuaries**) ◆ n morgue *f*. ◆ adj mortuaire.

MOS (abbr of **metal oxide semiconductor**) n MOS *m*.

mosaic [məʊ'zeɪɪk] ◆ n mosaïque *f*. ◆ adj en mosaïque ▸ **mosaic floor** carrelage *m* en mosaïque.

Mosaic [məʊ'zeɪɪk] adj BIBLE mosaïque, de Moïse.

Moscow ['mɒskəʊ] pr n Moscou.

Moselle [məʊ'zel] n **1.** [region] Moselle *f* / *in Moselle* en Moselle **2.** [wine] (vin *m* de) Moselle *m*.

Moses ['məʊzɪz] pr n Moïse ▸ **Holy Moses!** *inf* Seigneur !

Moses basket n couffin *m*.

mosey ['məʊzɪ] vi US *inf* [amble] marcher d'un pas tranquille ▸ **to mosey along** aller or se promener sans se presser / *shall we mosey on down to the mall?* on va tranquillement au centre commercial ? / *let's mosey over to the pond* allons faire un petit tour jusqu'à l'étang.

mosh [mɒʃ] vi US *inf danser de façon agressive*.

mosh pit [mɒʃ-] n fosse *f (zone avec places debout dans une salle de concert).*

Moslem ['mɒzləm] ◆ n musulman *m*, -e *f*. ◆ adj musulman.

mosque [mɒsk] n mosquée *f*.

mosquito [mə'ski:təʊ] (*pl* **mosquitos** *or* **mosquitoes**) n moustique *m* ▸ **mosquito bite** piqûre *f* de moustique.

mosquito net n moustiquaire *f*.

moss [mɒs] n BOT mousse *f*.

mossback ['mɒsbæk] n US **1.** [fish] *vieux poisson couvert d'algues* **2.** POL ultraconservateur *m*, -trice *f*, réactionnaire *mf* **3.** *inf* [old fogey] vieux schnock *m*.

Moss Bros® ['mɒsbrɒs] pr n *entreprise britannique de location de vêtements (notamment de soirée).*

moss green n vert *m* mousse.

✧ **moss-green** adj vert mousse *(inv).*

moss-grown adj couvert de mousse, moussu.

moss rose n rose *f* moussue or mousseuse.

moss stitch n point *m* de riz ▸ **double moss stitch** point *m* de blé.

mossy ['mɒsɪ] (*compar* **mossier**, *superl* **mossiest**) adj moussu, couvert de mousse.

most [məʊst] ◆ det (*superl of* **many, much**) **1.** [greatest in number, degree, etc.] ▸ **(the) most** le plus de / *the candidate who gets (the) most votes* le candidat qui obtient le plus de voix or le plus grand nombre de voix / *which of your inventions gave you most satisfaction?* laquelle de vos inventions vous a procuré la plus grande satisfaction ? **2.** [the majority of] la plupart de, la majorité de / *most Europeans* la plupart or la majorité des Européens / *I like most kinds of fruit* j'aime presque tous les fruits / *I go out most evenings* je sors presque tous les soirs / *I don't like most modern art* en général, je n'aime pas l'art moderne / *most French wine is excellent* presque tous les vins français sont excellents. ◆ pron (*superl of* **many, much**) **1.** [the greatest amount] ▸ **(the) most** le plus / *we all earn a lot but Diana earns (the) most* nous gagnons tous beaucoup d'argent mais c'est Diana qui en gagne le plus / *which of the three applicants has (the) most to offer?* lequel des trois candidats a le plus à offrir ? / *that is the most one can say in his defence* c'est tout ce qu'on peut dire en sa faveur / *her latest album is the most!* US *inf* son dernier album est vraiment génial ! ▸ **to make the most of a)** [advantage, chance, good weather] profiter de **b)** [bad situation, ill-luck] tirer le meilleur parti de **c)** [resources, skills] employer or utiliser au mieux / *let's try and make the most of our last day* essayons de profiter au maximum de notre dernière journée / *he knows how to make the most of himself* il sait se mettre en valeur **2.** [the greater part] la plus grande or la majeure partie ; [the greater number] la plupart or majorité / *most of my salary* la majeure partie de mon salaire / *most of the snow has melted* presque toute la neige a fondu / *most of the time* la plupart du temps / *most of my friends are on holiday* presque tous or la plupart de mes amis sont en vacances / *most of us / them* la plupart d'entre nous / eux. ◆ adv **1.** [forming superlatives] : *the most populated region in the world* la région la plus peuplée du monde / *it's the most beautiful house I've ever seen* c'est la plus belle maison que j'aie jamais vue / *she was the one who explained things most clearly* c'est elle qui expliquait les choses le plus clairement **2.** [to the greatest extent, degree] ▸ **(the) most** le plus / *the people who complain (the) most* les gens qui se plaignent le plus / *what worries you most?* or *what most worries you?* qu'est-ce qui vous inquiète le plus ? / *it's the one I like most of all* de tous, c'est celui que je préfère **3.** [as intensifier] bien, fort / *a most interesting theory* une théorie fort intéressante / *we had the most awful weather* nous avons eu un temps détestable / *it's most kind of you to say so* c'est extrêmement or bien gentil à vous de dire ça / *she sang most delightfully* elle a chanté de façon exquise / *most certainly you may!* mais bien entendu ! **4.** US *inf* [almost] presque / *most everybody had heard of it* presque or pratiquement tout le monde était au courant.

✧ **at (the) most** adv phr au plus, au maximum / *there's at most a 30% chance of success* les chances de succès sont de 30 % tout au plus ▸ **at the very most** tout au plus, au grand maximum.

most-favoured nation n nation *f* la plus favorisée / *this country has most-favoured nation status* ce pays bénéficie de la clause de la nation la plus favorisée.

mostly ['məʊstlɪ] adv **1.** [mainly] principalement, surtout / *it's mostly sugar* c'est surtout du sucre / *the soldiers were mostly young men* il s'agissait pour la plupart or surtout or principalement de jeunes soldats / *I've travelled a lot, mostly in Europe* j'ai beaucoup voyagé, en Europe surtout **2.** [usually] le plus souvent, la plupart du temps / *mostly I get home quite early* la plupart du temps, je rentre assez tôt.

MOT (abbr of Ministry of Transport) UK ◆ n **1.** *dated* [ministry] ministère *m* des Transports **2.** AUTO ▸ **MOT (certificate)** *contrôle technique annuel obligatoire pour les véhicules de plus de trois ans* / *that old car of yours will never pass its MOT* ta vieille voiture n'obtiendra jamais son certificat de contrôle technique. ◆ vt (*pt & pp* **MOT'd** [,eməʊ'ti:d], *cont* **MOT'ing** [,eməʊ'ti:ɪŋ]) ▸ **to have one's car MOT'd** soumettre sa voiture au contrôle technique.

mote [məʊt] n *liter* atome *m*, grain *m*, particule *f* / *the mote in thy brother's eye* BIBLE la paille dans l'œil de ton frère.

motel [məʊ'tel] n motel *m*.

motet [məʊ'tet] n motet *m*.

moth [mɒθ] n **1.** ENTOM papillon *m* (nocturne) **2.** [in clothes] mite *f*.

mothball ['mɒθbɔ:l] ◆ n boule *f* de naphtaline / *it smells of mothballs in here* ça sent la naphtaline ici ▸ **to put sthg in mothballs** mettre qqch au placard or en sommeil. ◆ vt [project] mettre en suspens.

moth-eaten adj **1.** *lit* [clothing] mité **2.** *inf & fig* [shabby] miteux.

mother ['mʌðər] ◆ n **1.** [parent] mère *f* / *she's a mother of three* elle est mère de trois enfants / *mother, this is John* maman, je te présente John ▸ **Mother Earth** la Terre ▸ **mother's milk** lait *m* maternel / *shall I be mother?* UK c'est moi qui fait le service ? ▸ **every mother's son** tous sans exception / **'Mother Courage and Her Children'** *Brecht* 'Mère Courage et ses enfants' / **'Mother Goose Tales'** *Perrault* 'Contes de ma mère l'Oye' **2.** RELIG [woman in authority] mère *f* ▸ **mother superior** Mère *f* supérieure ; [Virgin Mary] ▸ **Mother of God** Mère *f* de Dieu **3.** [original cause, source] mère *f* ▸ **the Mother of parliaments** le Parlement britannique *(qui a servi de modèle à d'autres parlements)* ▸ **necessity is the mother of invention** *prov* nécessité est mère d'industrie or d'invention **4.** US *v inf* [character] type *m* / *he was a big mother* c'était une véritable armoire à glace **5.** US *v inf* = **motherfucker**. ◆ adj **1.** [motherly] maternel / *mother love* amour *m* maternel **2.** [as parent] : *the mother bird feeds her young* l'oiseau (femelle) nourrit ses petits ▸ **mother hen** mère *f* poule ▸ **mother ship** MIL ravitailleur *m*. ◆ vt **1.** [give birth to] donner naissance à **2.** [take care of] servir de mère à ; [coddle] dorloter, materner / *she mothers him too much* elle le dorlote trop.

mother and toddler group n *groupe de mères qui se réunissent avec leurs jeunes enfants.*

motherboard ['mʌðəbɔ:d] n COMPUT carte *f* mère.

Mothercare® ['mʌθəkeər] pr n *chaîne de magasins spécialisés dans les articles pour nouveaux-nés, jeunes enfants et femmes enceintes.*

mother company n maison *f* mère.

mother country n (mère) patrie *f*.

mothercraft ['mʌðəkrɑ:ft] n puériculture *f*.

mother figure n figure *f* maternelle.

motherfo ['mʌðə,fəʊ] US *vulg* = **motherfucker**.

motherfucker ['mʌðə,fʌkər] n US *vulg* [person] enculé *m*, -e *f* ; [thing] saloperie *f*.

motherfucking ['mʌðə,fʌkɪŋ] adj US *vulg* foutu / *open up or I'll kick the motherfucking door in!* ouvre ou j'enfonce cette putain de porte !

Mother Goose rhyme n US comptine *f*.

motherhood ['mʌðəhʊd] n maternité *f* ▸ **it's motherhood and apple pie** US c'est quelque chose qui va de soi.

Mothering Sunday ['mʌðərɪŋ-] n UK la fête des Mères.

mother-in-law (*pl* **mothers-in-law**) n belle-mère *f*.

motherland ['mʌðəlænd] n (mère) patrie *f*, pays *m* natal.

motherless ['mʌðəlɪs] adj sans mère.

mother lode n **1.** MIN filon *m* mère **2.** *fig* mine *f*.

motherly ['mʌðəlɪ] adj maternel.

Mother Nature n la Nature.

mother-of-pearl n nacre *f* / *mother-of-pearl buttons* boutons *mpl* en or de nacre.

mother's boy UK, **mamma's boy** US n fils *m* à sa maman, poule *f* mouillée.

Mother's Day n la fête des Mères.

mother's ruin n UK *hum* gin *m*.

mother tongue n langue *f* maternelle.

mother wit n bon sens *m*.

mothproof ['mɒθpru:f] ◆ adj traité à l'antimite. ◆ vt traiter à l'antimite.

motif [məʊ'ti:f] n ART, LITER & MUS motif *m*.

motile UK 'məʊtaɪl US 'məʊtl] adj mobile.

motility [məʊ'tɪlətɪ] n motilité *f*.

motion ['məʊʃn] ◆ n **1.** [movement] mouvement *m* / *the gentle motion of the boat* le mouvement léger du bateau **2.** [gesture] geste *m*, mouvement *m* / *he made a motion as if to step back* il esquissa un geste de recul / *with a swaying motion of the hips* en ondulant des hanches ▸ **to go through the motions (of doing sthg)** faire qqch machinalement / *they just went through the motions of applauding* ils ont applaudi machinalement **3.** [proposal] motion *f*, résolution *f* ▸ **to carry a motion** faire adopter une motion ▸ **to propose** or **to bring a motion** présenter une motion, soumettre une proposition ▸ **to table a motion of no confidence** déposer une motion de censure **4.** LAW [application] requête *f* **5.** MED [faeces] selles *fpl* ▸ **to have** or **to pass a motion** aller à la selle **6.** MUS mouvement *m* ▸ **contrary motion** mouvement contraire. ◆ vi ▸ **to motion to sb (to do sthg)** faire signe à qqn (de faire qqch). ◆ vt ▸ **to motion sb in / away / out** faire signe à qqn d'entrer / de s'éloigner / de sortir.

✧ **in motion** ◆ adj [moving] en mouvement ; [working] en marche / *do not alight while the train is in motion* il est interdit de descendre du train avant l'arrêt complet. ◆ adv phr : *he set the machine in motion* il mit la machine en marche / *we'll be setting the new system in motion next year* nous mettrons le nouveau système en place l'année prochaine / *to set the wheels in motion* démarrer.

motionless ['məʊʃənlɪs] adj immobile.

motion picture n US CIN film *m*.

motion sickness n US mal *m* des transports.

motivate ['məʊtɪveɪt] vt motiver / *how can I motivate my pupils?* comment puis-je motiver mes élèves ? / *what motivated your choice?* qu'est-ce qui a motivé votre choix ? / *what motivated you to change your mind?* qu'est-ce qui vous a poussé à changer d'avis ?

motivated ['məʊtɪveɪtɪd] adj motivé / *a highly motivated young woman* une jeune femme extrêmement motivée or débordant d'ardeur.

motivating ['məʊtɪveɪtɪŋ] adj motivant.

motivation [,məʊtɪ'veɪʃn] n motivation *f* / *the pupils lack motivation* les élèves sont peu motivés.

motivational [,məʊtɪ'veɪʃənl] adj motivationnel ▸ **motivational research** études *fpl* de motivation.

motive ['məʊtɪv] ◆ n **1.** [reason] motif *m*, raison *f* / *the motives for her behaviour* ce qui explique sa conduite, les raisons de sa conduite / *my motive for asking is simple* la raison pour laquelle je pose cette question est simple ; LAW mobile *m* / *what could have been his motive for committing the crime?* quelles sont les raisons qui ont pu le pousser à commettre ce crime ? **2.** = **motif.** ◆ adj moteur ▸ **motive energy / power** énergie / force motrice.

motiveless ['məʊtɪvlɪs] adj immotivé, injustifié / *an apparently motiveless murder* un meurtre sans mobile apparent.

motley ['mɒtlɪ] ◆ adj **1.** [diverse, assorted] hétéroclite, composite, disparate ▸ **a motley crew** une foule bigarrée **2.** [multicoloured] multicolore, bariolé. ◆ n **1.** [mixture] mélange *m* hétéroclite **2.** *arch* [jester's dress] livrée *f* de bouffon.

motocross ['məʊtəkrɒs] n motocross *m*.

motor ['məʊtər] ◆ n **1.** [engine] moteur *m* ▸ **electric motor** moteur électrique **2.** UK *inf* [car] auto *f*, automobile *f*, voiture *f* (automobile). ◆ adj **1.** [equipped with motor] à moteur ▸ **motor coach** autocar *m* ▸ **motor launch** vedette *f* ▸ **motor mower** tondeuse *f* à moteur ▸ **motor vehicle** véhicule *m* automobile ▸ **motor mouth** *inf & hum* moulin *m* à paroles **2.** UK [concerning cars] automobile / *the motor industry* l'industrie *f* automobile / *motor insurance* assurance *f* automobile / *she had a motor accident* elle a eu un accident de voiture ▸ **the motor show** le salon de l'automobile **3.** ANAT [nerve, muscle] moteur ▸ **motor response** réponse *f* motrice. ◆ vi UK **1.** *dated* aller en voiture / *we motored up to London / across Europe* nous sommes allés à Londres / nous avons traversé l'Europe en voiture **2.** *fig* : *now we're motoring!* cette fois on y vient !

Motorail ['məʊtəreɪl] n train *m* autocouchette or autos-couchettes.

motorbike ['məʊtəbaɪk] n moto *f*.

motorboat ['məʊtəbəʊt] n canot *m* automobile or à moteur.

motorbus ['məʊtəbʌs] n autobus *m*.

motorcade ['məʊtəkeɪd] n cortège *m* (de voitures).

motor car n *fml* automobile *f*, voiture *f*.

motor court n US motel *m*.

motorcraft ['məʊtə,kræft] n US [boat] vedette *f*.

motorcycle ['məʊtə,saɪkl] ◆ n motocyclette *f*, moto *f* ▸ **motorcycle racing** motocyclisme *m* ▸ **motorcycle cop** US *inf* motard *m (de la police)*. ◆ vi aller en moto.

motorcyclist ['məʊtə,saɪklɪst] n motocycliste *mf*.

motor home n US camping-car *m*.

motoring ['məʊtərɪŋ] n l'automobile *f (U)* / *a motoring trip* un voyage en voiture.

motor inn n US motel *m*.

motorist ['məʊtərɪst] n automobiliste *mf*.

motorize, motorise ['məʊtəraɪz] vt motoriser / *motorized troops* troupes motorisées / *a motorized wheelchair* un fauteuil roulant à moteur.

motor lodge n US motel *m*.

motorman ['məʊtəmən] (*pl* **motormen** [-mən]) n mécanicien *m*, conducteur *m*.

motor mechanic n mécanicien *m*.

motormouth ['məʊtə,maʊθ] n *v inf* : *he's a bit of a motormouth* c'est un véritable moulin à paroles.

motor neurone disease n maladie *f* de Charcot.

motor racing n courses *fpl* automobiles.

motor scooter n scooter *m*.

motorsport ['məʊtəspɔ:t] n sport *m* mécanique.

motorway ['məʊtəweɪ] n UK autoroute *f* ▸ **motorway café** restauroute *m* ▸ **motorway madness** la folie de l'autoroute.

mottle ['mɒtl] vt tacheter, moucheter.

mottled ['mɒtld] adj tacheté, moucheté ; [skin] marbré.

motto ['mɒtəʊ] (*pl* **mottos** *or* **mottoes**) n **1.** [maxim] devise *f* / *the college motto* la devise du collège **2.** [in Christmas cracker - joke] blague *f* ; [- riddle] devinette *f*.

mould UK, **mold** US [məʊld] ◆ vt **1.** [fashion - statue, vase] façonner, modeler / *to mould sthg in* or *from* or *out of clay* sculpter qqch dans de l'argile / *the waves have moulded the cliff* les vagues ont modelé la falaise ▸ **to mould sb's character** *fig* façonner or former le caractère de qqn / *an easily moulded character* un caractère docile or malléable or influençable / *they're trying to mould public opinion fig* ils essaient de façonner l'opinion publique **2.** ART & METALL [make in a mould] mouler ▸ **moulded metal** métal *m* moulé ▸ **moulded plastic chairs** chaises *fpl* en plastique moulé **3.** [cling to - body, figure] mouler. ◆ vi [become mouldy] moisir. ◆ n **1.** ART & METALL [hollow form] moule *m* ; [prototype] modèle *m*, gabarit *m* ▸ **cake mould** moule à gâteau ; [moulded article] pièce *f* moulée ▸ **rice mould** gâteau *m* de riz **2.** *fig* [pattern] moule *m* / *they're all cast in the same mould* ils sortent tous du or ils ont tous été coulés dans le même moule / *cast in a heroic mould* fait de l'étoffe des héros ▸ **to break the mould** sortir des sentiers battus / *when they made him they broke the mould* il n'y en a pas deux comme lui **3.** [mildew] moisissure *f* **4.** [soil] humus *m*, terreau *m*.

moulder UK, **molder** US ['məʊldər] vi **1.** [decay - corpse, compost] se décomposer ; [- house, beams] se délabrer ; [- bread] moisir **2.** [languish - person, article] moisir ; [- economy, institution] dépérir / *he's mouldering away in prison* il moisit or croupit en prison.

moulding UK, **molding** US ['məʊldɪŋ] n **1.** ARCHIT [decorative] moulure *f* ; [at join of wall and floor] baguette *f*, plinthe *f* **2.** [moulded article] objet *m* moulé, pièce *f* moulée **3.** [act of shaping] moulage *m*.

mouldy UK, **moldy** US ['məʊldɪ] (UK *compar* **mouldier**, *superl* **mouldiest** ; US *compar* **moldier**, *superl* **moldiest**) adj **1.** moisi / *it smells mouldy* ça sent le moisi **2.** *inf* [measly] minable ; [nasty] vache, rosse.

Mouli® ['mu:lɪ] UK ◆ n moulin *m* à légumes. ◆ vt passer à la Moulinette®.

moult UK, **molt** US [məʊlt] ◆ vi ZOOL muer ; [cat, dog] perdre ses poils. ◆ vt [hair, feathers] perdre. ◆ n mue *f*.

mound [maʊnd] n **1.** [of earth, stones] butte *f*, monticule *m*, tertre *m* **2.** [heap] tas *m* / *a huge mound of junk mail* une gigantesque pile de prospectus / *he ate mounds of rice inf* il a mangé une montagne de riz.

mount [maʊnt] ◆ vt **1.** [climb - slope, steps] monter ; [climb onto - horse, bicycle] monter sur, enfourcher ; [- stage, throne, etc.] monter sur / *a truck mounted the pavement* un camion monta sur le trottoir **2.** [organize, put on - exhibition, campaign, etc.] monter, organiser / *they mounted an attack on the party leadership* ils montèrent une attaque contre la direction du parti **3.** [fix, support] monter / *to mount a gem* monter une pierre / *to mount photographs / stamps* coller des photos / timbres (dans un album) / *they mounted machine guns on the roofs* ils installèrent des mitrailleuses sur les toits / *an old sword mounted in a glass case* une épée de collection exposée dans une vitrine **4.** [mate with] monter, saillir, couvrir **5.** COMPUT [disk] monter. ◆ vi **1.** [onto horse] monter (à cheval), se mettre en selle **2.** [rise, increase] monter, augmenter, croître / *her anger mounted* sa colère montait. ◆ n **1.** [mountain] mont *m*, montagne *f* **2.** GEOG ▸ **the Mount of Olives** le mont des Oliviers ▸ **Mount Rushmore** le mont Rushmore **3.** [horse] monture *f* **4.** [support - of photo] carton *m*, support *m* ; [- of gem, lens, tool] monture *f* ; [- of machine] support *m* ; [- for stamp in collection] charnière *f* ; [- for object under microscope] lame *f*.

❖ **mount up** vi **1.** [increase] monter, augmenter, s'accroître **2.** [accumulate] s'accumuler, s'amonceler / *you'll be amazed how quickly the money mounts up* vous serez stupéfait de voir la somme qu'on peut atteindre en si peu de temps.

Mount...

Mount Ararat	le mont Ararat
Mount Athos	le mont Athos
Mount Etna	le mont Etna, l'Etna
Mount Everest	le mont Everest, l'Everest
Mount Fuji	le (mont) Fuji-Yama
Mount Kilimanjaro	le Kilimandjaro
Mount Olympus	le mont Olympe, l'Olympe
Mount Palomar	le mont Palomar
Mount Parnassus	le mont Parnasse
Mount Rushmore	le mont Rushmore *(dans lequel sont sculptés les visages des présidents Washington, Jefferson, Lincoln et Th. Roosevelt)*
Mount Sinai	le (mont) Sinaï
Mount Vesuvius	le (mont) Vésuve
Mount Whitney	le mont Whitney

mountain ['maʊntɪn] ◆ n **1.** montagne *f* / *we spent a week in the mountains* on a passé une semaine à la montagne ▸ **to make a mountain out of a molehill** se faire une montagne d'un rien ▸ **to move mountains** déplacer des montagnes, faire l'impossible / *you can't expect him to move mountains just to please you!* il ne peut pas faire l'impossible uniquement pour te faire plaisir ! ▸ **if the mountain won't go to Mohammed, Mohammed will have to go to the mountain** si la montagne ne vient pas à Mahomet, Mahomet ira à la montagne **2.** [heap, accumulation] montagne *f*, tas *m* / *a mountain of papers* une énorme pile de papiers / *he had bought mountains of rice* il avait acheté des montagnes de riz / *I've got mountains of work to get through* j'ai un travail fou or monstre à terminer ▸ **the butter mountain** ECON la montagne de beurre. ◆ comp [people] montagnard ; [resort, stream, guide] de montagne ; [air] de la montagne ; [life] en montagne ; [flora, fauna] de montagne, des montagnes ▸ **mountain rescue** : *a mountain rescue team* une équipe de secours en montagne.

mountain ash n **1.** [rowan] sorbier *m* **2.** [eucalyptus] eucalyptus *m*.

mountain bike n vélo *m* tout terrain, vélocross *m*.

mountain cat n [lynx] lynx *m* ; [puma] puma *m*, cougouar *m*.

Mountain Daylight Time n heure *f* d'été des montagnes Rocheuses.

mountain dew n UK whisky *m* (produit illégalement).

mountaineer [,maʊntɪ'nɪər] n alpiniste *mf*.

mountaineering [,maʊntɪ'nɪərɪŋ] n alpinisme *m*.

mountain goat n chamois *m*.

mountain lion n puma *m*, cougouar *m*.

mountainous ['maʊntɪnəs] adj **1.** [region] montagneux **2.** *fig* [huge] énorme, colossal / *mountainous seas* vagues *f* énormes.

mountain pass n col *m*, défilé *m*.

mountain range n chaîne *f* de montagnes.

mountain sheep (*pl* **mountain sheep**) n bighorn *m*.

mountain sickness n mal *m* des montagnes.

mountainside ['maʊntɪnsaɪd] n flanc *m* or versant *m* d'une montagne / *a village perched on the mountainside* un village juché à flanc de montagne.

Mountain (Standard) Time n heure *f* d'hiver des montagnes Rocheuses.

mountain top n sommet *m*, cime *f*.

mountainy ['maʊntɪnɪ] adj **1.** US [terrain] montagneux **2.** US & IR [people] montagnard.

mountebank ['maʊntɪbæŋk] n charlatan *m*.

mounted ['maʊntɪd] adj [troops] monté, à cheval ▸ **the mounted police** la police montée ▸ **mounted policeman** [gen] policier *m* à cheval.

Mountie, Mounty ['maʊntɪ] (*pl* **Mounties**) n *inf* membre *m* de la police montée *(au Canada)* ▶ **the Mounties** la police montée *(au Canada)*.

mounting ['maʊntɪŋ] ◆ n = **mount.** ◆ adj [pressure, anxiety] croissant.

Mount Vernon [-vɜːnən] pr n *propriété en Virginie où vécut George Washington et où il est enterré.*

mourn [mɔːn] ◆ vi [feel grief] pleurer ; [be in mourning] être en deuil, porter le deuil ▶ **to mourn over the loss of sb** pleurer qqn, être en deuil de qqn / *we mourn with you* nous partageons votre douleur / *he mourns for* or *over his lost youth* il se lamente sur or il pleure sa jeunesse perdue. ◆ vt [person] pleurer, porter le deuil de ; [death, loss] pleurer / *the whole town mourns the tragedy* cette tragédie a plongé la ville entière dans le malheur.

mourner ['mɔːnəʳ] n [friend, relative] proche *mf* du défunt / *the mourners followed the hearse* le cortège funèbre suivait le corbillard / *the streets were lined with mourners* la foule en deuil s'était massée sur les trottoirs.

mournful ['mɔːnfʊl] adj [person, eyes, mood] triste, mélancolique ; [tone, voice] lugubre ; [place] lugubre, sinistre / *a mournful occasion* tristes or douloureuses circonstances.

mournfully ['mɔːnfʊlɪ] adv mélancoliquement, tristement.

mournfulness ['mɔːnfʊlnɪs] n tristesse *f*, mélancolie *f*.

mourning ['mɔːnɪŋ] ◆ n *(U)* **1.** [period] deuil *m* ; [clothes] (vêtements *mpl* de) deuil *m* ▶ **to be in mourning** être en deuil, porter le deuil ▶ **to be in mourning for sb** porter le deuil de qqn / *in deep mourning* en grand deuil ▶ **to go into / come out of mourning** prendre / quitter le deuil / *a day of mourning was declared* une journée de deuil a été décrétée / **'Mourning Becomes Electra'** *O'Neill* 'le Deuil sied à Électre' **2.** [cries] lamentations *fpl*. ◆ comp [dress, suit] de deuil.

mouse [maʊs] (*pl* **mice** [maɪs]) ◆ n **1.** souris *f* / **'Of Mice and Men'** *Steinbeck* 'Des souris et des hommes' **2.** [shy person] timide *mf*, timoré *m*, -e *f* **3.** COMPUT souris *f* ▶ **mouse click** clic *m* de souris / *in a mouse click* d'un clic de souris. ◆ vi [cat] chasser les souris.

❖ **mouse out** vt sep US *inf* dénicher.

mousehole ['maʊshəʊl] n trou *m* de souris.

mouse mat, mouse pad n COMPUT tapis *m* de souris.

mouse potato n *inf personne passant le plus clair de son temps devant son ordinateur.*

mouser ['maʊsəʳ] n [cat] chasseur *m*, -euse *f* de souris.

mousetrap ['maʊstræp] n souricière *f* ▶ **mousetrap cheese** UK *inf fromage de qualité inférieure* / **'The Mousetrap'** *Christie* 'la Souricière'.

mousey ['maʊsɪ] = **mousy.**

moussaka [muː'sɑːkə] n moussaka *f*.

mousse [muːs] n mousse *f* ▶ **chocolate mousse** mousse au chocolat.

moustache UK [mə'stɑːʃ], **mustache** US ['mʌstæʃ] n moustache *f*, moustaches *fpl* / *he's growing a moustache* il se fait pousser la moustache.

mousy ['maʊsɪ] (*compar* **mousier**, *superl* **mousiest**) adj **1.** *pej* [shy] timide, effacé **2.** *pej* [in colour - hair] châtain clair.

mouth [maʊθ] (*pl* **mouths** [maʊðz]) ◆ n [maʊθ] **1.** [of person] bouche *f* ; [of animal] gueule *f* / *don't talk with your mouth full!* ne parle pas la bouche pleine ! / *breathe through your mouth* respirez par la bouche / *I have five mouths to feed* j'ai cinq bouches à nourrir / **'to be taken by mouth'** PHARM 'à prendre par voie orale' / *he didn't open his mouth once during the meeting* il n'a pas ouvert la bouche or il n'a pas dit un mot pendant toute la réunion / *keep your mouth shut* n'en parlez à personne, gardez-le pour vous / *he's incapable of keeping his mouth shut* il ne sait pas tenir sa langue / *he's all mouth inf* c'est une grande gueule or un fort en gueule / *he's got a big mouth inf* il ne peut pas s'empêcher de l'ouvrir ▶ **to be down in the mouth** *inf* avoir le cafard ▶ **me and my big mouth!** j'ai encore perdu une occasion de me taire ! ▶ **out of the mouths of babes** *prov* de la bouche des enfants or des innocents **2.** [of river] embouchure *f*, bouche *f*, bouches *fpl* **3.** [opening - gen] ouverture *f*, orifice *m*, bouche *f* ; [- of bottle] goulot *m* ; [- of cave] entrée *f*. ◆ vt [maʊð] **1.** [silently - insults, obscenities] dire à voix basse, marmonner / *don't talk / sing, just mouth the words* ne parle / chante pas, fais seulement semblant **2.** [pompously] déclamer ; [mechanically] débiter ; [insincerely - excuses] dire qqch du bout des lèvres ; [- regrets] formuler sans conviction ▶ **to mouth platitudes** débiter des lieux communs.

❖ **mouth off** vi *inf* **1.** [brag] la ramener **2.** [be insolent] se montrer insolent.

-mouthed [maʊðd] in comp ▶ **wide-mouthed** [bottle] à large goulot.

mouthful ['maʊθfʊl] n **1.** [of food] bouchée *f* ; [of liquid] gorgée *f* / *I couldn't eat another mouthful!* je ne pourrais rien avaler de plus ! **2.** *inf* [word] mot *m* difficile à prononcer / *his name's a bit of a mouthful* il a un nom *m* à coucher dehors **3.** US [important remark] : *you said a mouthful!* ça, tu peux le dire !, là, tu as parlé d'or !

mouth organ n harmonica *m*.

mouthparts ['maʊθpɑːts] pl n ZOOL pièces *fpl* buccales.

mouthpiece ['maʊθpiːs] n **1.** [of musical instrument] bec *m*, embouchure *f* ; [of pipe] tuyau *m* ; [of telephone] microphone *m* **2.** [spokesperson] porte-parole *m inv* ; [newspaper, magazine] organe *m*, porte-parole *m inv*.

mouth-to-mouth adj ▶ **to give sb mouth-to-mouth resuscitation** faire du bouche-à-bouche à qqn.

mouth ulcer n aphte *m*.

mouthwash ['maʊθwɒʃ] n [for cleansing] bain *m* de bouche ; [for gargling] gargarisme *m*.

mouth-watering adj appétissant, alléchant / *a mouth-watering display of pastries* un appétissant étalage de pâtisseries, un étalage de pâtisseries qui vous mettent l'eau à la bouche.

mouthy ['maʊðɪ] (*compar* **mouthier**, *superl* **mouthiest**) adj *inf* bavard, jaseur.

movable ['muːvəbl] ◆ adj mobile ▶ **movable property** LAW biens *mpl* meubles ▶ **movable feast** RELIG fête *f* mobile / **'A Movable Feast'** *Hemingway* 'Paris est une fête'. ◆ n ▶ **movables** LAW effets *mpl* mobiliers, biens *mpl* meubles.

move [muːv] ◆ vt **1.** [put elsewhere - object] déplacer ; [- part of body] bouger, remuer / *this key moves the cursor towards the right* cette touche déplace le curseur vers la droite / *move the lever to the left* poussez le levier vers la gauche / *we moved all the chairs indoors / outdoors* nous avons rentré / sorti toutes les chaises / *we've moved the couch into the spare room* nous avons mis le canapé dans la chambre d'amis / *move all those papers off the table!* enlève tous ces papiers de la table !, débarrasse la table de tous ces papiers ! / *don't move anything on my desk* ne touche à rien sur mon bureau / *I can't move my leg* je n'arrive pas à bouger la jambe / *he moves his lips when he reads* il remue les lèvres en lisant / *move your head to the left* inclinez la tête vers la gauche ; GAMES jouer / *she moved a pawn* elle a joué un pion ▶ **move it!** *inf* grouille-toi ! **2.** [send elsewhere - prisoner, troops, etc.] transférer / *move all these people out of the courtyard* faites sortir tous ces gens de la cour / *she's been moved to the New York office / to accounts* elle a été mutée au bureau de New York / affectée à la comptabilité / *he asked to be moved to a room with a sea-view* il a demandé qu'on lui donne une chambre avec vue sur la mer / *troops are being moved into the area* des troupes sont envoyées dans la région / *he's decided to move his family to England* **a)** [he is in England] il a décidé de faire venir sa famille en Angleterre **b)** [he is elsewhere] il a décidé d'envoyer sa famille en Angleterre **3.** [change time or date of] déplacer / *the meeting has been moved to Friday* **a)** [postponed] la réunion a été remise à vendredi **b)** [brought forward] la réunion a été avancée à vendredi **4.** [to new premises, location] : *the company that moved us* la firme qui s'est chargée de or qui a effectué notre déménagement ▶ **to move house** or **flat** UK déménager **5.** [affect, touch] émouvoir / *I was deeply moved* j'ai été profondément ému or touché **6.** [motivate, prompt] pousser, inciter ▶ **to move sb to do sthg** pousser or inciter qqn à faire qqch / *what moved you to change your mind?* qu'est-ce qui vous a fait changer d'avis ? **7.** *(usu passive and negative)* [cause to yield] : *the Prime Minister will not be moved* le Premier ministre ne cédera pas d'un pouce / *we shall not be moved!* nous ne céderons pas ! **8.** [propose] proposer / *to move an amendment* proposer un amendement / *I move that we vote on it* je propose que nous procédions au vote **9.** COMM [sell] écouler, vendre **10.** MED ▶ **to move one's bowels** aller à la selle. ◆ vi **1.** [shift, change position] bouger / *I'm sure the curtains moved* je suis sûr d'avoir vu les rideaux bouger / *I was so scared I couldn't move* j'étais pétrifié (de terreur) / *the train was so crowded, I could barely move* le train était tellement bondé que je pouvais à peine bouger or faire un mouvement / *you can't move for furniture in their flat* il y a tellement de meubles dans leur appartement qu'il n'y a pas la place de se retourner / *the handle won't move* la poignée ne bouge pas / *she wouldn't move out of my way* elle ne voulait pas s'écarter de mon chemin ; [be in motion - vehicle] : *the line of cars was moving slowly down the road* la file de voitures avançait lentement le long de la route / *I jumped off while the train was still moving* j'ai sauté avant l'arrêt du train / *the truck started moving backwards* le camion a commencé à reculer ; [travel in specified direction] : *the guests moved into / out of the dining room* les invités passèrent dans / sortirent de la salle à manger / *the depression is moving westwards* la dépression se déplace vers l'ouest / *the demonstrators were moving towards the embassy* les manifestants se dirigeaient vers l'ambassade / *the hands of the clock moved inexorably towards midnight* les aiguilles de l'horloge s'approchaient inexorablement de minuit / *small clouds moved across the sky* de petits nuages traversaient le ciel / *the earth moves round the sun* la Terre tourne autour du Soleil / *public opinion is moving to the left / right fig* l'opinion publique évolue vers la gauche / droite ▶ **to move in high circles** fréquenter la haute société **2.** [leave] partir / *it's getting late, I ought to be* or *get moving* il se fait tard, il faut que j'y aille or que je parte **3.** GAMES [player] jouer / *you can't move until you've thrown a six* on ne peut pas jouer avant d'avoir fait sortir or d'avoir amené un six / *white to move and mate in three* les blancs jouent et font mat en trois coups ; [piece] se déplacer / *pawns can't move backwards* les pions ne peuvent pas reculer **4.** [to new premises, location] déménager / *when are you moving?* quand est-ce que vous déménagez ? / *when are you moving to your new apartment?* quand est-ce que vous emménagez dans votre nouvel appartement ? / *she's moving to San Francisco* elle va habiter (à) San Francisco / *the company has moved to more modern premises* la société s'est installée dans des locaux plus modernes **5.** [change job, profession, etc.] : *he's moved to a job in publishing* il travaille maintenant dans l'édition **6.** [develop, progress] avancer, progresser / *events have started moving now* les choses ont commencé à avancer ▶ **to get things moving** faire avancer les choses **7.** *inf* [travel fast] filer, foncer / *that car can really move!* cette voiture a quelque chose dans le ventre ! / *she's really moving now* maintenant elle fonce vraiment **8.** [take action] agir / *if you want to succeed now is the time to move* si vous voulez réussir, il vous faut agir maintenant or dès à présent / *the town council moved to have the school closed down* la municipalité a pris des mesures pour faire fermer l'école / *I'll get moving on it first thing tomorrow* je m'en occuperai demain à la première heure **9.** COMM [sell] se vendre, s'écouler **10.** MED : *have your bowels moved today?* êtes-vous allé à la selle aujourd'hui ? ◆ n **1.** [movement] mouvement *m* / *with one move she was by his side* en un éclair, elle fut à ses côtés / *one move out of you and you're dead!* un seul geste et tu es mort ! / *he made a move to take out his wallet* il s'apprêta à sortir son portefeuille / *she made a move to leave* elle se leva pour partir / *it's late, I ought to be making a move* il se fait tard, il faut que j'y aille ▶ **get a move on!** *inf* grouille-toi !,

BOUGER AND OTHER VERBS OF 'MOVING'

The verbs below can apply to inanimate objects or to people (when the latter are either inert such as the injured, or considered to be incapable of directing their own movement, such as children). For convenience, only the word 'object' has been used in the table.

Moving objects along an axis	Nuances and type of movement implied
Bouger	**movement on the spot or over a short distance**
	Tu n'as pas le droit de bouger ton pion. You're not allowed to move your pawn.
Transporter	**organised system or method for moving objects**
	C'est par les canaux qu'ils transportaient le bois autrefois. In the old days they used canals to move timber around.
Déplacer	**change in the position of an object, often temporarily**
	Aide-moi à déplacer la table pour installer le parasol. Help me move the table so we can put the beach umbrella up.
Manœuvrer	**cause an unwieldy object to change position**
	Elle est trop petite pour pouvoir manœuvrer la brouette. She's too small to be able to move the wheelbarrow.
Pousser	**change the position of an object by shifting it forward or out of the way**
	Pousse la table vers le mur du fond. Move the table forward towards the back wall.
Tirer	**change the position of an object by shifting it towards you (sometimes implies resistance)**
	Tire la table. Move the table towards you.
Écarter	**move something out of the way**
	Elle marchait devant, écartant les branches basses pour que les enfants puissent passer. She walked ahead, moving the branches aside to let the children through.
Monter	**move something upwards**
	Comment vont-ils monter le piano au troisième ? How will they move the piano up to the third floor?
Descendre	**move something downwards**
	Ils ont descendu leur bivouac pour se rapprocher du poste de secours. They moved their camp down so as to be closer to the first aid station.

Note that **se mouvoir**, which is the verb of movement most similar in shape to 'to move', should be used with care, as it is both formal in tone and irregular in its conjugation. See entry **se mouvoir**.

active ! **2.** [change of home, premises] déménagement *m* / *how did the move go?* comment s'est passé le déménagement ? / *we're considering a move to bigger premises* nous envisageons d'emménager dans des locaux plus spacieux **3.** [change of job] changement *m* d'emploi / *after ten years in the same firm she felt it was time for a move* après dix ans dans la même société elle avait le sentiment qu'il était temps de changer d'air or d'horizon **4.** [step, measure] pas *m*, démarche *f* / *she made the first move* elle a fait le premier pas / *she wondered when he would make his move* elle se demandait quand il allait se décider / *the new management's first move was to increase all salaries* la première mesure de la nouvelle direction a été de relever tous les salaires / *what do you think their next move will be?* selon vous, que vont-ils faire maintenant ? / *they made an unsuccessful move to stop the war* ils firent une tentative infructueuse pour arrêter la guerre **5.** GAMES [turn to move] tour *m* / *it's my move* c'est à moi (de jouer) ; [act of moving] coup *m* / *white mates in two moves* les blancs font mat en deux coups ; [way piece moves] marche *f* / *in chess the first thing to learn is the moves* la première chose à apprendre aux échecs, c'est la façon dont les pièces se déplacent sur l'échiquier or le déplacement des pièces sur l'échiquier

▸ **to be on the move** être en déplacement / *he's a travelling salesman, so he's always on the move* c'est un représentant de commerce, voilà pourquoi il est toujours en déplacement or il est toujours par monts et par vaux / *the enemy forces on the move* les colonnes ennemies en marche or en mouvement / *I've been on the move all day* je n'ai pas arrêté de la journée / *we're a firm on the move* nous sommes une entreprise dynamique.

❖ **move about** UK ◆ vi se déplacer, bouger / *I can hear somebody moving about upstairs* j'entends des bruits de pas là-haut / *it's hard to move about on crutches* c'est dur de se déplacer avec des béquilles. ◆ vt sep déplacer.

❖ **move along** ◆ vi avancer / *the procession moved along painfully slowly* le cortège avançait or progressait terriblement lentement / *the policeman told them to move along* le policier leur ordonna de circuler / *move along there, please!* circulez, s'il vous plaît ! ▸ **moving right along** *inf* **a)** [let's continue] poursuivons **b)** [let's change the subject] changeons de sujet. ◆ vt sep [bystanders, busker] faire circuler.

❖ **move around** = **move about.**

❖ **move away** ◆ vi **1.** [go in opposite direction] s'éloigner, partir / *he held out his arms to her but she moved away* il lui tendit les bras mais elle s'éloigna / *the train moved slowly away* le train partit lentement **2.** [change address] déménager / *her best friend moved away* sa meilleure amie a déménagé. ◆ vt sep éloigner.

❖ **move back** ◆ vi **1.** [back away] reculer **2.** [return to original position] retourner / *they've moved back to the States* ils sont retournés habiter or ils sont rentrés aux États-Unis. ◆ vt sep **1.** [push back - person, crowd] repousser ; [- chair] reculer **2.** [return to original position] remettre / *you can change the furniture around as long as you move it back afterwards* vous pouvez déplacer les meubles à condition de les remettre ensuite à leur place or là où ils étaient.

❖ **move down** ◆ vi **1.** [from higher level, floor, etc.] descendre / *he moved down a class* SCH on l'a fait descendre d'une classe **2.** [make room] se pousser / *move down, there's plenty of room inside* poussez-vous, il y a de la place à l'intérieur. ◆ vt insep : *move down the bus, please* avancez jusqu'au fond de l'autobus, s'il vous plaît. ◆ vt sep [from higher level, floor, etc.] descendre / *he was moved down a class* SCH on l'a fait passer dans la classe inférieure.

❖ **move forward** ◆ vi avancer. ◆ vt sep avancer / *she moved the clock forward one hour* elle a avancé l'horloge d'une heure.

❖ **move in** ◆ vi **1.** [into new home, premises] emménager / *his mother-in-law has moved in with them* sa belle-mère s'est installée or est venue habiter chez eux **2.** [close in, approach] avancer, s'approcher / *the police began to move in on the demonstrators* la police a commencé à avancer or à se diriger vers les manifestants / *the camera then moves in on the bed* la caméra s'approche ensuite du lit **3.** [take control] : *another gang is trying to move in* un autre gang essaie de mettre la main sur l'affaire / *the unions moved in and stopped the strike* les syndicats prirent les choses en main et mirent un terme à la grève. ◆ vt sep [furniture] installer / *the landlord moved another family in* le propriétaire a loué à une autre famille.

❖ **move off** vi s'éloigner, partir / *the train finally moved off* le train partit or s'ébranla enfin.

❖ **move on** ◆ vi **1.** [proceed on one's way] poursuivre son chemin / *we spent a week in Athens, then we moved on to Crete* on a passé une semaine à Athènes avant de partir pour la Crète / *a policeman told me to move on* un policier m'a dit de circuler **2.** [progress - to new job, new subject, etc.] : *she's moved on to better things* elle a trouvé une meilleure situation / *after five years in the same job I feel like moving on* après avoir occupé le même emploi pendant cinq ans, j'ai envie de changer d'air / *can we move on to the second point?* pouvons-nous passer au deuxième point ? / *he's finding it hard to move on* [after relationship] il a du mal à tourner la page. ◆ vt sep [bystanders, busker] faire circuler.

❖ **move out** ◆ vi **1.** [of home, premises] déménager / *when are you moving out of your room?* quand est-ce que tu déménages de or tu quittes ta chambre ? / *his girlfriend has moved out* son amie l'a quitté **2.** MIL [troops] se retirer. ◆ vt sep MIL [troops] retirer.

❖ **move over** vi **1.** [make room] se pousser / *move over and let me sit down* pousse-toi pour que je puisse m'asseoir **2.** [stand down - politician] se désister / *it's time he moved over to make way for a younger man* il serait temps qu'il laisse la place à un homme plus jeune **3.** [change over] : *we're moving over to mass production* nous passons à la fabrication en série.

❖ **move up** ◆ vi **1.** [make room] se pousser / *move up and let me sit down* pousse-toi pour que je puisse m'asseoir **2.** [in hierarchy] monter ; [in company] avoir de l'avancement ▸ **to move up a class** SCH passer dans la classe supérieure ▸ **to move up in the world** : *you've moved up in the world!* tu en as fait du chemin ! **3.** MIL [troops] avancer / *our battalion's moving up to the front* notre bataillon monte au front. ◆ vt sep **1.** [in order to make room] pousser, écarter **2.** [in hierarchy] faire monter / *he's been moved up a class* SCH on l'a fait passer dans la classe supérieure **3.** MIL [troops] faire avancer / *another division has been moved up* une autre division a été envoyée sur place.

See box at mouvement.

déménager or **emménager?**
Although **bouger** has the general meaning of to move (**ne bouge pas!** *don't move!*), when moving into a house or flat, or moving out, you should instead choose the verbs **emménager** and **déménager**.

■ *From one place to another*
Je déménage (pour aller) à Bordeaux. *I'm moving to Bordeaux.*

■ *Out of a place*
On déménage la semaine prochaine. *We're moving out next week.*

■ *Into a place*
De l'autre côté de la rue je vois des gens qui emménagent. *Over on the other side of the street I can see people moving into a house.*

moveable ['mu:vəbl] = **movable**.

movement ['mu:vmənt] n **1.** [change of position] mouvement *m* / *population / troop movements* mouvements de populations / de troupes / *the movement of goods* le transport des marchandises / *there was a general movement towards the bar* tout le monde se dirigea vers le bar / *she heard movement in the next room* elle a entendu des bruits dans la pièce voisine / *his movements are being watched* ses déplacements sont surveillés / *I'm not sure what my movements are going to be over the next few weeks* je ne sais pas exactement ce que je vais faire or quel sera mon emploi du temps dans les quelques semaines à venir ▸ **freedom of movement** la liberté de circulation ; [gesture] mouvement *m*, geste *m* / *all her movements were rapid and precise* tous ses gestes étaient rapides et précis **2.** [change, tendency] mouvement *m*, tendance *f* / *there's a growing movement towards privatization* la tendance à la privatisation s'accentue / *his speeches over the last year show a movement towards the right* les discours qu'il a prononcés depuis un an font apparaître un glissement vers la droite / *the upward / downward movement of interest rates* la hausse / baisse des taux d'intérêts **3.** [group] mouvement *m* **4.** TECH [mechanism - of clock, etc.] mouvement *m* **5.** MUS [of symphony, sonata, etc.] mouvement *m* **6.** MED [faeces] selles *fpl* ▸ **to have a (bowel) movement** aller à la selle.

mover ['mu:vər] n **1.** [physical] : *sloths are extraordinarily slow movers* les paresseux sont des animaux à mouvements extrêmement lents / *she's a lovely mover* inf elle bouge bien / *he's a fast mover* inf c'est un tombeur ▸ **the movers and the shakers** [key people] les hommes *mpl* et les femmes *fpl* d'action **2.** [of a proposal, motion] motionnaire *mf* / *who was the mover of this amendment?* qui a proposé cet amendement ? **3.** US [removal company] déménageur.

movie ['mu:vɪ] US ◆ n film *m*. ◆ comp [actor] de cinéma ▸ **movie buff** *inf* cinéphile *mf* ▸ **movie camera** caméra *f* ▸ **movie house** or **theatre** (salle *f* de) cinéma *m* ▸ **movie director** cinéaste *mf*, réalisateur *m*, -trice *f* ▸ **the movie industry** l'industrie *f* cinématographique or du cinéma ▸ **movie reviewer** critique *mf* de cinéma ▸ **movie rights** droits *mpl* cinématographiques ▸ **movie star** vedette *f* or star *f* de cinéma.
❖ **movies** pl n ▸ **to go to the movies** aller au cinéma / *she's in the movies* elle travaille dans le cinéma.

moviegoer ['mu:vɪ,gəʊər] n US cinéphile *mf*.

moving ['mu:vɪŋ] adj **1.** [in motion] en mouvement ; [vehicle] en marche ; [target] mouvant ▸ **slow- / fast-moving** qui se déplace lentement / rapidement **2.** [not fixed] mobile ▸ **moving parts** pièces *fpl* mobiles **3.** [touching] émouvant, touchant **4.** [motivating] : *she's the moving force* or *spirit behind the project* c'est elle l'instigatrice or le moteur du projet **5.** [for moving house] de déménagement / *on moving day* le jour du déménagement ▸ **moving van** US camion *m* de déménageurs.

movingly ['mu:vɪŋlɪ] adv de façon émouvante or touchante.

moving pavement n UK trottoir *m* roulant.

moving picture n US *dated* film *m*.

moving staircase n escalier *m* roulant, escalator *m*.

mow [məʊ] (*pt* **mowed**, *pp* **mowed** *or* **mown** [məʊn]) vt [lawn] tondre ; [hay] faucher.
❖ **mow down** vt sep faucher, abattre.

mower ['məʊər] n [person] faucheur *m*, -euse *f* ; [machine - for lawn] tondeuse *f* ; [- for hay] faucheuse *f*.

mowing ['məʊɪŋ] n AGR fauchage *m* ▸ **mowing machine** faucheuse *f*.

mown [məʊn] pp ⟶ **mow**.

moxie ['mɒksɪ] n US *inf* [guts] cran *m* / *he's got moxie!* il a du cran !

Mozambican [,məʊzæm'bi:kn] ◆ n Mozambicain *m*, -e *f*. ◆ adj mozambicain.

Mozambique [,məʊzæm'bi:k] pr n Mozambique *m* / *in Mozambique* au Mozambique.

Mozambique Channel pr n ▸ **the Mozambique Channel** le canal de Mozambique.

Mozart ['məʊtsɑ:t] pr n Mozart.

mozzarella [,mɒtsə'relə] n mozzarelle *f*.

mozzie ['mɒzɪ] n *inf* [mosquito] moustique *m*.

MP n **1.** (abbr of **Military Police**) PM *f* **2.** (abbr of **Member of Parliament**) UK & CAN ≃ député *m* / *the MP for Finchley* le député de Finchley **3.** CAN abbr of **Mounted Police**.

MPEG ['empeg] (abbr of **Moving Picture Experts Group**) n COMPUT MPEG *m*.

MP4 n MP4.

MP4 player n lecteur *m* (de) MP4.

mpg (abbr of **miles per gallon**) n consommation *f* d'essence / *my old car did 20 mpg* mon ancienne voiture faisait or consommait 3,5 litres au cent.

mph (abbr of **miles per hour**) n miles *mpl* à l'heure / *100 mph* 160 km/h.

MPhil [,em'fɪl] (abbr of **Master of Philosophy**) n ≃ (titulaire d'une) maîtrise de lettres.

MP3 [,empi:'θri:] n COMPUT MP3 *m*.

MP3 player n lecteur *m* (de) MP3.

Mr ['mɪstər] (written abbr of **Mister**) M., Monsieur / *Mr Brown* M. Brown ▸ **Mr President** monsieur le président / **'Mr Deeds Goes To Town'** *Capra* 'l'Extravagant M. Deeds'.

Mr Big n *inf* le chef, le patron.

MRC (abbr of **Medical Research Council**) pr n *institut de recherche médicale situé à Londres.*

MRCP n abbr of **Member of the Royal College of Physicians**.

MRCS n abbr of **Member of the Royal College of Surgeons**.

MRCVS n abbr of **Member of the Royal College of Veterinary Surgeons**.

MRI (abbr of **magnetic resonance imaging**) n IRM *f*.

Mr Nice Guy n *inf* : *no more Mr Nice Guy!* j'en ai assez d'être la bonne pâte !

MRP n abbr of **manufacturer's recommended price**.

Mr Right n *inf* l'homme idéal, le prince charmant / *she's waiting for Mr Right* elle attend le prince charmant or l'homme de ses rêves.

Mrs ['mɪsɪz] Mme, Madame / *Mrs Brown* Mme Brown.

MRSA [,emɑ:res'eɪ] (abbr of **methicillin resistant Staphylococcus aureus**) n SARM *m*.

Mrs Beeton [-'bi:tn] pr n *célèbre auteure anglaise de livres de cuisine.*

Mrs Mop n UK *inf* [cleaner] femme *f* de ménage / *I'm not your Mrs Mop, you know!* hé, je ne suis pas ta bonne !

ms. (*pl* **mss.**) (written abbr of **manuscript**) ms.

Ms [mɪz] *titre que les femmes peuvent utiliser au lieu de* **Mrs** *ou* **Miss** *pour éviter la distinction entre les femmes mariées et les célibataires.*

MS ◆ n **1.** (abbr of **multiple sclerosis**) SEP *f* **2.** (abbr of **Master of Science**) US ≃ (titulaire d'une) maîtrise de sciences. ◆ **1.** written abbr of **Mississippi** **2.** (written abbr of **manuscript**) ms.

MSA (abbr of **Master of Science in Agriculture**) n ≃ (titulaire d'une) maîtrise en sciences agricoles.

MSB (abbr of **most significant bit/byte**) n *bit de poids fort.*

MSc (abbr of **Master of Science**) n ≃ (titulaire d'une) maîtrise de sciences.

msg n written abbr of **message**.

MSG n abbr of **monosodium glutamate**.

Msgr (written abbr of **Monsignor** or **Monseigneur**) Mgr.

Mss written abbr of **manuscripts**.

MST n abbr of **Mountain Standard Time**.

MSW (abbr of **Master of Social Work**) n ≃ (titulaire d'une) maîtrise en travail social.

Mt (written abbr of **mount**) Mt.

MT ◆ n (abbr of **machine translation**) TA *f*. ◆ written abbr of **Montana**.

MTE MESSAGING written abbr of **my thoughts exactly**.

MTG MESSAGING written abbr of **meeting**.

MTV n abbr of **Music Television**.

MU MESSAGING written abbr of **miss you**.

much [mʌtʃ] ◆ det beaucoup de / *we don't have much time* on n'a pas beaucoup de temps / *there isn't much cake / money left* il ne reste pas beaucoup de gâteau / d'argent / *the tablets didn't do much good* les comprimés n'ont pas servi à grand-chose or n'ont pas fait beaucoup d'effet / *much good may it do you!* iro grand bien vous fasse ! ◆ pron beaucoup / *is there much left?* est-ce qu'il en reste beaucoup ? / *is there any left? — not much* est-ce qu'il en reste ? — pas beaucoup / *there's still much to be decided* il reste encore beaucoup de choses à décider / *he hadn't much to say on the subject* il n'avait pas grand-chose à dire à ce sujet / *there's not much anyone can do about it* personne n'y peut grand-chose / *we have much to be thankful for* nous avons beaucoup de raisons d'être reconnaissants / *much of the time* **a)** [long period] la majeure partie du temps **b)** [very often] la plupart du temps / *much of the coffee had to be thrown away* on a dû jeter une grande partie du café / *I agreed with much of what she said* j'étais d'accord avec presque tout ce qu'elle a dit ; [used to intensify] : *I'm not much of a hiker* je ne suis pas un très bon marcheur / *it hasn't been much of a holiday* ce n'était pas vraiment des vacances / *what he said didn't amount to much* il n'avait pas grand-chose d'important à dire / *his plans didn't come to much* ses projets n'ont pas abouti à grand-chose ▸ **to make much of sb / sthg** : *the defence made much of the witness's criminal record* la défense a beaucoup insisté sur le casier judiciaire du témoin / *I couldn't make much of the figures* je n'ai pas compris grand-chose aux chiffres / *I don't think much of him / of his technique* je n'ai pas une très haute opinion de lui / de sa technique / *there's much to be said for the old-fashioned method* la vieille méthode a beaucoup d'avantages / *there's much to be said for his suggestions* il y a des choses fort intéressantes dans ce qu'il propose / *it's not up to much* ça ne vaut pas grand-chose / *he's not up to much* ce n'est pas une lumière ▸ **there's not much to choose between them** ils se valent ▸ **there's not much in it** il n'y a pas une grande différence / *he doesn't want* or *ask* or *expect much, does he?* inf & iro il n'est pas difficile, lui, au moins ! iro. ◆ adv beaucoup / *I don't drink much* je ne bois pas beaucoup / *much admired* | *appreciated* très admiré | apprécié / *much happier* | *more slowly* beaucoup plus heureux | plus lentement / *I feel very much better* je me sens beaucoup mieux / *it is much to be regretted that...* *fml* il est fort regrettable que... / *much to my surprise* à mon grand étonnement / *I'm not much good at making speeches* je ne suis pas très doué pour faire des discours / *it's much the best* | *the fastest way to travel* c'est de beaucoup le meilleur moyen | le moyen le plus rapide de voyager / *it's much the best* | *the fastest* c'est le meilleur | le plus rapide de beaucoup ▸ **much the same** presque pareil / *she's still much the same as yesterday* son état n'a pas changé depuis hier / *I feel much the same as you* je pense plutôt comme vous.

❖ **as much** ◆ pron phr [that, the same] : *I thought* | *suspected as much* c'est bien ce que je pensais | soupçonnais / *I said as much to him yesterday* c'est ce que je lui ai dit hier / *would you do as much for me?* en ferais-tu autant pour moi ? ◆ adv phr [with multiples, fractions] : *twice* | *three times as much* deux | trois fois plus / *half as much* la moitié (de ça) / *a quarter as much* un quart (de ça).

❖ **as much... as** ◆ det phr [the same amount as] ▸ **as much... as** autant de... que / *I've got as much money as you* j'ai autant d'argent que vous / *take as much sugar as you like* prenez autant de or tout le sucre que vous voulez. ◆ conj phr autant que / *he's as much to blame as her* elle n'est pas plus responsable que lui, il est responsable autant qu'elle.

❖ **as much as** ◆ pron phr **1.** [the same as] : *it costs as much as the Japanese model* ça coûte le même prix que le modèle japonais / *that's as much as to say that I'm a liar* ça revient à me traiter de menteur **2.** [all] : *it was as much as I could do to keep a straight face* j'ai failli éclater de rire. ◆ conj phr autant que / *I hate it as much as you do* ça me déplaît autant qu'à vous / *as much as ever* toujours autant / *as much as before* autant qu'avant / *I don't dislike them as much as all that* ils ne me déplaisent pas autant que ça.

❖ **however much** ◆ det phr : *however much money you give him, it won't be enough* vous pouvez lui donner autant d'argent que vous voulez, ça ne suffira pas. ◆ pron phr : *however much they offer, take it* quelle que soit la somme qu'ils proposent, acceptez-la. ◆ adv phr : *however much you dislike the idea...* quelle que soit votre aversion pour cette idée... / *however much I try, it doesn't work* j'ai beau essayer, ça ne marche pas.

❖ **how much** ◆ det phr combien de / *how much flour have we got left?* combien de farine nous reste-t-il ? ◆ pron phr combien / *how much do you want?* **a)** [gen] combien en voulez-vous ? **b)** [money] combien voulez-vous ? / *how much is the phone* or *does the phone cost?* combien coûte ce téléphone ?

❖ **much as** conj phr : *much as I admire him, I have to admit that...* malgré toute mon admiration pour lui, je dois admettre que... / *much as I would like to, I can't come* à mon grand regret, il m'est véritablement impossible de venir.

❖ **so much** ◆ det phr tant de, tellement de / *it takes up so much time* ça prend tellement de temps / *it's just so much nonsense* c'est tellement bête. ◆ pron phr **1.** [such a lot] tant / *I've learnt so much on this course* j'ai vraiment appris beaucoup (de choses) en suivant ces cours / *there's still so much to do* il y a encore tant à faire **2.** [this amount] : *there's only so much one can do* il y a une limite à ce qu'on peut faire / *how much water will I put in? — about so much* combien d'eau est-ce que je dois mettre ? — à peu près ça. ◆ adv phr tellement / *I miss you so much* tu me manques tellement / *I wouldn't mind so much, only he promised to do it* ça ne me gêne pas tellement, mais il avait promis de le faire / *it's not so much his unpunctuality, it's his rudeness I can't stand* ce n'est pas tellement ses retards, c'est sa grossièreté que je ne supporte pas / *thank you ever so much* merci infiniment or mille fois.

❖ **so much as** adv phr même / *if you so much as breathe a word of this...* si seulement tu répètes un mot de tout ça... / *without so much as asking permission* sans même demander la permission.

❖ **so much for** prep phr : *so much for the agenda; now let us consider...* voilà pour ce qui est de l'ordre du jour ; maintenant, je voudrais que nous nous penchions sur la question de... / *so much for that idea!* on peut oublier cette idée !

❖ **that much** ◆ det phr : *there was that much food, we thought we'd never finish it* il y avait tellement à manger qu'on pensait ne jamais arriver à finir. ◆ pron phr : *was there much damage? — not that much* y a-t-il eu beaucoup de dégâts ? — pas tant que ça / *did it cost that much?* ça a coûté autant que ça ? / *how much do you want? — about that much* combien en veux-tu ? — à peu près ça. ◆ adv phr *(with compar)* **1.** [a lot] beaucoup plus / *it'll be that much easier to organize* ce sera d'autant plus facile à organiser / *not that much better* pas beaucoup mieux **2.** [this amount] : *she's that much taller than me* elle est plus grande que moi de ça.

❖ **this much** ◆ det phr : *there was this much coffee left* il restait ça de café. ◆ pron phr **1.** [this amount] : *I had to cut this much off the hem of my skirt* j'ai dû raccourcir ma jupe de ça **2.** [one thing] une chose / *this much is true...* une chose au moins est vraie... / *I'll say this much for her, she's got guts* il faut reconnaître une chose, c'est qu'elle a du cran.

❖ **too much** ◆ det phr trop de. ◆ pron phr trop / *there's too much to do* il y a trop à faire / *don't expect too much* **a)** [be too demanding] ne soyez pas trop exigeant, n'en demandez pas trop **b)** [be too hopeful] ne vous faites pas trop d'illusions / *she's too much!* *inf* elle est trop ! / *that's too much!* *inf* ça, c'est trop ! ◆ adv phr [work, speak] trop.

See box at many.

much-loved adj bien-aimé.

muchness ['mʌtʃnɪs] n ▸ **to be much of a muchness** UK *inf* : *they're all pretty much of a muchness* **a)** [objects] c'est du pareil au même **b)** [people] ils se valent.

mucilage ['mju:sɪlɪdʒ] n **1.** BOT mucilage *m* **2.** US [glue] colle *f*.

muck [mʌk] *(U) inf* ◆ n **1.** [mud] boue *f*, gadoue *f* ; [dirt] saletés *fpl* ; [manure] fumier *m* ; [dung - of horse] crottin *m* ; [- of dog] crotte *f* ▸ **they think they're Lord and Lady Muck** UK *hum* ils ne se prennent pas pour n'importe qui, ils se croient sortis de la cuisse de Jupiter ▸ **where there's muck, there's brass** UK *prov* c'est peut-être sale, mais ça rapporte ! *(fait référence aux travaux salissants mais rentables)* **2.** *fig* [inferior literature, films, etc.] saletés *fpl* ; [bad food] cochonneries *fpl* **3.** PHR ▸ **to make a muck of sthg** UK [bungle] foutre qqch par terre, bousiller qqch. ◆ vt AGR fumer.

❖ **muck about, muck around** UK *inf* ◆ vi **1.** [waste time] traîner, perdre son temps **2.** [be stupid] faire l'imbécile / *stop mucking about!* arrête de faire l'imbécile ! **3.** [interfere] ▸ **to muck about with sthg** **a)** [equipment] toucher à qqch, tripoter qqch **b)** [belongings] déranger qqch, mettre la pagaille dans qqch. ◆ vt sep [person - waste time of] faire perdre son temps à ; [- be inconsiderate to] malmener ; [belongings, papers] déranger, toucher à.

❖ **muck in** vi UK *inf* [share task] mettre la main à la pâte, donner un coup de main ; [share costs] participer aux frais.

❖ **muck out** vt sep UK [horse, stable] nettoyer, curer.

❖ **muck up** vt sep *inf* **1.** [dirty] cochonner **2.** [ruin] bousiller, foutre en l'air.

mucker ['mʌkəʳ] n UK *v inf* [pal] copain *m*, copine *f*, pote *m*.

muckheap ['mʌkhi:p] n UK *inf* tas *m* de fumier.

mucklucks ['mʌklʌks] pl n US *bottes de neige portées sur de grosses chaussettes ou des chaussures.*

muckraker ['mʌkreɪkəʳ] n **1.** *journaliste d'investigation qui met au jour des scandales* **2.** *pej* fouineur *m*, -euse *f*.

muckraking ['mʌkreɪkɪŋ] n *pej* : *it's the kind of paper that specializes in muckraking* c'est le type de journal spécialisé dans les scandales.

muckspreader ['mʌkspredəʳ] n AGR épandeur *m* (d'engrais).

muckspreading ['mʌk,spredɪŋ] n AGR épandage *m*.

muck-up n UK *inf* pagaille *f*, bordel *m* ▸ **to make a muck-up of sthg** foutre qqch en l'air, bousiller qqch.

mucky ['mʌkɪ] (*compar* **muckier**, *superl* **muckiest**) adj *inf* **1.** [dirty, muddy - hands] sale, crasseux ; [- shoes] sale, crotté ; [- water, road] sale, boueux / *the weather was mucky* UK il faisait un sale temps **2.** [obscene - book, film] obscène.

mucous ['mju:kəs] adj muqueux ▸ **mucous membrane** muqueuse *f*.

mucus ['mju:kəs] n mucus *m*, mucosité *f* ; [from nose] morve *f*.

mud [mʌd] (*pt & pp* **mudded**, *cont* **mudding**) ◆ n [gen] boue *f* ; [in river, lake] vase *f* / *my car got stuck in the mud* ma voiture s'est embourbée ▸ **here's mud in your eye!** US à la tienne ! ▸ **to drag sb** or **sb's name through the mud** traîner qqn dans la boue / *my name is mud in certain circles* *inf* je suis en disgrâce or persona non grata dans certains milieux ▸ **to throw** or **to sling mud at sb** couvrir qqn de boue. ◆ vt couvrir de boue, crotter.

mudbank ['mʌdbæŋk] n banc *m* de vase.

mudbath ['mʌdbɑ:θ] n bain *m* de boue.

muddle ['mʌdl] ◆ n [confusion] confusion *f* ; [mess] désordre *m*, fouillis *m* / *all her belongings were in a muddle* toutes ses affaires étaient en désordre or sens dessus dessous / *my finances are in an awful muddle* ma situation financière n'est pas claire du tout or est complètement embrouillée / *Peter was in a real muddle over the holiday plans* Peter ne savait plus où il en était dans ses projets de vacances / *let's try to sort out this muddle* essayons de démêler cet écheveau *fig* / *there must have been a muddle over the train times* quelqu'un a dû se tromper dans les horaires de train. ◆ vt **1.** [mix up - dates] confondre, mélanger ; [- facts] embrouiller, mélanger / *the dates got muddled* il y a eu une confusion dans les dates **2.** [confuse - person] embrouiller (l'esprit or les idées de) / *now you've got me muddled* maintenant, je ne sais plus où j'en suis / *she'll get muddled if you all talk at once* vous allez lui embrouiller l'esprit si vous parlez tous à la fois.

❖ **muddle along** vi se débrouiller.

❖ **muddle through** vi se tirer d'affaire.

❖ **muddle up** vt sep = **muddle** *(vt)*.

muddleheaded [,mʌdl'hedɪd] adj [person] désordonné, brouillon, écervelé ; [idea, speech, essay] confus.

muddler ['mʌdləʳ] n personne *f* désordonnée / *he's such a muddler!* il est tellement brouillon !

muddle-up n **1.** [misunderstanding] quiproquo *m*, malentendu *m* / *there was a muddle-up over the dates* il y a eu une confusion dans les dates **2.** [situation] embrouillement *m*, imbroglio *m*.

muddy ['mʌdɪ] (*compar* **muddier**, *superl* **muddiest**) ◆ adj **1.** [hand, car] plein or couvert de boue ; [shoes] plein de boue, crotté ; [road, stream] boueux **2.** *fig* [complexion] terreux ; [colour] terne, sale ; [flavour, drink] boueux ; [liquid] boueux, trouble **3.** [indistinct - thinking, ideas] confus, embrouillé, peu clair ; [out of focus - image] brouillé, trouble, flou. ◆ vt **1.** [hands, shoes] salir, couvrir de boue ; [road, stream] rendre boueux **2.** [situation] compliquer, embrouiller.

mudflap ['mʌdflæp] n [on car] bavette *f* ; [on truck] pare-boue *m inv*.

mudflat ['mʌdflæt] n laisse *f* or banc *m* de boue.

mudguard ['mʌdgɑ:d] n UK garde-boue *m inv*.

mud hut n case *f* en pisé or en terre.

mudlark ['mʌdlɑ:k] n *liter* gamin *m*, -e *f* des rues, gavroche *mf*.

mudpack ['mʌdpæk] n masque *m* à l'argile.

mud pie n pâté *m* (de sable).

mudskipper ['mʌdskɪpəʳ] n gobie *m* or marcheur *m* des marais.

mudslinger ['mʌd,slɪŋəʳ] n fauteur *m*, -trice *f* de scandales / *the mudslingers will be disappointed* les amateurs de scandales en seront pour leurs frais.

mudslinging ['mʌd,slɪŋɪŋ] n calomnie f / *a lot of mudslinging went on during the elections* ils ont passé leur temps à se traîner les uns les autres dans la boue pendant les élections.

mud-spattered adj couvert or maculé de boue.

mud-stained adj taché de boue.

muesli ['mju:zlɪ] n muesli m ▸ **the muesli belt** UK pej *quartiers où vit une certaine bourgeoisie de gauche, soucieuse de diététique, etc.*

muezzin [mu:'ezɪn] n muezzin m.

muff [mʌf] ◆ n **1.** [for hands] manchon m ; [for ears] oreillette f **2.** ORNITH aigrette f **3.** [bungled attempt] coup m manqué **4.** *vulg* [vagina] chatte. ◆ vt [bungle] rater, manquer / *to muff a catch* rater une prise.

muffin ['mʌfɪn] n muffin m.

muffin top n *inf* [roll of fat] bourrelet m.

muffle ['mʌfl] vt [quieten -sound] étouffer, assourdir ; [-engine] étouffer le bruit de / *the silencer muffles engine noise* le silencieux étouffe le bruit du moteur / *we could hear muffled cries coming from the next room* on entendait des cris étouffés or sourds qui venaient de la pièce voisine.

❖ **muffle up** ◆ vt sep (bien) emmitoufler. ◆ vi s'emmitoufler.

muffled ['mʌfld] adj [sound, voice] sourd, étouffé ; [oars] assourdi ; [drums] voilé / *there was a lot of muffled laughter* on entendait de nombreux rires étouffés.

muffler ['mʌflər] n **1.** *dated* [scarf] écharpe f de laine, cache-nez m inv **2.** US AUTO silencieux m.

mufti ['mʌftɪ] n *dated* tenue f civile / *wearing mufti* or *in mufti* en civil.

mug [mʌg] (*pt & pp* **mugged**, *cont* **mugging**) ◆ n **1.** [cup, beer glass] chope f **2.** *v inf* [face] gueule f / *shut your ugly mug!* ferme ta sale gueule ! **3.** UK *inf* [dupe] poire f ; [fool] nigaud m, -e f ▸ **it's a mug's game a)** [foolish] c'est de la connerie **b)** [trap] c'est de l'arnaque **4.** US *inf* [thug] gangster m, voyou m **5.** = **mugshot**. ◆ vt agresser.

❖ **mug up** UK *inf* ◆ vi bûcher, boulonner / *he's mugging up for the test* il bûche ferme en prévision de son examen / *I'd better mug up on my French* je ferais mieux de potasser mon français. ◆ vt sep potasser, bosser.

mugful ['mʌgfʊl] n [of tea, coffee] tasse f (pleine) ; [of beer] chope f (pleine).

mugger ['mʌgər] n agresseur m.

mugginess ['mʌgɪnɪs] n METEOR chaleur f lourde et humide.

mugging ['mʌgɪŋ] n agression f / *he was the victim of a mugging* il a été victime d'une agression / *mugging is on the increase* il y a une augmentation des agressions.

muggins ['mʌgɪnz] (*pl* **muggins** or **mugginses**) n UK *inf* idiot m, -e f, poire f / *I suppose muggins will have to go* je suppose que c'est bibi or ma pomme qui devra y aller.

muggy ['mʌgɪ] (*compar* **muggier**, *superl* **muggiest**) adj METEOR lourd et humide.

mugshot ['mʌgʃɒt] n *inf* photo f d'identité judiciaire ; *pej & hum* photo f d'identité.

mugwort ['mʌgwɜ:t] n BOT armoise f.

mugwump ['mʌgwʌmp] n US *pej* POL indépendant m, -e f.

Muhammad [mə'hæmɪd] pr n Mohammed, Mahomet.

Muhammedan, **Muhammadan** [mə'hæmɪdn] ◆ n mahométan m, -e f. ◆ adj mahométan.

mujaheddin [,mu:dʒəhe'di:n] n moudjahid m.

mulatto [mju:'lætəʊ] (*pl* **mulattos** or **mulattoes**) ◆ adj mulâtre. ◆ n mulâtre m, mulâtresse f.

mulberry ['mʌlbərɪ] ◆ n **1.** [fruit] mûre f ; [tree] mûrier m ▸ **white mulberry** mûrier blanc **2.** [colour] violet m foncé. ◆ adj violet foncé *(inv).*

mulch [mʌltʃ] ◆ n HORT paillis m. ◆ vt HORT pailler, couvrir de paillis.

mulct [mʌlkt] *fml* ◆ n amende f. ◆ vt **1.** [fine] infliger une amende à **2.** [defraud] escroquer ; [overcharge] escroquer.

mule [mju:l] n **1.** [animal -male] mulet m ; [-female] mule f ▸ **(as) stubborn as a mule** têtu comme un mulet or une mule **2.** TECH mule-jenny f **3.** [slipper] mule f **4.** [drug carrier] mule f, fourmi f.

muleteer [,mju:lɪ'tɪər] n muletier m, -ère f.

mulish ['mju:lɪʃ] adj têtu, entêté.

mulishness ['mju:lɪʃnɪs] n entêtement m, obstination f.

mull [mʌl] vt [wine, beer] chauffer et épicer.

❖ **mull over** vt sep réfléchir (longuement) à.

mullah ['mʌlə] n mollah m.

mulled ['mʌld] adj ▸ **mulled wine** vin m chaud.

mullet ['mʌlɪt] n **1.** (*pl* **mullet** or **mullets**) [fish -grey] muge m, mulet m gris ; [-red] rouget m, mulet m rouge **2.** [hairstyle] nuque f longue.

mulligan ['mʌlɪgən] n UK ▸ **mulligan (stew) a)** [of meat] ragoût m **b)** [of fish] fricassée f de poisson.

mulligatawny [,mʌlɪgə'tɔ:nɪ] n UK mulligatawny m, soupe f au curry.

mullion ['mʌlɪən] n meneau m ▸ **mullion window** fenêtre f à meneaux.

mullioned ['mʌlɪənd] adj [window] à meneaux.

multiaccess [,mʌltɪ'ækses] adj COMPUT multiaccès *(inv).*

multicast ['mʌltɪkɑ:st], **multicasting** ['mʌltɪkɑ:stɪŋ] n multicasting m.

multicellular [,mʌltɪ'seljʊlər] adj multicellulaire.

multichannel [,mʌltɪ'tʃænl] adj multicanal.

multicoloured UK, **multicolored** US ['mʌltɪ,kʌləd] adj multicolore.

multicultural [,mʌltɪ'kʌltʃərəl] adj multiculturel.

multiculturalism [,mʌltɪ'kʌltʃərəlɪzm] n multiculturalisme m.

multidimensional [,mʌltɪdɪ'menʃənl] adj multidimensionnel.

multidirectional [,mʌltɪdɪ'rekʃənl] adj multidirectionnel.

multidisciplinary ['mʌltɪ,dɪsɪ'plɪnərɪ] adj UK pluridisciplinaire, multidisciplinaire.

multiethnic [,mʌltɪ'eθnɪk] adj pluriethnique.

multifaceted [,mʌltɪ'fæsɪtɪd] adj présentant de multiples facettes.

multifaith ['mʌltɪfeɪθ] adj multiconfessionnel / *multifaith organization* organisation f multiconfessionnelle.

multifamily [,mʌltɪ'fæmɪlɪ] adj US pour plusieurs familles.

multifarious [,mʌltɪ'feərɪəs] adj [varied] (très) divers or varié ; [numerous] (très) nombreux.

multifile ['mʌltɪfaɪl] adj à fichiers multiples.

multiform ['mʌltɪfɔ:m] adj multiforme.

multifunction [,mʌltɪ'fʌŋkʃən] adj multifonction(s).

multifunctional [,mʌltɪ'fʌŋkʃənəl] adj multifonction(s) ▸ **multifunctional card** BANK carte f multifonction(s) ▸ **multifunctional key** touche f multifonction(s) ▸ **multifunctional keyboard** clavier m multifonction(s).

multigym ['mʌltɪdʒɪm] n [equipment] appareil m de musculation ; [room] salle f de musculation.

multihull ['mʌltɪhʌl] ◆ adj multicoque. ◆ n multicoque m.

multilateral [,mʌltɪ'lætərəl] adj multilatéral.

multilaterally [,mʌltɪ'lætərəlɪ] adv de façon multilatérale.

multilayered [,mʌltɪ'leɪəd] adj [cake] à plusieurs couches ; [structure, hierarchy] stratifié ; [film, novel] qui fonctionne sur plusieurs niveaux.

multilevel [mʌltɪ'levl] adj COMPUT multiniveau.

multilevel marketing [,mʌltɪlevəl-] n vente f multiniveau.

multilingual [,mʌltɪ'lɪŋgwəl] adj multilingue.

multimedia [,mʌltɪ'mi:djə] ◆ n multimédia m. ◆ comp multimédia.

multimeter ['mʌltɪ,mi:tər] n ELEC multimètre m.

multi-million adj : *a multi-million pound / dollar project* un projet de plusieurs millions de livres / dollars.

multimillionaire ['mʌltɪ,mɪljə'neər] n multimillionnaire mf.

multimode ['mʌltɪməʊd] adj ELECTRON à plusieurs modes de fonctionnement.

multinational [,mʌltɪ'næʃənl] ◆ adj multinational. ◆ n multinationale f.

multi-ownership n multipropriété f.

multipartite [,mʌltɪ'pɑ:taɪt] adj **1.** [talks] multipartite, multilatéral **2.** [in many parts] composé de plusieurs parties ; [with many people] impliquant plusieurs personnes ; [with many signatories] comportant de nombreux signataires.

multiparty ['mʌltɪ,pɑ:tɪ] adj ▸ **the multiparty system** le pluripartisme.

multiplatform [,mʌltɪ'plætfɔ:m] adj multiplateforme.

multiple ['mʌltɪpl] ◆ n **1.** MATH multiple m / *in multiples of 100* en or par multiples de 100 **2.** UK [store] chaîne f de magasins. ◆ adj **1.** [gén] multiple ▸ **multiple birth** naissance f multiple / *she suffered multiple injuries* elle a été blessée en plusieurs endroits / *he died of multiple stab wounds* il a été tué de plusieurs coups de couteau ▸ **multiple collision** collision f multiple **2.** ELEC en parallèle.

multiple-access = **multiaccess**.

multiple-choice adj à choix multiples.

multiple occupancy n [by tenants] colocation f ; [by owners] copropriété f.

multiple ownership n multipropriété f //.

multiple sclerosis n sclérose f en plaques.

multiple shop, **multiple store** n grand magasin m à succursales, chaîne f de magasins.

multiple therapy n multithérapie f.

multiplex ['mʌltɪpleks] ◆ n **1.** TELEC multiplex m **2.** CIN complexe m multisalles. ◆ comp **1.** TELEC multiplex **2.** CIN ▸ **multiplex cinema** complexe m multisalles. ◆ vt TELEC multiplexer.

multiplexer, **multiplexor** ['mʌltɪ,pleksər] n TELEC multiplexeur m.

multiplexing ['mʌltɪpleksɪŋ] n multiplexage m.

multiplicand [,mʌltɪplɪ'kænd] n multiplicande m.

multiplication [,mʌltɪplɪ'keɪʃn] n [gen & MATH] multiplication f.

multiplication sign n signe m de multiplication.

multiplication table n table f de multiplication.

multiplicity [,mʌltɪ'plɪsətɪ] n multiplicité f.

multiplier ['mʌltɪplaɪər] n **1.** ECON, ELECTRON & MATH multiplicateur m **2.** COMPUT multiplieur m.

multiply ['mʌltɪplaɪ] (*pt & pp* **multiplied**) ◆ vt multiplier / *it will multiply costs by eight* ça va multiplier les coûts par huit. ◆ vi **1.** MATH faire des multiplications **2.** [reproduce, increase] se multiplier.

multiply handicapped ['mʌltɪplɪ-] ◆ adj polyhandicapé. ◆ pl n ▸ **the multiply handicapped** les polyhandicapés mpl.

multiprocessing ['mʌltɪprəʊsesɪŋ] n COMPUT multitraitement m.

multiprocessor [,mʌltɪ'prəʊsesər] n COMPUT multiprocesseur m.

multiprogramming [,mʌltɪ'prəʊgræmɪŋ] n COMPUT multiprogrammation f.

multipurpose [,mʌltɪ'pɜ:pəs] adj à usages multiples, polyvalent.

multiracial [,mʌltɪ'reɪʃl] adj multiracial.

multiresistant bacteria [ˌmʌltɪrɪˈzɪstənt-] n bactérie *f* multirésistante.

multi-speed adj à plusieurs vitesses ▸ **multi-speed Europe** une Europe à plusieurs vitesses.

multistage [ˈmʌltɪsteɪdʒ] adj **1.** [procedure] à plusieurs étapes **2.** [rocket] à plusieurs étages.

multistandard [ˌmʌltɪˈstændəd] adj TV multistandard.

multistorey UK [ˌmʌltɪˈstɔːrɪ], **multistoried** US [ˌmʌltɪˈstɔːrɪd], **multistory** US [ˌmʌltɪˈstɔːrɪ] adj ▸ **multistorey building** grand immeuble *m* ▸ **multistorey car park** parking *m* à plusieurs niveaux.

multi-talented adj aux talents multiples.

multitasking [ˌmʌltɪˈtɑːskɪŋ] ◆ n multitâche *f*. ◆ comp multitâche.

multitrack [ˌmʌltɪˈtræk] adj multipiste.

multitude [ˈmʌltɪtjuːd] n **1.** [large number - of people, animals] multitude *f* ; [- of details, reasons] multitude *f*, foule *f* ▸ **it covers a multitude of sins** cela peut être interprété de diverses façons **2.** [ordinary people] ▸ **the multitude** la multitude, la foule.

multitudinous [ˌmʌltɪˈtjuːdɪnəs] adj [countless] innombrable.

multiuser [ˌmʌltɪˈjuːzəʳ] adj multiutilisateurs *(inv).*

multivitamin [UK ˈmʌltɪvɪtəmɪn US ˈmʌltɪvaɪtəmɪn] n multivitamine *f*.

multiwindow [ˌmʌltɪˈwɪndəʊ] adj COMPUT multifenêtre.

mum [mʌm] ◆ adj ▸ **to keep mum** garder le silence ▸ **mum's the word!** *inf* motus et bouche cousue ! ◆ n **1.** UK *inf* [mother] maman *f* **2.** *inf* [chrysanthemum] chrysanthème *m*.

mumble [ˈmʌmbl] ◆ vi marmonner / *what are you mumbling about?* qu'est-ce que tu as à marmonner comme ça ? ▸ **to mumble to o.s.** marmonner tout seul / *he mumbled on for half an hour* il a radoté pendant une demi-heure. ◆ vt marmonner / *to mumble an apology* marmonner des excuses. ◆ n paroles *fpl* indistinctes, marmonnement *m*, marmonnements *mpl* / *he replied in a mumble* il marmonna une réponse.

mumbo jumbo [ˌmʌmbəʊˈdʒʌmbəʊ] n *pej* langage *m* incompréhensible, charabia *m* / *it's just a load of mumbo jumbo* tout ça, c'est du charabia / *as far as I'm concerned astrology is just a load of mumbo jumbo* pour moi, l'astrologie n'est que de la superstition ridicule.

mummer [ˈmʌməʳ] n mime *mf*.

mummery [ˈmʌmərɪ] (*pl* **mummeries**) n **1.** *pej* [ceremony] cérémonie *f* pompeuse **2.** [dancing] spectacle *m* de danses folkloriques.

mummification [ˌmʌmɪfɪˈkeɪʃn] n momification *f*.

mummify [ˈmʌmɪfaɪ] (*pt & pp* **mummified**) ◆ vt momifier. ◆ vi se momifier.

mummy [ˈmʌmɪ] (*pl* **mummies**) n **1.** [body] momie *f* **2.** UK *inf* [mother] maman *f*.

mummy's boy [ˈmʌmɪz-] n UK *pej* fils *m* à maman.

mumps [mʌmps] n *(U)* oreillons *mpl*.

munch [mʌntʃ] ◆ vt [crunchy food] croquer ; [food in general] mâcher. ◆ vi : *to munch on an apple* croquer une pomme / *she was munching away at some toast* elle mâchonnait un toast / *he sat there munching away* il restait là à mâchonner.

munchies [ˈmʌntʃɪz] pl n *inf* ▸ **to have the munchies** avoir un petit creux / *I've got a bad case of the munchies* j'ai la dalle.

mundane [mʌnˈdeɪn] adj [gen] banal, ordinaire ; [task] prosaïque.

mung bean [mʌŋ-] n mungo *m*, ambérique *f*.

Munich [ˈmjuːnɪk] pr n Munich.

municipal [mjuːˈnɪsɪpl] adj municipal, de la ville.

municipality [mjuːˌnɪsɪˈpælətɪ] (*pl* **municipalities**) n municipalité *f*.

munificence [mjuːˈnɪfɪsns] n munificence *f*.

munificent [mjuːˈnɪfɪsənt] adj munificent.

muniments [ˈmjuːnɪmənts] pl n LAW titres *mpl*.

munitions [mjuːˈnɪʃnz] pl n munitions *fpl* ▸ **munitions dump** dépôt *m* de munitions ▸ **munitions factory** fabrique *f* de munitions / *she was a munitions worker* elle travaillait dans une fabrique de munitions.

muntjac, muntjak [ˈmʌntdʒæk] n ZOOL muntjac *m*.

muon [ˈmjuːɒn] n muon *m*.

mural [ˈmjuːərəl] ◆ n [painting] mural *m*, peinture *f* murale. ◆ adj mural.

Murcia [ˈmɜːsɪə] pr n Murcie.

murder [ˈmɜːdəʳ] ◆ n **1.** *lit* meurtre *m*, assassinat *m* / *he's up on a murder charge* il est accusé de meurtre ▸ **murder trial** procès *m* pour meurtre ▸ **the murder weapon** l'arme *f* du crime ▸ **murder one** US LAW assassinat *m* ▸ **to get away with murder** faire n'importe quoi impunément / *they know their mother will let them get away with murder* ils savent qu'avec leur mère ils peuvent faire ce qu'ils veulent / **'Murder in the Cathedral'** *Eliot* 'Meurtre dans la cathédrale' / **'Murder on the Orient Express'** *Christie, Lumet* 'le Crime de l'Orient-Express' / **'The Murders in the Rue Morgue'** *Poe* 'Double assassinat dans la rue Morgue' **2.** *inf & fig* calvaire *m*, enfer *m* / *the traffic is murder on Fridays* il y a une circulation épouvantable le vendredi / *it's murder trying to get her to agree* ce n'est pas une mince affaire que d'obtenir son consentement. ◆ vt **1.** [kill] tuer, assassiner ; [slaughter] tuer, massacrer / *I could murder a beer!* je me taperais bien une bière ! **2.** *fig* [language, play] massacrer. ◆ interj ▸ **murder!** à l'assassin !

murderer [ˈmɜːdərəʳ] n meurtrier *m*, -ère *f*, assassin *m*.

murderess [ˈmɜːdərɪs] n meurtrière *f*.

murderous [ˈmɜːdərəs] adj **1.** [deadly - regime, attack, intention] meurtrier **2.** [hateful - look, expression] meurtrier, assassin, de haine **3.** [dangerous - road, bend] meurtrier, redoutable **4.** *inf* [hellish] infernal, épouvantable.

murex [ˈmjʊəreks] (*pl* **murexes** *or* **murices** [-rɪsiːz]) n murex *m*.

murk [mɜːk] n *(U)* obscurité *f*, ténèbres *fpl*.

murkiness [ˈmɜːkɪnɪs] n obscurité *f*.

murky [ˈmɜːkɪ] (*compar* **murkier**, *superl* **murkiest**) adj **1.** [dark - sky, night] noir, sombre ; [muddy - water] boueux, trouble ; [dirty - windows, weather] sale **2.** *fig* [shameful] : *a murky episode* une histoire sombre or trouble / *he's someone from my murky past hum* c'est quelqu'un qui appartient à mon passé trouble.

Murmansk [mɜːˈmænsk] pr n Mourmansk.

murmur [ˈmɜːməʳ] ◆ vi murmurer ▸ **to murmur at** or **against sthg** murmurer contre qqch. ◆ vt murmurer / *to murmur excuses* murmurer des excuses. ◆ n **1.** [sound] murmure *m* ; [of conversation] bruit *m*, bourdonnement *m* / *there wasn't a murmur* on aurait pu entendre une mouche voler / *without a murmur* sans broncher **2.** MED [of heart] souffle *m*.

murmuring [ˈmɜːmərɪŋ] ◆ n murmure *m*. ◆ adj murmurant.

❖ **murmurings** pl n murmures *mpl*.

murphy [ˈmɜːfɪ] (*pl* **murphies**) n UK *inf* pomme de terre *f*, patate *f*.

Murphy bed [ˈmɜːfɪ-] n US lit *m* escamotable.

Murphy's law [ˈmɜːfɪz-] n loi *f* de l'emmerdement maximum ▸ **that's Murphy's law!** c'est la poisse !

Murrayfield [ˈmʌrɪfiːld] pr n *terrain de rugby à Édimbourg.*

Mururoa (Atoll) [ˈmʊrʊˌrəʊəˈætɒl] pr n Mururoa / *on Mururoa Atoll* à Mururoa.

MusB [ˈmʌzbiː], **MusBac** [ˈmʌzbæk] (abbr of **Bachelor of Music**) n (titulaire d'une) licence de musique.

Muscat [ˈmʌskət] pr n Mascate ▸ **Muscat and Oman** Mascate et Oman.

muscatel [ˌmʌskəˈtel] n muscat *m*.

muscle [ˈmʌsl] ◆ n **1.** ANAT & ZOOL muscle *m* ; [strength] muscle *m*, force *f* ▸ **muscle power** force *f* physique or musculaire / *she didn't move a muscle* elle est restée parfaitement immobile **2.** [influence, power] puissance *f*, poids *m* / *the drink-driving laws have no muscle* les lois contre l'alcoolisme au volant n'ont aucun poids or impact. ◆ vt muscler / *well-muscled arms* bras bien musclés.

❖ **muscle in** vi *inf* intervenir ▸ **to muscle in on sthg** intervenir autoritairement dans qqch ▸ **to muscle one's way in** entrer par la force.

muscle-bound adj **1.** [muscular] extrêmement musclé **2.** [rigid] inflexible, rigide.

muscleman [ˈmʌslmæn] (*pl* **musclemen** [-men]) n [strongman] hercule *m* ; [bodyguard] garde *m* du corps, homme *m* de main.

muscle relaxant n myorelaxant *m*, décontracturant *m*.

muscle strain n MED élongation *f*.

muscly [ˈmʌslɪ] adj musclé, plein de muscles.

Muscovite [ˈmʌskəvaɪt] ◆ n Moscovite *mf*. ◆ adj moscovite.

muscular [ˈmʌskjʊləʳ] adj **1.** [body] musclé **2.** [pain, tissue] musculaire.

muscular dystrophy n *(U)* myopathie *f*.

musculature [ˈmʌskjʊlətʃəʳ] n musculature *f*.

MusD [ˈmʌzdiː], **MusDoc** [ˈmʌzdɒk] (abbr of **Doctor of Music**) n (titulaire d'un) doctorat en musique.

muse [mjuːz] ◆ n muse *f* ▸ **the Muses** les Muses. ◆ vi rêvasser, songer ▸ **to muse on** or **upon** or **over sthg** songer à qqch. ◆ vt : *"I wonder what happened to him", she mused* « je me demande bien ce qu'il est devenu », dit-elle d'un air songeur.

museology [ˌmjuːzɪˈɒlədʒɪ] n muséologie *f*.

museum [mjuːˈziːəm] n musée *m*.

museum piece n *lit & fig* pièce *f* de musée.

mush¹ [mʌʃ] n **1.** [food] bouillie *f* ; US [porridge] bouillie *f* de maïs **2.** *inf & fig* [sentimentality] mièvrerie *f*.

mush² [mʊʃ] n UK *v inf* **1.** [face] poire *f*, trombine *f* **2.** [term of address] : *oi, mush!* eh, machin !

mushroom [ˈmʌʃrʊm] ◆ n BOT & NUCL champignon *m*. ◆ comp **1.** [soup, omelette] aux champignons **2.** [in colour] beige **3.** *fig* ▸ **mushroom growth** poussée *f* or croissance *f* rapide ▸ **mushroom town** ville *f* champignon. ◆ vi **1.** [gather mushrooms] ▸ **to go mushrooming** aller aux champignons **2.** [spring up] pousser comme des champignons / *video shops mushroomed in almost every town* les magasins de vidéo se sont multipliés dans presque toutes les villes **3.** [grow quickly] s'étendre, prendre de l'ampleur / *the conflict mushroomed into full-scale war* le conflit a vite dégénéré en véritable guerre / *a mushrooming estate* un lotissement qui s'étend rapidement.

mushroom cloud n champignon *m* atomique.

mushrooming [ˈmʌʃruːmɪŋ] n **1.** [mushroom picking] cueillette *f* des champignons **2.** [sudden growth] croissance *f* exponentielle.

mushy [ˈmʌʃɪ] (*compar* **mushier**, *superl* **mushiest**) adj **1.** [vegetables] ramolli ; [fruit] trop mûr, blet ; [ground] détrempé ▸ **mushy peas** purée *f* de petits pois **2.** *inf & fig* [sentimental] à l'eau de rose, mièvre.

music [ˈmjuːzɪk] ◆ n musique *f* ▸ **to set to music** mettre en musique ; [score] partition *f*, musique *f* ▸ **to read music** lire une partition / *the news was music to my ears* la nouvelle m'a fait très plaisir or m'a ravi. ◆ comp [teacher, lesson, festival] de musique.

musical [ˈmjuːzɪkl] ◆ adj **1.** [evening, taste, composition] musical ; [instrument] de musique **2.** [person] musicien / *they are a musical people* **a)** [liking music] c'est un peuple mélomane **b)** [including musicians] c'est un peuple de musiciens / *I'm not very musical* je n'ai pas tellement l'oreille musicale **3.** [pleasant - voice, chimes] musical. ◆ n = **musical comedy.**

musical box UK = **music box.**

musical chairs n **1.** [game] jeu *m* des chaises musicales **2.** *fig* va-et-vient *m inv*, remue-ménage *m inv* ; POL remaniements *mpl*.

musical comedy n comédie *f* musicale, musical *m*.

musical instrument n instrument *m* de musique.

musicality [ˌmjuːzɪˈkælɪtɪ] n musicalité *f*.

musically [ˈmjuːzɪklɪ] adv [in a musical way] musicalement ; [from a musical viewpoint] musicalement, d'un point de vue musical.

music box n boîte *f* à musique.

music case n porte-musique *m inv*.

music centre n chaîne *f* (midi).

music hall ◆ n **1.** [theatre] théâtre *m* de variétés **2.** [entertainment] music-hall *m*. ◆ comp [song, artist] de music-hall.

musician [mjuːˈzɪʃn] n musicien *m*, -enne *f*.

musicianship [mjuːˈzɪʃnʃɪp] n sens *m* musical.

music-lover n mélomane *mf*.

musicologist [ˌmjuːzɪˈkɒlədʒɪst] n musicologue *mf*.

musicology [ˌmjuːzɪˈkɒlədʒɪ] n musicologie *f*.

music paper n papier *m* à musique.

music piracy n piratage *m* musical.

music stand n pupitre *m* (à musique).

music video n clip *m* (vidéo).

musing [ˈmjuːzɪŋ] ◆ n *(U)* songes *mpl*, rêverie *f*. ◆ adj songeur, rêveur.

❖ **musings** pl n songeries *fpl*.

musingly [ˈmjuːzɪŋlɪ] adv pensivement / *"I don't know", she answered musingly* «je ne sais pas», répondit-elle songeuse or d'un air songeur.

musk [mʌsk] n musc *m*.

musk deer n porte-musc *m*.

musket [ˈmʌskɪt] n mousquet *m*.

musketeer [ˌmʌskɪˈtɪəʳ] n mousquetaire *m*.

musketry [ˈmʌskɪtrɪ] n *(U)* **1.** [muskets] mousquets *mpl* **2.** [musketeers] mousquetaires *mpl*.

muskmelon [ˈmʌskˌmelən] n melon *m*.

musk ox n bœuf *m* musqué, ovibus *m*.

muskrat [ˈmʌskræt] *(pl* **muskrat** *or* **muskrats***)* n **1.** ZOOL rat *m* musqué, ondatra *m* **2.** [fur] rat *m* d'Amérique, loutre *f* d'Hudson.

musk rose n rosier *m* musqué.

musky [ˈmʌskɪ] *(compar* **muskier**, *superl* **muskiest***)* adj musqué.

Muslim [ˈmʊzlɪm] ◆ adj musulman. ◆ n musulman *m*, -e *f*.

muslin [ˈmʌzlɪn] ◆ n TEXT mousseline *f*. ◆ comp de or en mousseline ▸ **muslin bag** CULIN nouet *m*.

MUSM MESSAGING written abbr of **miss you so much.**

musquash [ˈmʌskwɒʃ] = **muskrat**.

muss [mʌs] vt US *inf* [rumple] friper, froisser ; [dirty] salir / *don't muss my hair* ne me décoiffe pas.

❖ **muss up** vt sep US *inf* **1.** = **muss 2.** [upset -plans] ficher par terre.

mussel [ˈmʌsl] ◆ n moule *f*. ◆ comp ▸ **mussel farm** moulière *f* ▸ **mussel bed** parc *m* à moules.

Mussorgsky [mʊˈsɔːgskɪ] pr n Moussorgski.

must¹ *(weak form* [məs], [məst], *strong form* [mʌst]*)* ◆ modal vb **1.** [expressing necessity, obligation] devoir / *you must lock the door* vous devez fermer or il faut que vous fermiez la porte à clé / *I must go now* il faut que je parte (maintenant) / *the system must change* il faut que le système change / *I must admit the idea intrigues me* je dois avouer que l'idée m'intrigue / *if I / you etc. must* s'il le faut / *I can't! — you must!* je ne peux pas! — mais il le faut! / *if you must know, he's asked me out to dinner* si tu veux tout savoir, il m'a invitée à dîner / *this I must see!* il faut que je voie ça! / *you really must see his latest film* il faut vraiment que tu voies son dernier film / *must you be so rude?* es-tu obligé d'être aussi grossier? / *they told us we must leave* ils nous ont dit qu'il fallait que nous partions, ils nous ont dit que nous devions partir / *you mustn't smoke* il est interdit de fumer / *I mustn't say any more* je n'ai pas le droit d'en dire plus / *they told us we mustn't come before 10 o'clock* ils nous ont dit de ne pas arriver avant 10 h / *you mustn't forget to press this button* n'oubliez (surtout) pas d'appuyer sur ce bouton **2.** [suggesting, inviting] : *you must meet my wife* il faut que vous rencontriez or fassiez la connaissance de ma femme / *you must come and see us* il faut (absolument) que vous veniez nous voir **3.** [expressing likelihood] devoir / *you must be Alison* vous devez être Alison / *you must be famished* vous devez être morts de faim / *it must be very hard for you* ça doit être très dur pour toi / *there must be thousands of them!* il doit y en avoir des milliers ! / *you must be joking!* tu plaisantes ! **4.** *(with 'have' + pp)* [making assumptions] : *she must have forgotten* elle a dû oublier, elle a sans doute oublié / *has she forgotten? — she must have* elle a oublié? — sans doute or certainement / *you must have known!* vous le saviez sûrement ! / *there must have been at least a thousand people* il devait y avoir au moins un millier de personnes ; [stating requirements] : *before applying candidates must have successfully completed all their exams* les candidats doivent avoir obtenu tous leurs examens avant de se présenter. ◆ n *inf* : *sunglasses are a must* les lunettes de soleil sont absolument indispensables / *this film / his new album is a must* il faut absolument avoir vu ce film / acheter son dernier album / *leggings are a must this year* les caleçons sont un must cette année. See box on next page.

> Note that falloir que is followed by a verb in the subjunctive:
> **I must go now.** *Il faut que je m'en aille maintenant.*

must² [mʌst] n **1.** [mould] moisissure *f* **2.** [for wine] moût *m*.

mustache US [ˈmʌstæʃ] = **moustache**.

mustachio [məˈstɑːʃɪəʊ] *(pl* **mustachios***)* n (longue) moustache *f*.

mustachioed [məˈstɑːʃɪəʊd] adj moustachu.

mustang [ˈmʌstæŋ] n mustang *m*.

mustard [ˈmʌstəd] ◆ n moutarde *f* ▸ **mustard seed** graine *f* de moutarde ▸ **mustard and cress** *mélange de cresson alénois et de pousses de moutarde blanche utilisé en salade* ▸ **French mustard** ≃ moutarde *f* de Dijon ▸ **mustard pot** moutardier *m*, pot *m* à moutarde. ◆ adj [colour] moutarde *(inv)*.

mustard bath n bain *m* de moutarde.

mustard gas n gaz *m* moutarde, ypérite *f*.

mustard plaster n sinapisme *m*.

muster [ˈmʌstəʳ] ◆ vt **1.** [gather -troops] rassembler, réunir ; [-courage, energy] rassembler ; [-finance, cash] réunir / *they were unable to muster enough support* ils n'ont pas pu trouver suffisamment de gens pour soutenir leur initiative ▸ **to muster one's courage to do sthg** prendre son courage à deux mains pour faire qqch **2.** [take roll-call] faire l'appel de. ◆ vi se rassembler. ◆ n **1.** MIL revue *f*, inspection *f* ▸ **to pass muster a)** UK *fig* [in dress, appearance] être présentable **b)** [in content] être acceptable / *I don't know whether your account of the facts will pass muster* je ne sais pas si votre version des faits sera acceptée or si on acceptera votre version des faits **2.** [assembly] rassemblement *m*.

❖ **muster in** vt sep US MIL incorporer, engager.

❖ **muster out** vt sep US MIL libérer (des obligations militaires).

❖ **muster up** vt insep [courage] rassembler / *to muster up support* chercher à obtenir un soutien or un appui.

muster station n point *m* de ralliement.

must-have ◆ n must *m*. ◆ adj : *the latest must-have accessory* le must en matière d'accessoires.

mustiness [ˈmʌstɪnɪs] n [of smell] odeur *f* de moisi ; [of room] odeur *f* de renfermé.

mustn't [mʌsnt] abbr of **must not**.

must-see ◆ n : *that film / TV programme is a must-see* il ne faut surtout pas manquer ce film / cette émission de télévision, ce film / cette émission de télévision est à voir absolument. ◆ adj : *the latest must-see film / TV series* le dernier film / la dernière série télévisée à voir absolument or à ne pas manquer.

must've [ˈmʌstəv] abbr of **must have**.

musty [ˈmʌstɪ] *(compar* **mustier**, *superl* **mustiest***)* adj **1.** [smell] de moisi ; [room] qui sent le renfermé **2.** *fig* [old-fashioned] suranné, vieux jeu *(inv)* / *musty ideas* idées *fpl* dépassées.

mutability [ˌmjuːtəˈbɪlətɪ] n mutabilité *f*.

mutable [ˈmjuːtəbl] adj [gen] mutable ; ASTROL mutable, commun.

mutagen [ˈmjuːtədʒən] adj mutagène.

mutant [ˈmjuːtənt] ◆ adj mutant. ◆ n mutant *m*, -e *f*.

mutate [mjuːˈteɪt] vi & vt muter.

mutation [mjuːˈteɪʃn] n mutation *f*.

mute [mjuːt] ◆ adj **1.** MED muet **2.** LING [vowel, letter] muet **3.** [silent -person] muet, silencieux ▸ **to stand mute** rester muet or silencieux ; [unspoken -feeling] muet. ◆ vt [sound] amortir, atténuer ; [feelings, colour] atténuer. ◆ n **1.** MED muet *m*, -ette *f* **2.** MUS sourdine *f*.

muted [ˈmjuːtɪd] adj **1.** [sound] assourdi, amorti, atténué ; [voice] feutré, sourd ; [colour] doux (douce), pâle ; [criticism, protest] voilé ; [applause] faible **2.** MUS en sourdine.

mutely [ˈmjuːtlɪ] adv [stare, gaze] en silence.

mute swan n cygne *m* muet or tuberculé or domestique.

mutilate [ˈmjuːtɪleɪt] vt **1.** [maim -body] mutiler ; [-face] défigurer **2.** [damage -property, thing] mutiler, dégrader, détériorer **3.** [adulterate -text] mutiler.

mutilation [ˌmjuːtɪˈleɪʃn] n **1.** [of body] mutilation *f* **2.** [of property] détérioration *f*, dégradation *f* **3.** [of text] mutilation *f*, altération *f*.

mutineer [ˌmjuːtɪˈnɪəʳ] n mutin *m*, mutiné *m*, -e *f*.

mutinous [ˈmjuːtɪnəs] adj **1.** [rebellious -crew, soldiers] mutiné, rebelle / *the inmates of the prison were mutinous* les détenus étaient au bord de la rébellion **2.** [unruly -child] indiscipliné, rebelle.

mutiny [ˈmjuːtɪnɪ] *(pl* **mutinies***)* ◆ n [on ship] mutinerie *f* ; [in prison, barracks] rébellion *f*, mutinerie *f* ; [in city] soulèvement *m*, révolte *f* / **'Mutiny on the Bounty'** *Nordhoff, Hall* 'les Révoltés du Bounty' / **'The Caine Mutiny'** *Dmytryk* 'Ouragan sur le Caine'. ◆ vi se mutiner, se rebeller.

mutism [ˈmjuːtɪzm] n [gen & PSYCHOL] mutisme *m* ; MED mutité *f*.

mutt [mʌt] n *inf* **1.** [dog] clébard *m* **2.** [fool] crétin *m*, -e *f*.

mutter [ˈmʌtəʳ] ◆ vt [mumble] marmonner, grommeler / *he muttered a threat* il grommela or marmonna une menace / *he muttered something and left* il marmonna quelque chose et sortit. ◆ vi **1.** [mumble] marmonner, parler dans sa barbe or entre ses dents / *what are you muttering about?* qu'est-ce que tu as à marmonner? ▸ **to mutter to o.s.** marmonner tout seul **2.** [grumble] grommeler, grogner. ◆ n murmure *m*, murmures *mpl*, marmonnement *m* / *this provoked mutters of discontent* cela a provoqué un murmure de mécontentement ▸ **to speak in a mutter** marmonner dans sa barbe.

muttering [ˈmʌtərɪŋ] n marmottement *m*.

mutton [ˈmʌtn] ◆ n CULIN mouton *m* ▸ **she's mutton dressed as lamb** elle joue les jeunesses. ◆ comp [chop, stew] de mouton.

muttonchops [ˌmʌtənˈtʃɒps], **muttonchop whiskers** pl n favoris *mpl (bien fournis)*.

muttonhead [ˈmʌtənhed] n *v inf* crétin *m*, -e *f*.

mutual [ˈmjuːtʃʊəl] adj [reciprocal -admiration, help] mutuel, réciproque ; [shared -friend, interest] commun / *by mutual consent* à l'amiable, par consentement mutuel

MUST

Must s'emploie pour exprimer l'idée de nécessité. Deux cas de figure sont possibles :
- une obligation s'impose pour le sujet – une forte pression le pousse à agir (« il n'y a pas le choix ») ;
- une nécessité logique s'impose au sujet – une forte pression le pousse à faire un constat (« c'est nécessairement le cas »).

OBLIGATION

❶ À la forme affirmative

Avec **must,** le locuteur peut imposer son autorité auprès du sujet :

You must leave at once! Je vous ordonne de partir immédiatement !

Dans d'autres cas, le locuteur peut rapporter une règle qu'il n'a pas lui-même dictée. Dans l'exemple suivant, on peut imaginer qu'un enfant rappelle à son grand frère les paroles de la mère :

Remember what mum said: you must lock the door before you leave. N'oublie pas ce qu'a dit maman : il faut que tu fermes la porte à clé avant de partir.

Ici, c'est la mère qui est la source de l'obligation. Cette source est parfois plus diffuse (ou « impersonnelle ») :

You must always read the instructions. Il faut toujours lire le mode d'emploi.
[c'est le bon sens qui l'impose]

Toutefois, dans les cas où la source d'obligation est diffuse on emploie plus fréquemment le « quasi-modal » **have to**, dont le sens est très proche de **must** :

It's late. I have to leave. Il est tard. Il faut que je rentre.
[parce que c'est plus raisonnable comme ça]

En général, l'obligation exprimée par **must** est forte. Cependant, on trouve des cas où cette obligation est atténuée. Ainsi lorsqu'on propose de faire quelque chose de manière insistante, tout en voulant rester poli :

You must meet my wife. Il faut que vous fassiez la connaissance de ma femme.

Cet emploi est plus rare que les précédents.

❷ À la forme négative

Must se combine à **not** (**must not**) et peut se contracter (**mustn't**), pour exprimer ***l'interdiction*** :

You mustn't tell anyone. Tu ne dois le dire à personne.

Can't, qui est ici très proche de **mustn't**, est plus impersonnel (c'est la loi, c'est la règle). Comparez :

You mustn't smoke here. [Je t'informe qu'] il est interdit de fumer ici.

You can't smoke here. [Selon la loi] il est interdit de fumer ici.

❸ Au passé

Contrairement aux autres modaux, **must** n'a pas véritablement de forme de passé. Pour rendre compte d'une obligation au passé, on a recours à **had to** :

He had to go to the dentist's. Il a dû aller chez le dentiste.

Must s'emploie cependant avec un sens passé au style indirect :

They told us we must leave. Ils nous ont dit que nous devions partir.

NÉCESSITÉ LOGIQUE

❶ À la forme affirmative

Le locuteur émet un jugement logique à partir d'« indices » :

He is always complaining. He must be French! Il se plaint tout le temps. Il est sûrement français !
[indice : il se plaint tout le temps]

You must be James. Vous devez être James.
[indice : c'est le seul homme dans la salle]

Cet emploi se combine aisément avec **be** + V-**ing**, qui indique que l'action est en déroulement :

Don't call them now, they must be watching the news. Ne les appelle pas maintenant, ils sont sûrement en train de regarder les informations.
[indice : c'est l'heure des informations]

You must be joking! Vous plaisantez !

❷ À la forme négative

Combinée à la négation, la nécessité logique devient impossibilité logique : il est impossible que l'événement se produise ou se soit produit. Vu que **mustn't** ne s'emploie que pour exprimer l'interdiction, il faut avoir recours à une autre forme pour exprimer l'impossibilité logique, en l'occurrence **can't** :

He can't possibly have finished already! Ce n'est pas possible qu'il ait déjà fini !
[sa rapidité dépasse l'entendement]

Mustn't n'aurait ici aucun sens : « il n'a pas le droit d'avoir déjà fini » !

She can't be telling the truth. Je n'arrive pas à croire qu'elle dit vrai.

Notez que dans tous les cas le locuteur est quasiment certain de ce qu'il dit.

❸ Au passé

- ***Au style direct***, le jugement de probabilité est émis au moment où l'on parle, c'est-à-dire au présent. Il n'est donc pas obligatoire de le traduire par un temps du passé en français :
  She must have got lost. Il est très probable qu'elle se soit perdue. / Elle s'est sûrement perdue.
  [jugement au présent + événement très probable au passé]
  La probabilité (forte) est exprimée au moment présent. Elle porte cependant sur un événement passé, d'où l'emploi du **perfect** (have got lost).
  There must have been at least 2,000 people at the demonstration. Il devait y avoir au moins 2 000 personnes à la manifestation.
- ***Au style indirect***, le jugement rapporté a eu lieu dans le passé. On peut donc traduire par un temps du passé :
  He thought it must be true. Il pensait que cela devait être vrai.

/ *the feeling is mutual* c'est réciproque / **'Our Mutual Friend'** *Dickens* 'Notre ami commun'.

mutual fund n US [unit trust] fonds *m* commun de placement.

mutual insurance n (assurance *f*) mutuelle *f*.

mutuality [ˌmju:tjʊ'ælətɪ] n réciprocité *f*.

mutually ['mju:ʧʊəlɪ] adv mutuellement, réciproquement ▸ **mutually exclusive** or **contradictory** qui s'excluent l'un l'autre, contradictoires.

Muzak® ['mju:zæk] n musique *f* de fond, fond *m* sonore.

muzziness ['mʌzɪnɪs] n UK **1.** [of mind, ideas] confusion *f*, flou *m* **2.** [of picture, outline] flou *m*, manque *m* de netteté.

muzzle ['mʌzl] ◆ n **1.** [for dog, horse] muselière *f* **2.** *fig* [censorship] bâillon *m*, censure *f* **3.** [of gun] canon *m* **4.** [mouth of animal] gueule *f*. ◆ vt **1.** [dog, horse] museler, mettre une muselière à **2.** *fig* [speaker] museler, empêcher de s'exprimer librement ; [press] bâillonner, museler.

muzzle-loader n *arme à feu dont le chargement s'opère par la bouche.*

muzzle velocity n vitesse *f* initiale.

muzzy ['mʌzɪ] (*compar* **muzzier**, *superl* **muzziest**) adj **1.** UK [person] aux idées embrouillées ; [mind, head] confus ; [ideas] embrouillé, flou **2.** UK [picture] flou, indistinct **3.** US *inf* [fuzzy] flou.

MVP (abbr of **most valuable player**) n US *titre décerné au meilleur joueur d'une équipe.*

MW (written abbr of **medium wave**) PO.

mwah [mwɑ:] interj [kissing sound] ▸ **mwah! mwah!** smack ! smack !

my [maɪ] ◆ det **1.** [belonging to me] mon *m*, ma *f*, mes *(pl)* / *my dog / car / ear* mon chien / ma voiture / mon oreille / *my dogs / cars / ears* mes chiens / voitures / oreilles / *I never use my own car* je n'utilise jamais ma voiture (personnelle) / *I have a car of my own* j'ai une voiture (à moi) / *this is MY chair* cette chaise est à moi / *I've broken my glasses* j'ai cassé mes lunettes / *I've broken my arm* je me suis cassé le bras / *she looked into my eyes* elle m'a regardé dans les yeux **2.** [in terms of affection] : *my dear* or *darling* **a)** [to man] mon chéri **b)** [to woman] ma chérie **3.** [in titles] : *my Lord* **a)** [to judge] Monsieur le juge **b)** [to nobleman] monsieur le comte / marquis / duc **c)** [to bishop] monseigneur **4.** [in exclamations] : *oh, my God!* oh ! mon Dieu ! ◆ interj eh bien / *my, but you've grown!* eh bien dis donc, tu as poussé !

myalgia [maɪ'ælʤə] n myalgie *f*.

myalgic encephalomyelitis [maɪ'ælʤɪken,sefələʊ,maɪ'laɪtɪs] = **ME.**

Myanman [ˌmaɪæn'mæn] ◆ n habitant *m*, -e *f* du Myanmar. ◆ adj du Myanmar.

Myanmar [ˌmaɪæn'mɑ:ʳ] pr n Myanmar *m* / *in Myanmar* au Myanmar.

Myanmarese [ˌmaɪænmə'ri:z] (*pl* **Myanmarese**) ◆ n habitant *m*, -e *f* du Myanmar. ◆ adj du Myanmar.

Mycenae [maɪ'si:ni:] pr n Mycènes.

Mycenaean [ˌmaɪsɪ'ni:ən] ◆ n Mycénien *m*, -enne *f*. ◆ adj mycénien.

mycology [maɪ'kɒləʤɪ] n mycologie *f*.

mycosis [maɪ'kəʊsɪs] n mycose *f*.

mycotoxin ['maɪkəʊ,tɒksɪn] n mycotoxine *f*.

myelin ['maɪəlɪn] n myéline *f*.

myelitis [,maɪə'laɪtɪs] n myélite *f*.

myeloma [,maɪə'ləʊmə] n myélome *m*.

myna(h) ['maɪnə] n ▸ **mynah (bird)** mainate *m*.

MYOB MESSAGING written abbr of **mind your own business.**

myocardial [,maɪəʊ'kɑːdɪəl] adj ▸ **myocardial infarction** infarctus *m* du myocarde.

myopia [maɪ'əʊpjə] n myopie *f*.

myopic [maɪ'ɒpɪk] adj myope / *they have a myopic view of things fig* ils ne voient pas plus loin que le bout de leur nez.

myotonia [,maɪə'təʊnɪə] n myotonie *f*.

myriad ['mɪrɪəd] ◆ adj *liter* innombrable. ◆ n myriade *f*.

Myrmidon ['mɜːmɪdən] n **1.** MYTH Myrmidon *m* **2.** *fig* [follower] acolyte *m*.

myrrh [mɜːʳ] n myrrhe *f*.

myrtle ['mɜːtl] n myrte *m*.

myself [maɪ'self] pron **1.** [reflexive use] : *may I help myself?* puis-je me servir ? / *I knitted myself a cardigan* je me suis tricoté un gilet / *it doesn't taste bad, though I say so* or *it myself hum* sans fausse modestie, ça n'est pas mauvais / *I can see myself reflected in the water* je vois mon reflet dans l'eau / *I can't see myself going on holiday this year* je ne crois pas que je pourrai partir en vacances cette année / *I took it upon myself to answer* j'ai pris sur moi de répondre **2.** [replacing 'me'] : *the group included myself and Jim* Jim et moi faisions partie du groupe / *it is meant for people like myself* c'est fait pour les gens comme moi / *I'm not (feeling) myself today* je ne me sens pas très bien or je ne suis pas dans mon assiette aujourd'hui **3.** [emphatic use] : *I'm not a great fan of opera myself* personnellement, je ne suis pas un passionné d'opéra / *I'm a stranger here myself* je ne suis pas d'ici non plus / *I myself saw him leave* je l'ai vu partir de mes propres yeux / *I myself* or *myself, I don't believe him* pour ma part, je ne le crois pas / *I was left all by myself* on m'a laissé tout seul **4.** [unaided, alone] moi-même / *I can do it myself* je peux le faire moi-même or tout seul / *I made the pattern myself* j'ai fait le patron moi-même.

mysterious [mɪ'stɪərɪəs] adj mystérieux.

mysteriously [mɪ'stɪərɪəslɪ] adv mystérieusement.

mystery ['mɪstərɪ] (*pl* **mysteries**) ◆ n **1.** [strange or unexplained event] mystère *m* / *it's a mystery to me why she came* la raison de sa venue est un mystère pour moi, je n'ai aucune idée de la raison pour laquelle elle est venue / *his past is a mystery* son passé est bien mystérieux / *there's no mystery about that* ça n'a rien de mystérieux, cela n'est un mystère pour personne **2.** [strangeness] mystère *m* / *she has a certain mystery about her* il se dégage de sa personne une impression de mystère **3.** [story] = **mystery story 4.** THEAT & RELIG mystère *m*. ◆ comp [man, voice] mystérieux.

mystery play n THEAT mystère *m*.

mystery story n mystère *m*, histoire *f* à suspense, intrigue *f* policière.

mystery tour n *excursion dont la destination est inconnue des participants.*

mystic ['mɪstɪk] ◆ adj mystique. ◆ n mystique *mf*.

mystical ['mɪstɪkl] adj **1.** PHILOS & RELIG mystique **2.** [occult] occulte.

mysticism ['mɪstɪsɪzm] n mysticisme *m*.

mystification [,mɪstɪfɪ'keɪʃn] n mystification *f*.

mystified ['mɪstɪfaɪd] adj perplexe.

mystify ['mɪstɪfaɪ] (*pt & pp* **mystified**) vt [puzzle] déconcerter, laisser or rendre perplexe ; [deceive] mystifier.

mystifying ['mɪstɪfaɪɪŋ] adj inexplicable, déconcertant.

mystique [mɪ'stiːk] n mystique *f*, côté *m* mystique.

myth [mɪθ] n mythe *m*.

mythical ['mɪθɪkl] adj mythique.

mythmaker ['mɪθ,meɪkəʳ] n créateur *m*, -trice *f* de mythes.

mythological [,mɪθə'lɒdʒɪkl] adj mythologique.

mythology [mɪ'θɒlədʒɪ] (*pl* **mythologies**) n mythologie *f*.

mythomania [,mɪθə'meɪnjə] n mythomanie *f*.

mythomaniac [,mɪθə'meɪnɪæk] ◆ adj mythomane. ◆ n mythomane *mf*.

myxomatosis [,mɪksəmə'təʊsɪs] n myxomatose *f*.

n n MATH n *m* / *x to the power of n* x puissance n / *there are n possible solutions inf* il y a 36 solutions possibles.

n (*pl* **n's** *or* **ns**), **N** (*pl* **N's** *or* **Ns**) [en] n [letter] n *m*, N *m*. See also **f**.

N (written abbr of **North**) N.

'n', 'n [(ə)n] (abbr of **and**) conj *inf* et ▸ **fish 'n' chips** poisson-frites *m*.

n/a, N/A (written abbr of **not applicable**) s.o.

NA[1] (abbr of **Narcotics Anonymous**) pr n *association américaine d'aide aux toxicomanes.*

NA[2] MESSAGING written abbr of no access.

NAACP (abbr of **National Association for the Advancement of Colored People**) pr n *ligue américaine pour la défense des droits de la population noire.*

Naafi ['næfɪ] (abbr of **Navy, Army and Air Force Institutes**) ◆ pr n *organisme approvisionnant les forces armées britanniques en biens de consommation.* ◆ n [canteen] cantine *f* militaire ; [shop] magasin *m* réservé aux militaires.

naan (bread) [nɑːn-] n *pain plat indien.*

nab [næb] (*pt & pp* **nabbed**, *cont* **nabbing**) vt *inf* **1.** [catch in wrongdoing] pincer, choper ▸ **to be nabbed** se faire pincer **2.** [catch - to speak to] coincer, agrafer **3.** [steal, take] chiper, faucher ; [occupy - seat] prendre, accaparer ; [- parking place] piquer.

nabob ['neɪbɒb] n nabab *m*.

nacelle [næ'sel] n AERON nacelle *f*.

nachos ['nɑːtʃəʊz] pl n *chips de maïs servies avec du fromage fondu.*

nacre ['neɪkər] n nacre *f*.

nacreous ['neɪkrɪəs] adj nacré.

nadir ['neɪˌdɪər] n **1.** ASTRON nadir *m* **2.** *fig* [lowest point] point *m* le plus bas or profond ▸ **to reach a nadir** être au plus bas, toucher le fond, atteindre le niveau le plus bas.

naff [næf] adj UK *inf* [very bad] nul, bidon ; [in poor taste] ringard.

✣ **naff off** vi UK *inf* ▸ **naff off! a)** [go away] tire-toi ! **b)** [as refusal] arrête ton char !

naffing ['næfɪŋ] UK v *inf* ◆ adj foutu ▸ **naffing hell!** merde ! ◆ adv sacrément / *naffing marvellous!* super !, génial !

NAFTA ['næftə] (abbr of **North American Free Trade Agreement**) n ALENA *m*.

nag [næg] (*pt & pp* **nagged**, *cont* **nagging**) ◆ vt **1.** [pester] houspiller, harceler / *she's always nagging him* elle est toujours après lui / *he nagged me into buying him a hi-fi* il m'a harcelé jusqu'à ce que je lui achète une chaîne stéréo **2.** [subj: pain, sorrow] ronger, travailler ; [subj: doubt] tourmenter, ronger / *his conscience nagged him perpetually* sa conscience ne cessait de le tourmenter or ne lui accordait pas de répit. ◆ vi trouver à redire, maugréer ▸ **to nag at sb** harceler qqn / *his children nagged at him to buy a video* ses enfants lui ont cassé les pieds pour qu'il achète un magnétoscope. ◆ n **1.** *inf* [person] rouspéteur *m*, -euse *f*, râleur *m*, -euse *f* / *he's an awful nag* **a)** [pesterer] il se pose là comme enquiquineur **b)** [complainer] il est toujours en train de rouspéter, c'est un affreux râleur / *his wife's a real nag* sa femme est toujours sur son dos or ne lui laisse pas une seconde de répit **2.** [horse] rosse *f*.

Nagasaki [ˌnægə'sɑːkɪ] pr n Nagasaki.

nagging ['nægɪŋ] ◆ adj **1.** [wife, husband] grincheux, acariâtre **2.** [doubt, feeling] tenace, harcelant ; [pain] tenace / *I have a nagging suspicion he won't come* je reste persuadé qu'il ne viendra pas. ◆ n *(U)* plaintes *fpl* continuelles.

naiad ['naɪæd] n naïade *f*.

nail [neɪl] ◆ n **1.** [pin] clou *m* / *it's another nail in his coffin* **a)** [ruin] pour lui, c'est un pas de plus vers la ruine **b)** [death] pour lui, c'est un pas de plus vers la tombe **2.** ANAT ongle *m* ▸ **to do one's nails** se faire les ongles. ◆ vt **1.** [attach] clouer / *nail the planks together* clouez les planches l'une à l'autre / *nailed to the door* cloué sur la porte / *the windows are nailed shut* les fenêtres ont été clouées or sont condamnées / *he stood nailed to the spot fig* il est resté cloué sur place ▸ **to nail one's colours to the mast** exprimer clairement son opinion **2.** *inf* [catch, trap - person] pincer, coincer **3.** *inf* [expose - rumour] démentir ; [- lie] dénoncer, révéler **4.** *inf* [shoot] descendre **5.** *inf* [stare at] fixer (des yeux) **6.** *inf* [hit] ▸ **to nail sb with sthg** balancer qqch sur qqn / *we got nailed with a bill for twenty dollars* on nous a balancé une note de vingt dollars.

✣ **nail down** vt sep **1.** [fasten] clouer, fixer avec des clous **2.** [make definite - details, date] fixer (définitivement) ; [- agreement] parvenir à, arriver à ; [- person] amener à se décider / *try to nail her down to a definite date* essayez de faire en sorte qu'elle vous fixe une date précise / *he's difficult to nail down* il est difficile d'obtenir une réponse précise de sa part.

✣ **nail up** vt sep **1.** [shut - door, window] condamner *(en fixant avec des clous)* ; [- box] clouer ; [- items in box] / *the pictures were nailed up in a crate* les tableaux étaient placés dans une caisse fermée par des clous **2.** [fix to wall, door - picture, photo, etc.] fixer (avec un clou) ; [- notice] clouer, afficher.

nailbed ['neɪlbed] n lit *m* de l'ongle.

nail-biter n **1.** [person] personne *f* qui se ronge les ongles **2.** *fig* [situation] situation *f* au suspense insoutenable.

nail-biting ◆ n [habit] manie *f* de se ronger les ongles ; *fig* nervosité *f*, inquiétude *f*. ◆ adj [situation] angoissant, stressant ; [finish] haletant.

nail bomb n bombe *f* à fragmentation *(bourrée de clous).*

nailbrush ['neɪlbrʌʃ] n brosse *f* à ongles.

nail clippers pl n coupe-ongles *m inv*, pince *f* à ongles.

nail enamel n US = **nail polish**.

nail file n lime *f* à ongles.

nail polish n vernis *m* à ongles ▸ **nail polish remover** dissolvant *m*.

nail punch n chasse-clou *m*.

nail scissors pl n ciseaux *mpl* à ongles.

nail varnish n UK vernis *m* à ongles ▸ **nail varnish remover** dissolvant *m* (pour vernis à ongles).

Nairobi [naɪ'rəʊbɪ] pr n Nairobi.

naive, naïve [naɪ'iːv] adj naïf.

naively, naïvely [naɪ'iːvlɪ] adv naïvement, avec naïveté.

naivety [naɪ'iːvtɪ] n naïveté *f*.

naked ['neɪkɪd] adj **1.** [unclothed - body, leg] nu ▸ **the naked ape** *fig* l'homme *m*, l'espèce *f* humaine ; [bare - tree] nu, dénudé, sans feuilles ; [- landscape] nu, dénudé ; [- wall, room] nu ; [unprotected - flame, light, sword] nu ; [- wire] nu, dénudé / *a naked light bulb lit the room* une simple ampoule électrique éclairait la pièce / **'The Naked and the Dead'** *Mailer* 'les Nus et les morts' **2.** [undisguised - reality, truth] tout nu, tout cru ; [- facts] brut ; [- fear] pur et simple ; [- aggression] délibéré / *an expression of naked terror* une expression de pure terreur **3.** [eye] nu / *visible with* or *to the naked eye* visible à l'œil nu **4.** BOT & ZOOL nu.

nakedness ['neɪkɪdnɪs] n nudité *f*.

NALGO ['nælgəʊ] (abbr of **National and Local Government Officers' Association**) pr n *ancien syndicat de la fonction publique en Grande-Bretagne.*

Nam [næm] pr n US *inf* Viêt Nam *m*.

NAM (abbr of **National Association of Manufacturers**) pr n *organisation patronale américaine.*

namby-pamby [ˌnæmbɪ'pæmbɪ] *inf* ◆ adj [person] gnangnan *(inv)*, cucul *(inv)* ; [style] à l'eau de rose, fadasse. ◆ n lavette *f*, gnangnan *mf*.

name [neɪm] ◆ n **1.** nom *m* / *what's your name?* quel est votre nom ?, comment vous appelez-vous ? / *my name's Richard* je m'appelle Richard / *the house is in his wife's name* la maison est au nom de sa femme / *I know her only by name* je ne la connais que de nom / *she knows all the children by name* elle connaît le nom de tous les enfants / *he is known* or *he goes by the name of Penn* il est connu sous le nom de Penn, il se fait appeler Penn / *someone by* or *of the name of Penn* quelqu'un du nom de or qui s'appelle Penn / *a guy name of Jones* US *inf* un type du nom de Jones / *I know it by* or *under a different name* je le connais sous un autre nom / *he writes novels under the name of A.B. Alderman* il écrit des romans sous le pseudonyme d'A.B. Alderman / *our dog answers to the name of*

Rip notre chien répond au nom de Rip / *have you put your name down for evening classes?* est-ce que vous vous êtes inscrit aux cours du soir? / *she was his wife in all but name* ils n'étaient pas mariés, mais c'était tout comme / *he had his name taken* FOOT il a eu un carton jaune / *he is president in name only* il n'a de président que le nom, c'est un président sans pouvoir ▸ **what's in a name?** on n'a pas toujours le nom que l'on mérite ▸ **to call sb names** injurier or insulter qqn ▸ **the name of the game** : *money is the name of the game* c'est une affaire d'argent / *ah well, that's the name of the game* c'est comme ça!, c'est la vie! / **'The Name of the Rose'** *Eco* 'le Nom de la rose' **2.** [sake] nom *m* / *in the name of freedom* au nom de la liberté / *in God's name!* or *in the name of God!* pour l'amour de Dieu! ; [authority] nom / *in the name of the law* au nom de la loi / *halt in the name of the King!* halte-là, au nom du roi! **3.** [reputation - professional or business] nom *m*, réputation *f* ▸ **to make** or **to win a name for o.s.** se faire un nom or une réputation / *we have the company's (good) name to think of* il faut penser au renom de la société / *they have a name for efficiency* ils ont la réputation d'être efficaces ▸ **to have a bad name** avoir (une) mauvaise réputation **4.** [famous person] nom *m*, personnage *m* / *he's a big name in the art world* c'est une figure de proue du monde des arts / *all the great political names were there* tous les ténors de la scène politique étaient présents. ◆ comp COMM [product] de marque. ◆ vt **1.** [give name to - person, animal] nommer, appeler, donner un nom à ; [- ship, discovery] baptiser / *they named the baby Felix* ils ont appelé or prénommé le bébé Felix / *she wanted to name her son after the President* elle voulait donner à son fils le prénom du président, elle voulait que son fils porte le prénom du président / *the building is named for Abraham Lincoln* US on a donné au bâtiment le nom d'Abraham Lincoln / *the fellow named Chip* le dénommé Chip **2.** [give name of] désigner, nommer / *the journalist refused to name his source* le journaliste a refusé de révéler or de donner le nom de son informateur / *whatever you need, just name it* vos moindres désirs seront exaucés / *you name it, he's been there* il a voyagé absolument partout / *you name it, we've got it* demandez-nous n'importe quoi, nous l'avons! / *name the books of the Old Testament* citez les livres de l'Ancien Testament ▸ **to name names** donner des noms / *let us name no names* ne nommons personne ; [cite] citer, mentionner / *he is named as one of the consultants* son nom est cité or mentionné en tant que consultant ▸ **to name and shame** nommer publiquement **3.** [appoint] nommer, désigner / *she has been named as president* elle a été nommée présidente / *June 22nd has been named as the date for the elections* la date du 22 juin a été retenue or choisie pour les élections / *name your price* votre prix sera le mien, dites votre prix / *they've finally named the day* ils ont enfin fixé la date de leur mariage **4.** UK POL ▸ **to name an MP** ≃ suspendre un député.

❖ **Name** n *titre réservé aux membres investissant leur fortune personnelle dans la compagnie d'assurances Lloyd's et s'engageant à avoir une responsabilité illimitée en cas de sinistre.*

name-calling n *(U)* insultes *fpl*, injures *fpl*.

-named [neɪmd] in comp nommé ▸ **first-named** premier nommé.

name day n fête *f* / *today is his name day* c'est aujourd'hui sa fête.

name-dropper n : *she's an awful name-dropper* à la croire, elle connaît tout le monde.

name-dropping n *allusion fréquente à des personnes connues dans le but d'impressionner.*

nameless ['neɪmlɪs] adj **1.** [anonymous, unmentioned] sans nom, anonyme ; [unknown - grave, writer] anonyme, inconnu / *a person who shall be nameless* une personne que je ne nommerai pas ▸ **to remain nameless** garder l'anonymat **2.** [indefinable - fear, regret] indéfinissable, indicible **3.** [atrocious - crime] innommable, sans nom, inouï.

namely ['neɪmlɪ] adv c'est-à-dire, à savoir.

nameplate ['neɪmpleɪt] n plaque *f* / *manufacturer's nameplate* plaque du fabricant ou du constructeur.

namesake ['neɪmseɪk] n homonyme *m* / *she's my namesake* nous portons toutes les deux le même nom.

nametape ['neɪmteɪp] n marque *f (sur des vêtements)*, griffe *f*.

Namib Desert [nə'mɪb-] pr n ▸ **the Namib Desert** le désert du Namib.

Namibia [nə'mɪbɪə] pr n Namibie *f* / *in Namibia* en Namibie.

Namibian [nə'mɪbɪən] ◆ n Namibien *m*, -enne *f*. ◆ adj namibien.

naming ['neɪmɪŋ] n **1.** [gen] attribution *f* d'un nom ; [of ship] baptême *m* **2.** [citing] mention *f*, citation *f* **3.** [appointment] nomination *f*.

nan UK [næn], **nana** ['nænə] n *inf* [grandmother] mémé *f*.

nana ['nɑːnə] n *inf* [banana] banane *f*.

nan (bread) [nɑːn-] n = **naan (bread)**.

nancy ['nænsɪ] *v inf* ◆ n ▸ **nancy (boy)** pédale *f*, tapette *f*. ◆ adj efféminé.

Nancy Drew ['nænsɪdruː] pr n *détective dans les histoires pour enfants de l'Américaine Carolyn Keene.*

Nanjing [,næn'dʒɪŋ] pr n Nanjing, Nankin.

nankeen [næŋ'kiːn] n **1.** [cloth] nankin *m* **2.** [colour] nankin *m*, jaune *m* clair.

Nanking [,næn'kɪŋ] = **Nanjing**.

nanna ['nænə] UK = **nan**.

nannoplankton ['nænəʊ,plæŋktən] = **nanoplankton**.

nanny ['nænɪ] *(pl* **nannies**) n **1.** [nurse] nurse *f*, bonne *f* d'enfants ▸ **the nanny state** l'État *m* paternaliste **2.** UK *inf* [grandma] mémé *f*, mamie *f*.

nanny goat n chèvre *f*.

nanoengineering [,nænəʊendʒɪ'nɪərɪŋ] n nano-ingénierie *f*.

nanometre, **nanometer** US ['nænəʊ,miːtər] n nanomètre *m*.

nanoplankton ['nænəʊ,plæŋktən] n *(U) organismes microscopiques du plancton.*

nanoscale ['nænəʊskeɪl] n nano-échelle *f* / *at nanoscale* à nano-échelle, à l'échelle nano.

nanoscopic [,nænəʊ'skɒpɪk] adj nanoscopique.

nanosecond ['nænəʊ,sekənd] n nanoseconde *f*.

nanotechnology ['nænəʊ,teknɒlədʒɪ] n nanotechnologie *f*.

Nantucket [næn'tʌkɪt] pr n *île au large de la côte du Massachusetts, lieu de villégiature de riches Américains.*

nap [næp] *(pt & pp* **napped**, *cont* **napping**) ◆ n **1.** [sleep] somme *m* ▸ **to take** or **to have a nap** faire un (petit) somme / *to take an afternoon nap* faire la sieste **2.** TEXT poil *m* **3.** [card game] *jeu de cartes ressemblant au whist* **4.** [in horse-racing] préféré *m*. ◆ vi [sleep - gen] faire un (petit) somme ; [- in afternoon] faire la sieste. ◆ vt **1.** TEXT [cloth] lainer, gratter ; [velvet] brosser **2.** [in horse-racing] désigner comme favori, donner gagnant.

napalm ['neɪpɑːm] ◆ n napalm *m* ▸ **napalm bomb** bombe *f* au napalm. ◆ vt bombarder au napalm.

nape [neɪp] n ▸ **the nape of the neck** la nuque.

nap hand n UK ▸ **to have** or **to hold a nap hand** avoir tous les atouts en main.

naphtha ['næfθə] n naphta *m*.

naphthalene, **naphthaline** ['næfθəliːn] n CHEM naphtalène *m* ; [for mothballs] naphtaline *f*.

napkin ['næpkɪn] n **1.** [on table] serviette *f* (de table) **2.** UK [for baby] couche *f*.

napkin ring n rond *m* de serviette.

Naples ['neɪplz] pr n Naples.

napoleon [nə'pəʊljən] n **1.** [coin] napoléon *m* **2.** US CULIN mille-feuille *m*.

Napoleon [nə'pəʊljən] pr n Napoléon ▸ **Napoleon Bonaparte** Napoléon Bonaparte.

Napoleonic [nə,pəʊlɪ'ɒnɪk] adj napoléonien.

Napoleonic Code n ▸ **the Napoleonic Code** le Code Napoléon.

Napoleonic Wars pl n ▸ **the Napoleonic Wars** les guerres napoléoniennes.

napper ['næpər] n **1.** TEXT laineur *m*, -euse *f* **2.** UK *v inf* [head] caboche *f*.

nappy ['næpɪ] *(pl* **nappies**) ◆ n UK couche *f* (pour bébé). ◆ adj US [fabric] feutré.

nappy liner n UK change *m* (jetable).

nappy rash n UK érythème *m* fessier / *babies often get nappy rash* les bébés ont souvent les fesses rouges et irritées.

narc [nɑːk] n US *v inf* agent *m* de la brigade des stupéfiants or des stups.

narcissi [nɑː'sɪsaɪ] pl ⟶ **narcissus**.

narcissism ['nɑːsɪsɪzm] n narcissisme *m*.

narcissist ['nɑːsɪsɪst] n narcissique *mf*.

narcissistic [,nɑːsɪ'sɪstɪk] adj narcissique.

narcissus [nɑː'sɪsəs] *(pl* **narcissus** *or* **narcissuses** *or* **narcissi** [nɑː'sɪsaɪ]) n narcisse *m*.

Narcissus [nɑː'sɪsəs] pr n Narcisse.

narcodollars ['nɑːkəʊ,dɒləz] pl n narcodollars *mpl*.

narcolepsy ['nɑːkəlepsɪ] n MED narcolepsie *f*.

narcosis [nɑː'kəʊsɪs] n narcose *f*.

narcotic [nɑː'kɒtɪk] ◆ adj narcotique. ◆ n **1.** PHARM narcotique *m* **2.** US [illegal drug] stupéfiant *m* ▸ **narcotics squad** brigade *f* des stups.

narcotize, **narcotise** ['nɑːkətaɪz] vt soumettre à un traitement aux narcotiques.

nard n nard *m*, spicanard *m*.

nark [nɑːk] ◆ n **1.** *crime sl* [informer] indic *m* **2.** UK *inf* [gripe] râleur *m*, -euse *f* **3.** US *v inf* = **narc**. ◆ vt *inf* [annoy] mettre en boule or en rogne. ◆ vi **1.** *crime sl* [inform] moucharder **2.** UK *inf* [gripe] rouspéter, grogner.

narked [nɑːkt] adj UK *inf* furibard, furax / *don't get narked* ne te fous pas en boule or en rogne.

narky ['nɑːkɪ] *(compar* **narkier**, *superl* **narkiest**) adj UK *inf* rouspéteur, grognon.

narrate [UK nə'reɪt US 'næreɪt] vt **1.** [relate - story] raconter, narrer *liter* ; [- event] faire le récit de, relater **2.** [read commentary for] : *the film was narrated by an American actor* le commentaire du film a été dit or lu par un acteur américain.

narration [UK nə'reɪʃn US næ'reɪʃn] n **1.** [narrative] narration *f* **2.** [commentary] commentaire *m*.

narrative ['nærətɪv] ◆ adj narratif. ◆ n **1.** LITER narration *f* **2.** [story] histoire *f*, récit *m*.

narrator [UK nə'reɪtər US 'næreɪtər] n narrateur *m*, -trice *f*.

narrow ['nærəʊ] ◆ adj **1.** [not wide - street, passage, valley] étroit ; [tight - skirt, shoe] étroit, serré ; [long - nose] mince ; [- face] allongé / *to grow* or *to become narrow* se rétrécir / *to have narrow shoulders* être petit de carrure, ne pas être large d'épaules **2.** [scant, small - advantage, budget, majority] petit, faible ; [close - result] serré / *it was another narrow victory / defeat for the French side* l'équipe française l'a encore emporté de justesse / a encore perdu de peu / *we had a narrow escape* on l'a échappé belle **3.** [restricted - scope, field, research] restreint, limité ; [strict - sense, interpretation] restreint, strict / *in the narrowest sense of the word* au sens strict du mot **4.** [bigoted, illiberal - mind, attitude] borné, étroit ; [- person] borné **5.** *fml* [detailed - search] minutieux, détaillé / *we were subjected to narrow scrutiny* nous avons été soumis à un examen minutieux **6.** LING [vowel] tendu ; [in phonetics] ▸ **narrow transcription** transcription *f* étroite. ◆ vt **1.** [make narrow - road] rétrécir ▸ **to narrow one's eyes** plisser les yeux **2.** [reduce - difference, gap] réduire, restreindre ; [limit - search] limiter, restreindre / *the police have narrowed their search to a few streets in central Glasgow* la police concentre ses recherches sur quelques rues du centre de Glasgow. ◆ vi **1.** [become narrow - road, space] se rétrécir, se resserrer / *the old man's eyes narrowed* le vieil homme plissa les yeux **2.** [be reduced - difference, choice] se réduire, se limiter ; [number, majority] s'amenuiser, se réduire. ◆ n *(usu pl)* [gen] passage *m* étroit ; [pass] col *m* ; [strait] détroit *m*.

❖ **narrow down** ◆ vt sep [limit - choice, search] limiter, restreindre ; [reduce - majority, difference] réduire. ◆ vi [search] se limiter, se restreindre / *the choice narrowed down to just two people* il ne restait que deux personnes en lice.

narrow-band adj à bande étroite.

narrow boat n péniche *f* (étroite).

narrowcast ['nærəʊkɑːst] ◆ vt diffuser localement. ◆ vi diffuser localement des émissions de télévision.

narrow gauge n voie *f* étroite.

❖ **narrow-gauge** adj [track, line] à voie étroite.

narrowly ['nærəʊlɪ] adv **1.** [barely] de justesse, de peu / *he narrowly avoided capture* il s'en est fallu de peu qu'il (ne) soit capturé / *she narrowly escaped with her life* elle a échappé à la mort de justesse **2.** [closely] de près, étroitement / *he watched her narrowly* il la surveillait de près **3.** *fml* [strictly] de manière stricte, rigoureusement.

narrow-minded adj [person] étroit d'esprit, borné ; [attitude, opinions] borné.

narrow-mindedness [-'maɪndɪdnɪs] n étroitesse *f* d'esprit.

narrowness ['nærəʊnɪs] n étroitesse *f*.

narrow-shouldered [-'ʃəʊldəd] adj étroit de carrure or d'épaules / *he's rather narrow-shouldered* il n'est pas très large d'épaules.

narwal, narwhal ['nɑːwəl] n narval *m*.

nary ['neərɪ] adj *regional* ▸ **nary a one** pas un seul, aucun / *there was nary a cloud* il n'y avait pas un seul nuage / *he said nary a word* il n'a pas dit un seul mot.

NAS (abbr of **National Academy of Sciences**) pr n *académie américaine des sciences.*

NASA ['næsə] (abbr of **National Aeronautics and Space Administration**) pr n NASA *f*.

nasal ['neɪzl] ◆ adj **1.** ANAT & LING nasal **2.** [voice, sound] nasillard. ◆ n LING nasale *f*.

nasalization [,neɪzəlaɪ'zeɪʃn] n nasalisation *f*.

nasalize, nasalise ['neɪzəlaɪz] vt nasaliser.

nasally ['neɪzəlɪ] adv LING de manière nasale ; [speak] d'une voix nasillarde.

nascent ['neɪsənt] adj **1.** [in early stages] naissant / *a nascent rebellion* un début de rébellion **2.** CHEM naissant.

Nasdaq ['næzdæk] (abbr of **National Association of Securities Dealers Automated Quotation**) n ST. EX Nasdaq *(Bourse américaine des valeurs technologiques).*

nastily ['nɑːstɪlɪ] adv **1.** [unpleasantly - answer, remark] méchamment, avec méchanceté **2.** [seriously - burnt, bitten] gravement / *she cut herself nastily on the knife* elle s'est fait une vilaine blessure avec le couteau.

nastiness ['nɑːstɪnɪs] n **1.** [of character] méchanceté *f* **2.** [of injury] gravité *f* **3.** [obscenity] obscénité *f*, indécence *f* **4.** [unpleasantness - of smell, taste] caractère *m* très désagréable.

nasturtium [nəs'tɜːʃəm] n capucine *f*.

nasty ['nɑːstɪ] (*compar* **nastier**, *superl* **nastiest**, *pl* **nasties**) ◆ adj **1.** [mean, spiteful - person] mauvais, méchant ; [- remark, rumour] désagréable, désobligeant ▸ **to be nasty to sb** être méchant avec qqn / *that was a nasty thing to do* c'était vraiment méchant de faire ça / *he's got a nasty temper* il a un sale caractère / *what a nasty man!* quel homme désagréable or déplaisant ! **2.** [unpleasant - smell, taste] mauvais, désagréable ; [- impression, surprise] désagréable, déplaisant ; [- weather, job] sale / *it was a very nasty moment!* on a passé un mauvais moment ! / *things started to turn nasty* la situation a pris une vilaine tournure ; [in child language - dragon, giant, wolf] vilain, méchant **3.** [ugly, in bad taste] vilain, laid / *nasty plastic flowers* d'horribles fleurs artificielles / *everything they sell is cheap and nasty* ils ne vendent que de la pacotille **4.** [serious - sprain, burn, disease] grave / *she had a nasty accident* elle a eu un grave accident **5.** [dangerous - bend, junction] dangereux **6.** [difficult - problem, question] difficile, épineux **7.** [book, film, scene - violent] violent, dur ; [- obscene] obscène, indécent. ◆ n **1.** [person] méchant *m*, -e *f* **2.** *inf* [obscene film] film *m* pornographique ; [violent film] film *m* violent.

NASUWT (abbr of **National Association of Schoolmasters/Union of Women Teachers**) pr n *syndicat d'enseignants et de chefs d'établissement en Grande-Bretagne.*

natal ['neɪtl] adj natal.

Natal [nə'tæl] pr n Natal *m* / *in Natal* au Natal.

natality [neɪ'tælətɪ] (*pl* **natalities**) n (taux *m* de) natalité *f*.

natatorium [,neɪtə'tɔːrɪəm] n US piscine *f*.

natch [nætʃ] adv *inf* bien sûr, bien entendu.

Nathan ['neɪθən] pr n Nathan.

nation ['neɪʃn] n **1.** [country] pays *m*, nation *f* / *the British nation* la nation britannique / *a nation of shopkeepers* un pays de petits commerçants **2.** [people] nation *f* ▸ **to go to the nation** UK POL en appeler au peuple.

national ['næʃənl] ◆ adj national / *the national newspapers* la presse nationale / *he became a national hero* il est devenu un héros national / *the killings caused a national outcry* les assassinats ont scandalisé le pays / *on a national scale* à l'échelon national / *it's not in the national interest* ce n'est pas dans l'intérêt du pays ▸ **the National Council for Civil Liberties** *en Grande-Bretagne, ligue de défense des droits du citoyen luttant contre toute forme de discrimination* ▸ **National Heritage Minister** ≃ ministre *m* de la Culture. ◆ n **1.** [person] ressortissant *m*, -e *f* / *all EU nationals* tous les ressortissants des pays de l'UE **2.** [newspaper] journal *m* national.

❖ **National** pr n UK THEAT ▸ **the National** le National Theatre.

national anthem n hymne *m* national.

national assembly n assemblée *f* nationale ▸ **the National Assembly for Wales** le parlement gallois.

national assistance n UK *dated* assistance *f* publique *dated* ; ≃ allocations *fpl* de garantie de ressources.

National Cancer Institute pr n *organisme américain de recherche sur le cancer.*

National Childbirth Trust pr n *organisme d'information et d'éducation pour jeunes parents en Grande-Bretagne.*

national code n AUSTR football *m* australien.

National Convention n US POL *grande réunion du parti démocrate ou républicain pour choisir le « ticket » (candidats à la présidence et à la vice-présidence).*

National Curriculum n ▸ **the National Curriculum** *programme introduit en 1988 définissant au niveau national (Angleterre et pays de Galles) le contenu de l'enseignement primaire et secondaire.*

national debt n ▸ **the national debt** UK la dette publique.

national dress n costume *m* national.

National Endowment for the Humanities pr n *organisme américain accordant des bourses à des écrivains ou à des chercheurs.*

National Enquirer pr n *hebdomadaire américain à sensation.*

National Enterprise Board pr n UK ≃ Agence *f* nationale pour le développement industriel.

National Executive Committee pr n UK POL *comité chargé de définir la ligne d'action du parti travailliste.*

National Exhibition Centre pr n *centre de conférences et d'expositions à Birmingham (Angleterre).*

National Express® pr n *compagnie d'autocars reliant les principales villes de Grande-Bretagne.*

National Film Theatre pr n *cinémathèque à Londres.*

National Foundation of the Arts and Humanities pr n *organisme public américain d'aide à l'action culturelle.*

National Front pr n Front *m* national.

national government n gouvernement *m* de coalition.

national grid n **1.** UK ELEC réseau *m* national d'électricité **2.** GEOG réseau *m*.

National Guard pr n [in the US] Garde *f* nationale *(armée nationale américaine composée de volontaires).*

National Guardsman n membre *m* de la Garde nationale.

National Health Service, National Health pr n *inf système créé en 1946 en Grande-Bretagne et financé par l'État, assurant la gratuité des soins et des services médicaux* ; ≃ Sécurité *f* sociale ▸ **National Health Service glasses** UK *modèle de lunettes remboursé par la Sécurité sociale.*

national hunt n ▸ **national hunt (racing)** courses *fpl* d'obstacles.

national income n revenu *m* national.

national insurance n UK *système britannique de sécurité sociale (maladie, retraite) et d'assurance chômage* ▸ **national insurance contributions** cotisations *fpl* à la sécurité sociale ▸ **national insurance number** numéro *m* de sécurité sociale.

nationalism ['næʃnəlɪzm] n nationalisme *m*.

nationalist ['næʃnəlɪst] ◆ adj nationaliste. ◆ n nationaliste *mf*.

nationalistic [,næʃnə'lɪstɪk] adj nationaliste.

nationality [,næʃə'nælətɪ] (*pl* **nationalities**) n nationalité *f*.

nationalization [,næʃnəlaɪ'zeɪʃn] n nationalisation *f*.

nationalize, nationalise ['næʃnəlaɪz] vt nationaliser.

nationalized ['næʃnəlaɪzd] adj nationalisé.

National Lampoon pr n *revue satirique américaine.*

National League pr n *l'une des deux ligues professionnelles de base-ball aux États-Unis.*

National Lottery n Loto *m* britannique.

nationally ['næʃnəlɪ] adv nationalement / *nationally famous* connu dans or à travers tout le pays.

National Organization for Women pr n *organisation américaine de lutte pour les droits de la femme.*

national park n parc *m* national.

National Power pr n *entreprise privée de production d'électricité en Angleterre et au pays de Galles.*

national press n presse *f* nationale.

National Rifle Association pr n *association américaine militant pour le droit au port d'armes.*

National Savings Bank pr n ≃ Caisse *f* nationale d'épargne.

National Savings certificate n bon *m* de caisse d'épargne.

national service n UK service *m* militaire.

national serviceman n UK appelé *m*, militaire *m* du contingent.

national socialism n national-socialisme *m*.

national socialist ◆ adj national-socialiste. ◆ n national-socialiste *mf*.

National Theatre pr n ▸ **the National Theatre** [in London] *important centre dramatique à Londres, siège de la Royal National Theatre Company.*

National Trust pr n ▸ **the National Trust** *organisme non gouvernemental britannique assurant la conservation de certains paysages et monuments historiques* ▸ **National Trust property** ≃ site *m* protégé.

nationhood ['neɪʃənhʊd] n statut *m* de nation ▸ **to attain nationhood** être reconnu en tant que nation.

nation-state n État-nation *m*.

nationwide ['neɪʃənwaɪd] ◆ adj national, à travers tout le pays / *a nationwide strike* une grève nationale. ◆ adv à l'échelle nationale, dans tout le pays / *the speech was broadcast nationwide* le discours a été diffusé dans tout le pays.

native ['neɪtɪv] ◆ n **1.** [of country] natif *m*, -ive *f*, autochtone *mf* ; [of town] natif *m*, -ive *f* / *I'm a native of Portland* je suis originaire de Portland, je suis né à Portland / *she's a native of Belgium* elle est belge de naissance, elle est née en Belgique / *she speaks English like a native* elle parle anglais comme si c'était sa langue maternelle or comme les Anglais **2.** *pej* [primitive] indigène *m* **3.** BOT [plant] plante *f* indigène ; ZOOL [animal] animal *m* indigène ; [species] espèce *f* indigène. ◆ adj **1.** [by birth] natif / *native Indians* Indiens *mpl* de naissance or de souche / *Portland honours its native sons* Portland rend hommage à ses enfants ; [of birth - country] natal ; [- language] maternel / *native land* pays *m* natal / *our native soil* or *clay* notre sol *m* natal / *he always writes in his native Russian* il écrit toujours en russe, sa langue maternelle **2.** [indigenous - resources] du pays ; [- tribe, customs] indigène ; [- costume] du pays, national ▸ **to go native** adopter les us et coutumes locaux **3.** [innate - ability, attraction] inné, naturel **4.** BOT & ZOOL indigène, originaire / *native to India* originaire de l'Inde **5.** MINER [ore, silver] natif.

Native American n Indien *m*, -enne *f* d'Amérique, Amérindien *m*, -enne *f*.

Native Australian n Aborigène *mf*.

native-born adj indigène, natif / *a native-born German* un Allemand (une Allemande) de naissance.

native file n COMPUT fichier *m* natif.

native speaker n LING locuteur *m* natif, locutrice *f* native / *a native speaker of Polish* or *a Polish native speaker* une personne de langue maternelle polonaise / *a native speaker of French / German* or *a French / German native speaker* un francophone / germanophone, une personne de langue maternelle française / allemande.

nativity [nə'tɪvətɪ] (*pl* **nativities**) n **1.** RELIG ▸ **the Nativity** la Nativité **2.** [birth] horoscope *m*.

Nativity play n *pièce jouée par des enfants et représentant l'histoire de la Nativité.*

NATO ['neɪtəʊ] (abbr of **North Atlantic Treaty Organization**) pr n OTAN *f*.

natron ['neɪtrən] n natron *m*.

natter ['nætər] *inf* ◆ vi UK papoter. ◆ n papotage *m* ▸ **to have a natter** tailler une bavette, faire la causette or un brin de causette.

natterer ['nætərər] n UK *inf* bavard *m*, -e *f* / *what a natterer!* quel moulin à paroles !

natterjack ['nætədʒæk] n ▸ **natterjack (toad)** crapaud *m* des roseaux, calamite *m*.

nattily ['nætɪlɪ] adv ▸ **nattily dressed** sur son trente-et-un.

natty ['nætɪ] (*compar* **nattier**, *superl* **nattiest**) adj *inf* **1.** [smart, neat - person] bien sapé ; [- dress] chic, qui a de l'allure / *he's a natty dresser* il est toujours très bien sapé **2.** [clever - device] astucieux.

natural ['nætʃrəl] ◆ adj **1.** [created by nature - scenery, resources] naturel ; [wild - prairie, woodland] à l'état naturel, sauvage / *a natural harbour* un port naturel / *in a natural state* nature, à l'état naturel **2.** [not artificial - wood, finish] naturel / *she's a natural redhead* c'est une vraie rousse **3.** [normal - explanation, reaction, wish] naturel, normal / *it's only natural for her to be worried* or *that she should be worried* il est tout à fait normal or il est tout naturel qu'elle se fasse du souci / *death from natural causes* mort *f* naturelle / *in the natural course of events* dans le cours normal des choses **4.** [unaffected - person, manner] naturel, simple **5.** [innate - talent] inné, naturel / *she's a natural organizer* c'est une organisatrice née, elle a un sens inné de l'organisation **6.** [free of additives] naturel / *natural yoghurt* yaourt *m* nature **7.** [child] naturel **8.** [real - parents] naturel **9.** MUS naturel ; [after accidental] bécarre *(inv)* / *G natural* sol bécarre **10.** MATH naturel **11.** INDUST ▸ **natural wastage** départs *mpl* naturels ▸ **natural person** LAW personne *f* physique or naturelle. ◆ adv *inf* : *try to act natural!* soyez naturel ! ◆ n **1.** *inf* [gifted person] : *she's a natural* elle a ça dans le sang / *he's a natural for the job* il a le profil de l'emploi / *he's a natural for the part of Banquo* il serait parfait dans le rôle de Banquo **2.** MUS bécarre *m*.

Note that **il est naturel que** is followed by a verb in the subjunctive:
It's only natural they should be upset. // *est tout à fait naturel qu'ils soient vexés.*

natural childbirth n accouchement *m* naturel.

natural disaster n catastrophe *f* naturelle.

natural family planning n *contraception par des moyens naturels.*

natural gas n gaz *m* naturel.

natural history n histoire *f* naturelle.

naturalism ['nætʃrəlɪzm] n naturalisme *m*.

naturalist ['nætʃrəlɪst] n naturaliste *mf*.

naturalistic [,nætʃrə'lɪstɪk] adj naturaliste.

naturalization [,nætʃərəlaɪ'zeɪʃn] n naturalisation *f*.

naturalize, naturalise ['nætʃrəlaɪz] ◆ vt [person, expression, custom] naturaliser ; [plant, animal] acclimater. ◆ vi BIOL s'acclimater.

naturalized ['nætʃrəlaɪzd] adj [person] naturalisé.

natural justice n droits *mpl* naturels.

natural language n langage *m* naturel, langue *f* naturelle.

natural language processing n traitement *m* automatique des langues.

natural law n loi *f* naturelle.

natural logarithm n logarithme *m* naturel or népérien.

naturally ['nætʃrəlɪ] adv **1.** [of course] naturellement, bien sûr, bien entendu / *you have got the money? — naturally!* tu as l'argent ? — cela va de soi ! / *I was naturally surprised* évidemment, cela m'a surpris **2.** [by nature - lazy] de nature, par tempérament ; [- difficult] naturellement, par sa nature / *skiing comes naturally to her* on dirait qu'elle a fait du ski toute sa vie **3.** [unaffectedly] naturellement, de manière naturelle / *you answered very naturally* vous avez répondu très naturellement or de manière très naturelle **4.** [in natural state - occur] naturellement, à l'état naturel.

naturalness ['nætʃrəlnɪs] n **1.** [unaffectedness] naturel *m*, simplicité *f* / *he behaved with great naturalness* il s'est comporté avec beaucoup de naturel / *his acting was impressive for its naturalness* le naturel de cet acteur était remarquable **2.** [natural appearance] naturel *m*.

natural number n nombre *m* naturel.

natural science n **1.** *(U)* sciences *fpl* naturelles **2.** *(C)* : *botany is a natural science* la botanique fait partie des sciences naturelles.

natural selection n sélection *f* naturelle.

nature ['neɪtʃər] n **1.** nature *f* / *Nature can be cruel* la nature peut être cruelle / *the wildest landscapes in nature* les paysages les plus sauvages que la nature puisse offrir ▸ **to go back** or **to return to nature** retourner à la nature / *the nature-nurture debate* le débat sur l'inné et l'acquis or sur la nature et la culture ▸ **to let nature take its course** laisser faire la nature **2.** [character] nature *f*, caractère *m* / *he has such a kind nature* il a une si bonne nature or un si bon caractère / *it's not in her nature to struggle* ce n'est pas dans sa nature de lutter / *lazy by nature* paresseux de nature ▸ **to appeal to sb's better nature** faire appel aux bons sentiments de qqn / *it's in the nature of volcanoes to erupt* il est dans la nature des volcans d'entrer en éruption / *human beings are by nature gregarious* l'homme est, par nature, un être grégaire / *war is by its very nature destructive* la guerre est destructrice par nature / *in the nature of things* dans la nature des choses **3.** [type] nature *f*, type *m*, genre *m* / *books of a serious nature* des livres sérieux / *do you sell chocolates or anything of that nature?* est-ce que vous vendez des chocolats ou ce genre de choses ?

❖ **in the nature of** prep phr en guise de, à titre de.

nature cure n naturopathie *f*, naturothérapie *f* ▸ **to go on a nature cure** suivre une naturothérapie.

-natured ['neɪtʃəd] in comp d'une nature…, d'un caractère… / *she's good / ill-natured* elle a bon / mauvais caractère / *gentle-natured* d'une nature douce.

nature lover n amoureux *m*, -euse *f* de la nature.

nature-loving adj qui adore la nature.

nature reserve n réserve *f* naturelle.

nature study n SCH sciences *fpl* naturelles, histoire *f* naturelle.

nature trail n sentier *m* (de découverte de la) nature.

naturism ['neɪtʃərɪzm] n naturisme *m*.

naturist ['neɪtʃərɪst] ◆ adj naturiste. ◆ n naturiste *mf*.

naturopathy [,neɪtʃə'rɒpəθɪ] n naturothérapie *f*, naturopathie *f*.

Naugahyde® ['nɔːgəhaɪd] n US ≃ Skaï®.

naught [nɔːt] ◆ n **1.** = **nought 2.** *arch & liter* [nothing] : *their plans came to naught* leurs projets ont échoué or n'ont pas abouti / *they set my ideas at naught* ils ne font aucun cas or ils ne tiennent aucun compte de mes idées. ◆ adv *arch & liter* nullement / *it matters naught* cela n'a aucune importance / *it serves you naught* cela ne vous sert nullement.

naughtily ['nɔːtɪlɪ] adv **1.** [mischievously] avec malice, malicieusement / *you have behaved very naughtily* tu as été très vilain **2.** [suggestively] avec grivoiserie.

naughtiness ['nɔːtɪnɪs] n **1.** [disobedience] désobéissance *f* ; [mischievousness] malice *f* / *she will be punished for her naughtiness* elle sera punie pour avoir désobéi **2.** [indecency] grivoiserie *f*, gaillardise *f*.

naughty ['nɔːtɪ] (*compar* **naughtier**, *superl* **naughtiest**) adj **1.** [badly behaved - child] méchant, désobéissant, vilain / *that was very naughty of you* ce que tu as fait était très vilain / *you naughty boy!* petit vilain ! ; [mischievous] coquin, malicieux **2.** [indecent - joke, story, postcard] paillard, grivois, osé / *a naughty word* un gros mot **3.** [sexy] sexy *(inv)* / *naughty underwear* dessous *mpl* sexy.

Nauru ['naʊruː] n Nauru *m*.

nausea ['nɔːsjə] n nausée *f*.

nauseate ['nɔːsɪeɪt] vt *lit & fig* donner la nausée à, écœurer / *the sight nauseated him* en voyant cela, il eut un haut-le-cœur.

nauseating ['nɔːsɪeɪtɪŋ] adj [food, sight, idea] écœurant, qui donne la nausée ; [smell] écœurant, nauséabond ; [person, behaviour] écœurant, dégoûtant, répugnant / *the stench was nauseating* la puanteur vous levait or soulevait le cœur.

nauseatingly ['nɔːsɪeɪtɪŋlɪ] adv à vous donner la nausée, à vous écœurer / *she was nauseatingly smug* elle prenait des airs écœurants de supériorité, elle était d'une supériorité écœurante.

nauseous UK 'nɔːsjəs US 'nɔːʃəs] adj **1.** [revolting - smell] nauséabond, qui donne la nausée, écœurant **2.** [unwell - person] écœuré / *it made me feel nauseous* cela m'a levé or soulevé le cœur **3.** US *inf* [disgusting] dégueulasse.

Nausicaa [nɔː'sɪkɪə] pr n Nausicaa.

nautical ['nɔːtɪkl] adj nautique.

nautical mile n mille *m* marin.

nautilus ['nɔːtɪləs] n ZOOL nautile *m*.

navaid ['næveɪd] n radioguidage *m*, aide *f* à la navigation.

Navajo ['nævəhəʊ] (*pl* **Navajo** *or* **Navajos** *or* **Navajoes**) ◆ n **1.** [person] Navajo *mf* ▸ **the Navajo** les Navajos **2.** LING navajo *m*. ◆ adj navajo.

naval ['neɪvl] adj [gen] naval ; [power] maritime ▸ **naval base** base *f* navale ▸ **naval forces** forces *fpl* navales ▸ **naval officer** officier *m* de marine.

naval architect n architecte *m* naval, architecte *f* navale ; [for warships] ingénieur *m* du génie maritime or en construction navale.

naval architecture n construction *f* navale.

Navarre [nə'vɑːʳ] pr n Navarre *f*.

nave [neɪv] n **1.** [of church] nef *f* **2.** [hub] moyeu *m*.

navel ['neɪvl] n nombril *m*.

navel-gazing [-,geɪzɪŋ] n nombrilisme *m*.

navel orange n navel *f*.

navigable ['nævɪgəbl] adj [water] navigable ; [craft] dirigeable.

navigate ['nævɪgeɪt] ◆ vt **1.** [chart course of - ship] calculer le parcours de ; [- car, aircraft] être le navigateur de / *she navigated us successfully through Bombay* elle nous a fait traverser Bombay sans problèmes / *he navigated the plane to the nearest airport* il dirigea l'avion sur l'aéroport le plus proche **2.** [sail] : *to navigate the Atlantic* traverser l'Atlantique (en bateau) / *they navigated the seven seas* ils naviguaient sur or parcouraient toutes les mers du globe **3.** *fig* : *the stairs are difficult to navigate in the dark* cet escalier est difficile à monter / descendre dans l'obscurité / *she navigated her way across the crowded room* elle se fraya un chemin à travers la salle bondée. ◆ vi **1.** [plot course] naviguer / *to navigate by the stars* naviguer aux étoiles ; [in car] : *can you navigate for me?* peux-tu m'indiquer la route or me piloter ? **2.** COMPUT naviguer, surfer.

navigation [,nævɪ'geɪʃn] n **1.** [act, skill of navigating] navigation *f* **2.** US [shipping] navigation *f*, trafic *m* (maritime) **3.** COMPUT navigation *f*, surf *m* sur l'Internet.

navigational [,nævɪ'geɪʃnl] adj de (la) navigation.

navigation lights pl n AERON feux *mpl* de position ; NAUT fanaux *mpl*, feux *mpl* de bord or de route.

navigator ['nævɪgeɪtəʳ] n navigateur *m*, -trice *f*.

navvy ['nævɪ] (*pl* **navvies**) n UK *inf* terrassier *m*.

navy ['neɪvɪ] (*pl* **navies**) ◆ n **1.** [service] marine *f* (nationale) ▸ **to be** or **to serve in the navy** être dans la marine **2.** [warships collectively] marine *f* de guerre ; [fleet] flotte *f* **3.** = **navy blue**. ◆ adj **1.** de la marine **2.** = **navy-blue**.

navy blue n bleu *m* marine.

❖ **navy-blue** adj bleu marine *(inv)*.

Navy Cut® n UK tabac *m* haché fin.

Navy List UK, **Navy Register** US n ≃ liste *f* navale.

navy yard n arsenal *m* maritime.

naw [nɔː] interj US *v inf* non.

nawab [nə'wɑːb] n nabab *m*.

nay [neɪ] ◆ adv *arch & hum* voire, que dis-je / *I was asked, nay ordered to come* on m'a demandé, ou plutôt donné l'ordre, de venir / *for a few dollars, nay a few cents* pour quelques dollars, voire quelques cents. ◆ n vote *m* défavorable / *the nays have it* les non l'emportent. ◆ interj [in oral vote] non.

naysayer ['neɪ,seɪəʳ] n *personne qui a l'esprit de contradiction*.

Nazarene [,næzə'riːn] ◆ n Nazaréen *m*, -enne *f*. ◆ adj nazaréen.

Nazareth ['næzərəθ] pr n Nazareth.

Nazi ['nɑːtsɪ] ◆ adj nazi. ◆ n nazi *m*, -e *f*.

Nazism ['nɑːtsɪzm], **Naziism** ['nɑːtsɪ,ɪzm] n nazisme *m*.

NB 1. (written abbr of **nota bene**) NB **2.** written abbr of **New Brunswick**.

NBA pr n **1.** (abbr of **National Basketball Association**) *fédération américaine de basket-ball* **2.** (abbr of **National Boxing Association**) *fédération américaine de boxe*.

NBC ◆ pr n (abbr of **National Broadcasting Company**) *chaîne de télévision américaine*. ◆ adj (abbr of **nuclear, biological and chemical**) NBC.

NBD MESSAGING written abbr of **no big deal**.

nbg, NBG (abbr of **no bloody good**) adj UK *inf* nul.

NC 1. written abbr of **no charge 2.** written abbr of **North Carolina 3.** (abbr of **network computer**) NC *m* **4.** MESSAGING written abbr of **no comment**.

NCB (abbr of **National Coal Board**) pr n *ancien nom des charbonnages britanniques*.

NCCL pr n abbr of **National Council for Civil Liberties**.

NCO (abbr of **non-commissioned officer**) n sous-officier *m*.

ND written abbr of **North Dakota**.

N'Djamena [əndʒɑː'meɪnə] pr n N'Djamena.

NDP (abbr of **net domestic product**) n ECON PIN *m*.

NE 1. written abbr of **Nebraska 2.** written abbr of **New England 3.** (written abbr of **north-east**) N-E **4.** MESSAGING written abbr of **any**.

Neanderthal, neanderthal [nɪ'ændətɑːl] ◆ adj **1.** ANTHR néandertalien, de Neandertal **2.** [uncivilized] fruste, inculte, primitif **3.** *inf* POL réac. ◆ n néandertalien *m*.

Neanderthal man n l'homme *m* de Neandertal.

neap [niːp] ◆ adj faible. ◆ n = **neap tide**.

Neapolitan [,nɪə'pɒlɪtn] ◆ n Napolitain *m*, -e *f*. ◆ adj napolitain ▸ **Neapolitan ice cream** tranche *f* napolitaine.

neap tide n (marée *f* de) morte-eau *f*.

near [nɪəʳ] (*compar* **nearer**, *superl* **nearest**) ◆ prep **1.** [in space] près de / *near Paris* près de Paris / *don't go near the fire* ne t'approche pas du feu / *is there a chemist's near here?* est-ce qu'il y a un pharmacien près d'ici or dans le coin ? / *she likes to have her family near her* elle aime avoir sa famille près d'elle or auprès d'elle / *near the end of the book* vers la fin du livre / *I haven't been near a horse since the accident* je n'ai pas approché un cheval depuis l'accident / *you can't trust him near a gun* il est dangereux avec une arme à feu / *she wouldn't let anyone near her* **a)** [physically] elle ne voulait pas qu'on l'approche **b)** [emotionally] elle ne voulait être proche de personne **2.** [in time] près de, proche de / *it's getting near Christmas* c'est bientôt Noël / *ask me nearer the time* repose-moi la question quand l'heure viendra / *near the end of the film* vers la fin du film **3.** [similar to] près de / *that would be nearer the truth* ce serait plus près de la vérité **4.** [in amount or number] : *profits were near the 30% mark* les bénéfices approchaient la barre des 30 % / *it took us nearer three hours to finish* en fait, nous avons mis presque trois heures à finir / *it will cost nearer £5,000* ça coûtera plutôt dans les 5 000 livres **5.** [on the point of] près de, au bord de / *the country's economy is near ruin* le pays est au bord de la faillite / *to be near tears* être au bord des larmes / *it's near freezing* il ne fait pas loin de zéro, la température avoisine zéro degré. ◆ adv **1.** [in space] près, à côté, à proximité ▸ **to draw near** s'approcher / *the heat was too great for us to get near* la chaleur était trop intense pour que l'on puisse s'approcher ▸ **so near and yet so far!** c'est dommage, si près du but ! **2.** [in time] proche, près / *as the time grew* or *drew near* à mesure que le moment approchait / *midnight drew near* minuit approchait, on approchait de minuit **3.** [with adjective] quasi / *a near impossible task* une tâche quasi or quasiment or pratiquement impossible / *the show went ahead with near tragic consequences* le spectacle a continué avec des conséquences quasi tragiques **4.** PHR **as near as makes no difference** à peu de chose près, à quelque chose près ▸ **as near as dammit** *inf* : *£50 or as near as dammit* 50 livres à peu de chose près ▸ **near enough** : *it's near enough* ça va comme ça / *it's near enough 50 lbs* ça pèse dans les 50 livres / *it's nowhere near good enough* c'est loin d'être suffisant / *there weren't anywhere near enough people* il y avait bien trop peu de gens. ◆ adj **1.** [in space] proche / *the near edge* le bord le plus proche / *our near neighbours* nos proches voisins / *I knew you were near* je savais que vous étiez dans les environs or parages / *the nearest post office* le bureau de poste le plus proche / *the near front wheel* **a)** [driving on left] la roue avant gauche **b)** [driving on right] la roue avant droite **2.** [in time] proche / *when the time is near* quand le moment approchera / *in the near future* dans un proche avenir **3.** [virtual] : *it was a near disaster* on a frôlé la catastrophe / *he found himself in near darkness* il s'est retrouvé dans une obscurité quasi totale ▸ **it was a near thing** on l'a échappé belle, il était moins une / *I caught the train, but it was a near thing* j'ai eu mon train de justesse / *I missed the train, but it was a near thing* j'ai manqué mon train de peu / *he's the nearest thing we have to a national hero* il est ce que nous avons de mieux en matière de héros national **4.** [in amount, number] : *to the nearest £10* à 10 livres près / *round it up / down to the nearest 10p* arrondissez aux 10 pence supérieurs / inférieurs **5.** [closely related] proche / *her nearest relatives* ses parents les plus proches / *your nearest and dearest hum* vos proches. ◆ vt [approach - place, date, event] approcher de ; [- state] être au bord de / *the train was nearing the station* le train approchait de la gare / *he was nearing 70 when he got married* il allait sur ses 70 ans quand il s'est marié / *the book is nearing completion* le livre est sur le point d'être terminé / *we're nearing the point of no return* il sera bientôt trop tard pour faire marche arrière, on atteindra bientôt le point de non-retour. ◆ vi [subj: date, place] approcher.

❖ **near to** prep phr **1.** [in space] près de / *they live near to us* ils habitent près de or à côté de chez nous ; [emotionally] proche de **2.** [in time] près de, proche de / *it's getting near to Christmas* Noël approche **3.** [in similarity] près de **4.** [on the point of] près de, au bord de / *to be near to death* être sur le point de mourir / *to be near to tears* être au bord des larmes / *I came near to leaving several times* j'ai failli partir plusieurs fois.

near- in comp ▸ **near-perfect** pratiquement or quasi parfait ▸ **near-complete** pratiquement or quasi complet.

near beer n bière *f* sans alcool.

nearby ◆ adv [,nɪə'baɪ] [near here] près d'ici ; [near there] près de là / *I live just nearby* j'habite tout près d'ici / *is there a station nearby?* est-ce qu'il y a une gare près d'ici or à proximité ? ◆ adj ['nɪəbaɪ] : *we stopped at a nearby post office* nous nous sommes arrêtés dans un bureau de poste situé non loin de là / *he threw it into a nearby dustbin* il l'a jeté dans une poubelle non loin de là.

near-death experience n expérience *f* aux frontières de la mort.

near Earth object n ASTRON objet *m* géocroiseur.

Near East pr n ▸ **the Near East** le Proche-Orient / *in the Near East* au Proche-Orient.

near gale n [on Beaufort scale] grand frais *m*.

nearly ['nɪəlɪ] adv **1.** [almost] presque, à peu près / *I'm nearly ready* je suis presque prêt / *we're nearly there* on y est presque / *he's nearly 80* il a presque 80 ans / *it's nearly 8 o'clock* il est presque 8 h / *I nearly fell* j'ai failli tomber / *I very nearly didn't come* j'ai bien failli ne pas venir / *I can nearly reach the shelf* j'arrive presque à atteindre l'étagère / *she nearly went bankrupt* elle a failli faire faillite / *he was nearly crying* or *in tears* il était au bord des larmes / *I'm nearly as tall as my brother* je suis presque aussi grand que mon frère / *nearly new* presque neuf **2.** [with negative] : *I didn't buy nearly enough food for everyone* je suis loin d'avoir acheté assez de provisions pour tout le monde / *he's not nearly as important as he likes to think* il est loin d'être aussi important qu'il le croit / *it's not nearly as difficult as I thought* c'est bien moins difficile que je ne l'imaginais.

near miss n **1.** [gen & SPORT] coup *m* qui a raté de peu / *it was a near miss* **a)** FOOT il s'en est fallu de peu qu'on marque, on a failli marquer un but **b)** [answer] la réponse était presque bonne **c)** [accident] on a frôlé l'accident / *that was a near miss!* [escape] on l'a échappé belle ! **2.** [between planes, vehicles, etc.] quasi-collision *f* /

the two cars had a near miss les deux voitures ont bien failli se rentrer dedans.

nearness ['nɪənɪs] n proximité *f.*

near-shore adj à proximité des côtes.

nearside ['nɪəsaɪd] UK ◆ adj AUTO [when driving on right] (du côté) droit, du côté trottoir ; [when driving on left] (du côté) gauche, du côté trottoir. ◆ n [when driving on right] côté *m* droit ; [when driving on left] côté *m* gauche / *get out on the nearside* descendez côté trottoir.

nearsighted [ˌnɪə'saɪtɪd] adj US myope.

nearsightedness [ˌnɪə'saɪtɪdnɪs] n US myopie *f.*

neat [ni:t] adj **1.** [tidy - in dress] net, soigné ; [- desk, room] net, bien rangé ; [- garden] bien tenu or entretenu, soigné / *her clothes are always neat* ses vêtements sont toujours impeccables ; [careful - work, handwriting] soigné / *to do a neat job* faire un travail soigné, soigner son travail ▸ **as neat as a new pin** tiré à quatre épingles **2.** [smart, pretty] joli / *a neat little house* une gentille petite maison **3.** [effective - organization] net, efficace ; [- system, plan] bien conçu ; [- solution] élégant **4.** US *inf* [great] chouette / *what a neat outfit!* chouettes fringues ! / *that's really neat* c'est vraiment chouette, c'est super **5.** [undiluted - spirits] sec (sèche), sans eau **6.** [tax-free] : *we made a neat £100* on a fait 100 livres net.

neaten ['ni:tn] vt [room, house] remettre en ordre, ranger ; [garden] ranger ; [clothing] arranger, ajuster ; [hair] arranger, mettre en ordre / *you ought to neaten (up) the place before they arrive* tu devrais mettre un peu d'ordre dans la maison avant qu'ils arrivent / *go and neaten your hair* va te recoiffer.

'neath, neath [ni:θ] *liter* = **beneath.**

neat-looking adj US *inf* mignon / *he's a neat-looking guy* il est mignon.

neatly ['ni:tlɪ] adv **1.** [tidily] avec soin or ordre ; [carefully - write, work] avec soin, soigneusement / *put the papers neatly on the desk* posez les papiers soigneusement sur le bureau / *to dress neatly* s'habiller avec soin **2.** [skilfully] habilement, adroitement / *to solve a problem neatly* résoudre un problème avec élégance / *you put that very neatly* vous l'avez très bien dit or exprimé / *he neatly avoided the issue* il a habilement évité le sujet / *you got out of the situation very neatly* vous vous en êtes magnifiquement tiré.

neatness ['ni:tnɪs] n **1.** [tidiness - of dress] soin *m*, netteté *f* ; [- of room] ordre *m* / *a passion for neatness* la passion de l'ordre ; [carefulness - of work] soin *m* / *the neatness of her writing* l'élégance *f* de son écriture **2.** [skilfulness - of phrase, solution] élégance *f* ; [- of scheme] habileté *f* **3.** [prettiness - of figure, legs] finesse *f.*

Nebraska [nɪ'bræskə] pr n Nebraska *m* / *in Nebraska* dans le Nebraska.

Nebuchadnezar [ˌnebjʊkəd'nezəʳ] ◆ n [bottle] nabuchodonosor *m.* ◆ pr n Nabuchodonosor.

nebula ['nebjʊlə] (*pl* **nebulas** *or* **nebulae** [-li:]) n **1.** ASTRON nébuleuse *f* **2.** MED [of cornea] nébulosité *f* ; [of urine] aspect *m* trouble.

nebular ['nebjʊləʳ] adj **1.** ASTRON nébulaire **2.** MED [cornea] nébuleux ; [urine] trouble.

nebulize, nebulise ['nebjʊlaɪz] vt nébuliser.

nebulosity [ˌnebjʊ'lɒsətɪ] (*pl* **nebulosities**) n nébulosité *f.*

nebulous ['nebjʊləs] adj **1.** [vague] vague, flou, nébuleux **2.** ASTRON nébulaire **3.** MED [of cornea] nébuleux **4.** *liter* [misty] brumeux.

nebulousness ['nebjʊləsnɪs] = **nebulosity.**

NEC (abbr of **National Exhibition Centre**) pr n *centre de conférences et d'expositions près de Birmingham en Angleterre.*

necessarily [ˌnesə'serɪlɪ] adv nécessairement, forcément / *we don't necessarily have to go* rien ne nous oblige à partir, nous ne sommes pas forcés de partir ▸ **not necessarily** pas forcément.

necessary ['nesəsrɪ] (*pl* **necessaries**) ◆ adj **1.** [essential] nécessaire, essentiel ; [indispensable] indispensable ; [compulsory] obligatoire / *water is necessary to* or *for life* l'eau est indispensable à la vie / *is this visit really necessary?* est-ce que cette visite est vraiment indispensable ? / *it is necessary for him to come* il est nécessaire qu'il vienne, il faut qu'il vienne / *circumstances made it necessary to delay our departure* les circonstances nous ont obligés à retarder notre départ / *I'll do everything necessary to make her agree* je ferai tout pour qu'elle accepte / *he did no more than was necessary* il n'a fait que le strict nécessaire / *if necessary* **a)** [if forced] s'il le faut **b)** [if need arises] le cas échéant, si besoin est / *a necessary condition* **a)** [gen] une condition nécessaire or sine qua non **b)** PHILOS une condition nécessaire / *will you make the necessary arrangements?* pouvez-vous prendre les dispositions nécessaires ? / *he took the necessary measures* il a pris les mesures nécessaires or qui s'imposaient **2.** [inevitable] nécessaire, inéluctable / *a necessary evil* un mal nécessaire / *you can draw the necessary conclusion yourself* vous pouvez vous-même tirer les conclusions qui s'imposent. ◆ n **1.** UK *inf* ▸ **to do the necessary** faire le nécessaire **2.** UK *inf* [cash] : *have you got the necessary?* tu as de quoi payer ?

> Note that **il est nécessaire que** is followed by a verb in the subjunctive:
> **It is necessary for all concerned to be extremely cautious.** *Il est nécessaire que toutes les personnes concernées soient très prudentes.*

necessitate [nɪ'sesɪteɪt] vt nécessiter, rendre nécessaire / *family problems have necessitated his resignation* des problèmes familiaux l'ont obligé or contraint à démissionner.

necessitous [nɪ'sesɪtəs] adj *fml* nécessiteux, démuni, pauvre.

necessity [nɪ'sesətɪ] (*pl* **necessities**) n **1.** [need] nécessité *f*, besoin *m* / *there is no necessity for drastic measures* il n'y a pas lieu de prendre des mesures draconiennes / *there's no real necessity for us to go* nous n'avons pas vraiment besoin d'y aller, il n'est pas indispensable que nous y allions / *the necessity for* or *of keeping careful records* la nécessité de prendre des notes détaillées / *if the necessity should arise* si le besoin se faisait sentir / *in case of absolute necessity* en cas de force majeure ▸ **out of** or **by** or **through necessity** par nécessité, par la force des choses ▸ **necessity has no law** *prov* nécessité fait loi *prov* ▸ **necessity is the mother of invention** *prov* nécessité est mère d'industrie **2.** *fml* [poverty] besoin *m*, nécessité *f* **3.** [essential] chose *f* nécessaire or essentielle / *the basic* or *bare necessities of life* les choses qui sont absolument essentielles or indispensables à la vie / *it's one of life's necessities* c'est un élément vital **4.** PHILOS nécessité *f.*

❖ **of necessity** adv phr nécessairement.

neck [nek] ◆ n **1.** ANAT cou *m* / *he threw his arms round her neck* il s'est jeté à son or il lui a sauté au cou / *the cat had a collar round its neck* le chat avait un collier au cou / *water was dripping down my neck* l'eau me coulait dans le cou ▸ **to get a stiff neck** attraper un torticolis ; *fig* : *he's always breathing down my neck* il est tout le temps sur mon dos / *they were up to their necks in debt* ils étaient endettés jusqu'au cou / *I'm up to my neck in trouble* j'ai des ennuis par-dessus la tête / *the problem is still hanging round my neck* je n'ai toujours pas résolu ce problème ▸ **to risk one's neck** risquer sa peau ▸ **to get it in the neck** UK *inf* : *she'll get it in the neck* ça va chauffer pour son matricule / *he was thrown out neck and crop* or *on his neck* UK il a été mis à la porte avec pertes et fracas ▸ **it's neck or nothing** UK *inf* ça passe ou ça casse ▸ **to stick one's neck out** prendre des risques **2.** CULIN [of lamb] collet *m* ; [of beef] collier *m* **3.** SPORT ▸ **to win by a neck** gagner d'une encolure ▸ **to be neck and neck** être à égalité / *the two candidates are neck and neck* les deux candidats sont au coude à coude **4.** [narrow part or extremity - of bottle, flask] goulot *m*, col *m* ; [- of pipe] tuyau *m* ; [- of womb, femur] col *m* ; [- of violin] manche *m* ; [- of bolt, tooth] collet *m* **5.** GEOG [peninsula] péninsule *f*, presqu'île *f* ; [strait] détroit *m* ▸ **a neck of land** une langue de terre / *in our neck of the woods* par chez nous **6.** [of dress, pullover] col *m*, encolure *f* / *a low neck* un décolleté / *a dress with a low neck* une robe décolletée / *what neck size* or *what size neck do you take?* combien faites-vous de tour de cou ? **7.** UK *inf* [cheek] toupet *m*, culot *m* / *you've got a neck!* tu ne manques pas de culot ! ◆ vi *inf* se bécoter, se peloter.

neckband ['nekbænd] n bande *f* d'encolure / *a lace neckband* un col en dentelle.

-necked [nekt] in comp à col... ▸ **a V / round-necked pullover** un pull en V / ras du cou.

neckerchief ['nekətʃɪf] n foulard *m.*

necking ['nekɪŋ] n *inf* pelotage *m.*

necklace ['neklɪs] n collier *m.*

necklet ['neklɪt] n collier *m.*

neckline ['neklaɪn] n col *m*, encolure *f* / *her dress had a low / plunging neckline* elle avait une robe décolletée / très décolletée.

necktie ['nektaɪ] n US cravate *f* ▸ **necktie party** *inf* lynchage *m.*

necrology [ne'krɒlədʒɪ] n nécrologie *f.*

necromancer ['nekrəmænsəʳ] n nécromancien *m*, -enne *f.*

necromancy ['nekrəmænsɪ] n nécromancie *f.*

necrophilia [ˌnekrə'fɪlɪə] n nécrophilie *f.*

necrophiliac [ˌnekrə'fɪlɪæk] n nécrophile *mf.*

necropolis [ne'krɒpəlɪs] n nécropole *f.*

necrosis [ne'krəʊsɪs] (*pl* **necroses** [-si:z]) n nécrose *f.*

nectar ['nektəʳ] n BOT & *fig* nectar *m.*

nectarine ['nektərɪn] n nectarine *f.*

neddy ['nedɪ] (*pl* **neddies**) n *inf* **1.** UK [donkey] baudet *m* **2.** AUSTR [horse] canasson *m.*

née, nee [neɪ] adj *fml* : *Sarah James, née White* Sarah James, née White.

need [ni:d] ◆ vt **1.** [as basic requirement] avoir besoin de / *have you got everything you need?* est-ce que tu as tout ce qu'il te faut ? / *she needs rest* elle a besoin de repos or de se reposer / *I need more money / time* j'ai besoin de plus d'argent / de temps / *you take the car, I won't be needing it this evening* prends la voiture, je n'en aurai pas besoin ce soir / *he likes to feel needed* il aime se sentir indispensable / *a lot of money is needed if we are to save the company* il va falloir beaucoup d'argent pour empêcher l'entreprise de couler / *you only need to ask* vous n'avez qu'à demander / *you don't need me to tell you that* vous devez le savoir mieux que moi / *the carpet needs cleaning* la moquette a besoin d'être nettoyée **2.** [would benefit from] : *I need a drink / a shower* j'ai besoin de boire quelque chose / de prendre une douche / *what he needs is a good hiding* ce qu'il lui faut, c'est une bonne correction / *it's just what I need* c'est exactement ce qu'il me faut / *that's all we need!* *iro* il ne nous manquait plus que ça ! / *who needs money anyway?* de toute façon, l'argent n'a aucune importance / *your hair needs combing* vos cheveux ont besoin d'un coup de peigne / *I gave the car a much-needed wash* j'ai lavé la voiture, elle en avait bien besoin / *liquid nitrogen needs careful handling* or *to be handled with care* l'azote liquide demande à être manié avec précaution / *there are still a few points that need to be made* il reste encore quelques questions à soulever **3.** [expressing obligation] ▸ **to need to do sthg** avoir besoin de or être obligé de faire qqch / *I need to be home by ten* il faut que je sois rentré or je dois être rentré pour 10 h / *you need to try harder* tu vas devoir faire or il va falloir que tu fasses un effort supplémentaire / *I'll help you — you don't need to* je vais t'aider — tu n'es pas obligé. ◆ modal vb : *you needn't come if you don't want to* vous n'avez pas besoin de or vous n'êtes pas obligé de venir si vous n'en avez pas envie / *I needn't tell you how important it is* je n'ai pas besoin de vous dire or vous savez à quel point c'est important / *I needn't have bothered* je me suis donné bien du mal pour rien, ce n'était pas la peine que je me donne autant de mal / *the accident need never have*

NEED ET DARE

Need et **dare** ont pour particularité d'être proches des auxiliaires modaux sans appartenir entièrement à cette catégorie. Ils peuvent en effet se comporter chacun soit comme un verbe ordinaire, soit comme un auxiliaire modal.
Need exprime les idées de ***besoin*** et de ***nécessité***.
Du point de vue du sens, **dare** est quant à lui proche du verbe ***oser*** en français.

NEED

❶ Need en tant que verbe

Need se comporte principalement comme un verbe régulier :
I need to eat (j'ai besoin de manger), she needs to eat (elle a besoin de manger), I needed to eat (j'avais besoin de manger), I will need to eat (j'aurai besoin de manger), I don't need to eat (je n'ai pas besoin de manger), do I need to eat? (ai-je besoin de manger ?).

Dans ce cas, il peut être suivi :

- d'un complément d'objet direct de nature nominale :
I need a drink. J'ai besoin de boire quelque chose.

- d'un complément d'objet direct au gérondif :
The carpet needs cleaning. La moquette a besoin d'être nettoyée.

NB : ici, la forme en -ing permet de transformer le verbe **clean** en nom (on dit que le verbe est « nominalisé »). **Cleaning** peut donc être employé sans problème comme complément d'objet direct.

- d'un infinitif complet :
She needs to be home by ten. Il faut qu'elle soit rentrée pour 10 h.

All you need to do is buy this magazine. Il faut simplement que tu achètes ce magazine.

❷ Need en tant qu'auxiliaire modal

En tant qu'auxiliaire modal :

- **need** n'a pas besoin de **do** (qui est aussi un auxiliaire) pour former la négation ou l'interrogation ;
- il ne prend pas de flexion ;
- il est suivi de l'infinitif sans **to**.

De plus, il apparaît principalement aux tournures interrogative et négative.

- À la tournure interrogative, on remet en cause la nécessité de faire quelque chose et on s'en remet à l'avis de l'interlocuteur :
Need she say more? A-t-elle besoin d'en dire davantage ?
[est-ce vraiment nécessaire ?]

  Deux réponses sont alors possibles :
  Yes, she must. Oui, il le faut.
  No, she needn't. Non, ce n'est pas nécessaire.

- À la tournure négative, on exprime l'absence de nécessité :
She needn't come if she doesn't want to. Elle n'est pas obligée de venir si elle n'en a pas envie.
[c'est facultatif]

  Notez que la négation ne porte pas toujours directement sur **need**. Dans l'exemple ci-dessous, le marqueur de négation (**no**) porte sur le pronom **one** :
  No one else need ever know. Cela reste entre nous.

- Le modal **need** apparaît parfois (mais assez rarement) à la tournure affirmative, dans des constructions restrictives, c'est-à-dire des constructions qui expriment une nécessité limitée :
All he need do is look after his little brother. Tout ce qu'il doit faire, c'est s'occuper de son petit frère.

❸ Au passé

- L'auxiliaire modal **need** ne se met pas au prétérit. Il peut toutefois être employé au style indirect avec un sens passé, mais sa forme est au présent simple. On le traduira alors par l'imparfait :
Your mother said that you needn't wait for your brother.
Ta mère a dit que tu ne devais pas attendre ton frère.
[discours rapporté au style indirect]

- Le verbe **need** est quant à lui compatible avec le prétérit.
That was exactly what I needed. C'était exactement ce dont j'avais besoin.
[le besoin est situé dans le passé]

Attention ! Ne confondez pas les deux constructions illustrées ci-dessous :

I **needn't have** bothered. Je me suis donné bien du mal pour rien.

I **didn't need to** bother. Je n'avais pas besoin de me donner du mal.
[je ne me suis donc pas donné de mal]

Dans le premier exemple, **need** est employé en tant qu'auxiliaire. La forme **have bothered** (**have** + participe passé) indique que je me suis donné beaucoup de mal dans le passé, mais que cela n'était pas nécessaire. Cette construction va souvent de pair avec une idée de reproche ou de regret :

The accident need never have happened. Cet accident n'aurait jamais dû arriver.

Remarque : c'est **never** qui donne ici un sens négatif à l'énoncé.

Dans le deuxième exemple, **need** est employé en tant que verbe et est suivi d'un complément à l'infinitif (to bother). L'action ne s'est pas faite : je ne me suis pas donné de mal, vu que je savais dès le départ que c'était inutile.

DARE

❶ Dare en tant que verbe

Le verbe **dare** se construit généralement avec un complément à l'infinitif complet :

Stanley dared to declare his love to Monica. Stanley a osé déclarer sa flamme à Monica.

Les énoncés négatifs, interrogatifs et exclamatifs se construisent avec l'auxiliaire **do** :

Stanley did not dare to declare his love to Monica. Stanley n'a pas osé déclarer sa flamme à Monica.

Did Stanley dare to declare his love to Monica? Stanley a-t-il osé déclarer sa flamme à Monica ?

Don't you dare answer me back like that! Ne me réponds pas comme ça !

❷ Dare en tant qu'auxiliaire modal

Le modal **dare** se comporte comme le modal **need**. Il peut toutefois être mis au prétérit. **Dare** n'apparaît comme auxiliaire qu'aux tournures interrogative et négative :

She dared not / daren't say a word. Elle n'a pas osé dire un mot.

happened cet accident aurait pu être évité / *no-one else need ever know* ça reste entre nous / *need I say more?* ai-je besoin d'en dire davantage or plus ? / *need that be the case?* est-ce nécessairement or forcément le cas ?
◆ n **1.** [necessity] besoin *m* / *I have no need of your sympathy* je n'ai que faire de votre sympathie / *I feel the need of some fresh air* or *to get some fresh air* j'ai besoin d'air / *phone me if you feel the need for a chat* appelle-moi si tu as besoin de parler / *there's no need to adopt that tone* inutile d'employer ce ton / *there's no need to hurry* rien ne presse, inutile de se presser / *there's no need to panic* or *for any panic* inutile de paniquer / *I'll help with the dishes — no need, I've done them already* je vais vous aider à faire la vaisselle — inutile, c'est terminé ▸ **to be in need of sthg** avoir besoin de qqch / *I'm in need of help* j'ai besoin d'aide or qu'on m'aide / *Fred is in urgent need of cash* Fred a un besoin urgent d'argent / *the ceiling is in need of repair* le plafond a besoin d'être réparé ▸ **should the need arise** si cela s'avérait nécessaire, si le besoin s'en faisait sentir / *your need is greater than mine* hum vous en avez plus besoin que moi **2.** [requirement] besoin *m* / *their needs can be easily satisfied* leurs besoins sont faciles à satisfaire / *he saw to her every need* il subvenait à ses moindres besoins / *£1,000 should be enough for our immediate needs* 1 000 livres devraient suffire pour répondre à nos besoins immédiats **3.** [poverty] besoin *m*, nécessité *f* ; [adversity] adversité *f*, besoin *m* ▸ **to be in need** être dans le besoin.
❖ **if need(s) be** adv phr si besoin est, le cas échéant.

Note that **avoir besoin que** is followed by a verb in the subjunctive :
We need everybody to make an effort.
Nous avons besoin que tout le monde fasse un effort.

needful ['ni:dfʊl] ◆ adj *fml* nécessaire, requis. ◆ n UK *inf* ▸ **to do the needful** faire le nécessaire ▸ **to find the needful** [money] trouver le fric.

needle ['ni:dl] ◆ n **1.** MED & SEW aiguille *f* ; [for record player] pointe *f* de lecture, saphir *m* ; [of pine-tree] aiguille *f* ; [spine - of hedgehog] piquant *m* ▸ **it's like looking for a needle in a haystack** c'est comme si l'on cherchait une aiguille dans une botte de foin **2.** [as indicator - in compass, on dial] aiguille *f* **3.** GEOL [rocky outcrop] aiguille *f*, pic *m* **4.** [monument] aiguille *f*, flèche *f* **5.** UK *inf* : *a bit of needle has crept into the match* les joueurs commencent à s'énerver or disputent le match avec plus d'âpreté ▸ **to get the needle** prendre la mouche ▸ **to give sb the needle** *inf* **a)** [tease] chambrer qqn **b)** [annoy] taper sur les nerfs de qqn. ◆ vt **1.** *inf* [annoy] asticoter ; [tease] chambrer / *he's always needling her about her weight* il passe son temps à la charrier à propos de son poids / *they needled him into retaliating* à force d'être asticoté, il a fini par riposter **2.** US [drink] corser **3.** SEW coudre.

needle bank n distributeur-échangeur *m* de seringues.

needlecord ['ni:dlkɔ:d] n velours *m* côtelé / *needlecord trousers* pantalon *m* en velours côtelé.

needlecraft ['ni:dlkrɑ:ft] n travaux *mpl* d'aiguille.

needle exchange scheme n programme *m* d'échange de seringues.

needle match n UK *inf* match *m* âprement disputé.

needlepoint ['ni:dlpɔɪnt] ◆ n [embroidery] broderie *f*, tapisserie *f* ; [lace] dentelle *f* à l'aiguille. ◆ comp ▸ **needlepoint lace** dentelle *f* brodée.

needle-sharp adj [point] acéré ; [eyes] de lynx ; [mind] fin, perspicace.

needless ['ni:dlɪs] adj [unnecessary - expense, effort, fuss] superflu, inutile ; [- remark] inopportun, déplacé / *needless to say I won't go* il va sans dire que je n'irai pas / *the war was a needless waste of lives* la guerre a provoqué beaucoup de morts inutiles.

needlessly ['ni:dlɪslɪ] adv inutilement.

needlestick injury ['ni:dlstɪk-] n piqûre *f* d'aiguille.

needle-threader n enfile-aiguilles *m inv*.

needle valve n soupape *f* à pointeau.

needlewoman ['ni:dl,wʊmən] (*pl* **needlewomen** [-,wɪmɪn]) n couturière *f* / *she's a good needlewoman* elle sait manier l'aiguille, c'est une bonne couturière.

needlework ['ni:dlwɜ:k] n *(U)* travaux *mpl* d'aiguille, couture *f*.

needling ['ni:dlɪŋ] n *(U)* taquineries *fpl*.

needn't [ni:dnt] abbr of **need not**.

needs [ni:dz] adv *arch & hum* ▸ **needs must** il le faut, c'est indispensable / *if needs must, I shall go* s'il le faut absolument or si c'est indispensable, j'irai ▸ **needs must when the devil drives** *prov* nécessité fait loi *prov*.

needs-based adj fondé sur les besoins / *the grant is needs-based* le montant de la bourse est établi selon les besoins du demandeur.

needs identification n identification *f* des besoins.

needs test n UK examen *m* des conditions de vie *(pour bénéficier d'une aide de l'État)*.

needy ['ni:dɪ] (*compar* **needier**, *superl* **neediest**) ◆ adj [financially] nécessiteux, dans le besoin ; [emotionally] en manque d'affection. ◆ pl n ▸ **the needy** les nécessiteux *mpl*.

ne'er [neəʳ] *liter* = **never** *(adv)*.

ne'er-do-well n bon *m* à rien, bonne *f* à rien / *my ne'er-do-well cousins* mes vauriens *mpl* de cousins.

nefarious [nɪ'feərɪəs] adj infâme, vil.

Nefertiti [,nefə'ti:tɪ] pr n Néfertiti.

neg 1. written abbr of **negotiable 2.** written abbr of **negative**.

negate [nɪ'geɪt] vt **1.** [nullify - law] abroger ; [- order] annuler ; [- efforts] réduire à néant ; [- argument, theory] invalider, rendre non valide **2.** [deny] réfuter, nier.

negation [nɪ'geɪʃn] n négation *f*.

negative ['negətɪv] ◆ adj négatif / *a negative answer* une réponse négative / *she's always so negative about my plans* elle trouve toujours quelque chose à redire à mes projets / *the result of the test was negative* le résultat de l'examen était négatif ▸ **negative earth** ELEC négatif *m*, terre *f* reliée au moins. ◆ n **1.** GRAM négation *f* / *in the negative* à la forme négative **2.** [answer] réponse *f* négative, non *m* / *to reply in the negative* répondre négativement or par la négative **3.** PHOT négatif *m* **4.** ELEC & PHYS (pôle *m*) négatif *m*. ◆ vt **1.** [cancel - instruction] annuler ; [nullify - effect] neutraliser, réduire à néant **2.** [reject - proposition, evidence] rejeter, repousser **3.** [deny] nier, réfuter.

negative equity n *(U) situation où l'acquéreur d'un bien immobilier reste redevable de l'emprunt contracté alors que son logement enregistre une moins-value.*

negative feedback n **1.** [in electronic circuit] contre-réaction *f*, réaction *f* négative ; [in mechanical or cybernetic system] feedback *m* négatif, rétroaction *f* négative **2.** *fig* : *we got a lot of negative feedback from the questionnaire* ce questionnaire a révélé de nombreuses réactions négatives.

negative growth n ECON croissance *f* négative.

negatively ['negətɪvlɪ] adv négativement / *she replied negatively* sa réponse a été négative.

negative reinforcement n renforcement *m* négatif.

negative sign n signe *m* moins or négatif.

negativism ['negətɪvɪzm] n négativisme *m*.

negator [nɪ'geɪtəʳ] n **1.** [gen] négateur *m*, -trice *f* **2.** ELECTRON inverseur *m*.

negatory [nɪ'geɪtərɪ] adj US *inf* négatif / *I guess that's negatory* je suppose que ça veut dire non / *did you fix it? — negatory* tu l'as réparé ? — négatif.

neglect [nɪ'glekt] ◆ n **1.** [lack of attention, care - of building, garden] abandon *m*, manque *m* de soins or d'entretien ; [- of child, invalid] manque *m* de soins or d'attention ; [- of people's demands, needs] manque *m* d'égards / *through neglect* par négligence *f* / *many people fall ill through neglect* bien des gens tombent malades par négligence or par manque de précautions / *the roof fell in through neglect* le toit s'est effondré faute d'entretien / *to suffer from neglect* **a)** [person] souffrir d'un manque de soins **b)** [building, garden] être laissé à l'abandon / *his neglect of his appearance* le peu d'intérêt qu'il accorde à son apparence ; [bad condition - of building, garden] délabrement *m* / *to be in a state of neglect* être à l'abandon / *the buildings fell into neglect* les bâtiments sont tombés en ruine / *the apparatus fell into neglect* on cessa d'entretenir les appareils **2.** [disregard - of duty, promise, rules] manquement *m* / *he was reprimanded for neglect of duty* il a été réprimandé pour avoir manqué à ses devoirs. ◆ vt **1.** [fail to attend to, to care for - building, garden] négliger, laisser à l'abandon ; [- work] négliger ; [- child, invalid, friend] délaisser, négliger / *he neglects himself* or *his appearance* il se néglige or se laisse aller / *you shouldn't neglect your health* vous devriez vous soucier un peu plus de votre santé / *the house has been neglected for years* la maison est à l'abandon depuis des années / *he neglected his wife all evening* il n'a pas prêté la moindre attention à sa femme de toute la soirée / *governments have neglected the needs of the disabled for long enough* il est temps que les gouvernements cessent d'ignorer les besoins des invalides **2.** [disregard - duty, promise] manquer à ; [- advice] ignorer / *they neglect elementary rules* ils ne respectent pas les règles élémentaires ; [omit, overlook] omettre, oublier ▸ **to neglect to do sthg** oublier or omettre de faire qqch / *they neglected to lock the door when they went out* ils ont oublié de fermer la porte à clé en sortant.

neglected [nɪ'glektɪd] adj **1.** [uncared for - garden] (laissé) à l'abandon, mal entretenu ; [- building] (laissé) à l'abandon, délabré ; [- appearance] négligé, peu soigné **2.** [emotionally - child, wife] délaissé, abandonné / *to feel neglected* se sentir abandonné, avoir l'impression d'être délaissé.

neglectful [nɪ'glektfʊl] adj [person, attitude] négligent / *it's very neglectful of me* c'est très négligent de ma part / *to be neglectful of one's duty* négliger ses devoirs / *he's very neglectful of his appearance* il ne prend aucun soin de sa tenue.

neglectfully [nɪ'glektfʊlɪ] adv [behave] négligemment, avec négligence.

negligee, **negligée**, **negligé** ['neglɪʒeɪ] n négligé *m*, déshabillé *m*.

negligence ['neglɪdʒəns] n **1.** [inattention] négligence *f* / *due to* or *through negligence* par négligence ; [of duties, rules] négligence *f*, manquement *m* / *negligence of basic precautions can be fatal* le non-respect des précautions élémentaires peut se révéler fatal **2.** UK [nonchalance] nonchalance *f*.

negligent ['neglɪdʒənt] adj **1.** [neglectful] négligent / *to be negligent of one's duties* manquer à or négliger ses devoirs / *teenagers are often negligent of their appearance* les adolescents négligent souvent leur mise **2.** [nonchalant - attitude, manner] nonchalant, négligent.

negligently ['neglɪdʒəntlɪ] adv **1.** [carelessly] négligemment / *he acted negligently* il a fait preuve de légèreté / *they behaved negligently towards their children* ils ont négligé leurs enfants **2.** [nonchalantly] négligemment, nonchalamment / *she leaned negligently against the car* elle s'appuya avec nonchalance contre la voiture.

negligible ['neglɪdʒəbl] adj négligeable, insignifiant.

negotiable [nɪ'gəʊʃjəbl] adj **1.** FIN [bonds] négociable ; [price, salary] négociable, à débattre **2.** [road] praticable ; [river - navigable] navigable ; [- crossable] franchissable.

negotiate [nɪ'gəʊʃɪeɪt] ◆ vt **1.** [gen & FIN] négocier **2.** [manoeuvre round - bend] négocier ; [- rapids, obstacle] franchir ; *fig* [difficulty] franchir, surmonter. ◆ vi négocier / *the unions will have to negotiate with the management for higher pay* il faudra que les syndicats négocient une augmentation de salaire auprès de la direction / *we should negotiate instead of preparing for war* nous ferions mieux de négocier au lieu de nous préparer à la guerre.

negotiating table [nɪ'gəʊʃɪeɪtɪŋ-] n table *f* des négociations.

negotiation [nɪ,gəʊʃɪ'eɪʃn] n **1.** [discussion] négociation *f*, pourparlers *mpl* ▸ **to enter into negotiation** or **negotiations with sb** entamer des négociations avec qqn / *the project is under negotiation* le projet est en négociation / *the pay deal is subject to negotiation* l'accord salarial est sujet à négociation / *your salary is a matter of negotiation* nous devons débattre du montant de votre salaire **2.** [of bend, obstacle] franchissement *m*.

negotiator [nɪ'gəʊʃɪeɪtəʳ] n négociateur *m*, -trice *f*.

Negress ['ni:grɪs] n négresse *f (attention : le terme «Negress», comme son équivalent français, est considéré comme raciste)*.

negritude ['negrɪtju:d] n négritude *f*.

Negro ['ni:grəʊ] (*pl* **Negroes**) ◆ n nègre *m (attention : le terme «Negro» est considéré comme raciste, sauf dans le domaine de l'anthropologie)*. ◆ adj nègre.

negroid ['ni:grɔɪd] ◆ adj négroïde. ◆ n négroïde *mf*.

Negro spiritual n (negro) spiritual *m*.

Nehemiah [,ni:ɪ'maɪə] pr n Néhémie.

Nehru jacket ['neəru:-] n veste *f* à col officier.

neigh [neɪ] ◆ vi hennir. ◆ n hennissement *m*.

neighbor US = **neighbour**.

neighbour UK, **neighbor** US ['neɪbəʳ] ◆ n **1.** voisin *m*, -e *f* / *what will the neighbours say?* que vont dire les voisins ? / *Britain's nearest neighbour is France* la France est le plus proche voisin de la Grande-Bretagne **2.** [fellow man] prochain *m*, -e *f*. ◆ comp ▸ **neighbour states** pays *mpl* voisins. ◆ vt US avoisiner / *their farm neighbours mine* nos fermes sont voisines.

❖ **neighbour on** vt insep [adjoin] avoisiner, être contigu à.

❖ **neighbor with** vt insep US vivre en bon voisinage avec, entretenir des relations de bon voisinage avec.

neighbourhood UK, **neighborhood** US ['neɪbəhʊd] ◆ n **1.** [district] voisinage *m*, quartier *m* / *you can get mugged in this neighbourhood* ce quartier n'est pas très sûr / *the whole neighbourhood's talking about it* tout le quartier en parle / *in the neighbourhood of the station* près de la gare / *there's some nice scenery in the neighbourhood* il y a de jolis paysages dans les environs **2.** *fig* : *it'll cost you in the neighbourhood of $1,000* cela vous coûtera dans les or environ 1 000 dollars. ◆ comp [police, shop, school] du quartier.

Neighbourhood Watch n *système par lequel les habitants d'un quartier s'entraident pour en assurer la surveillance et la sécurité.*

neighbouring UK, **neighboring** US ['neɪbərɪŋ] adj avoisinant, voisin.

neighbourliness UK, **neighborliness** US ['neɪbəlɪnɪs] n (bons) rapports *mpl* de voisinage, sociabilité *f*, amabilité *f*.

neighbourly UK, **neighborly** US ['neɪbəlɪ] adj [person] amical ; [relations, visit] de bon voisinage / *to be neighbourly* être bon voisin, entretenir de bonnes relations avec ses voisins.

neither UK 'naɪðəʳ US 'niːðəʳ] ◆ pron : *neither of us* aucun de nous (deux) / *neither (of them) eats fish* aucun des deux or ni l'un ni l'autre ne mange de poisson / *which do you prefer? — neither!* lequel des deux préfères-tu ? — ni l'un ni l'autre ! ◆ conj ▸ **neither... nor...** ni... ni... / *it's neither good nor bad* ce n'est ni bon ni mauvais / *I like neither tea nor coffee* je n'aime ni le thé ni le café ▸ **that's neither here nor there** **a)** [unimportant] c'est sans importance **b)** [irrelevant] là n'est pas la question ▸ **I neither know nor care** c'est vraiment le cadet de mes soucis. ◆ adv non plus / *I don't like coffee, and neither does my wife* je n'aime pas le café, (et) ma femme non plus / *Peter can't swim and neither can I* Peter ne sait pas nager, (et) moi non plus / *neither did / do / were we* (et) nous non plus / *me neither!* *inf* moi non plus ! ◆ det aucun (des deux), ni l'un ni l'autre / *neither bottle is big enough* aucune des deux bouteilles n'est assez grande / *neither one of them has accepted* ni l'un ni l'autre n'a accepté.

nekton ['nektɒn] n necton *m*.

nelly ['nelɪ] n **1.** *inf & pej* [effeminate man] lopette *f* **2.** ▸ **not on your nelly!** UK *inf* tu peux courir !

nelson ['nelsn] n [in wrestling] double clé *f* ▸ **full nelson** nelson *m*.

nematode ['nemətəʊd] n nématode *m*.

nem con [,nem'kɒn] adv unanimement, à l'unanimité.

nemesia [nɪ'miːʒə] n némésia *m*.

nemesis ['neməsɪs] n *liter* **1.** [retribution] : *it's nemesis* c'est un juste retour des choses **2.** [agency of retribution] : *she saw the British press as her nemesis* elle vit dans la presse britannique l'instrument de sa vengeance.

✣ **Nemesis** pr n MYTH Némésis.

neoclassical [,niːəʊ'klæsɪkl] adj néoclassique.

neoclassicism [,niːəʊ'klæsɪsɪzm] n néoclassicisme *m*.

neocolonial [,niːəʊkə'ləʊnɪəl] adj néocolonial.

neocolonialism [,niːəʊkə'ləʊnɪəlɪzm] n néocolonialisme *m*.

neocolonialist [,niːəʊkə'ləʊnɪəlɪst] ◆ adj néocolonialiste. ◆ n néocolonialiste *mf*.

neo-con ◆ n néoconservateur *m*, -trice *f*. ◆ adj néoconservateur.

neo-Darwinism [,niːəʊ'dɑːwɪnɪzm] n néodarwinisme *m*.

neodymium [,niːəʊ'dɪmɪəm] n néodyme *m*.

neofascism [,niːəʊ'fæʃɪzm] n néofascisme *m*.

neofascist [,niːəʊ'fæʃɪst] ◆ adj néofasciste. ◆ n néofasciste *mf*.

Neogene ['niːəʊdʒiːn] ◆ adj néogène. ◆ n néogène *m*.

Neo-Latin [,niːəʊ'lætɪn] ◆ n latin *m* scientifique. ◆ adj **1.** [New Latin] du latin scientifique **2.** [Romance] néo-latin.

neo-liberal ◆ n néolibéral *m*, -e *f*. ◆ adj néolibéral.

neo-liberalism n néolibéralisme *m*.

neolith ['niːəlɪθ] n (objet *m* de) pierre *f* polie.

neolithic, Neolithic [,niːə'lɪθɪk] ◆ adj néolithique. ◆ n néolithique *m*.

neologism [niː'ɒlədʒɪzm] n néologisme *m*.

neologistic [niː,ɒlə'dʒɪstɪk] adj néologique.

neology [niː'ɒlədʒɪ] (*pl* **neologies**) = **neologism**.

neomycin [,niːəʊ'maɪsɪn] n néomycine *f*.

neon ['niːɒn] ◆ n néon *m*. ◆ comp [lamp] au néon ▸ **neon sign** enseigne *f* lumineuse (au néon) ▸ **neon lights** néons *mpl*.

neonatal [,niːəʊ'neɪtl] adj néonatal.

neonate ['niːəʊneɪt] n nouveau-né *m*.

neo-Nazi [,niːəʊ'nɑːtsɪ] ◆ n néonazi *m*, -e *f*. ◆ adj néonazi.

NE1 MESSAGING written abbr of **anyone**.

neophyte ['niːəfaɪt] n néophyte *mf*.

neoplasm ['niːəʊ,plæzm] n néoplasme *m*.

Neoplatonic [,niːəʊplə'tɒnɪk] adj néoplatonicien.

Neoplatonism [,niːəʊ'pleɪtənɪzm] n néoplatonisme *m*.

neorealism [,niːəʊ'rɪːəlɪzm] n néoréalisme *m*.

neorealist [nɪə'rɪːəlɪst] adj néoréaliste.

Neozoic [,niːəʊ'zəʊɪk] ◆ adj néozoïque. ◆ n néozoïque *m*.

Nepal [nɪ'pɔːl] pr n Népal *m* / *in Nepal* au Népal.

Nepalese [,nepə'liːz] (*pl* **Nepalese**) ◆ n Népalais *m*, -e *f*. ◆ adj népalais.

Nepali [nɪ'pɔːlɪ] (*pl* **Nepali** or **Nepalis**) ◆ n **1.** [person] Népalais *m*, -e *f* **2.** HIST népalais *m*. ◆ adj népalais.

neper ['niːpəʳ] n néper *m*.

nephew ['nefjuː] n neveu *m*.

nephralgia [nɪ'frældʒə] n *(U)* néphralgie *f*.

nephrectomy [nɪ'frektəmɪ] (*pl* **nephrectomies**) n néphrectomie *f*.

nephritic [nɪ'frɪtɪk] adj néphrétique.

nephritis [nɪ'fraɪtɪs] n *(U)* néphrite *f*.

nephron ['nefrɒn] n néphron *m*.

nepotism ['nepətɪzm] n népotisme *m*.

Neptune ['neptjuːn] pr n ASTRON & MYTH Neptune.

neptunium [nep'tjuːnɪəm] n neptunium *m*.

nerd [nɜːd] n *inf* [stupid] crétin *m* ▸ **computer nerd** accro *m* d'informatique ; [studious] binoclard *m*.

nerdy ['nɜːdɪ] adj *inf & pej* [unfashionable] ringard ; [foolish] débile.

Nereid ['nɪərɪɪd] (*pl* **Nereides** [nə'riːədiːz]) ◆ pr n ASTRON Néréide. ◆ n MYTH Néréide *f*.

Nero ['nɪərəʊ] pr n Néron.

neroli (oil) [nɪ'rəʊlɪ-] n néroli *m*.

nerve [nɜːv] ◆ n **1.** ANAT nerf *m* ▸ **to touch a raw nerve** *fig* toucher une corde sensible **2.** [courage] courage *m* ; [boldness] audace *f* ; [self-control] assurance *f*, sang-froid *m* / *it takes nerve to say no to him* il faut du courage or il faut avoir les nerfs solides pour lui dire non / *he didn't have the nerve to say no* il n'a pas osé dire non, il n'a pas eu le courage de dire non / *to get up enough nerve to jump* trouver le courage de sauter / *his nerve failed him* or *he lost his nerve* **a)** [backed down] le courage lui a manqué **b)** [panicked] il a perdu son sang-froid **3.** [cheek, audacity] culot *m* / *he had the nerve to refuse* il a eu le culot de refuser / *you've got a nerve coming here!* *inf* tu es gonflé de venir ici ! / *what a nerve!* *inf* quel culot or toupet ! **4.** [vein - in leaf, marble] veine *f*, nervure *f*. ◆ vt *fml* ▸ **to nerve sb to do sthg** encourager or inciter qqn à faire qqch / *he has to nerve himself to jump* il faut qu'il s'arme de courage pour sauter.

✣ **nerves** pl n **1.** [agitated state] nerfs *mpl* ; [anxiety] nervosité *f* ; [before concert, exam, interview] trac *m* ▸ **to have a fit of nerves** avoir le trac ▸ **to be in a state of nerves** être sur les nerfs / *I'm a bundle of nerves* je suis un paquet de nerfs / *I need a drink to steady my nerves* il faut que je boive un verre pour me calmer **2.** [self-control] nerfs *mpl* ▸ **to have strong nerves / nerves of steel** avoir les nerfs solides / des nerfs d'acier ▸ **to get on sb's nerves** *inf* : *he gets on my nerves* il me tape sur les nerfs or sur le système.

nerve cell n cellule *f* nerveuse.

nerve centre n **1.** ANAT centre *m* nerveux **2.** *fig* [headquarters] quartier *m* général, poste *m* de commandement.

nerve ending n terminaison *f* nerveuse.

nerve fibre n fibre *f* nerveuse.

nerve gas n gaz *m* neurotoxique.

nerve impulse n influx *m* nerveux.

nerveless ['nɜːvlɪs] adj **1.** [numb] engourdi, inerte / *the revolver fell from his nerveless fingers* le revolver tomba de ses doigts inertes **2.** [weak] sans force, mou *(before vowel or silent 'h' mol, f molle)* **3.** [calm] impassible, imperturbable ; [fearless] intrépide.

nerve-racking, nerve-wracking [-,rækɪŋ] adj *inf* angoissant, stressant / *after a nerve-racking wait he was shown in* après une attente qui mit ses nerfs à rude épreuve, on le fit entrer.

nervous ['nɜːvəs] adj **1.** [anxious, worried] anxieux, appréhensif ; [shy] timide, intimidé ; [uneasy] mal à l'aise ; [agitated] agité, tendu ; [tense] tendu / *I'm always nervous* or *I always feel nervous when he's around* je suis toujours tendu lorsqu'il est dans les parages / *don't be nervous* détendez-vous, n'ayez pas peur / *you're making me nervous* vous m'intimidez, vous me faites perdre mes moyens / *you don't need to be nervous on my account* vous n'avez pas besoin de vous inquiéter pour moi / *he is nervous of Alsatians* les bergers allemands lui font peur / *he is nervous of failure* il a peur de l'échec / *I'm nervous about speaking in public* j'ai peur or j'appréhende de parler en public / *I'm always nervous before exams* j'ai toujours le trac avant un examen / *he's a nervous wreck* *inf* il est à bout de nerfs, il est à cran **2.** ANAT [strain, illness] nerveux ▸ **the nervous system** le système nerveux ▸ **nervous tension** tension *f* nerveuse.

nervous breakdown n dépression *f* nerveuse ▸ **to have a nervous breakdown** avoir or faire une dépression nerveuse.

nervously ['nɜːvəslɪ] adv [anxiously] anxieusement, avec inquiétude ; [tensely] nerveusement.

nervousness ['nɜːvəsnɪs] n **1.** [worry] anxiété *f*, inquiétude *f* ; [before exam] trac *m* **2.** [agitation] nervosité *f*, agitation *f* (nerveuse), fébrilité *f* **3.** [of writing, speech] nervosité *f*.

nervy ['nɜːvɪ] (*compar* **nervier**, *superl* **nerviest**) adj *inf* **1.** UK [tense] énervé, excité **2.** US [cheeky] culotté.

Ness [nes] pr n ▸ **Loch Ness** le Loch Ness ▸ **the Loch Ness monster** le monstre du Loch Ness.

Nessie ['nesɪ] pr n *inf surnom du monstre du Loch Ness.*

nest [nest] ◆ n **1.** [for birds, wasps, snakes, etc.] nid *m* ; [occupants - esp birds] nichée *f* ; *fig* [den - of brigands] nid *m*, repaire *m* ; [for machine guns] nid *m* **2.** [set] ▸ **nest of tables / boxes** tables *fpl* / boîtes *fpl* gigognes. ◆ vi **1.** [bird] (se) nicher, faire son nid **2.** [person] ▸ **to go nesting** **a)** [find nests] aller chercher des nids **b)** [steal young] aller dénicher des oisillons **c)** [steal eggs] aller dénicher des œufs **3.** [fit together] s'emboîter / *the boxes nest together neatly* les cartons s'emboîtent bien (les uns dans les autres). ◆ vt **1.** [animal, bird] servir de nid à **2.** [tables, boxes] emboîter.

nest box n [in henhouse] pondoir *m* ; [in birdhouse, garden] nichoir *m*.

nested ['nestɪd] adj COMPUT & TYPO imbriqué.

nest egg n économies *fpl*, bas *m* de laine, pécule *m* / *I've got a nice little nest egg put by for when I retire* j'ai mis de côté un bon petit pécule en prévision de ma retraite.

nesting ['nestɪŋ] ◆ n nidification *f*. ◆ comp [bird] nicheur ; [time, instinct] de (la) nidification.

nesting box = **nest box**.

nestle ['nesl] ◆ vi **1.** [against person] se blottir / *she nestled (up) against me* elle s'est blottie contre moi ; [in comfortable place] se pelotonner / *to nestle down in bed* se pelotonner dans son lit **2.** [land, house] être niché or blotti / *their house nestles among the pines* leur maison est tapie or blottie au milieu des sapins. ◆ vt blottir.

nestling ['neslɪŋ] n oisillon *m*.

Nestor ['nestɔːʳ] pr n Nestor.

net [net] (*pt & pp* **netted**, *cont* **netting**) ◆ n **1.** [gen, for fishing, butterflies, etc.] filet *m* ; *fig* [trap] filet *m*, piège *m* ▸ **to fall into the net** tomber dans le piège ▸ **to slip through the net** glisser or passer à travers les mailles du filet **2.** SPORT filet *m* ▸ **to come to the net** [tennis] monter au filet ▸ **to practise in the nets** [cricket] *s'entraîner, un filet entourant les piquets* ▸ **to put the ball in the (back of the) net** FOOT marquer un but, envoyer la balle au fond des filets **3.** [for hair] filet *m* à cheveux, résille *f* **4.** TEXT tulle *m*, filet *m* **5.** [network] réseau *m* ▸ **radio net** ensemble *m* du réseau radiophonique **6.** [income, profit, weight] net *m*. ◆ vt **1.** [catch - fish, butterfly] prendre or attraper (au filet) ; [- terrorist, criminal] arrêter / *the police have netted the gang leaders* la police a mis la main sur les chefs de la bande **2.** [acquire - prize] ramasser, gagner ; [- fortune] amasser **3.** SPORT ▸ **to net the ball** [in tennis] envoyer la balle dans le filet / *he netted his service* [in tennis] son service échoua dans le filet ▸ **to net a goal** FOOT marquer un but **4.** [fruit tree] recouvrir de filets or d'un filet **5.** [income, salary] toucher or gagner net ; [profit] rapporter net / *we netted over $10,000* nous avons réalisé un bénéfice net de plus de 10 000 dollars. ◆ vi FOOT : *Barnes netted from 5 yards out* Barnes a marqué un but (depuis la ligne) des 6 mètres. ◆ adj **1.** [income, price, weight] net / *we made a net loss / profit of £500* nous avons enregistré une perte sèche / réalisé un bénéfice net de 500 livres / *to earn £500 net* gagner 500 livres net **2.** [result] final.

Net ◆ n ▸ **the Net** le Net, l'Internet *m*. ◆ comp ▸ **Net citizen** cybercitoyen *m*, -enne *f* ▸ **Net surfer** or **user** internaute *mf*.

netball ['netbɔːl] n net-ball *m* (*sport féminin proche du basket-ball*).

Net Book Agreement n UK PRESS *loi sur le prix du livre*.

net curtain n rideau *m* (de tulle or en filet), voilage *m*.

net domestic product n produit *m* intérieur net.

nethead ['nethed] n *inf* fada *mf* or accro *mf* d'Internet.

nether ['neðəʳ] adj *arch & liter* bas, inférieur ; [lip] inférieur ▸ **the nether regions** or **world** *fig* l'enfer *m* / *the ball hit him in the nether regions* *hum* le ballon l'a atteint dans les parties basses.

Netherlander ['neðəlændəʳ] n Néerlandais *m*, -e *f*.

Netherlands ['neðələndz] pl pr n ▸ **the Netherlands** les Pays-Bas *mpl* / *in the Netherlands* aux Pays-Bas.

nethermost ['neðəməʊst] adj *liter* le plus bas or profond.

netiquette ['netiket] n COMPUT nétiquette *f*.

netizen ['netɪzən] n COMPUT cybercitoyen *m*, -enne *f*.

net receipts n recettes *fpl* nettes.

netroots ['netruːts] n activisme *m* sur le Net.

netspeak ['netspiːk] n COMPUT langage *m* du Net, cyberjargon *m*.

nett [net] = **net** *(noun)*.

nettie ['netɪ] n *inf* fada *mf* or accro *mf* d'Internet.

netting ['netɪŋ] n *(U)* **1.** [for strawberries, trees] filet *m*, filets *mpl* ; [fencing] treillis *m* (métallique), grillage *m* **2.** TEXT [for curtains] tulle *m*, filet *m* **3.** [of fish, butterfly] prise *f* au filet.

nettle ['netl] ◆ n ortie *f* ▸ **to grasp the nettle** UK prendre le taureau par les cornes. ◆ vt UK agacer, énerver.

nettled ['netld] adj agacé / *don't get nettled* ne t'énerve pas.

nettle rash n urticaire *f*.

network ['netwɜːk] ◆ n **1.** [gen, ELEC & RAIL] réseau *m* ; [of shops, hotels] réseau *m*, chaîne *f* ; [of streets] lacis *m* ▸ **road network** réseau routier **2.** TV [national] réseau *m* ; [channel] chaîne *f* **3.** COMPUT réseau *m*. ◆ vt TV diffuser sur l'ensemble du réseau or sur tout le territoire / *the programme wasn't networked* l'émission n'a pas été diffusée (sur la chaîne nationale) ; COMPUT mettre en réseau. ◆ vi [make contacts] établir un réseau de contacts professionnels, réseauter / *I've been networking like mad* je n'ai pas arrêté de faire du réseautage.

network computer n ordinateur *m* réseau.

networking ['netwɜːkɪŋ] n **1.** [of computers] mise *f* en réseau **2.** [gen & COMM] établissement *m* d'un réseau de liens or de contacts / *these events are ideal for networking* ces événements se prêtent bien à la prise de contacts **3.** [via social, networking site] networking *m*, réseautage *m* ▸ **networking tool** outil *m* de réseautage.

network operating system n système *m* d'exploitation réseau.

network software n COMPUT logiciel *m* de réseau.

network TV n réseau *m* (de télévision) national.

neural ['njʊərəl] adj neural.

neuralgia [njʊə'rælʤə] n *(U)* névralgie *f*.

neurasthenia [,njʊərəs'θiːnjə] n *(U)* neurasthénie *f*.

neurasthenic [,njʊərəs'θenɪk] adj neurasthénique.

neuritis [,njʊə'raɪtɪs] n *(U)* névrite *f*.

neurobiology [,njʊərəʊbaɪ'ɒləʤɪ] n neurobiologie *f*.

neuroendocrine [,njʊərəʊ'endəkraɪn] adj neuroendocrinien.

neuroendocrinology [,njʊərəʊendəkrɪn'ɒləʤɪ] n neuroendocrinologie *f*.

neurogenic [,njʊərəʊ'ʤenɪk] adj neurogénique.

neuroleptic [,njʊərəʊ'leptɪk] ◆ adj neuroleptique. ◆ n neuroleptique *m*.

neurolinguistic [,njʊərəʊlɪŋ'gwɪstɪk] adj neurolinguistique.

neurolinguistics [,njʊərəʊlɪŋ'gwɪstɪks] n *(U)* neurolinguistique *f*.

neurological [,njʊərə'lɒʤɪkl] adj neurologique.

neurologist [,njʊə'rɒləʤɪst] n neurologue *mf*.

neurology [,njʊə'rɒləʤɪ] n neurologie *f*.

neuroma [,njʊə'rəʊmə] (*pl* **neuromas** or **neuromata** [-mətə]) n névrome *m*.

neuromuscular [,njʊərəʊ'mʌskjʊləʳ] adj neuromusculaire.

neuron ['njʊərɒn], **neurone** ['njʊərəʊn] n neurone *m*.

neuropath ['njʊərə,pæθ] n névropathe *mf*.

neuropathic [,njʊərə'pæθɪk] adj neuropathique.

neuropathology [,njʊərəʊpə'θɒləʤɪ] n neuropathologie *f*.

neuropathy [,njʊə'rɒpəθɪ] n neuropathie *f*.

neurophysiological [,njʊərəʊfɪzɪə'lɒʤɪkl] adj neurophysiologique.

neurophysiology [,njʊərəʊfɪzɪ'ɒləʤɪ] n neurophysiologie *f*.

neuropsychiatric [,njʊərəʊsaɪkɪ'ætrɪk] adj neuropsychiatrique.

neuropsychiatrist [,njʊərəʊsaɪ'kaɪətsɪst] n neuropsychiatre *mf*.

neuropsychiatry [,njʊərəʊsaɪ'kaɪətrɪ] n neuropsychiatrie *f*.

neuropsychologist [,njʊərəʊsaɪ'kɒləʤɪst] n neuropsychologue *mf*.

neuropsychology [,njʊərəʊsaɪ'kɒleʤɪ] n neuropsychologie *f*.

neuroscience ['njʊərəʊsaɪəns] n neuroscience *f*.

neuroscientist [,njʊərəʊ'saɪəntɪst] n spécialiste *mf* en neurosciences.

neurosis [,njʊə'rəʊsɪs] (*pl* **neuroses** [-siːz]) n névrose *f*.

neurosurgeon ['njʊərəʊ,sɜːʤən] n neurochirurgien *m*, -enne *f*.

neurosurgery [,njʊərəʊ'sɜːʤərɪ] n neurochirurgie *f*.

neurosurgical [,njʊərəʊ'sɜːʤɪkl] adj neurochirurgical.

neurotic [,njʊə'rɒtɪk] ◆ n névrosé *m*, -e *f*. ◆ adj [person] névrosé ; [disease] névrotique / *he's really neurotic about his weight* *fig* il est littéralement obsédé par son poids / *don't be so neurotic about it* *inf & fig* tu ne vas pas en faire tout un plat or une maladie.

neuroticism [,njʊə'rɒtɪsɪzm] n neurasthénie *f fig*.

neurotoxic [,njʊərəʊ'tɒksɪk] adj neurotoxique.

neurotoxin ['njʊərəʊ,tɒksɪn] n neurotoxine *f*.

neurotransmitter [,njʊərəʊtrænz'mɪtəʳ] n neurotransmetteur *m*.

neurovascular [,njʊərəʊ'væskjʊləʳ] adj neurovasculaire.

neurovegetative [,njʊərəʊ'veʤɪtətɪv] adj neurovégétatif.

neuston ['njuːstən] n neuston *m*.

neuter ['njuːtəʳ] ◆ adj neutre. ◆ n **1.** GRAM neutre *m* **2.** [animal - asexual] animal *m* asexué ; [- castrated] animal *m* castré ; [insect, plant] neutre *m*. ◆ vt châtrer.

neutral ['njuːtrəl] ◆ adj neutre ; [policy] de neutralité / *to remain neutral* garder la neutralité, rester neutre. ◆ n **1.** AUTO point *m* mort / *in neutral* au point mort **2.** POL [person] habitant *m*, -e *f* d'un pays neutre ; [state] pays *m* neutre.

neutralism ['njuːtrəlɪzm] n neutralisme *m*.

neutralist ['njuːtrəlɪst] ◆ adj neutraliste. ◆ n neutraliste *mf*.

neutrality [njuː'trælətɪ] n neutralité *f*.

neutralization [,njuːtrəlaɪ'zeɪʃn] n neutralisation *f*.

neutralize, **neutralise** ['njuːtrəlaɪz] vt neutraliser.

neutrino [njuː'triːnəʊ] (*pl* **neutrinos**) n neutrino *m*.

neutron ['njuːtrɒn] n neutron *m*.

neutron bomb n bombe *f* à neutrons.

neutron star n étoile *f* à neutrons.

neutropenia [njuːtrə'piːnjə] n MED neutropénie *f*.

neutrophil ['njuːtrəfɪl] n neutrophile *m*.

Nevada [nɪ'vɑːdə] pr n Nevada *m* / *in Nevada* dans le Nevada.

névé [neveɪ] n névé *m*.

never ['nevəʳ] ◆ adv **1.** [not ever] jamais / *I've never been there* je n'y suis jamais allé / *I never saw her again* je ne l'ai plus jamais revue / *you never know* on ne sait jamais ▸ **never before a)** [until that moment] jamais auparavant or avant or jusque-là **b)** [until now] jamais jusqu'ici or jusqu'à présent / *I'll never ever speak to him again* plus jamais de ma vie je ne lui adresserai la parole ▸ **never again** jamais plus, plus jamais / *never again!* plus jamais ça ! **2.** [used instead of 'did not'] : *she never turned up* elle n'est pas venue / *they never said a word about it* ils n'en ont jamais dit mot / *I never knew you cared* je ne savais pas que tu m'aimais ; [as intensifier] : *never a one* pas même un seul / *I never even asked if you wanted something to drink* je ne vous ai même pas offert (quelque chose) à boire / *he never so much as blinked* il n'a même pas cillé ▸ **never fear** ne craignez rien, n'ayez crainte ▸ **that will never do! a)** [it is unacceptable] c'est inadmissible ! **b)** [it is insufficient] ça ne va pas ! **3.** [in surprise, disbelief] : *you never did!* vous n'avez pas fait ça ! / *you never asked him to dinner!* vous ne l'avez quand même pas or tout de même pas invité à dîner ! / *you've never lost your purse again!* ne me dis pas que tu as encore perdu ton porte-monnaie ! ▸ **well I never (did)!** çà alors !, par exemple ! / *well I never, look who's coming!* çà alors or par exemple, regarde qui arrive ! ◆ interj ▸ **never!** (ce n'est) pas possible !

never-ending adj interminable, qui n'en finit pas.

never-failing adj **1.** [infallible] infaillible **2.** [enduring] inépuisable, intarissable.

nevermind ['nevəmaɪnd] n US ▸ **it makes no nevermind a)** [to me] ça m'est égal **b)** [in general] ça n'a pas d'importance.

nevermore [ˌnevə'mɔːr] adv *liter* jamais plus, plus jamais.

never-never *inf* ◆ n UK ▸ **to buy sthg on the never-never** acheter qqch à crédit or à tempérament. ◆ adj imaginaire, chimérique ▸ **never-never land** pays *m* de cocagne.

nevertheless [ˌnevəðə'les] adv néanmoins / *a small, but nevertheless significant increase* une augmentation faible mais néanmoins significative / *we shall press on nevertheless and hope things get better* nous poursuivrons néanmoins nos efforts en espérant que les choses s'amélioreront / *she'd not skied before but she insisted on coming with us nevertheless* elle n'avait jamais fait de ski mais elle a quand même tenu à nous accompagner ; [at start of clause or sentence] cependant / *he says he never wants to see her again, nevertheless, I think he still loves her* il dit qu'il ne veut plus jamais la revoir, cependant je crois qu'il l'aime encore.

never-to-be-forgotten adj inoubliable.

new [njuː] (*compar* **newer**, *superl* **newest**) ◆ adj **1.** [gen] nouveau (*before vowel or silent 'h'* **nouvel**, *f* **nouvelle**) ; [different] nouveau (nouvelle), autre ; [unused] neuf, nouveau (*before vowel or silent 'h'* **nouvel**, *f* **nouvelle**) (nouvelle) / *a new tablecloth* **a)** [brand new] une nouvelle nappe, une nappe neuve **b)** [fresh] une nouvelle nappe, une nappe propre / *new evidence* de nouvelles preuves / *he's wearing his new suit for the first time* il porte son nouveau costume or son costume neuf pour la première fois / *I don't want to get my new gloves dirty* je ne veux pas salir mes nouveaux gants or gants neufs / *this dress isn't new* ce n'est pas une robe neuve or une nouvelle robe, cette robe n'est pas neuve / *have you seen their new house yet?* est-ce que tu as vu leur nouvelle maison ? / *she needs a new sheet of paper* il lui faut une autre feuille de papier / *we need some new ideas* il nous faut de nouvelles idées or des idées neuves / *a new application of an old theory* une nouvelle application d'une vieille théorie / *there are new people in the flat next door* il y a de nouveaux occupants dans l'appartement d'à côté / *she likes her new boss* elle aime bien son nouveau patron / *new members are always welcome* nous sommes toujours ravis d'accueillir de nouveaux adhérents / **'under new management'** 'changement de propriétaire' ▸ **as** or **like new a)** comme neuf **b)** [in advert] 'état neuf' ▸ **as good as new (again) a)** [clothing, carpet] (à nouveau) comme neuf **b)** [watch, electrical appliance] (à nouveau) en parfait état de marche ▸ **to feel like a new woman / man** se sentir revivre ▸ **to make a new woman / man of sb** transformer qqn complètement ▸ **there's nothing new under the sun** *prov* (il n'y a) rien de nouveau sous le soleil **2.** [latest, recent - issue, recording, baby] nouveau (*before vowel or silent 'h'* **nouvel**, *f* **nouvelle**) / *the newest fashions* la dernière mode / *is there anything new on the catastrophe?* est-ce qu'il y a du nouveau sur la catastrophe ? ; [modern] nouveau (*before vowel or silent 'h'* **nouvel**, *f* **nouvelle**), moderne / *new maths* UK or *math* US les maths modernes / *new grammar* la nouvelle grammaire / *the New Right* POL la nouvelle droite / *her husband is a New Man* son mari est le type même de l'homme moderne ▸ **what's new?** quoi de neuf ? ▸ **(so) what's new!** or **what else is new!** [dismissive] et alors ? **3.** [unfamiliar - experience, environment] nouveau (*before vowel or silent 'h'* **nouvel**, *f* **nouvelle**) ▸ **to be new to sb** : *everything's still very new to me here* tout est encore tout nouveau pour moi ici ▸ **that's a new one on me! a)** *inf* [joke] celle-là, on ne me l'avait jamais faite ! **b)** [news] première nouvelle ! **c)** [experience] on en apprend tous les jours ! **4.** [recently arrived] nouveau (*before vowel or silent 'h'* **nouvel**, *f* **nouvelle**) ; [novice] novice / *you're new here, aren't you?* vous êtes nouveau ici, n'est-ce pas ? / *those curtains are new in this room* ces rideaux n'étaient pas dans cette pièce / *she's new to the job* elle débute dans le métier / *we're new to this area* nous venons d'arriver dans la région **5.** CULIN [wine] nouveau (*before vowel or silent 'h'* **nouvel**, *f* **nouvelle**) ; [potatoes, carrots] nouveau (*before vowel or silent 'h'* **nouvel**, *f* **nouvelle**). ◆ n nouveau *m* / *the cult of the new* le culte du nouveau.

new- in comp ▸ **new-built** nouvellement construit ▸ **new-won freedom** une liberté toute neuve.

New Age ◆ n New Age *m*. ◆ adj New Age (*inv*) ▸ **New Age traveller** nomade *mf* New Age.

New Ager [-'eɪdʒər] n adepte *mf* du New Age.

NEway MESSAGING written abbr of **anyway**.

newbie ['njuːbɪ] n *inf* **1.** néophyte *mf* **2.** COMPUT internaute *mf* novice, cybernovice *mf*.

new blood n *inf* sang *m* neuf.

newborn ['njuːbɔːn] ◆ adj nouveau-né / *a newborn baby girl* une (petite fille) nouveau-née. ◆ pl n ▸ **the newborn** les nouveau-nés *mpl*.

new boy n SCH nouveau *m*, nouvel élève *m* ; [in office, team, etc.] nouveau *m*.

New Britain pr n Nouvelle-Bretagne *f*.

new broom n réformateur *m*, -trice *f* ▸ **a new broom sweeps clean** *prov* tout nouveau tout beau *prov*.

New Brunswick pr n Nouveau-Brunswick *m* / *in New Brunswick* dans le Nouveau-Brunswick.

new-build adj neuf ▸ **new-build flats** des programmes de logements neufs.

New Caledonia pr n Nouvelle-Calédonie *f* / *in New Caledonia* en Nouvelle-Calédonie.

New Caledonian ◆ n Néo-Calédonien *m*, -enne *f*. ◆ adj néo-calédonien.

newcomer ['njuːˌkʌmər] n **1.** [new arrival] nouveau venu *m*, nouvelle venue *f* / *she's a newcomer to the town* elle vient d'arriver dans la ville **2.** [beginner] novice *mf* / *a good book for newcomers to computing* un bon livre pour les débutants en informatique / *I'm a newcomer to all this* tout cela est nouveau pour moi.

New Deal pr n ▸ **the New Deal** le New Deal (*programme de réformes sociales mises en place aux États-Unis par le président Roosevelt au lendemain de la grande dépression des années 1930*).

New Delhi pr n New Delhi.

new-edge adj ▸ **new-edge technology** technologie *f* de pointe.

newel ['njuːəl] n **1.** [on ordinary staircase] ▸ **newel (post)** pilastre *m* **2.** [in spiral staircase] noyau *m* (d'escalier).

New England pr n Nouvelle-Angleterre *f* / *in New England* en Nouvelle-Angleterre.

New Englander n habitant *m*, -e *f* de la Nouvelle-Angleterre.

New English Bible n ▸ **the New English Bible** *texte de la Bible révisé dans les années 1960*.

newfangled [ˌnjuː'fæŋgld] adj *pej* [idea, device] nouveau (*before vowel or silent 'h'* **nouvel**, *f* **nouvelle**), dernier cri (*inv*).

New Forest pr n *région forestière dans le sud de l'Angleterre*.

New Forest pony n New Forest *m* (*cheval*).

new-found adj nouveau (*before vowel or silent 'h'* **nouvel**, *f* **nouvelle**), récent / *her new-found friends* ses amis de fraîche date.

Newfoundland ['njuːfəndlənd] pr n **1.** GEOG Terre-Neuve / *in Newfoundland* à Terre-Neuve **2.** [dog] terre-neuve *m inv*.

Newfoundlander ['njuːfəndləndər] pr n Terre-Neuvien *m*, -enne *f*.

Newgate ['njuːgɪt] pr n *prison londonienne, fermée vers 1900, connue dans l'histoire pour avoir accueilli de grands criminels*.

new girl n SCH nouvelle (élève) *f* ; [in office, team] nouvelle *f*.

New Guinea pr n Nouvelle-Guinée *f* / *in New Guinea* en Nouvelle-Guinée.

New Hampshire [-'hæmpʃər] pr n New Hampshire *m* / *in New Hampshire* dans le New Hampshire.

New Hebridean [-ˌhebrɪ'diːən] ◆ n Néo-Hébridais *m*, -e *f*. ◆ adj néo-hébridais.

New Hebrides pl pr n Nouvelles-Hébrides *fpl* / *in the New Hebrides* aux Nouvelles-Hébrides.

New Ireland pr n Nouvelle-Irlande *f* / *in New Ireland* en Nouvelle-Irlande.

newish ['njuːɪʃ] adj assez neuf or nouveau.

New Jersey pr n New Jersey *m* / *in New Jersey* dans le New Jersey.

New Labour pr n [in UK] New Labour *m*.

new-laid adj UK ▸ **a new-laid egg** un œuf extra-frais.

New Latin n latin *m* scientifique.

New Left n nouvelle gauche *f*.

new-look adj new-look (*inv*).

newly ['njuːlɪ] adv nouvellement, récemment / *newly arrived* récemment arrivé, arrivé de fraîche date / *the gate has been newly painted* la barrière vient d'être peinte / *newly elected* nouvellement élu / *a newly discovered galaxy* une galaxie qu'on vient de découvrir or récemment découverte / *their newly won independence* leur indépendance récemment conquise / *newly qualified* fraîchement diplômé.

newlyweds ['njuːlɪwedz] pl n jeunes mariés *mpl*.

newmarket ['njuːˌmɑːkɪt] n UK *jeu de cartes*.

❖ **Newmarket** pr n *ville du Suffolk célèbre pour ses courses de chevaux*.

new math n US les maths *fpl* modernes.

new media pl n ▸ **the new media** les nouveaux médias.

New Mexico pr n Nouveau-Mexique *m* / *in New Mexico* au Nouveau-Mexique.

New Model Army pr n UK HIST ▸ **the New Model Army** *nom donné à l'armée anglaise après la révolte du Parlement en 1645*.

new moon n nouvelle lune *f*.

new-mown adj UK [grass] fraîchement coupé ; [lawn] fraîchement tondu ; [hay] fraîchement fauché.

newness ['njuːnɪs] n **1.** [of building] nouveauté *f* ; [of shoes, carpet] état *m* neuf **2.** [of ideas, experience, fashion] nouveauté *f*, originalité *f*.

New Orleans [-'ɔːlɪənz] pr n La Nouvelle-Orléans.

new product development n développement *m* de nouveaux produits.

New Quebec pr n Nouveau Québec *m* / *in New Quebec* au Nouveau-Québec.

new rich pl n nouveaux riches *mpl*.

news [njuːz] ◆ n (*U*) **1.** [information] nouvelles *fpl*, informations *fpl* / *a piece of news* une nouvelle, une information / *an interesting piece of news* une nouvelle intéressante / *is there any more news about* or *on the explosion?* est-ce qu'on a plus d'informations sur l'explosion ? / *that's good / bad news* c'est une bonne / mauvaise nouvelle ▸ **to have news of sb** avoir des nouvelles de qqn / *have you had any news of her?* avez-vous eu de ses nouvelles ? / *what's your news?* quoi de neuf (chez vous) ? / *dark colours are big news this season* les couleurs sombres sont très à la mode cette saison ▸ **have I got news for you!** j'ai du nouveau (à vous annoncer) ! ▸ **it's news to me!** première nouvelle !, je l'ignorais ! / *famine isn't news any more* la famine ne fait plus la une (des journaux) ▸ **to be in the news, to make news** défrayer la chronique, faire parler de soi ▸ **to break the news (of sthg) to sb** annoncer la nouvelle (de qqch) à qqn ▸ **bad news travels fast** les mauvaises nouvelles vont vite / *he's bad news* *inf* on a toujours des ennuis avec lui ▸ **no news is good news** *prov* pas de nouvelles, bonnes nouvelles *prov* **2.** RADIO & TV actualités *fpl*, informations *fpl* ; [bulletin] chronique *f*, journal *m*, page *f* / *the 9 o'clock news* **a)** TV le journal (télévisé) or les informations de 21 h **b)** RADIO le journal (parlé) or les informations de 21 h / *I heard it on the news* je l'ai entendu aux informations / *the sports / financial news* la page sportive / financière. ◆ comp ▸ **news desk** (salle *f* de) rédaction *f* ▸ **news editor** rédacteur *m*, -trice *f* ▸ **news film** film *m* d'actualités ▸ **news item** information *f* ▸ **news value** intérêt *m* médiatique.

news agency n agence *f* de presse.

newsagent UK ['nju:z,eɪdʒənt], **newsdealer** US ['nju:zdi:lər] n marchand *m*, -e *f* de journaux.

news analyst n US RADIO & TV commentateur *m*.

newsboy ['nju:zbɔɪ] n [in street] crieur *m* de journaux ; [delivery boy] livreur *m* de journaux.

news bulletin n bulletin *m* d'informations.

newscast ['nju:zkɑ:st] n bulletin *m* d'informations ; TV journal *m* télévisé, informations *fpl*.

newscaster ['nju:zkɑ:stər] n présentateur *m*, -trice *f* du journal.

newscasting ['nju:z,kɑ:stɪŋ] n RADIO & TV présentation *f* du journal.

news conference n conférence *f* de presse.

newsdealer ['nju:zdi:lər] US = **newsagent**.

newsfeed ['nju:zfi:d] n INTERNET newsfeed *m*.

newsflash ['nju:zflæʃ] n flash *m* d'informations.

newsgroup ['nju:zgru:p] n COMPUT forum *m* de discussion.

newshawk ['nju:zhɔ:k] *inf* = **newshound**.

news headlines pl n titres *mpl* de l'actualité.

newshound ['nju:zhaʊnd] n *inf* reporter *m*, journaliste *mf*.

newsletter ['nju:z,letər] n lettre *f*, bulletin *m* / *monthly newsletter* bulletin mensuel.

news magazine n newsmagazine *m*.

newsman ['nju:zmən] (*pl* **newsmen** [-mən]) n journaliste *m*.

newsmonger ['nju:z,mʌŋgər] n *pej* pipelet *m*, -ette *f*.

newsocracy [,nju:z'ɒkrəsɪ] n *aux États-Unis, ensemble de la presse et du réseau télévisé à audience nationale.*

New South Wales pr n Nouvelle-Galles du Sud *f* / *in New South Wales* en Nouvelle-Galles du Sud.

newspaper ['nju:z,peɪpər] ◆ n **1.** [publication] journal *m* / *in the newspaper* dans le journal / *an evening newspaper* un journal du soir / *a daily newspaper* un quotidien **2.** [paper] : *wrapped in newspaper* enveloppé dans du papier journal. ◆ comp [article, report] de journal ▸ **newspaper reporter** reporter *m* (de la presse écrite).

newspaper clipping, newspaper cutting n coupure *f* de presse.

newspaperman ['nju:z,peɪpəmæn] (*pl* **newspapermen** [-men]) n journaliste *m* (de la presse écrite).

newspaper rack n porte-journaux *m*.

newspaperwoman ['nju:zpeɪpə,wʊmən] (*pl* **newspaperwomen** [-,wɪmɪn]) n journaliste *f* (de la presse écrite).

newspeak ['nju:spi:k] n jargon *m* bureaucratique ; ≃ langue *f* de bois.

newsprint ['nju:zprɪnt] n papier *m* journal.

newsreader ['nju:z,ri:dər] = **newscaster**.

newsreel ['nju:zri:l] n film *m* d'actualités.

news report n bulletin *m* d'informations.

newsroom ['nju:zru:m] n **1.** PRESS salle *f* de rédaction **2.** RADIO & TV studio *m*.

news service n US *agence de presse qui publie ses informations par le biais d'un syndicat de distribution.*

newssheet ['nju:zʃi:t] = **newsletter**.

newsstand ['nju:zstænd] n kiosque *m* (à journaux).

newsvendor ['nju:z,vendər] n [gen] marchand *m*, -e *f* de journaux ; [in street] crieur *m*, -euse *f* de journaux.

newswoman ['nju:z,wʊmən] (*pl* **newswomen** [-,wɪmɪn]) n journaliste *f*.

newsworthiness ['nju:z,wɜ:ðɪnɪs] n intérêt *m* médiatique.

newsworthy ['nju:z,wɜ:ðɪ] adj : *it's not newsworthy* cela n'a aucun intérêt médiatique / *political scandal is always newsworthy* les médias sont toujours friands or la presse est toujours friande de scandales politiques.

newsy ['nju:zɪ] (*compar* **newsier**, *superl* **newsiest**) adj *inf* [letter] plein de nouvelles.

newt [nju:t] n ZOOL triton *m*.

new technology n nouvelle technologie *f*, technologie *f* de pointe.

New Testament pr n Nouveau Testament *m*.

newton ['nju:tn] n newton *m*.

Newtonian [nju:'təʊnjən] adj newtonien.

new town n UK ville *f* nouvelle.

new wave n [in cinema] nouvelle vague *f* ; [in pop music] new wave *f*.

❖ **new-wave** adj [cinema] nouvelle vague *(inv)* ; [pop music] new-wave *(inv)*.

New World pr n ▸ **the New World** le Nouveau Monde / **'The New World Symphony'** *Dvorák* 'Symphonie du Nouveau Monde'.

New Year n Nouvel An *m* ▸ **happy New Year!** bonne année ! ▸ **to see the New Year in** réveillonner *(le 31 décembre)* ▸ **New Year's resolutions** résolutions *fpl* du nouvel an.

New Year's n US **1.** [day] le premier de l'an **2.** [eve] le soir du réveillon or du 31 décembre.

New Year's Day n jour *m* de l'an.

New Year's Eve n Saint-Sylvestre *f*.

New Year's Honours List pr n ▸ **the New Year's Honours List** *titres et distinctions honorifiques décernés par la reine d'Angleterre à l'occasion de la nouvelle année et dont la liste est établie officieusement par le Premier ministre.*

New York pr n **1.** [city] ▸ **New York (City)** New York ▸ **the New York subway** le métro new-yorkais ▸ **the New York Times** *quotidien américain de qualité* ▸ **in a New York minute** US *inf* en l'espace de quelques instants **2.** [state] ▸ **New York (State)** l'État *m* de New York / *in (the State of) New York* or *in New York (State)* dans l'État de New York.

New Yorker [-'jɔ:kər] n New-Yorkais *m*, -e *f* ▸ **the New Yorker** US PRESS *hebdomadaire culturel et littéraire new-yorkais.*

New Zealand [-'zi:lənd] pr n Nouvelle-Zélande *f* / *in New Zealand* en Nouvelle-Zélande / *New Zealand butter* beurre néo-zélandais.

New Zealander [-'zi:ləndər] n Néo-Zélandais *m*, -e *f*.

next [nekst] ◆ adj **1.** [in time - coming] prochain ; [- already past] suivant / *keep quiet about it for the next few days* n'en parlez pas pendant les quelques jours qui viennent / *I had to stay in bed for the next ten days* j'ai dû garder le lit pendant les dix jours qui ont suivi / *(the) next day* le lendemain / *(the) next morning* / *evening* le lendemain matin / soir / *next Sunday* or *Sunday next* dimanche prochain / *the next Sunday* le dimanche suivant / *next year* l'année prochaine / *the next year* l'année suivante ▸ **(the) next minute** / **moment** : *next minute she was dashing off out again* *inf* une minute après, elle repartait / *the situation's changing from one moment to the next* la situation change sans arrêt ▸ **next time** : *(the) next time I see him* la prochaine fois que je le vois or verrai / *(the) next time I saw him* quand je l'ai revu / *you may not be so lucky next time* tu pourrais avoir moins de chance la or une prochaine fois / *there isn't going to be a next time* il n'y aura pas de prochaine fois **2.** [in series - in future] prochain ; [- in past] suivant / *the next episode* **a)** [in future] le prochain épisode **b)** [in past] l'épisode suivant / *translate the next sentence* traduisez la phrase suivante / *their next child was a girl* ensuite, ils eurent une fille / *they want their next child to be a girl* ils veulent que leur prochain enfant soit une fille, la prochaine fois ils veulent une fille / *the next 10 pages* les 10 pages suivantes / *the next before last* l'avant-dernier / *ask the next person you meet* demandez à la première personne que vous rencontrez / *the next world* l'au-delà *m* / *this life and the next* ce monde et l'autre ; [in space - house, street] prochain, suivant / *take the next street on the left* prenez la prochaine à gauche / *after the kitchen, it's the next room on your right* après la cuisine, c'est la première pièce à votre droite ; [in queue, line] : *I'm next* c'est (à) mon tour, c'est à moi / *who's next?* à qui le tour ? / *I'm next after you* je suis (juste) après vous / *Helen is next in line for promotion* Helen est la suivante sur la liste des promotions / *I can take a joke as well as the next person, but...* j'aime plaisanter comme tout le monde, mais... ▸ **(the) next thing** ensuite / *and (the) next thing I knew, I woke up in hospital* et l'instant d'après je me suis réveillé à l'hôpital / *next thing, they'll be melting the polar ice!* un de ces quatre (matins), ils vont se mettre à faire fondre les glaces du pôle ! ◆ adv **1.** [afterwards] ensuite, après / *what did you do with it next?* et ensuite, qu'en avez-vous fait ? / *next on the agenda is the question of finance* la question suivante à l'ordre du jour est celle des finances / *next came Henry VII* puis vint or il y eut Henri VII / *what will they think of next?* *hum* qu'est-ce qu'ils vont bien pouvoir inventer maintenant ? / *what* or *whatever next?* [indignantly or in mock indignation] et puis quoi encore ? **2.** [next time - in future] la prochaine fois ; [- in past] la fois suivante or d'après / *when we next meet* or *when next we meet* la prochaine fois que nous nous verrons, lors de notre prochaine rencontre / *when we next met* quand nous nous sommes revus **3.** [with superlative adj] : *the next youngest* / *oldest child* l'enfant le plus jeune / le plus âgé ensuite / *the next largest size* la taille juste au-dessus / *you'll have to make do with the next best* il faudra vous contenter de la qualité en dessous / *watching the match on TV was the next best thing to actually being there* l'idéal aurait été de pouvoir assister au match, mais ce n'était déjà pas mal de le voir à la télé. ◆ n [next train, person, child] prochain *m*, -e *f* / *next please!* au suivant, s'il vous plaît ! ▸ **next of kin** plus proche parent *m* / *the next of kin have been informed* la famille a été prévenue. ◆ prep US = **next to**.

❖ **next to** prep **1.** [near] à côté de / *they live next to a hospital* ils habitent à côté d'un hôpital / *come and sit next to me* venez vous asseoir à côté de or près de moi / *I love the feel of silk next to my skin* j'adore le contact de la soie sur ma peau / *next to him, everybody looks tiny* à côté de lui, tout le monde a l'air minuscule ; [in series] : *next to last* avant-dernier / *the next to bottom shelf* la deuxième étagère en partant du bas **2.** [in comparisons] après / *next to red, Ted prefers white* après le rouge, Ted préfère le blanc / *next to you, he was the smartest* après vous, c'était lui le plus élégant **3.** [almost] presque / *next to impossible* presque or quasiment impossible / *I bought it for next to nothing* je l'ai acheté pour trois fois rien or presque rien / *they have next to no proof* ils n'ont pratiquement aucune preuve.

next door ◆ adv : *they live next door to us* ils habitent à côté de chez nous, ce sont nos voisins / *I'm just going next door* je vais juste chez les voisins / *the house next door* la maison d'à côté or des voisins / *the girl* / *boy next door* la fille / le garçon d'à côté / *she was just the girl next door* *fig* c'était une fille tout à fait ordinaire / *that's next door to madness* / *absurdity* *fig* ça frise la folie / l'absurde. ◆ n la maison d'à côté / *next door's children* les enfants qui habitent à côté or des voisins / *it's the man from next door* c'est le voisin.

❖ **next-door** adj ▸ **next-door neighbour a)** [in private house] voisin *m*, -e *f* (de la maison d'à côté) **b)** [in apartment building] voisin *m*, -e *f* de palier ▸ **the next-door garden** le jardin des voisins.

next-of-kin n [relative] parent *m* le plus proche ; [family] famille *f* / *to inform the next-of-kin* prévenir la famille.

nexus ['neksəs] (*pl* **nexus** *or* **nexuses**) n lien *m*, liaison *f*.

NF ◆ pr n abbr of **National Front**. ◆ written abbr of **Newfoundland**.

NFL (abbr of **National Football League**) pr n *fédération nationale de football américain.*

NFP n abbr of **natural family planning**.

NFU (abbr of **National Farmers' Union**) pr n *syndicat britannique d'exploitants agricoles.*

NG pr n US abbr of **National Guard.**

NGO (abbr of **non-governmental organization**) n ONG *f.*

NH written abbr of **New Hampshire.**

NHL (abbr of **National Hockey League**) pr n *fédération nationale américaine de hockey sur glace.*

NHS (abbr of **National Health Service**) pr n UK ▸ **NHS number** ≃ numéro *m* de sécurité sociale.

NI ◆ n UK abbr of **national insurance.** ◆ written abbr of **Northern Ireland.**

niacin ['naɪəsɪn] n acide *m* nicotinique.

Niagara [naɪ'ægərə] pr n ▸ **Niagara Falls** les chutes *fpl* du Niagara.

nib [nɪb] n [of fountain pen] plume *f* ; [of ballpoint, tool] pointe *f.*

-nibbed [nɪbd] in comp ▸ **gold-nibbed** avec une plume en or ▸ **fine-nibbed a)** [fountain pen] à plume fine **b)** [ballpoint] à pointe fine.

nibble ['nɪbl] ◆ vt **1.** [subj: person, caterpillar] grignoter ; [subj: rodent] grignoter, ronger ; [subj: goat, sheep] brouter / *I'm not hungry, I'll just nibble a piece of bread* je n'ai pas faim, je vais juste grignoter un morceau de pain / *the mice have nibbled the telephone wire* les souris ont rongé or grignoté le fil du téléphone / *the fish nibbled the bait* le poisson a mordu à l'hameçon **2.** [playfully - ear] mordiller. ◆ vi **1.** [eat] ▸ **to nibble at** or **on sthg** grignoter qqch / *she nibbled nervously at her food* elle mangeait nerveusement du bout des dents / *the mice have nibbled through the wire* les souris ont entièrement rongé le fil **2.** [bite] ▸ **to nibble at sthg** mordiller qqch / *the cat likes to nibble at my toes* le chat aime bien me mordiller les orteils ▸ **to nibble at the bait** *lit & fig* mordre à l'hameçon **3.** *fig* [show interest] ▸ **to nibble at an offer** être tenté par une offre. ◆ n **1.** FISHING touche *f* **2.** [snack] ▸ **to have a nibble** grignoter quelque chose ▸ **nibbles** amuse-gueule(s) *mpl.*

nibbler ['nɪblər] n [person] grignoteur *m*, -euse *f.*

nibbling ['nɪblɪŋ] n grignotage *m.*

niblick ['nɪblɪk] n niblick *m.*

nibs [nɪbz] n UK *inf & hum* ▸ **his nibs** sa Majesté, son Altesse *hum.*

Nicaragua [,nɪkə'rægjʊə] pr n Nicaragua *m* / *in Nicaragua* au Nicaragua.

Nicaraguan [,nɪkə'rægjʊən] ◆ n Nicaraguayen *m*, -enne *f.* ◆ adj nicaraguayen.

nice [naɪs] ◆ adj **1.** [expressing approval - good] bien, chouette ; [- attractive] beau *(before vowel or silent 'h' bel, f belle)* ; [- pretty] joli ; [- car, picture] beau *(before vowel or silent 'h' bel, f belle)* ; [- food] bon ; [- idea] bon ; [- weather] beau *(before vowel or silent 'h' bel, f belle)* / *they have a nice house* ils ont une belle maison / *very nice* **a)** [visually] très joli **b)** [food] très bon / *to taste nice* avoir bon goût / *to smell nice* sentir bon / *she was wearing a very nice hat* elle portait un très joli chapeau / *she always looks nice* elle est toujours bien habillée or mise / *we had a nice meal* on a bien mangé / *nice work!* beau travail ! / *nice work if you can get it hum* c'est un travail agréable, encore faut-il le décrocher ; [pleasant - gen] agréable, bien ; [- person] bien, sympathique / *she's very nice* elle est très sympa / *have a nice time* amusez-vous bien / *it's nice to be back again* cela fait plaisir d'être de retour / *(it was) nice meeting you* (j'ai été) ravi de faire votre connaissance ▸ **nice one!** bravo !, chapeau ! **2.** [kind] gentil, aimable ▸ **to be nice to sb** être gentil avec qqn / *that's nice of her* c'est gentil or aimable de sa part / *she said some nice things* elle a dit des choses gentilles or aimables / *it's nice of you to say so* vous êtes bien aimable de le dire / *he was nice enough to carry my case* il a eu la gentillesse or l'obligeance de porter ma valise **3.** [respectable] bien (élevé), convenable / *nice people don't blow their noses at table* les gens bien élevés ne se mouchent pas à table **4.** [ironic use] : *he made a nice mess of the job* il a fait un travail de cochon / *you're a nice one to talk!* toi, tu peux parler ! / *we're in a nice mess* nous sommes dans de beaux draps or un beau pétrin / *that's a nice way to talk!* en voilà une façon de parler ! ▸ **nice one!** UK bravo ! **5.** [subtle - distinction, point] subtil, délicat. ◆ adv [as intensifier] : *nice long holidays* des vacances longues et agréables / *a nice cold drink* une boisson bien fraîche / *to have a nice long nap* faire une bonne sieste ; [with 'and'] : *take it nice and easy* allez-y doucement / *nice and warm* bien chaud / *it's nice and warm in here* il fait bon ici.

nice-looking adj joli, beau *(before vowel or silent 'h' bel, f belle).*

nicely ['naɪslɪ] adv **1.** [well] bien / *it's coming along nicely* ça progresse bien / *it fits her nicely* cela lui va bien / *nicely dressed* bien habillé / *nicely done!* bien joué !, beau travail ! / *nicely put!* bien dit ! / *this bag will do nicely* ce sac fera très bien l'affaire / *he's doing nicely* **a)** [at school] il travaille bien **b)** [after illness] il se remet bien **c)** [financially] il s'en sort bien, il n'est pas à plaindre ; [pleasantly] gentiment, agréablement / *she smiled at me nicely* elle me sourit gentiment **2.** [politely - behave, eat] bien, comme il faut / *ask nicely* demandez gentiment **3.** [exactly] exactement, avec précision ; [subtly] avec précision / *they judged it nicely* ils ne se sont pas trompés dans leur appréciation.

Nicene [naɪ'si:n] adj ▸ **the Nicene Creed** le symbole de Nicée.

nicety ['naɪsətɪ] *(pl* **niceties***)* n **1.** [precision] justesse *f*, précision *f* ▸ **to a nicety** exactement, à la perfection **2.** *(usu pl)* [subtlety] subtilité *f*, finesse *f* / *a distinction of some nicety* une distinction assez subtile or fine / *the niceties of chess* les subtilités des échecs / *we haven't time for all these social niceties* nous n'avons guère le temps de nous livrer à ces mondanités **3.** [refinement] raffinement *m*, agrément *m* / *the niceties of a life of leisure* les agréments d'une vie de loisirs.

niche [ni:ʃ] n **1.** [recess - in church, cliff] niche *f* ▸ **to find one's niche** *fig* trouver sa voie **2.** COMM créneau *m* ▸ **niche market** marché *m* de niche ▸ **niche marketing** marketing *m* de niche ▸ **niche product** produit *m* de niche ▸ **niche publishing** *publication d'ouvrages destinés à un public restreint.*

Nicholas ['nɪkələs] pr n ▸ **Saint Nicholas** saint Nicolas ▸ **Saint Nicholas' Day** la Saint-Nicolas.

nick [nɪk] ◆ n **1.** [notch] encoche *f* ; [chip - in crockery] ébréchure *f* ; [cut - on skin] (petite) coupure *f* **2.** UK *v inf* [police station] poste *m* (de police) ; [prison] taule *f* / *in the nick* en taule, au bloc / *down the nick* au poste **3.** UK *inf* [condition] état *m* / *in good nick* en bon état **4.** PHR *in the nick of time* à point nommé. ◆ vt **1.** [cut - deliberately] faire une entaille or une encoche sur ; [accidentally - crockery] ébrécher ; [- metal, paint] faire des entailles dans ; [- skin, face] entailler, couper (légèrement) / *he nicked his chin shaving* il s'est légèrement coupé le menton en se rasant **2.** UK *v inf* [arrest] épingler / *he got nicked outside the bank* il s'est fait épingler or pincer devant la banque **3.** UK *inf* [steal] faucher, chiper **4.** US *inf* [cheat] arnaquer / *they nicked him for $1,000* il s'est fait arnaquer de 1 000 dollars.

nickel ['nɪkl] (UK *pt & pp* **nickelled**, *cont* **nickelling** ; US *pt & pp* **nickeled**, *cont* **nickeling**) ◆ n **1.** [metal] nickel *m* **2.** US [coin] pièce *f* de 5 cents / *it only costs a nickel* ça ne coûte que 5 cents ▸ **to do sthg on one's own nickel** payer qqch de sa poche ▸ **the nickel tour** US : *they gave us the nickel tour* ils nous ont fait faire le tour du propriétaire. ◆ vt nickeler.

nickel-and-dime store n US *magasin à prix unique.*

nickel bag n US *drugs sl sachet de drogue.*

nickelodeon [,nɪkl'əʊdɪən] n US *dated* **1.** [jukebox] juke-box *m* **2.** [cinema] cinéma *m* bon marché.

nickel-plated adj nickelé.

nickel-plating n nickelage *m.*

nickel silver n argentan *m*, maillechort *m.*

nicker ['nɪkər] *(pl* **nicker***)* ◆ vi UK **1.** [neigh] hennir doucement **2.** [snigger] ricaner. ◆ n UK *inf* livre *f* (sterling) / *five nicker* cinq livres.

nick-nack ['nɪknæk] = **knick-knack.**

nickname ['nɪkneɪm] ◆ n [gen] surnom *m*, sobriquet *m* ; [short form] diminutif *m.* ◆ vt surnommer.

Nicodemus [,nɪkə'di:məs] pr n Nicodème.

Nicosia [,nɪkə'si:ə] pr n Nicosie.

nicotine ['nɪkəti:n] n nicotine *f* ▸ **nicotine addiction** tabagisme *m* ▸ **nicotine poisoning** tabagisme *m*, intoxication *f* nicotinique.

nicotine patch n patch *m* or timbre *m* antitabac.

nicotine-stained adj jauni par la nicotine.

nicotinic acid [nɪkə'tɪnɪk] n acide *m* nicotinique.

niece [ni:s] n nièce *f.*

Nielsen Ratings ['ni:lsən-] pl n US TV ≃ l'Audimat® *m.*

Nietzschean ['ni:tʃɪən] ◆ n nietzschéen *m*, -enne *f.* ◆ adj nietzschéen.

niff [nɪf] *v inf* ◆ n UK mauvaise odeur *f*, puanteur *f* / *what a niff!* ça schlingue ! ◆ vi schlinguer.

niffy ['nɪfɪ] *(compar* **niffier**, *superl* **niffiest***)* adj UK *v inf* puant.

nifty ['nɪftɪ] *(compar* **niftier**, *superl* **niftiest***)* adj *inf* **1.** [stylish] chouette, classe *(inv)* / *they've got a nifty house* ils ont une chouette baraque / *that's a nifty sweater* il est chouette, ce pull **2.** [clever - solution] génial / *a nifty piece of work* du bon travail **3.** [quick] rapide ; [agile] agile.

Niger pr n **1.** [ni:'ʒeər] [country] Niger *m* / *in Niger* au Niger **2.** ['naɪdʒər] [river] ▸ **the (River) Niger** le Niger.

Nigeria [naɪ'dʒɪərɪə] pr n Nigeria *m* / *in Nigeria* au Nigeria.

Nigerian [naɪ'dʒɪərɪən] ◆ n Nigérian *m*, -e *f.* ◆ adj nigérian.

Nigerien [ni:'ʒeərɪən] ◆ n Nigérien *m*, -enne *f.* ◆ adj nigérien.

niggard ['nɪgəd] n avare *m.*

niggardliness ['nɪgədlɪnɪs] n pingrerie *f*, avarice *f.*

niggardly ['nɪgədlɪ] ◆ adj [person] avare, pingre, ladre ; [quantity] parcimonieux, chiche. ◆ adv chichement, parcimonieusement, avec parcimonie.

nigger ['nɪgər] n *offens terme raciste désignant un Noir* ; nègre *m*, négresse *f* ▸ **there's a nigger in the woodpile a)** UK [problem] il y a un hic **b)** [person] il y a un empêcheur de tourner en rond **c)** [secret] il y a anguille sous roche.

niggle ['nɪgl] ◆ vi **1.** [fuss over details] ergoter ▸ **to niggle over** or **about sthg** ergoter sur qqch **2.** [nag] trouver à redire. ◆ vt **1.** [worry - subj: conscience] harceler, travailler **2.** [nag] harceler. ◆ n **1.** [small criticism] objection *f* mineure / *I've got one slight niggle* il y a un point de détail sur lequel je ne suis pas d'accord **2.** [small worry, doubt] léger doute *m.*

❖ **niggle at** vt insep : *it's been niggling at me all day* ça me travaille depuis ce matin.

niggling ['nɪglɪŋ] ◆ adj **1.** [petty - person] tatillon ; [- details] insignifiant **2.** [fastidious - job] fastidieux **3.** [nagging - pain, doubt] tenace. ◆ n chicanerie *f*, pinaillage *m.*

niggly ['nɪglɪ] *(compar* **nigglier**, *superl* **niggliest***)* adj *inf* pinailleur.

nigh [naɪ] *liter* ◆ adv : *well nigh 80 years* près de 80 ans / *well nigh impossible* presque impossible. ◆ adj proche / *the hour is nigh* c'est bientôt or presque l'heure ▸ **to be nigh unto death** *arch* être à l'article de la mort. ◆ prep près de, proche de.

❖ **nigh on** adv phr presque / *nigh on 6 o'clock* presque 6 heures / *it's nigh on sundown* le soleil se couchera d'ici peu.

night [naɪt] ◆ n **1.** [late] nuit *f* ; [evening] soir *m*, soirée *f* / *at night* **a)** [evening] le soir **b)** [late] la nuit / *ten o'clock at night* dix heures du soir / *all night (long)* toute la nuit / *by night* de nuit / *during* or *in the night* pendant la nuit / *(on) Tuesday night* **a)** [evening] mardi soir **b)** [during night] dans la nuit de mardi à mercredi / *last night* **a)** [evening] hier soir **b)** [during night] cette nuit / *the night before* **a)** [evening] la veille au soir **b)** [late] la nuit précédente / *far* or *late into the night* jusqu'à une heure avancée de la nuit / *it's weeks since we had a night out* ça fait des semaines que nous ne sommes pas sortis le soir / *it's the au pair's night off* c'est le soir de sortie de la jeune fille au pair / *Tuesday's our poker night* le mardi, c'est notre soirée poker, le mardi soir, nous faisons un poker ▸ **to have a late night** se coucher tard / *this has been going on night after night* cela s'est prolongé des nuits durant / *what you need is a good night's sleep* ce qu'il vous faut, c'est une bonne nuit de sommeil or de repos / *I had a bad night* j'ai passé une mauvaise nuit, j'ai mal dormi / *let's make a night of it!* [have fun] faisons la fête toute la nuit ! ▸ **the night of the long knives** la nuit des longs couteaux ▸ **the night is young a)** *lit* la nuit n'est pas très avancée **b)** *hum* on a toute la nuit devant nous / **'It Happened One Night'** *Capra* 'New York-Miami' / **'The Night of the Iguana'** *Williams, Huston* 'la Nuit de l'iguane' / **'The Night Watch'** *Rembrandt* 'la Ronde de nuit' **2.** [darkness] obscurité *f* ; *fig* ténèbres *fpl* / *night falls early* il fait nuit tôt, la nuit tombe tôt **3.** THEAT soirée *f* ▸ **gala night** soirée de gala ▸ **poetry night** soirée poésie. ◆ comp [duty, flight, sky] de nuit.

❖ **nights** adv de nuit / *how can you sleep nights not knowing where he is?* comment arrives-tu à dormir sans même savoir où il est ? / *to work nights* travailler de nuit / *I'm on nights next week* je suis de nuit la semaine prochaine / *to lie awake nights* US ne pas dormir la nuit.

night bird n ORNITH oiseau *m* nocturne or de nuit ; *fig* noctambule *mf*, oiseau *m* de nuit.

night blindness n *(U)* héméralopie *f*.

nightcap ['naɪtkæp] n **1.** [drink - gen] boisson *f (que l'on prend avant d'aller se coucher)* ; [- alcoholic] dernier verre *m (avant d'aller se coucher)* / *I always have a nightcap* je bois toujours un petit quelque chose avant d'aller me coucher **2.** [headgear] bonnet *m* de nuit.

nightclothes ['naɪtkləʊðz] pl n [pyjamas] pyjama *m* ; [nightdress] chemise *f* de nuit / *the children were in their nightclothes* les enfants étaient en pyjama.

nightclub ['naɪtklʌb] n night-club *m*, boîte *f* de nuit.

nightclubber ['naɪtklʌbəʳ] n : *he's a bit of a nightclubber* c'est un vrai pilier de boîtes de nuit.

nightclubbing ['naɪtklʌbɪŋ] n ▸ **to go nightclubbing** sortir en boîte.

night depository = **night safe.**

nightdress ['naɪtdres] n chemise *f* de nuit.

night editor n rédacteur *m*, -trice *f* de nuit *(dans un journal)*.

nightfall ['naɪtfɔːl] n tombée *f* de la nuit or du jour / *at nightfall* à la tombée de la nuit or du jour / *we must get there by nightfall* il faut que nous y arrivions avant la tombée de la nuit or du jour.

night fighter n chasseur *m* de nuit.

nightgown ['naɪtgaʊn] = **nightdress.**

nighthawk ['naɪthɔːk] n ORNITH engoulevent *m* (d'Amérique) ; *fig* couche-tard *mf*, oiseau *m* de nuit.

nightie ['naɪtɪ] n *inf* chemise *f* de nuit.

nightingale ['naɪtɪŋgeɪl] n rossignol *m*.

nightjar ['naɪtdʒɑːʳ] n engoulevent *m* (d'Europe).

night letter n US télégramme *m (à tarif réduit, livré le lendemain matin)*.

nightlife ['naɪtlaɪf] n vie *f* nocturne / *what's the nightlife like round here?* qu'est-ce qu'on peut faire le soir, ici ?

nightlight ['naɪtlaɪt] n veilleuse *f*.

nightlong ['naɪtlɒŋ] ◆ adj qui dure toute la nuit / *a nightlong vigil* une nuit de veille. ◆ adv pendant toute la nuit, la nuit durant.

nightly ['naɪtlɪ] ◆ adj [happening every night] de tous les soirs, de chaque nuit / *he made his nightly call home* comme chaque soir or nuit, il téléphona chez lui / *to make a nightly TV appearance* passer tous les soirs à la télévision. ◆ adv tous les soirs, chaque soir / *appearing nightly at the Odeon* THEAT tous les soirs sur la scène de l'Odéon.

nightmare ['naɪtmeəʳ] ◆ n *lit & fig* cauchemar *m* / *I had a nightmare* j'ai fait un cauchemar / *the first day of the sales was a nightmare* la première journée de soldes fut un cauchemar. ◆ comp [vision, experience] cauchemardesque, de cauchemar.

nightmarish ['naɪtmeərɪʃ] adj cauchemardesque, de cauchemar.

night-night interj *inf* ▸ **night-night!** bonne nuit !

night nurse n infirmier *m*, -ère *f* de nuit.

night owl n *inf* couche-tard *mf inv*.

night porter n portier *m* de nuit.

nightrobe ['naɪtrəʊb] n US chemise *f* de nuit.

night safe n coffre *m* de nuit.

night school n cours *mpl* du soir ▸ **to go to night school** suivre des cours du soir / *in* US or *at* UK *night school* aux cours du soir.

nightshade ['naɪtʃeɪd] n morelle *f* ▸ **the nightshade family** les solanacées.

night shift n [work force] équipe *f* de nuit ; [period of duty] poste *m* de nuit ▸ **to be on the night shift** être de nuit.

nightshirt ['naɪtʃɜːt] n chemise *f* de nuit.

night soil n fumier *m (d'excréments humains)*.

nightspot ['naɪtspɒt] n *inf* boîte *f* (de nuit).

nightstand ['naɪtstænd] n US table *f* de nuit.

nightstick ['naɪtstɪk] n US matraque *f (de policier)*.

night storage heater n radiateur *m* à accumulation.

night-time n nuit *f* / *at night-time* la nuit.

night vision n vision *f* nocturne / *to have good / bad night vision* avoir une bonne / mauvaise vision nocturne.

night watchman n veilleur *m* de nuit.

nightwear ['naɪtweəʳ] n *(U)* = **nightclothes.**

nighty ['naɪtɪ] *(pl* **nighties***)* *inf* = **nightie.**

nighty-night *inf* = **night-night.**

nihilism ['naɪɪlɪzm] n nihilisme *m*.

nihilist ['naɪɪlɪst] ◆ adj nihiliste. ◆ n nihiliste *mf*.

nihilistic [,naɪɪ'lɪstɪk] adj nihiliste.

Nijinsky [nɪ'dʒɪnskɪ] pr n Nijinski.

Nike ['naɪkiː] pr n MYTH Nikê.

nil [nɪl] ◆ n [gen & SPORT] zéro *m* ; [on written form] néant *m*. ◆ adj nul, zéro *(inv)*.

Nile [naɪl] pr n ▸ **the (River) Nile** UK, **the Nile River** US le Nil ▸ **the Blue Nile** le Nil Bleu ▸ **the White Nile** le Nil Blanc.

nimbi ['nɪmbaɪ] pl ⟶ **nimbus.**

nimble ['nɪmbl] adj **1.** [agile - body, movements] agile ; [- fingers] adroit, habile / *she's very nimble for (someone of) her age* elle est très alerte pour (quelqu'un de) son âge / *a nimble climber / dancer* un grimpeur / un danseur agile / *he soon got to be nimble on his crutches* il eut tôt fait d'apprendre à se déplacer avec ses béquilles ; [skilful] habile / *a nimble seamstress* une habile couturière **2.** [quick - thought, mind] vif, prompt.

nimble-fingered adj aux doigts agiles, habile de ses doigts.

nimble-witted adj vif (d'esprit), à l'esprit vif or rapide.

nimbly ['nɪmblɪ] adv agilement, lestement, prestement / *he leapt nimbly over the wall* il sauta lestement par-dessus le mur.

nimbostratus [,nɪmbəʊ'streɪtəs] *(pl* **nimbostrati** [-taɪ]*)* n nimbo-stratus *m*.

nimbus ['nɪmbəs] *(pl* **nimbi** ['nɪmbaɪ] *or* **nimbuses***)* n **1.** METEOR nimbus *m* **2.** [halo] nimbe *m*, auréole *f*.

nimby ['nɪmbɪ] (abbr of **not in my backyard**) n *inf riverain s'opposant à tout projet de construction à proximité de chez lui.*

niminy-piminy [,nɪmɪnɪ'pɪmɪnɪ] adj UK *inf* cucul.

nincompoop ['nɪŋkəmpuːp] n *inf* cruche *f* / *don't be such a nincompoop* ne sois pas si bête.

nine [naɪn] ◆ det neuf *(inv)* / *a nine-hole golf course* un (parcours de) neuf trous / *nine times out of ten* neuf fois sur dix ▸ **a nine days' wonder** UK un feu de paille. ◆ n **1.** neuf *m inv* ▸ **to be dressed (up) to the nines** : *he was dressed up to the nines* il s'était mis sur son trente-et-un **2.** US SPORT équipe *f* (de base-ball). ◆ pron neuf. **See also five.**

911 1. *numéro de téléphone des urgences dans certains États des États-Unis* **2.** MESSAGING *signifie qu'il y a urgence ou que l'on souhaite être contacté rapidement.*

ninefold ['naɪnfəʊld] ◆ adj neuf fois supérieur / *there was a ninefold increase in casualties* le nombre de victimes fut multiplié par neuf. ◆ adv neuf fois / *to increase ninefold* (se) multiplier par neuf.

ninepin ['naɪnpɪn] n [skittle] quille *f* ▸ **to go down like ninepins** UK tomber comme des mouches.

❖ **ninepins** n [game] quilles *fpl*.

nineteen [,naɪn'tiːn] ◆ det dix-neuf. ◆ n dix-neuf *m* ▸ **to talk nineteen to the dozen** UK : *they were talking nineteen to the dozen* ils étaient intarissables, il n'y avait pas moyen de les faire taire. ◆ pron dix-neuf. **See also five.**

nineteenth [,naɪn'tiːnθ] ◆ det dix-neuvième ▸ **the nineteenth hole** *hum* [in golf] le bar (du club). ◆ n **1.** [ordinal] dix-neuvième *mf* **2.** [fraction] dix-neuvième *m*. **See also fifth.**

ninetieth ['naɪntɪəθ] ◆ det quatre-vingt-dixième. ◆ n **1.** [ordinal] quatre-vingt-dixième *mf* **2.** [fraction] quatre-vingt-dixième *m*. **See also fifth.**

nine-to-five ◆ adv de neuf heures du matin à cinq heures du soir ▸ **to work nine-to-five** avoir des horaires de bureau. ◆ adj **1.** [job] routinier **2.** [mentality, attitude] de gratte-papier.

ninety ['naɪntɪ] *(pl* **nineties***)* ◆ det quatre-vingt-dix. ◆ n quatre-vingt-dix *m* / *ninety-one* quatre-vingt-onze / *ninety-two* quatre-vingt-douze / *ninety-nine* quatre-vingt-dix-neuf / *he's in his nineties* il est nonagénaire, il a quatre-vingt-dix ans passés / *in the nineties* dans les années quatre-vingt-dix. ◆ pron quatre-vingt-dix. **See also fifty.**

Nineveh ['nɪnɪvə] pr n Ninive.

ninja ['nɪndʒə] n ninja *m*.

ninny ['nɪnɪ] *(pl* **ninnies***)* n *inf* empoté *m*, -e *f*, nigaud *m*, -e *f*, bêta *m*, -asse *f*.

NINO ['niːnəʊ] n abbr of **National Insurance Number.**

ninth [naɪnθ] ◆ adj neuvième. ◆ n **1.** [ordinal] neuvième *mf* **2.** [fraction] neuvième *m*. ◆ adv [in contest] en neuvième position, à la neuvième place. **See also fifth.**

ninth grade n US SCH *classe de l'enseignement secondaire correspondant à la troisième (13-14 ans).*

niobium [naɪ'əʊbɪəm] n niobium *m*.

nip [nɪp] *(pt & pp* **nipped**, *cont* **nipping***)* ◆ n **1.** [pinch] pincement *m* ; [bite] morsure *f* / *that dog gave me a nip on the leg* ce chien m'a mordillé la jambe **2.** [cold] froid *m* piquant / *there's a nip in the air* ça pince **3.** [in taste] goût *m* piquant / *I like cheese with a nip to it* j'aime le fromage un peu relevé or fort **4.** [of alcohol] goutte *f* **5.** PHR **nip and tuck** *hum* [plastic surgery] chirurgie *f* esthétique ▸ **to be nip and tuck** être au coude à coude. ◆ vt **1.** [pinch] pincer ; [bite] mordre (légèrement), mordiller / *she nipped her finger in the door* elle s'est pincé le doigt dans la porte / *the puppy nipped my leg* le chiot m'a mordillé la jambe **2.** HORT [plant, shoot] pincer ▸ **to nip sthg in the bud** *fig* tuer or écraser or étouffer qqch dans l'œuf **3.** [numb, freeze] geler, piquer / *the cold nipped our ears* le froid nous piquait les oreilles / *the vines were nipped by the frost* les vignes ont été grillées par le gel **4.** US *inf* [steal] piquer, faucher. ◆ vi **1.** [try to bite] : *the dog nipped at my ankles* le chien m'a mordillé les chevilles **2.** UK *inf* [go] faire un saut / *to nip (across* or *along* or *over) to the butcher's* faire un saut chez le boucher / *she nipped in to say hello* elle est passée en vitesse dire bonjour / to *nip in and out of the traffic* se faufiler entre les voitures / *we just nipped out for a drink* on est sortis prendre un pot en vitesse.

❖ **nip off** ◆ vt sep [cut off] couper ; HORT pincer. ◆ vi UK *inf* filer / *she nipped off home* elle a filé chez elle.

Nip [nɪp] n *vulg terme injurieux désignant un Japonais* ; ≃ Jap *mf*.

nipper [ˈnɪpəʳ] n **1.** [of crab, lobster] pince *f* **2.** UK *inf* [child] gosse *mf*, môme *mf*.

❖ **nippers** pl n [tool] pince *f* ▸ **a pair of nippers** une pince.

nipple [ˈnɪpl] n **1.** [on breast] mamelon *m* ; [on animal] tétine *f*, mamelle *f* **2.** [teat -on feeding bottle] tétine *f* **3.** US [baby's dummy] tétine *f* **4.** TECH [of pump] embout *m* ; [for greasing] graisseur *m* ; [connector] raccord *m*.

nippy [ˈnɪpɪ] (*compar* **nippier**, *superl* **nippiest**) adj **1.** [weather] frisquet ; [cold] piquant / *it's nippy (out) this morning* ça pince, ce matin **2.** UK *inf* [quick] vif, rapide / *a nippy little car* une petite voiture rapide **3.** UK [odour, flavour] piquant, âpre.

nirvana [ˌnɪəˈvɑːnə] n nirvana *m*.

Nisei [nɪˈseɪ] n US Japonais *m*, -e *f* de la deuxième génération.

nisi [ˈnaɪsaɪ] ⟶ **decree nisi**.

Nissen hut [ˈnɪsn-] n UK MIL abri *m (en tôle ondulée)*.

nit [nɪt] n **1.** ENTOM lente *f* ; [in hair] pou *m* **2.** UK *inf* [idiot] andouille *f*.

niter US = **nitre**.

NITING MESSAGING written abbr of **anything**.

nitpick [ˈnɪtpɪk] vi *inf* couper les cheveux en quatre, chercher la petite bête, pinailler.

nitpicker [ˈnɪtˌpɪkəʳ] n *inf* chipoteur *m*, -euse *f*.

nitpicking [ˈnɪtpɪkɪŋ] *inf* ◆ n chicane *f*, pinaillage *m*. ◆ adj chicanier.

nitrate [ˈnaɪtreɪt] n nitrate *m*, azotate *m*.

nitration [naɪˈtreɪʃn] n nitration *f*.

nitre UK, **niter** US [ˈnaɪtəʳ] n nitre *m dated*, nitrate *m* de potassium.

nitric acid [ˈnaɪtrɪk-] n acide *m* nitrique.

nitric oxide [ˈnaɪtrɪk-] n oxyde *m* nitrique.

nitride [ˈnaɪtraɪd] n nitrure *m*.

nitrify [ˈnaɪtrɪfaɪ] (*pt & pp* **nitrified**) vt **1.** CHEM nitrifier **2.** AGR fertiliser avec des nitrates.

nitrile [ˈnaɪtraɪl] n nitrile *m*.

nitrite [naɪtraɪt] n nitrite *m*.

nitrogen [ˈnaɪtrədʒən] n azote *m*.

nitrogen cycle n cycle *m* de l'azote.

nitrogen fixation n fixation *f* de l'azote.

nitrogenous [naɪˈtrɒdʒɪnəs] adj azoté.

nitrogen peroxide n protoxyde *m* d'azote.

nitroglycerine [ˌnaɪtrəʊˈglɪsəriːn] n nitroglycérine *f*.

nitrous [ˈnaɪtrəs] adj nitreux, azoteux.

nitrous acid n acide *m* nitreux.

nitty-gritty [ˌnɪtɪˈgrɪtɪ] n *inf* essentiel *m* / *let's get down to the nitty-gritty* venons-en au cœur du problème.

nitwit [ˈnɪtwɪt] n *inf* andouille *f*.

nix [nɪks] US *inf* ◆ interj **1.** [no] non ▸ **to say nix to** or **on sthg** dire non à qqch **2.** [watch out] attention. ◆ n rien *m* / *we got nix out of the deal* l'affaire ne nous a pas rapporté un radis. ◆ vt [refuse] rejeter, refuser ; [veto] opposer un veto à.

NJ written abbr of **New Jersey**.

Njoy MESSAGING written abbr of **enjoy**.

NL written abbr of **Newfoundland and Labrador**.

NLF (abbr of **National Liberation Front**) pr n FLN *m*.

NLP n (abbr of **natural language processing**) TAL *m*.

NLQ (abbr of **near letter quality**) n *qualité quasi-courrier.*

NLRB (abbr of **National Labor Relations Board**) pr n *commission américaine d'arbitrage en matière d'emploi.*

NM written abbr of **New Mexico**.

NME (abbr of **New Musical Express**) pr n *hebdomadaire anglais de musique rock.*

NNE (written abbr of **north-northeast**) N-NE.

NNW (written abbr of **north-northwest**) N-NO.

no [nəʊ] (*pl* **noes** *or* **nos**) ◆ adv **1.** [expressing refusal, disagreement] non / *do you like spinach? — no, I don't* aimez-vous les épinards ? — non / *oh no you don't!* [forbidding, stopping] oh que non ! / *to say no* dire non / *the answer's no* la réponse est non / *they won't take no for an answer* ils n'accepteront aucun refus **2.** [with comparative adj or adv] : *I can go no further* je ne peux pas aller plus loin / *we'll go no further than three million* on n'ira pas au-delà de or nous ne dépasserons pas les trois millions / *you're no better than he is* vous ne valez pas mieux que lui / *call me, if you're (feeling) no better in the morning* appelez-moi si vous ne vous sentez pas mieux demain matin / *this car is no more expensive than the other one* cette voiture ne coûte pas plus cher que l'autre **3.** *liter* [not] : *whether you wish it or no* que vous le vouliez ou non. ◆ det **1.** [not any, not one] : *I have no family* je n'ai pas de famille / *she has no intention of leaving* elle n'a aucune intention de partir / *there are no letters for you today* il n'y a pas de courrier or aucune lettre pour toi aujourd'hui / *no sensible person would dispute this* quelqu'un de raisonnable ne discuterait pas / *no other washing powder gets clothes so clean* aucune autre lessive ne laisse votre linge aussi propre / *it's of no importance / interest* ça n'a aucune importance / aucun intérêt / *no one company can handle all the orders* une seule entreprise ne pourra jamais s'occuper de toutes les commandes / *no two experts ever come up with the same answer* il n'y a pas deux experts qui soient d'accord / *you tell us who did it and we'll let you go, no questions asked* tu nous dis qui l'a fait et t'es libre, on t'embêtera plus / *there's no telling* nul ne peut le dire / *there's no denying it* c'est indéniable **2.** [not a] : *I'm no expert, I'm afraid* malheureusement, je ne suis pas un expert / *she's no friend of mine* ce n'est pas une amie à moi / *this is no time for arguments* ce n'est pas le moment de se disputer / *it will be no easy task persuading them* ce ne sera pas une tâche facile que de les persuader / *that's no bad thing* ce n'est pas une mauvaise chose **3.** [introducing a prohibition] / **'no left turn'** 'interdiction de tourner à gauche' / **'no smoking'** 'défense de fumer' / **'no swimming'** 'baignade interdite'. ◆ n non *m inv* / *the noes have it* les non l'emportent. ◆ interj non / *I'm getting married — no!* [surprise, dismay] je me marie — non !

See box at **some**.

No., **no.** (written abbr of **number**) No, no.

no-account US *inf* ◆ n bon *m* à rien, bonne *f* à rien. ◆ adj bon à rien / *her no-account husband* son bon à rien de mari.

Noah [ˈnəʊə] pr n Noé ▸ **Noah's Ark** l'arche de Noé.

nob [nɒb] n *inf* **1.** UK [wealthy person] richard *m*, -e *f* **2.** [head] caboche *f*.

no-ball n SPORT balle *f* nulle.

nobble [ˈnɒbl] vt UK *inf* **1.** [jury, witness -bribe] graisser la patte à ; [-threaten] manipuler (avec des menaces) **2.** [racehorse] mettre hors d'état de courir ; [with drugs] droguer **3.** [grab, catch -person] accrocher (au passage), agrafer / *he nobbled me as I arrived* il m'a accroché au moment où je suis arrivé **4.** [steal] faucher, barboter, chiper **5.** [kidnap] kidnapper, enlever.

Nobel [nəʊˈbel] comp ▸ **Nobel prize** prix *m* Nobel ▸ **Nobel prizewinner** lauréat *m*, -e *f* du prix Nobel.

nobelium [nəʊˈbiːlɪəm] n nobélium *m*.

nobility [nəˈbɪlətɪ] (*pl* **nobilities**) n **1.** [aristocracy] noblesse *f*, aristocratie *f* **2.** [loftiness] noblesse *f*, majesté *f*, grandeur *f*.

noble [ˈnəʊbl] ◆ adj **1.** [aristocratic] noble / *of noble birth* de haute naissance, de naissance noble **2.** [fine, distinguished -aspiration, purpose] noble, élevé ; [-bearing, manner] noble, gracieux, majestueux ; [-person] noble, supérieur ; [-animal] noble ; [-wine] grand **3.** [generous -gesture] généreux, magnanime / *that's very noble of you hum* c'est très généreux de votre part **4.** [brave -deed, feat] noble, héroïque ▸ **the noble art** or **science** la boxe **5.** [impressive -monument] noble, majestueux **6.** CHEM [gas, metal] noble. ◆ n noble *mf*, aristocrate *mf*.

nobleman [ˈnəʊblmən] (*pl* **noblemen** [-mən]) n noble *m*, aristocrate *m*.

noble-minded adj magnanime, généreux.

noble rot n pourriture *f* noble.

noblewoman [ˈnəʊblˌwʊmən] (*pl* **noblewomen** [-ˌwɪmɪn]) n noble *f*, aristocrate *f*.

nobly [ˈnəʊblɪ] adv **1.** [by birth] noblement / *nobly born* de haute naissance **2.** [majestically, superbly] majestueusement, superbement **3.** [generously] généreusement, magnanimement **4.** [bravely] noblement, courageusement.

nobody [ˈnəʊbədɪ] (*pl* **nobodies**) ◆ pron personne / *nobody came* personne n'est venu / *nobody knows better than I do* personne ne sait mieux que moi / *nobody else* personne d'autre / *there's nobody here* il n'y a personne ici / *they found nobody* ils n'ont trouvé personne / *who was at the party? — nobody you know* qui était à la fête ? — personne que tu connaisses / *nobody famous* personne de célèbre / *she's nobody's fool* elle n'est pas née d'hier or tombée de la dernière pluie. ◆ n [insignificant person] moins que rien *mf*.

no-brainer [nəʊˈbreɪnəʳ] n US *inf décision facile à prendre* / *buying that car was a no-brainer* on n'a pas hésité un seul instant à acheter cette voiture / *it's a no-brainer!* la solution est claire !

nocebo [nəʊˈsiːbəʊ] n nocebo *m* ▸ **nocebo effect** effet *m* nocebo.

no-claim(s) bonus n UK [in insurance] bonus *m*.

nocturnal [nɒkˈtɜːnl] adj nocturne.

nocturnal emission n MED pollution *f* nocturne.

nocturne [ˈnɒktɜːn] n nocturne *m*.

nod [nɒd] (*pt & pp* **nodded**, *cont* **nodding**) ◆ vt ▸ **to nod one's head a)** [as signal] faire un signe de (la) tête **b)** [in assent] faire oui de la tête, faire un signe de tête affirmatif **c)** [in greeting] saluer d'un signe de tête **d)** [with fatigue] dodeliner de la tête / *she nodded her head in approval* or *nodded her approval* elle manifesta son approbation d'un signe de tête / *the boss nodded him into the office* le chef lui fit signe (de la tête) d'entrer dans le bureau. ◆ vi **1.** [as signal] faire un signe de (la) tête ; [in assent, approval] faire un signe de tête affirmatif, faire oui de la tête ; [in greeting] saluer d'un signe de tête / *she nodded at* or *to him through the window* elle lui fit un signe de tête de derrière la fenêtre **2.** [doze] somnoler / *he was nodding in his chair* il somnolait dans son fauteuil **3.** *fig* [flowers] danser, se balancer ; [crops, trees] se balancer, onduler. ◆ n **1.** [sign] signe *m* de (la) tête ▸ **to give sb a nod a)** [as signal] faire un signe de tête à qqn **b)** [in assent] faire un signe de tête affirmatif à qqn **c)** [in greeting] saluer qqn d'un signe de tête ▸ **a nod is as good as a wink (to a blind man)** inutile d'en dire plus ▸ **to get the nod** UK or **a nod** US **a)** [gen] obtenir le feu vert **b)** [in boxing] gagner aux points ▸ **to give sb the nod** UK or **a nod** US donner le feu vert à qqn ▸ **on the nod** UK [without formality] : *to approve sthg on the nod* approuver qqch d'un commun accord **2.** [sleep] ▸ **the land of Nod** le pays des rêves.

❖ **nod off** vi *inf* s'endormir, s'assoupir.

❖ **nod out** vi *v inf* **1.** [faint] tomber dans les vapes **2.** *drugs sl* planer.

nodal [ˈnəʊdl] adj nodal.

nodding [ˈnɒdɪŋ] adj UK ▸ **to have a nodding acquaintance with sb** connaître qqn de vue or vaguement / *we're on nodding terms* on se connaît de vue / *a nodding acquaintance with marketing techniques* fig quelques notions des techniques de marketing.

noddle ['nɒdl] n inf caboche f ▸ **use your noddle!** fais travailler tes méninges or ta matière grise !

noddy ['nɒdɪ] (pl **noddies**) UK inf ◆ n bêta m, -asse f. ◆ adj : *he's got a noddy job* il fait un boulot peinard.

❖ **Noddy** pr n [in children's stories] Oui-Oui.

node [nəʊd] n ASTRON, BOT, LING & MATH nœud m ; ANAT nodosité f, nodule m.

nodular ['nɒdjʊlər] adj nodulaire.

nodule ['nɒdju:l] n nodule m.

Noel, Noël [nəʊ'el] n liter [Christmas] Noël m.

no-fault adj US LAW ▸ **no-fault divorce** divorce m par consentement mutuel ▸ **no-fault insurance** assurance f à remboursement automatique.

no-fly zone n zone f d'exclusion aérienne.

no-frills adj sans fioritures, (tout) simple, sommaire / *a no-frills hotel* un hôtel sans confort superflu.

noggin ['nɒgɪn] n **1.** [measure] quart m de pinte **2.** inf [drink] pot m **3.** [head] caboche f ▸ **use your noggin!** fais marcher tes méninges !, sers-toi de ta cervelle !

no-go area n zone f interdite.

no-good inf ◆ adj propre à rien. ◆ n bon m à rien, bonne f à rien.

no-holds-barred adj [report, documentary] sans fard.

no-hoper [-'həʊpər] n inf raté m, -e f, minable mf.

nohow ['nəʊhaʊ] adv inf pas du tout.

noise [nɔɪz] ◆ n **1.** [sound] bruit m, son m / *the clock is making a funny noise* la pendule fait un drôle de bruit / *I thought I heard a noise downstairs* j'ai cru entendre du bruit en bas / *the humming noise of the engine* le ronronnement du moteur ▸ **noises off** THEAT bruitage m **2.** [din] bruit m, tapage m, tintamarre m ; [very loud] vacarme m ▸ **to make a noise** faire du bruit / *do you call that noise music?* pour vous, ce vacarme c'est de la musique ? ▸ **shut your noise!** UK inf ferme-la ! ▸ **noise abatement** lutte f contre le bruit ▸ **noise pollution** nuisances fpl sonores, pollution f sonore **3.** ELEC & TELEC parasites mpl ; [on line] friture f, sifflement m **4.** PHR **to make a noise about sthg** faire du tapage or beaucoup de bruit autour de qqch / *the critics made a lot of noise about the film* les critiques ont fait beaucoup de bruit autour de ce film / *they made a lot of noise about banning the march* ils ont remué ciel et terre pour faire interdire la manifestation. ◆ vt ▸ **to noise sthg about** or **abroad** ébruiter qqch.

❖ **noises** pl n inf [indications of intentions] : *she made vague noises about emigrating* elle a vaguement parlé d'émigrer / *he started making placatory noises* il se mit à marmonner quelques paroles d'apaisement / *they made all the right noises, but...* ils ont fait semblant de marcher à fond or d'être tout à fait d'accord, mais...

noiseless ['nɔɪzlɪs] adj silencieux.

noiselessly ['nɔɪzlɪslɪ] adv silencieusement, sans faire de bruit.

noisemaker ['nɔɪzmeɪkər] n US [rattle] crécelle f ; [trumpet] trompe f.

noisily ['nɔɪzɪlɪ] adv bruyamment.

noisome ['nɔɪsəm] adj liter [repellent] répugnant, repoussant ; [smelly] puant, méphitique liter ; [noxious] nocif, nuisible / *a noisome smell* une odeur infecte or pestilentielle.

noisy ['nɔɪzɪ] (compar **noisier**, superl **noisiest**) adj **1.** [machine, engine, person] bruyant / *my typewriter is very noisy* ma machine à écrire est très bruyante or fait beaucoup de bruit / *London was too noisy for him* Londres était trop bruyant à son goût **2.** [colour] criard.

nomad ['nəʊmæd] n nomade mf.

nomadic [nəʊ'mædɪk] adj nomade.

nomadism ['nəʊmædɪzm] n nomadisme m.

nomadize, nomadise ['nəʊmædaɪz] ◆ vi nomadiser. ◆ vt : *the desert has nomadized them* le désert les a contraints à se nomadiser or à la nomadisation.

no-man's-land n lit & fig no man's land m inv.

nom de plume [,nɒmdə'plu:m] n pseudonyme m, nom m de plume.

nomenclature [UK nəʊ'menklətʃər US 'nəʊmənkleɪtʃər] n nomenclature f.

nominal ['nɒmɪnl] ◆ adj **1.** [in name only - owner, leader] de nom (seulement), nominal ; [- ownership, leadership] nominal / *he was the nominal president of the company* il n'était le président de la société que de nom **2.** [negligible] insignifiant / *a nominal amount* une somme insignifiante ; [token] symbolique / *a nominal contribution of one pound a year* une contribution symbolique d'une livre par an **3.** GRAM nominal. ◆ n GRAM élément m nominal ; [noun phrase] groupe m nominal ; [pronoun] nominal m.

nominalism ['nɒmɪnəlɪzm] n nominalisme m.

nominalization [,nɒmɪnəlaɪ'zeɪʃn] n nominalisation f.

nominalize, nominalise ['nɒmɪnəlaɪz] vt nominaliser.

nominally ['nɒmɪnəlɪ] adv **1.** [in name only] nominalement **2.** [as token] pour la forme **3.** [theoretically] théoriquement.

nominal value n valeur f nominale.

nominate ['nɒmɪneɪt] vt **1.** [propose] proposer (la candidature de) ▸ **to nominate sb for a post** proposer la candidature de qqn à un poste ; [for award] sélectionner, nominer / *the film was nominated for an Oscar* le film a été sélectionné or nominé pour un Oscar **2.** [appoint] nommer, désigner / *she was nominated to replace Mr Neill as minister* elle a été nommée ministre en remplacement de M. Neill / *he was nominated chairman* or *to the chairmanship* il fut nommé président.

nomination [,nɒmɪ'neɪʃn] n **1.** [proposal] proposition f / *who will get the Democratic nomination (for president)?* qui obtiendra l'investiture démocrate (à l'élection présidentielle) ? ; [for award] nomination f / *the film got three Oscar nominations* le film a obtenu trois nominations aux Oscars **2.** [appointment] nomination f.

nominative ['nɒmɪnətɪv] ◆ n GRAM nominatif m / *in the nominative* au nominatif. ◆ adj **1.** GRAM nominatif ▸ **the nominative case** le nominatif **2.** [appointed] désigné **3.** [namebearing] nominatif.

nominator ['nɒmɪneɪtər] n présentateur m, -trice f (d'un candidat).

nominee [,nɒmɪ'ni:] n **1.** [proposed] candidat m, -e f **2.** [appointed] personne f désignée or nommée / *the government nominees on the commission* les membres de la commission nommés par le gouvernement.

nomogram ['nɒməgræm], **nomograph** ['nɒməgrɑ:f] n nomogramme m.

non- [nɒn] in comp **1.** [not] non- / *the non-application of this rule* la non-application de cette règle / *all non-French nationals* tous les ressortissants de nationalité autre que française / *his answers were non-answers* ses réponses n'en étaient pas **2.** [against] anti- ▸ **non-rust** antirouille (inv).

nonabsorbent [,nɒnəb'sɔ:bənt] adj non absorbant.

nonacademic [,nɒnækə'demɪk] adj **1.** SCH [activity] extrascolaire ; UNIV extra-universitaire **2.** SCH & UNIV [staff] non enseignant **3.** [course] pratique, technique.

nonacceptance [,nɒnək'septəns] n non-acceptation f.

nonaccidental [,nɒnæksɪ'dentl] adj ▸ **nonaccidental injury** [of child, woman] blessures fpl dues à de mauvais traitements.

nonachiever [,nɒnə'tʃi:vər] n élève mf qui ne réussit pas.

nonaddictive [,nɒnə'dɪktɪv] adj qui ne crée pas de phénomène d'accoutumance.

nonadmission [,nɒnəd'mɪʃn] n non-admission f.

non-adopter n MARKETING *consommateur qui n'essaie jamais de nouveaux produits.*

nonaerosol [,nɒn'eərəsɒl] adj [container] non pressurisé.

nonaffiliated [,nɒnə'fɪlɪeɪtɪd] adj non affilié, indépendant.

nonage ['nəʊnɪdʒ] n minorité f.

nonagenarian [,nəʊnədʒɪ'neərɪən] ◆ adj nonagénaire. ◆ n nonagénaire mf.

nonaggression [,nɒnə'greʃn] n non-agression f ▸ **nonaggression pact** pacte m de non-agression.

nonalcoholic [,nɒnælkə'hɒlɪk] adj non alcoolisé, sans alcool ▸ **nonalcoholic beverages** boissons fpl non alcoolisées.

nonaligned [,nɒnə'laɪnd] adj non-aligné ▸ **nonaligned countries** pays mpl non-alignés.

nonalignment [,nɒnə'laɪnmənt] n non-alignement m.

no-name product n MARKETING produit m sans nom.

nonappearance [,nɒnə'pɪərəns] n LAW non-comparution f ; [gen] : *how do you account for her nonappearance?* comment expliquez-vous le fait qu'elle ne soit pas venue ?

nonarrival [,nɒnə'raɪvl] n non-arrivée f.

nonattendance [,nɒnə'tendəns] n absence f / *nonattendance of lectures* absence aux cours.

nonavailability ['nɒnə,veɪlə'bɪlətɪ] n non-disponibilité f.

nonavailable [,nɒnə'veɪləbl] adj non disponible.

nonbeliever [,nɒnbɪ'li:vər] n non-croyant m, -e f, incroyant m, -e f.

nonbelligerent [,nɒnbɪ'lɪdʒərənt] adj non-belligérant.

nonbinding [,nɒn'baɪndɪŋ] adj sans obligation, non contraignant.

nonbiodegradable ['nɒn,baɪəʊdɪ'greɪdəbl] adj non biodégradable.

nonce [nɒns] n **1.** liter & hum ▸ **for the nonce** pour l'instant **2.** UK prison sl pédophile m.

nonce word n mot m créé pour l'occasion.

nonchalance [UK 'nɒnʃələns US ,nɒnʃə'lɑ:ns] n nonchalance f.

nonchalant [UK 'nɒnʃələnt US ,nɒnʃə'lɑ:nt] adj nonchalant.

nonchalantly [UK 'nɒnʃələntlɪ US ,nɒnʃə'lɑ:ntlɪ] adv nonchalamment, avec nonchalance.

noncom ['nɒnkɒm] n inf sous-off m.

noncombatant [UK ,nɒn'kɒmbətənt US ,nɒnkəm'bætənt] ◆ n non-combattant m, -e f. ◆ adj non-combattant.

noncombustible [,nɒnkəm'bʌstəbl] adj incombustible.

noncommissioned officer [,nɒnkə'mɪʃnd-] n sous-officier m.

noncommittal [,nɒnkə'mɪtl] adj [statement] évasif, qui n'engage à rien ; [attitude, person] réservé ; [gesture] peu révélateur / *a noncommittal reply* une réponse évasive / *she gave a noncommittal grunt* elle émit un petit grognement qui ne l'engageait ni dans un sens, ni dans l'autre / *he was very noncommittal about his plans* il s'est montré très réservé.

noncompetitive [,nɒnkəm'petɪtɪv] adj qui n'est pas basé sur la compétition.

noncompliance [,nɒnkəm'plaɪəns] n non-respect m, non-observation f / *noncompliance with the treaty* le non-respect du traité / *noncompliance with the orders of a superior* refus d'obéir aux ordres d'un supérieur.

non compos mentis ['nɒn,kɒmpɒs'mentɪs] adj fou (before vowel or silent 'h' fol, f folle), dément, irresponsable.

nonconductor [,nɒnkən'dʌktər] n non-conducteur m.

nonconformism [,nɒnkən'fɔ:mɪzm] n [gen] non-conformisme m.

❖ **Nonconformism** n RELIG non-conformisme m.

nonconformist [ˌnɒnkən'fɔ:mɪst] ◆ n [gen] non-conformiste *mf*. ◆ adj [gen] non-conformiste.
❖ **Nonconformist** ◆ n RELIG non-conformiste *mf*. ◆ adj RELIG non-conformiste.

nonconformity [ˌnɒnkən'fɔ:mətɪ] n [gen] non-conformité *f*.
❖ **Nonconformity** RELIG = **Nonconformism.**

noncontributory [ˌnɒnkən'trɪbjʊtərɪ] adj UK : *a noncontributory pension scheme* un régime de retraite sans retenues or cotisations.

noncooperation ['nɒnkəʊˌɒpə'reɪʃn] n refus *m* de coopérer.

noncustodial [nɒnkʌs'təʊdjəl] adj [sentence] n'entraînant pas l'emprisonnement.

non-dairy adj qui ne contient aucun produit laitier ▸ **non-dairy cream** US *crème liquide d'origine végétale.*

non-dazzle adj antiéblouissement *(inv).*

nondeductible [ˌnɒndɪ'dʌktəbl] adj non déductible.

nondelivery [ˌnɒndɪ'lɪvərɪ] n : *in the event of nondelivery* dans l'éventualité où les marchandises ne seraient pas livrées.

nondescript [UK 'nɒndɪskrɪpt US ˌnɒndɪ'skrɪpt] adj quelconque / *a nondescript little man* un petit homme que rien ne distingue des autres or tout à fait anodin / *the street was lined with nondescript buildings* la rue était bordée de bâtiments quelconques or dépourvus de caractère.

non-disclosure agreement n accord *m* de confidentialité.

nondrinker [ˌnɒn'drɪŋkər] n abstinent *m*, -e *f* / *she's a nondrinker* elle ne boit pas (d'alcool).

nondrip [ˌnɒn'drɪp] adj antigoutte *(inv).*

nondriver [ˌnɒn'draɪvər] n : *I'm a nondriver* **a)** [never learnt] je n'ai pas mon permis **b)** [out of choice] je ne conduis pas.

none [nʌn] ◆ pron **1.** [with countable nouns] aucun *m*, -e *f* / *none of the photos is* or *are for sale* aucune des photos n'est à vendre / *he looked for clues but found none* il chercha des indices mais n'en trouva aucun / *there are none left* il n'en reste plus / *how many cigarettes have you got? — none at all* combien de cigarettes as-tu ? — aucune or pas une seule ; [with uncountable nouns] : *none of her early work has been published* aucun de ses premiers textes n'a été publié / *none of the mail is for you* il n'y a rien pour vous au courrier / *I've done a lot of work but you've done none* j'ai beaucoup travaillé, mais toi tu n'as rien fait / *she displayed none of her usual good humour* elle était loin d'afficher sa bonne humeur habituelle / *they'll get none of my money!* ils n'auront pas un centime de moi ! / *more soup anyone? — none for me, thanks* encore un peu de soupe ? — pas pour moi, merci ▸ **(I'll have) none of your cheek!** je ne tolérerai pas vos insolences ! ▸ **none of that!** [stop it] pas de ça ! / *she would have none of it* elle ne voulait rien savoir **2.** [not one person] aucun *m*, -e *f* / *none of them works* or *work hard enough* aucun d'eux ne travaille suffisamment / *none of us understood his explanation* aucun de nous n'a compris son explication / *none can tell what the future holds* liter nul ne sait ce que l'avenir nous réserve / *there was none braver than her* liter nul n'était plus courageux qu'elle. ◆ adv US inf [in double negatives] : *that won't change things none* ça ne changera rien / *you don't scare me none* tu ne me fais pas du tout peur.
❖ **none but** adv phr fml & liter : *we use none but the finest ingredients* nous n'utilisons que les meilleurs ingrédients / *none but an expert would know the difference* seul un expert serait à même de faire la différence / *I love none but her* je n'aime qu'elle.
❖ **none other than** prep phr personne d'autre que / *he received a letter from none other than the Prime Minister himself* il reçut une lettre dont l'auteur n'était autre que le Premier ministre en personne.
❖ **none the** adv phr *(with compar adj)* : *I feel none the better / worse for it* je ne me sens pas mieux / plus mal pour autant / *I like them none the better / worse for it* je ne les en aime pas plus / moins / *she's none the worse for her adventure* son aventure ne lui a pas fait de mal.
❖ **none too** adv phr : *he's none too bright* il est loin d'être brillant / *I was none too pleased with them* j'étais loin d'être content d'eux / *he replied none too politely* sa réponse ne fut pas particulièrement polie / *and none too soon!* ce n'est pas trop tôt !

nonentity [nɒn'entətɪ] *(pl* **nonentities***)* n **1.** [insignificant person] personne *f* insignifiante, nullité *f* **2.** [insignificance] inexistence *f*.

nonessential [ˌnɒnɪ'senʃl] ◆ adj accessoire, non essentiel / *nonessential details* des détails superflus. ◆ n ▸ **the nonessentials** l'accessoire *m*, le superflu / *leave behind all nonessentials* n'emportez que l'essentiel.

nonesuch ['nʌnsʌtʃ] n **1.** liter & arch personne *f* or chose *f* incomparable **2.** BOT lupuline *f*, minette *f*.

nonetheless [ˌnʌnðə'les] = **nevertheless.**

non-event n non-événement *m*.

non-executive adj [director] externe.

nonexistent [ˌnɒnɪg'zɪstənt] adj non-existant, inexistant / *his help has been almost nonexistent* inf il ne s'est pas beaucoup foulé pour nous aider.

nonfat ['nɒnfæt] adj sans matière grasse or matières grasses ▸ **nonfat diet** régime *m* sans matière grasse or matières grasses.

nonfattening [ˌnɒn'fætnɪŋ] adj qui ne fait pas grossir.

nonfiction [ˌnɒn'fɪkʃn] ◆ n *(U)* ouvrages *mpl* non romanesques. ◆ comp ▸ **nonfiction section** [of bookshop] rayon *m* des ouvrages généraux.

nonfigurative [ˌnɒn'fɪgjʊrətɪv] adj non-figuratif.

nonflammable [ˌnɒn'flæməbl] adj ininflammable.

non-governmental organization n organisation *f* non gouvernementale.

non-habit-forming [-ˌfɔ:mɪŋ] adj qui ne crée pas de phénomène d'accoutumance.

nonhuman [ˌnɒn'hju:mən] adj non humain.

noninfectious [ˌnɒnɪn'fekʃəs] adj qui n'est pas infectieux.

noninflammable [ˌnɒnɪn'flæməbl] = **nonflammable.**

noninterference [ˌnɒnɪntə'fɪərəns], **nonintervention** [ˌnɒnɪntə'venʃn] n non-intervention *f*, non-ingérence *f*.

noninterventionist [ˌnɒnɪntə'venʃənɪst] adj [policy] non interventionniste, de non-intervention.

non-iron adj qui ne nécessite aucun repassage.

nonjudg(e)mental [ˌnɒndʒʌdʒ'mentl] adj neutre, impartial.

non-ladder adj [stockings, tights] infilable.

nonmalignant [ˌnɒnmə'lɪgnənt] adj bénin.

nonmember ['nɒnˌmembər] n non-membre *m* ; [of a club] personne *f* étrangère (au club) / *open to nonmembers* ouvert au public.

nonmetal [ˌnɒn'metl] n non-métal *m*.

nonmetallic [ˌnɒnmɪ'tælɪk] adj non-métallique.

non-native adj non-indigène ▸ **non-native speaker** locuteur *m* étranger or non natif, locutrice étrangère or non native.

non-negotiable adj non négociable.

no-no n inf interdit *m* / *that subject is a no-no* ce sujet est tabou / *dating someone from work is a no-no* sortir avec un collègue de travail, c'est l'erreur à ne pas faire / *I made one no-no after another* j'ai fait gaffe sur gaffe.

nonobservance [ˌnɒnəb'zɜ:vəns] n [of rules] non observation *f* ; [of treaty] non-respect *m* ; RELIG inobservance *f*.

non obst. written abbr of **non obstante.**

no-nonsense adj [efficient] pratique / *she's got a very no-nonsense approach* elle va droit au but.

nonoperational [ˌnɒnɒpə'reɪʃənl] adj non-opérationnel.

nonpareil ['nɒnpərəl] n liter personne *f* / chose *f* incomparable or unique.

nonparticipant [ˌnɒnpɑ:'tɪsɪpənt] n non participant *m*, -e *f*.

nonparticipation [ˌnɒnpɑ:tɪsə'peɪʃn] n non-participation *f*.

nonpartisan ['nɒnˌpɑ:tɪ'zæn] adj impartial, sans parti pris.

nonparty [ˌnɒn'pɑ:tɪ] adj indépendant.

nonpayment [ˌnɒn'peɪmənt] n non-paiement *m*, défaut *m* de paiement.

nonperson [ˌnɒn'pɜ:sən] n **1.** [stateless person] *personne mise au ban de la société* **2.** [insignificant person] personne *f* insignifiante, nullité *f* / *he treats his secretary like a nonperson* il se conduit envers sa secrétaire comme si elle n'existait pas.

nonplus [ˌnɒn'plʌs] (UK *pt & pp* **nonplussed,** *cont* **nonplussing** ; US *pt & pp* **nonplused,** *cont* **nonplusing**) vt déconcerter, dérouter.

nonplussed, nonplused [ˌnɒn'plʌst] US adj dérouté, perplexe.

nonpolluting [nɒnpə'lu:tɪŋ] adj non polluant, propre.

nonpractising [ˌnɒn'præktɪsɪŋ] adj non pratiquant.

nonproductive [ˌnɒnprə'dʌktɪv] adj ECON improductif.

nonprofit [ˌnɒn'prɒfɪt] US = **non-profitmaking.**

non-profitmaking adj UK à but non lucratif.

nonproliferation ['nɒnprəˌlɪfə'reɪʃn] n non-prolifération *f*.

non-quoted adj ST. EX non coté en Bourse.

nonreader [ˌnɒn'ri:dər] n [who cannot read] personne *f* qui ne sait pas lire, illettré *m*, -e *f* ; [who doesn't read] personne *f* qui ne lit pas / *half the children are nonreaders* la moitié des enfants ne savent pas lire.

non-reflecting adj antireflet *(inv).*

nonrefundable [nɒnrɪ'fʌndəbl] adj non remboursable.

nonrenewable [ˌnɒnrɪ'nju:əbl] adj [resources] non renouvelable.

nonresident [ˌnɒn'rezɪdənt] ◆ n **1.** [of country] non-résident *m*, -e *f* **2.** [of hotel] : *the dining room is open / closed to nonresidents* le restaurant est ouvert au public / réservé aux clients. ◆ adj non résident.

nonresistance [ˌnɒnrɪ'zɪstəns] n [nonviolence] non-violence *f*.

nonresistant [ˌnɒnrɪ'zɪstənt] adj non résistant.

nonreturnable [ˌnɒnrɪ'tɜ:nəbl] adj [bottle, container] non consigné / *sales goods are nonreturnable* les articles en solde ne sont pas repris.

nonrigid [nɒn'rɪdʒɪd] adj souple.

nonrun [ˌnɒn'rʌn] adj indémaillable.

nonsectarian [ˌnɒnsek'teərɪən] adj tolérant, ouvert.

nonsense ['nɒnsəns] ◆ n *(U)* **1.** [rubbish, absurdity] absurdités *fpl*, non-sens *m inv*, sottises *fpl* / *the computer is outputting nonsense* l'ordinateur sort des âneries / *you're talking nonsense!* tu dis des bêtises !, tu racontes n'importe quoi ! / *his accusations are utter nonsense* ses accusations n'ont aucun sens / *it's nonsense to say that things will never improve* il est absurde de dire que les choses n'iront jamais mieux / *I've had enough of his nonsense* j'en ai assez de l'entendre raconter n'importe quoi ▸ **to make a nonsense of sthg** saboter qqch **2.** [foolishness] sottises *fpl*, bêtises *fpl*, enfantillages *mpl* / *stop this* or *no more of this nonsense!* arrêtez de vous conduire comme des imbéciles ! / *she took no nonsense from her subordinates* elle ne tolérait aucun manquement de la part de ses subordonnés, elle menait ses subordonnés à la baguette / *the maths teacher doesn't stand for any nonsense* le prof de maths ne se laisse pas marcher sur les pieds / *there's no nonsense about him* c'est un homme très carré. ◆ interj taratata. ◆ adj dénué de sens / *a nonsense word* un mot qui ne veut rien dire, un non-sens.

nonsense verse n vers *mpl* amphigouriques.

nonsensical [nɒn'sensɪkl] adj [talk, idea, action] absurde, qui n'a pas de sens, inepte / *a nonsensical explanation* une explication incohérente or incompréhensible.

nonsensically [nɒn'sensɪklɪ] adv absurdement.

non sequitur [,nɒn'sekwɪtəʳ] n illogisme *m* / *his argument was full of non sequiturs* son raisonnement était incohérent.

nonsexist [,nɒn'seksɪst] ◆ adj non sexiste. ◆ n non-sexiste *mf*.

nonshrink [,nɒn'ʃrɪŋk] adj irrétrécissable.

nonskid [,nɒn'skɪd] adj antidérapant.

nonslip [,nɒn'slɪp] adj antidérapant.

nonsmoker [,nɒn'sməʊkəʳ] n **1.** [person] non-fumeur *m*, -euse *f* **2.** RAIL compartiment *m* non-fumeurs.

nonsmoking [,nɒn'sməʊkɪŋ] adj [area] (pour les) non-fumeurs / *we have a nonsmoking office* il est interdit de fumer dans notre bureau.

nonspecialist [nɒn'speʃəlɪst] ◆ n non-spécialiste *mf*. ◆ adj non spécialiste.

nonspecific urethritis [,nɒnspɪ,sɪfɪk-] n *(U)* urétrite *f* non spécifique or non gonococcique.

nonstandard [,nɒn'stændəd] adj **1.** LING [use of word] critiqué / *in nonstandard English* **a)** [colloquial] en anglais familier or populaire **b)** [dialectal] en anglais dialectal **2.** [product, size, shape, etc.] non-standard.

nonstarter [,nɒn'stɑːtəʳ] n **1.** [horse] non-partant *m* **2.** *inf* & *fig* : *this project is a nonstarter* ce projet est condamné d'avance.

nonstick [,nɒn'stɪk] adj [coating] antiadhérent, antiadhésif ; [pan] qui n'attache pas.

nonstop [,nɒn'stɒp] ◆ adj [journey] sans arrêt ; [flight] direct, sans escale, non-stop ; [train] direct ; [radio programme] non-stop, sans interruption / *they kept up a nonstop conversation* leur conversation se poursuivit sans interruption. ◆ adv sans arrêt / *to fly nonstop from Rome to Montreal* faire Rome-Montréal sans escale.

nonsuch ['nʌnsʌtʃ] = **nonesuch**.

nontaxable [,nɒn'tæksəbl] adj non imposable.

nontoxic [,nɒn'tɒksɪk] adj non-toxique.

nontransferable [,nɒntræns'fɜːrəbl] adj nominatif.

non-U adj UK *dated façon de désigner «ce qui ne se fait pas» selon le code des bonnes manières.*

nonunion [,nɒn'juːnjən] adj [worker, labour] non syndiqué ; [firm] qui n'emploie pas de personnel syndiqué.

nonverbal [nɒnvɜːbl] adj non verbal ▸ **nonverbal communication** communication *f* par les gestes.

nonviolence [,nɒn'vaɪələns] n non-violence *f*.

nonviolent [,nɒn'vaɪələnt] adj non-violent.

nonvoter [,nɒn'vəʊtəʳ] n **1.** [person not eligible to vote] personne *f* qui n'a pas le droit de vote **2.** [person not exercising the right to vote] abstentionniste *mf*.

nonvoting [,nɒn'vəʊtɪŋ] adj **1.** [person - not eligible to vote] qui n'a pas le droit de vote ; [- not exercising the right to vote] abstentionniste **2.** FIN [shares] sans droit de vote.

nonwhite [,nɒn'waɪt] ◆ n personne *f* de couleur. ◆ adj de couleur / *a nonwhite neighbourhood* un quartier où vivent des gens de couleur (et très peu de blancs).

noodle ['nuːdl] n **1.** CULIN : *chicken noodle soup* soupe *f* de poulet aux vermicelles **2.** *inf* [fool] andouille *f*, nouille *f* **3.** US *inf* [head] tronche *f*.

❖ **noodles** pl n nouilles *fpl*.

nook [nʊk] n **1.** [corner] coin *m*, recoin *m* ▸ **in every nook and cranny** dans le moindre recoin **2.** *liter* [secluded spot] retraite *f* / *a shady nook* une retraite ombragée, un coin ombragé.

nookie, nooky ['nʊkɪ] n *inf & hum* ▸ **a bit of nookie** une partie de jambes en l'air.

noon [nuːn] ◆ n **1.** [midday] midi *m* / *come at noon* venez à midi **2.** *liter* [peak] zénith *m*. ◆ comp [break, heat, sun] de midi ▸ **noon hour** US heure *f* du déjeuner.

noonday ['nuːndeɪ] ◆ n midi *m*. ◆ comp [heat, sun] de midi.

no one, no-one = **nobody**.

No1 MESSAGING written abbr of **no one**.

noontide ['nuːntaɪd] *liter* = **noontime**.

noontime ['nuːntaɪm] n midi *m* / *the noontime traffic* la circulation à l'heure du déjeuner.

noose [nuːs] ◆ n [gen] nœud *m* coulant ; [snare] collet *m* ; [lasso] lasso *m* ▸ **to get the noose** être condamné à la potence ▸ **to put one's head in the noose, to put a noose around one's neck** creuser sa (propre) tombe. ◆ vt **1.** [rope] faire un nœud coulant à **2.** [snare] prendre au collet ; [lasso] attraper or prendre au lasso.

no-par adj UK sans valeur nominale.

nope [nəʊp] adv *inf* non.

no-place US = **nowhere**.

no-quibble guarantee n garantie *f* sans conditions.

nor [nɔːʳ] ◆ conj [following 'neither', 'not'] ni / *neither he nor his wife has ever spoken to me* ni lui ni sa femme ne m'ont jamais adressé la parole / *I have neither the time nor the inclination to do it* je n'ai ni le temps ni l'envie de le faire / *she neither drinks nor smokes* elle ne boit ni ne fume / *not a wave, nor even a ripple, disturbed the surface* *liter* pas une vague ni même une ride ne troublait la surface. ◆ adv : *I don't believe him, nor do I trust him* je ne le crois pas, et je n'ai pas confiance en lui non plus / *it's not the first time, nor will it be the last* ce n'est ni la première ni la dernière fois / *she couldn't see them, nor (could) they (see) her* elle ne les voyait pas, et eux non plus / *I don't like fish — nor do I* je n'aime pas le poisson — moi non plus / *she won't do it and nor will he* elle ne le fera pas et lui non plus.

Nordic ['nɔːdɪk] ◆ n Nordique *mf*. ◆ adj nordique ▸ **Nordic skiing** ski *m* nordique.

nor'easter [,nɔːr'iːstəʳ] NAUT = **northeaster**.

Norf written abbr of **Norfolk**.

norm [nɔːm] n norme *f* ▸ **to deviate from the norm** s'écarter de la norme / *unemployment has become the norm in certain areas* dans certaines régions, le chômage est devenu la règle.

normal ['nɔːml] ◆ adj **1.** [common, typical, standard] normal / *a perfectly normal baby* un bébé parfaitement normal / *under normal conditions of use* dans des conditions normales d'utilisation / *he's just a normal kind of bloke* *inf* c'est un type tout ce qu'il y a de (plus) banal / *it's normal for it to rain in April* il est normal or naturel qu'il pleuve en avril ; [habitual] habituel, normal / *at the normal time* à l'heure habituelle **2.** MATH [in statistics, geometry] normal **3.** CHEM normal. ◆ n **1.** [gen] normale *f*, état *m* normal / *temperatures above normal* des températures au-dessus de la normale / *the situation has returned to normal* la situation est redevenue normale **2.** GEOM normale *f*.

normality [nɔː'mælətɪ], **normalcy** US ['nɔːməlsɪ] n normalité *f* / *everything returned to normality* tout est revenu à la normale.

normalization [,nɔːməlaɪ'zeɪʃn] n normalisation *f*.

normalize, normalise ['nɔːməlaɪz] vt normaliser.

normally ['nɔːməlɪ] adv **1.** [in a normal manner] normalement / *he's behaving normally* il se comporte normalement **2.** [ordinarily] en temps normal, d'ordinaire / *I normally get up at 7:30* d'ordinaire je me lève à 7 h 30.

Norman ['nɔːmən] ◆ n **1.** [person] Normand *m*, -e *f* **2.** LING normand *m*. ◆ adj GEOG & HIST normand ▸ **the Norman Conquest** la conquête normande *(de l'Angleterre)* ; ARCHIT roman, anglo-normand.

 **The Norman Conquest**

Conquête de l'Angleterre par Guillaume le Conquérant, inaugurée par sa victoire sur le roi Harold II à la bataille de Hastings, en 1066. Désormais gouverné et régi par les Normands, le pays subit de grands changements dans les domaines politique et social, se voyant notamment imposer le français comme langue officielle.

Normandy ['nɔːməndɪ] pr n Normandie *f* / *in Normandy* en Normandie.

normative ['nɔːmətɪv] adj normatif.

Norse [nɔːs] ◆ pl n HIST ▸ **the Norse a)** [Norwegians] les Norvégiens *mpl* **b)** [Vikings] les Vikings *mpl*. ◆ n LING norrois *m*, nordique *m* ▸ **Old Norse** vieux norrois. ◆ adj [Scandinavian] scandinave, nordique ; [Norwegian] norvégien ▸ **Norse legends** légendes *fpl* scandinaves.

Norseman ['nɔːsmən] (*pl* **Norsemen** [-mən]) n Viking *m*.

north [nɔːθ] ◆ n **1.** GEOG nord *m* / *the region to the north of Sydney* la région au nord de Sydney / *I was born in the North* je suis né dans le Nord / *in the north of India* dans le nord de l'Inde / *the wind is in the north* le vent est au nord ▸ **the north-south divide** *ligne fictive de démarcation, en termes de richesse, entre le nord de l'Angleterre et le sud* ▸ **the far north** le Grand Nord / **'North by Northwest'** *Hitchcock* 'la Mort aux trousses' **2.** CARDS nord *m*. ◆ adj **1.** GEOG nord *(inv)*, du nord / *the north coast* la côte nord / *in North London* dans le nord de Londres / *in North India* dans le nord de l'Inde, en Inde du Nord / *the North Atlantic / Pacific* l'Atlantique / le Pacifique nord **2.** [wind] du nord. ◆ adv au nord, vers le nord / *the ranch lies north of the town* le ranch est situé au nord de la ville / *the trail headed north* le chemin piquait vers le nord / *this room faces north* cette pièce est exposée au nord / *go north until you come to a village* allez vers le nord jusqu'à ce que vous arriviez à un village / *I drove north for two hours* j'ai roulé pendant deux heures en direction du nord / *they live up north* ils habitent dans le Nord ▸ **north of Watford** *façon humoristique de désigner la partie nord de l'Angleterre.*

North Africa pr n Afrique *f* du Nord / *in North Africa* en Afrique du Nord.

North African ◆ n Nord-Africain *m*, -e *f*. ◆ adj nord-africain, d'Afrique du Nord.

North America pr n Amérique *f* du Nord.

North American ◆ n Nord-Américain *m*, -e *f*. ◆ adj nord-américain, d'Amérique du Nord ▸ **the North American Indians** les Indiens *mpl* d'Amérique du Nord.

North American Free Trade Agreement pr n Accord *m* de libre-échange nord-américain.

Northants written abbr of **Northamptonshire**.

northbound ['nɔːθbaʊnd] adj en direction du nord / *there are roadworks on the northbound carriageway of the motorway* UK il y a des travaux sur l'autoroute en direction du nord.

North Cape pr n le cap Nord.

North Carolina pr n Caroline *f* du Nord / *in North Carolina* en Caroline du Nord.

North Circular pr n ▸ **the North Circular** *voie périphérique rapide au nord de Londres.*

North Country pr n **1.** [in England] Angleterre *f* du Nord / *he's got a North Country accent* il a un accent du Nord **2.** [in America] *l'Alaska, le Yukon et les Territoires du Nord-Ouest.*

north-countryman (*pl* **north-countrymen**) n Anglais *m* du nord.

Northd written abbr of **Northumberland**.

North Dakota pr n Dakota *m* du Nord / *in North Dakota* dans le Dakota du Nord.

North Downs pl pr n ▸ **the North Downs** *région de collines calcaires au sud de Londres.*

northeast [ˌnɔ:ˈθi:st] ◆ n GEOG nord-est *m* / *in the northeast of Scotland* dans le nord-est de l'Écosse. ◆ adj **1.** GEOL nord-est *(inv)*, du nord-est / *in northeast Scotland* dans le nord-est de l'Écosse **2.** [wind] de nord-est. ◆ adv au nord-est, vers le nord-est / *it's 20 miles northeast of Birmingham* c'est à 32 kilomètres au nord-est de Birmingham.

Northeast Corridor pr n ▸ **the Northeast Corridor** *ligne de chemin de fer à grande vitesse reliant Washington à Boston.*

northeaster [ˌnɔ:θˈi:stəʳ] n vent *m* de nord-est, nordé *m*, nordet *m*.

northeasterly [ˌnɔ:θˈi:stəlɪ] (*pl* **northeasterlies**) ◆ adj **1.** GEOG nord-est *(inv)*, du nord-est / *in a northeasterly direction* vers le nord-est **2.** [wind] de nord-est. ◆ adv au nord-est, vers le nord-est. ◆ n = **northeaster**.

northeastern [ˌnɔ:θˈi:stən] adj nord-est *(inv)*, du nord-est / *the northeastern suburbs* la banlieue nord-est.

northeastwards [ˌnɔ:θˈi:stwədz] adv vers le nord-est, en direction du nord-est.

northerly [ˈnɔ:ðəlɪ] (*pl* **northerlies**) ◆ adj **1.** GEOG nord *(inv)*, du nord / *in these northerly latitudes* sous ces latitudes boréales / *in a northerly direction* vers le nord / *a room with a northerly aspect* une pièce exposée au nord **2.** [wind] du nord. ◆ adv vers le nord. ◆ n vent *m* du nord.

northern [ˈnɔ:ðən] adj **1.** GEOG nord *(inv)*, du nord / *the northern wing of the castle* l'aile nord du château / *northern tribes* tribus du Nord / *she has a northern accent* elle a un accent du Nord / *in northern Mexico* dans le nord du Mexique / *the northern migration of swallows in spring* la migration printanière des hirondelles vers le nord **2.** [wind] du nord.

Northerner [ˈnɔ:ðənəʳ] n **1.** [gen] homme *m* / femme *f* du nord / *she is a Northerner* elle vient du nord / *I find that Northerners are more friendly* je trouve que les gens du Nord sont plus accueillants **2.** US HIST nordiste *mf*.

northern hemisphere n hémisphère *m* nord or boréal.

Northern Ireland pr n Irlande *f* du Nord / *in Northern Ireland* en Irlande du Nord.

Northern Ireland

Partie de l'Irlande à majorité protestante, restée rattachée à la Grande-Bretagne lors de la partition du pays, en 1921. Depuis les émeutes sanglantes de Belfast et de Londonderry, en 1969, le pays a connu trente années de confrontations violentes entre les nationalistes de l'IRA, les extrémistes protestants et les autorités britanniques. En 1985, l'accord anglo-irlandais a donné à la République d'Irlande un droit de regard sur les affaires de l'Irlande du Nord, sans qu'une véritable solution pour la paix ne soit proposée. En 1993, la déclaration faite par le Premier ministre à Downing Street (**Downing Street Declaration**) préparait la voie pour l'arrêt des confrontations et, le 31 août 1994, l'IRA promettait de ne plus recourir à la violence. Cette déclaration fut suivie d'un cessez-le-feu loyaliste, rompu par la suite en plusieurs occasions, mais le processus de paix a finalement conduit à la signature de l'accord de paix d'Ulster, en avril 1998 (**Good Friday Agreement**), activement suivi par le Sinn Féin et la majorité des partis unionistes.

Northernism [ˈnɔ:ðənɪzm] n UK particularité *f* linguistique (de l'anglais) du Nord.

northern lights pl n aurore *f* boréale.

northernmost [ˈnɔ:ðənməʊst] adj le plus au nord / *the northernmost island of Japan* l'île du Japon la plus au nord / *the northernmost limits of the Roman Empire* les limites septentrionales de l'Empire romain.

Northern Territory pr n Territoire *m* du Nord / *in Northern Territory* dans le Territoire du Nord.

North Island pr n l'île *f* du Nord / *in the North Island* à l'île du Nord.

North Korea pr n Corée *f* du Nord.

North Korean ◆ n Nord-Coréen *m*, -enne *f*. ◆ adj nord-coréen.

Northman [ˈnɔ:θmən] (*pl* **Northmen** [-mən]) n UK Viking *m*.

north-northeast ◆ n nord-nord-est *m*. ◆ adj nord-nord-est *(inv)*, du nord-nord-est. ◆ adv au nord-nord-est, vers le nord-nord-est.

north-northwest ◆ n nord-nord-ouest *m*. ◆ adj nord-nord-ouest *(inv)*, du nord-nord-ouest. ◆ adv au nord-nord-ouest, vers le nord-nord-ouest.

North Pole pr n ▸ **the North Pole** le pôle Nord.

North Rhine-Westphalia pr n Rhénanie-du-Nord-Westphalie *f* / *in North Rhine-Westphalia* en Rhénanie-du-Nord-Westphalie.

North Sea ◆ pr n ▸ **the North Sea** la mer du Nord. ◆ comp [oil, gas] de la mer du Nord.

North Star pr n ▸ **the North Star** l'étoile *f* Polaire.

Northumbria [nɔ:ˈθʌmbrɪə] pr n Northumbrie *f*.

Northumbrian [nɔ:ˈθʌmbrɪən] ◆ adj GEOG du Northumberland ; HIST northumbrien, de la Northumbrie. ◆ n GEOG habitant *m*, -e *f* du Northumberland ; HIST habitant *m*, -e *f* de la Northumbrie.

North Vietnam pr n Nord Viêt Nam *m* / *in North Vietnam* au Nord Viêt Nam.

North Vietnamese ◆ n Nord-Vietnamien *m*, -enne *f*. ◆ adj nord-vietnamien.

North Wales pr n pays *m* de Galles du Nord.

northward [ˈnɔ:θwəd] ◆ adj au nord. ◆ adv = **northwards**.

northwards [ˈnɔ:θwədz] adv vers le nord, en direction du nord.

northwest [ˌnɔ:θˈwest] ◆ n nord-ouest *m* / *in the northwest of Canada* dans le nord-ouest du Canada. ◆ adj **1.** GEOG nord-ouest *(inv)*, du nord-ouest / *in northwest Canada* dans le nord-ouest du Canada **2.** [wind] de nord-ouest. ◆ adv au nord-ouest, vers le nord-ouest / *it's northwest of London* c'est au nord-ouest de Londres.

northwester [ˌnɔ:θˈwestəʳ] n vent *m* de nord-ouest, noroît *m*.

northwesterly [ˌnɔ:θˈwestəlɪ] (*pl* **northwesterlies**) ◆ adj **1.** GEOG nord-ouest *(inv)*, du nord-ouest / *in a northwesterly direction* vers le nord-ouest **2.** [wind] du nord-ouest. ◆ adv au nord-ouest, vers le nord-ouest. ◆ n = **northwester**.

northwestern [ˌnɔ:θˈwestən] adj nord-ouest *(inv)*, du nord-ouest / *the northwestern frontier* la frontière nord-ouest.

Northwest Passage pr n passage *m* du Nord-Ouest.

Northwest Territories pl pr n Territoires *mpl* du Nord-Ouest.

northwestwards [ˌnɔ:θˈwestwədz] adv vers le nord-ouest, en direction du nord-ouest.

North Yemen pr n Yémen *m* du Nord / *in North Yemen* au Yémen du Nord.

Norway [ˈnɔ:weɪ] pr n Norvège *f* / *in Norway* en Norvège.

Norway lobster n langoustine *f*.

Norway rat n surmulot *m*.

Norwegian [nɔ:ˈwi:dʒən] ◆ n **1.** [person] Norvégien *m*, -enne *f* **2.** LING norvégien *m*. ◆ adj norvégien.

nor'wester [ˌnɔ:ˈwestəʳ] NAUT = **northwester**.

Nos., nos. (written abbr of numbers) no.

nose [nəʊz] ◆ n **1.** ANAT nez *m* / *to hold one's nose* se pincer le nez / *the dog has a wet nose* le chien a le nez or la truffe humide / *your nose is bleeding* tu saignes du nez / *your nose is running* tu as le nez qui coule / *to speak through one's nose* parler du nez / *I punched him on* or *in the nose* je lui ai donné un coup de poing en pleine figure / *she's always got her nose in a book* elle a toujours le nez dans un livre / *the favourite won by a nose* [in horseracing] le favori a gagné d'une demi-tête / *I'll have £10 on the nose* je parie 10 livres qu'il va gagner / *look, it's right under your nose!* regarde, il est juste sous ton nez or tu as le nez dessus ! / *it was (right) under my nose all the time* c'était en plein sous mon nez / *they stole it from under the nose of the police fig* ils l'ont volé au nez et à la barbe de la police / *he can see no further than (the end of) his nose* il ne voit pas plus loin que le bout de son nez / *he really gets* or *he gets right up my nose! inf* il me pompe l'air ! / *you've got* or *hit it right on the nose inf* tu as mis en plein dans le mille ▸ **to keep one's nose clean** *inf* se tenir à carreau / *try and keep your nose clean* tu ferais bien de te tenir peinard ▸ **keep your (big) nose out of my business!** *inf* mêle-toi de ce qui te regarde ! ▸ **to keep** or **to have one's nose to the grindstone** bosser (dur) ▸ **to keep sb's nose to the grindstone** faire bosser or trimer qqn ▸ **to lead sb by the nose** mener qqn par le bout du nez ▸ **to look down one's nose at sb / sthg** traiter qqn / qqch avec condescendance ▸ **to pay through the nose (for sthg)** payer (qqch) la peau des fesses ▸ **to put sb's nose out of joint** UK *inf* contrarier or dépiter qqn ▸ **to stick** or **to poke one's nose into sthg** *inf* : *she's always sticking* or *poking her nose into our affairs* elle est toujours en train de fourrer son nez dans nos affaires / *he's always sticking* or *poking his nose in* il faut qu'il fourre son nez partout ▸ **to turn up one's nose at sthg** faire la fine bouche devant qqch / *he's always walking around with his nose in the air* il prend toujours un air hautain or méprisant **2.** [sense of smell] odorat *m*, nez *m* / *these dogs have an excellent nose* ces chiens ont un excellent flair or le nez fin *spec* / *she's got a (good) nose for a bargain fig* elle a le nez creux or du nez pour dénicher les bonnes affaires **3.** [aroma - of wine] arôme *m*, bouquet *m*, nez *m* **4.** [forward part - of aircraft, ship] nez *m* ; [- of car] avant *m* ; [- of bullet, missile, tool] pointe *f* ; [- of gun] canon *m* / *the traffic was nose to tail all the way to London* UK les voitures étaient pare-chocs contre pare-chocs jusqu'à Londres. ◆ vt **1.** [smell] flairer, renifler **2.** [push with nose] pousser du nez / *the dog nosed the door open* le chien a ouvert la porte en la poussant du nez. ◆ vi **1.** [advance with care] avancer précautionneusement / *the car nosed out into the traffic* la voiture se frayait un chemin au milieu des embouteillages **2.** *inf* [snoop] fouiner.

❖ **nose about** UK, **nose around** vi *inf* [snoop] fureter, fouiner / *two men came nosing about for information* deux hommes sont venus fouiner pour avoir des renseignements / *I don't want them nosing about in here!* je ne veux pas qu'ils viennent fourrer leur nez ici !

❖ **nose out** vt sep **1.** [discover - by smell] flairer ; [- by cunning, intuition] dénicher, débusquer **2.** *inf* [beat narrowly] battre d'une courte tête / *he was nosed out of first place by an outsider* un outsider lui a soufflé la première place d'une courte tête.

nosebag [ˈnəʊzbæg] n UK musette *f*, mangeoire *f* portative.

noseband [ˈnəʊzbænd] n muserolle *f*.

nosebleed [ˈnəʊzbli:d] n saignement *m* de nez, épistaxis *f spec* / *I've got a nosebleed* je saigne du nez / *do you often get nosebleeds?* est-ce que vous saignez souvent du nez ?

nose candy n *drugs sl* coke *f*.

nose cone n [of missile] ogive *f* ; [of aircraft] nez *m*.

-nosed [nəʊzd] in comp au nez... ▸ **red-nosed** au nez rouge.

nosedive [ˈnəʊzdaɪv] ◆ n **1.** [of plane, bird] piqué *m* / *I did a nosedive onto the concrete* je suis tombé la tête la première sur le béton **2.** *inf & fig* [sharp drop] chute *f*, dégringolade *f* / *prices took a nosedive* les prix ont considérablement chuté / *his popularity has taken a nosedive* sa cote de popularité s'est littéralement effondrée. ◆ vi **1.** [plane] piquer, descendre en piqué **2.** *fig* [popularity, prices] être en chute libre, chuter.

nose drops pl n gouttes *fpl* nasales or pour le nez.

nosegay ['nəʊzgeɪ] n *liter* (petit) bouquet *m*.

nose job n *inf* intervention *f* de chirurgie esthétique sur le nez / *she's had a nose job* elle s'est fait refaire le nez.

nose ring n anneau *m* de nez.

nose stud n piercing *m* or boucle *f* de nez.

nose wheel n roue *f* avant.

nosey ['nəʊzɪ] *inf* = **nosy**.

nosh [nɒʃ] *inf & dated* ◆ n bouffe *f*. ◆ vi bouffer.

no-show n [for flight, voyage] *passager qui ne se présente pas à l'embarquement* ; [for show] *spectateur qui a réservé sa place et qui n'assiste pas au spectacle* / *there were so many no-shows that they cancelled the flight* il y a eu tellement de défections que le vol a été annulé.

nosh-up n UK *inf* gueuleton *m*.

no-side n [in rugby] fin *f* du match.

nosiness ['nəʊzɪnɪs] n *inf* curiosité *f* / *his nosiness really annoys me* il m'agace sérieusement à fourrer son nez partout.

nosography [nɒ'sɒgrəfɪ] (*pl* **nosographies**) n nosographie *f*.

nosological [,nɒsə'lɒdʒɪkl] adj nosologique.

nosology [nɒ'sɒlədʒɪ] n nosologie *f*.

nostalgia [nɒ'stældʒə] n nostalgie *f*.

nostalgic [nɒ'stældʒɪk] adj nostalgique ▶ **to be** or **feel nostalgic for sthg** regretter qqch.

nostril ['nɒstrɪl] n [gen] narine *f* ; [of horse, cow, etc.] naseau *m*.

no-strings adj **1.** *inf* [contract, agreement] sans pièges **2.** [relationship] sans lendemain / *looking for no-strings hookups* cherche rencontres sans lendemain.

nostrum ['nɒstrəm] n *lit & fig* panacée *f*.

nosy ['nəʊzɪ] (*compar* **nosier**, *superl* **nosiest**) adj *inf* curieux / *don't be so nosy!* occupe-toi donc de tes affaires or de tes oignons ! / *he's very nosy* il fourre son nez partout / *I didn't mean to be nosy* je ne voulais pas être indiscret.

nosy parker n UK *inf & pej* curieux *m*, -euse *f* / *he's a nosy parker* il fourre son nez partout.

not [nɒt] adv **1.** [after verb or auxiliary] ne… pas / *we are not* or *aren't sure* nous ne sommes pas sûrs / *do not* or *don't believe her* ne la croyez pas / *didn't he* or *did he not hear you?* ne vous a-t-il pas entendu ? / *you've been there already, haven't you* or *fml have you not?* vous y êtes déjà allé, non or n'est-ce pas ? ; [with infinitive] ne pas / *I'll try not to cry* j'essaierai de ne pas pleurer / *I asked them not to do it* je leur ai demandé de ne pas le faire **2.** [as phrase or clause substitute] non, pas / *we hope not* nous espérons que non / *are there any left? — I'm afraid not* est-ce qu'il en reste ? — j'ai bien peur que non / *will it rain? — I think not fml* est-ce qu'il va pleuvoir ? — je crois que non or je ne crois pas / *whether they like it or not* que ça leur plaise ou non or ou pas / *she really has a nice dress — not! inf* elle en a une jolie robe ! — tu parles ! **3.** [with adj, adv, noun, etc.] pas / *it's Thomas, not Jake* c'est Thomas, pas Jake / *the water is green, not blue* l'eau est verte, pas bleue / *not a leaf stirred* pas une feuille ne bougeait / *not all her books are good* ses livres ne sont pas tous bons, tous ses livres ne sont pas bons / *not everyone would agree with you* tout le monde ne serait pas d'accord avec toi / *who wants some more? — not me* qui en veut encore ? — pas moi / *not I fml* pas moi **4.** [in double negatives] : *not without some difficulty* non sans quelque difficulté, non sans mal / *a not insignificant amount of money* une somme non négligeable / *it's not unusual for him to be late* il n'est pas rare qu'il soit en retard / *the two events are not unconnected* les deux événements ne sont pas tout à fait indépendants l'un de l'autre **5.** [less than] moins de / *not five minutes later the phone rang* moins de cinq minutes plus tard, le téléphone a sonné / *not ten metres away* à moins de dix mètres.

See box at ne and encore.

> Note that non (pas) que is followed by a verb in the subjunctive:
> ... **not that we're angry, of course!** ... *non (pas) que nous soyons fâchés, bien entendu !*

notability [,nəʊtə'bɪlətɪ] (*pl* **notabilities**) n **1.** [importance] importance *f* **2.** [important person] notabilité *f*, notable *m*.

notable ['nəʊtəbl] ◆ adj [thing] notable, remarquable ; [person] notable, éminent / *notable progress has been made* des progrès notables ont été accomplis / *the film was notable for its lack of violence* le film se distinguait par l'absence de scènes de violence. ◆ n notable *m*.

notably ['nəʊtəblɪ] adv **1.** [particularly] notamment, en particulier / *several officials were absent, notably the mayor* il manquait plusieurs personnalités, notamment le maire **2.** [markedly] manifestement, de toute évidence.

notarial [nəʊ'teərɪəl] adj [procedure, stamp] notarial ; [deed] notarié.

notarize, notarise ['nəʊtəraɪz] vt certifier, authentifier ▶ **notarized deed** acte *m* notarié ▶ **a notarized copy** ≃ une copie certifiée conforme *(par un notaire)*.

notary ['nəʊtərɪ] (*pl* **notaries**) n ▶ **notary (public)** notaire *m* / *signed in the presence of a notary* signé par-devant notaire.

notation [nəʊ'teɪʃn] n **1.** [sign system] notation *f* ▶ **musical notation** notation musicale ▶ **mathematical notation** symboles *mpl* mathématiques ▶ **in binary notation** en numération binaire, en base 2 **2.** US [jotting] notation *f*, note *f*.

notch [nɒtʃ] ◆ n **1.** [cut -in stick] entaille *f*, encoche *f* ; [hole -in belt] cran *m* / *he let out his belt a notch* il a desserré sa ceinture d'un cran **2.** [degree] cran *m* / *he's gone up a notch in my estimation* il est monté d'un cran dans mon estime / *turn the heating up a notch* monte un peu le chauffage / *her novel is a notch above the rest* son roman est un peu meilleur que les autres **3.** US [gorge] défilé *m*. ◆ vt **1.** [make cut in -stick] entailler, encocher ; [-gear wheel] cranter, denteler ; [damage -blade] ébrécher **2.** *fig* = **notch up**.

❖ **notch up** vt sep [achieve] accomplir / *they've notched up six wins in a row* ils ont six victoires consécutives à leur palmarès.

note [nəʊt] ◆ n **1.** [record, reminder] note *f* ▶ **to take** or **to make notes** prendre des notes / *she spoke from / without notes* elle a parlé en s'aidant / sans s'aider de notes / *make a note of everything you spend* notez toutes vos dépenses / *I must make a note to myself to ask her about it fig* il faut que je pense à le lui demander / *he made a mental note to look for it later* il se promit de le chercher plus tard ▶ **to compare notes** *fig* échanger ses impressions **2.** [short letter] mot *m* / *she left a note to say she'd call back later* elle a laissé un mot pour dire qu'elle repasserait plus tard **3.** [formal communication] note *f* ▶ **diplomatic note** note diplomatique ▶ **a doctor's** or **sick note a)** un certificat or une attestation du médecin (traitant) **b)** SCH un certificat (médical) **4.** [annotation, commentary] note *f*, annotation *f* / *notes in the margin* notes dans la or en marge / *editor's note* note de la rédaction / *see note 6* voir note 6 **5.** UK [banknote] billet *m* (de banque) / *ten-pound note* billet de dix livres **6.** [sound, tone] ton *m*, note *f* / *the piercing note of the siren* le son strident de la sirène / *there was a note of contempt in her voice* il y avait du mépris dans sa voix ; *fig* [feeling, quality] note *f* / *the meeting began on a promising note* la réunion débuta sur une note optimiste / *on a more serious / a happier note* pour parler de choses plus sérieuses / plus gaies / *the flowers add a note of colour* les fleurs apportent une touche de couleur / *her speech struck a warning note* son discours était un signal d'alarme ▶ **to strike the right / a false note a)** [speech] sonner juste / faux **b)** [behaviour] être / ne pas être dans le ton **7.** MUS note *f* ▶ **to hit a high note** sortir un aigu ; UK [piano key] touche *f* ▶ **the black notes** les touches noires **8.** [notice, attention] ▶ **to take note of sthg** prendre (bonne) note de qqch **9.** COMM ▶ **(promissory) note, note of hand** billet *m* à ordre. ◆ vt **1.** [observe, notice] remarquer, noter / *he noted that the window was open* il remarqua que la fenêtre était ouverte / *we have noted several omissions* nous avons relevé plusieurs oublis / *note that she didn't actually refuse* notez (bien) qu'elle n'a pas vraiment refusé / *please note that payment is now due* veuillez effectuer le règlement dans les plus brefs délais **2.** [write down] noter, écrire / *I noted (down) her address* j'ai noté son adresse / *all sales are noted in this book* toutes les ventes sont enregistrées or consignées dans ce carnet **3.** [mention] (faire) remarquer or observer / *as I noted earlier* comme je l'ai fait remarquer précédemment.

❖ **of note** adj phr : *a musician of note* un musicien éminent or renommé / *a musician of some note* un musicien d'une certaine renommée / *everyone of note was there* tous les gens importants or qui comptent étaient là / *nothing of note has happened* il ne s'est rien passé d'important, aucun événement majeur ne s'est produit / *we have achieved little of note* nous n'avons pas fait grand-chose d'important.

❖ **note down** vt sep = **note** *(vt)*.

notebook ['nəʊtbʊk] n carnet *m*, calepin *m* ; SCH cahier *m*, carnet *m* ▶ **notebook computer** ordinateur *m* bloc-notes.

notecase ['nəʊtkeɪs] n UK *dated* portefeuille *m*.

noted ['nəʊtɪd] adj [person] éminent, célèbre ; [place, object] réputé, célèbre ; [fact, idea] reconnu / *to be noted for one's integrity* être connu pour son intégrité / *he's not noted for his flexibility* il ne passe pas pour quelqu'un de particulièrement accommodant / *a city noted as a centre of culture* une ville réputée pour sa vie culturelle / *a region noted for its parks* une région réputée or connue pour ses parcs.

notelet ['nəʊtlɪt] n UK carte-lettre *f*.

notepad ['nəʊtpæd] n [for notes] bloc-notes *m* ; [for letters] bloc *m* de papier à lettres.

notepaper ['nəʊtpeɪpəʳ] n papier *m* à lettres.

noteworthiness ['nəʊt,wɜ:ðɪnɪs] n importance *f*.

noteworthy ['nəʊt,wɜ:ðɪ] adj notable, remarquable.

not-for-profit adj US à but non lucratif ▶ **not-for-profit organization** société *f* à but non lucratif.

nothing ['nʌθɪŋ] ◆ pron ne… rien / *she forgets nothing* elle n'oublie rien / *nothing has been decided* rien n'a été décidé / *I have nothing to drink* je n'ai rien à boire / *it's got nothing to do with you* ça ne te concerne absolument pas / *I told them nothing at all* je ne leur ai rien dit du tout / *I have nothing else to say* je n'ai rien d'autre à dire / *nothing serious* rien de grave / *there's nothing exceptional about him arriving late* il n'y a rien d'exceptionnel à ce qu'il arrive en retard / *they're always fighting over nothing* ils passent leur temps à se disputer pour des broutilles or des riens / *reduced to nothing* réduit à néant / *there's nothing for it but to start again* il n'y a plus qu'à recommencer / *there's nothing in* or *to these rumours* ces rumeurs sont dénuées de tout fondement / *there's nothing to it!* [it's easy] c'est simple (comme bonjour) ! / *there's nothing like a nice hot bath* rien de tel qu'un bon bain chaud / *she says he's nothing* or *he means nothing to her* elle dit qu'il n'est rien pour elle / *the name means nothing to me* le nom ne me dit rien / *a thousand pounds is nothing to her* mille livres, ce n'est rien pour elle / *I'll take what's due to me, nothing more, nothing less* je prendrai mon dû, ni plus ni moins / *what a physique! Charles Atlas has got nothing on you! inf* quel physique ! tu n'as rien à envier à Charles Atlas or Charles Atlas peut aller se rhabiller ! / *our sacrifices were as nothing compared to his liter* nos sacrifices ne furent rien auprès des siens. ◆ n **1.** [trifle] rien *m*, vétille *f* / *$500 may be a mere nothing to you* 500 dollars ne représentent peut-être pas grand-chose pour vous **2.** *inf* [person] nullité *f*, zéro *m* **3.** MATH zéro *m*. ◆ adj *inf* [worthless] nul / *it's a nothing play!* c'est une pièce nulle !

LA NÉGATION

En anglais, c'est le mot **not** qui marque la négation. Formation : Sujet (S) + auxiliaire (aux) + **not** + Verbe (V) + complément (cplt).

FORMATION

La négation se construit toujours avec un auxiliaire ou un modal ; on place le mot **not** entre l'auxiliaire ou le modal et le verbe.

S + aux + **not** + V + cplt

Jane is not a university student. Jane n'est pas étudiante à l'université.

Bien souvent, la négation **not** est accolée directement à l'auxiliaire ou au modal : on a alors la forme contractée.

❶ Négation avec do

La négation avec **do** est utilisée pour tous les verbes (sauf **be**) au présent et au prétérit simples :

S + **do** + **not** + V + cplt

Ray does not / doesn't like cauliflower.
S **do + not** *V* *cplt*
Ray n'aime pas le chou-fleur.

❷ Négation avec be

Avec **be** au présent ou au prétérit simples, on a :

S + **be** + **not** + cplt

Simon is not / isn't happy. Simon n'est pas heureux.

Simon was not / wasn't good at maths when he was at school. Simon n'était pas bon en math à l'école.

Au présent et au prétérit dits « progressifs », la négation se forme en plaçant **not** entre **be** et la forme V-**ing** :

S + **be** + **not** + V-**ing** + cplt

I'm not joking! Je ne plaisante pas !

Jane wasn't reading the newspaper when I came back yesterday. Jane ne lisait pas le journal quand je suis rentré hier.

❸ Négation avec have

Pour former la négation avec **have** au présent simple, on peut soit utiliser **do**, soit **have got** :

S + **do** + **not** + V + cplt *ou* S + **have** + **not** + **got** + cplt

Ann doesn't have / hasn't got any money. Ann n'a pas d'argent.

Au **present perfect** et au **past perfect**, la négation se forme en plaçant **not** entre **have** et le verbe au participe passé (V-**en**) :

S + **have** + **not** + V-**en** + cplt

I haven't been able to work today. Je n'ai pas pu travailler aujourd'hui.

She claimed she hadn't heard the news. Elle a prétendu ne pas avoir entendu la nouvelle.

❹ Négation avec les modaux

Avec les modaux, la négation se place entre le modal et le verbe :

S + modal + **not** + V + cplt

Rupert will not / won't play pool tonight. Rupert ne jouera pas au billard ce soir.

I may not win the competition. Il se peut que je ne gagne pas la compétition.

We must not / mustn't forget Ted's birthday. Nous ne devons pas oublier l'anniversaire de Ted.

Sophie cannot / can't run as fast as I can. Sophie ne peut pas courir aussi vite que moi.

Remarque 1 :

La forme contractée est extrêmement fréquente, mais on préférera l'éviter à l'écrit lorsque l'on utilise un registre de langue assez élevé.

Remarque 2 :

La négation, tout particulièrement sous sa forme contractée, peut se combiner à l'interrogation pour former l'interro-négation.

PRONONCIATION

Not ['nɒt] est toujours accentué, car ce mot exprime un contraste par rapport à la forme affirmative ; lorsque la négation est sous forme contractée, c'est celle-ci qui sera prononcée de manière accentuée.

Do → **do not** → **don't** ['dəʊnt]

Will → **will not** → **won't** ['wəʊnt]

Can → **cannot** → **can't** [kɑːnt]

Etc.

I **will not** go to the Alps. / I **won't** go to the Alps. Je n'irai pas dans les Alpes.
[wil] ['nɒt] ['wəʊnt]

AUTRES MANIÈRES D'EXPRIMER LA NÉGATION

Les mots **never**, **hardly** ont également un sens négatif. Comme **not**, ils se placent entre l'auxiliaire et le verbe :

I will never go to the Alps. Je n'irai jamais dans les Alpes.

I can hardly think of anything worse. Je ne peux guère imaginer quelque chose de pire.

Pour résumer

La négation se forme à l'aide de **not**, qui se place ***après*** l'auxiliaire ou le modal et ***avant*** le verbe. En général, la négation s'accole directement à l'auxiliaire ou au modal pour former une forme contractée. La négation est toujours accentuée, car elle marque un contraste par rapport à la forme affirmative.

❖ **for nothing** adv phr **1.** [gratis] pour rien / *I got it for nothing at the flea market* je l'ai eu pour (trois fois) rien aux puces **2.** [for no purpose] pour rien / *all that work for nothing!* tout ce travail pour rien or en pure perte ! / *are you telling me I gave up my day off for nothing?* est-ce que tu veux dire que j'ai sacrifié ma journée de vacances pour rien ? **3.** [for no good reason] pour rien / *the police say they don't arrest people for nothing* la police dit qu'elle n'arrête personne sans raison / *it's not for nothing that...* ce n'est pas pour rien que... / *they don't call him Einstein for nothing* ce n'est pas pour rien qu'on le surnomme Einstein.

❖ **nothing but** adv phr : *that car's been nothing but trouble* cette voiture ne m'a attiré que des ennuis / *nothing but a miracle can save us* seul un miracle pourrait nous sauver / *she wants nothing but the best* elle ne veut que ce qu'il y a de meilleur / *they do nothing but sleep* ils ne font que dormir.

❖ **nothing if not** adv phr rien de moins que / *she's nothing if not honest* elle n'est rien de moins qu'honnête.

❖ **nothing less than** adv phr **1.** [undoubtedly] rien de moins que, tout bonnement / *it was nothing less than miraculous* / *a miracle* c'était tout simplement miraculeux / un miracle **2.** [only] seul / *nothing less than outright victory would satisfy him* seule une victoire écrasante le satisferait.

❖ **nothing like** ◆ prep phr **1.** [completely unlike] : *she's nothing like her mother* elle ne ressemble en rien à sa mère **2.** [nothing as good as] : *there's nothing like a nice cup of tea!* rien de tel qu'une bonne tasse de thé ! / *there's nothing like a cold shower for freshening* or *to freshen you up* rien de tel qu'une douche froide pour se rafraîchir. ◆ adv phr *inf* [nowhere near] : *this box is nothing like big enough* cette boîte est beaucoup trop or bien trop petite.

❖ **nothing more than** adv phr : *I want nothing more than a word of thanks from time to time* tout ce que je demande, c'est un petit mot de remerciement de temps à autre / *he's nothing more than a petty crook* ce n'est rien d'autre qu'un vulgaire escroc.

nothingness ['nʌθɪŋnɪs] n néant *m* / *he stared out into the nothingness* il avait le regard perdu dans le vide.

notice ['nəʊtɪs] ◆ n **1.** [written announcement] annonce *f* ; [sign] écriteau *m*, pancarte *f* ; [poster] affiche *f* ; [in newspaper - article] entrefilet *m* ; [- advertisement] annonce *f* / *a notice was pinned to the door* il y avait une notice sur la porte / *notices went up telling people to stay indoors* on placarda des affiches pour demander aux gens de rester chez eux **2.** [attention] attention *f* ▸ **to take notice of** faire or prêter attention à / *take no notice (of him)!* ne faites pas attention (à lui) ! / *you never take any notice of what I say!* tu ne fais jamais attention à ce que je dis ! / *she considers it beneath her notice* *fml* elle considère que ça ne vaut pas la peine qu'elle s'y arrête ▸ **to bring sthg to sb's notice** faire remarquer qqch à qqn, attirer l'attention de qqn sur qqch / *certain facts have come to* or *been brought to our notice* on a attiré notre attention sur certains faits / *her book attracted a great deal of* / *little notice* son livre a suscité beaucoup / peu d'intérêt ▸ **to escape** or **to avoid notice** passer inaperçu / *my mistake did not escape his notice* mon erreur ne lui a pas échappé / *has it escaped their notice that something is seriously wrong?* ne se sont-ils pas aperçu qu'il y a quelque chose qui ne va pas du tout ? **3.** [notification, warning] avis *m*, notification *f* ; [advance notification] préavis *m* / *please give us notice of your intentions* veuillez nous faire part préalablement de vos intentions / *he was given notice* or *notice was served on him fml to quit* on lui a fait savoir qu'il devait partir / *give me more notice next time you come up* préviens-moi plus tôt la prochaine fois que tu viens / *legally, they must give you a month's notice* d'après la loi, ils doivent vous donner un préavis d'un mois or un mois de préavis / *we require five days' notice* nous demandons un préavis de cinq jours / *give me a few days' notice* prévenez-moi quelques jours à l'avance ▸ **without previous** or **prior notice** sans prévenir / *he turned up without any notice* il est arrivé à l'improviste ▸ **at a moment's notice** sur-le-champ, immédiatement ▸ **at short notice** très rapidement / *it's impossible to do the work at such short notice* c'est un travail impossible à faire dans un délai aussi court ▸ **until further notice** jusqu'à nouvel ordre or avis **4.** [notifying document] avis *m*, notification *f* ; [warning document] avertissement *m* / *they sent three notices before cutting off the water* ils ont envoyé trois avertissements avant de couper l'eau ▸ **notice of receipt** COMM accusé *m* de réception **5.** [intent to terminate contract - by employer, landlord, tenant] congé *m* ; [- by employee] démission *f* / *fifty people have been given their notice* cinquante personnes ont été licenciées ▸ **to give in** or **to hand in one's notice** remettre sa démission / *has the landlord given you notice?* le propriétaire vous a-t-il donné congé ? / *we are under notice to quit* nous avons reçu notre congé **6.** [review] critique *f* / *the film got excellent notices* le film a eu d'excellentes critiques. ◆ vt **1.** [spot, observe] remarquer, s'apercevoir de / *he noticed a scratch on the table* il remarqua que la table était rayée / *surely you noticed her?* ne me dis pas que tu ne l'as pas vue ! / *hello, Sam, I didn't notice you in the corner* bonjour, Sam, je ne t'avais pas vu dans le coin / *so I've noticed!* c'est ce que j'ai remarqué ! / *he noticed that his watch was gone* il s'est aperçu que sa montre avait disparu / *try and slip in without her noticing* essayez d'entrer sans qu'elle s'en aperçoive / *I noticed her smiling* j'ai remarqué qu'elle souriait **2.** [take notice of] faire attention à / *he never notices what I wear!* il ne fait jamais attention à ce que je porte !

⚠ The French word **notice** means a note in a printed text, not a notice.

noticeable ['nəʊtɪsəbl] adj [mark, defect] visible ; [effect, change, improvement] sensible / *the stain is barely noticeable* la tache est à peine visible or se voit à peine.

noticeably ['nəʊtɪsəblɪ] adv sensiblement.

noticeboard ['nəʊtɪsbɔːd] n panneau *m* d'affichage.

notifiable ['nəʊtɪfaɪəbl] adj [disease] à déclaration obligatoire.

notification [ˌnəʊtɪfɪ'keɪʃn] n notification *f*, avis *m* / *you will receive notification by mail* vous serez averti par courrier.

notify ['nəʊtɪfaɪ] (*pt & pp* **notified**) vt notifier, avertir ▸ **to notify sb of sthg** avertir qqn de qqch, notifier qqch à qqn / *have you notified the authorities?* avez-vous averti or prévenu les autorités ? / *winners will be notified within ten days* les gagnants seront avisés dans les dix jours.

notion ['nəʊʃn] n **1.** [concept] notion *f*, concept *m* / *the notion of evil* la notion du mal / *I lost all notion of time* j'ai perdu la notion du temps **2.** [opinion] idée *f*, opinion *f* / *where did she get the notion* or *whatever gave her the notion that we don't like her?* où est-elle allée chercher que nous ne l'aimions pas ? **3.** [vague idea] notion *f*, idée *f* / *have you any notion of what it will cost?* avez-vous une idée de ce que cela va coûter ? **4.** [thought, whim] idée *f* / *he hit upon the notion of buying a houseboat* il eut soudain l'idée d'acheter une péniche aménagée ; [urge] envie *f*, désir *m* / *I've got a notion to paint it red* j'ai envie de le peindre en rouge.
❖ **notions** pl n US [haberdashery] (articles *mpl* de) mercerie *f* ▸ **notions store** mercerie *f* (*boutique*).

notional ['nəʊʃənl] adj **1.** UK [hypothetical] théorique, notionnel / *let's put a notional price of $2 a kilo on it* pour avoir un ordre d'idées, fixons-en le prix à 2 dollars le kilo **2.** [imaginary] imaginaire **3.** US [fanciful] capricieux **4.** LING [word] sémantique, plein ▸ **notional grammar** grammaire *f* notionnelle.

notoriety [ˌnəʊtə'raɪətɪ] (*pl* **notorieties**) n [ill fame] triste notoriété *f* ; [fame] notoriété *f* / *these measures brought him notoriety* ces mesures l'ont rendu tristement célèbre.

notorious [nəʊ'tɔːrɪəs] adj *pej* [ill-famed - person] tristement célèbre ; [- crime] célèbre ; [- place] mal famé / *a notorious miser* / *spy* un avare / espion notoire ; [well-known] connu / *she's notorious for being late* elle est connue pour ne jamais être à l'heure / *his notorious past* son passé chargé / *the junction is a notorious accident spot* ce croisement est réputé pour être très dangereux / *the area is notorious for muggings* il est bien connu que c'est un quartier où il y a beaucoup d'agressions.

notoriously [nəʊ'tɔːrɪəslɪ] adv notoirement / *the trains here are notoriously unreliable* tout le monde sait qu'on ne peut pas se fier aux horaires des trains ici.

no-trump(s) n sans-atout *m inv*.

Notting Hill Carnival ['nɒtɪŋ-] pr n *carnaval afro-antillais qui a lieu chaque année à Londres.*

not-too-distant adj ▸ **in the not-too-distant future** dans un avenir proche.

Notts written abbr of **Nottinghamshire**.

notwithstanding [ˌnɒtwɪθ'stændɪŋ] *fml* ◆ prep en dépit de / *notwithstanding the agreement* or *the agreement notwithstanding* en dépit de l'accord. ◆ adv malgré tout, néanmoins.

nougat ['nuːgɑː] n nougat *m*.

nought [nɔːt] n **1.** UK [zero] zéro *m* / *nought point five* zéro virgule cinq **2.** *arch* = **naught**.

noughts and crosses n *(U)* UK ≃ morpion *m (jeu)*.

noumenon ['nuːmənən] (*pl* **noumena** [-nə]) n noumène *m*.

noun [naʊn] n nom *m*, substantif *m* ▸ **common** / **proper noun** nom commun / propre ▸ **noun phrase** groupe *m* or syntagme *m* nominal ▸ **noun clause** proposition *f*.

nourish ['nʌrɪʃ] vt **1.** [feed] nourrir / *nourished on grain* nourri au grain **2.** [entertain, foster] nourrir, entretenir.

nourishing ['nʌrɪʃɪŋ] adj nourrissant, nutritif.

nourishment ['nʌrɪʃmənt] n *(U)* **1.** [food] nourriture *f*, aliments *mpl* / *the patient has taken no nourishment* le malade ne s'est pas alimenté / *brown rice is full of nourishment* le riz complet est très nourrissant **2.** [act of nourishing] alimentation *f*.

nous [naʊs] n **1.** UK *inf* bon sens *m*, jugeote *f* **2.** PHILOS esprit *m*, intellect *m*.

Nov. (written abbr of **November**) nov.

nova ['nəʊvə] (*pl* **novas** *or* **novae** [-viː]) n nova *f*.

Nova Scotia [ˌnəʊvə'skəʊʃə] pr n Nouvelle-Écosse *f* / *in Nova Scotia* en Nouvelle-Écosse.

Nova Scotian [ˌnəʊvə'skəʊʃn] ◆ n Néo-Écossais *m*, -e *f*. ◆ adj néo-écossais.

Novaya Zemlya [ˌnɒvəjəzem'ljɑː] pr n Nouvelle-Zemble *f* / *in Novaya Zemlya* en Nouvelle-Zemble.

novel ['nɒvl] ◆ n roman *m* ▸ **detective** / **spy novel** roman policier / d'espionnage. ◆ adj nouveau (*before vowel or silent 'h'* **nouvel**, *f* **nouvelle**), original / *what a novel idea!* quelle idée originale ! / *it was a novel experience for me* ce fut une expérience nouvelle pour moi ▸ **novel foods** nouveaux aliments *mpl*.

novelette [ˌnɒvə'let] n **1.** [short novel] nouvelle *f* **2.** *pej* [easy reading] roman *m* de hall de gare ; [love story] roman *m* à l'eau de rose.

novelettish [ˌnɒvə'letɪʃ] adj *pej* [sentimental] à l'eau de rose.

novelist ['nɒvəlɪst] n romancier *m*, -ère *f*.

novella [nə'velə] (*pl* **novellas** *or* **novelle** [-leɪ]) n ≃ nouvelle *f (texte plus court qu'un roman et plus long qu'une nouvelle).*

novelty ['nɒvltɪ] (*pl* **novelties**) n **1.** [newness] nouveauté *f*, originalité *f* / *the novelty soon wore off* l'attrait de la nouveauté n'a pas duré ▸ **novelty value** attrait *m* de la nouveauté **2.** [thing, idea] innovation *f*, nouveauté *f* / *it was a real novelty* c'était une nouveauté, c'était tout nouveau **3.** [trinket] nouveauté *f*, article *m* fantaisie ; [gadget] gadget *m* / *novelty jewellery* bijoux *mpl* fantaisie.

November [nə'vembər] n novembre *m*. See also **February**.

novena [nəʊ'viːnə] (*pl* **novenae** [-niː]) n neuvaine *f*.

novice ['nɒvɪs] n **1.** [beginner] débutant *m*, -e *f*, novice *mf* / *I'm still a novice at golf* en matière de golf, je ne suis encore qu'un novice / *a novice at skiing* or *a novice skier* un skieur débutant **2.** RELIG novice *mf*.

novitiate, **noviciate** [nə'vɪʃɪət] n RELIG **1.** [period] noviciat *m* ; *fig* noviciat *m*, apprentissage *m* **2.** [place] noviciat *m*.

Novocaine® ['nəʊvəkeɪn] n Novocaïne® *f*, procaïne *f*.

now [naʊ] ◆ adv **1.** [at this time] maintenant / *what shall we do now?* qu'est-ce qu'on fait maintenant ? / *he hasn't seen her for a week now* ça fait maintenant une semaine qu'il ne l'a pas vue / *she'll be here any moment* or *any time now* elle va arriver d'un moment or instant à l'autre / *don't stop now!* n'arrête pas maintenant ! / *we are now entering enemy territory* nous sommes désormais en territoire ennemi ▸ **it's now or never** c'est le moment ou jamais / *now is the time to invest* or *the time to invest is now* c'est le moment d'investir / *now she tells me!* hum c'est maintenant qu'elle me le dit ! / *(and) now for something completely different* (et) voici à présent quelque chose de tout à fait différent ▸ **as of now** désormais / *I'd never met them before now* je ne les avais jamais rencontrés auparavant / *between now and next August* / *next year* d'ici le mois d'août prochain / l'année prochaine / *they must have got the letter by now* ils ont dû recevoir la lettre à l'heure qu'il est / *that's all for now* c'est tout pour le moment / *from now until Monday* / *next year* d'ici (à) lundi prochain / l'année prochaine / *in a few years from now* d'ici quelques années ▸ **from now on** désormais, dorénavant, à partir de maintenant / *from now on you do as you're told!* à partir de maintenant, tu vas obéir ! / *we've had no problems till now* or *until now* or *up to now* nous n'avons eu aucun problème jusqu'ici **2.** [nowadays] maintenant, aujourd'hui, actuellement / *he lives in London now* il habite (à) Londres maintenant / *her now famous first novel* son premier roman, aujourd'hui célèbre **3.** [marking a specific point in the past] maintenant, alors, à ce moment-là / *they were singing now* ils chantaient maintenant / *by now we were all exhausted* nous étions alors tous épuisés / *up to now I'd never agreed with him* jusque-là or jusqu'alors, je n'avais jamais été d'accord avec lui **4.** [introducing information] or / *now a Jaguar is a very fast car* or, la Jaguar est une voiture très rapide **5.** [to show enthusiasm] : *now that's what I call a car!* voilà ce que j'appelle une voiture ! ; [to show surprise] : *well now!* ça alors ! ; [to mark a pause] : *now, what was I saying?* voyons, où en étais-je ? / *now let me see* voyons voir ; [to comfort] : *there now* or *now, now, you mustn't cry* allons, allons, il ne faut pas pleurer ; [to cajole, warn] : *now then, it's time to get up!* allons, il est l'heure de se lever ! / *you be careful now!* fais bien attention, hein ! / *now then...!* [to a child] attention, hein... ! ; [to scold] : *now that's just silly!* arrête tes bêtises ! ◆ conj maintenant que, à présent que / *she's happier now (that) she's got a job* elle est plus heureuse depuis qu'elle travaille / *now you come to mention it* maintenant que tu le dis. ◆ adj *inf* **1.** [current] actuel / *the now president* le président actuel **2.** [fashionable] branché / *a now style* un style branché / *she's a now person* c'est une branchée / *golf is the now thing to do* pour être branché, il faut se mettre au golf.
❖ **now and again**, **now and then** adv phr de temps en temps, de temps à autre / *we still see them now and again* nous les voyons encore de temps en temps or de temps à autre.
❖ **now... now** conj phr tantôt... tantôt / *now happy, now sad* tantôt gai, tantôt triste.

NOW [naʊ] (abbr of **National Organization for Women**) pr n *organisation féministe américaine.*

nowadays ['naʊədeɪz] adv aujourd'hui, de nos jours.

noway ['nəʊweɪ], **noways** ['nəʊweɪz] adv US *inf* pas du tout.

nowhere ['nəʊweəʳ] adv **1.** [no place] nulle part / *he goes nowhere without her* il ne va nulle part sans elle / *I've got nowhere to go* je n'ai nulle part où aller / *there's nowhere to hide* il n'y a pas nulle part où se cacher ▸ **nowhere else** nulle part ailleurs / *where are you going? — nowhere in particular* où vas-tu ? — je ne sais pas exactement / *it's nowhere on the map* cela ne figure pas sur la carte / *she's nowhere in the building* elle n'est pas dans l'immeuble / *my watch is nowhere to be found* impossible de retrouver ma montre / *she / the book was nowhere to be seen* elle / le livre avait disparu ; *fig* : *he appeared from nowhere* or *out of nowhere* il est apparu comme par enchantement / *she rose to fame from nowhere* elle est devenue célèbre du jour au lendemain / *without your help we would be nowhere* sans votre aide nous serions perdus / *the horse I backed came nowhere* le cheval sur lequel j'ai parié est arrivé bon dernier or loin derrière / *lying will get you nowhere* mentir ne vous servira à or ne mènera à rien / *I got nowhere trying to convince him* mes tentatives pour le convaincre sont restées vaines or se sont soldées par un échec / *we're getting nowhere fast inf* on pédale dans la choucroute or la semoule / *he's going nowhere fast* il n'ira pas loin **2.** PHR **nowhere near** : *the hotel was nowhere near the beach* l'hôtel était bien loin de la plage / *dinner is nowhere near ready* le dîner est loin d'être prêt / *I've nowhere near enough time* je suis loin d'avoir assez de temps.

no-win situation n situation *f* sans issue.

nowise ['nəʊwaɪz] US *inf* = **noway**.

nowt [naʊt] UK *inf & regional* = **nothing** *(pron).*

noxious ['nɒkʃəs] adj [gas, substance] nocif ; [influence] néfaste.

nozzle ['nɒzl] n [gen] bec *m*, embout *m* ; [for hose, paint gun] jet *m*, buse *f* ; [in carburettor] gicleur *m* ; [in turbine] tuyère *f*.

NP 1. written abbr of **notary public 2.** MESSAGING written abbr of **no problem**.

NPD (abbr of **new product development**) n développement *m* de nouveaux produits.

NQT n UK abbr of **newly qualified teacher**.

nr written abbr of **near**.

NRA n abbr of **National Rifle Association**.

NREM (abbr of **non-rapid eye movement**) n ▸ **NREM sleep** sommeil *m* lent.

NRN MESSAGING written abbr of **no reply necessary**.

NS written abbr of **Nova Scotia**.

NSC (abbr of **National Security Council**) pr n *organisme chargé de superviser la politique militaire de défense du gouvernement des États-Unis.*

NSF ◆ pr n abbr of **National Science Foundation**. ◆ written abbr of **non-sufficient funds**.

NSPCC (abbr of **National Society for the Prevention of Cruelty to Children**) pr n *association britannique de protection de l'enfance.*

NSU n abbr of **nonspecific urethritis**.

NSW written abbr of **New South Wales**.

NT ◆ n (abbr of **New Testament**) NT. ◆ pr n **1.** abbr of **National Trust 2.** (abbr of **Royal National Theatre**) *grand théâtre londonien subventionné par l'État.*

nth [enθ] adj **1.** MATH ▸ **to the nth power** à la puissance n **2.** *inf* [umpteenth] énième ▸ **for the nth time** pour la énième fois ▸ **to the nth degree** au énième degré.

nuance [nju:'ɑ:ns] n nuance *f*.

nub [nʌb] n **1.** [crux] essentiel *m*, cœur *m* / *the nub of the problem* le cœur or le nœud du problème / *the nub of the matter* le vif du sujet **2.** [small piece] petit morceau *m*, (petit) bout *m* ▸ **coal nubs** noisettes *fpl* de charbon ; [small bump] petite bosse *f*.

nubbin ['nʌbɪn] n US [gen] (petit) bout *m* ; [of corn] épi *m* (de maïs) rachitique.

nubby ['nʌbɪ] adj US couvert de peluches.

Nubia ['nju:bjə] pr n Nubie *f*.

Nubian ['nju:bjən] ◆ n Nubien *m*, -enne *f*. ◆ adj nubien ▸ **the Nubian Desert** le désert de Nubie.

nubile [UK 'nju:baɪl US 'nu:bəl] adj nubile.

nubility ['nju:bɪlətɪ] n nubilité *f*.

nuclear ['nju:klɪəʳ] adj **1.** PHYS nucléaire ▸ **nuclear power station** centrale *f* nucléaire or atomique **2.** MIL nucléaire ▸ **nuclear bomb** bombe *f* nucléaire ▸ **nuclear capability** puissance *f* or potentiel *m* nucléaire ▸ **France's nuclear deterrent** la force de dissuasion nucléaire française ▸ **nuclear disarmament** désarmement *m* nucléaire ▸ **nuclear energy** énergie *f* nucléaire ▸ **nuclear fission** fission *f* nucléaire ▸ **nuclear fusion** fusion *f* nucléaire ▸ **nuclear physics** *(U)* physique *f* nucléaire ▸ **nuclear power** nucléaire *m*, énergie *f* nucléaire ▸ **nuclear reactor** réacteur *m* nucléaire ▸ **nuclear testing** essais *mpl* nucléaires ▸ **nuclear war** guerre *f* atomique ▸ **nuclear weapons** armes *fpl* nucléaires ▸ **nuclear winter** hiver *m* nucléaire **3.** BIOL nucléaire.

nuclear family n SOCIOL famille *f* nucléaire.

nuclear-free zone n *périmètre dans lequel une collectivité locale interdit l'utilisation, le stockage ou le transport des matières radioactives.*

nuclear-powered adj à propulsion nucléaire ▸ **nuclear-powered submarine** sous-marin *m* nucléaire.

Nuclear Regulatory Commission pr n *commission américaine contrôlant la sécurité des centrales nucléaires.*

nuclease ['nju:klɪeɪz] n nucléase *f*.

nuclei ['nju:klɪaɪ] pl ⟶ **nucleus**.

nucleic acid [nju:'klɪɪk-] n acide *m* nucléique.

nuclein ['nju:klɪɪn] n nucléine *f*.

nucleolus [,nju:klɪ'əʊləs] n nucléole *m*.

nucleon ['nju:klɪɒn] n nucléon *m*.

nucleoprotein ['nju:klɪəʊ,prəʊti:n] n nucléoprotéine *f*.

nucleoside ['nju:klɪəsaɪd] n nucléoside *m*.

nucleus ['nju:klɪəs] (*pl* **nucleuses** *or* **nuclei** ['nju:klɪaɪ]) n **1.** BIOL & PHYS noyau *m* **2.** *fig* [kernel] noyau *m*, cœur *m* / *they form the nucleus of the team* ils forment le noyau de l'équipe / *we have the nucleus of an idea* nous avons un début d'idée / *a nucleus for regional development* un centre de développement régional.

nuclide ['nju:klaɪd] n nuclide *m*, nucléide *m*.

nuddy ['nʌdɪ] n UK *inf & hum* : *in the nuddy* à poil.

nude [nju:d] ◆ adj [naked] nu / *nude photos* **a)** nus *mpl* **b)** [soft pornography] photos *fpl* érotiques / *is nude sunbathing common here?* est-ce qu'il y a beaucoup de nudistes par ici ? ◆ n **1.** ART nu *m* / *a Matisse nude* un nu de Matisse **2.** [being nude] : *I was in the nude* j'étais (tout) nu ▸ **to pose in the nude** poser nu.

nudge [nʌdʒ] ◆ vt **1.** [with elbow] pousser du coude / *she nudged her friend to wake her up* elle donna un petit coup de coude à son amie pour la réveiller ▸ **nudge nudge, wink wink** UK *hum* : *he didn't come home last night, nudge nudge, wink wink* il n'est pas rentré hier soir, si tu vois ce que je veux dire **2.** [push] pousser / *he cautiously nudged the door open* il poussa tout doucement la porte (pour l'ouvrir) / *the truck nudged its way through the crowd* le camion se fraya un passage à travers la foule **3.** [encourage] encourager, pousser ▸ **to nudge sb into doing sthg** encourager or pousser qqn à faire qqch ▸ **to nudge sb's memory** UK rafraîchir la mémoire de qqn **4.** [approach] approcher (de) / *he must be nudging fifty* il doit approcher la cinquantaine / *temperatures nudging 40°C* des températures proches de 40° C. ◆ n **1.** [with elbow] coup *m* de coude ; [with foot, stick, etc.] petit coup *m* (de pied), de bâton, etc. ▸ **to give sb a nudge** pousser qqn du coude **2.** [encouragement] : *she agreed with a nudge from her friends* ses amis l'ont encouragée à dire oui / *he needs a nudge in the right direction* il a besoin qu'on le pousse dans la bonne direction.

Nudge nudge, wink wink

Cette expression humoristique est une allusion à un célèbre sketch (1971) des Monty Python dans lequel un homme ponctue ses propos de gestes évocateurs : **nudges** *des coups de coude* et **winks** *des clins d'œil*, tout en répétant la phrase **nudge nudge, wink wink, say no more!** Elle est employée aujourd'hui pour souligner le caractère potentiellement grivois d'une affirmation innocente, ou pour évoquer un type d'humour fondé sur des références à peines voilées au sexe :

They must still be upstairs in bed, nudge nudge, wink wink, say no more! *Ils doivent être encore là-haut au lit, si tu vois ce que je veux dire...*

This film comes from the silly, saucy, nudge nudge wink wink school of comedy. *Ce film s'inscrit dans la série des comédies grivoises et légères où fusent les allusions à peine voilées à la bagatelle...*

nudie ['nju:dɪ] adj *inf* porno ▸ **nudie books** magazines *mpl* pornos.

nudism ['nju:dɪzm] n nudisme *m*, naturisme *m*.

nudist ['nju:dɪst] ◆ adj nudiste, naturiste ▸ **nudist colony** / **beach** camp *m* / plage *f* de nudistes. ◆ n nudiste *mf*, naturiste *mf*.

nudity ['nju:dətɪ] n nudité *f*.

nufn MESSAGING (written abbr of **nothing**) r1.

nugatory ['nju:gətrɪ] adj *fml* **1.** [trifling] insignifiant, sans valeur **2.** [not valid] non valable ; [ineffective] inopérant, inefficace.

nugget ['nʌgɪt] n **1.** [piece] pépite *f* ▸ **gold nugget** pépite d'or **2.** *fig* : *nuggets of wisdom* des trésors de sagesse / *an interesting nugget of information* un (petit) renseignement intéressant.

nuisance ['nju:sns] n **1.** [annoying thing, situation] : *that noise is a nuisance* ce bruit est énervant / *it's (such) a nuisance having to attend all these meetings* c'est (vraiment) pénible de devoir assister à toutes ces réunions / *what a nuisance!* c'est énervant ! / *it's a nuisance having to commute every day* ce n'est pas drôle de devoir faire le trajet tous les jours ▸ **nuisance call** appel *m* anonyme / *they are not politically important but they have a certain nuisance value* ils n'ont pas un grand poids politique, mais ils ont le mérite de déranger **2.** [annoying person] empoisonneur *m*, -euse *f* / *he's nothing but a nuisance* c'est un véritable empoisonneur ▸ **to make a nuisance of o.s.** embêter or empoisonner le monde / *stop being a nuisance* arrête de nous embêter **3.** [hazard] nuisance *f* ▸ **public nuisance** : *that rubbish dump is a public nuisance* cette décharge est une calamité.

NUJ (abbr of **National Union of Journalists**) pr n *syndicat britannique des journalistes.*

nuke [nju:k] *inf* ◆ vt **1.** [bomb] lâcher une bombe atomique sur **2.** [microwave] cuire au micro-ondes. ◆ n **1.** [weapon] arme *f* nucléaire **2.** US [power plant] centrale *f* nucléaire.

null [nʌl] adj **1.** LAW [invalid] nul ; [lapsed] caduc ▸ **null and void** nul et non avenu / *the contract was rendered null (and void)* le contrat a été annulé or invalidé **2.** [insignificant] insignifiant, sans valeur ; [amounting to nothing] nul / *the effect of the embargo was null* l'embargo n'eut aucun effet **3.** MATH nul ▸ **null set** ensemble *m* vide ▸ **null string** COMPUT chaîne *f* vide.

nullification [ˌnʌlɪfɪ'keɪʃn] n annulation *f*, invalidation *f*.

nullify ['nʌlɪfaɪ] (*pt & pp* **nullified**) vt **1.** LAW [claim, contract, election] annuler, invalider **2.** [advantage] neutraliser.

nullity ['nʌlətɪ] (*pl* **nullities**) n **1.** [worthlessness] nullité *f* **2.** LAW nullité *f* ▸ **nullity suit** demande *f* en nullité de mariage **3.** [person] nullité *f*.

NUM (abbr of **National Union of Mineworkers**) pr n *syndicat britannique des mineurs.*

numb [nʌm] ◆ adj engourdi / *we were numb with cold* nous étions transis de froid / *my arm has gone numb* mon bras est engourdi / *is your jaw still numb?* [anaesthetized] ta mâchoire est-elle encore anesthésiée ? / *numb with terror fig* paralysé par la peur / *he was numb with shock fig* il était sous le choc. ◆ vt [person, limbs, senses] engourdir ; [pain] atténuer, apaiser / *opium numbs the senses* l'opium engourdit les sens / *the cold numbed my ears* il faisait tellement froid que je ne sentais plus mes oreilles / *numbed by grief fig* prostré de douleur.

number ['nʌmbəʳ] ◆ n **1.** [gen & MATH] nombre *m* ; [figure, numeral] chiffre *m* / *a six-figure number* un nombre de six chiffres / *the numbers on the keyboard* les chiffres sur le clavier / *in round numbers* en chiffres ronds ▸ **to do sthg by numbers** faire qqch en suivant des instructions précises / *she taught him his numbers* elle lui a appris à compter ▸ **even** / **odd** / **rational** / **whole number** nombre pair / impair / rationnel / entier **2.** [as identifier] numéro *m* / *have you got my work number?* avez-vous mon numéro (de téléphone) au travail ? / *you're number six* vous êtes (le) numéro six / *the winning number* le numéro gagnant / *we live at number 80* nous habitons au (numéro) 80 / *he's the President's number two* il est le bras droit du président ▸ **name, rank and number!** MIL nom, grade et matricule ! / *I've got your number! inf* toi, je te vois venir ! / *his number's up inf* son compte est bon **3.** [quantity] nombre *m* / *the number of tourists is growing* le nombre de touristes va en augmentant / *any number can participate* le nombre de participants est illimité / *they were eight in number* ils étaient (au nombre de) huit / *in equal numbers* en nombre égal ▸ **to be equal in number** être à nombre égal / *we were many* / *few in number* nous étions nombreux / en petit nombre / *a number of people* un certain nombre de gens / *a (certain) number of you* un certain nombre d'entre vous / *a large number of people* un grand nombre de gens, de nombreuses personnes / *a small number of people* un petit nombre de gens, peu de gens / *in a good* or *fair number of cases* dans bon nombre de cas ▸ **times without number** à maintes (et maintes) reprises / *they defeated us by force of* or *by sheer weight of numbers* ils l'ont emporté sur nous parce qu'ils étaient plus nombreux **4.** [group] ▸ **one of their** / **our number** un des leurs / des nôtres / *she was not of our number* elle n'était pas des nôtres or avec nous **5.** [issue - of magazine, paper] numéro *m* / *did you read last week's number?* avez-vous lu le numéro de la semaine dernière ? **6.** *inf* [job] boulot *m* ▸ **a cushy number** une planque **7.** [song, dance, act] numéro *m* / *a dance number* un numéro de danse / *they played some new numbers* ils ont joué de nouveaux morceaux / *they sang some new numbers* ils ont chanté de nouvelles chansons / *they only danced to the slow numbers* ils n'ont dansé que les slows **8.** *inf* [thing, person] : *this number is a hot seller* ce modèle se vend comme des petits pains / *she was wearing a little black number* elle portait une petite robe noire / *he was driving a little Italian number* il était au volant d'un de ces petits bolides italiens / *who's that blonde number?* qui est cette belle blonde ? ▸ **to do** or **to pull a number on sb** rouler qqn **9.** GRAM nombre *m*. ◆ vt **1.** [assign number to] numéroter / *don't forget to number the pages* n'oubliez pas de numéroter les pages **2.** [include] compter / *I number him among the best jazz musicians* je le compte parmi les meilleurs musiciens de jazz / *I'm glad to number her among my closest friends* je suis heureux de la compter parmi mes meilleurs amis **3.** [total] compter / *each team numbers six players* chaque équipe est composée de or compte six joueurs / *the crowd numbered 5,000* il y avait une foule de 5 000 personnes **4.** [count] compter / *who can number the stars? liter* qui peut dire combien il y a d'étoiles ? / *now their options are numbered* désormais, leur choix est assez restreint / *his days are numbered* ses jours sont comptés. ◆ vi : *she numbers among the great writers of the century* elle compte parmi les grands écrivains de ce siècle / *did he number among the ringleaders?* faisait-il partie des meneurs ? / *the crowd numbered in thousands* il y avait des milliers de gens.

❖ **any number of** adj phr un grand nombre de / *there were any number of different dishes to choose from* un très grand nombre de plats différents nous furent présentés.

❖ **numbers** n US = **numbers game.**

❖ **number off** vi se numéroter.

number-cruncher [-krʌntʃəʳ] n *inf* COMPUT ordinateur *m* puissant *(pour le traitement de données numériques).*

number-crunching [-krʌntʃɪŋ] n *inf* COMPUT traitement *m* en masse des chiffres.

numbering ['nʌmbərɪŋ] n numérotation *f*, numérotage *m*.

numberless ['nʌmbəlɪs] adj **1.** *fml* [countless] innombrable, sans nombre **2.** [without a number] sans numéro, qui ne porte pas de numéro, non numéroté.

number one ◆ adj premier / *it's our number one priority* c'est la première de nos priorités / *the number one oil exporter* le premier exportateur de pétrole / *my number one choice* mon tout premier choix / *the number one hit in the charts* le numéro un au hit-parade. ◆ n **1.** *inf* [boss] boss *m*, patron *m*, -onne *f* **2.** *inf* [oneself] ▸ **to look out for** or **to take care of number one** penser à soi **3.** [in hit parade] : *her album got to number one* son album a été classé numéro un au hit-parade **4.** *baby talk* ▸ **to do number one** faire pipi.

numberplate ['nʌmbəpleɪt] n UK AUTO plaque *f* minéralogique or d'immatriculation / *the lorry had a foreign numberplate* le camion était immatriculé à l'étranger.

number portability n TELEC portage *m* or conservation *f* du numéro.

Numbers ['nʌmbəz] n BIBLE Nombres *mpl* ▸ **the book of Numbers** le livre des Nombres.

numbers game n US loterie *f* clandestine.

number shop n US ≃ kiosque *f* de loterie.

numbers lock n COMPUT verrouillage *m* du clavier numérique.

Number Ten pr n ▸ **Number Ten (Downing Street)** *résidence officielle du Premier ministre britannique.*

numbhead ['nʌmhed], **numbskull** ['nʌmskʌl] *inf* = **numskull.**

numbness ['nʌmnɪs] n [physical] engourdissement *m* ; [mental] torpeur *f*, engourdissement *m*.

numeracy ['nju:mərəsɪ] n *(U)* UK notions *fpl* d'arithmétique / *a high level of numeracy* de solides notions d'arithmétique.

numeral ['nju:mərəl] n chiffre *m*, nombre *m* ▸ **in Roman numerals** en chiffres romains.

numerate ['nju:mərət] adj UK [skilled] bon en mathématiques ; [having basics] sachant compter.

numerator ['nju:məreɪtəʳ] n MATH numérateur *m*.

numerical [nju:'merɪkl] adj numérique ▸ **numerical data** données *fpl* numériques / *in numerical order* par ordre numérique.

numerical analysis n analyse *f* numérique.

numerical control n contrôle *m* numérique.

numerically [nju:'merɪklɪ] adv numériquement.

numeric keypad n COMPUT pavé *m* numérique.

numerologist [ˌnju:mə'rɒlədʒɪst] n numérologue *mf*.

numerology [ˌnju:mə'rɒlədʒɪ] n numérologie *f*, arithmosophie *f*.

numero uno [ˌnu:mərəʊ'u:nəʊ] US *inf* ◆ n : *it's the numero uno* c'est le top du top / *he's the numero uno* c'est le meilleur. ◆ adj : *she's the numero uno actress in Bollywood* c'est l'actrice la plus en vogue à Bollywood.

numerous ['nju:mərəs] adj nombreux / *for numerous reasons* pour de nombreuses raisons / *a numerous group* un groupe important.

numinous ['nju:mɪnəs] adj [awe-inspiring] terrifiant.

numismatic [ˌnju:mɪz'mætɪk] adj numismatique.

numismatics [ˌnju:mɪz'mætɪks] n *(U)* numismatique *f*.

numismatist [nju:'mɪzmətɪst] n numismate *mf*.

numismatology [ˌnju:mɪzmə'tɒlədʒɪ] = **numismatics.**

numskull ['nʌmskʌl] n *inf* andouille *f*.

nun [nʌn] n religieuse *f* ▸ **to become a nun** prendre le voile.

nunciature ['nʌnsɪətʃəʳ] n nonciature *f*.

nuncio ['nʌnsɪəʊ] (*pl* **nuncios**) n nonce *m*.

nunnery ['nʌnərɪ] (*pl* **nunneries**) n couvent *m* or monastère *m* (de femmes).

NUPE ['nju:pɪ] (abbr of **National Union of Public Employees**) pr n *ancien syndicat britannique des employés de la fonction publique.*

nuptial ['nʌpʃl] adj nuptial ▸ **nuptial blessing** bénédiction *f* nuptiale ▸ **nuptial vows** vœux *mpl* du mariage.

❖ **nuptials** pl n *liter* noce *f*, noces *fpl*.

nurd [nɜ:d] *inf* = **nerd.**

Nuremberg ['njʊərəmbɜ:g] pr n Nuremberg.

Nureyev ['njʊərɪef] pr n ▸ **Rudolph Nureyev** Rudolph Noureïev.

nurse [nɜ:s] ◆ n **1.** MED [in hospital] infirmier *m*, -ère *f* ; [at home] infirmier *m*, -ère *f*, garde-malade *mf* ▸ **male nurse** infirmier *m* **2.** UK [nanny] gouvernante *f*, nurse *f* **3.** [wet nurse] nourrice *f*. ◆ vt **1.** MED soigner / *he nursed her through the worst of it* il l'a soignée pendant qu'elle était au plus mal / *she nursed me back to health* elle m'a guérie ; *fig* : *he was nursing a bad hangover* il essayait de faire passer sa gueule de bois ▸ **to nurse one's pride** panser ses blessures (d'amour-propre) / *she nursed the boat back into harbour* elle ramena le bateau au port sans encombre / *he nursed the company through the crisis* il a permis à l'entreprise de traverser la crise / *the bank is nursing losses of billions of dollars* la banque a subi des milliards de dollars de pertes **2.** [harbour, foster - grudge, hope, desire] entretenir ; [- scheme] mijoter, couver **3.** [breast-feed] allaiter **4.** [hold] bercer (dans ses bras) / *he sat nursing his fourth whisky* il sirotait son quatrième whisky. ◆ vi **1.** MED être infirmier / infirmière / *she spent a few years nursing* elle a travaillé pendant quelques années comme infirmière **2.** [infant] téter.

nurseling ['nɜ:slɪŋ] = **nursling.**

nursemaid ['nɜ:smeɪd] n gouvernante *f*, nurse *f* ▸ **to play nursemaid to sb** *fig* tenir qqn par la main.

nursery ['nɜ:sərɪ] (*pl* **nurseries**) n **1.** [room] nursery *f*, chambre *f* d'enfants **2.** [day-care centre] crèche *f*, garderie *f* **3.** [school] école *f* maternelle / *they go to the local nursery* ils vont à l'école maternelle du quartier ▸ **nursery education** enseignement *m* de l'école maternelle ▸ **nursery teacher** instituteur *m*, -trice *f* de maternelle **4.** [for plants, trees] pépinière *f*.

nurserymaid ['nɜ:srɪmeɪd] = **nursemaid.**

nurseryman ['nɜ:srɪmən] (*pl* **nurserymen** [-mən]) n pépiniériste *m*.

nursery nurse n puéricultrice *f*.

nursery rhyme n comptine *f*.

nursery school n UK école *f* maternelle ▸ **nursery school teacher** instituteur *m*, -trice *f* de maternelle.

nursery slopes pl n UK pistes *fpl* pour débutants.

nurse's aide n US aide-soignant *m*, -e *f*.

nursing ['nɜ:sɪŋ] ◆ n **1.** [profession] profession *f* d'infirmier / *when did she take up nursing?* quand a-t-elle commencé ses études d'infirmière ? **2.** [care]

soins *mpl* / *he needs proper nursing* il a besoin de soins professionnels **3.** [breast-feeding] allaitement *m.* ◆ adj **1.** MED d'infirmier ▶ **the nursing staff** le personnel soignant **2.** [suckling] allaitant.

nursing bottle n US biberon *m.*

nursing bra n soutien-gorge *m* d'allaitement.

nursing home n **1.** [for aged] maison *f* de retraite ; [for convalescents] maison *f* de repos ; [for mentally ill] maison *f* de santé **2.** UK [private clinic] hôpital *m* privé, clinique *f* privée.

nursing mother n mère *f* qui allaite.

nursing officer n UK infirmier *m*, -ère *f* en chef.

nursing order n ordre *m* de sœurs infirmières.

nursling ['nɜːslɪŋ] n nourrisson *m.*

nurture ['nɜːtʃəʳ] ◆ vt **1.** [bring up] élever, éduquer ; [nourish] nourrir / *a philosophy nurtured on revolutionary principles* une philosophie nourrie de principes révolutionnaires **2.** [foster - hope, desire] entretenir ; [- plan, scheme] mijoter, couver. ◆ n **1.** [upbringing] éducation *f* **2.** [food] nourriture *f.*

nurturing ['nɜːtʃərɪŋ] adj attentionné, maternel.

nut [nʌt] (*pt & pp* **nutted**, *cont* **nutting**) ◆ n **1.** BOT & CULIN fruit *m* à coque / *nuts and raisins* mélange *m* de noisettes et de raisins secs / **'may contain nuts'** 'peut contenir des fruits à coque' / *I love nuts* j'adore tout ce qui est noix, noisettes, etc. ▶ **nut allergy** allergie *f* aux fruits à coque ▶ **a hard** or **tough nut to crack** *inf* : *she's a hard* or *tough nut to crack* c'est une dure à cuire / *it's a hard* or *tough nut to crack* c'est difficile à résoudre / *the American market will be a hard* or *tough nut to crack* ça ne sera pas facile de pénétrer le marché américain **2.** TECH écrou *m* ▶ **nuts and bolts** des écrous et des boulons ▶ **to learn the nuts and bolts of a department** / **business** apprendre à connaître le fonctionnement d'un service / d'une entreprise **3.** *inf* [crazy person] dingue *mf*, timbré *m*, -e *f*, taré *m*, -e *f* / *what a nut!* il est complètement dingue ! ; [enthusiast] fana / *she's a golf nut* c'est une fana de golf **4.** *inf* [head] tronche *f*, poire *f* / *it hit him right on the nut* il l'a reçu en pleine tronche ▶ **to be off one's nut** UK : *you must be off your nut!* tu es complètement cinglé ! ▶ **to do one's nut** piquer sa crise / *she really did her nut* elle a piqué une de ces crises **5.** [small lump of coal] noix *f*, tête-de-moineau *f.* ◆ vt *inf* donner un coup de boule à *v inf.*

NUT (abbr of **National Union of Teachers**) pr n *syndicat britannique d'enseignants.*

nutation [njuː'teɪʃn] n ASTRON, BOT & MED nutation *f.*

nut-brown adj brun.

nutcase ['nʌtkeɪs] n *inf* dingue *mf*, timbré *m*, -e *f*, taré *m*, -e *f.*

nutcracker ['nʌt,krækəʳ] n casse-noix *m inv*, casse-noisettes *m inv* / **'(The) Nutcracker (Suite)'** *Tchaikovsky* 'Casse-Noisette'.

nutcrackers ['nʌt,krækəz] pl n = **nutcracker.**

nuthatch ['nʌthætʃ] n sittelle *f.*

nuthouse ['nʌthaʊs] (*pl* [-haʊzɪz]) n *inf* maison *f* de fous / *in the nuthouse* chez les fous.

nutmeg ['nʌtmeg] ◆ n **1.** BOT [nut] (noix *f* de) muscade *f* ; [tree] muscadier *m* **2.** [football] petit pont *m.* ◆ vt [football] ▶ **to nutmeg a player** faire un petit pont à un joueur.

nut oil n [from walnuts] huile *f* de noix ; [from hazelnuts] huile *f* de noisettes.

nutraceutical [,njuːtrə'sjuːtɪkl] n alicament *m.*

nutria ['njuːtrɪə] n ZOOL ragondin *m.*

nutrient ['njuːtrɪənt] ◆ n substance *f* nutritive. ◆ adj nutritif.

nutriment ['njuːtrɪmənt] n [food] nourriture *f.*

nutrition [njuː'trɪʃn] n nutrition *f* / *cereals have a high nutrition content* les céréales sont très nourrissantes or nutritives.

nutritional [njuː'trɪʃənl] adj [disorder, process, value] nutritif ; [science, research] nutritionnel.

nutritionist [njuː'trɪʃənɪst] n nutritionniste *mf.*

nutritious [njuː'trɪʃəs] adj nutritif, nourrissant.

nutritive ['njuːtrətɪv] adj nutritif.

nuts [nʌts] ◆ adj *inf* dingue, timbré, fêlé / *that noise is driving me nuts* ce bruit me rend dingue ▶ **to go nuts** [crazy, angry] piquer une crise ▶ **to be nuts about** or **on** être fou or dingue de. ◆ pl n *v inf* [testicles] couilles *fpl*, roupettes *fpl.* ◆ interj *v inf* ▶ **nuts!** des clous ! ▶ **nuts to them!** US oh ! et puis zut !

nutshell ['nʌtʃel] n coquille *f* de noix (*de noisette, etc.*) ▶ **in a nutshell** en un mot ▶ **to put it in a nutshell** pour résumer l'histoire (en un mot).

nutter ['nʌtəʳ] n UK *inf* malade *mf*, timbré *m*, -e *f*, taré *m*, -e *f.*

nutty ['nʌtɪ] (*compar* **nuttier**, *superl* **nuttiest**) adj **1.** [tasting of or containing nuts] aux noix (*aux amandes, aux noisettes, etc.*) / *a nutty flavour* un goût de noix (*de noisette, etc.*) **2.** *inf* [crazy] dingue, timbré / *what a nutty idea!* c'est complètement débile comme idée ! ▶ **as nutty as a fruitcake** complètement dingue.

nuzzle ['nʌzl] ◆ vt [push with nose] pousser du nez ; [sniff at] renifler ; [subj: animal] pousser du museau. ◆ vi **1.** ▶ **to nuzzle up against, to nuzzle at** = **nuzzle** (*vt*) **2.** [nestle] se blottir / *they nuzzled (up) against their mother* ils se blottirent contre leur mère.

NV written abbr of **Nevada.**

nvCJD [,enviː,siːdʒeɪ'diː] (abbr of **new variant Creutzfeld-Jacob Disease**) n nvMCJ *f.*

NW (written abbr of **north-west**) N-O.

NWO MESSAGING written abbr of **no way out.**

n-word n ▶ **the n-word** *le mot « nigger ».*

NWT written abbr of **Northwest Territories.**

NY written abbr of **New York.**

Nyasaland [naɪ'æsəlænd] pr n Nyassaland *m.*

NYC written abbr of **New York City.**

nyctalopia [,nɪktə'ləʊpɪə] n héméralopie *f.*

nylon ['naɪlɒn] ◆ n Nylon® *m.* ◆ comp [thread, shirt, stockings] de or en Nylon®.

❖ **nylons** pl n [stockings] bas *mpl* (de) Nylon®.

nymph [nɪmf] n MYTH & ZOOL nymphe *f* ▶ **sea nymph** néréide *f.*

nymphet ['nɪmfət] n nymphette *f.*

nympho ['nɪmfəʊ] (*pl* **nymphos**) n *inf* nympho *f.*

nymphomania [,nɪmfə'meɪnɪə] n nymphomanie *f.*

nymphomaniac [,nɪmfə'meɪnɪæk] ◆ adj nymphomane. ◆ n nymphomane *f.*

NYPD [,enwaɪpiː'diː] n (abbr of **New York Police Department**) police *f* new-yorkaise.

NYSE pr n abbr of **New York Stock Exchange.**

NZ written abbr of **New Zealand.**

o interj **1.** *liter* [as vocative] ô ▸ **o God!** ô mon Dieu ! **2.** [as exclamation] = **oh**.

o [əʊ] (*pl* **o's** *or* **os**), **O** (*pl* **O's** *or* **Os**) n [letter] o *m*, O *m* ▸ **O positive / negative** MED O positif / négatif. **See also f.**

O n [zero] zéro *m* ▸ **agent double O seven** agent 007.

o' [ə] prep [of] de.

oaf [əʊf] n [dull, clumsy man] lourdaud *m* ; [uncouth man] rustre *m*, goujat *m* / *get out of the way, you great oaf!* pousse-toi, gros lourdaud !

oafish ['əʊfɪʃ] adj [dull, clumsy] lourdaud, balourd ; [uncouth] rustre.

oak [əʊk] ◆ n chêne *m*. ◆ comp [furniture, door, panelling] de *or* en chêne ▸ **oak forest** forêt *f* de chênes ▸ **oak tree** chêne *m*.

oak apple n noix *f* de galle.

oaken ['əʊkn] adj *liter* de *or* en chêne.

oak-leaf cluster n US MIL *barrette portée sur une première décoration en témoignage de mérite renouvelé.*

oakum ['əʊkəm] n étoupe *f*, filasse *f*.

oaky ['əʊkɪ] adj [wine] boisé, aux arômes boisés.

OAP (abbr of **old age pensioner**) n UK retraité *m*, -e *f* / **'students and OAPs half price'** ≃ étudiants et carte senior demi-tarif.

oar [ɔːʳ] ◆ n **1.** [instrument] rame *f*, aviron *m* ▸ **to stick** *or* **to put one's oar in** UK *inf* mettre son grain de sel ▸ **to rest on one's oars a)** *lit* lever les rames **b)** *fig* se reposer sur ses lauriers **2.** [person] rameur *m*, -euse *f*. ◆ vi & vt *liter* ramer.

oarlock ['ɔːlɒk] n US [concave] dame *f* (de nage) ; [pin] tolet *m*.

oarsman ['ɔːzmən] (*pl* **oarsmen** [-mən]) n rameur *m*.

oarsmanship ['ɔːzmənʃɪp] n *(U)* compétences *fpl* de rameur.

oarswoman ['ɔːz,wʊmən] (*pl* **oarswomen** [-,wɪmɪn]) n rameuse *f*.

OAS pr n **1.** (abbr of **Organization of American States**) OEA *f*.

oasis [əʊ'eɪsɪs] (*pl* **oases** [-siːz]) n *lit & fig* oasis *f* ▸ **an oasis of calm** une oasis *or* un havre de paix.

oast [əʊst], **oast house** n UK séchoir *m* à houblon.

oat [əʊt] n [plant] avoine *f*.

❖ **oats** pl n avoine *f* / *a field of oats* un champ d'avoine / *he's feeling his oats* US *inf* il est gonflé à bloc ▸ **to be off one's oats** UK *inf* se sentir patraque, ne pas être dans son assiette ▸ **to get one's oats** *inf* : *is he getting his oats?* est-ce qu'il a ce qu'il lui faut au lit ?

oatcake ['əʊtkeɪk] n gâteau *m* sec (d'avoine).

oaten ['əʊtn] adj d'avoine.

oatflakes ['əʊtfleɪks] pl n flocons *mpl* d'avoine.

oath [əʊθ] (*pl* [əʊðz]) n **1.** [vow] serment *m* / *he took* or *swore an oath never to return* il fit le serment *or* il jura de ne jamais revenir ▸ **to take the oath of allegiance** faire (le) serment d'allégeance ▸ **to swear on oath** jurer (sous serment) / *it's true, on my oath!* c'est vrai, je vous le jure ! ▸ **to be on** *or* **under oath** LAW être sous serment, être assermenté ▸ **to put sb on** *or* **under oath** LAW faire prêter serment à qqn **2.** [swearword] juron *m* / *he let out a string of oaths* il a laissé échapper un torrent d'injures.

oatmeal ['əʊtmiːl] ◆ n *(U)* [flakes] flocons *mpl* d'avoine ; [flour] farine *f* d'avoine ▸ **oatmeal porridge** bouillie *f* d'avoine, porridge *m*. ◆ adj [colour] grège.

OB n abbr of **outside broadcast**.

Obadiah [,əʊbə'daɪə] pr n Abdias.

obbligato [,ɒblɪ'gɑːtəʊ] adj obligé.

obduracy ['ɒbdjʊrəsɪ] n *fml* **1.** [hardheartedness] dureté *f* (de cœur), insensibilité *f* **2.** [obstinacy] obstination *f*, entêtement *m* ; [inflexibility] inflexibilité *f*, intransigeance *f*.

obdurate ['ɒbdjʊrət] adj *fml* **1.** [hardhearted] insensible, dur **2.** [obstinate] obstiné, entêté ; [unyielding] inflexible / *we met with an obdurate refusal* on nous opposa un refus catégorique.

OBE (abbr of **Officer of the Order of the British Empire**) n *distinction honorifique britannique.*

obedience [ə'biːdjəns] n **1.** obéissance *f* ▸ **to show obedience to sb** obéir à qqn ▸ **to owe obedience to sb** *liter* devoir obédience à qqn / *in obedience to her wishes* conformément à ses vœux / *in obedience to his conscience* obéissant à sa conscience ▸ **to command obedience** savoir se faire obéir **2.** RELIG obédience *f*.

obedience training n [for dogs] éducation *f* canine.

obedient [ə'biːdjənt] adj obéissant, docile ▸ **to be obedient to sb** obéir à qqn ▸ **your obedient servant** *fml & dated* [in letters] votre humble serviteur.

obediently [ə'biːdjəntlɪ] adv docilement / *they followed him obediently* ils le suivirent sans discuter.

obeisance [əʊ'beɪsns] n *liter* **1.** [homage] hommage *m* ▸ **to make** *or* **to pay obeisance to sb** rendre hommage à qqn **2.** [bow] révérence *f* ; [sign] geste *m* de respect.

obelisk ['ɒbəlɪsk] n **1.** [column] obélisque *m* **2.** TYPO croix *f* (d'évêque), obel *m*.

Oberon ['əʊbərɒn] pr n Oberon.

obese [əʊ'biːs] adj obèse.

obesity [əʊ'biːsətɪ], **obeseness** [əʊ'biːsnɪs] n obésité *f*.

obesogenic [,əbiːsəʊ'dʒenɪk] adj obésogène.

obey [ə'beɪ] ◆ vt obéir à / *he always obeyed his mother / his intuition / the law* il a toujours obéi à sa mère / à son intuition / aux lois / *an order which he refused to obey* un ordre auquel il refusa d'obéir / *the plane is no longer obeying the controls* l'avion ne répond plus / *I want these instructions obeyed to the letter* je veux que ces instructions soient suivies à la lettre. ◆ vi obéir, obtempérer.

> ⚠ Note the use of the preposition when translating the transitive verb obey : **obéis** *à* **ta mère ; il** *lui* **a obéi**.

obfuscate ['ɒbfʌskeɪt] vt *fml* [obscure - issue] obscurcir, embrouiller ; [- mind] embrouiller ; [perplex - person] embrouiller, dérouter.

obfuscation [,ɒbfʌs'keɪʃn] n *fml* [of issue] obscurcissement *m*, embrouillement *m* ; [of mind] embrouillement *m* ; [of person] confusion *f*, embrouillement *m*.

Obie Award ['əʊbɪ-] n *prix d'art dramatique accordé à une mise en scène « off-Broadway ».*

obit ['ɒbɪt *or* 'əʊbɪt] n *inf* nécrologie *f*.

obituarist [ə'bɪtʃʊərɪst] n nécrologue *mf*.

obituary [ə'bɪtʃʊərɪ] (*pl* **obituaries**) ◆ n nécrologie *f*, notice *f* nécrologique ▸ **the obituary column, the obituaries** la rubrique nécrologique. ◆ adj nécrologique.

object[1] ['ɒbdʒɪkt] n **1.** [thing] objet *m*, chose *f* / *an unidentified object* un objet non identifié **2.** [aim] objet *m*, but *m*, fin *f* / *the real object of his visit* le véritable objet de sa visite / *with the sole object of pleasing you* dans le seul but de *or* à seule fin de vous plaire / *with this object in mind* dans ce but, à cette fin / *that's the (whole) object of the exercise* c'est (justement là) le but de l'opération ▸ **money is no object** peu importe le prix, le prix est sans importance / *money is no object to them* ils n'ont pas de problèmes d'argent ▸ **time is no object** peu importe le temps que cela prendra **3.** [focus] objet *m* / *an object of ridicule / interest* un objet de ridicule / d'intérêt / *the object of his love* l'objet de son amour / *object of study* objet *or* sujet *m* d'étude **4.** GRAM [of verb] complément *m* d'objet ; [of preposition] objet *m*.

object[2] [əb'dʒekt] ◆ vi élever une objection ; [stronger] protester ▸ **to object to sthg** protester contre qqch / *many groups objected to the new law* de nombreux groupes ont protesté contre *or* se sont opposés à la nouvelle loi / *they object to working overtime* ils ne sont pas d'accord pour faire des heures supplémentaires / *if you don't object* si vous n'y voyez pas d'inconvénient / *you know how your father objects to it!* tu sais combien ton père y est opposé ! / *I object!* je proteste ! / *I object strongly to that remark!* je proteste vigoureusement contre cette remarque ! / *I object strongly to your attitude* je trouve votre attitude proprement inadmissible / *I wouldn't object to a cup of tea* je ne dirais pas non à *or* je prendrais volontiers une tasse de thé / *he objects to her smoking* il désapprouve qu'elle fume / *she objects to his coming* elle n'est pas d'accord pour qu'il vienne / *why do you object to all my friends?* pourquoi cette hostilité à l'égard de tous mes amis ? / *it's not her I object to but her husband* ce n'est pas elle qui me déplaît, c'est son mari ▸ **to object to a witness** LAW récuser un témoin. ◆ vt objecter / *I objected that it was too late* j'ai objecté qu'il était trop tard.

objectify [əb'dʒektɪfaɪ] vt objectiver.

objection [əb'dʒekʃn] n **1.** [argument against] objection *f* / *are there any objections?* y a-t-il des objections ? ▸ **to make** or **to raise an objection** faire or soulever une objection / *I have no objection to his coming* je ne vois pas d'objection à ce qu'il vienne / *I have no objection to his friends* je n'ai rien contre ses amis / *if you have no objection* si vous n'y voyez pas d'inconvénient ▸ **objection!** LAW objection ! ▸ **objection overruled!** LAW objection rejetée ! **2.** [opposition] opposition *f* / *there was no objection* nous n'avons rencontré aucune opposition.

objectionable [əb'dʒekʃnəbl] adj [unpleasant] désagréable ; [blameworthy] répréhensible / *a highly objectionable smell / man* une odeur / un homme insupportable / *to use objectionable language* parler vulgairement / *I find his views objectionable* je n'aime pas sa façon de penser / *what is so objectionable about her behaviour?* qu'est-ce qu'on peut lui reprocher ?

objective [əb'dʒektɪv] ◆ adj **1.** [unbiased] objectif, impartial / *an objective observer* un observateur impartial **2.** [real, observable] objectif / *objective reality* la réalité objective ▸ **objective symptoms** MED signes *mpl* **3.** GRAM objectif ▸ **the objective case** le cas objectif ▸ **objective genitive** génitif *m* objectif. ◆ n **1.** [aim] objectif *m*, but *m* ▸ **to achieve** or **to reach one's objective** atteindre son but **2.** GRAM accusatif *m*, cas *m* objectif **3.** PHOT objectif *m*.

objectively [əb'dʒektɪvlɪ] adv **1.** [unbiasedly] objectivement, impartialement **2.** [really, externally] objectivement.

objectivism [əb'dʒektɪvɪzm] n objectivisme *m*.

objectivist [əb'dʒektɪvɪst] ◆ adj objectiviste. ◆ n objectiviste *mf*.

objectivity [,ɒbdʒek'tɪvətɪ] n objectivité *f*.

objectivize, **objectivise** [əb'dʒektɪvaɪz] vt objectiver.

object lesson n **1.** [example] démonstration *f*, illustration *f (d'un principe)* / *it was an object lesson in how to lose votes* ce fut une illustration (parfaite) de la façon dont il faut s'y prendre pour perdre des voix / *it was an object lesson in persistence* ce fut un parfait exemple de persévérance **2.** SCH leçon *f* de choses.

objector [əb'dʒektəʳ] n opposant *m*, -e *f* / *are there many objectors to the proposal?* y a-t-il beaucoup de gens contre la proposition ?

object-orientated adj COMPUT orienté objet ▸ **object-orientated language** langage *m* à objets ▸ **object-orientated programming** programmation *f* par objets.

object-oriented adj COMPUT orienté objet ▸ **object-oriented programming** programmation *f* orientée objet.

object program n COMPUT programme *m* objet.

oblate ['ɒbleɪt] ◆ adj GEOM aplati (aux pôles). ◆ n RELIG oblat *m*, -e *f*.

oblation [ə'bleɪʃn] n RELIG [ceremony] oblation *f* ; [thing offered] oblation *f*, oblats *mpl*.

obligate ['ɒblɪgeɪt] vt **1.** US & UK *fml* [compel] obliger, contraindre ▸ **to be / to feel obligated to do sthg** être / se sentir obligé de faire qqch **2.** US FIN [funds, credits] affecter.

obligation [,ɒblɪ'geɪʃn] n obligation *f* ▸ **to be under an obligation to do sthg** être dans l'obligation de faire qqch / *you are under no obligation to reply* vous n'êtes pas tenu de répondre / *I am under an obligation to her* j'ai une dette envers elle ▸ **to put** or **to place sb under an obligation to do sthg** mettre qqn dans l'obligation de faire qqch / *it is my obligation to inform you that...* il est de mon devoir de or je suis tenu de vous informer que... / *family obligations* obligations familiales / *moral obligations compel me to refuse* je suis moralement obligé de refuser ▸ **to meet one's obligations** satisfaire à ses obligations, assumer ses engagements.

obligatory [ə'blɪgətrɪ] adj obligatoire / *attendance is obligatory* la présence est obligatoire.

oblige [ə'blaɪdʒ] ◆ vt **1.** [constrain] obliger ▸ **to oblige sb to do sthg** obliger qqn à faire qqch / *you're not obliged to come* tu n'es pas obligé de venir **2.** [do a favour to] rendre service à, obliger / *I would be obliged if you would refrain from smoking fml* vous m'obligeriez beaucoup en ne fumant pas / *could you oblige me with a match? fml* auriez-vous l'amabilité or l'obligeance de me donner une allumette ? ▸ **much obliged!** merci beaucoup ! ▸ **to be obliged to sb for sthg** savoir gré à qqn de qqch / *she obliged the guests with a song* elle a consenti à chanter pour les invités. ◆ vi : *always ready to oblige!* toujours prêt à rendre service ! / *I would be only too glad to oblige* je serais ravi de vous rendre service.

obligee [,ɒblɪ'dʒiː] n COMM **1.** [creditor] créancier *m*, -ère *f* **2.** [bondholder] obligataire *mf*.

obliging [ə'blaɪdʒɪŋ] adj serviable, obligeant / *our neighbours are very obliging* nos voisins sont très serviables / *it was very obliging of him* c'était très aimable à lui or de sa part.

obligingly [ə'blaɪdʒɪŋlɪ] adv aimablement, obligeamment / *the letter you obligingly sent me* la lettre que vous avez eu l'obligeance de m'envoyer / *"any time", he said obligingly* « je vous en prie », dit-il aimablement.

oblique [ə'bliːk] ◆ adj **1.** GEOM [slanted] oblique **2.** [indirect] indirect / *an oblique reference* une référence indirecte **3.** BOT oblique **4.** GRAM oblique. ◆ n **1.** GEOM oblique *f* ; ANAT oblique *m* **2.** TYPO barre *f* oblique.

obliquely [ə'bliːklɪ] adv **1.** obliquement, en biais **2.** [indirectly] indirectement.

obliqueness [ə'bliːknɪs], **obliquity** [ə'blɪkwətɪ] (*pl* **obliquities**) n **1.** ASTRON & GEOM obliquité *f* **2.** [perversity] perversité *f* ; [obscurity] obscurité *f*, manque *m* de clarté.

obliterate [ə'blɪtəreɪt] vt [destroy, erase] effacer ; [cancel - stamp] oblitérer / *the town was obliterated* la ville a été effacée de la carte / *to obliterate the past* faire table rase du passé.

obliteration [ə,blɪtə'reɪʃn] n [destruction, erasure] effacement *m* ; [of stamp] oblitération *f*.

oblivion [ə'blɪvɪən] n **1.** [being forgotten] oubli *m* ▸ **to fall** or **to sink into oblivion** tomber dans l'oubli ▸ **to save sb / sthg from oblivion** tirer qqn / qqch de l'oubli, sauver qqn / qqch de l'oubli **2.** [unconsciousness] inconscience *f*, oubli *m* / *he had drunk himself into oblivion* il était abruti par l'alcool.

oblivious [ə'blɪvɪəs] adj inconscient / *she was oblivious of* or *to what was happening* elle n'avait pas conscience de or n'était pas consciente de ce qui se passait / *he remained oblivious to our comments* il est resté sourd à nos remarques / *he is oblivious to the fact that millions of people are starving* il n'est pas conscient du fait que des millions de gens meurent de faim.

oblong ['ɒblɒŋ] ◆ adj [rectangular] rectangulaire ; [elongated] allongé, oblong (oblongue). ◆ n [rectangle] rectangle *m*.

obloquy ['ɒbləkwɪ] (*pl* **obloquies**) n *(U) fml* **1.** [abuse] insultes *fpl*, injures *fpl* ; [defamation] diffamation *f* **2.** [disgrace] opprobre *m*.

obnoxious [əb'nɒkʃəs] adj [person] odieux, ignoble ; [behaviour] odieux ; [smell] ignoble, infect.

o.b.o. (written abbr of **or best offer**) à déb.

oboe ['əʊbəʊ] n hautbois *m*.

oboist ['əʊbəʊɪst] n hautbois *m (musicien)*, hautboïste *mf*.

obscene [əb'siːn] adj obscène / *an obscene gesture* un geste obscène / *an obscene publication* une publication obscène / *it's obscene to earn so much money* c'est indécent de gagner autant d'argent.

obscenely [əb'siːnlɪ] adv d'une manière obscène / *she gestured obscenely* elle fit un geste obscène / *he's obscenely rich* il est tellement riche que c'en est dégoûtant.

obscenity [əb'senətɪ] (*pl* **obscenities**) n **1.** *(U)* [obscene language] obscénité *f*, obscénités *fpl* **2.** [obscene word] obscénité *f*, grossièreté *f* / *to shout obscenities* crier des obscénités **3.** *fig* : *war is an obscenity* la guerre est une chose obscène.

obscurantism [,ɒbskjʊə'ræntɪzm] n *fml* obscurantisme *m*.

obscurantist [,ɒbskjʊə'ræntɪst] *fml* ◆ adj obscurantiste. ◆ n obscurantiste *mf*.

obscure [əb'skjʊəʳ] ◆ adj **1.** [not clear] obscur / *the meaning is rather obscure* le sens n'est pas très clair / *an obscure writer* un écrivain obscur / *an obscure feeling of unease* un obscur or vague sentiment de malaise / *of obscure birth* de naissance obscure ; [little-known] perdu / *she comes from an obscure little village* elle vient d'un petit village perdu **2.** [dark] obscur, sombre. ◆ vt **1.** [hide] cacher / *that building obscures the view* ce bâtiment cache la vue / *to obscure the truth* cacher or dissimuler la vérité ; [confuse] obscurcir, embrouiller / *to obscure the facts / the issue* embrouiller les faits / la question **2.** [darken] obscurcir, assombrir.

obscurely [əb'skjʊəlɪ] adv obscurément.

obscurity [əb'skjʊərətɪ] (*pl* **obscurities**) n **1.** [insignificance] obscurité *f* ▸ **to rise from obscurity to fame** passer de l'anonymat à la célébrité ▸ **to fall into obscurity** sombrer dans l'oubli **2.** [difficulty] obscurité *f* **3.** [darkness] obscurité *f*, ténèbres *fpl*.

obsequies ['ɒbsɪkwɪz] pl n *fml* obsèques *fpl*.

obsequious [əb'siːkwɪəs] adj *fml* obséquieux.

obsequiously [əb'siːkwɪəslɪ] adv *fml* obséquieusement.

obsequiousness [əb'siːkwɪəsnɪs] n *fml* obséquiosité *f*.

observable [əb'zɜːvəbl] adj [visible] observable, visible ; [discernible] perceptible, appréciable / *behaviour observable in humans* un comportement observable or que l'on peut observer chez les humains.

observably [əb'zɜːvəblɪ] adv perceptiblement, visiblement.

observance [əb'zɜːvəns] n **1.** [recognition - of custom, law, etc.] observation *f*, observance *f* ; [- of anniversary] célébration *f* **2.** RELIG [rite, ceremony] observance *f*.

observant [əb'zɜːvnt] adj [alert] observateur / *how observant of him!* comme il est observateur !, rien ne lui échappe !

observantly [əb'zɜːvəntlɪ] adv perspicacement.

observation [,ɒbzə'veɪʃn] n **1.** [study] observation *f*, surveillance *f* / *the observation of nature* l'observation de la nature ▸ **to be under observation a)** [patient] être en observation **b)** [by police] être surveillé par la police or sous surveillance policière / *they are keeping the house under observation* ils ont placé la maison sous surveillance **2.** [comment] observation *f*, remarque *f* / *I have a few observations to make* j'ai quelques remarques à faire **3.** [perception] observation *f* ▸ **to have great powers of observation** avoir de grandes facultés d'observation **4.** NAUT relèvement *m*.

observational [,ɒbzə'veɪʃənl] adj [faculties, powers] d'observation ; [technique, research] observationnel.

observation car n RAIL voiture *f* panoramique.

observation post n MIL poste *m* d'observation.

observation satellite n satellite *m* d'observation.

observation tower n tour *f* de guet, mirador *m*.

observatory [əb'zɜːvətrɪ] (*pl* **observatories**) n observatoire *m*.

observe [əb'zɜːv] vt **1.** [see, notice] observer, remarquer / *did you observe anything strange?* tu as remarqué quelque chose d'anormal ? **2.** [study, pay attention to] observer / *he likes observing human behaviour* il aime observer or étudier le comportement humain / *the police are observing his movements* la police surveille ses allées et venues **3.** [comment, remark] (faire) remarquer, (faire) observer / *"she seems worried", he observed* « elle a l'air inquiet », fit-il remarquer **4.** [abide by, keep] observer, respecter / *to fail to observe the law* ne pas observer la loi / *to observe a minute's silence* observer une minute de silence.

observer [əb'zɜːvəʳ] n **1.** [watcher] observateur *m*, -trice *f* / *to the casual observer* pour un non-initié **2.** [at official ceremony, election] observateur *m*, -trice *f* / *he attended as an observer* il était présent en tant qu'observateur **3.** [commentator] spécialiste *mf*, expert *m* ▸ **The Observer** PRESS *journal de qualité politiquement indépendant, paraissant le dimanche et comprenant un supplément magazine.*

obsess [əb'ses] ◆ vt obséder / *he's obsessed with punctuality* c'est un maniaque de la ponctualité / *she's obsessed with the idea of becoming an actress* elle n'a qu'une idée, devenir actrice / *he became obsessed by the horrific image* cette vision d'horreur se mit à le hanter. ◆ vi ▸ **to obsess about** or **over sthg** être obsédé par qqch.

obsession [əb'seʃn] n [fixed idea] obsession *f*, idée *f* fixe / *it's becoming an obsession with him* ça devient une idée fixe or une obsession chez lui / *she has an obsession about punctuality* c'est une maniaque de la ponctualité ; [obsessive fear] hantise *f* / *his obsession with death* sa hantise de la mort.

obsessional [əb'seʃənl] adj obsessionnel.

obsessive [əb'sesɪv] ◆ adj **1.** [person] obsédé ; MED & PSYCHOL obsessionnel ; [behaviour] obsessionnel **2.** [thought, image] obsédant. ◆ n obsessionnel *m*, -elle *f*.

obsessive-compulsive adj PSYCHOL obsessionnel-compulsif / *he's a bit obsessive-compulsive* il est un peu maniaque ▸ **obsessive-compulsive disorder** troubles *mpl* obsessionnels compulsifs.

obsessively [əb'sesɪvlɪ] adv d'une manière obsessionnelle / *he's obsessively cautious* il est d'une prudence obsessionnelle / *he is obsessively attached to the toy* il a un attachement maladif pour ce jouet / *she is obsessively attached to her mother* elle fait une fixation sur sa mère.

obsidian [ɒb'sɪdɪən] n obsidienne *f*.

obsolescence [,ɒbsə'lesns] n [of equipment, consumer goods] obsolescence *f* ▸ **planned** or **built-in obsolescence** COMM obsolescence planifiée, désuétude *f* calculée.

obsolescent [,ɒbsə'lesnt] adj qui tombe en désuétude ; [equipment, consumer goods] obsolescent.

obsolete ['ɒbsəli:t] adj **1.** [outmoded] démodé, désuet (désuète) ; [antiquated] archaïque ; [machinery] dépassé / *those machines have been obsolete for years* ces machines sont dépassées depuis des années **2.** LING obsolète **3.** BIOL atrophié.

obstacle ['ɒbstəkl] n obstacle *m* / *what are the obstacles to free trade?* qu'est-ce qui fait obstacle au libre-échange ? ▸ **to put obstacles in sb's way** mettre des bâtons dans les roues à qqn.

obstacle course, **obstacle race** n course *f* d'obstacles.

obstetric [ɒb'stetrɪk] adj obstétrical ; [nurses] en obstétrique.

obstetrician [,ɒbstə'trɪʃn] n obstétricien *m*, -enne *f*.

obstetrics [ɒb'stetrɪks] n *(U)* obstétrique *f*.

obstinacy ['ɒbstɪnəsɪ] n **1.** [stubbornness] obstination *f*, entêtement *m* ; [tenacity] opiniâtreté *f*, ténacité *f* **2.** [persistence] persistance *f* / *the obstinacy of an infection* le caractère persistant d'une infection.

obstinate ['ɒbstənət] adj **1.** [stubborn] obstiné, entêté, têtu ; [tenacious] obstiné, tenace, acharné / *an obstinate refusal* un refus obstiné / *to meet with obstinate resistance* se heurter à une résistance obstinée or acharnée **2.** [persistent] persistant, tenace / *an obstinate fever* une fièvre persistante.

obstinately ['ɒbstənətlɪ] adv [stubbornly] obstinément, avec acharnement.

obstreperous [əb'strepərəs] adj *fml & hum* [noisy] bruyant ; [disorderly] turbulent ; [recalcitrant] récalcitrant / *don't (you) get obstreperous with me!* tu ne vas pas me faire la vie ! / *a class of obstreperous children* une classe d'enfants indisciplinés or turbulents.

obstreperously [əb'strepərəslɪ] adv *fml & hum* [noisily] bruyamment ; [in a disorderly manner] avec turbulence ; [recalcitrantly] à contrecœur.

obstruct [əb'strʌkt] vt **1.** [block -passage, road, traffic] bloquer, obstruer ; [-pipe] boucher ; [-vein, artery] obstruer, boucher / *don't obstruct the exits* ne bloquez pas les sorties / *the lane was obstructed by with fallen trees* le chemin était bloqué par des arbres déracinés / *her hat obstructed my view* son chapeau m'empêchait de voir **2.** [impede -progress, measures] faire obstruction or obstacle à, entraver / *to obstruct progress / justice* entraver la marche du progrès / le cours de la justice / *he was arrested for obstructing a policeman in the course of his duty* on l'a arrêté pour avoir entravé un agent dans l'exercice de ses fonctions **3.** SPORT [opponent] faire obstruction à.

obstruction [əb'strʌkʃn] n **1.** [impeding -of progress, measures] obstruction *f* / *a policy of obstruction* une politique d'obstruction **2.** [blockage, obstacle -gen] obstacle *m* ; [-in vein, artery] obstruction *f* ; [-in pipe] bouchon *m* / *the accident caused an obstruction in the road* l'accident a bloqué la route **3.** SPORT obstruction *f* **4.** LAW obstruction *f* de la voie publique.

obstructionism [əb'strʌkʃənɪzm] n obstructionnisme *m*.

obstructionist [əb'strʌkʃənɪst] ◆ adj obstructionniste. ◆ n obstructionniste *mf*.

obstructive [əb'strʌktɪv] adj : *they are being very obstructive* ils nous mettent constamment des bâtons dans les roues ▸ **to use obstructive tactics** POL user de tactiques obstructionnistes.

obtain [əb'teɪn] ◆ vt obtenir ; [for oneself] se procurer ▸ **to obtain sthg for sb** obtenir qqch pour qqn, procurer qqch à qqn ▸ **to obtain sthg from sb** obtenir qqch de qqn / *the book may be obtained from the publisher* on peut se procurer le livre chez l'éditeur / *the party which obtains an absolute majority wins* le parti qui obtient la majorité absolue l'emporte. ◆ vi *fml* [prevail] avoir cours, être en vigueur / *this custom still obtains in Europe* cette coutume persiste en Europe / *the situation obtaining in Somalia* la situation (qui règne) en Somalie / *practices obtaining in British banking* des pratiques courantes dans le système bancaire britannique / *this new system will obtain as from next week* ce nouveau système entrera en vigueur dès la semaine prochaine.

obtainable [əb'teɪnəbl] adj : *where is this drug obtainable?* où peut-on se procurer ce médicament ? / *the catalogue is obtainable in our branches* le catalogue est disponible dans nos agences / *obtainable from your local supermarket* en vente dans votre supermarché / *this result is easily obtainable* ce résultat est facile à obtenir.

obtrude [əb'tru:d] *fml* ◆ vt **1.** [impose] imposer **2.** [stick out] sortir. ◆ vi **1.** [impose oneself] s'imposer **2.** [stick out] dépasser.

obtrusion [əb'tru:ʒn] n *fml* intrusion *f*.

obtrusive [əb'tru:sɪv] adj [intrusive -decor, advertising, hoarding, architecture] trop voyant ; [-smell] tenace, envahissant, pénétrant ; [-person, behaviour] envahissant, importun, indiscret (indiscrète).

obtrusively [əb'tru:sɪvlɪ] adv importunément.

obtuse [əb'tju:s] adj **1.** *fml* [slow-witted] obtus / *stop being so obtuse!* ne sois pas si borné ! **2.** GEOM [angle] obtus ; [triangle] obtusangle **3.** [indistinct] vague, sourd / *an obtuse pain* une douleur sourde.

obtuseness [əb'tju:snɪs] n *fml* [slow-wittedness] lenteur *f* d'esprit ; [stupidity] stupidité *f*.

obverse ['ɒbvɜ:s] ◆ n **1.** [of coin] avers *m*, face *f* **2.** [of opinion, argument, etc.] contraire *m*, opposé *m*. ◆ adj ▸ **the obverse side a)** [of coin] le côté face or l'avers d'une pièce **b)** *fig* [of opinion, argument, etc.] le contraire.

obviate ['ɒbvɪeɪt] vt *fml* [difficulty, need] obvier à / *this obviates the need for further action* cela rend toute autre démarche inutile.

obvious ['ɒbvɪəs] ◆ adj **1.** [evident] évident / *it's obvious that he's wrong* il est évident or clair qu'il a tort / *don't always go for the obvious solution* n'opte pas toujours pour la solution qui semble la plus évidente / *the obvious choice* le choix évident or qui s'impose / *her obvious innocence* son innocence manifeste / *for obvious reasons* pour des raisons évidentes / *the obvious thing to do is to leave* la seule chose à faire, c'est de partir / *it was obvious that he was going to resign* il était clair qu'il allait démissionner **2.** *pej* [predictable] prévisible / *his symbolism is too obvious* son symbolisme manque de subtilité / *the ending was a bit obvious* la fin était prévisible. ◆ n ▸ **to state the obvious** enfoncer une porte ouverte / *it would be stating the obvious to say that* cela va sans dire.

obviously ['ɒbvɪəslɪ] adv **1.** [of course] évidemment, de toute évidence / *she's obviously not lying* il est clair or évident qu'elle ne ment pas / *obviously not!* il semble que non ! / *he obviously got the wrong number* de toute évidence, il s'est trompé de numéro / *they were obviously ill* on voyait tout de suite qu'ils étaient malades **2.** [plainly, visibly] manifestement / *she's not obviously lying* il n'est pas sûr qu'elle mente **3.** [beginning a sentence] il va de soi / *obviously, we won't break even until next year* il va de soi que nous ne rentrerons pas dans nos frais avant un an.

ocarina [,ɒkə'ri:nə] n ocarina *m*.

OCAS (abbr of **Organization of Central American States**) pr n ODEAC *f*.

Occam's razor ['ɒkəmz-] n le rasoir d'Occam or d'Ockham, le principe de parcimonie.

occasion [ə'keɪʒn] ◆ n **1.** [circumstance, time] occasion *f* / *he was perfectly charming on that occasion* cette fois-là, il fut tout à fait charmant / *on the occasion of her wedding* à l'occasion de son mariage / *I have been there on quite a few occasions* j'y suis allé à plusieurs occasions or à plusieurs reprises / *if the occasion arises* or *should the occasion arise* si l'occasion se présente, le cas échéant / *it wasn't a suitable occasion* les circonstances n'étaient pas favorables / *this is no occasion for an argument* ce n'est pas le moment de se disputer ▸ **to rise to the occasion** se montrer à la hauteur (de la situation) **2.** [special event] événement *m* / *his birthday is always a big occasion* son anniversaire est toujours un événement important ▸ **to have a sense of occasion** savoir marquer le coup **3.** [reason, cause] motif *m*, raison *f*, occasion *f* / *I had no occasion to suspect her* je n'avais aucune raison de la soupçonner / *there is no occasion for worry* il n'y a pas lieu de s'inquiéter / *her return was the occasion for great rejoicing* son retour donna lieu à de grandes réjouissances. ◆ vt occasionner, provoquer.

❖ **on occasion(s)** adv phr de temps en temps, de temps à autre.

occasional [ə'keɪʒənl] adj **1.** occasionnel, épisodique / *he's an occasional visitor / golfer* il vient / joue au golf de temps en temps / *during his occasional visits to her* lorsqu'il allait la voir or lui rendait visite / *I like an* or *the occasional cigar* j'aime (fumer) un cigare à l'occasion or de temps en temps / *she writes me the occasional postcard* elle m'envoie une carte postale de temps à autre / *there will be occasional showers* il y aura quelques averses or pluies intermittentes **2.** [music, play, etc.] de circonstance.

occasionally [ə'keɪʒnəlɪ] adv de temps en temps, quelquefois, occasionnellement / *I smoke only very occasionally* je ne fume que très rarement.

occasional table n UK table *f* d'appoint.

occident ['ɒksɪdənt] n *liter* occident *m*, couchant *m*.

❖ **Occident** n ▸ **the Occident** l'Occident *m*.

occidental [,ɒksɪ'dentl] adj *liter* occidental.

❖ **Occidental** ◆ adj occidental. ◆ n Occidental *m*, -e *f*.

occidentalize, **occidentalise** [,ɒksɪ'dentəlaɪz] vt occidentaliser.

occipital [ɒk'sɪpɪtl] ◆ adj occipital. ◆ n = **occipital bone**.

occipital bone n os *m* occipital.

occipital lobe n lobe *m* occipital.

occiput ['ɒksɪpʌt] (*pl* **occiputs** or **occipita** [ɒk'sɪpɪtə]) n occiput *m*.

occlude [ɒ'klu:d] vt occlure.

occluded front [ɒ'klu:dɪd-] n METEOR front *m* occlus.

occlusion [ɒ'klu:ʒn] n occlusion *f*.

occlusive [ɒ'klu:sɪv] ◆ adj occlusif. ◆ n LING (consonne *f*) occlusive *f*.

occult [ɒ'kʌlt] ◆ adj occulte. ◆ n ▸ **the occult a)** [supernatural] le surnaturel **b)** [mystical skills] les sciences *fpl* occultes.

occultism ['ɒkʌltɪzm] n occultisme *m*.

occupancy ['ɒkjʊpənsɪ] (*pl* **occupancies**) n occupation *f (d'un appartement, etc.)*.

occupant ['ɒkjʊpənt] n [gen] occupant *m*, -e *f* ; [tenant] locataire *mf* ; [of vehicle] passager *m*, -ère *f* ; [of job] titulaire *mf*.

occupation [,ɒkjʊ'peɪʃn] n **1.** [employment] emploi *m*, travail *m* / *what's his occupation?* qu'est-ce qu'il fait comme travail or dans la vie ? / *please state your name and occupation* veuillez indiquer votre nom et votre profession / *I'm not an actor by occupation* je ne suis pas acteur de métier / *raising a family is a full-time occupation* élever des enfants, c'est un travail à plein temps **2.** [activity, hobby] occupation *f* / *his favourite occupation is listening to music* ce qu'il aime faire par-dessus tout, c'est écouter de la musique / *the TV provides some occupation for the children* la télévision est un moyen d'occuper les enfants **3.** [of building, offices, etc.] occupation *f* / *during Mr Gray's occupation, of the premises* lorsque M. Gray occupait les locaux / *the offices are ready for occupation* les bureaux sont prêts à être occupés **4.** MIL & POL occupation *f* ▸ **army of occupation** armée *f* d'occupation / *the students have voted to continue their occupation* les étudiants ont voté la poursuite de l'occupation des locaux / *under French occupation* sous occupation française ▸ **the Occupation** HIST l'Occupation.

occupational [,ɒkju:'peɪʃənl] adj professionnel ▸ **occupational disease** maladie *f* professionnelle ▸ **occupational hazard** risque *m* professionnel or du métier.

occupational pension n UK retraite *f* complémentaire ▸ **occupational pension scheme** caisse *f* de retraite complémentaire.

occupational psychology n psychologie *f* du travail.

occupational therapist n ergothérapeute *mf*.

occupational therapy n ergothérapie *f*.

occupied ['ɒkjʊpaɪd] adj [country, town] occupé / *in occupied France* dans la France occupée.

occupier ['ɒkjʊpaɪəʳ] n [gen] occupant *m*, -e *f* ; [tenant] locataire *mf*.

occupy ['ɒkjʊpaɪ] (*pt & pp* **occupied**) vt **1.** [house, room, etc.] occuper / *is this seat occupied?* est-ce que cette place est prise ? **2.** [keep busy -person, mind] occuper / *she occupies herself by doing crosswords* elle s'occupe en faisant des mots croisés ▸ **to be occupied in** or **with (doing) sthg** être occupé à (faire) qqch / *try to keep them occupied for a few minutes* essaie de les occuper quelques minutes / *find something to occupy your mind* trouvez quelque chose qui vous occupe l'esprit / *reading keeps him occupied* ça l'occupe de lire / *I like to keep my mind occupied* j'aime bien m'occuper l'esprit **3.** [fill, take up -time, space] occuper / *the sofa occupies half the room* le canapé occupe or prend la moitié de la pièce / *how do you occupy your evenings?* comment or à quoi occupez-vous vos soirées ? **4.** MIL & POL occuper ▸ **occupying army** armée *f* d'occupation **5.** [hold -office, role, rank] occuper.

occur [ə'kɜ:ʳ] (*pt & pp* **occurred**, *cont* **occurring**) vi **1.** [happen] arriver, avoir lieu, se produire / *misunderstandings often occur over the phone* il y a souvent des malentendus au téléphone / *many changes have occurred since then* beaucoup de choses ont changé depuis ce temps-là / *if a difficulty / the opportunity occurs* si une difficulté / l'occasion se présente / *I promise it won't occur again* je promets que ça ne se reproduira pas / *whatever occurs* quoi qu'il arrive **2.** [exist, be found] se trouver, se rencontrer / *the mistake occurs at the end* l'erreur se trouve à la fin / *such phenomena often occur in nature* on rencontre souvent de tels phénomènes dans la nature **3.** [come to mind] ▸ **to occur to sb** venir à l'esprit de qqn / *another thought occurred to me* autre chose m'est venu à l'esprit / *it occurred to me later that he was lying* j'ai réalisé plus tard qu'il mentait / *it occurs to me now that something wasn't quite right* je réalise seulement maintenant que quelque chose n'allait pas / *didn't it occur to you to call me?* ça ne t'est pas venu à l'idée de m'appeler ? / *it would never occur to me to use violence* il ne me viendrait jamais à l'idée d'avoir recours à la violence.

occurrence [ə'kʌrəns] n **1.** [incident] événement *m* / *it's an everyday occurrence* ça arrive or ça se produit tous les jours **2.** [fact or instance of occurring] : *the increasing occurrence of racial attacks* le nombre croissant d'agressions racistes / *the occurrence of the disease in adults is more serious* lorsqu'elle se déclare chez l'adulte, la maladie est plus grave / *of rare occurrence* qui arrive or se produit rarement **3.** LING occurrence *f*.

OCD n (abbr of **obsessive-compulsive disorder**) TOC *m*.

ocean ['əʊʃn] n **1.** GEOG océan *m* ▸ **the ocean** US la mer ▸ **the Ocean State** Rhode Island **2.** *fig* ▸ **oceans of** beaucoup de / *there's always oceans of drink at his parties* il y a toujours beaucoup d'alcool à ses soirées.

oceanarium [,əʊʃə'neərɪəm] (*pl* **oceanariums** *or* **oceanaria** [-ɪə]) n aquarium *m* d'eau de mer (naturelle).

ocean bed, **ocean floor** n fond *m* océanique.

oceanfront ['əʊʃnfrʌnt] US ◆ n bord *m* de mer. ◆ adj au bord de la mer, en bord de mer.

oceangoing ['əʊʃn,gəʊɪŋ] adj de haute mer.

Oceania [,əʊʃɪ'ɑ:nɪə] pr n Océanie *f* / *in Oceania* en Océanie.

Oceanian [,əʊʃɪ'ɑ:nɪən] ◆ n Océanien *m*, -enne *f*. ◆ adj océanien.

oceanic [,əʊʃɪ'ænɪk] adj **1.** [marine] océanique **2.** *fig* [huge] immense.

ocean liner n paquebot *m*.

oceanographer [,əʊʃə'nɒgrəfəʳ] n océanographe *mf*.

oceanographic [,əʊʃənə'græfɪk], **oceanographical** [,əʊʃənə'græfɪkəl] adj océanographique.

oceanography [,əʊʃə'nɒgrəfɪ] n océanographie *f*.

oceanology [əʃə'nɒlədʒɪ] n océanologie *f*.

ocelot ['əʊsɪlɒt] n ocelot *m*.

och [ɒx] interj SCOT & IR oh ▸ **och aye!** eh oui ! *(parfois employé pour parodier les Écossais)*.

oche ['ɒkɪ] n *ligne derrière laquelle le joueur de fléchettes doit se placer.*

ochre UK, **ocher** US ['əʊkəʳ] ◆ n [ore] ocre *f* ; [colour] ocre *m*. ◆ adj ocre *(inv)*. ◆ vt ocrer.

ochreous ['əʊkrɪəs] adj ocreux, (de couleur) ocre.

ocker ['ɒkəʳ] n AUSTR [boor] beauf *m*.

o'clock [ə'klɒk] adv **1.** [time] : *it's one / two o'clock* il est une heure / deux heures / *at precisely 9 o'clock* à 9 h précises / *a flight at 4 o'clock in the afternoon* un vol à 16 h / *the 8 o'clock bus* le bus de 8 h / *at 12 o'clock* **a)** [midday] à midi **b)** [midnight] à minuit **2.** [position] : *enemy fighter at 7 o'clock* chasseur ennemi à 7 h.

OCR n **1.** abbr of **optical character reader 2.** (abbr of **optical character recognition**) ROC *f*.

Oct. (written abbr of **October**) oct.

octagon ['ɒktəgən] n octogone *m*.

octagonal [ɒk'tægənl] adj octogonal.

octahedron [,ɒktə'hi:drən] n octaèdre *m*.

octal ['ɒktl] ◆ adj octal. ◆ n octal *m*.

octameter [ɒk'tæmɪtəʳ] n LITER vers *m* de huit pieds, octosyllabe *m*.

octane ['ɒkteɪn] n octane *m* ▸ **high-octane petrol** UK or **gas** US super *m*, supercarburant *m* ▸ **low-octane petrol** UK or **gas** US ordinaire *m*, essence *f* ordinaire.

octane number, **octane rating** n indice *m* d'octane.

octave ['ɒktɪv] n FENCING, MUS & RELIG octave *f* ; LITER huitain *m*.

Octavian [ɒk'teɪvjən] pr n Octave.

octavo [ɒk'teɪvəʊ] (*pl* **octavos**) n in-octavo *m inv*.

octet [ɒk'tet] n **1.** [group] octuor *m* **2.** MUS octuor *m* **3.** LITER huitain *m* **4.** CHEM octet *m*.

October [ɒk'təʊbəʳ] n octobre *m*. See also **February**.

October Revolution n ▸ **the October Revolution** la révolution d'Octobre.

octogenarian [,ɒktəʊdʒɪ'neərɪən] ◆ adj octogénaire. ◆ n octogénaire *mf*.

octopus ['ɒktəpəs] (*pl* **octopuses** *or* **octopi** [-paɪ]) n **1.** ZOOL pieuvre *f*, poulpe *m* ; CULIN poulpe *m* **2.** *fig* pieuvre *f*.

octosyllabic [,ɒktəʊsɪ'læbɪk] adj octosyllabique, octosyllabe / *in octosyllabic verse* en octosyllabes, en vers octosyllabiques.

octosyllable ['ɒktəʊ,sɪləbl] n **1.** [in poetry -line] octosyllabe *m*, vers *m* octosyllabique **2.** [word] mot *m* octosyllabique or octosyllabe.

octuple ['ɒktju:pl] ◆ adj octuple. ◆ n octuple *m*. ◆ vt octupler.

ocular ['ɒkjʊləʳ] ◆ adj oculaire. ◆ n oculaire *m*.

oculist ['ɒkjʊlɪst] n oculiste *mf*.

OD (*pt & pp* **OD'd**) ◆ n (abbr of **overdose**) *inf* overdose *f*. ◆ vi *inf* être victime d'une overdose / *we rather OD'd on TV last night hum* on a un peu forcé sur la télé hier soir. ◆ **1.** written abbr of **overdrawn 2.** written abbr of **overdraft**.

odalisk, **odalisque** ['əʊdəlɪsk] n odalisque *f*.

odd [ɒd] adj **1.** [weird] bizarre, étrange / *he's an odd character* c'est un drôle d'individu / *the odd thing is that the room was empty* ce qui est bizarre, c'est que la pièce était vide / *it felt odd seeing her again* ça m'a fait (tout) drôle de la revoir / *he's a bit odd in the head inf* il lui manque une case **2.** [occasional, incidental] : *at odd moments* de temps en temps / *he has his odd moments of depression* il lui arrive d'avoir ses moments de déprime / *I smoke the odd cigarette* il m'arrive de fumer une cigarette de temps en temps / *we took the odd photo* nous avons pris deux ou trois photos / *we did get the odd enquiry* on a bien eu une ou deux demandes de renseignements / *just add any odd carrots* ajoute simplement quelques carottes ▸ **odd jobs** petits boulots *mpl* / *she gives him a few odd jobs from time to time* de temps en temps, elle lui donne une ou deux choses à faire **3.** [not matching] dépareillé / *he was wearing odd socks* ses chaussettes étaient dépareillées, il portait des chaussettes dépareillées **4.** [not divisible by two] impair / *the odd pages of a book* les pages impaires d'un livre ▸ **odd function** MATH fonction *f* impaire ▸ **odd number** nombre *m* impair **5.** *(in combinations) inf* [or so] : *twenty odd* vingt et quelques / *thirty-odd pounds* trente livres et quelques, trente et quelques livres / *he must be forty-odd* il doit avoir la quarantaine or dans les quarante ans **6.** PHR **the odd one** or **man** or **woman out** l'exception *f* / *everyone else was in evening dress, I was the odd one out* ils étaient tous en tenue de soirée sauf moi / *which of these drawings is the odd one out?* parmi ces dessins, lequel est l'intrus ? / *when they chose the two teams, Jill was the odd one out* lorsqu'ils ont formé les deux équipes, Jill s'est retrouvée toute seule / *they all knew each other so well that I felt the odd one out* ils se connaissaient tous si bien que j'avais l'impression d'être la cinquième roue du carrosse or de la charrette.

ODD n abbr of **optical disc drive**.

oddball ['ɒdbɔ:l] *inf* ◆ n excentrique *mf*, original *m*, -e *f* / *he's a real oddball* c'est un drôle de numéro. ◆ adj excentrique, original.

odd bod UK *inf* = **oddball** *(noun)*.

odd-even adj COMPUT ▸ **odd-even check** contrôle *m* de parité.

oddity ['ɒdɪtɪ] (*pl* **oddities**) n **1.** [strange person] excentrique *mf*, original *m*, -e *f* ; [strange thing] curiosité *f* / *she's a bit of an oddity* elle est un peu bizarre / *being the only woman there makes her something of an oddity* on la remarque du simple fait qu'elle est la seule femme **2.** [strangeness] étrangeté *f*, bizarrerie *f*.

odd-job man UK, **odd jobber** US n homme *m* à tout faire, factotum *m*.

odd-looking adj à l'air bizarre.

odd lot n COMM lot *m* dépareillé ; ST. EX lot *m* fractionné.

odd-lotter [-'lɒtəʳ] n US ST. EX petit actionnaire *m*.

oddly ['ɒdlɪ] adv bizarrement, curieusement / *oddly shaped* d'une forme bizarre / *oddly enough, he didn't recognize me* chose curieuse, il ne m'a pas reconnu / *the oddly named "Bellevue Hotel"* l'hôtel Bellevue, au nom incongru.

oddment ['ɒdmənt] n COMM [of matched set] article *m* dépareillé ; [of lot, line] fin *f* de série ; [of fabric] coupon *m*.

odds [ɒdz] pl n **1.** [in betting] cote *f* / *the odds are ten to one against* la cote est de dix contre un / *the odds are ten to one on* la cote est de un contre dix / *they're offering long / short odds against Jackson* Jackson a une bonne / faible cote / *I'll lay* or *give you odds of twenty to one that she'll leave him* je te parie à vingt contre un qu'elle le quittera ▸ **to pay over the odds** UK : *I ended up paying over the odds* en fin de compte, je l'ai payé plus cher qu'il ne valait ou que sa valeur **2.** [chances] chances *fpl* / *the odds are she's been lying to us all along* il y a de fortes chances qu'elle nous ait menti depuis le début / *the odds are on / against her accepting* il y a de fortes chances / il y a peu de chances (pour) qu'elle accepte / *the odds are in favour of the Tories winning* il y a de fortes chances pour que les conservateurs l'emportent **3.** [great difficulties] ▸ **against all the odds** contre toute attente / *they won against overwhelming odds* ils ont gagné alors que tout était contre eux **4.** UK *inf* [difference] ▸ **it makes no odds** ça ne change rien / *it makes no odds to me* ça m'est égal **5.** PHR **odds and sods** UK *inf*, **odds and ends a)** [miscellaneous objects] objets *mpl* divers, bric-à-brac *m inv* **b)** [leftovers] restes *mpl* / *her desk is always covered with odds and ends* son bureau est toujours encombré de tout un bric-à-brac.

❖ **at odds** adj phr en conflit ▸ **at odds with** en conflit avec / *the way she was dressed was completely at odds with her personality* ce qu'elle portait ne correspondait pas du tout à sa personnalité.

odds-on adj UK : *it's odds-on that he'll win* il y a tout à parier qu'il gagnera ▸ **odds-on favourite** grand favori *m*.

ode [əʊd] n ode *f* / **'Ode on a Grecian Urn'** *Keats* 'Ode sur une urne grecque' / **'Ode to a Nightingale'** *Keats* 'Ode à un rossignol' / **'Ode to Joy'** *Beethoven* 'Hymne à la joie'.

Odessa [əʊ'desə] pr n Odessa.

odious ['əʊdjəs] adj *fml* odieux.

odium ['əʊdjəm] n *fml* [condemnation] réprobation *f* ; [hatred] haine *f*.

odometer [əʊ'dɒmɪtəʳ] n US AUTO compteur *m* kilométrique.

odontologist [,ɒdɒn'tɒlədʒɪst] n odontologiste *mf*.

odontology [,ɒdɒn'tɒlədʒɪ] n odontologie *f*.

odor US = odour.

odoriferous [,əʊdə'rɪfərəs] adj odoriférant.

odorous ['əʊdərəs] adj [fragrant] odorant ; [malodorous] malodorant.

odour UK, **odor** US ['əʊdəʳ] n **1.** [smell] odeur *f* / *guaranteed to get rid of unpleasant odours!* fini les mauvaises odeurs ! **2.** [pervasive quality] odeur *f*, parfum *m*, arôme *m* ▸ **odour of sanctity** RELIG odeur de sainteté **3.** PHR **to be in good / bad odour with sb** UK *fml* être bien / mal vu de qqn.

odourless UK, **odorless** US ['əʊdəlɪs] adj inodore.

Odysseus [ə'di:sɪəs] pr n Ulysse.

odyssey ['ɒdɪsɪ] n odyssée *f* / **'The Odyssey'** *Homer* 'l'Odyssée' / **'2001: A Space Odyssey'** *Kubrick* '2001 : l'odyssée de l'espace'.

OECD (abbr of **Organisation for Economic Co-operation and Development**) pr n OCDE *f*.

oecumenical [,i:kju:'menɪkl] = **ecumenical**.

oedema UK, **edema** US [i:'di:mə] (UK *pl* **oedemata** [-mətə] ; US *pl* **edemata** [-mətə]) n œdème *m*.

Oedipal ['i:dɪpl] adj œdipien.

Oedipus ['i:dɪpəs] pr n Œdipe / **'Oedipus at Colonus'** *Sophocles* 'Œdipe à Colone' / **'Oedipus Rex'** *Sophocle* 'Œdipe roi'.

Oedipus complex n complexe *m* d'Œdipe.

OEM (abbr of **original equipment manufacturer**) n constructeur *m* de systèmes originaux, OEM *m*.

oenologist [i:'nɒlədʒɪst] n œnologue *mf*.

oenology [i:'nɒlədʒɪ] n œnologie *f*.

o'er ['əʊəʳ] *liter* = **over** *(adv, prep)*.

oesophagus UK, **esophagus** US [ɪ'sɒfəgəs] (UK *pl* **oesophaguses** *or* **oesophagi** [-gaɪ] ; US *pl* **esophaguses** *or* **esophagi** [-gaɪ]) n œsophage *m*.

oestrogen UK, **estrogen** US ['i:strədʒən] n œstrogène *m*.

oestrous UK, **estrus** US ['i:strəs] adj œstral ▸ **oestrous cycle** cycle *m* œstral.

oestrus UK, **estrus** US ['i:strəs] n œstrus *m*.

of *(weak form* [əv], *strong form* [ɒv]*)* prep **1.** [after nouns expressing quantity, number, amount] de / *a pound of onions* une livre d'oignons / *a loaf of bread* un pain / *a piece of cake* un morceau de gâteau / *a bottle of wine* une bouteille de vin / *a pair of trousers* un pantalon / *there are six of us* nous sommes six / *thousands of mosquitos* des milliers de moustiques / *some / many / few of us were present* quelques-uns / beaucoup / peu d'entre nous étaient présents / *half of them failed* la moitié d'entre eux ont échoué **2.** [indicating age] de / *a boy / a girl of three* un garçon / une fille de trois ans / *at the age of nineteen* à dix-neuf ans, à l'âge de dix-neuf ans **3.** [indicating composition, content] de / *a photo of Lily* une photo de Lily / *a map of Spain* une carte d'Espagne / *a report of events in Parliament* un compte rendu de ce qui se passe au Parlement / *a rise of 25%* une augmentation de 25 % / *a team of cricketers* une équipe de cricket / *a city of 120,000* une ville de 120 000 habitants / *a series of programmes on Italy* une série d'émissions sur l'Italie **4.** [created by] de / *the poems of Byron* les poèmes de Byron **5.** [with words expressing attitude or emotion] de / *I'm ashamed of it* j'en ai honte / *I'm proud of it* j'en suis fier / *I'm afraid of the dark* j'ai peur du noir / *she dreamt of one day becoming Prime Minister* elle rêvait de devenir Premier ministre un jour / *I have no intention of leaving* je n'ai aucune intention de partir **6.** [indicating possession, relationship] de / *he's a friend of mine* c'est un ami à moi / *a friend of mine saw me* un de mes amis m'a vu / *I'd like a home of my own* j'aimerais avoir mon chez-moi / *the corner of the street* le coin de la rue / *the subject of the lecture* le sujet du cours / *cancer of the bowel* cancer des intestins / *the rights of man* les droits de l'homme / *she's head of department* elle est chef de service **7.** [indicating subject of action] : *it was kind / mean of him* c'était gentil / méchant de sa part **8.** [with names of places] de / *the city of New York* la ville de New York / *the people of Chile* le peuple ou les habitants du Chili / *the University of Cambridge* l'université de Cambridge / *the village of Carlton* le village de Carlton **9.** [after nouns derived from verbs] de / *the arrival / departure of Flight 556* l'arrivée / le départ du vol 556 / *we need the approval of the committee* nous devons obtenir l'autorisation du comité / *a lover of fine wine* un amateur de bons vins / *the success of the meeting* le succès de la réunion / *an outbreak of cholera* une épidémie de choléra **10.** [describing a particular feeling or quality] de / *a feeling of relief* un sentiment de soulagement / *she has the gift of mimicry* elle a un talent d'imitatrice / *a man of courage* un homme de courage / *a coat of many colours* un manteau multicolore / *a sort* or *kind* or *type of tree* un type d'arbre ; *fml* ▸ **to be of sound mind** être sain d'esprit ▸ **to be of a nervous disposition** avoir une prédisposition à la nervosité **11.** [made from] : *a ring of solid gold* une bague en or massif / *a heart of stone* un cœur de pierre **12.** [after nouns of size, measurement, etc.] de / *a width / length of sixty feet* une largeur / longueur de soixante pieds / *they reach a height of ten feet* ils atteignent une hauteur de dix pieds **13.** [indicating cause, origin, source] de / *the consequence / the effects of the explosion* la conséquence / les effets de l'explosion / *to die of cancer* mourir du or d'un cancer / *of royal descent* de lignée royale ▸ **of which / whom** dont **14.** [indicating likeness, similarity] de / *the colour of blood / of grass* la couleur du sang / de l'herbe / *the size of a tennis ball* de la taille d'une balle de tennis / *he reminds me of John Wayne* il me rappelle John Wayne / *it smells of coffee* ça sent le café / *a giant of a man* un homme très grand / *a huge barn of a house* une énorme bâtisse **15.** [indicating specific point in time or space] de / *the 3rd of May* le 3 mai / *in the middle of August* à la mi-août / *the crash of 1929* le krach de 1929 / *the day of our wedding* le jour de notre mariage / *it was the high point of the week* ça a été le point culminant de la semaine / *a quarter of nine* US neuf heures moins le quart / *in the middle of the road* au milieu de la chaussée / *at the far end of the room* à l'autre bout de la pièce **16.** [indicating deprivation or absence] : *a lack of food* un manque de nourriture ▸ **to get rid of sthg** se débarrasser de qqch ▸ **to be cured of sthg** être guéri de qqch ▸ **to rob sb of sthg** voler qqch à qqn **17.** [indicating information received or passed on] : *I've never heard of him* je n'ai jamais entendu parler de lui ▸ **to learn of sthg** apprendre qqch / *her knowledge of French* sa connaissance du français **18.** [as intensifier] ▸ **the best / the worst of all** le meilleur / le pire de tout ▸ **today of all days!** il fallait que ça arrive aujourd'hui ! **19.** *dated & regional* : *I like to listen to the radio of a morning / an evening* j'aime écouter la radio le matin / le soir.

Ofcom ['ɒfkɒm] pr n *organisme britannique de régulation des télécoms.*

off [ɒf] ◆ adv **1.** [indicating removal] ▸ **to take sthg off** enlever or ôter qqch ▸ **to come off a)** [sticker, handle] se détacher **b)** [lipstick, paint] partir / *you can leave your jacket off* ce n'est pas la peine de remettre votre veste / *she kicked off her shoes* elle ôta ses chaussures d'un coup de pied / *the knob had broken off* la poignée était cassée / *peel off the wallpaper* décollez le papier peint / *she cut off her hair* elle s'est coupé les cheveux / *off with his head!* coupez-lui la tête ! **2.** [indicating departure] : *the truck drove off* le camion démarra ▸ **to run off** partir en courant / *when are you off to Dublin?* quand partez-vous pour Dublin ? / *we'd better be off* on doit partir ▸ **they're off!** SPORT ils sont partis ! / *I'm off! inf* j'y vais ! / *off we go!* c'est parti ! / *off to bed with you!* au lit ! ▸ **be off with you!** va-t'en ! / *oh no, he's off again! hum* ça y est, ça le reprend ! **3.** [indicating movement away from a surface] : *the ball hit the wall and bounced off* la balle a heurté le mur et a rebondi / *I knocked the glass off with my elbow* j'ai fait tomber le verre d'un coup de coude **4.** [indicating location] : *it's off to the right* c'est sur la droite / *she's off playing tennis* elle est partie jouer au tennis **5.** [indicating disembarkment, dismounting, etc.] ▸ **to get off** descendre ▸ **to jump off** sauter **6.** [indicating absence, inactivity] : *to take a week off* prendre une semaine de congé / *Monday's my day off* le lundi est mon jour de congé **7.** [indicating distance in time or space] : *Paris / Christmas is still a long way off* Paris / Noël est encore loin / *it's a few miles off* c'est à quelques kilomètres d'ici **8.** THEAT off ▸ **voice off** voix *f* off ▸ **noises / voices off** bruits *mpl* / voix *fpl* en coulisses **9.** [indicating disconnection] ▸ **to put** or **switch** or **turn the light off** éteindre la lumière ▸ **to turn the tap off** fermer le robinet / *leave the lights off* n'allume pas **10.** [indicating separation, partition] : *the playing area is divided off by a low wall* l'aire de jeu est délimitée par un petit mur ▸ **to fence off land** clôturer un terrain / *the police have cordoned off the area* la police a bouclé le quartier **11.** [indicating price reduction] / **'special offer: £5 off'** 'offre spéciale : 5 livres de réduction' / *the salesman gave me $20 / 20% off* le vendeur m'a fait une remise de 20 dollars / 20 % **12.** [indicating relief from discomfort] ▸ **to sleep / to walk sthg off** faire passer qqch en dormant / marchant. ◆ prep **1.** [indicating movement away from] de / *he fell off his chair* il est tombé de sa chaise / *she knocked the vase off the table* elle a fait tomber le vase de la table / *take your elbows off the table* enlève tes coudes de la table / *couples started drifting off the dance floor* les couples commencèrent à quitter la piste de danse / **'drinks must not be taken**

off the premises' 'les boissons doivent être consommées sur place' / *it'll take your mind off it* ça te changera les idées **2.** [indicating removal] de / *take the top off the bottle* enlève le bouchon de la bouteille / *I've stripped the wallpaper off the walls* j'ai décollé le papier peint des murs **3.** [from] ▸ **to buy sthg off sb** acheter qqch à qqn / *I bought it off a stall* je l'ai acheté sur le marché / *can I borrow £5 off you?* je peux t'emprunter 5 livres? **4.** [from the direction of] de / *a cool breeze off the sea* une brise fraîche venant du large **5.** [indicating location] : *a few miles off the coast* à quelques kilomètres de la côte / *most students live off campus* la plupart des étudiants vivent à l'extérieur du campus / *we ate in a small restaurant off the main road* nous avons mangé dans un petit restaurant à l'écart de la grand-route / *the bathroom's off the bedroom* la salle de bains donne dans la chambre / *an alley off Oxford Street* une ruelle qui part d'Oxford Street / *just off Oxford Street there's a pretty little square* à deux pas d'Oxford Street il y a une petite place ravissante **6.** [absent from] : *Mr Dale is off work today* M. Dale est absent aujourd'hui / *you need a few days off work* vous avez besoin de quelques jours de congé / *Wayne's off school with the flu* Wayne est à la maison avec la grippe / *I've been off work for over a year now* voilà un an que je ne travaille plus **7.** [by means of] : *it runs off gas / electricity / solar power* ça marche au gaz / à l'électricité / à l'énergie solaire / *the radio works off the mains* la radio fonctionne sur secteur **8.** [indicating source of nourishment] de / *to live off vegetables* vivre de légumes / *to live off the land* vivre (des produits) de la terre **9.** [reduced from] : *I can get $20 / 20% off the list price* je peux avoir une remise de 20 dollars / 20 % sur le prix de vente / *they'll knock* inf or *take something off it if you pay cash* ils vous feront une remise si vous payez en liquide **10.** inf [no longer wanting or needing] ▸ **to be off one's food** ne pas avoir faim / *I'm off whisky* je n'aime plus le whisky / *I'm off him at the moment* j'en ai marre de lui en ce moment / *she's off antibiotics now* elle ne prend plus d'antibiotiques maintenant / *he's off heroin now* il ne touche plus à l'héroïne maintenant. ◆ adj **1.** [not working -electricity, light, radio, TV] éteint ; [-tap] fermé ; [-engine, machine] arrêté, à l'arrêt ; [-handbrake] desserré / *the gas is off* **a)** [at mains] le gaz est fermé **b)** [under saucepan] le gaz est éteint **c)** [for safety reasons] le gaz est coupé / **'off'** 'arrêt' / *make sure the switches are in the off position* vérifiez que les interrupteurs sont sur (la position) arrêt / *the "off" button* le bouton d'arrêt **2.** [bad, tainted] mauvais, avarié / *the milk is off* le lait a tourné / *it smells / tastes off* on dirait que ce n'est plus bon **3.** [cancelled] annulé / *tonight's match is off* le match de ce soir est annulé / *if that's your attitude, the deal's off!* si c'est comme ça que vous le prenez, ma proposition ne tient plus ! **4.** UK [not available] : *I'm afraid salmon's off* je regrette, mais il n'y a plus de saumon **5.** [unwell] : *I felt decidedly off the next morning* le lendemain matin, je ne me sentais vraiment pas bien / *everyone has their off days* on a tous nos mauvais jours **6.** inf [unacceptable] : *I say, that's a bit off!* dites donc, vous y allez un peu fort ! / *I thought it was a bit off the way she just ignored me* je n'ai pas apprécié qu'elle m'ignore comme ça **7.** UK AUTO [when driving on right] (du côté) gauche ; [when driving on left] (du côté) droit **8.** [having a certain amount of] : *how are we off for milk?* combien de lait nous reste-t-il ? ◆ n inf [start] départ m / *they're ready for the off* ils sont prêts à partir / *right from the off* dès le départ. ◆ vt US v inf [kill] buter.

❖ **off and on** adv phr par intervalles / *we lived together off and on for three years* on a plus ou moins vécu ensemble pendant trois ans.

off-air ◆ adj hors antenne. ◆ adv hors antenne.

offal ['ɒfl] n (U) **1.** UK CULIN abats mpl **2.** [refuse] ordures fpl, déchets mpl **3.** [carrion] charogne f.

Offa's Dyke ['ɒfəz-] pr n *levée de terre entre le pays de Galles et la Mercie, construite au VIIIe siècle par le roi Offa.*

off-balance ◆ adj déséquilibré. ◆ adv ▸ **to throw** or **to knock sb off-balance** **a)** lit faire perdre l'équilibre à qqn **b)** fig couper le souffle à or désarçonner qqn / *her question caught me off-balance* sa question m'a pris au dépourvu.

offbeat ['ɒfbi:t] ◆ adj [unconventional] décalé. ◆ n MUS temps m faible.

off-Broadway adj US ▸ **an off-Broadway show** *spectacle new-yorkais non conventionnel qui se démarque du style de ceux de Broadway, et qui n'est pas présenté dans un « Broadway Theater »* ▸ **an off-Broadway director** un metteur en scène de pièces d'avant-garde.

off camera adj & adv CIN & TV hors champ, off.

off-campus adv UNIV en dehors du campus / *I prefer to live off-campus* je préfère habiter en dehors du campus.

off-centre UK, **off-center** US ◆ adj **1.** [painting on wall] décentré ; [rotation] excentrique ; [gun sights] désaligné / *the title is off-centre* le titre n'est pas centré **2.** fig [unconventional] original. ◆ adv de côté / *aim slightly off-centre* visez légèrement de côté.

off chance ❖ **on the off chance** adv phr au cas où / *I phoned on the off chance of catching him at home* j'ai appelé en espérant qu'il serait chez lui / *she kept it on the off chance (that) it might prove useful* elle l'a gardé pour le cas où cela pourrait servir.

off-colour adj **1.** UK [ill] mal fichu / *she's looking a little off-colour* elle n'est pas très bien, elle est mal fichue **2.** [indelicate -film, story] de mauvais goût, d'un goût douteux.

offcut ['ɒfkʌt] n [of cloth, wood, paper] chute f ; [of meat] reste m.

off-day n : *he was having an off-day* il n'était pas en forme / *everyone has their off-days* il y a des jours sans.

off-duty adj [policeman, soldier, nurse] qui n'est pas de service / *I'm off duty at 6* je finis mon service à 6 h.

offence UK, **offense** US [ə'fens] n **1.** LAW délit m / *it's his first offence* c'est la première fois qu'il commet un délit ▸ **second** or **subsequent offence** récidive f ▸ **to commit a second** or **subsequent offence** récidiver / *arrested for drug offences* **a)** [dealing] arrêté pour trafic de drogue **b)** [use] arrêté pour consommation de drogue ▸ **indictable** / **nonindictable offence** infraction f majeure / mineure ▸ **motoring** or **driving offence** infraction f au Code de la route ▸ **parking offence** contravention f au stationnement ▸ **sex offence** ≃ attentat m à la pudeur **2.** [displeasure, hurt] ▸ **to give** or **to cause offence to sb** blesser or offenser qqn ▸ **to take offence at sthg** s'offenser or s'offusquer de qqch / *he's very quick to take offence* il se vexe pour un rien / *I meant no offence* je ne voulais pas vous blesser / *no offence meant — none taken!* je n'avais pas l'intention de te vexer — il n'y a pas de mal ! ▸ **no offence!** sans vouloir te / vous vexer ! / *the factory is an offence to the eye* l'usine est une insulte au regard / *it's an offence against good taste* c'est un outrage au bon goût **3.** MIL [attack] attaque f, offensive f **4.** SPORT [attackers] attaque f.

offend [ə'fend] ◆ vt [person] offenser, blesser / *she's easily offended* elle est susceptible, elle se vexe pour un rien / *the film contains scenes which could offend some viewers* le film contient des scènes pouvant choquer certains spectateurs ; [eyes, senses, reason] choquer / *his behaviour offends my sense of fair play* son comportement choque mon sens du fair-play. ◆ vi LAW violer la loi, commettre un délit / *he is liable to offend again* il risque de récidiver.

❖ **offend against** vt insep [law, regulation] enfreindre, violer ; [custom] aller à l'encontre de ; [good manners, good taste] être un outrage à.

offended [ə'fendɪd] adj offensé, blessé / *don't be offended if I leave early* ne le prends pas mal si je pars de bonne heure / *she was very offended when he didn't come to her party* elle a été extrêmement vexée qu'il ne vienne pas à sa soirée.

offender [ə'fendər] n **1.** LAW délinquant m, -e f / *13% of convicted offenders return to crime* 13 % des condamnés récidivent ▸ **drug offender** **a)** [dealer] trafiquant m, -e f de drogue **b)** [user] toxicomane mf ▸ **traffic offenders** contrevenants mpl au Code de la route **2.** [gen -culprit] coupable mf / *the chemical industry is the worst offender* l'industrie chimique est la première responsable.

offending [ə'fendɪŋ] adj blessant / *the offending word was omitted* le mot choquant a été enlevé / *the offending object / article* l'objet / l'article incriminé.

offense US = **offence.**

offensive [ə'fensɪv] ◆ adj **1.** [causing indignation, anger] offensant, choquant ▸ **to find sthg offensive** être choqué par qqch ▸ **to be offensive to sb** [person] injurier or insulter qqn / *this advertisement is offensive to Muslims / women* cette publicité porte atteinte à la religion musulmane / à la dignité de la femme / *offensive language* propos mpl choquants **2.** [disgusting -smell] repoussant **3.** [aggressive] offensif / *they took immediate offensive action* ils sont immédiatement passés à l'offensive ▸ **offensive weapon** arme f offensive. ◆ n offensive f ▸ **to go over to** or **to go on** or **to take the offensive** passer à or prendre l'offensive ▸ **a military offensive** une offensive militaire ▸ **a diplomatic / peace offensive** une offensive diplomatique / de paix.

offensively [ə'fensɪvlɪ] adv **1.** [behave, speak] d'une manière offensante or blessante **2.** MIL & SPORT offensivement / *offensively, theirs is the stronger team* en attaque, c'est leur équipe qui est la plus forte.

offer ['ɒfər] ◆ vt **1.** [present] offrir ▸ **to offer sthg to sb, to offer sb sthg** offrir qqch à qqn / *she offered me £800 for my car* elle m'a proposé 800 livres pour ma voiture / *he offered her a chair / his arm* il lui offrit une chaise / son bras / *can I offer you a drink?* puis-je vous offrir un verre ? ▸ **to offer advantages** présenter des avantages ▸ **to offer sb one's sympathy** présenter ses condoléances à qqn ▸ **to have a lot to offer** [town, person] avoir beaucoup à offrir / *candidates may offer one of the following foreign languages* les candidats peuvent présenter une des langues étrangères suivantes **2.** [propose] proposer ▸ **to offer to do sthg** s'offrir pour faire qqch, proposer de faire qqch / *I offered to help them* je leur ai proposé mon aide / *it was kind of you to offer* c'est gentil de me l'avoir proposé ▸ **to offer a suggestion** faire une suggestion ▸ **to offer an opinion** émettre une opinion ▸ **to offer sb advice** donner des conseils à qqn / *may I offer a little advice?* puis-je vous donner un petit conseil ? / *nobody bothered to offer any explanation* personne ne s'est soucié de fournir une explication. ◆ n offre f / *offers of help are pouring in* les offres d'aide affluent / *I'll make you a final offer* je vous ferai une dernière offre / *£500 or near* or *nearest offer* 500 livres, à débattre / *she wants £500, but she's open to offers* elle veut 500 livres, mais elle est prête à négocier / *make me an offer!* faites-moi une offre ! / *I made him an offer he couldn't refuse* je lui ai fait une offre qu'il ne pouvait pas refuser ▸ **to be under offer** faire l'objet d'une proposition d'achat / *the house is under offer* on a reçu une offre pour la maison ▸ **offer of cover** FIN appel m de marge.

❖ **on offer** adv phr : *these goods are on offer this week* ces articles sont en promotion cette semaine / *there aren't many jobs on offer* les offres d'emploi sont peu nombreuses.

❖ **offer up** vt sep [hymn, sacrifice] offrir.

offering ['ɒfərɪŋ] n **1.** [action] offre f **2.** [thing offered] offre f, don m / *his latest offering is a novel set in Ireland* fig le dernier roman qu'il nous propose se déroule en Irlande **3.** RELIG offrande f.

offer price n ST. EX cours m vendeur or offert.

offertory ['ɒfətrɪ] (pl **offertories**) n **1.** [prayers, ritual] offertoire m **2.** [collection] quête f.

off-guard adj [moment] : *in an off-guard moment* dans un moment d'inattention.

❖ **off guard** adv phr ▸ **to catch** or **to take sb off guard** prendre qqn au dépourvu / *his offer of help caught her off guard* elle ne s'attendait pas à ce qu'il lui propose son aide.

offhand [,ɒf'hænd] ◆ adj **1.** [nonchalant] désinvolte, cavalier **2.** [abrupt] brusque. ◆ adv spontanément, au pied levé / *offhand I'd say it'll take a week* à première vue, je dirais que cela prendra une semaine / *I can't give you the figures offhand* je ne peux pas vous citer les chiffres de mémoire or de tête.

offhanded [,ɒf'hændɪd] adj = **offhand** *(adj).*

offhandedly [ˌɒf'hændɪdlɪ] adv [nonchalantly] de façon désinvolte or cavalière, avec désinvolture ; [with abruptness] brusquement, sans ménagement.

offhandedness [ˌɒf'hændɪdnɪs] n désinvolture f.

office ['ɒfɪs] ◆ n **1.** [of firm] bureau m / *people who work in offices* les gens qui travaillent dans les bureaux / *the whole office knows* tout le bureau est au courant / *she's been transferred to the Paris office* elle a été mutée au bureau de Paris / *office space is cheaper in the suburbs* les bureaux sont moins chers en banlieue ▸ **doctor's office** US cabinet m médical ▸ **lawyer's office** cabinet m d'avocat ▸ **office party** *réception organisée dans un bureau à l'occasion des fêtes de fin d'année* **2.** [government department] bureau m, département m / *I have to send this to the tax office* je dois envoyer ça au centre des impôts ▸ **the Office of Fair Trading** *organisme britannique régulant la concurrence et les prix* **3.** [distribution point] bureau m, guichet m **4.** [position, power] fonction f / *a woman in high office* une femme haut placée / *he's one of the candidates seeking office* c'est l'un des candidats qui se présentent aux élections ▸ **to be in** or **to hold office a)** [political party] être au pouvoir **b)** [mayor, minister, official] être en fonctions ▸ **to be out of office** avoir quitté ses fonctions ▸ **to take office a)** [political party] arriver au pouvoir **b)** [mayor, minister, official] entrer en fonctions ▸ **to resign / to leave office** se démettre de / quitter ses fonctions ▸ **to run for** or **to seek office** se présenter aux élections / *elected to the office of president* élu à la présidence **5.** RELIG office m. ◆ comp [furniture, job, staff] de bureau ▸ **office equipment** matériel m de bureau ▸ **office hours** : *during office hours* pendant les heures de bureau ▸ **office work** travail m de bureau ▸ **office worker** employé m de bureau.

❖ **offices** pl n **1.** [help, actions] : *I got the job through the (good) offices of Mrs Katz* j'ai obtenu ce travail grâce aux bons offices de Mme Katz **2.** UK [of large house, estate] office m.

office administrator n chef m de bureau.

office assistant n assistant m, -e f.

office automation n bureautique f.

office bearer n UK [in club, association] membre m du bureau.

office block n UK immeuble m de bureaux.

office boy n *dated* garçon m de bureau.

office building = **office block**.

officeholder ['ɒfɪsˌhəʊldər] n **1.** POL titulaire mf d'une fonction **2.** US = **office bearer**.

office junior n stagiaire mf *(en secrétariat)*.

officer ['ɒfɪsər] ◆ n **1.** MIL officier m **2.** [policeman] agent m de police ; [as form of address - to policeman] Monsieur l'agent ; [- to policewoman] Madame l'agent **3.** [official - in local government] fonctionnaire mf ; [- of trade union] représentant m permanent ; [- of company] membre m de la direction ; [- in job titles] responsable mf ; [- of association, institution] membre m du bureau / *the officers of the association meet every month* le bureau de l'association se réunit tous les mois ▸ **careers officer** UK conseiller m, -ère f d'orientation ▸ **marketing officer** responsable mf du marketing. ◆ vt MIL encadrer / *they were officered by young recruits* ils étaient encadrés par de jeunes recrues.

official [ə'fɪʃl] ◆ adj **1.** [formal] officiel / *she's here on official business* elle est ici en visite officielle / *I can't understand this official language* je ne comprends rien à ce jargon administratif / *it's official, they're getting a divorce* c'est officiel, ils divorcent / *his appointment will be made official tomorrow* sa nomination sera (rendue) officielle demain / *we decided to make it official (and get married)* nous avons décidé de rendre notre liaison officielle (en nous mariant) / *to go through the official channels* suivre la filière (habituelle) / *Spanish is the official language of Mexico* l'espagnol est la langue officielle du Mexique ▸ **official strike** *grève soutenue par la direction du syndicat* ▸ **the Official Secrets Act** *loi britannique sur le secret défense* **2.** [alleged] officiel / *the official reason for his visit is to discuss trade* officiellement, il est là pour des discussions ayant trait au commerce. ◆ n [representative] officiel m ; [civil servant] fonctionnaire mf ; [subordinate employee] employé m, -e f ; SPORT [referee] arbitre m ▸ **a bank / club / union official** un représentant de la banque / du club / du syndicat ▸ **a government official** un haut fonctionnaire.

officialdom [ə'fɪʃəldəm] n *pej* bureaucratie f.

officialese [əˌfɪʃə'li:z] n *pej* jargon m administratif.

officially [ə'fɪʃəlɪ] adv **1.** [formally] officiellement / *he's now been officially appointed* sa nomination est désormais officielle / *we now have it officially* la nouvelle est maintenant officielle **2.** [allegedly] théoriquement, en principe / *officially, he's at the dentist's* en principe, il est chez le dentiste.

Official Receiver n UK ADMIN administrateur m, -trice f judiciaire / *the Official Receiver has been called in* on a fait appel à l'administration judiciaire.

officiant [ə'fɪʃɪənt] n RELIG officiant m, célébrant m.

officiate [ə'fɪʃɪeɪt] vi **1.** [gen] ▸ **to officiate as** remplir les fonctions de / *she officiated at the ceremony* elle a présidé la cérémonie / *the mayor will officiate at the opening of the stadium* le maire inaugurera le stade **2.** RELIG officier.

officious [ə'fɪʃəs] adj **1.** [overbearing] impérieux, autoritaire ; [interfering] importun ; [zealous] zélé, empressé **2.** [in diplomacy - unofficial] officieux ▸ **officious talks** pourparlers *mpl* officieux.

officiously [ə'fɪʃəslɪ] adv [overbearingly] impérieusement, de manière autoritaire ; [interferingly] d'une manière importune ; [zealously] avec zèle, avec empressement.

offie ['ɒfɪ] n UK *inf* = **off-licence**.

offing ['ɒfɪŋ] n **1.** NAUT large m **2.** PHR ▸ **to be in the offing** être imminent, être dans l'air / *a confrontation had long been in the offing* une confrontation couvait depuis longtemps.

offish ['ɒfɪʃ] adj UK *inf* [aloof] plutôt distant or froid.

off-key ◆ adj **1.** MUS faux (fausse) **2.** *fig* [remark] hors de propos, sans rapport. ◆ adv faux ▸ **to play / to sing off-key** jouer / chanter faux.

off-licence n UK **1.** [shop] *magasin autorisé à vendre des boissons alcoolisées à emporter* / *at the off-licence* chez le marchand de vins **2.** [licence] licence f *(autorisant la vente de boissons alcoolisées à emporter)*.

off-limits ◆ adj interdit / *the bar is off-limits to non-coms inf* MIL le bar est interdit aux sous-offs. ◆ adv en dehors des limites autorisées ▸ **to go off-limits** sortir des limites autorisées.

off-line ◆ adj **1.** COMPUT [website] hors ligne ; [storage, processing] autonome **2.** INDUST [production] hors ligne. ◆ adv ▸ **to go off-line** [website, contact] se mettre hors ligne ▸ **to work off-line** travailler hors ligne.

offload [ɒf'ləʊd] vt **1.** [unload - passengers] débarquer ; [- cargo] décharger **2.** [dump - work, blame] : *she tends to offload responsibility onto other people* elle a tendance à se décharger de ses responsabilités sur les autres.

off-message adj ▸ **to be off-message** ne pas être dans la ligne officielle.

off-off-Broadway adj US à l'avant-garde de l'avant-garde ▸ **off-off-Broadway show** spectacle m d'avant-garde.

off-peak adj [consumption, rate, train] aux heures creuses, en dehors des périodes d'affluence or de pointe ▸ **off-peak hours** or **times** heures *fpl* creuses.

off-piste adj & adv SPORT hors-piste.

offprint ['ɒfprɪnt] ◆ n tiré m à part. ◆ vt ▸ **to offprint an article** faire un tiré à part.

off-putting [-pʊtɪŋ] adj UK [smell] repoussant ; [manner] rébarbatif ; [person, description] peu engageant / *the idea of a five-hour stopover is very off-putting* l'idée d'une escale de cinq heures n'a rien d'enthousiasmant or de réjouissant.

off-ramp n US sortie f d'autoroute.

off-road ◆ adj [driving] hors route *(inv)*. ◆ adv [drive, cycle] hors route ▸ **off-road vehicle** véhicule m tout-terrain.

off-roader [-'rəʊdər] n AUTO tout-terrain m *inv*.

off sales pl n UK *vente à emporter de boissons alcoolisées*.

offscourings ['ɒfˌskaʊərɪŋz] pl n [dregs] lie f ; [scum] écume f.

offscreen ◆ adj ['ɒfskri:n] CIN & TV [out of sight] hors champ, off ▸ **offscreen narration** commentaire m en voix off. ◆ adv [ɒf'skri:n] **1.** CIN & TV hors champ, off **2.** [in private life] dans le privé / *he's less handsome offscreen* il est moins séduisant dans la réalité.

off-season ◆ n morte-saison f. ◆ adj hors saison *(inv)*.

offset ['ɒfset] *(pt & pp* **offset**, *cont* **offsetting***)* ◆ vt **1.** [make up for] contrebalancer, compenser / *the advantages tend to offset the difficulties* les avantages compensent presque les inconvénients / *any wage increase will be offset by inflation* avec l'inflation, les augmentations de salaire n'en seront plus vraiment / *we'll have to offset our research investment against long-term returns* nous devons amortir notre investissement dans la recherche en faisant des bénéfices à long terme / *his faults are offset by his enthusiasm* son enthousiasme fait oublier ses défauts **2.** PRINT imprimer en offset. ◆ n **1.** [counterbalance] contrepoids m ; [compensation] compensation f **2.** PRINT offset m **3.** BOT [shoot] rejeton m **4.** CONSTR ressaut m.

offshoot ['ɒfʃu:t] n **1.** [of organization, movement] ramification f ; [spin-off] application f secondaire / *it's an offshoot of space technology* c'est une application secondaire de la technologie spatiale ; *fig* [consequence] retombée f ; [descendant] : *French and Spanish are offshoots of Latin* le français et l'espagnol sont issus du latin ; [subsidiary] : *the company has offshoots in Asia* la société a des succursales en Asie **2.** BOT rejeton m.

offshore ['ɒfʃɔ:r] adj **1.** [in or on sea] marin ; [near shore - shipping, fishing, waters] côtier ; [- island] près de la côte ; PETR offshore *(inv)*, marin ▸ **offshore rig** plate-forme f offshore **2.** [towards open sea - current, direction] vers le large ; [- wind] de terre **3.** FIN ▸ **offshore fund** fonds m off-shore ▸ **offshore investment** investissement m off-shore.

offside ◆ adj & adv [ˌɒf'saɪd] SPORT hors jeu *(inv)* ▸ **to play the offside trap** jouer le hors-jeu. ◆ n ['ɒfsaɪd] UK AUTO [when driving on right] côté m gauche, côté m rue ; [when driving on left] côté m droit, côté m rue.

offspring ['ɒfsprɪŋ] *(pl* **offspring***)* ◆ n **1.** *arch & hum* [son or daughter] rejeton m **2.** *fig* retombée f, conséquence f. ◆ pl n [descendants] progéniture f.

offstage ◆ adv [ˌɒf'steɪdʒ] **1.** THEAT dans les coulisses / *she ran offstage* elle quitta la scène en courant **2.** [in private life] en privé / *offstage, she was surprisingly reserved* en privé, elle était étonnamment réservée. ◆ adj ['ɒfˌsteɪdʒ] dans les coulisses / *an offstage row* une querelle de coulisses.

off-street adj ▸ **off-street parking** place f de parking *(située ailleurs que dans la rue)*.

off-the-cuff ◆ adj impromptu, improvisé. ◆ adv au pied levé, à l'improviste.

off-the-peg, **off-the-rack** US adj prêt à porter ▸ **off-the-peg clothes** prêt-à-porter m.

❖ **off the peg**, **off the rack** US adv ▸ **to buy one's clothes off the peg** acheter du prêt-à-porter.

off-the-record adj [not to be made public] confidentiel ; [not to be put in minutes] à ne pas faire figurer dans le compte rendu.

off-the-shelf adj [goods] disponible dans le commerce.

off-the-shoulder adj qui dégage les épaules.

off-the-wall adj *inf* [crazy] loufoque, dingue ; [unexpected] original, excentrique.

off-white ◆ adj blanc cassé *(inv)*. ◆ n blanc m cassé.

off-year n POL *année présidentielle sans élection aux États-Unis*.

Ofgem ['ɒfdʒem] n (abbr of **Office of Gas and Electricity Markets**) *organisme britannique chargé de réguler les marchés du gaz et de l'électricité*.

O4U MESSAGING written abbr of **only for you**.

Ofsted ['ɒfsted] (abbr of **Office for Standards in Education, Children's Services and Skills**) pr n *organisme britannique chargé de contrôler le système d'éducation nationale.*

oft [ɒft] adv *liter* maintes fois, souvent.

oft- in comp ▸ **oft-quoted** souvent cité ▸ **oft-repeated a)** [warning] réitéré **b)** [argument] ressassé.

OFT abbr of **Office of Fair Trading.**

often ['ɒfn or 'ɒftn] adv souvent / *I've often thought of leaving* j'ai souvent pensé à partir / *I don't see her very often* je ne la vois pas très souvent / *it's not often you get an offer like that* ce n'est pas souvent qu'on vous fait une offre pareille / *do you come here often?* vous venez ici souvent ? / *how often do I have to tell you?* combien de fois faudra-t-il que je te le répète ? / *how often does he write to you?* est-ce qu'il t'écrit souvent ? / *she's said that once too often* elle l'a dit une fois de trop.

❖ **as often as not** adv phr la plupart du temps.

❖ **every so often** adv phr de temps en temps, de temps à autre.

❖ **more often than not** adv phr la plupart du temps.

oftentimes ['ɒfəntaɪmz] adv **1.** UK *arch* souventes fois **2.** US souvent.

ofttimes ['ɒftaɪmz] adv *arch* souventes fois.

Ofwat ['ɒfwɒt] pr n *organisme britannique chargé de contrôler les activités des compagnies régionales de distribution des eaux.*

ogival [əʊ'dʒaɪvəl] adj ogival, en ogive.

ogive ['əʊdʒaɪv] n ARCHIT & MATH ogive *f.*

ogle ['əʊgl] vt lorgner.

O grade n UK SCH *premier diplôme dans l'enseignement secondaire écossais.*

ogre ['əʊgəʳ] n ogre *m.*

ogress ['əʊgrɪs] n ogresse *f.*

oh [əʊ] interj oh, ah / *oh, what a surprise!* oh, quelle surprise ! / *oh really?* vraiment ?, ah bon ? / *oh no!* oh non !

OH written abbr of **Ohio.**

O'Hare [əʊ'heə] pr n *l'aéroport international de Chicago.*

oh arr [-ɑːʳ] interj *expression humoristique dénotant un parler paysan.*

Ohio [əʊ'haɪəʊ] pr n Ohio *m* / *in Ohio* dans l'Ohio.

ohm [əʊm] n ohm *m.*

ohmmeter ['əʊm,miːtəʳ] n ohmmètre *m.*

OHMS (written abbr of **On His/Her Majesty's Service**) *tampon apposé sur le courrier administratif britannique.*

oho [ə'həʊ] interj oh, ah.

OHP n abbr of **overhead projector.**

OI (abbr of **opportunistic infection**) n infection *f* opportuniste.

OIC MESSAGING written abbr of **oh, I see.**

oidium [əʊ'ɪdɪəm] n [fungus, disease] oïdium *m* ; [spore] oïdie *f.*

oik [ɔɪk] n UK *inf & pej* pignouf *m.*

oil [ɔɪl] ◆ n **1.** [petroleum] pétrole *m* ▸ **to drill for oil** effectuer des forages pour trouver du pétrole **2.** [in food, as lubricant] huile *f* ; [as fuel] mazout *m*, fuel *m* or fioul *m* domestique / *sardines in oil* sardines *fpl* à l'huile ▸ **to change the oil** AUTO faire la vidange ▸ **lubricating oil** huile lubrifiante ▸ **suntan oil** huile solaire ▸ **oil of lavender** / **turpentine** essence *f* de lavande / de térébenthine ▸ **to pour oil on troubled waters** ramener le calme **3.** ART [paint] (peinture *f* à l')huile *f* ; [picture] huile *f* / *a portrait in oils* un portrait (peint) à l'huile / *she works in oils* elle travaille avec de la peinture à l'huile. ◆ comp **1.** [industry, production, corporation] pétrolier ; [drum, deposit, reserves] de pétrole ; [magnate, sheikh] du pétrole **2.** [level, pressure] d'huile ; [filter] à huile ; [heating, burner] à mazout. ◆ vt [machine, engine] lubrifier, graisser ; [hinge, wood] huiler ; [skin] graisser, huiler ▸ **it will help to oil the wheels** *fig* cela facilitera les choses.

❖ **oils** pl n ST. EX (valeurs *fpl*) pétrolières *fpl.*

oil-bearing adj pétrolifère.

oil-burning adj à mazout.

oil cake n tourteau *m* (pour bétail).

oilcan ['ɔɪlkæn] n [drum] bidon *m* d'huile ; [oiler] burette *f* (à huile).

oil change n vidange *f.*

oilcloth ['ɔɪlklɒθ] n toile *f* cirée.

oil-cooled [-kuːld] adj refroidi par huile.

oiled [ɔɪld] adj **1.** [machine] lubrifié, graissé ; [hinge, silk] huilé **2.** *inf* [drunk] ▸ **to be well oiled** être complètement bourré.

oiler ['ɔɪləʳ] n **1.** [person] graisseur *m*, -euse *f* **2.** [tanker] pétrolier *m* **3.** [can] burette *f* (à huile) **4.** [well] puits *m* de pétrole.

oilfield ['ɔɪlfiːld] n gisement *m* de pétrole or pétrolier.

oil-fired [-,faɪəd] adj à mazout.

oil-fuelled [-fjʊəld] adj [ship] qui fonctionne au mazout.

oil gauge n [for measuring level] jauge *f* or indicateur *m* de niveau d'huile ; [for measuring pressure] indicateur *m* de pression d'huile.

oiliness ['ɔɪlɪnɪs] n **1.** [greasiness] nature *f* huileuse / *the oiliness of the dish makes it rather indigestible* ce plat contient tellement d'huile qu'il en devient indigeste **2.** *fig* [obsequiousness] obséquiosité *f*, patelinerie *f.*

oil lamp n [burning oil] lampe *f* à huile ; [burning paraffin] lampe *f* à pétrole.

oilman ['ɔɪlmən] (*pl* **oilmen** [-mən]) n pétrolier *m* *(personne).*

oil paint n peinture *f* à l'huile *(substance).*

oil painting n peinture *f* à l'huile / *he's no oil painting* UK *inf* ce n'est pas une beauté rare.

oil palm n éléis *m*, elæis *m.*

oil pan n US AUTO carter *m.*

oil-producing adj producteur de pétrole ▸ **the oil-producing countries** les pays producteurs de pétrole.

oil refinery n raffinerie *f* de pétrole.

oilrich ['ɔɪl,rɪtʃ] adj **1.** [made rich by oil trade] enrichi par le pétrole **2.** [rich in oil resources] riche en gisements pétrolifères.

oil rig n [onshore] derrick *m* ; [offshore] plate-forme *f* pétrolière.

oilseed ['ɔɪlsiːd] n **1.** [linseed] graine *f* de lin **2.** [from castor-oil plant] semence *f* de ricin **3.** [any oil-yielding seed] graine *f* oléagineuse, oléagineux *m* **4.** ▸ **oilseed rape** colza *m.*

oilskin ['ɔɪlskɪn] ◆ n **1.** [cloth] toile *f* cirée **2.** [garment] ciré *m.* ◆ comp en toile cirée.

oil slick n [on sea] nappe *f* de pétrole ; [on beach] marée *f* noire.

oil spill n **1.** [event] marée *f* noire **2.** = **oil slick.**

oil stove n UK [using fuel oil] poêle *m* à mazout ; [using paraffin, kerosene] réchaud *m* à pétrole.

oil tanker n [ship] pétrolier *m*, tanker *m* ; [lorry] camion-citerne *m (pour le pétrole).*

oil terminal n terminal *m* (pétrolier).

oil well n puits *m* de pétrole.

oily ['ɔɪlɪ] (*compar* **oilier**, *superl* **oiliest**) adj **1.** [substance] huileux ; [rag, fingers] graisseux ; [cooking, hair, skin] gras (grasse) / *an oily stain* une tache de graisse **2.** *pej* [smile, person] mielleux, doucereux.

oink [ɔɪŋk] ◆ n grognement *m*, grommellement *m.* ◆ onomat krouik-krouik.

ointment ['ɔɪntmənt] n pommade *f*, onguent *m.*

oiro (written abbr of **offers in the region of**) : *oiro £100* 100 livres à débattre.

OJ n abbr of **orange juice.**

OK [,əʊ'keɪ] (*pt & pp* **OKed** [,əʊ'keɪd], *cont* **OKing** [,əʊ'keɪɪŋ]) ◆ interj *inf* OK, d'accord, d'ac / *well OK, I'm not a specialist, but...* bon, d'accord, je ne suis pas spécialiste, mais... / *in five minutes, OK?* dans cinq minutes, ça va ? ▸ **OK yah** *expression humoristique dénotant les milieux BCBG.* ◆ adj *inf* : *you look very pale, are you OK?* tu es très pâle, tu te sens bien ? / *don't worry about me, I'm OK* ne t'inquiète pas pour moi, je vais bien / *that idea sounds OK to me* ça me semble être une bonne idée / *is it a good film? — it's OK* est-ce un bon film ? — pas mal / *it's OK but it could be better* ce n'est pas mal, mais ça pourrait être mieux / *I'll bring my husband if that's OK with* or *by you* je viendrai avec mon mari, si ça ne vous gêne pas / *thanks for your help — that's OK!* merci de votre aide — de rien ! or il n'y a pas de quoi ! / *he's OK* or *he's an OK guy* c'est un type sympa. ◆ adv *inf* bien / *is the engine working OK?* le moteur, ça va ? / *everything is going OK* tout marche bien or va bien / *you're doing OK!* tu t'en tires bien ! ◆ vt *inf* [approve] approuver ; [initial] parafer, parapher / *his plan has been OKed* son projet a reçu le feu vert. ◆ n *inf* [agreement] accord *m* ; [approval] approbation *f* / *I gave him the OK* je lui ai donné le feu vert / *did you get her OK on the new plan?* elle est d'accord pour le nouveau projet ? ◆ written abbr of **Oklahoma.**

okapi [əʊ'kɑːpɪ] (*pl* **okapi** *or* **okapis**) n okapi *m.*

okay [,əʊ'keɪ] = **OK.**

okeydoke(y) [,əʊkɪ'dəʊk(ɪ)] interj *inf* d'ac, OK.

Okie ['əʊkɪ] n US *v inf & offens* **1.** [inhabitant] habitant *m*, -e *f* de l'Oklahoma **2.** HIST ▸ **the Okies** *habitants de l'Oklahoma qui se sont déplacés vers la Californie dans les années 1930 pour échapper à la pauvreté du « Dust Bowl ».*

Oklahoma [,əʊklə'həʊmə] pr n Oklahoma *m* / *in Oklahoma* dans l'Oklahoma.

okra ['əʊkrə] n gombo *m.*

ol' [əʊl] *inf* = **old** *(adj).*

old [əʊld] (*compar* **older**, *superl* **oldest**) ◆ adj **1.** [not new or recent] vieux *(before vowel or silent 'h' vieil, f vieille)* / *the old traditions of the countryside* les vieilles traditions campagnardes / *there's an old saying that...* il y a un vieux dicton qui dit que... / *it's hard to shake off old habits* on ne se débarrasse pas facilement de ses vieilles habitudes / *not that old excuse again!* tu ne vas pas / il ne va pas / etc. ressortir encore une fois la même excuse ! / *they're old friends* ce sont de vieux amis or des amis de longue date ▸ **the old country** la mère patrie **2.** [not young] vieux *(before vowel or silent 'h' vieil, f vieille)* / *an old man* un vieil homme / *an old woman* une vieille femme / *I don't like that old man / woman* je n'aime pas ce vieux / cette vieille / *old people* personnes *fpl* âgées ▸ **to get** or **grow old** vieillir / *who will look after me in my old age?* qui s'occupera de moi quand je serai vieux ? / *I've got a little money put aside for my old age* j'ai quelques économies de côté pour mes vieux jours ▸ **old people's home** maison *f* de retraite **3.** [referring to a particular age] : *how old is she?* quel âge a-t-elle ? ▸ **to be old enough to do sthg** être en âge de faire qqch / *she's old enough to know better* elle ne devrait plus faire ce genre de chose à son âge / *he's old enough to look after himself* il est (bien) assez grand pour se débrouiller tout seul / *he's old enough to be my father!* il pourrait être mon père ! / *she's two years older than him* elle a deux ans de plus que lui / *my boy wants to be a soldier when he's older* mon fils veut être soldat quand il sera grand / *the older generation* la vieille génération / *my older sister* ma sœur aînée / *she's 6 months / 25 years old* elle a 6 mois / 25 ans, elle est âgée de 6 mois / 25 ans / *they have a 14-year-old boy* ils ont un garçon de 14 ans / *a 3-day-old baby* un bébé de 3 jours **4.** [former] ancien / *that's my old address* c'est mon ancienne adresse / *an old admirer of hers* un de ses anciens admirateurs / *an old Etonian* un ancien élève d'Eton ▸ **in the old days** autrefois, jadis ▸ **the good old days** le bon vieux temps **5.** *inf* [expressing familiarity or affection] vieux *(before vowel or silent 'h' vieil, f vieille)*, brave / *old Jim wants to speak to you* le vieux Jim veut te parler / *good old Jack!* ce (bon) vieux Jack ! / *hello, old thing* or *chap! dated* salut, mon vieux or vieille branche ! **6.** *inf* [as intensifier] : *it's a funny old life!* la vie est drôle, quand même ! / *you old bastard! v inf* espèce de salaud ! / *silly old bat* espèce de vieille folle ! /

any old bit of wood will do n'importe quel vieux bout de bois fera l'affaire ▸ **any old how** n'importe comment / *I just wear any old thing to do the gardening* je porte n'importe quel vieux truc pour jardiner / *he's not just any old scientist, he's a Nobel prize winner* ce n'est pas n'importe quel scientifique, c'est un prix Nobel. ◆ pl n ▸ **the old** les vieux *mpl*.

❖ **of old** adv phr **1.** *liter* [of former times] : *in days of old* autrefois, jadis / *the knights of old* les chevaliers du temps jadis or de jadis **2.** [for a long time] : *I know them of old* je les connais depuis longtemps.

old age pension n UK (pension *f* de) retraite *f*.

old age pensioner n UK retraité *m*, -e *f*.

Old Bailey pr n ▸ **the Old Bailey** *la cour d'assises de Londres.*

Old Bill pl n UK *v inf* ▸ **the Old Bill** les flics *mpl*.

old boy n UK **1.** [ex-pupil of school] ancien élève *m* **2.** *inf* [old man] vieux *m* / *he's a nice old boy* c'est un vieux monsieur charmant **3.** *inf & dated* [form of address] mon vieux.

old boy network n UK *inf contacts privilégiés entre anciens élèves d'un même établissement privé* / *he got the job through the old boy network* il a obtenu ce poste en faisant jouer ses relations.

olde [əʊld or 'əʊldɪ] adj [in name of inn, shop] d'antan, d'autrefois / **'Ye Olde Sweet Shoppe'** 'Aux Douceurs d'Autrefois'.

olden ['əʊldn] adj *arch & liter* d'autrefois, d'antan ▸ **in olden times** or **days** autrefois, jadis.

Old English n vieil anglais *m*.

Old English sheepdog n bobtail *m*.

olde-worlde [,əʊldɪ'wɜːldɪ] UK = **old-world**.

Old Faithful pr n *geyser naturel dans le parc national de Yellowstone.*

old-fashioned [-'fæʃnd] ◆ adj **1.** [out-of-date] suranné, désuet (désuète), démodé ; [idea] périmé, démodé / *he's a bit old-fashioned* il est un peu vieux jeu **2.** [of the past] d'autrefois, ancien / *he needs a good old-fashioned kick in the pants* *inf & hum* ce qu'il lui faudrait, c'est un bon coup de pied aux fesses **3.** [quizzical] ▸ **to give sb an old-fashioned look** jeter un regard dubitatif à qqn. ◆ n US old-fashioned *m* *(cocktail au whisky)*.

old flame n ancien béguin *m*.

Old French n ancien français *m*.

old girl n UK **1.** [ex-pupil] ancienne élève *f* **2.** *inf* [old woman] vieille *f* / *she's a nice old girl* c'est une vieille dame charmante **3.** *inf & dated* [form of address] ma chère, chère amie.

Old Glory pr n US *surnom du drapeau américain.*

old-growth adj [timber] vieux (vieille) / *old-growth forest* forêt *f* ancienne.

old guard n vieille garde *f*.

old hand n expert *m*, vieux routier *m* ▸ **to be an old hand at sthg** avoir une grande expérience de qqch / *he's an old hand at flying these planes* cela fait des années qu'il pilote ces avions.

old hat adj *inf* dépassé, vieux *(before vowel or silent 'h' vieil, f vieille)*.

oldie ['əʊldɪ] n *inf* **1.** [show, song] vieux succès *m* ; [pop song] vieux tube *m* **2.** [old person] (petit) vieux *m*, (petite) vieille *f*.

oldish ['əʊldɪʃ] adj vieillot.

old lady *inf* = **old woman**.

old-line adj US [conservative] conservateur.

old maid n *pej* vieille fille *f*.

old-maidish [-'meɪdɪʃ] adj [habits] de vieille fille ▸ **to become old-maidish** [man] prendre des habitudes de vieux garçon.

old man n *inf* **1.** [husband] homme *m* **2.** [father] vieux *m* **3.** UK *dated* [form of address] mon cher, cher ami.

old master n [painter] grand maître *m* (de la peinture) ; [painting] tableau *m* de maître.

old media n anciens médias *mpl*.

Old Nick pr n Satan *m*, Lucifer *m*.

Old Pretender pr n UK HIST ▸ **the Old Pretender** le Prétendant *(surnom de Jacques Édouard Stuart (1688-1766), fils du roi Jacques II d'Angleterre, qui lutta en vain pour devenir roi de Grande-Bretagne).*

old school n ▸ **of the old school** de la vieille école / *a writer of the old school* un écrivain de la vieille école.

old school tie n UK **1.** *lit* cravate *f* aux couleurs de son ancienne école **2.** *fig & pej attitudes et système de valeurs typiques des anciens élèves des écoles privées britanniques.*

old stager n expert *m*, vieux routier *m*.

oldster ['əʊldstər] n US *inf* ancien *m*, vieillard *m*.

old-style adj à l'ancienne (mode) / *the old-style calendar* HIST le calendrier ancien style.

Old Testament n Ancien Testament *m*.

old-time adj d'autrefois, ancien ▸ **old-time dancing** danses anciennes.

old-timer n **1.** US *inf* [old person] vieillard *m*, ancien *m*, -enne *f* **2.** [veteran] vétéran *m*, vieux *m* de la vieille.

Old Trafford [-'træfəd] pr n *terrain de football et de cricket à Manchester.*

Old Vic [-vɪk] pr n *surnom du Royal Victoria Theatre à Londres.*

old wives' tale n conte *m* de bonne femme.

old woman n *inf* **1.** [wife] patronne *f*, bourgeoise *f* **2.** [mother] vieille *f* **3.** *fig & pej* : *he's such an old woman* il est comme une petite vieille.

old-womanish adj UK [habits] de vieille femme / *he's rather old-womanish* il a des manies de petite vieille.

old-world adj **1.** [of the past] d'antan, d'autrefois ; [quaint] pittoresque / *a village full of old-world charm* un village au charme suranné **2.** [of the Old World] de l'Ancien Monde or Continent.

Old World pr n ▸ **the Old World** l'Ancien Monde.

ole [əʊl] *inf* = **old** *(adj)*.

OLE (abbr of **object linking and embedding**) n COMPUT OLE *m*.

oleaginous [,əʊlɪ'ædʒɪnəs] adj oléagineux.

oleander [,əʊlɪ'ændər] n laurier-rose *m*.

oleaster ['əʊlɪæstər] n oléastre *m*.

oleic acid [əʊ'liːɪk-] n acide *m* oléique.

oleomargarine [,əʊlɪəʊ'mɑːdʒəriːn], **oleo** ['əʊlɪəʊ] n US margarine *f*.

O-level n UK SCH *examen qui sanctionnait autrefois la fin des études au niveau de la seconde* ; ≃ BEPC *m*.

olfaction [ɒl'fækʃn] n olfaction *f*.

olfactory [ɒl'fæktərɪ] adj olfactif ▸ **olfactory nerve** nerf *m* olfactif.

oligarchical [,ɒlɪ'gɑːkɪkl] adj oligarchique.

oligarchy ['ɒlɪgɑːkɪ] (*pl* **oligarchies**) n oligarchie *f*.

Oligocene [ɒ'lɪgəsiːn] ◆ adj oligocène. ◆ n oligocène *m*.

oligopoly [,ɒlɪ'gɒpəlɪ] n oligopole *m*.

oligopsony [,ɒlɪ'gɒpsənɪ] n oligopsone *m*.

olive ['ɒlɪv] ◆ n [fruit] olive *f* ; [tree] olivier *m* ▸ **olive (wood)** (bois *m* d')olivier *m* ▸ **olive grove** olivaie *f*, oliveraie *f*. ◆ adj [colour] (vert) olive *(inv)* / *he has an olive complexion* il a le teint olive.

olive branch n rameau *m* d'olivier ▸ **to hold out an olive branch to sb** proposer à qqn de faire la paix.

olive drab US ◆ adj gris-vert (olive) *(inv)*. ◆ n [colour] gris-vert *m* (olive) ; [cloth] toile *f* gris-vert (olive) ; [uniform] uniforme *m* gris-vert *(surtout celui de l'armée des États-Unis).*

olive green n vert *m* olive.

❖ **olive-green** adj vert olive *(inv)*.

olive oil n huile *f* d'olive.

ollie ['ɒlɪ] n [in skateboarding] ollie *m*.

Olympia [ə'lɪmpɪə] pr n **1.** GEOG Olympie **2.** [in London] *salle d'exposition à Londres.*

Olympiad [ə'lɪmpɪæd] n olympiade *f*.

Olympian [ə'lɪmpɪən] ◆ n **1.** MYTH Olympien *m*, -enne *f* **2.** US SPORT athlète *mf* olympique. ◆ adj olympien / *it was an Olympian task* *fig* cela représentait un travail phénoménal.

Olympic [ə'lɪmpɪk] adj olympique / *an Olympic champion* un champion olympique ▸ **the Olympic Games** les jeux Olympiques.

❖ **Olympics** pl n ▸ **the Olympics** les jeux Olympiques.

Olympus [əʊ'lɪmpəs] pr n ▸ **(Mount) Olympus** l'Olympe *m*.

OM abbr of **Order of Merit**.

O & M (abbr of **organization and methods**) n O et M *f*.

Oman [əʊ'mɑːn] pr n Oman / *in Oman* à Oman.

Omani [əʊ'mɑːnɪ] ◆ n Omanais *m*, -e *f*. ◆ adj omanais.

OMB (abbr of **Office of Management and Budget**) pr n *organisme fédéral américain chargé de préparer le budget.*

ombudsman ['ɒmbʊdzmən] (*pl* **ombudsmen** [-mən]) n ombudsman *m*, médiateur *m* ; [in Quebec] protecteur *m* du citoyen.

ombudswoman ['ɒmbʊdz,wʊmən] (*pl* **ombudswomen** [-,wɪmɪn]) n médiatrice *f* ; [in Quebec] protectrice *f* du citoyen.

omega ['əʊmɪgə] n oméga *m*.

omelette UK, **omelet** US ['ɒmlɪt] n omelette *f* ▸ **plain** / **mushroom omelette** omelette nature / aux champignons ▸ **you can't make an omelette without breaking eggs** *prov* on ne fait pas d'omelette sans casser d'œufs *prov.*

omen ['əʊmen] n augure *m*, présage *m* ▸ **a good** / **bad omen** un bon / mauvais présage / *the omens aren't good* cela ne laisse rien présager de bon / *a bird of ill omen* un oiseau de mauvaise augure.

OMG MESSAGING written abbr of **oh, my god**.

ominous ['ɒmɪnəs] adj [threatening] menaçant, inquiétant ; [boding ill] de mauvais augure, de sinistre présage / *an ominous silence* un silence lourd de menaces / *an ominous sign* un signe inquiétant or alarmant / *ominous black clouds* des nuages menaçants.

ominously ['ɒmɪnəslɪ] adv de façon inquiétante or menaçante / *the sea was ominously calm* la mer était étrangement calme / *he looked at her ominously* il lui jeta un regard inquiétant.

omission [ə'mɪʃn] n **1.** [exclusion - accidental] omission *f*, oubli *m* ; [- deliberate] exclusion *f* / *their mistakes were sins of omission* ils ont péché par omission / *there are several major omissions in his report* il y a plusieurs oublis importants dans son rapport **2.** TYPO bourdon *m*.

omit [ə'mɪt] (*pt & pp* **omitted**, *cont* **omitting**) vt omettre / *a name was omitted from the list* un nom a été omis sur la liste ▸ **to omit to do sthg** omettre de faire qqch / *she omitted to say where she had been* elle a omis de dire où elle était allée.

omnibus ['ɒmnɪbəs] ◆ n **1.** *dated* [bus] omnibus *m* **2.** RADIO & TV *rediffusion en continu des épisodes d'un feuilleton.* ◆ adj UK [edition] complet (complète) ▸ **omnibus volume** anthologie *f*.

omnibus bill n US *projet de loi englobant des mesures diverses.*

omnidirectional [,ɒmnɪdɪ'rekʃənl] adj omnidirectionnel.

omnifarious [,ɒmnɪ'feərɪəs] adj de toutes sortes, très varié.

omnipotence [ɒm'nɪpətəns] n omnipotence *f*.

omnipotent [ɒm'nɪpətənt] ◆ adj omnipotent, tout-puissant. ◆ n ▸ **the Omnipotent** le Tout-Puissant.

omnipresence [,ɒmnɪ'prezəns] n omniprésence *f*.

omnipresent [,ɒmnɪ'prezənt] adj omniprésent.

omnirange ['ɒmnɪ,reɪndʒ] n radiophare *m* omnidirectionnel.

omniscience [ɒm'nɪsɪəns] n omniscience *f*.

omniscient [ɒm'nɪsɪənt] adj omniscient.

omnivore ['ɒmnɪvɔːr] n omnivore *m*.

omnivorous [ɒm'nɪvərəs] adj ZOOL omnivore ; *fig* insatiable, avide.

Omov, **OMOV** ['əʊmɒv] (abbr of **one member one vote**) n *système de scrutin « un homme, une voix »*.

on [ɒn]

◆ prep

A. IN SPACE
B. WORN OR CARRIED
C. INDICATING INTEREST OR ACTIVITY
D. SUBJECT, CAUSE OR METHOD
E. IN TIME
F. INDICATING SOURCE

A. IN SPACE **1.** [specifying position] sur / *the vase is on the shelf* le vase est sur l'étagère / *put it on the shelf* mets-le sur l'étagère / *on the floor* par terre / *on the ceiling* au plafond / *there are posters on the walls* il y a des affiches aux or sur les murs / *there was blood on the walls* il y avait du sang sur les murs / *a coat was hanging on the hook* un manteau était accroché à la patère / *to lie on one's back / side* être allongé sur le dos / côté / *on the left / right* à gauche / droite **2.** [indicating writing or painting surface] sur / *I had nothing to write on* je n'avais rien sur quoi écrire / *red on a green background* rouge sur un fond vert **3.** [indicating general location, area] : *he works on a building site* il travaille sur un chantier / *they live on a farm* ils habitent une ferme / *there's been an accident on the M1* il y a eu un accident sur la M1 **4.** [indicating part of body touched] sur / *I kissed him on the cheek* je l'ai embrassé sur la joue / *someone tapped me on the shoulder* quelqu'un m'a tapoté l'épaule **5.** [close to] : *the village is right on the lake / sea* le village est juste au bord du lac / de la mer **6.** [indicating movement, direction] : *the mirror fell on the floor* la glace est tombée par terre / *they marched on the capital* ils marchèrent sur la capitale.

B. WORN OR CARRIED **1.** [indicating thing carried] sur / *I only had £10 on me* je n'avais que 10 livres sur moi / *she's got a gun on her* elle est armée **2.** [indicating facial expression] : *he had a scornful smile on his face* il affichait un sourire plein de mépris.

C. INDICATING INTEREST OR ACTIVITY **1.** [indicating purpose of money, time, effort spent] sur / *I spent hours on that essay* j'ai passé des heures sur cette dissertation / *she spent £1,000 on her new stereo* elle a dépensé 1 000 livres pour acheter sa nouvelle chaîne hi-fi / *what are you working on at the moment?* sur quoi travaillez-vous en ce moment ? **2.** [indicating activity undertaken] : *to be on strike* être en grève / *he's off on a trip to Brazil* il part pour un voyage au Brésil / *to go on safari* faire un safari / *she was sent on a course* on l'a envoyée suivre des cours / *I'm on nights next week* je suis de nuit la semaine prochaine / *he's on lunch* US / *a break* US il est en train de déjeuner / faire la pause / *she's been on the committee for years* ça fait des années qu'elle siège au comité **3.** [indicating special interest, pursuit] : *she's keen on music* elle a la passion de la musique / *he's good on modern history* il excelle en histoire moderne / *she's very big on equal opportunities* l'égalité des chances, c'est son cheval de bataille **4.** [indicating scale of activity] : *on a large / small scale* sur une grande / petite échelle **5.** [compared with] par rapport à / *imports are up / down on last year* les importations sont en hausse / en baisse par rapport à l'année dernière / *it's an improvement on the old system* c'est une amélioration par rapport à l'ancien système.

D. SUBJECT, CAUSE OR METHOD **1.** [about, on the subject of] sur / *a book / film on the French Revolution* un livre / film sur la Révolution française / *we all agree on that point* nous sommes tous d'accord sur ce point / *I need some advice on a legal matter* j'ai besoin de conseils sur un point légal **2.** [indicating person, thing affected] sur / *it has no effect on them* cela n'a aucun effet sur eux / *a tax on alcohol* une taxe sur les boissons alcoolisées / *try it on your parents* essaie-le sur tes parents / *the government must act on inflation* le gouvernement doit prendre des mesures contre l'inflation / *he has survived two attempts on his life* il a échappé à deux tentatives d'assassinat / *it's unfair on women* c'est injuste envers les femmes / *the joke's on you!* c'est toi qui as l'air ridicule ! **3.** [indicating cause of injury] : *I cut my finger on a piece of glass* je me suis coupé le doigt sur un morceau de verre **4.** [according to] selon / *everyone will be judged on their merits* chacun sera jugé selon ses mérites / *candidates are selected on their examination results* les candidats sont choisis en fonction des résultats qu'ils ont obtenus à l'examen **5.** [indicating reason, motive for action] : *on impulse* sur un coup de tête / *the police acted on information from abroad* la police est intervenue après avoir reçu des renseignements de l'étranger / *I shall refuse on principle* je refuserai par principe **6.** [included in, forming part of] : *your name isn't on the list* votre nom n'est pas sur la liste / *the books on the syllabus* les livres au programme / *on the agenda* à l'ordre du jour **7.** [indicating method, system] : *they work on a rota system* ils travaillent par roulement / *reorganized on a more rational basis* réorganisé sur une base plus rationnelle **8.** [indicating means of transport] : *on foot / horseback* à pied / cheval / *on the bus / train* dans le bus / train / *she arrived on the midday bus / train* elle est arrivée par le bus / train de midi **9.** [indicating instrument played] : *to play a tune on the flute* jouer un air à la flûte / *who's on guitar / on drums?* qui est à la guitare / à la batterie ? **10.** RADIO, TV & THEAT : *I heard it on the radio / on television* je l'ai entendu à la radio / à la télévision / *it's the first time she's been on television* c'est la première fois qu'elle passe à la télévision / *what's on the other channel* or *side?* qu'est-ce qu'il y a sur l'autre chaîne ? / *on stage* sur scène **11.** [indicating where information is stored] : *it's all on computer* tout est sur ordinateur / *on file* sur fichier.

E. IN TIME : *on the 6th of July* le 6 juillet / *on Christmas Day* le jour de Noël / *I'll see her on Monday* je la vois lundi / *on Monday morning* lundi matin / *I don't work on Mondays* je ne travaille pas le lundi / *on a Monday morning in February* un lundi matin (du mois) de février / *every hour on the hour* à chaque heure / *it's just on five o'clock* il est cinq heures pile.

F. INDICATING SOURCE **1.** [indicating source of payment] : *have a drink on me* prenez un verre, c'est moi qui offre / *the drinks are on me / the house!* c'est ma tournée / la tournée du patron ! / *you can get it on the National Health* ≃ c'est remboursé par la Sécurité sociale **2.** [indicating source or amount of income] : *you can't live on such a low wage* on ne peut pas vivre avec des revenus aussi modestes / *they're on the dole* *inf* or *on unemployment benefit* ils vivent du chômage or des allocations de chômage **3.** [indicating source of power] à / *it works on electricity* ça marche à l'électricité **4.** [indicating source of nourishment] de / *they live on cereals* ils se nourrissent de céréales / *we dined on oysters and champagne* nous avons dîné d'huîtres et de champagne **5.** [indicating drugs, medicine prescribed] : *is she on the pill?* est-ce qu'elle prend la pilule ? / *I'm still on antibiotics* je suis toujours sous antibiotiques / *the doctor put her on tranquillizers* le médecin lui a prescrit des tranquillisants / *he's on drugs* il se drogue **6.** [at the same time as] à / *he'll deal with it on his return* il s'en occupera à son retour / *looters will be shot on sight* les pillards seront abattus sans sommation ; [with present participle] en / *on hearing the news* en apprenant la nouvelle.

◆ adv **1.** [in place] : *the lid wasn't on* le couvercle n'était pas mis / *put the top back on afterwards* remets le capuchon ensuite **2.** [referring to clothes] : *why have you got your gloves on?* pourquoi as-tu mis tes gants ? / *the woman with the blue dress on* la femme en robe bleue / *he's got nothing on* il est nu **3.** [indicating continued action] : *to read on* continuer à lire / *the car drove on* la voiture ne s'est pas arrêtée / *they walked on* ils poursuivirent leur chemin ▸ **from now** or **this moment** or **this time on** désormais ▸ **earlier / later / further on** plus tôt / tard / loin **4.** [indicating activity] : *I've got a lot on this week* je suis très occupé cette semaine / *have you got anything on tonight?* tu fais quelque chose ce soir ? / *what's on at the cinema?* qu'est-ce qui passe au cinéma ? **5.** [functioning, running] : *put* or *turn* or *switch the television on* allume la télévision / *turn the tap on* ouvre le robinet / *the lights had been left on* les lumières étaient restées allumées / *the tap had been left on* le robinet était resté ouvert / *the car had its headlights on* les phares de la voiture étaient allumés **6.** PHR *inf* **to be** or **go on about sthg** parler de qqch sans arrêt / *he's on about his new car again* le voilà reparti sur sa nouvelle voiture / *what's she on about?* qu'est-ce qu'elle raconte ? ▸ **to be** or **go on at sb (about sthg)** : *my parents are always on at me about my hair* mes parents n'arrêtent pas de m'embêter avec mes cheveux.

◆ adj **1.** [working - electricity, light, radio, TV] allumé ; [- gas, tap] ouvert ; [- engine, machine] en marche ; [- handbrake] serré / *the radio was on very loud* la radio hurlait / *make sure the switches are in the "on" position* vérifiez que les interrupteurs sont sur (la position) « marche » / *the "on" button* le bouton de mise en marche **2.** [happening, under way] : *there's a conference on next week* il y a une conférence la semaine prochaine / *the match is still on* **a)** [on TV] le match n'est pas terminé **b)** [going ahead] le match n'a pas été annulé / *it's on at the local cinema* ça passe au cinéma du quartier / *your favourite TV programme is on tonight* il y a ton émission préférée à la télé ce soir / *is our deal still on?* est-ce que notre affaire tient toujours ? / *the kettle's on for tea* j'ai mis de l'eau à chauffer pour le thé / *hurry up, your dinner's on* dépêche-toi, ton dîner va être prêt **3.** [in betting] : *the odds are twenty to one on* la cote est de vingt contre un **4.** *inf* [acceptable] : *such behaviour just isn't on!* une telle conduite est tout à fait inadmissible ! **5.** *inf* [feasible, possible] : *we'll never be ready by tomorrow, it just isn't on* nous ne serons jamais prêts pour demain, c'est tout bonnement impossible **6.** *inf* [in agreement] : *are you still on for dinner tonight?* ça marche toujours pour le dîner de ce soir ? / *shall we say £10? — you're on!* disons 10 livres ? — d'accord or tope là !

❖ **on and off** adv phr : *we went out together on and off for a year* on a eu une relation irrégulière pendant un an.

❖ **on and on** adv phr sans arrêt / *he goes on and on about his minor ailments* il nous rebat les oreilles avec ses petits problèmes de santé / *the play dragged on and on* la pièce n'en finissait plus.

ON written abbr of **Ontario**.

on-air ◆ adj TV & RADIO à l'antenne. ◆ adv TV & RADIO à l'antenne ▸ **on-air (warning) light** voyant *m* de passage à l'antenne.

onanism ['əʊnənɪzm] n onanisme *m*.

onanist ['əʊnənɪst] ◆ adj onaniste. ◆ n onaniste *mf*.

on-board adj COMPUT [built-in] intégré.

ONC (abbr of **Ordinary National Certificate**) n *brevet de technicien en Grande-Bretagne*.

on-camera ◆ adj TV & CIN à l'image. ◆ adv TV & CIN à l'image.

once [wʌns] ◆ adv **1.** [on a single occasion] une fois / *I've been there once before* j'y suis déjà allé une fois / *more than once* plus d'une fois / *once or twice* une ou deux fois / *I see her once every three months* je la vois tous les trois mois ▸ **once in a while** occasionnellement, une fois de temps en temps ▸ **once more** or **again** encore une fois, une fois de plus ▸ **for once** : *for once he isn't late* pour une fois, il n'est pas en retard ▸ **once a liar always a liar** qui a menti mentira ▸ **I'll try anything once** il faut bien tout essayer **2.** [formerly] jadis, autrefois / *people once believed that the world was flat* autrefois, on croyait que la terre était plate / *a once famous poet* un poète autrefois célèbre / *once there was a little girl called Goldilocks* il était une fois une petite fille nommée Boucle d'or ▸ **once upon a time there was...** il était une fois... ◆ predet : *once a month / year* une fois par mois / an. ◆ conj une fois que, dès que / *it'll be easy once we've started* une fois qu'on aura commencé, ce sera facile / *give me a call once you get there* passe-moi un coup de fil quand tu arrives / *once you've told her the truth there'll be no turning back* une fois que tu lui auras dit la vérité, il ne te sera plus possible de faire marche arrière. ◆ n ▸ **(just) this once**

(juste) pour cette fois-ci, (juste) pour une fois / *she did it just the once* elle ne l'a fait qu'une seule fois.

❖ **at once** adv phr **1.** [at the same time] à la fois, en même temps / *it was at once fascinating and terrifying* c'était à la fois fascinant et terrifiant **2.** [immediately] tout de suite / *come here at once!* viens ici tout de suite or immédiatement !

❖ **once and for all** adv phr une fois pour toutes / *let's settle this matter once and for all!* réglons cette affaire une (bonne) fois pour toutes !

once-over n *inf* **1.** [glance] coup *m* d'œil / *I gave the morning paper the once-over* j'ai jeté un coup d'œil sur le journal du matin / *I could see her giving me the once-over* je la voyais qui me regardait des pieds à la tête **2.** [clean] : *give the stairs / the bookcase a quick once-over* passe un coup dans l'escalier / sur la bibliothèque **3.** [beating] raclée *f* ▸ **to give sb the** or **a once-over** donner une bonne raclée à qqn.

oncogenesis [ˌɒŋkəʊˈdʒenɪsɪs] n oncogenèse *f*.

oncogenic [ˌɒŋkəʊˈdʒenɪk] adj oncogène.

oncologist [ɒŋˈkɒlədʒɪst] n oncologue *mf*, oncologiste *mf*.

oncology [ɒŋˈkɒlədʒɪ] n oncologie *f*.

oncoming [ˈɒnˌkʌmɪŋ] ◆ adj **1.** [traffic, vehicle] venant en sens inverse **2.** [year, season] qui arrive, qui approche / *the oncoming generation of school-leavers* les jeunes qui vont quitter l'école à la fin de cette année scolaire. ◆ n approche *f*.

OND (abbr of **Ordinary National Diploma**) n *brevet de technicien supérieur en Grande-Bretagne*.

one [wʌn] ◆ det **1.** *(as numeral)* [in expressions of age, date, measurement, etc.] un *m*, une *f* / *one dollar* un dollar / *one pound* une livre / *one and a half kilos* un kilo et demi / *one million* un million / *one thousand* mille / *at one o'clock* à une heure / *he'll be one (year old) in June* il aura un an en juin / *on page one* **a)** [of book] (à la) page un **b)** [of newspaper] à la une ▸ **one or two** [a few] un / une ou deux ▸ **a million** or **a thousand and one** [a lot] un millier de **2.** [referring to a single object or person] un *m*, une *f* / *one American in two* un Américain sur deux / *only one answer is correct* il n'y a qu'une seule bonne réponse ▸ **at any one time** au même moment / *one car looks much like another to me* pour moi, toutes les voitures se ressemblent / *take one half and give him the other* prends-en une moitié et donne-lui l'autre **3.** [only, single] seul, unique / *my one mistake* ma seule erreur / *the one woman who knows* la seule femme qui soit au courant / *no one man should have that responsibility* c'est trop de responsabilité pour un seul homme / *not one family was spared* pas une (seule) famille ne fut épargnée **4.** [same] même / *they all arrived on the one day* ils sont tous arrivés le même jour / *the two wanted men are in fact one and the same person* les deux hommes recherchés sont en fait une seule et même personne ▸ **to be of one mind (with sb on sthg)** être du même avis (que qqn sur qqch) **5.** [instead of 'a'] : *if there's one thing I hate it's rudeness* s'il y a une chose que je n'aime pas, c'est bien la grossièreté / *for one thing it's too late* d'abord, c'est trop tard / *we had one customer once who wouldn't leave* une fois on a eu un client qui ne voulait pas partir **6.** [a certain] : *I was introduced to one Ian Bell* on m'a présenté un certain Ian Bell **7.** [indicating indefinite time] : *one day you'll understand* un jour, tu comprendras / *one evening in July* un soir de juillet / *early one morning* un matin de bonne heure **8.** *inf* [as intensifier] : *that's one fine car!* c'est une sacrée bagnole ! / *the room was one big mess* il y avait une de ces pagailles dans la pièce ! / *it's been one hell of a day!* quelle journée ! ◆ pron **1.** [person, thing] : *which one* lequel *m*, laquelle *f* / *this one* celui-ci *m*, celle-ci *f* / *the other one* l'autre *mf* / *the right one* le bon (la bonne) / *the wrong one* le mauvais (la mauvaise) / *which ones?* lesquels ? *mpl*, lesquelles ? *fpl* / *these ones* ceux-ci *mpl*, celles-ci *fpl* / *which dog? — the one that's barking* quel chien ? — celui qui aboie / *which cars? — the ones you like* quelles voitures ? — celles que tu aimes / *he's the one who did it* c'est lui qui l'a fait / *one of my colleagues is sick* (l')un / (l')une de mes collègues est malade / *one of the bulbs has fused* (l')une des ampoules a grillé / *she's one of us* elle est des nôtres / *that's one of my favourite restaurants* c'est (l')un de mes restaurants préférés / *he's one of my many admirers* c'est un de mes nombreux admirateurs / *I've only got one* je n'en ai qu'un / qu'une / *have you seen one?* en avez-vous vu un / une ? ▸ **one or other** l'un d'eux (l'une d'elles) / *take the new one* prends le nouveau / la nouvelle / *she's eaten all the ripe ones* elle a mangé tous ceux qui étaient mûrs / toutes celles qui étaient mûres / *the mother and her little ones* la mère et ses petits / *she's my littlest one* c'est ma plus jeune or ma petite dernière / *ooh, you are a one!* *inf* toi, alors ! / *he's a right one he is!* *inf* lui alors ! / *I'm not much of a one* or *I'm not a great one for cheese* *inf* je ne raffole pas du fromage / *she's a great one for computers* c'est une mordue d'informatique ▸ **to be one in a million** or **thousand** : *she's one in a million* c'est une perle rare / *I'm not one to gossip but...* je ne suis pas du genre commère mais... ▸ **one and all** tous (sans exception) ▸ **to get one over on sb** *inf* avoir l'avantage sur qqn **2.** [joke, story, question, etc.] : *have you heard the one about the two postmen?* tu connais celle des deux facteurs ? / *that's a good one!* elle est bien bonne celle-là ! / *that's an easy one* c'est facile / *the question is one of great importance* cette question est d'une grande importance / *you'll have to solve this one yourself* il faudra que tu règles ça tout seul **3.** *inf* [drink] : *do you fancy a quick one?* on prend un verre en vitesse ? ▸ **to have one too many** boire un verre de trop **4.** *inf* [blow] ▸ **to hit** or **thump** or **belt sb one** en mettre une à qqn **5.** *fml* [as subject] on ; [as object or after preposition] vous / *one can only do one's* or US *his best* on fait ce qu'on peut / *it certainly makes one think* ça fait réfléchir, c'est sûr **6.** [with infinitive forms] : *to wash one's hands* se laver les mains / *to put one's hands in one's pockets* mettre ses or les mains dans les poches.

❖ **at one** adv phr *fml* ▸ **to be at one with sb / sthg** être en harmonie avec qqn / qqch / *she felt at one with the world* elle se sentait en harmonie avec le monde.

❖ **for one** adv phr : *I for one am disappointed* pour ma part, je suis déçu / *I know that Eric for one is against it* je sais qu'Éric est contre en tout cas.

❖ **in one** adv phr **1.** [combined] ▸ **all in one** à la fois / *she's a writer, actress and director (all) in one* elle est à la fois scénariste, actrice et metteur en scène / *a useful three-in-one kitchen knife* un couteau de cuisine très utile avec ses trois fonctions **2.** [at one attempt] du premier coup / *he did it in one* il l'a fait en un seul coup / *got it in one!* *inf* du premier coup !

❖ **in ones and twos** adv phr : *they arrived in ones and twos* ils arrivèrent les uns après les autres / *people stood around in ones and twos* les gens se tenaient là par petits groupes.

❖ **one another** pron phr l'un l'autre (l'une l'autre), les uns les autres (les unes les autres) / *they didn't dare talk to one another* ils n'ont pas osé se parler / *we love one another* nous nous aimons / *the group meet in one another's homes* le groupe se réunit chez l'un ou chez l'autre / *they respect one another* **a)** [two people] ils ont du respect l'un pour l'autre **b)** [more than two people] ils se respectent les uns les autres / *you can copy one another's notes* **a)** [two people] vous pouvez copier vos notes l'un sur l'autre **b)** [more than two people] vous pouvez copier vos notes les uns sur les autres.

❖ **one by one** adv phr un par un (une par une).

one-act adj ▸ **one-act play** pièce *f* en un (seul) acte.

one-armed adj manchot ▸ **a one-armed man** un manchot.

one-armed bandit n machine *f* à sous.

1DAY MESSAGING written abbr of **one day**.

one-dimensional adj unidimensionnel.

one-eyed adj borgne, qui n'a qu'un œil.

one-handed ◆ adj [shot, catch] à une (seule) main ; [tool] utilisable d'une seule main. ◆ adv d'une (seule) main.

one-hit wonder n *groupe ou chanteur qui n'a eu qu'un seul tube.*

one-horse adj **1.** [carriage] à un cheval **2.** PHR **a one-horse town** *inf* un (vrai) trou, un bled paumé.

oneiric [əʊˈnaɪərɪk] adj onirique.

one-legged adj unijambiste ▸ **a one-legged man** un unijambiste.

one-liner n [quip] bon mot *m* / *she has some very good one-liners* ses boutades sont très drôles / *there are some great one-liners in the film* il y a de très bonnes répliques dans ce film.

one-man adj [vehicle, canoe] monoplace ; [task] pour un seul homme ; [expedition] en solitaire / *I'm a one-man woman* je suis la femme d'un seul homme ▸ **one-man show** **a)** [by artist] exposition *f* individuelle **b)** [by performer] spectacle *m* solo, one-man-show *m inv*.

one-man band n homme-orchestre *m* / *the company is very much a one-man band* *fig* c'est une seule personne qui fait marcher cette entreprise.

1NC MESSAGING written abbr of **once**.

oneness [ˈwʌnnɪs] n **1.** [singleness] unité *f* ; [uniqueness] unicité *f* **2.** [agreement] accord *m* **3.** [wholeness] intégrité *f* **4.** [sameness] identité *f*.

one-night stand n **1.** MUS & THEAT représentation *f* unique **2.** *inf* [brief affair] aventure *f* (sans lendemain).

one-off ◆ adj unique / *he wants a one-off payment* il veut être payé en une seule fois / *I'll do it if it's a one-off job* je veux bien le faire mais seulement à titre exceptionnel / *this trip is definitely a one-off deal* US c'est la première et dernière fois que je fais ce voyage ▸ **one-off order** COMM commande *f* ponctuelle. ◆ n [original] : *he's a complete one-off* il n'y en a pas deux comme lui / *it's a one-off* **a)** [object] c'est unique **b)** [situation] c'est exceptionnel.

one-on-one US = **one-to-one**.

one-parent family n famille *f* monoparentale.

one-party adj POL à parti unique.

one-piece ◆ adj une pièce *(inv)* ▸ **one-piece swimsuit** maillot *m* une pièce. ◆ n vêtement *m* une pièce.

one-room adj à une (seule) pièce ▸ **a one-room flat** or **apartment** un studio.

onerous [ˈəʊnərəs] adj *fml* lourd, pénible.

> ⚠ **Onéreux** means expensive, not onerous.

oneself [wʌnˈself] pron **1.** [reflexive] se, s' *(before vowel or silent 'h')* ; [after preposition] soi, soi-même ; [emphatic] soi-même / *to wash oneself* se laver / *to enjoy oneself* s'amuser / *to live for oneself* vivre pour soi / *to be pleased with oneself* être content de soi or soi-même **2.** [one's normal self] soi-même / *it's enough to be oneself* il suffit d'être soi-même **3.** PHR **to be (all) by oneself** être tout seul.

one-shot US *inf* = **one-off** *(adj)*.

one-sided adj **1.** [unequal] inégal / *a one-sided match* SPORT un match inégal / *conversations with him tend to be pretty one-sided* avec lui, ce n'est pas une conversation, il n'y a que lui qui parle **2.** [biased] partial **3.** [unilateral] unilatéral.

one-stop adj [shop, service] *où l'on trouve tout ce dont on a besoin* ▸ **one-stop buying** or **shopping** *achats réalisés au même endroit.*

one-time adj ancien / *a one-time actor turned director* un ancien acteur devenu metteur en scène.

one-to-one ◆ adj **1.** [discussion, meeting] seul à seul, en tête à tête / *I'd prefer to talk to you on a one-to-one basis* je préférerais vous parler seul à seul / *one-to-one tuition* cours *mpl* particuliers / *students receive one-to-one instruction* le professeur travaille individuellement avec chaque étudiant **2.** [comparison, relationship] terme à terme ; MATH biunivoque. ◆ n [meeting] entretien *m* (individuel).

one-touch dialling UK, **one-touch dialing** US n numérotation *f* rapide.

one-track adj **1.** RAIL à voie unique **2.** PHR **to have a one-track mind** : *he's got a one-track mind* **a)** *inf* [thinks only of one thing] c'est une obsession chez lui **b)** [thinks only of sex] il ne pense qu'à ça.

one-two n **1.** [in boxing] *direct suivi d'un crochet de l'autre main* **2.** FOOT une-deux *m inv*.

one-up (*pt & pp* **one-upped**, *cont* **one-upping**) ◆ adj : *we're one-up on our competitors* nous avons pris l'avantage sur nos concurrents. ◆ vt US *inf* marquer un point sur.

one-upmanship [-'ʌpmənʃɪp] n *comportement d'une personne qui ne supporte pas de voir d'autres faire mieux qu'elle* / *it's pure one-upmanship on her part* elle veut uniquement prouver qu'elle est la meilleure.

one-way adj **1.** [street] à sens unique ; [traffic] en sens unique ▸ **one-way street** (rue *f* à) sens *m* unique / *he went the wrong way up a one-way street* il a pris un sens interdit **2.** [ticket] simple / *a one-way ticket to Rome* un aller simple pour Rome **3.** [mirror] sans tain **4.** [reaction, current] irréversible ; [decision] unilatéral **5.** [relationship, feeling] à sens unique.

one-woman adj : *I'm a one-woman man* je suis l'homme d'une seule femme ▸ **one-woman show a)** [by artist] exposition *f* individuelle **b)** [by performer] spectacle *m* solo, one-woman-show *m inv*.

ongoing ['ɒn,gəʊɪŋ] adj [continuing] continu ; [current, in progress] en cours / *the ongoing debate between supporters and adversaries of the system* le débat en cours entre partisans et adversaires du système.

onion ['ʌnjən] n oignon *m* ▸ **onion soup** soupe *f* à l'oignon ▸ **to know one's onions** UK *inf* : *he knows his onions* il connaît son affaire.

onion dome n ARCHIT bulbe *m* (byzantin).

onionskin ['ʌnjənskɪn] n ▸ **onionskin (paper)** pelure *f* d'oignon.

on-line adj & adv COMPUT en ligne.

online banking n banque *f* en ligne.

online community n communauté *f* en ligne.

online retailer n détaillant *m* en ligne.

online shopping n téléachats *mpl*, achats *mpl* sur Internet.

onlooker ['ɒn,lʊkər] n [during event] spectateur *m*, -trice *f* ; [after accident] badaud *m*, -e *f*, curieux *m*, -euse *f*.

onlooking ['ɒn,lʊkɪŋ] adj : *the onlooking crowd* **a)** [at state occasion, sporting event, etc.] la foule des spectateurs **b)** [after accident] les badauds, la foule des badauds.

only ['əʊnlɪ] ◆ adj seul, unique / *he's / she's an only child* il est fils / elle est fille unique / *she was the only woman there* c'était la seule femme / *the only coat I possess* le seul manteau que je possède / *he's the only one who believes me* il est le seul à me croire / *I'm fed up! — you're not the only one!* j'en ai assez ! — tu n'es pas le seul ! / *her only answer was to shrug her shoulders* pour toute réponse, elle a haussé les épaules / *it's our only chance* c'est notre seule chance / *the only thing is, I won't be there* le seul problème, c'est que je ne serai pas là / *the only way I'll go is if it's free* je n'irai que si c'est gratuit / *her one and only friend* son seul et unique ami / *the one and only Billy Shears!* le seul, l'unique Billy Shears ! ◆ adv **1.** [exclusively] seulement / *there are only two people I trust* il n'y a que deux personnes en qui j'aie confiance / *you'll only get him to come if you offer him a lift* tu ne le feras venir que si tu lui proposes de l'amener / **'staff only'** 'réservé au personnel' **2.** [just, merely] : *he's only a child!* ce n'est qu'un enfant ! / *after all, it's only money* après tout, ce n'est que de l'argent / *it's only me!* c'est moi ! / *you've only ruined my best silk shirt (, that's all)!* tu n'as fait qu'abîmer ma plus belle chemise en soie (, c'est tout) ! / *go on, ask him, he can only say no* vas-y, demande-lui, ce qui peut t'arriver de pire c'est qu'il refuse / *I was only trying to help* je cherchais seulement à me rendre utile / *it will only make him sad* ça ne fera que l'attrister / *it's only natural she should want to see him* c'est tout naturel qu'elle veuille le voir / *I only hope we're not too late* j'espère seulement que nous n'arrivons pas trop tard / *you only have to look at him to see he's guilty* il suffit de le regarder pour voir qu'il est coupable / *be quiet, you stupid dog, it's only the postman!* tais-toi donc, le chien, ce n'est que le facteur ! ▸ **you're only young once** il faut profiter de sa jeunesse **3.** [to emphasize smallness of amount, number, etc.] ne… que / *it only cost me £5* ça ne m'a coûté que 5 livres / *it only took me half an hour* je n'ai mis qu'une demi-heure **4.** [to emphasize recentness of event] : *it seems like only yesterday* c'est comme si c'était hier / *I only found out this morning* je n'ai appris ça que ce matin **5.** [with infinitive] : *I awoke only to find he was gone* à mon réveil, il était parti. ◆ conj *inf* **1.** [but, except] mais / *it's like Spain, only cheaper* c'est comme l'Espagne, mais en moins cher / *go on then, only hurry!* vas-y alors, mais dépêche-toi ! **2.** [were it not for the fact that] mais, seulement / *I'd do it, only I don't have the time* je le ferais bien, seulement je n'ai pas le temps.

❖ **not only** conj phr : *she's not only bright, she's funny too* elle est non seulement intelligente, mais en plus elle est drôle ▸ **not only… but also** non seulement… mais aussi.

❖ **only if, only… if** conj phr seulement si / *I'll do it, but only if you say sorry first* je le ferai, mais seulement si vous vous excusez d'abord / *he'll only agree if the money's good enough* il n'acceptera que si on lui propose assez d'argent.

❖ **only just** adv phr **1.** [not long before] : *I've only just woken up* je viens (tout) juste de me réveiller **2.** [barely] tout juste / *I only just finished in time* je n'ai fini qu'au dernier moment / *did she win? — yes, but only just* a-t-elle gagné ? — oui, mais de justesse / *I've only just got enough* j'en ai tout juste assez.

❖ **only too** adv phr : *I was only too aware of my own shortcomings* je n'étais que trop conscient de mes propres imperfections / *I'd be only too delighted to come* je ne serai que trop heureux de venir / *I remember her only too well* je ne risque pas de l'oublier.

on-message adj ▸ **to be on-message** être dans la ligne officielle.

o.n.o. (abbr of **or near/nearest offer**) adv UK : *£100 o.n.o.* 100 livres à débattre.

on-off adj **1.** ELEC ▸ **on-off button** bouton *m* de marche-arrêt **2.** [intermittent] : *they have a very on-off relationship* ils ont une relation très peu suivie.

onomastic [,ɒnə'mæstɪk] adj onomastique.

onomastics [,ɒnə'mæstɪks] n *(U)* onomastique *f*.

onomatopoeia ['ɒnə,mætə'piːə] n onomatopée *f*.

onomatopoeic ['ɒnə,mætə'piːɪk], **onomatopoetic** ['ɒnə,mætəpəʊ'etɪk] adj onomatopéique.

onrush ['ɒn,rʌʃ] n [of attackers, army] attaque *f*, assaut *m* ; [of emotion, tears] crise *f* ; [of anger] accès *m*.

on-screen adj & adv COMPUT à l'écran ▸ **on-screen help** aide *f* en ligne.

onset ['ɒn,set] n **1.** [assault] attaque *f*, assaut *m* **2.** [beginning] début *m*, commencement *m* / *the onset of winter* le début de l'hiver.

onshore ['ɒn'ʃɔːr] adj **1.** [on land] sur terre, terrestre ▸ **onshore oil production** production *f* pétrolière à terre **2.** [moving towards land] ▸ **onshore wind** vent *m* de mer.

onside [,ɒn'saɪd] adj & adv SPORT qui n'est pas hors jeu or en position de hors-jeu.

on-site adj sur place.

onslaught ['ɒn,slɔːt] n attaque *f*, assaut *m* / *the opposition's onslaught on government policy* l'attaque violente de l'opposition contre la politique du gouvernement.

onstage ['ɒnsteɪdʒ] adj & adv sur scène.

Ont. written abbr of **Ontario**.

on-target earnings pl n [of salesperson] salaire *m* plus commission.

Ontario [ɒn'teərɪəʊ] pr n Ontario *m* / *in Ontario* dans l'Ontario ▸ **Lake Ontario** le lac Ontario.

on-the-job adj [training] en entreprise ; [experience] sur le tas.

onto ['ɒntuː] prep **1.** [gen] sur / *the bedroom looks out onto a garden* la chambre donne sur un jardin / *let's move onto the next point* passons au point suivant / *get onto the bus* montez dans le bus **2.** [indicating discovery] : *let's just hope the authorities don't get onto us* espérons qu'on ne sera pas découverts par les autorités / *we're onto something big* nous sommes sur le point de faire une importante découverte / *is he onto the fact that they're having an affair?* est-il au courant de leur liaison ? / *he'd better watch out, I'm onto him!* qu'il fasse attention, je l'ai dans mon or le collimateur ! **3.** [in contact with] : *you should get onto head office about this* vous devriez contacter le siège à ce sujet / *she's been onto me about my poor marks* elle m'a enguirlandé à cause de mes mauvaises notes.

ontogeny [ɒn'tɒdʒənɪ], **ontogenesis** [,ɒntə'dʒenəsɪs] n ontogénie *f*, ontogenèse *f*.

ontological [,ɒntə'lɒdʒɪkl] adj ontologique.

ontology [ɒn'tɒlədʒɪ] n ontologie *f*.

on-trend adj dans le vent, branché.

onus ['əʊnəs] n [responsibility] responsabilité *f* ; [burden] charge *f* / *the onus is on you to make good the damage* c'est à vous qu'il incombe de réparer les dégâts.

onward ['ɒnwəd] ◆ adj : *the onward journey* la suite du voyage / *there is an onward flight to Chicago* il y a une correspondance pour Chicago / *the onward march of time* la fuite du temps. ◆ adv US = **onwards**. ◆ interj en avant.

onwards ['ɒnwədz] adv [forwards] en avant ; [further on] plus loin ▸ **to go onwards** avancer / *a trip to Europe, and onwards into Asia* un voyage en Europe, qui se poursuit en Asie ▸ **onwards and upwards!** en avant !

❖ **from… onwards** adv phr à partir de / *from next July onwards* à partir de juillet prochain / *from her childhood onwards* dès or depuis son enfance / *from now onwards* désormais, dorénavant, à partir de maintenant / *from then onwards* à partir de ce moment-là.

onyx ['ɒnɪks] ◆ n onyx *m*. ◆ comp en onyx, d'onyx.

oo [uː] = **ooh**.

oocyte ['əʊəsaɪt] n ovocyte *m*.

oodles ['uːdlz] pl n *inf* des masses *fpl*, des tas *mpl* / *there's oodles of food left* il reste un tas de bouffe.

oogonium [,əʊə'gəʊnɪəm] (*pl* **oogoniums** *or* **oogonia** [-nɪə]) n **1.** BOT oogone *f* **2.** ANAT ovogonie *f*.

ooh [uː] ◆ interj oh ! ◆ vi : *they were all oohing and aahing over her baby* ils poussaient tous des cris d'admiration devant son bébé.

oolite ['əʊəlaɪt] n oolite *m*, oolithe *m*.

oolitic [,əʊə'lɪtɪk] adj oolithique.

oolong ['uːlɒŋ] n (thé *m*) oolong *m*.

oompah ['uːmpɑː] n flonflon *m*.

oomph [ʊmf] n *inf* **1.** [energy] punch / *he's certainly got plenty of oomph!* en tout cas, il a un sacré punch ! **2.** [sex appeal] sex-appeal *m*.

oops [ʊps or uːps], **oops-a-daisy** [,ʊpsə'deɪzɪ] interj *inf* oh la la !

oosphere ['əʊəsfɪər] n oosphère *f*.

oospore ['əʊəspɔːr] n oospore *f*.

ooze [uːz] ◆ vi suinter / *blood oozed from the wound* du sang coulait de la blessure / *the new father fairly oozed with pride* fig le nouveau père débordait de fierté / *her courage was oozing slowly away* fig son courage l'abandonnait peu à peu. ◆ vt : *the walls ooze moisture* l'humidité suinte des murs / *she oozes good health* fig elle respire la bonne santé. ◆ n boue *f*, vase *f*.

op [ɒp] (abbr of **operation**) n *inf* MED & MIL opération *f* / *I've got to have an op* je vais passer sur le billard.

op. (written abbr of **opus**) op.

opacity [ə'pæsətɪ] n **1.** *lit* opacité *f* **2.** *fig* [of text] inintelligibilité *f*, obscurité *f* ; [of person] stupidité *f*.

opal ['əʊpl] ◆ n opale *f*. ◆ comp [brooch, ring] en opale.

opalescence [,əʊpə'lesns] n opalescence *f*.

opalescent [,əʊpə'lesnt] adj opalescent *liter*, opalin.

opaque [əʊ'peɪk] adj **1.** *lit* opaque **2.** *fig* [text] inintelligible, obscur ; [person] stupide.

opaque projector n US épiscope *m*, épidiascope *m*.

op art n op art *m*.

OPEC ['əʊpek] (abbr of **Organization of the Petroleum Exporting Countries**) pr n OPEP *f* ▸ **the OPEC countries** les pays membres de l'OPEP.

op-ed ['ɒped] n [in newspaper] *page contenant les tribunes libres située en face de l'éditorial.*

open ['əʊpn] ◆ adj **1.** [not shut - window, cupboard, suitcase, jar, box, sore, valve] ouvert / *her eyes were slightly open / wide open* ses yeux étaient entrouverts / grands ouverts / *he kicked the door open* il a ouvert la porte d'un coup de pied / *the panels slide open* les panneaux s'ouvrent en coulissant / *I can't get the bottle open* je n'arrive pas à ouvrir la bouteille / *there's a bottle already open in the fridge* il y a une bouteille entamée dans le frigo / *you won't need the key, the door's open* tu n'auras pas besoin de la clef, la porte est ouverte **2.** [not fastened - coat, fly, packet] ouvert / *his shirt was open to the waist* sa chemise était ouverte or déboutonnée jusqu'à la ceinture / *her blouse hung open* son chemisier était déboutonné / *the wrapping had been torn open* l'emballage avait été arraché or déchiré **3.** [spread apart, unfolded - arms, book, magazine, umbrella] ouvert ; [- newspaper] ouvert, déplié ; [- legs, knees] écarté / *the book lay open at page six* le livre était ouvert à la page six / *I dropped the coin into his open hand* or *palm* j'ai laissé tomber la pièce de monnaie dans le creux de sa main / *the seams had split open* les coutures avaient craqué / *he ran into my open arms* il s'est précipité dans mes bras **4.** [for business] ouvert / *I couldn't find a bank open* je n'ai pas pu trouver une banque qui soit ouverte / *are you open on Saturdays?* ouvrez-vous le samedi ? / *we're open for business as usual* nous sommes ouverts comme à l'habitude **5.** [not covered - carriage, wagon, bus] découvert ; [- car] décapoté ; [- grave] ouvert ; [- boat] ouvert, non ponté ; [- courtyard, sewer] à ciel ouvert / *the passengers sat on the open deck* les passagers étaient assis sur le pont / *the wine should be left open to breathe* il faut laisser la bouteille ouverte pour que le vin puisse respirer **6.** [not enclosed - hillside, plain] : *the shelter was open on three sides* l'abri était ouvert sur trois côtés / *the hill was open to the elements* la colline était exposée à tous les éléments / *our neighbourhood lacks open space* notre quartier manque d'espaces verts / *the wide open spaces of Texas* les grands espaces du Texas / *shanty towns sprang up on every scrap of open ground* des bidonvilles ont surgi sur la moindre parcelle de terrain vague / *they were attacked in open country* ils ont été attaqués en rase campagne / *open countryside stretched away to the horizon* la campagne s'étendait à perte de vue / *open grazing land* pâturages non clôturés / *ahead lay a vast stretch of open water* au loin s'étendait une vaste étendue d'eau ▸ **the open air** : *in the open air* en plein air / *nothing beats life in the open air* il n'y a rien de mieux que la vie au grand air ▸ **the open road** : *he took to the open road* il a pris la route / *it'll do 150 on the open road* elle monte à 150 sur l'autoroute ▸ **the open sea** la haute mer, le large **7.** [unobstructed - road, passage] dégagé ; [- mountain pass] ouvert, praticable ; [- waterway] ouvert à la navigation ; [- view] dégagé / *only one lane on the bridge is open* il n'y a qu'une voie ouverte à la circulation sur le pont **8.** [unoccupied, available - job] vacant ; [- period of time] libre / *we have two positions open* nous avons deux postes à pourvoir / *I'll keep this Friday open for you* je vous réserverai ce vendredi / *she likes to keep her weekends open* elle préfère ne pas faire de projets pour le week-end / *it's the only course of action open to us* c'est la seule chose que nous puissions faire / *she used every opportunity open to her* elle a profité de toutes les occasions qui se présentaient à elle / *he wants to keep his options open* il ne veut pas s'engager **9.** [unrestricted - competition] ouvert (à tous) ; [- meeting, trial] public ; [- society] ouvert, démocratique / *the contest is not open to company employees* le concours n'est pas ouvert au personnel de la société / *club membership is open to anyone* aucune condition particulière n'est requise pour devenir membre du club / *there are few positions of responsibility open to immigrants* les immigrés ont rarement accès aux postes de responsabilité / *the field is wide open for someone with your talents* pour quelqu'un d'aussi doué que vous, ce domaine offre des possibilités quasi illimitées ▸ **to extend an open invitation to sb** inviter qqn à venir chez soi quand il le souhaite / *Reno was a pretty open town in those days* US *inf* à cette époque, Reno était aux mains des hors-la-loi ▸ **open classroom** SCH classe *f* primaire à activités libres ▸ **open marriage** : *they have an open marriage* ils forment un couple très libre ▸ **open seating** AERON & THEAT places *fpl* non réservées ▸ **open ticket** billet *m* open ▸ **open tournament** SPORT (tournoi *m*) open *m* **10.** [unprotected, unguarded - flank, fire] ouvert ; [- wiring] non protégé ▸ **open city** MIL & POL ville *f* ouverte / *the two countries share miles of open border* les deux pays sont séparés par des kilomètres de frontière non matérialisée / *he missed an open goal* SPORT il n'y avait pas de défenseurs, et il a raté le but ▸ **to lay o.s. open to criticism** prêter le flanc à la critique **11.** [undecided - question] non résolu, non tranché / *the election is still wide open* l'élection n'est pas encore jouée / *it's still an open question whether he'll resign or not* on ne sait toujours pas s'il va démissionner / *I prefer to leave the matter open* je préfère laisser cette question en suspens / *he wanted to leave the date open* il n'a pas voulu fixer de date **12.** [liable] : *his speech is open to misunderstanding* son discours peut prêter à confusion / *the prices are not open to negotiation* les prix ne sont pas négociables / *the plan is open to modification* le projet n'a pas encore été finalisé / *it's open to debate whether she knew about it or not* on peut se demander si elle était au courant **13.** [receptive] : *to be open to suggestions* être ouvert aux suggestions / *I don't want to go but I'm open to persuasion* je ne veux pas y aller mais je pourrais me laisser persuader / *I try to keep an open mind about such things* j'essaie de ne pas avoir de préjugés sur ces questions **14.** [candid - person, smile, countenance] ouvert, franc (franche) ; [- discussion] franc (franche) / *let's be open with each other* soyons francs l'un avec l'autre / *they weren't very open about their intentions* ils se sont montrés assez discrets en ce qui concerne leurs intentions **15.** [blatant - contempt, criticism] ouvert ; [- attempt] non dissimulé ; [- scandal] public ; [- rivalry] déclaré / *the country is in a state of open civil war* le pays est en état de véritable guerre civile / *they acted in open violation of the treaty* ce qu'ils ont fait constitue une violation flagrante du traité / *they showed an open disregard for the law* ils ont fait preuve d'un manque de respect flagrant face à la loi / *it's an open admission of guilt* cela équivaut à un aveu **16.** [loose - weave] lâche ▸ **open mesh** mailles *fpl* lâches ▸ **open pattern** motif *m* aéré **17.** LING [vowel, syllable] ouvert **18.** ELEC [circuit] ouvert **19.** UK FIN [cheque] non barré **20.** MUS [string] à vide. ◆ vt **1.** [window, lock, shop, eyes, border] ouvrir ; [wound] rouvrir ; [bottle, can] ouvrir, déboucher ; [wine] déboucher ▸ **open quotations** or **inverted commas** ouvrez les guillemets / *she opened her eyes very wide* elle ouvrit grand les yeux, elle écarquilla les yeux / *they plan to open the border to refugees* ils projettent d'ouvrir la frontière aux réfugiés / *open the aperture one more stop* PHOT ouvrez d'un diaphragme de plus ; *fig* ▸ **to open one's heart to sb** se confier à qqn / *we must open our minds to new ideas* nous devons être ouverts aux idées nouvelles **2.** [unfasten - coat, envelope, gift, collar] ouvrir **3.** [unfold, spread apart - book, umbrella, penknife, arms, hand] ouvrir ; [- newspaper] ouvrir, déplier ; [- legs, knees] écarter **4.** [pierce - hole] percer ; [- breach] ouvrir ; [- way, passage] ouvrir, frayer / *to open a road through the jungle* ouvrir une route à travers la jungle / *the agreement opens the way for peace* l'accord va mener à la paix **5.** COMPUT [programme] ouvrir ; [computer] démarrer **6.** [start - campaign, discussion, account, trial] ouvrir, commencer ; [- negotiations] ouvrir, engager ; [- conversation] engager, entamer / *her new film opened the festival* son dernier film a ouvert le festival ▸ **to open a file on sb** ouvrir un dossier sur qqn ▸ **to open fire (on)** or **at sb** ouvrir le feu (sur qqn) ▸ **to open the bidding** [in bridge] ouvrir (les enchères) ▸ **to open the betting** [in poker] lancer les enchères **7.** [set up - shop, business] ouvrir ; [inaugurate - hospital, airport, library] ouvrir, inaugurer **8.** [clear, unblock - road, lane, passage] dégager ; [- mountain pass] ouvrir. ◆ vi **1.** [door, window] (s')ouvrir ; [suitcase, valve, padlock, eyes] s'ouvrir / *the window opens outwards* la fenêtre (s')ouvre vers l'extérieur ▸ **open wide!** ouvrez grand ! / *to open, press down and twist* pour ouvrir, appuyez et tournez / *both rooms open onto the corridor* les deux chambres donnent or ouvrent sur le couloir / *the heavens opened and we got drenched* *fig* il s'est mis à tomber des trombes d'eau et on s'est fait tremper **2.** [unfold, spread apart - book, umbrella, parachute] s'ouvrir ; [- bud, leaf] s'ouvrir, s'épanouir / *a new life opened before her* une nouvelle vie s'ouvrait devant elle **3.** [gape - chasm] s'ouvrir **4.** [for business] ouvrir / *what time do you open on Sundays?* à quelle heure ouvrez-vous le dimanche ? / *the doors open at 8 p.m.* les portes ouvrent à 20 h **5.** [start - campaign, meeting, discussion, concert, play, story] commencer / *the book opens with a murder* le livre commence par un meurtre / *the hunting season opens in September* la chasse ouvre en septembre / *she opened with a statement of the association's goals* elle commença par une présentation des buts de l'association / *the film opens next week* le film sort la semaine prochaine / *when are you opening?* THEAT quand aura lieu la première ? / *when it opened on Broadway, the play flopped* lorsqu'elle est sortie à Broadway, la pièce a fait un four / *the Dow Jones opened at 9461* le Dow Jones a ouvert à 9461 / *to open with two clubs* [in bridge] ouvrir de deux trèfles. ◆ n **1.** [outdoors, open air] ▸ **(out) in the open a)** [gen] en plein air, dehors **b)** [in countryside] au grand air / *eating (out) in the open gives me an appetite* manger au grand air me donne de l'appétit / *to sleep in the open* dormir à la belle étoile **2.** [public eye] ▸ **to bring sthg (out) into the open** exposer or étaler qqch au grand jour / *the riot brought the instability of the regime out into the open* l'émeute a révélé l'instabilité du régime / *the conflict finally came out into the open* le conflit a finalement éclaté au grand jour **3.** SPORT ▸ **the British Open** l'open *m* or le tournoi open de Grande-Bretagne.

❖ **open out** ◆ vi **1.** [unfold - bud, petals] s'ouvrir, s'épanouir ; [- parachute] s'ouvrir ; [- sail] se gonfler / *the sofa opens out into a bed* le canapé est convertible en lit / *the doors open out onto a terrace* les portes donnent or s'ouvrent sur une terrasse **2.** [lie - vista, valley] s'étendre, s'ouvrir / *miles of wheatfields opened out before us* des champs de blé s'étendaient devant nous à perte de vue **3.** [widen - path, stream] s'élargir / *the river opens out into a lake* la rivière se jette dans un lac / *the trail finally opens out onto a plateau* la piste débouche sur un plateau **4.** UK *fig* [become less reserved] s'ouvrir / *he opened out after a few drinks* quelques verres ont suffi à le faire sortir de sa réserve. ◆ vt sep [unfold - newspaper, deck chair, fan] ouvrir / *the peacock opened out its tail* le paon a fait la roue.

❖ **open up** ◆ vi **1.** [unlock the door] ouvrir / *open up or I'll call the police!* ouvrez, sinon j'appelle la police ! / *open up in there!* ouvrez, là-dedans ! **2.** [become available - possibility] s'ouvrir / *we may have a position opening up in May* il se peut que nous ayons un poste disponible en mai **3.** [for business - shop, branch, etc.] (s')ouvrir / *a new hotel opens up every week* un nouvel hôtel ouvre ses portes chaque semaine **4.** [start firing - guns] faire feu, tirer ; [- troops, person] ouvrir le feu, se mettre à tirer **5.** [become less reserved - person] s'ouvrir ; [- discussion] s'animer / *he won't open up even to me* il ne s'ouvre pas, même à moi / *he needs to open up about his feelings* il a besoin de dire ce qu'il a sur le cœur or de s'épancher / *I got her to open up about her doubts* j'ai réussi à la convaincre de me faire part de ses doutes **6.** [become interesting] devenir intéressant / *things are beginning to open up in my field of research* ça commence à bouger dans mon domaine de recherche / *the game opened up in the last half* le match est devenu plus ouvert après la mi-temps. ◆ vt sep **1.** [crate, gift, bag, tomb] ouvrir / *we're opening up the summer cottage this weekend* nous ouvrons la maison de campagne ce week-end / *the sleeping bag will dry faster if you open it up* le sac de couchage séchera plus vite si tu l'ouvres **2.** [for business] ouvrir / *each morning Lucy opened up the shop* chaque matin, Lucy ouvrait la boutique / *he wants to open up a travel agency* il veut ouvrir une agence de voyages **3.** [for development - isolated region] désenclaver ; [- quarry, oilfield] ouvrir, commencer l'exploitation de ;

[-new markets] ouvrir / *irrigation will open up new land for agriculture* l'irrigation permettra la mise en culture de nouvelles terres / *the airport opened up the island for tourism* l'aéroport a ouvert l'île au tourisme / *a discovery which opens up new fields of research* une découverte qui crée de nouveaux domaines de recherche / *the policy opened up possibilities for closer cooperation* la politique a créé les conditions d'une coopération plus étroite **4.** *inf* [accelerate] : *he opened it* or *her up* il a accéléré à fond.

open-air adj [market, concert] en plein air ; [sports] de plein air / *open-air swimming pool* piscine *f* découverte / *open-air restaurant* restaurant *m* en terrasse / *open-air museum* écomusée *m*.

open-and-shut adj [choice] simple, évident / *it's an open-and-shut case* la solution est évidente or ne fait pas l'ombre d'un doute.

open bar n buvette *f* gratuite, bar *m* gratuit.

opencast ['əʊpnkɑːst] adj UK MIN à ciel ouvert ▸ **opencast mining** extraction *f* à ciel ouvert.

open day n UK journée *f* portes ouvertes.

open-door adj [policy] de la porte ouverte.

open-ended [-'endɪd] adj [flexible - offer] flexible ; [-plan] modifiable ; [-question] ouvert / *an open-ended discussion* une discussion libre / *open-ended contract* contrat *m* à durée indéterminée.

opener ['əʊpnəʳ] n **1.** [tool] outil *m* or dispositif *m* servant à ouvrir ; [for cans] ouvre-boîtes *m inv* / *you need a special opener for these tins* il faut un ouvre-boîtes spécial pour ces boîtes **2.** [person - in cards, games] ouvreur *m*, -euse *f* **3.** [first song, act, etc.] lever *m* de rideau / *she chose her latest hit single as an opener for the show* elle a choisi son dernier tube pour ouvrir le spectacle **4.** PHR **for openers** UK *inf* pour commencer / *I'm sacking the whole staff, and that's just for openers* je licencie toute l'équipe et ce n'est qu'un début / *well, let's offer £100 for openers* eh bien, proposons 100 livres pour commencer.

open-eyed ◆ adj (qui a) les yeux ouverts / *they watched in open-eyed amazement* ils ouvraient de grands yeux. ◆ adv ▸ **to stare open-eyed** regarder les yeux écarquillés.

open-faced adj US ▸ **open-faced sandwich a)** [gen] tartine *f* **b)** [cocktail food] canapé *m*.

open-field adj HIST ▸ **the open-field system** l'openfield *m*.

open-handed adj généreux.

open-hearted [-'hɑːtɪd] adj **1.** [candid] franc (franche), sincère **2.** [kind] bon, qui a bon cœur.

open-hearth adj METALL ▸ **open-hearth furnace** four *m* Martin ▸ **open-hearth process** procédé *m* Martin.

open-heart surgery n chirurgie *f* à cœur ouvert.

open house n **1.** US = **open day 2.** US [party] grande fête *f* **3.** PHR **to keep open house** UK tenir table ouverte.

opening ['əʊpnɪŋ] ◆ adj [part, chapter] premier ; [day, hours] d'ouverture ; [ceremony] d'ouverture, d'inauguration ; [remark] préliminaire, préalable / *the play's opening scene* le début de la pièce ▸ **opening balance** solde *m* d'ouverture ▸ **opening gambit a)** CHESS gambit *m* **b)** *fig* premier pas *m* ▸ **opening prices** ST. EX prix *mpl* à l'ouverture. ◆ n **1.** [act of opening] ouverture *f* / *the opening of a new supermarket* l'ouverture d'un nouveau supermarché / *at the play's New York opening* lors de la première de la pièce à New York / *the opening of negotiations has been postponed* l'ouverture des négociations a été ajournée **2.** [gap, hole, entrance] ouverture *f* / *we came to an opening in the fence* nous avons trouvé un passage or une ouverture dans la clôture / *an opening in the clouds* une trouée or une percée dans les nuages / *the opening to the mine* l'entrée de la mine **3.** US = **clearing 4.** [start, first part] ouverture *f*, début *m* / *the opening of the film is in black and white* le début du film est en or les premières scènes du film sont en noir et blanc **5.** [opportunity -gen] occasion *f* ; [-for employment] débouché *m* / *her remarks about the company gave me the opening I needed* ses observations au sujet de l'entreprise m'ont fourni le prétexte dont j'avais besoin / *there are lots of good openings in industry* l'industrie offre de nombreux débouchés intéressants / *there's an opening with Smith & Co* il y a un poste vacant chez Smith & Co.

opening night n THEAT première *f*.

opening time n COMM heure *f* d'ouverture.

open-jaw adj [ticket] open.

open letter n lettre *f* ouverte / *an open letter to the President* une lettre ouverte au président.

openly ['əʊpənlɪ] adv visiblement / *drugs are on sale openly* la drogue est en vente libre / *she was openly distressed about it* ça l'avait visiblement bouleversée / *to weep openly* pleurer sans retenue.

open market n marché *m* libre ▸ **to buy sthg on the open market** acheter qqch sur le marché libre.

open-minded adj [receptive] ouvert (d'esprit) ; [unprejudiced] sans préjugés / *my parents are pretty open-minded about mixed marriages* mes parents n'ont aucun a priori contre les mariages mixtes.

open-mindedness [-'maɪndɪdnɪs] n ouverture *f* d'esprit.

open-mouthed [-'maʊðd] ◆ adj [person] stupéfait, interdit / *he was sitting there in open-mouthed astonishment* il était assis là, béant d'étonnement. ◆ adv ▸ **to watch open-mouthed** regarder bouche bée.

open-neck(ed) adj à col ouvert.

openness ['əʊpənnɪs] n **1.** [candidness] franchise *f* / *she spoke with refreshing openness about her career* elle parlait de son métier avec une franchise qui faisait plaisir ; [receptivity] ouverture *f* / *I admire her for her openness* ce que j'admire chez elle, c'est qu'elle est très ouverte **2.** [spaciousness] largeur *f* / *the picture window gives a feeling of openness to the room* la baie vitrée agrandit la pièce.

open-plan adj ARCHIT [design, house] à plan ouvert, sans cloisons ▸ **open-plan kitchen** cuisine *f* américaine ▸ **open-plan office** bureau *m* paysager.

open primary n US POL *élection primaire ouverte à tous les électeurs y compris à ceux non membres d'un parti.*

open prison n prison *f* ouverte.

open sandwich n [gen] tartine *f* ; [cocktail food] canapé *m*.

open season n saison *f* / *the open season for hunting* la saison de la chasse / *the tabloid papers have declared open season on the private lives of rock stars* les journaux à scandale se sont mis à traquer les stars du rock dans leur vie privée.

open secret n UK secret *m* de Polichinelle / *it's an open secret that Smith will get the job* c'est Smith qui aura le poste, ce n'est un secret pour personne.

open sesame ◆ interj ▸ **open sesame!** sésame, ouvre-toi ! ◆ n UK [means to success] sésame *m* / *good A-level results aren't necessarily an open sesame to university* de bons résultats aux A-levels n'ouvrent pas forcément la porte de l'université.

open shop n INDUST **1.** UK [open to non-union members] *entreprise ne pratiquant pas le monopole d'embauche* **2.** US [with no union] établissement *m* sans syndicat.

open source adj COMPUT à code source libre, open-source.

open-toe, **open-toed** [-təʊd] adj [shoe] ouvert.

open-top adj décapotable.

open-topped bus n autobus *m* à impériale.

Open University n UK ≃ Université *f* ouverte à tous (pratiquant le télé-enseignement).

open verdict n LAW verdict *m* de décès sans cause déterminée.

openwork ['əʊpənwɜːk] n *(U)* **1.** SEW jours *mpl*, ajours *mpl* **2.** ARCHIT claire-voie *f*, ajours *mpl*.

opera ['ɒpərə] ◆ pl *fml* ⟶ **opus.** ◆ n **1.** [musical play] opéra *m* **2.** [art of opera] opéra *m* / *she adores (the) opera* elle adore l'opéra ▸ **opera singer** chanteur *m*, -euse *f* d'opéra **3.** [opera house] opéra *m*.

operable ['ɒprəbl] adj MED opérable.

opera cloak n (grande) cape *f*.

opera glasses pl n jumelles *fpl* de théâtre.

operagoer ['ɒprə,gəʊəʳ] n amateur *m* d'opéra.

opera hat n UK gibus *m*, (chapeau *m*) claque *m*.

opera house n (théâtre *m* de l')opéra *m* ▸ **the Sydney Opera House** l'Opéra de Sydney.

operand ['ɒpərænd] n opérande *m*.

operate ['ɒpəreɪt] ◆ vt **1.** [machine, device] faire fonctionner, faire marcher / *my husband doesn't even know how to operate the toaster!* mon mari ne sait même pas se servir du grille-pain ! / *is it possible to operate the radio off the mains?* peut-on brancher cette radio sur le secteur ? / *this clock is battery-operated* cette horloge fonctionne avec des piles / *a circuit-breaker operates the safety mechanism* un disjoncteur actionne or déclenche le système de sécurité **2.** [business] gérer, diriger ; [mine] exploiter ; [drug ring] contrôler / *they operate several casinos* ils tiennent plusieurs casinos / *she operates her business from her home* elle fait marcher son affaire depuis son domicile / *they operate a protection racket in the neighbourhood* ils rackettent les gens du quartier / *they operate a system of rent rebates for poorer families* ils ont un système de loyers modérés pour les familles les plus démunies. ◆ vi **1.** [machine, device] marcher, fonctionner ; [system, process, network] fonctionner / *it operates by itself* ça fonctionne tout seul / *this is how colonialism operates* voici comment fonctionne le colonialisme / *the factory is operating at full capacity* l'usine tourne à plein rendement **2.** MED opérer ▸ **to operate on sb (for sthg)** opérer qqn (de qqch) / *he was operated on for cancer* on l'a opéré or il a été opéré d'un cancer **3.** [be active] opérer / *military patrols operate along the border* des patrouilles militaires opèrent le long de la frontière / *many crooks operate in this part of town* de nombreux malfaiteurs sévissent dans ce quartier / *the company operates out of Chicago* le siège de la société est à Chicago / *the company operates in ten countries* la société est implantée dans dix pays **4.** [produce an effect] opérer, agir / *the drug operates on the nervous system* le médicament agit sur le système nerveux / *the decision has operated against us* la décision a joué contre nous / *two elements operate in our favour* deux éléments jouent en notre faveur ; [be operative] s'appliquer / *the rule doesn't operate in such cases* la règle ne s'applique pas à de tels cas.

> ⚠ Note that no preposition must be used when translating to operate on somebody: **ils vont opérer sa mère demain** They're going to operate on his mother tomorrow.

operatic [,ɒpə'rætɪk] adj d'opéra ▸ **operatic repertoire / role** répertoire / rôle lyrique.

operating ['ɒpəreɪtɪŋ] adj [costs, methods, etc.] d'exploitation / *the factory has reached full operating capacity* l'usine a atteint sa pleine capacité de production ▸ **operating instructions** mode *m* d'emploi ▸ **operating profit** bénéfice *m* d'exploitation.

operating room n US salle *f* d'opération.

operating system n COMPUT système *m* d'exploitation.

operating table n table *f* d'opération.

operating theatre n UK salle *f* d'opération.

operation [,ɒpə'reɪʃn] n **1.** [functioning - of machine, device] fonctionnement *m*, marche *f* ; [- of process, system] fonctionnement *m* ; [- of drug, market force] action *f* ▸ **to be in operation a)** [machine, train service] être en service **b)** [firm, group, criminal] être en activité **c)** [law] être en vigueur / *bus services are in operation until midnight* les lignes de bus sont en service jusqu'à minuit / *the pit has been in operation for two years* le puits est exploité depuis deux ans / *the plant is in operation round the clock* l'usine fonctionne 24 heures sur 24 ▸ **to put into**

operation a) [machine, train service] mettre en service **b)** [plan] mettre en application or en œuvre **c)** [law] faire entrer en vigueur ▸ **to come into operation a)** [machine, train service] entrer en service **b)** [law] entrer en vigueur / *the old machines have been taken out of operation* les vieilles machines ont été mises hors service **2.** [running, management - of firm] gestion *f* ; [- of mine] exploitation *f* ; [- of process, system] application *f* ; [- of machine] fonctionnement *m* **3.** [act, activity, deal, etc.] opération *f* ▸ **a police / rescue operation** une opération de police / de sauvetage / *they are to close down their operations in Mexico* ils vont mettre un terme à leurs opérations or activités au Mexique ; MIL opération *f* ▸ **peace-keeping operations** opérations de pacification ▸ **Operation Omega** Opération Oméga **4.** [company] entreprise *f*, société *f* / *she works for a mining operation* elle travaille pour une exploitation minière **5.** MED opération *f*, intervention *f* / *she had an operation for cancer* elle s'est fait opérer d'un cancer / *he had a heart operation* il a subi une opération or il a été opéré du cœur ▸ **to perform an operation** réaliser une intervention **6.** COMPUT & MATH opération *f*.

operational [,ɒpə'reɪʃənl] adj **1.** MIL [gen] opérationnel / *the design team was operational within six months* en l'espace de six mois, l'équipe de dessinateurs fut opérationnelle ▸ **operational costs a)** frais *mpl* opérationnels **b)** COMM frais *mpl* d'exploitation **2.** [equipment, engine, system] opérationnel / *the new missiles are not yet operational* les nouveaux missiles ne sont pas encore opérationnels / *as soon as the engine is operational* dès que le moteur sera en état de marche / *operational difficulties* difficultés d'ordre pratique / *we have an operational malfunction* nous avons un problème de fonctionnement.

Operation Overlord pr n HIST *nom de code du débarquement de juin 1944 en Normandie.*

operations manager n directeur *m*, -trice *f* des opérations.

operations research n COMPUT recherche *f* opérationnelle.

operations room n base *f* d'opérations.

operative ['ɒprətɪv] ◆ adj **1.** [law] en vigueur ▸ **to become operative** entrer en vigueur, prendre effet / *parking restrictions became operative last year* les limitations de stationnement ont pris effet l'an dernier **2.** [operational - system, scheme, skill] opérationnel / *the system will soon be operative* le système sera bientôt opérationnel **3.** MED opératoire **4.** PHR **the operative word** le mot qui convient. ◆ n **1.** opérateur *m*, -trice *f* ▸ **machine operative** conducteur *m*, -trice *f* de machine ▸ **textile operative** ouvrier *m*, -ère *f* du textile **2.** US [secret agent] agent *m* secret ; [detective] (détective *m*) privé *m*.

operator ['ɒpəreɪtər] n **1.** [technician] opérateur *m*, -trice *f* ▸ **radio operator** radio *mf* **2.** TELEC opérateur *m*, -trice *f* **3.** COMM [director] directeur *m*, -trice *f*, dirigeant *m*, -e *f* ; [organizer] organisateur *m*, -trice *f* / *there are too many small operators in real estate* l'immobilier compte trop de petites entreprises / *he's a big drug operator* c'est un grand caïd de la drogue ▸ **to be a smooth operator** *inf* : *he's a smooth operator* il sait s'y prendre or se débrouiller, c'est un petit malin **4.** MATH opérateur *m* **5.** US [in bus] machiniste *mf*.

operetta [,ɒpə'retə] n opérette *f*.

Ophelia [ə'fi:lɪə] pr n Ophélie.

ophthalmia [ɒf'θælmɪə] n ophtalmie *f*.

ophthalmic [ɒf'θælmɪk] adj ANAT [nerve] ophtalmique ; MED [surgery] ophtalmologique.

ophthalmic optician n opticien *m*, -enne *f* (optométriste).

ophthalmologist [,ɒfθæl'mɒlədʒɪst] n oculiste *mf*, ophtalmologiste *mf*, ophtalmologue *mf*.

ophthalmology [,ɒfθæl'mɒlədʒɪ] n ophtalmologie *f*.

ophthalmoscope [ɒf'θælməskəʊp] n ophtalmoscope *m*.

ophthalmoscopy [,ɒfθæl'mɒskəpɪ] n ophtalmoscopie *f*.

opiate ['əʊpɪət] ◆ adj opiacé. ◆ n opiacé *m*.

opine [əʊ'paɪn] vt *fml & liter* (faire) remarquer.

opinion [ə'pɪnjən] n **1.** [estimation] opinion *f*, avis *m* ; [viewpoint] point *m* de vue / *in my opinion* à mon avis / *in the opinion of her teachers* de l'avis de ses professeurs, selon ses professeurs / *I am of the opinion that we should wait* je suis d'avis que l'on attende / *what is your opinion on* or *about the elections?* que pensez-vous des élections ? / *everyone should be free to express an opinion* chacun devrait être libre d'exprimer son opinion / *my personal opinion is that…* je suis d'avis que…, pour ma part, je pense que… / *well, if you want my honest opinion, I'll tell you* puisque tu veux savoir le fond de ma pensée, je vais te le dire / *can you give us your opinion on the festival?* pouvez-vous nous dire ce que vous pensez du festival ? ▸ **to have a good / bad opinion of sthg** avoir une bonne / mauvaise opinion de qqch / *I have a rather low opinion of him* je n'ai pas beaucoup d'estime pour lui / *he has too high an opinion of himself* il a une trop haute opinion de lui-même **2.** [conviction, belief] opinion *f* ▸ **to have strong opinions** avoir des opinions bien arrêtées or tranchées ▸ **world / international opinion** l'opinion mondiale / internationale ▸ **a matter of opinion** une affaire d'opinion ; LAW avis *m* / *it is the opinion of the court that…* la cour est d'avis que… **3.** [advice] opinion *f*, avis *m* / *a medical / legal opinion* un avis médical / juridique.

opinionated [ə'pɪnjəneɪtɪd] adj *pej* borné, têtu.

opinion poll n sondage *m* d'opinion.

opium ['əʊpjəm] n opium *m* ▸ **opium addict** opiomane *mf* ▸ **opium addiction** opiomanie *f* ▸ **opium dream** rêve *m* d'opium.

opium den n fumerie *f* d'opium.

opium poppy n pavot *m* (somnifère).

Oporto [ə'pɔ:təʊ] pr n Porto.

opossum [ə'pɒsəm] (*pl* **opossum** *or* **opossums**) n opossum *m*.

opponent [ə'pəʊnənt] ◆ n **1.** [gen & POL] [SPORT] adversaire *mf* ; [rival] rival *m*, -e *f* ; [competitor] concurrent *m*, -e *f* ; [in debate] adversaire *mf* / *political opponent* **a)** [democratic] adversaire politique **b)** [of regime] opposant *m*, -e *f* politique / *she has always been an opponent of blood sports* elle a toujours été contre les sports sanguinaires / *opponents of the new marina held a rally* les opposants à la construction de la nouvelle marina ont organisé un meeting **2.** ANAT antagoniste *m*. ◆ adj ANAT [muscle] antagoniste.

opportune ['ɒpətju:n] adj *fml* **1.** [coming at the right time] opportun / *a very opportune remark* une remarque tout à fait opportune **2.** [suitable for a particular purpose] propice / *the opportune moment* le moment opportun or propice / *this seems an opportune moment to break for coffee* le moment semble propice pour faire une pause-café.

opportunely ['ɒpətju:nlɪ] adv opportunément, au moment opportun.

opportunism [,ɒpə'tju:nɪzm] n opportunisme *m*.

opportunist [,ɒpə'tju:nɪst] ◆ adj opportuniste. ◆ n opportuniste *mf*.

opportunistic [,ɒpətju:'nɪstɪk] adj opportuniste ▸ **opportunistic infection** infection *f* opportuniste.

opportunity [,ɒpə'tju:nətɪ] (*pl* **opportunities**) n **1.** [chance] occasion *f* ▸ **to have an opportunity to do** or **of doing sthg** avoir l'occasion de faire qqch / *we don't have much opportunity of practising hang-gliding* nous avons rarement l'occasion de faire du deltaplane / *if ever you get the opportunity* si jamais vous en avez l'occasion ▸ **to give sb an opportunity of doing sthg** or **the opportunity to do sthg** donner à qqn l'occasion de faire qqch ▸ **should the opportunity arise** si l'occasion se présente / *I took every opportunity of travelling* je n'ai manqué aucune occasion de or j'ai saisi toutes les occasions de voyager ▸ **a golden opportunity** une occasion en or / *I'll leave at the first* or *earliest opportunity* je partirai à la première occasion or dès que l'occasion se présentera ▸ **at every opportunity** à la moindre occasion ▸ **opportunities and threats** COMM opportunités *fpl* et menaces *fpl* ▸ **opportunity knocks!** voilà ta chance ! **2.** [prospect] perspective *f* / *the opportunities for advancement are excellent* les perspectives d'avancement sont excellentes ▸ **job opportunities** perspectives d'emploi.

opportunity cost n ECON coût *m* d'opportunité or de renoncement.

opposable [ə'pəʊzəbl] adj opposable.

oppose [ə'pəʊz] vt **1.** [decision, plan, bill, etc.] s'opposer à, être hostile à ; [verbally] parler contre / *the family opposed their marriage* la famille s'opposa à leur mariage / *the construction of the power station was opposed by local people* la construction de la centrale s'est heurtée à l'hostilité de la population locale / *40% of voters are strongly opposed to the plan* 40 % des votants sont farouchement opposés au projet **2.** [in contest, fight] s'opposer à ; [combat] combattre **3.** [contrast] opposer / *the social sciences are often opposed to pure science* on oppose souvent les sciences humaines aux sciences pures.

opposed [ə'pəʊzd] adj opposé, hostile ▸ **to be opposed to sthg** être opposé or hostile à qqch / *she is very much opposed to the idea* c'est une idée à laquelle elle est totalement opposée / *his views are diametrically opposed to mine* il a des idées radicalement opposées aux miennes.

❖ **as opposed to** prep phr par opposition à, plutôt que / *we will propose more science as opposed to arts courses* nous proposons de renforcer l'enseignement des sciences plutôt que celui des matières littéraires.

opposing [ə'pəʊzɪŋ] adj **1.** [army, team] adverse ; [factions] qui s'opposent ; [party, minority] d'opposition / *they're on opposing sides* ils sont adversaires, ils ne sont pas du même côté **2.** [contrasting - views] opposé, qui s'oppose.

opposite ['ɒpəzɪt] ◆ adj **1.** [facing] d'en face, opposé / *the opposite side of the road* l'autre côté de la rue / **'see illustration on opposite page'** 'voir illustration ci-contre' **2.** [opposing - direction, position] inverse, opposé ; [rival - team] adverse / *the letter-box is at the opposite end of the street* la boîte à lettres se trouve à l'autre bout de la rue **3.** [conflicting - attitude, character, opinion] contraire, opposé / *I take the opposite view* je suis de l'avis contraire / *his words had just the opposite effect* ses paroles eurent exactement l'effet contraire **4.** BOT opposé **5.** MATH opposé. ◆ adv en face / *the houses opposite* les maisons d'en face / *they live just opposite* ils habitent juste en face / *the lady opposite* la dame qui habite en face. ◆ prep **1.** en face de / *he lives opposite us* il habite en face de chez nous / *our houses are opposite each other* nos maisons se font face or sont en face l'une de l'autre / *they sat opposite each other* ils étaient assis l'un en face de l'autre / *we have a park opposite our house* nous avons un parc en face de chez nous / *the church is right opposite the school* l'église se trouve juste en face de l'école / *put a tick opposite the correct answer* mettre une croix en face de la bonne réponse, cocher la bonne réponse **2.** CIN & THEAT ▸ **to play opposite sb** donner la réplique à qqn / *she played opposite Richard Burton in many films* elle fut la partenaire de Richard Burton dans de nombreux films **3.** NAUT en face de, à la hauteur de / *the ship was lying opposite Tobruk* le navire se trouvait à la hauteur de Tobrouk. ◆ n opposé *m*, contraire *m* / *I understood quite the opposite* j'ai compris exactement le contraire / *she always does the opposite of what she's told* elle fait toujours le contraire de ce qu'on lui dit de faire / *Mary is the complete opposite of her sister* Mary est tout à fait l'opposé de sa sœur / *what's the opposite of "optimistic"?* quel est le contraire d'« optimiste » ?

opposite number n homologue *mf*.

opposite sex n sexe *m* opposé ▸ **a person** or **member of the opposite sex** une personne du sexe opposé.

opposition [,ɒpə'zɪʃn] ◆ n **1.** [physical] opposition *f*, résistance *f* / *the army met with fierce opposition* l'armée se heurta à une vive résistance / *the besieged city put up little opposition* la ville assiégée n'opposa guère de résistance ; [moral] opposition *f* ▸ **in opposition to** en opposition avec / *the plans met with some opposition* les projets suscitèrent une certaine opposition or hostilité

2. POL ▸ **the opposition** l'opposition *f* / *Labour spent the 1980s in opposition* les travaillistes furent dans l'opposition pendant toutes les années 1980 / *the Opposition was* or *were unable to decide* l'opposition fut incapable de prendre une décision ▸ **the Opposition benches** les bancs *mpl* de l'opposition **3.** [rivals] adversaires *mpl*; SPORT adversaires *mpl*; COMM concurrents *mpl*, concurrence *f* / *don't underestimate the opposition* **a)** SPORT ne sous-estimez pas vos adversaires **b)** COMM ne sous-estimez pas vos concurrents or la concurrence **4.** [contrast] (mise *f* en) opposition *f*. ◆ comp [committee, spokesperson, etc.] de l'opposition.

oppress [ə'pres] vt **1.** [tyrannize] opprimer **2.** *liter* [torment - subj: anxiety, atmosphere] accabler, oppresser.

oppressed [ə'prest] pl n ▸ **the oppressed** les opprimés *mpl*.

oppression [ə'preʃn] n **1.** [persecution] oppression *f* / *the oppression of women* l'oppression des femmes **2.** [sadness] angoisse *f*, malaise *m*.

oppressive [ə'presɪv] adj **1.** POL [regime, government] oppressif, tyrannique; [law, tax] oppressif **2.** [hard to bear - debt, situation] accablant **3.** [weather] lourd, étouffant / *the heat was oppressive* il faisait une chaleur accablante.

oppressively [ə'presɪvlɪ] adv d'une manière oppressante or accablante / *it was oppressively hot* il faisait une chaleur étouffante or accablante.

oppressor [ə'presəʳ] n oppresseur *m*.

opprobrious [ə'prəʊbrɪəs] adj *fml* **1.** [scornful] méprisant **2.** [shameful] honteux, scandaleux.

opprobrium [ə'prəʊbrɪəm] n *fml* opprobre *m*.

opt [ɒpt] vi ▸ **to opt for sthg** opter pour qqch, choisir qqch / *she opted to study maths* elle a choisi d'étudier les maths.

❖ **opt in** vi [gen] s'engager; [accept emails] accepter les mails.

❖ **opt out** vi **1.** [gen] se désengager, retirer sa participation / *to opt out of society* rejeter la société / *I'm opting out!* ne comptez plus sur moi !, je me retire de la partie ! / *many opted out of joining the union* beaucoup ont choisi de ne pas adhérer au syndicat / *you can't just opt out of paying bills* il faudra bien que vous payiez vos factures un jour ou l'autre **2.** POL [school, hospital] *choisir l'autonomie vis-à-vis des pouvoirs publics* / *Britain has opted out of the Social Chapter* la Grande-Bretagne a décidé de ne pas souscrire au chapitre social européen **3.** [refuse emails] refuser les mails.

optative ['ɒptətɪv] ◆ adj optatif. ◆ n optatif *m*.

optic ['ɒptɪk] adj optique ▸ **optic nerve** nerf *m* optique.

optical ['ɒptɪkl] adj [lens] optique; [instrument] optique ▸ **optical art** art *m* optique ▸ **optical glass** verre *m* optique.

optical character reader n lecteur *m* optique de caractères.

optical character recognition n reconnaissance *f* optique de caractères.

optical disc (drive) n disque *m* optique.

optical fibre n fibre *f* optique.

optical illusion n illusion *f* or effet *m* d'optique.

optical media pl n supports *mpl* optiques.

optical resolution n résolution *f* optique.

optical zoom n zoom *m* optique.

optician [ɒp'tɪʃn] n opticien *m*, -enne *f* / *at the optician's* chez l'opticien.

optics ['ɒptɪks] n *(U)* optique *f*.

optimal ['ɒptɪml] adj optimal ▸ **optimal price** prix *m* optimum.

optimally ['ɒptɪməlɪ] adv de façon optimale.

optimism ['ɒptɪmɪzm] n optimisme *m*.

optimist ['ɒptɪmɪst] n optimiste *mf*.

optimistic [,ɒptɪ'mɪstɪk] adj [person, outlook] optimiste; [period] d'optimisme.

optimistically [,ɒptɪ'mɪstɪklɪ] adv avec optimisme, d'une manière optimiste.

optimize, optimise ['ɒptɪmaɪz] vt optimiser, optimaliser.

optimum ['ɒptɪməm] (*pl* **optimums**) (*pl formal* **optima** [-mə]) ◆ adj optimum, optimal. ◆ n optimum *m*.

option ['ɒpʃn] n **1.** [alternative] choix *m* / *he has no option* il n'a pas le choix / *I have no option but to refuse* je ne peux faire autrement que de refuser / *they were given the option of adopting a child* on leur a proposé d'adopter un enfant / *you leave me no option* vous ne me laissez pas le choix / *she was given the option of bail* elle a pu être libérée sous caution **2.** [possible choice] option *f*, possibilité *f* ▸ **to keep** or **leave one's options open** ne pas prendre de décision, ne pas s'engager; SCH (matière *f* à) option *f* / *she has to choose between three foreign language options* elle doit choisir une option parmi trois langues étrangères / *economics is an option in the third year* en troisième année, l'économie politique est une option; [accessory] option *f* / *power steering is an option* la direction assistée est en option **3.** COMM & FIN option *f* ▸ **to take an option on sthg** prendre une option sur qqch / *the agency allowed her to take out an option on the house until Monday* l'agence lui a laissé une option sur la maison jusqu'à lundi ▸ **to take up an option** lever une option / *Air France have an option to buy 15 planes* Air France a une option d'achat sur 15 appareils **4.** COMPUT option *f* ▸ **option box** boîte *f* des options ▸ **options menu** menu *m* des options.

optional ['ɒpʃənl] adj **1.** facultatif / *the tinted lenses are optional* les verres teintés sont en option ▸ **optional extra** option *f* / *the radio is an optional extra* la radio est en option or en supplément **2.** SCH facultatif, optionnel / *German is an optional subject* l'allemand est une matière optionnelle / *linguistics is optional* la linguistique est facultative.

optionally ['ɒpʃənəlɪ] adv facultativement.

optoelectronics [,ɒptəʊɪlek'trɒnɪks] n *(U)* optoélectronique *f*.

optometrist [ɒp'tɒmətrɪst] n optométriste *mf*, réfractionniste *mf*.

optometry [ɒp'tɒmətrɪ] n optométrie *f*.

opt-out n POL [of school, hospital] *décision de choisir l'autonomie vis-à-vis des pouvoirs publics* / *Britain's opt-out from the Social Chapter* la décision de la Grande-Bretagne de ne pas souscrire au chapitre social européen.

opt-out clause n clause *f* d'exemption.

opulence ['ɒpjʊləns] n opulence *f*.

opulent ['ɒpjʊlənt] adj [lifestyle, figure] opulent; [abundant] abondant, luxuriant; [house, clothes] somptueux.

opus ['əʊpəs] (*pl* **opuses**) n opus *m*.

or [ɔːʳ] conj **1.** [in positive statements] ou; [in negative statements] ni / *in New York or in London* à New York ou à Londres / *I can go today or tomorrow* je peux y aller aujourd'hui ou demain / *have you got any brothers or sisters?* avez-vous des frères et sœurs ? / *he never laughs or smiles* il ne rit ni ne sourit jamais / *I go two or three times a week* j'y vais deux ou trois fois par semaine / *Norma Jean Baker, or Marilyn Monroe as she became known* Norma Jean Baker ou Marilyn Monroe, puisque c'est le nom sous lequel elle est devenue célèbre / *or so I thought* du moins c'est ce que je pensais / *...or not, as the case may be* ...ou non, peut-être **2.** [otherwise - in negative statements] ou; [- in positive statements] sinon / *don't hit it too hard or it'll break* ne tape pas trop fort dessus ou ça va casser / *she must have some talent or they wouldn't have chosen her* elle doit avoir un certain talent sinon ils ne l'auraient pas choisie.

❖ **or else** ◆ conj phr **1.** [otherwise] sinon / *I'd better rush, or else I'll be late* je ferais mieux de me dépêcher, sinon je serai en retard **2.** [offering an alternative] ou bien / *Monday, or else Tuesday* lundi, ou bien mardi. ◆ adv phr *inf* : *give us the money, or else...!* donne-nous l'argent, sinon... !

❖ **or no** conj phr ou pas / *I'm taking a holiday, work or no work* travail ou pas, je prends des vacances.

❖ **or other** adv phr : *we stayed at San something or other* on s'est arrêté à San quelque chose / *somehow or other we made it home* on a fini par réussir à rentrer, Dieu sait comment / *somebody or other said that...* quelqu'un, je ne sais plus qui, a dit que... / *one or other of us will have to go* il faudra bien que l'un de nous s'en aille / *some actress or other* une actrice (quelconque).

❖ **or so** adv phr environ / *ten minutes or so* environ dix minutes / *50 kilos or so* 50 kilos environ, dans les 50 kilos / *ten dollars or so* dix dollars environ, à peu près dix dollars.

❖ **or something** adv phr *inf* ou quelque chose comme ça / *she's a lawyer or something* elle est avocate ou quelque chose comme ça / *are you deaf or something?* t'es sourd ou quoi ?

❖ **or what** adv phr *inf* ou quoi / *are you stupid or what?* t'es bête ou quoi ?

OR written abbr of **Oregon**.

oracle ['ɒrəkl] n oracle *m*.

oracular [ɒ'rækjʊləʳ] adj *lit* prophétique; *fig* sibyllin.

oral ['ɔːrəl] ◆ adj **1.** [spoken] oral ▸ **oral exam** (examen *m*) oral *m* ▸ **oral literature** / **tradition** littérature *f* / tradition *f* orale **2.** ANAT [of mouth] buccal, oral ▸ **oral sex** rapports *mpl* bucco-génitaux ▸ **the oral stage** PSYCHOL le stade oral; PHARM [medicine] à prendre par voie orale ▸ **oral contraceptive** contraceptif *m* oral **3.** LING [in phonetics] oral. ◆ n (examen *m*) oral *m*.

orally ['ɔːrəlɪ] adj **1.** [verbally] oralement, verbalement, de vive voix **2.** SCH oralement; MED par voie orale / **'to be taken orally'** 'par voie orale' / **'not to be taken orally'** 'ne pas avaler'.

Oran [ə'ræn] pr n Oran.

orange ['ɒrɪndʒ] ◆ n **1.** [fruit] orange *f* **2.** [drink] boisson *f* à l'orange ▸ **vodka and orange** vodka-orange *f* **3.** [colour] orange *m*. ◆ adj **1.** [colour] orange *(inv)*, orangé **2.** [taste] d'orange; [liqueur, sauce] à l'orange ▸ **orange blossom** fleur *f* or fleurs *fpl* d'oranger ▸ **orange drink** boisson *f* à l'orange ▸ **orange grove** orangeraie *f* ▸ **orange juice** jus *m* d'orange ▸ **orange marmalade** marmelade *f* d'orange, confiture *f* d'orange or d'oranges ▸ **orange peel a)** écorce *f* or peau *f* d'orange **b)** *fig* [cellulite] peau *f* d'orange ▸ **orange tree** oranger *m*.

orangeade [,ɒrɪndʒ'eɪd] n [still] orangeade *f*; [fizzy] soda *m* à l'orange.

orange-flower water n eau *f* de fleur d'oranger.

Orange Free State pr n l'État *m* libre d'Orange / *in Orange Free State* dans l'État libre d'Orange.

Orangeism ['ɒrɪndʒɪzm] n POL orangisme *m*.

Orange Lodge n association *f* d'orangistes.

Orangeman ['ɒrɪndʒmən] (*pl* **Orangemen** [-mən]) n **1.** UK HIST Orangiste *m (partisan de la maison d'Orange)* **2.** [in Ireland] Orangiste *m (protestant)*.

Orangeman's Day n fête annuelle des orangistes *(le 12 juillet)*.

orange-peel skin n [cellulite] peau *f* d'orange.

orange pekoe n pekoe *m* orange.

orangery ['ɒrɪndʒərɪ] (*pl* **orangeries**) n orangerie *f*.

orange stick n bâtonnet *m* (de) manucure.

Orangewoman ['ɒrɪndʒ,wʊmən] (*pl* **Orangewomen** [-,wɪmɪn]) n orangiste *f*.

orangewood ['ɒrɪndʒwʊd] n (bois *m* d')oranger *m*.

orangey ['ɒrɪndʒɪ] adj **1.** [taste] qui a un goût d'orange; [perfume] qui sent l'orange **2.** [colour] orangé.

orang-(o)utan [ɔː'ræŋətan], **orang-(o)utang** [ɔː'ræŋətaŋ] n orang-outan *m*, orang-outang *m*.

orangy ['ɒrɪndʒɪ] = **orangey**.

orate [ɔː'reɪt] vi *fml* [make speech] prononcer un discours; [pompously] pérorer, discourir.

oration [ɔː'reɪʃn] n (long) discours *m*, allocution *f* ▸ **funeral oration** oraison *f* funèbre.

orator ['ɒrətəʳ] n orateur *m*, -trice *f*.

oratorical [,ɒrə'tɒrɪkl] adj *fml* oratoire.

oratorio [,ɒrə'tɔːrɪəʊ] (*pl* **oratorios**) n oratorio *m*.

oratory ['ɒrətrɪ] n **1.** [eloquence] art *m* oratoire, éloquence *f* / *a superb piece of oratory* un superbe morceau de rhétorique **2.** RELIG oratoire *m*.

orb [ɔ:b] n **1.** [sphere] globe *m* **2.** ASTRON & *liter* orbe *m*.

orbit ['ɔ:bɪt] ◆ n **1.** ASTRON orbite *f* ▸ **to put a satellite into orbit** mettre un satellite sur or en orbite ▸ **in orbit** en orbite **2.** [influence] orbite *f* / *the countries within Washington's orbit* les pays qui se situent dans la sphère d'influence de Washington / *that's not within the orbit of my responsibility* cela n'est pas de mon ressort, cela ne relève pas de ma responsabilité **3.** ANAT & PHYS [of eye, electron] orbite *f*. ◆ vt [subj: planet, comet] graviter or tourner autour de ; [subj: astronaut] : *the first man to orbit the Earth* le premier homme à être placé or mis en orbite autour de la Terre. ◆ vi décrire une orbite.

orbital ['ɔ:bɪtl] adj orbital ▸ **orbital velocity** vélocité *f* orbitale ▸ **orbital motorway** UK (autoroute *f*) périphérique *m*.

Orcadian [ɔ:'keɪdjən] ◆ adj des Orcades. ◆ n habitant *m*, -e *f* des Orcades.

orchard ['ɔ:tʃəd] n verger *m*.

orchestra ['ɔ:kɪstrə] n **1.** [band] orchestre *m* **2.** [in theatre, cinema] fauteuils *mpl* d'orchestre, parterre *m*.

orchestral [ɔ:'kestrəl] adj d'orchestre, orchestral ▸ **orchestral music** musique *f* orchestrale.

orchestra pit n fosse *f* d'orchestre.

orchestra stalls pl n US = **orchestra**.

orchestrate ['ɔ:kɪstreɪt] vt MUS & *fig* orchestrer / *a superbly orchestrated advertising campaign* une campagne publicitaire remarquablement orchestrée.

orchestration [,ɔ:ke'streɪʃn] n MUS & *fig* orchestration *f*.

orchid ['ɔ:kɪd] n orchidée *f*.

orchis ['ɔ:kɪs] n orchis *m*.

orchitis [ɔ:'kaɪtɪs] n orchite *f*.

ordain [ɔ:'deɪn] vt **1.** RELIG ordonner ▸ **to be ordained priest** être ordonné prêtre **2.** [order] ordonner, décréter / *the judge ordained that the prisoner should be released* le juge ordonna que le prisonnier soit relâché ; [declare] décréter, déclarer / *it is ordained in the Bible* c'est la Bible qui le dit ; [decide] dicter, décider / *fate ordained that they should meet* le destin a voulu qu'ils se rencontrent.

ordainment [ɔ:'deɪnmənt] n ordination *f*.

ordeal [ɔ:'di:l] n **1.** épreuve *f*, calvaire *m* ▸ **to undergo an ordeal** subir une épreuve / *she has been through some terrible ordeals* elle a traversé des moments très difficiles / *it was quite an ordeal for him* ce fut une épreuve assez pénible pour lui / *I always find family reunions an ordeal* j'ai toujours considéré les réunions de famille comme un (véritable) calvaire **2.** HIST ordalie *f*, épreuve *f* judiciaire / *ordeal by fire* épreuve *f* du feu.

order ['ɔ:dər] ◆ n **1.** [sequence, arrangement] ordre *m* / *in alphabetical / chronological order* par ordre alphabétique / chronologique / *in ascending order of importance* par ordre croissant d'importance / *can you put the figures in the right order?* pouvez-vous classer les chiffres dans le bon ordre ? / *let's do things in order* faisons les choses en ordre / *what was the order of events?* dans quel ordre les événements se sont-ils déroulés ? / *they have two boys and a girl, in that order* ils ont deux garçons et une fille, dans cet ordre / *in order of appearance* **a)** THEAT par ordre d'entrée en scène **b)** CIN & TV par ordre d'apparition à l'écran / *we were called to the platform, in order of precedence* on était appelés à la tribune par ordre de préséance ▸ **battle order** ordre de bataille **2.** [organization, tidiness] ordre *m* / *to put one's affairs / books in order* mettre de l'ordre dans ses affaires / livres, ranger ses affaires / livres / *the magazines are all out of order* les magazines sont tous dérangés / *to get one's ideas in order* mettre de l'ordre dans ses idées / *she needs to get some order into her life* elle a besoin de mettre un peu d'ordre dans sa vie **3.** [command] ordre *m* ; [instruction] instruction *f* ▸ **to give sb orders to do sthg** ordonner à qqn de faire qqch / *the Queen gave the order for the prisoner to be executed* la reine ordonna que le prisonnier soit exécuté / *Harry loves giving orders* Harry adore donner des ordres / *we have orders to wait here* on a reçu l'ordre d'attendre ici / *I'm just following orders* je ne fais qu'exécuter les ordres / *and that's an order!* et c'est un ordre ! / *I don't have to take orders from you* je n'ai pas d'ordres à recevoir de vous / *orders are orders* les ordres sont les ordres / *on my order, line up in twos* à mon commandement, mettez-vous en rangs par deux / *on doctor's orders* sur ordre du médecin ▸ **to be under sb's orders** être sous les ordres de qqn / *I am under orders to say nothing* j'ai reçu l'ordre de ne rien dire / *until further orders* jusqu'à nouvel ordre ; MIL ordre *m*, consigne *f* / *to give the order to open fire* donner l'ordre d'ouvrir le feu **4.** COMM [request for goods] commande *f* ▸ **to place an order for sthg** passer (une) commande de qqch / *the books are on order* les livres ont été commandés ; [goods ordered] marchandises *fpl* commandées / *your order has now arrived* votre commande est arrivée ; [in restaurant] : *can I take your order?* avez-vous choisi ? ; US [portion] part *f* / *an order of French fries* une portion de frites **5.** FIN ▸ **(money) order** mandat *m* / *pay to the order of A. Jones* payez à l'ordre de A. Jones / *pay A. Jones or order* payer à A. Jones ou à son ordre ▸ **cheque to order** chèque *m* à ordre **6.** LAW ordonnance *f*, arrêté *m* / *he was served with an order for the seizure of his property* il a reçu une ordonnance pour la saisie de ses biens **7.** [discipline, rule] ordre *m*, discipline *f* ▸ **to keep order a)** [police] maintenir l'ordre **b)** SCH maintenir la discipline / *children need to be kept in order* les enfants ont besoin de discipline ▸ **to restore order** rétablir l'ordre ; [in meeting] ordre *m* ▸ **to call sb to order** rappeler qqn à l'ordre ▸ **to be ruled out of order** être en infraction avec le règlement ▸ **order!** de l'ordre ! / *he's out of order* ce qu'il a dit / fait était déplacé **8.** [system] ordre *m* établi / *the old order* l'ordre ancien / *in the order of things* dans l'ordre des choses ▸ **order of the day** POL ordre *m* du jour ▸ **to be the order of the day a)** [common] être à l'ordre du jour **b)** [fashionable] être au goût du jour **9.** [functioning state] : *in working order* en état de marche or de fonctionnement / *in good / perfect order* en bon / parfait état **10.** [class] classe *f*, ordre *m* / *the lower orders* les ordres inférieurs ; [rank] ordre *m* / *research work of the highest order* un travail de recherche de tout premier ordre / *a crook of the first order* UK un escroc de grande envergure ; [kind] espèce *f*, genre *m* / *questions of a different order* des questions d'un autre ordre **11.** [decoration] ordre *m* ▸ **the Order of the Garter / of Merit** l'ordre de la Jarretière / du Mérite **12.** RELIG ordre *m* ▸ **the Order of St Benedict** l'ordre de saint Benoît **13.** ARCHIT, BOT & ZOOL ordre *m*. ◆ vt **1.** [command] ordonner ▸ **to order sb to do sthg** ordonner à qqn de faire qqch / *the Queen ordered that the prisoner (should) be executed* la reine donna l'ordre d'exécuter le prisonnier / *the doctor ordered him to rest for three weeks* le médecin lui a prescrit trois semaines de repos / *the government ordered an inquiry into the disaster* le gouvernement a ordonné l'ouverture d'une enquête sur la catastrophe / *he was ordered to pay costs* LAW il a été condamné aux dépens / *the minister ordered the drug to be banned* le ministre a ordonné de faire retirer le médicament de la vente ▸ **to order sb back / in / out** donner à qqn l'ordre de reculer / d'entrer / de sortir / *we were ordered out of the room* on nous a ordonné de quitter la pièce / *she ordered the children to bed* elle a ordonné aux enfants d'aller se coucher ; MIL ▸ **to order sb to do sthg** donner l'ordre à qqn de faire qqch / *they were ordered (to return) home* on leur donna or ils reçurent l'ordre de regagner leurs foyers / *the troops were ordered to the Mediterranean* les troupes ont reçu l'ordre de gagner la Méditerranée **2.** COMM [meal, goods] commander / *he ordered himself a beer* il a commandé une bière **3.** [organize - society] organiser ; [- ideas, thoughts] mettre de l'ordre dans ; [- affairs] régler, mettre en ordre / *a peaceful, well-ordered existence* une existence paisible et bien réglée **4.** BOT & ZOOL classer. ◆ vi commander, passer une commande / *would you like to order now?* [in restaurant] voulez-vous commander maintenant ?

❖ **by order of** prep phr par ordre de / *by order of the Court* sur décision du tribunal.

❖ **in order** adj phr **1.** [valid] en règle **2.** [acceptable] approprié, admissible / *it is quite in order for you to leave* rien ne s'oppose à ce que vous partiez / *I think lunch is in order* je pense qu'il est temps de faire une pause pour le déjeuner / *an apology is in order* des excuses s'imposent.

❖ **in order that** conj phr afin que / *in order that no one goes home empty-handed* afin que nul ne rentre chez soi les mains vides.

❖ **in order to** conj phr afin de / *in order to simplify things* afin de simplifier les choses / *in order not to upset you* pour éviter de vous faire de la peine.

❖ **in the order of** UK, **of the order of** UK, **on the order of** US prep phr de l'ordre de / *a sum in* UK or *of* UK or *on* US *the order of £500* une somme de l'ordre de 500 livres.

❖ **out of order** adj phr [machine, TV] en panne ; [phone] en dérangement / **'out of order'** 'hors service', 'en panne'.

❖ **to order** adv phr sur commande / *she's one of these people who can cry to order* UK elle fait partie de ces gens qui arrivent à pleurer sur commande ▸ **to be made to order** *lit & fig* être fait sur commande / *he had a suit made to order* il s'est fait faire un costume sur mesures.

❖ **order about** UK, **order around** vt sep commander / *he likes ordering people about* il adore régenter son monde / *I refuse to be ordered about!* je n'ai pas d'ordres à recevoir !

> Note that **ordonner que** is followed by a verb in the subjunctive:
> **He ordered all the prisoners to be executed.** *Il a ordonné que tous les prisonniers soient exécutés.*

order book n carnet *m* de commandes / *our order books are empty / full* nos carnets de commandes sont vides / pleins.

order-driven adj ST. EX [market] dirigé par les ordres.

order form n bon *m* de commande.

orderliness ['ɔ:dəlɪnɪs] n **1.** [of room, desk] (bon) ordre *m* **2.** [of person, lifestyle, behaviour] méticulosité *f* **3.** [of crowd] discipline *f*, bonne conduite *f*.

orderly ['ɔ:dəlɪ] (*pl* **orderlies**) ◆ adj **1.** [tidy - room] ordonné, rangé / *a very orderly kitchen* une cuisine très bien rangée **2.** [organized - person, mind, lifestyle] ordonné, méthodique / *try to work in an orderly way* essayez de travailler méthodiquement **3.** [well-behaved] ordonné, discipliné / *an orderly crowd* une foule disciplinée / *in case of fire, leave the building in an orderly fashion* en cas d'incendie, quitter les lieux sans précipitation. ◆ n **1.** MIL officier *m* d'ordonnance **2.** MED aide-infirmier *m*.

orderly officer n officier *m* de jour.

order number n numéro *m* de commande.

order paper n POL (feuille *f* de l')ordre *m* du jour.

ordinal ['ɔ:dɪnl] ◆ adj ordinal ▸ **ordinal number** nombre *m* ordinal. ◆ n ordinal *m*.

ordinance ['ɔ:dɪnəns] n ordonnance *f*, décret *m*.

ordinand ['ɔ:dɪnænd] n ordinand *m*.

ordinarily ['ɔ:dənrəlɪ US ,ɔ:rdn'erəlɪ] adv **1.** [in an ordinary way] ordinairement, d'ordinaire / *the questions were more than ordinarily difficult* les questions étaient plus difficiles que d'ordinaire or qu'à l'accoutumée **2.** [normally] normalement, en temps normal / *isn't she due at 5 o'clock? — well, ordinarily, she would be* ne doit-elle pas être là or arriver à 5 h ? — oui, normalement.

ordinary ['ɔ:dənrɪ] ◆ adj **1.** [usual] ordinaire, habituel ; [normal] normal / *the ordinary run of things* le cours ordinaire or normal des événements / *she remembered it as just an ordinary day* elle s'en souvenait comme d'un jour ordinaire **2.** [average] ordinaire, moyen / *Paul was just an ordinary guy before he got involved in films* *inf* Paul était un type comme les autres avant de faire du cinéma / *Miss Brodie was no ordinary teacher*

Miss Brodie était un professeur peu banal or qui sortait de l'ordinaire **3.** [commonplace] ordinaire, quelconque *pej* / *they're very ordinary people* ce sont des gens très ordinaires / *it's a very ordinary-looking car* c'est une voiture qui n'a rien de spécial / *she's a very ordinary-looking girl* c'est une fille quelconque. ◆ n **1.** RELIG ▸ **the Ordinary of the mass** l'ordinaire *m* de la messe **2.** ADMIN : *physician in ordinary to the king* UK médecin *m* (attitré) du roi.

❖ **out of the ordinary** adj phr : *as a pianist, she's really out of the ordinary* c'est vraiment une pianiste exceptionnelle or hors du commun / *nothing out of the ordinary ever happens here* il ne se passe jamais rien de bien extraordinaire ici.

ordinary degree n UK ≃ licence *f* sans mention or avec la mention passable.

Ordinary level = O-level.

ordinary seaman n UK matelot *m* breveté.

ordinary share n action *f* ordinaire.

ordinate ['ɔ:dənət] n ordonnée *f*.

ordination [,ɔ:dɪ'neɪʃn] n ordination *f*.

ordnance ['ɔ:dnəns] n **1.** [supplies] (service *m* de l')équipement *m* militaire **2.** [artillery] artillerie *f*.

ordnance corps n service *m* du matériel.

ordnance factory n usine *f* d'artillerie.

Ordnance Survey pr n UK service *m* national de cartographie ; ≃ IGN *m* ▸ **Ordnance Survey map** carte *f* d'état-major.

ordure ['ɔ:djʊə^r] n *liter* excrément *m*.

ore [ɔ:^r] n minerai *m* ▸ **copper ore** minerai de cuivre.

oregano UK ,ɒrɪ'gɑ:nəʊ US ə'regənəʊ] n BOT & CULIN origan *m*.

Oregon ['ɒrɪgən] pr n Oregon *m* / *in Oregon* dans l'Oregon.

Oregon Trail pr n US HIST ▸ **the Oregon Trail** *itinéraire suivi par les colons américains dans leur marche vers le nord-ouest.*

Oreo ['ɔ:rɪəʊ] n US **1.** ▸ **Oreo (cookie)** *biscuit au chocolat fourré à la crème* **2.** *vulg terme injurieux désignant un Noir qui fréquente les Blancs.*

Oresteia [,ɒre'staɪə] pr n / **'The Oresteia'** *Aeschylus* 'l'Orestie'.

Orestes [ɒ'resti:z] pr n Oreste.

orfe [ɔ:f] (*pl* **orfe**) n ide *m*, mélanote *m* ▸ **golden orfe** ide rouge, orfe *m*.

organ ['ɔ:gən] n **1.** MUS orgue *m* ; [large] (grandes) orgues *fpl* **2.** ANAT organe *m* ; *euph* [penis] membre *m* / *the organs of speech* les organes phonatoires or de la parole **3.** *fig* [means] organe *m*, instrument *m* / *the courts are the organs of justice* les tribunaux sont les organes or les instruments de la justice ; [mouthpiece] organe *m*, porte-parole *m inv* / *the official organ of the Party* le porte-parole officiel du Parti.

organdie UK, **organdy** US ['ɔ:gəndɪ] (*pl* **organdies**) ◆ n organdi *m*. ◆ comp d'organdi, en organdi.

organ grinder n joueur *m*, -euse *f* d'orgue de Barbarie ▸ **I want to speak to the organ-grinder, not his monkey** je veux parler au chef, pas à un de ses sous-fifres.

organic [ɔ:'gænɪk] adj **1.** BIOL & CHEM organique ▸ **organic life** vie *f* organique ▸ **organic disease** maladie *f* organique **2.** [natural - produce] bio, biologique ▸ **organic vegetables** légumes bio **3.** [structural] organique ; [fundamental] organique, fondamental ▸ **organic change** changement organique.

organically [ɔ:'gænɪklɪ] adv **1.** BIOL & CHEM organiquement ▸ **organically grown** cultivé sans engrais chimiques, biologique **2.** *fig* organiquement / *the two ideas are organically linked* les deux idées sont organiquement liées.

organic chemistry n chimie *f* organique.

organic farming n agriculture *f* bio, culture *f* biologique.

organicism [ɔ:'gænɪsɪzm] n organicisme *m*.

organism ['ɔ:gənɪzm] n BIOL organisme *m*.

organist ['ɔ:gənɪst] n organiste *mf*.

organization, organisation [,ɔ:gənaɪ'zeɪʃn] n **1.** [organizing] organisation *f* / *to have a flair for organization* avoir le sens de l'organisation / *we are unhappy with the organization of the company* l'organisation de la firme ne nous satisfait pas ▸ **organization and method** INDUST organisation *f* scientifique du travail, OST *f* **2.** [association] organisation *f*, association *f* / *a political organization* une organisation politique ; [official body] organisme *m*, organisation *f* / *a charitable organization* une œuvre de bienfaisance **3.** ADMIN [personnel] cadres *mpl*.

organizational [,ɔ:gənaɪ'zeɪʃnl] adj [skills, methods] organisationnel, d'organisation ; [expenses] d'organisation ; [change] dans l'organisation, structurel / *the concert turned out to be an organizational nightmare* l'organisation du concert fut un véritable cauchemar.

organization chart n organigramme *m*.

organization man n *employé ou cadre qui se dévoue entièrement à la société pour laquelle il travaille.*

organize, organise ['ɔ:gənaɪz] ◆ vt **1.** [sort out] organiser ▸ **to get organized** s'organiser / *he doesn't know how to organize himself* il ne sait pas s'organiser / *to organize one's thoughts* mettre de l'ordre dans ses idées / *her colleagues organized a farewell dinner for her* ses collègues ont organisé un dîner d'adieu en son honneur / *I've organized a visit to a dairy for them* j'ai organisé la visite d'une laiterie à leur intention / *she's good at organizing people* elle est douée pour la gestion du personnel / *who's organizing the drinks?* qui est-ce qui s'occupe des boissons ? **2.** INDUST syndiquer. ◆ vi INDUST se syndiquer.

organized ['ɔ:gənaɪzd] adj **1.** [trip] organisé / *we went on an organized tour of Scottish castles* nous avons visité les châteaux écossais en voyage organisé **2.** [unionized] syndiqué ▸ **organized labour** main-d'œuvre *f* syndiquée **3.** [orderly] organisé ; [methodical] méthodique.

organized crime n le crime organisé.

organized religion n religion *f* organisée.

organizer ['ɔ:gənaɪzə^r] n **1.** [person] organisateur *m*, -trice *f* **2.** [diary] agenda *m* modulaire, Filofax® *m* **3.** COMPUT organiseur *m*, agenda *m* électronique **4.** BIOL organisateur *m*.

organ loft n tribune *f* d'orgue.

organogenesis [,ɔ:gənəʊ'dʒenɪsɪs] n organogenèse *f*.

organoleptic [,ɔ:gənəʊ'leptɪk] adj organoleptique.

organotherapy [,ɔ:gənəʊ'θerəpɪ] n opothérapie *f*.

organ pipe n tuyau *m* d'orgue.

organ stop n jeu *m* d'orgue.

organza [ɔ:'gænzə] n organdi *m*.

orgasm ['ɔ:gæzm] n orgasme *m*.

orgasmic [ɔ:'gæzmɪk] adj orgasmique, orgastique.

orgiastic [,ɔ:dʒɪ'æstɪk] adj orgiaque.

orgy ['ɔ:dʒɪ] (*pl* **orgies**) n orgie *f* / *a drunken orgy* une beuverie / *an orgy of killing* une orgie de meurtres.

oriel ['ɔ:rɪəl] n ▸ **oriel (window)** oriel *m*.

orient ['ɔ:rɪənt] vt orienter ▸ **to orient o.s.** s'orienter / *our firm is very much oriented towards the American market* notre société est très orientée vers le marché américain.

Orient ['ɔ:rɪənt] pr n ▸ **the Orient** [gen] l'Orient *m* ; [the Far East] l'Extrême-Orient.

oriental [,ɔ:rɪ'entl] adj oriental ▸ **oriental rug** tapis *m* d'Orient.

❖ **Oriental** n Asiatique *mf* (*attention : le substantif « Oriental » est considéré comme raciste*).

orientalist [,ɔ:rɪ'entəlɪst] n orientaliste *mf*.

orientate ['ɔ:rɪenteɪt] vt UK orienter ▸ **to orientate o.s.** s'orienter / *the course is very much orientated towards the sciences* le cours est très orienté vers or axé sur les sciences.

-orientated ['ɔ:rɪenteɪtɪd] UK = **-oriented**.

orientation [,ɔ:rɪen'teɪʃn] n orientation *f* / *James is in charge of student orientation* James est responsable de l'orientation des étudiants / *she's found a new orientation in life* elle a trouvé une orientation nouvelle à sa vie ▸ **sexual orientation** orientation *f* sexuelle.

oriented ['ɔ:rɪentɪd] adj orienté.

-oriented in comp orienté vers..., axé sur... / *ours is a money-oriented society* c'est l'argent qui mène notre société / *she's very work-oriented* elle est très axée sur son travail / *pupil-oriented teaching* enseignement adapté aux besoins des élèves.

orienteer [,ɔ:rɪen'tɪə^r] n orienteur *m*, -euse *f*.

orienteering [,ɔ:rɪen'tɪərɪŋ] n course *f* d'orientation.

orifice ['ɒrɪfɪs] n orifice *m*.

origami [,ɒrɪ'gɑ:mɪ] n origami *m*.

origin ['ɒrɪdʒɪn] n **1.** [source] origine *f* / *the origin of the Nile* la source du Nil / *what's the origin of that word?* quelle est l'origine de ce mot ? / *country of origin* pays *m* d'origine / *of unknown origin* d'origine inconnue / *this wine is of Austrian origin* ce vin est d'origine autrichienne / *the present troubles have their origin in the proposed land reform* le projet de réforme agraire est à l'origine des troubles actuels / *the song is Celtic in origin* la chanson est d'origine celte / **'The Origin of Species'** *Darwin* 'De l'origine des espèces' **2.** [ancestry] origine *f* / *he is of Canadian origin* il est d'origine canadienne / *to be of humble origins* avoir des origines modestes / *they can trace their origins back to the time of the Norman conquest* ils ont réussi à remonter dans leur arbre généalogique jusqu'à l'époque de la conquête normande.

original [ɒ'rɪdʒɪnl] ◆ adj **1.** [initial] premier, d'origine, initial / *the original inhabitants of the country* les premiers habitants du pays / *the original meaning of the word* le sens originel du mot / *my original intention was to drive there* ma première intention or mon intention initiale était d'y aller en voiture / *the fabric has lost its original lustre* l'étoffe a perdu son éclat d'origine / *most of the original 600 copies have been destroyed* la plupart des 600 exemplaires originaux ont été détruits / *original edition* édition originale / *the original portrait by Rubens* le portrait original peint par Rubens **2.** [unusual] original / *based on an original idea by Sam Ford* d'après une idée originale de Sam Ford / *he has some original ideas* il a des idées originales / *she has an original approach to child-rearing* sa conception de l'éducation est originale ; [strange] singulier **3.** [new - play, writing] original, inédit. ◆ n **1.** [painting, book] original *m* / *the film was shown in the original* le film a été projeté en version originale / *I prefer to read Proust in the original* je préfère lire Proust dans le texte **2.** [model - of hero, character] : *Betty was the original of the novel's heroine* Betty inspira le personnage de l'héroïne du roman **3.** [unusual person] original *m*, -e *f*, excentrique *mf* / *she's a real original* elle est vraiment spéciale or originale.

> **original or originel?**
>
> The French adjective **original** is close in meaning to its English counterpart, although when applied to a person it also means eccentric. **Originel** is a much rarer word meaning early, primeval or primitive.

originality [ə,rɪdʒə'nælətɪ] (*pl* **originalities**) n originalité *f*.

originally [ə'rɪdʒənəlɪ] adv **1.** [initially] à l'origine, au début, initialement / *this room was originally the kitchen* à l'origine, cette pièce servait de cuisine / *originally, I had planned to go to Greece* initialement or au début, j'avais l'intention d'aller en Grèce **2.** [unusually, inventively] d'une façon or d'une manière originale, originalement.

original sin n péché *m* originel.

originate [əˈrɪdʒəneɪt] ◆ vi [idea, rumour] ▸ **to originate in** avoir or trouver son origine dans ▸ **to originate from** tirer son origine de / *where did the rumour originate from?* qu'est-ce qui a donné naissance à cette rumeur ? / *this concept originates from Freudian psychology* ce concept est issu de la psychologie freudienne / *the conflict originated in the towns* le conflit est né dans les villes / *this information originates from an official source* le renseignement émane d'une source officielle / *I wonder how that saying originated* je me demande d'où vient ce dicton ; [goods] provenir / *the cocaine originates from South America* la cocaïne provient d'Amérique du Sud ; [person] : *he originates from Sydney* il est originaire de Sydney. ◆ vt [give rise to] être à l'origine de, donner naissance à ; [be author of] être l'auteur de / *the experience originated the story of the invisible man* cette expérience donna naissance à l'histoire de l'homme invisible.

origination [əˌrɪdʒəˈneɪʃn] n création *f*.

originator [əˈrɪdʒəneɪtəʳ] n [of crime] auteur *m* ; [of idea] initiateur *m*, -trice *f*, auteur *m*.

Orinoco [ˌɒrɪˈnəʊkəʊ] pr n ▸ **the (River) Orinoco** l'Orénoque *m*.

oriole [ˈɔːrɪəʊl] n loriot *m*.

Orion [əˈraɪən] pr n Orion.

orison [ˈɒrɪzən] n *liter* oraison *f*.

Orkney Islands [ˈɔːknɪ-], **Orkneys** [ˈɔːknɪz] pl pr n ▸ **the Orkney Islands** les Orcades *fpl* / *in the Orkney Islands* dans les Orcades.

Orlando [ɔːˈlændəʊ] pr n Orlando.

Orlon® [ˈɔːlɒn] ◆ n Orlon® *m*. ◆ comp en Orlon®.

ormer [ˈɔːməʳ] n ZOOL ormeau *m*.

ormolu [ˈɔːməluː] ◆ n chrysocale *m*, bronze *m* doré. ◆ comp [clock] en chrysocale, en bronze doré.

Ormuz [ɔːˈmuːz] = **Hormuz**.

ornament ◆ n [ˈɔːnəmənt] **1.** [decorative object] objet *m* décoratif, bibelot *m* ; [jewellery] colifichet *m* **2.** [embellishment] ornement *m* / *rich in ornament* richement orné **3.** MUS ornement *m*. ◆ vt [ˈɔːnəment] orner / *the dress was ornamented with gold braid* la robe était ornée d'un liseré d'or / *the ceiling was ornamented with frescoes* le plafond était orné de fresques / *his style is highly ornamented* il a un style très fleuri.

ornamental [ˌɔːnəˈmentl] adj [decorative] ornemental, décoratif ; [plant] ornemental ; [garden] d'agrément ▸ **ornamental lake** pièce *f* d'eau.

ornamentation [ˌɔːnəmenˈteɪʃn] n ornementation *f*.

ornate [ɔːˈneɪt] adj [decoration] (très) orné ; [style] orné, fleuri ; [lettering] orné ▸ **ornate ironwork** ferronnerie ouvragée.

ornately [ɔːˈneɪtlɪ] adv d'une façon très ornée / *ornately decorated room* pièce richement décorée / *ornately carved furniture* meubles ornés or rehaussés de nombreuses sculptures.

ornery [ˈɔːnərɪ] adj US *inf* **1.** [nasty] méchant ▸ **an ornery trick** un sale tour **2.** [stubborn] obstiné, entêté.

ornithologist [ˌɔːnɪˈθɒlədʒɪst] n ornithologiste *mf*, ornithologue *mf*.

ornithology [ˌɔːnɪˈθɒlədʒɪ] n ornithologie *f*.

orogenics [ˌɒrəˈdʒenɪks], **orogeny** [ɒˈrɒdʒənɪ] n *(U)* orogénie *f*, orogenèse *f*.

orography [ɒˈrɒgrəfɪ] n orographie *f*.

orotund [ˈɒrətʌnd] adj *fml* [voice] sonore ; [style] ampoulé.

orphan [ˈɔːfn] ◆ n **1.** [person] orphelin *m*, -e *f* ▸ **to be left an orphan** se retrouver or devenir orphelin **2.** TYPO ligne *f* orpheline. ◆ adj orphelin. ◆ vt ▸ **to be orphaned** se retrouver or devenir orphelin.

orphanage [ˈɔːfənɪdʒ] n orphelinat *m*.

Orpheus [ˈɔːfɪəs] pr n Orphée / **'Orpheus in the Underworld'** *Offenbach* 'Orphée aux enfers'.

orphic [ˈɔːfɪk] adj orphique.

Orphism [ˈɔːfɪzm] n ART & HIST orphisme *m*.

orrery [ˈɒrərɪ] (*pl* **orreries**) n planétaire *m*.

orthicon [ˈɔːθɪkɒn] n orthicon *m*.

orthochromatic [ˌɔːθəʊkrəˈmætɪk] adj orthochromatique.

orthodontic [ˌɔːθəˈdɒntɪk] adj orthodontique.

orthodontics [ˌɔːθəˈdɒntɪks] n *(U)* orthodontie *f*.

orthodontist [ˌɔːθəˈdɒntɪst] n orthodontiste *mf*.

orthodox [ˈɔːθədɒks] adj orthodoxe.

Orthodox Church n ▸ **the Orthodox Church** l'Église *f* orthodoxe.

orthodoxy [ˈɔːθədɒksɪ] (*pl* **orthodoxies**) n orthodoxie *f*.

orthogenesis [ˌɔːθəˈdʒenɪsɪs] n orthogenèse *f*.

orthogenic [ˌɔːθəˈdʒenɪk] adj orthogénique.

orthogonal [ɔːˈθɒgənl] adj orthogonal ▸ **orthogonal projection** projection *f* orthogonale.

orthographic(al) [ˌɔːθəˈgræfɪk(l)] adj orthographique.

orthography [ɔːˈθɒgrəfɪ] n orthographe *f*.

orthopaedic UK, **orthopedic** [ˌɔːθəˈpiːdɪk] adj orthopédique ▸ **orthopaedic surgeon** chirurgien *m*, -enne *f* orthopédiste *mf* ▸ **orthopaedic surgery** chirurgie *f* orthopédique.

orthopaedics UK, **orthopedics** [ˌɔːθəˈpiːdɪks] n *(U)* orthopédie *f*.

orthopaedist UK, **orthopedist** [ˌɔːθəˈpiːdɪst] n orthopédiste *mf*.

orthoptics [ɔːˈθɒptɪks] n *(U)* orthoptique *f*.

oryx [ˈɒrɪks] (*pl* **oryx** *or* **oryxes**) n oryx *m*.

OS ◆ n **1.** abbr of **ordinary seaman 2.** abbr of **operating system**. ◆ pr n (abbr of **Ordnance Survey**) ≃ IGN *m*. ◆ written abbr of **outsize**.

O/S written abbr of **out of stock**.

Osaka [əʊˈsɑːkə] pr n Osaka.

Oscar [ˈɒskəʳ] n CIN Oscar *m*.

Oscar-winning adj : *an Oscar-winning picture* un film primé aux oscars / *in her Oscar-winning role* dans le rôle qui lui a valu l'oscar / *inf fig she really put on an Oscar-winning performance!* elle a vraiment fait un numéro d'anthologie !

oscillate [ˈɒsɪleɪt] ◆ vi **1.** ELEC & PHYS osciller **2.** [person] osciller / *his mood oscillated between gloom and elation* son humeur oscillait entre la mélancolie et l'exultation. ◆ vt faire osciller.

oscillation [ˌɒsɪˈleɪʃn] n oscillation *f*.

oscillator [ˈɒsɪleɪtəʳ] n oscillateur *m*.

oscillatory [ɒˈsɪlətrɪ] adj oscillatoire.

oscilloscope [ɒˈsɪləskəʊp] n oscilloscope *m*.

osculate [ˈɒskjʊleɪt] UK *hum* ◆ vt donner un baiser à, embrasser. ◆ vi s'embrasser.

osculation [ˌɒskjʊˈleɪʃn] n UK *hum* baiser *m*.

OSD (abbr of **optical scanning device**) n lecteur *m* optique.

OSHA (abbr of **Occupational Safety and Health Administration**) pr n *aux États-Unis, direction de la sécurité et de l'hygiène au travail.*

osier [ˈəʊzɪəʳ] n osier *m*.

Osiris [əʊˈsaɪərɪs] pr n Osiris.

Oslo [ˈɒzləʊ] pr n Oslo.

osmium [ˈɒzmɪəm] n osmium *m*.

osmometer [ɒzˈmɒmɪtəʳ] n osmomètre *m*.

osmose [ˈɒzməʊs] vi subir une osmose.

osmosis [ɒzˈməʊsɪs] n osmose *f*.

osmotic [ɒzˈmɒtɪk] adj osmotique.

osprey [ˈɒsprɪ] n [bird] balbuzard *m* ; [feather] aigrette *f*.

osseous [ˈɒsɪəs] adj osseux.

Ossianic [ˌɒsɪˈænɪk] adj ossianique, inspiré de la poésie d'Ossian.

ossicle [ˈɒsɪkl] n osselet *m*.

ossiferous [ɒˈsɪfərəs] adj ossifère.

ossification [ˌɒsɪfɪˈkeɪʃn] n ossification *f*.

ossified [ˈɒsɪfaɪd] adj [cartilage] ossifié ; *fig* [mind, ideas, social system] sclérosé ; [person] à l'esprit sclérosé / *the ossified old fools who run this country* les vieux fossiles abrutis qui dirigent ce pays.

ossify [ˈɒsɪfaɪ] (*pt & pp* **ossified**) ◆ vt ossifier. ◆ vi s'ossifier.

ossuary [ˈɒsjʊərɪ] (*pl* **ossuaries**) n [vault] ossuaire *m* ; [urn] urne *f* (funéraire).

Ostend [ɒsˈtend] pr n Ostende.

ostensible [ɒˈstensəbl] adj [apparent] apparent ; [pretended] prétendu ; [so-called] soi-disant *(inv)* / *her ostensible reason for not coming was illness* elle a prétendu être malade pour éviter de venir.

ostensibly [ɒˈstensəblɪ] adv [apparently] apparemment ; [supposedly] prétendument, soi-disant / *ostensibly they are diplomats* ils se font passer pour des diplomates ; [on the pretext] : *he left early, ostensibly because he was sick* il est parti tôt, prétextant une indisposition.

ostentation [ˌɒstənˈteɪʃn] n ostentation *f*.

ostentatious [ˌɒstənˈteɪʃəs] adj **1.** [showy - display, appearance, decor] ostentatoire, plein d'ostentation ; [manner, behaviour] prétentieux, ostentatoire **2.** [exaggerated] exagéré, surfait / *with ostentatious dislike* avec un mépris exagéré.

ostentatiously [ˌɒstənˈteɪʃəslɪ] adv avec ostentation.

osteoarthritis [ˌɒstɪəʊɑːˈθraɪtɪs] n ostéo-arthrite *f*.

osteology [ˌɒstɪˈɒlədʒɪ] n ostéologie *f*.

osteopath [ˈɒstɪəpæθ] n ostéopathe *mf*.

osteopathy [ˌɒstɪˈɒpəθɪ] n ostéopathie *f*.

osteoplasty [ˈɒstɪəʊˌplæstɪ] n ostéoplastie *f*.

osteoporosis [ˌɒstɪəʊpɔːˈrəʊsɪs] n ostéoporose *f*.

ostler [ˈɒsləʳ] n UK *arch* valet *m* d'écurie.

ostracism [ˈɒstrəsɪzm] n ostracisme *m*.

ostracize, **ostracise** [ˈɒstrəsaɪz] vt frapper d'ostracisme, ostraciser / *he was ostracized by his workmates* ses collègues l'ont mis en quarantaine.

ostrich [ˈɒstrɪtʃ] n autruche *f* ▸ **ostrich farm** élevage *m* d'autruches ▸ **ostrich feather** plume *f* d'autruche.

Ostrogoth [ˈɒstrəgɒθ] n ▸ **the Ostrogoths** les Ostrogoths *mpl*.

OT n **1.** (abbr of **Old Testament**) AT **2.** abbr of **occupational therapy**.

otalgia [əʊˈtældʒə] n otalgie *f*.

OTC ◆ pr n (abbr of **Officer Training Corps**) *section de formation des officiers en Grande-Bretagne.* ◆ adj abbr of **over-the-counter**.

Othello [əˈθeləʊ] pr n Othello.

other [ˈʌðəʳ] ◆ adj **1.** [different] autre, différent / *it's the same in other countries* c'est la même chose dans les autres pays / *I had no other choice* je n'avais pas le choix or pas d'autre solution / *by other means* par d'autres moyens / *he doesn't respect other people's property* il ne respecte pas le bien d'autrui / *it always happens to other people* cela n'arrive qu'aux autres / *can't we discuss it some other time?* on ne peut pas en parler plus tard ? / *in other times* autrefois, à une autre époque ▸ **the other world** l'autre monde *m*, l'au-delà *m* **2.** [second of two] autre / *give me the other one* donnez-moi l'autre **3.** [additional] autre / *can you get some other cups?* pouvez-vous aller chercher d'autres tasses ? / *some other people came* d'autres personnes sont arrivées / *they have two other daughters* ils ont deux autres filles **4.** [remaining] autre / *the other three men* les trois autres hommes **5.** [in expressions of time] autre / *the other day / morning / month / week* l'autre jour / matin / mois / semaine **6.** [opposite] : *on the other side of the room / of the river* de l'autre côté de la pièce / de la rivière / *a voice at the other end (of the telephone)* une voix à l'autre bout (du fil). ◆ pron **1.** [additional person, thing] autre / *he and two others got the sack* lui et deux autres ont été renvoyés / *some succeed, others fail* certains réussissent, d'autres échouent **2.** [opposite, far end] autre / *I stood at this end of the room and she stood at the other* j'étais à ce bout-ci de la pièce et elle était à l'autre (bout)

3. [related person] autre / *each thought the other the better writer* chacun trouvait que l'autre était un meilleur écrivain. ◆ n [person, thing] autre *mf* ▸ **the other** PHILOS l'autre / *the three others* les trois autres / *wait for the others* attendez les autres / *politicians, industrialists and others* les hommes politiques, les industriels et les autres / *she cares nothing for others* elle ne se soucie pas du tout des autres / *can you show me some others?* pouvez-vous m'en montrer d'autres?
❖ **other than** ◆ conj phr **1.** [apart from, except] autrement que / *she had never seen him other than on the screen* elle ne l'avait jamais vu autrement qu'à l'écran / *we had no alternative other than to accept their offer* nous n'avions pas d'autre possibilité que celle d'accepter leur offre **2.** [differently from] différemment de / *I think she should have behaved other than she did* je pense qu'elle aurait dû se comporter différemment or d'une autre façon / *she can't be other than she is* elle est comme ça, c'est tout. ◆ prep phr sauf, à part / *other than that* à part cela.

otherness ['ʌðənɪs] n [difference] altérité *f*, différence *f* ; [strangeness] étrangeté *f*.

otherwise ['ʌðəwaɪz] ◆ adv **1.** [differently] autrement / *I think otherwise* **a)** [in a different way] je ne vois pas les choses de cette façon **b)** [don't agree] je ne suis pas d'accord / *she is otherwise engaged* elle a d'autres engagements / *we'll have to invite everyone, we can hardly do otherwise* nous devrons inviter tout le monde, il nous serait difficile de faire autrement / *except where otherwise stated* [on form] sauf indication contraire **2.** [in other respects] autrement, à part cela ; [in other circumstances] sinon, autrement / *an otherwise excellent performance* une interprétation par ailleurs excellente / *it's a bit small, but otherwise it's a very nice house* c'est un peu petit, mais à part cela, c'est une maison très agréable / *the weather was bad, otherwise he might have stayed longer* il faisait mauvais, sans cela or sinon il aurait pu rester plus longtemps **3.** [in other words] autrement / *Louis XIV, otherwise known as the Sun King* Louis XIV, surnommé le Roi-Soleil **4.** [in contrast, opposition] : *through diplomatic channels or otherwise* par voie diplomatique ou autre. ◆ conj [or else] sinon, autrement / *you'd better phone your father, otherwise he'll worry* tu devrais appeler ton père, sinon il va s'inquiéter. ◆ adj autre / *the facts are otherwise* les faits sont autres.
❖ **or otherwise** adv phr : *it is of no interest, financial or otherwise* ça ne présente aucun intérêt, que ce soit financier ou autre / *she appeared to have no feelings about it, jealous or otherwise* elle ne semblait rien éprouver, que ce soit de la jalousie ou autre chose.

otherworldliness [,ʌðə'wɜ:ldlɪnɪs] n **1.** [remoteness from worldly matters] détachement *m* (des choses de ce monde) **2.** [mystical quality] caractère *m* mystique **3.** [ethereal or exotic quality] caractère *m* irréel.

otherworldly [,ʌðə'wɜ:ldlɪ] adj **1.** [unrealistic] peu réaliste **2.** [mystical] mystique **3.** [ethereal] éthéré.

otiose ['əʊtɪəʊs] adj *fml* oiseux, inutile.

otitis [əʊ'taɪtɪs] n *(U)* *fml* otite *f*.

OTOH MESSAGING written abbr of **on the other hand.**

otolaryngology ['əʊtəʊ,lærɪŋ'gɒlədʒɪ] n oto-rhino-laryngologie *f*.

OTT (abbr of **over-the-top**) adj UK *inf* ▸ **that's a bit OTT!** c'est pousser le bouchon un peu loin!, c'est un peu fort!

Ottawa ['ɒtəwə] pr n Ottawa.

otter ['ɒtər] n loutre *f*.

ottoman ['ɒtəmən] n **1.** [seat] ottomane *f* **2.** [fabric] ottoman *m*.
❖ **Ottoman** ◆ n Ottoman *m*, -e *f*. ◆ adj ottoman.

OU pr n abbr of **Open University.**

ouch [aʊtʃ] interj ▸ **ouch!** aïe!, ouille!, ouïe!

ought¹ [ɔ:t] modal vb **1.** [indicating morally right action] : *you ought to tell her* vous devriez le lui dire / *you ought to talk to him* tu devrais lui parler, il faudrait que tu lui parles / *she thought she ought to tell you* elle a pensé qu'il valait mieux te le dire ; [indicating sensible or advisable action] : *perhaps we ought to discuss this further* peut-être devrions-nous en discuter plus longuement / *I really ought to be going* il faut vraiment que je m'en aille / *do you think I ought?* *fml* pensez-vous que je doive le faire? / *he ought to know better* il devrait être plus sensé / *that's a nice car — it ought to be, it cost me a fortune!* c'est une belle voiture — j'espère bien, elle m'a coûté une fortune! **2.** [expressing expectation, likelihood] : *they ought to be home now* à l'heure qu'il est, ils devraient être rentrés / *it ought to be good* ça devrait être bien / *she ought to beat him easily* elle devrait le battre facilement or sans difficulté / *that oughtn't to be too difficult* ça ne devrait pas être trop difficile **3.** [followed by 'to have'] : *you ought to have told me!* vous auriez dû me le dire! / *you ought to have seen her!* si vous l'aviez vue!, il fallait la voir! / *they ought not to have been allowed in* on n'aurait pas dû les laisser entrer.

ought² [ɔ:t] = **aught.**

oughta ['ɔ:tə] US *inf* abbr of **ought to.**

oughtn't [ɔ:tnt] abbr of **ought not.**

Ouija® ['wi:dʒə] n ▸ **Ouija (board)** oui-ja *m inv*.

ounce [aʊns] n **1.** [weight] once *f* **2.** *fig* : *there isn't an ounce of truth in what she says* il n'y a pas une once de vérité dans ce qu'elle raconte / *you haven't got an ounce of common sense* tu n'as pas (pour) deux sous de bon sens / *it took every ounce of strength she had* cela lui a demandé toutes ses forces **3.** ZOOL once *f*.

OUP (abbr of **Oxford University Press**) pr n *maison d'édition de l'université d'Oxford.*

our ['aʊər] det notre *(sg)*, nos *(pl)* / *our house* notre maison / *this is* OUR *house* cette maison est à nous / *we have a car of our own* nous avons une voiture à nous / *how's our little boy, then?* alors, comment va notre petit garçon? / *our Agnes will be sixteen next week* *inf* notre (petite) Agnès aura seize ans la semaine prochaine / *have you seen our Peter?* *inf* avez-vous vu Peter? / *she's one of our finest poets* c'est un de nos meilleurs poètes.

Our Father n [prayer] Notre Père *m*.

ours ['aʊəz] pron le nôtre *m*, la nôtre *f*, les nôtres *mf* / *that house is ours* **a)** [we live there] cette maison est la nôtre **b)** [we own it] cette maison est à nous or nous appartient / *those books are ours* ces livres sont à nous / *it's ours to spend as we like* nous pouvons le dépenser comme nous voulons / *it's all ours!* tout cela nous appartient! / *ours was a curious relationship* nous avions des rapports assez bizarres / *ours is a big family* nous sommes une grande famille / *it must be one of ours* ce doit être un des nôtres / *she's a friend of ours* c'est une de nos amies / *a friend of ours told us* c'est un ami à nous qui nous l'a dit / *those damned neighbours of ours* *inf* nos fichus voisins / *that wretched dog of ours* notre saleté de chien.

ourself [aʊə'self] pron *fml* [regal or editorial plural] nous-même.

ourselves [aʊə'selvz] pron **1.** [reflexive use] nous / *we enjoyed ourselves* nous nous sommes bien amusés / *we built ourselves a log cabin* nous avons construit une cabane en rondins / *we said to ourselves, why not wait here?* nous nous sommes dit or on s'est dit: pourquoi ne pas attendre ici? **2.** [emphatic use] nous-mêmes / *we welcomed him ourselves* nous l'avons accueilli nous-mêmes / *we'd love to help him, but we're not in very good health ourselves* nous aimerions beaucoup l'aider mais nous ne sommes pas en très bonne santé nous-mêmes or non plus / *we were able to visit the caves ourselves* nous avons eu la chance de pouvoir visiter les grottes / *we ourselves have much to learn* nous-mêmes avons beaucoup à apprendre / *we want to see for ourselves* nous avons envie de nous en rendre compte (par) nous-mêmes ▸ **(all) by ourselves** tout seuls / *we had the flat to ourselves* nous avions l'appartement pour nous tout seuls **3.** [replacing 'us'] nous-mêmes / *apart from our parents and ourselves, everyone was Russian* en dehors de nos parents et de nous-mêmes, tout le monde était russe.

oust [aʊst] vt **1.** [opponent, rival] évincer, chasser / *the president was ousted from power* le président a été évincé du pouvoir / *she has ousted her sister in Arthur's affections* elle a pris la place de or a supplanté sa sœur dans le cœur d'Arthur **2.** [tenant, squatter] déloger, expulser ; [landowner] déposséder.

ouster ['aʊstər] n **1.** LAW dépossession *f*, éviction *f* illicite **2.** US [from country] expulsion *f* ; [from office] renvoi *m*.

out [aʊt]
◆ adv

- **A. IN SPACE**
- **B. DISTRIBUTION OR TRANSMISSION**
- **C. EXCLUSION OR EXTINCTION**
- **D. PUBLISHED OR MADE PUBLIC**

A. IN SPACE **1.** [indicating movement from inside to outside] dehors / *to go out* sortir / *she ran / limped / strolled out* elle est sortie en courant / en boîtant / sans se presser / *I met her on my way out* je l'ai rencontrée en sortant / *the cork popped out* le bouchon sauta / *she took out a gun* elle a sorti un revolver / *I had my camera out ready* j'avais sorti mon appareil / *he drew out £50* **a)** [from bank] il a retiré 50 livres **b)** [from pocket] il a sorti 50 livres **2.** [away from home, office, etc.] : *Mr Powell's out, do you want to leave a message?* M. Powell est sorti, voulez-vous laisser un message? / *a search party is out looking for them* une équipe de secours est partie à leur recherche ▸ **to eat out** aller au restaurant / *it's a long time since we had an evening out* ça fait longtemps que nous ne sommes pas sortis / *he stayed out all night* il n'est pas rentré de la nuit / *the children are playing out in the street* les enfants jouent dans la rue ▸ **to be out to lunch** *inf* [out of touch with reality] être à côté de la plaque **3.** [no longer attending hospital, school, etc.] sorti / *she's out of hospital now* elle est sortie de l'hôpital maintenant / *what time do you get out of school?* à quelle heure sors-tu de l'école? **4.** [indicating view from inside] : *he was looking out at the people in the street* il regardait les gens qui passaient dans la rue / *I stared out of the window* je regardais par la fenêtre / *the bedroom looks out onto open fields* la chambre donne sur les champs **5.** [in the open air] dehors ▸ **to sleep out** dormir dehors / *it's cold out* il fait froid dehors **6.** [indicating distance from land, centre, town, etc.] : *we were two days out from Portsmouth* nous étions à deux jours de Portsmouth / *on the trip out* à l'aller / *they live a long way out* ils habitent loin du centre / *she's out in Africa* elle est en Afrique **7.** [indicating extended position] : *she stuck her tongue out at me* elle m'a tiré la langue / *he lay stretched out on the bed* il était allongé (de tout son long) sur le lit / *hold your arms / your hand out* tendez les bras / la main **8.** SPORT ▸ **out!** TENNIS faute!, out! **9.** [of tide] : *the tide's on its way out* la mer se retire, la marée descend.

B. DISTRIBUTION OR TRANSMISSION **1.** [indicating distribution] : *she handed out some photocopies* elle a distribué des photocopies / *the letter was sent out yesterday* la lettre a été postée hier **2.** [indicating source of light, smell, sound, etc.] : *it gives out a lot of heat* ça dégage beaucoup de chaleur / *music blared out from the radio* la radio hurlait **3.** [loudly, audibly] : *read out the first paragraph* lisez le premier paragraphe à haute voix / *I was thinking out loud* je pensais tout haut.

C. EXCLUSION OR EXTINCTION **1.** [indicating exclusion or rejection] : *traitors out!* les traîtres, dehors! / *throw him out!* jetez-le dehors! **2.** [indicating abandonment of activity] : *get out before it's too late* abandonne avant qu'il ne soit trop tard / *you can count me out* ne comptez plus sur moi / *I want out!* *inf* je laisse tomber! **3.** [extinguished] : *put* or *turn the lights out* éteignez les lumières / *to stub out a cigarette* écraser une cigarette **4.** [unconscious] ▸ **to knock sb out** assommer qqn, mettre qqn K-O / *several people passed out* plusieurs personnes se sont évanouies **5.** [indicating disappearance] : *the stain will wash out* la tache partira au lavage.

D. PUBLISHED OR MADE PUBLIC **1.** [revealed, made public] : *the secret is out* le secret a été éventé / *word is out that he's going to resign* le bruit court qu'il va démissionner / *we must stop the news getting out* nous devons empêcher la nouvelle de s'ébruiter ▸ **out with it!**

OUGHT TO

Ought to permet d'exprimer un *conseil*, un *reproche*, ou un degré de *probabilité* quant à la réalisation d'un événement.

RÈGLES DE FORMATION

Alors que la plupart des modaux se construisent avec l'infinitif sans **to**, **ought** [ɔːt] est suivi de l'infinitif complet (c'est-à-dire avec **to**).

- À la tournure négative, **not** s'insère entre **ought** et **to** :
  This ought not to be the case. Cela ne devrait pas être le cas.
- À la tournure interrogative, il y a une inversion entre **ought** et le sujet grammatical ; **to** se place après l'inversion :
  Ought this to be the case? Cela devrait-il être le cas ?
  sujet

LE CONSEIL ET LE REPROCHE

❶ Le conseil

Ought to s'emploie pour exprimer un conseil :

You ought to tell her. Vous devriez le lui dire.
[je vous conseille de le lui dire]

Une pression extérieure (par ex. le bon sens, la morale) pousse le sujet de l'énoncé à agir :

I really ought to be going. Il faut vraiment que je m'en aille.

Ici, c'est le bon sens qui me contraint à partir : il est tard, j'ai du travail à faire, etc.

Il est également possible d'employer **should** dans ce type d'usage. Ce modal est d'ailleurs nettement plus fréquent que **ought to**. Il existe cependant une différence de sens entre eux :

- **Ought to** indique que la contrainte qui pousse le sujet de l'énoncé à agir est extérieure.
- **Should** est nettement plus subjectif car l'avis de la personne qui parle joue un rôle dans la pression qui s'exerce sur le sujet de l'énoncé.

❷ Le reproche

Ought to est parfois suivi de **have** et du participe passé. Cette construction sert à adresser un reproche au sujet de l'énoncé :

You ought to have told me! Vous auriez dû me le dire !

Should est également possible ici avec la même nuance de sens que précédemment : le reproche est plus personnel et est moins dicté par le bon sens, la morale, etc.

L'EXPRESSION DE LA PROBABILITÉ

Au même titre que **should**, **ought to** permet d'indiquer un degré de probabilité quant à la réalisation d'un événement.

They ought to be home now. À l'heure qu'il est, ils devraient être rentrés.

Dans cet exemple, les indices présents dans le contexte font qu'il est raisonnable de penser qu'ils sont rentrés (par ex. ils ont deux heures de route, or ils sont justement partis il y a deux heures).

Pour résumer

Ought to est un auxiliaire modal particulier. Proche de **should**, il s'en distingue cependant :

- par la forme : **ought** est suivi de l'infinitif complet et **should** de l'infinitif sans **to** ;
- par le sens : dans l'expression du conseil et du reproche, **ought to** est plus objectif que **should**, c'est-à-dire que la contrainte qui pousse le sujet de l'énoncé à agir est extérieure (elle émane du bon sens, de la morale ou des règles de savoir-vivre).

En revanche, **ought to** et **should** sont quasiment synonymes dans l'expression de la probabilité.

inf alors, t'accouches ? **2.** [published, on sale] : *is her new book / film / album out?* est-ce que son nouveau livre / film / nouvel album est sorti ? / *the new model will be* or *come out next month* le nouveau modèle sort le mois prochain **3.** *(with superl) inf* [in existence] : *it's the best computer out* c'est le meilleur ordinateur qui existe / *she's the biggest liar out* c'est la pire menteuse qui soit.

◆ adj **1.** [flowering] en fleurs / *the daffodils / cherry trees are out* les jonquilles / cerisiers sont en fleurs **2.** [shining] : *the sun is out* il y a du soleil / *the moon is out* la lune s'est levée / *the stars are out* on voit les étoiles **3.** [finished] : *before the year is out* avant la fin de l'année **4.** [on strike] en grève / *the dockers have been out for a month* les dockers sont en grève depuis un mois ▸ **everybody out!** tout le monde en grève ! **5.** GAMES & SPORT : *if you score less than 3 points you're out* si on marque moins de 3 points on est éliminé / *the ball was out* la balle était dehors or sortie, la balle était faute / *she went out in the first round* elle a été éliminée au premier tour **6.** [tide] bas / *the tide's out* la marée est basse **7.** [wrong] : *your calculations are (way) out* or *you're (way) out in your calculations* vous vous êtes (complètement) trompé dans vos calculs / *I've checked the figures but I'm still £50 out* j'ai vérifié les chiffres mais il manque toujours 50 livres / *it's a few inches out* **a)** [too long] c'est trop long de quelques centimètres **b)** [too short] c'est trop court de quelques centimètres / *it's only a few inches out* c'est bon à quelques centimètres près **8.** *inf* [impossible] : *that plan's out because of the weather* ce projet est à l'eau à cause du temps **9.** *inf* [unfashionable] : *long hair's (right) out* les cheveux longs c'est (carrément) dépassé **10.** [indicating aim, intent] ▸ **to be out to do sthg** avoir l'intention de faire qqch / *we're out to win* nous sommes partis pour gagner ▸ **to be out for sthg** vouloir qqch / *she's out for the presidency* elle vise le poste de président / *he's just out for himself* il ne s'intéresse qu'à lui-même **11.** *inf* [unconscious] ▸ **to be out** être K-O **12.** [extinguished] éteint / *the fire was out* le feu était éteint **13.** *inf* [openly gay] qui ne cache pas son homosexualité.

◆ n **1.** [way of escape] échappatoire *f* **2.** TYPO bourdon *m* **3.** ⟶ **in.**

◆ interj **1.** [leave] ▸ **out!** dehors ! **2.** TELEC ▸ **(over and) out!** terminé !

◆ prep *inf* hors de / *she went out that door* elle est sortie par cette porte / *look out the window* regarde par la fenêtre.

◆ vi *liter* ▸ **the truth will out** la vérité finit toujours par éclater.

◆ vt ▸ **to out sb** révéler l'homosexualité de qqn.

⟡ **out and about** adv phr : *where have you been? — oh, out and about* où étais-tu ? — oh, je suis allé faire un tour / *out and about in Amsterdam* dans les rues d'Amsterdam.

⟡ **out of** prep phr **1.** [indicating movement from inside to outside] hors de / *she came out of the office* elle est sortie du bureau / *he ran / limped / strolled out of the office* il est sorti du bureau en courant / en boitant / sans se presser / *to look / to fall out of a window* regarder / tomber par une fenêtre / *take your hands out of your pockets!* sors or ôte tes mains de tes poches ! **2.** [indicating location] : *we drank out of china cups* nous avons bu dans des tasses de porcelaine / *she works out of York* elle opère à partir de York / *the company is out of Oxford* l'entreprise est basée à Oxford / *he's out of town* il n'est pas en ville / *it's a long way out of town* c'est loin de la ville / *there was a wind out of the Southwest* il y avait du vent de sud-ouest **3.** [indicating source - of feeling, profit, money, etc.] : *she did well out of the deal* elle a trouvé son compte dans l'affaire / *what pleasure do they get out of it?* quel plaisir en tirent-ils ? / *you won't get anything out of him* vous ne tirerez rien de lui / *she paid for it out of company funds / out of her own pocket* elle l'a payé avec l'argent de la société / payé de sa poche **4.** [indicating raw material] : *it's made out of mahogany* c'est en acajou / *plastic is made out of petroleum* on obtient le plastique à partir du pétrole **5.** [indicating motive] par / *he refused out of sheer spite* il a refusé par pur dépit **6.** [indicating previous tendency, habit] : *I've got out of the habit* j'en ai perdu l'habitude / *try and stay out of trouble* essaie d'éviter les ennuis **7.** [lacking] : *I'm out of cigarettes* je n'ai plus de cigarettes ▸ **out of work** au chômage **8.** [in proportions, marks, etc.] sur / *he got nine out of ten in maths* il a eu neuf sur dix en maths / *ninety-nine times out of a hundred* quatre-vingt-dix-neuf fois sur cent / *out of all the people there, only one spoke German* parmi toutes les personnes présentes, une seule parlait allemand **9.** [indicating similarity to book, film, etc.] : *it was like something out of a Fellini film* on se serait cru dans un film de Fellini **10.** [indicating exclusion or rejection] : *he's out of the race* il n'est plus dans la course / *you keep out of this!* mêlez-vous de ce qui vous regarde ! **11.** [indicating avoidance] : *come in out of the rain* ne reste pas dehors sous la pluie / *stay out of the sun* ne restez pas au soleil **12.** [indicating recently completed activity] : *a young girl just out of university* une jeune fille tout juste sortie de l'université **13.** PHR ▸ **to be out of it a)** *inf* [unaware of situation] être à côté de la plaque **b)** [drunk] être bourré / *I felt really out of it* [excluded] je me sentais complètement exclu.

outa ['aʊtə] US *inf* abbr of **out of.**

outage ['aʊtɪdʒ] n US **1.** [breakdown] panne *f* ; ELEC coupure *f* or panne *f* de courant **2.** [of service] interruption *f* **3.** COMM [missing goods] marchandises *fpl* perdues *(pendant le stockage ou le transport).*

out-and-out adj complet (complète), total / *it was an out-and-out disaster* ce fut un désastre complet / *that's out-and-out madness!* c'est de la folie pure ! / *he's an out-and-out crook* c'est un véritable escroc.

out-and-outer n US *inf* jusqu'au-boutiste *mf.*

outasight ['aʊtəsaɪt] adj US *inf & dated* extra, super, génial.

outback ['aʊtbæk] n AUSTR arrière-pays *m inv,* intérieur *m* du pays.

outbalance [,aʊt'bæləns] vt *lit* peser plus lourd que ; *fig* dépasser.

outbid [aʊt'bɪd] (*pt* **outbid,** *pp* **outbid** *or* **outbidden** [-'bɪdn], *cont* **outbidding**) vt enchérir sur /

we were outbid for the Renoir quelqu'un a surenchéri sur le Renoir et nous n'avons pu l'acheter.

outboard ['aʊtbɔːd] ◆ adj [position, direction] hors-bord ▸ **outboard motor** moteur *m* hors-bord. ◆ n [motor, boat] hors-bord *m inv.*

outbound ['aʊtbaʊnd] adj qui quitte le centre-ville.

out box n [for e-mail] boîte *f* de départ, éléments *mpl* envoyés.

outbreak ['aʊtbreɪk] n **1.** [of fire, storm, war] début *m* ; [of violence, disease, epidemic] éruption *f* / *there have been outbreaks of violence throughout the country* il y a eu des explosions de violence dans tout le pays / *at the outbreak of war* au début de la guerre, lorsque la guerre a éclaté / *at the outbreak of the strike* dès le début de la grève / *doctors fear an outbreak of meningitis* les médecins redoutent une épidémie de méningite / *to have an outbreak of spots* avoir une éruption de boutons **2.** METEOR [sudden shower] : *there will be outbreaks of rain / snow in many places* il y aura des chutes de pluie / de neige un peu partout.

outbuilding ['aʊt,bɪldɪŋ] n UK (bâtiment *m*) annexe *f* ; [shed] remise *f* ▸ **the outbuildings** [on farm, estate] les dépendances *fpl.*

outburst ['aʊtbɜːst] n accès *m*, explosion *f* / *a sudden outburst of violence* **a)** [group] une soudaine explosion de violence **b)** [individual] un accès de brutalité / *a sudden outburst of temper* un accès de mauvaise humeur / *you must control these outbursts* il faut que vous appreniez à garder votre sang-froid.

outcast ['aʊtkɑːst] ◆ n paria *m.* ◆ adj proscrit, banni.

outclass [,aʊt'klɑːs] vt surclasser, surpasser / *she outclassed all of the other athletes* elle a surclassé tous les autres athlètes.

outcome ['aʊtkʌm] n [of election, competition] résultat *m* ; [of sequence of events] conséquence *f* / *the outcome of it all was that they never visited us again* résultat, ils ne sont jamais revenus chez nous.

outcrop (*pt & pp* **outcropped**, *cont* **outcropping**) ◆ n ['aʊtkrɒp] GEOL affleurement *m.* ◆ vi [,aʊt'krɒp] affleurer.

outcry ['aʊtkraɪ] (*pl* **outcries**) n tollé *m* / *the government's decision was greeted by public outcry* la décision du gouvernement fut accueillie par un tollé général.

outdated [,aʊt'deɪtɪd] adj [idea, attitude] démodé, dépassé ; [clothes] démodé ; [expression] désuet (désuète).

outdid [,aʊt'dɪd] pt ⟶ **outdo.**

outdistance [,aʊt'dɪstəns] vt laisser derrière soi / *she was easily outdistanced by the Nigerian* elle fut facilement distancée par la Nigérienne.

outdo [,aʊt'duː] (*pt* **outdid** [,aʊt'dɪd], *pp* **outdone** [-'dʌn]) vt surpasser, faire mieux que, l'emporter sur / *he's not easily outdone in an argument* il n'est pas facile d'avoir le dernier mot quand on discute avec lui / *Mark, not to be outdone, decided to be ill as well* Mark, pour ne pas être en reste, décida d'être malade lui aussi / *she wasn't to be outdone* [in contest] elle refusait de s'avouer vaincue / *she outdid all the other competitors* elle l'a emporté sur tous les autres concurrents.

outdoor ['aʊtdɔːʳ] adj **1.** [open-air - games, sports] de plein air ; [- work] d'extérieur ; [- swimming pool] en plein air, découvert **2.** [clothes] d'extérieur ▸ **outdoor shoes** **a)** [warm] grosses chaussures **b)** [waterproof] chaussures imperméables **c)** [for walking] chaussures de marche **3.** [person] ▸ **to lead an outdoor life** vivre au grand air / *Kate is a real outdoor type* Kate aime la vie au grand air.

outdoors [aʊt'dɔːz] ◆ n ▸ **the great outdoors** les grands espaces naturels. ◆ adv dehors, au dehors / *the scene takes place outdoors* la scène se déroule à l'extérieur / *to sleep outdoors* coucher à la belle étoile / *we were outdoors for most of the holiday* nous avons passé la plus grande partie de nos vacances au grand air. ◆ adj [activity] en or de plein air.

outdoorsman [aʊt'dɔːsmən] (*pl* **outdoorsmen** [aʊt'dɔːsmən]) n ▸ **to be an outdoorsman** aimer la nature.

outer ['aʊtəʳ] adj **1.** [external] extérieur, externe ▸ **the outer man** l'homme dans son apparence extérieure ▸ **outer garments** vêtements *mpl* de dessus **2.** [peripheral] périphérique ▸ **outer London** la banlieue londonienne **3.** [furthest - limits] externe ; [- planets] extérieur.

outer ear n oreille *f* externe.

Outer Hebrides pl pr n ▸ **the Outer Hebrides** les Hébrides extérieures *fpl.*

Outer Mongolia pr n Mongolie-Extérieure *f* / *in Outer Mongolia* en Mongolie-Extérieure.

outermost ['aʊtəməʊst] adj [most distant] le plus (à l')extérieur ; [most isolated] le plus reculé or isolé / *the outermost limits of the galaxy* les limites les plus reculées de la galaxie.

outer space n espace *m* intersidéral, cosmos *m.*

outface [,aʊt'feɪs] vt **1.** [outstare] faire baisser les yeux à *(en dévisageant)* ; *fig* décontenancer **2.** [defy] tenir tête à, défier.

outfield ['aʊtfiːld] n SPORT **1.** [part of field] champ *m* or terrain *m* extérieur **2.** [players] joueurs *mpl* de champ.

outfielder ['aʊtfiːldəʳ] n US joueur *m* de champ *(au base-ball).*

outfit ['aʊtfɪt] (*pt & pp* **outfitted**, *cont* **outfitting**) ◆ n **1.** [clothes] ensemble *m*, tenue *f* / *Maggie appears in a new outfit every day* Maggie porte une tenue différente chaque jour / *riding / travelling outfit* tenue d'équitation / de voyage / *you should have seen the outfit he had on!* tu aurais dû voir comment il était attifé or fagoté ! ; [child's disguise] panoplie *f* / *cowboy's / nurse's outfit* panoplie de cow-boy / d'infirmière **2.** [equipment, kit - for camping, fishing] matériel *m*, équipement *m* ; [tools] outils *mpl*, outillage *m* ; [case] trousse *f* / *repair outfit* trousse de réparation / *camera cleaning outfit* nécessaire *m* de nettoyage pour appareil photo **3.** *inf* [group] équipe *f*, bande *f* / *the whole outfit was there* toute la bande or l'équipe était là **4.** MIL équipe *f.* ◆ vt [with equipment] équiper.

outfitter ['aʊtfɪtəʳ] n UK [shop] ▸ **school outfitter** or **outfitter's** *magasin qui vend des uniformes et autres vêtements scolaires* ▸ **sports outfitter** or **outfitter's** magasin de vêtements de sport ▸ **(gentlemen's) outfitter** or **outfitter's** magasin de vêtements d'homme.

outflank [,aʊt'flæŋk] vt MIL déborder ; *fig* [rival] déjouer les manœuvres de.

outflow ['aʊtfləʊ] n **1.** [of fluid] écoulement *m* ; [place of outflow] décharge *f* **2.** [of capital] sorties *fpl*, fuite *f* ; [of population] exode *m*, sorties *fpl*, fuite *f* / *the institute's aim is to ensure the continuous outflow of new ideas* l'institut a pour but d'assurer un flux continu d'idées nouvelles.

outfox [,aʊt'fɒks] vt se montrer plus rusé que.

outgeneral [,aʊt'ʤenərəl] vt se montrer meilleur tacticien or stratège que.

outgoing ['aʊt,gəʊɪŋ] adj **1.** [departing - government, minister, tenant] sortant ; [- following resignation] démissionnaire **2.** [train, ship] en partance ; [letters] à expédier **3.** [tide] descendant **4.** [extrovert] extraverti, plein d'entrain / *she's a very outgoing person* elle a une personnalité très ouverte.

outgoings ['aʊt,gəʊɪŋz] pl n dépenses *fpl*, frais *mpl.*

outgrow [,aʊt'grəʊ] (*pt* **outgrew** [-'gruː], *pp* **outgrown** [-'grəʊn]) vt **1.** [grow faster than] grandir plus (vite) que / *that boy is outgrowing his strength* ce garçon a une croissance beaucoup trop rapide pour sa constitution / *the world is outgrowing its resources* la population mondiale croît plus vite que les ressources dont elle dispose **2.** [clothes] devenir trop grand pour / *she has outgrown three pairs of shoes this year* elle a pris quatre pointures cette année **3.** [game, habit, hobby] ne plus s'intéresser à *(en grandissant)* ; [attitude, behaviour, phase] abandonner (en grandissant or en prenant de l'âge) / *Moira has outgrown dolls* Moira est devenue trop grande pour s'intéresser aux poupées / *they soon outgrew their first computer* ils ont vite eu fait le tour (des possibilités) de leur premier ordinateur / *he has outgrown his protest phase* il a dépassé le stade de la contestation / *I think I just outgrew our friendship* je crois qu'avec l'âge, notre amitié a tout simplement perdu son intérêt pour moi / *he has outgrown his reputation as a romantic* il a fini par se défaire de sa réputation de romantique.

outgrowth ['aʊtgrəʊθ] n *lit* excroissance *f* ; *fig* [consequence] conséquence *f.*

outgun [,aʊt'gʌn] (*pt & pp* **outgunned**, *cont* **outgunning**) vt MIL avoir une puissance de feu supérieure à ; *fig* vaincre, l'emporter sur.

out-Herod vt ▸ **to out-Herod Herod** en rajouter *(en cruauté, en violence, etc.).*

outhouse ['aʊthaʊs] (*pl* [-haʊzɪz]) n **1.** UK [outbuilding] remise *f* **2.** US [toilet] toilettes *fpl* extérieures.

outing ['aʊtɪŋ] n **1.** [trip] sortie *f* ; [organized] excursion *f* ▸ **to go on an outing** faire une excursion / *to go for an outing in the car* partir faire une balade en voiture / *it was an outing for them* cela leur a fait une sortie ▸ **school outing** sortie scolaire **2.** [of homosexuals] révélation *f* de l'homosexualité.

outlandish [aʊt'lændɪʃ] adj [eccentric - appearance, behaviour, idea] bizarre, excentrique ; *pej* [language, style] barbare.

outlast [,aʊt'lɑːst] vt [subj: person] survivre à ; [subj: machine] durer plus longtemps que / *the new exhaust will outlast the car* le nouveau pot d'échappement durera plus longtemps que la voiture.

outlaw ['aʊtlɔː] ◆ n hors-la-loi *m inv.* ◆ vt [person] mettre hors la loi ; [behaviour] proscrire, interdire ; [organization] interdire.

outlay ◆ n ['aʊtleɪ] [expense] dépense *f* ; [investment] investissement *m*, mise *f* de fonds. ◆ vt [aʊt'leɪ] (*pt & pp* **outlaid** [-'leɪd]) [spend] dépenser ; [invest] investir / *to outlay $10,000 capital* faire une mise de fonds de 10 000 dollars.

outlet ['aʊtlet] ◆ n **1.** [for liquid, air, smoke] bouche *f* ; [in reservoir, lock] déversoir *m*, dégorgeoir *m* ; [tap] vanne *f* d'écoulement ▸ **air outlet** bouche *f* d'aération / *the pipe / channel provides an outlet for excess water* le tuyau / le canal permet l'écoulement du trop-plein d'eau **2.** [mouth of river] embouchure *f* **3.** [for feelings, energy] exutoire *m* / *children need an outlet for their energies* les enfants ont besoin de se défouler / *writing is an outlet for me* l'écriture est pour moi un exutoire **4.** [for talent] débouché *m* / *the programme provides an outlet for young talent* l'émission permet à de jeunes talents de se faire connaître **5.** COMM [market] débouché *m* / *there are not many sales outlets in Japan* le Japon offre peu de débouchés commerciaux ; [sales point] point *m* de vente / *our North American outlets* notre réseau (de distribution) en Amérique du Nord **6.** US ELEC prise *f* (de courant). ◆ comp [for liquid] d'écoulement ; [for gas, smoke] d'échappement.

outlier ['aʊtlaɪəʳ] n **1.** [statistics] mesure *f* aberrante **2.** [person not in mainstream] ▸ **to be an outlier** être en marge.

outline ['aʊtlaɪn] ◆ n **1.** [contour, shape] silhouette *f*, contour *m* ; [of building, of mountains] silhouette *f* ; [of face, figure] profil *m* ; ART [sketch] esquisse *f*, ébauche *f* ▸ **to draw sthg in outline** faire un croquis de qqch **2.** [plan - of project, essay] plan *m* d'ensemble, esquisse *f* ; [- of book] canevas *m* / *I've only written a rough outline of the chapter* je n'ai écrit que les grandes lignes du chapitre ; [general idea] idée *f* générale, grandes lignes *fpl* ; [overall view] vue *f* d'ensemble ▸ **to give sb an outline of sthg** expliquer les grandes lignes de qqch à qqn / *she gave us an outline of* or *she explained to us in outline what she intended to do* elle nous a expliqué dans les grandes lignes ce qu'elle avait l'intention de faire / *An Outline of Modern History* [as title] Éléments d'histoire moderne / *an outline history of Greece* un précis d'histoire grecque. ◆ vt **1.** [plan, theory] expliquer dans les grandes lignes ; [facts] résumer, passer en revue / *he outlined the situation briefly* il dressa un bref bilan de la situation / *could you outline your basic reasons for leaving?* pourriez-vous exposer brièvement les principales raisons de votre départ ? **2.** [person, building, mountain] : *the trees were outlined against the blue sky* les arbres se détachaient sur le fond bleu du ciel **3.** ART esquisser (les traits de), tracer ▸ **to outline sthg in pencil** faire le croquis de qqch / *the figures are outlined in charcoal* les personnages sont esquissés au fusain / *to outline one's eyes in black* souligner le contour de ses yeux en noir.

outline drawing n dessin *m* au trait.

outlive [,aʊt'lɪv] vt survivre à / *she outlived her husband by only six months* elle n'a survécu à son mari que six mois / *he'll outlive us all at this rate* au train où il va, il nous enterrera tous / *the measures have outlived their usefulness* les mesures n'ont plus de raison d'être.

outlook ['aʊtlʊk] n **1.** [prospect] perspective *f* ; ECON & POL horizon *m*, perspectives *fpl* (d'avenir) / *the outlook for the New Year is promising* cette nouvelle année s'annonce prometteuse / *it's a bleak outlook for the unemployed* pour les sans-emploi, les perspectives d'avenir ne sont guère réjouissantes / *the outlook for the future is grim* l'avenir est sombre ; METEOR prévision *f*, prévisions *fpl* / *the outlook for March is cold and windy* pour mars, on prévoit un temps froid avec beaucoup de vent **2.** [viewpoint] point de vue *m*, conception *f* / *what's your outlook on life?* quelle est votre conception de la vie ? / *she has pessimistic outlook* elle voit les choses en noir or de manière pessimiste **3.** [view -from window] perspective *f*, vue *f* / *we have a pleasant outlook onto a small park* nous avons une vue agréable sur un petit parc.

outlying ['aʊt,laɪɪŋ] adj [remote -area, village] isolé, à l'écart ; [far from centre -urban areas] périphérique ▸ **the outlying suburbs** la grande banlieue.

outmanoeuvre UK, **outmaneuver** US [,aʊtmə'nu:vər] vt MIL se montrer meilleur tacticien que ; *fig* déjouer les manœuvres de / *we were outmanoeuvred by the opposition* l'opposition nous a pris de vitesse.

outmoded [,aʊt'məʊdəd] adj démodé, désuet (désuète).

outnumber [,aʊt'nʌmbər] vt être plus nombreux que / *they were outnumbered by the enemy* l'ennemi était supérieur en nombre / *women outnumber men by two to one* il y a deux fois plus de femmes que d'hommes.

out-of-body experience n expérience *f* hors du corps, EHC *f*, autoscopie *f*.

out-of-bounds adj **1.** [barred] interdit / *out-of-bounds to civilians* interdit aux civils **2.** US SPORT hors (du) terrain.

out-of-court adj ▸ **out-of-court settlement** arrangement *m* à l'amiable.

out-of-date adj **1.** = **outdated 2.** [expired] périmé / *your passport is out of date* votre passeport est périmé.

out-of-door UK = **outdoor.**

out-of-doors UK ◆ adv = **outdoors.**
◆ adj = **outdoor.**

out-of-hand adj US *inf* [extraordinary] génial, géant.

out-of-pocket adj : *I'm £5 out of pocket* j'en suis pour 5 livres de ma poche.

out-of-pocket expenses pl n FIN frais *mpl*.

out-of-shot adj TV & CIN en dehors du champ.

out-of-sync adj désynchronisé, hors synchronisation.

out-of-the-ordinary adj insolite.

out-of-the-way adj **1.** [isolated] écarté, isolé ; [unknown to most people] peu connu ; [not popular] peu fréquenté **2.** [uncommon] insolite.

out-of-town adj [shopping centre, retail park] situé à la périphérie d'une ville.

out-of-towner [-'taʊnər] n US *inf* étranger *m*, -ère *f* à la ville / *he's an out-of-towner* il n'est pas d'ici.

out-of-work adj au chômage.

outpace [,aʊt'peɪs] vt [run faster than] courir plus vite que ; [overtake] dépasser, devancer.

outpatient ['aʊt,peɪʃnt] n malade *mf* en consultation externe ▸ **outpatients' clinic** or **department** service *m* de consultation externe.

outperform [,aʊtpə'fɔ:m] vt avoir de meilleures performances que, être plus performant que.

outplacement ['aʊtpleɪsmənt] n reconversion *f* externe.

outplay [,aʊt'pleɪ] vt jouer mieux que, dominer (au jeu).

outpost ['aʊtpəʊst] n avant-poste *m* / *the last outposts of civilization* les derniers bastions de la civilisation.

outpouring ['aʊt,pɔ:rɪŋ] n épanchement *m* ▸ **outpourings** effusions *fpl*.

output ['aʊtpʊt] (*pt & pp* **output**, *cont* **outputting**) ◆ n **1.** [production] production *f* ; [productivity] rendement *m* / *our output is not keeping pace with demand* notre production est insuffisante pour répondre à la demande / *his writing output is phenomenal* c'est un auteur très prolifique ; [power -of machine] rendement *m*, débit *m* / *this machine has an output of 6,000 items an hour* cette machine débite 6 000 pièces à l'heure **2.** ELEC puissance *f* ; [of amplifier] puissance *f* (de sortie) ; COMPUT [device] sortie *f* ; [printout] sortie *f* papier, tirage *m*. ◆ vt COMPUT [data] sortir. ◆ vi COMPUT sortir des données.

output device n périphérique *m* de sortie.

output signal n signal *m* de sortie.

outrage ['aʊtreɪdʒ] ◆ n **1.** [affront] outrage *m*, affront *m* / *it's an outrage against public decency* c'est un outrage aux bonnes mœurs / *it's an outrage against humanity / society* c'est un affront à l'humanité / la société ; [scandal] scandale *m* / *it's an outrage that no-one came to their aid* c'est un scandale or il est scandaleux que personne ne soit venu à leur secours **2.** [indignation] indignation *f* **3.** [brutal act] atrocité *f*, acte *m* de brutalité or de violence ▸ **bomb outrage** UK attentat *m* à la bombe. ◆ vt [person] outrager ; [moral sensibility] outrager, faire outrage à.

outraged ['aʊtreɪdʒd] adj outré, scandalisé ▸ **to be outraged at** or **by sthg** être outré or scandalisé par qqch.

outrageous [aʊt'reɪdʒəs] adj **1.** [scandalous -behaviour, manners] scandaleux ; [atrocious -crime, attack, etc.] monstrueux, atroce / *an outrageous violation of human rights* une violation scandaleuse des droits de l'homme / *it's outrageous that anyone should believe him guilty!* il est scandaleux qu'on puisse le croire coupable ! **2.** [slightly offensive -humour, style] choquant ; [-joke, remark] outrageant **3.** [extravagant -person, colour] extravagant / *he wears the most outrageous clothes* il porte les vêtements les plus extravagants **4.** [price] exorbitant.

outrageously [aʊt'reɪdʒəslɪ] adv **1.** [scandalously] de façon scandaleuse, scandaleusement ; [atrociously] atrocement, monstrueusement / *they behaved outrageously* ils se sont comportés de façon scandaleuse / *we have been treated outrageously* on nous a traités d'une façon scandaleuse **2.** [extravagantly] de façon extravagante / *she was outrageously dressed* elle était habillée de façon extravagante / *the shop is outrageously expensive* les prix pratiqués dans ce magasin sont exorbitants.

outrageousness [aʊt'reɪdʒəsnɪs] n [of behaviour] caractère *m* scandaleux or outrageant ; [of crime, torture] atrocité *f* ; [of dress] extravagance *f* ; [of language] outrance *f* ; [of prices] exagération *f*.

outran [,aʊt'ræn] pt ⟶ **outrun.**

outrank [aʊt'ræŋk] vt avoir un rang plus élevé que ; MIL avoir un grade supérieur à.

outré ['u:treɪ] adj UK *fml & hum* outrancier.

outreach ◆ vt [,aʊt'ri:tʃ] **1.** [exceed] dépasser **2.** [in arm length] avoir le bras plus long que ; [in boxing] avoir l'allonge supérieure à. ◆ n ['aʊtri:tʃ] ADMIN *recherche des personnes qui ne demandent pas l'aide sociale dont elles pourraient bénéficier* ▸ **outreach worker** *employé ou bénévole dans un bureau d'aide sociale.*

outrider ['aʊt,raɪdər] n UK [motorcyclist] motard *m* (d'escorte) ; [horseman] cavalier *m*.

outrigger ['aʊt,rɪgər] n NAUT [gen] balancier *m* ; [on racing boat] portant *m*, outrigger *m*.

outright ◆ adj ['aʊtraɪt] **1.** [absolute, utter -dishonesty, hypocrisy] pur (et simple), absolu ; [-liar] fieffé ; [-ownership] total, absolu ; [frank -denial, refusal] net, catégorique / *he's an outright fascist!* c'est un vrai fasciste ! / *she's an outright opponent of capital punishment* c'est une adversaire inconditionnelle de la peine de mort / *it was outright blackmail* c'était purement et simplement du chantage or du chantage, ni plus ni moins **2.** [clear -win, winner] incontesté / *it's an outright win for New Zealand* la victoire revient incontestablement à la Nouvelle-Zélande **3.** COMM [sale -for cash] au comptant ; [-total] en bloc. ◆ adv [aʊt'raɪt] **1.** [frankly -refuse] net, carrément ; [-ask] carrément, franchement **2.** [totally -oppose] absolument ; [-own] totalement **3.** [clearly -win] nettement, haut la main **4.** COMM [sell -for cash] au comptant ; [-totally] en bloc **5.** [instantly] : *they were killed outright* ils ont été tués sur le coup.

outrun [,aʊt'rʌn] (*pt* **outran** [,aʊt'ræn], *pp* **outrun**, *cont* **outrunning**) vt **1.** [run faster than] courir plus vite que ; [pursuer] distancer **2.** [ability, energy, resources] excéder, dépasser / *our enthusiasm outran our financial resources* notre enthousiasme dépassait nos ressources financières.

outsell [,aʊt'sel] (*pt & pp* **outsold** [-'səʊld]) vt [subj: article] se vendre mieux que ; [subj: company] vendre davantage que / *the brand of cigarettes that outsells all the others* la marque de cigarettes la plus vendue / *her book outsold all of this week's other publications* son livre a été la meilleure vente de la semaine.

outset ['aʊtset] n ▸ **at the outset** au début, au départ ▸ **from the outset** dès le début, d'emblée.

outshine [,aʊt'ʃaɪn] (*pt & pp* **outshone** [-'ʃɒn]) vt [subj: star] briller plus que ; *fig* [rival] éclipser, surpasser.

outside ◆ adv [aʊt'saɪd] **1.** [outdoors] dehors, à l'extérieur / *it's cold outside* il fait froid dehors / *put the box outside* mettez la boîte dehors / *to go outside* sortir / *seen from outside* vu de l'extérieur / *the car is waiting outside* la voiture attend dehors / *you'll have to park outside* il faudra vous garer dans la rue **2.** [on other side of door] dehors / *can you wait outside?* pouvez-vous attendre dehors ? / *there's a woman outside in the hall* il y a une femme dehors dans le vestibule **3.** [out of prison] dehors / *after ten years, it's hard to imagine life outside* après dix ans, c'est dur d'imaginer la vie dehors.
◆ prep [aʊt'saɪd or 'aʊtsaɪd] **1.** [on or to the exterior] à l'extérieur de, hors de / *nobody is allowed outside the house* personne n'a le droit de quitter la maison / *your front foot must remain outside the base line* votre pied d'appel doit rester derrière la or ne doit pas mordre sur la ligne / *put the eggs outside the window / door* mettez les œufs sur le rebord de la fenêtre / devant la porte / *she was wearing her shirt outside her trousers* elle portait sa chemise par-dessus son pantalon / *nobody outside the office must know* personne ne doit être mis au courant en dehors du bureau / *the troublemakers were people from outside the group fig* les fauteurs de troubles ne faisaient pas partie du groupe **2.** [away from] : *we live some way outside the town* nous habitons assez loin de la ville / *I don't think anybody outside France has heard of him* je ne pense pas qu'il soit connu ailleurs qu'en France **3.** [in front of] devant / *they met outside the cathedral* **a)** [by chance] ils se sont rencontrés devant la cathédrale **b)** [by arrangement] ils se sont retrouvés devant la cathédrale **4.** [beyond] en dehors de, au-delà de / *it's outside his field* ce n'est pas son domaine / *it's outside my experience* ça ne m'est jamais arrivé / *the matter is outside our responsibility* la question ne relève pas de notre responsabilité / *outside office hours* en dehors des heures de bureau. ◆ adj ['aʊtsaɪd] **1.** [exterior] extérieur ▸ **the outside world** le monde extérieur / *she has few outside interests* elle s'intéresse à peu de choses à part son travail / *an outside toilet* des toilettes (situées) à l'extérieur / *the outside edge* le bord extérieur ▸ **outside lane a)** [driving on left] file *f* or voie *f* de droite **b)** [driving on right] file *f* or voie *f* de gauche ▸ **an outside line** [on telephone] une ligne extérieure **2.** [from elsewhere -help, influence] extérieur ▸ **to get an outside opinion** demander l'avis d'un tiers **3.** [poor -possibility] faible / *she has only an outside chance*

of winning elle n'a que très peu de chances de gagner **4.** [maximum - price] maximum / *the outside odds are 6 to 1* la cote maximum est de 6 contre 1 **5.** [not belonging to a group] extérieur, indépendant / *an outside body* un organisme indépendant. ◆ n [aʊt'saɪd or 'aʊtsaɪd] **1.** [exterior - of building, container] extérieur *m*, dehors *m* / *the outside of the house needs repainting* l'extérieur de la maison a besoin d'être repeint / *the door opens from (the) outside* la porte s'ouvre de l'extérieur or du dehors / *the arms were flown in from outside* les armes ont été introduites dans le pays par avion ; *fig* : *looking at the problem from (the) outside* quand on considère le problème de l'extérieur **2.** [out of prison] : *I've almost forgotten what life is like on the outside* j'ai presque oublié ce qu'est la vie dehors or de l'autre côté des barreaux **3.** AUTO ▸ **to overtake on the outside** **a)** [driving on left] doubler à droite **b)** [driving on right] doubler à gauche **4.** [outer edge] extérieur *m* / *begin at the outside and work in* commencez par les bords et allez vers l'intérieur.

⁂ **at the outside** adv phr **1.** [in number] tout au plus, au maximum / *twenty people at the outside* vingt personnes tout au plus **2.** [in time] au plus tard / *6:30 at the outside* 6 h 30 au plus tard.

⁂ **outside of** prep phr US **1.** = **outside 2.** [except for] en dehors de / *nobody, outside of a few close friends, was invited* personne, en dehors de or à part quelques amis intimes, n'était invité **3.** [more than] au-delà de / *an offer outside of 10 million* une offre de plus de or supérieure à 10 millions.

outside broadcast n reportage *m*.

outside half n SPORT demi *m* d'ouverture.

outside left n SPORT ailier *m* gauche.

outsider [,aʊt'saɪdəʳ] n **1.** [person] étranger *m*, -ère *f* / *he's always been a bit of an outsider* il a toujours été plutôt marginal / *I'd be glad to have an outsider's viewpoint* je serais heureux d'avoir un point de vue extérieur **2.** SPORT outsider *m*.

outside right n SPORT ailier *m* droit.

outsize ['aʊtsaɪz] UK ◆ n [gen] grande taille *f*, grandes tailles *fpl* ; [for men] très grand patron *m*. ◆ adj **1.** [large] énorme, colossal **2.** [in clothes sizes] grande taille *(inv)*.

outsized ['aʊtsaɪzd] adj énorme, colossal.

outskirts ['aʊtskɜ:ts] pl n [of town] banlieue *f*, périphérie *f* ; [of forest] orée *f*, lisière *f* / *we live on the outskirts of Copenhagen* nous habitons la banlieue de Copenhague.

outsmart [,aʊt'smɑ:t] vt se montrer plus malin que.

outsource ['aʊtsɔ:s] vt COMM sous-traiter, externaliser.

outsourcing ['aʊtsɔ:sɪŋ] n externalisation *f*, sous-traitance *f*.

outspend [,aʊt'spend] (*pt & pp* **outspent** [-'spent]) vt dépenser plus que.

outspoken [,aʊt'spəʊkn] adj franc (franche) ▸ **to be outspoken** parler franchement, avoir son franc-parler / *she was outspoken in her criticism of the project* elle a ouvertement critiqué le projet / *he has always been an outspoken critic of the reforms* il a toujours ouvertement critiqué les réformes.

outspokenness [,aʊt'spəʊkənnɪs] n franc-parler *m*.

outspread [,aʊt'spred] adj écarté / *with outspread arms* les bras écartés / *with outspread wings* les ailes déployées / *with outspread fingers* les doigts écartés / *an outspread newspaper* un journal déplié.

outstanding [,aʊt'stændɪŋ] adj **1.** [remarkable - ability, performance] exceptionnel, remarquable ; [notable - event, feature] marquant, mémorable / *an outstanding politician* un politicien hors pair or exceptionnel **2.** [unresolved - problem] non résolu, en suspens / *there is still one outstanding matter* il reste encore un problème à régler ; [unfinished - business, work] inachevé, en cours ; ADMIN en souffrance, en attente / *there are about 20 pages outstanding* il reste environ 20 pages à faire ; [unpaid - bill] impayé ▸ **outstanding payment** impayé *m* ▸ **outstanding interest** / **rent** arriérés *mpl* d'intérêt / de loyer **3.** ST. EX émis.

outstanding balance n solde *m* à découvert.

outstandingly [,aʊt'stændɪŋlɪ] adv exceptionnellement, remarquablement.

outstare [,aʊt'steəʳ] vt faire baisser les yeux à *(en dévisageant)*.

outstation ['aʊtsteɪʃn] n **1.** [in colony, isolated region] avant-poste *m* **2.** RADIO station *f* extérieure or satellite.

outstay [,aʊt'steɪ] vt **1.** [subj: guests] rester plus longtemps que ▸ **to outstay one's welcome** abuser de l'hospitalité de ses hôtes **2.** UK SPORT [competitor] tenir plus longtemps que.

outstretched [,aʊt'stretʃt] adj [limbs, body] étendu, allongé ; [wings] déployé ▸ **to lie outstretched** s'allonger / *with arms outstretched* or *with outstretched arms* **a)** [gen] les bras écartés **b)** [in welcome] à bras (grand) ouverts / *the beggar stood outside the church with outstretched hands* le mendiant se tenait devant l'église, la main tendue.

outstrip [,aʊt'strɪp] (*pt & pp* **outstripped**, *cont* **outstripping**) vt UK dépasser, surpasser / *they outstripped all their rivals* ils l'ont emporté sur tous leurs concurrents.

outtake ['aʊtteɪk] n CIN & TV coupure *f*.

out tray n corbeille *f* sortie.

outturn ['aʊttɜ:n] n production *f*.

outvote [,aʊt'vəʊt] vt [bill, reform] rejeter (à la majorité des voix) / *the bill was outvoted* une majorité a voté contre le projet de loi ; [person] mettre en minorité / *I wanted to go to the cinema, but I was outvoted* je voulais aller au cinéma, mais les autres ont voté contre.

outward ['aʊtwəd] ◆ adj **1.** [external] extérieur, externe ; [apparent] apparent / *to (all) outward appearances, she's very successful* selon toute apparence, elle réussit très bien / *an outward show of wealth* un étalage de richesses / *she showed no outward signs of fear* elle ne montrait aucun signe de peur **2.** [in direction] vers l'extérieur ▸ **the outward journey** le voyage aller, l'aller *m*. ◆ adv vers l'extérieur ▸ **outward bound** [ship, train] en partance.

outward bound course n école *f* d'endurcissement (en plein air).

outwardly ['aʊtwədlɪ] adv en apparence / *she remained outwardly calm* elle est restée calme en apparence / *outwardly they seem to get on* ils donnent l'impression de bien s'entendre.

outwards ['aʊtwədz] adv UK vers l'extérieur / *his feet turn outwards* il marche les pieds en dehors / *the door opens outwards* la porte s'ouvre vers l'extérieur.

outweigh [aʊt'weɪ] vt l'emporter sur / *the advantages easily outweigh the disadvantages* les avantages l'emportent largement sur les inconvénients.

outwit [,aʊt'wɪt] (*pt & pp* **outwitted**, *cont* **outwitting**) vt se montrer plus malin que / *we've been outwitted* on nous a eus.

outwith [,aʊt'wɪð] prep Scot **1.** [beyond] en dehors de, au-delà de / *it's outwith his field* ce n'est pas son domaine / *it's outwith my experience* ça ne m'est jamais arrivé / *the matter is outwith our responsibility* la question ne relève pas de notre responsabilité / *outwith office hours* en dehors des heures de bureau **2.** [away from] : *we live some way outwith the town* nous habitons assez loin de la ville / *I don't think anybody outwith France has heard of him* je ne pense pas qu'il soit connu ailleurs qu'en France.

outwork ['aʊtwɜ:k] n UK [work] travail *m* fait à l'extérieur.

⁂ **outworks** pl n MIL ouvrage *m* défensif avancé.

outworker ['aʊt,wɜ:kəʳ] n UK travailleur *m* à domicile.

outworn ['aʊtwɔ:n] adj [clothes] usé ; [custom, idea] dépassé, vieux-jeu.

ouzo ['u:zəʊ] n ouzo *m*.

ova ['əʊvə] pl ⟶ **ovum**.

oval ['əʊvl] ◆ adj (en) ovale. ◆ n ovale *m*.

⁂ **Oval** pr n ▸ **the Oval** *célèbre terrain de cricket dans le centre de Londres.*

Oval Office pr n [office] Bureau *m* ovale ; [authority] présidence *f* des États-Unis.

Ovaltine® ['əʊvlti:n] n Ovomaltine® *(boisson chaude instantanée, surtout consommée le soir).*

ovarian [əʊ'veərɪən] adj ovarien.

ovariectomy [,əʊvərɪ'ektəmɪ] (*pl* **ovariectomies**) n ovariectomie *f*.

ovary ['əʊvərɪ] (*pl* **ovaries**) n ovaire *m*.

ovate ['əʊveɪt] adj oviforme.

ovation [əʊ'veɪʃn] n ovation *f* ▸ **to give sb an ovation** faire une ovation à qqn.

oven ['ʌvn] n four *m* ▸ **to cook sthg in an oven** faire cuire qqch au four / *cook in a hot / medium oven* faire cuire à four chaud / à four moyen / *Athens is like an oven in summer* Athènes est une vraie fournaise en été.

ovenable ['ʌvnəbl] adj allant au four.

oven-baked adj INDUST cuit au four ▸ **oven-baked enamel** émail *m* (cuit) au four.

ovenbird ['ʌvənbɜ:d] n fournier *m*.

oven chips, **oven fries** pl n frites *fpl* au four.

oven glove, **oven mitt** n gant *m* isolant.

ovenproof ['ʌvnpru:f] adj allant or qui va au four.

oven-ready adj prêt à cuire or à mettre au four.

ovenware ['ʌvnweəʳ] n plats *mpl* allant au four.

over ['əʊvəʳ]

◆ prep

- **A. IN SPACE**
- **B. INDICATING POSITION OF SUPERIORITY**
- **C. QUANTITY OR VOLUME**
- **D. IN TIME**
- **E. ABOUT OR VIA**
- **F. RECOVERED FROM**

A. IN SPACE **1.** [above] au-dessus de / *a bullet whistled over my head* une balle siffla au-dessus de ma tête / *they live over the shop* ils habitent au-dessus du magasin / *the plane came down over France* l'avion s'est écrasé en France **2.** [on top of, covering] sur, par-dessus / *put a lace cloth over the table* mets une nappe en dentelle sur la table / *she wore a cardigan over her dress* elle portait un gilet par-dessus sa robe / *she wore a black dress with a red cardigan over it* elle avait une robe noire avec un gilet rouge par-dessus / *I put my hand over my mouth* j'ai mis ma main devant ma bouche / *he had his jacket over his arm* il avait sa veste sur le bras / *we painted over the wallpaper* nous avons peint par-dessus la tapisserie / *she was hunched over the wheel* elle était penchée sur la roue **3.** [across the top or edge of] par-dessus / *he was watching me over his newspaper* il m'observait par-dessus son journal / *I peered over the edge* j'ai jeté un coup d'œil par-dessus le rebord / *he fell / jumped over the cliff* il est tombé / a sauté du haut de la falaise **4.** [across the entire surface of] : *to cross over the road* traverser la rue / *they live over the road from me* ils habitent en face de chez moi / *there's a fine view over the valley* on a une belle vue sur la vallée / *he ran his eye over the article* il a parcouru l'article des yeux / *she ran her hand over the smooth marble* elle passa la main sur le marbre lisse / *we travelled for days over land and sea* nous avons voyagé pendant des jours par terre et par mer / *a strange look came over her face* son visage prit une expression étrange **5.** [on the far side of] : *the village over the hill* le village de l'autre côté de la colline / *they must be over the border by now* ils doivent avoir passé la frontière maintenant.

B. INDICATING POSITION OF SUPERIORITY **1.** [indicating position of control] : *to rule over a country* régner sur un pays / *I have no control / influence over them* je n'ai aucune autorité / influence sur eux / *she has some kind of hold over him* elle a une certaine emprise sur lui / *she watched over her children* elle surveillait ses enfants **2.** [indicating position of superiority, importance] sur / *a* *victory over the forces of reaction* une victoire sur les forces réactionnaires / *our project takes priority over the others* notre projet a priorité sur les autres.

C. QUANTITY OR VOLUME **1.** [with specific figure or amount - more than] plus de / *it took me well / just over an hour* j'ai mis bien plus / un peu plus d'une heure / *he must be over thirty* il doit avoir plus de trente ans / *children over (the age of) 7* les enfants (âgés) de plus de 7 ans / *think of a number over 100* pensez à un chiffre supérieur à 100 **2.** [louder than] : *his voice rang out over the others* sa voix dominait toutes les autres / *I couldn't hear what she was saying over the music* la musique m'empêchait d'entendre ce qu'elle disait **3.** MATH [divided by] : *eight over two* huit divisé par deux.

D. IN TIME [during] : *I've got a job over the long vacation* je vais travailler pendant les grandes vacances / *what are you doing over Easter?* qu'est-ce que tu fais pour Pâques ? / *it's improved over the years* ça s'est amélioré au cours ou au fil des années / *over the next few decades* au cours des prochaines décennies / *we discussed it over a drink / over a game of golf* nous en avons discuté autour d'un verre / en faisant une partie de golf.

E. ABOUT OR VIA **1.** [concerning] au sujet de / *a disagreement over working conditions* un conflit portant sur les conditions de travail / *they're always quarrelling over money* ils se disputent sans cesse pour des questions d'argent / *there's a big question mark over his future* nous n'avons aucune idée de ce qu'il va devenir **2.** [by means of, via] : *they were talking over the telephone* ils parlaient au téléphone / *I heard it over the radio* je l'ai entendu à la radio.

F. RECOVERED FROM : *are you over your bout of flu?* est-ce que tu es guéri or est-ce que tu t'es remis de ta grippe ? / *he's over the shock now* il s'en est remis maintenant / *we'll soon be over the worst* le plus dur sera bientôt passé / *it took her a long time to get over his death* elle a mis longtemps à se remettre de sa mort.

◆ adv **1.** [indicating movement or location, across distance or space] : *an eagle flew over* un aigle passa au-dessus de nous / *she walked over to him and said hello* elle s'approcha de lui pour dire bonjour / *he must have seen us, he's coming over* il a dû nous voir, il vient vers nous or de notre côté / *pass my cup over, will you* tu peux me passer ma tasse ? / *she glanced over at me* elle jeta un coup d'œil dans ma direction / *she leaned over to whisper to him* elle se pencha pour lui chuchoter quelque chose à l'oreille / *over in the States* aux États-Unis / *over there* là-bas / *come over here!* viens (par) ici ! / *has Bill been over?* est-ce que Bill est passé ? / *she drove over to meet us* elle est venue nous rejoindre en voiture / *let's have* or *invite them over for dinner* si on les invitait à dîner ? / *we have guests over from Morocco* nous avons des invités qui viennent du Maroc **2.** [everywhere] : *she's travelled the whole world over* elle a voyagé dans le monde entier / *people the world over are watching the broadcast live* des téléspectateurs dans le monde entier assistent à cette retransmission en direct **3.** [indicating movement from a higher to a lower level] : *I fell over* je suis tombé (par terre) / *she knocked her glass over* elle a renversé son verre / *he flipped the pancake over* il a retourné la crêpe / *they rolled over and over in the grass* ils se roulaient dans l'herbe **4.** [so as to cover] : *we just whitewashed it over* nous l'avons simplement passé à la chaux / *the bodies were covered over with blankets* les corps étaient recouverts avec des couvertures **5.** [into the hands of another person, group, etc.] : *he's gone over to the other side / to the opposition* il est passé de l'autre côté / dans l'opposition / *they handed him over to the authorities* ils l'ont remis aux autorités or entre les mains des autorités ; RADIO & TV : *and now over to David Smith in Paris* nous passons maintenant l'antenne à David Smith à Paris ; TELEC ▸ **over (to you)!** à vous ! ▸ **over and out!** terminé ! **6.** [left, remaining] : *there were / I had a few pounds (left) over* il restait / il me restait quelques livres / *seven into fifty-two makes seven with three over* cinquante-deux divisé par sept égale sept, il reste trois **7.** [with specific figure or amount - more] plus / *men of 30 and over* les hommes âgés de 30 ans et plus / *articles costing £100 or over* les articles de 100 livres et plus **8.** [through] : *read it over carefully* lisez-le attentivement / *do you want to talk the matter over?* voulez-vous en discuter ? **9.** [again, more than once] encore / *I had to do the whole thing over* US j'ai dû tout refaire / *she won the tournament five times over* elle a gagné le tournoi à cinq reprises.

◆ adj fini / *the party's over* la fête est finie / *I'm glad that's over (with)!* je suis bien content que ça soit fini !

❖ **over and above** prep phr en plus de / *over and above what we've already paid* en plus de ce que nous avons déjà payé / *and over and above that, he was banned from driving for life* en plus, on lui a retiré son permis (de conduire) à vie.

❖ **over and over** adv phr : *I've told you over and over (again)* je te l'ai répété je ne sais combien de fois.

over- in comp **1.** [excessive] ▸ **over-activity** suractivité *f* ▸ **over-cautious** trop prudent, d'une prudence excessive **2.** [more than] ▸ **the over-fifties** : *a club for the over-fifties* un club pour les plus de cinquante ans.

overabundance [ˌəʊvərəˈbʌndəns] n surabondance *f*.

overabundant [ˌəʊvərəˈbʌndənt] adj surabondant.

overachieve [ˌəʊvərəˈtʃiːv] vi réussir brillamment / *children who overachieve* les enfants surdoués.

overachiever [ˌəʊvərəˈtʃiːvər] n surdoué *m*, -e *f*.

overact [ˌəʊvərˈækt] vi forcer la note, avoir un jeu outré.

overactive [ˌəʊvərˈæktɪv] adj ▸ **to have an overactive thyroid** faire de l'hyperthyroïdie.

overage [ˈəʊvərɪdʒ] n US [surplus] surplus *m*, excédent *m*.

over-age adj [too old] trop âgé.

overall ◆ adv [ˌəʊvərˈɔːl] **1.** [in general - consider, examine] en général, globalement **2.** [measure] de bout en bout, d'un bout à l'autre ; [cost, amount] en tout **3.** [in competition, sport] au classement général / *Britain finished third overall* la Grande-Bretagne a fini troisième au classement général. ◆ adj **1.** [general] global, d'ensemble / *my overall impression* mon impression d'ensemble **2.** [total - cost, amount] total ; [- measurement] total, hors tout. ◆ n [ˈəʊvərɔːl] [protective coat] blouse *f* ; US [boiler suit] bleu *m* de travail.

❖ **overalls** pl n UK [boiler suit] bleu *m* de travail ; US [dungarees] salopette *f*.

overambitious [ˌəʊvəræmˈbɪʃəs] adj trop ambitieux.

overanxious [ˌəʊvərˈæŋkʃəs] adj **1.** [worried] trop inquiet / *don't be overanxious about the exam* ne vous inquiétez pas trop au sujet de l'examen **2.** [keen] trop soucieux / *he did not seem overanxious to meet her* il n'avait pas l'air tellement pressé de faire sa connaissance / *she is overanxious to please* elle est trop désireuse or soucieuse de plaire, elle en fait trop.

overarm [ˈəʊvərɑːm] ◆ adv [serve, bowl] par-dessus l'épaule ▸ **to throw a ball overarm** lancer une balle par-dessus sa tête ▸ **to swim overarm** nager à l'indienne. ◆ adj ▸ **overarm stroke** brasse *f* indienne.

overate [ˌəʊvərˈet] pt ⟶ **overeat.**

overawe [ˌəʊvərˈɔː] vt intimider, impressionner / *don't be overawed by what you are about to hear* ne vous laissez pas impressionner par ce que vous allez entendre.

overbalance [ˌəʊvəˈbæləns] ◆ vi [person] perdre l'équilibre ; [load, pile] basculer, se renverser ; [car] capoter ; [boat] chavirer. ◆ vt [person] faire perdre l'équilibre à ; [pile, vehicle] renverser, faire basculer.

overbear [ˌəʊvəˈbeər] (*pt* **overbore** [-ˈbɔːr], *pp* **overborne** [-ˈbɔːn]) vt *fml* [rival, victim] dominer, triompher de, vaincre ; [objection, proposal] l'emporter sur, prévaloir contre.

overbearing [ˌəʊvəˈbeərɪŋ] adj autoritaire, impérieux.

overbid (*pt & pp* **overbid**, *cont* **overbidding**) ◆ vt [ˌəʊvəˈbɪd] enchérir sur. ◆ vi [ˌəʊvəˈbɪd] surenchérir. ◆ n [ˈəʊvəbɪd] surenchère *f*.

overblown [ˌəʊvəˈbləʊn] adj **1.** [flower, beauty] qui commence à se faner **2.** *pej* [prose, style] boursouflé, ampoulé, pompier.

overboard [ˈəʊvəbɔːd] adv NAUT par-dessus bord ▸ **to fall overboard** passer par-dessus bord ▸ **to jump overboard** sauter à la mer ▸ **man overboard!** un homme à la mer ! ▸ **to throw sthg / sb overboard a)** *lit* jeter qqch / qqn par-dessus bord **b)** *fig* se débarrasser de qqch / qqn / *to throw a project overboard* abandonner un projet ▸ **to go overboard** *inf* dépasser la mesure, exagérer / *he has really gone overboard with his latest film* il a vraiment dépassé les bornes avec son dernier film / *he went overboard for a young waitress* il est tombé amoureux fou d'une jeune serveuse / *the critics went overboard about her first novel* les critiques se sont enthousiasmés or emballés pour son premier roman.

overbook [ˌəʊvəˈbʊk] ◆ vt [flight, hotel] surréserver. ◆ vi [airline, hotel] surréserver.

overbooking [ˌəʊvəˈbʊkɪŋ] n surréservation *f*, surbooking *m*.

overbore [-ˈbɔːr] pt ⟶ **overbear.**

overborne [-ˈbɔːn] pp ⟶ **overbear.**

overborrow [ˌəʊvəˈbɒrəʊ] vi FIN [company] emprunter de façon excessive.

overborrowing [ˌəʊvəˈbɒrəʊɪŋ] n [of company] surendettement *m*.

overburden [ˌəʊvəˈbɜːdn] vt surcharger, accabler / *overburdened with work* submergé de travail / *overburdened with debts* criblé de dettes / *overburdened with worries* accablé de soucis.

overcall ◆ vt [ˌəʊvəˈkɔːl] [in bridge] surenchérir sur. ◆ n [ˈəʊvəkɔːl] [in bridge] surenchère *f*.

overcame [ˌəʊvəˈkeɪm] pt ⟶ **overcome.**

overcapitalize, overcapitalise [ˌəʊvəˈkæpɪtəlaɪz] vt surcapitaliser.

overcast (*pt & pp* **overcast**) ◆ vt [ˌəʊvəˈkɑːst] SEW surfiler. ◆ adj [ˈəʊvəkɑːst] [sky] sombre, couvert ; [weather] couvert / *it's getting overcast* le temps se couvre / *the sky became overcast* le ciel s'assombrit. ◆ n nébulosité *f*.

overcautious [ˌəʊvəˈkɔːʃəs] adj trop prudent, prudent à l'excès.

overcharge [ˌəʊvəˈtʃɑːdʒ] ◆ vt **1.** [customer] faire payer trop cher / *I've been overcharged!* on m'a fait payer trop cher !, je me suis fait écorcher ! / *they overcharged me for the coffee* ils m'ont fait payer le café trop cher / *they overcharged me for the repair* ils m'ont pris trop cher pour la réparation **2.** ELEC [circuit] surcharger **3.** UK [description, picture] surcharger / *the painting was overcharged with detail* le tableau était surchargé de détails. ◆ vi faire payer trop cher / *they overcharged for the tomatoes* ils ont fait payer les tomates trop cher.

overclocking [ˌəʊvəˈklɒkɪŋ] n COMPUT surfréquençage *m*.

overcloud [ˌəʊvəˈklaʊd] ◆ vt : *the sky became overclouded* le ciel se couvrit de nuages. ◆ vi se couvrir, devenir nuageux.

overcoat [ˈəʊvəkəʊt] n manteau *m*, pardessus *m*.

overcome [ˌəʊvəˈkʌm] (*pt* **overcame** [ˌəʊvəˈkeɪm], *pp* **overcome**) ◆ vt **1.** [vanquish - enemy, opposition] vaincre, triompher de ; [- difficulty, shyness] surmonter ; [- fear, repulsion, prejudice] vaincre, surmonter, maîtriser ; [master - nerves] maîtriser, contrôler **2.** [debilitate, weaken] accabler / *the heat overcame me* la chaleur finit par me terrasser / *she was overcome by the fumes* les émanations lui ont fait perdre connaissance / *he felt sleep overcome him* *liter* il sentait le sommeil le gagner **3.** *(usu passive)* [overwhelm] : *to be overcome by the enemy* succomber à l'ennemi / *to be overcome by fear* être paralysé par la peur / *to be overcome with joy* être comblé de joie / *to be overcome with grief* être accablé par la douleur / *I was overcome by the news* la nouvelle m'a bouleversé / *in a voice overcome with emotion* d'une voix tremblante d'émotion / *how did he take the news? — he was quite overcome* comment a-t-il pris la nouvelle ? — il est resté muet. ◆ vi vaincre / **'We Shall Overcome'** 'Nous triompherons' *(célèbre chanson du mouvement américain des droits civiques).*

overcompensate [,əʊvə'kɒmpənseɪt] vt surcompenser.

overcompensation ['əʊvə,kɒmpən'seɪʃn] n surcompensation *f.*

overcomplicated [,əʊvə'kɒmplɪkeɪtɪd] adj trop or excessivement compliqué.

overconfidence [,əʊvə'kɒnfɪdəns] n **1.** [arrogance] suffisance *f*, présomption *f* **2.** [trust] confiance *f* aveugle or excessive.

overconfident [,əʊvə'kɒnfɪdənt] adj **1.** [arrogant] suffisant, présomptueux **2.** [trusting] trop confiant / *I'm not overconfident of his chances of recovery* je ne crois pas trop en ses chances de guérison.

overconsume [,əʊvəkən'sju:m] vt consommer trop de.

overcook [,əʊvə'kʊk] ◆ vt faire trop cuire / *the vegetables are overcooked* les légumes sont trop cuits. ◆ vi trop cuire.

overcritical [,əʊvə'krɪtɪkəl] adj trop critique.

overcrowd [,əʊvə'kraʊd] vt [bus, train, room] remplir au maximum, bourrer ; [city, streets, prison] surpeupler ; [class] surcharger.

overcrowded [,əʊvə'kraʊdɪd] adj [bus, train, room] bondé, comble ; [city, country, prison] surpeuplé ; [streets] plein de monde ; [class] surchargé / *Paris is overcrowded with tourists in summer* en été, Paris est envahi par les touristes / *they live in very overcrowded conditions* ils vivent très à l'étroit.

overcrowding [,əʊvə'kraʊdɪŋ] n surpeuplement *m*, surpopulation *f* ; [in housing] entassement *m* ; [in bus, train, etc.] entassement *m* des voyageurs, affluence *f* ; [in schools] effectifs *mpl* surchargés ; [in prisons] surpeuplement *m* / *overcrowding on trains means you sometimes have to stand* les trains sont tellement bondés qu'on est parfois contraint de voyager debout / *prison overcrowding is a growing problem* le surpeuplement des prisons est un problème croissant.

overdevelop [,əʊvədɪ'veləp] vt [gen & PHOT] surdévelopper / *parts of the coastline have been overdeveloped* par endroits, le littoral est trop construit.

overdeveloped [,əʊvədɪ'veləpt] adj [gen & PHOT] surdéveloppé.

overdevelopment [,əʊvədɪ'veləpmənt] n surdéveloppement *m.*

overdo [,əʊvə'du:] (*pt* **overdid** [-'dɪd], *pp* **overdone** [-'dʌn]) vt **1.** [exaggerate] exagérer, pousser trop loin / *he rather overdoes the penniless student (bit)* il joue un peu trop l'étudiant pauvre / *the battle scenes are a bit overdone* les scènes de combat sont un peu exagérées / *all that jewellery is really overdoing it!* tous ces bijoux ? c'est vraiment un peu trop ! / *Mabel rather overdoes the make-up* Mabel se maquille un peu trop / *you've overdone the curry powder* tu as eu la main un peu lourde avec le curry **2.** [eat, drink too much of] : *don't overdo the whisky* n'abuse pas du whisky **3.** CULIN trop cuire **4.** PHR **to overdo it** or **to overdo things** se surmener / *I've been overdoing it again* j'ai de nouveau un peu trop forcé.

overdone [-'dʌn] ◆ pp ⟶ **overdo.** ◆ adj **1.** [exaggerated] exagéré, excessif **2.** CULIN trop cuit.

overdoor ['əʊvədɔ:ʳ] n ART dessus *m* de porte.

overdose ◆ n ['əʊvədəʊs] *lit* dose *f* massive or excessive / *an overdose of sleeping pills* une dose massive de somnifères / *she died from a drugs overdose* elle est morte d'une overdose ; *fig* dose *f* / *I think I've had an overdose of culture today hum* je crois que j'ai eu ma dose de culture pour aujourd'hui. ◆ vi [,əʊvə'dəʊs] prendre une overdose / *he overdosed on heroin / LSD* il a pris une overdose d'héroïne / de LSD / *I've been overdosing on chocolate recently hum* j'ai trop forcé sur le chocolat ces derniers temps. ◆ vt [,əʊvə'dəʊs] [patient] administrer une dose excessive à ; [drug] prescrire une dose excessive de.

overdraft ['əʊvədrɑ:ft] n découvert *m* (bancaire) / *to have an overdraft* avoir un découvert / *they live off an overdraft* ils sont en permanence à découvert / *the bank gave me a £100 overdraft* la banque m'a accordé un découvert de 100 livres ▸ **overdraft facilities** autorisation *f* de découvert ▸ **overdraft limit** plafond *m* de découvert.

overdramatic [,əʊvədrə'mætɪk] adj mélodramatique, exagéré.

overdraw [,əʊvə'drɔ:] (*pt* **overdrew** [-'dru:], *pp* **overdrawn** [-'drɔ:n]) ◆ vt [account] mettre à découvert. ◆ vi mettre son compte à découvert.

overdrawn [-'drɔ:n] adj à découvert ▸ **to be** or **to go overdrawn** être or se mettre à découvert / *my account is overdrawn* mon compte est à découvert / *I'm overdrawn by £100* j'ai un découvert de 100 livres.

overdress ◆ vi [,əʊvə'dres] *pej* s'habiller avec trop de recherche, porter des toilettes trop recherchées. ◆ n ['əʊvədres] robe-chasuble *f.*

overdressed [,əʊvə'drest] adj habillé avec trop de recherche / *to be overdressed* être trop bien habillé pour la circonstance / *I felt overdressed in my dinner suit* j'avais la sensation d'être emprunté dans mon smoking.

overdrew [-'dru:] pt ⟶ **overdraw.**

overdrive ['əʊvədraɪv] n AUTO (vitesse *f*) surmultipliée *f*, overdrive *m* ▸ **to go into overdrive** *fig* mettre les bouchées doubles.

overdub (*pt & pp* **overdubbed**, *cont* **overdubbing**) ◆ vt [,əʊvə'dʌb] [in recording] surimprimer. ◆ n ['əʊvədʌb] surimpression *f.*

overdubbing [,əʊvə'dʌbɪŋ] n overdubbing *m*, ajout *m* de pistes.

overdue [,əʊvə'dju:] adj **1.** [bus, flight, person] en retard / *she is long overdue* elle devrait être là depuis longtemps / *the flight from Panama is half an hour overdue* le vol de Panama a une demi-heure de retard ; [payment, rent] en retard, impayé ; [library book] non retourné / *our repayments are two months overdue* nous avons un retard de deux mois dans nos remboursements **2.** [apology] tardif / *an explanation is overdue* le moment semble venu de donner une explication, il est temps de donner une explication ; [change, reform] qui tarde, qui se fait attendre / *this reform is long overdue* cette réforme aurait dû être appliquée il y a longtemps / *the car is overdue for a service* la voiture a besoin d'être révisée **3.** [in pregnancy] ▸ **to be overdue** être en retard.

overeager [,əʊvər'i:gəʳ] adj trop empressé / *he is overeager to please* il est trop soucieux or désireux de plaire / *I can't say I'm overeager to go* je ne peux pas dire que j'aie une envie folle d'y aller.

over easy adj US ▸ **eggs over easy** *œufs sur le plat saisis des deux côtés.*

overeat [,əʊvər'i:t] (*pt* **overate** [,əʊvər'et], *pp* **overeaten** [-'i:tn]) vi [once] trop manger, faire un repas trop copieux ; [habitually] se suralimenter.

overeating [,əʊvər'i:tɪŋ] n [habitual] suralimentation *f.*

overegg [,əʊvər'eg] vt UK ▸ **to overegg the pudding** en faire trop.

overelaborate [,əʊvərɪ'læbərɪt] adj [dress, style] trop recherché ; [ornamentation] tarabiscoté ; [explanation, excuse] tiré par les cheveux ; [description] alambiqué, contourné.

overemotional [,əʊvərɪ'məʊʃənl] adj hyperémotif, trop émotif.

overemphasis [,əʊvə'remfəsɪs] n accentuation *f* excessive.

overemphasize, overemphasise [,əʊvər'emfəsaɪz] vt trop mettre l'accent sur, trop insister sur / *I cannot overemphasize the need for discretion* je n'insisterai jamais assez sur la nécessité de faire preuve de discrétion.

overemployment [,əʊvərɪm'plɔɪmənt] n suremploi *m.*

overengineered [,əʊvərendʒɪ'nɪəd] adj TECH d'une conception très complexe.

overenthusiastic ['əʊvərɪn,θju:zɪ'æstɪk] adj trop enthousiaste.

overestimate [,əʊvər'estɪmeɪt] vt surestimer.

overexaggerate [,əʊvərɪg'zædʒəreɪt] vt exagérer, attacher trop d'importance à.

overexcite [,əʊvərɪk'saɪt] vt surexciter.

overexcited [,əʊvərɪk'saɪtɪd] adj surexcité ▸ **to become** or **to get overexcited** (trop) s'énerver / *don't get overexcited, they haven't arrived yet* ne vous excitez pas, ils ne sont pas encore arrivés / *she got overexcited and burst into tears* elle s'est mise dans un état d'agitation extrême et a fondu en larmes.

overexcitement [,əʊvərɪk'saɪtmənt] n surexcitation *f.*

overexert [,əʊvərɪg'zɜ:t] vt surmener ▸ **to overexert o.s.** se surmener, s'éreinter.

overexertion [,əʊvərɪg'zɜ:ʃn] n surmenage *m.*

overexpose [,əʊvərɪk'spəʊz] vt *lit & fig* surexposer.

overexposure [,əʊvərɪk'spəʊʒəʳ] n *lit & fig* surexposition *f.*

overfamiliar [,əʊvəfə'mɪljəʳ] adj **1.** [too intimate, disrespectful] trop familier **2.** [conversant] : *I'm not overfamiliar with the system* je ne connais pas très bien le système.

overfamiliarity ['əʊvəfə,mɪlɪ'ærətɪ] n familiarité *f* excessive.

overfeed [,əʊvə'fi:d] (*pt & pp* **overfed** [-'fed]) ◆ vt suralimenter. ◆ vi se suralimenter, trop manger.

overfeeding [,əʊvə'fi:dɪŋ] n suralimentation *f.*

overfill [,əʊvə'fɪl] vt trop remplir.

overfish [,əʊvə'fɪʃ] vt [fishing ground] surexploiter.

overfishing [,əʊvəʳ'fɪʃɪŋ] n surpêche *f.*

overflew [,əʊvə'flu:] pt ⟶ **overfly.**

overflow ◆ vi [,əʊvə'fləʊ] **1.** [with liquid - container, bath] déborder ; [river] déborder, sortir de son lit / *the glass is full to overflowing* le verre est plein à ras bord / *the river frequently overflows onto the surrounding plain* la rivière inonde souvent la plaine environnante ; [with people - room, vehicle] déborder, être plein à craquer / *the streets were overflowing with people* les rues regorgeaient de monde / *the demonstrators overflowed into the side streets* les manifestants envahirent les rues adjacentes / *the shop was full to overflowing* le magasin était plein à craquer ; [with objects - box, wastebin] déborder / *the contents of the bin overflowed onto the floor* le contenu de la poubelle s'est répandu par terre / *her desk was overflowing with papers* son bureau disparaissait sous les papiers **2.** *fig* [with emotion] déborder / *his heart was overflowing with joy* son cœur débordait de joie. ◆ vt [,əʊvə'fləʊ] déborder de / *the river overflowed its banks* la rivière est sortie de son lit or a débordé. ◆ n ['əʊvəfləʊ] **1.** [drain - from sink, cistern] trop-plein *m* ; [- large-scale] déversoir *m* **2.** [excess - of population, production] excédent *m*, surplus *m* ; [- of energy, emotion] trop-plein *m*, débordement *m* **3.** [flooding] inondation *f* ; [excess] trop-plein *m* **4.** COMPUT dépassement *m* de capacité, débordement *m.*

overflown [,əʊvə'fləʊn] pp ⟶ **overfly.**

overflow pipe n trop-plein *m*, tuyau *m* d'écoulement.

overfly [,əʊvə'flaɪ] (*pt* **overflew** [,əʊvə'flu:], *pp* **overflown** [,əʊvə'fləʊn]) vt survoler.

overfond [,əʊvə'fɒnd] adj : *she's not overfond of children* on ne peut pas dire qu'elle ait une passion pour les enfants / *he's not overfond of the cinema* il n'est pas très porté sur le cinéma.

overfull [,əʊvə'fʊl] adj trop plein, qui déborde.

overgenerous [,əʊvə'dʒenərəs] adj [person, act] (trop) généreux, prodigue ; [portion] trop copieux, excessif.

overground ['əʊvəgraʊnd] ◆ adj à la surface du sol, en surface ▸ **an overground rail link** une voie ferrée à l'air libre or aérienne. ◆ adv à la surface du sol / *the line goes overground when it reaches the suburbs* la ligne fait surface quand elle arrive en banlieue.

overgrown [,əʊvə'grəʊn] adj [garden, path, etc.] ▸ **overgrown with** envahi par / *the path was overgrown with weeds / brambles* le chemin était envahi par les mauvaises herbes / ronces / *the garden has become very* *overgrown* le jardin est devenu une vraie jungle / *a wall overgrown with ivy* un mur recouvert de lierre / *he's just an overgrown schoolboy fig* c'est un grand enfant.

overhand ['əʊvəhænd] = **overarm.**

overhang (*pt & pp* **overhung** [-'hʌŋ]) ◆ vt [,əʊvə'hæŋ] **1.** [subj: cliff, ledge, balcony] surplomber, faire saillie au-dessus de ; [subj : cloud, mist, smoke] planer sur, flotter au-dessus de **2.** *fig* [subj : threat, danger] planer sur, menacer. ◆ vi [,əʊvə'hæŋ] être en surplomb, faire saillie. ◆ n ['əʊvəhæŋ] surplomb *m*.

overhanging [,əʊvə'hæŋɪŋ] adj **1.** [cliff, ledge, balcony] en surplomb, en saillie / *we walked under the overhanging branches* nous marchions sous un dais or une voûte de branches **2.** *fig* [threat] imminent.

overhaul ◆ n ['əʊvəhɔ:l] [of car, machine] révision *f* ; [of institution, system] révision *f*, remaniement *m* / *the education system needs a complete overhaul* le système scolaire a besoin d'être complètement remanié. ◆ vt [,əʊvə'hɔ:l] **1.** [car, machine] réviser ; [system] revoir, remanier **2.** [catch up] rattraper ; [overtake] dépasser ; NAUT gagner.

overhead ◆ adv [,əʊvə'hed] au-dessus / *we watched the hawk circling overhead* nous regardions le faucon tournoyer dans le ciel or au-dessus de nos têtes. ◆ adj ['əʊvəhed] **1.** [cable, railway] aérien ; [lighting] au plafond ; SPORT [racket stroke] smashé ; FOOT [kick] retourné **2.** COMM ▸ **overhead costs** frais *mpl* généraux. ◆ n US = **overheads.**

❖ **overheads** pl n UK frais *mpl* généraux.

overhead camshaft n arbre *m* à cames en tête.

overhead door n porte *f* basculante.

overhead projector n rétroprojecteur *m*.

overhear [,əʊvə'hɪəʳ] (*pt & pp* **overheard** [-'hɜ:d]) vt [gen] entendre par hasard ; [conversation] surprendre / *I couldn't help overhearing what you were saying* malgré moi, j'ai entendu votre conversation / *she overheard them talking about her* elle les a surpris à parler d'elle.

overheat [,əʊvə'hi:t] ◆ vt surchauffer. ◆ vi chauffer.

overheated [,əʊvə'hi:tɪd] adj **1.** [too hot - room] surchauffé, trop chauffé ; [- engine] qui chauffe **2.** *fig* [angry] passionné, violent, exalté ▸ **to become** or **to get overheated a)** [person] s'échauffer, s'énerver **b)** [situation] devenir explosif **c)** [discussion, conversation] s'animer.

overheating [,əʊvə'hi:tɪŋ] n échauffement *m* excessif.

overhung [-'hʌŋ] pt & pp ⟶ **overhang.**

overimpress [,əʊvərɪm'pres] vt : *she wasn't overimpressed by the film* le film ne l'a pas particulièrement impressionnée.

overindulge [,əʊvərɪn'dʌlʤ] ◆ vt **1.** [appetite, desire] céder à, succomber à, se laisser aller à / *she overindulges her passion for chocolate* elle cède or succombe trop facilement à sa passion pour le chocolat **2.** [person] (trop) gâter / *she overindulges her children* elle cède à tous les caprices de ses enfants / *he has a tendency to overindulge himself* il a tendance à faire des excès or à se laisser aller. ◆ vi [overeat] trop manger ; [drink] trop boire / *you mustn't overindulge* il ne faut pas abuser des bonnes choses.

overindulgence [,əʊvərɪn'dʌlʤəns] n **1.** [in food and drink] excès *m*, abus *m* **2.** [towards person] indulgence *f* excessive, complaisance *f*.

overindulgent [,əʊvərɪn'dʌlʤənt] adj **1.** [in food and drink] : *he's overindulgent* c'est un bon vivant / *an overindulgent weekend* un week-end de bombance **2.** [towards person] trop indulgent, complaisant.

overinvest [,əʊvərɪn'vest] ◆ vt FIN trop investir. ◆ vi FIN surinvestir (*in dans*).

overinvestment [,əʊvərɪn'vestmənt] n FIN surinvestissement *m*.

overjoyed [,əʊvə'ʤɔɪd] adj comblé, transporté, ravi / *she was overjoyed at being home again* elle était ravie d'être rentrée / *I was overjoyed at the news* cette nouvelle m'a ravi or transporté / *I was overjoyed to see him after so long* j'étais ravi de le voir après si longtemps.

overkill ['əʊvəkɪl] n **1.** MIL surarmement *m* **2.** *fig* exagération *f*, excès *m* ▸ **media overkill** médiatisation *f* excessive.

overladen [,əʊvə'leɪdn] ◆ pp ⟶ **overload.** ◆ adj surchargé.

overlaid [,əʊvə'leɪd] pt & pp ⟶ **overlay.**

overland ['əʊvəlænd] adj & adv par voie de terre / *the overland route to India* le voyage en Inde par la route.

overlap (*pt & pp* **overlapped,** *cont* **overlapping**) ◆ vi [,əʊvə'læp] [gen] (se) chevaucher, se recouvrir en partie / *our visits overlapped* nos visites ont plus ou moins coïncidé / *my responsibilities overlap with hers* mes responsabilités empiètent sur les siennes / *the two systems overlap* les deux systèmes font en partie double emploi. ◆ vt [,əʊvə'læp] [in space] faire se chevaucher ; [in time] empiéter sur / *the edges / tiles overlap each other* les bords / les tuiles se chevauchent. ◆ n ['əʊvəlæp] **1.** [gen] chevauchement *m* **2.** GEOL nappe *f* de charriage.

overlapping [,əʊvə'læpɪŋ] adj [tiles, planks, etc.] qui se chevauchent ; [responsibilities] qui se recoupent ; [holidays] qui coïncident.

overlay ◆ vt [,əʊvə'leɪ] (*pt & pp* **overlaid** [,əʊvə'leɪd]) recouvrir / *the shelf is overlaid with marble* l'étagère est recouverte de marbre. ◆ n ['əʊvəleɪ] **1.** [covering] revêtement *m* **2.** COMPUT recouvrement *m* ▸ **overlay segment** segment *m* de recouvrement.

overleaf [,əʊvə'li:f] adv au dos, au verso / **'see overleaf'** 'voir au verso' / **'continued overleaf'** [in book, magazine] 'suite page suivante'.

overload ◆ vt [,əʊvə'ləʊd] (*pp* **overloaded**) **1.** (*pp* **overloaded** *or* **overladen** [,əʊvə'leɪdn]) [animal, vehicle] surcharger **2.** (*pp* **overloaded**) [electric circuit] surcharger ; [engine, machine] surmener ; *fig* [with work] surcharger, écraser / *she's overloaded with work* elle est surchargée or débordée de travail. ◆ n ['əʊvələʊd] surcharge *f*.

overlong [,əʊvə'lɒŋ] ◆ adj trop or excessivement long. ◆ adv trop longtemps.

overlook [,əʊvə'lʊk] vt **1.** [have view of] avoir vue sur, donner sur / **'villa overlooking the sea'** 'villa avec vue sur la mer' / *the bedroom window overlooks the garden* la fenêtre de la chambre donne sur le jardin / *our house is overlooked at the back* il y a une maison qui a vue sur l'arrière de la nôtre **2.** [fail to notice - detail, small thing] laisser échapper, oublier / *it's easy to overlook the small print* on oublie souvent de lire ce qui est en petits caractères ; [neglect] négliger, ne pas prendre en compte / *they overlooked the language problem* ils n'ont pas pris en compte le problème de la langue / *he seems to have overlooked the fact that I might have difficulties* l'idée que je puisse avoir des difficultés semble lui avoir échappé / *his work has been overlooked for centuries* cela fait des siècles que ses travaux sont ignorés ; [ignore] laisser passer, passer sur / *she decided to overlook the matter* elle décida de fermer les yeux sur l'affaire / *I'll overlook it this time* je veux bien fermer les yeux cette fois-ci **3.** [supervise] surveiller.

overlord ['əʊvəlɔ:d] n **1.** HIST suzerain *m* **2.** *fig* grand patron *m*.

overly ['əʊvəlɪ] adj trop / *she was not overly friendly* elle ne s'est pas montrée particulièrement aimable.

overman ['əʊvəmæn] n PHILOS surhomme *m*.

overmanned [,əʊvə'mænd] adj [factory, production line] en sureffectif.

overmanning [,əʊvə'mænɪŋ] n (*U*) sureffectifs *mpl*.

overmuch [,əʊvə'mʌʧ] *fml* ◆ adj trop de. ◆ adv outre mesure, trop.

overnice [,əʊvə'naɪs] adj [distinction] trop subtil ; [person] trop méticuleux, pointilleux à l'excès.

overnight ◆ adv [,əʊvə'naɪt] **1.** [during the night] pendant la nuit / *to drive / to fly overnight* rouler / voler de nuit ; [until next day] jusqu'au lendemain / *they stopped* or *stayed overnight in Birmingham* ils ont passé la nuit à Birmingham / *the milk won't keep overnight* le lait ne se conservera pas jusqu'à demain **2.** *fig* [suddenly] du jour au lendemain / *her hair went grey overnight* ses cheveux sont devenus gris du jour au lendemain / *the situation grew worse overnight* la situation a empiré du jour au lendemain or a subitement empiré. ◆ adj ['əʊvənaɪt] **1.** [stay, guest] d'une nuit ; [clothes, journey] de nuit / *an overnight stay* une nuit / *we had an overnight stay in Paris* nous avons passé une nuit à Paris **2.** *fig* [sudden] soudain, subit / *there has been an overnight improvement in the situation* la situation s'est subitement améliorée. ◆ vi ['əʊvənaɪt] passer la or une nuit.

overnight bag n sac *m* or nécessaire *m* de voyage.

overoptimism [,əʊvə'rɒptɪmɪzm] n optimisme *m* exagéré / *to suffer from* or *to be guilty of overoptimism* être excessivement or par trop optimiste.

overoptimistic [,əʊvə,rɒptɪ'mɪstɪk] adj excessivement or par trop optimiste / *I am not overoptimistic about their chances* je ne crois pas qu'ils aient de grandes chances.

overpaid [,əʊvə'peɪd] pt & pp ⟶ **overpay.**

overparticular [,əʊvəpə'tɪkjʊləʳ] adj (par) trop exigeant / *he's not overparticular about these things* il se moque un peu de ces choses-là.

overpass ['əʊvəpɑ:s] n AUTO saut-de-mouton *m* (*route*).

overpay [,əʊvə'peɪ] (*pt & pp* **overpaid** [,əʊvə'peɪd]) vt [bill, employee] surpayer, trop payer.

overpayment [,əʊvə'peɪmənt] n trop-perçu *m*.

overperform [,əʊvəpə'fɔ:m] vi ST. EX [of shares] avoir un cours anormalement élevé.

overplay [,əʊvə'pleɪ] ◆ vt [importance] exagérer ▸ **to overplay one's hand** présumer de ses forces or de ses capacités. ◆ vi exagérer son rôle.

overpolite [,əʊvəpə'laɪt] adj trop poli.

overpopulated [,əʊvə'pɒpjʊleɪtɪd] adj surpeuplé.

overpopulation ['əʊvə,pɒpjʊ'leɪʃn] n surpeuplement *m*, surpopulation *f*.

overpower [,əʊvə'paʊəʳ] vt **1.** [physically - enemy, opponent] maîtriser, vaincre **2.** [subj: smell] suffoquer ; [subj: heat, emotion] accabler / *they were overpowered by his charm* ils furent ensorcelés or subjugués par son charme.

overpowering [,əʊvə'paʊərɪŋ] adj **1.** [heat, sensation] accablant, écrasant ; [smell] suffocant ; [perfume] entêtant **2.** [desire, passion] irrésistible ; [grief] accablant / *an overpowering sense of guilt* un sentiment irrépressible de culpabilité **3.** [force] irrésistible **4.** [personality, charisma] dominateur, irrésistible.

overprescribe [,əʊvəprɪ'skraɪb] ◆ vi MED prescrire trop de médicaments. ◆ vt [medicine, tablets] prescrire en trop fortes quantités.

overprice [,əʊvə'praɪs] vt vendre trop cher.

overpriced [,əʊvə'praɪst] adj excessivement cher / *those books are really overpriced* le prix de ces livres est vraiment excessif or trop élevé.

overpricing [,əʊvə'praɪsɪŋ] n fixation *f* d'un prix trop élevé.

overprint ◆ vt [,əʊvə'prɪnt] imprimer en surcharge / *the old prices had been overprinted with new ones* les nouveaux prix avaient été imprimés sur les anciens. ◆ n ['əʊvəprɪnt] surcharge *f*.

overprinting [,əʊvə'prɪntɪŋ] n TYPO impression *f* en surcharge ; COMPUT surimpression *f* ; PHOT (tirage *m* en) surimpression *f*.

overproduce [,əʊvəprə'dju:s] vt surproduire.

overproduction [,əʊvəprə'dʌkʃn] n surproduction *f*.

overprotect [,əʊvəprə'tekt] vt surprotéger, trop protéger / *he was overprotected as a child* il a été trop couvé lorsqu'il était enfant.

overprotective [,əʊvəprə'tektɪv] adj trop protecteur, protecteur à l'excès / *she is overprotective of* or *towards her son* elle couve trop son fils.

overpublicize, overpublicise [,əʊvə'pʌblɪsaɪz] vt faire trop de publicité pour, donner trop de publicité à.

overqualified [,əʊvə'kwɒlɪfaɪd] adj surqualifié.

overran [,əʊvə'ræn] pt ⟶ **overrun.**

overrate [,əʊvə'reɪt] vt [person] surestimer ; [book, film] surfaire.

overrated [,əʊvə'reɪtɪd] adj [person] : *he is rather overrated as a novelist* sa réputation de romancier est assez surfaite ; [book, film] : *I think champagne is really overrated* je pense que le champagne ne mérite pas sa réputation or que la réputation du champagne est surfaite.

overreach [,əʊvə'ri:tʃ] vt ▸ **to overreach o.s.** présumer de ses forces, viser trop haut.

overreact [,əʊvərɪ'ækt] vi [gen] réagir de façon excessive, dramatiser ; [panic] s'affoler / *he has a tendency to overreact* il a tendance à tout dramatiser / *I thought she overreacted to the news* d'après moi, la façon dont elle a réagi en apprenant la nouvelle avait quelque chose d'excessif or de disproportionné.

overreaction [,əʊvərɪ'ækʃn] n réaction *f* disproportionnée or excessive ; [panic] affolement *m*.

overridable [,əʊvə'raɪdəbl] adj COMPUT annulable.

override [,əʊvə'raɪd] (*pt* **overrode** [-'rəʊd], *pp* **overridden** [-'rɪdn]) vt **1.** [instruction, desire, authority] passer outre à, outrepasser ; [decision] annuler ; [rights] fouler aux pieds, bafouer / *my objection was overridden* il n'a été tenu aucun compte de mon objection **2.** [fact, factor] l'emporter sur **3.** [controls, mechanism] annuler, neutraliser **4.** [horse] harasser.

overrider ['əʊvə,raɪdəʳ] n UK AUTO butoir *m* (de pare-chocs).

overriding [,əʊvə'raɪdɪŋ] adj **1.** [importance] primordial, capital ; [belief, consideration, factor] prépondérant, premier, dominant / *our overriding desire is to avoid conflict* notre premier souci est d'éviter un conflit **2.** LAW [clause] dérogatoire.

overripe [,əʊvə'raɪp] adj [fruit] trop mûr ; [cheese] trop fait.

overrode [-'rəʊd] pt ⟶ **override.**

overrule [,əʊvə'ru:l] vt [decision] annuler ; [claim, objection] rejeter / *I was overruled* mon avis a été rejeté.

overrun ◆ vt [,əʊvə'rʌn] (*pt* **overran** [,əʊvə'ræn], *pp* **overrun**, *cont* **overrunning**) **1.** [invade] envahir / *the enemy troops overran the country* les troupes ennemies ont envahi le pays / *the garden is overrun with weeds* le jardin est envahi de mauvaises herbes / *the building was overrun by rats* l'immeuble était infesté de rats / *the streets were overrun by holidaymakers* les rues étaient envahies par les vacanciers **2.** [exceed - time limit] dépasser / *the programme overran the allotted time by ten minutes* l'émission a dépassé de dix minutes le temps qui lui était imparti ; [overshoot] dépasser, aller au-delà de / *the plane overran the runway* l'avion a dépassé le bout de la piste d'atterrissage / *to overrun a signal* RAIL brûler un signal **3.** TYPO [word, sentence - over line] reporter à la ligne suivante ; [- over page] reporter à la page suivante. ◆ vi [,əʊvə'rʌn] (*pt* **overran** [,əʊvə'ræn], *pp* **overrun**, *cont* **overrunning**) [programme, speech] dépasser le temps alloué or imparti ; [meeting] dépasser l'heure prévue / *the speech overran by ten minutes* le discours a duré dix minutes de plus que prévu. ◆ n ['əʊvərʌn] [in time, space] dépassement *m* ▸ **cost overruns** surcoûts *mpl*.

oversaw [,əʊvə'sɔ:] pt ⟶ **oversee.**

overscore [,əʊvə'skɔ:ʳ] vt barrer, rayer.

overscrupulous [,əʊvə'skru:pjʊləs] adj [morally] trop scrupuleux ; [in detail] pointilleux.

overseas ◆ adv [,əʊvə'si:z] à l'étranger / *to go overseas* partir à l'étranger / *she prefers to live overseas* elle préfère vivre à l'étranger / *people who come back from overseas* les gens qui reviennent de l'étranger. ◆ adj ['əʊvəsi:z] [student, tourist, market] étranger ; [travel, posting] à l'étranger ; [mail - from overseas] (en provenance) de l'étranger ; [- to an overseas country] pour l'étranger ; [trade] extérieur ; [colony, possession] d'outre-mer ▸ **the Ministry of Overseas Development** ≃ le ministère de la Coopération et du Développement ▸ **the French overseas territories** les Territoires français d'outre-mer.

oversee [,əʊvə'si:] (*pt* **oversaw** [,əʊvə'sɔ:], *pp* **overseen** [-'si:n]) vt [watch] surveiller, contrôler ; [supervise] superviser.

overseer ['əʊvə,si:əʳ] n [foreman] contremaître *m*, chef *m* d'équipe ; [in mine] porion *m* ; [in printing works] prote *m* ; HIST [of slaves] surveillant *m*, -e *f*.

oversell (*pt & pp* **oversold** [-'səʊld]) ◆ vt [,əʊvə'sel] **1.** [exaggerate - person, quality] mettre trop en valeur, faire trop valoir ▸ **to oversell o.s.** se mettre trop en avant / *personally, I think the Costa Brava is oversold* personnellement, je pense que la Costa Brava est surfaite **2.** COMM : *the concert was oversold* on a vendu plus de billets pour le concert qu'il n'y avait de places. ◆ n ['əʊvəsel] [exaggeration] éloge *m* excessif, panégyrique *m*.

oversensitive [,əʊvə'sensɪtɪv] adj trop sensible or susceptible, hypersensible.

oversew ['əʊvəsəʊ] (*pp* **oversewn** [-səʊn]) vt surjeter ▸ **oversewn seam** surpiqûre.

oversexed [,əʊvə'sekst] adj : *he's oversexed* il ne pense qu'au sexe.

overshadow [,əʊvə'ʃædəʊ] vt **1.** [eclipse - person, event] éclipser / *the peace talks were overshadowed by the presidential election* l'élection présidentielle a éclipsé les pourparlers de paix **2.** [darken] ombrager / *the house is overshadowed by a huge flyover* la maison est assombrie par un immense autopont / *their lives had been overshadowed by the death of their father fig* leur vie avait été endeuillée par la mort de leur père.

overshare ['əʊvəʃeəʳ] US ◆ vi donner trop de détails personnels / *never overshare on your first date* ne donnez pas trop de détails sur votre vie privée lors d'un premier rendez-vous. ◆ n détail *m* en trop / *that qualifies as an overshare* tu aurais pu nous faire grâce de ce détail / *avoid overshare at work* évitez de trop parler de votre vie privée avec vos collègues.

overshoe ['əʊvəʃu:] n galoche *f* ▸ **rubber overshoes** caoutchoucs *mpl*.

overshoot ◆ vt [,əʊvə'ʃu:t] (*pt & pp* **overshot** [-'ʃɒt]) dépasser, aller au-delà de / *the plane overshot the runway* l'avion a dépassé la piste ▸ **to overshoot the mark** aller trop loin. ◆ vi [,əʊvə'ʃu:t] (*pt & pp* **overshot** [-'ʃɒt]) [aircraft] dépasser la piste. ◆ n ['əʊvəʃu:t] dépassement *m*.

oversight ['əʊvəsaɪt] n **1.** [error] omission *f*, oubli *m* ▸ **by** or **through an oversight** par mégarde, par négligence / *due to an oversight your tickets have been sent to your old address* vos billets ont été envoyés par erreur à votre ancienne adresse **2.** [supervision] surveillance *f*, supervision *f*.

oversimplification ['əʊvə,sɪmplɪfɪ'keɪʃn] n simplification *f* excessive.

oversimplify [,əʊvə'sɪmplɪfaɪ] (*pt & pp* **oversimplified**) vt simplifier à l'excès.

over-sixties pl n ▸ **the over-sixties** le troisième âge, les plus de soixante ans.

oversize(d) [,əʊvə'saɪz(d)] adj **1.** [very big] énorme, démesuré **2.** [too big] trop grand.

overskirt ['əʊvəskɜ:t] n jupe *f* extérieure.

oversleep [,əʊvə'sli:p] (*pt & pp* **overslept** [-'slept]) vi se réveiller en retard, ne pas se réveiller à temps.

oversold [-'səʊld] pt & pp ⟶ **oversell.**

overspecialization [,əʊvə,speʃəlaɪ'zeɪʃən] n spécialisation *f* excessive.

overspend (*pt & pp* **overspent** [-'spent]) ◆ n ['əʊvəspend] **1.** [gen] dépenses *fpl* excessives, prodigalités *fpl* **2.** FIN dépassement *m* budgétaire or du budget. ◆ vi [,əʊvə'spend] [gen] trop dépenser ; FIN être en dépassement budgétaire / *I've been overspending recently* j'ai trop dépensé or j'ai dépensé trop d'argent récemment / *I've overspent by £5* j'ai dépensé 5 livres de trop. ◆ vt [,əʊvə'spend] [allowance] dépasser ▸ **to have overspent one's budget** FIN être en dépassement budgétaire.

overspending [,əʊvə'spendɪŋ] n dépense *f* excessive ; FIN dépassement *m* budgétaire.

overspill ◆ vi [,əʊvə'spɪl] déborder, se répandre. ◆ n ['əʊvəspɪl] excédent *m* de population (urbaine) / *the London overspill* l'excédent de la population londonienne. ◆ comp ▸ **overspill population** excédent *m* de population.

overstaffed [,əʊvə'stɑ:ft] adj en sureffectif / *the firm is overstaffed* le personnel de la firme est trop nombreux, la firme connaît un problème de sureffectifs.

overstaffing [,əʊvə'stɑ:fɪŋ] n excédents *mpl* de personnel, sureffectifs *mpl*.

overstate [,əʊvə'steɪt] vt exagérer.

overstatement [,əʊvə'steɪtmənt] n exagération *f* / *to say that he's a singer would be an overstatement* il ne mérite pas vraiment le titre de chanteur.

overstay [,əʊvə'steɪ] vt ▸ **to overstay one's welcome** abuser de l'hospitalité de ses hôtes ▸ **to overstay one's leave** MIL dépasser la durée de sa permission.

oversteer ◆ n ['əʊvəstɪəʳ] AUTO survirage *m*. ◆ vi [,əʊvə'stɪəʳ] survirer.

overstep [,əʊvə'step] (*pt & pp* **overstepped**, *cont* **overstepping**) vt dépasser, outrepasser ▸ **to overstep one's authority** outrepasser ses pouvoirs ▸ **to overstep the mark** or **the limit** *fig* dépasser les bornes, aller trop loin.

overstocked [,əʊvə'stɒkt] adj **1.** [warehouse] trop approvisionné ; [market] encombré, surchargé / *the market is overstocked with foreign goods* le marché regorge de marchandises étrangères **2.** [farm] qui a un excès de cheptel ; [river] trop poissonneux.

overstocking [,əʊvə'stɒkɪŋ] n COMM stockage *m* excessif.

overstrike ◆ n ['əʊvəstraɪk] COMPUT [character] caractère *m* superposé ; [action] frappe *f* superposée. ◆ vt [,əʊvə'straɪk] COMPUT superposer un caractère à.

overstrung [,əʊvə'strʌŋ] adj **1.** [person] tendu, surexcité **2.** [piano] à cordes croisées.

overstuffed [,əʊvə'stʌft] adj rembourré.

oversubscribe [,əʊvəsəb'skraɪb] vt ▸ **to be oversubscribed** [concert, play] être en surlocation / *the share issue was oversubscribed* ST. EX la demande d'achats a dépassé le nombre de titres émis / *the school trip is oversubscribed* il y a trop d'élèves inscrits à l'excursion organisée par l'école.

oversubscription [,əʊvəsəb'skrɪpʃən] n ST. EX [of loan, share issue] sursouscription *f*.

oversubtle [,əʊvə'sʌtl] adj trop subtil.

overt ['əʊvɜ:t or əʊ'vɜ:t] adj manifeste, évident.

overtake [,əʊvə'teɪk] (*pt* **overtook** [-'tʊk], *pp* **overtaken** [-'teɪkn]) vt **1.** [pass beyond] dépasser, devancer / *he overtook all the other runners* il a dépassé tous les autres coureurs ; UK AUTO dépasser, doubler / **'no overtaking'** 'interdiction de dépasser' **2.** [surprise] surprendre / *overtaken by events* dépassé par les événements ; [strike] frapper / *catastrophe overtook the community* la catastrophe a frappé or s'est abattue sur la communauté / *overtaken by* or *with panic* pris de panique **3.** *liter* [engulf - subj: emotion] s'emparer de.

overtaking lane [,əʊvə'teɪkɪŋ-] n UK AUTO [when driving on right] voie *f* de gauche ; [when driving on left] voie *f* de droite.

overtax [,əʊvə'tæks] vt **1.** FIN [person] surimposer ; [goods] surtaxer **2.** [strain - patience, hospitality] abuser de ; [- person, heart] surmener / *don't overtax your strength* or *yourself* ne te fatigue pas inutilement, ne te surmène pas / *don't overtax his brain!* ne lui usez pas la cervelle !

overtaxation [,əʊvətæk'seɪʃən] n FIN surchargement *m* d'impôts, surimposition *f*.

over-the-counter adj **1.** [medicines] vendu sans ordonnance, en vente libre **2.** ST. EX ▸ **over-the-counter market** marché *m* hors-cote.

over-the-transom adj US non demandé.

overthrow ◆ vt [,əʊvə'θrəʊ] (*pt* **overthrew** [-'θru:], *pp* **overthrown** [-'θrəʊn]) **1.** [regime, government] renverser ; [rival, enemy army] vaincre ; [values, standards] bouleverser ; [plans] réduire à néant **2.** [ball]

envoyer trop loin. ◆ n ['əʊvəθrəʊ] **1.** [of enemy] défaite *f* ; [of regime, government] renversement *m*, chute *f* ; [of values, standards] bouleversement *m* **2.** [in cricket - throw] *balle qui dépasse le guichet* ; [- run] *point marqué par une balle hors jeu.*

overtime ['əʊvətaɪm] n *(U)* **1.** [work] heures *fpl* supplémentaires ▸ **to do** or **to work overtime** faire des heures supplémentaires / *he'll have to work overtime to get those two to agree!* *fig* s'il veut mettre ces deux-là d'accord, il a intérêt à se lever de bonne heure ! / *your imagination seems to have been working overtime* on dirait que tu as laissé ton imagination s'emballer **2.** [overtime pay] rémunération *f* des heures supplémentaires / *after 6 p.m. we're on overtime (pay)* après 6 h, on nous paie en heures supplémentaires ▸ **to be paid overtime** être payé en heures supplémentaires **3.** US SPORT prolongations *fpl* / *the match went into overtime* ils ont joué les prolongations.

overtime pay = overtime.

overtired [,əʊvə'taɪəd] adj surmené.

overtly [əʊ'vɜːtlɪ] adv franchement, ouvertement.

overtone ['əʊvətəʊn] n **1.** [nuance] nuance *f*, accent *m* / *there was an overtone of aggression in what she said* il y avait une pointe d'agressivité dans ses propos / *his speech was full of racist overtones* son discours était truffé de sous-entendus racistes **2.** MUS harmonique *m*.

overtook [-'tʊk] pt ⟶ **overtake.**

overtrade [,əʊvə'treɪd] vi avoir une marge d'exploitation trop étroite.

overtrading [,əʊvətreɪdɪŋ] n ST. EX *emballement de l'activité d'une entreprise (au-delà des limites de son capital).*

overtrick ['əʊvətrɪk] n [in bridge] levée *f* de mieux.

overtrump [,əʊvə'trʌmp] vt surcouper.

overture ['əʊvə,tjʊəʳ] n **1.** MUS ouverture *f* **2.** *fig* [proposal] ouverture *f*, avance *f* ▸ **to make overtures to sb** faire des avances à qqn ▸ **romantic overtures** avances amoureuses **3.** *fig* [prelude] prélude *m*, début *m*.

overturn [,əʊvə'tɜːn] ◆ vt **1.** [lamp, car, furniture] renverser ; [ship] faire chavirer **2.** [overthrow - regime, government, plans] renverser ; LAW [judgment, sentence] casser / *the bill was overturned by the Senate* le projet de loi a été rejeté par le Sénat. ◆ vi [lamp, furniture] se renverser ; [car] se retourner, capoter ; [ship] chavirer.

overuse ◆ vt [,əʊvə'juːz] abuser de. ◆ n [,əʊvə'juːs] abus *m*, usage *m* excessif.

overused [,əʊvə'juːzd] adj [word, phrase] galvaudé.

overvaluation [,əʊvə,væljuː'eɪʃən] n [of currency] surévaluation *f* ; [of house, painting] surestimation *f*.

overvalue [,əʊvə'væljuː] vt **1.** [currency] surévaluer ; [house, painting] surestimer **2.** [overrate] surestimer, faire trop de cas de / *his influence has been overvalued* son influence a été surestimée or exagérée.

overview ['əʊvəvjuː] n vue *f* d'ensemble.

overwater [,əʊvə'wɔːtəʳ] vt [plant] trop arroser.

overweening [,əʊvə'wiːnɪŋ] adj UK **1.** [pride, ambition, etc.] sans bornes, démesuré **2.** [person] outrecuidant, présomptueux.

overweight ◆ adj [,əʊvə'weɪt] [person] (trop) gros ([trop] grosse) / *overweight people are more prone to heart disease* les personnes trop grosses or fortes ont plus de risques d'avoir des maladies cardiaques / *I'm a few pounds overweight* j'ai quelques kilos de trop ; [luggage, parcel] trop lourd. ◆ n ['əʊvəweɪt] excès *m* de poids. ◆ vt [,əʊvə'weɪt] **1.** [overload] surcharger **2.** [overemphasize] accorder trop d'importance à, trop privilégier.

overwhelm [,əʊvə'welm] vt **1.** [devastate] accabler, terrasser ; [astound] bouleverser / *overwhelmed with grief* accablé de chagrin / *grief overwhelmed us* le chagrin nous a terrassés / *your generosity overwhelms me* votre générosité me bouleverse or me va droit au cœur **2.** *lit & fig* [submerge] submerger / *our switchboard has been overwhelmed by the number of calls* notre standard a été submergé par les appels / *I'm completely overwhelmed with work* je suis débordé de travail **3.** [defeat] écraser / *the England team was finally overwhelmed* l'équipe d'Angleterre a finalement été écrasée / *we fought back but our attackers overwhelmed us* nous nous sommes débattus mais nos agresseurs ont eu le dessus.

overwhelming [,əʊvə'welmɪŋ] adj **1.** [crushing - victory, defeat] écrasant / *to win by an overwhelming majority* gagner avec une majorité écrasante / *the overwhelming majority (of people) oppose these measures* la grande majorité des gens est opposée à ces mesures **2.** [extreme, overpowering - grief, heat] accablant ; [- joy] extrême ; [- love] passionnel ; [- desire, urge, passion] irrésistible / *an overwhelming sense of frustration* un sentiment d'extrême frustration / *their friendliness is somewhat overwhelming* leur amabilité a quelque chose d'excessif.

overwhelmingly [,əʊvə'welmɪŋlɪ] adv **1.** [crushingly] de manière écrasante / *the House of Lords voted overwhelmingly against the bill* la Chambre des lords a voté contre le projet à une écrasante majorité **2.** [as intensifier] extrêmement ; [predominantly] surtout.

overwind [,əʊvə'waɪnd] (pt & pp **overwound** [-'waʊnd]) vt [clock, watch] trop remonter.

overwinter [,əʊvə'wɪntəʳ] vi [birds, animals] hiverner ; [people] passer l'hiver.

overwork ◆ vt [,əʊvə'wɜːk] **1.** [person] surmener / *he tends to overwork himself* il a tendance à se surmener / *don't overwork yourself* n'en fais pas trop ▸ **to be overworked and underpaid** être surchargé de travail et sous-payé **2.** [word] abuser de, utiliser trop souvent / *it's one of the most overworked phrases in the English language* c'est une des expressions les plus utilisées de la langue anglaise. ◆ vi [,əʊvə'wɜːk] se surmener. ◆ n ['əʊvə,wɜːk] surmenage *m*.

overwound [-'waʊnd] pt & pp ⟶ **overwind.**

overwrite [,əʊvə'raɪt] (pt **overwrote** [-'rəʊt], pp **overwritten** [-'rɪtn]) ◆ vt **1.** [write on top of] écrire sur, repasser sur **2.** COMPUT [file] écraser. ◆ vi écrire dans un style ampoulé.

overwrought [,əʊvə'rɔːt] adj sur les nerfs, à bout.

overzealous [,əʊvə'zeləs] adj trop zélé.

Ovid ['ɒvɪd] pr n Ovide.

oviduct ['əʊvɪdʌkt] n oviducte *m*.

oviform ['əʊvɪfɔːm] adj oviforme.

ovine ['əʊvaɪn] adj ovin.

oviparous [əʊ'vɪpərəs] adj ovipare.

ovipositor [,əʊvɪ'pɒzɪtəʳ] n ovipositeur *m*, tarière *f*.

ovoid ['əʊvɔɪd] ◆ adj ovoïde, ovoïdal. ◆ n figure *f* ovoïde.

ovoviviparous [,əʊvəʊvɪ'vɪpərəs] adj ovovivipare.

ovulate ['ɒvjʊleɪt] vi ovuler.

ovulation [,ɒvjʊ'leɪʃn] n ovulation *f*.

ovule ['ɒvjuːl] n ovule *m*.

ovum ['əʊvəm] (*pl* **ova** ['əʊvə]) n BIOL ovule *m*.

ow [aʊ] interj aïe.

owe [əʊ] ◆ vt devoir ▸ **to owe sthg to sb, to owe sb sthg** devoir qqch à qqn / *you owe me £10* tu me dois 10 livres / *how much* or *what do I owe you?* combien est-ce que or qu'est-ce que je vous dois ? / *how much do we still owe him for* or *on the car?* combien nous reste-t-il à lui payer pour la voiture ? / *I owe you a beer* je te dois une bière / *he thinks society owes him a living* il s'imagine avoir le droit de vivre aux crochets de la société / *I think you owe him an explanation* je pense qu'il a droit à une explication de ta part or que tu lui dois une explication / *we owe them an apology* nous leur devons des excuses / *you owe it to yourself to try again* tu te dois d'essayer encore une fois / *we owe this discovery to a lucky accident* nous devons cette découverte à un heureux hasard / *to what do we owe the honour of your visit?* qu'est-ce qui nous vaut l'honneur de votre visite ? / *I owe it all to my parents* je suis redevable de tout cela à mes parents / *he owes his good looks to his mother* il tient sa beauté de sa mère ▸ **I owe you one!** à charge de revanche ! ◆ vi être endetté / *he still owes for* or *on the house* il n'a pas encore fini de payer la maison.

owing ['əʊɪŋ] adj *(after noun)* dû / *the sum owing on the car* la somme qui reste due sur le prix de la voiture ▸ **to have a lot of money owing a)** [to owe] devoir beaucoup d'argent **b)** [to be owed] avoir beaucoup d'argent à récupérer.

❖ **owing to** prep phr à cause de, en raison de.

owl [aʊl] n hibou *m*, chouette *f* / *he's a wise old owl* c'est la sagesse faite homme, c'est l'image même de la sagesse.

owlet ['aʊlɪt] n jeune hibou *m*, jeune chouette *f*.

owlish ['aʊlɪʃ] adj : *those glasses give you an owlish look* tu as l'air d'un hibou avec ces lunettes.

own [əʊn] ◆ adj propre / *I have my own bedroom* j'ai ma propre chambre / *I have my very own bedroom* j'ai une chambre pour moi tout seul / *a flat with its own entrance* un appartement avec une porte d'entrée indépendante / *these are my own skis* ces skis sont à moi or m'appartiennent / *I'll do it (in) my own way* je le ferai à ma façon / *it's all my own work* c'est moi qui ai tout fait / *she makes all her own clothes* elle fait elle-même tous ses vêtements / **'how to build your own sauna'** 'comment construire votre propre sauna' / *it's your own fault!* tu n'as à t'en prendre qu'à toi-même ! / *you'll have to make up your own mind* c'est à toi et à toi seul de décider, personne ne pourra prendre cette décision à ta place / *I saw it with my own eyes* je l'ai vu de mes propres yeux / *your own mother wouldn't recognize you!* ta propre mère ne te reconnaîtrait pas ! ◆ pron : *is that car your own?* est-ce que cette voiture est à vous ? / *I don't need a pen, I've brought my own* je n'ai pas besoin de stylo, j'ai apporté le mien / *if you want a car, you'll have to buy your own* si tu veux une voiture, tu n'as qu'à t'en acheter une / *her opinions are identical to my own* nous partageons exactement les mêmes opinions / *a house / a room / a garden of one's (very) own* une maison / une pièce / un jardin (bien) à soi / *their son has a car of his own* leur fils a sa propre voiture / *I shan't be going for reasons of my own* je n'irai pas pour des raisons personnelles / *the town has a character of its own* or *all (of) its own* la ville possède un charme qui lui est propre or un charme bien à elle / *my time is not my own* je ne suis pas maître de mon temps / *I haven't a single thing I can call my own* je n'ai rien à moi / *you're on your own now!* à toi de jouer maintenant ! ▸ **to come into one's own a)** [show one's capabilities] montrer de quoi on est capable **b)** [inherit] toucher son héritage / *on bad roads the four-wheel-drive model really comes into its own* sur les mauvaises routes, le modèle à quatre roues motrices montre vraiment ses capacités ▸ **to get one's own back (on sb)** se venger (de qqn) / *I'll get my own back on him for that* je lui revaudrai ça ▸ **to look after one's own** s'occuper des siens ▸ **to make sthg one's own** s'approprier qqch / *she has made the role her own* elle en a fait son rôle. ◆ vt **1.** [possess] posséder / *I've lost everything I owned* j'ai perdu tout ce que je possédais / *they own 51% of the shares* ils détiennent 51 % des actions / *does she own the house?* est-elle propriétaire de la maison ? / *who owns this car?* à qui appartient cette voiture ? / *the land owned by the Crown* les terres qui appartiennent à la Couronne / *they walked in as if they owned the place* *inf* ils sont entrés comme (s'ils étaient) chez eux **2.** *liter* [admit] admettre, reconnaître / *she owned that I was right* elle a reconnu que j'avais raison.

❖ **on one's own** adj phr (tout) seul / *are you here on your own?* êtes-vous seul ici ? / *he left me on my own all evening* il m'a laissé seul toute la soirée / *I'm trying to get him on his own* j'essaie de le voir seul à seul / *I did it (all) on my own* je l'ai fait tout seul / *she's setting up in business on her own* elle monte une affaire toute seule.

❖ **own to** vt insep *liter* avouer / *she owned to a secret passion for Damian* elle avoua une passion cachée pour Damian / *nobody owned to having taken it* personne n'a avoué l'avoir pris.

❖ **own up** vi avouer, faire des aveux / *if the culprit doesn't own up...* si le coupable n'avoue pas or ne passe pas aux aveux... ▸ **to own up to sthg** avouer qqch / *he owned up to his mistake* il a reconnu son erreur.

own-brand adj ▸ **own-brand products** *produits vendus sous la marque du distributeur* / *the supermarket's* *own-brand jam is cheaper* la confiture que le supermarché vend sous sa propre marque coûte moins cher.

owner ['əʊnəʳ] n propriétaire mf / *he is the rightful owner* c'est lui le propriétaire légitime / *at the owner's risk* aux risques du propriétaire / *who is the owner of this jacket?* à qui appartient cette veste ? / *they are all car owners* ils possèdent or ils ont tous une voiture.

owner-driver n conducteur *m*, -trice *f* propriétaire du véhicule.

ownerless ['əʊnəlɪs] adj sans propriétaire.

owner-occupancy n *fait d'être propriétaire du logement qu'on occupe* / *owner-occupancy has increased* de plus en plus de gens sont propriétaires de leurs logements.

owner-occupied adj occupé par son propriétaire.

owner-occupier n occupant *m*, -e *f* propriétaire.

ownership ['əʊnəʃɪp] n possession *f* / *we require proof of ownership* nous demandons un titre de propriété / *the government encourages home ownership* le gouvernement encourage l'accession à la propriété ▸ **change of ownership** changement de propriétaire / **'under new ownership'** 'changement de propriétaire'.

own goal n FOOT but *m* marqué contre son camp ▸ **to score an own goal a)** marquer contre son camp **b)** *fig* agir contre ses propres intérêts.

own-label = own-brand.

ownsome ['əʊnsəm], **owny-o** ['əʊnɪəʊ] n UK *inf* ▸ **(all) on one's ownsome** tout seul.

owt [aʊt] pron UK *inf & regional* quelque chose ▸ **you don't get owt for nowt** on n'a rien sans rien.

ox [ɒks] (*pl* **oxen** ['ɒksn]) n bœuf *m* ▸ **(as) strong as an ox** fort comme un bœuf.

oxalic acid [ɒk'sælɪk-] n acide *m* oxalique.

oxalis [ɒksɑːlɪs] n oxalide *f*, oxalis *m*.

oxblood ['ɒksblʌd] ◆ n [colour] rouge *m* sang. ◆ adj rouge sang *(inv)*.

oxbow (lake) ['ɒksbəʊ-] n bayou *m*.

Oxbridge ['ɒksbrɪdʒ] pr n *désignation collective des universités d'Oxford et de Cambridge* / *Oxbridge graduates* diplômés des universités d'Oxford ou de Cambridge / *the privileges of an Oxbridge education* les privilèges que confère un diplôme d'Oxford ou de Cambridge.

oxcart ['ɒkskɑːt] n char *m* à bœuf or à bœufs.

oxen ['ɒksn] pl ⟶ **ox.**

oxeye daisy ['ɒksaɪ-] n marguerite *f* jaune or des blés.

Oxfam ['ɒksfæm] (abbr of **Oxford Committee for Famine Relief**) pr n *association caritative britannique.*

Oxford ['ɒksfəd] pr n Oxford.

Oxford bags pl n [trousers] pantalon *m* très large.

Oxford blue ◆ n **1.** [colour] bleu *m* foncé **2.** [sportsperson] *sportif qui porte ou a porté les couleurs de l'université d'Oxford.* ◆ adj bleu foncé *(inv)*.

Oxford cloth n oxford *m*.

Oxford English n *l'anglais de l'université d'Oxford, servant parfois de référence pour la «bonne» prononciation.*

oxfords ['ɒksfədz] pl n chaussures *fpl* à lacets.

Oxford shirt n chemise *f* en oxford.

Oxford Street pr n *une des grandes artères commerçantes de Londres.*

oxhide ['ɒkshaɪd] n cuir *m* de bœuf.

oxidant ['ɒksɪdənt] n oxydant *m*.

oxidation [,ɒksɪ'deɪʃn] n oxydation *f*.

oxide ['ɒksaɪd] n oxyde *m*.

oxidize, **oxidise** ['ɒksɪdaɪz] ◆ vt oxyder. ◆ vi s'oxyder.

oxidizer ['ɒksɪdaɪzəʳ] n oxydant *m*.

oxidizing agent ['ɒksɪdaɪzɪŋ-] n oxydant *m*.

oxlip ['ɒkslɪp] n primevère *f* élevée.

Oxo® ['ɒksəʊ] pr n *marque anglaise de bouillon cube.*

Oxon written abbr of **Oxfordshire.**

Oxon. (written abbr of **Oxoniensis**) *de l'université d'Oxford.*

Oxonian [ɒk'səʊnjən] ◆ n [student] étudiant *m*, -e *f* de l'université d'Oxford ; [townsperson] Oxfordien *m*, -enne *f*. ◆ adj oxfordien, d'Oxford.

oxtail ['ɒksteɪl] n queue *f* de bœuf ▸ **oxtail soup** potage *m* oxtail.

ox tongue n langue *f* de bœuf.

oxyacetylene [,ɒksɪə'setɪliːn] adj oxyacétylénique ▸ **oxyacetylene burner** or **lamp** or **torch** chalumeau *m* oxyacétylénique.

oxygen ['ɒksɪdʒən] n oxygène *m*.

oxygenate ['ɒksɪdʒəneɪt] vt oxygéner.

oxygenation [,ɒksɪdʒə'neɪʃn] n oxygénation *f*.

oxygen mask n masque *m* à oxygène.

oxygen tent n tente *f* à oxygène.

oxymoron [,ɒksɪ'mɔːrɒn] (*pl* **oxymora** [-rə]) n oxymoron *m*.

oyez [əʊ'jes] interj *arch* oyez.

oyster ['ɔɪstəʳ] n huître *f* ▸ **oyster basket** bourriche *f* ▸ **oyster farming** ostréiculture *f* ▸ **oyster knife** couteau *m* à huîtres / *the world is her oyster* le monde lui appartient.

The world's my oyster

Dans une scène de la comédie de Shakespeare *The Merry Wives of Windsor (les Joyeuses Commères de Windsor)*, Falstaff refuse de prêter de l'argent à Pistol, qui a cette réplique : **Why then the world's mine oyster, Which I with sword will open.** *Alors, le monde est mon huître, Que de mon épée je veux ouvrir.* Aujourd'hui, l'expression **the world's my / your oyster** est employée pour évoquer un monde de possibilités qui s'ouvre à telle ou telle personne :

Retirement is a depressing thought for some; others find that the world's their oyster once they stop work. *L'idée de la retraite est déprimante pour certains ; d'autres au contraire la considèrent comme une nouvelle vie qui s'ouvre à eux lorsqu'ils arrêtent de travailler.*

I took a year off to go travelling and when I stepped onto that first plane I really felt that the world was my oyster. *J'ai pris une année pour voyager et lorsque je suis monté dans le premier avion, j'ai vraiment eu l'impression que le monde m'appartenait.*

oyster bed n parc *m* à huîtres.

oystercatcher ['ɔɪstə,kætʃəʳ] n huîtrier *m*.

oysterman ['ɔɪstəmən] (*pl* **oystermen** [-mən]) n **1.** [cultivator] ostréiculteur *m*, -trice *f* ; [seller] écailler *m*, -ère *f* **2.** [boat] bateau *m* huîtrier.

oyster mushroom n pleurote *m*.

oyster pink n rose *m* nacré.

❖ **oyster-pink** adj rose nacré *(inv)*.

oyster sauce n sauce *f* aux huîtres.

oyster white n blanc *m* nacré.

❖ **oyster-white** adj blanc nacré *(inv)*.

oz. written abbr of **ounce.**

Oz [ɒz] pr n *inf* Australie *f*.

Ozalid® ['ɒzəlɪd] n Ozalid® *m*.

Ozarks ['əʊzɑːks] pr n ▸ **the Ozarks** *région naturelle de forêts dans le Missouri et l'Arkansas.*

ozone ['əʊzəʊn] n **1.** [gas] ozone *m* ▸ **ozone depletion** diminution *f* de l'ozone ▸ **ozone layer** or **shield** couche *f* d'ozone **2.** *inf* [sea air] bon air *m* marin.

ozone-friendly adj qui préserve la couche d'ozone.

ozone-safe adj qui préserve la couche d'ozone.

ozonosphere [əʊ'zɒnəsfɪəʳ] n ozonosphère *f*.

p [piː] (*pl* **p's** *or* **ps**), **P** (*pl* **P's** *or* **Ps**) n [letter] p *m*, P *m* ▸ **to mind one's p's and q's** UK *inf* se tenir à carreau. See also **f**.

p ◆ (written abbr of **page**) p. ◆ n abbr of **penny**, abbr of **pence**.

P 1. written abbr of **president 2.** (written abbr of **prince**) Pce.

pa [pɑː] n US *inf* papa *m*.

p.a. (written abbr of **per annum**) p.a.

PA ◆ n **1.** (abbr of **personal assistant**) UK secrétaire *mf* de direction **2.** (abbr of **public address system**) système *m* de sonorisation, sono *f* / *departure times will be announced over the PA* les horaires de départ seront annoncés par haut-parleur. ◆ pr n abbr of **Press Association.** ◆ written abbr of **Pennsylvania.**

PABX (abbr of **private automatic branch exchange**) n *autocommutateur privé.*

PAC (abbr of **political action committee**) n *aux États-Unis, comité qui réunit des fonds pour soutenir une cause politique.*

pace[1] [peɪs] ◆ n **1.** [speed] allure *f*, vitesse *f*, train *m* / *she quickened her pace* elle pressa le pas / *she slackened her pace* elle ralentit le pas / *we set off at a good* or *brisk* or *smart pace* nous sommes partis à vive allure / *the traffic slowed to (a) walking pace* on roulait au pas / *the slower pace of country life* le rythme plus paisible de la vie à la campagne / *don't walk so fast, I can't keep pace with you* ne marche pas si vite, je n'arrive pas à te suivre / *to keep pace with new developments* se tenir au courant des derniers développements / *output is keeping pace with demand* la production se maintient au niveau de or répond à la demande / *he couldn't stand* or *take the pace* il n'arrivait pas à suivre le rythme / *do it at your own pace* faites-le à votre propre rythme ▸ **to force the pace** forcer l'allure ▸ **to make** or **to set the pace a)** SPORT donner l'allure, mener le train **b)** *fig* donner le ton **2.** [step] pas *m* / *take two paces to the left* faites deux pas à gauche / *he was a few paces from me* il était à quelques pas de moi ▸ **to put sb through his / her paces** UK mettre qqn à l'épreuve ▸ **to go through** or **to show one's paces** montrer ce dont or de quoi on est capable. ◆ vi marcher (à pas mesurés) / *he paced up and down the corridor* il arpentait le couloir. ◆ vt **1.** [corridor, cage, room] arpenter **2.** [regulate] régler l'allure de / *she paced the first two laps well* elle a trouvé le bon rythme pour les deux premiers tours de piste / *the action is well paced* le suspense ne faiblit pas.

❖ **pace off, pace out** vt sep mesurer en pas / *she paced out ten steps* elle compta dix pas.

pace[2] ['peɪsɪ] prep *fml* n'en déplaise à.

pace bowler n [in cricket] lanceur *m* rapide or puissant.

pacemaker ['peɪsˌmeɪkər] n **1.** SPORT meneur *m*, -euse *f* de train ; *fig* [leader] leader *m* / *they've become the pacemakers in their field* ils sont devenus les leaders dans leur domaine **2.** MED pacemaker *m*, stimulateur *m* cardiaque.

pacer ['peɪsər] n SPORT meneur *m*, -euse *f* de train.

pacesetter ['peɪsˌsetər] US = **pacemaker.**

pacey ['peɪsɪ] (*compar* **pacier**, *superl* **paciest**) adj [vehicle, runner, horse] rapide ; [story, film] mouvementé, vivant.

pacha ['pæʃə] = **pasha.**

pachyderm ['pækɪdɜːm] n pachyderme *m*.

pacific [pə'sɪfɪk] adj *fml* pacifique.

Pacific [pə'sɪfɪk] ◆ pr n ▸ **the Pacific (Ocean)** le Pacifique, l'océan *m* Pacifique. ◆ adj du Pacifique.

pacifically [pə'sɪfɪklɪ] adv *fml* pacifiquement.

pacification [ˌpæsɪfɪ'keɪʃn] n **1.** [of anger] apaisement *m* **2.** [of country, region] pacification *f*.

Pacific Daylight Time n heure *f* d'été du Pacifique.

Pacific Islands pl pr n îles *fpl* du Pacifique / *in the Pacific Islands* dans les îles du Pacifique.

Pacific Northwest pr n ▸ **the Pacific Northwest** *région du nord-ouest de l'Amérique couvrant la province de British Columbia au Canada et les États de Washington et d'Oregon aux États-Unis.*

Pacific Rim pr n ▸ **the Pacific Rim** *groupe de pays situés au bord du Pacifique, particulièrement les pays industrialisés d'Asie.*

Pacific (Standard) Time n heure *f* d'hiver du Pacifique.

pacifier ['pæsɪfaɪər] n **1.** [person] pacificateur *m*, -trice *f* **2.** US [for baby] tétine *f*, sucette *f*.

pacifism ['pæsɪfɪzm] n pacifisme *m*.

pacifist ['pæsɪfɪst] ◆ adj pacifiste. ◆ n pacifiste *mf*.

pacify ['pæsɪfaɪ] (*pt & pp* **pacified**) vt **1.** [soothe] apaiser, calmer **2.** MIL [subdue] pacifier.

pack [pæk] ◆ vt **1.** [bags] faire ▸ **to pack one's case** or **suitcase** faire sa valise / *she packed her bags and left* elle a fait ses bagages et elle est partie, elle a plié bagage **2.** [container, crate] remplir **3.** [put in bags - clothes, belongings] : *I've already packed the towels* j'ai déjà mis les serviettes dans la valise / *shall I pack the camera?* est-ce que j'emporte or je prends l'appareil photo ? / *I've packed a lunch for you* je t'ai préparé de quoi déjeuner **4.** [wrap up - goods for transport] emballer / *the equipment is packed in polystyrene* le matériel est emballé dans du polystyrène **5.** [cram tightly - cupboard, container] bourrer ; [- belongings, people] entasser / *he packed his pockets with sweets* or *he packed sweets into his pockets* il a bourré ses poches de bonbons / *we managed to pack a lot into a week's holiday* on a réussi à faire énormément de choses en une semaine de vacances / *she packs the house every night* THEAT elle fait salle comble chaque soir **6.** [crowd into - subj: spectators, passengers] s'entasser dans / *commuters pack the morning trains* les banlieusards s'entassent dans les trains du matin **7.** [compress - soil] tasser / *the wind had packed the snow against the wall* le vent avait tassé la neige contre le mur **8.** [fill with supporters] ▸ **to pack a jury** se composer un jury favorable **9.** *inf* [have, carry] : *he packs a lot of influence in cabinet / ministerial circles* il a beaucoup d'influence au conseil des ministres / dans les milieux ministériels ▸ **to pack a gun** US être armé **10.** [load - horse, donkey] charger. ◆ vi **1.** [for journey] faire sa valise or ses bagages / *have you finished packing?* as-tu fini tes bagages ? **2.** [fit - into container] rentrer / *the keyboard will pack easily into a briefcase* on peut facilement faire tenir le clavier dans un attaché-case / *this dress packs well* cette robe ne se froisse pas (même dans une valise) **3.** [crowd together - spectators, passengers] s'entasser / *we all packed into her car* nous nous sommes tous entassés dans sa voiture. ◆ n **1.** [for carrying - rucksack] sac *m* à dos ; [- bundle] ballot *m* ; [- bale] balle *f* ; [- on animal] charge *f* ▸ **parachute pack** sac *m* à parachute **2.** [packet] paquet *m* / *a pack of washing powder* UK un paquet de lessive / *a pack of cigarettes* US un paquet de cigarettes **3.** UK [deck of cards] jeu *m* **4.** [group - of children, wolves] bande *f* ; [- of cub scouts] meute *f* ; [- of hunting hounds] meute *f* **5.** SPORT [in rugby] pack *m*, paquet *m* (d'avant) **6.** MED compresse *f* **7.** PHR **that's a pack of lies!** UK c'est un tissu de mensonges !

❖ **pack away** ◆ vt sep **1.** [tidy up] ranger **2.** *inf* [eat] bouffer / *he really packs it away!* qu'est-ce qu'il bouffe ! **3.** = **pack off**. ◆ vi se ranger facilement, être escamotable.

❖ **pack down** ◆ vt sep [soil] tasser. ◆ vi SPORT [in rugby] former une mêlée.

❖ **pack in** ◆ vt sep UK **1.** [crowd in] entasser / *the play is packing them in* la pièce fait salle comble **2.** *inf* [task] arrêter ; [job, boyfriend, girlfriend] plaquer / *you should pack in smoking* tu devrais arrêter de fumer ▸ **pack it in!** laisse tomber !, arrête ! ◆ vi **1.** [crowd in] s'entasser (à l'intérieur) **2.** UK *inf* [break down - machine, engine] tomber en rade.

❖ **pack off** vt sep *inf* expédier / *I packed the kids off to bed / school* j'ai envoyé les gosses au lit / à l'école.

❖ **pack up** ◆ vi **1.** [pack one's suitcase] faire sa valise or ses bagages **2.** [tidy up] ranger **3.** UK *inf* [break down] tomber en rade **4.** UK *inf* [give up] laisser tomber / *I'm packing up for today* j'arrête pour aujourd'hui. ◆ vt sep **1.** [suitcase, bags] faire **2.** [clothes, belongings, tools] ranger / *help me pack up the tent* aide-moi à plier la tente **3.** UK *inf* [stop] arrêter.

package ['pækɪdʒ] ◆ n **1.** [small parcel] paquet *m*, colis *m* ; US [packet] paquet *m* **2.** [set of proposals] ensemble *m* / *the offer is part of a larger package* l'offre fait partie d'un ensemble plus important / *a new package of measures to halt inflation* un nouvel ensemble or un nouveau train de mesures visant à stopper l'inflation / *we offered them a generous package* nous leur avons proposé un contrat global très avantageux **3.** = **package holiday 4.** COMPUT ▸ **(software) package** progiciel *m*.

◆ vt **1.** [wrap] emballer, conditionner / *each item is individually packaged* chaque article est conditionné or emballé séparément **2.** [in advertising] fabriquer l'image (de marque) de.

package deal n transaction *f* globale, accord *m* global / *the package deal put forward by the management* l'ensemble des mesures proposées par la direction / *we bought up the lot in a package deal* nous avons tout acheté en un seul lot.

package holiday n voyage *m* organisé or à prix forfaitaire.

packager ['pækɪdʒər] n [in advertising, publishing] packager *m*, packageur *m*.

package tour = **package holiday.**

packaging ['pækɪdʒɪŋ] n **1.** [wrapping materials] emballage *m*, conditionnement *m* **2.** [in advertising, publishing] packaging *m*.

pack animal n bête *f* de somme.

pack drill n MIL exercice *m* avec paquetage *(à titre de punition)*.

packed [pækt] adj **1.** [crowded - train, room] bondé ; [- theatre] comble / *the cinema was packed (out)* UK la salle était comble or pleine à craquer / *the meeting was packed* la réunion a fait salle comble **2.** [packaged] emballé, conditionné **3.** [jury] favorable.

-packed in comp [full of] : *a fun-packed evening* une soirée pleine de divertissements / *an action-packed first half* une première moitié pleine d'action.

packed lunch n panier-repas *m*, casse-croûte *m inv*.

packer ['pækər] n [worker] emballeur *m*, -euse *f*, conditionneur *m*, -euse *f* ; [machine] emballeuse *f*, conditionneuse *f*.

packet ['pækɪt] n **1.** [box] paquet *m* / *a packet of cigarettes* UK un paquet de cigarettes ▸ **a packet of three** UK *hum* une boîte de trois préservatifs ; [bag, envelope] sachet *m* / *a packet of soup / seeds* un sachet de soupe / graines ▸ **packet soup** soupe *f* en sachet **2.** [parcel] paquet *m*, colis *m* **3.** UK *inf* [lot of money] paquet *m* / *that must have cost you a packet* ça a dû te coûter les yeux de la tête or un paquet d'argent ▸ **to make a packet** gagner un fric fou or monstre **4.** NAUT ▸ **packet (boat** or **steamer)** paquebot *m*.

packet switching [-,swɪtʃɪŋ] n COMPUT commutation *f* par paquets.

packhorse ['pækhɔ:s] n cheval *m* de bât.

pack ice n pack *m*, banquise *f*.

packing ['pækɪŋ] n *(U)* **1.** [of personal belongings] : *have you done your packing?* as-tu fait tes bagages ? / *the removal men will do the packing* les déménageurs se chargeront de l'emballage **2.** [of parcel] emballage *m* ; [of commercial goods] emballage *m*, conditionnement *m* / *the fish / meat packing industry* les conserveries de poisson / viande **3.** [wrapping material] emballage *m* **4.** TECH [of piston, joint] garniture *f*.

packing case n caisse *f* d'emballage.

pack rat n **1.** US ZOOL rat *m* des bois, néotome *m* **2.** *inf* [person] ▸ **to be a pack rat** avoir la manie de tout garder.

packsaddle ['pæk,sædl] n bât *m*.

pact [pækt] n pacte *m* / *we made a pact to stop smoking* nous avons convenu de nous arrêter de fumer ▸ **to make a pact with the Devil** faire un pacte or pactiser avec le Diable.

pacy ['peɪsɪ] = **pacey.**

pad [pæd] (*pt & pp* **padded**, *cont* **padding**) ◆ n **1.** [to cushion shock] coussinet *m* / *the skaters wear pads on their knees and elbows* les patineurs portent des genouillères et des protège-coudes ▸ **shin-pad** protège-tibia *m* **2.** [for absorbing liquid, polishing, etc.] tampon *m* ▸ **a pad of cotton wool** un tampon de coton hydrophile **3.** ZOOL [underside of foot] coussinet *m* **4.** [of paper] bloc *m* **5.** AERON & ASTRONAUT aire *f* ▸ **helicopter pad** aire d'atterrissage pour hélicoptères **6.** *inf* [flat] appart *m* ; [room] piaule *f* / *let's go to my pad* allons chez moi ▸ **bachelor pad** garçonnière *f* **7.** BOT [leaf] feuille *f* ▸ **(water) lily pad** feuille de nénuphar **8.** [noise] : *the pad of footsteps behind me* des pas feutrés derrière moi / *the pad of bare feet on marble* le bruit sourd de pieds nus sur le marbre **9.** US *inf* [sanitary towel] serviette *f* hygiénique. ◆ vt **1.** [clothing] matelasser ; [shoulder] rembourrer ; [door, wall] capitonner **2.** = **pad out.** ◆ vi [walk] avancer à pas feutrés / *he padded downstairs in his slippers* il descendit l'escalier en pantoufles / *the dog padded along beside the cyclist* le chien trottinait à côté du cycliste.

❖ **pad out** vt sep **1.** = **pad** *(vt)* **2.** *fig* [essay, article, speech] délayer / *he padded out the talk with anecdotes* il a allongé son discours en le truffant d'anecdotes.

padded ['pædɪd] adj **1.** [door, bench, steering wheel] capitonné ; [garment, envelope, oven glove] matelassé ; [sofa] bien rembourré ▸ **padded bra** soutien-gorge *m* à bonnets renforcés ▸ **padded cell** cellule *f* capitonnée ▸ **padded shoulders** épaules *fpl* rembourrées **2.** [fat] : *he's well padded* il est bien en chair.

padding ['pædɪŋ] n **1.** [fabric] ouate *f*, ouatine *f*, garnissage *m* **2.** *fig* [in essay, speech] délayage *m*, remplissage *m*.

paddle ['pædl] ◆ n **1.** [for boat, canoe] pagaie *f* **2.** [of waterwheel] palette *f*, aube *f* **3.** US [table tennis bat] raquette *f* (de ping-pong) **4.** [of turtle, seal] palette *f* natatoire **5.** [wade] ▸ **to go for** or **to have a paddle** aller barboter. ◆ vi **1.** [in canoe] pagayer / *he paddled across the lake* il a traversé le lac en pagayant **2.** [wade] barboter. ◆ vt **1.** [boat] ▸ **to paddle a canoe** pagayer ▸ **to paddle one's own canoe** *fig* se débrouiller tout seul, mener sa barque **2.** US *inf* [spank] donner une fessée à / *I'll paddle your ass!* tu vas prendre une fessée !

paddle boat n **1.** = **paddle steamer 2.** [pedalo] Pédalo® *m*.

paddle steamer n bateau *m* à roues.

paddle wheel n NAUT roue *f* à aubes.

paddling pool n pataugeoire *f*.

paddock ['pædək] n [gen] enclos *m* ; [at racetrack] paddock *m*.

paddy ['pædɪ] (*pl* **paddies**) n **1.** [field] rizière *f* **2.** [rice] paddy *m*, riz *m* non décortiqué **3.** UK *inf* [fit of temper] : *she was in a real paddy* elle était furax.

Paddy ['pædɪ] (*pl* **Paddies**) n *inf & offens* Irlandais *m*.

paddy field n rizière *f*.

paddy wagon n US *inf* panier *m* à salade.

padlock ['pædlɒk] ◆ n [for door, gate] cadenas *m* ; [for bicycle] antivol *m*. ◆ vt [door, gate] cadenasser ; [bicycle] mettre un antivol à / *she padlocked her bike to a lamppost* elle a attaché son vélo à un lampadaire avec son antivol.

padre ['pɑ:drɪ] n **1.** MIL aumônier *m* **2.** [gen - Catholic] prêtre *m*, curé *m* ; [- Protestant] pasteur *m* ; [term of address] (mon) Père *m*.

Padua ['pædjʊə] pr n Padoue.

Paduan ['pædjʊən] ◆ n Padouan *m*, -e *f*. ◆ adj padouan.

paean ['pi:ən] n **1.** HIST péan *m* **2.** *liter* [expressing praise] dithyrambe *m*.

paederast UK ['pedəræst] = **pederast.**

paediatric UK [,pi:dɪ'ætrɪk] = **pediatric.**

paedology UK [pi:'dɒlədʒɪ] = **pedology.**

paedophile UK ['pi:dəʊ,faɪl] = **pedophile.**

paella [paɪ'elə] n paella *f*.

paeony ['pi:ənɪ] UK = **peony.**

pagan ['peɪgən] ◆ n païen *m*, -enne *f*. ◆ adj païen.

paganism ['peɪgənɪzm] n paganisme *m*.

page [peɪdʒ] ◆ n **1.** [of book, newspaper, etc.] page *f* / *on page two* **a)** [of book] (à la) page deux **b)** [of newspaper] (en) page deux / *the sports page* la page des sports, la page sportive / *a glorious page in our history* *liter* une page glorieuse de notre histoire ▸ **to be on the same page** or **to be reading from the same page** US être sur la même longueur d'ondes ▸ **page three** *la page 3 du « Sun », où figure chaque jour une pin-up* ▸ **page three girl** *nom que l'on donne aux jeunes femmes qui posent seins nus pour certains quotidiens populaires britanniques* **2.** [at court] page *m* ; [in hotel] chasseur *m*, groom *m* ; [at wedding] page *m* ; [in legislative body] (jeune) huissier *m*. ◆ vt **1.** [paginate] paginer **2.** [call] appeler (par haut-parleur) / *paging Mrs Clark!* on demande Mme Clark !

❖ **page through** vt insep feuilleter.

pageant ['pædʒənt] n [historical parade, show] reconstitution *f* historique ; [grand display] spectacle *m* fastueux ; [beauty contest] concours *m* de beauté.

pageantry ['pædʒəntrɪ] n apparat *m*, pompe *f*.

page boy n **1.** [servant] page *m* ; [in hotel] chasseur *m*, groom *m* ; [at wedding] page *m* **2.** [hairstyle] ▸ **page boy (cut)** coupe *f* à la Jeanne d'Arc.

page proofs pl n TYPO épreuves *fpl* en pages.

pager ['peɪdʒər] n TELEC récepteur *m* d'appel or de poche.

page setup n COMPUT mise *f* en page.

page-turner n *inf* [book] livre *m* passionnant, livre *m* captivant.

paginate ['pædʒɪneɪt] vt paginer.

pagination [,pædʒɪ'neɪʃn] n pagination *f*.

pagoda [pə'gəʊdə] n pagode *f*.

pah [pɑ:] interj ▸ **pah!** pouah !

paid [peɪd] ◆ pt & pp ⟶ **pay.** ◆ adj **1.** payé, rémunéré ▸ **paid holidays** UK or **vacation** US congés *mpl* payés ▸ **paid political broadcast** UK POL temps *m* d'antenne acheté ▸ **paid work** travail *m* rémunéré ▸ **paid workers** travailleurs *mpl* salariés **2.** PHR ▸ **to put paid to sthg** gâcher or ruiner qqch.

paid-up adj **1.** [member] à jour de ses cotisations ; *fig* [committed] : *he's a (fully) paid-up member of the Communist Party* il a sa carte au Parti communiste **2.** FIN [capital] versé ; [shares] libéré.

pail [peɪl] n **1.** [bucket] seau *m* **2.** [bucketful] = **pailful.**

pailful ['peɪlfʊl] n US ▸ **a pailful of…** un plein seau de…

paillasse ['pælɪæs] = **palliasse.**

pain [peɪn] ◆ vt [cause distress to] peiner, faire de la peine à ; [hurt] faire souffrir. ◆ n **1.** [physical] douleur *f* / *he has a pain in his ear* il a mal à l'oreille / *I have a pain in my side* j'ai une douleur au côté / *are you in pain?* avez-vous mal ?, est-ce que vous souffrez ? ▸ **to cry out in pain** crier or hurler de douleur ▸ **to cause sb pain** faire mal à qqn ▸ **no pain no gain** on n'a rien sans rien **2.** [emotional] peine *f*, douleur *f*, souffrance *f* / *the news will cause her great pain* cette nouvelle va lui faire de la peine / *he went through a lot of pain when his son left home* il a eu beaucoup de peine quand son fils a quitté la maison / *I feel your pain* je compatis **3.** *inf* [annoying person or thing] : *what a pain he is!* qu'est-ce qu'il est enquiquinant ! / *it's a (real)* or *such a pain trying to cross London during the rush hour* traverser Londres aux heures de pointe, c'est la galère ▸ **to be a pain in the arse** UK *v inf* or **backside**, UK *inf* or **ass** US *v inf* : *he's a pain in the arse* il est chiant, c'est un emmerdeur ▸ **to be a pain in the neck** *inf* : *she's a pain in the neck* elle me casse les pieds **4.** LAW ▸ **on pain of death** sous peine de mort.

❖ **pains** pl n [efforts] peine *f*, mal *m* / *he went to great pains to help us* il s'est donné beaucoup de mal pour nous aider / *she took great pains over her work / the dinner* elle s'est donné beaucoup de mal pour son travail / pour ce dîner / *is that all we get for our pains?* c'est comme cela que nous sommes récompensés de nos efforts ? / *he was at* or *he took pains to avoid her* il a tout fait pour l'éviter.

pained [peɪnd] adj peiné, affligé / *his face took on a pained look* il a pris un air peiné.

painful ['peɪnfʊl] adj **1.** [sore] douloureux / *my burns are still painful* mes brûlures me font toujours mal / *these shoes are really painful* ces chaussures me font vraiment mal / *is your back still painful?* avez-vous toujours mal au dos ? **2.** [upsetting] pénible / *it's painful to have to admit it* c'est dur à admettre **3.** [laborious] pénible, difficile, laborieux **4.** *inf* [very bad] nul.

painfully ['peɪnfʊlɪ] adv **1.** [hit, strike, rub] durement ; [move, walk] péniblement **2.** [distressingly] douloureusement ; [laboriously] laborieusement, avec difficulté **3.** [as intensifier] horriblement / *a painfully boring speech* un discours mortellement ennuyeux / *it was painfully obvious that he didn't understand* il n'était que trop évident qu'il ne comprenait pas / *she's painfully shy* elle est d'une timidité maladive.

painkiller ['peɪn,kɪlər] n analgésique *m*, calmant *m*.

painkilling ['peɪn,kɪlɪŋ] adj analgésique, calmant ▸ **to give sb a painkilling injection** injecter un analgésique à qqn.

painless ['peɪnlɪs] adj **1.** [injection, operation] sans douleur, indolore ; [death] sans souffrance **2.** [unproblematic] facile / *it was a painless decision* la décision n'a pas été dure à prendre / *a painless way to lose weight* une manière facile de perdre du poids.

painlessly ['peɪnlɪslɪ] adv **1.** [without hurting] sans douleur **2.** [unproblematically] sans peine, sans mal.

pain relief n soulagement *m* / *for fast pain relief* pour soulager rapidement la douleur.

painstaking ['peɪnz,teɪkɪŋ] adj [research, care] rigoureux, méticuleux ; [worker] assidu, soigneux.

painstakingly ['peɪnz,teɪkɪŋlɪ] adv soigneusement, méticuleusement.

paint [peɪnt] ◆ n **1.** [for a room, furniture, picture] peinture *f* ▸ **a set** or **box of paints** une boîte de couleurs / *the paint was beginning to flake off* la peinture commençait à s'écailler ▸ **it's like watching paint dry** c'est à mourir d'ennui ▸ **oil** / **acrylic paint** peinture à l'huile / acrylique **2.** *pej* [make-up] peinture *f*. ◆ vt **1.** [room, furniture, picture] peindre / *the door was painted yellow* la porte était peinte en jaune ▸ **to paint one's nails** se vernir les ongles ▸ **to paint one's face a)** se maquiller **b)** *pej* [with make-up] se peinturlurer ▸ **to paint the town red** *inf* faire la noce or la foire **2.** [apply - varnish] appliquer (au pinceau) ; [- antiseptic] / *she painted iodine onto his elbow* or *she painted his elbow with iodine* elle lui a mis de la teinture d'iode sur le coude **3.** *fig* [describe] dépeindre, décrire / *the author paints a bleak picture of suburban life* l'auteur dresse un sombre portrait or brosse un sombre tableau de la vie des banlieusards. ◆ vi peindre, faire de la peinture ▸ **to paint in oils** faire de la peinture à l'huile ▸ **to paint in watercolours** faire de l'aquarelle.

❖ **paint out, paint over** vt sep recouvrir (d'une couche) de peinture.

paintball ['peɪntbɔːl] n paintball *m*.

paintbox ['peɪntbɒks] n boîte *f* de couleurs.

paintbrush ['peɪntbrʌʃ] n pinceau *m*.

painted ['peɪntɪd] adj **1.** [with paint] peint / *painted blue* peint en bleu **2.** *pej* [with make-up] maquillé, fardé.

Painted Desert pr n ▸ **the Painted Desert** *région de l'Arizona célèbre pour ses rochers colorés.*

painted lady n [butterfly] belle-dame *f*.

painter ['peɪntər] n **1.** [artist, decorator] peintre *m* ▸ **painter and decorator** peintre-décorateur **2.** NAUT amarre *f*.

painterly ['peɪntəlɪ] adj [skills] de peintre ; *fig* [quality] pictural.

painting ['peɪntɪŋ] n **1.** [activity] peinture *f* **2.** [picture] peinture *f*, tableau *m*.

paint pot n UK pot *m* de peinture.

paint shop n INDUST atelier *m* de peinture.

paint-spattered adj maculé de peinture.

paintstick ['peɪntstɪk] n palette *f* de bois *(utilisée pour mélanger les couleurs)*.

paint stripper n décapant *m*.

paintwork ['peɪntwɜːk] n *(U)* peinture *f* / *the house with the white paintwork* la maison peinte en blanc.

pair [peər] ◆ n **1.** [two related objects or people] paire *f* / *a pair of shoes / gloves* une paire de chaussures / de gants / *an odd-looking pair* un drôle de tandem / *where's the pair to this sock?* où est la chaussette qui va avec celle-ci ? / *to work in pairs* travailler par deux / *line up in pairs!* mettez-vous en rang (deux) par deux ! / *you're a pair of idiots!* vous faites une belle paire d'imbéciles ! / *I've only got one pair of hands!* je n'ai que deux mains ! **2.** [single object in two parts] : *a pair of trousers / shorts / tights* un pantalon / short / collant / *a pair of pliers* une pince / *a pair of scissors* une paire de ciseaux **3.** [husband and wife] couple *m* **4.** [of animals] paire *f* ; [of birds] couple *m* **5.** MATH paire *f* ▸ **ordered pair** paire ordonnée **6.** UK POL *deux membres de partis adverses qui se sont entendus pour ne pas participer à un vote ou pour s'abstenir de voter durant une période déterminée* **7.** [in cards, dice] paire *f* / *a pair of kings / sevens* une paire de rois / de sept. ◆ vt [socks] assortir ; [animal, birds] apparier, accoupler. ◆ vi [animals, birds] s'apparier, s'accoupler.

❖ **pair off** ◆ vt sep [arrange in couples - dancers] répartir en couples ; [- team members, children in class] mettre deux par deux / *I got paired off with Roger* on m'a mis avec Roger / *our parents are trying to pair us off* nos parents essaient de nous fiancer. ◆ vi [dancers] former des couples ; [team members, children in class] se mettre deux par deux.

❖ **pair up** ◆ vt sep [socks] assortir. ◆ vi [people] se mettre par deux / *he paired up with Bob for the car rally* il a choisi Bob comme équipier pour le rallye.

pair royal n brelan *m*.

paisley ['peɪzlɪ] n [pattern] (impression *f*) cachemire *m* ; [material] tissu *m* cachemire / *a paisley tie* une cravate impression cachemire.

pajama US = **pyjama**.

pak choi [pæk'ʧɒɪ] n pak choi *m*.

Paki ['pækɪ] n UK *offens terme raciste désignant un Pakistanais.*

Paki-basher n UK *offens auteur d'agressions racistes contre les personnes d'origine pakistanaise.*

Paki-bashing [-,bæʃɪŋ] n *(U)* UK *offens terme raciste désignant des brutalités exercées contre les immigrés pakistanais* ; ≃ ratonnades *fpl*.

Pakistan [UK ,pɑːkɪ'stɑːn US 'pækɪstæn] pr n Pakistan *m* / *in Pakistan* au Pakistan.

Pakistani [UK ,pɑːkɪ'stɑːnɪ US ,pækɪ'stænɪ] ◆ n Pakistanais *m*, -e *f*. ◆ adj pakistanais.

pakora [pə'kɔːrə] n *beignets de légumes, de poisson, etc., spécialité indienne.*

pal [pæl] (*pt & pp* **palled**, *cont* **palling**) n *inf* **1.** [friend] copain *m*, copine *f*, pote *m* / *we're great pals* nous sommes très copains / *be a pal and fetch my coat* sois sympa, va me chercher mon manteau **2.** [term of address] : *watch it, pal!* fais gaffe, mec ! / *thanks, pal* merci mon pote.

❖ **pal about** UK, **pal around** vi *inf* ▸ **to pal about with sb** copiner avec qqn / *they pal about together* ils sont toujours fourrés ensemble.

❖ **pal up** vi UK *inf* : *they palled up* **a)** [men] ils sont devenus copains **b)** [women] elles sont devenues copines / *he / she palled up with George* il est devenu le copain / elle est devenue la copine de George.

PAL [pæl] (abbr of **phase alternation line**) n PAL *f*.

palace ['pælɪs] n palais *m* ▸ **royal / bishop's palace** palais royal / épiscopal ▸ **the Palace** UK [Buckingham Palace] le palais de Buckingham *(et par extension ses habitants)* ▸ **palace spokesman** porte-parole *mf* (du palais) de Buckingham ▸ **the Palace of Westminster** le palais de Westminster *(siège du Parlement britannique)*.

⚠ The French word **palace** means a luxury hotel, not a palace.

palace revolution n révolution *f* de palais.

paladin ['pælədɪn] n paladin *m*.

palaeo- UK = **paleo-**.

palatable ['pælətəbl] adj **1.** [food, drink - tasty] savoureux ; [- edible] mangeable **2.** *fig* [idea] acceptable.

palatal ['pælətl] ◆ adj **1.** ANAT palatin **2.** LING palatal. ◆ n palatale *f*.

palatalize, palatalise ['pælətəlaɪz] vt palataliser.

palate ['pælət] n **1.** ANAT palais *m* **2.** [sense of taste] palais *m* ▸ **to have a delicate palate** avoir du palais.

palatial [pə'leɪʃl] adj grandiose, magnifique / *she lives alone in a palatial house* elle vit toute seule dans un véritable palais or palace.

palatinate [pə'lætɪnət] n palatinat *m*.

❖ **Palatinate** pr n ▸ **the Palatinate** le Palatinat.

palatine ['pælətaɪn] ◆ adj **1.** HIST palatin ▸ **the Palatine (Hill)** le mont Palatin **2.** ANAT palatin. ◆ n palatin *m*.

palatography [,pælə'tɒgrəfɪ] n palatographie *f*.

palaver [pə'lɑːvər] UK *inf* ◆ n *(U)* **1.** [rigmarole, fuss] chichis *mpl*, histoire *f*, histoires *fpl* / *all the palaver of passports, customs and immigration* toutes ces histoires de passeports, de formalités de douane et d'immigration / *what a palaver!* quelle affaire !, que de chichis ! **2.** [discussion] palabre *m ou f* ; [tedious] palabres *mpl* ou *fpl*. ◆ vi palabrer.

palazzo pants [pə'lætsəʊ-] n pantalon *m* palazzo *(pantalon très large)*.

pale [peɪl] ◆ adj **1.** [face, complexion] pâle ; [from fright, shock, sickness] blême, blafard / *he turned pale* il a pâli or blêmi ▸ **(as) pale as death** blanc comme un linge **2.** [colour] pâle, clair ; [light] pâle, blafard / *pale pink ribbons* des rubans rose pâle **3.** [feeble] pâle / *it was a pale imitation of the real thing* c'était une pâle copie de l'original. ◆ vi [person, face] pâlir, blêmir ; [sky, colour] pâlir / *our problems pale into insignificance beside hers* nos problèmes sont insignifiants comparés aux siens or à côté des siens. ◆ n **1.** [post] pieu *m* **2.** [fence] palissade *f* ▸ **beyond the pale** UK : *he's beyond the pale* il n'est pas fréquentable / *I find such behaviour beyond the pale* je trouve un tel comportement inadmissible.

pale ale n pale-ale *f*, bière *f* blonde légère.

paleface ['peɪlfeɪs] n *pej & hum* Visage *m* pâle.

palefaced ['peɪlfeɪst] adj (au teint) pâle.

paleness ['peɪlnɪs] n pâleur *f*.

paleo- ['pælɪəʊ] in comp paléo-.

Paleocene ['pælɪəʊsiːn] ◆ adj paléocène. ◆ n paléocène *m*.

paleographer [,pælɪ'ɒgrəfər] n paléographe *m*.

paleography [,pælɪ'ɒgrəfɪ] n paléographie *f*.

paleolith ['pælɪəʊlɪθ] n outil *m* paléolithique.

Paleolithic [,pælɪəʊ'lɪθɪk] ◆ adj paléolithique. ◆ n paléolithique *m*.

paleontology [,pælɪɒn'tɒləʤɪ] n paléontologie *f*.

paleosol ['peɪlɪəʊsɒl] n paléosol *m*.

Paleozoic [,pælɪəʊ'zəʊɪk] ◆ adj paléozoïque. ◆ n paléozoïque *m*.

Palermitan [pə'lɜːmɪtn] ◆ n Palermitain *m*, -e *f*. ◆ adj palermitain.

Palermo [pə'lɜːməʊ] pr n Palerme.

Palestine ['pælə,staɪn] pr n Palestine *f* / *in Palestine* en Palestine.

Palestine Liberation Organization pr n Organisation *f* de libération de la Palestine.

Palestinian [,pælə'stɪnɪən] ◆ n Palestinien *m*, -enne *f*. ◆ adj palestinien.

palette ['pælət] n ART palette *f*.

palette knife n ART couteau *m* (à palette) ; CULIN palette *f*.

palfrey ['pɔːlfrɪ] n *arch* palefroi *m*.

palimony ['pælɪmənɪ] n pension *f* alimentaire *(accordée à un ex-concubin ou une ex-concubine)*.

palimpsest ['pælɪmpsest] n palimpseste *m*.

palindrome ['pælɪndrəʊm] n palindrome *m*.

paling ['peɪlɪŋ] n [stake] pieu *m* ; [fence] palissade *f*.

❖ **palings** pl n [fence] palissade *f*.

palisade [,pælɪ'seɪd] n [fence] palissade *f*.

❖ **palisades** pl n US [cliffs] ligne *f* de falaises.

palish ['peɪlɪʃ] adj pâlot.

pall [pɔːl] ◆ n **1.** [cloth] drap *m* mortuaire, poêle *m* **2.** [cloud - of smoke] voile *m* ; *fig* voile *m*, manteau *m* / *a pall of silence hung over the room* il régnait dans la pièce un silence profond **3.** US [coffin] cercueil *m*. ◆ vi UK perdre son charme / *it began to pall on me* j'ai commencé à m'en lasser.

Palladian [pə'leɪdjən] adj palladien.

palladium [pə'leɪdɪəm] n CHEM palladium *m*.

pallbearer ['pɔ:l,beərəʳ] n ▸ **the pallbearers a)** [carrying coffin] les porteurs *mpl* du cercueil **b)** [accompanying coffin] le cortège funèbre.

pallet ['pælɪt] n **1.** [bed] grabat *m* ; [mattress] paillasse *f* **2.** [for loading, transportation] palette *f* **3.** [potter's instrument] palette *f* **4.** = **palette.**

palletizable [,pælɪ'taɪzɪbəl] adj COMM palettisable.

palletization [,pælɪtaɪ'zeɪʃən] n COMM palettisation *f.*

palletize, palletise ['pælɪtaɪz] vt COMM palettiser.

pallet truck n chariot *m* élévateur, transpalette *m.*

palliasse ['pælɪæs] n paillasse *f.*

palliate ['pælɪeɪt] vt **1.** MED pallier, lénifier **2.** *fml* [fault, offence] pallier, atténuer.

palliative ['pælɪətɪv] ◆ adj palliatif. ◆ n palliatif *m.*

palliative care n *(U)* MED soins *mpl* palliatifs.

pallid ['pælɪd] adj **1.** [wan] pâle, blême, blafard / *pallid light* lumière blafarde **2.** [lacking vigour] insipide.

pallidness ['pælɪdnɪs] n pâleur *f.*

Pall Mall [pæl'mæl] pr n *grande avenue londonienne, entre Trafalgar Square et St James's Palace.*

pallor ['pæləʳ] n pâleur *f.*

pally ['pælɪ] *(compar* **pallier,** *superl* **palliest)** adj *inf* ▸ **to be pally with sb** être copain / copine avec qqn / *he's really pally with all the shopkeepers* il est à tu et à toi avec tous les commerçants.

palm [pɑ:m] ◆ n **1.** [of hand] paume *f* ▸ **to have sweaty palms** avoir les mains moites ▸ **to read sb's palm** lire les lignes de la main à qqn ▸ **to have sb in the palm of one's hand** : *he had them in the palm of his hand* il les tenait à sa merci or sous sa coupe ▸ **to grease sb's palm** graisser la patte à qqn **2.** [tree] palmier *m* **3.** [branch] palme *f* ; RELIG rameau *m* ▸ **the winner's palm** UK *fig* la palme du vainqueur ▸ **to carry off the palm** UK remporter la palme **4.** *arch* [measure] palme *m.* ◆ vt [coin] cacher dans le creux de la main.

✣ **palm off** vt sep *inf* [unwanted objects] refiler ; [inferior goods] fourguer ▸ **to palm sb off with sthg, to palm sthg off on sb** refiler qqch à qqn.

Palma (de Mallorca) [,pælmədəmə'jɔ:kə] pr n Palma (de Majorque).

palmate ['pælmeɪt] adj BOT & ZOOL palmé.

palmetto [pæl'metəʊ] *(pl* **palmettos** *or* **palmettoes)** n **1.** BOT [dwarf fan palm] palmier *m* nain ; [sabal] chou *m* palmiste *m* **2.** ▸ **the Palmetto State** *surnom donné à la Caroline du Sud.*

palmist ['pɑ:mɪst] n chiromancien *m*, -enne *f.*

palmistry ['pɑ:mɪstrɪ] n chiromancie *f.*

palm oil n huile *f* de palme.

palm sugar n sucre *m* de palme.

Palm Sunday n (le dimanche des) Rameaux *mpl.*

palmtop ['pɑ:mtɒp] n COMPUT ordinateur *m* de poche.

palm tree n palmier *m.*

palm wine n vin *m* de palme.

palmy ['pɑ:mɪ] *(compar* **palmier,** *superl* **palmiest)** adj **1.** [pleasant] agréable, doux (douce) / *in the palmy days of our youth* aux jours heureux de notre jeunesse **2.** [beach, coast] bordé de palmiers.

Palmyra [pæl'maɪərə] pr n Palmyre.

palomino [,pælə'mi:nəʊ] *(pl* **palominos)** n palomino *m.*

palooka [pə'lu:kə] n US *inf* balourd *m*, -e *f.*

palpable ['pælpəbl] adj **1.** [tangible] palpable, tangible **2.** [obvious] évident, manifeste, flagrant / *a palpable lie* un mensonge grossier.

palpably ['pælpəblɪ] adv **1.** [tangibly] tangiblement **2.** [obviously] manifestement.

palpate ['pælpeɪt] vt palper.

palpitate ['pælpɪteɪt] vi palpiter.

palpitating ['pælpɪteɪtɪŋ] adj MED palpitant.

palpitation [,pælpɪ'teɪʃn] n palpitation *f* ▸ **to have** or **to get palpitations** MED avoir des palpitations / *I get palpitations whenever I see her hum* mon cœur bat la chamade or s'emballe chaque fois que je la vois.

palsied ['pɔ:lzɪd] adj **1.** [paralysed] paralysé **2.** [shaking, trembling] tremblant, tremblotant.

palsy ['pɔ:lzɪ] n paralysie *f* ▸ **shaking palsy** maladie *f* de Parkinson.

paltry ['pɔ:ltrɪ] adj **1.** [meagre - wage, sum] misérable, dérisoire / *it'll cost you a paltry $100* ça vous coûtera cent malheureux dollars **2.** [worthless - person, attitude] insignifiant, minable / *a paltry excuse* une piètre excuse.

Pamirs [pə'mɪəz] pl pr n ▸ **the Pamirs** le Pamir / *in the Pamirs* au Pamir.

pampas ['pæmpəz] pl n pampa *f.*

pampas grass n herbe *f* de la pampa.

pamper ['pæmpəʳ] vt choyer, dorloter ▸ **to pamper o.s.** se dorloter / *pamper yourself with a bubble bath* faites-vous plaisir, prenez un bain moussant.

pamphlet ['pæmflɪt] n [gen] brochure *f* ; POL pamphlet *m.*

pamphleteer [,pæmflə'tɪəʳ] n [gen & POL] pamphlétaire *mf.*

Pamplona [pæm'pləʊnə] pr n Pampelune.

pan [pæn] *(pt & pp* **panned,** *cont* **panning)** ◆ n **1.** CULIN casserole *f* ▸ **cake pan** US moule *m* à gâteau **2.** MIN [for gold] batée *f* **3.** [on scales] plateau *m* **4.** UK [toilet bowl] ▸ **(lavatory) pan** cuvette *f* de W-C ▸ **to go down the pan** *inf* : *it went down the pan* ça a complètement foiré **5.** CIN & TV panoramique *m* **6.** *inf* [face] bouille *f.* ◆ vi **1.** [miner] ▸ **to pan for gold** chercher de l'or **2.** [camera] faire un panoramique. ◆ vt **1.** [camera] ▸ **to pan the camera** faire un panoramique, panoramiquer *spec* **2.** *inf* [criticize] descendre / *the film was panned by the critics* le film a été descendu par les critiques.

✣ **pan out** vi UK *inf* [work out] se dérouler, marcher ; [succeed] réussir / *if things pan out as planned* si tout marche comme prévu / *our strategy is not panning out* notre stratégie ne donne pas de résultats / *things should start to pan out around August* les choses devraient commencer à s'arranger vers le mois d'août.

pan- in comp pan-.

Pan [pæn] pr n Pan.

panacea [,pænə'sɪə] n panacée *f.*

panache [pə'næʃ] n panache *m.*

Pan-African ◆ adj panafricain. ◆ n partisan *m*, -e *f* du panafricanisme.

Pan-Africanism n panafricanisme *m.*

Panama ['pænəmɑ:] ◆ pr n Panamá *m* / *in Panama* au Panamá ▸ **the Isthmus of Panama** l'isthme *m* de Panamá. ◆ n = **Panama hat.**

Panama Canal pr n ▸ **the Panama Canal** le canal de Panamá.

Panama City pr n Panamá.

Panama hat n panama *m.*

Panamanian [,pænə'meɪnjən] ◆ n Panaméen *m*, -enne *f.* ◆ adj panaméen.

Pan-American adj panaméricain ▸ **the Pan-American Highway** la route panaméricaine.

Pan-Americanism n panaméricanisme *m.*

Pan-Arab adj panarabe.

Pan-Arabism [-'ærəbɪzm] n panarabisme *m.*

Pan-Arabist n partisan *m*, -e *f* du panarabisme.

Pan-Asian, pan-Asiatic adj panasiatique.

panatella [,pænə'telə] n panatela *m*, panatella *m.*

pancake ['pæŋkeɪk] ◆ n **1.** CULIN [in UK] crêpe *f* ; [in US] *sorte de petite galette épaisse servie au petit déjeuner* ▸ **pancake race** *course traditionnelle du Mardi gras britannique consistant à courir avec une poêle dans laquelle se trouve une crêpe qu'il faut retourner* ▸ **(as) flat as a pancake** plat comme une galette **2.** *inf* [make-up] fond *m* de teint épais ▸ **pancake make-up** tartine *f* de maquillage **3.** AERON = **pancake landing.** ◆ vi AERON atterrir sur le ventre.

Pancake Day n UK Mardi gras *m.*

pancake landing n atterrissage *m* à plat or brutal.

pancake roll n rouleau *m* de printemps.

pancetta [pæn'tʃetə] n CULIN pancetta *f.*

panchromatic [,pænkrəʊ'mætɪk] adj panchromatique.

pancreas ['pæŋkrɪəs] n pancréas *m.*

pancreatic [,pæŋkrɪ'ætɪk] adj pancréatique.

pancreatitis [,pænkrɪə'taɪtəs] n pancréatite *f.*

panda ['pændə] n panda *m* ▸ **panda (car)** UK voiture *f* de police.

pandemic [pæn'demɪk] ◆ adj **1.** MED pandémique **2.** [universal] universel, général. ◆ n MED pandémie *f.*

pandemonium [,pændɪ'məʊnjəm] n *(U)* [chaos] chaos *m* ; [uproar] tumulte *m*, tohu-bohu *m* / *pandemonium broke out* cela a déclenché un véritable tumulte / *the whole office is in pandemonium* le bureau est sens dessus dessous.

pander ['pændəʳ] ◆ vi ▸ **to pander to** [person, weaknesses] flatter (bassement). ◆ n [pimp] entremetteur *m*, -euse *f*, proxénète *mf.*

pandit ['pændɪt] n [wise man] sage *m* ; [term of address] *titre donné à certains sages en Inde.*

Pandora [pæn'dɔ:rə] pr n Pandore ▸ **Pandora's box** la boîte de Pandore.

pane [peɪn] n **1.** [of glass] vitre *f*, carreau *m* ▸ **a pane of glass** un carreau ▸ **pane glass window** US fenêtre *f* panoramique **2.** COMPUT fenêtre.

panegyric [,pænɪ'dʒɪrɪk] n *fml* panégyrique *m* / *he launched into a panegyric of* or *about French cuisine* il s'est lancé dans un éloge dithyrambique de la cuisine française.

panegyrize, panegyrise ['pænɪdʒɪraɪz] vt *fml* faire le panégyrique de.

panel ['pænl] (UK *pt & pp* **panelled,** *cont* **panelling** ; US *pt & pp* **paneled,** *cont* **paneling)** ◆ n **1.** [flat section - of wood, glass, etc.] panneau *m* / *sliding panel* panneau coulissant **2.** [group, committee - gen] comité *m* ; [- to judge exam, contest] jury *m* ; [- in radio or TV quiz] invités *mpl* ; [- in public debate] panel *m* ; [- in public inquiry] commission *f* (d'enquête) / *a panel of experts* un comité d'experts / *our panel for tonight's show* nos invités à l'émission de ce soir / *the panel were unanimous in awarding her top marks* le jury lui a accordé à l'unanimité la plus haute note **3.** [set of controls] ▸ **(control) panel** tableau *m* de bord ▸ **(instrument) panel** AERON & AUTO tableau *m* de bord **4.** SEW panneau *m*, lé *m* **5.** LAW [selection list] liste *f* de jurés **6.** ART [backing] panneau *m* ; [picture] (peinture *f* sur) panneau *m.* ◆ vt [wall, hall] lambrisser, revêtir de panneaux / *a panelled door* une porte à panneaux / *the room is in panelled oak* la pièce est lambrissée de chêne / *one wall was panelled in pine* un des murs était lambrissé de pin.

panel beater n AUTO carrossier *m*, tôlier *m.*

panel discussion n débat *m*, tribune *f.*

panel doctor n UK *dated* ≃ médecin *m* conventionné.

panel game n UK RADIO jeu *m* radiophonique ; TV jeu *m* télévisé.

panel heating n chauffage *m* à panneaux.

panelling UK, **paneling** US ['pænəlɪŋ] n *(U)* panneaux *mpl*, lambris *m.*

panellist UK, **panelist** US ['pænəlɪst] n [jury member] juré *m* ; [in radio or TV quiz] invité *m*, -e *f* ; [in public debate] panéliste *mf.*

panel pin n pointe *f* à tête d'homme, clou *m* à panneau.

panel truck n US camionnette *f.*

Pan-European adj paneuropéen.

pan-fries pl n US pommes *fpl* (de terre) sautées.

pan-fry vt (faire) sauter, poêler / *pan-fried potatoes* pommes *fpl* (de terre) sautées / *pan-fried vegetables* légumes *mpl* sautés or poêlés.

pang [pæŋ] n **1.** [of emotion] coup *m* au cœur, pincement *m* de cœur / *I felt a pang of sadness* j'ai eu un serrement de cœur / *to feel pangs of conscience* or *guilt* éprouver des remords / *he resigned without a pang of regret* il a démissionné sans l'ombre d'un remords or regret **2.** [of pain] élancement *m* ▸ **hunger pangs** tiraillements *mpl* d'estomac.

Pan-Germanic adj pangermanique.

pangolin [pæŋ'gəʊlɪn] n pangolin *m*.

panhandle ['pæn,hændl] US ◆ n GEOG *nom donné à la partie longue et étroite de certains États ou parcs américains* ▸ **the Alaska panhandle** la région sud de l'Alaska. ◆ vi *inf* faire la manche. ◆ vt *inf* ▸ **to panhandle money from sb, to panhandle sb** taper qqn.

panhandler ['pæn,hændlər] n US *inf* mendiant *m*, -e *f*.

panic ['pænɪk] (*pt & pp* **panicked**, *cont* **panicking**) ◆ n **1.** [alarm, fear] panique *f*, affolement *m* / *she was close to panic* elle était au bord de l'affolement / *it started a panic on the stock exchange* cela a semé la panique à la Bourse ▸ **to throw sb into a panic** affoler qqn **2.** *inf* [rush] hâte *f* / *I was in a mad panic to get to the airport* c'était la panique pour aller à l'aéroport / *what's the panic?* ne vous affolez pas ! / *there's no panic* il n'y a pas le feu **3.** US *inf* [sthg funny] : *it was a panic!* c'était à hurler de rire ! ◆ vi s'affoler / *don't panic!* ne vous affolez pas ! / *he's starting to panic about the wedding* il commence à s'affoler à la perspective de ce mariage. ◆ vt affoler.

panic bolt n barre *f* antipanique.

panic button n signal *m* d'alarme ▸ **to hit the panic button** *inf* perdre les pédales.

panic buying n *(U)* achats *mpl* en catastrophe or de dernière minute.

panicky ['pænɪkɪ] adj *inf* [person, crowd] paniqué ; [voice, message] affolé ; [feeling, reaction] de panique ; [giggle] nerveux / *I get panicky every time I have to speak to him* je panique chaque fois que je dois lui parler.

panicmonger ['pænɪk,mʌŋgər] n semeur *m*, -euse *f* de panique.

panic selling n ventes *fpl* de panique.

panic stations pl n *inf* : *it was panic stations!* ça a été la panique générale !

panic-stricken adj affolé, pris de panique.

panini [pæ'ni:ni:] (*pl* **panini** *or* **paninis**) n panini *m*.

Pan-Islamic adj panislamique.

Pan-Islamism n panislamisme *m*.

panjandrum [pæn'dʒændrəm] n *inf* grand manitou *m*, ponte *m*.

pannier ['pænɪər] n **1.** [bag - on bicycle, motorbike] sacoche *f* ; [- on donkey] panier *m* de bât **2.** [basket] panier *m*, corbeille *f*.

panoply ['pænəplɪ] n panoplie *f*.

panoptic [pæn'ɒptɪk] adj [survey] panoptique ; [gospels] synoptique.

panorama [,pænə'rɑ:mə] n *lit & fig* panorama *m*.

panoramic [,pænə'ræmɪk] adj panoramique ▸ **panoramic screen** CIN écran *m* panoramique ▸ **panoramic view** vue *f* panoramique.

panpipes ['pænpaɪps] pl n flûte *f* de Pan.

pan scrubber n tampon *m* à récurer.

pansy ['pænzɪ] (*pl* **pansies**) n **1.** BOT pensée *f* **2.** UK *inf & pej* [sissy] poule *f* mouillée, femmelette *f* ; [homosexual] tante *f*.

pant [pænt] ◆ vi [puff] haleter, souffler / *he panted up the stairs* il monta l'escalier en soufflant ▸ **to pant for breath** chercher son souffle. ◆ vt [say] dire en haletant or d'une voix haletante. ◆ n [breath] halètement *m*.

❖ **pant for** vt insep mourir d'envie de.

Pantaloon [,pæntə'lu:n] pr n THEAT Pantalon.

pantaloons [,pæntə'lu:nz] pl n pantalon *m* bouffant.

pantechnicon [pæn'teknɪkən] n UK **1.** [van] camion *m* de déménagement **2.** [warehouse] garde-meubles *m*.

pantheism ['pænθi:ɪzm] n panthéisme *m*.

pantheist ['pænθi:ɪst] n panthéiste *mf*.

pantheistic [,pænθi:'ɪstɪk] adj panthéiste.

pantheon ['pænθɪən] n panthéon *m*.

panther ['pænθər] (*pl* **panther** *or* **panthers**) n **1.** [leopard] panthère *f* **2.** US [puma] puma *m*.

pantie girdle ['pæntɪ-] = **panty girdle**.

pantie hose = **panty hose**.

panties ['pæntɪz] pl n (petite) culotte *f* ▸ **a pair of panties** un slip, une culotte ▸ **don't get your panties in a wad! a)** US *inf* [don't panic] ne t'affole pas ! **b)** [don't get angry] du calme !, calme-toi !

pantihose US = **panty hose**.

panting ['pæntɪŋ] adj [person, dog] haletant.

panto ['pæntəʊ] (*pl* **pantos**) n UK *inf* = **pantomime**.

pantograph ['pæntəgrɑ:f] n pantographe *m*.

pantomime ['pæntəmaɪm] n **1.** UK [Christmas show] *spectacle de Noël pour enfants* ▸ **pantomime dame** *rôle de la vieille dame tenu par un homme, dans la pantomime anglaise* ▸ **pantomime horse** *personnage de cheval joué par deux comédiens* **2.** [mime] pantomime *f* **3.** UK *inf & fig* comédie *f*, vaudeville *m*.

> **Pantomime**
>
> La **pantomime** est un spectacle britannique traditionnel, avec des personnages-types et des interventions du public très codifiées. Le héros (**principal boy**) doit, selon la tradition, être joué par une jeune actrice, alors que le rôle comique, celui de la vieille dame (**pantomime dame**), est tenu par un acteur. Tout au long de la pièce, les spectateurs interviennent au moyen de répliques connues de tous : **Behind you! – Oh, yes he is! – Oh, no he isn't!** Jouée au moment des fêtes de fin d'année, elle s'inspire des contes de fées.

pantry ['pæntrɪ] (*pl* **pantries**) n [cupboard] garde-manger *m inv* ; [walk-in cupboard] cellier *m*, office *m*.

pants [pænts] ◆ pl n **1.** UK [underpants] ▸ **(pair of) pants** slip *m*, culotte *f* **2.** US [trousers] ▸ **(pair of) pants** pantalon *m* ▸ **pants leg** jambe *f* de pantalon ▸ **a kick in the pants** un coup de pied aux fesses ▸ **he's still in short pants** il est encore à l'âge des culottes courtes ▸ **to beat the pants off sb** battre qqn à plates coutures ▸ **to catch sb with his pants down** *inf* surprendre qqn dans une situation embarrassante ▸ **he puts his pants on one leg at a time** US il est comme tout le monde ▸ **to wear the pants** : *it's his wife who wears the pants* c'est sa femme qui porte la culotte ▸ **to bore the pants off sb** *inf* : *he bores the pants off me* il me rase ▸ **to scare the pants off sb** UK *inf* : *she scares the pants off me* elle me fiche la trouille ▸ **it's pants** or **it's a pile of pants** UK *inf* c'est nul. ◆ vt US *inf* ▸ **to pants sb** déculotter qqn.

pantsuit ['pæntsu:t] n US tailleur-pantalon *m*.

panty girdle n gaine-culotte *f*.

panty hose UK, **pantihose** US ['pæntɪ,həʊz] pl n collant *m*, collants *mpl*.

panty liner n protège-slip *m*.

panty pad = **panty liner**.

pantywaist ['pæntɪweɪst] n US *inf & dated* poule *f* mouillée, femmelette *f*.

panzer ['pæn(t)zər] n panzer *m*, blindé *m*.

pap [pæp] n **1.** [mush] bouillie *f* **2.** *(U)* *fig* [drivel] bêtises *fpl*, imbécillités *fpl* / *his films are pap* ses films sont stupides / *what a load of pap!* n'importe quoi ! **3.** *arch & regional* [teat] mamelon *m*, téton *m* **4.** [hill] mamelon *m*, monticule *m*.

papa [pə'pɑ: or 'pæpə] n papa *m*.

papacy ['peɪpəsɪ] (*pl* **papacies**) n [system, institution] papauté *f* ; [term of office] pontificat *m*.

papadum ['pæpədəm] = **popadum**.

papal ['peɪpl] adj papal.

paparazzi [,pæpə'rætsɪ] pl n paparazzi *mpl*.

papaw [pə'pɔ:] n **1.** = **papaya 2.** [custard apple] anone *f*, pomme-cannelle *f*.

papaya [pə'paɪə] n **1.** [fruit] papaye *f* **2.** [tree] papayer *m*.

paper ['peɪpər] ◆ n **1.** *(U)* [material] papier *m* ▸ **a piece / sheet of paper** un bout / une feuille de papier / *he wants it on paper* il veut que ce soit écrit / *don't put anything down on paper!* ne mettez rien par écrit ! / *on paper, they're by far the better side* sur le papier or a priori, c'est de loin la meilleure équipe **2.** [newspaper] journal *m* / *it's in all the morning papers* c'est dans tous les journaux du matin **3.** *(usu pl)* [document] papier *m*, document *m* / *could you fill out this paper?* pourriez-vous remplir ce formulaire ? / *once you've got the necessary papers together* une fois que vous aurez réuni les pièces nécessaires / *Virginia Woolf's private papers* les écrits personnels de Virginia Woolf ▸ **(identity) papers** papiers (d'identité) ▸ **ship's papers** papiers de bord **4.** SCH & UNIV [exam paper] devoir *m*, épreuve *f* / *you have an hour for each paper* vous avez une heure pour chaque épreuve ; [student's answers] copie *f* / *hand in your papers* rendez vos copies **5.** [academic treatise - published] article *m* ; [- oral] communication *f* ▸ **to write a paper** écrire un article ▸ **to give** or **to read a paper on sthg** faire un exposé sur qqch **6.** [wallpaper] papier peint *m* **7.** POL ⟶ **green paper**, **white paper**. ◆ adj **1.** [cup, napkin, towel] en or de papier ▸ **paper chains** guirlandes *fpl* de papier ▸ **paper currency** billets *mpl* (de banque) **2.** [theoretical] sur le papier, théorique ▸ **paper profits** profits *mpl* fictifs ▸ **paper qualifications** diplômes *mpl* **3.** *pej* [worthless] sans valeur ▸ **a paper victory** une victoire inutile. ◆ vt [room, walls] tapisser.

❖ **paper over** vt sep **1.** *lit* recouvrir de papier peint **2.** *fig* [dispute, facts] dissimuler / *they tried to paper over the cracks* ils ont essayé de masquer les désaccords.

paperback ['peɪpəbæk] ◆ n livre *m* de poche / *it's in paperback* c'est en (édition de) poche. ◆ adj [book, edition] de poche.

paperbacked ['peɪpəbækt] adj broché.

paper bag n sac *m* en papier.

paperboard ['peɪpəbɔ:d] n carton *m*, carton-pâte *m*.

paperbound ['peɪpəbaʊnd] adj broché.

paperboy ['peɪpəbɔɪ] n [delivering papers] livreur *m* de journaux ; [selling papers] vendeur *m* or crieur *m* de journaux.

paper chase n rallye-papier *m* ; ≃ jeu *m* de piste.

paper clip n trombone *m*.

❖ **paper-clip** vt attacher avec un trombone.

paper feed n COMPUT & TYPO alimentation *f* en papier.

papergirl ['peɪpəgɜ:l] n [delivering papers] livreuse *f* de journaux ; [selling papers] vendeuse *f* de journaux.

paper handkerchief n mouchoir *m* en papier.

paperhanging ['peɪpə,hæŋɪŋ] n pose *f* de papiers peints.

paper knife n coupe-papier *m inv*.

paperless ['peɪpəlɪs] adj [electronic - communication, record-keeping] informatique ▸ **the paperless office** le bureau entièrement informatisé.

papermill ['peɪpəmɪl] n papeterie *f*, usine *f* à papier.

paper money n papier-monnaie *m*.

paper nautilus n argonaute *m*.

paper plate n assiette *f* en carton.

paper round n ▸ **to do a paper round** livrer les journaux à domicile.

paper shop n marchand *m* de journaux.

paper shredder n broyeur *m*.

paper tape n COMPUT bande *f* perforée.

paper-thin adj extrêmement mince or fin.

paper tiger n tigre *m* de papier.

paper towel n serviette *f* en papier.

paper tray n [in printer] bac *m* à papier.

paperweight ['peɪpəweɪt] n presse-papiers *m inv*.

paperwork ['peɪpəwɜ:k] n travail *m* de bureau ; *pej* paperasserie *f*.

papery ['peɪpərɪ] adj [thin and dry - gen] comme du papier ; [- skin] parcheminé.

papier-mâché [,pæpjeɪ'mæʃeɪ] n papier *m* mâché.

papilla [pə'pɪlə] (*pl* **papillae** [-li:]) n papille *f*.

papilloma [ˌpæpɪ'ləʊmə] n papillome *m*.

papist ['peɪpɪst] ◆ adj *pej* papiste. ◆ n *pej* papiste *mf*.

papistry ['peɪpɪstrɪ] n *pej* papisme *m*.

papoose [pə'puːs] n papoose *m*.

pappy ['pæpɪ] (*pl* **pappies**, *compar* **pappier**, *superl* **pappiest**) ◆ n US *inf & regional* papa *m*. ◆ adj gluant.

paprika ['pæprɪkə] n paprika *m*.

pap smear n frottis *m*.

Papua ['pæpjʊə] pr n Papouasie *f* / *in Papua* en Papouasie.

Papuan ['pæpjʊən] ◆ n **1.** [person] Papou *m*, -e *f* **2.** LING langue *f* papoue. ◆ adj papou.

Papua New Guinea pr n Papouasie-Nouvelle-Guinée *f* / *in Papua New Guinea* en Papouasie-Nouvelle-Guinée.

papyrus [pə'paɪərəs] (*pl* **papyruses** *or* **papyri** [-raɪ]) n papyrus *m*.

par [pɑːʳ] (*pt & pp* **parred**, *cont* **parring**) ◆ n **1.** [equality] égalité *f* ▸ **to be on a par (with sb / sthg)** être au même niveau (que qqn / qqch) / *you can't put him on a par with Mozart!* tu ne peux pas le comparer à Mozart ! **2.** [normal, average] normale *f*, moyenne *f* / *I'm feeling a bit below* or *under par these days* je ne me sens pas en forme ces jours-ci / *your work is below* or *not up to par* votre travail laisse à désirer ▸ **that's about par for the course** c'est normal or dans les normes **3.** SPORT [in golf] par *m* / *this hole is a par 5* ce trou est un par 5 / *she was two under / over par* elle était à deux coups en dessous / au-dessus du par. ◆ vt [in golf - hole] faire le par à.

para ['pærə] (abbr of **paratrooper**) n UK *inf* para *m*.

parable ['pærəbl] n RELIG parabole *f*.

parabola [pə'ræbələ] n MATH parabole *f*.

parabolic [ˌpærə'bɒlɪk] adj parabolique.

paraboloid [pə'ræbəlɔɪd] n paraboloïde *m*.

parabrake ['pærəbreɪk] n parachute *m* antivrille, parachute *m* de freinage.

paracetamol [ˌpærə'siːtəmɒl] n paracétamol *m*.

parachute ['pærəʃuːt] ◆ n parachute *m* ▸ **emergency parachute** parachute de secours. ◆ comp [harness] de parachute ; [troops, regiment] de parachutistes ▸ **parachute drop** or **landing** parachutage *m* ▸ **parachute jump** saut *m* en parachute. ◆ vt parachuter ▸ **parachuted candidate** CAN POL candidat *m* parachuté. ◆ vi sauter en parachute / *they parachuted into occupied France* ils se sont fait parachuter en France occupée ▸ **to go parachuting** SPORT faire du parachutisme.

parachutist ['pærəʃuːtɪst] n parachutiste *mf*.

Paraclete ['pærəkliːt] n Paraclet *m*.

paraclinical [ˌpærə'klɪnɪkl] adj paraclinique.

parade [pə'reɪd] ◆ n **1.** [procession - gen] défilé *m* ; MIL défilé *m*, parade *f* ▸ **fashion parade** défilé de mode ▸ **to be on parade** MIL défiler **2.** [street - of shops] rangée *f* de magasins ; [- public promenade] promenade *f* **3.** [show, ostentation] étalage *m* / *to make a parade of one's grief* faire étalage de son chagrin / *a parade of force* une démonstration de force **4.** FENCING parade *f* **5.** = **parade ground**. ◆ vi **1.** [march - gen & MIL] défiler / *supporters paraded through the streets* les supporters défilaient dans les rues **2.** [strut] se pavaner, parader. ◆ vt **1.** [troops, prisoners, etc.] faire défiler / *the prisoners were paraded through the streets* on fit défiler les prisonniers dans les rues **2.** [streets] défiler dans **3.** [show off] faire étalage de / *he likes to parade his knowledge* il aime faire étalage de ses connaissances.

parade ground n terrain *m* de manœuvres.

paradigm ['pærədaɪm] n paradigme *m* ▸ **paradigm shift** changement *m* radical.

paradigmatic [ˌpærədɪg'mætɪk] adj paradigmatique.

paradisaical [ˌpærədɪ'seɪkl(l)] = **paradisiac**.

paradise ['pærədaɪs] n **1.** [heaven] paradis *m* ; [Eden] le paradis terrestre ▸ **to go to Paradise** aller or monter au paradis / **'Paradise Lost'** *Milton* 'Paradis perdu' / **'Paradise Regained'** *Milton* 'Paradis reconquis' **2.** *fig* paradis *m* / *it's paradise (here) on earth* c'est le paradis sur terre / *a week away from the kids was paradise!* une semaine loin des enfants, quel paradis ! / *this river is a fisherman's paradise* cette rivière est le paradis des pêcheurs.

paradisiac [ˌpærə'dɪsɪæk], **paradisiacal** [ˌpærədɪ'saɪəkl] adj paradisiaque, édénique *liter*.

paradox ['pærədɒks] n paradoxe *m*.

paradoxical [ˌpærə'dɒksɪkl] adj paradoxal.

paradoxically [ˌpærə'dɒksɪklɪ] adv paradoxalement.

paraesthesia, **paresthesia** [pærɪs'θiːsɪə] n paresthésie *f*.

paraffin ['pærəfɪn] ◆ n **1.** UK [fuel - for lamp] pétrole *m* ; [- for stove] mazout *m* ; [- for aircraft] kérosène *m* **2.** CHEM [alkane] paraffine *f*, alcane *m* **3.** = **paraffin wax**. ◆ comp [lamp] à pétrole ; [heater] à mazout ▸ **paraffin lamp** lampe *f* à pétrole ▸ **paraffin stove** poêle *m* à mazout.

paraffin wax n paraffine *f*.

paraglider ['pærəglaɪdəʳ] n **1.** [person] parapentiste *mf* **2.** [parachute] parapente *m*.

paragliding ['pærəˌglaɪdɪŋ] n parapente *m* ▸ **to go paragliding** faire du parapente.

paragon ['pærəgən] n modèle *m* ▸ **paragon of virtue** modèle or parangon *m liter* de vertu.

paragraph ['pærəgrɑːf] ◆ n **1.** [in writing] paragraphe *m*, alinéa *m* / *begin* or *start a new paragraph* (allez) à la ligne / *section A, paragraph 3 (of the contract)* article A, alinéa 3 (du contrat) **2.** [short article] entrefilet *m* **3.** TYPO ▸ **paragraph (mark)** pied de mouche *m*, alinéa *m*. ◆ vt diviser en paragraphes or en alinéas.

Paraguay ['pærəgwaɪ] pr n Paraguay *m* / *in Paraguay* au Paraguay.

Paraguayan [ˌpærə'gwaɪən] ◆ n Paraguayen *m*, -enne *f*. ◆ adj paraguayen.

parakeet ['pærəkiːt] n perruche *f* (ondulée).

paralanguage ['pærəˌlæŋgwɪʤ] n paralangage *m*.

paraldehyde [pə'rældɪhaɪd] n paraldéhyde *m*.

paralegal ['pærəˌliːgəl] n US assistant *m*, -e *f* (*d'un avocat*).

paralinguistic [ˌpærəlɪŋ'gwɪstɪk] adj paralinguistique.

paralinguistics [ˌpærəlɪŋ'gwɪstɪks] n *(U)* paralinguistique *f*.

paralipsis [ˌpærə'lɪpsɪs] (*pl* **paralipses** [-siːz]) n prétérition *f*.

parallax ['pærəlæks] n parallaxe *f*.

parallel ['pærəlel] ◆ adj **1.** [gen & MATH] parallèle ▸ **parallel lines** lignes *fpl* parallèles / *there is a ditch parallel with* or *to the fence* il y a un fossé qui longe la clôture ▸ **to run parallel to sthg** longer qqch **2.** [concomitant - change, event] parallèle / *a parallel investigation was mounted in England and Scotland* une enquête a été menée simultanément en Angleterre et en Écosse **3.** COMPUT [interface, operation] parallèle ▸ **parallel computer** ordinateur *m* à traitement parallèle ▸ **parallel printer** imprimante *f* en parallèle ▸ **parallel port** port *m* parallèle **4.** ELEC ▸ **parallel circuit** circuit *m* en parallèle. ◆ n **1.** [equivalent] équivalent *m* ; [similarity] ressemblance *f*, similitude *f* / *there are obvious parallels between the two cases* les deux cas présentent des similitudes frappantes / *a tradition which has no parallel in our own culture* une tradition qui n'a pas d'équivalent dans notre culture / *the two industries have developed in parallel* ces deux industries se sont développées en parallèle / *the disaster is without parallel* une telle catastrophe est sans précédent ▸ **in parallel** / **to** or **with sthg** parallèlement à qqch **2.** [comparison] parallèle *m* ▸ **to draw a parallel between** faire or établir un parallèle entre **3.** MATH (ligne *f*) parallèle *f* **4.** GEOG parallèle *m* ▸ **the 48th parallel** le 48e parallèle **5.** ELEC parallèle *m* / *in parallel* en parallèle. ◆ vt **1.** [run parallel to] être parallèle à, longer **2.** [match, equal] égaler / *his career has paralleled his father's* sa carrière a suivi une trajectoire semblable à celle de son père. ◆ adv ▸ **to ski parallel** or **to parallel ski** skier parallèle ▸ **to parallel park** US faire un créneau.

parallel bars pl n barres *fpl* parallèles.

parallel cable n câble *m* parallèle.

parallelism ['pærəlelɪzm] n parallélisme *m*.

parallelogram [ˌpærə'leləgræm] n parallélogramme *m*.

parallel processing n traitement *m* en parallèle or en simultanéité.

parallel turn n [in skiing] virage *m* parallèle.

Paralympics [ˌpærə'lɪmpɪks] pl n : *the Paralympics* les jeux *mpl* Paralympiques.

paralysation UK, **paralyzation** US [ˌpærəlaɪ'zeɪʃn] n [of traffic, industry, etc.] immobilisation *f*, paralysie *f*.

paralyse UK, **paralyze** US ['pærəlaɪz] vt **1.** MED paralyser **2.** *fig* [city, industry, etc.] paralyser, immobiliser ; [person] paralyser, pétrifier.

paralysed UK, **paralyzed** US ['pærəlaɪzd] adj **1.** MED paralysé / *both his legs are paralysed* or *he's paralysed in both legs* il est paralysé des deux jambes, il a les deux jambes paralysées **2.** *fig* [city, industry, etc.] paralysé, immobilisé ; [person] paralysé, pétrifié / *paralysed with* or *by shyness* paralysé par la timidité.

paralysis [pə'rælɪsɪs] n **1.** MED paralysie *f* **2.** *fig* [of industry, business] immobilisation *f* ; [of government] paralysie *f*.

paralytic [ˌpærə'lɪtɪk] ◆ adj **1.** MED paralytique **2.** UK *inf* [drunk] ivre mort. ◆ n paralytique *mf*.

paralyze US = **paralyse**.

paramecium [ˌpærə'miːsɪəm] n paramécie *f*.

paramedic [ˌpærə'medɪk] ◆ n aide-soignant *m*, -e *f* (*membre du personnel paramédical*) / **'paramedic'** US services *mpl* de secours ; ≃ SAMU. ◆ adj = **paramedical**.

paramedical [ˌpærə'medɪkl] adj paramédical.

parameter [pə'ræmɪtəʳ] n [gen, LING & MATH] paramètre *m* / *we must take all the parameters into account* il faut prendre en compte tous les paramètres / *according to established parameters of evaluation* selon les critères établis.

paramilitary [ˌpærə'mɪlɪtrɪ] (*pl* **paramilitaries**) ◆ adj paramilitaire. ◆ n [group] formation *f* paramilitaire ; [person] membre *m* d'une formation paramilitaire. ◆ pl n ▸ **the paramilitary** la milice.

paramnesia [ˌpæræm'niːzjə] n paramnésie *f*.

paramount ['pærəmaʊnt] adj **1.** [asset, concern] primordial ▸ **to be of paramount importance** être de la plus haute importance / *the children's interests are paramount* l'intérêt des enfants passe avant tout **2.** [ruler] suprême.

paramour ['pærəˌmʊəʳ] n *liter & hum* amant *m*, maîtresse *f*.

paranoia [ˌpærə'nɔɪə] n *(U)* paranoïa *f*.

paranoiac [ˌpærə'nɔɪæk], **paranoic** [ˌpærə'nəʊɪk] ◆ adj paranoïaque. ◆ n paranoïaque *mf*.

paranoid ['pærənɔɪd] ◆ adj [disorder] paranoïde ; [person] paranoïaque / *you're getting paranoid!* tu deviens parano ! ◆ n paranoïaque *mf*.

paranormal [ˌpærə'nɔːml] ◆ adj paranormal. ◆ n ▸ **the paranormal** le paranormal.

parapenting ['pærəˌpentɪŋ] n parapente *m*.

parapet ['pærəpɪt] n ARCHIT parapet *m*, garde-fou *m* ; MIL parapet *m*.

paraph ['pærəf] n paraphe *m* (*en fin de signature*).

paraphernalia [ˌpærəfə'neɪljə] n *(U)* **1.** [equipment] attirail *m* ; [belongings] fourbi *m* / *his skis, poles and other paraphernalia* ses skis, ses bâtons et le reste de son attirail **2.** *inf* [trappings] tralala *m* / *it was a society wedding with all the paraphernalia* ce fut un mariage mondain avec tout le tralala **3.** *inf* [for drug taking] attirail *m* (*nécessaire à l'inhalation ou à l'injection de drogue*) **4.** LAW biens *mpl* paraphernaux.

paraphrase ['pærəfreɪz] ◆ n paraphrase *f*. ◆ vt paraphraser.

paraplegia [ˌpærə'pliːʤə] n paraplégie *f*.

paraplegic [ˌpærə'pliːʤɪk] ◆ adj paraplégique. ◆ n paraplégique *mf*.

parapraxis [ˌpærə'præksɪs] n PSYCHOL acte *m* manqué.

parapsychologist [ˌpærəsaɪ'kɒlədʒɪst] n parapsychologue *mf*.

parapsychology [ˌpærəsaɪ'kɒlədʒɪ] n parapsychologie *f*.

Paraquat® ['pærəkwɒt] n Paraquat® *m*.

parasailing ['pærəˌseɪlɪŋ] n parachute *m* ascensionnel *(tracté par bateau)*.

parascending ['pærəˌsendɪŋ] n parachute *m* ascensionnel *(tracté par véhicule)*.

parascience ['pærəˌsaɪəns] n *(U)* études *fpl* parascientifiques.

parasite ['pærəsaɪt] n BOT & ZOOL parasite *m* ; *fig* parasite *m* / *he's such a parasite!* c'est un vrai parasite !

parasitic [ˌpærə'sɪtɪk] adj **1.** [plant, animal] parasite ; *fig* [person] parasite ; [existence] de parasite **2.** [illness - caused by parasites] parasitaire ▸ **parasitic disease** maladie *f* parasitaire.

parasiticide [ˌpærə'sɪtɪsaɪd] n parasiticide *m*.

parasitism ['pærəsaɪˌtɪzm] n parasitisme *m*.

parasitize, **parasitise** ['pærəsɪtaɪz] vt parasiter.

parasitologist [ˌpærəsaɪ'tɒlədʒɪst] n parasitologue *mf*.

parasitology [ˌpærəsaɪ'tɒlədʒɪ] n parasitologie *f*.

parasol ['pærəsɒl] n [for woman] ombrelle *f* ; [for beach, table] parasol *m*.

parasol mushroom n coulemelle *f*.

parasympathetic ['pærəˌsɪmpə'θetɪk] ◆ adj parasympathique ▸ **parasympathetic nerve** nerf *m* parasympathique. ◆ n ▸ **the parasympathetic** le parasympathique.

parasynthesis [ˌpærə'sɪnθəsɪs] n dérivation *f* parasynthétique.

parataxis [ˌpærə'tæksɪs] n parataxe *f*, juxtaposition *f*.

parathyroid [ˌpærə'θaɪrɔɪd] ◆ adj parathyroïdien. ◆ n parathyroïde *f*.

paratroop ['pærətruːp] comp de parachutistes ; [regiment] parachutiste, de parachutistes ; [commander] parachutiste.

❖ **paratroops** pl n MIL parachutistes *mpl*.

paratrooper ['pærətruːpəʳ] n MIL parachutiste *m*.

paratyphoid [ˌpærə'taɪfɔɪd] ◆ n paratyphoïde *f*. ◆ adj [bacillus] paratyphique ; [fever] paratyphoïde.

parboil ['pɑːbɔɪl] vt CULIN blanchir.

parcel ['pɑːsl] (UK pt & pp **parcelled**, cont **parcelling** ; US pt & pp **parceled**, cont **parceling**) ◆ n **1.** [package] colis *m*, paquet *m* ▸ **parcel delivery** livraison *f* de colis à domicile **2.** [portion of land] parcelle *f* **3.** [group, quantity - gen] groupe *m*, lot *m* ; [- of shares] paquet *m* ▸ **a parcel of rogues** une bande de gredins **4.** [integral part] partie *f* (intégrante). ◆ vt **1.** UK [wrap up] emballer, faire un colis de **2.** [divide up] diviser en parcelles.

❖ **parcel out** vt sep **1.** [share out] distribuer, partager **2.** [divide up] diviser en parcelles, lotir.

❖ **parcel up** vt sep emballer, mettre en colis.

parcel bomb n colis *m* piégé.

parcel post n ▸ **to send sthg by parcel post** envoyer qqch par colis postal or en paquet-poste.

parch [pɑːtʃ] vt **1.** [scorch] dessécher, brûler / *the sun had parched the hills* le soleil avait brûlé les collines **2.** *(usu passive)* [make thirsty] assoiffer **3.** CULIN griller légèrement.

parched [pɑːtʃt] adj **1.** [very dry - grass] desséché ; [- throat, lips] sec (sèche) **2.** *inf* [person] : *I'm parched* je crève de soif.

Parcheesi® [pɑː'tʃiːzɪ] n US ≃ (jeu *m* des) petits chevaux *mpl*.

parchment ['pɑːtʃmənt] n [material, document] parchemin *m* / *skin like parchment* peau parcheminée.

pard [pɑːd], **pardner** ['pɑːdnəʳ] n US *inf* copain *m*, copine *f*, pote *m*.

pardon ['pɑːdn] ◆ vt **1.** [forgive] pardonner ▸ **to pardon sb for sthg** pardonner qqch à qqn / *please pardon my rudeness* veuillez excuser mon impolitesse / *pardon me for asking, but…* excusez-moi de vous poser cette question, mais… / *pardon me for breathing!* excuse-moi d'avoir osé ouvrir la bouche ! / *he's a bastard, if you'll pardon the expression* or *my French* c'est un salaud, si vous me passez l'expression **2.** LAW gracier. ◆ n **1.** [forgiveness] pardon *m* **2.** LAW grâce *f* / *he was granted a pardon* il fut gracié **3.** RELIG indulgence *f*. ◆ interj ▸ **pardon (me)?** [what?] pardon ?, comment ? ▸ **pardon (me)!** [sorry] pardon !, excusez-moi !

pardonable ['pɑːdnəbl] adj pardonnable, excusable.

pardonably ['pɑːdnəblɪ] adv de façon bien pardonnable or excusable.

pare [peəʳ] vt **1.** [fruit, vegetable] peler, éplucher ; [nails] ronger, couper / *pare the rind off the cheese* enlever la croûte du fromage **2.** [reduce - budget] réduire / *staff levels have already been pared to the bone* on a déjà réduit les effectifs au minimum.

❖ **pare down** vt sep [expenses, activity] réduire ; [text, speech] raccourcir / *we've got to pare the report down to 50 pages* il va falloir ramener le rapport à 50 pages.

pared-down ['peəd-] adj [style, design] dépouillé, épuré.

parent ['peərənt] ◆ n **1.** [mother] mère *f* ; [father] père *m* ▸ **parents** parents *mpl* / *Anne and Bob have become parents* Anne et Bob ont eu un enfant **2.** PHYS parent *m*. ◆ comp **1.** [cooperation, participation] des parents, parental **2.** [organization] mère **3.** [plant] mère / *cuttings from the parent plant* des boutures de la plante mère **4.** [animal] parent / *one of the parent birds / seals* un des parents de l'oiseau / du phoque.

parent act n loi-cadre *f*.

parentage ['peərəntɪdʒ] n origine *f* / *a child of unknown parentage* un enfant de père et mère inconnus / *children of racially mixed parentage* des enfants issus de mariages mixtes.

parental [pə'rentl] adj parental, des parents ▸ **parental consent** accord *m* des parents or parental ▸ **parental control** autorité *f* parentale ▸ **parental responsibility** responsabilité *f* des parents or parentale ▸ **parental rights** droits *mpl* parentaux.

parental advisory n US TV avertissement *m* parental.

parent company n COMM société *f* or maison *f* mère.

parent directory n COMPUT répertoire *m* parent.

parenthesis [pə'renθɪsɪs] (*pl* **parentheses** [-siːz]) n parenthèse *f* / *in parenthesis* entre parenthèses.

parenthesize, **parenthesise** [pə'renθɪsaɪz] vt [word, explanation] mettre entre parenthèses.

parenthetic(al) [ˌpærən'θetɪk(l)] adj entre parenthèses.

parenthetically [ˌpærən'θetɪklɪ] adv entre parenthèses.

parenthood ['peərənthʊd] n [fatherhood] paternité *f* ; [motherhood] maternité *f* / *the responsibilities of parenthood* les responsabilités parentales.

parenting ['peərəntɪŋ] n fait *m* or art *m* d'élever un enfant / *her parents didn't agree with her methods of parenting* ses parents n'étaient pas d'accord avec sa façon d'élever ses enfants / *the problems of parenting* les problèmes qu'on a quand on est parent or quand on a des enfants / *I put it down to bad parenting* d'après moi, c'est parce que les parents remplissent mal leur rôle.

parent-teacher association n *association regroupant les parents d'élèves et les enseignants.*

parer ['peərəʳ] n économe *m*.

parhelion [pɑː'hiːljən] (*pl* **parhelia** [-ljə]) n parélie *m*, parhélie *m*.

pariah [pə'raɪə] n paria *m*.

pariah dog n (chien *m*) paria *m*.

parietal [pə'raɪɪtl] ◆ adj ANAT & BOT pariétal. ◆ n ANAT pariétal *m*.

paring ['peərɪŋ] n [activity - of fruit, vegetables] épluchage *m* ; [- of nails] fait *m* or action *f* de ronger ▸ **paring knife** couteau *m* de cuisine.

parings ['peərɪŋz] pl n [of fruit, vegetables] épluchures *fpl*, pelures *fpl* ; [of nails] rognures *fpl*.

Paris ['pærɪs] pr n **1.** GEOG Paris ▸ **the Paris Basin** le Bassin parisien / **'An American in Paris'** *Gershwin, Minnelli* 'Un Américain à Paris' **2.** MYTH Pâris.

parish ['pærɪʃ] ◆ n **1.** RELIG paroisse *f* **2.** POL ≃ commune *f (en Angleterre)*. ◆ comp RELIG [hall, funds] paroissial.

parish church n église *f* paroissiale.

parish clerk n bedeau *m*.

parish council n ≃ conseil *m* municipal *(d'une petite commune en Angleterre)*.

parishioner [pə'rɪʃənəʳ] n paroissien *m*, -enne *f*.

parish priest n [Catholic] curé *m* ; [Protestant] pasteur *m*.

parish-pump adj UK *pej* [parochial - issue] d'intérêt purement local ; [- outlook, mentality, quarrel] de clocher.

parish register n registre *m* paroissial.

parish school n école *f* communale.

Parisian [pə'rɪzjən] ◆ n Parisien *m*, -enne *f*. ◆ adj parisien.

parity ['pærətɪ] (*pl* **parities**) n **1.** [equality] égalité *f*, parité *f* / *women demanded wage parity with men* les femmes ont réclamé l'égalité de salaires avec les hommes **2.** ECON & FIN parité *f* ▸ **exchange parities** parités de change ▸ **parity value** valeur *f* au pair **3.** COMPUT, MATH & PHYS parité *f*.

parity bit n COMPUT bit *m* de parité.

park [pɑːk] ◆ n **1.** [public] parc *m* ; [smaller] jardin *m* public ; [private estate] parc *m*, domaine *m* **2.** AUTO [on automatic gearbox] position *f* (de) stationnement **3.** UK *inf* FOOT ▸ **the park** le terrain. ◆ vt **1.** AUTO garer / *where can I park my car?* où est-ce que je peux garer ma voiture or me garer ? / *he was parked by a fire hydrant* il s'était garé devant une bouche d'incendie / *behind the parked coaches* derrière les cars en stationnement **2.** *inf* [dump - person, box] laisser / *she parked her bags in the hall* elle a laissé ses sacs dans l'entrée / *he parked himself on the sofa* il s'installa sur le canapé. ◆ vi AUTO se garer, stationner / *I couldn't find anywhere to park* je n'ai pas trouvé à me garer.

parka ['pɑːkə] n parka *m*.

park-and-ride n *système de contrôle de la circulation qui consiste à garer les voitures à l'extérieur des grandes villes, puis à utiliser les transports en commun.*

Parkhurst ['pɑːkhɜːst] pr n ▸ **Parkhurst (Prison)** *prison pour condamnés de longue durée située sur l'île de Wight.*

parkie ['pɑːkɪ] n UK *inf* gardien *m*, -enne *f* de parc.

parkin ['pɑːkɪn] n UK ≃ pain *m* d'épice or d'épices.

parking ['pɑːkɪŋ] ◆ n stationnement *m* / **'no parking'** 'stationnement interdit', 'défense de stationner' / *there's plenty of underground parking* il y a de nombreuses places dans les parkings souterrains / *I'm not very good at parking* je ne suis pas très doué pour me garer. ◆ comp [area] de stationnement ▸ **parking space** or **place** place *f* de stationnement / *to look for / to find a parking place* chercher / trouver à se garer.

parking attendant n [in car park] gardien *m*, -enne *f* ; [at hotel] voiturier *m*.

parking brake n US frein *m* à main.

parking deck n US parking *m (à plusieurs étages)*.

parking garage n US parking *m* couvert.

parking light n US feu *m* de position.

parking lot n US parking *m*, parc *m* de stationnement.

parking meter n parcmètre *m*, parcomètre *m*.

parking orbit n ASTRONAUT orbite *f* d'attente.

parking ticket n contravention *f (pour stationnement irrégulier)*, P-V *m*.

Parkinson's disease ['pɑːkɪnsnz-] n maladie *f* de Parkinson.

Parkinson's law n *hum* principe *m* de Parkinson / *it's a case of Parkinson's law* plus on a de temps, plus on met de temps.

park keeper n gardien *m*, -enne *f* de jardin public.

parkland ['pɑːklænd] n *(U)* espace *m* vert, espaces *mpl* verts.

Park Lane pr n *avenue résidentielle très chic à Londres.*

parkway ['pɑ:kweɪ] n US route *f* paysagère (à plusieurs voies).

parky ['pɑ:kɪ] (*compar* **parkier**, *superl* **parkiest**) adj UK *inf* [cold] frisquet.

parlance ['pɑ:ləns] n *fml* langage *m*, parler *m* / *in legal parlance* en langage juridique.

parlay ['pɑ:lɪ] vt US **1.** [winnings] remettre en jeu / *he parlayed everything on the red* il a tout misé sur le rouge **2.** *fig* [talent, project] mener à bien ; [money] faire fructifier / *she parlayed the local newspapers into a press empire* elle a bâti un empire de presse à partir des journaux locaux.

parley ['pɑ:lɪ] ◆ vi parlementer. ◆ n pourparlers *mpl*.

parleyvoo [,pɑ:lɪ'vu:] *inf & hum* ◆ n **1.** [French language] français *m* **2.** [person] Français *m*, -e *f*. ◆ vi : *I don't parleyvoo* je ne parle pas français.

parliament ['pɑ:ləmənt] n parlement *m* / *she was elected to Parliament in 1988* elle a été élue député en 1988 / *the French Parliament* l'Assemblée nationale (française).

parliamentarian [,pɑ:ləmen'teərɪən] ◆ adj parlementaire. ◆ n parlementaire *mf*.

parliamentarianism [,pɑ:ləmen'teərɪənɪzm] n parlementarisme *m*.

parliamentary [,pɑ:lə'mentərɪ] adj [system, debate, democracy] parlementaire ▸ **parliamentary elections** élections *fpl* législatives ▸ **parliamentary candidate** candidat *m* aux (élections) législatives.

parliamentary Commissioner (for Administration) n UK médiateur *m*, -trice *f*.

Parliamentary committee n UK commission *f* parlementaire.

parliamentary private secretary n *en Grande-Bretagne, député qui assure la liaison entre un ministre et la Chambre des communes.*

parliamentary secretary n UK ≃ sous-secrétaire *mf* d'État.

parlor US = **parlour.**

parlor car n US RAIL pullman *m (dans un train).*

parlour UK, **parlor** US ['pɑ:lər] n **1.** *dated* [in house] salon *m* **2.** *dated* [in hotel, club] salon *m* ; [in pub] arrière-salle *f* **3.** [in convent] parloir *m* **4.** US COMM ▸ **beer parlour** bar *m* ▸ **billiard parlour** salle *f* de billard.

parlour game n UK jeu *m* de société.

parlourmaid UK, **parlormaid** US ['pɑ:ləmeɪd] n femme *f* de chambre.

parlous ['pɑ:ləs] adj lamentable / *in a parlous state* dans un état lamentable.

parlously ['pɑ:ləslɪ] adv *fml* : *it comes parlously close to caricature* cela frôle la caricature / *parlously poor* **a)** [bad] lamentablement mauvais **b)** [penniless] misérablement pauvre.

Parma ['pɑ:mə] pr n Parme ▸ **Parma ham** jambon *m* de Parme.

Parmesan (cheese) [,pɑ:mɪ'zæn-] n parmesan *m*.

Parnassian [pɑ:'næsɪən] ◆ adj parnassien. ◆ n parnassien *m*, -enne *f*.

Parnassus [pɑ:'næsəs] pr n Parnasse *m* ▸ **(Mount) Parnassus** le (mont) Parnasse.

parochial [pə'rəʊkjəl] adj **1.** RELIG paroissial **2.** *pej* borné / *parochial attitudes* attitudes de clocher or bornées.

parochialism [pə'rəʊkjəlɪzm] n *pej* esprit *m* de clocher, étroitesse *f* d'esprit.

parochial school n US école *f* catholique.

parodist ['pærədɪst] n parodiste *mf*.

parody ['pærədɪ] (*pl* **parodies**, *pt & pp* **parodied**) ◆ n parodie *f*. ◆ vt parodier.

parole [pə'rəʊl] ◆ n **1.** LAW liberté *f* conditionnelle or sur parole / *she was released on parole* elle a été mise en liberté conditionnelle or libérée sur parole / *he's up for parole next year* il devrait être mis en liberté conditionnelle l'année prochaine **2.** US MIL [password] mot *m* de passe **3.** LING parole *f*. ◆ vt mettre en liberté conditionnelle, libérer sur parole.

parole board n UK ≃ comité *m* de probation et d'assistance aux libérés.

parolee [pə'rəʊli:] n US prisonnier *m*, -ière *f* en liberté conditionnelle.

paronym ['pærənɪm] n paronyme *m*.

parotid [pə'rɒtɪd] ◆ adj parotidien *m*. ◆ n ▸ **parotid (gland)** (glande *f*) parotide *f*.

paroxysm ['pærəksɪzm] n **1.** [outburst - of rage, despair] accès *m* ; [- of tears] crise *f* / *his answer sent them into paroxysms of laughter* sa réponse provoqua l'hilarité générale or déclencha un fou rire général **2.** MED paroxysme *m*.

parquet ['pɑ:keɪ] ◆ n **1.** CONSTR ▸ **parquet (floor or flooring)** parquet *m* **2.** US THEAT parterre *m*. ◆ vt parqueter.

parquetry ['pɑ:kɪtrɪ] n parquetage *m*.

parr [pɑ:r] (*pl* **parr** *or* **parrs**) n saumoneau *m*, parr *m*.

parrakeet ['pærəki:t] = **parakeet.**

parricide ['pærɪsaɪd] n **1.** [act] parricide *m* **2.** [killer] parricide *mf*.

parrot ['pærət] ◆ n perroquet *m*. ◆ vt [words] répéter comme un perroquet ; [person, actions] imiter.

parrot disease = **parrot fever.**

parrot fashion adv comme un perroquet.

parrot fever n psittacose *f*.

parrot fish n perroquet *m* de mer.

parry ['pærɪ] (*pt & pp* **parried**, *pl* **parries**) ◆ vt **1.** [in boxing, fencing, etc.] parer ▸ **to parry a blow** parer un coup **2.** [problem] tourner, éviter ; [question] éluder ; [manoeuvre] parer à, contrer. ◆ vi [in boxing, fencing] parer / *he parried with his right* il a paré l'attaque or le coup d'une droite. ◆ n parade *f (en boxe, en escrime, etc.).*

parse [pɑ:z] vt faire l'analyse grammaticale de.

parsec ['pɑ:sek] n parsec *m*.

Parsee, Parsi [,pɑ:'si:] ◆ n Parsi *m*, -e *f*. ◆ adj parsi.

parser ['pɑ:zər] n COMPUT analyseur *m* syntaxique.

parsimonious [,pɑ:sɪ'məʊnjəs] adj *fml* parcimonieux.

parsimoniously [,pɑ:sɪ'məʊnjəslɪ] adv *fml* avec parcimonie, parcimonieusement.

parsimony ['pɑ:sɪmənɪ] n *fml* parcimonie *f*.

parsing ['pɑ:zɪŋ] n analyse *f* grammaticale.

parsley ['pɑ:slɪ] n persil *m* ▸ **Chinese parsley** coriandre *f* ▸ **parsley sauce** sauce *f* au persil or persillée.

parsnip ['pɑ:snɪp] n panais *m (légume courant dans l'alimentation britannique).*

parson ['pɑ:sn] n [gen] ecclésiastique *m* ; [Protestant] pasteur *m*.

parsonage ['pɑ:snɪdʒ] n presbytère *m*.

parson's nose ['pɑ:snz-] n CULIN croupion *m*.

Parsons table ['pɑ:snz-] n US *table carrée ou rectangulaire dont les pieds carrés semblent faire bloc avec le plateau.*

part [pɑ:t] ◆ n **1.** [gen - portion, subdivision] partie *f* / *the exam is in two parts* l'examen est en deux parties / *see part one, section two* voir première partie, section deux / *the different parts of the body* les différentes parties du corps / *(a) part of the garden is flooded* une partie du jardin est inondée / *(a) part of me strongly agrees with them* sur un certain plan, je suis tout à fait d'accord avec eux / *that's only part of the problem* ce n'est qu'un des aspects du problème / *it's very much part of the game / of the process* ça fait partie du jeu / du processus / *it's very much part of the excitement* c'est en partie pour ça que c'est amusant / *we've finished the hardest part* nous avons fait le plus dur / *I haven't told you the best part yet* je ne t'ai pas encore dit le plus beau or la meilleure ▸ **to be (a) part of sthg** [be involved with] faire partie de qqch / *he desperately wants to be a part of her organization* il veut à tout prix faire partie de son organisme ▸ **to form part of sthg** faire partie de qqch ▸ **to be part and parcel of sthg** faire partie (intégrante) de qqch **2.** [role] rôle *m* / *who played the part of Hamlet?* qui a joué le rôle de Hamlet ? / *he's just playing a part* *fig* il joue la comédie ▸ **to know one's part** connaître son texte / *work plays a large part in our lives* le travail joue un rôle important dans notre vie ▸ **to take part (in sthg)** prendre part or participer (à qqch) / *I had no part in that affair* je n'ai joué aucun rôle dans cette affaire / *he has no part in the running of the company* il ne participe pas à or il n'intervient pas dans la gestion de la société / *Joe had no part in it* Joe n'y était pour rien / *I want no part in* or *of their schemes* je ne veux pas être mêlé à leurs projets ▸ **to do one's part** y mettre du sien ▸ **to dress the part** se mettre en tenue de circonstance ▸ **to look the part** avoir la tenue de circonstance ▸ **for my / his part** pour ma / sa part **3.** [component - of machine] pièce *f* **4.** [area - of country, town, etc.] : *which part of England are you from?* vous êtes d'où en Angleterre ?, de quelle région de l'Angleterre venez-vous ? / *in some parts of Sydney / Australia* dans certains quartiers de Sydney / certaines régions de l'Australie / *it's a dangerous part of town* c'est un quartier dangereux / *are you new to these parts?* vous êtes nouveau ici ? / *she's travelling in foreign parts* elle est en voyage à l'étranger **5.** [instalment - of encyclopedia] fascicule *m* ; [- of serial] épisode *m* / *don't miss part two!* **a)** [of serial] ne manquez pas le deuxième épisode ! **b)** [of programme in two parts] ne manquez pas la deuxième partie ! **6.** [measure] mesure *f* / *one part of pastis and four parts of water* une mesure de pastis et quatre mesures d'eau / *a concentration of six parts per million* CHEM une concentration de six pour un million / *the bottle was three parts empty* la bouteille était aux trois quarts vide **7.** [side] parti *m*, part *f* / *he always takes his mother's part* il prend toujours le parti de sa mère ▸ **to take sthg in good part** bien prendre qqch **8.** US [in hair] raie *f* **9.** GRAM partie *f* **10.** MUS partie *f* ▸ **the vocal / violin part** la partie vocale / (pour) violon ▸ **to sing in three parts** chanter à trois voix. ◆ comp [payment] partiel ▸ **part owner** copropriétaire *mf*. ◆ adv en partie, partiellement / *the jacket is part cotton, part polyester* la veste est un mélange de coton et de polyester or un mélange coton-polyester / *he's part English, part Chinese* il est moitié anglais, moitié chinois. ◆ vi **1.** [move apart - lips, curtains] s'ouvrir ; [- branches, legs, crowd] s'écarter ; [disengage - fighters] se séparer / *the clouds parted* il y eut une éclaircie **2.** [leave one another] se quitter / *they parted good friends* ils se sont quittés bons amis **3.** [break - rope] se casser ; [tear - fabric] se déchirer. ◆ vt **1.** [move apart, open - lips, curtains] ouvrir ; [- branches, legs, crowd] écarter / *her lips were slightly parted* ses lèvres étaient entrouvertes **2.** [separate] séparer / *the children were parted from their parents* les enfants ont été séparés de leurs parents / *he's not easily parted from his cash* *hum* il ne se sépare pas facilement de son argent **3.** [hair] faire une raie à / *her hair's parted in the middle* elle a la raie au milieu.

❖ **parts** pl n [talents] talents *mpl* ▸ **a man / woman of many parts** un homme / une femme de talent.

❖ **for the most part** adv phr dans l'ensemble / *the day will be sunny for the most part* la journée sera ensoleillée dans l'ensemble / *for the most part we get along pretty well* dans l'ensemble, nous nous entendons assez bien.

❖ **in part** adv phr en partie / *it's true in part* c'est en partie vrai / *it's in large part true* c'est en grande partie vrai / *the problem stems in part from a misunderstanding* le problème vient en partie d'un malentendu.

❖ **in parts** adv phr par endroits / *the book is good in parts* le livre est bon par endroits, certains passages du livre sont bons / *in parts the text is almost illegible* le texte est presque illisible par endroits.

❖ **on the part of** prep phr de la part de / *it was negligence on the part of the landlord* c'était une négligence de la part du propriétaire.

❖ **part with** vt insep se séparer de / *we'll have to part with most of the furniture* nous devrons nous séparer de presque tous les meubles / *he hates parting with his money* il a horreur de dépenser son argent.

partake [pɑːˈteɪk] (*pt* **partook** [-ˈtʊk], *pp* **partaken** [-ˈteɪkn]) vi *arch & fml* **1.** [eat, drink] ▸ **to partake of** prendre / *to partake of a meal* prendre un repas **2.** [participate] ▸ **to partake in a)** [event] participer à **b)** [joy, grief] partager **3.** [share quality] ▸ **to partake of** relever de, tenir à.

parterre [pɑːˈteəʳ] n US [in theatre] parterre *m*.

part exchange n COMM reprise *f* / *they'll take your old TV set in part exchange* ils vous font une reprise sur or ils reprennent votre ancien téléviseur.

parthenogenesis [ˌpɑːθɪnəʊˈdʒenɪsɪs] n parthénogenèse *f*.

Parthenon [ˈpɑːθɪnən] pr n ▸ **the Parthenon** le Parthénon.

Parthian [ˈpɑːθjən] n Parthe *mf* ▸ **Parthian shot** flèche *f* du Parthe.

partial [ˈpɑːʃl] adj **1.** [incomplete] partiel / *a partial loss of hearing* une perte partielle de l'ouïe / *the exhibition was only a partial success* l'exposition n'a connu qu'un succès mitigé **2.** [biased] partial **3.** [fond] ▸ **to be partial to sthg** avoir un penchant or un faible pour qqch **4.** MUS = **partial tone**.

partial or **partiel?**

French **partial** means partial in the sense of biased, while **partiel** means partial in the sense of only in part.

partial eclipse n éclipse *f* partielle.

partial fraction n petite partie *f* d'une fraction.

partiality [ˌpɑːʃɪˈælətɪ] (*pl* **partialities**) n **1.** [bias] partialité *f* **2.** [fondness] faible *m*, penchant *m*.

partially [ˈpɑːʃəlɪ] adv **1.** [partly] en partie, partiellement **2.** [in biased way] partialement, avec partialité.

partially sighted ◆ adj malvoyant. ◆ pl n ▸ **the partially sighted** les malvoyants *mpl*.

partial tone n ton *m* partiel.

participant [pɑːˈtɪsɪpənt] n participant *m*, -e *f* / *the participants in the debate* les participants au débat.

participate [pɑːˈtɪsɪpeɪt] vi participer, prendre part ▸ **to participate in** [race, discussion] prendre part à, participer à.

participating interest n intérêt *m* de participation.

participation [pɑːˌtɪsɪˈpeɪʃn] n participation *f* / *they should encourage greater student participation* ils devraient encourager les étudiants à participer plus activement.

participative [pəˈtɪsɪpətɪv], **participatory** [pɑːˌtɪsɪˈpeɪtərɪ] adj participatif ▸ **participative** or **participatory sports** sports *mpl* de participation.

participial [ˌpɑːtɪˈsɪpɪəl] adj participial.

participle [ˈpɑːtɪsɪpl] n participe *m*.

particle [ˈpɑːtɪkl] n **1.** [tiny piece] particule *f*, parcelle *f* ; [of dust] grain *m* ; *fig* [jot] brin *m*, grain *m* / *food particles* particules de nourriture **2.** LING particule *f* **3.** PHYS particule *f* **4.** RELIG hostie *f*.

particle accelerator n accélérateur *m* de particules.

particle beam n faisceau *m* de particules.

particle board n panneau *m* de particules.

particle physics n *(U)* physique *f* des particules.

parti-coloured [ˈpɑːtɪ-] adj bariolé, bigarré.

particular [pəˈtɪkjʊləʳ] ◆ adj **1.** [specific, distinct] particulier / *for no particular reason* sans raison particulière / *do you have a particular day in mind?* est-ce que vous avez un jour précis or particulier en tête ? / *only that particular colour will do* il n'y a que cette couleur-là qui fasse l'affaire / *I've got no particular place to go* je ne vais nulle part en particulier, je n'ai pas de destination précise / *the problem is not particular to this region* le problème n'est pas particulier à or spécifique à or ne se limite pas à cette région **2.** [exceptional, special] particulier, spécial / *it's an issue of particular importance to us* c'est une question qui revêt une importance toute particulière à nos yeux **3.** [fussy] : *to be particular about hygiene / manners* attacher beaucoup d'importance à l'hygiène / aux bonnes manières / *to be particular about one's food* être difficile pour la nourriture / *he's very particular about the way he dresses* il attache beaucoup d'importance à sa tenue **4.** *fml* [detailed - description, account] détaillé. ◆ n **1.** [specific] : *from the general to the particular* du général au particulier **2.** [facts, details] détails *mpl*, points *mpl* / *correct in all particulars* correct en tout point / *I won't go into the particulars* je n'entrerai pas dans les détails / *for further particulars phone this number* pour de plus amples renseignements, appelez ce numéro.

❖ **in particular** adv phr en particulier / *what are you thinking about? — nothing in particular* à quoi penses-tu ? — à rien en particulier / *what happened? — nothing in particular* que s'est-il passé ? — rien de particulier or rien de spécial / *no one in particular* personne en particulier / *where are you going? — nowhere in particular* où vas-tu ? — je vais juste faire un tour.

particularity [pəˌtɪkjʊˈlærətɪ] (*pl* **particularities**) n particularité *f*.

particularize, **particularise** [pəˈtɪkjʊləraɪz] ◆ vt particulariser. ◆ vi : *one can particularize from this general rule* on peut particulariser cette règle générale.

particularly [pəˈtɪkjʊləlɪ] adv particulièrement / *I don't know him particularly well* je ne le connais pas spécialement bien / *it was a particularly vicious murder* ce fut un meurtre extrêmement or particulièrement sauvage / *I was surprised he wasn't there, particularly as he'd received an official invitation* son absence m'a surpris, d'autant plus qu'il avait reçu une invitation officielle.

particulate [pəˈtɪkjʊlɪt] adj ▸ **particulate emissions** émissions *fpl* de particules / *the amount of particulate matter in the air* le taux de particules or de poussières dans l'air.

partied out [ˈpɑːtɪd-] adj *inf* : *I'm partied out!* **a)** [exhausted] j'ai trop fait la fête, je suis crevé ! **b)** [had enough of parties] ras-le-bol de faire la fête !

parting [ˈpɑːtɪŋ] ◆ n **1.** [leave-taking] séparation *f* / *they had a tearful parting at the station* ils se quittèrent en larmes à la gare / *parting from his family was hard* il a eu du mal à quitter sa famille ▸ **a parting of the ways** : *we came to a parting of the ways* nous sommes arrivées à la croisée des chemins **2.** [opening - in clouds] trouée *f* / *the parting of the Red Sea* le partage des eaux de la mer Rouge **3.** UK [in hair] raie *f*. ◆ adj *liter* [words, kiss] d'adieu / *he gave me a parting handshake* il m'a serré la main en partant.

parting shot n *fig* flèche *f* du Parthe / *that was his parting shot* et sur ces mots, il s'en alla.

partisan [ˌpɑːtɪˈzæn] ◆ adj partisan ▸ **partisan politics** politique *f* partisane / *a very partisan audience* un auditoire très partisan. ◆ n partisan *m*.

partisanship [ˌpɑːtɪˈzænʃɪp] n partialité *f*, esprit *m* de parti.

partition [pɑːˈtɪʃn] ◆ n **1.** [wall] cloison *f* ; [screen] paravent *m* / *metal partitions* cloisons *fpl* métalliques **2.** [of country] partition *f* ; [of property] division *f* ; [of power] répartition *f*, morcellement *m* **3.** COMPUT partition *f*. ◆ vt **1.** [room] diviser, cloisonner **2.** [country] diviser, démembrer.

❖ **partition off** vt sep [part of room] cloisonner / *a small office had been partitioned off* on avait aménagé un petit bureau derrière une cloison.

partition wall n cloison *f*.

partitive [ˈpɑːtɪtɪv] ◆ adj partitif. ◆ n partitif *m*.

partly [ˈpɑːtlɪ] adv en partie, partiellement / *it's partly because of the view that I like this room so much* c'est en partie à cause de la vue que j'aime tant cette pièce.

partner [ˈpɑːtnəʳ] ◆ n **1.** [spouse] conjoint *m*, -e *f* ; [lover] compagnon *m*, compagne *f* ▸ **sexual partner** partenaire *mf* (sexuel) **2.** [in game, dance] partenaire *mf* / *his partner in the waltz* sa partenaire or sa cavalière pour la valse / *take your partners for the foxtrot* choisissez vos partenaires pour un fox-trot **3.** [in common undertaking] partenaire *mf* ; [in firm, medical practice, etc.] associé *m*, -e *f* / *our partners in NATO* nos partenaires de l'OTAN ▸ **to be partners in crime** être complices dans le crime. ◆ vt **1.** [be the partner of] être partenaire de **2.** [dance with] danser avec ; [play with] faire équipe avec, être le partenaire de.

partnership [ˈpɑːtnəʃɪp] n **1.** [gen] association *f* ; [between companies] partenariat *m* ▸ **to work in partnership with sb / sthg** travailler en association or en partenariat avec qqn / qqch / *we work in partnership with relief organizations* nous travaillons en association or en partenariat avec des organisations humanitaires ▸ **to go into partnership with sb** s'associer avec qqn / *they've gone into partnership together* ils se sont associés / *they offered him a partnership* ils lui ont proposé de devenir leur associé / *we have a working partnership with the university* nous travaillons en partenariat actif avec l'université / *marriage is a life partnership* le mariage est un partenariat de vie **2.** [firm] ≃ société *f* en nom collectif.

part of speech n partie *f* du discours.

parton [ˈpɑːtn] n parton *m*.

partook [-ˈtʊk] pt ⟶ **partake**.

part payment n acompte *m* / *I received £500 in part payment for the car* j'ai reçu un acompte de 500 livres pour la voiture.

partridge [ˈpɑːtrɪdʒ] (*pl* **partridge** *or* **partridges**) n perdrix *f* ; [immature] perdreau *m*.

part-singing n chant *m* polyphonique or à plusieurs voix.

part song n chant *m* polyphonique or à plusieurs voix.

part-time adj & adv à temps partiel / *she's got a part-time job* elle travaille à temps partiel / *a part-time teacher* un professeur à temps partiel.

part-timer n travailleur *m*, -euse *f* à temps partiel.

parturition [ˌpɑːtjʊˈrɪʃn] n *fml* MED parturition *f*.

partway [ˈpɑːtweɪ] adv en partie, partiellement / *partway through the year, she resigned* elle a démissionné en cours d'année / *I'm only partway through the book* je n'ai pas fini le livre / *I was partway down the stairs when the phone rang* j'étais dans l'escalier quand le téléphone a sonné.

part work n UK *série de fascicules* / *they published it as a part work* ils l'ont publié sous forme de fascicules.

party [ˈpɑːtɪ] (*pl* **parties**, *pt & pp* **partied**) ◆ n **1.** [social event] fête *f* ; [more formal] soirée *f*, réception *f* ▸ **to give a party a)** [formal] donner une réception or une soirée **b)** [informal] faire une fête ▸ **to have** or **to throw a party for sb** organiser une fête en l'honneur de qqn / *I'm having a little cocktail party on Friday* je fais un petit cocktail vendredi / *New Year's Eve party* réveillon *m* de fin d'année **2.** POL parti *m* / *the Conservative / Democratic Party* le parti conservateur / démocrate / *he joined the Socialist Party in 1936* il est entré au parti socialiste en 1936 **3.** [group of people] groupe *m* / *a tour party* un groupe de touristes / *the funeral party* le cortège funèbre / *rescue party* équipe *f* de secours / *the wedding party* les invités *mpl* (à un mariage) / *to make dinner reservations for a party of six* réserver une table pour six personnes **4.** *fml* LAW [individual, participant] partie *f* ▸ **to be a party to a)** [discussion] prendre part à **b)** [crime] être complice de **c)** [conspiracy, enterprise] être mêlé à, tremper dans ▸ **the guilty party** le coupable ▸ **the injured party** la partie lésée ▸ **(the) interested parties** les intéressés *mpl* **5.** [person] individu *m*. ◆ comp **1.** [atmosphere, clothes] de fête ▸ **party dress** robe *f* habillée ▸ **party invitations** invitations *fpl* ▸ **party snacks** amuse-gueule *mpl* **2.** POL [leader, leadership, funds] du parti ; [system] des partis. ◆ vi faire la fête / *we partied all night* nous avons fait la fête toute la nuit.

party animal n *inf* fêtard *m* / *she's a real party animal* elle adore faire la fête.

partygoer [ˈpɑːtɪɡəʊəʳ] n fêtard *m*, -e *f*.

partying [ˈpɑːtɪɪŋ] n : *she's a great one for partying inf* elle adore faire la fête.

party line n **1.** POL ligne *f* du parti ▸ **to toe** or **follow the party line** suivre la ligne du parti **2.** TELEC ligne *f* commune *(à plusieurs abonnés)*.

party piece n *inf* chanson *f* or poème *m* de circonstance *(à l'occasion d'une fête)*.

party political adj [broadcast] réservé à un parti politique ; [issue] de parti politique.

party politics pl n politique *f* de parti ; *pej* politique *f* politicienne.

party pooper n *inf* rabat-joie *m inv*.

party wall n mur *m* mitoyen.

par value n valeur *f* nominale.

parvenu ['pɑːvənjuː] n parvenu *m*, -e *f*.

pascal ['pæskl] n PHYS pascal *m*.

PASCAL [pæ'skæl] n PASCAL *m*.

paschal, **Paschal** ['pæskl] adj pascal ▸ **paschal candle** cierge *m* pascal.

Paschal Lamb n agneau *m* pascal.

pasha ['pæʃə] n pacha *m*.

pashmina [pæʃ'miːnə] n pashmina *f*.

pass [pɑːs] ◆ vi **1.** [move in specified direction] passer / *a cloud passed across the moon* un nuage est passé devant la lune / *the wires pass under the floorboards* les fils passent sous le plancher / *alcohol passes rapidly into the bloodstream* l'alcool passe rapidement dans le sang / *his life passed before his eyes* il a vu sa vie défiler devant ses yeux **2.** [move past, go by] passer / *let me pass* laissez-moi passer / *the road was too narrow for two cars to pass* la route était trop étroite pour que deux voitures se croisent / *I happened to be passing, so I thought I'd call in* il s'est trouvé que je passais, alors j'ai eu l'idée de venir vous voir **3.** [overtake] dépasser, doubler **4.** [elapse - months, years] (se) passer, s'écouler ; [- holiday] se passer / *the weekend passed without surprises* le week-end s'est passé sans surprises / *time passed rapidly* le temps a passé très rapidement **5.** [be transformed] passer, se transformer / *it then passes into a larval stage* il se transforme par la suite en larve / *the oxygen then passes to a liquid state* ensuite l'oxygène passe à l'état liquide / *to pass from joy to despair* passer de la joie au désespoir **6.** [take place] se passer, avoir lieu / *harsh words passed between them* ils ont eu des mots / *the party, if it ever comes to pass, should be quite something* la fête, si elle a jamais lieu, sera vraiment un grand moment / *and it came to pass that...* BIBLE et il advint que... **7.** [end, disappear - pain, crisis, fever] passer ; [- anger, desire] disparaître, tomber ; [- dream, hope] disparaître / *the moment of tension passed* le moment de tension est passé **8.** [be transferred - power, responsibility] passer ; [- inheritance] passer, être transmis / *authority passes to the Vice-President when the President is abroad* c'est au vice-président que revient la charge du pouvoir lorsque le président se trouve à l'étranger / *the turn passes to the player on the left* c'est ensuite au tour du joueur placé à gauche **9.** [get through, be approved - proposal] être approuvé ; [- bill, law] être voté ; [- motion] être adopté ; [SCH & UNIV - student] être reçu or admis **10.** [go unchallenged] passer / *the insult passed unnoticed* personne ne releva l'insulte / *he let the remark / mistake pass* il a laissé passer la remarque / l'erreur sans la relever / *I don't like it, but I'll let it pass* je n'aime pas ça, mais je préfère ne rien dire or me taire **11.** [be adequate, acceptable - behaviour] convenir, être acceptable ; [- repair job] passer / *in a grey suit you might just pass* avec ton costume gris, ça peut aller **12.** [substitute] : *don't try to pass as an expert* n'essaie pas de te faire passer pour un expert / *you could easily pass for your sister* on pourrait très bien te prendre pour ta sœur / *he could pass for 35* on lui donnerait 35 ans / *she could pass for a Scandinavian* on pourrait la prendre pour une Scandinave **13.** SPORT faire une passe **14.** GAMES passer ▸ **(I) pass!** (je) passe ! ◆ vt **1.** [move past, go by - building] passer devant ; [- person] croiser / *if you pass a chemist's, get some aspirin* si tu passes devant une pharmacie, achète de l'aspirine / *he passed my table without seeing me* il est passé devant ma table sans me voir / *I passed her on the stairs* je l'ai croisée dans l'escalier / *the ships passed each other in the fog* les navires se sont croisés dans le brouillard **2.** [go beyond - finishing line, frontier] passer ; [overtake] dépasser, doubler / *we've passed the right exit* nous avons dépassé la sortie que nous aurions dû prendre / *contributions have passed the $100,000 mark* les dons ont franchi la barre des 100 000 dollars / *we've passed a major turning point* nous avons franchi un cap important **3.** [move, run] passer / *she passed her hand over her hair* elle s'est passé la main dans les cheveux **4.** [hand] passer / *pass me the sugar, please* passez-moi le sucre, s'il vous plaît ; [transmit - message] transmettre / *pass the list around the office* faites passer or circuler la liste dans le bureau / *can you pass her the message?* pourriez-vous lui transmettre or faire passer le message ? **5.** [spend - life, time, visit] passer **6.** [succeed in - exam, driving test] être reçu à, réussir / *he didn't pass his history exam* il a échoué or il a été recalé à son examen d'histoire **7.** [approve - bill, law] voter ; [- motion, resolution] adopter ; [SCH & UNIV - student] recevoir, admettre / *the drug has not been passed by the Health Ministry* le médicament n'a pas reçu l'autorisation de mise sur le marché du ministère de la Santé **8.** [pronounce - judgment, verdict, sentence] prononcer, rendre ; [- remark, compliment] faire / *he declined to pass comment* il s'est refusé à tout commentaire **9.** [counterfeit money, stolen goods] écouler **10.** SPORT [ball, puck] passer **11.** GAMES ▸ **to pass one's turn** passer or sauter son tour **12.** PHYSIOL ▸ **to pass blood** avoir du sang dans les urines ▸ **to pass water** uriner. ◆ n **1.** [in mountains] col *m*, défilé *m* ▸ **the Brenner Pass** le col du Brenner **2.** [authorization - for worker, visitor] laissez-passer *m inv* ; THEAT invitation *f*, billet *m* de faveur ; [MIL - for leave of absence] permission *f* ; [- for safe conduct] sauf-conduit *m* ▸ **press pass** carte *f* de presse ▸ **rail / bus pass** carte *f* d'abonnement (de train) / de bus **3.** SCH & UNIV [in exam] moyenne *f*, mention *f* passable ▸ **to get a pass** avoir la moyenne / *I got three passes* j'ai été reçu dans trois matières **4.** [state of affairs] situation *f* ▸ **things have come to a pretty** or **fine** or **sorry pass** on est dans une bien mauvaise passe, la situation s'est bien dégradée **5.** SPORT [with ball, puck] passe *f* ; [in fencing] botte *f* ; [in bullfighting] passe *f* ▸ **to make a pass at** [in fencing] porter une botte à **6.** [by magician] passe *f* **7.** COMPUT passe *f* **8.** AERON [overflight] survol *m* ; [attack] attaque *f* **9.** PHR ▸ **to make a pass at sb** *inf* faire des avances à qqn.

❖ **pass around** vt sep [cake, cigarettes] (faire) passer ; [petition] (faire) circuler ; [supplies] distribuer / *he passed around the tray of champagne* il a fait passer le plateau avec les coupes de champagne.

❖ **pass away** ◆ vi **1.** *euph* [die] s'éteindre *euph*, décéder **2.** [elapse - time] passer, s'écouler. ◆ vt sep [while away] passer / *she passed away the morning painting* elle a passé la matinée à peindre / *we read to pass the time away* nous avons lu pour tuer or passer le temps.

❖ **pass back** vt sep **1.** [give back] rendre / *pass the book back when you've finished* rendez-moi le livre quand vous aurez fini **2.** RADIO & TV : *I'll now pass you back to the studio* je vais rendre l'antenne au studio **3.** SPORT [to team mate] repasser ; [backwards] passer en arrière.

❖ **pass by** ◆ vi **1.** [move past, go by] : *he passed by without a word!* il est passé à côté de moi sans dire un mot ! **2.** [visit] passer / *she passed by to say hello* elle est passée dire bonjour. ◆ vt sep [disregard] ignorer, négliger / *she felt life had passed her by* elle avait le sentiment d'avoir raté sa vie.

❖ **pass down** vt sep **1.** [reach down] descendre / *he passed me down my suitcase* il m'a tendu or passé ma valise **2.** [transmit - inheritance, disease, tradition] transmettre, passer / *the songs were passed down from generation to generation* les chansons ont été transmises de génération en génération.

❖ **pass off** ◆ vi **1.** [take place - conference, attack] se passer, se dérouler / *the meeting passed off without incident* la réunion s'est déroulée sans incident **2.** [end - fever, fit] passer / *the effects of the drug had passed off* les effets du médicament s'étaient dissipés. ◆ vt sep [represent falsely] faire passer / *he passes himself off as an actor* il se fait passer pour un acteur.

❖ **pass on** ◆ vi **1.** *euph* [die] trépasser, s'éteindre *euph* **2.** [proceed] passer / *let's pass on to the next question* passons à la question suivante. ◆ vt sep **1.** [hand on - box, letter] passer **2.** [transmit - disease, tradition] transmettre / *they pass the costs on to their customers* ils répercutent les coûts sur leurs clients / *we meet at 8, pass it on* nous avons rendez-vous à 8 h, fais passer (la consigne).

❖ **pass out** ◆ vi **1.** [faint] s'évanouir, perdre connaissance ; [from drunkenness] tomber ivre mort ; [go to sleep] s'endormir **2.** MIL [cadet] ≃ finir ses classes. ◆ vt sep [hand out] distribuer.

❖ **pass over** ◆ vt sep [not take - opportunity] négliger, ignorer ; [overlook - person] : *he was passed over for promotion* on ne lui a pas accordé la promotion qu'il attendait. ◆ vt insep **1.** [overlook - fault, mistake] passer sur, ne pas relever **2.** [skip - paragraph] sauter / *you can pass over this section* vous pouvez sauter ce passage.

❖ **pass round** = pass around.

❖ **pass through** ◆ vi passer / *are you in Boston for some time or are you just passing through?* êtes-vous à Boston pour quelque temps ou êtes-vous juste de passage ? ◆ vt insep [difficult period] traverser ; [barrier] franchir / *the bullet passed through his shoulder* la balle lui a traversé l'épaule / *you pass through a small village* vous traversez un petit village / *he passed through the checkpoint without any trouble* il a passé le poste de contrôle sans encombre.

❖ **pass up** vt sep **1.** [hand up] passer / *pass me up the light bulb* passe-moi l'ampoule **2.** [forego - job, opportunity] manquer, laisser passer / *I'll have to pass up their invitation* je vais devoir décliner leur invitation.

⚠ **Passer un examen** means to take an exam, not to pass an exam.

passable ['pɑːsəbl] adj **1.** [acceptable] passable, acceptable / *a very passable little restaurant* un petit restaurant très honnête or correct **2.** [road] praticable ; [river, canyon] franchissable **3.** [currency] ayant cours.

passably ['pɑːsəblɪ] adv passablement, pas trop mal.

passage ['pæsɪdʒ] n **1.** [way through] passage *m* / *they cleared a passage through the crowd* ils ouvrirent un passage à travers la foule **2.** [corridor] passage *m*, couloir *m* ; [alley] ruelle *f* / *an underground passage* un passage souterrain **3.** [in book, music] passage *m* / *selected passages from Churchill's speeches* morceaux choisis des discours de Churchill **4.** ANAT & TECH conduit *m* ▸ **nasal passages** conduits nasaux **5.** [passing - gen] passage *m* ; [- of bill] adoption *f* / *the trench did not block the passage of the tanks* la tranchée n'a pas empêché les chars de passer / *their friendship has survived the passage of time* leur amitié a survécu au temps **6.** [voyage] voyage *m* ; [crossing] traversée *f* / *she worked her passage to Rio* elle a payé son voyage à Rio en travaillant à bord du navire / **'A Passage to India'** *Forster, Lean* 'la Route des Indes' **7.** *fml* [access] libre passage *m* ▸ **to grant sb safe passage through a country** accorder à qqn le libre passage à travers un pays **8.** *arch & fig* ▸ **passage of** or **at arms** passe *f* d'armes.

passageway ['pæsɪdʒweɪ] n [corridor] passage *m*, couloir *m* ; [alleyway] ruelle *f* / *don't block the passageway!* n'obstruez pas le passage !, laissez le passage libre !

passbook ['pɑːsbʊk] n **1.** [bankbook] livret *m* (d'épargne) **2.** SAfr laissez-passer *m inv*.

pass degree n *en Grande-Bretagne, licence obtenue avec mention passable (par opposition au « honours degree »).*

passé [UK 'pæseɪ US pæ'seɪ] adj *pej* dépassé, vieillot, désuet (désuète).

passenger ['pæsɪndʒər] n **1.** [in car, bus, aircraft, ship] passager *m*, -ère *f* ; [in train] voyageur *m*, -euse *f* **2.** UK *pej* [worker, team member] poids *m* mort.

passenger coach UK, **passenger car** US n RAIL wagon *m* or voiture *f* de voyageurs.

passenger list n liste *f* des passagers.

passenger mile n AERON ≃ kilomètre-passager *m* ; RAIL ≃ kilomètre-voyageur *m*.

passenger pigeon n pigeon *m* voyageur.

passenger seat n AUTO [in front] siège *m* du passager ; [in back] siège *m* arrière.
passenger train n train *m* de voyageurs.
passe-partout [ˌpæspəˈtuː] n **1.** [mounting] passe-partout *m inv* **2.** = **passkey.**
passer-by [ˌpɑːsəˈbaɪ] (*pl* **passers-by**) n passant *m*, -e *f*.
passim [ˈpæsɪm] adv passim.
passing [ˈpɑːsɪŋ] ◆ adj **1.** [going by] qui passe / *she watched the passing crowd* elle regardait la foule qui passait / *with each passing day he grew more worried* son inquiétude croissait de jour en jour **2.** [fleeting] éphémère, passager / *a passing whim* un caprice passager **3.** [cursory, casual] (fait) en passant / *he didn't give her absence a passing thought* c'est tout juste s'il a remarqué son absence, il a à peine remarqué son absence / *he made only a passing reference to her absence* il a fait mention de son absence en passant. ◆ n **1.** [of time] passage *m*, fuite *f* ; [of youth, traditions, old ways] disparition *f* / *she regretted the passing of her beauty* elle regrettait sa beauté envolée / *with the passing of time the pain will ease* la douleur s'atténuera avec le temps **2.** [of train, crowd] passage *m* **3.** *euph* [death] trépas *m*, mort *f*. ◆ adv *arch* fort, extrêmement.
❖ **in passing** adv phr en passant.
passing bell n glas *m*.
passing lane n US AUTO voie *f* de dépassement.
passing-out parade n MIL défilé *m* de promotion.
passing place n voie *f* de dépassement, aire *f* de croisement.
passing shot n [in tennis] passing-shot *m*.
passion [ˈpæʃn] n **1.** [love] passion *f* ▸ **to give in to one's passion** s'abandonner à sa passion ▸ **crime of passion** crime *m* passionnel / *I have a passion for Chinese food* j'adore la cuisine chinoise / *his latest passion is Faulkner* sa dernière passion, c'est Faulkner **2.** [emotion, feeling] passion *f* / *she sings with great passion* elle chante avec beaucoup de passion / *nationalist passions* passions nationalistes **3.** *liter* [fit of anger] (accès *m* de) colère *f* / *he tore it up in a passion* il l'a déchiré dans un accès de colère.
❖ **Passion** n MUS & RELIG ▸ **the Passion** la Passion / **'the St Matthew Passion'** *Bach* 'la Passion selon saint Matthieu'.
passionate [ˈpæʃənət] adj passionné ▸ **to have a passionate interest in sthg** s'intéresser passionnément à qqch / *she's passionate about human rights* elle est dévouée à la cause des droits de l'homme.
passionately [ˈpæʃənətlɪ] adv passionnément / *he is passionately devoted to the cause* il est dévoué à la cause corps et âme.
passionflower [ˈpæʃnˌflaʊəʳ] n passiflore *f*, fleur *f* de la Passion.
passion fruit n fruit *m* de la Passion.
passion killer n tue-l'amour *m inv* / *that dressing gown's a real passion killer* ce peignoir est un vrai tue-l'amour.
passionless [ˈpæʃənlɪs] adj sans passion.
Passion play n mystère *m* de la Passion.
Passion Sunday n le dimanche de la Passion.
Passion Week n la semaine de la Passion.
passive [ˈpæsɪv] ◆ adj **1.** [gen, CHEM & ELECTRON] passif **2.** GRAM passif. ◆ n GRAM passif *m* / *in the passive* au passif.
passive-aggressive adj PSYCHOL passif-agressif.
passive graphics n COMPUT infographie *f* passive.
passively [ˈpæsɪvlɪ] adv **1.** [gen] passivement **2.** GRAM au passif.
passive matrix screen n COMPUT écran *m* à matrice passive.
passiveness [ˈpæsɪvnɪs], **passivity** [pæˈsɪvətɪ] n passivité *f*.
passive resistance n résistance *f* passive.
passive smoker n *non-fumeur dans un environnement fumeur.*
passive smoking n tabagisme *m* passif.
passivization [ˌpæsɪvaɪˈzeɪʃn] n mise *f* au passif / *the verb can undergo passivization* on peut mettre le verbe au passif.
passivize, passivise [ˈpæsɪvaɪz] vt GRAM passiver.
passkey [ˈpɑːskiː] n passe-partout *m inv*.
pass mark n SCH moyenne *f*.
Passover [ˈpɑːsˌəʊvəʳ] n Pâque *f* (juive), Pessah *f*.
passport [ˈpɑːspɔːt] n **1.** passeport *m* / *British passport holders* les détenteurs de passeports britanniques ▸ **passport control** contrôle *m* des passeports ▸ **passport photo** photo *f* d'identité **2.** *fig* clé *f* / *the passport to happiness* la clé du bonheur.
pass-the-parcel n UK *jeu où l'on se passe un colis contenant soit un gage, soit un cadeau.*
password [ˈpɑːswɜːd] n mot *m* de passe.
password-protected adj COMPUT protégé par mot de passe.
past [pɑːst] ◆ n **1.** [former time] passé *m* ▸ **to live in the past** vivre dans le passé / *the great empires of the past* les grands empires de l'histoire / *he's a man with a past* il a un passé chargé ▸ **to be / to become a thing of the past** : *politeness seems to have become a thing of the past* la politesse semble être une chose démodée **2.** GRAM passé *m* / *in the past* au passé. ◆ adj **1.** [gone by - life] antérieur ; [- quarrels, differences] vieux *(before vowel or silent 'h' **vieil**, f **vieille**)*, d'autrefois ; [- generation, centuries, mistakes, event] passé ▸ **in past time** or **times past** autrefois, (au temps) jadis ; [ended, over] ▸ **to be past** être passé or terminé / *the crisis is now past* la crise est maintenant passée **2.** [last] dernier / *this past month has been very busy* le mois qui vient de s'achever a été très chargé / *I've not been feeling well for the past few days* ça fait quelques jours que je ne me sens pas très bien / *he has spent the past five years in China* il a passé ces cinq dernières années en Chine **3.** [former] ancien / *the past mayors of the town* les anciens maires de la ville **4.** GRAM passé. ◆ prep **1.** [in time] après / *it's ten / quarter / half past six* UK il est six heures dix / et quart / et demie / *it's quarter past the hour* il est le quart or et quart / *it's already past midnight* il est déjà plus de minuit or minuit passé / *it's long* or *way past my bedtime* je devrais être au lit depuis longtemps / *he's past 50* il a plus de 50 ans, il a dépassé la cinquantaine / *she's past the adolescent stage* ce n'est plus une adolescente / *these beans are past their best* ces haricots ne sont plus très frais ▸ **to be past it** *inf* avoir passé l'âge **2.** [further than] plus loin que, au-delà de / *it's a few miles past the lake* c'est quelques kilomètres après le lac / *turn right just past the school* prenez à droite juste après l'école / *he can't count past ten* il ne sait compter que jusqu'à dix / *I didn't manage to get past the first page* je n'ai pas réussi à lire plus d'une page **3.** [by, in front of] devant / *he walked right past my table* il est passé juste devant ma table **4.** [beyond scope of] au-delà de / *it's past all understanding* ça dépasse l'entendement / *their demands are past all reason* leurs exigences sont totalement démesurées **5.** [no longer capable of] : *I'm past caring* ça ne me fait plus ni chaud ni froid / *I wouldn't put it past him* il en est bien capable. ◆ adv **1.** [by] : *to go past* passer / *they ran past* ils passèrent en courant / *the years flew past* les années passaient à une vitesse prodigieuse **2.** [ago] : *one night about three years past* une nuit il y a environ trois ans / *it had long past struck midnight* minuit avait sonné depuis longtemps.
❖ **in the past** adv phr autrefois, dans le temps.
pasta [ˈpæstə] n *(U)* pâtes *fpl* (alimentaires).
paste [peɪst] ◆ n **1.** [substance - gen] pâte *f* ▸ **hard / soft paste** [in ceramics] pâte dure / tendre **2.** CULIN [dough] pâte *f* ; [mashed meat, fish] pâté *m* ▸ **tomato paste** concentré *m* de tomate **3.** [glue] colle *f* **4.** [for jewellery] strass *m*, stras *m* ▸ **paste necklace / diamonds** collier / diamants en strass or strass. ◆ vt **1.** [stick - stamp] coller ; [spread glue on] encoller, enduire de colle / *paste the labels on the parcel* collez les étiquettes sur le colis **2.** [cover - wall] recouvrir / *the crate was pasted with stickers* la caisse était couverte d'autocollants.
❖ **paste up** vt sep [poster] coller ; [list] afficher ; [wallpaper] poser.
pasteboard [ˈpeɪstbɔːd] ◆ n **1.** [cardboard] carton *m* **2.** US [for pastry] planche *f* à pâtisserie. ◆ adj de or en carton-pâte.
pastel [ˈpæstl] ◆ n pastel *m* ▸ **pastel (drawing)** (dessin *m* au) pastel / *a portrait in pastels* un portrait au pastel / *pastels suit her* les couleurs or teintes pastel lui vont bien. ◆ adj pastel *(inv)* / *pastel pink skirts* des jupes rose pastel ▸ **pastel shade** ton *m* or teinte *f* pastel.
pastern [ˈpæstɜːn] n paturon *m*.
paste-up n TYPO maquette *f*.
pasteurization [ˌpɑːstʃəraɪˈzeɪʃn] n pasteurisation *f*.
pasteurize, pasteurise [ˈpɑːstʃəraɪz] vt pasteuriser.
pasteurized [ˈpɑːstʃəraɪzd] adj **1.** [milk, beer] pasteurisé **2.** *pej* [version, description] édulcoré, aseptisé.
pastiche [pæˈstiːʃ] n pastiche *m*.
pastille, pastil [ˈpæstɪl] n pastille *f* ▸ **cough pastilles** pastilles pour or contre la toux.
pastime [ˈpɑːstaɪm] n passe-temps *m*.
pasting [ˈpeɪstɪŋ] n *inf* [beating, defeat] raclée *f* / *they got a pasting in the elections* ils ont pris une raclée aux élections.
past master n expert *m* / *he's a past master at doing as little as possible* *hum* il est passé maître dans l'art d'en faire le moins possible.
pastor [ˈpɑːstəʳ] n RELIG pasteur *m*.
pastoral [ˈpɑːstərəl] adj **1.** [gen, ART & LITER] pastoral / *they are a pastoral people* c'est un peuple de bergers / *a pastoral idyll* une idylle pastorale ▸ **pastoral land** pâturages *mpl* / **'The Pastoral Symphony'** *Beethoven* 'la Symphonie pastorale' **2.** RELIG pastoral ▸ **pastoral visit** visite *f* pastorale ▸ **pastoral staff** crosse *f* (d'évêque) **3.** SCH ▸ **pastoral care** ≃ tutorat *m* / *teachers also have a pastoral role* les enseignants ont également un rôle de conseillers.
pastorate [ˈpɑːstərɪt] n [office] pastorat *m* ; [pastors] pasteurs *mpl*.
past participle n participe *m* passé.
past perfect n plus-que-parfait *m*.
pastrami [pəˈstrɑːmɪ] n pastrami *m*.
pastry [ˈpeɪstrɪ] (*pl* **pastries**) n **1.** [dough] pâte *f* **2.** [cake] pâtisserie *f*, gâteau *m*.
pastry board n planche *f* à pâtisserie.
pastry brush n pinceau *m* (à pâtisserie).
pastry case n croûte *f*.
pastry cook n pâtissier *m*, -ère *f*.
pastry cream, pastry custard n crème *f* pâtissière.
pastry shell n fond *m* de tarte.
past tense n passé *m*.
pasturage [ˈpɑːstjʊrɪdʒ] n pâturage *m*.
pasture [ˈpɑːstʃəʳ] ◆ n pâture *f*, pré *m*, pâturage *m* ▸ **to put out to pasture a)** [animal] mettre au pâturage **b)** *hum* [person] mettre à la retraite **c)** *hum* [car] mettre à la casse ▸ **to leave for greener pastures** or **pastures new** partir vers des horizons plus favorables. ◆ vt [animal] faire paître.
pastureland [ˈpɑːstʃəlænd] n herbages *mpl*, pâturages *mpl*.
pasty[1] [ˈpeɪstɪ] (*compar* **pastier**, *superl* **pastiest**) adj [texture] pâteux ; [sallow] terreux ; [whitish] blanchâtre.
pasty[2] [ˈpæstɪ] (*pl* **pasties**) n UK CULIN ≃ petit pâté *m*.
pasty-faced [ˈpeɪstɪ-] adj au teint terreux.
pat [pæt] (*pt & pp* **patted**, *cont* **patting**) ◆ vt tapoter / *"sit here", she said, patting the place beside her* « assieds-toi ici », dit-elle, désignant la place à côté d'elle / *pat your face dry* séchez-vous le visage en le tapotant / *she patted her hair* elle se tapota les cheveux / *he patted the soil / sand down* il a tassé la terre / le sable ▸ **to pat sb on the back a)** *lit* tapoter qqn or donner une petite tape à qqn dans le dos **b)** *fig* féliciter or complimenter qqn. ◆ n **1.** [tap] (légère) tape *f* / *he gave me a friendly pat on the shoulder* il m'a donné une tape amicale sur l'épaule / *you deserve a pat on the back* *fig* tu mérites un coup de chapeau **2.** [lump] ▸ **a pat of butter** une noix

de beurre. ◆ adj **1.** [glib - remark] tout fait ; [- answer] tout prêt / *his story is a little too pat* son histoire colle un peu trop bien **2.** [in poker] ▸ **a pat hand** une main servie. ◆ adv **1.** [exactly] parfaitement, avec facilité ▸ **to have sthg off pat** apprendre qqch à la perfection or par cœur **2.** US [unbending] ▸ **to stand pat** [on decision] rester intraitable ▸ **dealer stands pat** [in poker] pas de cartes pour le donneur, donneur servi.

Patagonia [ˌpætəˈgəʊnjə] pr n Patagonie *f* / *in Patagonia* en Patagonie.

Patagonian [ˌpætəˈgəʊnjən] ◆ n Patagon *m*, -onne *f*. ◆ adj patagon.

patch [pætʃ] ◆ n **1.** [of fabric] pièce *f* ; [on inner tube] Rustine® *f* / *a jacket with suede patches on the elbows* une veste avec des pièces en daim aux coudes ▸ **to be not a patch on sb / sthg** : *it isn't a patch on his first film* ça ne vaut pas du tout son premier film / *he's not a patch on you* il ne t'arrive pas à la cheville **2.** [over eye] bandeau *m* / *he wore a black eye patch* il avait un bandeau noir sur l'œil **3.** [sticking plaster] pansement *m* (adhésif) **4.** [beauty spot] mouche *f* **5.** MIL [on uniform] insigne *m* **6.** [plot of land] parcelle *f*, lopin *m* ▸ **cabbage / strawberry patch** carré *m* de choux / de fraises ▸ **cotton patch** champ *m* de coton ▸ **vegetable patch** potager *m* **7.** [small expanse - of light, colour] tache *f* ; [- of fog] nappe *f*, poche *f* / *there were damp patches on the ceiling* il y avait des taches d'humidité au plafond / *snow still lay in patches on the slopes* les pistes étaient encore enneigées par endroits / *we crossed a rough patch of road* nous sommes passés sur un tronçon de route défoncé / *a bald patch* une (petite) tonsure **8.** UK [period] période *f*, moment *m* ▸ **to go through a bad** or **sticky** or **rough patch** traverser une période difficile or une mauvaise passe / *the company had a bad patch in 1990* la firme a connu des moments difficiles en 1990 **9.** UK [district, beat] secteur *m* **10.** COMPUT rustine *f* **11.** MED patch *m*, timbre *m*. ◆ vt **1.** [mend - clothes] rapiécer ; [- tyre, canoe] réparer / *his jeans were patched at the knees* son jean avait des pièces or était rapiécé aux genoux / *they patched the hole in the roof* ils ont colmaté or bouché le trou dans la toiture **2.** COMPUT [program] modifier **3.** TELEC raccorder / *I'll patch you through* je vous passe votre communication.

❖ **patch together** vt sep : *they managed to patch together a government / story* ils sont parvenus à former un gouvernement de fortune / à construire une histoire de toutes pièces.

❖ **patch up** vt sep **1.** [repair - clothes] rapiécer ; [- car, boat] réparer ; [- in makeshift way] rafistoler / *they patched him up in hospital* ils l'ont rafistolé à l'hôpital **2.** [relationship] : *he's trying to patch things up with his wife* il essaie de se rabibocher avec sa femme / *they've patched up their dispute* ils se sont réconciliés.

patch board n tableau *m* de raccordement.

patchouli [ˈpætʃʊlɪ] n patchouli *m* ▸ **patchouli oil** patchouli.

patch pocket n poche *f* plaquée.

patch program n COMPUT rustine *f*.

patch test n test *m* cutané.

patchwork [ˈpætʃwɜːk] n **1.** SEW patchwork *m* ; *fig* [of colours, fields] mosaïque *f* **2.** [collection] collection *f* / *the book is a patchwork of previously published writings* le livre rassemble des écrits déjà publiés.

patchy [ˈpætʃɪ] (*compar* **patchier**, *superl* **patchiest**) adj **1.** [not uniform] inégal, irrégulier / *patchy fog* des nappes de brouillard **2.** [incomplete - evidence] incomplet (incomplète) ; [- knowledge] imparfait / *our knowledge of that period of history is very patchy* nous n'avons qu'une connaissance imparfaite de cette période de l'histoire.

pate [peɪt] n *arch & hum* tête *f*.

pâté [ˈpæteɪ] n pâté *m*.

patella [pəˈtelə] (*pl* **patellas** *or* **patellae** [-liː]) n **1.** ANAT rotule *f* **2.** ARCHEOL patelle *f*.

paten [ˈpætn] n patène *f*.

patent [UK ˈpeɪtənt US ˈpætənt] ◆ n **1.** [on invention] brevet *m* ▸ **to take out a patent on sthg** prendre un brevet sur qqch, faire breveter qqch / **'patent pending'** demande de brevet déposée **2.** = **patent leather** **3.** US [on land] concession *f*. ◆ adj **1.** [product, procedure] breveté **2.** [blatant] patent, manifeste. ◆ vt faire breveter.

patent agent n agent *m* en brevets.

patent application n demande *f* de brevet.

patented [UK ˈpeɪtəntɪd US ˈpætəntɪd] adj [product, procedure] breveté.

patentee [UK ˌpeɪtənˈtiː US ˌpætənˈtiː] n détenteur *m*, -trice *f* or titulaire *mf* d'un brevet (d'invention).

patent leather n cuir *m* verni, vernis *m* ▸ **patent leather boots** bottes *fpl* vernies or en cuir verni.

patently [UK ˈpeɪtəntlɪ US ˈpætəntlɪ] adv manifestement, de toute évidence.

patent medicine n médicament *m* vendu sans ordonnance ; *pej* [cure-all] élixir *m* universel, remède *m* de charlatan *pej*.

Patent Office n ≃ Institut *m* national de la propriété industrielle.

pater [ˈpeɪtəʳ] n UK *inf & dated* pater *m*, paternel *m*.

paterfamilias [ˌpeɪtəfəˈmɪlɪæs] n paterfamilias *m*.

paternal [pəˈtɜːnl] adj paternel.

paternalism [pəˈtɜːnəlɪzm] n paternalisme *m*.

paternalistic [pəˌtɜːnəˈlɪstɪk] adj paternaliste.

paternally [pəˈtɜːnəlɪ] adv paternellement.

paternity [pəˈtɜːnətɪ] n paternité *f*.

paternity leave n congé *m* de paternité.

paternity order n LAW (ordonnance *f* de) reconnaissance *f* de paternité.

paternity suit n action *f* en recherche de paternité.

paternity test n test *m* de recherche de paternité.

paternoster [ˌpætəˈnɒstəʳ] n **1.** [rosary bead] pater *m* **2.** [fishing tackle, lift] pater-noster *m*.

❖ **Paternoster** n [prayer] Pater *m*.

path [pɑːθ] (*pl* **paths** [pɑːðz]) n **1.** [in garden, park] allée *f* ; [in country] chemin *m*, sentier *m* ; [along road] trottoir *m* **2.** [way ahead or through] chemin *m*, passage *m* ▸ **to cut a path through sthg** se tailler or se frayer un chemin à travers qqch / *the hurricane destroyed everything in its path* l'ouragan a tout détruit sur son passage / *the path to fame* *fig* la route or le chemin qui mène à la gloire **3.** [trajectory - of projectile, planet] trajectoire *f* / *our paths first crossed in 1965* nos chemins se sont croisés or nous nous sommes rencontrés pour la première fois en 1965 **4.** COMPUT chemin *m* (d'accès).

Pathan [pəˈtɑːn] ◆ n Pathan *m*, -e *f*. ◆ adj pathan.

pathetic [pəˈθetɪk] adj **1.** [pitiable - lament, waif, smile, story] pitoyable / *it was pathetic to see how they lived* cela serrait le cœur or c'était un crève-cœur de voir dans quelles conditions ils vivaient / *a pathetic story* une histoire pitoyable or pathétique **2.** *pej* [worthless] minable, lamentable / *you're a pathetic lot!* *inf* vous n'êtes que des minables !

pathetically [pəˈθetɪklɪ] adv pitoyablement / *she felt pathetically lonely* elle se sentait terriblement seule / *he used to be pathetically shy* autrefois, il était d'une timidité qui faisait peine à voir.

pathetic fallacy n anthropomorphisme *m*.

pathfinder [ˈpɑːθˌfaɪndəʳ] n **1.** [scout] éclaireur *m* **2.** *fig* pionnier *m* **3.** AERON avion *m* éclaireur.

pathname [ˈpɑːθneɪm] n nom *m* (d'accès).

pathogen [ˈpæθədʒən] n pathogène *m*.

pathogenesis [ˌpæθəˈdʒenɪsɪs] n pathogénie *f*.

pathogenic [ˌpæθəˈdʒenɪk] adj pathogène.

pathogeny [pəˈθɒdʒənɪ] = **pathogenesis**.

pathological [ˌpæθəˈlɒdʒɪkl] adj pathologique / *he's a pathological liar* il ne peut pas s'empêcher de mentir.

pathologist [pəˈθɒlədʒɪst] n pathologiste *mf*.

pathology [pəˈθɒlədʒɪ] (*pl* **pathologies**) n pathologie *f*.

pathos [ˈpeɪθɒs] n pathétique *m*.

pathway [ˈpɑːθweɪ] n [in garden] allée *f* ; [in country] chemin *m*, sentier *m* ; [beside road] trottoir *m*.

patience [ˈpeɪʃns] n **1.** patience *f* ▸ **to lose patience (with sb)** perdre patience (avec qqn) / *I haven't the patience to redo it* je n'ai pas la patience de le refaire / *he has no patience with children* les enfants l'exaspèrent / *don't try my patience any further!* ne mets pas davantage ma patience à l'épreuve !, n'abuse pas davantage de ma patience ! / *have a little patience!* un peu de patience ! / *my patience is wearing thin* ma patience a des limites, je suis à bout de patience **2.** UK [card game] réussite *f* / *she was playing patience* elle faisait des réussites.

patient [ˈpeɪʃnt] ◆ adj patient / *be patient!* (un peu de) patience !, soyez patient ! / *if you'll be patient a few moments longer* veuillez patienter encore quelques instants / *with a patient smile* avec un sourire empreint d'une grande patience. ◆ n MED malade *mf*, patient *m*, -e *f*.

patiently [ˈpeɪʃntlɪ] adv patiemment.

Patient's Charter pr n ▸ **the Patient's Charter** *la charte officielle du National Health Service.*

patina [ˈpætɪnə] (*pl* **patinas** *or* **patinae** [-niː]) n patine *f*.

patio [ˈpætɪəʊ] (*pl* **patios**) n patio *m* ▸ **patio furniture** meubles *mpl* de jardin.

patio doors pl n portes *fpl* vitrées *(donnant sur un patio)*.

Patna rice [ˈpætnə-] n *variété de riz à grains longs.*

patois [ˈpætwɑː] (*pl* **patois** [ˈpætwɑː]) n patois *m*.

patriarch [ˈpeɪtrɪɑːk] n patriarche *m*.

patriarchal [ˌpeɪtrɪˈɑːkl] adj patriarcal.

patriarchy [ˈpeɪtrɪɑːkɪ] (*pl* **patriarchies**) n patriarcat *m*.

patrician [pəˈtrɪʃn] n patricien *m*, -enne *f*.

patricide [ˈpætrɪsaɪd] n **1.** [killer] parricide *mf* **2.** [act] parricide *m*.

Patrick [ˈpætrɪk] pr n ▸ **Saint Patrick** saint Patrick ▸ **Saint Patrick's Day** la Saint-Patrick.

patrilineal [ˌpætrɪˈlɪnɪəl] adj patrilinéaire.

patrimony [UK ˈpætrɪmənɪ US ˈpætrɪməʊnɪ] (*pl* **patrimonies**) n patrimoine *m*.

patriot [UK ˈpætrɪət US ˈpeɪtrɪət] n patriote *mf*.

Patriot Act n *loi qui donne aux agences gouvernementales américaines des pouvoirs exceptionnels dans la lutte contre le terrorisme.*

patriotic [UK ˌpætrɪˈɒtɪk US ˌpeɪtrɪˈɒtɪk] adj [person] patriote ; [song, action, etc.] patriotique.

patriotically [UK ˌpætrɪˈɒtɪklɪ US ˌpeɪtrɪˈɒtɪklɪ] adv patriotiquement, en patriote.

patriotism [UK ˈpætrɪətɪzm US ˈpeɪtrɪətɪzm] n patriotisme *m*.

patrol [pəˈtrəʊl] (*pt & pp* **patrolled**, *cont* **patrolling**) ◆ n **1.** [group] patrouille *f* / *the patrol is* or *are on the way* la patrouille est en route ▸ **highway patrol** US police *f* des autoroutes **2.** [task] patrouille *f* ▸ **to be on patrol** être de patrouille / *they were sent out on patrol* ils ont été envoyés en patrouille. ◆ vi patrouiller. ◆ vt [area, streets] patrouiller dans / *the border is patrolled by armed guards* des gardes armés patrouillent le long de la frontière.

patrol boat n NAUT patrouilleur *m*.

patrol car n voiture *f* de police.

patrol leader n chef *m* de patrouille.

patrolman [pəˈtrəʊlmən] (*pl* **patrolmen** [-mən]) n **1.** US agent *m* de police *(qui fait sa ronde)* **2.** UK *dépanneur employé par une association d'automobilistes.*

patrol wagon n US, AUSTR & NZ fourgon *m* cellulaire.

patrolwoman [pəˈtrəʊlˌwʊmən] (*pl* **patrolwomen** [-ˌwɪmɪn]) n US femme *f* agent de police *(qui fait sa ronde)*.

patron [ˈpeɪtrən] n **1.** [sponsor - of the arts] mécène *m* ; [- of a festival] parrain *m*, sponsor *m* / *many multinational companies are becoming patrons of the arts* de nombreuses multinationales se lancent dans le mécénat / *the mayor is one of the patrons of our association* [supporter] le maire est une des personnes qui ont accordé leur patronage à notre association **2.** [customer - of restaurant, hotel, shop] client *m*, -e *f* ; [- of library] usager *m* ; [- of museum] visiteur *m*, -euse *f* ; [- of theatre, cinema] spectateur *m*, -trice *f* / **'patrons only'** 'réservé aux clients' **3.** [in ancient Rome] patron *m*.

patronage ['peɪtrənɪdʒ] n **1.** [support, sponsorship] patronage *m*, parrainage *m* **2.** COMM clientèle *f* / *I shall take my patronage elsewhere* j'irai me fournir ailleurs **3.** POL pouvoir *m* de nomination ; *pej* trafic *m* d'influence / *he got the promotion through the Minister's patronage* il a obtenu de l'avancement grâce à l'influence du ministre **4.** [condescension] condescendance *f*.

patronize, **patronise** ['pætrənaɪz] vt **1.** [business] donner sa clientèle à ; [cinema] fréquenter / *we no longer patronize the local shops* nous ne faisons plus nos courses dans le quartier **2.** [condescend to] traiter avec condescendance / *don't patronize me!* ne prenez pas ce ton condescendant avec moi ! **3.** [sponsor] patronner, parrainer.

patronizing ['pætrənaɪzɪŋ] adj condescendant.

patronizingly ['pætrənaɪzɪŋlɪ] adv [smile] avec condescendance ; [say] d'un ton condescendant.

patron saint n (saint *m*) patron *m*, (sainte *f*) patronne *f*.

patronymic [,pætrə'nɪmɪk] ◆ n patronyme *m*. ◆ adj patronymique.

patsy ['pætsɪ] (*pl* **patsies**) n US *v inf* [gullible person] pigeon *m*, gogo *m* ; [scapegoat] bouc *m* émissaire.

patten ['pætn] n socque *m* *(pour protéger les chaussures contre la boue)*.

patter ['pætər] ◆ n **1.** [sound] crépitement *m*, (petit) bruit *m* / *the patter of rain on the windows* le crépitement de la pluie sur les fenêtres ▸ **the (pitter) patter of tiny feet** *hum* un heureux événement **2.** *inf* [of salesman] baratin *m*, boniment *m* ; [of entertainer] bavardage *m*, baratin *m* **3.** *inf* [jargon] jargon *m*. ◆ vi **1.** [raindrops] tambouriner **2.** [person, mouse] trottiner / *she pattered down the corridor in her slippers* elle trottinait dans le couloir en pantoufles **3.** *inf* [talk] bavarder, baratiner.

pattern ['pætən] ◆ n **1.** [design - decorative] motif *m* ; [- natural] dessin *m* ; [- on animal] marques *fpl* / *a geometric / herringbone pattern* un motif géométrique / à chevrons **2.** [physical arrangement] disposition *f*, configuration *f* ▸ **to form a pattern** former un motif or un dessin **3.** [abstract arrangement] système *m*, configuration *f* / *sometimes there seems to be no pattern to our lives* notre existence semble parfois être régie par le hasard / *all the different elements fell into a pattern* tous les éléments ont fini par s'emboîter les uns dans les autres or s'articuler les uns aux autres / *research has established that there is a pattern in* or *to the data* la recherche a établi que les données ne sont pas aléatoires / *behaviour patterns in monkeys* types de comportement chez les singes / *there is a definite pattern to the burglaries* on observe une constante bien précise dans les cambriolages / *the pattern of TV viewing in the average household* les habitudes du téléspectateur moyen / *economic growth on the Japanese pattern* croissance économique à la japonaise ▸ **voice pattern** empreintes *fpl* vocales **4.** TECH [diagram, shape which guides] modèle *m*, gabarit *m* ; SEW patron *m* ▸ **dress pattern** patron de robe **5.** *fig* [example] exemple *m*, modèle *m* ▸ **to set a pattern for a)** [subj: company, method, work] servir de modèle (à) **b)** [subj: person] instaurer un modèle (pour) / *their methods set the pattern for other companies* leurs méthodes ont servi de modèle à d'autres sociétés. ◆ vt **1.** [mark - fabric] décorer d'un motif **2.** [copy] modeler ▸ **to pattern o.s. on** or **after sb** prendre modèle or exemple sur qqn / *their quality control is patterned on Japanese methods* leur contrôle de qualité est calqué sur les méthodes japonaises.

pattern designer n INDUST dessinateur *m*, -trice *f* de patrons.

patterned ['pætənd] adj à motifs / *patterned wallpaper* papier peint à motifs.

patterning ['pætənɪŋ] n **1.** PSYCHOL & SOCIOL acquisition *f* des structures de pensée **2.** ZOOL [markings] marques *fpl*, taches *fpl*.

pattie, **patty** ['pætɪ] (*pl* **patties**) n **1.** US ▸ **(hamburger) pattie** *portion de steak haché* **2.** [pasty] (petit) pâté *m*.

patty pan, **patty tin** n CULIN petit moule *m*.

paucity ['pɔːsətɪ] n *fml* pénurie *f*.

Paul [pɔːl] pr n ▸ **Saint Paul** saint Paul.

Pauline ['pɔːlaɪn] adj RELIG paulinien.

Paul Revere [pɔːlrɪ'vɪə] pr n *(1735-1818) héros de la révolution américaine qui prévint les habitants du Massachusetts de l'arrivée des soldats britanniques.*

paunch [pɔːntʃ] n **1.** *pej & hum* [stomach] (gros) ventre *m*, bedaine *f* / *he's getting a paunch* il prend du ventre **2.** ZOOL panse *f*.

paunchy ['pɔːntʃɪ] (*compar* **paunchier**, *superl* **paunchiest**) adj *pej & hum* ventru, pansu, bedonnant / *he's getting paunchy* il prend du ventre.

pauper ['pɔːpər] n pauvre *mf*, pauvresse *f*, indigent *m*, -e *f* ▸ **to end up in a pauper's grave** finir à la fosse commune.

pauperism ['pɔːpərɪzm] n indigence *f*, paupérisme *m*.

pauperize, **pauperise** ['pɔːpəraɪz] vt paupériser.

pause [pɔːz] ◆ n **1.** [break] pause *f*, temps *m* d'arrêt ; [on tape recorder] 'pause' / *there will be a ten minute pause after the second lecture* il y aura or nous ferons une pause de dix minutes après le deuxième cours / *without a pause* sans s'arrêter, sans interruption / *there was a long pause before she answered* elle garda longtemps le silence avant de répondre ▸ **to give sb pause, to give pause to sb** *fml* donner à réfléchir à qqn **2.** MUS point *m* d'orgue **3.** LITER césure *f*. ◆ vi faire or marquer une pause / *the speaker paused while the latecomer took his seat* le conférencier fit une pause pendant que le retardataire prenait place / *he paused in the middle of his explanation* il s'arrêta or s'interrompit au milieu de son explication / *I signed it without pausing to read the details* je l'ai signé sans prendre le temps d'en lire les détails / *without pausing for breath* sans même reprendre son souffle / *she paused on the doorstep* elle hésita sur le pas de la porte.

pave [peɪv] vt [street, floor - with flagstones, tiles] paver ; [- with concrete, asphalt] revêtir / *bricks paved the courtyard* la cour était pavée de briques ▸ **to pave the way for sthg** ouvrir la voie à or préparer le terrain pour qqch.

paved [peɪvd] adj ▸ **paved in** or **with a)** [flagstones, tiles] pavé de **b)** [concrete, asphalt] revêtu de / *the road isn't paved yet* la route n'est pas encore goudronnée / *paved with gold* pavé d'or / *her career was paved with success* *fig* sa carrière fut jalonnée de succès.

pavement ['peɪvmənt] n **1.** UK [footpath] trottoir *m* ▸ **pavement café** café *m*, terrasse *f* d'un café **2.** US [roadway] chaussée *f* **3.** [surfaced area - of cobbles, stones] pavé *m* ; [- of marble, granite] dallage *m* ; [- of concrete] (dalle *f* de) béton *m* ; [- of mosaic] pavement *m*.

pavement artist n UK artiste *mf* de trottoir.

pavilion [pə'vɪljən] n **1.** [building] pavillon *m* ; [at sports ground] vestiaires *mpl* / *the Japanese pavilion at the exhibition* le pavillon du Japon à l'exposition ▸ **(cricket) pavilion** *bâtiment abritant les vestiaires et le bar sur un terrain de cricket* **2.** [tent] pavillon *m*, tente *f*.

paving ['peɪvɪŋ] ◆ n [cobbles, flagstones] pavé *m* ; [tiles] carrelage *m* ; [concrete] dallage *m*, béton *m*. ◆ adj [measure, legislation] préparatoire.

paving stone n pavé *m*.

pavlova [pæv'ləʊvə] n vacherin *m*.

Pavlovian [pæv'ləʊvɪən] adj pavlovien.

paw [pɔː] ◆ n **1.** [of animal] patte *f* **2.** *inf* [hand] pince *f*, patte *f*. ◆ vt **1.** [animal] donner un coup de patte à / *the horse pawed the ground* le cheval piaffait **2.** *inf* [touch, maul] tripoter ; [sexually] peloter. ◆ vi : *the dog pawed at the door* le chien grattait à la porte.

pawky ['pɔːkɪ] adj *regional* pince-sans-rire *(inv)*.

pawl [pɔːl] n cliquet *m*.

pawn [pɔːn] ◆ n **1.** [in chess] pion *m* / *they are mere pawns in the hands of the politicians* *fig* ils ne sont que des pions sur l'échiquier politique **2.** [at pawnbroker's] : *my watch is in pawn* ma montre est en gage / *I got my watch out of pawn* UK j'ai dégagé ma montre. ◆ vt mettre or laisser en gage.

pawnbroker ['pɔːn,brəʊkər] n prêteur *m* sur gages / *at the pawnbroker's* au mont-de-piété.

pawnshop ['pɔːnʃɒp] n boutique *f* de prêteur sur gages, mont-de-piété *m*.

pawn ticket n reconnaissance *f* du mont-de-piété.

pawpaw ['pɔːpɔː] n papaye *f*.

pax [pæks] ◆ n RELIG [tablet] paix *f* ; [kiss] baiser *m* de paix. ◆ interj UK *school sl* ▸ **pax!** pouce !

pay [peɪ] (*pt & pp* **paid** [peɪd]) ◆ vt **1.** [person] payer / *she's paid £2,000 a month* elle est payée or elle touche 2 000 livres par mois / *you should pay someone to do it for you* vous devriez payer quelqu'un pour le faire à votre place **2.** [sum of money] payer / *you pay £100 now, the rest later* vous payez 100 livres maintenant, le solde plus tard / *I paid her £20* je lui ai payé 20 livres / *he paid £20 for the watch* il a payé la montre 20 livres / *shut up and pay the man his money!* *inf* ferme-la et casque ! **3.** [bill, debt] payer, régler ; [fine, taxes, fare] payer / *have you paid your union dues?* avez-vous payé vos cotisations syndicales ? / *the rent is paid up until the end of May* le loyer est payé jusqu'à la fin mai / *they've paid their debt to society* ils ont payé leur dette envers la société ▸ **to pay one's way** payer sa part / *is the business paying its way?* cette affaire est-elle rentable ? **4.** *fig* [benefit] rapporter à / *it pays them to use immigrant labour* cela leur rapporte d'utiliser la main-d'œuvre immigrée / *it'll pay you to start now* vous avez intérêt à commencer tout de suite / *it'll pay you to keep quiet!* tu as intérêt à tenir ta langue ! **5.** [with various noun objects] : *pay attention!* faites attention ! / *nobody pays any attention to me* personne ne m'écoute ▸ **to pay a call on sb, to pay sb a visit** rendre visite à qqn. ◆ vi payer ▸ **to pay by cheque** payer par chèque ▸ **to pay (by) cash** payer en espèces / *the job pays very well* le travail est très bien payé / *after two years the business was beginning to pay* après deux ans, l'affaire était devenue rentable / *it pays to be honest* ça rapporte d'être honnête / *crime doesn't pay* le crime ne paie pas / *it's a small price to pay for peace of mind* c'est faire un bien petit sacrifice pour avoir sa tranquillité d'esprit ▸ **to pay on the nail** payer rubis sur ongle. ◆ n paie *f*, paye *f* / *my first month's pay* ma première paie, mon premier salaire / *the pay is good* c'est bien payé / *he's in the pay of the enemy* il est à la solde de l'ennemi. ◆ comp **1.** [demand, negotiations] salarial ; [increase, cut] de salaire **2.** [not free] payant ▸ **pay toilets** toilettes *fpl* payantes **3.** MIN [deposit] exploitable.

❖ **pay back** vt sep **1.** [loan, lender] rembourser / *she paid her father back the sum she had borrowed* elle remboursa à son père la somme qu'elle avait empruntée **2.** [retaliate against] rendre la monnaie de sa pièce à / *I'll pay you back for that!* tu me le paieras !

❖ **pay for** vt insep **1.** [item, task] payer ▸ **to pay for sthg** payer qqch / *who paid for the drinks?* qui est-ce qui a payé les consommations ? / *I paid good money for that!* ça m'a coûté cher ! / *you get what you pay for* la qualité est en rapport avec le prix (que vous payez) / *the ticket pays for itself after two trips* le billet est amorti dès le deuxième voyage **2.** [crime, mistake] payer / *you'll pay for this!* tu me le paieras ! ▸ **to pay dearly for sthg** payer chèrement qqch / *he paid for his mistake with his life* il a payé son erreur de sa vie ▸ **to make sb pay for sthg** faire payer qqch à qqn.

❖ **pay in** vt sep UK [cheque] déposer sur un compte.

❖ **pay into** ◆ vt sep [money] : *I'd like to pay this cheque into my account* j'aimerais déposer ce chèque sur mon compte. ◆ vt insep ▸ **to pay into a pension scheme** cotiser à un plan de retraite.

❖ **pay off** ◆ vt sep **1.** [debt] payer, régler, s'acquitter de ; [loan] rembourser / *it takes years to pay off a mortgage* il faut des années pour rembourser un emprunt-logement **2.** [dismiss, lay off] licencier, congédier / *he threatened to pay us all off* il a menacé de nous mettre tous à la porte **3.** *inf* [bribe] acheter / *they paid off the police chief* ils ont acheté le chef de la police. ◆ vi payer, rapporter / *moving the company out of London really paid off* le transfert de la société hors de Londres a été une affaire rentable.

❖ **pay out** vt sep **1.** [money] payer, débourser **2.** [rope] laisser filer.

❖ **pay up** vi payer / *pay up or else!* payez, sinon… !

payable ['peɪəbl] adj payable / *payable in 24 monthly instalments / in advance* payable en 24 mensualités / d'avance / *refunds are payable in certain cases* vous pouvez être remboursé sous certaines conditions / *cheques should be made payable to Mr Brown* les chèques devraient être libellés or établis à l'ordre de M. Brown.

pay-and-display adj ▸ **pay-and-display car park** parking *m* à horodateur ▸ **pay-and-display machine** horodateur *m*.

pay-as-you-earn = PAYE.

pay-as-you-go n paiement *m* à l'usage.

payback ['peɪbæk] n **1.** FIN rapport *m* *(d'un investissement)* **2.** [revenge] revanche *f* ▸ **it's payback time!** l'heure de la revanche a sonné !

paybed ['peɪbed] n UK lit *m* (d'hôpital) privé.

pay channel n chaîne *f* payante.

pay check US = pay packet.

payday ['peɪdeɪ] n jour *m* de paie / *tomorrow is payday* nous sommes payés demain.

pay dirt n US *inf* **1.** [earth] gisement *m* **2.** [discovery] trouvaille *f* ▸ **to hit pay dirt** trouver un bon filon.

PAYE (abbr of pay-as-you-earn) n prélèvement *m* à la source *(des impôts)*.

payee [peɪ'iː] n bénéficiaire *mf*.

pay envelope US = pay packet.

payer ['peɪər] n **1.** [gen] payeur *m*, -euse *f* / *a good / bad payer* un bon / mauvais payeur **2.** [of cheque] tireur *m*, -euse *f*.

PAYG n abbr of pay-as-you-go.

paying ['peɪɪŋ] ◆ n paiement *m*. ◆ adj **1.** [who pays] payant **2.** [profitable] payant, rentable.

paying guest n hôte *m* payant.

paying-in book n carnet *m* de versement.

paying-in slip n UK bordereau *m* de versement.

payload ['peɪləʊd] n **1.** [gen] chargement *m* / *he was transporting a payload of cement* il transportait un chargement de ciment **2.** TECH [of vehicle, aircraft, rocket] charge *f* payante ; [of missile, warhead] puissance *f* ▸ **data payload** charge *f* de données.

paymaster ['peɪ,mɑːstər] n [gen] payeur *m*, -euse *f*, intendant *m*, -e *f* ; [in school, institution] économe *mf* ; [in army] payeur *m* ; [in administration] trésorier-payeur *m* / *the World Bank acts as paymaster of the project* la Banque mondiale fait office de bailleur de fonds pour ce projet.

Paymaster General pr n ▸ **the Paymaster General** le Trésorier-payeur-général britannique.

payment ['peɪmənt] n **1.** [sum paid, act of paying] paiement *m*, versement *m* / *48 monthly payments* 48 versements mensuels, 48 mensualités / *on payment of a deposit* moyennant des arrhes / *in payment of your invoice* en règlement de votre facture / *they offered their services without payment* ils ont offert leurs services à titre gracieux ▸ **payment facilities** facilités *fpl* de paiement ▸ **payment schedule** échéancier *m* (de paiement) **2.** [reward, compensation] récompense *f*.

payment gateway n portail *m* de paiement.

payoff ['peɪɒf] n **1.** [act of paying off] paiement *m* / *the payoff is set for tomorrow night* **a)** [gen] le paiement sera effectué demain soir **b)** [ransom] la remise de la rançon est fixée à demain soir **2.** [profit] bénéfice *m*, profit *m* **3.** [consequence] conséquence *f*, résultat *m* ; [reward] récompense *f* / *it's an unexpected but welcome payoff of this policy* ceci est une conséquence inattendue mais heureuse de cette politique **4.** *inf* [climax] dénouement *m* **5.** *inf* [bribe] pot-de-vin *m*.

payola [peɪ'əʊlə] n *(U)* US *inf* pots-de-vin *mpl*, dessous-de-table *mpl*.

pay packet n UK [envelope] enveloppe *f* contenant le salaire ; [money] paie *f*, salaire *m*.

pay-per-view ◆ adj TV à péage ▸ **pay-per-view channel** chaîne *f* à la carte or à la séance or en pay per view ▸ **pay-per-view television** télévision *f* à la carte or à la séance or en pay per view. ◆ n TV système *m* de télévison à la carte or à la séance.

payphone ['peɪfəʊn] n téléphone *m* public / *I'm calling from a payphone* j'appelle d'une cabine.

pay rise n augmentation *f* de salaire.

payroll ['peɪrəʊl] n **1.** [personnel] personnel *m* / *he's been on our payroll for years* il fait partie du personnel depuis des années / *they've added 500 workers to their payroll* ils ont embauché 500 travailleurs supplémentaires **2.** [list] registre *m* du personnel ▸ **to do the payroll** faire la paie, établir les bulletins de paie.

payroll giving n *système de prélèvement automatique de dons caritatifs sur les salaires.*

payslip ['peɪslɪp] n fiche *f* or feuille *f* or bulletin *m* de paie.

pay station US = payphone.

paystub ['peɪstʌb] n bulletin *m* de salaire.

pay television n chaîne *f* à péage.

pay TV n abbr of pay television.

PBJ US n abbr of peanut butter and jelly.

PBS (abbr of Public Broadcasting Service) pr n *société américaine de production télévisuelle.*

PBX (abbr of private branch exchange) n UK *autocommutateur privé.*

pc (written abbr of per cent) p. cent.

pc, PC n **1.** (abbr of personal computer) PC *m*, micro *m* **2.** abbr of postcard.

p/c written abbr of petty cash.

PC ◆ n **1.** abbr of police constable **2.** abbr of privy councillor. ◆ adj abbr of politically correct.

PCB n **1.** abbr of printed circuit board **2.** (abbr of polychlorinated biphenyl) PCB *m*.

PCC (abbr of Press Complaints Commission) n *organisme britannique de contrôle de la presse.*

PC card n carte *f* PC.

PC-compatible adj COMPUT compatible PC.

pcm (written abbr of per calendar month) par mois.

PCM MESSAGING written abbr of please call me.

PCME MESSAGING written abbr of please call me.

PCP® (abbr of phencyclidine) n PCP® *f*.

PCR (abbr of polymerase chain reaction) n réaction *f* en chaîne par polymérase, amplification *f* génique.

PCV (abbr of passenger carrying vehicle) n UK véhicule *m* de transport en commun.

pd written abbr of paid.

PD n US abbr of police department.

PDA n abbr of personal digital assistant.

PDF (abbr of portable document format) n COMPUT PDF *m*.

pdq (abbr of pretty damn quick) adv *inf* illico presto.

PDSA (abbr of People's Dispensary for Sick Animals) pr n *association de soins aux animaux malades.*

PDT [,piːdiː'tiː] (abbr of Pacific Daylight Time) n heure *f* du Pacifique.

PE (abbr of physical education) n EPS *f*.

pea [piː] n BOT pois *m* ; CULIN (petit) pois *m* ▸ **frozen peas** petits pois surgelés ▸ **pea soup** soupe *f* aux pois ▸ **to be as alike as two peas in a pod** : *they are as alike as two peas in a pod* ils se ressemblent comme deux gouttes d'eau.

peace [piːs] ◆ n **1.** [not war] paix *f* / *the country is at peace now* la paix est maintenant rétablie dans le pays / *I come in peace* je viens en ami ▸ **to make peace** faire la paix / *he made (his) peace with his father fig* il a fait la paix or il s'est réconcilié avec son père ; [treaty] (traité *m* de) paix *f* / *they wanted to sign a separate peace with the invaders* ils voulaient conclure or signer une paix séparée avec les envahisseurs **2.** [tranquillity] paix *f*, tranquillité *f* ▸ **to be at peace with oneself / the world** être en paix avec soi-même / le reste du monde ▸ **peace be with you!** que la paix soit avec vous ! / *we haven't had a moment's peace all morning* nous n'avons pas eu un moment de tranquillité de toute la matinée / *all I want is a bit of peace and quiet* tout ce que je veux, c'est un peu de tranquillité ▸ **to have peace of mind** avoir l'esprit tranquille / *he'll give you no peace until you pay him* tant que tu ne l'auras pas payé, il ne te laissera pas tranquille / *leave us in peace!* laisse-nous tranquilles !, laisse-nous en paix ! ; [silence] ▸ **to hold** or **to keep one's peace** garder le silence, se taire / *hold your peace!* silence ! **3.** [law and order] paix *f*, ordre *m* public ▸ **to disturb the peace** troubler l'ordre public ▸ **to keep the peace** [army, police] maintenir l'ordre. ◆ comp [treaty] de paix ; [rally, movement] pour la paix ▸ **peace agreement** accord *m* de paix ▸ **peace negotiations** négociations *fpl* de paix ▸ **peace talks** pourparlers *mpl* de paix.

peaceable ['piːsəbl] adj **1.** [peace-loving -nation, person] pacifique **2.** [calm -atmosphere] paisible, tranquille ; [-demonstration, methods] pacifique ; [-discussion] calme.

peaceably ['piːsəblɪ] adv [live] paisiblement, tranquillement ; [discuss, listen] calmement, paisiblement ; [assemble, disperse] pacifiquement, sans incident.

Peace Corps pr n *organisation américaine de coopération avec les pays en voie de développement.*

peace dividend n dividende *m* de paix.

peaceful ['piːsfʊl] adj **1.** [calm, serene] paisible, tranquille / *it's so peaceful in the country!* la campagne est si paisible ! **2.** [non-violent] pacifique / *we are a peaceful nation* nous sommes une nation pacifique / *a peaceful transition to independence* une transition pacifique vers l'indépendance / *the peaceful uses of nuclear energy* les utilisations pacifiques de l'énergie nucléaire.

peacefully ['piːsfʊlɪ] adv [live, rest] paisiblement, tranquillement ; [protest] pacifiquement / *the rally went off peacefully* le meeting s'est déroulé dans le calme or sans incident.

peacefulness ['piːsfʊlnɪs] n paix *f*, calme *m*, tranquillité *f*.

peacekeeper ['piːs,kiːpər] n [soldier] soldat *m* de la paix ; [of United Nations] Casque *m* bleu.

peacekeeping ['piːs,kiːpɪŋ] ◆ n maintien *m* de la paix. ◆ adj de maintien de la paix ▸ **a United Nations peacekeeping force** des forces des Nations unies pour le maintien de la paix.

peace-loving adj pacifique.

peacemaker ['piːs,meɪkər] n pacificateur *m*, -trice *f*, conciliateur *m*, -trice *f*.

peacenik ['piːsnɪk] n *inf & pej* pacifiste *mf*.

peace offensive n offensive *f* de paix.

peace offering n offrande *f* de paix.

peace pipe n calumet *m* (de la paix).

peace sign n signe *m* de la paix.

peacetime ['piːstaɪm] n temps *m* de paix / *in peacetime* en temps de paix.

peach [piːtʃ] ◆ n **1.** [fruit] pêche *f* ; [tree] pêcher *m* ▸ **peach blossom** fleurs *mpl* de pêcher / *she has a peaches and cream complexion* elle a un teint de pêche **2.** [colour] couleur *f* pêche **3.** *inf* [expressing approval] : *he played a peach of a shot* il a joué un coup superbe / *thanks, you're a peach!* merci, tu es adorable ! ◆ adj [colour] pêche *(inv)*. ◆ vt *inf* cafarder, moucharder. ◆ vi *inf* cafarder ▸ **to peach on sb** cafarder qqn.

peach melba n pêche *f* Melba.

peachy ['piːtʃɪ] *(compar* **peachier**, *superl* **peachiest)** adj **1.** [taste, flavour] de pêche **2.** *inf* [nice] chouette.

peacoat ['piːkəʊt] = pea jacket.

peacock ['piːkɒk] *(pl* **peacock** *or* **peacocks)** ◆ n **1.** [bird] paon *m* **2.** [colour] = peacock blue. ◆ adj = peacock blue.

peacock blue n bleu *m* paon.

❖ **peacock-blue** adj bleu paon *(inv)*.

peacock butterfly n paon *m* de jour.

peafowl ['piːfaʊl] *(pl* **peafowl** *or* **peafowls)** n paon *m*.

pea green n vert *m* pomme.

❖ **pea-green** adj vert pomme *(inv)*.

peahen ['piːhen] n paonne *f*.

pea jacket n caban *m*.

peak [piːk] ◆ n **1.** [mountain top] pic *m*, sommet *m* ; [mountain] pic *m* / *snowy peaks* pics enneigés **2.** [pointed part - of roof] faîte *m* / *beat the egg whites until they form peaks* battez les blancs d'œufs en neige très ferme **3.** [high point - of fame, career] sommet *m*, apogée *m* ; [- on graph] sommet *m* / *emigration was at its peak in the 1890s* l'émigration a atteint son point culminant or son sommet dans les années 1890 / *the gardens are at their peak in July* c'est en juillet que les jardins sont au faîte or à l'apogée de leur splendeur / *the team will be at its peak in a few weeks* l'équipe sera à son top niveau dans quelques semaines / *the party was at its peak* la fête battait son plein / *sales have reached a new peak* les ventes ont atteint un nouveau record **4.** [of cap] visière *f*. ◆ vi [production, demand] atteindre un maximum / *his popularity peaked just before the elections* sa cote a atteint un or son maximum juste avant les élections / *she peaked too soon* elle s'est donnée à fond trop tôt. ◆ adj maximum ▸ **peak condition** : *the team is in peak condition* l'équipe est à son top niveau ▸ **peak demand** demande *f* maximale ▸ **peak hours** or **period** or **time a)** [of electricity use] période *f* de pointe **b)** [of traffic] heures *fpl* de pointe or d'affluence **c)** [in restaurant] coup *m* de feu ▸ **peak rate** tarif *m* normal ▸ **peak viewing hours** or **time** TV heures *fpl* de grande écoute.

Peak District pr n ▸ **the Peak District** *région de moyenne montagne dans le nord de l'Angleterre.*

peaked [piːkt] adj [roof] pointu ; [cap] à visière.

peaky ['piːkɪ] (*compar* **peakier**, *superl* **peakiest**) adj UK *inf* [unwell] (un peu) malade ; [tired] fatigué / *I feel a little peaky this morning* je ne me sens pas en forme or je ne me sens pas dans mon assiette ce matin.

peal [piːl] ◆ n **1.** [sound] ▸ **the peal of bells** la sonnerie de cloches, le carillon ▸ **a peal of thunder** un coup de tonnerre / *peals of laughter came from the living room* des éclats de rire se faisaient entendre du salon / *they burst into peals of laughter* ils ont éclaté de rire **2.** [set of bells] carillon *m*. ◆ vi ▸ **to peal (out) a)** [bells] carillonner **b)** [thunder] gronder. ◆ vt [bells] sonner à toute volée.

peanut ['piːnʌt] n [nut] cacahouète *f*, cacahuète *f* ; [plant] arachide *f* ▸ **peanuts** *inf* [small sum] clopinettes *fpl* / *to work for peanuts* travailler pour des clopinettes / *it's worth peanuts* ça ne vaut pas un clou / *£100 is peanuts for a return ticket* 100 livres, ce n'est rien pour un billet aller-retour.

peanut butter n beurre *m* de cacahuètes.

peanut gallery n *inf* [in theatre] poulailler *m*, paradis *m*.

peanut oil n huile *f* d'arachide.

peapod ['piːpɒd] n cosse *f* de pois.

pear [peəʳ] n [fruit] poire *f* ; [tree, wood] poirier *m*.

pearl [pɜːl] ◆ n **1.** [gem] perle *f* ▸ **to cast pearls before swine** donner des perles aux cochons or aux pourceaux **2.** [mother-of-pearl] nacre *f* **3.** *fig* perle *f* / *Hong Kong, pearl of the East* Hongkong, perle de l'Orient ▸ **pearls of wisdom** trésors *mpl* de sagesse. ◆ adj **1.** [made of pearls] de perles / *pearl earrings* perles montées en boucles d'oreilles / *a pearl necklace* un collier de perles **2.** [made of mother-of-pearl] de or en nacre / *pearl buttons* boutons en nacre. ◆ vi **1.** [form drops] perler **2.** [search for pearls] pêcher des perles.

pearl barley n orge *m* perlé.

pearl diver n pêcheur *m*, -euse *f* de perles.

pearl diving n pêche *f* aux perles.

pearl grey n gris *m* perle.

❖ **pearl-grey** adj gris perle *(inv)*.

Pearl Harbor [pɜːl-] pr n Pearl Harbor.

Pearl Harbor

Base navale américaine située à Hawaii. Attaquée le 7 décembre 1941 par l'aviation japonaise, elle connut de très lourdes pertes humaines et matérielles. Le lendemain, les États-Unis firent leur entrée dans le second conflit mondial en déclarant la guerre au Japon.

pearlized, pearlised ['pɜːlaɪzd] adj nacré / *pearlized nail polish* vernis à ongles nacré.

pearl onion n *petit oignon blanc.*

pearl oyster n huître *f* perlière.

pearly ['pɜːlɪ] (*compar* **pearlier**, *superl* **pearliest**) adj **1.** [pearl-like] nacré / *pearly pink nail polish* vernis à ongles rose nacré / *pearly white teeth* dents de perle or éclatantes **2.** [decorated with pearls] perlé ; [made of mother-of-pearl] en or de nacre.

Pearly Gates pr n *inf* ▸ **the Pearly Gates** les portes *fpl* du paradis.

pearly king n *marchand des quatre-saisons cockney dont les vêtements sont ornés d'une profusion de boutons de nacre.*

pearly queen n *marchande des quatre-saisons cockney dont les vêtements sont ornés d'une profusion de boutons de nacre.*

pear-shaped adj en forme de poire, piriforme *liter* / *she's pear-shaped* elle a de fortes hanches ▸ **to go pear-shaped** *inf* tourner mal / *everything went pear-shaped* tout est parti en vrille.

peasant ['peznt] ◆ n **1.** paysan *m*, -anne *f* ▸ **the Peasants' Revolt** UK HIST la guerre des Gueux **2.** *inf & pej* [uncouth person] péquenaud *m*, -e *f*, plouc *m*. ◆ adj paysan ▸ **peasant farmer** paysan.

The Peasants' Revolt

Première grande révolte populaire dans l'histoire anglaise, provoquée en 1381 par la mise en vigueur de la capitation. Son meneur, Wat Tyler, fut assassiné lors de pourparlers avec le roi Richard II et la révolte s'éteignit sans avoir apporté de changements.

peasantry ['pezntrɪ] n paysannerie *f*, paysans *mpl*.

pease [piːz] (*pl* **pease**) n UK *arch & regional* (petit) pois *m*.

pease pudding n *purée de pois au jambon.*

peashooter ['piːˌʃuːtəʳ] n sarbacane *f*.

pea souper [-'suːpəʳ] n **1.** [fog] purée *f* de pois **2.** CAN *v inf terme injurieux désignant un Québécois.*

peat [piːt] n tourbe *f*.

peat bog n tourbière *f*.

peat moss n sphaigne *f*.

peaty ['piːtɪ] (*compar* **peatier**, *superl* **peatiest**) adj tourbeux.

pebble ['pebl] ◆ n **1.** [stone] caillou *m* ; [waterworn] galet *m* ▸ **a pebble beach** une plage de galets / *he's not the only pebble on the beach* un de perdu, dix de retrouvés **2.** OPT [lens] lentille *f* en cristal de roche ▸ **pebble glasses** *inf* lunettes *fpl* à verres très épais. ◆ vt **1.** [road, path] caillouter / *a pebbled drive* une allée de gravillons **2.** [leather] greneler.

pebbledash ['pebldæʃ] UK ◆ n crépi *m (incrusté de cailloux)*. ◆ vt crépir.

pebbly ['peblɪ] (*compar* **pebblier**, *superl* **pebbliest**) adj **1.** [stony - soil, path] caillouteux ▸ **a pebbly beach** une plage de galets **2.** [grainy] grené, grenu.

pecan [UK 'piːkən US pɪ'kæn] ◆ n [nut] (noix *f* de) pecan *m*, (noix *f* de) pacane *f* ; [tree] pacanier *m*. ◆ adj [pie, ice cream] à la noix de pecan.

peccadillo [ˌpekə'dɪləʊ] (*pl* **peccadillos** *or* **peccadilloes**) n peccadille *f*.

peccary ['pekərɪ] (*pl* **peccary** *or* **peccaries**) n pécari *m*.

peck [pek] ◆ vt **1.** [pick up] picorer, picoter ; [strike with beak] donner un coup de bec à / *chickens were pecking the ground* des poulets picoraient le sol / *be careful, it'll peck you!* fais attention, tu vas recevoir un coup de bec ! **2.** [kiss] faire une bise à. ◆ n **1.** [with beak] coup *m* de bec **2.** [kiss] bise *f*, (petit) baiser *m* / *she gave me a peck on the forehead* elle m'a fait une bise sur le front **3.** [measure] ≃ boisseau *m*.

❖ **peck at** vt insep **1.** = peck *(vt)* **2.** ▸ **to peck at one's food** manger du bout des dents.

pecker ['pekəʳ] n **1.** UK [spirits] ▸ **keep your pecker up** *inf* il faut garder le moral **2.** US *v inf* [penis] quéquette *f*.

pecking order ['pekɪŋ-] n [among birds] ordre *m* hiérarchique ; [among people] hiérarchie *f*.

peckish ['pekɪʃ] adj UK *inf* ▸ **to be** or **to feel peckish** avoir un petit creux / *it made me feel quite peckish* ça m'a donné bien faim or bien ouvert l'appétit.

pecs [peks] pl n *inf* [pectorals] pectoraux *mpl*.

pectic ['pektɪk] adj pectique ▸ **pectic acid** acide *m* pectique.

pectin ['pektɪn] n pectine *f*.

pectoral ['pektərəl] ◆ adj MIL & RELIG pectoral. ◆ n ANAT, MIL & RELIG pectoral *m*.

pectoral fin n nageoire *f* pectorale.

pectoral muscle n muscle *m* pectoral.

peculate ['pekjʊleɪt] vi *fml* détourner les fonds or deniers publics.

peculation [ˌpekjʊ'leɪʃn] n *fml* détournement *m* de fonds publics.

peculiar [pɪ'kjuːljəʳ] adj **1.** [strange] étrange, bizarre / *what a peculiar person!* quelle personne étrange ! / *I feel a bit peculiar* je me sens un peu bizarre **2.** [specific, exclusive] particulier / *it has a peculiar taste* ça a un goût spécial ▸ **to be peculiar to** être spécifique à / *such phenomena are not peculiar to this country* de tels phénomènes ne sont pas spécifiques à ce pays, il n'y a pas que dans ce pays que de tels phénomènes se produisent ; [particular] spécial, particulier / *a detail of peculiar significance* un détail particulièrement significatif.

peculiarity [pɪˌkjuːlɪ'ærətɪ] (*pl* **peculiarities**) n **1.** [oddness] étrangeté *f*, bizarrerie *f* / *I should explain the peculiarity of my situation* il faut que je vous explique ce qu'il y a d'étrange dans ma situation / *we all have our little peculiarities* nous avons tous nos petites manies **2.** [specific characteristic] particularité *f* / *each region has its own peculiarities* chaque région a son particularisme or ses particularités.

peculiarly [pɪ'kjuːljəlɪ] adv **1.** [oddly] étrangement, bizarrement **2.** [especially] particulièrement, singulièrement.

pecuniary [pɪ'kjuːnjərɪ] adj pécuniaire.

pedagogic(al) [ˌpedə'gɒdʒɪk(l)] adj pédagogique.

pedagogue ['pedəgɒg] n pédagogue.

pedagogy ['pedəgɒdʒɪ] n pédagogie *f*.

pedal ['pedl] (UK *pt & pp* **pedalled**, *cont* **pedalling** ; US *pt & pp* **pedaled**, *cont* **pedaling**) ◆ n **1.** [on bicycle, piano, etc.] pédale *f* ▸ **clutch** / **brake pedal** pédale d'embrayage / de frein ▸ **loud** / **soft pedal** [of piano] pédale droite or forte / gauche or douce **2.** MUS = **pedal point**. ◆ vi pédaler / *we pedalled along the back roads* nous roulions (à vélo) sur les routes de l'arrière-pays / *it's hard pedalling uphill* c'est dur de grimper une côte à vélo. ◆ vt faire avancer en pédalant.

pedal bin n UK poubelle *f* à pédale.

pedal boat n pédalo *m*.

pedal car n voiture *f* à pédales.

pedalo ['pedələʊ] (*pl* **pedalos** *or* **pedaloes**) n pédalo *m*.

pedal point n MUS pédale *f*.

pedal pushers pl n (pantalon *m*) corsaire *m*.

pedant ['pedənt] n [pettifogger] pinailleur *m*, -euse *f* / *he's a real pedant* il est trop pointilleux, il adore couper les cheveux en quatre.

⚠ A **pédant** is someone who likes showing off knowledge, not someone who splits hairs; the adjective **pédant** means pretentious, not pettifogging; and **pédantisme** is showing off knowledge, not hair-splitting.

pedantic [pɪ'dæntɪk] adj [pettifogging] pinailleur / *don't be so pedantic!* arrête de pinailler or de couper les cheveux en quatre !

pedantically [pɪ'dæntɪklɪ] adv : *he rather pedantically questioned the definition I had given* un peu pinailleur, il a mis en doute la définition que j'avais proposée.

pedantry ['pedəntrɪ] (*pl* **pedantries**) n [pettifogging] attitude *f* excessivement pointilleuse / *I can't stand this pedantry* je ne supporte pas cette façon de couper les cheveux en quatre en permanence.

peddle ['pedl] ◆ vt **1.** *dated* [wares] colporter / *he didn't want to peddle encyclopedias all his life* il ne voulait pas passer sa vie à faire du porte-à-porte pour vendre des encyclopédies **2.** [drugs] revendre, faire le trafic de ▸ **drug peddling** trafic *m* de drogue **3.** *pej* [promote - idea, opinion] propager ; [- gossip, scandal] colporter. ◆ vi faire du colportage.

peddler ['pedlər] n **1.** [seller] colporteur *m*, -euse *f* **2.** [drug pusher] trafiquant *m*, -e *f* (de drogue), revendeur *m*, -euse *f* **3.** *pej* [promoter - of ideas, opinions] propagateur *m*, -trice *f* ▸ **peddlers of dreams** marchands *mpl* de rêves.

pederast ['pedəræst] n pédéraste *m*.

pederasty ['pedəræstɪ] n pédérastie *f*.

pedestal ['pedɪstl] ◆ n *lit & fig* piédestal *m* ▸ **to place** or **to put sb on a pedestal** mettre qqn sur un piédestal / *that knocked him off his pedestal* cela l'a fait tomber de son piédestal. ◆ comp ▸ **pedestal basin** lavabo *m* à pied ▸ **pedestal desk** bureau *m* ministre ▸ **pedestal table** guéridon *m*.

pedestrian [pɪ'destrɪən] ◆ n piéton *m* / **'pedestrians only'** 'réservé aux piétons'. ◆ comp [street, area] piéton, piétonnier ▸ **pedestrian overpass** passerelle *f*. ◆ adj **1.** [prosaic] prosaïque ; [commonplace] banal ▸ **a pedestrian style** un style prosaïque **2.** [done on foot - exercise, outing] pédestre, à pied.

pedestrian-controlled crossing n passage *m* pour piétons à bouton d'appel.

pedestrian crossing n UK passage *m* clouté or (pour) piétons.

pedestrianization [pə,destrɪənaɪ'zeɪʃn] n transformation *f* en zone piétonne or piétonnière.

pedestrianize, pedestrianise [pə'destrɪənaɪz] vt transformer en zone piétonne or piétonnière ▸ **pedestrianized streets** rues *fpl* piétonnes or piétonnières.

pedestrian precinct UK, **pedestrian zone** US n zone *f* piétonnière.

pediatric [,pi:dɪ'ætrɪk] adj pédiatrique.

pediatrician [,pi:dɪə'trɪʃn] n pédiatre.

pediatrics [,pi:dɪ'ætrɪks] n pédiatrie.

pedicab ['pedɪkæb] n cyclo-pousse *m inv*.

pedicure ['pedɪ,kjʊər] n [treatment] pédicurie *f*.

pedigree ['pedɪgri:] ◆ n **1.** [descent - of animal] pedigree *m* ; [- of person] ascendance *f*, lignée *f* ; *fig* [background - of person] origine *f* / *his solid middle-class pedigree* ses origines bourgeoises **2.** [document for animal] pedigree *m* **3.** [genealogical table] arbre *m* généalogique. ◆ adj [horse, cat, dog] de race.

pediment ['pedɪmənt] n **1.** ARCHIT fronton *m* **2.** GEOL pédiment *m*.

pedlar ['pedlər] UK = **peddler**.

pedology [pɪ'dɒləʤɪ] n **1.** MED pédologie *f* **2.** GEOL pédologie *f*.

pedometer [pɪ'dɒmɪtər] n pédomètre *m*, podomètre *m*.

pedophile ['pi:dəʊ,faɪl] n pédophile *m*.

pedophilia [,pi:dəʊ'fɪlɪə] n pédophilie *f*.

peduncle [pɪ'dʌŋkl] n pédoncule *m*.

PED XING US written abbr of **pedestrian crossing**.

pee [pi:] *inf* ◆ n pipi *m* ▸ **to have** or **to take a pee** faire pipi. ◆ vi faire pipi.

peek [pi:k] ◆ vi [glance] jeter un coup d'œil ; [look furtively] regarder furtivement ▸ **to peek at sthg** jeter un coup d'œil à or sur qqch / *someone was peeking through the keyhole* quelqu'un regardait par le trou de la serrure / *turn around and no peeking!* retourne-toi et n'essaie pas de voir ce que je fais ! ◆ n coup *m* d'œil ▸ **to have** or **to take a peek at sthg** jeter un coup d'œil à or sur qqch.

peekaboo ['pi:kəbu:] *inf* ◆ interj ▸ **peekaboo!** coucou ! ◆ n ▸ **to play peekaboo** jouer à faire coucou. ◆ adj [see-through] transparent.

peel [pi:l] ◆ n **1.** [of banana] peau *f* ; [of orange, lemon] écorce *f* ; [of apple, onion, potato] pelure *f* **2.** *(U)* [peeling] épluchures *fpl* / *add a twist of lemon peel* ajouter un zeste de citron. ◆ vt [fruit, vegetable] peler, éplucher ; [boiled egg] écaler, éplucher ; [shrimp] décortiquer ; [twig] écorcer ; [skin, bark] enlever. ◆ vi **1.** [fruit, vegetable] se peler **2.** [plaster on wall, ceiling, etc.] s'écailler, se craqueler ; [paint, varnish] s'écailler ; [wallpaper] se décoller **3.** [skin on back, face, etc.] peler / *I'm peeling all over* je pèle de partout.

❖ **peel away** ◆ vi = **peel** *(vi)*. ◆ vt sep [label, wallpaper] détacher, décoller ; [bandage] enlever, ôter.

❖ **peel back** vt sep [label, wallpaper] détacher, décoller / *peel back the plastic backing* décoller la pellicule de protection en plastique.

❖ **peel off** ◆ vi **1.** = **peel** *(vi)* **2.** [turn away] se détacher / *two aircraft peeled off from the main group* deux avions se détachèrent du gros de l'escadre. ◆ vt sep **1.** = **peel away 2.** [item of clothing] enlever ▸ **to peel off one's clothes** se déshabiller.

peeler ['pi:lər] n **1.** [device] éplucheur *m* ; [electric] éplucheuse *f* **2.** UK *inf* [stripper] effeuilleuse *f* **3.** UK *inf & dated* flic *m*.

peelings ['pi:lɪŋz] pl n épluchures *fpl*, pelures *fpl*.

peep [pi:p] ◆ vi **1.** [glance] jeter un coup d'œil ▸ **to peep at** / **over** / **under sthg** jeter un coup d'œil (furtif) à / par-dessus / sous qqch / *the children were peeping through the keyhole* les enfants épiaient à travers le trou de la serrure / *shut your eyes and don't peep!* ferme les yeux et n'essaie pas de voir ce que je fais ! **2.** [emerge] se montrer / *the moon peeped out through the clouds* la lune a percé or est apparue à travers les nuages / *snowdrops were beginning to peep through* des perce-neige commençaient à pointer / *a handkerchief peeped out from his pocket* la pointe d'un mouchoir dépassait de sa poche / *her nose peeped out over her scarf* le bout de son nez pointait or apparaissait par-dessus son écharpe **3.** [bird] pépier. ◆ n **1.** [glance] coup *m* d'œil ▸ **to have a peep at sthg** jeter un coup d'œil à qqch / *I got a peep at the file before he came in* j'ai réussi à jeter un coup d'œil sur le dossier avant qu'il arrive **2.** [of bird] pépiement *m* ; *fig* : *any news from him? — not a peep! inf* tu as eu de ses nouvelles ? — pas un mot or que dalle ! / *one more peep out of you and you've had it! inf* encore un mot et ton compte est bon !

peepbo ['pi:p,bəʊ] *inf* ◆ interj ▸ **peepbo!** coucou ! ◆ n ▸ **to play peepbo** jouer à faire coucou.

pee-pee n US *baby talk* ▸ **to go pee-pee** faire pipi.

peeper ['pi:pər] n US *inf* [detective] privé *m*.

❖ **peepers** pl n *inf* [eyes] mirettes *fpl*.

peephole ['pi:phəʊl] n trou *m* ; [in house door, cell] judas *m*.

peeping Tom [,pi:pɪŋ'tɒm] n voyeur *m*.

peeps [pi:ps] pl n US *inf* [friends] potes *mf pl*.

peepshow ['pi:pʃəʊ] n [device] stéréoscope *m (pour images érotiques)* ; [form of entertainment] peep-show *m*.

peep-toe(d) shoes pl n escarpins *mpl* à bout découpé.

peer [pɪər] ◆ n **1.** [nobleman] pair *m*, noble *mf* / *he was made a peer* il a été élevé à la pairie / *the Conservative Peers* POL les pairs conservateurs *(en Grande-Bretagne)* ▸ **peer of the realm** pair du royaume **2.** [equal] pair *m* / *a jury of one's peers* un jury formé or composé de ses pairs / *as a negotiator she has no peer* c'est une négociatrice hors pair. ◆ vi [look - intently] regarder attentivement ; [- with difficulty] s'efforcer de voir / *she peered out into the darkness* elle scruta l'obscurité / *he peered at the suspects' faces* il dévisagea les suspects / *she peered at the small print* elle lut attentivement ce qui était écrit en petits caractères.

peerage ['pɪərɪʤ] n **1.** [title] pairie *f* / *he was given a peerage* il a été élevé à la pairie **2.** [body of peers] pairs *mpl*, noblesse *f* **3.** [book] nobiliaire *m*.

peeress ['pɪərɪs] n pairesse *f*.

peer group n SOCIOL pairs *mpl*.

peerless ['pɪəlɪs] adj sans pareil.

peer pressure n influence *f* des pairs or du groupe.

peer review n évaluation *f* or contrôle *m* par les pairs.

peer-reviewed [-rɪ'vju:d] adj [article, journal] validé par les pairs.

peer-to-peer adj peer-to-peer.

peeve [pi:v] vt *inf* mettre en rogne / *it really peeves me that he got the job* ça me met en rogne qu'il ait eu le poste.

peeved [pi:vd] adj *inf* énervé ▸ **to be peeved at sb** être en rogne or en pétard contre qqn ▸ **to get peeved** se mettre en rogne.

peevish ['pi:vɪʃ] adj [person] irritable, grincheux ; [report, expression] irrité / *in a peevish mood* de mauvaise humeur / *he's a peevish child* c'est un enfant grognon.

peevishly ['pi:vɪʃlɪ] adv [say, refuse] d'un ton irrité ; [behave] de façon désagréable / *to complain peevishly* ronchonner.

peevishness ['pi:vɪʃnɪs] n mauvaise humeur *f*, irritabilité *f*.

peewit ['pi:wɪt] n vanneau *m*.

peg [peg] (*pt & pp* **pegged**, *cont* **pegging**) ◆ n **1.** [for hat, coat] patère *f* / *a peg to hang an argument on fig* un prétexte de dispute, une excuse pour se disputer **2.** UK [clothespeg] pince *f* à linge **3.** [dowel - wooden] cheville *f* ; [- metal] fiche *f* **4.** [for tent] piquet *m* **5.** [in mountaineering] piton *m* **6.** [in croquet] piquet *m* **7.** MUS [on string instrument] cheville *f* **8.** *fig* [degree, notch] degré *m*, cran *m* / *she's gone down a peg (or two) in my estimation* elle a baissé d'un cran dans mon estime ▸ **to bring** or **to take sb down a peg or two** rabattre le caquet à qqn **9.** UK *inf* [of spirits] petit verre *m*. ◆ vt **1.** [fasten - gen] attacher ; [- with dowels] cheviller ; [insert - stake] enfoncer, planter ; [in mountaineering] pitonner / *he was pegging the washing on the line* il étendait le linge ▸ **to peg a tent** fixer une tente avec des piquets **2.** [set - price, increase] fixer / *oil was pegged at $20 a barrel* le prix du pétrole était fixé à 20 dollars le baril / *export earnings are pegged to the exchange rate* le revenu des exportations varie en fonction du taux de change **3.** *inf* [throw] lancer **4.** US *inf* [classify] classer **5.** = **off-the-peg**.

❖ **peg away** vi UK *inf* travailler sans relâche / *he pegged away at his job for years* il a galéré dans son boulot pendant des années / *we're pegging away at the backlog* petit à petit, nous rattrapons notre retard / *she pegged away at her Latin* elle bûchait son latin.

❖ **peg down** vt sep [fasten down] fixer or attacher (avec des piquets) / *he pegged the tarpaulin down* il fixa la bâche au sol avec des piquets.

❖ **peg out** ◆ vt sep **1.** [hang out - washing] étendre **2.** [mark out with pegs] piqueter. ◆ vi *inf* **1.** [die] crever, claquer **2.** [give up] laisser tomber, abandonner.

Pegasus ['pegəsəs] pr n Pégase.

pegboard ['pegbɔ:d] n plaquette *f* perforée *(utilisée dans certains jeux)*.

peg leg n *inf* jambe *f* artificielle.

peg-top trousers pl n (pantalon *m*) fuseau *m*.

PEI written abbr of **Prince Edward Island**.

pejoration [,pi:ʤə'reɪʃn] n LING péjoration *f*.

pejorative [pɪ'ʤɒrətɪv] ◆ adj péjoratif. ◆ n péjoratif *m*.

pejoratively [pɪ'ʤɒrətɪvlɪ] adv péjorativement.

peke [pi:k] n *inf* pékinois *m (chien)*.

Pekinese [,pi:kə'ni:z], **Pekingese** [,pi:kɪŋ'i:z] ◆ n **1.** [person] Pékinois *m*, -e *f* **2.** LING pékinois *m* **3.** [dog] pékinois *m*. ◆ adj pékinois.

Peking [,pi:'kɪŋ] pr n Pékin.

Peking duck n canard *m* laqué.

pekoe ['pi:kəʊ] n pekoe *m*.

pelagic [pe'lædʒɪk] adj **1.** [fauna, sediment] pélagique **2.** [not coastal] hauturier, de haute mer.

pelargonium [,pelə'gəʊnjəm] n pélargonium *m*.

pelf [pelf] n *pej* lucre *m*.

pelican ['pelɪkən] n pélican *m*.

pelican crossing n UK *passage piétons à commande manuelle.*

pellagra [pə'lægrə] n pellagre *f*.

pellet ['pelɪt] n **1.** [small ball] boulette *f* / *wax / paper pellets* boulettes de cire / de papier / *pellets of rabbit dung* crottes *fpl* de lapin **2.** [for gun] (grain *m* de) plomb *m* ▸ **pellet gun** fusil *m* à plombs **3.** [pill] pilule *f* **4.** ORNITH pelote *f* de régurgitation.

pell-mell [,pel'mel] adv UK [pile, throw] pêle-mêle / *the crowd ran pell-mell into the square* la foule s'est ruée sur la place dans une cohue indescriptible.

pellucid [pe'lu:sɪd] adj [membrane, zone] pellucide ; [water] limpide ; *fig* [prose] clair, limpide.

pelmanism ['pelmənɪzm] n [card game] paires *fpl*.

pelmet ['pelmɪt] n [for curtains] cantonnière *f* ; [wood, board] lambrequin *m*.

Peloponnese [,peləpə'ni:z] pr n ▸ **the Peloponnese** le Péloponnèse.

Pelops ['pi:lɒps] pr n Pélops.

pelota [pə'lɒtə] n pelote *f* basque ▸ **pelota court** fronton *m*.

pelt [pelt] ◆ vt [person, target] bombarder / *they were pelting each other with snowballs* ils se lançaient des boules de neige / *the speaker was pelted with eggs* l'orateur a été bombardé d'œufs. ◆ vi *inf* **1.** [rain] : *it was pelting* or *pelting down with rain* il pleuvait à verse, il tombait des cordes / *the hail pelted down* la grêle tombait dru / *I changed the tyre in the pelting rain* j'ai changé le pneu sous la pluie battante **2.** [run] courir à fond de train or à toute allure / *she came pelting up the stairs* elle grimpa l'escalier quatre à quatre / *she came pelting down the stairs* elle dévala l'escalier. ◆ n **1.** [skin] peau *f* ; [fur] fourrure *f* **2.** PHR at **full pelt** UK à fond de train.

pelvic ['pelvɪk] adj pelvien ▸ **pelvic bone** ilion *m*.

pelvic floor n plancher *m* pelvien.

pelvic girdle n ceinture *f* pelvienne.

pelvic inflammatory disease n métrite *f*.

pelvis ['pelvɪs] (*pl* **pelvises** or **pelves** [-vi:z]) n bassin *m*, pelvis *m*.

pemmican ['pemɪkən] n pemmican *m*.

pen [pen] (*pt & pp* **penned**, *cont* **penning**) ◆ n **1.** [for writing] stylo *m* / *another novel from the pen of Hilary Ratcliff* un nouveau roman de la plume de Hilary Ratcliff / *she lives by her pen* elle vit de sa plume ▸ **to put pen to paper** écrire, prendre sa plume ▸ **a slip of the pen** un lapsus ▸ **the pen is mightier than the sword** *prov* un coup de langue est pire qu'un coup de lance *prov* **2.** [of squid] plume *f* **3.** [female swan] cygne *m* femelle **4.** [for animals] enclos *m*, parc *m* ▸ **sheep pen** parc à moutons **5.** ▸ **(submarine) pen** bassin *m* protégé **6.** (abbr of **penitentiary**) US *inf* taule *f*, tôle *f* / *he spent ten years in the pen* il a passé dix ans en taule, il a fait dix ans de taule. ◆ vt **1.** [write] écrire / *a letter penned in a childish hand* une lettre d'une écriture enfantine **2.** [enclose] ▸ **to pen in** or **up a)** [livestock] parquer, enfermer dans un enclos **b)** [dog] enfermer **c)** [person] enfermer, cloîtrer, claquemurer.

penal ['pi:nl] adj **1.** [law] pénal ; [establishment] pénitentiaire ▸ **penal offence** infraction *f* pénale **2.** [severe - taxation, fine] écrasant.

penal code n Code *m* pénal.

penal colony n colonie *f* pénitentiaire, bagne *m*.

penalization [,pi:nəlaɪ'zeɪʃn] n pénalisation *f*, sanction *f*.

penalize, penalise ['pi:nəlaɪz] vt **1.** [punish] pénaliser, sanctionner **2.** [disadvantage] pénaliser, défavoriser, désavantager / *the new tax penalizes large families* le nouvel impôt pénalise les familles nombreuses.

penal servitude n travaux *mpl* forcés, bagne *m*.

penal settlement = **penal colony**.

penalty ['penltɪ] (*pl* **penalties**) n **1.** LAW peine *f* ▸ **on penalty of** sous peine de / *under penalty of death* sous peine de mort / *they advocate stiffer penalties for drunk driving* ils préconisent des peines plus lourdes pour conduite en état d'ivresse / *the penalty for that offence is six months' imprisonment* la peine encourue pour ce délit est de six mois d'emprisonnement / **'penalty for improper use: £25'** 'tout abus est passible d'une amende de 25 livres' **2.** ADMIN & COMM [for breaking contract] pénalité *f*, sanction *f* **3.** *fig* [unpleasant consequence] ▸ **to pay the penalty (for sthg)** subir les conséquences (de qqch) / *that's the penalty for being famous* c'est la rançon de la gloire **4.** SPORT [gen] pénalisation *f* ; [kick - in football] penalty *m* ; [- in rugby] pénalité *f* ▸ **to award a penalty a)** [in football] accorder un penalty **b)** [in rugby] accorder une pénalité ▸ **to score (from) a penalty** [in football] marquer sur (un) penalty / *a two-minute (time) penalty* [in ice hockey] une pénalité de deux minutes.

penalty area n FOOT surface *f* de réparation.

penalty box n **1.** [in football] = **penalty area** **2.** [in ice hockey] banc *m* de pénalité.

penalty clause n LAW clause *f* pénale.

penalty double n [in bridge] contre *m* de pénalité.

penalty goal n [in rugby] but *m* sur pénalité.

penalty kick n [in football] penalty *m* ; [in rugby] (coup *m* de pied de) pénalité *f*.

penalty points pl n [in quiz, game] gage *m* ; [for drivers] points *mpl* de pénalité *(dans le système du permis à points)*.

penalty spot n [in football] point *m* de réparation.

penalty try n [in rugby] essai *m* de pénalité.

penance ['penəns] n pénitence *f* ▸ **to do penance for one's sins** faire pénitence.

pen-and-ink comp [drawing] à la plume.

pence [pens] n *(pl of penny)* pence *mpl*.

penchant [UK pɑ̃ʃɑ̃ US 'pentʃənt] n penchant *m*, goût *m* ▸ **to have a penchant for sthg** avoir un faible pour qqch.

pencil ['pensl] (UK *pt & pp* **pencilled**, *cont* **pencilling** ; US *pt & pp* **penciled**, *cont* **penciling**) ◆ n **1.** [for writing, makeup] crayon *m* / *a box of coloured pencils* une boîte de crayons de couleur / *the corrections are in pencil* les corrections sont (faites) au crayon ▸ **pencil box** plumier *m* ▸ **pencil case** trousse *f* ▸ **pencil holder** porte-crayon *m* ▸ **pencil sharpener** taille-crayon *m* **2.** *fig* [narrow beam] ▸ **a pencil of light** un pinceau de lumière. ◆ comp au crayon ▸ **a pencil sketch** un croquis au crayon. ◆ vt écrire au crayon ; [hastily] crayonner / *question marks were pencilled in the margin* on avait mis des points d'interrogation au crayon dans la marge ▸ **to pencil one's eyebrows** se dessiner les sourcils (au crayon).

❖ **pencil in** vt sep [date, name, address] noter or inscrire au crayon ; *fig* fixer provisoirement / *I'll pencil the meeting / you in for June 6th* retenons provisoirement la date du 6 juin pour la réunion / notre rendez-vous.

pendant ['pendənt] ◆ n **1.** [necklace] pendentif *m* **2.** [piece of jewellery - on necklace] pendentif *m* ; [- on earring] pendeloque *f* ▸ **pendant earrings** pendants *mpl* d'oreille **3.** [chandelier] lustre *m*. ◆ adj = **pendent**.

pendent ['pendənt] adj *fml* **1.** [hanging] pendant, qui pend **2.** [overhanging] en surplomb, en saillie.

pending ['pendɪŋ] ◆ adj **1.** [waiting to be settled - gen] en attente ; LAW en instance, pendant / *a pending court case* une affaire en instance or en cours **2.** [imminent] imminent / *a merger is pending* une fusion est imminente. ◆ prep en attendant.

pending tray n UK corbeille *f* des dossiers en attente / *mail is piling up in the pending tray* le courrier en attente s'accumule.

pen drive n COMPUT clé *f* USB.

pendulous ['pendjʊləs] adj *liter* **1.** [sagging - breasts] tombant ; [- lips] pendant **2.** [swinging] oscillant.

pendulum ['pendjʊləm] n pendule *m* ; [in clock] balancier *m* / *a swing of the pendulum sent the president's popularity plummeting* *fig* un revirement de l'opinion a fait chuter la cote de popularité du président / *the pendulum of fashion has swung back to a sixties look* la mode des années soixante est revenue au goût du jour.

Penelope [pə'neləpɪ] pr n Pénélope.

peneplain, peneplane ['pi:nɪpleɪn] n pénéplaine *f*.

penetrate ['penɪtreɪt] ◆ vt **1.** [find way into or through - jungle] pénétrer dans ; [- blockade, enemy defences] pénétrer / *they penetrated unknown territory* ils ont pénétré en territoire inconnu / *it's not easy to penetrate Parisian society* il n'est pas facile de s'introduire dans la société parisienne **2.** [infiltrate - party, movement] s'infiltrer dans, noyauter / *penetrated by an informer* infiltré par un indicateur **3.** [pierce - subj: missile] percer, transpercer / *the bullet penetrated his right lung* la balle lui a perforé le poumon droit **4.** [pass through - subj: sound, light, etc.] traverser, transpercer / *the child's cries penetrated the silence* les cris de l'enfant déchiraient le silence / *the cold wind penetrated her clothing* le vent glacial passait à travers ses vêtements / *the ship's lights failed to penetrate the fog* les lumières du bateau ne parvenaient pas à percer le brouillard **5.** COMM s'introduire sur / *to penetrate the market* faire une percée sur or s'introduire sur le marché **6.** [see through - darkness, disguise, mystery] percer / *to penetrate sb's thoughts* lire dans les pensées de qqn **7.** [sexually] pénétrer. ◆ vi **1.** [break through] pénétrer / *the troops penetrated deep into enemy territory* les troupes ont pénétré très avant en territoire ennemi **2.** [sink in] : *I heard what you said but it didn't penetrate at the time* j'ai entendu ce que tu as dit, mais je n'ai pas saisi sur le moment / *I had to explain it to him several times before it finally penetrated* j'ai dû le lui expliquer plusieurs fois avant qu'il (ne) finisse par comprendre.

penetrating ['penɪtreɪtɪŋ] adj **1.** [sound - pleasant] pénétrant ; [- unpleasant] perçant **2.** [cold] pénétrant, perçant ; [rain] pénétrant **3.** [look, mind, question] pénétrant / *she had penetrating eyes* elle avait un regard pénétrant.

penetratingly ['penɪtreɪtɪŋlɪ] adv **1.** [loudly] : *to scream penetratingly* pousser un cri perçant / *to whistle penetratingly* émettre un sifflement strident **2.** *fig* avec perspicacité / *she looked at him penetratingly* elle lui lança un regard pénétrant or aigu.

penetration [,penɪ'treɪʃn] n **1.** [gen & COMM] pénétration *f* **2.** MIL percée *f* **3.** PHOT profondeur *f* de champ.

penetrative ['penɪtrətɪv] adj [force] de pénétration ▸ **penetrative sex** pénétration *f*.

pen friend n UK correspondant *m*, -e *f* *(épistolaire)*.

penguin ['peŋgwɪn] n manchot *m*.

penholder ['pen,həʊldər] n porte-plume *m inv*.

penicillin [,penɪ'sɪlɪn] n pénicilline *f*.

penile ['pi:naɪl] adj pénien.

peninsula [pə'nɪnsjʊlə] n [large] péninsule *f* ; [small] presqu'île *f*.

peninsular [pə'nɪnsjʊlər] adj péninsulaire.

❖ **Peninsular** adj ▸ **the Peninsular War** la guerre d'Espagne *(1808-1814)*.

penis ['pi:nɪs] (*pl* **penises** or **penes** [-ɪz]) n pénis *m*.

penis envy n envie *f* du pénis.

penitence ['penɪtəns] n pénitence *f*.

penitent ['penɪtənt] ◆ adj **1.** [gen] contrit **2.** RELIG pénitent. ◆ n RELIG pénitent *m*, -e *f*.

penitential [,penɪ'tenʃl] ◆ adj pénitentiel. ◆ n [book] pénitentiel *m*.

penitentiary [,penɪ'tenʃərɪ] (*pl* **penitentiaries**) ◆ n **1.** US [prison] prison *f* **2.** RELIG [priest] pénitencier *m*. ◆ adj **1.** US [life, conditions] pénitentiaire ; [offence] passible d'une peine de prison ▸ **penitentiary guard** gardien *m*, -enne *f* de prison **2.** = **penitential**.

❖ **Penitentiary** n RELIG ▸ **the Penitentiary a)** [cardinal] le grand pénitencier **b)** [tribunal] la Sacrée Pénitencerie, la Pénitencerie apostolique.

penitently ['penɪtəntlɪ] adv [say] d'un ton contrit ; [submit, kneel] avec contrition.

penknife ['pennaɪf] (*pl* **penknives** [-naɪvz]) n canif *m*.

penlight ['penlaɪt] n lampe-stylo *f*, minitorche *f*.

penmanship ['penmənʃɪp] n calligraphie *f.*

penna ['penə] (*pl* **pennae** [-ni:]) n penne *f.*

pen name n nom *m* de plume, pseudonyme *m.*

pennant ['penənt] n **1.** [flag - gen] fanion *m* **2.** NAUT [for identification] flamme *f* ; [for signalling] pavillon *m* **3.** US SPORT *drapeau servant de trophée dans certains championnats* ▸ **to win the pennant** remporter le championnat.

pen nib n plume *f (de stylo).*

penniless ['penɪlɪs] adj sans le sou / *they're absolutely penniless* ils n'ont pas un sou / *the stock market crash left him penniless* le krach boursier l'a mis sur la paille.

Pennines ['penaɪnz] pl pr n ▸ **the Pennines** les Pennines *fpl.*

Pennine Way ['penaɪn-] pr n ▸ **the Pennine Way** *sentier de grande randonnée qui suit la crête des Pennines.*

pennon ['penən] n **1.** [flag - gen] fanion *m* ; [- on lance] pennon *m* **2.** NAUT [for identification] flamme *f* ; [for signalling] pavillon *m.*

Pennsylvania [,pensɪl'veɪnjə] pr n Pennsylvanie *f* / *in Pennsylvania* en Pennsylvanie.

Pennsylvania Avenue pr n ▸ **1600 Pennsylvania Avenue** *adresse de la Maison-Blanche, utilisée par les médias américains pour faire référence au gouvernement.*

Pennsylvania Dutch pl n ▸ **the Pennsylvania Dutch** *communauté protestante fondée aux États-Unis par les colons allemands aux XVIIe et XVIIIe siècles (en font partie les Amish et les Mennonites).*

penny ['penɪ] n **1.** (*pl* **pence**) [unit of currency - in Britain, Ireland] penny *m* / *it cost me 44 pence* ça m'a coûté 44 pence **2.** (*pl* **pennies**) [coin - in Britain, Ireland] penny *m*, pièce *f* d'un penny ; [- in US] cent *m*, pièce *f* d'un cent / *it was expensive, but it was worth every penny* c'était cher, mais j'en ai vraiment eu pour mon argent / *it won't cost you a penny* ça ne vous coûtera pas un centime or un sou / *every penny counts* un sou est un sou / *they haven't got a penny to their name* or *two pennies to rub together* ils n'ont pas un sou vaillant ▸ **to earn an honest penny** gagner honnêtement sa vie ▸ **to be two** or **ten a penny** UK *inf* : *people like him are two* or *ten a penny* des gens comme lui, ce n'est pas ça qui manque or il y en a à la pelle ▸ **a penny for your thoughts** à quoi penses-tu ? ▸ **suddenly the penny dropped** UK *inf* d'un seul coup ça a fait tilt ▸ **to turn up like a bad penny** UK *inf* : *he keeps turning up like a bad penny* c'est un vrai pot de colle ▸ **penny for the guy** UK *tradition qui veut que les enfants aillent faire la quête dans les maisons la veille de Guy Fawkes Day* ▸ **in for a penny in for a pound** *prov* quand le vin est tiré, il faut le boire *prov* ▸ **take care of the pennies and the pounds will take care of themselves** *prov* les petits ruisseaux font les grandes rivières *prov.*

penny arcade n US galerie *f* de jeux.

Penny Black n *premier timbre-poste britannique.*

penny dreadful n UK *inf & dated* [novel] *roman d'amour ou d'aventures à quatre sous* ; [magazine] magazine *m* à sensation.

penny-farthing n UK bicycle *m*, vélocipède *m.*

penny loafers pl n US mocassins *mpl.*

penny-pincher [-,pɪntʃər] n *inf* pingre *mf*, radin *m*, -e *f.*

penny-pinching [-,pɪntʃɪŋ] *inf* ◆ n économies *fpl* de bouts de chandelle / *government penny-pinching will ruin the education system* à force de serrer les cordons de la bourse, le gouvernement finira par étrangler le système éducatif. ◆ adj qui fait des économies de bouts de chandelle, pingre, radin.

pennyroyal [,penɪ'rɔɪəl] n BOT pouliot *m.*

penny stock n US ST. EX *valeur cotant moins de cinq dollars.*

pennyweight ['penɪweɪt] n UK ≃ 1,5 grammes.

penny whistle n pipeau *m.*

penny wise adj ▸ **to be penny wise and pound foolish** chipoter sur les petites dépenses sans regarder aux grandes.

pennywort ['penɪwɜ:t] n BOT ▸ **(marsh) pennywort** hydrocotyle *f*, écuelle *f* d'eau ▸ **(wall) pennywort** cotylédon *m*, nombril *m* de Vénus, gobelets *mpl.*

pennyworth ['penɪwɜ:θ or 'penəθ] (*pl* **pennyworth** or **pennyworths**) n **1.** *lit & dated* : *she asked for a pennyworth of toffees* elle demanda pour un penny de caramels **2.** UK *fig* [small quantity] : *if he had a pennyworth of sense* s'il avait une once de bon sens.

penology [pi:'nɒlədʒɪ] n pénologie *f.*

pen pal n *inf* correspondant *m*, -e *f (épistolaire).*

pen pusher n *pej* gratte-papier *m inv.*

pen pushing n *pej* travail *m* de bureau ▸ **a pen pushing job** un travail de gratte-papier.

pension ['penʃn] ◆ n **1.** [for retired people] retraite *f* ; [for disabled people] pension *f* ▸ **to draw a pension a)** [retired person] toucher une retraite **b)** [disabled person] toucher une pension, être pensionné ▸ **to pay sb a pension** verser une pension à qqn ▸ **disability pension** pension d'invalidité ▸ **widow's pension a)** [before retiring age] allocation *f* de veuvage **b)** [at retiring age] pension de réversion **2.** (*also* ['pɑ̃sjɔ̃]) [small hotel] pension *f* de famille. ◆ vt [for retirement] verser une pension de retraite à ; [for disability] pensionner, verser une pension à.

⇆ **pension off** vt sep UK **1.** [person] mettre à la retraite **2.** *hum* [old car, machine] mettre au rancart.

pensionable ['penʃənəbl] adj **1.** [person - gen] qui a droit à une pension ; [- for retirement] qui a atteint l'âge de la retraite / *teachers of pensionable age* les enseignants qui ont atteint l'âge de la retraite **2.** [job] qui donne droit à une retraite.

pension book n ≃ titre *m* de pension *(en Grande-Bretagne, carnet permettant de retirer sa pension de retraite).*

pensioned ['penʃənd] adj retraité.

pensioner ['penʃənər] n UK ▸ **(old age) pensioner** retraité *m*, -e *f* ▸ **war pensioner** ancien combattant *m (titulaire d'une pension militaire d'invalidité).*

> ⚠ **Pensionnaire** means boarder, not pensioner.

pension fund n caisse *f* de retraite.

pension plan, **pension scheme** n régime *m* de retraite.

pensive ['pensɪv] adj pensif, méditatif, songeur.

pensively ['pensɪvlɪ] adv pensivement.

pent [pent] pt & pp ⟶ **pen.**

pentacle ['pentəkl] n pentacle *m.*

pentagon ['pentəgən] n GEOM pentagone *m.*

⇆ **Pentagon** pr n POL ▸ **the Pentagon** le Pentagone.

> **The Pentagon**
>
> Le Pentagone, immense bâtiment à cinq façades situé à Washington, abrite le secrétariat à la Défense et l'état-major des forces armées des États-Unis. Il fut attaqué lors des attentats du 11 septembre 2001. Le terme désigne plus généralement les autorités militaires américaines.

pentagonal [pen'tægənl] adj pentagonal.

pentagram ['pentəgræm] n **1.** GEOM pentagone *m* étoilé **2.** [in occultism] pentagramme *m.*

pentahedron [,pentə'hi:drən] (*pl* **pentahedrons** or **pentahedra** [-drə]) n pentaèdre *m.*

pentameter [pen'tæmɪtər] ◆ n pentamètre *m.* ◆ adj pentamètre.

pentangle ['pentæŋgl] = **pentacle.**

Pentateuch ['pentətju:k] n ▸ **the Pentateuch** le Pentateuque.

pentathlete [pen'tæθli:t] n pentathlonien *m*, -enne *f.*

pentathlon [pen'tæθln] n pentathlon *m.*

pentatonic scale [,pentə'tɒnɪk] n échelle *f* or gamme *f* pentatonique.

pentavalent [,pentə'veɪlənt] adj pentavalent, quintivalent.

Pentecost ['pentɪkɒst] n Pentecôte *f.*

Pentecostal [,pentɪ'kɒstl] = **Pentecostalist.**

Pentecostalism [,pentɪ'kɒstəlɪzm] n pentecôtisme *m.*

Pentecostalist [,pentɪ'kɒstəlɪst] ◆ adj pentecôtiste. ◆ n pentecôtiste *mf.*

penthouse ['penthaʊs] (*pl* [-haʊzɪz]) n **1.** [flat] *appartement de luxe avec terrasse généralement au dernier étage d'un immeuble* ▸ **penthouse suite** [in hotel] suite *f* avec terrasse **2.** [on roof] ▸ **elevator penthouse** machinerie *f* d'ascenseur *(installée sur un toit)* **3.** [doorway shelter] auvent *m* ; [shed] appentis *m.*

pentode ['pentəʊd] n pentode *f.*

Pentonville ['pentənvɪl] pr n ▸ **Pentonville (Prison)** *grande prison dans le nord de Londres.*

pentose ['pentəʊz] n pentose *m.*

pent-up adj [emotion] refoulé, réprimé ; [force] contenu, réprimé / *his anger is a product of pent-up frustration* sa colère vient de ce qu'il est frustré / *to get rid of pent-up energy* se défouler / *the children are full of pent-up energy* les enfants débordent d'énergie.

penultimate [pe'nʌltɪmət] ◆ adj **1.** [gen] avant-dernier **2.** LING pénultième. ◆ n **1.** [gen] avant-dernier *m*, -ère *f* **2.** LING pénultième *f.*

penumbra [pɪ'nʌmbrə] (*pl* **penumbras** or **penumbrae** [-bri:]) n ASTRON & PHYS pénombre *f.*

penurious [pɪ'njʊərɪəs] adj *fml* **1.** [impoverished] indigent, sans ressources **2.** [miserly] parcimonieux, avare.

penury ['penjʊrɪ] n *fml* **1.** [poverty] indigence *f*, dénuement *m* **2.** [scarcity] pénurie *f.*

peon ['pi:ɒn] n **1.** AGR [in Latin America] péon *m* **2.** MIL [in India, Sri Lanka] fantassin *m* **3.** US *inf* [worker] prolo *mf.*

peony ['pi:ənɪ] (*pl* **peonies**) n pivoine *f.*

people ['pi:pl] ◆ pl n **1.** [gen] personnes *fpl*, gens *mpl* / *500 people* 500 personnes / *there were people everywhere* il y avait des gens or du monde partout / *how many people were there?* combien de personnes y avait-il ? / *there were a lot of people there* il y avait beaucoup de monde / *some people think it's true* certaines personnes or certains pensent que c'est vrai / *a lot of people think that...* beaucoup de gens pensent que... / *some people will believe anything!* il y a des gens qui croiraient n'importe quoi ! / *I've talked to several people about it* j'en ai parlé à plusieurs personnes / *many* / *most people disagree* beaucoup de gens / la plupart des gens ne sont pas d'accord ▸ **really, some people!** il y a des gens, je vous jure ! ▸ **you people** : *are you people coming or not?* alors, vous venez ou pas ? ▸ **of all people** : *it's Meg of all people!* ça alors, c'est Meg ! / *you of all people should know that!* si quelqu'un doit savoir ça, c'est bien toi ! **2.** [in indefinite uses] on / *people won't like it* les gens ne vont pas aimer ça / *people say it's impossible* on dit que c'est impossible / *I don't want people to know about this* je ne veux pas qu'on le sache or que cela se sache **3.** [with qualifier] gens *mpl* / *clever* / *sensitive people* les gens intelligents / sensibles / *rich* / *poor* / *blind people* les riches / pauvres / aveugles / *young people* les jeunes / *old people* les personnes âgées / *city* / *country people* les citadins / campagnards / *people who know her* ceux qui la connaissent / *people like you* les gens comme toi / *people of taste* les gens de goût / *people with large cars* ceux qui ont de grandes voitures / *they are nice people* ce sont des gens sympathiques / *nice people don't do that!* les gens bien or comme il faut ne font pas ce genre de chose ! / *they are theatre* / *circus people* ce sont des gens de théâtre / du cirque ; [inhabitants, nationals] : *Danish people* les Danois / *the people of Brazil* les Brésiliens / *the people of Glasgow* les habitants de Glasgow / *the people of Yorkshire* les gens du Yorkshire ; [employed in a specified job] : *I'll call the electricity* / *gas people tomorrow* je téléphonerai à la compagnie d'électricité / de gaz demain / *the President's financial people* les conseillers financiers du président

4. POL ▸ **the people** le peuple / *the people are behind her* le peuple la soutient *or* est avec elle / *power to the people!* le pouvoir au peuple ! / *a people's government / democracy* un gouvernement / une démocratie populaire **5.** *dated* [family] famille *f*, parents *mpl* / *her people emigrated in 1801* sa famille a émigré en 1801. ◆ n **1.** [nation] peuple *m*, nation *f* / *a seafaring people* un peuple de marins **2.** [ethnic group] population *f* / *the native peoples of Polynesia* les populations indigènes *or* autochtones de Polynésie / *the French-speaking peoples* les populations francophones. ◆ comp ▸ **to have people skills** avoir le sens du contact ▸ **to be a people person** : *she's a real people person* elle a vraiment le sens du contact. ◆ vt **1.** *(usu passive)* [inhabit] peupler ▸ **peopled by** peuplée de, habité par **2.** *fig* : *the monsters that people his dreams* les monstres qui hantent ses rêves.

people carrier n [car] monospace *m*.

people mover n [gen] système *m* de transport automatique ; [moving pavement] trottoir *m* roulant.

People's Republic of China pr n ▸ **the People's Republic of China** la République populaire de Chine.

People's Republic of Congo pr n République *f* populaire du Congo.

pep [pep] *(pt & pp* **pepped**, *cont* **pepping***)* n *inf* punch *m* ▸ **to have a lot of** *or* **to be full of pep** avoir du punch.

❖ **pep up** vt sep *inf* **1.** [person - depressed] remonter le moral à ; [- ill, tired] requinquer, retaper / *a cup of tea will soon pep you up* une tasse de thé aura vite fait de te ravigoter *or* retaper **2.** [business] faire repartir, dynamiser ; [party] dynamiser, remettre de l'entrain dans ; [conversation] égayer, animer, relancer.

peplum ['pepləm] *(pl* **peplums** *or* **pepla** [-lə]*)* n **1.** [on jacket] basque *f* **2.** [Roman tunic] peplum *m*.

pepper ['pepər] ◆ n **1.** [condiment] poivre *m* ▸ **pepper steak** UK steak *m* au poivre **2.** [vegetable - sweet] poivron *m* ; [- hot] piment *m* ▸ **pepper sauce** sauce *f* aux piments. ◆ vt **1.** CULIN poivrer **2.** [scatter, sprinkle] émailler, parsemer / *her text was peppered with quotations* son texte était émaillé de citations **3.** [pelt] : *the walls were peppered with lead shot* les murs étaient criblés d'impacts de balles / *they peppered the houses with machine-gun fire* ils ont mitraillé les maisons.

pepper-and-salt adj **1.** [hair, beard] poivre et sel *(inv)* **2.** TEXT marengo *(inv)* ▸ **pepper-and-salt cloth** marengo *m*.

pepperbox ['pepəbɒks] n US poivrier *m*.

peppercorn ['pepəkɔːn] n grain *m* de poivre.

peppercorn rent n UK loyer *m* modique.

pepper mill n moulin *m* à poivre.

peppermint ['pepəmɪnt] ◆ n **1.** BOT menthe *f* poivrée **2.** [sweet] bonbon *m* à la menthe. ◆ adj à la menthe ▸ **peppermint tea** thé *m* à la menthe ▸ **peppermint** or **peppermint-flavoured toothpaste** dentifrice *m* au menthol.

pepperoni [pepə'rəʊnɪ] n pepperoni *m*.

pepper pot UK, **peppershaker** US n CULIN poivrier *m*, poivrière *f*.

peppery ['pepərɪ] adj **1.** CULIN poivré **2.** [quick-tempered] coléreux, irascible **3.** [incisive] mordant, piquant.

pep pill n *inf* stimulant *m*, excitant *m*.

peppy ['pepɪ] *(compar* **peppier**, *superl* **peppiest***)* adj *inf* [person] qui a du punch.

pepsin ['pepsɪn] n pepsine *f*.

pep talk n *inf* discours *m* d'encouragement / *their boss gave them a pep talk* leur patron leur a dit quelques mots pour leur remonter le moral.

peptic ['peptɪk] adj peptique.

peptic ulcer ['peptɪk-] n *spec* ulcère *m* gastroduodénal *or* de l'estomac.

peptide ['peptaɪd] n peptide *m*.

peptone ['peptəʊn] n peptone *f*.

per [pɜːr] prep [for each] par / *per person* par personne / *per head* par tête / *per day / week / month / year* par jour / semaine / mois / an / *we need five litres of water per person per day* il nous faut cinq litres d'eau par personne et par jour / *they are paid £6 per hour* ils sont payés 6 livres de l'heure / *100 miles per hour* ≃ 160 kilomètres à l'heure / *it costs £8 per kilo* ça coûte 8 livres le kilo / *output per worker has increased* la production individuelle des ouvriers a augmenté.

❖ **as per** prep phr suivant, selon / *as per specifications* [on bill] conformément aux spécifications requises / *as per your letter* conformément à votre lettre / *the work is going ahead as per schedule* le travail avance selon le calendrier prévu ▸ **as per normal** *or* **usual** *inf* comme d'habitude.

peradventure [pərəd'ventʃər] adv *arch* par hasard, d'aventure *liter*.

perambulate [pə'ræmbjʊleɪt] ◆ vi *liter & hum* se promener, (se) baguenauder. ◆ vt **1.** [estate, boundary] inspecter **2.** [sea, region] parcourir.

per annum [pər'ænəm] adv par an, annuellement / *$5,000 per annum* 5 000 dollars par an.

P-E ratio, P/E ratio (abbr of price-earnings ratio) n PER *m*.

percale [pə'keɪl] n percale *f* ▸ **percale sheets** des draps en percale.

per capita [pə'kæpɪtə] *fml* ◆ adj par personne / *per capita income is higher in the south* le revenu par habitant est plus élevé dans le Sud. ◆ adv par personne.

perceive [pə'siːv] vt **1.** [see] distinguer ; [hear, smell, etc.] percevoir / *he was unable to perceive colours* il était incapable de distinguer les couleurs ▸ **verbs of perceiving** LING les verbes de perception **2.** [notice] s'apercevoir de, remarquer / *few people perceived the differences* peu de gens ont remarqué les différences **3.** [conceive, understand] percevoir, comprendre / *their presence is perceived as a threat* leur présence est perçue comme une menace.

perceived quality n qualité *f* perçue.

perceived value n valeur *f* perçue.

per cent [pə'sent] *(pl* **per cent***)* ◆ adv pour cent / *prices went up (by) 10 per cent* les prix ont augmenté de 10 pour cent / *it's 50 per cent cotton* il y a 50 pour cent de coton, c'est du coton à 50 pour cent / *a 9 per cent interest rate* un taux d'intérêt à 9 pour cent / *I'm 99 per cent certain* j'en suis sûr à 99 pour cent ▸ **to give 100 per cent** se donner à fond *or* à cent pour cent. ◆ n [percentage] pourcentage *m*.

percentage [pə'sentɪdʒ] ◆ n **1.** [proportion] pourcentage *m* / *a high percentage of the staff* une grande partie du personnel **2.** [share of profits, investment] pourcentage *m* ▸ **to get a percentage on sthg** toucher un pourcentage sur qqch **3.** UK *inf* [advantage] avantage *m*, intérêt *m* / *there's no percentage in kicking up a fuss* ça ne sert à rien de faire des histoires. ◆ adj US [profitable] payant.

percentile [pə'sentaɪl] n centile *m*.

perceptible [pə'septəbl] adj perceptible.

perceptibly [pə'septəblɪ] adv [diminish, change] sensiblement ; [move] de manière perceptible / *she was perceptibly thinner* elle avait sensiblement maigri.

perception [pə'sepʃn] n **1.** [faculty] perception *f* ▸ **visual / aural perception** perception visuelle / auditive **2.** [notion, conception] perception *f*, conception *f* / *her perception of the problem is different from mine* sa façon de voir le problème diffère de la mienne / *the general public's perception of the police* l'image que le grand public a de la police **3.** [insight] perspicacité *f*, intuition *f* / *a man of great perception* un homme très perspicace.

perceptive [pə'septɪv] adj **1.** [observant - person] perspicace ; [- remark] judicieux **2.** [sensitive] sensible **3.** [organ] sensoriel.

perceptively [pə'septɪvlɪ] adv avec perspicacité.

perceptiveness [pə'septɪvnɪs] n perspicacité *f*, pénétration *f*.

perceptual [pə'septjʊəl] adj [organ] percepteur.

perch [pɜːtʃ] ◆ n **1.** [for bird - in cage] perchoir *m* ; [- on tree] branche *f* / *the bird flew from its perch on the roof* l'oiseau s'envola du toit où il était perché **2.** *inf* [for person - seat] perchoir *m* ▸ **to be knocked from** or **off one's perch** être détrôné, se faire détrôner **3.** [linear or square measure] ≃ perche *f* **4.** *(pl* **perch** *or* **perches***)* [fish] perche *f*. ◆ vi [bird, person] se percher / *he perched on the edge of the table* il se percha *or* se jucha sur le bord de la table. ◆ vt [person, object] percher, jucher / *he / the bucket was perched on the top of the ladder* il / le seau était perché en haut de l'échelle.

perchance [pə'tʃɑːns] adv *arch & liter* **1.** [perhaps] peut-être **2.** [by accident] par hasard, fortuitement.

percipient [pə'sɪpɪənt] adj **1.** *fml* [person] perspicace **2.** ANAT [organ] sensoriel.

percolate ['pɜːkəleɪt] ◆ vi **1.** [liquid] filtrer, s'infiltrer ; [coffee] passer / *toxic chemicals had percolated through the soil* des produits chimiques toxiques s'étaient infiltrés dans le sol **2.** [ideas, news] se répandre / *his ideas percolated through to the rank and file* ses idées ont gagné la base **3.** US *inf* [be excited] être (tout) excité / *he is percolating with joy* il déborde de joie / *she percolates with ideas* elle bouillonne d'idées. ◆ vt [coffee] préparer *(avec une cafetière à pression)* / *I'll just percolate some coffee* je vais faire du café ▸ **percolated coffee** café fait avec une cafetière à pression.

percolator ['pɜːkəleɪtər] n cafetière *f* à pression.

percuss [pə'kʌs] vt [gen & MED] percuter.

percussion [pə'kʌʃn] n **1.** MUS percussion *f* / *Jane Stowell on percussion* aux percussions, Jane Stowell ▸ **the percussion section** les percussions *fpl* **2.** [collision, shock] percussion *f*, choc *m* **3.** MED & MIL percussion *f*.

percussion cap n amorce *f* fulminante.

percussion instrument n MUS instrument *m* à percussion.

percussionist [pə'kʌʃənɪst] n MUS percussionniste *mf*.

percussion lock n percuteur *m*.

percussion tool n outil *m* à percussion.

percussive [pə'kʌsɪv] adj [instrument] à percussion ; [force] de percussion.

per diem [,pɜː'diːem] ◆ adj & adv *fml* par jour. ◆ n dépenses *fpl* journalières.

perdition [pə'dɪʃn] n **1.** *liter* [spiritual ruin] perdition *f* ; [hell] enfer *m*, damnation *f* **2.** *arch* [ruin] perte *f*, ruine *f*.

peregrination [,perɪgrɪ'neɪʃn] n *liter & hum* pérégrinations *fpl*.

peregrinations [,perɪgrɪ'neɪʃənz] pl n = **peregrination.**

peregrine falcon ['perɪgrɪn-] n faucon *m* pèlerin.

peremptorily [pə'remptrəlɪ] adv de façon péremptoire, impérieusement.

peremptory [pə'remptərɪ] adj **1.** [tone, manner] péremptoire / *there was a peremptory knock at the door* on a frappé à la porte de façon péremptoire **2.** UK LAW ▸ **peremptory writ** assignation *f* à comparaître en personne.

perennial [pə'renjəl] ◆ adj **1.** BOT vivace **2.** *fig* [everlasting] éternel ; [recurrent, continual] perpétuel, sempiternel / *a perennial subject of debate* un éternel *or* perpétuel sujet de discussion. ◆ n BOT plante *f* vivace.

perennially [pə'renjəlɪ] adv [everlastingly] éternellement ; [recurrently, continually] perpétuellement, continuellement.

perestroika [,perə'strɔɪkə] n perestroïka *f*.

perfect ◆ adj ['pɜːfɪkt] **1.** [flawless - person, performance, etc.] parfait / *a perfect circle* un cercle parfait / *the engine is in perfect condition* le moteur est en parfait état de marche / *in perfect health* en excellente *or* parfaite santé / *her hearing is still perfect* elle entend encore parfaitement / *try it yourself, since you think you're (so) perfect!* essaie toi-même, puisque tu te crois *or* tu es si fort ! / *nobody's perfect* personne n'est parfait / *it's less than perfect* cela laisse à désirer **2.** [complete - agreement, mastery, etc.] parfait, complet (complète) / *there was perfect silence* il y avait un silence total / *you have a perfect right to be here* vous avez parfaitement *or* tout à fait le droit d'être ici ; [as intensifier] véritable, parfait / *it was a perfect disaster!* ce fut un véritable désastre ! / *he's a perfect idiot* c'est un parfait imbécile **3.** [fine, lovely - conditions] parfait, idéal ; [- weather] idéal, superbe **4.** [fitting, right - gift, example] parfait, approprié / *tonight* at 7? — that will be perfect ce soir à 7 h ? — c'est parfait / *Monday is perfect for me* lundi me convient parfaitement / *the colour is perfect on you* cette couleur te va à merveille or à la perfection **5.** [exemplary - gentleman, host] parfait, exemplaire **6.** GRAM [participle] passé ▸ **perfect participle** participe *m* passé ▸ **the perfect tense** le parfait. ◆ n ['pɜ:fɪkt] GRAM parfait *m* / *in the perfect* au parfait. ◆ vt [pə'fekt] **1.** [improve - knowledge, skill] perfectionner, parfaire **2.** [bring to final form - plans, method] mettre au point **3.** TYPO imprimer en retiration.

perfect competition n ECON concurrence *f* parfaite.

perfectibility [pə'fektəbɪlɪtɪ] n perfectibilité *f.*

perfectible [pə'fektəbl] adj perfectible.

perfection [pə'fekʃn] n **1.** [quality] perfection *f* ▸ **to attain perfection** atteindre la perfection / *this cake is perfection!* ce gâteau est un vrai délice ! ▸ **to do sthg to perfection** faire qqch à la perfection **2.** [perfecting - of skill, knowledge] perfectionnement *m* ; [- of plans, method] mise *f* au point.

perfectionism [pə'fekʃənɪzm] n perfectionnisme *m.*

perfectionist [pə'fekʃənɪst] ◆ adj perfectionniste. ◆ n perfectionniste *mf.*

perfective [pə'fektɪv] adj GRAM perfectif.

perfectly ['pɜ:fɪktlɪ] adv **1.** [speak, understand] parfaitement / *perfectly formed* d'une forme parfaite **2.** [as intensifier] : *you are perfectly right* vous avez parfaitement or tout à fait raison / *it's a perfectly good raincoat* cet imperméable est tout à fait mettable.

perfect number n MATH nombre *m* parfait.

perfecto [pɜ:'fektəʊ] n US [cigar] *cigare effilé aux deux bouts.*

perfect pitch n MUS ▸ **to have perfect pitch** avoir l'oreille absolue.

perfidious [pə'fɪdɪəs] adj *liter* perfide ▸ **perfidious Albion** la perfide Albion.

perfidiously [pə'fɪdɪəslɪ] adv *liter* perfidement.

perfidy ['pɜ:fɪdɪ] (*pl* **perfidies**) n *liter* perfidie *f.*

perfluorocarbon [pɜ:'fluərəʊkɑ:bən] n perfluorocarbone *m.*

perforate ['pɜ:fəreɪt] vt **1.** [pierce] perforer, percer **2.** TECH [punch holes in] perforer.

perforated ['pɜ:fəreɪtɪd] adj perforé, percé / *to have a perforated eardrum* avoir un tympan perforé or crevé / *tear along the perforated line* détacher suivant les pointillés.

perforation [,pɜ:fə'reɪʃn] n perforation *f.*

perforce [pə'fɔ:s] adv *liter* forcément, nécessairement.

perform [pə'fɔ:m] ◆ vt **1.** [carry out - manoeuvre, task] exécuter, accomplir ; [- calculation] effectuer, faire ; [- miracle] accomplir ; [- wedding, ritual] célébrer / *the robot can perform complex movements* le robot peut exécuter des mouvements complexes / *to perform an operation* MED opérer **2.** [fulfil - function, duty] remplir / *the agency performs a vital service* l'agence remplit une fonction vitale **3.** [stage - play] jouer, donner ; [- ballet, opera] interpréter, jouer ; [- concert] donner ; [- solo] exécuter / *to perform a part* **a)** THEAT jouer or interpréter un rôle **b)** DANCE danser un rôle. ◆ vi **1.** [actor, comedian, musician] jouer ; [dancer] danser ; [singer] chanter / *the Berlin Philharmonic is performing tonight* l'Orchestre philharmonique de Berlin donne un concert or joue ce soir / *she performed superbly in the role of Lady Chichester* elle a magnifiquement interprété le rôle de Lady Chichester **2.** [in job, situation] se débrouiller / *to perform well / badly* **a)** [person] bien / ne pas bien s'en tirer **b)** [company] avoir de bons / mauvais résultats / *he'd never spoken in public before, but he performed well* il n'avait jamais parlé en public avant, mais il s'en est bien tiré or il s'est bien débrouillé / *how does she perform under pressure?* comment réagit-elle lorsqu'elle est sous pression ? / *the Miami branch is not performing well* les résultats de la succursale de Miami ne sont pas très satisfaisants **3.** [function - vehicle, machine] marcher, fonctionner / *the car performs well / badly in wet conditions* cette voiture a une bonne / mauvaise tenue de route par temps de pluie.

performance [pə'fɔ:məns] n **1.** [show] spectacle *m*, représentation *f* ; CIN séance *f* / *afternoon performance* matinée *f* / *there is no performance on Mondays* il n'y a pas de représentation le lundi, le lundi est jour de relâche **2.** [rendition - by actor, musician, dancer] interprétation *f* ; [showing - by sportsman, politician, etc.] performance *f*, prestation *f* / *he gave an excellent performance in the role of Othello* son interprétation du rôle d'Othello fut remarquable / *the Prime Minister gave the performance of his career* le Premier ministre n'a jamais été aussi bon de toute sa carrière / *another poor performance by the French team* encore une contre-performance de l'équipe française / *the country's poor economic performance* les mauvais résultats économiques du pays / *sterling's performance on the Stock Exchange* le comportement en Bourse de la livre sterling / *sexual performance* prouesses sexuelles **3.** [of machine, computer, car] performance *f* ▸ **performance car** voiture *f* performante **4.** [carrying out - of task, manoeuvre] exécution *f* ; [- of miracle, duties] accomplissement *m* ; [- of ritual] célébration *f* / *she has always been painstaking in the performance of her duties* elle s'est toujours montrée consciencieuse dans l'accomplissement de ses devoirs **5.** *inf* [rigmarole] histoire *f*, cirque *m* / *it's such a performance getting a visa!* quelle histoire or quel cirque pour avoir un visa ! / *what a performance!* quel cirque ! **6.** LING performance *f.*

performance appraisal n [system] système *m* d'évaluation ; [individual] évaluation *f.*

performance art n spectacle *m* total.

performance-enhancing drug n produit *m* dopant / *the issue of performance-enhancing drugs in sport* la question du dopage dans le sport.

performance pay n prime *f* de mérite or de résultat.

performance-related adj en fonction du mérite or résultat ▸ **performance-related pay** salaire *m* au mérite.

performance test n PSYCHOL test *m* de performance.

performative [pə'fɔ:mətɪv] ◆ adj LING & PHILOS performatif. ◆ n LING [verb] performatif *m* ; [utterance] énoncé *m* performatif.

performer [pə'fɔ:mər] n [singer, dancer, actor] interprète *mf* / *nightclub performer* artiste *mf* de cabaret / *he's a good stage performer but awful on camera* il est très bon sur la scène mais il ne passe pas du tout à l'écran.

performing [pə'fɔ:mɪŋ] adj [bear, dog, etc.] savant.

performing arts pl n arts *mpl* du spectacle.

performing rights pl n THEAT droits *mpl* de représentation ; MUS droits *mpl* d'exécution.

perfume ◆ n ['pɜ:fju:m] **1.** [bottled] parfum *m* / *I don't usually wear perfume* d'habitude je ne me parfume pas / *what perfume does she wear* or *use?* quel parfum met-elle ?, quel est son parfum ? ▸ **perfume spray** atomiseur *m* de parfum **2.** [smell] parfum *m.* ◆ vt [pə'fju:m] parfumer.

perfume counter n rayon *m* parfumerie or parfums.

perfumed [UK 'pɜ:fju:md US pər'fju:md] adj parfumé.

perfumer [pə'fju:mər] n parfumeur *m*, -euse *f.*

perfumery [pə'fju:mərɪ] (*pl* **perfumeries**) n parfumerie *f.*

perfunctorily [pə'fʌŋktrəlɪ] adv [wave] négligemment ; [explain, apologize, search] sommairement ; [read out, announce] sans conviction.

perfunctory [pə'fʌŋktərɪ] adj [gesture] négligent ; [greeting, kiss] détaché ; [explanation, apology, letter] sommaire ; [effort] de pure forme ; [interrogation, search] fait pour la forme.

Pergamum ['pɜ:gəməm] pr n Pergame.

pergola ['pɜ:gələ] n pergola *f.*

perhaps [pə'hæps] adv peut-être / *perhaps they've forgotten* ils ont peut-être oublié, peut-être ont-ils oublié / *perhaps not* peut-être que non / *there were perhaps 200 people there* il y avait peut-être 200 personnes ; [used in polite requests, offers] : *perhaps you'd be kind enough...* peut-être aurais-tu la gentillesse... / *a glass of something, perhaps?* un verre de quelque chose, peut-être ?

perianth ['perɪænθ] n périanthe *m.*

pericarditis [,perɪkɑ:'daɪtɪs] n péricardite *f.*

pericardium [,perɪ'kɑ:djəm] n péricarde *m.*

pericarp ['perɪkɑ:p] n péricarpe *m.*

Pericles ['perɪkli:z] pr n Périclès.

peridot ['perɪdɒt] n péridot *m.*

perigee ['perɪʤi:] n périgée *m.*

periglacial [,perɪ'gleɪʃl] adj périglaciaire.

perihelion [,perɪ'hi:ljən] n périhélie *m.*

peril ['perɪl] n péril *m*, danger *m* / *the perils of hard drugs* le danger des drogues dures ▸ **to be in peril** être en danger / *you do it at your peril* UK c'est à vos risques et périls.

perilous ['perələs] adj périlleux, dangereux.

perilously ['perələslɪ] adv périlleusement, dangereusement / *he came perilously close to defeat / drowning* il s'en est fallu d'un cheveu qu'il ne perde / qu'il ne se noie.

perimeter [pə'rɪmɪtər] n périmètre *m.*

perimeter fence n grillage *m.*

perinatal [,perɪ'neɪtl] adj périnatal.

perineal [,perɪ'ni:əl] adj périnéal.

perineum [,perɪ'ni:əm] (*pl* **perinea** [-'ni:ə]) n périnée *m.*

period ['pɪərɪəd] ◆ n **1.** [length of time] période *f* ; [historical epoch] période *f*, époque *f* / *within a period of a few months* en l'espace de quelques mois / *we have a two-month period in which to do it* nous avons un délai de deux mois pour le faire / *he's going through a difficult period* il traverse une période difficile / *a period of colonial expansion* une période d'expansion coloniale / *the Elizabethan period* l'époque élisabéthaine / *at that period in her life* à cette époque de sa vie / *his cubist / jazz period* sa période cubiste / jazz / *there will be a question / discussion period after the lecture* un moment sera consacré aux questions / au débat après la conférence **2.** GEOL période *f* / *the Jurassic period* la période jurassique **3.** SCH [lesson] cours *m* / *during the Latin period* pendant le cours de latin ▸ **a free period** **a)** [for pupil] une heure de permanence **b)** [for teacher] une heure de battement **4.** [in ice hockey] période *f* **5.** ASTRON ▸ **period of rotation** période *f* de rotation **6.** [menstruation] règles *fpl* / *I've got my period* j'ai mes règles / *my periods have stopped* je n'ai plus mes règles **7.** US [full stop] point *m* / *I said no, period* j'ai dit non, point final **8.** [sentence] période *f* **9.** CHEM [in periodic table] période *f* **10.** MUS période *f.* ◆ comp [furniture, costume] d'époque ; [novel] historique / *the play has a definite period flavour* la pièce nous transporte vraiment dans une autre époque. ◆ adv *inf* : *you're not going out alone, period!* tu ne sortiras pas tout seul, un point c'est tout !

periodic [,pɪərɪ'ɒdɪk] adj **1.** [gen] périodique **2.** CHEM & MATH périodique ▸ **periodic function** fonction *f* périodique.

periodical [,pɪərɪ'ɒdɪkl] ◆ n [publication] périodique *m.* ◆ adj périodique.

periodically [,pɪərɪ'ɒdɪklɪ] adv périodiquement, de temps en temps.

periodicity [,pɪərɪə'dɪsətɪ] n périodicité *f.*

periodic table n classification *f* périodique (des éléments), tableau *m* de Mendeleïev.

periodontal [,perɪə'dɒntl] adj parodontal.

periodontics [,perɪə'dɒntɪks] n *(U) branche de la stomatologie qui s'occupe du périodonte.*

period pains pl n règles *fpl* douloureuses.

period piece n objet *m* d'époque.

periosteum [,perɪ'ɒstɪəm] (*pl* **periostea** [-stɪə]) n périoste *m.*

peripatetic [,perɪpə'tetɪk] adj **1.** [itinerant] itinérant **2.** UK SCH ▸ **peripatetic teacher** *professeur qui enseigne dans plusieurs établissements scolaires.*

peripheral [pəˈrɪfərəl] ◆ adj périphérique ▸ **peripheral vision** vue *f* périphérique. ◆ n COMPUT ▸ **peripheral (device** or **unit)** (unité *f*) périphérique *m*.

periphery [pəˈrɪfərɪ] (*pl* **peripheries**) n **1.** [of circle, vision, city, etc.] périphérie *f* / *on the periphery* à la périphérie **2.** [of group, movement] frange *f* / *on the periphery of society* en marge de la société.

periphrasis [pəˈrɪfrəsɪs] (*pl* **periphrases** [-si:z]) n périphrase *f*, circonlocution *f*.

periphrastic [ˌperɪˈfræstɪk] adj périphrastique.

periscope [ˈperɪskəʊp] n périscope *m* ▸ **up periscope!** sortez le périscope !

perish [ˈperɪʃ] ◆ vi **1.** UK [rot - rubber, leather, etc.] s'abîmer, se détériorer ; [- food] se gâter, pourrir **2.** *liter* [die] périr ▸ **perish the thought** *hum* : *you're not pregnant, are you? — perish the thought!* tu n'es pas enceinte au moins ? — tu veux rire or j'espère bien que non ! / *and that, perish the thought, would mean giving up your weekends* et pour ça, comble de l'horreur, tu devrais renoncer à tes week-ends. ◆ vt [rubber, leather] abîmer, détériorer ; [food] gâter.

perishable [ˈperɪʃəbl] adj périssable.

❖ **perishables** pl n denrées *fpl* périssables.

perished [ˈperɪʃt] adj UK *inf* [cold] frigorifié.

perisher [ˈperɪʃəʳ] n UK *inf* galopin *m*.

perishing [ˈperɪʃɪŋ] adj UK *inf* **1.** [cold - person, hands] frigorifié / *it's perishing (cold)* il fait un froid de canard or de loup **2.** [as expletive] sacré, fichu, foutu / *that perishing telephone* ce fichu téléphone / *what a perishing nuisance!* c'est vraiment casse-pied !

perishingly [ˈperɪʃɪŋlɪ] adv UK *inf* : *it's perishingly cold* il fait un froid de canard.

peristalsis [ˌperɪˈstælsɪs] (*pl* **peristalses** [-si:z]) n péristaltisme *m*.

peristaltic [ˌperɪˈstæltɪk] adj péristaltique.

peristyle [ˈperɪstaɪl] n péristyle *m*.

peritoneum [ˌperɪtəˈni:əm] (*pl* **peritoneums** *or* **peritonea** [-ˈni:ə]) n péritoine *m*.

peritonitis [ˌperɪtəˈnaɪtɪs] n *(U)* péritonite *f* / *to have peritonitis* avoir une péritonite.

periwig [ˈperɪwɪg] n perruque *f*.

periwinkle [ˈperɪˌwɪŋkl] n **1.** BOT pervenche *f* **2.** ZOOL bigorneau *m*.

perjure [ˈpɜ:ʤəʳ] vt ▸ **to perjure o.s.** faire un faux témoignage.

perjured [ˈpɜ:ʤəd] adj ▸ **perjured evidence** faux témoignage *m* / *his evidence was perjured* il a fait un faux témoignage.

perjurer [ˈpɜ:ʤərəʳ] n faux témoin *m*.

perjury [ˈpɜ:ʤərɪ] (*pl* **perjuries**) n ▸ **to commit perjury** faire un faux témoignage.

perk [pɜ:k] *inf* ◆ n [from job] avantage *m* en nature ; [advantage - gen] avantage *m* / *cheap air travel is one of the perks of his job* un des avantages de son boulot, c'est qu'il peut prendre l'avion pour trois fois rien. ◆ vi & vt [coffee] passer.

❖ **perk up** ◆ vt sep [cheer up] remonter, ragaillardir, revigorer / *the news really perked me up* la nouvelle m'a vraiment remonté le moral ; [liven up] revigorer / *some wine will perk you up* un peu de vin te remontera. ◆ vi **1.** [cheer up] se ragaillardir, retrouver le moral / *he perked up in the afternoon* il a retrouvé son entrain l'après-midi **2.** [become interested] dresser l'oreille or la tête / *she perked up when money was mentioned* elle a dressé l'oreille quand on a parlé d'argent **3.** [ears, head] se dresser.

perky [ˈpɜ:kɪ] (*compar* **perkier**, *superl* **perkiest**) adj gai, vif.

perm [pɜ:m] ◆ vt [hair] permanenter / *her hair is permed* elle a les cheveux permanentés / *I've had my hair permed* je me suis fait faire une permanente. ◆ n **1.** permanente *f* ▸ **to have a perm** se faire faire une permanente **2.** (abbr of **permutation**) *combinaison jouée dans les paris sur les matches de football en Grande-Bretagne.*

permafrost [ˈpɜ:məfrɒst] n permagel *m*, permafrost *m*, pergélisol *m*.

permalink [ˈpɜ:məlɪŋk] n COMPUT lien *m* permanent, permalien *m*.

permanence [ˈpɜ:mənəns] n permanence *f*, caractère *m* permanent.

permanency [ˈpɜ:mənənsɪ] (*pl* **permanencies**) n **1.** [person, thing] : *they predicted that computers would be a permanency in every office* ils avaient prévu que les ordinateurs deviendraient indispensables dans tous les bureaux **2.** = **permanence.**

permanent [ˈpɜ:mənənt] ◆ adj permanent / *no permanent damage was caused* aucun dégât irréparable n'a été occasionné ▸ **permanent address** domicile *m* / *are you here on a permanent basis?* êtes-vous ici à titre définitif ? ▸ **permanent staff a)** [gen] personnel *m* permanent **b)** [in public service] personnel *m* titulaire ▸ **a permanent post a)** [gen] un emploi permanent **b)** [in public service] un poste de titulaire ▸ **permanent ink** encre *f* indélébile ▸ **permanent magnet** aimant *m* permanent ▸ **permanent tooth** dent *f* permanente ▸ **Permanent Secretary** UK chef *m* de cabinet ▸ **Permanent Undersecretary** UK ≃ secrétaire général *m*, -e *f (dans la fonction publique)*. ◆ n US [in hair] permanente *f*.

permanently [ˈpɜ:mənəntlɪ] adv **1.** [constantly] en permanence, constamment / *he's permanently drunk* il ne dessoûle jamais **2.** [definitively] définitivement, à titre définitif / *they came to live here permanently* ils sont venus s'installer ici définitivement.

permanent-press adj ▸ **permanent-press trousers / skirt** pantalon *m* / jupe *f* à pli permanent.

permanent wave n permanente *f*.

permanent way n UK voie *f* ferrée.

permanganate [pɜ:ˈmæŋgəneɪt] n permanganate *m*.

permeability [ˌpɜ:mjəˈbɪlətɪ] n perméabilité *f*.

permeable [ˈpɜ:mjəbl] adj perméable.

permeate [ˈpɜ:mɪeɪt] ◆ vt **1.** [subj: gas, smell] se répandre dans / *a lovely smell permeated the kitchen* une merveilleuse odeur emplissait la cuisine **2.** [subj: liquid] s'infiltrer dans / *damp had permeated the floorboards* le plancher était imprégné or gorgé d'humidité / *the sand is permeated with oil* le sable est imbibé de pétrole **3.** *fig* [subj: ideas] se répandre dans, se propager à travers ; [subj: feelings] envahir, emplir / *an atmosphere of gloom permeates his novels* ses romans sont empreints d'une mélancolie profonde / *the optimism that permeated the sixties* l'optimisme qui prévalait or dominait dans les années soixante. ◆ vi **1.** [gas] se répandre, se diffuser ; [smell] se répandre **2.** [liquid] filtrer / *rain water had permeated through the walls* les eaux de pluie avaient filtré à travers les murs **3.** *fig* [ideas, feelings] se répandre, se propager.

Permian [ˈpɜ:mɪən] ◆ adj permien. ◆ n permien *m*.

permissible [pəˈmɪsəbl] adj *fml* **1.** [allowed] permis, autorisé / *is it permissible for him to take two days off?* est-ce qu'il est autorisé à prendre deux jours de congé ? **2.** [tolerable - behaviour] admissible, acceptable / *degree of permissible error* marge d'erreur admissible or admise.

permission [pəˈmɪʃn] n permission *f*, autorisation *f* ▸ **to ask for permission to do sthg** demander la permission or l'autorisation de faire qqch ▸ **to have permission to do sthg** avoir la permission or l'autorisation de faire qqch ▸ **to give sb permission to do sthg** donner à qqn la permission de faire qqch / *who gave them permission?* qui le leur a permis ? / *who gave him permission to go out?* qui lui a permis de or l'a autorisé à sortir ? / *with your permission* avec votre permission, si vous le permettez / *without my / your / her permission* sans ma / votre / sa permission / *photos published by kind permission of Larousse* photos publiées avec l'aimable autorisation de Larousse / *you need written permission to work at home* il faut une autorisation écrite pour travailler chez soi.

permissive [pəˈmɪsɪv] adj **1.** [tolerant - behaviour, parent, etc.] permissif ▸ **the permissive society** la société permissive **2.** *arch* [optional] facultatif.

permissively [pəˈmɪsɪvlɪ] adv de manière permissive.

permissiveness [pəˈmɪsɪvnɪs] n **1.** [morally] permissivité *f* **2.** [of legislation] caractère *m* facultatif.

permit [pəˈmɪt] (*pt & pp* **permitted**, *cont* **permitting**) ◆ vt **1.** [allow] permettre, autoriser ▸ **to permit sb to do sthg** permettre à qqn de faire qqch, autoriser qqn à faire qqch / *she was permitted to take two weeks off* on l'a autorisée à prendre deux semaines de congé / *permit me to inform you that…* laissez-moi vous apprendre que… / *he won't permit it* il ne le permettra pas / *you are not permitted to enter the building* vous n'avez pas le droit de pénétrer dans l'immeuble / *smoking is not permitted upstairs* il est interdit de fumer à l'étage / *the hotel won't permit animals in the bedrooms* l'hôtel n'autorise pas la présence d'animaux dans les chambres ; [tolerate] tolérer / *he permits far too much rudeness from his children* il tolère trop de grossièreté chez ses enfants **2.** [enable] permettre / *the computer permits her to take more time off* l'ordinateur lui laisse plus de temps libre / *the statistics permit the following conclusions* les statistiques permettent (de tirer) les conclusions suivantes. ◆ vi permettre ▸ **weather permitting** si le temps le permet ▸ **to permit of** *fml* permettre / *the text permits of two readings* le texte se prête à deux interprétations différentes / *we can permit of no delay* nous ne pouvons tolérer le moindre retard. ◆ n [ˈpɜ:mɪt] [authorization] autorisation *f* ; ADMIN permis *m* ; [pass] laissez-passer *m inv* ▸ **export / drinks permit** licence *f* d'exportation / pour la vente de boissons alcoolisées.

permutate [ˈpɜ:mjʊteɪt] = **permute.**

permutation [ˌpɜ:mju:ˈteɪʃn] n MATH permutation *f*.

permute [pəˈmju:t] vt permuter.

pernicious [pəˈnɪʃəs] adj **1.** [harmful] pernicieux **2.** [malicious - gossip, lie] malveillant.

pernicious anaemia n *(U)* anémie *f* pernicieuse.

pernickety UK [pəˈnɪkətɪ], **persnickety** US [pəˈsnɪkɪtɪ] adj *inf* **1.** *pej* [person - fussy] tatillon, chipoteur ; [- hard to please] difficile / *she's very pernickety about punctuality* elle ne plaisante pas avec or elle est très à cheval sur la ponctualité **2.** [job - fiddly] délicat, minutieux.

perorate [ˈperəreɪt] vi *fml* discourir, pérorer.

peroration [ˌperəˈreɪʃn] n péroraison *f*.

peroxide [pəˈrɒksaɪd] ◆ n **1.** CHEM peroxyde *m* **2.** [for hair] eau *f* oxygénée. ◆ vt [bleach - hair] décolorer, oxygéner *spec*.

peroxide blonde n [woman] blonde *f* décolorée.

perp [pɜ:p] (abbr of **perpetrator**) n US *inf & crime sl* auteur *m*.

perpendicular [ˌpɜ:pənˈdɪkjʊləʳ] ◆ adj **1.** GEOM perpendiculaire / *the line AB is perpendicular to the line CD* la ligne AB est perpendiculaire à la ligne CD **2.** [vertical - cliff] escarpé, abrupt, à pic ; [- slope] raide, à pic. ◆ n perpendiculaire *f* / *the tower is out of (the) perpendicular* la tour n'est pas verticale or est hors d'aplomb *spec*.

❖ **Perpendicular** adj ARCHIT perpendiculaire.

perpendicularly [ˌpɜ:pənˈdɪkjʊləlɪ] adv perpendiculairement.

perpetrate [ˈpɜ:pɪtreɪt] vt *fml* [commit - crime] commettre, perpétrer *liter* / *she perpetrated several frauds* elle a escroqué plusieurs personnes / *to perpetrate a hoax* être l'auteur d'une farce.

perpetration [ˌpɜ:pɪˈtreɪʃn] n *fml* perpétration *f*.

perpetrator [ˈpɜ:pɪtreɪtəʳ] n *fml* auteur *m*.

perpetual [pəˈpetʃʊəl] adj **1.** [state, worry] perpétuel ; [noise, questions] continuel, incessant / *her perpetual coughing kept me awake all night* sa toux incessante m'a gardé éveillé toute la nuit / *it's a perpetual worry to us* c'est pour nous un sujet d'inquiétude or un souci permanent / *perpetual snows* neiges *fpl* éternelles **2.** HORT perpétuel.

perpetual calendar n calendrier *m* perpétuel.

perpetual check n [in chess] échec *m* perpétuel.

perpetually [pəˈpetʃʊəlɪ] adv perpétuellement, sans cesse / *they're perpetually complaining* ils sont toujours à se plaindre, ils se plaignent sans arrêt.

perpetual motion n mouvement *m* perpétuel.

perpetuate [pəˈpetʃʊeɪt] vt perpétuer.
perpetuation [pəˌpetʃʊˈeɪʃn] n perpétuation *f* / *this leads to the perpetuation of this type of situation* c'est ce qui permet à ce type de situation de se perpétuer.
perpetuity [ˌpɜːpɪˈtjuːətɪ] (*pl* **perpetuities**) n **1.** [eternity] perpétuité *f liter* ▸ **in** or **for perpetuity** à perpétuité **2.** [annuity] rente *f* perpétuelle.
perplex [pəˈpleks] vt **1.** [puzzle] rendre or laisser perplexe / *his questions perplexed us* ses questions nous ont laissés perplexes or nous ont plongés dans la perplexité **2.** [complicate] compliquer.
perplexed [pəˈplekst] adj perplexe / *I'm perplexed about what to do* je ne sais pas trop quoi faire.
perplexedly [pəˈpleksɪdlɪ] adv avec perplexité / *he looked at me perplexedly* il me regarda d'un air perplexe, il me lança un regard perplexe.
perplexing [pəˈpleksɪŋ] adj inexplicable, incompréhensible / *I find their silence rather perplexing* je me demande bien ce que peut signifier leur silence / *he asked us some perplexing questions* il a posé des questions qui nous ont laissés perplexes.
perplexity [pəˈpleksətɪ] n **1.** [confusion] perplexité *f* / *you could see the perplexity on his face* la perplexité se lisait sur son visage **2.** [complexity - of problem] complexité *f*.
perquisite [ˈpɜːkwɪzɪt] *fml* = **perk** *(noun)*.
perry [ˈperɪ] (*pl* **perries**) n poiré *m*.
per se [pɜːˈseɪ] adv [as such] en tant que tel ; [in itself] en soi.
persecute [ˈpɜːsɪkjuːt] vt **1.** [oppress] persécuter / *they were persecuted for their religious beliefs* ils ont été persécutés à cause de leurs convictions religieuses **2.** [pester] persécuter, harceler / *they persecuted her with questions* ils l'ont harcelée de questions.
persecution [ˌpɜːsɪˈkjuːʃn] n persécution *f*.
persecution complex n délire *m* de persécution.
persecution mania n manie *f* de la persécution.
persecutor [ˈpɜːsɪkjuːtəʳ] n persécuteur *m*, -trice *f*.
Persephone [pɜːˈsefənɪ] pr n Perséphone.
Perseus [ˈpɜːsjuːs] pr n Persée.
perseverance [ˌpɜːsɪˈvɪərəns] n persévérance *f*.
persevere [ˌpɜːsɪˈvɪəʳ] vi persévérer / *persevere in your efforts* persévérez dans vos efforts / *you must persevere with your studies* il faut persévérer dans vos études.
persevering [ˌpɜːsɪˈvɪərɪŋ] adj persévérant, obstiné.
Persia [ˈpɜːʃə] pr n Perse *f* / *in Persia* en Perse.
Persian [ˈpɜːʃn] ◆ n **1.** [person] Persan *m*, -e *f* ; ANTIQ Perse *mf* **2.** LING [modern] persan *m* ; [ancient] perse *m*. ◆ adj persan ; ANTIQ perse.
Persian blinds pl n persiennes *fpl*.
Persian carpet n tapis *m* persan.
Persian cat n chat *m* persan.
Persian Gulf pr n ▸ **the Persian Gulf** le golfe Persique.
persian lamb n [animal, fur] karakul *m*, caracul *m*.
persimmon [pəˈsɪmən] n [fruit] kaki *m*, plaquemine *f* ; [tree] plaqueminier *m*.
persist [pəˈsɪst] vi **1.** [person] persister ▸ **to persist in doing sthg** persister or s'obstiner à faire qqch / *he persists in the belief that…* il persiste à croire que… **2.** [weather, problem, etc.] persister / *rain will persist in the north* la pluie persistera dans le Nord / *if the fever persists* si la fièvre persiste.
persistence [pəˈsɪstəns], **persistency** [pəˈsɪstənsɪ] n **1.** [perseverance] persistance *f*, persévérance *f* ; [insistence] persistance *f*, insistance *f* ; [obstinacy] obstination *f* / *his persistence finally paid off* sa persévérance a fini par porter ses fruits / *his persistence in asking awkward questions* son obstination à poser des questions embarrassantes **2.** [continuation - of rain, problem, etc.] persistance *f*.
persistent [pəˈsɪstənt] adj **1.** [continual - demands, rain etc.] continuel, incessant ▸ **persistent, offender** récidiviste *mf* **2.** [lingering - smell, fever, etc.] persistant, tenace **3.** [persevering] persévérant / *you must be more persistent in your efforts* il faut être plus persévérant **4.** BOT persistant.
persistently [pəˈsɪstəntlɪ] adv **1.** [continually] continuellement, sans cesse / *I've warned you persistently* je me suis acharné à vous prévenir / *they persistently insult him* ils ne cessent de l'insulter **2.** [perseveringly] avec persévérance or persistance, obstinément.
persnickety US *inf* = **pernickety**.
person [ˈpɜːsn] (*pl* **people** [ˈpiːpl]) (*pl formal* **persons**) n **1.** personne *f* / *he's just the person we need* c'est exactement la personne qu'il nous faut / *a young person* **a)** [female] une jeune personne **b)** [male] un jeune homme / *by a person* or *persons unknown* LAW par des personnes inconnues or non identifiées / *he's a good worker, but I don't really like him as a person* sur le plan du travail il est bien, mais je n'aime pas trop sa personnalité or mais sur le plan personnel je ne l'aime pas trop / *he's not that sort of person* ce n'est pas du tout son genre / *I'm not a great eating-out person inf* je n'aime pas beaucoup manger au restaurant ▸ **in the person of** en la personne de **2.** *fml* [body] personne *f* ▸ **to have sthg on** or **about one's person** avoir qqch sur soi / *she had the wallet concealed about her person* le portefeuille était caché sur elle **3.** GRAM personne *f* / *in the first person plural* à la première personne du pluriel **4.** RELIG personne *f*.
❖ **in person** adv phr en personne / *she came in person* elle est venue en personne / *this letter must be delivered to him in person* cette lettre doit lui être remise en mains propres.
persona [pəˈsəʊnə] (*pl* **personas** *or* **personae** [-niː]) n LITER & PSYCHOL personnage *m* ▸ **to take on a new persona** se créer un personnage.
personable [ˈpɜːsnəbl] adj plaisant, charmant.
personage [ˈpɜːsənɪdʒ] n *fml* personnage *m (individu)* / *an important personage* un personnage important.
persona grata [pəˈsəʊnəˈɡrɑːtə] (*pl* **personae gratae** [pəˈsəʊniːˈɡrɑːtiː]) n ▸ **to be persona grata** être persona grata.
personal [ˈpɜːsənl] ◆ adj **1.** [individual - experience, belief, etc.] personnel / *she tries to give her work a personal touch* elle essaie de donner une touche personnelle à son travail / *my personal opinion is that he drowned* personnellement, je crois qu'il s'est noyé / *you get more personal attention in small shops* on s'occupe mieux de vous dans les petits magasins / *will you do me a personal favour?* pourriez-vous m'accorder une faveur ? **2.** [in person] personnel / *under the personal supervision of the author* supervisé personnellement par l'auteur / *the boss made a personal visit to the scene* le patron est venu lui-même or en personne sur les lieux / *we were expecting a personal appearance by the Prime Minister* nous pensions que le Premier ministre ferait une apparition en personne / **'personal callers welcome'** 'vente en gros et au détail' **3.** [private - message, letter] personnel / **'personal and private'** [on letter] 'strictement confidentiel' **4.** [for one's own use] personnel / *this is for my personal use* ceci est destiné à mon usage personnel ▸ **personal belongings** or **possessions** objets *mpl* personnels, affaires *fpl* ▸ **personal effects** effets *mpl* personnels ▸ **personal estate** or **property** biens *mpl* mobiliers personnels ▸ **personal loan** prêt *m* personnel ▸ **personal pension plan** retraite *f* personnelle **5.** [intimate - feelings, reasons, life] personnel / *I'd like to see her on a personal matter* je voudrais la voir pour des raisons personnelles / *just a few personal friends* rien que quelques amis intimes **6.** [offensive] désobligeant / *personal remark* remarque *f* désobligeante / *there's no need to be so personal!* ce n'est pas la peine de t'en prendre à moi ! / *nothing personal!* ne le prenez pas pour vous !, n'y voyez rien de personnel ! / *the discussion was getting rather personal* la discussion prenait un tour un peu trop personnel **7.** [bodily - hygiene] corporel **8.** GRAM personnel ▸ **personal pronoun** pronom *m* personnel. ◆ n US [advert] petite annonce *f (pour rencontres)*.
personal account n compte *m* personnel.
personal ad n *inf* petite annonce *f (pour rencontres)*.
personal allowance n FIN abattement *m (sur l'impôt sur le revenu)*.
personal assistant n secrétaire *m* particulier, secrétaire *f* particulière.
personal call n TELEC appel *m* personnel or privé / *is this a personal call?* c'est personnel ?
personal column n petites annonces *fpl (pour rencontres)* ▸ **to put an ad in the personal column** passer une petite annonce.
personal computer n ordinateur *m* individuel or personnel, PC *m*.
personal digital assistant n agenda *m* électronique, assistant *m* numérique personnel.
personal foul n [in basketball] faute *f* personnelle.
personality [ˌpɜːsəˈnælətɪ] (*pl* **personalities**) n **1.** [character] personnalité *f*, caractère *m* ; [of thing, animal, etc.] caractère *m* / *a woman with a lot of personality* une femme dotée d'une forte personnalité / *he was an interesting personality* il avait une personnalité intéressante **2.** [famous person] personnalité *f* ; CIN & TV vedette *f* / *sports personality* vedette *f* du monde du sport **3.** PSYCHOL personnalité *f*.
❖ **personalities** pl n *dated* [offensive remarks] propos *mpl* désobligeants.
personality cult n culte *m* de la personnalité.
personality disorder n trouble *m* de la personnalité / *he has a serious personality disorder* il a de graves problèmes psychologiques.
personality profile n profil *m* de personnalité.
personality test n test *m* de personnalité, test *m* projectif *spec*
personality type n configuration *f* psychologique.
personalize, personalise [ˈpɜːsənəlaɪz] vt **1.** [make personal - gen] personnaliser ; [- luggage, clothes] marquer (à son nom) **2.** [argument, campaign] donner un tour personnel à **3.** [personify] personnifier.
personalized [ˈpɜːsənəlaɪzd] adj [individually tailored] personnalisé / *personalized stationery* papier *m* à lettres à en-tête / *his personalized luggage* ses bagages marqués à son nom.
personally [ˈpɜːsnəlɪ] adv **1.** [speaking for oneself] personnellement, pour ma / sa etc. part / *personally (speaking), I think it's a silly idea* pour ma part or en ce qui me concerne, je trouve que c'est une idée stupide **2.** [in person, directly] en personne, personnellement / *I was not personally involved in the project* je n'ai pas participé directement au projet / *I want to speak to him personally* j'aimerais lui parler personnellement / *deliver the letter to the director personally* remettez la lettre en mains propres au directeur **3.** [not officially] sur le plan personnel **4.** [individually] personnellement / *I was talking about the whole team, not you personally* je parlais de toute l'équipe, pas de toi personnellement or en particulier ▸ **to take things personally** prendre les choses trop à cœur / *don't take it personally, but…* ne vous sentez pas visé, mais…
personal organizer n organiseur *m*.
personal shopper n styliste *mf* privé(e).
personal stereo n baladeur *m offic*, Walkman® *m*.
personal trainer n coach *m* personnel.
personalty [ˈpɜːsənəltɪ] (*pl* **personalties**) n LAW biens *mpl* mobiliers.
persona non grata [pəˈsəʊnənɒnˈɡrɑːtə] (*pl* **personae non gratae** [pəˈsəʊniːnɒnˈɡrɑːtiː]) n ▸ **to be persona non grata** être persona non grata / *he's definitely persona non grata in this house* il n'est absolument pas le bienvenu dans cette maison.
personification [pəˌsɒnɪfɪˈkeɪʃn] n personnification *f* / *he is the personification of evil* c'est le mal personnifié or en personne.
personify [pəˈsɒnɪfaɪ] (*pt & pp* **personified**) vt personnifier / *he is evil personified* c'est le mal personnifié or en personne.
personnel [ˌpɜːsəˈnel] n **1.** [staff] personnel *m* ▸ **personnel officer** responsable *m* du personnel **2.** [department] service *m* du personnel / *she works in person-*

nel elle travaille au service du personnel **3.** MIL [troops] troupes *fpl*.

personnel carrier n (véhicule *m* de) transport *m* de troupes.

person-to-person ◆ adv US : *I'd like to speak to her person-to-person* je voudrais lui parler en particulier or seule à seul. ◆ adj **1.** [conversation] personnel **2.** TELEC ▸ **person-to-person call** communication *f* avec préavis *(se dit d'un appel téléphonique où la communication n'est établie et facturée que lorsque la personne à qui l'on veut parler répond)*.

perspective [pəˈspektɪv] ◆ n **1.** ARCHIT & ART perspective *f* ▸ **to draw sthg in perspective** dessiner qqch en perspective / *the houses are out of perspective* la perspective des maisons est fausse / *perspective made it look smaller* l'effet de perspective le faisait paraître plus petit **2.** [opinion, viewpoint] perspective *f*, optique *f* / *it gives you a different perspective on the problem* cela vous permet de voir le problème sous un angle or un jour différent / *from a psychological perspective* d'un point de vue psychologique / *the latest developments put a new perspective on the case* les derniers événements éclairent l'affaire d'un jour nouveau **3.** [proportion] : *we must try to keep our (sense of) perspective* or *to keep things in perspective* nous devons nous efforcer de garder notre sens des proportions ▸ **to get things out of perspective** perdre le sens des proportions / *it should help us to get* or *to put the role she played into perspective* cela devrait nous aider à mesurer le rôle qu'elle a joué / *the figures must be looked at in (their proper) perspective* il faut étudier les chiffres dans leur contexte **4.** [view, vista] perspective *f*, panorama *m*, vue *f* **5.** [prospect] perspective *f* / *the perspective of higher inflation* la perspective d'une hausse du taux d'inflation. ◆ adj [drawing] perspectif.

Perspex® [ˈpɜːspeks] ◆ n UK Plexiglas *m*. ◆ comp [window, windscreen, etc.] en Plexiglas.

perspicacious [ˌpɜːspɪˈkeɪʃəs] adj *fml* [person] perspicace ; [remark, judgment] pénétrant, lucide.

perspicacity [ˌpɜːspɪˈkæsətɪ] n *fml* perspicacité *f*.

perspicuity [ˌpɜːspɪˈkjuːətɪ] n *fml* clarté *f*, lucidité *f*.

perspicuous [pəˈspɪkjuəs] adj *fml* clair, lucide.

perspiration [ˌpɜːspəˈreɪʃn] n transpiration *f*, sueur *f* ▸ **beads of perspiration** des perles de sueur.

perspire [pəˈspaɪəʳ] vi transpirer / *his hands were perspiring* il avait les mains moites / *she was perspiring freely* or *heavily* elle transpirait à grosses gouttes.

persuadable [pəˈsweɪdəbl] adj facile à persuader.

persuade [pəˈsweɪd] vt persuader, convaincre ▸ **to persuade sb to do sthg** persuader or convaincre qqn de faire qqch ▸ **to persuade sb not to do sthg** persuader qqn de ne pas faire qqch, dissuader qqn de faire qqch / *I managed to persuade him (that) I was right* j'ai réussi à le persuader or convaincre que j'avais raison / *I let myself be persuaded into coming* je me suis laissé convaincre qu'il fallait venir / *she finally persuaded the car to start fig* elle a réussi à faire démarrer la voiture / *I was persuaded of her innocence fml* j'étais convaincu or persuadé qu'elle était innocente.

persuasion [pəˈsweɪʒn] n **1.** [act of convincing] persuasion *f* / *persuasion works better than force* la persuasion est plus efficace que la force / *the art of gentle persuasion* l'art de convaincre en douceur / *I used all my powers of persuasion on him* j'ai fait tout mon possible or tout ce qui était en mon pouvoir pour le convaincre / *I wouldn't need much persuasion to give it up* il ne faudrait pas insister beaucoup pour que j'abandonne **2.** RELIG [belief] confession *f*, religion *f* ; POL tendance *f* / *men and women of many persuasions* des hommes et des femmes de nombreuses confessions / *people, regardless of their political persuasion* les gens, quelles que soient leurs convictions politiques **3.** *fml* [conviction] conviction *f*.

persuasive [pəˈsweɪsɪv] adj [manner, speaker] persuasif, convaincant ; [argument] convaincant.

persuasively [pəˈsweɪsɪvlɪ] adv de façon convaincante or persuasive / *she argues persuasively* elle emploie des arguments convaincants.

persuasiveness [pəˈsweɪsɪvnəs] n force *f* de persuasion.

pert [pɜːt] adj [person, reply] effronté ; [hat] coquet ; [nose] mutin ; [bottom] ferme.

pertain [pəˈteɪn] vi **1.** [apply] s'appliquer **2.** ▸ **to pertain to a)** [concern] avoir rapport à, se rapporter à **b)** LAW [subj: land, property] se rattacher à, dépendre de / *evidence pertaining to the case* les témoignages se rattachant or se rapportant à l'affaire / *books pertaining to photography* des livres sur la photographie.

Perth [pɜːθ] pr n Perth.

pertinacious [ˌpɜːtɪˈneɪʃəs] adj *fml* opiniâtre.

pertinacity [ˌpɜːtɪˈnæsətɪ] n *fml* opiniâtreté *f*.

pertinence [ˈpɜːtɪnəns] n pertinence *f* / *I don't see the pertinence of that remark* cette remarque ne me semble pas pertinente.

pertinent [ˈpɜːtɪnənt] adj pertinent, à propos / *a very pertinent question* une question très pertinente.

pertinently [ˈpɜːtɪnəntlɪ] adv pertinemment, avec justesse or à-propos.

pertly [ˈpɜːtlɪ] adv [reply] avec effronterie ; [dress] coquettement.

pertness [ˈpɜːtnɪs] n [of reply, manner] effronterie *f* ; [of dress] coquetterie *f*.

perturb [pəˈtɜːb] vt **1.** [worry] inquiéter, troubler / *they were very perturbed by his disappearance* sa disparition les a beaucoup inquiétés **2.** ASTRON & ELECTRON perturber.

perturbation [ˌpɜːtəˈbeɪʃn] n **1.** *fml* [anxiety] trouble *m*, inquiétude *f* **2.** ASTRON & ELECTRON perturbation *f*.

perturbed [pəˈtɜːbd] adj troublé, inquiet (inquiète) / *I was perturbed to hear that…* ça m'a troublé or inquiété d'apprendre que…

perturbing [pəˈtɜːbɪŋ] adj inquiétant, troublant.

Peru [pəˈruː] pr n Pérou *m* / *in Peru* au Pérou.

Perugia [pəˈruːʤə] pr n Pérouse.

Perugino [peruːˈʤiːnəʊ] pr n ▸ **Il Perugino** le Pérugin / *a painting by Il Perugino* un tableau du Pérugin.

perusal [pəˈruːzl] n [thorough reading] lecture *f* approfondie, examen *m* ; [quick reading] lecture *f* sommaire, survol *m* / *he left the document for her perusal* il lui a laissé le document pour information.

peruse [pəˈruːz] vt [read thoroughly] lire attentivement, examiner ; [read quickly] parcourir, survoler.

Peruvian [pəˈruːvjən] ◆ n Péruvien *m*, -enne *f*. ◆ adj péruvien.

perv [pɜːv] ◆ n UK *inf* détraqué *m* (sexuel), détraquée *f* (sexuelle). ◆ vi ▸ **to perv at sb** [look at lecherously] reluquer qqn.

pervade [pəˈveɪd] vt **1.** [subj: gas, smell] se répandre dans **2.** [subj: ideas] se répandre dans, se propager à travers ; [subj: feelings] envahir / *the fundamental error that pervades their philosophy* l'erreur fondamentale qui imprègne leur philosophie / *a feeling of mistrust pervaded their relationship* il y avait toujours entre eux une certaine défiance.

pervasive [pəˈveɪsɪv] adj [feeling] envahissant ; [influence] omniprésent ; [effect] général ; [smell] envahissant, omniprésent / *the pervasive influence of television* l'omniprésence de la télévision / *a pervasive atmosphere of pessimism* une atmosphère de pessimisme général.

perverse [pəˈvɜːs] adj [stubborn - person] têtu, entêté ; [- desire] tenace ; [contrary, wayward] contrariant / *he felt a perverse urge to refuse* il fut pris d'une envie de refuser simplement pour le plaisir / *she takes a perverse delight in doing this* elle y prend un malin plaisir / *you're just being perverse!* tu fais ça juste pour embêter le monde !

perversely [pəˈvɜːslɪ] adv [stubbornly] obstinément ; [unreasonably, contrarily] par esprit de contradiction.

perverseness [pəˈvɜːsnɪs] n [stubbornness] entêtement *m*, obstination *f* ; [unreasonableness, contrariness] esprit *m* de contradiction.

perversion [UK pəˈvɜːʃn US pəˈvɜːrʒn] n **1.** [sexual abnormality] perversion *f* **2.** [distortion - of truth] déformation *f*.

perversity [pəˈvɜːsətɪ] (*pl* **perversities**) n **1.** = **perverseness 2.** [sexual abnormality] perversité *f*.

pervert ◆ vt [pəˈvɜːt] **1.** [corrupt morally - person] pervertir, corrompre ; PSYCHOL pervertir **2.** [distort - truth] déformer ; [- words] dénaturer / *our old ideals have been perverted* nos vieux idéaux ont été déformés ▸ **to pervert the course of justice** LAW entraver le cours de la justice. ◆ n [ˈpɜːvɜːt] pervers *m*, -e *f* / *you pervert! hum* tu es un vrai pervers !

perverted [pəˈvɜːtɪd] adj PSYCHOL pervers.

pervious [ˈpɜːvjəs] adj **1.** GEOL [permeable] perméable **2.** *liter* [receptive] ouvert, perméable.

pervy [ˈpɜːvɪ] adj UK [lecherous] vicelard.

Pesach [ˈpeɪsəx] n Pessah *f*.

peseta [pəˈseɪtə] n peseta *f*.

pesky [ˈpeskɪ] (*compar* **peskier**, *superl* **peskiest**) adj US *inf* fichu / *pesky weather!* fichu temps ! / *pesky flies!* maudites or satanées mouches !

peso [ˈpeɪsəʊ] (*pl* **pesos**) n peso *m*.

pessary [ˈpesərɪ] (*pl* **pessaries**) n MED pessaire *m*.

pessimism [ˈpesɪmɪzm] n pessimisme *m*.

pessimist [ˈpesɪmɪst] n pessimiste *mf*.

pessimistic [ˌpesɪˈmɪstɪk] adj pessimiste / *I feel very pessimistic about her chances of getting the job* je doute fort qu'elle obtienne ce poste / *don't be so pessimistic about your future* ne regarde pas l'avenir d'un œil si sombre.

pessimistically [ˌpesɪˈmɪstɪklɪ] adv de façon pessimiste / *he viewed the future somewhat pessimistically* il avait une vision de l'avenir plutôt pessimiste.

pest [pest] n **1.** [insect] insecte *m* nuisible ; [animal] animal *m* nuisible ▸ **pest control a)** lutte *f* contre les animaux nuisibles **b)** [of insects] désinsectisation *f* **2.** *inf* [nuisance] plaie *f*, peste *f* / *what a pest he is!* quelle plaie !, qu'est-ce qu'il est casse-pieds ! / *that dog is a real pest* ce chien est une véritable plaie / *look what she's done, the little pest!* regarde un peu ce qu'elle a fait, la petite peste ! / *Christmas shopping is a real pest* c'est une vraie corvée de faire les achats de Noël.

pester [ˈpestəʳ] vt importuner, harceler / *stop pestering your mother!* laisse ta mère tranquille ! / *they're always pestering me for money* ils sont toujours à me réclamer de l'argent / *the children pestered me to tell them a story* les enfants n'ont eu de cesse que je leur raconte une histoire / *he pestered me into buying him a computer* il m'a harcelé jusqu'à ce que je lui achète un ordinateur.

pesticidal [ˈpestɪsaɪdl] adj pesticide.

pesticide [ˈpestɪsaɪd] n pesticide *m*.

pestiferous [peˈstɪfərəs] adj **1.** *inf* [annoying] enquiquinant **2.** *liter* [unhealthy] pestilentiel.

pestilence [ˈpestɪləns] n *liter* peste *f*, pestilence *f liter*.

pestilential [ˌpestɪˈlenʃl] adj **1.** [annoying] agaçant **2.** MED pestilentiel.

pestle [ˈpesl] n CULIN pilon *m*.

pesto [ˈpestəʊ], **pesto sauce** n pesto *m*.

pet [pet] (*pt & pp* **petted**, *cont* **petting**) ◆ n **1.** [animal] animal *m* domestique / *we don't keep pets* nous n'avons pas d'animaux à la maison / *he keeps a snake as a pet* il a un serpent apprivoisé ▸ **pet food** aliments *mpl* pour animaux de compagnie **2.** [favourite] favori *m*, -ite *f*, chouchou *m*, -oute *f pej* ▸ **the teacher's pet** le chouchou du prof **3.** *inf* [term of endearment] : *how are you, pet?* comment ça va, mon chou ? / *be a pet and close the door* tu seras un chou de fermer la porte / *she's a real pet* elle est adorable **4.** *inf* [temper] crise *f* de colère ▸ **to be in a pet** être de mauvais poil or en rogne. ◆ adj **1.** [hawk, snake, etc.] apprivoisé / *they have a pet budgerigar / hamster* ils ont une perruche / un hamster chez eux **2.** *inf* [favourite - project, theory] favori / *it's my pet ambition to write a novel* ma grande ambition, c'est d'écrire un roman / *his pet subject* or *topic* son dada / *Anne is the teacher's pet pupil* Anne est la chouchoute du prof ▸ **pet hate** or **peeve** US bête *f* noire. ◆ vt **1.** [pamper] chouchouter **2.** [stroke - animal] câliner, caresser **3.** *inf* [caress sexually] caresser. ◆ vi *inf* [sexually] se caresser.

petal [ˈpetl] n pétale *m*.

-petalled UK, **-petaled** US ['petld] in comp ▸ **five-petalled** à cinq pétales ▸ **large-petalled** à grands pétales.

petard [pə'tɑ:d] n pétard *m*.

Pete [pi:t] pr n ▸ **for Pete's sake!** *inf* mais nom d'un chien or bon sang !

peter ['pi:tər] n **1.** *inf* [safe] coffiot *m* **2.** US *v inf* [penis] quéquette *f*.

❖ **peter out** vi **1.** [run out - supplies, money] s'épuiser ; [come to end - path] se perdre ; [- stream] tarir ; [- line] s'estomper, s'évanouir ; [- conversation] tarir **2.** [die away - voice] s'éteindre ; [- fire] s'éteindre, mourir **3.** [come to nothing - plan] tomber à l'eau.

Peter ['pi:tər] pr n Pierre ▸ **Peter the Great** Pierre le Grand ▸ **the Peter Principle** le principe de Peter *(théorème humoristique américain selon lequel chacun finit par atteindre son niveau d'incompétence)* / **'Peter and the Wolf'** *Prokofiev* 'Pierre et le loup' / **'Peter Pan'** *Barrie* 'Peter Pan'.

Peter's Pence n UK HIST *impôt annuel (à l'origine d'un penny) payé en Angleterre par certains propriétaires au siège papal jusqu'à la Réforme.*

petfood ['petfu:d] n aliments *mpl* pour animaux de compagnie.

pethidine ['peθɪdi:n] n péthidine *f*.

petit bourgeois ['petɪ-] (*pl* **petits bourgeois** ['petɪ-]) = **petty bourgeois**.

petite [pə'ti:t] ◆ adj menue. ◆ n [clothing size] petites tailles *fpl (pour adultes)*.

petit four ['petɪ'fɔ:] (*pl* **petits fours** ['petɪ'fɔ:z]) n petit-four.

petition [pɪ'tɪʃn] ◆ n **1.** [with signatures] pétition *f* / *they got up a petition against the council's plans* ils ont préparé une pétition pour protester contre les projets de la municipalité / *there were 5,000 signatures on the petition for his release* la pétition demandant sa libération a recueilli 5 000 signatures **2.** [request] requête *f* ▸ **the Petition of Right** UK HIST la Pétition de droit **3.** LAW requête *f*, pétition *f* ▸ **petition for divorce** demande *f* de divorce ▸ **petition in bankruptcy** demande *f* de mise en liquidation judiciaire **4.** RELIG prière *f*. ◆ vt **1.** [lobby] adresser une pétition à / *they petitioned the government for the release of* or *to release the political prisoners* ils ont adressé une pétition au gouvernement pour demander la libération des prisonniers politiques / *we are going to petition to have the wall demolished* nous allons demander que le mur soit démoli **2.** [beg] : *they petitioned the king to save them* ils ont imploré le roi de les sauver **3.** LAW ▸ **to petition the court** déposer une requête auprès du tribunal. ◆ vi **1.** [with signatures] faire signer une pétition / *they petitioned for his release* ils ont fait circuler une pétition demandant sa libération **2.** [take measures] : *why don't you petition against the plan?* pourquoi n'engagez-vous pas un recours contre le projet ? **3.** LAW ▸ **to petition for divorce** faire une demande de divorce.

petitioner [pɪ'tɪʃənər] n **1.** LAW pétitionnaire *mf* ; [in divorce] demandeur *m*, -eresse *f* de divorce **2.** [on petition] signataire *mf*.

pet name n surnom *m* / *her pet name for him was "honeybun"* elle l'appelait « honeybun ».

Petra ['petrə] pr n Pétra.

Petrarch ['petrɑ:k] pr n Pétrarque.

petrel ['petrəl] n pétrel *m*.

Petri dish ['pi:trɪ-] n boîte *f* de Petri.

petrifaction [,petrɪ'fækʃn] n **1.** [fossilization] pétrification *f* **2.** [shock] ébahissement *m*, pétrification *f liter*.

petrified ['petrɪfaɪd] adj **1.** [fossilized] pétrifié ▸ **petrified forest** forêt *f* pétrifiée **2.** [terrified] paralysé or pétrifié de peur ; [weaker use] terrifié.

petrify ['petrɪfaɪ] (*pt & pp* **petrified**) vt **1.** [fossilize] pétrifier **2.** [terrify] paralyser or pétrifier de peur ; [weaker use] terrifier / *the noise petrified me* le bruit me glaça le sang.

petrochemical [,petrəʊ'kemɪkl] adj pétrochimique.

petrochemistry [,petrəʊ'kemɪstrɪ] n pétrochimie *f*.

petrocurrency [,petrəʊ'kʌrənsɪ] (*pl* **petrocurrencies**) n devise *f* pétrolière.

petrodollar ['petrəʊ,dɒlər] n pétrodollar *m*.

Petrograd ['petrəgræd] pr n Petrograd.

petrol ['petrəl] UK ◆ n essence *f* / *we ran out of petrol* nous sommes tombés en panne d'essence. ◆ comp [fumes, rationing, shortage] d'essence.

> ⚠ **Pétrole** means oil or petroleum, not petrol.

petrolatum [,petrə'leɪtəm] n US vaseline *f*.

petrol blue n bleu *m* pétrole.

❖ **petrol-blue** adj bleu pétrole *(inv)*.

petrol bomb n cocktail *m* Molotov.

❖ **petrol-bomb** vt attaquer au cocktail Molotov, lancer un cocktail Molotov contre or sur / *the police station was petrol-bombed during the night* le commissariat a été attaqué à coups de cocktails Molotov pendant la nuit.

petrol bomber n lanceur *m*, -euse *f* de cocktail Molotov.

petrol can n UK bidon *m* d'essence.

petrol cap n UK bouchon *m* d'essence.

petrol-driven adj UK [engine] à essence.

petrol engine n UK moteur *m* à essence.

petroleum [pɪ'trəʊljəm] ◆ n pétrole *m*. ◆ comp [industry] du pétrole ; [imports] de pétrole.

petroleum jelly n UK vaseline *f*.

petrol gauge n UK jauge *f* à essence.

petrology [pe'trɒlədʒɪ] n pétrologie *f*.

petrol pump n UK [at service station] pompe *f* à essence / *prices at the petrol pump have risen* le prix de l'essence à la pompe a augmenté.

petrol station n UK station-service *f*.

petrol tank n UK AUTO réservoir *m* (d'essence).

petrol tanker n UK **1.** [lorry] camion-citerne *m* **2.** [ship] pétrolier *m*, tanker *m*.

Petrushka [pə'tru:ʃkə] pr n Petrouchka.

pet shop n magasin *m* d'animaux domestiques, animalerie *f*.

petticoat ['petɪkəʊt] ◆ n [waist slip] jupon *m* ; [full-length slip] combinaison *f*. ◆ comp *pej* [government, politics] de femmes.

Petticoat Lane pr n *rue de Londres connue pour son marché du dimanche matin.*

pettifogger ['petɪfɒgər] n UK **1.** [quibbler] chicaneur *m*, -euse *f*, ergoteur *m*, -euse *f* **2.** [lawyer] avocat *m* marron.

pettifogging ['petɪfɒgɪŋ] adj **1.** [petty - person] chicanier ; [- details] insignifiant **2.** [dishonest] louche / *a pettifogging lawyer* un avocat marron.

pettiness ['petɪnɪs] n **1.** [triviality - of details] insignifiance *f* ; [- of rules] caractère *m* pointilleux **2.** [small-mindedness] mesquinerie *f*, étroitesse *f* d'esprit.

petting ['petɪŋ] n *(U) inf* [sexual] caresses *fpl* / *there was a lot of heavy petting going on* ça se pelotait dans tous les coins.

petting zoo n US *partie d'un zoo où les enfants peuvent s'approcher des animaux et les caresser.*

pettish ['petɪʃ] adj UK [person] grincheux, acariâtre ; [mood] maussade ; [remark] hargneux, désagréable.

pettishly ['petɪʃlɪ] adv avec humeur.

petty ['petɪ] (*compar* **pettier**, *superl* **pettiest**) adj **1.** *pej* [trivial - detail] insignifiant, mineur ; [- difficulty] mineur ; [- question] tatillon ; [- regulation] tracassier ; [- ambitions] médiocre **2.** *pej* [mean - behaviour, mind, spite] mesquin **3.** [minor, small-scale] petit / *petty acts of vandalism* de petits actes de vandalisme / *a petty offence* une infraction mineure / *a petty thief* un petit délinquant / *petty expenses* menues dépenses *fpl* / *a petty official* un petit fonctionnaire.

petty bourgeois ◆ adj petit-bourgeois. ◆ n petit-bourgeois *m*, petite-bourgeoise *f*.

petty bourgeoisie n petite-bourgeoisie *f*.

petty cash n petite monnaie *f* / *I took the money out of petty cash* j'ai pris l'argent dans la caisse des dépenses courantes.

petty larceny n larcin *m*.

petty-minded adj borné, mesquin.

petty-mindedness [-'maɪndɪdnɪs] n mesquinerie *f*.

petty officer n UK ≃ second maître *m*.

petty sessions pl n *en Angleterre, tribunal dépendant de la juridiction d'un juge de paix.*

petulance ['petjʊləns] n irritabilité *f*.

petulant ['petjʊlənt] adj [bad-tempered - person] irritable, acariâtre ; [- remark] acerbe, désagréable ; [- behaviour] désagréable, agressif ; [sulky] maussade / *in a petulant mood* de mauvaise humeur.

petulantly ['petjʊləntlɪ] adv [act, speak - irritably] avec irritation ; [- sulkily] avec mauvaise humeur / *"no!", she said petulantly* « non ! », dit-elle avec mauvaise humeur.

petunia [pə'tju:njə] n pétunia *m*.

pew [pju:] n banc *m* d'église ▸ **take a pew** UK *inf & hum* assieds-toi donc !

pewit ['pɪu:wɪt] = **peewit**.

pewter ['pju:tər] ◆ n **1.** [metal] étain *m* **2.** *(U)* [ware] étains *mpl* **3.** [colour] gris étain *m*. ◆ comp [tableware, tankard] en étain.

peyote [peɪ'əʊtɪ] n peyotl *m*.

Pfc, PFC (abbr of **private first class**) n US soldat *m* de première classe.

P45 n UK *formulaire que l'on reçoit en fin de contrat de travail, faisant état des cotisations versées et du montant des impôts acquitté pour l'année écoulée.*

PG ◆ n **1.** (abbr of **parental guidance**) CIN *désigne un film dont certaines scènes peuvent choquer* **2.** (abbr of **paying guest**) UK pensionnaire *mf*. ◆ adj (abbr of **pregnant**) US *inf* enceinte.

PGA pr n abbr of **Professional Golfers' Association**.

p & h US written abbr of **postage and handling**.

pH n pH *m*.

PH n abbr of **Purple Heart**.

Phaedra ['fi:drə] pr n Phèdre.

Phaëthon ['feɪəθən] pr n Phaéton.

phaeton ['feɪtn] n **1.** [carriage] phaéton *m* **2.** US *dated* AUTO limousine *f* décapotable.

phagocyte ['fægəsaɪt] n phagocyte *m*.

phagocytosis [,fægəsaɪ'təʊsɪs] n phagocytose *f*.

phalange ['fælændʒ] n ANAT phalange *f*.

Phalangist [fæ'lændʒɪst] ◆ adj phalangiste. ◆ n phalangiste *mf*.

phalanstery ['fælənstrɪ] (*pl* **phalansteries**) n SOCIOL phalanstère *m*.

phalanx ['fælæŋks] (*pl* **phalanxes** *or* **phalanges** [-lændʒi:z]) n **1.** ANTIQ & MIL phalange *f* **2.** ANAT phalange *f* **3.** POL phalange *f*.

phallic ['fælɪk] adj phallique ▸ **phallic symbol** symbole *m* phallique.

phallocentric [,fæləʊ'sentrɪk] adj phallocentrique.

phallocentrism [,fæləʊ'sentrɪsm] n phallocentrisme *m*.

phallus ['fæləs] (*pl* **phalluses** *or* **phalli** [-laɪ]) n phallus *m*.

phantasm ['fæntæzm] n fantasme *m*.

phantasmagoria [,fæntæzmə'gɔ:rɪə] n fantasmagorie *f*.

phantasmagoric(al) [,fæntæzmə'gɒrɪk(l)] adj fantasmagorique.

phantasmal [fæn'tæzml] adj fantomatique.

phantasy ['fæntəsɪ] = **fantasy**.

phantom ['fæntəm] ◆ n **1.** [ghost] fantôme *m*, spectre *m* / **'The Phantom of the Opera'** *Leroux, Lloyd Webber* 'le Fantôme de l'Opéra' **2.** [threat, source of dread] spectre *m* **3.** *liter* [illusion] illusion *f*. ◆ adj **1.** [gen] imaginaire, fantôme **2.** MED ▸ **phantom limb**

membre *m* fantôme ▸ **phantom pregnancy** UK grossesse *f* nerveuse.

pharaoh ['feərəʊ] n pharaon *m*.

pharaoh ant n fourmi *f* de Pharaon.

pharisaic [,færɪ'seɪɪk] adj pharisaïque.

Pharisee ['færɪsi:] n Pharisien *m*, -enne *f*.

pharmaceutical [,fɑ:mə'sju:tɪkl] ◆ adj pharmaceutique. ◆ n médicament *m*.

pharmacist ['fɑ:məsɪst] n pharmacien *m*, -enne *f*.

pharmacogenetics [,fɑ:məkəʤɪ'netɪks] n *(U)* pharmacogénétique *f*.

pharmacological [,fɑ:məkə'lɒʤɪkl] adj pharmacologique.

pharmacologist [,fɑ:mə'kɒləʤɪst] n pharmacologiste *mf*, pharmacologue *mf*.

pharmacology [,fɑ:mə'kɒləʤɪ] ◆ n pharmacologie *f*. ◆ comp [laboratory, studies] de pharmacologie, pharmacologique.

pharmacopoeia UK, **pharmacopeia** US [,fɑ:məkə'pi:ə] n pharmacopée *f*.

pharmacy ['fɑ:məsɪ] (*pl* **pharmacies**) n **1.** [science] pharmacie *f* **2.** [dispensary, shop] pharmacie *f*.

pharming ['fɑ:mɪŋ] n **1.** COMPUT pharming *m* **2.** PHARM *culture ou élevage de plantes ou animaux génétiquement modifiés pour la fabrication de produits pharmaceutiques.*

pharyngal [fə'rɪŋgl], **pharyngeal** [,færɪn'ʤi:əl] adj **1.** MED [infection] pharyngé ; [organ] pharyngien **2.** LING pharyngal.

pharyngitis [,færɪn'ʤaɪtɪs] n *(U)* pharyngite *f* / *to have pharyngitis* avoir une pharyngite.

pharynx ['færɪnks] (*pl* **pharynxes** *or* **pharynges** [fæ'rɪnʤi:z]) n pharynx *m*.

phase [feɪz] ◆ n **1.** [period - gen] phase *f*, période *f* ; [- of illness] phase *f*, stade *m* ; [- of career, project] étape *f* ; [- of civilization] période *f* / *the project is going through a critical phase* le projet traverse une phase critique / *the final phase of the election campaign* la dernière étape de la campagne électorale / *phase two of the government's incomes policy* la deuxième étape de la politique salariale du gouvernement / *their daughter's going through a difficult phase* leur fille traverse une période difficile / *don't worry, it's just a phase she's going through* ne vous inquiétez pas, ça lui passera **2.** ASTRON [of moon] phase *f* **3.** CHEM, ELEC & PHYS phase *f* / *in the solid phase* en phase or à l'état solide ▸ **to be in phase** *lit & fig* être en phase ▸ **to be out of phase** *lit & fig* être déphasé / *the government is out of phase with the mood of the country* le gouvernement est en décalage complet avec les sentiments de la population. ◆ vt **1.** [synchronize] synchroniser, faire coïncider / *the two operations have to be perfectly phased* les deux opérations doivent être parfaitement synchronisées **2.** US [prearrange - delivery, development] planifier, programmer **3.** ELEC & TECH mettre en phase.

❖ **phase in** vt sep introduire progressivement or par étapes / *the reforms will obviously have to be phased in* il est évident que les réformes devront être introduites progressivement / *the increases will be phased in over five years* les augmentations seront échelonnées sur cinq ans.

❖ **phase out** vt sep [stop using - machinery, weapon] cesser progressivement d'utiliser ; [stop producing - car, model] abandonner progressivement la production de ; [do away with - jobs, tax] supprimer progressivement or par étapes ; [- grant] retirer progressivement / *when the use of these pesticides has been phased out* quand ces pesticides auront cessé d'être utilisés.

phased [feɪzd] adj [withdrawal, development] progressif, par étapes.

phase-out n suppression *f* progressive.

phat [fæt] adj US *inf* [very good] génial, top.

phatic ['fætɪk] adj phatique.

PhD (abbr of **Doctor of Philosophy**) n ≃ (titulaire d'un) doctorat de 3e cycle / *PhD students* étudiants *mpl* inscrits en doctorat / *her PhD thesis* sa thèse de doctorat.

pheasant ['feznt] (*pl* **pheasant** *or* **pheasants**) n faisan *m* ; [hen] (poule *f*) faisane *f*.

phenix ['fi:nɪks] US = **phoenix**.

phenobarbitone [,fi:nəʊ'bɑ:bɪtəʊn], **phenobarbital** [,fi:nəʊ'bɑ:bɪtl] n phénobarbital *m*.

phenol ['fi:nɒl] n phénol *m*.

phenomena [fɪ'nɒmɪnə] pl ⟶ **phenomenon**.

phenomenal [fɪ'nɒmɪnl] adj phénoménal / *a phenomenal success* un immense succès.

phenomenally [fɪ'nɒmɪnəlɪ] adv phénoménalement / *it's phenomenally expensive* ça coûte horriblement cher.

phenomenological [fɪ,nɒmɪnə'lɒʤɪkl] adj phénoménologique.

phenomenology [fɪ,nɒmɪ'nɒləʤɪ] n phénoménologie *f*.

phenomenon [fɪ'nɒmɪnən] (*pl* **phenomena** [fɪ'nɒmɪnə]) n phénomène *m* / *the credit-card phenomenon* le phénomène des cartes de crédit.

phenotype ['fi:nəʊtaɪp] n phénotype *m*.

phenyl ['fi:nl] n phényle *m*.

pheromone ['ferəməʊn] n phéromone *f*, phérormone *f*.

phew [fju:] interj [in relief] ouf ; [from heat] pff ; [in disgust] berk, beurk.

phial ['faɪəl] n fiole *f*.

Phi Beta Kappa ['faɪ,beɪtə'kæpə] pr n *aux États-Unis, association universitaire à laquelle ne peuvent appartenir que les étudiants émérites.*

Philadelphia [,fɪlə'delfjə] pr n Philadelphie / *in Philadelphia* à Philadelphie.

philander [fɪ'lændər] vi *pej* courir le jupon.

philanderer [fɪ'lændərər] n *pej* coureur *m* (de jupons).

philandering [fɪ'lændərɪŋ] n donjuanisme *m*.

philanthropic [,fɪlən'θrɒpɪk] adj philanthropique.

philanthropist [fɪ'lænθrəpɪst] n philanthrope *mf*.

philanthropy [fɪ'lænθrəpɪ] n philanthropie *f*.

philatelic [,fɪlə'telɪk] adj philatélique.

philatelist [fɪ'lætəlɪst] n philatéliste *mf*.

philately [fɪ'lætəlɪ] n philatélie *f*.

Philemon [fɪ'li:mɒn] pr n Philémon.

philharmonic [,fɪlɑ:'mɒnɪk] ◆ adj philharmonique ▸ **philharmonic orchestra** orchestre *m* philharmonique. ◆ n orchestre *m* philharmonique.

Philip ['fɪlɪp] pr n Philippe ▸ **Philip Augustus** Philippe Auguste ▸ **Philip the Fair** Philippe le Bel.

Philippians [fɪ'lɪpɪənz] pl pr n BIBLE ▸ **the Philippians** les Philippiens ▸ **the Epistle of Paul the Apostle to the Philippians** l'Épître de saint Paul aux Philippiens.

philippic [fɪ'lɪpɪk] n philippique *f*.

Philippine ['fɪlɪpi:n] adj philippin.

Philippines ['fɪlɪpi:nz] pl pr n ▸ **the Philippines** les Philippines *fpl* / *in the Philippines* aux Philippines.

Philistine [UK 'fɪlɪstaɪn US 'fɪlɪsti:n] ◆ n **1.** HIST Philistin *m* **2.** *fig* philistin *m* *liter*, béotien *m*, -enne *f*. ◆ adj philistin.

Philistinism ['fɪlɪstɪnɪzm] n philistinisme *m*.

Phillips® ['fɪlɪps] comp ▸ **Phillips screw / screwdriver** vis *f* / tournevis *m* cruciforme.

Philly ['fɪlɪ] pr n US *inf* Philadelphie.

philodendron [,fɪlə'dendrən] (*pl* **philodendrons** *or* **philodendra** [-drə]) n philodendron *m*.

philological [,fɪlə'lɒʤɪkl] adj philologique.

philologist [fɪ'lɒləʤɪst] n philologue *mf*.

philology [fɪ'lɒləʤɪ] n philologie *f*.

philosopher [fɪ'lɒsəfər] n philosophe *mf* / *she's a bit of a philosopher* elle est portée sur la philosophie ▸ **the philosopher's stone** la pierre philosophale.

philosophic(al) [,fɪlə'sɒfɪk(l)] adj **1.** PHILOS philosophique **2.** [calm, resigned] philosophe / *I feel quite philosophical about the situation* j'envisage la situation avec philosophie.

philosophically [,fɪlə'sɒfɪklɪ] adv **1.** PHILOS philosophiquement **2.** [calmly] philosophiquement, avec philosophie.

philosophize, **philosophise** [fɪ'lɒsəfaɪz] vi philosopher ▸ **to philosophize about sthg** philosopher sur qqch.

philosophy [fɪ'lɒsəfɪ] (*pl* **philosophies**) n philosophie *f* / *she's a philosophy student* elle est étudiante en philosophie ; *fig* : *we share the same philosophy of life* nous avons la même conception de la vie / *she accepted the defeat with philosophy* elle accepta la défaite avec philosophie.

philtre UK, **philter** US ['fɪltər] n *liter* philtre *m*.

phishing ['fɪʃɪŋ] n COMPUT phishing *m*.

phiz [fɪz], **phizog** ['fɪzɒg] n UK *inf & dated* tronche *f*, poire *f*.

phlebitis [flɪ'baɪtɪs] n *(U)* phlébite *f*.

phlebotomy [flɪ'bɒtəmɪ] n phlébotomie *f*.

phlegm [flem] n **1.** MED [in respiratory passages] glaire *f* **2.** *fig* [composure] flegme *m* **3.** *arch* [bodily humour] flegme *m*.

phlegmatic [fleg'mætɪk] adj flegmatique.

phlegmatically [fleg'mætɪklɪ] adv avec flegme, flegmatiquement.

phloem ['fləʊem] n phloème *m*.

phlox [flɒks] n phlox *m inv*.

Phnom Penh [,nɒm'pen] pr n Phnom Penh.

phobia ['fəʊbjə] n phobie *f* / *he has a phobia of spiders* il a la phobie des araignées / *she's got a phobia about work* elle est allergique au travail.

phobic ['fəʊbɪk] ◆ adj phobique. ◆ n phobique *mf*.

Phocaea [fəʊ'si:ə] pr n Phocée.

Phoebe ['fi:bɪ] pr n Phébé.

Phoebus ['fi:bəs] pr n Phébus.

Phoenicia [fɪ'nɪʃɪə] pr n Phénicie *f*.

Phoenician [fɪ'nɪʃɪən] ◆ n **1.** [person] Phénicien *m*, -enne *f* **2.** LING phénicien *m*. ◆ adj phénicien.

phoenix ['fi:nɪks] n phénix *m*.

phoenix-like adj & adv tel un phénix / *the new movement was born phoenix-like out of the old* le nouveau mouvement est né des cendres du précédent.

phon [fɒn] n ACOUST phone *m*.

phonate [fəʊ'neɪt] vi produire des sons.

phonation [fəʊ'neɪʃn] n phonation *f*.

phonatory ['fəʊnətrɪ] adj phonatoire.

phone [fəʊn] ◆ n **1.** [telephone] téléphone *m* / *I answered the phone* j'ai répondu au téléphone / *just a minute, I'm on the phone* un instant, je suis au téléphone / *we're not on the phone yet* nous n'avons pas encore le téléphone / *you're wanted on the phone* on vous demande au téléphone / *she told me the news by phone* elle m'a appris la nouvelle au téléphone / *I don't wish to discuss it over the phone* je préfère ne pas en parler au téléphone **2.** LING phone *m*. ◆ comp [bill] de téléphone ; [line, message] téléphonique. ◆ vi UK téléphoner / *to phone for a plumber / a taxi* appeler un plombier / un taxi *(par téléphone)*. ◆ vt UK téléphoner à / *I'll phone him when I arrive* je lui téléphonerai à mon arrivée / *to phone Paris* téléphoner à Paris / *can you phone me the answer?* pouvez-vous me donner la réponse par téléphone ?

❖ **phone in** ◆ vi téléphoner, appeler / *several people have phoned in* plusieurs personnes nous ont appelés / *he phoned in sick* il a appelé pour dire qu'il était malade et qu'il ne viendrait pas travailler. ◆ vt : *phone in your answers* donnez vos réponses par téléphone / *he phoned in his performance fig* il a joué très mollement.

❖ **phone up** ◆ vi téléphoner. ◆ vt sep téléphoner à.

phone book n annuaire *m* (téléphonique).

phone booth n cabine *f* téléphonique.

phone box n UK cabine *f* téléphonique / *I'm calling from a phone box* j'appelle d'une cabine.

phone call n coup *m* de téléphone, appel *m* (téléphonique).

phonecard ['fəʊnkɑ:d] n Télécarte® *f*.

phonecasting ['fəʊnkɑ:stɪŋ] n phonecasting *m*.
phone-in n RADIO & TV ▸ **phone-in (programme)** *émission au cours de laquelle les auditeurs ou les téléspectateurs peuvent intervenir par téléphone.*
phoneme ['fəʊni:m] n phonème *m*.
phonemic [fə'ni:mɪk] adj phonémique, phonématique.
phonemics [fə'ni:mɪks] n *(U)* phonémique *f*, phonématique *f*.
phone number n numéro *m* de téléphone.
phone-tapping [-,tæpɪŋ] n *(U)* écoute *f* téléphonique, écoutes *fpl* téléphoniques / *phone-tapping has become more widespread* la pratique de l'écoute téléphonique est de plus en plus répandue.
phonetic [fə'netɪk] adj phonétique.
phonetically [fə'netɪklɪ] adv phonétiquement.
phonetic alphabet n alphabet *m* phonétique.
phonetician [,fəʊnɪ'tɪʃn] n phonéticien *m*, -enne *f*.
phonetics [fə'netɪks] n *(U)* phonétique *f*.
phoney ['fəʊnɪ] (*compar* **phonier**, *superl* **phoniest**, *pl* **phonies**) *inf* ◆ adj **1.** [false -banknote, jewel, name] faux (fausse) ; [-title, company, accent] bidon ; [-tears] de crocodile ; [-laughter] qui sonne faux ▸ **his story sounds phoney** son histoire a tout l'air d'être (du) bidon ▸ **the phoney war** la drôle de guerre **2.** [spurious -person] bidon. ◆ n **1.** [impostor] imposteur *m* ; [charlatan] charlatan *m* **2.** [pretentious person] frimeur *m*, -euse *f*, m'as-tu-vu *mf*.
phone zap n zapping *m (par un groupe de pression)*.
phonic ['fəʊnɪk] adj phonique.
phonogram ['fəʊnəgræm] n phonogramme *m*.
phonograph ['fəʊnəgrɑ:f] n **1.** [early gramophone] phonographe *m* **2.** US *dated* [record player] tourne-disque *m*, électrophone *m*.
phonological [,fəʊnə'lɒdʒɪkl] adj phonologique.
phonologist [fəʊ'nɒlədʒɪst] n phonologue *mf*.
phonology [fəʊ'nɒlədʒɪ] (*pl* **phonologies**) n phonologie *f*.
phony ['fəʊnɪ] = **phoney**.
phooey ['fu:ɪ] interj *inf* [as expletive -expressing irritation] zut, flûte ; [-expressing disbelief] mon œil.
phosgene ['fɒsdʒi:n] n phosgène *m*.
phosphate ['fɒsfeɪt] n AGR & CHEM phosphate *m* / **'contains no phosphates'** 'sans phosphates'.
phosphene ['fɒsfi:n] n phosphène *m*.
phosphide ['fɒsfaɪd] n phosphure *m*.
phosphine ['fɒsfi:n] n phosphine *f*, hydrogène *m* phosphoré.
phosphor ['fɒsfəʳ] n luminophore *m*, phosphore *m (substance phosphorescente)*.
phosphoresce [,fɒsfə'res] vi être phosphorescent.
phosphorescence [,fɒsfə'resns] n phosphorescence *f*.
phosphorescent [,fɒsfə'resnt] adj phosphorescent.
phosphoric [fɒs'fɒrɪk] adj phosphorique ▸ **phosphoric acid** acide *m* orthophosphorique.
phosphorism ['fɒsfərɪzm] n phosphorisme *m*.
phosphorous ['fɒsfərəs] adj phosphorique.
phosphorus ['fɒsfərəs] n phosphore *m*.
phot [fɒt] n phot *m*.
photic ['fəʊtɪk] adj photique.
photo ['fəʊtəʊ] (*pl* **photos**) (abbr of **photograph**) n photo *f*.
photoactive [,fəʊtəʊ'æktɪv] adj [organism] sensible à la lumière.
photo album n album *m* de photos.
photobooth ['fəʊtəʊbu:ð] n Photomaton®.
photocall ['fəʊtəʊkɔ:l] n séance *f* photo *(avec des photographes de presse)*.
photocell ['fəʊtəʊsel] n cellule *f* photoélectrique.
photochemical [,fəʊtəʊ'kemɪkl] adj photochimique.
photochemistry [,fəʊtəʊ'kemɪstrɪ] n photochimie *f*.
photocompose [,fəʊtəʊkəm'pəʊz] vt photocomposer.
photocomposition ['fəʊtəʊ,kɒmpə'zɪʃn] n photocomposition *f*.
photoconductivity ['fəʊtəʊ,kɒndʌk'tɪvətɪ] n photoconduction *f*.
photocopier ['fəʊtəʊ,kɒpɪəʳ] n photocopieur *m*, photocopieuse *f*.
photocopy ['fəʊtəʊ,kɒpɪ] (*pl* **photocopies**, *pt & pp* **photocopied**) ◆ n photocopie *f*. ◆ vt photocopier.
photocopying ['fəʊtəʊ,kɒpɪɪŋ] n *(U)* reprographie *f*, photocopie *f* / *there's some photocopying to do* il y a des photocopies à faire.
photodisintegration ['fəʊtəʊdɪ,sɪntɪ'greɪʃn] n photodésintégration *f*.
photodynamics [,fəʊtəʊdaɪ'næmɪks] n *(U)* photodynamique *f*.
photoelasticity [,fəʊtəʊɪlæ'stɪsətɪ] n photoélasticité *f*.
photoelectric [,fəʊtəʊɪ'lektrɪk] adj photoélectrique ▸ **photoelectric cell** cellule *f* photoélectrique.
photoelectricity [,fəʊtəʊɪlek'trɪsətɪ] n photoélectricité *f*.
photoelectron [,fəʊtəʊɪ'lektrɒn] n photoélectron *m*.
photoemission [,fəʊtəʊɪ'mɪʃn] n photoémission *f*.
photoengraving [,fəʊtəʊɪn'greɪvɪŋ] n photogravure *f*.
photo finish n **1.** SPORT arrivée *f* groupée / *the race was a photo finish* il a fallu départager les vainqueurs de la course avec la photo-finish **2.** *fig* partie *f* serrée / *the election is going to be a photo finish* pour les élections, la partie sera serrée.
Photofit® ['fəʊtəʊfɪt] n ▸ **Photofit (picture)** photo-robot *f*, portrait-robot *m*.
photoflood ['fəʊtəʊflʌd] n ▸ **photoflood (lamp)** lampe *f* flood.
photofluorography [,fəʊtəʊflʊə'rɒgrəfɪ] n radiophotographie *f*.
photo frame n cadre *m* photo.
photogenic [,fəʊtəʊ'dʒenɪk] adj photogénique.
photogeology [,fəʊtəʊdʒɪ'ɒlədʒɪ] n photogéologie *f*.
photogram ['fəʊtəgræm] n photogramme *m*.
photogrammetry [,fəʊtəʊ'græmətrɪ] n photogrammétrie *f*.
photograph ['fəʊtəgrɑ:f] ◆ n photographie *f (image)*, photo *f (image)* ▸ **to take a photograph** prendre or faire une photo ▸ **to take a photograph of sb** prendre qqn en photo, photographier qqn / *they took our photograph* ils nous ont pris en photo ▸ **to have one's photograph taken** se faire photographier / *I'm in this photograph* je suis sur cette photo / *we took a lot of good photographs on holiday* nous avons pris or fait beaucoup de bonnes photos pendant les vacances / *she takes a good photograph* [is photogenic] elle est photogénique. ◆ vt photographier, prendre en photo / *she doesn't like being photographed* elle n'aime pas qu'on la prenne en photo. ◆ vi : *he photographs well* [is photogenic] il est photogénique / *the trees won't photograph well in this light* il n'y a pas assez de lumière pour faire une bonne photo des arbres.

> ⚠ **Photographe** means photographer, not photograph.

photograph album n album *m* de photos.
photographer [fə'tɒgrəfəʳ] n photographe *mf* / *I'm not much of a photographer* je ne suis pas très doué pour la photographie.
photographic [,fəʊtə'græfɪk] adj photographique ▸ **to have a photographic memory** avoir une bonne mémoire visuelle ▸ **photographic shop** magasin *m* de photo ▸ **photographic society** club *m* d'amateurs de photo ▸ **photographic library** photothèque *f*.
photographically [,fəʊtə'græfɪklɪ] adv photographiquement.
photography [fə'tɒgrəfɪ] n photographie *f (art)*, photo *f (art)* / *an exhibition of French photography* une exposition de photographie française.
photogravure [,fəʊtəʊgrə'vjʊəʳ] n photogravure *f*.
photojournalism [,fəʊtəʊ'dʒɜ:nəlɪzm] n photojournalisme *m*.
photokinesis [,fəʊtəʊkɪ'ni:sɪs] n photocinèse *f*.
photolithograph [,fəʊtəʊ'lɪθəgrɑ:f] n photolithographie *f*.
photolithography [,fəʊtəʊlɪ'θɒgrəfɪ] n photolithographie *f*.
photoluminescence ['fəʊtəʊ,lu:mɪ'nesns] n photoluminescence *f*.
photoluminescent ['fəʊtəʊ,lu:mɪ'nesnt] adj photoluminescent.
photolysis [fəʊ'tɒlɪsɪs] n photolyse *f*.
photomap ['fəʊtəʊmæp] (*pt & pp* **photomapped**, *cont* **photomapping**) ◆ n photocarte *f*. ◆ vt faire une photocarte de.
photomechanical [,fəʊtəʊmɪ'kænɪkl] adj photomécanique.
photometer [fəʊ'tɒmɪtəʳ] n photomètre *m*.
photometric [,fəʊtə'metrɪk] adj photométrique.
photometry [fəʊ'tɒmɪtrɪ] n photométrie *f*.
photomontage [,fəʊtəʊmɒn'tɑ:ʒ] n photomontage *m*.
photomultiplier [,fəʊtəʊ'mʌltɪplaɪəʳ] n photomultiplicateur *m*.
photon ['fəʊtɒn] n photon *m*.
photonovel ['fəʊtə,nɒvl] n roman-photo *m*, photoroman *m*.
photo-offset n offset *m*.
photo opportunity n séance *f* photoprotocolaire.
photoperiod [,fəʊtəʊ'pɪərɪəd] n photopériode *f*.
photoperiodic ['fəʊtəʊ,pɪərɪ'ɒdɪk] adj photopériodique.
photophily [fəʊ'tɒfɪlɪ] n photophilie *f*.
photophobia [,fəʊtəʊ'fəʊbɪə] n photophobie *f*.
photophobic [,fəʊtəʊ'fəʊbɪk] adj photophobique.
photophore [,fəʊtəʊ'fɔ:ʳ] n (organe *m*) photophore *m*.
photopolymer [,fəʊtəʊ'pɒlɪməʳ] n plastique *m* photopolymère.
photorealism [,fəʊtəʊ'rɪəlɪzm] n photoréalisme *m*.
photoreceptor [,fəʊtəʊrɪ'septəʳ] n photorécepteur *m*.
photoreconnaissance [,fəʊtəʊrɪ'kɒnɪsns] n reconnaissance *f* photographique.
photosensitive [,fəʊtəʊ'sensɪtɪv] adj photosensible.
photosensitivity ['fəʊtəʊ,sensɪ'tɪvətɪ] n photosensibilité *f*.
photosensitize, **photosensitise** [,fəʊtəʊ'sensɪtaɪz] vt rendre photosensible.
photoset ['fəʊtəʊset] (*pt & pp* **photoset**, *cont* **photosetting**) vt photocomposer.
photosetter ['fəʊtəʊ,setəʳ] n UK photocomposeuse *f*, photocompositeur *m*.
photosetting ['fəʊtəʊ,setɪŋ] n UK photocomposition *f* ▸ **photosetting machine** photocomposeuse *f*.
photo-story n roman-photo *m*.
photosynthesis [,fəʊtəʊ'sɪnθəsɪs] n photosynthèse *f*.
photosynthesize, **photosynthesise** [,fəʊtəʊ'sɪnθəsaɪz] vt fabriquer par photosynthèse.
phototransistor [,fəʊtəʊtræn'zɪstəʳ] n phototransistor *m*.
phototropism [,fəʊtəʊ'trəʊpɪzm] n phototropisme *m*.
phototype ['fəʊtəʊtaɪp] ◆ n **1.** [process] phototypie *f* **2.** [print] phototype *m*. ◆ vt faire un phototype de.
phototypesetter [,fəʊtəʊ'taɪpsetəʳ] n photocompositeur *m*.

phototypesetting [ˌfəʊtəʊˈtaɪpsetɪŋ] n photocomposition *f*.

phototypography [ˌfəʊtəʊtaɪˈpɒgrəfɪ] n photocomposition *f*.

photovoltaic [ˌfəʊtəʊvɒlˈteɪɪk] adj photovoltaïque ▸ **photovoltaic cell** cellule *f* photovoltaïque, photopile *f*.

phrasal [ˈfreɪzl] adj ▸ **phrasal conjunction / preposition** locution *f* conjonctive / prépositive.

phrasal verb n verbe *m* à particule.

See box at verb.

phrase [freɪz] ◆ n **1.** [expression] expression *f*, locution *f* / *I can't find the right phrase* je ne trouve pas l'expression que je cherche **2.** LING syntagme *m*, groupe *m* **3.** MUS phrase *f*. ◆ vt **1.** [letter] rédiger, tourner ; [idea] exprimer, tourner / *couldn't you phrase it differently?* ne pourriez-vous pas trouver une autre formule ? / *how shall I phrase it?* comment dire ça ? / *he phrased it very elegantly* il a trouvé une tournure très élégante (pour le dire) **2.** MUS phraser.

phrasebook [ˈfreɪzbʊk] n guide *m* de conversation.

phrase marker n LING indicateur *m* syntagmatique.

phraseology [ˌfreɪzɪˈɒlədʒɪ] (*pl* **phraseologies**) n phraséologie *f*.

phrase structure n LING structure *f* syntagmatique / *phrase structure grammar* grammaire *f* syntagmatique / *phrase structure rules* règles *fpl* syntagmatiques.

phrasing [ˈfreɪzɪŋ] n **1.** [expressing] choix *m* des mots / *with careful phrasing* en choisissant ses mots avec le plus grand soin or soigneusement ses mots / *the phrasing of her refusal was very elegant* son refus était formulé de manière très élégante **2.** MUS phrasé *m*.

phreaker [ˈfriːkəʳ] n *inf* TELEC pirate *m* du téléphone.

phreaking [ˈfriːkɪŋ] n *inf* TELEC piratage *m* du téléphone.

phreatic [frɪˈætɪk] adj phréatique ▸ **the phreatic layer** la nappe phréatique.

phrenetic [frəˈnetɪk] = **frenetic**.

phrenic [ˈfrenɪk] adj phrénique.

phrenologist [frɪˈnɒlədʒɪst] n phrénologue *mf*, phrénologiste *mf*.

phrenology [frɪˈnɒlədʒɪ] n phrénologie *f*.

Phrygia [ˈfrɪdʒɪə] pr n Phrygie *f*.

Phrygian [ˈfrɪdʒɪən] ◆ n Phrygien *m*, -enne *f*. ◆ adj phrygien ▸ **Phrygian cap** bonnet phrygien.

phthisis [ˈθaɪsɪs] n *(U)* *dated* phtisie *f*.

phut [fʌt] *inf* ◆ n : *the engine made a phut and stopped* le moteur eut un hoquet puis s'arrêta. ◆ adv ▸ **to go phut** *fig* rendre l'âme, lâcher.

phycology [faɪˈkɒlədʒɪ] n phycologie *f*, algologie *f*.

phylactery [fɪˈlæktərɪ] (*pl* **phylacteries**) n RELIG phylactère *m*.

phylloxera [fɪˈlɒksərə] n phylloxéra *m*, phylloxera *m*.

phylogenesis [ˌfaɪləʊˈdʒenɪsɪs] (*pl* **phylogeneses** [-ˌsiːz]) n phylogenèse *f*, phylogénie *f*.

phylogenetic [ˌfaɪləʊdʒəˈnetɪk] adj phylogénétique.

phylogeny [faɪˈlɒdʒənɪ] (*pl* **phylogenies**) = **phylogenesis**.

phylum [ˈfaɪləm] (*pl* **phyla** [-lə]) n phylum *m*.

Phys Ed [ˈfɪzed] (abbr of **physical education**) n US ≃ EPS *f*.

physiatrics [ˌfɪzɪˈætrɪks] n *(U)* US kinésithérapie *f*.

physiatrist [ˌfɪzɪˈætrɪst] n US kinésithérapeute *mf*.

physic [ˈfɪzɪk] n *arch* médicament *m*, remède *m*.

physical [ˈfɪzɪkl] ◆ adj **1.** [bodily - fitness, strength, sport] physique ▸ **a physical examination** un examen médical, une visite médicale / *I don't get enough physical exercise* je ne fais pas assez d'exercice (physique) / *it was a very physical match* SPORT ce fut un match très physique ▸ **physical abuse** sévices *mpl* ▸ **physical handicap** infirmité *f* **2.** [natural, material - forces, property, presence] physique ; [- manifestation, universe] physique, matériel / *it's a physical impossibility* c'est physiquement or matériellement impossible **3.** CHEM & PHYS physique **4.** GEOG physique / *the physical features of the desert* la topographie du désert. ◆ n visite *f* médicale ▸ **to go for a physical** passer une visite médicale.

physical education n éducation *f* physique.

physical geography n géographie *f* physique.

physical jerks pl n UK *inf* ▸ **to do physical jerks** faire des mouvements de gym.

physically [ˈfɪzɪklɪ] adv physiquement ▸ **to be physically fit** être en bonne forme physique / *she is physically handicapped* elle a un handicap physique.

physical sciences pl n sciences *fpl* physiques.

physical therapist n kinésithérapeute *mf*.

physical therapy n kinésithérapie *f* ; [after accident or illness] rééducation *f*.

physical training = **physical education**.

physician [fɪˈzɪʃn] n médecin *m*.

⚠ **Physicien(ne)** means physicist, not physician.

physicist [ˈfɪzɪsɪst] n physicien *m*, -enne *f*.

physics [ˈfɪzɪks] n *(U)* physique *f*.

physio [ˈfɪzɪəʊ] n *inf* **1.** (abbr of **physiotherapy**) kiné *f* **2.** (abbr of **physiotherapist**) kiné *mf*.

physiognomist [ˌfɪzɪˈɒnəmɪst] n physionomiste *mf*.

physiognomy [ˌfɪzɪˈɒnəmɪ] (*pl* **physiognomies**) n **1.** [facial features] physionomie *f* **2.** GEOG topographie *f*, configuration *f* / *the physiognomy of London is changing* la physionomie de Londres est en train de changer.

physiological [ˌfɪzɪəˈlɒdʒɪkl] adj physiologique.

physiologist [ˌfɪzɪˈɒlədʒɪst] n physiologiste *mf*.

physiology [ˌfɪzɪˈɒlədʒɪ] n physiologie *f*.

physiotherapist [ˌfɪzɪəʊˈθerəpɪst] n kinésithérapeute *mf*.

physiotherapy [ˌfɪzɪəʊˈθerəpɪ] n kinésithérapie *f* ; [after accident or illness] rééducation *f* ▸ **to go for** or **to have physiotherapy** faire des séances de kinésithérapie.

physique [fɪˈziːk] n constitution *f* physique, physique *m* / *to have a fine physique* avoir un beau corps / *to have a poor physique* être chétif.

phytogenesis [ˌfaɪtəʊˈdʒenɪsɪs] n phytogenèse *f*.

phytogeny [faɪˈtɒdʒənɪ] = **phytogenesis**.

phytoplankton [ˌfaɪtəˈplæŋktən] n phytoplancton *m*.

pi [paɪ] ◆ n MATH pi *m*. ◆ adj UK *inf & pej* **1.** [pious] bigot *pej* **2.** [self-satisfied] suffisant.

PI n US abbr of **private investigator**.

Placenza [pjəˈtʃentsə] pr n Plaisance.

pianist [ˈpɪənɪst] n pianiste *mf*.

piano[1] [pɪˈænəʊ] (*pl* **pianos**) ◆ n piano *m*. ◆ comp [duet, lesson, stool, teacher, tuner] de piano ; [music] pour piano ; [lid, leg] du piano ▸ **piano key** touche *f* ▸ **the piano keys** le clavier (du piano) ▸ **piano organ** piano *m* mécanique ▸ **piano player** pianiste *mf*.

piano[2] [ˈpjɑːnəʊ] adj & adv [softly] piano *(inv)*.

piano accordion [pɪˈænəʊ-] n accordéon *m* (à touches).

pianoforte [pɪˌænəʊˈfɔːtɪ] n *fml* pianoforte *m*.

Pianola® [ˌpɪəˈnəʊlə] n Pianola® *m*.

piano roll [pɪˈænəʊ-] n bande *f* perforée *(pour piano mécanique)*.

piazza [pɪˈætsə] n **1.** [square] place *f*, piazza *f* **2.** UK [gallery] galerie *f* **3.** US [veranda] véranda *f*.

pic [pɪk] (*pl* **pics** or **pix** [pɪks]) n *inf* [photograph] photo *f* ; [picture] illustration *f* ; [film] film *m*.

pica [ˈpaɪkə] n **1.** TYPO [unit] pica *m* **2.** [on typewriter] pica *m* **3.** MED pica *m*.

picador [ˈpɪkədɔːʳ] n picador *m*.

picaninny [ˌpɪkəˈnɪnɪ] (*pl* **picaninnies**) *inf* = **piccaninny**.

Picardy [ˈpɪkədɪ] pr n Picardie *f* / *in Picardy* en Picardie.

picaresque [ˌpɪkəˈresk] adj picaresque.

picayune [ˌpɪkəˈjuːn] US *inf* ◆ adj [unimportant] insignifiant ; [worthless] sans valeur. ◆ n pièce *f* de cinq cents / *I don't care a picayune* je m'en fiche royalement.

piccalilli [ˌpɪkəˈlɪlɪ] n piccalilli *m* *(sauce piquante à base de pickles et de moutarde)*.

piccaninny [ˌpɪkəˈnɪnɪ] (*pl* **piccaninnies**) n *offens* négrillon *m*, -onne *f* *(attention : le terme « piccaninny », comme son équivalent français, est raciste)*.

piccolo [ˈpɪkələʊ] (*pl* **piccolos**) n piccolo *m*, picolo *m*.

piccy [ˈpɪkɪ] n *inf* [snapshot] photo *f*.

pick [pɪk] ◆ vt **1.** [select] choisir / *he always picks the most expensive dish* il choisit toujours le plat le plus cher / *she's been picked for the England team* elle a été sélectionnée dans l'équipe d'Angleterre ▸ **to pick a winner** [in racing] choisir un cheval gagnant / *you really (know how to) pick them!* *iro* tu les choisis bien ! ▸ **to pick one's way** : *they picked their way along the narrow ridge* ils avancèrent prudemment le long de la crête étroite **2.** [gather - fruit, flowers] cueillir ; [- mushrooms] ramasser / *to pick cherries / grapes* **a)** [for pleasure] cueillir des cerises / du raisin **b)** [as job] faire la cueillette des cerises / les vendanges **3.** [remove] enlever / *I had to pick the cat hairs off my dress* il a fallu que j'enlève les poils de chat de ma robe / *he was picking a spot / a scab* il était en train de gratter un bouton / une croûte ; [remove bits of food, debris, etc. from] : *they picked the bones clean* ils n'ont rien laissé sur les os ▸ **to pick one's nose** se mettre les doigts dans le nez ▸ **to pick one's teeth** se curer les dents ▸ **to pick sb / sthg to pieces** démolir qqn / qqch **4.** [provoke] ▸ **to pick a fight** chercher la bagarre ▸ **to pick a quarrel with sb** chercher noise or querelle à qqn **5.** [lock] crocheter **6.** [pluck - guitar string] pincer ; [- guitar] pincer les cordes de. ◆ vi ▸ **to pick and choose** : *I like to be able to pick and choose* j'aime bien avoir le choix / *he always has to pick and choose* *pej* il faut toujours qu'il fasse le difficile / *with your qualifications you can pick and choose* avec vos diplômes, toutes les portes vous sont ouvertes. ◆ n **1.** [choice] choix *m* / *take your pick* faites votre choix / *you can have your pick of them* vous pouvez choisir celui qui vous plaît ▸ **the pick of the bunch** *inf* le dessus du panier, le gratin **2.** [tool] pic *m*, pioche *f*.

❖ **pick at** vt insep **1.** [pull at - loose end] tirer sur ; [- flake of paint, scab] gratter **2.** [food] manger du bout des dents / *he only picked at the fish* il a à peine touché au poisson **3.** [criticize pettily] être sur le dos de.

❖ **pick off** vt sep **1.** [shoot one by one] abattre (un par un) / *marksmen picked off the leaders* des tireurs ont abattu les meneurs **2.** [remove - scab, paint] gratter.

❖ **pick on** vt insep **1.** [victimize] harceler, s'en prendre à / *pick on someone your own size!* tu devrais t'en prendre à quelqu'un de ta taille ! **2.** [single out] choisir / *why pick on today of all days?* pourquoi choisir ce jour entre tous ?

❖ **pick out** vt sep **1.** [choose] choisir **2.** [spot, identify] repérer, reconnaître / *I tried to pick him out in the crowd* j'ai essayé de le repérer dans la foule / *she's easy to pick out because of her hair* elle est facile à reconnaître à cause de ses cheveux **3.** [highlight, accentuate] rehausser / *the stitching is picked out in bright green* un vert vif fait ressortir les coutures **4.** [play - tune] jouer d'une manière hésitante.

❖ **pick over, pick through** vt insep [fruit, vegetables, etc.] trier.

❖ **pick up** ◆ vt sep **1.** [lift] ramasser / *pick up those books!* ramassez ces livres ! ▸ **to pick up the telephone** décrocher le téléphone ▸ **to pick o.s. up** se relever ▸ **to pick up the bill** UK or **the tab** US : *they left me to pick up the bill* ils m'ont laissé l'addition ▸ **to pick up the pieces** recoller les morceaux **2.** [give lift to] prendre / *I never pick up hitchhikers* je ne prends jamais d'auto-stoppeurs **3.** [collect, fetch] : *my father picked me up at the station* mon père est venu me chercher à la gare / *helicopters were sent to pick up the wounded* on a envoyé des hélicoptères pour ramener les blessés / *I have to pick up a parcel at the post office* je dois passer prendre un colis à la poste **4.** [acquire - skill] apprendre / *did you pick up any Greek during your stay?* avez-vous appris un peu de grec pendant votre séjour ? / *to pick up bad habits* prendre de mauvaises habitudes ; [win - reputation] gagner, acquérir ; [- prize] gagner, remporter / *our country picked up most of the medals* notre pays a remporté la plupart des médailles **5.** [glean - idea, information] glaner / *I've picked up some useful tips since I started work here* j'ai glané quelques bons tuyaux depuis que j'ai commencé à travailler ici **6.** *inf* [buy cheaply] ▸ **to pick up a bargain** dénicher une bonne affaire / *I picked it up at the flea market* je l'ai trouvé au marché aux puces **7.** [catch - illness, infection] attraper **8.** *inf* [earn] se faire / *you can pick up good money working on the rigs* on peut se faire pas mal de fric en travaillant sur les plates-formes pétrolières **9.** *inf* [arrest] pincer **10.** *inf* [start relationship with] draguer / *he picked her up in a bar* il l'a draguée dans un bar **11.** [detect] détecter / *he picked up the sound of a distant bell* il perçut le son d'une cloche dans le lointain / *the dogs picked up the scent again* les chiens ont retrouvé la piste **12.** RADIO & TV [receive] capter **13.** [notice] relever / *the proofreaders pick up most of the mistakes* les correcteurs repèrent or relèvent la plupart des erreurs / *she didn't pick up on the criticism* elle n'a pas relevé la critique **14.** [criticize] : *nobody picked him up on his sexist comments* personne n'a relevé ses remarques sexistes **15.** [resume] reprendre / *we picked up the discussion where we'd left off* nous avons repris la discussion là où nous l'avions laissée **16.** [return to] revenir sur, reprendre / *I'd like to pick up a point you made earlier* j'aimerais revenir sur une remarque que vous avez faite tout à l'heure **17.** [gather - speed, momentum] prendre **18.** *inf* [revive] remonter, requinquer. ◆ vi **1.** [get better - sick person] se rétablir, se sentir mieux **2.** [improve - business, weather] s'arranger, s'améliorer ; [- trade] reprendre / *the market is picking up after a slow start* COMM après avoir démarré doucement le marché commence à prendre **3.** [resume] continuer, reprendre / *they picked up where they had left off* **a)** [in conversation] ils ont repris la conversation là où ils l'avaient laissée **b)** [in game] ils ont repris le jeu là où ils l'avaient laissé.

pickaback ['pɪkəbæk] = **piggyback.**

pickaninny [,pɪkə'nɪnɪ] (*pl* **pickaninnies**) *inf* = **piccaninny.**

pickaxe UK, **pickax** US ['pɪkæks] n pic *m*, pioche *f*.

picked [pɪkt] adj [products, items] sélectionné ; [people] d'élite, trié sur le volet.

picker ['pɪkər] n [of fruit, cotton, etc.] cueilleur *m*, -euse *f*, ramasseur *m*, -euse *f* ▸ **grape-picker** vendangeur *m*, -euse *f* ▸ **strawberry-picker** cueilleur de fraises ▸ **mushroom-picker** ramasseur de champignons.

pickerel ['pɪkərəl] (*pl* **pickerel** *or* **pickerels**) n brochet *m*.

picket ['pɪkɪt] ◆ n **1.** INDUST [group] piquet *m* de grève / *there was a picket outside the factory* il y avait un piquet de grève devant l'usine ▸ **to be on picket duty** faire partie d'un piquet de grève ; [individual] gréviste *mf*, piquet *m* de grève / *20 pickets stood in front of the factory* 20 grévistes se tenaient devant l'usine **2.** [outside embassy, ministry - group] groupe *m* de manifestants ; [- individual] manifestant *m*, -e *f* **3.** MIL piquet *m* **4.** [stake] piquet *m*. ◆ vt **1.** INDUST [workplace, embassy] : *the strikers picketed the factory* les grévistes ont mis en place un piquet de grève devant l'usine / *demonstrators picketed the consulate at the week-end* des manifestants ont bloqué le consulat ce week-end **2.** [fence] palissader **3.** [tie up] attacher, mettre au piquet. ◆ vi INDUST mettre en place un piquet de grève.

picket fence n clôture *f* de piquets, palissade *f*.

picketing ['pɪkətɪŋ] n *(U)* **1.** [of workplace] piquets *mpl* de grève / *there is heavy picketing at the factory gates* les piquets de grève sont très nombreux aux portes de l'usine **2.** [of ministry, embassy] : *there was picketing outside the embassy today* aujourd'hui, il y a eu des manifestations devant l'ambassade.

picket line n piquet *m* de grève ▸ **to be** or **to stand on a picket line** faire partie d'un piquet de grève ▸ **to cross a picket line** franchir un piquet de grève.

picking ['pɪkɪŋ] n **1.** [selection - of object] choix *m* ; [- of team] sélection *f* **2.** [of fruit, vegetables] cueillette *f*, ramassage *m* ▸ **cherry-** / **strawberry-picking** cueillette des cerises / des fraises ▸ **mushroom-** / **potato-picking** ramassage des champignons / des pommes de terre **3.** [of lock] crochetage *m*.

❖ **pickings** pl n **1.** [remains] restes *mpl* / *you can have the pickings* vous pouvez prendre ce qui reste **2.** *inf* [spoils] grapillage *m*, gratte *f* / *there are rich* or *easy pickings to be had* on pourrait se faire pas mal d'argent, ça pourrait rapporter gros.

pickle ['pɪkl] ◆ n **1.** US [gherkin] cornichon *m* **2.** [vinegar] vinaigre *m* ; [brine] saumure *f* **3.** *inf* [mess, dilemma] pétrin *m* ▸ **to be in a (pretty) pickle** être dans le pétrin or dans de beaux draps **4.** UK *inf* [mischievous child] petit diable *m*, fripon *m*, -onne *f* **5.** *(U)* UK [food] pickles *mpl (petits oignons, cornichons, morceaux de choux-fleurs, etc., macérés dans du vinaigre).* ◆ vt **1.** CULIN [in vinegar] conserver dans le vinaigre ; [in brine] conserver dans la saumure **2.** TECH [metal] nettoyer à l'acide or dans un bain d'acide.

pickled ['pɪkld] adj **1.** CULIN [in vinegar] au vinaigre ; [in brine] conservé dans la saumure ▸ **pickled herring** rollmops *m inv* **2.** *inf* [drunk] bourré, rond.

picklock ['pɪklɒk] n **1.** [instrument] crochet *m*, passe-partout *m inv* **2.** [burglar] crocheteur *m* (de serrures).

pick-me-up n *inf* remontant *m*.

pick-'n'-mix n [sweets, cheese, etc.] assortiment *m (composé par l'acheteur lui-même).*

pickpocket ['pɪk,pɒkɪt] n pickpocket *m*, voleur *m*, -euse *f* à la tire.

pick-up ◆ n **1.** AUTO [vehicle] ▸ **pick-up (truck)** pick-up *m inv*, camionnette *f* (découverte) **2.** *inf* [casual relationship] partenaire *mf* de rencontre **3.** [act of collecting] : *the truck made several pick-ups on the way* le camion s'est arrêté plusieurs fois en route pour charger des marchandises / *where will the pick-up be made?* où est-ce qu'on doit passer prendre les marchandises ? ▸ **pick-up point a)** [for cargo] aire *f* de chargement **b)** [for passengers] point *m* de ramassage, lieu *m* de rendez-vous **4.** [on record player] ▸ **pick-up (arm)** pick-up *m inv dated*, lecteur *m* **5.** [on guitar] micro *m* **6.** *(U)* US AUTO [acceleration] reprises *fpl* / *this car has got good pick-up* cette voiture a de bonnes reprises **7.** [improvement - of business, economy] reprise *f* / *we're hoping for a pick-up* nous espérons une reprise des ventes **8.** *inf* [arrest] arrestation *f* **9.** TECH [detector] détecteur *m*, capteur *m* **10.** RADIO & TV [reception] réception *f*. ◆ adj US [impromptu] : *sometimes I try and get a pick-up game of squash with the pro* de temps en temps j'improvise une petite partie de squash avec le pro ▸ **a pick-up musician** un musicien amateur.

picky ['pɪkɪ] (*compar* **pickier**, *superl* **pickiest**) adj *inf* difficile / *she's really picky about her food* elle est très difficile pour la nourriture / *don't be so picky!* arrête de faire le difficile !

pick-your-own adj [farm] où l'on peut cueillir soi-même ses fruits et ses légumes ; [strawberries, raspberries] cueilli à la ferme.

picnic ['pɪknɪk] (*pt & pp* **picnicked**, *cont* **picnicking**) ◆ n **1.** *lit* pique-nique *m* ▸ **to go on** or **for a picnic** faire un pique-nique / *let's have a picnic* faisons un pique-nique / *we took a picnic lunch* ce midi nous avons pique-niqué **2.** *inf & fig* [easy task] : *it's no picnic showing tourists around London* ce n'est pas une partie de plaisir que de faire visiter Londres aux touristes / *it was no picnic cleaning all the pans* ça n'a pas été du gâteau de nettoyer toutes les casseroles. ◆ vi pique-niquer.

picnic basket, **picnic hamper** n panier *m* à pique-nique.

picnicker ['pɪknɪkər] n pique-niqueur *m*, -euse *f*.

picofarad ['pi:kə,færəd] n picofarad *m*.

picosecond ['pi:kə,sekənd] n picoseconde *f*.

Pict [pɪkt] n Picte *mf*.

Pictish ['pɪktɪʃ] ◆ n langue *f* picte. ◆ adj picte.

pictogram ['pɪktəgræm], **pictograph** ['pɪktəgrɑ:f] n **1.** LING [symbol] pictogramme *m*, idéogramme *m* **2.** [chart] graphique *m*.

pictorial [pɪk'tɔ:rɪəl] ◆ adj **1.** [in pictures] en images ; [magazine, newspaper] illustré **2.** [vivid - style] vivant **3.** ART pictural. ◆ n illustré *m*.

picture ['pɪktʃər] ◆ n **1.** [gen] image *f* ; [drawing] dessin *m* ; [painting] peinture *f*, tableau *m* ; [in book] illustration *f* / *he used pictures to illustrate his talk* il a illustré sa conférence à l'aide d'images ▸ **to draw** / **to paint a picture (of sthg)** dessiner / peindre (qqch) ▸ **to paint a picture of sb** peindre le portrait de qqn ; [photograph] photo *f*, photographie *f* ▸ **to take a picture** prendre une photo ▸ **to take a picture of sb, to take sb's picture** prendre une photo de qqn, prendre qqn en photo ▸ **to have one's picture taken** se faire prendre en photo / *I saw your picture in the paper* j'ai vu votre photo dans le journal ; [on television] image *f* / *the picture's blurred* l'image est floue / **'Pictures from an Exhibition'** *Moussorgsky* 'Tableaux d'une exposition' / **'The Picture of Dorian Gray'** *Wilde* 'le Portrait de Dorian Gray' **2.** [film] film *m* / *she was in several Hitchcock pictures* elle a joué dans plusieurs films de Hitchcock ▸ **to go to the pictures** *inf* aller au ciné **3.** [description] tableau *m*, portrait *m* / *his novels give a vivid picture of the period* l'époque est peinte de façon très vivante dans ses romans, ses romans brossent un portrait très vivant de l'époque / *the TV series gives a good picture of life in a mining town* cette série télévisée donne un bon aperçu de la vie dans une ville minière / *the picture he painted was a depressing one* il a brossé or fait un tableau déprimant de la situation **4.** [idea, image] image *f* / *I have a strong mental picture of what war was like* je m'imagine très bien ce qu'était la guerre / *they have a distorted picture of the truth* ils se font une fausse idée de la vérité / *he's the picture of health* il respire la santé, il est resplendissant de santé / *she was the picture of despair* elle était l'image vivante du désespoir / *he's the picture of his elder brother* c'est (tout) le portrait de son frère aîné **5.** [situation] situation *f* / *the economic picture is bleak* la situation économique est inquiétante **6.** PHR ▸ **to be in the picture** *inf* être au courant / *she hates being left out of the picture* elle déteste qu'on la laisse dans l'ignorance ▸ **to put sb in the picture** *inf* mettre qqn au courant / *I get the picture!* je comprends !, j'y suis ! / *doesn't she look a picture!* n'est-elle pas adorable or ravissante ! / *you're no picture yourself!* tu n'es pas une beauté non plus ! / *her face was a real picture when she heard the news!* il fallait voir sa tête quand elle a appris la nouvelle ! ▸ **the big picture** [overview] une vue d'ensemble. ◆ vt **1.** [imagine] s'imaginer, se représenter / *I can't quite picture him as a teacher* j'ai du mal à me l'imaginer comme enseignant / *just picture the scene* imaginez un peu la scène **2.** [describe] dépeindre, représenter **3.** [paint, draw, etc.] représenter / *the artist pictured her on horseback* l'artiste l'a représentée à cheval / *he was pictured with her on the front page of all the papers* une photo où il était en sa compagnie s'étalait à la une de tous les journaux.

picture book n livre *m* d'images.

picture card n [in card games] figure *f*.

picture frame n cadre *m* (pour tableaux).

picturegoer ['pɪktʃə,gəʊər] n UK *dated* cinéphile *mf*.

picture hat n capeline *f*.

picture house n UK *dated* cinéma *m*.

picture library n banque *f* d'images.

picture messaging n messagerie *f* photo.

picture palace = **picture house.**

picture-perfect adj parfait.

picture postcard n *dated* carte *f* postale (illustrée).

❖ **picture-postcard** adj [view] qui ressemble à une or qui fait carte postale.

picture rail n cimaise *f*.

picture research n documentation *f* iconographique.

picture researcher n documentaliste *mf* iconographique.

picturesque [,pɪktʃə'resk] adj pittoresque.

picturesquely [,pɪktʃə'resklɪ] adv de façon pittoresque / *the village is picturesquely situated* le village se trouve dans un site pittoresque.

picture tube n TV tube *m* image.

picture window n fenêtre *f* or baie *f* panoramique.

picture writing n écriture *f* idéographique.

PID n abbr of **pelvic inflammatory disease.**

piddle ['pɪdl] *inf* ◆ vi faire pipi. ◆ n ▸ **to have a piddle** faire pipi.

piddling ['pɪdlɪŋ], **piddly** ['pɪdlɪ] adj *inf* [details] insignifiant ; [job, pay] minable.

pidgin ['pɪdʒɪn] n LING pidgin *m*.

pidgin English n **1.** LING pidgin *m*, pidgin english *m* **2.** *pej* ▸ **to speak pidgin English** parler de façon incorrecte.

pidginization [,pɪdʒɪnaɪ'zeɪʃn] n pidginisation *f*.

pi-dog = **pye-dog.**

pie [paɪ] n **1.** CULIN [with fruit] tarte *f* ; [with meat, fish, etc.] tourte *f* ▸ **chicken pie** tourte au poulet ▸ **it's just pie in the sky** *inf* ce sont des paroles or promesses en l'air ▸ **to want a piece of the pie** : *I want a piece of the pie* je veux ma part du gâteau **2.** TYPO pâte *f*.

piebald ['paɪbɔ:ld] ◆ adj pie *(inv)*. ◆ n cheval *m* pie.

piece [pi:s] n **1.** [bit - of chocolate, paper, wood] morceau *m*, bout *m* ; [- of land] parcelle *f*, lopin *m* ; [with uncountable nouns] : *a piece of bread* un morceau de pain / *a piece of advice* un conseil / *a piece of information* un renseignement / *a piece of news* une nouvelle / *pieces of advice / information / news* des conseils / renseignements / nouvelles / *that was a real piece of luck* cela a vraiment été un coup de chance / *it's a superb piece of craftsmanship* or *workmanship* c'est du très beau travail ▸ **to be in pieces a)** [in parts] être en pièces détachées **b)** [broken] être en pièces or en morceaux ▸ **to be in one piece a)** [undamaged] être intact **b)** [uninjured] être indemne **c)** [safe] être sain et sauf ▸ **to be all of a piece a)** [in one piece] être tout d'une pièce or d'un seul tenant **b)** [consistent] être cohérent **c)** [alike] se ressembler / *his actions are of a piece with his opinions* ses actes sont conformes à ses opinions ▸ **to break sthg into pieces** mettre qqch en morceaux or en pièces ▸ **to pull sthg to pieces a)** *lit* [doll, garment, book] mettre qqch en morceaux **b)** [flower] effeuiller qqch **c)** *fig* [argument, suggestion, idea] démolir qqch ▸ **to pull sb to piece** *fig* descendre qqn en flammes ▸ **to come to pieces a)** [into separate parts] se démonter **b)** [break] se briser / *the toy came to pieces in my hands* le jouet s'est brisé entre mes mains ▸ **to fall to pieces** partir en morceaux ▸ **to go (all) to pieces a)** *inf* [person] s'effondrer, craquer **b)** [team] se désintégrer **c)** [market] s'effondrer ▸ **to take sthg to pieces** démonter qqch ▸ **it's a piece of cake** *inf* ça va être du gâteau / *he's a nasty piece of work* UK *inf* c'est un sale type ▸ **to give sb a piece of one's mind** : *I gave him a piece of my mind* **a)** *inf* [spoke frankly] je lui ai dit son fait or ce que j'avais sur le cœur **b)** [spoke harshly] je lui ai passé un savon ▸ **to say** or **to speak one's piece** dire ce qu'on a sur le cœur **2.** [item] pièce *f* / *a piece of furniture* un meuble ▸ **to sell sthg by the piece** vendre qqch à la pièce or au détail ; [amount of work] ▸ **to be paid by the piece** être payé à la pièce or à la tâche **3.** [part - of mechanism, set] pièce *f* ; [- of jigsaw] pièce *f*, morceau *m* ▸ **to put sthg together piece by piece** assembler qqch pièce par pièce or morceau par morceau / *an 18-piece dinner service* un service de table de 18 pièces / *an 18-piece band* un orchestre de 18 musiciens **4.** GAMES [in chess] pièce *f* ; [in draughts, checkers] pion *m* **5.** [performance] morceau *m* ; [musical composition] morceau *m*, pièce *f* ; [sculpture] pièce *f* (de sculpture) / *a piano piece* un morceau pour piano **6.** [newspaper article] article *m* / *there was a piece about it in yesterday's paper* il y a eu un article à ce sujet or on en a parlé dans le journal d'hier **7.** [coin] pièce *f* / *a 50p piece* une pièce de 50 pence **8.** *inf* [firearm, cannon] pièce *f* **9.** *v inf* [girl] : *she's a nice* or *tasty piece* c'est un beau brin de fille **10.** US [time] moment *m* ; [distance] bout *m* de chemin / *he walked with me a piece* il a fait un bout de chemin avec moi.

❖ **piece together** vt sep **1.** [from parts - broken object] recoller ; [- jigsaw] assembler / *the collage was pieced together from scraps of material* le collage était fait or constitué de petits bouts de tissu **2.** [story, facts] reconstituer.

⚠ The French word **pièce** cannot always be used to translate piece. See the entry for details.

pièce de résistance [,pjesdərezɪs'tɑ̃:s] (*pl* **pièces de résistance** [,pjesdərezɪs'tɑ̃:s]) n pièce *f* de résistance.

piecemeal ['pi:smi:l] ◆ adv [little by little] peu à peu, petit à petit / *he told the story piecemeal* il a raconté l'histoire par bribes / *the town was rebuilt piecemeal after the war* la ville a été reconstruite par étapes après la guerre. ◆ adj [fragmentary] fragmentaire, parcellaire.

piece rate n paiement *m* à la pièce ▸ **to be on piece rate** être payé aux pièces.

piecework ['pi:swɜ:k] n travail *m* à la pièce ▸ **to be on piecework** travailler à la pièce.

pieceworker ['pi:swɜ:kər] n travailleur *m*, -euse *f* à la pièce.

pie chart n graphique *m* circulaire, camembert *m*.

piecrust ['paɪkrʌst] n couche *f* de pâte *(pour recouvrir une tourte)*.

pied [paɪd] adj [gen] bariolé, bigarré ; [animal] pie *(inv)*.

pied-à-terre [,pjeɪdæ'teər] (*pl* **pieds-à-terre** [,pjeɪdæ'teər]) n pied-à-terre *m inv*.

pie dish n plat *m* à tarte ; [for meat] terrine *f* ; [oven-proof] plat *m* allant au four.

Piedmont ['pi:dmənt] pr n Piémont *m* / *in Piedmont* dans le Piémont.

Piedmontese [,pi:dmən'ti:z] ◆ n Piémontais *m*, -e *f*. ◆ adj piémontais.

Pied Piper (of Hamelin) [-'hæmlɪn] pr n ▸ **the Pied Piper of Hamelin** le joueur de flûte de Hamelin.

pied wagtail n bergeronnette *f* grise de Yarrell.

pie-eyed adj *inf* bourré.

pie plate n US plat *m* allant au four.

pier [pɪər] n **1.** UK [at seaside] jetée *f* **2.** [jetty] jetée *f* ; [landing stage] embarcadère *m* ; [breakwater] digue *f* **3.** [pillar] pilier *m*, colonne *f* ; [of bridge] pile *f*.

pierce [pɪəs] vt **1.** [make hole in] percer, transpercer / *the knife pierced her lung* le couteau lui a perforé or transpercé le poumon / *she had her ears pierced* elle s'est fait percer les oreilles / *his words pierced my heart* ses paroles me fendirent le cœur **2.** [subj: sound, scream] percer / *a cry pierced the silence* un cri perça or déchira le silence ; [subj: light] percer / *the beam pierced the darkness* le faisceau perça l'obscurité ; [subj: cold] : *we were pierced (through) with cold* nous étions transis or morts de froid / *the biting wind pierced his clothing* le vent glacial transperçait ses vêtements **3.** [penetrate - defence, barrier] percer / *the attack pierced enemy lines* l'attaque a percé les lignes ennemies.

pierced [pɪəst] adj percé ▸ **pierced earring** boucle *f* d'oreilles pour oreilles percées ▸ **to have pierced ears** avoir les oreilles percées.

piercing ['pɪəsɪŋ] adj **1.** [scream, eyes, look] perçant ; [question] lancinant ; [wind] glacial **2.** [body art] ▸ **(body) piercing** piercing *m*.

piercingly ['pɪəsɪŋlɪ] adv : *the wind is piercingly cold* il fait un vent glacial / *she looked at me piercingly* elle m'a fixé d'un regard perçant / *a piercingly loud scream* un cri perçant.

pier glass n trumeau *m*.

pierhead ['pɪəhed] n musoir *m*.

Pierrot ['pɪərəʊ] pr n Pierrot.

pietism ['paɪətɪzm] n piétisme *m*.

piety ['paɪətɪ] (*pl* **pieties**) n piété *f*.

piezoelectric [,pi:zəʊɪ'lektrɪk] adj piézo-électrique.

piezoelectricity [,pi:zəʊ,ɪlek'trɪsətɪ] n piézo-électricité *f*.

piezometer [,pi:'zɒmɪtər] n piézomètre *m*.

piffle ['pɪfl] UK *inf* ◆ n *(U)* balivernes *fpl*, niaiseries *fpl* / *don't talk piffle!* ne dis pas de bêtises ! ◆ interj ▸ **(absolute) piffle!** des sottises tout ça ! ◆ vi dire des bêtises / *what are you piffling on about?* qu'est-ce que tu radotes ?

piffling ['pɪflɪŋ] adj UK *inf* [excuse, amount] insignifiant / *a piffling little man* un moins que rien.

pig [pɪg] (*pt & pp* **pigged**, *cont* **pigging**) ◆ n **1.** ZOOL cochon *m*, porc *m* ▸ **pigs might fly!** quand les poules auront des dents ! ▸ **in a pig's eye!** US *inf* jamais de la vie ! ▸ **to make a pig's ear of sthg** : *you made a real pig's ear of that* quel travail de sagouin ! ▸ **to be like a pig in mud** US être comme un poisson dans l'eau ▸ **to buy a pig in a poke** acheter chat en poche **2.** *inf* [greedy person] goinfre *m* ; [dirty eater] cochon *m*, -onne *f* ▸ **to eat like a pig** manger comme un cochon or un porc ▸ **to make a pig of o.s.** se goinfrer, s'empiffrer **3.** [dirty person] cochon *m*, -onne *f* ▸ **to live like pigs** vivre dans une écurie or porcherie **4.** *inf* [unpleasant person] ordure *f* / *fascist pig!* sale fasciste ! / *the dirty pig!* le monstre ! ; [unpleasant task] : *it's a real pig of a job* ce travail est un véritable cauchemar **5.** *inf & pej* [policeman] flic *m*, poulet *m*. ◆ vt *inf* **1.** [stuff] ▸ **to pig o.s.** : *we really pigged ourselves at Christmas* on s'en est mis plein la lampe à Noël **2.** PHR ▸ **to pig it** vivre comme des cochons. ◆ vi [sow] mettre bas.

❖ **pig out** vi *inf* se goinfrer, s'empiffrer.

pigeon ['pɪdʒɪn] n **1.** ORNITH pigeon *m* ▸ **pigeon droppings** fiente *f* de pigeon ▸ **pigeon fancier** colombophile *mf* ▸ **pigeon loft** pigeonnier *m* ▸ **pigeon shooting** tir *m* or chasse *f* aux pigeons **2.** UK *inf* [business] : *it's not my pigeon* ce n'est pas mon problème / *that's their pigeon* c'est leurs affaires or leurs oignons **3.** *inf & fig* [dupe] pigeon *m*.

pigeon-breasted [-,brestɪd], **pigeon-chested** [-,tʃestɪd] adj : *to be pigeon-breasted* avoir la poitrine bombée.

pigeonhole ['pɪdʒɪnhəʊl] ◆ n casier *m* (à courrier) / *he tends to put people in pigeonholes fig* il a tendance à étiqueter les gens or à mettre des étiquettes aux gens. ◆ vt **1.** [file] classer **2.** [postpone] différer, remettre (à plus tard) **3.** [classify] étiqueter, cataloguer / *they pigeonholed me as a feminist* ils m'avaient étiquetée comme féministe.

pigeon-toed adj : *to be pigeon-toed* avoir les pieds tournés en dedans.

piggery ['pɪgərɪ] (*pl* **piggeries**) n **1.** porcherie *f* **2.** [greediness] gloutonnerie *f*.

piggish ['pɪgɪʃ] adj *pej* **1.** [dirty] sale, cochon ; [greedy] glouton **2.** UK *inf* [stubborn] têtu.

piggy ['pɪgɪ] (*pl* **piggies**) *inf* ◆ n *baby talk* [pig] (petit) cochon *m* ; [toe] doigt *m* de pied ; [finger] doigt *m* ▸ **piggy in the middle** *jeu d'enfants au cours duquel deux enfants se lancent un ballon alors qu'un troisième placé au milieu essaie de l'attraper* / *I'm tired of being piggy in the middle* j'en ai assez d'être le dindon de la farce. ◆ adj **1.** [greedy] glouton, goinfre **2.** [features] ▸ **piggy eyes** de petits yeux porcins.

piggyback ['pɪgɪbæk] ◆ adv ▸ **to ride** or **to be carried piggyback** se faire porter sur le dos de qqn. ◆ n ▸ **to give sb a piggyback** porter qqn sur le dos. ◆ adj [ride] sur le dos.

piggybacking ['pɪgɪbækɪŋ] n FIN portage *m*.

piggybank ['pɪgɪbæŋk] n tirelire *f (en forme de petit cochon)*.

pig-headed [-'hedɪd] adj têtu, obstiné.

pig-headedly [-'hedɪdlɪ] adv obstinément, avec entêtement.

pig-headedness [-'hedɪdnɪs] n entêtement *m*, obstination *f*.

pig iron n fonte *f* brute.

Pig Latin n argot *m* codé ; ≃ javanais *m*.

piglet ['pɪglɪt] n cochonnet *m*, porcelet *m*.

pigman ['pɪgmən] (*pl* **pigmen** [-mən]) n porcher *m*.

pigmeat ['pɪgmi:t] n (viande *f* de) porc *m*.

pigment ◆ n ['pɪgmənt] pigment *m*. ◆ vt [pɪg'ment] pigmenter.

pigmentation [,pɪgmən'teɪʃn] n pigmentation *f*.

Pigmy ['pɪgmɪ] = **Pygmy.**

pignut ['pɪgnʌt] n **1.** [earthnut] gland *m* or noix *f* de terre **2.** US [hickory nut] noix *f* de hickory.

pigpen ['pɪgpen] n US *lit & fig* porcherie *f*.

pigskin ['pɪgskɪn] ◆ n **1.** [leather] peau *f* de porc / *it's made of pigskin* c'est en (peau de) porc **2.** US [football] ballon *m (de football américain).* ◆ comp [bag, watchstrap] en (peau de) porc.

pigsticking ['pɪg,stɪkɪŋ] n chasse *f* au sanglier.

pigsty ['pɪgstaɪ] (*pl* **pigsties**) n *lit & fig* porcherie *f.*

pigswill ['pɪgswɪl] n pâtée *f* (pour les cochons) / *our school meals are pigswill fig* ce qu'on (nous) sert à la cantine de l'école est bon pour les cochons.

pigtail ['pɪgteɪl] n natte *f.*

pig-ugly adj UK *inf* moche comme un pou.

pika ['paɪkə] n pika *m*, lapin *m.*

pike [paɪk] (*pl* **pike** *or* **pikes**) n **1.** [fish] brochet *m* **2.** [spear] pique *f* **3.** UK [hill] pic *m* **4.** = **turnpike.**

piker ['paɪkər] n US *inf* amateur *m* incompétent, amatrice *f* incompétente.

pikestaff ['paɪkstɑ:f] n hampe *f* (d'une pique).

pilaf(f) ['pɪlæf] = **pilau.**

pilaster [pɪ'læstər] n pilastre *m.*

Pilate ['paɪlət] pr n Pilate.

Pilates [pɪ'lɑ:ti:z] n [gymnastics] Pilates *f.*

pilau [pɪ'laʊ] n pilaf *m* ▸ **pilau rice** riz *m* pilaf.

pilchard ['pɪltʃəd] n pilchard *m.*

pile [paɪl] ◆ n **1.** [stack] pile *f* ; [heap] tas *m* / *to put books / magazines in a pile* empiler des livres / magazines / *she left her clothes / records in a pile on the floor* elle a laissé ses vêtements / disques en tas par terre **2.** *(usu pl) inf* [large quantity] tas *m* ou *mpl*, masses *fpl* / *to have piles of money* avoir plein d'argent, être plein aux as / *I've got piles of work to do* j'ai un tas de boulot or un boulot dingue **3.** *inf* [fortune] ▸ **to make one's pile** faire fortune **4.** [large building] édifice *m* / *she owns a huge Jacobean pile in the country* elle a un immense manoir du XVIIe siècle à la campagne **5.** [battery] pile *f* **6.** NUCL pile *f* **7.** CONSTR pieu *m* ; [for bridge] pile *f* / *built on piles* sur pilotis **8.** *(U)* TEXT fibres *fpl*, poil *m* / *a deep-pile carpet* une moquette épaisse. ◆ vt [stack] empiler / *she piled her clothes neatly on the chair* elle empila soigneusement ses habits sur la chaise / *don't pile those records on top of one another* n'empilez pas ces disques les uns sur les autres / *she piled her clothes into the suitcase* elle a mis tous ses habits pêle-mêle dans la valise / *we piled the toys into the car* on a entassé les jouets dans la voiture / *the table was piled high with papers* il y avait une grosse pile de papiers sur la table / *he piled more coal on the fire* il a remis du charbon dans le feu / *he piled spaghetti onto his plate* il a rempli son assiette de spaghettis / *a plate piled with mashed potato* une assiette remplie or pleine de purée / *she wears her hair piled high on her head* ses cheveux sont ramenés en chignon au sommet de sa tête. ◆ vi : *they all piled off / onto the bus* ils sont tous descendus du bus / montés dans le bus en se bousculant / *we piled up the stairs* nous avons monté l'escalier en nous bousculant.

❖ **pile in** vi *inf* [enter] entrer en se bousculant / *they opened the doors and we all piled in* ils ont ouvert les portes et nous nous sommes tous bousculés pour entrer / *pile in!* [into car] montez !, en voiture ! ; [join fight] : *once the first punch was thrown we all piled in* après le premier coup de poing, on s'est tous lancés dans la bagarre.

❖ **pile into** vt insep *inf* **1.** [crash] rentrer dans / *the two cars piled into each other* les deux voitures se sont rentrées dedans or se sont télescopées **2.** [attack - physically] rentrer dans, foncer dans ; [- verbally] rentrer dans, tomber sur.

❖ **pile off** vi *inf* [from bus, train] descendre en se bousculant.

❖ **pile on** *inf* ◆ vi [onto bus, train] s'entasser, monter en s'entassant. ◆ vt sep **1.** [increase - suspense] faire durer ; [- pressure] augmenter ▸ **to pile on the agony** forcer la dose, dramatiser (à l'excès) **2.** PHR **to pile it on** [exaggerate] exagérer, en rajouter / *stop piling it on!* n'en rajoutez pas ! ▸ **to pile on the pounds** or **pile it on** *inf* : *she's been piling on the pounds* or *she's been piling it on* elle a vachement grossi.

❖ **pile out** vi *inf* [off bus, train] descendre en se bousculant ; [from cinema, lecture hall] sortir en se bousculant.

❖ **pile up** ◆ vi **1.** [crash - car] s'écraser **2.** [accumulate - work, debts] s'accumuler, s'entasser ; [- washing, clouds] s'amonceler. ◆ vt sep **1.** [stack] empiler **2.** [accumulate - evidence, examples] accumuler.

pile driver n **1.** CONSTR sonnette *f* **2.** *inf & fig* [blow] coup *m* violent.

pile dwelling n habitation *f* lacustre or sur pilotis.

piles [paɪlz] pl n MED hémorroïdes *fpl.*

pileup ['paɪlʌp] n carambolage *inf m* / *there was a 50-car pileup in the fog* 50 voitures se sont télescopées or carambolées dans le brouillard.

pilfer ['pɪlfər] vi & vt voler *(des objets sans valeur).*

pilferage ['pɪlfərɪdʒ] n = **pilfering.**

pilferer ['pɪlfərər] n voleur *m*, -euse *f (d'objets sans valeur).*

pilfering ['pɪlfərɪŋ] n vol *m (d'objets sans valeur).*

pilgrim ['pɪlgrɪm] n pèlerin *m* / **'Pilgrim's Progress'** *Bunyan* 'le Voyage du pèlerin'.

pilgrimage ['pɪlgrɪmɪdʒ] n pèlerinage *m* ▸ **to make** or **to go on a pilgrimage** faire un pèlerinage / *they made* or *went on a pilgrimage to Lourdes* ils sont allés en pèlerinage à Lourdes / *I made a pilgrimage to my childhood home fig* je suis retourné visiter la maison de mon enfance / **'Childe Harold's Pilgrimage'** *Byron* 'le Pèlerinage de Childe Harold'.

Pilgrim Fathers pl pr n ▸ **the Pilgrim Fathers** les Pères pèlerins *mpl.*

The Pilgrim Fathers

Puritains persécutés en Angleterre, les Pères pèlerins parvinrent en Amérique en 1620 à bord du **Mayflower** et fondèrent la première colonie du Nouveau Monde, à Plymouth, dans ce qui devait devenir l'État du Massachusetts.

pill [pɪl] n **1.** MED pilule *f*, comprimé *m* ▸ **to sugar** or **to sweeten the pill (for sb)** dorer la pilule (à qqn) *inf* **2.** [contraceptive pill] ▸ **the pill** la pilule ▸ **to go on the pill** commencer à prendre la pilule ▸ **to be on the pill** prendre la pilule.

❖ **Pill** = **pill.**

pillage ['pɪlɪdʒ] ◆ vt mettre à sac, piller. ◆ vi se livrer au pillage. ◆ n pillage *m.*

pillar ['pɪlər] n **1.** [structural support] pilier *m* ; [ornamental] colonne *f* ▸ **to go from pillar to post** tourner en rond / *he was sent from pillar to post* on l'a envoyé à droite et à gauche ▸ **the Pillars of Hercules** GEOG les colonnes d'Hercule **2.** [of smoke] colonne *f* ; [of water] trombe *f* ▸ **a pillar of salt** BIBLE une statue de sel ; [mainstay] pilier *m* ▸ **a pillar of society** un pilier de la société ▸ **to be a pillar of strength** être ferme comme un roc / *you've been a real pillar of strength* vous avez été un soutien précieux.

pillar box n UK boîte *f* à lettres.

pillar-box red adj UK rouge vif.

pillared ['pɪləd] adj à piliers, à colonnes.

pillbox ['pɪlbɒks] n **1.** MED boîte *f* à pilules **2.** MIL blockhaus *m inv*, casemate *f* **3.** [hat] toque *f.*

pillion ['pɪljən] ◆ n **1.** [on motorbike] ▸ **pillion (seat)** siège *m* arrière ▸ **pillion passenger** or **rider** passager *m*, -ère *f (sur une moto)* **2.** [on horse] selle *f* de derrière. ◆ adv ▸ **to ride pillion a)** [on motorbike] voyager sur le siège arrière **b)** [on horse] monter en croupe.

pillock ['pɪlək] n UK *v inf* con *m*, couillon *m.*

pillory ['pɪlərɪ] (*pl* **pillories**, *pt & pp* **pilloried**) ◆ n pilori *m.* ◆ vt HIST & *fig* mettre or clouer au pilori.

pillow ['pɪləʊ] ◆ n **1.** [on bed] oreiller *m* **2.** TEXT [for lace] carreau *m* (de dentellière) **3.** US [on chair, sofa] coussin *m.* ◆ vt [rest] reposer / *he pillowed his head on his arms* il posa sa tête sur ses bras.

pillowcase ['pɪləʊkeɪs] n taie *f* d'oreiller.

pillow fight n bataille *f* de polochons.

pillowslip UK ['pɪləʊslɪp], **pillow sham** US = **pillowcase.**

pillow talk n *(U)* confidences *fpl* sur l'oreiller.

pilot ['paɪlət] ◆ n **1.** AERON & NAUT pilote *m* ; *fig* [guide] guide *m* **2.** TECH [on tool] guidage *m* **3.** = **pilot light.** ◆ comp [error] de pilotage. ◆ vt **1.** AERON & NAUT piloter **2.** [guide] piloter, guider / *he's piloted the company through several crises* il a sorti l'entreprise de la crise or de ses difficultés à plusieurs reprises / *she piloted the bill through parliament* POL elle s'est assurée que le projet de loi serait voté **3.** [test] tester, expérimenter / *the project was piloted at Harvard University* le projet a été testé à l'Université de Harvard. ◆ adj [trial - study, programme, scheme] d'essai, pilote, expérimental.

pilotage ['paɪlətɪdʒ] n pilotage *m.*

pilot boat n bateau-pilote *m.*

pilot burner = **pilot light.**

pilot engine n locomotive *f* pilote.

pilot film n épisode *m* pilote.

pilot fish n (poisson *m*) pilote *m.*

pilot house n poste *m* de pilotage.

pilot jet n veilleuse *f* (au gaz).

pilot lamp n veilleuse *f* (électrique).

pilot light n veilleuse *f.*

pilot officer n AERON sous-lieutenant *m.*

pilot study n avant-projet *m.*

pilot whale n globicéphale *m.*

Pils(e)ner ['pɪlznər] n Pilsner *f (bière blonde parfumée).*

Piltdown Man ['pɪltdaʊn-] pr n l'homme *m* de Piltdown *(race présumée d'hommes préhistoriques dont on crut découvrir des ossements en Angleterre en 1912. En réalité, il s'agissait d'une mystification scientifique montée de toutes pièces).*

pimento [pɪ'mentəʊ] (*pl* **pimentos**) n piment *m.*

Pimlico ['pɪmlɪkəʊ] pr n *quartier de Londres.*

pimp [pɪmp] *inf* ◆ n maquereau *m*, souteneur *m.* ◆ vi faire le maquereau.

pimpernel ['pɪmpənel] n mouron *m.*

pimple ['pɪmpl] n bouton *m.*

pimply ['pɪmplɪ] (*compar* **pimplier**, *superl* **pimpliest**) adj boutonneux.

pimpmobile ['pɪmpməbi:l] n US *inf grosse voiture customisée de façon extravagante.*

pin [pɪn] (*pt & pp* **pinned**, *cont* **pinning**) ◆ n **1.** [for sewing] épingle *f* ; [safety pin] épingle *f* ; [drawing pin] punaise *f* ; [hairpin] épingle *f* / *she took a pin from her hair* elle enleva une épingle de ses cheveux / *for two pins I'd let the whole thing drop* il ne faudrait pas beaucoup me pousser pour que je laisse tout tomber / *he doesn't care two pins about it* il s'en moque complètement / *you could have heard a pin drop* on aurait entendu voler une mouche **2.** US [brooch] broche *f* ; [badge] insigne *m* **3.** *(usu pl) inf* [leg] quille *f*, guibole *f*, quibolle *f* / *he's a bit unsteady on his pins* il ne tient pas bien sur ses guiboles **4.** [peg - in piano, violin] cheville *f* ; [- in hinge, pulley] goujon *m* ; [- in hand grenade] goupille *f* **5.** ELEC [on plug] broche *f* ▸ **two-pin plug** prise *f* à deux broches **6.** MED [for broken bone] broche *f* **7.** [in skittles, bowling] quille *f* **8.** [in wrestling - gen] prise *f* ; [- shoulders on floor] tombé *m* **9.** [in chess] clouage *m* **10.** [in golf] drapeau *m.* ◆ vt **1.** [attach - with pin or pins] épingler ; [- with drawing pin or pins] punaiser / *she had a brooch pinned to her jacket* elle portait une broche épinglée à sa veste / *there was a sign pinned to the door* un écriteau était punaisé sur la porte ; *fig* ▸ **to pin one's hopes on sb / sthg** mettre ses espoirs dans qqn / qqch ▸ **to pin one's faith on sb** placer sa foi en qqn / *the crime was pinned on James* c'est James qu'on a accusé du délit, on a mis le délit sur le dos de James / *they pinned the blame on the shop assistant* ils ont rejeté la responsabilité sur la vendeuse, ils ont mis ça sur le dos de la vendeuse / *they can't pin anything on me* ils ne peuvent rien prouver contre moi **2.** [immobilize] immobiliser, coincer / *they pinned his arms behind his back* ils lui ont coincé les bras derrière le dos ▸ **to pin sb to the ground / against a wall** clouer qqn au sol / contre un mur / *she was pinned* *under a boulder* elle était coincée or bloquée sous un rocher **3.** [in chess] clouer.

❖ **pin back** vt sep *hum* : *pin back your ears! inf* ouvrez vos oreilles !, écoutez bien ! / *keep your ears pinned back inf* continuez à bien écouter.

❖ **pin down** vt sep **1.** [with pin or pins] fixer avec une épingle or des épingles ; [with drawing pin or pins] fixer avec une punaise or des punaises **2.** [immobilize, trap] immobiliser, coincer / *his legs were pinned down by the fallen tree* ses jambes étaient coincées sous l'arbre **3.** [define clearly - difference, meaning] mettre le doigt sur, cerner avec précision **4.** [commit] amener à se décider / *try to pin her down to a definite schedule* essayez d'obtenir d'elle un planning définitif / *he doesn't want to be pinned down* il veut avoir les coudées franches, il tient à garder sa liberté de manœuvre.

❖ **pin together** vt sep épingler, attacher avec une épingle or des épingles.

❖ **pin up** vt sep **1.** [poster] punaiser ; [results, names] afficher **2.** [hem] épingler ; [hair] relever (avec des épingles) / *she wears her hair pinned up* elle porte ses cheveux relevés en chignon.

PIN [pɪn] (abbr of **personal identification number**) n ▸ **pin (number)** code *m* PIN.

pinafore ['pɪnəfɔːʳ] n UK **1.** [apron] tablier *m* **2.** = **pinafore dress**.

pinafore dress n robe *f* chasuble.

pinball ['pɪnbɔːl] n [game] flipper *m* / *to play pinball* jouer au flipper ▸ **pinball machine** or **table** flipper.

pincer ['pɪnsəʳ] n [of crab] pince *f*.

❖ **pincers** pl n [tool] tenaille *f*, tenailles *fpl* ▸ **a pair of pincers** une tenaille, des tenailles.

pincer movement n MIL manœuvre *f* or mouvement *m* d'encerclement.

pinch [pɪntʃ] ◆ vt **1.** [squeeze] pincer / *she pinched her hand in the gate* elle s'est pincé la main dans la barrière / *he pinched her cheek* il lui a pincé la joue / *I had to pinch myself to make sure I wasn't dreaming* je me suis pincé pour voir si je ne rêvais pas / *these new shoes pinch my feet* ces chaussures neuves me font mal aux pieds **2.** UK *inf* [steal] piquer, faucher ▸ **to pinch sthg from sb** piquer qqch à qqn / *I had my stereo pinched* on m'a piqué ma chaîne stéréo **3.** *inf* [arrest] pincer / *they got pinched for shoplifting* ils se sont fait pincer pour vol à l'étalage **4.** HORT pincer. ◆ vi **1.** [shoes] serrer, faire mal (aux pieds) **2.** [economize] ▸ **to pinch and scrape** économiser sur tout, regarder (de près) à la dépense. ◆ n **1.** [squeeze] pincement *m* ▸ **if it comes to the pinch** s'il le faut vraiment, en cas de nécessité absolue ▸ **to feel the pinch** : *we're beginning to feel the pinch* nous commençons à devoir nous priver **2.** [of salt, snuff] pincée *f* ▸ **to take sthg with a pinch of salt** : *you must take what he says with a pinch of salt* il ne faut pas prendre ce qu'il dit pour argent comptant.

❖ **at a pinch** UK, **in a pinch** US adv phr à la rigueur.

❖ **pinch back**, **pinch off**, **pinch out** vt sep HORT pincer.

pinchbeck ['pɪntʃbek] ◆ n **1.** [alloy] chrysocale *m* **2.** *fig* [sham] toc *m*. ◆ adj **1.** *lit* en chrysocale **2.** *fig* [sham] en toc.

pinched [pɪntʃt] adj **1.** [features] tiré / *his face looked pale and pinched* il était pâle et avait les traits tirés / *pinched with cold* transi de froid **2.** [lacking] : *I'm a bit pinched for money* je suis à court d'argent / *I'm a bit pinched for time* je n'ai pas beaucoup de temps / *they're pinched for space in their flat* ils sont à l'étroit or ils n'ont pas beaucoup de place dans leur appartement.

pinch-hit vi US **1.** SPORT remplacer un joueur **2.** [gen] effectuer un remplacement ▸ **he's pinch-hitting for Joe** il remplace Joe.

pinch-hitter n US SPORT remplaçant *m*, -e *f*.

pinchpenny ['pɪntʃpenɪ] (*pl* **pinchpennies**) ◆ adj de bout de chandelle. ◆ n grippe-sou *m*.

pincushion ['pɪn,kʊʃn] n pelote *f* à épingles.

Pindar ['pɪndəʳ] pr n Pindare.

Pindaric [pɪn'dærɪk] adj pindarique.

pine [paɪn] ◆ n BOT [tree, wood] pin *m*. ◆ comp [furniture] en pin. ◆ vi **1.** [long] ▸ **to pine for sthg** désirer qqch ardemment, soupirer après qqch / *he was pining for home* il avait le mal du pays / *they're pining to be given another chance* ce qu'ils désirent par-dessus tout, c'est qu'on leur accorde une seconde chance **2.** [grieve] languir / *she was pining for her lover* elle se languissait de son amant.

❖ **pine away** vi dépérir.

pineal ['pɪnɪəl] adj pinéal, de l'épiphyse.

pineal gland n épiphyse *f*.

pineapple ['paɪn,æpl] ◆ n **1.** ananas *m* **2.** *mil sl* [grenade] grenade *f* à main. ◆ comp [juice, chunks] d'ananas ; [ice cream] à l'ananas.

pineapple weed n matricaire *f*.

pine cone n pomme de pin *f*.

pine grove n pinède *f*.

pine kernel n pignon *m*, pigne *f spec*.

pine marten n martre *f*.

pine needle n aiguille *f* de pin.

pine nut = **pine kernel**.

pinewood ['paɪnwʊd] n **1.** [group of trees] pinède *f* **2.** [material] bois *m* de pin, pin *m*.

Pinewood Studios pr n *studios de cinéma à l'ouest de Londres*.

ping [pɪŋ] ◆ n & onomat **1.** [gen] ding *m* **2.** COMPUT ping *m*. ◆ vi **1.** faire ding ; [timer] sonner **2.** US [car engine] cliqueter.

pinger ['pɪŋəʳ] n minuteur *m* (de cuisine).

pinging ['pɪŋɪŋ] US = **pinking**.

ping-pong, **ping pong** ['pɪŋpɒŋ] n ping-pong *m* ▸ **ping-pong player** pongiste *mf* ▸ **ping-pong ball** balle *f* de ping-pong.

pinhead ['pɪnhed] n **1.** *lit* tête *f* d'épingle **2.** *inf* [fool] andouille *f*, crétin *m*.

pinheaded [pɪn'hedɪd] adj *inf* idiot.

pinhole ['pɪnhəʊl] n trou *m* d'épingle.

pinhole camera n appareil *m* à sténopé.

pinion ['pɪnjən] ◆ n **1.** ORNITH [wing] aileron *m* **2.** *liter* [wing] aile *f* **3.** MECH pignon *m* ▸ **pinion wheel** roue *f* à pignon. ◆ vt **1.** [hold fast] retenir de force / *two policemen pinioned his arms* deux policiers le retenaient par le bras / *we were pinioned against the wall by the crowd* la foule nous coinçait contre le mur **2.** ORNITH [bird] rogner les ailes à.

pink [pɪŋk] ◆ n **1.** [colour] rose *m* **2.** *fig* ▸ **to be in the pink (of health)** se porter à merveille / *you're looking in the pink! inf* tu as l'air en pleine forme ! **3.** [flower] œillet *m* ▸ **garden pink** mignardise *f*. ◆ adj **1.** [in colour] rose / *to paint a room pink* peindre une pièce en rose / *the sky turned pink* le ciel vira au rose or rosit / *she went* or *turned pink with delight* elle rosit de bonheur / *to go* or *to turn pink with anger* / *embarrassment* rougir de colère / confusion ▸ **to see pink elephants** *hum* voir des éléphants roses / **'The Pink Panther'** *Edwards* 'la Panthère rose' **2.** *inf* POL [left-wing] de gauche, gauchisant. ◆ vt **1.** [wound - subj: marksman] blesser (légèrement) ; [- subj: bullet] érafler / *he pinked my shoulder with his sword* il m'a éraflé or égratigné l'épaule d'un coup d'épée **2.** SEW cranter **3.** [punch holes in] perforer. ◆ vi UK [car engine] cliqueter.

pink economy n *marché que représentent les homosexuels*.

pinkeye ['pɪŋkaɪ] n MED conjonctivite *f* aiguë contagieuse ; VET ophtalmie *f* périodique.

pink gin n cocktail *m* de gin et d'angustura.

pinkie ['pɪŋkɪ] US & Scot = **pinky**.

pinking ['pɪŋkɪŋ] n UK AUTO cliquetis *m*, cliquettement *m*.

pinking scissors, **pinking shears** pl n SEW ciseaux *mpl* à cranter.

pinkish ['pɪŋkɪʃ] adj rosâtre, rosé ; *inf* POL gauchisant.

pink noise n bruit *m* rose.

pinko ['pɪŋkəʊ] (*pl* **pinkos** or **pinkoes**) n *inf & pej* gauchisant *m*, -e *f*.

pink pound n UK ▸ **the pink pound** *le pouvoir d'achat des homosexuels*.

pink slip n US *inf* lettre *f* or avis *m* de licenciement ▸ **to get a pink slip** se faire renvoyer.

pinky ['pɪŋkɪ] (*pl* **pinkies**) n US & Scot *inf* petit doigt *m*.

pin money n argent *m* de poche / *she works at weekends to earn a bit of pin money* elle travaille le week-end pour se faire un peu d'argent pour ses menus plaisirs.

pinnace ['pɪnɪs] n chaloupe *f*.

pinnacle ['pɪnəkl] n **1.** [mountain peak] pic *m*, cime *f* ; [rock formation] piton *m*, gendarme *m* **2.** *fig* [of fame, career] apogée *m*, sommet *m* ; [of technology] fin *m* du fin **3.** ARCHIT pinacle *m*.

pinnate ['pɪneɪt] adj penné.

pin number n code *m* confidentiel.

pinny ['pɪnɪ] (*pl* **pinnies**) n *inf* tablier *m*.

Pinocchio [pɪ'nəʊkɪəʊ] pr n Pinocchio / **'The Adventures of Pinocchio'** *Collodi* 'les Aventures de Pinocchio'.

pinoc(h)le ['piːnʌkl] n *jeu de cartes ressemblant à la belote*.

pinpoint ['pɪnpɔɪnt] ◆ vt **1.** [locate - smell, leak] localiser ; [- on map] localiser, repérer **2.** [identify - difficulty] mettre le doigt sur. ◆ n pointe *f* d'épingle / *a pinpoint of light* un minuscule point lumineux. ◆ adj **1.** [precise] très précis / *with pinpoint accuracy* avec une précision parfaite **2.** [tiny] minuscule.

pinprick ['pɪnprɪk] n **1.** [puncture] piqûre *f* d'épingle / *a pinprick of light* un petit point lumineux **2.** [irritation] agacement *m*, tracasserie *f*.

pins and needles n *(U) inf* fourmillements *mpl* / *I've got pins and needles in my arm* j'ai des fourmis dans le bras, je ne sens plus mon bras ▸ **to be on pins and needles** US trépigner d'impatience, ronger son frein.

pinstripe ['pɪnstraɪp] ◆ n TEXT rayure *f* (très fine). ◆ adj = **pinstriped**.

pinstriped ['pɪnstraɪpt] adj rayé ▸ **pinstriped suit** costume *m* rayé.

pint [paɪnt] n **1.** [measure] pinte *f* (*UK = 0,568 litres, US = 0,473 litres*) ; ≃ demi-litre *m* **2.** UK *inf* [beer] bière *f* / *I had a few pints last night* j'ai bu quelques bières hier soir.

pinta ['paɪntə] n UK *inf* pinte *f* de lait.

pintable ['pɪnteɪbl] n UK flipper *m*.

pintail ['pɪnteɪl] n ORNITH pilet *m*.

pinto ['pɪntəʊ] (*pl* **pintos** or **pintoes**) ◆ n US cheval *m* pie. ◆ adj US [gen] tacheté ; [horse] pie *(inv)*.

pinto bean n coco *m* rose.

pint-sized adj *inf & pej* tout petit, minuscule.

pin tuck n SEW nervure *f*.

pinup ['pɪnʌp] ◆ n pin-up *f inv*. ◆ adj [photo] de pin-up ▸ **pinup girl** pin-up *f*.

pinwheel ['pɪnwiːl] n **1.** [firework] soleil *m* (*feu d'artifice*) **2.** [cogwheel] roue *f* dentée **3.** US [windmill] moulin *m* à vent *(jouet)*.

pinworm ['pɪnwɜːm] n oxyure *m*.

pion ['paɪɒn] n PHYS pion *m*.

pioneer [,paɪə'nɪəʳ] ◆ n **1.** [explorer, settler] pionnier *m*, -ère *f* **2.** [of technique, activity] pionnier *m*, -ère *f* / *she was a pioneer in the field of psychoanalysis* elle a été une pionnière de la psychanalyse / *they were pioneers in the development of heart surgery* ils ont ouvert la voie en matière de chirurgie cardiaque **3.** MIL pionnier *m*, sapeur *m* **4.** BOT espèce *f* pionnière. ◆ comp [work, research] novateur, original. ◆ vt : *to pioneer research in nuclear physics* être à l'avant-garde de la recherche en physique nucléaire / *the town is pioneering a job-creation scheme* la municipalité expérimente un nouveau programme de création d'emplois / *the factory pioneered the use of robots* l'usine a été la première à utiliser des robots.

pioneering [,paɪə'nɪərɪŋ] adj [work, spirit] novateur, original.

pious ['paɪəs] adj **1.** [person, act, text] pieux **2.** [falsely devout] cagot *liter*, hypocrite **3.** [unrealistic] irréel ▸ **to**

have pious hopes avoir de vains espoirs, nourrir des espoirs chimériques.

piously ['paɪəslɪ] adv pieusement.

pip [pɪp] (*pt & pp* **pipped**, *cont* **pipping**) ◆ n **1.** [in fruit] pépin *m* ▸ **orange pip** pépin d'orange **2.** UK [sound] bip *m* ; [during telephone call] tonalité *f (indiquant une unité supplémentaire)* ; TELEC [time signal] ▸ **the pips** le signal sonore, le signal horaire **3.** [on playing card, domino] point *m* **4.** [on radar screen] spot *m* **5.** *inf* MIL ficelle *f (galon)* **6.** VET pépie *f* **7.** PHR **to give sb the pip** UK *inf & dated* courir sur le haricot à qqn ▸ **until the pips squeak** US jusqu'au bout / *people are being taxed until the pips squeak* les gens sont taxés à mort. ◆ vi **1.** [chirrup] pépier **2.** [hatch out] éclore. ◆ vt UK **1.** [defeat] battre, vaincre ▸ **to pip sb at the post** coiffer qqn au poteau **2.** *inf* [hit with bullet] atteindre / *he got pipped in the leg* il a pris une balle dans la jambe.

pipe [paɪp] ◆ n **1.** [for smoking] pipe *f* / *he smokes a pipe* il fume la pipe / *he smokes four pipes a day* il fume quatre pipes par jour ▸ **put that in your pipe and smoke it!** *inf* mets ça dans ta poche et ton mouchoir par-dessus ! **2.** [for gas, liquid, etc.] tuyau *m*, conduite *f* ; [for stove] tuyau *m* / *to lay gas pipes* poser des conduites de gaz / *the pipes have frozen* les canalisations ont gelé **3.** MUS [gen] pipeau *m* ; [boatswain's whistle] sifflet *m* ; [on organ] tuyau *m* ▸ **the pipes** [bagpipes] la cornemuse ▸ **a pipe band** un orchestre de cornemuses **4.** ANAT & ZOOL tube *m* ▸ **respiratory pipe** tube respiratoire **5.** [birdsong] pépiement *m*, gazouillis *m* **6.** US *inf* [telephone] bigophone *m* / *get on the pipe to Roy* passe un coup de bigophone à Roy **7.** GEOL ▸ **volcanic pipe** cheminée *f* volcanique. ◆ comp [bowl, stem] de pipe ; [tobacco] à pipe. ◆ vt **1.** [convey -liquid] acheminer par tuyau / *natural gas is piped to the cities* le gaz naturel est acheminé jusqu'aux villes par gazoducs / *the irrigation system will pipe water to the fields* le système d'irrigation amènera l'eau jusqu'aux champs / *untreated sewage is piped into the lake* les égouts se déversent directement dans le lac / *to pipe coolant through a system* faire circuler un produit refroidissant dans un système **2.** MUS [tune] jouer **3.** NAUT [order] siffler ▸ **to pipe sb aboard** rendre à qqn les honneurs du sifflet *(quand il monte à bord)* ▸ **to pipe sb in / out** saluer l'arrivée / le départ de qqn au sifflet **4.** [say] dire d'une voix flûtée **5.** SEW passepoiler **6.** CULIN : *to pipe cream onto a cake* décorer un gâteau de crème fouettée *(à l'aide d'une poche à douille)*. ◆ vi MUS [on bagpipes] jouer de la cornemuse ; [on simple pipe] jouer du pipeau.

❖ **pipe down** vi *inf* la mettre en sourdine.

❖ **pipe up** vi **1.** [person] se faire entendre / *"me too!", he piped up* « moi aussi ! », dit-il, sortant de son silence **2.** [band] se mettre à jouer.

pipe bomb n *bombe artisanale fabriquée à partir d'un morceau de tuyau contenant des explosifs.*

pipeclay ['paɪpkleɪ] n terre *f* de pipe.

pipe cleaner n cure-pipe *m*.

piped music [paɪpt-] n musique *f* d'ambiance.

pipe dream n chimère *f* / *you and your pipe dreams!* toi et tes châteaux en Espagne !

pipefish ['paɪpfɪʃ] n syngnathe *m*.

pipe fitter n tuyauteur *m*.

pipeline ['paɪplaɪn] n **1.** [gen] pipeline *m* ; [for oil] oléoduc *m* ; [for gas] gazoduc *m* **2.** *fig* ▸ **to have a pipeline to sb** US *inf* avoir l'oreille de qqn / *they have a new model in the pipeline* ils sont en train de mettre un nouveau modèle au point / *he's got another film / project in the pipeline* il travaille actuellement sur un autre film / projet / *changes are in the pipeline for next year* des changements sont prévus pour l'année prochaine.

pipe major n cornemuse *f* principale.

pipemma [,pɪp'emə] adv *dated* TELEC de l'après-midi.

pipe organ n grandes orgues *fpl*.

piper ['paɪpəʳ] n [gen] joueur *m*, -euse *f* de pipeau ; [of bagpipes] joueur *m*, -euse *f* de cornemuse, cornemuseur *m* ▸ **he who pays the piper calls the tune** *prov* celui qui paie les pipeaux commande la musique *prov*.

pipe rack n râtelier *m* à pipes.

pipette UK, **pipet** US [pɪ'pet] n pipette *f*.

piping ['paɪpɪŋ] ◆ n **1.** [system of pipes] tuyauterie *f*, canalisations *fpl* / *a piece of copper piping* un tuyau de cuivre **2.** SEW passepoil *m* **3.** MUS [gen] son *m* du pipeau or de la flûte ; [of bagpipes] son de la cornemuse **4.** CULIN décoration *f* (appliquée à la douille). ◆ adv [as intensifier] ▸ **piping hot** très chaud, brûlant / *a cup of piping hot tea* une tasse de thé bien chaud. ◆ adj [voice] flûté.

piping bag n CULIN poche *f* à douille.

piping nozzle n CULIN douille *f*.

pipistrelle [,pɪpɪ'strel] n pipistrelle *f*.

pipit ['pɪpɪt] n pipit *m*.

pipkin ['pɪpkɪn] n poêlon *m*.

pippin ['pɪpɪn] n **1.** [apple] (pomme *f*) reinette *f* **2.** [seed] pépin *m*.

pip-pip interj UK *inf & dated* [goodbye] salut !

pipsqueak ['pɪpskwi:k] n *inf & pej* demi-portion *f*.

piquancy ['pi:kənsɪ] n **1.** [interest] piquant *m*, piment *m* / *it adds piquancy to the situation* cela corse un peu la situation **2.** [taste] goût *m* piquant.

piquant ['pi:kənt] adj piquant.

pique [pi:k] ◆ n dépit *m*, ressentiment *m* / *he resigned in a fit of pique* il a démissionné par pur dépit, il était tellement dépité qu'il a démissionné. ◆ vt **1.** [vex] dépiter, irriter, froisser **2.** [arouse] piquer, exciter / *my curiosity was piqued* cela a piqué ma curiosité **3.** [pride] ▸ **to pique o.s. on (doing) sthg** se piquer de (faire) qqch.

piqued [pi:kt] adj [resentful] vexé, froissé.

piquet [pɪ'ket] n piquet *m (jeu de cartes)*.

piracy ['paɪrəsɪ] (*pl* **piracies**) n **1.** [of vessel] piraterie *f* ▸ **air piracy** piraterie aérienne **2.** [of software, book, tape, etc.] piratage *m* ; [of idea] copie *f*, vol *m*.

Piraeus [paɪ'rɪəs] pr n Le Pirée.

piranha [pɪ'rɑ:nə] (*pl* **piranha** *or* **piranhas**) n piranha *m*, piraya *m*.

pirate ['paɪrət] ◆ n **1.** [person] pirate *m* ; [ship] navire *m* de pirates **2.** [of software, book, tape, etc.] pirate *m* ; [of idea] voleur *m*, -euse *f*. ◆ comp [raid, flag] de pirates ; [video, tape, copy] pirate ▸ **pirate software** logiciel *m* pirate. ◆ vt [software, book, tape, etc.] pirater ; [idea] s'approprier, voler ▸ **pirated edition** édition *f* pirate.

pirate radio n radio *f* pirate.

piratical [paɪ'rætɪkl] adj de pirate.

pirouette [,pɪrʊ'et] ◆ n pirouette *f*. ◆ vi pirouetter.

Pisa ['pi:zə] pr n Pise.

piscatorial [,pɪskə'tɔ:rɪəl], **piscatory** ['pɪskətrɪ] adj *fml* halieutique ; [tribe] de pêcheurs.

Pisces ['paɪsi:z] ◆ pr n ASTROL & ASTRON Poissons *mpl*. ◆ n : *she's (a) Pisces* elle est Poissons.

pisciculture ['pɪsɪkʌltʃəʳ] n pisciculture *f*.

pish [pɪʃ] interj *dated* peuh !

piss [pɪs] *v inf* ◆ vi **1.** [urinate] pisser ▸ **to piss in the wind** se fatiguer pour rien ▸ **piss on it! a)** US [forget it] laisse béton ! **b)** [I'm fed up] j'en ai plein le cul ! **2.** [rain] : *it's pissing with rain* il pleut comme vache qui pisse. ◆ vt pisser ▸ **to piss one's pants** pisser dans sa culotte. ◆ n pisse *f* ▸ **to have** or **to take a piss** pisser (un coup) ▸ **to go on the piss** se soûler la gueule ▸ **to take the piss out of sb a)** UK [mock] se foutre de la gueule de qqn **b)** US [calm down] calmer qqn ▸ **it's a piece of piss** UK c'est du gâteau ▸ **full of piss and vinegar** US plein d'énergie.

❖ **piss about** UK *v inf*, **piss around** *v inf* ◆ vi déconner, faire le con / *we don't have time to piss about* on n'a pas de temps à perdre en conneries / *don't piss around with my stuff* arrête de tripoter mes affaires or de foutre le bordel dans mes affaires. ◆ vt sep emmerder.

❖ **piss away** vt [waste] gaspiller.

❖ **piss down** vi *v inf* [rain] : *it's pissing (it) down* il pleut comme vache qui pisse.

❖ **piss off** *v inf* ◆ vi foutre le camp ▸ **piss off!** fous or fous-moi le camp ! ◆ vt sep faire chier ▸ **to be pissed off a)** [bored] s'emmerder **b)** [angry] être en rogne ▸ **to be pissed off with sb** en avoir plein le cul de qqn.

piss-ant *vulg* ◆ n [stickler] pinailleur *m*. ◆ adj [niggling] pinailleur.

piss artist n *v inf* UK [drunkard] poivrot *m*, -e *f*, soûlard *m*, -e *f* ; [foolish person] : *he's a real piss artist* il n'arrête pas de déconner.

pissed [pɪst] adj *v inf* **1.** UK [drunk] beurré, schlass ▸ **to get pissed** se soûler la gueule ▸ **to be as pissed as a newt** être soûl comme un cochon or complètement noir **2.** US [angry] en rogne / *I was pretty pissed about it* ça m'a vraiment foutu en rogne.

pisshead ['pɪshed] n *v inf* **1.** UK [drunkard] poivrot *m*, -e *f*, soûlard *m*, -e *f* **2.** US [mean person] salaud *m*, salope *f* ; [bore] emmerdeur *m*, -euse *f*.

pisshole ['pɪshəʊl] n : *v inf his eyes are like pissholes in the snow* il a des petits yeux.

piss-poor adj US *v inf* minable, nul.

piss-take n UK *v inf* [mockery] mise *f* en boîte ; [of book, film] parodie *f*.

piss-up n UK *v inf* ▸ **to go on** or **to have a piss-up** se biturer, se soûler la gueule / *he couldn't organise a piss-up in a brewery* il n'est pas foutu d'organiser quoi que ce soit.

pissy ['pɪsɪ] adj *v inf* ▸ **to be pissy** être de mauvais poil.

pistachio [pɪ'stɑ:ʃɪəʊ] (*pl* **pistachios**) ◆ n **1.** [nut] pistache *f* ; [tree] pistachier *m* / *pistachio* or *pistachio-flavoured ice cream* glace à la pistache **2.** [colour] (vert *m*) pistache *m*. ◆ adj (vert) pistache *(inv)*.

piste [pi:st] n piste *f* (de ski).

pistil ['pɪstɪl] n pistil *m*.

pistol ['pɪstl] n pistolet *m* / *I heard pistol shots* j'ai entendu des coups de feu / *he's holding a pistol to her head fig* il lui met le couteau sur la gorge.

pistol grip n [of tool, camera] crosse *f*.

pistol-whip vt frapper (au visage) avec un pistolet.

piston ['pɪstən] n MECH piston *m*.

piston ring n segment *m* (de piston).

piston rod n tige *f* de piston, bielle *f*.

pit [pɪt] (*pt & pp* **pitted**, *cont* **pitting**) ◆ n **1.** [hole in ground] fosse *f*, trou *m* ; [pothole in road] nid *m* de poule ▸ **to dig a pit** creuser un trou **2.** [shallow mark -in metal] marque *f*, piqûre *f* ; [-on skin] cicatrice *f*, marque *f* **3.** [mine] mine *f*, puits *m* ; [mineshaft] puits *m* de mine ▸ **to go down the pit** descendre dans la mine ▸ **to work down the pit** travailler à la mine **4.** [quarry] carrière *f* **5.** UK THEAT [for orchestra] fosse *f* (d'orchestre) ; [seating section] parterre *m* **6.** US ST. EX parquet *m* (de la Bourse) **7.** *(usu pl)* AUTO [at race track] stand *m* (de ravitaillement) ▸ **to make a pit stop** s'arrêter au stand **8.** [in cockfighting] arène *f* **9.** SPORT [for long jump] fosse *f* **10.** ANAT creux *m* ▸ **the pit of the stomach** le creux de l'estomac **11.** US [in fruit] noyau *m* **12.** *liter* [hell] ▸ **the pit** l'enfer *m*. ◆ comp [closure] de mine ; [worker] de fond ; [accident] minier ▸ **pit pony** cheval *m* de mine ▸ **pit prop** poteau *m* or étau *m* de mine, étançon *m*. ◆ vt **1.** [mark] marquer / *his face was pitted with acne* son visage était criblé d'acné / *meteors have pitted the surface of the moon* la lune est criblée de cratères laissés par les météores / *a road pitted with potholes* une route criblée de nids-de-poule / *pitted with rust* piqué par la rouille **2.** [oppose] opposer, dresser / *she was pitted against the champion* on l'a opposée à la championne ▸ **to pit one's wits against sb** se mesurer à or avec qqn **3.** US [fruit] dénoyauter.

❖ **pits** pl n *inf* [awful thing, place] : *it's the pits!* c'est l'horreur ! / *this town is the pits* cette ville est un vrai trou.

pita = pitta.

PITA MESSAGING written abbr of **pain in the ass.**

pit-a-pat = **pitter-patter.**

pit bull, pit bull terrier n pitbull *m*.

pitch [pɪtʃ] ◆ vt **1.** [throw] lancer, jeter / *she found herself pitched into the political arena fig* elle se trouva propulsée dans l'arène politique **2.** MUS [note] donner ; [tune] donner le ton de ; [one's voice] poser / *I can't pitch my voice any higher* je n'arrive pas à chanter dans un ton or un registre plus aigu / *the music was pitched* *too high / low for her* le ton était trop haut / bas pour elle **3.** [set level of] : *we must pitch the price at the right level* il faut fixer le prix au bon niveau / *our prices are pitched too high* nos prix sont trop élevés / *he pitched his speech at the level of the man in the street* son discours était à la portée de l'homme de la rue, il avait rendu son discours accessible à l'homme de la rue **4.** [set up - camp] établir / *let's pitch camp here* établissons notre camp or dressons nos tentes ici **5.** [in cricket] lancer ; [in golf] pitcher **6.** *inf* [tell] raconter. ◆ vi **1.** [fall over] tomber ▸ **to pitch headlong** tomber la tête la première / *the passengers pitched forwards / backwards* les passagers ont été projetés en avant / en arrière **2.** [bounce - ball] rebondir **3.** AERON & NAUT tanguer **4.** [in baseball] lancer, être lanceur ▸ **to be in there pitching** US *inf & fig* y mettre du sien **5.** [slope - roof] être incliné / *the roof pitches sharply* le toit est fortement incliné. ◆ n **1.** [tone] ton *m* / *the pitch of his voice grew higher and higher* sa voix devint de plus en plus aiguë **2.** [particular level or degree] niveau *m*, degré *m* ; [highest point] comble *m* / *a high pitch of excitement was reached* l'excitation était presque à son comble / *how did their relationship reach such a pitch?* comment leurs relations ont-elles pu se détériorer à ce point ? / *the suspense was at its highest pitch* le suspense était à son comble **3.** UK [sports field] terrain *m* ▸ **rugby pitch** terrain de rugby **4.** [act of throwing] lancer *m*, lancement *m* / *the ball went full pitch through the window* la balle passa à travers la vitre sans rebondir **5.** UK *inf* [street vendor's place] place *f*, emplacement *m* **6.** *inf* [spiel] boniment *m* / *the salesman's pitch* le boniment du vendeur **7.** [slope - of roof, etc.] pente *f*, inclinaison *f* **8.** [movement - of boat, aircraft] tangage *m* **9.** TECH [of screw, cogwheel, rotor] pas *m* **10.** [in golf] pitch *m* **11.** [natural tar] poix *f* ; [distillation residue] brai *m* **12.** PHR US *inf* **to make a pitch for sthg** jeter son dévolu sur qqch / *he made a pitch at her* il lui a fait du plat, il a essayé de la draguer.

❖ **pitch in** vi [start work] s'attaquer au travail ; [lend a hand] donner un coup de main / *everybody is expected to pitch in* on attend de chacun qu'il mette la main à la pâte.

❖ **pitch into** vt insep [attack] : *they pitched into me* ils me sont tombés dessus / *they pitched into the meal* ils ont attaqué le repas.

❖ **pitch on** vt insep choisir, opter pour.

❖ **pitch out** vt sep [rubbish] jeter ; [person] expulser, mettre à la porte.

pitch-and-putt n pitch-and-putt *m* *(forme simplifiée du golf)*.

pitch-and-toss n *jeu d'adresse et de hasard utilisant des pièces de monnaie*.

pitch-black adj [water] noir comme de l'encre ; [hair] noir ébène *(inv)* ; [night] noir / *the cave was pitch-black* la caverne était plongée dans l'obscurité totale / *it's pitch-black in here* il fait noir comme dans un four ici.

pitchblende ['pɪtʃblend] n pechblende *f*.

pitch-dark adj [night] noir / *it was pitch-dark inside* à l'intérieur, il faisait noir comme dans un four.

pitched [pɪtʃt] adj [roof] en pente.

pitched battle n MIL & *fig* bataille *f* rangée.

pitcher ['pɪtʃər] n **1.** [jug - earthenware] cruche *f* ; [- metal, plastic] broc *m* ; US [smaller - for milk] pot *m* **2.** US [in baseball] lanceur *m* ▸ **pitcher's mound** monticule *m*.

pitchfork ['pɪtʃfɔ:k] ◆ n fourche *f* (à foin). ◆ vt **1.** [hay] fourcher **2.** *fig* [person] propulser / *she was literally pitchforked into the job* elle a été littéralement parachutée à ce poste.

pitch invasion n SPORT invasion *f* de terrain.

pitch pine n pitchpin *m*.

pitch pipe n diapason *m (sifflet)*.

piteous ['pɪtɪəs] adj pitoyable.

piteously ['pɪtɪəslɪ] adv pitoyablement.

pitfall ['pɪtfɔ:l] n **1.** [hazard] embûche *f*, piège *m* **2.** HUNT piège *m*, trappe *f*.

pith [pɪθ] n **1.** [in citrus fruit] peau *f* blanche *(sous l'écorce des agrumes)* **2.** [crux] substance *f*, moelle *f* / *this is the pith of the matter* c'est le cœur or le fond du problème ; [force] vigueur *f*, force *f* / *his argument lacks pith* son argument manque de force **3.** [in stem, bone] moelle *f*.

pithead ['pɪthed] n carreau *m* de mine ▸ **pithead ballot** vote *m* des mineurs.

pithecanthropus [,pɪθɪkæn'θrəʊpəs] (*pl* **pithecanthropi** [-paɪ]) n pithécanthrope *m*.

pith helmet n casque *m* colonial.

pithiness ['pɪθɪnɪs] n concision *f*.

pithy ['pɪθɪ] (*compar* **pithier**, *superl* **pithiest**) adj [comment, writing] concis, lapidaire.

pitiable ['pɪtɪəbl] adj **1.** [arousing pity] pitoyable **2.** [arousing contempt] piteux, lamentable.

pitiably ['pɪtɪəblɪ] adv **1.** [touchingly] pitoyablement **2.** [contemptibly] lamentablement.

pitiful ['pɪtɪfʊl] adj **1.** [arousing pity] pitoyable / *it's pitiful to see people living on the street* cela fait pitié de voir des gens à la rue **2.** [arousing contempt] piteux, lamentable / *they're paid a pitiful wage* ils touchent un salaire de misère.

pitifully ['pɪtɪfʊlɪ] adv **1.** [touchingly] pitoyablement / *she was pitifully thin* sa maigreur faisait peine à voir, elle était maigre à faire pitié **2.** [contemptibly] lamentablement / *a pitifully bad performance* une prestation lamentable.

pitiless ['pɪtɪlɪs] adj [person] impitoyable, sans pitié ; [weather] rude, rigoureux.

pitilessly ['pɪtɪlɪslɪ] adv impitoyablement, sans pitié.

pitman ['pɪtmən] (*pl* **pitmen** [-mən]) n *regional* mineur *m*.

piton ['pi:tɒn] n piton *m* (d'alpiniste).

pitta (bread) ['pɪtə-] n pita *m*.

pittance ['pɪtəns] n somme *f* misérable or dérisoire ▸ **to work for a pittance** travailler pour un salaire de misère ▸ **to live on a pittance** vivre de presque rien.

pitted ['pɪtɪd] adj [olives, cherries] dénoyauté.

pitter-patter ['pɪtə,pætər] ◆ n [of rain, hail] crépitement *m* ; [of feet] trottinement *m* ; [of heart] battement *m*. ◆ adv ▸ **to go pitter-patter a)** [feet] trottiner **b)** [heart] palpiter / *the rain fell pitter-patter on the leaves* la pluie tambourinait doucement sur les feuilles.

Pittsburgh ['pɪtsbɜ:g] pr n Pittsburgh.

pituitary [pɪ'tjʊɪtrɪ] ◆ n ▸ **pituitary (gland)** glande *f* pituitaire, hypophyse *f*. ◆ adj pituitaire.

pit viper n crotaliné *m*.

pity ['pɪtɪ] (*pl* **pities**, *pt & pp* **pitied**) ◆ n **1.** [compassion] pitié *f*, compassion *f* / *I feel great pity for them* j'ai beaucoup de pitié pour eux, je les plains énormément / *the sight moved her to pity* le spectacle l'a apitoyée or attendrie / *out of pity* par pitié ▸ **to take** or **to have pity on sb** avoir pitié de qqn **2.** [mercy] pitié *f*, miséricorde *f* / *have pity on the children!* ayez pitié des enfants ! / *he showed no pity to the traitors* il s'est montré impitoyable envers les traîtres ▸ **for pity's sake! a)** [entreaty] pitié ! **b)** [annoyance] par pitié ! **3.** [misfortune, shame] dommage *m* / *what a pity!* c'est dommage ! / *it's a pity (that) she isn't here* quel dommage qu'elle ne soit pas là / *it seems a pity not to finish the bottle* ce serait dommage de ne pas finir la bouteille / *we're leaving tomorrow, more's the pity* nous partons demain, malheureusement. ◆ vt avoir pitié de, s'apitoyer sur / *he pities himself* il s'apitoie sur son sort / *they are greatly to be pitied* ils sont bien à plaindre.

> Note that **il est / c'est dommage que** is followed by a verb in the subjunctive:
> **It's a pity they can't come.** *C'est dommage qu'ils ne puissent pas venir.*

pitying ['pɪtɪɪŋ] adj [look, smile] de pitié.

pityingly ['pɪtɪɪŋlɪ] adv avec pitié.

Pius ['paɪəs] pr n Pie.

pivot ['pɪvət] ◆ n *lit & fig* pivot *m*. ◆ vi **1.** *lit* pivoter / *pivot on your left foot* pivotez sur votre pied gauche **2.** *fig* : *his life pivots around his family* toute son existence tourne autour de sa famille. ◆ vt faire pivoter.

❖ **pivot on** vt insep *fig* dépendre de / *everything pivots on her decision* tout dépend de sa décision.

pivotal ['pɪvətl] adj [crucial] crucial, central.

pivot bridge n pont *m* tournant.

pix [pɪks] pl n *inf* [photos] photos *fpl* ; [cinema] cinoche *m*.

pixel ['pɪksl] n pixel *m*.

pixelate ['pɪksəleɪt], **pixelize** ['pɪksəlaɪz] vt pixéliser.

pixelisation, **pixelization** [,pɪksəlaɪ'zeɪʃn] n [image defect] pixélisation *f* ; TV [to hide identity] mosaïquage *m*.

pixellated ['pɪksəleɪtɪd] adj COMPUT [image] pixélisé, bitmap, en mode point.

pixie ['pɪksɪ] n fée *f*, lutin *m* ▸ **pixie hat** bonnet *m* pointu ▸ **pixie boots** bottines *fpl*.

pixilated ['pɪksɪleɪtɪd] adj US *inf* [drunk] bourré, pété.

pixy ['pɪksɪ] (*pl* **pixies**) = **pixie**.

pizazz [pɪ'zæz] *inf* = **pizzazz**.

pizza ['pi:tsə] n pizza *f*.

pizzazz [pɪ'zæz] n *inf* [dynamism] tonus *m*, punch *m* ; [panache] panache *m*.

pizzeria [,pi:tsə'rɪə] n pizzeria *f*.

pizzicato [,pɪtsɪ'kɑ:təʊ] n pizzicato *m*.

pizzle ['pɪzl] n *arch & regional* verge *f* (de taureau).

pl written abbr of **plural**.

Pl. written abbr of **place**.

P & L (written abbr of **profit and loss**) P & L.

placard ['plækɑ:d] ◆ n [on wall] affiche *f*, placard *m* ; [hand-held] pancarte *f*. ◆ vt **1.** [wall, town] placarder **2.** [advertisement] placarder, afficher.

placate [plə'keɪt] vt apaiser, calmer.

placating [plə'keɪtɪŋ] adj apaisant, lénifiant.

placatory [plə'keɪtərɪ] adj apaisant, conciliant.

place [pleɪs] ◆ n **1.** [gen - spot, location] endroit *m*, lieu *m* / *this is the place* c'est ici / *the place where the accident happened* l'endroit où a eu lieu l'accident / *keep the documents in a safe place* gardez les documents en lieu sûr / **'store in a cool place'** 'à conserver au frais' / *this looks like a good place to pitch the tent* l'endroit semble parfait pour monter la tente / *this is neither the time nor the place to discuss it* ce n'est ni le moment ni le lieu pour en discuter / *I had no particular place to go* je n'avais nulle part où aller / *you can't be in two places at once* on ne peut pas être en deux endroits à la fois / *her leg is fractured in two places* elle a deux fractures à la jambe / *there are still one or two places where the text needs changing* le texte doit encore être modifié en un ou deux endroits ▸ **to go places** [travel] aller quelque part / *that girl will go places! inf* cette fille ira loin ! ▸ **place of birth** lieu de naissance ▸ **place of safety order** *ordonnance autorisant une personne ou un organisme à garder des enfants maltraités en lieu sûr* **2.** US [in adverbial phrases] : *no place* nulle part / *I'm not going any place* je ne vais nulle part / *some place* quelque part / *I've looked every place* j'ai cherché partout **3.** [locality] : *do you know the place well?* est-ce que tu connais bien le coin ? / *she comes from a place called Barton* elle vient d'un endroit qui s'appelle Barton / *the whole place went up in flames* **a)** [building] tout l'immeuble s'est embrasé **b)** [house] toute la maison s'est embrasée / *how long have you been working in this place?* depuis combien de temps travaillez-vous ici ? ▸ **place of work** lieu *m* de travail / *we had lunch at a little place in the country* nous avons déjeuné dans un petit restaurant de campagne ▸ **to shout** or **to scream the place down** *inf* hurler comme un forcené **4.** [house] maison *f* ; [flat] appartement *m* / *nice place you've got here* c'est joli chez vous / *your place or mine?* on va chez toi ou chez moi ? / *they met up at Ali's place* ils se sont retrouvés chez Ali **5.** [proper or assigned position] place *f* / *take your places!* prenez vos places ! / *I lost my place in the queue* j'ai perdu ma place dans la file d'attente / *everything is in its place* tout est à sa place / *put it back in its proper place* remets-le à sa place / *push the lever till it clicks into place* poussez le levier jusqu'au déclic / *suddenly everything fell* or *clicked into place*

a) *fig* [I saw the light] tout à coup, ça a fait tilt **b)** [everything went well] tout d'un coup, tout s'est arrangé / *I'll soon put him in his place* j'aurai vite fait de le remettre à sa place ▸ **to know one's place** savoir se tenir à sa place / *it's not really my place to say* ce n'est pas à moi de le dire **6.** [role, function] place *f* / *what would you do (if you were) in my place?* que feriez-vous (si vous étiez) à ma place ? / *try and put yourself in his place* essaie de te mettre à sa place / *it occupies a central place in his philosophy* cela occupe une place centrale dans sa philosophie / *robots took the place of human workers* des robots ont remplacé les hommes dans l'accomplissement de leur tâche / *if she leaves there's nobody to take* or *to fill her place* si elle part, il n'y a personne pour la remplacer / *he needs to find his place in society* il a besoin de trouver sa place dans la société **7.** [seat - on train, in theatre, etc.] place *f* ; [- on committee] siège *m* / *she gave up her place to an old man* elle a offert sa place à un vieux monsieur / *save me a place* garde-moi une place ▸ **to change places with sb a)** *lit* échanger sa place contre celle de qqn **b)** *fig* être à la place de qqn / *we changed places so that he could sit by the window* nous avons échangé nos places pour qu'il puisse s'asseoir près de la fenêtre / *I wouldn't change places with her for anything* pour rien au monde je n'aimerais être à sa place / *there are a few places left on the next flight* il reste quelques places sur le prochain vol / *she has a place on the new commission* elle siège à la nouvelle commission **8.** [table setting] couvert *m* / *how many places should I set?* combien de couverts dois-je mettre ? **9.** [post, vacancy] place *f*, poste *m* / *to get a place at university* être admis à l'université / *there is keen competition for university places* il y a une forte compétition pour les places en faculté **10.** [ranking - in competition, hierarchy, etc.] place *f* / *the prize for second place* le prix pour la deuxième place / *Brenda took third place in the race / exam* Brenda a terminé troisième de la course / a été reçue troisième à l'examen / *the team is in fifth place* l'équipe est en cinquième position / *for me, work takes second place to my family* pour moi, la famille passe avant le travail **11.** [in book, speech, etc.] : *I've lost my place* je ne sais plus où j'en étais **12.** MATH : *to 3 decimal places* or *to 3 places of decimals* jusqu'à la troisième décimale, trois chiffres après la virgule **13.** PHR **to take place** avoir lieu / *the meeting will take place in Geneva* la réunion aura lieu à Genève. ◆ vt **1.** [put, set] placer, mettre / *she placed the vase on the shelf* elle plaça le vase sur l'étagère / *he placed an ad in the local paper* il a fait passer or mis une annonce dans le journal local / *the proposals have been placed before the committee* les propositions ont été soumises au comité **2.** [find work or a home for] placer ▸ **to place sb in care** placer qqn / *all the refugee children have been placed* tous les enfants réfugiés ont été placés **3.** *(usu passive)* [situate] placer, situer / *you are better placed to judge than I am* vous êtes mieux placé que moi pour en juger / *we met several people similarly placed* nous avons rencontré plusieurs personnes qui se trouvaient dans la même situation / *how are you placed for money at the moment?* quelle est ta situation financière en ce moment ? **4.** *(usu passive)* [rank - in competition, race, etc.] placer, classer / *she was placed third* elle était en troisième position / *the runners placed in the first five go through to the final* les coureurs classés dans les cinq premiers participent à la finale / *the horse we bet on wasn't even placed* le cheval sur lequel nous avions parié n'est même pas arrivé placé / *I would place her amongst the best writers of our time* je la classerais parmi les meilleurs écrivains de notre époque **5.** [identify] (se) remettre / *I can't place him* je n'arrive pas à (me) le remettre **6.** [order] placer, passer ; [bet] placer / *place your bets!* [in casino] faites vos jeux ! **7.** FIN [invest] placer ; [sell] écouler. ◆ vi US [in racing] être placé.

❖ **all over the place** adv phr **1.** [everywhere] partout, dans tous les coins / *you always leave your things all over the place!* tu laisses toujours traîner tes affaires partout ! **2.** [in disorder] en désordre / *my hair's all over the place* je suis complètement décoiffé **3.** [very erratic, inaccurate] pas au point *hum* / *their filing system's all over the place* leur système de classement n'est pas du tout au point.

❖ **in place** adv phr **1.** [steady] en place / *hold it in place while I nail it in* tiens-le en place pendant que je le cloue **2.** [on the spot - run, jump] sur place.

❖ **in place of** prep phr à la place de / *she came in place of her sister* elle est venue à la place de sa sœur.

❖ **in places** adv phr par endroits.

❖ **in the first place** adv phr : *what drew your attention to it in the first place?* qu'est-ce qui a attiré votre attention à l'origine or en premier lieu ? / *I didn't want to come in the first place* d'abord, je ne voulais même pas venir / *in the first place, it's too big, and in the second place...* premièrement, c'est trop grand, et deuxièmement..., primo, c'est trop grand, et secundo...

❖ **out of place** adj phr : *the wardrobe looks out of place in such a small room* l'armoire n'a pas l'air à sa place dans une pièce aussi petite / *he felt out of place amongst so many young people* il ne se sentait pas à sa place parmi tous les jeunes / *such remarks are out of place at a funeral* de telles paroles sont déplacées lors d'un enterrement.

> ⚠ The French word **place** can rarely be used to translate place. See the entry for details.

placebo [plə'si:bəʊ] *(pl* **placebos** *or* **placeboes***)* n *lit & fig* placebo *m*.

placebo effect n MED effet *m* placebo.

place card n *carte marquant la place des convives à table.*

place kick n SPORT coup *m* de pied placé.

place mat n set *m* (de table).

placement ['pleɪsmənt] n **1.** [gen - act of putting, sending] placement *m* ; [situation, position] situation *f*, localisation *f* **2.** [job-seeking] placement *m* ▸ **placement office** US UNIV centre *m* d'orientation (professionnelle) ▸ **placement service** agence *f* pour l'emploi **3.** [work experience] stage *m* en entreprise.

placename ['pleɪsneɪm] n toponyme *m* ▸ **the study of placenames** la toponymie.

placenta [plə'sentə] *(pl* **placentas** *or* **placentae** [-ti:]) n placenta *m*.

place setting n couvert *m*.

placid ['plæsɪd] adj [person, attitude] placide ; [lake, town] tranquille, calme.

placidity [plə'sɪdətɪ] n [of person, attitude] placidité *f* ; [of place] calme *m*, tranquillité *f*.

placidly ['plæsɪdlɪ] adv placidement.

placing ['pleɪsɪŋ] n [act of putting] placement *m* ; [situation, position] situation *f*, localisation *f* ; [arrangement] disposition *f*.

placket ['plækɪt] n SEW patte *f* (de boutonnage).

plagiarism ['pleɪdʒjərɪzm] n plagiat *m* / *it's a crude (piece of) plagiarism* c'est un plagiat grossier.

plagiarist ['pleɪdʒjərɪst] n plagiaire *mf*.

plagiarize, **plagiarise** ['pleɪdʒəraɪz] vt plagier.

plague [pleɪg] ◆ n **1.** [bubonic] ▸ **the plague** la peste ▸ **to avoid sb like the plague** fuir qqn comme la peste / *he avoids work like the plague* il est allergique au travail *hum* ▸ **a plague on them!** *arch* qu'ils crèvent ! **2.** [epidemic] épidémie *f* / *there's been a veritable plague of burglaries* il y a eu toute une série de cambriolages **3.** [scourge] fléau *m* ; BIBLE plaie *f* / *a plague of rats* une invasion de rats **4.** *inf* [annoying person] enquiquineur *m*, -euse *f*. ◆ vt **1.** [afflict] tourmenter / *the region is plagued by floods* la région est en proie aux inondations / *we are plagued with tourists in the summer* l'été, nous sommes envahis par les touristes / *we are plagued with mosquitoes in the summer* l'été, nous sommes infestés de moustiques / *it's an old injury that still plagues him* c'est une vieille blessure dont il souffre encore / *the industry has been plagued with strikes this year* l'industrie a beaucoup souffert des grèves cette année **2.** [pester] harceler / *to plague sb with telephone calls* harceler qqn de coups de téléphone.

plaguey, **plaguy** ['pleɪgɪ] adj *inf & dated* enquiquinant.

plaice [pleɪs] *(pl* **plaice** *or* **plaices***)* n carrelet *m*, plie *f*.

plaid [plæd] ◆ n **1.** [fabric, design] tartan *m*, tissu *m* écossais **2.** [worn over shoulder] plaid *m*. ◆ adj (en tissu) écossais.

Plaid Cymru [,plaɪd'kʌmrɪ] pr n *parti nationaliste gallois.*

plain [pleɪn] ◆ n **1.** plaine *f* **2.** [in knitting] maille *f* à l'endroit. ◆ adj **1.** [not patterned, unmarked] uni / *plain blue wallpaper* papier peint bleu uni / *under plain cover* or *in a plain envelope* sous pli discret / *plain paper* **a)** [unheaded] papier sans en-tête **b)** [unruled] papier non réglé **2.** [simple, not fancy] simple / *a plain dress* une robe toute simple / *he's just a plain soldier* il n'est que simple soldat / *she was just plain Sarah Ferguson then* elle s'appelait tout simplement Sarah Ferguson à l'époque / *I like good plain cooking* j'aime la bonne cuisine bourgeoise or simple ; [with nothing added - omelette, rice] nature *(inv)* / *a plain piece of bread and butter* une simple tartine beurrée **3.** [clear, obvious] clair, évident, manifeste / *it's plain that he's lying* il est clair or évident qu'il ment / *it soon became plain that I was lost* j'ai vite réalisé or je me suis vite rendu compte que j'étais égaré / *his embarrassment was plain to see* on pouvait voir qu'il était gêné, sa gêne était évidente / *the facts are plain* c'est clair, les choses sont claires / *I want to make our position absolutely plain to you* je veux que vous compreniez bien notre position / *she made her intentions plain* elle n'a pas caché ses intentions / *he made it plain to us that he wasn't interested* il nous a bien fait comprendre que cela ne l'intéressait pas / *I thought I'd made myself plain* je croyais avoir été assez clair / *in plain language* de manière claire ▸ **it's as plain as a pikestaff** or **as the nose on your face** *inf* c'est clair comme de l'eau de roche, ça saute aux yeux **4.** [blunt, unambiguous] franc (franche) / *the plain truth of the matter is I'm bored* la vérité, c'est que je m'ennuie / *let me be plain with you* je vais être franc avec vous / *I want a plain yes or no answer* je veux une réponse claire et nette / *the time has come for plain words* or *speaking* le moment est venu de parler franchement / *I told him in plain English what I thought* je lui ai dit ce que je pensais sans mâcher mes mots **5.** [unattractive] pas très beau, quelconque ▸ **a plain Jane** : *she's a bit of a plain Jane* ce n'est pas une beauté or une Vénus **6.** [in knitting] ▸ **plain stitch / row** maille *f* / rang *m* à l'endroit / *plain one, purl two* une maille à l'endroit, deux à l'envers. ◆ adv **1.** [clearly] franchement, carrément / *you couldn't have put it any plainer* tu n'aurais pas pu être plus clair **2.** US *inf* [utterly] complètement, carrément / *he's just plain crazy* il est complètement cinglé / *I just plain forgot!* j'ai tout bonnement oublié !

plainchant ['pleɪntʃɑ:nt] = **plainsong**.

plain chocolate n chocolat *m* noir or à croquer.

plain clothes pl n ▸ **to be in** or **to wear plain clothes** être en civil.

❖ **plain-clothes** adj en civil.

plainclothesman [pleɪnkləðzmən] *(pl* **plainclothesmen** [-mən]) n policier *m* en civil.

plain flour n farine *f* (sans levure).

plainly ['pleɪnlɪ] adv **1.** [manifestly] clairement, manifestement / *you plainly weren't listening* manifestement, vous n'écoutiez pas, il est évident que vous n'écoutiez pas / *he was plainly tired* il était visiblement fatigué / *she's plainly his favourite* il est clair qu'elle est sa préférée **2.** [distinctly - remember, hear] clairement, distinctement **3.** [simply - dress, lunch] simplement **4.** [bluntly, unambiguously] franchement, carrément, sans ambages.

plainness ['pleɪnnɪs] n **1.** [of clothes, cooking] simplicité *f* **2.** [clarity, obviousness] clarté *f* **3.** [unattractiveness] physique *m* quelconque or ingrat.

plain-paper adj [fax, printer] à papier ordinaire.

plain sailing n : *it's plain sailing from now on* maintenant ça va marcher tout seul or comme sur des roulettes.

Plains Indian n Indien *m*, -enne *f* des Plaines or Prairies.

plainsman ['pleɪnzmən] (*pl* **plainsmen** [-mən]) n [gen] habitant *m* de la plaine ; [of Great Plains] habitant *m* de la (Grande) Prairie.

plainsong ['pleɪnsɒŋ] n plain-chant *m*.

plain-spoken [-'spəʊkn] adj qui a son franc-parler.

plaint [pleɪnt] n *liter* plainte *f*, lamentation *f*.

plain text n COMPUT texte seul.

plaintiff ['pleɪntɪf] n LAW demandeur *m*, -eresse *f*, plaignant *m*, -e *f*.

plaintive ['pleɪntɪv] adj [voice, sound] plaintif.

plaintively ['pleɪntɪvlɪ] adv plaintivement.

plait [plæt] ◆ n [of hair] natte *f*, tresse *f* ; [of straw] tresse *f*. ◆ vt [hair, rope, grass] natter, tresser ; [garland] tresser.

plan [plæn] (*pt & pp* **planned**, *cont* **planning**) ◆ n **1.** [strategy] plan *m*, projet *m* ▸ **to draw up** or **to make a plan** dresser or établir un plan / *what's your plan of action* or *campaign?* qu'est-ce que vous comptez faire ? ▸ **to put a plan into operation** mettre un plan en œuvre ▸ **to go according to plan** se dérouler comme prévu or selon les prévisions ▸ **five-year plan** ECON plan quinquennal ▸ **flight / career plan** plan de vol / de carrière / *we'll have to try plan B* il faudra qu'on essaie l'autre solution **2.** [intention, idea] projet *m* / *I had to change my holiday plans* j'ai dû changer mes projets de vacances / *we had made plans to stay at a hotel* nous avions prévu de descendre à l'hôtel / *what are your plans for Monday?* qu'est-ce que tu as prévu pour lundi ? / *the plan is to meet up at John's* l'idée, c'est de se retrouver chez John **3.** [diagram, map] plan *m* / *I'll draw you a plan of the office* je vais vous dessiner un plan du bureau **4.** [outline - of book, essay, lesson] plan *m* ▸ **rough plan** canevas *m*, esquisse *f* **5.** ARCHIT plan *m* / *drawn in plan and in elevation* dessiné en plan et en élévation. ◆ vt **1.** [organize in advance - project] élaborer ; [- concert, conference] organiser, monter ; [- crime, holiday, trip, surprise] préparer ; ECON planifier / *plan your time carefully* organisez votre emploi du temps avec soin / *they're planning a surprise for you* ils te préparent une surprise / *they're planning a new venture* ils ont en projet une nouvelle entreprise / *the Pope's visit is planned for March* la visite du pape doit avoir lieu en mars / *an industrial estate is planned for this site* il est prévu d'aménager un parc industriel sur ce site / *everything went as planned* tout s'est déroulé comme prévu **2.** [intend] projeter / *we're planning to go to the States* nous projetons d'aller aux États-Unis / *plan to finish it in about four hours* comptez environ quatre heures pour le terminer **3.** [design - house, garden, town] concevoir, dresser les plans de **4.** [make outline of - book, essay] faire le plan de, esquisser ; [- lesson] préparer. ◆ vi faire des projets / *it is important to plan ahead* il est important de faire des projets pour l'avenir.

❖ **plan for** vt insep prévoir / *we didn't plan for this many people* nous n'avions pas prévu or nous n'attendions pas autant de monde / *you must plan for everything* vous devez tout prévoir or parer à toute éventualité.

❖ **plan on** vt insep **1.** [intend] projeter / *what are you planning on doing?* qu'est-ce que vous projetez de faire or vous avez l'intention de faire ? **2.** [expect] compter sur / *we hadn't planned on it raining* nous n'avions pas prévu qu'il pleuvrait.

planar ['pleɪnər] adj GEOM plan.

pl& MESSAGING written abbr of **planned**.

plane [pleɪn] ◆ n **1.** [aeroplane] avion *m* ▸ **plane crash** accident d'avion **2.** ARCHIT, ART & MATH plan *m* ▸ **vertical plane** plan vertical **3.** [level, degree] plan *m* / *she's on a higher intellectual plane* elle est d'un niveau intellectuel plus élevé **4.** [tool] rabot *m* **5.** BOT ▸ **plane (tree)** platane *m*. ◆ adj [flat] plan, plat ; MATH plan ▸ **plane geometry** géométrie *f* plane. ◆ vi **1.** [glide] planer **2.** *inf* [travel by plane] voyager par or en avion / *we planed back* on est revenus par avion. ◆ vt [in carpentry] ▸ **to plane (down)** raboter.

planet ['plænɪt] n planète *f*.

planetarium [ˌplænɪ'teərɪəm] (*pl* **planetariums** *or* **planetaria** [-rɪə]) n planétarium *m*.

planetary ['plænɪtrɪ] adj planétaire.

planetology [ˌplænɪ'tɒlədʒɪ] n planétologie *f*.

plangent ['plændʒənt] adj *liter* [loud] sonore, retentissant ; [sad] plaintif, mélancolique.

planisphere ['plænɪˌsfɪər] n planisphère *m*.

plank [plæŋk] ◆ n **1.** [board] planche *f* ▸ **to walk the plank** subir le supplice de la planche **2.** POL article *m* / *the main plank of their policy* la pièce maîtresse de leur politique **3.** UK *inf* [stupid person] andouille *f*. ◆ vt [floor, room] planchéier.

planking ['plæŋkɪŋ] n *(U)* planches *fpl*, planchéiage *m* / *the floor consists of rough planking* quelques planches mal dégrossies font office de plancher.

plankton ['plæŋktən] n plancton *m*.

planned [plænd] adj [trip] projeté ; [murder] prémédité ; [baby] désiré, voulu / *news of the planned sale was leaked* le projet de vente s'est ébruité / *a demonstration against the planned nuclear power station* une manifestation contre le projet de centrale nucléaire / *Shula was a planned baby* Shula était un bébé désiré or voulu ▸ **planned economy** ECON économie *f* planifiée or dirigée ▸ **planned obsolescence** INDUST obsolescence *f* planifiée, désuétude *f* calculée ▸ **planned parenthood** planning *m* familial ▸ **planned redundancy scheme** plan *m* social.

planner ['plænər] n **1.** [gen & ECON] planificateur *m*, -trice *f* ▸ **programme planner** RADIO & TV programmateur *m*, -trice *f* ▸ **(town) planner** urbaniste *mf* **2.** [in diary, on wall] planning *m*.

planning ['plænɪŋ] n **1.** [of concert, conference] organisation *f* ; [of lesson, menu] préparation *f* ; [of campaign] organisation *f*, préparation *f* / *the new product is still in the planning stage* le nouveau produit n'en est encore qu'au stade de projet **2.** [of economy, production] planification *f* / *demographic planning* planification des naissances **3.** [of town, city] urbanisme *m*.

planning blight n *(U)* UK *effets négatifs possibles de l'urbanisation.*

planning permission n *(U)* permis *m* de construire.

plant [plɑːnt] ◆ n **1.** BOT plante *f* **2.** [factory] usine *f* **3.** *(U)* [industrial equipment] équipement *m*, matériel *m* ; [buildings and equipment] bâtiments et matériel **4.** *inf* [frame-up] coup *m* monté / *he claims the heroin was a plant by the police* il prétend que l'héroïne a été mise là par la police (pour le compromettre) **5.** *inf* [infiltrator] agent *m* infiltré, taupe *f*. ◆ comp BOT ▸ **plant food** engrais *m (pour plantes d'appartement)* ▸ **plant life** flore *f*. ◆ vt **1.** [flowers, crops, seed] planter / *fields planted with wheat* des champs (plantés) de blé **2.** *inf* [firmly place] planter / *she planted herself in the doorway* elle se planta or se campa dans l'entrée ; [offload] : *don't try and plant the blame on me!* UK n'essaie pas de me faire porter le chapeau ! / *they planted their kids on us for the weekend* ils nous ont laissé leurs gosses sur les bras pour le week-end **3.** *inf* [give - kick, blow] envoyer, donner ; [- kiss] planter / *he planted a punch on his nose* il lui a mis un coup de poing sur le nez **4.** [in someone's mind] mettre, introduire / *her talk planted doubts in their minds* son discours a semé le doute dans leur esprit / *who planted that idea in your head?* qui t'a mis cette idée dans la tête ? **5.** [hide - bomb] mettre, placer ; [- microphone] cacher ; [infiltrate - spy] infiltrer / *he says the weapons were planted in his flat* il prétend que les armes ont été placées dans son appartement pour le compromettre ▸ **to plant evidence on sb** cacher un objet compromettant sur qqn pour l'incriminer.

❖ **plant out** vt sep [young plants] repiquer.

Plantagenet [plæn'tædʒənɪt] n Plantagenêt *mf*.

plantain ['plæntɪn] n plantain *m*.

plantar ['plæntər] adj plantaire ▸ **plantar wart** verrue *f* plantaire.

plantation [plæn'teɪʃn] n plantation *f* ▸ **sugar plantation** plantation de canne à sucre.

planter ['plɑːntər] n **1.** [person] planteur *m*, -euse *f* ▸ **tea planter** planteur de thé **2.** [machine] planteuse *f* **3.** [flowerpot holder] cache-pot *m inv* ; [for several plants] bac *m* à fleurs.

planter's punch n (punch *m*) planteur *m*.

plantigrade ['plæntɪgreɪd] ◆ adj plantigrade. ◆ n plantigrade *m*.

plant kingdom n ▸ **the plant kingdom** le règne végétal.

plant louse n puceron *m*.

plant pot n pot *m* (de fleurs).

plant stand n guéridon *m*.

plaque [plɑːk] n **1.** [on wall, monument] plaque *f* **2.** DENT ▸ **(dental) plaque** plaque *f* dentaire.

plash [plæʃ] *liter* ◆ n [of waves, oars] clapotement *m*, clapotis *m* ; [of stream, fountain] murmure *m*. ◆ vi [waves] clapoter ; [oars] frapper l'eau avec un bruit sourd ; [stream, fountain] murmurer.

plashy ['plæʃɪ] (*compar* **plashier**, *superl* **plashiest**) adj *liter* [marshy] marécageux.

plasma ['plæzmə] n MED & PHYS plasma *m*.

plasma cell n plasmocyte *m*.

plasma screen n TV écran *m* (à) plasma.

plasma TV n télévision *f* à plasma.

plaster ['plɑːstər] ◆ n **1.** [for walls, modelling] plâtre *m* ▸ **plaster of Paris** plâtre de Paris or à mouler **2.** [for broken limbs] plâtre *m* / *her arm was in plaster* UK elle avait le bras dans le plâtre **3.** UK [for cut] ▸ **(sticking) plaster** pansement *m* (adhésif) ▸ **corn plasters** pansements coricides. ◆ comp [model, statue] de or en plâtre. ◆ vt **1.** CONSTR & MED plâtrer **2.** [smear - ointment, cream] enduire / *she had plastered make-up on her face* or *her face was plastered with make-up* elle avait une belle couche de maquillage sur la figure / *they were plastered with mud* ils étaient couverts de boue **3.** [make stick] coller / *the rain had plastered his shirt to his back* la pluie lui avait plaqué la chemise sur le dos / *he tried to plaster his hair down with oil* il mit de l'huile sur ses cheveux pour essayer de les plaquer sur sa tête **4.** [cover] ▸ **to plaster sthg with** couvrir qqch de / *to plaster a wall with notices* or *to plaster notices over a wall* couvrir un mur d'affiches / *the town was plastered with election posters* les murs de la ville étaient tapissés or recouverts d'affiches électorales **5.** *inf* [defeat heavily] écraser ; [beat up] tabasser, passer à tabac.

❖ **plaster over**, **plaster up** vt sep [hole, crack] boucher (avec du plâtre).

plasterboard ['plɑːstəbɔːd] n Placoplâtre® *m*.

plaster cast n **1.** MED plâtre *m* **2.** ART moule *m* (en plâtre).

plastered ['plɑːstəd] adj *inf* [drunk] bourré ▸ **to get plastered** se soûler.

plasterer ['plɑːstərər] n plâtrier *m*.

plastering ['plɑːstərɪŋ] n CONSTR plâtrage *m*.

plasterwork ['plɑːstəwɜːk] n *(U)* CONSTR plâtre *m*, plâtres *mpl*.

plastic ['plæstɪk] ◆ n **1.** [material] plastique *m*, matière *f* plastique ▸ **the plastics industry** l'industrie du plastique **2.** *(U) inf* [credit cards] cartes *fpl* de crédit / *she pays for everything with plastic* elle règle tous ses achats avec des cartes de crédit ▸ **to put sthg on plastic** acheter qqch avec une carte de crédit. ◆ adj **1.** [made of plastic] en or de plastique / *plastic cups* gobelets *mpl* en plastique **2.** [malleable] plastique, malléable ; [adaptable] influençable **3.** ART plastique ▸ **the plastic arts** les arts *mpl* plastiques **4.** *inf & pej* [artificial] synthétique / *the plastic rubbish they call bread* cette espèce de caoutchouc qu'ils appellent du pain.

plastic bomb n charge *f* de plastique, bombe *f* au plastique.

plastic bullet n balle *f* en plastique.

plastic explosive n plastic *m* / *the laboratory was blown up with plastic explosives* le laboratoire a été plastiqué.

Plasticine® ['plæstɪsiːn] n pâte *f* à modeler.

plasticity [plæs'tɪsətɪ] n plasticité *f*.

plasticize, **plasticise** ['plæstɪsaɪz] vt plastifier.

plastic money n *(U) inf* cartes *fpl* de crédit.

plastic surgeon n [cosmetic] chirurgien *m*, -enne *f* esthétique ; [therapeutic] plasticien *m*, -enne *f*.

plastic surgery n [cosmetic] chirurgie *f* esthétique ; [therapeutic] chirurgie *f* plastique or réparatrice / *she had plastic surgery on her nose* elle s'est fait refaire le nez.

plastic wrap n US film *m* alimentaire.

plastron ['plæstrən] n plastron *m*.

plate [pleɪt] ◆ n **1.** [for eating] assiette *f* ; [for serving] plat *m* / *he ate a huge plate of spaghetti* il a mangé une énorme assiette de spaghetti ▸ **to hand sthg to sb on a plate** donner *or* apporter qqch à qqn sur un plateau (d'argent) / *she was handed the job on a plate* on lui a offert cet emploi sans qu'elle ait à lever le petit doigt ▸ **to have a lot on one's plate** avoir du pain sur la planche **2.** [piece of metal, glass, etc.] plaque *f* ; [rolled metal] tôle *f* / *he has a metal plate in his thigh* il a une plaque en métal dans la cuisse ▸ **microscope plate** lamelle *f* **3.** [with inscription] plaque *f* / *a car with foreign plates* une voiture avec une plaque d'immatriculation étrangère *or* immatriculée à l'étranger **4.** [on cooker] plaque *f* (de cuisson) **5.** [dishes, cutlery - silver] vaisselle *f* en argent ; [-gold] vaisselle *f* en or / *the burglars took all the (silver) plate* les cambrioleurs ont pris toute l'argenterie **6.** [coated metal] plaqué *m* ; [metal coating] placage *m* / *the knives are silver plate* les couteaux sont en plaqué argent **7.** TYPO [for printing] cliché *m* ; [for engraving] planche *f* ; [illustration] planche *f*, hors-texte *m inv* ▸ **offset plate** plaque *f* offset **8.** PHOT plaque *f* (sensible) **9.** [for church collection] plateau *m* (de quête) **10.** ANAT & ZOOL plaque *f* **11.** [denture] dentier *m*, appareil *m or* prothèse *f* dentaire ; [for straightening teeth] appareil *m* (orthodontique) **12.** [in earth's crust] plaque *f* **13.** [trophy, race] trophée *m* **14.** ELEC & ELECTRON plaque *f*. ◆ vt **1.** [coat with metal] plaquer **2.** [cover with metal plates] garnir de plaques ; [armour plate] blinder **3.** TYPO clicher.

❖ **Plate** pr n ▸ **the River plate** le Rio de la Plata.

plate armour n armure *f (en plaques de fer).*

plateau ['plætəʊ] (*pl* **plateaus** *or* **plateaux** [-təʊz]) n GEOG & *fig* plateau *m* ▸ **to reach a plateau** [activity, process] atteindre un palier.

plateful ['pleɪtfʊl] n assiettée *f*, assiette *f*.

plate glass n verre *m* (à vitres).

❖ **plate-glass** adj en verre ▸ **plate glass window** vitrine *f*.

plate-hanger n accroche-plat *m*.

platelayer ['pleɪt,leɪəʳ] n UK RAIL poseur *m* de rails.

platelet ['pleɪtlɪt] n ANAT plaquette *f* (sanguine).

platemaking ['pleɪtmeɪkɪŋ] n PRINT préparation *f* des plaques offset.

platen ['plætn] n **1.** [on typewriter] rouleau *m*, cylindre *m* ▸ **platen knob** bouton *m* (d'entraînement) du cylindre **2.** [in printing press] platine *f* **3.** [on machine tool] table *f*, plateau *m*.

plate rack n égouttoir *m*.

plate tectonics n *(U)* tectonique *f* des plaques.

platewarmer ['pleɪt,wɔːməʳ] n chauffe-plats *m inv*.

platform ['plætfɔːm] n **1.** [stage] estrade *f* ; [for speakers] tribune *f* ; *fig* tribune *f* / *she shared the platform with her rival* elle était à la même tribune que son rival / *it serves as a platform for their racist views fig* cela sert de tribune pour propager leurs opinions racistes **2.** [raised structure] plate-forme *f* ▸ **gun platform** plate-forme de tir ▸ **loading platform** quai *m* de chargement **3.** [at station] quai *m* **4.** POL [programme] plate-forme *f* ▸ **electoral platform** plate-forme électorale **5.** UK [on bus] plate-forme *f* **6.** COMPUT plate-forme *f*.

❖ **platforms** = **platform shoes.**

platform-agnostic adj multiplateformes.

platform scale n (balance *f* à) bascule *f*.

platform shoes pl n chaussures *fpl* à semelle compensée.

platform-soled adj à semelles compensées.

platform soles pl n semelles *fpl* compensées.

platform ticket n ticket *m* de quai.

plating ['pleɪtɪŋ] n [gen] placage *m* ; [in gold] dorage *m*, dorure *f* ; [in silver] argentage *m*, argenture *f* ; [in nickel] nickelage *m*.

platinum ['plætɪnəm] ◆ n platine *m*. ◆ comp [jewellery, pen] en platine. ◆ adj [colour] platine *(inv)*.

platinum blonde n blonde *f* platine.

❖ **platinum-blonde** adj (blond) platine *(inv)*.

platinum record n MUS disque *m* de platine.

platitude ['plætɪtjuːd] n **1.** [trite remark] platitude *f*, lieu *m* commun **2.** [triteness] platitude *f*.

platitudinous [,plætɪ'tjuːdɪnəs] adj *fml* banal, d'une grande platitude.

Plato ['pleɪtəʊ] pr n Platon.

platonic [plə'tɒnɪk] adj [love, relationship] platonique.

❖ **Platonic** adj PHILOS platonicien.

Platonism ['pleɪtənɪzm] n platonisme *m*.

Platonist ['pleɪtənɪst] n platonicien *m*, -enne *f*.

platoon [plə'tuːn] n MIL section *f* ; [of bodyguards, firemen, etc.] armée *f*.

platter ['plætəʳ] n **1.** [for serving] plat *m* ▸ **seafood platter** plateau *m* de fruits de mer **2.** US *inf* [record] disque *m*.

platypus ['plætɪpəs] n ornithorynque *m*.

plaudits ['plɔːdɪts] pl n *fml* **1.** [applause] applaudissements *mpl* **2.** [praise] éloges *mpl* / *her poetry won her plaudits from the critics* ses poésies lui ont valu les éloges de la critique.

plausibility [,plɔːzə'bɪlətɪ] n plausibilité *f*.

plausible ['plɔːzəbl] adj [excuse, alibi, theory] plausible ; [person] crédible / *he's a very plausible liar* il ment de façon très convaincante.

plausibly ['plɔːzəblɪ] adv de façon convaincante / *he argued his case very plausibly* il s'est défendu de façon très convaincante.

Plautus ['plɔːtəs] pr n Plaute.

play [pleɪ] ◆ vt **1.** [games, cards] jouer à / *to play tennis / poker / dominoes* jouer au tennis / au poker / aux dominos / *to play hide-and-seek* jouer à cache-cache / *the children were playing dolls / soldiers* les enfants jouaient à la poupée / aux soldats / *how about playing some golf after work?* si on faisait une partie de golf après le travail ? / *do you play any sports?* pratiquez-vous un sport ? / *squash is played indoors* le squash se pratique en salle ▸ **to play the game a)** SPORT jouer selon les règles **b)** *fig* jouer le jeu / *I won't play his game* je ne vais pas entrer dans son jeu / *she's playing games with you* elle te fait marcher ▸ **to play it cool** *inf* ne pas s'énerver, garder son calme ▸ **to play favorites** US faire du favoritisme ▸ **to play sb for a fool** rouler qqn / *the meeting's next week, how shall we play it? inf* la réunion aura lieu la semaine prochaine, quelle va être notre stratégie ? ▸ **to play (it) safe** ne pas prendre de risque, jouer la sécurité **2.** [opposing player or team] jouer contre, rencontrer / *Italy plays Brazil in the finals* l'Italie joue contre *or* rencontre le Brésil en finale / *I played him at chess* j'ai joué aux échecs avec lui / *he will play Karpov* il jouera contre Karpov **3.** [match] jouer, disputer ▸ **to play a match against sb** disputer un match avec *or* contre qqn / *how many tournaments has he played this year?* à combien de tournois a-t-il participé cette année ? / *the next game will be played on Sunday* la prochaine partie aura lieu dimanche **4.** [player] faire jouer / *the coach didn't play her until the second half* l'entraîneur ne l'a fait entrer (sur le terrain) qu'à la deuxième mi-temps **5.** [card, chess piece] jouer ▸ **to play spades / trumps** jouer pique / atout / *how should I play this hand?* comment devrais-je jouer cette main ? ▸ **to play one's ace** : *she played her ace* **a)** *lit* elle a joué son as **b)** *fig* elle a abattu sa carte maîtresse ▸ **to play one's cards close to one's chest** cacher son jeu **6.** [position] jouer / *he plays winger / defence* il joue ailier / en défense **7.** [shot, stroke] jouer / *she played a chip shot to the green* elle a fait un coup coché jusque sur le green / *try playing your backhand more* essayez de faire plus de revers / *to play a six iron* [in golf] jouer un fer numéro six / *he played the ball to me* il m'a envoyé la balle **8.** [gamble on - stock market, slot machine] jouer à / *to play the horses* jouer aux courses / *to play the property market* spéculer sur le marché immobilier / *he played the red / the black* il a misé sur le rouge / le noir **9.** [joke, trick] ▸ **to play a trick / joke on sb** jouer un tour / faire une farce à qqn / *your memory's playing tricks on you* votre mémoire vous joue des tours **10.** CIN & THEAT [act - role, part] jouer, interpréter / *Cressida was played by Joan Dobbs* le rôle de Cressida était interprété par Joan Dobbs / *who played the godfather in Coppola's film?* qui jouait le rôle du parrain dans le film de Coppola ? ; *fig* ▸ **to play a part** *or* **role in sthg** prendre part *or* contribuer à qqch / *an affair in which prejudice plays its part* une affaire dans laquelle les préjugés entrent pour beaucoup *or* jouent un rôle important **11.** CIN & THEAT [perform at - theatre, club] : *they played Broadway last year* ils ont joué à Broadway l'année dernière / *"Othello" is playing the Strand for another week* « Othello » est à l'affiche du Strand pendant encore une semaine / *he's now playing the club circuit* il se produit maintenant dans les clubs **12.** [act as] : *to play the fool* faire l'idiot *or* l'imbécile / *some doctors play God* il y a des médecins qui se prennent pour Dieu sur terre ▸ **to play host to sb** recevoir qqn / *to play the hero* jouer les héros / *one played the heavy while the other asked the questions* l'un jouait les méchants tandis que l'autre posait les questions / *don't play the wise old professor with me!* ce n'est pas la peine de jouer les grands savants avec moi ! **13.** [instrument] jouer de ; [note, melody, waltz] jouer / *to play the violin* jouer du violon / *to play the blues* jouer du blues / *they're playing our song / Strauss* ils jouent notre chanson / du Strauss / *to play scales on the piano* faire des gammes au piano **14.** [put on - record, tape] passer, mettre ; [- radio] mettre, allumer ; [- tapedeck, jukebox] faire marcher / *don't play the stereo so loud* ne mets pas la chaîne si fort **15.** [direct - beam, nozzle] diriger / *he played his torch over the cave walls* il promena le faisceau de sa lampe sur les murs de la grotte **16.** [fish] fatiguer. ◆ vi **1.** jouer, s'amuser ; [frolic - children, animals] folâtrer, s'ébattre / *I like to work hard and play hard* quand je travaille, je travaille, quand je m'amuse, je m'amuse / *he didn't mean to hurt you, he was only playing* il ne voulait pas te faire de mal, c'était juste pour jouer / *don't play on the street!* ne jouez pas dans la rue ! / *to play with dolls / with guns* jouer à la poupée / à la guerre **2.** GAMES & SPORT jouer / *to play well / badly / regularly* jouer bien / mal / régulièrement / *it's her (turn) to play* c'est à elle de jouer, c'est (à) son tour ▸ **to play in a tournament** participer à un tournoi / *he plays in the Italian team* il joue dans l'équipe d'Italie / *she played into the left corner* elle a envoyé la balle dans l'angle gauche / *try playing to his backhand* essayez de jouer son revers ▸ **to play to win** jouer pour gagner ▸ **to play dirty a)** SPORT ne pas jouer franc jeu **b)** *fig* ne pas jouer le jeu ▸ **to play fair a)** SPORT jouer franc jeu **b)** *fig* jouer le jeu ▸ **to play into sb's hands** faire le jeu de qqn / *you're playing right into his hands!* tu entres dans son jeu ! ▸ **to play for time** essayer de gagner du temps **3.** [gamble] jouer ▸ **to play for drinks / for money** jouer les consommations / de l'argent **4.** MUS [person, band, instrument] jouer ; [record] passer / *I heard a guitar playing* j'entendais le son d'une guitare / *music played in the background* **a)** [recorded] des haut-parleurs diffusaient de la musique d'ambiance **b)** [band] un orchestre jouait en fond sonore / *is that Strauss playing?* est-ce que c'est du Strauss que l'on entend ? ; [radio, stereo] : *a radio was playing upstairs* on entendait une radio en haut / *the stereo was playing full blast* on avait mis la chaîne à fond **5.** CIN & THEAT [act] jouer / *the last film she played in* le dernier film dans lequel elle a joué **6.** CIN & THEAT [show, play, film] se jouer / *Hamlet is playing tonight* on joue Hamlet ce soir / *the film is playing to full houses* le film fait salle comble / *the same show has been playing there for five years* cela fait cinq ans que le même spectacle est à l'affiche / *now playing at all Park Cinemas* actuellement dans toutes les salles (de cinéma) Park / *what's playing at the Rex?* qu'est-ce qui passe au Rex ? ; [give performances] : *the company will be playing in the provinces* la compagnie va faire une tournée en province **7.** [feign] faire semblant ▸ **to play dead** faire le mort ▸ **to play dumb** *inf or* **innocent** faire l'innocent, jouer les innocents **8.** [breeze, sprinkler, light] ▸ **to play (on)** jouer (sur) / *sun played on the water* le soleil jouait sur l'eau / *a smile played on or about or over his lips* un sourire jouait sur ses lèvres / *lightning played across the sky* le ciel était zébré d'éclairs. ◆ n **1.** [fun, recreation] jeu *m* / *I like to watch the children at play* j'aime regarder les enfants jouer ▸ **play on words** jeu *m* de mots, calembour *m* **2.** SPORT [course, conduct of game] jeu *m* / *play was interrupted by a shower* le match a été interrompu par une averse / *play on the centre court is starting* la partie sur le court central commence / *there was some* *nice play from Brooks* Brooks a réussi de belles actions or a bien joué ▸ **to keep the ball in play** garder la balle en jeu ▸ **out of play** sorti, hors jeu ; US [move, manoeuvre] combinaison *f* / *she scored off a passing play* elle a marqué un but après une combinaison de passes / *the coach calls the plays* l'entraîneur choisit les combinaisons **3.** [turn] tour *m* / *whose play is it?* c'est à qui de jouer? **4.** [manoeuvre] stratagème *m* / *it was a play to get money / their sympathy* c'était un stratagème pour obtenir de l'argent / pour s'attirer leur sympathie ▸ **to make a play for sthg** : *he is making a play for the presidency* il se lance dans la course à la présidence ▸ **to make a play for sb** : *she made a play for my boyfriend* elle a fait des avances à mon copain **5.** [gambling] jeu *m* / *I lost heavily at last night's play* j'ai perdu gros au jeu hier soir **6.** [activity, interaction] jeu *m* / *the result of a complex play of forces* le résultat d'un jeu de forces complexe ▸ **to come into play** entrer en jeu ▸ **to bring sthg into play** mettre qqch en jeu **7.** THEAT pièce *f* (de théâtre) ▸ **to be in a play** jouer dans une pièce / *it's been ages since I've seen* or *gone to see a play* ça fait des années que je ne suis pas allé au théâtre ▸ **radio play** pièce radiophonique ▸ **television play** dramatique *f* **8.** TECH [slack, give] jeu *m* / *there's too much play in the socket* il y a trop de jeu dans la douille / *give the rope more play* donnez plus de mou à la corde ▸ **to give** or **to allow full play to sthg** *fig* donner libre cours à qqch **9.** [of sun, colours] jeu *m* / *I like the play of light and shadow in his photographs* j'aime les jeux d'ombre et de lumière dans ses photos **10.** *inf* [attention, interest] intérêt *m* / *the summit meeting is getting a lot of media play* les médias font beaucoup de tapage or battage autour de ce sommet / *in my opinion she's getting far too much play* à mon avis, on s'intéresse beaucoup trop à elle / *they made a lot of play* or *a big play about his war record* ils ont fait tout un plat de son passé militaire.

❖ **play about** vi UK [have fun - children] jouer, s'amuser ; [frolic] s'ébattre, folâtrer.

❖ **play about with** vt insep **1.** [fiddle with, tamper with] ▸ **to play about with sthg** jouer avec or tripoter qqch / *stop playing about with the aerial* arrête de jouer avec or de tripoter l'antenne / *I don't think we should be playing about with genes* à mon avis, on ne devrait pas s'amuser à manipuler les gènes **2.** [juggle - statistics, figures] jouer avec ; [consider - possibilities, alternatives] envisager, considérer / *I'll play about with the figures and see if I can come up with something more reasonable* je vais jouer un peu avec les chiffres et voir si je peux suggérer quelque chose de plus raisonnable / *she played about with several endings for her novel* elle a essayé plusieurs versions pour le dénouement de son roman **3.** *inf* [trifle with] ▸ **to play about with sb** faire marcher qqn.

❖ **play along** ◆ vi [cooperate] coopérer ▸ **to play along with sb** or **with sb's plans** entrer dans le jeu de qqn / *you'd better play along* tu as tout intérêt à te montrer coopératif. ◆ vt sep [tease, deceive] faire marcher.

❖ **play around** vi **1.** = **play about 2.** *inf* [have several lovers] coucher à droite et à gauche.

❖ **play around with** = **play about with.**

❖ **play at** vt insep **1.** [subj: child] jouer à / *to play at cops and robbers* jouer aux gendarmes et aux voleurs / *just what do you think you're playing at?* *fig* à quoi tu joues exactement? **2.** [dally in - politics, journalism] faire en dilettante / *you're just playing at being an artist* tu joues les artistes / *you can't play at being a revolutionary* tu ne peux pas t'improviser révolutionnaire.

❖ **play back** vt sep [cassette, film] repasser / *play the last ten frames back* repassez les dix dernières images.

❖ **play by** vt sep US *inf* : *play it by me again* reprenez votre histoire depuis le début.

❖ **play down** vt sep [role, difficulty, victory] minimiser / *we've been asked to play down the political aspects of the affair* on nous a demandé de ne pas insister sur le côté politique de l'affaire / *her book rightly plays down the conspiracy theory* son livre minimise à juste titre la thèse du complot.

❖ **play in** vt sep **1.** [in basketball] ▸ **to play the ball in** remettre la balle en jeu **2.** UK *fig* ▸ **to play o.s. in** s'habituer, se faire la main.

❖ **play off** vi [teams, contestants] jouer les barrages.

❖ **play off against** vt sep : *he played Bill off against his father* il a monté Bill contre son père / *he played his enemies off against each other* il a monté ses ennemis l'un contre l'autre.

❖ **play on** ◆ vt insep [weakness, naivety, trust] jouer sur / *his political strength comes from playing on people's fears* il tire sa force politique de sa capacité à jouer sur la peur des gens / *the waiting began to play on my nerves* l'attente commençait à me porter sur les nerfs. ◆ vi continuer à jouer / *the referee waved them to play on* l'arbitre leur fit signe de continuer à jouer.

❖ **play out** vt sep **1.** [enact - scene] jouer ; [- fantasy] satisfaire / *the drama was played out between rioters and police* les incidents ont eu lieu entre les émeutiers et les forces de police **2.** *(usu passive) inf* [exhaust] crever / *I'm played out* je suis crevé.

❖ **play through** vi [in golf] dépasser d'autres joueurs / *may we play through?* vous permettez que nous vous dépassions?

❖ **play up** ◆ vt sep **1.** [exaggerate - role, importance] exagérer ; [stress] souligner, insister sur / *in the interview, play up your sales experience* pendant l'entretien, mettez en avant or insistez sur votre expérience de la vente / *his speech played up his working-class background* son discours mettait l'accent sur ses origines populaires / *the press played up her divorce* la presse a monté son divorce en épingle **2.** UK *inf* [bother] tracasser / *my back is playing me up* mon dos me joue encore des tours / *don't let the kids play you up* ne laissez pas les enfants vous marcher sur les pieds. ◆ vi UK *inf* [cause problems] : *my back is playing up* mon dos me joue encore des tours / *he plays up when his mother leaves* il pique une crise chaque fois que sa mère s'en va / *the car is playing up at the moment* la voiture fait des siennes en ce moment.

❖ **play up to** vt insep ▸ **to play up to sb** [flatter] faire de la lèche à qqn.

❖ **play upon** = **play on** *(vt insep).*

❖ **play with** vt insep **1.** [toy with - pencil, hair] jouer avec / *he was playing with the radio dials* il jouait avec les boutons de la radio / *he only played with his meat* il a à peine touché à sa viande ▸ **to play with fire** jouer avec le feu **2.** [manipulate - words] jouer sur ; [- rhyme, language] manier / *she plays with language in bold and startling ways* elle manipule la langue avec une audace saisissante **3.** [consider - idea] caresser / *he played with the idea for weeks before rejecting it* il a caressé l'idée pendant des semaines avant de l'abandonner / *we're playing with the idea of buying a house* nous pensons à acheter une maison / *here are a few suggestions to play with* voici quelques suggestions que je soumets à votre réflexion **4.** [treat casually - someone's affections] traiter à la légère / *don't you see he's just playing with you?* tu ne vois pas qu'il se moque de toi or qu'il te fait marcher? **5.** [have available - money, time] disposer de / *how much time have we got to play with?* de combien de temps disposons-nous? / *they've got $2 million to play with* ils disposent de deux millions de dollars **6.** *inf & euph* ▸ **to play with o.s.** [masturbate] se toucher.

playable ['pleɪəbl] adj jouable.

play-act vi **1.** *fig* [pretend] jouer la comédie / *he's not in pain, he's just play-acting!* il n'a pas mal, il joue la comédie or c'est du cinéma! / *stop play-acting!* arrête ton cinéma or de jouer la comédie! **2.** [act in plays] faire du théâtre.

play-acting n **1.** [pretence] (pure) comédie *f fig*, cinéma *m fig* **2.** [acting in play] théâtre *m*.

playback ['pleɪbæk] n **1.** [replay] enregistrement *m* / *we watched the playback after the programme* nous avons regardé l'enregistrement après l'émission **2.** [function] lecture *f* / *put it on playback* mettez-le en position lecture ▸ **playback head** tête *f* de lecture.

playbill ['pleɪbɪl] n **1.** [poster] affiche *f* (de théâtre) **2.** [programme] programme *m*.

playboy ['pleɪbɔɪ] n play-boy *m* / **'The Playboy of the Western World'** *Synge* 'le Baladin du monde occidental'.

Play-Doh® ['pleɪ,dəʊ] n *sorte de pâte à modeler.*

player ['pleɪəʳ] n **1.** [of game, sport] joueur *m*, -euse *f* / *bridge player* bridgeur *m*, -euse *f* / *are you a poker player?* est-ce que vous jouez au poker? **2.** [of musical instrument] joueur *m*, -euse *f* / *she's a piano / guitar player* elle joue du piano / de la guitare **3.** [participant] participant *m*, -e *f* / *France has been a major player in this debate* la France a eu un rôle clé dans ce débat **4.** [actor] acteur *m*, -trice *f* **5.** US *inf* [promiscuous man] coucheur *m*.

player piano n piano *m* mécanique.

playfellow ['pleɪ,feləʊ] n UK camarade *mf* (de jeu).

playful ['pleɪfʊl] adj [lively - person] gai, espiègle ; [- animal] espiègle ; [good-natured - nudge, answer] taquin / *to be in a playful mood* être d'humeur enjouée.

playfully ['pleɪfʊlɪ] adv [answer, remark] d'un ton taquin ; [act] avec espièglerie.

playfulness ['pleɪfʊlnɪs] n enjouement *m*, espièglerie *f*.

playgoer ['pleɪ,gəʊəʳ] n amateur *m* de théâtre / *disappointed playgoers were demanding their money back* des spectateurs déçus demandaient à être remboursés.

playground ['pleɪgraʊnd] n [at school] cour *f* de récréation ; [in park] aire *f* de jeu / *the islands are a playground for the rich* *fig* les îles sont des lieux de villégiature pour les riches.

playgroup ['pleɪgru:p] n *réunion régulière d'enfants d'âge préscolaire généralement surveillés par une mère.*

playhouse ['pleɪhaʊs] *(pl* [-haʊzɪz]*)* n **1.** [theatre] théâtre *m* **2.** US [children's] maison *f* de poupée.

playing ['pleɪɪŋ] n MUS : *the pianist's playing was excellent* le pianiste jouait merveilleusement bien / *guitar playing is becoming more popular* de plus en plus de gens jouent de la guitare.

playing card ['pleɪɪŋ-] n carte *f* à jouer.

playing field ['pleɪɪŋ] n UK terrain *m* de sport ▸ **to have a level playing field** *fig* être sur un pied d'égalité / *the playing field has changed* *fig* le contexte n'est plus le même.

playlet ['pleɪlɪt] n pièce *f* en un acte.

playlist ['pleɪlɪst] n RADIO playlist *f (programme des disques à passer).*

playmate ['pleɪmeɪt] n camarade *mf* (de jeu).

play-off n SPORT (match *m* de) barrage *m*.

playpen ['pleɪpen] n parc *m (pour bébés).*

play-reading n lecture *f* d'une pièce (de théâtre).

playroom ['pleɪrʊm] n [in house] salle *f* de jeu.

playschool ['pleɪsku:l] = **playgroup.**

playsuit ['pleɪsu:t] n [for child] barboteuse *f*.

play-the-ball n [in rugby league] dégagement *m* au talon *(après un tenu).*

plaything ['pleɪθɪŋ] n *lit & fig* jouet *m*.

playtime ['pleɪtaɪm] n récréation *f* / *at playtime* pendant la récréation.

playtoy ['pleɪtɔɪ] n US *lit & fig* jouet *m*.

playwright ['pleɪraɪt] n dramaturge *m*, auteur *m* dramatique.

plaza ['plɑ:zə] n **1.** [open square] place *f* **2.** US [shopping centre] centre *m* commercial ▸ **toll plaza** péage *m* (d'autoroute).

plc, **PLC** (abbr of **public limited company**) n UK ≃ SARL *f*.

plea [pli:] n **1.** [appeal] appel *m*, supplication *f* / *they ignored his plea for help* ils n'ont pas répondu à son appel au secours / *she made a plea to the nation not to forget the needy* elle conjura la nation de ne pas oublier les nécessiteux **2.** LAW [argument] argument *m* ; [defence] défense *f* / *what is your plea?* plaidez-vous coupable ou non coupable? ▸ **to enter a plea of guilty / not guilty / insanity** plaider coupable / non coupable / la démence **3.** [excuse, pretext] excuse *f*, prétexte *m* / *his plea of ill health didn't fool anyone* sa prétendue maladie n'a trompé personne.

plea bargaining n LAW *possibilité pour un inculpé de se voir notifier un chef d'inculpation moins grave s'il accepte de plaider coupable.*

plead [pliːd] (UK *pt & pp* **pleaded** ; US *pt & pp* **pleaded** *or* **pled** [pled]) ◆ vi **1.** [beg] supplier ▸ **to plead for forgiveness** implorer le pardon / *she pleaded to be given more time* elle supplia qu'on lui accorde plus de temps ▸ **to plead with sb** supplier *or* implorer qqn / *I pleaded with her to give me a second chance* je la suppliai de me donner une deuxième chance **2.** LAW plaider ▸ **to plead in court** plaider devant le tribunal ▸ **to plead guilty** / **not guilty** plaider coupable / non coupable ▸ **to plead for the defence** plaider pour la défense / *how does the accused plead?* l'accusé plaide-t-il coupable ou non coupable ? ◆ vt **1.** [beg] implorer, supplier / *"please let me go" he pleaded* « laissez-moi partir, je vous en prie », implora-t-il / *she pleaded that her son be forgiven* elle supplia que l'on pardonne à son fils **2.** [gen & LAW] plaider ▸ **to plead sb's case a)** défendre qqn **b)** *fig* plaider la cause de qqn / *who will plead our cause to the government?* qui plaidera notre cause auprès du gouvernement ? ▸ **to plead self-defence** plaider la légitime défense **3.** [put forward as excuse] invoquer, alléguer ; [pretend] prétexter / *we could always plead ignorance* nous pourrions toujours prétendre que nous ne savions pas / *she pleaded a prior engagement* elle a prétendu qu'elle était déjà prise.

pleading ['pliːdɪŋ] ◆ adj implorant, suppliant. ◆ n **1.** [entreaty] supplication *f*, prière *f* / *I couldn't resist her pleading* or *pleadings* je n'ai pas pu résister à ses prières **2.** LAW [presentation of case] plaidoyer *m*, plaidoirie *f*.

❖ **pleadings** pl n LAW [written exchange of allegations] ≃ débats *mpl* préliminaires *(visant à fixer les points de litige)*.

pleadingly ['pliːdɪŋlɪ] adv [look] d'un air suppliant *or* implorant ; [ask] d'un ton suppliant *or* implorant.

pleasant ['pleznt] adj **1.** [enjoyable, attractive] agréable, plaisant / *thank you for a most pleasant evening* merci pour une très agréable soirée / *it was pleasant to be out in the countryside again* c'était agréable de se retrouver de nouveau à la campagne **2.** [friendly - person, attitude, smile] aimable, agréable / *she was very pleasant to us as a rule* elle était en général très aimable à notre égard.

pleasantly ['plezntlɪ] adv **1.** [attractively] agréablement / *the room was pleasantly arranged* la pièce était aménagée de façon agréable **2.** [enjoyably] agréablement / *pleasantly surprised* agréablement surpris, surpris en bien **3.** [kindly - speak, smile] aimablement.

pleasantness ['plezntnɪs] n **1.** [attractiveness] attrait *m*, charme *m* **2.** [enjoyableness] agrément *m* **3.** [friendliness] amabilité *f*, affabilité *f*.

pleasantry ['plezntrɪ] (*pl* **pleasantries**) n [agreeable remark] propos *m* aimable ▸ **to exchange pleasantries** échanger des civilités.

please [pliːz] ◆ adv **1.** [requesting or accepting] s'il vous / te plaît / *could you pass the salt, please?* pouvez-vous me passer le sel, s'il vous plaît ? / *another cup of tea? — (yes) please!* une autre tasse de thé ? — oui, s'il vous plaît ! or volontiers ! / *may I sit beside you? — please do* puis-je m'asseoir près de vous ? — mais bien sûr / *please, make yourselves at home* faites comme chez vous, je vous en prie / *please carry on* continuez, s'il vous plaît or je vous en prie / *please, Miss!* s'il vous plaît, Mademoiselle ! / **'please ring'** 'sonnez SVP, veuillez sonner' / **'quiet please'** 'silence' **2.** [pleading] : *please don't hurt him* je vous en prie, ne lui faites pas de mal **3.** [remonstrating] : *Henry, please, we've got guests!* Henry, voyons, nous avons des invités ! **4.** [hoping] : *please let them arrive safely!* faites qu'ils arrivent sains et saufs ! ◆ vt **1.** [give enjoyment to] plaire à, faire plaisir à ; [satisfy] contenter / *he only did it to please his mother* il ne l'a fait que pour faire plaisir à sa mère / *he's always trying to please the boss* il passe son temps à essayer de faire plaisir au patron / *you can't please everybody* on ne peut pas faire plaisir à tout le monde ▸ **to be easy** / **hard to please** être facile / difficile à satisfaire **2.** PHR ▸ **to please oneself** faire comme on veut / *please yourself!* comme tu veux ! / *I can please myself what I do* je fais ce qui me plaît / *everything will be all right, please God!* tout ira bien, si Dieu le veut or plaise à Dieu ! ◆ vi **1.** [give pleasure] plaire, faire plaisir ▸ **to be eager to please** chercher à faire plaisir **2.** [choose] : *she does as* or *what she pleases* elle fait ce qu'elle veut or ce qui lui plaît / *I'll talk to whoever I please!* je parlerai avec qui je veux ! ▸ **as you please!** *fml* comme vous voudrez !, comme bon vous semblera ! ▸ **if you please** *fml* [requesting] s'il vous / te plaît / *she told me I was fat, if you please!* figure-toi qu'elle m'a dit que j'étais gros !

pleased [pliːzd] adj content, heureux / *a pleased smile* un sourire satisfait ▸ **to be pleased with sthg** / **sb** être content de qqch / qqn / *you're looking very pleased with yourself!* tu as l'air très content de toi ! / *I am not at all pleased with the results* je ne suis pas du tout satisfait des résultats / *I'm very pleased to be here this evening* je suis très heureux d'être ici ce soir / *Mr & Mrs Adams are pleased to announce…* *fml* M. et Mme Adams sont heureux de or ont le plaisir de vous faire part de… / *she would be only too pleased to help us* elle ne demanderait pas mieux que de nous aider / *I'm very pleased (that) you could come* je suis ravi que tu aies pu venir / *I'm afraid they were none too pleased!* je crains qu'ils n'aient pas été très contents ! ▸ **pleased to meet you!** enchanté (de faire votre connaissance) ! ▸ **as pleased as Punch** heureux comme un roi.

pleasing ['pliːzɪŋ] adj agréable, plaisant.

pleasingly ['pliːzɪŋlɪ] adv agréablement, plaisamment.

pleasurable ['pleʒərəbl] adj agréable, plaisant.

pleasurably ['pleʒərəblɪ] adv agréablement, plaisamment.

pleasure ['pleʒər] ◆ n **1.** [enjoyment, delight] plaisir *m* ▸ **to write** / **to paint for pleasure** écrire / peindre pour le plaisir / *are you here on business or for pleasure?* êtes-vous là pour affaires ou pour le plaisir ? ▸ **to take** or **to find pleasure in doing sthg** prendre plaisir or éprouver du plaisir à faire qqch / *I'd accept your invitation with pleasure, but…* j'accepterais votre invitation avec plaisir, seulement… / *another beer? — with pleasure!* une autre bière ? — avec plaisir or volontiers ! / *the pleasures of country life* les plaisirs de la vie à la campagne / *it's one of my few pleasures in life* c'est un de mes rares plaisirs dans la vie / *thank you very much — my pleasure!* or *it's a pleasure!* merci beaucoup — je vous en prie ! / *it's a great pleasure (to meet you)* ravi de faire votre connaissance / *would you do me the pleasure of having lunch with me?* *fml* me feriez-vous le plaisir de déjeuner avec moi ? / *may I have the pleasure (of this dance)?* *fml* m'accorderez-vous or voulez-vous m'accorder cette danse ? / *Mr and Mrs Evans request the pleasure of your company at their son's wedding* *fml* M. et Mme Evans vous prient de leur faire l'honneur d'assister au mariage de leur fils **2.** *fml* [desire] ▸ **at your pleasure** à votre guise / *they are appointed at the chairman's pleasure* ils sont nommés selon le bon vouloir du président ▸ **detained at His** / **Her Majesty's pleasure** UK *euph* LAW emprisonné aussi longtemps qu'il plaira au roi / à la reine **3.** *euph* [sexual gratification] plaisir *m*. ◆ comp [yacht] de plaisance ; [park] de loisirs ; [cruise, tour] d'agrément ▸ **pleasure boat** bateau *m* de plaisance ▸ **pleasure trip** excursion *f*. ◆ vt *arch & liter* plaire à, faire plaisir à.

pleasure principle n ▸ **the pleasure principle** le principe de plaisir.

pleasure-seeker n hédoniste *mf*.

pleasure-seeking [-ˌsiːkɪŋ] adj hédoniste.

pleat [pliːt] ◆ n pli *m*. ◆ vt plisser.

pleated ['pliːtɪd] adj plissé / *a pleated skirt* une jupe plissée.

pleb [pleb] n **1.** *pej* [plebeian] plébéien *m*, -enne *f* / *it's not for the plebs* ce n'est pas pour n'importe qui ! **2.** UK *inf & pej* [vulgar person] plouc *m* / *you pleb!* espèce de plouc ! **3.** ANTIQ ▸ **the plebs** la plèbe.

plebby ['plebɪ] adj UK *inf* commun, vulgaire.

plebe [pliːb] US = **pleb**.

plebeian [plɪ'biːən] ◆ n plébéien *m*, -enne *f*. ◆ adj **1.** *pej* [vulgar] plébéien / *his tastes are rather plebeian* il a des goûts plutôt vulgaires **2.** ANTIQ plébéien.

plebiscite ['plebɪsaɪt] n plébiscite *m*.

plectrum ['plektrəm] (*pl* **plectrums** *or* **plectra** [-trə]) n médiator *m*, plectre *m*.

pled [pled] pt & pp US ⟶ **plead**.

pledge [pledʒ] ◆ vt **1.** [promise] promettre / *they have pledged £500 to the relief fund* ils ont promis 500 livres à la caisse de secours / *she pledged never to see him again* **a)** [to herself] elle s'est promis de ne plus jamais le revoir **b)** [to sb else] elle a promis de ne plus jamais le revoir / *her heart is pledged to another* *fml* son cœur est déjà pris **2.** *fml* [commit] engager / *he pledged himself to fight for the cause* il s'engagea à lutter pour la cause / *I am pledged to secrecy* j'ai juré de garder le secret ▸ **to pledge one's word** donner or engager sa parole **3.** [offer as security] donner en garantie ; [pawn] mettre en gage, engager **4.** *fml* [toast] porter un toast à, boire à la santé de **5.** US UNIV nouveau venu *m (dans une confrérie)*. ◆ n **1.** [promise] promesse *f* ▸ **manifesto pledge** promesse électorale / *a £10 pledge* un gage de 10 livres / *thousands of people phoned in with pledges of money* des milliers de personnes ont téléphoné en promettant de donner de l'argent / *you have my pledge* vous avez ma parole / *I am under a pledge of secrecy* j'ai juré de garder le secret / *she told me under a pledge of secrecy* elle me l'a dit sous le sceau du secret ▸ **to sign** or **to take the pledge** [stop drinking] cesser de boire ▸ **Pledge of Allegiance** *serment de loyauté prononcé à l'occasion du discours d'investiture du président des États-Unis* **2.** [security, collateral] gage *m*, garantie *f* / *in pledge* en gage **3.** [token, symbol] gage *m* / *as a pledge of our sincerity* comme gage de notre sincérité **4.** *fml* [toast] toast *m* / *let us drink a pledge to their success* portons un toast or buvons à leur réussite.

Pleiades ['plaɪədiːz] pl n ▸ **the Pleiades** les Pléiades *fpl*.

Pleiocene ['plaɪəsiːn] = **Pliocene**.

Pleistocene ['plaɪstəsiːn] ◆ adj pléistocène. ◆ n pléistocène *m*.

plenary ['pliːnərɪ] ◆ adj **1.** POL ▸ **plenary powers** pleins pouvoirs *mpl* **2.** [meeting] plénier / *in plenary session* en séance plénière. ◆ n [plenary meeting] réunion *f* plénière ; [plenary session] séance *f* plénière.

plenipotentiary [ˌplenɪpə'tenʃərɪ] (*pl* **plenipotentiaries**) ◆ adj plénipotentiaire ▸ **ambassador plenipotentiary** ministre *m* plénipotentiaire. ◆ n plénipotentiaire *mf*.

plenitude ['plenɪtjuːd] n *liter* plénitude *f*.

plenteous ['plentjəs] *liter* = **plentiful**.

plentiful ['plentɪful] adj [gen] abondant ; [meal] copieux / *we have a plentiful supply of food* nous avons de la nourriture en abondance.

plentifully ['plentɪfulɪ] adv abondamment, copieusement / *weeds grow plentifully there* les mauvaises herbes y poussent en abondance.

plenty ['plentɪ] ◆ pron **1.** [enough] (largement) assez, plus qu'assez / *no thanks, I've got plenty* non merci, j'en ai (largement) assez / *£20 should be plenty* 20 livres devraient suffire (amplement) / *they have plenty to live on* ils ont largement de quoi vivre / *we've got plenty of time* nous avons largement le temps **2.** [a great deal] beaucoup / *there's still plenty to be done* il y a encore beaucoup à faire / *there'll be plenty of other opportunities* il y aura beaucoup d'autres occasions / *you've got plenty of explaining to do* tu vas devoir t'expliquer / *we see plenty of Ray and Janet* on voit beaucoup Ray et Janet. ◆ n *liter* [abundance] abondance *f* / *the years of plenty* les années d'abondance. ◆ adv *inf* **1.** [a lot] beaucoup / *there's plenty more food in the fridge* il y a encore plein de choses à manger dans le frigo / *he sure talks plenty* US c'est un vrai moulin à paroles **2.** [easily] : *the room is plenty big enough for two* la pièce est largement assez grande pour deux. ◆ det US *regional* [a lot of] plein de / *there's plenty work to be done!* ce n'est pas le boulot qui manque !

❖ **in plenty** adv phr en abondance.

pleonasm ['pliːənæzm] n pléonasme *m*.

pleonastic [plɪə'næstɪk] adj pléonastique.

Plessy vs Ferguson ['plesɪ'vɜːsəs'fɜːgəsn] pr n US HIST *arrêt de 1896 par lequel la Cour suprême rendit légale la ségrégation raciale*.

plethora ['pleθərə] n pléthore *f*.

pleura ['plʊərə] (*pl* **pleurae** [-ri:]) n plèvre *f*.

pleurisy ['plʊərəsɪ] n *(U)* pleurésie *f* ▸ **dry pleurisy** pleurite *f*.

Plexiglas® ['pleksɪglɑ:s] n Plexiglas® *m*.

plexus ['pleksəs] n **1.** ANAT plexus *m* **2.** *fml* [intricate network] enchevêtrement *m*, dédale *m*.

pliability [,plaɪə'bɪlətɪ] n **1.** [of material] flexibilité *f* **2.** [of person] malléabilité *f*, docilité *f*.

pliable ['plaɪəbl] adj **1.** [material] flexible, pliable **2.** [person] malléable, accommodant, docile.

pliancy ['plaɪənsɪ] = **pliability**.

pliant ['plaɪənt] = **pliable**.

pliers ['plaɪəz] pl n pince *f* ▸ **a pair of pliers** une pince.

plight [plaɪt] ◆ n [bad situation] situation *f* désespérée / *the plight of the young homeless* la situation désespérée dans laquelle se trouvent les jeunes sans-abri ▸ **to be in a sad** or **sorry plight** être dans une situation désespérée / *seeing my plight she stopped to help* voyant mon embarras, elle s'est arrêtée pour m'aider. ◆ vt *arch* [pledge] promettre, engager ▸ **to plight one's troth** se fiancer ▸ **to plight one's word** donner or engager sa parole.

plimsoll ['plɪmsəl] n UK tennis *m*.

Plimsoll line, Plimsoll mark n ligne *f* de flottaison.

plink [plɪŋk] ◆ n bruit *m* métallique. ◆ vi faire un bruit métallique.

plinth [plɪnθ] n [of statue] socle *m* ; [of column, pedestal] plinthe *f*.

Pliny ['plɪnɪ] pr n ▸ **Pliny the Elder** Pline l'Ancien ▸ **Pliny the Younger** Pline le Jeune.

Pliocene ['plaɪəsi:n] ◆ adj pliocène. ◆ n pliocène *m*.

PLO (abbr of **Palestine Liberation Organization**) pr n OLP *f*.

plod [plɒd] (*pt & pp* **plodded**, *cont* **plodding**) ◆ vi **1.** [walk] marcher lourdement **2.** *inf* [carry on] : *he'd been plodding along in the same job for years* ça faisait des années qu'il faisait le même boulot / *she kept plodding on until it was finished* elle s'est acharnée jusqu'à ce que ce soit fini / *I plodded through the first five chapters* il a fallu que je me force pour arriver au bout des cinq premiers chapitres. ◆ n : *we could hear the plod of feet* on entendait des pas lourds / *we maintained a steady plod* nous avons gardé un pas régulier.

plodder ['plɒdər] n *pej* : *he's a bit of a plodder* il est plutôt lent à la tâche.

plodding ['plɒdɪŋ] adj *pej* [walk, rhythm, style] lourd, pesant ; [worker] lent.

plonk [plɒŋk] ◆ n **1.** [heavy sound] bruit *m* sourd **2.** UK *inf* [cheap wine] piquette *f*. ◆ vt *inf* [put down] poser bruyamment / *he plonked his glass down* il posa son verre bruyamment / *she plonked herself down on the sofa* elle s'est affalée sur le canapé. ◆ vi ▸ **to plonk away on the piano** jouer du piano (mal et assez fort).

plonker ['plɒnkər] n *v inf* **1.** [penis] quéquette *f* **2.** [fool] andouille *f*.

plop [plɒp] (*pt & pp* **plopped**, *cont* **plopping**) ◆ n plouf *m*, floc *m*. ◆ adv : *the stone landed plop in the water* le caillou a fait plouf en tombant dans l'eau. ◆ vi [splash] faire plouf or floc. ◆ vt [put] poser, mettre.

plosion ['pləʊʒn] n LING occlusion *f*.

plosive ['pləʊsɪv] ◆ adj occlusif. ◆ n occlusive *f*.

plot [plɒt] (*pt & pp* **plotted**, *cont* **plotting**) ◆ n **1.** [conspiracy] complot *m*, conspiration *f* / *a plot to overthrow the government* un complot pour renverser le gouvernement **2.** [story line - of novel, play] intrigue *f* ▸ **the plot thickens** l'affaire se corse ▸ **to lose the plot** : *he's completely lost the plot* il est complètement à l'ouest / *I'm losing the plot here* je suis un peu largué **3.** [piece of land] terrain *m* / *vacant / building plot* terrain vague / à bâtir / *the land has been split up into 12 plots* le terrain a été divisé en 12 lotissements / *we have a small vegetable plot* nous avons un petit potager or carré de légumes **4.** US [graph] graphique *m* **5.** US ARCHIT plan *m*. ◆ vt **1.** [conspire] comploter / *they were accused of plotting to overthrow the government* ils ont été accusés de complot or de conspiration contre le gouvernement / *I think they're plotting something* je crois qu'ils préparent quelque chose **2.** [course, position] déterminer / *they're trying to plot the company's development over the next five years* *fig* ils essaient de prévoir le développement de la société dans les cinq années à venir **3.** [graph] tracer, faire le tracé de ▸ **to plot figures on** or **onto a graph** reporter des coordonnées sur un graphique **4.** [map, plan] lever. ◆ vi [conspire] comploter, conspirer ▸ **to plot against** conspirer contre.

plotter ['plɒtər] n **1.** [conspirator] conspirateur *m*, -trice *f* **2.** [device - gen] traceur *m* ; COMPUT table *f* traçante, traceur *m* de courbes.

plotting ['plɒtɪŋ] n *(U)* **1.** [conspiring] complots *mpl*, conspirations *fpl* **2.** COMPUT & MATH traçage *m*.

plough UK, **plow** US [plaʊ] ◆ n **1.** charrue *f* / *large areas of moorland have gone under the plough* de larges portions de lande ont été labourées ▸ **to put one's hand to the plough** s'atteler à la tâche **2.** ASTRON ▸ **the Plough** la Grande Ourse. ◆ vt **1.** [land] labourer ; [furrow] creuser **2.** *fig* [invest] investir ▸ **to plough money into sthg** investir de l'argent dans qqch. ◆ vi **1.** AGR labourer **2.** [crash] emboutir, percuter / *the truck ploughed into the wall* le camion percuta le mur **3.** UK *dated* [fail exam] se faire recaler.

❖ **plough back** vt sep [profits] réinvestir.

❖ **plough in** vt sep [earth, crops, stubble] enfouir (en labourant).

❖ **plough through** vt insep [documents, papers] éplucher / *the ship ploughed through the waves* le navire fendait les flots / *she ploughed (her way) through the crowd* elle s'est frayé un chemin à travers la foule.

❖ **plough under** = **plough in**.

❖ **plough up** vt sep **1.** AGR [field, footpath] labourer **2.** [rip up] labourer / *the grass had been ploughed up by the motorbikes* le gazon avait été labouré par les motos.

ploughback UK, **plowback** US ['plaʊbæk] n FIN bénéfices *mpl* réinvestis.

ploughed UK, **plowed** US [plaʊd] adj [field] labouré.

ploughing UK, **plowing** US ['plaʊɪŋ] n labourage *m*.

ploughland UK, **plowland** US ['plaʊlænd] n *(U)* terre *f* de labour, labours *mpl*.

ploughman UK, **plowman** US ['plaʊmən] (UK *pl* **ploughmen** [-mən] ; US *pl* **plowmen** [-mən]) n laboureur *m*.

ploughman's (lunch) n *assiette de fromage, de pain et de pickles (généralement servie dans un pub).*

ploughshare UK, **plowshare** US ['plaʊʃeər] n soc *m* ▸ **to turn swords into ploughshares** faire la paix, se réconcilier.

plover ['plʌvər] n pluvier *m*.

plow US = **plough**.

ploy [plɔɪ] n **1.** [stratagem, trick] ruse *f*, stratagème *m* / *it's just a ploy to get us to leave* ce n'est qu'une ruse pour nous faire partir **2.** *inf & dated* [pastime] passe-temps *m inv* ; [job] turbin *m*.

PLP (abbr of **Parliamentary Labour Party**) pr n UK députés *mpl* du Parti travailliste.

PLR (abbr of **Public Lending Right**) pr n *droit d'auteur versé pour les ouvrages prêtés par les bibliothèques.*

PLS, PLZ MESSAGING (written abbr of **please**) stp, svp.

pluck [plʌk] ◆ vt **1.** [pick - flower, fruit] cueillir **2.** [pull] tirer, retirer / *he plucked the cigarette from my mouth* il m'a arraché la cigarette de la bouche / *the ten survivors were plucked from the sea by helicopter* les dix survivants ont été récupérés en mer par un hélicoptère / *to be plucked from the jaws of death* être arraché à la mort **3.** [chicken] plumer ; [feathers] arracher **4.** [instrument] pincer les cordes de ; [string] pincer **5.** [eyebrow] épiler. ◆ vi : *he plucked at my sleeve* il m'a tiré par la manche / *she was plucking at (the strings of) her guitar* elle pinçait les cordes de sa guitare. ◆ n **1.** [courage] courage *m* / *it takes pluck to do that* il faut du courage pour faire ça **2.** [tug] petite secousse *f* **3.** CULIN fressure *f*.

❖ **pluck up** vt sep **1.** [uproot] arracher, extirper **2.** *fig* ▸ **to pluck up (one's) courage** prendre son courage à deux mains ▸ **to pluck up the courage to do sthg** trouver le courage de faire qqch.

pluckily ['plʌkɪlɪ] adv courageusement.

pluckiness ['plʌkɪnɪs] n courage *m*.

plucky ['plʌkɪ] (*compar* **pluckier**, *superl* **pluckiest**) adj courageux.

plug [plʌg] (*pt & pp* **plugged**, *cont* **plugging**) ◆ n **1.** ELEC [on appliance, cable] fiche *f*, prise *f* (mâle) ; [socket - in wall] prise *f* (de courant) **2.** [stopper - gen] bouchon *m* ; [- in barrel] bonde *f* ; [- for nose] tampon *m* **3.** [for sink, bath] bonde *f* ▸ **to pull the plug out** retirer la bonde ▸ **to pull the plug on sb / sthg** *inf* : *this will pull the plug on our competitors* cela va couper l'herbe sous le pied de nos concurrents / *he pulled the plug on our plan* [stopped it] il a mis le holà à notre projet / *this pulls the plug on the whole operation* ça fiche tout par terre **4.** AUTO ▸ **(spark) plug** bougie *f* **5.** [for fixing screws] cheville *f* **6.** *inf* [advertising] coup *m* de pub / *her book got another plug on TV last night* on a encore fait de la pub pour son livre à la télé hier soir **7.** [of tobacco] carotte *f* **8.** GEOL ▸ **(volcanic) plug** culot *m* **9.** US ▸ **(fire) plug** bouche *f* d'incendie **10.** *v inf* [blow] beigne *f*, gnon *m*. ◆ vt **1.** [block - hole, gap] boucher ; [- leak] colmater / *they plugged (up) the hole in the dam* ils ont colmaté la brèche dans le barrage **2.** [insert] enficher / *plug the cable into the socket* branchez le câble sur la prise **3.** *inf* [advertise] faire de la pub à / *the radio stations are continually plugging her album* les stations de radio passent son album sans arrêt **4.** US *v inf* [shoot] flinguer.

❖ **plug away** vi travailler dur / *he keeps plugging away at his work* il s'acharne sur son travail.

❖ **plug in** ◆ vt sep brancher. ◆ vi US : *we try to plug in to people's needs* *fig* nous essayons d'être à l'écoute des besoins de la population.

plug-and-play ◆ n COMPUT plug-and-play *m*. ◆ adj COMPUT plug-and-play.

plugboard ['plʌgbɔ:d] n tableau *m* de raccordement.

plugged [plʌgd] adj [blocked - nose, ear] bouché.

plughole ['plʌghəʊl] n trou *m* d'écoulement ▸ **to go down the plughole** UK *inf* : *that's all our work gone down the plughole!* tout notre travail est fichu !

plug-in ◆ adj [radio] qui se branche sur le secteur ; [accessory for computer, stereo, etc.] qui se branche sur l'appareil. ◆ n COMPUT périphérique *m* prêt à brancher.

plug plant n HORT minimotte *f*.

plug-ugly *inf* ◆ adj très moche, laid comme un pou. ◆ n US [ruffian] voyou *m*, loubard *m*.

plum [plʌm] ◆ n **1.** [fruit] prune *f* **2.** ▸ **plum (tree)** prunier *m* **3.** [colour] couleur *f* lie-de-vin. ◆ comp [tart] aux prunes. ◆ adj **1.** [colour] lie-de-vin *(inv)*, prune *(inv)* **2.** *inf* [desirable] : *it's a plum job* c'est un boulot en or.

plumage ['plu:mɪdʒ] n plumage *m*.

plumb [plʌm] ◆ n **1.** [weight] plomb *m* ▸ **plumb bob** plomb *m* **2.** [verticality] aplomb *m* / *the wall is out of plumb* le mur n'est pas d'aplomb or à l'aplomb. ◆ adj **1.** [vertical] vertical, à l'aplomb **2.** US *inf* [utter, complete] complet (complète), absolu / *it's a plumb nuisance!* c'est la barbe ! ◆ adv **1.** [in a vertical position] à l'aplomb, d'aplomb ▸ **plumb with** d'aplomb avec **2.** UK *inf* [exactly, right] exactement, en plein / *plumb in the middle of the first act* en plein or au beau milieu du premier acte **3.** US *inf* [utterly, completely] complètement, tout à fait / *I'm plumb exhausted!* je suis complètement crevé ! / *she's plumb crazy!* elle est complètement dingue ! ◆ vt sonder ▸ **to plumb the depths** toucher le fond / *his films plumb the depths of bad taste* ses films sont d'un mauvais goût inimaginable.

❖ **plumb in** vt sep UK effectuer le raccordement de ; [washing machine] raccorder.

plumbago [plʌm'beɪgəʊ] (*pl* **plumbagos**) n **1.** [plant] plumbago *m* **2.** [graphite] plombagine *f*.

plumber ['plʌmər] n **1.** [workman] plombier *m* **2.** *inf* [secret agent] plombier *m*.

plumber's friend, **plumber's helper** n US [tool] ventouse *f (pour déboucher).*

plumbic ['plʌmbɪk] adj plombique.

plumbing ['plʌmɪŋ] n **1.** [job] plomberie *f* **2.** [pipes] plomberie *f*, tuyauterie *f* **3.** *euph* [uro-genital system] système *m* uro-génital.

plumb line n CONSTR fil *m* à plomb ; NAUT sonde *f.*

plum cake n cake *m.*

plum duff UK = **plum pudding.**

plume [plu:m] ◆ n **1.** [feather] plume *f* / *ostrich plume* plume d'autruche **2.** [on helmet] plumet *m*, panache *m* ; [on hat] plumet *m* ; [on woman's hat] plume *f* **3.** [of smoke] volute *f* ; [of water] jet *m.* ◆ vt **1.** [preen] lisser / *the swan plumed itself* or *its feathers* le cygne se lissait les plumes **2.** *fig & liter* [pride] ▶ **to plume o.s. on sthg** se glorifier de qqch.

plumed [plu:md] adj **1.** [hat, helmet] emplumé, empanaché **2.** [bird] : *brightly plumed peacocks* des paons au plumage éclatant.

plummet ['plʌmɪt] ◆ vi **1.** [plunge, dive] tomber, plonger, piquer / *he plummeted from the roof* il est tombé du toit / *the plane plummeted towards the earth* l'avion piqua vers le sol **2.** [drop, go down - price, rate, amount] chuter, dégringoler / *his popularity has plummeted* sa cote de popularité a beaucoup baissé / *the value of the pound plummeted* la livre a chuté / *educational standards have plummeted* le niveau d'instruction a considérablement baissé. ◆ n [weight] plomb *m* ; [plumb line] fil *m* à plomb.

plummy ['plʌmɪ] (*compar* **plummier**, *superl* **plummiest**) adj **1.** UK *pej* [voice, accent] snob **2.** [colour] prune *(inv).*

plump [plʌmp] ◆ adj [person] rondelet, dodu ; [arms, legs] dodu, potelé ; [fowl] dodu, bien gras ; [fruit] charnu. ◆ adv [heavily] lourdement ; [directly] exactement, en plein / *he ran plump into me* il m'a heurté de plein fouet / *it landed plump in the middle* ça a atterri en plein milieu. ◆ vt **1.** [pillow, cushion] retaper **2.** [fowl] engraisser.

❖ **plump down** ◆ vt sep ▶ **to plump sthg down** laisser tomber qqch (lourdement) / *she plumped herself* / *her bag down next to me* elle s'est affalée / a laissé tomber son sac à côté de moi. ◆ vi se laisser tomber (lourdement), s'affaler.

❖ **plump for** vt insep *inf* arrêter son choix sur, opter en faveur de.

❖ **plump out** vi s'arrondir, engraisser.

❖ **plump up** vt sep = **plump** *(vt).*

plumpness ['plʌmpnɪs] n rondeur *f*, embonpoint *m.*

plum pudding n plum-pudding *m.*

plum tomato n olivette *f.*

plunder ['plʌndər] ◆ vt piller. ◆ n **1.** [booty] butin *m* **2.** [act of pillaging] pillage *m.*

plunderer ['plʌndərər] n pillard *m*, -e *f.*

plundering ['plʌndərɪŋ] ◆ n pillage *m.* ◆ adj pillard.

plunge [plʌndʒ] ◆ vi **1.** [dive] plonger **2.** [throw o.s.] se jeter, se précipiter ; [fall, drop] tomber, chuter / *the bus plunged into the river* le bus est tombé dans la rivière / *the helicopter plunged to the ground* l'hélicoptère piqua vers le sol / *to plunge to one's death* faire une chute mortelle / *I slipped and plunged forward* j'ai glissé et je suis tombé la tête la première or la tête en avant **3.** *fig* : *sales have plunged by 30%* les ventes ont chuté de 30 % / *he plunged into a long and complicated story* il s'est lancé dans une histoire longue et compliquée / *she plunged bravely into the discussion* elle se lança courageusement dans la discussion / *the neckline plunges deeply at the front* le devant est très décolleté **4.** *inf* [gamble] flamber. ◆ vt **1.** [immerse] plonger / *plunge the tomatoes in the boiling water* plonger les tomates dans l'eau bouillante **2.** *fig* plonger / *he plunged his hands into his pockets* il enfonça les mains dans ses poches / *he was plunged into despair by the news* la nouvelle l'a plongé dans le désespoir / *the office was plunged into darkness* le bureau fut plongé dans l'obscurité. ◆ n **1.** [dive] plongeon *m* ▶ **to take the plunge** se jeter à l'eau **2.** [fall, drop] chute *f* / *a ten-metre plunge* une chute de dix mètres / *prices have taken a plunge* les prix ont chuté or se sont effondrés.

plunge pool n mini-piscine *f.*

plunger ['plʌndʒər] n **1.** [for sinks, drains] ventouse *f*, déboucheur *m* **2.** [piston] piston *m* **3.** UK *inf* [gambler] flambeur *m*, -euse *f.*

plunging ['plʌndʒɪŋ] adj plongeant ▶ **a plunging neckline** un décolleté plongeant.

plunk [plʌŋk] ◆ n **1.** *inf* [sound] bruit *m* sourd / *I could hear the plunk of a guitar* j'entendais quelqu'un gratter sa guitare **2.** US *v inf* [blow] beigne *f*, gnon *m.* ◆ vt **1.** *inf* [put down] poser lourdement **2.** *inf* [guitar, banjo] gratter **3.** US *v inf* [hit] flanquer une beigne à ; [shoot] flinguer.

❖ **plunk down** *inf* ◆ vt sep = **plunk** *(vt).* ◆ vi se laisser tomber (lourdement), s'affaler.

pluperfect [,plu:'pɜ:fɪkt] ◆ adj ▶ **the pluperfect tense** le plus-que-parfait. ◆ n plus-que-parfait *m* / *in the pluperfect* au plus-que-parfait.

plural ['plʊərəl] ◆ adj **1.** GRAM [form, ending] pluriel, du pluriel ; [noun] au pluriel **2.** [multiple] multiple ; [heterogeneous] hétérogène, pluriel / *a plural system of education* un système d'éducation diversifié / *a plural society* une société plurielle. ◆ n GRAM pluriel *m* / *in the plural* au pluriel.

pluralism ['plʊərəlɪzm] n **1.** [gen & PHILOS] pluralisme *m* **2.** [holding of several offices] cumul *m.*

pluralist ['plʊərəlɪst] n [gen & PHILOS] pluraliste *mf.*

pluralistic [,plʊərə'lɪstɪk] adj pluraliste.

plurality [plʊə'rælətɪ] (*pl* **pluralities**) n **1.** [multiplicity] pluralité *f* **2.** US POL majorité *f* relative **3.** = **pluralism.**

pluralize, **pluralise** ['plʊərəlaɪz] vi prendre le pluriel.

plus [plʌs] (*pl* **pluses** *or* **plusses**) ◆ prep **1.** MATH plus / *two plus two is* or *are* or *makes four* deux plus deux or deux et deux font quatre / *plus six* plus six **2.** [as well as] plus / *there were six of us, plus the children* nous étions six, sans compter les enfants / *£97 plus VAT* 97 livres plus la TVA. ◆ adj **1.** ELEC & MATH positif **2.** [good, positive] positif / *a plus factor* un facteur positif, un plus / *on the plus side, it's near the shops* un des avantages, c'est que c'est près des magasins / *it certainly is a big plus point* c'est incontestablement un gros avantage **3.** *(after noun)* [over, more than] : *children of twelve plus* les enfants de douze ans et plus / *we're looking for somebody with talent plus inf* notre candidat devra avoir plus que du talent / *B plus* [in school marks] B plus. ◆ n **1.** MATH plus *m* / *two minuses make a plus* deux moins font un plus **2.** [bonus, advantage] plus *m*, avantage *m* / *there are a number of pluses to the new plan* le nouveau projet comporte un certain nombre d'avantages. ◆ conj *inf* (et) en plus / *he's stupid, plus he's ugly* il est bête, et en plus il est laid.

plus fours pl n pantalon *m* de golf.

plush [plʌʃ] ◆ adj **1.** *inf* [luxurious] luxueux **2.** [made of plush] en peluche. ◆ n peluche *f.*

plushy ['plʌʃɪ] (*compar* **plushier**, *superl* **plushiest**) *inf* = **plush.**

plus sign n signe *m* plus.

Plutarch ['plu:tɑ:k] pr n Plutarque.

Pluto ['plu:təʊ] pr n Pluton.

plutocracy [plu:'tɒkrəsɪ] (*pl* **plutocracies**) n ploutocratie *f.*

plutocrat ['plu:təkræt] n ploutocrate *mf.*

plutocratic [,plu:tə'krætɪk] adj ploutocratique.

plutonium [plu:'təʊnɪəm] n plutonium *m* ▶ **plutonium radiation** radiation *f* de plutonium.

pluvial ['plu:vjəl] adj pluvial.

pluviometer [,plu:vɪ'ɒmɪtər] n pluviomètre *m.*

ply [plaɪ] (*pl* **plies**, *pt & pp* **plied**) ◆ n **1.** [thickness - gen] épaisseur *f* ; [layer - of plywood] pli *m* ; [strand - of rope, wool] brin *m* **2.** *inf* = **plywood.** ◆ vt **1.** [supply insistently] ▶ **to ply sb with sthg** : *she plied us with food all evening* elle nous a gavés toute la soirée / *he plied us with drinks* il nous versait sans arrêt à boire / *we plied her with questions* nous l'avons assaillie de questions **2.** *liter* [perform, practise] exercer ▶ **to ply one's trade** exercer son métier **3.** *liter* [use - tool] manier **4.** *liter* [travel - river, ocean] naviguer sur / *the barges that ply the Thames* les péniches qui descendent et remontent le cours de la Tamise. ◆ vi **1.** [seek work] ▶ **to ply for hire** [taxi] prendre des clients **2.** [travel - ship, boat] ▶ **to ply between** faire la navette entre.

-ply in comp ▶ **two** / **three-ply toilet tissue** papier *m* hygiénique double / triple épaisseur ▶ **five-ply wood** contreplaqué *m* en cinq épaisseurs ▶ **three-ply wool** laine *f* à trois fils.

Plymouth Brethren ['plɪməθ-] pl n darbystes *mpl.*

Plymouth Rock ['plɪməθ-] pr n *rocher sur lequel débarquèrent les Pèlerins en 1620.*

plywood ['plaɪwʊd] n contreplaqué *m.*

p.m. (abbr of **post meridiem**) adv : *3 p.m.* 3 h de l'après-midi, 15 h / *11 p.m.* 11 h du soir, 23 h.

PM n **1.** abbr of **Prime Minister** **2.** abbr of **post mortem.**

PMG n **1.** abbr of **Paymaster General** **2.** abbr of **Postmaster General.**

PMS (abbr of **premenstrual syndrome**) = **PMT.**

PMT (abbr of **premenstrual tension**) n syndrome *m* prémenstruel.

pneumatic [nju:'mætɪk] adj pneumatique ▶ **pneumatic brakes** freins *mpl* à air comprimé.

pneumatically [nju:'mætɪklɪ] adv pneumatiquement.

pneumatic drill n UK marteau piqueur *m.*

pneumatics [nju:'mætɪks] n *(U)* pneumatique *f.*

pneumatic tyre n pneu *m.*

pneumoconiosis [,nju:məʊkəʊnɪ'əʊsɪs] n pneumoconiose *f.*

pneumonia [nju:'məʊnjə] n *(U)* pneumonie *f* / *you'll catch* or *get pneumonia!* tu vas attraper une pneumonie !

pneumonologist [,nju:mə'nɒlədʒɪst] n pneumologue *mf.*

pneumonology [,nju:mə'nɒlədʒɪ] n pneumologie *f.*

pneumothorax [,nju:məʊ'θɔ:ræks] n pneumothorax *m.*

po [pəʊ] (*pl* **pos**) n UK *inf* pot *m* (de chambre).

Po [pəʊ] pr n ▶ **the (River) Po** le Pô.

PO **1.** written abbr of **post office** **2.** written abbr of **petty officer** **3.** written abbr of **postal order.**

POA ◆ pr n (abbr of **Prison Officers' Association**) *syndicat des agents pénitentiaires en Grande-Bretagne.* ◆ n US abbr of **power of attorney.**

poach [pəʊtʃ] ◆ vt **1.** [hunt illegally] prendre en braconnant / *all the game has been poached* les braconniers ont tué tout le gibier **2.** *fig* [steal - idea] voler ; [- employee] débaucher / *several of our staff have been poached by a rival company* plusieurs de nos employés ont été débauchés par un de nos concurrents ▶ **to poach sb's shots** [in tennis] piquer les balles de qqn **3.** CULIN pocher ▶ **poached egg** œuf *m* poché. ◆ vi braconner ▶ **to poach for hare** chasser le lièvre sur une propriété privée ▶ **to poach for salmon** prendre du saumon en braconnant ▶ **to poach on sb's territory** or **preserves** *fig* braconner sur les terres de qqn, empiéter sur le territoire de qqn.

poacher ['pəʊtʃər] n **1.** [person] braconnier *m* **2.** CULIN pocheuse *f* ▶ **egg poacher** pocheuse.

poaching ['pəʊtʃɪŋ] n braconnage *m.*

POB, **PO Box** (abbr of **post office box**) n boîte *f* postale, BP *f.*

po'boy ['pəʊbɔɪ] n US gros sandwich *m (typique de la Nouvelle-Orléans).*

pock [pɒk] = **pockmark.**

pocked [pɒkt] = **pockmarked.**

pocket ['pɒkɪt] ◆ n **1.** [on clothing] poche *f* ; [on car door] compartiment *m* / *it's in your coat pocket* c'est dans la poche de ton manteau / *take your hands out of your pockets!* enlève tes mains de tes poches ! / *I went through his pockets* j'ai fouillé or regardé dans ses poches / *he tried to pick her pocket* il a essayé de lui faire les poches / *the maps are in the pocket of the car door* les cartes sont dans (le compartiment de) la portière de la voiture ▸ **to have sb in one's pockets** avoir qqn dans sa poche / *we had the deal in our pocket* le marché était dans la poche ▸ **to live in each other's pockets** : *they live in each other's pockets* ils vivent entassés les uns sur les autres ▸ **to line one's pockets** se remplir les poches, s'en mettre plein les poches ▸ **to put one's hand in one's pocket** mettre la main au portefeuille / *he doesn't like putting his hand in his pocket* il est du genre radin ▸ **to be out of pocket** en être de sa poche ▸ **to have deep pockets** avoir de gros moyens **2.** *fig* [financial resources] portefeuille *m*, porte-monnaie *m* / *we have prices to suit all pockets* nous avons des prix pour toutes les bourses **3.** [small area] poche *f* / *pockets of water* / *unemployment* poches d'eau / de chômage / *pocket of air* trou *m* d'air / *a pocket of resistance* une poche de résistance **4.** [on billiard or pool table] blouse *f*. ◆ comp [diary, camera, revolver, etc.] de poche. ◆ vt **1.** [put in one's pocket] mettre dans sa poche, empocher / *I paid up and pocketed the change* j'ai payé et j'ai mis la monnaie dans ma poche ; *fig* ▸ **to pocket one's pride** mettre son amour-propre dans sa poche ▸ **to pocket an insult** encaisser une insulte sans rien dire **2.** [steal] : *somebody must have pocketed the money* quelqu'un a dû mettre l'argent dans sa poche **3.** [in billiards, pool] mettre dans le trou or la blouse *spec* **4.** SPORT [another runner] bloquer **5.** US POL ▸ **to pocket a bill** *garder un projet de loi sous le coude pour l'empêcher d'être adopté.*

pocket battleship n cuirassé *m* de poche.

pocket billiards n billard *m* américain.

pocketbook ['pɒkɪtbʊk] n **1.** [notebook] calepin *m*, carnet *m* **2.** US [handbag] pochette *f*.

pocket calculator n calculatrice *f* de poche.

pocketful ['pɒkɪtfʊl] n poche *f* pleine / *I've got pocketfuls of small change* j'ai les poches pleines de petite monnaie.

pocket-handkerchief n mouchoir *m* de poche.

pocketknife ['pɒkɪtnaɪf] (*pl* **pocketknives** [-naɪvz]) n canif *m*.

pocket money n UK argent *m* de poche.

pocket-size(d) adj **1.** [book, revolver, etc.] de poche **2.** [tiny] tout petit, minuscule.

pocket veto n US *refus par le président de signer une proposition de loi, pour l'empêcher d'être adoptée.*

pockmark ['pɒkmɑːk] n [on surface] marque *f*, petit trou *m* ; [from smallpox] cicatrice *f* de variole / *his face is covered with pockmarks* il a le visage grêlé or variolé.

pockmarked ['pɒkmɑːkt] adj [face] grêlé ; [surface] criblé de petits trous / *pockmarked with rust* piqué par la rouille.

pod [pɒd] (*pt & pp* **podded**, *cont* **podding**) ◆ n **1.** BOT cosse *f* ▸ **bean pod** cosse de haricot **2.** ENTOM oothèque *f* **3.** AERON nacelle *f* ; ASTRONAUT capsule *f*. ◆ vt UK écosser. ◆ vi BOT produire des cosses.

podcast ['pɒdkæst] n COMPUT podcast *m*.

podgy ['pɒdʒɪ] (*compar* **podgier**, *superl* **podgiest**) adj UK dodu, replet (replète).

podiatrist [pə'daɪətrɪst] n US pédicure *mf*.

podiatry [pə'daɪətrɪ] n US pédicurie *f*.

podium ['pəʊdɪəm] (*pl* **podiums** *or* **podia** [-dɪə]) n **1.** [stand] podium *m* **2.** US [desk, counter] guichet *m* / **'next podium please'** 'passez au guichet suivant'.

po$bl MESSAGING written abbr of **possible**.

POE n **1.** abbr of **port of embarkation 2.** abbr of **port of entry**.

poem ['pəʊɪm] n poème *m*.

poesy ['pəʊɪzɪ] n *arch* or *liter* poésie *f*.

poet ['pəʊɪt] n poète *m*.

poetaster [ˌpəʊɪ'tæstər] n *pej* rimailleur *m*, -euse *f*.

poetess ['pəʊɪtɪs] n poétesse *f*.

poetical [pəʊ'etɪkl] adj poétique.

poetically [pəʊ'etɪklɪ] adv poétiquement.

poeticize, poeticise [pəʊ'etɪsaɪz] vt poétiser.

poetic justice n justice *f* immanente / *it's poetic justice that they ended up losing* ce n'est que justice qu'ils aient fini par perdre.

poetic licence n licence *f* poétique.

poetics [pəʊ'etɪks] n *(U)* poétique *f*.

poet laureate (*pl* **poets laureate** *or* **poet laureates**) n poète *m* lauréat.

poetry ['pəʊɪtrɪ] n poésie *f* ▸ **it's poetry in motion** c'est tout un poème.

poetry reading n lecture *f* de poèmes.

Poets' Corner pr n *partie de l'abbaye de Westminster où reposent plusieurs poètes anglais.*

po-faced ['pəʊfeɪst] adj UK *inf* à l'air pincé.

pogo ['pəʊgəʊ] ◆ n [dance] pogo *m* *(danse punk)*. ◆ vi danser le pogo.

pogo stick ['pəʊgəʊ-] n bâton *m* sauteur *(jeu)*.

pogrom ['pɒgrəm] n pogrom *m*.

poignancy ['pɔɪnjənsɪ] n caractère *m* poignant / *a moment of great poignancy* un moment d'intense émotion.

poignant ['pɔɪnjənt] adj poignant.

poignantly ['pɔɪnjəntlɪ] adv de façon poignante.

poinsettia [pɔɪn'setɪə] n poinsettia *m*.

point [pɔɪnt] ◆ n **1.** [tip - of sword, nail, pencil, etc.] pointe *f* / *trim one end of the stick into a point* taillez un des bouts de la branche en pointe / *his beard ended in a neat point* sa barbe était soigneusement taillée en pointe / *draw a star with five points* dessinez une étoile à cinq branches / *a dog with white points* un chien aux pattes et aux oreilles blanches / *an eight-point stag* un cerf huit cors **2.** [small dot] point *m* / *a tiny point of light* un minuscule point de lumière **3.** [specific place] point *m*, endroit *m* / *point of intersection* or *intersection point* point d'intersection / **'meeting point'** 'point rencontre' / *the runners have passed the halfway point* les coureurs ont dépassé la mi-parcours / *we're back to our point of departure* or *our starting point* nous sommes revenus au or à notre point de départ ▸ **to pass** / **to reach the point of no return** passer / atteindre le point de non-retour / *the point where the accident occurred* l'endroit où l'accident a eu lieu / *at that point you'll see a church on the left* à ce moment-là, vous verrez une église sur votre gauche / *the terrorists claim they can strike at any point in the country* les terroristes prétendent qu'ils peuvent frapper n'importe où dans le pays / *the bus service to Dayton and points west* le service de bus à destination de Dayton et des villes situées plus à l'ouest / *points south of here get little rainfall* les régions situées au sud d'ici n'ont pas une grande pluviosité **4.** [particular moment] moment *m* ; [particular period] période *f* / *the country is at a critical point in its development* le pays traverse une période or phase critique de son développement / *we are at a critical point* nous voici à un point critique / *there comes a point when a decision has to be made* il arrive un moment où il faut prendre une décision / *when it comes to the point of actually doing it* quand vient le moment de passer à l'acte / *at one point in the discussion* à un moment de la discussion / *at one point in my travels* au cours de mes voyages / *at one point, I thought the roof was going to cave in* à un moment (donné), j'ai cru que le toit allait s'effondrer / *at one point in the book* à un moment donné dans le livre / *at that point, I was still undecided* à ce moment-là, je n'avais pas encore pris de décision / *at that point in China's history* à ce moment précis de l'histoire de la Chine / *it's too late by this point* il est déjà trop tard à l'heure qu'il est / *by that point, I was too tired to move* j'étais alors tellement fatigué que je ne pouvais plus bouger **5.** [stage in development or process] point *m* / *she had reached the point of wanting a divorce* elle en était (arrivée) au point de vouloir divorcer / *thank God we haven't reached that point!* Dieu merci, nous n'en sommes pas (encore arrivés) là ! / *to be at the point of death* être sur le point de mourir / *the conflict has gone beyond the point where negotiations are possible* le conflit a atteint le stade où toute négociation est impossible / *the regime is on the point of collapse* le régime est au bord de l'effondrement / *I was on the point of admitting everything* j'étais sur le point de tout avouer / *she had worked to the point of exhaustion* elle avait travaillé jusqu'à l'épuisement / *he was jealous to the point of madness* sa jalousie confinait à la folie / *he stuffed himself to the point of being sick* *inf* il s'est gavé à en être malade **6.** [for discussion or debate] point *m* / *a seven-point memorandum* un mémorandum en sept points / *let's go on to the next point* passons à la question suivante or au point suivant / *on this point we disagree* sur ce point nous ne sommes pas d'accord / *I want to emphasize this point* je voudrais insister sur ce point / *are there any points I haven't covered?* y a-t-il des questions que je n'ai pas abordées ? ▸ **to make** or **to raise a point** faire une remarque ▸ **to make the point that...** faire remarquer que... / *all right, you've made your point!* d'accord, on a compris ! / *the points raised in her article* les points qu'elle soulève dans son article / *the main points to keep in mind* les principaux points à garder à l'esprit / *let me illustrate my point* laissez-moi illustrer mon propos / *to prove his point he showed us a photo* pour prouver ses affirmations, il nous a montré une photo / *I see* or *take your point* je vois ce que vous voulez dire or où vous voulez en venir ▸ **point taken!** c'est juste ! / *he may not be home — you've got a point there!* il n'est peut-être pas chez lui — ça c'est vrai ! / *the fact that he went to the police is a point in his favour* / *a point against him* le fait qu'il soit allé à la police est un bon / mauvais point pour lui ; [precise detail] : *I corrected her on a point of grammar* je l'ai corrigée sur un point de grammaire / *he rose on a point of order* il a demandé la parole pour soulever un point de procédure / *she was disqualified on a technical point* elle a été disqualifiée pour or sur une faute technique ▸ **to make a point of doing sthg** tenir à faire qqch / *he made a point of speaking to her* il a tenu à lui adresser la parole / *kindly make a point of remembering next time* faites-moi le plaisir de ne pas oublier la prochaine fois **7.** [essential part, heart - of argument, explanation] essentiel *m* ; [conclusion - of joke] chute *f* ▸ **to get the point** : *I get the point* je comprends, je vois / *the point is (that) we're overloaded with work* le fait est que nous sommes débordés de travail / *we're getting off* or *away from the point* nous nous éloignons or écartons du sujet ▸ **that's the (whole) point! a)** [that's the problem] c'est là (tout) le problème ! **b)** [that's the aim] c'est ça, le but ! ▸ **that's not the point!** là n'est pas la question ! ▸ **to be beside the point** : *the money is* / *your feelings are beside the point* l'argent n'a / vos sentiments n'ont rien à voir là-dedans ▸ **to come to** or **get to the point** : *get to the point!* dites ce que vous avez à dire !, ne tournez pas autour du pot ! / *I'll come straight to the point* je serai bref ▸ **to keep to the point** ne pas s'écarter du sujet **8.** [purpose] but *m* ; [meaning, use] sens *m*, intérêt *m* / *the point of the game is to get rid of all your cards* le but du jeu est de se débarrasser de toutes ses cartes / *there's no point in asking him now* ça ne sert à rien or ce n'est pas la peine de le lui demander maintenant / *what's the point of all this?* à quoi ça sert tout ça ? / *I don't see the point of re-doing it* je ne vois pas l'intérêt de le refaire / *oh, what's the point anyway!* oh, et puis à quoi bon, après tout ! **9.** [feature, characteristic] point *m* / *the boss has his good points* le patron a ses bons côtés / *it's my weak* / *strong point* c'est mon point faible / fort / *her strong point is her sense of humour* son point fort, c'est son sens de l'humour **10.** [unit - in scoring, measuring] point *m* / *the Dow Jones index is up* / *down two points* l'indice Dow Jones a augmenté / baissé de deux points / *who scored the winning point?* qui a marqué le point gagnant ? / *an ace is worth 4 points* un as vaut 4 points ▸ **to win** / **to lead on points** [in boxing] gagner / mener aux points ▸ **merit points** SCH bons points *mpl* **11.** [on compass] point *m* / *the 32 points of the compass* les 32 points de la rose des vents / *our people were scattered to all points of the compass* *fig* notre peuple s'est retrouvé éparpillé aux quatre coins du monde **12.** GEOM point *m* / *a straight line between two points* une droite reliant deux points **13.** [in decimals] virgule *f* / *five point one* cinq virgule un **14.** [punctuation mark] point *m* ▸ **three** or **ellipsis points** points *mpl* de suspension **15.** TYPO point *m* / *6 point type* caractères *mpl* de 6 points **16.** GEOG [promontory] pointe *f*, promontoire *m* **17.** AUTO vis *f* platinée **18.** UK ELEC [socket] ▸ **(power)**

point prise *f* (de courant) **19.** HERALD point *m.* ◆ vi **1.** [person] tendre le doigt ▸ **to point at** or **to** or **towards sthg** montrer qqch du doigt / *she pointed left* elle fit un signe vers la gauche / *he pointed back down the corridor* il fit un signe vers le fond du couloir / *he pointed at* or *to me with his pencil* il pointa son crayon vers moi / *he was pointing at me* son doigt était pointé vers moi / *it's rude to point* ce n'est pas poli de montrer du doigt **2.** [roadsign, needle on dial] : *the signpost points up the hill* le panneau est tourné vers le haut de la colline / *a compass needle always points north* l'aiguille d'une boussole indique toujours le nord / *the weather vane is pointing north* la girouette est orientée au nord / *when the big hand points to twelve* quand la grande aiguille est sur le douze **3.** [be directed, face - gun, camera] être braqué ; [-vehicle] être dirigé, être tourné / *hold the gun with the barrel pointing downwards* tenez le canon de l'arme pointé vers le bas / *the rifle / the camera was pointing straight at me* la carabine / la caméra était braquée sur moi / *point your flashlight over there* éclaire là-bas / *insert the disk with the arrow pointing right* insérez la disquette, la flèche pointée or pointant vers la droite / *the aerial should be pointing in the direction of the transmitter* l'antenne devrait être tournée dans la direction de or tournée vers l'émetteur / *he walks with his feet pointing outwards* il marche les pieds en dehors **4.** [dog] tomber en arrêt. ◆ vt **1.** [direct, aim - vehicle] diriger ; [- flashlight, hose] pointer, braquer ; [- finger] pointer, tendre ▸ **to point one's finger at sb / sthg** montrer qqn / qqch du doigt / *he pointed his finger accusingly at Gus* il pointa un doigt accusateur vers Gus, il montra or désigna Gus d'un doigt accusateur ▸ **to point a gun at sb** braquer une arme sur qqn / *he pointed the rifle / the camera at me* il braqua le fusil / l'appareil photo sur moi / *she pointed the truck towards the garage* elle tourna le camion vers le garage / *he pointed the boat out to sea* il a mis le cap vers le large ; [send - person] : *if anybody shows up, just point them in my direction* si quelqu'un arrive, tu n'as qu'à me l'envoyer / *just point him to the nearest bar* tu n'as qu'à lui indiquer le chemin du bar le plus proche **2.** DANCE ▸ **to point one's toes** faire des pointes **3.** CONSTR [wall, building] jointoyer **4.** *liter* [moral, necessity] souligner, faire ressortir **5.** [sharpen - stick, pencil] tailler **6.** LING mettre des points-voyelles à **7.** PHR **to point the way a)** [subj: arrow, signpost] indiquer la direction or le chemin **b)** *fig* [subj: person] montrer le chemin / *he pointed the way to future success* il a montré le chemin de la réussite / *her research points the way to a better understanding of the phenomenon* ses recherches vont permettre une meilleure compréhension du phénomène / *they point the way (in) which reform must go* ils indiquent la direction dans laquelle les réformes doivent aller.

❖ **points** pl n **1.** UK RAIL aiguilles *fpl* **2.** DANCE (chaussons *mpl* à) pointes *fpl* / *she's already (dancing) on points* elle fait déjà des pointes.

❖ **at this point in time** adv phr pour l'instant / *no more details are available at this point in time* pour l'instant, nous ne disposons pas d'autres détails.

❖ **in point of fact** adv phr en fait, à vrai dire.

❖ **to the point** adj phr pertinent.

❖ **up to a point** adv phr jusqu'à un certain point / *did the strategy succeed? — up to a point* est-ce que la stratégie a réussi ? — dans une certaine mesure / *productivity can be increased up to a point* la productivité peut être augmentée jusqu'à un certain point / *she can be persuaded, but only up to a point* il est possible de la convaincre, mais seulement jusqu'à un certain point.

❖ **point out** vt sep **1.** [indicate] indiquer, montrer / *I'll point the church out to you as we go by* je vous montrerai or vous indiquerai l'église quand nous passerons devant **2.** [mention, call attention to] signaler, faire remarquer / *she pointed out several mistakes to us* elle nous a signalé plusieurs erreurs, elle a attiré notre attention sur plusieurs erreurs / *I'd like to point out that it was my idea in the first place* je vous ferai remarquer que l'idée est de moi / *he pointed out that two people were missing* il fit remarquer qu'il manquait deux personnes.

❖ **point to** vt insep **1.** [signify, denote] signifier, indiquer ; [foreshadow] indiquer, annoncer / *the facts point to only one conclusion* les faits ne permettent qu'une seule conclusion / *all the evidence points to him* toutes les preuves indiquent que c'est lui / *everything points to CIA involvement* tout indique que la CIA est impliquée **2.** [call attention to] attirer l'attention sur / *ecologists point to the destruction of forest land* les écologistes attirent notre attention sur la destruction des forêts / *they proudly point to the government's record* ils invoquent avec fierté le bilan du gouvernement.

❖ **point up** vt sep [subj: person, report] souligner, mettre l'accent sur / *his account points up the irony of the defeat* son exposé met l'accent sur l'ironie de la défaite ; [subj: event] faire ressortir / *the accident points up the need for closer cooperation* l'accident fait ressortir le besoin d'une coopération plus étroite.

point-and-click n pointer-cliquer *m*.

point-and-shoot adj [camera] automatique.

point-blank ◆ adj **1.** [shot] (tiré) à bout portant / *he was shot at point-blank range* on lui a tiré dessus à bout portant **2.** [refusal, denial] catégorique ; [question] (posé) de but en blanc, (posé) à brûle-pourpoint. ◆ adv **1.** [shoot] à bout portant **2.** [refuse, deny] catégoriquement ; [ask] de but en blanc, à brûle-pourpoint.

point-by-point adj méthodique.

point duty n UK ▸ **to be on point duty** diriger la circulation.

pointed ['pɔɪntɪd] adj **1.** [sharp] pointu ▸ **pointed arch** ARCHIT arche *f* en ogive ▸ **pointed style** ARCHIT style *m* gothique **2.** [meaningful - look, comment] insistant ; [- reference] peu équivoque **3.** [marked] ostentatoire / *with pointed indifference* avec une indifférence ostentatoire.

-pointed in comp ▸ **five / six-pointed a)** [gen] à cinq / six pointes **b)** [star] à cinq / six branches.

pointedly ['pɔɪntɪdlɪ] adv **1.** [meaningfully - look, comment] de façon insistante / *she looked at me pointedly* elle m'a lancé un regard qui en disait long **2.** [markedly] de façon marquée or prononcée / *she pointedly ignored me all evening* elle m'a ostensiblement ignoré pendant toute la soirée.

pointer ['pɔɪntəʳ] n **1.** [for pointing - stick] baguette *f* ; [- arrow] flèche *f* **2.** [on dial] aiguille *f* **3.** [indication, sign] indice *m*, signe *m* / *there are several pointers as to what really happened* plusieurs indices nous permettent de deviner ce qui s'est réellement passé / *all the pointers indicate an impending economic recovery* tout indique que la reprise économique est imminente / *a pointer to the future* une idée de ce que l'avenir nous réserve / *he gave me a few pointers on how to use the computer* il m'a donné quelques tuyaux sur la façon d'utiliser l'ordinateur **4.** COMPUT pointeur *m* **5.** [dog] pointer *m*.

pointillism ['pɔɪntɪlɪzm] n pointillisme *m*.

pointillist ['pɔɪntɪlɪst] ◆ adj pointilliste. ◆ n pointilliste *mf*.

pointing ['pɔɪntɪŋ] n *(U)* CONSTR [act, job] jointoiement *m* ; [cement work] joints *mpl*.

pointing device n COMPUT dispositif *m* de pointage.

pointless ['pɔɪntlɪs] adj [gen] inutile, vain ; [crime, violence, vandalism] gratuit / *all my efforts seemed pointless* tous mes efforts semblaient inutiles or vains / *it's pointless trying to convince him* ça ne sert à rien or il est inutile d'essayer de le convaincre.

pointlessly ['pɔɪntlɪslɪ] adv [gen] inutilement, vainement ; [hurt, murder, vandalize] gratuitement.

pointlessness ['pɔɪntlɪsnɪs] n [gen] inutilité *f* ; [of remark] manque *m* d'à-propos ; [of crime, violence, vandalism] gratuité *f*.

point of order n point *m* de procédure / *he rose on a point of order* il a demandé la parole pour soulever un point de procédure.

point-of-purchase adj sur le lieu de vente ▸ **point-of-purchase advertising** publicité *f* sur le lieu de vente, PLV *f* ▸ **point-of-purchase display** exposition *f* sur le lieu de vente ▸ **point-of-purchase information** informations *fpl* sur le lieu de vente ▸ **point-of-purchase material** matériel *m* de publicité sur le lieu de vente, matériel *m* de PLV ▸ **point-of-purchase promotion** promotion *f* sur le lieu de vente.

point of reference n point *m* de référence.

point-of-sale adj sur le point or sur le lieu de vente ▸ **point-of-sale advertising** publicité *f* sur le lieu de vente, PLV *f* ▸ **point-of-sale promotion** promotion *f* sur le lieu de vente.

point of view n point *m* de vue / *from my point of view, it doesn't make much difference* en ce qui me concerne, ça ne change pas grand-chose.

point shoes pl n DANCE (chaussons *mpl* à) pointes *fpl*.

pointsman ['pɔɪntsmən] (*pl* **pointsmen** [-mən]) n UK RAIL aiguilleur *m*.

point-to-point n UK *rallye hippique pour cavaliers amateurs.*

pointy-headed [,pɔɪntɪ'hedɪd] adj US *inf & pej* intello.

poise [pɔɪz] ◆ n **1.** [composure, coolness] calme *m*, aisance *f*, assurance *f* **2.** [physical bearing] port *m*, maintien *m* ; [gracefulness] grâce *f*. ◆ vt [balance] mettre en équilibre ; [hold suspended] tenir suspendu / *she poised herself on the arm of my chair* elle s'est assise gracieusement sur le bras de mon fauteuil.

poised [pɔɪzd] adj **1.** [balanced] en équilibre ; [suspended] suspendu / *she held her glass poised near her lips* elle tenait son verre près de ses lèvres / *he was poised between life and death* il était entre la vie et la mort **2.** [ready, prepared] prêt / *poised for action* prêt à agir **3.** [composed, self-assured] calme, assuré.

poison ['pɔɪzn] ◆ n **1.** poison *m* ; [of reptile] venin *m* **2.** *fig* poison *m*, venin *m* / *the poison spreading through our society* le mal qui se propage dans notre société / *they hate each other like poison* ils se détestent cordialement / *he's absolute poison! inf* c'est un vrai poison ! ▸ **what's your poison?** *hum* qu'est-ce que tu bois ?, qu'est-ce que je t'offre ? ◆ comp [mushroom, plant] vénéneux ; [gas] toxique ▸ **poison gland** ZOOL glande *f* à venin. ◆ vt **1.** *lit* empoisonner ▸ **to poison sb with sthg** empoisonner qqn à qqch / *a poisoned arrow / drink* une flèche / boisson empoisonnée / *all these pesticides are poisoning the air* tous ces pesticides empoisonnent l'atmosphère **2.** *fig* envenimer, gâcher / *his arrival poisoned the atmosphere* son arrivée rendit l'atmosphère insupportable / *they are poisoning his mind* ils sont en train de le corrompre / *he poisoned our minds against her* il nous a montés contre elle.

poisoned chalice n *fig* cadeau *m* empoisonné.

poisoner ['pɔɪznəʳ] n empoisonneur *m*, -euse *f*.

poison gas n gaz *m* toxique.

poisoning ['pɔɪznɪŋ] n empoisonnement *m* ▸ **mercury poisoning** empoisonnement au mercure.

poison ivy n sumac *m* vénéneux.

poisonous ['pɔɪznəs] adj **1.** [mushroom, plant] vénéneux ; [snake, lizard] venimeux ; [gas, chemical] toxique / *mercury is highly poisonous* le mercure est très toxique **2.** *fig* [person] malveillant, venimeux ; [remark, allegation] venimeux / *he's got a poisonous tongue* il a une langue de vipère.

> **vénéneux** or **venimeux?**
>
> Be careful not to confuse these two very similar adjectives: **vénéneux** means poisonous, and refers to toxic plants or substances. **Venimeux** means venomous, and refers to animals that produce venom.

poison-pen letter n lettre *f* anonyme.

poke [pəʊk] ◆ vt **1.** [push, prod - gen] donner un coup à ; [- with elbow] donner un coup de coude à / *somebody poked me in the back* quelqu'un m'a donné un coup dans le dos **2.** [stick, thrust] enfoncer / *she poked her finger / knife into the tart* elle enfonça son doigt / son couteau dans la tarte ▸ **to poke a hole in sthg** faire un trou dans qqch / *he poked his stick at me* il fit un mouvement avec son bâton dans ma direction / *she opened the door and poked her head in / out* elle ouvrit la porte et passa sa tête à l'intérieur / à l'extérieur / *he's always* *poking his nose in other people's business* il se mêle toujours de ce qui ne le regarde pas **3.** [fire] tisonner **4.** *inf* [punch] flanquer un coup de poing à / *I poked him in the nose* je lui ai flanqué un coup de poing sur le nez **5.** *v inf* [have sex with] tirer un coup avec **6.** [person on networking site] envoyer un poke à. ◆ n **1.** [push, prod] poussée *f*, (petit) coup *m* / *he gave me a poke in the back* il m'a donné un (petit) coup dans le dos / *give the fire a poke* donne un coup de tisonnier dans le feu **2.** US *inf* [punch] gnon *m*, marron *m* / *he's asking for a poke in the nose!* il va prendre un marron s'il continue ! **3.** *regional* [pocket] poche *f* ; [bag] pochette *f* **4.** [on networking site] poke *m*.

❖ **poke about**, **poke around** vi fouiller, fourrager / *she poked around in her bag for her purse* elle a fouillé dans son sac pour trouver son porte-monnaie.

❖ **poke along** vi US avancer lentement.

❖ **poke out** ◆ vi [stick out] dépasser / *the new shoots were just poking out of the ground* les nouvelles pousses commençaient tout juste à sortir de terre. ◆ vt sep [remove] déloger ▸ **to poke sb's eye out** crever un œil à qqn.

poker ['pəʊkər] n **1.** [card game] poker *m* **2.** [for fire] tisonnier *m*.

poker dice ◆ n [game] poker *m* d'as. ◆ pl n [set of dice] dés *mpl* pour le poker d'as.

poker face n visage *m* impassible or impénétrable / *she kept a poker face* son visage n'a pas trahi la moindre émotion or est resté totalement impassible.

poker-faced adj (au visage) impassible.

pokerwork ['pəʊkəwɜːk] n *(U)* [art] pyrogravure *f* ; [objects] pyrogravures *fpl*.

pokey ['pəʊkɪ] ◆ n US *v inf* [prison] tôle *f* / *in pokey* en tôle. ◆ adj *inf* = **poky**.

poky ['pəʊkɪ] (*compar* **pokier**, *superl* **pokiest**) adj *inf* **1.** UK [house, room - cramped] exigu (exiguë) **2.** US [slow] lambin.

pol [pɒl] n abbr of **politician**.

Polack ['pəʊlæk] n *v inf & offens* Polaque *mf*.

Poland ['pəʊlənd] pr n Pologne *f* / *in Poland* en Pologne.

polar ['pəʊlər] adj **1.** CHEM, ELEC, GEOG & MATH polaire ▸ **the Polar Circle** le cercle polaire ▸ **polar coordinates** coordonnées *fpl* polaires ▸ **the polar lights** l'aurore *f* polaire ▸ **polar regions** les régions *fpl* polaires **2.** *fig* [totally opposite - opinions, attitudes] diamétralement opposé.

polar bear n ours *m* polaire or blanc.

polar bread n pain *m* polaire.

polarimeter [,pəʊlə'rɪmɪtər] n polarimètre *m*.

polarity [pəʊ'lærətɪ] (*pl* **polarities**) n polarité *f*.

polarization [,pəʊlərаɪ'zeɪʃn] n polarisation *f*.

polarize, **polarise** ['pəʊləraɪz] ◆ vt polariser. ◆ vi se polariser.

polarizing filter ['pəʊləraɪzɪŋ-] n TV & CIN filtre *m* polarisant.

Polaroid® ['pəʊlərɔɪd] ◆ adj [camera] Polaroid® ; [film] pour Polaroid ; [glasses] à verre polarisé. ◆ n [camera] Polaroid® ; [photo] photo *f* or cliché *m* Polaroid.

❖ **Polaroids**® pl n [sunglasses] lunettes *fpl* de soleil à verre polarisé.

polder ['pəʊldər] n polder *m*.

pole [pəʊl] ◆ n **1.** ELEC & GEOG pôle *m* ▸ **to travel from pole to pole** parcourir la terre entière ▸ **to be poles apart** : *they are poles apart* ils n'ont absolument rien en commun / *their positions on disarmament are poles apart* leurs positions sur le désarmement sont diamétralement opposées **2.** [rod] bâton *m*, perche *f* ; [for tent] montant *m* ; [in fence, construction] poteau *m*, pieu *m* ; [for gardening] tuteur *m* ; [for climbing plants] rame *f* ; [for polevaulting, punting] perche *f* ; [for skier] bâton *m* **3.** [mast - for phonelines] poteau *m* ; [- for flags] mât *m* **4.** [for climbing] mât *m* ; [in fire-station] perche *f* ▸ **to be up the pole** : *you're up the pole!* **a)** UK *inf* [mistaken] tu te gourres ! **b)** [mad] tu es fou or cinglé ! / *he's driving me up the pole!* UK il me rend dingue ! **5.** US [on racecourse] corde *f* **6.** [unit of measure] ≃ perche *f*. ◆ vt **1.** [punt] faire avancer (avec une perche) **2.** [plants] ramer.

Pole [pəʊl] n Polonais *m*, -e *f*.

poleaxe UK, **poleax** US ['pəʊlæks] ◆ n **1.** [weapon] hache *f* d'armes **2.** [for slaughter] merlin *m*. ◆ vt *lit* abattre ; *fig* terrasser.

poleaxed ['pəʊlækst] adj *inf* **1.** [surprised] baba, épaté **2.** [drunk] bourré, beurré.

polecat ['pəʊlkæt] (*pl* **polecat** *or* **polecats**) n **1.** [European, African] putois *m* **2.** US [skunk] moufette *f*, mouffette *f*.

pole dancing n danse *f* de poteau.

pole jump = **pole vault**.

polemic [pə'lemɪk] ◆ adj polémique. ◆ n [argument] polémique *f*.

❖ **polemics** n *(U)* [skill, practice] art *m* de la polémique.

polemical [pə'lemɪkl] adj polémique.

polemicist [pə'lemɪsɪst] n polémiste *mf*.

polenta [pə'lentə] n polenta *f*.

pole position n [in motor racing] pole position *f* ▸ **to be in pole position** être en pole position.

Pole Star n (étoile *f*) Polaire *f*.

pole vault n saut *m* à la perche.

❖ **pole-vault** vi [as activity] faire du saut à la perche ; [on specific jump] faire un saut à la perche.

pole-vaulter [-,vɔːltər] n perchiste *mf*.

police [pə'liːs] ◆ pl n police *f* / *the police are on their way* la police arrive, les gendarmes arrivent / *he's in the police* il est dans la police, c'est un policier / *a man is helping police with their enquiries* un homme est entendu par les policiers dans le cadre de leur enquête / *18 police were injured* 18 policiers ont été blessés. ◆ comp [vehicle, patrol, spy] de police ; [protection, work] de la police, policier ; [harassment] policier / *police complaints procedure* procédure *f* pour porter plainte contre la police / *he was taken into police custody* il a été emmené en garde à vue / *a police escort* une escorte policière / *all police leave was cancelled* les permissions des policiers ont été annulées / *police powers were extended* les pouvoirs de la police ont été étendus / *there was a heavy police presence* d'importantes forces de police se trouvaient sur place ▸ **Police Complaints Board** ≃ Inspection *f* générale des services ▸ **the Police Federation** *le syndicat de la police britannique*. ◆ vt **1.** [subj: policemen] surveiller, maintenir l'ordre dans / *the streets are being policed 24 hours a day* les rues sont surveillées par la police 24 heures sur 24 / *the match was heavily policed* d'importantes forces de police étaient présentes lors du match ; [subj: guards, vigilantes] surveiller, maintenir l'ordre dans / *the factory is policed by security guards* l'usine est surveillée par des vigiles / *vigilante groups police the neighbourhood* des groupes d'autodéfense maintiennent l'ordre dans le quartier ; [subj: army, international organization] surveiller, contrôler / *the area is policed by army patrols* des patrouilles militaires veillent au maintien de l'ordre dans la région **2.** [regulate - prices] contrôler ; [- agreement] veiller à l'application or au respect de / *prices are policed by consumer associations* les associations de consommateurs contrôlent les prix **3.** US [clean - military camp] nettoyer.

police academy n US école *f* de police.

police car n voiture *f* de police.

police cell n cellule *f* d'un poste de police.

police chief n ≃ préfet *m* de police.

police commissioner n US commissaire *m* de police.

police constable n UK ≃ gardien *m* de la paix ; ≃ agent *m* (de police).

police court n tribunal *m* de police.

police department n US service *m* de police.

police dog n chien *m* policier.

police force n police *f* / *the local police force* la police locale ▸ **to join the police force** entrer dans la police.

police inspector n inspecteur *m*, -trice *f* de police.

policeman [pə'liːsmən] (*pl* **policemen** [-mən]) n agent *m* (de police), policier *m*.

police officer n policier *m*, agent *m* de police.

police record n casier *m* judiciaire / *she has no police record* elle n'a pas de casier judiciaire, son casier judiciaire est vierge.

police sergeant n ≃ brigadier *m* (de police).

police state n État *m* or régime *m* policier.

police station n [urban] poste *m* de police, commissariat *m* (de police) ; [rural] gendarmerie *f*.

police wagon n US fourgon *m* cellulaire.

policewoman [pə'liːs,wʊmən] (*pl* **policewomen** [-,wɪmɪn]) n femme *f* policier.

policy ['pɒləsɪ] (*pl* **policies**) ◆ n **1.** POL politique *f* / *the government's economic policies* la politique économique du gouvernement **2.** COMM [of company, organization] politique *f*, orientation *f* / *they don't know what policy to adopt* ils ne savent pas quelle politique adopter / *this is in line with company policy* ça va dans le sens de la politique de l'entreprise / *our policy is to hire professionals only* nous avons pour politique de n'engager que des professionnels **3.** [personal principle, rule of action] principe *m*, règle *f* / *her policy has been always to tell the truth* elle a toujours eu pour principe de dire la vérité / *it's bad policy to reveal your objectives early on* c'est une mauvaise tactique de dévoiler vos objectifs à l'avance **4.** [for insurance] police *f*. ◆ comp [decision, statement] de principe ; [debate] de politique générale.

⚠ The French word **police** only means a policy in the insurance sense.

policy advisor n conseiller *m*, -ère *f (en matière de politique)*.

policyholder ['pɒləsɪ,həʊldər] n assuré *m*, -e *f*.

policymaker ['pɒləsɪ,meɪkər] n POL responsable *mf* politique ; COMM décideur *m*.

polio ['pəʊlɪəʊ] n *(U)* polio *f*.

poliomyelitis [,pəʊlɪəʊmaɪə'laɪtɪs] n *(U)* poliomyélite *f*.

polish ['pɒlɪʃ] ◆ vt **1.** [furniture] cirer, encaustiquer ; [brass, car] astiquer ; [mirror] astiquer ; [shoes] cirer, brosser ; [gemstone] polir **2.** *fig* [perfect] polir, perfectionner / *to polish one's prose / style* polir sa prose / son style **3.** [person] parfaire l'éducation de / *his manners could do with polishing* ses manières laissent à désirer. ◆ n **1.** [for wood, furniture] encaustique *f*, cire *f* ; [for shoes] cirage *m* ; [for brass, car, silverware] *produit d'entretien pour le cuivre, la voiture, l'argenterie, etc.* ; [for fingernails] vernis *m* **2.** [act of polishing] ▸ **to give sthg a polish** astiquer qqch / *give your shoes a quick polish* donne un petit coup de brosse à tes chaussures / *the brass could do with a polish* les cuivres auraient besoin d'être astiqués **3.** [shine, lustre] brillant *m*, éclat *m* / *the silver has a lovely polish* l'argent a un bel éclat / *his shoes have lost their polish* ses chaussures ont perdu leur lustre ▸ **to put a polish on sthg** faire briller qqch **4.** *fig* raffinement *m*, élégance *f* / *she has a lot of polish* elle est très raffinée.

❖ **polish off** vt sep *inf* **1.** [finish - meal] finir, avaler / *they polished off half a loaf between them* ils ont avalé la moitié d'un pain à eux seuls / *they soon polished off the rest of the beer* ils ont eu vite fait de finir ce qui restait de bière **2.** [complete - job] expédier ; [- book, essay] en finir avec **3.** [defeat] se débarrasser de, écraser ; [kill] liquider, descendre.

❖ **polish up** ◆ vi : *brass polishes up well* le cuivre est facile à faire briller. ◆ vt sep **1.** [furniture, shoes] faire briller ; [diamond] polir **2.** *fig* [perfect - maths, language] perfectionner, travailler ; [- technique] parfaire, améliorer.

Polish ['pəʊlɪʃ] ◆ n LING polonais *m*. ◆ pl n [people] ▸ **the Polish** les Polonais. ◆ adj polonais.

polished ['pɒlɪʃt] adj **1.** [surface] brillant, poli **2.** CULIN [rice] décortiqué **3.** [person] qui a du savoir-vivre, raffiné ; [manners] raffiné **4.** [performer] accompli ; [performance] parfait, impeccable ; [style] raffiné, élégant.

polisher ['pɒlɪʃər] n [person] cireur *m*, -euse *f* ; [machine] polissoir *m* ; [for floors] cireuse *f*.

Politburo ['pɒlɪt,bjʊərəʊ] (*pl* **Politburos**) n Politburo *m*.

polite [pə'laɪt] adj **1.** [person] poli, courtois ; [remark, conversation] poli, aimable ▸ **to be polite to sb** être poli envers or avec qqn / *it is polite to ask first* quand on est poli, on demande d'abord ▸ **to make polite conversation** faire la conversation / *she was very polite about my poems* elle s'est montrée très diplomate dans ses commentaires sur mes poèmes **2.** [refined - manners] raffiné, élégant ▸ **polite society** la bonne société, le beau monde.

politely [pə'laɪtlɪ] adv poliment, de manière courtoise.

politeness [pə'laɪtnɪs] n politesse *f*, courtoisie *f* / *out of politeness* par politesse.

politic ['pɒlətɪk] adj *fml* [shrewd] habile, avisé ; [wise] judicieux, sage / *it would not be politic to refuse* ce ne serait pas prudent de refuser.

political [pə'lɪtɪkl] adj **1.** politique / *man is a political animal* l'homme est un animal politique / *his art is very political* son art est très engagé **2.** [interested in politics] : *he's always been very political* il s'est toujours intéressé à la politique.

political correctness n le politiquement correct.

political establishment n classe *f* politique dirigeante.

political geography n géographie *f* politique.

politically [pə'lɪtɪklɪ] adv politiquement.

politically correct adj politiquement correct.

political science n *(U)* sciences *fpl* politiques.

political scientist n spécialiste *mf* en sciences politiques.

politician [,pɒlɪ'tɪʃn] n **1.** [gen] homme *m* politique, femme *f* politique **2.** US *pej* politicien *m*, -enne *f*.

politicization [pə,lɪtɪsaɪ'zeɪʃn] n politisation *f*.

politicize, politicise [pə'lɪtɪsaɪz] ◆ vt politiser / *the whole issue has become highly politicized* on a beaucoup politisé toute cette question. ◆ vi faire de la politique.

politicking ['pɒlətɪkɪŋ] n *pej* politique *f* politicienne.

politico [pə'lɪtɪkəʊ] (*pl* **politicos** or **politicoes**) n *inf & pej* politicard *m*, -e *f*.

politico- in comp politico-.

politics ['pɒlətɪks] ◆ n *(U)* **1.** [as a profession] ▸ **to go into politics** faire de la politique ▸ **local politics** politique locale / *politics has never attracted her* la politique ne l'a jamais intéressée **2.** [art or science] politique *f* / *she studied politics at university* elle a étudié les sciences politiques à l'université **3.** [activity] politique *f* / *I tried not to be drawn into office politics* j'ai essayé de ne pas me laisser entraîner dans les intrigues de bureau ▸ **sexual politics** *ensemble des idées et des problèmes touchant aux droits des femmes, des homosexuels, etc.* ◆ pl n [opinions] idées *fpl* or opinions *fpl* politiques / *what exactly are her politics?* quelles sont ses opinions politiques au juste ?

polity ['pɒlətɪ] (*pl* **polities**) n *fml* [state] État *m* ; [administration] organisation *f* politique or administrative ; [political unit] entité *f* politique.

polka ['pɒlkə] ◆ n polka *f*. ◆ vi danser la polka.

polka dot n TEXT pois *m*.

❖ **polka-dot** adj à pois.

poll [pəʊl] ◆ n **1.** POL [elections] élection *f*, élections *fpl*, scrutin *m* / *the poll took place in June* les élections ont eu lieu en juin ▸ **to go to the polls** voter, se rendre aux urnes / *the country will go to the polls in September* la population se rendra aux urnes en septembre, le pays votera en septembre / *eve of poll voting intentions* les intentions de vote à la veille du scrutin / *the party is likely to be defeated at the polls* le parti sera probablement battu aux élections ; [vote] vote *m* ; [votes cast] suffrages *mpl* (exprimés), nombre *m* de voix / *there was an unexpectedly heavy poll* contrairement aux prévisions, il y a eu un fort taux de participation au scrutin / *the ecology candidate got 3% of the poll* le candidat écologiste a obtenu or recueilli 3 % des suffrages or des voix **2.** [survey - of opinion, intentions] sondage *m* ▸ **to conduct a poll on** or **about sthg** faire un sondage d'opinion sur qqch, effectuer un sondage auprès de la population concernant qqch / *the latest poll puts the Socialists in the lead* le dernier sondage donne les socialistes en tête **3.** [count, census] recensement *m* **4.** [list - of taxpayers] rôle *m* nominatif ; [- of electors] liste *f* électorale. ◆ vt **1.** POL [votes] recueillir, obtenir / *the Greens polled 14% of the vote* les verts ont obtenu 14 % des voix **2.** [person] sonder, recueillir l'opinion de / *most of those polled were in favour of the plan* la plupart des personnes interrogées or sondées étaient favorables au projet **3.** US [assembly] inscrire le vote de **4.** COMPUT [terminal] appeler ; [data] recueillir **5.** [tree] étêter ; [cattle] décorner. ◆ vi [voter] voter.

pollack ['pɒlək] n colin *m*.

pollard ['pɒləd] ◆ n **1.** BOT têtard *m (arbre)* **2.** ZOOL animal *m* sans cornes. ◆ vt **1.** BOT étêter **2.** ZOOL décorner.

pollen ['pɒlən] n pollen *m* ▸ **pollen analysis** analyse *f* pollinique.

pollen count n indice *m* pollinique (de l'air).

pollinate ['pɒləneɪt] vt polliniser.

pollination [,pɒlɪ'neɪʃn] n pollinisation *f*.

polling ['pəʊlɪŋ] n *(U)* **1.** POL [voting] vote *m*, suffrage *m* ; [elections] élections *fpl*, scrutin *m* / *the result of the polling* le résultat du scrutin or des élections / *polling takes place every five years* le scrutin a lieu tous les cinq ans / *the first round of polling* le premier tour de scrutin or des élections / *polling is up on last year* la participation au vote est plus élevée que l'année dernière **2.** [for opinion poll] sondage *m*.

polling booth n isoloir *m*.

polling day n jour *m* des élections or du scrutin.

polling station n bureau *m* de vote.

polliwog ['pɒlɪwɒg] n US ZOOL têtard *m*.

pollock ['pɒlək] = **pollack**.

pollster ['pəʊlstər] n *inf* enquêteur *m*, -euse or -trice *f*, sondeur *m*, -euse *f* / *the pollsters are predicting a high turnout* les sondages prévoient un fort taux de participation.

poll tax n **1.** [in UK] *impôt local aboli en 1993, basé sur le nombre d'occupants adultes d'un logement* **2.** [in US] *impôt, aboli en 1964, donnant droit à être inscrit sur les listes électorales* **3.** HIST capitation *f*.

pollutant [pə'lu:tnt] n polluant *m*.

pollute [pə'lu:t] vt polluer / *the rivers are polluted with toxic waste* les cours d'eau sont pollués par les déchets toxiques.

polluter [pə'lu:tər] n pollueur *m*, -euse *f* ▸ **the polluter pays principle** le principe du pollueur qui paie.

pollution [pə'lu:ʃn] n **1.** [of environment] pollution *f* / *experts are trying to identify the source of the pollution* les experts tentent de localiser la source or l'origine de la pollution **2.** *(U)* [pollutants] polluants *mpl* / *volunteers are helping to clear the beach of pollution* des volontaires participent aux opérations d'assainissement de la plage **3.** *fml* [emission of semen] pollution *f* nocturne.

Polly ['pɒlɪ] pr n [name for parrot] Jacquot.

Pollyanna [,pɒlɪ'ænə] n *individu naïvement optimiste.*

pollywog ['pɒlɪwɒg] = **polliwog**.

polo ['pəʊləʊ] (*pl* **polos**) ◆ n **1.** SPORT polo *m* **2.** US [shirt] = **polo shirt**. ◆ comp [match, stick] de polo.

❖ **Polo®** n *bonbon à la menthe percé d'un trou.*

polonaise [,pɒlə'neɪz] n MUS & SEW polonaise *f*.

polo neck n UK [collar] col *m* roulé ; [sweater] (pull *m* à) col *m* roulé.

❖ **polo-neck(ed)** adj UK à col roulé.

polonium [pə'ləʊnɪəm] n polonium *m*.

polony [pə'ləʊnɪ] (*pl* **polonies**) n UK salami *m*, saucisson *m* de Bologne.

polo shirt n polo *m (chemise)*.

poltergeist ['pɒltəgaɪst] n esprit *m* frappeur, poltergeist *m*.

poltroon [pɒl'tru:n] n *arch* poltron *m*, -onne *f*.

poly ['pɒlɪ] (*pl* **polys**) UK *inf* = **polytechnic**.

polyamide [,pɒlɪ'æmaɪd] n polyamide *m*.

polyamory [,pɒlɪ'æmərɪ] n *le fait d'avoir plusieurs relations amoureuses en même temps.*

polyandrous [,pɒlɪ'ændrəs] adj polyandre.

polyandry ['pɒlɪændrɪ] n polyandrie *f*.

polyanthus [,pɒlɪ'ænθəs] (*pl* **polyanthuses** or **polyanthi** [-θaɪ]) n **1.** [primrose] primevère *f* **2.** [narcissus] narcisse *m* à bouquet.

polyatomic [,pɒlɪə'tɒmɪk] adj polyatomique.

poly bag n UK *inf* sac *m* en plastique.

polybasic [,pɒlɪ'beɪsɪk] adj polybasique.

polycarbonate [,pɒlɪ'kɑ:bənət] n CHEM polycarbonate *m*.

polychromatic [,pɒlɪkrəʊ'mætɪk] adj **1.** [multicoloured] multicolore, polychrome **2.** PHYS [light] polychromatique.

polychrome ['pɒlɪkrəʊm] ◆ adj polychrome. ◆ n objet *m* polychrome.

polyclinic [,pɒlɪ'klɪnɪk] n polyclinique *f*.

polycyclic [,pɒlɪ'saɪklɪk] adj polycyclique.

Polydorus [,pɒlɪ'dɔ:rəs] pr n Polydore.

polyester [,pɒlɪ'estər] ◆ n polyester *m*. ◆ adj (de or en) polyester.

polyethylene [,pɒlɪ'eθɪli:n] = **polythene**.

polygamist [pə'lɪgəmɪst] n polygame *m*.

polygamous [pə'lɪgəməs] adj polygame.

polygamy [pə'lɪgəmɪ] n polygamie *f*.

polygenesis [,pɒlɪ'dʒenɪsɪs] n **1.** BIOL polygénie *f* **2.** [of man] polygénisme *m*.

polyglot ['pɒlɪglɒt] ◆ adj [person] polyglotte ; [edition] multilingue. ◆ n [person] polyglotte *mf* ; [book] édition *f* multilingue.

polyglot(t)ism ['pɒlɪglɒtɪzm] n multilinguisme *m*.

polygon ['pɒlɪgɒn] n polygone *m*.

polygonal [pɒ'lɪgənl] adj polygonal.

polygraph ['pɒlɪgrɑ:f] n **1.** [lie detector] détecteur *m* de mensonge **2.** [copying device] photocopieuse *f*.

polyhedral [,pɒlɪ'hi:drəl] adj polyèdre, polyédrique.

polyhedron [,pɒlɪ'hi:drən] (*pl* **polyhedrons** or **polyhedra** [-drə]) n polyèdre *m*.

polymath ['pɒlɪmæθ] n *fml* puits *m* de science *fig*, esprit *m* encyclopédique.

polymer ['pɒlɪmər] n polymère *m*.

polymeric [,pɒlɪ'merɪk] adj polymère.

polymerization [,pɒlɪməraɪ'zeɪʃn] n polymérisation *f*.

polymerize, polymerise ['pɒlɪməraɪz] vt & vi polymériser.

polymorph ['pɒlɪmɔ:f] n BIOL espèce *f* polymorphe ; CHEM substance *f* polymorphe.

polymorphic [,pɒlɪ'mɔ:fɪk] adj polymorphe.

polymorphism [,pɒlɪ'mɔ:fɪzm] n [gen] polymorphisme *m* ; CHEM polymorphie *f*.

Polynesia [,pɒlɪ'ni:zjə] pr n Polynésie *f* / *in Polynesia* en Polynésie ▸ **French Polynesia** la Polynésie française.

Polynesian [,pɒlɪ'ni:zjən] ◆ n **1.** [person] Polynésien *m*, -enne *f* **2.** LING polynésien *m*. ◆ adj polynésien.

polynomial [,pɒlɪ'nəʊmjəl] ◆ adj polynomial. ◆ n polynôme *m*.

polyp ['pɒlɪp] n polype *m*.

polyphase ['pɒlɪfeɪz] adj polyphasé.

Polyphemus [,pɒlɪ'fi:məs] pr n Polyphème.

polyphonic [,pɒlɪ'fɒnɪk], **polyphonous** [pə'lɪfənəs] adj polyphonique.

polyphonic ringtone n TELEC sonnerie *f* polyphonique.

polyphony [pə'lɪfənɪ] n polyphonie *f*.

polypropylene [,pɒlɪ'prəʊpəli:n] n polypropylène *m*.

polysemous [pə'lɪsɪməs] adj polysémique.

polysemy [pə'lɪsɪmɪ] n polysémie *f*.

polystyrene [,pɒlɪ'staɪri:n] n polystyrène *m* ▸ **polystyrene cement** colle *f* polystyrène ▸ **polystyrene tiles** carreaux *mpl* de polystyrène.

polysyllabic [,pɒlɪsɪ'læbɪk] adj polysyllabe, polysyllabique.

polysyllable ['pɒlɪ,sɪləbl] n polysyllabe *m*.

polysyndeton [,pɒlɪ'sɪndətən] n **1.** [in rhetoric] polysyndète *f*, syndèse *f* **2.** GRAM *phrase contenant plus de deux propositions coordonnées.*

polysynthetic [,pɒlɪsɪn'θetɪk] adj LING polysynthétique.

polytechnic [,pɒlɪ'teknɪk] n *en Grande-Bretagne, avant 1993, établissement d'enseignement supérieur qui appartenait à un système différent de celui des universités. Depuis 1993, les «polytechnics» ont acquis le statut d'universités.*

polytheism ['pɒlɪθiː,ɪzm] n polythéisme *m*.

polythene ['pɒlɪθiːn] ◆ n UK polyéthylène *m*, Polythène *m*. ◆ comp en plastique, en polyéthylène *spec*, en Polythène *spec* ▸ **polythene bag** sac *m* (en) plastique.

polytunnel ['pɒlɪtʌnəl] n AGR polytunnel *m*.

polyunsaturated [,pɒlɪʌn'sætʃəreɪtɪd] adj polyinsaturé.

polyurethane [,pɒlɪ'jʊərəθeɪn] n polyuréthane *m*, polyuréthanne *m* ▸ **polyurethane foam** mousse *f* de polyuréthane.

polyvalent [,pɒlɪ'veɪlənt] adj MED & CHEM polyvalent.

polyvinyl [,pɒlɪ'vaɪnɪl] adj polyvinylique ▸ **polyvinyl chloride** chlorure *m* de polyvinyle.

pom [pɒm] AUSTR & NZ *inf* = **pommie.**

pomade [pə'meɪd] ◆ n pommade *f (pour les cheveux)*. ◆ vt pommader.

pomander [pə'mændər] n [bag] sachet *m* aromatique ; [orange stuck with cloves] pomme *f* d'amour.

pome [pəʊm] n fruit *m* à pépins.

pomegranate ['pɒmɪ,grænɪt] n grenade *f (fruit)* ▸ **pomegranate tree** grenadier *m*.

pomelo ['pɒmɪləʊ] (*pl* **pomelos**) n pomelo *m*.

Pomerania [,pɒmə'reɪnjə] pr n Poméranie *f* / *in Pomerania* en Poméranie.

Pomeranian [,pɒmə'reɪnjən] ◆ n **1.** [person] Poméranien *m*, -enne *f* **2.** [dog] loulou *m* (de Poméranie). ◆ adj poméranien.

pommel ['pɒml] (UK *pt & pp* **pommelled**, *cont* **pommelling** ; US *pt & pp* **pommeled**, *cont* **pommeling**) ◆ n pommeau *m*. ◆ vt = **pummel.**

pommel horse n cheval-d'arçons *m inv*.

pommie, **pommy** ['pɒmɪ] (*pl* **pommies**) ◆ n AUSTR & NZ *inf & hum* angliche *mf pej*. ◆ adj angliche *pej*.

pomology [pɒ'mɒlədʒɪ] n AGR pomologie *f*.

pomp [pɒmp] n pompe *f*, faste *m* ▸ **with great pomp (and circumstance)** en grande pompe / *the pomp of great state occasions* le faste des grandes cérémonies nationales.

pompadour ['pɒmpə,dʊər] n coiffure *f* style Pompadour.

Pompeii [pɒm'peɪiː] pr n Pompéi.

Pompeiian [pɒm'peɪən] ◆ n Pompéien *m*, -enne *f*. ◆ adj pompéien.

Pompey ['pɒmpɪ] pr n Pompée.

pompom ['pɒmpɒm] n **1.** [flower, bobble] pompon *m* **2.** *inf* MIL canon *m* mitrailleur.

pomposity [pɒm'pɒsətɪ] (*pl* **pomposities**) n **1.** *(U)* [of manner] comportement *m* pompeux, manières *fpl* pompeuses **2.** [of ceremony] apparat *m*, pompe *f* ; [of style] caractère *m* pompeux.

pompous ['pɒmpəs] adj [pretentious] pompeux, prétentieux.

pompously ['pɒmpəslɪ] adv pompeusement / *it's rather pompously called a marina* on qualifie cela, assez pompeusement, de marina.

ponce [pɒns] UK *inf* ◆ n **1.** [pimp] maquereau *m* **2.** *pej* [effeminate man] homme *m* efféminé. ◆ vi **1.** [pimp] faire le maquereau **2.** *pej* [behave effeminately] faire des simagrées, minauder.

❖ **ponce about, ponce around** vi *inf* [mess around] traîner / *stop poncing around and get on with it* arrête un peu de traîner et dépêche-toi.

poncey, poncy ['pɒnsɪ] adj UK *inf & pej* efféminé.

poncho ['pɒntʃəʊ] (*pl* **ponchos**) n poncho *m*.

pond [pɒnd] n [small] mare *f* ; [large] étang *m* ; [in garden] bassin *m* ▸ **pond life** la faune des étangs.

ponder ['pɒndər] ◆ vi [think] réfléchir ; [meditate] méditer / *he spent hours pondering over the meaning of it all* il passa des heures à méditer sur le sens de tout cela / *she had plenty of time to ponder on* or *upon the folly of her ways* elle a eu tout le temps de réfléchir à la stupidité de ses actes. ◆ vt réfléchir à or sur / *I sat down and pondered what to do* je m'assis et considérai ce que j'allais faire / *she retreated to her own room to ponder her next move* elle se retira dans sa chambre pour réfléchir à la décision qu'elle allait prendre.

ponderable ['pɒndərəbl] adj *fml* pondérable.

❖ **ponderables** pl n *fml* données *fpl* mesurables.

ponderous ['pɒndərəs] adj [heavy] pesant, lourd ; [slow] lent, laborieux ; [dull] lourd / *with ponderous steps* d'un pas lourd / *a ponderous style* un style lourd or laborieux / *he has a very ponderous way of speaking* il s'exprime avec difficulté or laborieusement.

ponderously ['pɒndərəslɪ] adv [heavily] lourdement ; [laboriously] laborieusement / *he walked ponderously across the yard* il traversa la cour d'un pas pesant.

Pondicherry [,pɒndɪ'tʃerɪ] pr n Pondichéry.

pond lily = **water lily.**

pondscum ['pɒndskʌm] n US *v inf* : *he's pondscum* c'est une raclure (de fond de bidet).

pond skater n gerris *m*.

pond snail n limnée *f*.

pondweed ['pɒndwiːd] n potamot *m*.

pone [pəʊn] n US ▸ **pone (bread)** pain *m* au maïs.

pong [pɒŋ] *inf* ◆ n UK puanteur *f*. ◆ vi cocoter.

pontiff ['pɒntɪf] n souverain pontife *m*, pape *m*.

pontifical [pɒn'tɪfɪkl] adj **1.** RELIG pontifical **2.** [pompous] pompeux.

pontificate ◆ vi [pɒn'tɪfɪkeɪt] [gen & RELIG] pontifier / *he's always pontificating about* or *on something or other pej* il faut toujours qu'il pontifie. ◆ n [pɒn'tɪfɪkɪt] pontificat *m*.

Pontius Pilate ['pɒntjəs-] pr n Ponce Pilate.

pontoon [pɒn'tuːn] n **1.** [float] ponton *m* ; [on seaplane] flotteur *m* **2.** [card game] vingt-et-un *m*.

pontoon bridge n pont *m* flottant.

pony ['pəʊnɪ] (*pl* **ponies**) n **1.** ZOOL poney *m* **2.** [glass] verre *m* à liqueur **3.** UK *v inf* [£25] *25 livres* ; [bet] *pari de 25 livres* **4.** US *inf* SCH [crib] antisèche *f*.

Pony Club pr n UK poney-club *m*.

pony express n *service postal américain à cheval mis en place en 1860 et détrôné par l'apparition du télégraphe.*

ponyride ['pəʊnɪraɪd] n promenade *f* à dos de poney.

ponytail ['pəʊnɪteɪl] n queue de cheval *f* / *she does her hair in a ponytail* elle a or se fait une queue de cheval.

pony-trekking [-,trekɪŋ] n randonnée *f* à dos de poney ▸ **to go pony-trekking** faire une randonnée à dos de poney.

Ponzi scheme ['pɒnzɪ] n chaîne *f* de Ponzi *(escroquerie sous forme de vente pyramidale).*

ponzu ['pɒnzuː] n ponzu *m*.

poo [puː] n & vi *inf* = **pooh.**

pooch [puːtʃ] n US *inf* toutou *m*.

poodle ['puːdl] n caniche *m* / *I'm not your poodle!* je ne suis pas ton chien !

poof [pʊf] ◆ n UK *v inf & pej* pédé *m*. ◆ interj : *and then it was gone, poof, just like that* et puis hop ! il a disparu d'un coup.

poofter ['pʊftər] *v inf* = **poof** *(noun)*.

poofy ['pʊfɪ] (*compar* **poofier**, *superl* **poofiest**) adj UK *v inf & pej* efféminé / *he's a bit poofy* il fait un peu pédé.

pooh [puː] UK *inf* ◆ interj [with disgust] pouah ; [with disdain] peuh. ◆ n *baby talk* caca *m*. ◆ vi *baby talk* faire caca.

Pooh-Bah ['puː'bɑː] n UK *inf* cumulard *m*, -e *f*.

pooh-pooh vt UK *inf* rire de, ricaner de.

pool [puːl] ◆ n **1.** [pond - small] mare *f* ; [- large] étang *m* ; [- ornamental] bassin *m* **2.** [puddle] flaque *f* / *a pool of blood* une flaque or une mare de sang / *a pool of light* un rond de lumière **3.** [swimming pool] piscine *f* ▸ **pool party** *fête organisée autour d'une piscine* **4.** [in harbour] bassin *m* ; [in canal, river] plan *m* d'eau **5.** [of money] cagnotte *f* ; [in card games] cagnotte *f*, poule *f* **6.** [of workmen, babysitters] groupe *m*, groupement *m* ; [of experts] équipe *f* ; [of typists] pool *m* ; [of cars - in firm] parc *m* ; [of ideas] réserve *f* ; [of talent] pépinière *f*, réserve *f* **7.** [consortium] cartel *m*, pool *m* ; [group of producers] groupement *m* de producteurs **8.** US FIN [group] groupement *m* ; [agreement] entente *f*, accord *m* **9.** [American billiards] billard *m* américain ▸ **to shoot pool** US jouer au billard américain. ◆ vt [resources, cars] mettre en commun ; [efforts, ideas] unir.

poolroom ['puːl,ruːm] n salle *f* de billard.

pools [puːlz] pl n UK ▸ **the (football) pools** les concours de pronostics (au football) ▸ **to win the (football) pools** gagner aux pronostics (au football) ▸ **pools coupon** fiche *f* de pari, grille *f* de pronostics *(au football)*.

pool table n (table *f* de) billard *m*.

poon [puːn] n US *vulg* chatte *f*.

Poona ['puːnə] pr n Poona, Pune.

poontang ['puːntæŋ] US *vulg* = **poon.**

poop [puːp] ◆ n ▸ **poop (deck)** poupe *f*. ◆ vi US *inf* [defecate] faire caca.

❖ **poop out** vi US [drop out] déclarer forfait.

pooped [puːpt] adj US *inf* ▸ **pooped (out)** vanné, HS.

pooper-scooper ['puːpə,skuːpər] n ramasse-crotte *m*.

poor [pʊər] ◆ adj **1.** [financially - person, area, country] pauvre / *poor people* **a)** les pauvres **b)** ECON les économiquement faibles / *they're too poor to own a car* ils n'ont pas les moyens d'avoir une voiture / *the oil crisis made these countries considerably poorer* la crise du pétrole a considérablement appauvri ces pays ▸ **poor as a church mouse** pauvre comme Job **2.** [mediocre in quantity - gen] maigre ; [- output, sale figures] faible, médiocre / *there was an unusually poor turnout* il est venu beaucoup moins de monde que d'habitude / *his pay is very poor* il est très mal payé ; [mediocre in quality - land, soil] maigre, pauvre ; [- effort, excuse] piètre ; [- piece of work] médiocre ; [- results] médiocre, piètre ; [- weather, summer] médiocre ; [- quality, condition] mauvais / *the match took place in poor light* le match a eu lieu alors qu'on n'y voyait pratiquement rien / *the joke was in extremely poor taste* la plaisanterie était du plus mauvais goût / *she has very poor taste in clothes* elle s'habille avec un goût douteux / *the team put in a poor performance* l'équipe n'a pas très bien joué / *our side put up a very poor show* notre équipe a donné un piètre spectacle / *don't be such a poor loser!* [in game] ne sois pas si mauvais perdant ! / *I have only a poor understanding of economics* je ne comprends pas grand-chose à l'économie / *poor work* SCH travail insuffisant / *our chances of success are very poor* nos chances de réussite sont bien maigres **3.** [weak - memory, sight] mauvais / *to be in poor health* être en mauvaise santé / *I have rather poor sight* j'ai une mauvaise vue / *I have rather poor hearing* j'entends mal **4.** [in ability] peu doué / *I'm a poor cook* je ne suis pas doué pour la cuisine / *my spelling / French is poor* je ne suis pas fort en orthographe / en français / *she's a poor sailor* elle n'a pas le pied marin / *she's a poor traveller* elle supporte mal les voyages / *he is very poor at maths / at making speeches* il n'est pas doué en maths / pour les discours **5.** [inadequate] faible / *their food is poor in vitamins* leur alimentation est pauvre en vitamines **6.** [pitiful] pauvre / *you poor thing!* mon pauvre ! / *the poor girl!* la pauvre (fille) ! / *poor me!* pauvre de moi ! / *poor (old) Bill* le pauvre Bill. ◆ pl n ▸ **the poor** les pauvres *mpl* / *the poor are always with us* il y a toujours des pauvres parmi nous ▸ **the new poor** les nouveaux pauvres.

poor box n tronc *m* des pauvres.

poorhouse ['pʊəhaʊs] (*pl* [-haʊzɪz]) n *dans le passé, hospice pour les indigents.*

poor law n UK *loi qui régissait autrefois l'assistance publique.* See note on next page.

The Poor Laws

Premières lois sociales anglaises, datant de 1597 et de 1601. Motivées autant par la peur du pauvre que par le désir d'améliorer le sort des plus démunis (construction d'hôpitaux, d'écoles, de logements, etc.), tout en condamnant les « oisifs » de la société, elles ouvrirent la voie au système d'aide sociale en Angleterre et en Europe.

poorly ['pʊəlɪ] (*compar* **poorlier**, *superl* **poorliest**) ◆ adj UK malade, souffrant / *his condition is described as poorly* MED son état est considéré comme sérieux. ◆ adv [badly] mal / *poorly lit* mal éclairé / *poorly dressed* pauvrement or mal vêtu / *I did poorly in the maths test* je n'ai pas bien réussi à l'interrogation de maths / *the school was very poorly maintained* l'école était assez mal entretenue ▸ **to think poorly of sb** avoir une mauvaise opinion de qqn.

poorness ['pʊənɪs] n **1.** [financially] pauvreté *f* **2.** [mediocrity] médiocrité *f*, pauvreté *f*.

poor relation n UK *fig* parent *m* pauvre / *we're definitely considered the poor relations of the publishing world* on nous considère vraiment comme les parents pauvres de l'édition.

poor-spirited adj pusillanime / *it was rather poor-spirited of him* il a fait preuve d'une certaine lâcheté or d'un certain manque de courage.

poor White n US *pej personne de race blanche appartenant aux classes défavorisées.*

poove [pu:v] UK *v inf* = **poof** *(noun).*

pop [pɒp] (*pt & pp* **popped**, *cont* **popping**) ◆ onomat pan ▸ **to go pop a)** [cork] sauter **b)** [balloon] éclater. ◆ n **1.** MUS musique *f* pop **2.** [sound] bruit *m* de bouchon qui saute, bruit *m* sec / *we heard a pop* on a entendu un bruit sec **3.** [drink] boisson *f* gazeuse or pétillante ▸ **ginger pop** boisson gazeuse au gingembre **4.** US *inf* [father] papa *m*. ◆ comp [singer, video] pop *(inv)* ▸ **pop magazines** des magazines de rock ▸ **pop concert** concert *m* rock ▸ **pop group** groupe *m* pop ▸ **pop music** musique *f* pop, pop music *f*. ◆ vi **1.** [cork, buttons] sauter ; [bulb, balloon] éclater ▸ **to make a popping noise** faire un bruit de bouchon qui saute / *champagne corks popped and the party began* les bouchons de champagne sautèrent et la fête commença ▸ **to pop open a)** [box, bag] s'ouvrir tout d'un coup **b)** [buttons] sauter **2.** [ears] se déboucher d'un seul coup ; [eyes] s'ouvrir tout grand / *his eyes almost popped out of his head in surprise* de surprise, les yeux lui sont presque sortis de la tête **3.** UK *inf* [go] faire un saut / *to pop into town* faire un saut en ville / *she popped into the butcher's on her way home* elle a fait un saut chez or elle est passée en vitesse chez le boucher sur le chemin du retour **4.** US *inf* [pay] payer / *who's going to pop for the ice cream?* qui va payer les glaces ? ◆ **written abbr of population.** ◆ vt **1.** [balloon, bag] crever ; [button, cork] faire sauter ; [corn] faire éclater **2.** *inf* [put] mettre, fourrer / *she popped her purse into her bag* elle a fourré son porte-monnaie dans son sac / *just pop the paper through the letterbox* glissez juste le journal dans la boîte aux lettres / *she kept popping tablets into her mouth* elle n'arrêtait pas de se fourrer des comprimés dans la bouche / *he popped his head over the wall* sa tête surgit en haut du mur / *let's pop open a bottle of beer* US ouvrons une bouteille de bière **3.** *inf* [hit] : *he popped me one on the chin* il m'a fichu un coup de poing au menton **4.** *drugs sl* ▸ **to pop pills** prendre des comprimés *(pour se droguer)* **5.** *inf & dated* [pawn] mettre au clou **6.** PHR **to pop the question** *inf* : *he's finally popped the question* il a finalement demandé sa main ▸ **to pop one's clogs** UK *inf* casser sa pipe.

❖ **pop in** vi UK *inf* faire une petite visite / *pop in on your way home* passez chez moi en rentrant (à la maison) ▸ **to pop in to see sb** passer voir qqn.

❖ **pop off** vi *inf* **1.** [leave] s'en aller, filer / *he popped off home to get his tennis things* il est allé chez lui chercher ses affaires de tennis **2.** [die] casser sa pipe.

❖ **pop out** vi *inf* sortir un instant / *to pop out to the tobacconist's* faire un saut au bureau de tabac.

❖ **pop over** vi UK *inf* passer, faire une petite visite / *she popped over to see me* elle est passée me voir.

❖ **pop up** vi *inf* **1.** [go upstairs] faire un saut en haut or à l'étage, monter / *pop up to see me sometime* monte donc me voir un de ces jours **2.** [crop up] surgir / *his name seems to pop up everywhere* on ne parle que de lui.

POP (abbr of **point of purchase**) n lieu *m* d'achat or de vente.

popadum ['pɒpədəm] n *galette indienne.*

pop art n pop art *m*.

popcorn ['pɒpkɔ:n] n pop-corn *m inv*.

pope [pəʊp] n **1.** [in Catholic Church] pape *m* **2.** [in Eastern Orthodox Church] pope *m*.

popemobile ['pəʊpməbi:l] n *inf* papamobile *f*.

popery ['pəʊpərɪ] n *pej* papisme *m*.

pope's nose = **parson's nose.**

pop-eyed adj *inf* ébahi, aux yeux écarquillés ▸ **to stare pop-eyed at sthg** regarder qqch bouche bée.

popgun ['pɒpɡʌn] n pistolet *m* (d'enfant) à bouchon.

popinjay ['pɒpɪndʒeɪ] n *arch & pej* vaniteux *m*, -euse *f*, prétentieux *m*, -euse *f*.

popish ['pəʊpɪʃ] adj *pej* papiste ▸ **the Popish Plot** UK HIST le complot catholique.

poplar (tree) ['pɒplər-] n peuplier *m*.

poplin ['pɒplɪn] ◆ n popeline *f*. ◆ adj en popeline.

popover ['pɒp,əʊvər] n **1.** [garment] débardeur *m* **2.** US CULIN chausson *m* ▸ **apple popover** chausson *m* aux pommes.

poppa ['pɒpə] n US *inf* papa *m*.

poppadom, poppadum ['pɒpədəm] = **popadum.**

popper ['pɒpər] n **1.** UK [press-stud] bouton-pression *m*, pression *f* **2.** US [for popcorn] appareil *m* à pop-corn.

❖ **poppers** pl n [drugs] poppers *mpl*.

poppet ['pɒpɪt] n **1.** UK *inf* chéri *m*, -e *f*, mignon *m*, -onne *f* / *be a poppet and fetch my bag for me* sois mignon et va me chercher mon sac / *thanks, poppet* [to girl] merci ma mignonne **2.** [valve] soupape *f* (à champignon).

poppy ['pɒpɪ] (*pl* **poppies**) n **1.** [flower] coquelicot *m* ; [opium poppy] pavot *m* ; [paper flower] coquelicot *m* en papier *(vendu le jour de l'Armistice)* ▸ **poppy seed** graine *f* de pavot **2.** [colour] rouge *m* coquelicot *(inv)*.

poppycock ['pɒpɪkɒk] n *(U)* UK *inf & dated* sottises *fpl*, balivernes *fpl*.

Poppy Day pr n *journée de commémoration pendant laquelle on porte un coquelicot en papier en souvenir des soldats britanniques morts lors des guerres mondiales.*

pops [pɒps] n US *inf* [term of address - to father] papa *m* ; [- to old man] pépé *m*.

pop shop n *inf & dated* mont-de-piété *m*.

Popsicle® ['pɒpsɪkl] n US glace *f* en bâtonnet.

popsock ['pɒpsɒk] n UK mi-bas *m inv*.

popsy ['pɒpsɪ] (*pl* **popsies**) n UK *inf & dated* pépée *f*.

populace ['pɒpjʊləs] n **1.** [population] population *f* / *the whole populace is up in arms fig* la population entière s'est rebellée **2.** [masses] masses *fpl*, peuple *m*.

popular ['pɒpjʊlər] adj **1.** [well-liked - person] populaire / *she's very popular with her pupils* elle est très populaire auprès de ses élèves, ses élèves l'aiment beaucoup / *Britain's most popular TV personality* la personnalité la plus populaire de la télévision britannique / *he was a very popular president* ce fut un président très populaire / *he isn't very popular with his men* il n'est pas très bien vu de ses hommes, ses hommes ne l'aiment pas beaucoup / *I'm not going to be very popular when they find out it's my fault!* je ne vais pas être bien vu quand ils découvriront que c'est de ma faute ! **2.** [appreciated by many - product, colour] populaire ; [- restaurant, resort] très couru, très fréquenté / *the film was very popular in Europe* le film a été un très grand succès en Europe / *the most popular book of the year* le livre le plus vendu or le best-seller de l'année / *videotapes are a popular present* les vidéocassettes sont des cadeaux très appréciés / *it's very popular with the customers* les clients l'apprécient beaucoup / *a popular line* un article qui se vend bien / *it's always been a popular café with young people* ce café a toujours été très populaire auprès des jeunes **3.** [common] courant, répandu / *a popular misconception* une erreur répandue or fréquente ; [general] populaire ▸ **on** or **by popular demand** à la demande générale / *it's an idea that enjoys great popular support* c'est une idée qui a l'approbation générale or de tous / *popular unrest* mécontentement *m* populaire ▸ **popular front** POL front *m* populaire **4.** [aimed at ordinary people] populaire ▸ **popular music** musique *f* populaire / *a book of popular mechanics* un livre de mécanique pour tous or à la portée de tous ▸ **the popular press** la presse à grand tirage et à sensation / *quality goods at popular prices* marchandises de qualité à des prix abordables.

❖ **populars** pl n UK *inf* presse *f* à grand tirage et à sensation.

popularity [,pɒpjʊ'lærətɪ] n popularité *f* / *they enjoy a certain popularity with young people* ils jouissent d'une certaine popularité auprès des jeunes / *sociologists have failed to explain their popularity* les sociologues n'ont pas su expliquer leur popularité ▸ **popularity ranking** [of search results] classement *m* par popularité.

popularization [,pɒpjʊləraɪ'zeɪʃn] n **1.** [of trend, activity] popularisation *f* ; [of science, philosophy] vulgarisation *f* **2.** [book] œuvre *f* de vulgarisation.

popularize, popularise ['pɒpjʊləraɪz] vt **1.** [make popular] populariser / *a sport popularized by television* un sport que la télévision a rendu populaire **2.** [science, philosophy] vulgariser.

popularizer ['pɒpjʊləraɪzər] n [of fashion, ideas] promoteur *m*, -trice *f*.

popularly ['pɒpjʊləlɪ] adv généralement ; [commonly] couramment, communément / *antirrhinums are popularly known as snapdragons* les antirrhinums sont plus connus sous le nom de gueules-de-loup / *once the earth was popularly thought to be flat* autrefois tout le monde croyait que la Terre était plate.

populate ['pɒpjʊleɪt] vt [inhabit] peupler, habiter ; [colonize] peupler, coloniser / *a town populated by miners and their families* une ville habitée par des mineurs et leurs familles / *a densely populated country* un pays fortement peuplé or à forte densité de population.

population [,pɒpjʊ'leɪʃn] ◆ n population *f* / *the whole population is in mourning* tous les habitants portent or toute la population porte le deuil / *the white population of South Africa* la population blanche d'Afrique du Sud / *Edinburgh has a population of about half a million* Édimbourg compte environ un demi-million d'habitants / *the prison population* la population carcérale / *the beaver population is declining* la population de castors est en baisse. ◆ comp [control, fall, increase] démographique, de la population ▸ **population explosion** explosion *f* démographique.

populism ['pɒpjʊlɪzm] n populisme *m*.

populist ['pɒpjʊlɪst] n populiste *mf*.

populous ['pɒpjʊləs] adj populeux.

pop-up ◆ adj [book, card] en relief ; [toaster] automatique ▸ **pop-up menu** COMPUT menu *m* local. ◆ n COMPUT pop-up *m*.

Pop Warner [-'wɔ:nər] pr n *fédération de football américain pour les jeunes.*

porbeagle ['pɔ:bi:gl] n ▸ **porbeagle (shark)** (requin-)taupe *f*, touille *f*.

porcelain ['pɔ:səlɪn] ◆ n porcelaine *f*. ◆ comp [dish, vase, lamp] en porcelaine.

porcelain clay n kaolin *m*.

porch [pɔ:tʃ] n **1.** [entrance] porche *m* **2.** US [veranda] véranda *f*.

porchscreen ['pɔ:tʃskri:n] n US moustiquaire *f* *(autour d'une véranda).*

porchswing ['pɔ:tʃswɪŋ] n US balancelle *f* *(sur une véranda, typique de certaines maisons aux États-Unis).*

porcine ['pɔ:saɪn] adj porcin.

porcini (mushroom) n cèpe *m*.

porcupine ['pɔːkjupaɪn] n porc-épic *m*.

pore [pɔːʳ] ◆ n [in skin, plant, fungus, rock] pore *m*. ◆ vi ▸ **to pore over a)** [book] être plongé dans or absorbé par **b)** [picture, details] étudier de près.

porgy ['pɔːgɪ] n ZOOL pagre *m*.

pork [pɔːk] ◆ n CULIN porc *m*. ◆ comp [chop, sausage] de porc.

pork barrel n US *inf* POL *projet local entrepris par un parlementaire ou un parti à des fins électorales.*

pork-barrel legislation n US POL *action menée par un parlementaire pour favoriser des intérêts locaux dans sa circonscription.*

pork butcher n ≃ charcutier *m*, -ère *f*.

porker ['pɔːkəʳ] n **1.** *lit* porcelet *m (engraissé pour la boucherie)* **2.** *inf & hum* petit cochon *m*.

pork pie n ≃ pâté *m* en croûte *(à la viande de porc)*.

porkpie hat [,pɔːkpaɪ-] n *chapeau de feutre rond et aplati.*

pork scratchings pl n *petits morceaux croustillants de couenne de porc mangés comme amuse-gueule.*

porky ['pɔːkɪ] (*compar* **porkier**, *superl* **porkiest**) ◆ adj *inf & pej* [fat] gros (grosse), gras (grasse), adipeux *pej*. ◆ n UK *inf* [lie] bobard *m*.

porn [pɔːn] *inf* ◆ n porno *m* ▸ **hard** / **soft porn** porno *m* hard / soft ▸ **porn shop** sex-shop *m*. ◆ adj *inf* porno ▸ **porn actor** / **actress** acteur *m*, -trice *f* de porno, hardeur *m*, -euse *f* ▸ **porn star** star *f* du porno.

porno ['pɔːnəʊ] adj *inf* porno.

pornographer [pɔː'nɒgrəfəʳ] n pornographe *mf*.

pornographic [,pɔːnə'græfɪk] adj pornographique.

pornography [pɔː'nɒgrəfɪ] n pornographie *f* / *the customs officers impounded a large consignment of pornography* les douaniers ont saisi une grande quantité de revues pornographiques.

porosity [pɔː'rɒsɪtɪ] (*pl* **porosities**) n porosité *f*.

porous ['pɔːrəs] adj poreux.

porousness ['pɔːrəsnɪs] n porosité *f*.

porphyry ['pɔːfɪrɪ] (*pl* **porphyries**) n porphyre *m*.

porpoise ['pɔːpəs] (*pl* **porpoise** *or* **porpoises**) n marsouin *m*.

porridge ['pɒrɪdʒ] n **1.** CULIN porridge *m* **2.** UK *prison sl* peine *f* de prison ▸ **to do porridge** faire de la tôle *v inf*.

porridge oats pl n flocons *mpl* d'avoine.

porringer ['pɒrɪndʒəʳ] n *récipient à porridge.*

port [pɔːt] ◆ n **1.** [harbour] port *m* ▸ **to come into port** entrer dans le port / *we put into port at Naples* nous avons relâché dans le port de Naples / *we left port before dawn* nous avons appareillé avant l'aube / *the country's largest port* le plus grand port du pays ▸ **port of entry** port de débarquement ▸ **any port in a storm** nécessité fait loi *prov* **2.** [wine] porto *m* **3.** [window - on ship, plane] hublot *m* **4.** [for loading] sabord *m (de charge)* **5.** MIL [in wall] meurtrière *f* ; [in tank] fente *f* de visée **6.** COMPUT port *m* **7.** TECH [in engine] orifice *m* ▸ **inlet** / **outlet port** orifice d'admission / d'échappement **8.** NAUT [left side] bâbord *m* / *the ship listed to port* le navire donnait de la gîte à bâbord / *ship to port!* navire à bâbord ! **9.** AERON côté *m* gauche, bâbord *m*. ◆ comp [authorities, activity, facilities] portuaire ; [bow, quarter] de bâbord ▸ **port side** : *on the port side* à bâbord. ◆ vt **1.** COMPUT transférer **2.** MIL ▸ **port arms!** présentez armes ! **3.** NAUT ▸ **port the helm!** barre à bâbord !

portability [,pɔːtə'bɪlətɪ] n [gen & COMPUT] portabilité *f*.

portable ['pɔːtəbl] ◆ adj **1.** portatif, portable ▸ **portable pension** pension *f* transférable ▸ **portable TV (set)** télévision *f* portative **2.** COMPUT [software, program] compatible. ◆ n [typewriter] machine *f* portative ; [TV] télévision *f* portative ; [computer] ordinateur *m* portatif.

Portacrib® ['pɔːtə,krɪb] n US moïse *m*, porte-bébé *m*.

portage ['pɔːtɪdʒ] n **1.** [transport] transport *m* ; [cost] (frais *mpl* de) port *m* **2.** NAUT portage *m*.

Portakabin® ['pɔːtə,kæbɪn] n [gen] baraquement *m* préfabriqué.

portal ['pɔːtl] n *liter* COMPUT portail *m* / *she found herself standing at the portals of a new life* elle se trouvait à l'aube d'une nouvelle vie.

Portaloo® ['pɔːtəluː] n toilettes *fpl* provisoires.

portal vein n veine *f* porte.

Port-au-Prince ['pɔːtəʊ'prɪns] pr n Port-au-Prince.

portcullis [,pɔːt'kʌlɪs] n herse *f (de château fort)*.

portend [pɔː'tend] vt *fml & liter* (laisser) présager, annoncer / *who knows what mysteries these events may portend?* qui sait quels mystères ces événements présagent ?

portent ['pɔːtənt] n *fml & liter* **1.** [omen] présage *m*, augure *m* ; [bad omen] mauvais présage *m* / *a portent of evil* un très mauvais présage **2.** [significance] portée *f*, signification *f*.

portentous [pɔː'tentəs] adj *liter* **1.** [ominous - sign] de mauvais présage or augure **2.** [momentous - event] capital, extraordinaire / *I've nothing very portentous to announce* je n'ai rien d'extraordinaire or de très important à annoncer **3.** [serious] grave, solennel / *her face took on a portentous air* elle prit un air solennel **4.** [pompous] pompeux.

portentously [pɔː'tentəslɪ] adv *liter* **1.** [ominously] sinistrement **2.** [momentously] mémorablement **3.** [seriously] solennellement **4.** [pompously] pompeusement.

porter ['pɔːtəʳ] n **1.** [of luggage] porteur *m* **2.** UK [door attendant - in hotel] portier *m* ; [- in block of flats] concierge *mf*, gardien *m*, -enne *f* ; [- on private estate] gardien *m*, -enne *f* ; [- in university, college] appariteur *m* **3.** US RAIL [on train] employé *m*, -e *f* des wagons-lits **4.** [beer] porter *m*, bière *f* brune.

porterage ['pɔːtərɪdʒ] n [transport] portage *m*, transport *m* (par porteurs) ; [cost] coût *m* du transport.

porterhouse (steak) ['pɔːtəhaʊs-] n chateaubriand *m*, châteaubriant *m*.

portfolio [,pɔːt'fəʊljəʊ] (*pl* **portfolios**) n **1.** [briefcase] porte-documents *m inv* **2.** [dossier - of artist] dossier *m* **3.** POL portefeuille *m* ▸ **minister without portfolio** ministre *m* sans portefeuille **4.** ST. EX portefeuille *m* (financier) or d'investissements.

porthole ['pɔːthəʊl] n hublot *m*.

portico ['pɔːtɪkəʊ] (*pl* **porticos** *or* **porticoes**) n ARCHIT portique *m*.

portion ['pɔːʃn] n **1.** [part, section] partie *f* / *I've read only a portion of the book* je n'ai lu qu'une partie du livre **2.** [share] part *f* ; [measure] mesure *f*, dose *f* / *he cut the cake into five portions* il a coupé le gâteau en cinq (parts) / *three portions of flour to one portion of sugar* trois mesures or doses de farine pour une mesure or dose de sucre **3.** [helping - of food] portion *f* **4.** *liter* [fate] sort *m*, destin *m* / *it fell to my portion to break the news to her* c'est à moi qu'échut le devoir de lui annoncer la nouvelle **5.** [dowry] ▸ **(marriage) portion** *arch* dot *f*.

⬥ **portion out** vt sep distribuer, répartir.

Portland cement ['pɔːtlənd-] n portland *m*, ciment *m* Portland.

Portland stone n pierre *f* de Portland.

portliness ['pɔːtlɪnɪs] n corpulence *f*, embonpoint *m*.

portly ['pɔːtlɪ] (*compar* **portlier**, *superl* **portliest**) adj corpulent, fort / *a portly gentleman* un monsieur corpulent.

portmanteau [,pɔːt'mæntəʊ] (*pl* **portmanteaus** *or* **portmanteaux** [-təʊz]) ◆ n grande valise *f*. ◆ adj qui combine plusieurs éléments or styles.

portmanteau word n mot-valise *m*.

portobello mushroom [,pɔːtə'beləʊ-] n champignon *m* de Paris.

Portobello Road [,pɔːtə'beləʊ-] pr n *rue de l'ouest de Londres connue pour son marché aux puces.*

port of call n NAUT escale *f* / *her last port of call was the bank fig* elle est passée à la banque en dernier.

Port of London Authority pr n ▸ **the Port of London Authority** *le port autonome de Londres.*

Port of Spain pr n Port of Spain.

Porton Down ['pɔːtən-] pr n *ville du Wiltshire.*

> **Porton Down**
>
> Cette ville est célèbre pour son centre de microbiologie, dont les recherches sur les armes bactériologiques et chimiques ainsi que les expériences sur des animaux vivants ont suscité de nombreuses controverses.

portrait ['pɔːtreɪt] ◆ n **1.** [gen & ART] portrait *m* / *he had his portrait painted* il a fait faire son portrait / *a portrait of 18th century society* un portrait de la société du XVIIIe siècle / **'Portrait of the Artist as a Young Dog'** *Thomas* 'Portrait de l'artiste en jeune chien' / **'A Portrait of the Artist as a Young Man'** *Joyce* 'Portrait de l'artiste jeune par lui-même' / **'The Portrait of a Lady'** *James* 'Un portrait de femme' **2.** PRINT ▸ **to print in portrait** imprimer à la française. ◆ comp ▸ **portrait gallery** galerie *f* de portraits ▸ **portrait painter** portraitiste *mf* ▸ **portrait painting** le portrait ▸ **portrait photograph** portrait *m* photographique, photo-portrait *f* ▸ **portrait photographer** photographe *m* d'art. ◆ adj PRINT à la française.

portraitist ['pɔːtreɪtɪst] n portraitiste *mf*.

portraiture ['pɔːtrɪtʃəʳ] n art *m* du portrait.

portray [pɔː'treɪ] vt **1.** [represent] représenter / *he portrayed John as a scoundrel* il a représenté John sous les traits d'un voyou **2.** [act role of] jouer le rôle de / *in the film he portrays King Richard* dans le film il joue le rôle du roi Richard **3.** [depict in words] dépeindre / *she vividly portrays medieval life* elle fait une vivante description de la vie au Moyen Âge **4.** [artist] peindre, faire le portrait de.

portrayal [pɔː'treɪəl] n **1.** [description] portrait *m*, description *f* / *he disputes the portrayal of the protesters as extremists* il conteste la façon dont les médias présentent les protestataires comme des extrémistes **2.** ART portrait *m* **3.** THEAT interprétation *f*.

Port Said [-seɪd] pr n Port-Saïd.

Portugal ['pɔːtʃʊgl] pr n Portugal *m* / *in Portugal* au Portugal.

Portuguese [,pɔːtʃʊ'giːz] (*pl* **Portuguese**) ◆ n **1.** [person] Portugais *m*, -e *f* **2.** LING portugais *m*. ◆ adj portugais.

Portuguese man-of-war n physalie *f*.

Portuguese-speaking adj lusophone.

POS (abbr of point of sale) n PDV *m*.

pose [pəʊz] ◆ n **1.** [position - gen, ART & PHOT] pose *f* ▸ **to take up** or **to strike a pose** prendre une pose **2.** [pretence] façade *f* / *their puritanism is only a pose* leur puritanisme n'est qu'une façade. ◆ vi **1.** ART & PHOT poser ▸ **to pose for a photograph** / **for an artist** poser pour une photographie / pour un artiste ▸ **to pose in the nude** poser nu / *she posed as a nymph* elle a posé en nymphe **2.** [masquerade] : *he posed as a hero* il s'est posé en héros, il s'est fait passer pour un héros / *a man posing as a policeman* un homme se faisant passer pour un policier. ◆ vt [constitute - problem] poser, créer ; [- threat] constituer ; [set - question] poser ; [put forward - claim, idea] formuler.

Poseidon [pɒ'saɪdn] pr n Poséidon / **'The Poseidon Adventure'** *Neame* 'l'Aventure du Poséidon'.

poser ['pəʊzəʳ] n *inf* **1.** [question - thorny] question *f* épineuse ; [- difficult] colle *f* / *that's a bit of a poser!* alors ça, c'est une colle ! **2.** *pej* [show-off] poseur *m*, -euse *f*.

poseur [pəʊ'zɜːʳ] n *pej* poseur *m*, -euse *f*.

posh [pɒʃ] UK *inf* ◆ adj [clothes] chic ; [person] BCBG ; [car] chic ; [house] de riches ; [restaurant] huppé ; [area] chic ; [accent] snob / *to join a posh tennis club* s'inscrire à un club de tennis huppé or chic / *he moves in some very posh circles* il fréquente des milieux très huppés or des gens de la haute / *posh people don't usually come here* généralement les gens de la haute ne viennent pas ici. ◆ adv ▸ **to talk posh** parler avec un accent snob.

⬥ **posh up** vt sep UK *inf* [person] pomponner ; [town, house] embellir / *go and posh yourself up* va te faire beau / *she was all poshed up* elle était sur son trente et un.

posit ['pɒzɪt] vt *fml* [idea] avancer ; [theory] avancer, postuler.

position [pə'zɪʃn] ◆ n **1.** [place] position *f*, place *f*, emplacement *m* ▸ **to change** or **to shift position** changer de place / *you've changed the position of the lamp* vous avez changé la lampe de place / *remember the position of the cards* souvenez-vous de la position des cartes / *white is now in a strong position* [in chess] les blancs sont maintenant très bien placés / *they put the machine guns in* or *into position* ils mirent les mitrailleuses en batterie / *take up your positions!* or *get into position!* **a)** [actors, dancers] à vos places ! **b)** [soldiers, guards] à vos postes ! **2.** [pose, angle, setting] position *f* / *in a sitting position* en position assise / *hold the spray can in an upright position* tenez le vaporisateur en position verticale / *the position of the pointer on the dial* la position de l'aiguille sur le cadran / *the lever should be in the off position* le levier devrait être en position arrêt **3.** [circumstances] situation *f*, position *f* / *the position as I see it is this* voici comment je vois la situation or les choses ▸ **to be in a bad** / **good position** être en mauvaise / bonne posture / *you're in a bad position* or *in no position to judge* vous êtes mal placé pour (en) juger ▸ **to be in a position to do sthg** être en mesure de faire qqch / *put yourself in my position* mettez-vous à ma place / *it's an awkward position to be in* c'est une drôle de situation / *our financial position is improving* notre situation financière s'améliore / *the present economic position* la conjoncture économique actuelle **4.** [rank - in table, scale] place *f*, position *f* / *they're in tenth position in the championship* ils sont à la dixième place or ils occupent la dixième place du championnat ; [in hierarchy] position *f*, situation *f* / *a person in my position can't afford a scandal* une personne de mon rang ne peut se permettre un scandale / *his position in the firm is unclear* sa situation au sein de l'entreprise n'est pas claire / *what exactly is his position in the government?* quelles sont exactement ses fonctions au sein du gouvernement ? ; [social standing] position *f*, place *f* / *she is concerned about her social position* elle est préoccupée par sa position sociale **5.** [standpoint] position *f*, point *m* de vue / *try to see things from my position* essayez de voir les choses de mon point de vue / *could you make your position clear on this point?* pouvez-vous préciser votre position à ce sujet ? ▸ **to take up a position on sthg** adopter une position or prendre position sur qqch / *his position on the death penalty is indefensible* son point de vue sur la peine de mort est indéfendable **6.** [job] poste *m*, situation *f* / *there were four candidates for the position of manager* il y avait quatre candidats au poste de directeur / *it is a position of great responsibility* c'est un poste à haute responsabilité / *what was your previous position?* quel était votre poste précédent ? **7.** ADMIN [in bank, post office] guichet *m* / **'position closed'** 'guichet fermé' **8.** SPORT [in team, on field] position *f* / *he can play in any position* il peut jouer à n'importe quelle position or place / *the full back was out of position* l'arrière était mal placé **9.** MIL position *f* / *the men took up position on the hill* les hommes prirent position sur la colline ▸ **to defend a position** défendre une position ▸ **to jockey** or **to jostle** or **to manoeuvre for position a)** *lit* chercher à occuper le terrain **b)** *fig* chercher à obtenir la meilleure place. ◆ vt **1.** [put in place - cameras, equipment] mettre en place, placer, disposer ; [- precisely] mettre en position ; [- guests, officials] placer / *the TV cameras were positioned round the square* les caméras de télé ont été disposées autour de la place / *he positioned himself on the roof* il a pris position sur le toit **2.** *(usu passive)* [situate - house, building] situer, placer ; SPORT placer / *the school is positioned near a dangerous crossroads* l'école est située or placée près d'un carrefour dangereux / *the flat is well positioned* l'appartement est bien situé **3.** [post - guards] placer, poster / *they have positioned their ships in the gulf* ils ont envoyé leurs navires dans le golfe **4.** COMM [product] positionner.

positional [pə'zɪʃənl] adj [warfare] de position, de positions ; LING [variant] contextuel ▸ **positional astronomy** astrométrie *f*, astronomie *f* de position ▸ **positional notation** MATH numération *f* positionnelle.

positioning n [of product] positionnement *m* ▸ **positioning map** carte *f* de positionnement ▸ **positioning strategy** stratégie *f* de positionnement ▸ **positioning study** étude *f* de positionnement.

positive ['pɒzətɪv] ◆ adj **1.** [sure] sûr, certain / *are you positive about that?* en êtes-vous sûr ? / *are you absolutely sure? — yes, positive* en êtes-vous absolument sûr ? — sûr et certain / *I'm positive (that) he wasn't there* je suis absolument sûr qu'il n'y était pas / *it's absolutely positive* c'est sûr et certain **2.** [constructive] positif, constructif / *it's one of my few positive achievements* c'est une des rares choses positives or constructives que j'aie faites / *haven't you got any positive suggestions?* n'avez-vous rien à proposer qui fasse avancer les choses ? / *she has a very positive approach to the problem* son approche du problème est très positive or constructive ▸ **positive thinking** idées *fpl* constructives **3.** [affirmative - reply, response] positif, affirmatif ; [- test, result] positif **4.** [definite - fact, progress] réel, certain ; [clear - change, advantage] réel, effectif ; [precise - instructions] formel, clair / *we have positive evidence of his involvement* nous avons des preuves irréfutables de son implication / *his intervention was a positive factor in the release of the hostages* son intervention a efficacement contribué à la libération des otages / *the team needs some positive support* l'équipe a besoin d'un soutien réel or effectif ▸ **positive ID** US papiers *mpl* d'identité *(avec photo)* ▸ **proof positive** UK, **positive proof** preuve *f* formelle **5.** [as intensifier - absolute] absolu, véritable, pur / *the whole thing was a positive nightmare* tout cela était un véritable cauchemar / *a positive delight* un pur délice / *a positive pleasure* un véritable plaisir / *it's a positive lie* c'est un mensonge, ni plus ni moins **6.** [assured] assuré, ferme / *she answered in a very positive tone* elle a répondu d'un ton très assuré or très ferme **7.** ELEC, MATH & PHOT positif **8.** US POL [progressive] progressiste. ◆ n **1.** GRAM positif *m* / *in the positive* à la forme positive **2.** [answer] réponse *f* positive or affirmative, oui *m* ▸ **to reply in the positive** répondre par l'affirmative or affirmativement **3.** PHOT épreuve *f* positive **4.** ELEC borne *f* positive.

positive discrimination n *(U)* discrimination *f* positive *(mesures favorisant les membres de groupes minoritaires)* / *positive discrimination in favour of people with disabilities* mesures en faveur des handicapés.

positive feedback n [in electronic circuit] réaction *f* positive ; [in mechanical or cybernetic system] feed-back *m inv* positif, rétroaction *f* positive / *I didn't get much positive feedback on my suggestion* *fig* il n'y a pas eu beaucoup de réactions positives à la suite de ma proposition.

positively ['pɒzətɪvlɪ] adv **1.** [absolutely] absolument, positivement ; [definitely] incontestablement, positivement / *it's positively ridiculous* c'est absolument ridicule / *her behaviour was positively disgraceful* elle s'est comportée de manière absolument scandaleuse **2.** [constructively] positivement / *it's important to act* / *think positively* il est important d'agir / de penser de façon positive **3.** [affirmatively] affirmativement ; [with certainty] avec certitude, positivement / *the body has been positively identified* le cadavre a été formellement identifié **4.** ELEC positivement ▸ **positively charged** chargé positivement.

positive pole n **1.** [magnet] pôle *m* nord **2.** [anode] anode *f (pôle positif)*.

positive vetting [-'vetɪŋ] n contrôle *m* or enquête *f* de sécurité *(sur un candidat à un poste touchant à la sécurité nationale)*.

positivism ['pɒzɪtɪvɪzm] n positivisme *m*.

positivist ['pɒzɪtɪvɪst] ◆ n positiviste *mf*. ◆ adj positiviste.

positron ['pɒzɪtrɒn] n positron *m*, positon *m*.

poss [pɒs] adj *inf* possible ▸ **as soon as poss** dès que possible.

posse ['pɒsɪ] n **1.** US HIST *petit groupe d'hommes rassemblés par le shérif en cas d'urgence* ▸ **to get up a posse** réunir un groupe d'hommes / *a posse of fans were in hot pursuit* *fig* des fans en détachement spécial s'étaient lancés dans une poursuite échevelée **2.** *v inf* [group of friends] bande *f*.

possess [pə'zes] vt **1.** [have possession of - permanently] posséder, avoir ; [- temporarily] être en possession de, détenir, avoir / *I would give all I possess to be with you* je donnerais tout ce que je possède or j'ai pour être avec toi / *what proof do you possess?* quelles preuves avez-vous ? / *she possesses a clear understanding of the subject* elle connaît bien son sujet, elle a une bonne connaissance du sujet **2.** [obsess] obséder / *he was completely possessed by the idea of going to India* il était complètement obsédé par l'idée d'aller en Inde / *what on earth possessed him to do such a thing?* qu'est-ce qui lui a pris de faire une chose pareille ? **3.** *fml & liter* ▸ **to possess o.s. of sthg** se munir de qqch.

possessed [pə'zest] adj **1.** [controlled - by an evil spirit] possédé / *she* / *her soul is possessed by the devil* elle / son âme est possédée du démon / *he was shouting like one possessed* il criait comme un possédé ; *liter* [filled] : *possessed by curiosity* dévoré de or en proie à la curiosité / *possessed by hatred* en proie à la haine / **'The Possessed'** *Dostoievsky* 'les Possédés' **2.** *fml & liter* ▸ **possessed of** : *none of her children was possessed of any great talent* aucun de ses enfants n'était particulièrement doué.

possession [pə'zeʃn] n **1.** [gen] possession *f* ▸ **to be in possession of sthg** être en possession de qqch / *he was found in possession of a flick-knife* or *a flick-knife was found in his possession* il a été trouvé en possession d'un couteau à cran d'arrêt / *she was charged with possession of illegal substances* elle a été inculpée pour détention de stupéfiants / *the file is no longer in my possession* le dossier n'est plus en ma possession, je ne suis plus en possession du dossier / *to be in full possession of one's senses* être en pleine possession de ses moyens / *to be in* or *to have possession (of the ball)* SPORT avoir le ballon / *certain documents have come into my possession* certains documents sont tombés en ma possession / *she got possession of the house two weeks ago* elle a pris possession de la maison il y a deux semaines / *do they have possession of the necessary documents?* ont-ils or possèdent-ils les documents nécessaires ? ▸ **to take possession of sthg a)** [acquire] prendre possession de qqch **b)** [by force] s'emparer de or s'approprier qqch **c)** [confiscate] confisquer qqch ▸ **possession is nine points** or **parts** or **tenths of the law** UK possession vaut titre **2.** LAW [of property] possession *f*, jouissance *f* ▸ **to take possession** prendre possession ▸ **immediate possession** jouissance *f* immédiate **3.** [by evil] possession *f*.

❖ **possessions** pl n **1.** [belongings] affaires *fpl*, biens *mpl* / *the jade vases are our most precious possessions* les vases en jade sont ce que nous possédons de plus précieux **2.** [colonies] possessions *fpl* ; [land] terres *fpl*.

possessive [pə'zesɪv] ◆ adj **1.** [gen] possessif / *he's possessive about his belongings* il a horreur de prêter ses affaires / *she's possessive about her children* c'est une mère possessive **2.** GRAM possessif ▸ **possessive adjective** / **pronoun** adjectif *m* / pronom *m* possessif. ◆ n GRAM [case] (cas *m*) possessif *m* ; [word] possessif *m*.

possessively [pə'zesɪvlɪ] adv de manière possessive / *she clung possessively to her father's hand* elle agrippa jalousement la main de son père.

possessiveness [pə'zesɪvnɪs] n caractère *m* possessif, possessivité *f*.

possessor [pə'zesər] n possesseur *m*, propriétaire *mf* / *I found myself the possessor of an old manor house* je me suis trouvé propriétaire d'un vieux manoir.

posset ['pɒsɪt] n *boisson d'autrefois à base de lait chaud et de bière ou de vin.*

possibility [,pɒsə'bɪlətɪ] (*pl* **possibilities**) n **1.** [chance] possibilité *f*, éventualité *f* / *it's a possibility* c'est une possibilité, c'est bien possible / *the possibility of a settlement is fading fast* la perspective d'un règlement est de moins en moins probable / *is there any possibility of you coming up for the weekend?* pourriez-vous venir ce week-end ?, y a-t-il des chances que vous veniez ce week-end ? / *if there's any possibility of leaving early, I'll let you know* s'il y a moyen de partir de bonne heure, je vous le ferai savoir / *there's no possibility of that happening* il n'y a aucune chance or aucun risque que cela se produise / *there's little possibility of any changes being made to the budget* il est peu probable que le budget soit modifié / *there's a strong possibility we'll know the results tomorrow* il est fort possible que nous connaissions les résultats demain / *they hadn't even considered the possibility that he might leave* ils n'avaient même pas envisagé qu'il puisse partir **2.** [person - for job] candidat *m*, -e *f* possible ; [- as choice] choix *m* possible / *she's still a possibility* elle conserve toutes ses chances.

❖ **possibilities** pl n [potential] possibilités *fpl* / *the job has a lot of possibilities* le poste offre de nombreuses perspectives / *job possibilities* possibilités d'emploi.

possible ['pɒsəbl] ◆ adj **1.** [which can be done] possible / *if possible* si possible / *I'll be there, if at all possible* j'y serai, dans la mesure du possible / *that's possible* c'est possible, ça se peut / *it's quite possible to complete the job in two months* il est tout à fait possible de terminer le travail en deux mois / *it wasn't possible to achieve our objectives* il ne nous a pas été possible d'atteindre nos objectifs / *it isn't possible for her to come* il ne lui est pas possible or il lui est impossible de venir ; *(in comparisons)* : *as far as possible* **a)** [within one's competence] dans la mesure du possible **b)** [at maximum distance] aussi loin que possible / *as long as possible* aussi longtemps que possible / *as much* or *as many as possible* autant que possible / *as soon as possible* dès que possible, le plus tôt or le plus vite possible ; *(with superl)* : *the best* / *the smallest possible* le meilleur / le plus petit possible / *I mean that in the nicest possible way* je dis cela sans méchanceté (aucune) **2.** [conceivable, imaginable] possible, imaginable / *the best of all possible worlds* le meilleur des mondes possibles / *he tried all possible means* il a essayé tous les moyens possibles (et imaginables) / *there's no possible way out* il n'y a absolument aucune issue / *it seems barely possible* cela semble à peine possible / *it doesn't seem possible that anyone could be so stupid* il est difficile d'imaginer que l'on puisse être aussi bête / *the doctors did everything possible to save her* les médecins ont fait tout leur possible or tout ce qu'ils ont pu pour la sauver / *what possible benefit can we get from it?* quel bénéfice peut-on bien en tirer ? / *it's possible (that) he won't come* il se peut qu'il ne vienne pas / *it's just possible she's forgotten* il n'est pas impossible qu'elle ait oublié / *we chose several possible candidates* on a choisi plusieurs candidats possibles / *there is a possible risk of flooding on low ground* il y a des risques d'inondations en contrebas ; [feasible] possible, faisable / *he comes to see me whenever possible* il vient me voir quand il le peut / *the grant made it possible for me to continue my research* la bourse m'a permis de poursuivre mes recherches / *it's one possible answer to the problem* c'est une solution possible au problème **3.** [potential] éventuel / *possible risks* des risques éventuels / *possible consequences* des conséquences éventuelles. ◆ n **1.** [activity] possible *m* / *diplomacy is the art of the possible* la diplomatie est l'art du possible **2.** [choice] choix *m* possible ; [candidate] candidature *f* susceptible d'être retenue / *we looked at ten houses, of which two were possibles* nous avons visité dix maisons dont deux nous intéressent or sont à retenir / *she is still a possible for the prize* / *job* elle garde toutes ses chances d'avoir le prix / d'obtenir le poste ; SPORT [player] joueur *m* susceptible d'être choisi / *the England possibles* UK les joueurs susceptibles de faire partie de l'équipe d'Angleterre.

❖ **Possibles** pl n UK ▸ **the Possibles versus the Probables** *hum* l'équipe B contre l'équipe A.

> Note that **il est possible que** is followed by a verb in the subjunctive:
> **It's possible I may be late.** *Il est possible que je* sois *en retard.*

possibly ['pɒsəblɪ] adv **1.** [perhaps] peut-être / *he is possibly the greatest musician of his time* c'est peut-être le plus grand musicien de son temps / *possibly (so)* / *possibly not, but he had no other choice* peut-être (bien) / peut-être pas, mais il n'avait pas le choix / *will you be there tomorrow? — possibly* vous serez là demain ? — c'est possible / *could you possibly lend me £5?* vous serait-il possible de me prêter 5 livres ? **2.** *(with modal verbs)* [conceivably] : *what advantage can we possibly get from it?* quel avantage pouvons-nous espérer en tirer ? / *she can't possibly get here on time* elle ne pourra jamais arriver à l'heure / *where can they possibly have got to?* où peuvent-ils bien être passés ? / *run as fast as you possibly can* cours aussi vite que tu peux / *the doctors did all they possibly could to save her* les médecins ont fait tout ce qu'ils ont pu or tout leur possible pour la sauver / *I'll come whenever I possibly can* je viendrai chaque fois que cela me sera possible / *I couldn't possibly accept your offer* je ne puis accepter votre proposition / *she might possibly still be here* il se pourrait qu'elle soit encore ici.

possum ['pɒsəm] n [American] opossum *m* ; [Australian] phalanger *m* ▸ **to play possum** *inf* faire le mort.

post [pəʊst] ◆ n **1.** UK [letters] courrier *m* ; [postal service] poste *f*, courrier *m* / *has the post come?* est-ce que le facteur est passé ? / *did it come through the post* or *by post?* est-ce que c'est arrivé par la poste ? / *I sent it by post* je l'ai envoyé par la poste / *can you put the cheque in the post?* pouvez-vous poster le chèque ? / *do you want the letters to go first or second class post?* voulez-vous envoyer ces lettres au tarif normal ou au tarif lent ? ; [delivery] (distribution *f* du) courrier *m* / *a parcel came in this morning's post* un paquet est arrivé au courrier de ce matin ; [collection] levée *f* (du courrier) / *I don't want to miss the post* je ne veux pas manquer la levée / *will we still catch the post?* pourrons-nous poster le courrier à temps or avant la levée ? / *I missed the post* quand je suis arrivé, la levée était déjà faite or le courrier était déjà parti ; [post office] poste *f* ; [letterbox] boîte *f* à lettres / *can you take the letters to the post?* **a)** [post office] pouvez-vous porter les lettres à la poste ? **b)** [post them] pouvez-vous poster les lettres or mettre les lettres à la boîte ? **2.** [station] relais *m* de poste ; [rider] courrier *m* **3.** [of sign, street lamp, fence] poteau *m* ; [of four-poster bed] colonne *f* ; [upright - of door] montant *m* **4.** [in racing] poteau *m* / *his horse was beaten at the post* son cheval s'est fait coiffer au poteau **5.** FOOT poteau *m*, montant *m* ▸ **the near** / **far post** le premier / deuxième poteau **6.** [job] poste *m*, emploi *m* / *he got a post as an economist* il a obtenu un poste d'économiste / *a university* / *diplomatic post* un poste universitaire / de diplomate / *a government post* un poste au gouvernement **7.** [duty station] poste *m* / *remain at your post* restez à votre poste / *a sentry post* un poste de sentinelle **8.** US [trading post] comptoir *m*. ◆ vt **1.** [letter - put in box] poster, mettre à la poste ; [- send by post] envoyer par la poste ▸ **to post sthg to sb** envoyer qqch à qqn par la poste, poster qqch à qqn ▸ **to keep sb posted** tenir qqn au courant **2.** [station] poster / *they posted men all around the house* ils ont posté des hommes tout autour de la maison **3.** UK [transfer - employee] muter, affecter **4.** [publish - banns, names] publier ; [- on bulletin board] afficher / *he has been posted missing* il a été porté disparu / **'post no bills'** US 'défense d'afficher' **5.** BANK & ADMIN inscrire, enregistrer ▸ **to post an entry** passer une écriture ▸ **to post the ledger** tenir le grand-livre à jour **6.** US [issue] ▸ **to post bail** déposer une caution **7.** COMPUT poster ▸ **to post sthg on a blog** poster or publier qqch sur un blog.

❖ **post on** vt sep [letters] faire suivre / *can you post my letters on to me?* pouvez-vous faire suivre mon courrier ?

❖ **post up** vt sep **1.** [notice] afficher **2.** [ledger] mettre à jour *(les écritures)*.

postage ['pəʊstɪdʒ] ◆ n *(U)* [postal charges] tarifs *mpl* postaux or d'affranchissement ; [cost of posting] frais *mpl* d'expédition or d'envoi or de port / *what's the postage on this parcel?* c'est combien pour envoyer ce paquet ? ▸ **postage and packing** UK or **handling** US frais de port et d'emballage ▸ **postage paid** franco. ◆ comp [rates] postal.

postage due stamp n timbre *m* taxe.

postage stamp n timbre *m*, timbre-poste *m*.

postal ['pəʊstl] adj **1.** [charge, code, district] postal ; [administration, service, strike] des postes ; [delivery] par la poste ▸ **postal vote** UK vote *m* par correspondance ▸ **postal worker** employé *m*, -e *f* des postes **2.** ▸ **to go postal** *inf* péter les plombs.

postal meter n US machine *f* à affranchir.

postal order n UK mandat *m* postal.

postbag ['pəʊstbæg] n UK **1.** [sack] sac *m* postal **2.** [correspondence] courrier *m* / *we've got a full postbag this morning* nous avons reçu énormément de lettres or une avalanche de courrier ce matin.

postbox ['pəʊstbɒks] n UK boîte *f* à or aux lettres.

postbus ['pəʊstbʌs] n UK *car transportant (en milieu rural) du courrier et des voyageurs.*

postcard ['pəʊstkɑːd] n carte *f* postale.

post chaise [-ʃeɪz] n chaise *f* de poste.

postcode ['pəʊstkəʊd] n UK code *m* postal.

postdate [,pəʊst'deɪt] vt **1.** [letter, cheque] postdater **2.** [event] assigner une date postérieure à / *historians now postdate the event by several centuries* les historiens pensent aujourd'hui que l'événement a eu lieu des siècles plus tard.

postdoctoral [,pəʊst'dɒktərəl], **postdoctorate** [,pəʊst'dɒktərət] adj UNIV postdoctoral.

post-edit vt réviser.

post-editing n révision *f*.

poster ['pəʊstər] n [informative] affiche *f* ; [decorative] poster *m*.

poster boy, **poster child**, **poster girl** n **1.** *lit enfant malade dont l'image est reproduite sur les affiches d'une association caritative* **2.** *fig* : *he's the poster boy of the revolutionary movement* il symbolise à lui seul le mouvement révolutionnaire / *polar bears have become the poster children of global warming* les ours polaires sont devenus les symboles incontournables du réchauffement climatique.

poster campaign n campagne *f* d'affichage.

poste restante [,pəʊst'restɑːnt] n poste *f* restante / *you can write to me poste restante Florence* vous pouvez m'écrire poste restante à Florence.

posterior [pɒ'stɪərɪər] ◆ adj **1.** *fml* [in time] postérieur **2.** TECH [rear] arrière. ◆ n *inf & hum* [of a person] postérieur *m*, arrière-train *m*.

posterity [pɒ'sterətɪ] n postérité *f* / *for posterity* pour la postérité ▸ **to go down to posterity** entrer dans la postérité or l'histoire.

postern ['pɒstən] n poterne *f*.

poster paint n gouache *f*.

post exchange n US MIL *économat pour les militaires et leurs familles.*

post-feminism n postféminisme *m*.

post-feminist adj & n postféministe *mf*.

post-free ◆ adj **1.** UK [prepaid] port payé **2.** [free of postal charge] dispensé d'affranchissement. ◆ adv **1.** UK [prepaid] en port payé **2.** [free of postal charge] en franchise postale.

postgraduate [,pəʊst'grædʒʊət] ◆ n étudiant *m*, -e *f* de troisième cycle. ◆ adj [diploma, studies] de troisième cycle.

posthaste [,pəʊst'heɪst] adv *liter* à toute vitesse, en toute hâte.

postholder ['pəʊst,həʊldər] n titulaire *mf*.

post horn n trompe *f* (de la malle-poste).

post-horse n cheval *m* de poste.

post house n relais *m* de poste.

posthumous ['pɒstjʊməs] adj posthume.

posthumously ['pɒstjʊməslɪ] adj après la mort / *the poems were published posthumously* les poèmes ont été publiés après la mort de l'auteur / *the prize was awarded posthumously* le prix a été décerné à titre posthume.

postie ['pəʊstɪ] n *inf* [postman] facteur *m*.

postil(l)ion [pə'stɪljən] n postillon *m*.

postimpressionism [,pəʊstɪm'preʃnɪzm] n postimpressionnisme *m*.

postimpressionist [,pəʊstɪm'preʃnɪst] ◆ n postimpressionniste *mf*. ◆ adj postimpressionniste.

postindustrial [,pəʊstɪn'dʌstrɪəl] adj postindustriel.

posting ['pəʊstɪŋ] n **1.** UK [of diplomat] nomination *f*, affectation *f* ; [of soldier] affectation *f* ▸ **to get an overseas posting** être nommé en poste à l'étranger **2.** COMM [in ledger] inscription *f*, enregistrement *m* **3.** UK [of letter] expédition *f* par la poste.

Post-it® n Post-it® *m*.
postman ['pəʊstmən] (*pl* **postmen** [-mən]) n facteur *m* ; ADMIN préposé *m*.
postman's knock n *jeu d'enfant dans lequel un des joueurs fait semblant de distribuer des lettres, en échange desquelles il reçoit un baiser.*
postmark ['pəʊstmɑ:k] ◆ n [on letter] cachet *m* de la poste ▸ **date as postmark** le cachet de la poste faisant foi. ◆ vt oblitérer / *the letter is postmarked Phoenix* la lettre vient de or a été postée à Phoenix.
postmaster ['pəʊst,mɑ:stər] n receveur *m* des Postes.
Postmaster General (*pl* **Postmasters General**) n ≃ ministre *m* des Postes et Télécommunications.
post meridiem [-mə'rɪdɪəm] adv *fml* [in afternoon] de l'après-midi ; [in evening] du soir.
postmistress ['pəʊst,mɪstrɪs] n receveuse *f* des Postes.
post-modern adj postmoderne.
post-modernism n postmodernisme *m*.
post-modernist ◆ n postmoderniste *mf*. ◆ adj postmoderniste.
postmortem [,pəʊst'mɔ:təm] ◆ n **1.** MED autopsie *f* ▸ **to carry out a postmortem** pratiquer une autopsie **2.** *fig* autopsie *f* / *they held a postmortem on the game* ils ont disséqué or analysé le match après coup. ◆ adj après le décès ▸ **postmortem examination** autopsie *f*.
postnatal [,pəʊst'neɪtl] adj postnatal ▸ **postnatal depression** dépression *f* postnatale.
post office n **1.** [place] (bureau *m* de) poste *f* ; [service] (service *m* des) postes *fpl*, poste *f* ▸ **the Post Office** la Poste ▸ **post office and general stores** *petite épicerie de village faisant office de bureau de poste* **2.** US = **postman's knock.**
post office box n boîte *f* postale.
post office savings n UK ≃ Caisse *f* (nationale) d'épargne / *we have a little money in post office savings* nous avons un peu d'argent à la Caisse d'épargne.
post-op ◆ adj postopératoire. ◆ n salle *f* de réveil.
postoperative [,pəʊst'ɒpərətɪv] adj postopératoire.
postpaid [,pəʊst'peɪd] adj & adv franco, franc de port.
postpone [,pəʊst'pəʊn] vt [meeting, holiday] remettre (à plus tard), reporter ; [match, game] reporter ; [decision] différer / *the meeting was postponed for three weeks / until a later date* la réunion a été reportée de trois semaines / remise à une date ultérieure.
postponement [,pəʊst'pəʊnmənt] n [of meeting, match] renvoi *m* (à une date ultérieure), report *m* ; [of holiday] report *m*.
postposition [,pəʊstpə'zɪʃn] n GRAM postposition *f*.
postprandial [,pəʊst'prændɪəl] adj *fml* postprandial / *I like to take a postprandial nap / walk* j'aime faire une petite sieste / promenade après le déjeuner.
postproduction [,pəʊstprə'dʌkʃn] n postproduction *f*.
postscript ['pəʊsskrɪpt] n post-scriptum *m inv*.
poststructuralism [,pəʊs'strʌktʃərəlɪzm] n poststructuralisme *m*.
poststructuralist [,pəʊs'strʌktʃərəlɪst] n poststructuraliste *mf*.
post-synch ['pəʊs,sɪŋk] *inf* = **postsynchronization.**
postsynchronization, postsynchronisation ['pəʊs,sɪŋkrənaɪ'zeɪʃn] n postsynchronisation *f*.
post-traumatic stress disorder n *(U)* névrose *f* post-traumatique.
postulant ['pɒstjʊlənt] n RELIG postulant *m*, -e *f*.
postulate *fml* ◆ vt ['pɒstjʊleɪt] **1.** [hypothesize] poser comme hypothèse / *to postulate the existence of an underground lake* soutenir l'hypothèse d'un lac souterrain / *we postulate that a cure will soon be found* nous sommes sûrs qu'on trouvera bientôt un remède **2.** [take as granted] postuler, poser comme principe / *the charter postulates that all men are equal* la charte part du principe que tous les hommes sont égaux. ◆ n ['pɒstjʊlət] postulat *m*.
posture ['pɒstʃər] ◆ n **1.** [body position] posture *f*, position *f* ▸ **to keep an upright posture** se tenir droit **2.** *fig* [attitude] attitude *f*. ◆ vi se donner des airs, poser.
posturing ['pɒstʃərɪŋ] n pose *f*, affectation *f*.
postviral syndrome [,pəʊst'vaɪərl-] n syndrome *m* postviral.
postvocalic [,pəʊstvə'kælɪk] adj postvocalique.
postwar [,pəʊst'wɔ:r] adj d'après-guerre, après la guerre ▸ **the postwar period** l'après-guerre *m ou f* / *in the immediate postwar period* au cours des années qui ont immédiatement suivi la guerre, tout de suite après la guerre.
posy ['pəʊzɪ] (*pl* **posies**) n petit bouquet *m* (de fleurs).
pot [pɒt] (*pt & pp* **potted**, *cont* **potting**) ◆ vt **1.** [jam] mettre en pot or pots ; [fruit] mettre en conserve **2.** [plant] mettre en pot **3.** UK [in snooker] ▸ **to pot the ball** mettre la bille dans la poche or la blouse **4.** UK [shoot] tuer / *she potted a partridge* elle a abattu une perdrix / *he's out potting rabbits* il est à la chasse au lapin. ◆ vi **1.** [do pottery] faire de la poterie **2.** UK [shoot] ▸ **to pot at sthg** tirer sur qqch. ◆ n **1.** [container - for paint, plant, jam, etc.] pot *m* ; [teapot] théière *f* ; [coffeepot] cafetière *f* / *a pot of paint / mustard* un pot de peinture / de moutarde / *I drank a whole pot of tea / coffee* j'ai bu une théière / une cafetière entière / *I'll make another pot of tea / coffee* je vais refaire du thé / café / *a pot of tea for two* du thé pour deux personnes **2.** [saucepan] casserole *f* ▸ **pots and pans** batterie *f* de cuisine ▸ **(cooking) pot** marmite *f*, fait-tout *m inv* ▸ **it's a case of the pot calling the kettle black** UK *prov* c'est l'hôpital qui se moque de la charité *prov* **3.** [pottery object] poterie *f*, pot *m* ▸ **to throw a pot** tourner une poterie **4.** *inf* SPORT [trophy] trophée *m*, coupe *f* **5.** US [kitty] cagnotte *f* **6.** *inf* [belly] bedaine *f*, brioche *f* **7.** UK *inf* [shot] ▸ **to take a pot at sthg** tirer sur qqch **8.** *inf* [marijuana] herbe *f* **9.** ELEC potentiomètre *m* **10.** PHR **to go to pot a)** *inf* [country] aller à la dérive **b)** [morals] dégénérer **c)** [plans] tomber à l'eau **d)** [person] se laisser aller / *everything has gone to pot* tout est fichu.
❖ **pots** pl n UK *inf* [large amount] tas *mpl*, tonnes *fpl* ▸ **to have pots of money** avoir plein de fric, être plein aux as.
❖ **pot on** vt sep [plant] rempoter.
❖ **pot up** vt sep [plant] empoter.
potable ['pəʊtəbl] adj *liter* or *hum* potable, buvable.
potash ['pɒtæʃ] n *(U)* potasse *f*.
potassium [pə'tæsɪəm] n *(U)* potassium *m* ▸ **potassium permanganate** permanganate *m* de potassium.
potassium-argon dating n datation *f* au potassium-argon.
potation [pəʊ'teɪʃn] n *liter & hum* [drink] boisson *f* (alcoolisée) ; [drinking] libations *fpl*.
potato [pə'teɪtəʊ] (*pl* **potatoes**) ◆ n pomme *f* de terre / *can I have some more potato* or *potatoes?* est-ce que je peux reprendre des pommes de terre ? ▸ **the potato famine** Ⓘ HIST la disette de la pomme de terre. ◆ comp [farming, salad] de pommes de terre.

> **The potato famine**
>
> Famine qui sévit en Irlande en 1845, à la suite d'une épidémie qui détruisit les stocks de pommes de terre, aliment de base de la population. Plongeant le pays dans la misère, cette catastrophe poussa plus d'un million de personnes à émigrer aux États-Unis.

potato beetle n doryphore *m*.
potato blight n mildiou *m* de la pomme de terre.
potato bug = **potato beetle.**
potato chip n **1.** UK [French fry] (pomme *f*) frite *f* **2.** US [crisp] (pomme *f*) chips *f*.
potato crisp n UK (pomme *f*) chips *f*.
potato masher n presse-purée *m inv*.
potato peeler n [tool] éplucheur *m*, éplucheurs-légumes *m*, (couteau *m*) Économe *m* ; [machine] éplucheuse *f*.
potato soup n soupe *f* de pommes de terre.
potbellied ['pɒt,belɪd] adj **1.** [person] bedonnant / *to be potbellied* avoir du ventre **2.** ▸ **potbellied stove** poêle *m*.
potbelly ['pɒt,belɪ] (*pl* **potbellies**) n **1.** [stomach] ventre *m*, bedon *m* / *to have a potbelly* avoir du ventre **2.** US [stove] poêle *m*.
potboiler ['pɒt,bɔɪlər] n *inf* gagne-pain *m* / *he only writes potboilers* il n'écrit que pour faire bouillir la marmite.
pot-bound adj [plant] qui a besoin d'être rempoté.
pot cheese US = **cottage cheese.**
poteen [pɒ'ti:n] n Ⓘ *whisky fabriqué clandestinement.*
potency ['pəʊtənsɪ] (*pl* **potencies**) n **1.** [strength - of spell, influence, argument] force *f*, puissance *f* ; [- of medicine] efficacité *f* ; [- of drink] (forte) teneur *f* en alcool **2.** [virility] puissance *f*, virilité *f*.
potent ['pəʊtənt] adj **1.** [spell, influence] fort, puissant ; [argument] convaincant ; [medicine, poison, antidote] actif ; [drink] fort (en alcool) / *potent stuff, this rum!* il est fort, ce rhum ! **2.** [virile] viril.
potentate ['pəʊtənteɪt] n POL potentat *m* ; *fig* magnat *m*.
potential [pə'tenʃl] ◆ adj **1.** [possible] possible, potentiel / *that boy is a potential genius* ce garçon est un génie en puissance / *they're potential criminals* ce sont des criminels en puissance / *we mustn't discourage potential investors* il ne faut pas décourager les investisseurs éventuels or potentiels **2.** LING potentiel **3.** ELEC & PHYS potentiel ▸ **potential difference** différence *f* de potentiel ▸ **potential energy** énergie *f* potentielle. ◆ n **1.** *(U)* [of person] promesse *f*, possibilités *fpl* (d'avenir) / *your son has potential* votre fils a de l'avenir or un avenir prometteur / *she has the potential to succeed* elle a la capacité de réussir / *they don't have much intellectual potential* ils n'ont pas de grandes capacités intellectuelles / *she has great potential as an actress* or *great acting potential* elle a toutes les qualités d'une grande actrice / *she has potential as an athlete* elle peut devenir une grande athlète ▸ **to fulfil one's potential** donner toute sa mesure / *he never achieved his full potential* il n'a jamais exploité pleinement ses capacités ; [of concept, discovery, situation] possibilités *fpl* / *the idea has potential* l'idée a de l'avenir / *your latest invention has great potential for developing countries* votre dernière invention ouvre de grandes perspectives dans les pays en voie de développement / *the scheme has no potential* le projet n'a aucun avenir / *there is little potential for development in the firm* l'entreprise offre peu de possibilités de développement / *the country's military potential* le potentiel militaire du pays ; [of place] possibilités *fpl* / *the area / garden has real potential* le quartier / le jardin offre de nombreuses possibilités **2.** ELEC & MATH potentiel *m*.
potentiality [pə,tenʃɪ'ælətɪ] (*pl* **potentialities**) n **1.** [likelihood] potentialité *f* **2.** [potential] possibilités *fpl*, perspective *f* (d'avenir) ▸ **to have potentialities** offrir de nombreuses possibilités.
potentially [pə'tenʃəlɪ] adv potentiellement / *she's potentially a great writer* elle pourrait être un grand écrivain / *potentially lethal poisons* des poisons qui peuvent être mortels.
potentilla [,pəʊtən'tɪlə] n BOT potentille *f*.
potentiometer [pə,tenʃɪ'ɒmɪtər] n potentiomètre *m*.
potful ['pɒtfʊl] n [volume] (contenu *m* d'un) pot *m* / *a potful of coffee* un pot plein de café, une cafetière pleine.
pothead ['pɒthed] n *drugs sl* fumeur *m*, -euse *f* de marijuana.
potheen [pɒ'ti:n] = **poteen.**
pother ['pɒðər] n agitation *f* ▸ **to get into a pother over sthg** se mettre dans tous ses états au sujet de qqch.
potherb ['pɒthɜ:b] n [as seasoning] herbe *f* aromatique ; [as vegetable] légume *m* vert.
potholder ['pɒthəʊldər] n [in kitchen] manique *f*.

pothole ['pɒthəʊl] n **1.** [in road] fondrière *f*, nid-de-poule *m* **2.** [underground] caverne *f*, grotte *f*.

potholer ['pɒt,həʊlər] n UK spéléologue *mf*.

potholing ['pɒt,həʊlɪŋ] n *(U)* UK spéléologie *f* ▸ **to go potholing** faire de la spéléologie.

pothook ['pɒthʊk] n **1.** [in fireplace] crémaillère *f (crochet en forme de s)* **2.** [in writing] boucle *f*.

pothunter ['pɒt,hʌntər] n *pej* **1.** HUNT chasseur *m*, -euse *f* sans scrupules **2.** [archaeologist] archéologue *mf* amateur **3.** SPORT chasseur *m*, -euse *f* de médailles.

potion ['pəʊʃn] n **1.** MED potion *f* **2.** *fig* potion *f*, breuvage *m* ▸ **magic potion** potion magique.

potlatch ['pɒtlætʃ] n **1.** ANTHR potlatch *m* **2.** US *inf* fête *f* bruyante.

potluck [,pɒt'lʌk] n *inf* ▸ **to take potluck a)** [for meal] manger à la fortune du pot **b)** [take what one finds] s'en remettre au hasard.

pot plant n UK plante *f* d'intérieur.

potpourri [,pəʊ'pʊərɪ] n pot-pourri *m*.

pot roast n rôti *m* à la cocotte.

potroast ['pɒtrəʊst] vt rôtir à la cocotte.

Potsdam ['pɒtsdæm] pr n Potsdam.

potshard ['pɒtʃɑːd], **potsherd** ['pɒtʃɜːd] n ARCHEOL tesson *m* de poterie, fragment *m*.

pot shot n ▸ **to take a pot shot at sthg a)** [fire at] tirer à l'aveuglette sur qqch **b)** [attempt] faire qqch à l'aveuglette.

potsticker ['pɒtstɪkər] n US CULIN ravioli *m* chinois.

pottage ['pɒtɪdʒ] n potage *m* épais.

potted ['pɒtɪd] adj **1.** HORT en pot ▸ **potted palm** palmier *m* en pot ▸ **potted plant** plante *f* verte **2.** CULIN [cooked] (cuit) en terrine ; [conserved] (conservé) en terrine or en pot ▸ **potted meat** ≃ terrine *f* ▸ **potted shrimps** crevettes *fpl* en conserve **3.** *inf* [condensed - version] condensé, abrégé / *a potted history of the Second World War* un abrégé d'histoire de la Seconde Guerre mondiale / *she gave me a potted version of the truth* elle m'a donné une version sommaire des faits.

potter ['pɒtər] ◆ n potier *m*, -ère *f* ▸ **potter's clay** argile *f* de potier, terre *f* glaise ▸ **potter's wheel** tour *m* de potier ▸ **potter's field** US cimetière *m* des pauvres. ◆ vi UK *inf* s'occuper de choses et d'autres, bricoler / *after lunch, I'll potter down to the post office* après le déjeuner, je ferai un saut à la poste / *I spent the evening just pottering* j'ai passé la soirée à traînasser.

❖ **potter about** UK *inf* ◆ vi s'occuper, bricoler ▸ **to potter about in the garden** faire de petits travaux or bricoler dans le jardin. ◆ vt insep ▸ **to potter about the house / garden** faire de petits travaux or bricoler dans la maison / le jardin.

❖ **potter along** vi UK *inf* aller son petit bonhomme de chemin / *I'd better be pottering along now* bon, il faudrait que je commence à y aller / *I might potter along to the library later* j'irai peut-être faire un tour à la bibliothèque tout à l'heure.

❖ **potter around** UK *inf* = **potter about**.

Potteries ['pɒtərɪz] pl n ▸ **the Potteries** la région des poteries dans le Staffordshire (en Angleterre).

pottery ['pɒtərɪ] (*pl* **potteries**) n **1.** *(U)* [craft] poterie *f* **2.** *(U)* [earthenware] poterie *f*, poteries *fpl* ; [ceramics] céramiques *fpl* / *a beautiful piece of pottery* une très belle poterie **3.** [workshop] atelier *m* de poterie.

potting ['pɒtɪŋ] n *(U)* **1.** HORT rempotage *m* ▸ **potting compost** terreau *m* **2.** [pottery] poterie *f*.

potting shed n remise *f* or resserre *f* (de jardin).

pot-trained UK = **potty-trained**.

potty ['pɒtɪ] (*pl* **potties**, *compar* **pottier**, *superl* **pottiest**) ◆ n [for children] pot *m* (de chambre). ◆ adj UK *inf* fou *(before vowel or silent 'h' fol, f folle)*, cinglé, dingue ▸ **to be potty about sthg** être toqué de qqch / *he's absolutely potty about her* il est absolument fou d'elle.

potty-train vt ▸ **to potty-train a child** apprendre à un enfant à aller sur son pot.

potty-trained adj propre.

potty-training n apprentissage *m* de la propreté.

pouch [paʊtʃ] n **1.** [bag] (petit) sac *m* ; [for tobacco] blague *f* ; [for money] sac *m*, bourse *f* ; [for ammunition] cartouchière *f*, giberne *f* ; [for gunpowder] sacoche *f*, sac *m* ; [for mail] sac *m* (postal) **2.** ZOOL [of marsupial, in cheeks] poche *f*, abajoue *f* ; [pocket of skin] poche *f* **3.** US [for diplomats] valise *f* diplomatique.

pouf(fe) [puːf] n UK **1.** [cushion] pouf *m* **2.** UK *v inf* = **poof** *(noun)*.

poulterer ['pəʊltərər] n UK volailler *m*, -ère *f*.

poultice ['pəʊltɪs] ◆ n MED cataplasme *m*. ◆ vt mettre un cataplasme à.

poultry ['pəʊltrɪ] ◆ n *(U)* [meat] volaille *f*. ◆ pl n [birds] volaille *f*, volailles *fpl*.

poultry farm n élevage *m* de volaille or de volailles.

poultry farmer n éleveur *m*, -euse *f* de volaille or de volailles, aviculteur *m*, -trice *f*.

poultry farming n élevage *m* de volaille or de volailles, aviculture *f*.

poultryman ['pəʊltrɪmən] (*pl* **poultrymen** [-mən]) n **1.** [breeder] éleveur *m* de volaille or de volailles, aviculteur *m* **2.** [dealer] marchand *m* de volaille, volailler *m*.

pounce [paʊns] ◆ vi sauter, bondir / *the cat crouched nearby, ready to pounce* le chat était tapi là, prêt à bondir / *a man pounced (out) from behind the bush* un homme a surgi de derrière le buisson. ◆ n bond *m* / *with a sudden pounce* d'un bond.

❖ **pounce on, pounce upon** vt insep **1.** [subj: animal] se jeter sur, bondir sur ; [subj: bird] se jeter sur, fondre sur ; [subj: police] saisir, arrêter / *the customs pounced on the drug-runners* les douaniers ont arrêté les trafiquants de drogue **2.** [in criticism] bondir sur, sauter sur / *they pounce on your slightest mistake* ils sautent or bondissent sur la moindre de vos erreurs **3.** [seize - opportunity] sauter sur, saisir.

pound [paʊnd] ◆ n **1.** [weight] livre *f* ▸ **to sell goods by the pound** vendre des marchandises à la livre / *three pound* or *pounds of apples* trois livres de pommes / *two dollars a pound* deux dollars la livre ▸ **to get one's pound of flesh** obtenir ce que l'on exigeait / *he wants his pound of flesh* il veut son dû à n'importe quel prix **2.** [money] livre *f* / *have you got change for a pound?* avez-vous la monnaie d'une livre ? / *two for a pound* deux pour une livre / *the pound fell yesterday against the deutschmark* la livre est tombée hier face au Deutsche Mark ▸ **pound coin** pièce *f* d'une livre ▸ **the Lebanese / Maltese pound** la livre libanaise / maltaise ▸ **the pound sterling** la livre sterling **3.** [for dogs, cars] fourrière *f*. ◆ vt **1.** [crush, pulverize - grain] broyer, concasser ; [- rocks] concasser, écraser **2.** [hammer, hit] cogner sur, marteler / *she pounded the table with her fist* elle martelait la table du poing / *the soldiers' heavy boots pounded the earth* les soldats martelaient le sol de leurs lourdes bottes / *the waves pounded the rocks / boat* les vagues battaient les rochers / venaient s'écraser violemment contre le bateau / *he began pounding the typewriter keys* il commença à taper sur or à marteler le clavier de la machine à écrire **3.** [bombard, shell] bombarder, pilonner / *they pounded the enemy positions with mortar fire* ils ont bombardé les positions ennemies au mortier **4.** [walk - corridor] faire les cent pas dans, aller et venir dans ▸ **to pound the streets** battre le pavé ▸ **to pound the beat** faire sa ronde. ◆ vi **1.** [hammer - on table, ceiling] cogner, taper ; [- on piano, typewriter] taper / *the neighbours started pounding on the ceiling* les voisins ont commencé à cogner au plafond / *we had to pound on the door before anyone answered* il a fallu frapper à la porte à coups redoublés avant d'obtenir une réponse / *the waves pounded against the rocks* les vagues venaient s'écraser sur or fouettaient les rochers / *the rain was pounding on the roof* la pluie tambourinait sur le toit **2.** [rhythmically - drums] battre ; [- heart] battre fort ; [- with fear, excitement] battre la chamade / *my head was pounding from the noise* le bruit me martelait la tête **3.** [more heavily] : *he pounded down the stairs* il descendit l'escalier bruyamment / *the elephants pounded through the jungle* les éléphants se déplaçaient lourdement à travers la jungle.

❖ **pound away** vi **1.** [at task] travailler avec acharnement / *he spent the holidays pounding away at his thesis* il a passé les vacances à travailler dur à sa thèse **2.** [on typewriter, piano, drums] taper / *she's been pounding away at her typewriter since 8 o'clock* elle s'acharne sur sa machine à écrire depuis 8 h / *every weekend, he pounds away on his drums* il passe ses week-ends à taper sur sa batterie **3.** [with artillery] : *to pound away at the enemy lines* pilonner sans arrêt les lignes ennemies.

❖ **pound down** vt sep **1.** [crush] piler, concasser / *pound the millet down to a fine powder* réduisez le millet en une poudre fine / *pound the mixture down to a pulp* réduisez le mélange en bouillie **2.** [flatten - earth] pilonner, tasser.

❖ **pound out** vt sep UK **1.** [rhythm] marteler / *the pianist was pounding out a tune* le pianiste martelait un air **2.** [letter, document] taper (avec fougue) / *she pounds out a book a month* elle sort or écrit un livre par mois.

❖ **pound up** vt sep piler, concasser.

poundage ['paʊndɪdʒ] n *(U)* **1.** [on weight] droits *mpl* perçus par livre de poids **2.** [on value] droits *mpl* perçus par livre de valeur **3.** [weight] poids *m (en livres)*.

pound cake n ≃ quatre-quarts *m inv*.

-pounder ['paʊndər] in comp ▸ **a fifteen-pounder** [fish] un poisson de 15 livres ▸ **a two-hundred-pounder** [shell] un obus de 200 livres ▸ **a six-pounder** [gun] un canon or une pièce de six.

pounding ['paʊndɪŋ] n **1.** [noise] martèlement *m* **2.** *(U)* [beating - of heart] battements *mpl* / *I could hear the pounding of her heart* j'entendais son cœur qui battait à tout rompre **3.** *inf* [battering] rossée *f* / *he took a real pounding in the first five rounds* il a pris une bonne volée or il s'est drôlement fait rosser pendant les cinq premières reprises / *the jetty / harbour took a pounding in the storm* la jetée / le port en a pris un coup pendant la tempête / *the dollar took a severe pounding last week* le dollar a été sérieusement malmené la semaine dernière **4.** *inf* [severe defeat] déculottée *f*, piquette *f* / *the team took a real pounding last week* l'équipe a subi une lourde défaite or s'est fait battre à plate couture la semaine dernière.

pound sign n **1.** UK *symbole de la livre sterling* **2.** US [on telephone] dièse *m*.

pour [pɔːr] ◆ vt **1.** [liquid] verser / *she poured milk into their mugs* elle a versé du lait dans leurs tasses / *we poured the water / wine down the sink* nous avons vidé l'eau / jeté le vin dans l'évier / *pour the cider into the jug* versez le cidre dans le pichet / *her jeans were so tight she looked as if she'd been poured into them* son jeans était tellement serré qu'elle semblait avoir été coulée dedans ▸ **to pour scorn on sb** traiter qqn avec mépris ; [serve] servir, verser ▸ **to pour a drink for sb** servir à boire à qqn / *pour yourself a drink* servez-vous or versez-vous à boire / *may I pour you some wine?* je vous sers du vin ? / *would you pour the tea?* voulez-vous servir le thé ? ▸ **to pour cold water on** or **over sb's plans** *inf* décourager or refroidir qqn dans ses projets **2.** [invest] investir / *he poured all his energy into the project* il a mis toute son énergie dans le projet / *I've already poured a fortune into the firm* j'ai déjà investi une fortune dans la société. ◆ vi **1.** [light, liquid] se déverser, couler à flots / *water poured from the gutters* l'eau débordait des gouttières / *tears poured down her face* elle pleurait à chaudes larmes / *blood poured from the wound* la blessure saignait abondamment / *the sweat was pouring off his back* son dos ruisselait de sueur / *light poured into the church* l'église était inondée de lumière / *smoke poured out of the blazing building* des nuages de fumée s'échappaient de l'immeuble en flammes **2.** [rain] pleuvoir très fort / *it's pouring (down)* or *it's pouring with rain* il pleut des cordes or à torrents / *the rain poured down* il pleuvait à torrents **3.** [crowd] affluer / *spectators poured into / out of the cinema* une foule de spectateurs entrait dans le cinéma / sortait du cinéma / *thousands of cars poured out of Paris* des milliers de voitures se pressaient aux portes de Paris / *reporters pour into Cannes for the festival* les journalistes affluent à Cannes pour le festival **4.** [pan, jug] ▸ **to pour well / badly** verser bien / mal.

❖ **pour away** vt sep [empty] vider ; [throw out] jeter.

❖ **pour down** vi = **pour** *(vi)*.

❖ **pour forth** vi *liter* [light, water] se déverser ; [people] affluer.

❖ **pour in** vi **1.** [rain, light] entrer à flots / *rain poured in through a hole in the roof* la pluie entrait à flots par un trou dans le plafond **2.** [cars, refugees, spectators] arriver en masse ; [information, reports] affluer, arriver en masse / *offers of help poured in from all sides* des offres d'aide ont afflué de toutes parts / *money poured in for the disaster victims* des milliers de dons ont été envoyés pour les victimes de la catastrophe.

❖ **pour off** vt sep [liquid, excess] vider.

❖ **pour on** vt sep [cream] verser.

❖ **pour out** ◆ vt sep **1.** [liquid] verser **2.** [information, propaganda] répandre, diffuser ; [substances] : *the industry pours out tons of dangerous chemicals* l'industrie déverse des tonnes de produits chimiques dangereux **3.** [emotions] donner libre cours à / *she poured out all her troubles to me* elle m'a raconté tout ce qu'elle avait sur le cœur ▸ **to pour out one's heart to sb** parler à qqn à cœur ouvert. ◆ vi [water] jaillir, couler à flots ; [tears] couler abondamment ; [light] jaillir.

pouring ['pɔːrɪŋ] adj **1.** [rain] battant, diluvien / *we were stranded in the pouring rain* nous étions coincés sous une pluie battante **2.** [cream] liquide / *the sauce should be of pouring consistency* il faut que la sauce soit bien liquide.

pout [paʊt] ◆ vi faire la moue. ◆ vt dire en faisant la moue. ◆ n **1.** [facial expression] moue *f* / *with a pout* en faisant la moue **2.** (*pl* **pout** *or* **pouts**) [fish - eelpout] lycode *m*, lotte *f* ; [- whiting] tacaud *m*.

pouter ['paʊtəʳ] n [bird] boulant *m*.

POV written abbr of **point of view**.

poverty ['pɒvətɪ] n **1.** [financial] pauvreté *f*, misère *f* ▸ **to live in poverty** vivre dans le besoin **2.** [shortage - of resources] manque *m* ; [- of ideas, imagination] pauvreté *f*, manque *m* ; [weakness - of style, arguments] pauvreté *f*, faiblesse *f* **3.** [of soil] pauvreté *f*, aridité *f*.

poverty line n seuil *m* de pauvreté ▸ **to live on / below the poverty line** vivre à la limite / en dessous du seuil de pauvreté.

poverty-stricken adj [person] dans la misère, dans le plus grand dénuement ; [areas] misérable, où sévit la misère.

poverty trap n *situation inextricable de ceux qui dépendent de prestations sociales qu'ils perdent s'ils trouvent une activité, même peu rémunérée.*

pow [paʊ] onomat [from collision] vlan, v'lan ; [from gun] pan.

POW n abbr of **prisoner of war**.

powder ['paʊdəʳ] ◆ n **1.** [gen & MIL] poudre *f* ▸ **in powder form** en poudre, sous forme de poudre ▸ **to grind sthg to a powder** réduire qqch en poudre, pulvériser qqch ▸ **to keep one's powder dry** UK se tenir prêt, être aux aguets **2.** *dated* MED ▸ **to take a headache powder** prendre un médicament (en sachet) contre le mal de tête ▸ **to take a powder** US *inf* ficher le camp, décamper. ◆ vt **1.** [crush, pulverize] pulvériser, réduire en poudre **2.** [make up] poudrer ▸ **to powder one's face** se poudrer le visage ▸ **to powder one's nose** *euph* [go to the toilet] aller se repoudrer le nez **3.** [sprinkle] saupoudrer / *the Christmas tree was powdered with artificial snow* le sapin de Noël était saupoudré de neige artificielle.

powder blue n bleu *m* pastel.

❖ **powder-blue** adj bleu pastel *(inv)*.

powder compact n poudrier *m*.

powdered ['paʊdəd] adj **1.** [milk] en poudre ; [coffee] instantané ▸ **powdered sugar** US sucre *m* glace **2.** [hair, face] poudré.

powder horn n corne *f*, cartouche *f* à poudre.

powder keg n [of gunpowder] baril *m* de poudre ; *fig* poudrière *f*.

powder puff n houppette *f*.

powder room n *euph* toilettes *fpl* (pour dames).

powdery ['paʊdərɪ] adj **1.** [covered in powder] couvert de poudre **2.** [like powder] poudreux ▸ **powdery snow** (neige *f*) poudreuse *f* **3.** [crumbling] friable.

power ['paʊəʳ] ◆ n **1.** [strength, force - gen] puissance *f*, force *f* / *they could see the power of his muscles* ils voyaient travailler ses muscles puissants / *the power of the explosion* la puissance or la force de l'explosion / *economic and industrial power* la puissance économique et industrielle ; PHYS [of engine, lens, microscope] puissance *f* ▸ **at full power** à plein régime / *the vehicle moves under its own power* le véhicule se déplace par ses propres moyens or de façon autonome ▸ **sea / air power** puissance *f* maritime / aérienne ▸ **more power to your elbow!** UK *inf* bonne chance !, bon courage ! **2.** [influence] pouvoir *m*, puissance *f* / *the power of the Church / of student unions* le pouvoir de l'Église / des syndicats étudiants / *I'll do everything in my power to help you* je ferai tout mon possible or tout ce qui est en mon pouvoir pour vous aider / *at the height of his powers* à l'apogée de son pouvoir ; [control] pouvoir *m* ▸ **to have sb in one's power** avoir qqn en son pouvoir ▸ **to fall into sb's power** tomber au pouvoir de qqn ; POL pouvoir *m* ▸ **to be in power** être au pouvoir ▸ **to come to / to take power** arriver au / prendre le pouvoir **3.** [authority] autorité *f*, pouvoir *m* ; [of assembly] pouvoir *m* ▸ **to have the power to decide / judge** avoir le pouvoir de décider / juger, avoir autorité pour décider / juger / *the committee doesn't really have much power* le comité n'a pas grand pouvoir / *it's beyond* or *outside my power* cela dépasse ma compétence or ne relève pas de mon autorité / *it's beyond my power to do anything* je n'ai pas compétence en la matière, je ne suis pas habilité à intervenir / *no power on earth will persuade me to go* rien au monde ne me persuadera d'y aller ; [influential group or person] puissance *f* / *the President is the real power in the land* c'est le président qui détient le véritable pouvoir dans le pays ▸ **to be a power in the land** avoir une grande influence or être très puissant dans un pays ▸ **the powers of darkness** les forces or puissances des ténèbres ▸ **the power behind the throne a)** [individual] l'éminence *f* grise, celui *m* / celle *f* qui tire les ficelles **b)** [group] ceux qui tirent les ficelles, les véritables acteurs ▸ **the powers that be** les autorités constituées / **'The Power and the Glory'** *Greene* 'la Puissance et la gloire' **4.** POL [state] puissance *f* / *the great Western powers* les grandes puissances occidentales **5.** [ability, capacity] capacité *f*, pouvoir *m* / *he has great powers as an orator* or *great oratorical powers* il a de grands talents oratoires / *it's within her power to do it* c'est en son pouvoir, elle est capable de le faire / *magical / aphrodisiacal powers* pouvoirs magiques / aphrodisiaques / *to have great powers of persuasion / suggestion* avoir un grand pouvoir or une grande force de persuasion / suggestion / *the body's powers of resistance* la capacité de résistance du corps / *she has great intellectual powers* elle a de grandes capacités intellectuelles ; [faculty] faculté *f*, pouvoir *m* / *her powers are failing* ses facultés déclinent ▸ **the power of sight** la vue ▸ **the power of hearing** l'ouïe *f* ▸ **the power of speech** : *he lost the power of speech* il a perdu l'usage de la parole **6.** ELEC [current] courant *m* ▸ **to turn on / cut off the power** mettre / couper le courant **7.** ELEC & PHYS [energy] énergie *f* ▸ **nuclear / solar power** énergie nucléaire / solaire **8.** LAW [proxy] pouvoir *m* **9.** MATH puissance *f* / *5 to the power (of) 6* 5 puissance 6 / *raised to the 5th power* élevé à la puissance 5 **10.** PHR ▸ **a power of good** *inf* : *the holiday did me a power of good* les vacances m'ont fait énormément de bien. ◆ comp [source, consumption] d'énergie ; [cable] électrique ; [brakes, steering] assisté ▸ **power breakfast** petit déjeuner *m* d'affaires ▸ **power dressing** *façon de s'habiller qu'adoptent certaines femmes cadres dans le but de projeter une image d'autorité.* ◆ vt [give power to] faire fonctionner or marcher ; [propel] propulser / *the boat is powered by gas turbines* le bateau est propulsé par des turbines à gaz / *powered by solar energy* fonctionnant à l'énergie solaire. ◆ vi avancer à toute vitesse, foncer / *he powered into his opponent* il fonça sur son adversaire / *the leading cars powered down the home straight* les voitures de tête foncèrent dans la dernière ligne / *his business is powering on* son affaire monte en puissance.

power-assisted adj assisté.

power base n assise *f* politique.

powerboat ['paʊəbəʊt] n [outboard] hors-bord *m inv* ; [inboard] vedette *f* (rapide) ▸ **powerboat racing** courses *fpl* offshore.

powerbrand ['paʊəbrænd] n marque *f* forte.

power broker n décideur *m* politique.

power cut n coupure *f* de courant.

power dive n AERON (descente *f* en) piqué *m*.

power drill n perceuse *f* électrique.

-powered ['paʊəd] in comp ▸ **high / low-powered** de haute / faible puissance ▸ **a high-powered executive** un cadre très haut placé ▸ **steam / wind-powered** mû par la vapeur / le vent ▸ **jet-powered** propulsé par un moteur à réaction.

power failure n panne *f* de courant.

powerful ['paʊəfʊl] ◆ adj **1.** [strong - gen] puissant ; [- smell] fort ; [- kick] violent ; [- imagination] débordant / *a powerful swimmer* un excellent nageur / *she has a very powerful voice* elle a une voix très puissante / *the engine isn't powerful enough* le moteur n'est pas assez puissant / *powerful binoculars* jumelles puissantes or à fort grossissement / *powerful drugs* médication *f* puissante or active / *he has been a powerful influence in her life* il a exercé une influence décisive dans sa vie **2.** [influential - person] fort, influent ; [- country, firm] puissant. ◆ adv UK *inf* vachement / *to try powerful hard* faire un effort surhumain.

powerfully ['paʊəfʊlɪ] adv puissamment / *he's powerfully built* il est d'une stature imposante.

power game n lutte *f* d'influence, course *f* au pouvoir.

Power Gen ['paʊədʒen] pron *entreprise privée de production d'électricité en Angleterre et au pays de Galles.*

powerhouse ['paʊəhaʊs] (*pl* [-haʊzɪz]) n **1.** ELEC centrale *f* électrique **2.** *fig* [person] personne *f* énergique, locomotive *f* / *she's a powerhouse of energy* elle déborde d'énergie ; [place] pépinière *f* / *the university became a powerhouse of new ideas* l'université est devenue une vraie pépinière d'idées nouvelles.

powerless ['paʊəlɪs] adj impuissant, désarmé / *they were powerless to prevent the scandal* ils n'ont rien pu faire pour éviter le scandale / *our arguments were powerless in the face of such conviction* nos arguments sont restés lettre morte devant une telle conviction.

powerlessly ['paʊəlɪslɪ] adv sans pouvoir rien faire / *I watched powerlessly as the dogs attacked* j'ai regardé, impuissant, les chiens attaquer.

powerlessness ['paʊəlɪsnɪs] n impuissance *f*.

power line n ligne *f* à haute tension.

power of attorney n LAW procuration *f* ▸ **lasting power of attorney** *procuration donnant le pouvoir de décider à la place du mandant, si celui-ci venait à être hors d'état d'exprimer ses volontés.*

power pack n ELEC bloc *m* d'alimentation.

power plant n **1.** [factory] centrale *f* électrique **2.** [generator] groupe *m* électrogène **3.** [engine] groupe *m* moteur.

power play n [in ice hockey] coup *m* de force.

power point n prise *f* de courant.

power politics n *(U)* politique *f* du coup de force.

power set n MATH ensemble *m* des sous-ensembles.

power sharing [-,ʃeərɪŋ] n POL partage *m* du pouvoir.

power station n centrale *f* (électrique).

power steering n direction *f* assistée.

power structure n [system] hiérarchie *f*, répartition *f* des pouvoirs ; [people with power] *ensemble des personnes qui détiennent le pouvoir.*

power tool n outil *m* électrique.

power user n [of computer, device] utilisateur *m*, -trice *f* expert(e).

power worker n employé *m*, -e *f* de l'électricité.

po' white trash [pɒ-] n US *inf* petit blanc *m*.

powwow ['paʊwaʊ] ◆ n [of American Indians] assemblée *f* ; *fig & hum* [meeting] réunion *f* ; [discussion] discussion *f*, pourparlers *mpl* ▸ **to have** or **to hold a powwow** discuter. ◆ vi *inf* discuter.

pox [pɒks] n *inf* vérole *f* / *a pox on him!* *arch* qu'il aille au diable !

poxy ['pɒksɪ] (*compar* **poxier**, *superl* **poxiest**) adj *v inf* **1.** MED vérolé **2.** UK [lousy] merdique.

Poznan ['pɒznən] pr n Poznan.

pp (written abbr of **per procurationem**) pp.

p & p written abbr of **postage and packing.**

PPE (abbr of **philosophy, politics, and economics**) n UK *philosophie, science politique et science économique (matière à l'université).*

PPI abbr of **pixels per inch.**

PPL MESSAGING written abbr of **people.**

ppm 1. (abbr of **parts per million**) ppm **2.** (abbr of **pages per minute**) ppm.

PPS ◆ n UK abbr of **parliamentary private secretary.** ◆ (written abbr of **post postscriptum**) PPS.

ppsi (abbr of **pounds per square inch**) *livres au pouce carré (mesure de pression).*

PPV, ppv (abbr of **pay-per-view**) n système *m* de télévison à la carte or à la séance or pay per view.

PQ written abbr of **Province of Quebec.**

PR ◆ n **1.** abbr of **proportional representation 2.** abbr of **public relations 3.** US *pej* abbr of **Puerto Rican.** ◆ written abbr of **Puerto Rico.**

Pr. (written abbr of **prince**) Pce.

practicability [ˌpræktɪkəˈbɪlətɪ] n **1.** [of plan, action] faisabilité *f*, viabilité *f* / *we discussed the practicability of the project* nous avons discuté de la viabilité du projet **2.** [of road] praticabilité *f.*

practicable [ˈpræktɪkəbl] adj **1.** [feasible] réalisable, praticable ; [possible] possible / *as far as practicable* autant que possible, autant que faire se peut **2.** [road] praticable.

practical [ˈpræktɪkl] ◆ adj **1.** [convenient, easy to use] pratique, commode / *this electric screwdriver is very practical* ce tournevis électrique est très pratique **2.** [sensible, commonsense - person] pragmatique, doué de sens pratique ; [- mind, suggestion] pratique / *my sister's the practical one* s'il y a quelqu'un qui a le sens pratique, c'est bien ma sœur / *now, be practical, we can't afford a new car* allons, un peu de bon sens, nous n'avons pas les moyens de nous offrir une nouvelle voiture / *is white the most practical colour?* le blanc, c'est ce qu'il y a de plus pratique comme couleur ? **3.** [training, experience, question] pratique, concret (concrète) / *does it have any practical application?* est-ce qu'il y a une application pratique ? / *for all practical purposes* en fait, en réalité / *he has a practical knowledge of German* il connaît l'allemand usuel ▸ **practical nurse** US aide-soignant *m*, -e *f* **4.** [virtual] : *it's a practical impossibility* c'est pratiquement impossible. ◆ n UK SCH & UNIV [class] travaux *mpl* pratiques, TP *mpl* ; [exam] épreuve *f* pratique.

practicality [ˌpræktɪˈkælətɪ] (*pl* **practicalities**) n [of person] sens *m* pratique ; [of ideas] nature *f* pratique / *I'm not too sure about the practicality of his suggestions* je doute que ses propositions puissent trouver une application pratique.

❖ **practicalities** pl n [details] détails *mpl* pratiques / *let's get down to practicalities* venons-en aux détails pratiques.

practical joke n farce *f* ▸ **to play a practical joke on sb** faire une farce or jouer un tour à qqn.

practical joker n farceur *m*, -euse *f.*

practically [ˈpræktɪklɪ] adv **1.** [sensibly] de manière pratique / *she very practically suggested telephoning home* elle a eu la bonne idée de suggérer qu'on téléphone chez elle / *to be practically dressed* être habillé de façon pratique **2.** [based on practice] pratiquement / *the whole course is very much practically based* le cours est fondé en grande partie sur la pratique **3.** [almost] presque, pratiquement / *practically alone / finished* pratiquement seul / terminé **4.** [in practice] dans la pratique ▸ **practically speaking** en fait.

practical-minded adj ▸ **to be practical-minded** avoir le sens pratique.

practicalness [ˈpræktɪklnɪs] = **practicality.**

practice [ˈpræktɪs] ◆ n **1.** [habit] pratique *f*, habitude *f* ; [custom] pratique *f*, coutume *f*, usage *m* / *tribal / religious practices* pratiques tribales / religieuses / *they make a regular practice of going jogging on Sundays* ils font régulièrement du jogging le dimanche / *he makes a practice of voting against* or *he makes it a practice to vote against the government* il se fait une règle de voter contre le gouvernement / *they've introduced the practice of morning prayer* ils ont introduit la prière du matin / *it's not company practice to refund deposits* il n'est pas dans les habitudes de la société de rembourser les arrhes / *it's normal practice among most shopkeepers* c'est une pratique courante chez les commerçants / *it's our usual practice* c'est ce que nous faisons habituellement, c'est notre politique habituelle / *it's standard practice to make a written request* la procédure habituelle veut que l'on fasse une demande par écrit **2.** [exercise - of profession, witchcraft, archery] pratique *f* **3.** [training] entraînement *m* ; [rehearsal] répétition *f* ; [study - of instrument] étude *f*, travail *m* / *I've had a lot of practice at* or *in dealing with difficult negotiations* j'ai une grande habitude des négociations difficiles / *it's good practice for your interview* c'est un bon entraînement pour votre entrevue ▸ **to be in practice** être bien entraîné ▸ **to be out of practice** manquer d'entraînement / *I'm getting out of practice* **a)** [on piano] je commence à avoir les doigts rouillés **b)** [at sport] je commence à manquer d'entraînement **c)** [at skill] je commence à perdre la main / *it's time for your piano practice* c'est l'heure de travailler ton piano ▸ **fire practice** exercice *m* d'incendie ▸ **practice makes perfect** *prov* c'est en forgeant qu'on devient forgeron *prov* **4.** [training session] (séance *f* d')entraînement *m* ; [rehearsal - of choir] répétition *f* **5.** [practical application] pratique *f* ▸ **to put sthg in** or **into practice** mettre qqch en pratique ▸ **in practice** dans la pratique **6.** [professional activity] exercice *m* ▸ **to be in practice as a doctor** exercer en tant que médecin ▸ **to go into** or **to set up in practice as a doctor** s'installer comme médecin, ouvrir un cabinet de médecin ▸ **medical / legal practice** l'exercice de la médecine / de la profession d'avocat **7.** [office, surgery] cabinet *m* ; [clientele] clientèle *f* ▸ **a country practice** : *he has a country practice* il est médecin de campagne. ◆ comp [game, run, session] d'entraînement. ◆ vt & vi US = **practise.**

practiced US = **practised.**

practice ground n GOLF practice *m.*

practicing US = **practising.**

practise UK, **practice** US [ˈpræktɪs] ◆ vt **1.** [for improvement - musical instrument] s'exercer à, travailler ; [- song] travailler, répéter ; [- foreign language] travailler, pratiquer ; [- stroke, shot] travailler / *she was practising a Chopin nocturne* elle travaillait un nocturne de Chopin / *can I practise my French on you?* est-ce que je peux parler français or pratiquer mon français avec vous ? / *to practise speaking French* s'entraîner à parler français / *you'll be able to practise your Spanish in Madrid* à Madrid, vous pourrez en profiter pour pratiquer votre espagnol / *you should practise your backhand* vous devriez travailler votre revers **2.** [put into practice - principle, virtue] pratiquer, mettre en pratique / *in this school, we practise self-discipline* dans cette école, on pratique l'autodiscipline / *you should practise what you preach* vous devriez donner l'exemple / *he doesn't practise what he preaches* il ne met pas en pratique ce qu'il prêche **3.** [profession] exercer, pratiquer / *he practises medicine* il pratique or exerce la médecine **4.** [inflict] infliger / *the cruelty they practised on their victims* les cruautés qu'ils infligeaient à or les sévices qu'ils faisaient subir à leurs victimes **5.** [customs, beliefs] observer, pratiquer / *pagan rituals are still practised in the area* on pratique encore certains rites païens dans la région **6.** RELIG pratiquer **7.** [magic] pratiquer. ◆ vi **1.** [gen & MUS] s'entraîner, s'exercer ; SPORT s'entraîner / *I'm just practising* je ne fais que m'entraîner / *she practises a few hours every day* elle s'entraîne plusieurs heures par jour / *to practise on the guitar* faire des exercices à la guitare **2.** [professionally] exercer / *he practises in Edinburgh* il exerce à Édimbourg **3.** RELIG être pratiquant.

practised UK, **practiced** US [ˈpræktɪst] adj **1.** [experienced] expérimenté, chevronné ; [skilled] habile **2.** [expert - aim, movement] expert ; [- ear, eye] exercé **3.** [artificial - smile, charm] factice, étudié.

practising UK, **practicing** US [ˈpræktɪsɪŋ] adj **1.** RELIG pratiquant / *he's a practising Jew* c'est un juif pratiquant **2.** [professionally - doctor] exerçant ; [- lawyer, solicitor] en exercice **3.** [homosexual] actif.

practitioner [prækˈtɪʃnər] n **1.** MED ▸ **(medical) practitioner** médecin *m* **2.** [gen] praticien *m*, -enne *f.*

praesidium [prɪˈsɪdɪəm] = **presidium.**

praetorian [prɪˈtɔːrɪən] adj prétorien ▸ **praetorian guard** HIST & *fig* garde *f* prétorienne.

PR agency n agence *f* de communication.

pragmatic [prægˈmætɪk] adj pragmatique ▸ **pragmatic sanction** pragmatique sanction *f*, pragmatique *f.*

pragmatics [prægˈmætɪks] n *(U)* LING pragmatique *f.*

pragmatism [ˈprægmətɪzm] n pragmatisme *m.*

pragmatist [ˈprægmətɪst] n pragmatiste *mf.*

Prague [prɑːg] pr n Prague.

prairie [ˈpreərɪ] n plaine *f* (herbeuse).

❖ **Prairie** pr n ▸ **the Prairie** or **Prairies a)** [in US] la Grande Prairie **b)** [in Canada] les Prairies *fpl.*

prairie chicken n cupidon *m* des prairies.

prairie dog n chien *m* de prairie.

prairie oyster n *boisson à base d'œuf cru (remède contre les excès d'alcool).*

Prairie Provinces pl pr n ▸ **the Prairie Provinces** les Provinces *fpl* des Prairies *(au Canada)* / *in the Prairie Provinces* dans les Provinces des Prairies.

Prairie State pr n Illinois *m.*

prairie wolf n coyote *m.*

praise [preɪz] ◆ n **1.** [compliments] éloge *m*, louanges *fpl* / *she was full of praise for their kindness* elle ne tarissait pas d'éloges sur leur gentillesse / *he was full of our praise* or *praises* il ne tarissait pas d'éloges sur notre compte / *we have nothing but praise for the way in which he handled the matter* nous ne pouvons que le féliciter de la façon or nous n'avons que des éloges à lui faire pour la façon dont il s'est occupé de l'affaire / *her film has received high praise from the critics* son film a été couvert d'éloges par la critique / *it is beyond praise* on ne saurait être trop élogieux **2.** RELIG louange *f*, louanges *fpl*, gloire *f* ▸ **to give praise to the Lord** rendre gloire à Dieu ▸ **praise (be to) the Lord!** Dieu soit loué ! ▸ **praise be!** *fig & dated* Dieu merci ! ▸ **hymn** or **song of praise** cantique *m.* ◆ vt **1.** louer, faire l'éloge de / *he praised her for her patience* il la loua de or pour sa patience / *he praised her for having been so patient* il la loua d'avoir été si patiente ▸ **to praise sb to high heaven** or **to the skies** couvrir qqn d'éloges, porter qqn aux nues **2.** RELIG louer, glorifier, rendre gloire à.

❖ **in praise of** prep phr : *the director spoke in praise of his staff* le directeur fit l'éloge de son personnel / *she gave a speech in praise of the institute's work* elle fit un discours élogieux sur les travaux de l'institut.

praiseworthiness [ˈpreɪzˌwɜːðɪnɪs] n mérite *m.*

praiseworthy [ˈpreɪzˌwɜːðɪ] adj [person] digne d'éloges ; [action, intention, sentiment] louable, méritoire.

praline [ˈprɑːliːn] n praline *f.*

pram [præm] n **1.** UK [for baby] voiture *f* d'enfant, landau *m* **2.** NAUT prame *f.*

PRAM [ˈpiːræm] (abbr of **phase-change random access memory**) n RAM *f* programmable.

prance [prɑːns] ◆ vi **1.** [cavort - horse] caracoler, cabrioler ; [- person] caracoler, gambader / *the horses came prancing into the circus ring* les chevaux sont entrés en caracolant sur la piste du cirque **2.** [strut] se pavaner, se dandiner / *he came prancing into the room* il entra dans la pièce en se pavanant. ◆ n sautillement *m.*

prang [præŋ] *inf* ◆ vt UK [car] esquinter ; [plane] bousiller. ◆ n : *he had a prang* **a)** [in car] il a eu un accident (de voiture) or un accrochage **b)** [in plane] son avion s'est planté.

prank [præŋk] n farce *f*, tour *m* ▸ **to play a prank on sb** jouer un tour or faire une farce à qqn / *it's only a childish prank* c'est seulement une gaminerie / *they used to get up to all kinds of pranks when they were at school* ils faisaient toutes sortes de farces quand ils étaient à l'école.

prankster [ˈpræŋkstər] n farceur *m*, -euse *f* / *he's a little prankster* c'est un petit farceur or polisson.

praseodymium [,preɪzɪəʊ'dɪmɪəm] n praséodyme *m*.

prat [præt] n UK *v inf* couillon *m*.

prate [preɪt] vi *dated & pej* jacasser, bavarder / *they're always prating on about their holidays* ils n'en finissent pas de raconter leurs vacances.

pratfall ['prætfɔ:l] n *inf* [fall] gadin *m*, pelle *f* ; [blunder] gaffe *f*.

prattish ['prætɪʃ] adj UK *inf* crétin, idiot.

prattle ['prætl] UK *inf & pej* ◆ vi [babble] babiller, jacasser / *she prattles away* or *on about her children for hours* elle radote pendant des heures au sujet de ses enfants ; [converse] papoter / *they're forever prattling on about politics* ils sont toujours à discutailler politique. ◆ n [babble] babillage *m* ; [conversation] papotage *m*, bavardage *m*.

prawn [prɔ:n] n crevette *f* (rose), bouquet *m*.

prawn cocktail n cocktail *m* de crevettes.

prawn cracker n beignet *m* de crevette.

praxis ['præksɪs] (*pl* **praxes** [-si:z]) n pratique *f*.

pray [preɪ] ◆ vi prier / *let us pray to God for guidance* prions Dieu de nous guider ▸ **to pray for sb** / **for sb's soul** prier pour qqn / pour l'âme de qqn ▸ **to pray over sb's grave** prier sur la tombe de qqn / *she prayed to God to save her child* elle pria Dieu qu'il sauve son enfant / *he prays for release from pain* il prie pour que ses souffrances prennent fin / *she's past praying for* [will die] elle est perdue / *the country is past praying for at this stage* il n'y a plus d'espoir pour le pays à ce stade / *to pray for rain* prier pour qu'il pleuve / *let's just pray for fine weather* espérons qu'il fasse beau. ◆ vt **1.** RELIG : *she prayed God he might live* elle pria Dieu pour qu'il vive / *we pray the rain will stop* nous prions pour que la pluie cesse / *I just pray he doesn't come back* je prie Dieu or le ciel (pour) qu'il ne revienne pas **2.** *arch & fml* [request] prier ▸ **to pray sb to do sthg** prier qqn de faire qqch / *I pray you* je vous (en) prie. ◆ interj *arch & fml* : *pray be seated* asseyez-vous, je vous en prie / *pray, do tell me* dites-le-moi, je vous (en) prie.

prayer [preəʳ] n **1.** RELIG prière *f* ▸ **to be at prayer** être en prière, prier ▸ **to kneel in prayer** prier à genoux, s'agenouiller pour prier / *they believe he can be made well through prayer* ils croient qu'on peut le guérir par la prière ▸ **to say a prayer for sb** dire une prière pour qqn ▸ **to say one's prayers** faire sa prière / *remember me in your prayers* pensez à moi or ne m'oubliez pas dans vos prières / *her prayer was answered* sa prière fut exaucée / *he doesn't have a prayer inf* il n'a pas la moindre chance or l'ombre d'une chance **2.** [wish] souhait *m* / *it is my earnest prayer that you will succeed* j'espère de tout cœur que vous réussirez, je souhaite sincèrement que vous réussissiez.

❖ **prayers** pl n [at church] office *m* (divin), prière *f* ; UK SCH prière *f* du matin.

prayer beads n chapelet *m*.

prayer book n bréviaire *m*.

prayer mat n tapis *m* de prière.

prayer meeting n réunion *f* de prière.

prayer rug = prayer mat.

prayer shawl n talith *m*, tallith *m*.

prayer stool n prie-Dieu *m inv*.

prayer wheel n moulin *m* à prières.

praying mantis ['preɪɪŋ-] n mante *f* religieuse.

PR department n service *m* communication.

preach [pri:ʧ] ◆ vi **1.** RELIG prêcher ▸ **to preach to sb** prêcher qqn ▸ **to preach to the converted** prêcher un converti **2.** [lecture] prêcher, sermonner / *stop preaching at me!* arrête tes sermons or de me faire la leçon ! ◆ vt **1.** RELIG prêcher ▸ **to preach a sermon** prêcher, faire un sermon **2.** *fig* [recommend] prêcher, prôner.

preacher ['pri:ʧəʳ] n [gen] prédicateur *m* ; US [minister] pasteur *m*.

preachify ['pri:ʧɪfaɪ] (*pt & pp* **preachified**) vi *inf & pej* faire la morale.

preaching ['pri:ʧɪŋ] n *(U)* [sermon] prédication *f* ; *pej* [moralizing] sermons *mpl*.

preachy ['pri:ʧɪ] (*compar* **preachier**, *superl* **preachiest**) adj *inf & pej* prêcheur, sermonneur.

preamble [pri:'æmbl] n préambule *m* ▸ **Preamble to the Constitution** Préambule *m* de la Constitution des États-Unis.

preamplifier [pri:'æmplɪfaɪəʳ] n préamplificateur *m*.

prearrange [,pri:ə'reɪnʤ] vt fixer or régler à l'avance / *at a prearranged time* à une heure fixée à l'avance or au préalable.

prebend ['prebənd] n prébende *f*.

prebendary ['prebəndrɪ] (*pl* **prebendaries**) n prébendier *m*.

Precambrian [,pri:'kæmbrɪən] ◆ n précambrien *m*. ◆ adj précambrien.

precancerous [,pri:'kænsərəs] adj précancéreux.

precarious [prɪ'keərɪəs] adj précaire.

precariously [prɪ'keərɪəslɪ] adv précairement / *precariously balanced* en équilibre précaire.

precariousness [prɪ'keərɪəsnɪs] n précarité *f*.

precast [,pri:'kɑ:st] adj [concrete element] préfabriqué.

precaution [prɪ'kɔ:ʃn] n précaution *f* / *as a precaution* par précaution ▸ **to take precautions** prendre des précautions / *she took the precaution of informing her solicitor* elle prit la précaution d'avertir son avocat / *fire precautions* mesures *fpl* de prévention contre l'incendie.

precautionary [prɪ'kɔ:ʃənərɪ] adj de précaution / *as a precautionary measure* par mesure de précaution ▸ **to take precautionary measures** or **steps against sthg** prendre des mesures préventives contre qqch ▸ **precautionary principle** principe *m* de précaution.

precede [prɪ'si:d] vt **1.** [in order, time] précéder / *during the minutes preceding the operation* pendant les minutes précédant l'opération **2.** [in importance, rank] avoir la préséance sur, prendre le pas sur **3.** [preface] (faire) précéder.

precedence ['presɪdəns], **precedency** ['presɪdənsɪ] n *(U)* **1.** [priority] priorité *f* ▸ **to take** or **to have precedence over sthg** avoir la priorité sur qqch / *her health must take precedence over all other considerations* sa santé doit passer avant toute autre considération **2.** [in rank, status] préséance *f* ▸ **to have** or **to take precedence over sb** avoir la préséance or prendre le pas sur qqn.

precedent ['presɪdənt] ◆ n **1.** LAW précédent *m*, jurisprudence *f* ▸ **to set a precedent** faire jurisprudence / *there is no precedent* il n'y a pas de jurisprudence ▸ **to follow a precedent** s'appuyer sur un précédent, suivre la jurisprudence **2.** [example case] précédent *m* ▸ **to create** or **to set** or **to establish a precedent** créer un précédent / *without precedent* sans précédent **3.** [tradition] tradition *f* ▸ **to break with precedent** rompre avec la tradition / *the college has broken with precedent by electing a woman president* le collège a rompu avec la tradition en élisant une femme à la présidence. ◆ adj précédent.

precedented ['presɪdəntɪd] adj ayant (un) précédent.

preceding [prɪ'si:dɪŋ] adj précédent / *the preceding day* le jour précédent, la veille / *the preceding evening* le soir précédent, la veille au soir / *on the preceding page* à la page précédente / *the preceding week* / *year* la semaine / l'année précédente.

precentor [prɪ'sentəʳ] n préchantre *m*.

precept ['pri:sept] n précepte *m*.

preceptor [prɪ'septəʳ] n précepteur *m*, -trice *f*.

precession [prɪ'seʃn] n précession *f* ▸ **precession of the equinoxes** précession des équinoxes.

precinct ['pri:sɪŋkt] n **1.** [area - round castle, cathedral] enceinte *f* / *within the castle precincts* dans l'enceinte du château **2.** UK [shopping area] zone *f* commerciale **3.** [boundary] pourtour *m* / *the question falls within the precincts of philosophy* la question est du domaine or relève de la philosophie **4.** US ADMIN arrondissement *m*, circonscription *f* administrative / *7th precinct* 7e arrondissement ▸ **precinct police** police *f* de quartier or d'arrondissement ▸ **precinct (station)** commissariat *m* de quartier or d'arrondissement **5.** US POL circonscription *f* électorale.

❖ **precincts** pl n environs *mpl*, alentours *mpl* / *somewhere in the precincts* quelque part dans les environs or alentours.

preciosity [,preʃɪ'ɒsətɪ] n préciosité *f*.

precious ['preʃəs] ◆ adj **1.** [jewel, material, object] précieux, de grande valeur / *the world's most precious resources* les ressources les plus précieuses de la planète **2.** [friend, friendship, moment] précieux / *my time is precious* mon temps est précieux / *the ambulance lost precious minutes in a traffic jam* l'ambulance a perdu des minutes précieuses dans un embouteillage **3.** [affected - style, person] précieux **4.** *inf* [expressing irritation] : *I don't want your precious advice* je ne veux pas de vos fichus conseils / *here's your precious book!* le voilà ton sacré livre ! ◆ adv *inf* très / *there's precious little chance of that happening* il y a bien peu or très peu de chances (pour) que cela se produise / *precious few of them turned up* il y en a très peu qui sont venus. ◆ n ▸ **my precious** mon trésor.

precious metal n métal *m* précieux.

precious stone n pierre *f* précieuse.

precipice ['presɪpɪs] n *lit* précipice *m* ; *fig* catastrophe *f* / *the car fell over the precipice* la voiture est tombée dans le précipice.

precipitance [prɪ'sɪpɪtəns], **precipitancy** [prɪ'sɪpɪtənsɪ] n précipitation *f*.

precipitant [prɪ'sɪpɪtənt] ◆ adj précipité, hâtif. ◆ n précipitant *m*.

precipitate ◆ vt [prɪ'sɪpɪteɪt] **1.** [downfall, ruin, crisis] précipiter, hâter **2.** [person, vehicle, object] précipiter **3.** CHEM précipiter. ◆ vi [prɪ'sɪpɪteɪt] **1.** CHEM se précipiter **2.** METEOR se condenser. ◆ n [prɪ'sɪpɪteɪt] précipité *m*. ◆ adj [prɪ'sɪpɪtət] **1.** [hasty - action] précipité ; [- decision, judgment] hâtif ; [- remark] irréfléchi **2.** [steep] abrupt, à pic.

precipitately [prɪ'sɪpɪtətlɪ] adv précipitamment, avec précipitation.

precipitation [prɪ,sɪpɪ'teɪʃn] n *(U)* **1.** [haste] précipitation *f* **2.** CHEM précipitation *f* **3.** METEOR précipitations *fpl*.

precipitous [prɪ'sɪpɪtəs] adj **1.** [steep - cliff] à pic, escarpé ; [- road, stairs] raide ; [- fall] à pic **2.** [hasty] précipité.

precipitously [prɪ'sɪpɪtəslɪ] adv **1.** [steeply] à pic, abruptement **2.** [hastily] précipitamment.

précis [UK 'preɪsi: US 'presi:] (*pl* **précis** [UK 'preɪsi: US 'presi:]) ◆ n précis *m*, résumé *m* ▸ **précis writing** compte rendu *m* de lecture. ◆ vt faire un résumé de.

precise [prɪ'saɪs] adj **1.** [exact - amount, detail] précis ; [- location] exact ; [- pronunciation] exact, juste / *eleven, to be precise* onze, pour être précis / *be more precise!* soyez plus précis ! / *he was very precise in his description* il a donné une description très précise or détaillée / *at that precise moment* à ce moment précis **2.** [meticulous - person, manner, mind, movement] précis, méticuleux **3.** *pej* [fussy] pointilleux, maniaque.

precisely [prɪ'saɪslɪ] ◆ adv [exactly - explain] précisément, exactement ; [measure] précisément, avec précision / *that describes it precisely* c'est exactement cela / *that's precisely the reason (why) I'm not going* c'est précisément pourquoi je n'y vais pas / *she speaks very precisely* elle s'exprime avec beaucoup de précision / *at 4 o'clock precisely* à 4 h précises. ◆ interj précisément, exactement / *do you think it's too risky? — precisely!* pensez-vous que ce soit trop risqué ? — tout à fait ! or exactement !

preciseness [prɪ'saɪsnɪs] n précision *f*.

precision [prɪ'sɪʒn] ◆ n précision *f*. ◆ comp [instrument, engineering, tool, bombing] de précision.

precision-engineered, **precision-made** adj de (haute) précision.

preclassical [pri:'klæsɪkl] adj préclassique.

preclude [prɪ'klu:d] vt *fml* exclure, prévenir / *this rule precludes any possibility of a misunderstanding* cette règle exclut toute possibilité de malentendu / *the crisis precludes her (from) going to Moscow* la crise rend impossible son départ pour Moscou or la met dans l'impossibilité de partir pour Moscou / *we were precluded from* *making any further progress* on ne pouvait plus faire de nouveaux progrès.

precocious [prɪ'kəʊʃəs] adj précoce.

precociously [prɪ'kəʊʃəslɪ] adv précocement, avec précocité.

precociousness [prɪ'kəʊʃəsnɪs], **precocity** [prɪ'kɒsətɪ] n précocité *f*.

precognition [,pri:kɒg'nɪʃn] n [gift] prescience *f*, don *m* de seconde vue ; [knowledge] connaissance *f* préalable.

pre-Columbian [,pri:kə'lʌmbɪən] adj précolombien.

precombustion [,pri:kəm'bʌstʃn] n précombustion *f*.

preconceived [,pri:kən'si:vd] adj préconçu ▸ **preconceived idea** idée *f* préconçue.

preconception [,pri:kən'sepʃn] n préconception *f*, idée *f* préconçue.

precondition [,pri:kən'dɪʃn] ◆ n condition *f* préalable, condition *f* sine qua non / *a university degree is a precondition for a diplomatic career* il est impossible de faire carrière dans la diplomatie si l'on n'a pas un diplôme universitaire. ◆ vt conditionner.

precook [pri:'kʊk] vt précuire.

precooked [pri:'kʊkt] adj précuit.

precool [pri:'ku:l] vt préréfrigérer.

precursor [,pri:'kɜ:sər] n [person] précurseur *m* ; [invention, machine] ancêtre *m* ; [event] signe *m* avant-coureur or précurseur / *the precursor of the modern computer* l'ancêtre de l'ordinateur d'aujourd'hui / *the stock exchange crash was a precursor to worldwide recession* le krach boursier fut le signe précurseur de la récession à l'échelle mondiale.

precursory [,pri:'kɜ:sərɪ] adj **1.** [anticipatory] précurseur, annonciateur **2.** [introductory] préliminaire, préalable.

precut [pri:'kʌt] adj [ham, cheese, bread] prédécoupé, prétranché.

predaceous, **predacious** [prɪ'deɪʃəs] adj prédateur.

predate [pri:'deɪt] vt **1.** [give earlier date to -cheque] antidater ; [-historical event] attribuer une date antérieure à **2.** [precede] être antérieur à.

predator ['predətər] n **1.** [animal, bird] prédateur *m* **2.** *fig* [person] rapace *m*.

predatory ['predətrɪ] adj **1.** [animal, bird] prédateur **2.** *fig* [gen -person, instinct] rapace ; [-attacker] pillard / *the predatory world of advertising* le milieu rapace de la publicité.

predatory pricing n *pratique de prix prédateurs.*

predecease [,pri:dɪ'si:s] vt mourir avant.

predecessor ['pri:dɪsesər] n [person, model] prédécesseur *m* ; [event] précédent *m*.

predestination [pri:,destɪ'neɪʃn] n prédestination *f*.

predestine [,pri:'destɪn] vt prédestiner / *it was as if they were predestined to lose* on aurait dit qu'ils étaient prédestinés à perdre.

predetermination ['pri:dɪ,tɜ:mɪ'neɪʃn] n prédétermination *f*.

predetermine [,pri:dɪ'tɜ:mɪn] vt prédéterminer.

predetermined [,pri:dɪ'tɜ:mɪnd] adj déterminé / *at a predetermined date* à une date déterminée or arrêtée d'avance.

predeterminer [,pri:dɪ'tɜ:mɪnər] n prédéterminant *m*.

predicable ['predɪkəbl] ◆ adj prédicable. ◆ n prédicable *m*.

predicament [prɪ'dɪkəmənt] n situation *f* difficile or malencontreuse ▸ **to be in a predicament** être dans une situation difficile / *we'll have to find some way out of this predicament* il va nous falloir trouver un moyen de nous sortir de ce guêpier.

predicate ◆ vt ['predɪkeɪt] *fml* **1.** [state] affirmer **2.** [base] ▸ **to predicate one's arguments / policy on sthg** fonder ses arguments / sa politique sur qqch. ◆ n ['predɪkət] prédicat *m*. ◆ adj ['predɪkət] prédicatif.

predicate calculus n calcul *m* fonctionnel.

predicative [prɪ'dɪkətɪv] adj prédicatif.

predict [prɪ'dɪkt] vt prédire / *she predicted that he would have a long life* elle a prédit qu'il vivrait longtemps / *the weathermen are predicting rain* les météorologues annoncent de la pluie.

predictability [prɪ,dɪktə'bɪlətɪ] n prévisibilité *f*.

predictable [prɪ'dɪktəbl] adj prévisible / *the outcome was predictable* le résultat était prévisible / *you're so predictable!* *pej* tu es tellement prévisible !

predictably [prɪ'dɪktəblɪ] adv de manière prévisible / *predictably, she forgot to tell him* comme on pouvait le prévoir or comme on pouvait s'y attendre, elle a oublié de le lui dire.

prediction [prɪ'dɪkʃn] n [gen] prévision *f* ; [supernatural] prédiction *f*.

predictive [prɪ'dɪktɪv] adj prophétique.

predictive texting [prɪ'dɪktɪv-] n TELEC [on mobile phone] écriture *f* prédictive, T9 *m*.

predictor [prɪ'dɪktər] n **1.** [prophet] prophète *m* **2.** [in statistics] variable *f* indépendante.

predigested [,pri:daɪ'dʒestɪd] adj prédigéré.

predilection [,pri:dɪ'lekʃn] n prédilection *f* ▸ **to have a predilection for sthg** avoir une prédilection or un faible pour qqch.

predispose [,pri:dɪs'pəʊz] vt prédisposer ▸ **to be predisposed to do sthg** être prédisposé à faire qqch / *I was not predisposed in his favour* je n'étais pas prédisposé en sa faveur.

predisposition ['pri:,dɪspə'zɪʃn] n prédisposition *f* ▸ **to have a predisposition to** or **towards sthg** avoir une prédisposition à qqch.

predominance [prɪ'dɒmɪnəns], **predominancy** [prɪ'dɒmɪnənsɪ] n prédominance *f* / *with a predominance of red shades* avec une prédominance de rouges.

predominant [prɪ'dɒmɪnənt] adj prédominant.

predominantly [prɪ'dɒmɪnəntlɪ] adv principalement / *the population is predominantly English-speaking* la population est majoritairement anglophone.

predominate [prɪ'dɒmɪneɪt] vi **1.** [be greater in number] prédominer / *males still predominate over females in industry* les hommes continuent à être plus nombreux que les femmes dans l'industrie **2.** [prevail] prédominer, prévaloir, l'emporter / *a sense of apathy predominated at the meeting* lors de la réunion, un sentiment d'apathie a prédominé.

pre-eclampsia n MED pré-éclampsie *f*.

preemie ['pri:mɪ] n US *inf* MED [premature baby] prématuré *m*, -e *f*.

pre-eminence [,pri:'emɪnəns] n prééminence *f*.

pre-eminent [,pri:'emɪnənt] adj prééminent.

pre-eminently [,pri:'emɪnəntlɪ] adv de façon prépondérante, avant tout / *the reasons are pre-eminently economic* les raisons sont avant tout économiques.

pre-empt [,pri:'empt] ◆ vt **1.** [plan, decision] anticiper, devancer / *the Prime Minister's decision pre-empted their plans for social reform* la décision du Premier ministre a devancé leurs projets de réforme sociale **2.** [land, property] acquérir par (droit de) préemption. ◆ vi [in bridge] faire une enchère de barrage.

pre-emption [,pri:'empʃn] n préemption *f*.

pre-emptive [,pri:'emptɪv] adj [right] de préemption ; [strike] préventif ▸ **pre-emptive bid** [in bridge] (enchère *f* de) barrage *m*.

preen [pri:n] vt **1.** [plumage] lisser / *the bird was preening its feathers* or *was preening itself* l'oiseau se lissait les plumes ▸ **to preen o.s.** *fig* se faire beau, se pomponner **2.** [pride] ▸ **to preen o.s. on sthg** s'enorgueillir de qqch / *he preened himself on his success* il s'enorgueillissait or tirait fierté de son succès.

pre-establish vt préétablir.

preexist [,pri:ɪg'zɪst] vt préexister à.

pre-existence n préexistence *f*.

pre-existent adj préexistant.

prefab ['pri:fæb] n *inf* (bâtiment *m*) préfabriqué *m* / *they live in a prefab* ils habitent une maison préfabriquée.

prefabricate [,pri:'fæbrɪkeɪt] vt préfabriquer.

prefabricated [,pri:'fæbrɪkeɪtɪd] adj ▸ **prefabricated houses** maisons *fpl* en préfabriqué.

preface ['prefɪs] ◆ n **1.** [to text] préface *f*, avant-propos *m inv* ; [to speech] introduction *f*, préambule *m* **2.** RELIG préface *f*. ◆ vt [book] préfacer / *she prefaced the book with a reply to her critics* la préface de son livre est une réponse à ses critiques ; [speech] faire précéder / *he usually prefaces his speeches with a joke* d'habitude, il commence ses discours par une histoire drôle / *I'd like to preface my lecture by posing this question* en guise d'introduction à cette conférence, je voudrais vous soumettre la question suivante.

prefaded [pri:'feɪdɪd] adj [fabric] délavé.

prefatory ['prefətrɪ] adj [remarks] préliminaire, préalable ; [note] liminaire ; [page] de préface.

prefect ['pri:fekt] n **1.** UK SCH *élève chargé de la discipline* **2.** ADMIN [in France, Italy, etc.] préfet *m*.

prefecture ['pri:fek,tjʊər] n préfecture *f*.

prefer [prɪ'fɜ:r] vt **1.** préférer, aimer mieux / *I prefer Paris to London* je préfère Paris à Londres, j'aime mieux Paris que Londres / *I much prefer coffee to tea* je préfère de beaucoup or de loin le café au thé / *she prefers living* or *to live alone* elle préfère vivre seule / *he prefers to walk rather than take the bus* il préfère marcher plutôt que prendre le bus / *many people prefer watching TV to going out* or *rather than going out* beaucoup de gens préfèrent regarder la télévision plutôt que de sortir / *do you mind if I smoke? — I'd prefer (that) you didn't* cela vous dérange si je fume ? — j'aimerais mieux que vous ne le fassiez pas / *I'd prefer you not to go* je préférerais que vous n'y alliez pas **2.** LAW ▸ **to prefer charges against sb a)** [civil action] porter plainte contre qqn **b)** [police action] ≃ déférer qqn au parquet **3.** [submit -argument, petition] présenter **4.** FIN [creditor] privilégier.

> Note that **préférer que** and **aimer mieux que** are followed by a verb in the subjunctive:
> **I'd prefer you to come alone / I'd prefer it if you came alone.** *Je préférerais que tu viennes seule. J'aimerais mieux que tu viennes seule.*

preferable ['prefrəbl] adj préférable / *it is preferable to book seats* il est préférable de or il vaut mieux retenir des places.

preferably ['prefrəblɪ] adv de préférence, préférablement / *come tomorrow, preferably in the evening* venez demain, de préférence dans la soirée.

preference ['prefərəns] n **1.** [liking] préférence *f* ▸ **to have** or **to show a preference for sthg** avoir une préférence pour qqch / *his preference is for Mozart* il préfère Mozart / *he lives in the country by preference* il a choisi de vivre à la campagne / *in order of preference* par ordre de préférence / *he chose the first candidate in preference to the second* il a choisi le premier candidat plutôt que le second / *what is your preference?* que préférez-vous ? **2.** [priority] préférence *f*, priorité *f* ▸ **to have** or **to be given preference over** avoir la priorité sur.

preference share n UK action *f* privilégiée.

preferential [,prefə'renʃl] adj préférentiel, privilégié ▸ **to get preferential treatment** bénéficier d'un traitement de faveur.

preferential rate n tarif *m* préférentiel.

preferment [prɪ'fɜ:mənt] n [gen & RELIG] avancement *m*, promotion *f*.

preferred [prɪ'fɜ:d] adj **1.** [best liked] préféré ▸ **preferred customer** client *m*, -e *f* privilégié(e) **2.** COMM ▸ **preferred creditor** créancier *m* prioritaire.

preferred stock n *(U)* US action *f* privilégiée.

prefiguration [pri:,fɪgə'reɪʃn] n préfiguration *f*.

prefigure [pri:'fɪgər] vt **1.** [foreshadow] préfigurer **2.** [foresee] se figurer or s'imaginer (d'avance).

prefix ['pri:fɪks] ◆ n préfixe *m*. ◆ vt préfixer.

preflight ['pri:flaɪt] adj préalable au décollage ▸ **pre-flight checks** vérifications *fpl* avant décollage.

preformation [,pri:fɔ:'meɪʃn] n préformation *f*.

prefrontal [,pri:'frʌntl] adj préfrontal.

pregame ['pri:geɪm] adj avant le match / *a pregame interview* une interview avant le match.

preggers ['pregəz] adj *v inf* : *she's preggers* elle est en cloque.

pregnable ['pregnəbl] adj prenable.

pregnancy ['pregnənsɪ] (*pl* **pregnancies**) n [of woman] grossesse *f* ; [of animal] gestation *f*.

pregnancy test n test *m* de grossesse.

pregnant ['pregnənt] adj **1.** [woman] enceinte ; [animal] pleine, grosse ▸ **to get** or **to become pregnant** tomber enceinte ▸ **to get a woman pregnant** faire un enfant à une femme / *to be six months pregnant* être enceinte de six mois / *she was pregnant with Brian then* à cette époque, elle attendait Brian **2.** *fig* [silence - with meaning] lourd or chargé de sens ; [- with tension] tendu.

preheat [,pri:'hi:t] vt préchauffer.

preheated [,pri:'hi:tɪd] adj préchauffé.

prehensile [prɪ'hensaɪl] adj préhensile.

prehistoric [,pri:hɪ'stɒrɪk] adj *lit & fig* préhistorique.

prehistory [,pri:'hɪstərɪ] n préhistoire *f*.

pre-ignition n préallumage *m*.

pre-industrial adj préindustriel.

preinstalled [,pri:ɪn'stɔ:ld] adj [software] préinstallé.

prejudge [,pri:'dʒʌdʒ] vt [issue, topic] préjuger (de) ; [person] porter un jugement prématuré sur.

prejudice ['predʒʊdɪs] ◆ n **1.** [bias] préjugé *m* ▸ **to have a prejudice in favour of / against** avoir un préjugé en faveur de / contre / *he's full of / without prejudice* il est plein de / sans préjugés ▸ **racial prejudice** préjugés raciaux, racisme *m* / *I have a certain prejudice in favour of the first solution* j'ai une petite préférence pour la première solution **2.** [detriment] préjudice *m*, tort *m* ▸ **to the prejudice of sb's rights** au préjudice or au détriment des droits de qqn ▸ **without prejudice to your guarantee** LAW sans préjudice de votre garantie. ◆ vt **1.** [influence] influencer, prévenir ▸ **to prejudice sb against / in favour of sthg** prévenir qqn contre / en faveur de qqch **2.** [jeopardize] compromettre, porter préjudice à, nuire à / *his political beliefs prejudiced his chances* ses opinions politiques ont compromis ses chances.

> ⚠ **Préjudice** can only be used to translate prejudice when it means detriment.

prejudiced ['predʒʊdɪst] adj [person] qui a des préjugés or des idées préconçues ▸ **to be prejudiced against sthg** avoir des préjugés contre qqch / *let's not be prejudiced about this* essayons de ne pas avoir d'idées préconçues là-dessus / *he is racially prejudiced* il est raciste ; [opinion] partial, préconçu / *her politics are prejudiced* ses idées politiques sont fondées sur des préjugés.

prejudicial [,predʒʊ'dɪʃl] adj préjudiciable, nuisible / *this decision is prejudicial to world peace* cette décision risque de compromettre la paix mondiale.

prelacy ['preləsɪ] (*pl* **prelacies**) n **1.** [office] prélature *f* **2.** [prelates generally] ▸ **the prelacy** les prélats *mpl*.

prelate ['prelɪt] n prélat *m*.

prelim ['pri:lɪm] (abbr of **preliminary exam**) n *inf* examen *m* préliminaire.

❖ **prelims** pl n [in book] préface *f*.

preliminary [prɪ'lɪmɪnərɪ] (*pl* **preliminaries**) ◆ adj préliminaire, préalable / *after a few preliminary remarks* après quelques remarques préliminaires / *the preliminary stages of the inquiry* les étapes préliminaires or les débuts de l'enquête / *preliminary to departure fml, preliminary to leaving fml* avant le départ, avant de partir ▸ **preliminary hearing** LAW première audience *f* ▸ **preliminary investigation** LAW instruction *f* (d'une affaire). ◆ n **1.** [gen] préliminaire *m* ▸ **to go through all the preliminaries** passer par tous les préliminaires ▸ **as a preliminary** en guise de préliminaire, au préalable **2.** [eliminating contest] épreuve *f* éliminatoire.

preliterate [pri:'lɪtərɪt] adj [society] ne connaissant pas l'écriture.

prelude ['prelju:d] ◆ n [gen & MUS] prélude *m*. ◆ vt préluder à.

premarital [,pri:'mærɪtl] adj prénuptial, avant le mariage ▸ **premarital sex** rapports *mpl* sexuels avant le mariage.

premature ['premə,tjʊər] adj **1.** [birth, child] prématuré, avant terme / *three months premature* né trois mois avant terme **2.** [death, decision, judgment] prématuré / *don't you think you're being a bit premature?* vous ne trouvez pas que c'est un peu prématuré ?

premature ejaculation n éjaculation *f* précoce.

prematurely ['premə,tjʊəlɪ] adv prématurément / *he was born prematurely* il est né avant terme / *he died prematurely* il est mort prématurément / *to be prematurely bald / grey* être chauve / avoir les cheveux gris avant l'âge.

premed ['pri:med] *inf* ◆ adj **abbr of premedical.** ◆ n **1. abbr of premedication 2.** US [student] ≃ étudiant *m*, -e *f* en première année de médecine **3.** US [studies] ≃ études *fpl* de première année de médecine.

premedical [,pri:'medɪkl] adj US [studies] ≃ de première année de médecine / *she's a premedical student* ≃ elle est en première année de médecine.

premedication [,pri:medɪ'keɪʃn] n prémédication *f*.

premeditate [,pri:'medɪteɪt] vt préméditer.

premeditated [,pri:'medɪteɪtɪd] adj prémédité.

premeditation [pri:,medɪ'teɪʃn] n préméditation *f* / *without premeditation* sans préméditation.

premenstrual [pri:'menstrʊəl] adj prémenstruel.

premenstrual tension UK, **premenstrual syndrome** US n syndrome *m* prémenstruel.

premier ['premjər] ◆ adj premier, primordial. ◆ n Premier ministre *m*.

Premier Division pr n FOOT *première division de football en Écosse*.

premiere ['premɪeər] ◆ n CIN & THEAT première *f* / *the film's London / television premiere* la première londonienne / télévisée du film. ◆ vt donner la première de / *the opera was premiered in Paris* la première de l'opéra a eu lieu à Paris.

Premier League pr n *championnat anglais de football disputé par les plus grands clubs professionnels*.

premiership ['premjəʃɪp] n poste *m* de Premier ministre / *during her premiership* alors qu'elle était Premier ministre / *elected to the premiership* choisi comme Premier ministre.

premise ['premɪs] ◆ n [hypothesis] prémisse *f* ▸ **on the premise that...** en partant du principe que... ◆ vt *fml* ▸ **to premise that** poser comme hypothèse que ▸ **to be premised on** être fondé sur.

premises ['premɪsɪz] pl n **1.** [place] locaux *mpl*, lieux *mpl* ▸ **business premises** locaux commerciaux ▸ **on the premises** sur les lieux, sur place **2.** LAW préalable *m*.

premiss ['premɪs] = **premise.**

premium ['pri:mjəm] ◆ n **1.** [insurance payment] prime *f* (d'assurance) **2.** [bonus, extra cost] prime *f* ▸ **exchange premium** ST. EX prime de change / *fresh fruit is (selling) at a premium* les fruits frais sont très recherchés or font prime *spec* / *honesty is at a premium these days* l'honnêteté se fait rare or se perd de nos jours ▸ **to put** or **to place a (high) premium on sthg** attacher beaucoup de valeur à or faire grand cas de qqch **3.** US [fuel] supercarburant *m*. ◆ comp ▸ **premium bond** obligation *f* à prime ▸ **premium price** prix *m* très réduit ▸ **premium product** produit *m* de prestige ▸ **premium quality** qualité *f* extra.

premolar [,pri:'məʊlər] ◆ adj ▸ **premolar tooth** prémolaire *f*. ◆ n prémolaire *f*.

premonition [,premə'nɪʃn] n prémonition *f*, pressentiment *m* ▸ **to have a premonition of sthg** pressentir qqch, avoir le pressentiment de qqch / *I had a premonition he wouldn't come* j'avais le pressentiment qu'il ne viendrait pas.

premonitory [prɪ'mɒnɪtrɪ] adj prémonitoire.

prenatal [,pri:'neɪtl] adj prénatal.

prenup ['pri:nʌp] (abbr of **pre-nuptual agreement** or **contract**) n *inf* contrat *m* de mariage.

prenuptial [,pri:'nʌpʃl] adj prénuptial ▸ **prenuptial agreement** or **contract** contrat *m* de mariage.

preoccupation [pri:,ɒkjʊ'peɪʃn] n préoccupation *f* / *I have too many other preoccupations just now* j'ai trop d'autres préoccupations en ce moment / *I don't understand his preoccupation with physical fitness* je ne comprends pas qu'il soit si préoccupé par sa forme physique.

preoccupied [pri:'ɒkjʊpaɪd] adj préoccupé ▸ **to be preoccupied by** or **with sthg** être préoccupé par or de *liter* qqch / *he seems preoccupied with the idea* il semble que cette idée le préoccupe / *she was too preoccupied with her work to spare a thought for me* elle était trop préoccupée par son travail pour penser à moi.

preoccupy [pri:'ɒkjʊpaɪ] (*pt & pp* **preoccupied**) vt préoccuper.

preop ['pri:ɒp] (abbr of **preoperative**) *inf* ◆ adj préopératoire ▸ **preop medication** prémédication *f*, médication *f* préopératoire. ◆ n : *she's gone for a preop* elle est allée passer un examen préopératoire.

preordain [,pri:ɔ:'deɪn] vt : *she felt preordained to be a missionary* elle se sentait prédestinée à devenir missionnaire / *our defeat was preordained* il était dit que nous perdrions.

pre-owned adj d'occasion.

prep [prep] *inf* ◆ n *(U)* UK SCH **1.** [homework] devoirs *mpl* **2.** [study period] étude *f (après les cours)*. ◆ vi US SCH *faire ses études dans un établissement privé*.

prepack [,pri:'pæk], **prepackage** [,pri:'pækɪdʒ] vt préemballer, conditionner / *the fruit is all prepacked* les fruits sont entièrement conditionnés.

pre-packaged adj préconditionné, préemballé.

prepackaging [,pri:'pækɪdʒɪŋ] n préemballage *m*, conditionnement *m*.

pre-packed adj préconditionné, préemballé.

prepaid *(pt, pp* [,pri:'peɪd]*)* ◆ pt & pp ⟶ **prepay.** ◆ adj ['pri:peɪd] payé (d'avance) ▸ **prepaid reply** réponse *f* payée.

preparation [,prepə'reɪʃn] n **1.** *(U)* préparation *f* ▸ **to be in preparation** être en préparation / *in preparation for publication* en vue d'une publication / *in preparation for Christmas* pour préparer Noël / *the dish requires careful preparation* ce plat exige une préparation extrêmement délicate / *as a preparation for public life* pour préparer à la vie publique **2.** *(C)* CHEM & PHARM préparation *f* ▸ **to make up a preparation** faire une préparation **3.** *(U)* UK SCH = **prep.**

❖ **preparations** pl n [arrangements] préparatifs *mpl*, dispositions *fpl* / *preparations for war* préparatifs de guerre / *she attended to the wedding preparations* elle s'est occupée des préparatifs du mariage.

preparatory [prɪ'pærətrɪ] adj [work] préparatoire ; [measure] préalable, préliminaire / *the report is still at the preparatory stage* le rapport en est encore au stade préliminaire or préparatoire / *preparatory to the launch fml* avant le lancement / *preparatory to travelling abroad fml* avant de partir en voyage à l'étranger.

preparatory school n **1.** [in UK] école *f* primaire privée *(pour enfants de sept à treize ans, préparant généralement à entrer dans une « public school »)* **2.** [in US] *école privée qui prépare à l'enseignement supérieur*.

prepare [prɪ'peər] ◆ vt [plan, food, lesson] préparer / *to prepare a meal for sb* préparer un repas à or pour qqn / *to prepare a surprise for sb* préparer une surprise à qqn / *to prepare the way / the ground for negotiations* ouvrir la voie à / préparer le terrain pour des négociations / *we are preparing to leave tomorrow* nous nous préparons à partir demain ; [person] préparer / *she's preparing them for the exam* elle les prépare à l'examen ▸ **to prepare o.s. for sthg** se préparer à qqch / *prepare yourself for the worst* préparez-vous or attendez-vous au pire / *you'd better prepare yourself for some bad news* préparez-vous à recevoir de mauvaises nouvelles. ◆ vi ▸ **to prepare for sthg** faire des préparatifs en vue de or se préparer à qqch ▸ **to prepare to do sthg** se préparer or s'apprêter à faire qqch / *to prepare for departure* faire des préparatifs en vue d'un départ, se préparer à partir / *the country is preparing for war* le pays se prépare à la guerre / *to prepare for a meeting / an exam* préparer une réunion / un examen / *prepare for the worst!* préparez-vous au pire !

prepared [prɪ'peəd] adj [ready - gen] préparé, prêt ; [- answer, excuse] tout prêt / *I was prepared to leave* j'étais préparé or prêt à partir / *he wasn't prepared for what he saw* **a)** [hadn't expected] il ne s'attendait pas à ce spectacle **b)** [was shocked] il n'était pas préparé à voir cela / *you must be prepared for anything* il faut s'attendre à tout / *the Minister issued a prepared statement* le ministre fit une déclaration préparée à l'avance ; [willing] prêt, disposé / *I am prepared to cooperate* je suis prêt or disposé à coopérer.

preparedness [prɪ'peədnɪs] n : *preparedness for war* préparation *f* à la guerre / *lack of preparedness* manque *m* de préparation.

prepay [,pri:'peɪ] (*pt & pp* **prepaid** [,pri:'peɪd]) vt payer d'avance.

prepayment [,pri:'peɪmənt] n paiement *m* d'avance.

preponderance [prɪ'pɒndərəns] n [in importance] prépondérance *f* ; [in number] supériorité *f* numérique / *there was a preponderance of boys in the science subjects* les garçons étaient majoritaires dans les disciplines scientifiques.

preponderant [prɪ'pɒndərənt] adj prépondérant.

preponderantly [prɪ'pɒndərəntlɪ] adv [in importance] de façon prépondérante ; [especially] surtout.

preponderate [prɪ'pɒndəreɪt] vi être prépondérant, prédominer ▸ **to preponderate over sthg** l'emporter sur qqch.

preposition [,prepə'zɪʃn] n préposition *f*.

prepositional [,prepə'zɪʃnl] adj prépositionnel ▸ **prepositional phrase** locution *f* prépositive.

See box at verb.

prepositionally [,prepə'zɪʃnəlɪ] adv prépositivement.

prepositive [prɪ'pɒzətɪv] adj prépositif.

prepossessing [,pri:pə'zesɪŋ] adj [person] avenant ; [smile, behaviour] avenant, engageant / *a most prepossessing young man* un jeune homme très présentable / *her manners are not very prepossessing* ses manières ne font pas très bon effet or laissent à désirer.

preposterous [prɪ'pɒstərəs] adj absurde, grotesque.

preposterously [prɪ'pɒstərəslɪ] adv absurdement, ridiculement.

preppie, preppy US ['prepɪ] *inf* ◆ n (*pl* **preppies**) : *he's a preppie* il est BCBG. ◆ adj (*compar* **preppier**, *superl* **preppiest**) BCBG.

preprandial [,pri:'prændɪəl] adj *liter & hum* [drink] avant le repas.

pre-press n TYPO prépresse *m*.

preprocessor [,pri:'prəʊsesəʳ] n préprocesseur *m*.

preprogrammed [,pri:'prəʊgræmd] adj préprogrammé.

prep school n abbr of **preparatory school**.

prepubescent [,pri:pju:'besənt] adj prépubère.

prepuce ['pri:pju:s] n prépuce *m*.

prequel ['pri:kwəl] n *inf film dont l'action est antérieure à celle d'une œuvre existante.*

Pre-Raphaelite [,pri:'ræfəlaɪt] ◆ adj préraphaélite. ◆ n préraphaélite *mf*.

prerecord [,pri:rɪ'kɔ:d] vt préenregistrer.

prerecorded [,pri:rɪ'kɔ:dɪd] adj préenregistré / *prerecorded TV debate* débat télévisé préenregistré or en différé.

preregistration [,pri:redʒɪ'streɪʃn] n UNIV préinscription *f*.

prerelease [,pri:rɪ'li:s] ◆ n [of film] avant-première *f* ; [of recording] sortie *f* précommerciale. ◆ vt [film, recording] faire sortir en avant-première. ◆ adj ▸ **prerelease publicity** *publicité qui précède la sortie d'un film, d'un livre, d'un disque.*

prerequisite [,pri:'rekwɪzɪt] ◆ n (condition *f*) préalable *m*, condition *f* sine qua non ▸ **to be a prerequisite for** or **of sthg** être une condition préalable à qqch / *a knowledge of foreign languages is not a prerequisite* la connaissance de langues étrangères n'est pas indispensable. ◆ adj ▸ **prerequisite condition** condition *f* préalable.

prerevolutionary ['pri:,revə'lu:ʃnərɪ] adj prérévolutionnaire.

prerogative [prɪ'rɒgətɪv] n prérogative *f*, apanage *m* ▸ **to exercise one's prerogative** exercer ses prérogatives.

Pres. written abbr of **president**.

presage ['presɪdʒ] ◆ n présage *m* ▸ **to have a presage of doom** pressentir un malheur. ◆ vt présager, annoncer.

presbyopia [,prezbɪ'əʊpjə] n presbytie *f*.

presbyter ['prezbɪtəʳ] n membre *m* du conseil presbytéral.

Presbyterian [,prezbɪ'tɪərɪən] ◆ adj presbytérien. ◆ n presbytérien *m*, -enne *f*.

Presbyterianism [,prezbɪ'tɪərɪənɪzm] n presbytérianisme *m*.

presbytery ['prezbɪtrɪ] n **1.** [house] presbytère *m* **2.** [court] presbyterium *m* **3.** [part of church] presbyterium *m*.

preschool [,pri:'sku:l] ◆ adj [playgroup, age] préscolaire ; [child] d'âge préscolaire. ◆ n US école *f* maternelle.

preschooler [,pri:'sku:ləʳ] n US enfant *mf* d'âge préscolaire.

prescience ['presɪəns] n prescience *f*.

prescient ['presɪənt] adj prescient.

prescribe [prɪ'skraɪb] vt **1.** MED prescrire ▸ **to prescribe sthg for sb** prescrire qqch à qqn / *the doctor prescribed her a month's rest* le médecin lui a prescrit un mois de repos / *what can you prescribe for migraine?* que prescrivez-vous contre la migraine ? / **'do not exceed the prescribed dose'** 'ne pas dépasser la dose prescrite' **2.** [advocate] préconiser, recommander / *what cure would you prescribe for the current economic problems?* quelles mesures préconiseriez-vous pour remédier aux problèmes économiques actuels ? **3.** [set - punishment] infliger ; UK [SCH - books] inscrire au programme ▸ **prescribed form / number** UK formulaire *m* / nombre *m* prescrit **4.** LAW prescrire.

prescription [prɪ'skrɪpʃn] ◆ n **1.** MED ordonnance *f* / *the doctor wrote out a prescription for her* le médecin lui a rédigé or fait une ordonnance ▸ **to make up a prescription for sb** exécuter or préparer une ordonnance pour qqn / *I'll give you a prescription for some antibiotics* je vais vous prescrire des antibiotiques ▸ **to get sthg on prescription** obtenir qqch sur ordonnance / *available* or *obtainable only on prescription* délivré seulement sur ordonnance **2.** [recommendation] prescription *f* / *what's your prescription for a happy life?* quelle est votre recette du bonheur ? ◆ comp ▸ **a prescription drug** un médicament délivré seulement sur ordonnance.

prescription charge n UK ≃ ticket *m* modérateur.

prescriptive [prɪ'skrɪptɪv] adj **1.** LING [grammar, rule] normatif **2.** [dogmatic] dogmatique, strict **3.** [customary] consacré par l'usage.

prescriptivism [prɪ'skrɪptɪvɪzm] n normativisme *m*.

preselect [,pri:sə'lekt] vt [tracks, channels] prérégler.

presence ['prezns] n **1.** présence *f* ▸ **in the presence of sb** en présence de qqn / *it happened in my presence* cela s'est passé en ma présence ▸ **to be aware of sb's presence** sentir la présence de qqn / *your presence is requested at Saturday's meeting* vous êtes prié d'assister à la réunion de samedi ▸ **to be admitted to the presence of sb** être admis en présence de qqn ▸ **presence of mind** présence *f* d'esprit ▸ **to show / to have great presence of mind** faire preuve d'une / avoir une grande présence d'esprit **2.** [number of people present] présence *f* / *there was a large student / police presence at the demonstration* il y avait un nombre important d'étudiants / un important service d'ordre à la manifestation / *America has maintained a strong military presence in the area* l'Amérique a maintenu une forte présence militaire dans la région **3.** [personality, magnetism] présence *f* ▸ **to lack presence** manquer de présence / *she has great stage presence* elle a beaucoup de présence sur scène / *he certainly knows how to make his presence felt* il sait très bien faire sentir sa présence **4.** [entity] présence *f* / *I could sense a presence in the room* je sentais comme une présence dans la pièce.

present ◆ n ['preznt] **1.** [gift] cadeau *m* ▸ **to give sb a present** faire un cadeau à qqn / *we gave her a pony as a present* nous lui avons offert un or fait cadeau d'un poney ▸ **to make sb a present of sthg** faire cadeau de qqch à qqn / *it's for a present* [in shop] c'est pour offrir **2.** [in time] présent *m* / *at present* actuellement, à présent / *up to the present* jusqu'à présent, jusqu'à maintenant / *as things are* or *stand at present* au point où en sont les choses / *that's enough for the present* ça suffit pour le moment or pour l'instant / *to live only in* or *for the present* vivre pour l'instant présent or au présent **3.** GRAM présent *m* / *in the present* au présent. ◆ vt [prɪ'zent] **1.** [gift] donner, offrir ; [prize] remettre, décerner ▸ **to present sthg to sb** or **sb with sthg** donner or offrir qqch à qqn / *they presented him with a clock* ils lui ont offert une or fait cadeau d'une pendule / *he presented his collection to the museum* il a fait cadeau de sa collection au musée / *the singer was presented with a bunch of flowers* la chanteuse s'est vu offrir or remettre un bouquet de fleurs / *who is going to present the prizes?* qui va procéder à la remise des prix ? / *she was presented with first prize* on lui a décerné le premier prix / *the project presents us with a formidable challenge* le projet constitue pour nous un formidable défi / *he presented us with a fait accompli* il nous a mis devant le fait accompli / *she presented him with a daughter* elle lui a donné une fille **2.** *fml* [introduce] présenter ▸ **to present sb to sb** présenter qqn à qqn / *allow me to present Mr Jones* permettez-moi de vous présenter M. Jones / *to be presented at Court* être présenté à la Cour **3.** [put on - play, film] donner ; [- exhibition] présenter, monter **4.** RADIO & TV présenter / *the programme was presented by Ian King* l'émission était présentée par Ian King **5.** [offer - entertainment] présenter / *we proudly present Donna Stewart* nous avons le plaisir or nous sommes heureux de vous présenter Donna Stewart / *presenting Vanessa Brown in the title role* avec Vanessa Brown dans le rôle principal / *the opera company is presenting a varied programme* la troupe de l'opéra présente un programme varié **6.** [put forward - apology, view, report] présenter ; [plan] soumettre ; [orally] exposer / *the essay is well presented* la dissertation est bien présentée / *I wish to present my complaint in person* je tiens à déposer plainte moi-même / *to present a bill in Parliament* présenter or introduire un projet de loi au parlement **7.** [pose, offer - problem, difficulty] présenter, poser ; [- chance, view] offrir / *the house presented a sorry sight* la maison offrait un triste spectacle / *if the opportunity presents itself* si l'occasion se présente / *a strange idea presented itself to her* une idée étrange lui est venue / *the case presents all the appearances of murder* tout semble indiquer qu'il s'agit d'un meurtre **8.** [show - passport, ticket] présenter / *you must present proof of ownership* vous devez présenter un certificat de propriété or prouver que cela vous appartient ▸ **present arms!** MIL présentez armes ! **9.** [arrive, go] ▸ **to present o.s.** se présenter / *she presented herself at 9 o'clock as instructed* elle se présenta, comme convenu, à 9 h **10.** MED : *the foetus presented itself normally* la présentation (fœtale) était normale. ◆ vi [prɪ'zent] présenter. ◆ adj ['preznt] **1.** [in attendance] présent / *to be present at a meeting* être présent à or assister à une réunion / *how many were present?* combien de personnes étaient là or étaient présentes ? / *those present were very moved* les personnes présentes étaient très émues, l'assistance était très émue / *present company excepted* à l'exception des personnes présentes **2.** [current - job, government, price] actuel / *in the present case* dans le cas présent / *at the present time* actuellement, à l'époque actuelle / *up to the present day* jusqu'à présent, jusqu'à aujourd'hui / *given the present* *circumstances* étant donné les circonstances actuelles, dans l'état actuel des choses / *in the present writer's opinion* de l'avis de l'auteur de ces lignes **3.** GRAM au présent ▸ **indicative present** or **present indicative** présent *m* de l'indicatif.

presentable [prɪ'zentəbl] adj [person, room] présentable ; [clothes] présentable, mettable / *do I look presentable?* est-ce que j'ai l'air présentable ? / *make yourself presentable* arrange-toi un peu / *I'm afraid the room's not very presentable* je crains que la pièce ne soit pas très présentable.

presentation [,prezn'teɪʃn] n **1.** [showing] présentation *f* / *on presentation of this voucher* sur présentation de ce bon / *cheque payable on presentation* chèque payable à vue ; [putting forward - of ideas, facts] présentation *f*, exposition *f* ; [- of petition] présentation *f*, soumission *f* / *he made a very clear presentation of the case* il a très clairement présenté l'affaire **2.** COMM [of product, policy] présentation *f* **3.** [introduction] présentation *f* / *can you make the presentations?* pouvez-vous faire les présentations ? **4.** [performance - of play, film] représentation *f* / *in a new presentation of "Hamlet"* dans une nouvelle mise en scène de « Hamlet » **5.** [of piece of work] présentation *f* / *she lost marks for poor presentation* elle a perdu des points parce que sa présentation n'était pas assez soignée **6.** [award - of prize, diploma] remise *f* ▸ **to make sb a presentation of sthg** remettre qqch à qqn **7.** [award ceremony] = **presentation ceremony** **8.** MED [of foetus] présentation *f*.

presentation ceremony n cérémonie *f* de remise *(d'un prix)*.

presentation copy n [specimen] spécimen *m* (gratuit) ; [from writer] exemplaire *m* gratuit.

presentation pack n coffret *m* de présentation.

present-day adj actuel, contemporain.

presenter [prɪ'zentəʳ] n présentateur *m*, -trice *f*.

presentiment [prɪ'zentɪmənt] n pressentiment *m*.

presently ['prezəntlɪ] adv **1.** UK [soon] bientôt, tout à l'heure / *he will be here presently* il sera bientôt là / *presently, she got up and left* au bout de quelques minutes elle se leva et s'en alla **2.** [now] à présent, actuellement / *she's presently working on a new novel* elle travaille actuellement à un nouveau roman.

presentment [prɪ'zentmənt] n **1.** LAW déclaration *f* **2.** COMM [of bill] présentation *f*.

present participle n participe *m* présent.

present perfect n passé *m* composé / *in the present perfect* au passé composé.

presents ['preznts] pl n LAW ▸ **by these presents** par la présente (lettre).

present tense n présent *m* / *in the present tense* au présent.

preservation [,prezə'veɪʃn] n **1.** [upkeep, maintenance - of tradition] conservation *f* ; [- of leather, building, wood] entretien *m* ; [- of peace, life] maintien *m* / *the mummy was in a good state of preservation* la momie était en bon état de conservation or était bien conservée **2.** [of food] conservation *f* **3.** [protection] préservation *f*.

preservation order n ▸ **to put a preservation order on a building** classer un édifice *(monument historique)*.

preservation society n *association pour la protection des sites et monuments.*

preservative [prɪ'zɜːvətɪv] ◆ n agent *m* conservateur or de conservation, conservateur *m* / **'contains no artificial preservatives'** 'sans conservateurs'. ◆ adj conservateur.

> ⚠ Un **préservatif** is a condom, not a preservative.

preserve [prɪ'zɜːv] ◆ vt **1.** [maintain - tradition, building] conserver ; [- leather] conserver, entretenir ; [- silence] garder, observer ; [- peace, life] maintenir ; [- dignity] garder, conserver ▸ **to be well preserved a)** [building, specimen] être en bon état de conservation **b)** [person] être bien conservé / *they tried to preserve some semblance of normality* ils essayaient de faire comme si de rien n'était **2.** [protect] préserver, protéger ▸ **Saints preserve us!** le Ciel or Dieu nous préserve ! **3.** CULIN mettre en conserve ▸ **preserved fruit** fruits *mpl* en conserve. ◆ n **1.** HUNT réserve *f* (de chasse) **2.** [privilege] privilège *m*, apanage *m* / *it's still very much a male preserve* c'est encore un domaine essentiellement réservé aux hommes / *cruises are the preserve of the rich* les croisières sont réservées aux or sont le privilège des riches **3.** CULIN [fruit] confiture *f* ; [vegetable] conserve *f*.

❖ **preserves** pl n CULIN [jam] confitures *fpl* ; [vegetables, fruit] conserves *fpl* ; [pickles] pickles *mpl*.

preserver [prɪ'zɜːvəʳ] n sauveur *m*.

preset [,priː'set] (*pt & pp* **preset**) ◆ vt prérégler, régler à l'avance. ◆ adj préréglé, réglé d'avance.

preshrunk [,priː'ʃrʌŋk] adj irrétrécissable.

preside [prɪ'zaɪd] vi présider ▸ **to preside at a meeting / at table** présider une réunion / la table.

❖ **preside over** vt insep **1.** [meeting] présider ; [changes] présider à **2.** [subj: statue, building] dominer / *the statue presided over the square* la statue dominait la place.

presidency ['prezɪdənsɪ] (*pl* **presidencies**) n présidence *f*.

president ['prezɪdənt] n **1.** [of state] président *m*, -e *f* / *President Simpson* le président Simpson / **'All the President's Men'** *Pakula* 'les Hommes du Président' **2.** [of organization, club] président *m*, -e *f* **3.** US [of company, bank] président-directeur général *m*, P-D G *m*.

president-elect n *titre du président des États-Unis nouvellement élu (en novembre) jusqu'à la cérémonie d'investiture présidentielle (le 20 janvier).*

presidential [,prezɪ'denʃl] adj [elections, candidate] présidentiel ; [aeroplane, suite] présidentiel, du président / *it's a presidential year* c'est l'année des élections présidentielles.

President's Day n *jour férié aux États-Unis, le troisième lundi de février, en l'honneur des anniversaires des présidents Washington et Lincoln.*

presiding officer [prɪ'zaɪdɪŋ-] n UK président *m* (de bureau de vote).

presidium [prɪ'sɪdɪəm] (*pl* **presidiums** *or* **presidia** [-dɪə]) n praesidium *m*, présidium *m*.

presoak [,priː'səʊk] vt faire tremper.

press [pres] ◆ vt **1.** [push - button, bell, trigger, accelerator] appuyer sur / *try pressing it* essayez d'appuyer dessus / *he pressed the lid shut* il a fermé le couvercle (en appuyant dessus) / *to press sthg flat* aplatir qqch / *to press one's way through a crowd / to the front* se frayer un chemin à travers une foule / jusqu'au premier rang / *he was pressed (up) against the railings* il s'est trouvé coincé contre le grillage / *I pressed myself against the wall* je me suis collé contre le mur / *she pressed a note into my hand* elle m'a glissé un billet dans la main / *he pressed his nose (up) against the windowpane* il a collé son nez à la vitre / *he pressed his hat down on his head* il rabattit or enfonça son chapeau sur sa tête / *she pressed the papers down into the bin* elle a enfoncé les papiers dans la poubelle **2.** [squeeze - hand, arm] presser, serrer ; [- grapes, olives] presser / *she pressed her son to her* elle serra son fils contre elle **3.** [urge] presser, pousser ▸ **to press sb for an answer** presser qqn de répondre / *she pressed me to tell her the truth* elle me pressa de lui dire la vérité ; [harass] harceler, talonner / *his creditors were pressing him hard* ses créanciers le harcelaient or ne lui laissaient pas le moindre répit **4.** [force] forcer, obliger / *I was pressed into signing the contract* j'ai été obligé de signer le contrat / *don't let yourself be pressed into going* ne laissez personne vous forcer à y aller **5.** [impose, push forward - claim, advantage] appuyer, pousser ; [- opinions] insister sur / *can I press a cup of tea on you?* hum puis-je vous offrir une tasse de thé ? ▸ **to press (home) an advantage** profiter d'un avantage ▸ **to press one's attentions on sb** poursuivre qqn de ses assiduités / *I don't want to press the point* je ne veux pas insister ▸ **to press charges against sb** LAW engager des poursuites contre qqn **6.** [iron - shirt, tablecloth] repasser **7.** [manufacture in mould - component] mouler ; [- record] presser **8.** [preserve by pressing - flower] presser, faire sécher *(dans un livre ou un pressoir)* **9.** [in weightlifting] soulever **10.** [enlist by force] recruter or enrôler de force ▸ **to press into service** *fig* réquisitionner / *the local mechanic was pressed into service* le mécanicien du coin fut réquisitionné pour la circonstance. ◆ vi **1.** [push] appuyer / *press here* appuyez or pressez ici / *he pressed (down) on the accelerator* il appuya sur l'accélérateur **2.** *lit* [be a burden] faire pression / *the rucksack pressed on his shoulders* le sac à dos pesait sur ses épaules ; *fig* [troubles] peser / *her problems pressed on her mind* ses problèmes lui pesaient **3.** [insist, campaign] : *he pressed hard to get the grant* il a fait des pieds et des mains pour obtenir la bourse **4.** [surge] : *the crowd pressed against the barriers / round the President* la foule se pressait contre les barrières / autour du président / *they pressed forward to get a better view* ils poussaient pour essayer de mieux voir / *to press through a crowd* se frayer un chemin à travers une foule **5.** [iron] se repasser / *some shirts press easily* il y a des chemises qui se repassent facilement **6.** PHR **time presses!** le temps presse ! ◆ n **1.** [newspapers] presse *f* / *the national / local press* la presse nationale / locale / *they advertised in the press* ils ont fait passer une annonce dans les journaux / *reports in the press were biased* les comptes rendus parus dans la presse étaient tendancieux ▸ **the Press Association** *la principale agence de presse britannique* ▸ **the Press Complaints Commission** *organisme britannique de contrôle de la presse* ▸ **the Press Council** *organisme indépendant veillant au respect de la déontologie dans la presse britannique* **2.** [journalists] presse *f* / *the press were there* la presse était là / *she's a member of the press* elle a une carte de presse / *the gentlemen of the press* iro ces messieurs de la presse **3.** [report, opinion] presse *f* ▸ **to get (a) good / bad press** avoir bonne / mauvaise presse ▸ **to give sb (a) good / bad press** faire l'éloge / la critique de qqn **4.** [printing] presse *f* ▸ **to go to press a)** [book] être mis sous presse **b)** [newspaper] partir à l'impression ▸ **in** or **at (the) press** sous presse / *the proofs were passed for press* on a donné le bon à tirer / *prices correct at time of going to press* prix corrects au moment de la mise sous presse **5.** [machine] ▸ **(printing) press** presse *f* ▸ **to set the presses rolling a)** *lit* mettre les presses en marche **b)** *fig* mettre la machine en marche **6.** [publisher] presses *fpl* **7.** [for tennis racket, handicrafts, woodwork, trousers] presse *f* ; [for cider, wine] pressoir *m* **8.** [push] : *the machine dispenses hot coffee at the press of a button* il suffit d'appuyer sur un bouton pour que la machine distribue du café chaud **9.** [squeeze] serrement *m* / *he gave my hand a quick press* il m'a serré la main rapidement **10.** [crowd] foule *f* ; [rush] bousculade *f* / *in the press for the door we became separated* dans la ruée de la foule vers la porte, nous avons été séparés **11.** [ironing] coup *m* de fer ▸ **to give sthg a press** donner un coup de fer à qqch **12.** [cupboard] placard *m* **13.** [in weightlifting] développé *m* **14.** INDUST [forming machine] presse *f* **15.** MIL recrutement *m* de force ▸ **under press of sail** toutes voiles dehors. ◆ comp [campaign, card, reporter, photographer] de presse ; [advertising, coverage] dans la presse / *press reports of the incident were inaccurate* les articles de presse relatant l'incident étaient inexacts.

❖ **press ahead** = **press on.**

❖ **press for** vt insep [demand] exiger, réclamer / *they pressed for a pay rise* ils ont réclamé or exigé une augmentation de salaire / *the residents are pressing for a pedestrian zone* les résidents font pression pour obtenir une zone piétonnière / *the opposition are pressing for an enquiry* l'opposition exige une enquête or insiste pour que l'on fasse une enquête.

❖ **press in** vt sep enfoncer.

❖ **press on** vi [on journey] poursuivre or continuer son chemin / *the travellers pressed on in the darkness* les voyageurs poursuivirent leur chemin dans la nuit / *we must press on to York* or *as far as York* il faut poursuivre jusqu'à York ; [in enterprise, job] poursuivre, persévérer / *we pressed on regardless* nous avons continué malgré tout.

❖ **press on with** vt insep [job, negotiations] continuer, poursuivre / *they pressed on with the plan in spite of opposition* ils ont poursuivi leur projet malgré l'opposition rencontrée.

press agency n agence *f* de presse.

press agent n attaché *m*, -e *f* de presse.
press baron n magnat *m* de la presse.
press box n tribune *f* de (la) presse.
press button n bouton-poussoir *m*.
◈ **press-button** adj TELEC ▸ **press button dialling** numérotation *f* à touches.
press clipping = press cutting.
press conference n conférence *f* de presse.
press corps n US journalistes *mpl* / *the White House press corps* les journalistes accrédités à la Maison-Blanche.
press cutting n coupure *f* de presse or de journal / *a collection of press cuttings* une collection de coupures de journaux, un dossier de presse.
pressed [prest] adj **1.** [flower] pressé, séché **2.** [hurried] pressé ; [overworked] débordé.
◈ **pressed for** adj phr [short of] à court de / *we're pressed for space* nous manquons de place / *we're rather pressed for time* le temps nous est compté.
press gallery n tribune *f* de (la) presse *(par exemple au Parlement)*.
press-gang ['pres-] ◆ n MIL & HIST racoleurs *mpl*, recruteurs *mpl*. ◆ vt **1.** UK [force] ▸ **to press-gang sb into doing sthg** obliger qqn à faire qqch (contre son gré) / *I was press-ganged into taking part* on m'a obligé à participer **2.** MIL & HIST racoler, recruter de force.
pressing ['presɪŋ] ◆ adj **1.** [urgent - appointment, business, debt] urgent / *the matter is pressing* c'est une affaire urgente **2.** [insistent - demand, danger, need] pressant / *at her pressing invitation, we agreed to go* devant son insistance, nous avons accepté d'y aller **3.** [imminent - danger] imminent. ◆ n **1.** [of fruit, record] pressage *m* **2.** [ironing] repassage *m*.
press kit n dossier *m* de presse *(distribué aux journalistes)*.
press lord = press baron.
pressman ['presmæn] (*pl* **pressmen** [-men]) n **1.** [journalist] journaliste *m* **2.** [printer] typographe *m*.
pressmark ['presmɑ:k] n cote *f (d'un livre)*.
press office n bureau *m* de presse.
press officer n responsable *mf* des relations avec la presse.
press-on adj adhésif.
press pack n dossier *m* de presse.
press release n communiqué *m* de presse.
pressroom ['presrʊm] n salle *f* de presse.
press run n tirage *m*.
press secretary n POL ≃ porte-parole *m inv* du gouvernement.
press stud n UK bouton-pression *m*, pression *f*.
press-up n UK SPORT pompe *f* ▸ **to do press-ups** faire des pompes.
pressure ['preʃər] ◆ n **1.** METEOR & PHYS pression *f* ; [of blood] tension *f* / *high / low pressure area* [on weather chart] zone *f* de hautes / basses pressions / *a pressure of 20 kilogrammes to the square centimetre* une pression de 20 kilos au centimètre carré ▸ **to work at full pressure a)** *fig* [person] travailler à plein régime **b)** [machine, factory] tourner à plein régime ▸ **oil pressure** pression d'huile **2.** [squeezing] pression *f* / *she could feel the pressure of his grip on her arm* elle sentait la pression de sa poigne sur son bras **3.** *fig* [force, influence] ▸ **to bring pressure to bear** *fml* or *to put pressure on sb* faire pression or exercer une pression sur qqn / *they put pressure on me to come* ils ont fait pression sur moi pour que je vienne / *she did it under pressure* elle l'a fait contrainte et forcée / *she came under pressure from her parents* elle est venue parce que ses parents l'y ont obligée / *they're putting too much pressure on him* ils le soumettent à trop de pression **4.** *fig* [strain, stress - of circumstances, events] pression *f* ; [- of doubts, worries] poids *m* / *the pressures of city life* le stress de la vie en ville / *I can't stand any more of this pressure* je ne peux plus supporter cette tension / *he pleaded pressure of work* il s'est excusé en disant qu'il était débordé de travail ▸ **to work under pressure** travailler sous pression / *we're under pressure to finish on time* on nous presse de respecter les délais / *the pressure of work is too much for me* la charge de travail est trop lourde pour moi / *there's a lot of pressure on her to succeed* on fait beaucoup pression sur elle pour qu'elle réussisse / *the pressure's on!* il va falloir mettre les bouchées doubles ! / *she's under a lot of pressure just now* elle est vraiment sous pression en ce moment. ◆ vt faire pression sur / *they pressured him into resigning* ils l'ont contraint à démissionner.
pressure cabin n cabine *f* pressurisée.
pressure chamber n MECH réservoir *m* d'air comprimé.
pressure-cook vt faire cuire à la cocotte-minute or à l'autocuiseur.
pressure cooker n cocotte-minute *f*, autocuiseur *m*.
pressure feed n alimentation *f* par pression.
pressure gauge n jauge *f* de pression, manomètre *m*.
pressure group n groupe *m* de pression.
pressure point n point *m* de compression *(sur une artère)*.
pressure suit n scaphandre *m* pressurisé.
pressurization [,preʃəraɪ'zeɪʃn] n pressurisation *f*.
pressurize, pressurise ['preʃəraɪz] vt **1.** [person, government] faire pression sur ▸ **to pressurize sb to do sthg** or **into doing sthg** faire pression sur qqn pour qu'il fasse qqch **2.** AERON & ASTRONAUT pressuriser.
pressurized ['preʃəraɪzd] adj [container] pressurisé ; [liquid, gas] sous pression ▸ **a pressurized cabin** une cabine pressurisée or sous pression.
pressurized-water reactor n réacteur *m* à eau sous pression.
prestidigitation ['prestɪ,dɪʤɪ'teɪʃn] n *fml & hum* prestidigitation *f*.
prestidigitator [,prestɪ'dɪʤɪteɪtər] n *fml & hum* prestidigitateur *m*.
prestige [pre'sti:ʒ] ◆ n prestige *m*. ◆ adj de prestige.
prestigious [pre'stɪʤəs] adj prestigieux.
presto ['prestəʊ] adv presto ▸ **hey presto!** et voilà, le tour est joué !
prestress [,pri:'stres] vt précontraindre.
prestressed concrete [,pri:'strest-] n béton *m* précontraint.
presumable [prɪ'zju:məbl] adj présumable.
presumably [prɪ'zju:məblɪ] adv vraisemblablement / *presumably, he isn't coming* apparemment, il ne viendra pas / *presumably, she married him in the end* elle a vraisemblablement or sans doute fini par l'épouser.
presume [prɪ'zju:m] ◆ vt **1.** [suppose] présumer, supposer / *I presume he isn't coming* je présume or suppose qu'il ne viendra pas / *I presumed them to be aware* or *that they were aware of the difficulties* je supposais qu'ils étaient au courant des difficultés / *missing, presumed dead* MIL manque à l'appel or porté disparu, présumé mort / *every man is presumed innocent until proven guilty* LAW tout homme est présumé innocent tant qu'il n'a pas été déclaré coupable / *I presume so* je (le) présume or suppose / *Mr Chalmers, I presume* M. Chalmers, je présume **2.** [take liberty] oser, se permettre / *I wouldn't presume to contradict you* je ne me permettrais pas de vous contredire **3.** [presuppose] présupposer / *presuming they agree* à supposer qu'ils soient d'accord. ◆ vi : *I don't want to presume* je ne voudrais pas m'imposer ▸ **to presume on** or **upon sb** abuser de la gentillesse de qqn.
presumption [prɪ'zʌmpʃn] n **1.** [supposition] présomption *f*, supposition *f* / *the presumption is that he was drowned* on pense or suppose qu'il s'est noyé / *there is a strong presumption that he is guilty* on le soupçonne d'être coupable / *it's only a presumption* ce n'est qu'une hypothèse ▸ **to act on a false presumption** agir sur une or à partir d'une fausse supposition / *we worked on the presumption that she would agree* nous avons agi en supposant qu'elle serait d'accord ▸ **presumption of innocence** LAW présomption d'innocence **2.** *(U)* [arrogance] audace *f*, présomption *f*, prétention *f* / *she had the presumption to say I was lying* elle a eu l'audace de dire que je mentais / *excuse my presumption, but haven't we met somewhere?* excusez mon audace, mais est-ce que nous ne nous sommes pas déjà rencontrés quelque part ?
presumptive [prɪ'zʌmptɪv] adj [heir] présomptif ▸ **presumptive proof** preuve *f* par déduction or par présomption.
presumptuous [prɪ'zʌmptʃʊəs] adj présomptueux, arrogant.
presumptuously [prɪ'zʌmptʃʊəslɪ] adv présomptueusement, avec arrogance.
presumptuousness [prɪ'zʌmptʃʊəsnɪs] n présomption *f*, arrogance *f*.
presuppose [,pri:sə'pəʊz] vt présupposer.
presupposition [,pri:sʌpə'zɪʃn] n présupposition *f*.
pre-tax [,pri:'tæks] adj brut, avant (le prélèvement des) impôts ▸ **pre-tax profits** bénéfices *mpl* bruts or avant impôts.
pre-teen ◆ adj [sizes, fashions] pour préadolescents ; [problems] des préadolescents ▸ **pre-teen child** préadolescent *m*, -e *f*. ◆ n préadolescent *m*, -e *f*.
pretence UK, **pretense** US [prɪ'tens] n **1.** [false display] simulacre *m* ▸ **to make a pretence of doing sthg** faire semblant or mine de faire qqch / *everyone sees through her pretence of being the devoted wife* elle ne trompe personne en jouant les femmes dévouées / *he's not really ill, it's only* or *all (a) pretence!* il n'est pas vraiment malade, il fait seulement semblant or c'est (simplement) de la comédie ! / *at least* SHE *made some pretence of sympathy!* elle au moins, elle a fait comme si ça la touchait ! / *a pretence of democracy* un simulacre de démocratie **2.** [pretext] prétexte *m* ▸ **under** or **on the pretence of doing sthg** sous prétexte de faire qqch / *he criticizes her on the slightest pretence* il la critique pour un rien or à la moindre occasion **3.** [claim] prétention *f* / *a woman without the slightest pretence of culture* une femme qui n'a pas la moindre prétention d'être cultivée / *he has* or *makes no pretence to musical taste* il ne prétend pas or il n'a pas la prétention de s'y connaître en musique **4.** *(U)* [arrogance] prétention *f*.
pretend [prɪ'tend] ◆ vt **1.** [make believe] ▸ **to pretend to do sthg** faire semblant de faire qqch, feindre de faire qqch / *they pretend to be rich* ils font semblant d'être riches / *they pretended not to see* or *to have seen us* ils ont fait semblant or mine de ne pas nous voir / *she pretended to be shocked* elle a fait semblant or mine d'être choquée / *he pretended not to be interested* il a fait semblant de ne pas être intéressé, il a joué les indifférents / *they pretended to be ill* ils ont fait semblant d'être malades / *he pretended to be* or *that he was their uncle* il s'est fait passer pour leur oncle / *she pretends that everything is all right* elle fait comme si tout allait bien / *it's no use pretending things will improve* cela ne sert à rien de faire comme si les choses allaient s'améliorer ; [in children's play] : *let's pretend you're a prince* on dirait que tu serais un prince / *you pretend to be Mummy* toi, tu serais une maman **2.** [claim] prétendre / *I don't pretend to be an expert* je ne prétends pas être un expert, je n'ai pas la prétention d'être un expert / *I don't pretend to understand* je ne prétends pas comprendre **3.** [feign - indifference, ignorance] feindre, simuler. ◆ vi **1.** [feign] faire semblant / *there's no point in pretending (to me)* inutile de faire semblant (avec moi) / *I'm only pretending!* c'est juste pour rire ! / *stop pretending and admit the truth* arrête de faire semblant et avoue la vérité ; [in children's play] ▸ **to play at let's pretend** jouer à faire semblant or comme si / *let's pretend* faisons semblant or comme si **2.** [lay claim] prétendre ▸ **to pretend to sthg** prétendre à qqch / *he pretended to her hand* *arch* il la courtisait. ◆ adj *inf* [child language - money, fight] pour faire semblant, pour jouer / *it was only pretend!* c'était pour rire or pour faire semblant !

⚠ **Prétendre** can only be used to translate to pretend when it means to claim.

pretended [prɪ'tendɪd] adj prétendu, soi-disant.

pretender [prɪ'tendəʳ] n **1.** [to throne, title, right] prétendant *m*, -e *f* ▸ **the Young Pretender** HIST le Jeune Prétendant **2.** [impostor] imposteur *m*.

pretense US = **pretence.**

pretension [prɪ'tenʃn] n **1.** [claim] prétention *f* ▸ **to have pretensions to sthg** avoir des prétentions or prétendre à qqch / *a film with intellectual pretensions* un film qui a des prétentions intellectuelles / *I make no pretensions to expert knowledge* je n'ai pas la prétention or je ne me flatte pas d'être expert en la matière / *he has literary pretensions* il se prend pour un écrivain **2.** *(U)* [pretentiousness] prétention *f* / *he is devoid of pretension* il est sans prétention.

pretentious [prɪ'tenʃəs] adj prétentieux.

pretentiously [prɪ'tenʃəslɪ] adv prétentieusement.

pretentiousness [prɪ'tenʃəsnɪs] n *(U)* prétention *f*.

preterit ['pretərət] US = **preterite.**

preterite ['pretərət] ◆ adj [form] du prétérit ▸ **the preterite tense** le prétérit. ◆ n prétérit *m* / *in the preterite* au prétérit.

preternatural [,pri:tə'nætʃrəl] ◆ adj surnaturel. ◆ n surnaturel *m*.

preternaturally [,pri:tə'nætʃrəlɪ] adv exceptionnellement.

pretext ['pri:tekst] n prétexte *m* ▸ **on** or **under the pretext of doing sthg** sous prétexte de faire qqch / *it's just a pretext for avoiding work* ce n'est qu'un prétexte pour ne pas travailler.

Pretoria [prɪ'tɔ:rɪə] pr n Pretoria.

prettify ['prɪtɪfaɪ] (*pt & pp* **prettified**) vt *pej* [room, garden] enjoliver ▸ **to prettify o.s.** se pomponner.

prettily ['prɪtɪlɪ] adv joliment / *prettily dressed* joliment habillé.

prettiness ['prɪtɪnɪs] n **1.** [of appearance] beauté *f* / *she had a certain prettiness* elle avait une certaine beauté **2.** *pej* [of style] mièvrerie *f*.

pretty ['prɪtɪ] (*compar* **prettier**, *superl* **prettiest**, *pt & pp* **prettied**) ◆ adj **1.** [attractive - clothes, girl, place] joli / *she's a pretty little thing* c'est une jolie or ravissante petite fille / *who's a pretty boy?* [to parrot] le beau perroquet ! / *it wasn't a pretty sight* ce n'était pas beau or joli à voir ▸ **I'm not just a pretty face!** *inf* il y en a, là-dedans ! ▸ **to be as pretty as a picture a)** [person] être joli comme un cœur **b)** [place] être ravissant **2.** *iro* : *this is a pretty state of affairs!* c'est du joli or du propre ! ▸ **things have come to a pretty pass!** nous voilà bien ! **3.** *pej* [dainty - style, expression] précieux ; [effeminate - boy] mignon / *it's not enough to make pretty speeches* il ne suffit pas de faire de beaux discours **4.** PHR **a pretty penny** : *it cost a pretty penny* ça a coûté une jolie petite somme. ◆ adv *inf* **1.** [quite] assez / *it's pretty good / important* c'est pas mal du tout / assez important / *you did pretty well for a beginner* tu t'en es plutôt bien tiré pour un débutant / *we've got a pretty good idea of what she was like* nous nous imaginons assez bien comment elle était **2.** [almost] presque, à peu près, pratiquement / *I'm pretty certain I'm right* je suis presque sûr d'avoir raison / *it's pretty much the same team as last week* c'est à peu près la même équipe que la semaine dernière / *he told her pretty well everything* il lui a raconté pratiquement or à peu près tout **3.** PHR **to be sitting pretty** avoir la partie belle. ◆ n *inf & dated* [girl, animal] mignon *m*, -onne *f* / *come here, my pretty* viens ici, mon mignon.

❖ **pretty up** vt sep = **prettify.**

pretty-pretty adj *inf & pej* [person] gentillet, mignonnet ; [dress] cucul la praline *(inv)* ; [painting] gentillet ; [garden] mignon, gentil.

pretzel ['pretsl] n bretzel *m*.

prevail [prɪ'veɪl] vi **1.** [triumph] l'emporter, prévaloir *liter* ▸ **to prevail against sb** l'emporter or prévaloir contre qqn ▸ **to prevail over sb** l'emporter or prévaloir sur qqn / *luckily, common sense prevailed* heureusement, le bon sens a prévalu or l'a emporté **2.** [exist, be widespread - situation, opinion, belief] régner, avoir cours / *the rumour which is now prevailing* le bruit qui court en ce moment / *the conditions prevailing in the Third World* les conditions que l'on rencontre le plus souvent dans le tiers-monde.

❖ **prevail on, prevail upon** vt insep *fml* persuader / *he was prevailed upon to accept the post* il s'est laissé persuader d'accepter le poste / *can I prevail on your good nature?* puis-je faire appel à votre bonté ? / *he was not to be prevailed on* il fut impossible de le faire changer d'avis.

prevailing [prɪ'veɪlɪŋ] adj **1.** [wind] dominant **2.** [belief, opinion] courant, répandu ; [fashion] en vogue / *in the prevailing conditions* **a)** [now] dans les conditions actuelles **b)** [then] à l'époque / *the prevailing political climate* le climat politique actuel / *according to prevailing opinion* selon l'opinion la plus répandue / *the prevailing exchange rate* le taux de change actuel.

prevalence ['prevələns] n [widespread existence] prédominance *f* ; [of disease] prévalence *f* ; [frequency] fréquence *f* / *the prevalence of rented property surprised him* il fut surpris de constater à quel point les locations étaient répandues / *the prevalence of these theories can only do harm* la popularité de ces théories ne peut qu'être nuisible.

prevalent ['prevələnt] adj **1.** [widespread] répandu, courant ; [frequent] fréquent / *violence is prevalent in big cities* la violence est monnaie courante dans les grandes villes / *such behaviour is prevalent among certain species* un tel comportement est prédominant chez certaines espèces ▸ **to become prevalent** se généraliser **2.** [current - today] actuel, d'aujourd'hui ; [- in past] de or à l'époque.

prevaricate [prɪ'værɪkeɪt] vi *fml* tergiverser, user de faux-fuyants / *stop prevaricating!* assez de faux-fuyants !

prevarication [prɪ,værɪ'keɪʃn] n *fml* tergiversation *f*, faux-fuyant *m*, faux-fuyants *mpl*.

prevent [prɪ'vent] vt [accident, catastrophe, scandal, illness] éviter, prévenir ▸ **to prevent sb (from) doing sthg** empêcher qqn de faire qqch / *we were unable to prevent the bomb from exploding* nous n'avons rien pu faire pour empêcher la bombe d'exploser / *I couldn't prevent her* je n'ai pas pu l'en empêcher / *there is nothing to prevent our going* or *to prevent us (from) going* rien ne nous empêche d'y aller / *they couldn't prevent his departure* ils n'ont pu l'empêcher de partir.

⚠ **Prévenir** is used (as well as **empêcher**) to talk about preventing things from happening (illnesses, crises, etc.). When talking about preventing someone from doing something, use **empêcher**.

Note that empêcher que is followed by a verb in the subjunctive (preceded by ne in affirmative clauses):
... **to prevent it from going rotten.** ... *pour empêcher que cela ne pourrisse.*

preventable [prɪ'ventəbl] adj évitable.

preventative [prɪ'ventətɪv] adj préventif ▸ **to take preventative measures** prendre des mesures préventives.

preventible [prɪ'ventəbl] = **preventable.**

prevention [prɪ'venʃn] n prévention *f* / *the prevention of cruelty to animals* la protection des animaux ▸ **the Prevention of Terrorism Act** *loi sur la prévention du terrorisme permettant notamment la garde à vue de toute personne suspectée* ▸ **prevention is better than cure** *prov* mieux vaut prévenir que guérir *prov.*

preventive [prɪ'ventɪv] ◆ adj **1.** [medicine] préventif, prophylactique ; [measure] préventif **2.** UK LAW ▸ **preventive detention** *peine de prison allant de 5 à 14 ans.* ◆ n **1.** [measure] mesure *f* préventive / *as a preventive* à titre préventif **2.** MED médicament *m* préventif or prophylactique.

preverbal [,pri:'vɜ:bl] adj **1.** [infant] qui ne parle pas encore ▸ **preverbal communication** activité *f* préverbale **2.** GRAM avant le verbe.

preview ['pri:vju:] ◆ n **1.** [preliminary showing - of film, show, exhibition] avant-première *f* ; [- of art exhibition] vernissage *m* / *and here is a preview of tomorrow's programmes* et voici un aperçu des programmes de demain / *can you give us a preview of what to expect?* pouvez-vous nous donner une idée de ce à quoi il faut s'attendre ? **2.** US CIN [trailer] bande-annonce *f*. ◆ vt : *to preview a film* **a)** [put on] donner un film en avant-première **b)** [see] voir un film en avant-première / *to preview the evening's television viewing* passer en revue les programmes télévisés de la soirée.

previous ['pri:vjəs] ◆ adj **1.** [prior] précédent / *on a previous occasion* auparavant / *I have a previous engagement* j'ai déjà un rendez-vous, je suis déjà pris / *she has had several previous accidents* elle a déjà eu plusieurs accidents / *do you have any previous experience of this kind of work?* avez-vous déjà une expérience de ce genre de travail ? / *the two months previous to your arrival* les deux mois précédant votre arrivée ; LAW : *he has no previous convictions* il n'a pas de casier judiciaire, il a un casier judiciaire vierge / *he has had several previous convictions* il a déjà fait l'objet de plusieurs condamnations **2.** [former] antérieur / *in a previous life* dans une vie antérieure / *his previous marriages ended in divorce* ses autres mariages se sont soldés par des divorces **3.** [with days and dates] précédent / *the previous Monday* le lundi précédent / *the previous June* au mois de juin précédent / *the previous day* le jour précédent, la veille / *the previous evening* le soir précédent, la veille au soir **4.** UK *inf* [premature, hasty - decision, judgement] prématuré, hâtif ; [- person] expéditif / *aren't you being a little previous?* n'êtes-vous pas un peu pressé ?, n'allez-vous pas un peu vite ? ◆ adv antérieurement / *previous to his death* *fml* avant sa mort, avant qu'il ne meure.

previously ['pri:vjəslɪ] adv **1.** [in the past] auparavant, précédemment / *six weeks previously* six semaines auparavant or plus tôt / *previously, the country was under British rule* auparavant, le pays était sous autorité britannique **2.** [already] déjà / *we've met previously* nous nous sommes déjà rencontrés.

prevocalic [,pri:və'kælɪk] adj prévocalique.

prewar [,pri:'wɔ:ʳ] adj d'avant-guerre ▸ **the prewar years** l'avant-guerre *m ou f*.

prewash ['pri:wɒʃ] ◆ n prélavage *m*. ◆ vt faire un prélavage de.

prey [preɪ] n *(U) lit & fig* proie *f* / *hens are often (a) prey to foxes* les poules sont souvent la proie des renards / *the sheep fell (a) prey to some marauding beast* les moutons ont été attaqués par un animal maraudeur / *to be (a) prey to doubts / nightmares* être en proie au doute / à des cauchemars / *she was an easy prey for* or *to fast-talking salesmen* elle était une proie facile pour le boniment des vendeurs.

❖ **prey on, prey upon** vt insep **1.** [subj: predator] faire sa proie de / *he preyed on her fears* *fig* il profita de ce qu'elle avait peur / *the thieves preyed upon old women* *fig* les voleurs s'en prenaient aux or attaquaient les vieilles dames **2.** [subj: fear, doubts] ronger / *the thought continued to prey on his mind* l'idée continuait à lui ronger l'esprit.

prez [prez] n *inf* [president] président *m*, -e *f*.

prezzie ['prezɪ] n *inf* cadeau *m*.

Priam ['praɪəm] pr n Priam.

priapic [praɪ'æpɪk] adj priapique.

priapism ['praɪəpɪzm] n priapisme *m*.

price [praɪs] ◆ n **1.** [cost] prix *m* / *what price is the clock?* quel est le prix de cette pendule ? / *what is the price of petrol?* à quel prix est l'essence ? / *the price has risen* or *gone up by 10%* le prix a augmenté de 10 % / *petrol has gone down in price* le prix de l'essence a baissé / *prices are rising / falling* les prix sont en hausse / baisse / *I paid a high price for it* je l'ai payé cher / *their prices are a bit expensive* leurs prix sont un peu chers / *they pay top prices for antique china* ils achètent la porcelaine ancienne au prix fort / *if the price is right* si le prix est correct ▸ **to raise the price of sthg** augmenter le prix de qqch / *she got a good price for her car* elle a obtenu un bon prix de sa voiture ▸ **to sell sthg at a reduced price** vendre qqch à prix réduit / *I'll let you have the carpet at a reduced price* je vous ferai un prix d'ami pour le tapis / *I got the chair at a reduced / at half price* j'ai eu la chaise à prix réduit / à moitié prix / *her jewels fetched huge prices at auction* ses bijoux ont atteint des sommes folles aux enchères / *that's my price, take it or leave it* c'est mon dernier prix, à prendre ou à laisser / *name* or *state your price!* votre prix sera le mien ! / *every man has his price* tout homme s'achète / *he gave us a price for repairing the car* il nous a donné le prix des réparations à faire sur la voiture **2.** [value] prix *m*, valeur *f* ▸ **to argue over the price of sthg** débattre le prix de qqch ▸ **to put a price on sthg a)** [definite] fixer le prix or la valeur de qqch **b)** [estimate] évaluer le prix or estimer la valeur de qqch / *I wouldn't like to put a price on that fur coat* je n'ose pas imaginer le prix de ce manteau de fourrure ▸ **to put a price on sb's head** mettre la tête de qqn à prix / *there's a price on his head* sa tête a été mise à prix / *you can't put a price on love* l'amour n'a pas de prix / *what price all her hopes now?* que valent tous ses espoirs maintenant ? / *he puts a high price on loyalty* il attache beaucoup d'importance or il accorde beaucoup de valeur à la loyauté / *without price* sans prix **3.** ST. EX cours *m*, cote *f* / *today's prices* les cours du jour / *what is the price of gold?* quel est le cours de l'or ? **4.** *fig* [penalty] prix *m* / *it's a small price to pay for peace of mind* c'est bien peu de chose pour avoir l'esprit tranquille / *it's a high price to pay for independence* c'est bien cher payer l'indépendance / *you've paid a high price for success* vous avez payé bien cher votre réussite / *that's the price of fame* c'est la rançon de la gloire **5.** [chance, odds] cote *f* / *what price are they giving on Stardust?* quelle est la cote de Stardust ? / *what price he'll keep his word?* combien pariez-vous qu'il tiendra parole ? / *what price peace now?* quelles sont les chances de paix maintenant ? **6.** [quotation] devis *m*. ◆ comp [bracket, range] de prix ; [rise, level] des prix. ◆ vt **1.** [set cost of] fixer or établir or déterminer le prix de / *the book is priced at £17* le livre coûte 17 livres / *his paintings are rather highly priced* le prix de ses tableaux est un peu élevé / *a reasonably priced hotel* un hôtel aux prix raisonnables ; [estimate value of] : *how would you price that house?* à combien estimeriez-vous cette maison ? **2.** [indicate cost of] marquer le prix de ; [with label] étiqueter / *this book isn't priced* le prix de ce livre n'est pas indiqué **3.** [ascertain price of] demander le prix de, s'informer du prix de / *she priced the stereo in several shops before buying it* elle a comparé le prix de la chaîne dans plusieurs magasins avant de l'acheter.

❖ **at any price** adv phr : *she wants a husband at any price* elle veut un mari à tout prix or coûte que coûte / *he wouldn't do it at any price!* il ne voulait le faire à aucun prix or pour rien au monde !

❖ **at a price** adv phr en y mettant le prix / *she'll help you, at a price* elle vous aidera, à condition que vous y mettiez le prix / *you can get real silk, but only at a price* vous pouvez avoir de la soie véritable, à condition d'y mettre le prix / *you got what you wanted, but at a price!* vous avez eu ce que vous souhaitiez, mais à quel prix ! or mais vous l'avez payé cher !

❖ **price down** vt sep UK baisser le prix de, démarquer / *everything has been priced down by 10% for the sales* tous les articles ont été démarqués de 10 % pour les soldes.

❖ **price out** vt sep ▸ **to price o.s.** or **one's goods out of the market** perdre son marché or sa clientèle à cause de ses prix trop élevés / *we've been priced out of the Japanese market* nous avons perdu le marché japonais à cause de nos prix / *cheap charter flights have priced the major airlines out of the market* les vols charters à prix réduit ont fait perdre des parts de marché aux grandes compagnies aériennes / *imported textiles have priced ours out* les importations de textiles, en cassant les prix, nous ont fait perdre toute compétitivité / *he priced himself out of the job* il n'a pas été embauché parce qu'il a demandé un salaire trop élevé.

❖ **price up** vt sep UK [raise cost of] augmenter or majorer le prix de, majorer ; [on label] indiquer un prix plus élevé sur.

price bid n offre *f* de prix.

price bubble n bulle *f* des prix.

price ceiling n plafond *m* de prix.

price control n contrôle *m* des prix.

price cut n rabais *m*, réduction *f* (de prix) / **'huge price cuts!'** 'prix sacrifiés !'.

price-cutting n *(U)* réductions *fpl* de prix.

-priced [praɪst] in comp ▸ **high-priced** à prix élevé, (plutôt) cher ▸ **low-priced** à bas prix, peu cher ▸ **over-priced** trop cher.

price differential n écart *m* de prix.

price discrimination n tarif *m* discriminatoire.

price-earnings ratio n ST. EX ratio *m* cours-bénéfices, rapport *m* cours-bénéfices.

price-fixing [-fɪksɪŋ] n [control] contrôle *m* des prix ; [rigging] entente *f* sur les prix.

price freeze n gel *m* des prix.

price increase n hausse *f* or augmentation *f* des prix.

price index n indice *m* des prix.

price leadership n domination *f* par les prix.

priceless ['praɪslɪs] adj **1.** [precious - jewels, friendship] d'une valeur inestimable **2.** *inf* [funny - joke] tordant, bidonnant ; [- person] impayable.

price list n tarif *m*, liste *f* des prix.

price-rigging n entente *f* sur les prix.

price-ring n cartel *m* des prix.

prices control = **price control**.

prices index = **price index**.

price tag n **1.** [label] étiquette *f* de prix **2.** [value] prix *m*, valeur *f* / *what's the price tag on a Rolls these days?* combien vaut une Rolls de nos jours ?

price war n guerre *f* des prix.

pricey ['praɪsɪ] (*compar* **pricier**, *superl* **priciest**) adj *inf* chérot.

pricing ['praɪsɪŋ] n détermination *f* du prix, fixation *f* du prix ▸ **pricing policy** politique *f* de(s) prix.

prick [prɪk] ◆ vt **1.** [jab, pierce] piquer, percer / *she pricked her finger / herself with the needle* elle s'est piqué le doigt / elle s'est piquée avec l'aiguille ▸ **to prick holes in sthg** faire des trous dans qqch / *the kids were pricking balloons with pins* les gosses crevaient des ballons avec des épingles / *the thorns pricked their legs* les épines leur piquaient les jambes **2.** [irritate] piquer, picoter / *tears pricked his eyes* les larmes lui piquaient les yeux / *the smoke was pricking my eyes* la fumée me piquait les yeux / *his conscience was pricking him* *fig* il n'avait pas la conscience tranquille, il avait mauvaise conscience. ◆ vi **1.** [pin, cactus, thorn] piquer **2.** [be irritated] picoter / *my eyes are pricking from the smoke* j'ai les yeux qui me piquent or brûlent à cause de la fumée / *her conscience was pricking (at her)* *fig* elle n'avait pas la conscience tranquille, elle avait mauvaise conscience. ◆ n **1.** [from insect, pin, thorn] piqûre *f* / *he felt a sudden prick in his finger* soudain il a senti quelque chose lui piquer le doigt / *pricks of conscience* *fig* remords *mpl* **2.** *vulg* [penis] bite *f* **3.** *v inf* [person] con *m*, connard *m*.

❖ **prick out** vt sep HORT repiquer.

❖ **prick up** ◆ vi [ears] se dresser. ◆ vt sep dresser / *the dog pricked up its ears* le chien a dressé les oreilles / *she pricked up her ears at the sound of her name* elle a dressé or tendu l'oreille en entendant son nom.

pricking ['prɪkɪŋ] n picotement *m* / *she felt a pricking in her fingers* elle avait des picotements dans les doigts / *the prickings of conscience* les remords *mpl*.

prickle ['prɪkl] ◆ n **1.** [on rose, cactus] épine *f*, piquant *m* ; [on hedgehog, porcupine] piquant *m* **2.** [sensation] picotement *m*. ◆ vt piquer. ◆ vi [skin] picoter, fourmiller / *her skin prickled with excitement* un frisson d'excitation lui parcourut la peau.

prickly ['prɪklɪ] (*compar* **pricklier**, *superl* **prickliest**) adj **1.** [cactus, plant] épineux ; [hedgehog] couvert de piquants ; [beard] piquant ; [clothes] qui pique / *his fingers felt prickly* il avait des fourmillements dans les doigts / *his skin felt prickly* sa peau le démangeait / *the surface felt prickly* la surface était piquante / *a prickly sensation* une sensation de picotement **2.** *inf* [irritable - person] ombrageux, irritable ; [- character] ombrageux / *he's very prickly* il se froisse facilement, il est très susceptible / *she's a bit prickly today* elle est plutôt irritable aujourd'hui **3.** [delicate - subject, topic] épineux, délicat / *it's a prickly situation* c'est une situation épineuse or délicate.

prickly heat n *(U)* fièvre *f* miliaire.

prickly pear n [fruit] figue *f* de Barbarie ; [tree] figuier *m* de Barbarie.

pricktease ['prɪkti:z], **pricktease r** ['prɪkti:zəʳ] n *vulg* allumeuse *f*.

pricy ['praɪsɪ] *inf* = **pricey**.

pride [praɪd] ◆ n **1.** [satisfaction] fierté *f* / *she takes great pride in her son* elle est très fière de son fils / *they take pride in their town* ils sont fiers de leur ville ▸ **to take (a) pride in one's appearance** prendre soin de sa personne / *he takes no pride in his work* il ne prend pas du tout son travail à cœur ▸ **to take (a) pride in doing sthg** mettre de la fierté à faire qqch, s'enorgueillir de faire qqch / *he had pride in his sister's success* il était fier de la réussite de sa sœur / *she pointed with pride to her new car* elle montra fièrement du doigt sa nouvelle voiture **2.** [self-respect] fierté *f*, amour-propre *m* / *a sense of pride* un sentiment d'amour-propre / *he has no pride* il n'a pas d'amour-propre / *her pride was hurt* elle était blessée dans son amour-propre / *they have too much pride to accept charity* ils sont trop fiers or ils ont trop d'amour-propre pour accepter la charité **3.** *pej* [arrogance] orgueil *m* ▸ **the sin of pride** le péché d'orgueil ▸ **pride comes** or **goes before a fall** *prov* plus on est fier, plus dure est la chute / **'Pride and Prejudice'** *Austen* 'Orgueil et préjugé' **4.** [most valuable thing] orgueil *m*, fierté *f* / *she is her parents' pride and joy* elle fait la fierté de ses parents / *this painting is the pride of the collection* ce tableau est le joyau de la collection ▸ **pride of place** place *f* d'honneur ▸ **to have** or **to take pride of place** occuper la place d'honneur **5.** [of lions] groupe *m*. ◆ vt ▸ **to pride o.s. on** or **upon sthg** être fier or s'enorgueillir de qqch / *she prided herself on being the youngest member of the team* elle s'enorgueillissait or était fière d'être la plus jeune de l'équipe.

prier ['praɪəʳ] n *pej* fouineur *m*, -euse *f*.

priest [pri:st] n prêtre *m* / *a Buddhist priest* un prêtre bouddhiste.

priestcraft ['pri:stkrɑ:ft] n **1.** [art, skills] sacerdoce *m* ▸ **to learn priestcraft** apprendre à être prêtre **2.** *pej* [influence] pouvoir *m* des curés.

priestess ['pri:stɪs] n prêtresse *f*.

priest hole n *cachette pour les prêtres à l'époque des persécutions contre les catholiques.*

priesthood ['pri:sthʊd] n [as vocation] prêtrise *f* ; [clergy] clergé *m* ▸ **to enter the priesthood** être ordonné prêtre.

priestly ['pri:stlɪ] (*compar* **priestlier**, *superl* **priestliest**) adj sacerdotal, de prêtre.

priest-ridden adj *pej* dominé par l'Église.

prig [prɪg] n UK : *he's such a prig!* il fait toujours son petit saint !

priggish ['prɪgɪʃ] adj UK pharisaïque.

priggishness ['prɪgɪʃnɪs] n UK pharisaïsme *m*.

prim [prɪm] (*compar* **primmer**, *superl* **primmest**) adj *pej* **1.** [affectedly proper - person] collet monté *(inv)* ; [- attitude, behaviour] guindé, compassé ; [- voice] affecté / *she's very prim and proper* elle est très collet monté **2.** [neat - clothes] (très) comme il faut, (très) classique ; [- house, hedge, lawn] impeccable / *it's too prim for my taste* c'est trop comme il faut à mon goût.

prima ballerina [,pri:mə-] n danseuse *f* étoile.

primacy ['praɪməsɪ] (*pl* **primacies**) n **1.** [preeminence] primauté *f*, prééminence *f* / *the primacy of speech* LING la primauté de la parole **2.** RELIG primatie *f*.

prima donna [,pri:mə'dɒnə] n **1.** [opera singer] prima donna *f* **2.** *pej* diva *f* **3.** [star] star *f*.

primaeval [praɪ'mi:vəl] = **primeval**.

prima facie [,praɪmə'feɪʃi:] ◆ adv à première vue, de prime abord. ◆ adj LAW ▸ **a prima facie case** une affaire simple a priori / *it's a prima facie case of mistaken identity* a priori, il s'agit d'une erreur sur la personne / *there's a prima facie case for not acting hastily* a priori, il ne faut pas agir trop hâtivement ▸ **prima facie evi-**

dence commencement *m* de preuve / *there is no prima facie evidence* a priori, il n'y a aucune preuve.

primal ['praɪml] adj **1.** [original] primitif, premier ▸ **primal scream** PSYCHOL cri *m* primal **2.** [main] primordial, principal.

primal therapy n thérapie *f* primale.

primarily [UK 'praɪmərɪlɪ US praɪ'merəlɪ] adv **1.** [mainly] principalement, avant tout **2.** [originally] primitivement, à l'origine.

primary ['praɪmərɪ] (*pl* **primaries**) ◆ adj **1.** [main] principal, premier ; [basic] principal, fondamental / *our primary objective* notre premier objectif, notre objectif principal / *our primary duty* notre premier devoir / *the primary meaning of this word* le sens premier de ce mot / *this question is of primary importance* cette question revêt une importance capitale / *the primary cause of the accident* la cause principale de l'accident **2.** SCI primaire ▸ **primary circuit** ELEC circuit *m* primaire ▸ **primary feather** ORNITH rémige *f* ▸ **primary tooth** ANAT dent *f* de lait **3.** SCH primaire ▸ **primary education** enseignement *m* primaire **4.** ECON primaire ▸ **the primary sector** le (secteur) primaire ▸ **the primary sector industries** les industries du secteur primaire. ◆ n **1.** POL [in US] ▸ **primary (election)** (élection *f*) primaire *f* **2.** [school] école *f* primaire **3.** [colour] couleur *f* primaire **4.** ORNITH rémige *f* **5.** ELEC (enroulement *m*) primaire *m*.

 **Primaries**

Les primaires américaines sont des élections, directes ou indirectes selon les États, pour sélectionner les candidats représentant les deux grands partis nationaux (démocrate et républicain) à l'élection présidentielle.

primary accent n accent *m* principal.

primary carer, primary caregiver n *personne qui s'occupe d'un proche dépendant.*

primary care trust n UK *administration qui gère les services de santé au niveau local.*

primary cell n pile *f* primaire.

primary colour n couleur *f* primaire.

primary market n marché *m* primaire.

primary school n école *f* primaire ▸ **primary school teacher** instituteur *m*, -trice *f*.

primary stress = primary accent.

primate ['praɪmeɪt] n **1.** ZOOL primate *m* **2.** RELIG primat *m* ▸ **the Primate of All England** *titre officiel de l'archevêque de Cantorbéry.*

prime [praɪm] ◆ adj **1.** [foremost] premier, primordial ; [principal] premier, principal ; [fundamental] fondamental / *one of the prime causes of heart disease* une des principales causes des maladies cardiaques / *our prime concern is to avoid loss of life* notre préoccupation principale est d'éviter de faire des victimes / *of prime importance* de la plus haute importance, d'une importance primordiale **2.** [perfect] parfait ; [excellent] excellent / *in prime condition* **a)** [person] en parfaite santé **b)** [athlete] en parfaite condition **c)** [car] en parfait état / *it's a prime example of what I mean* c'est un excellent exemple de ce que je veux dire ▸ **prime quality** de première qualité ▸ **prime beef** bœuf *m* de première catégorie ▸ **prime site** emplacement *m* de premier ordre or privilégié **3.** MATH [number] premier / *10 is prime to 11* 10 et 11 sont premiers entre eux. ◆ n **1.** [best moment] ▸ **to be in one's prime** or **in the prime of life** être dans la fleur de l'âge / *I'm past my prime* je ne suis plus dans la fleur de l'âge / *these roses look a bit past their prime* ces roses sont plutôt défraîchies / *these curtains look a bit past their prime* ces rideaux ont vu des jours meilleurs / *when Romantic poetry was in its prime* lorsque la poésie romantique était à son apogée / **'The Prime of Miss Jean Brodie'** *Spark* 'le Bel Âge de Miss Brodie' **2.** MATH nombre *m* premier. ◆ vt **1.** [gun, machine, pump] amorcer ▸ **to prime sb with drink** faire boire qqn / *he was well primed* inf il était bien parti ▸ **to prime the pump** renflouer une entreprise **2.** [brief - person] mettre au courant, briefer ▸ **to prime sb for a meeting** préparer qqn à une réunion / *he is well primed in local politics* il est bien renseigné sur la politique locale **3.** [with paint, varnish] apprêter.

prime cost n prix *m* de revient.

prime meridian n premier méridien *m*.

Prime Minister n Premier ministre *m*.

prime ministership, prime ministry n fonctions *fpl* de Premier ministre / *during her prime ministership* pendant qu'elle était Premier ministre.

prime mover n **1.** PHYS force *f* motrice **2.** PHILOS cause *f* première **3.** *fig* [person] instigateur *m*, -trice *f*.

prime number n nombre *m* premier.

primer ['praɪmər] n **1.** [paint] apprêt *m* **2.** [for explosives] amorce *f* **3.** [book - elementary] manuel *m* (élémentaire) ; [- for reading] abécédaire *m* / *a Latin primer* un manuel de latin pour débutants.

prime rate n taux *m* d'escompte bancaire préférentiel, prime rate *m*.

prime time n heure *f* de grande écoute, prime time *m*.

❖ **prime-time** adj [TV programme, advertising] diffusé à une heure de grande écoute, de prime time.

primeval [praɪ'mi:vl] adj **1.** [prehistoric] primitif, des premiers âges or temps / *a primeval forest* une forêt préhistorique or primitive **2.** [primordial - fears, emotions] atavique, instinctif.

priming ['praɪmɪŋ] n *(U)* **1.** [of pump] amorçage *m* ; [of gun] amorce *f* **2.** [paint] première couche *f*.

primitive ['prɪmɪtɪv] ◆ adj primitif ▸ **primitive art** art *m* primitif. ◆ n **1.** [primitive person] primitif *m*, -ive *f* **2.** [artist] primitif *m* **3.** COMPUT & MATH primitive *f*.

primitivism ['prɪmɪtɪvɪzm] n primitivisme *m*.

primly ['prɪmlɪ] adv *pej* d'une manière guindée or collet monté / *to be primly dressed* être habillé très comme il faut / *she sat primly in the corner* elle se tenait assise très sagement dans le coin / *no thank you, he said primly* non merci, dit-il d'une voix affectée.

primness ['prɪmnɪs] n *pej* [of person] air *m* collet monté or compassé ; [of behaviour] caractère *m* maniéré or compassé ; [of dress] aspect *m* collet monté or très comme il faut ; [of voice] caractère *m* affecté.

primogenitor [,praɪməʊ'dʒenɪtər] n (premier) ancêtre *m*.

primogeniture [,praɪməʊ'dʒenɪtʃər] n primogéniture *f*.

primordial [praɪ'mɔ:djəl] adj primordial ▸ **primordial ooze** or **soup** soupe *f* primitive.

primp [prɪmp] ◆ vi se faire beau. ◆ vt ▸ **to primp o.s. (up)** se faire beau.

primrose ['prɪmrəʊz] ◆ n **1.** BOT primevère *f* **2.** [colour] jaune *m* pâle. ◆ adj jaune pâle *(inv)*.

primrose path n ▸ **the primrose path** la voie de la facilité.

primrose yellow adj jaune pâle *(inv)*.

primula ['prɪmjʊlə] (*pl* **primulas** or **primulae** [-li:]) n primevère *f*.

Primus® ['praɪməs] n UK ▸ **Primus (stove)** réchaud *m* (de camping).

prince [prɪns] n *lit & fig* prince *m* ▸ **Prince Rupert** le prince Rupert ▸ **the Prince of Darkness** le prince des ténèbres ▸ **the Prince of Peace** le prince de la paix ▸ **the Prince of Wales** le prince de Galles ▸ **to be a prince among men** : *he is a prince among men* c'est un prince parmi les hommes ▸ **to live like a prince** vivre comme un prince / **'The Prince'** *Machiavelli* 'le Prince' / **'The Prince and the Pauper'** *Twain* 'le Prince et le pauvre' ▸ **the Princes in the Tower** UK HIST *le jeune roi Édouard V et son frère Richard, assassinés dans la Tour de Londres en 1483.*

Prince Charming n le Prince Charmant.

prince consort n prince *m* consort.

princedom ['prɪnsdəm] n principauté *f*.

Prince Edward Island pr n l'île *f* du Prince-Édouard.

princeling ['prɪnslɪŋ] n petit prince *m*.

princely ['prɪnslɪ] adj princier / *a princely sum* une somme princière.

prince regent n prince *m* régent.

princess [prɪn'ses] n princesse *f* ▸ **Princess Anne** la princesse Anne ▸ **the Princess of Wales** la princesse de Galles / *she's like a fairytale princess* c'est une princesse de conte de fées.

princess dress n robe *f* princesse.

princess royal n ▸ **the princess royal** la princesse royale ▸ **the Princess Royal** la princesse Anne.

Princes Street pr n *principale rue commerçante d'Édimbourg.*

principal ['prɪnsəpl] ◆ adj [gen] principal ; MUS [violin, oboe] premier. ◆ n **1.** [head - of school] directeur *m*, -trice *f* ; [- of university] doyen *m*, -enne *f* **2.** LAW [employer of agent] mandant *m*, commettant *m* **3.** [main character - in play] acteur *m* principal, actrice *f* principale ; [- in orchestra] chef *m* de pupitre ; [- in crime] auteur *m* **4.** FIN [capital - gen] capital *m* ; [- of debt] principal *m* **5.** CONSTR [rafter] poutre *f* maîtresse.

principal boy n *jeune héros d'une pantomime dont le rôle est traditionnellement joué par une femme.*

principal clause n (proposition *f*) principale *f*.

principality [,prɪnsɪ'pælətɪ] n principauté *f* ▸ **the Principality** [Wales] le pays de Galles.

principally ['prɪnsəplɪ] adv principalement.

principal parts pl n GRAM temps *mpl* primitifs.

principle ['prɪnsəpl] n **1.** [for behaviour] principe *m* / *she has high principles* elle a des principes / *she was a woman of principle* c'était une femme de principes or qui avait des principes / *he has no principles* il n'a pas de principes / *it's not the money, it's the principle* ce n'est pas pour l'argent, c'est pour le principe / *on principle* or *as a matter of principle* par principe / *it's a matter of principle* c'est une question de principe / *it's against my principles to eat meat* j'ai pour principe de ne pas manger de viande / *she makes it a principle never to criticize others* elle a pour principe de ne jamais critiquer les autres ▸ **to stick to one's principles** rester fidèle à ses principes / *he's very strict in matters of principle* il est très à cheval sur les principes **2.** [fundamental law] principe *m* ▸ **to go back to first principles** remonter jusqu'au principe / *the two systems operate on the same principle* les deux systèmes fonctionnent selon le même principe or selon un principe identique **3.** [theory] principe *m* ▸ **in principle** en principe ▸ **basic principle** principe de base ▸ **to be based on false principles** reposer sur de faux principes or de fausses prémisses / *we acted on the principle that everybody knew* nous sommes partis du principe que tout le monde était au courant.

principled ['prɪnsəpld] adj : *a principled man* un homme de principes or qui a des principes ▸ **to take a principled stand** adopter une position de principe.

prink [prɪŋk] = **primp**.

print [prɪnt] ◆ n **1.** [of publications] ▸ **to appear in print** être publié or imprimé ▸ **to see o.s. / one's name in print** voir ses écrits imprimés / son nom imprimé / *her work will soon be in print* son œuvre sera bientôt publiée ; [of book] ▸ **to be in / out of print** être disponible / épuisé / *the book is no longer in print* le livre est épuisé / *his unguarded comments got into print* ses propos irréfléchis ont été publiés or imprimés / *he refused to believe the story until he saw it in print* il a refusé de croire à l'histoire tant qu'il ne l'a pas vue publiée / *the newspapers had already gone to print before the news broke* les journaux étaient déjà sous presse lorsque la nouvelle est tombée **2.** *(U)* [characters] caractères *mpl* / *in large print* en gros caractères / *in bold print* en caractères gras **3.** *(U)* [text] texte *m* (imprimé) / *I had to read through twenty pages of print* j'ai dû lire vingt pages imprimées ▸ **the small** or **fine print on a contract** les lignes en petits caractères en bas d'un contrat **4.** PHOT épreuve *f*, tirage *m* ▸ **to make a print from a negative** tirer une épreuve d'un négatif **5.** ART [engraving] gravure *f*, estampe *f* ; [reproduction] poster *m* **6.** TEXT [fabric] imprimé *m* ; [dress] robe *f* imprimée / *a floral print* un imprimé à fleurs **7.** [mark - from tyre, foot] empreinte *f* ; [fingerprint] empreinte *f* digitale / *the thief left* *his prints all over the door handle* le voleur a laissé ses empreintes partout sur la poignée de la porte. ◆ comp **1.** TYPO ▸ **the print unions** les syndicats *mpl* des typographes **2.** COMPUT ▸ **print cartridge** cartouche *f* ▸ **print drum** tambour *m* d'impression ▸ **print head** tête *f* d'impression ▸ **print menu** menu *m* d'impression ▸ **print speed** vitesse *f* d'impression. ◆ adj [dress] en tissu imprimé. ◆ vt **1.** [book, newspaper, money] imprimer ; [publish - story, article] publier / *the novel is being printed* le roman est sous presse or en cours d'impression / *1,000 copies of the book have already been printed* on a déjà tiré le livre à 1 000 exemplaires / *the papers refused to print the story* les journaux ont refusé de publier cette histoire / *printed in France* imprimé en France **2.** [write] écrire en caractères d'imprimerie / *print your name clearly* écrivez votre nom lisiblement **3.** PHOT tirer **4.** TEXT imprimer **5.** [mark] imprimer / *the mark of a man's foot was printed in the wet sand* la trace d'un pied d'homme était imprimée dans le sable humide ; *fig* [in memory] graver, imprimer / *the incident remained printed in their memory* l'incident est resté gravé dans leur mémoire. ◆ vi **1.** imprimer / *tomorrow's newspapers haven't started printing yet* les journaux de demain ne sont pas encore sous presse or à l'impression / *the drawing should print well* le dessin devrait bien ressortir à l'impression **2.** [in handwriting] écrire en caractères d'imprimerie **3.** PHOT [negative] ▸ **to print well** sortir bien au tirage.

❖ **print off** vt sep **1.** TYPO imprimer, tirer **2.** PHOT tirer.

❖ **print out** vt sep COMPUT imprimer.

❖ **print up** vt sep TYPO imprimer.

printable [ˈprɪntəbl] adj imprimable, publiable / *some of their remarks were hardly printable* certaines de leurs remarques étaient difficilement publiables / *my opinion on the matter is not printable* mon avis sur la question n'est pas très agréable à entendre.

printed [ˈprɪntɪd] adj **1.** [gen] imprimé ▸ **printed cotton** coton *m* imprimé ▸ **printed matter** imprimés *mpl* ▸ **the printed word** l'écrit *m* **2.** [notepaper] à en-tête.

printed circuit (board) n circuit *m* imprimé.

printer [ˈprɪntəʳ] n **1.** [person - gen] imprimeur *m* ; [- typographer] typographe *mf* ; [- compositor] compositeur *m*, -trice *f* / *it's at the printer's* c'est chez l'imprimeur or à l'impression ▸ **printer's error** coquille *f* ▸ **printer's ink** encre *f* d'imprimerie ▸ **printer's mark** marque *f* d'imprimeur **2.** COMPUT imprimante *f* ▸ **printer cable** câble *m* d'imprimante ▸ **printer driver** programme *m* de commande d'impression ▸ **printer port** port *m* d'imprimante **3.** PHOT tireuse *f*.

printhead [ˈprɪnthed] n tête *f* d'impression.

printing [ˈprɪntɪŋ] n **1.** [activity] imprimerie *f* / *he works in printing* il travaille dans l'imprimerie **2.** [copies printed] impression *f*, tirage *m* / *fourth printing* quatrième impression **3.** PHOT tirage *m* **4.** *(U)* [handwriting] (écriture *f* en) caractères *mpl* d'imprimerie.

printing ink n encre *f* d'imprimerie.

printing office n imprimerie *f*.

printing press n presse *f* (d'imprimerie).

printmaker [ˈprɪntˌmeɪkəʳ] n **1.** TYPO typographe *mf* **2.** ART graveur *m*.

printout [ˈprɪntaʊt] n [act of printing out] tirage *m*, sortie *f* sur imprimante ▸ **to do a printout** sortir un document sur imprimante, imprimer (un document) ; [printed version] sortie *f* papier, tirage *m* ; [results of calculation] listing *m* / *here's the printout of the results* voici le listing des résultats.

print preview n COMPUT aperçu *m* avant impression.

print queue n COMPUT liste *f* d'attente or queue *f* d'impression.

printrun [ˈprɪntrʌn] n tirage *m*.

print shop n imprimerie *f*.

printwheel [ˈprɪntwiːl] n marguerite *f (d'imprimante)*.

prion [ˈpraɪɒn] n BIOL prion *m*.

prior [ˈpraɪəʳ] ◆ adj **1.** [earlier] antérieur, précédent / *she had a prior engagement* elle était déjà prise ; [preliminary] préalable / *without prior notice* sans préavis / *without his prior agreement* sans son accord préalable **2.** [more important] ▸ **to have a prior claim to** or **on sthg** avoir un droit de priorité or d'antériorité sur qqch / *her son had a prior claim on her attention* son fils passait avant tout. ◆ n RELIG (père *m*) prieur *m*.

❖ **prior to** prep phr avant, antérieurement à, préalablement à / *prior to (his) departure...* avant son départ or avant de partir... / *prior to today* avant aujourd'hui / *prior to any discussion* préalablement à or avant toute discussion.

prioress [ˈpraɪərɪs] n (mère *f*) prieure *f*.

prioritize, prioritise [praɪˈɒrɪtaɪz] vt donner or accorder la priorité à / *if elected, we will prioritize health care* si nous sommes élus, nous accorderons la priorité aux services de santé / *they've prioritized those who've been waiting longest* ils ont donné la priorité à ceux qui avaient attendu le plus longtemps / *it's wrong to prioritize any one issue* c'est un tort de donner la priorité à une question plutôt qu'à une autre.

priority [praɪˈɒrətɪ] (*pl* **priorities**) n priorité *f* ▸ **to give priority to** donner or accorder la priorité à ▸ **to have** or **to take priority over** avoir la priorité sur ▸ **to do sthg as a (matter of) priority** faire qqch en priorité / *the matter has top priority* l'affaire a la priorité absolue or est absolument prioritaire / *the library came high / low on the list of priorities* la bibliothèque venait en tête / venait loin sur la liste des priorités / *you should get your priorities right* il faudrait que tu apprennes à distinguer ce qui est important de ce qui ne l'est pas / *the government has got its priorities all wrong* le gouvernement n'accorde pas la priorité aux choses les plus importantes / *according to priority* selon l'ordre de priorité.

priority share n action *f* privilégiée.

priory [ˈpraɪərɪ] (*pl* **priories**) n prieuré *m*.

prise [praɪz] vt UK ▸ **to prise sthg open** ouvrir qqch à l'aide d'un levier / *he tried to prise open the door* il a essayé de forcer la porte / *she managed to prise her leg free* elle a réussi à dégager sa jambe / *we prised the top off with a spoon* on a enlevé le couvercle à l'aide d'une cuillère / *we managed to prise the information out of her* fig on a réussi à lui arracher le renseignement.

prism [ˈprɪzm] n prisme *m*.

prismatic [prɪzˈmætɪk] adj prismatique.

prison [ˈprɪzn] ◆ n prison *f* ▸ **to be in prison** être en prison / *he's been in prison* il a fait de la prison ▸ **to go to prison** aller en prison, être emprisonné ▸ **to send sb to prison, to put sb in prison** envoyer or mettre qqn en prison ▸ **to be sent to** or **put in prison** être incarcéré / *to sentence sb to three years in prison* condamner qqn à trois ans de prison / *marriage had become a prison* fig le mariage était devenu une prison. ◆ comp [director, warder, cell] de prison ; [food, conditions] en prison, dans les prisons ; [system, regulations, administration] pénitentiaire, carcéral ▸ **prison sentence** peine *f* de prison.

prison camp n camp *m* de prisonniers.

prison colony n bagne *m*, colonie *f* pénitentiaire.

prisoner [ˈprɪznəʳ] n prisonnier *m*, -ère *f*, détenu *m*, -e *f* / *he's a prisoner in Wormwood Scrubs* il est détenu à la prison de Wormwood Scrubs ▸ **to take sb prisoner** faire qqn prisonnier ▸ **to hold sb prisoner** retenir qqn prisonnier, détenir qqn ▸ **to be taken prisoner** être fait prisonnier ▸ **to be held prisoner** être détenu / *she became a prisoner of her own fears* fig elle devint prisonnière de ses propres peurs ▸ **political prisoner** prisonnier or détenu politique ▸ **prisoner of conscience** prisonnier *m* d'opinion ▸ **prisoner of war** prisonnier de guerre ▸ **to take no prisoners** fig ne faire aucune concession / **'The Prisoner of Zenda'** *Hope* 'Le prisonnier de Zenda'.

prison officer n gardien *m*, -enne *f* de prison.

prison van n fourgon *m* cellulaire.

prison visitor n visiteur *m*, -euse *f* de prison.

prissy [ˈprɪsɪ] adj *inf* prude, bégueule.

pristine [ˈprɪstiːn] adj **1.** [immaculate] parfait, immaculé / *of pristine cleanliness* d'une propreté immaculée / *in pristine condition* en parfait état **2.** [original] primitif, premier.

prithee [ˈprɪðɪ] interj *arch* je vous prie, s'il vous plaît.

privacy [UK ˈprɪvəsɪ US ˈpraɪvəsɪ] n **1.** [seclusion] solitude *f* / *lack of privacy* manque *m* d'intimité / *I have no privacy here* je ne peux jamais être seul ici / *can I have some privacy for a few hours?* pouvez-vous me laisser seul quelques heures ? / *she hates having her privacy disturbed* elle déteste qu'on la dérange chez elle ; [private life] vie *f* privée / *I value my privacy* je tiens à ma vie privée / *you can't have any privacy if you're a star* les stars n'ont pas de vie privée / *an intrusion on sb's privacy* une ingérence dans la vie privée de qqn / *the papers have no respect for people's privacy* les journaux ne respectent pas la vie privée des gens / *in the privacy of one's own home* dans l'intimité de son foyer / *there's no privacy in this world* tout se sait dans ce bas monde **2.** [secrecy] intimité *f*, secret *m* / *to get married in the strictest privacy* se marier dans la plus stricte intimité **3.** [confidentiality] confidentialité *f* ▸ **on-line privacy** confidentialité *f* en ligne ▸ **privacy policy** politique *f* de confidentialité or de protection des données personnelles ▸ **privacy statement** déclaration *f* de confidentialité.

private [ˈpraɪvɪt] ◆ adj **1.** [not for the public] privé ▸ **private fishing** pêche *f* gardée ▸ **private land** terrain *m* privé ▸ **private performance** or **showing** THEAT représentation *f* privée ▸ **private screening** or **showing** CIN projection or séance *f* privée ▸ **private road** voie *f* privée / **'private'** 'privé', 'interdit au public' **2.** [independent, not run or controlled by the state] privé ▸ **private nursing home** maison *f* de retraite privée **3.** [personal] privé, personnel / *for private reasons* pour des raisons personnelles / *don't interfere in my private affairs* or *business* ne vous mêlez pas de mes affaires personnelles / *private agreement* accord *m* à l'amiable / *I thought we had a private agreement about it* je croyais que nous avions réglé ce problème entre nous / *it's my private opinion* c'est mon opinion personnelle / *it's a private joke* c'est une blague que vous ne pouvez pas comprendre / *my private address* mon adresse personnelle, mon domicile / *she lives in her own private fantasy world* elle vit dans un monde imaginaire bien à elle / *she keeps her private thoughts to herself* elle garde pour elle ses opinions personnelles **4.** [confidential] privé, confidentiel, personnel / *a private conversation* une conversation privée or à caractère privé / *we had a private meeting* nous nous sommes vus en privé / *I have some private information about him* j'ai des renseignements confidentiels à son sujet or le concernant / *keep it private* gardez-le pour vous / *can I tell him? — no, it's private* je peux le lui dire ? — non c'est personnel / **'private'** [on envelope] 'personnel' ▸ **private hearing** LAW audience *f* à huis clos **5.** [individual - bank account] personnel ; [- bathroom, lessons, tuition] particulier / *she has private lessons in French* elle prend des cours particuliers de français / *private pupil* élève *mf (à qui l'on donne des cours particuliers)* / *he has a lot of private pupils* il donne beaucoup de cours particuliers / *private teacher* précepteur *m*, -trice *f* / *this is a private house* c'est une maison particulière or qui appartient à des particuliers / *in my private capacity* à titre personnel / *for your private use* pour votre usage personnel / *for your private information* à titre confidentiel ▸ **private car** voiture *f* personnelle **6.** [quiet, intimate] intime, privé / *a private place* un endroit tranquille / *he's a very private person* c'est quelqu'un de très réservé / *they want a private wedding* ils veulent se marier dans l'intimité / *it was a private funeral* les obsèques ont eu lieu dans la plus stricte intimité / *do you have a private room where we can talk?* avez-vous une pièce où l'on puisse parler tranquillement ? ▸ **private bar** *salon dans un pub* **7.** [ordinary] ▸ **a private citizen** un (simple) citoyen, un particulier ▸ **private soldier** (simple) soldat *m*. ◆ n MIL (simple) soldat *m*, soldat *m* de deuxième classe / *it belongs to Private Hopkins* ça appartient au soldat Hopkins / *Private Murdoch!* soldat Murdoch !

❖ **privates** pl n *inf & euph* parties *fpl (génitales)*.

❖ **in private** adv phr [confidentially] en privé, en confidence ; [in private life] en privé, dans la vie privée ; [personally] en privé, personnellement.

private company n entreprise *f* or société *f* privée.

private detective n détective *m* privé.

private enterprise n libre entreprise *f*.

privateer [ˌpraɪvəˈtɪəʳ] n corsaire *m*.

private eye n *inf* privé *m* ▸ Private Eye PRESS *magazine satirique britannique.*

private hotel n ≃ pension *f* de famille.

private income n rentes *fpl* ▸ **to live on** or **off a private income** vivre de ses rentes.

private investigator = **private detective.**

private life n vie *f* privée / *in (his) private life* dans sa vie privée, en privé / *she has no private life* elle n'a pas de vie privée.

privately ['praɪvɪtlɪ] adv **1.** [not publicly] : *a privately owned company* une entreprise privée / *she sold her house privately* elle a vendu sa maison de particulier à particulier / *they were married privately* leur mariage a eu lieu dans l'intimité / *to be privately educated* **a)** [at school] faire ses études dans une école privée **b)** [with tutor] avoir un précepteur / *the jury's deliberations took place privately* les délibérations du jury se sont déroulées à huis clos **2.** [personally] dans mon / son / etc. for intérieur, en moi-même / soi-même / etc. / *privately, he didn't agree* dans son for intérieur or intérieurement, il n'était pas d'accord / *privately, I was disgusted* dans mon for intérieur, j'étais dégoûté ; [secretly] secrètement / *privately, he was plotting to oust his rival* il complotait secrètement or en secret d'évincer son rival **3.** [confidentially] en privé / *she informed me privately that...* elle m'a informé en toute confidence que… / *we met privately* nous avons eu une entrevue privée / *can I see you privately?* puis-je vous voir en privé or en tête à tête ? / *I spoke to her privately* je lui ai parlé en tête à tête **4.** [as a private individual] à titre personnel / *he acted privately and not in his capacity as mayor* il a agi à titre personnel et non en tant que maire.

private means pl n rentes *fpl*, fortune *f* personnelle / *a man of private means* un rentier.

private member's bill n UK proposition *f* de loi.

private parts *inf* = **privates.**

private patient n *patient d'un médecin dont les consultations ne sont pas prises en charge par les services de santé.*

private pension n retraite *f* complémentaire / *they operate a private pension scheme* ils ont leur propre caisse de retraite.

private practice n médecine *f* privée or non conventionnée / *she's in private practice* elle a un cabinet (médical) privé.

private property n propriété *f* privée / **'private property, keep out!'** 'propriété privée', 'défense d'entrer'.

private school n ≃ école *f* libre.

private secretary n **1.** COMM secrétaire particulier *m*, secrétaire particulière *f* **2.** UK POL *haut fonctionnaire dont le rôle est d'assister un ministre.*

private sector n ▸ **the private sector** le secteur privé.

✧ **private-sector** comp [business, pay, bosses] privé.

private view n ART vernissage *m*.

privation [praɪ'veɪʃn] n privation *f*.

privative ['prɪvətɪv] ◆ adj privatif. ◆ n privatif *m*.

privatization [,praɪvɪtaɪ'zeɪʃn] n privatisation *f*.

privatize, privatise ['praɪvɪtaɪz] vt privatiser.

privet ['prɪvɪt] n troène *m* ▸ **privet hedge** haie *f* de troènes.

privilege ['prɪvɪlɪdʒ] ◆ n **1.** [right, advantage] privilège *m* / *the privileges of the nobility* les privilèges de la noblesse ▸ **to grant sb the privilege of doing sthg** accorder à qqn le privilège de faire qqch ; *(U)* [unfair advantage] : *a struggle against privilege* une lutte contre les privilèges **2.** [honour] honneur *m* / *it was a privilege to do business with you* ce fut un honneur de travailler avec vous / *I had the privilege of attending his wedding* j'ai eu le bonheur or la chance d'assister à son mariage **3.** POL ▸ **parliamentary privilege** immunité *f* parlementaire. ◆ vt privilégier / *these tax changes privilege the rich* ces modifications fiscales privilégient les riches / *I was privileged to meet him after the war* j'ai eu le privilège or la chance de le rencontrer après la guerre.

privileged ['prɪvɪlɪdʒd] ◆ adj **1.** [person] privilégié / *a privileged position* une position privilégiée / *a privileged minority* une minorité privilégiée, quelques privilégiés *mpl* / *only a privileged few were invited* seuls quelques privilégiés ont été invités / *the privileged few* la minorité privilégiée **2.** LAW [document, information] laissé à la discrétion du témoin / *such information is privileged* le témoin n'est pas obligé de divulguer une telle information. ◆ pl n ▸ **the privileged** les privilégiés *mpl*.

privy ['prɪvɪ] (*pl* **privies**) ◆ adj **1.** *fml* [informed] ▸ **to be privy to sthg** *fml* être instruit de qqch, être au courant de qqch / *an officer who had been privy to the plot was arrested* un officier qui était au courant du complot fut arrêté **2.** *arch* [secret] secret (secrète), caché. ◆ n *arch & hum* [toilet] lieux *mpl* d'aisances.

Privy Council n ▸ **the Privy Council** *le Conseil privé du souverain en Grande-Bretagne.*

 **Privy Council**

Présidé par le souverain, le **Privy Council** compte environ 400 membres. En font partie tous les ministres du gouvernement ainsi que d'autres hautes personnalités de la politique. Théoriquement, il peut assumer les pouvoirs du gouvernement en cas de crise nationale, mais en pratique ses fonctions sont purement honorifiques. Les membres du Privy Council ont droit à l'appellation **Right Honourable (Rt Hon)** devant leur nom.

Privy Councillor n *membre du Conseil privé.*

Privy Purse n cassette *f* royale.

Privy Seal n ▸ **the Privy Seal** le Petit Sceau.

prize [praɪz] ◆ n **1.** [for merit] prix *m* ▸ **to award a prize to sb** décerner un prix à qqn ▸ **to win (the) first prize in a contest** remporter le premier prix d'un concours / *she won the prize for the best pupil* elle s'est vu décerner or elle a reçu le prix d'excellence / *no prizes for guessing who won fig* vous n'aurez aucun mal à deviner le nom du gagnant ▸ **the prize list** le palmarès **2.** [in game] lot *m* ▸ **to win first** or **top prize in the National Lottery** gagner le gros lot à la Loterie nationale ▸ **the prize list** la liste des gagnants **3.** NAUT prise *f*. ◆ vt **1.** [for value] chérir, attacher une grande valeur à ; [for quality] priser / *I prize his friendship very highly* son amitié m'est très précieuse / *my most prized possessions* mes biens les plus précieux / *original editions are highly prized* les éditions originales sont très prisées or recherchées **2.** = **prise.** ◆ adj **1.** [prizewinning] primé, médaillé / *prize lamb* agneau *m* primé or médaillé **2.** [excellent] parfait, typique / *a prize specimen of manhood* un superbe mâle / *that's a prize example of what not to do!* c'est un parfait exemple de ce qu'il ne faut pas faire ! ; [complete] : *a prize fool inf* un parfait imbécile **3.** [valuable] de valeur ; [cherished] prisé.

prize day n UK SCH (jour *m* de la) distribution *f* des prix.

prize draw n tombola *f*, loterie *f*.

prizefight ['praɪzfaɪt] n combat *m* professionnel.

prizefighter ['praɪzfaɪtər] n boxeur *m* professionnel.

prizefighting ['praɪzfaɪtɪŋ] n boxe *f* professionnelle.

prize-giving n distribution *f* or remise *f* des prix.

prize money n prix *m* en argent.

prize ring n ring *m (pour la boxe professionnelle).*

prizewinner ['praɪzwɪnər] n [of exam, essay contest] lauréat *m*, -e *f* ; [of game, lottery] gagnant *m*, -e *f*.

prizewinning ['praɪzwɪnɪŋ] adj [novel, entry] primé ; [ticket, number, contestant] gagnant.

pro [prəʊ] (*pl* **pros**) ◆ n *inf* **1.** (abbr of **professional**) [gen & SPORT] pro *mf* ▸ **to turn pro** passer pro **2.** (abbr of **prostitute**) UK professionnelle *f*. ◆ prep [in favour of] pour / *he's very pro capital punishment* c'est un partisan convaincu de la peine capitale.

✧ **pros** pl n ▸ **the pros and cons** le pour et le contre ▸ **the pros and the antis** ceux qui sont pour et ceux qui sont contre.

pro- in comp [in favour of] pro- ▸ **pro-American** proaméricain ▸ **pro-Stalin** : *they were pro-Stalin* ils étaient pour Staline, c'étaient des partisans de Staline.

PRO n **1.** abbr of **public relations officer 2.** abbr of **Public Records Office.**

proactive [prəʊ'æktɪv] adj [firm, industry, person] dynamique ; PSYCHOL proactif.

proactively [,prəʊ'æktɪvlɪ] adv de manière dynamique.

pro-am ['prəʊ'æm] adj SPORT professionnel et amateur ▸ **a pro-am golf tournament** un open de golf.

probabilism ['prɒbəbɪlɪzm] n probabilisme *m*.

probability [,prɒbə'bɪlətɪ] (*pl* **probabilities**) n **1.** [likelihood] probabilité *f* / *the probability is that he won't come* il est probable qu'il ne viendra pas, il y a de fortes chances (pour) qu'il ne vienne pas / *there is little* or *not much probability of her changing her mind* il est peu probable qu'elle or il y a peu de chance (pour) qu'elle change d'avis / *there is a strong probability of that happening* il y a de fortes chances que cela se produise ▸ **in all probability** selon toute probabilité **2.** MATH calcul *m* des probabilités / *what is the probability* or *what are the probabilities of such a result?* quelle est la probabilité d'un tel résultat ?

probability sample n échantillon *m* probabiliste.

probable ['prɒbəbl] ◆ adj **1.** [likely] probable, vraisemblable / *a probable hypothesis* une hypothèse vraisemblable / *her success is more than probable* son succès est plus que probable / *it's highly probable that we won't arrive before 2 o'clock* il est fort probable or plus que probable que nous n'arriverons pas avant 14 h / *it's hardly probable that he will be there* il est peu probable qu'il soit là / *that's quite probable* c'est tout à fait probable **2.** [plausible] vraisemblable / *it doesn't sound very probable to me* ça ne me paraît pas très vraisemblable. ◆ n : *he's a probable for the team next Saturday* il y a de fortes chances pour qu'il joue dans l'équipe samedi prochain ▸ **the Probables and the Possibles** SPORT la sélection A et la sélection B.

probably ['prɒbəblɪ] adv probablement, vraisemblablement, selon toute probabilité / *you're probably right* tu as probablement raison / *probably not* probablement pas / *will you be able to come? — probably* pourrez-vous venir ? — probablement / *will he write to you? — very probably* il t'écrira ? — c'est très probable / *she's probably left already* elle est probablement déjà partie, il est probable qu'elle soit déjà partie.

pro ball n US [baseball] baseball *m* professionnel.

probate ['prəʊbeɪt] ◆ n [authentification] homologation *f*, authentification *f*, validation *f* ▸ **to grant / to take out probate of a will** homologuer / faire homologuer un testament ▸ **to value sthg for probate** évaluer or expertiser qqch pour l'homologation d'un testament. ◆ vt US [will] homologuer, faire authentifier.

probate court n tribunal *m* des successions et des tutelles.

probation [prə'beɪʃn] n **1.** LAW probation *f* ; ≃ condamnation *f* avec sursis et mise à l'épreuve ▸ **to be on probation** ≃ être en sursis avec mise à l'épreuve ▸ **to put sb on probation** ≃ condamner qqn avec mise à l'épreuve **2.** [trial employment] essai *m* ▸ **period of probation** période *f* d'essai ▸ **to be on probation** être en période d'essai **3.** RELIG probation *f*.

probationary [prə'beɪʃnrɪ] adj **1.** [trial] d'essai ▸ **probationary period** période *f* d'essai ▸ **probationary teacher** professeur *m* stagiaire ▸ **probationary year** UK SCH année *f* probatoire **2.** LAW de probation **3.** RELIG de probation, de noviciat.

probationer [prə'beɪʃnər] n **1.** [employee] employé *m*, -e *f* à l'essai or en période d'essai ; UK [teacher] (professeur *m*) stagiaire *mf* ; [trainee nurse] élève *m* infirmier, élève *f* infirmière **2.** LAW probationnaire *mf* **3.** RELIG novice *mf*.

probation officer n ≃ agent *m* de probation.

probe [prəʊb] ◆ n **1.** [investigation] enquête *f*, investigation *f* / *there has been a newspaper probe into corruption* la presse a fait une enquête sur la corruption **2.** [question] question *f*, interrogation *f* / *he didn't respond to our probes into* or *about his past* il est resté muet lorsque nous avons essayé de l'interroger sur son passé **3.** ASTRONAUT, ELECTRON & MED sonde *f* ; ZOOL trompe *f*. ◆ vt **1.** [investigate] enquêter sur / *police are probing the company's accounts* la police épluche les comptes or examine la comptabilité de la société **2.** [examine, sound out - person, motive, reasons] sonder ▸ **to probe sb about sthg** sonder qqn sur qqch **3.** [explore, poke around in] explorer, fouiller, sonder ; MED sonder / *she probed the snow with her umbrella* elle fouilla la neige avec la pointe de son parapluie. ◆ vi **1.** [investigate] enquêter, faire une enquête / *the police are probing for clues* les policiers recherchent des indices ▸ **to probe into sthg** enquêter sur qqch / *if you probe into his past, you'll have some surprises* si vous fouillez dans son passé, vous aurez des surprises **2.** MED faire un sondage.

probing ['prəʊbɪŋ] ◆ adj [look] inquisiteur, perçant ; [mind] pénétrant, clairvoyant ; [remark, question] perspicace / *after hours of probing questioning* après des heures d'un interrogatoire très poussé. ◆ n *(U)* **1.** [investigation] enquête *f*, investigations *fpl* ; [questioning] questions *fpl*, interrogatoire *m* / *she didn't react to my probing* je l'ai sondée, mais elle n'a pas réagi **2.** MED sondage *m*.

probity ['prəʊbətɪ] n probité *f*.

problem ['prɒbləm] ◆ n problème *m* / *a mathematical problem* un problème de mathématiques / *a technical / financial problem* un problème technique / financier ▸ **to cause problems for sb** causer des ennuis or poser des problèmes à qqn ▸ **to solve a problem** résoudre un problème / *he's got problems with the police* il a des problèmes or ennuis avec la police / *the oldest one is a real problem to me* l'aîné me pose de réels problèmes / *that's going to be a bit of a problem* ça va poser un petit problème / *that's no problem!* ça ne pose pas de or aucun problème ! / *can you come on Friday? — no problem!* *inf* pouvez-vous venir vendredi ? — pas de problème or sans problème ! / *thanks for doing that for me — no problem!* *inf* merci d'avoir fait ça pour moi — pas de problème ! / *I don't see what the problem is* je ne vois pas où est le problème / *it's a problem knowing* or *to know what to get her for Christmas* c'est difficile de savoir quoi lui offrir pour Noël / *what's your problem?* *inf* c'est quoi ton problème ?, qu'est-ce qui ne va pas ? / *she has a bit of a weight problem* elle a des problèmes de poids. ◆ comp [child, family, hair] à problèmes ; [play] à thèse / *it's a real problem case* c'est un cas qui pose de réels problèmes.

problematic(al) [,prɒblə'mætɪk(l)] adj problématique, incertain / *staying the night there could be a bit problematical* ça paraît compliqué d'y passer la nuit.

problem page n UK courrier *m* du cœur.

problem-solving [-,sɒlvɪŋ] n résolution *f* de problèmes / *a problem-solving test* un test par résolution de problèmes.

pro bono [-bəʊnəʊ] adj US LAW [legal work] à titre gratuit ; [lawyer] exerçant à titre gratuit.

proboscis [prəʊ'bɒsɪs] (*pl* **proboscises** [-sɪsi:z] *or* **proboscides** [-sɪdi:z]) n ZOOL trompe *f* ; *hum* [nose] appendice *m*.

proboscis monkey n nasique *m*.

procaine ['prəʊkeɪn] n procaïne *f*.

procedural [prə'si:dʒərəl] adj de procédure, procédural ▸ **procedural agreement** accord *m* de procédure or sur la procédure ▸ **procedural fault** faute *f* de procédure ▸ **procedural motion** motion *f* d'ordre / *the delays were merely procedural* les retards étaient dus à de simples questions de procédure.

procedure [prə'si:dʒər] n **1.** procédure *f* / *you must follow (the) normal procedure* vous devez suivre la procédure normale / *what's the correct procedure?* comment doit-on procéder ?, quelle est la marche à suivre ? ▸ **criminal / civil (law) procedure** LAW procédure *f* pénale / civile **2.** COMPUT procédure *f*, sous-programme *m*.

proceed [prə'si:d] vi **1.** [continue] continuer, poursuivre / *you may proceed* vous pouvez poursuivre or continuer / *before proceeding any further with our investigations...* avant de poursuivre nos investigations..., avant de pousser plus avant nos investigations... / *just proceed with the announcement as usual* faites votre annonce comme à l'accoutumée / *before I proceed* avant d'aller plus loin **2.** [happen] se passer, se dérouler / *is the meeting proceeding according to plan?* est-ce que la réunion se déroule comme prévu ? **3.** [move on] passer / *let's proceed to item 32* passons à la question 32 ▸ **to proceed to do sthg a)** [start] se mettre à faire qqch **b)** [do next] passer à qqch / *he proceeded to tear up my report* puis, il a déchiré mon rapport **4.** [act] procéder, agir / *how should we proceed?* comment devons-nous procéder ?, quelle est la marche à suivre ? / *I'm not sure how to proceed* je ne vois pas très bien comment faire / *proceed with caution* agissez avec prudence **5.** [go, travel] avancer, aller ; [car] avancer, rouler / *they proceeded at a slow pace* ils ont avancé lentement / *she proceeded on her way* elle a poursuivi son chemin / *they are proceeding towards Calais* ils se dirigent vers Calais / *I then proceeded to the post office* je me suis ensuite rendu au bureau de poste / *I was proceeding along Henley Road in a westerly direction* je longeais Henley Road en me dirigeant vers l'ouest / *the road proceeds along the coast* la route longe la côte **6.** LAW ▸ **to proceed with charges against sb** poursuivre qqn en justice, intenter un procès contre qqn **7.** [originate] ▸ **to proceed from** provenir de, découler de / *smells proceeding from the kitchen* des odeurs provenant de la cuisine.

❖ **proceed against** vt insep LAW engager des poursuites contre.

proceedings [prə'si:dɪŋz] pl n **1.** [happening, event] événement *m* / *the proceedings passed off peacefully* tout s'est déroulé sans incident / *we watched the proceedings on television* nous avons regardé la retransmission télévisée de la cérémonie **2.** [meeting] réunion *f*, séance *f* / *I missed some of the proceedings* j'ai manqué une partie de la réunion or des débats **3.** [records - of meeting] compte rendu *m*, procès-verbal *m* ; [- of learned society] actes *mpl* **4.** LAW [legal action] procès *m*, poursuites *fpl* ▸ **to take** or **to institute (legal) proceedings against sb** intenter une action (en justice) contre qqn, engager des poursuites contre qqn ; [legal process] procédure *f* / *legal proceedings are very slow in this country* la procédure judiciaire est très lente dans ce pays.

proceeds ['prəʊsi:dz] pl n recette *f*, somme *f* recueillie / *all proceeds will go to charity* tout l'argent recueilli sera versé aux œuvres de charité.

process ◆ n ['prəʊses] **1.** [series of events, operation] processus *m* / *the ageing process* le processus de vieillissement / *the democratic process* le processus démocratique / *the peace process* le processus de paix / *the process of reproduction* le processus de reproduction / *the whole process only takes a few minutes* tout le processus or toute l'opération ne prend que quelques minutes / *teaching him French is a slow process* il en faut du temps pour lui apprendre le français **2.** [method] procédé *m*, méthode *f* ▸ **to develop a process for doing sthg** mettre au point un procédé pour faire qqch / *a photographic process* un procédé photographique / *a new manufacturing process* un nouveau procédé de fabrication / *by a process of elimination* par élimination / *by a process of trial and error* en procédant par tâtonnements ▸ **to be in process** être en cours **3.** LAW [legal action] procès *m*, action *f* en justice ; [writ, summons] citation *f* (en justice), assignation *f* (en justice) **4.** BIOL [outgrowth] processus *m*. ◆ vt ['prəʊses] **1.** [transform - raw materials] traiter, transformer ; [- cheese, meat, milk] traiter ; [- nuclear waste] retraiter ; [COMPUT - data] traiter ; PHOT développer **2.** ADMIN & COMM [deal with - order, information, cheque] traiter / *my insurance claim is still being processed* ma déclaration de sinistre est toujours en cours de règlement / *we process thousands of applications every week* nous traitons des milliers de demandes chaque semaine **3.** *fig* [come to terms with] faire face à. ◆ vi [prə'ses] [march] défiler ; RELIG défiler en procession / *the bishops processed slowly down the aisle* la procession des évêques avançait lentement dans l'allée centrale.

❖ **in the process** adv phr : *I managed to rescue the cat but I twisted my ankle in the process* j'ai réussi à sauver le chat, mais je me suis tordu la cheville (en le faisant).

❖ **in the process of** prep phr en train de ▸ **to be in the process of doing sthg** être en train de faire qqch / *it's in the process of being discussed / of being carried out* c'est en cours de discussion / en voie d'exécution / *in the process of speaking to him, I found out that his wife was dead* c'est en lui parlant que j'ai appris que sa femme était morte / *they're in the process of getting a divorce* ils sont en instance de divorce ▸ **in the process of time** avec le temps, à la longue.

processed ['prəʊsest] adj [food] traité, industriel *pej* ▸ **processed cheese a)** [for spreading] fromage *m* à tartiner **b)** [in slices] fromage *m* en tranches.

process engineer n ingénieur *m* en procédés.

process engineering n ingénierie *f* de procédés.

processing ['prəʊsesɪŋ] n [gen & COMPUT] traitement *m* ▸ **processing plant** [for sewage, nuclear waste, etc.] usine *f* de traitement.

procession [prə'seʃn] n **1.** [ceremony] procession *f*, cortège *m* ; RELIG procession *f* **2.** [demonstration] défilé *m*, cortège *m* **3.** [continous line] procession *f*, défilé *m* / *the soldiers marched in procession through the town* les soldats ont défilé à travers la ville / *I've had a procession of people through my office all day* toute la journée, ça a été un défilé permanent dans mon bureau.

processional [prə'seʃənl] ◆ adj processionnel / *a processional march* une marche processionnelle. ◆ n RELIG [hymn] hymne *m* processionnel ; [book] processional *m*.

processor ['prəʊsesər] n **1.** COMPUT processeur *m* **2.** CULIN robot *m* ménager.

process printing n impression *f* en couleurs.

pro-choice ['prəʊ'tʃɔɪs] adj favorable au droit de pratiquer l'avortement et/ou l'euthanasie.

pro-choicer n *personne favorable au droit de pratiquer l'avortement et / ou l'euthanasie.*

proclaim [prə'kleɪm] vt **1.** [declare] proclamer, déclarer / *to proclaim independence* proclamer l'indépendance / *on the day that peace was proclaimed* le jour de l'armistice / *to proclaim a state of emergency* proclamer l'état d'urgence / *a holiday was proclaimed for the investiture* une journée de congé fut octroyée pour l'investiture / *many proclaimed that he was mad* or *proclaimed him to be mad* beaucoup de gens ont déclaré qu'il était fou / *he proclaimed himself emperor* il s'est proclamé empereur / *she proclaimed her innocence* elle a clamé son innocence **2.** [reveal] révéler, manifester, trahir / *his behaviour proclaimed his nervousness* son comportement trahissait sa nervosité / *his expression proclaimed his absolute sincerity* une sincérité totale se lisait sur son visage.

proclamation [,prɒklə'meɪʃn] n proclamation *f*, déclaration *f* ▸ **by public proclamation** par proclamation publique ▸ **to issue** or **to make a proclamation** faire une proclamation.

proclivity [prə'klɪvətɪ] (*pl* **proclivities**) n *fml* propension *f*, inclination *f*, tendance *f* ▸ **to have a proclivity to** or **towards sthg** avoir une propension à qqch ▸ **sexual proclivities** penchant *m* pour certaines pratiques sexuelles.

proconsul [,prəʊ'kɒnsəl] n proconsul *m*.

procrastinate [prə'kræstɪneɪt] vi tergiverser, atermoyer, temporiser / *he's always procrastinating* il remet toujours tout au lendemain, il fait toujours traîner les choses / *if you hadn't procrastinated* **a)** [wasted time] si vous n'aviez pas fait traîner les choses **b)** [hesitated] si vous n'aviez pas hésité.

procrastination [prə,kræstɪ'neɪʃn] n procrastination *f* *liter*, tendance *f* à tout remettre au lendemain ▸ **procrastination is the thief of time** *prov* il ne faut jamais remettre au lendemain ce que l'on peut faire le jour même *prov.*

procrastinator [prəʊ'kræstɪneɪtər] n indécis *m*, -e *f*, velléitaire *mf* / *he's a terrible procrastinator!* il a une fâcheuse tendance à toujours tout remettre au lendemain !

procreate ['prəʊkrɪeɪt] *fml* ◆ vi procréer. ◆ vt engendrer.

procreation [,prəʊkrɪ'eɪʃn] n *fml* procréation *f*.

Procrustean [prəʊ'krʌstɪən] adj de Procruste.

proctitis [prɒk'taɪtəs] n proctite *f*, rectite *f*.

proctology [prɒk'tɒləʤɪ] n proctologie *f*.

proctor ['prɒktər] ◆ n **1.** LAW [agent] ≃ fondé *m* de pouvoir **2.** UNIV [in UK] représentant *m*, -e *f* du conseil de discipline ; [in US - invigilator] surveillant *m*, -e *f* (à un examen) **3.** RELIG procureur *m*. ◆ vi & vt US surveiller.

procurable [prə'kjʊərəbl] adj que l'on peut se procurer *or* obtenir / *these goods are procurable only from an overseas supplier* on ne peut se procurer ces denrées qu'auprès d'un fournisseur à l'étranger.

procuration [,prɒkjʊ'reɪʃn] n **1.** [acquisition] obtention *f*, acquisition *f* **2.** LAW procuration *f* **3.** [of prostitutes] proxénétisme *m*.

procurator ['prɒkjʊreɪtər] n **1.** LAW fondé *m* de pouvoir **2.** SCOT LAW = **procurator fiscal 3.** ANTIQ procurateur *m*.

procurator fiscal n SCOT LAW *en Écosse, magistrat qui fait office de procureur et qui remplit les fonctions du «coroner» en Angleterre* ; ≃ procureur *m* de la République.

procure [prə'kjʊər] ◆ vt **1.** *fml* [obtain] procurer, obtenir ; [buy] (se) procurer, acheter ▸ **to procure sthg (for o.s.)** se procurer qqch / *the defence lawyers procured his acquittal* les avocats de la défense ont obtenu son acquittement ▸ **to procure sthg for sb** procurer qqch à qqn **2.** LAW [prostitutes] procurer, prostituer **3.** *arch* [cause] procurer, causer, provoquer ▸ **to procure sb's death a)** [have killed] faire assassiner qqn **b)** [cause death] provoquer la mort de qqn. ◆ vi LAW se livrer au proxénétisme.

procurement [prə'kjʊəmənt] n **1.** [acquisition] obtention *f*, acquisition *f* **2.** COMM [buying] achat *m*, acquisition *f* ; MIL acquisition *f* de matériel.

procurer [prə'kjʊərər] n LAW proxénète *m*.

procuress [prə'kjʊərɪs] n LAW proxénète *f*.

procuring [prə'kjʊərɪŋ] n **1.** [acquisition] acquisition *f*, obtention *f* **2.** LAW proxénétisme *m*.

prod [prɒd] (*pt & pp* **prodded**, *cont* **prodding**) ◆ n **1.** [with finger] petit coup *m* avec le doigt ; [with stick] petit coup *m* de bâton / *I gave him a prod with my walking stick* je lui ai donné un petit coup avec ma canne / *he gave the sausages a prod with his fork* il a piqué les saucisses avec sa fourchette **2.** *fig* [urging] ▸ **to give sb a prod** pousser *or* aiguillonner qqn / *he needs a prod to make him work* il faut le pousser pour qu'il travaille **3.** [stick] bâton *m*, pique *f*. ◆ vt **1.** [with finger] donner un coup avec le doigt à, pousser du doigt ; [with stick] pousser avec la pointe d'un bâton / *he prodded me in the back with his pen* il m'a donné un (petit) coup dans le dos avec son stylo / *he prodded the mattress with the end of his stick* il donna des petits coups dans le matelas avec la pointe de son bâton / *to prod sausages with a fork* piquer des saucisses avec une fourchette **2.** *fig* [urge] pousser, inciter ▸ **to prod sb into doing sthg** pousser *or* inciter qqn à faire qqch ▸ **to prod sb into action** pousser qqn à agir.

❖ **prod at** vt insep pousser, piquer / *she prodded at her food distractedly* elle piquait dans son assiette d'un air distrait.

Prod [prɒd] n UK *v inf & pej* Protestant *m*, -e *f*.

prodigal ['prɒdɪgl] ◆ adj prodigue ▸ **the prodigal son** BIBLE le fils prodigue. ◆ n prodigue *mf*.

prodigality [,prɒdɪ'gæləti] n prodigalité *f*.

prodigally ['prɒdɪgəlɪ] adv avec prodigalité.

prodigious [prə'dɪʤəs] adj prodigieux.

prodigiously [prə'dɪʤəslɪ] adv prodigieusement.

prodigy ['prɒdɪʤɪ] (*pl* **prodigies**) n **1.** [person] prodige *m* ▸ **child** *or* **infant prodigy** enfant *mf* prodige **2.** [marvel] prodige *m*.

prodrome ['prəʊdrəʊm] (*pl* **prodromes** *or* **prodromata** [prəʊ'drəʊmətə]) n prodrome *m*.

produce ◆ vt [prə'djuːs] **1.** [manufacture, make] produire, fabriquer / *we aren't producing enough spare parts* nous ne produisons pas assez de pièces détachées / *our factory produces spare parts for washing machines* notre usine fabrique des pièces détachées pour machines à laver / *Denmark produces dairy products* le Danemark est un pays producteur de produits laitiers / *we have produced three new models this year* nous avons sorti trois nouveaux modèles cette année **2.** [yield - minerals, crops] produire ; [- interest, profit] rapporter / *this mine is producing less and less coal* la production de charbon de cette mine est en déclin / *this region produces good wine* cette région produit du bon vin / *halogen lamps produce a lot of light* les lampes halogènes donnent beaucoup de lumière / *my investments produce a fairly good return* mes investissements sont d'un assez bon rapport / *this account produces a high rate of interest* ce compte rapporte des intérêts élevés **3.** [bring out - book, recording] produire, sortir ; [publish] publier, éditer / *he hasn't produced a new painting for over a year now* cela fait maintenant plus d'un an qu'il n'a rien peint / *she has produced a lot of poetry* elle a publié de nombreux poèmes / *the publishers produced a special edition* les éditeurs ont publié *or* sorti une édition spéciale **4.** BIOL [give birth to - subj: woman] donner naissance à ; [- subj: animal] produire, donner naissance à ; [secrete - saliva, sweat, etc.] sécréter / *she produced many children* elle a eu de nombreux enfants **5.** [bring about - situation, problem] causer, provoquer, créer ; [- illness, death] causer, provoquer ; [- anger, pleasure, reaction] susciter, provoquer ; [- effect] provoquer, produire / *the first candidate produced a favourable impression on the panel* le premier candidat a fait une impression favorable sur le jury / *the team has produced some good results / some surprises this season* l'équipe a obtenu quelques bons résultats / provoqué quelques surprises cette saison **6.** [present, show - evidence, documents] présenter, produire / *he produced a £5 note from his pocket* il a sorti un billet de 5 livres de sa poche / *you have to be able to produce identification* vous devez pouvoir présenter une pièce d'identité / *the defendant was unable to produce any proof* l'accusé n'a pu fournir *or* apporter aucune preuve / *to produce a witness* faire comparaître un témoin / *they produced some excellent arguments* ils ont avancé d'excellents arguments / *she is continually producing new ideas* elle ne cesse d'avoir des idées nouvelles / *he finally managed to produce the money* il a enfin réussi à trouver l'argent *or* réunir la somme nécessaire / *the champion produced some good shots* le champion a réussi quelques bons coups / *she can produce a meal from nothing* il lui suffit d'un rien pour cuisiner un bon repas **7.** [film] produire ; [play - organize, finance] produire ; [- direct] réaliser, mettre en scène ; [radio or TV programme - organize, finance] produire ; [- direct] réaliser, mettre en ondes **8.** GEOM [line] prolonger, continuer **9.** CHEM, ELEC & PHYS [reaction, spark] produire ; [discharge] produire, provoquer ; [vacuum] faire, créer. ◆ vi [prə'djuːs] **1.** [yield - factory, mine] produire, rendre **2.** THEAT assurer la mise en scène ; CIN [financer] assurer la production ; [director] assurer la réalisation. ◆ n ['prɒdjuːs] *(U)* produits *mpl* (alimentaires) ▸ **agricultural / dairy produce** produits agricoles / laitiers ▸ **farm produce** produits agricoles *or* de la ferme ▸ **home produce** produits du pays ▸ **produce of Spain** produit en Espagne.

producer [prə'djuːsər] n **1.** AGR & INDUST producteur *m*, -trice *f* **2.** [of film] producteur *m*, -trice *f* ; [of play, of TV or radio programme - organizer, financer] producteur *m*, -trice *f* ; [- director] réalisateur *m*, -trice *f*.

producer gas n gaz *m* de gazogène.

producer goods pl n biens *mpl* de production.

-producing [prə,djuːsɪŋ] in comp producteur de ▸ **tear / sweat-producing glands** glandes *f* lacrymales / sudoripares.

product ['prɒdʌkt] n **1.** AGR, CHEM & INDUST produit *m* ▸ **finished product a)** INDUST produit fini **b)** [piece of work] résultat *m* final / *food products* produits alimentaires, denrées *fpl* alimentaires / *product of India* produit d'Inde **2.** [result] produit *m*, résultat *m* / *this book is the product of many years' hard work* ce livre est le fruit de longues années d'un travail acharné / *she's the product of an unhappy childhood* elle est le produit d'une enfance malheureuse / *the product of our labour* le résultat *or* le fruit de notre travail / *that's the product of a lively imagination* c'est le produit d'une imagination débordante **3.** MATH produit *m* / *the product of x and y* le produit de x par y.

product awareness n notoriété *f or* mémorisation *f* du produit.

product bundling n groupage *m* de produits.

production [prə'dʌkʃn] n **1.** [process of producing - of goods] production *f*, fabrication *f* ; [- of crops, electricity, heat] production *f* / *the workers have halted production* les travailleurs ont arrêté la production / *the model is now in production* le modèle est en cours de production / *this model went into / out of production in 1989* on a commencé la fabrication de ce modèle / ce modèle a été retiré de la production en 1989 **2.** [amount produced] production *f* / *an increase / fall in production* une hausse / baisse de la production *or* du rendement / *wine production has increased* la production viticole a augmenté **3.** [of film] production *f* ; [of play, of radio or TV programme - organization, financing] production *f* ; [- artistic direction] réalisation *f*, mise *f* en scène **4.** CIN & THEAT [show, work of art] spectacle *m* ; RADIO & TV production *f* ; ART & LITER œuvre *f* / *there's no need to make such a (big) production out of it!* *inf & fig* il n'y a pas de quoi en faire un plat *or* toute une histoire ! **5.** [presentation - of document, passport, ticket] présentation *f* / *on production of this voucher* sur présentation de ce bon.

production line n chaîne *f* de fabrication ▸ **to work on the production line** travailler à la chaîne.

production manager n directeur *m*, -trice *f* de la production.

production platform n plate-forme *f* de production.

productive [prə'dʌktɪv] adj **1.** [gen & ECON] productif ▸ **productive labour** travail *m* productif ▸ **the productive forces** les forces productives *or* de production **2.** [fertile - land] fertile ; [- imagination] fertile, fécond ; [prolific - writer, artist] prolifique **3.** [useful] fructueux, utile / *our visit / meeting has been very productive* notre visite / réunion a été très fructueuse **4.** [of situation, feeling, etc.] ▸ **to be productive of** engendrer, créer / *such methods are productive of stress* de telles méthodes favorisent le stress **5.** LING productif.

productively [prə'dʌktɪvlɪ] adv **1.** ECON d'une manière productive **2.** [usefully] utilement ; [fruitfully] fructueusement, profitablement, avec profit.

productivity [,prɒdʌk'tɪvətɪ] ◆ n productivité *f*, rendement *m*. ◆ comp [deal, fall, level] de productivité ▸ **productivity bonus** prime *f* de rendement *or* de productivité.

product life cycle n cycle *m* de vie du produit.

product management n gestion *f* de produits.

product manager n chef *m* de produit, directeur *m*, -trice *f* de produit.

product mix n assortiment *m or* mix *m* de produits.

product placement n CIN & TV placement *m* de produits.

product range n gamme *f* de produits.

product testing n essais *mpl* de produits.

proem ['prəʊem] n préface *f*.

prof [prɒf] (abbr of **professor**) n *inf* prof *mf*.

Prof. (written abbr of **professor**) Pr.

profanation [,prɒfə'neɪʃn] n profanation *f*.

profanatory [prə'fænətrɪ] adj profanateur.

profane [prə'feɪn] ◆ adj **1.** [irreligious] sacrilège, impie *liter dated* **2.** [secular] profane, laïque **3.** [uninitiated] profane **4.** [vulgar - language] vulgaire, grossier. ◆ vt profaner.

profanity [prə'fænətɪ] (*pl* **profanities**) n **1.** [profane nature - of text] nature *f or* caractère *m* profane ; [- of action] impiété *f* / *an act of profanity* une profanation **2.** [oath] grossièreté *f*, juron *m* ▸ **to utter profanities** proférer des grossièretés.

profess [prə'fes] ◆ vt **1.** [declare] professer *liter*, déclarer, proclamer ▸ **to profess hatred for** *or* **of sb** professer sa haine pour qqn ▸ **to profess ignorance** avouer son ignorance ▸ **to profess an opinion** professer *or* proclamer une opinion ▸ **to profess Catholicism / Islam** RELIG être catholique / musulman **2.** [claim] prétendre, déclarer / *she professes to speak French* elle prétend parler le français **3.** [profession] exercer ▸ **to profess medicine** exercer la profession de médecin. ◆ vi RELIG prononcer ses vœux, faire sa profession.

professed [prəˈfest] adj **1.** [avowed] déclaré / *a professed marxist* un marxiste déclaré / *that is my professed aim* c'est mon but avoué **2.** [alleged] supposé, prétendu / *a professed friend* un soi-disant ami / *she's a professed expert in the field* elle se dit experte en la matière **3.** RELIG profès / *a professed nun* une religieuse professe.

professedly [prəˈfesɪdlɪ] adv **1.** [avowedly] : *they are professedly anarchists* de leur propre aveu, ce sont des anarchistes / *she has professedly killed three people* d'après elle or d'après ses dires, elle aurait tué trois personnes **2.** [allegedly] soi-disant, prétendument / *he came here professedly to help me* à l'en croire, il est venu pour m'aider / *she's professedly rich* c'est une femme prétendument riche.

profession [prəˈfeʃn] n **1.** [occupation] profession *f* / *what's your profession?* quelle est votre profession ? / *she's a lawyer by profession* elle exerce la profession d'avocat, elle est avocate (de profession) / *I'm not an artist by profession* je ne suis pas un artiste professionnel ▸ **the (liberal) professions** les professions libérales ▸ **learned profession** profession intellectuelle **2.** [body] (membres *mpl* d'une) profession *f*, corps *m* / *the teaching profession* le corps enseignant, les enseignants *mpl* **3.** [declaration] profession *f*, déclaration *f* / *profession of faith* profession de foi / *his professions of love* ses déclarations d'amour / *the novice made his professions* RELIG le novice a fait sa profession or a prononcé ses vœux.

professional [prəˈfeʃənl] ◆ adj **1.** [relating to a profession] professionnel / *the surgeon demonstrated his great professional skill* le chirurgien a montré ses grandes compétences professionnelles / *a lawyer is a professional man* un avocat exerce une profession libérale / *a club for professional people* un club réservé aux membres des professions libérales / *it would be against professional etiquette to tell you* vous le dire serait contraire aux usages or à la déontologie de la profession / *his work is not up to professional standards* son travail n'est pas ce qu'on peut attendre d'un professionnel / *may I give you some professional advice?* puis-je vous donner l'avis d'un professionnel ? ▸ **to take** or **to get professional advice a)** [gen] consulter un professionnel **b)** [from doctor / lawyer] consulter un médecin / un avocat **2.** [as career, full-time] professionnel, de profession / *she's a professional writer / photographer* elle est écrivain professionnel / photographe professionnelle / *he's a professional painter* il vit de sa peinture / *a professional soldier / diplomat* un militaire / diplomate de carrière / *a professional army* une armée de métier / *he's a professional drunk* *fig* il passe son temps à boire ; SPORT professionnel ▸ **to go** or **to turn professional** passer professionnel / *professional golf* le golf professionnel **3.** [in quality, attitude] professionnel / *a professional piece of work* un travail de professionnel / *she is very professional in her approach to the problem* elle aborde le problème de façon très professionnelle / *he works in a very professional manner* il travaille en professionnel. ◆ n professionnel *m*, -elle *f*.

professional association n association *f* professionnelle.

professional foul n FOOT faute *f* délibérée.

professionalism [prəˈfeʃnəlɪzm] n professionnalisme *m* / *nobody would doubt her professionalism* personne ne remettrait en question son professionnalisme / *this burglary shows great professionalism* ce cambriolage est l'œuvre d'un professionnel.

professionally [prəˈfeʃnəlɪ] adv **1.** [as profession] professionnellement / *he writes professionally* il vit de sa plume / *she's a professionally qualified doctor* elle est médecin diplômé / *he plays professionally* SPORT c'est un joueur professionnel / *I've only ever met her professionally* mes seuls rapports avec elle ont été d'ordre professionnel or ont été des rapports de travail / *we had the house painted professionally* on a fait peindre la maison par un professionnel or un homme de métier **2.** [skilfully, conscientiously] professionnellement, de manière professionnelle / *this work has been done very professionally* c'est le travail d'un professionnel / *she works very professionally* elle travaille en vraie professionnelle, elle fait un vrai travail de professionnel.

professor [prəˈfesər] n UNIV [in UK - head of department] titulaire *mf* d'une chaire, professeur *m* ; [in US - lecturer] enseignant *m*, -e *f* (de faculté) or d'université / *professor of sociology* **a)** UK titulaire de la chaire de sociologie, professeur responsable du département de sociologie **b)** US professeur de sociologie / *Professor Colin Appleton* le professeur Colin Appleton / *Dear Professor Appleton* **a)** Monsieur le Professeur **b)** [less formally] (Cher) Monsieur.

professorial [ˌprɒfɪˈsɔːrɪəl] adj professoral.

professorship [prəˈfesəʃɪp] n chaire *f* / *she has a professorship in French at Durham* elle occupe la chaire or est titulaire de la chaire de français à l'université de Durham.

proffer [ˈprɒfər] vt *fml* **1.** [offer, present - drink, present] offrir, tendre ; [- resignation] présenter, offrir, remettre ; [- advice] donner ; [- excuses] présenter, offrir / *we all proffered our excuses to her* nous lui avons tous offert or présenté nos excuses ▸ **to proffer one's hand to sb** tendre la main à qqn **2.** [put forward - idea, opinion] émettre ; [- remark, suggestion] émettre, faire.

proficiency [prəˈfɪʃənsɪ] n compétence *f*, maîtrise *f* / *she attained a high degree of proficiency in French* elle a acquis une grande maîtrise du français / *proficiency in driving is essential* une maîtrise de la conduite (automobile) est indispensable.

proficient [prəˈfɪʃənt] adj [worker] compétent, expérimenté ; [driver] expérimenté, chevronné / *she's a very proficient pianist* c'est une excellente pianiste / *I used to be quite proficient in French* j'avais un assez bon niveau en français.

proficiently [prəˈfɪʃəntlɪ] adv de façon (très) compétente, avec (beaucoup de) maîtrise / *she speaks French proficiently* elle parle couramment le français.

profile [ˈprəʊfaɪl] ◆ n **1.** ART & ARCHIT profil *m* ▸ **to look at / to draw sb in profile** regarder / dessiner qqn de profil **2.** [description - of person] profil *m*, portrait *m* **3.** [of candidate, employee] profil *m* ▸ **to have the right profile for the job** avoir le bon profil pour le poste ; [level of prominence] ▸ **to keep a high profile** occuper le devant de la scène, faire parler de soi / *the President has been keeping a high profile recently* le président a occupé le devant de la scène ces derniers temps ▸ **to keep a low profile** adopter un profil bas, se faire tout petit / *when the boss is in a bad mood I keep a low profile* lorsque le patron est de mauvaise humeur, je me fais tout petit or je ne me fais pas remarquer **4.** [graph] profil *m* **5.** GEOG & GEOL profil *m* ▸ **a soil profile** le profil d'un sol. ◆ vt **1.** [show in profile] profiler / *his shadow was profiled against the wall* son ombre se profilait or se découpait sur le mur **2.** [write profile of - person] établir le profil de, brosser le portrait de.

profile drag n traînée *f* de profil.

profit [ˈprɒfɪt] ◆ n **1.** [financial gain] profit *m*, bénéfice *m* ▸ **to make a profit out of sthg** faire un bénéfice sur qqch / *we made a £200 profit on the sale* nous avons réalisé un bénéfice de 200 livres sur cette vente ▸ **to be in profit** être bénéficiaire ▸ **to move into profit** devenir bénéficiaire ▸ **to make** or **to turn out a profit** réaliser un bénéfice ▸ **to show a profit** rapporter (un bénéfice or des bénéfices) / *the fair didn't show much of a profit* la foire n'a pas beaucoup rapporté (de bénéfices) ▸ **to sell sthg at a profit** vendre qqch à profit, faire un profit sur la vente de qqch / *he only writes for profit* il n'écrit que pour l'argent / *I don't do it for profit* je ne le fais pas dans un but lucratif ▸ **profit and loss account** compte *m* de pertes et profits **2.** *fml* [advantage] profit *m*, avantage *m* ▸ **to turn sthg to one's profit, to gain profit from sthg** tirer profit or avantage de qqch ▸ **to do sthg for profit** faire qqch dans un but intéressé. ◆ vt *fml & arch* profiter à, bénéficier à / *it won't profit you to tell lies* cela ne vous servira à rien de mentir. ◆ vi profiter, tirer un profit or avantage ▸ **to profit from** or **by sthg** tirer profit or avantage de qqch, profiter de qqch.

profitability [ˌprɒfɪtəˈbɪlətɪ] n FIN rentabilité *f* ; [of ideas, action] caractère *m* profitable or fructueux.

profitable [ˈprɒfɪtəbl] adj **1.** [lucrative] rentable, lucratif / *this shop is no longer profitable* ce magasin n'est plus rentable / *a profitable investment* un investissement rentable or lucratif / *it wouldn't be very profitable for me to sell* pour moi il ne serait pas très rentable de vendre, cela ne me rapporterait pas grand-chose de vendre **2.** [beneficial] profitable, fructueux / *we had a very profitable discussion* nous avons eu une discussion très fructueuse / *this is the most profitable way to do it* c'est la manière la plus avantageuse de le faire.

profitably [ˈprɒfɪtəblɪ] adv **1.** FIN avec profit, d'une manière rentable / *we sold it very profitably* on l'a vendu en faisant un bénéfice confortable **2.** [usefully] utilement, avec profit, profitablement / *use your time profitably* ne gaspillez pas votre temps.

profit centre n centre *m* de profit.

profit-driven adj COMM poussé par les profits.

profiteer [ˌprɒfɪˈtɪər] ◆ n profiteur *m*, -euse *f*. ◆ vi faire des bénéfices exorbitants.

profiteering [ˌprɒfɪˈtɪərɪŋ] n : *they were accused of profiteering* on les a accusés de faire des bénéfices excessifs.

profiterole [prɒˈfɪtərəʊl] n profiterole *f*.

profitless [ˈprɒfɪtlɪs] adj [gen & FIN] sans profit / *it would be absolutely profitless to do such a silly thing* il ne servirait à rien de faire quelque chose d'aussi stupide / *we spent a profitless afternoon* nous avons perdu or gaspillé notre après-midi.

profit-making adj **1.** [aiming to make profit] à but lucratif ▸ **non profit-making organization** association *f* à but non lucratif **2.** [profitable] rentable.

profit margin n marge *f* bénéficiaire.

profit motive n recherche *f* du profit.

profit rate n taux *m* de profit or de bénéfice.

profit-related pay n rémunération *f* liée aux résultats.

profit-sharing n participation *f* or intéressement *m* aux bénéfices / *we have a profit-sharing agreement / scheme* nous avons un accord / un système de participation (aux bénéfices).

profit squeeze n compression *f* des bénéfices, étranglement *m* des marges.

profit-taking n prise *f* de bénéfice.

profligacy [ˈprɒflɪɡəsɪ] n *fml* **1.** [dissoluteness] débauche *f*, licence *f* **2.** [extravagance] (extrême) prodigalité *f*.

profligate [ˈprɒflɪɡɪt] *fml* ◆ adj **1.** [dissolute] débauché, dévergondé / *to behave in a profligate manner* se comporter en débauché / *a profligate way of life* une vie dissolue or de débauche **2.** [extravagant] (très) prodigue, dépensier ; [wasteful] (très) gaspilleur / *the profligate use of natural resources* le gaspillage des ressources naturelles / *she's profligate with her riches* elle gaspille ses richesses / *he's got profligate tastes* il a des goûts dispendieux *fml*. ◆ n **1.** [dissolute person] débauché *m*, -e *f*, libertin *m*, -e *f* **2.** [spendthrift] dépensier *m*, -ère *f*.

pro-form [ˈprəʊfɔːm] n proforme *f*.

pro forma [ˌprəʊˈfɔːmə] ◆ adj pro forma *(inv)*. ◆ adv pour la forme. ◆ n = **pro forma invoice.**

pro forma invoice n facture *f* pro forma.

profound [prəˈfaʊnd] adj profond.

profoundly [prəˈfaʊndlɪ] adv profondément ▸ **the profoundly deaf** les sourds profonds.

profundity [prəˈfʌndətɪ] (*pl* **profundities**) n profondeur *f*.

profuse [prəˈfjuːs] adj **1.** [abundant, copious] abondant, profus *liter* / *profuse vegetation* végétation abondante / *profuse sweating* transpiration profuse **2.** [generous - praise, apologies] prodigue, profus / *to be profuse in one's compliments* se répandre en compliments / *to be profuse in one's apologies* se confondre en excuses.

profusely [prəˈfjuːslɪ] adv **1.** [abundantly, copiously] abondamment, en abondance, à profusion / *to sweat profusely* transpirer abondamment **2.** [generously, extravagantly] : *they thanked her profusely* ils la remercièrent avec effusion / *to praise sb profusely* se répandre en éloges sur qqn / *she was profusely apologetic* elle s'est confondue en excuses.

profusion [prə'fju:ʒn] n profusion f, abondance f / *in profusion* à profusion, en abondance.

prog [prɒg] n UK *inf* **abbr of programme.**

progenitor [prəʊ'dʒenɪtər] n *fml* **1.** [ancestor] ancêtre m **2.** [originator] auteur m ; [precursor] précurseur m.

progeny ['prɒdʒənɪ] n *fml* [offspring] progéniture f ; [descendants] descendants mpl, lignée f.

progesterone [prə'dʒestərəʊn] n progestérone f.

prognathous [prɒg'neɪθəs] adj prognathe.

prognosis [prɒg'nəʊsɪs] (*pl* **prognoses** [-si:z]) n *fml* MED pronostic m.

prognostic [prɒg'nɒstɪk] ◆ n **1.** MED [symptom] pronostic m **2.** *fml* [sign] présage m ; [forecast] pronostic m. ◆ adj MED pronostique.

prognosticate [prɒg'nɒstɪkeɪt] vt *fml* [foretell] pronostiquer, présager, prédire ; [foreshadow] annoncer, présager.

prognostication [prɒg,nɒstɪ'keɪʃn] n pronostic m.

program ['prəʊgræm] (*pt & pp* **programmed** *or* **programed**, *cont* **programming** *or* **programing**) ◆ n **1.** US = **programme 2.** COMPUT programme m ▸ **program manager** gestionnaire m de programmes. ◆ vt **1.** US = **programme 2.** COMPUT programmer. ◆ vi COMPUT programmer.

programable US = **programmable.**

programer US = **programmer.**

programmable UK, **programable** US [prəʊ'græməbl] adj programmable ▸ **programmable function key** touche f de fonction programmable.

programme UK, **program** US ['prəʊgræm] ◆ n **1.** MUS, POL & THEAT programme m / *the programme of the day's events* le programme des manifestations de la journée / *there's a change in the programme* il y a un changement de programme / *the programme includes three pieces by Debussy* il y a trois morceaux de Debussy au programme / *an election programme* US un programme électoral / *a research programme* un programme de recherches / *the party has adopted a new programme* le parti a adopté un nouveau programme / *what's (on) the programme for next week?* quel est l'emploi du temps prévu pour la semaine prochaine ? **2.** [booklet] programme m ; [syllabus] programme m ; [timetable] emploi m du temps **3.** RADIO & TV [broadcast] émission f / *there's a good programme about* or *on opera on TV tonight* il y a une bonne émission sur l'opéra à la télévision ce soir ; [TV station] chaîne f ; [radio station] station f ▸ **to change programme a)** TV changer de chaîne **b)** RADIO changer de station. ◆ vt programmer / *the heating is programmed to switch itself off at night* le chauffage est programmé pour s'arrêter la nuit / *the documentary was programmed for 9 o'clock* le documentaire était programmé pour 21 h / *his arrival wasn't programmed* son arrivée n'était pas prévue / *all children are programmed to learn language* chez les enfants, la capacité d'apprentissage du langage est innée.

programmed learning ['prəʊgræmd-] n enseignement m programmé.

programme music n musique f à programme.

programme notes pl n THEAT notes fpl sur le programme / *the programme notes are very useful* les commentaires donnés dans le programme sont très utiles.

programmer UK, **programer** US ['prəʊgræmər] n COMPUT **1.** [person] programmeur m, -euse f **2.** [device] programmateur m.

programming ['prəʊgræmɪŋ] n programmation f ▸ **programming language** langage m de programmation.

progress ◆ n ['prəʊgres] (*U*) **1.** [headway] progrès mpl / *they have made fast progress* ils ont avancé or ils ont progressé rapidement / *he is making progress in English* il fait des progrès en anglais / *we'll never make any progress this way* nous ne ferons jamais de progrès or jamais aucun progrès de cette façon / *the patient has made excellent progress* l'état du malade s'est nettement amélioré **2.** [evolution] progrès m / *to hinder progress* entraver or freiner le progrès / *she believes in the progress of mankind* elle croit au progrès de l'humanité / *you can't stop progress* on ne peut arrêter le progrès **3.** [forward movement] progression f / *we watched the progress of the boat along the canal* nous avons regardé le bateau avancer le long du canal **4.** *arch* [journey] voyage m. ◆ vi [prə'gres] **1.** [make headway - negotiations, research] progresser, avancer ; [- situation] progresser, s'améliorer ; [- patient] aller mieux ; [- student] progresser, faire des progrès / *the talks are progressing well* les pourparlers sont en bonne voie **2.** [move forward] avancer ▸ **to progress towards a place / an objective** se rapprocher d'un lieu / d'un objectif / *as the day progressed* à mesure que la journée avançait.

❖ **in progress** adj phr ▸ **to be in progress** être en cours / *work in progress* travaux mpl en cours / *while the exam is in progress* pendant l'examen / **'service in progress'** [in cathedral] 'office en cours' / *the meeting is in progress* la réunion est en cours.

progress chaser n responsable mf du (suivi d'un) planning.

progression [prə'greʃn] n **1.** [advance - of disease, army] progression f **2.** MATH & MUS progression f ▸ **melodic progression** progression mélodique **3.** [series, sequence] série f, suite f / *I watched the endless progression of suburban houses from the taxi* du taxi, j'ai regardé la succession sans fin des pavillons de banlieue.

progressive [prə'gresɪv] ◆ adj **1.** [forward-looking - idea, teacher, jazz] progressiste ; [- education, method] nouveau (*before vowel or silent 'h' nouvel, f nouvelle*), moderne / *he has a very progressive outlook* sa vision des choses est très moderne **2.** [gradual - change] progressif ▸ **progressive income tax** impôt m progressif ▸ **to do sthg in progressive steps** or **stages** faire qqch par étapes successives ; MED [disease] progressif / *progressive hardening of the arteries* artériosclérose f progressive **3.** GRAM [aspect] progressif. ◆ n **1.** POL progressiste mf **2.** GRAM forme f progressive, progressif m / *in the progressive* à la forme progressive.

progressively [prə'gresɪvlɪ] adv **1.** POL & SCH d'une manière progressiste ▸ **to think progressively** avoir des idées progressistes **2.** [gradually] progressivement, graduellement, petit à petit / *taxes were progressively increased* les impôts ont augmenté progressivement.

progressiveness [prə'gresɪvnɪs] n **1.** [of ideas, teaching] caractère m progressiste **2.** [gradualness] progressivité f.

progress report n [gen] compte-rendu m ; [on work] rapport m sur l'avancement des travaux ; [on patient] bulletin m de santé ; [on pupil] bulletin m scolaire.

prohibit [prə'hɪbɪt] vt **1.** [forbid] interdire, défendre, prohiber ▸ **to prohibit sb from doing sthg** interdire or défendre à qqn de faire qqch / *drinking alcohol at work is prohibited* il est interdit de boire de l'alcool sur le lieu de travail / *smoking is strictly prohibited* il est formellement interdit de fumer / **'smoking prohibited'** 'défense de fumer' / **'parking prohibited'** 'stationnement interdit' **2.** [prevent] interdire, empêcher / *his pacifism prohibits him from joining the army* son pacifisme lui interdit or l'empêche de s'engager dans l'armée / *my promise to her prohibits me from saying more* la promesse que je lui ai faite m'interdit or m'empêche d'en dire plus.

prohibition [,prəʊɪ'bɪʃn] n interdiction f, prohibition f / *the prohibition of alcohol* la prohibition de l'alcool / *there should be a prohibition on the sale of such goods* il devrait y avoir une loi qui interdise la vente de ce genre de marchandises.

❖ **Prohibition** n US HIST la prohibition / *during Prohibition* pendant la prohibition.

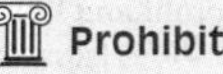

Prohibition

Le 18e amendement à la Constitution américaine instituant la prohibition (interdiction de consommer et de vendre de l'alcool) fut voté en 1919 sous la pression de groupes religieux et conservateurs. La prolifération de bars clandestins (**speakeasies**) et l'apparition d'une guerre des gangs (les **bootleggers**) pour le monopole de la vente d'alcool incitèrent le Congrès à voter l'annulation de cette mesure en 1933, et les États l'abandonnèrent progressivement.

prohibitionism [,prəʊɪ'bɪʃənɪzm] n prohibitionnisme m.

prohibitionist [,prəʊɪ'bɪʃənɪst] ◆ adj prohibitionniste. ◆ n prohibitionniste mf.

prohibitive [prə'hɪbətɪv] adj prohibitif.

prohibitively [prə'hɪbətɪvlɪ] adv : *prohibitively expensive* d'un coût prohibitif.

prohibitory [prə'hɪbɪtrɪ] adj prohibitif.

project ◆ n ['prɒdʒekt] **1.** [plan] projet m / *a fund-raising project to save* or *for saving the shipyard* une collecte de fonds pour sauver le chantier naval / *they're working on a new building project* ils travaillent sur un nouveau projet de construction ; [enterprise, undertaking] opération f, entreprise f / *the start of the project has been delayed* le début de l'opération a été retardé **2.** SCH [class work] travaux mpl pratiques ; [individual work] dossier m / *the class has just finished a nature project* la classe vient de terminer des travaux pratiques de sciences naturelles / *Tina's project was the best in the whole class* le dossier de Tina était le meilleur de toute la classe **3.** [study, research] étude f / *a mining project* une étude minière **4.** US ▸ **(housing) project** cité f HLM. ◆ vt [prə'dʒekt] **1.** [plan] prévoir / *two new airports are projected for the next decade* il est prévu de construire deux nouveaux aéroports durant la prochaine décennie **2.** [foresee, forecast] prévoir / *we have attempted to project next year's figures / output* nous avons tenté de prévoir les chiffres / la production pour l'année prochaine **3.** [send forth - gen] projeter, envoyer ; [- film, slide, etc.] projeter ▸ **to project one's voice** projeter sa voix / *the missile was projected into space* le missile a été envoyé dans l'espace / *the explosion projected debris high into the air* l'explosion a projeté des débris très haut dans les airs / *try to project yourself forward into the 22nd century* essayez d'imaginer que vous êtes au XXIIe siècle **4.** [present] présenter, projeter / *football hooligans project a poor image of our country abroad* les hooligans donnent une mauvaise image de notre pays à l'étranger ▸ **to project one's personality** mettre sa personnalité en avant / *he tries to project himself as a great humanist* il essaie de se faire passer pour un grand humaniste **5.** PSYCHOL [transfer] projeter ▸ **to project one's feelings onto sb** projeter ses sentiments sur qqn **6.** [cause to jut out] faire dépasser **7.** GEOM projeter / *to project a cylinder on* or *onto a plane* projeter un cylindre sur un plan. ◆ vi [prə'dʒekt] **1.** [protrude, jut out] faire saillie, dépasser / *the barrel of his gun projected from his overcoat* le canon de son revolver dépassait de son pardessus **2.** PSYCHOL se projeter **3.** [as personality] : *she doesn't project well* elle présente mal **4.** [with voice] ▸ **to learn to project** apprendre à projeter sa voix.

⚠ **Un projet** is not always the correct translation for a project, as the entry shows.

project administrator n administrateur m, -trice f de projet.

project coordinator n coordinateur m, -trice f de projet, chef mf de projet.

projected [prə'dʒektɪd] adj **1.** [planned - undertaking, visit] prévu / *they are opposed to the projected building scheme* ils sont contre le projet de construction **2.** [forecast - figures, production] prévu / *the projected growth of the economy* la croissance économique prévue, les prévisions de croissance économique.

projectile [prə'dʒektaɪl] n projectile m.

projecting [prə'dʒektɪŋ] adj [roof, balcony, etc.] saillant, en saillie, qui fait saillie ; [teeth] en avant.

projection [prə'dʒekʃn] n **1.** CIN, GEOM & PSYCHOL projection f **2.** FIN [estimate] projection f, prévision f /

here are my projections for the next ten years voici mes prévisions pour les dix années à venir **3.** [of missile] lancement *m*, envoi *m* **4.** [protrusion] saillie *f*, avancée *f* ; [overhang] surplomb *m*.

projectionist [prəˈdʒekʃənɪst] n projectionniste *mf*.

projection room n cabine *f* de projection.

projective [prəˈdʒektɪv] adj projectif ▸ **projective psychology** psychologie *f* projective.

projective geometry n géometrie *f* projective.

projective test n test *m* projectif.

project manager n [gen] chef *m* de projet ; CONSTR maître *m* d'œuvre.

projector [prəˈdʒektəʳ] n projecteur *m*.

Prokofiev [prəˈkɒfɪef] pr n Prokofiev.

prolactin [prəʊˈlæktɪn] n prolactine *f*.

prolapse [ˈprəʊlæps] ◆ n MED prolapsus *m*, ptôse *f* ▸ **prolapse (of the uterus)** prolapsus or descente *f* de l'utérus. ◆ vi descendre, tomber.

prole [prəʊl] *inf & pej* ◆ adj prolo. ◆ n prolo *mf*.

prolegomenon [ˌprəʊleˈɡɒmɪnən] (*pl* **prolegomena** [-nə]) n prolégomènes *mpl*.

prolepsis [prəʊˈlepsɪs] (*pl* **prolepses** [-siːz]) n prolepse *f*.

proletarian [ˌprəʊlɪˈteərɪən] ◆ n prolétaire *mf*. ◆ adj **1.** ECON, POL & SOCIOL prolétarien **2.** *pej* de prolétaire.

proletarianize, proletarianise [ˌprəʊlɪˈteərɪənaɪz] vt prolétariser.

proletariat [ˌprəʊlɪˈteərɪət] n prolétariat *m*.

pro-life [ˈprəʊˈlaɪf] adj contre l'avortement et l'euthanasie.

pro-lifer [prəʊˈlaɪfəʳ] n *personne qui s'oppose au droit de pratiquer l'avortement et / ou l'euthanasie.*

proliferate [prəˈlɪfəreɪt] vi proliférer.

proliferation [prəˌlɪfəˈreɪʃn] n **1.** [rapid increase] prolifération *f* **2.** [large amount or number] grande quantité *f*.

prolific [prəˈlɪfɪk] adj prolifique.

prolix [ˈprəʊlɪks] adj *fml* prolixe.

prolixity [prəʊˈlɪksətɪ] n *fml* prolixité *f*.

prolog [ˈprəʊlɒɡ] US = **prologue**.

prologue [ˈprəʊlɒɡ] n *lit & fig* prologue *m*, prélude *m* / *her arrival was the prologue to yet another row* son arrivée allait être le prélude d'une or préluder à une nouvelle querelle.

prolong [prəˈlɒŋ] vt prolonger.

prolongation [ˌprəʊlɒŋˈɡeɪʃn] n [in time] prolongation *f* ; [in space] prolongement *m*, extension *f*.

prolonged [prəˈlɒŋd] adj long (longue) / *after a prolonged absence* après une longue absence.

prom [prɒm] n *inf* **1.** = **promenade 2.** UK abbr of **promenade concert**.

❖ **proms** pl n *inf festival de concerts-promenades* ▸ **the Last Night of the Proms** UK *le dernier des concerts-promenades de la saison londonienne, au cours duquel le public se joint aux musiciens pour chanter des airs très connus.*

PROM [prɒm] (abbr of **programmable read only memory**) n COMPUT PROM *f inv*.

promenade [ˌprɒməˈnɑːd] ◆ n **1.** UK [at seaside] front *m* de mer, promenade *f* **2.** UK MUS = **promenade concert 3.** [walk] promenade *f* **4.** US [dance] bal *m (de lycéens ou d'étudiants)*. ◆ comp THEAT [performance] *où les auditeurs doivent se déplacer pour suivre l'action de la pièce*. ◆ vi *fml & hum* se promener. ◆ vt *fml & hum* promener.

promenade concert n concert-promenade *m (où certains auditeurs se tiennent debout dans un promenoir)*.

promenade deck n pont-promenade *m*.

promenader [ˌprɒməˈnɑːdəʳ] n MUS auditeur *m*, -trice *f* d'un concert-promenade.

Promethean [prəˈmiːθjən] adj prométhéen.

Prometheus [prəˈmiːθɪəs] pr n Prométhée.

promethium [prəˈmiːθɪəm] n prométhéum *m*.

prominence [ˈprɒmɪnəns] n **1.** [importance] importance *f* ; [fame] célébrité *f* ▸ **to rise to prominence** se hisser au premier rang ▸ **to come into** or **to prominence a)** [become important] prendre de l'importance **b)** [become famous] devenir célèbre ▸ **to bring sb / sthg into prominence** attirer l'attention sur qqn / qqch **2.** [protuberance] proéminence *f* / *the prominence of his ears was very noticeable* on ne voyait que ses oreilles décollées / *a rocky prominence* une saillie rocheuse **3.** ASTRON protubérance *f* solaire.

prominent [ˈprɒmɪnənt] adj **1.** [well-known] célèbre ; [eminent] éminent / *she's a very prominent individual* c'est un personnage très en vue / *a scandal involving a prominent politician* un scandale impliquant un éminent homme politique / *he has a prominent position in the government* il est très haut placé au gouvernement ; [important] important / *to play a prominent part* or *role in sthg* jouer un rôle important or de tout premier plan dans qqch **2.** [striking, salient -detail, difference] frappant, remarquable ; [-fact, feature] saillant, marquant / *put that poster in a prominent position* mettez cette affiche (dans un endroit) bien en vue **3.** [clearly visible -bones, muscles] saillant ; [-land, structure, nose] proéminent ; [-teeth] qui avance, proéminent.

prominently [ˈprɒmɪnəntlɪ] adv bien en vue / *he figures prominently in French politics* il occupe une position importante or de premier plan dans la vie politique française / *the medal was prominently displayed* la médaille était mise en évidence.

promiscuity [ˌprɒmɪˈskjuːətɪ] n promiscuité *f* sexuelle.

promiscuous [prɒˈmɪskjʊəs] adj **1.** [sexually -person] ▸ **to be promiscuous** avoir des mœurs sexuelles libres / *promiscuous behaviour* promiscuité *f* sexuelle / *he's very promiscuous* il couche avec n'importe qui **2.** *fig* [disorderly] confus.

promiscuousness [prɒˈmɪskjʊəsnɪs] = **promiscuity**.

promise [ˈprɒmɪs] ◆ n **1.** [pledge] promesse *f* ▸ **to make** or **to give sb a promise** faire une promesse à qqn, donner sa parole à qqn ▸ **to keep a promise** respecter or tenir une promesse / *she always keeps her promises* elle tient toujours ses promesses, elle tient toujours (sa) parole / *don't make promises if you can't keep them* on ne fait pas de promesses quand on ne peut pas les tenir / *I kept* or *held him to his promise* j'ai fait en sorte qu'il tienne parole ▸ **to break one's promise** manquer à sa parole, ne pas tenir ses promesses / *a promise of help* une promesse d'assistance / *he did it under (the) promise of a Parliamentary seat* il l'a fait parce qu'on lui a promis un siège de député / *I'm under a promise of secrecy* j'ai promis de garder le secret or de ne rien dire ▸ **a promise is a promise** chose promise, chose due *prov* ▸ **promises, promises!** toujours des promesses ! **2.** [hope, potential] promesse *f* / *she is full of promise* elle est pleine de promesse or promesses / *an artist of promise* un artiste qui promet ▸ **to hold out the promise of sthg to sb** promettre qqch à qqn, faire espérer or miroiter qqch à qqn. ◆ vt **1.** [pledge] promettre ▸ **to promise sthg to sb, to promise sb sthg** promettre qqch à qqn ▸ **to promise sb to do sthg** promettre à qqn de faire qqch / *I can't promise (you) anything* je ne peux rien vous promettre / *he promised himself a good meal* il se promit mentalement de faire un bon repas / *she promised him (that) she would come* elle lui a promis de venir or qu'elle viendrait / *you'll get into trouble, I promise you!* tu auras des ennuis, je te le promets or tu verras ce que je te dis ! / *the weather forecast promised us three days of good weather* la météo nous a promis or annoncé trois jours de beau temps **2.** [indicate] promettre, annoncer / *the sky promises fine weather this afternoon* le ciel laisse présager un temps agréable pour cet après-midi / *next week already promises to be difficult* la semaine prochaine promet déjà d'être difficile or s'annonce déjà difficile **3.** [in marriage] : *she was promised to the King's son at birth* dès sa naissance, elle fut promise au fils du roi. ◆ vi **1.** promettre / *he wanted to come but he couldn't promise* il espérait pouvoir venir mais ne pouvait rien promettre / *OK, I promise!* d'accord, c'est promis ! **2.** *fig* ▸ **to promise well a)** [enterprise] promettre, s'annoncer bien **b)** [person] être prometteur or plein de promesses **c)** [results, harvest, negotiations] s'annoncer bien / *his first article promises well* son premier article promet or est prometteur.

Promised Land [ˈprɒmɪst-] n BIBLE & *fig* Terre *f* promise.

promising [ˈprɒmɪsɪŋ] adj **1.** [full of potential -person] prometteur, qui promet, plein de promesses / *she's a promising actress* c'est une actrice pleine de promesses or qui promet **2.** [encouraging] prometteur, qui promet / *these are promising signs* ce sont des signes prometteurs / *she got off to a promising start* elle a fait des débuts prometteurs / *her work is very promising* son travail est très prometteur / *the forecast isn't very promising for tomorrow* les prévisions météo n'annoncent rien de bon pour demain.

promisingly [ˈprɒmɪsɪŋlɪ] adv d'une façon prometteuse / *he began his acting career promisingly* il a débuté sa carrière d'acteur de façon prometteuse / *France started the match promisingly* la France a bien débuté la partie.

promissory note [ˈprɒmɪsərɪ-] n billet *m* à ordre.

promo [ˈprəʊməʊ] (*pl* **promos**) (abbr of **promotion**) n *inf* clip *m* (promotionnel).

promontory [ˈprɒməntrɪ] (*pl* **promontories**) n promontoire *m*.

promote [prəˈməʊt] vt **1.** [in profession, army] promouvoir ▸ **to be** or **to get promoted** être promu, monter en grade, obtenir de l'avancement / *Blyth has been promoted (to) captain* or *to the rank of captain* Blyth a été promu (au grade de) capitaine / *she's been promoted (to) regional manager* elle a été promue (au poste de) directrice régionale **2.** SPORT : *the Rovers were promoted to the second division* les Rovers sont montés en deuxième division **3.** [foster] promouvoir, favoriser, encourager / *to promote international cooperation* promouvoir or favoriser or encourager la coopération internationale / *cleanliness promotes health* la propreté est un facteur de santé / *to promote economic growth* promouvoir or favoriser la croissance économique **4.** COMM [advertise, publicize] promouvoir, faire la promotion de / *to promote a new product* faire la promotion d'un nouveau produit / *she's in England to promote her new record* elle est en Angleterre pour faire la promotion de son nouveau disque.

promoter [prəˈməʊtəʳ] n **1.** COMM promoteur *m*, -trice *f* (des ventes) **2.** [organizer -of match, concert] organisateur *m*, -trice *f* ; [-of scheme] promoteur *m*, -trice *f*, instigateur *m*, -trice *f* **3.** [of peace] promoteur *m*, -trice *f*.

promotion [prəˈməʊʃn] n **1.** [advancement] promotion *f*, avancement *m* ▸ **to get promotion** être promu, obtenir de l'avancement / *there are good prospects of promotion in this company* il y a de réelles possibilités de promotion or d'avancement dans cette société **2.** SPORT promotion *f* / *the team won promotion to the first division* l'équipe a gagné sa place en première division **3.** [encouragement, development] promotion *f*, développement *m* / *the promotion of good international relations* le développement de bonnes relations internationales **4.** COMM promotion *f* ▸ **sales promotion** promotion *f* des ventes ▸ **(sales) promotion techniques** techniques *fpl* de promotion des ventes / *this week's promotion* la promotion de la semaine / *I helped in the promotion of her new book* j'ai contribué à la promotion or au lancement de son nouveau livre **5.** [in chess] promotion *f*.

promotional [prəˈməʊʃənl] adj [material] promotionnel, publicitaire ▸ **promotional offer** offre *f* promotionnelle ▸ **promotional price** prix *m* promotionnel ▸ **promotional sample** échantillon *m* promotionnel.

prompt [prɒmpt] ◆ adj **1.** [quick] rapide, prompt / *a prompt answer / decision* une réponse / décision rapide / *to be prompt to take offence* être prompt à s'offenser / *Joan was prompt to answer our letter* Joan a répondu rapidement or sans attendre à notre lettre / *you should give this matter prompt attention* vous devriez vous occuper de cette question sans (plus) attendre or le plus rapidement possible / *to be prompt in paying one's debts* être prompt à payer ses dettes ▸ **prompt payment**

COMM paiement *m* dans les délais **2.** [punctual] exact, à l'heure. ◆ adv *inf* [exactly] : *we begin at 9 o'clock prompt* nous commençons à 9 h précises. ◆ vt **1.** [provoke, persuade] pousser, inciter / *he's shy and needs to be prompted to speak up* il est timide, il faut l'encourager à s'exprimer / *I felt prompted to intervene* je me suis senti obligé d'intervenir / *the wave of strikes has prompted the Government to step up its reform programme* la vague de grèves a incité le gouvernement à accélérer son programme de réformes / *his letter prompts me to think that he's mad* sa lettre m'incite à penser qu'il est fou / *what prompted you to suggest such a thing?* qu'est-ce qui vous a incité à proposer une chose pareille? / *the scandal prompted his resignation* le scandale a provoqué sa démission **2.** THEAT souffler. ◆ n **1.** THEAT ▸ **to give an actor a prompt** souffler une réplique à un acteur **2.** COMPUT message-guide *m (au début de la ligne de commande)*.

promptbook ['prɒmptbʊk] n manuscrit *m* (du souffleur).

prompt box n trou *m* (du souffleur).

prompter ['prɒmptər] n souffleur *m*, -euse *f* ; TV téléprompteur *m*.

prompting ['prɒmptɪŋ] n **1.** [persuasion] incitation *f* / *no amount of prompting will induce me to go there* rien ne pourra me décider à y aller / *she needed no prompting* elle ne s'est pas fait prier, elle l'a fait d'elle-même / *at his mother's prompting, he wrote a letter of thanks* à l'instigation or sur l'insistance de sa mère, il a écrit une lettre de remerciement **2.** THEAT : *some actors need frequent prompting* certains acteurs ont souvent recours au souffleur / *no prompting!* ne soufflez pas !

promptitude ['prɒmptɪtju:d] *fml* = **promptness.**

promptly ['prɒmptlɪ] adv **1.** [quickly] promptement, rapidement / *he promptly sent off the telegram* il a rapidement envoyé le télégramme / *he paid up promptly* il a payé immédiatement **2.** [punctually] ponctuellement / *he always gets up promptly at 7 o'clock* il se lève toujours à 7 h précises **3.** [immediately] aussitôt, tout de suite / *I promptly forgot what I was meant to do* j'ai aussitôt oublié ce que j'étais supposé faire.

promptness ['prɒmptnɪs] n **1.** [quickness] promptitude *f*, rapidité *f* **2.** [punctuality] ponctualité *f*.

prompt note n COMM relance *f*.

prompt side n THEAT [in UK] côté *m* cour ; [in US] côté *m* jardin.

promulgate ['prɒmlgeɪt] vt *fml* **1.** [decree, law] promulguer **2.** [belief, idea, opinion] répandre, diffuser.

promulgation [,prɒml'geɪʃn] n *fml* **1.** [of decree, law] promulgation *f* **2.** [of belief, idea, opinion] diffusion *f*, dissémination *f*.

prone [prəʊn] adj **1.** [inclined] sujet, enclin ▸ **to be prone to do sthg** être sujet or enclin à faire qqch / *to be prone to accidents / illness* être sujet aux accidents / à la maladie **2.** [prostrate] à plat ventre / *in a prone position* couché sur le ventre.

proneness ['prəʊnnɪs] n tendance *f*, prédisposition *f*.

prong [prɒŋ] n [of fork] dent *f* ; [of tuning fork] branche *f* ; [of antler] pointe *f* ; [of attack, argument] pointe *f*.

pronged [prɒŋd] adj à dents, à pointes.

-pronged in comp ▸ **two-pronged a)** [fork] à deux dents **b)** MIL [attack] sur deux fronts **c)** [argument] double.

pronominal [prə'nɒmɪnl] adj pronominal.

pronominalize, pronominalise [prə'nɒmɪnəlaɪz] vt pronominaliser.

pronoun ['prəʊnaʊn] n pronom *m*.

pronounce [prə'naʊns] ◆ vt **1.** [say] prononcer / *his name is hard to pronounce* son nom est difficile à prononcer / *how's it pronounced?* comment est-ce que ça se prononce ? / *you don't pronounce the "p" in "psalm"* on ne prononce pas le « p » de « psalm », le « p » de « psalm » est muet **2.** [declare] déclarer, prononcer / *the doctor pronounced him dead* le médecin l'a déclaré mort / *judgment has not yet been pronounced* le jugement n'est pas encore prononcé or rendu. ◆ vi **1.** [articulate] prononcer **2.** [declare] se prononcer ▸ **to pronounce for / against sthg a)** [gen] se prononcer pour / contre qqch **b)** LAW prononcer pour / contre qqch ▸ **to pronounce on** or **upon sthg** se prononcer sur qqch.

pronounceable [prə'naʊnsəbl] adj prononçable.

pronounced [prə'naʊnst] adj prononcé, marqué.

pronouncement [prə'naʊnsmənt] n déclaration *f*.

pronto ['prɒntəʊ] adv *inf* illico.

pronucleus [prəʊ'nju:klɪəs] (*pl* **pronuclei** [-klɪaɪ]) n pronucléus *m*.

pronunciation [prə,nʌnsɪ'eɪʃn] n prononciation *f*.

proof [pru:f] ◆ n **1.** *(U)* [evidence] preuve *f* ▸ **to show** or **to give proof of sthg** faire or donner la preuve de qqch / *do you have any proof?* vous en avez la preuve or des preuves ? / *can you produce any proof for your accusations?* avez-vous des preuves pour justifier vos accusations ? / *you need proof of identity* vous devez fournir une pièce d'identité / *we have written proof of it* nous en avons la preuve écrite or par écrit / *that's no proof!* ce n'est pas une preuve ! / *by way of proof* comme or pour preuve ▸ **proof of purchase** reçu *m* / *he cited several other cases in proof of his argument* il a cité plusieurs autres cas pour défendre sa thèse / *he gave her a locket as proof of his love* il lui a offert un médaillon comme preuve de son amour pour elle or en gage d'amour / *they showed proof of great foresight* ils ont fait preuve d'une grande prévoyance ▸ **the proof of the pudding is in the eating** *prov* il faut juger sur pièces **2.** PHOT & TYPO épreuve *f* ▸ **to correct** or **to read the proofs** corriger les épreuves **3.** [of alcohol] teneur *f* (en alcool) / *45% proof brandy* ≃ cognac à 45 degrés. ◆ adj UK ▸ **to be proof against a)** [fire, acid, rust] être à l'épreuve de **b)** [danger, temptation] être à l'abri de or insensible à. ◆ vt **1.** [cloth] imperméabiliser **2.** TYPO [proofread] corriger les épreuves de ; [produce proof of] préparer les épreuves de.

-proof [pru:f] in comp à l'épreuve de.

proofread ['pru:fri:d] (*pt & pp* **proofread** [-red]) vt corriger (les épreuves de).

proofreader ['pru:f,ri:dər] n correcteur *m*, -trice *f* (d'épreuves or d'imprimerie).

proofreading ['pru:f,ri:dɪŋ] n correction *f* (d'épreuves) ▸ **proofreading mark** or **symbol** signe *m* de correction.

proof spirit n [in UK] alcool *m* à 57° ; [in US] alcool *m* à 50°.

prop [prɒp] (*pt & pp* **propped**, *cont* **propping**) ◆ n **1.** [gen] support *m* ; CONSTR [for tunnel, wall] étai *m*, étançon *m* ; [in pit] étai *m* **2.** [pole, stick - for plant, flowers] tuteur *m* ; [- for beans, peas] rame *f* ; [- for vines] échalas *m* ; [- for washing line] perche *f* **3.** RUGBY pilier *m* **4.** *fig* soutien *m* / *whisky is his prop* le whisky est son réconfort **5.** (abbr of **property**) THEAT accessoire *m* **6.** *inf* abbr of **propeller.** ◆ vt **1.** [lean] appuyer / *she propped her bike (up) against the wall* elle a appuyé son vélo contre le mur / *prop yourself* or *your back against these cushions* calez-vous contre or adossez-vous à ces coussins / *he was propping his head (up) in his hands* il tenait sa tête calée entre ses mains **2.** [support] ▸ **to prop (up) a)** [wall, tunnel] étayer, étançonner, consolider **b)** [plants] mettre un tuteur à **c)** [peas, beans] ramer ▸ **to prop sthg open** : *I propped the door open with a chair* j'ai maintenu la porte ouverte avec une chaise.

❖ **prop up** vt sep [regime, family, business] soutenir / *the government stepped in to prop up the pound* le gouvernement est intervenu pour soutenir la livre.

prop. written abbr of **proprietor.**

propaganda [,prɒpə'gændə] ◆ n propagande *f*. ◆ comp [film, machine, material, exercise] de propagande.

propagandist [,prɒpə'gændɪst] ◆ adj propagandiste. ◆ n propagandiste *mf*.

propagandize, propagandise [,prɒpə'gændaɪz] ◆ vi faire de la propagande. ◆ vt [ideas, views] faire de la propagande pour or en faveur de ; [person, masses] faire de la propagande auprès de.

propagate ['prɒpəgeɪt] ◆ vt propager. ◆ vi se propager.

propagation [,prɒpə'geɪʃn] n propagation *f*.

propagator ['prɒpəgeɪtər] n **1.** [gen] propagateur *m*, -trice *f* **2.** BOT & HORT germoir *m*.

propane ['prəʊpeɪn] n propane *m*.

propel [prə'pel] (*pt & pp* **propelled**, *cont* **propelling**) vt **1.** [machine, vehicle, etc.] propulser, faire avancer **2.** [person] propulser, pousser / *she was propelled along the road by the crowd* elle fut poussée par la foule sur toute la longueur de la rue / *the sudden stop propelled us all forward* l'arrêt subit nous a tous propulsés vers l'avant / *he was propelled into the position of manager* on l'a bombardé directeur.

propellant, propellent [prə'pelənt] ◆ n [for rocket] propergol *m* ; [for gun] poudre *f* propulsive ; [in aerosol] (agent *m*) propulseur *m*. ◆ adj propulsif, propulseur.

propeller [prə'pelər] n hélice *f*.

propellerhead [prə'peləhed] n US *inf scientifique ou informaticien considéré comme socialement inapte* ; geek *m*.

propeller shaft n AERON arbre *m* porte-hélice ; NAUT arbre *m* d'hélice ; AUTO arbre *m* de transmission.

propelling pencil [prə'pelɪŋ-] n UK portemine *m*.

propene ['prəʊpi:n] n propène *m*.

propensity [prə'pensətɪ] (*pl* **propensities**) n *fml* propension *f*, tendance *f*, penchant *m* / *he has a propensity for* or *towards drink* il a tendance à boire (plus que de raison) / *my propensity not to trust* or *for not trusting other people* ma propension or ma tendance à ne pas faire confiance aux autres.

proper ['prɒpər] ◆ adj **1.** [correct] bon, juste, correct / *the proper answer* la bonne réponse, la réponse correcte / *what is the proper use of the imperfect?* quand doit-on utiliser l'imparfait ? / *John wasn't waiting at the proper place* John n'attendait pas au bon endroit or là où il fallait / *she didn't come at the proper time* elle s'est trompée d'heure / *you're not doing it in the proper way* vous ne vous y prenez pas comme il faut / *he did the proper thing by her* dated & hum [he married her] il a réparé ▸ **to think it proper to do sthg** juger bon de faire qqch / *do as you think proper* faites comme bon vous semble **2.** [appropriate] convenable, approprié / *that noisy pub isn't a proper place for a meeting* ce pub bruyant n'est pas un endroit approprié pour tenir une réunion / *that wasn't the proper thing to say / to do* ce n'était pas ce qu'il fallait dire / faire / *you must go through the proper channels* il faut suivre la filière officielle / *he wasn't wearing the proper clothes* il n'était pas vêtu pour la circonstance / *evening dress is the proper thing to wear for a ball* porter une tenue de soirée est de circonstance pour aller au bal / *I don't have the proper tools for this engine* je n'ai pas les outils appropriés pour or qui conviennent pour ce moteur / *put the scissors back in their proper place* remettez les ciseaux à leur place / *I can't find the proper word to describe him* je n'arrive pas à trouver le mot juste or qui convient pour le décrire **3.** [real] vrai, véritable / *I haven't had a proper meal in ages* il y a une éternité que je n'ai pas fait un vrai repas / *we must give the President a proper welcome* nous devons réserver au président un accueil digne de ce nom / *it's a toy, not a proper rifle* c'est un jouet, pas un vrai fusil ? / *they call him Joss but his proper name's Ross* on l'appelle Joss mais son vrai nom c'est Ross / *he's not a proper doctor* ce n'est pas un vrai docteur / *putting letters in envelopes isn't a proper job* mettre des lettres dans des enveloppes n'a rien d'un vrai travail **4.** UK *inf* [as intensifier] vrai, véritable, complet (complète) / *it's a proper catastrophe* c'est une vraie or véritable catastrophe / *you're a proper idiot* tu es un parfait imbécile or un imbécile fini / *he made a proper fool of himself* il s'est couvert de ridicule / *her room was in a proper mess* il y avait un vrai bazar dans sa chambre / *I gave him a proper telling-off* je lui ai passé un bon savon **5.** [respectable] correct, convenable, comme il faut / *that's not proper behaviour* ce n'est pas convenable, cela ne se fait pas / *she's a very proper young woman* c'est une jeune femme très bien / *may I take my shoes off? — no, that's not the proper thing to do here* puis-je ôter mes chaussures ? — non, ça ne se fait pas or ce serait déplacé ici **6.** [predicative use - specifically] proprement dit / *he lives outside the city proper* il habite en dehors de la ville même or proprement dite **7.** [characteristic] ▸ **proper to** propre à, typique de / *illnesses proper to tropical climates* maladies propres aux climats tropicaux. ◆ adv *v inf* **1.** UK [correctly] comme il faut / *I'll learn you how to talk proper!* je vais t'apprendre, moi, à causer comme il faut ! **2.** UK *regional* [very] très, vraiment, complètement / *he was proper angry with me* il était très or vraiment en colère contre moi. ◆ n RELIG propre *m*.

proper fraction n fraction *f* inférieure à l'unité.

properly ['prɒpəlɪ] adv **1.** [well, correctly] bien, juste, correctement / *the lid isn't on properly* le couvercle n'est pas bien mis / *the engine isn't working properly* le moteur ne marche pas bien / *for once they pronounced my name properly* pour une fois, ils ont prononcé mon nom correctement or ils ont bien prononcé mon nom / *I haven't slept properly in weeks* ça fait des semaines que je n'ai pas bien dormi / *she quite properly intervened* c'est avec raison or à juste titre qu'elle est intervenue **2.** [decently] correctement, convenablement, comme il faut / *patrons must be properly dressed* une tenue vestimentaire correcte est exigée de nos clients / *eat properly!* mange proprement or comme il faut ! / *he didn't behave properly towards her* il ne s'est pas comporté correctement envers elle / *I haven't thanked you properly* je ne vous ai pas remercié comme il faut or comme il convient **3.** [strictly] proprement / *he isn't properly speaking an expert* il n'est pas à proprement parler un expert **4.** UK *inf* [as intensifier] vraiment, complètement, tout à fait / *I'm properly exhausted* je suis complètement crevé / *he looks properly idiotic in those trousers* il a l'air complètement or parfaitement idiot dans ce pantalon / *they were properly told off* ils en ont pris pour leur grade.

proper name, proper noun n nom *m* propre.

propertied ['prɒpətɪd] adj *fml* possédant / *the propertied classes* les classes possédantes / *a propertied gentleman* un homme fortuné.

property ['prɒpətɪ] (*pl* **properties**) ◆ n **1.** *(U)* [belongings] propriété *f*, biens *mpl* / *hands off! that's my property!* n'y touchez pas, c'est à moi or ça m'appartient ! / *this book is the property of Theresa Lloyd* ce livre appartient à Theresa Lloyd / *government property* propriété de l'État ; LAW biens *mpl* / *she left him all her property* elle lui a laissé tous ses biens ; [objects] objets *mpl* / *this is stolen property* ce sont des objets volés **2.** *(U)* [buildings] propriété *f* ; [real estate] biens *mpl* immobiliers, immobilier *m* ; [land] terres *fpl* / *Smythe is investing his money in property* Smythe investit son argent dans l'immobilier / *they own a lot of property in the country* **a)** [houses] ils ont de nombreuses propriétés à la campagne **b)** [land] ils ont de nombreuses terres à la campagne / *a man of property* un homme qui possède des biens immobiliers or une fortune personnelle **3.** [plot of land] terrain *m* ; [house, building] propriété *f* **4.** [quality] propriété *f* / *what are the chemical properties of cobalt?* quelles sont les propriétés chimiques du cobalt ? / *healing properties* vertus *fpl* thérapeutiques or curatives **5.** THEAT accessoire *m*. ◆ comp [speculator] immobilier ; [owner, tax] foncier ▸ **property developer** promoteur *m* (immobilier).

property ladder n ▸ **to get a foot on the property ladder** accéder à la propriété, devenir propriétaire.

property man n THEAT accessoiriste *m*.

property mistress n THEAT accessoiriste *f*.

prop forward n RUGBY pilier *m*.

prophecy ['prɒfɪsɪ] (*pl* **prophecies**) n prophétie *f*.

prophesy ['prɒfɪsaɪ] (*pt & pp* **prophesied**) ◆ vt prophétiser, prédire / *scaremongers prophesied the end of the world* des alarmistes ont annoncé la fin du monde ▸ **to prophesy that sthg will happen** prédire que qqch va arriver. ◆ vi faire des prophéties.

prophet ['prɒfɪt] n prophète *m* ▸ **a prophet of doom** un prophète de malheur.

❖ **Prophets** n BIBLE ▸ **(the Book of) Prophets** le livre des Prophètes.

prophetess ['prɒfɪtɪs] n prophétesse *f*.

prophetic [prə'fetɪk] adj prophétique.

prophetically [prə'fetɪklɪ] adv prophétiquement.

prophylactic [,prɒfɪ'læktɪk] ◆ adj prophylactique. ◆ n **1.** [drug] médicament *m* prophylactique **2.** [condom] préservatif *m*.

prophylaxis [,prɒfɪ'læksɪs] (*pl* **prophylaxes** [-si:z]) n prophylaxie *f*.

propinquity [prə'pɪŋkwətɪ] n *fml* **1.** [in space, time] proximité *f* **2.** [in kinship] consanguinité *f*.

propitiate [prə'pɪʃɪeɪt] vt *fml* apaiser.

propitiation [prə,pɪʃɪ'eɪʃn] n *fml* propitiation *f*.

propitiatory [prə'pɪʃɪətrɪ] adj *fml* propitiatoire.

propitious [prə'pɪʃəs] adj *fml* propice, favorable ▸ **propitious for sthg** propice à or favorable à qqch / *it wasn't really a propitious moment to ask for a rise* le moment était plutôt mal choisi pour demander une augmentation.

proponent [prə'pəʊnənt] n avocat *m*, -e *f fig*, partisan *m*, -e *f*.

proportion [prə'pɔ:ʃn] ◆ n **1.** [gen] [MATH - ratio] proportion *f*, rapport *m* / *in the proportion of 6 parts water to 1 part shampoo* dans la proportion de 6 mesures d'eau pour 1 mesure de shampooing / *the sentence is out of all proportion to the crime* la peine est disproportionnée par rapport au or est sans commune mesure avec le délit / *the price bears little proportion to its real value* le prix n'a guère de rapport avec sa véritable valeur / *the proportion of income to* or *over expenditure* le rapport entre les revenus et les dépenses **2.** [perspective] proportion *f* ▸ **to have a sense of proportion** avoir le sens des proportions / *you seem to have got* or *blown the problem out of (all) proportion* vous semblez avoir exagéré or grossi le problème / *you must try to see things in proportion* vous devez essayer de ramener les choses à leur juste valeur / *the artist has got the tree out of proportion* l'artiste n'a pas respecté les proportions de l'arbre **3.** [dimension] proportion *f*, dimension *f* / *a ship of vast proportions* un navire de grande dimension / *the affair has assumed worrying proportions* l'affaire a pris des proportions alarmantes **4.** [share, part] partie *f*, part *f*, pourcentage *m* / *she only got a small proportion of the profits* elle n'a touché qu'une petite part or partie des bénéfices / *what proportion of your income do you spend on tobacco?* quel pourcentage de vos revenus dépensez-vous en tabac ? ◆ vt proportionner / *to proportion one's expenditure to one's resources* proportionner ses dépenses à ses ressources, calculer ses dépenses en fonction de ses ressources.

❖ **in proportion to, in proportion with** prep phr par rapport à / *the office block is huge in proportion to the houses around it* l'immeuble de bureaux est énorme par rapport aux maisons qui l'entourent / *the job is badly paid in proportion to the effort required* cet emploi est mal payé vu le travail exigé / *his salary is in proportion to his experience* son salaire correspond à son expérience / *the monthly payments are calculated in proportion to your income* les mensualités sont calculées en fonction de or sont proportionnelles à vos revenus / *inflation may increase in proportion with wage rises* l'inflation risque d'augmenter proportionnellement aux augmentations de salaire.

proportional [prə'pɔ:ʃənl] adj proportionnel, en proportion ▸ **proportional to** proportionnel à / *her income is proportional to the work she puts in* ses revenus sont proportionnels au travail effectué.

proportionally [prə'pɔ:ʃnəlɪ] adv proportionnellement.

proportional representation n représentation *f* proportionnelle.

proportional spacing n espacement *m* proportionnel.

proportionate ◆ adj [prə'pɔ:ʃnət] proportionné. ◆ vt [prə'pɔ:ʃəneɪt] = **proportion**.

proportionately [prə'pɔ:ʃnətlɪ] adv proportionnellement, en proportion.

proposal [prə'pəʊzl] n **1.** [offer] proposition *f*, offre *f* ▸ **to make a proposal** faire or formuler une proposition ; [of marriage] demande *f* en mariage / *she refused his proposal* elle a rejeté sa demande en mariage, elle a refusé de l'épouser **2.** [suggestion] proposition *f*, suggestion *f* / *he accepted her proposal to go on holiday* il a accepté de partir en vacances, comme elle l'avait suggéré **3.** [plan, scheme] proposition *f*, projet *m*, plan *m* / *the proposal for a car park* / *to build a car park* le projet de parking / de construction d'un parking.

propose [prə'pəʊz] ◆ vt **1.** [suggest] proposer, suggérer ▸ **to propose sthg to sb** proposer qqch à qqn ▸ **to propose doing sthg** proposer de faire qqch / *it was proposed that we might like to stay a few days longer* on nous a proposé de rester quelques jours de plus / *I propose (that) we all go for a drink* je propose or suggère que nous allions tous prendre un verre **2.** [present - policy, resolution, scheme] proposer, présenter, soumettre ▸ **to propose sb's health, to propose a toast to sb** porter un toast à (la santé de) qqn / *I propose Jones as* or *for treasurer* je propose Jones comme trésorier ; [in marriage] ▸ **to propose marriage to sb** demander qqn en mariage, faire une demande en mariage à qqn **3.** [intend] se proposer, avoir l'intention, compter / *I propose taking* or *to take a few days off work* je me propose de prendre quelques jours de congé / *they propose leaving early* ils ont l'intention de partir de bonne heure. ◆ vi **1.** [offer marriage] faire une demande en mariage ▸ **to propose to sb** demander qqn en mariage **2.** PHR **man proposes, God disposes** l'homme propose, Dieu dispose.

> Note that proposer que is followed by a verb in the subjunctive:
> **I propose we stop the meeting now.** *Je propose que nous mettions fin à cette réunion tout de suite.*

proposed [prə'pəʊzd] adj projeté / *the proposed visit* la visite prévue / *the building of the proposed car park has been delayed* le projet de construction d'un parking a été suspendu.

proposer [prə'pəʊzəʳ] n **1.** [of motion] auteur *m* (d'une proposition) **2.** [of candidate] parrain *m fig*, marraine *f fig*.

proposition [,prɒpə'zɪʃn] ◆ n **1.** [proposal, statement] proposition *f* **2.** [task] affaire *f* / *that's quite a proposition* c'est une tout autre affaire / *climbing that mountain will be no easy proposition* ce ne sera pas une petite or mince affaire que de gravir cette montagne / *that's a tough proposition you're making* ce n'est pas rien, ce que vous demandez là / *the boss is a tough proposition inf* le patron n'est pas quelqu'un de commode or facile, le patron est du genre coriace **3.** [available choice] solution *f* / *solar power is not an economic proposition* l'énergie solaire n'est pas une solution rentable / *the deal wasn't a paying proposition* l'affaire n'était pas rentable **4.** [offer of sex] proposition *f* ▸ **to make sb a proposition** faire des propositions (malhonnêtes) or des avances à qqn **5.** MATH proposition *f*. ◆ vt faire des propositions (malhonnêtes) or des avances à.

propound [prə'paʊnd] vt *fml* [argument, theory] avancer, mettre en avant ; [opinion] avancer, émettre ; [problem] poser.

proprietary [prə'praɪətrɪ] adj **1.** COMM de marque déposée ▸ **a proprietary process** un processus breveté ▸ **proprietary brand** marque *f* déposée **2.** [attitude, behaviour, function] de propriétaire / *his manner towards her was rather proprietary* il était plutôt possessif avec elle.

proprietary colony n HIST *aux États-Unis, colonie octroyée à un propriétaire par la Couronne anglaise au XVIIe siècle.*

proprietary hospital n US hôpital *m* privé, clinique *f* privée.

proprietary medicine n spécialité *f* pharmaceutique.

proprietary name n marque *f* déposée.

proprietor [prə'praɪətəʳ] n propriétaire *mf*.

proprietorial [prə,praɪə'tɔ:rɪəl] adj de propriétaire.

proprietorship [prə'praɪətəʃɪp] n propriété *f*, possession *f* ; LAW (droit *m* de) propriété *f* / **'under new proprietorship'** 'changement de propriétaire'.

proprietress [prə'praɪətrɪs] n propriétaire *f*.

propriety [prəˈpraɪətɪ] (*pl* **proprieties**) n *fml* **1.** [decorum] bienséance *f*, convenance *f* / *the rules of propriety require you to write to her* les règles de la bienséance vous obligent à lui écrire / *his behaviour is lacking in propriety* son comportement est tout à fait inconvenant or déplacé ▸ **to have a sense of propriety** avoir le sens des convenances / *contrary to the proprieties* contraire aux bienséances or convenances **2.** [suitability - of action, measure] opportunité *f* ; [- of word, remark] justesse *f*, propriété *f* **3.** [rectitude] rectitude *f* ▸ **to behave with propriety** respecter les convenances.

prop shaft n arbre *m* de transmission.

propulsion [prəˈpʌlʃn] n propulsion *f*.

propulsive [prəˈpʌlsɪv] adj propulseur, propulsif.

propylene [ˈprɒpɪliːn] n propylène *m*.

pro rata [ˌprəʊˈrɑːtə] adj & adv au prorata.

prorate [ˈprəʊreɪt] vt US distribuer au prorata or de façon proportionnelle.

prorogation [ˌprəʊrəˈgeɪʃn] n prorogation *f*.

prorogue [prəˈrəʊg] vt proroger.

prosaic [prəʊˈzeɪɪk] adj prosaïque.

prosaically [prəʊˈzeɪɪklɪ] adv prosaïquement.

Pros. Atty written abbr of **prosecuting attorney**.

proscenium [prəˈsiːnjəm] (*pl* **prosceniums** *or* **proscenia** [-njə]) n proscenium *m*.

proscenium arch n THEAT ≃ manteau *m* d'Arlequin.

prosciutto [prɒˈʃuːtəʊ] n CULIN prosciutto *m*.

proscribe [prəʊˈskraɪb] vt proscrire.

proscription [prəʊˈskrɪpʃn] n proscription *f*.

prose [prəʊz] n **1.** LITER prose *f* ▸ **to write in prose** écrire en prose, faire de la prose **2.** UK SCH thème *m*.

prosecute [ˈprɒsɪkjuːt] ◆ vt **1.** LAW poursuivre (en justice), engager des poursuites contre ▸ **to prosecute sb for sthg** poursuivre qqn (en justice) pour qqch / *he was prosecuted for disturbing the peace* il a été poursuivi pour tapage nocturne **2.** *fml* [pursue - war, investigation] poursuivre. ◆ vi LAW [lawyer - in civil case] représenter la partie civile ; [- in criminal case] représenter le ministère public or le parquet.

prosecuting attorney [ˈprɒsɪkjuːtɪŋ-] n US ≃ procureur *m* (de la République).

prosecution [ˌprɒsɪˈkjuːʃn] n **1.** LAW [proceedings] poursuites *fpl* (judiciaires) ; [indictment] accusation *f* ▸ **to be liable to prosecution** s'exposer à des poursuites (judiciaires) ▸ **to bring a prosecution against sb** poursuivre qqn en justice / *this is her second prosecution* c'est la deuxième fois qu'elle est poursuivie **2.** LAW [lawyer - in civil case] avocat *m* or avocats *mpl* représentant les plaignants or la partie plaignante ; [- in criminal case] ministère *m* public, accusation *f* ▸ **witness for the prosecution** témoin *m* à charge **3.** *fml* [pursuit] poursuite *f* / *the prosecution of the war* la poursuite de la guerre / *in the prosecution of his duties* dans l'exercice or l'accomplissement de ses fonctions.

prosecutor [ˈprɒsɪkjuːtər] n [person bringing case] plaignant *m*, -e *f* ; [lawyer] ▸ **(public) prosecutor** UK procureur *m*.

proselyte [ˈprɒsəlaɪt] ◆ n prosélyte *mf*. ◆ vi & vt US = **proselytize**.

proselytism [ˈprɒsəlɪtɪzm] n prosélytisme *m*.

proselytize, **proselytise** [ˈprɒsəlɪtaɪz] ◆ vi faire du prosélytisme. ◆ vt faire un prosélyte de.

prose poem n poème *m* en prose.

Proserpina [prɒsəˈpiːnə] pr n Proserpine.

prosodic [prəˈsɒdɪk] adj prosodique.

prosody [ˈprɒsədɪ] n prosodie *f*.

prospect ◆ n [ˈprɒspekt] **1.** [possibility] chance *f*, perspective *f* / *what are his prospects of success?* quelles chances a-t-il de réussir ? / *there's little prospect of their winning the match* ils ont peu de chances de remporter or il y a peu d'espoir (pour) qu'ils remportent le match / *we had given up all prospect of hearing from you* nous avions renoncé à tout espoir d'avoir or nous pensions ne jamais plus recevoir de vos nouvelles **2.** [impending event, situation] perspective *f* / *I don't relish the prospect of working for him* la perspective de travailler pour lui ne m'enchante guère ▸ **to have sthg in prospect** avoir qqch en vue or en perspective / *he has a bright future in prospect* il a un bel avenir en perspective or devant lui / *what are the weather prospects for tomorrow?* quelles sont les prévisions météorologiques pour demain ? **3.** (*usu pl*) [chance of success] perspectives *fpl* d'avenir / *the prospects are not very good* les choses se présentent plutôt mal / *the prospect(s) for the automobile industry* les perspectives d'avenir de l'industrie automobile / *her prospects are bleak* ses perspectives d'avenir sont sombres / *she's a woman with good prospects* c'est une femme qui a de l'avenir or une femme d'avenir / *this company has good prospects* / *no prospects* cette entreprise a un bel avenir devant elle / n'a pas d'avenir / *it's a job without any prospects of promotion* c'est un poste qui n'offre aucune perspective d'avancement / *good promotion prospects* de réelles possibilités d'avancement **4.** [person - customer] client *m* potentiel or éventuel, prospect *m* ; [- marriage partner] parti *m* *dated* ; [- candidate] espoir *m* / *he's a good prospect for the manager's job* c'est un candidat potentiel au poste de directeur / *there are two young prospects in the team* l'équipe compte deux joueurs prometteurs or qui ont un bel avenir devant eux / *Robbins is a good prospect* Robbins a un bel avenir devant lui **5.** [view] perspective *f*, vue *f*. ◆ vi [prəˈspekt] prospecter / *to prospect for oil* chercher du pétrole / *to prospect for new customers* rechercher or démarcher de nouveaux clients. ◆ vt [prəˈspekt] [area, land] prospecter.

prospecting [prəˈspektɪŋ] n MIN & PETR prospection *f*.

prospective [prəˈspektɪv] adj **1.** [future] futur / *he's our prospective parliamentary candidate* il est notre futur candidat parlementaire / *Mrs Wilks is my prospective mother-in-law* Mme Wilks est ma future belle-mère **2.** [possible] potentiel, éventuel / *he's a prospective customer* c'est un client potentiel **3.** [intended, expected] en perspective / *my prospective trip to Ireland* le voyage que je projette de faire en Irlande.

prospector [prəˈspektər] n prospecteur *m*, -trice *f*, chercheur *m*, -euse *f* ▸ **gold prospectors** chercheurs d'or.

prospectus [prəˈspektəs] n prospectus *m*.

prosper [ˈprɒspər] vt prospérer.

prosperity [prɒˈsperətɪ] n prospérité *f*.

prosperous [ˈprɒspərəs] adj [business, area, family] prospère ; [period] prospère, de prospérité ▸ **prosperous winds** *liter* vents *mpl* favorables.

prosperously [ˈprɒspərəslɪ] adv de manière prospère / *they live prosperously* ils vivent dans la prospérité.

prostaglandin [ˌprɒstəˈglændɪn] n prostaglandine *f*.

prostate (gland) [ˈprɒsteɪt-] n prostate *f*.

prosthesis [prɒsˈθiːsɪs] (*pl* **prostheses** [-siːz]) n **1.** MED prothèse *f* **2.** LING prosthèse *f*.

prosthetic [prɒsˈθetɪk] adj **1.** MED prothétique **2.** LING prosthétique.

prostitute [ˈprɒstɪtjuːt] ◆ n prostituée *f* ▸ **male prostitute** prostitué *m*. ◆ vt *fig & lit* prostituer ▸ **to prostitute o.s.** se prostituer.

prostitution [ˌprɒstɪˈtjuːʃn] n prostitution *f*.

prostrate ◆ adj [ˈprɒstreɪt] **1.** [lying flat] (couché) à plat ventre ; [in submission] prosterné ▸ **to lie prostrate before sb** être prosterné devant qqn **2.** [exhausted] épuisé, abattu ; [overwhelmed] prostré, accablé, atterré / *prostrate with grief* accablé de chagrin. ◆ vt [prɒˈstreɪt] **1.** [in obedience, respect] ▸ **to prostrate o.s. before sb** se prosterner devant qqn **2.** [overwhelm] accabler, abattre / *to be prostrated by illness* être accablé or abattu par la maladie / *to be prostrated with grief* être accablé de chagrin.

prostration [prɒˈstreɪʃn] n **1.** [lying down] prosternement *m* ; RELIG prostration *f* **2.** [exhaustion] prostration *f*, épuisement *m* / *the country was in a state of economic prostration* l'économie du pays était en ruine.

prosumer [prəʊˈsjuːmər] adj [camera, equipment] semi-professionnel.

prosy [ˈprəʊzɪ] (*compar* **prosier**, *superl* **prosiest**) adj [dull] ennuyeux, prosaïque ; [long-winded] verbeux.

protactinium [ˌprəʊtækˈtɪnɪəm] n protactinium *m*.

protagonist [prəˈtægənɪst] n protagoniste *mf*.

protean [prəʊˈtiːən] adj *liter* changeant.

protease [ˈprəʊtɪeɪz] n protéase *f*.

protect [prəˈtekt] vt protéger ▸ **to protect sb / sthg from** or **against sthg** protéger qqn / qqch de or contre qqch / *she protected her eyes from the sun* elle se protégea les yeux du soleil ▸ **to protect o.s. from sthg** se protéger de or contre qqch ▸ **protected industries** industries *fpl* protégées / *it is important to protect your civil rights* il est important de veiller à ce que vos droits civiques ne soient pas bafoués.

protected [prəˈtektɪd] adj protégé / *protected species* espèce *f* protégée.

protection [prəˈtekʃn] n **1.** [safeguard] protection *f* / *this drug offers protection against* or *from the virus* ce médicament vous protège or vous immunise contre le virus / *cyclists often wear face masks for protection against car fumes* les cyclistes portent souvent des masques pour se protéger des gaz d'échappement des voitures / *she travelled under police protection* elle a voyagé sous la protection de la police / *environmental protection* protection *f* de l'environnement **2.** [insurance] protection *f* / *protection against fire and theft* protection contre l'incendie et le vol **3.** [run by gangsters] ▸ **protection (money)** argent *m* versé aux racketteurs / *all the shopkeepers have to pay protection (money)* tous les commerçants sont rackettés ▸ **protection racket** racket *m* ▸ **to run a protection (racket)** être à la tête d'un racket.

protectionism [prəˈtekʃənɪzm] n protectionnisme *m*.

protectionist [prəˈtekʃənɪst] ◆ adj protectionniste. ◆ n protectionniste *mf*.

protective [prəˈtektɪv] adj **1.** [person] protecteur ; [behaviour, attitude] protecteur, de protection / *she's too protective towards her children* elle a trop tendance à couver ses enfants / *he put a protective arm around her* il l'a entourée d'un bras protecteur **2.** [material, clothes] de protection ; [cover] protecteur, de protection **3.** ECON [duty, measure] protecteur.

protective coloration n homochromie *f*.

protective custody n détention *f* dans l'intérêt de la personne.

protectively [prəˈtektɪvlɪ] adv [behave, act] de façon protectrice ; [speak] d'un ton protecteur, d'une voix protectrice ; [look] d'un œil protecteur.

protectiveness [prəˈtektɪvnɪs] n attitude *f* protectrice.

protector [prəˈtektər] n **1.** [person] protecteur *m*, -trice *f* **2.** [on machine] dispositif *m* de protection, protecteur *m*.

❖ **Protector** n UK HIST ▸ **the Protector** le Protecteur.

protectorate [prəˈtektərət] n protectorat *m* ▸ **the Protectorate** UK HIST le Protectorat.

> **The Protectorate**
>
> En Angleterre, période allant de 1653 à 1659, succédant à la guerre civile et durant laquelle Oliver Cromwell, se proclamant **Lord Protector**, exerça son autorité sur le pays. Il transmit ensuite cette charge à son fils Richard.

protégé [ˈprɒtəʒeɪ] n protégé *m*, -e *f*.

protein [ˈprəʊtiːn] n protéine *f* ▸ **protein deficiency** carence *f* en protéines.

pro tem [ˌprəʊˈtem] *inf*, **pro tempore** [ˈprəʊˈtempərɪ] ◆ adv temporairement. ◆ adj intérimaire, temporaire.

proteomics [ˌprəʊtɪˈɒmɪks] n protéomique *f*.

protest ◆ n [ˈprəʊtest] **1.** [gen] protestation *f* ▸ **to make a protest against** or **about sthg** élever une protestation contre qqch, protester contre qqch ▸ **to register** or **to lodge a protest with sb** protester auprès de qqn ▸ **in protest against** or **at sthg** en signe de protestation contre qqch / *they did it without the slightest protest* ils l'ont fait sans élever la moindre protestation or sans protester le moins du monde / *despite their protests, the children had to go to school* malgré leurs protestations, les enfants ont dû aller à l'école ▸ **to stage a protest a)** [complaint] organiser une protestation **b)** [demonstration] organiser une manifestation ▸ **to do sthg under protest** faire qqch en protestant **2.** COMM & LAW protêt *m.* ◆ comp [letter, meeting] de protestation ▸ **protest demonstration** or **march** manifestation *f* ▸ **protest marcher** manifestant *m*, -e *f* ▸ **protest vote** vote *m* de protestation. ◆ vt [prə'test] **1.** [innocence, love, etc.] protester de / *"no one told me", she protested* « personne ne me l'a dit », protesta-t-elle / *she protested that it was unfair* elle déclara que ce n'était pas juste **2.** US [measures, law, etc.] protester contre. ◆ vi protester ▸ **to protest at** or **against** / **about sthg** protester contre qqch / *I must protest in the strongest terms at* or *about...* je m'élève avec la dernière énergie *fml* or énergiquement contre...

Protestant ['prɒtɪstənt] ◆ adj protestant ▸ **the Protestant Church** l'Église *f* protestante ▸ **the Protestant (work) ethic** l'éthique *f* protestante (du travail). ◆ n protestant *m*, -e *f*.

Protestantism ['prɒtɪstəntɪzm] n protestantisme *m*.

protestation [,prɒte'steɪʃn] n protestation *f*.

protester, protestor [prə'testəʳ] n [demonstrator] manifestant *m*, -e *f* ; [complainer] protestataire *mf*.

Proteus ['prəʊtɪəs] pr n Protée.

protium ['prəʊtɪəm] n protium *m*.

protocol ['prəʊtəkɒl] n protocole *m*.

Proto-Indo-European [,prəʊtəʊ-] n proto-indo-européen *m*.

proton ['prəʊtɒn] n proton *m*.

proton microscope n microscope *m* protonique.

proton number n numéro *m* atomique.

protoplasm ['prəʊtəplæzm] n protoplasme *m*, protoplasma *m*.

prototype ['prəʊtətaɪp] n prototype *m*.

protozoan [,prəʊtə'zəʊən] (*pl* **protozoans** *or* **protozoa** [-'zəʊə]) n protozoaire *m*.

protozoon [,prəʊtə'zəʊən] (*pl* **protozoa** [-'zəʊə]) = **protozoan**.

protract [prə'trækt] vt prolonger, faire durer.

protracted [prə'træktɪd] adj [stay] prolongé ; [argument, negotiations] qui dure, (très) long.

protraction [prə'trækʃn] n prolongation *f*.

protractor [prə'træktəʳ] n **1.** GEOM rapporteur *m* **2.** ANAT protracteur *m*.

protrude [prə'tru:d] ◆ vi [rock, ledge] faire saillie ; [eyes, chin] saillir ; [teeth] avancer / *the promontory protrudes into the sea* le promontoire s'avance dans la mer / *his belly protruded over his trousers* son ventre débordait de son pantalon / *his feet protruded from under the bedclothes* ses pieds dépassaient de sous les couvertures. ◆ vt avancer, pousser en avant.

protruding [prə'tru:dɪŋ] adj [ledge] en saillie ; [chin, ribs] saillant ; [eyes] globuleux ; [teeth] proéminent, protubérant ; [belly] protubérant / *the protruding end of the nail* le bout du clou qui dépasse.

protrusion [prə'tru:ʒn] n [ledge] saillie *f* ; [bump] bosse *f*.

protrusive [prə'tru:sɪv] = **protruding**.

protuberance [prə'tju:bərəns] n *fml* protubérance *f*.

protuberant [prə'tju:bərənt] adj *fml* protubérant.

proud [praʊd] ◆ adj **1.** [pleased] fier ▸ **to be proud of sb** / **sthg** être fier de qqn / qqch / *he was proud to have won* or *of having won* il était fier d'avoir gagné / *I'm proud (that) you didn't give up* je suis fier que tu n'aies pas abandonné / *it's nothing to be proud of!* il n'y a vraiment pas de quoi être fier ! / *she was too proud to accept* elle était trop fière pour accepter / *I'll do anything, I'm not proud* je ferai n'importe quoi, je ne suis pas fier / *they are now the proud parents of a daughter* ils sont désormais les heureux parents d'une petite fille / *we are proud to present this concert* nous sommes heureux de vous présenter ce concert / *it was a proud moment for me* pour moi, ce fut un moment de grande fierté / *it was her proudest possession* c'était son bien le plus précieux **2.** [arrogant] fier, orgueilleux / *he's a proud man* c'est un orgueilleux ▸ **as proud as a peacock** fier comme un coq **3.** *liter* [stately - tree, mountain] majestueux, altier ; [- bearing, stallion, eagle] fier, majestueux **4.** UK [protruding] qui dépasse / *it's a few millimetres proud* ça dépasse de quelques millimètres ▸ **proud flesh** MED bourgeon *m* conjonctif or charnu ▸ **to stand proud** faire saillie. ◆ adv *inf* ▸ **to do sb proud a)** [entertain lavishly] recevoir qqn comme un roi / une reine **b)** [honour] faire honneur à qqn.

> Note that **être fier que** is followed by a verb in the subjunctive:
> **I'm so proud he won.** *Je suis si fier qu'il ait gagné.*

proudly ['praʊdlɪ] adv **1.** [with pride] fièrement, avec fierté / *we proudly present...* nous sommes fiers de présenter... **2.** [arrogantly] orgueilleusement **3.** [majestically] majestueusement.

Proustian ['pru:stjən] adj proustien.

provable ['pru:vəbl] adj prouvable, démontrable.

prove [pru:v] (UK *pt & pp* **proved** ; US *pt* **proved**, *pp* **proved** *or* **proven** ['pru:vn]) ◆ vt **1.** [verify, show] prouver / *the facts prove her (to be) guilty* les faits prouvent qu'elle est coupable / *the autopsy proved that it was suicide* l'autopsie prouva que c'était un suicide / *the accused is innocent until proved* or *proven guilty* l'accusé est innocent jusqu'à preuve du contraire or tant que sa culpabilité n'est pas prouvée ▸ **to prove sb right** / **wrong** donner raison / tort à qqn / *they can't prove anything against us* ils n'ont aucune preuve contre nous / *I think I've proved my point* je crois avoir apporté la preuve de ce que j'avançais / *it remains to be proved whether the decision was correct* rien ne prouve que cette décision était la bonne / *she quickly proved herself indispensable* elle s'est vite montrée indispensable / *he has already proved his loyalty* il a déjà prouvé sa fidélité, sa fidélité n'est plus à prouver **2.** LOGIC & MATH [proposition, theorem] démontrer **3.** [put to the test] mettre à l'épreuve / *the method has not yet been proved* la méthode n'a pas encore fait ses preuves ▸ **to prove o.s.** faire ses preuves **4.** LAW [will] homologuer **5.** *arch* [experience] éprouver. ◆ vi **1.** [turn out] s'avérer, se révéler / *your suspicions proved (to be) well-founded* vos soupçons se sont avérés fondés / *the arrangement proved (to be) unworkable* cet arrangement s'est révélé impraticable / *the hotel proved to be open* l'hôtel s'avéra être ouvert / *he may prove (to be) of help to you* il pourrait bien vous être utile / *it has proved impossible to find him* il a été impossible de le retrouver / *if that proves to be the case* s'il s'avère que tel est le cas **2.** CULIN [dough] lever.

❖ **prove out** US ◆ vt sep mettre à l'épreuve. ◆ vi faire ses preuves.

proven ['pru:vn] ◆ pp ⟶ **prove**. ◆ adj **1.** [tested] éprouvé / *a woman of proven courage* une femme qui a fait preuve de courage / *a candidate with proven experience* un candidat qui a déjà fait ses preuves / *a proven method* une méthode qui a fait ses preuves **2.** LAW ▸ **a verdict of not proven** ≃ un non-lieu.

provenance ['prɒvənəns] n provenance *f*.

Provençal [,prɒvɒn'sɑ:l] ◆ n **1.** [person] Provençal *m*, -e *f* **2.** LING provençal *m*. ◆ adj provençal.

Provence [prɒ'vɑ̃s] pr n Provence *f* / *in Provence* en Provence.

provender ['prɒvɪndəʳ] n **1.** [fodder] fourrage *m*, provende *f* **2.** [food] nourriture *f*.

proverb ['prɒvɜ:b] n proverbe *m*.

❖ **Proverbs** n BIBLE ▸ **(the Book of) Proverbs** (le livre des) Proverbes.

proverbial [prə'vɜ:bjəl] adj proverbial, légendaire.

proverbially [prə'vɜ:bjəlɪ] adv proverbialement.

provide [prə'vaɪd] ◆ vt **1.** [supply] pourvoir, fournir ▸ **to provide sthg for sb, to provide sb with sthg** fournir qqch à qqn / *who provided them with that information?* qui leur a fourni or transmis ces renseignements ? / *they provide a car for her use* ils mettent une voiture à sa disposition / *the plane is provided with eight emergency exits* l'avion dispose de huit sorties de secours / *write the answers in the spaces provided* écrivez les réponses dans les blancs prévus à cet effet **2.** [offer, afford] offrir, fournir / *a small summerhouse provides some privacy* un petit pavillon dans le jardin offre une certaine intimité / *the new plant will provide 2,000 jobs* la nouvelle usine créera 2 000 emplois / *I want to provide my children with a good education* je veux pouvoir offrir or donner une bonne éducation à mes enfants / *the book provides a good introduction to maths* ce livre est une bonne introduction aux maths / *milk provides a good source of protein* le lait constitue un bon apport en protéines **3.** [stipulate - subj: contract, law] stipuler / *the rules provide that...* le règlement stipule que... ◆ vi ▸ **to provide against sthg** se prémunir contre qqch.

❖ **provide for** vt insep **1.** [support] ▸ **to provide for sb** pourvoir or subvenir aux besoins de qqn / *I have a family to provide for* j'ai une famille à nourrir / *an insurance policy that will provide for your children's future* une assurance qui subviendra aux besoins de vos enfants / *his widow was left well provided for* sa veuve était à l'abri du besoin **2.** [prepare] ▸ **to provide for sthg** se préparer à qqch / *they hadn't provided for the drop in demand* la baisse de la demande les a pris au dépourvu / *we try to provide for all eventualities* nous nous efforçons de parer à toute éventualité **3.** [contract, law] ▸ **to provide for sthg** stipuler or prévoir qqch / *the bill provides for subsidies to be reduced* le projet de loi prévoit une baisse des subventions.

provided [prə'vaɪdɪd] conj ▸ **provided (that)** pourvu que, à condition que / *I'll wait for you provided (that) it doesn't take too long* je t'attendrai à condition que ce ne soit pas trop long / *you can leave early provided (that) you finish your work* vous pouvez partir plus tôt à condition d'avoir fini votre travail.

> Note that **pourvu que** is followed by a verb in the subjunctive:
> **... provided that no one objects, of course.**
> *... pourvu que personne n'y voie d'inconvénient, bien entendu.*

providence ['prɒvɪdəns] n **1.** [fate] providence *f* / *Providence smiled on us* la Providence nous a souri **2.** [foresight] prévoyance *f* ; [thrift] économie *f*.

provident ['prɒvɪdənt] adj [foresighted] prévoyant ; [thrifty] économe.

provident club n UK *système d'achat à tempérament proposé par certains grands magasins.*

providential [,prɒvɪ'denʃl] adj providentiel.

providentially [,prɒvɪ'denʃəlɪ] adv providentiellement.

providently ['prɒvɪdəntlɪ] adv avec prévoyance, prudemment.

provident society n UK société *f* de prévoyance.

provider [prə'vaɪdəʳ] n [gen] fournisseur *m*, -euse *f* ; COMPUT fournisseur *m* (d'accès), provider *m* / *she's the family's sole provider* elle subvient seule aux besoins de la famille.

providing [prə'vaɪdɪŋ] = **provided**.

province ['prɒvɪns] n **1.** [region, district] province *f* ▸ **the Province of Ontario** / **Ulster** la province d'Ontario / d'Ulster ▸ **the Maritime** / **Prairie Provinces** [of Canada] les Provinces maritimes / des Prairies **2.** [field, sphere - of activity] domaine *m* ; [- of responsability] compétence *f* / *politics was once the sole province of men* autrefois, la politique était un domaine exclusivement masculin / *staff supervision is not within my province* la gestion du personnel n'est pas de mon ressort **3.** RELIG province *f* ecclésiastique.

❖ **provinces** pl n UK [not the metropolis] ▸ **the provinces** la province / *in the provinces* en province.

provincial [prə'vɪnʃl] ◆ adj provincial. ◆ n **1.** [from provinces] provincial *m*, -e *f* **2.** RELIG provincial *m*.

provincialism [prə'vɪnʃəlɪzm] n provincialisme *m*.

proving ground ['pru:vɪŋ-] n terrain *m* d'essai.

provision [prə'vɪʒn] ◆ vt approvisionner, ravitailler. ◆ n **1.** [act of supplying] approvisionnement *m*, fourniture *f*, ravitaillement *m* / *provision of supplies in wartime is a major problem* le ravitaillement en temps de guerre pose de graves problèmes / *one of their functions is the provision of meals for the homeless* un de leurs rôles est de distribuer des repas aux sans-abri / *the provision of new jobs* la création d'emplois **2.** [stock, supply] provision *f*, réserve *f* / *to lay in provisions for the winter* faire des provisions pour l'hiver / *the US sent medical provisions* les États-Unis envoyèrent des stocks de médicaments / *I have a week's provision of firewood left* il me reste du bois or assez de bois pour une semaine **3.** [arrangement] disposition *f* / *they are making provisions for a crisis* ils prennent des dispositions en vue d'une crise / *no provision had been made for the influx of refugees* aucune disposition n'avait été prise pour faire face à l'afflux de réfugiés / *social service provision has been cut again* les services sociaux ont à nouveau connu des compressions budgétaires / *to make provisions for one's family* pourvoir aux besoins de sa famille / *you should think about making provisions for the future* vous devriez penser à assurer votre avenir / *having a lot of children was a provision for old age* le fait d'avoir de nombreux enfants constituait pour les parents une sorte d'assurance vieillesse **4.** [condition, clause] disposition *f*, clause *f* / *under the provisions of the UN charter / his will* selon les dispositions de la charte de l'ONU / de son testament / *a 4% increase is included in the budget's provisions* une augmentation de 4 % est prévue dans le budget / *notwithstanding any provision to the contrary* LAW nonobstant toute clause contraire.

❖ **provisions** pl n [food] vivres *mpl*, provisions *fpl*.

provisional [prə'vɪʒənl] adj provisoire ▸ **provisional (driving) licence** UK permis *m* de conduire provisoire *(autorisation que l'on doit obtenir avant de prendre des leçons)*.

❖ **Provisional** ◆ adj POL ▸ **the Provisional IRA** l'IRA *f* provisoire. ◆ n membre *m* de l'IRA provisoire.

provisionally [prə'vɪʒnəlɪ] adv provisoirement.

proviso [prə'vaɪzəʊ] (*pl* **provisos** *or* **provisoes**) n stipulation *f*, condition *f* / *with the proviso that the goods be delivered* à la condition expresse or sous réserve que les marchandises soient livrées / *they accept, with one proviso* ils acceptent, à une condition.

provisory [prə'vaɪzərɪ] adj **1.** [conditional] conditionnel **2.** = **provisional.**

provitamin [prəʊ'vɪtəmɪn or prəʊ'vaɪtəmɪn] n provitamine *f*.

Provo ['prəʊvəʊ] (*pl* **Provos**) n IR *inf* POL membre *m* de l'IRA provisoire.

provocation [,prɒvə'keɪʃn] n provocation *f* / *he loses his temper at* or *given the slightest provocation* il se met en colère à la moindre provocation / *the crime was committed under provocation* ce crime a été commis en réponse à une provocation.

provocative [prə'vɒkətɪv] adj **1.** [challenging] provocateur, provocant / *his early films were very provocative* ses premiers films étaient très provocants / *she doesn't really think that, she was just being provocative* elle ne le pense pas vraiment, c'est simplement de la provocation **2.** [seductive] provocant **3.** [obscene] : *a provocative gesture* un geste obscène.

provocatively [prə'vɒkətɪvlɪ] adv [write, dress] d'une manière provocante ; [say] sur un ton provocateur or provocant.

provoke [prə'vəʊk] vt **1.** [goad] provoquer ▸ **to provoke sb into doing sthg** pousser qqn à faire qqch / *they'll shoot if in any way provoked* ils tireront à la moindre provocation / *the dog is dangerous when provoked* le chien devient méchant si on le provoque or l'excite ; [infuriate] enrager ; [vex] exaspérer **2.** [cause -accident, quarrel, anger] provoquer / *the revelations provoked a public outcry* les révélations ont soulevé un tollé général.

provoking [prə'vəʊkɪŋ] adj [situation] contrariant ; [person, behaviour] exaspérant.

provokingly [prə'vəʊkɪŋlɪ] adv par provocation.

provost n ['prɒvəst] **1.** UK UNIV ≃ recteur *m* ; US ≃ doyen *m* **2.** RELIG doyen *m* **3.** SCOT maire *m* **4.** [prə'vəʊ] MIL ≃ gendarme *m*.

provost court ['prɒvəst-] n tribunal *m* prévôtal.

provost guard [prə'vəʊ-] n US ≃ prévôté *f*.

provost marshal [prə'vəʊ-] n prévôt *m*.

prow [praʊ] n proue *f*.

prowess ['praʊɪs] n *(U)* **1.** [skill] (grande) habileté *f* / *prowess in negotiating* habileté or savoir-faire en matière de négociations / *he showed great prowess on the sports field* il s'est révélé d'une adresse remarquable sur le terrain de sport / *sexual prowess* prouesses *fpl* sexuelles **2.** [bravery] vaillance *f*.

prowl [praʊl] ◆ vi rôder. ◆ vt [street, jungle] rôder dans / *cats prowled the rooftops* des chats rôdaient sur les toits. ◆ n ▸ **to be on the prowl** rôder / *the gang was on the prowl for likely victims* la bande était à la recherche d'une victime.

❖ **prowl about** UK, **prowl around** ◆ vi rôder. ◆ vt insep = **prowl** *(vt)*.

prowl car n US voiture *f* de police en patrouille.

prowler ['praʊlər] n rôdeur *m*, -euse *f*.

prowling ['praʊlɪŋ] adj rôdeur.

prox written abbr of **proximo.**

proximity [prɒk'sɪmətɪ] n proximité *f* / *in proximity to* or *in the proximity of* à proximité de.

proximo ['prɒksɪməʊ] adv ADMIN du mois prochain / *the 4th proximo* le 4 du mois prochain.

proxy ['prɒksɪ] (*pl* **proxies**) n **1.** [person] mandataire *mf*, fondé *m*, -e *f* de pouvoir ; [authorization] procuration *f*, mandat *m* ▸ **to vote by proxy** voter par procuration **2.** COMPUT proxy *m*, dispositif *m* de passerelle sécurisée.

proxy server n COMPUT serveur *m* proxy, serveur *m* mandataire.

proxy vote n vote *m* par procuration.

Prozac® ['prəʊzæk] n Prozac® *m*.

PRP n abbr of **performance-related pay.**

PR person n responsable *mf* de la communication.

PRT MESSAGING written abbr of **party.**

prude [pru:d] n prude *f* / *don't be such a prude!* ne sois pas si prude !

prudence ['pru:dns] n prudence *f*, circonspection *f*.

prudent ['pru:dnt] adj prudent, circonspect.

prudently ['pru:dntlɪ] adv prudemment.

prudery ['pru:dərɪ] = **prudishness.**

prudish ['pru:dɪʃ] adj prude, pudibond.

prudishness ['pru:dɪʃnɪs] n pruderie *f*, pudibonderie *f*.

prune [pru:n] ◆ n **1.** [fruit] pruneau *m* ▸ **stewed prunes** pruneaux cuits **2.** UK *inf* [fool] patate *f*, ballot *m*. ◆ vt **1.** [hedge, tree] tailler ; [branch] élaguer **2.** *fig* [text, budget] élaguer, faire des coupes sombres dans / *to prune (back* or *down) expenditure* réduire les dépenses.

⚠ The French word **prune** means plum, not prune.

pruning ['pru:nɪŋ] n [of hedge, tree] taille *f* ; [of branches] élagage *m* ; *fig* [of budget, staff] élagage *m* / *there will have to be some pruning in this department* il va falloir faire du nettoyage dans ce service.

pruning hook n ébranchoir *m*.

pruning knife n serpette *f*.

prurience ['prʊərɪəns] n lubricité *f*, lascivité *f liter*.

prurient ['prʊərɪənt] adj lubrique, lascif.

pruritus [prʊ'raɪtəs] n prurit *m*.

Prussia ['prʌʃə] pr n Prusse *f* / *in Prussia* en Prusse.

Prussian ['prʌʃn] ◆ n Prussien *m*, -enne *f*. ◆ adj prussien.

Prussian blue n bleu *m* de Prusse.

prussic acid ['prʌsɪk-] n acide *m* prussique.

PRW MESSAGING written abbr of **parents are watching.**

pry [praɪ] (*pt & pp* **pried**) ◆ vt US = **prise.** ◆ vi fouiller, fureter / *I didn't mean to pry* je ne voulais pas être indiscret / *I told him not to pry into my affairs* je lui ai dit de ne pas venir mettre le nez dans mes affaires / *he doesn't like people prying into his past* il n'aime pas qu'on aille fouiller dans son passé.

prying ['praɪɪŋ] adj indiscret (indiscrète) ▸ **away from prying eyes** à l'abri des regards indiscrets.

PS (abbr of **postscript**) n PS *m*.

psalm [sɑ:m] n psaume *m* ▸ **(the Book of) Psalms** (le livre des) Psaumes.

psalmbook ['sɑ:mbʊk] n livre *m* de psaumes, psautier *m*.

psalmist ['sɑ:mɪst] n psalmiste *m* ▸ **the Psalmist** le Psalmiste.

psalmody ['sælmədɪ] (*pl* **psalmodies**) n psalmodie *f*.

Psalter ['sɔ:ltər] n psautier *m*.

psaltery ['sɔ:ltərɪ] n HIST & MUS psaltérion *m*.

PSAT (abbr of **Preliminary Scholastic Aptitude Test**) n *examen blanc préparant au SAT*.

psephologist [se'fɒlədʒɪst] n spécialiste *mf* des élections.

psephology [se'fɒlədʒɪ] n *étude statistique et sociologique des élections*.

pseud [sju:d] *inf* ◆ n poseur *m*, -euse *f*, prétentieux *m*, -euse *f*. ◆ adj = **pseudo.**

pseudo ['sju:dəʊ] adj *inf* [kindness, interest] prétendu ; [person] faux (fausse).

pseudo- in comp pseudo-.

pseudonym ['sju:dənɪm] n pseudonyme *m* ▸ **to write under a pseudonym** écrire sous un pseudonyme or sous un nom d'emprunt.

pseudonymous [sju:'dɒnɪməs] adj pseudonyme.

pseudopodium [,sju:dəʊ'pəʊdɪəm] (*pl* **pseudopodia** [-dɪə]) n pseudopode *m*.

pseudy ['sju:dɪ] adj *inf & pej* prétentieux.

pshaw [(p)ʃɔ:] excl *dated* peuh !

PSHE (abbr of **personal, social and health education**) n UK SCH éducation *f* civique et sexuelle.

psi (abbr of **pounds per square inch**) n *livres au pouce carré (mesure de pression)*.

psittacosis [,sɪtə'kəʊsɪs] n *(U)* psittacose *f*.

psoriasis [sɒ'raɪəsɪs] n *(U)* psoriasis *m*.

psst [pst] interj psitt, pst.

PST n US abbr of **Pacific Standard Time.**

PSV (abbr of **public service vehicle**) n = **PCV.**

psych [saɪk] vt *inf* **1.** [psychoanalyse] psychanalyser **2.** US [excite] : *I'm really psyched about my vacation* je suis surexcité à l'idée de partir en vacances.

❖ **psych out** vt sep *inf* **1.** [sense -sb's motives] deviner ; [-situation] comprendre, piger **2.** [intimidate] : *he soon psyched out his opponent and the game was his* très vite, il a décontenancé son adversaire et il a gagné.

❖ **psych up** vt sep *inf* [motivate] ▸ **to psych o.s. up for sthg / to do sthg** se préparer psychologiquement à qqch / à faire qqch / *he had to psych himself up to tell her* il a dû prendre son courage à deux mains pour arriver à le lui dire / *she psyched herself up before the race* elle s'est concentrée avant la course / *they're all psyched up and raring to go* ils rongent leur frein.

psyche[1] ['saɪkɪ] n [mind] psyché *f*, psychisme *m*.

psyche[2] [saɪk] = **psych.**

Psyche ['saɪkɪ] pr n Psyché.

psychedelia [,saɪkə'di:lɪə] pl n [objects] objets *mpl* psychédéliques ; [dress, music, etc.] univers *m* psychédélique.

psychedelic [,saɪkɪ'delɪk] adj psychédélique.

psychiatric [,saɪkɪ'ætrɪk] adj psychiatrique / *he needs psychiatric help* il devrait consulter un psychiatre ▸ **psychiatric nurse** infirmier *m*, -ère *f* psychiatrique ▸ **psychiatric patient** patient *m*, -e *f* en psychiatrie.

psychiatrist [saɪ'kaɪətrɪst] n psychiatre *mf*.

psychiatry [saɪ'kaɪətrɪ] n psychiatrie *f*.

psychic ['saɪkɪk] ◆ adj **1.** [supernatural] parapsychique ▸ **to be psychic, to have psychic powers** avoir le don de double vue or un sixième sens / *I'm not psychic!* *hum* je ne suis pas devin ! **2.** [mental] psychique. ◆ n médium *m*.

psychical ['saɪkɪkl] = **psychic** *(adj)*.

psycho ['saɪkəʊ] (*pl* **psychos**) *inf* ◆ n psychopathe *mf* / **'Psycho'** *Hitchcock* 'Psychose'. ◆ adj psychopathe.

psychoanalyse UK, **psychoanalyze** US [,saɪkəʊ'ænəlaɪz] vt psychanalyser.

psychoanalysis [,saɪkəʊə'næləsɪs] n psychanalyse *f* ▸ **to undergo psychoanalysis** suivre une psychanalyse, se faire psychanalyser / *he spent five years in psychoanalysis* il a été en psychanalyse pendant cinq ans.

psychoanalyst [,saɪkəʊ'ænəlɪst] n psychanalyste *mf*.

psychoanalytic(al) ['saɪkəʊ,ænə'lɪtɪk(l)] adj psychanalytique.

psychobabble ['saɪkəʊ,bæbl] n *inf & pej* jargon *m* des psychologues.

psychodrama ['saɪkəʊ,drɑːmə] n psychodrame *m*.

psychodynamic [,saɪkəʊdaɪ'næmɪk] adj psychodynamique.

psychodynamics [,saɪkəʊdaɪ'næmɪks] n *(U)* psychodynamisme *m*.

psychogenic [,saɪkəʊ'dʒenɪk] adj psychogène.

psychogeriatric [,saɪkəʊdʒerɪ'ætrɪk] adj psychogériatrique.

psychokinesis [,saɪkəʊkɪ'niːsɪs] n psychokinèse *f*, psychokinésie *f*.

psycholinguistic [,saɪkəʊlɪŋ'gwɪstɪk] adj psycholinguistique.

psycholinguistics [,saɪkəʊlɪŋ'gwɪstɪks] n *(U)* psycholinguistique *f*.

psychological [,saɪkə'lɒdʒɪkl] adj psychologique ▸ **the psychological moment** le bon moment, le moment favorable or psychologique.

psychological block n blocage *m* psychologique / *I have a psychological block about driving* je fais un blocage quand il s'agit de conduire.

psychologically [,saɪkə'lɒdʒɪklɪ] adv psychologiquement.

psychological profile n profil *m* psychologique.

psychological warfare n guerre *f* psychologique.

psychologist [saɪ'kɒlədʒɪst] n psychologue *mf*.

psychology [saɪ'kɒlədʒɪ] n psychologie *f* / *it would be good / bad psychology to tell them* ce serait faire preuve de psychologie / d'un manque de psychologie que de le leur dire ▸ **child psychology** psychologie infantile or de l'enfant.

psychometric [,saɪkə'metrɪk] adj psychométrique.

psychometrics [,saɪkə'metrɪks] n *(U)* psychométrie *f*.

psychometry [saɪ'kɒmɪtrɪ] n psychométrie *f*.

psychomotor [,saɪkəʊ'məʊtəʳ] adj psychomoteur.

psychoneurosis [,saɪkəʊnjʊə'rəʊsɪs] (*pl* **psychoneuroses** [-siːz]) n psychonévrose *f*.

psychopath ['saɪkəpæθ] n psychopathe *mf*.

psychopathic [,saɪkə'pæθɪk] adj [person] psychopathe ; [disorder, personality] psychopathique.

psychopathology [,saɪkəʊpə'θɒlədʒɪ] n psychopathologie *f*.

psychopathy [saɪ'kɒpəθɪ] n psychopathie *f*.

psychopharmacology [,saɪkəʊ,fɑːmə'kɒlədʒɪ] n psychopharmacologie *f*.

psychophysiology [,saɪkəʊfɪsɪ'ɒlədʒɪ] n psychophysiologie *f*.

psychosexual [,saɪkəʊ'sekʃʊəl] adj psychosexuel.

psychosis [saɪ'kəʊsɪs] (*pl* **psychoses** [-siːz]) n psychose *f*.

psychosomatic [,saɪkəʊsə'mætɪk] adj psychosomatique.

psychotherapist [,saɪkəʊ'θerəpɪst] n psychothérapeute *mf*.

psychotherapy [,saɪkəʊ'θerəpɪ] n psychothérapie *f*.

psychotic [sa'kɒtɪk] ◆ adj psychotique. ◆ n psychotique *mf*.

psychotropic [,saɪkəʊ'trɒpɪk] adj psychotrope.

pt 1. written abbr of **pint 2.** written abbr of **point**.

PT n **1.** (abbr of **physical training**) EPS *f* ▸ **PT instructor** professeur *m* d'éducation physique **2.** US abbr of **physical therapy 3.** US abbr of **physical therapist**.

Pt. (written abbr of **point**) [on map] Pte.

PTA (abbr of **parent-teacher association**) n *association de parents d'élèves et de professeurs.*

ptarmigan ['tɑːmɪgən] (*pl* **ptarmigan** *or* **ptarmigans**) n lagopède *m* des Alpes.

PTB MESSAGING written abbr of **please text back**.

PT boat n *vedette rapide utilisée par les forces américaines pendant la Seconde Guerre mondiale.*

Pte. UK MIL written abbr of **private**.

pterodactyl [,terə'dæktɪl] n ptérodactyle *m*.

PTO ◆ (written abbr of **please turn over**) UK TSVP. ◆ n (abbr of **parent-teacher organization**) US = PTA.

Ptolemaic [,tɒlə'meɪɪk] adj **1.** ANTIQ ptolémaïque **2.** ASTRON de Ptolémée ▸ **Ptolemaic system** système *m* de Ptolémée.

Ptolemy ['tɒləmɪ] pr n Ptolémée.

ptomaine ['təʊmeɪn] n ptomaïne *f* ▸ **ptomaine poisoning** intoxication *f* alimentaire.

ptosis ['təʊsɪs] (*pl* **ptoses** [-siːz]) n [of organ] ptôse *f* ; [of eyelid] ptôsis *m*, blépharoptôse *f*.

PTV n **1.** (abbr of **pay television**) *télévision à péage* **2.** (abbr of **public television**) *programmes télévisés éducatifs.*

pub [pʌb] (abbr of **public house**) n pub *m* ▸ **pub lunch** : *we had a pub lunch* nous avons déjeuné dans un pub ▸ **pub grub** *inf nourriture (relativement simple) servie dans un pub.* ⟶ **beer**

Pub

Dans l'ensemble des îles Britanniques, le **pub** est un des grands foyers de la vie sociale, surtout le vendredi soir et le samedi soir. Ces établissements – généralement interdits aux personnes de moins de 18 ans non accompagnées – étaient soumis à des horaires stricts, mais ceux-ci se sont beaucoup assouplis récemment (voir **licensing hours**). De simple débit de boissons, qu'il était souvent, le **pub** évolue de plus en plus vers une sorte de brasserie servant des repas légers. Certains sont devenus de véritables restaurants. Voir aussi **beer**.

pub. written abbr of **published**.

pub crawl n UK *inf* ▸ **to go on a pub crawl** ≃ faire la tournée des bars.

pube [pjuːb] n *inf* poil *m* pubien.

puberty ['pjuːbətɪ] n puberté *f* ▸ **to reach puberty** atteindre l'âge de la puberté.

pubes[1] ['pjuːbiːz] (*pl* **pubes**) n [region] pubis *m*, région *f* pubienne ; [hair] poils *mpl* pubiens ; [bones] (os *m* du) pubis *m*.

pubes[2] [pjuːbz] pl n *inf* poils *mpl* (pubiens).

pubescence [pjuː'besns] n **1.** [puberty] (âge *m* de la) puberté *f* **2.** [of plant, animal] pubescence *f*.

pubescent [pjuː'besnt] adj **1.** [at puberty] pubère **2.** [plant, animal] pubescent.

pubic ['pjuːbɪk] adj pubien ▸ **pubic bone** symphyse *f* pubienne ▸ **pubic louse** pou *m* du pubis ▸ **pubic hair** poils *mpl* pubiens or du pubis.

pubis ['pjuːbɪs] (*pl* **pubes** ['pjuːbiːz]) n pubis *m*.

public ['pʌblɪk] ◆ adj **1.** [of, by the state - education, debt] public / *built at public expense* construit avec des fonds publics ▸ **public bill** UK POL ≃ projet *m* de loi d'intérêt général ▸ **public housing** US logements *mpl* sociaux ; ≃ HLM *f inv* ▸ **public housing project** US ≃ cité *f* HLM ▸ **public money** deniers *mpl* or fonds *mpl* publics ▸ **to hold public office** avoir des fonctions officielles ▸ **public official** fonctionnaire *mf* ▸ **public ownership** nationalisation *f*, étatisation *f* / *most airports are under public ownership* la plupart des aéroports appartiennent à l'État ▸ **the public purse** UK le Trésor (public) ▸ **public television** US (télévision *f* du) service *m* public **2.** [open or accessible to all - place, meeting] public / *was it a public trial?* le public pouvait-il assister au procès ? / *let's talk somewhere less public* allons discuter dans un endroit plus tranquille / *these gardens are public property!* ces jardins appartiennent à tout le monde ! ▸ **public baths** bains *mpl* publics ▸ **public library** bibliothèque *f* municipale ▸ **public phone** cabine *f* téléphonique **3.** [of, by the people] public ▸ **public affairs** affaires *fpl* publiques ▸ **the public interest** or **good** le bien or l'intérêt *m* public / *in the public interest* dans l'intérêt général ▸ **a public outcry** un tollé général / *to restore public confidence* regagner la confiance de la population / *public awareness of the problem has increased* le public est plus sensible au problème maintenant / *the bill has public support* l'opinion publique est favorable au projet de loi / *the increase in crime is generating great public concern* la montée de la criminalité inquiète sérieusement la population ▸ **to be in the public eye** occuper le devant de la scène (publique) ▸ **to disappear from the public eye** tomber dans les oubliettes ▸ **public access channel** US TV *chaîne du réseau câblé à laquelle peuvent avoir accès des particuliers* **4.** [publicly known, open] public ▸ **to make sthg public** rendre qqch public ▸ **a public figure** une personnalité très connue ▸ **to go into public life** se lancer dans les affaires publiques / *she's active in public life* elle prend une part active aux affaires publiques / *the contrast between his public and his private life* le contraste entre sa vie publique et sa vie privée / *it created a public scandal* ça a provoqué un scandale retentissant / *his first public statement* sa première déclaration publique / *he made a public denial of the rumours* il a démenti publiquement les rumeurs, il a apporté un démenti public aux rumeurs / *it's public knowledge that...* il est de notoriété publique que... ▸ **public spirit** sens *m* civique, civisme *m* **5.** ST. EX ▸ **to go public** être coté en Bourse / *the company is going public* la société va être cotée en Bourse. ◆ n public *m* / *the public is* or *are tired of political scandals* la population est lasse des scandales politiques / *her books reach a wide public* ses livres touchent un public très large / *the film-going public* les amateurs de or les gens qui vont au cinéma / *the viewing public* les téléspectateurs / *your public awaits* or *await you* votre public vous attend.

❖ **in public** adv phr en public.

public-address system n (système *m* de) sonorisation *f*.

publican ['pʌblɪkən] n **1.** UK [pub owner] patron *m*, -onne *f* de pub ; [manager] tenancier *m*, -ère *f* de pub **2.** BIBLE [tax collector] publicain *m*.

public assistance n US aide *f* sociale.

publication [,pʌblɪ'keɪʃn] n **1.** [of book, statistics, banns] publication *f* ; [of edict] promulgation *f* / *what's the book's publication date?* quelle est la date de publication or de parution du livre ? / *her article has been accepted for publication* son article va être publié / *this isn't for publication* ceci doit rester entre nous **2.** [work] publication *f*, ouvrage *m* publié.

public bar n UK salle *f* de bar *(moins confortable et moins chère que le « lounge bar » ou le « saloon bar »).*

public company n ≃ société *f* anonyme par actions.

public convenience n UK toilettes *fpl* publiques.

public corporation n UK & CAN entreprise *f* publique.

public debt n dette *f* publique or de l'État.

public defender n US avocat *m* commis d'office.

public domain n ▸ **to be in the public domain** [publication] être dans le domaine public.

public enemy n ennemi *m* public ▸ **public enemy number one** ennemi public numéro un.

public enterprise n entreprise *f* publique.

public footpath n UK sentier *m* public.

public gallery n tribune *f* réservée au public.

public health n santé *f* publique ▸ **public health hazard** risque *m* pour la santé publique ▸ **the public health authorities** *administration régionale des services publics de santé* ▸ **public health clinic** centre *m* d'hygiène publique ▸ **public health inspector** *dated* inspecteur *m* sanitaire.

public holiday n jour *m* férié, fête *f* légale.

public house n UK [pub] pub *m*, bar *m* ; US [inn] auberge *f*.

public inquiry n enquête *f* officielle ▸ **to hold a public inquiry** faire une enquête officielle.

publicist ['pʌblɪsɪst] n **1.** [press agent] (agent *m*) publicitaire *mf* **2.** [journalist] journaliste *mf* **3.** LAW publiciste *mf*.

publicity [pʌb'lɪsɪtɪ] ◆ n publicité *f* / *it'll give us free publicity for the product* ça fera de la publicité gratuite pour notre produit / *she / her film is getting* or *attracting a lot of publicity* on fait beaucoup de publicité autour d'elle / de son film / *the incident will mean bad publicity for us* cet incident va être mauvais pour or va faire du tort à notre image de marque. ◆ comp [agent, campaign] publicitaire, de publicité ; [manager] de publicité ▸ **publicity gimmick** astuce *f* publicitaire ▸ **publicity stunt** coup *m* de pub.

publicity-seeking [-si:kɪŋ] adj [person] qui cherche à se faire de la publicité ; [operation, manœuvre] publicitaire.

publicize, **publicise** ['pʌblɪsaɪz] vt **1.** [make known] : *he doesn't like to publicize the fact that he's been in prison* il n'aime pas qu'on dise qu'il a fait de la prison / *his much publicized blunders don't help his image* ses célèbres gaffes ne font rien pour arranger son image de marque / *the government's environmental reforms have been well publicized in the press* la presse a beaucoup parlé des réformes du gouvernement en matière d'environnement **2.** [advertise - product, event] faire de la publicité pour / *the festival was well publicized* le festival a été annoncé à grand renfort de publicité.

public lavatory n UK toilettes *fpl* publiques.

public lending right n *droits que touche un auteur ou un éditeur pour le prêt de ses livres en bibliothèque.*

public limited company n société *f* à responsabilité limitée.

publicly ['pʌblɪklɪ] adv publiquement, en public / *his publicly declared intentions* les intentions qu'il avait affichées ▸ **publicly owned** ECON nationalisé / *the company is 51% publicly controlled* la compagnie est contrôlée à 51 % par des capitaux publics.

public nuisance n **1.** [act] : *the pub's late opening hours were creating a public nuisance* les heures d'ouverture tardives du pub portaient atteinte à la tranquillité générale **2.** [person] fléau *m* public, empoisonneur *m*, -euse *f*.

public opinion n opinion *f* publique / *public opinion is against them* ils ont l'opinion publique contre eux ▸ **public opinion poll** sondage *m* (d'opinion).

public prosecutor n ≃ procureur *m* général ; ≃ ministère *m* public.

Public Records Office [,pʌblɪk'rekɔ:dz,ɒfɪs] n ▸ **the Public Records Office** les Archives nationales du Royaume-Uni.

public relations ◆ n *(U)* communication *f*, relations *fpl* publiques / *giving them a free meal was great public relations* leur offrir un repas était une excellente opération de communication. ◆ adj ▸ **public relations consultant** conseil *m* en communication or en relations publiques ▸ **public relations exercise** opération *f* de communication or de relations publiques ▸ **public relations officer** responsable *mf* de la communication or des relations publiques.

public school n **1.** [in UK] public school *f*, école *f* privée (prestigieuse) **2.** [in US] école *f* publique.

Public school

En Angleterre et au pays de Galles, le terme **public school** désigne une école privée de type traditionnel ; certaines de ces écoles (comme Eton et Harrow, par exemple) sont très réputées. Les **public schools** ont pour vocation de former l'élite de la nation. Aux États-Unis, le terme désigne une école publique.

public schoolboy n UK élève *m* d'une « public school ».

public schoolgirl n UK élève *f* d'une « public school ».

public sector n secteur *m* public ▸ **public sector borrowing requirement** emprunts *mpl* d'État.

public servant n fonctionnaire *mf*.

public service n **1.** UK [civil service] fonction *f* publique / *she's in public service* elle est fonctionnaire **2.** [amenity] service *m* public or d'intérêt général ; ADMIN : *our organization performs a public service* notre association assure un service d'intérêt général.

❖ **public-service** adj ▸ **a public-service message** or **announcement** RADIO & TV un communiqué (d'un ministère) ▸ **Public-Service Commission** US *commission chargée de la réglementation des sociétés privées assurant des services publics* ▸ **public-service corporation** US *société privée assurant un service public et réglementée par une commission d'État* ▸ **public-service vehicle** UK autobus *m*.

public's eye US = **public eye.**

public speaker n orateur *m*, -trice *f* / *he's a very good public speaker* c'est un excellent orateur.

public speaking n prise *f* de parole en public / *unaccustomed as I am to public speaking hum* bien que je n'aie pas l'habitude de prendre la parole en public / *public speaking contest* SCH concours *m* d'éloquence / *a public speaking training course* un stage de prise de parole en public.

public spending n *(U)* dépenses *fpl* publiques or de l'État.

public-spirited adj [gesture] d'esprit civique ; [person] ▸ **to be public-spirited** faire preuve de civisme.

public transport UK, **public transportation** US n *(U)* transports *mpl* en commun / *public transport users* usagers *mpl* des transports en commun / *he went by public transport* [bus] il est allé en bus ; [train] il est allé en train.

public utility n US **1.** [company] *société privée assurant un service public et réglementée par une commission d'État* **2.** [amenity] service *m* public.

public works pl n travaux *mpl* publics.

publish ['pʌblɪʃ] ◆ vt **1.** [book, journal] publier, éditer ; [author] éditer / *her latest novel has just been published* son dernier roman vient de paraître / *he's a published author* ses livres sont publiés / *it's published by Larousse* c'est édité chez Larousse / *the magazine is published quarterly* la revue paraît tous les trois mois / *the newspaper published my letter* le journal a publié ma lettre **2.** [subj: author] : *he's published poems in several magazines* ses poèmes ont été publiés dans plusieurs revues **3.** [make known - statistics, statement, banns] publier / *the price index which was published on Monday* l'indice des prix publié lundi. ◆ vi **1.** [newspaper] paraître / *the "Sun" didn't publish yesterday* le « Sun » n'est pas paru hier **2.** [author] être publié / *she publishes regularly in women's magazines* ses articles sont régulièrement publiés dans la presse féminine.

publishable ['pʌblɪʃəbl] adj publiable / *her remarks aren't publishable!* ses commentaires sont impubliables !, on ne peut pas publier ses commentaires !

publisher ['pʌblɪʃər] n [person] éditeur *m*, -trice *f* ; [company] maison *f* d'édition.

publishing ['pʌblɪʃɪŋ] ◆ n **1.** [industry] édition *f* / *she's* or *she works in publishing* elle travaille dans l'édition **2.** [of book, journal] publication *f*. ◆ comp ▸ **a publishing giant** un géant de l'édition ▸ **a publishing empire** un empire de l'édition ▸ **publishing company** or **house** maison *f* d'édition.

Publius ['pʌblɪəs] pr n Publius.

puce [pju:s] ◆ n couleur *f* puce. ◆ adj puce *(inv)*.

puck [pʌk] n **1.** [in ice hockey] palet *m* **2.** [sprite] lutin *m*, farfadet *m*.

pucker ['pʌkər] ◆ vi [face, forehead] se plisser ; [fabric, collar] goder, godailler. ◆ vt [face, forehead] plisser ; [fabric, collar] faire goder, faire godailler / *she puckered her lips at the sour taste* elle fit la grimace en sentant le goût acide / *the seam / hem is puckered* la couture / l'ourlet fait des plis. ◆ n [crease] pli *m*.

❖ **pucker up** ◆ vi **1.** = **pucker** *(vi)* **2.** *inf* [for kiss] avancer les lèvres. ◆ vt sep = **pucker** *(vt)*.

puckish ['pʌkɪʃ] adj espiègle.

pud [pʊd] n **1.** UK *inf* abbr of **pudding 2.** US *vulg* [penis] bite *f*.

pudding ['pʊdɪŋ] n **1.** [sweet dish] ▸ **jam pudding** pudding *m* à la confiture ▸ **rice / tapioca pudding** riz *m* / tapioca *m* au lait **2.** UK [part of meal] dessert *m* / *what are we having for pudding?* qu'est-ce qu'il y a comme dessert ? **3.** [savoury dish] *tourte cuite à la vapeur* **4.** [sausage] boudin *m* ▸ **white pudding** boudin *m* blanc **5.** UK *inf* [podgy person] boudin *m* **6.** PHR **to be in the pudding club** UK *inf* avoir un polichinelle dans le tiroir.

pudding basin, **pudding bowl** n UK *jatte dans laquelle on fait cuire le pudding* ▸ **pudding basin haircut** coupe *f* au bol.

pudding head n UK *inf* andouille *f*, patate *f*.

pudding stone n GEOL poudingue *m*.

puddle ['pʌdl] ◆ n flaque *f*. ◆ vt [clay] malaxer.

❖ **puddle about** UK, **puddle around** vi **1.** [wade] patauger, barboter **2.** US *inf* [laze] flemmarder, traîner **3.** US *inf* [tinker, potter] faire des bricoles.

pudendum [pju:'dendəm] (*pl* **pudenda** [pju:'dendə]) n parties *fpl* génitales.

pudgy ['pʌdʒɪ] (*compar* **pudgier**, *superl* **pudgiest**) = **podgy**.

pueblo ['pwebləʊ] (*pl* **pueblos**) n US village *m* pueblo.

Pueblo ['pwebləʊ] (*pl* **Pueblo** or **Pueblos**) n Pueblo *mf*.

puerile ['pjʊəraɪl] adj puéril.

puerility [pjʊə'rɪlətɪ] n puérilité *f*.

puerperal [pju:'ɜ:pərəl] adj puerpéral ▸ **puerperal fever** fièvre *f* puerpérale.

Puerto Rican [,pwɜ:təʊ'ri:kən] ◆ pr n Portoricain *m*, -e *f*. ◆ adj portoricain.

Puerto Rico [,pwɜ:təʊ'ri:kəʊ] pr n Porto Rico, Puerto Rico / *in Puerto Rico* à Porto Rico, à Puerto Rico.

puff[1] [pʌf] ◆ vt **1.** [smoke - cigar, pipe] tirer des bouffées de **2.** [emit, expel] ▸ **to puff (out) smoke / steam** envoyer des nuages de fumée / des jets de vapeur / *he sat opposite me puffing smoke in my face!* il était assis en face de moi et m'envoyait sa fumée en pleine figure ! **3.** [pant] : *"I can't go on", he puffed* « je n'en peux plus », haleta-t-il ▸ **to be puffed (out)** *inf* : *I'm puffed out!* je n'ai plus de souffle !, je suis complètement essoufflé ! **4.** [swell - sail, parachute] gonfler **5.** *inf & dated* [laud] vanter, faire mousser. ◆ vi **1.** [blow - person] souffler ; [- wind] souffler en bourrasques **2.** [pant] haleter ; [breathe heavily] souffler / *I was puffing as I climbed the stairs* je haletais en montant l'escalier / *he was puffing and panting* il soufflait comme un phoque / *I puffed along beside her* je courais, tout essoufflé, à ses côtés **3.** [smoke] ▸ **to puff on one's cigar** tirer sur son cigare **4.** [issue - smoke, steam] sortir **5.** [train] : *the train puffed into the station* le train entra en gare dans un nuage de fumée. ◆ n **1.** [gust, whiff] bouffée *f* ; [gasp] souffle *m* / *her breath came in short puffs* elle haletait / *a puff of dust / smoke on the horizon* un nuage de poussière / fumée à l'horizon / *all our plans went up in a puff of smoke fig* tous nos projets sont partis en fumée or se sont évanouis **2.** [on cigarette, pipe] bouffée *f* ▸ **to have** or **to take a puff** tirer une bouffée **3.** [sound - of train] teuf-teuf *m* **4.** UK *inf* [breath] souffle *m* ▸ **to be out of puff** être à bout de souffle or essoufflé **5.** [fluffy mass] : *puffs of cloud in the sky* des moutons or des petits nuages dans le ciel **6.** [for make-up] ▸ **(powder) puff** houppe *f* (à poudrer), houpette *f* **7.** [pastry] chou *m* **8.** US [eiderdown] édredon *m* **9.** *inf & dated* [free publicity] publicité *f* gratuite ▸ **to give sthg a puff** faire de la réclame pour qqch.

❖ **puff out** ◆ vt sep **1.** [extinguish] souffler, éteindre (en soufflant) **2.** [inflate, make rounded - cheeks, sail] gonfler ; [- chest] bomber ; [- cushion, hair] faire bouffer / *the pigeon puffed out its feathers* le pigeon fit gonfler ses plumes / *the wind puffed out the sails* les voiles se gonflèrent **3.** [emit] ▸ **to puff out smoke / steam** envoyer des nuages de fumée / de vapeur. ◆ vi **1.** [parachute, sail] se gonfler **2.** [be emitted - smoke] s'échapper.

❖ **puff up** ◆ vt sep **1.** = **puff out 2.** *(usu passive)* [swell - lip, ankle, etc.] enfler / *her eyes were puffed up* elle avait les yeux bouffis ▸ **to be puffed up with pride** *fig* être bouffi d'orgueil. ◆ vi [lip, ankle, etc.] enfler, bouffir.

puff² [pʊf] = **poof.**

puff adder [pʌf-] n vipère *f* heurtante.

Puffa jacket® ['pʌfə-] n blouson *m* de rappeur.

puffball ['pʌfbɔ:l] n vesse-de-loup *f* ▸ **giant puffball** vesse-de-loup géante.

puffed [pʌft] adj **1.** [rice, oats] soufflé ▸ **puffed wheat cereal** céréale *f* de blé soufflé **2.** UK *inf* [out of breath] essoufflé, à bout de souffle / *we were puffed (out) after the climb* la montée nous a essoufflés.

puffed sleeves = **puff sleeves.**

puffed-up adj **1.** [swollen] boursouflé, enflé **2.** [conceited] suffisant, content de soi.

puffer ['pʌfəʳ] n **1.** [fish] poisson *m* armé **2.** UK *inf* [train] train *m*.

puffin ['pʌfɪn] n macareux *m*.

puffiness ['pʌfɪnɪs] n boursouflure *f*.

puff pastry UK [pʌf-], **puff paste** US [pʌf-] n [for pies] pâte *f* feuilletée ; [for puffs] pâte *f* à choux.

puff-puff [pʌf-] *inf* ◆ n *baby talk* [train] teuf-teuf *m*. ◆ onomat teuf-teuf.

puff sleeves [pʌf-] pl n manches *fpl* ballon.

puffy ['pʌfɪ] (*compar* **puffier**, *superl* **puffiest**) adj [lip, cheek] enflé ; [eye] bouffi / *puffy clouds* moutons *mpl*.

pug [pʌg] n **1.** [dog] carlin *m* **2.** (abbr of **pugilist**) *v inf* boxeur *m*.

pugilism ['pju:dʒɪlɪzm] n *liter* pugilat *m liter*, boxe *f*.

pugilist ['pju:dʒɪlɪst] n *liter* pugiliste *m liter*, boxeur *m*.

pugnacious [pʌg'neɪʃəs] adj *fml* pugnace, agressif.

pugnaciously [pʌg'neɪʃəslɪ] adv *fml* [say] avec pugnacité or agressivité.

pugnacity [pʌg'næsətɪ] n *fml* pugnacité *f*.

pug nose n nez *m* camus.

pug-nosed [-nəʊzd] adj [face, person] au nez camus ▸ **to be pug-nosed** avoir le nez camus.

puke [pju:k] *v inf* ◆ vt dégueuler, gerber / *you make me puke!* tu me dégoûtes ! ◆ vi dégueuler. ◆ n dégueulis *m*.

❖ **puke up** ◆ vt sep dégueuler. ◆ vi dégueuler.

pukka ['pʌkə] adj UK *dated & hum* **1.** [genuine] vrai, authentique, véritable ▸ **a pukka sahib** *hum* un vrai gentleman ▸ **pukka information** des renseignements exacts **2.** [done well] bien fait, très correct ; [excellent] de premier ordre **3.** [socially acceptable] (très) comme il faut.

pulchritude ['pʌlkrɪtju:d] n *liter* beauté *f*, splendeur *f*.

Pulitzer Prize ['pju:lɪtsəʳ-] n ▸ **the Pulitzer Prize** le prix Pulitzer.

pull [pʊl] ◆ vt **1.** [object - yank, tug] tirer ; [- drag] traîner / *she pulled my hair* elle m'a tiré les cheveux ▸ **to pull the blinds** baisser les stores ▸ **to pull the curtains** or **drapes** US tirer or fermer les rideaux / *we pulled the heavy log across to the fire* nous avons traîné la lourde bûche jusqu'à la cheminée / *pull the lamp towards you* tirez la lampe vers vous / *he pulled his chair closer to the fire* il approcha sa chaise de la cheminée / *she pulled the hood over her face* elle abaissa le capuchon sur son visage / *he pulled the steering wheel to the right* il a donné un coup de volant à droite / *she came in and pulled the door shut behind her* elle entra et ferma la porte derrière elle / *pull the rope taut* tendez la corde ; [person] tirer, entraîner / *he was pulling her towards the exit* il l'entraînait vers la sortie / *the current pulled us into the middle of the river* le courant nous a entraînés au milieu de la rivière / *he pulled himself onto the riverbank* il se hissa sur la berge / *the sound of the doorbell pulled him out of his daydream* *fig* le coup de sonnette l'a tiré de or arraché à ses rêveries ; [remove forcibly] arracher / *he pulled the wrapping from the package* il arracha l'emballage du paquet / *she pulled her hand from mine* elle retira (brusquement) sa main de la mienne ▸ **pull the other one (it's got bells on)!** UK *inf* mon œil !, à d'autres ! ▸ **to pull sthg to bits** or **pieces a)** *lit* démonter qqch **b)** *fig* démolir qqch **2.** [operate - lever, handle] tirer / *pull the trigger* appuyez or pressez sur la détente **3.** [tow, draw - load, trailer, carriage, boat] tirer, remorquer / *carts pulled by mules* des charrettes tirées par des mules **4.** [take out - tooth] arracher, extraire ; [- weapon] tirer, sortir / *he pulled a dollar bill from his wad / wallet* il a tiré un billet d'un dollar de sa liasse / sorti un billet d'un dollar de son portefeuille / *he pulled a gun on me* il a braqué un revolver sur moi / *getting him to talk is like pulling teeth!* *hum* il faut lui arracher les mots de la bouche ! / *can you pull that file for me?* *inf* pourriez-vous me sortir ce dossier ? **5.** [strain - muscle, tendon] : *she pulled a muscle* elle s'est déchiré un muscle, elle s'est fait un claquage **6.** *inf* [bring off] réussir / *she has pulled several daring financial coups* elle a réussi plusieurs opérations financières audacieuses / *he pulled a big bank job in Italy* il a réussi un hold-up de première dans une banque italienne ▸ **to pull a trick on sb** jouer un tour à qqn / *what are you trying to pull?* qu'est-ce que vous êtes en train de combiner or manigancer ? / *don't try and pull anything!* n'essayez pas de jouer au plus malin ! ▸ **to pull an all-nighter** : *I pulled an all-nighter* j'ai bossé toute la nuit **7.** [hold back] ▸ **to pull a horse** [in horseracing] retenir un cheval ▸ **to pull one's punches** *lit & fig* retenir ses coups, ménager son adversaire / *she didn't pull any punches* elle n'y est pas allée de main morte **8.** [in golf - ball] puller ▸ **to pull a shot** puller **9.** [in rowing - boat] faire avancer à la rame / *he pulls a good oar* c'est un bon rameur / *the boat pulls eight oars* c'est un bateau à huit avirons **10.** TYPO [proof] tirer **11.** COMPUT extraire **12.** [gut - fowl] vider **13.** *inf* [withdraw] retirer / *people complained and they had to pull the commercial* ils ont dû retirer la pub suite à des plaintes / *they had to pull the game* ils ont dû retirer le jeu de la vente **14.** *inf* [attract - customers, spectators] attirer / *the festival pulled a big crowd* le festival a attiré beaucoup de monde / *how many votes will he pull?* combien de voix va-t-il récolter ? **15.** UK [serve - draught beer] tirer / *he pulls pints at the Crown* *inf* il est barman au Crown **16.** UK *v inf* [seduce] lever. ◆ vi **1.** [exert force, tug] tirer / *pull harder!* tirez plus fort ! / *the bandage may pull when I take it off* le pansement risque de vous tirer la peau quand je l'enlèverai / *the steering pulls to the right* la direction tire à droite **2.** [rope, cord] : *the rope pulled easily* la corde filait librement **3.** [go, move - vehicle, driver] : *pull into the space next to the Mercedes* mettez-vous or garez-vous à côté de la Mercedes / *he pulled into the right-hand lane* il a pris la file de droite / *pull into the garage* entrez dans le garage / *when the train pulls out of the station* quand le train quitte la gare **4.** [strain, labour - vehicle] peiner ; [- horse] tirer sur le mors / *the overloaded truck pulled up the slope* le camion surchargé montait la côte avec difficulté / *the 2-litre model pulls very well* AUTO le modèle 2 litres a de bonnes reprises **5.** *inf* [exert influence, give support] : *the head of personnel is pulling for you* or *on your behalf* vous avez le chef du personnel derrière vous **6.** [snag - sweater] filer / *my sweater's pulled in a couple of places* mon pull a plusieurs mailles filées **7.** [row] ramer ▸ **to pull for shore** ramer vers la côte ▸ **to pull with a long stroke** ramer à grands coups d'aviron **8.** *v inf* [have sex] : *did you pull last night?* tu as tiré la nuit dernière ? ◆ n **1.** [tug, act of pulling] coup *m* ▸ **to give sthg a pull, to give a pull on sthg** tirer (sur) qqch / *we'll need a pull to get out of the mud* nous aurons besoin que quelqu'un nous remorque or nous prenne en remorque pour nous désembourber / *with a pull the dog broke free* le chien tira sur sa laisse et s'échappa / *she felt a pull at* or *on her handbag* elle a senti qu'on tirait sur son sac à main / *I felt a pull on the fishing line* ça mordait **2.** [physical force - of machine] traction *f* ; [- of sun, moon, magnet] attraction *f* / *the winch applies a steady pull* le treuil exerce une traction continue / *the gravitational pull is stronger on Earth* la force de gravitation est plus forte sur Terre / *we fought against the pull of the current* nous luttions contre le courant qui nous entraînait **3.** [resistance - of bowstring] résistance *f* / *adjust the trigger if the pull is too stiff for you* réglez la détente si elle est trop dure pour vous **4.** [psychological, emotional attraction] attrait *m* / *the pull of city life* l'attrait de la vie en ville / *he resisted the pull of family tradition and went his own way* il a résisté à l'influence de la tradition familiale pour suivre son propre chemin **5.** *inf* [influence, power] influence *f* / *his money gives him a certain political pull* son argent lui confère une certaine influence or un certain pouvoir politique / *his father's pull got him in* son père l'a pistonné **6.** [climb] montée *f* / *it'll be a long pull to the summit* la montée sera longue (et difficile) pour atteindre le sommet / *it's going to be a long uphill pull to make the firm profitable* *fig* ça sera difficile de remettre l'entreprise à flot **7.** [in rowing - stroke] coup *m* de rame or d'aviron / *with another pull he was clear of the rock* d'un autre coup de rame, il évita le rocher / *it will be a hard pull upstream* il faudra ramer dur pour remonter le courant **8.** [at cigar] bouffée *f* ; [at drink, bottle] gorgée *f* ▸ **to take a pull at** or **on one's beer** boire or prendre une gorgée de bière ; [on cigarette, pipe] ▸ **to take a pull at** or **on** tirer sur **9.** [knob, handle] poignée *f* ; [cord] cordon *m* ; [strap] sangle *f* **10.** [snag - in sweater] accroc *m* **11.** TYPO épreuve *f* **12.** [in golf] pull *m*.

❖ **pull about** vt sep [handle roughly - person] malmener ; [- clothes] tirer sur / *stop pulling me about!* mais lâche-moi donc !

❖ **pull ahead** vi prendre de l'avance ▸ **to pull ahead of sb** prendre de l'avance sur qqn.

❖ **pull along** vt sep [load, vehicle] tirer / *he was pulling the suitcase along by the strap* il tirait la valise derrière lui par la sangle ; [person] entraîner / *she pulled me along by my arm* elle m'entraînait en me tirant par le bras.

❖ **pull apart** ◆ vt sep **1.** [take to pieces - machine, furniture] démonter / *now you've pulled it all apart, are you sure you can fix it?* maintenant que tu as tout démonté, es-tu sûr de pouvoir le réparer ? **2.** [destroy, break] mettre en morceaux or en pièces / *the wreck was pulled apart by the waves* les vagues ont disloqué l'épave / *tell him where it's hidden or he'll pull the place apart* *inf* dites-lui où c'est (caché) sinon il va tout saccager **3.** *fig* [demolish - essay, theory] démolir **4.** [separate - fighters, dogs] séparer ; [- papers] détacher, séparer **5.** [make suffer] déchirer. ◆ vi [furniture] se démonter, être démontable / *the shelves simply pull apart* les étagères se démontent sans outils.

❖ **pull around** vt sep **1.** [cart, toy, suitcase] tirer derrière soi **2.** [make turn] tourner, faire pivoter / *he pulled the horse around* il fit faire demi-tour à son cheval.

❖ **pull at** vt insep **1.** [strain at, tug at] tirer sur / *the dog pulled at the leash* le chien tira sur la laisse / *we pulled at the rope* nous avons tiré sur la corde / *I pulled at his sleeve* je l'ai tiré par la manche / *each pulled at an oar* chacun tirait sur un aviron / *the wind pulled at her hair* le vent faisait voler ses cheveux **2.** [suck - pipe, cigar] tirer sur ; [- bottle] / *he pulled at his bottle of beer* il a bu une gorgée de bière.

❖ **pull away** ◆ vi **1.** [withdraw - person] s'écarter, se détourner / *I put out my hand but she pulled away* j'ai tendu la main vers elle mais elle s'est détournée / *he had me by the arm but I managed to pull away* il me tenait par le bras mais j'ai réussi à me dégager **2.** [move off - vehicle, ship] démarrer ; [- train, convoy] s'ébranler / *the boat pulled away from the bank* le bateau quitta la rive **3.** [get ahead - runner, competitor] prendre de l'avance / *she's pulling away from the pack* elle prend de l'avance sur le peloton, elle se détache du peloton. ◆ vt sep [withdraw - covering, hand] retirer / *she pulled her hand away* elle retira or ôta sa main / *he pulled me away from the window* il m'éloigna de la fenêtre ; [grab] arracher / *she pulled the book away from him* elle lui arracha le livre.

❖ **pull back** ◆ vi **1.** [withdraw - troops, participant] se retirer / *it's too late to pull back now* il est trop tard pour se retirer or pour faire marche arrière maintenant **2.** [step backwards] reculer / *to pull back involuntarily* avoir un mouvement de recul involontaire **3.** [jib - horse, person] regimber. ◆ vt sep **1.** [draw backwards or towards one] retirer / *he pulled his hand back* il retira or ôta sa main / *she pulled back the curtains* elle ouvrit les rideaux / *pull the lever back* tirez le levier (vers l'arrière) / *he pulled me back from the railing* il m'a éloigné de la barrière **2.** [withdraw - troops] retirer.

❖ **pull down** ◆ vt sep **1.** [lower - lever, handle] tirer (vers le bas) ; [- trousers, veil] baisser ; [- suitcase, book] descendre ; [- blind, window] baisser / *pull the blind / the window down* baissez le store / la vitre / *with his hat pulled down over his eyes* son chapeau rabattu sur les yeux / *she pulled her skirt down over her knees* elle ramena sa jupe sur ses genoux / *I pulled him down onto the chair* je l'ai fait asseoir sur la chaise **2.** [demolish - house, wall] démolir, abattre / *they're pulling down the whole neighbourhood* ils démolissent tout le quartier / *it'll pull down the government fig* ça va renverser le gouvernement **3.** *inf* [weaken - subj: illness] affaiblir, abattre ; [depress] déprimer, abattre **4.** US *inf* [earn] gagner, se faire. ◆ vi [blind] descendre.

❖ **pull in** ◆ vi [vehicle, driver - stop] s'arrêter ; [- park] se garer ; [- move to side of road] se rabattre ; [train] entrer en gare / *I pulled in for petrol* je me suis arrêté pour prendre de l'essence / *the car in front pulled in to let me past* la voiture devant moi s'est rabattue pour me laisser passer. ◆ vt sep **1.** [line, fishing net] ramener / *they pulled the rope in* ils tirèrent la corde à eux ▸ **to pull sb in a)** [into building, car] tirer qqn à l'intérieur, faire entrer qqn **b)** [into water] faire tomber qqn à l'eau ; [stomach] rentrer **2.** [attract - customers, investors, investment] attirer / *her show is really pulling them in* son spectacle attire les foules **3.** *inf* [earn - subj: person] gagner, se faire ; [- subj: business] rapporter **4.** *inf* [arrest] arrêter, embarquer.

❖ **pull off** ◆ vi **1.** [move off] démarrer ; [after halt] redémarrer **2.** [leave main road] quitter la route / *he pulled off onto a side road* il bifurqua sur une petite route ; [stop] s'arrêter / *there's no place to pull off* il n'y a pas de place pour s'arrêter. ◆ vt sep **1.** [clothes, boots, ring] enlever, retirer ; [cover, bandage, knob] enlever ; [page from calendar, sticky backing] détacher ; [wrapping, wallpaper] enlever / *I pulled her hat off* **a)** je lui ai enlevé son chapeau **b)** [more violently] je lui ai arraché son chapeau **2.** *inf* [accomplish - deal, stratagem, mission, shot] réussir ; [- press conference, negotiations] mener à bien ; [- plan] réaliser / *the deal will be difficult to pull off* cette affaire ne sera pas facile à négocier / *will she (manage to) pull it off?* est-ce qu'elle va y arriver ?

❖ **pull on** ◆ vt sep [clothes, boots, pillow slip] mettre, enfiler. ◆ vt insep **1.** [tug at - rope, handle, etc.] tirer sur **2.** [draw on - cigarette, pipe] tirer sur.

❖ **pull out** ◆ vi **1.** [withdraw - troops, ally, participant] se retirer / *when they pulled out of Vietnam* quand ils se sont retirés du Viêt Nam / *she's pulling out of the election* elle retire sa candidature / *they've pulled out of the deal* ils se sont retirés de l'affaire **2.** [move off - car, ship] démarrer ; [- train, convoy] s'ébranler / *she was pulling out of the garage* elle sortait du garage ; [move towards centre of road] : *he pulled out to overtake* il a déboîté pour doubler / *a truck suddenly pulled out in front of me* soudain, un camion m'a coupé la route / *to pull out into traffic* s'engager dans la circulation ; AERON ▸ **to pull out of a dive** sortir d'un piqué, se rétablir **3.** [economy] ▸ **to pull out of a recession / a crisis** sortir de la récession / d'une crise **4.** [slide out] : *the sofa pulls out into a bed* le canapé se transforme en lit / *the shelves pull out* on peut retirer les étagères / *the table top pulls out* c'est une table à rallonges. ◆ vt sep **1.** [remove - tooth, hair, weeds] arracher ; [- splinter, nail] enlever ; [- plug, cork] ôter, enlever ; [produce - wallet, weapon] sortir, tirer / *she pulled a map out of her bag* elle sortit une carte de son sac / *he pulled a page out of his notebook* il a déchiré une feuille de son carnet / *pull the paper gently out of the printer* retirez doucement le papier de l'imprimante / *the tractor pulled us out of the mud / ditch* le tracteur nous a sortis de la boue / du fossé / *to pull the country out of recession* sortir le pays de la récession ▸ **to pull sb out of a tight spot** tirer qqn d'un mauvais pas **2.** [draw towards one - drawer] tirer ; [unfold] déplier / *pull the bed out from the wall* écartez le lit du mur / *he pulled a chair out from under the table* il a écarté une chaise de la table **3.** [withdraw - troops, contestant] retirer / *the battalion was pulled out of the border area* le bataillon a été retiré de la région frontalière / *he threatened to pull the party out of the coalition* il menaça de retirer le parti de la coalition **4.** COMPUT [select, produce - data] sortir.

❖ **pull over** ◆ vt sep **1.** [draw into specified position] tirer, traîner / *pull the chair over to the window* amenez la chaise près de la fenêtre / *she pulled the dish over and helped herself* elle a tiré le plat vers or à elle et s'est servie **2.** [make fall - pile, person, table] faire tomber, renverser / *watch out you don't pull that lamp over* fais attention de ne pas faire tomber cette lampe **3.** *(usu passive)* [stop - vehicle, driver] arrêter / *I got pulled over for speeding* je me suis fait arrêter pour excès de vitesse. ◆ vi [vehicle, driver - stop] s'arrêter ; [- move to side of road] se ranger, se rabattre / *pull over and let the fire engine past* rangez-vous or rabattez-vous sur le côté et laissez passer les pompiers.

❖ **pull round** UK ◆ vt sep **1.** = **pull around 2.** [revive] ranimer / *a drop of brandy will pull her round* un peu de cognac la remettra or remontera. ◆ vi [regain consciousness] revenir à soi, reprendre connaissance ; [recover] se remettre.

❖ **pull through** ◆ vi [recover] s'en sortir, s'en tirer. ◆ vt sep **1.** [draw through - rope, thread] faire passer / *pull the needle through to the other side* faites sortir l'aiguille de l'autre côté **2.** [help survive or surmount] tirer d'affaire.

❖ **pull to** vt sep [shut - door, gate] fermer.

❖ **pull together** ◆ vi [on rope] tirer ensemble ; [on oars] ramer à l'unisson ; *fig* [combine efforts] concentrer ses efforts, agir de concert / *we've all got to pull together on this one fig* il faut que nous nous y mettions tous ensemble, il faut que nous nous attelions tous ensemble à la tâche. ◆ vt sep **1.** [place together, join] joindre **2.** [organize - demonstration, rescue team] organiser ; [prepare] préparer / *I've pulled together a few suggestions* j'ai préparé or noté quelques propositions **3.** PHR ▸ **to pull o.s. together** se reprendre, se ressaisir / *pull yourself together!* ressaisissez-vous !, ne vous laissez pas aller !

❖ **pull up** ◆ vi **1.** [stop] s'arrêter / *as I was pulling up at the red light* alors que j'allais m'arrêter au feu rouge / *pull up at or outside the main entrance* arrêtez-vous devant l'entrée principale ▸ **to pull up short** s'arrêter net or brusquement **2.** *inf* [ease up] se détendre, se relâcher **3.** [draw even] rattraper ▸ **to pull up with sb** rattraper qqn / *Sun Boy is pulling up on the outside!* Sun Boy remonte à l'extérieur ! **4.** [improve - student, athlete, performance] s'améliorer. ◆ vt sep **1.** [draw upwards - trousers, sleeve, blanket, lever] remonter ; [hoist] hisser / *they pulled the boat up onto the beach* ils ont tiré le bateau sur la plage / *she pulled herself up onto the ledge* elle s'est hissée sur le rebord **2.** [move closer - chair] approcher / *I pulled a chair up to the desk* j'ai approché une chaise du bureau / *why don't you pull up a chair and join us?* prenez donc une chaise et joignez-vous à nous ! / *he pulled the crate up to the scales* il a traîné la caisse jusqu'à la balance **3.** [uproot - weeds] arracher ; [- bush, stump, tree] arracher, déraciner ; [rip up - floorboards] arracher **4.** [stop - person, vehicle, horse] arrêter ; [check - person] retenir / *his warning pulled me up short* je me suis arrêté net lorsqu'il m'a crié de faire attention / *he was about to tell them everything but I pulled him up (short)* il était sur le point de tout leur dire mais je lui ai coupé la parole **5.** *inf* [improve - score, mark] améliorer ; [- average] remonter **6.** UK *inf* [rebuke] réprimander, enguirlander / *he was pulled up for being late* il s'est fait enguirlander pour être arrivé en retard / *if your work is sloppy, they'll pull you up on it* si ton travail est bâclé, tu vas te faire taper sur les doigts.

pullback ['pʊlbæk] n MIL repli *m*, retraite *f*.

pulldown ['pʊldaʊn] adj [bench, counter] à abattant ▸ **pulldown menu** COMPUT menu *m* déroulant ▸ **pull-down seat** strapontin *m*.

pullet ['pʊlɪt] n poulette *f*.

pulley ['pʊlɪ] n [wheel, device] poulie *f* ; TECH [set of parallel wheels] molette *f*.

pull-in n UK AUTO [café] café *m* au bord de la route ; ≃ restaurant *m* routier.

pulling power ['pʊlɪŋ-] n UK *inf* pouvoir *m* de séduction / *he thinks this new sports car will do wonders for his pulling power* il croit que sa nouvelle voiture de sport l'aidera à lever les nanas.

Pullman ['pʊlmən] (*pl* **Pullmans**) n **1.** [sleeping car] ▸ **Pullman (carriage** or **car)** (voiture *f*) pullman *m* **2.** [train] rapide *m* de nuit.

pull-on adj ▸ **pull-on boots** bottes *fpl* (sans lacets) ▸ **pull-on skirt** jupe *f* à taille élastique.

pullout ['pʊlaʊt] ◆ n **1.** [magazine supplement] supplément *m* détachable **2.** [fold-out] hors-texte *m inv (qui se déplie)* **3.** [withdrawal - gen & MIL] retrait *m* ; [- of candidate] désistement *m* ; [evacuation] évacuation *f* ▸ **investment pullout** désinvestissement *m* **4.** AERON rétablissement *m*. ◆ adj [magazine section] détachable ; [map, advertising page] hors texte *(inv)* ; [legs, shelf] rétractable ▸ **pullout bed** canapé-lit *m*.

pullover ['pʊl,əʊvəʳ] n pull-over *m*, pull *m*.

pull tab n [on can] anneau *m*, bague *f*.

pullulate ['pʌljʊleɪt] vi **1.** [teem, breed] pulluler **2.** BOT [germinate] germer.

pull-up n **1.** SPORT traction *f (sur une barre ou sur des anneaux)* ▸ **to do pull-ups** faire des tractions **2.** UK = **pull-in**.

pulmonary ['pʌlmənərɪ] adj pulmonaire.

pulp [pʌlp] ◆ n **1.** [in fruit] pulpe *f* ; [for paper] pâte *f* à papier, pulpe *f* ; [in tooth] pulpe *f* ▸ **pulp and paper mill** fabrique *f* de papier **2.** [mush] bouillie *f* ▸ **to beat** or **to smash to a pulp** réduire en bouillie or en marmelade **3.** MIN pulpe *f*. ◆ comp *pej* [novel, fiction] de hall de gare ▸ **pulp magazine** magazine *m* à sensation ▸ **pulp writer** romancier *m*, -ère *f* de hall de gare. ◆ vt **1.** [crush - wood] réduire en pâte ; [- fruit, vegetables] réduire en pulpe ; [- book] mettre au pilon **2.** [remove pulp from] ôter la pulpe de **3.** ANAT [cavity, canal] pulpaire.

pulpit ['pʊlpɪt] n RELIG chaire *f* ; *fig* [clergy] ▸ **the pulpit** le clergé, les ecclésiastiques *mpl*.

pulpwood ['pʌlpwʊd] n bois *m* à pâte.

pulpy ['pʌlpɪ] (*compar* **pulpier**, *superl* **pulpiest**) adj **1.** [fruit, tissue] pulpeux **2.** *inf & pej* [novel, magazine] à sensation.

pulsar ['pʌlsɑːʳ] n pulsar *m*.

pulsate [pʌl'seɪt] vi **1.** [throb - heart] battre fort ; [- music, room] vibrer / *the pulsating rhythm of jazz* le rythme syncopé du jazz / *the pulsating beat of the drums* le rythme lancinant des tambours **2.** MED pulser **3.** PHYS subir des pulsations ; ASTRON [variable star] pulser.

pulsation [pʌl'seɪʃn] n [of heart, arteries] battement *m*, pulsation *f* ; ASTRON & PHYS pulsation *f*.

pulsatory ['pʌlsətərɪ] adj [gen] pulsatoire ; [insect, organ] pulsatile.

pulse [pʌls] ◆ n **1.** MED pouls *m* ; [single throb] pulsation *f* / *he took my pulse* il a pris mon pouls / *her pulse (rate) is a hundred* son pouls est à cent (pulsations par minute) / *my pulse quickens when I see her* quand je la vois, j'ai le cœur qui bat plus fort **2.** ELECTRON & PHYS [series] série *f* d'impulsions ; [single] impulsion *f* **3.** [vibration] rythme *m* régulier / *I felt the pulse of the ship's motors* je sentais le rythme régulier des moteurs du navire **4.** [bustle, life] animation *f* **5.** BOT [plant] légumineuse *f* ; CULIN ▸ **(dried) pulses** légumes *mpl* secs. ◆ vi [blood] battre ; [music, room] vibrer / *a vein pulsed in his temple* une veine palpitait sur sa tempe / *the whole place pulsed with life* il y avait partout une animation extraordinaire / *the music pulsed inside my head* la musique résonnait dans ma tête.

pulse-jet engine n pulsoréacteur *m*.

pulse modulation n ELECTRON [of one parameter] modulation *f* d'impulsions ; [by pulse series] modulation *f* par impulsions.

pulverize, pulverise ['pʌlvəraɪz] vt *lit & fig* pulvériser.

puma ['pju:mə] (*pl* **puma** *or* **pumas**) n puma *m*.

pumice ['pʌmɪs] ◆ n ▸ **pumice (stone)** (pierre *f*) ponce *f*. ◆ vt poncer, passer à la pierre ponce.

pummel ['pʌml] (UK *pt & pp* **pummelled**, *cont* **pummelling** ; US *pt & pp* **pummeled**, *cont* **pummeling**) vt **1.** [punch] donner des coups de poing à, marteler à coups de poing / *she pummelled his chest* elle lui martelait la poitrine à coups de poing or de ses poings **2.** [massage] masser, palper **3.** [knead - dough] pétrir.

pump [pʌmp] ◆ n **1.** MECH pompe *f* ▸ **hand / water pump** pompe à main / à eau ▸ **pump attendant** pompiste *mf* **2.** [shoe - for dancing] ballerine *f* ; [- for gym] tennis *m* **3.** US *inf* [heart] cœur *m*, palpitant *v inf m*. ◆ vt **1.** [displace - liquid, gas] pomper ▸ **to pump sthg out of sthg** pomper or aspirer qqch de qqch / *the water is pumped into a tank* l'eau est acheminée dans un réservoir au moyen d'une pompe / *the factory pumps its waste directly into the river* l'usine déverse ses déchets directement dans la rivière / *they pumped air into the football* ils ont gonflé le ballon de foot / *coolant is pumped through the system* une pompe fait circuler le liquide de refroidissement dans le système ▸ **to pump gas** US travailler comme pompiste **2.** [empty - stomach] vider / *he had to have* or *to get his stomach pumped* on a dû lui faire un lavage d'estomac **3.** [inflate - tyre, ball, etc.] gonfler **4.** [move back and forth - pedal, handle] appuyer sur or actionner (plusieurs fois) / *pump the brakes or they'll lock* freinez progressivement ou les freins se bloqueront ▸ **to pump sb's hand** *fig* secouer vigoureusement la main de qqn **5.** *inf* [shoot] ▸ **to pump sb full of lead** cribler qqn de plomb **6.** *inf* [money] investir / *he pumped a fortune into the business* il a investi une fortune dans cette affaire / *public money is being pumped into the area* la région reçoit des subventions gouvernementales importantes **7.** *inf* [interrogate] interroger, tirer les vers du nez à / *they pumped her for information* ils l'ont cuisinée **8.** PHR **to pump iron** *inf* faire de la gonflette. ◆ vi **1.** [machine, person] pomper ; [heart] battre fort **2.** [liquid] couler à flots, jaillir / *blood pumped from the wound* du sang coulait de la blessure.

❖ **pump in** vt sep **1.** [liquid, gas] refouler / *the village pumps in water from the river* l'eau du village est amenée de la rivière à l'aide d'un système de pompage **2.** *inf* [funds, capital] investir, injecter.

❖ **pump out** ◆ vt sep **1.** [liquid, gas] pomper ; [stomach] vider / *it took two hours to pump the bilge out* il a fallu deux heures pour pomper or écoper l'eau de la cale **2.** *inf & pej* [mass-produce - music, graduates, products] produire ; [- books, essays] produire à la chaîne, pondre en série. ◆ vi [liquid, blood] couler à flots.

❖ **pump up** vt sep **1.** [liquid, mixture] pomper **2.** [inflate] gonfler **3.** US *inf* [excite] ▸ **to be all pumped up** être tout excité.

pump-action shotgun n fusil *m* à pompe.

pumped [pʌmpt] adj US *inf* [excited] excité.

pumpernickel ['pʌmpənɪkl] n pumpernickel *m* ; ≃ pain *m* noir.

pump gun n fusil *m* à pompe.

pumping station n [building] station *f* de pompage ; [machinery] installation *f* de pompage.

pumpkin ['pʌmpkɪn] n potiron *m* ; [smaller] citrouille *f* ▸ **pumpkin fritters** beignets *mpl* au potiron ▸ **pumpkin pie** tarte *f* au potiron.

pumpkinseed ['pʌmpkɪnsi:d] n **1.** BOT graine *f* de potiron **2.** ZOOL perche-soleil *m*, calicoba *m*.

pump priming n ECON *relance de l'économie par injection de fonds publics.*

pump room n [building] pavillon *m* ; [room] buvette *f*.

pun [pʌn] (*pt & pp* **punned**, *cont* **punning**) ◆ n calembour *m*, jeu *m* de mots. ◆ vi faire des calembours.

punch [pʌntʃ] ◆ n **1.** [blow] coup *m* de poing / *he gave him a punch on the chin / in the stomach* il lui a donné un coup de poing dans le menton / dans l'estomac ▸ **to have** or **to pack a powerful punch** avoir du punch **2.** *fig* [effectiveness - of person] punch *m* ; [of speech, cartoon, play] mordant *m* / *find a slogan with a bit more punch* trouvez un slogan un peu plus accrocheur **3.** [for holes - in paper] perforateur *m* ; [- in metal] poinçonneuse *f* ; [for tickets - by hand] poinçonneuse *f* ; [- machine] composteur *m* ; [steel rod, die] poinçon *m* **4.** [for stamping design] machine *f* à estamper **5.** [for nails, bolts] chasse-clou *m* **6.** [drink] punch *m*. ◆ vt **1.** [hit - once] donner un coup de poing à ; [- repeatedly] marteler à coups de poing / *he punched him in* or *on the jaw* il lui a donné un coup de poing dans les gencives / *he punched the door* il a martelé la porte à coups de poing **2.** [key, button] appuyer sur / *I punched the return key* j'ai appuyé sur la touche retour **3.** [pierce - ticket] poinçonner ; [- in machine] composter ; [- paper, computer card] perforer ; [- sheet metal] poinçonner ▸ **to punch a hole in sthg** faire un trou dans qqch ▸ **to punch the time clock** or **one's time card** pointer **4.** [stamp] estamper. ◆ vi **1.** [strike] frapper / *no punching!* pas de coups de poing ! / *they were punching away at each other* ils se donnaient des coups de poing **2.** PHR **to be punching above one's weight** jouer dans la cour des grands.

❖ **punch in** ◆ vt sep **1.** [enter - code, number] taper, composer ; [- figures, data] introduire **2.** [knock in - door] défoncer (à coups de poing) ; [- nails] enfoncer / *I'll punch your face* or *head* or *teeth in! inf* je vais te casser la figure ! ◆ vi US [on time clock] pointer (en arrivant).

❖ **punch out** ◆ vt sep **1.** [enter - code, number] taper, composer **2.** [cut out - form, pattern] découper / *the holes are punched out by a machine* les trous sont faits par une machine **3.** [remove - nail, bolt] enlever au chasse-clou **4.** [stamp] estamper, emboutir **5.** US *inf* [beat up] tabasser ▸ **to get punched out** se faire tabasser **6.** *inf* AERON [subj: pilot] s'éjecter. ◆ vi US [on time clock] pointer (en partant).

Punch [pʌntʃ] pr n ≃ Polichinelle ▸ **as pleased as Punch** heureux comme un roi ▸ **Punch and Judy show** ≃ (spectacle *m* de) guignol *m*.

Punch and Judy

Le **Punch and Judy show** est un spectacle de marionnettes très apprécié des enfants en Grande-Bretagne. Les représentations ont le plus souvent lieu dans un jardin public ou sur une plage. On y retrouve les personnages de Punch le Bossu, de sa femme Judy, avec qui il se querelle constamment, de leur bébé et de leur chien, Toby.

punch bag ['pʌntʃ,bæg] n UK **1.** SPORT sac *m* de sable, punching-bag *m* **2.** *fig* [victim] souffre-douleur *m inv*.

punch ball n UK punching-ball *m*.

punch bowl n bol *m* à punch.

punch card US = **punched card**.

punch-drunk adj [boxer] groggy ; *fig* abruti, sonné / *I was punch-drunk after seeing four films in a row* après avoir vu quatre films d'affilée, j'étais complètement abruti.

punched card ['pʌntʃt-] n UK COMPUT carte *f* perforée.

Punchinello [,pʌntʃɪ'neləʊ] pr n Polichinelle.

punching bag ['pʌntʃɪŋ-] US = **punch bag**.

punching ball US = **punch ball**.

punch line n fin *f (d'une plaisanterie)* / *I've forgotten the punch line* j'ai oublié la fin or comment ça finit.

punch-up n *inf* bagarre *f* / *they had a punch-up* ils se sont bagarrés.

punchy ['pʌntʃɪ] (*compar* **punchier**, *superl* **punchiest**) adj *inf* **1.** [stimulating, lively] plein de punch / *he produced a punchy piece of writing on the election campaign* il a écrit un texte plein de punch sur la campagne électorale **2.** = **punch-drunk**.

punctilio [pʌŋk'tɪlɪəʊ] (*pl* **punctilios**) n **1.** [attitude] formalisme *m* **2.** [point] formalité *f*.

punctilious [pʌŋk'tɪlɪəs] adj pointilleux.

punctiliously [pʌŋk'tɪlɪəslɪ] adv pointilleusement, de façon pointilleuse.

punctual ['pʌŋktʃʊəl] adj [bus] à l'heure ; [person] ponctuel / *be punctual for the interview* soyez à l'heure pour l'entretien.

punctuality [,pʌŋktʃʊ'ælətɪ] n ponctualité *f*, exactitude *f*.

punctually ['pʌŋktʃʊəlɪ] adv [begin, arrive] à l'heure ; [pay] ponctuellement / *the flight left punctually at 9 / at noon* le vol est parti à 9 h pile / à midi juste.

punctuate ['pʌŋktʃʊeɪt] vt ponctuer.

punctuation [,pʌŋktʃʊ'eɪʃn] n ponctuation *f*.

punctuation mark n signe *m* de ponctuation.

puncture ['pʌŋktʃər] ◆ n **1.** UK [in tyre, ball, balloon] crevaison *f* / *one of the front tyres had a puncture* un des pneus avant était crevé / *I had a puncture on the way to work* j'ai crevé en allant travailler / *the garage has repaired the puncture* le garage a réparé le pneu crevé ▸ **puncture repair kit** trousse *f* de réparation pour crevaisons **2.** [gen - hole] perforation *f* **3.** MED ponction *f*. ◆ vt **1.** [gen] perforer / *the bullet punctured his lung* la balle lui a perforé le poumon **2.** [tyre, ball, balloon] crever **3.** *fig* [pride, self-esteem] blesser, porter atteinte à. ◆ vi crever.

pundit ['pʌndɪt] n **1.** [expert] expert *m (qui pontifie)* **2.** [Brahmin] pandit *m*.

punditocracy [,pʌndɪ'tɒkrəsɪ] n groupe *m* d'influence.

Pune ['pu:nə] = **Poona**.

pungency ['pʌndʒənsɪ] n **1.** [of smell, taste] âcreté *f* ; [of food] piquant *m* **2.** [of wit, remark] causticité *f*, mordant *m*.

pungent ['pʌndʒənt] adj **1.** [smell, taste - sour] âcre ; [- spicy] piquant **2.** [wit, remark] caustique, mordant.

Punic ['pju:nɪk] adj punique ▸ **the Punic Wars** les guerres *fpl* puniques.

punish ['pʌnɪʃ] vt **1.** [person, crime] punir / *they will be punished for their mistakes* ils seront punis pour leurs erreurs / *such offences are punished by imprisonment* ce genre de délit est passible d'une peine de prison **2.** *inf* [attack relentlessly - opponent, enemy, etc.] malmener / *they punished the French defence* ils ont malmené or mis à mal la défense française ▸ **to punish a bottle of wine / whisky** *hum* faire un sort à une bouteille de vin / de whisky.

punishable ['pʌnɪʃəbl] adj punissable ▸ **a punishable offence** un délit / *punishable by prison / a £50 fine* passible d'emprisonnement / d'une amende de 50 livres.

punishing ['pʌnɪʃɪŋ] ◆ n **1.** [punishment] punition *f* **2.** *inf* [relentless attack] ▸ **to take a punishing a)** [opponent, team] se faire malmener **b)** *hum* [bottle] en prendre un coup / *the car's suspension / this bottle of wine has taken a punishing* la suspension de la voiture / cette bouteille de vin or en a pris un coup. ◆ adj [heat, climb, effort] exténuant ; [defeat] écrasant / *a punishing race* une course exténuante.

punishment ['pʌnɪʃmənt] n **1.** [act of punishing] punition *f*, châtiment *m* **2.** [means of punishment] punition *f*, châtiment *m*, sanction *f* ; LAW peine *f* / *I had to dig the garden as a punishment* comme punition, j'ai dû bêcher le jardin / *no punishment is harsh enough for them* aucune peine n'est assez sévère pour eux ▸ **to make the punishment fit the crime** adapter le châtiment au délit **3.** *inf* [heavy use] : *the landing gear can take a lot of punishment* même soumis à rude épreuve, le train d'atterrissage tiendra le coup.

punitive ['pju:nətɪv] adj **1.** [expedition] punitif **2.** [measures, tax] écrasant ▸ **to take punitive action** avoir recours à des sanctions ▸ **punitive damages** dommages *mpl* et intérêts *mpl* dissuasifs.

Punjab [,pʌn'dʒɑ:b] pr n ▸ **the Punjab** le Pendjab / *in the Punjab* au Pendjab.

Punjabi [,pʌn'dʒɑ:bɪ] ◆ n **1.** [person] Pendjabi *mf* **2.** LING pendjabi *m*. ◆ adj pendjabi, du Pendjab.

punk [pʌŋk] ◆ n **1.** [music, fashion] punk *m* **2.** [punk rocker] punk *mf* **3.** US *v inf* [worthless person] vaurien *m*, -enne *f* ; [hoodlum] voyou *m*. ◆ adj **1.** [music, fashion] punk *(inv)* ▸ **punk rock** punk *m* ▸ **punk rocker** punk *mf* **2.** US *inf* [worthless] nul **3.** US *v inf* [ill] : *he's feeling kind of punk* il se sent un peu nase.

punky ['pʌŋkɪ] adj punk *(inv)*.

punnet ['pʌnɪt] n UK barquette *f*.

punster ['pʌnstər] n faiseur *m*, -euse *f* de calembours or de jeux de mots.

punt[1] [pʌnt] ◆ n **1.** [boat] *longue barque à fond plat manœuvrée à la perche* **2.** SPORT [kick] coup *m* de pied de volée. ◆ vt **1.** [boat] faire avancer à la perche **2.** SPORT [kick] envoyer d'un coup de pied de volée. ◆ vi **1.** [in boat] ▸ **to go punting** faire un tour en barque **2.** UK [gamble] jouer.

punt[2] [pʊnt] n [former currency] livre *f* irlandaise.

punter ['pʌntər] n UK **1.** [gambler] parieur *m*, -euse *f* **2.** *inf* [customer] client *m*, -e *f* ▸ **the average punter** le client type or moyen ▸ **the punters** le public **3.** *v inf* [prostitute's client] micheton *m*.

puny ['pju:nɪ] (*compar* **punier**, *superl* **puniest**) adj **1.** [frail - person, animal, plant] malingre, chétif ; [- arms, legs] maigre, grêle **2.** [feeble - effort] pitoyable.

pup [pʌp] (*pt & pp* **pupped**, *cont* **pupping**) ◆ n **1.** [young dog] chiot *m* ; [young animal] jeune animal *m* ▸ **spaniel pup** jeune or petit épagneul *m* ▸ **seal pup** jeune or bébé phoque *m* ▸ **to be in pup** [bitch] être pleine ▸ **to be sold a pup** *inf* se faire avoir **2.** *inf* [youth] blanc-bec *m* / *you cheeky young pup!* espèce de petit blanc-bec ! ◆ vi mettre bas.

pupa ['pju:pə] (*pl* **pupas** *or* **pupae** [-pi:]) n nymphe *f*, chrysalide *f*, pupe *f*.

pupate [pju:'peɪt] vi se métamorphoser (en nymphe or en chrysalide).

pupil ['pju:pl] ◆ n **1.** [gen] élève *mf* ; [of primary school] écolier *m*, -ère *f* ; [of lower secondary school] collégien *m*, -enne *f* ; [of upper secondary school] lycéen *m*, -enne *f* ; [of painter, musician] élève *mf* **2.** LAW [minor ward] pupille *mf* **3.** ANAT pupille *f*. ◆ comp SCH [participation, power] des élèves.

puppet ['pʌpɪt] ◆ n **1.** [gen] marionnette *f* ; [string puppet] fantoche *m*, pantin *m* ▸ **puppet theatre** théâtre *m* de marionnettes **2.** *fig* pantin *m*, fantoche *m*. ◆ comp **1.** [theatre] de marionnettes ▸ **puppet show** (spectacle *m* de) marionnettes *fpl* **2.** POL [government, president] fantoche.

puppeteer [,pʌpɪ'tɪər] n marionnettiste *mf*.

puppetry ['pʌpɪtrɪ] n [art - of making] fabrication *f* de marionnettes ; [- of manipulating] art *m* du marionnettiste.

puppy ['pʌpɪ] (*pl* **puppies**) n chiot *m*.

puppy fat n *(U)* UK rondeurs *fpl* de l'adolescence.

puppy love n amourette *f*, amour *m* d'adolescent / *it's only puppy love* ce n'est qu'une amourette or qu'un amour de jeunesse.

pup tent n canadienne *f*.

purblind ['pɜ:blaɪnd] adj **1.** [poorly sighted] malvoyant **2.** *liter* [obtuse] obtus, borné.

Purcell Room [pɜ:'sel-] pr n ▸ **the Purcell Room** *salle de concert pour musique de chambre à Londres.*

purchase ['pɜ:tʃəs] ◆ vt acheter ▸ **to purchase sthg from sb** acheter qqch à qqn ▸ **to purchase sthg for sb, to purchase sb sthg** acheter qqch à or pour qqn. ◆ n **1.** [buy, buying] achat *m* ▸ **to make a purchase** faire un achat ▸ **date of purchase** date *f* d'achat **2.** [grip] prise *f* / *she managed to gain (a) purchase on a small ledge* elle parvint à trouver une prise dans le rocher.

purchase order n bon *m* de commande.

purchase price n prix *m* d'achat.

purchaser ['pɜ:tʃəsər] n acheteur *m*, -euse *f*.

purchase tax n taxe *f* à l'achat.

purchasing behaviour n comportement *m* d'achat.

purchasing decision n décision *f* d'achat.

purchasing department n service *m* des achats.

purchasing power ['pɜ:tʃəsɪŋ-] n pouvoir *m* d'achat.

purdah ['pɜ:də] n purdah *m (chez certains peuples hindous et musulmans, système qui astreint les femmes à une vie retirée)* ▸ **to be in purdah a)** *lit* être reclus **b)** *fig* vivre en reclus.

pure [pjʊər] adj **1.** [unadulterated, untainted] pur / *a pure silk tie* une cravate (en) pure soie / *pure air* air *m* pur / *pure water* eau *f* pure / *pure thoughts* pensées *fpl* pures / *pure white* blanc *m* immaculé / *the pure tones of the flute* le son clair or pur de la flûte ▸ **as pure as the driven snow** blanc comme neige **2.** [science, maths, research] pur **3.** [as intensifier] pur / *by pure chance* par pur hasard / *it's the truth, pure and simple* c'est la vérité pure et simple.

purebred ['pjʊəbred] adj de race (pure).

puree, purée ['pjʊəreɪ] ◆ n purée *f* ▸ **tomato puree a)** [gen] purée de tomates **b)** [in tube] concentré *m* de tomates. ◆ vt (*pt & pp* **pureed** *or* **puréed**, *cont* **pureeing** *or* **puréeing**) réduire en purée ▸ **pureed carrots** purée *f* de carottes.

purely ['pjʊəlɪ] adj purement ▸ **purely and simply** purement et simplement / *ours is a purely professional relationship* nos rapports sont purement or strictement professionnels.

pureness ['pjʊənɪs] n pureté *f*.

purgation [pɜ:'geɪʃn] n purgation *f*.

purgative ['pɜ:gətɪv] ◆ n purgatif *m*. ◆ adj purgatif.

purgatory ['pɜ:gətrɪ] n RELIG purgatoire *m* ; *fig* enfer *m* / *rush hour is absolute purgatory* les heures de pointe sont un véritable enfer !

purge [pɜ:dʒ] ◆ vt **1.** POL [party, organization] purger, épurer ; [undesirable elements] éliminer / *the extreme right was purged from the party* le parti s'est débarrassé de son extrême droite **2.** [free, rid] débarrasser, délivrer / *purge your mind of such morbid ideas* chassez ces idées morbides de votre esprit **3.** LAW [clear] disculper, innocenter **4.** *dated* MED [bowels] purger. ◆ n **1.** [gen & POL] purge *f*, épuration *f* / *he carried out a purge of the army* il procéda à une purge au sein de l'armée **2.** MED purge *f*.

purification [,pjʊərɪfɪ'keɪʃn] n **1.** [of water, oil] épuration *f* **2.** RELIG purification *f* ▸ **the Purification (of the Virgin Mary)** la Purification (de la Vierge Marie).

purifier ['pjʊərɪfaɪər] n [device - for water, oil] épurateur *m* ; [- for air, atmosphere] purificateur *m*.

purify ['pjʊərɪfaɪ] (*pt & pp* **purified**) vt [water, oil] épurer ; [air, soul] purifier.

Purim ['pʊərɪm] n Pourim *m*.

purism ['pjʊərɪzm] n purisme *m*.

purist ['pjʊərɪst] ◆ adj puriste. ◆ n puriste *mf*.

puritan ['pjʊərɪtən] ◆ n puritain *m*, -e *f*. ◆ adj puritain.

❖ **Puritan** ◆ n RELIG puritain *m*, -e *f*. ◆ adj RELIG puritain.

The Puritans

Ces protestants anglais radicaux sont apparus au XVIe siècle. Ils souhaitaient débarrasser l'Église anglicane des éléments de faste du culte catholique. Soutenus par la Chambre des communes mais rejetés par Élisabeth Ire, ils réussirent à s'imposer pendant la période du Protectorat (1653 à 1659).

puritanical [,pjʊərɪ'tænɪkl] adj puritain.

puritanism ['pjʊərɪtənɪzm] n puritanisme *m*.

❖ **Puritanism** n RELIG puritanisme *m*.

purity ['pjʊərətɪ] n pureté *f*.

purl [pɜ:l] ◆ n [in knitting] ▸ **purl (stitch)** maille *f* à l'envers. ◆ vt tricoter à l'envers / *knit one, purl one* une maille à l'endroit, une maille à l'envers.

purler ['pɜ:lər] n UK *inf & dated* ▸ **to come** or **to take a purler** se casser la figure.

purlieus ['pɜ:lju:z] pl n *liter* alentours *mpl*, environs *mpl* ▸ **in the purlieus of** aux alentours de, dans les environs de.

purloin [pɜ:'lɔɪn] vt *fml & hum* dérober, voler.

purple ['pɜ:pl] ◆ n **1.** [colour] violet *m* **2.** [dye, cloth] pourpre *f* **3.** [high rank] ▸ **the purple** la pourpre. ◆ adj **1.** [in colour] violet ▸ **purple state** US POL *État où aucun des deux partis ne domine le vote populaire* **2.** [prose] emphatique, ampoulé.

purple heart n *inf* [drug] pilule *f* d'amphétamine.

❖ **Purple Heart** n US *médaille décernée aux blessés de guerre.*

purple patch, purple passage n morceau *m* de bravoure.

purplish ['pɜ:plɪʃ] adj violacé.

purport *fml* ◆ vt [pə'pɔ:t] [claim] prétendre ; [subj: film, book] se vouloir / *he purports to be an expert* il prétend être un expert, il se fait passer pour un expert / *her book purports to be the definitive work on the French Revolution* son livre se veut la somme de ce qui a été écrit sur la Révolution française. ◆ n ['pɜ:pɔ:t] signification *f*, teneur *f*.

purported [pə'pɔ:tɪd] adj *fml* prétendu.

purportedly [pə'pɔ:tɪdlɪ] adv *fml* prétendument.

purpose ['pɜ:pəs] ◆ n **1.** [objective, reason] but *m*, objet *m* / *what's the purpose of your visit?* quel est le but or l'objet de votre visite ? / *he buys real estate for tax purposes* il investit dans l'immobilier pour des raisons fiscales / *it suits my purposes to stay here* j'ai de bonnes raisons de rester ici ▸ **to do sthg with a purpose in mind** or **for a purpose** faire qqch dans un but précis / *for this purpose* dans ce but, à cet effet / *but that's the whole purpose of the exercise!* mais tout l'intérêt de l'exercice est là ! / *her remarks were to the purpose* / *not to the purpose* ses remarques étaient pertinentes / hors de propos **2.** [use, function] usage *m* ; [end, result] fin *f* / *what is the purpose of this room / object?* à quoi sert cette pièce / cet objet ? / *the hangar wasn't built for that purpose* le hangar n'était pas destiné à cet usage / *for our purposes* pour ce que nous voulons faire / *for the purposes of this demonstration* pour les besoins de cette démonstration / *£5,000 will be enough for present purposes* 5 000 livres suffiront à couvrir nos besoins actuels / *the funds are to be used for humanitarian purposes* les fonds seront utilisés à des fins humanitaires / *the money will be put* or *used to good purpose* l'argent sera bien employé / *he will use his knowledge to good purpose there* il pourra y mettre à profit ses connaissances / *we are arguing to no purpose* nous discutons inutilement / *my efforts had been to no purpose* mes efforts étaient restés vains / *the negotiations have been to little purpose* les négociations n'ont pas abouti à grand-chose **3.** [determination] résolution *f*, détermination *f* / *she has great strength of purpose* elle a une volonté de fer, c'est quelqu'un de très déterminé ▸ **to have a sense of purpose** avoir un but dans la vie. ◆ vt *liter* avoir l'intention de.

❖ **on purpose** adv phr exprès / *I did it on purpose* je l'ai fait exprès / *I avoided the subject on purpose* j'ai fait exprès d'éviter or j'ai délibérément évité la question.

purpose-built adj UK construit or conçu pour un usage spécifique / *purpose-built flats for the disabled* appartements *mpl* spécialement adaptés aux besoins des handicapés / *a purpose-built conference centre* un centre de conférence entièrement conçu pour cet usage.

purposeful ['pɜ:pəsfʊl] adj [person] résolu ; [look, walk] résolu, décidé ; [act] réfléchi.

purposefully ['pɜ:pəsfʊlɪ] adv [for a reason] dans un but précis, délibérément ; [determinedly] d'un air résolu / *she walked forward purposefully* elle avança d'un pas résolu.

purposeless ['pɜ:pəslɪs] adj [life] sans but, vide de sens ; [act, violence] gratuit.

purposely ['pɜ:pəslɪ] adv exprès, délibérément.

purposive ['pɜ:pəsɪv] adj *fml* délibéré.

purr [pɜ:r] ◆ vi [cat, engine] ronronner. ◆ vt susurrer / *"do have another drink", she purred* « vous prendrez bien encore un verre », susurra-t-elle. ◆ n [of cat] ronronnement *m*, ronron *m* ; [of engine] ronronnement *m*.

purse [pɜːs] ◆ n **1.** UK [for coins] porte-monnaie *m inv* **2.** US [handbag] sac *m* à main **3.** FIN [wealth, resources] bourse *f* ▸ **to hold** or **to control the purse strings** *fig* tenir les cordons de la bourse **4.** SPORT [prize money] bourse *f*. ◆ vt [lips] pincer.

purser [ˈpɜːsəʳ] n NAUT commissaire *m* de bord.

purse snatching n US vol *m* à l'arraché.

purslane [ˈpɜːslɪn] n pourpier *m*.

pursuance [pəˈsjuːəns] n *fml* exécution *f*, accomplissement *m* / *in (the) pursuance of his duties* dans l'exercice de ses fonctions.

pursuant [pəˈsjuːənt] ❖ **pursuant to** prep phr *fml* [following] à la suite de, suivant ; [in accordance with] conformément à.

pursue [pəˈsjuː] vt **1.** [chase, follow] poursuivre ; *fig* suivre, poursuivre / *he was being pursued by dogs* il était poursuivi par des chiens / *she was pursued by ill fortune / ill health* elle était poursuivie par la malchance / la maladie **2.** [strive for] poursuivre, rechercher / *we are all pursuing the same goals* nous poursuivons tous les mêmes buts **3.** [carry out] exécuter, mettre en œuvre / *the policies pursued by the previous government* la politique menée par le gouvernement précédent ; [practise] exercer / *I have no time to pursue any hobbies* je n'ai pas de temps à consacrer à des hobbies **4.** [take further] poursuivre / *if I may pursue that line of argument* si je peux me permettre de pousser plus loin or de développer ce raisonnement / *to pursue a point* insister sur or revenir sur un point.

pursuer [pəˈsjuːəʳ] n poursuivant *m*, -e *f*.

pursuit [pəˈsjuːt] n **1.** [chasing] poursuite *f* / *they went out in pursuit of the vandals* ils se sont lancés à la poursuite des vandales / *with a pack of dogs in hot pursuit* avec une meute de chiens à leurs trousses **2.** [striving after] poursuite *f*, quête *f*, recherche *f* / *the pursuit of knowledge / happiness* la quête du savoir / du bonheur **3.** [pastime] occupation *f* ▸ **leisure pursuits** loisirs *mpl*, passe-temps *m inv* **4.** SPORT [cycle race] poursuite *f*.

pursuit plane n avion *m* de chasse.

purulence [ˈpjʊərʊləns] n purulence *f*.

purulent [ˈpjʊərʊlənt] adj purulent.

purvey [pəˈveɪ] vt **1.** [sell] vendre, fournir ▸ **to purvey sthg to sb** fournir qqch à qqn, approvisionner qqn en qqch **2.** [communicate - information, news] communiquer ; [- lies, rumours] colporter.

purveyance [pəˈveɪəns] n fourniture *f*, approvisionnement *m*.

purveyor [pəˈveɪəʳ] n *fml* **1.** [supplier] fournisseur *m*, -euse *f* / *purveyors of marmalade to HM the Queen* fournisseurs en confiture d'oranges de Sa Majesté la Reine **2.** [spreader - of gossip, lies] colporteur *m*, -euse *f*.

purview [ˈpɜːvjuː] n **1.** *fml* [scope] champ *m*, domaine *m* / *the matter falls within / outside the purview of the committee* la question relève / ne relève pas de la compétence du comité **2.** LAW [body of statute] texte *m*.

pus [pʌs] n pus *m*.

push [pʊʃ] ◆ vt **1.** [shove, propel] pousser / *she pushed the door open / shut* elle ouvrit / ferma la porte (en la poussant) / *he pushed her onto the chair* il la poussa sur la chaise / *a man was pushed out of the window* quelqu'un a poussé un homme par la fenêtre / *he pushed the branches apart* il a écarté les branches / *she pushed her way to the bar* elle se fraya un chemin jusqu'au bar **2.** [insert] enfoncer, introduire / *push one tube into the other* enfoncez un tube dans l'autre ; [thrust] enfoncer / *he pushed a gun into my ribs* il m'enfonça un revolver dans les côtes / *she pushed the cork into the bottle* elle enfonça le bouchon dans la bouteille / *he pushed his hands into his pockets* il enfonça ses mains dans ses poches / *push all that mess under the bed* pousse tout ce bazar sous le lit **3.** [press - doorbell, pedal, button] appuyer sur ▸ **to push sb's buttons** *inf* : *he pushed all my buttons* **a)** [turned me on] il a fait tout ce qu'il fallait pour m'exciter **b)** [annoyed me] il a fait tout ce qu'il fallait pour m'énerver / *it pushes all my buttons* [I like it] c'est tout ce que j'aime / *it doesn't push any of my buttons* ça me laisse froid **4.** [cause to move in specified direction] : *it will push inflation upwards* cela va relancer l'inflation / *the crisis is pushing the country towards chaos* la crise entraîne le pays vers le chaos / *he is pushing the party to the right* il fait glisser le parti vers la droite / *buying the car will push us even further into debt* en achetant cette voiture, nous allons nous endetter encore plus / *economic conditions have pushed the peasants off the land* les paysans ont été chassés des campagnes par les conditions économiques **5.** [pressurize] pousser ; [force] forcer, obliger, contraindre ▸ **to push sb to do sthg** pousser qqn à faire qqch ▸ **to push sb into doing sthg** forcer or obliger qqn à faire qqch / *his parents pushed him to become a doctor* ses parents l'ont poussé à devenir médecin / *her teacher pushed her in Latin* son professeur l'a poussée à travailler en latin / *their coach doesn't push them hard enough* leur entraîneur ne les pousse pas assez / *I like to push myself hard* j'aime me donner à fond / *he pushed the car to its limits* il a poussé la voiture à la limite de ses possibilités / *you're still weak, so don't push yourself* tu es encore faible, vas-y doucement / *he won't do it if he's pushed too hard* il ne le fera pas si l'on insiste trop / *I won't be pushed!* je ne céderai pas ! / *when I pushed her, she admitted it* quand j'ai insisté, elle a avoué / *he keeps pushing me for the rent* il me relance sans cesse au sujet du loyer **6.** [advocate, argue for - idea, method] prôner, préconiser ; [promote - product] promouvoir / *he's trying to push his own point of view* il essaie d'imposer son point de vue personnel / *the mayor is pushing his town as the best site for the conference* le maire présente sa ville comme le meilleur endroit pour tenir la conférence / *adverts pushing beauty products* des publicités pour des produits de beauté **7.** [stretch, exaggerate - argument, case] présenter avec insistance, insister sur / *if we push the comparison a little further* si on pousse la comparaison un peu plus loin / *I'll try to arrive by 7 p.m., but it's pushing it a bit* *inf* je tâcherai d'arriver à 19 h, mais ça va être juste ▸ **that's pushing it a bit!** *inf* c'est un peu fort ! **8.** *inf* [sell - drugs] revendre **9.** *inf* [approach] friser / *to be pushing thirty* friser la trentaine / *the car was pushing 100 mph* la voiture frisait les 160 (km/h). ◆ vi **1.** [shove] pousser / *no pushing please!* ne poussez pas, s'il vous plaît ! / **'push'** [on door] 'poussez' / *people were pushing to get in* les gens se bousculaient pour entrer / *he pushed through the crowd to the bar* il s'est frayé un chemin jusqu'au bar à travers la foule / *somebody pushed past me* quelqu'un est passé en me bousculant **2.** [press - on button, bell, knob] appuyer **3.** [advance] avancer / *the army pushed towards the border* l'armée a avancé jusqu'à la frontière ; [progress] évoluer / *the country is pushing towards democracy* le pays évolue vers la démocratie **4.** [extend - path, fence] s'étendre / *the road pushed deep into the hills* la route s'enfonçait dans les collines. ◆ n **1.** [shove] poussée *f* ▸ **to give sb / sthg a push** pousser qqn / qqch / *would you give me a push?* AUTO pourriez-vous me pousser ? ▸ **to give sb the push a)** UK *inf* [from job] virer qqn **b)** [in relationship] plaquer qqn ▸ **to get the push** : *he got the push* **a)** [from boss] il s'est fait virer **b)** [from girlfriend] elle l'a plaqué ▸ **when it comes to the push** *inf*, **when push comes to shove** *inf* au moment critique or crucial / *I can lend you the money if it comes to the push* *inf* au pire, je pourrai vous prêter l'argent ▸ **at a push** *inf* : *I can do it at a push* je peux le faire si c'est vraiment nécessaire **2.** [act of pressing] : *the door opens at the push of a button* il suffit d'appuyer sur un bouton pour que la porte s'ouvre / *he expects these things to happen at the push of a button* *fig* il s'attend à ce que ça se fasse sur commande **3.** *fig* [trend] : *the push towards protectionism is gathering strength* la tendance au protectionnisme se renforce **4.** [encouragement] mot *m* d'encouragement / *he'll do it, but he needs a push* il le fera, mais il a besoin qu'on le pousse un peu / *he just needs a push in the right direction* il a juste besoin qu'on le mette sur la bonne voie **5.** MIL [advance] poussée *f* / *the platoon made a push to capture the airfield* la section a fait une poussée pour s'emparer de l'aérodrome **6.** [campaign] campagne *f* / *a sales push* une campagne de promotion des ventes / *there's a national push for improved housing* il y a une campagne à l'échelle nationale pour l'amélioration du logement **7.** [drive, dynamism] dynamisme *m* / *he has a lot of push* il est très dynamique.

❖ **push about** vt sep UK **1.** [physically] malmener / *he didn't hit her but he was pushing her about* il ne l'a pas frappée mais il la malmenait **2.** [bully] donner des ordres à / *I won't be pushed about!* *fig* je ne vais pas me laisser marcher sur les pieds !

❖ **push ahead** vi [make progress] : *they decided to push ahead with the plans to extend the school* ils ont décidé d'activer les projets d'extension de l'école.

❖ **push along** ◆ vt sep [trolley, pram] pousser (devant soi). ◆ vi *inf* [leave] filer / *I'll be pushing along now* bon, il est temps que je file.

❖ **push around** = **push about.**

❖ **push aside** vt sep **1.** [objects] pousser **2.** [reject - proposal] écarter, rejeter ; [neglect - problem] : *you can't just push aside the problem like that* vous ne pouvez pas faire comme si le problème n'existait pas / *issues which have been pushed aside* des questions qui ont été volontairement écartées / *I pushed my doubts aside* je n'ai pas tenu compte de mes doutes.

❖ **push away** vt sep repousser / *she pushed my hand away* elle repoussa ma main / *he pushed his chair away from the fire* il éloigna sa chaise du feu.

❖ **push back** vt sep **1.** [person] repousser (en arrière) ; [bedclothes] rejeter, repousser / *he pushed me back from the door* il m'a éloigné de la porte **2.** [repulse - troops] repousser / *the enemy was pushed back ten miles / to the river* l'ennemi a été repoussé d'une quinzaine de kilomètres / jusqu'à la rivière **3.** [postpone] repousser / *the meeting has been pushed back to Friday* la réunion a été repoussée à vendredi.

❖ **push down** ◆ vt sep **1.** [lever, handle] abaisser ; [pedal] appuyer sur / *she pushed the clothes down in the bag* elle a tassé les vêtements dans le sac **2.** [knock over] renverser, faire tomber. ◆ vi [on pedal, lever] appuyer (sur la pédale / manette / etc).

❖ **push for** vt insep [argue for] demander ; [campaign for] faire campagne pour ; [agitate for] militer pour / *some ministers were pushing for more monetarist policies* certains ministres demandaient une politique plus monétariste / *I'm going to push for a bigger budget* je vais faire tout ce qui est en mon pouvoir pour obtenir un budget plus important.

❖ **push forward** ◆ vt sep *lit* pousser (en avant) ▸ **to push o.s. forward** *fig* se mettre en avant, se faire valoir. ◆ vi **1.** [advance - person, car] se frayer un chemin ; [- crowd, herd] se presser en avant **2.** = **push ahead.**

❖ **push in** ◆ vt sep **1.** [drawer] pousser ; [electric plug, key] enfoncer, introduire ; [disk] insérer ; [knife, stake, spade] enfoncer ; [button, switch] appuyer sur / *push the button right in* appuyer à fond sur le bouton **2.** [person] : *they pushed me in the water* ils m'ont poussé dans l'eau / *he opened the door and pushed me in* il ouvrit la porte et me poussa à l'intérieur **3.** [break down - panel, cardboard] enfoncer / *the door had been pushed in* la porte avait été enfoncée. ◆ vi [in queue] se faufiler / *he pushed in next to Sue* il s'est faufilé à côté de Sue / *no pushing in!* faites la queue !

❖ **push off** ◆ vi **1.** *inf* [go away] filer / *time for me to push off* il faut que je file / *push off!* de l'air !, dégage ! **2.** [in boat] pousser au large. ◆ vt sep **1.** [knock off] faire tomber / *they pushed me off the ladder* ils m'ont fait tomber de l'échelle / *I pushed him off the chair* je l'ai fait tomber de sa chaise **2.** [boat] déborder.

❖ **push on** ◆ vi [on journey - set off again] reprendre la route, se remettre en route ; [- continue] poursuivre or continuer son chemin / *let's push on to Dundee* poussons jusqu'à Dundee ; [keep working] continuer, persévérer / *they're pushing on with the reforms* ils poursuivent leurs efforts pour faire passer les réformes. ◆ vt sep [urge on] ▸ **to push sb on to do sthg** pousser or inciter qqn à faire qqch.

❖ **push out** ◆ vt sep **1.** [person, object] : *they pushed the car out of the mud* ils ont désembourbé la voiture en la poussant / *the bed had been pushed out from the wall* le lit avait été écarté du mur ▸ **to push the boat out a)** *lit* déborder l'embarcation **b)** *fig* faire la fête **2.** [stick out - hand, leg] tendre **3.** [grow - roots, shoots] faire, produire **4.** [oust] évincer ; [dismiss from job] mettre à la porte / *we've been pushed out of the Japanese market* nous avons été évincés du marché japonais **5.** *inf* [churn out - articles, books] produire à la chaîne, pondre en série. ◆ vi [appear - roots, leaves] pousser ; [- snowdrops, tulips] pointer.

❖ **push over** vt sep **1.** [pass - across table, floor] pousser / *he pushed the book over to me* il poussa le livre vers moi **2.** [knock over] faire tomber, renverser ; [from ledge, bridge] pousser, faire tomber / *many cars had been pushed over onto their sides* beaucoup de voitures avaient été renversées sur le côté.

❖ **push through** ◆ vt sep **1.** [project, decision] faire accepter ; [deal] conclure ; [bill, budget] réussir à faire voter or passer **2.** [thrust - needle] passer / *she eventually managed to push her way through (the crowd)* elle réussit finalement à se frayer un chemin (à travers la foule). ◆ vi [car, person] se frayer un chemin ; [troops, army] avancer.

❖ **push to** vt sep [door, drawer] fermer.

❖ **push up** vt sep **1.** [push upwards - handle, lever] remonter, relever ; [- sleeves] remonter, retrousser / *she pushed herself up onto her feet* elle se releva ▸ **to be pushing up (the) daisies** *inf* : *he's pushing up the daisies* il mange les pissenlits par la racine **2.** [increase - taxes, sales, demand] augmenter ; [- prices, costs, statistics] faire monter / *the effect will be to push interest rates up* cela aura pour effet de faire grimper les taux d'intérêt.

pushbike ['pʊʃbaɪk] n UK *inf* vélo *m*, bécane *f*.

push-broom n US (grand) balai *m*.

push button n bouton *m*.

❖ **push-button** adj [telephone] à touches ; [car window] à commande automatique ▸ **push-button controls** commandes *fpl* automatiques ▸ **push-button warfare** guerre *f* presse-bouton.

pushcart ['pʊʃkɑːt] n US charrette *f* à bras.

pushchair ['pʊʃtʃeər] n UK poussette *f*.

pushed [pʊʃt] adj **1.** *inf* [lacking - money, time] ▸ **to be pushed for sthg** manquer de or être à court de qqch / *we're really pushed for time* nous n'avons que très peu de temps / *I'd like to stay longer, but I'm a bit pushed* j'aimerais rester plus longtemps, mais je suis assez pressé **2.** [in difficulty] ▸ **to be hard pushed to do sthg** avoir du mal à faire qqch / *a lot of them would be hard pushed to name the President of France* beaucoup d'entre eux auraient du mal à dire qui est le président de la République française.

pusher ['pʊʃər] n *inf* [drug dealer] trafiquant *m*, -e *f* (de drogue), dealer *m*.

pushiness ['pʊʃɪnɪs] n *inf* [ambitiousness] arrivisme *m* ; [forwardness] insistance *f* / *I can't stand his pushiness* je ne supporte pas sa façon de s'imposer.

pushing ['pʊʃɪŋ] n bousculade *f*.

Pushkin ['pʊʃkɪn] pr n Pouchkine.

pushover ['pʊʃˌəʊvər] n **1.** *inf* [easy thing] jeu *m* d'enfant / *the exam was a pushover* l'examen était un jeu d'enfant / *the match will be a pushover* le match, c'est du tout cuit or ça va être du gâteau **2.** *inf* [sucker] pigeon *m* / *when it comes to flattery, I'm a complete pushover* la flatterie marche à tous les coups avec moi **3.** SPORT [in rugby] ▸ **pushover try** essai *m* collectif (par les avants).

pushpin ['pʊʃpɪn] n US punaise *f*.

push-pull adj ELEC ▸ **push-pull circuit** montage *m* symétrique, push-pull *m inv*.

pushrod ['pʊʃrɒd] n AUTO poussoir *m* de soupape.

push-start ◆ n AUTO ▸ **to give sb a push-start** pousser la voiture de qqn pour la faire démarrer. ◆ vt faire démarrer en poussant.

push technology n COMPUT technologie *f* du push de données.

push-up n pompe *f (exercice physique)*.

pushy ['pʊʃɪ] (*compar* **pushier**, *superl* **pushiest**) adj *inf & pej* [ambitious] arriviste ; [attention-seeking] qui cherche à se faire valoir or mousser / *don't be so pushy* arrête de te faire mousser.

pusillanimity [ˌpjuːsɪlə'nɪmətɪ] n *fml* pusillanimité *f*.

pusillanimous [ˌpjuːsɪ'lænɪməs] adj *fml* pusillanime.

puss [pʊs] n **1.** *inf* [cat] minou *m* / **'Puss in Boots'** *Perrault* 'le Chat botté' **2.** *v inf* [mouth, face] gueule *f* **3.** *inf* [girl, woman] meuf *f*.

pussy ['pʊsɪ] (*pl* **pussies**) n **1.** *inf* [cat] minou *m* **2.** *vulg* [female sex organs] chatte *f*.

pussycat ['pʊsɪkæt] n *inf* minou *m*.

pussyfoot ['pʊsɪfʊt] vi *inf* atermoyer, tergiverser / *stop pussyfooting (about* or *around)!* assez tergiversé !

pussy-whip vt US *v inf* : *he's pussy-whipped* sa femme le mène par le bout du nez.

pussy willow n saule *m* blanc.

pustule ['pʌstjuːl] n pustule *f*.

put [pʊt] (*pt & pp* **put**, *cont* **putting**)

◆ vt

- **A. PLACE OR IMPOSE**
- **B. EXPRESS**
- **C. CLASSIFY IN HIERARCHY**
- **D. APPLY OR INVEST**
- **E. OTHER USES**

A. PLACE OR IMPOSE **1.** [into specified place or position] mettre / *put the saucepan on the shelf* mets la casserole sur l'étagère / *put the chairs nearer the table* approche les chaises de la table / *she put her hand on my shoulder* elle a mis sa main sur mon épaule / *he put his arm around my shoulders* il passa son bras autour de mes épaules / *to put one's head round the door* passer la tête par la porte / *did you put any salt in?* as-tu mis du sel (dedans) ? / *put some more water on to boil* remettez de l'eau à chauffer / *he put another brick on the pile* il a mis une autre brique sur la pile / *she put a match to the wood* elle a allumé le bois ; [send] : *to put an advert in the paper* mettre une annonce dans le journal / *they want to put me in an old folks' home* ils veulent me mettre dans une maison pour les vieux / *to put a child to bed* mettre un enfant au lit, coucher un enfant / *to put a man on the moon* envoyer un homme sur la Lune ; *fig* : *I didn't know where to put myself!* je ne savais plus où me mettre ! / *put yourself in my place* mettez-vous à ma place / *we put a lot of emphasis on creativity* nous mettons beaucoup l'accent sur la créativité / *don't put too much trust in what he says* ne te fie pas trop à ce qu'il dit ▸ **put it there!** *inf* [shake hands] tope là ! **2.** [push or send forcefully] : *he put his fist through the window* il a passé son poing à travers la fenêtre / *he put a bullet through his head* il s'est mis une balle dans la tête / *she put her pen through the whole paragraph* elle a rayé tout le paragraphe d'un coup de stylo **3.** [impose - responsibility, tax] mettre / *it puts an extra burden on our department* c'est un fardeau de plus pour notre service / *the new tax will put 5p on a packet of cigarettes* la nouvelle taxe augmentera de 5 pence le prix d'un paquet de cigarettes **4.** [into specified state] mettre / *you're putting me in an awkward position* vous me mettez dans une situation délicate / *I hope I've not put you to too much trouble* j'espère que je ne vous ai pas trop dérangé / *music always puts him in a good mood* la musique le met toujours de bonne humeur / *the new rules will be put into effect next month* le nouveau règlement entrera en vigueur le mois prochain / *to put sb out of a job* mettre qqn au chômage / *to put a prisoner on bread and water* mettre un prisonnier au pain sec et à l'eau / *the money will be put to good use* l'argent sera bien employé / *the dog had to be put to sleep* il a fallu piquer le chien **5.** [write down] mettre, écrire / *I forgot to put my address* j'ai oublié de mettre mon adresse / *what date shall I put?* quelle date est-ce que je mets ? **6.** [bring about] ▸ **to put an end** or **a stop to sthg** mettre fin or un terme à qqch.

B. EXPRESS **1.** [say, express] dire, exprimer / *to put one's thoughts into words* exprimer sa pensée, s'exprimer / *let me put it this way* laissez-moi l'exprimer ainsi / *it was, how shall I put it, rather long* c'était, comment dirais-je, un peu long / *he put it better than that* il l'a dit or formulé mieux que ça / *she put it politely but firmly* elle l'a dit poliment mais clairement / *as Churchill once put it* comme l'a dit Churchill un jour / *to put it briefly* or *simply, they refused* bref or en un mot, ils ont refusé / *putting it in terms you'll understand...* plus simplement, pour que vous compreniez… **2.** [present, submit - suggestion, question] soumettre ; [- motion] proposer, présenter / *to put a proposal to the board* présenter une proposition au conseil d'administration / *he put his case very well* il a très bien présenté son cas / *I have a question to put to the Prime Minister* j'ai une question à soumettre au Premier ministre / *I put it to you that you are the real culprit* je vous accuse d'être le véritable coupable / *I put it to the delegates that now is the time to act* je tiens à dire aux délégués que c'est maintenant qu'il faut agir.

C. CLASSIFY IN HIERARCHY placer, mettre / *I wouldn't put them in the same class as the Beatles* je ne les mettrais or placerais pas dans la même catégorie que les Beatles / *I put my family above my job* je fais passer ma famille avant mon travail.

D. APPLY OR INVEST **1.** [set to work] : *they put her on the Jones case* ils l'ont mise sur l'affaire Jones **2.** [apply, invest - effort] investir, consacrer ▸ **to put a lot of time / energy into sthg** consacrer beaucoup de temps / d'énergie à qqch, investir beaucoup de temps / d'énergie dans qqch / *she puts more into their relationship than he does* elle s'investit plus que lui dans leur relation / *he put everything he had into his first service* SPORT il a tout mis dans son premier service **3.** [invest - money] placer, investir / *she had put all her savings into property* elle avait investi or placé toutes ses économies dans l'immobilier **4.** [bet] parier, miser / *he put all his winnings on the red* il a misé tous ses gains sur le rouge.

E. OTHER USES **1.** SPORT ▸ **to put the shot** or **the weight** lancer le poids **2.** NAUT ▸ **to put a ship into port** rentrer un bateau au port.

◆ vi NAUT ▸ **to put to sea** lever l'ancre, appareiller / *they had to put back into harbour* ils ont dû rentrer au port / *we put into port at Bombay* nous avons fait escale à Bombay.

◆ n **1.** SPORT lancer *m* (du poids) / *his third put* son troisième lancer **2.** ST. EX option *f* de vente ▸ **put and call** stellage *m*, double option *f*.

❖ **put about** ◆ vt sep **1.** [spread - gossip, story] faire courir / *it is being put about that he intends resigning* le bruit court qu'il a l'intention de démissionner **2.** NAUT ▸ **to put a boat about** faire virer un bateau **3.** UK *inf* [sexually] ▸ **to put o.s. about** coucher à droite à gauche. ◆ vi NAUT virer de bord.

❖ **put across** vt sep **1.** [communicate] faire comprendre ▸ **to put sthg across to sb** faire comprendre qqch à qqn / *I don't know how to put the argument across to them* je ne sais pas comment leur faire comprendre cet argument / *she's good at putting herself across* elle sait se mettre en valeur **2.** PHR *don't try putting anything across on me!* UK *inf* ne me prends pas pour un imbécile !

❖ **put aside** vt sep **1.** [stop - activity, work] mettre de côté, poser **2.** [disregard, ignore] écarter, laisser de côté / *let's put aside our differences of opinion for the moment* laissons nos différends de côté pour le moment **3.** [save] mettre de côté / *we have a little money put aside* nous avons un peu d'argent de côté.

❖ **put at** vt sep [estimate] estimer / *they put the cost of repairs to the bridge at around $10,000* ils estiment le montant des réparations du pont à environ 10 000 dollars.

❖ **put away** vt sep **1.** [tidy] ranger / *put your toys away!* range tes jouets ! **2.** [lock up - in prison] mettre sous les verrous ; [- in mental home] enfermer **3.** *inf* [eat] enfourner, s'envoyer ; [drink] descendre, écluser **4.** [save] mettre de côté / *I have a few pounds put away* j'ai un peu d'argent de côté, j'ai quelques économies.

❖ **put back** ◆ vt sep **1.** [replace, return] remettre / *put that book back where you found it!* remets ce livre où tu l'as trouvé ! **2.** [postpone] remettre / *the meeting has been put back to Thursday* la réunion a été repoussée or remise à jeudi **3.** [slow down, delay] retarder / *the strike has put our schedule back at least a month* la grève nous a fait perdre au moins un mois sur notre planning **4.** [turn back - clock] retarder / *we put the clocks back next weekend* le week-end prochain, on passe à l'heure d'hiver **5.** *inf* [drink] descendre, écluser. ◆ vi NAUT ▸ **to put back (to port)** rentrer au port.

✤ **put by** vt sep [save] mettre de côté / *have you got anything put by?* avez-vous un peu d'argent de côté ?

✤ **put down** ◆ vt sep **1.** [on table, floor, etc.] poser / *put that knife down at once!* pose ce couteau tout de suite ! / *put me down!* lâche-moi ! / *put that down!* laisse (ça) ! ▸ **to put the phone down** raccrocher / *he put the phone down on me* il m'a raccroché au nez / *it's one of those books you just can't put down* c'est un de ces livres que tu ne peux pas poser avant de l'avoir fini **2.** [drop off - passenger] déposer, laisser **3.** [write down] écrire, inscrire / *put down your name and address* écrivez votre nom et votre adresse / *she put us down as Mr and Mrs Smith* elle nous a inscrits sous le nom de M. et Mme Smith / *it's never been put down in writing* ça n'a jamais été mis par écrit / *I can put it down as expenses* je peux le faire passer dans mes notes de frais **4.** [on agenda] inscrire à l'ordre du jour / *to put down a motion of no confidence* déposer une motion de censure **5.** [enrol] inscrire / *they've already put their son down for public school* ils ont déjà inscrit leur fils dans une école privée **6.** [quell] réprimer, étouffer / *the revolt was put down by armed police* la révolte a été réprimée par les forces de police **7.** [belittle] rabaisser, critiquer / *he's always putting students down* il passe son temps à critiquer les étudiants **8.** UK *euph* [kill] ▸ **to have a cat / dog put down** faire piquer un chat / chien **9.** [pay as deposit] verser / *I've already put £50 down on the sofa* j'ai déjà versé 50 livres pour le canapé **10.** [store - wine] mettre en cave **11.** [put to bed - baby] coucher **12.** [land - plane] poser. ◆ vi [land - plane, pilot] atterrir, se poser.

✤ **put down as** vt sep classer parmi / *I think they'd put me down as a mere amateur* je crois qu'ils me classeraient parmi les simples amateurs.

✤ **put down for** vt sep inscrire pour / *put me down for £20* inscrivez-moi pour 20 livres / *I'll put you down for Thursday at 3 o'clock* je vous mets jeudi à 15 h.

✤ **put down to** vt sep mettre sur le compte de / *you can't put all the country's problems down to inflation* vous ne pouvez pas mettre tous les problèmes du pays sur le compte de l'inflation / *I put it down to her stubbornness* je mets ça sur le compte de son entêtement.

✤ **put forth** vt insep **1.** *liter* [sprout - shoots, leaves] produire **2.** *fml* [state] avancer.

✤ **put forward** vt sep **1.** [suggest - proposal, idea, hypothesis] avancer ; [- candidate] proposer / *she put her name forward for the post of treasurer* elle a posé sa candidature au poste de trésorière **2.** [turn forward - clock, hands of clock] avancer / *we put the clocks forward next weekend* le week-end prochain, on passe à l'heure d'été **3.** [bring forward] avancer / *the meeting has been put forward to early next week* la réunion a été avancée au début de la semaine prochaine.

✤ **put in** ◆ vt sep **1.** [place inside bag, container, cupboard] mettre dans / *he put the eggs in the fridge* il a mis les œufs dans le réfrigérateur ▸ **to put the ball in** RUGBY remettre la balle en jeu **2.** [insert, include] insérer, inclure / *have you put in the episode about the rabbit?* as-tu inclus l'épisode du lapin ? **3.** [interject] placer / *her name was Alice, the woman put in* elle s'appelait Alice, ajouta la femme **4.** [install] installer / *we're having central heating put in* nous faisons installer le chauffage central **5.** [devote - time] passer / *I've put in a lot of work on that car* j'ai beaucoup travaillé sur cette voiture / *I put in a few hours' revision before supper* j'ai passé quelques heures à réviser avant le dîner / *to put in a full day at the office* passer toute la journée au bureau **6.** [appoint] nommer / *they've put in a new manager at the factory* ils ont nommé un nouveau directeur à l'usine **7.** [submit - request, demand] déposer, soumettre / *they put in a claim for a 10% pay rise* ils ont déposé une demande d'augmentation de salaire de 10 % / *to put in an application for a job* déposer sa candidature pour or se présenter pour un emploi. ◆ vi NAUT faire escale / *we put in at Wellington* nous avons fait escale à Wellington.

✤ **put in for** vt insep ▸ **to put in for sthg a)** [post] poser sa candidature pour qqch **b)** [leave, promotion] faire une demande de qqch, demander qqch / *she put in for a transfer to Florida* elle a demandé à être mutée en Floride.

✤ **put off** vt sep **1.** [drop off - passenger] déposer, laisser / *just put me off at the corner* vous n'avez qu'à me laisser or me déposer au coin **2.** [postpone] repousser, remettre / *the meeting has been put off until tomorrow* la réunion a été renvoyée or remise à demain / *I kept putting off telling him the truth* je continuais à repousser le moment de lui dire la vérité / *I can't put him off again* je ne peux pas encore annuler un rendez-vous avec lui **3.** [dissuade] : *once he's made up his mind nothing in the world can put him off* une fois qu'il a pris une décision, rien au monde ne peut le faire changer d'avis **4.** [distract] déranger, empêcher de se concentrer / *he deliberately tries to put his opponent off* il fait tout pour empêcher son adversaire de se concentrer / *the noise put her off her service* le bruit l'a gênée or dérangée pendant son service **5.** [repel] dégoûter, rebuter / *it's the smell that puts me off* c'est l'odeur qui me rebute / *don't be put off by his odd sense of humour* ne te laisse pas rebuter par son humour un peu particulier / *it put me off skiing for good* ça m'a définitivement dégoûté du ski / *it put me off my dinner* ça m'a coupé l'appétit.

✤ **put on** vt sep **1.** [clothes, make-up, ointment] mettre / *put your hat on* mets ton chapeau **2.** [present, stage - play, opera] monter ; [- poetry reading, whist drive, slide show] organiser **3.** [lay on, provide] : *they put on excellent meals on Sundays* ils servent d'excellents repas le dimanche / *they have put on 20 extra trains* ils ont ajouté 20 trains **4.** [gain - speed, weight] prendre / *I've put on a few pounds* j'ai pris quelques kilos **5.** [turn on, cause to function - light, radio, gas] allumer ; [- CD, song] mettre ; [- handbrake] mettre, serrer / *put the heater on* mets or allume le chauffage / *to put on the brakes* freiner **6.** [start cooking] mettre (à cuire) / *I forgot to put the peas on* j'ai oublié de mettre les petits pois à cuire / *I've put the kettle on for tea* j'ai mis de l'eau à chauffer pour le thé **7.** [bet] parier / *I put £10 on the favourite* j'ai parié 10 livres sur le favori **8.** [assume] prendre / *to put on airs* prendre des airs / *he put on a silly voice* il a pris une voix ridicule / *don't worry, he's just putting it on* ne t'inquiète pas, il fait semblant **9.** US *inf* [tease] faire marcher / *you're putting me on!* là, tu me fais marcher ! **10.** [apply - pressure] exercer **11.** [add] ajouter / *the tax increase will put another 10p on a gallon of petrol* l'augmentation de la taxe va faire monter le prix du gallon d'essence de 10 pence **12.** [impose] imposer / *new restrictions have been put on bringing animals into the country* de nouvelles restrictions ont été imposées à l'importation d'animaux dans le pays **13.** [attribute] : *it's hard to put a price on it* c'est difficile d'en évaluer or estimer le prix.

✤ **put onto** vt sep [help find] indiquer à / *I'll put you onto a good solicitor* je vous donnerai le nom d'un or je vous indiquerai un bon avocat / *she's put me onto quite a few bargains* elle m'a indiqué plusieurs bonnes affaires ▸ **to put the police / taxman onto sb** dénoncer qqn à la police / au fisc / *what put you onto the butler, detective inspector?* qu'est-ce qui vous a amené à soupçonner le maître d'hôtel, commissaire ?

✤ **put out** ◆ vt sep **1.** [place outside] mettre dehors, sortir / *have you put the dustbin out?* as-tu sorti la poubelle ? / *I'll put the washing out (to dry)* je vais mettre le linge (dehors) à sécher **2.** [remove] ▸ **to put sb's eye out** éborgner qqn / *you almost put my eye out!* tu as failli m'éborgner ! **3.** [issue - apology, announcement] publier ; [- story, rumour] faire circuler / *police have put out a description of the wanted man* la police a publié une description de l'homme qu'elle recherche ; [broadcast] émettre ▸ **to put out an SOS** lancer un SOS **4.** [extinguish - fire, light, candle] éteindre ; [- cigarette] éteindre, écraser / *don't forget to put the light out when you leave* n'oubliez pas d'éteindre (la lumière) en partant **5.** [lay out, arrange] sortir / *the valet had put out a suit for me* le valet de chambre m'avait sorti un costume **6.** [stick out, stretch out - arm, leg] étendre, allonger ; [- hand] tendre ; [- tongue] tirer / *she walked up to me and put out her hand* elle s'approcha de moi et me tendit la main **7.** [dislocate] ▸ **to put one's shoulder out** se démettre l'épaule / *I've put my back out* je me suis déplacé une vertèbre **8.** [annoy, upset] ▸ **to be put out about sthg** être fâché à cause de qqch / *he seems quite put out about it* on dirait que ça l'a vraiment contrarié **9.** [inconvenience] déranger / *I hope I haven't put you out* j'espère que je ne vous ai pas dérangé / *she's always ready to put herself out for other people* elle est toujours prête à rendre service **10.** [sprout - shoots, leaves] produire **11.** [make unconscious - with drug, injection] endormir **12.** [subcontract] sous-traiter / *we put most of our work out* nous confions la plus grande partie de notre travail à des sous-traitants **13.** HORT [plant out] repiquer. ◆ vi **1.** NAUT prendre le large ▸ **to put out to sea** appareiller, prendre la mer **2.** US *inf* [sexually] : *everyone knows she puts out* tout le monde sait qu'elle est prête à coucher.

✤ **put over** = **put across.**

✤ **put over on** vt sep *inf* ▸ **to put one over on sb** avoir or rouler qqn / *he tried to put one over on us* il a essayé de nous avoir or rouler.

✤ **put round** vt sep [spread - gossip, story] faire courir.

✤ **put through** vt sep **1.** TELEC [connect] passer la communication à / *hold on, I'll try to put you through* ne quittez pas, je vais essayer de vous le / la passer / *put the call through to my office* passez-moi la communication dans mon bureau / *I'll put you through to Mrs Powell* je vous passe Mme Powell **2.** [carry through, conclude] conclure / *we finally put through the necessary reforms* nous avons fini par faire passer les réformes nécessaires **3.** [subject to] soumettre à / *he was put through a whole battery of tests* on l'a soumis à toute une série d'examens / *I'm sorry to put you through this* je suis désolé de vous imposer ça ▸ **to put sb through it** *inf* en faire voir de toutes les couleurs / *he really put me through it* il m'en a vraiment fait voir (de toutes les couleurs) **4.** [pay for] : *he put himself through college* il a payé ses études.

✤ **put together** vt sep **1.** *(usu passive)* [combine] mettre ensemble, réunir / *he's more trouble than the rest of them put together* il nous crée plus de problèmes à lui seul que tous les autres réunis **2.** [assemble - kit, furniture, engine] monter, assembler ▸ **to put sthg (back) together again** remonter qqch **3.** [compile - dossier] réunir ; [- proposal, report] préparer ; [- story, facts] reconstituer / *we're trying to put together enough evidence to convict him* nous essayons de réunir assez de preuves pour le faire condamner **4.** [organize - show, campaign] organiser, monter.

✤ **put under** vt sep [with drug, injection] endormir.

✤ **put up** ◆ vt sep **1.** [raise, hoist - hand] lever ; [- flag] hisser ; [- hood] relever ; [- umbrella] ouvrir ▸ **put your hands up!** haut les mains ! ▸ **put 'em up! a)** *inf* [hands] haut les mains ! **b)** [fists] défends-toi ! **2.** [erect, build - tent] dresser, monter ; [- house, factory] construire ; [- monument, statue] ériger / *they put up a statue to her* ils érigèrent une statue en son honneur **3.** [install, put in place] mettre / *they've already put up the Christmas decorations* ils ont déjà installé les décorations de Noël / *the shopkeeper put up the shutters* le commerçant a baissé le rideau de fer **4.** [send up - rocket, satellite] lancer **5.** [display - sign] mettre ; [- poster] afficher / *the results will be put up tomorrow* les résultats seront affichés demain **6.** [show - resistance] offrir, opposer ▸ **to put up a good show** bien se défendre ▸ **to put up a struggle** se défendre, se débattre **7.** [present - argument, proposal] présenter / *he puts up a good case for abstention* il y a des arguments convaincants en faveur de l'abstention **8.** [offer for sale] ▸ **to put sthg up for sale / auction** mettre qqch en vente / aux enchères **9.** [put forward - candidate] présenter ; [- person, name] proposer (comme candidat) / *we are not putting up any candidates* nous ne présentons aucun candidat **10.** [provide - capital] : *who's putting the money up for the new business?* qui finance la nouvelle entreprise ? / *we put up our own money* nous sommes autofinancés **11.** [increase] faire monter, augmenter / *this will put up the price of meat* ça va faire augmenter or monter le prix de la viande **12.** [give hospitality to] loger ▸ **to put sb up for the night** coucher qqn **13.** [urge, incite] ▸ **to put sb up to (doing) sthg** pousser qqn à (faire) qqch **14.** *arch* [put away - sword, pistol] rengainer. ◆ vi **1.** UK [stay - in hotel] descendre ; [- with friends] loger / *which hotel will you be putting up at?* dans quel hôtel descendrez-vous ? / *I'm putting up at Gary's for the moment* je loge chez Gary pour le moment **2.** [stand - in election] se présenter, se porter candidat / *she put up as a Labour candidate* elle s'est présentée comme candidate du parti travailliste **3.** PHR **put up or shut up!** US *inf* assez parlé, agissez !

❖ **put upon** vt insep *(usu passive)* abuser de / *you shouldn't let yourself be put upon like that!* tu ne devrais pas te laisser marcher sur les pieds comme ça !

❖ **put up with** vt insep supporter, tolérer / *I refuse to put up with this noise any longer!* je ne supporterai pas ce bruit une minute de plus !

putative ['pju:tətɪv] adj *fml* présumé, putatif.

put-down n *inf* [snub] rebuffade *f*.

put-in n RUGBY introduction *f*.

Putin ['pu:tɪn] pr n Poutine.

put-off n US *inf* [evasion] faux-fuyant *m* ; [excuse] prétexte *m*.

put-on ◆ adj affecté, simulé. ◆ n *inf* **1.** [pretence] simulacre *m* **2.** [hoax] canular *m* **3.** US [charlatan] charlatan *m*.

put-put *(pt & pp* **put-putted**, *cont* **put-putting)** UK *inf* ◆ n teuf-teuf *m*. ◆ vi ▸ **to put-put along** avancer en faisant teuf-teuf.

putrefaction [,pju:trɪ'fækʃn] n putréfaction *f*.

putrefy ['pju:trɪfaɪ] *(pt & pp* **putrefied)** ◆ vi se putréfier / *putrefying corpses* des cadavres en état de putréfaction or de décomposition. ◆ vt putréfier.

putrescence [pju:'tresns] n *fml* putrescence *f*.

putrescent [pju:'tresnt] adj *fml* putrescent.

putrid ['pju:trɪd] adj **1.** [decaying] putride / *a putrid smell* une odeur nauséabonde **2.** *inf* [awful] dégueulasse.

putsch [pʊtʃ] n putsch *m*, coup *m* d'État.

putt [pʌt] ◆ n putt *m*. ◆ vi & vt putter.

puttee ['pʌtɪ] n bande *f* molletière.

putter ['pʌtər] ◆ n SPORT **1.** [club] putter *m* **2.** [person] : *he's a good putter* il putte bien. ◆ vi **1.** [vehicle] avancer en faisant teuf-teuf **2.** US = **potter.**

putting ['pʌtɪŋ] n SPORT putting *m*.

putting green n green *m*.

putty ['pʌtɪ] *(pt & pp* **puttied)** ◆ n **1.** [for cracks, holes] mastic *m* ; [for walls] enduit *m* / *my legs feel like putty* j'ai les jambes en coton ▸ **to be (like) putty in sb's hands** : *Max is putty in her hands* elle fait de Max (tout) ce qu'elle veut, Max ne sait pas lui résister **2.** [colour] (couleur *f*) mastic *m*. ◆ vt mastiquer.

putty knife n couteau *m* à mastiquer, spatule *f* de vitrier.

put-up adj UK *inf* ▸ **put-up job** coup *m* monté.

put-upon adj UK exploité / *he's very put-upon* tout le monde l'exploite / *his poor put-upon wife* sa pauvre femme qui lui sert de bonne à tout faire.

put-you-up n UK canapé-lit *m*.

puzzle ['pʌzl] ◆ n **1.** [game - gen] jeu *m* de patience ; [jigsaw] puzzle *m* ; [brainteaser] casse-tête *m inv* ; [riddle] devinette *f* **2.** [problem] question *f* (difficile) ; [enigma, mystery] énigme *f*, mystère *m* / *how he escaped remains a puzzle* la façon dont il s'y est pris pour s'évader reste un mystère or une énigme **3.** [perplexity] perplexité *f* / *he was in a puzzle about what to do* il ne savait pas trop quoi faire. ◆ vt laisser perplexe / *you puzzle me, Mr Cox* je ne suis pas sûr de vous suivre, M. Cox / *his wife still puzzled him* sa femme restait un mystère pour lui / *I'm still puzzled to know how he got out* j'essaie toujours de comprendre comment il s'y est pris pour sortir / *don't puzzle your head over* or *about it* ne vous tracassez pas pour ça. ◆ vi [wonder] se poser des questions ; [ponder] réfléchir.

❖ **puzzle out** vt sep UK [meaning, solution, route, way] trouver, découvrir ; [code, enigma, handwriting] déchiffrer ; [problem] résoudre ; [behaviour, intentions] comprendre / *I was never able to puzzle her out* je ne suis jamais arrivé or parvenu à la comprendre / *can you puzzle out what he meant?* avez-vous une idée de ce qu'il voulait dire ?

❖ **puzzle over** vt insep [answer, explanation] essayer de trouver ; [absence, letter, theory] essayer de comprendre ; [enigma, crossword] essayer de résoudre ; [code, handwriting] essayer de déchiffrer / *we're still puzzling over why he did it* nous nous demandons toujours ce qui a bien pu le pousser à faire cela / *he puzzled over the list of figures* UK la liste des chiffres le laissait perplexe / *that'll give you something to puzzle over!* UK cela vous donnera de quoi réfléchir !

puzzle book n [gen] livre *m* de jeux ; [of crosswords] livre *m* de mots croisés.

puzzled ['pʌzld] adj perplexe / *you look puzzled* tu as l'air perplexe / *the public are puzzled* les gens sont perplexes or ne savent pas quoi penser.

puzzlement ['pʌzlmənt] n perplexité *f*.

puzzler ['pʌzlər] n énigme *f*, casse-tête *m inv* / *his statement is a real puzzler* sa déclaration est des plus ambiguës.

puzzling ['pʌzlɪŋ] adj [behaviour, remark] curieux, qui laisse perplexe ; [symbol, machine] incompréhensible / *it's puzzling that he hasn't sent word* c'est curieux qu'il n'ait pas donné signe de vie / *it remains a puzzling phenomenon* c'est un phénomène encore inexpliqué / *it's a puzzling affair* c'est une affaire difficile à éclaircir.

PVC (abbr of **polyvinyl chloride**) n PVC *m*.

Pvt. written abbr of **private.**

pw (written abbr of **per week**) p.sem.

PWA (abbr of **person with AIDS**) n malade *mf* du sida.

PWR (abbr of **pressurized water reactor**) n REP *m*.

PX (abbr of **post exchange**) n US MIL *économat pour les militaires et leurs familles.*

pye-dog [paɪ-] n chien *m* errant *(en Asie)*.

Pygmalion [pɪg'meɪljən] pr n Pygmalion.

pygmy ['pɪgmɪ] *(pl* **pygmies)** ◆ n **1.** ZOOL [small animal] nain *m*, -e *f* **2.** *fig & pej* [person] nain *m* / *he's a political pygmy* c'est un homme politique sans importance. ◆ adj pygmée.

❖ **Pygmy** ◆ n Pygmée *mf*. ◆ adj pygmée.

pyjama UK, **pajama** US [pə'dʒɑ:mə] comp [jacket, trousers] de pyjama ▸ **pyjama party** *fête où l'on doit venir en pyjama.*

❖ **pyjamas** UK, **pajamas** US pl n pyjama *m* ▸ **a pair of pyjamas** un pyjama / *he was in his pyjamas* il était en pyjama ▸ **(lounging) pyjamas** UK pyjama *m* d'intérieur *(pour femmes)*.

pylon ['paɪlən] n [gen & ARCHEOL] pylône *m*.

PYO written abbr of **pick-your-own.**

Pyongyang [,pjɒŋ'jæŋ] pr n Pyongyang.

pyorrhoea UK, **pyorrhea** US [,paɪə'rɪə] n pyorrhée *f*.

pyramid ['pɪrəmɪd] ◆ n pyramide *f* ▸ **age** or **population pyramid** pyramide des âges. ◆ vt **1.** [build in pyramid form] ériger en forme de pyramide **2.** FIN [companies] structurer en holdings.

pyramidal [pɪ'ræmɪdl] adj pyramidal.

pyramid scheme n opération *f* de vente pyramidale.

pyramid selling n vente *f* pyramidale.

pyre ['paɪər] n ▸ **(funeral) pyre** bûcher *m* funéraire.

Pyrenean [,pɪrə'ni:ən] adj pyrénéen.

Pyrenean mountain dog n chien *m* des Pyrénées, pyrénéen *m*.

Pyrenees [,pɪrə'ni:z] pl pr n ▸ **the Pyrenees** les Pyrénées *fpl*.

pyrethrum [paɪ'ri:θrəm] n pyrèthre *m*.

pyretic [paɪ'retɪk] adj pyrétique.

Pyrex® ['paɪreks] ◆ n Pyrex® *m*. ◆ comp [dish] en Pyrex.

pyrexia [paɪ'reksɪə] n pyrexie *f*.

pyrite [paɪ'raɪt], **pyrites** [paɪ'raɪti:z] n pyrite *f*.

pyroelectricity ['paɪrəʊɪ,lek'trɪsətɪ] n pyroélectricité *f*.

pyrogenic [paɪrə'dʒenɪk] adj GEOL igné.

pyrography [paɪ'rɒgrəfɪ] n pyrogravure *f*.

pyrolysis [paɪ'rɒləsɪs] n pyrolyse *f*.

pyromania [,paɪrə'meɪnɪə] n pyromanie *f*.

pyromaniac [,paɪrə'meɪnɪæk] n pyromane *mf*.

pyrostat ['paɪrəʊstæt] n pyrostat *m*.

pyrotechnic [,paɪrəʊ'teknɪk] adj pyrotechnique.

pyrotechnics [,paɪrəʊ'teknɪks] ◆ n *(U)* [process] pyrotechnie *f*. ◆ pl n **1.** [display] feu *m* d'artifice **2.** *fig* [display of skill] performance *f* éblouissante.

Pyrrhic victory ['pɪrɪk-] n victoire *f* à la Pyrrhus.

Pythagoras [paɪ'θægərəs] pr n Pythagore.

Pythagoras' theorem n théorème *m* de Pythagore.

Pythagorean [paɪ,θægə'ri:ən] ◆ adj [relating to Pythagoras] pythagoricien ; [relating to Pythagoras' theorem] pythagorique ▸ **Pythagorean numbers** nombres *mpl* pythagoriques. ◆ n pythagoricien *m*, -enne *f*.

python ['paɪθn] n python *m*.

❖ **Python** pr n Python.

pyx [pɪks] n RELIG ciboire *m*.

pzazz [pə'zæz] n *inf* = **pizzazz.**

q (*pl* **q's** *or* **qs**), **Q** (*pl* **Q's** *or* **Qs**) [kjuː] n [letter] q *m*, Q *m*. See also **f**.

Q (written abbr of **Queen**) [in chess] D.

QA abbr of **quality assurance**.

Qatar ['kætɑːʳ] pr n Qatar *m*.

Qatari [kə'tɑːrɪ] n Qatarien *m*, -enne *f*.

QC n **1.** (abbr of **Queen's Counsel**) UK avocat *m*, -e *f* de la Couronne **2.** abbr of **quality control**.

QED (abbr of **quod erat demonstrandum**) adv CQFD.

QE2 (abbr of **Queen Elizabeth II**) pr n *grand paquebot de luxe*.

QM n abbr of **quartermaster**.

Qom [kʊm] pr n Qom, Qum.

QPSA? MESSAGING (written abbr of **qué pasa?**) *qu'est-ce qui se passe ?*

QSO (abbr of **quasi-stellar object**) n objet *m* quasi-stellaire, QSO *m*.

qt[1] written abbr of **quart**.

qt[2], **QT** (abbr of **quiet**) ❖ **on the qt** adv phr *inf* en douce.

QT[3] MESSAGING written abbr of **cutie**.

Q-tip® n US Coton-Tige® *m*.

qty (written abbr of **quantity**) qté.

qua [kweɪ] prep *fml* en tant que ▸ *money qua money does not interest us* l'argent en lui-même ne nous intéresse pas.

Quaalude® pr n *marque de sédatif*.

quack [kwæk] ◆ vi [duck] cancaner, faire coin-coin. ◆ n **1.** [of duck] coin-coin *m inv* **2.** [charlatan] charlatan *m* **3.** UK & AUSTR *inf & hum* [doctor] toubib *m*. ◆ adj [medicine, method] de charlatan, charlatanesque ▸ **quack doctor** charlatan *m*. ◆ onomat ▸ **quack (quack)!** coin-coin !

quackery ['kwækərɪ] n charlatanisme *m*.

quad [kwɒd] n **1.** abbr of **quadruplet 2.** abbr of **quadrangle 3.** abbr of **quadraphonic 4.** TYPO cadrat *m*.

quad-band adj quadribande.

quad bike n (moto *f*) quad.

Quadragesima [,kwɒdrə'dʒesɪmə] n Quadragésime *f*.

quadrangle ['kwɒdræŋgl] n **1.** GEOM quadrilatère *m* ▸ **complete quadrangle** quadrangle *m* **2.** [courtyard] cour *f*.

quadrangular [kwɒ'dræŋgjʊləʳ] adj quadrangulaire.

quadrant ['kwɒdrənt] n **1.** GEOM quadrant *m* **2.** ASTRON & NAUT quart-de-cercle *m*, quadrant *m*.

quadraphonic [,kwɒdrə'fɒnɪk] adj quadriphonique ▸ **in quadraphonic sound** en quadriphonie.

quadratic [kwɒ'drætɪk] ◆ adj MATH quadratique ▸ **quadratic equation** équation *f* quadratique or du second degré. ◆ n équation *f* quadratique or du second degré.

quadrature ['kwɒdrətʃəʳ] n quadrature *f*.

quadriceps ['kwɒdrɪseps] (*pl* **quadriceps** *or* **quadricepses** [-sɪz]) n quadriceps *m*.

quadrilateral [,kwɒdrɪ'lætərəl] ◆ adj quadrilatère, quadrilatéral. ◆ n quadrilatère *m*.

quadrille [kwə'drɪl] n quadrille *m*.

quadripartite [,kwɒdrɪ'pɑːtaɪt] adj quadripartite.

quadriplegia [,kwɒdrɪ'pliːdʒə] n tétraplégie *f*, quadriplégie *f*.

quadriplegic [,kwɒdrɪ'pliːdʒɪk] ◆ adj tétraplégique. ◆ n tétraplégique *mf*.

quadrisyllable ['kwɒdrɪ,sɪləbl] n quadrisyllabe *m*.

quadroon [kwɒ'druːn] n quarteron *m*, -onne *f*.

quadrophonic [,kwɒdrə'fɒnɪk] = **quadraphonic**.

quadruped ['kwɒdrʊped] ◆ adj quadrupède. ◆ n quadrupède *m*.

quadruple [kwɒ'druːpl] ◆ adj quadruple. ◆ n quadruple *m*. ◆ vi & vt quadrupler.

quadruplet ['kwɒdrʊplɪt] n quadruplé *m*, -e *f*.

quadruplicate [kwɒ'druːplɪkət] ◆ adj quadruple. ◆ n ▸ **in quadruplicate** en quatre exemplaires.

quads [kwɒdz] pl n *inf* quadruplés *mpl*.

quaff [kwɒf] vt *liter* boire.

quagmire ['kwægmaɪəʳ] n *lit & fig* bourbier *m*.

quahog ['kwɑːhɒg] n US *grand clam (spécialité de la Nouvelle-Angleterre)*.

quail [kweɪl] (*pl* **quail** *or* **quails**) ◆ n [bird] caille *f*. ◆ vi [feel afraid] trembler ; [give way, lose heart] perdre courage ▸ **to quail before sb / sthg** trembler devant qqn / qqch ▸ *he quailed at the thought of having to talk to her* il tremblait à l'idée d'avoir à lui parler ▸ *I quailed before the enormity of the task* j'ai perdu courage devant l'énormité de la tâche.

quaint [kweɪnt] adj **1.** [picturesque] pittoresque ▸ *the quaint narrow streets of the old town* les rues étroites et pittoresques de la vieille ville ; [old-fashioned] au charme désuet ▸ *she made a quaint curtsey* elle exécuta une révérence au charme désuet **2.** [odd] bizarre, étrange ▸ *what a quaint idea!* quelle drôle d'idée !

quaintly ['kweɪntlɪ] adv **1.** [picturesquely] de façon pittoresque ▸ *the quaintly old-fashioned villages* les vieux villages pittoresques ; [in an old-fashioned way] : *they dress very quaintly* ils s'habillent à l'ancienne (mode) **2.** [oddly] bizarrement, étrangement.

quaintness ['kweɪntnɪs] n **1.** [picturesqueness] pittoresque *m* ; [old-fashioned charm] charme *m* vieillot or désuet **2.** [oddness] bizarrerie *f*, étrangeté *f*.

quake [kweɪk] ◆ vi **1.** [person] trembler, frémir ▸ **to quake with fear** trembler de peur ▸ *I was quaking at the thought of having to confront her* je tremblais à l'idée d'avoir à lui faire face **2.** [earth] trembler. ◆ n *inf* tremblement *m* de terre.

Quaker ['kweɪkəʳ] ◆ n quaker *m*, -eresse *f*. ◆ adj des quakers.

Quakerism ['kweɪkərɪzm] n quakerisme *m*.

qualification [,kwɒlɪfɪ'keɪʃn] n **1.** [diploma] diplôme *m* ▸ *candidates with formal qualifications in translating* des candidats possédant un diplôme de traducteur ▸ *list your academic qualifications* indiquez vos diplômes scolaires et universitaires **2.** [ability, quality] aptitude *f*, compétence *f* ; [for job] qualification *f* ▸ *the main qualification we are looking for is a creative mind* ce que nous attendons avant tout du candidat, c'est qu'il fasse preuve d'un esprit créatif **3.** [restriction] réserve *f* ▸ *they accepted the idea with some / without qualification* ils acceptèrent l'idée avec quelques réserves / sans réserve **4.** [act of qualifying] qualification *f* ▸ *her qualification for the semi-final* sa qualification pour la demi-finale ▸ *most of our students find jobs after qualification* la plupart de nos étudiants trouvent du travail dès qu'ils ont obtenu leur diplôme.

qualified ['kwɒlɪfaɪd] adj **1.** [trained] qualifié, diplômé ▸ *qualified teachers* professeurs *mpl* qualifiés or diplômés ▸ *our staff are highly qualified* notre personnel est hautement qualifié **2.** [able, competent] compétent, qualifié ▸ *I don't feel qualified to discuss such matters* ces questions sont hors de ma compétence **3.** [limited, conditional] mitigé, nuancé ▸ *their efforts met with qualified praise* leurs efforts ont recueilli des louanges mitigées or réservées ▸ **qualified acceptance** acceptation *f* conditionnelle or sous condition ▸ **qualified majority** majorité *f* qualifiée.

qualifier ['kwɒlɪfaɪəʳ] n **1.** SPORT [person] qualifié *m*, -e *f* ; [contest] (épreuve *f*) éliminatoire *f* **2.** GRAM qualificatif *m*.

qualify ['kwɒlɪfaɪ] (*pt & pp* **qualified**) ◆ vi **1.** [pass exams, complete training] obtenir son diplôme ▸ *only 10% of the students go on to qualify* seuls 10 % des étudiants finissent par obtenir leur diplôme ▸ *to qualify as an accountant / a vet* obtenir son diplôme de comptable / vétérinaire **2.** [be eligible] : *to qualify for a pension* avoir droit à la retraite ▸ *none of the candidates really qualifies for the post* aucun candidat ne répond véritablement aux conditions requises pour ce poste ▸ *it hardly qualifies as a success fig* c'est loin d'être une réussite **3.** [in competition] se qualifier ▸ *he qualified for the finals* il s'est qualifié pour la finale. ◆ vt **1.** [make able or competent] qualifier, habiliter ▸ *her experience qualifies her for the post* son expérience lui permet de prétendre à ce poste ▸ *this diploma qualifies you to practise acupuncture* par ce diplôme, vous êtes habilité à pratiquer l'acupuncture ▸ *what qualifies him to talk about French politics?* en quoi est-il qualifié pour parler de la politique française ? **2.** [modify - statement, criticism] mitiger, atténuer ; [put conditions on] poser des conditions / *they qualified their acceptance of the plan* ils ont accepté le projet sous conditions **3.** [describe] qualifier / *I wouldn't qualify the play as a masterpiece* je n'irai pas jusqu'à qualifier cette pièce de chef-d'œuvre **4.** GRAM qualifier.

qualifying ['kwɒlɪfaɪɪŋ] adj **1.** [gen] ▸ **qualifying examination a)** [at end of course] examen *m* de fin d'études **b)** [to get onto course] examen *m* d'entrée ▸ **qualifying heat** or **round** SPORT (épreuve *f*) éliminatoire *f* ▸ **qualifying mark** UK SCH moyenne *f* **2.** GRAM qualificatif.

qualitative ['kwɒlɪtətɪv] adj qualitatif.

qualitative analysis n analyse *f* qualitative.

qualitatively ['kwɒlɪtətɪvlɪ] adv qualitativement.

qualitative research n études *fpl* qualitatives.

quality ['kwɒlətɪ] (*pl* **qualities**) ◆ n **1.** [standard, nature] qualité *f* / *the high / poor quality of the workmanship* la bonne / mauvaise qualité du travail / *the quality of life* la qualité de la vie **2.** [high standard, excellence] qualité *f* / *never mind the price, I'm only interested in quality* peu importe le prix, ce que je recherche, c'est la qualité / *we have a reputation for quality* nous sommes réputés pour la qualité de nos produits **3.** [feature, attribute] qualité *f* / *these are the qualities we are looking for in our candidates* voici les qualités que nous recherchons chez nos candidats / *he has a lot of good qualities* il a de nombreuses qualités / *I don't doubt her intellectual qualities* je ne doute pas de ses capacités intellectuelles / *these tyres have superior road-holding qualities* ces pneus offrent une meilleure adhérence au sol **4.** *arch* [high social status] qualité *f* / *a gentleman of quality* un homme de qualité **5.** [tone] timbre *m* **6.** LING [in phonetics] qualité *f*. ◆ comp [goods, work, shop] de qualité ▸ **quality paper** UK *quotidien ou journal du dimanche de qualité (par opposition à la presse populaire)*.

quality assurance n garantie *f* de qualité.

quality circle n UK cercle *m* de qualité.

quality control n contrôle *m* de qualité.

quality time n : *I only spend an hour in the evening with my kids, but it's quality time* je ne passe qu'une heure avec mes gosses le soir, mais je profite bien d'eux.

qualm [kwɑːm] n **1.** [scruple] scrupule *m* ; [misgiving] appréhension *f*, inquiétude *f* / *I occasionally have qualms about the job I do* il m'arrive d'avoir des scrupules à faire le travail que je fais / *she has no qualms about going out alone* elle ne craint pas de sortir seule **2.** [pang of nausea] haut-le-cœur *m inv*, nausée *f*.

quandary ['kwɒndərɪ] (*pl* **quandaries**) n dilemme *m* / *I'm in a dreadful quandary* je suis confronté à un terrible dilemme / *she was in a quandary over* or *about whether or not to tell him* elle ne parvenait pas à décider si elle devait le lui dire.

quango ['kwæŋgəʊ] (abbr of **quasi-autonomous non-governmental organization**) n UK *organisme semi-public*.

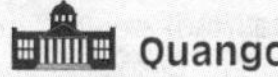
Quango

Un **quango** est un organisme semi-public financé majoritairement par l'État mais disposant d'une certaine autonomie, tel le British Council.

quanta ['kwɒntə] pl = **quantum**.

quantifiable [kwɒntɪ'faɪəbl] adj quantifiable.

quantifier ['kwɒntɪfaɪər] n **1.** GRAM quantificateur *m*, quantifieur *m* **2.** LOGIC & MATH quantificateur *m*.

quantify ['kwɒntɪfaɪ] (*pt & pp* **quantified**) vt **1.** [estimate] quantifier, évaluer quantitativement / *it is hard to quantify the damage* il est difficile d'évaluer l'ampleur des dégâts **2.** LOGIC quantifier.

quantitative ['kwɒntɪtətɪv], **quantitive** ['kwɒntətɪv] adj quantitatif.

quantitative analysis n analyse *f* quantitative.

quantitative easing n FIN assouplissement *m* quantitatif.

quantitatively ['kwɒntɪtətɪvlɪ] adv quantitativement.

quantitative research n études *fpl* quantitatives.

quantity ['kwɒntətɪ] (*pl* **quantities**) n [gen, LING & MATH] quantité *f* / *what quantity of sugar do you need for the cake?* de quelle quantité de sucre avez-vous besoin pour le gâteau ? ▸ **in quantity** en (grande) quantité / *large quantities of* de grandes quantités de.

quantity surveying n métrage *m*.

quantity surveyor n métreur *m*.

quantize, **quantise** ['kwɒntaɪz] vt PHYS quantifier.

quantum ['kwɒntəm] (*pl* **quanta** ['kwɒntə]) n quantum *m*.

quantum computer n ordinateur *m* quantique.

quantum jump, **quantum leap** n progrès *m* énorme, bond *m* en avant / *the new model represents a quantum jump* le nouveau modèle représente un grand bond en avant.

quantum mechanics n *(U)* (mécanique *f*) quantique *f*.

quantum number n nombre *m* quantique.

quantum theory n théorie *f* des quanta or quantique.

quarantine ['kwɒrəntiːn] ◆ n MED quarantaine *f* / *our dog is in quarantine* notre chien est en quarantaine. ◆ vt mettre en quarantaine.

quarantine flag n pavillon *m* de quarantaine.

quark [kwɑːk] n **1.** PHYS quark *m* **2.** [cheese] fromage *m* blanc.

quarrel ['kwɒrəl] (UK *pt & pp* **quarrelled**, *cont* **quarrelling** ; US *pt & pp* **quarreled**, *cont* **quarreling**) ◆ n **1.** [dispute] querelle *f*, dispute *f* / *they had a quarrel over money* ils se sont disputés pour des histoires d'argent / *are you trying to start a quarrel?* tu cherches la dispute ? ▸ **to pick a quarrel with sb** chercher querelle à qqn **2.** [cause for complaint] : *my only quarrel with the plan is its cost* la seule chose que je reproche à ce projet, c'est son coût / *I have no quarrel with her proposal* je n'ai rien contre sa proposition. ◆ vi **1.** [argue] se disputer, se quereller / *I don't want to quarrel with you over* or *about this* je ne veux pas me disputer avec toi à ce sujet or à propos de cela / *they're always quarrelling over money* ils se disputent sans cesse pour des histoires d'argent **2.** [take issue] : *I can't quarrel with your figures* je ne peux pas contester vos chiffres / *critics might quarrel with parts of the introduction* les critiques pourraient trouver à redire à certains passages de l'introduction.

quarrelling UK, **quarreling** US ['kwɒrəlɪŋ] n *(U)* disputes *fpl*, querelles *fpl*.

quarrelsome ['kwɒrəlsəm] adj querelleur.

quarrier ['kwɒrɪər] n carrier *m*.

quarry ['kwɒrɪ] (*pl* **quarries**, *pt & pp* **quarried**) ◆ n **1.** [excavation] carrière *f* **2.** [prey] proie *f*. ◆ vt **1.** [sand, slate, marble, etc.] extraire **2.** [land, mountain] exploiter / *the hills have been extensively quarried* de nombreuses carrières ont été ouvertes dans les collines. ◆ vi exploiter / *they are quarrying for marble* ils exploitent une carrière de marbre.

quarrying ['kwɒrɪɪŋ] n **1.** [of sand, slate, marble, etc.] extraction *f* **2.** [of land, mountain] exploitation *f* / *the countryside has been spoilt by quarrying* les carrières ont défiguré or massacré le paysage.

quarryman ['kwɒrɪmən] (*pl* **quarrymen** [-mən]) n carrier *m*.

quarry tile n carreau *m*.

quart [kwɔːt] n ≃ litre *m* ▸ **you can't fit a quart into a pint pot** UK *prov* à l'impossible nul n'est tenu *prov*.

quarter ['kwɔːtər] ◆ adj ▸ **a quarter hour / century / pound** un quart d'heure / de siècle / de livre. ◆ vt **1.** [divide into four] diviser en quatre / *to quarter a cake* couper un gâteau en quatre parts égales **2.** [divide by four] diviser par quatre / *prices have been quartered* les prix ont été divisés par quatre **3.** [lodge] loger ; MIL cantonner / *the troops are quartered in the town* les soldats sont logés en ville **4.** [dismember] écarteler **5.** [subj: hunting dog] ▸ **to quarter the ground** quêter. ◆ n **1.** [one fourth] quart *m* / *during the first quarter of the century* au cours du premier quart de ce siècle / *a quarter of a century / of an hour* un quart de siècle / d'heure / *a ton and a quarter* or *one and a quarter tons* une tonne un quart / *he ate a quarter / three quarters of the cake* il a mangé le quart / les trois quarts du gâteau / *it's a quarter / three quarters empty* c'est au quart / aux trois quarts vide / *we've only done (a) quarter of the work* nous n'avons fait que le quart du travail **2.** [in telling time] quart *m* / *(a) quarter to six, (a) quarter of six* US six heures moins le quart / *(a) quarter past six* UK, *(a) quarter after six* US six heures et quart **3.** [3 months] trimestre *m* / *published every quarter* publié tous les trimestres or tous les trois mois **4.** [US and Canadian money] (pièce *f* de) vingt-cinq cents *mpl* **5.** [weight -quarter of hundredweight] ≃ 12 kg ; [-quarter pound] quart *m* de livre, 113 g **6.** [direction] direction *f*, côté *m* / *offers of help poured in from all quarters* des offres d'aide affluèrent de tous côtés / *the decision has been criticized in certain quarters* la décision a été critiquée dans certains milieux / *in well-informed quarters* dans les milieux bien informés / *the wind is in the port / starboard quarter* NAUT le vent souffle par la hanche de bâbord / tribord **7.** [part of town] quartier *m* **8.** [phase of moon] quartier *m* / *the moon is in the first / last quarter* la lune est dans le premier / dernier quartier **9.** SPORT [period of play] quart-temps *m inv* **10.** [part of butchered animal] quartier *m* **11.** *(usu neg) liter* [mercy] quartier *m* / *they gave no quarter* ils ne firent pas de quartier / *there was no quarter given or asked* on ne fit pas de quartier.

❖ **quarters** pl n [accommodation] domicile *m*, résidence *f* / *she took up quarters in central London* elle a élu domicile or s'est installée dans le centre de Londres / *many families live in very cramped quarters* de nombreuses familles vivent dans des conditions de surpeuplement / *the servants' quarters* les appartements des domestiques ▸ **married quarters** logement *m* pour couples mariés.

quarterback ['kwɔːtəbæk] ◆ n US SPORT quarterback *m* ▸ **Monday morning quarterback** US *inf* inspecteur *m* des travaux finis. ◆ vt US **1.** SPORT [team] jouer quarterback dans **2.** *fig* être le stratège de, diriger la stratégie de.

quarter day n UK (jour *m* du) terme *m*.

quarterdeck ['kwɔːtədek] n **1.** NAUT [part of ship] plage *f* arrière **2.** [personnel] ▸ **the quarterdeck** les officiers.

quarterfinal [ˌkwɔːtə'faɪnl] n quart *m* de finale / *knocked out in the quarterfinals* éliminé en quart de finale.

quarterfinalist ['kwɔːtəfaɪnəlɪst] n quart-de-finaliste *mf*.

quarter-hourly adj & adv tous les quarts d'heure.

quartering ['kwɔːtərɪŋ] n **1.** [dividing up] division *f* en quatre **2.** MIL [billeting] cantonnement *m*.

quarterlight ['kwɔːtəlaɪt] n AUTO [in UK] déflecteur *m*.

quarterly ['kwɔːtəlɪ] ◆ adj trimestriel. ◆ n publication *f* trimestrielle. ◆ adv trimestriellement, tous les trois mois.

quartermaster ['kwɔːtəˌmɑːstər] n **1.** [in army] commissaire *m* ; HIST intendant *m* **2.** [in navy] officier *m* de manœuvre.

quarter note n US MUS noire *f*.

quarter-pounder n CULIN gros hamburger.

quarter sessions pl n **1.** [in England and Wales] ≃ cour *f* d'assises *(remplacée en 1972 par la Crown Court)* **2.** [in US] *dans certains États, tribunal local à compétence criminelle, pouvant avoir des fonctions administratives.*

quarterstaff ['kwɔːtəstɑːf] n bâton *m (utilisé comme arme).*

quarter tone n MUS quart *m* de ton.

quartet [kwɔː'tet] n **1.** [players - classical] quatuor *m* ; [- jazz] quartette *m* **2.** [piece of music] quatuor *m* **3.** [group of four people] quatuor *m*.

quartette [kwɔː'tet] n = **quartet**.

quarto ['kwɔːtəʊ] *(pl* **quartos***)* ◆ n in-quarto *m inv.* ◆ adj in quarto *(inv).*

quartz [kwɔːts] ◆ n quartz *m.* ◆ comp [clock, watch] à quartz.

quartz crystal n cristal *m* de quartz.

quartz-iodine lamp n lampe *f* à iode.

quartzite ['kwɔːtsaɪt] n quartzite *m*.

quasar ['kweɪzɑːʳ] n quasar *m*.

quash [kwɒʃ] vt UK **1.** [annul - verdict] casser ; [- decision] annuler **2.** [suppress - revolt] étouffer, écraser ; [- emotion] réprimer, refouler ; [- suggestion] rejeter, repousser / *their creativity is quashed at an early age* leur créativité est étouffée dès leur jeune âge.

quasi- ['kweɪzaɪ] in comp quasi ▸ **a quasi-official organization** une organisation quasi officielle.

quasi-stellar adj quasistellaire.

quasi-stellar object n objet *m* quasistellaire.

quatercentenary [ˌkwætəsen'tiːnərɪ] *(pl* **quatercentenaries***)* n quatre-centième anniversaire *m*.

quaternary [kwə'tɜːnərɪ] ◆ adj CHEM & MATH quaternaire. ◆ n [set of four] ensemble *m* de quatre (éléments).

❖ **Quaternary** ◆ adj GEOL quaternaire. ◆ n GEOL ▸ **the Quaternary** le quaternaire.

quatrain ['kwɒtreɪn] n quatrain *m*.

quaver ['kweɪvəʳ] ◆ vi [voice] trembloter, chevroter ; [person] parler d'une voix tremblotante or chevrotante. ◆ n **1.** [of sound, in voice] chevrotement *m*, tremblement *m* **2.** UK MUS croche *f*.

quavering ['kweɪvərɪŋ] ◆ adj tremblotant, chevrotant. ◆ n tremblement *m*, chevrotement *m*.

quaveringly ['kweɪvərɪŋlɪ] adv d'une voix tremblotante or chevrotante, avec des trémolos dans la voix.

quavery ['kweɪvərɪ] = **quavering** *(adj).*

quay [kiː] n quai *m*.

quayside ['kiːsaɪd] n quai *m* / *we walked along the quayside* nous nous sommes promenés le long du quai / *she was waiting at the quayside* elle attendait sur le quai.

queasiness ['kwiːzɪnɪs] n *(U)* **1.** [nausea] nausée *f* **2.** [uneasiness] scrupules *mpl*.

queasy ['kwiːzɪ] *(compar* **queasier***, superl* **queasiest***)* adj **1.** [nauseous] nauséeux / *I* or *my stomach felt a little queasy* j'avais un peu mal au cœur **2.** [uneasy] mal à l'aise, gêné.

Quebec [kwɪ'bek] pr n **1.** [province] Québec *m* / *in Quebec* au Québec **2.** [city] Québec.

Quebecker, **Quebecer** [kwɪ'bekəʳ] n Québécois *m*, -e *f*.

Quebecois, **Québécois** [kebe'kwɑː] *(pl* **Quebecois***)* n Québécois *m*, -e *f*.

queen [kwiːn] ◆ n **1.** [sovereign, king's wife] reine *f* ▸ **the Queen of England / Spain / Belgium** la reine d'Angleterre / d'Espagne / de Belgique ▸ **Queen Elizabeth II** la reine Élisabeth II / *she was queen to Charles II* elle fut la reine or l'épouse de Charles II **2.** [woman considered best] reine *f* / *the queen of the blues* la reine du blues **3.** [in cards, chess] dame *f*, reine *f* / *he played his queen of clubs* il joua sa dame de trèfle **4.** [of bees, ants] reine *f* **5.** *v inf & pej* [homosexual] tante *f*, pédale *f*. ◆ vt **1.** [in chess] ▸ **to queen a pawn** aller à dame **2.** PHR ▸ **to queen it** UK *inf* prendre des airs de (grande) marquise / *she thinks she can queen it over us!* elle s'imagine qu'elle est supérieure à nous !

Queen Anne [-æn] n *style de mobilier du XVIIIe siècle caractérisé par ses lignes sobres et l'utilisation de placages en noyer.*

queen bee n reine *f* des abeilles ▸ **to be the queen bee** *inf & fig* : *she's the queen bee round here* c'est elle la patronne ici.

queencake ['kwiːnkeɪk] n US *petit gâteau aux raisins secs.*

queen consort n reine *f (épouse du roi).*

queenly ['kwiːnlɪ] adj royal, majestueux.

queen mother n reine *f* mère.

queen regent n reine *f* régente.

Queens [kwiːnz] pr n Queens *(quartier de New York).*

Queen's Bench (Division) n *en Angleterre et au pays de Galles, l'une des trois divisions de la High Court* ; ≃ tribunal *m* de grande instance.

Queensberry ['kwiːnzbrɪ] pr n ▸ **the Queensberry Rules** *réglementations régissant les matches de boxe.*

Queen's Counsel n avocat *m*, -e *f* de la Couronne.

Queen's English n *l'anglais britannique correct* / *she speaks the Queen's English* elle s'exprime dans un anglais très soigné.

Queen's evidence n UK ▸ **to turn Queen's evidence** témoigner contre ses complices.

Queen's highway n UK ▸ **the Queen's highway** la voie publique.

queen-size bed n grand lit *m* double *(de 2 mètres sur 1,50 mètre).*

Queensland ['kwiːnzlənd] pr n Queensland *m* / *in Queensland* dans le Queensland.

Queenslander ['kwiːnzləndəʳ] n habitant *m*, -e *f* du Queensland, originaire *mf* du Queensland.

Queen's Regulations pl n UK règlement *m* militaire.

Queen's Speech n [in UK] ▸ **the Queen's Speech** *allocution prononcée par la reine (mais préparée par le gouvernement) lors de la rentrée parlementaire et dans laquelle elle définit les grands axes de la politique gouvernementale.*

queeny ['kwiːnɪ] adj *inf* efféminé.

queer [kwɪəʳ] ◆ adj **1.** [strange] étrange, bizarre ▸ **he's a queer fish!** c'est un drôle d'individu ! **2.** [suspicious] suspect, louche / *there've been some queer goings-on around here* il s'est passé des choses bizarres ici **3.** *inf & dated* [queasy] mal fichu, patraque **4.** *inf* [crazy] timbré, cinglé / *he's a bit queer in the head* il lui manque une case **5.** *v inf & pej* [homosexual] pédé *m* ; [as used by homosexuals - culture, activism, politics] gay *(inv)*, gai ▸ **queer poetry** poésie *f* gay **6.** US *inf* [counterfeit] ▸ **queer money** fausse monnaie *f*. ◆ n *v inf* homo *m* ; *pej* pédé *m*. ◆ vt *inf* gater, gâcher ▸ **to queer sb's pitch** UK couper l'herbe sous le pied de qqn.

queer-basher n UK *v inf individu qui se livre à des violences à l'encontre d'homosexuels.*

queer-bashing [-ˌbæʃɪŋ] n UK *v inf & pej* chasse *f* aux pédés.

queerly ['kwɪəlɪ] adv étrangement, bizarrement / *she looked at me queerly* elle me regarda d'un drôle d'air.

queerness ['kwɪənɪs] n **1.** [strangeness] étrangeté *f*, bizarrerie *f* **2.** [queasiness] nausée *f*.

queer street n UK ▸ **to be in queer street** *inf & dated* être dans une mauvaise passe.

quell [kwel] vt **1.** [quash - revolt, opposition] réprimer, étouffer **2.** [overcome - emotion] dompter, maîtriser **3.** [allay - pain] apaiser, soulager ; [- doubts, fears] dissiper.

quench [kwentʃ] vt **1.** *lit* ▸ **to quench one's thirst** étancher sa soif, se désaltérer **2.** [fire] éteindre **3.** METALL tremper.

quern [kwɜːn] n moulin *m* à céréales *(à meules de pierre).*

querulous ['kwerʊləs] adj [person] pleurnicheur ; [voice, tone] plaintif, gémissant.

querulously ['kwerʊləslɪ] adv d'un ton plaintif.

query ['kwɪərɪ] ◆ n *(pl* **queries***)* **1.** [question] question *f* ; [doubt] doute *m* / *she accepted my explanation without a query* elle a accepté mon explication sans poser de questions / *the latest facts to come to light raise a query about his honesty* les derniers faits qui ont été mis au jour jettent un doute sur son honnêteté **2.** UK [question mark] point *m* d'interrogation. ◆ vt *(pt & pp* **queried***)* **1.** [express doubt about] mettre en doute / *it is not for me to query their motives* ce n'est pas à moi de mettre en doute leurs mobiles / *the accountant queried the figures* le comptable posa des questions sur les chiffres **2.** [ask] demander / *"how much is it?", she queried* « combien est-ce ? », demanda-t-elle **3.** US [interrogate] interroger / *he queried me about my trip* il m'a posé des questions sur mon voyage.

query language n COMPUT langage *m* d'interrogation.

quest [kwest] ◆ n quête *f* / *in quest of truth* en quête de or à la recherche de la vérité. ◆ vi *liter* ▸ **to quest for** or **after sthg** se mettre en quête de qqch.

question ['kwestʃn] ◆ n **1.** [query] question *f* ▸ **to ask sb a question** poser une question à qqn / *I wish to put a question to the chairman* j'aimerais poser une question au président / *you haven't answered my question* vous n'avez pas répondu à ma question / *they obeyed without question* ils ont obéi sans poser de questions ▸ **(Prime Minister's) Question Time** *session bihebdomadaire du Parlement britannique réservée aux questions des députés au Premier ministre* **2.** [matter, issue] question *f* ; [problem] problème *m* / *her article raises some important questions* son article soulève d'importantes questions or d'importants problèmes / *it raises the question of how much teachers should be paid* cela soulève or pose le problème du salaire des enseignants / *the place / time in question* le lieu / l'heure en question / *the person in question is away at the moment* la personne en question est absente en ce moment / *the Jewish question* la question juive / *the question is, will he do it?* toute la question est de savoir s'il le fera / *that is the question* voilà la question / *but that's not the question* mais là n'est pas la question / *it's a question of how much you want to spend* tout dépend de la somme que vous voulez mettre / *it's only a question of money / time* ce n'est qu'une question d'argent / de temps **3.** *(U)* [doubt] doute *m* / *there's no question about it, he was murdered* il a été assassiné, cela ne fait aucun doute / *his honesty was never in question* son honnêteté n'a jamais été mise en doute or remise en question ▸ **to bring** or **to call sthg into question** remettre qqch en question ▸ **without** or **beyond question** : *she is without* or *beyond question the best* elle est incontestablement la meilleure / *they know beyond question where their interests lie* ils savent parfaitement (bien) où est leur intérêt / *whether they are happier now is open to question* sont-ils plus heureux maintenant ? on peut se le demander **4.** [possibility] : *there's no question of our making the same mistake again* nous ne sommes pas près de refaire la même erreur / *there's no question of his coming with us* or *it's out of the question that he should come with us* il est hors de question qu'il vienne avec nous / *there was never any question of his coming with us* il n'a jamais été question qu'il nous accompagne / *I'm sorry, you can't go, it's out of the question!* je regrette, vous ne pouvez pas y aller, c'est hors de question ! ◆ vt **1.** [interrogate] interroger, poser des questions à ; [subj: police] interroger ; SCH interroger **2.** [doubt - motives, honesty, wisdom] mettre en doute, remettre en question ; [- statement, claim] mettre en doute, contester / *I questioned whether it was wise to continue* je me suis demandé s'il était bien sage de continuer.
See boxes on following pages.

questionable ['kwestʃənəbl] adj **1.** [doubtful] contestable, douteux / *his involvement in the affair is questionable* sa participation dans cette affaire reste à démontrer or à prouver / *it is questionable whether she knew* rien ne prouve qu'elle ait été au courant **2.** [suspicious - motives] douteux, louche ; [- behaviour] louche **3.** [strange - taste, style] douteux.

questioner ['kwestʃənəʳ] n [gen, in quiz show] animateur *m*, -trice *f* ; LAW interrogateur *m*, -trice *f* / *she sent her questioners away* elle renvoya ceux qui l'interrogeaient / *our next questioner is from Belfast* RADIO & TV la question suivante nous vient de Belfast.

POSER DES QUESTIONS

L'interrogation est utilisée par le locuteur lorsqu'il lui manque une information. Il s'en remet alors à un interlocuteur qui lui répondra **yes** ou **no** lors de questions fermées, ou apportera des éléments d'information complémentaires lors de questions ouvertes : How old are you? — I'm 17. Quel âge as-tu ? — J'ai 17 ans.

YES / NO QUESTIONS

Les **Yes / No questions** sont également appelées « questions fermées » ; le locuteur donne à son interlocuteur le choix entre la forme affirmative et la forme négative dans la formulation de sa réponse. Les questions se construisent à l'aide des auxiliaires be, have, do et des modaux, par inversion du sujet et de l'auxiliaire :

● Temps simples (présent, prétérit) : l'interrogation se forme avec **do** sauf lorsqu'il y a un modal ou que le verbe principal est **be**.
do + S + V + (complément)?
Does Raymond like broccoli? Est-ce que Raymond aime les brocolis ?
Did you enjoy the film? Avez-vous apprécié le film ?
Do they want to go home? Veulent-ils rentrer à la maison ?
Does Anne have a sister? Anne a-t-elle une sœur ?

Remarques :
- Avec **have**, on peut soit utiliser **do** comme c'est le cas dans l'exemple ci-dessus, soit utiliser **have got** : Has she got a sister?
- Lorsque le verbe principal est **be**, c'est **be** qui sert à construire l'interrogation : **be + S + (cplt)?**

Are you happy? Es-tu heureux ?
Is Charlotte 18 already? Charlotte a-t-elle déjà 18 ans ?

● Au présent et au prétérit **be** + V-**ing** : l'interrogation se forme à l'aide de l'auxiliaire **be**.
be + S + V-ing + (cplt)?
Are you doing the dishes? Es-tu en train de faire la vaisselle ?
Were they having a good time when you arrived? Est-ce qu'ils s'amusaient bien lorsque vous êtes arrivés ?

● Au **present perfect** et au **past perfect** : l'interrogation se forme à l'aide de l'auxiliaire **have**.
have + S + V-en + (cplt)?
Had you visited China before? Êtes-vous déjà allé en Chine ?
Has Helen bought her Eurostar tickets to Paris? Helen a-t-elle acheté ses billets d'Eurostar pour Paris ?

Remarque : lorsque la phrase comporte un modal, c'est celui-ci qui est utilisé pour former l'interrogation.
modal + S + V + (cplt)?
Will Raymond like his present? Tu crois que Raymond va apprécier son cadeau ?
Could Anne have a sister? Se pourrait-il qu'Anne ait une sœur ?
Will Helen have bought her Eurostar tickets? Helen aura-t-elle acheté ses tickets d'Eurostar ?
Can Charlotte be 18 already? Se peut-il que Charlotte ait déjà 18 ans ?

Prononciation : dans les **Yes / No questions**, l'intonation est généralement montante à la fin de l'énoncé. Quant à **be**, **have**, **do** et les modaux, ils ne sont normalement pas accentués dans les questions.

WH- QUESTIONS

Les questions dites « ouvertes » commencent par un mot interrogatif en **wh-** qui porte sur un élément de la phrase : on dénombre **who**, **what**, **which**, **where**, **how**, **why**. Ces mots indiquent un manque d'information que le locuteur cherche à combler en faisant appel à un interlocuteur.
Comme dans les **Yes / No questions**, il y a inversion du sujet et de l'auxiliaire :
Wh- + auxiliaire + S + (V) + (cplt)?

Who would you like to see? Qui aimeriez-vous voir ?
Who are you? Qui êtes-vous ?
What have you been doing? Qu'est-ce que tu as fait ?
Where does he want to spend his holiday? Où veut-il passer ses vacances ?
Why should we obey her? Pourquoi devrions-nous lui obéir ?
Which colour would you prefer? Quelle couleur préféreriez-vous ?
How fast can Jim run? À quelle vitesse Jim peut-il courir ?

Prononciation : dans les **Wh- questions**, l'intonation est normalement descendante en fin de phrase, comme c'est le cas pour les phrases affirmatives, et l'auxiliaire n'est pas accentué.

INTERRO-NÉGATION

La négation peut se combiner à l'interrogation pour former l'interro-négation.
La plupart du temps, la négation **not** s'accole aux auxiliaires **be**, **have**, **do** et aux modaux (qui sont alors sous forme contractée).
En anglais, on utilise généralement l'interro-négation lorsque l'on attend une réponse positive :
Didn't you enjoy the film? N'avez-vous pas aimé le film ?
Haven't you done the dishes? N'as-tu pas fait la vaisselle ?
Can't she stop that music? Ne peut-elle pas arrêter cette musique ?
L'interro-négation est également utilisée dans les **tags**.

Pour résumer

D'une manière générale, on a le schéma suivant :
(Wh-) + aux + S + (V) + (cplt)?
On distingue :
- les questions fermées : **Yes / No questions**
- les questions ouvertes : **Wh- questions**

Enfin, l'interrogation peut se combiner à la négation pour former l'interro-négation, qui est notamment utilisée dans les **question tags**.

question form n GRAM forme *f* interrogative.

questioning ['kwestʃənɪŋ] ◆ adj interrogateur. ◆ n interrogation *f* / *he was taken in for questioning* LAW il a été interpellé pour être interrogé.

questioningly ['kwestʃənɪŋlɪ] adv de manière interrogative.

question mark n point *m* d'interrogation ; *fig* : *a question mark hangs over the future of this country* il est impossible de prédire quel sort attend ce pays or sera réservé à ce pays / *there is a question mark over her reasons for leaving* on ignore les raisons qui l'ont poussée à partir.

question master n meneur *m* de jeu ; RADIO & TV animateur *m*, -trice *f (d'un jeu)*.

questionnaire [,kwestʃə'neər] n questionnaire *m*.

question tag n *tournure en fin de phrase changeant celle-ci en question.*

queue [kju:] ◆ n UK queue *f*, file *f* d'attente / *they were standing in a queue* ils faisaient la queue ▸ **to form a queue** former une queue / *a long queue of cars* une longue file de voitures / *I was first in the queue* j'étais le premier de la file / *we joined the queue for foreign exchange* nous avons fait la queue devant le bureau de change. ◆ vi UK faire la queue / **'queue here for tickets'** file d'attente pour les billets.
❖ **queue up** vi UK faire la queue.

queue-jump vi UK essayer de passer avant son tour, resquiller.

queue-jumper n UK resquilleur *m*, -euse *f (qui n'attend pas son tour)*.

quibble ['kwɪbl] ◆ vi chicaner ▸ **to quibble over details** chicaner sur des détails. ◆ n chicane *f* / *I have one small quibble* il y a juste une petite chose qui me gêne.

quibbler ['kwɪblər] n chicaneur *m*, -euse *f*, chicanier *m*, -ère *f*.

quibbling ['kwɪblɪŋ] ◆ adj chicaneur, chicanier. ◆ n chicanerie *f*.

Quiberon ['ki:brɔ̃] pr n ▸ **the Quiberon peninsula** la presqu'île de Quiberon.

quiche [ki:ʃ] n quiche *f*.

quick [kwɪk] ◆ adj **1.** [rapid] rapide ; [easy - profits] rapide, facile / *he's a quick worker* **a)** *lit* il travaille vite **b)** *fig* il ne perd pas de temps / *be quick (about it)!* faites vite !, dépêchez-vous ! / *I need a quick answer* j'ai besoin d'une réponse rapide / *to have a quick look* jeter un rapide coup d'œil / *can I have a quick word?* est-ce que je peux vous parler un instant ? / *she did the job in double quick time* elle a fait le travail en deux temps, trois mouvements or en un rien de temps / *we had a quick lunch* nous avons déjeuné sur le pouce / *let's have a quick one inf* or *a quick drink* prenons un verre en vitesse / *the questions came in quick succession* les questions se sont succédé à un rythme très rapide ▸ **quick crossword** mots croisés *mpl* faciles ▸ **quick march** marche rapide or au pas accéléré ▸ **(as) quick as lightning** or **as a flash** rapide or vif comme l'éclair **2.** [sharp] alerte, éveillé, vif / *he is quick to learn* il apprend vite / *she has a quick ear* elle a l'oreille fine / *she has a quick eye for detail* aucun détail ne lui échappe / *thanks to his quick eye for bargains* grâce au chic qu'il a pour dénicher or faire les bonnes affaires / *I was quick to notice the difference* j'ai tout de suite remarqué la différence / *she's too quick for me* elle est trop rapide pour moi ▸ **to be quick on the uptake** : *she's quick on the uptake* elle comprend vite ▸ **to be quick off the mark** UK : *they were very quick off the mark* ils n'ont pas perdu de temps **3.** [hasty - judgment] hâtif, rapide / *he has a quick temper* il s'emporte facilement / *he is quick to take offence* il est prompt à s'offenser, il se vexe pour un rien. ◆ adv rapidement ▸ **come quick!** venez vite ! ▸ **to get rich quick** s'enrichir rapidement.

QUESTION TAGS

Le mot **tag** veut dire « étiquette » en français ; on peut donc comparer les **question tags** à de petites étiquettes que l'on met à la fin d'un énoncé affirmatif ou négatif pour le transformer en question et solliciter l'approbation de l'interlocuteur ou tout simplement une réaction de sa part : Mary's got a beautiful flat, hasn't she? Mary a un bel appartement, n'est-ce pas ?
Les tags peuvent se traduire par ***n'est-ce pas ?*** et, dans un registre moins soutenu, par ***tu ne trouves pas ?***, ***si ?***, ***non ?*** ou ***pas vrai ?***, tous en fin de phrase.

FORMATION

Le tag suit le schéma suivant :

énoncé principal, ***aux*** + (**not**) + S pronom ?

❶ Choix de l'auxiliaire dans le tag

Dans les énoncés avec un modal ou **be**, on reprend le modal ou **be** dans le tag :

You will come, won't you? Tu viendras, n'est-ce pas ?

But I can't visit you, can I? Mais je ne peux pas te rendre visite, si ?

Dans les énoncés qui comprennent un verbe autre que **be**, la reprise s'effectue dans le tag avec **do** :

You love her, don't you? Tu l'aimes, n'est-ce pas ?

You do love her, don't you? Tu l'aimes vraiment, n'est-ce pas ?

We had a lovely time, didn't we? On a passé un bon moment, non ?

❷ Choix du pronom

Le pronom du tag reprend toujours le sujet de l'énoncé principal :

Annmarie is Australian, isn't she? Annmarie est australienne, n'est-ce pas / non ?

Ici, **she** renvoie à Annmarie.

Attention ! Lorsque le sujet de la phrase est **somebody**, **anybody**, **nobody**, **everybody**, **someone**, **anyone**, etc., le pronom qu'il convient d'employer dans le tag est **they**.

Somebody told you the news, didn't they? Quelqu'un vous a appris la nouvelle, n'est-ce pas ?

Nobody could answer that question, could they? Personne ne pourrait répondre à cette question, n'est-ce pas ?

❸ Tag interrogatif ou interro-négatif ?

- ***Lorsque l'énoncé principal est à la forme affirmative (+), le tag est interro-négatif (–).*** Le pronom du tag reprend le sujet de l'énoncé principal :
  James lives in Canberra, doesn't he? James vit à Canberra, n'est-ce pas ?
- ***Lorsque l'énoncé principal est à la forme négative (–), le tag est interrogatif (+) :***
  Raymond doesn't like cauliflower, does he? Raymond n'aime pas le chou-fleur, je crois ?

À noter : si la négation est exprimée dans l'énoncé principal par les mots **hardly** (à peine), **little** / **not much** (peu de), **never** (ne... jamais), **no** (aucun... ne), **nobody** (personne), **scarcely** (à peine), **seldom** (rarement), le tag est également interrogatif.

He hardly ever goes out, does he? Il sort à peine [il ne sort presque jamais], n'est-ce pas ?

There's not much we can do, is there? On ne peut pas faire grand-chose, me semble-t-il.

- ***Lorsque l'énoncé principal est à l'impératif (+), le tag est aussi interrogatif (+) :***
  Let's go out for dinner, shall we? Et si nous sortions dîner, ce soir ?
  Close the window, will you? Ferme la fenêtre, veux-tu ?
- ***Enfin, on utilise un énoncé affirmatif (+) suivi d'un tag interrogatif (+)*** pour exprimer l'ironie, la surprise, l'intérêt :
  So you've lost your wallet, have you? Alors comme ça, vous avez perdu votre portefeuille ? *[ironie]*

  So you're having a baby, are you? That's wonderful! Alors comme ça, tu vas avoir un bébé ! C'est merveilleux ! *[marque d'intérêt]*

SENS ET INTONATION

Le sens du tag est lié à l'intonation qui lui est attribuée :

- ***Intonation montante : vraie question***

Avec une intonation montante, le tag exprime une vraie question, comme c'est le cas dans les questions fermées traditionnelles ; on fait appel à l'interlocuteur pour avoir une réponse :

— James lives in Canberra, doesn't he? ↗ — James vit à Canberra, n'est-ce pas ?

— Yes, he does. / No, he doesn't. — Oui. / Non.

Le locuteur utilise une intonation montante : il s'agit donc d'une vraie question.

- ***Intonation descendante***
  - Demande de confirmation

Avec une intonation descendante, l'énonciateur connaît déjà la réponse à sa question, il ne fait qu'en demander confirmation à l'interlocuteur. C'est l'intonation que l'on trouve dans les phrases affirmatives.

James lives in Canberra, doesn't he? ↘ James vit bien à Canberra, n'est-ce pas ?

Le locuteur utilise une intonation descendante sur le question tag : il est quasiment certain que James habite à Canberra (ce que l'on peut marquer par « bien » en français), il ne fait donc qu'en demander une confirmation, purement rhétorique, à son interlocuteur.

  - Demande polie

Les tags sont souvent utilisés pour poser une question de manière moins directe et plus polie, par exemple pour demander des informations. Comparez :

When does the next train leave? Quand le prochain train part-il ?

Question directe : l'énonciateur s'adresse de manière un peu abrupte à son interlocuteur.

Do you know when the next train leaves? Savez-vous quand part le prochain train ?

Question indirecte : l'énonciateur s'adresse poliment à l'interlocuteur.

You wouldn't happen to know when the next train leaves, would you? Est-ce que par hasard vous sauriez quand part le prochain train ?

L'énonciateur prend de nombreuses précautions oratoires et effectue une demande très polie.

  - Maintien de la conversation

Les anglophones ont souvent recours aux tags avec une intonation descendante pour maintenir la conversation :

— The weather's gorgeous, isn't it? — Le temps est magnifique, n'est-ce pas ?

— Yeah, it's beautiful, isn't it? — Oui, il fait très beau, en effet.

◆ n [of fingernail] vif *m* / *his nails were bitten to the quick* il s'était rongé les ongles jusqu'au sang ▸ **to cut sb to the quick** : *her remark cut him to the quick* sa remarque l'a piqué au vif. ◆ pl n *arch* [living] ▸ **the quick and the dead** les vivants et les morts.

quick- in comp ▸ **quick-dry** or **quick-drying paint** peinture *f* à séchage rapide ▸ **quick-setting cement** ciment *m* à prise rapide.

quick-acting, **quick-action** adj [mechanism] à action rapide or immédiate ; [drug, medication] à action rapide.

quick assets pl n liquidités *fpl*, avoirs *mpl* liquides.

quick-change artist n spécialiste *mf* des transformations rapides.

quicken ['kwɪkn] ◆ vt **1.** [hasten] accélérer, hâter ; MUS [tempo] presser ▸ **to quicken one's pace** or **step** hâter or presser le pas **2.** [stir - imagination] stimuler ; [- hatred, desire] exciter ; [- appetite, interest] stimuler ; [- resolve] hâter / *the incident quickened his sense of injustice* l'incident a aiguisé son sentiment d'injustice. ◆ vi **1.** [step, pulse] s'accélérer / *my heart* or *pulse quickened* mon cœur se mit à battre plus vite **2.** [hopes, fire] se ranimer **3.** [foetus] commencer à bouger.

quickening ['kwɪknɪŋ] n accélération *f* / *a quickening of the pulse* une accélération du pouls.

quickfire ['kwɪkfaɪər] adj : *he directed quickfire questions at me* il m'a mitraillé de questions / *a series of quickfire questions* un feu roulant de questions.

quick-freeze (*pt* **quick-froze**, *pp* **quick-frozen**) vt surgeler.

quickie ['kwɪkɪ] n *inf* **1.** [gen] truc *m* vite fait ; [question] question *f* rapide **2.** [sex] coup *m* en vitesse or entre deux portes **3.** [drink] pot *m* rapide / *we stopped at a pub for a quickie* on s'est arrêtés dans un bar pour prendre un pot en vitesse.

quickie divorce n divorce *m* rapide.

quicklime ['kwɪklaɪm] n chaux *f* vive.

quickly ['kwɪklɪ] adv rapidement, vite / *come as quickly as possible* venez aussi vite que possible / *he quickly telephoned the doctor* il se dépêcha d'appeler le médecin.

quickness ['kwɪknɪs] n **1.** [rapidity - of movement, pulse] rapidité *f* ; [- of thought, reaction] rapidité, vivacité *f* **2.** [acuteness - of sight, wit] vivacité *f* ; [- of hearing] finesse *f* **3.** [hastiness] : *his quickness of temper* sa promptitude à s'emporter.

quicksand ['kwɪksænd] n sables *mpl* mouvants.

quicksands ['kwɪksændz] pl n = **quicksand.**

quickset hedge ['kwɪkset-] n UK haie *f* vive.

quicksilver ['kwɪk,sɪlvər] ◆ n vif-argent *m*, mercure *m*. ◆ adj [mind] très vif, comme du vif-argent.

quickstep ['kwɪkstep] n quickstep *m*.

quick-tempered adj : *he is quick-tempered* il s'emporte facilement.

quick-witted adj à l'esprit vif / *she is very quick-witted* **a)** [in answers] elle a de la repartie **b)** [in intelligence] elle a l'esprit vif.

quick-wittedness [-'wɪtɪdnɪs] n vivacité *f* d'esprit.

quid [kwɪd] n **1.** (*pl* **quid**) UK *inf* [pound] livre *f* / *could you lend me ten quid?* t'as pas dix livres à me prêter ? **2.** [tobacco] chique *f* **3.** PHR **to be quids in** UK *inf* : *we're quids in* on est peinards.

quiddity ['kwɪdətɪ] (*pl* **quiddities**) n quiddité *f*.

quid pro quo [,kwɪdprəʊ'kwəʊ] (*pl* **quid pro quos**) n contrepartie *f*, récompense *f* / *what did she get as a quid pro quo for her silence?* qu'est-ce qu'elle a reçu en contrepartie de son silence ?

quiescence [kwaɪ'esns] n *liter* tranquillité *f*, quiétude *f*.

quiescent [kwaɪ'esnt] adj *liter* [passive] passif ; [peaceful] tranquille.

quiet ['kwaɪət] ◆ adj **1.** [silent - person] tranquille, silencieux / *be* or *keep quiet!* taisez-vous ! / *could you try to keep them quiet?* pourriez-vous essayer de les faire taire ? / *quiet please!* silence, s'il vous plaît ! / *you're very quiet* vous ne dites pas grand-chose / *keep quiet about what you've seen* ne dites rien de ce que vous avez vu ; [subdued, soft] tranquille / *we were having a quiet conversation* nous bavardions tranquillement / *can I have a quiet word with you?* est-ce que je peux vous dire un mot en particulier ? / *in a quiet voice* d'une voix douce ▸ **as quiet as the grave** : *it was as quiet as the grave* il régnait un silence de mort ▸ **as quiet as a mouse** : *she was as quiet as a mouse* elle ne faisait pas le moindre bruit / **'The Quiet American'** *Greene* 'Un Américain bien tranquille' **2.** [calm, tranquil] calme, tranquille, paisible ; FIN [market, business] calme / *to lead a quiet life* mener une vie paisible or tranquille / *the TV keeps the children quiet* pendant qu'ils regardent la télé, les enfants se tiennent tranquilles / *sit quiet for ten minutes* restez assis tranquillement pendant dix minutes / *to have a quiet drink* boire un verre tranquillement / *we had a quiet Christmas* nous avons passé un Noël tranquille / *she had a quiet night* elle a passé une nuit tranquille or paisible / *all is quiet* tout va bien, rien à signaler ▸ **all quiet on the western front** *hum* à l'ouest rien de nouveau ▸ **anything for a quiet life** tout pour avoir la paix **3.** [docile - animal] docile ; [easy - baby] calme ; [uncommunicative] silencieux, peu communicatif **4.** [private - wedding] dans l'intimité ; [- party] avec quelques intimes, avec peu d'invités ; [secret] secret (secrète), dissimulé / *keep the news quiet* gardez la nouvelle pour vous **5.** [subtle, discreet - irony] discret (discrète) ; [- optimism] tranquille ; [- anger] sourd ; [- despair, resentment] secret (secrète) / *he had a quiet smile on his lips* il avait un petit sourire aux lèvres **6.** [muted - colour, style] sobre / *he's a quiet dresser* il s'habille sobrement or sans ostentation. ◆ n silence *m* / *to ask for quiet* demander le silence / *a minute's quiet* une minute de silence. ◆ vt [calm] calmer ; [silence] faire taire.

❖ **on the quiet** adv phr UK [in secrecy] en douce, en cachette ; [discreetly] discrètement, en douceur ; [in confidence] en confiance.

❖ **quiet down** vi US se calmer.

quieten ['kwaɪətn] ◆ vt UK [child, audience] calmer, apaiser ; [conscience] tranquilliser, apaiser ; [doubts] dissiper / *does that quieten your fears?* est-ce que cela dissipe vos craintes ? ◆ vi [child] se calmer ; [music] devenir plus doux.

❖ **quieten down** ◆ vi **1.** [become quiet - person] se calmer ; [- storm, wind] se calmer, s'apaiser / *the meeting gradually quietened down* peu à peu, l'assemblée s'est calmée **2.** [become reasonable] s'assagir / *he's quietened down a lot since he got married* il s'est beaucoup assagi depuis son mariage. ◆ vt sep [calm] calmer, apaiser ; [shut up] faire taire.

quietism ['kwaɪətɪzm] n quiétisme *m*.

quietist ['kwaɪətɪst] ◆ adj quiétiste. ◆ n quiétiste *mf*.

quietly ['kwaɪətlɪ] adv [silently] silencieusement, sans bruit ; [gently, softly] doucement, calmement ; [peacefully] tranquillement, paisiblement / *sit quietly* restez assis tranquillement / *a quietly flowing river* une rivière au cours paisible / *they got married quietly* ils se sont mariés dans l'intimité.

quietness ['kwaɪətnɪs] n [stillness] tranquillité *f*, calme *m* ; [silence] silence *m*.

quietude ['kwaɪətju:d] n *liter* quiétude *f*.

quietus [kwaɪ'i:təs] n **1.** *liter* [death] trépas *m* **2.** LAW [settlement of debt] règlement *m*.

quiff [kwɪf] n [hairstyle] banane *f*.

quill [kwɪl] n **1.** [feather] penne *f* ; [shaft of feather] hampe *f* creuse ; [of hedgehog, porcupine] piquant *m* **2.** [pen] plume *f* (d'oie).

quill pen n plume *f* d'oie.

quilt [kwɪlt] n [eiderdown] édredon *m* ; [bedspread] dessus-de-lit *m inv* ; [duvet] couette *f*.

quilt cover n housse *f* de couette.

quilted ['kwɪltɪd] adj matelassé.

quilting ['kwɪltɪŋ] n **1.** [fabric] tissu *m* matelassé ; [on furniture] capitonnage *m* **2.** [of clothing] ouatinage *m* ; [of furniture covering] capitonnage *m* **3.** [hobby] *réalisation d'ouvrages (vêtements, dessus de lit) en tissu matelassé.*

quim [kwɪm] n UK *vulg* con *m*, chatte *f*.

quin [kwɪn] (abbr of **quintuplet**) n UK quintuplé *m*, -e *f*.

quince [kwɪns] ◆ n [fruit] coing *m* ; [tree] cognassier *m*. ◆ comp [jam, jelly] de coing.

quincentenary [,kwɪnsen'ti:nərɪ] n cinq-centième anniversaire *m*.

quincentennial [,kwɪnsen'tenɪəl] ◆ n cinq-centième anniversaire *m*. ◆ adj cinq-centième.

quinine [kwɪ'ni:n] n quinine *f*.

quinoa [ki:'nəʊə] n BOT & CULIN quinoa *m*.

Quinquagesima [,kwɪŋkwə'dʒesɪmə] n Quinquagésime *f*.

quinquennial [kwɪŋ'kwenɪəl] adj quinquennal.

quinquennium [kwɪŋ'kwenɪəm] (*pl* **quinquenniums** or **quinquennia** [-nɪə]) n quinquennat *m*.

quinsy ['kwɪnzɪ] n *dated* amygdalite *f* purulente.

quint [kwɪnt] (abbr of **quintuplet**) n US quintuplé *m*, -e *f*.

quintal ['kwɪntl] n quintal *m*.

quintessence [kwɪn'tesns] n quintessence *f*.

quintessential [kwɪntə'senʃl] adj typique, type / *she's the quintessential Parisian* c'est la Parisienne type / *he's the quintessential English gentleman* c'est le gentleman anglais typique.

quintet [kwɪn'tet] n quintette *m*.

quintette [kwɪn'tet] n = **quintet.**

quintillion [kwɪn'tɪljən] n UK quintillion *m* (10^{30}) ; US trillion *m* (10^{18}).

quintuple [kwɪn'tju:pl] ◆ adj quintuple. ◆ n quintuple *m*. ◆ vi & vt quintupler.

quintuplet [kwɪn'tju:plɪt] n quintuplé *m*, -e *f*.

quintuplicate [kwɪn'tju:plɪkɪt] n ▸ **in quintuplicate** en cinq exemplaires.

quip [kwɪp] (*pt & pp* **quipped**, *cont* **quipping**) ◆ n [remark - witty] bon mot *m*, mot *m* d'esprit ; [- sarcastic] sarcasme *m* ; [gibe] quolibet *m* ▸ **to make a quip** faire un bon mot or de l'esprit / *he made a nasty quip about her humble origins* il a fait une remarque désobligeante sur ses origines modestes. ◆ vt : *"only if I'm asked", he quipped* « seulement si on me le demande », lança-t-il d'un air malicieux.

quipster ['kwɪpstər] n *inf* plaisantin *m*.

quire ['kwaɪər] n [in bookbinding] cahier *m* ; [of paper] main *f* (de papier).

Quirinal ['kwɪrɪnl] pr n mont *m* Quirinal.

quirk [kwɜ:k] n **1.** [idiosyncrasy] manie *f*, excentricité *f* **2.** [accident] bizarrerie *f*, caprice *m* / *by a strange quirk of fate we met in Sydney* par un caprice du destin, nous nous sommes rencontrés à Sydney **3.** [flourish] fioriture *f*.

quirky ['kwɜ:kɪ] adj bizarre, original.

quirt [kwɜ:rt] US ◆ n cravache *f*. ◆ vt cravacher.

quisling ['kwɪzlɪŋ] n *pej* collaborateur *m*, -trice *f*.

quit [kwɪt] (*pt & pp* **quit** or **quitted**, *cont* **quitting**) ◆ vt **1.** [leave] quitter / *we have to quit the premises by the end of the month* nous devons quitter les lieux avant la fin du mois **2.** US [give up, stop] quitter, cesser / *he quit school at 15* il a quitté l'école à 15 ans / *he quit his job* il a quitté son travail / *I quit work at 4 o'clock* je quitte le travail à 16 h / *I've quit smoking* j'ai arrêté or cessé de fumer / *quit it!* arrête !, ça suffit ! ◆ vi **1.** [give up] renoncer, abandonner ; [resign] démissionner / *I quit!* *inf* j'abandonne ! / *I want to quit* j'ai envie de tout laisser tomber / *you shouldn't quit so easily* vous ne devriez pas abandonner la partie si facilement **2.** US [leave] partir **3.** COMPUT quitter. ◆ adj ▸ **to be quit of sb / sthg** être débarrassé de qqn / qqch.

quite [kwaɪt] ◆ adv & predet **1.** [moderately] assez / *the film is quite good* le film est assez bon / *it's quite cold today* il fait assez froid aujourd'hui / *I'd quite like to go* ça me plairait assez d'y aller / *quite a difficult job* un travail assez difficile / *quite a good job* un assez bon emploi / *quite a lot of people seem to believe it* un bon nombre de gens semblent le croire / *there were quite a few good paintings* il y avait un assez grand nombre de bons tableaux / *there was quite a crowd* il y avait pas mal de monde / *I've been here for quite some time* je suis ici depuis un bon moment or depuis assez longtemps / *he was in France for quite some time* il a passé pas mal de temps en France **2.** [completely, absolutely] parfaitement, tout à fait / *she's quite right* elle a tout à fait or parfaitement raison / *the story isn't quite true* l'histoire n'est pas tout à fait or entièrement vraie / *I quite understand* je comprends tout à fait or parfaitement / *she's quite brilliant* elle est vraiment très brillante / *we've always been quite happy together* nous avons toujours été parfaitement heureux ensemble / *if you've quite finished* si vous avez terminé / *that's quite another matter!* ça, c'est autre chose ! / *not quite a month ago* il y a un peu moins d'un mois / *you've had quite enough* vous en avez eu largement assez / *that's quite enough!* ça suffit comme ça ! / *he's quite the young gentleman* c'est le parfait jeune homme **3.** [exactly] exactement, tout à fait / *that wasn't quite what I had in mind* ce n'est pas exactement ce que j'avais en tête / *I'm not quite sure what you mean* je ne vois pas très bien ce que vous voulez dire **4.** [expressing approval, appreciation] : *that was quite a* or *quite some party!* *inf* ça a été une sacrée soirée ! / *she's quite a girl!* c'est une sacrée nana ! / *his speech was quite something* son discours était tout à fait remarquable. ◆ interj ▸ **quite (so)!** tout à fait !, parfaitement !

Quito ['ki:təʊ] pr n Quito.

quits [kwɪts] adj quitte / *I'm quits with her now* maintenant, je suis quitte envers elle / *now we're quits* maintenant nous sommes quittes / *let's call it quits* **a)** [financially] disons que nous sommes quittes **b)** [in fight, argument] restons-en là.

quittance ['kwɪtəns] n FIN & LAW quittance *f*.

quitter ['kwɪtəʳ] n *inf* dégonflé *m*, -e *f*.

quiver ['kwɪvəʳ] ◆ vi **1.** [tremble - person] frémir, trembler ; [- lips, hands, voice] trembler / *to quiver with fear* / *rage* trembler de peur / rage / *to quiver with emotion* frissonner d'émotion / *the quivering tones of the violin* les trémolos du violon **2.** [flutter - heart] trembler, frémir ; [- leaves] frémir, frissonner ; [- flame] trembler, vaciller. ◆ n **1.** [tremble] tremblement *m* ; [of violin] trémolo *m*, frémissement *m* / *a quiver of fear went down my spine* un frisson de peur me parcourut le dos / *he had a quiver in his voice* sa voix tremblait d'émotion / *her heart gave a quiver* son cœur fit un bond dans sa poitrine **2.** [for arrows] carquois *m*.

qui vive [ki:'vi:v] n UK ▸ **on the qui vive** sur le qui-vive.

Quixote ['kwɪksət] pr n ▸ **Don Quixote** Don Quichotte.

quixotic [kwɪk'sɒtɪk] adj [idealistic] idéaliste, chimérique ; [chivalrous] généreux, chevaleresque.

quixotically [kwɪk'sɒtɪklɪ] adv à la (manière de) Don Quichotte.

quiz [kwɪz] (*pl* **quizzes**, *pt & pp* **quizzed**, *cont* **quizzing**) ◆ n **1.** [game - on TV] jeu *m* télévisé ; [- on radio] jeu *m* radiophonique ; [- in newspaper] questionnaire *m* ▸ **quiz shows** or **programmes** les jeux télévisés ▸ **general knowledge quiz** test *m* de culture générale **2.** US SCH [test] interrogation *f* écrite. ◆ vt **1.** [question] interroger, questionner ▸ **to quiz sb about sthg** interroger qqn au sujet de qqch **2.** US SCH [test] interroger.

quizmaster ['kwɪz,mɑ:stəʳ] n RADIO & TV animateur *m*, -trice *f* *(d'un jeu)*.

quizzical ['kwɪzɪkl] adj [questioning] interrogateur ; [ironic] ironique, narquois ▸ **to give sb a quizzical look** lancer un regard narquois à qqn.

quizzically ['kwɪzɪklɪ] adv [questioningly] d'un air interrogateur ; [ironically] d'un air ironique or narquois.

Qum [kʊm] = **Qom**.

quod [kwɒd] n UK *inf* [jail] tôle *f* / *he's in quod* il est en tôle.

quoin [kɔɪn] n [cornerstone] pierre *f* d'angle ; [keystone] clef *f* de voûte.

quoit [kɔɪt] n [in game] anneau *m* ▸ **to play quoits** jouer aux anneaux.

quondam ['kwɒndæm] adj *liter* ancien / *her quondam suitor* son ancien prétendant.

Quonset hut® ['kwɑ:nsɪt-] n US abri *m* préfabriqué *(en tôle ondulée)*.

quorate ['kwɔ:reɪt] adj UK où le quorum est atteint.

Quorn® [kwɔ:n] n *aliment aux protéines végétales servant de substitut à la viande.*

quorum ['kwɔ:rəm] n quorum *m* / *we don't have a quorum* le quorum n'est pas atteint.

quota ['kwəʊtə] n **1.** [limited quantity] quota *m*, contingent *m* / *they are admitted on a quota system* il y a un numerus clausus or un quota pour les admissions **2.** [share] part *f*, quota *m*.

quotable ['kwəʊtəbl] adj **1.** [worth quoting] digne d'être cité / *an eminently quotable phrase* une phrase tout à fait digne d'être citée **2.** [on the record] que l'on peut citer / *are these figures quotable?* peut-on citer ces chiffres ? / *what he said is not quotable* ce qu'il a dit ne peut être répété **3.** ST. EX cotable.

quota-hopping n [in EU] captation *f* des quotas.

quotation [kwəʊ'teɪʃn] n **1.** [remark, sentence] citation *f* **2.** ST. EX cours *m*, cotation *f* **3.** COMM [estimate] devis *m* ; [for insurance] cotation *f*.

quotation-driven adj = **quote-driven**.

quotation marks pl n guillemets *mpl*.

quote [kwəʊt] ◆ vt **1.** [cite - words, example, statistics] citer / *can I quote you on that?* me permettez-vous de citer ce que vous venez de dire ? / *don't quote me on that* **a)** [don't repeat it] ne le répétez pas **b)** [don't say who told you] ne dites pas que c'est moi qui vous l'ai dit / *she quoted several passages from the book* elle cita plusieurs passages du livre / *he said, quote, get lost, unquote* il a dit, je cite, allez vous faire voir / *their leader was quoted as denying the allegation* leur leader aurait rejeté l'accusation / *you are quoted as saying he's mad* vous auriez dit qu'il était fou **2.** ADMIN & COMM : *please quote this reference (number)* prière de mentionner cette référence **3.** [specify - price] indiquer ; ST. EX coter / *gold prices were quoted at £500* l'or a été coté à 500 livres / *can you quote me a price?* pouvez-vous me donner or m'indiquer un prix ? ◆ vi **1.** [cite] faire des citations / *to quote from Yeats* citer Yeats **2.** COMM ▸ **to quote for a job** faire un devis pour un travail. ◆ n **1.** [quotation] citation *f* ; [statement] déclaration *f* **2.** [estimate] devis *m* **3.** [quotation mark] guillemet *m* / *in quotes* entre guillemets.

quoted company ['kwəʊtɪd-] n UK société *f* cotée en Bourse.

quote-driven adj ST. EX [market] dirigé par les cotations.

quoth [kwəʊθ] vt *arch* : *"nay", quoth the King* « non », fit or dit le roi.

quotidian [kwɒ'tɪdɪən] adj *fml* quotidien.

quotient ['kwəʊʃnt] n quotient *m*.

Qur'an [kɒ'rɑ:n] = **Koran**.

qv (written abbr of **quod vide**) cf. *(expression renvoyant le lecteur à une autre entrée dans une encyclopédie)*.

qwerty, Qwerty ['kwɜ:tɪ] n ▸ **qwerty keyboard** clavier *m* qwerty.

r (*pl* **r's** *or* **rs**), **R** (*pl* **R's** *or* **Rs**) [ɑːʳ] n [letter] r *m*, R *m* ▸ **the three Rs** la lecture, l'écriture et l'arithmétique *(qui constituent les fondements de l'enseignement primaire)*. See also **f**.

R ◆ **1.** (written abbr of **right**) dr. **2.** written abbr of **river 3.** (written abbr of **Réaumur**) R **4.** US written abbr of **Republican 5.** (written abbr of **Rex**) UK *suit le nom d'un roi* **6.** (written abbr of **Regina**) UK *suit le nom d'une reine* **7.** written abbr of **radius 8.** written abbr of **road 9.** written abbr of **registered (trademark) 10.** MESSAGING written abbr of **are**. ◆ adj (abbr of **restricted**) US *indique qu'un film est interdit aux moins de 17 ans*.

RA ◆ n **1.** abbr of **rear admiral 2.** (abbr of **Royal Academician**) *membre de la Royal Academy*. ◆ pr n abbr of **Royal Academy**.

RAAF [ræf] (abbr of **Royal Australian Air Force**) pr n *armée de l'air australienne*.

Rabat [rə'bɑːt] pr n Rabat.

rabbet ['ræbɪt] ◆ n [groove] feuillure *f*. ◆ vt feuiller.

rabbet plane n feuilleret *m*.

rabbi ['ræbaɪ] n rabbin *m* ▸ **chief rabbi** grand rabbin.

rabbinate ['ræbɪnət] n rabbinat *m*.

rabbinic [rə'bɪnɪk] adj rabbinique.

❖ **Rabbinic** n hébreu *m* rabbinique.

rabbinical [rə'bɪnɪkl] adj rabbinique.

rabbit ['ræbɪt] ◆ n **1.** [animal] lapin *m*, -e *f* ▸ **doe rabbit** lapine *f* ▸ **young rabbit** lapereau *m* ▸ **wild rabbit** lapin de garenne **2.** UK *inf* [poor player] : *I'm a bit of a rabbit at chess* je ne suis pas très bon aux échecs. ◆ comp [coat] en (peau de) lapin ▸ **rabbit food** aliments *mpl* pour lapins ▸ **rabbit stew** ragoût *m* or gibelotte *f* de lapin. ◆ vi ▸ **to go rabbiting** chasser le lapin.

❖ **rabbit on** vi *inf* [talk] jacasser / *he's been rabbiting on about his money problems* il me rebat les oreilles de ses problèmes d'argent / *he's always rabbiting on at me about it* il me serine cette histoire à longueur de journée / *what's she rabbiting on about?* de quoi elle cause ?

rabbit burrow, rabbit hole n terrier *m* (de lapin).

rabbit ears pl n US antenne *f* télescopique.

rabbit hutch n clapier *m*, cage *f* or cabane *f* à lapins ; *fig* [housing] cage *f* à lapins.

rabbit punch n coup *m* du lapin.

rabbit warren n **1.** *lit* garenne *f* **2.** *fig* labyrinthe *m*, dédale *m*.

rabble ['ræbl] n **1.** [mob] ▸ **the rabble** *pej* la populace, la racaille **2.** TECH [in foundry] râble *m*.

rabble-rouser n agitateur *m*, -trice *f*, démagogue *mf*.

rabble-rousing ◆ n démagogie *f*. ◆ adj démagogique.

Rabelaisian [,ræbə'leɪzɪən] adj rabelaisien.

rabid ['ræbɪd or 'reɪbɪd] adj **1.** MED [animal] enragé ; [person] atteint de la rage **2.** *fig* [extremist, revolutionary] enragé ; [hatred] farouche ; [anger] féroce.

rabidly ['ræbɪdlɪ or 'reɪbɪdlɪ] adv férocement, farouchement.

rabies ['reɪbiːz] n *(U)* MED rage *f*.

RAC (abbr of **Royal Automobile Club**) pr n ▸ **the RAC** *un des deux grands clubs automobiles de Grande-Bretagne*.

raccoon [rə'kuːn] ◆ n raton *m* laveur. ◆ comp [coat, stole] en (fourrure de) raton laveur.

race [reɪs] ◆ n **1.** [competition] course *f* / *an 800 metre race* une course de or sur 800 mètres ▸ **to have** or **to run a race** courir, participer à une course / *a day at the races* une journée aux courses / *a race against time* une course contre la montre / *it'll be a race to finish on time* il faudra se dépêcher pour finir à temps / *the race for the Presidency* la course à la présidence / *it's a race to the bottom hum* c'est une course vers la médiocrité **2.** [ethnic group] race *f* ; [in anthropology] ethnie *f* / *he belongs to the race of poets fig* il est de la race des poètes / *the French race dated* la nation française **3.** *liter* [passing - of sun, moon] course *f* ; [- of life] cours *m* **4.** [current] fort courant *m* ; [in sea channel] raz *m* (de courant) **5.** AERON [slipstream] sillage *m* ; [turbulence] turbulence *f* **6.** TECH [for ball bearings] voie *f* de roulement. ◆ comp [discrimination, hatred, prejudice] racial ▸ **race issue** question *f* raciale. ◆ vi **1.** [compete] faire la course / *the cars / drivers were racing against each other* les voitures / conducteurs faisaient la course / *his horse will be racing at Ascot* son cheval courra à Ascot **2.** [go fast, rush] aller à toute allure or vitesse ▸ **to race in / out / past** entrer / sortir / passer à toute allure / *they raced out of the café* ils se précipitèrent hors du café ▸ **to race for a bus** courir pour attraper un bus / *she raced downstairs* elle a dévalé l'escalier / *you'll have to race to catch your train* tu vas devoir te dépêcher si tu veux avoir ton train / *my pulse was racing* mon cœur battait à tout rompre / *a thousand ideas raced through her mind* mille idées lui sont passées par la tête / *the competition is racing ahead of us* nous sommes en train de nous faire dépasser par la concurrence **3.** [of engine] s'emballer. ◆ vt **1.** [compete against] faire la course avec / *(I'll) race you there!* à qui y arrivera le premier ! **2.** [rush] : *the casualties were raced to hospital* les blessés ont été transportés d'urgence à l'hôpital / *to race a bill through Parliament* faire adopter un projet de loi en toute hâte **3.** [put into a race] ▸ **to race a horse** faire courir un cheval / *this colt hasn't yet been raced* ce poulain n'a pas encore couru ▸ **to race pigeons** faire des courses de pigeons **4.** AUTO ▸ **to race the engine a)** accélérer **b)** [excessively] faire s'emballer le moteur.

race bike n moto *f* de course.

race car n US voiture *f* de course.

race card n programme *m* (des courses).

racecourse ['reɪskɔːs] n **1.** champ *m* de courses, hippodrome *m* **2.** US [for cars, motorbikes] circuit *m* ; [for runners, cycles] piste *f*.

race driver n US pilote *m* de course.

racegoer ['reɪs,gəʊəʳ] n turfiste *mf*.

racehorse ['reɪshɔːs] n cheval *m* de course.

racemate ['ræsɪmət] n CHEM mélange *m* racémique.

raceme ['ræsiːm] n grappe *f (inflorescence)*.

race meeting n courses *fpl*.

race norming [-'nɔːmɪŋ] n égalité *f* des chances.

racer ['reɪsəʳ] n [runner] coureur *m*, -euse *f* ; [horse] cheval *m* de course ; [car] voiture *f* de course ; [cycle] vélo *m* de course.

race relations pl n relations *fpl* interraciales ▸ **the Race Relations Act** [in the UK] *loi de 1976 sur le respect des minorités ethniques* ▸ **race relations body** or **board** organisme *m* luttant contre la discrimination raciale.

race riot n émeute *f* raciale.

racetrack ['reɪstræk] n [gen] piste *f* ; [for horses] champ *m* de courses, hippodrome *m*.

racewalking ['reɪswɔːkɪŋ] n marche *f* athlétique.

raceway ['reɪsweɪ] n US **1.** = **racetrack 2.** [millrace] bief *m*.

Rachel ['reɪtʃl] pr n BIBLE Rachel.

rachitic [rə'kɪtɪk] adj MED rachitique.

rachitis [rə'kaɪtɪs] n MED rachitisme *m*.

Rachmaninoff [ræk'mænɪnɒf] pr n Rachmaninov.

Rachmanism ['rækmənɪzm] n *pressions exercées par un propriétaire sur ses locataires pour obtenir leur éviction*.

racial ['reɪʃl] adj **1.** [concerning a race] racial, ethnique **2.** [between races] racial ▸ **racial harmony** harmonie *f* or entente *f* raciale ▸ **racial violence** violence *f* raciale.

racial discrimination n discrimination *f* raciale.

racialism ['reɪʃəlɪzm] n racisme *m*.

racialist ['reɪʃəlɪst] ◆ adj raciste. ◆ n raciste *mf*.

racially ['reɪʃəlɪ] adv du point de vue racial / *a racially motivated attack* une agression raciste / *the characteristic is not racially determined* cette caractéristique n'est pas déterminée par l'appartenance à une race / *racially prejudiced* raciste.

racial memory n mémoire *f* raciale.

raciness ['reɪsɪnɪs] n verve *f*, brio *m*.

racing ['reɪsɪŋ] ◆ n [of horses] courses *fpl* de chevaux. ◆ comp [bicycle, yacht] de course.

racing car n UK voiture *f* de course.

racing certainty n ▸ **to be a racing certainty** [sure to win] être sûr de gagner / *it's a racing certainty that…* il est certain que…

racing cyclist n coureur *m*, -euse *f* cycliste.

racing driver n UK coureur *m*, -euse *f* automobile, pilote *mf* (de course).

racing pigeon n pigeon *m* voyageur *(de compétition)*.

racing tip n pronostic *m*.

racism ['reɪsɪzm] n racisme *m*.

racist ['reɪsɪst] ◆ adj raciste. ◆ n raciste *mf*.

rack [ræk] ◆ n **1.** [shelf] étagère *f* ; [for cooling, drying] grille *f*, claie *f* ; [for fodder, bicycles, test tubes, pipes] râtelier *m* ; [for bottles] casier *m* ▸ **(luggage) rack a)** [in train, bus] filet *m* (à bagages) **b)** [on cycle] porte-bagages *m inv* ▸ **(stereo) rack** meuble *m* pour chaîne hi-fi ▸ **(tool) rack** porte-outils *m inv* ; [in shop] présentoir *m* ▸ **(clothes) rack** triangle *m* (à vêtements) ▸ **to buy a suit off the rack** acheter un costume en prêt-à-porter **2.** HIST chevalet *m* ▸ **to put sb on the rack a)** *lit* faire subir à qqn le supplice du chevalet **b)** *fig* mettre qqn au supplice / *that question put him on the rack* cette question l'a mis dans une position très difficile **3.** MECH crémaillère *f* **4.** CULIN ▸ **rack of lamb** carré *m* d'agneau **5.** PHR ▸ **to go to rack and ruin a)** [house] tomber en ruine **b)** [garden] être à l'abandon **c)** [person] dépérir **d)** [company] péricliter **e)** [country, institution] aller à vau-l'eau. ◆ vt **1.** [torture] faire subir le supplice du chevalet à ; *fig* tenailler, ronger / *racked by guilt* tenaillé par un sentiment de culpabilité ▸ **to rack one's brains** se creuser la tête **2.** [wine] soutirer.

❖ **rack up** vt sep US [points] marquer.

rack and pinion n crémaillère *f* ▸ **rack and pinion railway** = **rack railway.**

racket ['rækɪt] ◆ n **1.** SPORT [bat] raquette *f* **2.** [snowshoe] raquette *f* **3.** *inf* [din] boucan *m* / *the neighbours are making a terrible racket* les voisins font un boucan épouvantable **4.** [extortion] racket *m* ; [fraud] escroquerie *f* ; [traffic] trafic *m* / *this lottery is such a racket* cette loterie, c'est de l'arnaque **5.** *inf* [job] boulot *m* / *what's your racket?* vous travaillez dans quoi ? / *is she still in the teaching / publishing racket?* est-ce qu'elle est encore dans l'enseignement / l'édition ? ◆ vi [be noisy] faire du boucan.

❖ **rackets** n *(U)* [game] racket-ball *m*.

❖ **racket about** UK, **racket around** vi *inf & dated* [enjoy oneself] faire la bombe.

racketeer [,rækə'tɪər] ◆ n racketteur *m*. ◆ vi racketter.

racketeering [,rækə'tɪərɪŋ] n racket *m*.

racket press n presse-raquette *m*.

racking ['rækɪŋ] adj [pain] atroce, déchirant.

rack-mounted adj COMPUT monté en rack.

rack railway n chemin *m* de fer à crémaillère.

rack rent n UK loyer *m* exorbitant.

raconteur [,rækɒn'tɜːr] n raconteur *m*, -euse *f*.

racoon [rə'kuːn] = **raccoon.**

racquet ['rækɪt] = **racket** *(noun).*

racquetball ['rækɪtbɔːl] n racquetball *m*.

racy ['reɪsɪ] *(compar* **racier**, *superl* **raciest**) adj **1.** [lively] plein de verve or de brio **2.** [suggestive] osé **3.** [wine] racé.

rad [ræd] ◆ n rad *m*. ◆ adj US *inf* génial.

RADA ['rɑːdə] (abbr of **Royal Academy of Dramatic Art**) pr n *conservatoire britannique d'art dramatique.*

radar ['reɪdɑːr] ◆ n radar *m* ▸ **to navigate by radar** naviguer au radar ▸ **to slip under the radar** passer inaperçu. ◆ comp [image, screen, station] radar ▸ **radar blip** top *m* d'écho (radar) ▸ **radar operator** radariste *mf* ▸ **radar scanner** antenne *f* radar.

radar beacon n radiophare *m*.

radar speed check n contrôle *m* radar.

radar trap n contrôle *m* radar.

raddle ['rædl] ◆ n ocre *f* rouge. ◆ vt [face] maquiller avec du rouge ; [sheep] marquer à l'ocre.

raddled ['rædld] adj ravagé.

radial ['reɪdjəl] ◆ adj radial ▸ **radial roads** routes *fpl* en étoile. ◆ n **1.** [tyre] pneu *m* radial or à carcasse radiale **2.** [line] rayon *m*.

radial engine n moteur *m* en étoile.

radial-ply adj AUTO à carcasse radiale.

radial tyre n pneu *m* radial or à carcasse radiale.

radian ['reɪdjən] n radian *m*.

radiance ['reɪdjəns] n **1.** [of light, sun] éclat *m*, rayonnement *m* ; *fig* [beauty, happiness] éclat *m* **2.** PHYS exitance *f*.

radiancy ['reɪdjənsɪ] = **radiance.**

radiant ['reɪdjənt] ◆ adj **1.** *liter* [bright] radieux / *her radiant beauty* *fig* sa beauté éclatante **2.** [happy] radieux, rayonnant / *the bride was radiant* la mariée était radieuse / *he was radiant with joy* il rayonnait de joie **3.** PHYS radiant, rayonnant **4.** BOT rayonnant. ◆ n **1.** PHYS point *m* radiant **2.** ASTRON radiant *m*.

radiant flux n flux *m* de rayonnement.

radiant heat n chaleur *f* rayonnante.

radiant heating n chauffage *m* par rayonnement.

radiantly ['reɪdjəntlɪ] adv [shine, glow] avec éclat ; [smile] d'un air radieux / *radiantly beautiful* d'une beauté éclatante.

radiate ['reɪdɪeɪt] ◆ vi **1.** [emit energy] émettre de l'énergie ; [be emitted] rayonner, irradier / *heat radiates from the centre* le centre dégage de la chaleur **2.** [spread] rayonner / *the roads which radiate from Chicago* les routes qui partent de Chicago. ◆ vt **1.** [heat] émettre, dégager ; [light] émettre **2.** *fig* : *the children radiate good health / happiness* les enfants respirent la santé / rayonnent de bonheur / *his manner radiated confidence* il semblait très sûr de lui.

radiation [,reɪdɪ'eɪʃn] n **1.** [energy radiated] rayonnement *m*, rayonnements *mpl* ; NUCL rayons *mpl* ▸ **atomic radiation** radiation *f* or rayonnement atomique ▸ **low-level radiation** radiation de faible intensité ▸ **radiation therapy** radiothérapie *f* **2.** [act of radiating] rayonnement *m*, radiation *f*.

radiation sickness n mal *m* des rayons.

radiative ['reɪdɪətɪv] adj radiatif ▸ **radiative forcing** ECOL forçage *m* radiatif.

radiator ['reɪdɪeɪtər] n [gen & AUTO] radiateur *m* ▸ **radiator grille** calandre *f*.

radical ['rædɪkl] ◆ adj **1.** [gen] radical **2.** US *inf* [excellent] génial. ◆ n **1.** POL radical *m*, -e *f* **2.** LING, MATH & CHEM radical *m*.

radical chic n ≃ gauche *f* caviar.

radicalism ['rædɪkəlɪzm] n radicalisme *m*.

radicalize ['rædɪkəlaɪz] vt radicaliser.

radically ['rædɪklɪ] adv radicalement.

radicand ['rædɪkænd] n MATH quantité *f* radicale.

radicchio [rə'diːkɪəʊ] n trévise *f*.

radices ['reɪdɪsiːz] pl ⟶ **radix.**

radicle ['rædɪkl] n **1.** BOT [part of plant embryo] radicule *f* ; [rootlet] radicelle *f* **2.** CHEM radical *m*.

radii ['reɪdɪaɪ] pl ⟶ **radius.**

radio ['reɪdɪəʊ] *(pl* **radios**) ◆ n **1.** [apparatus] radio *f* ▸ **to turn the radio on / off** allumer / éteindre la radio **2.** [system] radio *f* / *by radio* par radio ; [industry, activity] radio / *I heard it on the radio* je l'ai entendu à la radio ▸ **to be on the radio** passer à la radio ▸ **Radio Birmingham** Radio Birmingham ▸ **the Radio Times** UK PRESS *magazine de radio et de télévision.* ◆ comp [broadcast, play, programme] radiophonique ; [contact, link, silence] radio *(inv)* ; [announcer, technician] à la radio. ◆ vt **1.** [person] appeler or contacter par radio **2.** [message] envoyer par radio ; [position, movement] signaler par radio. ◆ vi envoyer un message radio / *to radio for a doctor* demander un médecin par radio / *she radioed for help / instructions* elle demanda de l'aide / des instructions par radio.

> **Radio**
>
> Les principales stations de radio de la **BBC** sont : **Radio 1** (bulletins d'information, musique pop et rock) ; **Radio 2** (variétés) ; **Radio 3** (musique classique, jazz, musiques du monde) ; **Radio 4** (actualités, reportages, théâtre, programmes éducatifs) ; **Radio 5 Live** (sports, programmes éducatifs, musique pop et rock). La BBC comprend également 41 stations locales. Il existe d'autre part plus de 100 stations indépendantes.

radioactive [,reɪdɪəʊ'æktɪv] adj **1.** *lit* radioactif ▸ **radioactive dating** datation *f* au carbone 14 ▸ **radioactive fallout** retombées *fpl* radioactives ▸ **radioactive waste** déchets *mpl* radioactifs or nucléaires **2.** US *inf & fig* [curry, chilli] super épicé.

radioactivity [,reɪdɪəʊæk'tɪvətɪ] n radioactivité *f*.

radio alarm (clock) n radioréveil *m*.

radio astronomy n radioastronomie *f*.

radio beacon n radiobalise *f*.

radio beam n faisceau *m* hertzien.

radiobiology [,reɪdɪəʊbaɪ'ɒləʤɪ] n radiobiologie *f*.

radio button n COMPUT bouton *m* radio.

radio car n voiture *f* radio.

radiocarbon [,reɪdɪəʊ'kɑːbən] n radiocarbone *m*, carbone 14 *m*.

radiocarbon dating n datation *f* au carbone 14.

radio cassette n radiocassette *f*.

radiocast ['reɪdɪəʊkɑːst] vt US radiodiffuser.

radiochemistry [,reɪdɪəʊ'kemɪstrɪ] n radiochimie *f*.

radiocommunication ['reɪdɪəʊkə,mjuːnɪ'keɪʃn] n radiocommunication *f*.

radio compass n radiocompas *m*.

radio control n télécommande *f* (par) radio, radiocommande *f*.

radio-controlled adj radioguidé.

radioelement [,reɪdɪəʊ'elɪmənt] n radioélément *m*.

radio frequency n fréquence *f* radioélectrique, radiofréquence *f*.

radiogram ['reɪdɪəʊ,græm] n **1.** *dated* [radio and record player] radio *f* avec pick-up **2.** [message] radiogramme *m* **3.** = **radiograph.**

radiograph ['reɪdɪəʊgrɑːf] n radiographie *f*.

radiographer [,reɪdɪ'ɒgrəfər] n radiologue *mf*, radiologiste *mf*.

radiography [,reɪdɪ'ɒgrəfɪ] n radiographie *f*.

radio ham n radioamateur *m*.

radioisotope [,reɪdɪəʊ'aɪsətəʊp] n radio-isotope *m*, isotope *m* radioactif.

radiological [,reɪdɪə'lɒʤɪkl] adj radiologique.

radiologist [,reɪdɪ'ɒləʤɪst] n radiologue *mf*, radiologiste *mf*.

radiology [,reɪdɪ'ɒləʤɪ] n radiologie *f*.

radiolysis [reɪdɪ'ɒləsɪs] n radiolyse *f*.

radiometer [,reɪdɪ'ɒmɪtər] n radiomètre *m*.

radio microphone n microphone *m* sans fil.

radionuclide [,reɪdɪəʊ'njuːklaɪd] n nucléide *m* radioactif.

radiopager ['reɪdɪəʊ,peɪʤər] n récepteur *m* d'appel or de poche.

radiopaging ['reɪdɪəʊ,peɪʤɪŋ] n radiomessagerie *f*.

radiophone ['reɪdɪəʊfəʊn] = **radiotelephone.**

radioscopic [,reɪdɪəʊ'skɒpɪk] adj ▸ **radioscopic image** radiophotographie *f*.

radioscopy [,reɪdɪ'ɒskəpɪ] n radioscopie *f*.

radiosonde ['reɪdɪəʊsɒnd] n radiosonde *f*.

radio source, **radio star** n radiosource *f*.

radio station n station *f* de radio.

radiosurgery ['reɪdɪəʊ,sɜːʤərɪ] n radiochirurgie *f*.

radio taxi n radio-taxi *m*.

radiotelegraph [,reɪdɪəʊ'telɪgrɑːf] ◆ n radiotélégraphie *f*. ◆ vt envoyer par radiotélégraphie.

radiotelegraphy [,reɪdɪəʊtɪ'legrəfɪ] n radiotélégraphie *f*.

radiotelephone [,reɪdɪəʊ'telɪfəʊn] n radiotéléphone *m*.

radiotelephony [,reɪdɪəʊtɪ'lefənɪ] n radiotéléphonie *f*.

radio telescope n radiotélescope *m*.

radiotherapist [,reɪdɪəʊ'θerəpɪst] n radiothérapeute *mf*.

radiotherapy [,reɪdɪəʊ'θerəpɪ] n radiothérapie *f*.

radio wave n onde *f* hertzienne or radioélectrique.

radish ['rædɪʃ] n radis *m*.

radium ['reɪdɪəm] n radium *m* ▸ **radium therapy** or **treatment** curiethérapie *f*.

radius ['reɪdɪəs] *(pl* **radiuses** *or* **radii** ['reɪdɪaɪ]) n **1.** [gen & MATH] rayon *m* / *within* or *in a radius of*

20 km dans un rayon de 20 km ▸ **radius of action** MIL rayon d'action **2.** ANAT radius *m*.

radix ['reɪdɪks] (*pl* **radices** ['reɪdɪsi:z]) n **1.** MATH base *f* **2.** LING radical *m*.

radon (gas) ['reɪdɒn-] n radon *m*.

radwaste ['rædweɪst] n US déchets *mpl* radioactifs.

RAF (abbr of **Royal Air Force**) pr n *armée de l'air britannique*.

raffia ['ræfɪə] n raphia *m*.

raffish ['ræfɪʃ] adj dissolu.

raffle ['ræfl] ◆ n tombola *f* ▸ **raffle ticket** billet *m* de tombola. ◆ vt ▸ **to raffle (off)** mettre en tombola.

raft [rɑ:ft] ◆ n **1.** [craft - gen] radeau *m* ; [- inflatable] matelas *m* pneumatique ; SPORT raft *m* **2.** [logs] train *m* de flottage **3.** *inf* [large amount] tas *m*, flopée *f* / *we've got rafts of* or *a raft of mail* nous avons reçu des tas de lettres **4.** CONSTR radier *m*. ◆ vt : *they raft wood down the river* ils envoient le bois en aval dans des trains de flottage. ◆ vi voyager en radeau ▸ **to go rafting** SPORT faire du rafting.

rafter ['rɑ:ftər] n CONSTR chevron *m*.

rag [ræg] (*pt & pp* **ragged**, *cont* **ragging**) ◆ n **1.** [cloth] chiffon *m* / *he wiped his hands on a rag* il s'essuya les mains avec un chiffon / *a piece of rag* un bout de chiffon ▸ **to chew the rag** *inf* discuter le bout de gras ▸ **to feel like a wet rag a)** *inf* [physically] être crevé **b)** [emotionally] être vidé ▸ **to lose one's rag** *inf* se mettre en boule ▸ **to be like a red rag to a bull** : *when he said that to her it was like a red rag to a bull* elle a vu rouge après ce qu'il lui a dit **2.** [worn-out garment] loque *f* / *this old dress is an absolute rag* cette vieille robe est une vraie loque **3.** [shred, scrap] lambeau *m* / *torn to rags* mis en lambeaux **4.** *inf & pej* [newspaper] feuille *f* de chou / *the local rag* la feuille de chou du coin **5.** US *v inf* [sanitary towel] serviette *f* hygiénique ▸ **to be on the rag** avoir ses ragnagnas **6.** UK UNIV ▸ **rag mag** *magazine humoristique publié pendant « rag week »* ▸ **rag (week)** *semaine pendant laquelle les étudiants préparent des divertissements, surtout au profit des œuvres charitables* **7.** UK [joke] farce *f*, canular *m* **8.** MUS ragtime *m*. ◆ vt [tease] taquiner / *they ragged her about her accent* ils la taquinaient au sujet de son accent.

❖ **rags** pl n [worn-out clothes] guenilles *fpl*, haillons *mpl*, loques *fpl* / *a tramp dressed in rags* un clochard vêtu de haillons ▸ **in rags and tatters** en loques ▸ **to go from rags to riches** passer de la misère à la richesse ▸ **a rags-to-riches story** un véritable conte de fées.

raga ['rɑ:gə] n raga *m inv*.

ragamuffin ['rægə,mʌfɪn] n *dated* [vagrant] va-nu-pieds *m inv*, gueux *m*, gueuse *f* ; [urchin] galopin *m*, polisson *m*, -onne *f*.

rag-and-bone man n UK chiffonnier *m*.

ragbag ['rægbæg] n UK *fig* ramassis *m*, bric-à-brac *m inv*, fouillis *m* / *a ragbag of ideas* un fouillis d'idées (confuses).

rag doll n poupée *f* de chiffon.

rage [reɪdʒ] ◆ n **1.** [anger] rage *f*, fureur *f* / *the boss was in a rage* le patron était furieux ▸ **to fly into a rage** entrer dans une rage folle ▸ **a fit of rage** un accès or une crise de rage **2.** *inf* [fashion] mode *f* ▸ **to be all the rage** faire fureur **3.** [of sea, elements] furie *f*. ◆ vi **1.** [person] être furieux, s'emporter / *he was raging against the Government* il pestait contre le gouvernement **2.** [sea] se déchaîner ; [storm, war] faire rage / *a gun battle was raging in the valley* une fusillade faisait rage dans la vallée / *the plague was raging throughout Europe* la peste ravageait l'Europe / *the argument still rages* la question est toujours très controversée.

ragga ['rægə] n MUS ragga *m*.

raggamuffin ['rægə,mʌfɪn] n MUS raggamuffin *m*.

ragged ['rægɪd] adj **1.** [tattered - clothes] en lambeaux, en loques, en haillons ; [- person] loqueteux, vêtu de loques or de haillons **2.** [uneven] irrégulier / *the ragged coastline* la côte échancrée / *a ragged edge* un bord irrégulier / *they formed a ragged line* ils se mirent en file irrégulière **3.** [erratic - performance] inégal, décousu **4.** PHR **to run sb ragged** *inf* éreinter or crever qqn / *I've been running myself ragged for you!* je me suis vraiment décarcassé pour toi !

ragged robin n fleur *f* de coucou *(lychnis)*.

raggedy ['rægɪdɪ] adj *inf* en loques.

raggle-taggle ['rægl,tægl] adj UK *inf* débraillé, négligé.

raging ['reɪdʒɪŋ] adj **1.** [intense - pain] insupportable, atroce ; [- fever] violent / *I had a raging headache* j'avais affreusement mal à la tête / *I've got a raging thirst* je meurs de soif / *raging anticlericalism* un anticléricalisme virulent **2.** [storm] déchaîné, violent ; [sea] démonté ; [torrent] furieux **3.** [person] furieux.

raglan ['ræglən] ◆ n raglan *m*. ◆ adj raglan *(inv)*.

ragman ['rægmən] (*pl* **ragmen** [-mən]) = **rag-and-bone man.**

ragout ['rægu:] n ragoût *m*.

rag-roll vt peindre au chiffon.

rag-rolling n peinture *f* au chiffon.

ragtag ['rægtæg] UK ◆ adj de bric et de broc. ◆ n ▸ **the ragtag and bobtail** la racaille, la populace.

ragtime ['rægtaɪm] n ragtime *m*.

ragtop ['rægtɒp] n US *inf* AUTO décapotable *f*.

rag trade n *inf* confection *f* / *he's in the rag trade* il est or travaille dans les fringues.

ragweed ['rægwi:d] n BOT ambroisie *f*, ambrosia *f*.

rag week = **rag** *(noun)*.

ragworm ['rægwɜ:m] n néréide *f*, néréis *m*.

ragwort ['rægwɜ:t] n jacobée *f*, herbe *f* de Saint-Jacques.

rah [rɑ:] interj US hourra.

raid [reɪd] ◆ n **1.** MIL raid *m*, incursion *f* / *they made a raid over the border* ils ont fait une incursion de l'autre côté de la frontière / *bombing raid* raid aérien / *they fear a terrorist raid on the palace* ils craignent une attaque terroriste contre le palais **2.** [by police] descente *f*, rafle *f* / *a police raid* une descente de police / *a drugs raid* une descente de police (pour saisir de la drogue) **3.** [robbery] hold-up *m*, braquage *m* / *a raid on a bank* un hold-up dans une banque / *a raid on the fridge hum* une razzia dans le frigo **4.** ST. EX raid *m*. ◆ vt **1.** MIL [subj: army] faire un raid or une incursion dans ; [subj: airforce] bombarder **2.** [subj: police] faire une descente or une rafle dans **3.** [subj: thieves] : *to raid a bank* dévaliser une banque / *somebody's raided my locker* quelqu'un a fouillé dans mon casier / *to raid the fridge hum* dévaliser le frigo.

raider ['reɪdər] n **1.** MIL membre *m* d'un commando / *the raiders were repelled* le commando a été repoussé / **'Raiders of the Lost Ark'** *Spielberg* 'les Aventuriers de l'arche perdue' **2.** [thief] voleur *m*, -euse *f* / *the bank raiders have all been arrested* les auteurs du hold-up (de la banque) ont tous été arrêtés **3.** ST. EX ▸ **(corporate) raider** raider *m*.

raiding party ['reɪdɪŋ-] n commando *m*.

rail [reɪl] ◆ n **1.** [bar - gen] barre *f* ; [- in window, on bridge] garde-fou *m* ; [- on ship] bastingage *m* ; [- on balcony] balustrade *f* ; [- on stairway] rampe *f* ; [- for carpet] tringle *f* ▸ **towel rail** porte-serviettes *m inv* **2.** [for train, tram] rail *m* / *the live rail* le rail sous tension ; [mode of transport] ▸ **to travel by rail** voyager en train / *it's quicker by rail!* c'est plus rapide en train ! ▸ **to go off the rails a)** [train] dérailler **b)** *fig* [person] perdre la tête or le nord **3.** ORNITH râle *m*. ◆ comp [traffic, transport, link, tunnel] ferroviaire ; [ticket, fare] de train ; [journey, travel] en train ; [employee, union] des chemins de fer ; [strike] des chemins de fer, des cheminots / *the rail strike has affected the whole of France* la grève SNCF a touché la France entière. ◆ vt [enclose] clôturer. ◆ vi [complain bitterly] ▸ **to rail against** or **at** pester contre / *she railed against her fate* elle fulminait contre son sort.

❖ **rails** pl n [fencing] grille *f* ; [in horseracing] corde *f* ▸ **to be on the rails** *fig* [in difficult situation] être sur la corde raide.

❖ **rail in** vt sep clôturer.

❖ **rail off** vt sep fermer (au moyen d'une barrière) / *the end of the hall was railed off* une barrière interdisait l'accès au fond de la salle.

railcar ['reɪlkɑ:r] n autorail *m*.

railcard ['reɪlkɑ:d] n UK *carte permettant de bénéficier de tarifs avantageux sur les chemins de fer britanniques* ▸ **student railcard** carte *f* de réduction pour étudiant.

railhead ['reɪlhed] n tête *f* de ligne.

railing ['reɪlɪŋ] n **1.** [barrier - gen] barrière *f* ; [- on bridge] garde-fou *m* ; [- on balcony] balustrade *f* **2.** [upright bar] barreau *m* **3.** = **railings.**

❖ **railings** pl n [fence] grille *f* / *she squeezed through the railings* elle se glissa entre les barreaux de la grille.

raillery ['reɪlərɪ] n raillerie *f*.

railroad ['reɪlrəʊd] ◆ n US = **railway.** ◆ vt ▸ **to railroad sb into doing sthg** forcer qqn à faire qqch.

railway ['reɪlweɪ] UK ◆ n **1.** [system, organization] chemin *m* de fer / *I'd never travelled by Russian railway* or *on the Russian railways* je n'avais jamais pris le train en Russie / *he works on the railways* il est cheminot **2.** [track] voie *f* ferrée. ◆ comp [bridge, traffic, travel, tunnel] ferroviaire ; [company] ferroviaire, de chemin de fer ; [journey] en train ; [employee, union] des chemins de fer ▸ **railway worker** cheminot *m*.

railway carriage n UK wagon *m*, voiture *f*.

railway crossing n UK passage *m* à niveau.

railway embankment n UK remblai *m*.

railway engine n UK locomotive *f*.

railway line n UK **1.** [route] ligne *f* de chemin de fer **2.** [track] voie *f* ferrée ; [rail] rail *m*.

railwayman ['reɪlweɪmən] (*pl* **railwaymen** [-mən]) n UK cheminot *m*.

railway station n UK [gen] gare *f* (de chemin de fer) ; [in France] gare *f* SNCF.

railway track n UK voie *f* ferrée.

railway yard n UK dépôt *m*.

raiment ['reɪmənt] n *(U) liter* atours *mpl*.

rain [reɪn] ◆ n **1.** *lit* pluie *f* / *it was pouring with rain* il pleuvait à verse / *the rain was heavy* il pleuvait beaucoup / *a light rain was falling* il tombait une pluie fine / *come in out of the rain* rentre, ne reste pas sous la pluie / *it looks like rain* on dirait qu'il va pleuvoir / *Venice in the rain* Venise sous la pluie ▸ **the rains** la saison des pluies ▸ **come rain or shine** quoi qu'il arrive ▸ **(as) right as rain** *inf* : *don't worry, you'll be as right as rain in a minute* ne t'inquiète pas, ça va passer **2.** *fig* [of projectiles, blows] pluie *f*. ◆ vi pleuvoir / *it's raining* il pleut / *arrows rained from the sky* des flèches pleuvaient du ciel ▸ **it's raining cats and dogs** *inf & dated* il pleut des cordes, il tombe des hallebardes ▸ **it never rains but it pours** UK *prov*, **when it rains, it pours** US *prov* tout arrive en même temps *prov* ▸ **to rain on sb's parade** US *inf* : *he rained on my parade* **a)** [ruined things] il a tout gâché pour moi **b)** [dampened my enthusiasm] il m'a cassé mes envies. ◆ vt faire pleuvoir / *they rained blows on his head* ils firent pleuvoir des coups sur sa tête.

❖ **rain down** ◆ vi [projectiles, blows, etc.] pleuvoir. ◆ vt sep [projectiles, blows, etc.] faire pleuvoir.

❖ **rain off** vt sep UK : *the game was rained off* **a)** [cancelled] la partie a été annulée à cause de la pluie **b)** [abandoned] la partie a été abandonnée à cause de la pluie.

❖ **rain out** vt sep **1.** [campers] ▸ **to be rained out** être chassé par la pluie **2.** US = **rain off.**

rainbelt ['reɪnbelt] n zone *f* des pluies.

rainbow ['reɪnbəʊ] ◆ n arc-en-ciel *m* / *all the colours of the rainbow* toutes les couleurs de l'arc-en-ciel ▸ **it's at the end of the rainbow** c'est un mirage ▸ **to chase rainbows** se bercer d'illusions. ◆ comp ▸ **rainbow coalition** POL *coalition représentant un large éventail de tendances.*

rainbow-coloured, **rainbow-hued** adj arc-en-ciel *(inv)*, multicolore.

rainbow trout n truite *f* arc-en-ciel.

rain check n US *bon pour un autre match (ou spectacle) donné par suite d'une annulation à cause de la pluie* / *I'll take a rain check on that inf* ça sera pour une autre fois.

rain cloud n nuage *m* de pluie.

raincoat ['reɪnkəʊt] n imperméable *m*.

rain dance n danse *f* de la pluie.

raindrop ['reɪndrɒp] n goutte *f* de pluie.

rainfall ['reɪnfɔːl] n [amount of rain] pluviosité *f*.

rainforest ['reɪn,fɒrɪst] n forêt *f* pluviale.

rain gauge n pluviomètre *m*.

rainhat ['reɪnhæt] n chapeau *m* pour la pluie.

rainhood ['reɪnhʊd] n capuche *f* ; [attached to anorak, jacket, etc.] capuchon *m*, capuche *f*.

rainless ['reɪnlɪs] adj sans pluie.

rainmaker ['reɪn,meɪkəʳ] n faiseur *m* de pluie.

rainout ['reɪnaʊt] n **1.** *(U)* [pollution] *retombées entraînées par la pluie* **2.** US SPORT *match annulé à cause du mauvais temps*.

rainproof ['reɪnpruːf] ◆ adj imperméable. ◆ vt imperméabiliser.

rainslicker ['reɪnslɪkəʳ] n US ciré *m*.

rainstorm ['reɪnstɔːm] n pluie *f* torrentielle.

rainwater ['reɪn,wɔːtəʳ] n eau *f* de pluie or pluviale.

rainwear ['reɪnweəʳ] n *(U)* vêtements *mpl* de pluie.

rainy ['reɪnɪ] (*compar* **rainier**, *superl* **rainiest**) adj pluvieux ▸ **the rainy season** la saison des pluies ▸ **to save sthg for a rainy day** garder qqch pour les mauvais jours.

raise [reɪz] ◆ vt **1.** [lift, move upwards - gen] lever ; [- burden, lid] soulever ▸ **to raise one's head** lever la tête / *she didn't raise her eyes from her book* elle n'a pas levé les yeux de son livre / *he tried to raise himself from the sofa* il essaya de se lever du canapé / *she raised herself to her full height* elle se dressa de toute sa hauteur ▸ **to raise the bar** *fig* placer la barre plus haut **2.** [increase - offer, price, tax] augmenter ; [- interest rates] relever ; [- temperature, tension] faire monter / *the speed limit has been raised to 150 km/h* la limitation de vitesse est passée à 150 km/h / *the age limit has been raised to 18* la limite d'âge a été repoussée à 18 ans **3.** [boost, improve] remonter, élever / *our aim is to raise overall standards* notre but est d'élever le niveau global ▸ **to raise sb's spirits** remonter le moral à qqn ▸ **to raise sb's hopes** donner des espoirs à qqn **4.** [promote] élever, promouvoir / *raised to the rank of colonel* élevé au rang de colonel / *the Queen raised him to the peerage* la reine l'éleva à la pairie **5.** [collect together - support] réunir ; [- army] lever / *we have raised over a million signatures* nous avons recueilli plus d'un million de signatures **6.** [obtain - money] trouver, obtenir ; [- taxes] lever / *we have to raise $10,000 by Friday* il faut que nous trouvions 10 000 dollars d'ici à vendredi ▸ **to raise funds** collecter des fonds **7.** [make, produce] : *they raised a cheer when she came in* ils ont poussé des bravos quand elle est entrée / *he managed to raise a smile when he saw us* il a réussi à sourire en nous voyant **8.** [cause as reaction - laugh, welt, blister] provoquer / *his jokes didn't even raise a smile* ses plaisanteries n'ont même pas fait sourire **9.** US [rear - children, family] élever **10.** US [breed - livestock] élever ; [grow - crops] cultiver **11.** [introduce, bring up - point, subject, question] soulever ; [- doubts] soulever, susciter / *she raised several objections* elle souleva plusieurs objections / *this might raise doubts as to his competence* ça pourrait soulever or susciter des doutes quant à ses compétences **12.** [erect] élever, ériger ▸ **to raise a statue to sb** élever une statue à qqn **13.** [resuscitate] ressusciter ; [evoke - spirit] évoquer / *they were making enough noise to raise the dead* ils faisaient un bruit à réveiller les morts **14.** [end - ban, siege] lever **15.** [contact] contacter / *the radio officer was trying to raise Boston* le radio essayait de contacter Boston **16.** [in bridge] monter sur ; [in poker] relancer / *I'll raise you 5 pounds* je relance de 5 livres **17.** CULIN [dough, bread] faire lever **18.** MATH élever ▸ **to raise a number to the power of n** élever un nombre à la puissance n **19.** NAUT ▸ **to raise land** arriver en vue de terre. ◆ vi [in bridge] monter, enchérir ; [in poker] relancer. ◆ n **1.** US [pay increase] augmentation *f* de salaire **2.** [in bridge] enchère *f* ; [in poker] relance *f*.

❖ **raise up** vt sep ▸ **to raise o.s. up** se soulever / *she raised herself up onto the chair* elle se hissa sur la chaise.

raised [reɪzd] adj **1.** [ground, platform, jetty, etc.] surélevé ; [pattern] en relief **2.** CULIN levé, à la levure **3.** LING [vowel] haut **4.** TEXT lainé, gratté.

raised beach n GEOG plage *f* soulevée.

raised pie n [gen] tourte *f* ; [pork pie] pâté *m* en croûte.

raiser ['reɪzəʳ] n [of livestock] éleveur *m*, -euse *f* ; [of crops] cultivateur *m*, -trice *f*.

raisin ['reɪzn] n raisin *m* sec.

raising agent ['reɪzɪŋ-] n *(C)* levure *f*.

raita [rɑː'iːtə] n CULIN raita *m*.

Raj [rɑːdʒ] n ▸ **the Raj** l'Empire *m* britannique (en Inde).

rajah ['rɑːdʒə] n raja *m*, rajah *m*, radjah *m*.

rake [reɪk] ◆ n **1.** [in garden, casino] râteau *m* **2.** [libertine] roué *m*, libertin *m* / **'The Rake's Progress'** **a)** [Hogarth] 'la Carrière du roué' **b)** [Stravinsky] 'le Libertin' **3.** THEAT pente *f* ; NAUT [of mast, funnel] quête *f*. ◆ vt **1.** [soil, lawn, path] ratisser, râteler / *she raked the leaves into a pile* elle ratissa les feuilles en tas **2.** [search] fouiller (dans) / *to rake one's memory* fouiller dans ses souvenirs **3.** [scan] balayer / *his eyes raked the audience* son regard parcourut l'assistance / *a searchlight raked the darkness* un projecteur fouilla l'obscurité **4.** [strafe] balayer / *machine-gun fire raked the trench* le feu d'une mitrailleuse balaya la tranchée. ◆ vi **1.** [search] ▸ **to rake among** or **through** fouiller dans **2.** [slope] être en pente, être incliné.

❖ **rake in** vt sep *inf* [money] ramasser ▸ **to be raking it in** toucher un joli paquet.

❖ **rake off** vt sep *inf* [share of profits] empocher, ramasser / *he was raking off 10% of the profits* il empochait or ramassait 10 % des bénéfices.

❖ **rake out** vt sep **1.** [fire] enlever les cendres de ; [ashes] enlever **2.** [search out] dénicher.

❖ **rake over** vt sep **1.** [soil, lawn, path] ratisser **2.** *fig* remuer / *why rake over the past?* pourquoi remuer le passé ?

❖ **rake up** vt sep **1.** [collect together - leaves, weeds] ratisser ; [- people] réunir, rassembler **2.** [dredge up] déterrer ▸ **to rake up sb's past** fouiller dans le passé de qqn.

raked [reɪkt] adj [inclined] incliné.

rake-off n *inf* petit profit *m*.

rakish ['reɪkɪʃ] adj **1.** [jaunty] désinvolte, insouciant / *he wore his hat at a rakish angle* il portait son chapeau avec désinvolture **2.** [boat] à la forme élancée, allongé.

rale [rɑːl] n MED râle *m*.

rally ['rælɪ] (*pl* **rallies**, *pt & pp* **rallied**) ◆ n **1.** [gathering - gen] rassemblement *m* ; MIL [during battle] ralliement *m* ; POL rassemblement *m*, (grand) meeting *m* **2.** [recovery - gen] amélioration *f* ; ST. EX reprise *f* / *the England team staged a rally in the second half* l'équipe anglaise s'est reprise au cours de la deuxième mi-temps **3.** AUTO rallye *m* ▸ **the Monte Carlo rally** le rallye de Monte-Carlo ▸ **rally driver** pilote *m* de rallye **4.** SPORT (long) échange *m*. ◆ vi **1.** [assemble, gather - gen] se rassembler ; [- troops, supporters] se rallier / *they rallied to the party / to the defence of their leader* ils se sont ralliés au parti / pour défendre leur chef **2.** [recover - gen] s'améliorer ; [- sick person] aller mieux, reprendre des forces ; [- currency, share prices] remonter ; [- stock market] se reprendre / *the pound rallied in the afternoon* la livre est remontée dans l'après-midi **3.** AUTO faire des rallyes ▸ **to go rallying** faire un rallye. ◆ vt **1.** [gather] rallier, rassembler / *she's trying to rally support for her project* elle essaie de rallier des gens pour soutenir son projet **2.** [summon up] reprendre / *to rally one's spirits* reprendre ses esprits ; [boost] ranimer / *the news rallied their morale* la nouvelle leur a remonté le moral **3.** *arch* [tease] taquiner.

❖ **rally round** ◆ vi : *all her family rallied round* toute sa famille est venue lui apporter son soutien. ◆ vt insep : *they rallied round her* ils lui ont apporté leur soutien.

rallycross ['rælɪkrɒs] n UK rallye-cross *m*.

rallying ['rælɪɪŋ] adj ▸ **rallying cry** cri *m* de ralliement.

ram [ræm] (*pt & pp* **rammed**, *cont* **ramming**) ◆ n **1.** ZOOL bélier *m* **2.** HIST [for breaking doors, walls] bélier *m* **3.** TECH [piston] piston *m* ; [flattening tool] hie *f*, dame *f* ; [pile driver] mouton *m* ; [lifting pump] bélier *m* hydraulique. ◆ vt **1.** [bang into] percuter ; NAUT aborder ; [in battle] éperonner / *the police car rammed them twice* la voiture de police les a percutés deux fois **2.** [push] pousser (violemment) / *a table had been rammed up against the door* une table avait été poussée contre la porte / *she rammed the bolt home* elle repoussa le verrou (violemment) / *she rammed the papers into her bag* elle fourra les papiers dans son sac / *he rammed his pipe with tobacco* il bourra sa pipe / *in order to ram home the point* pour enfoncer le clou. ◆ vi ▸ **to ram into sthg** entrer dans or percuter qqch.

RAM [ræm] ◆ n (**abbr of random access memory**) RAM *f*. ◆ pr n **abbr of Royal Academy of Music**.

Ramadan [,ræmə'dæn] n ramadan *m*.

ramble ['ræmbl] ◆ n [hike] randonnée *f* (pédestre) ; [casual walk] promenade *f* ▸ **to go for a ramble** aller faire un tour. ◆ vi **1.** [hike] faire une randonnée **2.** [wander] se balader **3.** [talk] divaguer, radoter / *he rambled on and on about nothing* il n'arrêtait pas de parler pour ne rien dire **4.** [plant] pousser à tort et à travers **5.** [path, stream] serpenter.

rambler ['ræmbləʳ] n **1.** [hiker] randonneur *m*, -euse *f* **2.** [in speech] : *he's a bit of a rambler* il est du genre radoteur **3.** BOT plante *f* sarmenteuse.

rambling ['ræmblɪŋ] ◆ adj **1.** [building] plein de coins et de recoins **2.** [conversation, style] décousu ; [ideas, book, thoughts] incohérent, sans suite ; [person] qui divague, qui radote **3.** [plant] sarmenteux ▸ **rambling rose** rosier *m* sarmenteux. ◆ n [hiking] randonnée *f* ▸ **to go rambling** aller en randonnée.

Ramboesque [,ræmbəʊ'esk] adj digne de Rambo.

rambunctious [ræm'bʌŋkʃəs] adj remuant, turbulent.

rambutan ['ræmbuːtn] n ramboutan *m*.

RAMC (**abbr of Royal Army Medical Corps**) pr n *service de santé des armées britanniques*.

ramekin, ramequin ['ræmɪkɪn] n ramequin *m*.

ramen ['rɑːmən] n CULIN soupe *f* aux nouilles *(spécialité japonaise)*.

Rameses ['ræmɪsiːz] = **Ramses**.

ramification [,ræmɪfɪ'keɪʃn] n **1.** [implication] implication *f* / *I'm not sure if you understand all the ramifications of this decision* je ne suis pas sûr que vous compreniez toutes les conséquences qu'aura cette décision **2.** [branching] ramification *f*.

ramify ['ræmɪfaɪ] (*pt & pp* **ramified**) ◆ vt ramifier. ◆ vi se ramifier.

ramjet ['ræmdʒet] n [engine] statoréacteur *m*, tuyère *f* thermopropulsive ; [aircraft] avion *m* à statoréacteur.

ramp [ræmp] n **1.** pente *f*, rampe *f* ; [in road works] dénivellation *f* **2.** US [access road] rampe *f* d'accès.

❖ **ramp up** vt sep [increase] augmenter.

rampage [ræm'peɪdʒ] ◆ n fureur *f* ▸ **to be on the rampage** être déchaîné ▸ **to go on the rampage** se livrer à des actes de violence / *football fans went on the rampage through the town* des supporters de football ont saccagé la ville / *the headmaster's on the rampage!* le directeur est déchaîné ! ◆ vi se déchaîner / *a herd of elephants rampaged through the bush* un troupeau d'éléphants avançait dans la brousse en balayant tout sur son passage / *they rampaged through the town* ils ont saccagé la ville.

rampant ['ræmpənt] adj **1.** [unrestrained] déchaîné, effréné / *they're rampant Marxists* ce sont des marxistes purs et durs / *corruption is rampant* la corruption sévit / *the disease is rampant* la maladie fait des ravages / *rampant inflation* inflation *f* galopante **2.** [exuberant - vegetation] exubérant, foisonnant **3.** *(after noun)* HERALD rampant.

> ⚠ The French adjective **rampant** only corresponds to the English word rampant in the field of heraldry.

rampart ['ræmpɑːt] ◆ n *lit & fig* rempart *m*. ◆ vt fortifier (d'un rempart).

rampion ['ræmpjən] n raiponce *f*.

ramraid ['ræmreɪd] n pillage *m*.

ramraider ['ræm,reɪdəʳ] n *personne qui pille les magasins en fracassant les vitrines avec sa voiture.*

ramrod ['ræmrɒd] ◆ n baguette *f (d'arme à feu)* ▸ **to sit / to stand as stiff as a ramrod** être assis / se tenir raide comme un piquet. ◆ adv : *the sentry stood ramrod straight* la sentinelle se tenait debout, raide comme un piquet.

Ramses ['ræmsi:z] pr n Ramsès.

ramshackle ['ræm,ʃækl] adj délabré.

ramshorn snail ['ræmz,hɔ:n-] n planorbe *f.*

ran [ræn] pt ⟶ **run.**

RAN (abbr of **Royal Australian Navy**) pr n *marine de guerre australienne.*

ranch [rɑ:ntʃ] ◆ n ranch *m* ▸ **chicken ranch** élevage *m* de poulets. ◆ comp ▸ **ranch hand** ouvrier *m* agricole ▸ **ranch house** *grande maison basse dite de style ranch.* ◆ vi exploiter un ranch. ◆ vt ▸ **to ranch cattle** élever du bétail (sur un ranch).

rancher ['rɑ:ntʃəʳ] n [owner] propriétaire *mf* de ranch ; [manager] exploitant *m*, -e *f* de ranch ; [worker] garçon *m* de ranch, cow-boy *m.*

ranchero [rɑ:n'tʃerəʊ] n US propriétaire *m* de ranch.

ranching ['rɑ:ntʃɪŋ] n exploitation *f* d'un ranch ▸ **cattle / chicken ranching** élevage *m* de bétail / de poulets.

rancid ['rænsɪd] adj rance ▸ **to go** or **to turn rancid** rancir.

rancorous ['ræŋkərəs] adj rancunier.

rancour UK, **rancor** US ['ræŋkəʳ] n rancœur *f*, rancune *f.*

rand [rænd] (*pl* **rand**) n [money] rand *m.*

R and B n (abbr of **rhythm and blues**) R & B *m.*

R and D n (abbr of **research and development**) R & D *f.*

random ['rændəm] adj **1.** [aleatory] aléatoire, fait or choisi au hasard / *a random number* un nombre aléatoire / *the arrangement of the dots seems completely random* la disposition des points semble complètement aléatoire / *a random sample* un échantillon pris au hasard / *a random selection of goods* des marchandises prises au hasard, une sélection arbitraire de marchandises / *a random shot* une balle perdue / *random violence* violence *f* aveugle **2.** *inf* [odd] bizarre / *she did something totally random* elle a fait un truc de ouf.

❖ **at random** adv phr au hasard / *chosen at random* choisi au hasard / *to lash out at random* distribuer des coups à l'aveuglette.

random access n COMPUT accès *m* aléatoire or direct.

❖ **random-access** adj COMPUT à accès aléatoire or direct ▸ **random-access memory** mémoire *f* vive.

randomize, randomise ['rændəmaɪz] vt COMPUT randomiser.

randomly ['rændəmlɪ] adv au hasard.

random sampling n échantillonnage *m* aléatoire.

random walk n MATH marche *f* aléatoire.

R and R (abbr of **rest and recreation**) n MIL permission *f* / *I need some R and R* j'ai besoin de me reposer.

randy ['rændɪ] (*compar* **randier**, *superl* **randiest**) adj UK *inf* excité / *he's a randy devil* c'est un chaud lapin / *a randy old man* un vieux satyre.

ranee ['rɑ:nɪ] = **rani.**

rang [ræŋ] pt ⟶ **ring.**

range [reɪndʒ] ◆ n **1.** [of missile, sound, transmitter, etc.] portée *f* ; [of vehicle, aircraft] autonomie *f* / *medium-range* or *intermediate-range missiles* missiles *mpl* à portée intermédiaire ▸ **at long / short range** à longue / courte portée ▸ **out of range** hors de portée ▸ **within** or **in range a)** [of guns] à portée de tir **b)** [of voice] à portée de voix / *it can kill a man at a range of 800 metres* ça peut tuer un homme à une distance de 800 mètres ▸ **range of vision** champ *m* visuel / *it gives you some idea of the range of their powers* ça vous donne une petite idée de l'étendue de leurs pouvoirs **2.** [bracket] gamme *f*, éventail *m*, fourchette *f* / *there is a wide range of temperatures in these parts* il existe de très grands écarts de température dans ces régions ▸ **age range** : *children in the same age range* les enfants dans la même tranche d'âge ▸ **price range** gamme or fourchette de prix / *it's within my price range* c'est dans mes prix **3.** [set, selection] gamme *f* / *we stock a wide range of office materials* nous avons en stock une large gamme de matériels de bureaux / *the range of possibilities is almost infinite* l'éventail des possibilités est presque infini / *we talked on a wide range of topics* nous avons discuté de sujets très divers / *it provoked a wide range of reactions* ça a provoqué des réactions très diverses ; COMM : *the new autumn range* [of clothes] la nouvelle collection d'automne / *this car is the top / bottom of the range* cette voiture est le modèle haut / bas de gamme **4.** *fig* [scope] champ *m*, domaine *m* / *that is beyond the range of the present inquiry* cela ne relève pas de cette enquête / *that lies outside the range of my responsibility* ça dépasse les limites de ma responsabilité **5.** [of mountains] chaîne *f* **6.** [prairie] prairie *f* **7.** [practice area] champ *m* de tir ▸ **missile range** champ *m* de tir de missiles **8.** MUS [of instrument] étendue *f*, portée *f* ; [of voice] tessiture *f* **9.** [cooker] fourneau *m* (de cuisine) **10.** [row, line] rang *m*, rangée *f* **11.** BIOL [habitat] habitat *m.* ◆ vi **1.** [vary] aller, s'étendre / *their ages range from 5 to 12* or *between 5 and 12* ils ont de 5 à 12 or entre 5 et 12 ans / *the quality ranges from mediocre to excellent* la qualité varie de médiocre à excellent **2.** [roam] ▸ **to range over** parcourir / *they range over the countryside* ils parcourent la campagne / *thugs range through the city streets* des voyous rôdent dans les rues de la ville **3.** [extend] : *the survey ranged over the whole country* l'enquête couvrait la totalité du pays / *our conversation ranged over a large number of topics* nous avons discuté d'un grand nombre de sujets **4.** [gun] ▸ **to range over** avoir une portée de. ◆ vt **1.** [roam] parcourir **2.** [arrange] ranger ; [put in a row or in rows] mettre or disposer en rang or rangs / *the troops ranged themselves in front of the embassy* les troupes se rangèrent devant l'ambassade / *the desks are ranged in threes* les pupitres sont en rangées de trois **3.** [join, ally] ranger, rallier / *the forces ranged against me* les forces ralliées contre moi **4.** [classify] classer, ranger **5.** [aim - cannon, telescope] braquer **6.** TYPO aligner, justifier.

rangefinder ['reɪndʒ,faɪndəʳ] n télémètre *m.*

ranger ['reɪndʒəʳ] n **1.** [in park, forest] garde *m* forestier **2.** US [lawman] ≃ gendarme *m* **3.** US [in national park] gardien *m*, -enne de parc national **4.** US MIL ranger *m.*

❖ **Ranger (Guide)** n guide *m.*

Rangoon [ræŋ'gu:n] pr n Rangoon.

rangy ['reɪndʒɪ] (*compar* **rangier**, *superl* **rangiest**) adj **1.** [tall and thin] grand et élancé **2.** [roomy] spacieux.

rani ['rɑ:nɪ] n rani *f.*

rank [ræŋk] ◆ n **1.** [grade] rang *m*, grade *m* / *promoted to the rank of colonel* promu (au rang de or au grade de) colonel / *the rank of manager* le titre de directeur ▸ **to pull rank** faire valoir sa supériorité hiérarchique / *I don't want to have to pull rank on you* je ne veux pas avoir à user de mon autorité sur vous **2.** [quality] rang *m* / *we have very few players in the first* or *top rank* nous avons très peu de joueurs de premier ordre **3.** [social class] rang *m*, condition *f* (sociale) / *the lower ranks of society* les couches inférieures de la société **4.** [row, line] rang *m*, rangée *f* ; [on chessboard] rangée *f* / *a double rank of policemen* une double rangée de policiers ▸ **to break ranks a)** MIL rompre les rangs **b)** *fig* se désolidariser ▸ **to close ranks** MIL & *fig* serrer les rangs **5.** UK ▸ **(taxi) rank** station *f* (de taxis) **6.** MATH [in matrix] rang *m.* ◆ vt **1.** [rate] classer / *she is ranked among the best contemporary writers* elle est classée parmi les meilleurs écrivains contemporains / *I rank this as one of our finest performances* je considère que c'est une de nos meilleures représentations / *he is ranked number 3* il est classé numéro 3 **2.** [arrange] ranger **3.** US [outrank] avoir un grade supérieur à / *a general ranks a captain* un général est au-dessus d'un capitaine. ◆ vi **1.** [rate] figurer / *it ranks high / low on our list of priorities* c'est / ce n'est pas une de nos priorités / *he hardly ranks as an expert* on ne peut guère le qualifier d'expert **2.** US MIL être officier supérieur. ◆ adj **1.** [as intensifier] complet, véritable / *it's a rank injustice* c'est une injustice flagrante / *he is a rank outsider in this competition* il fait figure d'outsider dans cette compétition **2.** [foul-smelling] infect, fétide ; [rancid] rance / *his shirt was rank with sweat* sa chemise empestait la sueur **3.** [coarse - person, language] grossier **4.** *liter* [profuse - vegetation] luxuriant ; [- weeds] prolifique.

❖ **ranks** pl n **1.** [members] rangs *mpl* / *to join the ranks of the opposition / unemployed* rejoindre les rangs de l'opposition / des chômeurs **2.** MIL [rank and file] ▸ **the ranks, other ranks** les hommes du rang / *to come up through* or *to rise from the ranks* sortir du rang / *to reduce an officer to the ranks* dégrader un officier.

-rank in comp ▸ **second-rank** petit, mineur ▸ **top-rank** grand, majeur.

rank and file n ▸ **the rank and file a)** MIL les hommes du rang **b)** POL la base / *we'll have to consult the rank and file* il faudra que nous consultions la base **c)** [in company] les employés.

❖ **rank-and-file** adj de la base / *to protect rank-and-file interests* protéger les intérêts de la base.

ranker ['ræŋkəʳ] n MIL [private] homme *m* du rang ; [officer] officier *m* sorti du rang.

ranking ['ræŋkɪŋ] ◆ n classement *m.* ◆ adj US **1.** MIL ▸ **ranking officer** officier *m* responsable **2.** [prominent] de premier ordre.

-ranking in comp ▸ **low-ranking** de bas rang or grade.

rankle ['ræŋkl] vi : *their decision still rankles with me* leur décision m'est restée en travers de la gorge.

rankness ['ræŋknɪs] n **1.** [smell] puanteur *f* ; [taste] rance *m* **2.** *liter* [luxuriance - of vegetation] luxuriance *f*, profusion *f.*

ransack ['rænsæk] vt **1.** [plunder] saccager, mettre à sac / *the burglars had ransacked his flat* les cambrioleurs avaient saccagé son appartement **2.** [search] mettre sens dessus dessous / *he ransacked the wardrobe for his tie* il mit l'armoire sens dessus dessous pour trouver sa cravate.

ransom ['rænsəm] ◆ n rançon *f* / *the family paid the ransom (money)* la famille a payé la rançon / *they held her to ransom* ils l'ont kidnappée pour avoir une rançon / *they're holding the country to ransom* ils tiennent le pays en otage ▸ **a king's ransom** une fortune. ◆ vt rançonner.

rant [rænt] vi fulminer / *they ranted on and on* ils n'arrêtaient pas de fulminer ▸ **to rant at sb** fulminer contre qqn ▸ **to rant and rave** tempêter, tonitruer.

ranter ['ræntəʳ] n énergumène *mf*, exalté *m*, -e *f.*

ranting ['ræntɪŋ] ◆ n *(U)* vociférations *fpl.* ◆ adj déclamatoire.

ranunculus [rə'nʌŋkjʊləs] n renoncule *f.*

rap [ræp] (*pt & pp* **rapped**, *cont* **rapping**) ◆ vt **1.** [strike] frapper sur, cogner sur / *she rapped the desk* elle frappa sur le bureau ▸ **to rap sb's knuckles, to rap sb over the knuckles** *fig* sermonner qqn **2.** [in newspaper headlines] réprimander. ◆ vi **1.** [knock] frapper, cogner / *somebody rapped on the door* quelqu'un a frappé (à la porte) **2.** US *inf* [chat] bavarder, discuter le bout de gras **3.** MUS jouer du rap. ◆ n **1.** [blow, sound] coup *m* (sec) ; [rebuke] réprimande *f* ▸ **to be given a rap over** or **on the knuckles** *fig* se faire taper sur les doigts ▸ **to take the rap for sthg** *inf* écoper pour qqch **2.** US *v inf* [legal charge] accusation *f* / *he's up on a murder / drugs rap* il est accusé de meurtre / dans une affaire de drogue / *it's a bum rap* c'est un coup monté ▸ **to beat the rap** échapper à la justice **3.** US *inf* [chat] ▸ **rap session** bavardage *m* / *we had a good rap session* on a discuté pendant un bon bout de temps **4.** MUS rap *m* **5.** PHR **I don't care a rap!** UK *inf* je m'en fiche (pas mal) !

❖ **rap out** vt sep **1.** [say sharply] lancer, lâcher / *she rapped out an order* elle lança un ordre **2.** [tap out - message] taper.

rapacious [rə'peɪʃəs] adj rapace.

rapaciously [rə'peɪʃəslɪ] adv avec rapacité or avidité.

rapaciousness [rə'peɪʃəsnɪs], **rapacity** [rə'pæsətɪ] n rapacité *f.*

rape [reɪp] ◆ n **1.** [sex crime] viol *m* ▸ **to commit rape** perpétrer un viol ▸ **rape victim** victime *f* d'un viol / *the rape of the countryside* la dévastation de la campagne ▸ **rape crisis centre** centre d'accueil pour femmes violées **2.** *arch* [abduction] rapt *m*, enlèvement *m* / **'The Rape**

of the Lock' *Pope* 'la Boucle dérobée' / **'The Rape of the Sabine Women'** 'l'Enlèvement des Sabines' **3.** BOT colza *m* **4.** [remains of grapes] marc *m* (de raisin). ◆ vt violer.

rape oil n huile *f* de colza.

rapeseed ['reɪpsi:d] n graine *f* de colza ▸ **rapeseed oil** = **rape oil.**

Raphael ['ræfeɪəl] pr n Raphaël.

rapid ['ræpɪd] adj rapide / *in rapid succession* en une succession rapide / *a rapid pulse* un pouls rapide.

❖ **rapids** pl n rapide *m*, rapides *mpl* ▸ **to shoot the rapids** franchir le rapide or les rapides.

rapid eye movement n *mouvements oculaires rapides pendant le sommeil paradoxal.*

rapid-fire adj MIL à tir rapide ; *fig* [questions, jokes] qui se succèdent à toute allure.

rapidity [rə'pɪdətɪ] n rapidité *f.*

rapidly ['ræpɪdlɪ] adv rapidement.

rapidness ['ræpɪdnɪs] = **rapidity.**

rapid reaction force n forces *fpl* d'intervention rapide.

rapid transit n US transport *m* urbain rapide.

rapier ['reɪpjər] ◆ n rapière *f.* ◆ comp ▸ **rapier thrust** coup *m* de rapière / *her rapier wit* son esprit acerbe.

rapine ['ræpaɪn] n *liter* rapine *f.*

rapist ['reɪpɪst] n violeur *m.*

rapper ['ræpər] n **1.** [on door] heurtoir *m* **2.** MUS rappeur *m*, -euse *f.*

rapport [ræ'pɔ:r] n rapport *m* / *I have a good rapport with him* j'ai de bons rapports avec lui.

rapprochement [ræ'prɒʃmɒnt] n rapprochement *m.*

rapscallion [ræp'skæljən] n *arch* fripon *m*, -onne *f arch*, gredin *m*, -e *f.*

rap sheet n US casier *m* judiciaire.

rapt [ræpt] adj **1.** [engrossed] absorbé, captivé / *the clown held the children rapt* le clown fascinait les enfants / *with rapt attention* complètement absorbé **2.** [delighted] ravi / *rapt with joy* transporté de joie / *a rapt smile* un sourire ravi.

raptor ['ræptər] n rapace *m.*

rapture ['ræptʃər] n ravissement *m*, extase *f* ▸ **to go into raptures over** or **about sthg** s'extasier sur qqch / *they were in raptures about their presents* leurs cadeaux les ont ravis.

rapturous ['ræptʃərəs] adj [feeling] intense, profond ; [gaze] ravi, extasié ; [praise, applause] enthousiaste / *the champions were given a rapturous welcome* on a réservé un accueil délirant aux champions.

rapturously ['ræptʃərəslɪ] adv [watch] d'un air ravi, avec ravissement ; [praise, applaud] avec enthousiasme.

rare [reər] adj **1.** [uncommon] rare / *a rare stamp* un timbre rare / *it's rare to see such marital bliss nowadays* un tel bonheur conjugal est rare de nos jours / *on rare occasions* en de rares occasions / *on the rare occasions when I've seen him angry* les rares fois où je l'ai vu en colère / *a rare opportunity* une occasion exceptionnelle / *he's a rare bird* c'est un oiseau rare **2.** [exceptional] rare, exceptionnel / *she has a rare gift* elle a un don exceptionnel **3.** *inf* [extreme] énorme / *you gave me a rare fright!* tu m'as fait une peur bleue or une de ces peurs ! ; [excellent] fameux, génial / *we had a rare old time* on s'est amusés comme des fous **4.** [meat] saignant **5.** [rarefied - air, atmosphere] raréfié.

rarebit ['reəbɪt] = **Welsh rarebit.**

rare earth n CHEM terre *f* rare.

rarefaction [,reərɪ'fækʃn] n raréfaction *f.*

rarefied ['reərɪfaɪd] adj **1.** [air, atmosphere] raréfié ▸ **to become rarefied** se raréfier **2.** [refined] raffiné / *the rarefied circles in which she moves* les milieux raffinés dans lesquels elle évolue.

rarefy ['reərɪfaɪ] (*pt & pp* **rarefied**) ◆ vt raréfier. ◆ vi se raréfier.

rarely ['reəlɪ] adv rarement / *it rarely snows here* il neige rarement ici, il est rare qu'il neige ici.

> Note that il est rare que is followed by a verb in the subjunctive:
> **People rarely make the connection.** *Il est rare que les gens fassent le lien.*

rareness ['reənɪs] n rareté *f.*

raring ['reərɪŋ] adj *inf* impatient ▸ **to be raring to go** ronger son frein.

rarity ['reərətɪ] (*pl* **rarities**) n **1.** [uncommon person, thing] rareté *f* / *a foreigner's a rarity in these parts* les étrangers sont rares par ici **2.** [scarcity] rareté *f.*

rascal ['rɑ:skl] n **1.** [naughty child] polisson *m*, -onne *f* **2.** *liter* [rogue] vaurien *m*, gredin *m.*

rascally ['rɑ:skəlɪ] adj *liter* [person] coquin ; [deed] de coquin.

rash [ræʃ] ◆ n **1.** MED rougeur *f*, éruption *f* ▸ **to come out in a rash** avoir une éruption / *oysters bring me out in a rash* les huîtres me donnent des éruptions **2.** [wave, outbreak] vague *f* / *a rash of strikes* une vague de grèves / *last summer's rash of air disasters* la série noire de catastrophes aériennes de l'été dernier. ◆ adj imprudent / *it was rash of her to walk out* c'était imprudent de sa part de partir comme ça / *don't be rash* soyez prudent / *rash words* des paroles irréfléchies / *I bought it in a rash moment* je l'ai acheté dans un moment de folie or sur un coup de tête.

rasher ['ræʃər] n UK tranche *f (de bacon).*

rashly ['ræʃlɪ] adv imprudemment / *I rather rashly offered to drive her home* dans un moment de folie j'ai offert de la reconduire chez elle.

rashness ['ræʃnɪs] n imprudence *f.*

rasp [rɑ:sp] ◆ n **1.** [file] râpe *f* **2.** [sound] bruit *m* de râpe / *the rasp in his voice* sa voix rauque. ◆ vt **1.** [scrape, file] râper **2.** [say] dire d'une voix rauque. ◆ vi [make rasping noise] grincer, crisser.

❖ **rasp out** vt sep crier d'une voix rauque.

raspberry ['rɑ:zbərɪ] (*pl* **raspberries**) ◆ n **1.** [fruit] framboise *f* **2.** *inf* [noise] ▸ **to blow a raspberry** faire pfft *(en signe de dérision)* / *the announcement was greeted with a chorus of raspberries* la nouvelle fut accueillie par des sifflements. ◆ comp [jam] de framboises ; [tart] aux framboises ▸ **raspberry bush** or **cane** BOT framboisier *m.* ◆ adj [colour] framboise *(inv).*

rasping ['rɑ:spɪŋ] ◆ adj [noise] grinçant, crissant ; [voice] grinçant. ◆ n [noise] grincement *m*, crissement *m.*

Rasputin [ræ'spju:tɪn] pr n Raspoutine.

Rasta ['ræstə] ◆ n (abbr of **Rastafarian**) rasta *mf.* ◆ adj rasta *(inv).*

Rastafarian [,ræstə'feərɪən] ◆ n rastafari *mf.* ◆ adj rastafari *(inv).*

Rastafarianism [,ræstə'feərɪənɪzm] n rastafarisme *m.*

raster ['ræstər] n PHYS & TV trame *f* ▸ **raster image** image *f* tramée ▸ **raster graphics** infographie *f* matricielle ▸ **raster plotter** traceur *m* par ligne matricielle ▸ **raster scan** balayage *m* récurrent ▸ **raster unit** unité *f* de tramage.

raster image processor n COMPUT trameur *m*, RIP *m.*

rasterize, **rasterise** ['ræstəraɪz] vt COMPUT, TYPO & TV rastériser.

rat [ræt] (*pt & pp* **ratted**, *cont* **ratting**) ◆ n **1.** ZOOL rat *m* ▸ **female rat, she-rat** rate *f* ▸ **baby rat** raton *m* ▸ **black rat** rat noir ▸ **grey** or **sewer rat** rat d'égout, surmulot *m* ▸ **to look like a drowned rat** avoir l'air d'un chien mouillé **2.** *inf* [as insult - gen] ordure *f* / *you dirty rat!* espèce d'ordure ! ◆ vi **1.** *lit* ▸ **to go ratting** faire la chasse aux rats **2.** *inf & fig* retourner sa veste.

❖ **rat on** vt insep *inf* **1.** [betray] vendre ; [inform on] moucharder **2.** [go back on] revenir sur.

ratable ['reɪtəbl] = **rateable.**

ratafia [,rætə'fɪə] n **1.** [liqueur] ratafia *m* **2.** ▸ **ratafia (biscuit)** macaron *m.*

ratal ['reɪtl] n UK ADMIN [of building] valeur *f* locative imposable ; [of site] évaluation *f* cadastrale (d'impôts locaux).

rat-arsed ['rætɑ:st] adj UK *v inf* bourré ▸ **to get rat-arsed** se bourrer la gueule.

rat-a-tat(-tat) ['rætə,tæt('tæt)] n toc-toc *m.*

ratbag ['rætbæg] n UK *inf* peau *f* de vache / *the old ratbag!* la vieille chouette !

ratcatcher ['ræt,kætʃər] n [gen] chasseur *m*, -euse *f* de rats ; [official] agent *m* de la dératisation.

ratchet ['rætʃɪt] n rochet *m* ▸ **ratchet wrench** clé *f* à rochet ▸ **ratchet wheel** roue *f* à rochet / *this had a ratchet effect on prices* cela a entraîné une augmentation irréversible des prix.

❖ **ratchet up** vt sep [prices, inflation] faire augmenter de façon irréversible.

rate [reɪt] ◆ n **1.** [ratio, level] taux *m* / *the birth* | *death* | *divorce* | *suicide rate* le taux de natalité | de mortalité | de divorce | de suicide / *the success rate is falling* le taux de réussite est en baisse / *how do you explain the high suicide rate?* comment expliquez-vous le nombre élevé de suicides ? / *the hourly rate is going to be increased* le taux horaire va être augmenté ▸ **rate of exchange** taux de change ▸ **rate of return** taux de rendement ▸ **rate of taxation** taux d'imposition **2.** [cost, charge] tarif *m* / *his rates have gone up* ses prix ont augmenté / *postal* or *postage rate* tarifs postaux / *standard* | *reduced rate* tarif normal | réduit **3.** [speed] vitesse *f*, train *m* / *at the rate we're going* or *at this rate we'll never get there* au rythme où nous allons, nous n'y arriverons jamais / *she shot past at a terrific rate* elle est passée comme une flèche. ◆ vt **1.** [reckon, consider] considérer / *she's rated as one of the best players in the world* elle est classée parmi les meilleures joueuses du monde ▸ **to rate sb / sthg highly** avoir une haute opinion de qqn / qqch, faire grand cas de qqn / qqch **2.** [deserve] mériter / *her film rates better reviews* son film mérite de meilleures critiques **3.** *inf* [have high opinion of] : *I don't rate him as an actor* à mon avis, ce n'est pas un bon acteur / *I don't rate their chances much* je ne pense pas qu'ils aient beaucoup de chance **4.** UK [fix rateable value of] fixer la valeur locative imposable de **5.** *liter* [scold] tancer. ◆ vi [rank high] se classer / *he rates highly in my estimation* je le tiens en très haute estime.

❖ **rates** pl n UK *dated* impôts *mpl* locaux.

❖ **at any rate** adv phr de toute façon, de toute manière, en tout cas.

rateable ['reɪtəbl] adj ▸ **rateable value** UK ≃ valeur *f* locative imposable.

rate-cap vt [in UK] : *the town council was rate-capped* le gouvernement a fixé un plafond aux impôts locaux.

rate-capping [-,kæpɪŋ] n [in UK] *plafonnement des impôts locaux par le gouvernement.*

ratepayer ['reɪt,peɪər] n [in UK] contribuable *mf.*

rate support grant n UK *subvention à une collectivité locale.*

ratfink ['rætfɪŋk] n US *v inf* salaud *m.*

rather ['rɑ:ðər] ◆ adv **1.** [slightly, a bit] assez, un peu / *I was rather tired* j'étais assez fatigué / *it's rather too small for me* c'est un peu trop petit pour moi / *she cut me a rather large slice* elle m'a coupé une tranche plutôt grande / *it tastes rather like honey* ça a un peu le goût du miel / *I rather rashly volunteered* j'ai offert mes services un peu rapidement **2.** UK [as intensifier] : *I rather like this town* je trouve cette ville plutôt agréable / *she's rather nice* elle est plutôt sympa **3.** [expressing preference] plutôt / *I'd* or *I would rather go by car* je préférerais or j'aimerais mieux y aller en voiture / *I'd rather not do it today* je préférerais or j'aimerais mieux ne pas le faire aujourd'hui / *would you rather go to Scotland?* préféreriez-vous aller en Écosse ? / *shall we go out tonight? — I'd rather not* si on sortait ce soir ? — je n'ai pas très envie ▸ **rather you than me!** je n'aimerais pas être à votre place ! **4.** [more exactly] plutôt, plus exactement / *she's English, or rather Scottish* elle est anglaise, ou plutôt écossaise / *bring some wine, or rather some champagne* apportez du vin, ou mieux or plutôt du champagne. ◆ predet plutôt / *it was rather a long film* le film était plutôt long. ◆ interj UK *dated* et comment / *cold, isn't it? — rather!* il fait froid, n'est-ce pas ? — plutôt !

✣ **rather than** ◆ prep phr plutôt que / *you should congratulate his wife rather than him* c'est sa femme que tu devrais féliciter, pas lui / *it's a melodrama rather than a tragedy* c'est un mélodrame plus qu'une tragédie. ◆ conj phr plutôt que / *rather than walk I took the bus* plutôt que d'y aller à pied, j'ai pris le bus.

Note that préférer que and aimer mieux que are followed by a verb in the subjunctive:
I'd rather you came alone. *Je préférerais que tu viennes seule. J'aimerais mieux que tu viennes seule.*

ratification [,rætɪfɪ'keɪʃn] n ratification *f*.
ratify ['rætɪfaɪ] (*pt & pp* **ratified**) vt ratifier.
rating ['reɪtɪŋ] n **1.** [ranking] classement *m* ▸ **popularity rating** cote *f* de popularité ; FIN [of bank, company] notation *f* **2.** [appraisal] évaluation *f*, estimation *f* **3.** NAUT matelot *m* **4.** *liter* [scolding] réprimande *f*, admonestation *f*.
✣ **ratings** pl n RADIO & TV indice *m* d'écoute ▸ **to be high in the ratings** avoir un fort indice d'écoute ▸ **the ratings battle** or **war** la course à l'Audimat.
ratio ['reɪʃɪəʊ] (*pl* **ratios**) n **1.** [gen] proportion *f*, rapport *m* / *in the ratio of six to one* dans la proportion de six contre un / *the teacher-student ratio is 1 to 10* le rapport enseignants-étudiants est de 1 pour 10 **2.** MATH raison *f*, proportion *f* **3.** ECON ratio *m*.
ratiocinate [,rætɪ'ɒsɪneɪt] vi *fml* raisonner.
ratiocination [,rætɪɒsɪ'neɪʃn] n *fml* raisonnement *m*.
ration ['ræʃn] ◆ n *lit & fig* ration *f* / *I've had my ration of television for today* j'ai eu ma dose de télévision pour aujourd'hui. ◆ comp ▸ **ration book** carnet *m* de tickets de rationnement ▸ **ration card** carte *f* de rationnement. ◆ vt **1.** [food] rationner / *they are rationed to one pound of meat a week* ils sont rationnés à une livre de viande par semaine / *I've rationed myself to five cigarettes a day* je me suis rationné à cinq cigarettes par jour **2.** [funds] limiter / *arts subsidies are being rationed because of the recession* les subventions à la culture sont limitées du fait de la récession.
✣ **rations** pl n [food] vivres *mpl* ▸ **to be on double / short rations** toucher une ration double / réduite ▸ **half rations** demi-rations *fpl*.
✣ **ration out** vt sep rationner.
rational ['ræʃənl] ◆ adj **1.** [capable of reason] doué de raison, raisonnable / *a rational being* un être doué de raison **2.** [reasonable, logical - person] raisonnable ; [- behaviour, explanation] rationnel / *he is incapable of rational thought* il est incapable de raisonner logiquement **3.** [of sound mind, sane] lucide **4.** MATH rationnel. ◆ n rationnel *m*.
rationale [,ræʃə'nɑ:l] n **1.** [underlying reason] logique *f* / *what is the rationale for* or *behind their decision?* quelle logique sous-tend leur décision ? **2.** [exposition] exposé *m*.
rationalism ['ræʃənəlɪzm] n rationalisme *m*.
rationalist ['ræʃənəlɪst] ◆ adj rationaliste. ◆ n rationaliste *mf*.
rationalistic [,ræʃənə'lɪstɪk] adj rationaliste.
rationality [,ræʃə'nælətɪ] n **1.** [of belief, system, etc.] rationalité *f* **2.** [faculty] raison *f*.
rationalization [,ræʃənəlaɪ'zeɪʃn] n rationalisation *f*.
rationalize, rationalise ['ræʃənəlaɪz] vt **1.** [gen & COMM] rationaliser **2.** MATH rendre rationnel.
rationally ['ræʃənəlɪ] adv rationnellement.
rational number n nombre *m* rationnel.
rationing ['ræʃənɪŋ] n **1.** [of food] rationnement *m* **2.** [of funds] : *banks are warning of mortgage rationing* les banques annoncent qu'elles vont limiter le nombre de prêts immobiliers.
Ratisbon ['rætɪzbɒn] pr n Ratisbonne.
rat kangaroo n kangourou-rat *m*.
ratlin(e) ['rætlɪn] n enfléchure *f*.
rat poison n mort-aux-rats *f inv*.
rat race n jungle *f fig* / *she dropped out of the rat race to live in the country* elle quitta la jungle des affaires pour vivre à la campagne.
rats [ræts] interj *inf & hum* zut.
rattan [rə'tæn] ◆ n [plant] rotang *m* ; [substance] rotin *m*. ◆ comp [furniture] en rotin.
rat-tat ['ræt,tæt] = **rat-a-tat(-tat)**.
ratter ['rætər] n [dog, cat] chasseur *m* de rats.
rattle ['rætl] ◆ vi [gen] faire du bruit ; [car, engine] faire un bruit de ferraille ; [chain, machine, dice] cliqueter ; [gunfire, hailstones] crépiter ; [door, window] vibrer / *the trains make the windows rattle* les trains font vibrer les fenêtres / *somebody was rattling at the door* quelqu'un secouait la porte / *an old car came rattling down the hill* une vieille voiture descendait la côte dans un bruit de ferraille. ◆ vt **1.** [box] agiter *(en faisant du bruit)* ; [key] faire cliqueter ; [chain, dice] agiter, secouer ; [door, window] faire vibrer **2.** [disconcert] ébranler, secouer / *I was rattled* ça m'a secoué. ◆ n **1.** [noise - of chains] bruit *m* ; [- of car, engine] bruit *m* de ferraille ; [- of keys] cliquetis *m* ; [- of gunfire, hailstones] crépitement *m* ; [- of window, door] vibration *f*, vibrations *fpl* **2.** [for baby] hochet *m* ; [for sports fan] crécelle *f* **3.** ZOOL [of rattlesnake] grelot *m*.
✣ **rattle around** vi : *you'll be rattling around in that big old house!* tu seras perdu tout seul dans cette grande maison !
✣ **rattle off** vt sep [speech, list] débiter, réciter à toute allure ; [piece of work] expédier ; [letter, essay] écrire en vitesse.
✣ **rattle on** vi jacasser.
✣ **rattle through** vt insep [speech, meeting, etc.] expédier.
rattlebrain ['rætlbreɪn] n *inf & dated* écervelé *m*, -e *f*.
rattlebrained ['rætlbreɪnd] adj *inf & dated* [person] écervelé, qui a un pois chiche à la place du cerveau ; [idea] stupide.
rattler ['rætlər] US *inf* = **rattlesnake**.
rattlesnake ['rætlsneɪk] n serpent *m* à sonnettes, crotale *m*.
rattletrap ['rætltræp] n UK *inf & dated* [car] tacot *m*.
rattling ['rætlɪŋ] ◆ n = **rattle** *(noun)*. ◆ adj **1.** [sound] : *there was a rattling noise* on entendait un cliquetis / *her rattling old banger inf* son vieux tacot bringuebalant **2.** [fast] rapide / *at a rattling pace* à vive allure. ◆ adv *inf & dated* : *we had a rattling good time* on s'est drôlement amusés / *this book is a rattling good read* ce livre est vraiment formidable.
rat trap n **1.** *lit* piège *m* à rats, ratière *f* **2.** US [building] taudis *m*.
ratty ['rætɪ] (*compar* **rattier**, *superl* **rattiest**) adj *inf* **1.** UK [irritable] de mauvais poil **2.** US [shabby] miteux.
raucous ['rɔ:kəs] adj **1.** [noisy] bruyant **2.** [hoarse] rauque.
raucously ['rɔ:kəslɪ] adv **1.** [noisily] bruyamment **2.** [hoarsely] d'une voix rauque.
raucousness ['rɔ:kəsnɪs] n **1.** [noisiness] tapage *m* **2.** [hoarseness] ton *m* rauque.
raunchiness ['rɔ:ntʃɪnɪs] n sensualité *f*.
raunchy ['rɔ:ntʃɪ] (*compar* **raunchier**, *superl* **raunchiest**) adj *inf* **1.** [woman] d'une sensualité débordante ; [song, film, etc.] torride **2.** US [slovenly] négligé.
ravage ['rævɪdʒ] vt ravager, dévaster / *the city had been ravaged by war* la ville avait été ravagée par la guerre.
✣ **ravages** pl n : *the ravages of time* les ravages du temps.
ravaged ['rævɪdʒd] adj ravagé.
rave [reɪv] ◆ vi **1.** [be delirious] délirer **2.** [talk irrationally] divaguer **3.** [shout] se déchaîner / *she started raving at me* elle a commencé à vitupérer **4.** *inf* [praise] s'extasier ▸ **to rave about sthg / sb** s'extasier sur qqch / qqn **5.** UK *inf* [at party] faire la bringue or la fête. ◆ n *inf* **1.** [praise] critique *f* élogieuse **2.** [fashion, craze] mode *f* / *the latest rave* la dernière mode, le dernier cri **3.** UK [party] rave *f*. ◆ adj *inf* **1.** [enthusiastic] élogieux / *the play got rave reviews* or *notices* les critiques de la pièce furent très élogieuses **2.** [trendy] branché.
✣ **rave up** vt sep UK *dated* ▸ **to rave it up** *inf* faire la bringue or la fête.
ravel ['rævl] (UK *pt & pp* **ravelled**, *cont* **ravelling** ; US *pt & pp* **raveled**, *cont* **raveling**) ◆ vt **1.** [entangle] emmêler, enchevêtrer **2.** = **ravel out**. ◆ vi **1.** [tangle up] s'emmêler, s'enchevêtrer **2.** [fray] s'effilocher **3.** CONSTR [road surface] se détériorer.
✣ **ravel out** ◆ vt sep **1.** [cloth] effilocher ; [threads] démêler **2.** *liter* [mystery] éclaircir ; [difficulty] démêler. ◆ vi s'effilocher.
raven ['reɪvn] ◆ n (grand) corbeau *m* / **'The Raven'** *Poe* 'le Corbeau'. ◆ adj *liter* noir comme un corbeau or comme du jais.
raven-haired adj *liter* aux cheveux de jais.
ravening ['rævənɪŋ] adj *liter* vorace.
Ravenna [rə'venə] pr n Ravenne.
ravenous ['rævənəs] adj **1.** [hungry] affamé / *I was ravenous!* j'avais une faim de loup ! **2.** *liter* [rapacious] vorace.
ravenously ['rævənəslɪ] adv voracement ; [as intensifier] ▸ **to be ravenously hungry** avoir une faim de loup.
raver ['reɪvər] n UK *inf* [partygoer] fêtard *m*, -e *f*, noceur *m*, -euse *f* / *she's a little raver!* elle est pas coincée, elle !
rave-up n UK *inf & dated* fête *f* ▸ **to have a rave-up** faire une fête.
ravine [rə'vi:n] n ravin *m*.
raving ['reɪvɪŋ] ◆ adj **1.** [mad] délirant **2.** [as intensifier] : *she's no raving beauty* elle n'est pas d'une beauté éblouissante / *he's a raving lunatic inf* c'est un fou furieux, il est fou à lier. ◆ adv *inf* ▸ **raving mad** fou à lier.
✣ **ravings** pl n divagations *fpl*.
ravioli [,rævɪ'əʊlɪ] n *(U)* ravioli *mpl*, raviolis *mpl*.
ravish ['rævɪʃ] vt *liter* **1.** [delight] ravir, transporter de joie **2.** *arch & liter* [rape] violer ; [abduct] ravir.
ravishing ['rævɪʃɪŋ] adj ravissant, éblouissant.
ravishingly ['rævɪʃɪŋlɪ] adv de façon ravissante ; [as intensifier] : *ravishingly beautiful* d'une beauté éblouissante.
ravishment ['rævɪʃmənt] n **1.** *liter* [delight] ravissement *m* **2.** *arch & liter* [rape] viol *m* ; [abduction] enlèvement *m*.
raw [rɔ:] ◆ adj **1.** [uncooked] cru / *raw vegetables* légumes *mpl* crus ; [as hors d'oeuvre] crudités *fpl* **2.** [untreated - sugar, latex, leather] brut ; [- milk] cru ; [- spirits] pur ; [- cotton, linen] écru ; [- silk] grège, écru ; [- sewage] non traité **3.** [data, statistics] brut **4.** [sore - gen] sensible, irrité ; [- wound, blister] à vif ; [- nerves] à fleur de peau ▸ **to touch a raw nerve (in sb)** : *the remark touched a raw nerve in him* la remarque l'a touché or piqué au vif **5.** [emotion, power, energy] brut **6.** [inexperienced] inexpérimenté / *a raw recruit* un bleu **7.** [weather] rigoureux, rude / *a raw February night* une froide nuit de février **8.** [forthright] franc (franche), direct **9.** US [rude, coarse] grossier, cru **10.** PHR **to give sb a raw deal** traiter qqn de manière injuste / *he got a raw deal from his last job* il n'était pas gâté dans son dernier emploi / *the unemployed get a raw deal* les chômeurs n'ont pas la part belle. ◆ n ▸ **in the raw** *inf* à poil ▸ **to touch sb on the raw** UK toucher or piquer qqn au vif.
rawboned ['rɔ:bəʊnd] adj décharné.
rawhide ['rɔ:haɪd] n **1.** [skin] cuir *m* vert or brut **2.** [whip] fouet *m* (de cuir).
Rawlplug® ['rɔ:lplʌg] n cheville *f*, fiche *f*.
raw material n *(usu pl)* matière *f* première / *her marriage provided her with raw material for her novel* son mariage lui a servi de matière première pour son roman.
rawness ['rɔ:nɪs] n **1.** [natural state] nature *f* brute **2.** [soreness] irritation *f* **3.** [inexperience] inexpérience *f*, manque *m* d'expérience **4.** [of weather] rigueur *f*, rudesse *f* **5.** [frankness] franchise *f* **6.** US [coarseness - of person, language] grossièreté *f*.
ray [reɪ] n **1.** [of light] rayon *m* / *a ray of sunlight* un rayon de soleil / *ultraviolet rays* rayons ultra-violets / *let's catch some rays* US *inf* allons prendre le soleil **2.** *fig* lueur *f* / *a ray of comfort* une petite consolation / *a ray of hope*

une lueur d'espoir / *he's a little ray of sunshine iro* il est de charmante humeur **3.** [fish] raie *f* **4.** MUS ré *m*.

ray gun n pistolet *m* à rayons.

rayon ['reɪɒn] ◆ n rayonne *f*. ◆ adj en rayonne.

raze [reɪz] vt raser / *the village was razed to the ground* le village fut entièrement rasé.

razor ['reɪzər] ◆ n rasoir *m* ▸ **electric / safety razor** rasoir *m* électrique / de sûreté ▸ **to be on a** or **the razor's edge** : *the company is on a razor's edge* l'entreprise est sur le fil du rasoir / *these people are living on the razor's edge* ces gens vivent sur le fil du rasoir. ◆ vt raser.

razorback ['reɪzəbæk] n **1.** [whale] balénoptère *m*, rorqual *m* **2.** US [pig] sanglier *m*.

razorbill ['reɪzəbɪl] n petit pingouin *m*, torda *m*.

razor blade n lame *f* de rasoir.

razor clam US = **razor-shell**.

razor cut n [hairstyle] coupe *f* au rasoir.

❖ **razor-cut** vt [hair] couper au rasoir.

razor-sharp adj **1.** [blade] tranchant comme un rasoir or comme une lame de rasoir ; [nails] acéré **2.** [person, mind] vif.

razor-shell n UK ZOOL couteau *m*.

razor wire n *(U)* barbelés *mpl* tranchants.

razz [ræz] vt US *inf* [tease] se moquer de.

razzle ['ræzl] n UK *v inf* ▸ **to be** or **to go on the razzle** faire la bringue or la nouba.

razzle-dazzle *inf* = **razzmatazz**.

razzmatazz ['ræzmə'tæz] n *inf* clinquant *m* / *the razzmatazz of Hollywood* le côté tape-à-l'œil de Hollywood.

R & B (abbr of **rhythm and blues**) n R & B *m*.

RBI (abbr of **runs batted in**) n US SPORT *points marqués par le batteur.*

RC n abbr of **Roman Catholic.**

RCA pr n abbr of **Royal College of Art.**

RCAF (abbr of **Royal Canadian Air Force**) pr n *armée de l'air canadienne.*

RCCh written abbr of **Roman Catholic Church.**

RCMP (abbr of **Royal Canadian Mounted Police**) pr n *police montée canadienne.*

Rd written abbr of **road.**

R & D (abbr of **research and development**) n R & D *f*.

RDA n abbr of **recommended daily allowance.**

RDC n abbr of **rural district council.**

re[1] [reɪ] n MUS ré *m*.

re[2] [ri:] prep **1.** ADMIN & COMM : *re your letter of the 6th June* en réponse à or suite à votre lettre du 6 juin ; [in letter heading] : *Re : job application* Objet : demande d'emploi **2.** LAW ▸ **(in) re** en l'affaire de.

RE ◆ n abbr of **religious education.** ◆ written abbr of **Royal Engineers.**

reacclimate [rɪ'æklɪmeɪt] vt US : *I was getting reacclimated* j'étais en train de retrouver mes repères.

reach [ri:tʃ] ◆ vt **1.** [arrive at - destination] arriver à / *we'll never reach Las Vegas by nightfall* nous n'arriverons jamais à Las Vegas avant la tombée de la nuit / *they reached port* ils arrivèrent au or gagnèrent le port / *I've reached the end of chapter one* je suis arrivé à la fin du premier chapitre / *the letter hasn't reached him yet* la lettre ne lui est pas encore parvenue / *the sound of laughter reached their ears* des rires parvenaient à leurs oreilles **2.** [extend as far as - stage, point, level] arriver à, atteindre / *the water reached my knees* l'eau m'arrivait aux genoux / *contributions have reached the million-pound mark* le montant des contributions a atteint un million de livres / *to reach the age of 80* atteindre l'âge de 80 ans / *inflation has reached record levels* l'inflation a atteint des niveaux record **3.** [come to - agreement, decision, conclusion] arriver à, parvenir à ; [- compromise] arriver à, aboutir à **4.** [be able to touch] atteindre / *can you reach the top shelf?* est-ce que tu peux atteindre la dernière étagère ? / *the ladder doesn't quite reach the roof* l'échelle n'atteint pas tout à fait le toit / *his feet don't reach the floor* ses pieds ne touchent pas par terre **5.** [pass, hand] passer / *could you reach me that book?* pourriez-vous me passer ce livre ? **6.** [contact] joindre / *you can always reach me at this number* vous pouvez toujours me joindre à ce numéro **7.** US [bribe] soudoyer. ◆ vi **1.** [with hand] tendre la main / *she reached for her glass* elle tendit la main pour prendre son verre / *he reached across the table for the mustard* il allongea le bras par-dessus la table pour prendre la moutarde ▸ **reach for the sky!** haut les mains ! ▸ **to reach for the stars** viser haut **2.** [extend] s'étendre / *the fields reach down to the river* les champs s'étendent jusqu'au fleuve ; [carry - voice] porter **3.** [be long enough] : *it won't reach* ce n'est pas assez long **4.** NAUT faire une bordée. ◆ n **1.** [range] portée *f*, atteinte *f* ▸ **within reach** à portée de la main ▸ **within reach of** à (la) portée de / *the house is within easy reach of the shops* la maison est à proximité des magasins / *within everyone's reach* [affordable by all] à la portée de toutes les bourses ▸ **out of reach** hors de portée ▸ **out of reach of** hors de (la) portée de / **'do not leave within reach of children'** 'ne pas laisser à la portée des enfants' / *nuclear physics is beyond my reach* la physique nucléaire, ça me dépasse complètement **2.** [in boxing] allonge *f* / *a good* or *long reach* une bonne allonge **3.** NAUT bordée *f*, bord *m*.

❖ **reaches** pl n étendue *f* / *vast reaches of water / moorland* de vastes étendues d'eau / de lande / *the upper / the lower reaches of a river* l'amont / l'aval d'une rivière / *the upper reaches of society* les échelons supérieurs de la société.

❖ **reach back** vi [in time] remonter / *a family reaching back to the 16th century* une famille qui remonte au XVIe siècle.

❖ **reach down** ◆ vt sep descendre. ◆ vi **1.** [person] se baisser **2.** [coat, hair] descendre / *her skirt reached down to her ankles* sa jupe lui descendait jusqu'aux chevilles.

❖ **reach out** ◆ vt sep [arm, hand] tendre, étendre / *he reached out his hand and took the money* il étendit la main et prit l'argent. ◆ vi tendre or étendre le bras / *reach out for Jesus!* tendez la main vers le Seigneur ! / *to reach out to the poor* tendre la main aux pauvres.

❖ **reach up** vi **1.** [raise arm] lever le bras **2.** [rise] ▸ **to reach up to** arriver à / *the water reached up to my waist* l'eau m'arrivait à la taille.

reachable ['ri:tʃəbl] adj **1.** [town, destination] accessible / *is it reachable by boat?* peut-on y aller or accéder par bateau ? **2.** [contactable] joignable / *he's reachable at the following number* on peut le joindre au numéro suivant.

reach-me-down n UK *inf* vieux vêtement *m (que les aînés passent aux cadets).*

react [rɪ'ækt] vi réagir ▸ **to react to sthg** réagir à qqch / *the patient is reacting well to the treatment* le malade réagit bien au traitement ▸ **to react against sb / sthg** réagir contre qqn / qqch / *the acid reacts with the metal* l'acide réagit avec le métal.

reactance [rɪ'æktəns] n réactance *f*.

reactant [rɪ'æktənt] n réactif *m*.

reaction [rɪ'ækʃn] n **1.** [gen, CHEM, MED & PHYS] réaction *f* / *their reaction to the news was unexpected* ils ont réagi à la nouvelle de façon inattendue / *her work is a reaction against abstract art* son œuvre est une réaction par rapport à l'art abstrait / *public reaction to the policy has been mixed* la réaction du public face à cette mesure a été mitigée **2.** [reflex] réflexe *m* / *it slows down your reactions* cela ralentit vos réflexes **3.** POL réaction *f* / *the forces of reaction* les forces réactionnaires.

reactionary [rɪ'ækʃənrɪ] ◆ adj réactionnaire. ◆ n réactionnaire *mf*.

reaction engine n moteur *m* à réaction.

reactivate [rɪ'æktɪveɪt] vt réactiver.

reactive [rɪ'æktɪv] adj [gen, CHEM & PHYS] réactif ; PSYCHOL réactionnel.

reactiveness [rɪ'æktɪvnɪs], **reactivity** [,ri:æk'tɪvətɪ] n réactivité *f*.

reactor [rɪ'æktər] n réacteur *m*.

read[1] [ri:d] *(pt & pp* **read** [red]) ◆ vt **1.** [book, magazine, etc.] lire / *read me a story* lis-moi une histoire / *I read it in the paper* je l'ai lu dans le journal / *everything I've read about the subject* tout ce que j'ai lu à ce sujet / *she read herself to sleep* elle a lu jusqu'à ce qu'elle s'endorme / *for "Barry" read "Harry"* lire « Harry » à la place de « Barry » / *can you read music / braille / Italian?* savez-vous lire la musique / le braille / l'italien ? ▸ **to read sb's lips** *lit* lire sur les lèvres de qqn ▸ **read my lips** *fig* écoutez-moi bien ▸ **to take sthg as read** considérer qqch comme allant de soi **2.** [interpret] interpréter, lire / *I read it this way* c'est comme ça que je l'interprète **3.** [understand - person, mood] comprendre ▸ **to read sb's thoughts** lire dans les pensées de qqn / *I can read him like a book!* je sais comment il fonctionne ! / *he reads the game very well* SPORT il a un bon sens du jeu **4.** [via radio] recevoir / *reading you loud and clear* je vous reçois cinq sur cinq / *I read you fig* je vous comprends **5.** [at university] étudier / *he read history* il a étudié l'histoire, il a fait des études d'histoire **6.** [gauge, dial, barometer] lire ▸ **to read the meter** relever le compteur **7.** [register - subj : gauge, dial, barometer] indiquer / *the thermometer is reading 40°* le thermomètre indique 40° **8.** [announce - subj : notice] annoncer / *a sign on the door read "staff only"* un écriteau sur la porte indiquait « réservé au personnel » **9.** [proofs] corriger **10.** [data, disk] lire. ◆ vi **1.** [person] lire / *she's learning to read* elle apprend à lire ▸ **to read to sb** faire la lecture à qqn ▸ **to read to o.s.** lire / *I'd read about it in the papers* je l'avais lu dans les journaux / *we've all read about* or *of such phenomena* nous avons tous lu des textes qui traitent de tels phénomènes ▸ **to read between the lines** lire entre les lignes **2.** [text] : *her article reads well / badly* son article se lit facilement / ne se lit pas facilement / *the table reads from left to right* le tableau se lit de gauche à droite / *the book reads like a translation* à la lecture, on sent que ce roman est une traduction / *article 22 reads as follows* voici ce que dit l'article 22 **3.** [gauge, meter, etc.] : *the dials read differently* les cadrans n'indiquent pas le même chiffre **4.** [student] : *what's he reading?* qu'est-ce qu'il fait comme études ? ▸ **to read for a degree** préparer un diplôme. ◆ n **1.** [act of reading] ▸ **to have a read** lire / *can I have a read of your paper?* est-ce que je peux jeter un coup d'œil sur ton journal ? **2.** [reading matter] : *her books are a good read* ses livres se lisent bien.

❖ **read back** vt sep [dictated letter] relire.

❖ **read in** vt sep [subj : computer] lire (en mémoire).

❖ **read into** vt sep : *you shouldn't read too much into their silence* vous ne devriez pas accorder trop d'importance à leur silence.

❖ **read off** vt sep **1.** [rapidly] lire d'un trait ; [aloud] lire (à haute voix) **2.** [figure on dial, scale, etc.] relever.

❖ **read on** vi lire la suite.

❖ **read out** vt sep **1.** [aloud] lire (à haute voix) **2.** [subj : computer] lire **3.** US [expel] expulser.

❖ **read over** vt sep relire.

❖ **read through** vt sep lire *(du début à la fin).*

❖ **read up** vt sep étudier.

❖ **read up on** vt insep = **read up.**

read[2] [red] ◆ pt & pp ⟶ **read.** ◆ adj : *he's widely read* c'est un homme cultivé.

readability [,ri:də'bɪlətɪ] n lisibilité *f*.

readable ['ri:dəbl] adj **1.** [handwriting] lisible **2.** [book] qui se laisse lire.

readdress [,ri:ə'dres] vt [mail] faire suivre.

reader ['ri:dər] n **1.** [of book] lecteur *m*, -trice *f* / *she's an avid reader* c'est une passionnée de lecture / *I'm not a fast reader* je ne lis pas vite / *he's not a great reader* il ne lit pas beaucoup ▸ **publisher's reader** lecteur *m*, -trice *f* de manuscrits *(dans une maison d'édition)* **2.** COMPUT lecteur *m* **3.** [reading book] livre *m* de lecture ; [anthology] recueil *m* de textes / *German reader* recueil de textes allemands **4.** UK UNIV ≃ maître-assistant *m*, -e **5.** US UNIV ≃ assistant *m*, -e *f* **6.** RELIG [Protestant] lecteur *m*, -trice *f* ; [Jewish] chantre *m*.

readership ['ri:dəʃɪp] n **1.** [of newspaper, magazine] nombre *m* de lecteurs, lectorat *m* / *what is their readership (figure)?* combien ont-ils de lecteurs ? / *this book should attract a wide readership* ce livre devrait intéresser un grand nombre de lecteurs **2.** UK UNIV ≃ poste *m* de maître-assistant **3.** US UNIV ≃ fonction *f* d'assistant.

readies ['redɪz] pl n UK *inf* [cash] fric *m*, liquide *m* / *£500 in readies* 500 livres en liquide / *I want the readies first* je veux le fric d'abord.

readily ['redɪlɪ] adv **1.** [willingly] volontiers **2.** [with ease] facilement, aisément / *readily understandable ideas* des idées qu'on comprend facilement / *our products are readily available* nos produits sont en vente partout.

readiness ['redɪnɪs] n **1.** [preparedness] ▸ **to be in readiness for sthg** être préparé à qqch ▸ **to be in a state of readiness** être fin prêt **2.** [willingness] empressement *m* / *their readiness to assist us* leur empressement à nous aider.

reading ['ri:dɪŋ] ◆ n **1.** [activity] lecture *f* / *reading, writing and arithmetic* la lecture, l'écriture et le calcul **2.** [reading material] lecture *f* / *light reading* lecture facile or distrayante / *his autobiography makes fascinating / dull reading* son autobiographie est passionnante / ennuyeuse à lire **3.** [recital] lecture *f* / *the reading of the will* la lecture du testament **4.** [from instrument, gauge] indication *f* / *the reading on the dial was wrong* les indications qui apparaissaient sur le cadran étaient fausses ▸ **to take a reading** lire les indications données par un compteur **5.** POL lecture *f* / *to give a bill its first / second reading* examiner un projet de loi en première / deuxième lecture **6.** [interpretation] interprétation *f* / *my reading of the situation* la manière dont j'interprète la situation / *a new reading of Dante* une nouvelle lecture de Dante **7.** [variant] variante *f*. ◆ comp ▸ **reading matter** : *take some reading matter* emmenez de quoi lire ▸ **the reading public** le public des lecteurs.

reading age n UK niveau *m* de lecture / *she has a reading age of 11* elle a le niveau de lecture d'un enfant de 11 ans.

reading book n livre *m* de lecture.

reading desk n pupitre *m* ; RELIG lutrin *m*.

reading glass n [magnifying glass] loupe *f* (*pour lire*).

❖ **reading glasses** pl n [spectacles] lunettes *fpl* pour lire.

reading lamp n lampe *f* de bureau.

reading light n liseuse *f* (*dans un train*).

reading list n [syllabus] liste *f* des ouvrages au programme ; [for further reading] liste *f* des ouvrages recommandés.

reading room n salle *f* de lecture.

readjust [,ri:ə'dʒʌst] ◆ vt **1.** [readapt] ▸ **to readjust o.s.** se réadapter **2.** [alter - controls, prices, clothing] rajuster, réajuster. ◆ vi se réadapter ▸ **to readjust to sthg** se réadapter à qqch.

readjustment [,ri:ə'dʒʌstmənt] n **1.** [readaptation] réadaptation *f* **2.** [alteration] rajustement *m*, réajustement *m*.

read-me file n COMPUT fichier *m* ouvrez-moi or lisez-moi.

readmission [,ri:əd'mɪʃn] n [to political party] réintégration *f* ; [to hospital] réadmission *f* / **'no readmission'** [on ticket] 'ce ticket ne sera accepté qu'une seule fois à l'entrée'.

readmit [,ri:əd'mɪt] vt : *she has been readmitted to hospital* elle a été réadmise à l'hôpital / *he was readmitted to the concert* on l'a relaissé passer à l'entrée du concert.

read-only [ri:d-] adj [disk, file] en lecture seule.

read-only memory [ri:d-] n mémoire *f* morte.

readout ['ri:daʊt] n COMPUT [gen] lecture *f* ; [on screen] affichage *m* ; [on paper] sortie *f* papier or sur imprimante, listing *m*.

read-through [ri:d-] n ▸ **to have a read-through of sthg** lire qqch (*du début à la fin*).

readvertise [,ri:'ædvətaɪz] ◆ vt repasser une annonce de. ◆ vi repasser une annonce.

readvertisement [,ri:əd'vɜ:tɪsmənt] n deuxième annonce *f* / **'this is a readvertisement'** 'deuxième annonce d'offre d'emploi'.

read-write head [ri:d-] n tête *f* de lecture-écriture.

read-write memory [ri:d-] n mémoire *f* vive.

ready ['redɪ] (*compar* **readier**, *superl* **readiest**, *pl* **readies**, *pt & pp* **readied**) ◆ adj **1.** [prepared] prêt / *are you ready?* êtes-vous prêt ? / *he's just getting ready* il est en train de se préparer ▸ **to be ready to do sthg** être prêt à faire qqch / *to be ready for anything* être prêt à tout / *he's not ready for such responsibility* il n'est pas prêt pour affronter une telle responsabilité / *she's always ready with an answer* or *she always has an answer ready* elle a toujours réponse à tout ▸ **to get sthg ready** préparer qqch / *I'll get the room / the dinner ready* je vais préparer la chambre / le dîner ▸ **to get ready to do sthg** se préparer or s'apprêter à faire qqch / *to get ready for bed* s'apprêter à aller au lit / *we're ready when you are* nous n'attendons que toi ▸ **to make ready** *arch & liter* se préparer / *dinner's ready!* c'est prêt ! / *are you ready to order?* vous avez choisi ? / *the tomatoes are ready for eating* les tomates sont bonnes à manger ▸ **ready, steady, go!** à vos marques, prêts, partez ! **2.** [willing] prêt, disposé ▸ **ready to do sthg** prêt à faire qqch / *she's always ready to lend a hand* elle est toujours prête à donner un coup de main / *I'm ready to agree with you on that point* je suis entièrement d'accord avec vous sur ce point-là / *they are always ready to find fault* ils sont toujours prêts à critiquer / *don't be so ready to believe him* ne le crois pas systématiquement / *we're ready to negotiate* nous sommes prêts or disposés à négocier / *you know me, I'm ready for anything* tu me connais, je suis toujours partant / *I'm ready for bed!* j'ai envie d'aller me coucher ! **3.** [quick] prompt / *she has a ready wit* elle a l'esprit d'à-propos / *she has a ready tongue* elle n'a pas la langue dans sa poche / *he had a ready smile* il souriait facilement **4.** [likely] ▸ **ready to do sthg** sur le point de faire qqch / *she looks ready to explode* on dirait qu'elle est sur le point d'exploser / *I'm ready to collapse!* je suis à bout de forces !, je suis épuisé ! **5.** [easily accessible] : *a ready market for our products* un marché tout trouvé pour nos produits ▸ **ready to hand a)** [within reach] à portée de main **b)** [available] à disposition ▸ **ready cash** or **money** (argent *m*) liquide *m*. ◆ n UK *inf* [money] ▸ **the ready, the readies** le fric, le pognon. ◆ adv UK ▸ **ready cut ham** jambon *m* prétranché ▸ **ready salted peanuts** cacahuètes *fpl* salées. ◆ vt préparer ▸ **to ready o.s. for sthg** se préparer pour qqch.

❖ **at the ready** adj phr (tout) prêt.

ready-cooked adj précuit.

ready-made ◆ adj **1.** [clothes] de prêt-à-porter ; [food] précuit **2.** [excuse, solution, argument] tout prêt. ◆ n [garment] vêtement *m* de prêt-à-porter.

ready meal n plat *m* cuisiné.

ready-mix adj [cake] fait à partir d'une préparation ; [concrete] prémalaxé.

ready reckoner [-'rekənər] n barème *m*.

ready-to-serve adj prêt à l'emploi.

ready-to-wear adj ▸ **ready-to-wear clothing** prêt-à-porter *m*.

reaffirm [,ri:ə'fɜ:m] vt réaffirmer.

reafforest [,ri:ə'fɒrɪst] vt reboiser.

reafforestation ['ri:ə,fɒrɪ'steɪʃn] n reboisement *m*, reforestation *f*.

Reaganomics [,reɪgə'nɒmɪks] n (*sg*) *politique économique menée par le président Ronald Reagan dans les années 1980.*

reagent [ri:'eɪdʒənt] n réactif *m*.

real [rɪəl] ◆ adj **1.** [authentic] vrai, véritable / *they're real silver* ils sont en argent véritable / *are her pearls real?* ses perles sont-elles vraies ? / *a real man* un vrai homme / *we'll never know her real feelings* nous ne saurons jamais quels étaient vraiment ses sentiments / *I don't know his real name* je ne connais pas son vrai nom / *my first real job* mon premier vrai travail / *we have no real cause for concern* nous n'avons aucune raison de nous inquiéter / *that's what I call a real cup of tea!* ça, c'est ce que j'appelle une tasse de thé ! ▸ **it's the real thing a)** [authentic object] c'est du vrai de vrai **b)** [true love] c'est le grand amour **2.** [actually existing] réel / *the real world* le monde réel / *the threat is a very real one* la menace est bien réelle / *in real life* dans la réalité **3.** [net, overall] réel / *salaries have fallen in real terms* les salaires ont baissé en termes réels / *real wage* salaire *m* réel **4.** [as intensifier] vrai, véritable / *it was a real surprise* ce fut une vraie surprise / *she's a real pain* elle est vraiment rasante **5.** COMPUT, MATH, PHILOS & PHYS réel / *real image* image *f* réelle **6.** PHR **get real!** *v inf* arrête de délirer ! ◆ adv US *inf* vachement. ◆ n PHILOS ▸ **the real** le réel.

❖ **for real** adv & adj phr *inf* pour de vrai or de bon / *this time it's for real* cette fois-ci c'est la bonne / *is he for real?* *v inf* d'où il sort, celui-là ?

real ale n UK bière *f* artisanale.

real estate n (*U*) **1.** US [property] biens *mpl* immobiliers / *he works in real estate* il travaille dans l'immobilier **2.** UK LAW biens *mpl* fonciers.

❖ **real-estate** comp US immobilier ▸ **real-estate agent** agent *m* immobilier ▸ **real-estate office** agence *f* immobilière.

realia [,ri:'eɪlɪə] pl n *textes ou objets authentiques utilisés par les enseignants pour animer leurs cours.*

realign [,ri:ə'laɪn] ◆ vt aligner (de nouveau) ; POL regrouper. ◆ vi s'aligner (de nouveau) ; POL se regrouper.

realignment [,ri:ə'laɪnmənt] n (nouvel) alignement *m* ; POL regroupement *m*.

realism ['rɪəlɪzm] n réalisme *m*.

realist ['rɪəlɪst] ◆ adj réaliste. ◆ n réaliste *mf*.

realistic [,rɪə'lɪstɪk] adj **1.** [reasonable] réaliste **2.** [life-like] ressemblant.

realistically [,rɪə'lɪstɪklɪ] adv de façon réaliste / *they can't realistically expect us to do all this* ils ne peuvent pas s'attendre sérieusement à ce que nous fassions tout cela.

reality [rɪ'ælətɪ] (*pl* **realities**) n réalité *f* / *the reality* or *realities of living in today's Britain* les réalités de la vie dans la Grande-Bretagne d'aujourd'hui / *will our dream ever become (a) reality?* notre rêve deviendra-t-il un jour réalité ? / *you have to face reality* il faut que tu regardes la réalité en face.

❖ **in reality** adv phr en réalité.

reality check n : *take a reality check!* sois réaliste ! / *let's have a reality check here* soyons un peu réalistes.

reality TV n (*U*) téléréalité *f*.

realizable ['rɪəlaɪzəbl] adj [gen & FIN] réalisable.

realization [,rɪəlaɪ'zeɪʃn] n **1.** [awareness] : *this sudden realization left us speechless* cette découverte nous a laissés sans voix / *there has been a growing realization on the part of the government that...* le gouvernement s'est peu à peu rendu compte que... / *his realization that he was gay* la prise de conscience de son homosexualité **2.** [of aim, dream, project] réalisation *f* **3.** FIN [of assets] réalisation *f*.

realize, **realise** ['rɪəlaɪz] vt **1.** [be or become aware of] se rendre compte de / *I don't think you realize the work involved* je ne crois pas que tu te rendes compte de tout le travail que ça représente / *do you realize what time it is?* tu te rends compte de or tu as vu l'heure qu'il est ? / *I didn't realize how late it was* je ne m'étais pas rendu compte qu'il était si tard / *it made me realize what a fool I had been* cela m'a fait comprendre quel imbécile j'avais été / *I realize you're busy, but...* je sais que tu es occupé, mais... **2.** [achieve] réaliser / *will we ever realize our goal of unity?* parviendrons-nous un jour à réaliser notre objectif d'unité ? / *my worst fears were realized* ce que je craignais le plus s'est produit or est arrivé / *a job where you could realize your full potential* un travail qui te permettrait de te réaliser complètement **3.** FIN [yield financially] rapporter ; [convert into cash] réaliser.

real-life adj vrai / *the real-life drama of her battle against illness* le drame affreux de sa lutte contre la maladie.

reallocate [,ri:'æləkeɪt] vt [funds, resources] réaffecter, réattribuer ; [task, duties] redistribuer.

really ['rɪəlɪ] ◆ adv **1.** [actually] vraiment, réellement / *did you really say that?* as-tu vraiment dis ça ? / *what's she really like?* comment est-elle vraiment ? / *here's what really happened* voilà ce qui s'est vraiment passé **2.** [as intensifier] vraiment / *these cakes are really delicious* ces gâteaux sont vraiment délicieux / *you really ought to see it* il faut vraiment que vous le voyiez / *it really doesn't matter* ce n'est vraiment pas important / *you really shouldn't be here* vous ne devriez vraiment pas être ici / *now you're really being silly!* tu es vraiment ridicule ! **3.** [softening negative statements] : *it doesn't really matter* ce n'est pas vraiment important / *you shouldn't really be here* vous ne devriez pas vraiment être ici / *I don't really know* je ne sais pas vraiment **4.** [tentative use] : *he's quite nice, really* il est plutôt sympa, en fait

/ do you want to go? — I suppose I do really tu veux y aller ? — pourquoi pas, après tout **5.** [in surprise, interest] ▸ **(oh) really?** oh, vraiment ?, c'est pas vrai ? ◆ interj [in irritation] ▸ **(well) really!** enfin !

realm [relm] n **1.** [field, domain] domaine *m / the realm of the supernatural* le domaine du surnaturel */ it is within the realms of possibility* c'est du domaine du possible **2.** *liter* [kingdom] royaume *m.*

real number n nombre *m* réel.

realpolitik [reɪ'ɑ:lpɒlɪti:k] n realpolitik *f.*

real property n *(U)* biens *mpl* immobiliers or immeubles.

real tennis n jeu *m* de paume */ to play real tennis* jouer à la paume.

real time n COMPUT temps *m* réel.

❖ **real-time** adj [system, control, processing] en temps réel.

realtor ['rɪəltər] n US agent *m* immobilier.

realty ['rɪəltɪ] n *(U)* US biens *mpl* immobiliers.

ream [ri:m] ◆ n [of paper] rame *f* ▸ **to write reams** *inf & fig* écrire des tartines. ◆ vt **1.** TECH fraiser **2.** US [lemon] presser **3.** US *inf* [person] rouler.

reamer ['ri:mər] n **1.** TECH fraise *f* **2.** US [lemon squeezer] presse-citron *m inv.*

reanimate [ˌri:'ænɪmeɪt] vt réanimer.

reanimation [ˌri:ænɪ'meɪʃn] n réanimation *f.*

reap [ri:p] ◆ vt **1.** [crop] moissonner, faucher **2.** *fig* récolter, tirer ▸ **to reap the benefit** or **the benefits of sthg** récolter les bénéfices de qqch */ she reaped a rich reward* elle a été bien récompensée. ◆ vi moissonner, faire la moisson.

reaper ['ri:pər] n **1.** [machine] moissonneuse *f* ▸ **reaper and binder** moissonneuse-lieuse *f* **2.** [person] moissonneur *m,* -euse *f* ▸ **the (Grim) Reaper** *liter* la Faucheuse.

reaping ['ri:pɪŋ] n moisson *f* ▸ **reaping machine** moissonneuse *f.*

reappear [ˌri:ə'pɪər] vi [person, figure, sun] réapparaître ; [lost object] refaire surface.

reappearance [ˌri:ə'pɪərəns] n réapparition *f.*

reapply [ˌri:ə'plaɪ] *(pt & pp* **reapplied***)* vi : *to reapply for a job* poser de nouveau sa candidature pour un poste */ previous applicants need not reapply* les personnes ayant déjà posé leur candidature n'ont pas besoin de le faire à nouveau.

reappoint [ˌri:ə'pɔɪnt] vt réengager, rengager.

reappointment [ˌri:ə'pɔɪntmənt] n : *since her reappointment as minister for the arts* depuis qu'elle a été nommée à nouveau ministre de la Culture.

reappraisal [ˌri:ə'preɪzl] n réexamen *m.*

reappraise [ˌri:ə'preɪz] vt réexaminer.

rear [rɪər] ◆ n **1.** [of place] arrière *m / at the rear of the bus* à l'arrière du bus */ the garden at the rear* UK or *in the rear* US *of the house* le jardin qui est derrière la maison */ they attacked them from the rear* ils les ont attaqués par derrière **2.** MIL arrière *m,* arrières *mpl* ▸ **to bring up the rear** MIL & *fig* fermer la marche **3.** *inf* [buttocks] arrière-train *m.* ◆ adj [door, wheel] arrière *(inv),* de derrière ; [engine] arrière ; [carriages] de queue */ is there a rear entrance?* est-ce qu'il y a une entrée par derrière ? ▸ **rear lamp** or **light** UK AUTO feu *m* arrière ▸ **rear window** lunette *f* arrière / **'Rear Window'** *Hitchcock* 'Fenêtre sur cour'. ◆ vt **1.** [children, animals] élever ; [plants] cultiver **2.** [head, legs] lever, relever */ racism has reared its ugly head again* le spectre du racisme a refait son apparition. ◆ vi **1.** [horse] ▸ **to rear (up)** se cabrer **2.** [mountain, skyscraper] ▸ **to rear (up)** se dresser.

rear admiral n contre-amiral *m.*

rear-end vt US [drive into back of] emboutir.

rear-engined adj avec moteur à l'arrière.

rearguard ['rɪəgɑ:d] n arrière-garde *f.*

rearguard action n combat *m* d'arrière-garde ▸ **to fight a rearguard action** *lit & fig* mener un combat d'arrière-garde.

rear gunner n mitrailleur *m* arrière.

rearm [ri:'ɑ:m] ◆ vt [nation, ship] réarmer. ◆ vi réarmer.

rearmament [rɪ'ɑ:məmənt] n réarmement *m.*

rearmost ['rɪəməʊst] adj dernier.

rear-mounted adj monté à l'arrière.

rearrange [ˌri:ə'reɪndʒ] vt **1.** [arrange differently - furniture, objects] réarranger, changer la disposition de ; [- flat, room] réaménager **2.** [put back in place] réarranger */ she rearranged her hair* elle se recoiffa **3.** [reschedule] changer la date / l'heure de */ the meeting has been rearranged for Monday* la réunion a été remise à lundi */ we'll have to rearrange our schedule* il faudra réaménager notre programme.

rearrangement [ˌri:ə'reɪndʒmənt] n **1.** [different arrangement] réarrangement *m,* réaménagement *m* **2.** [rescheduling] changement *m* de date / d'heure.

rearrest [ˌri:ə'rest] vt arrêter de nouveau.

rearview mirror ['rɪəvju:-] n rétroviseur *m.*

rearward ['rɪəwəd] ◆ adj [part, end] arrière *(inv)* ; [motion] en arrière, vers l'arrière. ◆ adv = **rearwards.** ◆ n arrière *m.*

rearwards ['rɪəwədz] adv en arrière, vers l'arrière.

rear-wheel drive n AUTO traction *f* arrière.

reason ['ri:zn] ◆ n **1.** [cause, motive] raison *f / what is the reason for his absence?* quelle est la raison de son absence ? */ did he give a reason for being so late?* a-t-il donné la raison d'un tel retard ? */ the reason (why) they refused* la raison de leur refus, la raison pour laquelle ils ont refusé */ I (can) see no reason for disagreeing* or *to disagree* je ne vois pas pourquoi je ne serais pas d'accord */ why do you ask? — oh, no particular reason* pourquoi est-ce que tu me demandes ça ? — oh, comme ça */ she wouldn't tell me the reason why* elle ne voulait pas me dire pourquoi */ you have every reason* or *good reason to be angry* vous avez de bonnes raisons d'être en colère */ we have / there is reason to believe he is lying* nous avons de bonnes raisons de croire / il y a lieu de croire qu'il ment */ I chose him for the simple reason I liked him* je l'ai choisi pour la simple et bonne raison qu'il me plaisait */ but that's the only reason I came!* mais c'est pour ça que je suis venue ! */ that's no reason to get annoyed* ce n'est pas une raison pour s'énerver */ all the more reason for trying again* or *to try again* raison de plus pour réessayer */ for reasons best known to herself* pour des raisons qu'elle est seule à connaître ▸ **for some reason (or other)** pour une raison ou pour une autre */ give me one good reason why I should believe you!* donne-moi une bonne raison de te croire ! */ they were upset, and with (good) reason* ils étaient bouleversés, et à juste titre */ she's my reason for living* elle est ma raison de vivre **2.** [common sense] raison *f / he won't listen to reason* il refuse d'entendre raison */ I can't make her listen to reason* je n'arrive pas à lui faire entendre raison or à la raisonner */ at last he saw reason* il a fini par entendre raison */ your demands are beyond all reason* vos exigences dépassent les limites du raisonnable ▸ **it stands to reason** c'est logique, ça va de soi **3.** [rationality] raison *f / man has the power of reason* l'homme est doué de raison. ◆ vi raisonner ▸ **to reason with sb** raisonner qqn */ I tried to reason with them* j'ai essayé de les raisonner or de leur faire entendre raison. ◆ vt **1.** [maintain] maintenir, soutenir ; [work out] calculer, déduire ; [conclude] conclure */ they reasoned that the fault must be in the cooling system* ils en ont déduit que la défaillance devait provenir du système de refroidissement **2.** [persuade] : *I reasoned him out of the idea* je l'ai persuadé or convaincu d'abandonner son idée */ she reasoned me into / out of going* elle m'a persuadé / dissuadé d'y aller.

❖ **by reason of** prep phr en raison de.

❖ **for reasons of** prep phr : *for reasons of space / national security* pour des raisons de place / sécurité nationale.

❖ **within reason** adv phr dans la limite du raisonnable */ you can do what you like, within reason* vous pouvez faire ce que vous voulez, dans la limite du raisonnable.

❖ **reason out** vt sep résoudre *(par la raison).*

reasonable ['ri:znəbl] adj **1.** [sensible - person, behaviour, attitude] raisonnable ; [- explanation, decision] raisonnable, sensé */ be reasonable!* soyez raisonnable ! */ you must be reasonable in your demands* vos revendications doivent être raisonnables **2.** [moderate - price] raisonnable, correct ; [- restaurant] qui pratique des prix raisonnables **3.** [fair, acceptable - offer, suggestion] raisonnable, acceptable */ we've had quite a reasonable day* nous avons passé une journée plutôt agréable ▸ **beyond all reasonable doubt** indubitablement.

reasonableness ['ri:znəblnɪs] n **1.** [of person, behaviour] caractère *m* raisonnable **2.** [of price] modération *f.*

reasonably ['ri:znəblɪ] adv **1.** [behave, argue] raisonnablement */ one can reasonably expect...* on est en droit d'attendre... */ reasonably priced at $100* au prix raisonnable or modéré de 100 dollars **2.** [quite, rather] : *reasonably good* assez bien, pas mal.

reasoned ['ri:znd] adj [argument, decision] raisonné.

reasoning ['ri:znɪŋ] n raisonnement *m.*

reassemble [ˌri:ə'sembl] ◆ vt **1.** [people, arguments] rassembler **2.** [machinery] remonter. ◆ vi se rassembler */ Parliament / school reassembles in September* la rentrée parlementaire / des classes a lieu en septembre.

reassembly [ˌri:ə'semblɪ] n **1.** [of group] rassemblement *m* ; POL rentrée *f* **2.** [of machine] remontage *m.*

reassert [ˌri:ə'sɜ:t] vt [authority] réaffirmer */ you'll have to reassert yourself* vous devrez imposer à nouveau or réaffirmer votre autorité.

reassess [ˌri:ə'ses] vt **1.** [position, opinion] réexaminer **2.** FIN [damages] réévaluer ; [taxation] réviser.

reassessment [ˌri:ə'sesmənt] n **1.** [of position, opinion] réexamen *m* **2.** FIN [of damages] réévaluation *f* ; [of taxes] révision *f.*

reassign [ˌri:ə'saɪn] vt réaffecter.

reassurance [ˌri:ə'ʃɔ:rəns] n **1.** [comforting] réconfort *m / she turned to me for reassurance* elle s'est tournée vers moi or est venue à moi pour que je la rassure **2.** [guarantee] assurance *f,* confirmation *f / despite his reassurance* or *reassurances that the contract is still valid* bien qu'il affirme que le contrat est toujours valable */ the government has given reassurances that...* le gouvernement a assuré que...

reassure [ˌri:ə'ʃɔ:r] vt **1.** [gen] rassurer */ I feel reassured now* je me sens rassuré maintenant **2.** FIN réassurer.

reassuring [ˌri:ə'ʃɔ:rɪŋ] adj rassurant.

reassuringly [ˌri:ə'ʃɔ:rɪŋlɪ] adv d'une manière rassurante */ he smiled at me reassuringly* il me fit un sourire pour me rassurer ; [as intensifier] : *reassuringly simple* d'une grande simplicité.

reawake [ˌri:ə'weɪk] *(pt* **reawoke** [-'wəʊk] *or* **reawaked***, pp* **reawoken** [-'wəʊkn] *or* **reawaked***)* vi se réveiller de nouveau.

reawaken [ˌri:ə'weɪkn] ◆ vt [person] réveiller ; [concern, interest] réveiller ; [feelings] faire renaître, raviver. ◆ vi [person] se réveiller de nouveau.

reawakening [ˌri:ə'weɪknɪŋ] n [of sleeper] réveil *m* ; [of interest, concern] réveil *m / the reawakening of national pride* le réveil de l'orgueil national.

rebarbative [rɪ'bɑ:bətɪv] adj *fml* rébarbatif.

rebate ['ri:beɪt] n **1.** [reduction - on goods] remise *f,* ristourne *f* ; [- on tax] dégrèvement *m* ; [refund] remboursement *m* **2.** = **rabbet.**

Rebecca [rɪ'bekə] pr n Rébecca.

rebel *(pt & pp* **rebelled***, cont* **rebelling***)* ◆ n ['rebl] [in revolution] rebelle *mf,* insurgé *m,* -e *f* ; *fig* rebelle *mf.* ◆ adj ['rebl] [soldier] rebelle ; [camp, territory] des rebelles ; [attack] de rebelles ▸ **rebel MP** parlementaire *mf* rebelle. ◆ vi [rɪ'bel] se rebeller ▸ **to rebel against sthg / sb** se révolter contre qqch / qqn ; *hum* [stomach] : *my stomach rebelled* mon estomac a protesté.

rebellion [rɪ'beljən] n rébellion *f,* révolte *f / in open rebellion* en rébellion ouverte ▸ **to rise (up) in rebellion against sthg / sb** se révolter contre qqch / qqn.

rebellious [rɪ'beljəs] adj [child, hair] rebelle ; [troops] insoumis.

rebelliously [rɪ'beljəslɪ] adv [reply] d'un ton de défi ; [act] en rebelle.

rebelliousness [rɪ'beljəsnɪs] n [of child, politician] esprit *m* de rébellion ; [of soldier] insoumission *f* ; [of inhabitants] disposition *f* à la rébellion.

rebirth [ˌriːˈbɜːθ] n renaissance *f*.

reboot [riːˈbuːt] vt [computer] réinitialiser, réamorcer *offic* ; [programme] relancer.

rebore [ˈriːbɔːʳ] ◆ vt réaléser. ◆ n réalésage *m*.

reborn [ˌriːˈbɔːn] adj réincarné ▸ **to be reborn** renaître / *I feel reborn* je me sens renaître.

rebound ◆ vi [rɪˈbaʊnd] **1.** [ball] rebondir / *the ball rebounded against the wall / into the road* le ballon a rebondi contre le mur / sur la route **2.** *fig* ▸ **to rebound on sb** se retourner contre qqn / *the situation rebounded on us* la situation s'est retournée contre nous **3.** [recover - business] reprendre, repartir ; [- prices] remonter. ◆ n [ˈriːbaʊnd] **1.** [of ball] rebond *m* ▸ **to catch a ball on the rebound** attraper une balle au rebond **2.** PHR **to be on the rebound a)** [after relationship] être sous le coup d'une déception sentimentale **b)** [after setback] être sous le coup d'un échec / *he married her on the rebound* il l'a épousée à la suite d'une déception sentimentale.

re-brand vt ▸ **to re-brand something** effectuer le rebranding de qqch.

rebranding [riːˈbrændɪŋ] n changement *m* de marque, rebranding *m*.

rebroadcast [ˌriːˈbrɔːdkɑːst] ◆ n retransmission *f*. ◆ vt retransmettre.

rebuff [rɪˈbʌf] ◆ vt [snub] rabrouer ; [reject] repousser. ◆ n rebuffade *f* ▸ **to meet with** or **to suffer a rebuff a)** [person] essuyer une rebuffade **b)** [request] être repoussé.

rebuild [ˌriːˈbɪld] (*pt & pp* **rebuilt** [-ˈbɪlt]) vt [town, economy] rebâtir, reconstruire ; [relationship, life] reconstruire ; [confidence] faire renaître / *we must rebuild confidence in industry* nous devons faire renaître la confiance dans l'industrie.

rebuilding [ˌriːˈbɪldɪŋ] n [of town, economy, relationship] reconstruction *f* ▸ **rebuilding work** travaux *mpl* de réfection or de reconstruction.

rebuke [rɪˈbjuːk] ◆ vt [reprimand] réprimander ▸ **to rebuke sb for sthg** reprocher qqch à qqn ▸ **to rebuke sb for doing** or **having done sthg** reprocher à qqn d'avoir fait qqch. ◆ n reproche *m*, réprimande *f*.

rebus [ˈriːbəs] n rébus *m*.

rebut [riːˈbʌt] (*pt & pp* **rebutted**, *cont* **rebutting**) vt réfuter.

rebuttal [riːˈbʌtl] n réfutation *f*.

rec [rek] n UK **1.** abbr of **recreation ground 2.** abbr of **recreation room**.

rec. written abbr of **received**.

recalcitrance [rɪˈkælsɪtrəns] n *fml* caractère *m* or esprit *m* récalcitrant.

recalcitrant [rɪˈkælsɪtrənt] adj *fml* récalcitrant.

recall ◆ vt [rɪˈkɔːl] **1.** [remember] se rappeler, se souvenir de / *I don't recall seeing* or *having seen her* je ne me rappelle pas l'avoir vue / *as far as I can recall* aussi loin que je m'en souvienne / *as I recall* si mes souvenirs sont bons / *as you may recall* comme vous vous en souvenez peut-être **2.** [evoke - past] rappeler **3.** [send for - actor, ambassador] rappeler ; [- Parliament] rappeler (en session extraordinaire) ; [- library book, hire car] demander le retour de ; [- faulty goods] rappeler **4.** MIL rappeler. ◆ n [ˈriːkɔːl] **1.** [memory] rappel *m*, mémoire *f* ▸ **total recall** aptitude à se souvenir des moindres détails ▸ **to be beyond** or **past recall** être oublié à tout jamais **2.** MIL rappel *m*. ◆ comp ▸ **recall button** [on phone] rappel *m* automatique ▸ **recall rate** taux *m* de mémorisation ▸ **recall slip** [for library book] fiche *f* de rappel.

recant [rɪˈkænt] ◆ vt [religion] abjurer ; [opinion] rétracter. ◆ vi [from religion] abjurer ; [from opinion] se rétracter.

recantation [ˌriːkænˈteɪʃn] n [of religion] abjuration *f* ; [of statement] rétractation *f*.

recap [ˈriːkæp] (*pt & pp* **recapped**, *cont* **recapping**) ◆ n **1.** [summary] récapitulation *f* **2.** US [tyre] pneu *m* rechapé. ◆ vt **1.** [summarize] récapituler / *so, to recap* donc, pour récapituler or résumer **2.** US [tyre] rechaper.

recapitalize, **recapitalise** [ˌriːˈkæpɪtəlaɪz] vt changer la structure financière de.

recapitulate [ˌriːkəˈpɪtjʊleɪt] vt récapituler / *so, to recapitulate* donc, pour récapituler or résumer.

recapitulation [ˈriːkəˌpɪtjʊˈleɪʃn] n récapitulation *f*.

recapture [ˌriːˈkæptʃəʳ] ◆ vt **1.** [prisoner, town] reprendre ; [animal] capturer **2.** [regain - confidence] reprendre ; [- feeling, spirit] retrouver ; [evoke - subj: film, book, play] recréer, faire revivre **3.** US FIN saisir. ◆ n **1.** [of escapee, animal] capture *f* ; [of town] reprise *f* **2.** US FIN saisie *f*.

recast [ˌriːˈkɑːst] (*pt & pp* **recast**) ◆ vt **1.** [redraft] réorganiser, restructurer / *their policies have been recast in a more acceptable form* ils ont restructuré leur politique de façon plus satisfaisante **2.** [play] changer la distribution de ; [actor] donner un nouveau rôle à / *he was recast in the role of Prospero* on lui a donné un nouveau rôle, celui de Prospero **3.** METALL refondre. ◆ n METALL refonte *f*.

recce [ˈrekɪ] (*pt & pp* **recced** *or* **recceed**) *inf* ◆ vt MIL reconnaître. ◆ vi MIL faire une reconnaissance. ◆ n MIL reconnaissance *f* ▸ **to go on a recce a)** MIL aller en reconnaissance **b)** [gen] faire la reconnaissance des lieux.

recd, **rec'd** written abbr of **received**.

recede [rɪˈsiːd] ◆ vi **1.** [move away - object] s'éloigner ; [- waters] refluer ; [- tide] descendre ▸ **to recede into the distance** disparaître dans le lointain **2.** [fade - hopes] s'évanouir ; [- fears] s'estomper ; [- danger] s'éloigner **3.** [hairline] : *his hair has started to recede* son front commence à se dégarnir **4.** FIN baisser. ◆ vt LAW [right] rétrocéder ; [land] recéder.

receding [rɪˈsiːdɪŋ] adj **1.** [hair] ▸ **to have a receding hairline** avoir le front qui se dégarnit **2.** FIN en baisse.

receipt [rɪˈsiːt] ◆ n **1.** [for purchase] reçu *m*, ticket *m* de caisse ; [for bill] acquit *m* ; [for rent, insurance] quittance *f* ; [for meal, taxi fare] reçu *m* ; [from customs] récépissé *m* **2.** [reception] réception *f* ▸ **to pay on receipt** payer à la réception ▸ **to acknowledge receipt of sthg** COMM accuser réception de qqch / *on receipt of your results* dès que vous aurez reçu vos résultats / *I am in receipt of the goods* COMM j'ai bien reçu les marchandises. ◆ vt UK acquitter ▸ **a receipted bill** une facture acquittée.

✧ **receipts** pl n [money] recettes *fpl*.

receivable [rɪˈsiːvəbl] adj recevable ; COMM [outstanding] à recevoir ▸ **accounts receivable** comptes *mpl* clients, créances *fpl*.

✧ **receivables** pl n [debts] comptes *mpl* clients, créances *fpl* ; [bills] effets *mpl* à recevoir.

receive [rɪˈsiːv] ◆ vt **1.** [gift, letter] recevoir ▸ **to receive sthg from sb** recevoir qqch de qqn / *we received your letter on Monday* nous avons reçu votre lettre or votre lettre nous est parvenue lundi / *to receive a high salary* recevoir or toucher un salaire élevé / **'received with thanks'** COMM 'acquitté', pour acquit ▸ **to receive damages** LAW obtenir or recevoir des dommages-intérêts / *she received ten years* LAW elle a été condamnée à dix ans de réclusion **2.** [blow] recevoir ; [insult, refusal] essuyer ; [criticism] être l'objet de ▸ **to receive treatment (for sthg)** se faire soigner (pour qqch) ▸ **to receive injuries** être blessé / *he has received dreadful / excellent treatment* il a été traité d'une manière épouvantable / avec beaucoup d'égards / *she received injuries from which she has since died* elle est morte des suites de ses blessures **3.** [greet, welcome] accueillir, recevoir / *the new film was enthusiastically received* le nouveau film a été accueilli avec enthousiasme / *their offer was not well received* leur proposition n'a pas reçu un accueil favorable / *will Madam receive the doctor now?* *fml* Madame recevra-t-elle le médecin maintenant ? ; [into club, organization] admettre / *to be received into the Church* être reçu or admis dans le sein de l'Église **4.** [signal, broadcast] recevoir, capter / *I'm receiving you loud and clear* je vous reçois cinq sur cinq **5.** SPORT ▸ **to receive service** recevoir le service **6.** LAW [stolen goods] receler **7.** *fml* [accommodate] recevoir, prendre / *holes were drilled to receive the pegs* des trous étaient percés pour recevoir les chevilles. ◆ vi **1.** *fml* [have guests] recevoir **2.** SPORT recevoir, être le receveur **3.** RELIG recevoir la communion **4.** LAW [thief] receler / *to be accused of receiving* être accusé de recel.

received [rɪˈsiːvd] adj ▸ **received idea / opinion** idée *f* reçue or toute faite ▸ **received wisdom** sagesse *f* populaire.

Received Pronunciation n UK prononciation *f* standard (de l'anglais).

Received Standard n US prononciation *f* standard (de l'américain).

receiver [rɪˈsiːvəʳ] n **1.** [gen & SPORT] receveur *m*, -euse *f* ; [of consignment] destinataire *mf*, consignataire *mf* ; [of stolen goods] receleur *m*, -euse *f* **2.** [on telephone] combiné *m*, récepteur *m* ▸ **to lift / to replace the receiver** décrocher / raccrocher (le téléphone) ▸ **receiver rest** berceau *m* (du combiné) **3.** TV récepteur *m*, poste *m* de télévision ; RADIO récepteur *m*, poste *m* de radio **4.** FIN administrateur *m* judiciaire / *they have been placed in the hands of the receiver, the receiver has been called in* ils ont été placés sous administration judiciaire **5.** CHEM récipient *m*.

receiver general (*pl* **receivers general**) n US receveur *m* des impôts.

receivership [rɪˈsiːvəʃɪp] n FIN ▸ **to go into receivership** être placé sous administration judiciaire.

receiving [rɪˈsiːvɪŋ] ◆ adj [office] de réception ; [country] d'accueil. ◆ n [of stolen property] recel *m*.

receiving end n **1.** SPORT ▸ **to be at the receiving end** recevoir (le service) **2.** PHR **to be on the receiving end** *inf* : *if anything goes wrong, you'll be on the receiving end* si ça tourne mal, c'est toi qui vas payer les pots cassés / *she was on the receiving end of their bad mood* c'est sur elle qu'ils ont passé leur mauvaise humeur.

receiving order n UK LAW ordonnance *f* de mise sous administration judiciaire or sous séquestre.

recension [rɪˈsenʃn] n [revision] révision *f* ; [text] texte *m* révisé, texte *m* revu et corrigé.

recent [ˈriːsnt] adj [new] récent, nouveau *(before vowel or silent 'h' nouvel, f nouvelle)* ; [modern] récent, moderne / *in recent months* ces derniers mois / *recent developments* les derniers événements / *have you any recent news of them?* avez-vous eu de leurs nouvelles récemment ?

recently [ˈriːsntlɪ] adv récemment, dernièrement, ces derniers temps / *I saw her as recently as yesterday* je l'ai vue pas plus tard qu'hier / *until recently* jusqu'à ces derniers temps / *I hadn't heard of it until very recently* je n'en ai entendu parler que très récemment.

receptacle [rɪˈseptəkl] n **1.** *fml* [container] récipient *m* **2.** US ELEC prise *f* de courant (femelle).

reception [rɪˈsepʃn] n **1.** [welcome] réception *f*, accueil *m* ▸ **to get a warm reception** recevoir un accueil chaleureux ▸ **to get a cold reception** être reçu froidement / *the film got an enthusiastic reception from the critics* les critiques ont réservé un accueil enthousiaste à ce film **2.** [formal party] réception *f* ▸ **to hold a reception** donner une réception **3.** [in hotel] réception *f* ; [in office] accueil *m* / *at reception* à la réception **4.** RADIO & TV réception *f* **5.** US SPORT [of ball] réception *f* **6.** UK SCH ≃ cours *m* préparatoire ▸ **reception class** première année *f* de maternelle.

reception centre n UK centre *m* d'accueil.

reception clerk n US réceptionniste *mf*.

reception committee n comité *m* d'accueil *also hum*.

reception desk n [in hotel] réception *f* ; [in office] accueil *m*.

receptionist [rɪˈsepʃənɪst] n [in hotel] réceptionniste *mf* ; [in office] hôtesse *f* d'accueil / *he's a receptionist at Larousse* il travaille à l'accueil chez Larousse.

reception room n [in hotel] salle *f* de réception ; UK [in house] salon *m*.

receptive [rɪˈseptɪv] adj **1.** [open] réceptif / *to be receptive to new ideas* être ouvert aux idées nouvelles **2.** [passive] : *receptive knowledge of a language* connaissance *f* passive or réceptive d'une langue.

receptiveness [rɪˈseptɪvnɪs], **receptivity** [ˌresepˈtɪvətɪ] n réceptivité *f*.

receptor [rɪˈseptəʳ] n ACOUST & PHYSIOL récepteur *m*.

recess [UK rɪˈses US ˈriːses] ◆ n **1.** [alcove - gen] renfoncement *m* ; [- in bedroom] alcôve *f* ; [for statue] niche *f* ; [in doorway] embrasure *f* **2.** [of mind, memory] recoin *m*, tréfonds *m* **3.** US LAW suspension *f* d'audience / *the court went into recess* l'audience a été suspendue **4.** US SCH récréation *f* / *during the recess* pendant la récréation ▸ **to go recess** aller en récréation **5.** [closure - of parliament] vacances *fpl* parlementaires, intersession *f* parlementaire ; [- of courts] vacances *fpl* judiciaires, vacations *fpl* / *Parliament is in recess for the summer* le Parlement est en vacances pour l'été. ◆ vi US LAW suspendre l'audience ; POL suspendre la séance. ◆ vt encastrer.

recessed [UK rɪ'sest US 'ri:sest] adj encastré ▸ **recessed bookshelves** étagères encastrées ▸ **recessed lighting** éclairage encastré.

recession [rɪ'seʃn] n **1.** ECON récession *f* / *the economy is in recession* l'économie est en récession **2.** *fml* [retreat] recul *m*, retraite *f* **3.** RELIG sortie *f* en procession du clergé **4.** LAW rétrocession *f*.

recessional [rɪ'seʃənl] ◆ n RELIG *cantique de sortie en procession du clergé.* ◆ adj **1.** [hymn] de sortie (processionnelle) **2.** ECON de (la) récession.

recessionary [rɪ'seʃənrɪ] adj ECON de crise, de récession.

recessive [rɪ'sesɪv] ◆ adj **1.** [gene] récessif **2.** [backward - measure] rétrograde. ◆ n [gene] gène *m* récessif ; [organism] sujet *m* récessif.

recharge ◆ vt [,ri:'tʃɑ:dʒ] [battery, rifle] recharger ▸ **to recharge one's batteries** recharger ses batteries. ◆ n ['ri:tʃɑ:dʒ] recharge *f*.

rechargeable [,ri:'tʃɑ:dʒəbl] adj rechargeable.

rechip [,ri:'tʃɪp] vt [mobile phone] reprogrammer la puce de.

recidivism [rɪ'sɪdɪvɪzm] n LAW récidive *f*.

recidivist [rɪ'sɪdɪvɪst] ◆ adj récidiviste. ◆ n récidiviste *mf*.

Recife [re'si:fə] pr n Recife.

recipe ['resɪpɪ] n CULIN recette *f* ; *fig* recette *f*, secret *m* / *a recipe for success / long life* le secret de la réussite / la longévité / *it's a recipe for disaster* c'est le meilleur moyen pour aller droit à la catastrophe.

recipient [rɪ'sɪpɪənt] n **1.** [of letter] destinataire *mf* ; [of cheque] bénéficiaire *mf* ; [of award, honour] récipiendaire *m* / *he was the proud recipient of a gold watch* il a eu la chance de se voir remettre une montre en or **2.** MED [of transplant] receveur *m*, -euse *f*.

reciprocal [rɪ'sɪprəkl] ◆ adj [mutual] réciproque, mutuel ; [bilateral] réciproque, bilatéral ; GRAM & MATH réciproque. ◆ n MATH réciproque *f*.

reciprocate [rɪ'sɪprəkeɪt] ◆ vt **1.** [favour, invitation, smile] rendre ; [love, sentiment] répondre à, rendre **2.** MECH actionner d'un mouvement alternatif. ◆ vi **1.** [in praise, compliments] retourner le compliment ; [in fight] rendre coup pour coup ; [in dispute] rendre la pareille ; [in argument] répondre du tac au tac **2.** MECH avoir un mouvement de va-et-vient.

reciprocating [rɪ'sɪprəkeɪtɪŋ] adj MECH alternatif ▸ **reciprocating engine** moteur *m* alternatif.

reciprocation [rɪ,sɪprə'keɪʃn] n ▸ **in reciprocation for** en retour de / *his reciprocation of her feelings was clear* il était clair que leurs sentiments étaient réciproques.

reciprocity [,resɪ'prɒsətɪ] n réciprocité *f*.

recital [rɪ'saɪtl] n **1.** MUS & LITER récital *m* / *piano / poetry recital* récital de piano / poésie **2.** [narrative] narration *f*, relation *f* ; [of details] énumération *f* / *she bored us with a recital of all her ills* elle nous a assommés avec une énumération de tous ses malheurs.

❖ **recitals** pl n LAW préambule *m* *(à un acte notarié).*

recitation [,resɪ'teɪʃn] n récitation *f*.

recitative [,resɪtə'ti:v] n récitatif *m*.

recite [rɪ'saɪt] ◆ vt [play, poem] réciter, déclamer ; [details, facts] réciter, énumérer. ◆ vi réciter ; US SCH réciter sa leçon.

reckless ['reklɪs] adj **1.** [rash] imprudent ; [thoughtless] irréfléchi ; [fearless] téméraire / *to make a reckless promise* s'engager à la légère / *it would be reckless to ignore the consequences / the danger* il serait imprudent de ne pas tenir compte des conséquences / du danger **2.** ADMIN & LAW ▸ **reckless driving** conduite *f* imprudente ▸ **reckless driver** conducteur *m* imprudent, conductrice *f* imprudente.

recklessly ['reklɪslɪ] adv [rashly] imprudemment ; [thoughtlessly] sans réfléchir ; [fearlessly] avec témérité / *to spend recklessly* dépenser sans compter / *they rather recklessly promised to contribute £500* ils ont promis assez imprudemment ou un peu hâtivement de donner 500 livres / *he drives very recklessly* il conduit dangereusement.

recklessness ['reklɪsnɪs] n [rashness] imprudence *f* ; [thoughtlessness] insouciance *f*, étourderie *f* ; [fearlessness] témérité *f*.

reckon ['rekn] ◆ vt **1.** [estimate] : *there were reckoned to be about fifteen hundred demonstrators* on a estimé à mille cinq cents le nombre des manifestants / *I reckon this building to be about 300 years old* je pense que ce bâtiment a environ 300 ans **2.** [consider] considérer / *I reckon this restaurant to be the best in town* je considère ce restaurant comme le meilleur de la ville / *I don't reckon her chances much* *inf* je ne crois pas qu'elle ait beaucoup de chances **3.** *inf* [suppose, think] croire, supposer / *I reckon you're right* je crois bien que tu as raison / *I reckon the omelette is ready* je crois que l'omelette est prête / *how old do you reckon he is?* quel âge lui donnez-vous ? / *it's all over, I reckon* je suppose que tout est fini / *what do you reckon?* qu'en pensez-vous ? **4.** [expect] compter, penser / *they had reckoned to make more profit from the venture* ils comptaient ou pensaient que l'entreprise leur rapporterait de plus gros bénéfices **5.** *fml* [calculate] calculer. ◆ vi [calculate] calculer, compter.

❖ **reckon in** vt sep UK compter, inclure.

❖ **reckon on** vt insep **1.** [rely on] compter sur / *you can reckon on him making a mess of it* tu peux compter sur lui pour tout gâcher / *don't reckon on it* n'y comptez pas **2.** [expect] s'attendre à, espérer / *I was reckoning on more* je m'attendais à plus / *she had reckoned on going next week* elle avait prévu d'y aller la semaine prochaine / *I didn't reckon on that extra cost* je n'avais pas prévu ces frais supplémentaires.

❖ **reckon up** ◆ vt sep [bill, total, cost] calculer. ◆ vi faire ses comptes ▸ **to reckon up with sb** régler ses comptes avec qqn.

❖ **reckon with** vt insep **1.** [take into account] tenir compte de, songer à / *they didn't reckon with the army / the opposition* ils ont compté sans l'armée / l'opposition ; [as opponent] avoir affaire à / *we had to reckon with stiff opposition* nous avons eu affaire à une forte opposition / *you'll have to reckon with his brother* il faudra compter avec son frère **2.** [cope with] compter avec / *you'll have to reckon with another guest* il vous faudra compter avec un invité supplémentaire.

❖ **reckon without** vt insep UK **1.** [do without] se passer de, se débrouiller sans / *you'll have to reckon without my help* il faudra vous débrouiller sans ou vous passer de moi **2.** *inf* [ignore, overlook] : *he reckoned without the gold price* il n'a pas pris en compte le cours de l'or / *she had reckoned without the fact that they had no car* elle n'avait pas pris en compte le fait qu'ils n'avaient pas de voiture.

reckoning ['rekənɪŋ] n **1.** *(U)* [calculation] calcul *m*, compte *m* / *you are way out in your reckoning* vous vous êtes complètement trompé dans vos comptes ou calculs / *on* or *by my reckoning, you owe us £50* d'après mes calculs, vous nous devez 50 livres / *in the final reckoning* en fin de compte **2.** [estimation] estimation *f* ; [opinion] avis *m* / *to the best of my reckoning* pour autant que je puisse en juger / *by* or *on any reckoning she's a fine pianist* personne ne niera que c'est une excellente pianiste **3.** NAUT estime *f*.

reclaim [rɪ'kleɪm] ◆ vt **1.** [land - gen] mettre en valeur / *they have reclaimed 1,000 hectares of land from the forest / marshes* ils ont défriché 1 000 hectares de forêt / asséché 1 000 hectares de marais / *they have reclaimed 1,000 hectares of land from the sea / the desert* ils ont gagné 1 000 hectares de terres sur la mer / le désert **2.** [salvage] récupérer ; [recycle] recycler **3.** [deposit, baggage] récupérer, réclamer ▸ **to reclaim sthg from sb** récupérer qqch auprès de qqn **4.** *liter* [sinner, drunkard] ramener dans le droit chemin. ◆ n ▸ **to be past** or **beyond reclaim** être irrécupérable.

reclaimable [rɪ'kleɪməbl] adj [land] amendable ; [waste - for salvage] récupérable ; [- for recycling] recyclable.

reclamation [,reklə'meɪʃn] n **1.** [of land - gen] remise *f* en valeur ; [- from forest] défrichement *m* ; [- from sea, marsh] assèchement *m*, drainage *m* ; [- from desert] reconquête *f* **2.** [salvage] récupération *f* ; [recycling] recyclage *m*.

reclassify [,ri:'klæsɪfaɪ] (*pt & pp* **reclassified**) vt reclasser.

recline [rɪ'klaɪn] ◆ vt **1.** [head] appuyer **2.** [seat] baisser, incliner. ◆ vi **1.** [be stretched out] être allongé, être étendu ; [lie back] s'allonger / *he was reclining on the sofa* il était allongé ou étendu sur le canapé **2.** [seat] être inclinable, avoir un dossier inclinable.

recliner [rɪ'klaɪnər] n [for sunbathing] chaise *f* longue ; [armchair] fauteuil *m* à dossier inclinable, fauteuil *m* relax.

reclining [rɪ'klaɪnɪŋ] adj [seat] inclinable, à dossier inclinable ▸ **reclining chair** chaise *f* longue.

recluse [rɪ'klu:s] n reclus *m*, -e *f* ▸ **to live like a recluse** vivre en reclus ou en ermite / *she's a bit of a recluse* elle aime la solitude.

reclusive [rɪ'klu:sɪv] adj reclus.

recognition [,rekəg'nɪʃn] n **1.** [identification] reconnaissance *f* / *she disguised her voice to avoid recognition* elle déguisa sa voix pour ne pas être reconnue / *the town has changed beyond* or *out of all recognition* la ville est méconnaissable / *she's changed him beyond* or *out of all recognition* elle l'a changé du tout au tout ▸ **optical / speech / character recognition** COMPUT reconnaissance optique / de la parole / de caractères **2.** [acknowledgment, thanks] reconnaissance *f* ▸ **in recognition of** en reconnaissance de **3.** [appreciation] ▸ **to win** or **to achieve recognition** être (enfin) reconnu ▸ **to seek recognition (for o.s.)** chercher à être reconnu / *his play received little recognition* sa pièce est passée quasi inaperçue ▸ **public recognition** la reconnaissance du public **4.** [realization - of problem] reconnaissance *f* / *the report led to the recognition that there is indeed a problem* le rapport nous a amenés à reconnaître qu'il y a effectivement un problème **5.** [of state, organization, trade union] reconnaissance *f*.

recognizable ['rekəgnaɪzəbl] adj reconnaissable / *he was barely recognizable* il était à peine reconnaissable, on avait du mal à le reconnaître.

recognizably ['rekəgnaɪzəblɪ] adv d'une manière ou façon reconnaissable / *the car was not recognizably Japanese* on n'aurait pas dit une voiture japonaise, cette voiture ne ressemblait pas à une voiture japonaise.

recognizance [rɪ'kɒgnɪzəns] n LAW [bond] engagement *m* ; [monies] caution *f* ▸ **to enter into recognizances for sb a)** [with money] verser une caution pour qqn **b)** [personally] se porter garant de qqn.

recognize, recognise ['rekəgnaɪz] vt **1.** [identify - person, place, etc.] reconnaître / *you'll recognize him by his hat* vous le reconnaîtrez à son chapeau / *they recognized him for what he was* ils le reconnurent pour ce qu'il était ; COMPUT reconnaître **2.** [acknowledge - person] reconnaître les talents de ; [- achievement] reconnaître **3.** [be aware of, admit] reconnaître / *I recognize (that) I made a mistake* je reconnais ou j'admets que je me suis trompé / *the scale of the disaster has finally been recognized* on a fini par se rendre compte de l'étendue du désastre **4.** ADMIN & POL [state, diploma] reconnaître **5.** US [in debate] donner la parole à.

recognized ['rekəgnaɪzd] adj [acknowledged] reconnu, admis / *a recognized fact* un fait reconnu / *she's a recognized authority on medieval history* c'est une autorité en histoire médiévale ; [identified] reconnu ; [official] officiel, attitré / *that's not the recognized legal term* ce n'est pas le terme juridique officiel.

recoil ◆ vi [rɪ'kɔɪl] **1.** [person] reculer / *she recoiled in horror* horrifiée, elle recula ▸ **to recoil from doing sthg** reculer devant l'idée de faire qqch **2.** [firearm] reculer ; [spring] se détendre / *the plan was bound to recoil on him* il était à prévoir que le plan se retournerait contre lui. ◆ n ['ri:kɔɪl] **1.** [of gun] recul *m* ; [of spring] détente *f* **2.** [of person] mouvement *m* de recul ; *fig* répugnance *f*.

recoilless, recoiless US ['ri:kɔɪlɪs] adj MIL & TECH sans recul.

recollect [,rekə'lekt] vt se souvenir de, se rappeler / *I don't recollect having asked her* je ne me rappelle pas le lui avoir demandé / *as far as I (can) recollect* autant que je m'en souvienne, autant qu'il m'en souvienne.

recollection [,rekə'lekʃn] n [memory] souvenir *m* / *I have no recollection of it* je n'en ai aucun souvenir / *I have a slight recollection of it* je n'en ai qu'un vague souvenir / *to the best of my recollection* (pour) autant que je m'en souvienne.

recombinant [ri:'kɒmbɪnənt] adj ▸ **recombinant DNA** ADN *m* recombinant ▸ **recombinant technology** recombinaison *f* génétique.

recombination [,ri:kɒmbɪ'neɪʃn] n BIOL & PHYS recombinaison *f*.

recommence [,ri:kə'mens] vi & vt recommencer.

recommend [,rekə'mend] vt **1.** [speak in favour of] recommander / *she recommended him for the job* elle l'a recommandé pour cet emploi / *I'll recommend you to the Minister* j'appuierai votre candidature auprès du ministre ; [think or speak well of] recommander / *the book has been highly recommended to me* le livre m'a été fortement recommandé / *it's a restaurant I can thoroughly recommend* c'est un restaurant que je recommande vivement / *the town has little to recommend it* la ville est sans grand intérêt **2.** [advise] recommander, conseiller / *I recommend you (to) see the film* je vous recommande or conseille d'aller voir ce film / *not (to be) recommended* à déconseiller / *to recommend that...* recommander que... *(+ subjunctive)* **3.** *arch & fml* [entrust] recommander / *to recommend one's soul to God* recommander son âme à Dieu / *the orphans were recommended to the care of their grandmother* les orphelins ont été confiés à leur grand-mère.

> Note that **recommander que** is followed by a verb in the subjunctive:
> **We recommend that the session should be open to all.** *Nous recommandons que la séance soit ouverte à tous.*

recommendable [,rekə'mendəbl] adj recommandable.

recommendation [,rekəmen'deɪʃn] n [personal] recommandation *f* / *on your / his recommendation* sur votre / sa recommandation ; [of committee, advisory body] recommandation *f* ▸ **to make a recommendation** faire une recommandation.

recommendatory [,rekə'mendətrɪ] adj [letter] de recommandation.

recommended daily allowance or **intake** n apport *m* quotidien recommandé.

recommended retail price [,rekə'mendɪd-] n prix *m* de vente conseillé.

recommit [,ri:kə'mɪt] vt **1.** POL [bill] renvoyer devant une commission **2.** [prisoner] réincarcérer **3.** [crime] commettre une nouvelle fois.

recompense ['rekəmpens] ◆ n **1.** [reward] récompense *f* / *in recompense for your trouble* en récompense de or pour vous récompenser de votre peine **2.** LAW [compensation] dédommagement *m*, compensation *f*. ◆ vt récompenser ▸ **to recompense sb for sthg a)** [gen] récompenser qqn de qqch **b)** LAW dédommager qqn de or pour qqch.

recompose [,ri:kəm'pəʊz] vt **1.** [text] réécrire ; [print] recomposer **2.** [calm] ▸ **to recompose o.s.** se ressaisir.

reconcilable ['rekənsaɪləbl] adj [opinions] conciliable, compatible ; [people] compatible.

reconcile ['rekənsaɪl] vt **1.** [people] réconcilier ; [ideas, opposing principles] concilier / *Peter and Jane are reconciled at last* Peter et Jane se sont enfin réconciliés / *you cannot reconcile morality with politics* on ne saurait concilier moralité et politique **2.** [resign] ▸ **to reconcile o.s.** or **to become reconciled to sthg** se résigner à qqch / *she reconciled herself to the idea of going* elle s'est faite à l'idée de partir **3.** [win over] ▸ **to reconcile sb to sthg** faire accepter qqch à qqn **4.** [settle - dispute] régler, arranger.

reconciliation [,rekənsɪlɪ'eɪʃn] n [between people] réconciliation *f* ; [between ideas] conciliation *f*, compatibilité *f*.

recondite ['rekəndaɪt] adj *fml* [taste] ésotérique ; [text, style] abscons, obscur ; [writer] obscur.

recondition [,ri:kən'dɪʃn] vt remettre en état or à neuf.

reconditioned [,ri:kən'dɪʃnd] adj remis à neuf ; UK [tyre] rechapé ▸ **reconditioned engine** AUTO (moteur *m*) échange *m* standard.

reconfigure [,ri:kən'fɪgər] vt COMPUT reconfigurer.

reconfirm [,ri:kən'fɜ:m] vt [booking] confirmer ; [opinion, decision] réaffirmer.

reconnaissance [rɪ'kɒnɪsəns] n MIL reconnaissance *f* ▸ **aerial reconnaissance** reconnaissance aérienne ▸ **reconnaissance flight** vol *m* de reconnaissance.

reconnect [,ri:kə'nekt] vt rebrancher ; TELEC reconnecter.

reconnoitre UK, **reconnoiter** US [,rekə'nɔɪtər] ◆ vt MIL reconnaître. ◆ vi effectuer une reconnaissance.

reconquer [,ri:'kɒŋkər] vt reconquérir.

reconquest [,ri:'kɒŋkwest] n reconquête *f*.

reconsider [,ri:kən'sɪdər] ◆ vt [decision, problem] réexaminer ; [topic] se repencher sur ; [judgment] réviser, revoir. ◆ vi reconsidérer la question / *I advise you to reconsider* je vous conseille de revoir votre position.

reconsideration ['ri:kən,sɪdə'reɪʃn] n [reexamination] nouvel examen *m*, nouveau regard *m* ; [of judgment] révision *f*.

reconstitute [,ri:'kɒnstɪtju:t] vt reconstituer.

reconstituted [,ri:'kɒnstɪtju:tɪd] adj reconstitué ▸ **reconstituted vegetable protein** protéine *f* végétale reconstituée.

reconstitution ['ri:,kɒnstɪ'tju:ʃn] n reconstitution *f*.

reconstruct [,ri:kən'strʌkt] vt [house, bridge] reconstruire, rebâtir ; [crime, event] reconstituer ; [government, system] reconstituer.

reconstruction [,ri:kən'strʌkʃn] n [of demolished building] reconstruction *f* ; [of old building] reconstitution *f* ; [of façade, shop] réfection *f* ; [of crime, event] reconstitution *f* ; [of government] reconstitution *f* ▸ **the Reconstruction** US HIST la Reconstruction.

> **The Reconstruction**
> Période allant de 1865 à 1877, succédant à la guerre de Sécession et pendant laquelle les États de l'ex-Confédération (États sudistes) étaient réintégrés dans l'Union s'ils avaient adopté les amendements à la Constitution fédérale qui reconnaissaient les droits des Noirs et interdisaient aux confédérés toute activité politique et administrative.

reconstructive surgery [ri:kən'strʌktɪv-] n chirurgie *f* réparatrice.

reconvene [,ri:kən'vi:n] ◆ vt reconvoquer. ◆ vi : *the meeting reconvenes at three* la réunion reprend à trois heures.

record ◆ vt [rɪ'kɔ:d] **1.** [take note of - fact, complaint, detail] noter, enregistrer ; [- in archives, on computer] enregistrer / *your objection has been recorded* nous avons pris acte de votre objection / *to record the minutes* or *the proceedings of a meeting* ADMIN faire le procès-verbal or le compte rendu d'une réunion ; [attest, give account of] attester, rapporter / *no biography records the visit* aucune biographie ne fait mention de or n'atteste la visite / *the debate was recorded in the newsletter* le débat a été rapporté dans le bulletin d'informations / *their answer was not recorded* leur réponse n'a pas été enregistrée / *a photograph was taken to record the event* une photographie a été prise pour rappeler cet événement / *the book records life in medieval England* le livre dépeint or évoque la vie en Angleterre au Moyen Âge / *how many votes were recorded?* POL combien de voix ont été exprimées ? ; [explain, tell] raconter, rapporter / *history records that 30,000 soldiers took part* selon les livres d'histoire, 30 000 soldats y ont participé **2.** [indicate - measurement] indiquer ; [- permanently] enregistrer / *temperatures of 50° were recorded* on a relevé des températures de 50 ° **3.** [music, tape, TV programme] enregistrer / *the group are in the studio recording their new album* le groupe est dans le studio en train d'enregistrer son nouveau disque **4.** SPORT [score] marquer / *he recorded a time of 10.7 seconds for the 100 metres* il a couru le 100 m en 10,7 secondes. ◆ vi [rɪ'kɔ:d] [on tape, video] enregistrer / *leave the video, it's recording* laisse le magnétoscope, il est en train d'enregistrer / *his voice doesn't record well* sa voix ne se prête pas bien à l'enregistrement. ◆ n ['rekɔ:d] **1.** [account, report] rapport *m* ; [note] note *f* ; [narrative] récit *m* ▸ **to make a record of sthg** noter qqch ▸ **to strike sthg from the record** rayer qqch du procès-verbal / *they keep a record of all deposits / all comings and goings* ils enregistrent tous les versements / toutes les allées et venues / *the book provides a record of 19th-century Parisian society* le livre évoque la société parisienne au XIXe siècle ; [testimony] témoignage *m* ; [evidence] preuve *f* / *there is no record of their visit* il n'existe aucune trace de leur visite / *do you have any record of the transaction?* avez-vous gardé une trace de la transaction ? / *there's no record of it anywhere* ce n'est mentionné nulle part / *the carvings are a record of civilization on the island* les sculptures témoignent de l'existence d'une civilisation sur l'île ; [from instrument] trace *f* ; [graph] courbe *f* / *the apparatus gives a permanent record of ground movements* l'appareil enregistre en permanence les mouvements du sol ▸ **a newspaper of record** un journal qui fait autorité ▸ **to put** or **to set the record straight** mettre les choses au clair **2.** [past history] passé *m* ; [file] dossier *m* / *his past record with the firm* son passé dans l'entreprise / *she has an excellent attendance record* elle a été très assidue, elle n'a presque jamais été absente / *the plane has a good safety record* l'avion est réputé pour sa sécurité ; [criminal or police file] casier *m* (judiciaire) ▸ **to have a record** avoir un casier judiciaire ▸ **a clean record** un casier judiciaire vierge / *he has a record of previous convictions* il a déjà été condamné ; [reputation] réputation *f* / *the makers have an excellent record for high quality* les fabricants sont très réputés pour l'excellente qualité de leurs produits ▸ **case record a)** MED dossier *m* médical **b)** LAW dossier *m* judiciaire ▸ **service** or **army record** MIL états *mpl* de service ▸ **school record** dossier *m* scolaire **3.** [disc] disque *m* ; [recording] enregistrement *m* ▸ **to make** or **to cut a record** faire or graver un disque **4.** [gen & SPORT] record *m* ▸ **to set / to break a record** établir / battre un record / *the 200 m record* le record du 200 m / **'The Guinness Book of Records'** 'le Livre Guinness des records' **5.** COMPUT enregistrement *m*. ◆ comp ['rekɔ:d] **1.** [company, label, producer, shop] de disques **2.** [summer, temperature] record *(inv)* / *in record time* en un temps record / *a record score* un score record / *to reach record levels* atteindre un niveau record / *a record number of spectators* une affluence record.

❖ **records** pl n [of government, police, hospital] archives *fpl* ; [of history] annales *fpl* ; [of conference, learned society] actes *mpl* ; [register] registre *m* ; [of proceedings, debate] procès-verbal *m*, compte rendu *m* / *the wettest June since records began* le mois de juin le plus humide depuis que l'on tient des statistiques ▸ **public records office** archives *fpl* nationales ▸ **police accident records** liste *f* des accidents enregistrés par la police.

❖ **for the record** adv phr pour mémoire, pour la petite histoire / *just for the record, you started it!* je te signale au passage que c'est toi qui as commencé !

❖ **off the record** ◆ adj phr confidentiel / *I want these remarks to be off the record* je veux que ces remarques restent confidentielles / *the negotiations were off the record* **a)** [secret] les négociations étaient secrètes **b)** [unofficial] les négociations étaient officieuses **c)** [not reported] les négociations n'ont pas été rapportées (dans la presse) **d)** [not recorded] les négociations n'ont pas été enregistrées / *all this is strictly off the record fig* tout ceci doit rester strictement entre nous. ◆ adv phr : *he admit-*

ted *off the record that he had known* il a admis en privé qu'il était au courant.

❖ **on record** adv phr enregistré / *it's on record that you were informed* il est établi que vous étiez au courant / *we have it on record that...* il est attesté or établi que... / *it isn't on record* il n'y en a aucune trace ▸ **to put** or **to place sthg on record a)** [say] dire or déclarer qqch officiellement **b)** [write] consigner qqch par écrit / *I wish to go on record as saying that...* je voudrais dire officiellement or publiquement que... / *it's the wettest June on record* c'est le mois de juin le plus humide que l'on ait connu / *it's the only example on record* c'est le seul exemple connu.

record-breaker n SPORT nouveau recordman *m*, nouvelle recordwoman *f* / *the new product is a record-breaker* UK *fig* le nouveau produit bat tous les records.

record-breaking adj **1.** SPORT : *a record-breaking jump* un saut qui a établi un nouveau record **2.** [year, temperatures] record *(inv).*

record cabinet n discothèque *f (meuble).*

record card n fiche *f.*

record-changer n changeur *m* de disques (automatique).

record deck n platine *f* (tourne-disque).

recorded [rɪ'kɔ:dɪd] adj **1.** [music, message, tape] enregistré ; [programme] préenregistré ; [broadcast] transmis en différé **2.** [fact] attesté, noté ; [history] écrit ; [votes] exprimé / *throughout recorded history* pendant toute la période couverte par les écrits historiques.

recorded delivery n UK recommandé *m* ▸ **to send (by) recorded delivery** envoyer en recommandé avec accusé de réception.

recorder [rɪ'kɔ:də^r] n **1.** [apparatus] enregistreur *m* **2.** [musical instrument] flûte *f* à bec **3.** [keeper of records] archiviste *mf* ▸ **court recorder** LAW greffier *m* **4.** UK LAW *avocat nommé à la fonction de magistrat (à temps partiel).*

record holder n recordman *m*, recordwoman *f*, détenteur *m*, -trice *f* d'un record.

recording [rɪ'kɔ:dɪŋ] ◆ n [of music, data] enregistrement *m* / *this is a very poor recording* cet enregistrement est très mauvais / *a mono recording* un enregistrement (en) mono. ◆ comp **1.** MUS & TV [equipment, session, studio] d'enregistrement ; [company] de disques ; [star] du disque / *she's a recording artist for Phonolog* elle enregistre (des disques) chez Phonolog **2.** [indicating - apparatus] enregistreur **3.** ADMIN & LAW [official, clerk - in census] chargé du recensement ; [- in court of law] qui enregistre les débats.

Recording Angel n BIBLE & *fig l'ange qui tient le livre des actes (bons et mauvais) de chacun.*

recording head n tête *f* d'enregistrement.

recording studio n studio *m* d'enregistrement.

record library n discothèque *f (de prêt).*

record player n tourne-disque *m*, platine *f* (disques).

record token n chèque-disque *m.*

recork [,ri:'kɔ:k] vt reboucher.

recount [rɪ'kaʊnt] vt [story, experience] raconter.

re-count ◆ vt [,ri:'kaʊnt] [count again] recompter, compter de nouveau. ◆ n ['ri:kaʊnt] POL nouveau décompte *m* / *to demand a re-count* exiger un nouveau décompte / *there were four re-counts* on a compté le nombre de bulletins de vote à quatre reprises.

recoup [rɪ'ku:p] vt **1.** [get back - losses, cost] récupérer / *to recoup one's investments* rentrer dans ses fonds / *to recoup one's costs* rentrer dans or couvrir ses frais **2.** [pay back] rembourser, dédommager **3.** [from taxes] défalquer, déduire.

recourse [rɪ'kɔ:s] n **1.** [gen] recours *m* ▸ **to have recourse to sthg** recourir à qqch, avoir recours à qqch **2.** FIN recours *m.*

recover [rɪ'kʌvə^r] ◆ vt **1.** [get back - property] récupérer, retrouver ; [- debt, loan, deposit] récupérer, recouvrer ▸ **to recover sthg from sb** récupérer qqch de qqn / *50 bodies have been recovered* 50 corps ont été retrouvés ; [take back] reprendre ▸ **to recover sthg from sb** reprendre qqch à qqn ; [regain - territory, ball] regagner ; [- composure, control, hearing] retrouver ; [- advantage] reprendre / *to recover one's breath / footing* reprendre haleine / pied / *to recover one's balance* retrouver son équilibre / *to recover one's senses* se ressaisir / *to recover consciousness* reprendre connaissance / *to recover one's strength* reprendre des forces / *to recover lost ground lit & fig* regagner du terrain **2.** [salvage - wreck, waste] récupérer ; [- from water] récupérer, repêcher **3.** LAW : *to recover damages* obtenir des dommages-intérêts **4.** [extract - from ore] extraire. ◆ vi **1.** [after accident] se remettre ; [after illness] se rétablir, guérir / *the patient is recovering in hospital* le malade se remet à l'hôpital ▸ **to recover from sthg** se remettre de qqch ▸ **to be fully recovered** être complètement guéri or rétabli ; [after surprise, setback] se remettre / *I still haven't recovered from the shock* je ne me suis pas encore remis du choc **2.** [currency, economy] se redresser ; [market] reprendre, se redresser ; [prices, shares] se redresser, remonter **3.** LAW gagner son procès, obtenir gain de cause.

re-cover [,ri:'kʌvə^r] vt recouvrir.

recoverable [rɪ'kʌvrəbl] adj [debt] recouvrable ; [losses, mistake] réparable ; [by-product] récupérable.

recovery [rɪ'kʌvərɪ] (*pl* **recoveries**) n **1.** [of lost property, wreck] récupération *f* ; [of debt] recouvrement *m*, récupération *f* / *the recovery of his sight changed his life* le fait de recouvrer la vue a transformé sa vie **2.** [from illness] rétablissement *m*, guérison *f* / *to make a speedy recovery* se remettre vite / *she is making a good recovery* elle est en bonne voie de guérison **3.** [of economy] relance *f*, redressement *m* ; [of prices, shares] redressement *m*, remontée *f* ; [of currency] redressement *m* ; [of market, business] reprise *f* ▸ **to stage** or **to make a recovery** SPORT reprendre le dessus / *the country made a slow recovery after the war* le pays s'est rétabli lentement après la guerre ▸ **to be past** or **beyond recovery a)** [situation] être irrémédiable or sans espoir **b)** [loss] être irrécupérable or irréparable ▸ **recovery plan** plan *m* de redressement **4.** [of wreck, waste] récupération *f* ; [from water] récupération *f*, repêchage *m* **5.** COMPUT [of files] récupération *f* **6.** LAW [of damages] obtention *f.*

recovery position n MED position *f* latérale de sécurité.

recovery room n MED salle *f* de réanimation.

recovery vehicle n UK dépanneuse *f.*

recreant ['rekrɪənt] *arch* ◆ adj [cowardly] lâche ; [disloyal] perfide, déloyal. ◆ n [coward] lâche *mf* ; [turncoat] renégat *m*, -e *f.*

re-create [,ri:krɪ'eɪt] vt [past event] reconstituer ; [place, scene] recréer.

recreation [,rekrɪ'eɪʃn] n **1.** [relaxation] récréation *f*, détente *f* / *she only reads for* or *as recreation* elle ne lit que pour se délasser or se détendre **2.** SCH récréation *f.*

re-creation n [of event, scene] recréation *f*, reconstitution *f.*

recreational [,rekrɪ'eɪʃənl] adj de loisir ▸ **recreational drug** drogue *f* douce.

recreational vehicle US = RV.

recreation ground n terrain *m* de jeu.

recreation room n [in school, hospital] salle *f* de récréation ; [in hotel] salle *f* de jeu ; US [at home] salle *f* de jeu.

recriminate [rɪ'krɪmɪneɪt] vt *fml* récriminer ▸ **to recriminate against sb** récriminer contre qqn.

recrimination [rɪ,krɪmɪ'neɪʃn] n *(usu pl)* ▸ **recriminations** récriminations *fpl.*

recriminatory [rɪ'krɪmɪnətrɪ] adj récriminateur.

recrudescence [,ri:kru:'desns] n *fml* recrudescence *f.*

recrudescent [,ri:kru:'desnt] adj *fml* recrudescent.

recruit [rɪ'kru:t] ◆ n [gen & MIL] recrue *f.* ◆ vt [member, army] recruter ; [worker] recruter, embaucher.

recruiting [rɪ'kru:tɪŋ] n recrutement *m.*

recruiting office n bureau *m* de recrutement.

recruiting officer n MIL recruteur *m* ; HIST racoleur *m.*

recruitment [rɪ'kru:tmənt] n recrutement *m* ▸ **recruitment agency** cabinet *m* de recrutement ▸ **recruitment campaign** campagne *f* de recrutement ▸ **recruitment consultant** consultant *m*, -e *f* en recrutement ▸ **recruitment procedure** procédure *f* de recrutement.

rectal ['rektəl] adj rectal.

rectangle ['rek,tæŋgl] n rectangle *m.*

rectangular [rek'tæŋgjʊlə^r] adj rectangulaire.

rectifiable ['rektɪfaɪəbl] adj [gen, CHEM & MATH] rectifiable, qui peut être rectifié ; ELEC qui peut être redressé.

rectification [,rektɪfɪ'keɪʃn] n **1.** [correction] rectification *f*, correction *f* **2.** CHEM & MATH rectification *f* ; ELEC redressement *m.*

rectifier ['rektɪfaɪə^r] n **1.** ELEC redresseur *m* ; CHEM rectificateur *m* **2.** [person] correcteur *m*, -trice *f.*

rectify ['rektɪfaɪ] (*pt & pp* **rectified**) vt **1.** [mistake] rectifier, corriger ; [oversight] réparer ; [situation] redresser **2.** CHEM & MATH rectifier ; ELEC redresser.

rectilinear [,rektɪ'lɪnɪə^r] adj rectiligne.

rectitude ['rektɪtju:d] n rectitude *f* ▸ **moral rectitude** droiture *f.*

recto ['rektəʊ] (*pl* **rectos**) n PRINT recto *m.*

rector ['rektə^r] n **1.** RELIG [Anglican, Presbyterian] pasteur *m* ; [Catholic] recteur *m* **2.** UK SCH proviseur *m*, directeur *m*, -trice *f* **3.** SCOT UNIV président *m*, -e *f* d'honneur.

rectory ['rektərɪ] (*pl* **rectories**) n presbytère *m.*

rectum ['rektəm] (*pl* **rectums** *or* **recta** [-tə]) n rectum *m.*

recumbent [rɪ'kʌmbənt] adj *liter* couché, étendu, allongé ▸ **recumbent bicycle** vélo *m* couché ▸ **recumbent figure** ART figure *f* couchée, gisant *m* ▸ **recumbent effigy** [on grave] gisant *m.*

recuperate [rɪ'ku:pəreɪt] ◆ vi se remettre, récupérer ; [after illness] se rétablir ▸ **to recuperate from sthg** se remettre de qqch. ◆ vt [materials, money] récupérer ; [loss] compenser ; [strength] reprendre.

recuperation [rɪ,ku:pə'reɪʃn] n **1.** MED rétablissement *m* **2.** [of materials] récupération *f* **3.** FIN [of market] reprise *f.*

recuperative [rɪ'ku:pərətɪv] adj [medicine] régénérateur, reconstituant ; [rest] réparateur ; [powers] de récupération.

recur [rɪ'kɜ:^r] (*pt & pp* **recurred**, *cont* **recurring**) vi **1.** [occur again] se reproduire ; [reappear] réapparaître, revenir / *it's a notion which recurs every now and then* c'est une idée qui revient or qu'on retrouve de temps en temps / *come back if the problem recurs* revenez si le problème réapparaît or se représente **2.** [to memory] revenir à la mémoire **3.** MATH se reproduire, se répéter.

recurrence [rɪ'kʌrəns] n [of mistake, notion, event] répétition *f* ; [of disease, symptoms] réapparition *f* ; [of subject, problem] retour *m* / *there must be no recurrence of such behaviour* ce genre de comportement ne devra jamais se reproduire.

recurrent [rɪ'kʌrənt] adj **1.** [repeated] récurrent / *I get recurrent headaches / bouts of flu* j'ai souvent des maux de tête / la grippe ▸ **recurrent expenses a)** [gen] dépenses *fpl* courantes **b)** COMM frais *mpl* généraux **2.** ANAT & MED récurrent.

recurring [rɪ'kɜ:rɪŋ] adj **1.** [persistent - problem] qui revient or qui se reproduit souvent ; [- dream, nightmare] qui revient sans cesse **2.** MATH périodique / *2 point 7 recurring* 2 virgule 7 périodique.

recurring decimal n fraction *f* périodique.

recursion [rɪ'kɜ:ʃn] n récurrence *f* ; COMPUT récursion *f.*

recursive [rɪ'kɜ:sɪv] adj récursif ▸ **recursive function** COMPUT fonction *f* récursive.

recusant ['rekjʊzənt] ◆ adj RELIG réfractaire. ◆ n RELIG rebelle *mf* à l'Église.

recyclable [,ri:'saɪkləbl] adj recyclable.

recycle [,ri:'saɪkl] vt [materials] recycler ; [money] réinvestir.

recycle bin n COMPUT poubelle *f*, corbeille *f.*

recycled [,ri:'saɪkld] adj [materials] recyclé ▸ **recycled paper** papier *m* recyclé.

recycling [,ri:'saɪklɪŋ] n recyclage *m.*

recycling plant n usine *f* de recyclage.

red [red] (*compar* **redder**, *superl* **reddest**) ◆ adj **1.** [gen] rouge ; [hair] roux (rousse) ▸ **to go red** rougir

▸ **red with anger** / **shame** rouge de colère / honte ▸ **to take a red pen to sthg** corriger qqch à l'encre rouge ▸ **to be red in the face a)** [after effort] avoir la figure toute rouge **b)** [with embarrassment] être rouge de confusion ▸ **to go into red ink a)** US [person] être à découvert **b)** [company] être en déficit ▸ **to be as red as a beetroot** être rouge comme une pivoine or une écrevisse / **'(Little) Red Riding Hood'** *Perrault* 'le Petit Chaperon rouge' **2.** *inf* POL rouge ▸ **the Red Scare** US HIST peur *f* rouge *(crainte d'infiltration du gouvernement américain par des communistes, qui a conduit à de très nombreuses arrestations dans les années 1920).* ◆ n **1.** [colour] rouge *m* / *dressed in red* habillé en rouge ▸ **to see red** voir rouge **2.** [in roulette] rouge *m* ; [in snooker] (bille *f*) rouge *f* **3.** [wine] rouge *m* **4.** *inf & pej* [communist] rouge *mf*, coco *mf pej* ▸ **reds under the bed** *expression évoquant la psychose du communisme* **5.** [deficit] ▸ **to be in the red** être dans le rouge / *to be £5,000 in the red* **a)** [company] avoir un déficit de 5 000 livres **b)** [person] avoir un découvert de 5 000 livres ▸ **to get out of the red a)** [company] sortir du rouge **b)** [person] combler son découvert.

redact [rɪ'dækt] vt **1.** [write] rédiger **2.** [edit] modifier.

redaction [rɪ'dækʃən] n **1.** [writing] rédaction *f* **2.** [editing] modification *f*.

red admiral n ENTOM vulcain *m*.

red alert n alerte *f* rouge ▸ **to be on red alert** être en état d'alerte maximale.

red ant n fourmi *f* rouge.

Red Army pr n Armée *f* rouge.

Red Arrows pl pr n ▸ **the Red Arrows** *patrouille britannique d'avions de chasse spécialisée dans les spectacles de voltige aérienne.*

Red Berets pl pr n ▸ **the Red Berets** *division des parachutistes de l'armée britannique.*

red blood cell n globule *m* rouge, hématie *f*.

red-blooded [-'blʌdɪd] adj *inf* vigoureux, viril.

redbreast ['redbrest] n rouge-gorge *m*.

red-brick adj UK [building] en brique rouge.

redbrick university ['redbrɪk-] n *en Angleterre, université de création relativement récente par opposition à Oxford et Cambridge.*

redbug ['redbʌg] n ENTOM chique *f*, puce *f* pénétrante.

redcap ['redkæp] n **1.** UK *inf* MIL policier *m* militaire **2.** US RAIL porteur *m*.

red card n SPORT carton *m* rouge ▸ **to get** or **to receive the red card** recevoir le carton rouge.

red carpet n tapis *m* rouge ▸ **to roll out the red carpet for sb a)** [for VIP] dérouler le tapis rouge en l'honneur de qqn **b)** [for guest] mettre les petits plats dans les grands en l'honneur de qqn ▸ **to give sb the red-carpet treatment** réserver un accueil fastueux or princier à qqn.

red cent n US *inf* ▸ **it's not worth a red cent** ça ne vaut pas un clou or un centime.

Red China pr n *inf* Chine *f* communiste or populaire.

redcoat ['redkəʊt] n UK **1.** HIST soldat *m* anglais **2.** [in holiday camp] animateur *m*, -trice *f*.

red corpuscle n globule *m* rouge, hématie *f*.

Red Crescent pr n Croissant-Rouge *m*.

Red Cross (Society) pr n Croix-Rouge *f*.

redcurrant ['redkʌrənt] n groseille *f* (rouge) ▸ **redcurrant bush** groseillier *m* rouge ▸ **redcurrant jelly** gelée *f* de groseille.

red deer n cerf *m* commun.

redden ['redn] ◆ vt rougir, rendre rouge ; [hair] teindre en roux. ◆ vi [person, face] rougir, devenir (tout) rouge ; [leaves] devenir roux, roussir ▸ **to redden with shame** rougir de honte.

Red Devils pl pr n ▸ **the Red Devils** *équipe de parachutistes de l'armée britannique connue pour ses spectacles d'acrobatie aérienne.*

reddish ['redɪʃ] adj rougeâtre ; [fur] roussâtre ; [hair] roussâtre, qui tire sur le roux.

red duster UK *inf* = **Red Ensign.**

red dwarf n ASTRON naine *f* rouge.

redecorate [,riː'dekəreɪt] ◆ vt [gen - room, house] refaire ; [repaint] refaire les peintures de ; [re-wallpaper] retapisser / *we're redecorating the flat* nous sommes en train de repeindre et de retapisser l'appartement. ◆ vi [repaint] refaire les peintures ; [re-wallpaper] refaire les papiers peints.

redecoration [riː,dekə'reɪʃn] n [painting] remise *f* à neuf des peintures ; [wallpapering] remise *f* à neuf des papiers peints.

redeem [rɪ'diːm] vt **1.** [from pawn] dégager, retirer **2.** [cash - voucher] encaisser ; [- bond, share] réaliser ; [exchange - coupon, savings stamps] échanger ; [- banknote] compenser **3.** [pay - debt] rembourser, s'acquitter de ; [- bill] honorer ; [- loan, mortgage] rembourser **4.** [make up for - mistake, failure] racheter, réparer ; [- crime, sin] expier ▸ **to redeem o.s.** se racheter **5.** [save - situation, position] sauver ; [- loss] récupérer, réparer ; [- honour] sauver ; RELIG [sinner] racheter **6.** [fulfil - promise] s'acquitter de, tenir ; [- obligation] satisfaire à, s'acquitter de **7.** [free - slave] affranchir.

redeemable [rɪ'diːməbl] adj **1.** [voucher] remboursable ; [debt] remboursable, amortissable / *the stamps are not redeemable for cash* les timbres ne peuvent être échangés contre des espèces **2.** [error] réparable ; [sin, crime] expiable, rachetable ; [sinner] rachetable.

redeemer [rɪ'diːmər] n RELIG & *fig* rédempteur *m*.

redeeming [rɪ'diːmɪŋ] adj [characteristic, feature] qui rachète or compense les défauts / *his one redeeming feature* sa seule qualité, la seule chose qui le rachète.

redefine [,riːdɪ'faɪn] vt [restate - objectives, terms] redéfinir ; [modify] modifier.

redemption [rɪ'dempʃn] n **1.** [from pawn] dégagement *m* **2.** [of debt, loan, mortgage, voucher] remboursement *m* ; ST. EX [of shares] liquidation *f* ▸ **redemption yield** rendement *m* à l'échéance **3.** [gen & RELIG] rédemption *f*, rachat *m* ▸ **past** or **beyond redemption a)** [person] perdu à tout jamais, qui ne peut être racheté **b)** [situation, position] irrémédiable, irrécupérable **c)** [book, furniture] irréparable, irrécupérable.

redemptive [rɪ'demptɪv] adj rédempteur.

Red Ensign n *pavillon de la marine marchande britannique.*

redeploy [,riːdɪ'plɔɪ] vt [troops, forces, resources] redéployer ; [workers] reconvertir.

redeployment [,riːdɪ'plɔɪmənt] n [of troops, resources] redéploiement *m* ; [of workers] reconversion *f*.

redesign [,riːdɪ'zaɪn] vt [plan of room, garden, etc.] redessiner ; [layout of furniture, rooms, etc.] réagencer ; [system] repenser ; [book cover, poster, etc.] refaire le design de.

redevelop [,riːdɪ'veləp] vt **1.** [region] réexploiter, revitaliser ; [urban area] rénover, reconstruire ; [tourism, industry] relancer **2.** [argument] réexposer **3.** PHOT redévelopper.

redevelopment [,riːdɪ'veləpmənt] n **1.** [of region] revitalisation *f*, développement *m* ; [of urban area] rénovation *f* ; [of tourism, industry] relance *f* ▸ **urban redevelopment** rénovation *f* urbaine **2.** PHOT redéveloppement *m*.

red eye n *(U)* PHOT effet *m* yeux rouges.

redeye ['redaɪ] n US **1.** *v inf* [whisky] mauvais whisky *m* ; ≃ gnôle *f* **2.** *inf* [night flight] vol *m* de nuit.

red-eyed adj aux yeux rouges.

red-faced [-'feɪst] adj *lit* rougeaud ; *fig* rouge de confusion or de honte.

red flag n [gen & POL] drapeau *m* rouge.

❖ **Red Flag** n ▸ **the Red Flag** *hymne du parti travailliste britannique.*

red fox n renard *m* roux.

red giant n ASTRON géante *f* rouge.

red grouse n grouse *f*, coq *m* de bruyère écossais.

Red Guard pr n garde *f* rouge.

red-haired [-,heəd] adj roux (rousse), aux cheveux roux / *a red-haired girl* une rousse.

red-handed [-'hændɪd] adv ▸ **to be caught red-handed** être pris en flagrant délit or la main dans le sac.

red hat n RELIG barrette *f (de cardinal).*

redhead ['redhed] n roux *m*, rousse *f*.

red-headed = **red-haired.**

red heat n ▸ **to bring** or **to raise a metal to red heat** chauffer or porter un métal au rouge.

red herring n **1.** *fig* diversion *f* / *it's just a red herring* ce n'est qu'un truc pour nous dépister or pour brouiller les pistes **2.** CULIN hareng *m* saur.

red-hot adj **1.** [metal] chauffé au rouge **2.** [very hot] brûlant **3.** *inf & fig* [keen] passionné, enthousiaste **4.** *inf* [recent - news, information] de dernière minute **5.** *inf* [sure - tip, favourite] certain, sûr **6.** *inf* [expert] calé / *he's red-hot on the best investments* c'est un expert en matière d'investissements **7.** [strong - passion] fort, puissant **8.** *inf* [sensational - scandal, story] croustillant, sensationnel.

red-hot poker n BOT tritoma *m*.

redial [,riː'daɪəl] ◆ vt ▸ **to redial a number** refaire un numéro. ◆ n ▸ **automatic redial** système *m* de rappel du dernier numéro.

redid [,riː'dɪd] pt ⟶ **redo.**

Red Indian n Peau-Rouge *mf*.

redirect [,riːdɪ'rekt] vt **1.** [mail] faire suivre, réexpédier ; [aeroplane, traffic] dérouter / *the plane was redirected to Oslo* l'avion a été dérouté sur Oslo **2.** *fig* [efforts, attentions] réorienter.

rediscover [,riːdɪ'skʌvər] vt redécouvrir.

rediscovery [,riːdɪ'skʌvrɪ] (*pl* **rediscoveries**) n redécouverte *f*.

redistribute [,riːdɪ'strɪbjuːt] vt [money, wealth, objects] redistribuer ; [tasks] réassigner.

redistribution ['riː,dɪstrɪ'bjuːʃn] n redistribution *f*.

red lead n minium *m*.

Red Leicester [-'lestər] n *fromage anglais à pâte pressée.*

red-letter day n jour *m* à marquer d'une pierre blanche.

red light n AUTO feu *m* rouge ▸ **to go through a red light** passer au rouge, brûler le feu rouge.

❖ **red-light** adj ▸ **red-light district** quartier *m* chaud.

Red Light Green Light n US GAMES ≃ 1, 2, 3… soleil.

red-line vt discriminer contre *(dans l'attribution de logements ou d'assurances).*

red list n *liste gouvernementale des produits illégaux.*

red meat n viande *f* rouge.

red mullet n rouget barbet *m*.

redneck ['rednek] US *inf & pej* ◆ n *Américain d'origine modeste qui a des idées réactionnaires et des préjugés racistes.* ◆ comp [attitude] de plouc, borné.

redness ['rednɪs] n *(U)* rougeur *f* ; [of hair] rousseur *f* ; [inflammation] rougeurs *fpl*.

redo [,riː'duː] (*pt* **redid** [,riː'dɪd], *pp* **redone** [-'dʌn]) vt refaire ; [hair] recoiffer ; [repaint] refaire, repeindre.

redolence ['redələns] n *liter* parfum *m*, odeur *f*.

redolent ['redələnt] adj *liter* **1.** [perfumed] : *redolent of* or *with lemon* qui sent le citron, qui a une odeur de citron **2.** [evocative, reminiscent] : *the style is redolent of James Joyce* le style rappelle celui de James Joyce.

redone [-'dʌn] pp ⟶ **redo.**

redouble [,riː'dʌbl] ◆ vt **1.** [in intensity] redoubler ▸ **to redouble one's efforts** redoubler ses efforts or d'efforts **2.** CARDS surcontrer. ◆ vi CARDS surcontrer. ◆ n CARDS surcontre *m*.

redoubt [rɪ'daʊt] n MIL redoute *f* ; *fig* forteresse *f*.

redoubtable [rɪ'daʊtəbl] adj [formidable] redoutable, terrifiant ; [awe-inspiring] impressionnant.

redound [rɪ'daʊnd] vi *fml* ▸ **to redound on** or **upon sb a)** [negatively] retomber sur qqn **b)** [positively] rejaillir sur qqn ▸ **to redound to sb's advantage** être or rejaillir à l'avantage de qqn / *her behaviour can only redound to her credit* sa conduite ne peut qu'être portée à son crédit.

red-pencil vt [correct] biffer au crayon rouge ; [censor] censurer.

red pepper n [spice] (poivre *m* de) cayenne *m* ; [vegetable] poivron *m* rouge.

redraft ◆ vt [,riː'drɑːft] [bill, contract] rédiger de nouveau ; [demand] reformuler ; [text] remanier. ◆ n ['riːdrɑːft] [rewriting] nouvelle rédaction *f* ; [reformulation] reformulation *f*.

redraw [ˌriːˈdrɔː] (*pt* **redrew** [-ˈdruː] ; *pp* **redrawn** [-ˈdrɔːn]) vt redessiner.

redress [rɪˈdres] ◆ vt [grievance, errors] réparer ; [wrong] réparer, redresser ; [situation] rattraper ▸ **to redress the balance** rétablir l'équilibre. ◆ n [gen & LAW] réparation *f* ▸ **to seek redress for sthg** demander réparation de qqch.

redrew [-ˈdruː] pt ⟶ **redraw.**

Red Sea pr n ▸ **the Red Sea** la mer Rouge.

red setter n setter *m* irlandais.

redshank [ˈredʃæŋk] n (chevalier *m*) gambette *m*.

redskin [ˈredskɪn] n *v inf & dated* Peau-Rouge *mf (attention : le terme « redskin » est considéré comme raciste).*

Red Square pr n la place Rouge.

red squirrel n écureuil *m* (commun d'Europe).

redstart [ˈredstɑːt] n rouge-queue *m*, rossignol *m* des murailles.

red state n US *État qui vote traditionnellement républicain.*

red tape n [bureaucracy] paperasserie *f* / *there's too much red tape* il y a trop de paperasserie or de bureaucratie.

red tide n marée *f* rouge.

reduce [rɪˈdjuːs] ◆ vt **1.** [risk, scale, time, workload] réduire, diminuer ; [temperature] abaisser ; [speed] réduire, ralentir ; [in length] réduire, raccourcir ; [in size] réduire, rapetisser, diminuer ; [in weight] réduire, alléger ; [in height] réduire, abaisser ; [in thickness] réduire, amenuiser ; [in strength] réduire, affaiblir / *the record has been reduced by two seconds* le record a été amélioré de deux secondes / *I'm trying to reduce my sugar consumption by half* j'essaie de réduire ma consommation de sucre de moitié / *you must reduce the power* il faut réduire la puissance **2.** COMM & FIN [price] baisser ; [rate, expenses, cost] réduire ; [tax] alléger, réduire ; [goods] solder, réduire le prix de / *the shirt was reduced to £15* la chemise était soldée à 15 livres **3.** [render] ▸ **to reduce sthg to ashes / to a pulp** réduire qqch en cendres / en bouillie ▸ **to reduce sb to silence / to tears / to poverty / to submission** réduire qqn au silence / aux larmes / à la pauvreté / à l'obéissance / *we were reduced to helpless laughter* nous riions sans pouvoir nous arrêter / *she was reduced to buying her own pencils* elle en était réduite à acheter ses crayons elle-même **4.** CULIN [sauce] faire réduire **5.** CHEM & MATH réduire / *to reduce fractions to a common denominator* réduire des fractions à un dénominateur commun **6.** MED [fracture] réduire ; [swelling] résorber, résoudre **7.** [dilute] diluer **8.** LAW ▸ **to reduce sthg to writing** consigner qqch par écrit **9.** *arch & liter* [subjugate] soumettre **10.** MIL dégrader. ◆ vi **1.** CULIN réduire **2.** [slim] maigrir.

reduced [rɪˈdjuːst] adj [price, rate, scale] réduit ; [goods] soldé, en solde / *at reduced prices* à prix réduits / *on a reduced scale* en plus petit / **'reduced to clear'** 'articles en solde' ▸ **to be in reduced circumstances** *euph* être dans la gêne.

reducer [rɪˈdjuːsəʳ] n TECH réducteur *m* ; PHOT affaiblisseur *m* ; [for slimmer] appareil *m* d'amaigrissement.

reducible [rɪˈdjuːsəbl] adj réductible.

reducing [rɪˈdjuːsɪŋ] adj CHEM & TECH réducteur ; [diet] amaigrissant.

reducing agent n (agent *m*) réducteur *m*.

reducing cream n crème *f* amincissante.

reduction [rɪˈdʌkʃn] n **1.** [lessening - gen] réduction *f*, diminution *f* ; [- in temperature] baisse *f*, diminution *f* ; [- in length] réduction *f*, raccourcissement *m* ; [- in weight] réduction *f*, diminution *f* ; [- in strength] réduction *f*, affaiblissement *m* ; [- in speed] réduction *f*, ralentissement *m* / *staff reductions* compression *f* de personnel / *the reduction of the argument to basic principles* la réduction du débat à des principes fondamentaux **2.** COMM & FIN [in cost] baisse *f*, diminution *f* ; [in rate] baisse *f* ; [in expenses] réduction *f*, diminution *f* ; [in tax] dégrèvement *m* ; [on goods] rabais *m*, remise *f* / *to make a 5% reduction on an article* faire une remise de 5 % sur un article ▸ **cash reduction a)** [discount] remise *f* or escompte *m* au comptant **b)** [refund] remise *f* en espèces **3.** CHEM, MATH & PHOT réduction *f* **4.** TECH [of gear] démultiplication *f* **5.** MED [of fracture] réduction *f* ; [of swelling] résorption *f* **6.** CULIN réduction *f*.

reductionism [rɪˈdʌkʃənɪzm] n réductionnisme *m*.

reductive [rɪˈdʌktɪv] adj réducteur.

redundancy [rɪˈdʌndənsɪ] (*pl* **redundancies**) ◆ n **1.** UK [layoff] licenciement *m* ; [unemployment] chômage *m* / *there is a high level of redundancy here* il y a un fort taux de chômage ici / *5,000 redundancies have been announced* on a annoncé 5 000 licenciements **2.** [superfluousness] caractère *m* superflu ; [tautology] pléonasme *m* **3.** COMPUT, LING & TELEC redondance *f*. ◆ comp ▸ **redundancy notice** UK lettre *f* de licenciement ▸ **redundancy payment** UK indemnité *f* de licenciement.

redundant [rɪˈdʌndənt] adj **1.** INDUST licencié, au chômage ▸ **to become** or **to be made redundant** être licencié or mis au chômage **2.** [superfluous] redondant, superflu ; [tautologous] pléonastique / *much of what you write is redundant* il y a beaucoup de redites or répétitions dans ce que vous écrivez **3.** COMPUT, LING & TELEC redondant.

reduplicate ◆ vt [rɪˈdjuːplɪkeɪt] redoubler ; LING rédupliquer. ◆ vi [rɪˈdjuːplɪkeɪt] être redoublé ; LING être rédupliqué. ◆ adj [rɪˈdjuːplɪkɪt] redoublé ; LING rédupliqué.

reduplication [rɪˌdjuːplɪˈkeɪʃn] n redoublement *m* ; LING réduplication *f*.

redwing [ˈredwɪŋ] n UK mauvis *m*.

redwood [ˈredwʊd] n séquoia *m*.

re-echo [ˌriːˈekəʊ] ◆ vt renvoyer en écho. ◆ vi retentir / *the wood re-echoed with his shouts* le bois retentit or résonna de ses cris.

reed [riːd] ◆ n **1.** BOT roseau *m* **2.** MUS anche *f* ▸ **the reeds** les instruments *mpl* à anche **3.** PHR ▸ **to be a broken reed** : *he's a broken reed* on ne peut pas compter sur lui. ◆ comp [chair, mat] en roseau or roseaux, fait de roseaux.

reedbed [ˈriːdbed] n roselière *f*.

reed bunting n bruant *m* des roseaux.

reeding [ˈriːdɪŋ] n ARCHIT rudenture *f*.

reed instrument n instrument *m* à anche.

re-edit [ˌriːˈedɪt] vt rééditer.

reed organ n harmonium *m*.

reed pipe n pipeau *m*, chalumeau *m*.

reed stop n jeu *m* d'anches.

re-educate [riːˈedʒʊkeɪt] vt rééduquer.

re-education n rééducation *f*.

reed warbler n fauvette *f* des roseaux, rousserolle *f*.

reedy [ˈriːdɪ] (*compar* **reedier**, *superl* **reediest**) adj **1.** [place] envahi par les roseaux **2.** [sound, voice] flûté, aigu (aiguë).

reef [riːf] ◆ n **1.** [in sea] récif *m*, écueil *m* ; *fig* écueil *m* **2.** MIN filon *m* **3.** NAUT ris *m*. ◆ vt [spar] rentrer ▸ **to reef a sail** prendre un ris dans une voile.

reefer [ˈriːfəʳ] n **1.** [garment] ▸ **reefer (jacket)** caban *m* **2.** *inf & dated* [drug] joint *m* **3.** UK *inf* [lorry] camion *m* frigorifique.

reef knot n nœud *m* plat.

reek [riːk] ◆ vi **1.** [smell] puer, empester / *it reeks of tobacco in here* ça empeste or pue le tabac ici / *it reeks of hypocrisy fig* ça pue l'hypocrisie / *this place reeks of money inf & fig* cet endroit pue le fric **2.** Scot [chimney] fumer. ◆ n puanteur *f*.

reel [riːl] ◆ n **1.** [for thread, film, tape] bobine *f* ; [for hose] dévidoir *m*, enrouleur *m* ; [for cable] enrouleur *m* ; [for rope-making] caret *m* ▸ **(fishing) reel** moulinet *m* (de pêche) **2.** [film, tape] bande *f*, bobine *f* **3.** [dance] quadrille *m (écossais ou irlandais)* ; MUS branle *m (écossais ou irlandais)*. ◆ vi **1.** [stagger] tituber, chanceler / *the blow sent me reeling across the room* le coup m'a envoyé valser à travers la pièce / *the force of the shock made us reel* la violence du choc nous a fait chanceler ▸ **to reel back / down / out** reculer / descendre / sortir en chancelant / *a drunk came reeling downstairs* un ivrogne descendait l'escalier en titubant **2.** *fig* [whirl - head, mind] tourner / *my head is reeling* j'ai la tête qui tourne / *he is still reeling from the shock* il ne s'est pas encore remis du choc / *the room started reeling before her* la pièce a commencé à vaciller autour d'elle. ◆ vt bobiner.

❖ **reel in** vt sep [cable, hose] enrouler ; [fish] remonter, ramener ; [line] enrouler, remonter ; *fig* : *he charmed her for months, then he just reeled her in* il lui a fait du charme pendant des mois, puis il l'a tout simplement cueillie.

❖ **reel off** vt sep [poem, speech, story] débiter.

❖ **reel out** vt sep [thread] dévider, dérouler ; FISHING [line] laisser filer.

❖ **reel up** vt sep enrouler.

re-elect [ˌriːɪˈlekt] vt réélire.

re-election [ˌriːɪˈlekʃn] n réélection *f* ▸ **to stand** or **to run for re-election** se représenter aux élections.

reel holder n porte-bobines *m inv*.

reel-to-reel ◆ adj [system, tape recorder] à bobines. ◆ n magnétophone *m* à bobines.

re-embark [ˌriːɪmˈbɑːk] vi & vt rembarquer.

re-emerge [ˌriːɪˈmɜːdʒ] vi [new facts] ressortir ; [idea, clue] réapparaître ; [problem, question] se reposer ; [from hiding, tunnel] ressortir, ressurgir.

re-emergence [ˌriːɪˈmɜːdʒəns] n réapparition *f*.

re-emphasize, reemphasise [ˌriːˈemfəsaɪz] vt insister une fois de plus sur, souligner une nouvelle fois.

re-employ [ˌriːɪmˈplɔɪ] vt [materials] réemployer, remployer ; [workers] réembaucher, rembaucher.

re-employment [ˌriːɪmˈplɔɪmənt] n [of materials] réemploi *m*, remploi *m* ; [of workers] réembauche *f*.

re-enact [ˌriːɪˈnækt] vt **1.** [scene, crime] reconstituer / *we were able to re-enact the incident in detail* nous avons pu reconstituer l'incident en détail **2.** ADMIN & POL [legislation] remettre en vigueur.

re-enactment [ˌriːɪˈnæktmənt] n **1.** [of scene, crime] reconstitution *f* **2.** ADMIN, LAW & POL [of regulation, legislation] remise *f* en vigueur.

re-engage [ˌriːɪnˈgeɪdʒ] vt **1.** [troops] rengager ; [employee] réengager, rengager **2.** [mechanism] rengréner ▸ **to re-engage the clutch** rembrayer.

re-engagement [ˌriːɪnˈgeɪdʒmənt] n **1.** [of troops, of worker] réengagement *m*, rengagement *m* **2.** TECH rengrènement *m*.

re-enlist [ˌriːɪnˈlɪst] ◆ vt MIL réengager, rengager. ◆ vi MIL se réengager, se rengager.

re-enter [ˌriːˈentəʳ] ◆ vi **1.** [gen] rentrer, entrer à nouveau ; ASTRONAUT rentrer dans l'atmosphère **2.** [candidate] ▸ **to re-enter for an exam** se réinscrire à un examen. ◆ vt **1.** [room, country] rentrer dans, entrer à nouveau dans ; [atmosphere] rentrer dans **2.** COMPUT [data] saisir à nouveau, réintroduire.

re-entry [ˌriːˈentrɪ] (*pl* **re-entries**) n **1.** [gen & ASTRONAUT] rentrée *f* **2.** MUS [of theme] reprise *f*.

re-entry point n ASTRONAUT point *m* de rentrée.

re-equip [ˌriːɪˈkwɪp] vt ré-équiper.

re-establish [ˌriːɪˈstæblɪʃ] vt **1.** [order] rétablir ; [practice] restaurer ; [law] remettre en vigueur **2.** [person] réhabiliter, réintégrer / *the team have re-established themselves as the best in the country* l'équipe s'est imposée de nouveau comme la meilleure du pays ▸ **to re-establish o.s.** or **one's position** rétablir sa position.

re-establishment [ˌriːɪˈstæblɪʃmənt] n **1.** [of order] rétablissement *m* ; [of practice] restauration *f* ; [of law] remise *f* en vigueur **2.** [of person] réintégration *f* / *her re-establishment as team leader* sa réintégration en tant que chef d'équipe.

re-evaluate [ˌriːɪˈvæljʊeɪt] vt réévaluer.

re-evaluation [ˌriːɪˈvæljʊeɪʃn] n réévaluation *f*.

reeve [riːv] (*pt & pp* **reeved** or **rove** [rəʊv]) ◆ n **1.** UK HIST [in town] premier magistrat *m* ; [in manor] intendant *m* **2.** CAN président *m* (du conseil municipal). ◆ vt NAUT [fasten] capeler.

re-examination [ˌriːɪgˈzæmɪneɪʃn] n [of question] réexamen *m* ; LAW nouvel interrogatoire *m*.

re-examine [ˌriːɪgˈzæmɪn] vt [question, case] réexaminer, examiner de nouveau ; [witness] réinterroger, interroger de nouveau ; [candidate] faire repasser un examen à.

re-export ◆ vt [ˌriːekˈspɔːt] réexporter. ◆ n [ˌriːˈekspɔːt] **1.** [of goods] réexportation *f* **2.** [product] marchandise *f* de réexportation.

ref [ref] n UK *inf* abbr of **referee**.

ref, ref. (written abbr of **reference**) réf. / *your ref* v/réf.

reface [,riː'feɪs] vt [wall] ravaler.

refashion [,riː'fæʃn] vt [object] refaçonner ; [image] reconstruire.

refectory [rɪ'fektərɪ] (*pl* **refectories**) n réfectoire *m*.

refer [rɪ'fɜːʳ] (*pt & pp* **referred**, *cont* **referring**) vt **1.** [submit, pass on] soumettre, renvoyer / *the dispute has been referred to arbitration* le litige a été soumis à arbitrage or à l'arbitrage d'un médiateur / *I refer the matter to you for a decision* je m'en remets à vous pour prendre une décision sur la question / *the question has been referred to Jane* la question a été soumise à Jane / *to refer a case to a higher court* renvoyer or déférer une affaire à une instance supérieure / *the contract has been referred to us* le contrat nous a été soumis ; [send, direct] renvoyer / *my doctor referred me to the hospital / to a specialist* mon docteur m'a envoyé à l'hôpital / chez un spécialiste ; [in writing, reading] renvoyer / *I refer you to Ludlow's book* je vous renvoie au livre de Ludlow / *here the author refers us to "Alice in Wonderland"* ici l'auteur nous renvoie à « Alice au pays des merveilles » ; BANK ▸ **to refer a cheque to drawer** refuser d'honorer un chèque / **'referred to drawer'** 'voir le tireur' **2.** [attribute] attribuer ▸ **to refer sthg to an event** attribuer qqch à un événement **3.** MED : *the pain may be referred to another part of the body* il peut y avoir irradiation de la douleur dans d'autres parties du corps **4.** LAW ▸ **to refer the accused** déférer l'accusé **5.** UNIV [student] refuser, recaler ; [thesis] renvoyer pour révision.

⇾ **refer back** vt sep **1.** [put off - meeting, decision] ajourner, remettre (à plus tard) **2.** [redirect - case] renvoyer / *the case was referred back to our office* l'affaire a été renvoyée à notre service.

⇾ **refer to** vt insep **1.** [allude to] ▸ **to refer to sthg** faire allusion or référence à qqch, parler de qqch / *no-one refers to it now* personne n'en parle plus maintenant / *I don't know what you are referring to* je ne sais pas à quoi vous faites allusion or de quoi vous parlez / *he keeps referring to me as Dr Rayburn* il ne cesse de m'appeler Dr Rayburn / *the revolutionaries are referred to as Mantras* ces révolutionnaires sont connus sous le nom de Mantras / *that comment refers to you* cette remarque s'adresse à vous / *they refer to themselves as martyrs* ils se qualifient eux-mêmes de martyrs **2.** [relate to] correspondre à, faire référence à / *the numbers refer to footnotes* les chiffres renvoient à des notes en bas de page ; [apply, be connected to] s'appliquer à, s'adresser à / *these measures only refer to taxpayers* ses mesures ne s'appliquent qu'aux contribuables **3.** [consult - notes] consulter ; [- book, page, instructions] se reporter à ; [- person] / *I shall have to refer to my boss* je dois en référer à or consulter mon patron.

referable [rɪ'fɜːrəbl] adj ▸ **referable to** attribuable à, qui relève de.

referee [,refə'riː] ◆ n **1.** SPORT arbitre *m* ; TENNIS juge *m* arbitre **2.** UK [for job] répondant *m*, -e *f* / *I was referee* or *I acted as his referee for his last job* je lui ai fourni une recommandation pour son dernier emploi / *you can give my name as a referee* vous pouvez me citer comme référence / *please give the names of three referees* veuillez nous donner le nom de trois personnes susceptibles de fournir une lettre de recommandation **3.** LAW conciliateur *m*, médiateur *m*. ◆ vt SPORT arbitrer. ◆ vi SPORT être arbitre / *who'll referee for us?* qui va nous servir d'arbitre ?

reference ['refrəns] ◆ n **1.** [allusion] allusion *f* ▸ **to make a reference to sthg** faire allusion à qqch / *it's a biblical reference* c'est une allusion or une référence biblique / *look up the reference in the dictionary* cherchez la référence dans le dictionnaire **2.** [consultation] consultation *f* / *without reference to me* sans me consulter **3.** [recommendation - for job] recommandation *f*, référence *f* / *could you give me a reference please?* pouvez-vous me fournir des références, s'il vous plaît ? / *I'm often asked for references* on me demande souvent de fournir des lettres de recommandation ▸ **banker's reference** références *fpl* bancaires **4.** [in code, catalogue] référence *f* ; [on map] coordonnées *fpl* ; [footnote] renvoi *m* ; COMM référence *f* / *quote this reference* rappelez cette référence / *our reference* notre référence **5.** [remit - of commission] compétence *f*, pouvoirs *mpl* / *the question is outside the tribunal's reference* la question n'est pas de la compétence du tribunal **6.** LING référence *f* **7.** LAW [of case] renvoi *m*. ◆ comp [material, section] de référence ; [value, quantity] de référence, étalon. ◆ vt **1.** [refer to] faire référence à **2.** [thesis] établir la liste des citations dans ; [quotation] donner la référence de.

⇾ **with reference to, in reference to** prep phr en ce qui concerne / *with reference to your letter of 25th June...* COMM suite à votre courrier du 25 juin...

reference book n ouvrage *m* de référence.

reference library n bibliothèque *f* d'ouvrages de référence.

reference number n numéro *m* de référence.

referendum [,refə'rendəm] (*pl* **referendums** *or* **referenda** [-də]) n référendum *m* ▸ **to hold a referendum** organiser un référendum.

referent ['refərənt] n référent *m*.

referential [,refə'renʃl] adj référentiel.

referral [rɪ'fɜːrəl] n **1.** [forwarding] renvoi *m* **2.** [consultation] consultation *f* **3.** UNIV [of thesis] renvoi *m* pour révision **4.** [person] patient *m* (*envoyé par son médecin chez un spécialiste*).

referred pain [rɪ'fɜːd-] n douleur *f* irradiée.

refill ◆ vt [,riː'fɪl] [glass] remplir (à nouveau) ; [lighter, canister] recharger. ◆ n ['riːfɪl] [for pen, lighter] (nouvelle) cartouche *f* ; [for propelling pencil] mine *f* de rechange ; [for notebook] recharge *f* ; [drink] : *do you need a refill?* *inf* je vous en ressers un ? ◆ comp ['riːfɪl] de rechange.

refillable [,riː'fɪləbl] adj rechargeable.

refinance [,riː'faɪnæns] ◆ vt refinancer. ◆ vi [of company] se refinancer.

refinancing [riː'faɪnænsɪŋ] n refinancement *m*.

refine [rɪ'faɪn] vt **1.** [oil, sugar] raffiner ; [ore, metal] affiner ; [by distillation] épurer **2.** [model, manners] améliorer ; [judgment, taste] affiner ; [lecture, speech] parfaire, peaufiner.

⇾ **refine on, refine upon** vt insep parfaire, peaufiner.

refined [rɪ'faɪnd] adj **1.** [oil, sugar] raffiné ; [ore] affiné ; [by distillation] épuré **2.** [style, person, taste] raffiné.

refinement [rɪ'faɪnmənt] n **1.** [of oil, sugar] raffinage *m* ; [of metals, ore] affinage *m* ; [by distillation] épuration *f* **2.** [of person] délicatesse *f*, raffinement *m* ; [of taste, culture] raffinement *m* ; [of morals] pureté *f* / *a man of refinement* un homme raffiné **3.** [of style, discourse, language] subtilité *f*, raffinement *m* **4.** [improvement] perfectionnement *m*, amélioration *f* / *it's a refinement on an old process* c'est un processus ancien qui a été amélioré / *all the latest technical refinements* tous les derniers perfectionnements techniques.

refiner [rɪ'faɪnəʳ] n [of oil, sugar] raffineur *m*, -euse *f* ; [of metal] affineur *m*, -euse *f*.

refinery [rɪ'faɪnərɪ] (*pl* **refineries**) n [for oil, sugar] raffinerie *f* ; [for metals] affinerie *f*.

refit (*pt & pp* **refitted**, *cont* **refitting**) ◆ vt [,riː'fɪt] **1.** [repair] remettre en état **2.** [refurbish] rééquiper, renouveler l'équipement de. ◆ vi [,riː'fɪt] [ship] être remis en état. ◆ n ['riːfɪt] [of plant, factory] rééquipement *m*, nouvel équipement *m* ; [of ship] remise *f* en état, réparation *f*.

reflate [,riː'fleɪt] vt **1.** [ball, tyre] regonfler **2.** ECON relancer.

reflation [,riː'fleɪʃn] n ECON relance *f*.

reflationary [,riː'fleɪʃənrɪ] adj ECON [policy] de relance ▸ **reflationary pressure** pression *f* pour une relance (économique).

reflect [rɪ'flekt] ◆ vt **1.** [image] refléter ; [sound, heat] renvoyer ; [light] réfléchir / *the mirror reflected the light from the lamp* le miroir réfléchissait la lumière de la lampe / *her face was reflected in the mirror / water* son visage se reflétait dans la glace / dans l'eau / *she saw herself reflected in the window* elle a vu son image dans la vitre / *the plate reflects heat (back) into the room* la plaque renvoie la chaleur dans la pièce / *the sound was reflected off the rear wall* le son était renvoyé par le mur du fond **2.** *fig* [credit] faire jaillir, faire retomber / *the behaviour of a few reflects discredit on us all* le comportement de quelques-uns porte atteinte à l'honneur de tous / *he bathed in the reflected glory of his wife's achievements* il laissait rejaillir sur lui l'éclat de la réussite de sa femme **3.** *fig* [personality, reality] traduire, refléter / *the graph reflects population movements* le graphique traduit les mouvements de population / *many social problems are reflected in his writing* de nombreux problèmes de société sont évoqués dans ses écrits **4.** [think] penser, se dire ; [say] dire, réfléchir / *I often reflect that...* je me dis souvent or je me fais souvent la réflexion que... / *Peter might know, she reflected* Peter saura peut-être, songeait-elle. ◆ vi [think] réfléchir / *to reflect on a question* réfléchir sur une question / *I'll reflect on it* j'y songerai or réfléchirai / *after reflecting for a while...* après mûre réflexion...

⇾ **reflect on, reflect upon** vt insep [negatively] porter atteinte à, nuire à ; [positively] rejaillir sur ; [cast doubt on] mettre en doute, jeter le doute sur / *their behaviour reflects well on them* leur comportement leur fait honneur / *this will reflect badly upon the company* ceci va porter atteinte à l'image de l'entreprise.

reflection [rɪ'flekʃn] n **1.** [of light, sound, heat] réflexion *f* **2.** [image] reflet *m* / *a reflection in the mirror / window* un reflet dans la glace / vitre / *can you see your reflection?* voyez-vous votre reflet ? / *there is some reflection on the screen* il y a des reflets sur l'écran / *the result was not a fair reflection of the game* *fig* le résultat ne reflétait pas la manière dont le match s'était joué / *an accurate reflection of reality* *fig* un reflet exact de la réalité **3.** [comment] réflexion *f*, remarque *f*, observation *f* ▸ **to make a reflection on sthg** faire une réflexion sur qqch / *reflections on James Joyce / on Communism* réflexions sur James Joyce / sur le communisme ; [criticism] critique *f* / *his book was seen as a reflection on the government* son livre a été perçu comme une critique du gouvernement / *it's no reflection on their integrity* leur intégrité n'est pas en cause / *my comment was not meant to be a reflection on you* ce que j'ai dit ne vous visait pas personnellement **4.** [deliberation] réflexion *f* ; [thought] pensée *f* ▸ **on reflection** après or à la réflexion, en y réfléchissant / *on due reflection* après mûre réflexion / *with no reflection* sans avoir réfléchi.

reflective [rɪ'flektɪv] adj **1.** OPT [surface] réfléchissant, réflecteur ; [power, angle] réflecteur ; [light] réfléchi **2.** [mind, person] pensif, réfléchi ; [faculty] de réflexion.

reflectively [rɪ'flektɪvlɪ] adv [speak] d'un ton pensif ; [behave] d'un air songeur.

reflector [rɪ'flektəʳ] n réflecteur *m* ; AUTO catadioptre *m*.

reflex ['riːfleks] ◆ n **1.** [gen & PHYSIOL] réflexe *m* **2.** PHOT (appareil *m*) reflex *m*. ◆ adj **1.** PHYSIOL réflexe ▸ **reflex action** réflexe *m* **2.** OPT & PHYS réfléchi **3.** PHOT reflex (*inv*) ▸ **reflex camera** (appareil *m*) reflex *m* **4.** MATH rentrant.

reflexion [rɪ'flekʃn] UK = **reflection**.

reflexive [rɪ'fleksɪv] ◆ adj **1.** GRAM réfléchi **2.** PHYSIOL réflexe **3.** LOGIC & MATH réflexif. ◆ n GRAM réfléchi *m*.

reflexively [rɪ'fleksɪvlɪ] adv GRAM [in meaning] au sens réfléchi ; [in form] à la forme réfléchie.

reflexive pronoun n pronom *m* réfléchi.

reflexive verb n verbe *m* réfléchi.

reflexologist [,riːflek'sɒlədʒɪst] n réflexologiste *mf*.

reflexology [,riːflek'sɒlədʒɪ] n réflexothérapie *f*.

refloat [,riː'fləʊt] ◆ vt NAUT & *fig* renflouer. ◆ vi être renfloué.

reflux ['riːflʌks] n reflux *m*.

refocus [,riː'fəʊkəs] (*pt & pp* **refocused** *or* **refocussed**, *cont* **refocusing** *or* **refocussing**) ◆ vt [projector, camera] refaire la mise au point de / *it has refocused attention on the problem* *fig* cela a attiré une nouvelle fois l'attention sur ce problème. ◆ vi refaire la mise au point.

reforest [,riː'fɒrɪst] = **reafforest**.

reforestation [riː,fɒrɪ'steɪʃn] = **reafforestation**.

reform [rɪ'fɔːm] ◆ vt **1.** [modify - law, system, institution] réformer **2.** [person] faire perdre ses mauvaises habitudes à ; [drunkard] faire renoncer à la boisson ; [habits, behaviour] corriger ▸ **to reform o.s.** s'amender, se corriger. ◆ vi se corriger, s'amender. ◆ n réforme *f*.

re-form [riːˈfɔːm] ◆ vt **1.** MIL [ranks] remettre en rang, reformer ; [men] rallier **2.** [return to original form] rendre sa forme primitive or originale à ; [in new form] donner une nouvelle forme à ; [form again] reformer. ◆ vi **1.** MIL [men] se remettre en rangs ; [ranks] se reformer **2.** [group, band] se reformer / *the band has re-formed for a charity concert* le groupe s'est reformé pour donner un concert de bienfaisance.

Reform Act = **Reform Bill**.

reformat [ˌriːˈfɔːmæt] (*cont* **reformatting** ; *pt & pp* **reformatted**) vt COMPUT reformater.

reformation [ˌrefəˈmeɪʃn] n **1.** [of law, institution] réforme *f* **2.** [of behaviour] réforme *f* ; [of criminal, addict, etc.] réinsertion *f*.

❖ **Reformation** ◆ n ▸ **the Reformation** la Réforme. ◆ comp [music, writer] de la Réforme.

reformative [rɪˈfɔːmətɪv] adj [concerning reform] de réforme ; [reforming] réformateur.

reformatory [rɪˈfɔːmətrɪ] ◆ adj réformateur. ◆ n UK ≃ maison *f* de redressement ; US ≃ centre *m* d'éducation surveillée.

Reform Bill n UK HIST *loi de réforme du système parlementaire* ▸ **the great Reform Bills** les grandes réformes.

The great Reform Bills

Nom donné à une série de réformes réalisées en 1832, 1867, 1884 et 1885 sur le droit de vote et le système de représentation parlementaire. Elles devaient déboucher, bien des années plus tard, sur l'adoption du suffrage universel en Grande-Bretagne.

Reform Club pr n ▸ **the Reform Club** UK *club pour hommes proche du parti libéral.*

reformed [rɪˈfɔːmd] adj **1.** [person] qui a perdu ses mauvaises habitudes ; [prostitute, drug addict] ancien / *he's a reformed character since his marriage* il s'est assagi depuis son mariage **2.** [institution, system] réformé **3.** RELIG [Christian] réformé ; [Jewish] non orthodoxe.

reformer [rɪˈfɔːmər] n réformateur *m*, -trice *f*.

reformism [rɪˈfɔːmɪzm] n réformisme *m*.

reformist [rɪˈfɔːmɪst] ◆ adj réformiste. ◆ n réformiste *mf*.

reform sauce n CULIN sauce *f* poivrade.

reform school n US ≃ centre *m* d'éducation surveillée.

refract [rɪˈfrækt] ◆ vt réfracter. ◆ vi se réfracter.

refracting [rɪˈfræktɪŋ] adj [material, prism] réfringent ; [angle] de réfraction.

refracting telescope n réfracteur *m*, lunette *f* astronomique.

refraction [rɪˈfrækʃn] n [phenomenon] réfraction *f* ; [property] réfringence *f*.

refractive [rɪˈfræktɪv] adj réfringent.

refractive index n indice *m* de réfraction.

refractor [rɪˈfræktər] n **1.** OPT & PHYS [apparatus] appareil *m* de réfraction ; [material, medium] milieu *m* réfringent **2.** ASTRON réfracteur *m*, lunette *f* astronomique.

refractory [rɪˈfræktərɪ] adj **1.** *fml* [person] réfractaire, rebelle **2.** MED & TECH réfractaire.

refrain [rɪˈfreɪn] ◆ vi [hold back] ▸ **to refrain from (doing) sthg** s'abstenir de (faire) qqch / *she refrained from making a remark* elle s'est retenue or abstenue de faire une remarque / *he couldn't refrain from smiling* il n'a pu s'empêcher de sourire / **'please refrain from smoking'** 'prière de ne pas fumer'. ◆ n refrain *m*.

reframe [ˌriːˈfreɪm] vt **1.** [approach, point of view] recentrer ; [argument] remanier ; [question] reformuler **2.** [picture] réencadrer.

refreeze [ˌriːˈfriːz] (*pt* **refroze** [-ˈfrəʊz], *pp* **refrozen** [-ˈfrəʊzn]) vt [ice, ice-cream] remettre au congélateur ; [food] recongeler.

refresh [rɪˈfreʃ] vt **1.** [revive - subj: drink, shower, ice] rafraîchir ; [- subj: exercise, swim] revigorer ; [- subj: sleep] reposer, détendre / *I feel refreshed* **a)** [after shower, drink] je me sens rafraîchi **b)** [after exercise] je me sens revigoré **c)** [after rest] je me sens reposé / *they returned refreshed* **a)** [from rest, holiday] ils sont revenus détendus **b)** [from exercise] ils sont revenus revigorés / *they woke refreshed* ils se sont réveillés frais et dispos **2.** [memory, experience] rafraîchir / *let me refresh your memory* laissez-moi vous rafraîchir la mémoire / *she wanted to refresh her German* elle voulait se remettre à niveau en allemand **3.** [computer screen] rafraîchir.

refresher [rɪˈfreʃər] n **1.** [drink] boisson *f* rafraîchissante **2.** UK LAW honoraires *mpl* supplémentaires.

refresher course n stage *m* or cours *m* de recyclage.

refreshing [rɪˈfreʃɪŋ] adj **1.** [physically - drink, breeze] rafraîchissant ; [- exercise] tonique, revigorant ; [- sleep] réparateur, reposant ; [- holiday] reposant **2.** [mentally - idea] original, stimulant ; [- sight] réconfortant ; [- performance] plein de vie / *a refreshing change* un changement agréable or appréciable.

refreshingly [rɪˈfreʃɪŋlɪ] adv : *it's refreshingly different* c'est un changement agréable / *refreshingly simple* d'une simplicité inédite / *he was refreshingly honest* il a été d'une honnêteté qui fait plaisir à voir / *the wine is refreshingly dry* c'est un vin agréablement sec / *a refreshingly cool breeze* un petit vent agréablement frais.

refreshment [rɪˈfreʃmənt] n [of body, mind] repos *m*, délassement *m* / *would you like some refreshment?* **a)** [food] voulez-vous manger un morceau ? **b)** [drink] voulez-vous boire quelque chose ?

❖ **refreshments** pl n rafraîchissements *mpl* / **'refreshments available'** 'buvette'.

refreshment bar, **refreshment stall** n buvette *f*.

refresh rate n COMPUT fréquence *f* de rafraîchissement.

refried beans [ˈriːfraɪd-] pl n US *haricots rouges sautés ; préparation mexicaine.*

refrigerant [rɪˈfrɪdʒərənt] ◆ adj réfrigérant. ◆ n **1.** [substance] mélange *m* réfrigérant **2.** MED réfrigérant *m*.

refrigerate [rɪˈfrɪdʒəreɪt] vt [in cold store] frigorifier, réfrigérer ; [freeze] congeler ; [put in fridge] mettre au réfrigérateur.

refrigeration [rɪˌfrɪdʒəˈreɪʃn] n réfrigération *f* ▸ **industrial refrigeration** froid *m* industriel.

refrigerator [rɪˈfrɪdʒəreɪtər] ◆ n [in kitchen] réfrigérateur *m* ; [storeroom] chambre *f* froide or frigorifique. ◆ comp [ship, lorry, unit] frigorifique.

refrigerator-freezer n US réfrigérateur-congélateur *m*.

refringent [rɪˈfrɪndʒənt] adj réfringent.

refuel [ˌriːˈfjʊəl] (UK *pt & pp* **refuelled**, *cont* **refuelling** ; US *pt & pp* **refueled**, *cont* **refueling**) ◆ vt ravitailler (en carburant). ◆ vi se ravitailler en carburant ; *fig* [eat, drink] se restaurer / *the aeroplane refuelled in mid-flight* l'avion s'est ravitaillé en vol.

refuelling UK, **refueling** US [ˌriːˈfjʊəlɪŋ] ◆ n ravitaillement *m* (en carburant). ◆ comp [boom, tanker] de ravitaillement ▸ **to make a refuelling stop a)** AUTO s'arrêter pour prendre de l'essence **b)** AERON faire une escale technique.

refuge [ˈrefjuːdʒ] n **1.** [shelter - gen] refuge *m*, abri *m* ; [- in mountains] refuge *m* ; [- for crossing road] refuge *m* **2.** [protection - from weather] : *to take refuge from the rain* s'abriter de la pluie / *she took refuge in the tent* elle s'est réfugiée sous la tente ; [from attack, reality] ▸ **to seek refuge** chercher refuge / *he sought refuge from his persecutors* il chercha un asile pour échapper à ses persécuteurs / *to seek refuge in drugs* chercher refuge dans la drogue / *to take refuge in fantasy* se réfugier dans l'imagination ▸ **place of refuge a)** [from rain] abri *m* **b)** [from pursuit] (lieu *m* d')asile *m*.

refugee [ˌrefjʊˈdʒiː] n réfugié *m*, -e *f*.

refugee camp n camp *m* de réfugiés.

refulgent [rɪˈfʌldʒənt] adj *liter* [day] resplendissant ; [sun] éclatant, radieux.

refund ◆ vt [rɪˈfʌnd] **1.** [expenses, excess, person] rembourser ▸ **to refund sthg to sb** rembourser qqch à qqn / *they refunded me the postage* ils m'ont remboursé les frais de port **2.** FIN & LAW [monies] restituer. ◆ n [ˈriːfʌnd] **1.** COMM remboursement *m* ▸ **to get** or **to obtain a refund** se faire rembourser **2.** FIN & LAW [of monies] restitution *f* **3.** US [of tax] bonification *f* de trop-perçu.

refundable [riːˈfʌndəbl] adj remboursable.

refurbish [ˌriːˈfɜːbɪʃ] vt réaménager.

refurbished [ˌriːˈfɜːbɪʃt] adj [studio, apartment] refait à neuf.

refurbishment [ˌriːˈfɜːbɪʃmənt] n remise *f* à neuf.

refurnish [ˌriːˈfɜːnɪʃ] vt [house] remeubler.

refusal [rɪˈfjuːzl] n **1.** [of request, suggestion] refus *m*, rejet *m* ▸ **to meet with a refusal** essuyer or se heurter à un refus ▸ **to receive a refusal** recevoir une réponse négative / *we don't understand your refusal to compromise* nous ne comprenons pas les raisons pour lesquelles vous vous opposez à un compromis **2.** EQUIT refus *m* **3.** [denial - of justice, truth] refus *m*, déni *m*.

refuse[1] [rɪˈfjuːz] ◆ vt **1.** [turn down - invitation, gift] refuser ; [- offer] refuser, décliner ; [- request, proposition] refuser, rejeter ▸ **to refuse to do sthg** refuser de or se refuser à faire qqch / *I refuse to accept that all is lost* je refuse de croire que tout soit perdu / *I refused to take delivery of the parcel* j'ai refusé d'accepter le paquet ▸ **to be refused** essuyer un refus ; EQUIT refuser ▸ **to refuse a jump** refuser de sauter **2.** [deny - permission] refuser (d'accorder) ; [- help, visa] refuser / *he was refused entry* on lui a refusé l'entrée / *they were refused a loan* on leur a refusé un prêt / *we were refused permission to see him* on nous a refusé la permission de le voir. ◆ vi [person] refuser ; [horse] refuser l'obstacle.

refuse[2] [ˈrefjuːs] n UK [household] ordures *fpl* (ménagères) ; [garden] détritus *mpl* ; [industrial] déchets *mpl* / **'no refuse'** 'défense de déposer les ordures'.

refuse bin [ˈrefjuːs-] n UK poubelle *f*.

refuse chute [ˈrefjuːs-] n UK vide-ordures *m inv*.

refuse collection [ˈrefjuːs] n UK ramassage *m* d'ordures.

refuse collector [ˈrefjuːs-] n UK éboueur *m*.

refuse disposal [ˈrefjuːs-] n UK traitement *m* des ordures ▸ **refuse disposal unit** broyeur *m* d'ordures.

refuse dump [ˈrefjuːs-] n UK [public] décharge *f* (publique), dépotoir *m*.

refus(e)nik [rɪˈfjuːznɪk] n refuznik *mf*.

refutable [ˈrefjʊtəbl] adj réfutable.

refutation [ˌrefjuːˈteɪʃn] n réfutation *f*.

refute [rɪˈfjuːt] vt [disprove] réfuter ; [deny] nier.

reg (written abbr of **registered**) ▸ **reg trademark** marque *f* déposée.

regain [rɪˈgeɪn] vt **1.** [territory] reconquérir / *to regain possession of sthg* rentrer en possession de qqch / *to regain lost time* rattraper le temps perdu ; [health] recouvrer ; [strength] retrouver ; [sight, composure] retrouver, recouvrer ; [glory] retrouver / *to regain consciousness* reprendre connaissance / *to regain one's balance* retrouver l'équilibre / *to regain one's footing* reprendre pied **2.** *fml* [get back to - road, place, shelter] regagner.

regal [ˈriːgl] ◆ adj *lit* royal ; *fig* [person, bearing] majestueux ; [banquet, decor] somptueux. ◆ n MUS régale *f*.

regale [rɪˈgeɪl] vt ▸ **to regale sb with sthg** régaler qqn de qqch.

regalia [rɪˈgeɪljə] pl n **1.** [insignia] insignes *mpl* **2.** [finery, robes] accoutrement *m*, atours *mpl* ▸ **to be in full regalia a)** [judge, general] être en grande tenue **b)** *fig & hum* [woman] être paré de tous ses atours.

regally [ˈriːgəlɪ] adv royalement, majestueusement.

regard [rɪˈgɑːd] ◆ vt **1.** [consider] considérer, regarder ; [treat] traiter / *I regard him as* or *like a brother* je le considère comme un frère / *I regard their conclusions as correct* or *to be correct* je tiens leurs conclusions pour correctes / *I prefer to regard the whole thing as a joke* je préfère considérer toute l'affaire comme une plaisanterie / *we didn't regard the problem as deserving attention* nous n'avons pas considéré que le problème méritait notre attention / *he regards himself as an expert* il se considère comme or il se prend pour un expert ; [esteem] estimer, tenir en estime ▸ **to regard sb highly** tenir qqn en grande estime / *highly regarded* très estimé **2.** *fml* [observe] regarder, observer / *they regarded me with some trepidation* ils m'ont regardé avec une certaine inquiétude **3.** [heed - advice, wishes] tenir compte de. ◆ n **1.** [notice, attention] considération *f*, attention *f* ▸ **to pay regard to sthg** tenir compte de qqch, faire attention à qqch / *they paid scant regard to my explanations* ils n'ont guère fait attention à mes explications / *having regard to his age* en tenant compte de or eu égard à son âge / *having regard to paragraph 24* ADMIN vu le paragraphe 24 **2.** [care, respect] souci *m*, considération *f*, respect *m* ▸ **to have regard for sb** avoir de la considération pour qqn / *they have no regard for your feelings* ils ne se soucient pas de vos sentiments / *Peter has scant regard for copyright* Peter se soucie peu des droits d'auteur / *they showed no regard for our wishes* ils n'ont tenu aucun compte de nos souhaits / *without regard for the difficulties* sans se soucier des difficultés / *with no regard for his health* sans se soucier de sa santé ▸ **out of regard for** par égard pour / *with due regard for your elders* avec les égards dus à vos aînés / *without due regard to* sans tenir compte de **3.** [connection] ▸ **in this regard** à cet égard **4.** [esteem] estime *f*, considération *f* / *I hold them in high regard* je les tiens en grande estime **5.** *fml* [eyes, look] regard *m*.

❖ **regards** pl n [in letters] : *regards, Peter* bien cordialement, Peter ▸ **kind regards** US, **best regards** bien à vous ; [in greetings] : *give them my regards* transmettez-leur mon bon souvenir / *he sends his regards* vous avez le bonjour de sa part.

❖ **as regards** prep phr en ce qui concerne, pour ce qui est de / *as regards the cost* en ce qui concerne le coût, quant au coût.

❖ **in regard to, with regard to** prep phr en ce qui concerne.

regardful [rɪ'gɑːdfʊl] adj *fml* ▸ **to be regardful of a)** [needs, wishes, difficulties] être attentif à, faire attention à **b)** [children, interests, image] s'occuper de, soigner.

regarding [rɪ'gɑːdɪŋ] prep quant à, en ce qui concerne, pour ce qui est de / *what are we going to do regarding Fred?* qu'allons-nous faire en ce qui concerne Fred? / *questions regarding management* des questions relatives à la gestion.

regardless [rɪ'gɑːdlɪs] adv [in any case] quand même, en tout cas ; [without worrying] sans s'occuper or se soucier du reste / *they carried on regardless* ils continuèrent quand même.

❖ **regardless of** prep phr : *regardless of what you think* **a)** [without bothering] sans se soucier de ce que vous pensez **b)** [whatever your opinion] indépendamment de ce que vous pouvez penser / *regardless of the danger* sans se soucier du danger / *regardless of the expense* sans regarder à la dépense.

regatta [rɪ'gætə] n régate *f*.

regd = reg.

regency ['riːdʒənsɪ] (*pl* **regencies**) n régence *f*.

❖ **Regency** comp [style, furniture, period] Regency (*inv*), de la Régence anglaise *(1811-1830)*.

regenerate ◆ vt [rɪ'dʒenəreɪt] **1.** [gen] régénérer ▸ **to regenerate interest in sthg** provoquer un regain d'intérêt pour qqch **2.** [district, urban area] réhabiliter. ◆ vi [rɪ'dʒenəreɪt] se régénérer. ◆ adj [rɪ'dʒenərət] régénéré.

regeneration [rɪˌdʒenə'reɪʃn] n [gen] régénération *f* ; [of interest] regain *m* ; [of urban area] réhabilitation *f*.

regenerative [rɪ'dʒenərətɪv] adj régénérateur.

regent ['riːdʒənt] n **1.** HIST régent *m*, -e *f* **2.** US *membre du conseil d'administration d'une université.*

Regent's Park pr n *parc où se trouve le zoo de Londres.*

Regent Street pr n *rue commerçante dans le West End à Londres.*

reggae ['regeɪ] ◆ n reggae *m*. ◆ comp [song, group, singer] reggae (*inv*).

regicide ['redʒɪsaɪd] n [person] régicide *mf* ; [crime] régicide *m*.

regift [riː'gɪft] vt offrir à quelqu'un d'autre / *if you don't like the book, you can always regift it* si tu n'aimes pas le livre, tu peux toujours l'offrir à quelqu'un d'autre.

regime, régime [reɪ'ʒiːm] n **1.** POL & SOCIOL régime *m* / *under the present regime* sous le régime actuel ▸ **military regime** régime militaire **2.** = **regimen.**

regimen ['redʒɪmen] n régime *m* *(sous surveillance médicale).*

regiment ◆ n ['redʒɪmənt] MIL & *fig* régiment *m*. ◆ vt ['redʒɪment] [organize] enrégimenter ; [discipline] soumettre à une discipline trop stricte.

regimental [ˌredʒɪ'mentl] adj MIL [mess, dress] régimentaire, du régiment ; [band, mascot] du régiment ; *fig* [organization] trop discipliné, enrégimenté.

❖ **regimentals** pl n uniforme *m* or tenue *f* (militaire) / *in full regimentals* en grande tenue.

regimental sergeant major n ≃ adjudant-chef *m*.

regimentation [ˌredʒɪmen'teɪʃn] n *pej* [of business, system] organisation *f* quasi militaire ; [in school] discipline *f* étouffante or trop sévère.

regimented ['redʒɪmentɪd] adj strict / *a regimented lifestyle* un mode de vie strict.

Regina [rɪ'dʒaɪnə] n UK : *Victoria Regina* la reine Victoria / *Regina vs Smith* LAW le ministère public contre Smith.

region ['riːdʒən] n **1.** GEOG & ADMIN région *f* / *in the Liverpool region* dans la région de Liverpool ▸ **the lower regions** *fig* les Enfers **2.** [in body] région *f* / *in the region of the heart* dans la région du cœur / *in the lower back region* dans la région lombaire **3.** [of knowledge, sentiments] domaine *m* / *now we move into the region of mere speculation* là, nous entrons dans le domaine de la spéculation pure.

❖ **in the region of** prep phr environ / *in the region of 10 kg* dans les 10 kg (environ) / *in the region of £500* aux environs de or dans les 500 livres.

regional ['riːdʒənl] adj régional.

regional development n [building, land development] aménagement *m* du territoire ; [for jobs] action *f* régionale ▸ **regional development corporation** UK *organisme pour l'aménagement du territoire.*

regionalism ['riːdʒənəlɪzm] n régionalisme *m*.

regionalist ['riːdʒənəlɪst] ◆ adj régionaliste. ◆ n régionaliste *mf*.

regionalization [ˌriːdʒənəlaɪ'zeɪʃn] n régionalisation *f*.

regionalize, regionalise ['riːdʒənəlaɪz] vt régionaliser.

regionally ['riːdʒənəlɪ] adv à l'échelle régionale.

register ['redʒɪstər] ◆ vt **1.** [record - name] (faire) enregistrer, (faire) inscrire ; [- birth, death] déclarer ; [- vehicle] (faire) immatriculer ; [- trademark] déposer ; [- on list] inscrire ; [- request] enregistrer ; [- readings] relever, enregistrer ; MIL [recruit] recenser ▸ **to register a complaint** déposer une plainte ▸ **to register a protest** protester ▸ **to register one's vote** exprimer son vote, voter / *record wind speeds have been registered in the country* on a enregistré des vitesses record du vent dans le pays / *I'd like officially to register my disagreement* je voudrais exprimer officiellement mon désaccord **2.** [indicate] indiquer / *the needle is registering 700 kg* l'aiguille indique 700 kg ; FIN enregistrer / *the pound has registered a fall* la livre a enregistré une baisse ; [subj: person, face] exprimer / *her face registered disbelief* l'incrédulité se lisait sur son visage **3.** [obtain - success] remporter ; [- defeat] essuyer **4.** *inf* [understand] saisir, piger / *they don't seem to have registered (the fact) that the situation is hopeless* ils ne semblent pas se rendre compte que la situation est désespérée **5.** [parcel, letter] envoyer en recommandé **6.** [at railway station, airport, etc. - suitcase] (faire) enregistrer **7.** TYPO mettre en registre **8.** TECH (faire) aligner, faire coïncider. ◆ vi **1.** [enrol] s'inscrire, se faire inscrire ; [in hotel] s'inscrire sur or signer le registre (de l'hôtel) / *to register at night school / for Chinese lessons* s'inscrire aux cours du soir / à des cours de chinois / *foreign nationals must register with the police* les ressortissants étrangers doivent se faire enregistrer au commissariat de police / *to register with a GP / on the electoral roll* se faire inscrire auprès d'un médecin traitant / sur les listes électorales **2.** [be understood] : *maths just doesn't register with him* il ne comprend absolument rien aux maths / *her success didn't really register with her* elle ne s'était pas vraiment rendu compte de son succès / *the truth slowly began to register (with me)* petit à petit, la vérité m'est apparue ; [have effect] : *his name doesn't register (with me)* son nom ne me dit rien **3.** [instrument] donner une indication / *is the barometer registering?* est-ce que le baromètre indique quelque chose ? / *the current was too weak to register* le courant était trop faible pour donner une indication **4.** TECH coïncider, être aligné ; TYPO être en registre. ◆ n **1.** [book] registre *m* ; [list] liste *f* ; SCH registre *m* de présences, cahier *m* d'appel ; [on ship] livre *m* de bord ▸ **to keep a register** tenir un registre ▸ **to call** or **to take the register** SCH faire l'appel ▸ **electoral register** liste *f* électorale ▸ **commercial** or **trade register** registre *m* du commerce ▸ **register of shipping** registre *m* maritime ▸ **register of births, deaths and marriages** registre *m* de l'état civil **2.** [gauge] enregistreur *m* ; [counter] compteur *m* ; [cash till] caisse *f* (enregistreuse) **3.** [pitch - of voice] registre *m*, tessiture *f* ; [- of instrument] registre **4.** LING registre *m*, niveau *m* de langue **5.** TYPO registre *m* ▸ **to be in / out of register** être / ne pas être en registre **6.** ART & COMPUT registre *m*.

registered ['redʒɪstəd] adj **1.** [student, elector] inscrit ; UK [charity] agréé ; FIN [bond, securities] nominatif ▸ **registered childminder** nourrice *f* agréée ▸ **registered company** société *f* inscrite au registre du commerce **2.** [letter, parcel] recommandé / *send it registered* UK envoyez-le en recommandé.

registered disabled adj UK ▸ **to be registered disabled** avoir une carte d'invalidité.

registered general nurse n [in UK] infirmier *m* diplômé, infirmière *f* diplômée.

Registered Mental Nurse n infirmier *m* psychiatrique diplômé or infirmière *f* psychiatrique diplômée d'État.

Registered Nurse n infirmier *m* diplômé or infirmière *f* diplômée d'État.

registered office n UK siège *m* social.

registered post n UK envoi *m* recommandé.

registered tonnage n NAUT jauge *f*.

Registered Trademark n marque *f* déposée.

registered user n COMPUT utilisateur *m*, -trice *f* disposant d'une licence.

register office ADMIN = **registry office.**

register ton n NAUT tonneau *m* (de jauge).

registrar [ˌredʒɪ'strɑːr] n **1.** UK ADMIN officier *m* de l'état civil / *to inform the registrar's office of a death* déclarer un décès au bureau de l'état civil **2.** UK & NZ MED chef *m* de clinique **3.** LAW greffier *m* **4.** US UNIV chef *m* du service or du bureau des inscriptions ; UK UNIV président *m* *(d'une université)* **5.** COMM & FIN ▸ **companies' registrar** responsable *mf* du registre des sociétés.

registration [ˌredʒɪ'streɪʃn] n **1.** [of name] enregistrement *m* ; [of student] inscription *f* ; [of trademark] dépôt *m* ; [of vehicle] immatriculation *f* ; [of luggage] enregistrement *m* ; [of birth, death] déclaration *f* ▸ **land registration** inscription au cadastre **2.** UK SCH appel *m* **3.** [of mail] recommandation *f* **4.** MUS [on organ] registration *f* **5.** US = **registration document.**

registration document n UK AUTO ≃ carte *f* grise.

registration fee n frais *mpl* or droits *mpl* d'inscription.

registration number n **1.** UK AUTO numéro *m* d'immatriculation / *the car has the registration number E123 SYK* la voiture est immatriculée E123 SYK **2.** [of student] numéro *m* d'inscription ; [of baggage] numéro *m* d'enregistrement.

registration plate n AUSTR & NZ AUTO plaque *f* d'immatriculation or minéralogique.

registry ['redʒɪstrɪ] (*pl* **registries**) n **1.** [registration] enregistrement *m* ; UNIV inscription *f* **2.** [office] bureau *m* d'enregistrement **3.** NAUT immatriculation *f* / *a ship of*

Japanese registry un navire battant pavillon japonais ▸ **port of registry** port *m* d'attache.

registry office n UK bureau *m* de l'état civil ▸ **to be married at a registry office** ≃ se marier à la mairie.

Regius professor ['riːdʒɪəs-] n UK UNIV *professeur titulaire d'une chaire de fondation royale.*

regnal ['regnəl] adj ▸ **regnal year** année *f* du règne.

regnant ['regnənt] adj **1.** *(after noun)* [queen, prince] régnant **2.** *liter* [idea] répandu ; [taste] prépondérant.

regrade [,riː'greɪd] vt [essay] noter de nouveau ; [officer, objects] reclasser.

regress ◆ vi [rɪ'gres] **1.** BIOL & PSYCHOL régresser / *to regress to childhood* régresser à un stade infantile / *to regress to an earlier stage* régresser **2.** SCH [go back] reculer, revenir en arrière. ◆ n ['riːgres] = **regression.**

regression [rɪ'greʃn] n **1.** BIOL & PSYCHOL régression *f* **2.** [retreat] recul *m*, régression *f*.

regressive [rɪ'gresɪv] adj BIOL, FIN & PSYCHOL régressif ; [movement] de recul.

regret [rɪ'gret] *(pt & pp* **regretted**, *cont* **regretting**) ◆ vt **1.** [be sorry about - action, behaviour] regretter / *I regret to say* **a)** [apologize] j'ai le regret de or je regrette de dire **b)** [unfortunately] hélas, malheureusement / *we regret to inform you* nous avons le regret de vous informer / *I regret having agreed* or *agreeing to go* je regrette d'avoir accepté d'y aller / *I regret ever mentioning it* je regrette d'en avoir parlé / *I regret not being able to come* je regrette or je suis désolé de ne pouvoir venir / *she regrets that she never met Donovan* elle regrette de n'avoir jamais rencontré Donovan / *the accident / error is greatly to be regretted* **a)** [gen] l'accident / l'erreur est absolument déplorable **b)** [in diplomatic language] l'accident / l'erreur est infiniment regrettable / *you'll live to regret this!* vous le regretterez ! / *the airline regrets any inconvenience caused to passengers* la compagnie s'excuse pour la gêne occasionnée **2.** *liter* [lament] regretter / *she will be much regretted* on la regrettera beaucoup / *he regrets his student days* il regrette l'époque où il était étudiant. ◆ n [sorrow, sadness] regret *m* / *with regret* avec regret / *we announce with regret the death of our chairman* nous avons le regret de vous faire part de la mort de notre directeur / *much to our regret* à notre grand regret ▸ **to express one's regrets at** or **about sthg** exprimer ses regrets devant qqch / *I have no regrets* je n'ai pas de regrets, je ne regrette rien / *do you have any regrets about* or *for what you did?* regrettez-vous ce que vous avez fait ? ▸ **to send sb one's regrets a)** [condolences] exprimer ses regrets à qqn **b)** [apologies] s'excuser auprès de qqn.

> Note that **regretter que** is followed by a verb in the subjunctive:
> **We regret that this should be the case.**
> *Nous regrettons qu'il en soit ainsi.*

regretful [rɪ'gretfʊl] adj [person] plein de regrets ; [expression, attitude] de regret ▸ **to be** or **to feel regretful about sthg** regretter qqch.

regretfully [rɪ'gretfʊlɪ] adv [sadly] avec regret ; [unfortunately] malheureusement.

regrettable [rɪ'gretəbl] adj [unfortunate] regrettable, malencontreux ; [annoying] fâcheux, ennuyeux / *it is most regrettable that you were not informed* il est fort regrettable que vous n'ayez pas été informé.

> Note that **il est regrettable que** is followed by a verb in the subjunctive:
> **It is most regrettable that the accused did not mention this.** *Il est tout à fait regrettable que l'accusé n'ait pas mentionné cela.*

regrettably [rɪ'gretəblɪ] adv [unfortunately] malheureusement, malencontreusement ; [irritatingly] fâcheusement.

regroup [,riː'gruːp] ◆ vt regrouper. ◆ vi se regrouper.

regt written abbr of **regiment.**

regular ['regjʊlər] ◆ adj **1.** [rhythmical - footsteps, movement, sound] régulier ; [even - breathing, pulse] régulier, égal ▸ **as regular as clockwork a)** [punctual] réglé comme une horloge **b)** [frequent] réglé comme du papier à musique **2.** [frequent - meetings, service, salary] régulier / *at regular intervals* à intervalles réguliers / *it's a regular occurrence* cela arrive régulièrement / *she has regular treatment* elle suit régulièrement un traitement **3.** [usual - brand, dentist, supplier] habituel ; [- customer] régulier ; [listener, reader] fidèle / *who is your regular doctor?* qui est votre médecin traitant ? / *to be in regular employment* avoir un emploi régulier / *she's a regular reader of this paper* elle lit ce journal régulièrement ; [normal, ordinary - price, model] courant ; [- size] courant, standard ; [- procedure] habituel / *to go through the regular channels* suivre la filière normale or habituelle / *it's regular practice to pay by cheque* les paiements par chèque sont pratique courante ; [permanent - agent] attitré, permanent ; [- police force] permanent, régulier ; [- army] de métier ; [- soldier] de carrière ▸ **regular (grade) gas** US AUTO (essence *f*) ordinaire **4.** [even - features, teeth] régulier ; [smooth, level] uni, égal **5.** [ordered - hours] régulier ; [- life] bien réglé **6.** GRAM & MATH régulier ▸ **regular verb** verbe *m* régulier **7.** *inf* [as intensifier] vrai, véritable / *a regular mess* une vraie pagaille **8.** US *inf* [pleasant] sympathique, chouette / *a regular guy* un type sympa **9.** RELIG [clergy] régulier **10.** US POL [loyal to party] fidèle au parti. ◆ n **1.** [customer - in bar] habitué *m*, -e *f* ; [- in shop] client *m*, -e *f* fidèle **2.** [contributor, player] : *she's a regular on our column* elle contribue régulièrement à notre rubrique / *he's a regular in the team* il joue régulièrement dans l'équipe **3.** [soldier] militaire *m* de carrière **4.** RELIG religieux *m* régulier, régulier *m* **5.** US [fuel] ordinaire *m* **6.** US POL [loyal party member] membre *m* fidèle (du parti). ◆ adv *regional* régulièrement.

regularity [,regjʊ'lærətɪ] *(pl* **regularities**) n régularité *f*.

regularization [,regjʊləraɪ'zeɪʃn] n régularisation *f*.

regularize, regularise ['regjʊləraɪz] vt régulariser.

regularly ['regjʊləlɪ] adv régulièrement.

regulate ['regjʊleɪt] vt **1.** [control, adjust - machine, expenditure] régler ; [- flow] réguler / *the machine is regulated by a lever* la machine se règle à l'aide d'un levier **2.** [organize - habit, life] régler ; [- with rules] réglementer / *he followed a well regulated diet* il suivit un régime équilibré.

regulation [,regjʊ'leɪʃn] ◆ n **1.** [ruling] règlement *m* / *it's contrary to* or *against (the) regulations* c'est contraire au règlement / *it complies with EU regulations* c'est conforme aux dispositions communautaires **2.** [adjustment, control - of machine] réglage *m* ; [- of flow] régulation *f*. ◆ comp [size, haircut, issue, dress] réglementaire ; [pistol, helmet] d'ordonnance.

regulator ['regjʊleɪtər] n **1.** [person] régulateur *m*, -trice *f* **2.** [apparatus] régulateur *m*.

regulatory ['regjʊlətrɪ] adj réglementaire.

regulo ['regjʊləʊ] n : *regulo (mark) 4* UK thermostat 4.

regurgitate [rɪ'gɜːdʒɪteɪt] ◆ vt [food] régurgiter ; *fig* [facts] régurgiter, reproduire. ◆ vi [bird] dégorger.

regurgitation [rɪ,gɜːdʒɪ'teɪʃn] n régurgitation *f*.

rehab ['riːhæb] n US ▸ **to be in rehab** faire une cure de désintoxication ▸ **rehab center** centre *m* de désintoxication.

rehabilitate [,riːə'bɪlɪteɪt] vt **1.** [convict, drug addict, alcoholic] réhabiliter, réinsérer ; [restore to health] rééduquer ; [find employment for] réinsérer **2.** [reinstate - idea, style] réhabiliter **3.** [renovate - area, building] réhabiliter.

rehabilitation ['riːə,bɪlɪ'teɪʃn] n **1.** [of disgraced person, memory, reputation] réhabilitation *f* ; [of convict, alcoholic, drug addict] réhabilitation *f*, réinsertion *f* ; [of disabled person] rééducation *f* ; [of unemployed] réinsertion **2.** [of idea, style] réhabilitation *f* **3.** [of area, building] réhabilitation *f*.

rehabilitation centre n [for work training] centre *m* de réadaptation ; [for drug addicts] centre de réinsertion.

rehash *inf & pej* ◆ vt [,riː'hæʃ] **1.** UK [rearrange] remanier **2.** [repeat - argument] ressasser ; [- programme] reprendre ; [- artistic material] remanier. ◆ n ['riːhæʃ] réchauffé *m* / *it's just a rehash* ce n'est que du réchauffé.

rehear [,riː'hɪər] *(pt & pp* **reheard** [-'hɜːd]) vt LAW entendre de nouveau, réviser.

rehearing [,riː'hɪərɪŋ] n LAW révision *f* de procès.

rehearsal [rɪ'hɜːsl] n *lit & fig* répétition *f* / *when's the rehearsal?* quand est-ce qu'on répète ? / *she's in rehearsal* elle est en répétition / *the play is currently in rehearsal* ils sont en train de répéter.

rehearse [rɪ'hɜːs] ◆ vt **1.** [play, music, speech, coup d'état] répéter ; [actors, singers, orchestra] faire répéter / *you'd better rehearse your speech* vous feriez bien de répéter votre discours / *well rehearsed* **a)** [play, performance] bien répété, répété avec soin **b)** [actor] qui a bien répété son rôle, qui sait son rôle sur le bout des doigts **c)** [request, coup d'état, applause] bien or soigneusement préparé **2.** [recite - list, facts, complaints] réciter, énumérer ; [- old arguments] répéter, ressasser. ◆ vi MUS & THEAT répéter.

reheat [,riː'hiːt] vt réchauffer.

re-heel vt [shoes] remettre des talons à.

rehome [,riː'həʊm] vt [child, pet] trouver un nouveau foyer pour.

rehouse [,riː'haʊz] vt reloger.

rehousing [,riː'haʊzɪŋ] n relogement *m*.

reification [,reɪɪfɪ'keɪʃn] n réification *f*.

reify ['reɪɪfaɪ] *(pt & pp* **reified**) vt réifier.

reign [reɪn] ◆ n règne *m* ▸ **in** or **under the reign of** sous le règne de / *the reign of silence* le règne du silence ▸ **reign of terror** règne de terreur. ◆ vi **1.** *lit* régner **2.** *fig* [predominate] régner / *silence reigns* le silence règne ▸ **to reign supreme** régner en maître / *plague / terror reigns over the town* la peste sévit dans / la terreur règne sur la ville.

reigning ['reɪnɪŋ] adj **1.** *lit* [monarch, emperor] régnant **2.** [present - champion] en titre **3.** [predominant - attitude, idea] régnant, dominant.

reimburse [,riːɪm'bɜːs] vt rembourser ▸ **to reimburse sb (for) sthg** rembourser qqch à qqn or qqn de qqch / *I was reimbursed* je me suis fait rembourser.

reimbursement [,riːɪm'bɜːsmənt] n remboursement *m*.

reimport ◆ vt [,riːɪm'pɔːt] réimporter. ◆ n [,riː-'ɪmpɔːt] réimportation *f*.

Reims [riːmz] pr n Reims.

rein [reɪn] n **1.** [for horse] rêne *f* **2.** *fig* [control] bride *f* ▸ **to give (a) free rein to sb** laisser à qqn la bride sur le cou ▸ **to give free rein to one's emotions / imagination** donner libre cours à ses émotions / son imagination ▸ **to keep a rein on sthg** tenir qqch en bride, maîtriser qqch ▸ **to keep a tight rein on sb** tenir la bride haute à qqn.

❖ **reins** pl n [for horse, child] rêne *f* ; *fig* : *the reins of government* les rênes du gouvernement ▸ **to hand over the reins** passer les rênes.

❖ **rein back** ◆ vi tirer sur les rênes, serrer la bride. ◆ vt sep faire ralentir, freiner.

❖ **rein in** ◆ vi ralentir. ◆ vt sep **1.** [horse] serrer la bride à, ramener au pas **2.** *fig* [person] ramener au pas ; [emotions] maîtriser, refréner.

reincarnate ◆ vt [riː'ɪnkɑːneɪt] réincarner. ◆ adj [,riːɪn'kɑːnɪt] réincarné.

reincarnation [,riːɪnkɑː'neɪʃn] n réincarnation *f*.

reindeer ['reɪn,dɪər] *(pl* **reindeer**) n renne *m*.

reindeer moss n cladonie *f*.

reinfect [,riːɪn'fekt] vt réinfecter.

reinfection [,riːɪn'fekʃn] n réinfection *f*.

reinforce [,riːɪn'fɔːs] vt **1.** MIL renforcer **2.** [gen & CONSTR - wall, heel] renforcer **3.** *fig* [demand] appuyer ; [argument] renforcer.

reinforced concrete [,riːɪn'fɔːst-] n béton *m* armé.

reinforcement [,riːɪn'fɔːsmənt] ◆ n **1.** [gen & MIL] renfort *m* / *reinforcements have arrived* des renforts sont arrivés **2.** [gen & CONSTR] armature *f* / *reinforcements were used to prestress the concrete* on a utilisé des armatures pour fabriquer le béton armé **3.** *fig* [strengthening] renforcement *m*. ◆ comp [troops, ships, supplies] de renfort.

reinsert [ˌriːɪnˈsɜːt] vt réinsérer.
re-install vt réinstaller.
reinstate [ˌriːɪnˈsteɪt] vt [employee] réintégrer, rétablir (dans ses fonctions) ; [idea, system] rétablir, restaurer.
reinstatement [ˌriːɪnˈsteɪtmənt] n réintégration *f*.
reinsurance [ˌriːɪnˈʃɔːrəns] n réassurance *f*.
reinsure [ˌriːɪnˈʃɔːʳ] vt réassurer.
reintegrate [ˌriːˈɪntɪgreɪt] vt réintégrer.
reintegration [ˈriːˌɪntɪˈgreɪʃn] n réintégration *f*.
reinterpret [ˌriːɪnˈtɜːprɪt] vt réinterpréter.
reintroduce [ˈriːˌɪntrəˈdjuːs] vt réintroduire.
reintroduction [ˈriːˌɪntrəˈdʌkʃn] n réintroduction *f*.
reinvent [ˌriːɪnˈvent] vt réinventer ▸ **to reinvent the wheel** réinventer la roue.
reinvest [ˌriːɪnˈvest] vt réinvestir.
reinvestment [ˌriːɪnˈvestmənt] n réinvestissement *m*.
reinvigorate [ˌriːɪnˈvɪgəreɪt] vt revigorer.
reissue [riːˈɪʃuː] ◆ vt **1.** [book] rééditer ; [film] rediffuser, ressortir **2.** ADMIN & FIN [banknote, shares, stamps] réémettre. ◆ n **1.** [of book] réédition *f* ; [of film] rediffusion *f* **2.** ADMIN & FIN nouvelle émission *f*.
reiterate [riːˈɪtəˌreɪt] vt répéter, réaffirmer.
reiteration [riːˌɪtəˈreɪʃn] n réitération *f*.
reiterative [riːˈɪtərətɪv] adj réitératif.
reject ◆ vt [rɪˈdʒekt] **1.** [offer, suggestion, unwanted article] rejeter ; [advances, demands] rejeter, repousser ; [application, manuscript] rejeter, refuser ; [suitor] éconduire, repousser ; [belief, system, values] rejeter **2.** MED [foreign body, transplant] rejeter **3.** COMPUT rejeter. ◆ n [ˈriːdʒekt] **1.** COMM [in factory] article *m* or pièce *f* de rebut ; [in shop] (article *m* de) second choix *m* ; *fig* [person] personne *f* marginalisée **2.** COMPUT rejet *m*. ◆ comp [ˈriːdʒekt] [merchandise] de rebut ; [for sale] (de) second choix ; [shop] d'articles de second choix.
rejection [rɪˈdʒekʃn] n **1.** [of offer, manuscript] refus *m* ; [of advances, demands] rejet *m* / *her application met with rejection* sa candidature a été rejetée or n'a pas été retenue / *to be afraid of rejection* [emotional] avoir peur d'être rejeté **2.** MED rejet *m*.
rejection slip n lettre *f* de refus.
rejig [ˌriːˈdʒɪg] (*pt & pp* **rejigged**, *cont* **rejigging**) vt UK **1.** [reequip] rééquiper, réaménager **2.** [reorganize] réarranger, revoir.
rejigger [ˌriːˈdʒɪgəʳ] US = **rejig**.
rejoice [rɪˈdʒɔɪs] ◆ vi se réjouir ▸ **to rejoice at** or **over sthg** se réjouir de qqch / *they rejoiced at* or *over the good news* ils se réjouissaient or ils étaient ravis de la bonne nouvelle / *he rejoices in the name of French-Edwardes hum* il a le privilège de porter le nom de French-Edwardes / *the hotel rejoices in the title "Imperial Palace"* l'hôtel porte le nom ronflant de « Palais Impérial ». ◆ vt réjouir, ravir.
rejoicing [rɪˈdʒɔɪsɪŋ] n réjouissance *f* / *it was the occasion of much rejoicing* or *of great rejoicings* ce fut l'occasion de grandes réjouissances.
rejoin[1] [ˌriːˈdʒɔɪn] vt **1.** [go back to] rejoindre ▸ **to rejoin one's regiment** MIL rallier or rejoindre son régiment ▸ **to rejoin ship** NAUT rallier le bord / *we rejoined the main road a few miles later* nous avons rejoint la nationale quelques kilomètres plus loin **2.** [join again] rejoindre ; [club] se réinscrire à ▸ **to rejoin the majority** POL rallier la majorité.
rejoin[2] [rɪˈdʒɔɪn] vt & vi [reply] répliquer.
rejoinder [rɪˈdʒɔɪndəʳ] n réplique *f*.
rejuvenate [rɪˈdʒuːvəneɪt] vt rajeunir.
rejuvenating cream [rɪˈdʒuːvəneɪtɪŋ-] n crème *f* de beauté rajeunissante.
rejuvenation [rɪˌdʒuːvəˈneɪʃn] n rajeunissement *m*.
rekindle [ˌriːˈkɪndl] ◆ vt [fire] rallumer, attiser ; *fig* [enthusiasm, desire, hatred] raviver, ranimer. ◆ vi [fire] se rallumer ; *fig* [feelings] se ranimer.
relabel [ˌriːˈleɪbl] vt réétiqueter.
relapse [rɪˈlæps] ◆ n MED & *fig* rechute *f* ▸ **to have a relapse** faire une rechute, rechuter. ◆ vi **1.** MED rechuter, faire une rechute **2.** [go back] retomber / *to relapse into silence* redevenir silencieux / *the country has relapsed into war* le pays est à nouveau plongé dans la guerre / *to relapse into depression* replonger dans la dépression.
relate [rɪˈleɪt] ◆ vt **1.** [tell - events, story] relater, faire le récit de ; [- details, facts] rapporter ▸ **strange to relate…** chose curieuse… **2.** [connect - ideas, events] rapprocher, établir un rapport or un lien entre / *we can relate this episode to a previous scene in the novel* nous pouvons établir un lien entre cet épisode et une scène antérieure du roman / *she always relates everything to herself* elle ramène toujours tout à elle. ◆ vi **1.** [connect - idea, event] se rapporter, se rattacher / *I don't understand how the two ideas relate* je ne comprends pas la relation entre les deux idées / *this relates to what I was just saying* ceci est lié à or en rapport avec ce que je viens de dire **2.** [have relationship, interact] : *at school, they learn to relate to other children* à l'école, ils apprennent à vivre avec d'autres enfants / *I just can't relate to my parents* je n'arrive pas à communiquer avec mes parents **3.** *inf* [appreciate] : *I can't relate to his music* je n'accroche pas à sa musique.
❖ **Relate** pr n *organisme britannique de conseil conjugal.*
related [rɪˈleɪtɪd] adj **1.** [in family] parent / *we are related* nous sommes parents / *she is related to the president* elle est parente du président / *they are related on his father's side* ils sont parents par son père ▸ **to be related by marriage to sb** être parent de qqn par alliance / *they aren't related* ils n'ont aucun lien de parenté / *they are closely related* ils sont proches parents ; [animal, species] apparenté ; [language] de même famille, proche / *an animal related to the cat* un animal apparenté au or de la famille du chat **2.** [connected] connexe, lié ; [neighbouring] voisin / *psychoanalysis and other related areas* la psychanalyse et les domaines qui s'y rattachent / *problems related to health* problèmes qui se rattachent or qui touchent à la santé / *the two topics are closely related* les deux sujets sont étroitement liés / *the two events are not related* les deux événements n'ont aucun rapport ; ADMIN & LAW afférent ▸ **related to** afférent à **3.** MUS relatif.
-related in comp lié à / *business-related activities* des activités liées or ayant rapport aux affaires / *drug-related crime* délits *mpl* liés aux stupéfiants.
relating [rɪˈleɪtɪŋ] ❖ **relating to** prep phr ayant rapport à, relatif à, concernant.
relation [rɪˈleɪʃn] n **1.** [member of family] parent *m*, -e *f* / *they have relations in Paris* ils ont de la famille à Paris / *he's a relation* il est de ma famille / *she is no relation of mine* il n'y a aucun lien de parenté entre nous / *is she a relation of yours?* est-elle de votre famille ? **2.** [kinship] parenté *f* / *what relation is he to you?* quelle est sa parenté avec vous ? **3.** [connection] rapport *m*, relation *f* ▸ **to have** or **to bear a relation to sthg** avoir (un) rapport à qqch, être en rapport avec qqch / *your answer bore no relation to the question* votre réponse n'avait rien à voir avec la question **4.** [relationship, contact] rapport *m*, relation *f* ; [between people, countries] rapport *m*, rapports *mpl* ▸ **to enter into relation** or **relations with sb** entrer or se mettre en rapport avec qqn / *their relations are somewhat strained* ils ont des rapports assez tendus ▸ **to have (sexual) relations with sb** *fml* avoir des rapports (sexuels) avec qqn ▸ **diplomatic relations** relations diplomatiques **5.** *fml* [narration - of events, story] récit *m*, relation *f* ; [- of details] rapport *m*.
❖ **in relation to**, **with relation to** prep phr par rapport à, relativement à.
relational [rɪˈleɪʃənl] adj relationnel.
relational database n COMPUT base *f* de données relationnelle.
relationship [rɪˈleɪʃnʃɪp] n **1.** [between people, countries] rapport *m*, rapports *mpl*, relation *f*, relations *fpl* ▸ **to have a good / bad relationship with sb** [gen] avoir de bonnes / mauvaises relations avec qqn / *I'd like to talk to you about our relationship* [as a couple] j'aimerais qu'on parle un peu de nous deux or de notre couple / *a relationship is something you have to work at* être en couple, ça demande des efforts / *our relationship is purely a business one* nos relations sont simplement des relations d'affaires / *they have a good / bad relationship* ils s'entendent bien / mal / *he has a very close relationship with his mother* il est très lié à sa mère / *she has a good relationship with her class* elle a de bons rapports avec sa classe **2.** [kinship] lien *m* or liens *mpl* de parenté / *what is your exact relationship to her?* quels sont vos liens de parenté exacts avec elle ? **3.** [connection - between ideas, events, things] rapport *m*, relation *f*, lien *m*.
relationship marketing n marketing *m* relationnel.
relative [ˈrelətɪv] ◆ adj **1.** [comparative] relatif / *to live in relative comfort* vivre dans un confort relatif / *the relative advantages of electricity as opposed to gas* les avantages relatifs de l'électricité par rapport au gaz ; [proportional] relatif / *taxation is relative to income* l'imposition est proportionnelle au revenu ; [respective] respectif / *the relative qualities of the two candidates* les qualités respectives des deux candidats ▸ **relative atomic mass** poids *m* or masse *f* atomique **2.** [not absolute] relatif **3.** MUS relatif ▸ **relative minor / major** ton *m* mineur / majeur relatif **4.** GRAM relatif ▸ **relative clause** (proposition *f*) relative *f* ▸ **relative pronoun** pronom *m* relatif ▸ **relative conjunction** conjonction *f* relative. ◆ n **1.** [person] parent *m*, -e *f* / *she has relatives in Canada* elle a de la famille au Canada / *he's a relative of mine* il fait partie de ma famille **2.** GRAM relatif *m*.
❖ **relative to** prep phr par rapport à.
relative density n densité *f* relative.
relative humidity n humidité *f* relative.
relatively [ˈrelətɪvlɪ] adv relativement / *relatively difficult* relativement or assez difficile / *relatively speaking* relativement parlant.
relativism [ˈrelətɪvɪzm] n relativisme *m*.
relativist [ˈrelətɪvɪst] ◆ adj relativiste. ◆ n relativiste *mf*.
relativistic [ˌrelətɪˈvɪstɪk] adj relativiste.
relativity [ˌreləˈtɪvətɪ] n relativité *f* ▸ **theory of relativity** théorie *f* de la relativité.
relativization [ˌrelətɪvaɪˈzeɪʃn] n relativisation *f*.
relativize, **relativise** [ˈrelətɪvaɪz] vt relativiser.
relax [rɪˈlæks] ◆ vi **1.** [person] se détendre, se délasser ; [in comfort, on holiday] se relaxer, se détendre / *you need to relax* vous avez besoin de détente or de vous détendre ; [calm down] se calmer, se détendre / *try and relax a bit* essayez de vous détendre un peu / *relax!* **a)** [calm down] du calme ! **b)** [don't worry] ne t'inquiète pas **2.** [grip] se relâcher, se desserrer ; [muscle] se relâcher, se décontracter ; TECH [spring] se détendre / *his face relaxed into a smile* son visage s'est détendu et il a souri / *to relax in one's efforts* relâcher ses efforts. ◆ vt **1.** [mind] détendre, délasser ; [muscles] relâcher, décontracter / *the music will relax you* la musique vous détendra **2.** [grip] relâcher, desserrer ; MED [bowels] relâcher **3.** *fig* [discipline, restriction] assouplir, relâcher / *the government has relaxed the laws on immigration* le gouvernement a assoupli les lois sur l'immigration / *during the holiday period, parking restrictions are relaxed* la réglementation du stationnement est plus souple pendant la période des vacances ; [concentration, effort] relâcher **4.** [hair] défriser.
relaxant [rɪˈlæksənt] ◆ n (médicament *m*) relaxant *m*. ◆ adj relaxant.
relaxation [ˌriːlækˈseɪʃn] n **1.** [rest] détente *f*, relaxation *f* / *she needs a week of relaxation* elle a besoin d'une semaine de détente or de repos / *he plays golf for relaxation* il joue au golf pour se détendre / *she finds relaxation in gardening* pour elle, le jardinage est une détente **2.** [loosening - of grip] relâchement *m*, desserrement *m* ; *fig* [of authority, law] relâchement *m*, assouplissement *m*.
relaxed [rɪˈlækst] adj **1.** [person, atmosphere] détendu, décontracté ; [smile] détendu ▸ **to feel / to look relaxed** se sentir / avoir l'air détendu / *he's very relaxed about the whole business* cette affaire n'a pas l'air de beaucoup le perturber ; [attitude] décontracté **2.** [muscle] relâché ; [discipline] assoupli.
relaxing [rɪˈlæksɪŋ] adj [restful - atmosphere, afternoon, holiday] reposant / *she finds gardening relaxing* elle trouve le jardinage reposant / *you need a nice relaxing bath* ce qu'il te faut, c'est un bon bain pour te détendre.
relay [ˈriːleɪ] ◆ n **1.** [team - of athletes, workers, horses] relais *m* ▸ **to work in relays** UK travailler par relais, se relayer **2.** RADIO & TV [transmitter] réémetteur *m*, relais *m* ; [broadcast] émission *f* relayée **3.** ELEC & TECH

relais *m* **4.** SPORT ▸ **relay (race)** (course *f* de) relais *m* / *the 4 x 100 m relay* le relais 4 x 100 m. ◆ vt (*pt & pp* **relayed**) **1.** [pass on - message, news] transmettre **2.** RADIO & TV [broadcast] relayer, retransmettre **3.** (*pt & pp* **relaid** [-ˈleɪd]) [cable, carpet] reposer.

relay station n relais *m*.

relearn [ˌriːˈlɜːn] (UK *pt & pp* **relearned** *or* **relearnt** [-ˈlɜːnt] ; US *pt & pp* **relearned**) vt réapprendre, rapprendre.

release [rɪˈliːs] ◆ n **1.** [from captivity] libération *f* ; [from prison] libération *f*, mise *f* en liberté ; ADMIN élargissement *m* ; [from custody] mise *f* en liberté, relaxe *f* ; [from work] congé *m* (spécial) / *on his release from prison* lors de sa mise en liberté, dès sa sortie de prison ▸ **release on bail** mise en liberté provisoire (sous caution) ▸ **release on parole** libération *f* conditionnelle ; *fig* [from obligation, promise] libération *f*, dispense *f* ; [from pain, suffering] délivrance *f* / *death was a release for her* pour elle, la mort a été une délivrance ▸ **order of release** ordre *m* de levée d'écrou **2.** COMM [from bond, customs] congé *m* **3.** [letting go - of handle, switch] déclenchement *m* ; [- of brake] desserrage *m* ; [- of bomb] largage *m* **4.** [distribution - of film] sortie *f* ; [- of book, album] sortie *f*, parution *f* / *the film is on general release* le film est sorti dans les salles ; [new film, book, album] nouveauté *f* / *her latest release is called "Chrissy"* son dernier album s'appelle « Chrissy » / *it's a new release* ça vient de sortir **5.** MECH [lever] levier *m* ; [safety catch] cran *m* de sûreté **6.** COMPUT version *f*. ◆ comp [button, switch] de déclenchement. ◆ vt **1.** [prisoner] libérer, relâcher ; ADMIN élargir ; [from custody] remettre en liberté, relâcher, relaxer ; [captive person, animal] libérer ; [employee, schoolchild] libérer, laisser partir ▸ **to release sb from captivity** libérer qqn ▸ **to be released on bail** LAW être libéré sous caution / *the earthquake victims were released from the wreckage* les victimes du tremblement de terre ont été dégagées des décombres / *the children were released into the care of their grandparents* on a confié les enfants à leurs grands-parents / *death finally released her from her suffering* la mort a mis un terme à ses souffrances ; [from obligation] libérer, dégager ; [from promise] dégager, relever ; [from vows] relever, dispenser ▸ **to release sb from a debt** remettre une dette à qqn **2.** [let go - from control, grasp] lâcher ; [- feelings] donner *or* laisser libre cours à / *he released his grip on my hand* il m'a lâché la *or* il a lâché ma main ; [bomb] larguer, lâcher ; [gas, heat] libérer, dégager / *the explosion released chemicals into the river* l'explosion a libéré des agents chimiques dans la rivière / *insecticides were released over the crops* des pesticides ont été répandus sur les récoltes **3.** [issue - film] sortir ; [- book, recording] sortir **4.** [goods, new model] mettre en vente *or* sur le marché ; [stamps, coins] émettre **5.** [make public - statement] publier ; [- information, story] dévoiler, annoncer / *the company refuses to release details of the contract* la compagnie refuse de divulguer *or* de faire connaître les détails du contrat **6.** [lever, mechanism] déclencher ; [brake] desserrer ▸ **to release the clutch** AUTO débrayer ▸ **to release the shutter** PHOT déclencher (l'obturateur) / *release the catch to open the door* pour ouvrir la porte, soulever le loquet **7.** FIN [credits, funds] dégager, débloquer **8.** [property, rights] céder.

release print n CIN copie *f* d'exploitation.

relegate [ˈrelɪgeɪt] vt **1.** [person, thought] reléguer ▸ **to relegate sb / sthg to sthg** reléguer qqn / qqch à qqch **2.** SPORT [team] reléguer, déclasser ▸ **to be relegated** FOOT descendre en *or* être relégué à la division inférieure **3.** [refer - issue, question] renvoyer.

relegation [ˌrelɪˈgeɪʃn] n **1.** [demotion - of person, team, thing] relégation *f* **2.** [referral - of issue, matter] renvoi *m*.

relent [rɪˈlent] vi **1.** [person] se laisser fléchir *or* toucher / *they begged him for mercy but he would not relent* ils lui ont demandé grâce mais il est demeuré implacable *or* impitoyable / *he finally relented and let us go* il a finalement accepté de nous laisser partir **2.** [storm] s'apaiser.

relentless [rɪˈlentlɪs] adj **1.** [merciless] implacable, impitoyable **2.** [sustained - activity, effort] acharné, soutenu ; [- noise] ininterrompu ; [- rain] incessant ; [- increase] constant.

relentlessly [rɪˈlentlɪslɪ] adv **1.** [mercilessly] impitoyablement, implacablement **2.** [persistently] avec acharnement *or* opiniâtreté / *he worked relentlessly* il travailla avec acharnement / *the rain beat down relentlessly* il a plu sans relâche.

relet [ˌriːˈlet] vt relouer.

relevance [ˈreləvəns], **relevancy** [ˈreləvənsɪ] n pertinence *f*, intérêt *m* / *I don't see the relevance of your remark* la pertinence de votre remarque m'échappe / *what is the relevance of this to the matter under discussion?* quel est le rapport avec ce dont on parle ? / *this question has little relevance for us* cette question ne nous concerne pas vraiment.

relevance ranking n [of search results] degré *m* de pertinence.

relevant [ˈreləvənt] adj **1.** [pertinent - information, comment, beliefs, ideas] pertinent / *facts relevant to the case* des faits en rapport avec l'affaire / *such considerations are not relevant* de telles considérations sont hors de propos / *confine yourself to the relevant facts* ne vous écartez pas du sujet / *her novels no longer seem relevant to modern life* ses romans ne sont plus d'actualité **2.** [appropriate] approprié / *fill in your name in the relevant space* inscrivez votre nom dans la case correspondante / *have you brought the relevant file?* avez-vous apporté le dossier approprié *or* le bon dossier ?

reliability [rɪˌlaɪəˈbɪlətɪ] n **1.** [of person] sérieux *m* ; [of information] sérieux *m*, fiabilité *f* ; [of memory, judgment] sûreté *f*, fiabilité *f* **2.** [of clock, engine] fiabilité *f*.

reliable [rɪˈlaɪəbl] adj **1.** [trustworthy - friend] sur qui on peut compter, sûr ; [- worker] à qui on peut faire confiance, sérieux ; [- witness] digne de confiance *or* de foi ; [- information] sérieux, sûr ; [- memory, judgment] fiable, auquel on peut se fier / *he's very reliable* on peut toujours compter sur lui *or* lui faire confiance / *the news came from a reliable source* la nouvelle provenait d'une source sûre **2.** [clock, machine, car] fiable / *my watch isn't very reliable* ma montre n'est pas très fiable.

reliably [rɪˈlaɪəblɪ] adv sérieusement / *we are reliably informed that...* nous avons appris de bonne source *or* de source sûre que...

reliance [rɪˈlaɪəns] n **1.** [trust] confiance *f* ▸ **to place reliance on sb / sthg** faire confiance à qqn / qqch **2.** [dependence] dépendance *f* / *his reliance on their advice* le fait qu'il ne fasse rien sans les consulter / *her reliance on alcohol* sa dépendance vis-à-vis de l'alcool.

reliant [rɪˈlaɪənt] adj **1.** [dependent] dépendant / *we are heavily reliant on your advice* vos conseils nous sont indispensables / *he is too reliant on tranquillizers* il a trop recours aux tranquillisants **2.** [trusting] confiant ▸ **to be reliant on sb** faire confiance à *or* avoir confiance en qqn.

relic [ˈrelɪk] n **1.** RELIG relique *f* ; [vestige] relique *f*, vestige *m* **2.** *fig & pej* [old person] croulant *m*, vieux débris *m*.

relict [ˈrelɪkt] n **1.** BIOL & ECOL relique *f* ; GEOL forme *f* relique **2.** *arch* [widow] veuve *f*.

relief [rɪˈliːf] ◆ n **1.** [from anxiety, pain] soulagement *m* ▸ **to bring relief to sb** soulager qqn, apporter un soulagement à qqn / *the medicine gave* *or* *brought her little relief from the pain* le médicament ne la soulagea guère / *he finds relief in writing* ça le soulage d'écrire / *to our great relief* *or* *much to our relief* à notre grand soulagement / *it was a great relief to her when the exams ended* la fin des examens fut un grand soulagement pour elle **2.** [aid] secours *m*, aide *f* / *to send relief to third world countries* apporter de l'aide aux pays du tiers-monde ▸ **famine relief** aide *f* alimentaire **3.** US [state benefit] aide *f* sociale ▸ **to be on relief** recevoir des aides sociales *or* des allocations **4.** [diversion] divertissement *m*, distraction *f* / *he included a few comic scenes in the play for light relief* il a inclus plusieurs scènes comiques dans la pièce pour détendre l'atmosphère / *she reads detective novels for light relief* elle lit des romans policiers pour se distraire **5.** [of besieged city] libération *f*, délivrance *f* **6.** [of guard, team] relève *f* / *I've been on duty all night with only one hour's relief* j'ai été de garde toute la nuit, sauf une heure pendant laquelle j'ai été relevé / *reliefs have arrived* **a)** [gen] la relève *or* l'équipe de relève est arrivée **b)** [troops] les troupes de relève sont arrivées, la relève est arrivée **7.** ART relief *m* / *the inscription stood out in relief* l'inscription était en relief ; [contrast] relief *m* / *the mountains stood out in bold relief against the sky* les montagnes se détachaient *or* se découpaient nettement sur le ciel ▸ **to bring** *or* **to throw sthg into relief** *fig* mettre qqch en relief *or* en valeur **8.** GEOG relief *m* **9.** LAW [redress] réparation *f* ; [exemption] dérogation *f*, exemption *f*. ◆ comp **1.** [extra - transport, service] supplémentaire ; [replacement - worker, troops, team] de relève ; [- bus, machine] de remplacement **2.** [for aid - fund, organization] de secours ▸ **relief work** coopération *f* ▸ **relief worker** *membre d'une organisation humanitaire qui travaille sur le terrain.*

relief map n carte *f* en relief.

relief printing n impression *f* en relief.

relief road n itinéraire *m* bis, route *f* de délestage.

relieve [rɪˈliːv] vt **1.** [anxiety, distress, pain] soulager, alléger ; [poverty] soulager / *the good news relieved her of her anxiety* la bonne nouvelle a dissipé ses inquiétudes ▸ **to relieve congestion** MED & TRANSP décongestionner **2.** [boredom, gloom] dissiper ; [monotony] briser / *the darkness of the room was relieved only by the firelight* la pièce n'était éclairée que par la lueur du feu / *they relieved the monotony of the evening by playing cards* pour briser la monotonie de la soirée, ils ont joué aux cartes **3.** [unburden] ▸ **to relieve sb of sthg** soulager *or* débarrasser qqn de qqch / *he relieved her of her suitcase* il l'a débarrassée de sa valise / *to relieve sb of their wallet* *hum* délester qqn de son portefeuille / *to relieve sb of an obligation* décharger *or* dégager qqn d'une obligation / *to relieve sb of his / her duties* *or* *position* relever qqn de ses fonctions **4.** [aid - population, refugees, country] secourir, venir en aide à **5.** [replace - worker, team] relayer, prendre la relève de ; [- guard, sentry] relever **6.** [liberate - fort, city] délivrer, libérer ; [from siege] lever le siège de **7.** *euph* [urinate] ▸ **to relieve o.s.** se soulager.

relieved [rɪˈliːvd] adj soulagé ▸ **to feel relieved** se sentir soulagé / *we were greatly relieved at the news* nous avons été très soulagés d'apprendre la nouvelle.

relievo [rɪˈliːvəʊ] (*pl* **relievos**) n ART relief *m*.

relight [ˌriːˈlaɪt] (*pt & pp* **relighted** *or* **relit** [-ˈlɪt]) vt rallumer.

religion [rɪˈlɪdʒn] n **1.** RELIG religion *f* / *the Jewish religion* la religion *or* la confession juive / *what is your religion?* à quelle confession appartenez-vous ? ▸ **to enter religion** entrer en religion / *a man of religion* un homme de religion *or* d'Église / *various religions were represented at the conference* diverses confessions étaient représentées à la conférence ▸ **to get religion a)** US *lit* découvrir Dieu **b)** *fig* devenir un modèle de vertu / *it's against my religion to work on Sundays* *lit & hum* ma religion m'interdit de travailler le dimanche **2.** *fig* [obsession] religion *f*, culte *m* ▸ **to make a religion of sthg** se faire une religion de qqch / *sport is a religion with him* le sport est son dieu.

religiosity [rɪˌlɪdʒɪˈɒsətɪ] n religiosité *f*.

religious [rɪˈlɪdʒəs] ◆ adj **1.** [authority, order, ceremony, art] religieux ; [war] de religion ▸ **religious education** *or* **instruction** instruction *f* religieuse **2.** [devout] religieux, croyant / *she is very religious* elle est très pieuse *or* croyante **3.** *fig* [scrupulous] religieux ▸ **to do sthg with religious care** faire qqch avec un soin religieux. ◆ n [monk, nun] religieux *m*, -euse *f*.

religiously [rɪˈlɪdʒəslɪ] adv *lit & fig* religieusement.

reline [ˌriːˈlaɪn] vt [garment] mettre une nouvelle doublure à, redoubler ; [picture] rentoiler ▸ **to reline the brakes** AUTO changer les garnitures de freins.

relinquish [rɪˈlɪŋkwɪʃ] vt **1.** [give up - claim, hope, power] abandonner, renoncer à ; [- property, possessions] se dessaisir de ; [- right] renoncer à / *she relinquished all hope of ever seeing him again* elle abandonna tout espoir de le revoir un jour / *he relinquished his voting rights to the chairman* il a cédé son droit de vote au président **2.** [release - grip, hold] ▸ **to relinquish one's hold of** *or* **on sthg a)** *lit* lâcher qqch **b)** *fig* relâcher l'étreinte que l'on a sur qqch.

relinquishment [rɪˈlɪŋkwɪʃmənt] n abandon *m*, renonciation *f* / *the relinquishment of one's rights* l'abandon de *or* la renonciation à ses droits.

reliquary ['relɪkwərɪ] (*pl* **reliquaries**) n reliquaire *m*.

relish ['relɪʃ] ◆ n **1.** [pleasure, enthusiasm] goût *m*, plaisir *m*, délectation *f* ▸ **to do sthg with relish** faire qqch avec délectation or grand plaisir, adorer faire qqch / *he ate with relish* il mangea avec délices or délectation / *he has lost his relish for reading* il a perdu son goût pour la lecture **2.** [condiment, sauce] condiment *m*, sauce *f* ▸ **horseradish relish** sauce *f* au raifort **3.** [flavour] goût *m*, saveur *f* / *life had lost its relish for her fig* la vie avait perdu toute saveur pour elle. ◆ vt **1.** [enjoy] savourer / *to relish one's triumph* savourer son triomphe / *I bet he's relishing this moment* je parie qu'il savoure cet instant ; [look forward to] : *I don't relish the idea* or *prospect* or *thought of seeing them again* l'idée or la perspective de les revoir ne m'enchante or ne me réjouit guère **2.** [savour - food, drink] savourer, se délecter de.

relive [,ri:'lɪv] vt revivre.

reload [,ri:'ləʊd] vt recharger.

relocate [,ri:ləʊ'keɪt] ◆ vt installer ailleurs, délocaliser / *the facilities were relocated to Scotland* les services ont été réinstallés or délocalisés en Écosse. ◆ vi s'installer ailleurs, déménager.

relocation [,ri:ləʊ'keɪʃn] n [of premises, industry] délocalisation *f*, déménagement *m* ; [of population] relogement *m* ▸ **relocation expenses** indemnité *f* de déménagement.

reluctance [rɪ'lʌktəns] n **1.** [unwillingness] répugnance *f* ▸ **to do sthg with reluctance** faire qqch à contrecœur or de mauvais gré / *she expressed some reluctance to get involved in the matter* elle a dit qu'elle n'avait pas envie de se laisser entraîner dans cette histoire **2.** PHYS réluctance *f*.

reluctant [rɪ'lʌktənt] adj **1.** [unwilling] peu enclin or disposé ▸ **to be reluctant to do sthg** être peu enclin à faire qqch, n'avoir pas envie de faire qqch / *she was reluctant to admit the truth* elle ne voulait pas admettre or n'avait pas envie d'admettre la vérité **2.** [against one's will - commitment, promise, approval] accordé à contrecœur / *she gave a reluctant smile* elle eut un sourire contraint / *she was a reluctant sex symbol* c'est bien malgré elle qu'elle était devenue un sex-symbol.

reluctantly [rɪ'lʌktəntlɪ] adv à contrecœur ▸ **to do sthg reluctantly** faire qqch à contrecœur / *she sat down reluctantly* elle s'est assise à contrecœur.

rely [rɪ'laɪ] (*pt & pp* **relied**) ✧ **rely on, rely upon** vt insep **1.** [depend on] compter sur, faire confiance à / *she can always be relied upon to give good advice* on peut toujours compter sur elle pour donner de bons conseils / *we were relying on the weather being good* nous comptions sur du beau temps / *we relied on you bringing the records* on comptait sur vous pour apporter les disques / *you can never rely on them* on ne peut jamais compter sur eux / *he can never be relied upon to keep a secret* on ne peut lui confier aucun secret / *you may rely on* or *upon it* vous pouvez compter dessus / *I rely on my daughter to drive me to the shops* je dépends de ma fille pour me conduire aux magasins / *he relies on his family for everything* il dépend de sa famille pour tout / *she relies too much on luck* elle compte trop sur la chance / *I'm relying on you to find a solution* je compte sur vous pour trouver une solution **2.** LAW [call on] invoquer / *the points of fact and law relied on* les arguments de fait et de droit invoqués.

REM (abbr of **rapid eye movement**) n & comp *mouvements oculaires rapides pendant le sommeil paradoxal* ▸ **REM sleep** sommeil *m* paradoxal.

remain [rɪ'meɪn] vi **1.** [be left] rester / *six hens remain* il reste six poules / *very little remains* or *there remains very little of the original building* il ne reste pas grand-chose du bâtiment d'origine / *much remains to be discussed* il y a encore beaucoup de choses à discuter / *that remains to be seen* cela reste à voir / *it remains to be seen whether he will agree* (il) reste à savoir s'il sera d'accord / *the fact remains that we can't afford this house* il n'en reste pas moins que or toujours est-il que nous ne pouvons pas nous offrir cette maison / *all that remained to be done was to say goodbye* il ne restait plus qu'à se dire au revoir / *it only remains for me to thank you* il ne me reste plus qu'à vous remercier **2.** [stay] rester, demeurer / *please remain seated* or *in your seats* veuillez rester assis / *to remain faithful to sb* rester fidèle à qqn / *to remain silent* garder le silence, rester silencieux / *for reasons that remain unknown* pour des raisons inconnues / *the weather remained settled* le temps est resté stable / *remain here, please* restez-là, je vous prie / *he remained behind after the meeting* il est resté après la réunion / *it remains a mystery whether...* on ignore toujours si... / *the real reasons were to remain a secret* les véritables raisons devaient demeurer secrètes / *he has remained the same despite all that has happened* il n'a pas changé malgré tout ce qui s'est passé / *let things remain as they are* laissez les choses telles qu'elles sont / *I remain, Sir, your most faithful servant fml & dated* veuillez agréer or je vous prie d'agréer, Monsieur, l'expression de mes sentiments les plus respectueux.

remainder [rɪ'meɪndər] ◆ n **1.** [leftover - supplies, time] reste *m* ; [- money] solde *m* ; [- debt] reliquat *m* ; [- people] / *the remainder went on a picnic* les autres sont allés pique-niquer / *for the remainder of his life* pour le restant de ses jours / *she spent the remainder on sweets* elle a dépensé ce qui restait en bonbons **2.** MATH reste *m* **3.** [unsold book] invendu *m* ; [unsold product] fin *f* de série **4.** LAW usufruit *m* avec réversibilité. ◆ vt COMM solder.

remaining [rɪ'meɪnɪŋ] adj qui reste, restant / *the only remaining member of her family* la seule personne de sa famille (qui soit) encore en vie / *the remaining guests* le reste des invités / *it's our only remaining hope* c'est le seul espoir qui nous reste, c'est notre dernier espoir.

remains [rɪ'meɪnz] pl n **1.** [of meal, fortune] restes *mpl* ; [of building] restes *mpl*, vestiges *mpl* **2.** *euph & fml* [corpse] restes *mpl*, dépouille *f* mortelle.

remake (*pt & pp* **remade** [-'meɪd]) ◆ vt [,ri:'meɪk] refaire. ◆ n ['ri:meɪk] [film] remake *m*.

remand [rɪ'mɑ:nd] UK ◆ vt LAW [case] renvoyer ; [defendant] déférer ▸ **to remand sb in custody** placer qqn en détention préventive ▸ **to remand sb on bail** mettre qqn en liberté or libérer qqn sous caution / *the magistrate remanded the case for a week* le magistrat a renvoyé l'affaire à huitaine. ◆ n renvoi *m* ▸ **to be on remand** **a)** [in custody] être en détention préventive **b)** [on bail] être libéré sous caution.

remand centre n UK *centre de détention préventive.*

remand home n UK ≃ centre *m* d'éducation surveillée.

remark [rɪ'mɑ:k] ◆ n **1.** [comment] remarque *f*, réflexion *f* ▸ **to make** or **to pass a remark** faire une remarque ▸ **to make** or **to pass remarks about sthg / sb** faire des réflexions sur qqch / qqn / *she made the remark that no one knew the truth* elle fit remarquer or observer que personne ne savait la vérité / *it was a valid remark* c'était une réflexion pertinente ▸ **to let sthg pass without remark** laisser passer qqch sans faire de commentaire **2.** *fml* [attention] attention *f*, intérêt *m* / *worthy of remark* digne d'attention / *his behaviour did not escape remark* son comportement n'est pas passé inaperçu. ◆ vt **1.** [comment] (faire) remarquer, (faire) observer / *"the days are getting longer" she remarked* « les jours rallongent », fit-elle remarquer **2.** *fml* [notice] remarquer.

✧ **remark on, remark upon** vt insep ▸ **to remark on** or **upon sthg** **a)** [comment] faire un commentaire or une observation sur qqch **b)** [criticize] faire des remarques sur qqch / *he remarked on the lateness of the hour* il fit remarquer qu'il était tard.

remarkable [rɪ'mɑ:kəbl] adj [quality, aspect] remarquable ; [event, figure] remarquable, marquant / *they are remarkable for their modesty* ils sont d'une rare modestie or remarquablement modestes.

remarkably [rɪ'mɑ:kəblɪ] adv remarquablement.

remarket [ri:'mɑ:kɪt] vt recommercialiser.

remarketing [ri:'mɑ:kɪtɪŋ] n marketing *m* de relance.

remarriage [,ri:'mærɪdʒ] n remariage *m*.

remarry [,ri:'mærɪ] (*pt & pp* **remarried**) vi se remarier.

rematch ◆ vt [,ri:'mætʃ] SPORT [players, contestants] opposer de nouveau. ◆ n ['ri:mætʃ] SPORT [return] match *m* retour ; [second] deuxième match *m*.

Rembrandt ['rembrænt] pr n Rembrandt.

remediable [rɪ'mi:djəbl] adj remédiable.

remedial [rɪ'mi:djəl] adj **1.** [action] réparateur ; [measures] de redressement **2.** UK SCH [classes, education] de rattrapage, de soutien ; [pupil, student] qui n'a pas le niveau / *she teaches remedial maths* elle donne des cours de rattrapage or de soutien en maths ▸ **remedial teaching** rattrapage *m* scolaire **3.** MED [treatment] correctif, curatif ▸ **remedial exercises** gymnastique *f* corrective.

remediation [rɪmi:dɪ'eɪʃn] n US SCH rattrapage *m* scolaire.

remedy ['remədɪ] (*pl* **remedies**, *pt & pp* **remedied**) ◆ n **1.** *lit & fig* remède *m* / *it's a good remedy for insomnia* c'est un bon remède contre l'insomnie ▸ **to find a remedy for sthg** trouver un remède à qqch **2.** UK LAW recours *m* ▸ **to have no remedy at law against sb** n'avoir aucun recours légal contre qqn. ◆ vt MED remédier à ; *fig* rattraper, remédier à / *the situation cannot be remedied* la situation est sans issue / *how can we remedy the loss of our three best players?* comment remédier à la perte de nos trois meilleurs joueurs ?

remember [rɪ'membər] ◆ vt **1.** [recollect - face, person, past event] se souvenir de, se rappeler / *don't you remember me?* **a)** [in memory] vous ne vous souvenez pas de moi ? **b)** [recognize] vous ne me reconnaissez pas ? / *I remember him as a child* je me souviens de lui enfant / *I remember locking the door* je me rappelle avoir or je me souviens d'avoir fermé la porte à clé / *I don't remember ever going* or *having gone there* je ne me rappelle pas y être jamais allé / *do you remember me knocking on your door?* vous souvenez-vous que j'ai frappé à votre porte ? / *I can't remember anything else* c'est tout ce dont je me souviens / *I remember when there was no such thing as a paid holiday* je me souviens de l'époque où les congés payés n'existaient pas / *I can't remember her name* son nom m'échappe, je ne me souviens pas de son nom / *I can never remember names* je n'ai aucune mémoire des noms / *we have nothing to remember him by* nous n'avons aucun souvenir de lui / *she will always be remembered as a great poet* on se souviendra toujours d'elle comme d'un grand poète / *as you will remember, the door is always locked* vous savez sans doute que la porte est toujours fermée à clé / *nobody could remember such a thing happening before* personne n'avait jamais vu une chose pareille se produire **2.** [not forget] penser à, songer à / *remember my advice* n'oubliez pas mes conseils / *remember to close the door* n'oubliez pas de or pensez à fermer la porte / *we can't be expected to remember everything* nous ne pouvons quand même pas penser à tout / *you must remember that smoking is forbidden* n'oubliez pas qu'il est interdit de fumer / *that's a date worth remembering* voilà une date qu'il faudrait ne pas oublier / *she will remember you in her prayers* elle ne vous oubliera pas or elle pensera à vous dans ses prières ; [be mindful of] : *remember where you are!* un peu de tenue, voyons ! / *remember who you're talking to!* à qui croyez-vous parler ? / *he remembered himself just in time* il s'est repris juste à temps **3.** [give regards to] : *remember me to your parents* rappelez-moi au bon souvenir de vos parents / *she asked to be remembered to you* elle vous envoie son meilleur souvenir **4.** [give tip or present to] : *please remember the driver* n'oubliez pas le chauffeur / *she always remembers me on my birthday* elle n'oublie jamais le jour de mon anniversaire / *he remembered me in his will* il a pensé à moi dans son testament **5.** [commemorate - war] commémorer ; [- victims] se souvenir de. ◆ vi se souvenir / *I remember now* maintenant, je m'en souviens / *as far as I can remember* autant qu'il m'en souvienne / *not that I remember* pas que je m'en souvienne / *if I remember rightly* si je me or si je m'en souviens bien, si j'ai bonne mémoire.

remembrance [rɪ'membrəns] n **1.** [recollection] souvenir *m*, mémoire *f* ▸ **to the best of my remembrance** autant qu'il m'en souvienne / *I have no remembrance of it* je n'en ai gardé aucun souvenir **2.** [memory] souvenir *m* **3.** [keepsake] souvenir *m* / *she gave him a ring as a remembrance of her* elle lui a donné une bague en souvenir d'elle **4.** [commemoration] souvenir *m*, commémoration *f* ▸ **remembrance service, service of remembrance** cérémonie *f* du souvenir, commémoration *f*.

❖ **in remembrance of** prep phr ▸ **in remembrance of sthg / sb** en souvenir or en mémoire de qqch / qqn.

Remembrance Day, Remembrance Sunday n UK (commémoration *f* de l')Armistice *m* *(le dimanche avant ou après le 11 novembre).*

Remembrance Sunday

Commémorant l'armistice de la Première Guerre mondiale, **Remembrance Sunday** est célébré chaque année au Royaume-Uni le dimanche qui précède ou suit le 11 novembre. Dans les premiers jours de novembre, on porte un coquelicot **(poppy)** en papier en souvenir des soldats britanniques morts lors des guerres mondiales.

remind [rɪ'maɪnd] vt **1.** [tell] rappeler à ▸ **to remind sb to do sthg** rappeler à qqn de faire qqch, faire penser à qqn qu'il faut faire qqch ▸ **to remind sb about sthg** rappeler qqch à qqn / *remind him that we're going out* rappelez-lui que nous sortons / *can you remind me about the bills / to pay the bills?* pouvez-vous me faire penser aux factures / me rappeler qu'il faut payer les factures ? / *do I need to remind you of the necessity for discretion?* inutile de vous rappeler que la discrétion s'impose / *how many times do they have to be reminded?* combien de fois faut-il le leur rappeler ? / *I'm glad you reminded me* je suis content que vous me l'ayez rappelé / *that reminds me!* à propos !, pendant que j'y pense ! / *passengers are reminded that the duty-free shop will close in five minutes* nous rappelons aux voyageurs que la boutique hors taxe ferme dans cinq minutes **2.** [be reminiscent of] : *she reminds me of my sister* elle me rappelle ma sœur / *the music reminded them of Greece* la musique leur rappelait la Grèce.

reminder [rɪ'maɪndəʳ] n [spoken] rappel *m* ; [written] pense-bête *m* ; ADMIN & COMM rappel *m* ▸ **to give sb a reminder to do sthg** rappeler à qqn qu'il doit faire qqch / *final reminder* dernier rappel / *she tied a knot in her handkerchief as a reminder* elle a fait un nœud à son mouchoir pour ne pas oublier / *the picture was a reminder of her life in Paris* cette image lui rappelait sa vie à Paris / *their success was a reminder of his own failure* leur réussite lui rappelait son propre échec / *we gave him a gentle reminder that it's her birthday tomorrow* nous lui avons discrètement rappelé que demain c'est son anniversaire.

reminisce [,remɪ'nɪs] vi raconter ses souvenirs / *to reminisce about the past* évoquer le passé or parler du passé.

reminiscence [,remɪ'nɪsns] n [memory] réminiscence *f*, souvenir *m*.

❖ **reminiscences** pl n [memoirs] mémoires *mpl*.

reminiscent [,remɪ'nɪsnt] adj **1.** [suggestive] ▸ **reminiscent of** qui rappelle, qui fait penser à / *in a voice reminiscent of that of her mother* or *of her mother's* d'une voix qui fait penser à or qui rappelle celle de sa mère / *parts of the book are reminiscent of Proust* on trouve des réminiscences de Proust dans certaines parties du livre, certaines parties du livre rappellent Proust **2.** [nostalgic - person, smile] nostalgique.

remiss [rɪ'mɪs] adj *fml* négligent / *he is remiss in his duties* il néglige ses devoirs / *it was rather remiss of you to forget her birthday* c'était un peu négligent or léger de votre part d'oublier son anniversaire.

remission [rɪ'mɪʃn] n **1.** UK LAW [release - from prison sentence] remise *f* (de peine) ; [- from debt, claim] remise *f* / *he was granted five years' remission for good behaviour* on lui a accordé une remise de peine de cinq ans pour bonne conduite / *remission from a debt* remise d'une dette ; ADMIN [dispensation] dispense *f* / *he asked for the remission of a deposit* il a demandé à être dispensé de verser une caution **2.** MED & RELIG rémission *f*.

remit (*pt & pp* **remitted**, *cont* **remitting**) ◆ vt [rɪ'mɪt] **1.** [release - from penalty, sins] remettre / *his sentence was remitted by five years* il a bénéficié d'une remise de peine de cinq ans ▸ **to remit sb's debt** remettre la dette de qqn, tenir qqn quitte d'une dette ▸ **to remit sb's sentence** accorder une remise de peine à qqn ; [dispense, exonerate - fees, tax] remettre / *his exam fees were remitted* il a été dispensé des droits d'examen **2.** [send - money] envoyer ▸ **to remit a sum of money to sb** envoyer une somme (d'argent) à qqn **3.** LAW [case] renvoyer **4.** *fml* [defer] différer, remettre **5.** *fml* [relax - attention, activity] relâcher. ◆ vi [rɪ'mɪt] **1.** [lessen - zeal] diminuer ; [- attention, efforts] se relâcher ; [- storm] s'apaiser, se calmer **2.** MED [fever] tomber, diminuer ; [disease] régresser. ◆ n ['ri:mɪt] attributions *fpl*, pouvoirs *mpl* / *that's outside their remit* cela n'entre pas dans (le cadre de) leurs attributions / *our remit is to...* il nous incombe de...

remittal [rɪ'mɪtl] n **1.** FIN [of debt] remise *f* **2.** LAW renvoi *m*.

remittance [rɪ'mɪtns] n **1.** [payment] versement *m* ; [settlement] paiement *m*, règlement *m* ▸ **to send a remittance to sb** envoyer un versement à qqn **2.** [delivery - of papers, documents] remise *f*.

remittee [rɪ,mɪt'i:] n ADMIN destinataire *mf* *(d'un envoi de fonds).*

remittent [rɪ'mɪtnt] adj MED rémittent.

remitter, remittor [rɪ'mɪtəʳ] n FIN remettant *m*, -e *f* ; [of letter, document] porteur *m*.

remix ◆ vt [,ri:'mɪks] [song, recording] remixer, refaire le mixage de. ◆ n ['ri:mɪks] remix *m*.

remnant ['remnənt] n [remains - of meal, material] reste *m* ; [vestige - of beauty, culture] vestige *m* / *the remnants of the army / his fortune* ce qui reste de l'armée / de sa fortune.

❖ **remnants** pl n COMM [unsold goods] invendus *mpl* ; [fabric] coupons *mpl* (de tissus) ; [oddments] fins *fpl* de série.

remodel [,ri:'mɒdl] (UK *pt & pp* **remodelled**, *cont* **remodelling** ; US *pt & pp* **remodeled**, *cont* **remodeling**) vt remodeler.

remold US = **remould.**

remonstrate ['remənstreɪt] vi *fml* protester ▸ **to remonstrate with sb** faire des remontrances à qqn ▸ **to remonstrate against sthg** protester contre qqch.

remorse [rɪ'mɔ:s] n remords *m* / *he was filled with remorse at what he had done* il était pris de remords en songeant à ce qu'il avait fait / *she felt no remorse* elle n'éprouvait aucun remords / *without remorse* **a)** [with no regret] sans remords **b)** [pitilessly] sans pitié.

remorseful [rɪ'mɔ:sfʊl] adj plein de remords.

remorsefully [rɪ'mɔ:sfʊlɪ] adv avec remords.

remorseless [rɪ'mɔ:slɪs] adj **1.** [with no regret] sans remords **2.** [relentless] implacable, impitoyable.

remorselessly [rɪ'mɔ:slɪslɪ] adv **1.** [with no regret] sans remords **2.** [relentlessly] impitoyablement, implacablement.

remorselessness [rɪ'mɔ:slɪsnɪs] n [lack of regret] absence *f* de remords ; [relentlessness] absence *f* de pitié.

remortgage [,ri:'mɔ:gɪdʒ] vt [house, property] hypothéquer de nouveau, prendre une nouvelle hypothèque sur.

remote [rɪ'məʊt] adj **1.** [distant - place] éloigné, lointain ; [- time, period] lointain, reculé ; [- ancestor] éloigné / *in the remotest parts of the continent* au fin fond du continent / *a very remote area* un endroit très isolé **2.** [aloof - person, manner] distant, froid ; [faraway - look] lointain, vague ; [- voice] lointain / *she seems very remote* elle semble être très distante or d'un abord difficile **3.** [unconnected - idea, comment] éloigné / *your comments are rather remote from the subject* vos commentaires n'ont pas grand-chose à voir avec le sujet **4.** [slight - chance] petit, faible ; [- resemblance] vague, lointain / *our chances of success are rather remote* nos chances de réussite sont assez minces, nous n'avons que peu de chances de réussir / *it's a remote possibility* c'est très peu probable / *I haven't the remotest idea* je n'en ai pas la moindre idée **5.** COMPUT [terminal] commandé à distance ▸ **remote access** accès *m* à distance ▸ **remote job entry** télésoumission *f* de travaux ▸ **remote loading** téléchargement *m* ▸ **remote sensing** télédétection *f* ▸ **remote user** utilisateur *m* distant.

remote control n télécommande *f*, commande *f* à distance.

remote-controlled [-kən'trəʊld] adj télécommandé.

remotely [rɪ'məʊtlɪ] adv **1.** [slightly] faiblement, vaguement / *the two subjects are only very remotely linked* il n'y a qu'un rapport très lointain entre les deux sujets / *it is remotely possible that I'm mistaken* il n'est pas absolument impossible que je fasse erreur / *she's not remotely interested* ça ne l'intéresse pas le moins du monde or absolument pas / *I'm not even remotely tired* je ne suis pas fatigué du tout or absolument pas fatigué **2.** [distantly] : *the house is remotely situated* la maison se trouve dans un coin isolé / *they are remotely related* ils sont parents éloignés **3.** [aloofly] de façon distante or hautaine ; [dreamily] vaguement, de façon songeuse.

remoteness [rɪ'məʊtnɪs] n **1.** [distance - in space] éloignement *m*, isolement *m* ; [- in time] éloignement *m* **2.** [aloofness - of person] distance *f*, froideur *f*.

remould UK, **remold** US ◆ vt [,ri:'məʊld] **1.** ART & TECH remouler, refaçonner **2.** AUTO [tyre] rechaper **3.** *fig* [person, character] changer, remodeler. ◆ n ['ri:məʊld] [tyre] pneu *m* rechapé.

remount ◆ vt [,ri:'maʊnt] **1.** [horse, bicycle] remonter sur ; [hill, steps] remonter, gravir à nouveau ; [ladder] remonter à or sur **2.** [picture] rentoiler ; [photograph] remplacer le support de ; [jewel] remonter. ◆ vi [on horse, bicycle] remonter. ◆ n EQUIT remonte *f*.

removable [rɪ'mu:vəbl] adj **1.** [detachable - lining, cover] amovible, détachable **2.** [transportable - furniture, fittings] mobile, transportable.

removal [rɪ'mu:vl] ◆ n **1.** [of garment, stain, object] enlèvement *m* ; [of abuse, evil, threat] suppression *f* ; MED [of organ, tumour] ablation *f* ▸ **make-up removal** démaquillage *m* **2.** [change of residence] déménagement *m* / *their removal from Dublin* leur départ de Dublin / *their removal to Dublin* leur départ pour Dublin / *we haven't notified them of our removal* nous ne les avons pas avertis de notre changement de domicile ; [transfer] transfert *m* / *the removal of the prisoner to a safer place* le transfert or le déplacement du prisonnier dans un endroit plus sûr **3.** [dismissal] ▸ **removal from office** révocation *f*, renvoi *m*. ◆ comp [expenses, firm] de déménagement ▸ **removal man** UK déménageur *m* ▸ **removal van** camion *m* de déménagement.

remove [rɪ'mu:v] ◆ vt **1.** [take off, out - clothes, object] enlever, retirer, ôter ; [- stain] enlever, faire partir ; [MED - organ, tumour] enlever, retirer / *to remove one's make-up* se démaquiller / *to remove hair from one's legs* s'épiler les jambes ; [take or send away - object] enlever ; [- person] faire sortir / *to remove a picture from the wall* enlever un tableau du mur, décrocher un tableau / *the chairs were removed to the attic* les chaises ont été mises au grenier / *she was removed to hospital* elle a été transportée à l'hôpital or hospitalisée / *the child must be removed from its mother* il faut retirer l'enfant à sa mère / *death has removed her from us* la mort nous l'a enlevée / *the soldiers were removed to the front* on envoya les soldats au front / *she removed herself to her room* *fml* elle se retira dans sa chambre / *remove the prisoner!* [in courtroom] qu'on emmène le prisonnier ! ; [dismiss - employee] renvoyer ; [- official] révoquer, destituer / *his opponents had him removed from office* ses opposants l'ont fait révoquer **2.** [suppress - clause, paragraph] supprimer ; [- suspicion, doubt, fear] dissiper / *all obstacles have been removed* tous les obstacles ont été écartés / *does this remove your objection?* est-ce que cela répond à votre objection ? / *his name has been removed from the list* son nom ne figure plus sur la liste ; *euph* [kill] faire disparaître, tuer / *I want him removed* je veux qu'on le fasse disparaître. ◆ vi *fml* **1.** [firm, premises, family] déménager / *our office removed to Glasgow* notre service s'est installé à Glasgow **2.** [person - go] : *she removed to her room* elle se retira dans sa chambre. ◆ n **1.** [distance] distance *f* / *this is but one remove from blackmail* ça frôle le chantage / *it's several removes* or *a far remove from what we need* ce n'est vraiment pas ce qu'il nous faut / *it's only a slight remove from his usual themes* ça ne diffère pas beaucoup de ses thèmes habituels **2.** [degree of kinship] degré *m* de parenté.

removed [rɪ'mu:vd] adj ▸ **to be far removed from** être très éloigné or loin de / *what you say is not far removed from the truth* ce que vous dites n'est pas bien éloigné de la vérité / *one stage removed from insanity* au bord de la folie ▸ **first cousin once / twice removed** cousin *m*, cousine *f* au premier / deuxième degré.

remover [rɪ'mu:vəʳ] n **1.** [of furniture] déménageur *m* **2.** [solvent] ▸ **paint remover** décapant *m (pour peinture).*

remunerate [rɪ'mju:nəreɪt] vt rémunérer.

remuneration [rɪˌmju:nə'reɪʃn] n rémunération *f* ▸ **to receive remuneration for sthg** être rémunéré or payé pour qqch ▸ **remuneration package** package *m* de rémunération.

remunerative [rɪ'mju:nərətɪv] adj rémunérateur.

renaissance [rə'neɪsns] ◆ n renaissance *f* ▸ **the Renaissance** ART & HIST la Renaissance ▸ **to enjoy a renaissance** connaître une renaissance. ◆ comp [art, painter] de la Renaissance ; [palace, architecture, style] Renaissance *(inv).*

Renaissance man n homme *m* aux talents multiples.

renal ['ri:nl] adj rénal.

rename [ˌri:'neɪm] vt **1.** [person, street] rebaptiser **2.** COMPUT [file, directory] renommer.

renascence [rɪ'næsns] n renaissance *f.*

renascent [rɪ'næsnt] adj renaissant.

renationalization [ri:ˌnæʃnəlaɪ'zeɪʃn] n renationalisation *f.*

renationalize, **renationalise** [ri:'næʃnəlaɪz] vt renationaliser.

rend [rend] (*pt & pp* **rent** [rent]) vt *liter* **1.** [tear - fabric] déchirer ; [- wood, armour] fendre ; *fig* [silence, air] déchirer / *the country was rent in two by political strife* le pays était profondément divisé par les conflits politiques / *a flash of lightning rent the sky* un éclair déchira le ciel ▸ **to rend sb's heart** fendre le cœur à qqn **2.** [wrench] arracher / *the child was rent from its mother's arms* on a arraché l'enfant des bras de sa mère.

render ['rendəʳ] vt **1.** [deliver - homage, judgment, verdict] rendre ; [- assistance] prêter ; [- help] fournir ; [submit - bill, account] présenter, remettre / *to render an account of sthg* **a)** [explain] rendre compte de qqch **b)** COMM remettre or présenter le compte de qqch ▸ **account rendered** COMM facture *f* de rappel / *to render sb a service* rendre (un) service à qqn / *to render an explanation of sthg* fournir une explication à qqch / *to render thanks to sb* remercier qqn, faire des remerciements à qqn / *to render thanks to God* rendre grâce à Dieu ▸ **render unto Caesar the things that are Caesar's** BIBLE rendez à César ce qui appartient à César **2.** [cause to become] rendre / *a misprint rendered the text incomprehensible* une coquille rendait le texte incompréhensible **3.** [perform - song, piece of music] interpréter ; [convey - atmosphere, spirit] rendre, évoquer **4.** [translate] rendre, traduire / *rendered into English* rendu or traduit en anglais **5.** CULIN faire fondre **6.** CONSTR crépir, enduire de crépi.

❖ **render down** vt sep UK CULIN faire fondre ; [reduce] réduire.

❖ **render up** vt sep *liter* [fortress] rendre ; [hostage] libérer, rendre ; [secret] livrer.

rendering ['rendərɪŋ] n **1.** [performance - of song, play, piece of music] interprétation *f* **2.** [evocation - of atmosphere, spirit] évocation *f* **3.** [translation] traduction *f* **4.** CONSTR crépi *m.*

rendezvous ['rɒndɪvu:] (*pl* **rendezvous** ['rɒndɪvu:]) ◆ n **1.** [meeting] rendez-vous *m* **2.** [meeting place] lieu *m* de rendez-vous. ◆ vi [friends] se retrouver ; [group, party] se réunir ▸ **to rendezvous with sb** rejoindre qqn / *the boats rendezvoused successfully after the operation* les bateaux se sont retrouvés comme prévu après l'opération.

rendition [ren'dɪʃn] n **1.** [of poem, piece of music] interprétation *f* **2.** [translation] traduction *f* **3.** *arch* [surrender] reddition *f* **4.** ▸ **(extraordinary) rendition** [of suspect] *remise (d'un suspect) par une autorité à une autre.*

renegade ['renɪgeɪd] ◆ n renégat *m*, -e *f.* ◆ adj renégat.

renege [rɪ'ni:g] vi [in cards] faire une renonce.

❖ **renege on** vt insep [responsibilities] manquer à ; [agreement] revenir sur ▸ **to renege on a promise / contract** revenir sur sa parole / un contrat.

renegotiate [ˌri:nɪ'gəʊʃɪeɪt] vi & vt renégocier.

renegue [rɪ'ni:g] = **renege.**

renew [rɪ'nju:] vt **1.** [extend validity - passport, library book] renouveler ; [- contract, lease] renouveler, reconduire / *to renew one's subscription to sthg* renouveler son abonnement or se réabonner à qqch **2.** [repeat - attack, promise, threat] renouveler ; [restart - correspondence, negotiations] reprendre / *to renew one's acquaintance with sb* renouer avec qqn ; [increase - strength] reconstituer, reprendre / *to renew one's efforts to do sthg* redoubler d'efforts pour faire qqch **3.** [replace - supplies] renouveler, remplacer ; [- batteries, mechanism] remplacer, changer.

renewable [rɪ'nju:əbl] adj renouvelable ▸ **renewable energy** énergie *f* renouvelable ▸ **renewable resource** ressource *f* renouvelable.

renewal [rɪ'nju:əl] n **1.** [extension - of validity] renouvellement *m* ; [restart - of negotiations, hostilities] reprise *f* ; [- of acquaintance] fait *m* de renouer ; [increase - of energy, hope] regain *m* ; [repetition - of promise, threat] renouvellement *m* **2.** [renovation] rénovation *f* **3.** RELIG renouveau *m.*

renewed [rɪ'nju:d] adj [confidence, hope] renouvelé ; [vigour, force] accru / *with renewed enthusiasm* avec un regain d'enthousiasme / *renewed outbreaks of fighting* une recrudescence des combats.

rennet ['renɪt] n **1.** [for cheese, junket] présure *f* **2.** ZOOL caillette *f.*

renounce [rɪ'naʊns] ◆ vt [claim, title] abandonner, renoncer à ; [faith, principle, habit] renoncer à, renier ; [treaty] dénoncer ▸ **to renounce the world** renoncer au monde. ◆ vi [in cards] renoncer.

renovate ['renəveɪt] vt remettre à neuf, rénover.

renovation [ˌrenə'veɪʃn] n remise *f* à neuf, rénovation *f.*

renown [rɪ'naʊn] n renommée *f*, renom *f* / *a man of great renown* un homme de grand renom.

renowned [rɪ'naʊnd] adj renommé, célèbre, réputé ▸ **to be renowned for sthg** être connu or célèbre pour qqch.

rent [rent] ◆ pt & pp ⟶ **rend.** ◆ vt **1.** [subj: tenant, hirer] louer, prendre en location ▸ **to rent sthg from sb** louer qqch à qqn / *they rented a car for the holidays* ils ont loué une voiture pour les vacances / *their house must be expensive to rent* le loyer de leur maison doit être élevé / **'to rent'** US 'à louer' **2.** [subj: owner] louer, donner en location ▸ **to rent sthg (out) to sb** louer qqch à qqn. ◆ vi US se louer / *this apartment rents easily* cet appartement se loue facilement / *this apartment rents for $300 a month* cet appartement se loue 300 dollars par mois. ◆ n **1.** [for flat, house] loyer *m* ; [for farm] loyer *m*, fermage *m* ; [for car, TV] (prix *m* de) location *f* / *to live in an apartment rent-free* habiter un appartement sans payer de loyer ▸ **(up) for rent** à louer **2.** ECON loyer *m* **3.** [tear] déchirure *f* **4.** [split - in movement, party] rupture *f*, scission *f.*

> ⚠ The French word **rente** never means rent.

rent-a-car n location *f* de voitures.

rent-a-crowd, **rent-a-mob** n UK *inf* [protestors] agitateurs *mpl* professionnels ; [audience, supporters] claque *f.*

rental ['rentl] ◆ n **1.** [hire agreement - for car, house, TV, telephone] location *f* **2.** [payment - for property, land] loyer *m* ; [- for TV, car, holiday accommodation] (prix *m* de) location *f* ; [- for telephone] abonnement *m*, redevance *f* **3.** [income] (revenu *m* des) loyers *mpl* **4.** US [apartment] appartement *m* en location ; [house] maison *f* en location ; [land] terrain *m* en location. ◆ adj [agency] de location ▸ **rental agreement** contrat *m* de location ▸ **rental charge a)** [for telephone] abonnement *m* **b)** [for TV, car] prix *m* de location ▸ **rental library** US bibliothèque *f* de prêt.

rent book n carnet *m* de quittances de loyer.

rent boy n jeune prostitué *m (pour hommes).*

rent collector n receveur *m*, -euse *f* des loyers.

rent control n contrôle *m* des loyers.

rent-controlled adj dont le loyer est contrôlé.

rented ['rentɪd] adj loué, de location / *the high cost of rented accommodation in London* le prix élevé des loyers londoniens.

rent-free ◆ adj exempt de loyer. ◆ adv sans payer de loyer, sans avoir de loyer à payer.

rent guarantee n garantie *f* contre les impayés de loyer.

rent rebate n réduction *f* de loyer.

rent-roll n UK [register] registre *m* de l'état des loyers ; [income] revenu *m* des loyers.

rent tribunal n commission *f* de contrôle des loyers.

renumber [ˌri:'nʌmbəʳ] vt renuméroter.

renunciation [rɪˌnʌnsɪ'eɪʃn] n **1.** [of authority, claim, title] renonciation *f*, abandon *m* ; [of faith, religion] renonciation *f*, abjuration *f* ; [of principle] abandon *m*, répudiation *f* ; [of treaty] dénonciation *f* **2.** LAW répudiation *f.*

reoccupy [ˌri:'ɒkjʊpaɪ] (*pt & pp* **reoccupied**) vt réoccuper.

reoccur [ˌri:ə'kɜ:ʳ] (*cont* **reoccurring** ; *pt & pp* **reoccurred**) = **recur** *(vi).*

reoccurrence [ˌri:ə'kʌrəns] = **recurrence.**

reopen [ˌri:'əʊpn] ◆ vt **1.** [door, border, book, bank account] rouvrir **2.** [restart - hostilities] reprendre ; [- debate, negotiations] reprendre, rouvrir. ◆ vi **1.** [door, wound] se rouvrir ; [shop, theatre] rouvrir ; [school - after holiday] reprendre **2.** [negotiations] reprendre.

reopening [ˌri:'əʊpnɪŋ] n [of shop] réouverture *f* ; [of negotiations] reprise *f.*

reorder ◆ vt [ˌri:'ɔ:dəʳ] **1.** COMM [goods, supplies] commander de nouveau, faire une nouvelle commande de **2.** [rearrange - numbers, statistics, objects] reclasser, réorganiser. ◆ n ['ri:ɔ:dəʳ] COMM nouvelle commande *f.*

reorganization [ˈri:ˌɔ:gənaɪ'zeɪʃn] n réorganisation *f.*

reorganize, **reorganise** [ˌri:'ɔ:gənaɪz] ◆ vt réorganiser. ◆ vi se réorganiser.

rep [rep] n **1.** (abbr of **representative**) *inf* COMM VRP *m* **2.** abbr of **repertory 3.** TEXT reps *m* **4.** US *inf* abbr of **reputation 5.** abbr of **repetition.**

Rep US **1.** written abbr of **Representative 2.** written abbr of **Republican.**

repack [ˌri:'pæk] vt [goods] remballer, emballer de nouveau ; [suitcase] refaire.

repackage [ˌri:'pækɪʤ] vt **1.** [goods] remballer **2.** US [public image] redorer *fig.*

repaginate [ˌri:'pæʤɪneɪt] vt remettre en pages ; [renumber] repaginer.

repaid [ri:'peɪd] pt & pp ⟶ **repay.**

repaint [ˌri:'peɪnt] vt repeindre.

repair [rɪ'peəʳ] ◆ vt **1.** [mend - car, tyre, machine] réparer ; [- road, roof] réparer, refaire ; [- clothes] raccommoder ; [- hull] radouber, caréner ; [- tights] repriser / *he repaired the hole in his trousers* il a raccommodé son pantalon / *she repaired her tights* elle a reprisé ses bas / *to have one's shoes repaired* faire réparer ses chaussures **2.** [make amends for - error, injustice] réparer, remédier à. ◆ vi *fml & hum* aller, se rendre / *let us repair to bed* allons nous coucher. ◆ n **1.** [mending - of car, machine, roof] réparation *f*, remise *f* en état ; [- of clothes] raccommodage *m* ; [- of shoes] réparation *f* ; [- of road] réfection *f*, remise *f* en état ; NAUT radoub *m* ▸ **to carry out repairs to** or **on sthg** effectuer des réparations sur qqch ▸ **to be under repair** être en réparation / **'road under repair'** 'travaux' / **'closed for repairs'** 'fermé pour (cause de) travaux' / **'road repairs'** 'réfection de la chaussée' / *the bridge was damaged beyond repair* le pont avait subi des dégâts irréparables / *the repairs to the car cost him a fortune* les travaux de réparation or les réparations sur la voiture lui ont coûté une fortune ▸ **repair kit** trousse *f* à outils **2.** [condition] état *m* ▸ **to be in good / bad repair** être en bon / mauvais état ▸ **to keep sthg in good repair** bien entretenir qqch / *the road is in a terrible state of repair* la route est très mal entretenue or en très mauvais état.

repairable [rɪˈpeərəbl] adj réparable.

repairer [rɪˈpeərəʳ] n réparateur *m*, -trice *f*.

repairman [rɪˈpeəmən] (*pl* **repairmen** [-mən]) n réparateur *m*.

repaper [ˌriːˈpeɪpəʳ] vt retapisser.

reparable [ˈrepərəbl] adj réparable.

reparation [ˌrepəˈreɪʃn] n **1.** *fml* [amends] réparation *f* ▸ **to make reparations for sthg** réparer qqch *fig* **2.** *(usu pl)* [damages - after war, invasion, etc.] réparations *fpl*.

reparcelling [riːˈpɑːslɪŋ] n [of land] remembrement *m*.

repartee [ˌrepɑːˈtiː] n **1.** [witty conversation] esprit *m*, repartie *f* ▸ **to be good at repartee** avoir la repartie facile, avoir de la repartie **2.** [witty comment] repartie *f*, réplique *f*.

repartition [ˌriːpɑːˈtɪʃn] ◆ n répartition *f*. ◆ vt redistribuer, répartir de nouveau.

repast [rɪˈpɑːst] n *fml* repas *m*.

repatriate ◆ vt [ˌriːˈpætrɪeɪt] rapatrier. ◆ n [riːˈpætrɪət] rapatrié *m*, -e *f*.

repatriation [ˌriːpætrɪˈeɪʃn] n rapatriement *m*.

repay [riːˈpeɪ] (*pt & pp* **repaid** [riːˈpeɪd]) vt **1.** [refund - creditor, loan] rembourser ▸ **to repay a debt a)** *lit* rembourser une dette **b)** *fig* s'acquitter d'une dette / *he repaid her the money she had lent him* il lui a remboursé l'argent qu'elle lui avait prêté **2.** [return - visit] rendre ; [- hospitality, kindness] rendre, payer de retour / *how can I ever repay you (for your kindness)?* comment pourrai-je jamais vous remercier (pour votre gentillesse) ? ▸ **to repay good for evil** rendre le bien pour le mal ; [reward - efforts, help] récompenser ▸ **to be repaid for one's efforts / persistence** être récompensé de ses efforts / sa persévérance / *her generosity was repaid with indifference* tout ce qu'elle a obtenu en échange de sa générosité, c'est de l'indifférence.

repayable [riːˈpeɪəbl] adj remboursable / *repayable in five years* remboursable sur cinq ans or en cinq annuités.

repayment [riːˈpeɪmənt] n **1.** [of money, loan] remboursement *m* / *repayments can be spread over 12 months* les remboursements peuvent être échelonnés sur 12 mois ▸ **repayment options** formules *fpl* de remboursement **2.** [reward - for kindness, effort] récompense *f*.

repayment mortgage n prêt-logement *m*.

repeal [rɪˈpiːl] ◆ vt [law] abroger, annuler ; [prison sentence] annuler ; [decree] rapporter, révoquer. ◆ n [law] abrogation *f* ; [prison sentence] annulation *f* ; [decree] révocation *f*.

repeat [rɪˈpiːt] ◆ vt **1.** [say again - word, secret, instructions] répéter ; [- demand, promise] répéter, réitérer / *you're repeating yourself* vous vous répétez / *I don't dare repeat what he said* je n'ose pas répéter ce qu'il a dit / *it doesn't bear repeating* **a)** [rude] c'est trop grossier pour être répété **b)** [trivial] ça ne vaut pas la peine d'être répété **2.** [redo, reexecute - action, attack, mistake] répéter, renouveler ; MUS reprendre / *I wouldn't like to repeat the experience* je n'aimerais pas renouveler l'expérience / *it's history repeating itself* c'est l'histoire qui se répète / *the same little ritual is repeated every morning* le même petit rituel se renouvelle chaque matin / *the pattern repeats itself* le motif se répète **3.** RADIO & TV [broadcast] rediffuser **4.** COMM [order, offer] renouveler **5.** SCH & UNIV [class, year] redoubler. ◆ vi **1.** [say again] répéter / *I repeat, I have never heard of him* je le répète, je n'ai jamais entendu parler de lui / *I shall never, repeat never, go there again* je n'y retournerai jamais, mais alors ce qui s'appelle jamais / *repeat after me* SCH répétez après moi **2.** [recur] se répéter, se reproduire ; MATH se reproduire périodiquement **3.** [food] donner des renvois / *onions always repeat on me* les oignons me donnent toujours des renvois **4.** US POL voter plus d'une fois *(à une même élection)* **5.** [watch, clock] être à répétition. ◆ n **1.** [gen] répétition *f* ▸ **repeat function** COMPUT fonction *f* de répétition **2.** MUS [passage] reprise *f* ; [sign] signe *m* de reprise **3.** RADIO & TV [broadcast] rediffusion *f*, reprise *f*. ◆ comp [order, visit] renouvelé ▸ **repeat offender** récidiviste *mf* ▸ **repeat prescription** ordonnance *f (de renouvellement d'un médicament)* / *she gave me a repeat prescription* elle a renouvelé mon ordonnance ▸ **repeat sale** vente *f* répétée.

repeatable [rɪˈpiːtəbl] adj susceptible d'être répété / *what he said is not repeatable* je n'ose pas répéter ce qu'il a dit.

repeated [rɪˈpiːtɪd] adj répété.

repeatedly [rɪˈpiːtɪdlɪ] adv à plusieurs or maintes reprises / *you have been told repeatedly not to play by the canal* on vous a dit cent fois de ne pas jouer près du canal / *I've repeatedly said that I can't come on Mondays* j'ai répété à maintes reprises or j'ai bien dit que je ne pouvais (pas) venir le lundi.

repeater [rɪˈpiːtəʳ] n **1.** [clock] pendule *f* à répétition ; [alarm] réveil *m* à répétition **2.** [gun] fusil *m* à répétition **3.** ELEC répéteur *m* **4.** US SCH redoublant *m*, -e *f* **5.** US POL électeur *m*, -trice *f* qui vote plus d'une fois *(à une même élection)*.

repeating [rɪˈpiːtɪŋ] adj **1.** MATH périodique **2.** [gun] à répétition.

repeating decimal n fraction *f* décimale périodique.

repeat performance n THEAT deuxième représentation *f* / *we don't want a repeat performance of last year's chaos* *fig* nous ne voulons pas que le désordre de l'année dernière se reproduise ▸ **to give a repeat performance** *pej* jouer la même comédie.

repechage [ˌrepəˈʃɑːʒ] n SPORT repêchage *m*.

repel [rɪˈpel] (*pt & pp* **repelled**, *cont* **repelling**) ◆ vt **1.** [drive back - attacker, advance, suggestion] repousser **2.** [disgust - subj: unpleasant sight, smell, etc.] rebuter, dégoûter / *the sight of blood repelled him* la vue du sang lui soulevait le cœur or le dégoûtait **3.** ELEC & PHYS repousser. ◆ vi ELEC & PHYS se repousser.

repellent, **repellant** [rɪˈpelənt] ◆ adj repoussant, répugnant ▸ **to find sb / sthg repellent** éprouver de la répugnance pour qqn / qqch. ◆ n **1.** [for insects] insecticide *m* ; [for mosquitoes] antimoustiques *m inv* **2.** [for waterproofing] imperméabilisant *m*.

repent [rɪˈpent] ◆ vi se repentir ▸ **to repent of sthg** se repentir de qqch. ◆ vt se repentir de.

repentance [rɪˈpentəns] n repentir *m*.

repentant [rɪˈpentənt] adj repentant.

repercussion [ˌriːpəˈkʌʃn] n **1.** [consequence] répercussion *f*, retentissement *m*, contrecoup *m* ▸ **to have repercussions on** avoir des répercussions sur / *the scandal has had serious repercussions on his family life* le scandale a eu de sérieuses répercussions sur sa vie familiale / *the repercussions of the affair* les répercussions or le contrecoup de l'affaire **2.** [echo] répercussion *f*.

repertoire [ˈrepətwɑːʳ] n *lit & fig* répertoire *m*.

repertory [ˈrepətrɪ] (*pl* **repertories**) n **1.** THEAT ▸ **to be** or **to act in repertory** faire partie d'une troupe de répertoire, jouer dans un théâtre de répertoire ▸ **repertory (theatre)** théâtre *m* de répertoire **2.** = **repertoire**.

repertory company n compagnie *f* or troupe *f* de répertoire.

repetition [ˌrepɪˈtɪʃn] n **1.** [of words, orders] répétition *f* **2.** [of action] répétition *f*, renouvellement *m* / *I don't want any repetition of this disgraceful behaviour* je ne veux plus vous voir vous conduire de cette façon scandaleuse **3.** MUS reprise *f*.

repetitious [ˌrepɪˈtɪʃəs] adj plein de répétitions or de redites.

repetitive [rɪˈpetɪtɪv] adj [activity, work, rhythm] répétitif, monotone ; [song, speech] plein de répétitions ; [person] qui se répète.

repetitive strain injury, **repetitive stress injury** = **RSI**.

rephrase [ˌriːˈfreɪz] vt reformuler / *can you rephrase that question?* pouvez-vous formuler cette question autrement ?

repine [rɪˈpaɪn] vi *liter* [be sad] languir, dépérir ; [complain] maugréer.

replace [rɪˈpleɪs] vt **1.** [put back] replacer, remettre (à sa place or en place) ▸ **to replace the receiver** [on telephone] reposer le combiné, raccrocher (le téléphone) **2.** [person] remplacer ; [mechanism, tyres] remplacer / *you can go if you find someone to replace you* vous pouvez partir si vous vous faites remplacer par quelqu'un / *to replace a worn part by* or *with a new one* remplacer une pièce usée (par une pièce neuve).

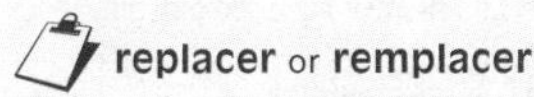
replacer or **remplacer?**

Replacer qqch means to put sthg back in its place, while **remplacer qqch** means to replace sthg (i.e., to change it for sthg else).

replaceable [rɪˈpleɪsəbl] adj remplaçable / *he is easily replaceable* on peut le remplacer facilement.

replacement [rɪˈpleɪsmənt] ◆ n **1.** [putting back] remise *f* en place **2.** [substitution] remplacement *m* / *the replacement of damaged books* le remplacement des livres endommagés **3.** [person] remplaçant *m*, -e *f* **4.** [engine or machine part] pièce *f* de rechange ; [product] produit *m* de remplacement. ◆ comp [part] de rechange ; SCH [person] remplaçant ▸ **replacement teacher** (professeur *m*) suppléant *m*, remplaçant *m*, -e *f*.

replant [ˌriːˈplɑːnt] vt replanter.

replaster [ˌriːˈplɑːstəʳ] vt replâtrer, recrépir.

replay ◆ n [ˈriːpleɪ] **1.** TV ralenti *m* / *the replay clearly shows the foul* on voit bien la faute au ralenti **2.** SPORT match *m* rejoué. ◆ vt [ˌriːˈpleɪ] [match] rejouer ; [recording, piece of film, video] repasser.

replenish [rɪˈplenɪʃ] vt *fml* **1.** [restock - cellar, stock] réapprovisionner ▸ **to replenish one's supplies of sthg** se réapprovisionner en qqch **2.** [refill - glass] remplir de nouveau ▸ **to replenish one's glass** se resservir à boire.

replenishment [rɪˈplenɪʃmənt] n *fml* [of stock, supplies] réapprovisionnement *m* ; [of glass] remplissage *m*.

replete [rɪˈpliːt] adj *fml* [full] rempli, plein ; [person - full up] rassasié ▸ **to be replete with a)** [food] être repu or rassasié de **b)** [fuel, supplies] être (bien) ravitaillé en.

repletion [rɪˈpliːʃn] n *fml* satiété *f* ▸ **to eat to repletion** se rassasier, manger à satiété.

replica [ˈreplɪkə] n [of painting, model, sculpture] réplique *f*, copie *f* ; [of document] copie *f* (exacte) / *she is the exact replica of her mother* c'est la réplique vivante or exacte de sa mère.

replicate [ˈreplɪkeɪt] ◆ vt [reproduce] reproduire / *certain cells replicate themselves* BIOL certaines cellules se reproduisent par mitose. ◆ vi BIOL se reproduire par mitose.

replication [ˌreplɪˈkeɪʃn] n [gen] reproduction *f* ; BIOL reproduction *f* par mitose.

reply [rɪˈplaɪ] (*pl* **replies**, *pt & pp* **replied**) ◆ n **1.** [answer] réponse *f* ; [retort] réplique *f* / *he made no reply* il n'a pas répondu **2.** LAW réplique *f*. ◆ vt [answer] répondre ; [retort] répliquer, rétorquer / *"I don't know" she replied* « je ne sais pas », répondit-elle / *what did you reply?* qu'avez-vous répondu ? ◆ vi répondre ▸ **to reply to sb** répondre à qqn / *have you replied to their offer / letter?* avez-vous répondu à leur offre / lettre ?

❖ **in reply to** prep phr en réponse à ▸ **to say sthg in reply to sb / sthg** dire qqch en réponse à qqn / qqch / *in reply to your letter* en réponse à votre lettre.

reply card, **reply coupon** n coupon-réponse *m*.

reply-paid adj UK avec réponse payée ▸ **reply-paid letter** lettre *f* avec réponse payée.

repo [ˈriːpəʊ] (abbr of **repossession**) n US *inf* recouvrement *m* ▸ **repo man** agent *m* de recouvrement ▸ **repo woman** agente *f* de recouvrement.

repoint [ˌriːˈpɔɪnt] vt CONSTR rejointoyer.

repopulate [ˌriːˈpɒpjʊleɪt] vt repeupler.

repopulation [ˌriːpɒpjʊˈleɪʃən] n repeuplement *m*.

report [rɪˈpɔːt] ◆ vt **1.** [announce] annoncer, déclarer, signaler / *the discovery of a new vaccine is reported* on annonce la découverte d'un nouveau vaccin / *it is reported from Delhi that a ten-year contract has been signed* on annonce à Delhi qu'un contrat de dix ans a été signé / *to report the position of a ship* signaler la position d'un navire / *the company reports a profit for the first time in five years* l'entreprise annonce un bénéfice pour la première fois depuis cinq ans / *the doctors report* *his condition as comfortable* les médecins déclarent son état satisfaisant **2.** [subj: press, media - event, match] faire un reportage sur ; [- winner] annoncer ; [- debate, speech] faire le compte rendu de / *the newspapers report heavy casualties* les journaux font état de nombreuses victimes / *our correspondent reports that troops have left the city* notre correspondant nous signale que des troupes ont quitté la ville / *her resignation is reported in several papers* sa démission est annoncée dans plusieurs journaux / *the speech was reported in the 8 o'clock news bulletin* il y avait un compte rendu du discours dans le bulletin d'informations de 20 h / *reporting restrictions were not lifted* LAW l'interdiction faite aux journalistes de rapporter les débats n'a pas été levée ; [unconfirmed news] : *it is reported that a woman drowned* une femme se serait noyée / *the plane is reported to have crashed in the jungle* l'avion se serait écrasé dans la jungle / *he is reported to have left* or *as having left the country* il aurait quitté le pays **3.** [give account of] faire état de, rendre compte de / *the police have reported some progress in the fight against crime* la police a annoncé des progrès dans la lutte contre la criminalité / *to report one's findings* **a)** [in research] rendre compte des résultats de ses recherches **b)** [in inquiry, commission] présenter ses conclusions **4.** [burglary, disappearance, murder] signaler ; [wrongdoer] dénoncer, porter plainte contre / *I'd like to report an accident* je voudrais signaler un accident / *to report sb missing (to the police)* signaler la disparition de qqn (à la police) / *to be reported missing / dead* être porté disparu / au nombre des morts / *nothing to report* rien à signaler / *they were reported to the police for vandalism* on les a dénoncés à la police pour vandalisme / *the school reported the boy's rudeness to his parents* l'école a signalé l'insolence du garçon à ses parents **5.** *fml* [present] ▸ **to report o.s. for duty** se présenter au travail. ◆ vi **1.** [make a report - committee] faire son rapport, présenter ses conclusions ; [- police] faire un rapport ; [- journalist] faire un reportage ▸ **to report on sthg** **a)** ADMIN faire un rapport sur qqch **b)** PRESS faire un reportage sur qqch / *to report on a murder case* faire un rapport sur un meurtre / *to report on an aircraft hijacking* faire un reportage sur un détournement d'avion / *she's reporting on the train crash* elle fait un reportage sur l'accident de train / *he reports for the BBC* il est reporter or journaliste à la BBC / *this is Keith Owen, reporting from Moscow for CBS* de Moscou, pour la CBS, Keith Owen **2.** [in hierarchy] ▸ **to report to sb** être sous les ordres de qqn / *I report directly to the sales manager* je dépends directement du chef des ventes **3.** [present o.s.] se présenter / *report to my office* présentez-vous à mon bureau ▸ **to report for duty** prendre son service, se présenter au travail / *report to the sergeant when you arrive* **a)** [go and see] présentez-vous au sergent à votre arrivée **b)** [give account] faites votre rapport au sergent quand vous arriverez ▸ **to report to base** **a)** MIL [go] se présenter à la base **b)** [contact] contacter la base ▸ **to report to barracks** or **to one's unit** MIL rallier son unité ▸ **to report sick** se faire porter malade. ◆ n **1.** [account, review] rapport *m* ▸ **to draw up** or **to make a report on sthg** faire un rapport sur qqch / *he gave an accurate report of the situation* il a fait un rapport précis sur la situation ▸ **official / police report** rapport officiel / de police ; [summary - of speech, meeting] compte rendu *m* ; [official record] procès-verbal *m* / *his report on the meeting* son compte rendu de la réunion ; COMM & FIN [review] rapport *m* ; [balance sheet] bilan *m* ▸ **sales report** rapport *m* or bilan *m* commercial **2.** [in media] reportage *m* ; [investigation] enquête *f* ; [bulletin] bulletin *m* ▸ **to do a report on sthg** faire un reportage or une enquête sur qqch / *here is a report from Keith Owen* RADIO & TV voici le reportage de Keith Owen / *according to newspaper / intelligence reports* selon les journaux / les services de renseignements ; [allegation] allégation *f*, rumeur *f* ; [news] nouvelle *f* / *we have had reports of several burglaries in city stores* on nous a signalé plusieurs cambriolages dans les magasins du centre-ville / *there are reports of civil disturbances in the North* il y aurait des troubles dans le Nord / *reports are coming in of an earthquake* on parle d'un tremblement de terre / *I only know it by report* je ne le sais que par ouï-dire, j'en ai seulement entendu parler **3.** UK SCH ▸ **(school) report** bulletin *m* (scolaire) ▸ **end of term report** bulletin *m* trimestriel **4.** LAW [of court proceedings] procès-verbal *m* ▸ **law reports** recueil *m* de jurisprudence **5.** *fml* [repute] renom *m*, réputation *f* / *of good report* de bonne réputation **6.** [sound - of explosion, shot] détonation *f*.

❖ **report back** ◆ vi **1.** [return - soldier] regagner ses quartiers, rallier son régiment ; [- journalist, salesman] rentrer / *to report back to headquarters* **a)** MIL rentrer au quartier général **b)** [salesman, clerk] rentrer au siège / *I have to report back to the office* il faut que je repasse au bureau / *what time did he report back?* à quelle heure est-il rentré or était-il de retour ? **2.** [present report] présenter son rapport / *the commission must first report back to the minister* la commission doit d'abord présenter son rapport au ministre / *can you report back on what was discussed?* pouvez-vous rapporter ce qui a été dit ? / *please report back to me before you decide anything* veuillez vous en référer à moi avant de prendre une décision. ◆ vt sep [results, decision] rapporter, rendre compte de.

❖ **report out** vt sep US POL [bill, legislation] renvoyer après examen.

⚠ The French noun **report** never means a report. The expression **reporter à qqn** (to report to sb) is sometimes used in business contexts, but it is an anglicism that many find unacceptable.

reportage [,repɔː'tɑːʒ] n reportage *m*.

report card n SCH bulletin *m* or carnet *m* scolaire.

reported [rɪ'pɔːtɪd] adj : *there have been reported sightings of dolphins off the coast* on aurait vu des dauphins près des côtes / *the last reported sighting of the aircraft* la dernière fois que l'on a vu l'avion / *what was their last reported position?* où ont-ils été signalés pour la dernière fois ?

reportedly [rɪ'pɔːtɪdlɪ] adv : *he is reportedly about to resign* il serait sur le point de démissionner / *300 people have reportedly been killed* 300 personnes auraient été tuées.

reported speech n GRAM style *m* or discours *m* indirect / *in reported speech* en style indirect.

reporter [rɪ'pɔːtəʳ] n **1.** [for newspaper] journaliste *mf*, reporter *m* ; RADIO & TV reporter *m* **2.** [scribe - in court] greffier *m*, -ère *f* ; [- in parliament] sténographe *mf*.

report stage n UK POL *examen d'un projet de loi avant la troisième lecture* / *the bill has reached report stage* ≃ le projet de loi vient de passer en commission.

repose [rɪ'pəʊz] ◆ vt *fml* **1.** [rest] ▸ **to repose o.s.** se reposer **2.** [place - confidence, trust] mettre, placer. ◆ vi **1.** [rest - person] se reposer ; [- the dead] reposer **2.** [be founded - belief, theory] reposer / *to repose on firm evidence* reposer sur des preuves solides. ◆ n *fml* repos *m* / *in repose* au or en repos / *to pray for the repose of a soul* prier pour le repos d'une âme.

reposition [,riːpə'zɪʃn] vt repositionner.

repositioning n [of brand, product] repositionnement *m*.

repository [rɪ'pɒzɪtrɪ] (*pl* **repositories**) n **1.** [storehouse - large] entrepôt *m* ; [- smaller] dépôt *m* **2.** [of knowledge, secret] dépositaire *mf*.

repossess [,riːpə'zes] vt reprendre possession de ; LAW saisir / *they have* or *their house has been repossessed* leur maison a été mise en saisie immobilière.

repossession [,riːpə'zeʃn] n reprise *f* de possession ; LAW saisie *f*.

repossession order n ordre *m* de saisie.

repot [,riː'pɒt] (*pt & pp* **repotted**, *cont* **repotting**) vt [plant] rempoter.

repp [rep] = **rep.**

reprehend [,reprɪ'hend] vt [person] réprimander ; [conduct, action] condamner, désavouer.

reprehensible [,reprɪ'hensəbl] adj répréhensible.

reprehensibly [,reprɪ'hensəblɪ] adv de façon répréhensible.

reprehension [,reprɪ'henʃn] n *fml* [rebuke] réprimande *f* ; [criticism] condamnation *f*.

represent [,reprɪ'zent] vt **1.** [symbolize - subj: diagram, picture, symbol] représenter / *the statue represents peace* la statue représente or symbolise la paix / *what does the scene represent?* que représente la scène ? **2.** [depict] représenter, dépeindre ; [describe] décrire / *he represented her as a queen* il l'a peinte sous les traits d'une reine **3.** [constitute - achievement, change] représenter, constituer / *this new development represents a danger to world peace* ce fait nouveau représente un danger pour la paix mondiale / *the book represents five years' work* le livre représente cinq années de travail **4.** POL [voters, members] représenter / *she represents Tooting* elle est député de or elle représente la circonscription de Tooting ; [be delegate for - subj: person] représenter / *the President was represented by the ambassador* le président était représenté par l'ambassadeur / *I represent the agency* je viens de la part de l'agence / *the best lawyers are representing the victims* les victimes sont représentées par les meilleurs avocats ; [opinion] représenter / *the voice of women is not represented on the committee* les femmes ne sont pas représentées au comité ; [in numbers] représenter / *foreign students are well represented in the university* il y a une forte proportion d'étudiants étrangers à l'université **5.** [express, explain - advantages, prospect, theory] présenter / *they represented their grievances to the director* ils ont fait part de or présenté leurs griefs au directeur **6.** THEAT [subj: actor] jouer, interpréter.

re-present [,riːprɪ'zent] vt présenter de nouveau.

representation [,reprɪzen'teɪʃn] n **1.** POL représentation *f* **2.** [description, presentation] représentation *f*.

❖ **representations** pl n [complaints] plaintes *fpl*, protestations *fpl* ; [intervention] démarche *f*, intervention *f* ▸ **to make representations to sb** **a)** [complain] se plaindre auprès de qqn **b)** [intervene] faire des démarches auprès de qqn.

representational [,reprɪzen'teɪʃənl] adj [gen] représentatif ; ART figuratif.

representationalism [,reprɪsen'teɪʃənəlɪzm] n ART art *m* figuratif.

representationalist [,reprɪzen'teɪʃənəlɪst] ◆ adj ART (du genre) figuratif. ◆ n ART figuratif *m*.

representative [,reprɪ'zentətɪv] ◆ adj **1.** [typical] typique, représentatif ▸ **to be representative of sthg** être représentatif de qqch / *the high rate of abstention is representative of the lack of interest in politics* le fort taux d'abstention est représentatif du manque d'intérêt pour la politique / *is this a representative sample of your results?* est-ce un échantillon représentatif de vos résultats ? **2.** POL représentatif. ◆ n **1.** [gen] représentant *m*, -e *f* / *he is our country's representative abroad* il représente notre pays à l'étranger **2.** COMM ▸ **(sales) representative** représentant *m*, -e *f* (de commerce) **3.** US POL ≃ député *m*, -e *f* ; ⟶ **House of Representatives.**

repress [rɪ'pres] vt [rebellion] réprimer ; PSYCHOL refouler.

repressed [rɪ'prest] adj [gen] réprimé ; PSYCHOL refoulé.

repression [rɪ'preʃn] n [gen] répression *f* ; PSYCHOL refoulement *m*.

repressive [rɪ'presɪv] adj [authority, system] répressif ; [measures] de répression, répressif.

repressiveness [rɪ'presɪvnɪs] n [of legislation, régime] caractère *m* répressif.

reprieve [rɪ'priːv] ◆ vt **1.** LAW [prisoner - remit] gracier ; [- postpone] accorder un sursis à **2.** *fig* [give respite to - patient] accorder un répit or un sursis à ; [- company] accorder un sursis à. ◆ n **1.** LAW remise *f* de peine, grâce *f* / *the condemned man was given a reprieve* le condamné a été gracié **2.** *fig* [respite - from danger, illness] sursis *m*, répit *m* ; [extra time] délai *m*.

reprimand ['reprɪmɑːnd] ◆ vt réprimander / *the children were severely reprimanded* les enfants ont été sévèrement réprimandés / *he was reprimanded for being late* **a)** [worker] il a reçu un blâme pour son retard **b)** [schoolchild] on lui a donné un avertissement pour son retard. ◆ n [rebuke] réprimande *f* ; [professional] blâme *m*.

reprint ◆ vt [,riː'prɪnt] réimprimer / *the book is being reprinted* le livre est en réimpression. ◆ n ['riːprɪnt] réimpression *f* / *her novel is on its tenth reprint* son roman en est à sa dixième réimpression.

reprisal [rɪ'praɪzl] n représailles *fpl* ▸ **to take reprisals (against sb)** user de représailles or exercer des représailles (contre qqn) ▸ **by way of** or **in reprisal, as a reprisal** par représailles / *he was shot as a reprisal for yesterday's killing* on l'a fusillé en représailles de l'assassinat d'hier.

repro ['ri:prəʊ] (*pl* **repros**) (**abbr of reproduction**) n *inf* (épreuve *f*) repro *f*.

reproach [rɪ'prəʊtʃ] ◆ n **1.** [criticism] reproche *m* / *in a tone of reproach* sur un ton réprobateur or de reproche ▸ **to heap reproaches on sb** accabler qqn de reproches ▸ **above** or **beyond reproach** au-dessus de tout reproche, irréprochable **2.** [source of shame] honte *f* ▸ **to be a reproach to** être la honte de. ◆ vt faire des reproches à ▸ **to reproach sb with sthg** reprocher qqch à qqn / *she reproached him for* or *with having broken his promise* elle lui reprochait d'avoir manqué à sa parole / *I reproach myself for failing to warn them* je m'en veux de ne pas les avoir prévenus / *I have nothing to reproach myself for* or *with* je n'ai rien à me reprocher / *he was reproached for his insensitivity* on lui a reproché son manque de sensibilité.

reproachful [rɪ'prəʊtʃfʊl] adj [voice, look, attitude] réprobateur ; [tone, words] de reproche, réprobateur.

reproachfully [rɪ'prəʊtʃfʊlɪ] adv avec reproche / *"why not?", she said reproachfully* « pourquoi pas ? », dit-elle d'un ton de reproche / *to look at sb reproachfully* lancer des regards réprobateurs à qqn.

reprobate ['reprəbeɪt] ◆ adj dépravé. ◆ n dépravé *m*, -e *f*. ◆ vt réprouver.

reprobation [,reprə'beɪʃn] n réprobation *f*.

reprocess [,ri:'prəʊses] vt retraiter.

reprocessing [,ri:'prəʊsesɪŋ] n retraitement *m* ▸ **nuclear reprocessing** retraitement des déchets nucléaires.

reproduce [,ri:prə'dju:s] ◆ vt reproduire. ◆ vi se reproduire.

reproduction [,ri:prə'dʌkʃn] ◆ n **1.** BIOL reproduction *f* **2.** [of painting, document] reproduction *f*, copie *f*. ◆ comp ▸ **reproduction furniture** reproduction *f* or copie *f* de meubles d'époque ▸ **a reproduction Regency armchair** une reproduction or copie d'un fauteuil Régence.

reproductive [,ri:prə'dʌktɪv] adj [organs, cells, process] reproducteur, de reproduction.

reprogram [,ri:'prəʊgræm] vt reprogrammer, programmer de nouveau.

reprogrammable [,ri:,prəʊ'græməbəl] adj COMPUT [key] reprogrammable.

reprographics [,ri:prə'græfɪks], **reprography** [,rɪ'prɒgrəfɪ] n reprographie *f*.

REPROM [,ri:'prɒm] n COMPUT mémoire *f* morte reprogrammable.

reproof [rɪ'pru:f] n réprimande *f*, reproche *m*.

reproval [rɪ'pru:vl] n reproche *m* / *a look of reproval* un regard chargé de reproche.

reprove [rɪ'pru:v] vt [person] réprimander ; [action, behaviour] réprouver / *he was reproved for his conduct* on lui a reproché sa conduite.

reproving [rɪ'pru:vɪŋ] adj réprobateur.

reprovingly [rɪ'pru:vɪŋlɪ] adv [look] d'un air réprobateur or de reproche ; [say] d'un ton réprobateur or de reproche.

reptile ['reptaɪl] ◆ adj reptile. ◆ n reptile *m*.

reptile house n vivarium *m*.

reptilian [rep'tɪlɪən] ◆ adj **1.** ZOOL reptilien **2.** *fig & pej* reptile. ◆ n reptile *m*.

Repub US **written abbr of Republican.**

republic [rɪ'pʌblɪk] n république *f* ▸ **the republic of letters** la république des lettres / **'The Republic'** *Plato* 'la République'.

republican [rɪ'pʌblɪkən] ◆ adj républicain. ◆ n républicain *m*, -e *f*.

republicanism [rɪ'pʌblɪkənɪzm] n républicanisme *m*.

Republican party pr n ▸ **the Republican party** le Parti républicain.

republication ['ri:,pʌblɪ'keɪʃn] n [of book] réédition *f*, nouvelle édition *f* ; [of banns] nouvelle publication *f*.

republish [,ri:'pʌblɪʃ] vt [book] rééditer ; [banns] republier, publier de nouveau.

repudiate [rɪ'pju:dɪeɪt] vt [reject - opinion, belief] renier, désavouer ; [- evidence] réfuter ; [- authority, accusation, charge] rejeter ; [- spouse] répudier ; [- friend] désavouer ; [- gift, offer] refuser, repousser ; [go back on - obligation, debt, treaty] refuser d'honorer.

repudiation [rɪ,pju:dɪ'eɪʃn] n **1.** [of belief, opinion] reniement *m*, désaveu *m* ; [of spouse] répudiation *f* ; [of friend, accusation] rejet *m* ; [of gift, offer] refus *m*, rejet *m* **2.** [of obligation, debt] refus *m* d'honorer.

repugnance [rɪ'pʌgnəns] n répugnance *f*.

repugnant [rɪ'pʌgnənt] adj répugnant / *I find the idea repugnant* cette idée me répugne.

repulse [rɪ'pʌls] ◆ vt [attack, offer] repousser / *their avarice repulses me* je trouve leur avarice choquante. ◆ n MIL [defeat] défaite *f*, échec *m* ; *fig* [refusal] refus *m*, rebuffade *f*.

repulsion [rɪ'pʌlʃn] n répulsion *f*.

repulsive [rɪ'pʌlsɪv] adj [idea, sight, appearance] répugnant, repoussant ; PHYS répulsif.

repulsively [rɪ'pʌlsɪvlɪ] adv de façon repoussante or répugnante / *repulsively ugly* d'une laideur repoussante / *repulsively dirty* d'une saleté répugnante or repoussante.

repulsiveness [rɪ'pʌlsɪvnɪs] n aspect *m* or caractère *m* repoussant.

repurchase [,ri:'pɜ:tʃɪs] ◆ n rachat *m*. ◆ vt racheter.

repurpose [,ri:'pɜ:pəs] vt récupérer ▸ **repurposed materials / jewellery** matériaux / bijoux récupérés / *his flat is furnished with repurposed furniture* son appartement est meublé avec des meubles récupérés or avec de la récup *inf*.

repurposing [,ri:'pɜ:pəsɪŋ] n récupération *f*, récup *f inf*.

reputable ['repjʊtəbl] adj [person, family] qui a bonne réputation, honorable, estimable ; [firm, tradesman] qui a bonne réputation ; [profession] honorable ; [source] sûr / *they're a very reputable firm* c'est une entreprise d'excellente réputation.

reputation [,repjʊ'teɪʃn] n réputation *f* / *the firm has a good reputation* l'entreprise a une bonne réputation / *she has a reputation as a cook* sa réputation de cuisinière n'est plus à faire / *they have a reputation for good service* ils sont réputés pour la qualité de leur service / *she has a reputation for being difficult* elle a la réputation d'être difficile / *he lives up to his reputation as a big spender* il mérite sa réputation de grand dépensier.

repute [rɪ'pju:t] ◆ n réputation *f*, renom *m* ▸ **to be of good repute** avoir (une) bonne réputation / *a firm of some repute* une entreprise d'un certain renom / *a wine of great repute* un vin hautement réputé or de grand renom / *I only know her by repute* je ne la connais que de réputation / *she is held in high repute by all her colleagues* elle jouit d'une excellente réputation auprès de ses collègues. ◆ vt [rumoured] : *she is reputed to be wealthy* elle passe pour riche / *he is reputed to be a genius* il passe pour un génie.

reputed [rɪ'pju:tɪd] adj réputé ▸ **reputed father** LAW père *m* putatif.

reputedly [rɪ'pju:tɪdlɪ] adv d'après ce qu'on dit / *he is reputedly a millionaire* on le dit milliardaire.

reqd written abbr of required.

request [rɪ'kwest] ◆ n **1.** [demand] demande *f*, requête *f* ▸ **to make a request** faire une demande ▸ **to grant** or **to meet sb's request** accéder à la demande or à la requête de qqn ▸ **at sb's request** à la demande or requête de qqn / *I did it at* or *on her request* je l'ai fait à sa demande or à sa requête ▸ **to do sthg on request** faire qqch sur simple demande / *tickets are available on request* des billets peuvent être obtenus sur simple demande / *any last requests?* quelles sont vos dernières volontés ? ▸ **by popular request** à la demande générale **2.** [song - on radio] *chanson demandée par un auditeur* ; [- at dance] *chanson demandée par un membre du public* ▸ **to play a request for sb** passer un morceau à l'intention de qqn / *here is a birthday request for Sarah Brown* voici une chanson (qui a été demandée) pour l'anniversaire de Sarah Brown. ◆ vt demander ▸ **to request sb to do sthg** demander à qqn or prier qqn de faire qqch / **'visitors are requested not to touch the objects on display'** 'les visiteurs sont priés de ne pas toucher aux objets exposés' / *Mr and Mrs Booth request the pleasure of your company* M. et Mme Booth vous prient de leur faire l'honneur de votre présence / *I enclose a cheque for £5, as requested* selon votre demande, je joins un chèque de 5 livres ▸ **to request sthg of sb** *fml* demander qqch à qqn.

request programme n *émission de radio où les disques qui passent à l'antenne ont été choisis par les auditeurs.*

request stop n UK arrêt *m* facultatif.

requiem ['rekwɪəm] n requiem *m*.

requiem mass n messe *f* de requiem.

require [rɪ'kwaɪər] vt **1.** [need - attention, care, etc.] exiger, nécessiter, demander / *extreme caution is required* une extrême vigilance s'impose / *is that all you require?* c'est tout ce qu'il vous faut ?, c'est tout ce dont vous avez besoin ? / *if required* si besoin est, s'il le faut / *when required* quand il le faut / *your presence is urgently required* on vous réclame d'urgence **2.** [demand - qualifications, standard, commitment] exiger, requérir, réclamer ▸ **to require sthg of sb** exiger qqch de qqn ▸ **to require sb to do sthg** exiger que qqn fasse qqch / *candidates are required to provide three photographs* les candidats doivent fournir trois photographies / *the law requires you to wear seat-belts* la loi exige que vous portiez une ceinture de sécurité / *custom / tradition requires it* c'est l'usage / la tradition (qui veut cela) / *this job requires skill and experience* ce travail demande or requiert or réclame compétence et expérience / *what do you require of me?* que voulez-vous or qu'attendez-vous de moi ? / *it is required that you begin work at 8 a.m. every morning* on exige de vous que vous commenciez votre travail à 8 h tous les matins / **'formal dress required'** [on invitation] 'tenue correcte exigée'.

required [rɪ'kwaɪəd] adj [conditions, qualifications, standard] requis, exigé / *in* or *by the required time* dans les délais (prescrits) / *to reach the required standard* atteindre le niveau requis / *required reading* SCH & UNIV lectures *fpl* à faire.

requirement [rɪ'kwaɪəmənt] n **1.** [demand] exigence *f*, besoin *m* ▸ **to meet sb's requirements** satisfaire aux exigences or aux besoins de qqn / *this doesn't meet our requirements* ceci ne répond pas à nos exigences / *according to your requirements* selon vos besoins ; [necessity] besoin *m*, nécessité *f* / *energy requirements* besoins énergétiques **2.** [condition, prerequisite] condition *f* requise / *she doesn't fulfil the requirements for the job* elle ne remplit pas les conditions requises pour le poste / *dedication is an essential requirement* le dévouement est une condition essentielle / *what are the course requirements?* **a)** [for enrolment] quelles conditions faut-il remplir pour s'inscrire à ce cours ? **b)** [as student] quel niveau doit-on avoir pour suivre ce cours ?

requisite ['rekwɪzɪt] ◆ n *fml* objet *m* nécessaire ▸ **toilet requisites** articles *mpl* or accessoires *mpl* de toilette. ◆ adj requis, nécessaire / *he didn't have the requisite amount of money* il n'avait pas assez d'argent or l'argent qu'il fallait.

requisition [,rekwɪ'zɪʃn] ◆ n **1.** MIL réquisition *f* / *to make a requisition for supplies* réquisitionner des provisions **2.** COMM demande *f* / *the boss put in a requisition for staplers* le patron a fait une demande d'agrafeuses. ◆ vt MIL & *fig* réquisitionner / *my car was requisitioned to take the team to the match hum* ma voiture a été réquisitionnée pour emmener l'équipe au match.

requital [rɪ'kwaɪtl] n *fml* [repayment] récompense *f* ; [retaliation] revanche *f* ▸ **in requital of** or **for sthg a)** [as reward] en récompense de or pour qqch **b)** [in retaliation] pour se venger de qqch.

requite [rɪ'kwaɪt] vt **1.** [return - payment, kindness] récompenser, payer de retour ▸ **to requite sb's love** répondre à l'amour de qqn **2.** [satisfy - desire] satisfaire **3.** [avenge - injury] venger.

reran [,ri:'ræn] pt ⟶ **rerun.**

reread [,ri:'ri:d] (*pt & pp* **reread** [-'red]) vt relire.

rerecord [,ri:rɪ'kɔ:d] vt réenregistrer.

reredos ['rɪədɒs] n retable *m*.

rerelease [,ri:rɪ'li:s] ◆ vt [film, recording] ressortir. ◆ n [film, recording] reprise *f*.

reroute [,ri:'ru:t] vt dérouter, changer l'itinéraire de / *the flight was rerouted to Shannon* le vol a été dérouté sur Shannon / *the traffic was rerouted through the suburbs* la circulation a été déviée vers la banlieue.

rerun ◆ n ['ri:rʌn] [of film] reprise *f* ; [of TV serial] rediffusion *f* / *it's a rerun of last year's final* la finale prend la même tournure que celle de l'année dernière. ◆ vt [,ri:'rʌn] (*pt* **reran** [,ri:'ræn], *pp* **rerun**, *cont* **rerunning**) **1.** [film] passer de nouveau ; [TV series] rediffuser **2.** [race] courir de nouveau / *the race had to be rerun* la course a dû être recourue.

resale ['ri:seɪl] n revente *f*.

resale price maintenance n vente *f* au détail à prix imposé.

resale shop n US magasin *m* d'articles d'occasion.

resale value n valeur *f* à la revente.

resat [,ri:'sæt] pt & pp ⟶ **resit**.

reschedule UK ,ri:'ʃedju:l US ,ri:'skedʒʊl] vt **1.** [appointment, meeting] modifier l'heure or la date de ; [bus, train, flight] modifier l'horaire de ; [plan, order] modifier le programme de / *the meeting has been rescheduled for next week* la réunion a été déplacée à la semaine prochaine **2.** FIN [debt] rééchelonner.

rescind [rɪ'sɪnd] vt *fml* [judgment] casser, annuler ; [agreement] annuler ; [law] abroger ; [contract] résilier.

rescission [rɪ'sɪʒn] n [of judgment] cassation *f*, annulation *f* ; [of agreement] annulation *f* ; [of law] abrogation *f* ; [of contract] résiliation *f*.

rescue ['reskju:] ◆ vt [from danger] sauver ; [from captivity] délivrer ; [in need, difficulty] secourir, venir au secours de / *to rescue sb from drowning* sauver qqn de la noyade / *they were rescued from a potentially dangerous situation* on les a tirés d'une situation qui aurait pu être dangereuse / *the survivors were waiting to be rescued* les survivants attendaient des secours ; *fig* : *thanks for rescuing me from that boring conversation* merci de m'avoir délivré, cette conversation m'assommait / *to rescue sb's name from oblivion* arracher le nom de qqn à l'oubli. ◆ n [from danger, drowning] sauvetage *m* ; [from captivity] délivrance *f* ; [in need, difficulty] secours *m* ▸ **to go / to come to sb's rescue** aller / venir au secours or à la rescousse de qqn / *rescue was impossible* toute opération de sauvetage était impossible. ◆ comp [attempt, mission, operation, party, team] de sauvetage, de secours ▸ **rescue worker** sauveteur *m*.

rescuer ['reskjʊəʳ] n sauveteur *m*.

reseal [,ri:'si:l] vt [envelope] recacheter ; [jar] refermer hermétiquement.

resealable [,ri:'si:ləbl] adj qui peut être recacheté.

research [rɪ'sɜ:tʃ] ◆ n *(U)* recherche *f*, recherches *fpl* ▸ **to do research into sthg** faire des recherches sur qqch / *she's engaged in research in genetics / into rare viruses* elle fait des recherches en génétique / sur les virus rares / *what kind of research do you do?* quel type de recherches faites-vous ? / *research into the problem revealed a worrying trend* les recherches sur le problème ont révélé une tendance inquiétante / *an excellent piece of research* un excellent travail de recherche ▸ **research and development** recherche *f* et développement *m*, recherche-développement *f* ▸ **scientific research** la recherche scientifique. ◆ comp [establishment, work] de recherche ▸ **research worker** chercheur *m*, -euse *f*. ◆ vt [article, book, problem, subject] faire des recherches sur / *your essay is not very well researched* votre travail n'est pas très bien documenté. ◆ vi faire des recherches or de la recherche.

researcher [rɪ'sɜ:tʃəʳ] n chercheur *m*, -euse *f*.

research octane number n indice *m* d'octane.

research student n étudiant *m*, -e *f* qui fait de la recherche *(après la licence)*.

reseat [,ri:'si:t] vt **1.** [person - sit again] faire rasseoir ; [- change place] assigner une nouvelle place à ▸ **to reseat o.s. a)** [sit down] se rasseoir **b)** [change place] changer de place **2.** [chair] refaire le fond de ; [trousers] remettre un fond à **3.** MECH [valve] roder.

resection [ri:'sekʃn] n MED résection *f*.

reselect [,ri:sɪ'lekt] vt sélectionner de nouveau.

resell [,ri:'sel] (*pt & pp* **resold** [-'səʊld]) vt revendre.

resemblance [rɪ'zembləns] n ressemblance *f* ▸ **to bear a resemblance to sb** ressembler vaguement à qqn / *the brothers show a strong family resemblance* les frères se ressemblent beaucoup / *any resemblance to persons living or dead is purely accidental* toute ressemblance avec des personnes existantes ou ayant existé ne peut être que fortuite / *the newspaper account bears little resemblance to the actual interview* il n'y a qu'une vague ressemblance entre l'article du journal et l'interview proprement dite.

resemble [rɪ'zembl] vt ressembler à / *they resemble each other greatly* ils se ressemblent beaucoup.

resent [rɪ'zent] vt [person] en vouloir à, éprouver de la rancune à l'égard de ; [remark, criticism] ne pas apprécier ▸ **to resent sthg strongly** un vif ressentiment à l'égard de qqch / *he resented their criticism* il n'a pas apprécié leurs critiques / *I resent their presence* le fait qu'ils soient là me déplaît / *I resent that remark!* voilà une remarque que je n'apprécie guère ! / *I resent that!* je proteste ! / *her presence in the country was strongly resented* sa présence dans le pays a été très mal acceptée / *I resent them taking over* or *the fact that they have taken over* je leur en veux de prendre tout en charge / *they resent her enjoying herself* ils lui en veulent de s'amuser.

resentful [rɪ'zentfʊl] adj plein de ressentiment ▸ **to feel resentful about** or **at sthg** éprouver du ressentiment à l'égard de qqch, mal accepter qqch ▸ **to be resentful about** or **of sb's achievements** envier sa réussite à qqn / *don't be so resentful!* ne soyez pas si rancunier !

resentfully [rɪ'zentfʊlɪ] adv avec ressentiment.

resentment [rɪ'zentmənt] n ressentiment *m*.

reservation [,rezə'veɪʃn] ◆ n **1.** [doubt] réserve *f*, restriction *f* ▸ **to have reservations about sthg** faire or émettre des réserves sur qqch / *I have reservations about letting them go abroad* j'hésite à les laisser partir à l'étranger / *without reservation* or *reservations* sans réserve ▸ **to accept sthg without reservation** approuver qqch sans réserve ▸ **with (some) reservations** avec certaines réserves / *he expressed some reservations about the plan* il a émis quelques doutes à propos or au sujet du projet **2.** [booking] réservation *f* ▸ **to make a reservation a)** [on train] réserver une or sa place **b)** [in hotel] réserver or retenir une chambre **c)** [in restaurant] réserver une table / *the secretary made all the reservations* la secrétaire s'est occupée de toutes les réservations / *I have a reservation* [at hotel] j'ai une réservation, j'ai réservé une chambre **3.** [enclosed area] réserve *f* ▸ **Indian reservation** réserve indienne **4.** RELIG ▸ **the Reservation (of the sacrament)** la Sainte Réserve. ◆ comp [desk] des réservations.

reserve [rɪ'zɜ:v] ◆ vt **1.** [keep back] réserver, mettre de côté / *to reserve one's strength* garder or ménager ses forces ▸ **to reserve the right to do sthg** se réserver le droit de faire qqch ▸ **to reserve (one's) judgment about sthg** ne pas se prononcer sur qqch **2.** [book] réserver, retenir / *these seats are reserved for VIPs* ces places sont réservées aux personnalités. ◆ n **1.** [store - of energy, money, provisions] réserve *f* ▸ **to draw on one's reserves** puiser dans ses réserves / *the body's food reserves* les réserves nutritives du corps / *the nation's coal reserves* les réserves de charbon du pays / *he has great reserves of energy* il a beaucoup d'énergie en réserve or de grandes réserves d'énergie ▸ **cash reserves** réserves de caisse **2.** [storage] réserve *f* ▸ **to have** or **to keep in reserve** avoir or garder en réserve / *luckily, they have some money in reserve* heureusement, ils ont (mis) un peu d'argent de côté **3.** UK [doubt, qualification] réserve *f* / *without reserve* sans réserve, sans restriction / *with all proper reserves* sous toutes réserves **4.** [reticence] réserve *f*, retenue *f* ▸ **to break through sb's reserve** amener qqn à sortir de sa réserve **5.** MIL réserve *f* ▸ **to call up the reserve** or **reserves** faire appel à la réserve or aux réservistes **6.** [area of land] réserve *f* ▸ **Indian reserve** réserve indienne **7.** SPORT remplaçant *m*, -e *f* ▸ **to play for the reserves** jouer dans l'équipe de réserve **8.** [at auction] prix *m* minimum. ◆ comp **1.** FIN [funds, currency, resources, bank] de réserve **2.** SPORT remplaçant ▸ **the reserve goalkeeper** le gardien de but remplaçant ▸ **the reserve team** l'équipe *f* de réserve.

reserve bank n banque *f* de réserve.

reserve currency n fonds *m* de réserve.

reserved [rɪ'zɜ:vd] adj **1.** [shy - person] timide, réservé / *she is very reserved* elle est très réservée **2.** [doubtful] : *to be reserved in one's opinion about sthg* ne pas se prononcer sur qqch / *he has always been rather reserved about the scheme* il a toujours exprimé des doutes sur ce projet **3.** [room, seat] réservé ▸ **all rights reserved** tous droits réservés.

reservedly [rɪ'zɜ:vɪdlɪ] adv avec réserve, avec retenue.

Reserve Officers' Training Corps pr n *préparation militaire assortie d'une bourse, proposée aux étudiants américains par l'armée en échange de quatre années de service en tant qu'officiers.*

reserve price n prix *m* minimum.

reserve ratio n FIN taux *m* de réserve.

reserve tank n AUTO réservoir *m* de secours.

reservist [rɪ'zɜ:vɪst] n réserviste *m*.

reservoir ['rezəvwɑ:ʳ] n *lit & fig* réservoir *m*.

reset ◆ vt [,ri:'set] (*pt & pp* **reset**, *cont* **resetting**) **1.** [jewel] remonter **2.** [watch, clock] remettre à l'heure ; [alarm] réenclencher ; [counter] remettre à zéro **3.** COMPUT réinitialiser **4.** [limb] remettre en place ; [fracture] réduire **5.** TYPO recomposer **6.** [lay] ▸ **to reset the table a)** [in restaurant] remettre le couvert **b)** [in home] remettre la table. ◆ n ['ri:set] COMPUT réinitialisation *f* ▸ **reset button** bouton *m* de réinitialisation.

resettle [,ri:'setl] ◆ vt [refugees, population] établir or implanter (dans une nouvelle région) ; [territory] repeupler. ◆ vi se réinstaller.

resettlement [,ri:'setlmənt] n [of people] établissement *m* or implantation *f* (dans une nouvelle région) ; [of territory] repeuplement *m*.

reshape [,ri:'ʃeɪp] vt [clay, material] refaçonner ; [novel, policy] réorganiser, remanier.

reshuffle [,ri:'ʃʌfl] ◆ vt **1.** POL [cabinet] remanier **2.** [cards] rebattre, battre de nouveau. ◆ n **1.** POL remaniement *m* ▸ **a Cabinet reshuffle** un remaniement ministériel **2.** [in cards] ▸ **to have a reshuffle** battre les cartes à nouveau.

reside [rɪ'zaɪd] vi *fml* **1.** [live] résider / *they reside in New York* ils résident or ils sont domiciliés à New York **2.** *fig* [be located] : *authority resides in* or *with the Prime Minister* c'est le Premier ministre qui est investi de l'autorité / *the problem resides in the fact...* le problème est dû au fait que...

residence ['rezɪdəns] n **1.** [home] résidence *f*, demeure *f* / *town / country residence* résidence en ville / à la campagne / *official summer residence* résidence officielle d'été / **'desirable residence for sale'** [in advert] 'belle demeure or demeure de caractère à vendre' ▸ **to take up residence in a new house** s'installer or s'établir dans une nouvelle maison / *they took up residence in Oxford* ils se sont installés or ils ont élu domicile à Oxford / *Lord Bellamy's residence* *fml* la résidence de Lord Bellamy / *the Hancock residence* *hum* la résidence des Hancock ▸ **to be in residence** [monarch] être en résidence ▸ **writer / artist in residence** écrivain *m* / artiste *mf* en résidence ▸ **place of residence** [on form] domicile *m* / *I gave London as my place of residence* j'ai mis Londres comme lieu de résidence **2.** UNIV ▸ **(university) residence** résidence *f* (universitaire) **3.** [period of stay] résidence *f*, séjour *m* / *a short period of residence in Spain* un bref séjour en Espagne / *after three years' residence abroad* après avoir résidé pendant trois ans à l'étranger.

residence hall n US résidence *f* (universitaire).

residence permit n ≃ permis *m* or carte *f* de séjour.

residency ['rezɪdənsɪ] (*pl* **residencies**) n **1.** *fml* [home] résidence *f* officielle **2.** US MED *période d'études spécialisées après l'internat.*

resident ['rezɪdənt] ◆ n **1.** [of town] habitant *m*, -e *f* ; [of street] riverain *m*, -e *f* ; [in hotel, hostel] pensionnaire *mf* ; [foreigner] résident *m*, -e *f* ▸ **(local) residents'**

association **a)** [in building] association *f* des copropriétaires **b)** [in neighbourhood] association *f* de riverains / *are you a resident of an EU country?* ADMIN êtes-vous ressortissant d'un pays membre de l'Union européenne ? / **'residents only' a)** [in street] 'interdit sauf aux riverains' **b)** [in hotel] 'réservé à la clientèle de l'hôtel' **2.** US MED interne *mf* **3.** ZOOL résident *m.* ◆ adj **1.** [as inhabitant] résidant ▸ **the resident population** la population résidante or fixe ▸ **to be resident in a country** résider dans un pays ▸ **to have permanent resident status** avoir le statut de résident permanent / *the swallow is resident to the area* l'hirondelle réside dans la région **2.** [staff] qui habite sur place, à demeure / *our resident interpreter* notre interprète / *our resident pianist* notre pianiste attitré **3.** COMPUT résident.

residential [,rezɪ'denʃl] adj [district, accommodation] résidentiel ; [status] de résident ; [course, job] sur place ▸ **residential care** *mode d'hébergement supervisé pour handicapés, délinquants, etc.* ▸ **residential treatment facility** US *fml* hôpital *m* psychiatrique.

residents' association n association *f* de locataires.

residual [rɪ'zɪdjʊəl] ◆ adj [gen] restant ; CHEM & GEOL résiduel ; PHYS [magnetism] rémanent. ◆ n MATH reste *m* ; CHEM & GEOL résidu *m.*

residual current device n ELEC coupe-circuit *m.*

residuary [rɪ'zɪdjʊərɪ] adj [gen] restant ; CHEM résiduaire ; GEOL résiduel ▸ **residuary legatee** LAW légataire *m* universel.

residue ['rezɪdju:] n [leftovers] reste *m*, restes *mpl* ; [of money] reliquat *m* ; CHEM & PHYS résidu *m* ; MATH reste *m*, reliquat *m.*

resign [rɪ'zaɪn] ◆ vi **1.** [from post] démissionner, donner sa démission / *she resigned from her job / from the committee* elle a démissionné de son emploi / du comité **2.** CHESS abandonner. ◆ vt **1.** [give up - advantage] renoncer à ; [- job] démissionner de ; [- function] se démettre de, démissionner de / *she was forced to resign the party leadership* elle a dû démissionner de la tête du parti **2.** [give away] céder ▸ **to resign sthg to sb** céder qqch à qqn / *I resigned my voting rights to the chairman* j'ai cédé mon droit de vote au président **3.** [reconcile] ▸ **to resign o.s. to one's fate** se résigner à son sort / *I had resigned myself to going alone* je m'étais résigné à y aller seul.

re-sign [,ri:'saɪn] vt [document] signer une nouvelle fois.

resignation [,rezɪg'neɪʃn] n **1.** [from job] démission *f* ▸ **to hand in** or **to tender** *fml* **one's resignation** donner sa démission **2.** [acceptance - of fact, situation] résignation *f.*

resigned [rɪ'zaɪnd] adj résigné ▸ **to become resigned to (doing) sthg** se résigner à (faire) qqch / *she is resigned to her fate* elle s'est résignée à son sort / *she gave me a resigned look / smile* elle m'a regardé / souri avec résignation.

resignedly [rɪ'zaɪnɪdlɪ] adv avec résignation.

resilience [rɪ'zɪlɪəns] n **1.** [of rubber, metal - springiness] élasticité *f* ; [- toughness] résistance *f* **2.** [of character, person] énergie *f*, ressort *m* ; [of institution] résistance *f.*

resilient [rɪ'zɪlɪənt] adj **1.** [rubber, metal - springy] élastique ; [- tough] résistant **2.** [person - in character] qui a du ressort, qui ne se laisse pas abattre or décourager ; [- in health, condition] très résistant.

resin ['rezɪn] n résine *f.*

resiniferous [,rezɪ'nɪfərəs] adj résinifère.

resinous ['rezɪnəs] adj résineux.

resist [rɪ'zɪst] ◆ vt [temptation, attack, change, pressure] résister à ; [reform] s'opposer à / *I can't resist chocolates* je ne peux pas résister aux chocolats / *he couldn't resist having just one more drink* il n'a pas pu résister à l'envie de prendre un dernier verre / *nobody can resist her* personne ne peut lui résister / *I can't resist it!* c'est plus fort que moi ! / *he was charged with resisting arrest* *fml* il a été inculpé de résistance aux forces de l'ordre. ◆ vi résister, offrir de la résistance.

resistance [rɪ'zɪstəns] ◆ n [gen, ELEC, MED, PHYS & PSYCHOL] résistance *f* / *their resistance to all reform* leur opposition (systématique) à toute réforme / *they offered no resistance to the new measures* ils ne se sont pas opposés aux nouvelles mesures / *they put up fierce resistance to their attackers* ils opposèrent une vive résistance à leurs agresseurs / *her resistance to infection is low* elle offre peu de résistance à l'infection ▸ **air / wind resistance** résistance de l'air / du vent ▸ **the French / Dutch Resistance** HIST la Résistance française / hollandaise. ◆ comp [movement] de résistance ; [group] de résistants ▸ **resistance fighter** résistant *m*, -e *f.*

resistant [rɪ'zɪstənt] ◆ adj [gen, ELEC, MED & PHYS] résistant / *she is very resistant to change* elle est très hostile au changement / *resistant to antibiotics* résistant aux antibiotiques. ◆ n résistant *m*, -e *f.*

-resistant in comp ▸ **flame-resistant** ignifugé.

resistor [rɪ'zɪstər] n ELEC résistance *f (objet).*

resit ◆ vt [,ri:'sɪt] (*pt & pp* **resat** [,ri:'sæt], *cont* **resitting**) [exam] repasser. ◆ n ['ri:sɪt] examen *m* de rattrapage.

resize [,ri:'saɪz] vt COMPUT [window] redimensionner ▸ **resize box** case *f* de redimensionnement.

resold [-'səʊld] pt & pp ⟶ **resell.**

resole [,ri:'səʊl] vt ressemeler.

resolute ['rezəlu:t] adj [determined - person, expression, jaw] résolu ; [steadfast - faith, courage, refusal] inébranlable / *he is resolute in his decision* il est inébranlable dans sa décision / *to be resolute in one's efforts* être déterminé dans ses efforts.

resolutely ['rezəlu:tlɪ] adv [oppose, struggle, believe] résolument ; [refuse] fermement / *she marched forward resolutely* elle avança d'un pas résolu.

resoluteness ['rezəlu:tnɪs] n résolution *f*, détermination *f.*

resolution [,rezə'lu:ʃn] n **1.** [decision] résolution *f*, décision *f* / *to be full of good resolutions* être plein de bonnes résolutions / *she made a resolution to stop smoking* elle a pris la résolution d'arrêter de fumer **2.** [formal motion] résolution *f* / *they passed / adopted / rejected a resolution to limit the budget* ils ont voté / adopté / rejeté une résolution pour limiter le budget / *the statutes can only be changed by resolution* les statuts ne peuvent être modifiés que par l'adoption d'une résolution **3.** [determination] résolution *f* ▸ **to say / to act with resolution** dire / agir avec fermeté / *a note of resolution entered her voice* sa voix a pris un ton résolu / *he always showed resolution* il a toujours fait preuve de résolution **4.** [settling, solving] résolution *f* / *in Act V we see the resolution of the tragedy* au cinquième acte, nous assistons au dénouement de la tragédie **5.** COMPUT, OPT & TV résolution *f* ▸ **high resolution screen** écran *m* à haute résolution **6.** MED & MUS résolution *f.*

resolvable [rɪ'zɒlvəbl] adj résoluble, soluble.

resolve [rɪ'zɒlv] ◆ vt **1.** [work out - quarrel, difficulty, dilemma] résoudre ; [- doubt] dissiper ; [MATH - equation] résoudre / *there are a few points left to resolve* il nous reste encore quelques petits problèmes à résoudre / *have you resolved your difficulties yet?* avez-vous résolu vos difficultés ? **2.** [decide] (se) résoudre ▸ **to resolve to do sthg** décider de or se résoudre à faire qqch / *I resolved to resign* j'ai pris la décision de démissionner / *she had resolved that he would have to leave* elle avait décidé qu'il devrait partir / *it was resolved that…* il a été résolu or on a décidé que… **3.** [break down, separate] résoudre, réduire / *the problem can be resolved into three simple questions* le problème peut se résoudre en or être ramené à trois questions simples **4.** OPT & PHYS [parts, peaks] distinguer ; [image] résoudre **5.** MED résoudre, faire disparaître **6.** MUS résoudre. ◆ vi **1.** [separate, break down] se résoudre **2.** MUS [chord] être résolu. ◆ n **1.** [determination] résolution *f* / *it only strengthened our resolve* ça n'a fait que renforcer notre détermination **2.** [decision] résolution *f*, décision *f* ▸ **to make a resolve to do sthg** prendre la résolution de faire qqch.

resolved [rɪ'zɒlvd] adj résolu, décidé, déterminé / *I was firmly resolved to go* j'étais fermement décidé à partir.

resonance ['rezənəns] n résonance *f.*

resonant ['rezənənt] adj **1.** [loud, echoing] retentissant, sonore **2.** ACOUST, MUS & PHYS résonant, résonnant ▸ **resonant cavity** cavité *f* résonante.

resonantly ['rezənəntlɪ] adv d'une voix retentissante.

resonate ['rezəneɪt] vi [noise, voice, laughter, place] résonner, retentir / *the valley resonated with their cries* la vallée retentissait de leurs cris.

resonator ['rezəneɪtər] n résonateur *m.*

resorb [rɪ'sɔ:b] ◆ vt **1.** MED résorber **2.** [absorb again] réabsorber. ◆ vi MED se résorber.

resorption [rɪ'sɔ:pʃn] n MED résorption *f.*

resort [rɪ'zɔ:t] n **1.** [recourse] recours *m* / *without resort to threats* sans avoir recours aux menaces / *the doctor is our last resort* le médecin est notre dernier recours / *as a last resort* en dernier ressort / *call me only as a last* or *in the last resort* ne m'appelez qu'en dernier ressort / *flight was the only resort left to me* or *my only resort* il ne me restait plus qu'à fuir **2.** [for holidays] station *f* ▸ **ski resort** station de sports d'hiver ▸ **resort development** aménagement *m* touristique ▸ **luxury resort hotel** hôtel *m* de tourisme de luxe **3.** [haunt, hang-out] repaire *m.*

❖ **resort to** vt insep **1.** [violence, sarcasm, etc.] avoir recours à, recourir à / *you resorted to lying to your wife* vous en êtes venu à mentir à votre femme **2.** *arch & liter* [town] se rendre à.

resound [rɪ'zaʊnd] vi **1.** [noise, words, explosion] retentir, résonner / *the trumpet resounded through the barracks* le son de la trompette retentissait dans toute la caserne **2.** [hall, cave, hills, room] retentir / *the woods resounded with birdsong* les bois étaient pleins de chants d'oiseaux **3.** *fml & liter* [spread - rumour] se propager / *the declaration resounded throughout the country* la déclaration a eu un retentissement national.

resounding [rɪ'zaʊndɪŋ] adj **1.** [loud - noise, blow, wail] retentissant ; [- voice] sonore, claironnant ; [explosion] violent / *with a resounding splash* avec un grand plouf / *greeted with resounding applause* accueilli par des applaudissements retentissants **2.** [unequivocal] retentissant, éclatant / *it was a resounding failure* ce fut un échec retentissant / *he was met with a resounding refusal* on lui a opposé un refus catégorique.

resoundingly [rɪ'zaʊndɪŋlɪ] adv **1.** [loudly] bruyamment **2.** [unequivocally - win] d'une manière retentissante or décisive ; [- criticize, condemn] sévèrement / *the measure was resoundingly unpopular* cette mesure fut extrêmement impopulaire / *the team was resoundingly beaten* l'équipe a été battue à plate couture.

resource [rɪ'sɔ:s] ◆ n **1.** [asset] ressource *f* / *there's a limit to the resources we can invest* il y a une limite à la somme que nous pouvons investir / *your health is a precious resource* ta santé est un précieux capital ▸ **natural / energy resources** ressources naturelles / énergétiques **2.** [human capacity] ressource *f* / *the task called for all my resources of tact* cette tâche a demandé toute ma diplomatie ▸ **to be left to one's own resources** : *left to their own resources, they're likely to mess everything up* livrés à eux-mêmes, ils risquent de tout gâcher / *after lunch I'll leave you to your own resources* après le déjeuner je vous abandonnerai à votre sort *hum* **3.** [ingenuity] ressource *f* / *a man of resource* un homme plein de ressource or ressources. ◆ comp SCH & UNIV ▸ **resource** or **resources centre / room** centre *m* / salle *f* de documentation ▸ **resource materials a)** [written] documentation *f* **b)** [audiovisual] aides *fpl* pédagogiques ▸ **resource person a)** [in career centre] conseiller *m*, -ère *f* d'orientation **b)** [in library] bibliothécaire *mf (chargé d'orienter les usagers et d'entreprendre certaines recherches bibliographiques).*

resourceful [rɪ'sɔ:sfʊl] adj ingénieux, plein de ressource or ressources.

resourcefully [rɪ'sɔ:sfʊlɪ] adv ingénieusement / *he acted resourcefully in a difficult situation* dans cette situation difficile il s'est montré très ingénieux.

resourcefulness [rɪ'sɔ:sfʊlnɪs] n ressource *f*, ingéniosité *f.*

respect [rɪ'spekt] ◆ vt **1.** [esteem - person, judgment, right, authority] respecter / *I respect him for his efficiency* je le respecte pour son efficacité / *if you don't respect yourself, no one else will* si vous ne vous respectez pas vous-même, personne ne vous respectera **2.** [comply with - rules, customs, wishes] respecter ▸ **to respect sb's wishes** respecter les volontés de qqn / *we don't have to respect his wishes* nous ne sommes pas tenus de faire ce qu'il veut

/ *you should respect the laws of any country you visit* il faut respecter les lois des pays dans lesquels on va. ◆ n **1.** [esteem] respect *m*, estime *f* / *I have (an) enormous respect for her competence* je respecte infiniment sa compétence / *I don't have much respect for his methods* je n'ai pas beaucoup de respect pour ses méthodes / *she is held in great respect by her colleagues* elle est très respectée or elle est tenue en haute estime par ses collègues / *you have to get* or *to gain the children's respect* il faut savoir se faire respecter par les enfants / *you have lost all my respect* je n'ai plus aucun respect pour toi / *he has no respect for authority / money* il méprise l'autorité / l'argent **2.** [care, politeness] respect *m*, égard *m* / *show a little respect!* un peu de respect ! / *he should show more respect for local customs* il devrait se montrer plus respectueux des coutumes locales / *they have no respect for public property* ils n'ont aucun respect pour le bien public ▸ **to do sthg out of respect for sthg / sb** faire qqch par respect pour qqch / qqn / *I stood up in respect* je me suis levé respectueusement / *guns should be treated with respect* les armes à feu doivent être maniées avec précaution / *with (all due) respect, Mr Clark...* avec tout le respect que je vous dois, M. Clark... / *with the utmost respect to Boyd, his figures aren't conclusive* malgré tout le respect que je dois à Boyd, ses chiffres ne sont guère concluants **3.** [regard, aspect] égard *m* / *in every respect* à tous les égards / *in some / other respects* à certains / d'autres égards / *in many respects* à bien des égards **4.** [compliance, observance] respect *m*, observation *f* / *his strict respect of the letter of the law* son strict respect de la loi.

❖ **respects** pl n [salutations] respects *mpl*, hommages *mpl* / *give my respects to your father* présentez mes respects à votre père ▸ **to pay one's respects to sb** présenter ses respects or ses hommages à qqn ▸ **to pay one's last respects (to sb)** : *I went to the funeral to pay my last respects* je suis allé à l'enterrement pour lui rendre un dernier hommage.

❖ **with respect to** prep phr quant à, en ce qui concerne.

respectability [rɪ,spektə'bɪlətɪ] n respectabilité *f*.

respectable [rɪ'spektəbl] adj **1.** [socially proper, worthy] respectable, convenable, comme il faut / *a thoroughly respectable part of town* un quartier tout à fait comme il faut / *I'm a respectable married woman!* je suis une femme mariée et respectable ! / *that's not done in respectable society* ça ne se fait pas dans la bonne société ▸ **to be outwardly respectable** avoir l'apparence de la respectabilité / *I'm sure he had a very respectable reason* je suis sûr qu'il avait une raison tout à fait respectable or honorable ▸ **to make o.s. (look) respectable** se préparer **2.** [fair - speech, athlete] assez bon ; [- amount, wage, etc.] respectable, correct / *a respectable actor* un acteur qui n'est pas dénué de talent / *a respectable first novel* un premier roman qui n'est pas dénué d'intérêt / *I play a respectable game of golf* je joue passablement bien au golf / *he left a respectable tip* il a laissé un pourboire correct.

respectably [rɪ'spektəblɪ] adv [properly] convenablement, comme il faut / *he's respectably married* il est convenablement marié / *she has to dress respectably for work* elle doit s'habiller correctement pour son travail.

respected [rɪ'spektɪd] adj respecté / *she's a highly respected researcher* c'est une chercheuse très respectée.

respecter [rɪ'spektəʳ] n : *she is no respecter of tradition* elle ne fait pas partie de ceux qui respectent la tradition / *disease is no respecter of class* nous sommes tous égaux devant la maladie.

respectful [rɪ'spektfʊl] adj respectueux.

respectfully [rɪ'spektfʊlɪ] adv respectueusement.

respecting [rɪ'spektɪŋ] prep concernant, en ce qui concerne.

respective [rɪ'spektɪv] adj respectif.

respectively [rɪ'spektɪvlɪ] adv respectivement.

respiration [,respə'reɪʃn] n respiration *f*.

respirator ['respəreɪtəʳ] n [mask, machine] respirateur *m*.

respiratory [UK rɪ'spɪrətrɪ US 'respərətɔ:rɪ] adj respiratoire ▸ **respiratory system** système *m* respiratoire ▸ **respiratory problem** or **problems** troubles *mpl* respiratoires.

respire [rɪ'spaɪəʳ] vi & vt *liter* respirer.

respite ['respaɪt] ◆ n **1.** [pause, rest] répit *m* / *without respite* sans répit or relâche / *there wasn't a moment's respite from the noise* il y avait un bruit ininterrompu / *he never has any respite from the pain* la douleur ne lui laisse aucun répit **2.** [delay] répit *m*, délai *m* ; [stay of execution] sursis *m* / *we've been given a week's respite before we need to pay* on nous a accordé un délai d'une semaine pour payer. ◆ vt *fml* accorder un sursis à.

respite care n *(U) accueil temporaire, dans un établissement médicalisé, de personnes malades, handicapées, etc., destiné à prendre le relais des familles.*

resplendence [rɪ'splendəns] n *liter* [splendour] splendeur *f* ; [brightness] resplendissement *m liter*.

resplendent [rɪ'splendənt] adj [splendid] magnifique, splendide ; [shining] resplendissant / *Joe, resplendent in his new suit* Joe, resplendissant or magnifique dans son nouveau costume / *her face was resplendent with joy / health* son visage resplendissait de joie / de santé.

resplendently [rɪ'splendəntlɪ] adv [dress, decorate] somptueusement ; [shine] avec éclat.

respond [rɪ'spɒnd] ◆ vi **1.** [answer - person, guns] répondre ▸ **to respond to a request** répondre à une demande / *she responded with a smile* elle a répondu par un sourire **2.** [react] répondre, réagir / *the steering is slow to respond* la direction ne répond pas bien / *the cells respond by producing enzymes* les cellules réagissent en produisant des enzymes / *the patient is responding* le malade réagit positivement / *her condition isn't responding to treatment* le traitement ne semble pas agir sur sa maladie / *syphilis responds to antibiotics* les antibiotiques sont efficaces contre la syphilis ; [person] : *they'll respond to the crisis by raising taxes* ils répondront à la crise en augmentant les impôts / *are people responding to the candidate's message?* l'opinion publique réagit-elle favorablement au message du candidat ? / *he doesn't respond well to criticism* il réagit mal à la critique / *to respond to flattery* être sensible à la flatterie. ◆ vt répondre / *"who cares?", he responded angrily* « qu'est-ce que ça peut bien faire ? », répondit-il avec colère. ◆ n **1.** ARCHIT [for arch] pilier *m* butant ; [ending colonnade] colonne *f* engagée **2.** RELIG répons *m*.

respondent [rɪ'spɒndənt] ◆ n **1.** LAW défendeur *m*, -eresse *f* **2.** [in opinion poll] sondé *m*, -e *f* / *10% of the respondents* 10 % des personnes interrogées **3.** PSYCHOL [reflex] répondant *m*. ◆ adj PSYCHOL répondant.

response [rɪ'spɒns] n **1.** [answer] réponse *f* / *have you had any response to your request yet?* avez-vous obtenu une réponse à votre demande ? / *when asked, she gave* or *made no response* quand on lui a posé la question, elle n'a pas répondu / *he smiled in response* il a répondu par un sourire **2.** [reaction] réponse *f*, réaction *f* / *their response to the rioting was harsh* ils ont sévèrement réprimé les émeutes / *their proposals met with a favourable / lukewarm response* leurs propositions ont été accueillies favorablement / ont reçu un accueil mitigé / *response from the public was disappointing* la réponse du public a été décevante **3.** [in bridge] réponse *f* **4.** RELIG répons *m* **5.** MED réaction *f*.

❖ **in response to** prep phr en réponse à / *he resigned in response to the party's urging / to the pressure* il a démissionné, cédant à l'insistance du parti / à la pression.

response time n COMPUT temps *m* de réponse ; MED & PSYCHOL temps *m* de réaction.

responsibility [rɪ,spɒnsə'bɪlətɪ] (*pl* **responsibilities**) n **1.** [control, authority] responsabilité *f* / *responsibility for the campaign has been transferred to her* c'est à elle qu'incombe désormais la responsabilité de la campagne ▸ **to have responsibility for sthg** avoir la charge or la responsabilité de qqch / *a position of great responsibility* un poste à haute responsabilité / *how much responsibility for the operation did the president really have?* jusqu'à quel point le président était-il responsable de l'opération ? / *can he handle all that responsibility?* est-il capable d'assumer toutes ces responsabilités ? / *he authorized it on his own responsibility* il l'a autorisé de son propre chef, il a pris sur lui de l'autoriser **2.** [accountability] responsabilité *f* / *he has no sense of responsibility* il n'a aucun sens des responsabilités ▸ **to accept** or **to assume responsibility for one's mistakes** assumer la responsabilité de ses erreurs / *I take full responsibility for the defeat* je prends (sur moi) l'entière responsabilité de la défaite **3.** [task, duty] responsabilité *f* / *responsibilities include product development* vous assurerez entre autres le développement des nouveaux produits / *it's his responsibility!* ça le regarde ! ▸ **to have a responsibility to sb** avoir une responsabilité envers qqn / *they have a responsibility to the shareholders / the electors* ils ont une responsabilité envers les actionnaires / les électeurs ▸ **to shirk one's responsibilities** fuir ses responsabilités / *children are a big responsibility* c'est une lourde responsabilité que d'avoir des enfants.

responsible [rɪ'spɒnsəbl] adj **1.** [in charge, in authority] responsable / *who's responsible for research?* qui est chargé de la recherche ? / *he was responsible for putting the children to bed* c'était lui qui couchait les enfants / *a responsible position* un poste à responsabilité **2.** [accountable] responsable ▸ **responsible for sthg** responsable de qqch / *he's not responsible for her behaviour* il n'est pas responsable de ses actes / *human error / a malfunction was responsible for the disaster* la catastrophe était due à une erreur humaine / à une défaillance technique / *who's responsible for this mess?* qui est responsable de ce désordre ? / *he can be held legally responsible for the accident* il peut être tenu légalement responsable de l'accident / *I hold you personally responsible* je vous tiens personnellement responsable / *he is responsible only to the managing director* il n'est responsable que devant le directeur général **3.** [serious, trustworthy] sérieux, responsable / *it wasn't very responsible of him* ce n'était pas très sérieux de sa part / *responsible newspapers won't print the story* les journaux sérieux ne publieront pas cet article / *the chemical industry has become more environmentally responsible* l'industrie chimique se préoccupe davantage de l'environnement / *they aren't responsible parents* ce ne sont pas des parents dignes de ce nom / *our bank makes responsible investments* notre banque a une politique d'investissement responsable.

responsibly [rɪ'spɒnsəblɪ] adv de manière responsable ▸ **to behave responsibly** avoir un comportement responsable.

responsive [rɪ'spɒnsɪv] adj **1.** [person - sensitive] sensible ; [- receptive] ouvert ; [- enthusiastic] enthousiaste ; [- affectionate] affectueux / *I asked him for advice, but he wasn't very responsive* je lui ai demandé des conseils mais il semblait peu disposé à me répondre / *to be responsive to praise* être sensible aux compliments / *management should be responsive to suggestions* la direction devrait être ouverte aux suggestions / *the play opened to a responsive audience* la première a eu lieu devant un public enthousiaste **2.** [brakes, controls, keyboard] sensible / *the patient isn't proving responsive to treatment* le malade ne réagit pas au traitement / *the industry is not responsive to market signals* l'industrie ne réagit or ne répond pas aux sollicitations du marché **3.** [answering - smile, nod] en réponse.

responsiveness [rɪ'spɒnsɪvnɪs] n **1.** [of person - sensitivity] sensibilité *f* ; [- receptiveness] ouverture *f* ; [- enthusiasm] enthousiasme *m* ; [- affection] affection *f*, tendresse *f* **2.** [of brakes, controls, keyboard] sensibilité *f*.

respray ◆ vt [,ri:'spreɪ] [car] repeindre. ◆ n ['ri:spreɪ] : *I took the car in for a respray* j'ai donné la voiture à repeindre.

rest [rest] ◆ n **1.** [remainder] : *take the rest of the cake* prenez le reste or ce qui reste du gâteau / *take the rest of the cakes* prenez les autres gâteaux or les gâteaux qui restent / *the rest of the time they watch television* le reste du temps, ils regardent la télévision / *he's the only amateur, the rest of them are professionals* c'est le seul amateur, les autres sont des professionnels / *the rest of the group disagreed* le reste du groupe n'était pas d'accord ▸ **and all the rest (of it)** *inf*, **and the rest** *inf* et tout le reste or tout le tralala **2.** [relaxation] repos *m* ; [pause] repos *m*, pause *f* / *(a) rest will do him good* un peu de repos lui fera du bien / *try to get some rest* essayez de vous reposer (un peu) / *I had* or *I took a ten-minute rest* je me suis reposé pendant dix minutes, j'ai fait une pause de dix minutes / *you need a week's rest / a good night's rest* vous avez besoin d'une semaine de repos /

d'une bonne nuit de sommeil / *after a moment's rest* après s'être reposé quelques instants / *after her afternoon rest* après sa sieste / *day of rest* journée *f* de repos / *she had to take several rests while climbing the stairs* en montant l'escalier elle a été obligée de s'arrêter à plusieurs reprises / *he needs a rest from the pressure / the children* il a besoin de se détendre / d'un peu de temps sans les enfants / *he gave her no rest until she consented* il ne lui a pas laissé une minute de répit jusqu'à ce qu'elle accepte / *you'd better give the skiing a rest* vous feriez mieux de ne pas faire de ski pendant un certain temps ▸ **rest and recuperation a)** US MIL permission *f* **b)** *hum* vacances *fpl* ▸ **to put** or **to set sb's mind at rest** tranquilliser or rassurer qqn ▸ **give it a rest!** *inf* arrête, tu veux? **3.** [motionlessness] repos *m* / *the machines are at rest* les machines sont au repos / *her hands were rarely at rest* ses mains restaient rarement inactives ▸ **to come to rest a)** [vehicle, pendulum, ball] s'immobiliser, s'arrêter **b)** [bird, falling object] se poser **4.** *euph* [death] paix *f* ▸ **eternal rest** repos *m* éternel / *he's finally at rest* il a finalement trouvé la paix ▸ **to lay sb to rest** porter qqn en terre ▸ **to lay** or **to put to rest a)** [rumour] dissiper **b)** [allegation, notion] abandonner **5.** [support] support *m*, appui *m* ; [in snooker] repose-queue *m* / *she used it as a rest for her camera* elle s'en est servie comme appui pour son appareil photo **6.** MUS silence *m* / *minim* UK or *half* US *rest* demi-pause *f* / *crotchet* or *quarter* US *rest* soupir *m* / *quaver* UK or *eighth* US *rest* demi-soupir *m* **7.** [in poetry] césure *f*. ◆ vi **1.** [relax, stop working] se reposer / *they set off again after resting for an hour* ils se sont remis en route après s'être reposés pendant une heure / *horses resting in the shade* des chevaux qui se reposent à l'ombre / *we shall not rest until the fight is won* nous n'aurons de cesse que la lutte ne soit gagnée **2.** [be held up or supported] reposer / *the buildings rest on solid foundations* les bâtiments reposent sur des fondations solides / *his arm rested on the back of the sofa* son bras reposait sur le dossier du canapé ; [lean - person] s'appuyer ; [- bicycle, ladder] être appuyé / *she was resting on her broom* elle était appuyée sur son balai / *the skis were resting against the wall* les skis étaient appuyés contre le mur **3.** [depend, be based - argument, hope] reposer / *the theory rests on a false assumption* la théorie repose sur une hypothèse fausse / *the whole problem rests on a misunderstanding* tout le problème repose sur un malentendu **4.** [be, remain] être / *rest assured we're doing our best* soyez certain que nous faisons de notre mieux / *their fate rests in your hands* leur sort est entre vos mains / *that's how things rest between us* voilà où en sont les choses entre nous / *can't you let the matter rest?* ne pouvez-vous pas abandonner cette idée? / *he just won't let it rest* il y revient sans cesse **5.** [reside, belong] résider / *power rests with the committee* c'est le comité qui détient le pouvoir / *the choice rests with you* c'est à vous de choisir / *the decision doesn't rest with me* la décision ne dépend pas de moi **6.** [alight - eyes, gaze] se poser **7.** *euph* [lie dead] reposer / **'rest in peace'** 'repose en paix' **8.** LAW : *the defence rests* la défense conclut sa plaidoirie **9.** AGR [lie fallow] être en repos or en jachère ▸ **to let a field rest** laisser un champ en repos or en jachère. ◆ vt **1.** [allow to relax] laisser reposer / *they had to stop to rest the camels* ils ont dû s'arrêter pour laisser les chameaux se reposer / *sit down and rest your legs* assieds-toi et repose-toi les jambes **2.** [support, lean] appuyer / *she rested her bike against a lamppost* elle appuya son vélo contre un lampadaire / *I rested my suitcase on the step* j'ai posé ma valise sur la marche / *he rested his arm on the back of the sofa* son bras reposait sur le dossier du canapé **3.** PHR **I rest my case a)** LAW j'ai conclu mon plaidoyer **b)** *fig* je n'ai rien d'autre à ajouter.

❖ **for the rest** adv phr pour le reste, quant au reste.

❖ **rest up** vi *inf* se reposer (un peu), prendre un peu de repos.

restage [ˌriːˈsteɪdʒ] vt remettre en scène.

rest area n AUTO aire *f* de repos.

restart ◆ vt [ˌriːˈstɑːt] **1.** [activity] reprendre, recommencer ; [engine, mechanism] remettre en marche **2.** COMPUT [system] relancer, redémarrer ; [program] relancer. ◆ vi [ˌriːˈstɑːt] **1.** [job, project] reprendre, recommencer ; [engine, mechanism] redémarrer **2.** COMPUT [system] redémarrer ; [program] reprendre. ◆ n [ˈriːstɑːt] **1.** [of engine, mechanism] remise *f* en marche **2.** COMPUT [of system] redémarrage *m* ▸ **warm / cold restart** redémarrage à chaud / à froid ; [of program] reprise *f* ▸ **restart point** point *m* de reprise.

❖ **Restart** pr n *organisme britannique d'aide et de formation pour chômeurs de longue durée.*

restate [ˌriːˈsteɪt] vt **1.** [reiterate - argument, case, objection] répéter, réitérer ; [- one's intentions, innocence, faith] réaffirmer / *the unions restated their position* les syndicats ont réaffirmé leur position **2.** [formulate differently] reformuler.

restatement [ˌriːˈsteɪtmənt] n **1.** [repetition - of argument, case, objection] répétition *f*, réitération *f* ; [- of intentions, innocence, faith] réaffirmation *f* **2.** [different formulation] reformulation *f* / *a restatement of our objectives is perhaps necessary at this stage* à ce stade, nous devrions peut-être reformuler nos objectifs.

restaurant [ˈrestərɒnt] n restaurant *m*.

restaurant car n UK wagon-restaurant *m*, voiture-restaurant *f*.

restaurateur [ˌrestɒrəˈtɜːʳ] n restaurateur *m*, -trice *f* *(tenant un restaurant)*.

rest cure n cure *f* de repos.

rest day n jour *m* de repos.

rested [ˈrestɪd] adj reposé.

restful [ˈrestfʊl] adj reposant, délassant, paisible.

restfully [ˈrestfʊlɪ] adv paisiblement.

rest home n maison *f* de retraite.

resting place [ˈrestɪŋ-] n **1.** *lit* lieu *m* de repos **2.** *fig & liter* [grave] dernière demeure *f*.

restitution [ˌrestɪˈtjuːʃn] n restitution *f* / *the company was ordered to make full restitution of the money* la société a été sommée de restituer l'intégralité de la somme.

restive [ˈrestɪv] adj **1.** [nervous, fidgety] nerveux, agité **2.** [unmanageable] rétif, difficile.

restively [ˈrestɪvlɪ] adv nerveusement.

restiveness [ˈrestɪvnɪs] n **1.** [of person] nervosité *f*, agitation *f* **2.** [of horse] caractère *m* rétif.

restless [ˈrestlɪs] adj **1.** [fidgety] nerveux, agité ; [impatient] impatient / *I get restless after a few days in the country* après quelques jours à la campagne, je ne tiens plus en place / *the audience was beginning to grow restless* le public commençait à s'impatienter **2.** [constantly moving] agité / *her restless mind* son esprit en ébullition **3.** [giving no rest] : *a restless night* une nuit agitée.

restlessly [ˈrestlɪslɪ] adv **1.** [nervously] nerveusement ; [impatiently] impatiemment, avec impatience / *to pace restlessly up and down* faire les cent pas **2.** [sleeplessly] : *she tossed restlessly all night* elle a eu une nuit très agitée.

restlessness [ˈrestlɪsnɪs] n [fidgeting, nervousness] nervosité *f*, agitation *f* ; [impatience] impatience *f* / *the audience began showing signs of restlessness* le public a commencé à montrer des signes d'impatience.

restock [ˌriːˈstɒk] vt **1.** [with food, supplies] réapprovisionner / *to restock a freezer* regarnir un congélateur **2.** [with fish] empoissonner ; [with game] réapprovisionner en gibier.

restoration [ˌrestəˈreɪʃn] n **1.** [giving back] restitution *f* **2.** [re-establishment] restauration *f*, rétablissement *m* / *the restoration of law and order* la restauration de l'ordre public / *the restoration of the monarchy* la restauration de la monarchie **3.** [repairing, cleaning - of work of art, building] restauration *f*.

❖ **Restoration** ◆ n HIST ▸ **the Restoration** la Restauration anglaise. ◆ comp HIST [literature, drama] de (l'époque de) la Restauration (anglaise).

> **The Restoration**
>
> La restauration, en 1660, de la monarchie britannique avec l'avènement de Charles II mit fin à la période d'austérité qui avait débuté sous le Protectorat de Cromwell.

restorative [rɪˈstɒrətɪv] ◆ adj fortifiant, remontant. ◆ n fortifiant *m*, remontant *m*.

restore [rɪˈstɔːʳ] vt **1.** [give back] rendre, restituer / *the jewels have been restored to their rightful owners* les bijoux ont été rendus or restitués à leurs propriétaires légitimes **2.** [re-establish - peace, confidence, etc.] restaurer, rétablir ; [- monarchy] restaurer ; [- monarch] remettre sur le trône / *restored to his former post* rétabli or réintégré dans ses anciennes fonctions / *if the left-wing government is restored to power* si le gouvernement de gauche revient au pouvoir / *it restored my faith in human nature* cela m'a redonné confiance en la nature humaine / *the treatment should soon restore his health* or *him to health* le traitement devrait très vite le remettre sur pied / *she managed to restore the company to profitability* grâce à elle, l'entreprise fait de nouveau des profits **3.** [repair, clean - work of art, building] restaurer.

restorer [rɪˈstɔːrəʳ] n ART restaurateur *m*, -trice *f (de tableaux)*.

restrain [rɪˈstreɪn] vt **1.** [hold back, prevent] retenir, empêcher / *restrain him from spending so much money* empêchez-le de dépenser tant d'argent / *I couldn't restrain myself from making a remark* je n'ai pas pu m'empêcher de faire une remarque **2.** [overpower, bring under control - person] maîtriser / *it took four policemen to restrain him* il a fallu quatre policiers pour le maîtriser **3.** [repress - emotion, anger, laughter] contenir, réprimer **4.** [imprison] interner, emprisonner.

restrained [rɪˈstreɪnd] adj **1.** [person] retenu, réservé ; [emotion] contenu, maîtrisé / *they sat in restrained silence* ils étaient assis ensemble et se retenaient de parler **2.** [colour, style] sobre, discret (discrète).

restraining order n injonction *f*.

restraint [rɪˈstreɪnt] n **1.** [self-control] retenue *f* / *with remarkable restraint* avec une retenue remarquable **2.** [restriction] restriction *f*, contrainte *f* / *certain restraints should be put on the committee's powers* il faudrait restreindre les pouvoirs du comité / *the right to travel without restraint* le droit de se déplacer en toute liberté or librement ▸ **to place** or **to keep sb under restraint** LAW interner qqn **3.** [control] contrôle *m* / *a policy of price restraint* une politique de contrôle des prix.

restrict [rɪˈstrɪkt] vt restreindre, limiter / *I restrict myself to ten cigarettes a day* je me limite à dix cigarettes par jour / *airlines restrict the amount of luggage you can take* les lignes aériennes limitent la quantité de bagages qu'on peut emporter.

restricted [rɪˈstrɪktɪd] adj **1.** [limited] limité, restreint / *the choice is too restricted* le choix est trop restreint ▸ **restricted area a)** [out of bounds] zone *f* interdite **b)** UK AUTO [with parking restrictions] zone *f* à stationnement réglementé **c)** [with speed limit] zone *f* à vitesse limitée **2.** ADMIN [secret - document, information] secret (secrète), confidentiel **3.** [narrow - ideas, outlook] étroit, borné.

restricted users group n COMPUT *nombre restreint d'utilisateurs ayant accès à des informations confidentielles.*

restriction [rɪˈstrɪkʃn] n **1.** [limitation] restriction *f*, limitation *f* / *they'll accept no restriction of their liberty* ils n'accepteront pas qu'on restreigne leur liberté ▸ **to put** or **to place** or **to impose restrictions on sthg** imposer des restrictions sur qqch ▸ **speed restriction** limitation de vitesse **2.** LOGIC & MATH condition *f*.

restrictive [rɪˈstrɪktɪv] adj **1.** [clause, list] restrictif, limitatif ; [interpretation] strict **2.** LING [clause] déterminatif.

restrictive practice n [by union] pratique *f* syndicale restrictive ; [by traders] atteinte *f* à la libre concurrence.

restring [ˌriːˈstrɪŋ] (*pt & pp* **restrung** [-ˈstrʌŋ]) vt [bow] remplacer la corde de ; [musical instrument] remplacer les cordes de ; [tennis racket] recorder ; [beads] renfiler.

rest room n US toilettes *fpl*.

restructure [ˌriːˈstrʌktʃəʳ] vt restructurer.

rest stop n US AUTO aire *f* de stationnement or de repos.

restyle [,riː'staɪl] vt [car] changer le design de ; [hair, clothes] changer de style de ; [magazine] changer la présentation de.

result [rɪ'zʌlt] ◆ n **1.** [consequence] résultat *m*, conséquence *f* / *with disastrous results* avec des conséquences désastreuses / *the net result* le résultat final / *these problems are the result of a misunderstanding* ces problèmes sont dus à un malentendu / *I overslept, with the result that I was late for work* je ne me suis pas réveillé à temps, et du coup, je suis arrivé à mon travail en retard **2.** [success] résultat *m* / *our policy is beginning to get* or *show results* notre politique commence à porter ses fruits / *they're looking for sales staff who can get results* ils cherchent des vendeurs capables d'obtenir de bons résultats **3.** [of match, exam, election] résultat *m* / *the football results* les résultats des matches de football / *she got good A-level results* UK ≃ elle a obtenu de bons résultats au baccalauréat / *our team needs a result next week* SPORT [win] notre équipe a besoin de gagner la semaine prochaine / *the company's results are down on last year* FIN les résultats financiers de l'entreprise sont moins bons que (ceux de) l'année dernière **4.** MATH [of sum, equation] résultat *m*. ◆ vi résulter / *who knows what will result from such a step?* qui sait ce qui résultera d'une telle démarche ? / *the fire resulted from a short circuit* c'est un court-circuit qui a provoqué l'incendie / *a price rise would inevitably result* il en résulterait or il s'ensuivrait inévitablement une augmentation des prix ▸ **to result in** avoir pour résultat / *the dispute resulted in her resigning* la dispute a entraîné sa démission / *the attack resulted in heavy losses on both sides* l'attaque s'est soldée par d'importantes pertes des deux côtés / *the resulting protests* les protestations qui s'ensuivirent.

❖ **as a result** adv phr : *as a result, I missed my flight* à cause de cela, j'ai manqué mon avion.

❖ **as a result of** prep phr à cause de / *I was late as a result of the strike* j'ai été en retard en raison de la grève.

resultant [rɪ'zʌltənt] ◆ adj [gen, MATH & MUS] résultant. ◆ n MATH & PHYS résultante *f*.

resultant tone n son *m* résultant.

resume [rɪ'zjuːm] ◆ vt **1.** [seat, activity, duties, etc.] reprendre ; [story, journey] poursuivre / *after he left, we resumed our discussion* après son départ, nous avons repris notre discussion / *kindly resume your seats* *fml* veuillez regagner vos places or vous rasseoir **2.** *arch* [sum up] résumer. ◆ vi reprendre, continuer / *when everyone's ready, we can resume* quand tout le monde sera prêt nous pourrons continuer or poursuivre.

> ⚠ **Résumer** means to sum up, not to resume.

résumé ['rezjuːmeɪ] n **1.** [summary] résumé *m* **2.** US [curriculum vitae] curriculum vitae *m inv*.

resumption [rɪ'zʌmpʃn] n reprise *f*.

resurface [,riː'sɜːfɪs] ◆ vi *lit & fig* refaire surface / *the stolen jewels resurfaced in Australia* les bijoux volés ont refait surface en Australie. ◆ vt [road] refaire.

resurgence [rɪ'sɜːdʒəns] n réapparition *f*, renaissance *f*.

resurgent [rɪ'sɜːdʒənt] adj renaissant / *the threat of resurgent nationalism* la menace du nationalisme renaissant.

resurrect [,rezə'rekt] vt *lit & fig* ressusciter / *resurrected from the dead* ressuscité des or d'entre les morts / *they've resurrected this old tradition* ils ont ressuscité cette vieille tradition / *the minister succeeded in resurrecting his career* le ministre réussit à faire redémarrer sa carrière.

resurrection [,rezə'rekʃn] n résurrection *f* ▸ **the Resurrection (of Christ)** la résurrection (du Christ), la Résurrection.

resuscitate [rɪ'sʌsɪteɪt] vt ranimer, réanimer.

> ⚠ **Ressusciter** means to bring back from the dead, not to resuscitate.

resuscitation [rɪ,sʌsɪ'teɪʃn] n réanimation *f*.

resuscitator [rɪ'sʌsɪteɪtər] n [apparatus] respirateur *m* ; [person] réanimateur *m*, -trice *f*.

retable [rɪ'teɪbl] n retable *m*.

retail ['riːteɪl] ◆ n (vente *f* au) détail *m*. ◆ adj de détail / *they run a retail hifi business* ils ont un magasin de matériel hi-fi ▸ **retail goods** marchandises *fpl* vendues au détail ▸ **retail outlet** point *m* de vente (au détail) ▸ **the retail price** le prix de or au détail ▸ **retail price index** UK indice *m* des prix de détail ▸ **retail shop** magasin *m* de détail ▸ **retail therapy** : *to do some retail therapy* *inf* faire du shopping pour se remonter le moral ▸ **retail trade** commerce *m* (de détail). ◆ adv au détail. ◆ vt **1.** COMM vendre au détail **2.** *fml* [story, event, experience] raconter ; [gossip, scandal] répandre, colporter *pej*. ◆ vi [goods] se vendre (au détail) / *they retail at £10 each* ils se vendent à 10 livres la pièce.

retail bank n UK banque *f* de dépôt.

retailer ['riːteɪlər] n détaillant *m*, -e *f*.

retail park n UK centre *m* commercial.

retain [rɪ'teɪn] vt **1.** [keep] garder / *the village has retained its charm* le village a conservé son charme **2.** [hold, keep in place] retenir / *to retain heat* retenir la chaleur **3.** [remember] retenir, garder en mémoire / *I just can't retain dates* je suis tout à fait incapable de retenir les dates **4.** [reserve - place, hotel room] retenir, réserver **5.** [engage - solicitor] engager ▸ **retaining fee** provision *f* or avance *f* sur honoraires.

retainer [rɪ'teɪnər] n **1.** [servant] domestique *mf*, serviteur *m* *arch* **2.** [retaining fee] provision *f* **3.** [nominal rent] loyer *m* nominal.

retaining wall [rɪ'teɪnɪŋ-] n mur *m* de soutènement.

retake (*pt* **retook** [-'tʊk], *pp* **retaken** [-'teɪkn]) ◆ vt [,riː'teɪk] **1.** [town, fortress] reprendre **2.** [exam] repasser **3.** CIN [shot] reprendre, refaire ; [scene] refaire une prise (de vues) de. ◆ n ['riːteɪk] **1.** [of exam] nouvelle session *f* **2.** CIN nouvelle prise *f* (de vues).

retaliate [rɪ'tælɪeɪt] vi se venger, riposter / *the government retaliated by banning all foreign coal imports* le gouvernement a riposté en interdisant toutes les importations de charbon / *the goalkeeper was sent off for retaliating* le gardien de but a été expulsé pour avoir riposté à l'agression / *she retaliated against her critics* elle a riposté à l'attaque de ses critiques.

retaliation [rɪ,tælɪ'eɪʃn] n *(U)* représailles *fpl*, vengeance *f* ▸ **in retaliation (for sthg)** en or par représailles (contre qqch).

retaliatory [rɪ'tælɪətrɪ] adj de représailles, de rétorsion / *a retaliatory attack* une riposte / *to take retaliatory measures* exercer des représailles, riposter.

retard [rɪ'tɑːd] ◆ vt *fml* SCI retarder. ◆ n ['riːtɑːd] US *offens* retardé *m*, -e *f*.

retardant [rɪ'tɑːdnt] ◆ n SCI retardateur *m*. ◆ adj *fml* SCI retardateur.

retardation [,riːtɑː'deɪʃn] n **1.** [mental] arriération *f* **2.** [delaying] retardement *m*.

retarded [rɪ'tɑːdɪd] ◆ adj **1.** [mentally] arriéré **2.** [delayed] retardé. ◆ pl n *dated* ▸ **the (mentally) retarded** les arriérés *mpl* mentaux / *a school for the retarded* une école pour enfants arriérés.

retch [retʃ] ◆ vi avoir un or des haut-le-cœur / *the smell made me retch* l'odeur m'a donné des haut-le-cœur or m'a soulevé l'estomac. ◆ n haut-le-cœur *m inv*.

retching ['retʃɪŋ] n haut-le-cœur *m inv*.

retd written abbr of retired.

retell [,riː'tel] (*pt & pp* **retold** [-'təʊld]) vt raconter de nouveau.

retelling [,riː'telɪŋ] n nouvelle version *f* / *the story gained in the retelling* l'histoire gagnait à être racontée de nouveau.

retention [rɪ'tenʃn] n **1.** [keeping] conservation *f* **2.** MED [holding] rétention *f* ▸ **fluid retention** rétention d'eau ▸ **urine retention** rétention d'urine **3.** [memory] rétention *f*.

retentive [rɪ'tentɪv] adj [memory] qui retient bien / *she's a very retentive pupil* c'est une élève qui a une très bonne mémoire.

retentiveness [rɪ'tentɪvnɪs] n mémoire *f*.

retexture [,riː'tekstʃər] vt apprêter de nouveau.

rethink (*pt & pp* **rethought** [-'θɔːt]) ◆ vt [,riː'θɪŋk] repenser / *we'll have to rethink our strategy* il faudra repenser or revoir notre stratégie. ◆ n ['riːθɪŋk] : *a rethink of the whole project is necessary* il faut repenser le projet dans son ensemble ▸ **to have a rethink about sthg** réfléchir de nouveau à qqch.

reticence ['retɪsəns] n réticence *f*.

reticent ['retɪsənt] adj réticent / *he's reticent about explaining his reasons* il hésite or est peu disposé à expliquer ses raisons.

reticently ['retɪsəntlɪ] adv avec réticence.

reticle ['retɪkl] n réticule *m*.

reticulate(d) [rɪ'tɪkjʊleɪt(ɪd)] adj réticulé.

reticule ['retɪkjuːl] n **1.** [bag] réticule *m* **2.** OPT = reticle.

reticulum [rɪ'tɪkjʊləm] (*pl* **reticula** [-lə]) n réticulum *m*.

retina ['retɪnə] (*pl* **retinas** *or* **retinae** [-niː]) n rétine *f*.

retinal ['retɪnl] adj rétinien.

retinitis [retɪ'naɪtəs] n rétinite *f*.

retinue ['retɪnjuː] n suite *f*, cortège *m*.

retire [rɪ'taɪər] ◆ vi **1.** [from job] prendre sa retraite ; [from business, politics] se retirer / *to retire at 65* prendre sa retraite à 65 ans / *to retire from the political scene* se retirer de la scène politique **2.** *fml & hum* [go to bed] aller se coucher **3.** [leave] se retirer / *the jury retired to consider its verdict* les jurés se sont retirés pour délibérer / *shall we retire to the lounge?* si nous passions au salon ? / *to retire to a monastery* se retirer dans un monastère / *to retire hurt* SPORT abandonner à la suite d'une blessure **4.** MIL [pull back] se replier. ◆ vt **1.** [employee] mettre à la retraite **2.** MIL [troops] retirer **3.** FIN [coins, bonds, shares] retirer de la circulation.

retired [rɪ'taɪəd] adj **1.** [from job] retraité, à la retraite **2.** [secluded] retiré ▸ **to live a retired life** mener une vie retirée ▸ **a retired spot** un endroit retiré or isolé.

retiree [,rɪtaɪə'riː] n US retraité *m*, -e *f*.

retirement [rɪ'taɪəmənt] n **1.** [from job] retraite *f* / *how do you plan to spend your retirement?* comment comptez-vous passer votre retraite ? ▸ **to take early retirement** partir en préretraite **2.** [seclusion] isolement *m*, solitude *f* **3.** MIL [pulling back] repli *m*.

retirement age n âge *m* de la retraite.

retirement benefit n indemnité *f* de départ en retraite, prime *f* de mise à la retraite.

retirement pay n retraite *f*.

retirement pension n (pension *f* de) retraite *f*.

retirement plan n US régime *m* de retraite.

retiring [rɪ'taɪərɪŋ] adj **1.** [reserved] réservé **2.** [leaving - official, MP] sortant **3.** [employee] qui part à la retraite ▸ **to reach retiring age** atteindre l'âge de la retraite.

retold [-'təʊld] pt & pp ⟶ **retell**.

retool [,riː'tuːl] ◆ vt **1.** INDUST rééquiper **2.** US *inf* [reorganize] réorganiser. ◆ vi **1.** INDUST se rééquiper **2.** US [reorganize] se réorganiser ; [rethink] revoir sa copie.

retort [rɪ'tɔːt] ◆ vi & vt rétorquer, riposter. ◆ n **1.** [reply] riposte *f*, réplique *f* **2.** CHEM cornue *f*.

retouch [,riː'tʌtʃ] vt [gen & PHOT] retoucher.

retrace [rɪ'treɪs] vt **1.** [go back over - route] refaire ▸ **to retrace one's steps** rebrousser chemin, revenir sur ses pas **2.** [reconstitute - past events, sb's movements] reconstituer.

retract [rɪ'trækt] ◆ vt **1.** [withdraw - statement, confession] retirer, rétracter *liter* ; [go back on - promise, agreement] revenir sur **2.** [draw in - claws, horns] rétracter, rentrer ; [AERON - wheels] rentrer, escamoter. ◆ vi **1.** [recant] se rétracter, se désavouer **2.** [be drawn in - claws, horns] se rétracter ; [AERON - wheels] rentrer / *the undercarriage retracts* le train d'atterrissage est escamotable.

retractable [rɪ'træktəbl] adj **1.** [aerial, undercarriage] escamotable **2.** [statement] que l'on peut rétracter or désavouer.

retractile [rɪ'træktaɪl] adj rétractile.

retraction [rɪ'trækʃn] n [of false information] démenti *m*.

retrain [,riː'treɪn] ◆ vt recycler. ◆ vi se recycler.

retraining [,riː'treɪnɪŋ] n recyclage *m* / *a retraining programme* un programme de recyclage.

retread ◆ vt [,riː'tred] (*pt* **retrod** [-'trɒd], *pp* **retrodden** [-'trɒdn] *or* **retrod** [-'trɒd]) AUTO rechaper. ◆ n ['riːtred] pneu *m* rechapé.

retreat [rɪ'triːt] ◆ vi **1.** MIL battre en retraite, se replier / *the management was forced to retreat on this point fig* la direction a été obligée de céder sur ce point **2.** [gen] se retirer / *we retreated towards the back of the room* nous nous sommes retirés au fond de la salle / *to retreat to the country* se retirer à la campagne. ◆ n **1.** [gen & MIL] retraite *f*, repli *m* ▸ **to beat / to sound the retreat** battre / sonner la retraite / *this is a retreat from the unions' original position* les syndicats ont fait là des concessions par rapport à leur position initiale ▸ **to beat a hasty retreat** prendre ses jambes à son cou **2.** [refuge] refuge *m*, asile *m* / *a mountain retreat* un refuge de montagne **3.** RELIG retraite *f* ▸ **to go on a retreat** faire une retraite.

retrench [riː'trentʃ] ◆ vt [costs, expenses] réduire, restreindre. ◆ vi faire des économies, se restreindre.

retrenchment [riː'trentʃmənt] n [of costs, expenses] réduction *f*, compression *f*.

retrial [,riː'traɪəl] n nouveau procès *m*.

retribution [,retrɪ'bjuːʃn] n punition *f*, châtiment *m* ▸ **it is divine retribution** c'est le châtiment de Dieu.

⚠ **Rétribution** means payment, not retribution.

retributive [rɪ'trɪbjʊtɪv] adj [involving punishment] de punition, de châtiment ; [avenging] vengeur / *they have no retributive powers* ils n'ont pas le pouvoir de punir / *retributive measures will be taken against the culprits* les coupables seront punis.

retrievable [rɪ'triːvəbl] adj [object] récupérable ; [fortune, health] recouvrable ; [error, loss] réparable ; [situation] rattrapable.

retrieval [rɪ'triːvl] n **1.** [getting back - of object] récupération *f* ; [- of fortune, health] recouvrement *m* **2.** COMPUT récupération *f*, extraction *f* ▸ **data retrieval** recherche *f* de données **3.** [making good - of mistake] réparation *f* / *the situation is beyond retrieval* il n'y a plus rien à faire (pour sauver la situation).

retrieve [rɪ'triːv] ◆ vt **1.** [get back - lost object] récupérer ; [- health, fortune] recouvrer, retrouver / *I retrieved my bag from the lost property office* j'ai récupéré mon sac au bureau des objets trouvés **2.** [save] sauver / *she managed to retrieve her coat from the fire* elle réussit à sauver son manteau du feu **3.** COMPUT [data] récupérer, extraire **4.** [make good - mistake] réparer ; [- situation] rattraper, sauver **5.** HUNT rapporter. ◆ vi HUNT rapporter le gibier.

retriever [rɪ'triːvəʳ] n [gen] retriever *m* ; [golden retriever] Golden retriever *m* ; [Labrador retriever] Labrador retriever.

retro ['retrəʊ] adj rétro *(inv)* ▸ **retro fashions** la mode rétro.

retroact [,retrəʊ'ækt] vi **1.** [have retroactive effect] avoir un effet rétroactif, rétroagir *liter* **2.** [act in opposition] réagir.

retroaction [,retrəʊ'ækʃn] n rétroaction *f*.

retroactive [,retrəʊ'æktɪv] adj rétroactif.

retroactively [,retrəʊ'æktɪvlɪ] adv rétroactivement.

retrofit ['retrəʊfɪt] (*pt & pp* **retrofitted**) ◆ vt [machine] équiper après fabrication ; [building, factory] mettre aux normes. ◆ vi [building, factory] se mettre aux normes. ◆ n **1.** [adding components] ajout *m* d'équipements **2.** [added component] équipement *m* ajouté **3.** [of building, factory] mise *f* aux normes.

retro-fittable [-fɪtəbl] adj [component] qui peut être rajouté.

retroflex ['retrəfleks] adj rétroflexe.

retroflexed ['retrəʊflekst] adj **1.** LING rétroflexe **2.** ANAT rétrofléchi.

retroflexion [,retrəʊ'flekʃn] n rétroflexion *f*.

retrograde ['retrəgreɪd] ◆ adj rétrograde. ◆ vi **1.** [gen] rétrograder **2.** US MIL [retreat] battre en retraite.

retrogress ['retrəgres] vi *fml* **1.** [degenerate] régresser **2.** [move backwards] rétrograder.

retrogression [,retrə'greʃn] n rétrogression *f*, régression *f*.

retrogressive [,retrə'gresɪv] adj rétrogressif, régressif.

retropack ['retrəʊpæk] n système *m* de rétrofusées.

retrorocket ['retrəʊ,rɒkɪt] n rétrofusée *f*.

retrospect ['retrəspekt] ❖ **in retrospect** adv phr rétrospectivement, avec le recul.

retrospection [,retrə'spekʃn] n rétrospection *f*.

retrospective [,retrə'spektɪv] ◆ adj rétrospectif. ◆ n ART rétrospective *f*.

retrospectively [,retrə'spektɪvlɪ] adv rétrospectivement.

retroverted [,retrəʊ'vɜːtɪd] adj MED [uterus] rétroversé.

retrovirus ['retrəʊ,vaɪrəs] n rétrovirus *m*.

retry [,riː'traɪ] (*pt & pp* **retried**) vt LAW refaire le procès de, juger à nouveau.

retsina [ret'siːnə] n retsina *m*.

retune [,riː'tjuːn] ◆ vt **1.** MUS réaccorder **2.** RADIO régler. ◆ vi RADIO : *to retune to medium wave* régler son poste sur ondes moyennes / *don't forget to retune tomorrow to the same wavelength* n'oubliez pas de reprendre l'écoute demain sur la même longueur d'ondes.

return [rɪ'tɜːn] ◆ vi **1.** [go back] retourner ; [come back] revenir / *they've returned to Australia* **a)** [speaker is in Australia] ils sont revenus en Australie **b)** [speaker is elsewhere] ils sont retournés *or* repartis en Australie / *as soon as she returns* dès son retour / *to return home* rentrer (à la maison *or* chez soi) **2.** [to subject, activity, former state] revenir / *let's return to your question* revenons à votre question / *when I returned to consciousness* quand j'ai repris connaissance, quand je suis revenu à moi / *to return to work* reprendre le travail / *she returned to her reading* elle reprit sa lecture / *he soon returned to his old ways* il est vite retombé dans *or* il a vite repris ses anciennes habitudes / *the situation should return to normal next week* la situation devrait redevenir normale la semaine prochaine **3.** [reappear - fever, pain, good weather, fears] réapparaître. ◆ vt **1.** [give back] rendre ; [take back] rapporter ; [send back] renvoyer, retourner / *the jewels have been returned to their rightful owners* les bijoux ont été rendus à leurs propriétaires légitimes / *I have to return the library books today* il faut que je rapporte les livres à la bibliothèque aujourd'hui / *return this coupon for your fabulous free gift* renvoyez ce bon pour obtenir votre magnifique cadeau / **'return to sender'** 'retour à l'expéditeur' / *she returned my look* elle me regarda à son tour / *the soldiers returned our fire* les soldats répondirent à notre tir **2.** [replace, put back] remettre / *she returned the file to the drawer* elle remit le dossier dans le tiroir **3.** [repay - greeting, kindness, compliment] rendre (en retour) / *how can I return your favour?* comment vous remercier ? / *they returned our visit the following year* ils sont venus nous voir à leur tour l'année suivante ; [reciprocate - affection] rendre / *she did not return his love* l'amour qu'il éprouvait pour elle n'était pas partagé **4.** SPORT [hit or throw back] renvoyer **5.** UK [elect] élire / *she was returned as member for Tottenham* elle a été élue député de Tottenham **6.** [reply] répondre **7.** LAW [pronounce - verdict] rendre, prononcer / *to return a verdict of guilty* rendre un verdict de culpabilité **8.** FIN [yield - profit, interest] rapporter **9.** [in bridge] rejouer / *East returns clubs for dummy's ace* Est rejoue pique pour l'as du mort. ◆ adj [fare] aller (et) retour ; [trip, flight] de retour / *the return journey* le (voyage du) retour. ◆ n **1.** [going or coming back] retour *m* / *on her return* à son retour ▸ **the point of no return** le point de non-retour / **'The Return of the Native'** *Hardy* 'le Retour au pays natal' **2.** [giving or taking back] retour *m* ; [sending back] renvoi *m*, retour *m* ▸ **by return (of post)** UK par retour du courrier / *on return of this coupon* sur renvoi de ce bon **3.** UK [round trip] aller et retour *m* / *two returns to Edinburgh, please* deux allers et retours pour Édimbourg, s'il vous plaît **4.** [to subject, activity, earlier state] retour *m* / *a return to normal* un retour à la normale / *a return to traditional methods* un retour aux méthodes traditionnelles / *the strikers' return to work* la reprise du travail par les grévistes **5.** [reappearance - of fever, pain, good weather] réapparition *f*, retour *m* **6.** FIN [yield] rapport *m* / *a 10% return on investment* un rendement de 10 % sur la somme investie **7.** [for income tax] (formulaire *m* de) déclaration *f* d'impôts **8.** SPORT [esp in tennis] retour *m* **9.** ARCHIT retour *m*.

❖ **returns** pl n **1.** [results] résultats *mpl* ; [statistics] statistiques *fpl*, chiffres *mpl* / *the election returns* les résultats des élections / *first returns indicate a swing to the left* les premiers résultats du scrutin indiquent un glissement à gauche **2.** [birthday greetings] ▸ **many happy returns (of the day)!** bon *or* joyeux anniversaire !

❖ **in return** adv phr en retour, en échange / *in return, he's letting me use his car* en retour *or* en échange, il me laisse utiliser sa voiture.

❖ **in return for** prep phr en échange de.

returnable [rɪ'tɜːnəbl] adj **1.** [container, bottle] consigné **2.** [document] à retourner / *returnable by July 1st* à renvoyer avant le 1er juillet.

returner [rɪ'tɜːnəʳ] n [person returning to work] *personne réintégrant la vie professionnelle après une période d'inactivité volontaire*.

returning officer [rɪ'tɜːnɪŋ-] n président *m*, -e *f* du bureau de vote.

return key n COMPUT touche *f* entrée.

return match n match *m* retour.

return ticket n UK (billet *m* d')aller (et) retour *m*.

retype [,riː'taɪp] vt [document, text] retaper.

reuben ['ruːbɪn] n US CULIN *sandwich chaud au pastrami, corned beef, fromage et choucroute*.

reunification [,riːjuːnɪfɪ'keɪʃn] n réunification *f*.

reunify [,riː'juːnɪfaɪ] (*pt & pp* **reunified**) vt réunifier.

reunion [,riː'juːnjən] n réunion *f* ▸ **a family reunion** une réunion familiale.

Reunion [,riː'juːnjən] pr n ▸ **Reunion (Island)** (l'île *f* de) la Réunion / *in Reunion* à la Réunion.

reunite [,riːjuː'naɪt] ◆ vt réunir / *when the hostages were reunited with their families* quand les otages ont retrouvé leur famille. ◆ vi se réunir.

reupholster [,riːʌp'həʊlstəʳ] vt rembourrer (de nouveau).

reusable [riː'juːzəbl] adj réutilisable, recyclable.

re-use ◆ vt [,riː'juːz] réutiliser, remployer, recycler. ◆ n [,riː'juːs] réutilisation *f*, remploi *m*, recyclage *m*.

rev [rev] (*pt & pp* **revved**, *cont* **revving**) *inf* ◆ n (abbr of **revolution**) AUTO tour *m* / *3,000 revs per minute* 3 000 tours par minute. ◆ vt & vi = **rev up**.

❖ **rev up** *inf* ◆ vt sep [engine] emballer. ◆ vi [driver] appuyer sur l'accélérateur ; [engine] s'accélérer.

Rev. written abbr of **Reverend**.

revaccinate [,riː'væksɪneɪt] vt revacciner.

revaluate [,riː'væljʊeɪt] US = **revalue**.

revaluation [,riːvæljʊ'eɪʃn] n [of currency, property, etc.] réévaluation *f*.

revalue [,riː'væljuː] vt **1.** [currency] réévaluer **2.** [property] réévaluer, estimer à nouveau la valeur de.

revamp [,riː'væmp] vt *inf* rafistoler, retaper.

revanchism [rɪ'væntʃɪzm] n revanchisme *m*.

revanchist [rɪ'væntʃɪst] ◆ adj revanchiste. ◆ n revanchiste *mf*.

rev counter n *inf* compte-tours *m inv*.

Revd written abbr of **reverend**.

reveal [rɪ'viːl] vt **1.** [disclose, divulge] révéler / *the press revealed he had accepted bribes* la presse révéla qu'il avait accepté des pots-de-vin ▸ **to reveal a secret** révéler *or* divulguer un secret **2.** [show] révéler, découvrir, laisser voir / *she removed the veil to reveal her face* elle enleva son voile pour découvrir son visage / *he tried hard not to reveal his true feelings* il s'efforça de ne pas révéler ses vrais sentiments / *the undertaking revealed itself to be impossible* l'entreprise s'est révélée impossible.

revealing [rɪ'viːlɪŋ] adj **1.** [experience, action] révélateur **2.** [dress] décolleté, qui ne cache rien ; [neckline] décolleté.

revealingly [rɪ'vi:lɪŋlɪ] adv **1.** [significantly] : *revealingly, not one of them speaks a foreign language* il est révélateur qu'aucun d'entre eux ne parle une langue étrangère **2.** [exposing the body] : *a revealingly short dress* une robe courte qui laisse tout voir.

reveille [UK rɪ'vælɪ US 'revəlɪ] n MIL réveil *m* / *sound the reveille!* sonnez le réveil !

revel ['revl] (UK *pt & pp* **revelled**, *cont* **revelling** ; US *pt & pp* **reveled**, *cont* **reveling**) vi **1.** [bask, wallow] se délecter ▸ **to revel in sthg** se délecter de or à qqch **2.** [make merry] s'amuser.

⇎ **revels** pl n festivités *fpl*.

revelation [,revə'leɪʃn] n révélation *f* ▸ **divine revelation** révélation divine / *her talent was a revelation to me* son talent a été une révélation pour moi ▸ **the Revelation (of Saint John the Divine), Revelations** l'Apocalypse *f* (de saint Jean l'Évangéliste).

revelatory [,revə'leɪtərɪ] adj révélateur.

reveller UK, **reveler** US ['revələr] n fêtard *m*, -e *f*, noceur *m*, -euse *f*.

revelries ['revəlrɪz] pl n = **revelry**.

revelry ['revəlrɪ] n festivités *fpl*.

revenge [rɪ'vendʒ] ◆ n **1.** [vengeance] vengeance *f*, revanche *f* / *I'll get* or *I'll take my revenge on him for this!* il va me le payer ! / *she did it out of revenge* elle l'a fait pour se venger or par vengeance **2.** SPORT revanche *f*. ◆ vt venger / *how can I revenge myself on them for this insult?* comment leur faire payer cette insulte ?

revengeful [rɪ'vendʒfʊl] adj vengeur, vindicatif.

revengefully [rɪ'vendʒfʊlɪ] adv vindicativement, par vengeance.

revenger [rɪ'vendʒər] n vengeur *m*, -eresse *f*.

revenue ['revənju:] ◆ n **1.** [gen] revenu *m* ▸ **state revenue** or **revenues** les recettes publiques or de l'État **2.** *inf* ▸ **the Revenue** [the Internal Revenue] le fisc. ◆ comp [department, official] du fisc ▸ **revenue expenditure** dépenses *fpl* de fonctionnement.

revenue bond n obligation *f* d'État *(remboursable par le revenu du projet qu'elle finance)*.

revenue cutter n vedette *f* des garde-côtes.

revenue man n agent *m* du fisc.

revenue recycling n ECOL recyclage *m* des revenus.

revenue stamp n timbre *m* fiscal.

revenue stream n source *f* de revenus.

revenue tariff n tarif *m* douanier fiscal.

reverberate [rɪ'vɜ:bəreɪt] ◆ vi **1.** [sound] résonner, retentir / *the building reverberated with their cries* l'immeuble retentissait de leurs cris **2.** [light] se réverbérer **3.** *fig* [spread] retentir / *the scandal reverberated through the country* ce scandale a secoué tout le pays. ◆ vt **1.** [sound] renvoyer, répercuter **2.** [light] réverbérer.

reverberation [rɪ,vɜ:bə'reɪʃn] n **1.** [of sound, light] réverbération *f* **2.** *fig* [repercussion] retentissement *m*, répercussion *f* / *the crisis had reverberations in neighbouring countries* la crise a eu des répercussions dans les pays voisins.

reverberator [rɪ'vɜ:bəreɪtər] n réflecteur *m*.

revere [rɪ'vɪər] vt révérer, vénérer / *she was a much revered figure* c'était une personnalité très respectée.

reverence ['revərəns] ◆ n **1.** [respect] révérence *f*, vénération *f* / *they hold her in reverence* ils la révèrent or vénèrent **2.** [term of address] : *Your Reverence* mon révérend (Père) / *His Reverence the Archbishop* Son Excellence l'archevêque. ◆ vt révérer, vénérer.

reverend ['revərənd] ◆ adj **1.** RELIG ▸ **a reverend gentleman** un révérend père / *the Reverend Paul James* le révérend Paul James **2.** [gen - respected] vénérable, révéré. ◆ n [Protestant] pasteur *m* ; [Catholic] curé *m* / *yes, reverend* **a)** [Protestant] oui, Monsieur le pasteur **b)** [Catholic] oui, Monsieur le curé.

Reverend Mother n Révérende Mère *f*.

reverent ['revərənt] adj respectueux, révérencieux *liter*.

reverential [,revə'renʃl] adj révérenciel.

reverently ['revərəntlɪ] adv avec révérence, révérencieusement *liter*.

reverie ['revərɪ] n *liter* [gen & MUS] rêverie *f*.

revers [rɪ'vɪər] (*pl* **revers** [rɪ'vɪər]) n revers *m*.

reversal [rɪ'vɜ:sl] n **1.** [change - of situation] retournement *m* ; [- of opinion] revirement *m* ; [- of order, roles] interversion *f*, inversion *f* ; [- of policy] changement *m* **2.** [setback] revers *m* / *reversal of fortune* revers de fortune / *the patient has suffered a reversal* le malade a fait une rechute **3.** LAW [annulment] annulation *f* **4.** PHOT inversion *f*.

reversal film n film *m* inversible.

reverse [rɪ'vɜ:s] ◆ vt **1.** [change - process, trend] renverser ; [- situation] retourner ; [- order, roles, decline] inverser / *this could reverse the effects of all our policies* ceci pourrait annuler les effets de toute notre politique / *the unions have reversed their policy* les syndicats ont fait volte-face / *I had to reverse my opinion of him* j'ai dû réviser complètement l'opinion que j'avais de lui / *it reversed all our plans* cela a bouleversé tous nos projets **2.** [turn round - garment] retourner ; [- photo] inverser **3.** [annul - decision] annuler ; LAW casser, annuler **4.** [cause to go backwards - car] mettre en marche arrière ; [- machine] renverser la marche de / *this lever reverses the belt* ce levier permet d'inverser la marche de la courroie / *she reversed the car up the street* elle remonta la rue en marche arrière / *he reversed the truck into a lamp-post* en faisant marche arrière avec le camion il est rentré dans un réverbère **5.** UK TELEC ▸ **to reverse the charges** appeler en PCV / *she always reverses the charges when she phones her parents* elle appelle toujours ses parents en PCV. ◆ vi AUTO [car, driver] faire marche arrière / *she reversed up the street* elle remonta la rue en marche arrière / *the driver in front reversed into me* la voiture qui était devant moi m'est rentrée dedans en marche arrière. ◆ n **1.** AUTO marche *f* arrière / *in reverse* en marche arrière / *he put the bus into reverse* le conducteur de l'autobus passa en marche arrière / *the company's fortunes are going into reverse* *fig* l'entreprise connaît actuellement un revers de fortune **2.** [contrary] contraire *m*, inverse *m*, opposé *m* / *unfortunately, the reverse is true* malheureusement, c'est le contraire qui est vrai / *did you enjoy it? — quite the reverse* cela vous a-t-il plu ? — pas du tout / *she is the reverse of shy* elle est tout sauf timide / *try to do the same thing in reverse* essayez de faire la même chose dans l'ordre inverse **3.** [other side - of cloth, leaf] envers *m* ; [- of sheet of paper] verso *m* ; [- of coin, medal] revers *m* **4.** [setback] revers *m*, échec *m* ; [defeat] défaite *f* / *his condition has suffered a reverse* il a rechuté **5.** TYPO noir *m* au blanc / *in reverse* en réserve. ◆ adj **1.** [opposite, contrary] inverse, contraire, opposé / *we are now experiencing the reverse trend* actuellement, c'est l'inverse qui se produit / *in reverse order* en ordre inverse / *in the reverse direction* en sens inverse **2.** [back] ▸ **the reverse side a)** [of cloth, leaf] l'envers **b)** [of sheet of paper] le verso **c)** [of coin, medal] le revers **3.** [turned around] inversé ▸ **a reverse image** une image inversée **4.** AUTO ▸ **reverse gear** marche *f* arrière.

reverse-charge call n UK appel *m* en PCV.

reverse discrimination n *discrimination à l'encontre d'un groupe normalement privilégié.*

reversed-out [rɪ,vɜ:st'aʊt] adj PRESS & TYPO inversé.

reverser [rɪ'vɜ:sər] n TECH inverseur *m* ▸ **thrust reverser** inverseur de poussée.

reverse video n vidéo *f* inverse.

reversi [rɪ'vɜ:sɪ] n reversi *m* (sur échiquier).

reversible [rɪ'vɜ:səbl] adj [coat, process] réversible ; [decision] révocable.

reversing light [rɪ'vɜ:sɪŋ-] n feu *m* de recul.

reversion [rɪ'vɜ:ʃn] n **1.** [to former condition, practice] retour *m* / *a reversion to anarchy* un retour à l'anarchie **2.** BIOL & LAW réversion *f*.

revert [rɪ'vɜ:t] vi retourner, revenir / *they reverted to barbarism* ils ont à nouveau sombré dans la barbarie / *he soon reverted to his old ways* il est vite retombé dans or il a vite repris ses anciennes habitudes / *to revert to childhood* retomber en enfance / *the field has reverted to a wild meadow* le champ est retourné à l'état de prairie / *the property reverts to the spouse* LAW les biens reviennent à l'époux ▸ **to revert to type** retrouver sa vraie nature.

revetment [rɪ'vetmənt] n mur *m* de soutènement.

review [rɪ'vju:] ◆ n **1.** [critical article] critique *f* / *the play got good / bad reviews* la pièce a eu de bonnes / mauvaises critiques **2.** [magazine] revue *f* ; [radio or TV programme] magazine *m* **3.** [assessment - of situation, conditions] étude *f*, examen *m*, bilan *m* / *the annual review of expenditure* le bilan annuel des dépenses / *she first gave us a brief review of the situation* elle nous a d'abord présenté un court bilan de la situation / *pollution controls are under review* on est en train de réexaminer la réglementation en matière de pollution ▸ **review board** commission *f* d'étude **4.** [reassessment - of salary, prices, case] révision *f* / *all our prices are subject to review* tous nos prix sont susceptibles d'être révisés / *my salary comes* or *is up for review next month* mon salaire doit être révisé le mois prochain / *he asked for a review of his case* LAW il a demandé la révision de son procès **5.** MIL [inspection] revue *f* **6.** US SCH & UNIV [revision] révision *f* **7.** = **revue.** ◆ vt **1.** [write critical article on] faire la critique de / *she reviews books for an Australian paper* elle est critique littéraire pour un journal australien **2.** [assess] examiner, étudier, faire le bilan de ; [reassess] réviser, revoir ; LAW [case] réviser / *they should review their security arrangements* ils devraient revoir leurs dispositifs de sécurité / *to review a decision* reconsidérer une décision **3.** [go back over, look back on] passer en revue / *we shall be reviewing the events of the past year* nous passerons en revue les événements qui se sont produits au cours de l'année passée **4.** MIL [troops] passer en revue **5.** [revise] réviser / *she quickly reviewed her notes before the speech* elle jeta un dernier coup d'œil sur ses notes avant le discours / *he's reviewing his French* US il révise son français.

review copy n exemplaire *m* de service de presse.

reviewer [rɪ'vju:ər] n PRESS critique *m* ▸ **book reviewer** critique littéraire.

revile [rɪ'vaɪl] vt *liter* vilipender, injurier / *our much reviled education system* notre système scolaire tellement décrié or dont on dit tant de mal.

revise [rɪ'vaɪz] ◆ vt **1.** [alter - policy, belief, offer, price] réviser **2.** [read through - text, manuscript] revoir, corriger **3.** [update] mettre à jour, corriger / *our dictionaries are revised regularly* nos dictionnaires sont régulièrement mis à jour **4.** UK SCH & UNIV réviser / *have you revised your geography?* as-tu révisé ta géographie ? ◆ vi UK SCH & UNIV réviser / *she's revising for her end-of-year exams* elle révise pour ses examens de fin d'année. ◆ n TYPO deuxième épreuve *f*.

revised [rɪ'vaɪzd] adj **1.** [figures, estimate] révisé **2.** [edition] revu et corrigé.

Revised Version n ▸ **the Revised (Standard) Version** *traduction anglaise de la Bible faite en 1885.*

reviser [rɪ'vaɪzər] n [gen] réviseur *m*, -euse *f* ; TYPO correcteur *m*, -trice *f*.

revision [rɪ'vɪʒn] n **1.** [alteration, etc.] révision *f* / *the book has undergone several revisions* ce livre a été révisé or remanié plusieurs fois **2.** UK SCH & UNIV révision *f*.

revisionism [rɪ'vɪʒnɪzm] n révisionnisme *m*.

revisionist [rɪ'vɪʒnɪst] ◆ adj révisionniste. ◆ n révisionniste *mf*.

revisit [,ri:'vɪzɪt] vt [place] revisiter ; [person] retourner voir / *Dickens revisited* *fig* Dickens revisité / **'Brideshead Revisited'** *Waugh* 'le Retour au château'.

revitalize, revitalise [,ri:'vaɪtəlaɪz] vt revitaliser.

revival [rɪ'vaɪvl] n **1.** [resurgence] renouveau *m*, renaissance *f* / *a revival of interest in Latin poets* un regain d'intérêt pour les poètes latins / *a religious revival* un renouveau de la religion ▸ **revival tent** US *chapiteau sous lequel se tiennent des réunions religieuses* **2.** [bringing back - of custom, language] rétablissement *m* / *they would like to see a revival of Victorian values* ils souhaitent le retour aux valeurs de l'époque victorienne **3.** [of play, TV series] reprise *f* **4.** [from a faint] reprise *f* de connaissance ; [from illness] récupération *f*.

revivalism [rɪ'vaɪvəlɪzm] n **1.** RELIG revivalisme *m* **2.** [of past] passéisme *m*.

revivalist [rɪ'vaɪvəlɪst] ◆ n **1.** RELIG revivaliste *mf* / *Hindu revivalists* des revivalistes hindous **2.** [of past] traditionaliste *mf*. ◆ adj RELIG revivaliste / *a revivalist meeting* une réunion revivaliste.

revive [rɪ'vaɪv] ◆ vi **1.** [regain consciousness] reprendre connaissance, revenir à soi ; [regain strength or form] récupérer **2.** [flourish again - business, the economy] reprendre ; [- movement, group] renaître, ressusciter ; [- custom, expression] réapparaître / *their interest revived when the clowns came on* ils ont recommencé à trouver le spectacle intéressant quand les clowns sont entrés en scène / *interest in her work is beginning to revive* on assiste à un renouveau or regain d'intérêt pour son œuvre. ◆ vt **1.** [restore to consciousness] ranimer ; MED réanimer ; [restore strength to] remonter **2.** [make flourish again - discussion, faith, etc.] ranimer, raviver ; [- business, the economy] relancer, faire redémarrer ; [- interest, hope, etc.] raviver, faire renaître / *a plan to revive the city centre* un projet destiné à dynamiser le centre-ville / *revived interest in the art of this period* un renouveau or regain d'intérêt pour l'art de cette époque **3.** [bring back - law] remettre en vigueur ; [- fashion] relancer ; [- style, look] remettre en vogue ; [- custom, language, movement] raviver, ressusciter / *prewar fashions have been revived* on est revenu à la mode de l'avant-guerre **4.** [play, TV series] reprendre.

revivify [ri:'vɪvɪfaɪ] vt revivifier.

revocation [,revə'keɪʃn] n [of decision] annulation *f* ; [of measure, law] abrogation *f*, annulation *f*, révocation *f* ; [of will] révocation *f*, annulation *f* ; [of title, diploma, permit] retrait *m*.

revoke [rɪ'vəʊk] vt [decision] annuler ; [measure, law] abroger, annuler, révoquer ; [will] révoquer, annuler ; [title, diploma, permit, right] retirer.

revolt [rɪ'vəʊlt] ◆ vi [rise up] se révolter, se rebeller, se soulever / *they revolted against the tyrant* ils se soulevèrent contre le tyran. ◆ vt dégoûter / *she is revolted by the idea* l'idée la dégoûte or la révolte / *the sight of food revolts me at the moment* la vue de la nourriture m'écœure or me dégoûte en ce moment. ◆ n **1.** [uprising] révolte *f*, rébellion *f* / *the peasants rose up in revolt* les paysans se sont révoltés or soulevés / *they are in revolt against the system* ils se rebellent contre le système **2.** [disgust] dégoût *m* ; [indignation] indignation *f*.

revolting [rɪ'vəʊltɪŋ] adj **1.** [disgusting - story, scene] dégoûtant ; [- person, act] ignoble ; [- food, mess] écœurant, immonde **2.** *inf* [nasty] affreux.

revoltingly [rɪ'vəʊltɪŋlɪ] adv de façon dégoûtante / *he's revoltingly ugly / dirty* il est d'une laideur / d'une saleté repoussante ; [as intensifier] : *she's so revoltingly clever!* ça m'écœure qu'on puisse être aussi intelligent !

revolution [,revə'lu:ʃn] n **1.** POL & *fig* révolution *f* / *a revolution in computer technology* une révolution dans le domaine de l'informatique **2.** [turn] révolution *f*, tour *m* ; [turning] révolution *f* / *100 revolutions per minute* TECH 100 tours or révolutions par minute.

revolutionary [,revə'lu:ʃnərɪ] (*pl* **revolutionaries**) ◆ adj révolutionnaire. ◆ n révolutionnaire *mf*.

revolutionist [,revə'lu:ʃənɪst] = **revolutionary**.

revolutionize, **revolutionise** [,revə'lu:ʃənaɪz] vt **1.** [change radically] révolutionner **2.** POL [country] faire une révolution dans ; [people] insuffler des idées révolutionnaires à.

revolve [rɪ'vɒlv] ◆ vi **1.** [rotate] tourner / *the moon revolves around* or *round the earth* la Lune tourne autour de la Terre / *couples revolved slowly on the dance floor* des couples évoluaient or tournaient lentement sur la piste de danse **2.** [centre, focus] tourner / *their conversation revolved around* or *round two main points* leur conversation tournait autour de deux points principaux / *everything revolves around your decision* tout dépend de votre décision / *his whole life revolves around his work* sa vie tout entière est centrée or axée sur son travail **3.** [recur] revenir / *the seasons revolve* les saisons se succèdent / *ideas revolved in her mind* elle tournait et retournait des idées dans sa tête. ◆ vt **1.** [rotate] faire tourner **2.** *fml* [ponder] considérer, ruminer / *he revolved the arguments in his mind* il passait mentalement les différents arguments en revue.

revolver [rɪ'vɒlvər] n revolver *m*.

revolving [rɪ'vɒlvɪŋ] adj [gen] tournant ; [chair] pivotant ; TECH rotatif ; ASTRON en rotation ▸ **revolving light** [on ambulance, police car] gyrophare *m*.

revolving credit n crédit *m* documentaire renouvelable, crédit *m* revolving.

revolving door n tambour *m (porte)*.

revolving fund n fonds *m* renouvelable.

revue [rɪ'vju:] n THEAT revue *f*.

revulsion [rɪ'vʌlʃn] n **1.** [disgust] répulsion *f*, dégoût *m* / *she turned away in revulsion* elle s'est détournée, dégoûtée **2.** [recoiling] (mouvement *m* de) recul *m* **3.** MED révulsion *f*.

reward [rɪ'wɔ:d] ◆ n récompense *f* / *they're offering a $500 reward* ils offrent 500 dollars de récompense or une récompense de 500 dollars / *as a reward for his efforts* en récompense de ses efforts / *I do everything for him, and what do I get in reward?* je fais tout pour lui, et tu vois comment il me remercie ? / *she gave it to me as a reward for helping her* elle me l'a donnée pour me remercier de l'avoir aidée. ◆ vt récompenser / *he was handsomely rewarded with a cheque for £1,000* on l'a généreusement récompensé par un chèque de 1 000 livres / *our patience has finally been rewarded* notre patience est enfin récompensée / *I'm sure the book will reward your attention* je suis sûr que la lecture de ce livre vous sera profitable / *his alibi might reward investigation* ça vaut peut-être la peine d'enquêter sur son alibi.

rewarding [rɪ'wɔ:dɪŋ] adj gratifiant / *a very rewarding experience / career* une expérience / carrière très gratifiante / *the conference was most rewarding* le colloque était très enrichissant / *financially rewarding* rémunérateur, lucratif.

rewind (*pt & pp* **rewound** [,ri:'waʊnd]) ◆ vt [,ri:'waɪnd] rembobiner. ◆ vi [,ri:'waɪnd] se rembobiner. ◆ n ['ri:waɪnd] rembobinage *m* / *it has automatic rewind* ça se rembobine automatiquement ▸ **rewind button** bouton *m* de rembobinage.

rewire [,ri:'waɪər] vt [house] refaire l'électricité dans ; [machine] refaire les circuits électriques de / *we had to get the place rewired* nous avons dû faire refaire l'électricité.

reword [,ri:'wɜ:d] vt reformuler.

rework [,ri:'wɜ:k] vt **1.** [speech, text] retravailler / *his last novel reworks the same theme* son dernier roman reprend le même thème **2.** INDUST retraiter.

reworking [,ri:'wɜ:kɪŋ] n reprise *f* / *the film is a reworking of the "doppelgänger" theme* le film reprend le thème du double.

rewound [,ri:'waʊnd] pt & pp ⟶ **rewind**.

rewrap [,ri:'ræp] (*pt & pp* **rewrapped**, *cont* **rewrapping**) vt remballer.

rewritable [,ri:'raɪtəbl] adj COMPUT réinscriptible.

rewrite ◆ vt [,ri:'raɪt] (*pt* **rewrote** [-'rəʊt], *pp* **rewritten** [-'rɪtn]) récrire, réécrire ; [for publication] récrire, rewriter. ◆ n ['ri:raɪt] **1.** *inf* [act] réécriture *f*, rewriting *m* / *can you do a rewrite job on this?* pouvez-vous me récrire or rewriter ça ? **2.** [text] nouvelle version *f* / *it's a modern rewrite of Romeo and Juliet* c'est une version moderne de Roméo et Juliette.

rewrite rule n règle *f* de réécriture.

rewriting [,ri:'raɪtɪŋ] n PRESS récriture *f*, rewriting *m*.

rewritten [-'rɪtn] pp ⟶ **rewrite**.

rewrote [-'rəʊt] pt ⟶ **rewrite**.

REX (abbr of **real-time executive**) n *superviseur en temps réel*.

Rex [reks] n UK : *Edward / George Rex* le roi Édouard / Georges, Édouard / Georges Roi / *Rex v Gibson* LAW la Couronne contre Gibson.

Reykjavik ['rekjəvɪk] pr n Reykjavik.

RF n abbr of **radio frequency**.

RFC (abbr of **Rugby Football Club**) n *club de rugby*.

RGDS MESSAGING written abbr of **regards**.

Rh (written abbr of **rhesus**) Rh.

rhapsodic [ræp'sɒdɪk] adj **1.** [ecstatic] extatique ; [full of praise] dithyrambique **2.** MUS rhapsodique, rapsodique.

rhapsodize, **rhapsodise** ['ræpsədaɪz] vi s'extasier ▸ **to rhapsodize about sthg** s'extasier sur qqch.

rhapsody ['ræpsədɪ] (*pl* **rhapsodies**) n **1.** [ecstasy] extase *f* ▸ **to go into rhapsodies about sthg** s'extasier sur qqch **2.** MUS & LITER rhapsodie *f*, rapsodie *f*.

rhea ['ri:ə] n nandou *m*.

Rheims [ri:mz] pr n Reims.

rheme [ri:m] n commentaire *m* ; LING rhème *m*.

Rhenish ['ri:nɪʃ] ◆ adj rhénan, du Rhin ▸ **Rhenish wine** vin *m* du Rhin. ◆ n vin *m* du Rhin.

rhenium ['ri:nɪəm] n rhénium *m*.

rheostat ['ri:əstæt] n rhéostat *m*.

rhesus baby ['ri:səs-] n *bébé souffrant de la maladie hémolytique du nouveau-né*.

rhesus factor n facteur *m* Rhésus.

rhesus monkey n ZOOL rhésus *m*.

rhesus negative adj Rhésus négatif.

rhesus positive adj Rhésus positif.

rhetor ['retər] n rhéteur *m*.

rhetoric ['retərɪk] n rhétorique *f*.

rhetorical [rɪ'tɒrɪkl] adj rhétorique / *his question was purely rhetorical* sa question était purement rhétorique.

rhetorically [rɪ'tɒrɪklɪ] adv en rhétoricien / *"who knows?," she asked rhetorically* « qui sait ? », demanda-t-elle sans vraiment attendre de réponse / *I was only asking rhetorically* je demandais ça simplement pour la forme.

rhetorical question n question *f* posée pour la forme.

rhetorician [,retə'rɪʃn] n [speaker] rhétoricien *m*, -enne *f*, rhéteur *m pej* ; [teacher of rhetoric] rhéteur *m*.

rheum [ru:m] n chassie *f*.

rheumatic [ru:'mætɪk] ◆ adj [symptom] rhumatismal ; [person] rhumatisant ; [limbs] atteint de rhumatismes / *his rheumatic fingers* ses doigts déformés par les rhumatismes. ◆ n rhumatisant *m*, -e *f*.

rheumatic fever n rhumatisme *m* articulaire aigu.

rheumaticky [ru:'mætɪkɪ] adj *inf* [person] rhumatisant ; [limbs] atteint de rhumatismes.

rheumatics [ru:'mætɪks] pl n *inf* rhumatismes *mpl*.

rheumatism ['ru:mətɪzm] n rhumatisme *m*.

rheumatoid ['ru:mətɔɪd] adj rhumatoïde.

rheumatoid arthritis n polyarthrite *f* rhumatoïde.

rheumatologist [,ru:mə'tɒlədʒɪst] n rhumatologue *mf*.

rheumatology [,ru:mə'tɒlədʒɪ] n rhumatologie *f*.

rheumy ['ru:mɪ] (*compar* **rheumier**, *superl* **rheumiest**) adj chassieux.

Rh factor = **rhesus factor**.

Rhine [raɪn] pr n ▸ **the (River) Rhine** le Rhin.

Rhineland ['raɪnlænd] pr n Rhénanie *f*.

Rhineland-Palatinate pr n Rhénanie-Palatinat *f*.

rhinestone ['raɪnstəʊn] n fausse pierre *f* ; [smaller] strass *m*.

Rhine wine n vin *m* du Rhin.

rhino ['raɪnəʊ] (*pl* **rhino** *or* **rhinos**) n rhinocéros *m*.

rhinoceros [raɪ'nɒsərəs] (*pl* **rhinoceros** *or* **rhinoceroses** *or* **rhinoceri** [-raɪ]) n rhinocéros *m*.

rhinoplasty ['raɪnəʊ,plæstɪ] n rhinoplastie *f*.

rhizome ['raɪzəʊm] n rhizome *m*.

Rh-negative = **rhesus negative**.

Rhode Island [rəʊd-] pr n Rhode Island *m* / *in Rhode Island* dans le Rhode Island.

Rhode Island Red n poule *f* Rhode-Island.

Rhodes [rəʊdz] pr n Rhodes / *in Rhodes* à Rhodes ▸ **the Colossus of Rhodes** le colosse de Rhodes.

Rhodesia [rəʊ'di:ʃə] pr n Rhodésie *f* / *in Rhodesia* en Rhodésie ▸ **Northern / Southern Rhodesia** Rhodésie du Nord / du Sud.

Rhodesian [rəʊ'di:ʃn] ◆ n Rhodésien *m*, -enne *f*. ◆ adj rhodésien.

Rhodesian man n l'homme *m* de Rhodésie.

Rhodes Scholarship [rəʊdz-] n *bourse permettant aux étudiants étrangers d'étudier à l'université d'Oxford*.

rhodium ['rəʊdɪəm] n rhodium.

rhododendron [,rəʊdə'dendrən] n rhododendron *m*.

rhomb [rɒm] = **rhombus**.

rhombic ['rɒmbɪk] adj **1.** GEOM rhombique **2.** MINER [crystal] orthorhombique.

rhombic aerial n antenne *f* rhombique.

rhomboid ['rɒmbɔɪd] ◆ n parallélogramme *m (dont les côtés adjacents sont inégaux)*. ◆ adj rhomboïdal, rhombiforme.

rhombus ['rɒmbəs] (*pl* **rhombuses** *or* **rhombi** [-baɪ]) n losange *m*.

Rhône [rəʊn] pr n ▸ **the (River) Rhône** le Rhône ▸ **the Rhône glacier** le glacier du Rhône.

Rh-positive = rhesus positive.

rhubarb ['ru:bɑ:b] n **1.** BOT rhubarbe *f* **2.** THEAT brouhaha *m*, murmures *mpl* **3.** US *v inf* [squabble] chamailleries *fpl*, engueulade *f*.

rhyme [raɪm] ◆ n **1.** [sound] rime *f* / *the use of rhyme* l'emploi de la rime / *give me a rhyme for "mash"* trouve-moi un mot qui rime avec « mash » ▸ **without rhyme or reason** sans rime ni raison / *their demands have neither rhyme nor reason* leurs revendications ne riment à rien **2.** *(U)* [poetry] vers *mpl* / *in rhyme* en vers **3.** [poem] poème *m* / *I've made up a rhyme about you* j'ai composé un petit poème sur toi. ◆ vi **1.** [word, lines] rimer / *what rhymes with "orange"?* qu'est-ce qui rime avec « orange » ? **2.** [write verse] écrire or composer des poèmes. ◆ vt faire rimer / *you can't rhyme "lost" with "host"* on ne peut pas faire rimer « lost » avec « host ».

rhymed [raɪmd] adj rimé ▸ **rhymed verse** vers *mpl* rimés.

rhymer ['raɪmər] = **rhymester**.

rhyme royal n septain *m (combinaison ABABBCC)*.

rhyme scheme n combinaison *f* de rimes.

rhymester ['raɪmstər] n *pej* rimeur *m*, -euse *f*, rimailleur *m*, -euse *f*.

rhyming dictionary ['raɪmɪŋ-] n dictionnaire *m* de rimes.

rhyming slang ['raɪmɪŋ-] n *sorte d'argot qui consiste à remplacer un mot par un groupe de mots choisis pour la rime.*

Rhyming slang

Cet argot londonien, qui consiste à remplacer un mot par une expression avec laquelle il rime, est traditionnellement employé par les **Cockneys**, mais certaines expressions sont passées dans la langue courante, comme **pork pie** (pour dire **lie**), **brown bread** (**dead**), etc. On ne retient parfois que le premier élément de l'expression : **my old china** (qui vient de **china plate** pour dire **mate**) ; **to have a butcher's** (**butcher's hook** pour **look**).

rhythm ['rɪðm] n rythme *m* / *she's got rhythm* elle a le sens du rythme.

rhythm and blues n rhythm and blues *m inv*.

rhythm guitar n guitare *f* rythmique.

rhythmic(al) ['rɪðmɪk(l)] adj [pattern, exercice] rythmique ; [music, noise] rythmé / *rhythmical structure / movement* structure *f* / mouvement *m* rythmique / *the rhythmical rattling of the train* le bruit régulier du train / *Greek music is less rhythmical* la musique grecque est moins rythmée.

rhythmically ['rɪðmɪklɪ] adv rythmiquement / *they swayed rhythmically with the music* ils se balançaient au rythme de la musique.

rhythmic gymnastics n *(U)* gymnastique *f* rythmique, rhythmique *f*.

rhythm method n méthode *f* des températures.

rhythm section n section *f* rythmique.

RI ◆ n abbr of **religious instruction**. ◆ written abbr of **Rhode Island**.

rial [rɪ'ɑ:l] n rial *m*.

rib [rɪb] (*pt & pp* **ribbed**, *cont* **ribbing**) ◆ n **1.** ANAT côte *f* / *he dug* or *he poked her in the ribs* il lui a donné un petit coup de coude ▸ **floating rib** côte flottante ▸ **true / false rib** vraie / fausse côte **2.** CULIN côte *f* ▸ **rib of beef** côte de bœuf **3.** [of vault, leaf, aircraft or insect wing] nervure *f* ; [of ship's hull] couple *m*, membre *m* ; [of umbrella] baleine *f* **4.** [in knitting] côte *f* **5.** [on mountain - spur] éperon *m* ; [- crest] arête *f* **6.** [vein of ore] veine *f*, filon *m*. ◆ vt *inf* [tease] taquiner, mettre en boîte.

RIBA pr n abbr of **Royal Institute of British Architects**.

ribald ['rɪbəld] adj *liter* [joke, language] grivois, paillard ; [laughter] égrillard.

ribaldry ['rɪbəldrɪ] n *liter* paillardises *fpl*, grivoiserie *f*.

riband, ribband ['rɪbənd] n **1.** [award] ruban *m*, décoration *f* **2.** *arch* [in hair] ruban *m*.

ribbed [rɪbd] adj **1.** [leaf, vault] à nervures **2.** [sweater, fabric] à côtes.

ribbing ['rɪbɪŋ] n **1.** *(U)* TEXT côtes *fpl* **2.** *inf* [teasing] taquinerie *f*, mise *f* en boîte ▸ **to get a ribbing from sb** être mis en boîte par qqn.

ribbon ['rɪbən] ◆ vt **1.** [adorn with ribbon] enrubanner **2.** *fig* [streak] sillonner, zébrer **3.** [cut] couper en rubans ; [shred] mettre en lambeaux. ◆ n **1.** [for hair, typewriter, parcel, etc.] ruban *m* **2.** *fig* [of road] ruban *m* ; [of land] bande *f* ; [of cloud] traînée *f* / *her dress hung in ribbons* sa robe était en lambeaux or en loques.

ribbon development n UK croissance *f* urbaine linéaire *(le long des grands axes routiers)*.

ribcage ['rɪbkeɪdʒ] n cage *f* thoracique.

Ribena® [raɪ'bi:nə] n sirop *m* de cassis.

rib-eye n : *rib-eye (steak)* faux-filet *m*.

riboflavin [,raɪbəʊ'fleɪvɪn] n riboflavine *f*.

ribonucleic acid [,raɪbəʊnju:'kli:ɪk-] n acide *m* ribonucléique.

rib-tickler n *inf & hum* plaisanterie *f*.

rice [raɪs] ◆ n riz *m* ▸ **rice paddy** rizière *f*. ◆ vt US [potatoes] faire une purée de.

rice bowl n **1.** *lit* bol *m* à riz **2.** *fig* [region] région *f* productrice de riz / *this province was the rice bowl of Burma* cette province était le grenier à riz de la Birmanie.

riced [raɪst] adj US ▸ **riced potatoes** purée *f* (de pommes de terre).

ricefield ['raɪsfi:ld] n rizière *f*.

rice-growing adj [country, region] rizicole.

rice paper n papier *m* de riz.

rice pudding n riz *m* au lait.

ricer ['raɪsər] n US presse-purée *m inv*.

rice wine n alcool *m* de riz, saké *m*.

rich [rɪtʃ] ◆ adj **1.** [wealthy, affluent] riche / *it doesn't affect rich people* ça ne touche pas les riches / *they want to get rich quick* ils veulent s'enrichir très vite / *the rich part of town* les quartiers riches, les beaux quartiers **2.** [elegant, luxurious] riche, luxueux, somptueux / *rich tapestries* des tapisseries somptueuses **3.** [abundant, prolific] riche, abondant / *rich in vitamins / proteins* riche en vitamines / protéines / *rich vegetation* végétation luxuriante / *there are rich pickings to be had lit & fig* ça peut rapporter gros **4.** [fertile] riche, fertile / *rich soil* sol *m* fertile or riche / *a rich imagination* une imagination fertile **5.** [full, eventful] riche / *she led a very rich life* elle a eu une vie bien remplie / *their culture was extremely rich* ils avaient une culture extrêmement riche **6.** [strong, intense - colour] riche, chaud, vif ; [- voice, sound] chaud, riche ; [- smell] fort **7.** CULIN [food] riche ; [meal] lourd / *your diet is too rich* vous mangez trop d'aliments riches **8.** [funny] drôle / *rich humour* humour *m* très drôle / *I say, that's a bit rich!* *inf* c'est un peu fort (de café) !, ça, c'est le comble ! ◆ pl n ▸ **the rich** les riches *mpl*.

❖ **riches** pl n richesses *fpl*.

-rich in comp riche en... / *vitamin-rich foods* aliments *mpl* riches en vitamines.

Richard ['rɪtʃəd] pr n ▸ **Richard the Lionheart** Richard Cœur de Lion.

richly ['rɪtʃlɪ] adv **1.** [handsomely, generously] largement, richement / *they will be richly rewarded* ils seront largement or généreusement récompensés **2.** [thoroughly] largement, pleinement / *the punishment she so richly deserved* le châtiment qu'elle méritait amplement **3.** [abundantly] abondamment, richement / *the region is richly provided with arable land* la région est riche en terres arables / *richly illustrated* richement illustré **4.** [elegantly, luxuriously] somptueusement, luxueusement / *richly dressed / furnished* somptueusement habillé / meublé **5.** [vividly] : *richly coloured* aux couleurs riches or vives.

richness ['rɪtʃnɪs] n **1.** [wealth, affluence] richesse *f* **2.** [elegance, luxury] luxe *m*, richesse *f* **3.** [abundance] abondance *f*, richesse *f* / *an amazing richness of detail* une étonnante abondance de détails **4.** [fertility] richesse *f*, fertilité *f* / *the richness of the soil / of her imagination* la richesse du sol / de son imagination **5.** [fullness, eventfulness] richesse *f* / *the richness of his experience* la richesse de son expérience **6.** [strength, intensity - of colour, sound] richesse *f* ; [- of smell] intensité *f*.

Richter scale ['rɪktə-] n échelle *f* de Richter.

rick [rɪk] ◆ n **1.** AGR meule *f (de foin, etc.)* **2.** [in ankle, wrist] entorse *f* ; [in neck] torticolis *m*. ◆ vt **1.** AGR mettre en meules **2.** UK [sprain] se faire une entorse à ▸ **to rick one's neck** attraper un torticolis.

rickets ['rɪkɪts] n *(U)* rachitisme *m* / *to have rickets* souffrir de rachitisme, être rachitique.

rickety ['rɪkətɪ] adj **1.** [shaky - structure] branlant ; [- chair] bancal ; [- vehicle] (tout) bringuebalant **2.** [feeble - person] frêle, chancelant **3.** MED rachitique.

rickrack ['rɪkræk] n *(U)* feston *m*.

rickshaw ['rɪkʃɔ:] n [pulled] pousse *m inv*, pousse-pousse *m inv* ; [pedalled] cyclo-pousse *m inv*.

ricochet ['rɪkəʃeɪ] (*pt & pp* **ricocheted** [-ʃeɪd] *or* **ricochetted** [-ʃetɪd], *cont* **ricocheting** [-eɪɪŋ] *or* **ricochetting** [-ʃetɪŋ]) ◆ n ricochet *m* / *he was injured by a ricochet* il a été blessé par une balle qui a ricoché. ◆ vi ricocher ▸ **to ricochet off sthg** ricocher sur qqch.

ricrac ['rɪkræk] = **rickrack**.

rictus ['rɪktəs] n rictus *m*.

rid [rɪd] (*pt & pp* **rid** *or* **ridded**, *cont* **ridding**) ◆ vt débarrasser / *to rid a house of rats* débarrasser une maison de ses rats, dératiser une maison / *we must rid the country of corruption* il faut débarrasser le pays de la corruption / *you should rid yourself of such illusions!* arrêtez de vous bercer d'illusions ! ◆ adj ▸ **to get rid of** se débarrasser de / *how can we get rid of all this rubbish?* comment nous débarrasser de tout ce bazar ? ▸ **to be rid of** être débarrassé de / *I was glad to be rid of them* j'étais content d'être débarrassé d'eux.

riddance ['rɪdəns] n débarras *m* ▸ **good riddance (to bad rubbish)!** *inf* bon débarras !

ridden ['rɪdn] ◆ pp ⟶ **ride**. ◆ adj affligé, atteint.

-ridden in comp ▸ **debt-ridden** criblé de dettes ▸ **disease-ridden** infesté de maladies ▸ **flea-ridden** infesté de puces.

riddle ['rɪdl] ◆ n **1.** [poser] devinette *f* ▸ **to ask sb a riddle** poser une devinette à qqn **2.** [mystery] énigme *f* ▸ **to talk** or **to speak in riddles** parler par énigmes **3.** [sieve] crible *m*, tamis *m*. ◆ vt **1.** [pierce] cribler / *they riddled the car with bullets* ils criblèrent la voiture de balles **2.** [sift] passer au crible, cribler.

riddled ['rɪdld] adj plein ▸ **riddled with** plein de / *a wall riddled with holes* un mur plein de trous / *his letter is riddled with spelling mistakes* sa lettre est pleine de fautes d'orthographe.

ride [raɪd] (*pt* **rode** [rəʊd], *pp* **ridden** ['rɪdn]) ◆ vt **1.** [horse] monter à ; [camel, donkey, elephant] monter à dos de / *I don't know how to ride a horse / a camel* je ne sais pas monter à cheval / à dos de chameau / *they were riding horses / donkeys / camels* ils étaient à cheval / à dos d'âne / à dos de chameau / *she rode her mare in the park each day* elle montait sa jument chaque jour dans le parc / *Razzle, ridden by Jo Burns* Razzle, monté par Jo Burns / *he rode Prince into town* il a pris Prince pour aller en ville / *she rode her horse back* elle est revenue à cheval / *they rode their horses across the river* ils ont traversé la rivière sur leurs chevaux / *he rode his horse down the lane* il descendit le chemin à cheval **2.** [bicycle, motorcycle] monter sur / *he won't let me ride his bike* il ne veut pas que je monte sur or que je me serve de son vélo / *I don't know how to ride a bike / a motorbike* je ne sais pas faire du vélo / conduire une moto / *she was riding a motorbike* elle était à or en moto / *she rides her bike everywhere* elle se déplace toujours à vélo / *he rides his bike to work* il va travailler à vélo, il va au travail à vélo / *a gang of youths riding racers* une bande de jeunes (montés) sur des vélos de course / *he's riding his tricycle in the yard* il fait du tricycle dans la cour **3.** [go about - fields, valleys] parcourir / *when the Sioux rode the prairies* à l'époque où les Sioux parcouraient or sillonnaient la prairie / *you can ride this highway to Tucson* US vous pouvez prendre or suivre cette route jusqu'à Tucson **4.** [participate in - race] faire / *she's ridden four races this year* elle a fait quatre courses cette année / *he rode a good race* [jockey, horse] il a fait une bonne course **5.** US [have a go on - roundabout, fairground attraction] faire un tour de ; [lift, ski lift] prendre / *do you want to ride the roller coaster?* veux-tu faire un tour sur les montagnes russes ? / *he rode the chairlift to the top of the slope* il a pris le télésiège jusqu'au sommet de la piste / *she wanted to ride the miniature train* elle voulait monter dans le petit train **6.** US [travel on - bus, subway, train, ferry] prendre / *do you ride this line often?* est-ce que vous prenez souvent cette ligne ? / *she rides a bus to work* elle prend le bus pour aller travailler, elle va travailler en bus / *he spent three hours riding the subway* il a passé trois heures dans le métro **7.** [move with - sea, waves] se laisser porter par / *to ride the rapids* descendre les rapides / *surfers were riding the waves* des surfeurs glissaient sur les vagues / *hang gliders were riding the updrafts* des deltaplanes se laissaient porter par les courants ascendants / *the candidate is riding a surge of popularity* *fig* le candidat est porté par une vague de popularité ▸ **to ride one's luck** compter sur sa chance ▸ **to ride the storm a)** NAUT étaler la tempête **b)** *fig* surmonter la crise **8.** [take, recoil with - punch, blow] encaisser **9.** US [nag] harceler / *stop riding her!* laisse-la tranquille ! / *you ride the kids too hard* tu es trop dur avec les gosses / *you're always riding me about being late* tu me reproches sans arrêt d'être en retard **10.** US *inf* [tease] taquiner, mettre en boîte / *we were riding him about his accent* nous le taquinions au sujet de son accent / *my colleagues are really going to ride me!* je vais être la risée de mes collègues ! **11.** [copulate with - subj : animal] monter ; *v inf* [subj : person] grimper **12.** US [give a lift to] amener / *hop in and I'll ride you home* monte, je te ramène chez toi **13.** US PHR **to ride sb out of town a)** [drive out] chasser qqn de la ville **b)** [ridicule] tourner qqn en ridicule or en dérision / *the sheriff was ridden out of town* ils ont chassé le shérif de la ville. ◆ vi **1.** [ride a horse] monter (à cheval), faire du cheval / *she learnt to ride very young* elle a appris à faire du cheval or à monter à cheval très jeune / *I wish I could ride like you!* j'aimerais bien être aussi bon cavalier que or monter à cheval aussi bien que vous ! / *I like to ride on the beach in the morning* j'aime faire du cheval le matin sur la plage / *I was stiff after riding all day* j'avais des courbatures après avoir chevauché toute la journée or après une journée entière à cheval ▸ **to be riding high** *fig* avoir le vent en poupe ▸ **Zorro / Nixon rides again!** *hum* Zorro / Nixon est de retour ! **2.** [go - on horseback] aller (à cheval) ; [- by bicycle] aller (à vélo) ; [- by car] aller (en voiture) / *we rode along the canal and over the bridge* nous avons longé le canal et traversé le pont / *he rode by on a bicycle / on a white horse / on a donkey* il passa à vélo / sur un cheval blanc / monté sur un âne / *they ride to work on the bus / train* ils vont travailler en autobus / train / *I want to ride in the front seat / in the first carriage* je veux monter à l'avant / dans la voiture de tête / *she was riding in the back seat* elle était assise à l'arrière / *have you ever ridden in a rickshaw?* avez-vous jamais pris un pousse-pousse ? / *I'll ride up / down in the lift* je monterai / descendrai en ascenseur / *they rode to the top in the cable car* ils ont pris la télécabine pour aller au sommet / *you can ride on the handlebars / my shoulders* tu peux monter sur le guidon / mes épaules ▸ **to ride off a)** [leave] partir **b)** [move away] s'éloigner / *he rode off into the sunset* il s'éloigna vers le soleil couchant ▸ **to be riding for a fall** courir à l'échec **3.** [float, sail] voguer ▸ **to ride with the current** voguer au fil de l'eau / *the raft will ride over the reef* le radeau franchira le récif ▸ **to ride at anchor** être ancré / *the buoy rode with the swell* la bouée se balançait au gré de la houle / *the moon was riding high* la lune était haut dans le ciel ▸ **we'll have to ride with it** *inf* il faudra faire avec ▸ **to ride with the punches** US *inf* encaisser (les coups) **4.** [be sustained - person] être porté / *she was riding on a wave of popularity* elle était portée par une vague de popularité / *he rode to victory on a policy of reform* il a obtenu la victoire grâce à son programme de réformes / *the team is riding high* l'équipe a le vent en poupe / *he's riding on his reputation* il vit sur sa réputation **5.** [depend] dépendre / *everything rides on whether the meeting is successful* tout dépend de la réussite de la réunion / *my reputation is riding on the outcome* ma réputation est en jeu **6.** [money in bet] miser / *I've $5 riding on the favourite* j'ai misé 5 dollars sur le favori / *they have a fortune riding on this project* ils ont investi une fortune dans ce projet **7.** [continue undisturbed] : *he decided to let the matter ride* il a décidé de laisser courir ▸ **let it ride!** laisse tomber ! ◆ n **1.** [trip - for pleasure] promenade *f*, tour *m* ▸ **to go for a car / motorcycle ride** (aller) faire un tour or une promenade en voiture / en moto / *we went on long bicycle / horse rides* nous avons fait de longues promenades à vélo / à cheval / *a donkey ride* une promenade à dos d'âne / *he saddled up and went for his morning ride* il sella son cheval et partit faire sa promenade matinale / *he's got a ride in the 3:00 at Sandown* [jockey] il monte dans la course de 15 h à Sandown / *how about a ride in my new car?* et si on faisait un tour dans ma nouvelle voiture ? / *give Tom a ride* or *let Tom have a ride on your tricycle* laisse Tom monter sur ton tricycle / *give me a ride on your back* porte-moi sur ton dos / *his sister came along for the ride* sa sœur est venue faire un tour avec nous ; [when talking about distance] parcours *m*, trajet *m* / *she has a long car / bus ride to work* elle doit faire un long trajet en voiture / en bus pour aller travailler / *allow an hour for the bus ride* comptez une heure de trajet en bus / *it's a long bus ride to Mexico* c'est long d'aller en car au Mexique / *it's a 30-minute ride by bus / train / car* il faut 30 minutes en bus / train / voiture / *how much will the ride cost?* combien le voyage va-t-il coûter ? **2.** [quality of travel] : *this type of suspension gives a smoother ride* ce type de suspension est plus confortable ▸ **to give sb a rough ride** : *the journalists gave her a rough ride* les journalistes ne l'ont pas ménagée ▸ **to be in for a rough** or **bumpy ride** : *it looks as if we're in for a bumpy ride* ça ne va pas être une partie de plaisir **3.** US [lift - in car] : *can you give me a ride to the station?* peux-tu me conduire à la gare ? / *I have a ride coming* on vient me chercher / *I waited for my ride for half an hour* j'ai attendu une demi-heure qu'on passe me prendre / *get a ride to the party with Bill* demande à Bill s'il peut t'emmener à la fête / *don't accept rides from strangers* ne montez pas dans la voiture de quelqu'un que vous ne connaissez pas / *we got from New York to Chicago in one ride* nous sommes allés de New York jusqu'à Chicago dans la même voiture **4.** [in fairground - attraction] manège *m* ; [- turn] tour *m* / *it's 50p a ride* c'est 50 pence le tour / *he wanted to go on all the rides* il a voulu faire un tour sur chaque manège / *to have a ride on the big wheel* faire un tour sur la grande roue **5.** [bridle path] piste *f* cavalière ; [wider] allée *f* cavalière **6.** PHR **to take sb for a ride** *inf* **a)** [deceive] faire marcher qqn **b)** [cheat] arnaquer or rouler qqn **c)** US [kill] descendre or liquider qqn ▸ **take a ride!** US *inf* fous-moi la paix !

❖ **ride about** UK, **ride around** vi : *she rides about* or *around in a limousine* elle se déplace en limousine / *I saw him riding about in a brand new sports car* je l'ai vu passer dans une voiture de sport toute neuve.

❖ **ride down** vt sep **1.** [knock over] renverser ; [trample] piétiner **2.** [catch up with] rattraper / *they rode the wounded doe down* ils ont poursuivi la biche blessée jusqu'à ce qu'ils la rattrapent.

❖ **ride in** vt sep [horse] préparer *(pour un concours)*.

❖ **ride out** ◆ vt insep [difficulty, crisis] surmonter ; [recession] survivre à / *if we can ride out the next few months* si nous pouvons tenir or nous maintenir à flot encore quelques mois / *they managed to ride out a bad stretch* ils ont réussi à se tirer d'une mauvaise passe ▸ **to ride out the storm a)** NAUT étaler la tempête **b)** *fig* surmonter la crise, tenir. ◆ vi sortir *(à cheval, à vélo, etc.)*.

❖ **ride up** vi [garment] remonter.

ride-on mower n mototondeuse *f*.

rider ['raɪdəʳ] n **1.** [of horse, donkey] cavalier *m*, -ère *f* ; [of bicycle] cycliste *mf* ; [of motorcycle] motocycliste *mf* **2.** [proviso] condition *f*, stipulation *f* / *he agrees, with the rider that he won't have to pay for it* il est d'accord à condition que ce ne soit pas lui qui paie / *I'd like to add one small rider to what my colleague said* j'aimerais apporter une petite précision à ce qu'a dit mon collègue **3.** [annexe - to contract] annexe *f* ; UK LAW [jury recommendation] recommandation *f* **4.** [on scales] curseur *m*.

rider mower = **ride-on mower**.

ridership ['raɪdəʃɪp] n US nombre *m* de voyageurs.

ridge [rɪdʒ] ◆ n **1.** [of mountains] crête *f*, ligne *f* de faîte ; [leading to summit] crête *f*, arête *f* **2.** [raised strip or part] arête *f*, crête *f* ; AGR [in ploughed field] crête *f* / *the wet sand formed ridges* le sable mouillé était couvert de petites rides / *a ridge of high pressure* METEOR une crête de haute pression, une dorsale barométrique *spec* **3.** [of roof] faîte *m*. ◆ vt [crease] sillonner, rider / *you should ridge the roof with new tiles* vous devriez poser de nouvelles faîtières sur votre toit.

ridgeboard [rɪdʒbɔːd] n faîtage *m*.

ridged [rɪdʒd] adj ridé / *her brow was ridged with worry* l'inquiétude se lisait sur son visage.

ridgepiece ['rɪdʒpiːs] n ARCHIT panne *f* faîtière.

ridgepole ['rɪdʒpəʊl] n **1.** [for tent] faîtière *f* **2.** = **ridgepiece**.

ridge tent n tente *f* à faîtière.

ridge tile n (tuile *f*) faîtière *f*.

ridgeway ['rɪdʒweɪ] n *chemin de randonnée qui suit une ligne de faîte*.

ridicule ['rɪdɪkjuːl] ◆ n ridicule *m* ▸ **to pour ridicule on sthg, to hold sthg up to ridicule** tourner qqch en ridicule ▸ **to lay o.s. open to ridicule** s'exposer au ridicule. ◆ vt ridiculiser, tourner en ridicule.

ridiculous [rɪ'dɪkjʊləs] ◆ adj ridicule / *you look ridiculous in that hat* tu as l'air ridicule avec ce chapeau / *£500? don't be ridiculous!* 500 livres ? vous plaisantez ! ▸ **to make o.s. look ridiculous** se ridiculiser, se couvrir de ridicule. ◆ n ▸ **the ridiculous** le ridicule.

ridiculously [rɪ'dɪkjʊləslɪ] adv ridiculement / *it's ridiculously expensive* **a)** [price] c'est un prix exorbitant **b)** [article, shop] c'est beaucoup trop cher / *it's ridiculously cheap* **a)** [price] c'est un prix dérisoire **b)** [article, shop] c'est très bon marché.

ridiculousness [rɪ'dɪkjʊləsnɪs] n ridicule *m* / *the ridiculousness of the situation* le (côté) ridicule de la situation.

riding ['raɪdɪŋ] ◆ n **1.** EQUIT ▸ **(horse) riding** équitation *f* ▸ **to go riding** faire de l'équitation or du cheval / *do you like riding?* aimez-vous l'équitation or monter à cheval ? **2.** [in Yorkshire] division *f* administrative **3.** [in Canada, New Zealand] circonscription *f* électorale. ◆ comp [boots, jacket] de cheval ; [techniques] d'équitation.

riding breeches pl n culotte *f* de cheval.

riding crop n cravache *f*.

riding habit n tenue *f* d'amazone.

riding school n école *f* d'équitation.

rife [raɪf] adj **1.** [widespread] répandu / *corruption is rife* la corruption est chose commune **2.** [full] ▸ **rife with** abondant en / *the garden is rife with caterpillars* le jardin est envahi par les chenilles / *the office is rife with rumour* les langues vont bon train au bureau.

riff [rɪf] n riff *m*.

riffage ['rɪfɪdʒ] n MUS riffs *mpl* de guitare.

riffle ['rɪfl] ◆ vt **1.** [magazine, pages] feuilleter **2.** [cards] battre, mélanger **3.** US = **ripple**. ◆ n US **1.** [rapids] rapide *m*, rapides *mpl* **2.** = **ripple**.

❖ **riffle through** vt insep feuilleter.

riffraff ['rɪfræf] n racaille *f*.

rifle ['raɪfl] ◆ vt **1.** [search] fouiller (dans) / *I caught him rifling my desk* je l'ai surpris en train de fouiller dans mon bureau **2.** [rob] dévaliser / *they rifled the safe* ils ont dévalisé le coffre-fort **3.** [steal] voler / *all the money had been rifled* tout l'argent avait été volé **4.** [gun barrel]

rayer. ◆ vi ▸ **to rifle through sthg** fouiller dans qqch. ◆ n [gun] fusil *m*. ◆ comp [bullet, butt, shot] de fusil.
❖ **rifles** pl n MIL [unit] fusiliers *mpl*.

rifle grenade n grenade *f* à fusil.

rifleman ['raɪflmən] (*pl* **riflemen** [-mən]) n fusilier *m*.

rifle range n **1.** [for practice] champ *m* de tir **2.** [distance] ▸ **within rifle range** à portée de tir or de fusil.

rifling ['raɪflɪŋ] n *(U)* [in gun barrel] rayures *fpl*.

rift [rɪft] ◆ n **1.** [gap, cleavage] fissure *f*, crevasse *f* ; GEOL [fault] faille *f* / *a rift in the clouds* une trouée dans les nuages **2.** *fig* [split] cassure *f*, faille *f* ; POL scission *f* ; [quarrel] désaccord *m*, querelle *f* / *in order to prevent a rift in our relationship* pour éviter une rupture / *there is a deep rift between them* un abîme les sépare / *she hasn't seen her family since that rift* elle n'a pas vu sa famille depuis cette dispute / *a rift in the opposition* une scission au sein de l'opposition. ◆ vt scinder. ◆ vi se scinder.

rift valley n fossé *m* d'effondrement.

Rift Valley pr n ▸ **the Rift Valley** la Rift Valley.

rig [rɪg] (*pt & pp* **rigged**, *cont* **rigging**) ◆ vt **1.** [fiddle] truquer / *they were accused of rigging the match / the elections* on les a accusés d'avoir truqué le match / les élections / *the dice were rigged* les dés étaient truqués or pipés / *the whole affair was rigged!* c'était un coup monté du début jusqu'à la fin ! / *to rig a jury* manipuler un jury **2.** NAUT gréer **3.** [install] monter, bricoler. ◆ n **1.** [gen -equipment] matériel *m* **2.** NAUT gréement *m* **3.** PETR [on land] derrick *m* ; [offshore] plate-forme *f* **4.** *inf* [clothes] tenue *f*, fringues *fpl* **5.** US [truck] semi-remorque *m*.
❖ **rig down** vt sep & vi dégréer.
❖ **rig out** vt sep **1.** *inf* [clothe] habiller / *he was rigged out in a cowboy costume* il était habillé or déguisé en cow-boy / *look at the way she's rigged out!* *pej* regarde comme elle est fagotée ! **2.** [equip] équiper.
❖ **rig up** vt sep [install] monter, installer.

Riga ['riːgə] pr n Riga.

rigamarole ['rɪgəmərəʊl] n = **rigmarole**.

-rigged [rɪgd] in comp gréé.

rigger ['rɪgər] n **1.** NAUT gréeur *m* **2.** PETR *personne qui travaille sur un chantier de forage.*

rigging ['rɪgɪŋ] n **1.** NAUT gréement *m* **2.** THEAT machinerie *f* **3.** [fiddling] trucage *m*.

rigging loft n **1.** NAUT (atelier *m* de) garniture *f* **2.** THEAT cintre *m*.

right [raɪt] ◆ adj **1.** [indicating location, direction] droit / *raise your right hand* levez la main droite / *the right side of the stage* le côté droit de or la droite de la scène / *take the next right (turn)* prenez la prochaine à droite / *would you like to try the right shoe?* [in shop] vous voulez essayer le pied droit ? **2.** [accurate, correct -prediction] juste, exact ; [-answer, address] bon / *the weather forecasts are never right* les prévisions météo ne sont jamais exactes / *he didn't give me the right change* il ne m'a pas rendu la monnaie exacte / *the clock is right* l'horloge est juste or à l'heure / *have you got the right time?* est-ce que vous avez l'heure (exacte) ? / *the sentence doesn't sound / look quite right* la phrase sonne / a l'air un peu bizarre / *there's something not quite right in what he says* il y a quelque chose qui cloche dans ce qu'il dit ; [person] ▸ **to be right** avoir raison / *the customer is always right* le client a toujours raison / *you were right about him* vous aviez raison à son sujet / *I was right in thinking he was an actor* j'avais raison de penser que c'était un acteur / *am I right in thinking you're German?* vous êtes bien allemand, ou est-ce que je me trompe ? / *you're the eldest, am I right* or *is that right?* c'est (bien) toi l'aîné, ou est-ce que je me trompe ? / *I owe you $5, right?* je te dois 5 dollars, c'est (bien) ça ? / *and I'm telling you you still owe me £10, right!* et moi je te dis que tu me dois encore 10 livres, vu ? / *he's sick today, right?* il est malade aujourd'hui, non ? / *that's right* c'est juste, oui / *he got the pronunciation / spelling right* il l'a bien prononcé / épelé / *she got the answer right* elle a donné la bonne réponse / *I never get those quadratic equations right* je me trompe toujours avec ces équations quadratiques / *he got the time right but the date wrong* il ne s'est pas trompé d'heure mais de date / *make sure you get your figures / her name right* faites attention de ne pas vous tromper dans vos calculs / sur son nom / *get your facts right!* vérifiez vos renseignements ! / *he got it right this time* il ne s'est pas trompé cette fois-ci / *let's get this right* mettons les choses au clair / *time proved her right* le temps lui a donné raison ▸ **how right you are!** vous avez cent fois raison ! ▸ **to put sb right (about sthg / sb)** détromper qqn (au sujet de qqch / qqn) / *he thought he could get away with it, but I soon put him right* il croyait qu'il pourrait s'en tirer comme ça mais je l'ai vite détrompé ▸ **to put** or **set right a)** [object] redresser, remettre d'aplomb **b)** [clock] remettre à l'heure **c)** [machine, mechanism] réparer **d)** [text, record] corriger **e)** [oversight, injustice] réparer ▸ **to put things** or **matters right a)** [politically, financially, etc.] redresser or rétablir la situation **b)** [in relationships] arranger les choses / *he made a mess of it and I had to put things right* il a raté son coup et j'ai dû réparer les dégâts **3.** [appropriate -diploma, tool, sequence, moment] bon ; [best -choice, decision] meilleur / *are we going in the right direction?* est-ce que nous allons dans le bon sens ? / *I think it's the right strategy* je crois que c'est la bonne stratégie / *when the time is right* au bon moment, au moment voulu / *you'll know when the time is right* tu sauras quand ce sera le bon moment / *to be in the right place at the right time* être là où il faut quand il faut / *I can't find the right word* je ne trouve pas le mot juste / *if the price is right* si le prix est intéressant / *the colour is just right* la couleur est parfaite / *the magazine has just the right mix of news and commentary* la revue a juste ce qu'il faut d'informations et de commentaires / *she's the right woman for the job* c'est la femme qu'il faut pour ce travail / *the right holiday for your budget* les vacances qui conviennent le mieux à votre budget / *the frame is right for the picture* le cadre convient tout à fait au tableau / *her hairdo isn't right for her* sa coiffure ne lui va pas / *teaching isn't right for you* l'enseignement n'est pas ce qu'il vous faut / *she's the right person to talk to* c'est à elle qu'il faut s'adresser / *is this the right sort of outfit to wear?* est-ce la bonne tenue ? / *place the document right side down / up* placez le document face en bas / vers le haut / *turn the socks right side in / out* mettez les chaussettes à l'envers / à l'endroit / *it wasn't the right thing to say* ce n'était pas la chose à dire / *you've done the right thing to tell us about it* vous avez bien fait de nous en parler / *he did the right thing, but for the wrong reasons* il a fait le bon choix, mais pour de mauvaises raisons / *you're not doing it the right way!* ce n'est pas comme ça qu'il faut faire or s'y prendre ! / *there's no one right way to go about it* il n'y a pas qu'une façon de s'y prendre / *that's the right way to approach the problem* c'est comme ça qu'il faut aborder la question **4.** [fair, just] juste, équitable ; [morally good] bien *(inv)* ; [socially correct] correct / *it's not right to separate the children* ce n'est pas bien de séparer les enfants / *I don't think capital punishment is right* je ne crois pas que la peine de mort soit juste / *it is only right and proper for the father to be present* il est tout à fait naturel que le père soit présent / *do you think it's right for them to sell arms?* est-ce que vous croyez qu'ils ont raison de vendre des armes ? / *I thought it right to ask you first* j'ai cru bon de vous demander d'abord / *I don't feel right leaving you alone* ça me gêne de te laisser tout seul / *it's only right that you should know* il est juste que vous le sachiez / *I only want to do what is right* je ne cherche qu'à bien faire ▸ **to do the right thing (by sb)** bien agir (avec qqn) **5.** [functioning properly] : *the window is still not right* la fenêtre ne marche pas bien encore / *there's something not quite right with the motor* le moteur ne marche pas très bien **6.** [healthy] bien *(inv)* / *I don't feel right* je ne me sens pas très bien, je ne suis pas dans mon assiette / *my knee doesn't feel right* j'ai quelque chose au genou / *a rest will put* or *set you right again* un peu de repos te remettra ▸ **to be right in the head** *inf* : *he's not quite right in the head* ça ne va pas très bien dans sa tête / *nobody in their right mind would refuse such an offer!* aucune personne sensée ne refuserait une telle offre ! **7.** [satisfactory] bien *(inv)* / *things aren't right between them* ça ne va pas très bien entre eux / *does the hat look right to you?* le chapeau, ça va ? / *I can't get this hem right* je n'arrive pas à faire un bel ourlet ▸ **to come right** *inf* s'arranger **8.** [indicating social status] bien *(inv)*, comme il faut / *she took care to be seen in all the right places* elle a fait en sorte d'être vue partout où il fallait / *you'll only meet her if you move in the right circles* vous ne la rencontrerez que si vous fréquentez le beau monde / *to know the right people* connaître des gens bien placés / *he went to the right school and belonged to the right clubs* il a fréquenté une très bonne école et a appartenu aux meilleurs clubs **9.** GEOM [angle, line, prism, cone] droit ▸ **right triangle** US triangle *m* rectangle **10.** UK *inf* [as intensifier] vrai, complet / *I felt like a right idiot* je me sentais vraiment bête / *the government made a right mess of it* le gouvernement a fait un beau gâchis / *there was a right one in here this morning!* *inf* on a eu un vrai cinglé ce matin ! **11.** *inf & regional* [ready] prêt. ◆ adv **1.** [in directions] à droite / *turn right at the traffic lights* tournez à droite au feu (rouge) / *look right* regardez à droite / *the party is moving further right* le parti est en train de virer plus à droite ▸ **right and left** or **right, left and centre** *inf* : *they're giving out gifts right, left and centre* ils distribuent des cadeaux à tour de bras / *they're accepting offers right and left* ils acceptent des offres de tous les côtés **2.** [accurately, correctly -hear] bien ; [-guess] juste ; [-answer, spell] bien, correctement / *if I remember right* si je me rappelle bien / *he predicted the election results right* il a vu juste en ce qui concernait les résultats des élections **3.** [properly] bien, comme il faut / *the door doesn't shut right* la porte ne ferme pas bien / *nothing works right in this house!* rien ne marche comme il faut dans cette maison ! / *you're not holding the saw right* tu ne tiens pas la scie comme il faut / *the top isn't on right* le couvercle n'est pas bien mis / *if we organize things right, there'll be enough time* si nous organisons bien les choses, il y aura assez de temps / *I hope things go right for you* j'espère que tout ira bien pour toi / *nothing is going right today* tout va de travers aujourd'hui / *he can't do anything right* il ne peut rien faire correctement or comme il faut / *do it right the next time!* ne vous trompez pas la prochaine fois ! / *the roast is done just right* le rôti est cuit à la perfection **4.** [emphasizing precise location] : *the lamp's shining right in my eyes* j'ai la lumière de la lampe en plein dans les yeux or en pleine figure / *it's right opposite the post office* c'est juste en face de la poste / *it's right in front of / behind you* c'est droit devant vous / juste derrière vous / *I'm right behind you there* *fig* je suis entièrement d'accord avec vous là-dessus / *I stepped right in it* j'ai marché en plein dedans / *he shot him right in the forehead* il lui a tiré une balle en plein front / *the hotel was right on the beach* l'hôtel donnait directement sur la plage / *it broke right in the middle* ça a cassé juste au milieu / *I left it right here* je l'ai laissé juste ici / *stay right there* ne bougez pas **5.** [emphasizing precise time] juste, exactement / *I arrived right at that moment* je suis arrivé juste à ce moment-là / *right in the middle of the fight* au beau milieu de la bagarre **6.** [all the way] : *it's right at the back of the drawer / at the front of the book* c'est tout au fond du tiroir / juste au début du livre / *right down to the bottom* jusqu'au fond / *right from the start* dès le début / *move right over* allez jusqu'au fond / *his shoes were worn right through* ses chaussures étaient usées jusqu'à la corde / *the car drove right through the road-block* la voiture est passée à travers le barrage / *the path leads right to the lake* le sentier va jusqu'au lac / *that girl is going right to the top* *fig* cette fille ira loin / *the water came right up to the window* l'eau est montée jusqu'à la fenêtre / *we worked right up until the last minute* nous avons travaillé jusqu'à la toute dernière minute **7.** [immediately] tout de suite / *I'll be right over* je viens tout de suite / *I'll be right with you* je suis à vous tout de suite / *let's talk right after the meeting* parlons-en juste après la réunion **8.** [justly, fairly] bien ; [properly, fittingly] correctement / *you did right* tu as bien fait ▸ **to do right by sb** agir correctement envers qqn **9.** *v inf & regional* [very] bien / *she was right nice* elle était bien aimable. ◆ n **1.** [in directions] droite *f* / *look to the* or *your right* regardez à droite or sur votre droite / *keep to the* or *your right* restez à droite / *he was seated on your right* il était assis à ta droite / *from right to left* de droite à gauche **2.** POL droite *f* / *the right is* or *are divided* la droite est divisée / *he's to the right of the party leadership* il est plus à droite que les dirigeants du parti

3. [in boxing] droit *m*, droite *f* 4. [entitlement] droit *m* / *the right to vote / of asylum* le droit de vote / d'asile ▸ **to have a right to sthg** avoir droit à qqch / *she has a right to half the profits* elle a droit à la moitié des bénéfices ▸ **to have a** or **the right to do sthg** avoir le droit de faire qqch / *you've no right to talk to me like that!* tu n'as pas le droit de me parler ainsi ! / *you have every right to be angry* tu as toutes les raisons d'être en colère / *by what right?* de quel droit ? / *the right to life* le droit à la vie ▸ **as of right** *fml* de (plein) droit ▸ **by right of birth** : *he's American by right of birth* il est américain de naissance ▸ **in one's own right** : *she's rich in her own right* elle a une grande fortune personnelle / *he became a leader in his own right* il est devenu leader par son seul talent 5. [what is good, moral] bien *m* ▸ **to know right from wrong** distinguer ce qui est bien de ce qui est mal ▸ **to be in the right** être dans le vrai, avoir raison / *he put himself in the right by apologizing* il s'est racheté en s'excusant. ◆ interj : *come tomorrow — right (you are)!* venez demain — d'accord ! / *right, let's get to work!* bon or bien, au travail ! / *right (you are) then, see you later* bon alors, à plus tard. ◆ vt 1. [set upright again - chair, ship] redresser / *the crane righted the derailed carriage* la grue a redressé le wagon qui avait déraillé / *the raft will right itself* le radeau se redressera (tout seul) 2. [redress - situation] redresser, rétablir ; [- damage] réparer ; [- injustice] réparer ▸ **to right a wrong** redresser un tort ▸ **to right the balance** rétablir l'équilibre / *the problem won't just right itself* ce problème ne va pas se résoudre de lui-même or s'arranger tout seul. ◆ vi [car, ship] se redresser.

❖ **rights** pl n 1. [political, social] droits *mpl* / *I know my rights* je connais mes droits / *you'd be within your rights to demand a refund* vous seriez dans votre (bon) droit si vous réclamiez un remboursement / *read him his rights* US [on arresting a suspect] prévenez-le de ses droits 2. COMM droits *mpl* / *who has the mineral / film / distribution rights?* qui détient les droits miniers / d'adaptation cinématographique / de distribution ? 3. FIN ▸ **(application) right** or **rights** droits *mpl* or privilège *m* de souscription 4. PHR ▸ **to put** or **to set to rights** a) [room] mettre en ordre b) [firm, country] redresser c) [situation] arranger ▸ **to set the world to rights** *hum* refaire le monde.

❖ **by right(s)** adv phr en principe / *she ought, by rights, to get compensation* en principe, elle devrait toucher une compensation.

❖ **right away** adv phr [at once] tout de suite, aussitôt ; [from the start] dès le début ; [first go] du premier coup / *right away, sir!* tout de suite, monsieur ! / *I knew right away there'd be trouble* j'ai su tout de suite or dès le début qu'il y aurait des problèmes.

❖ **right now** adv phr 1. [at once] tout de suite 2. [at the moment] pour le moment.

❖ **right off** US = right away.

right-about turn n demi-tour *m*.

right angle n angle *m* droit / *the corridors are at right angles* les couloirs sont perpendiculaires / *a line at right angles to the base* une ligne perpendiculaire à la base / *the path made a right angle* le sentier formait un coude.

right-angled adj [hook, turn] à angle droit.

right-angled triangle n UK triangle *m* rectangle.

right-click ◆ vt COMPUT cliquer avec le bouton droit de la souris sur. ◆ vi COMPUT cliquer avec le bouton droit de la souris.

righten ['raɪtn] vt redresser.

righteous ['raɪtʃəs] adj 1. [just] juste ; [virtuous] vertueux 2. *pej* [self-righteous] suffisant / *righteous indignation* colère indignée.

righteously ['raɪtʃəslɪ] adv 1. [virtuously] vertueusement 2. *pej* [self-righteously] avec suffisance.

righteousness ['raɪtʃəsnɪs] n vertu *f*, rectitude *f*.

right-footed [-'fʊtɪd] adj qui se sert de son pied droit.

right-footer [-'fʊtər] n 1. SPORT joueur *m*, -euse *f* qui joue du pied droit 2. *pej* [Protestant] protestant *m*, -e *f*.

rightful ['raɪtfʊl] adj légitime.

rightfully ['raɪtfʊlɪ] adv légitimement.

right-hand adj droit / *on the right-hand side* à droite / *the right-hand side of the road* le côté droit de la route / *it's in the right-hand drawer* c'est dans le tiroir de droite / *a right-hand bend* un virage à droite / *my right-hand glove* mon gant droit.

right-hand drive n AUTO conduite *f* à droite / *a right-hand drive vehicle* un véhicule avec la conduite à droite.

right-handed [-'hændɪd] adj 1. [person] droitier 2. [punch] du droit 3. [scissors, golf club] pour droitiers ; [screw] fileté à droite.

right-hander [-'hændər] n 1. [person] droitier *m*, -ère *f* 2. [blow] coup *m* du droit.

right-hand man n bras *m* droit.

right-ho *inf* = righto.

Right Honourable adj UK *titre utilisé pour s'adresser à certains hauts fonctionnaires ou à quelqu'un ayant un titre de noblesse.*

rightism ['raɪtɪzm] n idées *fpl* de droite.

rightist ['raɪtɪst] ◆ n homme *m*, femme *f* de droite / *they're rightists* ils sont de droite. ◆ adj de droite.

rightly ['raɪtlɪ] adv 1. [correctly] correctement, bien / *rightly dressed for the occasion* habillé pour la circonstance / *I don't rightly know* *inf* je ne sais pas bien 2. [with justification] à juste titre, avec raison / *he was rightly angry* or *he was angry and rightly so* il était en colère à juste titre.

right-minded adj raisonnable, sensé / *every right-minded citizen / Christian* tout citoyen / chrétien honnête.

rightness ['raɪtnɪs] n 1. [accuracy - of answer] exactitude *f*, justesse *f* ; [- of guess] justesse *f* 2. [justness - of decision, judgment] équité *f* ; [- of claim] légitimité *f* 3. [appropriateness - of tone, dress] justesse *f*, caractère *m* approprié.

righto ['raɪtəʊ] interj UK *inf* OK, d'ac.

right-of-centre adj centre droit.

right of initiative n droit *m* d'initiative.

right of way (*pl* rights of way) n 1. AUTO priorité *f* / *it's your right of way* vous avez (la) priorité ▸ **to have (the) right of way** avoir (la) priorité 2. [right to cross land] droit *m* de passage 3. [path, road] chemin *m* ; US [for power line, railroad, etc.] voie *f*.

right-on adj *inf* idéologiquement correct.

Right Reverend adj UK : *the Right Reverend James Brown* a) [Protestant] le très révérend James Brown b) [Catholic] monseigneur Brown.

rights issue n droit *m* préférentiel de souscription.

rightsize ['raɪtsaɪz] vt dégraisser.

rightsizing ['raɪt,saɪzɪŋ] n dégraissage *m*.

right-thinking adj raisonnable, sensé.

right-to-life adj [movement, candidate] antiavortement.

right-to-lifer [-'laɪfər] n adversaire *mf* de l'avortement.

right-to-work movement n *syndicat s'opposant à la pratique du « syndicat unique » aux États-Unis.*

right wing n 1. POL droite *f* / *the right wing of the party* l'aile droite du parti 2. SPORT [position] aile *f* droite ; [player] ailier *m* droit.

❖ **right-wing** adj POL de droite / *she's more right-wing than the others* elle est plus à droite que les autres.

right-winger n 1. POL homme *m*, femme *f* de droite / *he's a right-winger* il est de droite / *measures unpopular with right-wingers* mesures peu appréciées par la droite 2. SPORT ailier *m* droit.

righty-ho [raɪtɪ'həʊ], **righty-oh** [,raɪtɪ'əʊ] *inf* = righto.

rigid ['rɪdʒɪd] adj 1. [structure, material] rigide ; [body, muscle] raide / *he was rigid with fear* il était paralysé par la peur / *it shook me rigid!* *inf* ça m'a fait un de ces coups ! 2. [person, ideas, policy] rigide, inflexible ; [discipline] strict, sévère.

rigid disk n disque *m* dur.

rigidity [rɪ'dʒɪdətɪ] n 1. [of structure, material] rigidité *f* ; [of body, muscle] raideur *f* 2. [of person, ideas, policy] rigidité *f*, inflexibilité *f* ; [of discipline] sévérité *f*.

rigidly ['rɪdʒɪdlɪ] adv rigidement, avec raideur / *the rules are rigidly applied* le règlement est rigoureusement appliqué.

rigmarole ['rɪgmərəʊl] n *inf* 1. [procedure] cirque *m* / *I don't want to go through all the rigmarole of applying for a licence* je ne veux pas m'embêter à déposer une demande de permis 2. [talk] charabia *m*, galimatias *m*.

rigor ['rɪgər] n 1. US = **rigour** 2. (*U*) MED [before fever] frissons *mpl* ; [in muscle] crampe *f*.

rigor mortis [,rɪgə'mɔːtɪs] n rigidité *f* cadavérique.

rigorous ['rɪgərəs] adj rigoureux ▸ **rigorous proof** LOGIC & MATH preuve *f* rigoureuse.

rigorously ['rɪgərəslɪ] adv rigoureusement, avec rigueur.

rigour UK, **rigor** US ['rɪgər] n rigueur *f*.

rigout ['rɪgaʊt] n *inf* accoutrement *m*.

rile [raɪl] vt 1. [person] agacer, énerver 2. US [water] troubler.

Riley ['raɪlɪ] pr n ▸ **to live the life of Riley** *inf* mener une vie de pacha.

rill [rɪl] n 1. *liter* [brook] ruisselet *m* 2. [on moon] vallée *f* 3. [from erosion] ravine *f*.

rim [rɪm] (*pt & pp* rimmed, *cont* rimming) ◆ n 1. [of bowl, cup] bord *m* ; [of eye, lake] bord *m*, pourtour *m* ; [of well] margelle *f* 2. [of spectacles] monture *f* 3. [of wheel] jante *f* 4. [of dirt] marque *f* / *a rim of coffee left in the cup* des traces de café à l'intérieur de la tasse / *there was a black rim around the bath* il y avait une trace de crasse tout autour de la baignoire. ◆ vt border / *trees rim the lake* le lac est bordé or entouré d'arbres.

rime [raɪm] ◆ n 1. *liter* [frost] givre *m*, gelée *f* blanche 2. *arch* = **rhyme**. ◆ vt *liter* givrer.

Rimini ['rɪmɪnɪ] pr n Rimini.

rimless ['rɪmlɪs] adj [spectacles] sans monture.

-rimmed [rɪmd] in comp : *gold / steel-rimmed spectacles* lunettes *fpl* à monture en or / d'acier.

rimming ['rɪmɪŋ] n TV & CIN éclairage *m* frisant.

Rimsky-Korsakov [,rɪmskɪ'kɔːsəkɒf] pr n Rimski-Korsakov.

rimy ['raɪmɪ] (*compar* rimier, *superl* rimiest) adj *liter* givré.

rind [raɪnd] n [on bacon] couenne *f* ; [on cheese] croûte *f* ; [on fruit] écorce *f* ; [of bark] couche *f* extérieure.

rinderpest ['rɪndəpest] n VET peste *f* bovine.

rindless ['raɪndlɪs] adj [bacon] sans couenne.

ring [rɪŋ] ◆ n 1. [sound of bell] sonnerie *f* / *there was a ring at the door* on a sonné (à la porte) / *she answered the phone after just one ring* le téléphone n'avait sonné qu'une fois quand elle a décroché / *give two long rings and one short one* sonnez trois fois, deux coups longs et un coup bref / *the ring of the church bells* le carillonnement des cloches de l'église 2. [sound] son *m* ; [resounding] retentissement *m* / *the ring of their voices in the empty warehouse* leurs voix qui résonnaient dans l'entrepôt vide ; *fig* [note] note *f*, accent *m* / *his words had a ring of truth* il y avait un accent de vérité dans ses paroles / *the name has a familiar ring* ce nom me dit quelque chose / *that excuse has got a familiar ring!* j'ai déjà entendu ça quelque part ! 3. [telephone call] coup *m* de téléphone / *give me a ring tomorrow* passez-moi un coup de téléphone or appelez-moi demain 4. [set of bells] jeu *m* de cloches 5. [on finger] anneau *m*, bague *f* ; [in nose, ear] anneau *m* / **'The Ring of the Nibelung'** *Wagner* 'l'Anneau du Nibelung' ▸ **the Ring Cycle** la Tétralogie 6. [round object] anneau *m* ; [for serviette] rond *m* ; [for swimmer] bouée *f* ; [for identifying bird] bague *f* ; [of piston] segment *m* / *moor the boat to that ring* amarrez le bateau à cet anneau ▸ **the rings** [in gym] les anneaux *mpl* 7. [circle] cercle *m*, rond *m* ; [of smoke] rond *m* ; [in or around tree trunk] anneau *m* / *all stand in a ring* mettez-vous tous en cercle / *she looked round the ring of faces* elle regarda les visages tout autour d'elle / *the glasses left rings on the piano* les verres ont laissé des ronds or marques sur le piano / *the rings of Saturn* les anneaux de Saturne / *there's a ring around the moon* la lune est cernée d'un halo / *he has rings round his eyes* il a les yeux cernés ▸ **to run** or **to make rings round sb** *inf* éclipser or écraser qqn **8.** [for boxing, wrestling] ring *m* ; [in circus] piste *f* **9.** UK [for cooking - electric] plaque *f* ; [- gas] feu *m*, brûleur *m* **10.** [group of people] cercle *m*, clique *f pej* ▸ **price-fixing ring** cartel *m* ▸ **spy / drug ring** réseau *m* d'espions / de trafiquants de drogue **11.** CHEM [of atoms] chaîne *f* fermée. ◆ vt **1.** (*pt* **rang** [ræŋ], *pp* **rung** [rʌŋ]) [bell, alarm] sonner / *I rang the doorbell* j'ai sonné à la porte / *the church clock rings the hours* l'horloge de l'église sonne les heures ▸ **the name / title rings a bell** ce nom / titre me dit quelque chose ▸ **to ring the bell** *inf* [succeed] décrocher le pompon ▸ **to ring the changes a)** [on church bells] carillonner **b)** *fig* changer ▸ **to ring the changes on sthg** apporter des changements à qqch **2.** (*pt* **rang** [ræŋ], *pp* **rung** [rʌŋ]) UK [phone] téléphoner à, appeler ▸ **don't ring us, we'll ring you** *hum* laissez-nous votre adresse, on vous écrira **3.** [surround] entourer, encercler / *a lake ringed with trees* un lac entouré or bordé d'arbres **4.** [draw circle round] entourer d'un cercle / *ring the right answer* entourez la bonne réponse **5.** [bird] baguer ; [bull, pig] anneler **6.** [in quoits, hoopla - throw ring round] lancer un anneau sur. ◆ vi (*pt* **rang** [ræŋ], *pp* **rung** [rʌŋ]) **1.** [chime, peal - bell, telephone, alarm] sonner ; [with high pitch] tinter ; [long and loud] carillonner / *the doorbell rang* on a sonné (à la porte) / *the line is ringing for you* ≃ ne quittez pas, je vous le / la passe **2.** [resound] résonner, retentir / *their laughter rang through the house* leurs rires résonnaient dans toute la maison / *the theatre rang with applause* la salle retentissait d'applaudissements / *my ears are ringing* j'ai les oreilles qui bourdonnent / *my ears are still ringing with their laughter* or *their laughter still rings in my ears* leurs rires retentissent encore à mes oreilles ▸ **to ring true / false / hollow** sonner vrai / faux / creux **3.** [summon] sonner / *to ring for the maid* sonner la bonne / *I rang for a glass of water* j'ai sonné pour qu'on m'apporte un verre d'eau / *you rang, Sir?* Monsieur a sonné ? **4.** UK [phone] téléphoner.

✥ **ring around** = **ring round.**

✥ **ring back** vi & vt sep UK [phone back] rappeler.

✥ **ring down** vt sep ▸ **to ring down the curtain** THEAT baisser le rideau ▸ **to ring down the curtain on sthg** *fig* mettre un terme à qqch.

✥ **ring in** ◆ vi **1.** UK [phone] téléphoner / *listeners are encouraged to ring in* on encourage les auditeurs à téléphoner (au studio) **2.** [of prices] : *the price of beer is now ringing in at almost £3* le prix d'une bière atteint aujourd'hui presque 3 livres. ◆ vt sep **1.** AUSTR & NZ [rope in] enrôler **2.** PHR **to ring the New Year in** sonner les cloches pour annoncer la nouvelle année.

✥ **ring off** vi UK raccrocher.

✥ **ring out** ◆ vi retentir. ◆ vt sep ▸ **to ring out the old year** sonner les cloches pour annoncer la fin de l'année. ◆ vt insep ▸ **to ring out the old and ring in the new** se débarrasser du vieux pour faire place au neuf.

✥ **ring round** vt insep UK téléphoner à, appeler / *if you ring round everybody, I'm sure you'll find someone to help* si tu appelles tout le monde, tu trouveras bien quelqu'un pour t'aider.

✥ **ring up** vt sep UK **1.** [phone] téléphoner à, appeler **2.** [on cash register - sale, sum] enregistrer **3.** PHR **to ring up the curtain** THEAT lever le rideau ▸ **to ring up the curtain on sthg** *fig* inaugurer qqch, marquer le début de qqch.

ring-a-ring-a-roses n *chanson que chantent les enfants en faisant la ronde.*

ringback tone ['rɪŋbæk-] n TELEC tonalité *f* de rappel.

ring binder n classeur *m* (à anneaux).

ringbolt ['rɪŋbəʊlt] n boulon *m* à anneau de levage.

ring-bound adj [notebook, file] à anneaux.

ring circuit n circuit *m* de bouclage.

ringdove ['rɪŋdʌv] n (pigeon *m*) ramier *m*.

ringed plover [rɪŋd-] n pluvier *m* à collier.

ringer ['rɪŋər] n **1.** [of bells] sonneur *m*, carillonneur *m*, -euse *f* **2.** *inf* [double] sosie *m* / *he's a (dead) ringer for you* vous vous ressemblez comme deux gouttes d'eau **3.** US *v inf* SPORT [horse] *cheval qui participe frauduleusement à une course* ; [player] *joueur participant frauduleusement à un match* **4.** AUSTR *inf* [expert] as *m*, crack *m*.

ring-fence vt [money to be spent, fund] allouer ; [bad debt, assets] isoler ; [project] délimiter, définir le périmètre de / *the committee agreed to ring-fence £4,000 for urgent renovation work* le comité a décidé d'allouer 4 000 livres pour des travaux de rénovation urgents / *to ring-fence a bank's toxic assets* isoler les actifs toxiques d'une banque.

ring finger n annulaire *m*.

ringing ['rɪŋɪŋ] ◆ adj sonore, retentissant. ◆ n **1.** [of doorbell, phone, alarm] sonnerie *f* ; [of cowbell] tintement *m* ; [of church bells] carillonnement *m* **2.** [of cries, laughter] retentissement *m* ; [in ears] bourdonnement *m*.

ringing tone n sonnerie *f*, signal *m* d'appel.

ringleader ['rɪŋ,li:dər] n meneur *m*, -euse *f*.

ringlet ['rɪŋlɪt] n boucle *f* (de cheveux).

ring main n conducteur *m* de bouclage.

ringmaster ['rɪŋ,mɑ:stər] n ≃ Monsieur Loyal *m*.

ring-pull n UK anneau *m*, bague *f* (*sur une boîte de boisson*) ▸ **ring-pull can** cannette *f*, boîte *f* (*qu'on ouvre en tirant sur une bague*).

ring road n UK rocade *f*.

ringside ['rɪŋsaɪd] n (*U*) SPORT premiers rangs *mpl* ▸ **to have a ringside seat** *fig* être aux premières loges.

ring spanner n UK clé *f* polygonale.

ring-tailed lemur n maki *m*.

ringtone ['rɪŋtəʊn] n sonnerie *f*.

ringway ['rɪŋweɪ] UK = **ring road.**

ringworm ['rɪŋwɜ:m] n teigne *f*.

rink [rɪŋk] n [for ice-skating] patinoire *f* ; [for roller-skating] piste *f* (*pour patins à roulettes*).

rinky-dink ['rɪŋkɪdɪŋk] adj US *inf* ringard.

rinse [rɪns] ◆ vt rincer / *she rinsed her hands / her mouth* elle se rinça les mains / la bouche / *rinse the soap out of the clothes* rincez les vêtements. ◆ n **1.** [gen] rinçage *m* / *I gave the shirt a good rinse* j'ai bien rincé la chemise / *put the washing machine on rinse* mettez le lave-linge sur rinçage **2.** [for hair] rinçage *m*.

✥ **rinse out** vt sep rincer.

Rio ['ri:əʊ], **Rio de Janeiro** [,ri:əʊdədʒə'nɪərəʊ] pr n Rio de Janeiro.

Rio Grande [,ri:əʊ'grændɪ] pr n ▸ **the Rio Grande** le Rio Grande.

Rio Negro [,ri:əʊ'neɪgrəʊ] pr n ▸ **the Rio Negro** le Rio Negro.

riot ['raɪət] ◆ n **1.** [civil disturbance] émeute *f* ▸ **race riots** émeutes raciales **2.** *inf* [funny occasion] : *the party was a riot* on s'est éclatés à la fête ; [funny person] : *Jim's a riot* Jim est désopilant or impayable **3.** [profusion] profusion *f* / *the garden is a riot of colour* le jardin offre une véritable débauche de couleurs. ◆ vi participer à or faire une émeute / *they are afraid the people will riot* ils craignent des émeutes populaires. ◆ adv ▸ **to run riot** : *a group of youths ran riot* un groupe de jeunes a provoqué une émeute / *the team ran riot in the second half* l'équipe s'est déchaînée au cours de la seconde mi-temps / *her imagination ran riot* son imagination s'est déchaînée / *the garden is running riot* le jardin est une vraie jungle.

riot act n loi *f* antiémeutes ▸ **to read the riot act** *inf* faire acte d'autorité / *I decided to read them the riot act* j'ai décidé de les rappeler à l'ordre / *she read me the riot act* elle m'a passé un savon magistral.

rioter ['raɪətər] n émeutier *m*, -ère *f*.

rioting ['raɪətɪŋ] n (*U*) émeutes *fpl*.

riotous ['raɪətəs] adj **1.** [mob] déchaîné ; [behaviour] séditieux ▸ **riotous assembly** LAW attroupement *m* séditieux **2.** [debauched] débauché / *to lead a riotous life* mener une vie déréglée or dissolue ; [exuberant, noisy] tapageur, bruyant / *a riotous party was going on upstairs* à l'étage au-dessus, des fêtards s'en donnaient à cœur joie / *bursts of riotous laughter* des éclats de rire bruyants **3.** [funny] désopilant, tordant.

riotously ['raɪətəslɪ] adv **1.** [seditiously] de façon séditieuse **2.** [noisily] bruyamment **3.** [as intensifier] : *it's riotously funny inf* c'est à mourir or à hurler de rire.

riot police pl n police *f* or forces *fpl* antiémeutes.

riot shield n bouclier *m* antiémeutes.

riot squad n brigade *f* antiémeutes.

rip [rɪp] (*pt & pp* **ripped**, *cont* **ripping**) ◆ vt **1.** [tear] déchirer (violemment) / *he ripped the envelope open* il déchira l'enveloppe ▸ **to rip sthg to shreds** or **pieces** mettre qqch en morceaux or en lambeaux **2.** [snatch] arracher / *she ripped the book from my hands* elle m'arracha le livre des mains **3.** US *inf* [rob] voler / *she ripped him for all he had* elle lui a piqué tout ce qu'il avait **4.** COMPUT ▸ **to rip a CD** graver un CD. ◆ vi **1.** [tear] se déchirer **2.** *inf* [go fast] aller à fond de train or à fond la caisse / *a motorbike ripped past* une moto est passée à toute allure ▸ **let it rip! a)** [go ahead] vas-y ! **b)** [accelerate] appuie sur le champignon ! ▸ **to let rip** : *now they're gone we can really let rip* maintenant qu'ils sont partis, on va pouvoir s'éclater ▸ **to let rip at sb** enguirlander qqn. ◆ n déchirure *f*.

✥ **rip off** vt sep **1.** [tear off] arracher / *the binding had been ripped off the book* la reliure du livre avait été arrachée **2.** *inf* [cheat, overcharge] arnaquer / *they rip off tourists* ils arnaquent les touristes **3.** *inf* [rob] dévaliser / *they ripped off a bank* ils ont braqué une banque ; [steal] faucher, piquer / *my wallet was ripped off* je me suis fait faucher mon portefeuille / *he ripped off our idea* il nous a piqué notre idée.

✥ **rip out** vt sep arracher.

✥ **rip through** vt insep [subj: explosion, noise] déchirer / *we ripped through the work in no time fig* on a expédié le travail en un rien de temps.

✥ **rip up** vt sep [paper, cloth] déchirer (*violemment*), mettre en pièces ; [road surface, street] éventrer ▸ **to rip up the rulebook** *fig* passer outre le règlement.

RIP ◆ (written abbr of rest in peace) RIP. ◆ n abbr of **Raster Image Processor.**

riparian [rɪ'peərɪən] *fml* ◆ adj [person, property] riverain ; [rights] des riverains. ◆ n riverain *m*, -e *f*.

ripcord ['rɪpkɔ:d] n poignée *f* d'ouverture (*de parachute*).

ripcording ['rɪpkɔ:dɪŋ] n *enregistrement de musique en ligne sous forme de fichiers MP3.*

ripe [raɪp] adj **1.** [fruit, vegetable] mûr ; [cheese] fait, à point **2.** [age] ▸ **to live to a ripe old age** vivre jusqu'à un âge avancé / *he married at the ripe old age of 80* il s'est marié au bel âge de 80 ans **3.** [ready] prêt, mûr / *the country is ripe for a change of regime* le pays est mûr pour un changement de régime / *this land is ripe for development* ce terrain ne demande qu'à être aménagé / *the time is ripe to sell* c'est le moment de vendre **4.** [full - lips] sensuel, charnu ; [breasts] plantureux **5.** [pungent - smell] âcre **6.** *inf* [vulgar] égrillard.

ripen ['raɪpn] ◆ vi [gen] mûrir ; [cheese] se faire / *her feelings for him had ripened over the years fig* ses sentiments pour lui avaient mûri avec le temps. ◆ vt [subj: sun] mûrir ; [subj: farmer] (faire) mûrir / *sun-ripened oranges* oranges mûries au soleil.

ripeness ['raɪpnɪs] n maturité *f*.

rip-off n *inf* **1.** [swindle] escroquerie *f*, arnaque *f* / *that restaurant's a rip-off* ce restaurant est une arnaque **2.** [theft] vol *m*, fauche *f* / *it's a rip-off from an Osborne play* ils ont pompé l'idée dans une pièce d'Osborne.

riposte [UK rɪ'pɒst US rɪ'pəʊst] ◆ n **1.** [retort] riposte *f*, réplique *f* **2.** FENCING riposte *f*. ◆ vi riposter.

ripped [rɪpt] adj US *inf* ▸ **to be ripped, to have a ripped body** être super musclé.

ripper ['rɪpər] n **1.** [criminal] éventreur *m* ▸ **Jack the Ripper** Jack l'Éventreur **2.** [machine] scarificateur *m*.

ripping ['rɪpɪŋ] adj UK *inf & dated* épatant, sensass ▸ **a ripping yarn** un récit épatant.

ripple ['rɪpl] ◆ n **1.** [on water] ride *f*, ondulation *f* ; [on wheatfield, hair, sand] ondulation *f* **2.** [sound - of waves] clapotis *m* ; [- of brook] gazouillis *m* ; [- of conversation] murmure *m* / *a ripple of excitement ran through the crowd fig* un murmure d'excitation parcourut la foule / *a ripple of laughter ran through the audience* des rires discrets parcoururent l'assistance **3.** [repercussion] répercussion *f*, vague *f* / *her resignation hardly caused a ripple* sa démission a fait très peu de bruit ▸ **ripple effect** effet *m* de vague **4.** CULIN ▸ **strawberry / chocolate ripple (ice cream)** glace *f* marbrée à la fraise / au chocolat

5. ELECTRON oscillation *f.* ◆ vi 1. [undulate - water] se rider ; [- wheatfield, hair] onduler / *moonlight rippled on the surface of the lake* le clair de lune scintillait sur la surface du lac / *the muscles rippled in his back* ses muscles se dessinaient sous la peau de son dos ▸ **rippling muscles** muscles saillants or puissants 2. [murmur - water, waves] clapoter 3. [resound, have repercussions] se répercuter / *the scandal rippled through the whole department* le scandale s'est répercuté à travers or a fait des vagues dans tout le service. ◆ vt [water, lake] rider.

rip-rap ['rɪpræp] n enrochement *m.*

rip-roaring adj *inf* [noisy] bruyant, tapageur ; [great, fantastic] génial, super / *we had a rip-roaring time* on s'est amusés comme des fous / *a rip-roaring success* un succès monstre.

ripsaw ['rɪpsɔː] n scie *f* à refendre.

ripsnorter ['rɪp,snɔːtər] n *inf* petite merveille *f* / *his new film's a ripsnorter* son nouveau film est vraiment génial.

riptide ['rɪptaɪd] n contre-courant *m*, turbulence *f.*

Rip Van Winkle pr n *personnage d'un conte de Washington Irving qui est resté endormi pendant vingt ans. Son nom désigne métaphoriquement une personne déphasée par rapport aux réalités contemporaines.*

RISC [rɪsk] (abbr of **reduced instruction set computer**) n RISC *m.*

rise [raɪz] (*pt* **rose** [rəʊz], *pp* **risen** ['rɪzn]) ◆ vi 1. [get up - from chair, bed] se lever ; [- from knees, after fall] se relever / *he rose (from his chair) to greet me* il s'est levé (de sa chaise) pour me saluer ▸ **to rise to one's feet** se lever, se mettre debout / *he rises late every morning* il se lève tard tous les matins / *the horse rose on its hind legs* le cheval s'est cabré ▸ **rise and shine!** debout ! 2. [sun, moon, fog] se lever ; [smoke, balloon] s'élever, monter ; [tide, river level] monter ; [river] prendre sa source ; [land] s'élever ; [fish] mordre ; THEAT [curtain] se lever ; CULIN [dough] lever ; [soufflé] monter ▸ **to rise into the air** a) [bird, balloon] s'élever (dans les airs) b) [plane] monter or s'élever (dans les airs) ▸ **rising sea levels** la montée du niveau de la mer / *the birds rose above our heads* les oiseaux se sont envolés au-dessus de nos têtes ▸ **to rise to the surface** [swimmer, whale] remonter à la surface / *the colour rose in* or *to her cheeks* le rouge lui est monté aux joues / *his eyebrows rose in surprise* il leva les sourcils de surprise / *laughter / cheers rose from the crowd* des rires / des hourras montèrent de la foule / *disturbing images rose into my mind* des images troublantes me vinrent à l'esprit ▸ **to rise from the dead** RELIG ressusciter d'entre les morts ▸ **to rise into heaven** RELIG monter au ciel ▸ **to rise to the occasion** se montrer à la hauteur de la situation / *he looked as if he'd risen from the grave* il avait une mine de déterré 3. [increase - value] augmenter ; [- number, amount] augmenter, monter ; [- prices, costs] monter, augmenter, être en hausse ; [- temperature, pressure] monter ; [- barometer] monter, remonter ; [- wind] se lever ; [- tension, tone, voice] monter ; [- feeling, anger, panic] monter, grandir / *gold has risen in value by 10%* la valeur de l'or a augmenté de 10 % / *to rise by 10 dollars / by 10%* augmenter de 10 dollars / de 10 % / *to make prices rise* faire monter les prix / *rents are rising fast* les loyers augmentent rapidement / *his spirits rose when he heard the news* il a été soulagé or heureux d'apprendre la nouvelle 4. [mountains, buildings] se dresser, s'élever / *the trees rose above our heads* les arbres se dressaient au-dessus de nos têtes / *the mountain rises to 2,500 m* la montagne a une altitude de or culmine à or s'élève à 2 500 m / *the steeple rises 200 feet into the air* le clocher a or fait 60 mètres de haut / *many new apartment blocks have risen in the past ten years* de nombreux immeubles neufs ont été construits au cours des dix dernières années ▸ **to rise from the ashes** renaître de ses cendres 5. [socially, professionally] monter, réussir ▸ **to rise in society** réussir socialement ▸ **to rise in the world** faire son chemin dans le monde ▸ **to rise to fame** devenir célèbre ▸ **to rise in sb's esteem** monter dans l'estime de qqn ▸ **to rise from the ranks** sortir du rang / *she rose to the position of personnel manager* elle a réussi à devenir chef du personnel 6. [revolt] se soulever, se révolter ▸ **to rise in revolt (against sb / sthg)** se révolter (contre qqn / qqch) ▸ **to rise in protest against sthg** se soulever contre qqch 7. [adjourn - assembly, meeting] lever la séance ; [- Parliament, court] clore la session / *Parliament rose for the summer recess* la session parlementaire est close pour les vacances d'été. ◆ n 1. [high ground] hauteur *f*, éminence *f* ; [slope] pente *f* ; [hill] côte *f* / *we reached the top of a steep rise* nous sommes arrivés au sommet d'une côte raide 2. [of moon, sun, curtain] lever *m* ; [to power, influence] montée *f*, ascension *f* ; INDUST [development] essor *m* / *the rise and fall of the tide* le flux et le reflux de la marée / *the rise and fall of the Roman Empire* la croissance et la chute or la grandeur et la décadence de l'Empire romain / *the rise and fall of the fascist movement* la montée et la chute du mouvement fasciste / *the actor's rise to fame was both rapid and spectacular* cet acteur a connu un succès à la fois rapide et spectaculaire 3. [increase - of price, crime, accidents] hausse *f*, augmentation *f* ; [- in bank rate, interest] relèvement *m*, hausse *f* ; [- of temperature, pressure] hausse *f* ; [- of affluence, wealth] augmentation *f* ▸ **to be on the rise** être en hausse / *there has been a steep rise in house prices* les prix de l'immobilier ont beaucoup augmenté / *there was a 10% rise in the number of visitors* le nombre de visiteurs a augmenté de 10 % / *there has been a steady rise in the number of accidents* les accidents sont en augmentation régulière / *rise in value* appréciation *f* ▸ **to speculate on a rise** ST. EX miser sur la hausse ; UK [in salary] augmentation *f* (de salaire) ▸ **to be given a rise** être augmenté 4. [of river] source *f* 5. PHR **to give rise to sthg** donner lieu à qqch, entraîner qqch / *it gave rise to a lot of hostility / difficulties* cela a provoqué une forte hostilité / beaucoup de difficultés / *their disappearance gave rise to great scandal / suspicion* leur disparition a provoqué un énorme scandale / éveillé de nombreux soupçons ▸ **to get** or **to take a rise out of sb** UK *inf* faire réagir qqn, faire marcher qqn.

❖ **rise above** vt insep [obstacle, fear] surmonter ; [figure] dépasser / *politics should rise above the level of personal attacks* le débat politique ne devrait pas se situer au niveau des attaques personnelles.

❖ **rise up** vi 1. [get up] se lever / *to rise up from one's chair* se lever de sa chaise ; [go up] monter, s'élever / *the smoke / the balloon rose up into the sky* la fumée / le ballon s'élevait dans le ciel 2. [revolt] se soulever, se révolter / *to rise up against an oppressor* se soulever contre un oppresseur 3. RELIG ressusciter / *to rise up from the dead* ressusciter d'entre les morts 4. [appear] apparaître / *a strange sight rose up before his eyes* un spectacle étrange s'offrit alors à son regard / *a shadowy figure rose up out of the mist* une ombre surgit de la brume.

risen ['rɪzn] ◆ pp ⟶ **rise.** ◆ adj ressuscité / *Christ is risen* le Christ est ressuscité.

riser ['raɪzər] n 1. [person] ▸ **to be an early / late riser** être un lève-tôt *(inv)* / lève-tard *(inv)* 2. [of step] contremarche *f* 3. [in plumbing] conduite *f* montante 4. ST. EX valeur *f* à la hausse.

risibility [,rɪzə'bɪlətɪ] (*pl* **risibilities**) n *fml* faculté *f* de rire, propension *f* à rire.

risible ['rɪzəbl] adj *fml* risible, ridicule.

rising ['raɪzɪŋ] ◆ n 1. [revolt] insurrection *f*, soulèvement *m* 2. [of sun, moon, of theatre curtain] lever *m* 3. [of prices] augmentation *f*, hausse *f* 4. [of river] crue *f* ; [of ground] élévation *f* 5. [from dead] résurrection *f* 6. [of Parliament, an assembly] ajournement *m*, clôture *f* de séance. ◆ adj 1. [sun] levant / *they were up early to see the rising sun* ils se levèrent de bonne heure pour voir le soleil se lever or le soleil levant 2. [tide] montant ; [water level] ascendant 3. [ground, road] qui monte 4. [temperature, prices] en hausse ; FIN [market] orienté à la hausse 5. [up-and-coming] : *the rising generation* la nouvelle génération, la génération montante / *he's a rising celebrity* c'est une étoile montante 6. [emotion] croissant. ◆ adv UK *inf* : *she's rising 40* elle va sur ses 40 ans.

rising damp n humidité *f* ascensionnelle or par capillarité.

rising fives pl n UK *enfants allant sur leurs cinq ans (âge où ils doivent commencer l'école).*

rising trot n trot *m* enlevé or à l'anglaise.

risk [rɪsk] ◆ n 1. [gen] risque *m* ▸ **to take a risk** prendre un risque ▸ **to run the risk** courir le risque / *the government runs the risk of losing support* le gouvernement (court le) risque de ne plus être soutenu / *if you don't leave now there's a risk of you not arriving on time* si vous ne partez pas maintenant, vous risquez de ne pas arriver à temps / *is there any risk of him making another blunder?* est-ce qu'il risque de commettre un nouvel impair ? / *it's not worth the risk* c'est trop risqué / *that's a risk we'll have to take* c'est un risque à courir / *do it at your own risk* faites-le à vos risques et périls / **'cars may be parked here at the owner's risk'** les automobilistes peuvent stationner ici à leurs risques (et périls) / *at the risk of one's life* au péril de sa vie / *at the risk of sounding ignorant, how does one open this box?* au risque de passer pour un idiot, j'aimerais savoir comment on ouvre cette boîte ? 2. [in insurance] risque *m* ▸ **fire risk** risque d'incendie / *he's a bad risk* c'est un client à risques. ◆ vt risquer, hasarder *fml* / *don't risk your career / reputation on a shady deal* ne risquez pas votre carrière / réputation sur une affaire louche / *you're risking an accident when you drive so fast* vous risquez un accident en conduisant si vite / *to risk defeat* risquer d'être battu ▸ **to risk one's neck** or **skin, to risk life and limb** risquer sa peau.

❖ **at risk** adj phr : *there's too much at risk* les risques or les enjeux sont trop importants / *our children are at risk from all kinds of violence* nos enfants ont toutes sortes de violences à craindre / *all our jobs are at risk* tous nos emplois sont menacés ▸ **to be at risk** MED & SOCIOL être vulnérable, être une personne à risque.

risk assessment n évaluation *f* des risques.

risk capital n *(U)* UK capitaux *mpl* à risques.

riskiness ['rɪskɪnɪs] n *(U)* risques *mpl*, hasards *mpl*, aléas *mpl.*

risk-taking n *(U)* prise *f* de risques / *we knew there would be some risk-taking involved* nous savions que ce ne serait pas sans risques.

risky ['rɪskɪ] (*compar* **riskier**, *superl* **riskiest**) adj [hazardous] risqué, hasardeux / *risky business* entreprise hasardeuse.

risotto [rɪ'zɒtəʊ] (*pl* **risottos**) n risotto *m.*

risqué ['riːskeɪ] adj [story, joke] risqué, osé, scabreux.

rissole ['rɪsəʊl] n CULIN rissole *f.*

rite [raɪt] n rite *m* ▸ **initiation** / **fertility rites** rites d'initiation / de fertilité ▸ **rite of passage** cérémonie *f* d'initiation / **'The Rite of Spring'** *Stravinsky* 'le Sacre du printemps'.

ritual ['rɪtʃʊəl] ◆ n rituel *m* / *everyone has to go through the ritual of official receptions* nul ne peut échapper au cérémonial des réceptions officielles. ◆ adj rituel / *we all had to sit down to the ritual Sunday lunch* fig dimanche, nous avons tous dû prendre part au déjeuner rituel.

ritualism ['rɪtʃʊəlɪzm] n ritualisme *m.*

ritualist ['rɪtʃʊəlɪst] n ritualiste *mf.*

ritualistic [,rɪtʃʊə'lɪstɪk] adj ritualiste.

ritualize, ritualise ['rɪtʃʊəlaɪz] vt ritualiser.

ritually ['rɪtʃʊəlɪ] adv rituellement.

ritzy ['rɪtsɪ] (*compar* **ritzier**, *superl* **ritziest**) adj *inf* classe, très chic, luxueux.

rival ['raɪvl] (UK *pt & pp* **rivalled**, *cont* **rivalling** ; US *pt & pp* **rivaled**, *cont* **rivaling**) ◆ n [gen] rival *m*, -e *f* ; COMM rival *m*, -e *f*, concurrent *m*, -e *f* / *rivals in love* rivaux *mpl* en amour / **'The Rivals'** *Sheridan* 'les Rivaux'. ◆ adj [gen] rival ; COMM concurrent, rival. ◆ vt [gen] rivaliser avec ; COMM être en concurrence avec / *his talent doesn't rival hers* il n'est pas aussi doué qu'elle / *no-one can rival her when it comes to business acumen* son sens des affaires n'a pas d'égal / *your stubbornness is rivalled only by your narrow-mindedness* votre entêtement n'a d'égal que votre étroitesse d'esprit.

rivalry ['raɪvlrɪ] (*pl* **rivalries**) n rivalité *f* / *there's a lot of rivalry between the two brothers* il y a une forte rivalité entre les deux frères ▸ **in rivalry with sb** en concurrence or rivalité avec qqn.

riven ['rɪvn] adj déchiré, divisé / *the party was riven by deep ideological divisions* le parti était déchiré par de profondes divergences idéologiques.

river ['rɪvəʳ] ◆ n **1.** [as tributary] rivière *f* ; [flowing to sea] fleuve *m* / *we sailed up / down the river* nous avons remonté / descendu la rivière ▸ **to be up the river** US *inf* [in prison] être en taule **2.** *fig* [of mud, lava] coulée *f* / *a river of blood* un fleuve de sang. ◆ comp [port, system, traffic] fluvial ; [fish] d'eau douce.

riverbank ['rɪvəbæŋk] n rive *f*, berge *f* / *on the riverbank* sur la rive (de la rivière or du fleuve).

river basin n bassin *m* fluvial.

riverbed ['rɪvəbed] n lit *m* de rivière or de fleuve.

river blindness n cécité *f* des rivières, onchocercose *f spec.*

riverine ['rɪvəraɪn] adj [fluvial] fluvial ; [riverside] riverain.

riverside ['rɪvəsaɪd] ◆ n bord *m* d'une rivière or d'un fleuve, rive *f* / *we walked along the riverside* nous nous sommes promenés le long de la rivière. ◆ adj au bord d'une rivière or d'un fleuve / *a riverside park* un parc situé au bord de l'eau or d'une rivière.

rivet ['rɪvɪt] ◆ n rivet *m*. ◆ vt **1.** TECH riveter, river **2.** *fig* ▸ **to be riveted to the spot** rester cloué or rivé sur place / *the children were riveted to the television set* les enfants étaient rivés au poste de télévision **3.** [fascinate] fasciner.

riveter ['rɪvɪtəʳ] n [person] riveur *m* ; [machine] riveteuse *f*.

riveting ['rɪvɪtɪŋ] adj fascinant, passionnant, captivant.

Riviera [ˌrɪvɪ'eərə] pr n ▸ **the French Riviera** la Côte d'Azur / *on the French Riviera* sur la Côte d'Azur ▸ **the Italian Riviera** la Riviera italienne / *on the Italian Riviera* sur la Riviera italienne.

rivulet ['rɪvjʊlɪt] n (petit) ruisseau *m*, ru *m liter.*

Riyadh ['ri:æd] pr n Riyad, Riad.

RLR MESSAGING written abbr of **earlier**.

rly MESSAGING written abbr of **really**.

RMB MESSAGING (written abbr of **ring my bell**) ça veut dire quoi ?

RMT (abbr of **National Union of Rail, Maritime and Transport Workers**) pr n *syndicat britannique des cheminots et des gens de mer.*

RN ◆ pr n abbr of **Royal Navy**. ◆ n UK **1.** (abbr of **registered nurse**) [nurse] infirmier *m* diplômé (d'État) ; infirmière *f* diplômée (d'État) **2.** [qualification] diplôme *m* (d'État) d'infirmier.

RNA (abbr of **ribonucleic acid**) n ARN *m*.

RNLI (abbr of **Royal National Lifeboat Institution**) pr n *société britannique de sauvetage en mer.*

RNZAF (abbr of **Royal New Zealand Air Force**) pr n *armée de l'air néo-zélandaise.*

RNZN (abbr of **Royal New Zealand Navy**) pr n *marine de guerre néo-zélandaise.*

roach [rəʊtʃ] n **1.** (*pl* **roach** *or* **roaches**) [fish] gardon *m* **2.** US *inf* [cockroach] cafard *m*, cancrelat *m* **3.** *drugs sl* [of marijuana cigarette] filtre *m* ▸ **roach clip** fume-joint *m*.

road [rəʊd] ◆ n **1.** *lit* route *f* ; [small] chemin *m* ▸ **minor road** route secondaire / *by road* par la route / *the Liverpool road* la route de Liverpool / *is this the (right) road for* or *to Liverpool?* est-ce la (bonne) route pour Liverpool ? / *are we on the right road?* sommes-nous sur la bonne route ? / *on the road to Liverpool, the car broke down* en allant à Liverpool, la voiture est tombée en panne / *we took the road from Manchester to Liverpool* on a pris la route qui va de Manchester à Liverpool or qui relie Manchester à Liverpool ▸ **to take to the road a)** [driver] prendre la route or le volant **b)** [tramp] partir sur les routes ▸ **to be on the road** [pop star, troupe] être en tournée / *we've been on the road since 6 o'clock this morning* nous roulons depuis 6 h ce matin / *his car shouldn't be on the road* sa voiture devrait être retirée de la circulation / *someone of his age shouldn't be on the road* une personne de son âge ne devrait pas prendre le volant / *the price on the road excludes numberplates and delivery* UK le prix clés en mains ne comprend pas les frais de livraison et d'immatriculation / *my car is off the road at the moment* ma voiture est en panne or chez le garagiste ; [street] rue *f* / *a road of shops / of houses* une rue de magasins / de maisons, une artère commerçante / résidentielle / *he lives just down the road* il habite un peu plus loin dans la même rue / *Mr. James from across the road* M. James qui habite en face / *he lives across the road from us* il habite en face de chez nous ; [roadway] route *f*, chaussée *f* / *to stand in the middle of the road* se tenir au milieu de la route or de la chaussée ▸ **let's get this show on the road!** bon, on y va ! ▸ **one for the road** *inf* un petit coup avant de partir ▸ **the road to hell is paved with good intentions** *prov* l'enfer est pavé de bonnes intentions *prov* / **'On the Road'** *Kerouac* 'Sur la route' **2.** *fig* [path] chemin *m*, voie *f* / *if we go down that road* si nous nous engageons sur cette voie ▸ **to be on the right road** être sur la bonne voie ▸ **to be on the road to success / recovery** être sur le chemin de la réussite / en voie de guérison / *he is on the road to an early death* il est (bien) parti pour mourir jeune ▸ **down the road** [in the future] à l'avenir / *you're in my road!* **a)** UK *inf* [I can't pass] vous me bouchez le passage ! **b)** [I can't see] vous me bouchez la vue ! / *get out of my road!* UK *inf* poussez-vous !, dégagez ! **3.** US [railway] chemin de fer *m*, voie *f* ferrée **4.** (*usu pl*) NAUT rade *f* **5.** [in mine] galerie *f* **6.** UK *inf & regional* ▸ **any road (up)** de toute façon / *it's too late any road* de toute façon, c'est trop tard. ◆ comp [traffic, transport, bridge] routier ; [accident] de la route ; [conditions, construction, repairs] des routes ▸ **road atlas** atlas *m* routier ▸ **road maintenance** voirie *f*.

roadbed ['rəʊdbed] n CONSTR empierrement *m* ; RAIL ballast *m*.

roadblock ['rəʊdblɒk] n barrage *m* routier.

road book n guide *m* routier.

road-fund licence n UK vignette *f* (automobile).

road hog n *inf* chauffard *m*.

roadholding ['rəʊdˌhəʊldɪŋ] n tenue *f* de route.

roadhouse ['rəʊdhaʊs] (*pl* [-haʊzɪz]) n relais *m* routier.

roadie ['rəʊdɪ] n *inf technicien qui accompagne les groupes de rock en tournée.*

road kill n *animal écrasé par une voiture.*

roadman ['rəʊdmən] (*pl* **roadmen** [-mən]) n cantonnier *m*.

road manager n responsable *m* de tournée *(d'un chanteur ou d'un groupe pop).*

road map n carte *f* routière.

road metal n ballast *m*.

road racing n compétition *f* automobile *(sur route).*

road rage n agressivité *f* au volant *(se traduisant parfois par un acte de violence).*

road roller n rouleau *m* compresseur.

roadrunner ['rəʊdˌrʌnəʳ] n coucou *m* terrestre de Californie.

road safety n sécurité *f* routière.

road sense n [for driver] sens *m* de la conduite ; [for pedestrian] : *children have to be taught road sense* on doit apprendre aux enfants à faire attention à la circulation.

roadshow ['rəʊdʃəʊ] n [gen] tournée *f* ; [radio show] *animation en direct proposée par une station de radio en tournée.*

roadside ['rəʊdsaɪd] ◆ n bord *m* de la route, bas-côté *m* / *we stopped the car by the roadside* nous avons arrêté la voiture au bord or sur le bord de la route. ◆ adj au bord de la route / *roadside inn* auberge située au bord de la route.

road sign n panneau *m* de signalisation.

roadstead ['rəʊdsted] n rade *f*.

roadster ['rəʊdstəʳ] n **1.** [car] roadster *m* **2.** [bicycle] vélo *m* (de tourisme).

roadsweeper ['rəʊdˌswi:pəʳ] n [person] balayeur *m*, -euse *f* ; [vehicle] balayeuse *f*.

road tax n UK taxe *f* sur les automobiles ▸ **road tax disc** vignette *f* (automobile).

road test n essai *m* sur route.

❖ **road-test** vt essayer sur route.

roadtrip ['rəʊdtrɪp] n US [short] promenade *f* en voiture ; [-longer] voyage *m* en voiture.

road-user n usager *m*, -ère *f* de la route.

roadway ['rəʊdweɪ] n chaussée *f*.

road works pl n travaux *mpl* (d'entretien des routes) / **'road works'** 'travaux'.

roadworthiness ['rəʊdˌwɜ:ðɪnɪs] n état *m* général *(d'un véhicule).*

roadworthy ['rəʊdˌwɜ:ðɪ] adj [vehicle] en état de rouler.

roam [rəʊm] ◆ vt **1.** [travel - world] parcourir ; [- streets] errer dans ▸ **to roam the seven seas** aller aux quatre coins du monde **2.** [hang about - streets] traîner dans. ◆ vi [wander] errer, voyager sans but / *he allowed his imagination / his thoughts to roam fig* il a laissé vagabonder son imagination / ses pensées.

❖ **roam about** UK, **roam around** vi **1.** [travel] vagabonder, bourlinguer **2.** [aimlessly] errer, traîner.

roamer ['rəʊməʳ] n [vagrant] vagabond *m*, -e *f*.

roaming ['rəʊmɪŋ] ◆ adj [vagrant] vagabond, errant ; [- dog, wild animal] errant ; [- reporter, photographer] itinérant. ◆ n **1.** [vagrancy] vagabondage *m* / *after years of roaming, he settled in Paris* après des années d'errance, il s'installa à Paris **2.** TELEC itinérance *f*.

roan [rəʊn] ◆ adj rouan. ◆ n rouan *m*.

roar [rɔ:ʳ] ◆ vi [lion] rugir ; [bull] beugler, mugir ; [elephant] barrir ; [person] hurler, crier ; [crowd] hurler ; [radio, music] beugler, hurler ; [sea, wind] mugir ; [storm, thunder] gronder ; [fire] ronfler ; [cannon] tonner ; [car, motorcycle, engine] vrombir ▸ **to roar with anger** rugir or hurler de colère ▸ **to roar with laughter** se tordre de rire ▸ **to roar with pain** hurler de douleur / *it made everyone roar (with laughter)* ça a déclenché un tonnerre d'hilarité or l'hilarité générale / *the car roared past* **a)** [noisily] la voiture est passée en vrombissant **b)** [fast] la voiture est passée à toute allure / *the leading car roared into the pits* la voiture de tête est arrivée à toute allure à son stand / *he roared up to us on his motorbike* il est venu vers nous à toute allure en faisant vrombir sa moto. ◆ vt [feelings, order] hurler / *the sergeant roared (out) an order to the men* le sergent a hurlé un ordre aux hommes / *he roared something at me* il m'a hurlé quelque chose / *the crowd roared their delight* la foule hurlait de joie. ◆ n [of lion] rugissement *m* ; [of bull] mugissement *m*, beuglement *m* ; [of elephant] barrissement *m* ; [of sea, wind] mugissement *m* ; [of thunder, storm] grondement *m* ; [of fire] ronflement *m* ; [of cannons] grondement *m* ; [of crowd] hurlements *mpl* ; [of engine] vrombissement *m* ▸ **roars of laughter** gros or grands éclats de rire / *the roar of the traffic outside my window is awful* le vacarme de la circulation sous ma fenêtre est épouvantable ▸ **a dull roar** US *inf* : *can you bring it down to a dull roar?* tu peux faire un peu moins de bruit ? / *things were at a dull roar* tout était assez calme / *we're keeping losses at a dull roar* on arrive à limiter les pertes.

roaring ['rɔ:rɪŋ] ◆ adj **1.** [lion] rugissant ; [bull] mugissant, beuglant ; [elephant] qui barrit ; [person, crowd] hurlant ; [sea, wind] mugissant ; [thunder, storm] qui gronde ; [engine] vrombissant ▸ **a roaring fire** une bonne flambée **2.** *fig* [excellent] ▸ **a roaring success** un succès fou ▸ **to do a roaring trade** UK faire des affaires en or / *they did a roaring trade in pancakes* ils ont vendu énormément de crêpes. ◆ adv *inf* ▸ **roaring drunk** ivre mort, complètement bourré.

Roaring Forties pl n NAUT quarantièmes *mpl* rugissants.

Roaring Twenties pl n ▸ **the Roaring Twenties** les Années *fpl* folles.

roast [rəʊst] ◆ vt **1.** [meat] rôtir ; [peanuts, chestnuts] griller ; [coffee] griller, torréfier / *I decided to roast a chicken for dinner* j'ai décidé de faire un poulet rôti pour le dîner **2.** [minerals] calciner **3.** *fig* [by sun, fire] griller, rôtir / *I sat roasting my toes by the fire* j'étais assis devant le feu pour me réchauffer les pieds **4.** US *inf* [make fun of] se moquer (gentiment) de. ◆ vi **1.** [meat] rôtir **2.** *fig* [person] avoir très chaud / *we spent a week roasting in the sun* nous avons passé une semaine à nous rôtir au soleil. ◆ adj rôti ▸ **roast beef** rôti *m* de bœuf, rosbif *m* ▸ **roast chicken** poulet *m* rôti ▸ **roast veal / pork** rôti *m* de veau / de porc ▸ **roast potatoes** pommes de terre *fpl* rôties au four ▸ **high roast coffee** café *m* torréfié à cœur

▸ **medium roast coffee** café *m* torréfié. ◆ n **1.** [joint of meat] rôti *m* **2.** US [barbecue] barbecue *m* ▸ **to have a roast** faire un barbecue.

roaster ['rəʊstər] n [bird] volaille *f* à rôtir.

roasting ['rəʊstɪŋ] ◆ n **1.** [of meat] rôtissage *m* ; [of coffee] torréfaction *f* ▸ **roasting spit** tournebroche *m* ▸ **roasting tin** plat *m* à rôtir **2.** UK *inf & fig* [harsh criticism] ▸ **to give sb a roasting** passer un savon à qqn. ◆ adj *inf* [weather] torride / *it was roasting in her office* il faisait une chaleur à crever dans son bureau / *I'm roasting!* je crève de chaud !

rob [rɒb] (*pt & pp* **robbed**, *cont* **robbing**) vt **1.** [person] voler ; [bank] dévaliser ; [house] cambrioler ▸ **to rob sb of sthg** voler or dérober qqch à qqn / *I've been robbed!* au voleur ! / *someone has robbed the till!* on a volé l'argent de la caisse ! **2.** *fig* [deprive] priver ▸ **to rob sb of sthg** priver qqn de qqch / *the immigrants were robbed of their rights* les immigrés ont été privés de leurs droits / *the team was robbed of its victory* l'équipe s'est vue ravir la victoire / *we were robbed!* [after match] on nous a volés ! ▸ **to rob Peter to pay Paul** déshabiller Pierre pour habiller Paul.

robber ['rɒbər] n [of property] voleur *m*, -euse *f*.

robber baron n HIST baron *m* pillard ; *fig* [tough businessman] requin *m* de l'industrie.

robbery ['rɒbərɪ] (*pl* **robberies**) n **1.** [of property] vol *m* ; [of bank] hold-up *m* ; [of house] cambriolage *m* ▸ **robbery with violence** vol *m* avec coups et blessures, vol *m* qualifié *spec* **2.** *inf* [overcharging] vol *m* / *it's just plain robbery!* c'est de l'escroquerie or du vol manifeste !

robe [rəʊb] ◆ n **1.** US [dressing gown] peignoir *m*, robe *f* de chambre **2.** [long garment - gen] robe *f* ; [- for judge, academic] robe *f*, toge *f*. ◆ vt [dress - gen] habiller, vêtir ; [- in robe] vêtir d'une robe / *robed in red* vêtu de rouge ▸ **to robe o.s.** se vêtir. ◆ vi [judge] revêtir sa robe.

Robert the Bruce [ˌrɒbətðə'bru:s] pr n Robert Bruce.

robin ['rɒbɪn] n **1.** [European] ▸ **robin (redbreast)** rouge-gorge *m* **2.** [American] merle *m* américain.

Robin Hood pr n Robin des Bois.

Robinson Crusoe ['rɒbɪnsən'kru:səʊ] pr n Robinson Crusoé.

robot ['rəʊbɒt] ◆ n **1.** *lit & fig* [automaton] robot *m*, automate *m* **2.** SAfr [traffic lights] feux *mpl* de circulation. ◆ comp [pilot, vehicle, system] automatique.

robot bomb n bombe *f* volante.

robot dancing n *danse des années 1980 caractérisée par des mouvements saccadés.*

robotic [rəʊ'bɒtɪk] adj robotique.

robotics [rəʊ'bɒtɪks] n (*U*) robotique *f*.

robotize, **robotise** ['rəʊbətaɪz] vt robotiser.

robust [rəʊ'bʌst] adj [person] robuste, vigoureux, solide ; [health] solide ; [appetite] robuste, solide ; [wine] robuste, corsé ; [structure] solide ; [economy, style, car] robuste ; [response, defence] vigoureux, énergique.

robustly [rəʊ'bʌstlɪ] adv solidement, avec robustesse.

robustness [rəʊ'bʌstnɪs] n [of person] robustesse *f*, vigueur *f* ; [of appetite] robustesse *f*, solidité *f* ; [of furniture, health] solidité *f* ; [of economy, style, car] robustesse *f* ; [of response, defence] vigueur *f*.

roc [rɒk] n rock *m*.

rock [rɒk] ◆ n **1.** [substance] roche *f*, roc *m* / *the lighthouse is built on rock* le phare est construit sur le roc **2.** [boulder] rocher *m* / *the boat struck the rocks* le bateau a été jeté sur les rochers ▸ **to see the rocks ahead** *fig* anticiper les difficultés futures ▸ **to be on the rocks a)** *inf* [person] être dans la dèche **b)** [firm] être en faillite **c)** [enterprise, marriage] mal tourner, tourner à la catastrophe / *this time last year the firm seemed to be on the rocks* l'an dernier à cette époque, l'entreprise semblait être au bord de la faillite ▸ **to go on the rocks a)** [firm] faire faillite **b)** [enterprise, marriage] mal tourner ▸ **on the rocks** [drink] avec des glaçons ▸ **to be caught between a rock and a hard place** être pris dans un dilemme ▸ **to have rocks in one's head** US *inf* avoir un petit pois à la place du cerveau / **'Brighton Rock'** *Greene* 'le Rocher de Brighton' **3.** [music, dance] rock *m* **4.** [in place names] rocher *m*, roche *f* ▸ **the Rock** le rocher de Gibraltar **5.** US [stone] pierre *f* **6.** UK [sweet] ≃ sucre *m* d'orge **7.** RELIG [stronghold] rocher *m*, roc *m* ▸ **Rock of Ages** Jésus-Christ **8.** *v inf* [diamond] diam *m* **9.** (*usu pl*) *v inf* [testicle] couille *f* ▸ **to get one's rocks off** prendre son pied **10.** *drugs sl* caillou *m (de crack)*. ◆ comp [film] rock ; [band, album] (de) rock ; [radio station] de rock ▸ **a rock guitarist** un guitariste rock. ◆ vt **1.** [swing to and fro - baby] bercer ; [- chair] balancer ; [- lever] basculer ; [- boat] ballotter, tanguer / *to rock a baby to sleep* bercer un bébé pour l'endormir / *he rocked himself in the rocking chair* il se balançait dans le fauteuil à bascule / *the boat was rocked by the waves* **a)** [gently] le bateau était bercé par les flots **b)** [violently] le bateau était ballotté par les vagues ▸ **to rock the boat** jouer les trouble-fête, semer le trouble / *now you've settled in, you must be careful not to rock the boat* maintenant que tu es bien adapté, essaie de ne pas nous causer d'ennuis **2.** [shake] secouer, ébranler / *the village was rocked by an explosion / an earthquake* le village fut ébranlé par une explosion / un tremblement de terre / *the stock market crash rocked the financial world to its core* le krach boursier a ébranlé en profondeur le monde de la finance / *she was rocked by the news* elle a été bouleversée par les nouvelles **3.** US *inf* : *you really rock that outfit!* cette tenue te va super bien ! / *we rocked the vote* on a fait exploser le vote. ◆ vi **1.** [sway] se balancer ▸ **to rock on a chair** se balancer sur une chaise **2.** [quake] trembler ▸ **to rock with laughter** se tordre de rire **3.** [jive] danser le rock **4.** *inf* [be very good] : *this really rocks!* ça décoiffe !

roche or **rocher?**

Un rocher is the everyday term for a rock. **Une roche** can have the same meaning, but used uncountably (**de la roche**) it means rock in the geological sense.

rockabilly ['rɒkəˌbɪlɪ] n rockabilly *m*.

rock and roll n rock *m* (and roll) ▸ **to do the rock and roll** danser le rock.

rock bass n achigan *m* de roche.

rock bottom n *fig* ▸ **to hit rock bottom a)** [person] avoir le moral à zéro, toucher le fond **b)** [firm, funds] atteindre le niveau le plus bas.

❖ **rock-bottom** adj [price] défiant toute concurrence, le plus bas.

rock bun, **rock cake** n rocher *m (gâteau)*.

rock candy n US sucre *m* d'orge.

rock climber n varappeur *m*, -euse *f*.

rock climbing n escalade *f* (de rochers), varappe *f* / *to go rock climbing* faire de l'escalade or de la varappe.

rock crystal n cristal *m* de roche.

rock dash n US [pebbledash] crépi *m*.

rocker ['rɒkər] n **1.** [of cradle, chair] bascule *f* ▸ **to be off one's rocker** *inf* être cinglé, débloquer **2.** [rocking chair] fauteuil *m* à bascule **3.** UK [youth] rocker *m* ▸ **the Rockers** *jeunes motards aux cheveux longs qui rivalisaient avec les « Mods » dans les années 1960.*

rocker arm n culbuteur *m*.

rockery ['rɒkərɪ] (*pl* **rockeries**) n (jardin *m* de) rocaille *f*.

rocket ['rɒkɪt] ◆ n **1.** AERON & ASTRONAUT fusée *f* ▸ **to fire** or **to send up a rocket** lancer une fusée ▸ **to go off like a rocket** partir comme une fusée ▸ **to get a rocket (from sb)** UK *inf* se faire enguirlander (par qqn) ▸ **to give sb a rocket** UK *inf* enguirlander qqn **2.** MIL [missile] roquette *f* ▸ **to fire a rocket** lancer une roquette **3.** [signal, flare] fusée *f* **4.** [firework] fusée *f* **5.** BOT & CULIN roquette *f*. ◆ comp [propulsion] par fusée ; [engine] de fusée. ◆ vt **1.** [missile, astronaut] lancer (dans l'espace) / *the spacecraft was rocketed to the moon* le vaisseau spatial a été lancé en direction de la Lune **2.** [record, singer] faire monter en flèche / *the album rocketed the group into the top 10* grâce à cet album, le groupe est monté en flèche jusqu'au top 10. ◆ vi [price, sales] monter en flèche / *to rocket to fame* devenir célèbre du jour au lendemain / *the group rocketed up the charts* le groupe est monté dans le hit-parade comme une flèche / *the car rocketed down the road / round the track* la voiture a descendu la rue / fait le tour de la piste à une vitesse incroyable.

rocket bomb n roquette *f*.

rocket gun n fusil *m* lance-roquettes.

rocket launcher n AERON & ASTRONAUT lance-fusées *m inv* ; MIL lance-roquettes *m inv*.

rocket-propelled grenade n roquette *f* ▸ **rocket-propelled grenade launcher** lance-roquettes *m*.

rocket range n base *f* de lancement de missiles.

rocketry ['rɒkɪtrɪ] n **1.** [science] fuséologie *f* **2.** [rockets collectively] arsenal *m* de fusées.

rocket science n **1.** *lit* science *f* des fusées **2.** *fig* ▸ **it's hardly rocket science** *inf* c'est pas sorcier.

rocket scientist n **1.** *lit* spécialiste *mf* de la science des fusées **2.** *fig* ▸ **he's no rocket scientist** *inf* il n'a pas inventé la poudre.

rock face n paroi *f* rocheuse.

rockfall ['rɒkfɔ:l] n chute *f* de pierres or de rochers.

rockfish ['rɒkfɪʃ] (*pl* **rockfish** *or* **rockfishes**) n gobie *m*, rascasse *f*.

rock garden n jardin *m* de rocaille.

rock-hard adj dur comme le roc.

Rockies ['rɒkɪz] pl pr n ▸ **the Rockies** les Rocheuses *fpl*.

rocking ['rɒkɪŋ] n **1.** [of chair, boat] balancement *m* ; [of baby] bercement *m* ; [of head - to rhythm] balancement *m* **2.** MECH oscillation *f*.

rocking chair n fauteuil *m* à bascule, rocking-chair *m*.

rocking horse n cheval *m* à bascule.

rock-like adj comme un or le roc.

rockling ['rɒklɪŋ] n loche *f*.

rock melon n US, AUSTR & NZ cantaloup *m*.

rock music n rock *m*.

rock'n'roll [ˌrɒkn'rəʊl] = **rock and roll.**

rock oil n pétrole *m*.

rock plant n plante *f* de rocaille.

rock pool n petite cuvette *f* d'eau de mer dans les rochers.

rock rose n hélianthème *m*.

rock salmon n roussette *f*.

rock salt n sel *m* gemme.

rock slide n éboulis *m*.

rock-solid adj inébranlable.

rock star n rock star *f*.

rocksteady [ˌrɒk'stedɪ] n MUS rocksteady *m*.

rocky ['rɒkɪ] (*compar* **rockier**, *superl* **rockiest**) adj **1.** [seabed, mountain] rocheux ; [path, track] rocailleux **2.** [unstable - situation] précaire, instable ; [- government] peu stable.

Rocky Mountains pl pr n ▸ **the Rocky Mountains** les montagnes *fpl* Rocheuses.

rococo [rə'kəʊkəʊ] ◆ adj rococo. ◆ n rococo *m*.

rod [rɒd] n **1.** [of iron] barre *f* ; [of wood] baguette *f* ; [for curtains, carpet] tringle *f* ; [for fishing] canne *f* ; [for punishment] baguette *f* ; [flexible] verge *f* ; SCH [pointer] baguette *f* / *to be beaten with a rod* recevoir des coups de baguette ▸ **rod and line** FISHING canne à pêche ▸ **rod fishing** pêche *f* à la ligne ▸ **rod of office** (symbole *m* de) pouvoir *m* ▸ **to rule with a rod of iron** gouverner d'une main or poigne de fer ▸ **to make a rod for one's own back** donner des bâtons pour se faire battre **2.** [of uranium] barre *f* **3.** MECH [in engine] tige *f* ; [mechanism] ▸ **rods** tringlerie *f*, timonerie *f* **4.** [for surveying] mire *f* **5.** ANAT [in eye] bâtonnet *m* **6.** [linear or square measure] ≃ perche *f* **7.** US *v inf* [gun] flingue *m* **8.** *v inf* [car] voiture *f* gonflée **9.** *vulg* [penis] bite *f*.

rode [rəʊd] pt ⟶ **ride.**

rodent ['rəʊdənt] ◆ adj rongeur. ◆ n rongeur *m*.

rodent control n dératisation *f*.

rodenticide [rəʊ'dentɪsaɪd] n rodenticide *m*.

rodent operative n UK ADMIN spécialiste *mf* de la dératisation.

rodeo ['rəʊdɪəʊ] (*pl* **rodeos**) n rodéo *m*.

Rodeo Drive pr n *luxueuse rue commerçante à Hollywood.*

roe [rəʊ] (*pl* **roe** *or* **roes**) n *(U)* [eggs] œufs *mpl* de poisson ; [sperm] laitance *f* ▸ **cod roe** œufs de cabillaud.

roebuck ['rəʊbʌk] n chevreuil *m* mâle.

Roedean ['rəʊdi:n] pr n ▸ **Roedean (School)** *célèbre école privée pour jeunes filles en Angleterre.*

roe deer n chevreuil *m*.

roentgen ['rɒntjən] ◆ n röntgen *m*, rœntgen *m*. ◆ adj ▸ **roentgen rays** rayons *mpl* X.

roentgenotherapy [,rɒntjənəʊ'θerəpɪ] n radiothérapie *f*.

Roe vs Wade ['rəʊvɜ:səs'weɪd] pr n *arrêt de 1973 de la Cour suprême reconnaissant l'avortement comme un droit constitutionnel dans tous les États américains.*

ROFL MESSAGING (**written abbr of rolling on the floor laughing**) MDR.

ROFLOL MESSAGING (**written abbr of rolling on the floor laughing out loud**) MDR.

rogan josh [,rəʊgən'dʒɒʃ] n *variété de curry d'agneau, spécialité indienne.*

rogation [rəʊ'geɪʃn] n *(usu pl)* rogations *fpl*.

Rogation Days pl n rogations *fpl*.

Rogation Sunday n dimanche *m* des rogations.

roger ['rɒdʒər] ◆ interj TELEC reçu et compris, d'accord ▸ **roger and out** message reçu, terminé. ◆ vt UK *v inf* baiser.

rogue [rəʊg] ◆ n **1.** [scoundrel] escroc *m*, filou *m* ; [mischievous child] polisson *m*, -onne *f*, coquin *m*, -e *f* **2.** [animal] solitaire *m*. ◆ adj **1.** [animal] solitaire ▸ **a rogue elephant** un éléphant solitaire **2.** US [delinquent] dévoyé.

roguery ['rəʊgərɪ] (*pl* **rogueries**) n [dishonesty] malhonnêteté *f* ; [evil] méchanceté *f*.

rogues' gallery n [in police files] photographies *fpl* de repris de justice / *they're a real rogues' gallery!* ils ont des mines patibulaires !

roguish ['rəʊgɪʃ] adj [mischievous] espiègle, malicieux, coquin.

roguishly ['rəʊgɪʃlɪ] adv [smile, wink] avec espièglerie, d'un air coquin.

roguishness ['rəʊgɪʃnɪs] n [dishonesty] malhonnêteté *f* ; [mischievousness] côté *m* farceur ; [of child] espièglerie *f*.

roid [rɔɪd] (**abbr of steroid**) n US *inf* ▸ **roids** stéroïdes *mpl* ▸ **roid rage** *état d'agressivité extrême causé par l'absorption de stéroïdes.*

roil [rɔɪl] vt **1.** [liquid] troubler **2.** US *inf* [annoy] embêter.

roister ['rɔɪstər] vi faire la fête.

roisterer ['rɔɪstərər] n noceur *m*, -euse *f*.

roisterous ['rɔɪstərəs] adj [behaviour] tapageur ; [crowd] bruyant.

role, rôle [rəʊl] n rôle *m* ▸ **to have** or **to play the leading role** jouer le rôle principal / *she had* or *she played an important role in this project* elle a joué un rôle important dans ce projet ▸ **role model** modèle *m* ▸ **role play** SCH & PSYCHOL jeu *m* de rôles ▸ **role playing** *(U)* jeux *mpl* de rôles.

roll [rəʊl] ◆ vt **1.** [ball] (faire) rouler ; [dice] jeter, lancer ; [cigarette, umbrella] rouler ; [coil] enrouler / *to roll yarn into a ball* faire des pelotes de laine / *she rolled the child in a blanket* elle a enroulé or enveloppé l'enfant dans une couverture / *the hedgehog rolled itself into a tight ball* le hérisson s'est mis en boule / *the dog rolled itself in the mud* le chien s'est roulé dans la boue ▸ **to roll sthg in** or **between one's fingers** rouler qqch entre ses doigts / *the boy rolled the modelling clay into a long snake* le garçon roula la pâte à modeler pour en faire un long serpent / *he rolled his sleeves above his elbows* il a roulé or retroussé ses manches au-dessus du coude ▸ **to roll the presses** faire tourner les presses ▸ **to roll dice** jouer aux dés ▸ **to roll one's r's** rouler les r ▸ **to roll one's hips / shoulders** rouler les hanches / épaules ▸ **to roll one's eyes in fright** rouler les yeux de frayeur / *she's a company executive, wife and housekeeper all rolled into one fig* elle cumule les rôles de cadre dans sa société, d'épouse et de ménagère ▸ **to roll one's own** UK [cigarettes] rouler ses cigarettes **2.** [flatten - grass] rouler ; [- pastry, dough] étendre ; [- gold, metal] laminer ; [- road] cylindrer **3.** US *inf* [rob] dévaliser. ◆ vi **1.** [ball] rouler / *to roll in the mud* **a)** [gen] se rouler dans la boue **b)** [wallow] se vautrer dans la boue / *his eyes rolled in horror* il roulait des yeux horrifiés / *the ball rolled under the car / down the stairs* la balle roula sous la voiture / en bas de l'escalier / *the boulders rolled down the mountainside* les rochers dévalaient la montagne / *the car rolled down the hill / the slope* la voiture dévalait la colline / la pente / *the ball rolled along the floor* la balle roulait sur le sol / *the parade rolled slowly past the window* le défilé passait lentement devant la fenêtre / *the bus rolled into the yard* le bus est entré dans la cour / *the car rolled to a halt* la voiture s'est arrêtée lentement ; [sweat] dégouliner ; [tears] rouler / *tears rolled down her face* des larmes roulaient sur ses joues / *sweat rolled off his back* la sueur lui dégoulinait dans le dos ▸ **to be rolling in money** or **rolling in it** *inf* rouler sur l'or, être plein aux as / *he had them rolling in the aisles* il les faisait mourir de rire **2.** [ship] avoir du roulis ; [plane - with turbulence] avoir du roulis ; [- in aerobatics] faire un tonneau or des tonneaux ; ASTRONAUT tourner sur soi-même **3.** [machine, camera] tourner / *to keep the cameras / the presses rolling* laisser tourner les caméras / les presses / *the credits started to roll* [of film] le générique commença à défiler / *the wheels never stop rolling* les roues ne s'arrêtent jamais de tourner ▸ **to get** or **to start things rolling** mettre les choses en marche ▸ **to keep the ball** or **the show rolling a)** COMM faire tourner la boutique **b)** THEAT faire en sorte que le spectacle continue ▸ **OK, we're ready to roll!** bon, on est prêts, allons-y ! ▸ **let the good times roll** que la fête continue **4.** [drums] rouler ; [thunder] gronder ; [voice] retentir ; [music] retentir, résonner ; [organ] résonner, sonner **5.** US *inf : that's how I roll* je suis comme ça. ◆ n **1.** [of carpet, paper] rouleau *m* ; [of banknotes] liasse *f* ; [of tobacco] carotte *f* ; [of butter] coquille *f* ; [of fat, flesh] bourrelet *m* ; [of film] rouleau *m*, bobine *f* ; [of tools] trousse *f* **2.** ▸ **(bread) roll** petit pain *m* **3.** [of ball] roulement *m* ; [of dice] lancement *m* ; [of car, ship] roulis *m* ; [of plane - in turbulence] roulis *m* ; [- in aerobatics] tonneau *m* ; [of hips, shoulders] balancement *m* ; [of sea] houle *f* ; [somersault] galipette *f* ▸ **to have a roll in the hay** *inf* [make love] se rouler dans le foin **4.** [list - of members] liste *f*, tableau *m* ; ADMIN & NAUT rôle *m* ; SCH liste *f* des élèves ▸ **to call the roll** faire l'appel ▸ **to be on the roll a)** [of club] être membre **b)** UK SCH faire partie des élèves ▸ **falling rolls** baisse *f* d'effectifs ▸ **nominal roll** liste nominative ▸ **roll of honour a)** MIL liste des combattants morts pour la patrie **b)** SCH tableau *m* d'honneur **5.** [of drum] roulement *m* ; [of thunder] grondement *m* / *I can hear the rolls of thunder / the far-off roll of a drum* j'entends gronder le tonnerre / le roulement lointain d'un tambour **6.** PHR *inf* **to be on a roll** avoir le vent en poupe / *now we're on a roll, let's carry on* puisque nous sommes lancés, continuons.

❖ **roll about** vi UK rouler çà et là / *to roll about on the floor / grass* se rouler par terre / dans l'herbe / *to roll about with laughter fig* se tordre de rire, se tenir les côtes.

❖ **roll along** ◆ vi **1.** [river] couler ; [car] rouler / *the car was rolling along at 140 km/h* la voiture roulait à 140 **2.** *fig* [project] avancer **3.** *inf* [go] passer, se pointer, s'amener / *let's roll along to Jake's place* si on se pointait chez Jake ?, si on débarquait chez Jake ? ◆ vt sep [hoop, ball] faire rouler ; [car window] baisser ; [car, wheelbarrow] pousser.

❖ **roll around** = **roll about.**

❖ **roll away** ◆ vi [car, clouds] s'éloigner ; [terrain] s'étendre / *the hills rolled away into the distance* les collines disparaissaient au loin / *the ball rolled away into the street* la balle a roulé jusque dans la rue / *suddenly all my troubles simply rolled away fig* subitement tous mes ennuis s'éloignèrent. ◆ vt sep [take away] emmener ; [put away] ranger.

❖ **roll back** ◆ vt sep **1.** [push back - carpet] rouler, enrouler ; [- blankets] replier ; [- enemy, difficulties] faire reculer ; [- trolley, wheelchair] reculer *fig* / *the doctor rolled the wheelchair back against the wall* le médecin recula la chaise roulante contre le mur **2.** [bring back] ramener **3.** US [prices] casser **4.** [time] faire reculer / *it would be nice to roll back the years* ce serait bien de revenir des années en arrière. ◆ vi [waves] se retirer ; [memories, time] revenir.

❖ **roll by** vi **1.** [time] s'écouler, passer **2.** [car] passer.

❖ **roll down** ◆ vi rouler en bas, descendre en roulant ; [tears, sweat] couler. ◆ vt sep [blind] baisser ; [sleeves] redescendre ; [blanket] replier ; [hoop, ball] faire rouler ; [car window] baisser.

❖ **roll in** ◆ vi **1.** [arrive] arriver ; [come back] rentrer / *they finally rolled in at 3 o'clock in the morning* ils sont finalement rentrés à 3 h du matin **2.** [car] entrer ; [waves] déferler **3.** *inf* [money] rentrer ; [crowds] affluer. ◆ vt sep [bring in] faire entrer ; [barrel, car] faire entrer en roulant.

❖ **roll off** ◆ vi [fall] tomber en roulant ; [on floor] rouler par terre / *the top rolled off into the bath* le bouchon a roulé dans la baignoire. ◆ vt sep [print] imprimer. ◆ vt insep TYPO ▸ **to roll off the presses** sortir des presses.

❖ **roll on** ◆ vi **1.** [ball] continuer à rouler **2.** [time] s'écouler **3.** UK PHR *roll on Christmas!* vivement (qu'on soit à) Noël ! / *roll on the day when I'm my own boss!* vivement que je sois mon propre patron ! ◆ vt sep **1.** [paint] appliquer au rouleau ; [deodorant] appliquer **2.** [stockings] enfiler.

❖ **roll out** ◆ vi sortir / *to roll out of bed* [person] sortir du lit / *the ball rolled out from under the sofa* la balle est sortie de sous le canapé. ◆ vt sep **1.** [ball] rouler (dehors) ; [car] rouler or pousser dehors ; [map] dérouler ; [pastry] étendre (au rouleau) / *we rolled the lawn mower out into the garden* nous avons sorti la tondeuse dans le jardin **2.** [produce - goods, speech] débiter **3.** [product, offer] introduire.

❖ **roll over** ◆ vi [person, animal] se retourner ; [car] faire un tonneau ▸ **to roll over and over a)** [in bed] se retourner plusieurs fois **b)** [car] faire une série de tonneaux. ◆ vt sep retourner. ◆ vt insep rouler sur ; [subj: car] écraser.

❖ **roll past** ◆ vt insep passer devant. ◆ vi passer.

❖ **roll up** ◆ vt sep [map, carpet] rouler ; [sleeves] retrousser ; [trousers] remonter, retrousser ; US [window] remonter / *to roll sthg up in a blanket* enrouler or envelopper qqch dans une couverture. ◆ vi **1.** [carpet] se rouler / *the map keeps rolling up on its own* impossible de faire tenir cette carte à plat ▸ **to roll up into a ball** se rouler en boule **2.** *inf* [arrive] se pointer, s'amener. ◆ interj ▸ **roll up! roll up!** approchez !

rollaway ['rəʊləweɪ] adj à roulettes ▸ **rollaway bed** lit *m* escamotable.

rollback ['rəʊlbæk] n US réduction *f*, baisse *f*.

roll bar n arceau *m* de sécurité.

roll call n appel *m* ▸ **to take (the) roll call** faire l'appel.

roll collar n col *m* roulé.

rolled [rəʊld] adj **1.** [paper] en rouleau ; [carpet] roulé **2.** [iron, steel] laminé **3.** [tobacco] en carotte ▸ **rolled oats** flocons *mpl* d'avoine.

rolled gold n plaqué *m* or / *a rolled gold bracelet* un bracelet en plaqué or.

rolled-up adj roulé, enroulé.

roller ['rəʊlər] n **1.** [cylinder - for paint, pastry, garden, hair] rouleau *m* ; [- for blind] enrouleur *m* ; [- of typewriter] rouleau *m*, cylindre *m* ; TEXT calandre *f* ; METALL laminoir *m* / *she had her hair in rollers* elle s'était mis des bigoudis **2.** [wheel - for marking, furniture] roulette *f* ; [- in machine] galet *m* / *the piano is on rollers* le piano est sur roulettes **3.** [of sea] rouleau *m*.

roller bearing n roulement *m* à rouleaux.

rollerblade ['rəʊləbleɪd] vi SPORT faire du roller / *to go rollerblading* faire du roller.

rollerblader ['rəʊlə,bleɪdər] n patineur *m*, -euse *f* en rollers.

Rollerblades® pl n rollers *mpl*.

rollerblading ['rəʊləbleɪdɪŋ] n *(U)* SPORT roller *m*.

roller blind n store *m* à enrouleur.

roller coaster n montagnes *fpl* russes, grand huit *m*.

roller derby n course *f* en patins à roulettes.
roller disco n *discothèque où l'on porte des patins à roulettes.*
roller skate n patin *m* à roulettes.
❖ **roller-skate** vi faire du patin à roulettes.
roller-skater n patineur *m*, -euse *f (à roulettes).*
roller-skating n patinage *m* à roulettes.
roller towel n essuie-mains *m (monté sur un rouleau).*
roll film n pellicule *f* en bobine.
rollick ['rɒlɪk] *inf* ◆ vi [romp] s'ébattre ; [celebrate] faire la noce. ◆ n ébats *mpl.*
❖ **rollick about** vi UK *inf* s'ébattre, faire le fou.
rollicking ['rɒlɪkɪŋ] *inf* ◆ adj [joyful] joyeux ; [noisy] bruyant / *to lead a rollicking life* mener une vie de patachon / *we had a rollicking (good) time* on s'est amusés comme des fous. ◆ n UK ▸ **to get a rollicking** se faire enguirlander.
rolling ['rəʊlɪŋ] ◆ adj **1.** [object] roulant, qui roule **2.** [countryside, hills] ondulant ▸ **to have a rolling gait** rouler les hanches **3.** [sea] houleux ; [boat] qui a du roulis **4.** [fog] enveloppant ; [thunder] grondant **5.** [mobile -target] mobile, mouvant / *a rolling plan for development* un plan de développement constamment remis à jour **6.** [boil] ▸ **a rolling boil** : *bring to a rolling boil* maintenir à ébullition **7.** [strikes] tournant. ◆ n **1.** [of ball, marble] roulement *m* ; [of dice] lancement *m* **2.** [of boat] roulis *m* **3.** [of drum] roulement *m* ; [of thunder] grondement *m* **4.** [of shoulders] roulement *m* **5.** METALL laminage *m*. ◆ adv UK *inf* ▸ **to be rolling drunk** être complètement soûl.
rolling credits, rolling titles pl n CIN & TV générique *m* déroulant.
rolling mill n [factory] usine *f* de laminage ; [equipment] laminoir *m*.
rolling pin n rouleau *m* à pâtisserie.
rolling stock n matériel *m* roulant.
rolling stone n [person] vadrouilleur *m*, -euse *f* ▸ **to be a rolling stone** rouler sa bosse, avoir une âme de vagabond ▸ **a rolling stone gathers no moss** *prov* pierre qui roule n'amasse pas mousse *prov*.
rolling titles pl n = **rolling credits.**
rollmop ['rəʊlmɒp] n rollmops *m*.
roll neck n col *m* roulé.
❖ **roll-neck** = **roll-necked.**
roll-necked adj à col roulé.
roll-on ◆ n **1.** [deodorant] déodorant *m* à bille **2.** [corset] gaine *f*, corset *m*. ◆ adj ▸ **roll-on deodorant** déodorant *m* à bille ▸ **roll-on lip-gloss** brillant *m* à lèvres.
roll-on/roll-off ◆ n [ship] (navire *m*) transbordeur *m*, ferry-boat *m* ; [system] roll on-roll off *m inv*, manutention *f* par roulage. ◆ adj [ferry] transbordeur, ro-ro *(inv).*
rollover ['rəʊləʊvə^r] ◆ n FIN rééchelonnement *m* ; UK [in national lottery] remise *f* en jeu des prix. ◆ adj FIN renouvelable ; UK [in national lottery] : *it's a rollover week* cette semaine il y a remise en jeu des prix ▸ **rollover minutes** TELEC report *m* de minutes.
rolltop ['rəʊltɒp] n ▸ **rolltop (desk)** bureau *m* à cylindre.
roll-up ◆ adj [map] qui s'enroule. ◆ n UK *inf* cigarette *f* roulée / *she smokes roll-ups* elle roule elle-même ses cigarettes.
roll-your-own *inf* = **roll-up** *(noun).*
roly-poly [,rəʊlɪ'pəʊlɪ] *(pl* **roly-polies***)* ◆ adj *inf* grassouillet, rondelet. ◆ n **1.** *inf* [plump person] : *she's a real roly-poly* elle est vraiment grassouillette **2.** CULIN ▸ **roly-poly (pudding)** gâteau *m* roulé à la confiture.
ROM [rɒm] (abbr of**read only memory**) n ROM *f*.
romaine [rəʊ'meɪn] n US ▸ **romaine (lettuce)** (laitue *f*) romaine *f*.
roman ['rəʊmən] ◆ n TYPO romain *m*. ◆ adj TYPO romain.
Roman ['rəʊmən] ◆ n Romain *m*, -e *f* ▸ **the Epistle of Paul to the Romans** l'Épître de saint Paul aux Romains. ◆ adj **1.** [gen & RELIG] romain ▸ **Roman Britain** *période de domination romaine en Grande-Bretagne allant du Ier siècle av. J.-C. au IVe siècle ap. J.-C.* ▸ **Roman road** voie *f* romaine **2.** [nose] aquilin.
Roman alphabet n alphabet *m* romain.
Roman calendar n calendrier *m* romain.
Roman candle n chandelle *f* romaine.
Roman Catholic ◆ adj catholique. ◆ n catholique *mf*.
Roman Catholicism n catholicisme *m*.
romance [rəʊ'mæns] ◆ n **1.** [love affair] liaison *f* (amoureuse) ▸ **to have a romance with sb a)** [affair] avoir une liaison avec qqn **b)** [idyll] vivre un roman d'amour avec qqn / *a holiday romance* un amour de vacances **2.** [love] amour *m* (romantique) / *everyone dreams of romance* tout le monde rêve d'un grand amour **3.** [romantic novel] roman *m* d'amour, roman *m* à l'eau de rose *pej* ; [film] film *m* romantique, film *m* à l'eau de rose *pej* ▸ **historical romance** *roman d'amour situé à une époque ancienne* **4.** [attraction, charm] charme *m*, poésie *f* ; [excitement] attrait *m* / *after a while the romance wore off* après quelque temps, le charme s'estompa **5.** [fantasy] fantaisie *f* ; [invention] invention *f* / *most of what he says is just romance* il invente presque tout ce qu'il raconte **6.** LITER roman *m* **7.** MUS romance *f*. ◆ comp ▸ **romance writer** romancier *m*, -ère *f*, auteur *m* d'histoires romanesques. ◆ vi laisser vagabonder son imagination, fabuler ▸ **to romance on** or **about sthg** fabuler or broder sur qqch. ◆ vt courtiser.
❖ **Romance** ◆ n LING roman *m*. ◆ adj ▸ **the Romance languages** les langues *fpl* romanes.
romancer [rəʊ'mænsə^r] n **1.** [writer] *auteur d'œuvres romanesques* **2.** [fantasizer] fabulateur *m*, -trice *f*.
Roman Empire n ▸ **the Roman Empire** l'Empire *m* romain.
Romanesque [,rəʊmə'nesk] ◆ adj ARCHIT roman. ◆ n ARCHIT roman *m*.
Romani ['rəʊmənɪ] = **Romany** *(noun).*
Romania [ru:'meɪnjə] pr n Roumanie *f* / *in Romania* en Roumanie.
Romanian [ru:'meɪnjən] ◆ n **1.** [person] Roumain *m* Roumain, e **2.** LING roumain *m*. ◆ adj roumain.
Romanic [rəʊ'mænɪk] ◆ adj romain, des Romains. ◆ n LING roman *m*.
romanize, romanise ['rəʊmənaɪz] vt romaniser.
Roman law n droit *m* romain.
Roman numeral n chiffre *m* romain.
Romans(c)h [rəʊ'mænʃ] ◆ n romanche *m*. ◆ adj romanche.
romantic [rəʊ'mæntɪk] ◆ adj **1.** romantique / *romantic love* l'amour romantique / *they had a romantic attachment* ils ont eu une liaison amoureuse **2.** [unrealistic] romanesque / *she still has some romantic ideas about life* elle a encore des idées romanesques sur l'existence. ◆ n romantique *mf* / *he's an incurable romantic* c'est un éternel romantique.
❖ **Romantic** adj ART, LITER & MUS romantique / *the French Romantic poets* les poètes romantiques français.
romantically [rəʊ'mæntɪklɪ] adv de manière romantique, romantiquement *liter* / *we're romantically involved* nous avons une liaison amoureuse / *a hotel set romantically by the side of a lake* un hôtel situé dans un cadre romantique tout près d'un lac.
romanticism [rəʊ'mæntɪsɪzm] n romantisme *m*.
❖ **Romanticism** n ART, LITER & MUS romantisme *m*.
romanticist [rəʊ'mæntɪsɪst] n romantique *mf*.
romanticize, romanticise [rəʊ'mæntɪsaɪz] vt [idea, event] idéaliser / *they have a romanticized view of life in Britain* ils ont une vision très romantique de la vie en Grande-Bretagne.
Romany ['rəʊmənɪ] *(pl* **Romanies***)* ◆ n **1.** [person] Bohémien *m*, -enne *f*, Rom *mf* **2.** LING rom *m*. ◆ adj bohémien, rom.
Rome [rəʊm] pr n Rome ▸ **when in Rome, do as the Romans do** *prov* quand tu seras à Rome, fais comme les Romains *prov* ▸ **Rome wasn't built in a day** Rome ne s'est pas faite or Paris ne s'est pas fait en un jour ▸ **all roads lead to Rome** tous les chemins mènent à Rome.
Romeo ['rəʊmɪəʊ] ◆ pr n Roméo / **'Romeo and Juliet'** *Shakespeare, Berlioz* 'Roméo et Juliette'. ◆ n : *he's a real Romeo fig* c'est un vrai Roméo.
Romish ['rəʊmɪʃ] adj *pej* papiste.
romp [rɒmp] ◆ vi s'ébattre (bruyamment) / *the children were romping gleefully in the garden* les enfants s'ébattaient joyeusement dans le jardin / *the favourite romped home ten lengths ahead* le favori est arrivé avec dix bonnes longueurs d'avance. ◆ n **1.** [frolic] ébats *mpl*, gambades *fpl* **2.** [film, play] farce *f*, comédie *f* **3.** UK *inf* [easy win] : *it was a romp* c'était du gâteau.
❖ **romp through** vt insep : *to romp through one's work* expédier son travail sans difficulté / *she romped through the test* elle a réussi le test haut la main.
rompers ['rɒmpəz], **romper suit** n barboteuse *f*.
Romulus ['rɒmjʊləs] pr n ▸ **Romulus and Remus** Romulus et Remus.
RON n abbr of**research octane number.**
rondeau ['rɒndəʊ] *(pl* **rondeaux***)* n rondeau *m*.
rondo ['rɒndəʊ] *(pl* **rondos***)* n rondo *m*.
Roneo® ['rəʊnɪəʊ] ◆ n Ronéo® *f*. ◆ vt ronéotyper, ronéoter.
röntgen ['rɒntjən] = **roentgen.**
roo [ru:] n **1.** AUSTR *inf* kangourou *m* **2.** ▸ **roo bars** AUTO pare-buffles *m inv*.
rood [ru:d] ◆ n **1.** [cross] crucifix *m*, croix *f (qui surplombe le jubé)* **2.** UK [square measure] ≃ 1 000 m². ◆ comp [arch, beam] du jubé.
rood screen n jubé *m*.
roof [ru:f] *(pl* **roofs** *or* **rooves** [ru:vz]) ◆ n **1.** [of building] toit *m* ; [of cave, tunnel] plafond *m* ; [of branches, trees] voûte *f* ; [of car] toit *m*, pavillon *m* ▸ **to live under the same roof** vivre sous le même toit / *I won't have this sort of behaviour under my roof* je ne tolérerai pas ce genre de comportement sous mon toit or chez moi ▸ **to be without a roof over one's head** être à la rue ▸ **the Celestial roof** *fig* la voûte céleste ▸ **to go through** or **to hit the roof a)** *inf* [person] piquer une crise, sortir de ses gonds **b)** [prices] flamber ▸ **to raise the roof a)** [make noise] faire le diable à quatre **b)** [cause fuss] protester à grands cris **2.** [roof covering] toiture *f* **3.** ANAT ▸ **roof of the mouth** voûte *f* du palais. ◆ vt couvrir d'un toit / *roofed with corrugated iron* avec un toit en tôle ondulée.
❖ **roof over** vt sep recouvrir.
-roofed [ru:ft] in comp : *flat-roofed warehouses* des entrepôts à toits plats or en terrasse.
roofer ['ru:fə^r] n **1.** CONSTR couvreur *m* **2.** *inf* [letter of thanks] lettre *m* de remerciement *(écrite à un hôte).*
roof garden n jardin *m* sur le toit.
roofing ['ru:fɪŋ] n toiture *f*, couverture *f* ▸ **roofing materials** matériaux *mpl* pour toitures.
roofless ['ru:flɪs] adj sans toit, à ciel ouvert.
roof light n AUTO plafonnier *m* ; [window] lucarne *f*.
roof rack n AUTO galerie *f*.
roof support n solive *f*.
rooftop ['ru:ftɒp] ◆ n toit *m* / *a chase over the rooftops* une poursuite sur les toits ▸ **to shout** or **to proclaim sthg from the rooftops** *fig* crier qqch sur les toits. ◆ comp [garden, restaurant] sur le toit / *police marksmen have taken up rooftop positions* des tireurs d'élite ont pris position sur le toit.
rook [rʊk] ◆ n **1.** [bird] freux *m*, corbeau *m* **2.** [in chess] tour *f* **3.** *dated* [swindler] escroc *m*, filou *m*. ◆ vt *inf* rouler, escroquer.
rookery ['rʊkərɪ] *(pl* **rookeries***)* n [of rooks] colonie *f* de freux ▸ **a rookery of seals / penguins** une colonie de phoques / manchots.
rookie ['rʊkɪ] n US *inf* [recruit] bleu *m* ; [inexperienced person] novice *mf*.
room [ru:m or rʊm] ◆ n **1.** [in building, public place] salle *f* ; [in house] pièce *f* ; [in hotel] chambre *f* / *the house has ten rooms* la maison comporte dix pièces / **'room to let** or **to rent'** 'chambre à louer' / *his rooms are in Bayswater* il habite à Bayswater ▸ **room and board** chambre avec pension / **'Room at the Top'** *Braine* 'Une pièce en haut' / **'A Room of One's Own'** *Woolf* 'Une chambre à

soi' / **'A Room with a View'** **a)** [Forster] 'Avec vue sur l'Arno' **b)** [Ivory] 'Chambre avec vue' **2.** [space, place] place *f* / *is there enough room for everybody?* y a-t-il assez de place pour tout le monde ? / *there's plenty of room* il y a beaucoup de place / *it takes up too much room* ça prend trop de place ▸ **to make room for sb** **a)** faire une place *or* de la place pour qqn **b)** *fig* laisser la place à qqn / *it's time to make room for young people with fresh ideas fig* il est temps de laisser la place à des gens jeunes avec des idées neuves / *room to or for manoeuvre* **a)** *lit* place pour manœuvrer **b)** *fig* marge de manœuvre / *the new legislation leaves little room for manoeuvre* la nouvelle loi laisse une faible marge de manœuvre / *there's room for improvement* **a)** [make better] il y a des progrès à faire **b)** [below standard] ça laisse à désirer / *there's still room for discussion / hope* on peut encore discuter / espérer / *there's no room for doubt* il n'y a plus aucun doute possible **3.** [people in room] salle *f* / *the whole room protested* toute la salle a protesté. ◆ vi **US** loger ▸ **to room with sb** **a)** [share flat] partager un appartement avec qqn **b)** [in hotel] partager une chambre avec qqn.

pièce, salle *or* **chambre?**

A room can be referred to as a **pièce**, a **salle** or a **chambre**, depending on what kind of space it is.

■ ***Pièce***

Use **pièce** when the room in question is not seen from the point of view of someone's attachment to it. For example, **pièce** is used in technical descriptions of properties by estate agents. Avoid **pièce** when talking about someone's room. Use **bureau** if you are referring to their office or **chambre** if you are referring to their bedroom.

■ ***Salle***

Except in compound words like **salle d'attente, salle de bains, salle d'eau, salle de séjour, salle de jeu** and **salle à manger**, the word **salle** is reserved for large rooms in public places, such as station waiting rooms, hospitals wards or museum galleries.

■ ***Chambre***

This is strictly speaking a room where somebody sleeps, either a hotel room, or a bedroom which is part of a flat or house which has rooms for other uses. If someone's room is more than just a bedroom but does not really fit the definition of a flat / apartment or of a house (for example a student's digs, or a bachelor pad), use a word that describes more specifically the type of lodging it is: **studio, garçonnière**, etc.

-roomed [ru:md] in comp : *a five-roomed flat* un appartement de cinq pièces, un cinq-pièces.

roomer ['ru:mər] n **US** pensionnaire *mf*.

roomette [ru:m'et] n **US** *petit wagon-lit à une place.*

room fragrance n parfum *m* pour la maison.

roomful ['ru:mfʊl] n pleine salle *f* or pièce *f* / *a roomful of furniture* une pièce pleine de meubles / *a roomful of people* une salle pleine de monde.

roomie ['ru:mɪ] n **US** *inf* colocataire *mf*.

roominess ['ru:mɪnɪs] n grandes dimensions *fpl*, dimensions *fpl* généreuses.

rooming house ['ru:mɪŋ-] n **US** immeuble *m* *(avec chambres à louer).*

roommate ['ru:mmeɪt] n [in boarding school, college] camarade *mf* de chambre ; **US** [in flat] *personne avec qui l'on partage un logement.*

room service n service *m* dans les chambres *(dans un hôtel).*

room temperature n température *f* ambiante / *this plant must be kept at room temperature* cette plante doit être placée dans une pièce chauffée / **'to be served at room temperature'** [wine] 'servir chambré'.

roomy ['ru:mɪ] (*compar* **roomier**, *superl* **roomiest**) adj [house, office] spacieux ; [suitcase, bag] grand ; [coat] ample.

roorback ['rʊəbæk] n **US** POL pamphlet *m* diffamatoire.

roost [ru:st] ◆ n perchoir *m*, juchoir *m*. ◆ vi [bird] se percher, (se) jucher / *his misdeeds came home to roost* ses méfaits se sont retournés contre lui.

rooster ['ru:stər] n **US** coq *m*.

root [ru:t] ◆ n **1.** BOT & *fig* racine *f* ▸ **to pull up a plant by its roots** déraciner une plante ▸ **to take root** BOT & *fig* prendre racine ▸ **to put down roots** BOT & *fig* prendre racine, s'enraciner **2.** ANAT [of tooth, hair, etc.] racine *f* **3.** [source] source *f* ; [cause] cause *f* ; [bottom] fond *m* ▸ **the root of all evil** la source de tout mal ▸ **to get at** *or* **to the root of the problem** aller au fond du problème / *poor housing is at the root of much delinquency* la mauvaise qualité des logements est souvent à l'origine de la délinquance **4.** LING [in etymology] racine *f* ; [baseform] radical *m*, base *f* **5.** MATH racine *f* **6.** MUS fondamentale *f*. ◆ comp [cause, problem] fondamental, de base. ◆ vt enraciner / *he stood rooted to the spot fig* il est resté cloué sur place. ◆ vi **1.** [plant] s'enraciner, prendre racine **2.** [pigs] fouiller *(avec le groin)* / *to root for truffles* chercher des truffes.

❖ **roots** pl n [of person - origin] racines *fpl*, origines *fpl* / *he has no real roots* il n'a pas de véritables racines / *she is in search of her roots* elle est à la recherche de ses origines / *their actual roots are in Virginia* en fait, ils sont originaires de Virginie.

❖ **root about** **UK**, **root around** vi [animal] fouiller *(avec le museau)* ; [person] fouiller ▸ **to root about for sthg** fouiller pour trouver qqch.

❖ **root for** vt insep [team] encourager, soutenir.

❖ **root out** vt sep **1.** [from earth] déterrer ; [from hiding place] dénicher **2.** [suppress] supprimer, extirper.

❖ **root through** vt insep [search through] fouiller.

❖ **root up** vt sep [plant] déraciner ; [subj: pigs] déterrer.

root-and-branch adj [reform] complet (complète).

❖ **root and branch** adv : *corruption must be eliminated root and branch* il faut éradiquer la corruption.

root beer n **US** *boisson gazeuse à base d'extraits végétaux.*

rootbound ['ru:tbaʊnd] adj HORT : *this shrub is rootbound* les racines de cet arbuste sont trop à l'étroit.

root canal n canal *m* dentaire ▸ **root canal treatment** traitement *m* canalaire.

root cellar n **US** cellier *m* pour conserver les légumes.

root crop n racine *f* comestible.

root directory n COMPUT répertoire *m* racine.

rooted ['ru:tɪd] adj [prejudice, belief, habits] enraciné / *deeply rooted superstitions* des superstitions bien enracinées *or* profondément ancrées.

rootle ['ru:tl] vi **UK** [pigs] fouiller *(avec le groin).*

rootless ['ru:tlɪs] adj sans racine *or* racines.

rootlet ['ru:tlɪt] n radicelle *f*.

root mean square n moyenne *f* quadratique.

root rot n piétin *m*.

rootstock ['ru:tstɒk] n rhizome *m*.

root vegetable n racine *f* comestible.

rope [rəʊp] ◆ n **1.** [gen] corde *f* ; [collectively] cordage *m* ; [of steel, wire] filin *m* ; [cable] câble *m* ; [for bell, curtains] cordon *m* ▸ **a piece** *or* **length of rope** un bout de corde, une corde ▸ **to come to the end of one's rope** être au bout du rouleau ▸ **to give sb more rope** laisser à qqn une plus grande liberté d'action, lâcher la bride à qqn / *she gave him plenty of rope* elle lui a donné une grande liberté d'action *or* marge de manœuvre ▸ **give him enough rope and he'll hang himself** si on le laisse faire, il creusera sa propre tombe ▸ **different ropes for different folks** **US** *inf* chacun son truc / **'Rope'** *Hitchcock* 'la Corde' **2.** [in mountaineering] cordée *f* **3.** [of pearls] collier *m* ; [of onions] chapelet *m*. ◆ vt **1.** [package] attacher avec une corde, corder / *the climbers were roped together* les alpinistes étaient encordés / *he was roped to a post* il a été attaché à un poteau **2.** **US** [cattle, horses] prendre au lasso.

❖ **ropes** pl n **1.** BOX cordes *fpl* ▸ **to be on the ropes** **a)** [boxer] être dans les cordes **b)** *fig* être aux abois ▸ **to be up against the ropes** être le dos au mur **2.** [know-how] ▸ **to know the ropes** connaître les ficelles *or* son affaire ▸ **to show** *or* **to teach sb the ropes** montrer les ficelles du métier à qqn ▸ **to learn the ropes** se mettre au courant, apprendre à se débrouiller.

❖ **rope in** vt sep **1.** [land] entourer de cordes, délimiter par des cordes **2.** [cattle] mettre dans un enclos **3.** *fig* ▸ **to rope sb in to do sthg** enrôler qqn pour faire qqch / *he got himself roped in as chairman* il a été forcé d'accepter la présidence.

❖ **rope off** vt sep [part of hall, of church] délimiter par une corde ; [street, building] interdire l'accès de.

❖ **rope up** ◆ vi s'encorder. ◆ vt sep **1.** [parcel] attacher avec une corde, corder **2.** [climbers] encorder.

ropedancer ['rəʊp,dɑ:nsər] n funambule *mf*, danseur *m*, -euse *f* de corde.

rope ladder n échelle *f* de corde.

rope sandals pl n sandales *fpl* en corde tressée.

rope-soled [-səʊld] adj [shoes] à semelles de corde.

rope trick n *tour de prestidigitation réalisé avec une cordelette.*

ropewalker ['rəʊp,wɔ:kər] n funambule *mf*.

rop(e)y ['rəʊpɪ] (*compar* **ropier**, *superl* **ropiest**) adj **UK** **1.** *inf* [mediocre] médiocre, pas fameux ; [ill] mal fichu **2.** [substance] visqueux.

ro-ro ['rəʊrəʊ] = **roll-on/roll-off**.

Rorschach test ['rɔ:ʃɑ:k-] n test *m* de Rorschach.

rosary ['rəʊzərɪ] (*pl* **rosaries**) n **1.** RELIG [beads] chapelet *m*, rosaire *m* ; [prayers] rosaire *m* ▸ **to tell** *or* **to say the rosary** dire son rosaire **2.** [rose garden] roseraie *f*.

rose [rəʊz] ◆ pt ⟶ **rise**. ◆ n **1.** BOT [flower] rose *f* ; [bush] rosier *m* ▸ **life isn't just a bed of roses, life isn't all roses** tout n'est pas rose dans la vie / *her life isn't exactly a bed of roses* sa vie n'est pas vraiment rose ▸ **there's no rose without a thorn** il n'y a pas de roses sans épines, chaque médaille a son revers ▸ **to come up roses** **a)** [enterprise] marcher comme sur des roulettes **b)** [person] réussir, avoir le vent en poupe ▸ **under the rose** *liter* en cachette, en confidence / *that'll put the roses back into your cheeks* ça va te redonner des couleurs **2.** [rose shape on hat, dress] rosette *f*, [-on ceiling] rosace *f* **3.** [colour] rose *m* **4.** [on hosepipe, watering can] pomme *f*. ◆ adj rose, de couleur rose.

rosé ['rəʊzeɪ] n (vin *m*) rosé *m*.

roseate ['rəʊzɪət] adj *liter* rose.

rosebay ['rəʊzbeɪ] n laurier-rose *m*.

rosebed ['rəʊzbed] n parterre *m* or massif *m* de roses.

Rose Bowl [rəʊz-] pr n ▸ **the Rose Bowl** *match de football universitaire organisé le Jour de l'An à Pasadena, en Californie.*

rosebud ['rəʊzbʌd] n bouton *m* de rose.

rosebush ['rəʊzbʊʃ] n rosier *m*.

rose-coloured adj rose, rosé ▸ **to see life through rose-coloured spectacles** voir la vie en rose.

rose-cut adj [diamond, etc.] (taillé) en rose.

rose garden n roseraie *f*.

rose hip n gratte-cul *m*, cynorhodon *m* *spec* ▸ **rose hip syrup** sirop *m* d'églantine.

rose mallow n primerose *f*.

rosemary ['rəʊzmərɪ] (*pl* **rosemaries**) n romarin *m*.

Rosenberg ['rəʊzənbɜ:g] pr n Rosenberg ▸ **the Rosenberg case** l'affaire *f* Rosenberg.

roseola [rəʊ'zi:ələ] n *(U)* roséole *f*.

Rose Parade pr n ▸ **the Rose Parade** *défilé annuel de chars fleuris à Pasadena (Californie).*

rose quartz n quartz *m* rose.

rose-red adj vermeil.

rose-tinted adj teinté en rose.

rose tree n rosier *m*.

Rosetta [rə'zetə] pr n Rosette ▸ **the Rosetta stone** la pierre de Rosette.

rosette [rəʊ'zet] n **1.** [made of ribbons] rosette *f* ; SPORT cocarde *f* **2.** ARCHIT rosace *f* **3.** BOT rosette *f*.

rosewater ['rəʊz,wɔ:tər] n eau *f* de rose.

rose window n rosace *f*.

rosewood ['rəʊzwʊd] ◆ n bois *m* de rose. ◆ comp en bois de rose.

Rosh Hashanah [,rɒʃhə'ʃanə] n Ro(s)ch ha-Shana *m*.

Rosicrucian [,rəʊzɪ'kru:ʃn] ◆ n rosicrucien *m*, -enne *f*, rose-croix *m inv*. ◆ adj rosicrucien.

Rosicrucianism [,rəʊzɪ'kru:ʃənɪzm] n philosophie *f* de l'ordre de la Rose-Croix.

rosin ['rɒzɪn] ◆ n colophane *f*, arcanson *m*. ◆ vt traiter à la colophane, enduire de colophane.

RoSPA ['rɒspə] (abbr of **Royal Society for the Prevention of Accidents**) pr n *association britannique pour la prévention des accidents*.

roster ['rɒstər] ◆ n [list] liste *f* ; [for duty] tableau *m* de service / *by roster* à tour de rôle ▸ **promotion roster** tableau d'avancement. ◆ vt inscrire au tableau de service or au planning / *I'm rostered on Sunday* je suis de service dimanche.

rösti [rɜ:ʃtɪ] n *(U)* rösti *m*.

rostrum ['rɒstrəm] (*pl* **rostrums** *or* **rostra** [-trə]) n **1.** [platform - for speaker] estrade *f*, tribune *f* ; [- for conductor] estrade *f* ; SPORT podium *m* ▸ **to take the rostrum** monter sur l'estrade or à la tribune **2.** HIST & NAUT rostres *mpl*.

rostrum camera n banc-titre *m*.

rosy ['rəʊzɪ] (*compar* **rosier**, *superl* **rosiest**) adj [in colour] rose, rosé ▸ **to have rosy cheeks** avoir les joues roses ; *fig* [future, situation] brillant, qui se présente bien ▸ **to paint a rosy picture of a situation** peindre une situation en rose ▸ **to have a rosy view of life** voir la vie en rose.

rot [rɒt] (*pt & pp* **rotted**, *cont* **rotting**) ◆ vi **1.** [fruit, vegetable] pourrir, se gâter ; [teeth] se carier **2.** *fig* [person] pourrir / *to rot in prison* pourrir or croupir en prison / *let them rot! inf* qu'ils crèvent ! ◆ vt [vegetable, fibres] (faire) pourrir ; [tooth] carier, gâter. ◆ n **1.** [of fruit, vegetable] pourriture *f* ; [of tooth] carie *f* **2.** *fig* [in society] pourriture *f* / *the rot has set in* ça commence à se gâter ▸ **to stop the rot** redresser la situation **3.** *(U)* [nonsense - spoken] bêtises *fpl*, sottises *fpl* ; [- written] bêtises *fpl* ; [- on TV] émission *f* idiote, émissions *fpl* idiotes / *don't talk rot!* ne dis pas de sottises ! / *that's utter rot!* c'est vraiment n'importe quoi !

❖ **rot away** vi tomber en pourriture.

rota ['rəʊtə] n roulement *m* ; [for duty] tableau *m* de service, planning *m* / *on a rota basis* à tour de rôle, par roulement.

❖ **Rota** n RELIG rote *f*.

Rotarian [rəʊ'teərɪən] ◆ adj rotarien. ◆ n rotarien *m*.

rotary ['rəʊtərɪ] (*pl* **rotaries**) ◆ adj rotatif. ◆ n US rond-point *m*.

Rotary Club pr n Rotary Club *m* ▸ **Rotary Club member** rotarien *m*.

rotary cultivator n motoculteur *m*.

rotary engine n moteur *m* rotatif.

rotary press n rotative *f*.

rotary tiller n US pulvériseur *m*.

rotate ◆ vt [rəʊ'teɪt] **1.** [turn] faire tourner ; [on pivot] faire pivoter **2.** AGR [crops] alterner **3.** [staff] faire un roulement de ; [jobs] faire à tour de rôle or par roulement. ◆ vi [rəʊ'teɪt] **1.** [turn] tourner ; [on pivot] pivoter **2.** [staff] changer de poste par roulement. ◆ adj ['rəʊteɪt] BOT rotacé.

rotating [rəʊ'teɪtɪŋ] adj **1.** *lit* tournant, rotatif ▸ **rotating body** corps *m* en rotation **2.** AGR ▸ **rotating crops** cultures *fpl* alternantes or en rotation.

rotation [rəʊ'teɪʃn] n **1.** [of machinery, planets] rotation *f* / *rotations per minute* tours *mpl* par minute **2.** [of staff, jobs] roulement *m* / *in* or *by rotation* par roulement, à tour de rôle **3.** [of crops] rotation *f*.

rotator [rəʊ'teɪtər] n **1.** [spindle] axe *m* rotatif ; [machine] appareil *m* rotateur ; [propeller] hélice *f* **2.** ANAT rotateur *m*.

rotatory ['rəʊtətrɪ] adj rotatoire.

rotavate ['rəʊtəveɪt] = **rotovate**.

Rotavator® ['rəʊtəveɪtər] = **Rotovator**.

ROTC [ɑ:rəʊti:si: or 'rɒtsɪ] n abbr of **Reserve Officers' Training Corps**.

rote [rəʊt] ◆ n routine *f* ▸ **to learn sthg by rote** apprendre qqch par cœur. ◆ adj ▸ **rote learning** apprentissage *m* par cœur.

ROTG MESSAGING (written abbr of **rolling on the ground**) MDR.

rotgut ['rɒtgʌt] n *v inf* *(U)* [spirits] tord-boyaux *m inv* ; [wine] piquette *f*.

rotisserie [rəʊ'ti:sərɪ] n [spit] rôtissoire *f*.

rotogravure [,rəʊtəgrə'vjʊər] n rotogravure *f*.

rotor ['rəʊtər] n rotor *m*.

rotor arm n [of helicopter] rotor *m* ; [of engine] rotor *m*, balai *m*.

rotor blade n pale *f* de rotor.

Rotorooter® ['rəʊtə,ru:tər] n *appareil pour déboucher les canalisations*.

rotovate ['rəʊtəveɪt] vt labourer avec un motoculteur.

Rotovator® ['rəʊtəveɪtər] n UK motoculteur *m*.

rotproof ['rɒtpru:f] adj [wood] imputrescible ; [fabric] qui résiste à l'humidité ou à la chaleur.

rotten ['rɒtn] adj **1.** [fruit, egg, wood] pourri ; [tooth] carié, gâté **2.** [corrupt] pourri, corrompu ▸ **rotten through and through** or **to the core** complètement pourri, corrompu jusqu'à la moelle **3.** *inf* [person - unfriendly] rosse, peu aimable ▸ **to be rotten to sb** être dur avec qqn / *what a rotten thing to say!* c'est moche de dire des choses pareilles ! / *I feel rotten about what happened* je ne suis pas très fier de ce qui est arrivé / *what a rotten trick!* quel sale tour ! / *you rotten so-and-so! inf* tu es vraiment dur ! **4.** *inf* [ill] mal en point / *I feel rotten* je ne me sens pas du tout dans mon assiette / *you look rotten* vous n'avez pas l'air en forme **5.** *inf* [bad] lamentable, nul ; [weather] pourri ; [performer] mauvais, nul / *he's a rotten goalkeeper* il est nul or il ne vaut rien comme gardien de but / *what rotten luck!* quelle poisse ! / *I always get the rotten jobs!* on me refile toujours les sales besognes ! / *I've had a rotten time recently* j'ai traversé une sale période récemment ; [in indignation] fichu / *keep your rotten (old) sweets!* tes bonbons pourris, tu peux te les garder !

rotten borough n HIST *circonscription électorale britannique dont les électeurs, bien que peu nombreux, pouvaient élire un député avant le Reform Act de 1832*.

rottenly ['rɒtnlɪ] adv abominablement ▸ **to behave rottenly to sb** se conduire d'une manière inqualifiable avec qqn.

rotter ['rɒtər] n UK *inf & dated* crapule *f*.

Rotterdam ['rɒtədæm] pr n Rotterdam.

rotting ['rɒtɪŋ] adj qui pourrit, pourri.

rottweiler ['rɒtvaɪlər] n rottweiler *m*.

rotund [rəʊ'tʌnd] adj **1.** [shape] rond, arrondi ; [person] rondelet **2.** [style, speech] grandiloquent.

rotunda [rəʊ'tʌndə] n rotonde *f*.

rotundity [rəʊ'tʌndətɪ] n **1.** [of person] embonpoint *m* **2.** [of style, speech] grandiloquence *f*.

rouble ['ru:bl] n rouble *m*.

roué ['ru:eɪ] n *arch & hum* roué *m*, débauché *m*.

rouge [ru:ʒ] ◆ n rouge *m* (à joues). ◆ vt : *she had rouged cheeks* elle s'était mis du rouge aux joues.

rough [rʌf] ◆ adj **1.** [uneven - surface, skin] rugueux, rêche ; [- road] accidenté, rocailleux ; [- coast] accidenté ; [- cloth] rêche ; [- edge] rugueux ▸ **rough linen** gros lin *m* ▸ **rough ground a)** [bumpy] terrain *m* rocailleux or raboteux **b)** [waste] terrain *m* vague **2.** [violent, coarse - behaviour] brutal ; [- manners] rude, fruste ; [- neighbourhood] dur, mal fréquenté / *they came in for some rough treatment* ils ont été malmenés / *the parcels got some rough handling* les paquets ont été traités sans ménagement or malmenés / *they're rough kids* ce sont des petites brutes or des petits voyous / *he's a rough customer* c'est un dur / *rough play* SPORT jeu *m* brutal / *rugby can be a rough game* le rugby peut être un jeu brutal / *you see some rough behaviour at football matches* on voit des violences or des brutalités aux matches de foot / *they were rough with* or *on the new recruits* ils n'ont pas été tendres avec les nouvelles recrues ▸ **to have a rough tongue** : *he has a rough tongue* il ne mâche pas ses mots ▸ **to give sb the rough edge of one's tongue** réprimander qqn, ne pas ménager ses reproches à qqn ▸ **to be a bit rough around the edges** être mal dégrossi or un peu brut de décoffrage / *the project still has some rough edges* le projet a encore besoin d'être affiné **3.** [unpleasant, harsh] rude, dur / *to have a rough life* avoir une vie dure / *she's had a rough time of it* elle en a vu des dures or de toutes les couleurs / *they gave him a rough time* or *ride* ils lui ont mené la vie dure / *we got a rough deal* on n'a pas eu de veine / *to make things rough for sb* mener la vie dure à qqn / *he was rough on us* il n'a pas été tendre avec nous / *it's rough on her* **a)** [unlucky] c'est dur pour elle **b)** [unjust] c'est injuste pour elle / *rough luck!* pas de veine ! / *rough justice* justice *f* sommaire **4.** [not finalized] ▸ **rough draft** or **work** brouillon *m* ▸ **rough sketch** croquis *m*, ébauche *f* / *just give me a rough sketch* or *outline of your plans* donnez-moi juste un aperçu de vos projets ▸ **rough paper** papier *m* brouillon ; [approximate] approximatif / *at a rough guess* grosso modo, approximativement / *I only need a rough estimate* je n'ai pas besoin d'une réponse précise / *to have a rough idea of sthg* avoir une idée approximative de qqch / *it gives you a rough guide* cela vous donne une indication approximative ; [crude - equipment] grossier, rudimentaire / *they built a rough canoe from a log* ils ont construit un canoë de fortune avec un tronc d'arbre **5.** [sea] agité, houleux ; [climate] rude / *we had a rough crossing* on a eu une traversée agitée ▸ **rough weather** gros temps *m* ▸ **rough passage** *lit* traversée *f* difficile / *the bill had a rough passage through the House fig* le projet de loi a eu des difficultés à passer à la Chambre **6.** [sound, voice] rauque ; [tone] brusque ; [speech, accent] rude, grossier **7.** [taste] âcre ▸ **rough wine** vin *m* râpeux **8.** [ill] mal en point / *I'm feeling a bit rough* je ne suis pas dans mon assiette. ◆ n **1.** [ground] terrain *m* rocailleux ; GOLF rough *m* ▸ **to take the rough with the smooth** prendre les choses comme elles viennent **2.** [draft] brouillon *m* ▸ **in rough** à l'état de brouillon or d'ébauche / *he drafted the proposal in rough* il rédigea un brouillon de la proposition **3.** *inf* [hoodlum] dur *m*, voyou *m*. ◆ adv [play] brutalement ; [speak] avec rudesse ▸ **to treat sb rough** malmener qqn ▸ **to live rough** vivre à la dure ▸ **to sleep rough** UK coucher à la dure. ◆ vt ▸ **to rough it** UK *inf* vivre à la dure.

❖ **rough out** vt sep UK [drawing, plan] ébaucher, esquisser.

❖ **rough up** vt sep **1.** [hair] ébouriffer ; [clothes] mettre en désordre **2.** *inf* [person] tabasser, passer à tabac.

roughage ['rʌfɪdʒ] n *(U)* fibres *fpl* (alimentaires).

rough-and-ready adj **1.** [makeshift - equipment, apparatus] rudimentaire, de fortune ; [careless - work] grossier, fait à la hâte ; [- methods] grossier, expéditif **2.** [unrefined - person] sans façons, rustre ; [- living conditions] dur.

rough-and-tumble ◆ adj [life - hectic] mouvementé ; [- disorderly] désordonné. ◆ n [fight] bagarre *f* ; [hurly-burly] tohu-bohu *m inv* / *the rough-and-tumble of politics* le bouillonnement de la politique / *I enjoyed the rough-and-tumble of circus life* la vie mouvementée du cirque me plaisait.

roughcast ['rʌfkɑ:st] ◆ adj crépi. ◆ n crépi *m*. ◆ vt crépir.

rough diamond n *lit* diamant *m* brut / *he's a rough diamond* UK *fig* il est bourru mais il a un cœur d'or.

rough-dry (*pt & pp* **rough-dried**) ◆ vt sécher sans repasser or repassage. ◆ adj séché sans repassage.

roughen ['rʌfn] ◆ vt [surface] rendre rugueux ; [hands] rendre rugueux or rêche. ◆ vi devenir rugueux.

rough-hewn adj taillé grossièrement / *his rough-hewn features* son visage taillé à coups de serpe.

roughhouse ['rʌfhaʊs] *inf* ◆ n bagarre *f*. ◆ vt bousculer. ◆ vi [children] faire du chahut.

roughly ['rʌflɪ] adv **1.** [brutally] avec brutalité, brutalement / *they treated us very roughly* ils nous ont traités avec brutalité / *he answered her very roughly* il lui a répondu sur un ton très sec **2.** [sketchily - draw] grossièrement ; [crudely - make] grossièrement, sans soin / *the dress is roughly stitched* la robe est grossièrement cousue **3.** [approximately] approximativement, à peu près / *roughly 500* à peu près or environ 500 / *it was roughly five o'clock* il était environ 17 h / *roughly speaking* en gros, approximativement / *she told me roughly how to get there* elle m'a expliqué en gros comment y aller.

roughneck ['rʌfnek] n **1.** US *inf* [brute] brute *f* **2.** [worker] *ouvrier (non qualifié).*

roughness ['rʌfnɪs] n **1.** [of surface, hands] rugosité *f* ; [of road, ground] inégalités *fpl* **2.** [of manner] rudesse *f* ; [of reply, speech] brusquerie *f* ; [of person] rudesse *f*, brutalité *f* ; [of living conditions] rudesse *f*, dureté *f* **3.** [of sea] agitation *f*.

roughrider ['rʌf,raɪdər] n dresseur *m*, -euse *f* de chevaux.

roughshod ['rʌfʃɒd] ◆ adj UK [horse] ferré à glace. ◆ adv ▶ **to ride** or **run roughshod over** faire peu de cas de.

rough sleeper n [homeless person] SDF *mf*.

rough-spoken adj [vulgar] au langage grossier.

roulette [ruː'let] n roulette *f*.

Roumania [ruː'meɪnjə] = **Romania**.

round [raʊnd] ◆ adj **1.** [circular] rond, circulaire ; [spherical] rond, sphérique / *to have a round face* avoir la figure ronde / *she looked up, her eyes round with surprise* elle leva des yeux écarquillés de surprise / *the earth is round* la terre est ronde **2.** [in circumference] : *the tree is 5 metres round* l'arbre fait 5 mètres de circonférence **3.** [curved - belly, cheeks] rond / *to have round shoulders* avoir le dos rond or voûté ▶ **round arch** arc *m* en plein cintre **4.** [figures] rond / *500, in round numbers* 500 tout rond / *a round dozen* une douzaine tout rond **5.** *liter* [candid] net, franc (franche) / *they gave a round denial* ils ont nié tout net **6.** LING [vowel] arrondi. ◆ prep **1.** [on all sides of] autour de / *to sit round the fire / table* s'asseoir autour du feu / de la table / *the village is built round a green* le village est construit autour d'un jardin public / *they were all grouped round the teacher* ils étaient tous rassemblés autour du professeur / *the story centres round one particular family* l'histoire est surtout centrée autour d'une famille **2.** [measuring the circumference of] : *the pillar is three feet round the base* la base du pilier fait trois pieds de circonférence **3.** [in the vicinity of, near] autour de / *the countryside round Bath is lovely* la campagne autour de Bath est très belle / *they live somewhere round here* ils habitent quelque part par ici **4.** [to the other side of] : *the nearest garage is just round the corner* le garage le plus proche est juste au coin de la rue / *she disappeared round the back of the house* elle a disparu derrière la maison / *the orchard is round the back* le verger est derrière / *to go round the corner* passer le coin, tourner au coin / *there must be a way round the problem fig* il doit y avoir un moyen de contourner ce problème **5.** [so as to cover] : *he put a blanket round her legs* il lui enveloppa les jambes d'une couverture **6.** [so as to encircle] autour de / *he put his arm round her shoulders / waist* il a passé son bras autour de ses épaules / de sa taille / *she wears a scarf round her neck* elle porte une écharpe autour du cou / *the shark swam round the boat* le requin faisait des cercles autour du bateau / *Drake sailed round the world* Drake a fait le tour du monde en bateau / *the earth goes* or *moves round the sun* la terre tourne autour du soleil / *they were dancing round a fire* ils dansaient autour d'un feu **7.** [all over, everywhere in] : *all round the world* dans le monde entier, partout dans le monde / *to travel round the world / country* faire le tour du monde / du pays / *she looked round the room* elle a promené son regard autour de la pièce / *to walk round the town* faire le tour de la ville (à pied) / *we went for a stroll round the garden* nous avons fait une balade dans le jardin / *there's a rumour going round the school* une rumeur circule dans l'école **8.** [approximately] environ, aux environs de / *round 6 o'clock* aux environs de or vers les 6 h / *round Christmas* aux environs de Noël. ◆ adv **1.** [on all sides] autour / *there's a fence all round* il y a une clôture tout autour / *there are trees all the way round* il y a des arbres tout autour ▶ **taking things all round** à tout prendre, tout compte fait **2.** [to other side] : *you'll have to go round, the door's locked* il faudra faire le tour, la porte est fermée à clé / *we drove round to the back* nous avons fait le tour (par derrière) **3.** [in a circle or cycle] : *turn the wheel right round* or *all the way round* faites faire un tour complet à la roue / *the shark swam round in circles* le requin tournait en rond / *all year round* tout au long de or toute l'année / *summer will soon be* or *come round again* l'été reviendra vite **4.** [in the opposite direction] : *turn round and look at me* retournez-vous et regardez-moi / *she looked round at us* elle se retourna pour nous regarder / *we'll have to turn the car round* on va devoir faire demi-tour **5.** [to various parts] : *we spent the summer just travelling round* on a passé l'été à voyager / *can I have a look round?* je peux jeter un coup d'œil ? **6.** [from one person to another] : *hand the sweets round* or *hand round the sweets* faites passer les bonbons / *there's a rumour going round* il y a une rumeur qui court / *there wasn't enough to go round* il n'y en avait pas assez pour tout le monde **7.** [to a particular place] : *she came round to see me* elle est passée me voir / *let's invite some friends round* et si on invitait des amis ? / *come round for supper some time* viens dîner un soir / *take these cakes round to her house* apportez-lui ces gâteaux **8.** [to a different place, position] : *she's always moving the furniture round* elle passe son temps à changer les meubles de place / *try shifting the aerial round a bit* essaie de bouger un peu l'antenne **9.** [by indirect route] : *we had to take the long way round* on a dû faire le grand tour or un grand détour / *she went round by the stream* elle fit un détour par le ruisseau. ◆ n **1.** [circle] rond *m*, cercle *m* **2.** [slice - of ham, cheese, bread, toast] tranche *f* ; [sandwich] sandwich *m* **3.** [one in a series - of discussions, negotiations] série *f* ; [- of elections] tour *m* ; [- of increases] série *f*, train *m* / *the next round of talks will be held in Moscow* les prochains pourparlers auront lieu à Moscou / *his life is one long round of parties* il passe sa vie à faire la fête **4.** [delivery] ronde *f* ▶ **a paper / milk round** une distribution de journaux / de lait ▶ **to do** or **make the rounds** circuler / *she's doing* or *making the rounds of literary agents* elle fait le tour des agents littéraires ▶ **to go on one's rounds a)** [paperboy, milkman] faire sa tournée **b)** [doctor] faire ses visites ▶ **to go the rounds** circuler / *there's a joke / rumour / virus going the rounds in the office* il y a une blague / une rumeur / un virus qui circule au bureau / *there are several theories going the rounds at the moment* il y a plusieurs théories qui circulent en ce moment **5.** [routine] ▶ **the daily round** le train-train quotidien, la routine quotidienne **6.** [in golf] partie *f* **7.** [in boxing, wrestling] round *m*, reprise *f* **8.** [in cards] partie *f* **9.** [in showjumping] : *there were six clear rounds* six chevaux avaient fait un sans-faute **10.** [stage of competition] tour *m*, manche *f* / *she's through to the final round* elle participera à la finale **11.** [of drinks] tournée *f* / *it's my round* c'est ma tournée / *let's have another round* prenons encore un verre **12.** [of cheering] salve *f* ▶ **a round of applause** des applaudissements *mpl* / *give her a round of applause* on peut l'applaudir / *they got a round of applause* ils se sont fait applaudir **13.** [of ammunition] cartouche *f* / *how many rounds have we got left?* combien de cartouches nous reste-t-il ? **14.** [song] canon *m*. ◆ vt **1.** [lips, vowel] arrondir **2.** [corner] tourner ; NAUT [cape] doubler, franchir.

❖ **round about** ◆ prep phr environ / *we need round about 6,000 posters* il nous faut environ 6 000 affiches / *round about midnight* vers minuit. ◆ adv phr alentour, des alentours / *the villages round about* les villages alentour or des alentours.

❖ **round and round** ◆ adv phr : *to go round and round* tourner / *we drove round and round for hours* on a tourné en rond pendant des heures / *my head was spinning round and round* j'avais la tête qui tournait. ◆ prep phr : *we drove round and round the field* on a fait plusieurs tours dans le champ / *the helicopter flew round and round the lighthouse* l'hélicoptère a tourné plusieurs fois autour du phare.

❖ **round down** vt sep arrondir au chiffre inférieur / *their prices were rounded down to the nearest £10* ils ont arrondi leurs prix aux 10 livres inférieures.

❖ **round off** vt sep **1.** [finish, complete] terminer, clore / *he rounded off his meal with a glass of brandy* il a terminé son repas par un verre de cognac **2.** [figures - round down] arrondir au chiffre inférieur ; [- round up] arrondir au chiffre supérieur.

❖ **round on** vt insep attaquer, s'en prendre à.

❖ **round out** ◆ vi prendre des rondeurs. ◆ vt sep [complete] compléter ; [deepen] approfondir.

❖ **round up** vt sep **1.** [cattle, people] rassembler ; [criminals] ramasser **2.** [figures] arrondir au chiffre supérieur.

roundabout ['raʊndəbaʊt] ◆ n UK **1.** [at fair] manège *m* **2.** AUTO rond-point *m*. ◆ adj détourné, indirect ▶ **to take a roundabout route** prendre un chemin détourné / *he has a roundabout way of doing things* il a une façon détournée de faire les choses / *by roundabout means* par des moyens détournés.

round dance n ronde *f*.

rounded ['raʊndɪd] adj **1.** [shape] arrondi ; [cheeks] rond, rebondi ; [vowel] arrondi **2.** [number] arrondi **3.** [style] harmonieux.

roundel ['raʊndl] n **1.** LITER rondeau *m* **2.** AERON cocarde *f* **3.** [window] œil-de-bœuf *m* ; [panel, medal] médaillon *m*.

roundelay ['raʊndɪleɪ] n [dance] ronde *f* ; [song] rondeau *m*.

rounders ['raʊndəz] n *(U)* UK *sport proche du base-ball.*

round-eyed adj *lit* aux yeux ronds ; *fig* [surprised] avec des yeux ronds.

round-faced adj au visage rond.

Roundhead ['raʊndhed] n HIST ▶ **the Roundheads** les têtes rondes *(partisans du Parlement pendant la guerre civile anglaise, de 1642 à 1646).*

roundhouse ['raʊndhaʊs] *(pl* [-haʊzɪz]*)* n rotonde *f*.

rounding ['raʊndɪŋ] n COMPUT & MATH arrondi *m*, arrondissage *m* ▶ **rounding error** erreur *f* d'arrondi.

roundish ['raʊndɪʃ] adj plutôt rond / *she has a roundish figure* elle est plutôt rondelette.

roundly ['raʊndlɪ] adv [severely] vivement, sévèrement / *the film was roundly attacked for its racist content* le film fut vivement critiqué pour son caractère raciste ; UK [plainly] carrément / *he told her roundly what he thought* il lui a dit carrément ce qu'il pensait.

roundness ['raʊndnɪs] n **1.** [shape] rondeur *f* **2.** [frankness] franchise *f* **3.** [of sound, voice] richesse *f*, ampleur *f*.

round robin n **1.** [letter] pétition *f (où les signatures sont disposées en rond)* **2.** US [contest] poule *f*.

round-shouldered [-'ʃəʊldəd] adj : *to be round-shouldered* avoir le dos rond, être voûté.

roundsman ['raʊndzmən] *(pl* **roundsmen** [-mən]*)* n UK livreur *m* ▶ **night roundsman** US gardien *m* de nuit.

round table n table *f* ronde.

❖ **round-table** adj ▶ **round-table discussions** or **negotiations** table *f* ronde.

❖ **Round Table** pr n ▶ **the Round Table** la Table ronde.

round-the-clock adj 24 heures sur 24 / *a round-the-clock vigil* une permanence nuit et jour.

❖ **round the clock** adv 24 heures sur 24 / *we worked round the clock* nous avons travaillé 24 heures d'affilée / *he slept round the clock* il a fait le tour du cadran.

round trip n (voyage *m*) aller et retour *m* / *I did the round trip in 6 hours* j'ai fait l'aller-retour en 6 heures.

round-trip ticket n US (billet *m*) aller-retour *m*.

roundup ['raʊndʌp] n **1.** [of cattle, people] rassemblement *m* ; [of criminals] rafle *f* **2.** [of news] résumé *m* de l'actualité.

roundworm ['raʊndwɜːm] n ascaride *m*.

rouse [raʊz] vt **1.** [wake - person] réveiller / *the burglar roused them (from their sleep)* le cambrioleur les a réveillés or les a tirés de leur sommeil / *he was roused from his thoughts by the doorbell* la sonnette l'a arraché à ses pensées / *she did everything to rouse him from his apathy* elle a tout fait pour le faire sortir de son apathie / *it's time you roused yourself and did some work* il est temps de vous secouer et de vous mettre au travail

2. [provoke - interest, passion] éveiller, exciter ; [- hope] éveiller ; [- suspicion] éveiller, susciter ; [- admiration, anger, indignation] susciter, provoquer ▸ **to rouse a crowd** exciter une foule ▸ **to rouse sb to action** pousser or inciter qqn à agir ▸ **to rouse sb to anger, to rouse sb's anger** susciter la colère de qqn, mettre qqn en colère ▸ **to be roused to anger** se mettre en colère / *now she's roused, sparks will fly* maintenant qu'elle s'est mise en colère, ça va barder **3.** HUNT [game] lever.

rousing ['raʊzɪŋ] adj [speech] vibrant, passionné ; [march, music] entraînant ; [applause] enthousiaste.

roust [raʊst] vt ▸ **to roust sb (out) from bed** faire sortir qqn du lit.

roustabout ['raʊstəbaʊt] n US ouvrier *m*, manœuvre *m*.

rout [raʊt] ◆ n **1.** MIL déroute *f*, débâcle *f* ▸ **to put an enemy / army to rout** mettre un ennemi / une armée en déroute **2.** LAW attroupement *m* illégal. ◆ vt MIL mettre en déroute or en fuite ; *fig* [team, opponent] battre à plate couture, écraser. ◆ vi fouiller / *the pigs were routing in the soil for worms* les porcs fouillaient le sol pour y trouver des vers.

❖ **rout about** vi fouiller.

❖ **rout out** vt sep **1.** [find] dénicher **2.** [remove, force out] déloger, expulser / *they routed us out of our hiding-place* ils nous ont délogés de notre cachette.

route [UK ru:t US raʊt] ◆ n **1.** [way - gen] route *f*, itinéraire *m* / *what is the best route to Manchester?* quel est le meilleur itinéraire pour aller à Manchester? / *the climbers took the easy route up the south face* les alpinistes ont emprunté l'itinéraire or la voie la plus facile, par la face sud / *a large crowd lined the route* il y avait une foule nombreuse sur tout le parcours / *the route to success* *fig* le chemin de la réussite / *giving up one's studies is hardly the best route to success* *fig* le meilleur moyen de réussir ce n'est pas d'abandonner ses études ▸ **sea / air route** voie maritime / aérienne **2.** [for buses] trajet *m*, parcours *m* ▸ **bus route** : *we need a map of the bus routes* il nous faut un plan des lignes d'autobus / *are they on a bus route?* sont-ils desservis par les autobus? **3.** MED voie *f* / *by oral route* par voie orale **4.** US [for deliveries] tournée *f* / *he's got a paper route* il livre des journaux à domicile **5.** US [highway] ≃ route *f* (nationale) ; ≃ nationale *f* ▸ **Route 66** *route mythique longue de 2 448 miles qui relie Chicago à Los Angeles, déclassée en 1985.* ◆ vt **1.** [procession, motorist] fixer l'itinéraire de, diriger ; [train, bus] fixer l'itinéraire de / *the police routed the marchers via Post Street* la police a fait passer les manifestants par Post Street / *during the building work, the buses are routed along the sidestreets* pendant les travaux, les bus passent par les petites rues **2.** [luggage, parcel] expédier, acheminer / *our bags have been routed to Hong Kong* nos bagages ont été expédiés sur or à Hongkong.

❖ **en route** adv phr en route / *we were en route for the park when it started to hail* nous nous dirigions vers le parc quand il a commencé à grêler / *we stopped en route for a meal* nous nous sommes arrêtés en route pour manger.

route map n [for roads] carte *f* routière ; [for buses] plan *m* du réseau ; [for trains] carte *f* du réseau.

route march n marche *f* d'entraînement.

router¹ ['raʊtər] n détoureuse *f*.

router² ['ru:tə US 'raʊtər] n COMPUT routeur *m*.

routine [ru:'ti:n] ◆ n **1.** [habit] routine *f*, habitude *f* / *our Sunday morning walk has become a regular routine* notre promenade du dimanche matin est devenue une habitude **2.** *pej* routine *f* ▸ **daily routine** la routine quotidienne, le train-train quotidien **3.** [formality] formalité *f* / *it's just routine* c'est une simple formalité **4.** [dance, play] numéro *m*, séquence *f* / *they taught us some new dance routines* ils nous ont appris de nouveaux enchaînements de danse **5.** [insincere act] : *don't give me that old routine!* arrête, je la connais celle-là ! **6.** COMPUT sous-programme *m*, routine *f*. ◆ adj **1.** [ordinary, regular - flight, visit] de routine ; [- investigation] de routine, d'usage / *can I ask you some routine questions?* puis-je vous poser quelques questions de routine ? / *she comes in once a year for a routine check-up* elle vient une fois par an pour un examen de routine **2.** [everyday] de routine **3.** [monotonous] routinier, monotone.

routinely [ru:'ti:nlɪ] adv systématiquement.

roux [ru:] (*pl* **roux** [ru:]) n CULIN roux *m*.

rove [rəʊv] ◆ vi **1.** [person] errer, vagabonder **2.** [eyes] errer / *her eyes roved over the page / the crowd* son regard errait sur la page / parmi la foule. ◆ vt [country] parcourir, errer dans ; [streets] errer dans.

rover ['rəʊvər] n vagabond *m*, -e *f*.

❖ **Rover** pr n *nom typique pour un chien* ; ≃ Médor.

roving ['rəʊvɪŋ] ◆ adj vagabond, nomade / *to lead a roving life* mener une vie de nomade ▸ **roving reporter** reporter *m* / *he has a roving commission* il a toute liberté de manœuvre ▸ **to have a roving eye (for the girls)** : *he has a roving eye* il aime bien reluquer les filles. ◆ n vagabondage *m*.

row¹ [rəʊ] ◆ n **1.** [of chairs, trees] rangée *f* ; [of vegetables, seeds] rang *m* ; [of people - next to one another] rangée *f* ; [- behind one another] file *f*, queue *f* ; [of cars] file *f* ; [in knitting] rang *m* / *for the third time in a row* pour la troisième fois de suite / *she put the boxes in a row* elle aligna les boîtes / *they sat / stood in a row* ils étaient assis / debout en rang ▸ **it's a hard** or **long** or **tough row to hoe** c'est une rude besogne **2.** [in cinema, hall] rang *m* / *in the third row* au troisième rang **3.** RUGBY ligne *f* / *the front / second / back row* la première / deuxième / troisième ligne (de mêlée) **4.** UK [in street names] rue *f* / *56 Charrington Row* 56 rue Charrington **5.** COMPUT ligne *f* **6.** [in boat] promenade *f* (en bateau à rames) ▸ **to go for a row** faire une promenade en canot à rames / *to have a row round the island* faire le tour de l'île à la rame / *it was a hard row* il a fallu ramer dur. ◆ vi [in boat] ramer / *to row across a lake* traverser un lac à la rame ; SPORT faire de l'aviron / *the Cambridge team rowed round the canal bend in the lead* l'équipe d'aviron de Cambridge arriva en tête au virage du canal. ◆ vt [boat] faire avancer à la rame or à l'aviron ; [passengers] transporter en canot / *Morgan rowed the boat across the lake* Morgan traversa le lac à la rame / *Morgan rowed the tourists across the lake* Morgan fit traverser le lac aux touristes dans un bateau à rames ▸ **to row a race** faire une course d'aviron.

❖ **row back** vi : *they've been forced to row back on the plan* ils ont été obligés de faire marche arrière.

row² [raʊ] ◆ n UK **1.** [quarrel] dispute *f*, querelle *f* ▸ **to have a row with sb** se disputer avec qqn ▸ **to get into a row** se faire gronder / *a row broke out as a result of the new legislation* la nouvelle loi a fait beaucoup de raffut **2.** [din] tapage *m*, vacarme *m* ▸ **to make a row** faire du tapage or du vacarme / *stop that row!* arrêtez ce boucan ! / *what's all the row about?* qu'est-ce que c'est que tout ce raffut ? ▸ **shut your row!** *inf* la ferme ! ◆ vi se disputer ▸ **to row with sb** se disputer avec qqn.

rowan ['raʊən or 'rəʊən] n [tree] sorbier *m* ; [fruit] sorbe *f*.

rowboat ['rəʊbəʊt] n US bateau *m* à rames.

rowdiness ['raʊdɪnɪs] n tapage *m*, chahut *m*.

rowdy ['raʊdɪ] (*compar* **rowdier**, *superl* **rowdiest**, *pl* **rowdies**) ◆ adj [person] chahuteur, bagarreur ; [behaviour] chahuteur / *what a rowdy bunch!* quelle bande de chahuteurs ! ◆ n bagarreur *m*, voyou *m* ; [at football matches] hooligan *m*.

rowdyism ['raʊdɪɪzm] UK = **rowdiness**.

rower ['rəʊər] n rameur *m*, -euse *f*.

row house [rəʊ-] n US *maison attenante aux maisons voisines.*

rowing ['rəʊɪŋ] n [gen] canotage *m* ; SPORT aviron *m* / *to go rowing* faire du canotage or de l'aviron.

rowing boat n UK bateau *m* à rames.

rowing machine n rameur *m*.

rowlock ['rɒlək] n dame *f* de nage.

royal ['rɔɪəl] ◆ adj **1.** *lit* [seal, residence] royal ; [horse, household, vehicle] royal, du roi, de la reine ▸ **by royal charter** par acte du souverain ▸ **royal assent** *signature royale qui officialise une loi* ▸ **the Royal Family** la famille royale ▸ **the Royal Variety Show** *spectacle de variétés organisé à Londres en faveur de la Fédération des artistes de variétés* **2.** *fig & fml* [splendid] royal, princier / *they gave us a (right) royal welcome* ils nous ont accueillis comme des rois ▸ **to be in royal spirits** être d'excellente humeur **3.** [paper] (format) grand raisin ▸ **royal octavo / quarto** in-huit *m* / in-quarto *m* raisin. ◆ n *inf membre de la famille royale* ▸ **the Royals** la famille royale.

Royal Academy (of Arts) pr n Académie *f* royale britannique.

Royal Air Force pr n armée *f* de l'air britannique.

Royal Ascot pr n *événement hippique annuel qui entre dans le calendrier mondain de la haute société anglaise.*

Royal Ballet pr n ▸ **the Royal Ballet** *compagnie nationale de ballet qui a son siège à Covent Garden.*

royal blue n bleu roi *m*.

❖ **royal-blue** adj bleu roi *(inv).*

Royal Court pr n ▸ **the Royal Court** *théâtre à Londres.*

Royal Doulton [-'dɒltən] n *porcelaine fine anglaise.*

Royal Enclosure n ▸ **the Royal Enclosure** *tribune de la famille royale à Royal Ascot.*

Royal Engineers pl pr n génie *m* militaire britannique.

royal flush n flush *m* royal.

Royal Highness n ▸ **Your Royal Highness** Votre Altesse Royale / *His Royal Highness, the Prince of Wales* Son Altesse Royale, le prince de Galles.

royal icing n UK CULIN *glaçage à base de sucre glace et de blancs d'œufs (utilisé pour les cakes).*

Royal Institution pr n Académie *f* des sciences britannique.

royalism ['rɔɪəlɪzm] n royalisme *m*.

royalist ['rɔɪəlɪst] ◆ adj royaliste. ◆ n royaliste *mf*.

royal jelly n gelée *f* royale.

royally ['rɔɪəlɪ] adv *lit & fig* royalement ; [like a king] en roi ; [like a queen] en reine.

Royal Mail pr n ▸ **the Royal Mail** *la Poste britannique.*

Royal Marines pl pr n Marines *mpl* (britanniques).

Royal Mile pr n ▸ **the Royal Mile** *rue d'Édimbourg qui relie le château au palais de Holyrood.*

Royal Mint pr n ▸ **the Royal Mint** *administration britannique de la monnaie.*

Royal Navy pr n marine *f* nationale britannique.

Royal Show n ▸ **the Royal Show** *le salon annuel de l'agriculture en Grande-Bretagne.*

Royal Society pr n Académie *f* des sciences britannique.

 **The Royal Society**

Société à vocation scientifique fondée par Charles II en 1660. Elle contribua à renforcer la crédibilité des hommes de science, qui jouirent également d'une plus grande liberté. En firent notamment partie Isaac Newton et Robert Boyle.

royalty ['rɔɪəltɪ] ◆ n **1.** [royal family] famille *f* royale **2.** [rank] royauté *f*. ◆ comp ▸ **royalty payments a)** [for writer] (paiement *m* des) droits *mpl* d'auteur **b)** [for patent] (paiement *m* des) royalties *fpl*.

❖ **royalties** pl n [for writer, musician] droits *mpl* d'auteur ; [for patent] royalties *fpl*, redevance *f*.

Royal Ulster Constabulary pr n ▸ **the Royal Ulster Constabulary** *corps de police d'Irlande du Nord.*

Royal Worcester [-'wʊstər] n *porcelaine fine anglaise.*

Roy Rogers [rɔɪ'rɒdʒəz] n US [drink] ≃ diabolo grenadine.

rozzer ['rɒzər] n UK *v inf & dated* flic *m*, poulet *m*.

RP (abbr of **received pronunciation**) n *prononciation standard de l'anglais britannique.*

RPG n abbr of **rocket-propelled grenade**.

RPI (abbr of **retail price index**) n UK indice *m* des prix à la consommation.

rpm (written abbr of **revolutions per minute**) tr/min.

RR US written abbr of **railroad**.

RRP written abbr of **recommended retail price**.

RSA (abbr of **Royal Society of Arts**) pr n société *f* royale des arts.

RSC (abbr of **Royal Shakespeare Company**) pr n *célèbre troupe de théâtre basée à Stratford-upon-Avon et à Londres.*

RSFSR (abbr of **Russian Soviet Federative Socialist Republic**) pr n RSFSR *f* / *in the RSFSR* en RSFSR.

RSI (abbr of **repetitive strain/stress injury**) n *(U)* TMS *mpl*.

RSJ (abbr of **rolled-steel joist**) n solive *f* en I.

RSM n (abbr of **regimental sergeant major**) ≃ adjudant-chef *m*.

RSN US MESSAGING abbr of **real soon now**.

RSPB (abbr of **Royal Society for the Protection of Birds**) pr n *ligue britannique pour la protection des oiseaux.*

RSPCA (abbr of **Royal Society for the Prevention of Cruelty to Animals**) pr n *société britannique protectrice des animaux* ; ≃ SPA *f*.

RSS feed n COMPUT flux *m* RSS.

RST (abbr of **Royal Shakespeare Theatre**) pr n *célèbre théâtre à Stratford-upon-Avon.*

RSV n abbr of **Revised Standard Version**.

RSVP (written abbr of **répondez s'il vous plaît**) RSVP.

RT (abbr of **reverse transcriptase**) n transcriptase *f* inverse.

RTE (abbr of **Radio Telefís Éireann**) pr n office *m* de radio et de télévision irlandais.

Rt Hon written abbr of **Right Honourable**.

Rt Rev written abbr of **Right Reverend**.

RU[1] (abbr of **Rugby Union**) ◆ n SPORT rugby *m* (à quinze). ◆ pr n [authority] fédération *f* de rugby.

RU[2] MESSAGING written abbr of **are you?**

rub [rʌb] (*pt & pp* **rubbed**, *cont* **rubbing**) ◆ vt **1.** [gen] frotter ▸ **to rub sthg with a pad / cloth** frotter qqch avec un tampon / chiffon / *she was rubbing her leg against the chair* elle se frottait la jambe contre la chaise / *these shoes rub my heels* ces chaussures me blessent aux talons ▸ **to rub one's eyes** se frotter les yeux ▸ **to rub one's hands (in delight)** se frotter les mains (de joie) / *we rubbed ourselves dry with a towel* nous nous sommes séchés or essuyés avec une serviette / *rub it clean with meths* nettoyez-le en le frottant avec de l'alcool à brûler / *rub it better!* [to child] frotte ! ▸ **to rub shoulders with sb** côtoyer or coudoyer qqn ▸ **to rub sb's nose in it** : *she really rubbed his nose in it* elle a retourné le couteau dans la plaie ▸ **to rub sb the wrong way** US prendre qqn à rebrousse-poil **2.** [ointment, lotion] : *rub the ointment into the skin* faire pénétrer la pommade / *rub your chest with the ointment* frottez-vous la poitrine avec la pommade **3.** [polish] astiquer, frotter. ◆ vi frotter / *the cat rubbed against my leg* le chat s'est frotté contre ma jambe / *her leg rubbed against mine* sa jambe a effleuré la mienne / *my shoe is rubbing* ma chaussure me fait mal. ◆ n **1.** [rubbing] frottement *m* ; [massage] friction *f*, massage *m* / *give yourself a rub with the towel* frictionnez-vous avec la serviette / *can you give my back a rub?* pouvez-vous me frotter le dos ? / *give it a rub!* [after injury] frotte ! **2.** [with rag, duster] coup *m* de chiffon ; [with brush] coup *m* de brosse ; [with teatowel] coup *m* de torchon / *give the table / glasses a rub* passez un coup de chiffon sur la table / les verres / *give your shoes a rub* **a)** [with cloth] donne un coup de chiffon à tes chaussures **b)** [with brush] donne un coup de brosse à tes chaussures **3.** SPORT [unevenness] inégalité *f* (du terrain) **4.** PHR UK **there's the rub!** voilà le nœud du problème !, c'est là que le bât blesse ! ▸ **what's the rub?** où est le problème ?

❖ **rub along** vi UK *inf* **1.** [manage] se débrouiller / *she rubs along in tennis* elle se débrouille au tennis / *we don't have much money, but we rub along* on n'a pas beaucoup d'argent mais on se débrouille **2.** [get on - people] s'entendre / *they rub along (together)* ils s'entendent tant bien que mal.

❖ **rub away** ◆ vt sep **1.** [stain, writing] faire disparaître en frottant / *the inscription has been rubbed away* l'inscription a été effacée **2.** [wipe - tears, sweat] essuyer / *she rubbed away the sweat with a towel* elle s'épongea avec une serviette. ◆ vi disparaître en frottant / *these stains won't rub away* on a beau frotter, ces taches ne partent pas.

❖ **rub down** vt sep **1.** [horse] bouchonner ; [dog] frotter *(pour sécher)* ▸ **to rub o.s. down** se sécher **2.** [clean - wall] frotter, nettoyer en frottant ; [with sandpaper] frotter, poncer.

❖ **rub in** vt sep [lotion, oil] faire pénétrer (en frottant) / *rub the butter into the mixture* CULIN travailler la pâte (du bout des doigts) pour incorporer le beurre ▸ **to rub it in** remuer le couteau dans la plaie, insister lourdement / *there's no need to rub it in* inutile de remuer le couteau dans la plaie / *he is always rubbing it in that he was right all along* il ne manque jamais de rappeler qu'il avait raison depuis le début.

❖ **rub off** ◆ vt sep [erase - writing] effacer ; [- mark, dirt] enlever en frottant. ◆ vi **1.** [mark] s'en aller, partir / *the red dye has rubbed off on my shirt / hands* la teinture rouge a déteint sur ma chemise / m'a déteint sur les mains / *the newspaper ink rubbed off on the cushions* l'encre du journal a noirci les coussins **2.** *fig* [quality] déteindre / *with a bit of luck, her common sense will rub off on him* avec un peu de chance, son bon sens déteindra sur lui.

❖ **rub on** vt sep [spread] étaler (en frottant) ; [apply] appliquer (en frottant).

❖ **rub out** ◆ vt sep **1.** [erase - stain, writing] effacer **2.** US *v inf* [kill] liquider, descendre. ◆ vi [mark, stain] partir, s'en aller (en frottant).

❖ **rub together** vt sep frotter l'un contre l'autre / *I rubbed my hands together to try to keep warm* je me suis frotté les mains pour essayer de me réchauffer.

❖ **rub up** ◆ vi **1.** [animal] se frotter / *the cat rubbed up against my leg* le chat s'est frotté contre ma jambe ▸ **to rub up against sb** *fig* côtoyer qqn, coudoyer qqn **2.** UK *inf* [revise] ▸ **to rub up on sthg** revoir qqch, réviser qqch. ◆ vt sep **1.** [polish] frotter, astiquer **2.** *inf* [revise] potasser / *it's time you rubbed up your Greek* il est temps que tu potasses ton grec **3.** PHR **to rub sb up the wrong way** UK prendre qqn à rebrousse-poil.

rubber ['rʌbəʳ] ◆ adj [ball, gloves, hose] en or de caoutchouc ; [bullet] en caoutchouc ▸ **rubber boots** US bottes *fpl* en caoutchouc ▸ **rubber dinghy** canot *m* pneumatique ▸ **rubber ring** bouée *f (de natation)*. ◆ n **1.** [material] caoutchouc *m* ▸ **to burn** or **to lay rubber** US *v inf* démarrer en trombe or sur les chapeaux de roue ▸ **this is where the rubber meets the road** US c'est le moment décisif **2.** UK [eraser - for pencil] gomme *f* ▸ **(board) rubber** tampon *m (pour essuyer le tableau)* **3.** US *inf* [condom] préservatif *m*, capote *f* **4.** [in bridge, whist] robre *m*, rob *m* ▸ **to play a rubber** faire un robre.

❖ **rubbers** pl n US [boots] caoutchoucs *mpl*, bottes *fpl* en caoutchouc.

rubber band n élastique *m*.

rubber cement n dissolution *f* de caoutchouc.

rubber cheque n *inf & fig* chèque *m* sans provision, chèque *m* en bois.

rubberize, rubberise ['rʌbəraɪz] vt caoutchouter.

rubberneck ['rʌbənek] *inf* ◆ n **1.** [onlooker] badaud *m*, -e *f* **2.** [tourist] touriste *mf*. ◆ vi faire le badaud.

rubber plant n caoutchouc *m*, ficus *m*.

rubber stamp n tampon *m* or timbre *m* en caoutchouc.

❖ **rubber-stamp** vt **1.** *lit* tamponner **2.** *fig* [decision] approuver sans discussion.

rubber tree n hévéa *m*.

rubbery ['rʌbərɪ] adj caoutchouteux.

rubbing ['rʌbɪŋ] n **1.** [gen] frottement *m* **2.** ART décalque *m* / *to take a rubbing of an inscription* décalquer une inscription *(en frottant)*.

rubbing alcohol n alcool *m* à 90 (degrés).

rubbish ['rʌbɪʃ] UK ◆ n *(U)* **1.** [from household] ordures *fpl* (ménagères) ; [from garden] détritus *mpl* ; [from factory] déchets *mpl* ; [from building site] gravats *mpl* ▸ **rubbish van** UK camion *m* d'éboueurs **2.** *inf* [worthless goods] camelote *f*, pacotille *f* / *this book is rubbish* ce livre ne vaut rien **3.** *inf* [nonsense] bêtises *fpl*, sottises *fpl* / *don't talk rubbish!* ne dis pas de bêtises ! / *rubbish!* mon œil !, et puis quoi encore ! / *this film is absolute rubbish!* ce film est complètement nul ! ◆ vt *inf* débiner / *he always rubbishes my ideas* il faut toujours qu'il débine mes idées.

rubbish bin n UK poubelle *f*.

rubbish chute n UK [in building] vide-ordures *m inv* ; [at building site] gaine *f* d'évacuation des gravats.

rubbish dump n UK décharge *f* (publique), dépotoir *m*.

rubbish heap n UK [household] tas *m* d'ordures ; [garden] tas *m* de détritus ; [public] décharge *f*, dépotoir *m*.

rubbish tip = **rubbish dump**.

rubbishy ['rʌbɪʃɪ] adj UK *inf* [poor quality - goods] de pacotille ; [stupid - idea, book] débile, quelle émission débile !

rubble ['rʌbl] n *(U)* **1.** [ruins] décombres *mpl* ; [debris] débris *mpl* ; [stones] gravats *mpl* / *the building was reduced to (a heap of) rubble* l'immeuble n'était plus qu'un amas de décombres **2.** [for roadmaking, building] blocage *m*, blocaille *f*.

rubblework ['rʌblwɜːk] n maçonnerie *f* en moellons bruts.

rubdown ['rʌbdaʊn] n friction *f* ▸ **to give sb a rubdown** frictionner qqn ▸ **to give a horse a rubdown** bouchonner un cheval.

rube [ruːb] n US *inf* plouc *m*, péquenot *m*.

Rube Goldberg [ˌruːb'gəʊldbɜːg] adj US [device] de bric et de broc ; [plan, idea] tarabiscoté.

rubella [ruː'belə] n *(U)* MED rubéole *f*.

Rubenesque [ˌruːbe'nesk] adj aux formes plantureuses.

Rubicon ['ruːbɪkən] pr n Rubicon *m* ▸ **to cross** or **to pass the Rubicon** franchir le Rubicon.

rubicund ['ruːbɪkənd] adj rubicond.

rubidium [ruː'bɪdɪəm] n rubidium *m*.

ruble ['ruːbl] = **rouble**.

rubric ['ruːbrɪk] n rubrique *f*.

ruby ['ruːbɪ] (*pl* **rubies**) ◆ n **1.** [jewel] rubis *m* **2.** [colour] couleur *f* (de) rubis, couleur *f* vermeille. ◆ adj **1.** [in colour] vermeil, rubis *(inv)* ▸ **ruby (red) lips** des lèvres vermeilles ▸ **ruby port** porto *m* rouge **2.** [made of rubies] de rubis **3.** [anniversary] ▸ **ruby wedding (anniversary)** noces *fpl* de vermeil.

ruched [ruːʃt] adj à ruchés.

ruck [rʌk] ◆ n **1.** SPORT [in rugby] mêlée *f* ouverte ; [in race] peloton *m* **2.** [fight] bagarre *f* / *there was a bit of a ruck last night* il y a eu de la bagarre hier soir **3.** [crease] faux pli *m*, godet *m* **4.** [masses] ▸ **the (common) ruck** les masses *fpl*, la foule. ◆ vi **1.** SPORT former une mêlée ouverte / *the Welsh forwards rucked well* les avants gallois étaient bons dans les mêlées ouvertes **2.** [crease] se froisser, se chiffonner. ◆ vt [crease] froisser, chiffonner.

❖ **ruck up** vi se froisser.

rucksack ['rʌksæk] n sac *m* à dos.

ruckus ['rʌkəs] n US *inf* boucan *m*.

ructions ['rʌkʃnz] pl n *inf* grabuge *m* / *there'll be ructions if they find out* il va y avoir du grabuge or ça va barder s'ils l'apprennent.

rudd [rʌd] n rotengle *m*, gardon *m* rouge.

rudder ['rʌdəʳ] n [of boat, plane] gouvernail *m*.

rudderless ['rʌdəlɪs] adj [boat] sans gouvernail ; *fig* à la dérive.

ruddiness ['rʌdɪnɪs] n teint *m* rouge.

ruddy ['rʌdɪ] (*compar* **ruddier**, *superl* **ruddiest**) ◆ adj **1.** [red - gen] rougeâtre, rougeoyant ; [- face] rougeaud, rubicond ▸ **to have a ruddy complexion** avoir le teint rouge, être rougeaud **2.** UK *inf & dated* [as intensifier] fichu, sacré / *he's eaten the ruddy lot!* il a tout mangé, ce sale goinfre ! ◆ adv UK *inf & dated* [as intensifier] sacrément, vachement / *he was ruddy marvellous!* il a été super chouette !

rude [ruːd] adj **1.** [ill-mannered] impoli, mal élevé ; [stronger] grossier ; [insolent] insolent ▸ **to be rude to sb**

être impoli envers qqn / *it's rude to talk with your mouth full* c'est mal élevé de parler la bouche pleine / *he was very rude about my new hairstyle* il a fait des commentaires très désagréables sur ma nouvelle coiffure **2.** [indecent, obscene] indécent, obscène, grossier / *to make a rude gesture* faire un geste obscène / *a rude joke* une histoire grivoise or scabreuse / *rude words* gros mots *mpl* **3.** [sudden] rude, violent, brutal / *a rude shock* un choc brutal / *it was a rude awakening for us* nous avons été rappelés brutalement à la réalité **4.** *liter* [rudimentary, rough - tool, hut] rudimentaire, grossier **5.** *liter* [primitive - tribesman, lifestyle] primitif, rude **6.** *liter* [vigorous] vigoureux ▸ **to be in rude health** être en pleine santé.

⚠ The French word **rude** means rough, harsh or tough, not rude.

rudely ['ru:dlɪ] adv **1.** [impolitely] impoliment, de façon mal élevée ; [stronger] grossièrement ; [insolently] insolemment **2.** [indecently, obscenely] indécemment, d'une manière obscène / *to gesture rudely* faire un geste obscène **3.** [suddenly] violemment, brutalement **4.** [in a rudimentary way] grossièrement / *rudely made tools* des outils rudimentaires.

rudeness ['ru:dnɪs] n **1.** [impoliteness] impolitesse *f* ; [stronger] grossièreté *f* ; [insolence] insolence *f* **2.** [indecency, obscenity] indécence *f*, obscénité *f* **3.** [suddenness] violence *f*, brutalité *f* **4.** [rudimentary nature] caractère *m* rudimentaire ; [primitive nature] caractère *m* primitif.

rudiment ['ru:dɪmənt] n ANAT rudiment *m*.

❖ **rudiments** pl n [of a language, a skill] rudiments *mpl*, notions *fpl* élémentaires.

rudimentary [,ru:dɪ'mentərɪ] adj [gen & ANAT] rudimentaire.

rue [ru:] ◆ vt *liter & hum* regretter / *I lived to rue my words* toute ma vie, j'ai regretté mes propos / *I rue the day I met him* je maudis le jour où je l'ai rencontré. ◆ n BOT rue *f*.

rueful ['ru:fʊl] adj [sad] triste, chagrin *liter*.

ruefully ['ru:fʊlɪ] adv [sadly] tristement ; [regretfully] avec regret.

ruff [rʌf] ◆ n **1.** [collar] fraise *f* ; ZOOL [on bird] collier *m* **2.** ORNITH [sandpiper] combattant *m* **3.** [in cards] action *f* de couper / *I was expecting a ruff* je m'attendais à ce que la carte soit coupée. ◆ vt [in cards] couper.

ruffian ['rʌfjən] n voyou *m* ; *hum* [naughty child] petit vaurien *m*.

ruffianly ['rʌfjənlɪ] adj [person] brutal ; [appearance, behaviour] de voyou.

ruffle ['rʌfl] ◆ vt **1.** [hair, fur, feathers] ébouriffer ; [clothes] friper, froisser, chiffonner / *the wind ruffled her hair* le vent ébouriffait ses cheveux / *the parrot ruffled its feathers* le perroquet hérissa ses plumes ▸ **to ruffle sb's feathers** froisser qqn **2.** [lake, sea, grass] agiter **3.** [upset - person] troubler, décontenancer. ◆ n **1.** [frill - on dress] ruche *f* **2.** [ripple - on lake, sea] ride *f*.

ruffled ['rʌfld] adj **1.** [flustered] décontenancé **2.** [rumpled - sheets] froissé ; [- hair] ébouriffé **3.** [decorated with frill] ruché, plissé.

rug [rʌg] n **1.** [for floor] carpette *f*, (petit) tapis *m* ▸ **to pull the rug from under sb's feet** couper l'herbe sous le pied à qqn ▸ **to sweep sthg under the rug** US *fig* enterrer qqch **2.** UK [blanket] couverture *f* ▸ **tartan rug** plaid *m*.

rugby ['rʌgbɪ] ◆ n ▸ **rugby (football)** rugby *m*. ◆ comp [ball, match, team] de rugby ▸ **rugby player** joueur *m*, -euse *f* de rugby, rugbyman *m* ▸ **rugby shirt** maillot *m* de rugby.

rugby league n rugby *m* or jeu *m* à treize.

rugby tackle n plaquage *m*.

❖ **rugby-tackle** vt plaquer / *the policeman rugby-tackled him* le policier l'a plaqué.

rugby union n rugby *m* à quinze.

rugged ['rʌgɪd] adj **1.** [countryside, region] accidenté ; [road, path - bumpy] cahoteux, défoncé ; [- rocky] rocailleux ; [coastline] échancré, découpé **2.** [face, features] rude / *he had rugged good looks* il était d'une beauté sauvage **3.** [unrefined - person, character, manners] rude, mal dégrossi ; [- lifestyle] rude, fruste ; [determined - resistance] acharné **4.** [healthy] vigoureux, robuste ; [tough - clothing, equipment, vehicle] solide, robuste.

ruggedized ['rʌgɪdaɪzd] adj [phone] antichoc.

ruggedness ['rʌgɪdnɪs] n *(U)* **1.** [of countryside, region] caractère *m* accidenté ; [of road, path] inégalités *fpl* ; [of coastline] échancrures *fpl* / *the ruggedness of the terrain* les inégalités du terrain **2.** [of face, features] irrégularité *f* **3.** [of person, manners, lifestyle] rudesse *f* **4.** [toughness - of clothing, equipment, vehicle] solidité *f*, robustesse *f*.

rugger ['rʌgər] n UK *inf* rugby *m*.

rugrat ['rʌgræt] n US *inf* [child] mioche *mf*.

ruin ['ru:ɪn] ◆ n **1.** *(usu pl)* [remains] ruine *f* / *the monastery is now a ruin* le monastère n'est plus qu'une ruine / *the ruins of an old castle* les ruines d'un vieux château ▸ **in ruins** en ruine / *the economy / town is in ruins* l'économie / la ville est en ruine **2.** [destruction] ruine *f* / *this spelt the ruin of our hopes* c'était la fin de nos espoirs ▸ **to fall into ruin** tomber en ruine / *you will be my ruin* or *the ruin of me* tu me perdras **3.** [bankruptcy] ruine *f* / *the business was on the brink of (financial) ruin* l'affaire était au bord de la ruine. ◆ vt **1.** [destroy] ruiner, détruire, abîmer ; [spoil] gâter, gâcher / *that's ruined our chances* ça nous a fait perdre toutes nos chances / *you're ruining your eyesight* tu es en train de t'abîmer la vue or les yeux / *the rain ruined our trip* la pluie a gâché notre voyage / *you've ruined my best dress* tu as abîmé ma plus jolie robe **2.** [bankrupt] ruiner.

ruination [ru:ɪ'neɪʃn] n ruine *f*, perte *f* / *you'll be the ruination of me!* tu me perdras ! / *the ruination of the countryside* la destruction de la campagne.

ruined ['ru:ɪnd] adj **1.** [house, reputation, health] en ruine, ruiné ; [clothes] abîmé **2.** [person - financially] ruiné.

ruinous ['ru:ɪnəs] adj **1.** [expensive] ruineux / *maintaining such a large house proved ruinous* l'entretien d'une aussi grande maison s'est avéré ruineux **2.** [disastrous] désastreux.

ruinously ['ru:ɪnəslɪ] adv de façon ruineuse / *ruinously expensive* ruineux.

rule [ru:l] ◆ n **1.** [law, tenet] règle *f* ; [regulation] règlement *m* / *the rules of chess / grammar* les règles du jeu d'échecs / de la grammaire ▸ **to break the rules** ne pas respecter les règles ▸ **to play according to the rules** or **by the rules (of the game)** jouer suivant les règles (du jeu) ▸ **the rules and regulations** le règlement / *the club rules are very strict on this point* le règlement du club est très strict sur ce point / *smoking is against the rules* or *it's against the rules to smoke* le règlement interdit de fumer / *that contravenes rule 5b* c'est contraire à la règle 5b ▸ **to stretch** or **to bend the rules (for sb)** faire une entorse au règlement (pour qqn) ▸ **rule of three** règle *f* de trois ▸ **rule of thumb** point *m* de repère **2.** [convention, guideline] règle *f* / *rules of conduct* règles de conduite / *the rules for a happy marriage* comment réussir son mariage / *he makes it a rule not to trust anyone* il a comme or pour règle de ne faire confiance à personne **3.** [normal state of affairs] règle *f* / *tipping is the rule here* les pourboires sont de règle ici / *it's often the case, but there's no hard and fast rule* c'est souvent le cas, mais il n'y a pas de règle absolue / *politeness seems to be the exception rather than the rule* on dirait que la politesse est l'exception plutôt que la règle / *long hair was the rule in those days* tout le monde avait les cheveux longs à cette époque **4.** [government] gouvernement *m*, autorité *f* ; [reign] règne *m* / *a return to majority / mob rule* un retour à la démocratie / à l'anarchie / *the territories under French rule* les territoires sous autorité française / *in the days of British rule* à l'époque de la domination britannique ▸ **the rule of law** (l'autorité de) la loi **5.** [for measuring] règle *f* ▸ **folding rule** mètre *m* pliant ▸ **metre rule** mètre *m*. ◆ vt **1.** [govern - country] gouverner / *if I ruled the world* si j'étais maître du monde **2.** [dominate - person] dominer ; [- emotion] maîtriser / *their lives are ruled by fear* leur vie est dominée par la peur / *don't be ruled by what he says* ce n'est pas à lui de vous dire ce que vous avez à faire ▸ **to rule the roost** faire la loi **3.** [judge, decide] juger, décider / *the referee ruled the ball out* or *that the ball was out* l'arbitre a déclaré or jugé que la balle était hors jeu / *the strike was ruled illegal* la grève a été jugée illégale / *the court ruled that he should have custody of the children* c'est à lui que la cour a accordé la garde des enfants **4.** [draw - line, margin] tirer à la règle ; [draw lines on - paper] régler. ◆ vi **1.** [govern - monarch, dictator] régner ; [- elected government] gouverner / *he ruled over a vast kingdom* il régna sur un vaste royaume / *Chelsea rule OK!* *inf* vive l'équipe de Chelsea ! / **'Rule Britannia'** *chant patriotique britannique* **2.** [prevail] régner / *chaos ruled* le désordre régnait / *the philosophy currently ruling in the party* la philosophie actuellement en vigueur au parti **3.** LAW [decide] statuer ▸ **to rule on a dispute** statuer sur un litige ▸ **to rule against / in favour of sb** décider or prononcer contre / en faveur de qqn.

❖ **as a (general) rule** adv phr en règle générale.

❖ **rule off** vt sep tirer une ligne sous.

❖ **rule out** vt sep [possibility, suggestion, suspect] exclure, écarter / *we cannot rule out that possibility* on ne saurait exclure cette éventualité / *she cannot be ruled out of the inquiry* elle n'a pas encore été mise hors de cause / *the injury rules him out of Saturday's game* sa blessure ne lui permettra pas de jouer samedi.

rulebook ['ru:lbʊk] n règlement *m* ▸ **the rulebook** le règlement, les règles *fpl* ▸ **to do sthg by the rulebook** faire qqch strictement selon les règles ▸ **to go by the rulebook** suivre scrupuleusement le règlement.

ruled [ru:ld] adj [paper, block] réglé.

rule-governed [-gʌvənd] adj qui suit des règles.

ruler ['ru:lər] n **1.** [sovereign] souverain *m*, -e *f* ; [president, prime minister, etc.] homme *m* d'État, dirigeant *m* **2.** [for measuring] règle *f*.

ruling ['ru:lɪŋ] ◆ adj **1.** [governing - monarch] régnant ; [- party] au pouvoir ; [- class] dirigeant / *football's ruling body* les instances dirigeantes du football **2.** [dominant - passion, factor] dominant. ◆ n LAW [finding] décision *f*, jugement *m*.

rum [rʌm] (*compar* **rummer**, *superl* **rummest**) ◆ n [drink] rhum *m*. ◆ comp [ice cream, toddy] au rhum. ◆ adj UK *inf & dated* [odd] bizarre / *he's a rum old chap* c'est un drôle de bonhomme / *I was feeling a bit rum* je n'étais pas dans mon assiette.

Rumania [ru:'meɪnjə] = **Romania**.

rumba ['rʌmbə] ◆ n rumba *f*. ◆ vi danser la rumba.

rum baba n baba *m* au rhum.

rumble ['rʌmbl] ◆ n **1.** [of thunder, traffic, cannons] grondement *m* ; [of conversation] murmure *m*, bourdonnement *m* ; [in stomach] borborygme *m*, gargouillis *m*, gargouillement *m* **2.** US *inf* [street fight] bagarre *f*, castagne *f (entre gangs)*. ◆ vi **1.** [thunder, traffic, cannons] gronder ; [stomach] gargouiller / *trucks were rumbling past all night* toute la nuit, on entendait le grondement des camions **2.** US *inf* [fight] se bagarrer. ◆ vt **1.** UK *inf* [discover - plan] découvrir ; [understand - person, trick] piger / *I soon rumbled their little game* j'ai tout de suite pigé leur petit jeu **2.** [mutter - comment, remark] grommeler, bougonner.

❖ **rumble on** vi [person] palabrer ; [conversation, debate] ne pas en finir / *he rumbled on about India for a good hour* il a palabré sur l'Inde pendant une bonne heure / *the dispute's been rumbling on for weeks now* le conflit dure depuis des semaines.

rumble seat n US strapontin *m*.

rumble strip n AUTO bande *f* rugueuse.

rumbling ['rʌmblɪŋ] n [of thunder, traffic, cannons] grondement *m* ; [of stomach] borborygmes *mpl*, gargouillis *mpl*, gargouillements *mpl*.

❖ **rumblings** pl n [of discontent] grondement *m*, grondements *mpl* ; [omens] présages *mpl* / *I've heard rumblings to that effect* j'ai entendu des bruits qui semblent le confirmer.

rumbustious [rʌm'bʌstʃəs] adj UK *inf* [boisterous] exubérant, tapageur, bruyant ; [unruly] turbulent, indiscipliné.

rumen ['ru:men] (*pl* **rumens** *or* **rumina** [-mɪnə]) n ZOOL panse *f (de ruminant)*, rumen *m*.

ruminant ['ru:mɪnənt] ◆ adj **1.** ZOOL ruminant **2.** *liter* = **ruminative**. ◆ n ZOOL ruminant *m*.

ruminate ['ru:mɪneɪt] ◆ vi **1.** ZOOL ruminer **2.** *fml* [person] ruminer ▸ **to ruminate over** or **about** or **on** réfléchir longuement. ◆ vt **1.** ZOOL ruminer **2.** *fml* [person] ruminer.

rumination [,ru:mɪ'neɪʃn] n rumination *f*.

ruminative ['ru:mɪnətɪv] adj [person] pensif, méditatif ; [look, mood] pensif.

ruminatively ['ru:mɪnətɪvlɪ] adv pensivement.

rummage ['rʌmɪdʒ] ◆ n **1.** [search] ▸ **to have a rummage through** or **around in sthg** fouiller (dans) qqch **2.** US [jumble] bric-à-brac *m*. ◆ vi fouiller / *he rummaged in* or *through his pockets* il fouilla dans ses poches.

❖ **rummage about** UK, **rummage around** = rummage *(vi)*.

❖ **rummage out, rummage up** vt sep dénicher.

rummage sale n US vente *f* de charité.

rummer ['rʌmər] n grand verre *m* à pied.

rummy ['rʌmɪ] (*pl* **rummies**, *compar* **rummier**, *superl* **rummiest**) ◆ n **1.** [card game] rami *m* **2.** US *inf* [drunk] alcolo *mf*, poivrot *m*, -e *f*. ◆ adj = **rum**.

rumour UK, **rumor** US ['ru:mər] ◆ n rumeur *f*, bruit *m* (qui court) / *there's a rumour going round* or *rumour has it that he's going to resign* le bruit court qu'il va démissionner / *the rumour that she's left the country is untrue* la rumeur selon laquelle elle aurait quitté le pays n'est pas fondée. ◆ vt : *it is rumoured that...* le bruit court que... / *she is rumoured to be extremely rich* on la dit extrêmement riche / *he is rumoured to have killed a man* on dit or le bruit court qu'il a tué un homme.

rumourmonger UK, **rumormonger** US ['ru:mə,mʌŋgər] n commère *f*.

rump [rʌmp] n **1.** [of mammal] croupe *f* ; CULIN culotte *f* ; [of bird] croupion *m* ; *hum* [of person] postérieur *m*, derrière *m* **2.** [remnant] : *the organization was reduced to a rump* il ne restait pas grand-chose de l'organisation.

rumple ['rʌmpl] vt [clothes] friper, froisser, chiffonner ; [banknote, letter] froisser ; [hair, fur] ébouriffer / *the wind had rumpled my hair* le vent m'avait décoiffé / *pages rumpled at the edges* des pages cornées.

Rump Parliament pr n ▸ **the Rump Parliament** le Parlement croupion *(nom du Parlement anglais pendant la période du Protectorat de Cromwell, de 1649 à 1660)*.

rump steak n romsteck *m*, rumsteck *m*.

rumpus ['rʌmpəs] n *inf* raffut *m*, boucan *m* / *the announcement caused a rumpus* la nouvelle fit l'effet d'une bombe ▸ **to kick up a rumpus** faire du chahut or des histoires.

rumpus room n US salle *f* de jeu *(souvent située au sous-sol et également utilisée pour des fêtes)*.

rumpy-pumpy ['rʌmpɪ,pʌmpɪ] n UK *inf & hum* partie *f* de jambes en l'air.

rum runner n trafiquant *m* d'alcool.

run [rʌn] (*pt* **ran** [ræn], *pp* **run**, *cont* **running**)

◆ vi

- **A. PHYSICAL ACTION**
- **B. EXTEND, TRAVEL OR SPREAD**
- **C. WITH LIQUID**
- **D. WITH MACHINE OR OPERATION**
- **E. DURATION OR RANGE**
- **F. STATE OR SITUATION**
- **G. IN ELECTIONS**

A. PHYSICAL ACTION **1.** [gen] courir / *I run every morning in the park* je cours tous les matins dans le parc / *they ran out of the house* ils sont sortis de la maison en courant ▸ **to run upstairs / downstairs** monter / descendre l'escalier en courant / *I had to run for the train* j'ai dû courir pour attraper le train / *run and fetch me a glass of water* cours me chercher un verre d'eau / *I've been running all over the place looking for you* j'ai couru partout à ta recherche ▸ **to run to meet sb** courir or se précipiter à la rencontre de qqn ; *fig* : *I didn't expect her to go running to the press with the story* je ne m'attendais pas à ce qu'elle coure raconter l'histoire à la presse / *don't come running to me with your problems* ne viens pas m'embêter avec tes problèmes **2.** [compete in race] courir ▸ **to run in a race** [horse, person] participer à une course / *there are twenty horses running in the race* vingt chevaux participent à la course / *she ran for her country in the Olympics* elle a couru pour son pays aux jeux Olympiques ; [be positioned in race] arriver ; [in cricket, baseball] marquer / *Smith is running second* Smith est en seconde position **3.** [flee] se sauver, fuir / *if the night watchman sees you, run (for it)* *inf !* si le veilleur de nuit te voit, tire-toi or file ! / *he turned and ran* il prit ses jambes à son cou / *run for your lives!* sauve qui peut ! / *you can't just keep running from your past* *fig* vous ne pouvez pas continuer à fuir votre passé.

B. EXTEND, TRAVEL OR SPREAD **1.** [road, railway, boundary] passer / *a tunnel runs under the mountain* un tunnel passe sous la montagne / *the railway line runs through a valley / over a viaduct* le chemin de fer passe dans une vallée / sur un viaduc / *the pipes run under the road* les tuyaux passent sous la route / *the road runs alongside the river / parallel to the coast* la route longe la rivière / la côte / *hedgerows run between the fields* des haies séparent les champs / *the road runs due north* la route va droit vers le nord / *a canal running from London to Birmingham* un canal qui va de Londres à Birmingham / *a high fence runs around the building* une grande barrière fait le tour du bâtiment / *the lizard has red markings running down its back* le dos du lézard est zébré de rouge / *the line of print ran off the page* la ligne a débordé de la feuille / *our lives seem to be running in different directions* *fig* il semble que nos vies prennent des chemins différents **2.** [hand, fingers] : *his fingers ran over the controls* ses doigts se promenèrent sur les boutons de commande / *her eyes ran down the list* elle parcourut la liste des yeux **3.** [travel - thoughts, sensation] : *a shiver ran down my spine* un frisson me parcourut le dos / *his thoughts ran to that hot August day in Paris* cette chaude journée d'août à Paris lui revint à l'esprit **4.** [describing song, poem, theory, etc.] : *their argument* or *reasoning runs something like this* voici plus ou moins leur raisonnement **5.** [occur - inherited trait, illness] : *twins run in our family* les jumeaux sont courants dans la famille / *heart disease runs in the family* les maladies cardiaques sont fréquentes dans notre famille **6.** [spread - rumour, news] se répandre **7.** [move or travel freely - ball, vehicle] rouler / *the pram ran down the hill out of control* le landau a dévalé la côte / *the crane runs on rails* la grue se déplace sur des rails / *the piano runs on casters* le piano est monté sur (des) roulettes / *the truck ran off the road* le camion a quitté la route ; [slip, slide - rope, cable] filer / *let the cord run through your hands* laissez la corde filer entre vos mains **8.** [drive] faire un tour or une promenade / *why don't we run down to the coast / up to London?* si on faisait un tour jusqu'à la mer / jusqu'à Londres ? **9.** NAUT [boat] ▸ **to run (before the wind)** filer vent arrière **10.** [ladder - stocking, tights] filer.

C. WITH LIQUID **1.** [flow - water, tap, nose] couler ; [paint] goutter / *let the water run until it's hot* laisse couler l'eau jusqu'à ce qu'elle soit chaude / *the water's run cold* l'eau est froide au robinet / *you've let the water run cold* tu as laissé couler l'eau trop longtemps, elle est devenue froide / *your bath is running* ton bain est en train de couler / *your nose is running* tu as le nez qui coule / *the cold made our eyes run* le froid nous piquait les yeux / *her mascara had run* son mascara avait coulé / *the hot water runs along / down this pipe* l'eau chaude passe / descend dans ce tuyau / *their faces were running with sweat* UK leurs visages ruisselaient de transpiration / *tears ran down her face* elle avait le visage couvert de larmes **2.** [river, stream] couler / *the river ran red with blood* les eaux de la rivière étaient rouges de sang / *the Jari runs into the Amazon* le Jari se jette dans l'Amazone **3.** [butter, ice cream, wax] fondre ; [cheese] couler **4.** [in wash - colour, fabric] déteindre / *wash that dress separately, the colour might run* lave cette robe à part, elle pourrait déteindre **5.** [tide] monter.

D. WITH MACHINE OR OPERATION **1.** [operate - engine, machine, business] marcher, fonctionner ▸ **to run on** or **off electricity / gas / diesel** fonctionner à l'électricité / au gaz / au diesel / *the tape recorder was still running* le magnétophone était encore en marche / *leave the engine running* laissez tourner le moteur / *the new assembly line is up and running* la nouvelle chaîne de montage est en service / *do not interrupt the program while it is running* COMPUT ne pas interrompre le programme en cours d'exécution / *this software runs on DOS* ce logiciel tourne sous DOS / *everything is running smoothly* *fig* tout marche très bien **2.** [public transport] circuler / *this train doesn't run / only runs on Sundays* ce train ne circule pas / ne circule que le dimanche / *some bus lines run all night* certaines lignes d'autobus sont en service toute la nuit / *trains running to Calais are cancelled* les trains pour or en direction de Calais sont annulés / *he took the tube that runs through Clapham* il prit la ligne de métro qui passe par Clapham.

E. DURATION OR RANGE **1.** [last] durer / *the sales run from the beginning to the end of January* les soldes durent du début à la fin janvier / *the sales have only another two days to run* il ne reste que deux jours de soldes / *the meeting ran for an hour longer than expected* la réunion a duré une heure de plus que prévu / *I'd like the ad to run for a week* je voudrais que l'annonce passe pendant une semaine **2.** [be performed - play, film] tenir l'affiche / *his new musical should run and run!* sa nouvelle comédie musicale devrait tenir l'affiche pendant des mois ! / *this soap opera has been running for 20 years* ça fait 20 ans que ce feuilleton est diffusé / *America's longest-running TV series* la plus longue série télévisée américaine **3.** [be valid, remain in force - contract] être or rester valide ; [- agreement] être or rester en vigueur / *the lease has another year to run* le bail n'expire pas avant un an / *your subscription will run for two years* votre abonnement sera valable deux ans **4.** FIN [be paid, accumulate - interest] courir / *interest runs from January 1st* les intérêts courent à partir du 1er janvier **5.** [range] aller / *the colours run from dark blue to bright green* les couleurs vont du bleu foncé au vert vif.

F. STATE OR SITUATION **1.** [indicating current state or condition] : *feelings were running high* les passions étaient exacerbées / *their ammunition was running low* ils commençaient à manquer de munitions ▸ **to run late** être en retard, avoir du retard / *programmes are running ten minutes late* les émissions ont toutes dix minutes de retard / *sorry I can't stop, I'm running a bit late* désolé, je ne peux pas rester, je suis un peu en retard / *events are running in our favour* les événements tournent en notre faveur **2.** [reach] : *inflation was running at 18%* le taux d'inflation était de 18 %.

G. IN ELECTIONS [be candidate, stand] se présenter ▸ **to run for president** or **the presidency** être candidat aux élections présidentielles or à la présidence / *she's running on a law-and-order ticket* elle se présente aux élections avec un programme basé sur la lutte contre l'insécurité / *he ran against Reagan in 1984* il s'est présenté contre Reagan en 1984.

◆ vt

- **A. MANAGE OR OPERATE**
- **B. PHYSICAL ACTION**
- **C. TRANSPORT OR DRIVE**
- **D. PASS OVER SURFACE OR VIA ROUTE**
- **E. OTHER SENSES**

A. MANAGE OR OPERATE **1.** [manage - company, office] diriger, gérer ; [- shop, restaurant, club] tenir, diriger ; [- theatre] diriger ; [- house] tenir ; [- country] gouverner, diriger / *she runs the bar while her parents are away* elle tient le bar pendant l'absence de ses parents / *a badly run organization* une organisation mal gérée / *the library is run by volunteer workers* la bibliothèque est tenue par des bénévoles / *the farm was too big for him to run alone* la ferme était trop grande pour qu'il puisse s'en occuper seul / *who's running this outfit?* *inf* qui est le patron ici ? / *I wish she'd stop trying to run my life!* j'aimerais bien qu'elle arrête de me dire comment vivre ma vie ! **2.** [organize, lay on - service, course, contest] organiser / *to run a bridge tournament / a raffle* organiser un tournoi de bridge / une tombola / *they run evening* *classes in computing* ils organisent des cours du soir en informatique ; [train, bus] mettre en service / *they run extra trains in the summer* l'été ils mettent (en service) des trains supplémentaires / *several private companies run buses to the airport* plusieurs sociétés privées assurent un service d'autobus pour l'aéroport **3.** [operate, work - piece of equipment] faire marcher, faire fonctionner / *you can run it off solar energy / the mains* vous pouvez le faire fonctionner à l'énergie solaire / sur secteur ; [vehicle] : *I can't afford to run a car any more* UK je n'ai plus les moyens d'avoir une voiture / *she runs a Porsche* elle roule en Porsche **4.** [conduct - experiment, test] effectuer **5.** COMPUT [program] exécuter.

B. PHYSICAL ACTION **1.** [do or cover at a run - race, distance] courir / *to run the marathon* courir le marathon / *I can still run 2 km in under 7 minutes* j'arrive encore à courir or à couvrir 2 km en moins de 7 minutes / *the children were running races* les enfants faisaient la course / *the race will be run in Paris next year* la course aura lieu à Paris l'année prochaine ▸ **to run messages** or **errands** faire des commissions or des courses / *he'd run a mile if he saw it* il prendrait ses jambes à son cou s'il voyait ça / *it looks as if his race is run* on dirait qu'il a fait son temps **2.** [cause to run] : *you're running the poor boy off his feet!* le pauvre, tu es en train de l'épuiser ! ▸ **to be run off one's feet** être débordé ▸ **to run o.s. to a standstill** courir jusqu'à l'épuisement **3.** [enter for race - horse, greyhound] faire courir **4.** [chase] chasser / *the outlaws were run out of town* les hors-la-loi furent chassés de la ville **5.** [hunt] chasser ▸ **to run deer** chasser le cerf.

C. TRANSPORT OR DRIVE **1.** [transport - goods] transporter ; [give lift to - person] accompagner / *I'll run you to the bus stop* je vais te conduire à l'arrêt de bus / *I've got to run these boxes over to my new house* je dois emporter ces boîtes dans ma nouvelle maison **2.** [smuggle] faire le trafic de / *he's suspected of running drugs / guns* il est soupçonné de trafic de drogue / d'armes **3.** [drive - vehicle] conduire / *I ran the car into the driveway* j'ai mis la voiture dans l'allée / *could you run your car back a bit?* pourriez-vous reculer un peu votre voiture ? / *I ran my car into a lamppost* je suis rentré dans un réverbère (avec ma voiture) / *he tried to run me off the road!* il a essayé de me faire sortir de la route !

D. PASS OVER SURFACE OR VIA ROUTE **1.** [pass, quickly or lightly] passer / *she ran her hands over the controls* elle promena ses mains sur les boutons de commande / *he ran his hand / a comb through his hair* il passa sa main / un peigne dans ses cheveux / *I'll run a duster over the furniture* je passerai un coup de chiffon sur les meubles / *she ran her finger down the list / her eye over the text* elle parcourut la liste du doigt / le texte des yeux **2.** [send via specified route] : *we could run a cable from the house* nous pourrions amener un câble de la maison / *it would be better to run the wires under the floorboards* ce serait mieux de faire passer les fils sous le plancher / *run the other end of the rope through the loop* passez l'autre bout de la corde dans la boucle.

E. OTHER SENSES **1.** [go through or past - blockade] forcer ; [- rapids] franchir ; US [red light] brûler **2.** [cause to flow] faire couler / *run the water into the basin* faites couler l'eau dans la cuvette ▸ **to run a bath** faire couler un bain **3.** [publish] publier / *the local paper is running a series of articles on the scandal* le journal local publie une série d'articles sur le scandale ▸ **to run an ad (in the newspaper)** passer or faire passer une annonce (dans le journal) **4.** [enter for election] présenter / *they're running a candidate in every constituency* ils présentent un candidat dans chaque circonscription **5.** MED ▸ **to run a temperature** or **fever** avoir de la fièvre **6.** [expose o.s. to] ▸ **to run the danger** or **risk of doing sthg** courir le risque de faire qqch / *you run the risk of a heavy fine* vous risquez une grosse amende / *do you realize the risks you're running?* est-ce que vous réalisez les risques que vous prenez ?

◆ n **1.** [action] course *f* ▸ **to go for a run** aller faire du jogging / *to go for a five-mile run* courir huit kilomètres / *I took the dog for a run in the park* j'ai emmené le chien courir dans le parc / *two policemen arrived at a run* deux policiers sont arrivés au pas de course ▸ **to break into a run** se mettre à courir ▸ **to make a run for it** prendre la fuite, se sauver ▸ **to have the run of sthg** : *we have the run of the house while the owners are away* nous disposons de toute la maison pendant l'absence des propriétaires ▸ **to give sb the run of sthg** : *we give the au pair the run of the place* nous laissons à la jeune fille au pair la libre disposition de la maison ▸ **to be on the run** : *the murderer is on the run* le meurtrier est en cavale / *she was on the run from her creditors / the police* elle essayait d'échapper à ses créanciers / à la police / *we've got them on the run!* MIL & SPORT nous les avons mis en déroute ! / *you've had a good run (for your money), it's time to step down* tu en as bien profité, maintenant il faut laisser la place à un autre / *they gave the Russian team a good run for their money* ils ont donné du fil à retordre à l'équipe soviétique **2.** [race] course *f* / *a charity run* une course de charité **3.** [drive] excursion *f*, promenade *f* / *we went for a run down to the coast* nous sommes allés nous promener au bord de la mer / *she took me for a run in her new car* elle m'a emmené faire un tour dans sa nouvelle voiture / *there was very little traffic on the run down* nous avons rencontré très peu de circulation / *shall I make* or *do a beer run?* hum je vais chercher de la bière ? / *I do the school run in the morning* c'est moi qui emmène les enfants à l'école tous les matins ; [for smuggling] passage *m* / *the gang used to make runs across the border* le gang passait régulièrement la frontière **4.** [route, itinerary] trajet *m*, parcours *m* / *the buses on the London to Glasgow run* les cars qui font le trajet or qui assurent le service Londres-Glasgow / *it's only a short run into town* le trajet jusqu'au centre-ville n'est pas long **5.** AERON [flight] vol *m*, mission *f* ▸ **bombing run** mission de bombardement **6.** SPORT [in cricket, baseball] point *m* **7.** [track - for skiing, bobsleighing] piste *f* **8.** [series, continuous period] série *f*, succession *f*, suite *f* / *they've had a run of ten defeats* ils ont connu dix défaites consécutives / *you seem to be having a run of good / bad luck* on dirait que la chance est / n'est pas de ton côté en ce moment ; [series of performances] : *the play had a triumphant run on Broadway* la pièce a connu un succès triomphal à Broadway / *the play had a run of nearly two years* la pièce a tenu l'affiche (pendant) presque deux ans ▸ **in the long / short run** à long / court terme **9.** [in card games] suite *f* **10.** INDUST [production] lot *m*, série *f* / *a run of less than 500 would be uneconomical* fabriquer une série de moins de 500 unités ne serait pas rentable ▸ **print run** TYPO tirage *m* **11.** [general tendency, trend] tendance *f* ▸ **to score against the run of play** marquer contre le jeu / *I was lucky and got the run of the cards* j'avais de la chance, les cartes m'étaient favorables / *the usual run of colds and upset stomachs* les rhumes et les maux de ventre habituels / *she's well above the average* or *ordinary run of students* elle est bien au-dessus de la moyenne des étudiants / *the ordinary run of mankind* le commun des mortels / *in the ordinary run of things,…* normalement,… **12.** [great demand] ruée *f* / *the heatwave caused a run on suntan cream* la vague de chaleur provoqua une ruée sur les crèmes solaires / *a run on the banks* une panique bancaire ; ST. EX : *there was a run on the dollar* il y a eu une ruée sur le dollar **13.** [operation - of machine] opération *f* ▸ **computer run** passage *m* machine **14.** [bid - in election] candidature *f* / *his run for the presidency* sa candidature à la présidence **15.** [ladder - in stocking, tights] échelle *f*, maille *f* filée / *I've got a run in my tights* mon collant est filé **16.** [enclosure - for animals] enclos *m* ▸ **chicken run** poulailler *m* **17.** MUS roulade *f*.

❖ **runs** pl n *inf* [diarrhoea] courante *f* ▸ **to have the runs** avoir la courante.

❖ **run about** vi UK courir (çà et là) / *I've been running about all day looking for you!* j'ai passé ma journée à te chercher partout !

❖ **run across** ◆ vi traverser en courant. ◆ vt insep [meet - acquaintance] rencontrer par hasard, tomber sur ; [find - book, reference] trouver par hasard, tomber sur.

❖ **run after** vt insep *lit & fig* courir après / *it's not like her to run after a man* ce n'est pas son genre de courir après un homme.

❖ **run along** vi [go away] s'en aller, partir / *it's getting late, I must be running along* il se fait tard, il faut que j'y aille / *run along to bed now, children!* allez les enfants, au lit maintenant !

❖ **run around** vi **1.** = **run about 2.** [husband] courir après les femmes ; [wife] courir après les hommes / *he's always running around with other women* il est toujours en train de courir après d'autres femmes.

❖ **run away** vi **1.** [flee] se sauver, s'enfuir / *their son has run away from home* leur fils a fait une fugue / *I'll be with you in a minute, don't run away* je serai à toi dans un instant, ne te sauve pas / *run away and play now, children* allez jouer ailleurs, les enfants / *to run away from one's responsibilities* fig fuir ses responsabilités **2.** [elope] partir.

❖ **run away with** vt insep **1.** [secretly or illegally] partir avec / *he ran away with his best friend's wife* il est parti avec la femme de son meilleur ami / *he ran away with the takings* il est parti avec la caisse **2.** [overwhelm] : *don't let your excitement run away with you* gardez votre calme / *she tends to let her imagination run away with her* elle a tendance à se laisser emporter par son imagination **3.** [get - idea] : *don't go running away with the idea* or *the notion that it will be easy* n'allez pas vous imaginer que ce sera facile **4.** [win - race, match] emporter haut la main ; [- prize] remporter / *they ran away with nearly all the medals* ils ont remporté presque toutes les médailles.

❖ **run back** ◆ vi **1.** *lit* retourner or revenir en courant **2.** [review] ▸ **to run back over sthg** passer qqch en revue. ◆ vt sep **1.** [drive back] raccompagner (en voiture) / *she ran me back home* elle m'a ramené or raccompagné chez moi / *he ran me back on his motorbike* il m'a raccompagné en moto **2.** [rewind - tape, film] rembobiner.

❖ **run by** vt sep ▸ **to run sthg by sb** [submit] soumettre qqch à qqn / *you'd better run that by the committee* vous feriez mieux de demander l'avis du comité / *run that by me again* répétez-moi ça.

❖ **run down** ◆ vi **1.** *lit* descendre en courant **2.** [clock, machine] s'arrêter ; [battery - through use] s'user ; [- through a fault] se décharger / *the batteries in the radio are beginning to run down* les piles de la radio commencent à être usées. ◆ vt sep **1.** [reduce, diminish] réduire / *they are running down their military presence in Africa* ils réduisent leur présence militaire en Afrique / *the government was accused of running down the steel industry* le gouvernement a été accusé de laisser dépérir la sidérurgie **2.** *inf* [criticize, denigrate] rabaisser / *they're always running her friends down* ils passent leur temps à dire du mal de or à dénigrer ses amis / *stop running yourself down all the time* cesse de te rabaisser constamment **3.** AUTO [pedestrian, animal] renverser, écraser / *he was run down by a bus* il s'est fait renverser par un bus **4.** [track down - animal, criminal] (traquer et) capturer ; [- object] dénicher / *I finally ran down the reference in the library* j'ai fini par dénicher la référence à la bibliothèque.

❖ **run in** ◆ vi **1.** *lit* entrer en courant **2.** UK [car, engine] / **'running in'** 'en rodage'. ◆ vt sep **1.** UK [car, engine] roder **2.** *inf* [arrest] pincer.

❖ **run into** vt insep **1.** [encounter - problem, difficulty] rencontrer **2.** [meet - acquaintance] rencontrer (par hasard), tomber sur **3.** [collide with - subj: car, driver] percuter, rentrer dans / *I ran into a lamppost* je suis rentrée dans un réverbère **4.** [amount to] s'élever à / *debts running into millions of dollars* des dettes qui s'élèvent à des millions de dollars **5.** [merge into] se fondre dans, se confondre avec / *the red runs into orange* le rouge devient orange / *the words began to run into each other before my eyes* les mots commençaient à se confondre devant mes yeux.

❖ **run off** ◆ vi **1.** = **run away 2.** [liquid] s'écouler. ◆ vt sep **1.** [print] tirer, imprimer ; [photocopy] photocopier / *run me off five copies of this report* faites-moi cinq copies de ce rapport **2.** SPORT [race] disputer / *the heats will be run off tomorrow* les éliminatoires se disputeront demain **3.** [lose - excess weight, fat] perdre en courant **4.** [liquid] laisser s'écouler.

❖ **run on** ◆ vi **1.** [continue] continuer, durer ; [drag on] s'éterniser / *the play ran on for hours* la pièce a duré des heures / *the discussion ran on for an extra hour* la discussion a duré une heure de plus que prévu **2.** *inf* [talk nonstop] parler sans cesse / *he does run on rather* il ne cesse pas de parler **3.** [line of text] suivre sans alinéa ; [verse] enjamber. ◆ vt sep [lines of writing] ne pas découper en paragraphes ; [letters, words] ne pas séparer, lier.

❖ **run out** ◆ vi **1.** *lit* [person, animal] sortir en courant ; [liquid] s'écouler **2.** [be used up - supplies, money, etc.] s'épuiser, (venir à) manquer ; [- time] filer / *hurry up, time is running out!* dépêchez-vous, il ne reste plus beaucoup de temps ! / *their luck finally ran out* la chance a fini par tourner, leur chance n'a pas duré **3.** [expire - contract, passport, agreement] expirer, venir à expiration. ◆ vt sep **1.** [cable, rope] laisser filer **2.** [in cricket] ▸ **to run a batsman out** mettre un batteur hors jeu.

❖ **run out of** vt insep manquer de / *we're running out of ammunition* nous commençons à manquer de munitions / *to run out of patience* être à bout de patience / *he's run out of money* il n'a plus d'argent / *to run out of petrol* tomber en panne d'essence.

❖ **run out on** vt insep [spouse, colleague] laisser tomber, abandonner / *she ran out on her husband* elle a quitté son mari / *his assistants all ran out on him* ses assistants l'ont tous abandonné or laissé tomber.

❖ **run over** ◆ vt sep [pedestrian, animal] écraser, renverser / *I nearly got run over* j'ai failli me faire écraser or renverser. ◆ vt insep [review] revoir ; [rehearse] répéter ; [recap] récapituler / *let's run over the arguments one more time before the meeting* reprenons les arguments une dernière fois avant la réunion / *could you run over the main points for us?* pourriez-vous nous récapituler les principaux points ? ◆ vi **1.** [overflow] déborder ▸ **my cup runneth over** *liter* je nage dans le bonheur **2.** [run late] dépasser l'heure ; RADIO & TV dépasser le temps d'antenne / *the programme ran over by 20 minutes* l'émission a dépassé son temps d'antenne de 20 minutes.

❖ **run past** ◆ vi passer en courant. ◆ vt sep = **run by.**

❖ **run through** ◆ vt insep **1.** *lit* traverser en courant **2.** [pervade - thought, feeling] : *a strange idea ran through my mind* une idée étrange m'a traversé l'esprit / *a thrill of excitement ran through her* un frisson d'émotion la parcourut / *an angry murmur ran through the crowd* des murmures de colère parcoururent la foule / *his words kept running through my head* ses paroles ne cessaient de retentir dans ma tête / *an air of melancholy runs through the whole film* une atmosphère de mélancolie imprègne tout le film **3.** [review] revoir ; [rehearse] répéter ; [recap] récapituler / *she ran through the arguments in her mind* elle repassa les arguments dans sa tête **4.** [read quickly] parcourir (des yeux), jeter un coup d'œil sur **5.** [squander - fortune] gaspiller. ◆ vt sep ▸ **to run sb through (with a sword)** transpercer qqn (d'un coup d'épée).

❖ **run to** vt insep **1.** [amount to] se chiffrer à / *her essay ran to 20 pages* sa dissertation faisait 20 pages **2.** [afford, be enough for] : *your salary should run to a new computer* ton salaire devrait te permettre d'acheter un nouvel ordinateur / *the budget won't run to champagne* le budget ne nous permet pas d'acheter du champagne **3.** PHR ▸ **to run to fat** devenir gros.

❖ **run up** ◆ vi [climb rapidly] monter en courant ; [approach] approcher en courant / *a young man ran up to me* un jeune homme s'approcha de moi en courant. ◆ vt sep **1.** [debt, bill] laisser s'accumuler / *I've run up a huge overdraft* j'ai un découvert énorme **2.** [flag] hisser **3.** [sew quickly] coudre (rapidement) or à la hâte.

❖ **run up against** vt insep [encounter] se heurter à / *we've run up against some problems* nous nous sommes heurtés à quelques problèmes.

runabout ['rʌnəbaʊt] n *inf* [car] petite voiture *f*, voiture *f* de ville ; [boat] runabout *m* ; [plane] petit avion *m*.

runaround ['rʌnəraʊnd] n *inf* ▸ **to give sb the runaround a)** raconter des salades à qqn **b)** [husband, wife] tromper qqn.

runaway ['rʌnəweɪ] ◆ n [gen] fugitif *m*, -ive *f* ; [child - from home, school, etc.] fugueur *m*, -euse *f*. ◆ adj **1.** [convict] fugitif ; [child] fugueur ; [horse] emballé ; [train, car] fou *(before vowel or silent 'h' fol, f folle)* ▸ **a runaway marriage** un mariage clandestin **2.** [rampant, extreme - inflation] galopant ; [- success] fou *(before vowel or silent 'h' fol, f folle)* / *her book was this year's runaway bestseller* son livre a été le best-seller de l'année / *a runaway victory* une victoire remportée haut la main.

rundown ['rʌndaʊn] n **1.** [reduction] réduction *f*, déclin *m* / *the rundown of the coal industry* le déclin de l'industrie houillère **2.** *inf* [report] compte rendu *m* ▸ **to give sb a rundown of** or **on sthg** mettre qqn au courant de qqch.

run-down adj *inf* **1.** [tired] vanné, crevé / *I think you're just a bit run-down* je pense que c'est juste un peu de surmenage / *I'm feeling very run-down* je me sens complètement à plat **2.** [dilapidated] délabré.

rune [ru:n] n rune *f*.

rung [rʌŋ] ◆ pp ⟶ **ring.** ◆ n [of ladder] barreau *m*, échelon *m* ; [of chair] barreau *m* ; *fig* [in hierarchy] échelon *m* / *he's on the top rung of his profession* il a atteint l'échelon le plus élevé dans sa profession.

runic ['ru:nɪk] adj runique.

run-in n **1.** *inf* [quarrel] engueulade *f*, prise *f* de bec / *I had a bit of a run-in with the police last week* j'ai eu un petit accrochage avec la police la semaine dernière **2.** = **run-up.**

runnel ['rʌnl] n *liter* ruisselet *m*, ru *m liter.*

runner ['rʌnər] n **1.** [in race - person] coureur *m*, -euse *f* ; [- horse] partant *m* / *he's a good / fast runner* il court bien / vite **2.** [messenger] coursier *m*, -ère *f* **3.** *(usu in compounds)* [smuggler] contrebandier *m*, -ère *f*, trafiquant *m*, -e *f* ▸ **drug runner** trafiquant *m* de drogue **4.** [slide - for door, drawer, etc.] glissière *f* ; [- on sledge] patin *m* ; [- on skate] lame *f* **5.** BOT coulant *m*, stolon *m* **6.** [stair carpet] tapis *m* d'escalier **7.** PHR ▸ **to do a runner** UK *inf* partir sans payer.

runner bean n UK haricot *m* d'Espagne.

runner-up *(pl* **runners-up***)* n second *m*, -e *f* / *her novel was runner-up for the Prix Goncourt* son roman était le second favori pour le prix Goncourt / *there will be 50 consolation prizes for the runners-up* il y aura 50 lots de consolation pour les autres gagnants.

running ['rʌnɪŋ] ◆ n **1.** SPORT course *f* (à pied) / *running is forbidden in the corridors* il est interdit de courir dans les couloirs ▸ **to make the running a)** SPORT mener le train **b)** *fig* prendre l'initiative ▸ **to be in the running for sthg** être sur les rangs pour obtenir qqch ▸ **to be out of the running** ne plus être dans la course **2.** [management] gestion *f*, direction *f* ; [organization] organisation *f* / *she leaves the day-to-day running of the department to her assistant* elle laisse son assistant s'occuper de la gestion quotidienne du service **3.** [working, functioning] marche *f*, fonctionnement *m* **4.** [operating] conduite *f*, maniement *m* **5.** [smuggling] contrebande *f* ▸ **drug running** trafic *m* de drogue. ◆ comp [shoe, shorts, track] de course (à pied). ◆ adj **1.** [at a run - person, animal] courant, qui court ▸ **to take a running kick at sthg** prendre son élan pour donner un coup de pied dans qqch ▸ **running jump** *lit* saut *m* avec élan ▸ **(go) take a running jump!** *inf* va te faire voir (ailleurs) ! **2.** *(after noun)* [consecutive] de suite / *three times / weeks / years running* trois fois / semaines / années de suite **3.** [continuous] continu, ininterrompu ▸ **running account** FIN compte *m* courant ▸ **running battle** lutte *f* continuelle ▸ **running total** montant *m* à reporter **4.** [flowing] : *the sound of running water* le bruit de l'eau qui coule / *to wash sthg under running water* laver qqch à l'eau courante / *all the rooms have running water* toutes les chambres ont l'eau courante ▸ **a running tap** un robinet qui coule ▸ **a running sore** une plaie suppurante **5.** [working, operating] ▸ **in running order** en état de marche ▸ **to be up and running** être opérationnel ▸ **running costs a)** frais *mpl* d'exploitation **b)** [of car] frais *mpl* d'entretien ▸ **running repairs** réparations *fpl* courantes **6.** [cursive - handwriting] cursif.

running back n US [in football] *joueur qui court en arrière de la ligne.*

running board n marchepied *m*.

running commentary n RADIO & TV commentaire *m* en direct / *she gave us a running commentary on what the neighbours were doing fig* elle nous a expliqué en détail ce que les voisins étaient en train de faire.

running head n TYPO titre *m* courant.

running mate n US POL candidat *m* à la vice-présidence.

running order n ordre *m* de passage.

running stitch n SEW point *m* droit.

running time n durée *f*.

running title n TYPO titre *m* courant.

runny ['rʌnɪ] *(compar* **runnier**, *superl* **runniest***)* adj **1.** [sauce, honey] liquide ; [liquid] (très) fluide ; [omelette] baveux / *a runny egg* un œuf dont le jaune coule **2.** [nose] qui coule ; [eye] qui pleure / *I've got a runny nose* j'ai le nez qui coule.

run-off n **1.** SPORT [final] finale *f* ; [after tie] belle *f* **2.** [water] trop-plein *m*.

run-of-the-mill adj ordinaire, banal.

run-on n **1.** [in printed matter] texte *m* composé à la suite *(sans alinéa)* **2.** [in dictionary] sous-entrée *f*.

run-proof, run-resist adj [tights] indémaillable.

runt [rʌnt] n **1.** [animal] avorton *m* **2.** *inf* [person] avorton *m*.

run-through n [review] révision *f* ; [rehearsal] répétition *f* ; [recap] récapitulation *f*.

runtime ['rʌntaɪm] n COMPUT durée *f* d'utilisation ▸ **runtime system** système *m* en phase d'exécution ▸ **runtime version** version *f* exécutable.

run-up n **1.** SPORT élan *m* / *she only takes a short run-up* elle ne prend pas beaucoup d'élan **2.** [period before] période *f* préparatoire / *the run-up to the elections* la période qui précède les élections or pré-électorale **3.** US [increase] augmentation *f*, hausse *f*.

runway ['rʌnweɪ] n AERON piste *f* (d'atterrissage or d'envol) ▸ **runway lights** feux *mpl* de piste.

RUOK? MESSAGING written abbr of **are you OK?**

rupee [ru:'pi:] n roupie *f*.

rupture ['rʌptʃər] ◆ n **1.** [split] rupture *f* **2.** [hernia] hernie *f*. ◆ vt **1.** [split] rompre **2.** MED ▸ **to rupture o.s.** se faire une hernie.

rural ['rʊərəl] adj [life, country, scenery] rural.

rural dean n UK doyen *m*.

rural district n UK ≃ canton *m*.

Ruritania [,rʊərɪ'teɪnjə] pr n *nom d'un petit pays imaginaire d'Europe centrale, théâtre par excellence d'intrigues et d'aventures romanesques.*

ruse [ru:z] n ruse *f* / *it's just a ruse to get us to agree* ce n'est qu'une ruse pour obtenir notre accord.

rush [rʌʃ] ◆ vi **1.** [hurry, dash - individual] se précipiter ; [- crowd] se ruer, se précipiter ; [- vehicle] foncer / *I rushed home after work* je me suis précipité chez moi après le travail / *people rushed out of the blazing house* les gens se ruèrent hors de la maison en flammes / *there's no need to rush* pas besoin de se presser / *passers-by rushed to help the injured man* des passants se sont précipités au secours du blessé / *the dog rushed at me* le chien s'est précipité or jeté sur moi / *a group of demonstrators rushed at the speaker* un groupe de manifestants se rua sur l'orateur / *he rushed in / out / past* il est entré précipitamment / sorti précipitamment / passé à toute allure **2.** [act overhastily] : *to rush into a decision* prendre une décision à la hâte / *now don't rush into anything* ne va pas foncer tête baissée **3.** [surge - air] s'engouffrer ; [- liquid] jaillir / *the cold water rushed over her bare feet* l'eau froide déferla sur ses pieds nus / *I could hear the wind rushing through the trees* j'entendais le vent s'engouffrer dans les branches / *the blood rushed to her head* le sang lui est monté à la tête / *I felt the blood rush to my face* j'ai senti le sang me monter au visage. ◆ vt **1.** [do quickly] expédier ; [do overhastily] faire à la hâte or à la va-vite / *I don't like having to rush my work* je n'aime pas devoir expédier mon travail / *I'll rush it off on the computer* l'ordinateur me fera ça en deux minutes / *don't rush your food* ne mange pas trop vite **2.** [cause to hurry] bousculer, presser ; [pressurize] faire pression sur, forcer la main à / *don't rush me!* ne me bouscule pas ! ▸ **to rush sb into sthg** or **doing sthg** forcer qqn à faire qqch à la hâte / *don't be rushed into signing* ne signez pas sous la pression **3.** [attack - person] attaquer, agresser ; [- place] attaquer, prendre d'assaut / *a group of prisoners rushed the guards* un groupe de prisonniers s'attaqua aux gardiens **4.** [transport quickly] transporter d'urgence ; [send quickly] envoyer or expédier d'urgence / *the injured were rushed to hospital* les blessés ont été transportés d'urgence à l'hôpital / *they rushed a first aid team to the site* ils ont envoyé en toute hâte une équipe de premiers secours sur les lieux / *please rush me your new catalogue* veuillez me faire parvenir au plus vite votre nouveau catalogue **5.** US *inf* [court] courtiser. ◆ n **1.** [hurry] précipitation *f*, hâte *f* ▸ **to do sthg in a rush** faire qqch à la hâte ▸ **to be in a rush** être (très) pressé / *what's the rush?* pourquoi tant de précipitation ? / *there's no (great) rush* rien ne presse / *it'll be a bit of a rush, but we should make it* il faudra se dépêcher mais on devrait y arriver / *your essay was written in too much of a rush* vous avez fait votre dissertation à la va-vite **2.** [stampede] ruée *f*, bousculade *f* / *there was a rush for the door* tout le monde s'est rué vers la porte / *I lost a shoe in the rush* j'ai perdu une chaussure dans la bousculade ; [great demand] ruée / *there's been a rush on* or *for tickets* les gens se sont rués sur les billets / *there's a rush on that particular model* ce modèle est très demandé **3.** [busy period] heure *f* de pointe or d'affluence / *the six o'clock rush* la foule de six heures ; [in shops, post office, etc.] : *I try to avoid the lunchtime rush* j'essaie d'éviter la foule de l'heure du déjeuner / *the holiday rush* **a)** [leaving] les grands départs en vacances **b)** [returning] les embouteillages des retours de vacances **4.** [attack] attaque *f*, assaut *m* ▸ **to make a rush at** or **for sb** se jeter sur qqn **5.** [surge - of water] jaillissement *m* ; [- of air] bouffée *f* ; [- of emotion, nausea] accès *m*, montée *f* / *I could hear nothing above the rush of water* le bruit de l'eau (qui bouillonnait) m'empêchait d'entendre quoi que ce soit / *she had a rush of blood to the head* le sang lui est monté à la tête **6.** BOT jonc *m* ; [for seats] paille *f* ▸ **rush mat** natte *f* (de jonc) / *the floor is covered with rush matting* des nattes (de jonc) recouvrent le sol **7.** *drugs sl* [from drugs] flash *m*. ◆ adj **1.** [urgent] urgent / *it's a rush job for Japan* c'est un travail urgent pour le Japon / *rush order* commande *f* urgente **2.** [hurried] fait à la hâte or à la va-vite / *I'm afraid it's a bit of a rush job* je suis désolé, le travail a été fait un peu vite or a été un peu bâclé **3.** [busy - period] de pointe, d'affluence.

❖ **rushes** pl n CIN rushes *mpl*, épreuves *fpl* de tournage.

❖ **rush about** UK, **rush around** vi courir çà et là / *stop rushing about!* arrête de courir dans tous les sens !

❖ **rush in** vi **1.** *lit* entrer précipitamment or à toute allure **2.** [decide overhastily] : *you always rush in without thinking first* tu fonces toujours tête baissée sans réfléchir.

❖ **rush out** ◆ vi sortir précipitamment or à toute allure. ◆ vt sep [book, new product] sortir rapidement.

❖ **rush through** vt sep [job] expédier ; [goods ordered] envoyer d'urgence ; [order, application] traiter d'urgence ; [bill, legislation] faire voter à la hâte.

❖ **rush up** ◆ vi accourir. ◆ vt sep envoyer d'urgence / *troops were rushed up as reinforcements* on envoya d'urgence des troupes en renfort.

[Fools] rush in where [angels] fear to tread

Cette expression, devenue proverbiale, fut employée par Alexander Pope dans son *Essay on Criticism (Essai sur la critique)*, 1709. Elle évoque l'action d'une personne qui se précipite sans réfléchir dans une situation délicate, alors que d'autres auraient usé de plus de prudence :

Land speculators are rushing in where governments fear to tread. *Rien n'arrête les spéculateurs fonciers tandis que les États, eux, restent très prudents.*

In enacting laws on sterilization, they have frequently rushed in where scientists fear to tread. *La promulgation des lois sur la stérilisation a bien souvent été trop hâtive dans un domaine où les scientifiques eux-mêmes n'osent se prononcer.*

rush candle = rush light.

rushed [rʌʃt] adj [person] bousculé ; [work] fait à la hâte or à la va-vite, bâclé / *she was too rushed to stay and talk* elle était trop pressée pour rester bavarder / *he doesn't like to be rushed* il n'aime pas qu'on le bouscule / *the meal was a bit rushed* on a dû se dépêcher pour manger.

rushee [rʌ'ʃi:] n US bizut *m*.

rush hour n heure *f* de pointe or d'affluence / *I never travel at rush hour* je ne me déplace jamais aux heures de pointe.

❖ **rush-hour** comp [crowds, traffic] des heures de pointe or d'affluence.

rush light n chandelle *f* à mèche de jonc.

rush week n US UNIV *semaine pendant laquelle les associations d'étudiants américains essaient de recruter de nouveaux membres.*

rusk [rʌsk] n biscotte *f*.

russet ['rʌsɪt] ◆ n **1.** [colour] brun roux *m inv* **2.** [apple] reinette *f*. ◆ adj [colour] brun-roux *(inv)*.

Russia ['rʌʃə] pr n Russie *f* / *in Russia* en Russie.

Russian ['rʌʃn] ◆ n **1.** [person] Russe *mf* **2.** LING russe *m*. ◆ adj russe.

Russian dressing n sauce *f* (de salade) relevée au piment.

Russian Federation n ▸ **the Russian Federation** la Fédération de Russie.

Russian roulette n roulette *f* russe.

Russian salad n salade *f* russe.

Russian-speaking adj russophone.

Russian wolfhound n lévrier *m* russe.

russification [,rʌsɪfɪ'keɪʃn] n russification *f*.

Russky ['rʌskɪ] (*pl* **Russkies**) n *inf* Ruskof *m*, Ruski *mf*.

Russo- ['rʌsəʊ] in comp russo-.

rust [rʌst] ◆ n **1.** BOT [on metal] rouille *f* **2.** [colour] couleur *f* rouille. ◆ adj rouille *(inv)*. ◆ vi rouiller, se rouiller / *it's completely rusted through* il est complètement mangé par la rouille / *the car was left to rust away* la voiture fut abandonnée à la rouille. ◆ vt rouiller.

❖ **rust up** vi rouiller, se rouiller / *the hinges have rusted up* les gonds sont bloqués par la rouille.

Rust Belt pr n ▸ **the Rust Belt** *États du nord-est des États-Unis (principalement le Michigan et l'Illinois) dont l'industrie (automobile et sidérurgie) a périclité.*

rusted ['rʌstɪd] adj US rouillé.

rustic ['rʌstɪk] ◆ adj rustique. ◆ n paysan *m*, -anne *f*, campagnard *m*, -e *f*.

rusticate ['rʌstɪkeɪt] *fml* ◆ vt UK UNIV [student] renvoyer or expulser temporairement. ◆ vi [retire to country] se retirer à la campagne ; [live in country] vivre à la campagne.

rustiness ['rʌstɪnɪs] n rouille *f*.

rustle ['rʌsl] ◆ vi **1.** [make sound - gen] produire un froissement or bruissement ; [- leaves] bruire ; [- dress, silk] froufrouter / *something was rustling against the window* quelque chose frottait contre la fenêtre / *the leaves rustled in the wind* les feuilles bruissaient dans le vent **2.** US [steal cattle] voler du bétail. ◆ vt **1.** [leaves] faire bruire ; [papers] froisser ; [dress, silk] faire froufrouter **2.** [cattle] voler. ◆ n [sound - gen] froissement *m*, bruissement *m* ; [- of dress, silk] froufrou *m*, froufroutement *m*.

❖ **rustle up** vt sep *inf* [meal] faire en vitesse / *I could rustle up an omelette for you* je pourrais te faire une omelette en vitesse.

rustler ['rʌslər] n **1.** [of cattle] voleur *m*, -euse *f* de bétail ▸ **horse rustler** voleur de chevaux **2.** US *inf* [dynamic person] homme *m* dynamique, femme *f* dynamique.

rustling ['rʌslɪŋ] n **1.** [sound - gen] froissement *m*, bruissement *m* ; [- of leaves] bruissement *m* ; [- of dress, silk] froufrou *m*, froufroutement *m* **2.** [of cattle] vol *m* de bétail ▸ **horse rustling** vol *m* de chevaux.

rustproof ['rʌstpru:f] ◆ adj [metal, blade] inoxydable ; [paint] antirouille *(inv)*. ◆ vt traiter contre la rouille.

rustproofing ['rʌstpru:fɪŋ] n traitement *m* antirouille.

rust-resistant = rustproof *(adj)*.

rusty ['rʌstɪ] (*compar* **rustier**, *superl* **rustiest**) adj *lit & fig* rouillé / *a rusty old car* une vieille voiture rouillée / *my German is a bit rusty* mon allemand est un peu rouillé / *a rusty brown dress* une robe brun-rouille.

rut [rʌt] (*pt & pp* **rutted**, *cont* **rutting**) ◆ n **1.** [in ground] ornière *f* **2.** *fig* routine *f* ▸ **to be (stuck) in a rut** s'encroûter ▸ **to get out of the rut** sortir de l'ornière **3.** ZOOL rut *m* / *in rut* en rut. ◆ vt [ground] sillonner / *the track had been deeply rutted by tractors* des tracteurs avaient creusé de profondes ornières dans le chemin. ◆ vi ZOOL être en rut.

rutabaga [,ru:tə'beɪgə] n US rutabaga *m*, chou-navet *m*.

Ruth [ru:θ] pr n Ruth.

Ruthenia [ru:'θi:njə] pr n Ruthénie *f* / *in Ruthenia* en Ruthénie.

Ruthenian [ru:'θi:njən] ◆ n Ruthénien *m*, -enne *f*. ◆ adj ruthénien.

ruthenium [ru:'θi:nɪəm] n ruthénium *m*.

rutherford ['rʌðəfəd] n rutherford *m*.

rutherfordium [,rʌðə'fɔ:dɪəm] n rutherfordium *m*.

ruthless ['ru:θlɪs] adj [person, behaviour - unpitying] impitoyable, cruel ; [- determined] résolu, acharné ; [criticism] impitoyable, implacable.

ruthlessly ['ru:θlɪslɪ] adv [pitilessly] impitoyablement, sans pitié ; [relentlessly] implacablement.

ruthlessness ['ru:θlɪsnɪs] n [of person, behaviour - pitilessness] caractère *m* impitoyable, dureté *f* ; [- determination] acharnement *m* ; [of criticism] dureté *f*.

rutted ['rʌtɪd] adj sillonné / *a badly rutted road* une route complètement défoncée.

ruttish ['rʌtɪʃ] adj **1.** [animal] en rut **2.** *pej* [person] libidineux, salace.

RV n **1.** abbr of **Revised Version 2.** (abbr of **recreational vehicle**) US camping-car *m*.

Rwanda [rʊ'ændə] ◆ pr n GEOG Rwanda *m*, Ruanda *m* / *in Rwanda* au Rwanda.

Rwandan [rʊ'ændən] ◆ n Rwandais *m*, -e *f*. ◆ adj rwandais.

rye [raɪ] n **1.** [cereal] seigle *m* / **'The Catcher in the Rye'** *Salinger* 'l'Attrape-cœur' **2.** [drink] = **rye whiskey**.

rye bread n pain *m* de seigle.

ryegrass ['raɪgrɑ:s] n ray-grass *m inv*.

rye whiskey n whisky *m* (de seigle).

s (*pl* **s's** *or* **ss**), **S** (*pl* **S's** *or* **Ss**) [es] n [letter] s *m*, S *m* ; See also **f**.

's : See box on next page.

S (written abbr of **south**) S.

SA ◆ **1.** written abbr of **South Africa 2.** written abbr of **South America**. ◆ pr n abbr of **Salvation Army**.

SAA MESSAGING written abbr of **silly and awkard**.

Saar [sɑːʳ] pr n ▸ **the Saar** la Sarre.

Saarbrücken [ˌsɑːˈbrʊkən] pr n Sarrebruck.

Saarland [ˈsɑːlænd] pr n Sarre *f* / *in Saarland* dans la Sarre.

Sabbath [ˈsæbəθ] n RELIG [Christian] dimanche *m*, jour *m* du Seigneur ; [Jewish] sabbat *m* ▸ **to observe / to break the Sabbath a)** [Christian] observer / violer le repos du dimanche **b)** [Jew] observer / violer le sabbat.

sabbatical [səˈbætɪkl] ◆ adj [gen & RELIG] sabbatique ▸ **to take a sabbatical year** prendre une année sabbatique. ◆ n congé *m* sabbatique ▸ **to be on sabbatical** être en congé sabbatique.

saber US = **sabre**.

sable [ˈseɪbl] ◆ n [animal, fur] zibeline *f*. ◆ comp [coat] de or en zibeline ; [paintbrush] en poil de martre. ◆ adj [colour] noir ; HERALD sable *(inv)*.

sable antelope n hippotrague *m* noir.

sabot [ˈsæbəʊ] n **1.** [shoe] sabot *m* **2.** MIL sabot *m*.

sabotage [ˈsæbətɑːʒ] ◆ n sabotage *m*. ◆ vt saboter.

saboteur [ˌsæbəˈtɜːʳ] n saboteur *m*, -euse *f*.

sabra [ˈsæbrə] n US *inf* sabra *mf*.

sabre UK, **saber** US [ˈseɪbəʳ] n sabre *m*.

sabre-rattling ◆ n *(U)* *lit* bruits *mpl* de sabre ; *fig* intimidation *f*, bruit *m* de bottes. ◆ adj belliqueux.

sabre-toothed tiger n machairodonte *m*.

sac [sæk] n ANAT & BOT sac *m*.

saccharide [ˈsækəraɪd] n saccharide *m*, glucide *m*.

saccharin [ˈsækərɪn] n saccharine *f*.

saccharine [ˈsækərɪn] ◆ adj **1.** CHEM saccharin **2.** *fig & pej* [exaggeratedly sweet - smile] mielleux ; [- politeness] onctueux ; [- sentimentality] écœurant, sirupeux. ◆ n = **saccharin**.

saccharose [ˈsækərəʊz] n saccharose *m*.

sacerdotal [ˌsæsəˈdəʊtl] adj sacerdotal.

sachem [ˈseɪtʃəm] n US *inf* grosse huile *f*, grand manitou *m*.

sachet [ˈsæʃeɪ] n sachet *m*.

sack [sæk] ◆ n **1.** [bag] (grand) sac *m* / *two sacks of potatoes* deux sacs de pommes de terre / *grocery sack* US sac *m* à provisions **2.** UK *inf* [dismissal] licenciement *m* ▸ **to give sb the sack** virer qqn ▸ **to get the sack** se faire virer / *you'll get me the sack* tu vas me faire perdre mon boulot **3.** [pillage] sac *m*, pillage *m* **4.** *inf* [bed] pieu *m*, plumard *m* / *she's really great in the sack* v *inf* elle est vraiment bonne au pieu / *I need some sack time* US j'ai besoin de dormir ▸ **to hit the sack** se pieuter **5.** *arch* [wine] vin *m* blanc sec. ◆ vt **1.** *inf* [dismiss] mettre à la porte, virer **2.** [pillage] mettre à sac, piller.

❖ **sack out** vi US *inf* s'endormir.

sackbut [ˈsækbʌt] n saqueboute *f*.

sackcloth [ˈsækklɒθ] n toile *f* à sac or d'emballage ▸ **to wear sackcloth and ashes** RELIG faire pénitence avec le sac et la cendre ▸ **to be in sackcloth and ashes** *fig* être contrit.

sackful [ˈsækfʊl] n sac *m* / *(whole) sackfuls of flour* des sacs entiers de farine / *we've been getting letters by the sackful* nous avons reçu des sacs entiers de lettres.

sacking [ˈsækɪŋ] n **1.** TEXT toile *f* à sac or d'emballage **2.** *inf* [dismissal] licenciement *m* **3.** [pillaging] sac *m*, pillage *m*.

sackload [ˈsækləʊd] = **sackful**.

sack race n course *f* en sac.

sacrament [ˈsækrəmənt] n sacrement *m*.

❖ **Sacrament** n ▸ **the Blessed** or **holy Sacrament** le saint sacrement.

sacramental [ˌsækrəˈmentl] ◆ adj [rite] sacramentel ; [theology] sacramentaire. ◆ n sacramental *m*.

sacred [ˈseɪkrɪd] adj **1.** [holy] sacré, saint / *a sacred place* un lieu saint / *sacred to their gods* consacré à leurs dieux / *sacred to his memory* voué or dédié à sa mémoire ▸ **sacred music** musique *f* sacrée or religieuse **2.** [solemn, important - task, duty] sacré, solennel ; [- promise, right] inviolable, sacré ; [revered, respected] sacré / *nothing was sacred in his eyes* il n'y avait rien de sacré pour lui / *is nothing sacred any more?* on ne respecte donc plus rien aujourd'hui ?

sacred cow n *fig* vache *f* sacrée.

Sacred Heart n RELIG Sacré-Cœur *m*.

sacredness [ˈseɪkrɪdnɪs] n **1.** [holiness] caractère *m* sacré **2.** [solemness, importance] inviolabilité *f*.

sacrifice [ˈsækrɪfaɪs] ◆ n RELIG & *fig* sacrifice *m* ▸ **to offer sthg (up) as a sacrifice to the gods** offrir qqch en sacrifice aux dieux / *I've made a lot of sacrifices for you* j'ai fait beaucoup de sacrifices pour vous. ◆ vt RELIG & *fig* sacrifier ▸ **to sacrifice sthg to God** sacrifier qqch à Dieu / *she sacrificed herself for her children* elle s'est sacrifiée pour ses enfants.

sacrificial [ˌsækrɪˈfɪʃl] adj [rite, dagger] sacrificiel ; [victim] du sacrifice ▸ **sacrificial lamb a)** *lit* agneau *m* du sacrifice **b)** *fig* victime *f* expiatoire.

sacrilege [ˈsækrɪlɪdʒ] n *lit & fig* sacrilège *m* ▸ **to commit sacrilege** commettre un sacrilège.

sacrilegious [ˌsækrɪˈlɪdʒəs] adj *lit & fig* sacrilège.

sacristan [ˈsækrɪstn] n sacristain *m*.

sacristy [ˈsækrɪstɪ] (*pl* **sacristies**) n sacristie *f*.

sacrosanct [ˈsækrəʊsæŋkt] adj *lit & fig* sacro-saint.

sacrum [ˈseɪkrəm] (*pl* **sacra** [-krə]) n sacrum *m*.

sad [sæd] (*compar* **sadder**, *superl* **saddest**) adj **1.** [unhappy, melancholy] triste ; [stronger] affligé / *it makes me sad to see what's become of them* ça me rend triste or m'attriste de voir ce qu'ils sont devenus / *I shall be sad to see you leave* je serai désolé de vous voir partir / *to be sad at heart* avoir le cœur gros / *the flowers look* or *are a bit sad* les fleurs ont triste mine **2.** [depressing - news, day, story] triste ; [- sight, occasion] triste, attristant ; [- painting, music, etc.] lugubre, triste ; [- loss] cruel, douloureux / *but sad to say it didn't last long* mais, malheureusement, cela n'a pas duré / *she came to a sad end* elle a eu une triste fin / *the sad fact is that he's incompetent* c'est malheureux à dire, mais c'est un incapable **3.** [regrettable] triste, regrettable / *it's a sad state of affairs when this sort of thing can go unpunished* il est vraiment regrettable que de tels actes restent impunis / *it's a sad reflection on modern society* ça n'est pas flatteur pour la société moderne.

> Note that **être triste que** is followed by a verb in the subjunctive:
> **I'm sad you've got to leave straight away.**
> *Je suis triste que tu doives nous quitter tout de suite.*

SAD n (abbr of **seasonal affective disorder**) TAS *m*.

sadden [ˈsædn] vt rendre triste, attrister ; [stronger] affliger.

saddle [ˈsædl] ◆ n **1.** [on horse, bicycle] selle *f* ▸ **to be in the saddle** *lit & fig* être en selle / *you'll soon be back in the saddle again* vous allez bientôt pouvoir vous remettre en selle **2.** CULIN [of lamb, mutton] selle *f* ; [of hare] râble *m* **3.** GEOG col *m*. ◆ vt **1.** [horse] seller **2.** *inf* [lumber] ▸ **to saddle sb with sthg** refiler qqch à qqn / *I always get saddled with doing the nasty jobs* c'est toujours moi qui fais le sale boulot / *she was saddled with the children* elle s'est retrouvée avec les enfants sur les bras / *I don't want to saddle myself with any more work* je ne veux pas me taper du travail supplémentaire.

❖ **saddle up** vi seller sa monture.

saddlebacked [ˈsædlbækt] adj [horse] ensellé.

saddlebag [ˈsædlbæg] n [for bicycle, motorcycle] sacoche *f* ; [for horse] sacoche *f* de selle.

saddlebill [ˈsædlbɪl] n jabiru *m*.

saddle blanket n US tapis *m* de selle.

saddlebow [ˈsædlbəʊ] n [pommel] pommeau *m* (de selle) ; [front] arçon *m*.

saddlecloth [ˈsædlklɒθ] n tapis *m* de selle.

saddle horse n cheval *m* de selle.

saddler [ˈsædləʳ] n sellier *m*.

saddlery [ˈsædlərɪ] (*pl* **saddleries**) n [trade, shop, goods] sellerie *f*.

saddle shoes pl n US chaussures *fpl* basses bicolores.

'S

L'apostrophe **s** (**'s**), parfois appelée « cas possessif » ou « génitif », est un vestige du cas génitif tel qu'il existait en vieil anglais (et tel qu'il existe encore aujourd'hui en allemand). Il indique parfois la possession, mais plus généralement il permet de repérer un élément nominal par rapport à un autre et participe à la détermination nominale.

MODE D'EMPLOI

❶ Formation

La forme est la suivante :

SN1 **'s** SN2
[the president's] daughter la fille du président
= his daughter sa fille

[The president's] est en fait un déterminant du nom, comme l'adjectif possessif his qui peut le remplacer.

Simon's shirt la chemise de Simon

Attention ! Simon's = **his** est déjà un déterminant du nom ; on ne peut donc pas avoir :

~~**the Simon's shirt**~~ Le nom **shirt** est repéré par rapport à Simon.

❷ Quand l'utiliser ?

Le génitif est employé de préférence avec les humains et tout élément ayant une dimension anthropomorphique (animaux familiers...), mais est également possible avec :

- certains noms de lieu : the country's economy (l'économie du pays), the city's oldest church (la plus vieille église de la ville)...
- certains objets : the ship's cabin (la cabine du navire), the new car's performance (les performances de la nouvelle voiture)...
- certains mots constituant un repère temporel : this week's newspaper (le journal de cette semaine), next month's issue (le numéro du mois prochain)...
- certains noms de commerces : the butcher's (le boucher), the baker's (le boulanger), the greengrocer's (le marchand de fruits et légumes)...

Attention ! Dans ce dernier cas, on n'a pas besoin du SN2 qui est implicite : the butcher's / baker's [shop].

Remarque 1 : attention à ne pas confondre le génitif **'s** avec la forme réduite de **be** à la 3e personne du singulier au présent (she is → she**'s**).

Marian's (= is) very happy. Marian est très heureuse.

Marian's daughter's (= is) very happy. La fille de Marian est très heureuse.

Remarque 2 : lorsque le syntagme nominal est trop long, on n'emploie pas **'s**. Il est impossible d'avoir : ~~This is someone I used to go fishing with's car.~~ On préfère :

This car belongs to someone I used to go fishing with. C'est la voiture de quelqu'un avec qui j'allais pêcher.

ORTHOGRAPHE ET PRONONCIATION

's peut être prononcé [s], [z] ou [ɪz] suivant le son final de SN1 :

SN1 singulier	SN1 pluriel
• Si le nom est terminé par un son sourd, **'s** se prononce [s] : Pete's scarf [s] l'écharpe de Pete. • Si le nom est terminé par une voyelle ou une consonne sonore, **'s** se prononce [z] : Jane's coat [z] le manteau de Jane. • Si le nom se termine par **-s**, on ajoute **'s** qui se prononce [ɪz] : Ross's car [ɪz] la voiture de Ross.	• Si le nom se termine par **-s**, on ajoute **'** : my parents' house [s] la maison de mes parents. • Dans le cas de pluriel irrégulier, on ajoute **'s** qui se prononce suivant les règles qui figurent dans la colonne de gauche : children's books [z] des livres pour enfants ; women's rights [z] les droits des femmes.

GÉNITIF OU CONSTRUCTION AVEC OF ?

Le génitif est parfois équivalent à la tournure « **SN1 of SN2** » :

the lion's loneliness / the loneliness of the lion = la solitude du lion

the president's daughter / the daughter of the president = la fille du président

Au niveau du sens, les énoncés ci-dessus sont quasiment équivalents : la légère différence réside dans le fait que l'on insiste davantage sur **loneliness** ou **daughter** dans le premier énoncé, et sur **lion** ou **president** dans le deuxième.

La construction avec **of** sera choisie de préférence :

- lorsque l'on repère un nom par rapport à un objet ou un concept : the cover of the book (la couverture du livre) plutôt que the book's cover.
  À noter : on peut aussi avoir the book cover.
- lorsque l'on parle de processus : the building of the house (la construction de la maison) et non the house's building ; the creation of a new system (la création d'un nouveau système) et non a new system's creation.
- avec les repères spatiaux : in the middle of the street (au milieu de la rue) ; on the top of the wardrobe (en haut de l'armoire).

Attention ! On emploie parfois **'s** dans un complément prépositionnel en **of** : an uncle of James's (un oncle de James).

This film is a favourite of Raymond's. C'est l'un des films préférés de Raymond.

John is a friend of my sister's. John est un ami de ma sœur.

On retrouve cette construction avec les pronoms possessifs :

He's a good friend of mine. C'est un bon ami à moi.

saddle soap n cirage *m* pour selles.

saddle sore n [on rider] *meurtrissures provoquées par de longues heures en selle* ; [on horse] écorchure *f* or excoriation *f* sous la selle.

❖ **saddle-sore** adj : *he was saddle-sore* il avait les fesses meurtries par de longues heures à cheval.

Sadducee ['sædjʊsiː] n Saducéen *m*, -enne *f*, Sadducéen *m*, -enne *f*.

sadhu ['sɑːduː] n RELIG sadhu *m*.

Sadie Hawkins Day ['seɪdɪ'hɔːkɪnz-] n *aux États-Unis, jour où les femmes invitent les hommes à une soirée dansante.*

sadism ['seɪdɪzm] n sadisme *m*.

sadist ['seɪdɪst] n sadique *mf*.

sadistic [sə'dɪstɪk] adj sadique.

Sadler's Wells ['sædləzwelz] pr n *théâtre londonien.*

sadly ['sædlɪ] adv **1.** [unhappily] tristement / *she looked at me sadly* elle m'a regardé tristement or d'un air triste **2.** [unfortunately] malheureusement / *sadly, I won't be able to come* malheureusement, je ne pourrai pas venir **3.** [regrettably] déplorablement / *you are sadly mistaken* vous vous trompez du tout au tout / *the house had been sadly neglected* la maison était dans un état déplorable.

sadness ['sædnɪs] n tristesse *f*.

sadomasochism [ˌseɪdəʊ'mæsəkɪzm] n sadomasochisme *m*.

sadomasochist [ˌseɪdəʊ'mæsəkɪst] n sadomasochiste *mf*.

sadomasochistic ['seɪdəʊˌmæsə'kɪstɪk] adj sadomasochiste.

Saducee ['sædjʊsiː] = **Sadducee**.

s.a.e., sae n UK abbr of stamped addressed envelope.

safari [sə'fɑːrɪ] n safari *m* / *they've gone on* or *they're on safari* ils font un safari.

safari jacket n saharienne *f*.

safari park n safari park *m*.

safari suit n saharienne *f*.

safe [seɪf] ◆ adj **1.** [harmless, not dangerous -car, machine, area] sûr ; [-structure, building, fastening] solide ; [-beach] pas dangereux / *the staircase doesn't look very safe* l'escalier n'a pas l'air très sûr / *they claim nuclear power is perfectly safe* ils prétendent que l'énergie nucléaire n'est pas du tout dangereuse / *this part of town is / isn't safe at night* ce quartier est / n'est pas sûr la nuit / *this medicine is / isn't safe for young children* ce médicament convient / ne convient pas aux enfants en bas âge / *is it safe to come out now?* est-ce qu'on peut sortir (sans danger or sans crainte) maintenant ? / *is it safe to swim here?* est-ce qu'on peut or est-ce dangereux de nager ici ? / *it isn't safe to play in the street* il est dangereux de jouer dans la rue / *the bomb has been made safe* la bombe a été désamorcée / *the police kept the crowd at a safe distance* les policiers ont empêché la foule d'approcher de trop près ▸ **the safe period** *inf* MED *période du cycle pendant laquelle la femme est censée ne pas être féconde* ▸ **safe sex** le sexe sans risque ▸ **safer sex** le sexe à moindre risque **2.** [not risky, certain -course of action] sans risque or risques, sans danger ; [-investment] sûr ; [-guess] certain ; [-estimate] raisonnable / *I played it safe and arrived an hour early* pour ne pas prendre de risques, je suis arrivé une heure en avance / *you're always safe ordering a steak* on ne prend jamais de risques en commandant un steak / *a safe winner* un gagnant certain / *it's a safe bet that he'll be late* on peut être sûr qu'il arrivera en retard / *the safest option* l'option la moins risquée / *I think it's safe to say that every-*

body enjoyed themselves je pense que l'on peut dire avec certitude que ça a plu à tout le monde / *it is a safe assumption that...* on peut présumer sans risque que... / *take an umbrella (just) to be on the safe side* prends un parapluie, c'est plus sûr or au cas où ▶ **safe seat** UK POL *siège de député qui traditionnellement va toujours au même parti* ▶ **it's as safe as houses** cela ne présente pas le moindre risque ▶ **better safe than sorry** *prov* deux précautions valent mieux qu'une *prov* **3.** [secure - place] sûr / *keep it in a safe place* gardez-le en lieu sûr / *is there anywhere safe to leave my handbag?* y a-t-il un lieu sûr où je puisse laisser mon sac à main? / *in safe hands* en mains sûres / *in safe custody* **a)** [child] sous bonne garde **b)** [securities, assets, etc.] en dépôt ▶ **safe house** [for spies, wanted man] lieu *m* sûr **4.** [reliable] : *is he safe with the money / the children?* est-ce qu'on peut lui confier l'argent / les enfants (sans crainte)? / *she's a very safe driver* c'est une conductrice très sûre, elle ne prend pas de risques au volant **5.** [protected, out of danger] en sécurité, hors de danger / *I don't feel safe alone at night* je ne me sens pas en sécurité tout seul la nuit / *the money's safe in the bank* l'argent est en sécurité à la banque ▶ **keep safe!** US prends bien soin de toi! / *the secret will be safe with her* elle ne risque pas d'ébruiter le secret / *safe from attack / from suspicion* à l'abri d'une attaque / des soupçons / *no woman is safe with him* c'est un coureur invétéré / *you don't look very safe standing on that chair* tu as l'air d'être en équilibre instable debout sur cette chaise ▶ **(have a) safe journey!** bon voyage! **6.** [unharmed, undamaged] sain et sauf / *we shall pay upon safe delivery of the goods* nous payerons après réception des marchandises / *he arrived safe (and sound)* il est arrivé sain et sauf. ◆ n **1.** [for money, valuables, etc.] coffre-fort *m* **2.** [for food] garde-manger *m inv*.

safe area n zone *f* de sécurité.

safeblower ['seɪf,bləʊəʳ] n perceur *m*, -euse *f* de coffres-forts *(qui emploie des explosifs)*.

safebreaker ['seɪf,breɪkəʳ] n perceur *m*, -euse *f* de coffres-forts.

safe-conduct [-'kɒndʌkt] n sauf-conduit *m*.

safecracker ['seɪf,krækəʳ] US = **safebreaker**.

safe-deposit box n coffre *m (dans une banque)*.

safeguard ['seɪfgɑːd] ◆ vt sauvegarder ▶ **to safeguard sb / sthg against sthg** protéger qqn / qqch contre qqch. ◆ n sauvegarde *f* / *as a safeguard against theft* comme précaution contre le vol.

safe haven n **1.** [area of country] zone *f* de sécurité **2.** [asylum] asile *m* / *to grant sb safe haven* accorder l'asile à qqn **3.** [refuge] refuge *m* / *a safe haven for victims of domestic abuse* un refuge pour les victimes de violence conjugale **4.** FIN valeur *f* refuge / *treasury bonds are a safe haven in troubled times* les bons du trésor sont des valeurs refuges en temps de crise.

safekeeping [,seɪf'kiːpɪŋ] n (bonne) garde *f* / *she was given the documents for safekeeping* on lui a confié les documents / *the money is in your safekeeping* je vous confie l'argent.

safelight ['seɪflaɪt] n PHOT lampe *f* inactinique.

safely ['seɪflɪ] adv **1.** [without danger] sûrement / *drive safely!* soyez prudent sur la route! / *an area where women can safely go out at night* un quartier où les femmes peuvent sortir la nuit en toute tranquillité / *you can safely invest with them* vous pouvez investir chez eux en toute tranquillité **2.** [confidently, certainly] avec confiance or certitude / *we can safely predict that...* nous pouvons prédire avec certitude que... **3.** [securely] en sécurité, à l'abri / *I've put the money away safely* j'ai mis l'argent en sécurité / *all the doors and windows are safely locked* toutes les portes et les fenêtres sont bien fermées **4.** [without incident] sans incident / *I'm just phoning to say I've arrived safely* je téléphone juste pour dire que je suis bien arrivé / *the bill was seen safely through Parliament* le projet de loi fut voté sans problème par le Parlement.

safety ['seɪftɪ] ◆ n [absence of danger] sécurité *f* / *the injured were helped to safety* on a aidé les blessés à se mettre à l'abri / *there are fears for the safety of the hostages* on craint pour la vie des otages / *we are concerned about the safety of imported toys* nous craignons que les jouets importés présentent certains dangers / *he ran for safety* il a couru se mettre à l'abri / *he reached safety* il arriva en lieu sûr / *in a place of safety* en lieu sûr / *there's safety in numbers* plus on est nombreux, plus on est en sécurité ▶ **safety first!** ne prenez pas de risques! ◆ comp [device, feature, measures, etc.] de sécurité ▶ **safety regulations** consignes *fpl* de sécurité.

safety belt n ceinture *f* de sécurité.

safety catch n **1.** [on gun] cran *m* de sécurité **2.** [on window, door] cran *m* de sûreté.

safety chain n [on door] chaîne *f* de sûreté ; [on bracelet] chaînette *f* de sûreté.

safety-conscious adj : *she's very safety-conscious* elle se préoccupe beaucoup de tout ce qui a trait à la sécurité.

safety curtain n THEAT rideau *m* de fer.

safety-deposit box = **safe-deposit box**.

safety film n film *m* de protection.

safety-first adj [campaign, measures] de sécurité ; [investment, shares] de toute sécurité.

safety glass n verre *m* de sécurité.

safety helmet n casque *m* (de protection).

safety island n US refuge *m (sur une route)*.

safety lamp n lampe *f* de mineur.

safety match n allumette *f* de sûreté.

safety net n *lit & fig* filet *m* / *without a safety net* sans filet.

safety officer n responsable *mf* de la sécurité.

safety pin n **1.** [fastener] épingle *f* de nourrice or de sûreté **2.** [of grenade, bomb] goupille *f* de sûreté.

safety razor n rasoir *m* de sûreté.

safety valve n *lit & fig* soupape *f* de sûreté.

saffron ['sæfrən] ◆ n **1.** BOT & CULIN safran *m* **2.** [colour] jaune *m* safran. ◆ adj (jaune) safran *(inv)*.

sag [sæg] (*pt & pp* **sagged**, *cont* **sagging**) ◆ vi **1.** [rope] être détendu ; [roof, beam, shelf, bridge] s'affaisser ; [branch] ployer ; [jowls, cheeks, hemline] pendre ; [breasts] tomber / *the bed sags in the middle* le lit s'affaisse au milieu **2.** [prices, stocks, demand] fléchir, baisser ; [conversation] traîner / *the novel sags a bit in the middle* le roman perd un peu de son intérêt au milieu / *their spirits sagged* ils perdirent courage. ◆ n **1.** [in rope] relâchement *m* ; [of structure] affaissement *m* **2.** [in prices, stocks, demand] fléchissement *m*, baisse *f*.

saga ['sɑːgə] n **1** [legend, novel, film] saga *f* **2.** [complicated story] : *I heard the whole saga of her trip to France* elle m'a raconté son voyage en France en long et en large / *it's a saga of bad management and wrong decisions* c'est une longue histoire de mauvaise gestion et de mauvaises décisions.

sagacious [sə'geɪʃəs] adj *liter* [person] sagace, perspicace, avisé ; [remark] judicieux.

sagaciously [sə'geɪʃəslɪ] adv *liter* avec sagacité, judicieusement.

sagaciousness [sə'geɪʃəsnɪs], **sagacity** [sə'gæsətɪ] n *liter* sagacité *f*.

sage [seɪdʒ] ◆ n **1.** *liter* [wise person] sage *m* **2.** BOT & CULIN sauge *f* / *sage and onion stuffing* farce *f* à la sauge et à l'oignon. ◆ adj *liter* [wise] sage, judicieux.

sagebrush ['seɪdʒbrʌʃ] n armoise *f*.

sage green n vert cendré *m*.
❖ **sage-green** adj vert cendré *(inv)*.

sagely ['seɪdʒlɪ] adv avec sagesse, avec sagacité.

sagging ['sægɪŋ], **saggy** ['sægɪ] adj **1.** [rope] détendu ; [bed, roof, bridge] affaissé ; [shelf, beam] qui ploie ; [hemline] qui pend ; [jowls, cheeks] pendant ; [breasts] tombant **2.** [prices, demand] en baisse ; [spirits] abattu, découragé.

Sagittarius [,sædʒɪ'teərɪəs] ◆ pr n ASTROL & ASTRON Sagittaire *m*. ◆ n : *he's a Sagittarius* il est (du signe du) Sagittaire.

sago ['seɪgəʊ] n sagou *m* ▶ **sago pudding** sagou au lait.

sago palm n sagoutier *m*.

Sahara [sə'hɑːrə] pr n ▶ **the Sahara (Desert)** le (désert du) Sahara.

Saharan [sə'hɑːrən] ◆ n LING saharien *m*. ◆ adj saharien ▶ **sub-Saharan Africa** Afrique *f* subsaharienne / *in sub-Saharan Africa* en Afrique subsaharienne.

sahib ['sɑːɪb] n sahib *m*.

said [sed] ◆ pt & pp ⟶ **say**. ◆ adj : *the said Howard Riley* le dit or dénommé Howard Riley / *the said Anne Smith* la dite or dénommée Anne Smith / *the said articles* les dits articles.

Saida ['saɪdə] pr n Saida, Sayda.

Saigon [saɪ'gɒn] pr n Saïgon ▶ **Saigon moment** *moment où l'on se rend compte que tout a échoué* / *the troop withdrawal was seen as a Saigon moment* le retrait des troupes fut considéré comme une preuve d'échec.

sail [seɪl] ◆ n **1.** [on boat] voile *f* ▶ **in full sail** toutes voiles dehors / *the boat was under sail* le bateau était sous voiles / *they rounded the cape under sail* ils doublèrent le cap à la voile / *under 300 m² of sail* avec une voilure de 300 m² ▶ **to set sail a)** [boat] prendre la mer, appareiller **b)** [person] partir (en bateau) ▶ **to make sail a)** [hoist sails] hisser les voiles **b)** [leave] prendre la mer, appareiller **2.** [journey] voyage *m* en bateau ; [pleasure trip] promenade *f* en bateau ▶ **to go for a sail** faire un tour en bateau / *it's a few hours' sail from here* c'est à quelques heures d'ici en bateau **3.** [of windmill] aile *f*. ◆ vi **1.** [move over water - boat, ship] naviguer / *the trawler was sailing north* le chalutier se dirigeait or cinglait vers le nord / *the boat sailed up / down the river* le bateau remonta / descendit le fleuve / *the ferry sailed into Dover* le ferry-boat entra dans le port de Douvres ▶ **to sail close to the wind a)** naviguer au (plus) près **b)** *fig* jouer un jeu dangereux **2.** [set off - boat, passenger] partir, prendre la mer, appareiller / *the Britannica sails at noon* le Britannica appareille à midi **3.** [travel by boat] voyager (en bateau) / *are you flying or sailing?* est-ce que vous y allez en avion ou en bateau? / *they sailed from Liverpool to Boston* ils ont fait le voyage de Liverpool à Boston en bateau **4.** [as sport or hobby] ▶ **to sail** or **to go sailing** faire de la voile **5.** *fig* : *swans sailed by on the lake* des cygnes glissaient sur le lac / *birds sailed across the sky* des oiseaux passaient dans le ciel / *a sports car sailed past me* une voiture de sport m'a doublé à toute vitesse / *the balloons sailed into the air* les ballons se sont envolés / *the ball sailed over the wall* la balle est passée par-dessus le mur / *my hat sailed off my head and into the water* un coup de vent a fait voler mon chapeau dans l'eau / *she sailed across the room to greet me* elle traversa la pièce d'un pas majestueux pour venir à ma rencontre. ◆ vt **1.** [boat - subj: captain] commander ; [- subj: helmsman, yachtsman] barrer / *have you ever sailed a catamaran before?* est-ce que vous avez déjà barré un catamaran? / *to sail a boat through a channel* manœuvrer un bateau dans un chenal / *she sailed the boat into port* elle a manœuvré or piloté le bateau jusque dans le port **2.** [cross - sea, lake] traverser / *to sail the Atlantic single-handed* traverser l'Atlantique en solitaire / *to sail the seas* parcourir les mers.
❖ **sail into** vt insep *inf* [attack] tomber à bras raccourcis sur.
❖ **sail through** vt insep & vi [succeed] réussir haut la main.

sailboard ['seɪlbɔːd] n planche *f* à voile.

sailboarder ['seɪl,bɔːdəʳ] n véliplanchiste *mf*.

sailboarding ['seɪl,bɔːdɪŋ] n planche *f* à voile *(activité)*.

sailboat ['seɪlbəʊt] n US voilier *m*, bateau *m* à voile.

sailcloth ['seɪlklɒθ] n toile *f* à voile or à voiles.

sailfish ['seɪlfɪʃ] n voilier *m (poisson)*.

sailing ['seɪlɪŋ] n **1.** [activity] navigation *f* ; [hobby] voile *f*, navigation *f* de plaisance ; [sport] voile *f* **2.** [departure] départ *m* / *there are three sailings a day for Cherbourg* il y a trois départs par jour pour Cherbourg **3.** PHR **it's plain sailing from now on, it's clear sail-**

ing from here on out US tout va marcher comme sur des roulettes à partir de maintenant.

sailing boat n UK voilier *m*, bateau *m* (à voiles).

sailing dinghy n canot *m* à voile.

sailing ship n (grand) voilier *m*, bateau *m* à voile or à voiles.

sailmaker ['seɪl,meɪkər] n voilier *m (personne)*.

sailor ['seɪlər] n **1.** [gen] marin *m*, navigateur *m*, -trice *f* / *I'm a good / bad sailor* j'ai / je n'ai pas le pied marin **2.** [as rank] matelot *m*.

sailor collar n col *m* marin.

sailor hat n béret *m* de marin.

sailor suit n costume *m* marin.

sailplane ['seɪlpleɪn] n planeur *m*.

sainfoin ['sænfɔɪn] n sainfoin *m*.

saint [seɪnt] n saint *m*, -e *f* ▸ **Saint David** saint David ▸ **Saint David's day** la Saint-David ▸ **Saint David's (Church)** (l'église *f*) Saint-David.

Saint Bernard UK -'bɜːnəd US -bər'nɑːrd] n [dog] saint-bernard *m inv*.

sainted ['seɪntɪd] adj [person] sanctifié ; [place] sacré, consacré ▸ **my sainted aunt!** *inf & dated* vingt dieux !

Saint Elmo's fire [-'elməʊ-] n feu *m* Saint-Elme.

Saint Gotthard Pass [-'gɒtəd-] pr n ▸ **the Saint Gotthard Pass** le col du Saint-Gothard.

Saint Helena [-ɪ'liːnə] pr n Sainte-Hélène / *on Saint Helena* à Sainte-Hélène.

sainthood ['seɪnthʊd] n sainteté *f*.

Saint John's wort [-wɜːt] n millepertuis *m*.

Saint Lawrence [-'lɒrəns] pr n ▸ **the Saint Lawrence (River)** le Saint-Laurent.

Saint Lawrence Seaway pr n GEOG voie *f* maritime du Saint-Laurent.

saintlike ['seɪntlaɪk] = **saintly.**

saintliness ['seɪntlɪnɪs] n sainteté *f*.

Saint Lucia [-'luːʃə] pr n Sainte-Lucie.

saintly ['seɪntlɪ] (*compar* **saintlier**, *superl* **saintliest**) adj [life, behaviour, humility, virtue] de saint / *she was a saintly woman* c'était une vraie sainte.

Saint Mark's Square pr n la place Saint-Marc.

Saint Peter pr n saint Pierre ▸ **Saint Peter's Basilica** la basilique Saint-Pierre.

Saint Petersburg [-'piːtəzbɜːg] pr n Saint-Pétersbourg.

Saint Pierre and Miquelon [-,pjɜːrən'mɪkəlɒn] pr n Saint-Pierre-et-Miquelon / *in Saint Pierre and Miquelon* à Saint-Pierre-et-Miquelon.

saint's day n fête *f (d'un saint)*.

Saint Vitus' dance [-'vaɪtəs] n MED danse *f* de Saint-Guy, chorée *f*.

saith [seθ] vt *(present sg) arch* BIBLE ⟶ **say.**

saithe [seɪθ] n UK colin *m*, lieu *m* noir.

sake[1] [seɪk] n ▸ **for sb's sake a)** [for their good] pour (le bien de) qqn **b)** [out of respect for] par égard pour qqn **c)** [out of love for] pour l'amour de qqn / *do it for my sake / for your own sake* fais-le pour moi / pour toi / *I only came for your sake* je ne suis venu qu'à cause de toi or que pour toi / *please come, for both our sakes* viens s'il te plaît, fais-le pour nous deux / *they decided not to divorce for the sake of the children* ils ont décidé de ne pas divorcer à cause des enfants / *I walk to work for its own sake, not to save money* je vais travailler à pied pour le plaisir, pas par esprit d'économie / *they're just talking for the sake of talking* or *of it* ils parlent pour ne rien dire / *art for art's sake* l'art pour l'art / *for the sake of higher profits* pour réaliser de plus gros bénéfices / *all that for the sake of a few dollars* tout ça pour quelques malheureux dollars / *for old times' sake* en souvenir du passé / *for the sake of argument, let's assume it costs £100* (pour les besoins de la discussion,) admettons que ça coûte 100 livres ▸ **for goodness** or **God's** or **Christ's** or **pity's** or **heaven's sake!** pour l'amour du ciel or de Dieu !

sake[2] ['sɑːkɪ] n [drink] saké *m*.

Sakhalin ['sækəliːn] pr n Sakhaline.

sal [sæl] n CHEM sel *m*.

salaam [sə'lɑːm] ◆ n salutation *f* à l'orientale. ◆ vi saluer à l'orientale. ◆ interj salam.

salable ['seɪləbl] adj vendable.

salacious [sə'leɪʃəs] adj *fml* [joke, book, look] salace, grivois, obscène.

salaciousness [sə'leɪʃəsnɪs], **salacity** [sə'læsətɪ] n *fml* salacité *f*, grivoiserie *f*, obscénité *f*.

salad ['sæləd] n salade *f* / *chicken salad* salade *f* de poulet / *tomato / fruit / mixed salad* salade de tomates / de fruits / mixte.

salad bar n [restaurant] *restaurant où l'on mange des salades* ; [area] salad bar *m*.

salad bowl n saladier *m*.

salad cream n UK *sorte de mayonnaise (vendue en bouteille)*.

salad days pl n *fig & liter* années *fpl* de jeunesse.

salad-dodger [-'dɒdʒər] n *inf* [fat person] gros *m*, grosse *f*.

salad dressing n [gen] sauce *f (pour salade)* ; [French dressing] vinaigrette *f*.

salad oil n huile *f* pour assaisonnement.

salad servers pl n couverts *mpl* à salade.

salad spinner n essoreuse *f* à salade.

Salamanca [,sælə'mæŋkə] pr n Salamanque.

salamander ['sælə,mændər] n salamandre *f*.

salami [sə'lɑːmɪ] n salami *m*, saucisson *m* sec ▸ **to play hide the salami** *hum* [have sex] faire crac-crac.

salaried ['sælərɪd] adj salarié ▸ **a salaried job a)** [gen] un emploi salarié **b)** [as opposed to wage-earning] *emploi dont le salaire est mensuel et non hebdomadaire.*

salary ['sælərɪ] (*pl* **salaries**) ◆ n salaire *m* / *I have to bring up a family on a teacher's salary* je dois faire vivre ma famille avec un salaire d'enseignant. ◆ comp [bracket, level, scale] des salaires ▸ **salary earner** salarié *m*, -e *f*.

sale [seɪl] ◆ n **1.** [gen] vente *f* ▸ **to make a sale** conclure une vente / *the sale of alcohol is forbidden* la vente d'alcool est interdite / *sales of satellite TV dishes are growing* les ventes d'antennes paraboliques sont en hausse / *the branch with the highest sales* la succursale dont le chiffre d'affaires est le plus élevé / **'for sale'** 'à vendre' / *I'm afraid that article is not for sale* je regrette, cet article n'est pas à vendre ▸ **to put sthg up for sale** mettre qqch en vente / *our house is up for sale* nous avons mis notre maison en vente ▸ **on sale** en vente / *on sale at a supermarket near you* en vente dans tous les supermarchés / *we bought the goods on a sale or return basis* nous avons acheté la marchandise à condition ▸ **sale of work** vente *f* de charité **2.** [event] soldes *mpl* / *the January sales attract huge crowds* les soldes de janvier attirent les foules / *the sales are on in London* les soldes ont commencé à Londres / *I got it in a sale* je l'ai acheté en solde ▸ **sale price** prix *m* soldé **3.** [auction] vente *f* (aux enchères). ◆ comp [goods] soldé.

❖ **sales** comp [department, executive] des ventes, commercial ; [drive, force, team] de vente ; [promotion] des ventes ▸ **sales assistant, sales associate** assistant *m* commercial, assistante *f* commerciale ▸ **sales conference** réunion *f* commerciale ▸ **sales figures** chiffres *mpl* de ventes ▸ **sales forecast** prévision *f* des ventes.

saleability [,seɪlə'bɪlɪtɪ] n facilité *f* de vente or d'écoulement.

saleable ['seɪləbl] = **salable.**

Salem ['seɪləm] pr n Salem ▸ **the Salem witch trials** US HIST la chasse aux sorcières de Salem.

saleratus [,sælə'reɪtəs] n US CULIN bicarbonate *m* de soude.

Salerno [sə'lɜːnəʊ] pr n Salerne.

saleroom ['seɪlrʊm] n UK salle *f* des ventes.

salesclerk ['seɪlzklɜːrk] n US vendeur *m*, -euse *f*.

salesgirl ['seɪlzgɜːl] n vendeuse *f*.

salesman ['seɪlzmən] (*pl* **salesmen** [-mən]) n [in shop] vendeur *m* ; [rep] représentant *m* (de commerce) / *an insurance salesman* un représentant en assurances.

sales manager n directeur *m* commercial, directrice *f* commerciale.

salesmanship ['seɪlzmənʃɪp] n art *m* de la vente, technique *f* de vente / *high-pressure* or *aggressive salesmanship* techniques de vente agressives.

salesperson ['seɪlz,pɜːsn] (*pl* **salespeople** [-,piːpl]) n [in shop] vendeur *m*, -euse *f* ; [rep] représentant *m*, -e *f* (de commerce).

sales pitch = **sales talk.**

sales rep, sales representative n représentant *m*, -e *f* (de commerce).

sales resistance n réticence *f* de la part du consommateur / *our product met with some initial sales resistance* le public n'a pas accepté notre produit tout de suite.

salesroom ['seɪlzrʊm] US = **saleroom.**

sales slip n US ticket *m* de caisse.

sales talk n boniment *m*.

sales tax n US taxe *f* à la vente.

saleswoman ['seɪlz,wʊmən] (*pl* **saleswomen** [-,wɪmɪn]) n [in shop] vendeuse *f* ; [rep] représentante *f* (de commerce).

Salic law ['sælɪk-] n HIST loi *f* salique.

salient ['seɪljənt] ◆ adj saillant. ◆ n ARCHIT & MIL saillant *m*.

salify ['sælɪfaɪ] (*pt & pp* **salified**) vt salifier.

salina [sə'laɪnə] n [marsh] marais *m* salant ; [spring] source *f* saline ; [lake] lac *m* salé.

saline ['seɪlaɪn] adj salin ▸ **saline drip** MED perfusion *f* saline.

salinity [sə'lɪnətɪ] n salinité *f*.

salinometer [,sælɪ'nɒmɪtər] n salinomètre *m*.

Salisbury steak ['sɔːlzbərɪ-] n US CULIN *steak haché assaisonné servi en sauce.*

saliva [sə'laɪvə] n salive *f*.

salivary gland ['sælɪvərɪ-] n glande *f* salivaire.

salivate ['sælɪveɪt] vi saliver.

salivation [,sælɪ'veɪʃn] n salivation *f*.

sallow ['sæləʊ] ◆ adj [gen] jaunâtre ; [face, complexion] jaunâtre, cireux. ◆ n BOT saule *m*.

sallowness ['sæləʊnɪs] n teint *m* cireux.

sally ['sælɪ] (*pl* **sallies**, *pt & pp* **sallied**) n **1.** [gen & MIL] sortie *f* / *a successful sally into the world of cinema fig* une entrée réussie dans le monde du cinéma **2.** *fml* [quip] saillie *f liter*.

❖ **sally forth, sally out** vi *liter* sortir / *we all sallied forth* or *out into the snow* nous sommes tous partis gaillardement sous la neige.

Sally Army n UK *inf* abbr of **Salvation Army.**

salmon ['sæmən] (*pl* **salmon** *or* **salmons**) n saumon *m* ▸ **young salmon** tacon *m*.

salmonella [,sælmə'nelə] (*pl* **salmonellae** [-liː]) n salmonella *f inv*, salmonelle *f* ▸ **salmonella poisoning** salmonellose *f*.

salmonellosis [,sælməne'ləʊsɪs] n salmonellose *f*.

salmon pink n (rose *m*) saumon *m*.

❖ **salmon-pink** adj (rose) saumon *(inv)*.

salmon trout n truite *f* saumonée.

Salome [sə'ləʊmɪ] pr n Salomé.

salon ['sælɒn] n salon *m*.

Salonica, Salonika [sə'lɒnɪkə] pr n Salonique, Thessalonique.

saloon [sə'luːn] n **1.** UK = **saloon car 2.** [public room] salle *f*, salon *m* ; [on ship] salon *m* **3.** US [bar] bar *m* ; [in Wild West] saloon *m* **4.** UK = **saloon bar.**

saloon bar n UK salon *m (dans un pub)*.

saloon car n UK conduite *f* intérieure, berline *f*.

salopettes [,sælə'pets] pl n combinaison *f* de ski.

salpingitis [,sælpɪn'dʒaɪtɪs] n salpingite *f*.

salsa ['sælsə] n MUS & CULIN salsa *f*.

salsify ['sælsıfaı] (*pl* **salsifies**) n salsifis *m*.

salt [sɔ:lt or sɒlt] ◆ n **1.** CHEM & CULIN sel *m* / *there's too much salt in the soup* la soupe est trop salée ▸ **the salt of the earth** le sel de la terre ▸ **to rub salt into the wound** remuer le couteau dans la plaie **2.** *inf* [sailor] ▸ **old salt** (vieux) loup *m* de mer. ◆ vt **1.** [food] saler **2.** [roads] saler, répandre du sel sur. ◆ adj salé ▸ **salt pork** porc *m* salé, petit salé *m*.
❖ **salts** pl n PHARM sels *mpl* ▸ **like a dose of salts** rapidement.
❖ **salt away** vt sep *inf & fig* [money] mettre de côté.
❖ **salt down** vt sep saler, conserver dans du sel.

SALT [sɔ:lt or sɒlt] (abbr of **Strategic Arms Limitation Talks/Treaty**) n SALT *m* ▸ **SALT talks** négociations *fpl* SALT.

salt box n **1.** = **salt cellar 2.** US ARCHIT *maison à toit mansardé ayant deux étages à l'avant et un étage à l'arrière.*

salt cellar n UK salière *f*.

salted ['sɔ:ltıd] adj salé.

salt flat n salant *m*.

saltine® ['sɔ:lti:n] n US *variété de cracker.*

saltiness ['sɔ:ltınıs] n [quality of salt] salinité *f* ; [taste] goût *m* salé.

salt lake n lac *m* salé.

Salt Lake City pr n Salt Lake City.

saltlick ['sɔ:ltlık] n **1.** [block] pierre *f* à lécher **2.** [place] salant *m*.

salt marsh n marais *m* salant.

salt mine n mine *f* de sel.

saltpan ['sɔ:ltpæn] n marais *m* salant.

saltpetre UK, **saltpeter** US [,sɔ:lt'pi:tə^r] n salpêtre *m*.

salt shaker n US salière *f*.

salt tax n HIST gabelle *f*.

salt water n eau *f* salée.
❖ **saltwater** adj [fish, plant] de mer.

saltworks ['sɔ:ltwɜ:ks] (*pl* **saltworks**) n saline *f*, salines *fpl*.

salty ['sɔ:ltı] (*compar* **saltier**, *superl* **saltiest**) adj [food, taste] salé ; [deposit] saumâtre.

salubrious [sə'lu:brıəs] adj **1.** [respectable] respectable, bien / *it's not the most salubrious of bars* c'est un bar plutôt mal famé **2.** [healthy] salubre, sain.

salubrity [sə'lu:brətı] n salubrité *f*.

saluki [sə'lu:kı] n saluki *m*.

salutary ['sæljʊtrı] adj salutaire / *a salutary lesson* une leçon salutaire.

salutation [,sæljʊ'teıʃn] n **1.** [greeting] salut *m*, salutation *f* **2.** [on letter] formule *f* de début de lettre.

salute [sə'lu:t] ◆ n **1.** MIL [with hand] salut *m* ▸ **to give (sb) a salute** faire un salut (à qqn) / *the lieutenant returned his salute* le lieutenant lui a rendu son salut ▸ **to stand at salute** garder le salut ▸ **to take the salute** passer les troupes en revue ; [with guns] salve *f* ▸ **a twenty-one gun salute** une salve de vingt et un coups de canon **2.** [greeting] salut *m*, salutation *f* **3.** [tribute] hommage *m* / *a salute to British artists* un hommage aux artistes britanniques. ◆ vt **1.** MIL [with hand] saluer ; [with guns] tirer une salve en l'honneur de / *to salute the flag* saluer le drapeau **2.** [greet] saluer / *she saluted me with a wave* elle m'a salué d'un geste de la main **3.** [acknowledge, praise] saluer, acclamer / *the press today salutes a new world champion* la presse salue aujourd'hui un nouveau champion du monde. ◆ vi MIL faire un salut.

Salvador ['sælvədɔ:^r] pr n Salvador *(port)*.

Salvadorean, **Salvadorian** [,sælvə'dɔ:rıən] ◆ n Salvadorien *m*, -enne *f*. ◆ adj salvadorien.

salvage ['sælvıdʒ] ◆ vt **1.** [vessel, cargo, belongings] sauver ; [old newspapers, scrap metal] récupérer / *they managed to salvage some furniture from the fire* ils ont réussi à sauver quelques meubles de l'incendie / *a counter salvaged from an old butcher's shop* un comptoir récupéré dans une ancienne boucherie **2.** *fig* [mistake, meal] rattraper ; [situation] rattraper, sauver / *to salvage one's reputation* sauver sa réputation. ◆ n **1.** [recovery -of vessel, cargo, belongings, furniture] sauvetage *m* ; [-of old newspapers, scrap metal] récupération *f* **2.** *(U)* [things recovered -from shipwreck, disaster] objets *mpl* sauvés ; [-for re-use, recycling] objets *mpl* récupérés **3.** [payment] indemnité *f* or prime *f* de sauvetage. ◆ comp [company, operation, vessel] de sauvetage.

salvation [sæl'veıʃn] n **1.** RELIG salut *m* **2.** *fig* salut *m* / *writing has always been my salvation* écrire m'a toujours sauvé / *the country's salvation does not lie in rearmament* le pays ne va pas trouver son salut dans le réarmement, ce n'est pas le réarmement qui va sauver le pays.

Salvation Army pr n ▸ **the Salvation Army** l'Armée *f* du salut.

salvationist [sæl'veıʃənıst] n **1.** [member of evangelical sect] salutiste *mf* **2.** [member of Salvation Army] salutiste *mf*.

salve [sælv] ◆ n **1.** [ointment] baume *m*, pommade *f* **2.** *fig* [relief] baume *m liter*, apaisement *m*. ◆ vt **1.** [relieve] calmer, soulager / *I did it to salve my conscience* je l'ai fait par acquit de conscience **2.** [salvage] sauver.

salver ['sælvə^r] n plateau *m* (de service) ▸ **a silver salver** un plateau en argent.

salvia ['sælvıə] n BOT salvia *f*, sauge *f*.

salvo ['sælvəʊ] (*pl* **salvos** *or* **salvoes**) n **1.** MIL salve *f* **2.** *fig* [of applause] salve *f* ; [of laughter] éclat *m* ; [of insults] torrent *m*.

sal volatile [,sælvə'lætəlı] n *(U)* sel *m* volatile, sels *mpl* (anglais).

salvor ['sælvə^r] n sauveteur *m* (en mer).

Salzburg ['sæltsbɜ:g] pr n Salzbourg.

SAM [sæm] (abbr of **surface-to-air missile**) n missile *m* sol-air.

Samaria [sə'meərıə] pr n Samarie *f* / *in Samaria* en Samarie.

Samaritan [sə'mærıtn] ◆ n RELIG Samaritain *m*, -e *f*. ◆ adj samaritain.
❖ **Samaritans** pl pr n ▸ **the Samaritans** *association proposant un soutien moral par téléphone aux personnes déprimées* ; ≃ SOS Amitié.

samarium [sə'meərıəm] n samarium *m*.

samba ['sæmbə] ◆ n samba *f*. ◆ vi danser la samba.

sambo ['sæmbəʊ] (*pl* **sambos**) n *offens terme raciste et vieilli désignant un Noir* ; ≃ nègre *m*.

same [seım] ◆ adj même / *she's wearing the same glasses as you* elle porte les mêmes lunettes que toi / *you saw the same film I did* tu as vu le même film que moi / *their son is the same age as ours* leur fils a le même âge que le nôtre / *are you still at the same address?* êtes-vous toujours à la même adresse ? / *the two suitcases are exactly the same colour / shape* les deux valises sont exactement de la même couleur / ont exactement la même forme / *it always seems to be the same people who suffer* on dirait que ce sont toujours les mêmes qui souffrent / *they are one and the same thing* c'est une seule et même chose / *they are one and the same person* ils ne font qu'un / *it all boils down to the same thing* cela revient au même / *see you same time, same place* je te retrouve à la même heure, au même endroit / *the same old arguments / criticisms / complaints* les mêmes arguments / critiques / plaintes / *they come out with the same old rubbish every time inf* ils ressortent les mêmes conneries à chaque fois ▸ **it's the same old story!** *inf*, **it's the same old, same old!** US *inf* c'est toujours la même histoire ! ▸ **same difference!** *inf* c'est du pareil au même ! ◆ pron **1.** ▸ **the same** [unchanged] le même *m*, la même *f*, les mêmes *mf* / *it's the same as before* c'est comme avant / *life's just not the same now they're gone* les choses ont changé depuis qu'ils sont partis / *the city centre is still the same* le centre ville n'a pas changé / *it's not spelt the same* ça ne s'écrit pas de la même façon / *she is exactly the same* elle n'a pas changé du tout ; [identical] identique / *the two vases are exactly the same* les deux vases sont identiques **2.** [used in comparisons] ▸ **the same** la même chose / *it's the same in Italy* c'est la même chose or c'est pareil en Italie / *it's always the same* c'est toujours la même chose or toujours pareil / *it's not a bit the same* ce n'est pas du tout la même chose or pas du tout pareil / *it's the same here as in France* c'est la même chose ici qu'en France ▸ **the very same** : *aren't you Freddie Fortescue? — the very same* vous n'êtes pas Freddie Fortescue ? — lui-même ▸ **(the) same again, please** la même chose (, s'il vous plaît) / *if it's all the same to you, I'll go now* si cela ne vous fait rien, je vais partir maintenant / *it's all* or *just the same to me what you do* tu peux faire ce que tu veux, ça m'est bien égal ▸ **the same is true of** or **the same holds for** il en va de même pour ▸ **same here!** *inf* : *I was really cross — same here!* j'étais vraiment fâché — et moi donc ! ▸ **(and the) same to you!** : *Happy Christmas — and the same to you!* Joyeux Noël — à vous aussi or de même ! / *stupid idiot — and the same to you! inf* espèce d'imbécile ! — imbécile toi-même ! **3.** LAW ▸ **the same** [aforementioned] le susdit *m*, la susdite *f* **4.** COMM : *and for delivery of same* et pour livraison de ces (mêmes) articles.
❖ **all the same**, **just the same** adv phr quand même / *all* or *just the same, I would like to know what happened* quand même, j'aimerais bien savoir ce qui s'est passé / *all the same, I still like her* je l'aime bien quand même / *thanks all the same* merci quand même.

same-day adj COMM [processing, delivery] dans la journée.

sameness ['seımnıs] n **1.** [similarity] similitude *f*, ressemblance *f* **2.** [tedium] monotonie *f*, uniformité *f*.

same-sex adj homosexuel ▸ **same-sex marriage** mariage *m* homosexuel.

same-sexer [-seksə^r] n homosexuel *m*, -elle *f*.

samey ['seımı] adj UK *inf & pej* monotone, ennuyeux.

samizdat ['sæmızdæt] n samizdat *m*.

Samoa [sə'məʊə] pr n Samoa *m* / *in Samoa* à Samoa.

Samoan [sə'məʊən] ◆ n **1.** [person] Samoan *m*, -e *f* **2.** LING samoan *m*. ◆ adj samoan.

samosa [sə'məʊsə] (*pl* **samosa** *or* **samosas**) n samosa *m (petit pâté indien à la viande ou aux légumes)*.

samovar ['sæmə,vɑ:^r] n samovar *m*.

Samoyed [sə'mɔıəd] (*pl* **Samoyed** *or* **Samoyeds**) ◆ pl n [people] ▸ **the Samoyed** les Samoyèdes *mpl*. ◆ n LING samoyède *m*.

sampan ['sæmpæn] n sampan *m*, sampang *m*.

samphire ['sæmfaıə^r] n ▸ **(rock) samphire** criste-marine *f*, crithme *m* ▸ **golden samphire** inule *f* ▸ **marsh samphire** salicorne *f*.

sample ['sɑ:mpl] ◆ n **1.** [gen, COMM & SOCIOL] échantillon *m* / *a free sample* un échantillon gratuit / *please bring a sample of your work* veuillez apporter un échantillon de votre travail ▸ **up to sample** COMM conforme à l'échantillon **2.** GEOL, MED & SCI échantillon *m*, prélèvement *m* ; [of blood] prélèvement *m* ; [of urine] échantillon *m* / *water / rock samples* prélèvements *mpl* d'eau / de roche ▸ **to take a sample** prélever un échantillon, faire un prélèvement ▸ **to take a blood sample** faire une prise de sang. ◆ comp ▸ **a sample bottle / pack / etc.** un échantillon / *we'll send you a sample bottle of our shampoo* nous vous enverrons un échantillon de notre shampooing ▸ **sample exercise** : *do the sample exercise first* faites d'abord l'exercice donné à titre d'exemple ▸ **sample question** : *a sample question from last year's exam paper* un exemple de question tiré de l'examen de l'année dernière ▸ **sample section** : *a sample section of the population* un échantillon représentatif de la population. ◆ vt **1.** [food, drink] goûter (à), déguster ; [experience] goûter à **2.** MUS échantillonner, sampler **3.** [opinion, market] sonder.

sampler ['sɑ:mplə^r] n **1.** SEW modèle *m* de broderie **2.** [collection of samples] échantillonnage *m*, sélection *f* **3.** MUS échantillonneur *m*, sampler *m*.

sampling ['sɑ:mplıŋ] n [gen & COMPUT] échantillonnage *m* ; MUS échantillonnage *m*, sampling *m*.

Samson ['sæmsn] pr n ▸ **Samson and Delilah** Samson et Dalila / *he's a real Samson* il est fort comme un Turc.

Samuel ['sæmjuəl] pr n BIBLE Samuel ▸ **the Books of Samuel** les livres *mpl* de Samuel.

samurai ['sæmʊraɪ] (*pl* **samurai**) n samouraï *m*, samourai *m inv*.

samurai bond n FIN *obligation d'emprunteurs étrangers, libellée en yens sur le marché de Tokyo.*

Sana'a [sɑː'nɑː] pr n Sana'a.

San Andreas Fault [sænæn'dreɪəs-] pr n ▸ **the San Andreas Fault** la faille de San Andreas *(faille géologique à l'origine de nombreux tremblements de terre en Californie).*

sanatorium [,sænə'tɔːrɪəm] (*pl* **sanatoriums** *or* **sanatoria** [-rɪə]) n [nursing home] sanatorium *m* ; [sick bay] infirmerie *f*.

sancta ['sæŋktə] pl ⟶ **sanctum.**

sanctification [,sæŋktɪfɪ'keɪʃn] n sanctification *f*.

sanctify ['sæŋktɪfaɪ] (*pt & pp* **sanctified**) vt sanctifier.

sanctimonious [,sæŋktɪ'məʊnjəs] adj moralisateur / *I hate his sanctimonious manner* je ne supporte pas ses airs de petit saint.

sanctimoniously [,sæŋktɪ'məʊnjəslɪ] adv [look] d'un air de petit saint ; [speak] d'un ton bigot or moralisateur.

sanctimoniousness [,sæŋktɪ'məʊnjəsnɪs] n airs *mpl* de petit saint, pharisaïsme *m*.

sanction ['sæŋkʃn] ◆ n **1.** [approval] sanction *f*, accord *m*, consentement *m* / *with the sanction of the government* avec l'accord du gouvernement / *it hasn't yet been given official sanction* ceci n'a pas encore été officiellement approuvé or sanctionné, ceci n'a pas encore eu l'approbation or sanction officielle / *it has the sanction of long usage* c'est consacré par l'usage **2.** [punitive measure] sanction *f* / *the firm was accused of sanctions busting* la société a été accusée d'avoir contourné les sanctions ▸ **to impose (economic) sanctions on a country** prendre des sanctions (économiques) à l'encontre d'un pays. ◆ vt sanctionner, entériner ; [behaviour] approuver / *tradition has long sanctioned this error* la tradition a entériné or consacré cette erreur depuis longtemps.

sanctity ['sæŋktətɪ] n [of person, life] sainteté *f* ; [of marriage, property, place - holiness] caractère *m* sacré ; [- inviolability] inviolabilité *f*.

sanctuary ['sæŋktʃʊərɪ] (*pl* **sanctuaries**) n **1.** [holy place] sanctuaire *m* **2.** [refuge] refuge *m*, asile *m* ▸ **to seek sanctuary** chercher asile or refuge ▸ **wildlife sanctuary** réserve *f* animale.

sanctum ['sæŋktəm] (*pl* **sanctums** *or* **sancta** ['sæŋktə]) n **1.** [holy place] sanctuaire *m* **2.** *hum* [private place] refuge *m*, retraite *f*, tanière *f* / *he's in his inner sanctum* il s'est retiré dans sa tanière.

sand [sænd] ◆ n **1.** [substance] sable *m* / *miles of golden sands* des kilomètres de sable doré ▸ **shifting sand** sables mouvants ▸ **the sands of time** le temps qui passe ▸ **to build on sand** *fig* bâtir sur le sable ▸ **to draw a line in the sand** *fig* tracer une ligne dans le sable **2.** US *v inf* [courage] cran *m*. ◆ comp [dune] de sable. ◆ vt **1.** [polish, smooth] poncer **2.** [spread sand on] sabler.
❖ **sand down** vt sep [wood, metal] poncer au papier de verre, décaper.

sandal ['sændl] n **1.** [footwear] sandale *f* **2.** = **sandalwood.**

sandalwood ['sændlwʊd] n bois *m* de santal ▸ **sandalwood oil** essence *f* de bois de santal.

sandbag ['sændbæg] (*pt & pp* **sandbagged**) ◆ n sac *m* de sable or de terre. ◆ vt **1.** [shore up] renforcer avec des sacs de sable ; [protect] protéger avec des sacs de sable **2.** *inf* [hit] assommer **3.** US *inf* [coerce] ▸ **to sandbag sb into doing sthg** forcer qqn à faire qqch.

sandbank ['sændbæŋk] n banc *m* de sable.

sandbar ['sændbɑːr] n barre *f (dans la mer, dans un estuaire).*

sandblast ['sændblɑːst] ◆ vt décaper à la sableuse, sabler. ◆ n jet *m* de sable.

sandblaster ['sænd,blɑːstər] n sableuse *f*.

sandblasting ['sænd,blɑːstɪŋ] n décapage *m* à la sableuse, sablage *m*.

sand-blind adj mal voyant.

sandbox ['sændbɒks] n **1.** RAIL sablière *f* **2.** [for children] bac *m* à sable.

sandboy ['sændbɔɪ] n ⟶ **happy.**

sand-cast vt couler en sable.

sandcastle ['sænd,kɑːsl] n château *m* de sable.

sand dollar n clypéastéroïde *m*.

sand eel n lançon *m*, équille *f*.

sander ['sændər] n [tool] ponceuse *f* ▸ **finishing sander** ponceuse *f* à bande ▸ **orbital sander** ponceuse *f* orbitale.

sand flea n [sandhopper] puce *f* de mer, talitre *m* ; [chigoe] chique *f*.

sand fly n phlébotome *m*, mouche *f* des sables.

sandglass ['sændglɑːs] n sablier *m*.

sandhopper ['sænd,hɒpər] n puce *f* de mer.

Sandhurst ['sændhɜːst] pr n *centre de formation militaire britannique établi à Sandhurst, dans le Berkshire.*

sanding ['sændɪŋ] n **1.** [of wood, plaster] ponçage *m* **2.** [of roads] sablage *m*.

Sandinista [,sændɪ'niːstə] ◆ adj sandiniste. ◆ n sandiniste *mf*.

sand lance = **sand eel.**

sand lot n US terrain *m* vague.

S and M n *inf* sadomasochisme *m*, SM *m*.

sandman ['sændmæn] n marchand *m* de sable *fig*.

sand martin n hirondelle *f* de rivage.

Sandown Park ['sændaʊn-] pr n *champ de courses dans le Surrey (Angleterre).*

sandpail ['sændpeɪl] n US seau *m (pour faire des châteaux de sable).*

sandpaper ['sænd,peɪpər] ◆ n papier *m* de verre. ◆ vt poncer (au papier de verre).

sandpie ['sændpaɪ] n pâté *m* de sable.

sandpiper ['sænd,paɪpər] n bécasseau *m*, chevalier *m*.

sandpit ['sændpɪt] n UK **1.** [for children] bac *m* à sable **2.** [quarry] sablonnière *f*.

Sandringham ['sændrɪŋəm] pr n *village du Norfolk où la famille royale possède une résidence de campagne.*

sandshoe ['sændʃuː] n UK (chaussure *f* de) tennis *m*.

sandstone ['sændstəʊn] n grès *m*.

sandstorm ['sændstɔːm] n tempête *f* de sable.

sand trap n US bunker *m* (de sable).

sand wedge n sand-wedge *m*.

sandwich ['sænwɪdʒ] ◆ n **1.** [bread] sandwich *m* / *a ham sandwich* un sandwich au jambon ▸ **the sandwich generation** la génération-sandwich *(personnes s'occupant de leurs parents âgés tout en ayant des enfants à charge)* / *he's two sandwiches short of a picnic* UK *inf* il lui manque une case **2.** = **sandwich cake.** ◆ vt **1.** *inf* [place] intercaler / *I'll try to sandwich you (in) between appointments* j'essaierai de vous caser entre deux rendez-vous **2.** *inf* [trap] prendre en sandwich, coincer / *I was sandwiched (in) between two large Russians* j'étais coincé entre deux gros Russes **3.** [join - gen] joindre ; [- with glue] coller / *we sandwiched the boards together with glue* nous avons collé les planches.

sandwich bar n UK sandwicherie *f*.

sandwich board n panneau *m* publicitaire *(porté par un homme-sandwich).*

sandwich cake n UK gâteau *m* fourré.

sandwich course n UK *formation en alternance.*

sandwich loaf n ≃ pain *m* de mie.

sandwich man n homme-sandwich *m*.

sandy ['sændɪ] (*compar* **sandier**, *superl* **sandiest**) adj **1.** [beach, desert] de sable ; [soil, road] sablonneux ; [water, alluvium] sableux ; [floor, clothes] couvert de sable **2.** [in colour] (couleur) sable *(inv)* / *he has sandy* or *sandy-coloured hair* il a les cheveux blond roux.

sand yacht n char *m* à voile.

sand-yachting n char *m* à voile / *to go sand-yachting* faire du char à voile.

sane [seɪn] adj **1.** [person] sain d'esprit ▸ **to be of sane mind** être sain d'esprit / *how do you manage to stay sane in this environment?* comment fais-tu pour ne pas devenir fou dans une ambiance pareille ? **2.** [action] sensé ; [attitude, approach, policy] raisonnable, sensé.

sanely ['seɪnlɪ] adv raisonnablement.

Sanforize® ['sænfəraɪz] vt sanforiser.

San Francisco [,sænfrən'sɪskəʊ] pr n San Francisco ▸ **the San Francisco earthquake** le tremblement de terre de San Francisco.

sang [sæŋ] pt ⟶ **sing.**

sangfroid [,sɒŋ'frwɑː] n sang-froid *m*.

sangria [sæŋ'grɪə] n sangria *f*.

sanguinary ['sæŋgwɪnərɪ] adj *liter* [murderer, tyrant] sanguinaire ; [battle] sanglant.

sanguine ['sæŋgwɪn] ◆ adj **1.** [optimistic - person, temperament] optimiste, confiant ; [- attitude, prospect] / *he was sanguine about the company's prospects* il voyait l'avenir de l'entreprise avec optimisme **2.** *liter* [ruddy - complexion] sanguin, rubicond. ◆ n ART sanguine *f*.

sanguinely ['sæŋgwɪnlɪ] adv avec optimisme or confiance.

sanguineous [sæŋ'gwɪnɪəs] = **sanguine** *(adj).*

sanies ['seɪnɪiːz] n pus *m*.

sanitary ['sænɪtrɪ] adj **1.** [hygienic] hygiénique / *the kitchen didn't look very sanitary* la cuisine n'avait pas l'air très propre **2.** [arrangements, conditions, measures, equipment] sanitaire.

sanitary engineer n technicien *m* du service sanitaire.

sanitary inspector n inspecteur *m* de la santé publique.

sanitary towel UK, **sanitary napkin** US n serviette *f* hygiénique.

sanitation [,sænɪ'teɪʃn] n [public health] hygiène *f* publique ; [sewers] système *m* sanitaire ; [plumbing] sanitaires *mpl* / *the shanty towns have no sanitation whatsoever* les bidonvilles n'ont absolument aucun système sanitaire.

sanitation worker n US éboueur *m*.

sanitize, sanitise ['sænɪtaɪz] vt **1.** [disinfect] désinfecter **2.** *fig* [expurgate] expurger / *the original tapes had been sanitized* les bandes originales avaient été expurgées / *this is the sanitized image he would like to project* c'est l'image proprette or aseptisée qu'il voudrait présenter.

sanitorium [,sænɪ'tɔːrɪəm], **sanitarium** [,sænɪ'teərɪəm] US = **sanatorium.**

sanity ['sænətɪ] n **1.** [mental health] santé *f* mentale ▸ **to lose one's sanity** perdre la raison **2.** [reasonableness] bon sens *m*, rationalité *f*.

sank [sæŋk] pt ⟶ **sink.**

San Marino [,sænmə'riːnəʊ] pr n Saint-Marin / *in San Marino* à Saint-Marin.

San Quentin [sæn'kwentɪn] pr n *la plus ancienne prison d'État de Californie, au nord de San Francisco.*

sans [sænz] prep *arch* sans.

San Salvador [,sæn'sælvədɔːr] pr n San Salvador.

San Sebastian [,sænsə'bæstɪən] pr n Saint-Sébastien.

Sanskrit ['sænskrɪt] ◆ adj sanskrit. ◆ n sanskrit *m*.

sansserif [,sæn'serɪf] n *(U)* TYPO caractères *mpl* bâton or sans empattement.

Santa ['sæntə] *inf*, **Santa Claus** ['sæntə,klɔːz] pr n le père Noël.

Santa Fe [,sæntə'feɪ] pr n Santa Fe ▸ **the Santa Fe Trail** *route empruntée par les colons américains au XIXe siècle entre le Missouri et Santa Fe et qui servit à l'invasion américaine du Nouveau-Mexique lors de la guerre des États-Unis contre le Mexique.*

Santiago [,sæntɪ'ɑːgəʊ] pr n Santiago.

Santiago de Compostela [-dəkɒmpɒ'stelə] pr n Saint-Jacques-de-Compostelle.

Santorini [,sæntə'ri:nɪ] pr n Santorin.

Sao Paulo [,saʊ'paʊləʊ] pr n **1.** [city] São Paulo **2.** [state] ▸ **Sao Paulo (State)** São Paulo *m*, l'État *m* de São Paulo / *in Sao Paulo* dans le São Paulo.

sap [sæp] (*pt & pp* **sapped**, *cont* **sapping**) ◆ n **1.** BOT sève *f* **2.** US *inf* [fool] bêta *m*, -asse *f*, andouille *f* ; [gullible person] nigaud *m*, -e *f* **3.** US *inf* [cosh] matraque *f*, gourdin *m* **4.** MIL sape *f*. ◆ vt **1.** *fig* [strength, courage] saper, miner **2.** US *inf* [cosh] assommer (d'un coup de gourdin) **3.** MIL saper.

saphead ['sæphed] n US *inf* bêta *m*, -asse *f*, andouille *f*.

sapidity [sæ'pɪdɪtɪ] n *fml* sapidité *f*.

sapient ['seɪpjənt] adj *fml* sage.

sapling ['sæplɪŋ] n **1.** BOT jeune arbre *m* **2.** *liter* [youth] jouvenceau *m*.

sapodilla [sæpə'dɪlə] n [tree] sapotier *m*, sapotillier *m* ; [fruit] sapotille *f*.

saponaceous [,sæpə'neɪʃəs] adj saponacé.

sapper ['sæpər] n UK MIL soldat *m* du génie, sapeur *m*.

Sapphic ['sæfɪk] ◆ adj **1.** [relating to Sappho] saphique **2.** LITER ▸ **Sapphic metre** vers *m* saphique **3.** *dated* [lesbian] saphique. ◆ n LITER saphique *m*.

sapphire ['sæfaɪər] ◆ n [gem, colour] saphir *m*. ◆ comp [ring, pendant] de saphir. ◆ adj [in colour] saphir *(inv)*.

sapphism ['sæfɪzm] n saphisme *m*.

Sappho ['sæfəʊ] pr n Sapho, Sappho.

sappy ['sæpɪ] (*compar* **sappier**, *superl* **sappiest**) adj **1.** [tree, leaves] plein de sève ; [wood] vert **2.** US *inf* [stupid] cloche **3.** US *inf* [corny] nunuche.

saprophyte ['sæprəfaɪt] n saprophyte *m*.

saprophytic [,sæprə'fɪtɪk] adj saprophyte.

sapwood ['sæpwʊd] n aubier *m*.

saraband(e) ['særəbænd] n sarabande *f*.

Saracen ['særəsn] ◆ n Sarrasin *m*, -e *f*. ◆ adj sarrasin.

Saragossa [,særə'gɒsə] pr n Saragosse.

Sarajevo [,særə'jeɪvəʊ] pr n Sarajevo.

Saran wrap® [sə'ræn-] n US film *m* alimentaire transparent.

Saratoga [,særə'təʊgə] pr n Saratoga ▸ **the battle of Saratoga** la bataille de Saratoga.

Sarawak [sə'rɑ:wək] pr n Sarawak / *in Sarawak* à Sarawak.

sarcasm ['sɑ:kæzm] n *(U)* sarcasme *m* / *enough of your sarcasm!* ça suffit, les sarcasmes !

sarcastic [sɑ:'kæstɪk] adj sarcastique.

sarcastically [sɑ:'kæstɪklɪ] adv d'un ton sarcastique.

sarcoma [sɑ:'kəʊmə] (*pl* **sarcomas** *or* **sarcomata** [-mətə]) n sarcome *m*.

sarcophagus [sɑ:'kɒfəgəs] (*pl* **sarcophaguses** *or* **sarcophagi** [-gaɪ]) n sarcophage *m*.

sardine [sɑ:'di:n] n sardine *f* / *we were packed in like sardines* nous étions serrés comme des sardines.

Sardinia [sɑ:'dɪnjə] pr n Sardaigne *f* / *in Sardinia* en Sardaigne.

Sardinian [sɑ:'dɪnjən] ◆ n **1.** [person] Sarde *mf* **2.** LING sarde *m*. ◆ adj sarde.

sardonic [sɑ:'dɒnɪk] adj sardonique.

sardonically [sɑ:'dɒnɪklɪ] adv sardoniquement.

sargasso [sɑ:'gæsəʊ] (*pl* **sargassos**) n sargasse *f*.

Sargasso Sea pr n ▸ **the Sargasso Sea** la mer des Sargasses.

sarge [sɑ:dʒ] (abbr of **sergeant**) n *inf* sergent *m*.

sari ['sɑ:rɪ] n sari *m*.

Sark [sɑ:k] pr n Sercq.

sarky ['sɑ:kɪ] (*compar* **sarkier**, *superl* **sarkiest**) adj UK *inf* sarcastique / *don't you get sarky with me!* ne sois pas sarcastique avec moi !

sarnie ['sɑ:nɪ] (abbr of **sandwich**) n UK *v inf* sandwich *m*.

sarong [sə'rɒŋ] n sarong *m*.

SARS ['særz] (abbr of **severe acute respiratory syndrome**) n SRAS *m*.

sarsaparilla [,sɑ:spə'rɪlə] n [plant] salsepareille *f* ; [drink] boisson *f* à la salsepareille.

sartorial [sɑ:'tɔ:rɪəl] adj vestimentaire / *his sartorial elegance* son élégance vestimentaire, l'élégance de sa mise.

Sartrean, Sartrian ['sɑ:trɪən] adj sartrien.

SAS (abbr of **Special Air Service**) pr n *commando d'intervention spéciale de l'armée britannique.*

SASE n US abbr of **self-addressed stamped envelope**.

sash [sæʃ] n **1.** [belt] ceinture *f* (en étoffe) ; [sign of office] écharpe *f* **2.** [frame of window, door] châssis *m*, cadre *m*.

sashay ['sæʃeɪ] vi US *inf* [saunter] flâner ; [strut] parader, se pavaner / *he sashayed in and said hello* **a)** [casually] il entra d'un pas nonchalant et dit bonjour **b)** [ostentatiously] il entra en se pavanant et dit bonjour.

sash cord n corde *f (d'une fenêtre à guillotine)*.

sash window n fenêtre *f* à guillotine.

Saskatchewan [sæs'kætʃɪwən] pr n Saskatchewan *m* / *in Saskatchewan* dans le Saskatchewan.

sasquatch ['sæskwætʃ] n *animal légendaire (sorte de yeti) du Canada et du nord des États-Unis.*

sass [sæs] US *inf* ◆ n culot *m*, toupet *m*. ◆ vt répondre (avec impertinence) à / *don't you sass me!* ne me réponds pas sur ce ton !

sassafras ['sæsəfræs] n sassafras *m* ▸ **sassafras oil** essence *f* de sassafras.

Sassenach ['sæsənæk] n Scot *inf & pej terme péjoratif par lequel les Écossais désignent les Anglais.*

sassy ['sæsɪ] (*compar* **sassier**, *superl* **sassiest**) adj US *inf* culotté, gonflé.

sat [sæt] pt & pp ⟶ **sit.**

SAT [sæt] (abbr of **Scholastic Aptitude Test**) n *examen d'entrée à l'université aux États-Unis.*

Sat. (written abbr of **Saturday**) sam.

Satan ['seɪtn] pr n Satan.

satanic [sə'tænɪk] adj satanique / **'The Satanic Verses'** *Rushdie* 'les Versets sataniques'.

satanically [sə'tænɪklɪ] adv sataniquement, d'une manière satanique.

satanism ['seɪtənɪzm] n satanisme *m*.

satanist ['seɪtənɪst] ◆ adj sataniste. ◆ n sataniste *mf*.

satay ['sɑ:teɪ] n CULIN satay *m*.

satchel ['sætʃəl] n cartable *m*.

sate [seɪt] vt [satisfy - person] rassasier ; [- hunger] assouvir ; [- thirst] étancher.

sated ['seɪtɪd] adj [person] rassasié ; [hunger] assouvi ; [thirst] étanché.

sateen [sæ'ti:n] n satinette *f*.

satellite ['sætəlaɪt] ◆ n **1.** ASTRON & TELEC satellite *m* / *broadcast live by satellite* transmis en direct par satellite **2.** [country] pays *m* satellite / *the country is a satellite of the United States* c'est un pays satellite des États-Unis **3.** [in airport] satellite *m*. ◆ comp **1.** [broadcasting, network, relay, navigation] par satellite ▸ **satellite broadcast** émission *f* retransmise par satellite ▸ **satellite channel** chaîne *f* (de télévision) par satellite ▸ **satellite dish** antenne *f* de télévision par satellite ▸ **satellite link** liaison *f* par satellite ▸ **satellite television** télévision *f* par satellite **2.** [country] satellite ▸ **satellite state** état *m* satellite ▸ **satellite town** ville *f* satellite.

satiate ['seɪʃɪeɪt] vt *liter* **1.** [satisfy - hunger, desire] assouvir ; [- thirst] étancher **2.** [gorge] rassasier / *satiated with pleasure* repu de plaisir.

satiation [,seɪʃɪ'eɪʃn] n satiété *f* / *to the point of satiation* à satiété, jusqu'à satiété.

satiety [sə'taɪətɪ] = **satiation.**

satin ['sætɪn] ◆ n satin *m*. ◆ comp **1.** [dress, shirt] en or de satin **2.** [finish] satiné.

satinet(te) [,sætɪ'net] n satinette *f*.

satin stitch n passé *m* plat.

satin weave n armure *f* satin.

satinwood ['sætɪnwʊd] n citronnier *m* de Ceylan.

satiny ['sætɪnɪ] adj satiné.

satire ['sætaɪər] n satire *f* / *it's a satire on the English* c'est une satire contre les Anglais / *her novels are full of satire* ses romans sont pleins d'observations satiriques.

satirical [sə'tɪrɪkl] adj satirique.

satirically [sə'tɪrɪklɪ] adv satiriquement.

satirist ['sætərɪst] n satiriste *mf*.

satirize, satirise ['sætəraɪz] vt faire la satire de / *in her book, she satirizes English manners* son livre est une satire or fait la satire des mœurs anglaises.

satisfaction [,sætɪs'fækʃn] n **1.** [fulfilment - of curiosity, hunger, demand, conditions] satisfaction *f* ; [- of contract] exécution *f*, réalisation *f* ; [- of debt] acquittement *m*, remboursement *m* / *the satisfaction of the union's demands* la satisfaction des revendications syndicales **2.** [pleasure] satisfaction *f*, contentement *m* / *to our (great) satisfaction, they left early* à notre (grande) satisfaction, ils sont partis tôt / *is everything to your satisfaction?* est-ce que tout est à votre convenance ? / *the plan was agreed to everyone's satisfaction* le projet fut accepté à la satisfaction générale / *to the satisfaction of the court* d'une manière qui a convaincu le tribunal / *I don't get much job satisfaction* je ne tire pas beaucoup de satisfaction de mon travail **3.** [pleasing thing] satisfaction *f* / *life's little satisfactions* les petites satisfactions de la vie **4.** [redress - of a wrong] réparation *f* ; [- of damage] dédommagement *m* ; [- of an insult] réparation *f* ▸ **to demand satisfaction a)** [gen] exiger réparation **b)** [in a duel] demander satisfaction.

satisfactorily [,sætɪs'fæktərəlɪ] adv de façon satisfaisante / *the trip went off most satisfactorily* le voyage s'est déroulé de manière tout à fait satisfaisante.

satisfactory [,sætɪs'fæktərɪ] adj satisfaisant / *we're looking for a solution satisfactory to both sides* nous recherchons une solution satisfaisante pour les deux parties / *their progress is only satisfactory* leurs progrès sont satisfaisants, sans plus / *I hope she has a satisfactory excuse* j'espère qu'elle a une excuse valable / *the patient's condition is satisfactory* l'état du malade n'est pas inquiétant.

satisfied ['sætɪsfaɪd] adj **1.** [happy] satisfait, content / *a satisfied customer* un client satisfait / *a satisfied sigh* un soupir de satisfaction / *the teacher isn't satisfied with their work* le professeur n'est pas satisfait de leur travail / *are you satisfied now you've made her cry?* tu es content de l'avoir fait pleurer ? / *they'll have to be satisfied with what they've got* ils devront se contenter de ce qu'ils ont **2.** [convinced] convaincu, persuadé / *I'm not entirely satisfied with the truth of his story* je ne suis pas tout à fait convaincu que son histoire soit vraie.

satisfy ['sætɪsfaɪ] (*pt & pp* **satisfied**) ◆ vt **1.** [please] satisfaire, contenter / *nothing satisfies him* il n'est jamais content / *Richard Fox has satisfied the examiners in the following subjects* SCH Richard Fox a été reçu dans les matières suivantes **2.** [fulfil - curiosity, desire, hunger] satisfaire ; [- thirst] étancher ; [- demand, need, requirements] satisfaire à, répondre à ; [- conditions, terms of contract] remplir ; [- debt] s'acquitter de **3.** [prove to - gen] persuader, convaincre ; [- authorities] prouver à / *you have to satisfy the authorities that you have been resident here for three years* vous devez prouver aux autorités que vous résidez ici depuis trois ans / *I satisfied myself that all the windows were closed* je me suis assuré que toutes les fenêtres étaient fermées. ◆ vi donner satisfaction / *the drink that satisfies* la boisson qui étanche la soif.

satisfying ['sætɪsfaɪɪŋ] adj [job, outcome, evening] satisfaisant ; [meal] substantiel.

satisfyingly ['sætɪsfaɪɪŋlɪ] adv de façon satisfaisante.

satnav ['sætnæv] n GPS *m*.

satrap ['sætrəp] n satrape *m*.

satsuma [,sæt'su:mə] n UK mandarine *f*.

saturate ['sætʃəreɪt] vt **1.** *fig* [swamp] saturer ▸ **to saturate sb with sthg** saturer qqn de qqch / *the market is saturated* le marché est saturé **2.** [drench] tremper / *my clothes were saturated* mes vêtements étaient complètement trempés **3.** CHEM saturer.

saturated ['sætʃəreɪtɪd] adj **1.** CHEM saturé ▸ **saturated fats** graisses *fpl* saturées ▸ **saturated solution** solution *f* saturée **2.** [very wet] trempé **3.** PHOT ▸ **saturated colours** couleurs *fpl* saturées.

saturation [,sætʃə'reɪʃn] n saturation *f*.

saturation bombing n bombardement *m* intensif.

saturation coverage n TV couverture *f* maximale.

saturation point n point *m* de saturation / *we've reached saturation point* nous sommes arrivés à saturation / *the market is at* or *has reached saturation point* le marché est saturé.

Saturday ['sætədeɪ] n samedi *m* ▸ **Saturday night special** US *v inf* revolver *m* de poche / **'Saturday Night Fever'** *Badham* 'la Fièvre du samedi soir'. **See also Friday.**

Saturday girl n vendeuse *f (travaillant le samedi)*.

Saturn ['sætən] pr n ASTRON & MYTH Saturne.

saturnalia [,sætə'neɪljə] n saturnales *fpl*.

saturnine ['sætənaɪn] adj saturnien.

satyr ['sætər] n satyre *m*.

satyriasis [,sætə'raɪəsɪs] n satyriasis *m*.

sauce [sɔ:s] n **1.** CULIN [with savoury dishes] sauce *f* ; [with desserts] coulis *m* ▸ **raspberry sauce** coulis de framboises ▸ **chocolate sauce** sauce au chocolat ▸ **what's sauce for the goose is sauce for the gander** *prov* ce qui est bon pour l'un est bon pour l'autre **2.** *inf* [insolence] culot *m*, toupet *m* / *what a sauce!* quel culot or toupet !

sauce boat n saucière *f*.

saucebox ['sɔ:sbɒks] n *inf* petit effronté *m*, petite effrontée *f*.

saucepan ['sɔ:spən] n casserole *f*.

saucer ['sɔ:sər] n soucoupe *f*.

saucily ['sɔ:sɪlɪ] adv *inf* **1.** [cheekily] avec effronterie **2.** [provocatively] de manière provocante.

sauciness ['sɔ:sɪnɪs] n *inf* **1.** [cheekiness] effronterie *f* **2.** [provocativeness] provocation *f*, aspect *m* provocant.

saucy ['sɔ:sɪ] (*compar* **saucier**, *superl* **sauciest**) adj *inf* **1.** [cheeky] effronté **2.** [provocative - action] provocant ; [- postcard, joke] grivois.

Saudi Arabia pr n Arabie Saoudite *f* / *in Saudi Arabia* en Arabie Saoudite.

Saudi (Arabian) ['saʊdɪ-] ◆ n Saoudien *m*, -enne *f*. ◆ adj saoudien.

sauerkraut ['saʊəkraʊt] n choucroute *f*.

Saul [sɔ:l] pr n Saül.

sauna ['sɔ:nə] n sauna *m*.

saunter ['sɔ:ntər] ◆ vi se promener d'un pas nonchalant, flâner ▸ **to saunter in** / **out** / **across** entrer / sortir / traverser d'un pas nonchalant / *to saunter down the street* descendre la rue d'un pas nonchalant / *I think I'll saunter down to the library* je pense que je vais aller faire un petit tour jusqu'à la bibliothèque. ◆ n petite promenade *f* ▸ **to go for a saunter** (aller) faire une petite balade or un petit tour.

saurian ['sɔ:rɪən] ◆ adj saurien. ◆ n saurien *m*.

sausage ['sɒsɪdʒ] n saucisse *f* ; [of pre-cooked meats] saucisson *m* / *she rolled her napkin into a sausage* elle a fait un boudin de sa serviette ▸ **pork sausages** saucisses *fpl* de porc ▸ **not a sausage!** UK *inf* que dalle !, des clous !

sausage dog n UK *hum* teckel *m*.

sausage machine n machine *f* à saucisses.

sausage meat n chair *f* à saucisse.

sausage roll n *sorte de friand à la saucisse*.

sauté [UK 'səʊteɪ US səʊ'teɪ] (*pt & pp* **sautéed**, *cont* **sautéing**) ◆ vt faire sauter / *sauté the potatoes in a little butter* faire sauter les pommes de terre dans un peu de beurre. ◆ adj ▸ **sauté potatoes** pommes de terre sautées. ◆ n sauté *m*.

savage ['sævɪdʒ] ◆ adj **1.** [ferocious - person] féroce, brutal ; [- dog] méchant ; [- fighting, tiger] féroce ; [reply, attack] violent, féroce / *he came in for some savage criticism from the press* il a été violemment critiqué dans la presse / *the new policy deals a savage blow to the country's farmers* la nouvelle politique porte un coup très dur or fatal aux agriculteurs **2.** [primitive - tribe] primitif ; [- customs] barbare, primitif. ◆ n sauvage *mf* / *they behaved like savages* ils se sont comportés comme des sauvages / *they're little better than savages* ce sont de vrais sauvages. ◆ vt **1.** [subj: animal] attaquer / *she was savaged by a tiger* elle a été attaquée par un tigre **2.** [subj: critics, press] attaquer violemment / *the opposition leader savaged the government's latest proposals* le chef de l'opposition a violemment attaqué les dernières propositions du gouvernement.

savagely ['sævɪdʒlɪ] adv sauvagement, brutalement.

savageness ['sævɪdʒnɪs] = **savagery**.

savagery ['sævɪdʒrɪ] n **1.** [brutality] sauvagerie *f*, férocité *f*, brutalité *f* / *the savagery of the assault* la brutalité de l'agression **2.** [primitive state] : *the tribe still lives in savagery* la tribu vit toujours à l'état sauvage.

savanna(h) [sə'vænə] n savane *f*.

save [seɪv] ◆ vt **1.** [rescue] sauver / *she saved my life* elle m'a sauvé la vie ▸ **to save sb from a fire** / **from drowning** sauver qqn d'un incendie / de la noyade / *the doctors managed to save her eyesight* les médecins ont pu lui sauver la vue / *he saved me from making a terrible mistake* il m'a empêché de faire une erreur monstrueuse / *they had only the belongings they had saved from the flood* ils n'avaient que les affaires qu'ils avaient sauvées de l'inondation / *nothing can save their marriage now* rien ne peut plus sauver leur mariage / *to save a species from extinction* sauver une espèce en voie de disparition ▸ **saved by the bell!** sauvé par le gong ! ▸ **to save one's neck** or **skin** or **hide** or **bacon** *inf* sauver sa peau ▸ **to save face** sauver la face ▸ **to save the day** sauver la mise **2.** [put by - money] économiser, épargner, mettre de côté / *I save £100 a month in a special account* j'économise 100 livres par mois sur un compte spécial / *how much money have you got saved?* à combien se montent vos économies ?, combien d'argent avez-vous mis de côté ? / *I'm saving money to buy a car* je fais des économies pour acheter une voiture ; [collect] collectionner / *do you still save stamps?* est-ce que tu collectionnes toujours les timbres ? **3.** [economize on - fuel, electricity] économiser, faire des économies de ; [- money] économiser ; [- effort] économiser ; [- time, space] gagner ; [- strength] ménager, économiser / *buy now and save £15!* achetez dès maintenant et économisez 15 livres ! / *their advice saved me a fortune* leurs conseils m'ont fait économiser une fortune / *you'd save a lot of time if you used a computer* vous gagneriez beaucoup de temps si vous utilisiez un ordinateur / *a computer would save you a lot of time* un ordinateur vous ferait gagner beaucoup de temps **4.** [spare - trouble, effort] éviter, épargner ; [- expense] éviter / *it'll save you getting up early* / *going into town* ça t'évitera de te lever tôt / d'aller en ville / *thanks, you've saved me a trip* / *having to go myself* merci, vous m'avez évité un trajet / d'y aller moi-même **5.** [protect - eyes, shoes] ménager **6.** [reserve] garder, mettre de côté / *I'll save you a place* je te garderai une place / *I always save the best part till last* je garde toujours le meilleur pour la fin **7.** FOOT [shot, penalty] arrêter ▸ **to save a goal** arrêter or bloquer un tir **8.** RELIG [sinner, mankind] sauver, délivrer ; [soul] sauver **9.** COMPUT sauvegarder, enregistrer / **'save as'** 'enregistrer sous'. ◆ vi **1.** [spend less] faire des économies, économiser / *you save if you buy in bulk* on fait des économies en achetant en gros / *to save on fuel* économiser sur le carburant **2.** [put money aside] faire des économies, épargner / *I'm saving for a new car* je fais des économies pour acheter une nouvelle voiture. ◆ n **1.** FOOT arrêt *m* / *great save!* superbe arrêt ! **2.** COMPUT sauvegarde *f*. ◆ prep *fml* sauf, hormis / *we'd thought of every possibility save one* nous avions pensé à tout sauf à ça.

❖ **save for** prep phr à part / *save for the fact we lost, it was a great match* à part le fait qu'on a perdu, c'était un très bon match / *she was utterly alone, save for one good friend* à part une seule amie, elle n'avait personne.

❖ **save up** ◆ vt sep = **save** *(vt)*. ◆ vi = **save** *(vi)*.

save as you earn n UK plan *m* d'épargne *(avec prélèvements automatiques sur le salaire)*.

saveloy ['sævəlɔɪ] n cervelas *m*.

saver ['seɪvər] n **1.** [person] épargnant *m*, -e *f* ▸ **small savers** les petits épargnants **2.** [product] bonne affaire *f* ▸ **super saver (ticket)** billet *m* à tarif réduit.

-saver in comp : *it's a real money-saver* ça permet d'économiser de l'argent or de faire des économies.

Save the Children Fund pr n *organisme international d'assistance à l'enfance*.

Savile Row [,sævɪl'rəʊ] pr n *rue de Londres célèbre pour ses tailleurs de luxe*.

saving ['seɪvɪŋ] ◆ n **1.** [thrift] épargne *f* / *measures to encourage saving* des mesures pour encourager l'épargne **2.** [money saved] économie *f* ▸ **to make a saving** faire une économie / *we made a saving of £20 on the usual price* nous avons fait une économie de 20 livres sur le prix habituel / *he drew all his savings out of the bank* il a retiré toutes ses économies de la banque. ◆ prep *fml* sauf, hormis ▸ **saving Your Grace** *fml* sauf le respect que je dois à Votre Excellence.

saving grace n : *her sense of humour is her saving grace* on lui pardonne tout parce qu'elle a de l'humour / *the film has one saving grace* une seule chose sauve le film.

savings account n compte *m* sur livret.

savings and loan association n US caisse *f* d'épargne logement.

savings bank n caisse *f* d'épargne.

savings bond n US bon *m* d'épargne.

savings book n UK livret *m* (de caisse) d'épargne.

savings certificate n UK bon *m* d'épargne.

savings stamp n UK timbre-épargne *m*.

saviour UK, **savior** US ['seɪvjər] n sauveur *m* ▸ **the Saviour** le Sauveur.

savoir-faire [,sævwɑ:'feər] n [know-how] savoir-faire *m* ; [social skills] savoir-vivre *m*.

savor US = **savour**.

savory ['seɪvərɪ] n BOT sarriette *f*.

savour UK, **savor** US ['seɪvər] ◆ n **1.** [taste] goût *m*, saveur *f* / *it has a savour of garlic* il y a un petit goût d'ail **2.** [interest, charm] saveur *f* / *life had lost its savour for him* il avait perdu toute joie de vivre. ◆ vt [taste] goûter (à), déguster ; [enjoy - food, experience, one's freedom] savourer / *he savoured the memory of his triumph* il savourait le souvenir de son succès triomphal. ◆ vi ▸ **to savour of sthg** sentir qqch / *it savours of heresy* cela sent l'hérésie.

savouriness UK, **savoriness** US ['seɪvərɪnɪs] n saveur *f*.

savoury UK, **savory** US ['seɪvərɪ] ◆ adj **1.** [salty] salé ; [spicy] épicé ▸ **savoury biscuits** biscuits salés **2.** US [appetizing] savoureux / *a savory meal* un repas savoureux **3.** *fml* [wholesome] : *it's not a very savoury subject* c'est un sujet peu ragoûtant / *he's not a very savoury individual* c'est un individu peu recommandable. ◆ n *petit plat salé servi soit comme hors-d'œuvre, soit en fin de repas après le dessert*.

Savoy [sə'vɔɪ] ◆ pr n Savoie *f* / *in Savoy* en Savoie. ◆ adj savoyard.

savoy cabbage n chou *m* frisé.

savvy ['sævɪ] *inf* ◆ n [know-how] savoir-faire *m* ; [shrewdness] jugeote *f*, perspicacité *f*. ◆ vi *dated* ▸ **no savvy** j'sais pas. ◆ adj US [well-informed] bien informé, calé ; [shrewd] perspicace, astucieux.

saw [sɔ:] (UK *pt* **sawed**, *pp* **sawed** *or* **sawn** [sɔ:n] ; US *pt & pp* **sawed**) ◆ pt ⟶ **see**. ◆ n **1.** [tool] scie *f* ▸ **to cut sthg up with a saw** couper or débiter qqch à la scie ▸ **metal saw** scie à métaux **2.** [saying] dicton *m*. ◆ vt : *to saw a tree into logs* débiter un arbre en rondins / *he sawed the table in half* il a scié la table en deux / *his arms sawed the air* *fig* il battait l'air de ses bras. ◆ vi scier / *she sawed through the branch* elle a scié la branche / *he was sawing away at the cello* *fig* il raclait le violoncelle.

❖ **saw down** vt sep [tree] abattre.

❖ **saw off** vt sep scier, enlever à la scie.

❖ **saw up** vt sep scier en morceaux, débiter à la scie.

sawbones ['sɔːbəʊnz] n US *inf* chirurgien *m*.

sawbuck ['sɔːbʌk] n US **1.** = **sawhorse 2.** *inf* [$10] (billet *m* de) dix dollars *mpl*.

sawdust ['sɔːdʌst] n sciure *f* (de bois).

sawed-off ['sɔːd-] US = **sawn-off**.

sawfly ['sɔːflaɪ] (*pl* **sawflies**) n mouche *f* à scie, tenthrède *f*.

sawhorse ['sɔːhɔːs] n chevalet *m* (*pour scier du bois*), chèvre *f*.

sawmill ['sɔːmɪl] n scierie *f*.

sawn [sɔːn] pp ⟶ **saw**.

sawn-off adj **1.** [truncated] scié, coupé (à la scie) ▸ **sawn-off shotgun** carabine *f* à canon scié **2.** UK *inf* [short - person] court sur pattes.

sawtooth ['sɔːtuːθ] ◆ n dent *f* de scie. ◆ adj = **sawtoothed**.

sawtoothed ['sɔːtuːθt] adj en dents de scie.

sawyer ['sɔːjə^r] n scieur *m*.

sax [sæks] (abbr of **saxophone**) n *inf* saxo *m*.

saxifrage ['sæksɪfrɪdʒ] n saxifrage *f*.

Saxon ['sæksn] ◆ n **1.** [person] Saxon *m*, -onne *f* **2.** LING saxon *m*. ◆ adj saxon.

See box at 's.

Saxony ['sæksənɪ] pr n Saxe *f* / *in Saxony* en Saxe ▸ **Lower Saxony** Basse-Saxe *f*.

saxophone ['sæksəfəʊn] n saxophone *m*.

saxophonist [UK sæk'sɒfənɪst US 'sæksəfəʊnɪst] n saxophoniste *mf*.

say [seɪ] (*pt & pp* **said** [sed], *pres (3rd pers sing)* **says** [sez])

◆ vt

A. SPEAK

B. THINK, SUPPOSE OR INDICATE

A. SPEAK **1.** [put into words] dire ▸ **to say sthg (to sb)** dire qqch (à qqn) / *to say hello / goodbye to sb* dire bonjour / au revoir à qqn / *say hello to them for me* dites-leur bonjour de ma part / *I think you can say goodbye to your money* *fig* je crois que vous pouvez dire adieu à votre argent / *to say yes / no* dire oui / non / *did you say yes or no to his offer?* tu as répondu oui ou non à sa proposition? / *I wouldn't say no!* je ne dis pas non!, ce n'est pas de refus! / *I wouldn't say no to a cold drink* je prendrais volontiers une boisson fraîche / *to say please / thank you* dire s'il vous plaît / merci / *I said to myself "let's wait a bit"* je me suis dit « attendons un peu » / *to say a prayer (for)* dire une prière (pour) / *to say one's prayers* faire sa prière / *I can't say Russian names properly* je n'arrive pas à bien prononcer les noms russes ; [expressing fact, idea, comment] : *what did he say about his plans?* qu'a-t-il dit de ses projets? / *don't say too much about our visit* ne parlez pas trop de notre visite / *what did you say in reply?* qu'avez-vous répondu? / *well, say something then!* eh bien, dites quelque chose! / *I can't think of anything to say* je ne trouve rien à dire / *I have nothing to say* **a)** [gen] je n'ai rien à dire **b)** [no comment] je n'ai aucune déclaration à faire / *I have nothing more to say on the matter* je n'ai rien à ajouter là-dessus / *nothing was said about going to Moscow* on n'a pas parlé d'aller or il n'a pas été question d'aller à Moscou / *let's say no more about it* n'en parlons plus / *can you say that again?* pouvez-vous répéter ce que vous venez de dire? / *say what you think* dites ce que vous pensez / *say what you mean* dites ce que vous avez à dire / *the chairman would like to say a few words* le président voudrait dire quelques mots / *he didn't have a good word to say about the plan* il n'a dit que du mal du projet / *he doesn't have a good word to say about anybody* il n'a jamais rien de positif à dire sur personne / *he didn't have much to say for himself* **a)** [spoke little] il n'avait pas grand-chose à dire **b)** [no excuses] il n'avait pas de véritable excuse à donner / *he certainly has a lot to say for himself* il n'a pas la langue dans la poche ▸ **as you might say** pour ainsi dire / *so saying, he walked out* sur ces mots, il est parti ▸ **to say nothing of…** : *to say nothing of the overheads* sans parler des frais ▸ **just say the word, you only have to say (the word)** UK vous n'avez qu'un mot à dire ▸ **having said that** ceci (étant) dit ▸ **to say one's piece** dire ce qu'on a à dire ▸ **it goes without saying that…** : *it goes without saying that we shall travel together* il va sans dire or il va de soi que nous voyagerons ensemble ▸ **you can say that again!** c'est le cas de le dire!, je ne vous le fais pas dire! ▸ **you said it!** *inf* tu l'as dit! ▸ **say no more** n'en dis pas plus ▸ **enough said** [I understand] je vois ▸ **well said!** bien dit! ▸ **say when** dis-moi stop ▸ **say what?** US quoi? **2.** [with direct or indirect speech] dire / *"not at all", she said* « pas du tout », dit-elle / *she says (that) the water's too cold* elle dit que l'eau est trop froide / *she said (we were) to come* elle a dit qu'on devait venir / *she said to get back early* elle a dit qu'on devait rentrer tôt / *they said on the news that…* on a dit or annoncé aux informations que… / *they said it was going to rain* ils ont annoncé de la pluie **3.** [claim, allege] dire / *they say ghosts really do exist* ils disent que les fantômes existent vraiment / *you know what they say, no smoke without fire* tu sais ce qu'on dit, il n'y a pas de fumée sans feu / *it is said that no one will ever know the real story* on dit que personne ne saura jamais ce qui s'est vraiment passé / *these fans are said to be very efficient* ces ventilateurs sont très efficaces, d'après ce qu'on dit / *he is said to have emigrated* on dit qu'il a émigré / *that's what she says* c'est ce qu'elle dit / *don't say you've forgotten!* ne (me) dites pas que vous avez oublié! / *who can say?* qui sait? / *who can say when he'll come?* qui peut dire quand il viendra? **4.** [expressing personal opinion] dire / *as you say, he is the best candidate* comme tu dis, c'est lui le meilleur candidat / *so he says* c'est ce qu'il dit / *I really can't say which I prefer* je ne peux vraiment pas dire lequel je préfère / *(you can) say what you like, but I'm going* vous pouvez dire ce que vous voulez, moi je m'en vais / *I can't say how long it will last* je ne peux pas dire combien de temps cela va durer / *I must say she's been very helpful* je dois dire qu'elle nous a beaucoup aidés / *well this is a fine time to arrive, I must say!* *iro* en voilà une heure pour arriver! / *I'll say this much for them, they don't give up easily* au moins, on peut dire qu'ils n'abandonnent pas facilement / *I'll say this for him, he certainly tries hard* je dois reconnaître qu'il fait tout son possible / *you might as well say we're all mad!* autant dire qu'on est tous fous! / *I should say so* bien sûr que oui, je pense bien / *as they say* comme ils disent or on dit / *if you say so* si or puisque tu le dis / *and so say all of us* et nous sommes tous d'accord or de cet avis ▸ **there's no saying what will happen** impossible de prédire ce qui va arriver ▸ **to say the least** c'est le moins qu'on puisse dire / *it's rather dangerous, to say the least* c'est plutôt dangereux, c'est le moins qu'on puisse dire / *I was surprised, not to say astounded* j'étais surpris, pour ne pas dire stupéfait / *there's something to be said for the idea* l'idée a du bon / *there's not much to be said for the idea* l'idée ne vaut pas grand-chose / *there's a lot to be said for doing sport* il y a beaucoup d'avantages à faire du sport ▸ **that's not saying much** ça ne veut pas dire grand-chose / *it doesn't say much for his powers of observation* cela en dit long sur son sens de l'observation / *that isn't saying much for him* ce n'est pas à son honneur / *it says a lot for his courage / about his real motives* cela en dit long sur son courage / ses intentions réelles.

B. THINK, SUPPOSE OR INDICATE **1.** [think] dire, penser / *I say you should leave* je pense que vous devriez partir / *what do you say we drive over* or *to driving over to see them?* que diriez-vous de prendre la voiture et d'aller les voir? / *what do you say?* [do you agree?] qu'en dites-vous? / *what will people say?* que vont dire les gens? / *what did they say to your offer?* qu'ont-ils dit de votre proposition? / *what would you say to a picnic?* que diriez-vous d'un pique-nique?, si on faisait un pique-nique? / *when would you say would be the best time for us to leave?* quel serait le meilleur moment pour partir, à votre avis? / *to look at them, you wouldn't say they were a day over forty* à les voir, on ne leur donnerait pas plus de quarante ans **2.** [suppose, assume] : *(let's) say your plan doesn't work, what then?* admettons que votre plan ne marche pas, qu'est-ce qui se passe? / *say he doesn't arrive, who will take his place?* si jamais il n'arrive pas, qui prendra sa place? / *look at, say, Jane Austen or George Eliot…* prends Jane Austen ou George Eliot, par exemple… / *come tomorrow, say after lunch* venez demain, disons or mettons après le déjeuner / *shall we say Sunday?* disons dimanche, d'accord? **3.** [indicate, register] indiquer, marquer / *the clock says 10.40* la pendule indique 10 h 40 / *the sign says 50 km* le panneau indique 50 km / *the gauge says 3.4* la jauge indique or marque 3,4 / *it says "shake well"* c'est marqué « bien agiter » / *the instructions say (to) open it out of doors* dans le mode d'emploi, on dit qu'il faut l'ouvrir dehors **4.** [express - subj: intonation, eyes] exprimer, marquer / *his expression said everything* son expression était très éloquente or en disait long / *that look says a lot* ce regard en dit long **5.** [mean] : *it's short, that's to say, about 20 pages* c'est court, ça fait 20 pages / *that's not to say I don't like it* cela ne veut pas dire que je ne l'aime pas.

◆ vi [tell] dire / *he won't say* il ne veut pas le dire / *I'd rather not say* je préfère ne rien dire / *I can't say exactly* je ne sais pas au juste / *it's not for me to say* **a)** [speak] ce n'est pas à moi de le dire **b)** [decide] ce n'est pas à moi de décider / *I can't say fairer than that* je ne peux pas mieux dire ▸ **I say! a)** [expressing surprise] eh bien! **b)** [to attract attention] dites! ▸ **you don't say!** *inf* sans blague!, ça alors!

◆ n ▸ **to have a say in sthg** avoir son mot à dire dans qqch / *I had no say in choosing the wallpaper* on ne m'a pas demandé mon avis pour le choix du papier peint / *we had little say in the matter* on ne nous a pas vraiment demandé notre avis ▸ **to have one's say** dire ce qu'on a à dire / *now you've had your say, let me have mine* maintenant que vous avez dit ce que vous aviez à dire, laissez-moi parler.

◆ interj US dites donc! / *say, aren't you June Naylor, the novelist?* dites donc, vous ne seriez pas June Naylor, la romancière?

❖ **when all's said and done** adv phr tout compte fait, au bout du compte.

SAYE n abbr of **save as you earn**.

saying ['seɪɪŋ] n dicton *m*, proverbe *m* ▸ **as the saying goes a)** [proverb] comme dit le proverbe **b)** [as we way] comme on dit.

say-so n UK **1.** [authorization] : *I'm not going without her say-so* je n'irai pas sans qu'elle m'y autorise or sans son accord / *he refused to do it without the boss's say-so* il a refusé de le faire sans avoir l'aval du patron / *you may open the box only on my say-so* n'ouvrez or vous ne pourrez ouvrir la boîte que lorsque je vous le dirai, n'ouvrez pas la boîte avant que je vous le dise **2.** [assertion] : *I won't believe it just on his say-so* ce n'est pas parce qu'il l'a dit que j'y crois.

SBA (abbr of **Small Business Administration**) pr n *organisme fédéral américain d'aide aux petites entreprises*.

SBS n abbr of **sick building syndrome**.

SC 1. written abbr of **South Carolina 2.** MESSAGING written abbr of **stay cool**.

S/C written abbr of **self-contained**.

scab [skæb] (*pt & pp* **scabbed**, *cont* **scabbing**) ◆ n **1.** MED [from cut, blister] croûte *f* **2.** BOT & ZOOL gale *f* **3.** *inf & pej* [strikebreaker] jaune *mf* **4.** *inf* [cad] crapule *f*, sale type *m*. ◆ vi **1.** MED former une croûte **2.** UK *inf & pej* briser une grève, refuser de faire grève.

scabbard ['skæbəd] n [for sword] fourreau *m* ; [for dagger, knife] gaine *f*, étui *m*.

scabbard-fish n sabre *m*.

scabby ['skæbɪ] (*compar* **scabbier**, *superl* **scabbiest**) adj **1.** MED [skin] croûteux, recouvert d'une croûte **2.** *inf & pej* [mean - person] mesquin ; [- attitude] moche.

scabies ['skeɪbiːz] n (*U*) gale *f*.

scabious ['skeɪbjəs] ◆ adj MED scabieux. ◆ n BOT scabieuse *f*.

scabrous ['skeɪbrəs] adj *liter* **1.** [joke, story] scabreux, osé ; [subject] scabreux, risqué **2.** [skin] rugueux, rêche.

scad [skæd] n **1.** (*pl* **scad** *or* **scads**) [fish] carangue *f*, chinchard *m* **2.** (*usu pl*) *inf* [lots] tas *m*, flopée *f* / *scads of apples* des tas de pommes.

scaffold ['skæfəʊld] n **1.** CONSTR échafaudage *m* **2.** [for execution] échafaud *m* ▸ **to go to the scaffold** monter à l'échafaud.

scaffolder ['skæfəldəʳ] n monteur *m* d'échafaudages.

scaffolding ['skæfəldɪŋ] n [framework] échafaudage *m*.

scag [skæg] n *drugs sl* héroïne *f*.

scalable font ['skeɪləbl-] n COMPUT police *f* vectorielle.

scalar ['skeɪləʳ] ◆ adj scalaire. ◆ n scalaire *m*.

scalawag ['skæləwæg] n US = **scallywag**.

scald [skɔ:ld] ◆ vt **1.** [hands, skin] ébouillanter / *I scalded myself with the milk* je me suis ébouillanté avec le lait / *the hot tea scalded my tongue* le thé bouillant m'a brûlé la langue **2.** CULIN [tomatoes] ébouillanter ; [milk] porter presque à ébullition **3.** [sterilize] stériliser. ◆ vi brûler. ◆ n brûlure *f* (*causée par un liquide, de la vapeur*) / *I got a nasty scald* je me suis bien ébouillanté.

scalding ['skɔ:ldɪŋ] ◆ adj **1.** [water] bouillant ; [metal, tea, soup, tears] brûlant **2.** [sun] brûlant ; [heat] suffocant, torride ; [weather] très chaud, torride **3.** [criticism] cinglant, acerbe. ◆ adv ▸ **scalding hot a)** [coffee] brûlant **b)** [weather] torride.

scale [skeɪl] ◆ n **1.** [of model, drawing] échelle *f* / *the sketch was drawn to scale* l'esquisse était à l'échelle / *the map is on a scale of 1 cm to 1 km* l'échelle de la carte est de 1 cm pour 1 km / *the scale of the map is 1 to 50,000* la carte est au 50 millième / *the drawing is out of scale* or *is not to scale* le croquis n'est pas à l'échelle **2.** [for measurement, evaluation] échelle *f* ; [of salaries, taxes] échelle *f*, barème *m* ; [of values] échelle *m* / *the social scale* l'échelle sociale / *at the top of the scale* en haut de l'échelle / *it all depends on your scale of values* tout dépend de votre échelle de valeurs ; [graduation] échelle *f* (graduée), graduation *f* ▸ **to be off the scale** or **to go off the scale** atteindre des niveaux extrêmes **3.** [extent] échelle *f*, étendue *f* ; [size] importance *f* / *the scale of the devastation* l'étendue des dégâts / *the sheer scale of the problem* l'ampleur même du problème ▸ **to do sthg on a large scale** faire qqch sur une grande échelle / *on an industrial scale* à l'échelle industrielle ▸ **economies of scale** économies d'échelle **4.** MUS gamme *f* ▸ **to practise** or **to do one's scales** faire ses gammes / *the scale of D major* la gamme de ré majeur **5.** [of fish, reptile] écaille *f* ; [of epidermis] squame *f* / *the scales fell from her eyes fig* les écailles lui sont tombées des yeux **6.** [in kettle, pipes] tartre *m*, (dépôt *m*) calcaire *m* ; [on teeth] tartre *m* **7.** [of paint, plaster, rust] écaille *f*, écaillure *f* **8.** [scale pan] plateau *m* (de balance) **9.** US [for weighing] pèse-personne *m*, balance *f*. ◆ vt **1.** [climb over - wall, fence] escalader **2.** [drawing] dessiner à l'échelle **3.** [test] graduer, pondérer **4.** [fish, paint] écailler ; [teeth, pipes] détartrer. ◆ vi [paint, rust] s'écailler ; [skin] peler.

❖ **scales** pl n [for food] balance *f* ; [for letters] pèse-lettre *m* ; [for babies] pèse-bébé *m* ; [public] bascule *f* ▸ **(a pair of) kitchen scales** une balance de cuisine ▸ **(a pair of) bathroom scales** un pèse-personne.

❖ **scale down** vt sep **1.** [drawing] réduire l'échelle de **2.** [figures, demands] réduire, baisser, diminuer / *production is being scaled down* on a entrepris de réduire la production.

❖ **scale off** ◆ vi [paint, rust] s'écailler. ◆ vt sep écailler.

❖ **scale up** vt sep **1.** [drawing] augmenter l'échelle de **2.** [figures, demands] réviser à la hausse, augmenter / *allowances were scaled up by 10%* les allocations ont été augmentées de 10 %.

scaled [skeɪld] adj [pipe, kettle, tooth] entartré.

scale drawing n dessin *m* à l'échelle.

scale model n [of car, plane] modèle *m* réduit ; [of buildings, town centre] maquette *f*.

scalene ['skeɪli:n] adj scalène.

scalepan ['skeɪlpæn] n plateau *m* de balance.

scallion ['skæljən] n US CULIN [spring onion] oignon *m* blanc ; [leek] poireau *m* ; [shallot] échalote *f*.

scallop ['skɒləp] ◆ vt **1.** CULIN [fish, vegetable] gratiner **2.** SEW [edge, hem] festonner. ◆ n CULIN & ZOOL coquille Saint-Jacques *f*.

❖ **scallops** pl n SEW festons *mpl*.

scalloped ['skɒləpt] adj **1.** CULIN ▸ **scalloped potatoes** *fines tranches de pommes de terre sautées ou cuites au four* **2.** SEW [edge, hem] festonné.

scallywag ['skælɪwæg] n **1.** *inf* [rascal] voyou *m*, coquin *m* **2.** US HIST *sudiste favorable à l'émancipation des Noirs (et par conséquent considéré comme un traître par les siens).*

scalp [skælp] ◆ n **1.** [top of head] cuir *m* chevelu **2.** [Indian trophy] scalp *m* **3.** *fig* [trophy] trophée *m* ; HUNT trophée *m* de chasse **4.** US *inf* [profit] petit profit *m*. ◆ vt **1.** [person, animal] scalper **2.** *inf* [tickets] vendre en réalisant un bénéfice substantiel ▸ **to scalp shares** or **securities** US boursicoter **3.** *inf* [cheat] arnaquer ▸ **to get scalped** se faire avoir or arnaquer **4.** US *inf* [defeat] battre à plate couture.

scalpel ['skælpəl] n scalpel *m*.

scalper ['skælpər] n US revendeur *m*, -euse *f* de tickets à la sauvette (*pour un concert, un match, etc.*).

scaly ['skeɪlɪ] (*compar* **scalier**, *superl* **scaliest**) adj [creature] écailleux ; [paint] écaillé ; [skin] squameux ; [pipe] entartré.

scam [skæm] ◆ n *v inf* escroquerie *f*, arnaque *f* ▸ **mail scam** arnaque *f* par mail. ◆ vi ▸ **to scam on sb** US *inf* [hit on] draguer qqn.

scamp [skæmp] n *inf* [child] garnement *m*, coquin *m*, -e *f* ; [rogue] voyou *m*.

scamper ['skæmpəʳ] ◆ vi **1.** [small animal] trottiner / *we could hear mice scampering around in the attic* on entendait des souris trottiner or qui trottinaient dans le grenier ; [children] gambader, galoper / *the kids scampered into the house / up the stairs* les gosses sont entrés dans la maison / ont monté l'escalier en courant **2.** *inf* [work quickly] : *I positively scampered through the book* j'ai lu le livre à toute vitesse. ◆ n trottinement *m*.

❖ **scamper about** vi [animal] courir or trottiner çà et là ; [children] gambader.

❖ **scamper away**, **scamper off** vi détaler, se sauver.

scampi ['skæmpɪ] n (*U*) scampi *mpl*.

scan [skæn] (*pt & pp* **scanned**, *cont* **scanning**) ◆ vt **1.** [look carefully at] scruter, fouiller du regard ; [read carefully] lire attentivement / *we scanned the horizon* nous avons scruté l'horizon / *the troops scanned the sky for enemy planes* les soldats scrutaient or observaient le ciel à la recherche d'avions ennemis / *I scanned her face for some reaction* j'ai scruté son visage pour y déceler quelque réaction **2.** [consult quickly - report, notes] lire en diagonale, parcourir rapidement ; [- magazine] feuilleter ; [- screen, image] balayer ; [- tape, memory] lire / *he scans the local papers for bargains* il parcourt le journal local à la recherche de bonnes affaires **3.** PHYS [spectrum] balayer, parcourir ; [subj: radar, searchlight] balayer **4.** MED examiner au scanner, faire une scanographie de **5.** ELECTRON & TV balayer **6.** LITER scander **7.** COMPUT scanner. ◆ vi LITER se scander / *this line doesn't scan* ce vers est faux. ◆ n **1.** MED scanographie *f*, examen *m* au scanner **2.** LITER scansion *f* **3.** ELECTRON & TV balayage *m*.

❖ **scan in** vt sep COMPUT insérer par scanneur.

scandal ['skændl] n **1.** [disgrace] scandale *m* / *the whole business is an absolute scandal!* toute cette affaire est absolument scandaleuse or est un véritable scandale ! ▸ **to cause a scandal** provoquer un scandale / *it would cause a dreadful scandal if the newspapers found out* cela provoquerait un horrible scandale si les journaux en entendaient parler / *it's a scandal that people like them should be let free* c'est scandaleux de laisser des gens pareils en liberté / *it's a national scandal* c'est une honte nationale or un scandale public **2.** (*U*) [gossip] ragots *mpl* ; [evil] médisance *f*, médisances *fpl*, calomnie *f* ▸ **to spread scandal about sb** répandre des ragots sur le compte de qqn / *this newspaper specializes in scandal* c'est un journal à scandale / *the latest society scandal* les derniers potins mondains / *a juicy bit of scandal* des ragots savoureux or croustillants.

scandalize, **scandalise** ['skændəlaɪz] vt scandaliser, choquer / *he was scandalized by what she said* il a été scandalisé par ses propos / *she's easily scandalized* elle se scandalise or s'indigne vite.

scandalmonger ['skændl,mʌŋgəʳ] n mauvaise langue *f*, colporteur *m*, -euse *f* de ragots.

scandalmongering ['skændl,mʌŋgərɪŋ] n (*U*) commérage *m*, médisance *f*.

scandalous ['skændələs] adj **1.** [conduct] scandaleux, choquant ; [news, price] scandaleux / *it's absolutely scandalous!* c'est un véritable scandale ! **2.** [gossip] calomnieux.

scandalously ['skændələslɪ] adv **1.** [act] scandaleusement **2.** [speak, write] de manière diffamatoire / *she gave a scandalously explicit account of their affair* elle a raconté leur liaison en termes si explicites que c'en était choquant.

scandal sheet n journal *m* à scandale.

Scandinavia [,skændɪ'neɪvjə] pr n Scandinavie *f* / *in Scandinavia* en Scandinavie.

Scandinavian [,skændɪ'neɪvjən] ◆ n **1.** [person] Scandinave *mf* **2.** LING scandinave *m*. ◆ adj scandinave.

scandium ['skændɪəm] n scandium *m*.

scanner ['skænəʳ] n **1.** MED & ELECTRON scanner *m* **2.** [for radar] antenne *f* **3.** COMPUT ▸ **(optical) scanner** scanner *m*.

scanning electron microscope ['skænɪŋ-] n microscope *m* électronique à balayage.

scansion ['skænʃn] n LITER scansion *f*.

scant [skænt] ◆ adj maigre ▸ **to pay scant attention to sb / sthg** ne prêter que peu d'attention à qqn / qqch / *she received scant praise* elle n'a reçu que de maigres louanges / *they showed scant regard for our feelings* ils ne se sont pas beaucoup souciés or ils se sont peu souciés de ce que nous pouvions ressentir / *a scant teaspoonful* une cuillerée à café rase. ◆ vt **1.** [skimp on] lésiner sur ; [restrict] restreindre **2.** [treat superficially] traiter de manière superficielle.

scantily ['skæntɪlɪ] adv [furnished] pauvrement, chichement ; [dressed] légèrement / *scantily clad bathing beauties* de belles baigneuses légèrement vêtues.

scantiness ['skæntɪnɪs] n [of meal] frugalité *f* ; [of crops] maigreur *f* ; [of knowledge] insuffisance *f* ; [of dress] légèreté *f*.

scanty ['skæntɪ] (*compar* **scantier**, *superl* **scantiest**) adj **1.** [small in number, quantity - meal, crops] maigre, peu abondant ; [- income, payment] maigre, modeste ; [- information, knowledge] maigre, limité ; [- applause] maigre, peu fourni ; [- audience] clairsemé ; [- praise, aid] limité **2.** [brief - clothing] léger / *she was wearing only a scanty negligee* elle ne portait qu'un négligé qui ne cachait pas grand-chose *hum*.

scapegoat ['skeɪpgəʊt] n bouc *m* émissaire.

scapegrace ['skeɪpgreɪs] n UK voyou *m*, vaurien *m*.

scapolite ['skæpə,laɪt] n scapolite *f*, wernérite *f*.

scapula ['skæpjʊlə] (*pl* **scapulas** *or* **scapulae** [-li:]) n omoplate *f*.

scapular ['skæpjʊləʳ] ◆ adj scapulaire. ◆ n scapulaire *m*.

scar [skɑ:ʳ] (*pt & pp* **scarred**, *cont* **scarring**) ◆ n **1.** [from wound, surgery] cicatrice *f* ; [from deep cut on face] balafre *f* **2.** *fig* [on land, painted surface, tree] cicatrice *f*, marque *f* ; [emotional] cicatrice *f* / *the scars of battle* les traces de la bataille / *the mine was like an ugly scar on the landscape* la mine déparait terriblement le paysage **3.** [rock] rocher *m* escarpé ; [in river] écueil *m*. ◆ vt **1.** [skin, face] laisser une cicatrice sur / *his hands were badly scarred* il avait sur les mains de profondes cicatrices / *smallpox had scarred his face* il avait le visage grêlé par la variole **2.** *fig* [surface] marquer

/ *the paintwork was badly scarred* la peinture était tout éraflée ; [emotionally] marquer / *she was permanently scarred by the experience* cette expérience l'avait marquée pour la vie. ◆ vi [form scar] se cicatriser ; [leave scar] laisser une cicatrice.

❖ **scar over** vi [form scar] former une cicatrice ; [close up] se cicatriser.

scarab ['skærəb] n scarabée *m*.

Scaramouche [ˌskærə'muːʃ] pr n Scaramouche.

scarce ['skeəs] ◆ adj [rare] rare ; [infrequent] peu fréquent ; [in short supply] peu abondant / *sugar is scarce at the moment* il y a une pénurie de sucre en ce moment ▶ **to become scarce** se faire rare / *water is becoming scarce* l'eau commence à manquer / *rain is scarce in this region* il ne pleut pas souvent dans cette région ▶ **to make o.s. scarce a)** *inf* [run away] se sauver, décamper **b)** [get out] débarrasser le plancher / *can you make yourself scarce for half an hour?* peux-tu disparaître pendant une demi-heure ? ◆ adv *liter* à peine / *I could scarce believe my eyes* j'en croyais à peine mes yeux.

scarcely ['skeəslɪ] adv **1.** [no sooner] à peine / *we had scarcely begun* or *scarcely had we begun when the bell rang* nous avions tout juste commencé quand or à peine avions-nous commencé que la cloche a sonné **2.** [barely] : *he scarcely spoke to me* c'est tout juste s'il m'a adressé la parole / *we scarcely saw her* nous l'avons à peine vue / *she's scarcely more than a child* elle n'est encore qu'une enfant / *scarcely any* presque pas de / *scarcely anybody* presque personne / *scarcely anything* presque rien / *I know scarcely any of those people* je ne connais pratiquement personne parmi ces gens or pratiquement aucune de ces personnes / *he has scarcely any hair left* il n'a presque plus de cheveux / *they were scarcely ever together* ils n'étaient presque jamais ensemble **3.** [indicating difficulty] à peine, tout juste / *I could scarcely tell his mother, now could I!* je ne pouvais quand même pas le dire à sa mère, non ? / *I scarcely know where to begin* je ne sais pas trop par où commencer / *I can scarcely wait* je bous d'impatience / *I can scarcely wait to meet her* j'ai hâte de la rencontrer / *I can scarcely believe what you're saying* j'ai du mal à croire ce que vous dites.

scarceness ['skeəsnɪs] = scarcity.

scarcity ['skeəsətɪ] (*pl* **scarcities**) n [rarity] rareté *f* ; [lack] manque *m* ; [shortage] manque *m*, pénurie *f* / *there is a scarcity of new talent today* les nouveaux talents se font rares / *the scarcity of food* le manque de vivres, la disette.

scarcity value n valeur *f* de rareté / *the book has a high scarcity value* ce livre vaut cher parce qu'il est pratiquement introuvable or parce qu'il n'en existe que très peu d'exemplaires.

scare [skeəʳ] ◆ vt effrayer, faire peur à / *thunder really scares me* le tonnerre me fait vraiment très peur / *you'll scare her* vous allez lui faire peur or l'effrayer ▶ **to scare sb stiff** *inf* : *the film scared me stiff!* le film m'a flanqué une de ces frousses ! ▶ **to scare the wits** or **the living daylights** or **the life out of sb** *inf* flanquer une peur bleue or une trouille pas possible à qqn ▶ **to scare the hell** *inf* or **the shit** *vulg* **out of sb** : *he scared the hell out of me* il m'a foutu les jetons. ◆ vi s'effrayer, prendre peur / *he scares easily* il a peur de tout, un rien l'effraie / *I don't scare easily* je ne suis pas peureux. ◆ n **1.** [fright] peur *f*, frayeur *f* ▶ **to give sb a scare** effrayer qqn, faire peur à qqn **2.** [alert] alerte *f* ; [rumour] bruit *m* alarmiste, rumeur *f* ▶ **a takeover scare** des rumeurs concernant une possible OPA ▶ **a bomb / fire scare** une alerte à la bombe / au feu ▶ **beef / poultry scare** alerte *f* alimentaire à propos du bœuf / du poulet. ◆ comp [sensational - headlines] alarmiste.

❖ **scare away**, **scare off** vt sep [bird, customer] faire fuir.

❖ **scare up** vt sep US *inf* dénicher.

scarecrow ['skeəkrəʊ] n [for birds] épouvantail *m* ; *fig* [person - thin] squelette *m* ; [- badly dressed] épouvantail *m*.

scared ['skeəd] adj [frightened] effrayé ; [nervous] craintif, peureux ▶ **to be scared (of sthg)** avoir peur (de qqch) / *he was scared to ask* il avait peur de demander / *he's scared of being told off / that she might tell him off* il craint de se faire gronder / qu'elle ne le gronde ▶ **to be scared stiff** *inf* or **to death** *inf* avoir une peur bleue / *I was scared out of my wits!* *inf* j'étais mort de peur ! ▶ **to run like a scared rabbit** courir comme un dératé.

> Note that avoir peur que and craindre que are followed by a verb in the subjunctive, usually preceded by ne:
> **I'm scared he might get angry if I tell him.** *J'ai peur qu'il ne se mette en colère si je le lui dis.*
> **I'm scared they might have got lost.** *Je crains qu'ils ne se soient perdus.*

scaredy cat ['skeədɪ-] n *inf* froussard *m*, -e *f*.

scaremonger ['skeəˌmʌŋgəʳ] n alarmiste *mf*.

scaremongering ['skeəˌmʌŋgrɪŋ] n alarmisme *m*.

scare story n histoire *f* pour faire peur.

scarey ['skeərɪ] = scary.

scarf [skɑːf] ◆ n **1.** (*pl* **scarfs** *or* **scarves** [skɑːvz]) [long] écharpe *f* ; [headscarf, cravat] foulard *m* **2.** (*pl* **scarfs**) ▶ **scarf (join)** enture *f*, assemblage *m* à mi-bois **3.** CONSTR [cut] entaille *f*. ◆ vt CONSTR **1.** [join] joindre par enture **2.** [cut] entailler.

❖ **scarf down** vt sep US *inf* [eat] avaler.

Scarface ['skɑːfeɪs] pr n le Balafré.

scarify ['skeərɪfaɪ] (*pt & pp* **scarified**) vt **1.** AGR & MED scarifier **2.** *inf* [frighten] donner la frousse à.

scarlatina [ˌskɑːlə'tiːnə] n (*U*) MED scarlatine *f*.

scarlet ['skɑːlət] ◆ adj [gen] écarlate ; [face - from illness, effort] cramoisi ; [- from shame] écarlate, cramoisi. ◆ n écarlate *f*.

scarlet fever n (*U*) scarlatine *f*.

scarlet pimpernel n BOT mouron *m* rouge / **'The Scarlet Pimpernel'** *Orczy* 'le Mouron rouge'.

scarlet runner n UK haricot *m* (à rames).

scarlet woman n UK *hum* femme *f* de mauvaise vie.

scarp [skɑːp] n escarpement *m*.

scarped [skɑːpt] adj escarpé, abrupt.

scarper ['skɑːpəʳ] vi UK *inf* déguerpir, se barrer ▶ **scarper!** fichez le camp !

SCART socket n prise *f* Péritel.

scar tissue n tissu *m* cicatriciel.

scarves [skɑːvz] pl ⟶ scarf.

scary ['skeərɪ] (*compar* **scarier**, *superl* **scariest**) adj *inf* **1.** [frightening - place, person] effrayant ; [- story] qui donne le frisson **2.** [fearful] peureux.

scat [skæt] (*pt & pp* **scatted**, *cont* **scatting**) ◆ vi *inf* [go away] se sauver, ficher le camp ▶ **scat!** allez, ouste ! ◆ n MUS scat *m*.

scathing ['skeɪðɪŋ] adj [criticism, remark] caustique, cinglant ▶ **to give sb a scathing look** foudroyer qqn du regard / *he can be very scathing* il sait se montrer acerbe or cinglant.

scathingly ['skeɪðɪŋlɪ] adv [retort, criticize] de manière cinglante / *she refers to him scathingly as "the toad"* elle l'appelle méchamment « le crapaud ».

scatological [ˌskætə'lɒdʒɪkl] adj scatologique.

scatology [skæ'tɒlədʒɪ] n scatologie *f*.

scatter ['skætəʳ] ◆ vt **1.** [strew] éparpiller, disperser / *don't scatter your toys all over the room* n'éparpille pas tes jouets partout dans la pièce / *papers had been scattered all over the desk* le bureau était jonché or couvert de papiers **2.** [spread] répandre ; [sprinkle] saupoudrer / *she scattered crumbs for the birds* elle a jeté des miettes de pain aux oiseaux / *to scatter seeds* semer des graines à la volée **3.** [disperse - crowd, mob] disperser ; [- enemy] mettre en fuite ; [- clouds] dissiper, disperser / *my friends are scattered all over the world* mes amis sont dispersés aux quatre coins du monde or un peu partout dans le monde **4.** PHYS [light] disperser. ◆ vi **1.** [people, clouds] se disperser / *they told us to scatter* ils nous ont dit de partir **2.** [beads, papers] s'éparpiller. ◆ n **1.** [of rice, bullets] pluie *f* / *a scatter of farms on the hillside* quelques fermes éparpillées à flanc de coteau **2.** [in statistics] dispersion *f*.

❖ **scatter about** UK, **scatter around** vt sep éparpiller.

scatter bomb n obus *m* à mitraille, shrapnel *m*, shrapnell *m*.

scatterbrain ['skætəbreɪn] n tête *f* de linotte, étourdi *m*, -e *f*.

scatterbrained ['skætəbreɪnd] adj écervelé, étourdi.

scatter cushion n petit coussin *m*.

scattered ['skætəd] adj **1.** [strewn] éparpillé / *papers / toys lying scattered all over the floor* des papiers / des jouets éparpillés par terre / *the table was scattered with empty cups* il y avait des tasses vides éparpillées sur la table **2.** [sprinkled] parsemé / *the tablecloth was scattered with crumbs* la nappe était parsemée de miettes **3.** [dispersed - population] dispersé, disséminé ; [- clouds] épars ; [- villages, houses] épars ; [- light] diffus ; [- fortune] dissipé / *she tried to collect her scattered thoughts* elle essaya de mettre de l'ordre dans ses idées ▶ **scattered showers** averses *fpl* intermittentes **4.** US = scatterbrained.

scatter-gun n fusil *m* de chasse.

scattering ['skætərɪŋ] n **1.** [small number] : *a scattering of followers* une poignée d'adeptes / *there was a scattering of farms* il y avait quelques fermes çà et là **2.** [dispersion] dispersion *f*.

scatter rug n petit tapis *m*, carpette *f*.

scattiness ['skætɪnɪs] n *inf* [forgetfulness] étourderie *f* ; [silliness] sottise *f*.

scatty ['skætɪ] (*compar* **scattier**, *superl* **scattiest**) adj *inf* [forgetful] étourdi, écervelé ; [silly] bêta (bêtasse).

scavenge ['skævɪndʒ] ◆ vi **1.** [bird, animal] ▶ **to scavenge (for food)** chercher sa nourriture **2.** [person] : *if you haven't got any tools, you'll have to scavenge* si vous n'avez pas d'outils, il va falloir en récupérer à droite et à gauche / *he was scavenging among the dustbins* il fouillait dans or faisait les poubelles. ◆ vt **1.** [material, metals] récupérer / *he managed to scavenge a meal* il a finalement trouvé quelque chose à se mettre sous la dent **2.** [streets] nettoyer.

scavenger ['skævɪndʒəʳ] n **1.** ZOOL charognard *m* **2.** [salvager] ramasseur *m* d'épaves ; [in rubbish] pilleur *m* de poubelles **3.** UK [street cleaner] éboueur *m*.

scavenger hunt n ≃ chasse *f* au trésor.

scenario [sɪ'nɑːrɪəʊ] (*pl* **scenarios**) n scénario *m*.

scenarist [UK 'siːnərɪst US sɪ'nɑːrɪst] n scénariste *mf*.

scene [siːn] n **1.** [sphere of activity, milieu] scène *f*, situation *f* / *the world political scene* la scène politique internationale / *she's a newcomer on* or *to the sports scene* c'est une nouvelle venue sur la scène sportive or dans le monde du sport / *the drug scene* le monde de la drogue / *she came on the scene just when we needed her* elle est arrivée juste au moment où nous avions besoin d'elle / *he disappeared from the scene for a few years* il a disparu de la circulation or de la scène pendant quelques années **2.** CIN & THEAT [in film] scène *f*, séquence *f* ; [in play] scène *f* / *the murder / love scene* la scène du meurtre / d'amour / *Act IV scene 2* Acte IV scène 2 ▶ **to set the scene** planter le décor / *the scene is set* or *takes place in Bombay* la scène se passe or l'action se déroule à Bombay ▶ **behind the scenes** en coulisses / *the scene was set for the arms negotiations* *fig* tout était prêt pour les négociations sur les armements **3.** [place, spot] lieu *m*, lieux *mpl*, endroit *m* / *the scene of the disaster* l'endroit où s'est produite la catastrophe / *the scene of the crime* le lieu du crime / *the police were soon on the scene* la police est rapidement arrivée sur les lieux or sur place / *I was first on the scene* j'étais le premier présent or le premier sur les lieux ▶ **to arrive on the scene** arriver sur les lieux ▶ **scene of operations** MIL théâtre *m* des opérations **4.** [image] scène *f*, spectacle *m* ; [incident] scène *f*, incident *m* / *scenes of horror / violence* scènes d'horreur / de violence / *scenes from* or *of village life* scènes de la vie villageoise / *just picture* *the scene* essayez de vous représenter la scène / *there were some nasty scenes at the match* il y a eu des incidents violents lors du match / *a scene of married bliss* une scène de bonheur conjugal ; [view] spectacle *m*, perspective *f*, vue *f* / *a scene of calm beauty lay before us* nous avions devant nous un paysage d'une beauté paisible / *a change of scene will do you good* un changement d'air or de décor vous fera du bien ; ART tableau *m*, scène *f* / *city / country scenes* scènes de ville / champêtres **5.** [fuss, row] scène *f* ▸ **to make a scene** faire une scène ▸ **to have a scene with sb** se disputer avec qqn / *he made an awful scene about it* il en a fait toute une histoire **6.** *inf* [favourite activity] : *jazz isn't really my scene* le jazz, ça n'est pas vraiment mon truc.

scene change n changement *m* de décors.

scene designer n décorateur *m*, -trice *f* de théâtre.

scene dock n case *f* à décor or décors.

scenery ['si:nərɪ] n **1.** [natural setting] paysage *m* / *mountain scenery* paysage de montagne / *I was admiring the scenery* j'admirais le paysage / *the scenery round here is lovely* les paysages sont très beaux par ici / *we drove through picturesque scenery* nous avons traversé des paysages très pittoresques / *she needs a change of scenery fig* elle a besoin de changer de décor or d'air **2.** THEAT décor *m*, décors *mpl*.

sceneshifter ['si:n,ʃɪftər] n THEAT machiniste *m*.

scenic ['si:nɪk] adj **1.** [surroundings] pittoresque / *let's take the scenic route* prenons la route touristique **2.** ART & THEAT scénique.

scenic railway n **1.** [for tourists] petit train *m* (touristique) **2.** [in fairground] montagnes *fpl* russes.

scenographer [si:'nɒgrəfər] n scénographe *mf*.

scenography [si:'nɒgrəfɪ] n **1.** THEAT scénographie *f* **2.** ART dessin *m* en perspective.

scent [sent] ◆ n **1.** [smell] parfum *m*, odeur *f* / *the scent of new-mown hay* l'odeur du foin fraîchement fauché / *the scent of polished wood* le parfum or l'odeur de bois ciré **2.** HUNT [of animal] fumet *m* ; [of person] odeur *f* ; [track] trace *f*, piste *f* / *the hounds are on the scent* or *have picked up the scent of a fox* les chiens sont sur la trace d'un renard or ont dépisté un renard / *they've lost the scent* ils ont perdu la piste ▸ **to put** or **to throw sb off the scent** semer qqn / *we're on the scent of a major scandal* nous flairons un gros scandale **3.** UK [perfume] parfum *m*. ◆ vt **1.** [smell - prey] flairer ; [detect - danger, treachery] flairer, subodorer **2.** [perfume] parfumer / *scented notepaper* papier *m* à lettres parfumé.

scentless ['sentlɪs] adj [odourless - substance] inodore ; [- flower] sans parfum.

scepter US = sceptre.

sceptic UK, **skeptic** US ['skeptɪk] ◆ adj sceptique. ◆ n sceptique *mf*.

sceptical UK, **skeptical** US ['skeptɪkl] adj sceptique.

sceptically UK, **skeptically** US ['skeptɪklɪ] adv avec scepticisme.

scepticism UK, **skepticism** US ['skeptɪsɪzm] n scepticisme *m*.

sceptre UK, **scepter** US ['septər] n sceptre *m*.

sceptred ['septəd] adj UK *liter* : *this sceptred isle* *expression tirée de 'Richard III', de Shakespeare, et servant aujourd'hui à désigner la Grande-Bretagne sur un ton lyrique, parfois nationaliste.*

SCF pr n abbr of **Save the Children Fund.**

schadenfreude ['ʃɑ:dən,frɔɪdə] n *joie maligne qu'on éprouve face au malheur d'autrui.*

schedule UK 'ʃedju:l US 'skedʒʊl] ◆ n **1.** [programme] programme *m* ; [calendar] programme *m*, calendrier *m* ; [timetable] programme *m*, emploi *m* du temps ; [plan] prévisions *fpl*, plan *m* / *I have a busy schedule* **a)** [for visit] j'ai un programme chargé **b)** [in general] j'ai un emploi du temps chargé **c)** [over period] j'ai un calendrier chargé / *everything went according to schedule* tout s'est déroulé comme prévu / *the work was carried out according to schedule* le travail a été effectué selon les prévisions / *we are on schedule* or *up to schedule* nous sommes dans les temps / *our work is ahead of / behind schedule* nous sommes en avance / en retard dans notre travail / *the bridge was opened on / ahead of schedule* le pont a été ouvert à la date prévue / en avance sur la date prévue / *the doors opened on schedule* les portes se sont ouvertes à l'heure prévue / *a schedule was agreed for the work* on s'est mis d'accord sur un programme de travail or un planning pour le travail ▸ **to fall behind schedule** prendre du retard sur les prévisions de travail **2.** [timetable - for transport] horaire *m* / *the train is on / is running behind schedule* le train est à l'heure / a du retard **3.** [list - of prices] barème *m* ; [- of contents] inventaire *m* ; [- of payments] échéancier *m* ; [for taxes] rôle *m* ▸ **schedule of charges** tarifs *mpl* **4.** LAW [annexe] annexe *f*, avenant *m*. ◆ vt **1.** [plan - event] fixer la date or l'heure de ; [- appointment] fixer / *the meeting was scheduled for 3 o'clock / Wednesday* la réunion était prévue pour 15 heures / mercredi / *the plane was scheduled to touch down at 18.45* il était prévu que l'avion arrive or l'arrivée de l'avion était prévue à 18 h 45 / *the building is scheduled for demolition* il est prévu que le bâtiment soit démoli / *she wasn't scheduled to arrive until Sunday* elle ne devait pas arriver or il n'était pas prévu qu'elle arrive avant dimanche / *which day is the film scheduled for?* quel jour a été retenu pour le film ? / *it's scheduled for Saturday* il est programmé pour samedi / *you aren't scheduled to sing until later* d'après le programme, vous devez chanter plus tard (dans la soirée) **2.** [period, work, series] organiser / *to schedule one's time* aménager or organiser son temps / *to schedule a morning* établir l'emploi du temps d'une matinée / *our whole week is scheduled* notre programme or emploi du temps pour cette semaine est déjà établi / *that lunch hour is already scheduled* ce déjeuner est déjà réservé / *to schedule one's reading* se faire un plan de lecture **3.** [topic, item] inscrire / *it's scheduled as a topic for the next meeting* c'est inscrit à l'ordre du jour de la prochaine réunion **4.** UK ADMIN [monument] classer.

scheduled UK 'ʃedju:ld US 'skedʒʊld] adj **1.** [planned] prévu / *at the scheduled time* à l'heure prévue / *he didn't make his scheduled speech* il n'a pas prononcé le discours qu'il avait prévu / *we announce a change to our scheduled programmes* TV nous annonçons une modification de nos programmes **2.** [regular - flight] régulier ; [- stop, change] habituel **3.** [official - prices] tarifé **4.** UK ADMIN ▸ **scheduled building** bâtiment *m* classé (monument historique) ▸ **the scheduled territories** la zone sterling **5.** [privileged] ▸ **scheduled castes** castes qui ont droit à certains privilèges *(en Inde)*.

scheduling UK 'ʃedju:lɪŋ US 'skedʒu:lɪŋ] n TV & RADIO programmation *f* ▸ **scheduling director** TV & RADIO directeur *m*, -trice *f* des programmes.

scheelite ['ʃi:laɪt] n scheelite *f*.

Scheherazade [ʃə,herə'zɑ:d] pr n Shéhérazade.

schema ['ski:mə] (*pl* **schemata** [-mətə]) n **1.** [diagram] schéma *m* **2.** PHILOS & PSYCHOL schème *m*.

schematic [skɪ'mætɪk] ◆ adj schématique. ◆ n schéma *m*.

scheme [ski:m] ◆ n **1.** [plan] plan *m*, projet *m* / *a scheme for helping the homeless* un projet pour aider les sans-abri / *a scheme for new investment* un plan or projet pour de nouveaux investissements / *a scheme to get rich quick* un procédé pour s'enrichir rapidement / *he's always dreaming up mad schemes for entertaining the children* il a toujours des idées lumineuses pour distraire les enfants ▸ **the scheme of things** l'ordre des choses / *where does he fit into the scheme of things?* quel rôle joue-t-il dans cette affaire ? / *it just doesn't fit into her scheme of things* cela n'entre pas dans sa conception des choses **2.** [plot] intrigue *f*, complot *m* ; [unscrupulous] procédé *m* malhonnête / *their little scheme didn't work* leur petit complot a échoué **3.** UK ADMIN plan *m*, système *m* / *the firm has a profit-sharing / a pension scheme* l'entreprise a un système de participation aux bénéfices / un régime de retraites complémentaires / *the unions would not agree to the new productivity scheme* les syndicats ont refusé d'accepter or ont rejeté le nouveau plan de productivité / *government unemployment schemes* plans antichômage du gouvernement ▸ **National Savings Scheme** ≃ Caisse *f* nationale d'épargne **4.** [arrangement] disposition *f*, schéma *m*. ◆ vi intriguer ▸ **to scheme to do sthg** projeter de faire qqch / *they schemed against the general* ils ont comploté contre le général. ◆ vt combiner, manigancer.

schemer ['ski:mər] n intrigant *m*, -e *f* ; [in conspiracy] conspirateur *m*, -trice *f*.

scheming ['ski:mɪŋ] ◆ n *(U)* intrigues *fpl*, machinations *fpl*. ◆ adj intrigant, conspirateur.

schism ['sɪzm or 'skɪzm] n schisme *m*.

schismatic [sɪz'mætɪk or skɪz'mætɪk] ◆ adj schismatique. ◆ n schismatique *mf*.

schist [ʃɪst] n schiste *m*.

schist oil n huile *f* de schiste.

schizo ['skɪtsəʊ] (*pl* **schizos**) *v inf* ◆ adj schizophrène, schizo. ◆ n schizophrène *mf*, schizo *mf*.

schizoid ['skɪtsɔɪd] ◆ adj schizoïde. ◆ n schizoïde *mf*.

schizophrenia [,skɪtsə'fri:njə] n schizophrénie *f* / *to suffer from schizophrenia* être atteint de schizophrénie, être schizophrène.

schizophrenic [,skɪtsə'frenɪk] ◆ adj schizophrène. ◆ n schizophrène *mf*.

schlemiel, schlemihl [ʃlə'mi:l] n US *v inf* pauvre type *m* or mec *m*.

schlep(p) [ʃlep] (*pt & pp* **schlepped**, *cont* **schlepping**) US *v inf* ◆ vt trimbaler / *I've got to schlepp all this stuff over to the office* il faut que je trimballe or transbahute tous ces trucs au bureau. ◆ vi ▸ **to schlepp (around)** se trimbaler. ◆ n crétin *m*, -e *f*.

Schleswig-Holstein ['ʃlezvɪg'hɒlstaɪn] pr n Schleswig-Holstein *m* / *in Schleswig-Holstein* dans le Schleswig-Holstein.

schlock [ʃlɒk] *v inf* ◆ n **1.** [junk] camelote *f* **2.** US [lazy person] flemmard *m*, -e *f*. ◆ adj en toc.

schlong [ʃlɒŋ] n US *vulg* pine *f*.

schmal(t)z [ʃmɔ:lts] n *inf* sentimentalité *f*.

schmal(t)zy ['ʃmɔ:ltsɪ] adj *inf* à l'eau de rose.

schmuck [ʃmʌk] n US *v inf* connard *m*.

schnap(p)s [ʃnæps] (*pl* **schnap(p)s**) n schnaps *m*.

schnauzer ['ʃnaʊtsər] n [dog] schnauzer *m*.

schnitzel ['ʃnɪtsəl] n côtelette *f* de veau.

schnoodle ['ʃnu:dl] n *croisement de schnauzer et de caniche.*

schnorkel ['ʃnɔ:kl] UK = **snorkel.**

schnozzle [ʃnɒzl] n US *inf* pif *m*, tarin *m*.

scholar ['skɒlər] n **1.** [academic] érudit *m*, -e *f*, savant *m* ; [specialist] spécialiste *mf* ; [intellectual] intellectuel *m*, -elle *f* / *an Egyptian scholar* un spécialiste de l'Égypte / *I'm not much of a scholar* je ne suis pas très savant **2.** [holder of grant] boursier *m*, -ère *f* **3.** *dated* [pupil] élève *mf* / *she's a poor / good scholar* c'est une mauvaise / bonne élève.

scholarly ['skɒləlɪ] adj **1.** [person] érudit, cultivé **2.** [article, work] savant **3.** [approach] rigoureux, scientifique **4.** [circle] universitaire.

scholarship ['skɒləʃɪp] n **1.** SCH & UNIV [grant] bourse *f* / *to win a scholarship to Stanford* obtenir une bourse pour Stanford *(sur concours)* ▸ **scholarship student** or **holder** boursier *m*, -ère *f* **2.** [knowledge] savoir *m*, érudition *f*.

scholastic [skə'læstɪk] ◆ adj **1.** [ability, record, supplier] scolaire ; [profession] d'enseignant ; [competition] inter-écoles ▸ **scholastic agency** agence *f* de placement (pour enseignants) **2.** [philosophy, approach, argument] scolastique. ◆ n scolastique *m*.

scholasticism [skə'læstɪsɪzm] n scolastique *f*.

school [sku:l] ◆ n **1.** [educational establishment] école *f*, établissement *m* scolaire ; [secondary school - to age 15] collège *m* ; [- 15 to 18] lycée *m* ▸ **to go to school** aller à l'école or au collège or au lycée ▸ **to be at** or **in school** être à l'école or en classe ▸ **to go back to school** **a)** [after illness] reprendre l'école **b)** [after holidays] rentrer ▸ **to send one's children to school** envoyer ses enfants à l'école / *parents have a duty to send their children to school* les parents ont le devoir d'envoyer leurs enfants à l'école or de scolariser leurs enfants / *what are you going to do when you leave school?* qu'est-ce que tu comptes faire quand tu auras quitté l'école or fini ta scolarité ? / *I was at school with him* j'étais en classe avec lui, c'était un de mes camarades de classe / *to go skiing / sailing with the school* ≃ aller en classe de neige / de mer / *television for schools* télévision *f* scolaire ; [classes] école *f*, classe *f*, classes *fpl*, cours *mpl* / *there's no school today* il n'y a pas (d')école or il n'y a pas classe aujourd'hui / *school starts at nine* l'école commence or les cours commencent à 9 h / *school starts back next week* c'est la rentrée (scolaire or des classes) la semaine prochaine / *see you after school* on se voit après l'école or la classe ; [pupils] école *f* / *the whole school is* or *are invited* toute l'école est invitée ; *fig* école *f* ▸ **the school of life** l'école de la vie ▸ **to go to the school of hard knocks** : *I went to the school of hard knocks* j'ai été à rude école ▸ **schools broadcasting** émissions *fpl* scolaires / **'The School for Scandal'** *Sheridan* 'l'École de la médisance' **2.** [institute] école *f*, académie *f* ▸ **school of dance, dancing school** académie or école de danse ▸ **school of music a)** [gen] école de musique **b)** [superior level] conservatoire *m* ▸ **school of motoring** auto-école *f*, école *f* de conduite **3.** UNIV [department] département *m*, institut *m* ; [faculty] faculté *f* ; [college] collège *m* ; US [university] université *f* ▸ **school of medicine** faculté de médecine ▸ **London School of Economics** *prestigieux établissement universitaire dépendant de l'Université de Londres, spécialisé dans l'économie et les sciences politiques* / *she's at law school* elle fait des études de droit, elle fait son droit ; [at Oxbridge] salle *f* d'examens ▸ **history schools** examens finals or finaux d'histoire **4.** [of art, literature] école *f* / *a doctor of the old school fig* un médecin de la vieille école or de la vieille garde / *the Florentine / classical school* l'école florentine / classique ▸ **school of thought a)** *lit* école *f* de pensée **b)** *fig* théorie *f* **5.** [training session] stage *m* / *a two-day school for doctors* un stage de deux jours pour les médecins **6.** HIST ▸ **the Schools** l'École *f*, la scolastique **7.** [of fish, porpoise] banc *m*. ◆ comp [doctor, report] scolaire ▸ **school day** journée *f* scolaire or d'école ▸ **school dinners** repas *mpl* servis à la cantine (de l'école) ▸ **school fees** frais *mpl* de scolarité ▸ **school governor** UK membre *m* du conseil de gestion de l'école ▸ **school milk** *lait offert aux élèves dans le primaire.* ◆ vt **1.** [send to school] envoyer à l'école, scolariser **2.** [train -person] entraîner ; [-animal] dresser / *to be schooled in monetary / military matters* être rompu aux questions monétaires / militaires / *she schooled herself to listen to what others said* elle a appris à écouter (ce que disent) les autres / *she is well schooled in diplomacy* elle a une bonne formation diplomatique.

Comprehensive schools

Les **comprehensive schools** furent établies en Grande-Bretagne au cours des années 1960 et 1970 par les gouvernements travailliste et conservateur. Elles devaient remplacer le système bipolaire des **grammar schools** (l'équivalent des lycées) et **secondary moderns** (l'équivalent des CES) qui ne profitait qu'à une minorité d'élèves. En accueillant dans un même établissement des élèves de tous les niveaux de compétence, les **comprehensives** ont réalisé d'assez bons résultats sur le plan social et éducatif. Cependant, leur caractère souvent impersonnel (beaucoup d'entre elles comptant plus de 1 000 élèves) et leur tendance à refléter les problèmes sociaux du milieu environnant ont suscité de vives critiques de la part des parents et des enseignants. On évolue aujourd'hui vers un système qui se caractérisera par un plus grand éventail d'écoles diverses, mais où le recrutement sélectif aura fait sa réapparition.

school age n âge *m* scolaire ▸ **school-age children** des enfants d'âge scolaire.

schoolbag ['sku:lbæg] n cartable *m*.

schoolbook ['sku:lbʊk] n livre *m* or manuel *m* scolaire.

schoolboy ['sku:lbɔɪ] n écolier *m* ▸ **schoolboy slang** argot *m* scolaire.

school bus n car *m* de ramassage scolaire.

schoolchild ['sku:ltʃaɪld] (*pl* **schoolchildren** [-tʃɪldrən]) n écolier *m*, -ère *f*.

schooldays ['sku:ldeɪz] pl n années *fpl* d'école.

school district n *aux États-Unis, autorité locale décisionnaire dans le domaine de l'enseignement primaire et secondaire.*

schoolfellow ['sku:l,feləʊ] n camarade *m* or copain *m* de classe.

schoolgirl ['sku:lgɜ:l] ◆ n écolière *f*. ◆ comp ▸ **schoolgirl complexion** teint *m* de jeune fille ▸ **schoolgirl crush** : *she had the usual schoolgirl crush on the gym teacher* comme toutes les filles de son âge, elle était tombée amoureuse de son prof de gym.

school holiday n jour *m* de congé scolaire / *tomorrow is a school holiday* il n'y a pas école or classe or cours demain / *during the school holidays* pendant les vacances or congés scolaires.

school hours pl n heures *fpl* de classe or d'école / *in school hours* pendant les heures de classe / *out of school hours* en dehors des heures de classe.

schoolhouse ['sku:lhaʊs] (*pl* [-haʊzɪz]) n école *f* (du village).

schooling ['sku:lɪŋ] n **1.** [education] instruction *f*, éducation *f* ; [enrolment at school] scolarité *f* / *I haven't had much schooling* je ne suis pas allé longtemps à l'école, je ne suis pas très instruit / *schooling is compulsory* la scolarité est obligatoire **2.** [of horse] dressage *m*.

schoolkid ['sku:lkɪd] n *inf* écolier *m*, -ère *f* / *he's only a schoolkid* ce n'est qu'un gosse.

school-leaver [-,li:vər] n UK *jeune qui entre dans la vie active à la fin de sa scolarité.*

school-leaving age [-'li:vɪŋ-] n fin *f* de la scolarité obligatoire / *the school-leaving age was raised to 16* l'âge légal de fin de scolarité a été porté à 16 ans.

schoolma'am, schoolmarm ['sku:lmɑ:m] n *inf* **1.** *hum* [teacher] maîtresse *f* d'école **2.** UK *pej* [prim woman] bégueule *f*.

schoolman ['sku:lmən] (*pl* **schoolmen** [-mən]) n HIST & PHILOS scolastique *m*.

schoolmarmish ['sku:lmɑ:mɪʃ] adj UK *inf & pej* : *she's very schoolmarmish* elle fait très maîtresse d'école.

schoolmaster ['sku:l,mɑ:stər] n UK [at primary school] maître *m*, instituteur *m* ; [at secondary school] professeur *m*.

schoolmate ['sku:lmeɪt] n camarade *mf* d'école.

schoolmistress ['sku:l,mɪstrɪs] n UK [primary school] maîtresse *f*, institutrice *f* ; [secondary school] professeur *m*.

schoolroom ['sku:lrʊm] n (salle *f* de) classe *f*.

school run n UK ▸ **to do the school run** emmener les enfants à l'école.

schoolteacher ['sku:l,ti:tʃər] n [at any level] enseignant *m*, -e *f* ; [at primary school] instituteur *m*, -trice *f* ; [at secondary school] professeur *m*.

schoolteaching ['sku:l,ti:tʃɪŋ] n enseignement *m*.

school tie n *cravate propre à une école et faisant partie de l'uniforme.*

schooltime ['sku:ltaɪm] n [school hours] heures *fpl* d'école ; [outside holidays] année *f* scolaire.

school uniform n uniforme *m* scolaire.

schoolwork ['sku:lwɜ:k] n *(U)* travail *m* scolaire ; [at home] devoirs *mpl*, travail *m* à la maison.

school year n année *f* scolaire / *my school years* ma scolarité, mes années d'école / *the school year runs from September to July* l'année scolaire dure de septembre à juillet.

schooner ['sku:nər] n **1.** NAUT schooner *m* **2.** [for sherry, beer] grand verre *m* / *a schooner of sherry* un verre de xérès.

schtuk [ʃtʊk] n : UK *inf to be in schtuk* être dans le pétrin, être dans la panade.

schtum [ʃtʊm] adj : UK *inf to keep schtum* ne pas piper mot.

Schubert ['ʃu:bət] pr n Schubert.

schuss [ʃʊs] ◆ n schuss *m*. ◆ vi descendre tout schuss.

schwa [ʃwɑ:] n [in phonetics] schwa *m*.

sciatic [saɪ'ætɪk] adj sciatique ▸ **sciatic nerve** nerf *m* sciatique.

sciatica [saɪ'ætɪkə] n *(U)* sciatique *f*.

science ['saɪəns] ◆ n *(U)* [gen] science *f*, sciences *fpl* / *modern science* la science moderne / *she studied science* elle a fait des études de science or scientifiques / *I've always been interested in science* j'ai toujours été intéressé par les sciences ; [branch] science *f* / *farming is becoming more and more of a science* l'agriculture devient de plus en plus scientifique. ◆ comp [exam] de science ; [teacher] de science, de sciences ; [student] en sciences ; [lab, subject] scientifique.

science fiction n science-fiction *f*.

science park n parc *m* scientifique.

scientific [,saɪən'tɪfɪk] adj **1.** [research, expedition] scientifique / *on scientific principles* selon des principes scientifiques **2.** [precise, strict] scientifique, rigoureux.

scientifically [,saɪən'tɪfɪklɪ] adv scientifiquement, de manière scientifique / *scientifically speaking* d'un or du point de vue scientifique.

scientism ['saɪəntɪzm] n PHILOS scientisme *m*.

scientist ['saɪəntɪst] n [worker] scientifique *m* ; [academic] scientifique *mf*, savant *m*.

Scientologist [,saɪən'tɒlədʒɪst] n scientologiste *mf*.

Scientology® [,saɪən'tɒlədʒɪ] n RELIG scientologie *f*.

sci-fi [,saɪ'faɪ] n *inf* abbr of **science fiction.**

scilicet ['saɪlɪset] adv *fml* à savoir, c'est-à-dire.

Scilly Isles ['sɪlɪ-], **Scillies** ['sɪlɪz] pl pr n ▸ **the Scilly Isles** les îles *fpl* Sorlingues / *in the Scilly Isles* aux îles Sorlingues.

scimitar ['sɪmɪtər] n cimeterre *m*.

scintilla [sɪn'tɪlə] n : *there is not a scintilla of doubt that...* il n'y a pas le moindre doute or il ne fait pas l'ombre d'un doute que...

scintillate ['sɪntɪleɪt] vi [stars] scintiller, briller ; *fig* [person -in conversation] briller, être brillant ▸ **to scintillate with wit** briller par son esprit, pétiller d'esprit.

scintillating ['sɪntɪleɪtɪŋ] adj [conversation, wit] brillant, pétillant, étincelant ; [person, personality] brillant.

scintillation [,sɪntɪ'leɪʃn] n scintillation *f*.

scion ['saɪən] n **1.** *liter* [descendant] descendant *m*, -e *f* **2.** BOT scion *m*.

Scipio ['skɪpɪəʊ] pr n Scipion.

scission ['sɪʃn] n scission *f*.

scissor ['sɪzər] vt couper avec des ciseaux.

❖ **scissors** pl n ▸ **(a pair of) scissors** (une paire de) ciseaux *mpl*.

scissors-and-paste adj ▸ **it's just a scissors-and-paste job** c'est du montage.

scissors hold n SPORT ciseau *m*.

scissors jump n SPORT saut *m* en ciseaux, ciseau *m*.

scissors kick n SPORT ciseau *m*.

sclerosis [sklə'rəʊsɪs] n *(U)* BOT & MED & *fig* sclérose *f*.

sclerotic [sklə'rɒtɪk] adj **1.** MED sclérosé **2.** BOT scléreux, sclérosé.

SCNR MESSAGING **written abbr of sorry, could not resist.**

scoff [skɒf] ◆ vi **1.** [mock] se moquer, être méprisant / *they scoffed at my efforts / ideas* ils se sont moqués de mes efforts / idées / *don't scoff, I'm serious* ne te moque pas de moi, je parle sérieusement **2.** *inf* [eat] s'empiffrer. ◆ vt UK *inf* [eat] bouffer, s'empiffrer de / *he scoffed the whole packet* il s'est enfilé tout le paquet / *don't scoff your food like that* ne t'empiffre pas comme ça.

scoffer ['skɒfər] n railleur *m*, -euse *f*.

scoffing ['skɒfɪŋ] ◆ n moquerie *f*, sarcasme *m*. ◆ adj railleur, sarcastique.

scofflaw [skɒflɔ:] n US grugeur *m*, filou *m*.

scold [skəʊld] ◆ vt gronder, réprimander / *we were scolded* or *we got scolded for giggling in class* on s'est fait gronder pour avoir pouffé de rire or parce qu'on avait pouffé de rire en classe. ◆ vi rouspéter. ◆ n *arch* chipie *f*, mégère *f*.

scolding ['skəʊldɪŋ] n gronderie *f*, gronderies *fpl*, réprimande *f*, réprimandes *fpl* ▸ **to give sb a scolding for doing sthg** gronder qqn pour avoir fait qqch / *he got a good scolding from his mother for lying* il s'est fait attraper par sa mère pour avoir menti.

scoliosis [,skəʊlɪ'əʊsɪs] n scoliose *f*.

scollop ['skɒləp] = **scallop**.

sconce [skɒns] n **1.** [with handle] bougeoir *m* **2.** [on wall] applique *f*.

scone [skɒn] n scone *m* *(petit pain rond)* ▸ **cheese scone** scone au fromage.

scoop [sku:p] ◆ n **1.** PRESS scoop *m*, exclusivité *f* ▸ **to get** or **to make a scoop** faire un scoop / *the paper got a scoop on the story* le journal a publié la nouvelle en exclusivité **2.** [utensil, ladle - for ice-cream, potatoes] cuillère *f* à boule ; [- for flour, grain] pelle *f* ; [- for water] écope *f* ; [on crane, dredger] pelle *f* ; [on bulldozer] lame *f* **3.** [amount scooped - of ice-cream, potatoes] boule *f* ; [- of flour, grain] pelletée *f* ; [- of earth, rocks] pelletée *f* **4.** UK *inf* FIN [profit] bénéfice *m* (important) ▸ **to make a scoop** faire un gros bénéfice. ◆ vt **1.** [take, measure, put] prendre (avec une mesure) / *to scoop flour / grain from a bin* prendre de la farine / du grain dans un tonneau / *the ice-cream was scooped into a dish* on a mis la glace dans un plat (à l'aide d'une cuillère) / *she scooped the papers into her case* elle a ramassé les journaux dans sa mallette / *we had to scoop the water out of the barrel* nous avons dû vider le tonneau avec un récipient / *she scooped the grain out of the bucket* elle a pris le grain dans le seau à l'aide d'une mesure ; [serve] servir (avec une cuillère) / *he scooped the potatoes onto my plate* il m'a servi des pommes de terre **2.** FIN [market] s'emparer de ; [competitor] devancer / *they scooped a big profit* ils ont ramassé un gros bénéfice ▸ **to scoop the field** or **the pool** *fig* tout rafler **3.** PRESS [story] publier en exclusivité ; [competitor] publier avant, devancer.

❖ **scoop out** vt sep **1.** [take - with scoop] prendre (avec une cuillère) ; [- with hands] prendre (avec les mains) **2.** [hollow - wood, earth] creuser ; [empty, remove] vider / *scoop out the tomatoes* épépinez or égrenez les tomates / *scoop out the flesh from the grapefruit* évidez le pamplemousse.

❖ **scoop up** vt sep **1.** [take, pick up - in scoop] prendre or ramasser à l'aide d'une pelle or d'un récipient ; [- in hands] prendre or ramasser dans les mains / *the gangsters scooped the money up and jumped into the car* les gangsters ont ramassé l'argent et ont sauté dans la voiture / *she scooped the papers up in her arms* elle a ramassé une brassée de journaux **2.** [gather together] entasser / *can you scoop up the spilt beans?* pouvez-vous faire un tas avec les haricots qui ont été renversés ?

scoopful ['sku:pfʊl] n pelletée *f*.

scoop neck n décolleté *m*.

scoot [sku:t] *inf* ◆ vi filer / *the children scooted across the fields / up the stairs* les enfants ont filé à travers champs / ont monté les escaliers à toute vitesse ▸ **to scoot over** [move over] se pousser, se décaler ▸ **scoot!** fichez le camp !, allez, ouste ! ◆ n ▸ **to make a scoot for it** UK prendre ses jambes à son cou.

❖ **scoot away, scoot off** vi *inf* filer.

scooter ['sku:tər] n **1.** [child's] trottinette *f* **2.** [moped] ▸ **(motor) scooter** scooter *m* **3.** US [ice yacht] yacht *m* à glace.

scope [skəʊp] n **1.** [range] étendue *f*, portée *f* ; [limits] limites *fpl* / *what is the scope of the enquiry?* jusqu'où portent or vont les ramifications de l'enquête ? / *does the matter fall within the scope of the law?* est-ce que l'affaire tombe sous le coup de la loi ? / *it is beyond the scope of this study / of my powers* cela dépasse le cadre de cette étude / de mes compétences / *to extend the scope of one's activities / of an enquiry* élargir le champ de ses activités / le cadre d'une enquête / *the book is too narrow in scope* le livre est d'une portée trop limitée ; [size, extent - of change] étendue *f* ; [- of undertaking] étendue *f*, envergure *f* / *it's a venture of unusual scope* c'est une entreprise d'une envergure exceptionnelle **2.** [opportunity, room] occasion *f*, possibilité *f* / *there's plenty of scope for development / for improvement* les possibilités de développement / d'amélioration ne manquent pas / *the job gave him full / little scope to demonstrate his talents* son travail lui fournissait de nombreuses / peu d'occasions de montrer ses talents / *I'd like a job with more scope* j'aimerais un poste qui me donne plus de perspectives d'évolution **3.** *inf* [telescope] télescope *m* ; [microscope] microscope *m* ; [periscope] périscope *m*.

❖ **scope out** vt sep US [look at] observer / *I'm going to scope out the neighborhood and find a good restaurant* je vais repérer un peu le quartier pour essayer de trouver un bon restaurant.

scorbutic [skɔ:'bju:tɪk] adj scorbutique.

scorch [skɔ:tʃ] ◆ vt **1.** [with iron - clothing, linen] roussir, brûler légèrement ; [with heat - skin] brûler ; [- meat] brûler, carboniser ; [- woodwork] brûler, marquer **2.** [grass, vegetation - with sun] roussir, dessécher ; [- with fire] brûler **3.** *inf* [criticize] éreinter. ◆ vi **1.** [linen] roussir **2.** UK *inf* [in car] filer à toute allure ; [on bike] pédaler comme un fou or à fond de train / *we were soon scorching along at over 100 mph* nous filions bientôt à plus de 160 à l'heure. ◆ n [on linen] marque *f* de roussi ; [on hand, furniture] brûlure *f* / *there's a scorch (mark) on my shirt* ma chemise a été roussie / *the cigarette has left a scorch (mark) on the table* la cigarette a fait une marque de brûlure sur la table.

scorched-earth policy n politique *f* de la terre brûlée.

scorcher ['skɔ:tʃər] n *inf* **1.** [hot day] journée *f* torride / *yesterday was a real scorcher* hier c'était une vraie fournaise **2.** [something exciting, fast, etc.] : *this film is a scorcher* ce film est absolument génial / *she's a real scorcher* c'est une fille superbe.

scorching ['skɔ:tʃɪŋ] ◆ adj **1.** [weather, tea, surface] brûlant / *the sun is scorching* il fait un soleil de plomb **2.** [criticism] cinglant **3.** *inf* [of speed] : *the car does a scorching 120 mph* la voiture file à 190 à l'heure. ◆ adv : *a scorching hot day* une journée torride.

score [skɔ:r] ◆ n **1.** SPORT score *m* ; CARDS points *mpl* / *the score was five-nil* le score était de cinq à zéro / *there was still no score at half-time* à la mi-temps, aucun but n'avait encore été marqué ▸ **to make a high score a)** FOOT marquer de nombreux buts **b)** CARDS & GAMES faire beaucoup de points ▸ **to keep the score a)** GAMES compter or marquer les points **b)** SPORT tenir le score **c)** [on scorecard] tenir la marque ; [in exam, test - mark] note *f* ; [- result] résultat *m* ▸ **to get a good score** obtenir une bonne note ▸ **the final score a)** FOOT le score final **b)** [gen & CARDS] le résultat final ▸ **what's the score? a)** FOOT quel est le score ? **b)** [gen & CARDS] on a marqué combien de points ? **c)** [in tennis] où en est le jeu ? **d)** *fig* on en est où ? ▸ **to know the score** *inf* connaître le topo **2.** *fig* [advantage - in debate] avantage *m*, points *mpl* ▸ **to make a score off an opponent** marquer des points sur son adversaire **3.** [debt] compte *m* / *I prefer to forget old scores* je préfère oublier les vieilles histoires **4.** [subject, cause] sujet *m*, titre *m* / *don't worry on that score* ne vous inquiétez pas à ce sujet / *he deserved to be rejected on more than one score* il méritait d'être refusé à plus d'un titre / *on what score was I turned down?* à quel titre or sous quel prétexte ai-je été refusé ? **5.** [twenty] vingtaine *f* / *three score and ten* *arch* soixante-dix ; [many] : *scores of people* beaucoup de gens / *I've told you scores of times* je vous l'ai dit des centaines de fois / *motorbikes by the score* des motos par dizaines **6.** MUS partition *f* ; CIN & THEAT musique *f* / *Cleo wrote the (film) score* Cleo est l'auteur de la musique (du film) ▸ **to follow the score** suivre (sur) la partition **7.** [mark - on furniture] rayure *f* ; [notch, deep cut] entaille *f* ; [in leather] entaille *f*, incision *f* ; GEOL strie *f*. ◆ vt **1.** SPORT [goal, point] marquer / *to score 5 goals / 50 points for one's team* marquer 5 buts / 50 points pour son équipe ▸ **to score a hit a)** [with bullet, arrow, bomb] atteindre la cible **b)** [in fencing] toucher **c)** *fig* réussir / *the bomber scored a direct hit* le bombardier a visé en plein sur la cible ▸ **to score a success** remporter un succès ; [in test, exam - marks] obtenir / *she scored the highest mark* elle a obtenu or eu la note la plus élevée / *he's always trying to score points off me* *fig* il essaie toujours d'avoir le dessus avec moi **2.** [scratch] érafler ; [make shallow cut in - paper] marquer ; [- rock] strier ; [- pastry, meat] inciser, faire des incisions dans **3.** MUS [symphony, opera] orchestrer / *the piece is scored for six trombones / treble voices* le morceau est écrit pour six trombones / pour soprano ; CIN & THEAT composer la musique de **4.** US [grade, mark - test] noter. ◆ vi **1.** SPORT [team, player] marquer un point or des points ; FOOT marquer un but or des buts ; [scorekeeper] marquer les points / *the team didn't score* l'équipe n'a pas marqué / *would you mind scoring for us?* vous voulez bien marquer les points pour nous ? ; [in test] ▸ **to score high / low** obtenir un bon / mauvais score **2.** [succeed] avoir du succès, réussir / *he certainly scores with the girls* il a du succès auprès des filles, c'est sûr / *that's where we score* c'est là que nous l'emportons, c'est là que nous avons l'avantage **3.** *v inf* [sexually] avoir une touche / *did you score?* tu as réussi à tomber une fille ? **4.** *drugs sl* [get drugs] se procurer de la drogue.

❖ **score off** ◆ vt insep prendre l'avantage sur, marquer des points sur. ◆ vt sep rayer, barrer.

❖ **score over** vt insep **1.** = **score off** *(vt insep)* **2.** [be more successful than] avoir l'avantage sur.

❖ **score out, score through** vt sep biffer, barrer.

❖ **score up** vt sep **1.** [subj: team, player] marquer **2.** [debt] marquer, noter.

scoreboard ['skɔ:bɔ:d] n tableau *m* d'affichage *(du score)*.

scorecard ['skɔ:kɑ:d] n **1.** [for score - in game] fiche *f* de marque or de score ; [- in golf] carte *f* de parcours **2.** [list of players] liste *f* des joueurs.

score draw n FOOT match *m* nul *(où chaque équipe a marqué)*.

scorekeeper ['skɔ:,ki:pər] n marqueur *m*, -euse *f*.

scoreline ['skɔ:laɪn] n score *m*.

scorer ['skɔ:rər] n **1.** FOOT [regularly] buteur *m* ; [of goal] marqueur *m* / *Watkins was the scorer* c'est Watkins qui a marqué le but **2.** [scorekeeper] marqueur *m*, -euse *f* **3.** [in test, exam] : *the highest scorer* le candidat qui obtient le meilleur score.

scoresheet ['skɔ:ʃi:t] n feuille *f* de match.

scoria ['skɔ:rɪə] *(pl* **scoriae** [-rɪi:]) n scorie *f*.

scoring ['skɔ:rɪŋ] n *(U)* **1.** [of goals] marquage *m* d'un but ; [number scored] buts *mpl* (marqués) / *the scoring was fairly slow* [in cricket] l'attente était assez longue entre chaque point **2.** CARDS & GAMES [scorekeeping] marquage *m* des points, marque *f* ; [points scored] points *mpl* marqués / *I'm not sure about the scoring* je ne suis pas sûr de la manière dont on marque les points **3.** [scratching] rayures *fpl*, éraflures *fpl* ; [notching] entaille *f*, entailles *fpl* ; GEOL striage *m* **4.** MUS [orchestration] orchestration *f* ; [arrangement] arrangement *m* ; [composition] écriture *f*.

scorn [skɔ:n] ◆ n **1.** [contempt] mépris *m*, dédain *m* / *I feel nothing but scorn for them* ils ne m'inspirent que du mépris **2.** [object of derision] (objet *m* de) risée *f* / *she was the scorn of the whole school* elle était la risée de toute l'école. ◆ vt **1.** [be contemptuous of] mépriser **2.** [reject - advice, warning] rejeter, refuser d'écouter ; [- idea] rejeter ; [- help] refuser, dédaigner / *she scorned to answer* *liter* elle n'a pas daigné répondre.

scornful ['skɔ:nfʊl] adj dédaigneux, méprisant / *she's rather scornful about* or *of my ideas* elle manifeste un certain mépris envers mes idées.

scornfully ['skɔ:nfʊlɪ] adv avec mépris, dédaigneusement / *they looked at us scornfully* ils nous ont regardés avec dédain or d'un air méprisant / *"of course not", he said scornfully* « bien sûr que non », dit-il d'un ton méprisant.

Scorpio ['skɔ:pɪəʊ] ◆ pr n ASTROL & ASTRON Scorpion *m*. ◆ n : *he's a Scorpio* il est Scorpion.

scorpion ['skɔ:pjən] n ZOOL scorpion *m*.

scorpion fish n rascasse *f*, scorpène *f spec*.

Scot [skɒt] n Écossais *m*, -e *f* ▸ **the Scots** les Écossais.

scotch [skɒtʃ] vt **1.** [suppress - revolt, strike] mettre fin à, réprimer, étouffer ; [- rumour] étouffer / *we'll have to scotch that idea* il faudra abandonner cette idée **2.** [hamper - plans] entraver, contrecarrer **3.** [block - wheel] caler.

Scotch [skɒtʃ] ◆ n [whisky] scotch *m* / *a glass of Scotch* un verre de scotch. ◆ pl n [people] ▸ **the Scotch** les Écossais *mpl*. ◆ adj écossais.

Scotch broth n *soupe écossaise à base de légumes et d'orge perlée.*

Scotch egg n *œuf dur entouré de chair à saucisse et enrobé de chapelure.*

Scotch mist n bruine *f*.

Scotch pancake n *crêpe épaisse.*

Scotch pine n pin *m* sylvestre.

Scotch tape® n US Scotch® *m*.

❖ **scotch-tape** vt scotcher.

Scotch terrier = **Scottish terrier**.

Scotch whisky n scotch *m*, whisky *m* écossais.

scoter (duck) ['skəʊtə] n macreuse *f*.

scot-free adj impuni ▸ **to get off** or **be let off scot-free** : *they were let off scot-free* on les a relâchés sans les punir.

Scotland ['skɒtlənd] pr n Écosse *f* / *in Scotland* en Écosse.

Scotland Yard pr n *ancien nom du siège de la police à Londres (aujourd'hui New Scotland Yard).*

Scots [skɒts] ◆ n [language - Gaelic] écossais *m*, erse *m* ; [- Lallans] anglais *m* d'Écosse. ◆ adj [accent, law, etc.] écossais / *do you know the Scots language?* connaissez-vous l'écossais ?

Scots Greys pl pr n ▸ **the Scots Greys** *régiment écossais de l'armée britannique.*

Scotsman ['skɒtsmən] (*pl* **Scotsmen** [-mən]) n Écossais *m* ▸ **the Scotsman** PRESS *un des grands quotidiens écossais.*

Scots pine n pin *m* sylvestre.

Scotswoman ['skɒtswʊmən] (*pl* **Scotswomen** [-ˌwɪmɪn]) n Écossaise *f*.

Scotticism ['skɒtɪsɪzm] n expression *f* propre à l'anglais d'Écosse.

scottie ['skɒtɪ] = **Scottish terrier**.

Scottish ['skɒtɪʃ] ◆ n LING écossais *m*. ◆ pl n ▸ **the Scottish** les Écossais *mpl*. ◆ adj écossais.

Scottish Gaelic n LING gaélique *m* d'Écosse, erse *m*.

Scottish National Party pr n *parti indépendantiste écossais fondé en 1934.*

Scottish Office pr n *ministère des affaires écossaises, basé à Édimbourg.*

Scottish terrier n scottish-terrier *m*, scotch-terrier *m*.

scotty ['skɒtɪ] (*pl* **scotties**) = **Scottish terrier**.

scoundrel ['skaʊndrəl] n bandit *m*, vaurien *m* ; [child] vilain *m*, -e *f*, coquin *m*, -e *f* / *come here you little scoundrel!* viens ici, petit coquin or vaurien !

scour ['skaʊəʳ] ◆ vt **1.** [clean - pan] récurer ; [- metal surface] décaper ; [- floor] lessiver, frotter ; [- tank] vidanger, purger **2.** [scratch] rayer **3.** [subj: water, erosion] creuser / *the rain water had scoured a deep channel in the hillside* l'eau de pluie avait creusé une profonde rigole sur le flanc de la colline **4.** [search - area] ratisser, fouiller / *the surrounding countryside was scoured for the missing girl* on a ratissé or fouillé la campagne environnante pour retrouver la jeune fille disparue / *the police spent the weekend scouring the woods* la police a passé le week-end à battre les bois / *I've scoured the whole library looking for her* j'ai fouillé toute la bibliothèque pour la trouver. ◆ n : *give the pans a good scour* récurez bien les casseroles / *the sink could do with a scour* l'évier aurait bien besoin d'être récuré.

❖ **scour about** vi UK battre la campagne / *they scoured about after* or *for a red car* ils ont parcouru toute la région à la recherche d'une voiture rouge.

❖ **scour away** vt sep éroder, emporter par érosion.

❖ **scour off** vt sep enlever (à l'aide d'un tampon à récurer).

❖ **scour through** = **scour** *(vt).*

scourer ['skaʊərəʳ] n tampon *m* à récurer.

scourge [skɜ:dʒ] ◆ n **1.** [bane] fléau *m* / *the scourge of war / of disease* le fléau de la guerre / de la maladie / *pollution is the scourge of the century* la pollution est le fléau de ce siècle **2.** [person] peste *f* **3.** [whip] fouet *m*. ◆ vt **1.** [afflict] ravager **2.** [whip] fouetter.

scouring pad ['skaʊərɪŋ-] n tampon *m* à récurer.

scouring powder n poudre *f* à récurer.

scourings ['skaʊərɪŋz] pl n résidu *m* (de récurage).

Scouse [skaʊs] UK *inf* ◆ n **1.** [person] *surnom donné aux habitants de Liverpool* **2.** [dialect] *dialecte de la région de Liverpool.* ◆ adj de Liverpool.

scout [skaʊt] ◆ n **1.** [boy] scout *m*, éclaireur *m* ; [girl] scoute *f*, éclaireuse *f* / *he's a good scout* US c'est un chouette or brave type ▸ **scout's honour** parole *f* de scout **2.** MIL [searcher] éclaireur *m* ; [watchman] sentinelle *f*, guetteur *m* ; [ship] vedette *f* ; [aircraft] avion *m* de reconnaissance **3.** [for players, models, dancers] dénicheur *m* de vedettes **4.** [exploration] tour *m* ▸ **to have** or **to take a scout around** (aller) reconnaître le terrain **5.** UK AUTO [patrolman] dépanneur *m*. ◆ comp [knife, uniform] (de) scout, d'éclaireur ▸ **scout camp** camp *m* scout ▸ **the scout movement** le mouvement scout, le scoutisme. ◆ vt [area] explorer ; MIL reconnaître ▸ **to scout (out) a trail** reconnaître une piste. ◆ vi partir en reconnaissance / *he used to scout for the cavalry* il était éclaireur dans or il effectuait des missions de reconnaissance pour la cavalerie.

❖ **scout about** UK, **scout around** vi explorer les lieux ; MIL partir en reconnaissance ▸ **to scout about for an excuse** chercher un prétexte.

❖ **Scout** = **scout**.

scout car n scout-car *m*.

scouting ['skaʊtɪŋ] n **1.** [movement] ▸ **scouting, Scouting** scoutisme *m* **2.** MIL reconnaissance *f*.

scoutmaster ['skaʊtˌmɑ:stəʳ] n chef *m* scout.

scow [skaʊ] n NAUT chaland *m*.

scowl [skaʊl] ◆ n [angry] mine *f* renfrognée or hargneuse, air *m* renfrogné ; [threatening] air *m* menaçant / *judging from his scowl, I gathered he had lost* à (en juger par) son air renfrogné, j'ai compris qu'il avait perdu / *she had an angry scowl on her face* la colère se lisait sur son visage / *of course not, she said with a scowl* bien sûr que non, dit-elle d'un air renfrogné. ◆ vi [angrily] se renfrogner, faire la grimace ; [threateningly] prendre un air menaçant ▸ **to scowl at sb** jeter un regard mauvais à qqn.

scowling ['skaʊlɪŋ] adj [face] renfrogné, hargneux / *he fell silent, a scowling look on his face* il s'est tu, l'air renfrogné.

SCR (abbr of **senior common room**) n UK **1.** [room] *salle des étudiants de 3e cycle* **2.** [students] *expression désignant l'ensemble des étudiants de 3e cycle.*

Scrabble® ['skræbl] n Scrabble® *m* / *do you fancy a game of Scrabble?* tu veux faire un Scrabble ?

scrabble ['skræbl] ◆ vi **1.** [search] : *she was scrabbling in the grass for the keys* elle cherchait les clés à tâtons dans l'herbe / *the man was scrabbling for a handhold on the cliff face* l'homme cherchait désespérément une prise sur la paroi de la falaise **2.** [scrape] gratter **3.** [scuffle] ▸ **to scrabble with sb for sthg** lutter avec qqn pour s'emparer de qqch. ◆ n [scramble] : *there was a wild scrabble for the food* les gens se ruèrent sur la nourriture.

❖ **scrabble about** UK, **scrabble around** vi [grope] fouiller, tâtonner / *I had to scrabble about in the drawer for a bit of string* j'ai dû fouiller dans le tiroir pour trouver un bout de ficelle / *she was scrabbling about on all fours looking for her contact lens* à quatre pattes, elle cherchait à tâtons son verre de contact.

scrag [skræg] (*pt & pp* **scragged**, *cont* **scragging**) ◆ n **1.** [person] personne *f* très maigre ; [horse] haridelle *f* **2.** [neck] cou *m* **3.** = **scrag end**. ◆ vt *inf* tordre le cou à.

scrag end n UK CULIN collet *m (de mouton ou de veau).*

scraggy ['skrægɪ] (*compar* **scraggier**, *superl* **scraggiest**) adj **1.** [thin - neck, person] efflanqué, maigre, décharné ; [- horse, cat] efflanqué, étique *liter* **2.** [jagged] déchiqueté.

scram [skræm] (*pt & pp* **scrammed**, *cont* **scramming**) ◆ vi **1.** [get out] déguerpir, ficher le camp / *scram, all of you!* fichez-moi tous le camp ! **2.** [reactor] être arrêté d'urgence. ◆ vt [reactor] arrêter d'urgence. ◆ n [of reactor] arrêt *m* d'urgence.

scramble ['skræmbl] ◆ vi **1.** [verb of movement - hurriedly or with difficulty] : *they scrambled for shelter* ils se sont précipités pour se mettre à l'abri / *he scrambled into a diving suit* il a enfilé à la hâte une combinaison de plongée / *he scrambled to his feet* il s'est levé précipitamment ▸ **to scramble away** s'enfuir à toutes jambes ▸ **to scramble down** dégringoler ▸ **to scramble up** grimper avec difficulté / *she scrambled out of the path of the bus* elle a tout juste eu le temps de s'écarter pour ne pas être renversée par le bus / *I had to scramble over three rows of seats* j'ai dû escalader trois rangées de sièges / *to scramble over rocks* escalader des rochers en s'aidant des mains / *the soldiers scrambled up the hill* les soldats ont escaladé la colline tant bien que mal **2.** [scrabble, fight] : *to scramble for seats* se bousculer pour trouver une place assise, se ruer sur les places assises / *everyone was scrambling to get to the telephones* tout le monde se ruait vers les téléphones / *young people are having to scramble for jobs* les jeunes doivent se battre or se démener pour trouver un boulot **3.** AERON & MIL décoller sur-le-champ **4.** SPORT ▸ **to go scrambling** faire du trial. ◆ vt **1.** RADIO & TELEC brouiller **2.** [jumble] mélanger **3.** AERON & MIL ordonner le décollage immédiat de **4.** CULIN [eggs] brouiller / *I'll scramble some eggs* je vais faire des œufs brouillés. ◆ n **1.** [rush] bousculade *f*, ruée *f* / *my glasses were broken in the scramble to get out* mes lunettes ont été cassées dans la ruée vers la sortie / *there was a scramble for seats* **a)** *lit* on s'est bousculé pour avoir une place assise, on s'est rué sur les places assises **b)** [for tickets] on s'est arraché les places / *there was a scramble for the door* tout le monde s'est rué vers la porte / *a scramble for profits / for jobs* une course effrénée au profit / à l'emploi **2.** SPORT [on motorbikes] course *f* de trial **3.** AERON & MIL décollage *m* immédiat **4.** [in rock climbing] grimpée *f* à quatre pattes.

scrambled eggs pl n, **scrambled egg** n ['skræmbld-] œufs *mpl* brouillés.

scrambler ['skræmbləʳ] n RADIO & TELEC brouilleur *m*.

scrambling ['skræmblɪŋ] n **1.** UK SPORT trial *m* **2.** [in rock climbing] grimpée *f* à quatre pattes.

scrap [skræp] (*pt & pp* **scrapped**, *cont* **scrapping**) ◆ n **1.** [small piece - of paper, cloth] bout *m* ; [- of bread, cheese] petit bout *m* ; [- of conversation] bribe *f* / *he left a few scraps of poetry* il a laissé quelques vers / *scraps of news / of information* des bribes de nouvelles / d'informations / *there isn't a scrap of truth in the story* il n'y a pas une parcelle de vérité or il n'y a absolument rien de vrai dans cette histoire / *it didn't do me a scrap of good* **a)** [action] cela ne m'a servi absolument à rien **b)** [medicine] cela ne m'a fait aucun bien / *what I say won't make a scrap of difference* ce que je dirai ne changera rien du tout **2.** [waste] : *we sold the car for scrap* on a vendu la voiture à la ferraille or à la casse / *it has no value even as scrap* même à la casse, ça ne vaut rien ▸ **scrap (metal)** ferraille *f* **3.** *inf* [fight] bagarre *f*

▸ **to get into** or **to have a scrap with sb** se bagarrer avec qqn. ◆ comp [value] de ferraille ▸ **scrap lead** plomb *m* de récupération ▸ **scrap iron** or **metal** ferraille *f* ▸ **scrap merchant** UK ferrailleur *m* ▸ **scrap (metal) dealer** ferrailleur *m*. ◆ vt **1.** [discard - shoes, furniture] jeter ; [- idea, plans] renoncer à, abandonner ; [- system] abandonner, mettre au rancart ; [- machinery] mettre au rebut or au rancart / *you can scrap the whole idea* vous pouvez laisser tomber or abandonner cette idée **2.** [send for scrap - car, ship] envoyer or mettre à la ferraille or à la casse. ◆ vi *inf* [fight] se bagarrer.

❖ **scraps** pl n [food] restes *mpl* ; [fragments] débris *mpl*.

scrapbook ['skræpbʊk] n album *m* (*de coupures de journaux, de photos, etc.*).

scrape [skreɪp] ◆ vt **1.** [rasp, rub - boots, saucepan, earth] gratter, racler ; [- tools] gratter, décaper ; [- vegetables, windows] gratter / *scrape the mud off your shoes* enlève or gratte la boue de tes chaussures / *I spent the afternoon scraping the paint off the door* j'ai passé l'après-midi à gratter la peinture de la porte ▸ **to scrape sthg clean / smooth** gratter qqch pour qu'il soit propre / lisse / *I scraped (at) the ground with a stick* j'ai gratté le sol avec un bâton / *the boat scraped the bottom* **a)** [ran aground] le bateau a touché le fond **b)** [on beach] le bateau s'est échoué sur le sable ; [drag] traîner / *don't scrape the chair across the floor like that* ne traîne pas la chaise par terre comme ça ▸ **to scrape the bottom of the barrel** racler les fonds de tiroir / *you took him on? you must really be scraping the bottom of the barrel!* tu as embauché ce type-là ? tu devais vraiment être coincé ! **2.** [touch lightly] effleurer, frôler ; [scratch - paint, table, wood] rayer / *the plane just scraped the surface of the water* l'avion frôla or rasa la surface de l'eau / *I just scraped the garage door as I drove in* j'ai seulement frôlé or effleuré la porte du garage en rentrant la voiture **3.** [skin, knee] érafler / *I scraped my knee* je me suis éraflé le genou **4.** [with difficulty] ▸ **to scrape a living** arriver tout juste à survivre, vivoter ▸ **to scrape acquaintance with sb** UK se débrouiller pour faire la connaissance de qqn. ◆ vi **1.** [rub] frotter ; [rasp] gratter / *the door scraped shut* la porte s'est refermée en grinçant / *the gardener scraped at the ground with a stick* le jardinier grattait la terre avec un bâton / *I heard the noise of his pen scraping across the paper* j'entendais le grattement de son stylo sur le papier **2.** *fig* [avoid with difficulty] : *she just scraped clear of the bus in time* elle a évité le bus de justesse / *the ambulance just scraped past* l'ambulance est passée de justesse **3.** [economize] faire des petites économies **4.** [be humble] faire des courbettes or des ronds de jambes. ◆ n **1.** [rub, scratch] : *he had a nasty scrape on his knee* il avait une méchante éraflure au genou, il s'était bien éraflé le genou / *just give the saucepan a quick scrape* frotte or gratte un peu la casserole **2.** *inf* [dilemma, trouble] pétrin *m* ▸ **to get into a scrape** se mettre dans le pétrin / *now you've really got yourself into a scrape!* vous voilà dans de beaux draps or dans un sacré pétrin ! / *you got me into this scrape, now get me out of it!* c'est vous qui m'avez mis dans ce pétrin, maintenant il faut me tirer de là ! **3.** [scraping] grattement *m*, grincement *m* **4.** = **scraping** *(noun)*.

❖ **scrape along** vi [financially] se débrouiller, vivre tant bien que mal / *she had to scrape along on a small pension* elle devait se débrouiller avec une petite retraite / *we'll scrape along somehow* on va se débrouiller avec ce qu'on a.

❖ **scrape away** ◆ vt sep enlever en grattant. ◆ vi gratter / *to scrape away at a violin* racler du violon / *the gardener was scraping away at the dry earth* le jardinier grattait la terre sèche.

❖ **scrape by** vi [financially] se débrouiller / *I have just enough to scrape by (on)* j'ai juste assez d'argent pour me débrouiller.

❖ **scrape down** vt sep [paintwork] décaper ; [woodwork, door] gratter.

❖ **scrape in** vi [in election] être élu de justesse / *I just scraped in as the doors were closing* j'ai réussi à entrer juste au moment où les portes se fermaient.

❖ **scrape into** vt insep : *he just scraped into university / parliament* il est entré à l'université / au parlement d'extrême justesse.

❖ **scrape off** ◆ vt sep [mud, paint] enlever au grattoir or en grattant ; [skin] érafler. ◆ vi s'enlever au grattoir / *this paint scrapes off easily* pour enlever cette peinture, il suffit de la gratter.

❖ **scrape out** vt sep **1.** [saucepan] récurer, racler ; [residue] enlever en grattant or raclant / *to scrape out a mixing bowl* **a)** [with spatula] racler un bol avec une spatule **b)** [with finger] racler un bol avec le doigt **2.** [hollow] creuser.

❖ **scrape through** ◆ vt insep [exam] réussir de justesse ; [doorway, gap] passer (de justesse) / *the government will probably just scrape through the next election* le gouvernement va probablement l'emporter de justesse aux prochaines élections. ◆ vi [in exam] réussir de justesse ; [in election] être élu or l'emporter de justesse ; [financially] se débrouiller tout juste ; [through gap] passer de justesse.

❖ **scrape together** vt sep **1.** [two objects] frotter l'un contre l'autre **2.** [into pile] mettre en tas **3.** [collect - supporters, signatures] réunir or rassembler à grand-peine ; [- money for o.s.] réunir en raclant les fonds de tiroirs ; [- money for event] réunir avec beaucoup de mal.

❖ **scrape up** = **scrape together.**

scraper ['skreɪpər] n grattoir *m* ; [for muddy shoes] décrottoir *m*.

scraperboard ['skreɪpəbɔːd] n carte *f* à gratter.

scrapheap ['skræphiːp] n **1.** *lit* décharge *f* **2.** *fig* rebut *m* ▸ **to be thrown on** or **consigned to the scrapheap** être mis au rebut.

scrapie ['skreɪpɪ] n VET tremblante *f*.

scraping ['skreɪpɪŋ] ◆ adj [sound] de grattement. ◆ n **1.** [sound] grattement *m* / *I could hear the sound of scraping* j'ai entendu un grattement or un bruit de grattement / *the scraping of chalk on the blackboard* le crissement or le grincement de la craie sur le tableau **2.** [thin layer] mince couche *f* / *toast with a scraping of butter* du pain grillé recouvert d'une mince couche de beurre.

❖ **scrapings** pl n [food] déchets *mpl*, restes *mpl* ; [from paint, wood] raclures *fpl* / *give the scrapings to the dogs* donnez les restes aux chiens.

scrap paper n UK (papier *m*) brouillon *m*.

scrapper ['skræpər] n UK *inf* bagarreur *m*, -euse *f*.

scrapple ['skræpl] n US CULIN *plat régional (Pennsylvanie, New Jersey, Maryland) à base de porc et de farine de maïs frits.*

scrappy ['skræpɪ] (*compar* **scrappier**, *superl* **scrappiest**) adj **1.** [disconnected] décousu / *I had rather a scrappy education* je n'ai pas bénéficié d'une instruction très suivie **2.** US *inf* [quarrelsome] bagarreur, chamailleur.

scrapyard ['skræpjɑːd] n chantier *m* de ferraille, casse *f* / *I found it in a scrapyard* je l'ai trouvé à la ferraille or à la casse.

scratch [skrætʃ] ◆ vt **1.** [itch, rash] gratter / *to scratch one's head* se gratter la tête ; [earth, surface] gratter / *he was scratching the ground with a stick* il grattait le sol avec un bâton / *you've barely scratched the surface fig* vous avez fait un travail très superficiel, vous avez seulement effleuré la question / *they scratch a living selling secondhand books* UK *fig* ils gagnent péniblement leur vie en vendant des livres d'occasion ▸ **you scratch my back, and I'll scratch yours** si vous me rendez ce service, je vous le revaudrai or je vous renverrai l'ascenseur **2.** [subj: cat] griffer ; [subj: thorn, nail] égratigner, écorcher / *the cat scratched my hand* le chat m'a griffé la main / *she scratched her hand on the brambles* elle s'est écorché or égratigné la main dans les ronces ; [mark - woodwork, marble] rayer, érafler ; [- glass, CD] rayer / *the car's hardly scratched* la voiture n'a presque rien or n'a pratiquement aucune éraflure / *the paintwork's badly scratched* la peinture est sérieusement éraflée / *someone has scratched their initials on the tree* quelqu'un a gravé ses initiales sur l'arbre **3.** [irritate] gratter / *this wool scratches my skin* cette laine me gratte la peau **4.** SPORT [cancel - match] annuler **5.** US POL rayer de la liste. ◆ vi **1.** [person, monkey] se gratter / *stop scratching* arrête de te gratter **2.** [hen] gratter (le sol) ; [pen] gratter / *I could hear something scratching at the door* j'entendais quelque chose gratter à la porte, j'entendais un grattement à la porte **3.** [cat] griffer ; [brambles, nail] griffer, écorcher. ◆ n **1.** [for itch] grattement *m* ▸ **to have a scratch** se gratter / *the dog was having a good scratch* le chien se grattait un bon coup **2.** [from cat] coup *m* de griffe ; [from fingernails] coup *m* d'ongle ; [from thorns, nail] égratignure *f*, écorchure *f* / *how did you get that scratch?* comment est-ce que tu t'es égratigné ? / *I've got a scratch on my hand* je me suis égratigné la main / *her hands were covered in scratches* elle avait les mains tout écorchées or couvertes d'égratignures / *it's only a scratch* ce n'est qu'une égratignure / *we escaped without a scratch* on s'en est sorti sans une égratignure **3.** [mark - on furniture] rayure *f*, éraflure *f* ; [- on glass, CD] rayure *f* **4.** PHR **to be up to scratch** **a)** [in quality] avoir la qualité voulue **b)** [in level] avoir le niveau voulu / *her work still isn't up to scratch* son travail n'est toujours pas satisfaisant / *their performance wasn't up to or didn't come up to scratch* leur performance n'était pas suffisante or à la hauteur / *we must get the team up to scratch before April* il faut mettre l'équipe à niveau avant avril. ◆ adj [team, meal] improvisé ; [player] scratch *(inv)*, sans handicap ; [shot] au hasard.

❖ **scratch up** vt sep US rayer.

❖ **from scratch** adv phr à partir de rien or de zéro / *I learnt Italian from scratch in six months* j'ai appris l'italien en six mois en ayant commencé à zéro.

❖ **scratch off** vt sep enlever en grattant.

❖ **scratch out** vt sep [name] raturer ▸ **to scratch sb's eyes out** arracher les yeux à qqn / *I'll scratch your eyes out! fig* je vais t'écorcher vif !

❖ **scratch together** vt sep UK [team] réunir (difficilement) ; [sum of money] réunir or rassembler (en raclant les fonds de tiroir).

❖ **scratch up** vt sep **1.** [dig up - bone, plant] déterrer **2.** UK [money] réunir (en raclant les fonds de tiroir).

scratch card ['skrætʃkɑːd] n carte *f* à gratter.

scratch mark n [on hand] égratignure *f* ; [on leather, furniture] rayure *f*, éraflure *f*.

scratchpad ['skrætʃpæd] n US bloc-notes *m* ▸ **scratchpad memory** COMPUT mémoire *f* bloc-notes.

scratch paper US = **scrap paper.**

scratchproof ['skrætʃpruːf] adj inrayable.

scratch sheet n US [for horse races] journal *m* des courses.

scratch test n test *m* cutané.

scratchy ['skrætʃɪ] (*compar* **scratchier**, *superl* **scratchiest**) adj **1.** [prickly - jumper, blanket] rêche, qui gratte ; [- bush] piquant **2.** [pen] qui gratte **3.** [drawing, writing] griffonné **4.** [record] rayé.

scrawl [skrɔːl] ◆ n griffonnage *m*, gribouillage *m* / *I can't read this scrawl* je ne peux pas déchiffrer ce gribouillage / *I thought I recognized his scrawl* je pensais bien avoir reconnu ses gribouillis / *her signature is just a scrawl* sa signature est totalement illisible. ◆ vt griffonner, gribouiller / *she left me a scrawled note* elle m'a laissé quelques mots griffonnés / *he scrawled her a note* il lui a griffonné un mot / *someone has scrawled anti-war slogans on the walls* quelqu'un a gribouillé des slogans pacifistes sur le mur. ◆ vi gribouiller.

scrawny ['skrɔːnɪ] (*compar* **scrawnier**, *superl* **scrawniest**) adj **1.** [person, neck] efflanqué, décharné ; [cat, chicken] efflanqué, étique *liter* **2.** [vegetation] maigre.

scream [skriːm] ◆ vi **1.** [shout] crier, pousser des cris, hurler ; [baby] crier, hurler ; [birds, animals] crier ▸ **to scream at sb** crier après qqn ▸ **to scream in anger / with pain** hurler de colère / de douleur ▸ **to scream in delight** crier or hurler de plaisir / *she screamed for help* elle cria à l'aide or au secours / *they were screaming with laughter* ils se tordaient de rire, ils riaient aux éclats **2.** [tyres] crisser ; [engine, siren] hurler / *bombers screamed over the rooftops* les bombardiers hurlèrent en survolant les toits. ◆ vt **1.** [shout] hurler / *she just stood there screaming insults at me* elle est restée plantée là à me couvrir d'insultes / *she screamed her anger* *liter* elle hurlait sa colère / *she screamed herself hoarse* elle cria jusqu'à en perdre la voix **2.** [order, answer] hurler / *"come here at once!", she screamed* « viens ici tout de suite ! », hurla-t-elle **3.** [newspaper] étaler / *headlines screamed the news of his defeat* la nouvelle de sa défaite s'étalait en gros titres. ◆ n **1.** [cry] cri *m* perçant, hurlement *m* / *she gave a loud scream* elle a poussé un hurlement / *I heard terrible screams coming from next door* j'ai entendu des hurlements atroces qui venaient d'à côté / *screams of laughter* des éclats de rire / **'The Scream'** *Munch* 'le Cri' **2.** [of tyres] crissement *m* ; [of sirens, engines] hurlement *m* **3.** [person] : *he's an absolute scream* il est vraiment désopilant or impayable / *you do look a scream in that hat!* vous êtes à mourir de rire avec ce chapeau ! ; [situation, event] : *the party was a scream* on s'est amusés comme des fous à la soirée / *it's a scream the way they clamber up the bars* c'est vraiment tordant de les voir grimper aux barreaux.

✧ **scream out** ◆ vi pousser de grands cris ▸ **to scream out in pain** hurler de douleur / *she screamed out in her sleep* elle a poussé un grand cri pendant qu'elle dormait ▸ **to be screaming out for sthg** *fig* avoir sacrément besoin de qqch. ◆ vt sep hurler.

screamer ['skri:mər] n **1.** [shouter] personne *f* qui crie (beaucoup) **2.** [funny person] personne *f* désopilante ; [film] film *m* désopilant ; [joke] blague *f* désopilante **3.** US *inf* PRESS & TYPO point *m* d'exclamation.

screaming ['skri:mɪŋ] adj [fans] qui crie, qui hurle ; [tyres] qui crisse ; [sirens, jets] qui hurle ; [need] criant / *screaming headlines* grandes manchettes *fpl* / *he tends to dress in screaming reds and greens* il s'habille souvent de rouges et de verts criards.

screamingly ['skri:mɪŋlɪ] adv *inf* : *screamingly funny* on ne peut plus drôle, à se tordre or à mourir de rire.

scree [skri:] n *(U)* éboulis *m*, pierraille *f*.

screech [skri:tʃ] ◆ vi **1.** [owl] ululer, hululer, huer ; [gull] crier, piailler ; [parrot] crier ; [monkey] hurler **2.** [person - in high voice] pousser des cris stridents or perçants ; [- loudly] hurler ; [singer] crier, chanter d'une voie stridente **3.** [tyres] crisser ; [brakes, machinery] grincer (bruyamment) ; [siren, jets] hurler / *the car screeched to a halt* la voiture s'est arrêtée dans un crissement de pneus / *the machine screeched to a stop* la machine s'est arrêtée en grinçant / *the car came screeching round the corner* la voiture a pris le virage dans un crissement de pneus. ◆ vt [order] hurler, crier à tue-tête / *"never", she screeched* « jamais », dit-elle d'une voix stridente. ◆ n **1.** [of owl] ululement *m*, hululement *m* ; [of gull] cri *m*, piaillement *m* ; [of parrot] cri *m* ; [of monkey] hurlement *m* / *the parrot gave a loud screech* le perroquet a poussé un grand cri **2.** [of person] cri *m* strident or perçant ; [with pain, rage] hurlement *m* / *we heard screeches of laughter coming from next door* on entendait des rires perçants qui venaient d'à côté / *"never", she said with a screech* « jamais », dit-elle d'une voix stridente **3.** [of tyres] crissement *m* ; [of brakes] grincement *m* ; [of sirens, jets] hurlement *m* / *we stopped with a screech of brakes / tyres* on s'arrêta dans un grincement de freins / dans un crissement de pneus.

screech owl n chat-huant *m*, hulotte *f*.

screed [skri:d] n **1.** [essay, story] longue dissertation *f* ; [letter] longue lettre *f* ; [speech] laïus *m* / *he wrote screeds and screeds on the French Revolution* il écrivit des pages et des pages or des volumes sur la Révolution française **2.** CONSTR [level] règle *f* à araser le béton ; [depth guide] guide *m* ; [plaster] plâtre *m* de ragrément or de ragréage.

screen [skri:n] ◆ n **1.** CIN, PHOT & TV écran *m* / *stars of stage and screen* des vedettes de théâtre et de cinéma / *the book was adapted for the screen* le livre a été porté à l'écran **2.** [for protection - in front of fire] pare-étincelles *m inv* ; [- over window] moustiquaire *f* **3.** [for privacy] paravent *m* / *the girls formed a screen round her while she changed* les filles ont fait écran autour d'elle pendant qu'elle se changeait / *a screen of trees* un rideau d'arbres / *the rooms are divided by sliding screens* les pièces sont séparées par des cloisons coulissantes **4.** *fig* [mask] écran *m*, masque *m* / *it's only a screen to hide his embarassment* ce n'est qu'un masque pour cacher sa gêne **5.** [sieve] tamis *m*, crible *m* ; [filter - for employees, candidates] filtre *m*, crible *m* **6.** SPORT écran *m*. ◆ comp [actor, star] de cinéma. ◆ vt **1.** CIN & TV [film] projeter, passer **2.** [shelter, protect] protéger / *he screened his eyes from the sun with his hand* il a mis sa main devant ses yeux pour se protéger du soleil / *they've tried to screen her from the harsh realities of life* ils ont essayé de la protéger des dures réalités de la vie ; [hide] cacher, masquer ▸ **to screen sthg from sight** cacher or masquer qqch aux regards / *a line of trees screened the entrance* une rangée d'arbres cachait l'entrée **3.** [filter, check - employees, applications, suspects] passer au crible / *we screen all our security staff* nous faisons une enquête préalable sur tous les candidats aux postes d'agent de sécurité / *all airlines now screen passengers systematically* les compagnies aériennes font maintenant passer systématiquement tous les passagers par un détecteur / *the hospital screens thousands of women a year for breast cancer* MED l'hôpital fait passer un test de dépistage du cancer du sein à des milliers de femmes tous les ans **4.** [sieve - coal, dirt] cribler, passer au crible.

✧ **screen off** vt sep **1.** [put screens round - patient] abriter derrière un paravent ; [- bed] entourer de paravents / *the police had screened off the garden* la police avait mis des bâches autour du jardin **2.** [divide, separate - with partition] séparer par une cloison ; [- with curtain] séparer par un rideau ; [- with folding screen] séparer par un paravent / *the manager's office is screened off from the typing pool by a glass partition* le bureau du directeur est séparé du pool des dactylos par une cloison vitrée **3.** [hide - with folding screen] cacher derrière un paravent ; [- with curtain] cacher derrière un rideau ; [- behind trees, wall] cacher / *the house was screened off from the road by tall trees* de grands arbres empêchaient de voir la maison depuis la route.

✧ **screen out** vt sep filtrer, éliminer / *this cream screens out UV rays* cette crème protège des UV, cette crème absorbe or filtre les UV / *unsuitable blood donors are screened out* les donneurs dont le sang est inutilisable sont exclus or éliminés.

screen break n COMPUT pause *f*.

screen door n US porte *f* avec moustiquaire.

screen dump n COMPUT vidage *m* d'écran.

screening ['skri:nɪŋ] n **1.** CIN projection *f* (en salle) ; TV passage *m* (à l'écran), diffusion *f* **2.** [of applications, candidates] tri *m*, sélection *f* ; [for security] contrôle *m* ; MED [for cancer, tuberculosis] test *m* or tests *mpl* de dépistage / *she went for cancer screening* elle est allée passer un test de dépistage du cancer **3.** [mesh] grillage *m* **4.** [of coal] criblage *m* ▸ **coal screenings** [waste] déchets *mpl* de charbon.

screen memory n souvenir écran *m*.

screenplay ['skri:npleɪ] n scénario *m*.

screenporch ['skri:npɔ:tʃ] n US véranda *f* *(entourée d'une moustiquaire)*.

screen print n sérigraphie *f*.

screen printing n sérigraphie *f*.

screen process n sérigraphie *f*.

screen saver n COMPUT économiseur *m* (d'écran).

screenshot ['skri:nʃɒt] n copie *f* or capture *f* d'écran.

screen test n CIN bout *m* d'essai.

✧ **screen-test** vt faire faire un bout d'essai à / *she was screen-tested for the part* on lui a fait faire un bout d'essai pour le rôle.

screenwriter ['skri:n,raɪtər] n scénariste *mf*.

screw [skru:] ◆ n **1.** [for wood] vis *f* ; [bolt] boulon *m* ; [in vice] vis *f* ▸ **to turn the screw** or **screws** *fig* serrer la vis ▸ **to put the screws on sb** *inf* faire pression sur qqn / *the Mafia put the screws on him* la mafia lui a forcé la main ▸ **to have a screw loose** *inf* avoir la tête fêlée, être fêlé **2.** [turn] tour *m* de vis / *give it a couple more screws* donnez-lui encore un ou deux tours de vis **3.** [thread] pas *m* de vis **4.** [propeller] hélice *f* **5.** UK [of salt, tobacco] cornet *m* / *a screw of paper* un cornet en papier **6.** *v inf & prison sl* [guard] maton *m* **7.** UK *v inf* [salary] salaire *m*, paye *f* / *he's on a good screw* il gagne plein de fric **8.** *vulg* [sexual] ▸ **to have a screw** UK baiser, s'envoyer en l'air / *she's a good screw* elle baise bien. ◆ vt **1.** [bolt, screw] visser ; [handle, parts] fixer avec des vis ; [lid on bottle] visser ▸ **to screw sthg shut** fermer qqch (en vissant) ▸ **to screw the lid on a bottle** visser le bouchon d'une bouteille / *screw it tight* vissez-le bien **2.** [crumple] froisser, chiffonner / *I screwed the letter / my handkerchief into a ball* j'ai fait une boule de la lettre / de mon mouchoir **3.** [wrinkle - face] : *he screwed his face into a grimace* une grimace lui tordit le visage / *he screwed his face into a forced smile* il grimaça un sourire **4.** *inf* [obtain] arracher ▸ **to screw a promise / an agreement out of sb** arracher une promesse / un accord à qqn / *he managed to screw the money / the answer out of her* il a réussi à lui soutirer l'argent / la réponse **5.** *v inf* [con] arnaquer, baiser / *we've been screwed!* on s'est fait arnaquer or baiser ! **6.** *vulg* [sexually] baiser **7.** *v inf* [as invective] : *screw the expense!* et merde, je peux bien m'offrir ça ! / *screw you!* va te faire foutre ! ◆ vi **1.** [bolt, lid] se visser **2.** *v inf* [sexually] baiser.

✧ **screw around** vi **1.** US *v inf* [waste time] glander ; [fool about] déconner **2.** *vulg* [sleep around] baiser avec n'importe qui, coucher à droite à gauche.

✧ **screw down** ◆ vt sep visser. ◆ vi se visser.

✧ **screw off** ◆ vt sep dévisser. ◆ vi se dévisser.

✧ **screw on** ◆ vt sep visser / *the cupboard was screwed on to the wall* le placard était vissé au mur. ◆ vi se visser / *it screws on to the wall* ça se visse dans le mur.

✧ **screw round** vt sep UK visser, tourner / *he screwed his head round to see* il a brusquement tourné la tête pour voir.

✧ **screw up** vt sep **1.** [tighten, fasten] visser **2.** [crumple - handkerchief, paper] chiffonner, faire une boule de **3.** UK [eyes] plisser / *she screwed up her eyes* elle plissa les yeux / *he screwed up his face in concentration* la concentration fit se plisser les traits de son visage ▸ **to screw up one's courage** prendre son courage à deux mains **4.** *inf* [mess up - plans, chances] bousiller, foutre en l'air ; [- person] faire perdre ses moyens à, angoisser, mettre dans tous ses états / *he's screwed up any chance of promotion* il a foutu en l'air toute chance de promotion / *the divorce really screwed her up* le divorce l'a complètement perturbée or déboussolée.

screwball ['skru:bɔ:l] US *inf* ◆ n **1.** [crazy] cinglé *m*, -e *f*, dingue *mf* **2.** [in baseball] *balle qui dévie de sa trajectoire.* ◆ adj cinglé, dingue.

screwdriver ['skru:,draɪvər] n **1.** [tool] tournevis *m* **2.** [drink] vodka-orange *f*.

screwed [skru:d] adj **1.** *v inf* [in deep trouble] foutu / *we're screwed if we do and we're screwed if we don't* quoi qu'on fasse on est dans la merde **2.** UK *v inf* [drunk] beurré.

screwed-up adj **1.** [crumpled] froissé, chiffonné **2.** *inf* [confused] paumé ; [neurotic] perturbé, angoissé / *I just feel very screwed-up about the whole thing* tout cela m'angoisse terriblement / *he's very screwed-up* il est complètement paumé.

screw jack n cric *m* à vis.

screw propeller n NAUT hélice *f*.

screw thread n pas *m* or filet *m* de vis.

screw top n couvercle *m* qui se visse / *the jar has a screw top* le couvercle du pot se visse.

✧ **screwtop** adj dont le couvercle se visse.

screwy ['skru:ɪ] (*compar* **screwier**, *superl* **screwiest**) adj US *inf* [person] timbré, cinglé ; [situation] bizarre.

scribble ['skrɪbl] ◆ vt **1.** [note, drawing] gribouiller, griffonner / *she left me a hastily scribbled note* elle m'a laissé un mot gribouillé à la hâte / *she scribbled a few lines to her sister* elle griffonna quelques lignes à l'intention de sa sœur **2.** [wool] carder. ◆ vi gribouiller. ◆ n gribouillis *m*, gribouillage *m*, griffonnage *m* / *the last word was an illegible scribble* le dernier mot n'était qu'un illisible gribouillis / *I can't read this scribble* je n'arrive pas à déchiffrer ce gribouillage / *what are all* *these scribbles?* qu'est-ce que c'est que tous ces gribouillis ?

scribble down vt sep [address, number] griffonner, noter (rapidement).

scribble out vt sep **1.** [cross out] biffer, raturer **2.** [write] griffonner.

scribbler ['skrɪbləʳ] n UK *pej* [author] écrivaillon *m*.

scribbling ['skrɪblɪŋ] n gribouillis *m*, gribouillage *m*.

scribbling pad n bloc-notes *m*.

scribe [skraɪb] ◆ n scribe *m*. ◆ vt graver.

scriber ['skraɪbəʳ] n traçoir *m*, traceret *m*.

scrimmage ['skrɪmɪdʒ] ◆ n **1.** SPORT mêlée *f* **2.** [brawl] mêlée *f*, bagarre *f*. ◆ vi SPORT faire une mêlée. ◆ vt SPORT [ball] mettre dans la mêlée.

scrimp [skrɪmp] ◆ vi lésiner / *she scrimps on food* elle lésine sur la nourriture ▸ **to scrimp and save** économiser sur tout, se serrer la ceinture. ◆ vt [children, family] se montrer pingre avec ; [food] lésiner sur.

scrimshank ['skrɪmʃæŋk] vi UK *inf* MIL tirer au flanc.

scrimshanker ['skrɪmʃæŋkəʳ] n UK *inf* MIL tire-au-flanc *m inv*.

scrimshaw ['skrɪmʃɔ:] n *objet de coquillage ou d'os de baleine que les marins gravaient à leurs heures perdues.*

scrip [skrɪp] n **1.** ST. EX titre *m* provisoire **2.** [of paper] morceau *m*.

scrip issue n ST. EX émission *f* d'actions gratuites.

script [skrɪpt] ◆ n **1.** [text] script *m*, texte *m* ; CIN script *m* **2.** *(U)* [handwriting] script *m*, écriture *f* script / *the letter is written in beautiful script* la lettre est superbement calligraphiée ▸ **to write in script** écrire en script ; [lettering, characters] écriture *f*, caractères *mpl*, lettres *fpl* / *Arabic script* caractères arabes, écriture arabe / *in italic script* en italique **3.** LAW [copy] original *m* ; UNIV copie *f* (d'examen). ◆ vt CIN écrire le script de.

scripted ['skrɪptɪd] adj [speech, interview, etc.] (dont le texte a été) écrit d'avance.

script girl n scripte *mf*, script girl *f*.

scriptural ['skrɪptʃərəl] adj biblique.

Scripture ['skrɪptʃəʳ] n **1.** [Christian] Écriture *f* (sainte) / *a reading from the Scriptures* une lecture biblique or de la Bible / *a Scripture lesson* une leçon d'études bibliques **2.** [non-Christian] ▸ **the Scriptures** les textes *mpl* sacrés.

scriptwriter ['skrɪpt,raɪtəʳ] n scénariste *mf*.

scrivener ['skrɪvnəʳ] n *arch* écrivain *m* public.

scrod [skrɒd] n US CULIN moruette *f*.

scrofula ['skrɒfjʊlə] n *(U)* scrofule *f*.

scrofulous ['skrɒfjʊləs] adj scrofuleux.

scroll [skrəʊl] ◆ n **1.** [of parchment] rouleau *m* **2.** [manuscript] manuscrit *m* (ancien) **3.** [on column, violin, woodwork] volute *f*. ◆ vt COMPUT faire défiler. ◆ vi COMPUT défiler.

scroll down vi COMPUT faire défiler l'écran vers le bas.

scroll through vt insep COMPUT faire défiler d'un bout à l'autre.

scroll up vi COMPUT faire défiler l'écran vers le haut.

scroll bar n COMPUT barre *f* de défilement.

scrolling ['skrəʊlɪŋ] n COMPUT défilement *m*.

scroll lock (key) n touche *f* « arrêt défilement ».

scroll saw n scie *f* à chantourner.

scroll wheel n COMPUT roue *f* de défilement.

scrooge [skru:dʒ] n grippe-sou *m*, harpagon *m*.

Scrooge pr n *personnage de Dickens incarnant l'avarice.*

scrotum ['skrəʊtəm] (*pl* **scrotums** *or* **scrota** [-tə]) n scrotum *m*.

scrounge [skraʊndʒ] *inf* ◆ vt [sugar, pencil] emprunter, piquer ; [meal] se faire offrir ; [money] se faire prêter / *he tried to scrounge $10 off me* il a essayé de me taper de 10 dollars / *can I scrounge a lift?* pouvez-vous m'emmener en voiture ? ◆ vi : *he came scrounging round* UK or *around* US *to see what he could find* il est venu faire un tour pour voir s'il n'y avait pas quelque chose à récolter ▸ **to scrounge on** or **off sb** [habitually] vivre aux crochets de qqn / *he's always scrounging off his friends* il fait toujours le pique-assiette chez ses amis, il tape toujours ses amis / *I'm sorry to be always scrounging* je suis désolé d'être toujours à quémander. ◆ n ▸ **to be on the scrounge a)** [for food] venir quémander de quoi manger **b)** [for cigarette] venir quémander une cigarette / *she's on the scrounge for a meal* elle veut se faire inviter à manger / *he's always on the scrounge* il vit toujours aux crochets des autres.

scrounger ['skraʊndʒəʳ] n *inf* pique-assiette *mf*, parasite *m*.

scrub [skrʌb] (*pt & pp* **scrubbed**, *cont* **scrubbing**) ◆ vt **1.** [clean, wash] brosser *(avec de l'eau et du savon)* ; [floor, carpet] nettoyer à la brosse, frotter avec une brosse ; [saucepan, sink] frotter, récurer ; [clothes, face, back] frotter ; [fingernails] brosser ▸ **to scrub sthg clean** nettoyer qqch à fond, récurer qqch / *scrub yourself all over* frotte-toi bien partout / *have you scrubbed your hands clean?* est-ce que tu t'es bien nettoyé les mains ? **2.** [cancel - order] annuler ; [- plans, holiday] annuler, laisser tomber / *we'll have to scrub dinner* il faudra qu'on se passe de dîner ; [recording, tape] effacer / *I'd prefer to scrub that remark* j'aimerais mieux que cette remarque soit effacée **3.** TECH [gas] laver. ◆ vi : *I spent the morning scrubbing* j'ai passé la matinée à frotter les planchers or les sols. ◆ n **1.** [with brush] coup *m* de brosse / *give the floor a good scrub* frotte bien le plancher / *can you give my back a scrub?* peux-tu me frotter le dos ? **2.** [vegetation] broussailles *fpl* **3.** US SPORT [team] équipe *f* de seconde zone ; [player] joueur *m*, -euse *f* de second ordre **4.** AUSTR *inf* [wilderness] cambrousse *f*.

scrub away ◆ vt sep [mark, mud] faire partir en brossant. ◆ vi partir à la brosse.

scrub down vt sep [wall, paintwork] lessiver ; [horse] bouchonner.

scrub out ◆ vt sep **1.** [dirt, stain] faire partir à la brosse ; [bucket, tub] nettoyer à la brosse ; [pan] récurer ; [ears] nettoyer, bien laver **2.** [erase - graffiti, comment] effacer ; [- name] barrer, biffer. ◆ vi partir à la brosse.

scrub up vi MED [before operation] se laver les mains.

scrubber ['skrʌbəʳ] n **1.** [for saucepans] tampon *m* à récurer **2.** UK *v inf & pej* [whore] pute *f*.

scrubbing brush UK ['skrʌbɪŋ-], **scrub brush** US n brosse *f* à récurer.

scrubby ['skrʌbɪ] (*compar* **scrubbier**, *superl* **scrubbiest**) adj **1.** [land] broussailleux **2.** [tree, vegetation] rabougri **3.** UK *inf* [messy] en désordre.

scrubland ['skrʌblænd] n maquis *m*, garrigue *f*.

scrubwoman ['skrʌb,wʊmən] (*pl* **scrubwomen** [-,wɪmɪn]) n US femme *f* de ménage.

scruff [skrʌf] n **1.** UK *inf* [untidy person] individu *m* débraillé or dépenaillé or peu soigné ; [ruffian] voyou *m* / *you look a real scruff* tu es ficelé comme l'as de pique **2.** PHR ▸ **by the scruff of the neck** par la peau du cou.

scruffily ['skrʌfɪlɪ] adv : *scruffily dressed* dépenaillé, mal habillé.

scruffy ['skrʌfɪ] (*compar* **scruffier**, *superl* **scruffiest**) adj [appearance, clothes] dépenaillé, crasseux ; [hair] ébouriffé ; [building, area] délabré, miteux / *he's a scruffy dresser* il s'habille mal.

scrum [skrʌm] (*pt & pp* **scrummed**, *cont* **scrumming**) ◆ n **1.** RUGBY mêlée *f* **2.** [brawl] mêlée *f*, bousculade *f* / *there was a scrum for tickets* les gens se sont bousculés pour obtenir des billets. ◆ vi former une mêlée.

scrum down vi former une mêlée ▸ **scrum down!** [as instruction] mêlée !

scrum-cap n casquette *f (de joueur de rugby)*.

scrumhalf [,skrʌm'hɑ:f] n demi *m* de mêlée.

scrummage ['skrʌmɪdʒ] ◆ n **1.** RUGBY mêlée *f* **2.** [brawl] mêlée *f*, bousculade *f* / *there was a scrummage for the best bargains* les gens se sont arraché les soldes les plus intéressants. ◆ vi RUGBY former une mêlée.

scrump [skrʌmp] UK *inf* ◆ vi ▸ **to go scrumping (for apples)** aller chaparder (des pommes). ◆ vt [apples] chaparder.

scrumptious ['skrʌmpʃəs] adj *inf* délicieux, succulent.

scrumpy ['skrʌmpɪ] n *cidre brut et sec fabriqué dans le sud-ouest de l'Angleterre.*

scrunch [skrʌntʃ] ◆ vt [biscuit, apple] croquer ; [snow, gravel] faire craquer or crisser ; [paper - noisily] froisser (bruyamment). ◆ vi [footsteps - on gravel, snow] craquer, faire un bruit de craquement ; [gravel, snow - underfoot] craquer, crisser. ◆ n [of gravel, snow, paper] craquement *m*, bruit *m* de craquement. ◆ onomat crac ! crac !

scrunch up vt sep **1.** [crumple - paper] froisser / *he scrunched up his face in disgust* il a fait une grimace de dégoût **2.** US [hunch] : *she was sitting with her shoulders scrunched up* elle était assise, les épaules rentrées.

scrunch-dry vt [hair] sécher en froissant / *to scrunch-dry one's hair* se sécher les cheveux en les froissant.

scrunchie, **scrunchy** ['skrʌntʃɪ] n chouchou *m*.

scruple ['skru:pl] ◆ n scrupule *m* / *he has no scruples* il n'a aucun scrupule / *he had scruples about accepting payment* il avait des scrupules à accepter qu'on le paie ▸ **to act without scruple** agir sans scrupule. ◆ vi *(only in negative uses)* : *they don't scruple to cheat* ils n'ont aucun scrupule or ils n'hésitent pas à tricher.

scrupulous ['skru:pjʊləs] adj **1.** [meticulous] scrupuleux, méticuleux / *she's very scrupulous about her dress* elle prête une attention scrupuleuse à la façon dont elle s'habille / *they're rather scrupulous about punctuality* ils tiennent beaucoup à la ponctualité / *the papers were all in scrupulous order* les papiers avaient été rangés avec un soin méticuleux / *he acted with scrupulous honesty* il a agi avec une honnêteté irréprochable **2.** [conscientious] scrupuleux.

scrupulously ['skru:pjʊləslɪ] adv [meticulously] scrupuleusement, parfaitement ; [honestly] scrupuleusement, avec scrupule / *scrupulously clean* d'une propreté impeccable / *scrupulously honest* d'une honnêteté irréprochable / *scrupulously punctual* parfaitement à l'heure.

scrutineer [,skru:tɪ'nɪəʳ] n UK POL scrutateur *m*, -trice *f*.

scrutinize, **scrutinise** ['skru:tɪnaɪz] vt scruter, examiner attentivement.

scrutiny ['skru:tɪnɪ] (*pl* **scrutinies**) n **1.** [examination] examen *m* approfondi ; [watch] surveillance *f* ; [gaze] regard *m* insistant ▸ **to be under scrutiny a)** [prisoners] être sous surveillance **b)** [accounts, staff] faire l'objet d'un contrôle ▸ **to come under scrutiny** être contrôlé / *everything we do is under close scrutiny* tous nos actes sont surveillés de près / *her work does not stand up to close scrutiny* son travail ne résiste pas à un examen minutieux **2.** UK POL deuxième pointage *m* (des suffrages).

SCSI n abbr of **small computer system interface.**

scuba ['sku:bə] n scaphandre *m* autonome.

scuba dive vi faire de la plongée sous-marine.

scuba diver n plongeur *m* sous-marin, plongeuse *f* sous-marine.

scuba diving n plongée *f* sous-marine.

scud [skʌd] (*pt & pp* **scudded**, *cont* **scudding**) vi glisser, filer / *clouds scudded across the sky* des nuages filaient dans le ciel / *two boats scudded across the lake* deux voiliers filaient sur le lac / *she sent the pebble scudding over the waves* elle envoya le galet voler au-dessus des vagues.

scuff [skʌf] ◆ vt **1.** [shoe, leather] érafler, râper / *her shoes were all scuffed (up)* ses chaussures étaient toutes éraflées or râpées **2.** [drag] ▸ **to scuff one's feet** marcher en traînant les pieds, traîner les pieds. ◆ vi marcher en traînant les pieds. ◆ n ▸ **scuff (mark)** éraflure *f*.

scuffle ['skʌfl] ◆ n **1.** [fight] bagarre *f*, échauffourée *f* / *after a brief scuffle, he was marched away by the police* après une courte bagarre, il fut emmené par les policiers **2.** [of feet] piétinement. ◆ vi **1.** [fight] se bagarrer, se battre / *demonstrators scuffled with the police* des manifestants se sont battus avec la police, il y a eu des bagarres entre manifestants et policiers **2.** [with feet] marcher en traînant les pieds / *they scuffled along* *the corridor* ils avançaient dans le couloir en traînant les pieds. ◆ vt : *they stood at the door, scuffling their feet* ils piétinaient devant la porte.

scuffling ['skʌflɪŋ] n bruit *m* étouffé.

scull [skʌl] ◆ n **1.** [double paddle] godille *f* ; [single oar] aviron *m* **2.** [boat] yole *f*. ◆ vt [with double paddle] godiller ; [with oars] ramer. ◆ vi ramer en couple ▸ **to go sculling** faire de l'aviron.

scullery ['skʌlərɪ] (*pl* **sculleries**) n UK arrière-cuisine *f*.

scullery maid n UK fille *f* de cuisine.

sculling ['skʌlɪŋ] n *(U)* [with double paddle] nage *f* à la godille ; [with oars] nage *f* à couple.

sculpt [skʌlpt] ◆ vt sculpter. ◆ vi faire de la sculpture.

sculptor ['skʌlptər] n sculpteur *m*.

sculptress ['skʌlptrɪs] n (femme *f*) sculpteur *m*.

sculptural ['skʌlptʃərəl] adj sculptural.

sculpture ['skʌlptʃər] ◆ n **1.** [art] sculpture *f* **2.** [object] sculpture *f* / *it's a beautiful (piece of) sculpture* c'est une très belle sculpture. ◆ vt sculpter. ◆ vi sculpter / *to sculpture in bronze* sculpter dans le bronze.

scum [skʌm] ◆ n [on liquid, sea] écume *f* ; [in bath] (traînées *fpl* de) crasse *f* ; METALL écume *f*, scories *fpl* ▸ **to take the scum off a)** [liquid] écumer **b)** [bath] nettoyer. ◆ pl n *inf* [people] rebut *m*, lie *f* / *they're just scum* ce sont des minables ▸ **the scum of the earth** le rebut de l'humanité / *they treated us like scum* on nous a traités comme des moins que rien or des chiens.

scumbag ['skʌmbæg] n *v inf* salaud *m*, ordure *f*.

scummy ['skʌmɪ] (*compar* **scummier**, *superl* **scummiest**) adj **1.** [liquid] écumeux **2.** *v inf* [person] salaud ; [object] crade.

scuncheon ['skʌntʃən] n ARCHIT battée *f*.

scunner ['skʌnər] ◆ n Scot [dislike] ▸ **to take a scunner to sb / sthg** prendre qqn / qqch en grippe. ◆ vt Scot détester, avoir horreur de.

scupper ['skʌpər] ◆ vt UK **1.** [ship] saborder **2.** [plans, attempt] saborder, faire capoter / *we're completely scuppered unless we can find the cash* on est finis si on ne trouve pas l'argent. ◆ n NAUT dalot *m*.

scurf [skɜ:f] n *(U)* [dandruff] pellicules *fpl* ; [on skin] squames *fpl* ; [on plant] lamelles *fpl*.

scurfy ['skɜ:fɪ] (*compar* **scurfier**, *superl* **scurfiest**) adj [scalp] couvert de pellicules ; [skin] squameux.

scurrility [skʌ'rɪlətɪ] (*pl* **scurrilities**) n **1.** [of remarks] caractère *m* calomnieux or outrageant ; [of action] bassesse *f* **2.** [vulgarity] grossièreté *f*.

scurrilous ['skʌrələs] adj [lying] calomnieux, mensonger ; [insulting] outrageant, ignoble ; [bitter] fielleux ; [vulgar] grossier, vulgaire.

scurry ['skʌrɪ] (*pt & pp* **scurried**, *pl* **scurries**) ◆ vi se précipiter, courir / *all the animals were scurrying for shelter* tous les animaux couraient pour se mettre à l'abri / *they scurried for the trees* ils se précipitèrent vers les arbres / *the sound of scurrying feet* le bruit de pas précipités. ◆ n **1.** [rush] course *f* (précipitée), débandade *f* / *there was a scurry for the door* tout le monde s'est rué vers la porte **2.** [sound - of feet] bruit *m* de pas précipités.

❖ **scurry away**, **scurry off** vi [animal] détaler ; [person] décamper, prendre ses jambes à son cou.

❖ **scurry out** vi [animal] détaler ; [person] sortir à toute vitesse.

S-curve n US double virage *m*, virage *m* en S.

scurvy ['skɜ:vɪ] (*compar* **scurvier**, *superl* **scurviest**) ◆ n *(U)* scorbut *m*. ◆ adj [trick] honteux, ignoble ▸ **you scurvy knave!** *arch & hum* (espèce de) misérable fripon !

scutcheon ['skʌtʃn] = **escutcheon**.

scuttle ['skʌtl] ◆ vi [run] courir à pas précipités, se précipiter. ◆ vt **1.** NAUT saborder / *the whole fleet was scuttled* tout la flotte a été sabordée **2.** [hopes] ruiner ; [plans] saborder, faire échouer. ◆ n **1.** [run] course *f* précipitée, débandade *f* **2.** ▸ **(coal) scuttle** seau *m* à charbon **3.** NAUT écoutille *f* **4.** US [in ceiling, floor] trappe *f*.

❖ **scuttle away**, **scuttle off** vi [animal] détaler ; [person] déguerpir, se sauver.

❖ **scuttle out** vi sortir précipitamment.

scuttlebutt ['skʌtlbʌt] n **1.** [for drinking] fontaine *f* ; NAUT tonneau *m* d'eau douce **2.** US *fig* [gossip] ragots *mpl*.

scuzzy ['skʌzɪ] adj US *v inf* dégueulasse.

Scylla ['sɪlə] pr n ⟶ **Charybdis**.

scythe [saɪð] ◆ n faux *f*. ◆ vt faucher.

SD written abbr of **South Dakota**.

SDI (abbr of **Strategic Defense Initiative**) pr n IDS *f*.

SDLP pr n abbr of **Social Democratic and Labour Party**.

SDP pr n abbr of **Social Democratic Party**.

SDRs (abbr of **special drawing rights**) pl n DTS *mpl*.

SE (written abbr of **south-east**) S-E.

sea [si:] ◆ n **1.** GEOG mer *f* / *by land and sea* par terre et par mer ▸ **to travel by sea** voyager par mer or par bateau / *the goods were sent by sea* les marchandises ont été expédiées par bateau / *he's spent all his life on the sea* il a passé toute sa vie en mer ▸ **at sea a)** [boat, storm] en mer **b)** [as sailor] de or comme marin / *we spent six months at sea* on a passé six mois en mer / *life at sea* la vie en mer or de marin ▸ **to swim in the sea** nager or se baigner dans la mer ▸ **to put (out) to sea** appareiller, prendre la mer ▸ **to go to sea a)** [boat] prendre la mer **b)** [sailor] se faire marin ▸ **to run away to sea** partir se faire marin ▸ **to look out to sea** regarder vers le large / *the little boat was swept* or *washed out to sea* le petit bateau a été emporté vers le large ▸ **across** or **over the sea** or **seas** outre-mer ▸ **a heavy sea** or **heavy seas** une grosse mer ▸ **the Sea of Tranquillity** la mer de la Tranquillité ▸ **sea and air search** recherches *fpl* maritimes et aériennes ▸ **to be (all) at sea a)** UK *inf* [be lost] nager **b)** [be mixed-up] être déboussolé or désorienté / *when it comes to computers, I'm all at sea* je ne connais strictement rien aux ordinateurs / *he's been all at sea since his wife left him* il est complètement déboussolé or il a complètement perdu le nord depuis que sa femme l'a quitté / *the resignation of our secretary has left the reference department all at sea* la démission de notre secrétaire a totalement perturbé notre service des archives **2.** [seaside] bord *m* de la mer / *they live by* or *beside the sea* ils habitent au bord de la mer / *the town is by the sea* la ville est au bord de la mer **3.** [large quantity - of blood, mud] mer *f* ; [- of problems, faces] multitude *f*. ◆ comp [fish] de mer ▸ **sea bathing** bains *mpl* de mer ▸ **sea battle** bataille *f* navale ▸ **sea breeze** brise *f* marine ▸ **sea traffic** navigation *f* or trafic *m* maritime ▸ **sea view** vue *f* sur la mer.

SEA (abbr of **Single European Act**) pr n AUE *m*.

sea air n air *m* marin or de la mer.

sea anemone n anémone *f* de mer.

sea bass n bar *m*, loup *m*.

seabed ['si:bed] n fond *m* de la mer or marin.

seabird ['si:bɜ:d] n oiseau *m* de mer.

seaboard ['si:bɔ:d] n littoral *m*, côte *f* / *on the Atlantic seaboard* sur la côte atlantique.

seaborne ['si:bɔ:n] adj [trade] maritime ; [goods, troops] transporté par mer or par bateau.

sea bream n daurade *f*, dorade *f*.

sea captain n capitaine *m* de la marine marchande.

sea change n changement *m* radical, profond changement *m*.

seacoast [,si:'kəʊst] n côte *f*, littoral *m*.

sea cow n vache *f* marine, sirénien *m*.

sea cucumber n concombre *m* de mer, holothurie *f*.

sea dog n **1.** [fish] roussette *f*, chien *m* de mer ; [seal] phoque *m* **2.** *liter & hum* [sailor] (vieux) loup *m* de mer **3.** [in fog] arc-en-ciel *m (aperçu dans le brouillard)*.

sea elephant n éléphant *m* de mer.

seafarer ['si:,feərər] n marin *m*.

seafaring ['si:,feərɪŋ] ◆ adj [nation] maritime, de marins ; [life] de marin. ◆ n vie *f* de marin.

seafloor ['si:flɔ:r] n fond *m* de (la) mer or marin.

sea fog n brouillard *m (en mer)*.

seafood ['si:fu:d] n *(U)* (poissons *mpl* et) fruits *mpl* de mer.

seafront ['si:frʌnt] n bord *m* de mer, front *m* de mer.

sea god n dieu *m* marin or de la mer.

seagoing ['si:,gəʊɪŋ] adj [trade, nation] maritime ; [life] de marin ▸ **a seagoing man** un marin, un homme de mer ▸ **a seagoing ship** un navire de haute mer, un (navire) long-courrier.

seagrass ['si:grɑ:s] n BOT jonc *m* de mer.

sea green n vert *m* glauque.

❖ **sea-green** adj glauque.

seagull ['si:gʌl] n mouette *f* / **'The Seagull'** *Chekhov* 'la Mouette' ; [large] goéland *m*.

seahorse ['si:hɔ:s] n hippocampe *m*.

sea island cotton n coton *m* longues soies.

seakale ['si:keɪl] n chou *m* marin, crambe *m*.

seal [si:l] ◆ n **1.** ZOOL phoque *m* **2.** [tool] sceau *m*, cachet *m* ; [on document, letter] sceau *m* ; [on crate] plombage *m* ; [on battery, gas cylinder] bande *f* de garantie ; [on meter] plomb *m* ▸ **given under my hand and seal** UK ADMIN & LAW reçu par-devant moi et sous mon sceau ▸ **to put one's seal to a document** apposer son sceau à un document ▸ **to have sb's seal of approval** : *does the project have her seal of approval?* est-ce qu'elle a approuvé le projet ? ▸ **to put** or **to set the seal on sthg a)** [confirm] sceller qqch **b)** [bring to end] mettre fin à qqch **3.** *(U)* LAW [on door] scellé *m*, scellés *mpl* / *under seal* sous scellés / *under (the) seal of secrecy / of silence* *fig* ≃ sous le sceau du secret / du silence / *under the seal of confession* RELIG dans le secret de la confession **4.** COMM label *m* ▸ **seal of quality** label de qualité **5.** [joint - for engine, jar, sink] joint *m* d'étanchéité ; [putty] mastic *m* **6.** [stamp] ▸ **Christmas seal** timbre *m* de Noël. ◆ vt **1.** [document] apposer son sceau à, sceller ▸ **sealed with a kiss** scellé d'un baiser / *her fate is sealed* *fig* son sort est réglé / *they finally sealed the deal* *fig* ils ont enfin conclu l'affaire **2.** [close - envelope, package] cacheter, fermer ; [- with sticky tape] coller, fermer ; [- jar] sceller, fermer hermétiquement ; [- can] souder ; [- tube, mineshaft] sceller ; [window, door - for insulation] isoler ▸ **sealed orders** des ordres scellés sous pli ▸ **my lips are sealed** *fig* je ne dirai rien **3.** LAW [door] apposer des scellés sur ; [evidence] mettre sous scellés ; [at customs - goods] (faire) sceller **4.** CULIN [meat] saisir. ◆ vi ZOOL ▸ **to go sealing** aller à la chasse au phoque.

❖ **seal in** vt sep enfermer hermétiquement / *the flavour is sealed in by freeze-drying* le produit garde toute sa saveur grâce à la lyophilisation.

❖ **seal off** vt sep [passage, road] interdire l'accès de ; [entrance] condamner / *the street had been sealed off* la rue avait été fermée (à la circulation).

❖ **seal up** vt sep [close - envelope] cacheter, fermer ; [- with sticky tape] coller, fermer ; [- jar] sceller, fermer hermétiquement ; [- can] souder ; [- tube, mineshaft] sceller ; [window, door - for insulation] isoler.

sea lane n couloir *m* de navigation.

sealant ['si:lənt] n **1.** [paste, putty] produit *m* d'étanchéité ; [paint] enduit *m* étanche ; [for radiator] antifuite *m* **2.** [joint] joint *m* d'étanchéité.

sealed [si:ld] adj [document] scellé ; [envelope] cacheté ; [orders] scellé sous pli ; [jar] fermé hermétiquement ; [mineshaft] obturé, bouché ; [joint] étanche.

sealed-beam adj ▸ **sealed-beam headlight** phare *m* type sealed-beam.

sealed-bid adj ▸ **sealed-bid pricing** COMM fixation *f* d'un prix de soumission.

sea legs pl n ▸ **to find** or **to get one's sea legs** s'amariner, s'habituer à la mer.

sealer ['si:lər] n **1.** [hunter] chasseur *m* de phoques ; [ship] navire *m* équipé pour la chasse aux phoques **2.** [paint, varnish] enduit *m*, première couche *f*.

sea level n niveau *m* de la mer / *above / below sea level* au-dessus / au-dessous du niveau de la mer.

sealing ['si:lɪŋ] n **1.** [hunting] chasse *f* aux phoques **2.** [of document] cachetage *m* ; [of crate] plombage *m* ; [of door] scellage *m* ; [of shaft, mine] fermeture *f*, obturation *f*.

sealing wax n cire *f* à cacheter.

sea lion n otarie *f*.

sea-lord n UK NAUT lord *m* de l'Amirauté.

seal-point n seal-point *m*.

seal ring n chevalière *f*.

sealskin ['si:lskɪn] ◆ n peau *f* de phoque. ◆ adj en peau de phoque.

seam [si:m] ◆ n **1.** [on garment, stocking] couture *f* ; [in airbed, bag] couture *f*, joint *m* ; [weld] soudure *f* ; [between planks] joint *m* / *your coat is coming* or *falling apart at the seams* votre manteau se découd / *my suitcase was bulging* or *bursting at the seams* ma valise était pleine à craquer / *their marriage is coming* or *falling apart at the seams fig* leur mariage craque **2.** [of coal, ore] filon *m*, veine *f* ; [in rocks] couche *f*. ◆ comp [in cricket] ▸ **a seam bowler** *un lanceur qui utilise les coutures de la balle pour la faire dévier.* ◆ vt [garment] faire une couture dans, coudre ; [plastic, metal, wood] faire un joint à.

seaman ['si:mən] (*pl* **seamen** [-mən]) n **1.** [sailor] marin *m* **2.** [in US Navy] quartier-maître *m* de 2e classe ▸ **seaman apprentice** matelot *m* en formation ▸ **seaman recruit** matelot *m*.

seamanship ['si:mənʃɪp] n *(U)* qualités *fpl* de marin.

seamark ['si:mɑ:k] n NAUT amer *m*, repère *m*.

seamed [si:md] adj [furrowed] ridé, sillonné / *the rock was seamed with quartz* la roche était veinée de quartz / *his face was seamed by deep wrinkles* son visage était marqué de profondes rides.

seamen [-mən] pl ⟶ **seaman.**

sea mile n mille *m* marin.

sea mist n brume *f* de mer.

seamless ['si:mlɪs] adj sans couture ; *fig* homogène, cohérent.

seamlessly ['si:mlɪslɪ] adv d'une façon cohérente or homogène.

seamstress ['semstrɪs] n couturière *f*.

seamy ['si:mɪ] (*compar* **seamier**, *superl* **seamiest**) adj sordide, louche / *the seamy side of life* le côté sordide de la vie.

séance ['seɪɑ:ns] n **1.** [for raising spirits] séance *f* de spiritisme **2.** [meeting] séance *f*, réunion *f*.

sea otter n loutre *f* de mer.

seaplane ['si:pleɪn] n hydravion *m*.

seaport ['si:pɔ:t] n port *m* maritime.

sear [sɪə^r^] ◆ vt **1.** [burn] brûler ; [brand] marquer au fer rouge ; MED cautériser / *the scene seared itself on my memory* la scène est restée gravée or marquée dans ma mémoire **2.** [wither] dessécher, flétrir **3.** *arch* [harden -heart, feelings] endurcir. ◆ n [burn] (marque *f* de) brûlure *f*. ◆ adj *liter* desséché, flétri.

❖ **sear through** vt insep [metal, wall] traverser, percer / *the pain seared through me* la douleur me transperça.

search [sɜ:tʃ] ◆ vt **1.** [look in -room] chercher (partout) dans ; [-pockets, drawers] fouiller (dans), chercher dans / *we've searched the whole house for the keys* nous avons cherché dans toute la maison pour retrouver les clés / *she searched her bag for a comb* elle fouilla dans son sac à la recherche d'une peigne **2.** [subj: police, customs] fouiller ; [with warrant] perquisitionner, faire une perquisition dans / *the flat was searched for drugs* on a fouillé l'appartement pour trouver de la drogue / *the spectators were searched before they were let in* les spectateurs ont été fouillés à l'entrée / *they searched the undergrowth for the murder weapon* on a fouillé le sous-bois or on a passé le sous-bois au peigne fin pour retrouver l'arme du crime / *customs searched our luggage / our car* les douaniers ont fouillé nos bagages / notre voiture ▸ **search me!** *inf* je n'en ai pas la moindre idée ! **3.** [examine, consult -records] chercher dans ; [-memory] chercher dans, fouiller ; [-conscience] sonder ; COMPUT [file] consulter / *I searched her face for some sign of emotion* j'ai cherché sur son visage des signes d'émotion. ◆ vi chercher ▸ **to search for** or **after sthg** chercher qqch, rechercher qqch / *to search after the truth* rechercher la vérité ; COMPUT : *to search for a file* rechercher un fichier / **'searching'** 'recherche'. ◆ n **1.** [gen] recherche *f*, recherches *fpl* / *in the search for* or *in my search for ancestors, I had to travel to Canada* au cours des recherches or de mes recherches pour retrouver mes ancêtres, j'ai dû me rendre au Canada / *the search for the missing climbers has been resumed* les recherches ont repris pour retrouver les alpinistes disparus / *helicopters made a search for survivors* des hélicoptères ont fait or effectué des recherches pour retrouver des survivants / *to make a search through one's pockets / the drawers* fouiller (dans) ses poches / les tiroirs ▸ **search and rescue operation** opération *f* de recherche et secours **2.** [by police, customs -of house, person, bags] fouille *f* ; [-with warrant] perquisition *f* / *the police made a thorough search of the premises* la police a fouillé les locaux de fond en comble / *customs carried out a search of the van* les douaniers ont procédé à la fouille de la camionnette / *the search unearthed a stockpile of arms* la fouille a permis de mettre à jour une cache d'armes **3.** COMPUT recherche *f*.

❖ **in search of** prep phr à la recherche de / *in search of the truth* à la recherche de la vérité / *I went in search of a restaurant* je suis parti à la recherche d'un restaurant.

❖ **search out** vt sep [look for] rechercher ; [find] trouver, dénicher.

❖ **search through** vt insep [drawer, pockets] fouiller (dans) ; [case, documents] fouiller ; [records] consulter, faire des recherches dans ; [memory] fouiller, chercher dans.

searchable ['sɜ:tʃabal] adj interrogeable / *searchable database* base *f* de données interrogeable.

search engine n COMPUT moteur *m* de recherche.

searcher ['sɜ:tʃə^r^] n chercheur *m*, -euse *f* / *300 searchers combed the woods* 300 personnes ont passé les bois au peigne fin / *searchers after truth* ceux qui sont à la recherche de la vérité.

searching ['sɜ:tʃɪŋ] adj **1.** [look, eyes] pénétrant / *he gave me a searching look* il m'a lancé un regard pénétrant **2.** [examination] rigoureux, minutieux / *he asked me some searching questions* il m'a posé des questions inquisitrices.

searchingly ['sɜ:tʃɪŋlɪ] adv [look] de façon pénétrante ; [examine] rigoureusement ; [question] minutieusement.

searchlight ['sɜ:tʃlaɪt] n projecteur *m* / *in the searchlight* à la lumière des projecteurs.

search party n équipe *f* de secours.

search result n résultat *m (d'une recherche sur Internet).*

search warrant n mandat *m* de perquisition.

searing ['sɪərɪŋ] adj **1.** [pain] fulgurant ; [light] éclatant, fulgurant **2.** [attack, criticism] sévère, impitoyable.

Sears Roebuck® [ˌsɪəz'rəʊbʌk] pr n *nom d'une grande chaîne américaine de magasins dont le nom de marque est Sears.*

sea salt n sel *m* marin or de mer.

seascape ['si:skeɪp] n **1.** [view] paysage *m* marin **2.** ART marine *f*.

sea scout n scout *m* marin.

sea serpent n serpent *m* de mer.

sea shanty n chanson *f* de marins.

seashell ['si:ʃel] n coquillage *m*.

seashore ['si:ʃɔ:^r^] n [edge of sea] rivage *m*, bord *m* de (la) mer ; [beach] plage *f*.

seasick ['si:sɪk] adj : *to be seasick* avoir le mal de mer.

seasickness ['si:sɪknɪs] n mal *m* de mer.

seaside ['si:saɪd] ◆ n bord *m* de (la) mer / *we spent the afternoon at the seaside* nous avons passé l'après-midi au bord de la mer or à la mer / *we live by* or *at the seaside* nous habitons au bord de la mer. ◆ comp [holiday, vacation] au bord de la mer, à la mer ; [town, hotel] au bord de la mer, de bord de mer ▸ **seaside landlady** UK *propriétaire d'une pension de famille au bord de la mer.*

sea slug n nudibranche *m*.

sea snake n serpent *m* de mer.

season ['si:zn] ◆ n **1.** [summer, winter, etc.] saison *f* / **'The Four Seasons'** *Vivaldi* 'les Quatre Saisons' **2.** [for trade] saison *f* / *the start of the tourist / of the holiday season* le début de la saison touristique / des vacances / *at the height of the Christmas season* en pleine période de Noël / *it's a busy season for tour operators* c'est une époque très chargée pour les voyagistes ▸ **the low / high season** la basse / haute saison ▸ **in season** en saison ▸ **off season** hors saison **3.** [for fruit, vegetables] saison *f* / *strawberries are in / out of season* les fraises sont / ne sont pas de saison, c'est / ce n'est pas la saison des fraises **4.** [for breeding] époque *f*, période *f* ▸ **to be in season** [animal] être en chaleur **5.** [for sport, entertainment] saison *f* / *the football season* la saison de football / *next season, he's playing for Liverpool* la saison prochaine, il joue dans l'équipe de Liverpool ; [for show, actor] saison *f* / *the summer season* la saison d'été / *he did a season at Brighton* il a fait la saison de Brighton / *a new season of French drama* RADIO & TV un nouveau cycle de pièces de théâtre français ; [for hunting] saison *f*, période *f* / *the hunting / fishing season* la saison de la chasse / de la pêche / *the grouse season* la saison de (la chasse à) la grouse / *the start of the season* **a)** HUNT l'ouverture de la chasse **b)** FISHING l'ouverture de la pêche ; [for socializing] saison *f* / *the social season* la saison mondaine / *the London / New York season* la saison londonienne / new-yorkaise **6.** [Christmas] / **'Season's Greetings'** 'Joyeux Noël et Bonne Année' **7.** *liter* [suitable moment] moment *m* opportun ▸ **in due season** en temps voulu, au moment opportun. ◆ vt **1.** [food -with seasoning] assaisonner ; [-with spice] épicer / *his speech was seasoned with witty remarks fig* son discours était parsemé or agrémenté de remarques spirituelles **2.** [timber] (faire) sécher, laisser sécher ; [cask] abreuver **3.** *fml* [moderate] modérer, tempérer.

seasonable ['si:znəbl] adj **1.** [weather] de saison **2.** [opportune] à propos, opportun.

seasonal ['si:zənl] adj saisonnier ▸ **seasonal worker** saisonnier *m* ▸ **seasonal affective disorder** troubles *mpl* de l'humeur saisonniers.

seasonal adjustment n correction *f* des variations saisonnières.

seasonally ['si:znəlɪ] adv de façon saisonnière ▸ **seasonally adjusted statistics** statistiques corrigées des variations saisonnières, statistiques désaisonnalisées.

seasoned ['si:znd] adj **1.** [food] assaisonné, épicé / *highly seasoned* bien épicé or relevé **2.** [wood] desséché, séché **3.** [experienced] expérimenté, chevronné, éprouvé / *a seasoned traveller* un voyageur expérimenté.

seasoning ['si:znɪŋ] n **1.** [for food] assaisonnement *m* / *there isn't enough seasoning* ce n'est pas assez assaisonné **2.** [of wood] séchage *m* ; [of cask] abreuvage *m*.

season ticket n (carte *f* d')abonnement *m* ▸ **to take out a season ticket** prendre un abonnement ▸ **season ticket holder** abonné *m*, -e *f*.

seat [si:t] ◆ n **1.** [chair, stool] siège *m* ; [on bicycle] selle *f* ; [in car -single] siège *m* ; [-bench] banquette *f* ; [on train, at table] place *f* / *take a seat* asseyez-vous, prenez un siège / *please stay in your seats* restez assis s'il vous plaît / *keep a seat for me* gardez-moi une place **2.** [accommodation, place -in theatre, cinema, train] place *f* ; [space to sit] place *f* assise / *I'd like to book two seats for tomorrow* je voudrais réserver deux places pour demain / *please take your seats* veuillez prendre or gagner vos places / *I couldn't find a seat on the train* je n'ai pas pu trouver de place (assise) dans le train **3.** [of trousers] fond *m* ; [of chair] siège *m* ; [buttocks] derrière *m* / *they grabbed him by the seat of his pants* ils l'ont attrapé par le fond du pantalon ▸ **by the seat of one's pants** *inf* de justesse **4.** POL siège *m* / *he kept / lost his seat* il a été / il n'a pas été réélu / *she has a seat in Parliament* elle est député / *he was elected to a seat on the council* **a)** [municipal] il a été élu conseiller municipal **b)** [commercial] il a été élu au conseil / *the government has a 30-seat majority* le gouvernement a une majorité de 30 sièges **5.** [centre - of commerce] centre *m* ; ADMIN siège *m* ; MED [- of infection] foyer *m* / *the seat of government* / *of learning* le siège du gouvernement / du savoir **6.** [manor] ▸ **(country) seat** manoir *m* **7.** EQUIT ▸ **to have a good seat** se tenir bien en selle, avoir une bonne assiette ▸ **to lose one's seat** être désarçonné **8.** TECH [of valve] siège *m* ; [of machine] embase *f*, surface *f* d'appui. ◆ vt **1.** [passengers, children] faire asseoir ; [guests - at table] placer / *please be seated* veuillez vous asseoir / *please remain seated* restez or veuillez rester assis **2.** [accommodate] avoir des places assises pour / *the plane can seat 400* l'avion a une capacité de 400 personnes / *how many does the bus seat?* combien y a-t-il de places assises dans le bus ? / *how many does the table seat?* combien de personnes peut-on asseoir autour de la table ? / *we can only seat 40 people* nous n'avons de place que pour 40 personnes **3.** [chair] mettre un fond à ; [with straw] rempailler ; [with cane] canner **4.** TECH [valve] ajuster le siège de. ◆ vi [skirt, trousers] se déformer (à l'arrière).

seat belt n ceinture *f* de sécurité.

-seater ['si:tər] in comp ▸ **two / four-seater (car)** voiture *f* à deux / quatre places.

seating ['si:tɪŋ] ◆ n *(U)* **1.** [seats] sièges *mpl* ; [benches, pews] bancs *mpl* / *the seating isn't very comfortable* les sièges ne sont pas très confortables **2.** [sitting accommodation] places *fpl* (assises) / *there's additional seating at the back* il y a des places (assises) supplémentaires au fond / *there's seating for 300 in the hall* il y a 300 places dans la salle / *there's seating for eight round this table* on peut asseoir huit personnes autour de cette table **3.** [plan] affectation *f* des places / *who's in charge of the seating?* qui est chargé de placer les gens ? **4.** [material - cloth, canvas] (tissu *m* du) siège *m* ; [- wicker] cannage *m* **5.** TECH [of bearing] logement *m* ; [of valve] siège *m*. ◆ comp ▸ **seating accommodation** or **capacity** nombre *m* de places assises / *the hall has seating accommodation for 800 people* la salle a une capacité de 800 places (assises) / *the theatre has a seating capacity of 500* il y a 500 places dans le théâtre ▸ **the seating arrangements** le placement *m* or la disposition *f* des gens ▸ **seating plan a)** [in theatre] plan *m* de la disposition des places **b)** [at table] plan *m* de table.

SEATO ['si:təʊ] (abbr of **Southeast Asia Treaty Organization**) pr n OTASE *f*.

seat-of-the-pants adj *inf* : *the project has been a bit of a seat-of-the-pants operation* le projet a été mené au pif.

sea trout n truite *f* de mer.

seatwork ['si:twɜ:k] n US travail *m* sur table.

sea urchin n oursin *m*.

sea wall n digue *f*.

seaward ['si:wəd] ◆ adj de (la) mer / *seaward breeze* brise *f* de mer / *on the seaward side* du côté de la mer. ◆ adv = **seawards.**

seawards ['si:wədz] adv vers la mer or le large ▸ **to sail seawards** mettre le cap au large.

seawater ['si:ˌwɔ:tər] n eau *f* de mer.

seawater therapy n thalassothérapie *f*.

seaway ['si:weɪ] n route *f* maritime.

seaweed ['si:wi:d] n *(U)* algues *fpl*.

seaworthiness ['si:ˌwɜ:ðɪnɪs] n navigabilité *f*.

seaworthy ['si:ˌwɜ:ðɪ] adj [boat] en état de naviguer.

sebaceous [sɪ'beɪʃəs] adj sébacé.

Sebastian [sɪ'bæstjən] pr n ▸ **Saint Sebastian** saint Sébastien.

Sebastopol [sɪ'bæstəpəl] pr n Sébastopol.

seborrhoea UK, **seborrhea** US [ˌsebə'ri:ə] n séborrhée *f*.

sebum ['si:bəm] n sébum *m*.

sec [sek] (abbr of **second**) n *inf* seconde *f*, instant *m* / *in a sec!* une seconde ! / *I'll only be a sec* j'en ai pour une seconde.

SEC (abbr of **Securities and Exchange Commission**) pr n commission *f* américaine des opérations de Bourse ; ≃ COB *f*.

Sec. written abbr of **second.**

SECAM ['si:kæm] (abbr of **séquentiel couleur à mémoire**) n secam *m*.

secant ['si:kənt] n sécante *f*.

secateurs [ˌsekə'tɜ:z] pl n UK ▸ **(pair of) secateurs** sécateur *m*.

secede [sɪ'si:d] vi faire sécession, se séparer / *they voted to secede from the federation* ils ont voté en faveur de leur sécession de la fédération.

secession [sɪ'seʃn] n sécession *f*, scission *f*.

secessionist [sɪ'seʃnɪst] ◆ adj sécessionniste. ◆ n sécessionniste *mf*.

Sechuan pepper n poivre *m* du Sechuan.

seclude [sɪ'klu:d] vt éloigner du monde, isoler / *they are secluded from the world* ils sont retirés du monde / *she secludes herself from contact with society* elle se coupe de tout contact avec autrui.

secluded [sɪ'klu:dɪd] adj [village] retiré, à l'écart ; [garden] tranquille / *to live a secluded life* mener une vie solitaire, vivre en reclus / *I tried to find a secluded corner to read* j'ai essayé de trouver un coin tranquille pour lire.

seclusion [sɪ'klu:ʒn] n **1.** [isolation - chosen] solitude *f*, isolement *m* / *he lives a life of total seclusion* il vit en solitaire or retiré du monde **2.** [isolation - imposed] isolement *m* / *the seclusion of women* l'isolement des femmes.

second[1] ['sekənd] ◆ n **1.** [unit of time] seconde *f* / *the ambulance arrived within seconds* l'ambulance est arrivée en quelques secondes **2.** [instant] seconde *f*, instant *m* / *I'll be with you in a second* je serai à vous dans un instant / *I'll only be a second* j'en ai seulement pour deux secondes / *just a* or *half a second!* une seconde ! **3.** MATH seconde *f* **4.** [in order] second *m*, -e *f*, deuxième *mf* / *I was the second to arrive* je suis arrivé deuxième or le deuxième ▸ **to come a close second** [in race] être battu de justesse **5.** [in duel] témoin *m*, second *m* ; [in boxing] soigneur *m* ▸ **seconds out!** soigneurs hors du ring ! **6.** AUTO seconde *f* / *in second* en seconde **7.** UK UNIV ▸ **an upper / lower second** une licence avec mention bien / assez bien **8.** MUS seconde *f*. ◆ det **1.** [in series] deuxième ; [of two] second / *he's second only to his teacher as a violinist* en tant que violoniste, il n'y a que son professeur qui le surpasse or qui lui soit supérieur / *every second person* une personne sur deux / *to be second in command* **a)** [in hierarchy] être deuxième dans la hiérarchie **b)** MIL commander en second / *he's second in line for promotion* il sera le second à bénéficier d'une promotion / *he's second in line for the throne* c'est le deuxième dans l'ordre de succession au trône / *second floor* **a)** UK deuxième étage *m* **b)** US premier étage / *in the second person singular* / *plural* GRAM à la deuxième personne du singulier / pluriel / *to take second place* **a)** [in race] prendre la deuxième place **b)** [in exam] être deuxième / *his wife took second place to his career* sa femme venait après sa carrière / *and in the second place...* [in demonstration, argument] et en deuxième lieu... / *second showing* deuxième représentation / *for the second time* pour la deuxième fois ▸ **to be second nature** : *it's second nature to her* c'est une deuxième nature chez elle ▸ **second teeth** deuxième dentition *f*, dentition *f* définitive ▸ **second violin** MUS deuxième violon *m* ▸ **to be second to none** : *as a goalkeeper, he's second to none* comme gardien de but, il n'a pas son pareil / *her short stories are second to none* ses nouvelles sont inégalées or sans pareilles / **'The Second Sex'** *Beauvoir* 'le Deuxième Sexe' **2.** [additional, extra] deuxième, second, autre / *he was given a second chance (in life)* on lui a accordé une seconde chance (dans la vie) / *you are unlikely to get a second chance to join the team* il est peu probable que l'on vous propose à nouveau de faire partie de l'équipe / *to take a second helping* se resservir / *would you like a second helping* / *a second cup?* en reprendrez-vous (un peu / une goutte) ? / *can I have a second helping of meat?* est-ce que je peux reprendre de la viande ? / *they have a second home in France* ils ont une résidence secondaire en France / *I'd like a second opinion* **a)** [doctor] je voudrais prendre l'avis d'un confrère **b)** [patient] je voudrais consulter un autre médecin / *I need a second opinion on these results* j'aimerais avoir l'avis d'un tiers sur ces résultats. ◆ adv **1.** [in order] en seconde place / *to come second* [in race] arriver en seconde position / *she arrived second* [at party, meeting] elle est arrivée la deuxième / *the horse came second to Juniper's Lad* le cheval s'est classé deuxième derrière Juniper's Lad **2.** [with superl adj] : *the second-oldest* le cadet / *the second-largest* / *second-richest* le second par la taille / second par le revenu **3.** [secondly] en second lieu, deuxièmement. ◆ vt [motion] appuyer ; [speaker] appuyer la motion de / *I'll second that!* je suis d'accord !

❖ **seconds** pl n **1.** [goods] marchandises *fpl* de second choix ; [crockery] vaisselle *f* de second choix **2.** *inf* [of food] rab *m* / *are there any seconds?* il y a du rab ?

second[2] [sɪ'kɒnd] vt UK [employee] affecter (provisoirement), envoyer en détachement ; MIL détacher / *she was seconded to the UN* elle a été détachée à l'ONU / *Peter was seconded for service abroad* Peter a été envoyé en détachement à l'étranger.

secondary ['sekəndrɪ] (*pl* **secondaries**) ◆ adj **1.** [gen & MED] secondaire / *the word has a secondary meaning* le mot a un sens secondaire ; [minor] secondaire, de peu d'importance / *this issue is of secondary importance* cette question est d'une importance secondaire / *it's only a secondary problem* c'est un problème secondaire or qui a peu d'importance / *any other considerations are secondary to her well being* son bien-être prime sur toute autre considération ▸ **secondary accent** accent *m* secondaire ▸ **secondary cause** PHILOS cause *f* seconde ▸ **secondary cell** ELEC accumulateur *m* ▸ **secondary colour** couleur *f* secondaire or binaire ▸ **secondary era** GEOL (ère *f*) secondaire *m* ▸ **secondary market** marché *m* secondaire ▸ **secondary product** sous-produit *m* **2.** SCH secondaire *m* ▸ **secondary education** enseignement *m* secondaire or du second degré. ◆ n **1.** [deputy] subordonné *m*, -e *f*, adjoint *m*, -e *f* **2.** ASTRON satellite *m* **3.** MED [tumour] tumeur *f* secondaire, métastase *f*.

secondary modern (school) n UK HIST *établissement secondaire d'enseignement général et technique, aujourd'hui remplacé par la « comprehensive school ».*

secondary picketing n *(U)* UK INDUST piquets *mpl* de grève de solidarité.

secondary school n *établissement secondaire* ▸ **secondary school teacher** professeur *m* du secondaire.

secondary stress n accent *m* secondaire

second ballot n deuxième tour *m*.

second base n [in baseball] deuxième base *f*.

second best ◆ n pis-aller *m inv* / *I refuse to make do with second best* je refuse de me contenter d'un pis-aller. ◆ adv ▸ **to come off second best** être battu, se faire battre.

❖ **second-best** adj [clothes, objects] de tous les jours.

second chamber n [gen] deuxième chambre *f* ; [in UK] Chambre *f* des lords ; [in US] Sénat *m*.

second childhood n gâtisme *m*, seconde enfance *f* / *he's in his second childhood* il est retombé en enfance.

second class n RAIL seconde *f* (classe *f*).

❖ **second-class** ◆ adj **1.** RAIL de seconde (classe) / *a second-class season ticket* un abonnement de seconde / *two second-class returns to Glasgow* deux allers (et) retours pour Glasgow en seconde (classe) **2.** [hotel] de seconde catégorie **3.** [mail] à tarif réduit or lent **4.** UK UNIV ▸ **a second-class honours degree** ≃ une licence avec mention (assez) bien **5.** [inferior] de qualité inférieure. ◆ adv **1.** RAIL en seconde (classe) ▸ **to travel second-class** voyager en seconde **2.** [for mail] ▸ **to send a parcel second-class** expédier un paquet en tarif réduit.

second-class citizen n citoyen *m*, -enne *f* de seconde zone / *to be treated like a second-class citizen* être traité comme un citoyen de seconde zone.

Second Coming n RELIG ▸ **the Second Coming** le deuxième avènement du Messie.

second cousin n cousin *m*, -e *f* au second degré, cousin *m* issu or cousine *f* issue de germains.

second-degree burn n brûlure *f* au deuxième degré.

seconder ['sekəndəʳ] n **1.** [in debate - of motion] personne *f* qui appuie une motion **2.** [of candidate] deuxième parrain *m*.

second-generation adj [immigrant, computer] de la seconde génération.

second grade n US SCH *classe de l'enseignement primaire correspondant au CE1 (6-7 ans).*

second-guess vt *inf* **1.** [after event] comprendre après coup **2.** [before event] essayer de prévoir or d'anticiper.

second hand n [of watch, clock] aiguille *f* des secondes, trotteuse *f*.

second-hand ◆ adj **1.** [car, clothes, books] d'occasion ▸ **second-hand shop** magasin *m* d'occasions ▸ **second-hand clothes shop** friperie *f* **2.** [information] de seconde main ▸ **to hear** or **to discover sthg at second-hand** apprendre or découvrir qqch de seconde main. ◆ adv **1.** [buy] d'occasion **2.** [indirectly] : *I heard the news second-hand* j'ai appris la nouvelle indirectement.

second-in-command n MIL commandant *m* en second ; NAUT second *m*, officier *m* en second ; [in hierarchy] second *m*, adjoint *m*.

second language n langue *f* seconde.

second lieutenant n sous-lieutenant *m*.

secondly ['sekəndlɪ] adv deuxièmement, en deuxième lieu.

secondment [sɪ'kɒndmənt] n UK *fml* détachement *m*, affectation *f* provisoire ▸ **to be on secondment** **a)** [teacher] être en détachement **b)** [diplomat] être en mission.

second name n nom *m* de famille.

second officer n NAUT (officier *m* en) second *m*.

second-rate adj [goods, equipment] de qualité inférieure ; [film, book] médiocre ; [politician, player] médiocre, de second ordre.

second sight n seconde or double vue *f* / *to have second sight* avoir un don de double vue.

second-strike adj [weapons] de deuxième frappe.

second-string adj US SPORT remplaçant.

second thought n ▸ **to have second thoughts** avoir des doutes / *he left his family without a second thought* il a quitté sa famille sans réfléchir or sans se poser de questions ▸ **on second thoughts** UK or **on second thought** US : *on second thoughts I'd better go myself* toute réflexion faite, il vaut mieux que j'y aille moi-même.

secrecy ['siːkrəsɪ] n *(U)* secret *m* / *the negotiations were carried out in the strictest secrecy* les négociations ont été menées dans le plus grand secret / *absolute secrecy is vital to the success of the mission* le secret absolu est essentiel pour le succès de la mission ; [mystery] mystère *m* / *there's no secrecy about their financial dealings* ils ne font aucun mystère de leurs affaires financières.

secret ['siːkrɪt] ◆ n **1.** [information kept hidden] secret *m* / *it's a secret between you and me* c'est un secret entre nous / *I have no secrets from her* je ne lui cache rien / *can you keep a secret?* pouvez-vous garder un secret ? / *shall we let them into the secret?* est-ce qu'on va les mettre dans le secret or dans la confidence ? / *I'll tell you* or *I'll let you into a secret* je vais vous dire or révéler un secret / *not many people were in on the secret* il n'y avait pas beaucoup de gens qui étaient dans la confidence or au courant / *I make no secret of* or *about my humble origins* je ne cache pas mes origines modestes **2.** [explanation] secret *m* / *the secret of his success* le secret de sa réussite / *the secret is to warm the dish first* le secret consiste à chauffer le plat d'abord / *the secret of making pastry* le secret pour réussir une pâte **3.** [mystery] secret *m*, mystère *m* / *the secrets of nature* les secrets or les mystères de la nature / *these locks have* or *hold no secret for me* ces serrures n'ont pas de secret pour moi. ◆ adj **1.** [meeting, plan] secret (secrète) / *secret funds* caisse *f* noire, fonds *mpl* secrets / *the news was kept secret* la nouvelle a été gardée or tenue secrète, on n'a pas révélé la nouvelle ▸ **to keep sthg secret** tenir qqch secret ; [personal] secret (secrète) / *it's my secret belief that he doesn't really love her* je crois secrètement or en mon for intérieur qu'il ne l'aime pas vraiment ▸ **secret ballot** vote *m* à bulletin secret **2.** [hidden - door] caché, dérobé ; [- compartment, safe] caché / *a secret hiding place* une cachette secrète **3.** [identity] inconnu / *the flowers were from a secret admirer of hers* les fleurs venaient d'un admirateur inconnu **4.** [secluded - beach, garden] retiré, secret (secrète).

in secret adv phr en secret, secrètement.

secret agent n agent *m* secret / **'The Secret Agent'** *Conrad* 'l'Agent secret'.

secretaire [,sekrɪ'teəʳ] n secrétaire *m (meuble)*.

secretarial [,sekrə'teərɪəl] adj [tasks] de secrétaire, de secrétariat ; [course, college] de secrétariat / *I have a part-time secretarial job* j'ai un travail de secrétaire à mi-temps / *she does secretarial work* elle fait un travail de secrétariat or de secrétaire / *I followed a secretarial course* j'ai pris des cours de secrétariat ▸ **secretarial skills** notions *fpl* de secrétariat ▸ **the secretarial staff** le secrétariat ▸ **secretarial college** or **school** école *f* de secrétariat.

secretariat [,sekrə'teərɪət] n secrétariat *m*.

secretary UK 'sekrətrɪ US 'sekrə,terɪ] *(pl* **secretaries**) n **1.** [gen & COMM] secrétaire *mf* **2.** POL [in UK - minister] ministre *m* ; [- non-elected official] secrétaire *m* d'État ; [in US] secrétaire *m* d'État ▸ **secretary of state** **a)** [in UK] ministre **b)** [in US] secrétaire *m* d'État, ministre des Affaires étrangères **3.** [diplomat] secrétaire *m* d'ambassade.

secretary bird n ORNITH serpentaire *m*, secrétaire *m*.

secretary-general n secrétaire *m* général, secrétaire *f* générale.

secrete [sɪ'kriːt] vt **1.** ANAT & MED sécréter **2.** *fml* [hide] cacher.

secretion [sɪ'kriːʃn] n **1.** ANAT & MED sécrétion *f* **2.** *fml* [act of hiding] action *f* de cacher.

secretive ['siːkrətɪv] adj [nature] secret (secrète) ; [behaviour] cachottier / *she's very secretive about her new job* elle ne dit pas grand-chose de son nouveau travail / *she's quite a secretive person* c'est une personne assez secrète.

secretively ['siːkrətɪvlɪ] adv en cachette, secrètement.

secretiveness ['siːkrətɪvnɪs] n *(U)* [of character] réserve *f* ; [keeping secrets] cachotteries *fpl*.

secretly ['siːkrɪtlɪ] adv [do, act] en secret, secrètement ; [believe, think] en son for intérieur, secrètement.

secret police n police *f* secrète.

secret service n services *mpl* secrets.

Secret Service n [in US] ▸ **the secret service** *service de protection du président, du vice-président des États-Unis et de leurs familles.*

sect [sekt] n secte *f*.

sectarian [sek'teərɪən] adj sectaire ▸ **sectarian violence** violence *f* d'origine religieuse.

sectarianism [sek'teərɪənɪzm] n sectarisme *m*.

section ['sekʃn] ◆ n **1.** [sector] section *f*, partie *f* / *the business section of the community* les commerçants et les hommes d'affaires de notre communauté / *there has been snow over large sections of Southern England* il a neigé sur une grande partie du sud de l'Angleterre / *the residential section of the town* les quartiers résidentiels de la ville ; [division - of staff, services] section *f* ; [- in army] groupe *m* de combat ; [- in orchestra] section *f* **2.** [component part - of furniture] élément *m* ; [- of tube] section *f* ; [- of track, road] section *f*, tronçon *m* ; RAIL section *f* / *the kitchen units / the shelves come in easy-to-assemble sections* les éléments de cuisine / les étagères se vendent en kit **3.** [subdivision - of law] article *m* ; [- of book, exam, text] section *f*, partie *f* ; [- of library] section *f* / *the children's section* la section pour enfants ; [of newspaper - page] page *f* ; [- pages] pages *fpl* / *the sports / women's section* les pages des sports / réservées aux femmes ; [in department store] rayon *m* / *furniture / children's section* rayon meubles / enfants **4.** US RAIL [train] train *m* supplémentaire ; [sleeper] compartiment-lits *m* **5.** [cut, cross-section - drawing] coupe *f*, section *f* ; GEOM section *f* ; [for microscope] coupe *f*, lamelle *f* ; [in metal] profilé *m* **6.** MED sectionnement *m* **7.** US [land] *division (administrative) d'un mille carré.* ◆ vt **1.** [divide into sections] sectionner **2.** UK [confine to mental hospital] interner.

section off vt sep séparer / *part of the church was sectioned off* l'accès à une partie de l'église était interdit.

sectional ['sekʃənl] ◆ adj **1.** [furniture] modulaire **2.** [interests] d'un groupe **3.** [drawing] en coupe. ◆ n US [sofa] canapé *m* d'angle.

sectionalism ['sekʃənəlɪzm] n défense *f* des intérêts régionaux or d'un groupe.

section gang n US RAIL (équipe *f* de) terrassiers *mpl*.

section hand n US RAIL terrassier *m*.

section mark n signe *m* de paragraphe.

sector ['sektəʳ] ◆ n **1.** [area, realm] secteur *m*, domaine *m* ; ECON secteur *m* ; [part, subdivision] secteur *m*, partie *f* ; COMPUT [of screen] secteur *m* / *the banking sector* le secteur bancaire / *whole sectors of society live below the poverty line* des catégories sociales entières vivent en dessous du seuil de pauvreté **2.** MIL secteur *m*, zone *f* **3.** GEOM secteur *m* **4.** [for measuring] compas *m* de proportion. ◆ vt diviser en secteurs ; ADMIN & GEOG sectoriser.

secular ['sekjʊləʳ] adj **1.** [life, clergy] séculier **2.** [education, school] laïque **3.** [music, art] profane **4.** [ancient] séculaire **5.** ASTRON séculaire.

secularism ['sekjʊlərɪzm] n laïcisme *m*.

secularization [,sekjʊləraɪ'zeɪʃn] n sécularisation *f*.

secularize, secularise ['sekjʊləraɪz] vt séculariser ; [education] laïciser.

secure [sɪ'kjʊəʳ] ◆ adj **1.** [protected] sûr, en sécurité, en sûreté / *put the papers in a secure place* mettez les papiers en lieu sûr / *to be put in secure accommodation* être placé sous bonne garde / *I feel secure from* or *against attack* je me sens à l'abri des attaques **2.** [guaranteed - job] sûr ; [- victory, future] assuré / *a country must ensure its borders are secure* un pays doit assurer ses frontières or faire en sorte que ses frontières soient sûres **3.** [calm, confident] tranquille, sécurisé / *now she's married, she feels more secure* maintenant qu'elle est mariée, elle se sent plus sécurisée / *I was secure in the knowledge* or *the belief that all danger was past* j'étais intimement persuadé que tout danger était écarté **4.** [solid - investment, base] sûr ; [- foothold, grasp] sûr, ferme ; [solidly fastened - bolt, window] bien fermé ; [- scaffolding, aerial] solide, qui tient bien ; [- knot] solide / *can you make the door / the rope secure?* pouvez-vous vous assurer que la porte est bien fermée / la corde est bien attachée ? **5.** COMPUT ▸ **secure electronic transaction** paiement *m* sécurisé ▸ **secure server** serveur *m* sécurisé. ◆ vt **1.** *fml* [obtain] se procurer, obtenir ; [agreement] obtenir ; [loan] obtenir, se voir accorder / *to secure a majority* **a)** [gen] obtenir une majorité **b)** POL emporter la majorité / *to secure the release of sb* obtenir la libération de qqn / *will it be possible to secure a hall for the debate?* serait-il possible de réserver une salle pour le débat ? **2.** [fasten, fix - rope] attacher ; [- parcel] ficeler ; [- ladder, aerial] bien fixer ; [- window, lock] bien fermer / *the rope was secured around a rock* la corde était solidement attachée à un rocher / *secure the ladder against the wall first* assurez-vous d'abord que l'échelle est bien appuyée contre le mur **3.** [guarantee - future] assurer ; [- debt] garantir **4.** [from danger] préserver, protéger / *we did everything we could to secure the boat against* or *from the storm* nous avons tout fait pour protéger le bateau contre la tempête.

secured [sɪ'kjʊəd] adj FIN [debt, loan] garanti.

securely [sɪ'kjʊəlɪ] adv **1.** [firmly] fermement, solidement / *the door was securely fastened* la porte était bien fermée or verrouillée **2.** [safely] en sécurité, en sûreté / *put the jewels securely away* mettez les bijoux en lieu sûr.

secure tenancy n location *f* assurée or garantie.

secure unit n [in psychiatric hospital] quartier *m* de haute sécurité ; [for young offenders] centre *m* d'éducation surveillée.

security [sɪ'kjʊərətɪ] (*pl* **securities**) ◆ n **1.** [safety] sécurité *f* / *terrorism is a threat to national security* le terrorisme menace la sécurité nationale / *the President's national security advisers* les conseillers du président en matière de sécurité nationale / *they slipped through the security net* ils sont passés au travers des mailles du filet des services de sécurité ; [police measures, protection, etc.] sécurité *f* / *for reasons of security* par mesure de or pour des raisons de sécurité / *there was maximum security for the President's visit* des mesures de sécurité exceptionnelles ont été prises pour la visite du président / *maximum security wing* [in prison] quartier *m* de haute surveillance **2.** (U) [assurance] sécurité *f* ▸ **to have security of tenure a)** [in job] être titulaire, avoir la sécurité de l'emploi **b)** [as tenant] avoir un bail qui ne peut être résilié / *what she really needs is emotional security* ce qu'il lui faut vraiment c'est une sécurité affective ▸ **financial security** sécurité matérielle or financière **3.** [guarantee] garantie *f*, caution *f* / *what security do you have for the loan?* quelle garantie avez-vous pour couvrir ce prêt ? / *have you anything to put up as security?* qu'est-ce que vous pouvez fournir comme garantie ? / *she gave her diamonds as security for the loan* elle a donné ses diamants comme garantie pour le prêt / *loans without security* prêts *mpl* sans garantie ; [guarantor] garant *m*, -e *f* ▸ **to stand security for sb** UK se porter garant de qqn ▸ **to stand security for a loan** avaliser un prêt **4.** [department] sécurité *f* / *please call security* appelez la sécurité s'il vous plaît **5.** COMPUT sécurité *f*. ◆ comp [measures, forces] de sécurité ▸ **security booth** guichet *m* (du gardien) ▸ **security device** sécurité *f*.

❖ **securities** pl n FIN titres *mpl*, actions *fpl*, valeurs *fpl* ▸ **government securities** titres *mpl* d'État ▸ **the securities market** le marché des valeurs.

security blanket n doudou *m*.

security-coded adj **1.** [radio] codé, à code de sécurité **2.** AUTO ▸ **security-coded immobilizer** antidémarrage *m* codé.

Security Council n Conseil *m* de Sécurité.

security guard n garde *m* (chargé de la sécurité) ; [for armoured van] convoyeur *m* de fonds.

security leak n fuite *f* de documents or d'informations concernant la sécurité.

security officer n [on ship] officier *m* chargé de la sécurité ; [in firm] employé *m* chargé de la sécurité ; [inspector] inspecteur *m* de la sécurité.

security police n (services *mpl* de la) sûreté *f*.

security risk n : *she's considered to be a security risk* on considère qu'elle représente un risque pour la sécurité.

secy (written abbr of **secretary**) secr.

sedan [sɪ'dæn] n **1.** US [car] berline *f* **2.** [chair] ▸ **sedan (chair)** chaise *f* à porteurs.

sedate [sɪ'deɪt] ◆ adj [person, manner] calme, posé ; [behaviour] calme, pondéré / *we strolled home at a sedate pace* nous sommes rentrés chez nous sans hâte or en flânant / *we live a very sedate existence* nous menons une existence très calme. ◆ vt donner des sédatifs à / *he's heavily sedated* on lui a donné de fortes doses de calmants.

sedately [sɪ'deɪtlɪ] adv posément, calmement / *she walked sedately back to her house* elle est revenue chez elle d'un pas lent or tranquille.

sedation [sɪ'deɪʃn] n sédation *f* ▸ **under sedation** sous calmants.

sedative ['sedətɪv] ◆ adj calmant. ◆ n calmant *m*.

sedentary ['sedntrɪ] adj sédentaire.

sedge [sedʒ] n laîche *f*, carex *m*.

sedge warbler n phragmite *m* des joncs.

sedilia [se'dɪlɪə] pl n stalles *fpl*.

sediment ['sedɪmənt] ◆ n **1.** GEOL sédiment *m* **2.** [in liquid] sédiment *m*, dépôt *m* ; [in wine] dépôt *m*, lie *f*. ◆ vt déposer. ◆ vi se déposer.

sedimentary [,sedɪ'mentərɪ] adj sédimentaire ▸ **sedimentary rock** roche *f* sédimentaire.

sedimentation [,sedɪmen'teɪʃn] n sédimentation *f*.

sedition [sɪ'dɪʃn] n sédition *f*.

seditious [sɪ'dɪʃəs] adj séditieux.

seduce [sɪ'dju:s] vt **1.** [sexually] séduire **2.** [attract] séduire, attirer ; [draw] entraîner / *she was seduced away from the company* on l'a persuadée de or incitée à quitter la société.

seducer [sɪ'dju:sər] n séducteur *m*, -trice *f*.

seduction [sɪ'dʌkʃn] n séduction *f*.

seductive [sɪ'dʌktɪv] adj [person] séduisant ; [personality] séduisant, attrayant ; [voice, smile] aguichant, séducteur ; [offer] séduisant, alléchant / *she was wearing a rather seductive dress* elle était plutôt séduisante dans cette robe.

seductively [sɪ'dʌktɪvlɪ] adv [dress] d'une manière séduisante ; [smile] d'une manière enjôleuse.

seductiveness [sɪ'dʌktɪvnɪs] n caractère *m* séduisant.

sedulous ['sedjʊləs] adj *fml* diligent, persévérant.

sedulously ['sedjʊləslɪ] adv *fml* assidûment, avec persévérance.

sedum ['si:dəm] n sedum *m*.

see [si:] (*pt* **saw** [sɔ:], *pp* **seen** [si:n]) ◆ vt

- **A. PERCEIVE WITH EYES**
- **B. MEET OR VISIT**
- **C. IMAGINE OR UNDERSTAND**
- **D. TRY, DISCOVER OR CHECK**
- **E. WITNESS OR EXPERIENCE**
- **F. ACCOMPANY**

A. PERCEIVE WITH EYES **1.** [perceive with eyes] voir / *can you see me?* est-ce que tu me vois ? / *I can't see a thing* je ne vois rien / *she could see a light in the distance* elle voyait une lumière au loin / *he saw her talk* or *talking to the policeman* il l'a vue parler or qui parlait au policier / *did anyone see you take it?* est-ce que quelqu'un t'a vu le prendre ? / *did you see what happened?* avez-vous vu ce qui s'est passé ? / *let me see your hands* fais-moi voir or montre-moi tes mains / *can I see your newspaper a minute?* puis-je voir votre journal or jeter un coup d'œil sur votre journal un instant ? / *I see her around a lot* je la croise assez souvent / *I could see she'd been crying* je voyais qu'elle avait pleuré / *I don't want to be seen with him* je ne veux pas être vu or qu'on me voie avec lui / *there wasn't a car to be seen* il n'y avait pas une seule voiture en vue / *nothing more was ever seen of her* on ne l'a plus jamais revue ; [imagine] : *she began to see spies everywhere* elle s'est mise à voir des espions partout / *there's nothing there, you're seeing things!* il n'y a rien, tu as des hallucinations ! / *I could see what was going to happen (a mile off)* *inf fig* je le voyais venir (gros comme une maison) ▸ **to see one's way (clear) to doing sthg** : *could you see your way clear to lending me £20?* est-ce que vous pourriez me prêter 20 livres ? ▸ **to see the back** or **last of sthg** en avoir fini avec qqch / *I'll be glad to see the back* or *last of her* je serai content d'être débarrassé d'elle **2.** [watch - film, play, programme] voir / *I saw it on the news* je l'ai vu au journal télévisé / *did you see the match last night?* as-tu vu le match hier soir ? **3.** [refer to - page, chapter] voir / *see page 317* voir page 317.

B. MEET OR VISIT **1.** [meet by arrangement, consult] voir / *you should see a doctor* tu devrais voir or consulter un médecin / *I'll be seeing my lawyer about this* je vais consulter mon avocat à ce sujet / *I'll be seeing the candidates next week* je verrai les candidats la semaine prochaine **2.** [meet by chance] voir, rencontrer / *guess who I saw at the supermarket!* devine qui j'ai vu or qui j'ai rencontré au supermarché ! **3.** [visit - person, place] voir / *come round and see me some time* passe me voir un de ces jours / *they came to see me in hospital* ils sont venus me voir à l'hôpital / *I've always wanted to see China* j'ai toujours voulu voir la Chine / *to see the world* voir le monde **4.** [receive a visit from] recevoir, voir / *he's too ill to see anyone* il est trop malade pour voir qui que ce soit / *she can't see you right now, she's busy* elle ne peut pas vous voir maintenant, elle est trop occupée **5.** [spend time with socially] voir / *do you still see the Browns?* est-ce que vous voyez toujours les Brown ? / *we've seen quite a lot of them recently* nous les avons beaucoup vus dernièrement / *we see less of them these days* nous les voyons moins en ce moment / *is he seeing anyone at the moment?* [going out with] est-ce qu'il a quelqu'un en ce moment ? **6.** PHR *inf* **see you!, (I'll) be seeing you!** salut ! ▸ **see you later!** à tout à l'heure ! ▸ **see you around!** à un de ces jours ! ▸ **see you tomorrow!** à demain ! / *see you in London!* on se verra à Londres !

C. IMAGINE OR UNDERSTAND **1.** [understand] voir, comprendre / *I see what you mean* je vois or comprends ce que vous voulez dire / *I don't see what's so funny!* je ne vois pas ce qu'il y a de si drôle ! / *can I borrow the car? — I don't see why not* est-ce que je peux prendre la voiture ? — je n'y vois pas d'inconvénients / *will you finish in time? — I don't see why not* vous aurez fini à temps ? — il n'y a pas de raison / *I could see his point* je voyais ce qu'il voulait dire / *I don't see any point in going back now* je ne vois pas du tout l'intérêt qu'il y aurait à y retourner maintenant / *I can see why you were worried* je vois pourquoi vous étiez inquiet / *I can't see that it matters* je ne vois pas quelle importance ça a **2.** [consider, view] voir / *try to see things from my point of view* essayez de voir les choses de mon point de vue / *we see things differently* nous ne voyons pas les choses de la même façon / *you'll see things differently in the morning* demain tu verras les choses d'un autre œil / *he doesn't see his drinking as a problem* il ne se considère pas comme un alcoolique / *how do you see the current situation?* que pensez-vous de la situation actuelle ? / *as I see it, it's the parents who are to blame* à mon avis, ce sont les parents qui sont responsables **3.** [imagine, picture] voir, s'imaginer / *I can't see him getting married* je ne le vois pas or je ne me l'imagine pas se mariant / *she just couldn't see herself as a wife and mother* elle ne s'imaginait pas se mariant et ayant des enfants / *I can't see it myself* moi, je n'arrive pas à imaginer ça.

D. TRY, DISCOVER OR CHECK **1.** [try to find] voir / *I'll see if I can fix it* je vais voir si je peux le réparer / *I'll see what I can do* je vais voir ce que je peux faire / *go and see if he's still asleep* va voir s'il dort encore / *she called by to see what had happened* elle est venue pour savoir ce qui s'était passé **2.** [become aware of] voir / *I can't see any improvement* je ne vois pas d'amélioration / *what can she possibly see in him?* qu'est-ce qu'elle peut bien lui trouver ? / *they must have seen how worried I was* ils ont dû voir combien j'étais inquiet **3.** [discover, learn] voir / *I'm pleased to see you're enjoying life* je suis heureux de voir que tu profites de la vie / *I'll be interested to see how he gets on* je serais curieux de voir comment il se débrouillera / *I see (that) he's getting married* j'ai appris qu'il allait se marier / *I saw it in the paper this morning* je l'ai vu or lu ce matin dans le journal / *as we shall see in a later chapter* comme nous le verrons dans un chapitre ultérieur / *I see she's in the new Scorsese film* je vois qu'elle est dans le nouveau film de Scorsese **4.** [make sure] s'assurer, veiller à / *see that all the lights are out before you leave* assurez-vous que or veillez à ce que toutes les lumières soient éteintes avant de partir / *see (that) everything's ready for when they arrive* veillez à ce que tout soit prêt pour leur arrivée / *she'll see you right* *inf* elle veillera à ce que tu ne manques de rien, elle prendra bien soin de toi **5.** [inspect - file, passport, ticket] voir / *can I see your ticket, sir?* puis-je voir votre ticket, Monsieur ?

E. WITNESS OR EXPERIENCE **1.** [experience] voir, connaître / *he thinks he's seen it all* il croit tout savoir / *most recruits never see active service* la plupart des recrues ne voient jamais la guerre de près / *our car has seen better days* notre voiture a connu des jours meilleurs **2.** [witness] voir / *they have seen their purchasing power halved* ils ont vu leur pouvoir d'achat diminuer de moitié / *last year saw an increase in profits* l'année dernière a vu une augmentation des bénéfices / *the next decade will see enormous changes* la prochaine décennie verra se produire des changements considérables / *this old house has seen some changes* cette vieille maison a subi quelques transformations / *I never thought I'd see the day when he'd admit he was wrong* je n'aurais jamais cru qu'un jour il admettrait avoir tort / *you don't see athletes like her any more!* il n'y a plus beaucoup d'athlètes comme elle !

F. ACCOMPANY **1.** [accompany] accompagner / *I'll see you to the bus stop* je t'accompagne à l'arrêt du bus / *I'll see you home* je te raccompagne chez toi / *see Mr Smith to the door, please* veuillez raccompagner M. Smith jusqu'à la porte / *he saw her into a taxi / onto the train* il l'a mise dans un taxi / le train **2.** [in poker] voir / *I'll see you* je vous vois / *I'll see your ten dollars and raise you twenty* je vois vos dix dollars et je relance de vingt.

◆ vi **1.** [perceive with eyes] voir / *I can't see without (my) glasses* je ne vois rien sans mes lunettes / *he may never see again* il se peut qu'il ne voie plus jamais / *on a clear day you can see as far as the coast* par temps clair on voit jusqu'à la mer / *cats can see in the dark* les chats voient dans l'obscurité / *to see into the future* voir or lire dans l'avenir / *she can't see any further than the end of her nose* elle ne voit pas plus loin que le bout de son nez / *for all to see* au vu et au su de tous **2.** [find out] voir / *is that the baby crying? — I'll go and see* c'est le bébé qu'on entend pleurer ? — je vais voir / *you'll see!* tu verras ! **3.** [understand] voir, comprendre / *it makes no difference as far as I can see* autant que je puisse en juger, ça ne change rien / *you see, there's something else you should know* tu vois, il y a quelque chose d'autre que tu devrais savoir / *I was tired, you see, and...* j'étais fatigué, voyez-vous, et... / *now see here, young man!* écoutez-moi, jeune homme ! / *I haven't quite finished — so I see* je n'ai pas tout à fait terminé — c'est ce que je vois / *I see* [expressing understanding or disapproval] je vois / *I don't want any trouble, see?* *inf* je ne veux pas d'histoires, OK ? **4.** [indicating a pause or delay] : *let me* or *let's see* voyons voir / *Mum said you'd take us to the fair — we'll see* Maman a dit que tu nous amènerais à la foire — on verra (ça).

◆ n RELIG [of bishop] siège *m* épiscopal, évêché *m* ; [of archbishop] archevêché *m*.

❖ **see about** vt insep s'occuper de / *I'll see about making the reservations* je m'occuperai des réservations / *they're sending someone to see about the gas* ils envoient quelqu'un pour vérifier le gaz / *they won't let us in — we'll (soon) see about that!* *inf* ils ne veulent pas nous laisser entrer — c'est ce qu'on va voir !

❖ **see around** vt insep = **see round**.

❖ **see in** ◆ vt sep **1.** [escort] faire entrer **2.** [celebrate] ▸ **to see in the New Year** fêter le Nouvel An. ◆ vi voir à l'intérieur.

❖ **see off** vt sep **1.** [say goodbye to] dire au revoir à / *she came to see me off at the station* elle est venue à la gare me dire au revoir **2.** [chase away] chasser / *see him off!* [to dog] chasse-le ! **3.** [repel - attack] repousser.

❖ **see out** vt sep **1.** [accompany to the door] reconduire or raccompagner à la porte / *can you see yourself out?* pouvez-vous trouver la sortie tout seul ? / *goodbye, I'll see myself out* au revoir, ce n'est pas la peine de me raccompagner **2.** [last] : *we've got enough food to see the week out* nous avons assez à manger pour tenir jusqu'à la fin de la semaine **3.** [celebrate] ▸ **to see out the Old Year** fêter le Nouvel An.

❖ **see over** vt insep = **see round**.

❖ **see round** vt insep visiter / *they came to see round the house* ils sont venus pour visiter la maison.

❖ **see through** ◆ vt insep **1.** [window, fabric] voir à travers **2.** [be wise to - person] ne pas être dupe de, voir dans le jeu de ; [- trick, scheme, behaviour] ne pas se laisser tromper par / *she saw through his apparent cheerfulness* elle ne s'est pas laissée tromper or abuser par or elle n'a pas été dupe de son apparente bonne humeur.

◆ vt sep **1.** [bring to a successful end] mener à bonne fin / *we can count on her to see the job through* on peut compter sur elle pour mener l'affaire à bien **2.** [support, sustain] : *I've got enough money to see me through the week* j'ai assez d'argent pour tenir jusqu'à la fin de la semaine / *their love has seen them through many a crisis* leur amour les a aidés à surmonter de nombreuses crises / *her good humour will always see her through any difficulties* sa bonne humeur lui permettra toujours de traverser les moments difficiles.

❖ **see to** vt insep **1.** [look after] s'occuper de / *I'll see to the dinner* je m'occuperai du dîner / *see to it that everything's ready by 5 p.m.* veillez à ce que tout soit prêt pour 17 h / *she saw to it that our picnic was ruined* elle a fait en sorte de gâcher notre pique-nique **2.** [repair] réparer / *you should get the brakes seen to* tu devrais faire réparer les freins.

seed [si:d] ◆ n **1.** *(C)* BOT & HORT graine *f* ; *(U)* graines *fpl*, semence *f* ▸ **grass seed** semence pour gazon ▸ **to go** or **to run to seed a)** HORT monter en graine **b)** *fig* [physically] se laisser aller, se décatir **c)** [mentally] perdre ses facultés / *his mother has really gone to seed during the past year* sa mère a bien baissé or s'est bien décatie au cours de l'année passée **2.** [in fruit, tomatoes] pépin *m* **3.** [source] germe *m* / *the seeds of doubt / of suspicion* les germes du doute / de la suspicion **4.** *liter* BIBLE [offspring] progéniture *f* ; [sperm] semence *f* **5.** SPORT tête *f* de série / *the top seeds* les meilleurs joueurs classés. ◆ vt **1.** BOT & HORT [garden, field] ensemencer ; [plants] planter ▸ **seeded borders** bordures *fpl* ensemencées ▸ **to seed clouds** ensemencer les nuages **2.** [take seeds from - raspberries, grapes] épépiner **3.** SPORT ▸ **seeded player** tête *f* de série / *he's seeded number 5* il est tête de série numéro 5. ◆ vi [lettuce] monter en graine ; [corn] grener.

seedbed ['si:dbed] n semis *m*, couche *f* à semis / *a seedbed of revolution* *fig* les germes d'une révolution.

seedbox ['si:dbɒks] n germoir *m*.

seedcake ['si:dkeɪk] n gâteau *m* aux graines de carvi.

seed capital = **seed money**.

seedcorn ['si:dkɔ:n] n blé *m* de semence ▸ **seedcorn investments** investissements *mpl* pour l'avenir.

seedily ['si:dɪlɪ] adv minablement, de façon miteuse.

seediness ['si:dɪnɪs] n **1.** [appearance] aspect *m* miteux or minable **2.** *inf & dated* [of health] mauvais état *m*.

seeding machine ['si:dɪŋ-] n semoir *m*.

seedless ['si:dlɪs] adj sans pépins.

seedling ['si:dlɪŋ] n [plant] semis *m*, jeune plant *m* ; [tree] jeune plant *m*.

seed merchant n grainetier *m*, -ère *f*.

seed money n capital *m* initial or de départ, mise *f* de fonds initiale.

seed pearl n semence *f* de perles.

seedpod ['si:dpɒd] n BOT cosse *f*.

seed potato n pomme *f* de terre de semence.

seedsman ['si:dzmən] (*pl* **seedsmen** [-mən]) n grainetier *m*.

seedy ['si:dɪ] (*compar* **seedier**, *superl* **seediest**) adj **1.** [person, hotel, clothes] miteux, minable ; [area] délabré / *a seedy-looking drunk approached her* un ivrogne d'aspect minable or miteux s'avança vers elle / *the hotel was in the seediest part of town* l'hôtel était dans le quartier le plus délabré de la ville **2.** *inf & dated* [unwell] patraque, mal fichu **3.** [fruit] plein de pépins.

seeing ['si:ɪŋ] ◆ n [vision] vue *f*, vision *f* ▸ **seeing is believing** *prov* il faut le voir pour le croire. ◆ conj vu que / *seeing (that* or *as how) inf no-one came, we left* vu que or étant donné que personne n'est venu, nous sommes partis / *I decided not to encourage him, seeing as how he was married* *inf* je décidai de ne pas l'encourager, puisqu'il était or vu qu'il était marié.

seeing eye (dog) n US chien *m* d'aveugle.

seeing-to n UK *inf* : *to give sb a good seeing-to* **a)** [beat up] tabasser qqn **b)** [have sex with] faire passer qqn à la casserole.

seek [si:k] (*pt & pp* **sought** [sɔ:t]) ◆ vt **1.** [search for - job, person, solution] chercher, rechercher / *he constantly sought her approval* il cherchait constamment à obtenir son approbation / *he sought revenge on them* il a cherché à se venger d'eux / *they sought (for) an answer to their problems* ils ont cherché une réponse à leurs problèmes / *we'd better seek help* il vaut mieux aller chercher de l'aide / *they sought shelter from the rain* ils ont cherché à se mettre à l'abri de la pluie / *we sought shelter in a shop doorway* nous avons cherché refuge or à nous réfugier dans l'entrée d'un magasin ▸ **to seek one's fortune** chercher fortune ▸ **to seek re-election** chercher à se faire réélire / **'gentleman, 50s, seeks mature woman...'** 'homme, la cinquantaine, recherche femme mûre...' **2.** [ask for - advice, help] demander, chercher / *I sought professional advice* j'ai demandé conseil à un professionnel, j'ai cherché conseil auprès d'un professionnel / *he sought my help* il m'a demandé de l'aide or de l'aider **3.** [attempt] ▸ **to seek to do sthg** chercher à faire qqch, tenter de faire qqch / *we are seeking to improve housing conditions* nous nous efforçons d'améliorer or nous cherchons à améliorer les conditions de logement **4.** [move towards] chercher / *water seeks its own level* c'est le principe des vases communicants ▸ **heat-seeking missile** missile *m* thermoguidé. ◆ vi chercher ▸ **seek and you shall find** BIBLE cherchez et vous trouverez.

❖ **seek after** vt insep rechercher.

❖ **seek out** vt sep **1.** [go to see] aller voir **2.** [search for] chercher, rechercher ; [dig out] dénicher.

seeker ['si:kər] n chercheur *m*, -euse *f* / *a seeker after truth* une personne qui recherche la vérité.

-seeker in comp ▸ **peace-seeker** personne qui recherche la paix.

seem [si:m]

◆ vi

A. GIVE IMPRESSION
B. IMPERSONAL USE

A. GIVE IMPRESSION **1.** [with adjective] sembler, paraître, avoir l'air / *he seems very nice* il a l'air très gentil / *you don't seem very pleased with the result* vous n'avez pas l'air ravi du résultat / *you seem (to be) lost* vous semblez (être) or vous avez l'air (d'être) perdu / *things aren't always what they seem (to be)* les apparences sont parfois trompeuses / *just do whatever seems right* fais ce que tu jugeras bon de faire / *the wind makes it seem colder than it is* on dirait qu'il fait plus froid à cause du vent / *her behaviour seemed perfectly normal to me* son comportement m'a semblé tout à fait normal / *how does the situation seem to you? — it seems hopeless* que pensez-vous de la situation ? — elle me semble désespérée / *how did grandfather seem to you? — he seemed much older* comment as-tu trouvé grand-père ? — j'ai trouvé qu'il avait beaucoup vieilli **2.** [with infinitive] sembler, avoir l'air / *the door seemed to open by itself* la porte sembla s'ouvrir toute seule / *she seems to have recovered completely* elle a l'air d'être tout à fait remise / *he didn't seem to know* or *he seemed not to know* il n'avait pas l'air de savoir / *you seem to think you can do as you like here* vous avez l'air de croire que vous pouvez faire ce que vous voulez ici / *I seem to sleep better with the window open* je crois que je dors mieux avec la fenêtre ouverte ; [used to soften a statement, question, etc.] : *I seem to remember (that)...* je crois bien me souvenir que... / *I'm sorry, I seem to have forgotten your name* excusez-moi, je crois que j'ai oublié votre nom / *now, what seems to be the problem?* alors, quel est le problème d'après vous ? ; [with 'can't', 'couldn't'] : *I can't seem to do it* je n'y arrive pas / *I can't seem to remember* je n'arrive pas à me souvenir / *I couldn't seem to get any answer* impossible d'obtenir une réponse **3.** [with noun, often with 'like'] sembler, paraître / *he seems (like) a nice boy* il a l'air très sympathique or d'un garçon charmant / *it seems (like) an excellent idea* cela me semble (être) une excellente idée / *after what seemed (like) ages, the doctor arrived* après une attente qui parut interminable, le médecin arriva / *it seems like only yesterday* il me semble que c'était hier.

B. IMPERSONAL USE **1.** [impersonal use] : *it seemed that* or *as if nothing could make her change her mind* il semblait que rien ne pourrait la faire changer d'avis / *it seemed as though we'd known each other for years* nous avions l'impression de nous connaître depuis des années / *it seems to me there's no solution* j'ai l'impression qu'il n'y a pas de solution / *it seems to me that...* j'ai l'impression or il me semble que... / *there seems to be some mistake* on dirait qu'il y a une erreur / *there seem to be many opponents of the bill* il semble y avoir or qu'il y ait beaucoup de gens qui s'opposent au projet de loi / *there doesn't seem (to be) much point in going on* je ne crois pas qu'il y ait grand intérêt à continuer / *we've been having a spot of bother — so it seems* or *would seem!* nous avons eu un petit problème — on dirait bien ! **2.** [indicating that information is hearsay or second-hand] paraître / *it seems* or *it would seem (that) he already knew* il semble or il semblerait qu'il était déjà au courant / *he doesn't seem to have known about the operation* apparemment, il n'était pas au courant de l'opération / *it seems over 200 people were killed* il y aurait plus de 200 morts ▸ **it would seem so** il paraît que oui ▸ **it would seem not** il paraît que non, apparemment pas.

Note that **il semble(rait) que** is followed by a verb in the subjunctive:
It seems no one thought to warn them.
Il semblerait que personne n'ait pensé à les avertir.

seeming ['si:mɪŋ] adj apparent / *I don't trust him, for all his seeming concern over our welfare* je n'ai aucune confiance en lui bien qu'il semble se préoccuper de notre bien-être / *her explanation soon resolved any seeming contradictions in her story* ses précisions ne tardèrent pas à lever les apparentes contradictions de son récit.

seemingly ['si:mɪŋlɪ] adv **1.** [judging by appearances] apparemment, en apparence / *she has seemingly limitless amounts of money* les sommes d'argent dont elle dispose semblent être illimitées **2.** [from reports] à ce qu'il paraît ▸ **seemingly so / not** il paraît que oui / non / *he seemingly never received the letter* à ce qu'il paraît, il n'a jamais reçu la lettre.

seemly ['si:mlɪ] (*compar* **seemlier**, *superl* **seemliest**) adj *liter* **1.** [of behaviour] convenable, bienséant / *it is not seemly to ask personal questions* cela ne se fait pas de poser des questions personnelles **2.** [of dress] décent / *it was hardly the most seemly attire for a supper party* ce n'était certainement pas la tenue la plus indiquée pour un dîner.

seen [si:n] pp ⟶ **see.**

seep [si:p] vi filtrer, s'infiltrer / *water was seeping through the cracks in the floor* l'eau s'infiltrait par or filtrait à travers les fissures du sol.

❖ **seep away** vi s'écouler goutte à goutte.

❖ **seep in** vi **1.** [liquid] s'infiltrer **2.** *fig* faire son effet.

❖ **seep out** vi **1.** [blood, liquid] suinter ; [gas, smoke] se répandre **2.** [information, secret] filtrer.

seepage ['si:pɪdʒ] n [gradual - process] suintement *m*, infiltration *f* ; [- leak] fuite *f*.

seer ['sɪəʳ] n *liter* prophète *m*, prophétesse *f*.

seersucker ['sɪə,sʌkəʳ] n crépon *m* de coton, seersucker *m*.

seesaw ['si:sɔ:] ◆ n balançoire *f* (à bascule). ◆ comp [motion] de bascule. ◆ vi osciller.

seethe [si:ð] vi **1.** [liquid, lava] bouillir, bouillonner ; [sea] bouillonner **2.** [with anger, indignation] bouillir / *he was seething with anger* il bouillait de rage / *the country is currently seething with unrest* le mécontentement gronde en ce moment dans le pays **3.** [teem] grouiller / *the streets seethed with shoppers* les rues grouillaient de gens qui faisaient leurs courses.

seething ['si:ðɪŋ] adj **1.** [liquid, sea] bouillonnant **2.** [furious] furieux **3.** [teeming] grouillant / *a seething mass of people* une masse fourmillante de gens.

see-through adj transparent.

segment ◆ n ['segmənt] **1.** [piece - gen, ANAT & GEOM] segment *m* ; [- of fruit] quartier *m* / *in segments* par segments **2.** [part - of book, film, programme] partie *f* **3.** LING segment *m*. ◆ vt [seg'ment] segmenter, diviser or partager en segments. ◆ vi [seg'ment] se segmenter.

segmentation [,segmen'teɪʃn] n segmentation *f*.

segmented [seg'mentɪd] adj segmentaire.

Segovia [sɪ'gəʊvɪə] pr n Ségovie.

segregate ['segrɪgeɪt] ◆ vt [separate] séparer ; [isolate] isoler / *he went to a school where the sexes were segregated* l'école qu'il a fréquentée n'était pas mixte / *the children were segregated into racial groups* les enfants ont été regroupés en fonction de leur race / *the sick were segregated from the other villagers* les malades étaient tenus à l'écart des autres habitants du village. ◆ vi [in genetics] se diviser.

segregated ['segrɪgeɪtɪd] adj POL *où la ségrégation raciale est pratiquée.*

segregation [,segrɪ'geɪʃn] n **1.** POL ségrégation *f* **2.** [separation - of sexes, patients] séparation *f* **3.** [in genetics] division *f*.

segregationist [,segrɪ'geɪʃnɪst] ◆ adj ségrégationniste. ◆ n ségrégationniste *mf*.

segue ['segweɪ] ◆ n [transition] transition *f* ; [between pieces of music] enchaînement *m* / *a segue between the old and the new* une transition entre l'ancien et le moderne. ◆ vi : *to segue between two songs* enchaîner deux morceaux / *he segued into a joke / into a solo career* il a enchaîné sur une histoire drôle / sur une carrière en solo / *the film then segues into farce* le film bascule alors dans la farce. ◆ vt : *to segue a playlist* enchaîner les morceaux d'une playlist.

seine [seɪn] n ▸ **seine (net)** senne *f*.

Seine [seɪn] pr n ▸ **the (River) Seine** la Seine.

seise [si:z] vt LAW mettre en possession de ▸ **to be** or **to stand seised of a property** posséder une propriété de droit.

seismic ['saɪzmɪk] adj sismique, séismique.

seismograph ['saɪzməgrɑ:f] n sismographe *m*, séismographe *m*.

seismography [saɪz'mɒgrəfɪ] n sismographie *f*, séismographie *f*.

seismologist [saɪz'mɒlədʒɪst] n sismologue *mf*, séismologue *mf*.

seismology [saɪz'mɒlədʒɪ] n sismologie *f*, séismologie *f*.

seize [si:z] ◆ vt **1.** [grasp] attraper, saisir ; [in fist] saisir, empoigner / *my mother seized me by the arm / the collar* ma mère m'a attrapé par le bras / le col / *she seized the rail to steady herself* elle s'agrippa à la rampe pour ne pas tomber / *he seized a knife and held it to my throat* il s'empara d'un couteau or il saisit un couteau et l'appuya sur ma gorge ▸ **to seize hold of sthg** saisir or attraper qqch / *someone seized hold of my arm* quelqu'un m'a empoigné par le bras **2.** [by force] s'emparer de, saisir / *to seize power* s'emparer du pouvoir / *the rebels have seized control of the radio station* les rebelles se sont emparés de la station de radio / *pirates seized the ship* des pirates se sont rendus maîtres du navire / *five hostages were seized during the hold-up* les auteurs du hold-up ont pris cinq otages **3.** [arrest - terrorist, smuggler] se saisir de, appréhender, capturer ; [capture, confiscate - contraband, arms] se saisir de, saisir ; LAW [property] saisir / *all copies of the book were seized* tous les exemplaires du livre ont été saisis **4.** [opportunity] saisir, sauter sur / *seize any opportunity that comes your way* saute sur la moindre occasion qui se présentera **5.** [understand - meaning] saisir / *he is quick to seize the implications* il saisit vite les implications **6.** [overcome] saisir / *to be seized with fright* être saisi d'effroi / *to be seized with rage* avoir un accès de rage / *she was seized with a desire to travel* elle fut prise d'une envie irrésistible de voyager / *the story never really seizes your imagination* l'histoire ne parvient jamais à vraiment frapper l'imagination / *I was seized with a sudden sneezing fit* j'ai soudain été pris d'éternuements **7.** US = **seise.** ◆ vi [mechanism] se gripper.

❖ **seize on** vt insep [opportunity] saisir, sauter sur ; [excuse] saisir ; [idea] saisir, adopter.

❖ **seize up** vi **1.** [machinery] se gripper / *the brakes seized up* les freins se sont grippés or bloqués **2.** [system] se bloquer / *traffic in the centre has seized up completely* la circulation dans le centre est complètement bloquée **3.** [leg] s'ankyloser ; [back] se bloquer ; [heart] s'arrêter.

❖ **seize upon** = **seize on.**

seizure ['si:ʒəʳ] n **1.** *(U)* [of goods, property] saisie *f* ; [of city, fortress] prise *f* ; [of ship] capture *f* ; [arrest] arrestation *f* / *seizure of power* prise de pouvoir / *the police made a big arms seizure* la police a saisi un important stock d'armes **2.** MED crise *f*, attaque *f* / *to have a seizure* *lit & fig* avoir une attaque ▸ **heart seizure** crise cardiaque.

seldom ['seldəm] adv rarement / *I seldom see her* je la vois rarement, je la vois peu / *he seldom comes* il ne vient que or il vient rarement / *he seldom, if ever, visits his mother* il rend rarement, pour ne pas dire jamais, visite à sa mère.

select [sɪ'lekt] ◆ vt **1.** [gen] choisir ; [team] sélectionner / *you have been selected from among our many customers* vous avez été choisie parmi nos nombreux clients / *she hopes to be selected to play for Ireland* elle espère faire partie de la sélection qui jouera pour l'Irlande **2.** COMPUT sélectionner. ◆ adj **1.** [elite - restaurant, neighbourhood] chic, sélect ; [- club] fermé, sélect / *the membership is very select* les membres appartiennent à la haute société / *she invited a few select friends* elle a invité quelques amis choisis / *only a select few were informed* seuls quelques privilégiés furent informés **2.** [in quality - goods] de (premier) choix.

select committee n POL commission *f* d'enquête parlementaire.

selected [sɪ'lektɪd] adj [friends, poems] choisi ; [customers] privilégié ; [fruit, cuts of meat] de (premier) choix / *before a selected audience* devant un public choisi.

selection [sɪ'lekʃn] ◆ n **1.** [choice] choix *m*, sélection *f* ; [of team] sélection *f* / *no one thought he stood a chance of selection* personne ne pensait qu'il serait sélectionné / *make your selection from among the books on the bottom shelf* faites votre choix parmi les livres de l'étagère du bas / *the restaurant offers an excellent selection of wines* ce restaurant propose un excellent choix de vins or dispose d'une excellente carte des vins **2.** [of stories, music] choix *m*, sélection *f* / *a selection of poems* **a)** [in book] poèmes *mpl* choisis **b)** [for recital] un choix de poèmes / *selections from Balzac* morceaux *mpl* choisis de Balzac **3.** COMPUT sélection *f*. ◆ comp [committee, criteria] de sélection.

selective [sɪ'lektɪv] adj **1.** [gen] sélectif / *we can't take them all, we have to be selective* on ne peut pas les emmener tous, il faut faire un choix / *you should be more selective in your choice of friends / in your reading* vous devriez choisir vos amis / vos lectures avec plus de discernement / *there was a wave of selective strikes* il y eut une série de grèves tournantes ▸ **selective breeding** élevage *m* sélectif ▸ **selective entry** SCH sélection *f* ▸ **selective service** US service *m* militaire obligatoire, conscription *f* ▸ **selective weedkiller** herbicide *m* sélectif ▸ **selective welfare** allocations *fpl* sociales sélectives **2.** ELECTRON sélectif.

selectively [sɪ'lektɪvlɪ] adv sélectivement, de manière sélective.

selectivity [,sɪlek'tɪvətɪ] n **1.** [choice] discernement *m* **2.** ELECTRON sélectivité *f*.

selector [sɪ'lektəʳ] n **1.** [gen & SPORT] sélectionneur *m* **2.** TELEC & TV sélecteur *m*.

selenium [sɪ'li:nɪəm] n sélénium *m*.

selenography [,si:lə'nɒgrəfɪ] n sélénographie *f*.

self [self] (*pl* **selves** [selvz]) ◆ n **1.** [individual] : *she's back to her old* or *usual self* elle est redevenue elle-même or comme avant / *she's only a shadow of her former self* elle n'est plus que l'ombre d'elle-même / *he was his usual tactless self* il a fait preuve de son manque de tact habituel / *they began to reveal their true selves* ils ont commencé à se montrer sous leur véritable jour **2.** PSYCHOL moi *m* ▸ **the conscious self** le moi conscient **3.** [self-interest] : *all she thinks of is self, self, self* elle ne pense qu'à sa petite personne **4.** [on cheque] ▸ **pay self** payez à l'ordre de soi-même. ◆ adj [matching] assorti.

self- in comp **1.** [of o.s.] de soi-même, auto- ▸ **self-accusation** autoaccusation *f* ▸ **self-actualization** épanouissement *m* de la personnalité ▸ **self-admiration** narcissisme *m* **2.** [by o.s.] auto-, par soi-même ▸ **self-financing** autofinancé, qui s'autofinance **3.** [automatic] auto-, automatique ▸ **self-checking** à contrôle automatique ▸ **self-lubricating** autolubrifiant ▸ **self-opening** à ouverture automatique.

self-abandonment n abandon *m* de soi.

self-absorbed [-əb'sɔːbd] adj égocentrique.

self-absorption n égocentrisme *m*.

self-abuse n *pej* onanisme *m*, masturbation *f*.

self-addressed [-ə'drest] adj : *send three self-addressed (stamped) envelopes* envoyez trois enveloppes (timbrées) à votre adresse.

self-adhesive adj autocollant, autoadhésif.

self-adjusting adj à autoréglage, à réglage automatique ▸ **self-adjusting tappet** poussoir *m* autorégleur.

self-advertisement n *publicité qu'on se fait à soi-même* / *to indulge in self-advertisement* se mettre en avant.

self-advocacy n US ADMIN [of mentally handicapped person] affirmation *f* de soi.

self-aggrandizement n autoglorification *f*.

self-analysis n autoanalyse *f*.

self-apparent adj évident.

self-appointed [-ə'pɔɪntɪd] adj qui s'est nommé or proclamé lui-même / *she is our self-appointed guide* elle a assumé d'elle-même le rôle de guide au sein de notre groupe.

self-appraisal n auto-évaluation *f* ▸ **self-appraisal scheme** système *m* d'auto-évaluation.

self-assembly adj [furniture] en kit.

self-assertion n affirmation *f* de soi.

self-assertive adj sûr de soi, impérieux.

self-assertiveness n affirmation *f* de soi.

self-assessment n **1.** [gen] auto-évaluation *f* **2.** UK [for taxes] *système de déclaration des revenus pour le paiement des impôts, par opposition au prélèvement à la source.*

self-assurance n confiance *f* en soi, aplomb *m* / *she has plenty of self-assurance* elle ne manque pas de confiance en elle.

self-assured adj : *he's very self-assured* il est très sûr de lui.

self-aware adj conscient de soi-même.

self-awareness n conscience *f* de soi.

self-belief n confiance *f* en soi / *to have self-belief* croire en soi-même.

self-betterment n [material] amélioration *f* de sa condition ; [spiritual] progrès *mpl* spirituels.

self-build ◆ n autoconstruction *f*. ◆ vi construire sa maison soi-même.

self-catering adj UK [flat, accommodation] indépendant *(avec cuisine)* ; [holiday] dans un appartement or un logement indépendant.

self-censorship n autocensure *f* / *to practise self-censorship* s'autocensurer.

self-centred UK, **self-centered** US [-'sentəd] adj égocentrique.

self-centredness UK, **self-centeredness** US [-'sentədnɪs] n égocentrisme *m*.

self-certification n certificat *m* de maladie *(rédigé par un employé)*.

self-checkout n caisse *f* sans caissière.

self-check routine n COMPUT routine *f* d'autotest.

self-cleaning adj autonettoyant.

self-closing adj à fermeture automatique.

self-cocking [-,kɒkɪŋ] adj ARM à armement automatique.

self-coloured UK, **self-colored** US adj uni.

self-complacent adj satisfait de soi, suffisant.

self-composed adj posé, calme.

self-composure n calme *m*, sang-froid *m* ▸ **to keep / to lose one's self-composure** garder / perdre son sang-froid.

self-conceited adj vaniteux, suffisant.

self-confessed [-kən'fest] adj [murderer, rapist] qui reconnaît sa culpabilité / *he's a self-confessed drug addict* il avoue lui-même qu'il se drogue.

self-confidence n confiance *f* en soi, assurance *f* / *she is full of / she lacks self-confidence* elle a une grande / elle manque de confiance en elle.

self-confident adj sûr de soi, plein d'assurance.

self-confidently adv avec assurance or aplomb.

self-congratulation n autosatisfaction *f*.

self-congratulatory adj satisfait de soi.

self-conscious adj **1.** [embarrassed] timide, gêné ▸ **to make sb feel self-conscious** intimider qqn / *he's very self-conscious about his red hair* il fait un complexe de ses cheveux roux / *I feel very self-conscious in front of all these people* je me sens très mal à l'aise devant tous ces gens **2.** [style] appuyé / *I find her writing too self-conscious* je trouve son style un peu trop appuyé.

self-consciously adv timidement.

self-consciousness n timidité *f*, gêne *f*.

self-contained adj **1.** [device] autonome **2.** [flat] indépendant **3.** [person] réservé.

self-contempt n mépris *m* de soi-même / *to be full of self-contempt* se mépriser.

self-content n contentement *m* de soi.

self-contented adj content de soi.

self-contentment n contentement *m* de soi.

self-contradictory adj qui se contredit / *your arguments are self-contradictory* vos arguments se contredisent.

self-control n sang-froid *m*, maîtrise *f* de soi ▸ **to lose one's self-control** perdre son sang-froid.

self-controlled adj maître de soi.

self-correcting [-kə'rektɪŋ] adj à correction automatique, autocorrecteur.

self-critical adj qui fait son autocritique.

self-criticism n autocritique *f*.

self-deceit, **self-deception** n aveuglement *m* / *it's pure self-deceit on his part* il se fait des illusions.

self-defeating [-dɪ'fiːtɪŋ] adj contraire au but recherché.

self-defence n **1.** [physical] autodéfense *f* / *the art of self-defence* l'art de l'autodéfense **2.** LAW légitime défense *f* / *it was self-defence* j'étais / il était / etc. en état de légitime défense ▸ **to plead self-defence** plaider la légitime défense ▸ **to act in self-defence** agir en état de légitime défense / *I shot him in self-defence* j'ai tiré sur lui en état de légitime défense.

self-delusion n illusion *f* / *it is nothing but self-delusion on her part* elle se fait des illusions.

self-denial n abnégation *f*, sacrifice *m* de soi.

self-denying [-dɪ'naɪɪŋ] adj qui fait preuve d'abnégation / *a self-denying life* une vie de sacrifice.

self-deprecating [-'deprɪkeɪtɪŋ] adj : *to be self-deprecating* se déprécier.

self-deprecation n [ironic] autodérision *f* ; [from sense of inferiority] dénigrement *m* de soi-même.

self-deprecatory = **self-deprecating.**

self-destruct ◆ vi s'autodétruire. ◆ adj [mechanism] autodestructeur.

self-destruction n **1.** [of spacecraft, missile] autodestruction *f* **2.** PSYCHOL [of personality] autodestruction *f* **3.** [suicide] suicide *m*.

self-destructive adj autodestructeur.

self-determination n POL autodétermination *f*.

self-determined adj POL autodéterminé.

self-discipline n [self-control] maîtrise *f* de soi ; [good behaviour] autodiscipline *f*.

self-disciplined adj [self-controlled] maître de soi ; [well-behaved] qui fait preuve d'autodiscipline.

self-doubt n doute *m* de soi-même.

self-drive adj ▸ **self-drive car** voiture *f* sans chauffeur ▸ **self-drive car hire** location *f* de voitures sans chauffeur.

self-educated adj autodidacte.

self-effacing [-ɪ'feɪsɪŋ] adj modeste, effacé.

self-elected adj élu or nommé par soi-même.

self-employed ◆ adj indépendant, qui travaille à son compte. ◆ pl n ▸ **the self-employed** les travailleurs *mpl* indépendants.

self-employment n travail *m* en indépendant, travail *m* à son propre compte.

self-esteem n respect *m* de soi, amour-propre *m*.

self-evident adj évident, qui va de soi, qui saute aux yeux / *the truth is self-evident* la vérité saute aux yeux / *it's self-evident that neither side can win* il est évident qu'aucune des deux parties ne peut gagner.

self-evidently adv bien évidemment.

self-examination n examen *m* de conscience.

self-explanatory adj qui se passe d'explications, évident.

self-expression n expression *f* libre.

self-extracting archive [-iks'trӕktɪŋ-] n COMPUT archive *f* autodécompactable.

self-feeder n appareil *m* d'alimentation automatique.

self-fertilization n BIOL autofécondation *f*.

self-fertilizing [-'fɜːtɪlaɪzɪŋ] adj BIOL autofécondant.

self-focusing [-'fəʊkəsɪŋ] adj autofocus *(inv)*, à mise au point automatique.

self-fulfilling adj ▸ **self-fulfilling prophecy** *prophétie défaitiste qui se réalise.*

self-fulfilment n épanouissement *m*.

self-funding adj qui s'autofinance.

self-governing adj POL autonome.

self-government n POL autonomie *f*.

self-harm ◆ n automutilation *f*. ◆ vi s'automutiler.

self-harming n automutilation *f*.

self-hatred n haine *f* de soi.

self-heal n BOT brunelle *f*.

self-help ◆ n autonomie *f* ; [in welfare] entraide *f*. ◆ comp ▸ **self-help group** groupe *m* d'entraide ▸ **self-help guide** guide *m* pratique.

selfhood ['selfhʊd] n PSYCHOL le soi.

self-hypnosis n auto-hypnose *f*.

self-ignition n AUTO autoallumage *m*.

self-image n image *f* de soi-même.

self-importance n suffisance *f*.

self-important adj vaniteux, suffisant.

self-imposed [-ɪm'pəʊzd] adj que l'on s'impose à soi-même / *self-imposed exile* exil *m* volontaire.

self-improvement n perfectionnement *m* des connaissances personnelles.

self-induced adj que l'on provoque soi-même.

self-indulgence n complaisance *f* envers soi-même, habitude *f* de ne rien se refuser.

self-indulgent adj [person] qui ne se refuse rien ; [book, film] complaisant.

self-inflicted [-ɪn'flɪktɪd] adj : *his wounds were self-inflicted* il s'était auto-infligé ses blessures.

self-injurious adj : *self-injurious behaviour* automutilation *f*.

self-injury n automutilation *f*.

self-interest n intérêt *m* personnel ▸ **to act out of self-interest** agir par intérêt personnel.

self-interested adj intéressé, qui agit par intérêt personnel.

selfish ['selfɪʃ] adj égoïste / *you're acting out of purely selfish motives* vous agissez par pur égoïsme.

selfishly ['selfɪʃlɪ] adv égoïstement.
selfishness ['selfɪʃnɪs] n égoïsme *m*.
self-justification n autojustification *f*.
self-knowledge n connaissance *f* de soi.
selfless ['selflɪs] adj altruiste, désintéressé.
selflessly ['selflɪslɪ] adv de façon désintéressée, avec désintéressement.
selflessness ['selflɪsnɪs] n altruisme *m*, désintéressement *m*.
self-loading adj [gun] automatique.
self-loathing n dégoût *m* de soi-même.
self-locking adj à verrouillage automatique.
self-love n narcissisme *m*, amour *m* de soi-même.
self-made adj qui a réussi tout seul or par ses propres moyens ▸ **a self-made man** un self-made man.
self-medication n automédication *f*.
self-mockery n autodérision *f*.
self-motivated adj capable de prendre des initiatives.
self-motivation n motivation *f*.
self-mutilation n mutilation *f* volontaire.
self-obsessed adj obsédé par soi-même.
self-opinionated adj sûr de soi.
self-perpetuating [-pə'petʃʊeɪtɪŋ] adj qui se perpétue.
self-pity n apitoiement *m* sur son sort / *she's full of self-pity* elle s'apitoie beaucoup sur son sort.
self-pitying adj qui s'apitoie sur son (propre) sort / *don't be so self-pitying* cesse de t'apitoyer sur ton sort.
self-pollination n BOT autopollinisation *f*, pollinisation *f* directe.
self-portrait n [in painting] autoportrait *m* ; [in book] portrait *m* de l'auteur par lui-même.
self-possessed adj maître de soi, qui garde son sang-froid.
self-possession n sang-froid *m*.
self-praise n éloge *m* de soi-même / *I'm not saying that in self-praise* je ne dis pas ça pour me mettre en avant.
self-preservation n instinct *m* de conservation.
self-proclaimed [-prə'kleɪmd] adj : *he is the self-proclaimed king of the ring* il s'est proclamé lui-même roi du ring / *she's a self-proclaimed art critic* elle se proclame critique d'art.
self-propelled [-prə'peld], **self-propelling** [-prə'pelɪŋ] adj autopropulsé.
self-protection n autoprotection *f*.
self-publicist n : *he is an accomplished self-publicist* il sait soigner sa publicité.
self-raising UK [-,reɪzɪŋ], **self-rising** US [-,raɪzɪŋ] adj ▸ **self-raising flour** farine *f* avec levure incorporée.
self-realization n prise *f* de conscience de soi-même.
self-referential adj autoréférentiel.
self-regard n égoïsme *m*.
self-regarding adj qui ne considère que soi-même / *from self-regarding motives* par intérêt.
self-regulating [-'regjʊleɪtɪŋ] adj autorégulateur.
self-regulation n autorégulation *f*.
self-reliance n indépendance *f*.
self-reliant adj indépendant / *you must learn to be more self-reliant* tu dois apprendre à moins compter sur les autres.
self-replicate vi s'autoreproduire.
self-replicating [-'replɪkeɪtɪŋ] adj autoreproducteur.
self-replication n autoreproduction *f*.
self-respect n respect *m* de soi, amour-propre *m*.
self-respecting [-rɪ'spektɪŋ] adj qui se respecte / *no self-respecting girl would be seen dead going out with him* une fille qui se respecte ne sortirait pour rien au monde avec lui.
self-restrained adj retenu, qui sait se contenir.
self-restraint n retenue *f* ▸ **to exercise self-restraint** se retenir / *with great self-restraint* avec beaucoup de retenue.
self-righteous adj suffisant.
self-righteousness n suffisance *f*, pharisaïsme *m* *fml*.
self-righting [-'raɪtɪŋ] adj inchavirable.
self-rising US = **self-raising**.
self-rule n POL autonomie *f*.
self-sacrifice n abnégation *f* / *there's no need for self-sacrifice* vous n'avez pas besoin de vous sacrifier.
self-sacrificing [-'sækrɪfaɪsɪŋ] adj qui se sacrifie, qui a l'esprit de sacrifice.
selfsame ['selfseɪm] adj même, identique / *the selfsame day I got the sack inf* le jour même j'ai été viré.
self-satisfaction n suffisance *f*, contentement *m* de soi, fatuité *f*.
self-satisfied adj [person] suffisant, content de soi ; [look, smile, attitude] suffisant, satisfait / *she gave a self-satisfied smile* elle esquissa un sourire empreint de suffisance.
self-sealing adj [envelope] autocollant, autoadhésif ; [tank] à obturation automatique.
self-seeking [-'si:kɪŋ] adj égoïste.
self-serve adj US = **self-service**.
self-service ◆ adj en self-service, en libre service ▸ **self-service restaurant** self-service *m* ▸ **self-service shop** libre-service *m*. ◆ n [restaurant] self-service *m* ; [garage, shop] libre-service *m*.
self-serving adj intéressé.
self-starter n **1.** AUTO starter *m* automatique **2.** [person] personne *f* pleine d'initiative ▸ **to be a self-starter** être autonome.
self study ◆ n apprentissage *m* autonome / *this book is ideal for self study* ce livre est idéal pour apprendre seul. ◆ adj d'autoformation.
self-styled [-'staɪld] adj prétendu, soi-disant / *he's a self-styled expert on the matter* il se prétend or c'est un soi-disant expert en la matière.
self-sufficiency n **1.** [of person - independence] indépendance *f* ; [- self-assurance] suffisance *f* **2.** ECON [of nation, resources] autosuffisance *f* ; POL ▸ **(economic) self-sufficiency** autarcie *f*.
self-sufficient adj **1.** [person - independent] indépendant ; [- self-assured] plein de confiance en soi, suffisant **2.** ECON [nation] autosuffisant / *self-sufficient in copper* autosuffisant en cuivre ; POL autarcique.
self-supporting adj **1.** [financially] indépendant **2.** [framework] autoporteur, autoportant.
self-tapping [-'tæpɪŋ] adj ▸ **self-tapping screw** vis *f* autotaraudeuse.
self-taught adj autodidacte.
self-test n COMPUT test *m* imprimante.
self-watering planter n bac *m* à réserve d'eau.
self-willed [-'wɪld] adj têtu, obstiné.
self-winding [-'waɪndɪŋ] adj [watch] qui n'a pas besoin d'être remonté, (à remontage) automatique.
self-worth n : *to have a sense of self-worth* avoir confiance en soi / *he has no sense of self-worth* il n'a aucune confiance en lui.
sell [sel] (*pt & pp* **sold** [səʊld]) ◆ vt **1.** [goods] vendre ▸ **to sell sb sthg** or **sthg to sb** vendre qqch à qqn / *he sold me his car for $1,000* il m'a vendu sa voiture (pour) 1 000 dollars / *stamps are now also sold in some shops* les timbres sont maintenant vendus aussi dans certains magasins / *he sells computers for a living* il gagne sa vie en vendant des ordinateurs / *the book sold 50,000 copies* or *50,000 copies of the book were sold* le livre s'est vendu à 50 000 exemplaires ▸ **to sell sthg for cash** vendre qqch au comptant ▸ **to sell sthg cheap** vendre qqch à bas prix / *they sell the cassettes at £3 each* ils vendent les cassettes 3 livres pièce / *what really sells newspapers is scandal* ce sont les scandales qui font vraiment vendre les journaux / *he'd sell his own grandmother for a pint of beer* il vendrait son âme pour une bière / *she was sold into slavery / prostitution* on l'a vendue comme esclave / prostituée / *she sold her body* or *herself to buy food* elle s'est prostituée pour acheter à manger / *they sold classified information to our competitors* ils ont vendu des renseignements confidentiels à nos concurrents / *he sold state secrets to the enemy* il a vendu des secrets d'État à l'ennemi ▸ **to sell one's soul (to the devil)** vendre son âme (au diable) / *we'd sell our souls for a holiday in the Caribbean hum* nous ferions n'importe quoi pour passer des vacances aux Caraïbes / *we were sold a pup inf, dated* or *a dud inf* **a)** [cheated] on nous a roulés **b)** [sold rubbish] on nous a vendu de la camelote **2.** [promote - idea] faire accepter / *she sold the idea to the whole council* elle a fait accepter l'idée à tout le conseil / *as a politician, it is important to be able to sell yourself* les hommes politiques doivent savoir se mettre en valeur **3.** [make enthusiastic about] convaincre / *I'm completely sold on the idea* je suis emballé par l'idée **4.** *inf* [cheat, deceive] rouler / *we've been sold!* on s'est fait avoir or posséder ! **5.** PHR **to sell sb short a)** *inf* [cheat] rouler qqn **b)** [disparage] débiner qqn / *don't sell yourself short* il faut vous mettre en valeur / *I'm often accused of selling the country short* on m'accuse souvent de donner une mauvaise image du pays ▸ **to sell sb down the river** trahir qqn. ◆ vi se vendre / *the album is selling well* l'album se vend bien / *the cakes sell for* or *at 70 pence each* les gâteaux se vendent (à) or valent 70 pence pièce / *sorry, I'm not interested in selling* désolé, je ne cherche pas à vendre ▸ **to sell short** FIN vendre à découvert ▸ **to sell like hot cakes** se vendre comme des petits pains. ◆ n **1.** COMM vente *f* **2.** *inf* [disappointment] déception *f* ; [hoax] attrape-nigaud *m*.
❖ **sell back** vt sep revendre.
❖ **sell off** vt sep [at reduced price] solder ; [clear] liquider ; [get cash] vendre / *the house was sold off to pay debts* la maison a été vendue pour régler des créances / *they're selling the plates off at bargain prices* ils liquident les assiettes à des prix défiant toute concurrence ; [privatize] privatiser.
❖ **sell on** vt sep revendre *(en faisant du bénéfice)*.
❖ **sell out** ◆ vt sep **1.** *(usu passive)* [concert, match] : *the match was sold out* le match s'est joué à guichets fermés **2.** [betray] trahir **3.** ST. EX vendre, réaliser. ◆ vi **1.** COMM [sell business] vendre son commerce ; [sell stock] liquider (son stock) ; [run out] vendre tout le stock / *my father sold out and retired* mon père a vendu son affaire et a pris sa retraite / *he sold out to some Japanese investors* il a vendu à des investisseurs japonais / *we've sold out of sugar* nous n'avons plus de sucre, nous avons écoulé tout notre stock de sucre **2.** [be traitor] trahir / *to sell out to the enemy* passer à l'ennemi / *the government were accused of selling out to terrorism* le gouvernement fut accusé d'avoir traité avec les terroristes / *critics accuse her of selling out as a writer* les critiques l'accusent d'être un écrivain vendu or sans principes.
❖ **sell up** ◆ vt sep **1.** FIN & LAW [goods] opérer la vente forcée de, procéder à la liquidation de **2.** COMM [business] vendre, liquider. ◆ vi [shopkeeper] vendre son fonds de commerce or son affaire ; [businessman] vendre son affaire.
sellable ['seləbl] adj vendable.
Sellafield ['seləfi:ld] pr n *usine de retraitement des déchets radioactifs dans le nord de l'Angleterre.*
sell-by date n date *f* limite de vente / *their relationship is past its sell-by date* eux deux maintenant, c'est du passé.
seller ['selər] n **1.** [person - gen] vendeur *m*, -euse *f* ; [- merchant] vendeur *m*, -euse *f*, marchand *m*, -e *f* ▸ **it's a seller's market** c'est un marché vendeur or favorable aux vendeurs **2.** [goods] : *these shoes are good / poor sellers* ces chaussures se vendent bien / mal / *it's one of our biggest sellers* c'est un des articles qui se vend le mieux.
selling ['selɪŋ] n *(U)* vente *f*.
selling point n avantage *m*, atout *m*, point *m* fort.
selling power n puissance *f* de vente.
selling price n prix *m* de vente.
selloff ['selɒf] n [gen] vente *f* ; [of shares] dégagement *m*.

Sellotape® ['selәteɪp] n UK Scotch® *m*, ruban *m* adhésif.

❖ **sellotape** vt UK scotcher, coller avec du ruban adhésif.

sell-out n **1.** COMM liquidation *f* **2.** [betrayal] trahison *f* ; [capitulation] capitulation *f* **3.** [of play, concert, etc.] : *it was a sell-out* on a vendu tous les billets / *the match was a sell-out* le match s'est joué à guichets fermés.

seltzer ['seltsәʳ] n ▸ **seltzer (water)** eau *f* de Seltz.

selvage, selvedge ['selvɪdʒ] n lisière *f (d'un tissu).*

selves [selvz] pl ⟶ **self.**

semanteme [sɪ'mænti:m] n sémantème *m.*

semantic [sɪ'mæntɪk] adj sémantique.

semantically [sɪ'mæntɪklɪ] adv du point de vue sémantique.

semanticist [sɪ'mæntɪsɪst] n sémanticien *m*, -enne *f.*

semantics [sɪ'mæntɪks] n *(U)* sémantique *f.*

semaphore ['semәfɔ:ʳ] ◆ n **1.** *(U)* [signals] signaux *mpl* à bras / *in* or *by semaphore* par signaux à bras **2.** RAIL & NAUT sémaphore *m.* ◆ vt transmettre par signaux à bras.

semblance ['semblәns] n semblant *m*, apparence *f* / *a semblance of order* un semblant d'ordre / *we need to show at least some semblance of unity* nous devons au moins montrer un semblant d'unité.

semeiology [,semɪ'ɒlәdʒɪ] = **semiology.**

sememe ['si:mi:m] n sémème *m.*

semen ['si:men] n *(U)* sperme *m*, semence *f.*

semester [sɪ'mestәʳ] n US semestre *m.*

semi ['semɪ] n **1.** UK *inf* abbr of **semidetached house 2.** *inf* abbr of **semifinal 3.** (abbr of **semitrailer**) US, AUSTR & NZ semi *m.*

semi- in comp [partly] semi-, demi- / *in semi-darkness* dans la pénombre or la semi-obscurité / *he's in semi-retirement* il est en semi-retraite.

semi-annual adj semestriel ; BOT semi-annuel.

semi-arid adj semi-aride.

semi-automatic ◆ adj semi-automatique. ◆ n arme *f* semi-automatique.

semibreve ['semɪbri:v] n MUS ronde *f* ▸ **semibreve rest** UK pause *f.*

semicircle ['semɪ,sɜ:kl] n demi-cercle *m.*

semicircular [,semɪ'sɜ:kjʊlәʳ] adj demi-circulaire, semi-circulaire.

semicolon [,semɪ'kәʊlәn] n point-virgule *m.*

semiconduction [,semɪkәn'dʌkʃn] n semi-conduction *f.*

semiconductor [,semɪkәn'dʌktәʳ] n semi-conducteur *m.*

semiconscious [,semɪ'kɒnʃәs] adj à demi or moitié conscient / *she was only semiconscious* **a)** [losing] elle avait pratiquement perdu connaissance **b)** [regaining] elle n'avait pas encore tout à fait repris connaissance.

semiconsciousness [,semɪ'kɒnʃәsnɪs] n : *in a state of semiconsciousness* à demi conscient.

semiconsonant [,semɪ'kɒnsәnәnt] n semi-consonne *f.*

semidarkness [,semɪ'dɑ:knɪs] n pénombre *f.*

semidetached [,semɪdɪ'tætʃt] adj ▸ **semidetached house** maison *f* jumelée.

semifinal [,semɪ'faɪnl] n demi-finale *f* / *she lost in the semifinals* elle a perdu en demi-finale.

semifinalist [,semɪ'faɪnәlɪst] n demi-finaliste *mf.*

semifluid [,semɪ'flu:ɪd] ◆ adj semi-liquide, semi-fluide. ◆ n semi-fluide *m.*

semi-invalid n : *he is a semi-invalid* il n'est pas très valide.

semiliterate [,semɪ'lɪtәrәt] adj quasi analphabète.

seminal ['semɪnl] adj **1.** ANAT & BOT séminal ▸ **seminal duct** voie *f* séminale ▸ **seminal fluid** liquide *m* séminal **2.** [important] majeur, qui fait école / *she was a seminal influence on his art* elle eut une influence majeure sur son art.

seminar ['semɪnɑ:ʳ] n **1.** [conference] séminaire *m*, colloque *m* **2.** UNIV [class] séminaire *m*, travaux *mpl* dirigés.

seminarian [,semɪ'neәrɪәn] n séminariste *mf.*

seminary ['semɪnәrɪ] (*pl* **seminaries**) n RELIG & SCH [for boys, priests] séminaire *m* ; [for girls] pensionnat *m* de jeunes filles.

seminiferous [,semɪ'nɪfәrәs] adj séminifère.

semiofficial [,semɪә'fɪʃәl] adj semi-officiel.

semiologist [,semɪ'ɒlәdʒɪst] n sémioticien *m*, -enne *f*, sémiologue *mf.*

semiology [,semɪ'ɒlәdʒɪ] n sémiologie *f.*

semiotic [,semɪ'ɒtɪk] adj sémiotique.

semiotics [,semɪ'ɒtɪks] n *(U)* sémiotique *f.*

semiprecious ['semɪ,preʃәs] adj semi-précieux.

semiprofessional [,semɪprә'feʃәnl] ◆ adj semi-professionnel. ◆ n semi-professionnel *m*, -elle *f.*

semiquaver ['semɪ,kweɪvәʳ] n double croche *f.*

semiretired [,semɪrɪ'taɪәd] adj en semi-retraite.

semi-retirement n préretraite *f* progressive.

semiskilled [,semɪ'skɪld] adj [worker] spécialisé.

semi-skimmed [-'skɪmd] adj [milk] demi-écrémé.

semisubmersible [,semɪsәb'mɜ:sәbl] ◆ adj semi-submersible. ◆ n plateforme *f* semi-submersible.

Semite ['si:maɪt] n Sémite *mf.*

Semitic [sɪ'mɪtɪk] ◆ n LING langue *f* sémitique, sémitique *m.* ◆ adj sémite, sémitique.

semitone ['semɪtәʊn] n demi-ton *m.*

semitrailer [,semɪ'treɪlәʳ] n US semi-remorque *f.*

semitropical [,semɪ'trɒpɪkl] adj semi-tropical.

semivowel ['semɪ,vaʊәl] n semi-voyelle *f.*

semolina [,semә'li:nә] n semoule *f* ▸ **semolina pudding** gâteau *m* de semoule.

sempiternal [,sempɪ'tɜ:nl] adj *liter* sempiternel, éternel.

sempstress ['sempstrɪs] = **seamstress.**

sen. written abbr of **senior.**

SEN (abbr of **State Enrolled Nurse**) n *infirmier ou infirmière diplômé(e) d'État.*

Sen. written abbr of **Senator.**

senate ['senɪt] n **1.** POL sénat *m* ▸ **the United States Senate** le Sénat américain **2.** UNIV Conseil *m* d'Université.

Senate

Le Sénat constitue, avec la Chambre des représentants, l'organe législatif américain ; il est composé de 100 membres (deux par État). Le mandat d'un sénateur est de six ans.

senator ['senәtәʳ] n sénateur *m.*

senatorial [,senә'tɔ:rɪәl] adj sénatorial.

send [send] (*pt & pp* **sent** [sent]) ◆ vt **1.** [letter, parcel, money] envoyer, expédier ▸ **to send sb a letter, to send a letter to sb** envoyer une lettre à qqn / *he sent (us) word that he would be delayed* il (nous) a fait savoir qu'il aurait du retard / *he sent word to say he would be late* il a fait dire or savoir qu'il serait en retard / *she sends her love* or *regards* elle vous envoie ses amitiés / *send them our love* embrassez-les pour nous / *send them our best wishes* faites-leur nos amitiés / *I sent my luggage by train* j'ai fait expédier or envoyer mes bagages par le train / *it's like manna sent from heaven* c'est une véritable aubaine / *what will the future send us?* que nous réserve l'avenir ? / *we sent help to the refugees* nous avons envoyé des secours aux réfugiés / *they sent a car to fetch us* ils ont envoyé une voiture nous chercher ; [to carry out task] envoyer / *she sent her daughter for the meat* or *to get the meat* elle a envoyé sa fille chercher la viande / *she sent her brother on an errand* / *with a message* elle a envoyé son frère faire une course / porter un message / *the children were sent to say goodnight* on envoya les enfants dire bonsoir / *the dogs were sent after him* on lança les chiens à sa poursuite or à ses trousses ▸ **to send sb packing** *inf* or **about his business** envoyer promener qqn, envoyer qqn sur les roses **2.** [to a specific place] envoyer / *the government sent an ambassador to Mexico* le gouvernement envoya un ambassadeur au Mexique / *send the children indoors* faites rentrer les enfants / *send him to me* envoyez-le moi / *send him to my office* dites-lui de venir dans mon bureau, envoyez-le moi / *he sent the ball over the heads of the spectators* il envoya le ballon par-dessus la tête des spectateurs / *the collision sent showers of sparks* / *clouds of smoke into the sky* la collision fit jaillir une gerbe d'étincelles / provoqua des nuages de fumée / *the sound sent shivers down my spine* le bruit m'a fait froid dans le dos / *the news sent a murmur of excitement through the hall* la nouvelle provoqua un murmure d'agitation dans la salle / *heavy smoking sent him to an early grave* il est mort prématurément parce qu'il fumait trop ; [order] : *I was sent to bed* / *to my room* on m'a envoyé me coucher / dans ma chambre ▸ **to send sb home a)** [from school] renvoyer qqn chez lui **b)** [from abroad] rapatrier qqn **c)** INDUST [lay off] mettre qqn en chômage technique ▸ **to send sb to prison** envoyer qqn en prison ▸ **to send sb to school** envoyer qqn à l'école **3.** *(with present participle)* [propel] envoyer, expédier / *a gust of wind sent the papers flying across the table* un coup de vent balaya les papiers qui se trouvaient sur la table / *I sent the cup flying* j'ai envoyé voler la tasse / *the blow sent me flying* le coup m'a envoyé rouler par terre / *a sudden storm sent us all running for shelter* un orage soudain nous força à courir nous mettre à l'abri / *the boy sent the marbles rolling across the floor* le garçon envoya les billes rouler par terre **4.** [into a specific state] rendre / *the noise is sending me mad* or *out of my mind* le bruit me rend fou / *the news sent them into a panic* les nouvelles les ont fait paniquer ▸ **to send sb to sleep** *lit & fig* endormir qqn **5.** *inf & dated* [into raptures] emballer / *his voice really sends me* sa voix me fait vraiment craquer. ◆ vi **1.** [send word] : *he sent to say he couldn't come* il nous a fait savoir qu'il ne pouvait pas venir **2.** [for information, equipment] : *we sent to Paris for a copy* nous avons demandé une copie à Paris.

❖ **send away** ◆ vt sep **1.** [letter, parcel] expédier, mettre à la poste **2.** [person] renvoyer, faire partir / *the children were sent away to school* les enfants furent mis en pension. ◆ vi ▸ **to send away for sthg a)** [by post] se faire envoyer qqch **b)** [by catalogue] commander qqch par correspondance or sur catalogue.

❖ **send back** vt sep **1.** [return - books, goods] renvoyer / *send the chocolates back to the shop* renvoyez les chocolats au magasin **2.** [order - person] : *we sent her back to fetch a coat* or *for a coat* nous l'avons envoyée prendre un manteau.

❖ **send down** ◆ vt sep **1.** [person, lift] faire descendre, envoyer en bas / *they sent me down to the cellar* ils m'ont fait descendre à la cave / *she was sent down to ask if they wanted coffee* on l'a envoyée en bas pour demander s'ils voulaient du café **2.** [prices, temperature] faire baisser, provoquer la baisse de **3.** UK UNIV [student] expulser, renvoyer **4.** *inf* [to prison] envoyer en prison / *he was sent down for twenty years* il a écopé de vingt ans (de prison), il en a pris pour vingt ans. ◆ vi [by message or messenger] ▸ **to send down for sthg** (se) faire monter qqch.

❖ **send for** vt insep **1.** [doctor, taxi] faire venir, appeler ; [mother, luggage] faire venir ; [police] appeler ; [help] envoyer chercher ; [food, drink] commander / *we sent for another bottle* on a demandé une autre bouteille **2.** [by post, from catalogue] se faire envoyer, commander ; [catalogue, price list] demander.

❖ **send forth** vt insep *liter* **1.** [army, messenger] envoyer **2.** [produce - leaves] produire ; [- light] produire, émettre ; [- smell] répandre ; [- cry] pousser.

❖ **send in** vt sep **1.** [visitor] faire entrer ; [troops, police] envoyer **2.** [submit - report, form] envoyer ; [- suggestions, resignation] envoyer, soumettre / *why don't you send your name in for the competition?* pourquoi ne pas vous inscrire au concours ? / *to send in a request* faire une demande / *please send in a writ-*

ten application **a)** veuillez envoyer une demande écrite **b)** [for job] veuillez poser votre candidature par écrit.

❖ **send off** ◆ vt sep **1.** [by post] expédier, mettre à la poste **2.** [person] envoyer / *I sent him off home / upstairs* je l'ai envoyé chez lui / en haut / *they sent us off to bed / to get washed* ils nous ont envoyés nous coucher / nous laver / *they are sent off to school every morning* on les envoie à l'école tous les matins **3.** SPORT expulser **4.** [to sleep] ▸ **to send sb off (to sleep)** *lit & fig* endormir qqn. ◆ vi ▸ **to send off for sthg a)** [by catalogue] commander qqch par correspondance or sur catalogue **b)** [by post] se faire envoyer qqch.

❖ **send on** vt sep **1.** [mail] faire suivre ; [luggage] expédier ▸ **to send a message on to sb** faire suivre un message à qqn / *my luggage was sent on to New York* **a)** [in advance] on a expédié mes bagages à New York **b)** [by mistake] mes bagages ont été expédiés à New York par erreur / *if you've forgotten anything, we'll send it on* si vous avez oublié quelque chose, nous vous le renverrons **2.** [person] : *they sent us on ahead* or *in front* ils nous ont envoyés en éclaireurs / *we sent them on to find a hotel* nous les avons envoyés en éclaireurs pour trouver un hôtel / *they sent me on to Dundee* [further] ils m'ont envoyé jusqu'à Dundee **3.** SPORT [player] faire entrer (sur le terrain).

❖ **send out** ◆ vt sep **1.** [by post - invitations] expédier, poster **2.** [messengers, search party] envoyer, dépêcher ; [patrol] envoyer / *they sent out a car for us* ils ont envoyé une voiture nous chercher ; [transmit - message, signal] envoyer / *a call was sent out for Dr Bramley* on a fait appeler le Dr Bramley **3.** [outside] envoyer dehors / *we sent them all out into the garden* on les a tous envoyés dans le jardin / *send the children out to play* envoyez les enfants jouer dehors ; [on errand, mission] envoyer / *we sent her out for coffee* nous l'avons envoyée chercher du café / *they sent me out to Burma* ils m'ont envoyé en Birmanie **4.** [produce, give out - leaves] produire ; [- light, heat] émettre, répandre, diffuser ; [- fumes, smoke] répandre. ◆ vi : *to send out for coffee / sandwiches* [to shop] envoyer quelqu'un chercher du café / des sandwiches.

❖ **send round** vt sep **1.** [circulate - petition] faire circuler ▸ **to send round the hat** faire la quête **2.** [dispatch - messenger, repairman] envoyer ; [- message] faire parvenir / *they sent a car round* ils ont envoyé une voiture / *her mother sent her round to our house for some sugar* sa mère l'a envoyée chez nous demander du sucre.

❖ **send up** vt sep **1.** [messenger, luggage, drinks] faire monter ; [rocket, flare] lancer ; [plane] faire décoller ; [smoke] répandre **2.** [raise - price, pressure, temperature] faire monter **3.** *inf* [ridicule] mettre en boîte, se moquer de **4.** UK *inf* [imitate] imiter **5.** US *inf* [to prison] envoyer en prison, coffrer.

sender ['sendər] n expéditeur *m*, -trice *f* ▸ **return to sender** retour à l'expéditeur.

sending-off n UK SPORT expulsion *f*.

send-off n ▸ **to give sb a send-off** dire au revoir à qqn, souhaiter bon voyage à qqn / *he was given a warm send-off by all his colleagues* tous les collègues sont venus lui faire des adieux chaleureux.

send-up n *inf* parodie *f*.

Seneca ['senɪkə] pr n Sénèque *m*.

Senegal [,senɪ'gɔ:l] pr n Sénégal *m* / *in Senegal* au Sénégal.

Senegalese [,senɪgə'li:z] (*pl* **Senegalese**) ◆ n Sénégalais *m*, -e *f*. ◆ adj sénégalais.

Senegambia [,senɪ'gæmbɪə] pr n Sénégambie *f*.

Senegambian [,senɪ'gæmbɪən] ◆ n Sénégambien *m*, -enne *f*. ◆ adj sénégambien.

senescence [sɪ'nesns] n sénescence *f*.

senescent [sɪ'nesnt] adj sénescent.

senile ['si:naɪl] adj sénile ▸ **senile decay** dégénérescence *f* sénile ▸ **senile dementia** démence *f* sénile.

senility [sɪ'nɪlətɪ] n sénilité *f*.

senior ['si:njər] ◆ adj **1.** [in age] plus âgé, aîné ; [in rank] (de grade) supérieur / *I am senior to them* **a)** [higher position] je suis leur supérieur **b)** [longer service] j'ai plus d'ancienneté qu'eux / *senior airport officials* la direction de l'aéroport ▸ **senior clerk** commis *m* principal, chef *m* de bureau ▸ **senior executive** cadre *m* supérieur ▸ **senior government official** haut fonctionnaire *m* ▸ **senior officer** officier *m* supérieur / *George is the senior partner in our firm* Georges est l'associé principal de notre société **2.** SCH ▸ **senior master** UK professeur *m* principal ; US ▸ **senior high school** lycée *m* ▸ **senior year** terminale *f*, dernière année *f* d'études secondaires. ◆ n **1.** [older person] aîné *m*, -e *f* / *he is my senior by six months* or *he is six months my senior* il a six mois de plus que moi, il est de six mois mon aîné **2.** US SCH élève *mf* de terminale ; UNIV étudiant *m*, -e *f* de licence **3.** UK SCH ▸ **the seniors** ≃ les grands *mpl* ; ≃ les grandes *fpl* **4.** [in hierarchy] supérieur *m*, -e *f*.

❖ **Senior** adj [in age] : *John Brown senior* John Brown père.

senior citizen n personne *f* âgée or du troisième âge ▸ **senior citizen's club** club *m* du troisième âge ▸ **senior citizen's rail pass** ≃ Carte *f* Senior.

Senior Common Room n UK UNIV salle *f* des professeurs.

seniority [,si:nɪ'ɒrətɪ] n **1.** [in age] priorité *f* d'âge / *he became chairman by virtue of seniority* il est devenu président parce qu'il était le plus âgé or le doyen **2.** [in rank] supériorité *f* ▸ **to have seniority over sb** être le supérieur de qqn ; [length of service] ancienneté *f* / *according to* or *by seniority* en fonction de or à l'ancienneté.

Senior Service n UK marine *f*.

senna ['senə] n séné *m* ▸ **senna tea** infusion *f* or tisane *f* de séné.

sensate ['senseɪt] adj perçu par les sens.

sensation [sen'seɪʃn] n **1.** *(U)* [sensitivity] sensation *f* / *the cold made me lose all sensation in my hands* le froid m'a complètement engourdi les mains **2.** [impression] impression *f*, sensation *f* / *I had a strange sensation in my leg* j'avais une drôle de sensation dans la jambe / *I had the sensation of falling* j'avais la sensation or l'impression de tomber **3.** [excitement, success] sensation *f* ▸ **to cause** or **to be a sensation** faire sensation / *the film was a sensation* le film a fait sensation.

sensational [sen'seɪʃənl] adj **1.** [causing a sensation] sensationnel, qui fait sensation / *a sensational story* une histoire sensationnelle / *a sensational crime* un crime qui fait sensation / *it was the most sensational event of the year* ce fut l'événement le plus sensationnel de l'année **2.** [press] à sensation **3.** [wonderful] formidable, sensationnel / *you look sensational* tu es superbe / *that's sensational news* c'est une nouvelle formidable or sensationnelle.

sensationalism [sen'seɪʃnəlɪzm] n **1.** [in press, novels, etc.] sensationnalisme *m* **2.** PHILOS sensationnisme *m* **3.** PSYCHOL sensualisme *m*.

sensationalist [sen'seɪʃnəlɪst] ◆ n [writer] auteur *m* à sensation ; [journalist] journaliste *mf* à sensation. ◆ adj à sensation.

sensationally [sen'seɪʃnəlɪ] adv d'une manière sensationnelle ; [as intensifier] : *we found this sensationally good restaurant* *inf* on a découvert un restaurant vraiment génial.

sense [sens] ◆ n **1.** [faculty] sens *m* ▸ **sense of hearing** ouïe *f* ▸ **sense of sight** vue *f* ▸ **sense of smell** odorat *m* ▸ **sense of taste** goût *m* ▸ **sense of touch** toucher *m* ▸ **to excite the senses** exciter les sens **2.** [sensation] sensation *f* ; [feeling] sentiment *m* / *I felt a certain sense of pleasure* j'ai ressenti un certain plaisir / *I felt a sense of shame* je me suis senti honteux / *children need a sense of security* les enfants ont besoin de se sentir en sécurité / *there's a new sense of foreboding in her writing* ses écrits sont maintenant empreints d'un sentiment d'angoisse devant l'avenir ; [notion] sens *m*, notion *f* / *she seems to have lost all sense of reality* elle semble avoir perdu le sens des réalités / *I lost all sense of time* j'ai perdu toute notion de l'heure / *to have a (good) sense of direction* avoir le sens de l'orientation / *she lost her sense of direction when her husband died* *fig* elle a perdu le nord après la mort de son mari / *he has a good sense of humour* il a le sens de l'humour / *I try to teach them a sense of right and wrong* j'essaie de leur inculquer la notion du bien et du mal / *she acted out of a sense of duty / of responsibility* elle a agi par sens du devoir / des responsabilités / *they have no business sense at all* ils n'ont aucun sens des affaires / *he has an overdeveloped sense of his own importance* il est trop imbu de lui-même **3.** [practicality, reasonableness] bon sens *m* ▸ **to show good sense** faire preuve de bon sens ▸ **to see sense** entendre raison / *oh, come on, talk sense!* voyons, ne dis pas n'importe quoi ! / *there's no sense in all of us going* cela ne sert à rien or c'est inutile d'y aller tous / *there's a lot of sense in what she says* il y beaucoup de bon sens dans ce qu'elle dit, ce qu'elle dit est tout à fait sensé / *they didn't even have enough sense to telephone* ils n'ont même pas eu l'idée de téléphoner / **'Sense and Sensibility'** *Austen* 'Bon sens et sensibilité' **4.** [meaning - of word, expression] sens *m*, signification *f* ; [- of text] sens *m* / *don't take what I say in its literal sense* ne prenez pas ce que je dis au sens propre or au pied de la lettre / *in every sense of the word* dans tous les sens du terme / *I think we have, in a very real sense, grasped the problem* je crois que nous avons parfaitement saisi le problème / *I got the general sense* j'ai saisi le sens général **5.** [coherent message] sens *m* ▸ **to make sense a)** [words] avoir un sens **b)** [be logical] tenir debout, être sensé / *can you make (any) sense of this message?* est-ce que vous arrivez à comprendre ce message ? / *it makes no sense* ça n'a pas de sens / *it makes / doesn't make sense to wait* c'est une bonne idée / idiot d'attendre ▸ **to talk sense** dire des choses sensées **6.** [way] ▸ **in a sense** dans un sens ▸ **in no sense** en aucune manière ▸ **in more senses than one** dans tous les sens ▸ **in the sense that…** en ce sens que…, dans le sens où… ◆ vt **1.** [feel - presence] sentir ; [- danger, catastrophe] pressentir / *I sensed something was wrong* j'ai senti que quelque chose n'allait pas / *I sensed as much* c'est bien l'impression or le sentiment que j'avais / *I sensed her meaning* j'ai compris ce qu'elle voulait dire **2.** ELECTRON détecter ; COMPUT lire.

❖ **senses** pl n [sanity, reason] raison *f* ▸ **to come to one's senses a)** [become conscious] reprendre connaissance **b)** [be reasonable] revenir à la raison ▸ **to take leave of one's senses** perdre la raison or la tête ▸ **to bring sb to his / her senses** ramener qqn à la raison.

senseless ['senslɪs] adj **1.** [futile] insensé, absurde / *it's senseless trying to persuade her* inutile d'essayer or on perd son temps à essayer de la persuader / *there has been a lot of senseless killing in this war* cette guerre a fait beaucoup de morts inutiles / *what a senseless waste of time!* quelle perte de temps stupide ! **2.** [unconscious] sans connaissance ▸ **to knock sb senseless** assommer qqn / *he fell senseless to the deck* il est tombé sans connaissance sur le pont (du navire).

senselessly ['senslɪslɪ] adv stupidement, de façon absurde.

senselessness ['senslɪsnɪs] n [silliness] manque *m* de bon sens, stupidité *f* ; [absurdity] absurdité *f*.

sense organ n organe *m* sensoriel or des sens.

sensibility [,sensɪ'bɪlətɪ] (*pl* **sensibilities**) n [physical or emotional] sensibilité *f* / *he's a man of great sensibility* c'est un homme d'une grande sensibilité / *sensibility to pain* sensibilité à la douleur.

❖ **sensibilities** pl n susceptibilité *f*, susceptibilités *fpl* / *we must avoid offending our viewers' sensibilities* nous devons éviter de heurter la sensibilité de nos spectateurs.

sensible ['sensəbl] adj **1.** [reasonable - choice] judicieux, sensé ; [- reaction] sensé, qui fait preuve de bon sens ; [- person] sensé, doué de bon sens / *it's a very sensible idea* c'est une très bonne idée / *the most sensible thing to do is to phone* la meilleure chose à faire, c'est de téléphoner **2.** [practical - clothes, shoes] pratique / *you need sensible walking shoes* il vous faut de bonnes chaussures de marche / *it's not a very sensible swimsuit* ce maillot de bain n'est pas très pratique **3.** *fml* [notable - change] sensible, appréciable **4.** *fml & liter* [aware] : *I am sensible of the fact that things have changed between us* j'ai conscience du fait que les choses ont changé entre nous. **See note on next page.**

⚠ When sensible means wise, it is not translated by **sensible** in French, which usually means sensitive.

sensibly ['sensəblɪ] adv **1.** [reasonably] raisonnablement / *they very sensibly decided to give up before someone got hurt* ils ont pris la décision raisonnable de renoncer avant que quelqu'un ne soit blessé ▸ **to be sensibly dressed** porter des vêtements pratiques **2.** *fml* [perceptibly] sensiblement, perceptiblement.

sensing ['sensɪŋ] n *(U)* ELECTRON exploration *f*, sondage *m*.

sensitive ['sensɪtɪv] adj **1.** [eyes, skin] sensible / *my eyes are very sensitive to bright light* j'ai les yeux très sensibles à la lumière vive / *special soaps for sensitive skin* savons spéciaux pour peaux sensibles or délicates **2.** [emotionally] sensible ▸ **to be sensitive to sthg** être sensible à qqch / *we are all sensitive to kindness* nous sommes tous sensibles à la gentillesse **3.** [aware] sensibilisé / *the seminar made us more sensitive to the problem* le séminaire nous a sensibilisés au problème **4.** [touchy -person] susceptible ; [-age] où l'on est susceptible ; [-public opinion] sensible / *she's very sensitive about her height* elle n'aime pas beaucoup qu'on lui parle de sa taille ; [difficult -issue, topic] délicat, épineux / *you're touching on a sensitive area* vous abordez un sujet délicat or épineux ; [information] confidentiel / *avoid such politically sensitive issues* évitez des questions politiques aussi délicates **5.** [instrument] sensible ; PHOT [film] sensible ; [paper] sensibilisé **6.** ST. EX [market] instable.

-sensitive in comp sensible ▸ **heat-sensitive** sensible à la chaleur, thermosensible ▸ **price-sensitive** sensible aux fluctuations des prix ▸ **voice-sensitive** sensible à la voix.

sensitively ['sensɪtɪvlɪ] adv avec sensibilité.

sensitive plant n sensitive *f*, mimosa *f* pudique.

sensitivity [,sensɪ'tɪvətɪ] n **1.** [physical] sensibilité *f* **2.** [emotional] sensibilité *f* ; [touchiness] susceptibilité *f* **3.** [of equipment] sensibilité *f* **4.** ST. EX instabilité *f*.

sensitize, **sensitise** ['sensɪtaɪz] vt sensibiliser, rendre sensible.

sensor ['sensəʳ] n détecteur *m*, capteur *m*.

sensorium [sen'sɔːrɪəm] (*pl* **sensoriums** *or* **sensoria** [-rɪə]) n sensorium *m*.

sensory ['sensərɪ] adj [nerve, system] sensoriel ▸ **sensory perception** perception *f* sensorielle ▸ **sensory deprivation** isolation *f* sensorielle.

sensual ['sensjʊəl] adj sensuel.

sensualism ['sensjʊəlɪzm] n [gen] sensualité *f* ; PHILOS sensualisme *m*.

sensualist ['sensjʊəlɪst] n [gen] personne *f* sensuelle ; PHILOS sensualiste *mf*.

sensuality [,sensjʊ'ælətɪ] n sensualité *f*.

sensuous ['sensjʊəs] adj [music, arts] qui affecte les sens ; [lips, person] sensuel.

sensuously ['sensjʊəslɪ] adv voluptueusement, sensuellement.

sensuousness ['sensjʊəsnɪs] n volupté *f*.

sent [sent] pt & pp ⟶ **send**.

sentence ['sentəns] ◆ n **1.** GRAM phrase *f* ▸ **sentence structure** structure *f* de phrase **2.** LAW condamnation *f*, peine *f*, sentence *f* ▸ **to pass sentence on sb** prononcer une condamnation contre qqn ▸ **to pronounce sentence** prononcer la sentence ▸ **under sentence of death** condamné à mort / *he got a 5-year sentence for burglary* il a été condamné à 5 ans de prison or à une peine de 5 ans pour cambriolage. ◆ vt LAW condamner ▸ **to sentence sb to life imprisonment** condamner qqn à la prison à perpétuité.

sententious [sen'tenʃəs] adj sentencieux, pompeux.

sententiously [sen'tenʃəslɪ] adv sententieusement.

sententiousness [sen'tenʃəsnɪs] n [personality] caractère *m* sententieux ; [in speech] ton *m* sententieux.

sentient ['sentɪənt] adj *fml* doué de sensation.

sentiment ['sentɪmənt] n **1.** [feeling] sentiment *m* / *your sentiments towards my sister* vos sentiments envers ma sœur, les sentiments que vous éprouvez pour ma sœur ; [opinion] sentiment *m*, avis *m*, opinion *f* / *my sentiments exactly* c'est exactement ce que je pense, voilà mon sentiment **2.** [sentimentality] sentimentalité *f* / *there's no place for sentiment in business matters* il n'y a pas de place pour les sentiments en affaires.

sentimental [,sentɪ'mentl] adj sentimental / *the photos have sentimental value* ces photos ont une valeur sentimentale.

sentimentalism [,sentɪ'mentəlɪzm] n sentimentalisme *m*.

sentimentalist [,sentɪ'mentəlɪst] n sentimental *m*, -e *f*.

sentimentality [,sentɪmen'tælətɪ] (*pl* **sentimentalities**) n sentimentalité *f*, sensiblerie *f pej*.

sentimentalize, **sentimentalise** [,sentɪ'mentəlaɪz] ◆ vt [to others] présenter de façon sentimentale ; [to o.s.] percevoir de façon sentimentale. ◆ vi faire du sentiment.

sentimentally [,sentɪ'mentəlɪ] adv sentimentalement, de manière sentimentale / *he spoke sentimentally about his past* il a évoqué son passé avec émotion.

sentinel ['sentɪnl] n sentinelle *f*, factionnaire *m*.

sentry ['sentrɪ] (*pl* **sentries**) n sentinelle *f*, factionnaire *m*.

sentry box n guérite *f*.

sentry duty n MIL faction *f* ▸ **to be on sentry duty** être en or de faction.

Seoul [səʊl] pr n Séoul.

SEP MESSAGING **written abbr of somebody else's problem.**

sepal ['sepəl] n sépale *m*.

separable ['seprəbl] adj séparable.

separate ◆ adj ['seprət] [different, distinct -category, meaning, issue] distinct, à part ; [-incident] différent / *that's quite a separate matter* ça, c'est une toute autre affaire / *they sleep in separate rooms* **a)** [children] ils ont chacun leur chambre **b)** [couple] ils font chambre à part / *administration and finance are in separate departments* l'administration et les finances relèvent de services différents / *the canteen is separate from the main building* la cantine se trouve à l'extérieur du bâtiment principal / *begin each chapter on a separate page* commencez chaque chapitre sur une nouvelle page / *I'd prefer them to come on separate days* je préférerais qu'ils viennent à des jours différents / *it happened on four separate occasions* cela s'est produit à quatre reprises / *she likes to keep her home life separate from the office* elle tient à ce que son travail n'empiète pas sur sa vie privée / *the peaches must be kept separate from the lemons* les pêches et les citrons ne doivent pas être mélangés / *he was kept separate from the other children* on le tenait à l'écart or on l'isolait des autres enfants ; [independent -entrance, living quarters] indépendant, particulier ; [-existence, organization] indépendant / *they lead very separate lives* ils mènent chacun leur vie ▸ **separate school** CAN ≃ école *f* libre / *they went their separate ways* **a)** *lit* [after meeting] ils sont partis chacun de leur côté **b)** *fig* [in life] chacun a suivi sa route. ◆ n ['seprət] **1.** [in stereo] élément *m* séparé **2.** US [offprint] tiré *m* à part. ◆ vt ['sepəreɪt] **1.** [divide, set apart] séparer / *he stepped in to separate the fighting dogs* il est intervenu pour séparer les chiens qui se battaient / *the Bosphorus separates Europe from Asia* le Bosphore sépare l'Europe de l'Asie / *the seriously ill were separated from the other patients* les malades gravement atteints étaient isolés des autres patients / *the records can be separated into four categories* les disques peuvent être divisés or classés en quatre catégories ; [detach -parts, pieces] séparer, détacher / *the last three coaches will be separated from the rest of the train* les trois derniers wagons seront détachés du reste du train **2.** [keep distinct] séparer, distinguer / *to separate reality from myth* distinguer le mythe de la réalité, faire la distinction entre le mythe et la réalité **3.** CULIN [milk] écrémer ; [egg] séparer / *separate the whites from the yolks* séparez les blancs des jaunes. ◆ vi ['sepəreɪt] **1.** [go different ways] se quitter, se séparer / *they separated after the meeting* ils se sont quittés après la réunion **2.** [split up -couple] se séparer, rompre ; [-in boxing, duel] rompre ; POL [party] se scinder / *they separated on good terms* ils se sont séparés à l'amiable / *the party separated into various factions* le parti s'est scindé en diverses factions **3.** [come apart, divide -liquid] se séparer ; [-parts] se séparer, se détacher, se diviser / *the boosters separate from the shuttle* les propulseurs auxiliaires se détachent de la navette / *the model separates into four parts* la maquette se divise en quatre parties.

❖ **separates** pl n [clothes] coordonnés *mpl*.

❖ **separate out** ◆ vt sep séparer, trier. ◆ vi se séparer.

❖ **separate up** vt sep séparer, diviser / *to separate sthg up into equal shares* diviser or partager qqch en parts égales.

separated ['sepəreɪtɪd] adj [not living together] séparé / *her parents are separated* ses parents sont séparés.

separately ['seprətlɪ] adv **1.** [apart] séparément, à part / *woollens must be washed separately* les lainages doivent être lavés séparément **2.** [individually] séparément / *can we pay separately?* pouvons-nous payer séparément or avoir des additions séparées ? / *they don't sell yogurts separately* ils ne vendent pas les yaourts à l'unité.

separateness ['seprətnɪs] n séparation *f*.

separation [,sepə'reɪʃn] n **1.** [division] séparation *f* / *the separation of Church and State* la séparation de l'Église et de l'État / *her separation from her family caused her great heartache* sa séparation d'avec sa famille l'a beaucoup chagrinée **2.** [of couple] séparation *f*.

separation allowance n **1.** MIL allocation *f* mensuelle *(versée par l'armée à la femme d'un soldat)* **2.** [alimony] pension *f* alimentaire.

separation anxiety n PSYCHOL anxiété *f* de séparation.

separatism ['seprətɪzm] n séparatisme *m*.

separatist ['seprətɪst] ◆ adj séparatiste. ◆ n séparatiste *mf*.

separator ['sepəreɪtəʳ] n [gen] séparateur *m* ; CULIN [for milk] écrémeuse *f*.

Sephardi [se'fɑːdiː] (*pl* **Sephardim** [-dɪm]) n Séfarade *mf*.

Sephardic [se'fɑːdɪk] adj séfarade.

sepia ['siːpjə] ◆ n **1.** [pigment, print] sépia *f* **2.** [fish] seiche *f*. ◆ adj sépia *(inv)*.

sepoy ['siːpɔɪ] n cipaye *m*.

sepsis ['sepsɪs] n septicité *f*.

Sept. (**written abbr of September**) sept.

September [sep'tembəʳ] ◆ n septembre *m*. ◆ comp [weather, weekend] (du mois) de septembre. **See also February.**

Septembrist [sep'tembrɪst] n septembriseur *m*.

septenary ['septɪnərɪ] adj septénaire.

septennial [sep'tenjəl] adj septennal.

septet [sep'tet] n septuor *m*.

septic ['septɪk] adj septique ; [wound] infecté ▸ **to go** or **to become septic** s'infecter / *I have a septic finger* j'ai une blessure infectée au doigt ▸ **septic poisoning** septicémie *f*.

septicaemia UK, **septicemia** US [,septɪ'siːmɪə] n *(U)* septicémie *f*.

septic tank n fosse *f* septique.

septuagenarian [,septjʊədʒɪ'neərɪən] ◆ adj septuagénaire. ◆ n septuagénaire *mf*.

Septuagesima [,septjʊə'dʒesɪmə] n septuagésime *f*.

Septuagint ['septjʊədʒɪnt] n ▸ **the Septuagint** la version des Septante.

septum ['septəm] n ANAT septum *m*.

septuplet [sep'tjuːplɪt] n **1.** [baby] septuplé *m*, -e *f* ▸ **septuplets** des septuplés **2.** MUS septolet *m*.

sepulcher US = **sepulchre.**

sepulchral [sɪ'pʌlkrəl] adj [figure, voice] sépulcral ; [atmosphere] funèbre, lugubre.

sepulchre UK, **sepulcher** US ['sepəlkəʳ] n sépulcre *m*.

sequel ['si:kwəl] n **1.** [result, aftermath] conséquence *f*, suites *fpl*, conséquences *fpl* ; [to illness, war] séquelles *fpl* / *as a sequel to this event* à la suite de cet événement / *there was a disastrous sequel to the race* la course a eu des suites or des conséquences désastreuses **2.** [to novel, film, etc.] suite *f*.

sequence ['si:kwəns] ◆ n **1.** [order] suite *f*, ordre *m* ▸ **in sequence a)** [in order] par ordre, en série **b)** [one after another] l'un après l'autre / *numbered in sequence* numérotés dans l'ordre / *in historical sequence* par ordre chronologique / *logical sequence* suite logique ▸ **sequence of tenses** GRAM concordance *f* des temps **2.** [series] série *f* ; [in cards] séquence *f* ▸ **the sequence of events** le déroulement or l'enchaînement des événements **3.** CIN & MUS séquence *f* ▸ **dance sequence** numéro *m* de danse **4.** LING & MATH séquence *f* **5.** BIOL & CHEM séquençage *m*. ◆ vt **1.** [order] classer, ordonner **2.** BIOL & CHEM faire le séquençage de.

sequencer ['si:kwənsəʳ] n séquenceur *m*.

sequential [sɪ'kwenʃl] adj **1.** COMPUT séquentiel ▸ **sequential access** accès *m* séquentiel **2.** *fml* [following] subséquent / *a lower income is sequential upon retirement* la retraite entraîne une baisse de revenus.

sequentially [sɪ'kwenʃəlɪ] adv [follow, happen] séquentiellement.

sequester [sɪ'kwestəʳ] vt **1.** *fml* [set apart] isoler, mettre à part **2.** *fml* [shut away] séquestrer / *he was sequestered in his office* il a été séquestré dans son bureau **3.** LAW [goods, property] séquestrer, placer sous séquestre.

sequestered [sɪ'kwestəd] adj *liter* [place] retiré, isolé ▸ **to lead a sequestered life** vivre à l'écart, mener une vie de reclus.

sequestrate [sɪ'kwestreɪt] vt **1.** LAW séquestrer, placer sous séquestre **2.** *fml* [confiscate] saisir.

sequestration [,si:kwe'streɪʃn] n LAW mise *f* sous séquestre ; *fml* [confiscation] saisie *f*.

sequin ['si:kwɪn] n paillette *f*.

sequined ['si:kwɪnd] adj pailleté.

sequoia [sɪ'kwɔɪə] n séquoia *m*.

serac ['seræk] n sérac *m*.

seraglio [se'rɑ:lɪəʊ] (*pl* **seraglios**) n sérail *m*.

seraph ['serəf] (*pl* **seraphs** *or* **seraphim** ['serəfɪm]) n séraphin *m*.

seraphic [se'ræfɪk] adj *liter* séraphique.

seraphim ['serəfɪm] pl ⟶ **seraph**.

Serb [sɜ:b] ◆ n Serbe *mf*. ◆ adj serbe.

Serbia ['sɜ:bjə] pr n Serbie *f* / *in Serbia* en Serbie.

Serbian ['sɜ:bjən] ◆ n **1.** [person] Serbe *mf* **2.** LING serbe *m*. ◆ adj serbe.

Serbo-Croat [,sɜ:bəʊ'krəʊæt], **Serbo-Croatian** [,sɜ:bəʊkrəʊ'eɪʃn] ◆ n LING serbo-croate *m*. ◆ adj serbo-croate.

sere [sɪəʳ] adj *liter* flétri, desséché.

serenade [,serə'neɪd] ◆ n sérénade *f*. ◆ vt [sing] chanter une sérénade à ; [play] jouer une sérénade à / *she serenaded me to sleep* elle m'a chanté une sérénade pour m'endormir.

serendipity [,serən'dɪpətɪ] n *liter don de faire des découvertes (accidentelles)* / *you don't find such things by serendipity* ces choses-là ne tombent pas du ciel.

serene [sɪ'ri:n] adj [person, existence, sky] serein ; [sea, lake] calme ▸ **His / Her Serene Highness** *fml* Son Altesse Sérénissime.

serenely [sɪ'ri:nlɪ] adv sereinement, avec sérénité / *she was serenely unaware of what was going on* elle vivait dans la douce inconscience de ce qui se passait autour d'elle / *"of course not", she answered serenely* « bien sûr que non », répondit-elle tranquillement.

serenity [sɪ'renətɪ] n sérénité *f*.

serf [sɜ:f] n serf *m*, serve *f*.

serfdom ['sɜ:fdəm] n servage *m*.

serge [sɜ:dʒ] ◆ n serge *f*. ◆ comp [cloth, trousers] de or en serge / *a blue serge suit* un costume de or en serge bleue.

sergeant ['sɑ:dʒənt] n **1.** [in army] sergent *m* ; UK [in air force] sergent-chef *m* ; US caporal-chef *m* **2.** [in police] brigadier *m*.

sergeant-at-arms n huissier *m* d'armes.

sergeant major n sergent-chef *m*.

serial ['sɪərɪəl] ◆ n **1.** RADIO & TV feuilleton *m* ▸ **TV serial** feuilleton télévisé ; [in magazine] feuilleton *m* / *published in serial form* publié sous forme de feuilleton **2.** [periodical] périodique *m*. ◆ adj **1.** [in series] en série ; [from series] d'une série ; [forming series] formant une série / *in serial order* en ordre sériel **2.** [music] sériel **3.** COMPUT [processing, transmission] série *(inv)* ▸ **serial access** accès *m* séquentiel ▸ **serial cable** câble *f* série ▸ **serial port** port *m* série.

serialization, **serialisation** [,sɪərɪəlaɪ'zeɪʃn] n [of book] publication *f* en feuilleton ; [of play, film] adaptation *f* en feuilleton.

serialize, **serialise** ['sɪərɪəlaɪz] vt [book] publier en feuilleton ; [play, film] adapter en feuilleton ; [in newspaper] publier or faire paraître en feuilleton.

serial killer n tueur *m* en série.

serial killing n ▸ **serial killings** meurtres *mpl* en série.

serially ['sɪərɪəlɪ] adv **1.** MATH en série **2.** PRESS [as series] en feuilleton, sous forme de feuilleton ; [periodically] périodiquement, sous forme de périodique.

serial monogamy n succession *f* de relations monogamiques.

serial number n [of car, publication] numéro *m* de série ; [of cheque, voucher] numéro *m* ; [of soldier] (numéro *m*) matricule *m*.

serial rights pl n droits *mpl* de reproduction en feuilleton.

sericulture [,sɪərɪ'kʌltʃəʳ] n sériciculture *f*.

series ['sɪəri:z] (*pl* **series**) n **1.** [set, group - gen, CHEM & GEOL] série *f* ; [sequence - gen & MATH] séquence *f*, suite *f* **2.** LING & MUS série *f*, séquence *f* / *we drove through a series of mining villages* on a traversé en voiture une série de villages miniers / *a whole series of catastrophes* toute une série de catastrophes **3.** [of cars, clothes] série *f* / *series IV computer* ordinateur série IV **4.** RADIO & TV série *f* / *an American detective series* une série policière américaine ▸ **TV series** série télévisée ; [in magazine, newspaper] série *f* d'articles / *there's a series on or about the life of the stars* il y a une série d'articles sur la vie des stars **5.** [collection - of stamps, coins, books] collection *f*, série *f* / *a new detective series* une nouvelle série or collection de romans policiers **6.** ELEC série *f* / *wired in series* branché en série **7.** SPORT série *f* de matches / *a Test series between the West Indies and Australia* une série de matches entre les Antilles et l'Australie.

series connection n ELEC montage *m* en série.

serif ['serɪf] n TYPO empattement *m*.

seriocomic [,sɪərɪəʊ'kɒmɪk] adj tragi-comique.

serious ['sɪərɪəs] adj **1.** [not frivolous - suggestion, subject, worker, publication, writer, theatre] sérieux ; [- occasion] solennel / *is that a serious offer?* c'est une offre sérieuse ? / *the book is meant for the serious student of astronomy* le livre est destiné aux personnes qui possèdent déjà de solides connaissances en astronomie / *life is a serious business* la vie est une affaire sérieuse / *can I have a serious conversation with you?* est-ce qu'on peut parler sérieusement ? / *she's a serious actress* **a)** [cinema] elle fait des films sérieux **b)** [theatre] elle joue dans des pièces sérieuses / *the serious cinemagoer* le cinéphile averti **2.** [in speech, behaviour] sérieux / *you can't be serious!* vous n'êtes pas sérieux ! / *I'm quite serious* je suis tout à fait sérieux, je ne plaisante absolument pas / *is she serious about Peter?* est-ce que c'est sérieux avec Peter ? **3.** [thoughtful - person, expression] sérieux, plein de sérieux ; [- voice, tone] sérieux, grave / *don't look so serious* ne prends pas cet air sérieux ; [careful - examination] sérieux, approfondi ; [- consideration] sérieux, sincère / *to give serious thought* or *consideration to sthg* songer sérieusement à qqch **4.** [grave - mistake, problem, illness] sérieux, grave / *the situation is serious* la situation est préoccupante / *serious crime* crime *m* / *those are serious allegations* ce sont de graves accusations / *it poses a serious threat to airport security* cela constitue une menace sérieuse pour la sécurité des aéroports / *there have been several serious border clashes* il y a eu plusieurs affrontements graves à la frontière / *his condition is described as serious* MED son état est jugé préoccupant ; [considerable - damage] important, sérieux ; [- loss] lourd ; [- doubt] sérieux / *the fire caused serious damage to the hotel* l'incendie a causé d'importants dégâts à l'hôtel **5.** *inf* [as intensifier] : *we're talking serious money here* il s'agit de grosses sommes d'argent / *they go in for some really serious drinking at the weekends* le week-end, qu'est-ce qu'ils descendent ! *inf.*

serious crime squad n UK brigade *f* criminelle.

seriously ['sɪərɪəslɪ] adv **1.** [earnestly] sérieusement, avec sérieux ▸ **to take sb / sthg seriously** prendre qqn / qqch au sérieux / *he takes himself too seriously* il se prend trop au sérieux / *are you seriously suggesting we sell it?* pensez-vous sérieusement que nous devrions vendre ? / *she is seriously thinking of leaving him* elle pense or songe sérieusement à le quitter / *think about it seriously before you do anything* réfléchissez-y bien avant de faire quoi que ce soit / *seriously though, what are you going to do?* sérieusement, qu'est-ce que vous allez faire ? / *you can't seriously expect me to believe that!* vous plaisantez, j'espère ? **2.** [severely - damage] sérieusement, gravement ; [- ill] gravement ; [- injured, wounded] grièvement / *she is seriously worried about him* elle se fait énormément de souci à son sujet **3.** *v inf* [very] : *he's seriously rich* il est bourré de fric.

serious-minded adj sérieux.

seriousness ['sɪərɪəsnɪs] n **1.** [of person, expression] sérieux *m* ; [of voice, manner] (air *m*) sérieux *m* ; [of intentions, occasion, writing] sérieux *m* ▸ **in all seriousness** sérieusement, en toute sincérité **2.** [of illness, situation, loss] gravité *f* ; [of allegation] sérieux *m* ; [of damage] importance *f*, étendue *f* / *it is a matter of some seriousness* c'est une affaire assez sérieuse / *it will take some weeks to assess the seriousness of the damage* on ne pourra pas évaluer l'étendue or l'ampleur des dégâts avant plusieurs semaines / *you don't seem aware of the seriousness of the problem* vous ne semblez pas avoir conscience de la gravité du problème.

serjeant ['sɑ:dʒənt] = **sergeant**.

sermon ['sɜ:mən] n **1.** RELIG sermon *m* ▸ **to give** or **to preach a sermon** faire un sermon ▸ **the Sermon on the Mount** BIBLE le Sermon sur la Montagne **2.** *fig & pej* sermon *m*, laïus *m* / *he gave me a sermon on the evils of drink* il m'a fait un sermon sur les effets néfastes de l'alcool.

sermonize, **sermonise** ['sɜ:mənaɪz] ◆ vt sermonner. ◆ vi faire des sermons, prêcher.

seroconversion [,sɪərəʊkən'vɜ:ʃn] n séroconversion *f*.

serodiscordancy [,sɪərəʊdɪs'kɔ:dənsɪ] n sérodiscordance *f*.

serodiscordant [,sɪərəʊdɪs'kɔ:dənt] adj sérodiscordant.

serology [sɪə'rɒlədʒɪ] n sérologie *f*.

seronegative [,sɪərəʊ'negətɪv] adj séronégatif.

seronegativity [,sɪərəʊnegə'tɪvɪtɪ] n séronégativité *f*.

seropositive [,sɪərʊ'pɒzɪtɪv] adj séropositif.

seropositivity [,sɪərəʊpɒzɪ'tɪvɪtɪ] n séropositivité *f*.

serous ['sɪərəs] adj séreux.

serpent ['sɜ:pənt] n serpent *m*.

serpentine ['sɜ:pəntaɪn] ◆ adj *liter* [winding] sinueux, qui serpente. ◆ n MINER serpentine *f*.

serrated [sɪ'reɪtɪd] adj [edge] en dents de scie, dentelé ; [scissors, instrument] cranté, en dents de scie ▸ **serrated knife** couteau-scie *m*.

serration [sɪ'reɪʃn] n dentelure *f*.

serried ['serɪd] adj serré ▸ **in serried ranks** en rangs serrés.

serum ['sɪərəm] (*pl* **serums** *or* **sera** [-rə]) n sérum *m*.

servant ['sɜ:vənt] n **1.** [in household] domestique *mf* ; [maid] bonne *f*, servante *f* / *I'm not your servant!*

je ne suis pas ta bonne ! ▸ **servants' quarters** appartements *mpl* des domestiques **2.** [of God, of people] serviteur *m* / *politicians are the servants of the community* les hommes politiques sont au service de la communauté **3.** *fml & dated* [in correspondence] ▸ **your most obedient servant** votre très humble *or* dévoué serviteur, veuillez agréer l'expression de mes sentiments les plus dévoués.

servant girl n servante *f*, bonne *f*.

serve [sɜːv] ◆ vt **1.** [employer, monarch, country, God] servir / *she has served the company well over the years* elle a bien servi la société pendant des années ▸ **you cannot serve two masters** *prov* nul ne peut servir deux maîtres *prov* **2.** [in shop, restaurant - customer] servir ▸ **to serve sb with sthg** servir qqch à qqn / *are you being served?* est-ce qu'on s'occupe de vous ? **3.** [provide - with electricity, gas, water] alimenter ; [- with transport service] desservir / *the village is served with water from the Roxford reservoir* le village est alimenté en eau depuis le réservoir de Roxford / *the town is well served with transport facilities* la ville est bien desservie par les transports en commun / *this train serves all stations south of Roxborough* ce train dessert toutes les gares au sud de Roxborough **4.** [food, drink] servir / *dinner is served* le dîner est servi / *coffee is now being served in the lounge* le café est servi au salon / *they served me (with) some soup* ils m'ont servi de la soupe / *melon is often served with port* on sert souvent le melon avec du porto / *the wine should be served at room temperature* le vin doit être servi chambré / *this recipe serves four* cette recette est prévue pour quatre personnes ▸ **to serve mass** RELIG servir la messe **5.** [be suitable for] servir / *the plank served him as a rudimentary desk* la planche lui servait de bureau rudimentaire / *this box will serve my purpose* cette boîte fera l'affaire / *when the box had served its purpose, he threw it away* quand il n'eut plus besoin de la boîte, il la jeta / *it must serve some purpose* cela doit bien servir à quelque chose / *it serves no useful purpose* cela ne sert à rien de spécial **6.** [term, apprenticeship] faire / *he has served two terms (of office) as president* il a rempli deux mandats présidentiels / *to serve one's apprenticeship as an electrician* faire son apprentissage d'électricien ▸ **to serve one's time** MIL faire son service ; [prison sentence] faire ▸ **to serve time** faire de la prison / *he has served his time* il a purgé sa peine / *she served four years for armed robbery* elle a fait quatre ans (de prison) pour vol à main armée **7.** LAW [summons, warrant, writ] notifier, remettre ▸ **to serve sb with a summons, to serve a summons on sb** remettre une assignation à qqn ▸ **to serve sb with a writ, to serve a writ on sb** assigner qqn en justice **8.** SPORT servir / *she served the ball into the net* son service a échoué dans le filet **9.** AGR servir **10.** PHR ▸ **it serves you right** c'est bien fait pour toi / *it serves them right for being so selfish!* ça leur apprendra à être si égoïstes ! ◆ vi **1.** [in shop or restaurant, at table] servir ▸ **to serve at table** servir à table / *Violet serves in the dining-room in the evenings* Violet s'occupe du service dans la salle à manger le soir / *could you serve, please?* pourriez-vous faire le service, s'il vous plaît ? ; [be in service - maid, servant] servir / *she served as Lady Greenmount's maid* elle était au service de Lady Greenmount **2.** [as soldier] servir ▸ **to serve in the army** servir dans l'armée / *he served as a corporal during the war* il a servi comme caporal pendant la guerre / *her grandfather served under General Adams* son grand-père a servi sous les ordres du général Adams ; [in profession] : *he served as treasurer for several years* il a exercé les fonctions de trésorier pendant plusieurs années ; [on committee] : *she serves on the housing committee* elle est membre de la commission au logement **3.** [function, act - as example, warning] servir / *let that serve as a lesson to you!* que cela vous serve de leçon ! / *it only serves to show that you shouldn't listen to gossip* cela prouve qu'il ne faut pas écouter les commérages / *the tragedy should serve as a reminder of the threat posed by nuclear power* cette tragédie devrait rappeler à tous la menace que représente l'énergie nucléaire ; [be used as] : *this stone will serve to keep the door open* cette pierre servira à maintenir la porte ouverte / *their bedroom had to serve as a cloakroom for their guests* leur chambre a dû servir *or* faire office de vestiaire pour leurs invités **4.** SPORT servir, être au service / *whose turn is it to serve?* c'est à qui de servir ? / *Smith to serve* au service, Smith / *he served into the net* son service a échoué dans le filet **5.** RELIG servir la messe. ◆ n SPORT service *m* / *it's your serve* c'est à vous de servir / *to have a good serve* avoir un bon service.

❖ **serve out** ◆ vt sep **1.** [food] servir ; [provisions] distribuer **2.** [period of time] faire / *the president retired before he had served his term out* le président a pris sa retraite avant d'arriver à *or* d'atteindre la fin de son mandat / *to serve out a prison sentence* purger une peine (de prison). ◆ vi SPORT sortir son service.

❖ **serve up** vt sep [meal, food] servir ; *fig* [facts, information] servir, débiter / *she serves up the same old excuse every time* elle ressort chaque fois la même excuse.

server ['sɜːvər] n **1.** [at table] serveur *m*, -euse *f* **2.** SPORT serveur *m*, -euse *f* **3.** RELIG servant *m* **4.** [utensil] couvert *m* de service **5.** COMPUT serveur *m*.

server-side adj COMPUT côté serveur.

servery ['sɜːvərɪ] (*pl* **serveries**) n [hatch] guichet *m*, passe-plat *m* ; [counter] comptoir *m*.

service ['sɜːvɪs] ◆ n **1.** [to friend, community, country, God] service *m* / *in the service of one's country* au service de sa patrie / *he was rewarded for services rendered to industry* / *to his country* il a été récompensé pour services rendus à l'industrie / à son pays ▸ **to require the services of a priest** / **of a doctor** avoir recours aux services d'un prêtre / d'un médecin / *many people gave their services free* beaucoup de gens donnaient des prestations bénévoles ▸ **to offer one's services** proposer ses services ▸ **at your service** à votre service, à votre disposition ▸ **to be of service to sb** rendre service à qqn, être utile à qqn / *may I be of service (to you)?* **a)** *fml* puis-je vous aider *or* vous être utile ? **b)** [in shop] qu'y a-t-il pour votre service ? / *she's always ready to be of service* elle est très serviable, elle est toujours prête à rendre service / *the jug had to do service as a teapot* le pichet a dû faire office de *or* servir de théière ▸ **to do sb a service** rendre (un) service à qqn / *he did me a great service by not telling them* il m'a rendu un grand service en ne leur disant rien / *the car has given us* / *has seen good service* la voiture nous a bien servi / a fait long usage **2.** [employment - in firm] service *m* / *20 years' service with the same company* 20 ans de service dans la même entreprise / *bonuses depend on length of service* les primes sont versées en fonction de l'ancienneté ; [as domestic servant] service ▸ **to be in service** être domestique ▸ **to go into** *or* **to enter sb's service** entrer au service de qqn / *he's in lord Bellamy's service* il est au service de lord Bellamy **3.** [in shop, hotel, restaurant] service *m* / *the food was good but the service was poor* on a bien mangé mais le service n'était pas à la hauteur / *you get fast service in a supermarket* on est servi rapidement dans un supermarché / **'10% service included** / **not included'** 'service 10 % compris / non compris' / **'10% is added for service'** 'service 10 % non compris' / *service with a smile* [slogan] servi avec le sourire **4.** MIL service *m* / *he saw active service in Korea* il a servi en Corée, il a fait la campagne de Corée ▸ **the services** les (différentes branches des) forces armées / *their son is in the services* leur fils est dans les forces armées **5.** ADMIN [department, scheme] service *m* / *bus* / *train service* service d'autobus / de trains / *a new 24-hour banking service* un nouveau service bancaire fonctionnant 24 heures sur 24 / *a bus provides a service between the two stations* un autobus assure la navette entre les deux gares **6.** RELIG [Catholic] service *m*, office *m* ; [Protestant] service *m*, culte *m* ▸ **to attend (a) service** assister à l'office *or* au culte **7.** [of car, machine - upkeep] entretien *m* ; [- overhaul] révision *f* / *the car is due for its 20,000 mile service* la voiture arrive à la révision des 32 000 km **8.** [working order - esp of machine] service *m* ▸ **to bring a machine into service** mettre une machine en service ▸ **to come into service** [system, bridge] entrer en service / *the cash dispenser isn't in service at the moment* le distributeur automatique de billets est hors service *or* n'est pas en service en ce moment **9.** [set of tableware] service *m* **10.** SPORT service *m* / *Smith broke his opponent's service* Smith a pris le service de son adversaire *or* a fait le break **11.** LAW [of summons, writ] signification *f*, notification *f* ▸ **service of documents** signification d'actes **12.** [tree] sorbier *m*, cormier *m*. ◆ comp **1.** [entrance, hatch, stairs] de service **2.** AUTO & MECH [manual, record] d'entretien **3.** MIL [family, pay] de militaire ; [conditions] dans les forces armées. ◆ vt **1.** [overhaul - central heating, car] réviser ▸ **to have one's car serviced** faire réviser sa voiture / *the car has been regularly serviced* la voiture a été régulièrement entretenue **2.** FIN [debt] assurer le service de **3.** AGR [subj: bull, stallion] servir.

❖ **services** pl n **1.** UK [on motorway] aire *f* de service **2.** COMM & ECON services *mpl* ▸ **goods and services** biens et services / *more and more people will be working in services* de plus en plus de gens travailleront dans le tertiaire.

serviceable ['sɜːvɪsəbl] adj **1.** [durable - clothes, material] qui fait de l'usage, qui résiste à l'usure ; [- machine, construction] durable, solide **2.** [useful - clothing, tool] commode, pratique **3.** [usable] utilisable, qui peut servir / *this coat is still serviceable* ce manteau peut encore servir **4.** [ready for use] prêt à servir.

service academy n US école *f* militaire.

service area n **1.** AUTO [on motorway] aire *f* de service **2.** RADIO zone *f* desservie *or* de réception.

serviceberry ['sɜːvɪs,berɪ] (*pl* **serviceberries**) n sorbe *f*, corme *f*.

service ceiling n AERON plafond *m* de fonctionnement normal.

service charge n service *m* / *they've forgotten to include the service charge on the bill* ils ont oublié de facturer le service.

service company n entreprise *f* prestataire de services.

service engineer n technicien *m* de maintenance.

service flat n UK *appartement avec services ménagers et de restauration.*

service game n TENNIS jeu *m* de service.

service industry n industrie *f* de services.

service lift n UK monte-charge *m*.

service line n SPORT ligne *f* de service.

serviceman ['sɜːvɪsmən] (*pl* **servicemen** [-mən]) n **1.** MIL militaire *m* **2.** US [mechanic] dépanneur *m*.

service module n ASTRONAUT module *m* de service.

service pack n COMPUT paquet *m* de services, service pack *m*.

service plan n [for mobile phones] forfait *m*.

service plaza n US relais *m*.

service provider n **1.** [gen] fournisseur *m* de services **2.** [for Internet] fournisseur *m* d'accès.

service road n [behind shops, factory] *voie d'accès réservée aux livreurs* ; [on motorway] *voie d'accès réservée à l'entretien et aux services d'urgence.*

service station n station-service *f*.

service tree n alisier *m*.

servicewoman ['sɜːvɪs,wʊmən] (*pl* **servicewomen** [-,wɪmɪn]) n femme *f* soldat.

servicing ['sɜːvɪsɪŋ] n **1.** [of heating, car] entretien *m* **2.** [by transport] desserte *f* / *the servicing of an area by rail* la desserte d'une région par chemin de fer.

serviette [,sɜːvɪ'et] n UK serviette *f* (de table) ▸ **serviette ring** rond *m* de serviette.

servile ['sɜːvaɪl] adj [person, behaviour] servile, obséquieux ; [admiration, praise] servile ; [condition, task] servile, d'esclave.

servility [sɜː'vɪlətɪ] n servilité *f*.

serving ['sɜːvɪŋ] ◆ n **1.** [of drinks, meal] service *m* **2.** [helping] portion *f*, part *f*. ◆ adj ADMIN [member, chairman] actuel, en exercice.

servitude ['sɜːvɪtjuːd] n servitude *f* / *in a state of servitude* en esclavage.

servo ['sɜːvəʊ] (*pl* **servos**) ◆ adj servo- ▸ **servo brake** servofrein *m*. ◆ n [mechanism] servomécanisme *m* ; [motor] servomoteur *m*.

servo-assisted [-ə'sɪstɪd] adj TECH assisté ▸ **servo-assisted brakes** freinage *m* assisté, servofreins *mpl*.

servocontrol [ˌsɜːvəʊkən'trəʊl] n TECH servocommande *f*.

servomechanism ['sɜːvəʊˌmekənɪzm] n servomécanisme *m*.

servomotor ['sɜːvəʊˌməʊtə^r] n servomoteur *m*.

servo-unit n TECH servomoteur *m*.

sesame ['sesəmɪ] n sésame *m* ▸ **open sesame!** Sésame, ouvre-toi !

sesame oil n huile *f* de sésame.

sesame seed n graine *f* de sésame.

sessile ['sesaɪl] adj sessile.

session ['seʃn] n **1.** ADMIN, LAW & POL séance *f*, session *f* / *this court is now in session* l'audience est ouverte / *the House is not in session during the summer months* la Chambre ne siège pas pendant les mois d'été ▸ **to go into secret session** siéger à huis clos **2.** [interview, meeting, sitting] séance *f* ; [for painter, photographer] séance *f* de pose / *he had a long session with his psychiatrist* il a eu une longue séance chez son psychiatre / *we're having another session tomorrow* **a)** [working] nous avons encore une séance de travail or nous allons retravailler demain **b)** [negotiation, discussion] nous avons encore une séance (de négociations or d'entretiens) demain / *a drinking session* une beuverie **3.** SCH [classes] cours *mpl* **4.** US & Scot UNIV [term] trimestre *m* ; [year] année *f* universitaire / *school is in session* US on est en période scolaire **5.** RELIG conseil *m* presbytéral.

sessional ['seʃənl] adj de séance.

session musician n musicien *m*, -enne *f* de studio.

sestet [ses'tet] n sizain *m*.

SET® (abbr of secure electronic transaction) n COMPUT SET® *f*.

set [set] (*pt & pp* **set**, *cont* **setting**)

◆ vt

A. PLACE, LOCATE OR RANK
B. CHANGE OF STATE OR ACTIVITY
C. POSE OR ASSIGN

A. PLACE, LOCATE OR RANK **1.** [put in specified place or position] mettre, poser / *he set his cases down on the platform* il posa ses valises sur le quai / *she set the steaming bowl before him* elle plaça le bol fumant devant lui ▸ **to set sb ashore** débarquer qqn **2.** (*usu passive*) [locate, situate - building, story] situer / *the house is set in large grounds* la maison est située dans un grand parc / *his eyes are set too close together* ses yeux sont trop rapprochés / *the story is set in Tokyo* l'histoire se passe or se déroule à Tokyo / *her novels are set in the 18th century* ses romans se passent au XVIIIe siècle **3.** [adjust - gen] régler ; [- mechanism] mettre / *I've set the alarm for six* j'ai mis le réveil à (sonner pour) six heures / *how do I set the margins?* comment est-ce que je fais pour placer les marges ? / *set the timer for one hour* mettez le minuteur sur une heure / *first set the control knob to the desired temperature* mettez tout d'abord le bouton de réglage sur la température voulue / *the lever was set in the off position* le levier était sur « arrêt » / *set your watches an hour ahead* avancez vos montres d'une heure / *I set my watch to New York time* j'ai réglé ma montre à l'heure de New York / *he's so punctual you can set your watch by him!* il est si ponctuel qu'on peut régler sa montre sur lui ! **4.** [fix into position] mettre, fixer ; [jewel, diamond] sertir, monter ▸ **to set a bone** réduire une fracture / *the brooch was set with pearls* la broche était sertie de perles / *the ruby was set in a simple ring* le rubis était monté sur un simple anneau / *the handles are set into the drawers* les poignées sont encastrées dans les tiroirs / *there was a peephole set in the door* il y avait un judas dans la porte / *metal bars had been set in the concrete* des barres en métal avaient été fixées dans le béton **5.** [lay, prepare in advance - table] mettre ; [- trap] poser, tendre / *set an extra place at table* rajoutez un couvert **6.** [place - in hierarchy] placer / *they set a high value on creativity* ils accordent une grande valeur à la créativité **7.** [establish - date, schedule, price, terms] fixer, déterminer ; [- rule, guideline, objective, target] établir ; [- mood, precedent] créer / *they still haven't set a date for the party* ils n'ont toujours pas fixé de date pour la réception / *you've set yourself a tough deadline* or *a tough deadline for yourself* vous vous êtes fixé un délai très court / *it's up to them to set their own production targets* c'est à eux d'établir or de fixer leurs propres objectifs de production / *a deficit ceiling has been set* un plafonnement du déficit a été imposé or fixé or décidé / *the price was set at £500* le prix a été fixé à 500 livres / *the judge set bail at $1,000* le juge a fixé la caution à 1 000 dollars / *how are exchange rates set?* comment les taux de change sont-ils déterminés ? ▸ **to set a new fashion** or **trend** lancer une nouvelle mode ▸ **to set a new world record** établir un nouveau record mondial ▸ **to set the tone for** or **of sthg** donner le ton de qqch.

B. CHANGE OF STATE OR ACTIVITY **1.** ▸ **to set sthg alight** or **on fire** mettre le feu à qqch / *it sets my nerves on edge* ça me crispe / *she set me in the right direction* *lit & fig* elle m'a mis sur la bonne voie ▸ **to set sb against sb** monter qqn contre qqn / *he / the incident set the taxman on my trail* il / l'incident a mis le fisc sur ma piste ▸ **to set the dogs on sb** lâcher les chiens sur qqn / *the incident set the family against him* l'incident a monté la famille contre lui / *it will set the country on the road to economic recovery* cela va mettre le pays sur la voie de la reprise économique / *his failure set him thinking* son échec lui a donné à réfléchir / *the scandal will set the whole town talking* le scandale va faire jaser toute la ville / *the wind set the leaves dancing* le vent a fait frissonner les feuilles / *to set a machine going* mettre une machine en marche **2.** [solidify - yoghurt, jelly, concrete] faire prendre / *pectin will help to set the jam* la pectine aidera à épaissir la confiture **3.** [make firm, rigid] : *his face was set in a frown* son visage était figé dans une grimace renfrognée / *she set her jaw and refused to budge* elle serra les dents et refusa de bouger / *we had set ourselves to resist* nous étions déterminés à résister **4.** [hair] ▸ **to set sb's hair** faire une mise en plis à qqn / *and I've just had my hair set!* et je viens de me faire faire une mise en plis ! / *I set my own hair* je me fais moi-même mes mises en plis **5.** HORT [plant] planter **6.** TYPO [text, page] composer **7.** MUS [poem, words] ▸ **to set sthg to music** mettre qqch en musique.

C. POSE OR ASSIGN **1.** [pose - problem] poser ; [assign - task] fixer / *the strikers' demands set the management a difficult problem* les exigences des grévistes posent un problème difficile à la direction / *I set them to work tidying the garden* je les ai mis au désherbage du jardin / *I've set myself the task of writing to them regularly* je me suis fixé la tâche de leur écrire régulièrement **2.** UK SCH [exam] composer, choisir les questions de ; [books, texts] mettre au programme / *she set the class a maths exercise* or *she set a maths exercise for the class* elle a donné un exercice de maths à la classe / *who sets the test questions?* qui choisit les questions de l'épreuve ?

◆ vi **1.** [sun, stars] se coucher **2.** [become firm - glue, cement, plaster, jelly, yoghurt] prendre **3.** [bone] se ressouder **4.** (*with infinitive*) [start] se mettre / *he set to work* il s'est mis au travail **5.** [plant, tree] prendre racine **6.** [hen] couver **7.** [wind] : *the wind looks set fair to the east* on dirait un vent d'ouest.

◆ n **1.** [of facts, conditions, characteristics] ensemble *m* ; [of people] groupe *m* ; [of events, decisions, questions] série *f*, suite *f* ; [of numbers, names, instructions, stamps, weights] série *f* ; [of tools, keys, golf clubs, sails] jeu *m* ; [of books] collection *f* ; [of furniture] ensemble *m* ; [of dishes] service *m* ; [of tyres] train *m* ; PRINT [of proofs, characters] jeu *m* / *they make a set* ils vont ensemble / *they've detected two sets of fingerprints* ils ont relevé deux séries d'empreintes digitales or les empreintes digitales de deux personnes / *given another set of circumstances, things might have turned out differently* dans d'autres circonstances, les choses auraient pu se passer différemment / *he made me a duplicate set* **a)** [keys] il m'a fait un double des clés **b)** [contact lenses] il m'en a fait une autre paire / *the first set of reforms* la première série or le premier train de réformes / *a full set of the encyclopedia* une encyclopédie complète / *a full set of Tolstoy's works* une collection complète des œuvres de Tolstoï / *they ran a whole set of tests on me* ils m'ont fait subir toute une série d'examens / *the cups / the chairs are sold in sets of six* les tasses / les chaises sont vendues par six / *I can't break up the set* je ne peux pas les dépareiller / *a set of matching luggage* un ensemble de valises assorties / *a set of table / bed linen* une parure de table / de lit ▸ **badminton / chess set** jeu de badminton / d'échecs ▸ **train set** train *m* électrique / *they're playing with Damian's train set* ils jouent avec le train électrique de Damian **2.** [social group] cercle *m*, milieu *m* / *he's not in our set* il n'appartient pas à notre cercle / *we don't go around in the same set* nous ne fréquentons pas le même milieu or monde / *the riding / yachting set* le monde de l'équitation / du yachting / *the Markham set* Markham et ses amis **3.** MATH ensemble *m* **4.** [electrical device] appareil *m* ; RADIO & TV poste *m* ▸ **a colour TV set** un poste de télévision or un téléviseur couleur **5.** SPORT set *m*, manche *f* **6.** CIN, THEAT & TV [scenery] décor *m* ; [place, CIN & TV] plateau *m* ; THEAT scène *f* ▸ **on (the) set** **a)** CIN & TV sur le plateau **b)** THEAT sur scène **7.** [part of performance - by singer, group] : *he'll be playing two sets tonight* il va jouer à deux reprises ce soir / *her second set was livelier* la deuxième partie de son spectacle a été plus animée **8.** [for hair] mise *f* en plis ▸ **to have a set** se faire faire une mise en plis **9.** [posture - of shoulders, body] position *f*, attitude *f* ; [- of head] port *m* / *I could tell he was angry by the set of his jaw* rien qu'à la façon dont il serrait les mâchoires, j'ai compris qu'il était en colère **10.** [direction - of wind, current] direction *f* / *suddenly the set of the wind changed* le vent a tourné soudainement **11.** PSYCHOL [tendency] tendance *f* **12.** HORT [seedling] semis *m* ; [cutting] bouture *f* ▸ **tomato / tulip sets** tomates / tulipes à repiquer **13.** [clutch of eggs] couvée *f*.

◆ adj **1.** [specified, prescribed - rule, quantity, sum, wage] fixe / *meals are at set times* les repas sont servis à heures fixes / *there are no set rules for raising children* il n'y a pas de règles toutes faites pour l'éducation des enfants / *the tasks must be done in the set order* les tâches doivent être accomplies dans l'ordre prescrit ▸ **set figures** [in skating] figures *fpl* imposées ▸ **set menu** or **meal** UK menu *m* **2.** [fixed, rigid - ideas, views] arrêté ; [- smile, frown] figé / *her day followed a set routine* sa journée se déroulait selon un rituel immuable ▸ **to become set in one's ways / one's views** devenir rigide dans ses habitudes / ses opinions ▸ **set expression** or **phrase** GRAM expression *f* figée **3.** [intent, resolute] résolu, déterminé ▸ **to be set on** or **upon sthg** vouloir qqch à tout prix / *I'm (dead) set on finishing it tonight* je suis (absolument) déterminé à le finir ce soir / *he's dead set against it* il s'y oppose formellement **4.** [ready, in position] prêt / *are you (all) set (to go)?* êtes-vous prêt (à partir) ? **5.** [likely] probablement / *he seems well set to win* il semble être sur la bonne voie or être bien parti pour gagner / *house prices are set to rise steeply* les prix de l'immobilier vont vraisemblablement monter en flèche **6.** UK SCH [book, subject] au programme.

❖ **set about** vt insep **1.** [start - task] se mettre à / *she set about changing the tyre* elle s'est mise à changer le pneu / *I didn't know how to set about it* je ne savais pas comment m'y prendre / *how does one set about getting a visa?* comment fait-on pour obtenir un visa ? **2.** [attack] attaquer, s'en prendre à / *he set about the mugger with his umbrella* il s'en est pris à son agresseur à coups de parapluie.

❖ **set against** vt sep **1.** FIN [offset] : *some of these expenses can be set against tax* certaines de ces dépenses peuvent être déduites des impôts **2.** [friends, family] monter contre / *religious differences have set family against family* les différences religieuses ont monté les familles les unes contre les autres.

❖ **set ahead** vt sep US ▸ **to set the clock ahead** avancer l'horloge / *we're setting the clocks ahead tonight* on change d'heure cette nuit.

❖ **set apart** vt sep **1.** (*usu passive*) [place separately] mettre à part or de côté / *there was one deck chair set slightly apart from the others* il y avait une chaise longue un peu à l'écart des autres **2.** [distinguish] distinguer / *her talent sets her apart from the other students* son talent la distingue des autres étudiants.

❖ **set aside** vt sep **1.** [put down - knitting, book] poser **2.** [reserve, keep - time, place] réserver ; [- money] mettre de côté ; [arable land] mettre en friche / *I've set tomorrow aside for house hunting* j'ai réservé la journée de demain pour chercher une maison / *the room is set aside for meetings* la pièce est réservée aux réunions / *can you set the book aside for me?* pourriez-vous me mettre ce livre de côté ? / *chop the onions and set them aside* coupez les oignons et réservez-les **3.** [overlook, disregard] mettre de côté, oublier, passer sur / *they set their differences aside in order to work together* ils ont mis de côté leurs différences pour travailler ensemble **4.** [reject - dogma, proposal, offer] rejeter ; [annul - contract, will] annuler ; LAW [verdict, judgment] casser.

❖ **set back** vt sep **1.** [towards the rear] : *the building is set back slightly from the road* l'immeuble est un peu en retrait par rapport à la route **2.** [delay - plans, progress] retarder / *his illness set him back a month in his work* sa maladie l'a retardé d'un mois dans son travail **3.** *inf* [cost] coûter / *the trip will set her back a good bit* le voyage va lui coûter cher.

❖ **set down** vt sep **1.** [tray, bag, etc.] poser **2.** UK [passenger] déposer / *the bus sets you down in front of the station* le bus vous dépose devant la gare **3.** [note, record] noter, inscrire / *try and set your thoughts down on paper* essayez de mettre vos pensées par écrit **4.** [establish - rule, condition] établir, fixer / *the government has set down a margin for pay increases* le gouvernement a fixé une fourchette pour les augmentations de salaire / *it is clearly set down that drivers must be insured* il est clairement signalé or indiqué que tout conducteur doit être assuré.

❖ **set forth** ◆ vi *liter* = **set off.** ◆ vt insep *fml* [expound - plan, objections] exposer, présenter / *the recommendations are set forth in the last chapter* les recommandations sont détaillées or énumérées dans le dernier chapitre.

❖ **set in** ◆ vi [problems] survenir, surgir ; [disease] se déclarer ; [winter] commencer ; [night] tomber / *if infection sets in* si la plaie s'infecte / *the bad weather has set in for the winter* le mauvais temps s'est installé pour tout l'hiver / *panic set in* **a)** [began] la panique éclata **b)** [lasted] la panique s'installa. ◆ vt sep SEW [sleeve] rapporter.

❖ **set off** ◆ vi partir, se mettre en route / *he set off at a run* il est parti en courant / *I set off to explore the town* je suis parti explorer la ville / *after lunch, we set off again* après le déjeuner, nous avons repris la route. ◆ vt sep **1.** [alarm] déclencher ; [bomb] faire exploser ; [fireworks] faire partir **2.** [reaction, process, war] déclencher, provoquer / *their offer set off another round of talks* leur proposition a déclenché une autre série de négociations / *to set sb off laughing* faire rire qqn / *it set her off on a long tirade against bureaucracy* cela eut pour effet de la lancer dans une longue tirade contre la bureaucratie **3.** [enhance] mettre en valeur / *the vase sets off the flowers beautifully* le vase met vraiment les fleurs en valeur **4.** FIN [offset] : *some of these expenses can be set off against tax* certaines de ces dépenses peuvent être déduites des impôts.

❖ **set on** = **set upon.**

❖ **set out** ◆ vi **1.** = **set off 2.** [undertake course of action] entreprendre / *he has trouble finishing what he sets out to do* il a du mal à terminer ce qu'il entreprend / *I can't remember now what I set out to do* je ne me souviens plus de ce que je voulais faire à l'origine / *they all set out with the intention of changing the world* au début, ils veulent tous changer le monde / *she didn't deliberately set out to annoy you* il n'était pas dans ses intentions de vous froisser. ◆ vt sep **1.** [arrange - chairs, game pieces] disposer ; [spread out - merchandise] étaler **2.** [design] concevoir / *the shopping centre is very well set out* le centre commercial est très bien conçu **3.** [present] exposer, présenter / *the information is set out in the table below* ces données sont présentées dans le tableau ci-dessous.

❖ **set to** vi [begin work] commencer, s'y mettre / *we set to with a will* nous nous y sommes mis avec ardeur.

❖ **set up** ◆ vt sep **1.** [install - equipment, computer] installer ; [put in place - roadblock] installer, disposer ; [- experiment] préparer / *everything's set up for the show* tout est préparé or prêt pour le spectacle / *set the chairs up in a circle* mettez or disposez les chaises en cercle / *he set the chessboard up* il a disposé les pièces sur l'échiquier ; *fig* : *to set up a meeting* organiser une réunion / *the equation sets up a relation between the two variables* l'équation établit un rapport entre les deux variables / *the system wasn't set up to handle so many users* le système n'était pas conçu pour gérer autant d'usagers / *he set the situation up so she couldn't refuse* il a arrangé la situation de telle manière qu'elle ne pouvait pas refuser **2.** [erect, build - tent, furniture kit, crane, flagpole] monter ; [- shed, shelter] construire ; [- monument, statue] ériger ▸ **to set up camp** installer or dresser le camp **3.** [start up, institute - business, scholarship] créer ; [- hospital, school] fonder ; [- committee, task force] constituer ; [- system of government, republic] instaurer ; [- programme, review process, system] mettre en place ; [- inquiry] ouvrir ▸ **to set up house** or **home** s'installer / *they set up house together* ils se sont mis en ménage / *to set up a dialogue* entamer le dialogue / *you'll be in charge of setting up training programmes* vous serez responsable de la mise en place des programmes de formation / *the medical system set up after the war* le système médical mis en place après la guerre **4.** [financially, in business] installer, établir / *he set his son up in a dry-cleaning business* il a acheté à son fils une entreprise de nettoyage à sec / *she could finally set herself up as an accountant* elle pourrait enfin s'installer comme comptable / *the money would set him up for life* l'argent le mettrait à l'abri du besoin pour le restant de ses jours / *the army set him up as a dictator* l'armée l'installa comme dictateur **5.** [provide] : *we're well set up with supplies* nous sommes bien approvisionnés / *she can set you up with a guide / the necessary papers* elle peut vous procurer un guide / les papiers qu'il vous faut / *I can set you up with a girlfriend of mine* je peux te présenter à or te faire rencontrer une de mes copines **6.** [restore energy to] remonter, remettre sur pied / *have a brandy, that'll set you up* prends un cognac, ça va te remonter **7.** *inf* [frame] monter un coup contre / *she claims she was set up* elle prétend qu'elle est victime d'un coup monté / *he was set up as the fall guy* on a fait de lui le bouc émissaire, il a joué le rôle de bouc émissaire. ◆ vi s'installer, s'établir / *he's setting up in the fast-food business* il se lance dans la restauration rapide ▸ **to set up on one's own a)** [business] s'installer à son compte **b)** [home] prendre son propre appartement.

❖ **set upon** vt insep [physically or verbally] attaquer, s'en prendre à.

setaside n mise *f* en jachère.

setback ['setbæk] n revers *m*, échec *m* ; [minor] contretemps *m*.

set designer n THEAT, CIN & TV décorateur *m*, -trice *f* scénographe.

SETE MESSAGING written abbr of **smiling ear to ear.**

set-in adj [sleeve] rapporté.

set piece n **1.** ART, LITER & MUS morceau *m* de bravoure **2.** [fireworks] pièce *f* (de feu) d'artifice **3.** [of scenery] élément *m* de décor.

set point n TENNIS balle *f* de set.

set scrum n RUGBY mêlée *f* fermée.

setsquare ['setskweər] n équerre *f (à dessiner).*

sett [set] n **1.** [for paving] pavé *m* **2.** [of badger] terrier *m* (de blaireau).

settee [se'tiː] n canapé *m*.

setter ['setər] n **1.** [dog] setter *m* **2.** [of jewels] sertisseur *m*.

set theory n théorie *f* des ensembles.

setting ['setɪŋ] n **1.** [of sun, moon] coucher *m* **2.** [situation, surroundings] cadre *m*, décor *m* ; THEAT décor *m* / *the house is in a lovely country setting* la maison est située dans un très beau cadre campagnard / *they photographed the foxes in their natural setting* ils ont photographié les renards dans leur milieu naturel / *the film has Connemara as its setting* le film a pour cadre le Connemara **3.** [position, level - of machine, instrument] réglage *m* **4.** [for jewels] monture *f* ; [of jewels] sertissage *m* **5.** [at table] set *m* de table **6.** MUS [of poem, play] mise *f* en musique ; [for instruments] arrangement *m*, adaptation *f* / *setting for male voice* arrangement pour voix d'homme **7.** [of fracture] réduction *f* ; [in plaster] plâtrage *m* **8.** [of jam] prise *f* ; [of cement] prise *f*, durcissement *m* **9.** TYPO composition *f*.

setting lotion n lotion *f* pour mise en plis.

setting-up n **1.** [of company, organization] lancement *m*, création *f* ; [of enquiry] ouverture *f* **2.** TYPO composition *f*.

settle ['setl] ◆ vt **1.** [solve - question, issue] régler ; [- dispute, quarrel, differences] régler, trancher / *the case was settled out of court* l'affaire a été réglée à l'amiable ▸ **to settle old scores** régler des comptes **2.** [determine, agree on - date, price] fixer / *have you settled where to go for the picnic?* avez-vous décidé d'un endroit pour le pique-nique ? / *it was settled that I would go to boarding school* il fut convenu or décidé que j'irais en pension / *you must settle that among yourselves* il va falloir que vous arrangiez cela entre vous / *nothing is settled yet* rien n'est encore décidé or arrêté / *that's one point settled* voilà déjà un point d'acquis / *that's that settled then!* voilà une affaire réglée ! / *that's settled then, I'll meet you at 8 o'clock* alors c'est entendu or convenu, on se retrouve à 8 h / *that settles it, the party's tomorrow!* c'est décidé, la fête aura lieu demain ! / *that settles it, he's fired* trop c'est trop, il est renvoyé ! **3.** [pay - debt, account, bill] régler ▸ **to settle one's affairs** mettre ses affaires en ordre, régler ses affaires ▸ **to settle a claim** [insurance] régler un litige **4.** [install] installer / *when I'm settled, I'll write to you* quand je serai installé, je vous écrirai / *to settle o.s. comfortably in an armchair* s'installer confortablement dans un fauteuil / *he settled the children for the night* il a mis les enfants au lit, il est allé coucher les enfants ▸ **to get settled** s'installer (confortablement) ; [arrange, place - on table, surface] installer, poser (soigneusement) / *she settled the rug over her knees* elle enroula la couverture autour de ses genoux **5.** [colonize] coloniser / *Peru was settled by the Spanish* le Pérou a été colonisé par les Espagnols, les Espagnols se sont établis au Pérou **6.** [calm - nerves, stomach] calmer, apaiser / *this brandy will settle your nerves* ce cognac te calmera les nerfs / *the rain settled the dust* la pluie a fait retomber la poussière **7.** LAW [money, allowance, estate] constituer ▸ **to settle an annuity on sb** constituer une rente à qqn / *she settled all her money on her nephew* elle a légué toute sa fortune à son neveu / *how are you settled for money at the moment? fig* est-ce que tu as suffisamment d'argent en ce moment ? ◆ vi **1.** [go to live - gen] s'installer, s'établir ; [- colonist] s'établir / *she finally settled abroad* elle s'est finalement installée à l'étranger **2.** [become calm - nerves, stomach, storm] s'apaiser, se calmer ; [- situation] s'arranger / *wait for things to settle before you do anything* attends que les choses se calment or s'arrangent avant de faire quoi que ce soit **3.** [install o.s. - in new flat, bed] s'installer / *to settle for the night* s'installer pour la nuit / *it took me a long time to settle* mon installation a pris du temps ; [adapt - to circumstances] s'habituer / *I just can't settle to my work somehow* je ne sais pas pourquoi, mais je suis incapable de me concentrer sur mon travail **4.** [come to rest - snow] tenir ; [- dust, sediment] se déposer ; [- bird, insect, eyes] se poser / *the snow began to settle (on the ground)* la neige commençait à tenir / *let your dinner settle before you go out* prends le temps de digérer avant de sortir / *a fly settled on the butter* une mouche s'est posée sur le beurre / *her gaze settled on the book* son regard se posa sur le livre **5.** [spread] : *a look of utter contentment settled on his face* son visage prit une expression de profonde satisfaction / *an eerie calm settled over the village* un calme inquiétant retomba sur le village / *the cold settled on his chest* le rhume lui est tombé sur la poitrine **6.** CONSTR [road, wall, foundations] se tasser / **'contents may settle during transport'** le contenu risque de se tasser pendant le transport / *cracks appeared in the walls as the house settled* des fissures apparaissaient dans les murs au fur et à mesure que la maison se tassait or s'affaissait **7.** [financially] ▸ **to settle with sb for sthg** régler le prix de qqch à qqn / *can I settle with you tomorrow?* est-ce que je peux vous régler demain ? ▸ **to settle out of court** régler une affaire à l'amiable **8.** [decide] se décider / *they've settled on a Volkswagen* ils se sont décidés pour une Volkswagen / *they've settled on Rome for their honeymoon* ils ont décidé d'aller passer leur lune de miel à Rome / *they settled on a compromise solution* ils ont finalement choisi le compromis. ◆ n [seat] banquette *f* à haut dossier.

⁂ **settle down** ◆ vi **1.** [in armchair, at desk] s'installer ; [in new home] s'installer, se fixer ; [at school, in job] s'habituer, s'adapter / *they settled down by the fire for the evening* ils se sont installés près du feu pour la soirée / *to settle down to watch television* s'installer (confortablement) devant la télévision / *it took the children some weeks to settle down in their new school* il a fallu plusieurs semaines aux enfants pour s'habituer à leur nouvelle école / *Susan is finding it hard to settle down to life in Paris* Susan a du mal à s'habituer or à s'adapter à la vie parisienne / *to settle down to work* se mettre au travail **2.** *fig* [become stable - people] se ranger, s'assagir / *it's about time Tom got married and settled down* il est temps que Tom se marie et s'installe dans la vie / *they never settle down anywhere for long* ils ne se fixent jamais nulle part bien longtemps **3.** [concentrate, apply o.s.] ▸ **to settle down to do sthg** se mettre à faire qqch / *I can't seem to settle down to anything these days* je n'arrive pas à me concentrer sur quoi que ce soit ces jours-ci **4.** [become calm - excitement] s'apaiser ; [- situation] s'arranger. ◆ vt sep [person] installer / *to settle o.s. down in an armchair* s'installer (confortablement) dans un fauteuil / *she settled the patient down for the night* elle a installé le malade pour la nuit.

⁂ **settle for** vt insep accepter, se contenter de / *I won't settle for less than £200* 200 livres, c'est mon dernier prix, je ne descendrai pas au-dessous de 200 livres / *there was no wine left so they had to settle for beer* comme il ne restait plus de vin, ils durent se contenter de bière / *they settled for a compromise* ils ont choisi une solution de compromis.

⁂ **settle in** vi [at new house] s'installer ; [at new school, job] s'habituer, s'adapter / *once we're settled in, we'll invite you round* une fois que nous serons installés, nous t'inviterons / *it took him a while to settle in at his new school* il a mis un certain temps à s'habituer à sa nouvelle école.

⁂ **settle into** ◆ vt insep [job, routine] s'habituer à, s'adapter à / *she soon settled into her new post* elle s'est vite adaptée à son nouveau poste / *life soon settled into the usual dull routine* la vie reprit bientôt son rythme monotone. ◆ vt sep installer dans / *she's busy settling her daughter into her new flat* elle est occupée à installer sa fille dans son nouvel appartement.

⁂ **settle up** ◆ vi régler (la note) / *I must settle up with the plumber* il faut que je règle le plombier / *can we settle up?* est-ce qu'on peut faire les comptes ? ◆ vt sep régler.

settled ['setld] adj **1.** [stable, unchanging - person] rangé, établi ; [- life] stable, régulier ; [- habits] régulier / *he's very settled in his ways* il est très routinier, il a ses petites habitudes **2.** METEOR [calm] beau *(before vowel or silent 'h' bel, f belle)* / *the weather will remain settled* le temps demeurera au beau fixe **3.** [inhabited] peuplé ; [colonized] colonisé **4.** [fixed - population] fixe, établi **5.** [account, bill] réglé.

settlement ['setlmənt] n **1.** [resolution - of question, dispute] règlement *m*, solution *f* ; [of problem] solution *f* **2.** [payment] règlement *m* / *I enclose a cheque in settlement of your account* veuillez trouver ci-joint un chèque en règlement de votre facture ▸ **out-of-court settlement** règlement à l'amiable **3.** [agreement] accord *m* ▸ **to reach a settlement** parvenir à or conclure un accord ▸ **wage settlement** accord salarial **4.** [decision - on details, date] décision *f* / *settlement of the final details will take some time* il faudra un certain temps pour régler les derniers détails **5.** LAW [financial] donation *f* ; [dowry] dot *f* ; [of annuity] constitution *f* ▸ **to make a settlement on sb** faire une donation à or en faveur de qqn **6.** [colony] colonie *f* ; [village] village *m* ; [dwellings] habitations *fpl* **7.** [colonization] colonisation *f*, peuplement *m* / *signs of human settlement* des traces d'une présence humaine **8.** [of contents, road] tassement *m* ; [of sediment] dépôt *m*.

settler ['setlər] n colonisateur *m*, -trice *f*, colon *m*.

settling ['setlɪŋ] n **1.** [of question, problem, dispute] règlement *m* **2.** [of account, debt] règlement *m* **3.** [of contents] tassement *m* **4.** [of country] colonisation *f*.

⁂ **settlings** pl n [sediment] dépôt *m*, sédiment *m*.

set-to (*pl* **set-tos**) n *inf* [fight] bagarre *f* ; [argument] prise *f* de bec.

set-top box n décodeur *m*.

set-up n **1.** [arrangement, system] organisation *f*, système *m* / *the project manager explained the set-up to me* le chef de projet m'a expliqué comment les choses fonctionnaient or étaient organisées / *this is the set-up* voici comment ça se passe / *what's the economic set-up in these countries?* quel est le système économique de ces pays ? **2.** *inf* [frame-up] coup *m* monté.

set-up costs n frais *mpl* de lancement.

set-up fee n FIN frais *mpl* d'inscription.

setup program n COMPUT programme *m* d'installation.

seven ['sevn] ◆ det sept / **'The Seven Samurai'** *Kurosawa* 'les Sept Samouraïs'. ◆ n sept *m inv*. ◆ pron sept. **See also five.**

7-Eleven n *supérette ouverte tard le soir.*

sevenfold ['sevnfəʊld] ◆ adj septuple. ◆ adv au septuple / *profits have increased sevenfold* les bénéfices ont été multipliés par sept.

7K MESSAGING **written abbr of sick.**

seven-league boots pl n bottes *fpl* de sept lieues.

seven seas pl n ▸ **the seven seas** toutes les mers (du monde) ▸ **to sail the seven seas** parcourir les mers.

seventeen [,sevn'ti:n] ◆ det dix-sept. ◆ n dix-sept *m inv*. ◆ pron dix-sept. **See also five.**

seventeenth [,sevn'ti:nθ] ◆ det dix-septième. ◆ n [ordinal] dix-septième *mf* ; [fraction] dix-septième *m*. **See also fifth.**

seventh ['sevnθ] ◆ det septième. ◆ n [ordinal] septième *mf* ; [fraction] septième *m* ; MUS septième *f*. ◆ adv [in contest] en septième position, à la septième place. **See also fifth.**

Seventh Day Adventist n adventiste *mf* du septième jour.

seventh grade n US SCH *classe de l'enseignement secondaire correspondant à la cinquième (11-12 ans).*

seventh heaven n le septième ciel ▸ **to be in (one's) seventh heaven** être au septième ciel.

seventieth ['sevntjəθ] ◆ det soixante-dixième. ◆ n [ordinal] soixante-dixième *mf* ; [fraction] soixante-dixième *m*. **See also fifth.**

seventy ['sevntɪ] (*pl* **seventies**) ◆ det soixante-dix. ◆ n soixante-dix *m inv*. ◆ pron soixante-dix. **See also fifty.**

seventy-eight n [record] 78 tours *m inv* / *a collection of old 78s* une collection de vieux 78 tours.

seven-year itch n *hum* tentation *f* d'infidélité *(après sept ans de mariage).*

sever ['sevər] ◆ vt **1.** [cut off - rope, limb] couper, trancher / *his hand was severed (at the wrist)* il a eu la main coupée (au poignet) / *the roadworks severed a watermain* les travaux ont crevé une canalisation d'eau / *communications with outlying villages have been severed* les communications avec les villages isolés ont été rompues **2.** [cease - relationship, contact] cesser, rompre / *they severed all connections with the organization* ils ont cessé toute relation avec l'organisation / *she severed all ties with her family* elle a rompu tous les liens avec sa famille. ◆ vi se rompre, casser, céder / *the rope severed under the strain* la corde a cédé sous la tension.

several ['sevrəl] ◆ det plusieurs / *on several occasions* à plusieurs occasions or reprises / *several thousand dollars* plusieurs milliers de dollars. ◆ pron plusieurs / *several of my colleagues have left* plusieurs de mes collègues sont partis / *several of us* plusieurs d'entre nous / *there are several of them* ils sont plusieurs / *several of us got together to organize a party* nous nous sommes mis à plusieurs pour organiser une soirée. ◆ adj LAW [separate] distinct.

severally ['sevrəlɪ] adv *fml* séparément, individuellement.

severance ['sevrəns] n [of relations] rupture *f*, cessation *f* ; [of communications, contact] interruption *f*, rupture *f*.

severance pay n *(U)* indemnité *f* or indemnités *fpl* de licenciement.

severe [sɪ'vɪər] adj **1.** [harsh - criticism, punishment, regulations] sévère, dur ; [- conditions] difficile, rigoureux ; [- storm] violent ; [- winter, climate] rude, rigoureux ; [- frost] intense ; [- competition] rude, serré / *severe weather conditions* conditions *fpl* météorologiques très rudes ; [strict - tone, person] sévère / *she's too severe with her children* elle est trop dure avec ses enfants / *I gave them a severe telling-off* je les ai sévèrement grondés **2.** [serious - illness, handicap] grave, sérieux ; [- defeat] grave ; [- pain] vif, aigu (aiguë) / *I've got severe backache / toothache* j'ai très mal au dos / une rage de dents / *to suffer severe losses* subir de lourdes pertes / *his death was a severe blow to them / to their chances* sa mort les a sérieusement ébranlés / a sérieusement compromis leurs chances / *it will be a severe test of our capabilities* cela mettra nos aptitudes à rude épreuve **3.** [austere - style, dress, haircut] sévère, strict / *the building has a certain severe beauty* l'édifice a une certaine beauté austère.

severely [sɪ'vɪəlɪ] adv **1.** [harshly - punish, treat, criticize] sévèrement, durement / *don't judge them too severely* ne les jugez pas trop sévèrement or avec trop de sévérité ; [strictly] strictement, sévèrement / *he spoke severely to them* il leur parla d'un ton sec **2.** [seriously - ill, injured, disabled] gravement, sérieusement / *to be severely handicapped* être gravement handicapé **3.** [austerely] d'une manière austère, sévèrement / *she dresses very severely* elle s'habille de manière très austère.

severity [sɪ'verətɪ] n **1.** [harshness - of judgment, treatment, punishment, criticism] sévérité *f*, dureté *f* ; [- of climate, weather] rigueur *f*, dureté *f* ; [- of frost, cold] intensité *f* **2.** [seriousness - of illness, injury, handicap] gravité *f*, sévérité *f* **3.** [austerity] austérité *f*, sévérité *f*.

Seville [sə'vɪl] pr n Séville.

Seville orange n orange *f* amère, bigarade *f*.

sew [səʊ] (*pt* **sewed**, *pp* **sewn** [səʊn] *or* **sewed**) ◆ vt coudre / *to sew a button on (to) a shirt* coudre or recoudre un bouton sur une chemise / *she can't even sew a button on* elle ne sait même pas coudre un bouton / *could you sew this armband on for me?* pouvez-vous me coudre ce brassard ? / *he sewed the money into the lining* il a cousu l'argent dans la doublure / *you'll have to sew the pieces together again* il va falloir recoudre les pièces ensemble. ◆ vi coudre, faire de la couture.

⁂ **sew up** vt sep **1.** [tear, slit] coudre, recoudre ; [seam] faire ; MED [wound] coudre, recoudre, suturer ; [hole] raccommoder **2.** *inf & fig* [arrange, settle - contract] régler ; [- details] régler, mettre au point / *the deal is all sewn up* l'affaire est dans le sac ; [control] contrôler, monopoliser / *multinationals have sewn up the economy* les multinationales contrôlent l'économie / *they've got the election all sewn up* l'élection est gagnée d'avance.

sewage ['su:ɪdʒ] n *(U)* vidanges *fpl*, eaux *fpl* d'égout, eaux-vannes *fpl* ▸ **the sewage system** les égouts *mpl* ▸ **sewage disposal** évacuation *f* des eaux usées.

sewage farm, **sewage works** n station *f* d'épuration.

sewage tanker n camion-citerne *m*.

sewer ['sʊər] n [drain] égout *m*.

sewerage ['sʊərɪdʒ] n *(U)* **1.** [disposal] évacuation *f* des eaux usées **2.** [system] égouts *mpl*, réseau *m* d'égouts **3.** [sewage] eaux *fpl* d'égout.

sewing ['səʊɪŋ] ◆ n **1.** [activity] couture *f* / *she likes sewing* elle aime coudre or la couture **2.** [piece of work] couture *f*, ouvrage *m* / *what have I done with my sewing?* où ai-je posé ma couture ? ◆ comp [basket, kit] à couture ; [cotton] à coudre ; [class] de couture.

sewing machine n machine *f* à coudre.

sewn [səʊn] pp ⟶ **sew.**

sex [seks] ◆ n **1.** [gender] sexe *m* / *the club is open to both sexes* le club est ouvert aux personnes des deux sexes ▸ **single sex school** établissement *m* scolaire non mixte **2.** *(U)* [sexual intercourse] relations *fpl* sexuelles, rapports *mpl* (sexuels) ▸ **to have sex with sb** avoir des rapports (sexuels) or faire l'amour avec qqn **3.** [sexual activity] sexe *m* / *that film is just full of sex* il n'y a que du sexe dans ce film / *all he ever thinks about is sex* c'est un obsédé (sexuel) / *there is too much sex and violence on TV* il y a trop de sexe et de violence à la télévision. ◆ comp sexuel ▸ **sex drive** pulsion *f* sexuelle, pulsions *fpl* sexuelles, libido *f* ▸ **sex life** vie *f* sexuelle ▸ **sex scandal** affaire *f* de mœurs ▸ **sex worker** prostitué *m*, -e *f*. ◆ vt [animal] déterminer le sexe de.

sexadecimal [ˌseksəˈdesɪml] adj sexadécimal.

sexagenarian [ˌseksədʒɪˈneərɪən] ◆ adj sexagénaire. ◆ n sexagénaire *mf*.

sex appeal n sex-appeal *m*.

sex change n changement *m* de sexe / *to have a sex change* changer de sexe.

sex chromosome n chromosome *m* sexuel.

sexed [sekst] adj BIOL & ZOOL sexué ▸ **to be highly sexed** [person] avoir une forte libido.

sex education n éducation *f* sexuelle.

sex hormone n hormone *f* sexuelle.

sexily [ˈseksɪlɪ] adv de façon sexy / *he dances very sexily* il danse de façon très sensuelle.

sexism [ˈseksɪzm] n sexisme *m*.

sexist [ˈseksɪst] ◆ adj sexiste. ◆ n sexiste *mf*.

sex kitten n *inf* bombe *f* sexuelle.

sexless [ˈsekslɪs] adj **1.** BIOL asexué **2.** [person - asexual] asexué ; [- frigid] frigide ; [marriage] blanc (blanche).

sex-mad adj *inf* ▸ **he's / she's sex-mad** il / elle ne pense qu'à ça.

sex maniac n obsédé *m* sexuel, obsédée *f* sexuelle.

sex object n objet *m* sexuel.

sex offender n auteur *m* d'un délit sexuel.

sexologist [sekˈsɒlədʒɪst] n sexologue *mf*.

sexology [sekˈsɒlədʒɪ] n sexologie *f*.

sex organ n organe *m* sexuel.

sex pest n *inf* dragueur *m* infernal.

sexploitation [ˌseksplɔɪˈteɪʃn] n *exploitation commerciale du sexe dans l'industrie cinématographique et la publicité.*

sexploits [ˈseksplɔɪts] pl n *inf & hum* aventures *fpl* sexuelles.

sexpot [ˈsekspɒt] n *inf & hum* homme *m* très sexy, femme *f* très sexy.

sex reassignment n changement *m* de sexe / *to undergo a sex reassignment procedure* se faire opérer pour changer de sexe.

sex shop n sex-shop *m*.

sex-starved adj *hum* (sexuellement) frustré.

sex symbol n sex-symbol *m*.

sextant [ˈsekstənt] n sextant *m*.

sextet [seksˈtet] n sextuor *m*.

sex therapist n sexologue *mf*.

sex therapy n sexothérapie *f*.

sexting [ˈsekstɪŋ] n US *envoi de SMS à caractère sexuel.*

sexton [ˈsekstən] n sacristain *m*, bedeau *m*.

sex tourism n tourisme *m* sexuel.

sex toy n gadget *m* érotique.

sextuple [ˈsekstjʊpl] ◆ adj sextuple. ◆ n sextuple *m*. ◆ vi & vt sextupler.

sextuplet [ˈsekstjʊplɪt] n sextuplé *m*, -e *f*.

sextuplicate [seksˈtjuːplɪkɪt] ◆ n sextuple *m* ▸ **in sextuplicate** en six exemplaires. ◆ adj sextuple.

Sextus [ˈsekstəs] pr n Sextus.

sexual [ˈsekʃʊəl] adj sexuel.

sexual abuse n *(U)* sévices or abus *mpl* sexuels.

sexual harassment n harcèlement *m* sexuel.

sexual intercourse n *(U)* rapports *mpl* sexuels.

sexuality [ˌsekʃʊˈælətɪ] n sexualité *f*.

sexually [ˈsekʃʊəlɪ] adv sexuellement ▸ **to be sexually assaulted** être victime d'une agression sexuelle ▸ **sexually transmitted disease** maladie *f* sexuellement transmissible.

sex-worker n travailleur *m* sexuel, travailleuse *f* sexuelle.

sexy [ˈseksɪ] (*compar* **sexier**, *superl* **sexiest**) adj *inf & lit* [person] sexy *(inv)* ; *inf & fig* [product] sympa.

Seychelles [seɪˈʃelz] pl pr n ▸ **the Seychelles** les Seychelles *fpl* / *in the Seychelles* aux Seychelles.

sez [sez] *v inf* abbr of **says**.

SF [esˈef] (abbr of **science-fiction**) n *(U)* SF *f*.

SFO (abbr of **Serious Fraud Office**) n *service britannique de la répression des fraudes.*

SG n abbr of **Surgeon General**.

SGML (abbr of **Standard Generalized Markup Language**) n SGML *m*.

Sgt (written abbr of **sergeant**) Sgt.

sh [ʃ] interj ▸ **sh!** chut !

Shabbat [ʃəˈbæt] n Sabbat *m*, Shabbat *m*.

shabbily [ˈʃæbɪlɪ] adv **1.** [dressed, furnished] pauvrement **2.** [behave, treat] mesquinement, petitement / *I think she's been very shabbily treated* je trouve qu'on l'a traitée de manière très mesquine.

shabbiness [ˈʃæbɪnɪs] n **1.** [poor condition - of dress, person] pauvreté *f* ; [- of house, street] délabrement *m* ; [- of carpet] mauvais état *m* **2.** [meanness - of behaviour, treatment, trick] mesquinerie *f*, petitesse *f* **3.** [mediocrity - of excuse, reasoning] médiocrité *f*.

shabby [ˈʃæbɪ] (*compar* **shabbier**, *superl* **shabbiest**) adj **1.** [clothes] râpé, élimé ; [carpet, curtains] usé, élimé ; [person] pauvrement vêtu ; [hotel, house] miteux, minable ; [furniture] pauvre, minable ; [street, area] misérable, miteux **2.** [mean - behaviour, treatment] mesquin, vil, bas / *that was a shabby trick* c'était vraiment mesquin **3.** [mediocre - excuse] piètre ; [- reasoning] médiocre.

shabby-genteel adj désargenté mais digne.

shack [ʃæk] n cabane *f*, case *f*, hutte *f*.

❖ **shack up** vi *inf* ▸ **to shack up with sb** s'installer avec qqn / *they've shacked up together* ils vivent ensemble or se sont mis à la colle.

shackle [ˈʃækl] vt *lit* enchaîner, mettre aux fers ; *fig* entraver / *he was shackled to the post* on l'a enchaîné au poteau.

❖ **shackles** pl n *lit* chaînes *fpl*, fers *mpl* ; *fig* chaînes *fpl*, entraves *fpl*.

shad [ʃæd] n alose *f*.

shaddock [ˈʃædək] n pomelo *m*.

shade [ʃeɪd] ◆ n **1.** [shadow] ombre *f* ▸ **to sit in the shade** s'asseoir à l'ombre / *45 degrees in the shade* 45 degrés à l'ombre / *in the shade of a tree* à l'ombre d'un arbre / *these trees give plenty of shade* ces arbres font beaucoup d'ombre ; ART ombre *f*, ombres *fpl* / *the use of light and shade in the painting* l'utilisation des ombres et des lumières or du clair-obscur dans le tableau ▸ **to put sb in the shade** éclipser qqn / *his achievements really put mine in the shade* ses réalisations éclipsent vraiment les miennes **2.** [variety - of colour] nuance *f*, ton *m* / *a different shade of green* un ton de vert différent, une autre nuance de vert ; [nuance - of meaning, opinion] nuance *f* / *all shades of political opinion were represented* toutes les nuances politiques étaient représentées, tous les courants politiques étaient représentés **3.** [for lamp] abat-jour *m inv* ; [for eyes] visière *f* ; US [blind - on window] store *m* ▸ **to pull the shades (down)** baisser les stores **4.** *liter* [spirit] ombre *f* ▸ **the Shades** MYTH les Enfers *mpl*, le royaume des ombres. ◆ vt **1.** [screen - eyes, face] abriter ; [- place] ombrager, donner de l'ombre à / *he shaded his eyes (from the sun) with his hand* il a mis sa main devant ses yeux pour se protéger du soleil **2.** [cover - light, lightbulb] masquer, voiler **3.** ART [painting] ombrer ; [by hatching] hachurer / *I've shaded the background green* j'ai coloré l'arrière-plan en vert. ◆ vi [merge] se dégrader, se fondre / *the blue shades into purple* le bleu se fond en violet / *questions of right and wrong tend to shade into each other* les questions du bien et du mal ont tendance à se rejoindre.

❖ **shades** pl n **1.** *liter* [growing darkness] : *the shades of evening* les ombres du soir **2.** *inf* [sunglasses] lunettes *fpl* de soleil **3.** [reminder, echo] échos *mpl* / *shades of Proust* des échos proustiens.

❖ **a shade** adv phr : *she's a shade better today* elle va un tout petit peu mieux aujourd'hui / *his books are just a shade too sentimental for me* ses livres sont un peu trop sentimentaux pour moi.

❖ **shade in** vt sep [background] hachurer, tramer ; [with colour] colorer.

shade-loving adj BOT sciaphile.

shadiness [ˈʃeɪdɪnɪs] n **1.** [of place] ombre *f* **2.** [of behaviour, dealings] caractère *m* louche or suspect.

shading [ˈʃeɪdɪŋ] n *(U)* ART [in painting] ombres *fpl* ; [hatching] hachure *f*, tramage *m*, hachures *fpl* ; *fig* [difference] nuance *f*.

shadow [ˈʃædəʊ] ◆ n **1.** [of figure, building] ombre *f* / *to see a shadow on a wall* voir une ombre sur un mur / *the shadow of suspicion fell on them* on a commencé à les soupçonner / *she's a shadow of her former self* elle n'est plus que l'ombre d'elle-même ▸ **to be afraid of one's own shadow** avoir peur de son ombre ▸ **to live in sb's shadow** vivre dans l'ombre de qqn ▸ **to cast a shadow on** or **over sthg** *lit & fig* projeter or jeter une ombre sur qqch **2.** [under eyes] cerne *m* **3.** [shade] ombre *f*, ombrage *m* / *in the shadow of the trees* à l'ombre des arbres / *in the shadow of the doorway* dans l'ombre de la porte / *she was standing in (the) shadow* elle se tenait dans l'ombre / *the gardens lie in shadow now* les jardins sont maintenant à l'ombre **4.** [slightest bit] ombre *f* ▸ **without** or **beyond a** or **the shadow of a doubt** sans l'ombre d'un doute **5.** [detective] : *I want a shadow put on him* je veux qu'on le fasse suivre / *he managed to lose his shadow* il a réussi à semer la personne qui l'avait pris en filature **6.** [companion] ombre *f* / *he follows me everywhere like a shadow* il me suit comme mon ombre, il ne me lâche pas d'une semelle **7.** MED [on lung] voile *m*. ◆ vt **1.** [follow secretly] filer, prendre en filature / *our job was to shadow enemy submarines* nous étions chargés de suivre les sous-marins ennemis **2.** *liter* [screen from light] ombrager / *tall trees shadowed the pathway* de grands arbres ombrageaient le chemin. ◆ adj UK POL ▸ **shadow cabinet** cabinet *m* fantôme ▸ **the Shadow Education Secretary / Defence Secretary** le porte-parole de l'opposition pour l'éducation / pour la défense nationale.

❖ **shadows** pl n *liter* [darkness] ombre *f*, ombres *fpl*, obscurité *f* / *the shadows of the evening* les ombres du soir.

 **Shadow cabinet**

Le cabinet fantôme est composé des parlementaires du principal parti de l'opposition, qui deviendraient ministres si leur parti arrivait au pouvoir.

shadow-box vi SPORT faire de la boxe à vide.

shadow-boxing n SPORT boxe *f* à vide / *let's stop all this shadow-boxing and get down to business* *fig* arrêtons de tourner autour du pot et parlons sérieusement.

shadowy [ˈʃædəʊɪ] adj **1.** [shady - woods, path] ombragé / *he looked into the shadowy depths* il scruta les profondeurs insondables **2.** [vague - figure, outline] vague, indistinct ; [- plan] vague, imprécis.

shady [ˈʃeɪdɪ] (*compar* **shadier**, *superl* **shadiest**) adj **1.** [place] ombragé **2.** *inf* [person, behaviour] louche, suspect ; [dealings] louche / *a shady character* un individu louche.

shaft [ʃɑːft] ◆ n **1.** [of spear] hampe *f* ; [of feather] tuyau *m* ; ARCHIT [of column] fût *m* ; ANAT [of bone] diaphyse *f* **2.** [of axe, tool, golf club] manche *m* **3.** [of cart, carriage] brancard *m*, limon *m* ▸ **to put a horse between the shafts** atteler un cheval **4.** MECH [for propeller, in machine] arbre *m* **5.** [in mine] puits *m* ; [of ventilator, chimney] puits *m*, cheminée *f* ; [of lift] cage *f* **6.** [of light] rai *m* ▸ **a shaft of wit** *fig* un trait d'esprit **7.** *liter* [arrow] flèche *f* **8.** PHR **to get the shaft** US *v inf* : *he got the shaft* **a)** [got shouted at] qu'est-ce qu'il s'est pris ! **b)** [got fired] il s'est fait virer. ◆ vt **1.** *v inf* [cheat] ▸ **to get shafted** se faire rouler **2.** *vulg* [have sex with] baiser.

Shaftesbury Avenue ['ʃɑ:ftsbrı-] pr n *rue de Londres célèbre pour ses théâtres.*

shag [ʃæg] (*pt & pp* **shagged**) ◆ n **1.** [of hair, wool] toison *f* ▸ **shag (pile) carpet** moquette *f* à poils longs **2.** ▸ **shag (tobacco)** tabac *m* (très fort) **3.** ORNITH cormoran *m* huppé **4.** *vulg* [sex] ▸ **to have a shag** baiser **5.** US [dance] shag *m* (*danse traditionnelle américaine*) **6.** US [ballboy] ramasseur *m* de balles. ◆ vt **1.** *v inf* [tire] crever ▸ **to be shagged (out)** être complètement crevé or HS **2.** *vulg* [have sex with] baiser **3.** US [follow] poursuivre **4.** US [fetch] aller chercher. ◆ vi **1.** *vulg* [have sex] baiser **2.** US [dance] danser le shag.

shaggable ['ʃægəbəl] adj UK *v inf* baisable.

shagged [ʃægd], **shagged out** adj UK *inf* [exhausted] crevé.

shaggy ['ʃægı] (*compar* **shaggier**, *superl* **shaggiest**) adj [hair, beard] hirsute, touffu ; [eyebrows] hérissé, broussailleux ; [dog, pony] à longs poils (rudes) ; [carpet, rug] à longs poils / *a shaggy-looking man* un homme hirsute.

shaggy-dog story n histoire *f* sans queue ni tête.

shagreen [ʃæ'gri:n] n chagrin *m* (*cuir*).

shah [ʃɑ:] n chah *m*, shah *m* ▸ **the Shah of Persia** le chah de Perse.

shake [ʃeık] (*pt* **shook** [ʃʊk], *pp* **shaken** ['ʃeıkn]) ◆ vt **1.** [rug, tablecloth, person] secouer ; [bottle, cocktail, dice] agiter ; [subj: earthquake, explosion] ébranler, faire trembler / *he had to be shaken awake* on a dû le secouer pour le réveiller / *she shook me by the shoulders* elle m'a secoué par les épaules / *the wind shook the branches* le vent agitait les branches / *they shook the apples from the tree* ils secouèrent l'arbre pour (en) faire tomber les pommes / *he shook the gravel into the bag* il secouait le gravier pour le faire tomber dans le sac / *to shake sugar onto sthg* saupoudrer qqch de sucre / *to shake vinegar onto sthg* asperger qqch de vinaigre / *to shake salt / pepper onto sthg* saler / poivrer qqch / **'shake well before use'** 'bien agiter avant l'emploi' / *the dog shook itself (dry)* le chien s'est ébroué (pour se sécher) / *they shook themselves free* ils se sont libérés d'une secousse / *he needs to be shaken out of his apathy* il a besoin qu'on le secoue (pour le tirer de son apathie) / *he shook his head* **a)** [in refusal] il a dit or fait non de la tête **b)** [in resignation, sympathy] il a hoché la tête ▸ **shake a leg!** *inf* secoue-toi !, remue-toi ! ▸ **to shake the dust from one's feet** partir le cœur léger **2.** [brandish] brandir ▸ **to shake one's finger at sb a)** [in warning] avertir qqn en lui faisant signe du doigt **b)** [threateningly] menacer qqn du doigt / *he shook his fist at him* il l'a menacé du poing / *the farmer shook his stick at the boys* le fermier menaçait les garçons de son bâton / *he's made more films than you can shake a stick at* *inf* il a réalisé un nombre incroyable de films **3.** [hand] serrer ▸ **to shake hands with sb, to shake sb's hand** serrer la main à qqn / *they shook hands* ils se sont serré la main / *let me shake you by the hand* permettez-moi de vous serrer la main / *let's shake hands on the deal* serrons-nous la main pour sceller cet accord **4.** [upset -faith, confidence, health, reputation] ébranler / *they were rather shaken by the news* ils ont été plutôt secoués par la nouvelle / *the whole world was shaken by the news* le monde entier a été ébranlé par la nouvelle / *his beliefs would not be that easily shaken* ses convictions ne sauraient être ébranlées pour si peu **5.** [amaze] bouleverser, ébranler / *she shook everyone with her revelations* tout le monde a été bouleversé par ses révélations / *10 days that shook the world* 10 jours qui ébranlèrent le monde / *I bet that shook him!* voilà qui a dû le secouer ! ◆ vi **1.** [ground, floor, house] trembler, être ébranlé ; [leaves, branches] trembler, être agité / *the whole house shook with the sound* la maison entière a été ébranlée par le bruit / *the child shook free of his captor* l'enfant a échappé à son ravisseur **2.** [with emotion -voice] trembler, frémir ; [-body, knees] trembler / *her whole frame shook* elle tremblait de tous ses membres / *to shake with laughter* se tordre de rire / *to shake with fear* trembler de peur / *to shake with cold* trembler de froid, grelotter ▸ **to shake like a jelly** or **leaf** trembler comme une feuille ▸ **to shake in one's shoes** avoir une peur bleue, être mort de peur / *his hands were shaking uncontrollably* il ne pouvait empêcher ses mains de trembler **3.** [in agreement] : *let's shake on it!* tope-là ! / *they shook on the deal* ils ont scellé leur accord par une poignée de main. ◆ n **1.** secousse *f*, ébranlement *m* ▸ **to give sb / sthg a shake** secouer qqn / qqch / *she gave the thermometer a few shakes* elle secoua un peu le thermomètre / *with a shake of his head* [in refusal, in resignation, sympathy] avec un hochement de tête / *give him a shake* [to waken] secouez-le / *I feel like giving him a good shake* [to stimulate] j'ai une furieuse envie de le secouer ▸ **to be all of a shake** UK *inf* être tout tremblant **2.** *inf* [moment] instant *m* / *you go, I'll be there in a shake* or *a couple of shakes* vas-y, j'arrive dans un instant or dans une seconde ▸ **in two shakes (of a lamb's tail)** en un clin d'œil **3.** US *inf* [earthquake] tremblement *m* de terre **4.** US *inf* [milk shake] milk-shake *m* / *a banana shake* un milk-shake à la banane **5.** US *inf* [deal] : *he'll give you a fair shake* il ne te roulera pas **6.** MUS trille *m*.

❖ **shake down** ◆ vi **1.** *inf* [go to bed] coucher / *they had to shake down on the floor for the night* ils ont dû dormir or coucher par terre **2.** *inf* [adapt -to new situation, job] s'habituer / *she's new to the job but she'll shake down soon enough* elle débute dans le métier mais elle s'y fera rapidement **3.** [contents of packet, bottle] se tasser. ◆ vt sep **1.** [from tree] faire tomber en secouant / *to shake cherries down from a tree* secouer un arbre pour en faire tomber les cerises **2.** [after fall] ▸ **to shake o.s. down** s'ébrouer, se secouer **3.** US *inf* ▸ **to shake sb down a)** [rob] racketter qqn **b)** [search] fouiller qqn **4.** US *inf* [test] essayer, tester.

❖ **shake off** vt sep **1.** [physically] secouer ▸ **to shake the sand / water off sthg** secouer le sable / l'eau de qqch **2.** [get rid of -cold, pursuer, depression] se débarrasser de ; [-habit] se défaire de, se débarrasser de.

❖ **shake out** ◆ vt sep **1.** [tablecloth, rug] (bien) secouer ; [sail, flag] déferler, déployer ; [bag] vider en secouant / *he shook the coins out of the bag* il a fait tomber les pièces en secouant le sac **2.** [rouse -person] : *I can't seem to shake him out of his apathy* je n'arrive pas à le tirer de son apathie. ◆ vi MIL se disperser, se disséminer.

❖ **shake up** vt sep **1.** [physically -pillow] secouer, taper ; [-bottle] agiter **2.** *fig* [upset -person] secouer, bouleverser / *they were badly shaken up after the accident* ils ont été très secoués après l'accident **3.** [rouse -person] secouer / *he needs shaking up a bit* il a besoin qu'on le secoue un peu **4.** *inf* [overhaul -organization, company] remanier, réorganiser de fond en comble.

❖ **shakes** pl n *inf* ▸ **to have the shakes** avoir la tremblote / *it's no great shakes* [film, book, restaurant, etc.] ça ne casse pas des briques / *he's no great shakes* il est insignifiant / *he's no great shakes at painting* or *as a painter* il ne casse rien or pas des briques comme peintre.

shakedown ['ʃeıkdaʊn] ◆ n **1.** [bed] lit *m* improvisé or de fortune **2.** *inf* [of ship, plane -test] essai *m* ; [flight, voyage] voyage *m* or vol *m* d'essai **3.** US *v inf* [search] fouille *f* **4.** US *v inf* [extortion] racket *m*. ◆ adj [test, flight, voyage] d'essai.

shaken ['ʃeıkn] ◆ pp ⟶ **shake.** ◆ adj [upset] secoué ; [stronger] bouleversé, ébranlé.

shaken baby syndrome n syndrome *m* du bébé secoué.

shakeout ['ʃeıkaʊt] n ECON dégraissage *m*.

shaker ['ʃeıkər] n [for cocktails] shaker *m* ; [for salad] panier *m* à salade ; [for dice] cornet *m*.

Shakers ['ʃeıkəz] pl n Shakers *mpl* (*secte religieuse*).

Shakespearean [ʃeık'spıərıən] adj shakespearien.

Shakespeareana ['ʃeık,spıərı'ɑ:nə] pl n [by Shakespeare] écrits *mpl* de Shakespeare ; [about Shakespeare] articles *mpl* et livres *mpl* sur Shakespeare.

Shakespearian [ʃeık'spıərıən] = **Shakespearean.**

shake-up n *inf* **1.** [of company, organization] remaniement *m*, restructuration *f* **2.** [emotional] bouleversement *m*.

shakily ['ʃeıkılı] adv **1.** [unsteadily -walk] d'un pas chancelant or mal assuré ; [-write] d'une main tremblante ; [-speak] d'une voix tremblante or chevrotante **2.** [uncertainly] d'une manière hésitante or peu assurée / *she started shakily then went on to win the game* au début, elle n'était pas très sûre d'elle, mais elle a fini par gagner la partie.

shakiness ['ʃeıkınıs] n **1.** [unsteadiness -of chair, table] manque *m* de stabilité ; [-of foundations, building] manque *m* de solidité ; [-of hand] tremblement *m* ; [-of voice] chevrotement *m*, tremblement *m* **2.** [weakness, uncertainty -of health, memory, argument, faith] faiblesse *f* ; [-of knowledge] insuffisance *f* ; [-of position, authority] fragilité *f*, faiblesse *f* ; [-of future] incertitude *f*.

shaky ['ʃeıkı] (*compar* **shakier**, *superl* **shakiest**) adj **1.** [unsteady -chair, table] branlant, peu solide ; [-ladder] branlant, peu stable ; [-hand] tremblant, tremblotant ; [-writing] tremblé ; [-voice] tremblotant, chevrotant ; [-steps] chancelant / *he's a bit shaky on his legs* il ne tient pas bien sur ses jambes / *I'm still shaky after my accident* je ne me suis pas encore complètement remis de mon accident / *to be based* or *built on shaky foundations* avoir des bases chancelantes **2.** [uncertain, weak -health, faith] précaire, vacillant ; [-authority, regime] incertain, chancelant ; [-future, finances] incertain, précaire ; [-business] incertain / *her memory is a bit shaky* sa mémoire n'est pas très sûre / *my memories of the war are rather shaky* mes souvenirs de la guerre sont assez vagues / *things got off to a shaky start* les choses ont plutôt mal commencé / *my knowledge of German is a bit shaky* mes notions d'allemand sont plutôt vagues / *he came up with some very shaky arguments* ses arguments étaient très peu convaincants.

shale [ʃeıl] n argile *f* schisteuse, schiste *m* argileux.

shale oil n huile *f* de schiste.

shall (*weak form* [ʃəl], *strong form* [ʃæl]) modal vb **1.** [as future auxiliary] : *I shall* or *I'll come tomorrow* je viendrai demain / *I shall not* or *I shan't be able to come* je ne pourrai pas venir / *we shall have finished by tomorrow* nous aurons fini demain / *I shall now attempt a triple somersault* je vais à présent essayer d'exécuter un triple saut périlleux **2.** [in suggestions, questions] : *shall I open the window?* voulez-vous que j'ouvre la fenêtre ? / *shall we go for a drive?* on va faire un tour en voiture ? / *I'll shut that window, shall I?* je peux fermer cette fenêtre, si vous voulez / *we'll all go then, shall we?* dans ce cas, pourquoi n'y allons-nous pas tous ? / *what shall we buy?* qu'est-ce qu'on va acheter ? / *where shall we go?* où est-ce qu'on va aller ? **3.** *fml* [emphatic use] : *you shall go to the ball!* vous irez au bal ! / *it shall be done* ce sera fait ▸ **thou shalt not kill** BIBLE tu ne tueras point.

See box on next page and at will.

shallot [ʃə'lɒt] n échalote *f*.

shallow ['ʃæləʊ] ◆ adj **1.** [water, soil, dish] peu profond ▸ **the shallow end** [of swimming pool] le petit bain **2.** [superficial -person, mind, character] superficiel, qui manque de profondeur ; [-conversation] superficiel, futile ; [-argument] superficiel **3.** [breathing] superficiel. ◆ vi *fml* devenir moins profond.

❖ **shallows** pl n bas-fond *m*, bas-fonds *mpl*, haut-fond *m*, hauts-fonds *mpl*.

shallow-minded adj : *to be shallow-minded* être superficiel or futile.

shallowness ['ʃæləʊnıs] n **1.** [of water, soil, dish] faible profondeur *f* **2.** [of mind, character, sentiments] manque *m* de profondeur ; [of person] esprit *m* superficiel, manque *m* de profondeur ; [of talk, ideas] futilité *f* **3.** [of breathing] respiration *f* restreinte.

shallow-rooted adj [tree] à enracinement superficiel.

shalt [ʃælt] vb (*2nd pers sg*) *arch* ⟶ **shall.**

sham [ʃæm] (*pt & pp* **shammed**, *cont* **shamming**) ◆ n **1.** [pretence -of sentiment, behaviour] comédie *f*, farce *f*, faux-semblant *m* / *what he says is all sham* il n'y a rien de vrai dans ce qu'il dit / *her illness / grief is*

SHALL / SHOULD

Shall fait partie des formes que l'on utilise en anglais pour renvoyer au futur chronologique, l'anglais n'ayant pas de temps grammatical futur à proprement parler. Ce modal est employé dans les règlements, mais aussi pour faire une offre ou pour s'engager formellement à accomplir une action.

Should sert à exprimer un conseil, à suggérer (de façon imagée) un chemin à prendre (**you should...**) ou à ne pas prendre (**you shouldn't...**). Dans une moindre mesure, il indique également une nécessité logique du type « c'est peut-être le cas ».

SHALL

Shall est d'un emploi assez rare aujourd'hui. Il appartient à la langue soutenue.

❶ L'expression du futur (= prédiction)

Lorsqu'il renvoie à l'avenir, **shall** est proche de **will** :

I / we shall come tomorrow. Je viendrai / nous viendrons demain.
[ʃəl] *(peu accentué)*

Avec **shall**, le sujet s'engage à accomplir l'action, d'où l'idée de ***devoir***. **Will**, qui est ici possible, mettrait plus l'accent sur la ***volonté***.

Notez la forme négative contractée (très rare) :

I shan't be able to come. Je ne pourrai pas venir.

❷ L'offre, la proposition

Dans ce cas, **shall** s'emploie dans une phrase interrogative (ou un **tag** interrogatif) :

Shall I open the window? Voulez-vous que j'ouvre la fenêtre ?

We'll all go then, shall we? Dans ce cas, pourquoi n'y allons-nous pas tous ?

NB : dans les emplois ci-dessus, le sujet est principalement à la première personne (**I** ou **we**). Le moyen mnémotechnique qui s'applique dans ce cas est le suivant : « on met un **shall** sur les ***je/nous*** » (« ***on met un châle sur les genoux*** »).

❸ L'engagement

Avec **shall**, on exprime un engagement fort, solennel et collectif d'ordre politique ou idéologique :

We shall overcome! Nous vaincrons !
[nous nous engageons à vaincre]

They shall not pass! Ils ne passeront pas !
[nous nous engageons à ce qu'ils ne passent pas]

❹ La contrainte formelle

Dans d'autres cas, **shall** peut transmettre de manière très formelle une idée de contrainte, que ce soit dans un règlement, une garantie commerciale, un texte de loi ou un commandement religieux :

You shall not kill. Tu ne tueras point.

The Congress shall assemble at least once in every year.
[Constitution américaine]
Le Congrès devra se réunir au moins une fois l'an.

Dans cet emploi précis, le sujet (principalement à la 2e ou 3e personne) n'est pas maître de sa décision.

SHOULD (SHALL + ED)

Should est la forme passée de **shall**. Cela ne veut pas dire qu'elle ait nécessairement une valeur de passé chronologique.

❶ Le conseil et le reproche

Avec **should**, on indique une direction à suivre sans toutefois forcer la main :

You should read this book. Tu devrais lire ce livre.

En fonction du contexte, le ***conseil*** peut être plus ou moins appuyé, au point de devenir un ordre déguisé :

It's late, you should be in bed! Il est tard. Tu devrais être au lit !
[une mère à son enfant]

Dans un cadre officiel, le conseil prend parfois la forme d'une consigne :

Papers should not exceed ten pages.
Les devoirs ne ***devront*** pas dépasser dix pages.
futur

En exprimant un conseil appuyé, on peut formuler un ***reproche***. Dans l'exemple ci-dessous, le reproche porte sur une action passée :

You shouldn't have done that!
[jugement au moment présent d'une action dans le passé]
Tu n'aurais pas dû faire ça !

L'idée de ***regret*** n'est jamais loin :

They should have won the match. Ils auraient dû gagner le match.

❷ Nécessité logique atténuée et éventualité

Dans certains contextes, **should** indique une ***probabilité relative*** :

They should have arrived by now. Il y a des chances pour qu'ils soient arrivés à présent.

En règle générale, ce modal va de pair avec l'idée d'***éventualité*** :

Should you be interested, I know a good hotel there.
inversion

Si cela vous intéresse, je connais un bon hôtel là-bas.

❸ L'équivalent du subjonctif en français

On emploie **should** dans les subordonnées pour exprimer une volonté ou une opinion. Le verbe de la subordonnée est alors traduit au subjonctif en français.

I'm anxious that she should come. Je tiens à ce qu'elle vienne.

It's strange that she should do that. C'est bizarre qu'elle fasse cela.

Should est parfois omis :

It is important that you (should) get the job. Il est important que vous obteniez cet emploi.

Ce modal s'emploie également dans des subordonnées exprimant un but négatif, après **so that** :

He locked his dog in so that it shouldn't escape.
Il a enfermé son chien ***pour qu***'il ne s'***échappe*** pas.

NB : certains anglophones emploient également **wouldn't** dans ce cas.

❹ Quelques emplois idiomatiques

How should I know? Comment voulez-vous que je le sache ?

I should think so / not! J'espère bien / bien que non !

Lest it should rain. De crainte ***ou*** de peur qu'il ne pleuve.

Pour résumer

Les emplois de **shall** et **should** sont variés. Il y a néanmoins une certaine cohérence dans leur sens. Ces modaux indiquent notamment que le sujet de l'énoncé n'est pas vraiment libre de choisir, qu'il n'est pas à l'origine de l'action. On pousse le sujet à agir. **Shall** est à ce titre plus contraignant que **should** :
You shall not kill. (= c'est la loi)
You shouldn't smoke. (= c'est une question de bon sens, un conseil)

a sham sa maladie / son chagrin n'est qu'une mascarade / *their marriage is a complete sham* leur mariage est une véritable farce **2.** [impostor - person] imposteur *m* ; [- organization] imposture *f.* ◆ adj **1.** [pretended - sentiment, illness] faux (fausse), feint, simulé ; [- battle] simulé **2.** [mock - jewellery] imitation *(adj)*, faux (fausse) / *a sham election* un simulacre d'élections. ◆ vt feindre, simuler / *to sham illness* faire semblant d'être malade. ◆ vi faire semblant, jouer la comédie / *he's not really ill, he's only shamming* il n'est pas vraiment malade, il fait semblant.

shaman ['ʃæmən] n chaman *m.*

shamanism ['ʃæmənɪzm] n chamanisme *m.*

shamateur ['ʃæmətɜːʳ] *inf* ◆ n SPORT faux amateur *m.* ◆ adj [competition, game, race] *auquel participent de faux amateurs.*

shamble ['ʃæmbl] vi ▸ **to shamble (along)** marcher en traînant les pieds ▸ **to shamble in / out / past** entrer / sortir / passer en traînant les pieds / *he shambled up to* *them* il s'approcha d'eux d'un pas traînant / *a shambling gait* une démarche traînante.

shambles ['ʃæmblz] n **1.** [place] désordre *m* / *your room is a total shambles!* ta chambre est dans un état ! / *the house was in a shambles* la maison était sens dessus dessous **2.** [situation, event] désastre *m* / *his life is (in) a real shambles* sa vie est un véritable désastre / *the evening was a shambles* la soirée fut un vrai désastre / *to make a shambles of a job* saboter un travail.

shambolic [ʃæm'bɒlɪk] adj UK désordonné.

shame [ʃeɪm] ◆ n **1.** [feeling] honte *f*, confusion *f* / *to my great shame* à ma grande honte / *he has no sense of shame* il n'a aucune honte ▸ **to lose all sense of shame** perdre toute honte / *have you no shame?* vous n'avez pas honte ? **2.** [disgrace, dishonour] honte *f* ▸ **to bring shame on one's family / country** déshonorer sa famille / sa patrie, couvrir sa famille / sa patrie de honte ▸ **to put sb to shame** faire honte à qqn / *she works so hard, she puts you to shame* elle vous ferait honte, tellement elle travaille ▸ **the shame of it!** quelle honte ! / *shame on him!* c'est honteux !, quelle honte ! ▸ **for shame!** *liter & hum* c'est une honte ; UK [in Parliament] : *her speech brought cries of "shame!"* son discours provoqua des huées **3.** [pity] dommage *m* ▸ **it's a shame!** c'est dommage ! ▸ **what a shame!** quel dommage ! / *it's a shame he can't come* c'est dommage qu'il ne puisse pas venir / *it would be a great shame if she missed it* ce serait vraiment dommage qu'elle ne le voie pas / *what a shame he forgot to tell you!* quel dommage qu'il ait oublié de vous le dire ! ◆ vt [disgrace - family, country] être la honte de, faire honte à, déshonorer ; [put to shame] faire honte à, humilier / *their record on staff training shames other firms* ce qu'ils réalisent en matière de formation du personnel devrait faire honte aux autres entreprises / *it shames me to admit it* j'ai honte de l'avouer ▸ **to shame sb into doing sthg** obliger qqn à faire qqch en lui faisant honte / *she was shamed into admitting the truth* elle avait tellement honte qu'elle a dû avouer la vérité.

Note that **il est / c'est dommage que** is followed by a verb in the subjunctive:
It's a shame they can't come. *C'est dommage qu'ils ne puissent pas venir.*

shamefaced [,ʃeɪm'feɪst] adj honteux, penaud / *he was a bit shamefaced about it* il en avait un peu honte.

shamefacedly [,ʃeɪm'feɪstlɪ] adv d'un air honteux or penaud / *he admitted, rather shamefacedly, that it was his fault* il a reconnu, d'un air plutôt penaud, que c'était (de) sa faute.

shameful ['ʃeɪmfʊl] adj honteux, indigne / *it's shameful to spread such rumours!* c'est honteux or une honte de faire courir de telles rumeurs ! / *it's a shameful waste of talent* c'est un gaspillage de talent honteux or scandaleux.

shamefully ['ʃeɪmfʊlɪ] adv honteusement, indignement / *she has been treated shamefully* elle a été traitée de façon honteuse / *they've been shamefully neglected* ils ont été honteusement négligés / *he was shamefully ignorant about the issue* son ignorance sur la question était honteuse.

shameless ['ʃeɪmlɪs] adj effronté, sans vergogne / *that's a shameless lie!* c'est un mensonge éhonté ! / *they are quite shameless about it!* ils ne s'en cachent pas !

shamelessly ['ʃeɪmlɪslɪ] adv sans honte, sans vergogne, sans pudeur / *to lie shamelessly* mentir effrontément / *they were walking about quite shamelessly with nothing on* ils se promenaient tout nus sans la moindre gêne or sans que ça ait l'air de les gêner.

shamelessness ['ʃeɪmlɪsnɪs] n effronterie *f*, impudence *f*.

shaming ['ʃeɪmɪŋ] adj mortifiant, humiliant / *how shaming!* quelle humiliation !

shammy ['ʃæmɪ] n ▸ **shammy (leather)** peau *f* de chamois.

shampoo [ʃæm'puː] ◆ n shampooing *m* ▸ **shampoo and set** shampooing *m* (et) mise en plis *f*. ◆ vt [person, animal] faire un shampooing à ; [carpet] shampouiner ▸ **to shampoo one's hair** se faire un shampooing, se laver les cheveux ▸ **to have one's hair shampooed** se faire faire un shampooing.

shampoo basin n lave-tête *m*.

shamrock ['ʃæmrɒk] n trèfle *m*.

Shamrock
Le trèfle est l'emblème de l'Irlande.

shamus ['ʃeɪməs] n US *v inf & dated* [policeman] flic *m*, poulet *m* ; [detective] privé *m*.

shandy ['ʃændɪ] (*pl* **shandies**) n UK panaché *m*.

shanghai [,ʃæŋ'haɪ] vt **1.** NAUT embarquer de force (*comme matelot*) **2.** *inf & fig* ▸ **to shanghai sb into doing sthg** forcer qqn à faire qqch / *I was shanghaied into it* on m'a forcé la main.

Shanghai [,ʃæŋ'haɪ] pr n Shanghai.

Shangri-La [,ʃæŋgrɪ'lɑː] n paradis *m* terrestre.

shank [ʃæŋk] n **1.** ANAT jambe *f* ; [of horse] canon *m* ; CULIN jarret *m* **2.** [stem - of screw, anchor] manche *m* ; [- of glass] pied *m*.

shanks's pony ['ʃæŋksɪz-] n *inf & hum* ▸ **to go on shanks's pony** aller pedibus or à pattes.

shan't [ʃɑːnt] abbr of **shall not**.

shantung [,ʃæn'tʌŋ] n shantung *m*, chantoung *m*.

shanty ['ʃæntɪ] (*pl* **shanties**) n **1.** [shack] baraque *f*, cabane *f* **2.** [song] chanson *f* de marins.

shantytown ['ʃæntɪtaʊn] n bidonville *m*.

shape [ʃeɪp] ◆ n **1.** [outer form] forme *f* / *the room was triangular in shape* la pièce était de forme triangulaire or avait la forme d'un triangle / *a sweet in the shape of a heart* un bonbon en forme de cœur / *the house / garden is an odd shape* la maison / le jardin a une drôle de forme / *all the pebbles are different shapes* or *a different shape* chaque caillou a une forme différente / *they come in all shapes and sizes* il y en a de toutes les formes et de toutes les tailles / *she moulded the clay into shape* elle façonna l'argile / *he bent / beat the copper into shape* il plia / martela le cuivre / *my pullover lost its shape in the wash* mon pull s'est déformé au lavage **2.** [figure, silhouette] forme *f*, silhouette *f* / *vague shapes could be seen in the mist* on distinguait des formes vagues dans la brume **3.** [abstract form or structure] forme *f* / *the shape of our society* la structure de notre société ▸ **to take shape** prendre forme or tournure / *her plan was beginning to take shape* son projet commençait à se concrétiser or à prendre forme ▸ **to give shape to sthg** donner forme à qqch / *she plans to change the whole shape of the company* elle a l'intention de modifier complètement la structure de l'entreprise **4.** [guise] forme *f* / *help eventually arrived in the shape of her parents* ce sont ses parents qui finirent par arriver pour lui prêter secours / *he can't take alcohol in any shape or form* il ne supporte l'alcool sous aucune forme / *the shape of things to come* ce qui nous attend, ce que l'avenir nous réserve **5.** [proper condition, fitness, effectiveness, etc.] forme *f* ▸ **to be in good / bad shape a)** [person] être en bonne / mauvaise forme, être / ne pas être en forme **b)** [business, economy] marcher bien / mal / *I'm rather out of shape* je ne suis pas très en forme / *I need to get (back) into shape* j'ai besoin de me remettre en forme / *the economy is in poor shape at the moment* l'économie est mal en point or dans une mauvaise passe actuellement ▸ **to keep o.s.** or **to stay in shape** garder la or rester en forme / *what sort of shape was he in?* dans quel état était-il ?, comment allait-il ? ▸ **to knock** or **to lick sthg into shape** *inf* arranger qqch, mettre qqch au point / *I'll soon knock* or *lick them into shape!* **a)** *inf* [soldiers] j'aurai vite fait de les dresser, moi ! **b)** [team] j'aurai vite fait de les remettre en forme, moi ! **6.** [apparition, ghost] apparition *f*, fantôme *m* **7.** [mould - gen] moule *m* ; [- for hats] forme *f*. ◆ vt **1.** [mould - clay] façonner, modeler ; [- wood, stone] façonner, tailler / *she shaped the clay into rectangular blocks* elle a façonné l'argile en blocs rectangulaires / *he shaped a pot from the wet clay* il a façonné un pot dans l'argile / *the paper had been shaped into a cone* le papier avait été plié en forme de cône **2.** [influence - events, life, future] influencer, déterminer ▸ **to shape sb's character** former le caractère de qqn **3.** [plan - essay] faire le plan de ; [- excuse, explanation, statement] formuler **4.** SEW ajuster / *the jacket is shaped at the waist* la veste est ajustée à la taille. ◆ vi [develop - plan] prendre forme or tournure / *things are shaping well* les choses se présentent bien or prennent une bonne tournure ; [person] se débrouiller / *how is he shaping as a teacher?* comment se débrouille-t-il dans l'enseignement ?

❖ **shape up** vi **1.** [improve] se secouer / *you'd better shape up, young man!* il est temps que tu te secoues, jeune homme ! ▸ **shape up and look smart!** *inf* grouille-toi ! ▸ **shape up or ship out!** *inf* secoue-toi un peu ou alors fiche le camp ! **2.** US [get fit again] retrouver la forme **3.** [progress, develop] prendre (une bonne) tournure / *the business is beginning to shape up* les affaires commencent à bien marcher / *our plans are shaping up nicely* nos projets prennent une bonne tournure / *the new team is shaping up well* la nouvelle équipe commence à bien fonctionner / *they are shaping up into a good orchestra* ils commencent à former un bon orchestre / *how is she shaping up as a translator?* comment se débrouille-t-elle or comment s'en sort-elle en tant que traductrice ? / *she isn't shaping up too badly* elle ne se débrouille or ne s'en sort pas trop mal.

SHAPE [ʃeɪp] (abbr of **Supreme Headquarters Allied Powers Europe**) pr n SHAPE *m*.

shaped [ʃeɪpt] adj **1.** [garment] ajusté ; [wooden or metal object] travaillé **2.** [in descriptions] : *shaped like a triangle* en forme de triangle / *a rock shaped like a man's head* un rocher qui a la forme d'une tête d'homme.

-shaped in comp en forme de ▸ **egg / crescent-shaped** en forme d'œuf / de croissant.

shapeless ['ʃeɪplɪs] adj [mass, garment, heap] informe / *to become shapeless* se déformer.

shapelessness ['ʃeɪplɪsnɪs] n absence *f* de forme, aspect *m* informe.

shapeliness ['ʃeɪplɪnɪs] n [of legs] galbe *m* ; [of figure] beauté *f*, belles proportions *fpl*.

shapely ['ʃeɪplɪ] (*compar* **shapelier**, *superl* **shapeliest**) adj [legs] bien galbé, bien tourné ; [figure, woman] bien fait / *a shapely pair of legs* une belle paire de jambes.

shapewear ['ʃeɪpweəʳ] n sous-vêtements *mpl* amincissants.

shard [ʃɑːd] n **1.** [of glass] éclat *m* ; [of pottery] tesson *m* **2.** ZOOL élytre *m*.

share [ʃeəʳ] ◆ vt **1.** [divide - money, property, food, chores] partager / *he shared the chocolate with his sister* il a partagé le chocolat avec sa sœur / *I shared the chocolate among the children* j'ai partagé le chocolat entre les enfants / *responsibility is shared between the manager and his assistant* la responsabilité est partagée entre le directeur et son assistant / *they must share the blame for the accident* ils doivent se partager la responsabilité de l'accident / *they shared the work between them* ils se sont partagé le travail **2.** [use jointly - tools, flat, bed] partager / *we shared a taxi home* nous avons partagé un taxi pour rentrer ▸ **shared line** TELEC ligne *f* partagée, raccordement *m* collectif **3.** [have in common - interest, opinion] partager ; [- characteristic] avoir en commun ; [- worry, sorrow] partager, prendre part à, compatir à / *I share your hope that war may be avoided* j'espère comme vous qu'on pourra éviter la guerre / *we share the same name* nous avons le même nom / *we share a common heritage* nous avons un patrimoine commun / *shared experience* expérience *f* partagée. ◆ vi partager ▸ **to share in a)** [cost, work] participer à, partager **b)** [profits] avoir part à **c)** [credit, responsibility] partager **d)** [joy, sorrow] prendre part à, partager **e)** [grief] compatir à / *he doesn't like sharing* il n'aime pas partager / *some children will have to share* certains enfants devront partager ▸ **share and share alike** *prov* à chacun sa part. ◆ n **1.** [portion - of property, cost, food, credit, blame] part *f* / *divided into equal shares* divisé en parts or portions égales / *there's your share* voici votre part or ce qui vous revient / *they've had their share of misfortune* ils ont eu leur part de malheurs / *he's come in for his full share of criticism* il a été beaucoup critiqué / *they have their share of responsibility in this matter* ils ont leur part de responsabilité dans cette affaire / *we've had more than our (fair) share of rain this summer* nous avons eu plus que notre compte de pluie cet été / *he got his (fair) share of the profits* il a eu sa part des bénéfices / *they all had a share in the profits* ils ont tous eu une part des bénéfices ▸ **to pay one's share** payer sa part or quote-part or son écot / *they went shares in the cost of the present* ils ont tous participé à l'achat du cadeau / *I went half shares with her* on a payé la moitié chacun ▸ **to have a share in a business** être l'un des associés dans une affaire **2.** [part, role - in activity, work] part *f* / *what was his share in the robbery?* quelle part a-t-il prise au vol ? / *what was her share in it all?* quel rôle a-t-elle joué dans tout cela ? ▸ **to do one's share (of the work)** faire sa part du travail / *he hasn't done his share* il n'a pas fait sa part du travail ▸ **to have a share in doing sthg** contribuer à faire qqch / *she must have had a share in his downfall* elle doit être pour quelque chose dans sa chute **3.** ST. EX action *f* / *share prices have fallen* le prix des actions est tombé **4.** AGR soc *m* (de charrue).

❖ **share out** vt sep partager, répartir / *the profits were shared out among them* ils se sont partagé les bénéfices.

share capital n capital-actions *m*.

share certificate n certificat *m* or titre *m* d'actions.

sharecrop [ˈʃeəkrɒp] (*pt & pp* **sharecropped**) ◆ vt US cultiver (en tant que métayer). ◆ vi travailler comme métayer, avoir une ferme en métayage.

sharecropper [ˈʃeəˌkrɒpəʳ] n métayer *m*, -ère *f*.

sharecropping [ˈʃeəˌkrɒpɪŋ] n US *système de métayage en usage dans le sud des États-Unis après la guerre de Sécession.*

share dealing n opérations *fpl* de Bourse.

share economy n économie *f* de partage.

sharefarmer [ˈʃeəˌfɑːməʳ] n AUSTR *fermier qui partage ses bénéfices avec ses ouvriers.*

shareholder [ˈʃeəˌhəʊldəʳ] n actionnaire *mf*.

shareholding [ˈʃeəˌhəʊldɪŋ] n actionnariat *m*.

share index n indice *m* boursier.

share option scheme n plan *m* de participation par achat d'actions.

share-out n partage *m*, répartition *f*.

share prices n cours *mpl* des actions.

shareware [ˈʃeəweəʳ] n (*U*) COMPUT sharewares *mpl*, logiciels *mpl* contributifs or libres / *a piece of shareware* un logiciel contributif.

sharia law [ˈʃɑːrɪə] n charia *f*.

sharing [ˈʃeərɪŋ] ◆ adj [person] partageur. ◆ n [of money, power] partage *m*.

shark [ʃɑːk] n **1.** ZOOL requin *m* **2.** *inf & fig* [swindler] escroc *m*, filou *m* ; [predator - in business] requin *m* / *he's a real shark* c'est un véritable escroc / *the sharks are out* les requins ont flairé un bon coup **3.** US *inf* [genius] génie *m* ▸ **to be a shark at sthg** être calé en qqch **4.** US [at match] revendeur *m* de billets à la sauvette.

sharkskin [ˈʃɑːkskɪn] ◆ n peau *f* de requin. ◆ comp en peau de requin.

sharon fruit [ˈʃærən-] n BOT kaki *m*.

sharp [ʃɑːp] ◆ adj **1.** [blade, scissors, razor] affûté, bien aiguisé ; [edge] tranchant, coupant ; [point] aigu (aiguë), acéré ; [teeth, thorn] pointu ; [claw] acéré ; [needle, pin - for sewing] pointu ; [- for pricking] qui pique ; [pencil] pointu, bien taillé / *these scissors are sharp* ces ciseaux coupent bien / *give me a sharp knife* donnez-moi un couteau qui coupe ; [nose] pointu / *she has sharp features* elle a des traits anguleux ▸ **the sharp end** la première ligne / *the men and women at the sharp end* les hommes et les femmes en première ligne **2.** [clear - photo, line, TV picture] net ; [- contrast, distinction] net, marqué **3.** [abrupt, sudden - blow, bend, turn] brusque ; [- rise, fall, change] brusque, soudain / *the car made a sharp turn* la voiture a tourné brusquement / *a sharp rise / fall in prices* une forte hausse / baisse des prix **4.** [piercing - wind, cold] vif, fort **5.** [intense - pain, disappointment] vif **6.** [sour, bitter - taste, food] âpre, piquant **7.** [harsh - words, criticism] mordant, cinglant ; [- reprimand] sévère ; [- voice, tone] âpre, acerbe ; [- temper] vif / *some sharp words were exchanged* on échangea quelques propos acerbes / *he can be very sharp with customers* il lui arrive d'être très brusque avec les clients / *she has a sharp tongue* elle a la langue bien affilée **8.** [keen - eyesight] perçant ; [- hearing, senses] fin / *she is sharp of hearing* elle a l'oreille or l'ouïe fine / *he has a sharp eye* il a le coup d'œil / *keep a sharp lookout!* restez à l'affût ! ; [in intellect, wit - person] vif ; [- child] vif, éveillé ; [- judgment] vif / *she has a very sharp mind* elle a l'esprit très vif / *she was too sharp for them* elle était trop maligne pour eux ▸ **to be as sharp as a needle** : *he's as sharp as a needle* **a)** [intelligent] il est malin comme un singe **b)** [shrewd] il est très perspicace, rien ne lui échappe **9.** [quick, brisk - reflex, pace] ▸ **be sharp (about it)!** dépêche-toi ! / *that was a sharp piece of work!* ça a été vite fait !, ça n'a pas traîné ! **10.** [shrill - sound, cry] aigu (aiguë), perçant **11.** MUS : *C sharp minor* do dièse mineur ▸ **to be sharp a)** [singer] chanter trop haut **b)** [violinist] jouer trop haut **12.** *pej* [unscrupulous - trading, lawyer] peu scrupuleux, malhonnête ▸ **sharp practice** : *accused of sharp practice* accusé de procédés indélicats or malhonnêtes **13.** *inf* [smart] classe / *he's always been a sharp dresser* il s'est toujours habillé très classe. ◆ adv **1.** [precisely] : *at 6 o'clock sharp* à 6 h pile or précises **2.** [in direction] : *turn sharp left* tournez tout de suite à gauche / *the road turns sharp left* la route tourne brusquement à gauche **3.** MUS [sing, play] trop haut, faux **4.** PHR ▸ **look sharp (about it)!** *inf* dépêche-toi !, grouille-toi ! *inf*. ◆ n MUS dièse *m*. ◆ vt US MUS [sharpen] diéser.

sharpen [ˈʃɑːpn] ◆ vt **1.** [blade, knife, razor] affiler, aiguiser, affûter ; [pencil] tailler ; [stick] tailler en pointe / *the cat sharpened its claws on the wood* le chat aiguisait ses griffes or se faisait les griffes sur le bois ▸ **to sharpen one's pencil** US *fig* [make lower offer] proposer un prix plus bas **2.** [appetite, pain] aviver, aiguiser ; [intelligence] affiner / *the events sharpened my desire to travel* les événements ont accru mon désir de voyager / *you'll need to sharpen your wits* il va falloir te secouer **3.** [outline, image] mettre au point, rendre plus net ; [contrast] accentuer, rendre plus marqué **4.** UK MUS diéser. ◆ vi [tone, voice] devenir plus vif or âpre ; [pain] s'aviver, devenir plus vif ; [appetite] s'aiguiser ; [wind, cold] devenir plus vif.

sharpener [ˈʃɑːpnəʳ] n [for knife - machine] aiguisoir *m* (à couteaux) ; [- manual] fusil *m* (à aiguiser) ; [for pencil] taille-crayon *m inv*.

sharpening [ˈʃɑːpnɪŋ] n affilage *m*, aiguisage *m*, affûtage *m*.

sharpening stone n pierre *f* à affûter.

sharp-eyed adj [with good eyes] qui a l'œil vif ; [with insight] à qui rien n'échappe.

sharp-featured [-ˈfiːtʃəd] adj aux traits anguleux.

sharpish [ˈʃɑːpɪʃ] adv UK *inf* [quickly] en vitesse, sans tarder / *you'd better get over there sharpish!* tu ferais mieux d'y aller en vitesse ! ▸ **look sharpish!** grouille-toi !

sharply [ˈʃɑːplɪ] adv **1.** : *sharply pointed* **a)** [knife] pointu **b)** [pencil] à pointe fine, taillé fin **c)** [nose, chin, shoes] pointu **2.** [contrast, stand out] nettement ; [differ] nettement, clairement / *this contrasts sharply with her usual behaviour* voilà qui change beaucoup de son comportement habituel / *the bare trees stood out sharply against the snow* les arbres dénudés se détachaient nettement sur la neige **3.** [abruptly, suddenly - curve, turn] brusquement ; [- rise, fall, change] brusquement, soudainement / *the car took the bend too sharply* la voiture a pris le virage trop vite / *the road rises / drops sharply* la route monte / descend en pente raide / *inflation has risen sharply since May* l'inflation est montée en flèche depuis mai **4.** [harshly - speak] vivement, sèchement, de façon brusque ; [- criticize] vivement, sévèrement ; [- reply, retort] vertement, vivement / *she reprimanded him sharply for being late* elle lui a fait de vifs reproches pour son retard / *I had to speak to her sharply about her persistent lateness* j'ai dû lui faire des observations sévères au sujet de ses retards répétés **5.** [alertly - listen] attentivement.

sharpness [ˈʃɑːpnɪs] n **1.** [of blade, scissors, razor] tranchant *m* ; [of needle, pencil, thorn] pointe *f* aiguë ; [of features] aspect *m* anguleux **2.** [of outline, image, contrast] netteté *f* **3.** [of bend, turn] angle *m* brusque ; [of rise, fall, change] soudaineté *f* **4.** [of wind, cold, frost] âpreté *f* **5.** [of taste, smell] piquant *m*, aigreur *f* **6.** [of word, criticism, reprimand] sévérité *f* ; [of tone, voice] brusquerie *f*, aigreur *f* / *there was a certain sharpness in the way he spoke to me* il m'a parlé sur un ton plutôt sec **7.** [of eyesight, hearing, senses] finesse *f*, acuité *f* ; [of appetite, pain] acuité *f* ; [of mind, intelligence] finesse *f*, vivacité *f* ; [of irony, wit] mordant *m* / *sharpness of vision* acuité *f* visuelle.

sharp-set adj **1.** [hungry] : *to be sharp-set* avoir l'estomac creux, se sentir un creux dans l'estomac **2.** [keen] : *to be sharp-set on sthg* avoir un vif désir de qqch **3.** [tool] bien aiguisé or affilé.

sharpshooter [ˈʃɑːpˌʃuːtəʳ] n tireur *m* d'élite.

sharp-sighted adj [with good eyes] qui a l'œil vif ; [perspicacious] perspicace ; [observant] observateur, à qui rien n'échappe.

sharpster [ˈʃɑːpstəʳ] n *inf* escroc *m*, tricheur *m*, -euse *f*.

sharp-tempered adj coléreux, soupe au lait (*inv*).

sharp-tongued [-ˈtʌŋd] adj caustique.

sharp-witted [-ˈwɪtɪd] adj à l'esprit vif or fin.

shat [ʃæt] pt & pp *vulg* ⟶ **shit**.

shatter [ˈʃætəʳ] ◆ vt **1.** [break - glass, window] briser, fracasser ; [- door] fracasser / *a stone shattered the windscreen* un caillou a fait éclater le pare-brise / *the noise shattered my eardrums* le bruit m'a assourdi **2.** *fig* [destroy - career, health] briser, ruiner ; [- nerves] démolir, détraquer ; [- confidence, faith, hope] démolir, détruire / *they were shattered by the news* or *the news shattered them* ils ont été complètement bouleversés par la nouvelle, la nouvelle les a complètement bouleversés. ◆ vi [glass, vase, windscreen] voler en éclats / *her whole world shattered* son univers tout entier s'est écroulé or a été anéanti.

shattered [ˈʃætəd] adj **1.** [upset] bouleversé / *shattered dreams* des rêves brisés **2.** UK *inf* [exhausted] crevé **3.** US *v inf* [drunk] bourré.

shattering [ˈʃætərɪŋ] adj **1.** [emotionally - news, experience] bouleversant ; [disappointment] fort, cruel **2.** [extreme - defeat] écrasant / *a shattering blow* **a)** *lit* un coup violent **b)** *fig* un grand coup **3.** UK *inf* [tiring] crevant.

-shattering in comp : *an ear-shattering noise* un bruit à vous déchirer les tympans.

shatterproof [ˈʃætəpruːf] adj ▸ **shatterproof glass** verre *m* sans éclats or Securit®.

shave [ʃeɪv] ◆ vt **1.** raser / *the barber shaved him* or *his face* le barbier l'a rasé ▸ **to shave one's legs / one's head** se raser les jambes / la tête **2.** [wood] raboter / *can you shave a few millimetres off the bottom of the door?* pouvez-vous raboter le bas de la porte de quelques millimètres ? ▸ **shaved parmesan / chocolate** CULIN copeaux *mpl* de parmesan / de chocolat **3.** [graze] raser, frôler / *the car just shaved the garage door* la voiture n'a fait que frôler la porte du garage **4.** [reduce] réduire / *to shave a few pence off the price* faire un rabais de quelques centimes / *a few percentage points have been shaved off their lead* ils ont perdu un peu de leur avantage. ◆ vi se raser. ◆ n ▸ **to have a shave** se raser / *you need a shave* tu as besoin de te raser ▸ **to give sb a shave** raser qqn.

❖ **shave off** vt sep **1.** ▸ **to shave off one's beard / moustache / hair** se raser la barbe / la moustache / la tête **2.** = **shave** (*vt*).

shaven [ˈʃeɪvn] adj [face, head] rasé.

shaver [ˈʃeɪvəʳ] n **1.** [razor] rasoir *m* (électrique) **2.** *inf & dated* [youngster] gosse *m*, gamin *m*.

Shavian [ˈʃeɪvjən] ◆ adj [writings] de George Bernard Shaw ; [style] à la Shaw ; [society] consacré à Shaw. ◆ n partisan *m* or disciple *mf* de George Bernard Shaw.

shaving [ˈʃeɪvɪŋ] ◆ n [act] rasage *m*. ◆ comp [cream, foam] à raser ▸ **shaving brush** blaireau *m* ▸ **shaving soap** savon *m* à barbe ▸ **shaving stick** (bâton *m* de) savon *m* à barbe.

❖ **shavings** pl n [of wood] copeaux *mpl* ; [of metal] copeaux *mpl*, rognures *fpl* ; [of paper] rognures *fpl*.

shawl [ʃɔːl] n châle *m*.

shawl collar n col *m* châle.

shawm [ʃɔːm] n MUS chalumeau *m*.

she [ʃiː] ◆ pron **1.** [referring to woman, girl] elle / *she's tall* elle est grande / *she's a teacher / an engineer* elle est enseignante / ingénieure / *she's a very interesting woman* c'est une femme très intéressante / SHE *can't do it* elle ? elle ne peut pas le faire / *if I were she* *fml* si j'étais elle, si j'étais à sa place / *she who* or *whom he loves* *fml* celle qu'il aime ; [referring to boat, car, country] : *she's a fine ship* c'est un bateau magnifique / *she can do over 120 mph* elle fait plus de 150 km à l'heure **2.** [referring to female animal] : *she's a lovely dog* c'est une chienne adorable. ◆ n [referring to animal, baby] : *it's a she* **a)** [animal] c'est une femelle **b)** [baby] c'est une fille.

See box at lui.

she- in comp ▸ **she-bear** ourse *f* ▸ **she-dog** chienne *f* ▸ **she-elephant** éléphant *m* femelle ▸ **she-wolf** louve *f*.

s/he (written abbr of **she/he**) il ou elle.

shea [ʃiː or ʃɪə] n BOT karité *m* ▸ **shea butter** beurre *m* de karité ▸ **shea tree** BOT karité *m*.

sheaf [ʃiːf] (*pl* **sheaves** [ʃiːvz]) ◆ n **1.** [of papers, letters] liasse *f* **2.** [of barley, corn] gerbe *f* ; [of arrows] faisceau *m*. ◆ vt gerber, engerber.

shear [ʃɪəʳ] (*pt* **sheared**, *pp* **sheared** *or* **shorn** [ʃɔːn]) ◆ vt **1.** [sheep, wool] tondre / *her blonde locks had been shorn* on avait tondu ses boucles blondes ▸ **to be shorn of sthg** *fig* être dépouillé de qqch / *he was shorn of all real power* il s'est vu dépouiller de tout pouvoir véritable **2.** [metal] couper (net), cisailler / *the girder had been shorn in two* la poutre métallique avait été coupée en deux. ◆ vi céder.

❖ **shears** pl n [for gardening] cisaille *f* ; [for sewing] grands ciseaux *mpl* ; [for sheep] tondeuse *f* ▸ **a pair of shears a)** HORT une paire de cisailles **b)** SEW une paire de grands ciseaux.

❖ **shear off** ◆ vt sep [wool, hair] tondre ; [branch] couper, élaguer ; [something projecting] couper, enlever / *the tail section of the car had been sheared off on impact* la partie arrière de la voiture avait été arrachée par le choc. ◆ vi [part, branch] se détacher / *the wing sheared right off* l'aile a été complètement arrachée.

shearer [ˈʃɪərəʳ] n [machine] tondeuse *f* (à moutons) ; [person] tondeur *m*, -euse *f* (de moutons).

shearing [ˈʃɪərɪŋ] n [process] tonte *f*.

❖ **shearings** pl n ▸ **shearings (of wool)** laine *f* tondue.

shearwater [ˈʃɪəˌwɔːtəʳ] n puffin *m*.

sheath [ʃiːθ] (*pl* **sheaths** [ʃiːðz]) n **1.** [scabbard, case - for sword] fourreau *m* ; [- for dagger] gaine *f* ; [- for scissors, tool] étui *m* **2.** [covering - for cable] gaine *f* ; [- for water pipe] gaine *f*, manchon *m* ; BOT, ANAT & ZOOL gaine *f* **3.** UK [condom] préservatif *m* **4.** = **sheath dress**.

sheath dress n (robe *f*) fourreau *m*.

sheathe [ʃiːð] vt **1.** [sword, dagger] rengainer / *the cat sheathed her claws* la chatte a rentré ses griffes **2.** [cable] gainer ; [water pipe] gainer, mettre dans un manchon protecteur / *she was sheathed from head to foot in black satin* *fig* elle était moulée dans du satin noir de la tête aux pieds.

sheathing [ˈʃiːðɪŋ] n [gen] revêtement *m* ; [of cable] gaine *f*.

sheath knife n couteau *m* à gaine.

sheave [ʃiːv] vt gerber, engerber.

sheaves [ʃiːvz] pl ⟶ **sheaf**.

Sheba [ˈʃiːbə] pr n Saba ▸ **the Queen of Sheba** la reine de Saba.

shebang [ʃɪˈbæŋ] n *inf* ▸ **the whole shebang** tout le tremblement.

shebeen [ʃɪˈbiːn] n IR, SCOT & SAFR débit *m* de boissons clandestin.

she-cat n *lit* chatte *f* ; *fig* furie *f*.

shed [ʃed] (*pt & pp* **shed**, *cont* **shedding**) ◆ n **1.** [in garden] abri *m*, remise *f*, resserre *f* ; [lean-to] appentis *m* **2.** [barn] grange *f*, hangar *m* ; [for trains, aircraft, vehicles] hangar *m* **3.** [in factory] atelier *m*. ◆ vt **1.** [cast off - leaves, petals] perdre ; [- skin, shell] se dépouiller de ; [- water] ne pas absorber / *the snake regularly sheds its skin* le serpent mue / *the dog has shed her hairs all over the carpet* la chienne a laissé des poils partout sur la moquette / *the trees are beginning to shed their leaves* les arbres commencent à perdre leurs feuilles ; [take off - garments] enlever / *with the heat, he shed first his tie, then his jacket* avec la chaleur, il a enlevé d'abord sa cravate, puis sa veste **2.** [get rid of - inhibitions, beliefs] se débarrasser de, se défaire de ; [- staff] congédier / *the company plans to shed 1,000 jobs* l'entreprise envisage la suppression de 1 000 emplois **3.** [tears, blood] verser, répandre ; [weight] perdre ▸ **to shed bitter tears over sthg** verser des larmes amères sur qqch / *they came to power without shedding civilian blood* ils ont pris le pouvoir sans faire couler le sang des civils **4.** [eject, lose] déverser ; ASTRONAUT larguer / *the truck shed its load on the by-pass* le camion a perdu son chargement sur la rocade / *the plane needs to shed 10 tons of fuel* l'avion doit larguer 10 tonnes de carburant **5.** PHR **to shed light on a)** *lit* éclairer **b)** *fig* éclairer, éclaircir / *perhaps this will shed some new light on the situation* ça éclairera peut-être la situation d'un jour nouveau.

she'd (*weak form* [ʃɪd], *strong form* [ʃiːd]) **1.** abbr of **she had 2.** abbr of **she would**.

she-devil n furie *f*.

sheen [ʃiːn] n [on satin, wood, hair, silk] lustre *m* ; [on apple] poli *m* / *his fur has lost its sheen* son poil a perdu son lustre / *the cello had a beautiful red sheen* le violoncelle avait de magnifiques reflets rouges.

sheep [ʃiːp] (*pl* **sheep**) ◆ n mouton *m* ; [ewe] brebis *f* / *they're just a load of sheep* *pej* ils se comportent comme des moutons (de Panurge) or un troupeau de moutons ▸ **to separate** or **to sort out the sheep from the goats** séparer le bon grain de l'ivraie. ◆ comp [farm, farming] de moutons.

sheep-dip n bain *m* parasiticide (pour moutons).

sheepdog [ˈʃiːpdɒg] n chien *m* de berger.

sheepdog trials pl n concours *m* de chiens de berger.

sheepfold [ˈʃiːpfəʊld] n parc *m* à moutons, bergerie *f*.

sheepish [ˈʃiːpɪʃ] adj penaud.

sheepishly [ˈʃiːpɪʃlɪ] adv d'un air penaud.

sheepishness [ˈʃiːpɪʃnɪs] n air *m* penaud.

sheep ked [-ked] = **sheep tick**.

sheep's eyes pl n *inf* ▸ **to cast** or **to make sheep's eyes at sb** *dated* faire les yeux doux à qqn.

sheepshank [ˈʃiːpʃæŋk] n (nœud *m* de) jambe *f* de chien.

sheepshearer [ˈʃiːpˌʃɪərəʳ] n [person] tondeur *m*, -euse *f* (de moutons) ; [machine] tondeuse *f* (à moutons).

sheepshearing [ˈʃiːpˌʃɪərɪŋ] n tonte *f* (des moutons).

sheepskin [ˈʃiːpskɪn] ◆ n **1.** TEXT peau *f* de mouton **2.** US *inf* UNIV [diploma] parchemin *m*. ◆ comp [coat, rug] en peau de mouton.

sheep tick n mélophage *m*.

sheer [ʃɪəʳ] ◆ adj **1.** [as intensifier] pur / *it was sheer coincidence* c'était une pure coïncidence / *the sheer scale of the project was intimidating* l'envergure même du projet était impressionnante / *the sheer boredom of her job drove her mad* elle s'ennuyait tellement dans son travail que ça la rendait folle / *by sheer accident* or *chance* tout à fait par hasard, par pur hasard / *out of* or *in sheer boredom* par pur ennui / *in sheer desperation* en désespoir de cause / *that's sheer nonsense!* c'est complètement absurde ! / *it's sheer folly!* c'est de la folie pure ! **2.** [steep - cliff] à pic, abrupt / *it's a sheer 50 metre drop* cela descend à pic sur 50 mètres / *a sheer drop to the sea* un à-pic jusqu'à la mer / *we came up against a sheer wall of water* nous nous sommes trouvés devant un véritable mur d'eau **3.** TEXT [stockings] extra fin. ◆ adv à pic, abruptement. ◆ vi NAUT [ship] faire une embardée.

❖ **sheers** pl n US [curtains] voilages *mpl*.

❖ **sheer away** vi **1.** [ship] larguer les amarres, prendre le large **2.** [animal, shy person] filer, détaler ▸ **to sheer away from** éviter.

❖ **sheer off** vi **1.** [ship] faire une embardée **2.** *fig* [person] changer de chemin or de direction / *when he saw us, he sheered off in the opposite direction* il a fait demi-tour en nous apercevant.

sheet [ʃiːt] ◆ n **1.** [for bed] drap *m* ; [for furniture] housse *f* ; [shroud] linceul *m* ; [tarpaulin] bâche *f* / *to change the sheets (on a bed)* changer les draps (d'un lit) **2.** [of paper] feuille *f* ; [of glass, metal] feuille *f*, plaque *f* ; [of cardboard, plastic] feuille *f* ; [of iron, steel] tôle *f*, plaque *f* / *a sheet of newspaper* une feuille de journal / *the book is still in sheets* le livre n'a pas encore été relié ▸ **order sheet** bulletin *m* de commande **3.** [newspaper] feuille *f*, journal *m* / *it's a weekly union sheet* c'est une feuille syndicale hebdomadaire **4.** [of water, snow] nappe *f*, étendue *f* ; [of rain] rideau *m*, torrent *m* ; [of flames] rideau *m* / *a sheet of ice* **a)** une plaque de glace **b)** [on road] une plaque de verglas / *the rain came down in sheets* il pleuvait des hallebardes or à torrents **5.** CULIN ▸ **baking sheet** plaque *f* de four or à gâteaux **6.** NAUT écoute *f* ▸ **to be three sheets to the wind** *inf & fig* en tenir une bonne. ◆ vt [figure, face] draper, couvrir d'un drap ; [furniture] couvrir de housses / *sheeted (over) in snow* *fig* couvert de neige.

❖ **sheet down** vi [rain, snow] tomber à torrents.

sheet anchor n NAUT ancre *f* de veille ; *fig* ancre *f* de salut.

sheet bend n nœud *m* d'écoute.

sheet-fed adj [printer] feuille à feuille.

sheet feed n COMPUT alimentation *f* feuille à feuille.

sheet feeder n COMPUT dispositif *m* d'alimentation en papier.

sheet ice n plaque *f* de glace ; [on road] (plaque *f* de) verglas *m*.

sheeting [ˈʃiːtɪŋ] n **1.** [cloth] toile *f* pour draps **2.** [plastic, polythene] feuillet *m* ; [metal] feuille *f*, plaque *f*.

sheet lightning n éclair *m* en nappe or en nappes.

sheet metal n tôle *f*.

sheet music n *(U)* partitions *fpl*.

sheet steel n tôle *f* d'acier.

sheik(h) [ʃeɪk] n cheikh *m*.

sheik(h)dom [ˈʃeɪkdəm] n territoire *m* sous l'autorité d'un cheikh.

sheila [ˈʃiːlə] n AUSTR & NZ *inf* nana *f*.

shekel [ˈʃekl] n [Israeli coin] shekel *m* ; BIBLE sicle *m*.

❖ **shekels** pl n US *inf* [money] fric *m*, sous *mpl*.

sheldrake [ˈʃeldreɪk] n tadorne *m*.

shelduck [ˈʃeldʌk] n tadorne *m*, harle *m*.

shelf [ʃelf] (*pl* **shelves** [ʃelvz]) n **1.** [individual] planche *f*, étagère *f* ; [as part of set, in fridge] étagère *f* ; [short] tablette *f* ; [in oven] plaque *f* ; [in shop] étagère *f*, rayon *m* ▸ **to put up shelves / a shelf** monter des étagères / une étagère ▸ **to buy sthg off the shelf** acheter qqch tout fait / *I bought the cakes off the shelf* j'ai acheté les gâteaux tout faits / *you can't buy alcohol off the shelf in that shop* l'alcool n'est pas en vente libre dans ce magasin ▸ **to stay on the shelves** [goods] se vendre difficilement ▸ **to be left on the shelf a)** [woman] rester vieille fille **b)** [man] rester vieux garçon **2.** GEOL banc *m*, rebord *m*, saillie *f* ; [under sea] écueil *m*, plate-forme *f*.

shelf life n COMM durée *f* de conservation avant vente / *bread has a short shelf life* le pain ne se conserve pas très longtemps.

shelf mark n [of book] cote *f*.

shelf space n espace *m* disponible *(sur un rayonnage)*.

shell [ʃel] ◆ n **1.** BIOL [gen - of egg, mollusc, nut] coquille *f* ; [- of peas] cosse *f* ; [- of crab, lobster, tortoise] carapace *f* ; [empty - on seashore] coquillage *m* ▸ **to come out of one's shell** *lit & fig* sortir de sa coquille ▸ **to go back** or **to retire into one's shell** *lit & fig* rentrer dans sa coquille / *defeated, he crawled back into his shell* vaincu, il rentra dans sa coquille **2.** [of building] carcasse *f* ; [of car, ship, machine] coque *f* / *he's just an empty shell* il n'est plus que l'ombre de lui-même **3.** CULIN fond *m* (de tarte) **4.** MIL obus *m* ; US [cartridge] cartouche *f* **5.** [boat] outrigger *m*. ◆ comp [ornament, jewellery] de or en coquillages. ◆ vt **1.** [peas] écosser, égrener ; [nut] décortiquer, écaler ; [oyster] ouvrir ; [prawn, crab] décortiquer **2.** MIL bombarder (d'obus).

❖ **shell out** *inf* ◆ vi casquer ▸ **to shell out for sthg** casquer pour qqch, payer qqch / *I'm always shelling out* je suis toujours en train de casquer / *she had to shell out for new school uniforms* elle a dû casquer pour acheter de nouveaux uniformes scolaires. ◆ vt insep payer, sortir / *I had to shell out £500* j'ai dû sortir 500 livres.

coquille or coquillage?

Une coquille is an empty shell, while **un coquillage** is a shellfish or a shell on the seashore. An exception is **coquille Saint-Jacques**, which means a scallop or a scallop shell.

she'll [ʃi:l] abbr of **she will**.

shellac [ʃə'læk] (*pt & pp* **shellacked**) ◆ n gomme-laque *f*. ◆ vt **1.** [varnish] laquer **2.** US *inf* [defeat] battre à plate couture or à plates coutures.

shellacking [ʃə'lækɪŋ] n US *inf* raclée *f* ▸ **to get a shellacking** prendre une raclée.

shelled [ʃeld] adj [peas] écossé, égrené ; [nut, shellfish] décortiqué.

shellfire ['ʃelfaɪəʳ] n *(U)* tirs *mpl* d'obus / *we heard a lot of shellfire* on a entendu beaucoup de tirs d'obus.

shellfish ['ʃelfɪʃ] (*pl* **shellfish**) n **1.** ZOOL [crab, lobster, shrimp] crustacé *m* ; [mollusc] coquillage *m* **2.** *(U)* CULIN fruits *mpl* de mer.

shelling ['ʃelɪŋ] n MIL pilonnage *m*.

shell-like n UK *inf* [ear] : *can I have a word in your shell-like?* je peux te causer deux minutes ?

shellproof ['ʃelpru:f] adj MIL blindé, à l'épreuve des obus.

shell shock n *(U)* psychose *f* traumatique *(due à une explosion)*.

shell-shocked [-ˌʃɒkt] adj commotionné *(après une explosion)* / *a shell-shocked soldier* un commotionné (de guerre) / *I'm still feeling pretty shell-shocked by it all* je suis encore sous le choc après toute cette histoire.

shell suit n survêtement *m (en polyamide froissé et doublé)*.

shelter ['ʃeltəʳ] ◆ n **1.** [cover, protection] abri *m* ▸ **to take** or **to get under shelter** se mettre à l'abri or à couvert / *they took shelter from the rain under a tree* ils se sont abrités de la pluie sous un arbre / *where can we find shelter?* où peut-on trouver un abri ? / *we ran for shelter* nous avons couru nous mettre à l'abri / *under the shelter of the mountain* à l'abri de la montagne ; [accommodation] asile *m*, abri *m* ▸ **to give shelter to sb a)** [hide] donner asile à or cacher qqn **b)** [accommodate] héberger qqn / *they gave us food and shelter* il nous ont offert le gîte et le couvert **2.** [enclosure - gen] abri *m* ; [- for sentry] guérite *f* ▸ **(bus) shelter** Abribus *m*. ◆ vt [protect - from rain, sun, bombs] abriter ; [- from blame, suspicion] protéger ▸ **to shelter sb from sthg** protéger qqn de qqch / *the trees sheltered us from the wind* les arbres nous abritaient du vent / *her reputation sheltered her from any scandal* sa réputation lui évita le scandale / *we were sheltered from the rain / from danger* nous étions à l'abri de la pluie / du danger ; [give asylum to - fugitive, refugee] donner asile à, abriter / *the police suspected them of sheltering a murderer* la police les soupçonnait d'abriter un assassin. ◆ vi s'abriter, se mettre à l'abri ; [from bullets] se mettre à couvert / *he sheltered from the rain in a shop doorway* il s'est abrité de la pluie or il s'est mis à l'abri de la pluie dans l'entrée d'un magasin.

❖ **Shelter** pr n *association britannique d'aide aux sans-abri.*

shelterbelt ['ʃeltəbelt] n ceinture *f* de protection.

sheltered ['ʃeltəd] adj **1.** [place] abrité **2.** [protected - industry] protégé *(de la concurrence)* ; [- work] dans un centre pour handicapés ▸ **to lead a sheltered life** vivre à l'abri des soucis / *she led a very sheltered life as a child* elle a eu une enfance très protégée.

sheltered accommodation, sheltered housing n *logement dans une résidence pour personnes âgées ou handicapées.*

shelve [ʃelv] ◆ vt **1.** [put aside, suspend] laisser en suspens / *the project was shelved for two years* le projet a été abandonné pendant deux ans / *the problem has been shelved* le problème reste en suspens / *all discussion on the question has been shelved* toute discussion sur la question a été ajournée or suspendue **2.** [books - in shop] mettre sur les rayons ; [- at home] mettre sur les étagères **3.** [wall, room - in shop] garnir de rayons ; [- at home] garnir d'étagères. ◆ vi [ground] être en pente douce / *the beach shelves steeply* la plage descend en pente raide.

shelves [ʃelvz] pl ⟶ **shelf**.

shelving ['ʃelvɪŋ] n *(U)* **1.** [in shop] rayonnage *m*, rayonnages *mpl*, étagères *fpl* ; [at home] étagères *fpl* **2.** [suspension - of plan, question, etc.] mise *f* en attente or en suspens **3.** GEOL plateau *m*.

Shem [ʃem] pr n Sem.

shemozzle [ʃɪ'mɒzl] n US *v inf* **1.** [confusion] bazar *m*, pagaille *f* **2.** [fight] chamaillerie *f*, bagarre *f*.

shenanigans [ʃɪ'nænɪgənz] pl n *inf* **1.** [mischief] malice *f*, espièglerie *f* **2.** [scheming, tricks] manigances *fpl*, combines *fpl* / *there have been some shenanigans going on here* il s'est passé des choses pas très claires ici.

shepherd ['ʃepəd] ◆ n **1.** berger *m*, pâtre *m liter* ▸ **shepherd's crook** bâton *m* de berger, houlette *f* **2.** *liter* RELIG pasteur *m*, berger *m* ▸ **the Good Shepherd** le Bon Pasteur or berger ▸ **the Lord is my Shepherd** BIBLE l'Éternel est mon berger. ◆ vt **1.** [tourists, children] guider, conduire / *the boys were shepherded onto the coach* on a fait entrer les garçons dans le car ▸ **to shepherd sb out of a room** escorter qqn jusqu'à la porte ▸ **to shepherd sb into a room** faire entrer or introduire qqn dans une pièce **2.** [sheep] garder, surveiller / *he shepherded all the ewes into the fold* il a conduit toutes les brebis dans la bergerie.

shepherd boy n jeune berger *m* or pâtre *m liter.*

shepherd dog n (chien *m* de) berger *m*.

shepherdess [ˌʃepə'des] n bergère *f*.

shepherd's pie n hachis *m* Parmentier.

shepherd's purse n BOT bourse-à-pasteur *f*.

Sheraton ['ʃerətn] n [furniture] *style de mobilier aux lignes élégantes créé par l'ébéniste Thomas Sheraton vers 1800.*

sherbet ['ʃɜ:bət] n **1.** UK [powder] poudre *f* acidulée **2.** US [ice] sorbet *m*.

sheriff ['ʃerif] n **1.** US [in Wild West and today] shérif *m* **2.** UK [crown officer] shérif *m*, officier *m* de la Couronne **3.** Scot LAW ≃ juge *m* au tribunal de grande instance.

Sheriff Court n Scot LAW ≃ tribunal *m* de grande instance.

Sherlock Holmes ['ʃɜ:lɒk'həʊmz] pr n / **'The Adventures of Sherlock Holmes'** *Conan Doyle* 'les Aventures de Sherlock Holmes'.

Sherpa ['ʃɜ:pə] n Sherpa *m*.

sherry ['ʃerɪ] (*pl* **sherries**) n sherry *m*, xérès *m*, vin *m* de Xérès.

Sherwood forest [ʃɜ:wʊd-] pr n *ancienne région de forêts au centre de l'Angleterre où Robin des Bois aurait vécu.*

she's [ʃi:z] **1.** abbr of **she has 2.** abbr of **she is**.

Shetland ['ʃetlənd] ◆ pr n GEOG ▸ **the Shetlands** or **the Shetland Isles** or **the Shetland Islands** les (îles *fpl*) Shetland *fpl* / *in the Shetlands* or *the Shetland Isles* or *the Shetland Islands* dans les Shetland. ◆ adj **1.** GEOG shetlandais **2.** TEXT [pullover] en shetland ▸ **Shetland wool** laine *f* d'Écosse or de Shetland.

Shetlander ['ʃetləndəʳ] n Shetlandais *m*, -e *f*.

Shetland pony n poney *m*.

Shetland sheepdog n berger *m* des Shetland.

shew [ʃəʊ] (*pt* **shewed**, *pp* **shewn** [ʃəʊn] *or* **shewed**) *arch* = **show** *(vt & vi)*.

shh [ʃ] interj chut.

Shia(h) ['ʃi:ə] ◆ n **1.** [religion] chiisme *m* **2.** [Shiite] ▸ **Shiah (Muslim)** chiite *mf*. ◆ adj chiite.

shibboleth ['ʃɪbəˌleθ] n **1.** [custom, tradition] vieille coutume *f*, vieille tradition *f* ; [idea, principle] vieille idée *f*, vieux principe *m* **2.** [catchword] mot *m* d'ordre.

shield [ʃi:ld] ◆ n **1.** [carried on arm] écu *m* ; HERALD bouclier *m* **2.** *fig* bouclier *m*, paravent *m* ▸ **to provide a shield against sthg** protéger contre qqch ▸ **to use sthg / sb as a shield** se servir de qqch / qqn comme bouclier **3.** TECH [on machine] écran *m* de protection or de sécurité ; [on nuclear reactor, spacecraft] bouclier *m* ▸ **nuclear shield** bouclier atomique ▸ **sun shield** pare-soleil *m inv* **4.** [trophy] trophée *m*. ◆ vt protéger ▸ **to shield sb from sthg** protéger qqn de or contre qqch / *we need a shelter to shield us from the wind / sun* il nous faut un abri contre le vent / soleil / *the police think he's trying to shield somebody* la police pense qu'il essaie de protéger quelqu'un / *she shielded him with her own body* elle lui a fait un rempart de son corps.

shieling ['ʃi:lɪŋ] n Scot **1.** [pasture] pâturage *m* (d'été) **2.** [hut] abri *m* or cabane *f* (de berger).

shift [ʃɪft] ◆ vt **1.** [move, put elsewhere] déplacer, bouger / *it took three strong men to shift the wardrobe* il a fallu trois hommes forts pour déplacer l'armoire / *help me shift the bed nearer the window* aide-moi à rapprocher le lit de or pousser le lit vers la fenêtre / *they're trying to shift the blame onto me* ils essaient de rejeter la responsabilité sur moi ; [part of body] bouger, remuer / *she kept shifting from one foot to the other* elle n'arrêtait pas de se balancer d'un pied sur l'autre / *shift yourself!* **a)** *inf* [move] pousse-toi !, bouge-toi ! **b)** [hurry] remue-toi !, grouille-toi ! ; [employee - to new job or place of work] muter ; [- to new department] affecter ; THEAT [scenery] changer / *he's got a job shifting scenery* il a trouvé du travail comme machiniste **2.** [change] changer de / *they won't be shifted from their opinion* impossible de les faire changer d'avis / *we're trying to shift the balance towards exports* nous essayons de mettre l'accent sur les exportations / *the latest developments have shifted attention away from this area* les événements récents ont détourné l'attention de cette région ▸ **to shift gears** US changer de vitesse **3.** [remove - stain] enlever, faire partir **4.** *inf* COMM [sell] écouler / *how can we shift this old stock?* comment écouler or nous débarrasser de ces vieilles marchandises ? ◆ vi **1.** [move] se déplacer, bouger / *the cargo has shifted in the hold* la cargaison s'est déplacée dans la cale / *the table won't shift, it's bolted to the floor* la table ne bougera pas, elle est fixée au sol / *the anticyclone is expected to shift eastwards* l'anticyclone devrait se déplacer vers l'est / *could you shift up a bit, please?* pourrais-tu te pousser un peu, s'il te plaît ? **2.** [change, switch - gen] changer ; [- wind] tourner / *their policy has shifted over the last week* leur politique a changé or s'est modifiée au cours de la semaine / *in the second act the scene shifts to Venice* dans le deuxième acte, l'action se déroule à Venise / *to shift into fourth (gear)* US AUTO passer en quatrième (vitesse) **3.** *inf* [travel fast] filer / *he was really shifting* il fonçait carrément **4.** [manage] ▸ **to shift for o.s.** se débrouiller tout seul / *he's had to learn to shift for himself since his wife left* il a dû apprendre à se débrouiller tout seul depuis le départ de sa femme **5.** [stain] partir, s'enlever **6.** UK *inf* COMM [sell] se vendre / *those TVs just aren't shifting at all* ces télévisions ne se vendent pas du tout. ◆ n **1.** [change] changement *m* / *a shift in position / opinion* un changement de position / d'avis / *there was a sudden shift in public opinion / the situation* il y a eu un revirement d'opinion / de situation / *there was a light shift in the wind* le vent a légèrement tourné / *a shift in meaning* LING un glissement de sens ▸ **(gear) shift** US AUTO changement *m* de vitesse **2.** [move] déplacement *m*

/ *there's been a shift of population towards the towns* on a assisté à un déplacement de la population vers les villes ▸ **get a shift on!** *inf* grouille-toi !, magne-toi ! **3.** [turn, relay] relais *m* ▸ **to do sthg in shifts** se relayer / *there was a lot of work so they did it in shifts* comme il y avait beaucoup de travail, ils se sont relayés (pour le faire) / *I'm exhausted, can you take a shift at the wheel?* je suis épuisé, peux-tu me relayer au volant ? **4.** INDUST [period of time] poste *m*, équipe *f* / *what shift are you on this week?* à quel poste avez-vous été affecté cette semaine ? / *I'm on the night / morning shift* je suis dans l'équipe de nuit / du matin / *she works long shifts* elle fait de longues journées / *he's on eight-hour shifts* il fait les trois-huit ▸ **to work shifts, to be on shifts** travailler en équipe, faire les trois-huit ; [group of workers] équipe *f*, brigade *f* / *when does* or *do the morning shift arrive?* à quelle heure arrive l'équipe du matin ? **5.** *dated* [expedient] expédient *m* ▸ **to make shift with sthg** se contenter de qqch **6.** US & UK *dated* [woman's slip] combinaison *f* ; [dress] (robe *f*) fourreau *m* **7.** COMPUT [in arithmetical operation] décalage *m* ; [in word processing, telegraphy, etc.] touche *f* de majuscule / *press shift* appuyer sur la touche majuscule **8.** US AUTO = **shift stick**.

❖ **shift over, shift up** vi *inf* se pousser, se déplacer / *can you shift over* or *up a bit?* tu peux te pousser un peu ?

shift-click ◆ n COMPUT majuscule-clic *m*. ◆ vi COMPUT faire un majuscule-clic.

shifter [ˈʃɪftəʳ] US = **shift stick**.

shiftily [ˈʃɪftɪlɪ] adv sournoisement.

shiftiness [ˈʃɪftɪnɪs] n sournoiserie *f*.

shifting [ˈʃɪftɪŋ] adj [ideas, opinions] changeant ; [alliances] instable ; [ground, sand] mouvant.

shift key n touche *f* de majuscule.

shiftless [ˈʃɪftlɪs] adj [lazy] paresseux, fainéant ; [apathetic] apathique, mou *(before vowel or silent 'h' mol, f molle)* ; [helpless] sans ressource, perdu.

shiftlessness [ˈʃɪftlɪsnɪs] n [laziness] paresse *f*, fainéantise *f* ; [apathy] apathie *f*, mollesse *f* ; [helplessness] absence *f* de ressources.

shift lock n touche *f* de blocage des majuscules.

shift stick n US AUTO levier *m* de (changement de) vitesse.

shift work n travail *m* en équipe / *she does shift work* elle fait les trois-huit.

shift worker n *personne qui fait les trois-huit.*

shifty [ˈʃɪftɪ] (*compar* **shiftier**, *superl* **shiftiest**) adj *inf* [look] sournois, furtif, fuyant / *he looks a shifty customer* il a l'air louche.

Shiism [ˈʃiːɪzm] n chiisme *m*.

shiitake [ʃɪˈtɑːkɪ] n [mushroom] shiitaké *m*.

Shiite [ˈʃiːaɪt] ◆ n ▸ **Shiite (Muslim)** chiite *mf*. ◆ adj chiite.

shill [ʃɪl] n US *inf* [encouraging buyers] *complice d'un vendeur qui attire les clients par achats simulés* ; [of gambler] compère *m (d'un joueur professionnel)* / *half the players there are shills* [in gaming house] la moitié des joueurs sont (des employés) de la maison.

shillelagh [ʃɪˈleɪlɪ] n gourdin *m*.

shilling [ˈʃɪlɪŋ] n **1.** shilling *m (ancienne pièce britannique valant 12 pence, soit un vingtième de livre)* **2.** [in Kenya, Tanzania, etc.] shilling *m*.

shilly-shally [ˈʃɪlɪˌʃælɪ] (*pt & pp* **shilly-shallied**) vi *inf & pej* hésiter ▸ **stop shilly-shallying (around)!** décide-toi enfin !

shilly-shallying [ˈʃɪlɪˌʃælɪɪŋ] n *(U) inf & pej* hésitations *fpl*, valse-hésitation *f* / *after a lot of shilly-shallying they eventually came to an agreement* après une longue valse-hésitation ils ont fini par se mettre d'accord.

shim [ʃɪm] n TECH rondelle *f* de calage, cale *f*.

shimmer [ˈʃɪməʳ] ◆ vi [sequins, jewellery, silk] chatoyer, scintiller ; [water] miroiter / *the sea shimmered in the moonlight* or *the moonlight shimmered on the sea* la mer miroitait au clair de lune / *the pavements shimmered in the heat* l'air tremblait au-dessus des trottoirs brûlants. ◆ n [of sequins, jewellery, silk] chatoiement *m*, scintillement *m* ; [of water] miroitement *m*.

shimmering [ˈʃɪmərɪŋ] adj [light] scintillant ; [jewellery, silk] chatoyant ; [water] miroitant.

shimmy [ˈʃɪmɪ] (*pl* **shimmies**, *pt & pp* **shimmied**) ◆ n **1.** [dance] shimmy *m* ▸ **to do the shimmy** danser le shimmy **2.** US AUTO shimmy *m*, flottement *m* des roues directrices. ◆ vi **1.** [dance] danser le shimmy **2.** US AUTO avoir du shimmy / *at speed it tends to shimmy* la direction a tendance à flotter à grande vitesse.

❖ **shimmy up** vt insep grimper.

shin [ʃɪn] ◆ n **1.** ANAT tibia *m* / *she kicked him in the shins* elle lui a donné un coup de pied dans les tibias **2.** CULIN [of beef] gîte *m* or gîte-gîte *m* (de bœuf) ; [of veal] jarret *m* (de veau). ◆ vi (*pt & pp* **shinned**) grimper ▸ **to shin (up) a lamp post** grimper à un réverbère / *he shinned to the top of the mast* il a grimpé au sommet du mât / *I shinned down the drainpipe* je suis descendu le long de la gouttière.

shinbone [ˈʃɪnbəʊn] n tibia *m*.

shindig [ˈʃɪndɪg] n *inf* **1.** [party] (grande) fête *f* / *we had a real shindig last night* on a fait une sacrée java hier soir **2.** [fuss] tapage *m* / *he kicked up a real shindig* il a fait un sacré tapage.

shine [ʃaɪn] ◆ vi (*pt & pp* **shone** [ʃɒn]) **1.** [sun, moon, lamp, candle] briller ; [surface, glass, hair] briller, luire / *the sun was shining* le soleil brillait, il y avait du soleil / *the sun was shining in my eyes* j'avais le soleil dans les yeux, le soleil m'éblouissait / *there was a light shining in the window* une lumière brillait à la fenêtre / *bright light shone from the window* une lumière vive brillait à la fenêtre / *a small desk lamp shone on the table* une petite lampe de bureau éclairait la table / *his eyes shone with excitement* ses yeux brillaient or son regard brillait d'émotion / *her face shone with joy* son visage rayonnait de joie **2.** [excel] briller / *John shines at sports* John est très bon en sport. ◆ vt **1.** (*pt & pp* **shone** [ʃɒn]) [focus] braquer, diriger / *the guard shone his torch on the prisoner* le gardien a braqué sa lampe sur le prisonnier / *don't shine that lamp in my eyes* ne m'éblouis pas avec cette lampe **2.** (*pt & pp* **shined**) [polish] faire briller, faire reluire, astiquer. ◆ n **1.** [polished appearance] éclat *m*, brillant *m*, lustre *m* ▸ **to put a shine on sthg, to give sthg a shine** faire reluire or briller qqch ▸ **to take the shine off sthg** faire perdre son éclat à qqch, ternir qqch ▸ **to take a shine to sb a)** *inf* [take a liking to] se prendre d'amitié pour qqn **b)** [get a crush on] s'enticher de qqn **2.** [polish] polissage *m* / *your shoes need a shine* tes chaussures ont besoin d'un coup de brosse or chiffon.

❖ **shine down** vi briller / *the hot sun shone down on us* le soleil tapait dur.

❖ **shine out, shine through** vi [light] jaillir ; *fig* [courage, skill, generosity] rayonner, briller / *she shines out from the others in the class* elle dépasse tous ses camarades de classe de la tête et des épaules.

❖ **shine up to** vt insep US *inf* faire de la lèche à.

shiner [ˈʃaɪnəʳ] n *inf* [black eye] coquart *m*, œil *m* au beurre noir.

shingle [ˈʃɪŋgl] ◆ n **1.** *(U)* [pebbles] galets *mpl* ▸ **shingle beach** plage *f* de galets **2.** CONSTR [for roofing] bardeau *m*, aisseau *m* ▸ **shingle roof** toit *m* en bardeaux **3.** US [nameplate] plaque *f* **4.** [haircut] coupe *f* à la garçonne. ◆ vt **1.** [roof] couvrir de bardeaux or d'aisseaux **2.** [hair] couper à la garçonne.

shingles [ˈʃɪŋglz] n *(U)* MED zona *m*.

shingly [ˈʃɪŋglɪ] adj [ground] couvert de galets ; [beach] de galets.

shinguard [ˈʃɪngɑːd] = **shinpad**.

shininess [ˈʃaɪnɪnɪs] n éclat *m*, brillant *m*.

shining [ˈʃaɪnɪŋ] ◆ adj **1.** [gleaming - glass, metal, shoes] luisant, reluisant ; [- eyes] brillant ; [- face] rayonnant **2.** [outstanding] éclatant, remarquable / *a shining example of bravery* un modèle de courage / *John is a shining example to us all* John est un modèle pour nous tous. ◆ n / **'The Shining'** *Kubrick* 'Shining'.

shinny [ˈʃɪnɪ] (*pt & pp* **shinnied**) US = **shin** *(vi)*.

shinpad [ˈʃɪnpæd] n jambière *f*.

Shinto [ˈʃɪntəʊ] ◆ n shinto *m*. ◆ adj shintoïste.

Shintoism [ˈʃɪntəʊɪzm] n shintoïsme *m*.

Shintoist [ˈʃɪntəʊɪst] ◆ adj shintoïste. ◆ n shintoïste *mf*.

shinty [ˈʃɪntɪ] n *sorte de hockey sur gazon d'origine écossaise.*

shiny [ˈʃaɪnɪ] (*compar* **shinier**, *superl* **shiniest**) adj **1.** [gleaming - glass, metal, shoes] luisant, reluisant / *my nose is shiny* j'ai le nez qui brille **2.** [clothing - with wear] lustré / *shiny at the elbows* lustré aux coudes.

ship [ʃɪp] (*pt & pp* **shipped**) ◆ n **1.** NAUT navire *m*, vaisseau *m*, bateau *m* ▸ **on board** or **aboard ship** à bord ▸ **the ship's company** l'équipage *m* ▸ **the ship's papers** les papiers *mpl* de bord ▸ **the ship of the desert** le vaisseau du désert ▸ **the ship of State** le char de l'État ▸ **when my ship comes in** or **home a)** *inf* [money] quand je serai riche, quand j'aurai fait fortune **b)** [success] quand j'aurai réussi dans la vie **2.** [airship] dirigeable *m* ; [spaceship] vaisseau *m* (spatial). ◆ vt **1.** [send by ship] expédier (par bateau or par mer) ; [carry by ship] transporter (par bateau or par mer) / *we're having most of our luggage shipped* nous expédions la plupart de nos bagages par bateau **2.** [send by any means] expédier ; [carry by any means] transporter / *the goods will be shipped by train* **a)** [sent] les marchandises seront expédiées par le train **b)** [transported] les marchandises seront transportées par chemin de fer **3.** [embark - passengers, cargo] embarquer **4.** [take into boat - gangplank, oars] rentrer ; [- water] embarquer. ◆ vi **1.** [passengers, crew] embarquer, s'embarquer **2.** COMM [product] sortir de l'usine.

❖ **ship off** vt sep *inf* expédier / *we've shipped the kids off to their grandparents'* nous avons expédié les gosses chez leurs grands-parents.

shipboard [ˈʃɪpbɔːd] ◆ n ▸ **on shipboard** à bord (d'un navire). ◆ adj [romance, drama] qui a lieu à bord d'un navire.

ship broker n courtier *m* maritime.

shipbuilder [ˈʃɪpˌbɪldəʳ] n constructeur *m*, -trice *f* de navires.

shipbuilding [ˈʃɪpˌbɪldɪŋ] n construction *f* navale / *the shipbuilding industry* (l'industrie *f* de) la construction navale.

ship canal n canal *m* maritime.

shipload [ˈʃɪpləʊd] n cargaison *f*, fret *m*.

shipmaster [ˈʃɪpˌmɑːstəʳ] n capitaine *m*, commandant *m*.

shipmate [ˈʃɪpmeɪt] n compagnon *m* de bord.

shipment [ˈʃɪpmənt] n **1.** [goods sent] cargaison *f* ▸ **arms shipment** cargaison d'armes **2.** [sending of goods] expédition *f*.

shipowner [ˈʃɪpˌəʊnəʳ] n armateur *m*.

shipper [ˈʃɪpəʳ] n [charterer] affréteur *m*, chargeur *m* ; [transporter] transporteur *m* ; [sender] expéditeur *m*, -trice *f*.

shipping [ˈʃɪpɪŋ] ◆ n *(U)* **1.** [ships] navires *mpl* ; [traffic] navigation *f* / *dangerous to shipping* dangereux pour la navigation / *shipping has been warned to steer clear of the area* on a prévenu les navires qu'il fallait éviter le secteur / *the decline of British merchant shipping* le déclin de la marine marchande britannique **2.** [transport - gen] transport *m* ; [- by sea] transport *m* maritime / *cost includes shipping* le coût du transport est compris **3.** [loading] chargement *m*, embarquement *m*. ◆ comp [company, line] maritime, de navigation ; [sport, trade, intelligence] maritime ▸ **shipping forecast** météo *f* or météorologie *f* marine.

shipping agent n agent *m* maritime.

shipping clerk n expéditionnaire *mf*.

shipping lane n voie *f* de navigation.

ship's biscuit n biscuit *m* de mer.

ship's chandler n shipchandler *m*, marchand *m*, -e *f* d'articles de marine.

shipshape [ˈʃɪpʃeɪp] adj en ordre, rangé / *let's try to get this place shipshape* essayons de mettre un peu d'ordre ici ▸ **all shipshape and Bristol fashion!** *inf & hum* tout est impeccable !

shipwreck ['ʃɪprek] ◆ n **1.** [disaster at sea] naufrage *m* / *they died in a shipwreck* ils ont péri dans un naufrage **2.** [wrecked ship] épave *f.* ◆ vt **1.** *lit* : *they were shipwrecked on a desert island* ils ont échoué sur une île déserte **2.** *fig* [ruin, spoil] ruiner.

shipwrecked ['ʃɪprekt] adj : *to be shipwrecked* **a)** [boat] faire naufrage **b)** [crew, passenger] être naufragé / *a shipwrecked sailor* un marin naufragé.

shipwright ['ʃɪpraɪt] n [company] constructeur *m* de navires ; [worker] ouvrier *m*, -ère *f* de chantier naval.

shipyard ['ʃɪpjɑ:d] n chantier *m* naval / *hundreds of shipyard workers were sacked* des centaines d'ouvriers des chantiers navals ont été licenciés.

shire ['ʃaɪəʳ] n UK **1.** [county] comté *m* **2.** = **shire horse.**

❖ **Shires** pl pr n ▸ **the Shires** *les comtés (ruraux) du centre de l'Angleterre.*

shire horse n shire *m.*

shirk [ʃɜ:k] ◆ vt [work, job, task] éviter de faire, échapper à ; [duty] se dérober à ; [problem, difficulty, question] esquiver, éviter / *he always shirks doing the washing-up* il s'arrange toujours pour éviter de or ne pas faire la vaisselle / *she doesn't shirk her responsibilities* elle n'essaie pas de se dérober à ses responsabilités. ◆ vi tirer au flanc.

shirker ['ʃɜ:kəʳ] n tire-au-flanc *mf.*

shirr [ʃɜ:ʳ] vt **1.** SEW froncer **2.** US CULIN ▸ **shirred eggs** œufs *mpl* en ramequin.

shirring ['ʃɜ:rɪŋ] n SEW fronces *fpl.*

shirt [ʃɜ:t] n [gen] chemise *f* ; [footballer's, cyclist's, etc.] maillot *m* ▸ **shirt collar** / **cuff** col *m* / manchette *f* de chemise ▸ **keep your shirt on!** *inf* ne vous énervez pas ! ▸ **to lose one's shirt** *inf* y laisser sa chemise, perdre tout ce qu'on a ▸ **to put one's shirt on sthg** miser toute sa fortune sur qqch.

shirtfront ['ʃɜ:tfrʌnt] n plastron *m.*

shirting ['ʃɜ:tɪŋ] n shirting *m*, tissu *m* pour chemises.

shirtless ['ʃɜ:tlɪs] adj sans chemise.

shirtlifter ['ʃɜ:t,lɪftəʳ] n UK *v inf & pej* [gay man] tantouze *f*, tapette *f.*

shirtmaker ['ʃɜ:tmeɪkəʳ] n chemisier *m (magasin).*

shirt-sleeved adj en manches or bras de chemise.

shirtsleeves ['ʃɜ:tsli:vz] pl n ▸ **to be in (one's) shirtsleeves** être en manches or bras de chemise.

shirttail ['ʃɜ:tteɪl] n pan *m* de chemise.

shirtwaister UK ['ʃɜ:t,weɪstəʳ], **shirtwaist** US ['ʃɜ:tweɪst] n robe *f* chemisier.

shirty ['ʃɜ:tɪ] (*compar* **shirtier**, *superl* **shirtiest**) adj UK *inf* désagréable / *don't get shirty with me* ne te mets pas en rogne contre moi.

shish kebab ['ʃɪʃkə,bæb] n chiche-kebab *m.*

shit [ʃɪt] (*pt & pp* **shat** [ʃæt], *cont* **shitting**) *vulg* ◆ n **1.** [excrement] merde *f* ▸ **to have a shit** (aller) chier ▸ **to have the shits** avoir la chiasse ▸ **dog shit** merde de chien ▸ **tough shit!** tant pis pour ma / ta / sa / etc. gueule ! / *she thinks she's hot shit* elle ne se prend pas pour de la merde ▸ **to kick** or **to beat** or **to knock the shit out of sb** casser la gueule à qqn ▸ **to scare the shit out of sb** foutre la trouille à qqn ▸ **I don't give a shit** je m'en fous, j'en ai rien à foutre ▸ **to give sb a lot of shit** faire chier qqn ▸ **to be in the shit** être dans la merde ▸ **shit happens** ce sont des choses qui arrivent ▸ **no shit?** US sans blague ? ▸ **when the shit hits the fan** quand ça va éclater / *the shit's really going to hit the fan when he finds out* ça va barder quand il va savoir ce qui s'est passé ▸ **to have a shit fit** US péter les plombs **2.** *(U)* [nonsense, rubbish] conneries *fpl* / *I hate it when he starts on his anarchy shit* je déteste quand il se met à débiter ses conneries sur l'anarchie / *that's a load of shit!* c'est des conneries, tout ça ! / *don't give me that shit!* arrête tes conneries ! ▸ **to be full of shit** raconter des conneries **3.** [disliked person] salaud *m*, salope *f*, connard *m*, connasse *f* **4.** *drugs sl* [hashish] shit *m*, hasch *m* **5.** US [anything] : *I can't see shit* j'y vois que dalle / *that doesn't mean shit* ça veut rien dire *inf.* ◆ vi chier ▸ **it's time to shit or get off the pot** US c'est le moment d'agir. ◆ vt ▸ **to shit oneself** chier dans son froc. ◆ interj merde *inf.*

shite [ʃaɪt] *vulg* = **shit** *(noun).*

shitfaced ['ʃɪtfeɪst] adj *vulg* [drunk] bourré.

shitfit ['ʃɪtfɪt] n US *vulg* ▸ **to have a shitfit** piquer une crise.

shit-for-brains n US *vulg* abruti *m*, -e *f.*

shithead ['ʃɪthed] n *vulg* [disliked person] salaud *m*, salope *f.*

shithole ['ʃɪthəʊl] n *v inf* [dirty place] porcherie *f*, taudis *m* / *this town's a complete shithole* [boring, ugly] cette ville est un vrai trou.

shit-hot adj US *vulg* vachement bon / *he's shit-hot as an actor* il est vachement bon comme acteur / *she thinks she's shit-hot* elle ne se prend pas pour de la merde.

shithouse ['ʃɪthaʊs] *(pl* [-haʊzɪz]*)* n *vulg* chiottes *fpl* ▸ **built like a brick shithouse** bâti comme une armoire à glace.

shit-kicker n US *v inf* [farmhand] garçon *m* de ferme ; [rustic] pedzouille *mf*, pécore *mf.*

shitless ['ʃɪtlɪs] adj *vulg* ▸ **to be scared shitless** avoir une trouille bleue ▸ **to be bored shitless** se faire chier à mort.

shitload ['ʃɪtləʊd] n *vulg* ▸ **shitloads of sthg** des tonnes de qqch.

shit-scared adj *vulg* : *to be shit-scared* avoir une trouille bleue.

shit-stirrer n UK *v inf* fouteur *m*, -euse *f* de merde.

shitter ['ʃɪtəʳ] n US *vulg* chiottes *fpl.*

shitty ['ʃɪtɪ] (*compar* **shittier**, *superl* **shittiest**) adj *vulg* **1.** [worthless] merdique / *we stayed in a really shitty hotel* nous sommes descendus dans un hôtel vraiment merdique **2.** [mean] dégueulasse / *what a shitty thing to do!* c'est dégueulasse de faire ça !

shiv [ʃɪv] n *crime sl* surin *m.*

shiver ['ʃɪvəʳ] ◆ vi **1.** [with cold, fever, fear] grelotter, trembler ; [with excitement] frissonner, trembler **2.** NAUT [sail] faseyer **3.** [splinter] se fracasser, voler en éclats. ◆ n **1.** [from cold, fever, fear] frisson *m*, tremblement *m* ; [from excitement] frisson *m* ▸ **to give sb the shivers** *inf* : *it gives me the shivers* ça me donne le frisson or des frissons **2.** [fragment] éclat *m.*

shivery ['ʃɪvərɪ] adj [cold] frissonnant ; [frightened] frissonnant, tremblant ; [feverish] fiévreux, grelottant de fièvre.

shoal [ʃəʊl] ◆ n **1.** [of fish] banc *m* **2.** *fig* [large numbers] foule *f* / *shoals of tourists* une foule de touristes **3.** [shallows] haut-fond *m* **4.** [sandbar] barre *f* ; [sandbank] banc *m* de sable. ◆ vi [fish] se mettre or se rassembler en bancs.

shoat [ʃəʊt] n US [piglet] goret *m.*

shock [ʃɒk] ◆ n **1.** [surprise] choc *m*, surprise *f* / *she got a shock when she saw me again* ça lui a fait un choc de me revoir / *what a shock you gave me!* qu'est-ce que tu m'as fait peur ! **2.** [upset] choc *m* / *that comes as no shock to me* ça ne m'étonne pas / *it's all been a bit of a shock for us* tous ces événements nous ont bouleversés / *the news of his death came as a terrible shock to me* la nouvelle de sa mort a été un grand choc pour moi **3.** ELEC décharge *f* (électrique) ▸ **to get a shock** recevoir or prendre une décharge (électrique) / *I got a nasty shock from the toaster* j'ai pris une sacrée décharge en touchant le grille-pain **4.** [impact - of armies, vehicles] choc *m*, heurt *m* ; [vibration - from explosion, earthquake] secousse *f* **5.** MED choc *m* ▸ **to be in a state of shock, to be suffering from shock** être en état de choc ▸ **postoperative shock** choc *m* postopératoire **6.** US *inf* AUTO = **shock absorber 7.** [bushy mass] ▸ **a shock of hair** une tignasse. ◆ comp [measures, argument, headline] choc *(inv)* ; [attack] surprise *(inv)* ; [result, defeat] inattendu. ◆ vt **1.** [stun] stupéfier, bouleverser, secouer / *I was shocked to hear that she had left* j'ai été stupéfait d'apprendre qu'elle était partie / *she was deeply shocked by her daughter's death* elle a été profondément bouleversée par la mort de sa fille **2.** [offend, scandalize] choquer, scandaliser / *his behaviour shocked them* son comportement les a choqués or scandalisés / *I'm not easily shocked, but that book...* il en faut beaucoup pour me choquer, mais ce livre... **3.** [incite, force] ▸ **to shock sb out of sthg** secouer qqn pour le sortir de qqch ▸ **to shock sb into action** pousser qqn à agir ▸ **to shock sb into doing sthg** secouer qqn jusqu'à ce qu'il fasse qqch **4.** ELEC donner une secousse or un choc électrique à.

shock absorber [-əb,zɔ:bəʳ] n amortisseur *m.*

shocked [ʃɒkt] adj **1.** [stunned] bouleversé, stupéfait / *a shocked meeting was told of the takeover* c'est avec stupéfaction que l'assemblée a appris le rachat de l'entreprise / *they all listened in shocked silence* ils ont tous écouté, muets de stupéfaction **2.** [offended, scandalized] choqué, scandalisé / *I tried to look suitably shocked* je me suis efforcée de prendre un air scandalisé / *she spoke in shocked tones* elle parlait d'un ton scandalisé.

> Note that être choqué que is followed by a verb in the subjunctive:
> **I'm shocked that you didn't inform me of this.** *Je suis choqué que vous ne m'en ayez pas informé.*

shocker ['ʃɒkəʳ] n *inf* **1.** [book] livre *m* à sensation ; [film] film *m* à sensation ; [news] nouvelle *f* sensationnelle ; [play] pièce *f* à sensation ; [story] histoire *f* sensationnelle / *that's a real shocker of a story* cette histoire est vraiment choquante **2.** *hum* [atrocious person] : *you little shocker!* petit monstre !

shockheaded ['ʃɒkhedɪd] adj hirsute.

shock-horror adj *inf* [story, headline] à sensation.

shocking ['ʃɒkɪŋ] ◆ adj **1.** [scandalous] scandaleux, choquant / *a shocking price* un prix scandaleux / *it's shocking the way he behaves* son comportement est scandaleux, sa conduite est scandaleuse / *a shocking new film* un nouveau film scandaleux **2.** [horrifying] atroce, épouvantable / *a shocking crime* un crime odieux or atroce **3.** *inf* [very bad] affreux, épouvantable / *you look shocking today* tu as une mine affreuse aujourd'hui / *his room is in a shocking state* sa chambre est dans un état épouvantable / *shocking weather, isn't it?* quel temps affreux or épouvantable ! / *he's a shocking actor* il est nul comme acteur / *I'm shocking at football* je suis nul au football. ◆ adv *inf* : *it was raining something shocking!* il fallait voir ce qu'il or comme ça tombait !

shockingly ['ʃɒkɪŋlɪ] adv **1.** [as intensifier] affreusement, atrocement / *this whisky is shockingly expensive* ce whisky est affreusement cher / *the weather has been shockingly bad lately* la météo est vraiment affreuse depuis quelque temps **2.** [extremely badly] très mal, lamentablement / *he played shockingly on Saturday* il a très mal joué samedi.

shocking pink ◆ n rose *m* bonbon. ◆ adj rose bonbon *(inv).*

shock jock n *inf présentateur de radio qui cherche à choquer son auditoire.*

shockproof ['ʃɒkpru:f] adj résistant aux chocs.

shock tactics pl n ▸ **to use shock tactics** employer la manière forte.

shock therapy, shock treatment n MED (traitement *m* par) électrochoc *m*, sismothérapie *f.*

shock troops pl n troupes *fpl* de choc.

shock wave n onde *f* de choc ; *fig* répercussion *f.*

shod [ʃɒd] pt & pp ⟶ **shoe.**

shoddily ['ʃɒdɪlɪ] adv **1.** [built, made] mal **2.** [meanly, pettily] de façon mesquine / *they've treated you shoddily* ils ont été mesquins avec vous.

shoddiness ['ʃɒdɪnɪs] n **1.** [poor quality] mauvaise qualité *f* **2.** [meanness, pettiness] mesquinerie *f.*

shoddy ['ʃɒdɪ] (*compar* **shoddier**, *superl* **shoddiest**) ◆ adj **1.** [of inferior quality] de mauvaise qualité / *shoddy workmanship* du travail mal fait / *a shoddy imitation* une piètre or médiocre imitation **2.** [mean, petty] sale / *that's a shoddy trick to play on her!* on lui a joué un sale tour ! / *I want no part in that shoddy* *affair* je ne veux pas être mêlé à cette sale affaire. ◆ n tissu *m* shoddy or de Renaissance.

shoe [ʃuː] (*pt & pp* **shod** [ʃɒd]) ◆ n **1.** [gen] chaussure *f* ▸ **a pair of shoes** une paire de chaussures ▸ **a man's / woman's shoe** une chaussure d'homme / de femme ▸ **to take off one's shoes** enlever ses chaussures, se déchausser ▸ **to put on one's shoes** mettre ses chaussures, se chausser ▸ **to be in sb's shoes** : *I wouldn't like to be in his shoes* je n'aimerais pas être à sa place / *put yourself in my shoes* mettez-vous à ma place ▸ **to step into** or **to fill sb's shoes** prendre la place de qqn, succéder à qqn ▸ **if the shoe fits, wear it** qui se sent morveux (qu'il) se mouche *prov* **2.** ▸ **(horse) shoe** fer *m* (à cheval) **3.** [in casino - for baccarat, etc.] sabot *m* **4.** [on electric train] frotteur *m*. ◆ comp [cream, leather] pour chaussures ▸ **shoe cleaner** produit *m* pour chaussures ▸ **shoe repairer** cordonnier *m* ▸ **shoe size** pointure *f*. ◆ vt **1.** [horse] ferrer **2.** (*usu passive*) *liter* [person] chausser / *John was shod in sandals* John était chaussé de or portait des sandales.

shoeblack [ˈʃuːblæk] n *dated* cireur *m*, -euse *f* (de chaussures).

shoe box n boîte *f* à chaussures.

shoebrush [ˈʃuːbrʌʃ] n brosse *f* à chaussures.

shoehorn [ˈʃuːhɔːn] n chausse-pied *m*.

shoelace [ˈʃuːleɪs] n lacet *m* (de chaussures) / *your shoelace is undone* ton lacet est défait.

shoe leather n cuir *m* pour chaussures ▸ **save your shoe leather and take the bus** prenez l'autobus au lieu d'user vos souliers.

shoemaker [ˈʃuːˌmeɪkəʳ] n [craftsman] bottier *m* ; [manufacturer] fabricant *m*, -e *f* de chaussures, chausseur *m*.

shoemender [ˈʃuːˌmendəʳ] n cordonnier *m*, -ère *f*.

shoe polish n cirage *m*.

shoe scraper n gratte-pieds *m*.

shoeshine [ˈʃuːʃaɪn] n **1.** cirage *m* ▸ **to get a shoeshine** se faire cirer les chaussures **2.** *inf* = **shoeshine boy**.

shoeshine boy n (petit) cireur *m* (de chaussures).

shoe shop n magasin *m* de chaussures / *I was in the shoe shop* j'étais chez le marchand de chaussures.

shoestring [ˈʃuːstrɪŋ] ◆ n **1.** US [shoelace] lacet *m* (de chaussure) **2.** PHR *inf* **on a shoestring** avec trois fois rien / *the film was made on a shoestring* c'est un film à très petit budget / *cookery on a shoestring* la cuisine économique or bon marché. ◆ comp ▸ **shoestring budget** petit budget *m*.

shoetree [ˈʃuːtriː] n embauchoir *m*.

shone [ʃɒn] pt & pp ⟶ **shine**.

shoo [ʃuː] (*pt & pp* **shooed**) ◆ interj oust, ouste. ◆ vt chasser ▸ **to shoo sb / sthg away** chasser qqn / qqch.

shoo-fly pie n US tarte *f* à la mélasse.

shoo-in n US *inf* : *he's / she's a shoo-in* il / elle gagnera à coup sûr / *it's a shoo-in* c'est couru d'avance.

shook [ʃʊk] ◆ pt ⟶ **shake**. ◆ n AGR gerbe *f*, botte *f*.

shook-up adj *inf* bouleversé.

shoot [ʃuːt] (*pt & pp* **shot** [ʃɒt]) ◆ vi **1.** [with gun] tirer / *shoot!* tirez !, feu ! / *don't shoot!* ne tirez pas ! / *shoot first and ask questions later* tirez d'abord et posez des questions ensuite ▸ **to shoot at sb / sthg** tirer sur qqn / qqch ▸ **to shoot on sight** tirer à vue ▸ **to shoot to kill** tirer pour tuer ▸ **to shoot into the air** tirer en l'air ▸ **to shoot back (at sb)** retourner le feu (à qqn) ▸ **to shoot from the hip** *fig* parler franchement **2.** UK [hunt] chasser ▸ **to go shooting** aller à la chasse / *do you shoot?* est-ce que vous chassez ? **3.** [go fast] : *she shot across the road* elle a traversé la rue comme une flèche / *I shot out after her* j'ai couru après elle / *he shot ahead of the other runners* il a rapidement distancé les autres coureurs / *she shot along the corridor* elle a couru à toutes jambes le long du couloir / *the bus was shooting along* le bus filait à toute vitesse / *shoot along to the baker's and get a loaf, will you?* est-ce que tu peux filer à la boulangerie acheter du pain ? / *the rabbit shot into its burrow* le lapin s'est précipité dans son terrier / *the car shot out in front of us* **a)** [changed lanes] la voiture a déboîté tout d'un coup devant nous **b)** [from another street] la voiture a débouché devant nous / *the water shot out of the hose* l'eau a jailli du tuyau d'arrosage / *debris shot into the air* des débris ont été projetés en l'air / *Paul has shot ahead at school recently* Paul a fait d'énormes progrès à l'école ces derniers temps / *a violent pain shot up my leg* j'ai senti une violente douleur dans la jambe **4.** CIN tourner / *shoot!* moteur !, on tourne ! / *we'll begin shooting next week* nous commencerons à tourner la semaine prochaine **5.** SPORT tirer, shooter **6.** *inf* [go ahead, speak] : *can I ask you something? — shoot!* je peux te poser une question ? — vas-y ! **7.** BOT [sprout] pousser ; [bud] bourgeonner **8.** US ▸ **to shoot for** or **at** [aim for] viser. ◆ vt **1.** [hit] atteindre ; [injure] blesser / *he's been badly shot* il a été grièvement blessé par balle or balles / *she was shot in the arm / leg* elle a reçu une balle dans le bras / la jambe ; [kill] abattre, descendre, tuer (d'un coup de pistolet or de fusil) ▸ **to shoot o.s.** se tuer, se tirer une balle / *they shot him (dead)* ils l'ont tué or abattu / *don't shoot the pianist* ne tirez pas sur le pianiste ; [execute by firing squad] fusiller / *spies will be shot* les espions seront fusillés ▸ **you'll get me shot** *inf & hum* je vais me faire incendier à cause de toi ▸ **to shoot o.s. in the foot** *inf* ramasser une pelle / **'They Shoot Horses, Don't They?'** *Pollack* 'On achève bien les chevaux' **2.** [fire - gun] tirer un coup de ; [- bullet] tirer ; [- arrow] tirer, lancer, décocher ; [- rocket, dart, missile] lancer / *they were shooting their rifles in the air* ils tiraient des coups de feu en l'air ▸ **to shoot it out with sb** *inf* s'expliquer avec qqn à coups de revolver or de fusil ▸ **to shoot questions at sb** *fig* bombarder or mitrailler qqn de questions / *she shot a shy smile at him* *fig* elle lui jeta un petit sourire timide **3.** UK [hunt] chasser, tirer / *to shoot grouse* chasser la grouse **4.** CIN tourner / *the film was shot in Rome* le film a été tourné à Rome ; PHOT prendre (en photo) / *the photos were all shot on location in Paris* les photos ont toutes été prises à Paris **5.** US GAMES & SPORT [play] jouer ▸ US **to shoot pool** jouer au billard américain ▸ **to shoot dice** jouer aux dés ; [score] marquer ▸ **to shoot a goal / basket** marquer un but / panier / *he shot 71 in the first round* GOLF il a fait 71 au premier tour **6.** [send] envoyer / *the explosion shot debris high into the air* l'explosion a projeté des débris dans les airs / *she shot out a hand* elle a étendu le bras d'un geste vif **7.** [go through - rapids] franchir ; [- traffic lights] / *the car shot the lights* la voiture a brûlé le feu rouge **8.** [bolt - close] fermer ; [- open] ouvrir, tirer **9.** *drugs sl* [drugs] se shooter à / *to shoot heroin* se shooter à l'héroïne **10.** PHR US **to shoot the breeze** or **(the) bull** *inf* or **the shit** *vulg* tailler une bavette, discuter le bout de gras ▸ **to shoot the moon** demander la lune ▸ **to shoot one's wad** *vulg* tirer son coup. ◆ n **1.** BOT pousse *f* **2.** UK HUNT [party] partie *f* de chasse / *he went on a pheasant shoot* il est allé chasser le faisan ; [land] (terrain *m* de) chasse *f* ▸ **to rent a shoot** louer une chasse / **'private shoot'** 'chasse gardée' **3.** US [chute - for coal, rubbish, etc.] glissière *f* **4.** MIL tir *m* **5.** US ASTRONAUT tir *m*, lancement *m* **6.** CIN tournage *m* **7.** PHOT séance *f* photo, prise *f* de vues **8.** US [rapid] rapide *m* **9.** PHR **the whole (bang) shoot** *inf* tout le tremblement. ◆ interj US *inf* zut, mince.

❖ **shoot down** vt sep [person, plane, helicopter] abattre / *my proposal was shot down by the chairman* *inf* ma proposition a été démolie par le président ▸ **to shoot sb / sthg down in flames** *lit & fig* descendre qqn / qqch en flammes / *well, shoot me down! if it isn't Willy Power!* US *inf* ça alors ! mais c'est Willy Power !

❖ **shoot off** ◆ vi s'enfuir à toutes jambes / *he shot off down the alley* il s'est enfui à toutes jambes dans la ruelle. ◆ vt sep **1.** [weapon] tirer, décharger / *they shot off their rifles to celebrate their victory* ils ont tiré des coups de feu en l'air pour fêter la victoire **2.** [limb] emporter, arracher **3.** PHR *v inf* **to shoot one's mouth off** ouvrir sa gueule / *don't go shooting your mouth off about it* ne va pas le gueuler sur les toits / *they killed him to stop him shooting his mouth off to the police* ils l'ont tué pour l'empêcher d'aller cafter à la police.

❖ **shoot up** ◆ vi **1.** [move skywards - flame, geyser, lava] jaillir ; [- rocket] monter en flèche **2.** [increase - inflation, price] monter en flèche **3.** [grow - plant] pousser rapidement or vite ; [- person] grandir / *you've really shot up since I last saw you!* qu'est-ce que tu as grandi depuis que je t'ai vu la dernière fois ! **4.** *drugs sl* [with drug] se shooter. ◆ vt sep **1.** US *inf* [with weapon - saloon, town] terroriser en tirant des coups de feu **2.** *drugs sl* [drug] se shooter à.

shoot-em-up n jeu *m* vidéo violent.

shooter [ˈʃuːtəʳ] n *v inf* [gun] flingue *m*.

shooting [ˈʃuːtɪŋ] ◆ n **1.** (*U*) [firing] coups *mpl* de feu, fusillade *f* / *we heard a lot of shooting in the night* nous avons entendu de nombreux coups de feu dans la nuit **2.** [incident] fusillade *f* / *four people died in the shooting* quatre personnes ont trouvé la mort au cours de la fusillade ; [killing] meurtre *m* / *there have been several shootings in the area* plusieurs personnes ont été tuées or abattues dans le secteur **3.** [ability to shoot] tir *m* / *he's useless at shooting* il tire mal **4.** UK HUNT chasse *f* / *I've done a lot of shooting* j'ai beaucoup chassé **5.** CIN tournage *m*. ◆ comp **1.** [with weapon] ▸ **shooting incident** fusillade *f* ▸ **shooting practice** entraînement *m* au tir **2.** HUNT de chasse ▸ **shooting lodge / party** pavillon *m* / partie *f* de chasse ▸ **the shooting season** la saison de la chasse / *he's not a shooting man* ce n'est pas un chasseur. ◆ adj [pain] lancinant.

shooting brake n UK AUTO break *m*.

shooting gallery n stand *m* de tir.

shooting iron n US *inf & dated* pétoire *f*.

shooting match n concours *m* de tir ▸ **the whole shooting match** US *inf* tout le tintouin.

shooting range n champ *m* de tir.

shooting script n CIN découpage *m*.

shooting stick n canne-siège *f*.

shoot-out n *inf* fusillade *f* / *there was a shoot-out at the saloon* il y a eu une fusillade or un règlement de comptes au bar.

shop [ʃɒp] (*pt & pp* **shopped**, *cont* **shopping**) ◆ n **1.** UK [store] magasin *m* ; [smaller] boutique *f* / *she's gone out to the shops* elle est sortie faire des courses ▸ **to have** or **to keep a shop** être propriétaire d'un magasin, tenir un magasin / *would you mind the shop for me for a few hours?* est-ce que vous voulez bien me tenir le magasin pendant quelques heures ? ▸ **at the chemist's shop** chez le pharmacien, à la pharmacie ▸ **at the fruit shop** chez le marchand de fruits, chez le fruitier, à la fruiterie ▸ **to set up shop** **a)** *lit* ouvrir un magasin **b)** *fig* s'établir, s'installer / *he's set up shop as a freelance translator* il s'est installé comme traducteur indépendant ▸ **to shut up shop** *lit & fig* fermer boutique ▸ **all over the shop** **a)** *inf* [everywhere] partout **b)** [in disorder] en pagaille ▸ **to talk shop** parler métier or boutique **2.** [shopping trip] ▸ **to do one's weekly shop** faire les courses or les achats de la semaine **3.** UK [workshop] atelier *m* ▸ **the repair / paint / assembly shop** l'atelier de réparations / de peinture / de montage. ◆ vi [for food, necessities] faire les or ses courses ; [for clothes, gifts, etc.] faire les magasins, faire du shopping / *he usually shops on Mondays* d'habitude, il fait ses courses le lundi / *I always shop at the local supermarket* je fais toujours mes courses or mes achats au supermarché du coin ▸ **to go shopping** faire des courses, courir les magasins / *I went shopping for a new dress* je suis allée faire les magasins pour m'acheter une nouvelle robe. ◆ vt UK *inf* [to the police] donner, balancer.

❖ **shop around** vi comparer les prix / *prices vary a lot, so shop around* les prix varient énormément, il vaut mieux faire plusieurs magasins avant d'acheter / *I shopped around before opening a bank account* j'ai comparé plusieurs banques or je me suis renseigné auprès de plusieurs banques avant d'ouvrir un compte / *our company is shopping around for new premises* notre société est à la recherche de nouveaux locaux.

shopaholic [ˌʃɒpəˈhɒlɪk] n : *he's a real shopaholic* il adore faire les boutiques.

shop assistant n UK vendeur *m*, -euse *f*.

shopbot [ˈʃɒpbɒt] n moteur *m* de shopping.

shopfitter [ˈʃɒpˌfɪtəʳ] n UK décorateur *m*, -trice *f* de magasin.

shop floor n [place] atelier *m* ; [workers] ▸ **the shop floor** les ouvriers *mpl* / *he was on the shop floor for 22 years* il a travaillé 22 ans comme ouvrier.

✣ **shop-floor** comp ▸ **shop floor worker** ouvrier *m*, -ère *f* / *the decision was taken at shop floor level* la décision a été prise par la base.

shopfront ['ʃɒpfrʌnt] n UK devanture *f* (de magasin).

shopgirl ['ʃɒpgɜːl] n UK vendeuse *f*.

shopkeeper ['ʃɒp,kiːpəʳ] n UK commerçant *m*, -e *f* ▸ **small shopkeeper** petit commerçant.

shoplift ['ʃɒplɪft] vt voler à l'étalage.

shoplifter ['ʃɒp,lɪftəʳ] n voleur *m*, -euse *f* à l'étalage.

shoplifting ['ʃɒp,lɪftɪŋ] n vol *m* à l'étalage.

shopper ['ʃɒpəʳ] n **1.** [person] personne *f* qui fait ses courses / *the streets were crowded with Christmas shoppers* les rues étaient bondées de gens qui faisaient leurs courses pour Noël **2.** [shopping bag] cabas *m*.

shopping ['ʃɒpɪŋ] ◆ n *(U)* **1.** [for food, necessities] courses *fpl* ; [for clothes, gifts, etc.] courses *fpl*, shopping *m* / *I do all the shopping* c'est moi qui fais toutes les courses / *we're going into town to do some shopping* nous allons en ville pour faire des courses or pour faire le tour des magasins / *this area is good for shopping* ce quartier est bon pour faire les courses / *to do a bit of shopping* faire quelques (petites) courses or emplettes **2.** [goods bought] achats *mpl*, courses *fpl*, emplettes *fpl* / *there were bags of shopping everywhere* il y avait des cabas remplis de provisions partout. ◆ comp [street, area] commerçant.

shopping bag n sac *m* or filet *m* à provisions, cabas *m*.

shopping basket n **1.** panier *m* (à provisions) **2.** [on commercial website] panier *m*.

shopping cart n US = **shopping trolley**.

shopping centre n UK centre *m* commercial.

shopping channel n TV chaîne *f* de télé-achat.

shopping list n liste *f* des courses.

shopping mall n US centre *m* commercial.

shopping trolley n chariot *m*, Caddie® *m*.

shopsoiled ['ʃɒpsɔɪld] adj UK *lit & fig* défraîchi.

shoptalk ['ʃɒptɔːk] n : *all I ever hear from you is shoptalk* tu ne fais que parler boutique or travail.

shopwalker ['ʃɒp,wɔːkəʳ] n UK chef *m* de rayon.

shop window n vitrine *f* (de magasin) / *a shop window for British exports fig* une vitrine pour les exportations britanniques.

shopworn ['ʃɒpwɔːn] US = **shopsoiled**.

shore [ʃɔːʳ] ◆ n **1.** [edge, side -of sea] rivage *m*, bord *m* ; [-of lake, river] rive *f*, rivage *m*, bord *m* ; [coast] côte *f*, littoral *m* / *the shores of the Mediterranean* les rivages de la Méditerranée / *can you see the houses on the other shore?* vois-tu les maisons sur l'autre rive ? ; [dry land] terre *f* / *all the crew members are on shore* tous les membres de l'équipage sont à terre ▸ **to go on shore** débarquer **2.** [prop] étai *m*, étançon *m*. ◆ vt étayer, étançonner.

✣ **shores** pl n *liter* [country] rives *fpl* / *he was one of the first Europeans to set foot on these shores* il fut l'un des premiers Européens à poser le pied sur ces rives.

✣ **shore up** vt sep UK **1.** *lit* étayer, étançonner **2.** *fig* étayer, appuyer, consolider / *the army shored up the crumbling dictatorship* l'armée a maintenu au pouvoir la dictature qui s'effondrait / *the government must act to shore up the pound* le gouvernement doit prendre des mesures visant à renforcer la livre.

shorebird ['ʃɔːbɜːd] n oiseau *m* des rivages.

shore crab n crabe *m* vert or enragé.

shore leave n permission *f* à terre.

shoreline ['ʃɔːlaɪn] n littoral *m*.

shore patrol n US police *f* militaire (de la Marine).

shoreward ['ʃɔːwəd] ◆ adj [near the shore] près du rivage or de la côte ; [facing the shore] face au rivage or à la côte. ◆ adv = **shorewards**.

shorewards ['ʃɔːwədz] adv vers le rivage or la côte.

shorn [ʃɔːn] ◆ pp ⟶ **shear**. ◆ adj **1.** [head, hair] tondu **2.** *fig* ▸ **shorn of** dépouillé de.

short [ʃɔːt] ◆ adj **1.** [in length] court / *her dress is too short* / *shorter than yours* sa robe est trop courte / plus courte que la tienne ▸ **to have short hair** avoir les cheveux courts ▸ **to be short in the leg** [trousers] être court / *skirts are getting shorter and shorter* les jupes raccourcissent de plus en plus or sont de plus en plus courtes / *the editor made the article shorter by a few hundred words* le rédacteur a raccourci l'article de quelques centaines de mots ▸ **to win** / **to lose by a short head** SPORT gagner / perdre d'une courte tête / *she made a short speech* elle a fait un court or petit discours / *he read out a short statement* il a lu une courte or brève déclaration / *I'd just like to say a few short words* j'aimerais dire quelques mots très brefs ▸ **in short order** US en vitesse ▸ **short and to the point** bref et précis ▸ **short and sweet** *inf* court mais bien ▸ **to be in short trousers** être en culottes courtes **2.** [in distance] court, petit / *a straight line is the shortest distance between two points* la ligne droite est le plus court chemin entre deux points / *what's the shortest way home?* quel est le chemin le plus court pour rentrer ? / *it's shorter this way* c'est plus court par ici / *we took the shortest route* nous avons pris le chemin le plus court / *to go for a short walk* faire une petite promenade / *a few short miles away* à quelques kilomètres de là à peine / *at short range* à courte portée / *how could he have missed at such short range?* comment a-t-il pu rater de si près ? / *it's only a short distance from here* ce n'est pas très loin (d'ici) / *she lives a short distance from the church* elle n'habite pas très loin de l'église / *they continued for a short distance* ils ont poursuivi un peu leur chemin **3.** [in height] petit, de petite taille / *he's short and stocky* il est petit et râblé **4.** [period, interval] court, bref / *a short stay* un court séjour / *you should take a short holiday* vous devriez prendre quelques jours de vacances / *after a short time* après un court intervalle or un petit moment ▸ **to have a short memory** avoir la mémoire courte / *for a short time I thought of becoming an actress* pendant quelque temps, j'ai pensé devenir actrice / *she was in London for a short time* elle a passé quelque temps à Londres / *I met him a short time* or *while later* je l'ai rencontré peu (de temps) après / *it's rather short notice to invite them for tonight* c'est un peu juste pour les inviter ce soir / *time's getting short* il ne reste plus beaucoup de temps / *a few short hours* / *years ago* il y a à peine quelques heures / années / *the days are getting shorter* les jours raccourcissent / *to demand shorter hours* / *a shorter working week* exiger une réduction des heures de travail / une réduction du temps de travail hebdomadaire ▸ **in the short run** à court terme ▸ **to be on short time** UK faire des journées réduites **5.** FIN ▸ **short loan** / **investment** prêt *m* / investissement *m* à court terme **6.** [abbreviated] : *HF is short for high frequency* HF est l'abréviation de haute fréquence / *Bill is short for William* Bill est un diminutif de William **7.** [gruff] brusque, sec (sèche) / *she tends to be a bit short with people* elle a tendance à être un peu brusque avec les gens / *Mary was very short with me on the telephone* Mary a été très sèche avec moi au téléphone ▸ **to have a short temper** être irascible **8.** [sudden -sound, action] brusque / *her breath came in short gasps* elle avait le souffle court / *he gave a short laugh* il eut un rire bref ▸ **short, sharp shock** *punition sévère mais de courte durée* **9.** [lacking, insufficient] ▸ **to give sb short weight** ne pas donner le bon poids à qqn / *money is short* on manque d'argent, l'argent manque / *whisky is in short supply* on manque or on est à court de whisky ▸ **to be short of breath a)** [in general] avoir le souffle court **b)** [at the moment] être hors d'haleine ▸ **to be short of staff** manquer de personnel ▸ **to be short of sleep** n'avoir pas assez dormi / *I'm a bit short (of money) at the moment* je suis un peu à court (d'argent) en ce moment / *he's a bit short on imagination fig* il manque un peu d'imagination **10.** UK [drink] ▸ **a short drink** un petit verre **11.** LING bref ▸ **short syllable** / **vowel** syllabe / voyelle brève **12.** CULIN [pastry] ≃ brisé **13.** ST. EX [sale] à découvert **14.** [in betting -odds] faible **15.** [wine] court en bouche. ◆ adv **1.** [suddenly] ▸ **to stop short** s'arrêter net / *the driver stopped short just in front of the child* le conducteur s'arrêta net juste devant l'enfant ▸ **to pull** or **to bring sb up short** interrompre qqn ▸ **to be taken** or **caught short** UK *inf* être pris d'un besoin pressant **2.** PHR ▸ **to fall short of a)** [objective, target] ne pas atteindre **b)** [expectations] ne pas répondre à / *his winnings fell far short of what he had expected* ses gains ont été bien moindres que ce à quoi il s'attendait ▸ **to go short (of sthg)** manquer (de qqch) / *my children never went short of anything* mes enfants n'ont jamais manqué de rien ▸ **to run short (of sthg)** être à court (de qqch) / *we're running short of fuel* / *money* / *sugar* nous commençons à manquer de carburant / d'argent / de sucre / *time is running short* le temps commence à manquer. ◆ vt ELEC court-circuiter. ◆ vi ELEC se mettre en court-circuit. ◆ n **1.** *inf* ELEC court-circuit *m* **2.** UK [drink] *alcool servi dans de petits verres* **3.** CIN court-métrage *m*.

✣ **shorts** pl n [short trousers] short *m* / *a pair of khaki shorts* un short kaki ; US [underpants] caleçon *m*.

✣ **for short** adv phr : *they call him Ben for short* on l'appelle Ben pour faire plus court / *trinitrotoluene, or TNT for short* le trinitrotoluène ou TNT en abrégé.

✣ **in short** adv phr (en) bref.

✣ **short of** prep phr sauf / *he would do anything short of stealing* il ferait tout sauf voler / *nothing short of a miracle can save him now* seul un miracle pourrait le sauver maintenant / *short of resigning, what can I do?* à part démissionner, que puis-je faire ?

shortage ['ʃɔːtɪdʒ] n [of labour, resources, materials] manque *m*, pénurie *f* ; [of food] disette *f*, pénurie *f* ; [of money] manque *m* / *a petrol shortage* or *a shortage of petrol* une pénurie d'essence / *the housing* / *energy shortage* la crise du logement / de l'énergie / *there's no shortage of good restaurants in this part of town* les bons restaurants ne manquent pas dans ce quartier.

short-arse n *v inf* : *he's a short-arse* il est court sur pattes.

short back and sides n coupe *f* courte or dégagée sur la nuque et derrière les oreilles.

shortbread ['ʃɔːtbred] n sablé *m* ▸ **shortbread biscuit** UK sablé *m*.

shortcake ['ʃɔːtkeɪk] n **1.** UK CULIN [biscuit] = **shortbread** **2.** [cake] tarte *f* sablée.

short-change vt **1.** *lit* ▸ **to short-change sb** ne pas rendre assez (de monnaie) à qqn **2.** *inf* [swindle] rouler, escroquer.

short circuit n court-circuit *m*.

✣ **short-circuit** ◆ vt ELEC & *fig* court-circuiter. ◆ vi se mettre en court-circuit.

shortcoming ['ʃɔːt,kʌmɪŋ] n défaut *m*.

shortcrust pastry ['ʃɔːtkrʌst-] n pâte *f* brisée.

short cut n *lit & fig* raccourci *m* ▸ **to take a short cut** prendre un raccourci ▸ **keyboard short cut** COMPUT raccourci *m* clavier.

short-cycle adj SCH à cycle court (sans obtention d'un diplôme).

short-dated adj FIN à courte échéance.

short division n MATH division *f* à un ou deux chiffres.

shorten ['ʃɔːtn] ◆ vt **1.** [in length -garment, string] raccourcir ; [-text, article, speech] raccourcir, abréger / *the name James is often shortened to Jim* Jim est un diminutif courant de James **2.** [in time] écourter / *we had to shorten our trip* nous avons dû écourter notre voyage / *the new railway line will shorten the journey time to London* la nouvelle ligne de chemin de fer réduira le temps de trajet jusqu'à Londres. ◆ vi **1.** [gen] (se) raccourcir **2.** [in betting -odds] devenir moins favorable.

shortening ['ʃɔːtnɪŋ] n **1.** CULIN matière *f* grasse **2.** [of garment, string] raccourcissement *m* ; [of text, speech] raccourcissement *m*, abrègement *m* ; [of time, distance] réduction *f*.

shortfall ['ʃɔːtfɔːl] n insuffisance *f*, manque *m* / *there's a shortfall of $100* il manque 100 dollars / *a shortfall in coal supplies was expected* on prévoyait que les réserves de charbon seraient insuffisantes.

short-haired adj [person] à cheveux courts ; [animal] à poil ras.

shorthand ['ʃɔ:thænd] n sténographie *f*, sténo *f* ▸ **to take notes in shorthand** prendre des notes en sténo.

shorthanded [,ʃɔ:t'hændɪd] adj à court de personnel / *we're very shorthanded at the moment* nous sommes vraiment à court or nous manquons vraiment de personnel en ce moment.

shorthand typist n sténodactylo *mf*.

short-haul adj [transport] à courte distance ▸ **short-haul aircraft** court-courrier *m*.

shorthorn ['ʃɔ:thɔ:n] n shorthorn *m (race de bovins)*.

shortie ['ʃɔ:tɪ] n **1.** *inf* = **shorty 2.** [nightdress] chemise *f* de nuit courte, nuisette *f*.

shortish ['ʃɔ:tɪʃ] adj [in length] plutôt court ; [in height] plutôt petit ; [in time] plutôt court or bref.

short list n UK liste *f* de candidats présélectionnés.
❖ **short-list** vt UK : *five candidates have been short-listed* cinq candidats ont été présélectionnés.

short-lived [-'lɪvd] adj [gen] de courte durée, éphémère, bref ; [animal, species] éphémère.

shortly ['ʃɔ:tlɪ] adv **1.** [soon] bientôt, sous peu, avant peu / *I'll join you shortly* je vous rejoindrai bientôt / *shortly afterwards* peu (de temps) après **2.** [gruffly] sèchement, brusquement **3.** [briefly] brièvement, en peu de mots.

shortness ['ʃɔ:tnɪs] n [in length] manque *m* de longueur ; [in height] petite taille *f* ; [in time] brièveté *f* ; [of speech, essay] brièveté.

short-order cook n cuisinier *m*, -ère *f* dans un snack-bar.

short-range adj **1.** [weapon] de courte portée ; [vehicle, aircraft] à rayon d'action limité **2.** [prediction, outlook] à court terme.

shortsighted [,ʃɔ:t'saɪtɪd] adj **1.** *lit* myope **2.** *fig* [person] qui manque de perspicacité or de prévoyance ; [plan, policy] à courte vue / *I find their attitude extremely shortsighted* je trouve qu'ils font preuve d'un manque total de prévoyance.

shortsightedly [,ʃɔ:t'saɪtɪdlɪ] adv **1.** *lit* : *he peered shortsightedly at the book* il scruta le livre de ses yeux myopes **2.** *fig* ▸ **to act shortsightedly** agir sans prévoyance.

shortsightedness [,ʃɔ:t'saɪtɪdnɪs] n **1.** *lit* myopie *f* **2.** *fig* myopie *f*, manque *m* de perspicacité or de prévoyance.

short-staffed [-'stɑ:ft] adj à court de personnel / *we're a bit short-staffed* nous sommes un peu à court de or nous manquons un peu de personnel.

short-stay adj ▸ **short-stay car park** parking *m* courte durée ▸ **short-stay patient** patient *m* hospitalisé pour une courte durée.

short story n nouvelle *f*.

short-tempered adj irascible, irritable.

short tennis n tennis *m* pour enfants.

short-term adj à court terme ▸ **short-term loan** prêt *m* à court terme.

short-time adj UK ▸ **to be on short-time working** être en chômage partiel.

short ton n tonne *f* (américaine), short ton *f*.

short wave n onde *f* courte / *on short wave* sur ondes courtes.
❖ **short-wave** comp [radio] à ondes courtes ; [programme, broadcasting] sur ondes courtes.

shorty ['ʃɔ:tɪ] (*pl* **shorties**) n *inf* petit *m*, -e *f*, minus *m*, nabot *m*.

Shostakovich [,ʃɒstə'kəʊvɪtʃ] pr n Chostakovitch.

shot [ʃɒt] ◆ pt & pp ⟶ **shoot.** ◆ n **1.** [instance of firing] coup *m* (de feu) / *he fired four shots* il a tiré quatre coups de feu ▸ **to have** or **to take a shot at sthg** tirer sur qqch / *he hit it with his first shot* il l'a atteint du premier coup ▸ **a shot across the bows** *lit & fig* un coup de semonce ▸ **it was a shot in the dark** j'ai / il a / etc. dit ça au hasard / *the dog was off like a shot inf* le chien est parti comme une flèche / *would you marry him? — like a shot! inf* est-ce que tu l'épouserais ? — sans hésiter or et comment ! / *I'd accept the offer like a shot inf* j'accepterais l'offre sans la moindre hésitation ▸ **the shot heard around the world** *expression évoquant le début de la guerre d'Indépendance américaine* **2.** [sound of gun] coup *m* de feu / *I was woken by a shot* j'ai été réveillé par un coup de feu **3.** *(U)* [shotgun pellets] plomb *m*, plombs *mpl* **4.** [marksman] tireur *m*, -euse *f*, fusil *m* / *she's a good shot* c'est une excellente tireuse, elle tire bien / *she's a poor shot* elle tire mal **5.** SPORT [at goal - in football, hockey, etc.] tir *m* ; [stroke - in tennis, cricket, billiards, etc.] coup *m* ; [throw - in darts] lancer *m* / *his first shot at goal hit the post* son premier tir a touché le poteau / *each player has three shots* chaque joueur joue trois fois ▸ **good shot!** bien joué ! ▸ **to call the shots** mener le jeu ▸ **to call one's shot** US *inf* annoncer la couleur **6.** SPORT ▸ **to put the shot** lancer le poids **7.** ASTRONAUT [launch] tir *m* **8.** PHOT photo *f* ; CIN plan *m*, prise *f* de vue / *the opening shots of the film* les premières images du film **9.** *inf* [try] tentative *f*, essai *m* / *I'd like to have a shot at it* j'aimerais tenter le coup / *give it your best shot* fais pour le mieux / *I gave it my best shot* j'ai fait ce que j'ai pu / *it's worth a shot* ça vaut le coup d'essayer **10.** [injection] piqûre *f* / *tetanus shot* piqûre antitétanique ▸ **a shot in the arm** *fig* un coup de fouet *fig* **11.** [drink] (petit) verre *m*, shot *m* / *have a shot of vodka* prenez un petit verre de vodka. ◆ adj **1.** UK [rid] ▸ **to get shot of sthg / sb** *inf* se débarrasser de qqch / qqn / *I'll be glad to be shot of them* je serai content d'en être débarrassé **2.** [streaked] strié ▸ **shot silk** soie *f* changeante / *the book is shot through with subtle irony fig* le livre est plein d'une ironie subtile **3.** US *inf* [exhausted] épuisé, crevé ; [broken, spoilt] fichu, bousillé / *my nerves are shot* je suis à bout de nerfs.

The shot heard around the world

Titre d'un poème de Ralph Waldo Emerson, en hommage au premier coup de feu échangé entre les **Minutemen** américains et les forces anglaises, en avril 1775, à Lexington. L'écrivain y loue la détermination des colons et salue l'avènement d'une nouvelle nation.

shote = **shoat.**

shot glass n verre *m* à shots.

shotgun ['ʃɒtgʌn] ◆ n fusil *m* de chasse. ◆ adj forcé ▸ **a shotgun merger** une fusion imposée. ◆ adv US ▸ **to ride shotgun** voyager comme passager.

shotgun wedding n mariage *m* forcé.

shot put n lancer *m* du poids.

shot putter n lanceur *m*, -euse *f* de poids.

shot putting [-'pʊtɪŋ] n (lancer *m* du) poids *m*.

should [ʃʊd] modal vb **1.** [indicating duty, necessity] : *I should be working, not talking to you* je devrais être en train de travailler au lieu de parler avec vous / *papers should not exceed ten pages* les devoirs ne devront pas dépasser dix pages / *you really should call her, you know* tu devrais l'appeler, tu sais / *they should be severely punished* ils devraient être sévèrement punis ; [indicating likelihood] : *they should have arrived by now* ils devraient être arrivés maintenant / *I should have finished the work yesterday* j'aurais dû finir ce travail hier / *the election results should be out soon* on devrait bientôt connaître les résultats des élections ; [indicating what is acceptable, desirable, etc.] : *I should never have married him* je n'aurais jamais dû l'épouser / *you shouldn't have done that!* tu n'aurais pas dû faire ça ! / *you should have seen the state of the house!* si tu avais vu dans quel état était la maison ! / *you should hear the way he talks!* il faut voir comment il s'exprime ! / *should he tell her? — yes he should* est-ce qu'il devrait le lui dire ? — oui, sans aucun doute / *I'm very sorry — and so you should be!* je suis vraiment désolé — il y a de quoi ! / *why shouldn't I enjoy myself now and then?* pourquoi est-ce que je n'aurais pas le droit de m'amuser de temps en temps ? ; [prefacing an important remark] : *I should perhaps say, at this point, that...* à ce stade, je devrais peut-être dire que... **2.** *(forming conditional tense)* [would] : *I should like to meet your parents* j'aimerais rencontrer vos parents / *if I were you I should apologize* si j'étais à votre place, je présenterais mes excuses / *I shouldn't be surprised if they got married* cela ne m'étonnerait pas qu'ils se marient / *I should say* or *think it costs about £50* je dirais que ça coûte dans les 50 livres / *I should have thought the answer was obvious* j'aurais pensé que la réponse était évidente / *should you be interested, I know a good hotel there* si cela vous intéresse, je connais un bon hôtel là-bas / *how should I know?* comment voulez-vous que je le sache ? / *I should think so / not!* j'espère bien / bien que non ! **3.** [were to - indicating hypothesis, speculation] : *if I should forget* si (jamais) j'oublie / *I'll be upstairs should you need me* je serai en haut si (jamais) vous avez besoin de moi / *suppose nobody should come?* et si personne ne venait ? **4.** [after 'that' and in expressions of feeling, opinion, etc.] : *it's strange (that) she should do that* c'est bizarre qu'elle fasse cela / *I'm anxious that she should come* je tiens à ce qu'elle vienne / *we decided we should meet at the station* nous avons décidé de nous retrouver à la gare / *lest it should rain liter* de crainte or de peur qu'il ne pleuve **5.** *(after 'who' or 'what')* [expressing surprise] : *and who should I meet but Betty!* et sur qui je tombe ? Betty ! **6.** *inf & iro* [needn't] : *he should worry (about money), he owns half of Manhattan!* tu parles qu'il a des soucis d'argent, la moitié de Manhattan lui appartient !

See box at shall.

shoulda ['ʃʊdə] *inf* abbr of **should have.**

shoulder ['ʃəʊldər] ◆ n **1.** [part of body, of garment] épaule *f* / *he's got broad shoulders* il est large d'épaules or de carrure / *it's a bit big on the shoulders* c'est un peu large aux épaules or de carrure / *she put an arm around my shoulder* elle mit son bras autour de mon épaule / *you can carry it over your shoulder* tu peux le porter en bandoulière / *put a jacket over your shoulders* mets une veste sur tes épaules / *I looked over my shoulder* j'ai jeté un coup d'œil derrière moi / *it's a heavy burden to place on his shoulders* c'est une lourde charge à mettre sur ses épaules ▸ **to cry on sb's shoulder** pleurer sur l'épaule de qqn / *we all need a shoulder to cry on* nous avons tous besoin d'une épaule pour pleurer ▸ **to put one's shoulder to the wheel** s'atteler à la tâche ▸ **to stand shoulder to shoulder** être coude à coude **2.** CULIN épaule *f* ▸ **shoulder of lamb** épaule d'agneau **3.** [along road] accotement *m*, bas-côté *m* **4.** [on hill, mountain] replat *m* ; [of bottle] renflement *m*. ◆ vt **1.** [pick up] charger sur son épaule / *she shouldered the heavy load* elle chargea le lourd fardeau sur son épaule ▸ **to shoulder arms** MIL se mettre au port d'armes ▸ **shoulder arms!** MIL portez armes ! **2.** *fig* [take on - responsibility, blame] assumer ; [cost] faire face à **3.** [push] pousser (de l'épaule) / *he shouldered me aside* il m'écarta d'un coup d'épaule / *I shouldered my way through the crowd* je me suis frayé un chemin à travers la foule (en jouant des épaules).

shoulder bag n sac *m* à bandoulière.

shoulder blade n omoplate *f*.

shoulder charge n charge *f* épaule contre épaule.
❖ **shoulder-charge** vt charger épaule contre épaule.

shoulder-high ◆ adj qui arrive (jusqu')à l'épaule / *we pushed through the shoulder-high grass* nous nous frayâmes un chemin dans l'herbe qui nous arrivait (jusqu')à l'épaule. ◆ adv ▸ **to carry sb shoulder-high** porter qqn en triomphe.

shoulder holster n holster *m*.

shoulder-length adj [hair] mi-long, qui arrive (jusqu')aux épaules.

shoulder pad n [in garment] épaulette *f (coussinet de rembourrage)* ; SPORT protège-épaule *m*.

shoulder strap n [on dress, bra, accordion] bretelle *f* ; [on bag] bandoulière *f*.

shouldn't ['ʃʊdnt] abbr of **should not.**

should've ['ʃʊdəv] abbr of **should have.**

shout [ʃaʊt] ◆ n **1.** [cry] cri *m*, hurlement *m* / *I heard a shout of joy* j'ai entendu un cri de joie / *give me a shout if you need a hand* appelle-moi si tu as besoin d'un coup de main **2.** UK & AUSTR *inf* [round of drinks] tournée *f* / *whose shout is it?* c'est à qui de payer la tournée? ◆ vi **1.** [cry out] crier, hurler / *there's no need to shout, I can hear you* pas besoin de crier comme ça, je ne suis pas sourd ▸ **to shout at the top of one's voice** crier à tue-tête ▸ **to shout (out) for help** appeler au secours / *he shouted (out) to her to be careful* il lui a crié de faire attention / *he shouted at me for being late* il a crié parce que j'étais en retard / *my new job is nothing to shout about inf* mon nouveau travail n'a rien de bien passionnant **2.** UK & AUSTR *inf* [pay for drinks] : *I'll shout* c'est ma tournée. ◆ vt **1.** [cry out] crier / *the sergeant shouted (out) an order* le sergent hurla un ordre / *they shouted themselves hoarse* ils crièrent jusqu'à en perdre la voix **2.** UK & AUSTR *inf* [treat] ▸ **to shout sb a meal** inviter qqn.

❖ **shout down** vt sep [speaker] empêcher de parler en criant ; [speech] couvrir par des cris / *she was shouted down* les gens ont hurlé tellement fort qu'elle n'a pas pu parler.

shouting ['ʃaʊtɪŋ] n *(U)* cris *mpl*, vociférations *fpl* / *within shouting distance* à deux pas, tout près ▸ **it's all over bar the shouting** l'affaire est dans le sac.

shove [ʃʌv] ◆ vt **1.** [push] pousser ; [push roughly] pousser sans ménagement / *we shoved all the furniture up against the walls* nous avons poussé tous les meubles contre les murs / *he shoved me out of the way* il m'a écarté sans ménagement / *she shoved him down the stairs* elle l'a poussé dans les escaliers ; [insert, stick] enfoncer / *he shoved an elbow into my ribs* il m'enfonça son coude dans les côtes **2.** *inf* [put hurriedly or carelessly] mettre, flanquer, ficher / *shove it in the drawer* fiche-le dans le tiroir / *shove a few good quotes in and it'll be fine* tu y ajoutes quelques citations bien choisies et ce sera parfait. ◆ vi **1.** [push] pousser ; [jostle] se bousculer / *people kept pushing and shoving* les gens n'arrêtaient pas de se bousculer / *stop shoving!* arrêtez de pousser ! **2.** UK *inf* [move up] se pousser / *shove up* or *over* or *along a bit* pousse-toi un peu. ◆ n **1.** [push] poussée *f* ▸ **to give sb / sthg a shove** pousser qqn / qqch **2.** PHR *inf* **to give sb the shove** sacquer qqn ▸ **to get the shove** se faire sacquer.

❖ **shove about** UK, **shove around** vt sep [jostle] bousculer ; [mistreat] malmener / *don't let him shove you about!* ne le laisse pas te marcher sur les pieds !

❖ **shove off** ◆ vi **1.** *inf* [go away] se casser, se tirer / *shove off, I'm busy!* casse-toi, je suis occupé ! **2.** [boat] pousser au large. ◆ vt sep [boat] pousser au large, déborder.

shove-halfpenny n jeu *m* de palets de table.

shovel ['ʃʌvl] (UK *pt & pp* **shovelled**, *cont* **shovelling** ; US *pt & pp* **shoveled**, *cont* **shoveling**) ◆ n pelle *f* ; [on excavating machine] pelle *f*, godet *m* ▸ **coal shovel** pelle mécanique. ◆ vt [coal, earth, sand] pelleter ; [snow] déblayer (à la pelle) / *they shovelled the gravel onto the drive* avec une pelle, ils ont répandu les gravillons sur l'allée / *shovel all that rubble into a corner* prenez une pelle et mettez tous ces gravats dans un coin ▸ **to shovel food into one's mouth** *inf* enfourner de la nourriture / *he shovelled his meal down inf* il a englouti son repas.

shovelful ['ʃʌvlfʊl] n pelletée *f*.

show [ʃəʊ] (*pt* **showed**, *pp* **shown** [ʃəʊn]) ◆ vt **1.** [display, present] montrer, faire voir ▸ **to show sthg to sb, to show sb sthg** montrer qqch à qqn / *show me your presents* fais-moi voir or montre-moi tes cadeaux / *you have to show your pass / your ticket on the way in* il faut présenter son laissez-passer / son billet à l'entrée / *you're showing a lot of leg this evening!* tu es habillée bien court ce soir ! / *a TV screen shows what's happening in the next room* un écran de télévision permet de voir ce qui se passe dans la pièce d'à côté / *I had very little to show for my efforts* mes efforts n'avaient donné que peu de résultats / *three months' work, and what have we got to show for it?* trois mois de travail, et qu'est-ce que cela nous a rapporté ? / *this jacket / colour really shows the dirt* cette veste / couleur est vraiment salissante / *come out from behind there and show yourself!* sortez de là derrière et montrez-vous ! / *if he ever shows himself round here again, I'll kill him!* si jamais il se montre encore par ici, je le tue ! / *she showed herself more than willing to join in* elle s'est montrée plus que prête à participer ▸ **to show one's age** faire son âge ; [reveal - talent, affection, readiness, reluctance] montrer, faire preuve de / *she never shows any emotion* elle ne laisse jamais paraître or ne montre jamais ses sentiments / *to show a preference for sthg* manifester une préférence pour qqch / *they will be shown no mercy* ils seront traités sans merci / *the audience began to show signs of restlessness* le public a commencé à s'agiter / *the situation is showing signs of improvement* la situation semble être en voie d'amélioration **2.** [prove] montrer, démontrer, prouver / *first I shall show that Greenham's theory cannot be correct* je démontrerai d'abord que la théorie de Greenham ne peut être juste / *it just shows the strength of public opposition to the plan* cela montre à quel point le public est opposé à ce projet / *it just goes to show that nothing's impossible* c'est la preuve que rien n'est impossible / *it just goes to show what you can do if you work hard* cela montre or c'est la preuve de ce que l'on peut faire en travaillant dur **3.** [register - subj: instrument, dial, clock] marquer, indiquer / *the thermometer shows a temperature of 20° C* le thermomètre indique 20° C **4.** [represent, depict] montrer, représenter / *this photo shows him at the age of 17* cette photo le montre à l'âge de 17 ans **5.** [point out, demonstrate] montrer, indiquer / *show me how to do it* montrez-moi comment faire ▸ **to show (sb) the way** montrer le chemin (à qqn) ▸ **to show the way** *fig* donner l'exemple / *the government has very much shown the way with its green policies fig* le gouvernement a bien donné l'exemple avec sa politique écologique ▸ **I'll show you!** *inf* tu vas voir ! **6.** [escort, accompany] : *let me show you to your room* je vais vous montrer votre chambre / *will you show this gentleman to the door?* veuillez reconduire Monsieur à la porte / *an usherette showed us to our seats* une ouvreuse nous a conduits à nos places **7.** [profit, loss] faire / *prices show a 10% increase on last year* les prix sont en hausse or ont augmenté de 10 % par rapport à l'an dernier **8.** [put on - film, TV programme] passer / *the film has never been shown on television* le film n'est jamais passé à la télévision / **'as shown on TV'** 'vu à la télé' **9.** [exhibit - work of art, prize, produce] exposer / *some of the drawings have never been shown in Europe before* quelques-uns des dessins n'ont jamais été exposés en Europe auparavant. ◆ vi **1.** [be visible - gen] se voir ; [- petticoat] dépasser / *fear showed in his eyes* la peur se lisait dans ses yeux / *she doesn't like him, and it shows* elle ne l'aime pas, et ça se voit / *a patch of sky showed through a hole in the roof* on voyait un pan de ciel à travers un trou dans le toit / *their tiredness is beginning to show* ils commencent à donner des signes de fatigue **2.** [be on - film, TV programme] passer **3.** UK [in a vote] lever la main / *all those in favour please show* que tous ceux qui sont pour lèvent la main **4.** US *inf* [turn up] arriver, se pointer. ◆ n **1.** [demonstration, display] démonstration *f*, manifestation *f* ; [pretence] semblant *m*, simulacre *m* / *she put on a show of indifference* elle a fait semblant d'être indifférente ; [ostentation] ostentation *f*, parade *f* / *he always makes such a show of his knowledge* il faut toujours qu'il fasse étalage de ses connaissances / *the metal strips are just for show* les bandes métalliques ont une fonction purement décorative ▸ **a show of strength** une démonstration de force ▸ **a show of hands** un vote à main levée **2.** THEAT spectacle *m* ; TV émission *f* / *we went to a restaurant after the show* nous sommes allés au restaurant après le spectacle ▸ **variety show** émission de variétés ▸ **the show must go on** THEAT & *fig* le spectacle continue **3.** [exhibition] exposition *f* ; [trade fair] foire *f*, salon *m* / *have you been to the Picasso show?* avez-vous visité l'exposition Picasso ? / *I dislike most of the paintings on show* je n'aime pas la plupart des tableaux exposés ▸ **the agricultural / motor show** le salon de l'agriculture / de l'auto **4.** *inf* [business, affair] affaire *f* / *she planned and ran the whole show* c'est elle qui a tout organisé et qui s'est occupée de tout / *it's up to you, it's your show* c'est à toi de décider, c'est toi le chef ▸ **let's get this show on the road!** il faut y aller maintenant ! ▸ **it's all over the show** US *inf* ça part dans tous les sens **5.** [achievement, performance] performance *f*, prestation *f* / *the team put up a pretty good show* l'équipe s'est bien défendue / *it's a pretty poor show when your own mother forgets your birthday* c'est un peu triste que ta propre mère oublie ton anniversaire / *(jolly) good show, Henry! dated* bravo, Henry !

❖ **show around** vt sep faire visiter / *my secretary will show you around (the factory)* ma secrétaire va vous faire visiter (l'usine).

❖ **show in** vt sep faire entrer.

❖ **show off** ◆ vi crâner, frimer, se faire remarquer / *stop showing off!* arrête de te faire remarquer ! ◆ vt sep **1.** [parade] faire étalage de / *to show off one's skill* faire étalage de son savoir-faire / *he only came to show off his new girlfriend* il n'est venu que pour exhiber sa nouvelle petite amie **2.** [set off] mettre en valeur / *the black background shows off the colours nicely* le fond noir fait bien ressortir les couleurs.

❖ **show out** vt sep reconduire or raccompagner (à la porte).

❖ **show over** UK = **show around**.

❖ **show round** = **show around**.

❖ **show through** vi se voir (à travers), transparaître / *the old paint still shows through* l'ancienne peinture se voit encore à travers.

❖ **show up** ◆ vi **1.** *inf* [turn up, arrive] arriver / *only two of our guests have shown up* seuls deux de nos invités sont arrivés **2.** [be visible] se voir, être visible / *the difference is so slight it hardly shows up at all* la différence est tellement minime qu'elle se remarque à peine. ◆ vt sep UK **1.** [unmask] démasquer / *the investigation showed him up for the coward he is* l'enquête a révélé sa lâcheté **2.** [draw attention to - deficiency, defect] faire apparaître, faire ressortir / *the poor results show up the deficiencies in the training programme* les mauvais résultats font apparaître les défauts du programme de formation **3.** [embarrass] faire honte à / *you're always showing me up in public* il faut toujours que tu me fasses honte en public.

showbiz ['ʃəʊbɪz] n *inf* show-biz *m*, monde *m* du spectacle / *she wants to get into showbiz* elle veut entrer dans le show-biz.

showboat ['ʃəʊbəʊt] ◆ n US **1.** [boat] bateau-théâtre *m* **2.** *inf* [person] cabotin *m*, -e *f*, m'as-tu-vu *mf*. ◆ vi US SPORT [show off] frimer.

show business n show-business *m*, monde *m* du spectacle / *a show-business personality* une personnalité du monde du spectacle.

showcase ['ʃəʊkeɪs] ◆ n vitrine *f* / *a showcase for British exports fig* une vitrine pour les exportations britanniques. ◆ adj [role] prestigieux ; [operation] de prestige. ◆ vt servir de vitrine à *fig*.

showdown ['ʃəʊdaʊn] n **1.** [confrontation] confrontation *f*, épreuve *f* de force **2.** [in poker] étalement *m* du jeu.

shower ['ʃaʊəʳ] ◆ n **1.** [for washing] douche *f* ▸ **to have** or **to take a shower** prendre une douche **2.** METEOR averse *f* / *scattered showers* averses intermittentes ▸ **a snow shower** une chute de neige **3.** [stream - of confetti, sparks, gravel] pluie *f* ; [- of praise, abuse] avalanche *f* ; [- of blows] pluie *f*, volée *f*, grêle *f* **4.** US [party] *fête au cours de laquelle les invités offrent des cadeaux* / *they're having a baby shower* ils font une fête où les invités apporteront des cadeaux pour leur bébé **5.** UK *inf & pej* [group] bande *f* / *what a shower!* quelle bande de crétins ! ◆ vi **1.** [have a shower] prendre une douche, se doucher **2.** [rain] pleuvoir par averses / *it's started to shower* il a commencé à pleuvoir **3.** *fig* [rain down] pleuvoir. ◆ vt : *passers-by were showered with broken glass* des passants ont été atteints par des éclats de verre / *they showered him with gifts* or *they showered gifts on him* ils l'ont comblé de cadeaux ▸ **to shower sb with kisses** couvrir qqn de baisers ▸ **to shower sb with praise** encenser qqn.

shower cap n bonnet *m* de douche.

shower curtain n rideau *m* de douche.

shower gel n gel *m* douche.

shower head n pomme *f* de douche.

showerproof ['ʃaʊəpru:f] adj imperméable.

shower unit n bloc-douche *m*.

showery ['ʃaʊərɪ] adj : *the weather was showery* il pleuvait de façon intermittente / *it will be rather a showery day tomorrow* il y aura des averses demain.

showgirl ['ʃəʊgɜːl] n girl *f*.

showground ['ʃəʊgraʊnd] n parc *m* d'expositions.

show house n maison *f* témoin.

showily ['ʃəʊɪlɪ] adv de façon voyante or ostentatoire.

showing ['ʃəʊɪŋ] n **1.** [of paintings, sculpture] exposition *f* ; [of film] projection *f*, séance *f* / *a private showing of her new film* une projection privée de son nouveau film / *a special midnight showing* une séance spéciale à minuit **2.** [performance] performance *f*, prestation *f* / *on its present showing our party should win hands down* à en juger par ses performances actuelles, notre parti devrait gagner haut la main.

showing off n : *I've had enough of his showing off* j'en ai assez de sa vantardise.

show jumper n [rider] cavalier *m*, -ère *f* *(participant à des concours de saut d'obstacles)* ; [horse] sauteur *m*.

show jumping n jumping *m*, concours *m* de saut d'obstacles.

showman ['ʃəʊmən] (*pl* **showmen** [-mən]) n THEAT metteur *m* en scène ; [in fairground] forain *m* ; [circus manager] propriétaire *m* de cirque / *he's a real showman fig* il a vraiment le sens de la mise en scène.

showmanship ['ʃəʊmənʃɪp] n sens *m* de la mise en scène.

show-me adj US *inf* [attitude] incrédule / *we cannot discuss this with the boss, he has a show-me attitude* nous ne pouvons pas discuter de ça avec le chef, il ne croit que ce qu'il voit ▸ **the Show-Me State** *surnom donné au Missouri* ⟶ **Missouri.**

shown [ʃəʊn] pp ⟶ **show.**

show-off n *inf* frimeur *m*, -euse *f*.

showpiece ['ʃəʊpiːs] n : *that carpet is a real showpiece* ce tapis est une pièce remarquable / *the showpiece of his collection* le joyau de sa collection / *the school had become a showpiece of educational excellence* l'école est devenue un modèle quant à la qualité de l'enseignement.

showplace ['ʃəʊpleɪs] n endroit *m* pittoresque, site *m* touristique.

showring ['ʃəʊrɪŋ] n [at auction, for horses, cattle] arène *f* de vente ; [at equestrian event] arène *f* de concours hippique ; [at dogshow] ring *m* d'honneur.

showroom ['ʃəʊrʊm] n salle *f* or salon *m* d'exposition / *the new model will be in the showrooms soon* le nouveau modèle sera bientôt chez votre concessionnaire / *a car in showroom condition* une voiture à l'état neuf.

showstopper ['ʃəʊˌstɒpəʳ] n numéro *m* sensationnel / *her song was a real showstopper* sa chanson a eu or remporté un succès fou.

show-stopping adj sensationnel.

show trial n procès *m* à grand spectacle.

showy ['ʃəʊɪ] (*compar* **showier**, *superl* **showiest**) adj voyant, ostentatoire.

shrank [ʃræŋk] pt ⟶ **shrink.**

shrapnel ['ʃræpnl] n **1.** *(U)* [fragments] éclats *mpl* d'obus / *a piece of shrapnel* un éclat d'obus **2.** [shell] shrapnel *m*.

shred [ʃred] ◆ n **1.** [of paper, fabric, etc.] lambeau *m* ▸ **in shreds** en lambeaux ▸ **to tear sthg to shreds a)** *lit* déchirer qqch en petits morceaux **b)** *fig* démolir qqch **2.** [of truth, evidence] parcelle *f*. ◆ vt **1.** [tear up -paper, fabric] déchiqueter / *shred this document as soon as you have read it* détruisez ce document dès que vous l'aurez lu **2.** CULIN râper ▸ **shredded cabbage** chou râpé.

shredder ['ʃredəʳ] n **1.** CULIN [manual] râpe *f* ; [in food processor] disque-râpeur *m* **2.** [for documents] destructeur *m* de documents.

shrew [ʃruː] n **1.** ZOOL musaraigne *f* **2.** *pej* [woman] mégère *f*, harpie *f*.

shrewd [ʃruːd] adj [person -astute] perspicace ; [-crafty] astucieux, rusé, habile ; [judgment] perspicace / *I had a shrewd suspicion that they were up to something* je les soupçonnais fortement de manigancer quelque chose / *to make a shrewd guess* deviner juste / *a shrewd investment* un placement judicieux.

shrewdly ['ʃruːdlɪ] adv [act] avec perspicacité or sagacité ; [answer, guess] astucieusement.

shrewdness ['ʃruːdnɪs] n [astuteness] perspicacité *f* ; [craftiness] habileté *f*, ruse *f*.

shrewish ['ʃruːɪʃ] adj [woman, character] acariâtre, hargneux.

shriek [ʃriːk] ◆ vi hurler, crier / *to shriek with pain* pousser un cri de douleur / *to shriek with laughter* hurler de rire. ◆ vt hurler, crier / *"stop!", he shrieked* « arrêtez ! », hurla-t-il.

shrift [ʃrɪft] n **1.** *arch* [confession] confession *f* ; [absolution] absolution *f* **2.** PHR **to give sb short shrift** envoyer promener qqn.

shrike [ʃraɪk] n pie-grièche *f*.

shrill [ʃrɪl] ◆ adj perçant, aigu (aiguë), strident. ◆ vi [siren, whistle] retentir. ◆ vt crier d'une voix perçante / *"cooee!", she shrilled* « coucou ! », cria-t-elle d'une voix perçante.

shrillness ['ʃrɪlnɪs] n [of voice] ton *m* perçant or aigu ; [of note, whistle] stridence *f liter.*

shrilly ['ʃrɪlɪ] adv [say, sing] d'une voix perçante or aiguë ; [whistle] d'une manière stridente.

shrimp [ʃrɪmp] ◆ n **1.** (US *pl* **shrimp**) ZOOL crevette *f* ▸ **shrimp cocktail** cocktail *m* de crevettes ▸ **shrimp crackers** chips *fpl* à la crevette **2.** *inf & pej* [small person] minus *m*, avorton *m*. ◆ vi ▸ **to go shrimping** aller aux crevettes.

shrimping net ['ʃrɪmpɪŋ-] n crevettier *m (filet)*.

shrine [ʃraɪn] n **1.** [place of worship] lieu *m* saint **2.** [container for relics] reliquaire *m* **3.** [tomb] tombe *f*, mausolée *m* **4.** *fig* haut lieu *m* / *a shrine of learning* un haut lieu du savoir.

shrink [ʃrɪŋk] (*pt* **shrank** [ʃræŋk], *pp* **shrunk** [ʃrʌŋk]) ◆ vi **1.** [garment, cloth] rétrécir **2.** [grow smaller -gen] rétrécir, rapetisser ; [-economy] se contracter ; [-meat] réduire ; [-person] rapetisser ; [-numbers, profits, savings] diminuer, baisser ; [-business, trade] se réduire / *the wood has shrunk* le bois a dégonflé / *the village seems to have shrunk* le village semble plus petit / *the number of candidates has shrunk alarmingly* le nombre de candidats a diminué de façon inquiétante / *the size of computers has shrunk dramatically* les ordinateurs sont devenus nettement plus compacts / *my savings have shrunk (away) to nothing* mes économies ont complètement fondu **3.** [move backwards] reculer / *they shrank (away* or *back) in horror* ils reculèrent, horrifiés ▸ **to shrink into o.s.** se refermer or se replier sur soi-même **4.** [shy away] se dérober ; [hesitate] répugner / *he shrinks from any responsibility* il se dérobe devant n'importe quelle responsabilité / *she shrank from the thought of meeting him again* l'idée de le revoir lui faisait peur. ◆ vt (faire) rétrécir / *old age had shrunk him* il s'était tassé avec l'âge. ◆ n *inf & pej* [psychiatrist, psychoanalyst] psy *mf*.

shrinkage ['ʃrɪŋkɪdʒ] n *(U)* **1.** [gen] rétrécissement *m*, contraction *f* / *allow for shrinkage* tenir compte du rétrécissement / *they forecast a further shrinkage in output* ils prévoient une nouvelle diminution de la production **2.** COMM [of goods in transit] pertes *fpl* ; [of goods stolen] vol *m* (des stocks).

shrinking ['ʃrɪŋkɪŋ] adj [fearful] craintif ; [shy] timide.

shrinking violet n personne *f* sensible et timide.

shrink-wrap (*pt & pp* **shrink-wrapped**, *cont* **shrink-wrapping**) vt emballer sous film plastique.

shrink-wrapped adj emballé sous film plastique.

shrink-wrapping n **1.** [process] emballage *m* sous film plastique **2.** [material] film *m* plastique.

shrive ['ʃraɪv] (*pt* **shrived** *or* **shrove** [ʃrəʊv], *pp* **shrived** *or* **shriven** ['ʃrɪvn]) *arch* ◆ vt confesser, absoudre. ◆ vi se confesser.

shrivel ['ʃrɪvl] (UK *pt & pp* **shrivelled**, *cont* **shrivelling** ; US *pt & pp* **shriveled**, *cont* **shriveling**) ◆ vi [fruit, vegetable] se dessécher, se ratatiner ; [leaf] se recroqueviller ; [flower, crops] se flétrir ; [face, skin] se flétrir ; [meat, leather] se racornir / *I almost shrivelled up with shame* j'ai failli mourir de honte. ◆ vt [fruit, vegetable] dessécher, ratatiner ; [leaf] dessécher ; [flower, crops] flétrir ; [face, skin] flétrir, rider, parcheminer ; [meat, leather] racornir.

❖ **shrivel up** vi & vt sep = **shrivel.**

shrivelled ['ʃrɪvəld] adj ratatiné / *a shrivelled old woman* une vieille femme toute ratatinée.

shriven ['ʃrɪvn] pp ⟶ **shrive.**

shroom [ʃruːm] n US *drugs sl* [magic mushroom] champignon *m* hallucinogène.

shroud [ʃraʊd] ◆ n **1.** [burial sheet] linceul *m*, suaire *m* **2.** *fig* [covering] voile *m*, linceul *m* / *a shroud of mist / mystery* un voile de brume / mystère **3.** [shield -for spacecraft] coiffe *f* **4.** [rope, cord -for aerial, mast, etc.] hauban *m* ; [-on parachute] suspente *f*. ◆ vt **1.** [body] envelopper dans un linceul or suaire / *she always shrouds herself in voluminous black clothes* elle se drape toujours dans de grands vêtements noirs **2.** [obscure] voiler, envelopper / *the town was shrouded in mist / darkness* la ville était noyée dans la brume / plongée dans l'obscurité / *its origins are shrouded in mystery* ses origines sont entourées de mystère.

shrove [ʃrəʊv] pt ⟶ **shrive.**

Shrovetide ['ʃrəʊvtaɪd] n les jours *mpl* gras *(précédant le Carême)*.

Shrove Tuesday [ʃrəʊv-] pr n Mardi gras.

shrub [ʃrʌb] n arbrisseau *m*, arbuste *m*.

shrubbery ['ʃrʌbərɪ] (*pl* **shrubberies**) n [shrub garden] jardin *m* d'arbustes ; [scrubland] maquis *m*.

shrubby ['ʃrʌbɪ] (*compar* **shrubbier**, *superl* **shrubbiest**) adj arbustif.

shrug [ʃrʌg] (*pt & pp* **shrugged**, *cont* **shrugging**) ◆ vt ▸ **to shrug one's shoulders** hausser les épaules. ◆ vi hausser les épaules. ◆ n haussement *m* d'épaules.

❖ **shrug off** vt sep [disregard] dédaigner / *to shrug off an illness* se débarrasser d'une maladie / *to shrug off one's problems* faire abstraction de ses problèmes / *she just shrugged off her failure* elle ne s'est pas laissé abattre par son échec / *it's not a problem you can simply shrug off* on ne peut pas faire simplement comme si le problème n'existait pas.

shrunk [ʃrʌŋk] pp ⟶ **shrink.**

shrunken ['ʃrʌŋkn] adj [garment, fabric] rétréci ; [person, body] ratatiné, rapetissé ; [head] réduit.

shtick [ʃtɪk] n US *inf* numéro *m*.

shtuk = **schtuk.**

shtum = **schtum.**

shuck [ʃʌk] US ◆ n [pod] cosse *f* ; [of nut] écale *f* ; [of chestnut] bogue *f* ; [of maize] spathe *f* ; [of oyster] coquille *f*. ◆ vt **1.** [beans, peas] écosser ; [nuts] écaler ; [chestnuts, maize] éplucher ; [oysters] écailler **2.** *inf* [discard] se débarrasser de ▸ **to shuck (off) one's clothes** se déshabiller **3.** *inf* [tease] faire marcher, mener en bateau.

shucks [ʃʌks] interj US *inf* (ah) zut.

shudder ['ʃʌdəʳ] vi **1.** [person] frissonner, frémir, trembler / *I shudder to think how much it must have cost!* je frémis rien que de penser au prix que ça a dû coûter ! / *I wonder what they're doing now? — I shudder to think!* je me demande ce qu'ils sont en train de faire — je préfère ne pas savoir ! **2.** [vehicle, machine] vibrer ; [stronger] trépider / *the train shuddered to a halt* le train s'arrêta dans une secousse.

shuffle ['ʃʌfl] ◆ vi **1.** [walk] traîner les pieds / *don't shuffle!* ne traîne pas les pieds ! / *she shuffles round the house in her slippers* elle traîne dans la maison en pantoufles / *he shuffled shamefacedly into the room* il est entré tout penaud dans la pièce **2.** [fidget] remuer, s'agiter **3.** [in card games] battre les cartes. ◆ vt **1.** [walk] ▸ **to shuffle one's feet** traîner les pieds / *he'll have trouble shuffling his way out of this one!* *fig* cette fois-ci, il ne va pas s'en tirer comme ça ! **2.** [move round -belongings, papers] remuer / *she was shuffling the papers on her desk* elle déplaçait les papiers qui se trouvaient sur son bureau **3.** [cards] battre, brasser ; [dominoes] mélanger, brasser. ◆ n **1.** [walk] pas *m* traînant **2.** [of cards] battage *m* / *let's give the cards a shuffle* battons les cartes / *it's your shuffle* c'est à toi de battre (les cartes).

❖ **shuffle off** ◆ vi partir en traînant les pieds ▸ **to shuffle off this mortal coil** *liter & hum* quitter cette vie. ◆ vt sep [responsibility] se dérober à / *he shuffled the responsibility off on to me* il s'est déchargé de la responsabilité sur moi.

shuffleboard ['ʃʌflbɔːd] n jeu *m* de palets.

shufti ['ʃʊftɪ] n UK *inf & dated* coup *m* d'œil / *have a shufti at this!* jette un coup d'œil là-dessus !

shun [ʃʌn] (*pt & pp* **shunned**, *cont* **shunning**) vt fuir, éviter / *she shuns all publicity* elle fuit toute publicité.

'shun [ʃʌn] interj MIL garde-à-vous.

shunt [ʃʌnt] ◆ vt **1.** [move] déplacer / *the neighbours upstairs were shunting furniture around* les voisins du dessus déplaçaient des meubles / *they shunted him off to the Fresno office* ils l'ont muté à Fresno **2.** UK RAIL [move about] manœuvrer ; [direct] aiguiller ; [marshal] trier / *the carriages had been shunted into a siding* les wagons avaient été mis sur une voie de garage **3.** ELEC [circuit] shunter, monter en dérivation ; [current] dériver. ◆ vi **1.** RAIL manœuvrer **2.** [travel back and forth] faire la navette. ◆ n **1.** RAIL manœuvre *f* (de triage) **2.** ELEC shunt *m*, dérivation *f* **3.** MED shunt *m* **4.** UK *inf* [car crash] collision *f*.

shunter ['ʃʌntər] n locomotive *f* de manœuvre.

shunting ['ʃʌntɪŋ] ◆ n **1.** RAIL manœuvres *fpl* (de triage) **2.** ELEC shuntage *m*, dérivation *f*. ◆ comp [engine, track] de manœuvre.

shunting yard n gare *f* de triage.

shush [ʃʊʃ] ◆ interj chut. ◆ vt : *he kept shushing us* il n'arrêtait pas de nous dire de nous taire.

shut [ʃʌt] (*pt & pp* **shut**, *cont* **shutting**) ◆ vt **1.** [close] fermer / *shut your eyes!* fermez les yeux ! / *you shouldn't shut your eyes to the problem fig* vous ne devriez pas fermer les yeux sur le problème / *shut your books* refermez or fermez vos livres / *please shut the door after you* veuillez fermer or refermer la porte derrière vous ▸ **shut your mouth** or **your face!** *inf* boucle-la !, la ferme ! **2.** [trap] : *her skirt got shut in the door* sa robe est restée coincée dans la porte / *I shut my finger in the door* je me suis pris le doigt dans la porte. ◆ vi **1.** [door, window, container, etc.] (se) fermer / *the door won't shut* la porte ne ferme pas / *the lid shuts very tightly* le couvercle ferme hermétiquement **2.** [shop, gallery, etc.] fermer / *the post office shuts at 6 pm* la poste ferme à 18 h. ◆ adj fermé ▸ **keep your mouth** or **trap shut!** *inf* ferme-la !, boucle-la !

❖ **shut away** vt sep [criminal, animal] enfermer ; [precious objects] mettre sous clé / *I shut myself away for two months to finish my novel* je me suis enfermé pendant deux mois pour finir d'écrire mon roman.

❖ **shut down** ◆ vt sep [store, factory, cinema] fermer ; [machine, engine] arrêter. ◆ vi [store, factory, cinema] fermer.

❖ **shut in** vt sep enfermer / *he went to the bathroom and shut himself in* il est allé à la salle de bains et s'y est enfermé.

❖ **shut off** ◆ vt sep **1.** [cut off - supplies, water, electricity] couper ; [- radio, machine] éteindre, arrêter ; [- light] éteindre **2.** [isolate] couper, isoler / *the village was shut off from the rest of the world* le village a été coupé du reste du monde **3.** [block] boucher / *that new building shuts off all our sunlight* ce nouvel immeuble nous cache la lumière du jour. ◆ vi se couper, s'arrêter / *it shuts off automatically* ça s'arrête automatiquement.

❖ **shut out** vt sep **1.** [of building, room] : *she shut us out* elle nous a enfermés dehors / *we got shut out* nous ne pouvions plus rentrer **2.** [exclude] exclure / *he drew the curtains to shut out the light* il tira les rideaux pour empêcher la lumière d'entrer / *she felt shut out from all decision-making* elle avait l'impression que toutes les décisions étaient prises sans qu'elle soit consultée **3.** [block out - thought, feeling] chasser (de son esprit) **4.** [turn off - light] éteindre **5.** SPORT [opponent] empêcher de marquer.

❖ **shut up** ◆ vi **1.** *inf* [be quiet] se taire ▸ **shut up!** tais-toi ! / *shut up and do your work* tais-toi et fais ton travail **2.** [close] fermer / *we decided to shut up early* nous avons décidé de fermer tôt. ◆ vt sep **1.** [close - shop, factory] fermer **2.** [lock up] enfermer **3.** *inf* [silence] faire taire.

shutdown ['ʃʌtdaʊn] n fermeture *f* définitive.

shut-eye n *inf* ▸ **to get a bit of shut-eye** faire un somme, piquer un roupillon.

shut-in ◆ adj confiné, enfermé. ◆ n US malade *m* qui reste confiné, malade *f* qui reste confinée.

shutoff ['ʃʌtɒf] n **1.** [device] : *the automatic shut-off didn't work* le dispositif d'arrêt automatique n'a pas fonctionné **2.** [action] arrêt *m*.

shutout ['ʃʌtaʊt] n **1.** INDUST lock-out *m* **2.** US SPORT victoire écrasante *(remportée sans que l'adversaire marque un seul point)*.

shutter ['ʃʌtər] n **1.** [on window] volet *m* ▸ **to put up the shutters a)** [gen] mettre les volets **b)** [on shop] fermer boutique **2.** PHOT obturateur *m*.

shuttered ['ʃʌtəd] adj [with shutters fitted] à volets ; [with shutters closed] aux volets fermés / *all the windows were tightly shuttered* les volets de toutes les fenêtres étaient bien fermés.

shutter priority n priorité *f* à la vitesse.

shutter release n déclencheur *m* d'obturateur.

shutter speed n vitesse *f* d'obturation.

shuttle ['ʃʌtl] ◆ n **1.** [vehicle, service] navette *f* / *there is a shuttle bus service from the station to the stadium* il y a une navette d'autobus entre la gare et le stade / *the 8 o'clock shuttle to Glasgow* la navette de 8 h pour Glasgow **2.** [on weaving loom, sewing machine] navette *f* **3.** = **shuttlecock.** ◆ vi faire la navette / *he shuttles between New York and Chicago* il fait la navette entre New York et Chicago. ◆ vt : *a helicopter shuttled the injured to hospital* un hélicoptère a fait la navette pour transporter les blessés à l'hôpital / *passengers are shuttled to the airport by bus* les passagers sont transportés en bus à l'aéroport.

shuttlecock ['ʃʌtlkɒk] n volant *m (au badminton)*.

shuttle diplomacy n navette *f* diplomatique.

shwa [ʃwɑː] = **schwa.**

shy [ʃaɪ] (*compar* **shyer**, *superl* **shyest**, *pt & pp* **shied**) ◆ adj **1.** [person - timid] timide ; [- ill at ease] gêné, mal à l'aise ; [- unsociable] sauvage / *she gave a shy smile* elle sourit timidement / *he's shy of adults* il est timide avec les adultes / *she's camera shy* elle n'aime pas être prise en photo ▸ **to make sb shy** intimider qqn / *most people are shy of speaking in public* la plupart des gens ont peur de parler en public / *don't be shy of asking for more* n'hésitez pas à en redemander **2.** [animal, bird] peureux **3.** US [short, lacking] ▸ **to be shy of** manquer de, être à court de / *we're $600 shy of making our goal* il nous manque 600 dollars pour atteindre notre objectif. ◆ n UK **1.** [throw] lancer *m*, jet *m* / *he took a shy at the pigeon with a stone* il a lancé une pierre sur le pigeon **2.** [attempt] essai *m*, tentative *f* / *she decided to have* or *to take a shy at skiing* elle a décidé d'essayer le ski. ◆ vi [horse] broncher / *his horse shied at the last fence* son cheval a bronché devant le dernier obstacle. ◆ vt lancer, jeter.

❖ **shy away from** vt insep éviter de / *she shied away from talking to him* elle a évité de lui parler.

Shylock ['ʃaɪlɒk] n *pej* usurier *m*, -ère *f*.

shyly ['ʃaɪlɪ] adv timidement.

shyness ['ʃaɪnɪs] n timidité *f*.

shyster ['ʃaɪstər] US *inf* ◆ n [crook] escroc *m*, filou *m* ; [corrupt lawyer] avocat *m* marron ; [politician] politicien véreux *m*, politicienne *f* véreuse. ◆ adj malhonnête, véreux.

si [siː] n MUS si *m inv*.

SI (abbr of **Système International**) n SI *m* ▸ **SI unit** unité *f* SI.

Siam [ˌsaɪ'æm] pr n Siam *m* / *in Siam* au Siam.

Siamese [ˌsaɪə'miːz] (*pl* **Siamese**) ◆ n **1.** [person] Siamois *m*, -e *f* **2.** LING siamois *m* **3.** = **Siamese cat.** ◆ adj siamois.

Siamese cat n chat *m* siamois.

Siamese twins pl n [male] frères *mpl* siamois ; [female] sœurs *fpl* siamoises.

sib [sɪb] *inf* = **sibling.**

Siberia [saɪ'bɪərɪə] pr n Sibérie *f* / *in Siberia* en Sibérie.

Siberian [saɪ'bɪərɪən] ◆ n Sibérien *m*, -enne *f*. ◆ adj sibérien.

sibilance ['sɪbɪləns] n sifflement *m*.

sibilant ['sɪbɪlənt] adj sifflant.

sibilate ['sɪbɪleɪt] ◆ vt prononcer en sifflant. ◆ vi siffler.

sibling ['sɪblɪŋ] ◆ n [brother] frère *m* ; [sister] sœur *f* / *all his siblings* sa fratrie *spec*, tous ses frères et sœurs / *Bob and Sue are siblings* Bob et Sue sont frère et sœur. ◆ adj ▸ **sibling rivalry** rivalité *f* entre frères et sœurs.

sibyl ['sɪbl] n sibylle *f*.

sibylline ['sɪbəlaɪn] adj sibyllin.

sic [sɪk] ◆ adv sic. ◆ interj US [to dog] ▸ **sic!** attaque ! ◆ vt US ▸ **to sic a dog onto sb** dire à un chien d'attaquer qqn.

siccative ['sɪkətɪv] n siccatif *m*.

Sichuan pepper n poivre *m* du Sechuan.

Sicilian [sɪ'sɪljən] ◆ n **1.** [person] Sicilien *m*, -enne *f* **2.** LING sicilien *m*. ◆ adj sicilien.

Sicily ['sɪsɪlɪ] pr n Sicile *f* / *in Sicily* en Sicile.

sick [sɪk] ◆ adj **1.** [unwell - person, plant, animal] malade ; [- state] maladif ▸ **to fall sick, to get** or **to take sick** US tomber malade ▸ **to look sick** US avoir l'air malade / *my secretary is off sick* ma secrétaire est en congé de maladie / *they care for sick people* ils soignent les malades ▸ **to go** *inf* or **to report sick** MIL se faire porter malade or pâle / *are you sick in the head or something? inf* tu n'es pas un peu malade ? ▸ **to be sick with fear** / **worry** être malade de peur / d'inquiétude / *you're so good at it you make me look sick!* US *inf* tu le fais si bien que j'ai l'air complètement nul ! **2.** [nauseous] ▸ **to be sick** vomir ▸ **to feel sick** avoir envie de vomir or mal au cœur / *I get sick at the sight of blood* la vue du sang me rend malade or me soulève le cœur / *oysters make me sick* les huîtres me rendent malade / *you'll make yourself sick if you eat too fast* tu vas te rendre malade si tu manges trop vite / *the very idea gives me a sick feeling in my stomach* rien que d'y penser j'ai mal au cœur / *I felt sick to my stomach* j'avais mal au cœur ▸ **to be sick as a dog** *inf* être malade comme un chien **3.** [fed up, disgusted] écœuré, dégoûté / *I'm sick (and tired) of telling you!* j'en ai assez de te le répéter ! / *it made him sick to think of all that waste* ça l'écœurait de penser à tout ce gâchis / *you make me sick!* tu m'écœures or me dégoûtes ! / *he was sick of living alone* il en avait assez de vivre seul ▸ **to be sick to death of sb** / **sthg** *inf* en avoir vraiment assez or ras le bol de qqn / qqch ▸ **to be as sick as a parrot** UK *hum* : *I was as sick as a parrot!* j'en étais malade ! ▸ **to be sick at heart** *liter* avoir la mort dans l'âme **4.** *inf* [unwholesome] malsain, pervers ; [morbid - humour] malsain ; [- joke] macabre / *I find their relationship really sick* je trouve leurs rapports vraiment malsains / *that's the sickest thing I ever heard!* je n'ai jamais entendu quelque chose d'aussi écœurant ! **5.** *liter* [longing] ▸ **to be sick for sb** / **sthg** languir après qqn / qqch. ◆ pl n ▸ **the sick** les malades *mpl*. ◆ n UK *inf* [vomit] vomi *m*.

❖ **sick up** vt sep UK *inf* vomir, rendre.

sickbag ['sɪkbæg] n sac *m* à vomi.

sickbay ['sɪkbeɪ] n infirmerie *f*.

sickbed ['sɪkbed] n lit *m* de malade.

sick building syndrome n syndrome *m* du bâtiment malsain.

sick call n **1.** [visit - by doctor] visite *f* à domicile ; [- by priest] visite *f* aux malades **2.** US = **sick parade.**

sicken ['sɪkn] ◆ vt **1.** [disgust, distress] écœurer, dégoûter / *it sickened him to see them together* ça l'écœurait de les voir ensemble **2.** [make nauseous] donner mal au cœur à, écœurer ; [make vomit] faire vomir / *the smell sickens me* cette odeur me soulève le cœur or me donne des haut-le-cœur. ◆ vi **1.** [fall ill - person, animal] tomber malade ; [- plant] dépérir / *he's sickening for something* UK il couve quelque chose **2.** *liter* [become weary] se lasser / *she sickened of her idle life* elle se lassa de mener une vie désœuvrée.

sickening ['sɪknɪŋ] adj **1.** [nauseating - smell, mess] nauséabond, écœurant ; [- sight] écœurant **2.** *fig* écœurant, répugnant / *it's sickening the way the refugees are treated* c'est écœurant, la façon dont on traite les réfugiés / *he fell with a sickening thud* il est tombé avec un bruit qui laissait présager le pire / *she's so talented it's sickening! hum* elle est si douée que c'en est écœurant !

sickeningly ['sɪknɪŋlɪ] adv : *he's sickeningly pious* il est d'une piété écœurante / *she's sickeningly successful hum* elle réussit si bien que c'en est écœurant.

sick headache n UK migraine *f*.

sickie ['sɪkɪ] n UK, AUSTR & NZ *inf* : *to take a sickie* se faire porter pâle *(lorsqu'on est bien portant)* / *he threw a sickie* il n'est pas allé travailler, faisant croire qu'il était malade.

sickle ['sɪkl] n faucille *f* ▸ **a sickle moon** un mince croissant de lune.

sick leave n congé *m* (de) maladie ▸ **to be (away) on sick leave** être en congé (de) maladie.

sickle-cell anaemia n drépanocytose *f*, anémie *f* à hématies falciformes.

sickliness ['sɪklɪnɪs] n **1.** [of person] faiblesse *f*, fragilité *f* ; [of complexion] pâleur *f* maladive **2.** [of food] goût *m* écœurant.

sick list n liste *f* des malades ▸ **to be on the sick list** se faire porter malade.

sickly ['sɪklɪ] (*compar* **sicklier**, *superl* **sickliest**) adj **1.** [person] chétif, maladif ; [complexion, pallor] maladif ; [plant] chétif ; [dawn, light, glare] blafard ; [smile] pâle **2.** [nauseating] écœurant ; [sentimentality] mièvre / *a sickly sweet smell* une odeur écœurante or douceâtre **3.** *arch* [unwholesome - vapour, climate] insalubre, malsain.

sick-making adj UK *inf* dégueulasse / *it's absolutely sick-making* c'est à vous donner la nausée.

sickness ['sɪknɪs] n **1.** [nausea] nausée *f* **2.** [illness] maladie *f*.

sickness benefit n *(U)* UK prestations *fpl* de l'assurance maladie ; ≃ indemnités *fpl* journalières.

sick note n mot d'absence *(pour cause de maladie)*.

sicko ['sɪkəʊ] adj US dérangé, malade.

sick-out n US *grève où tous les employés prétendent être malades le même jour.*

sick parade n UK MIL ▸ **to go on sick parade** se faire porter malade.

sick pay n indemnité *f* de maladie *(versée par l'employeur)*.

sickroom ['sɪkrʊm] n [sickbay] infirmerie *f* ; [in home] chambre *f* de malade.

side [saɪd] ◆ n **1.** [part of body - human] côté *m* ; [- animal] flanc *m* / *lie on your side* couchez-vous sur le côté / *I've got a pain in my right side* j'ai mal au côté droit / *her fists were clenched at her sides* ses poings étaient serrés le long de son corps / *I sat down at* or *by his side* je me suis assis à ses côtés or à côté de lui / *the child remained at her mother's side* l'enfant restait à côté de sa mère / *she was called to the president's side* elle a été appelée auprès du président ▸ **to get on sb's good / bad side** s'attirer la sympathie / l'antipathie de qqn **2.** [as opposed to top, bottom, front, back] côté *m* / *the bottle was on its side* la bouteille était couchée / *lay the barrel on its side* mettez le fût sur le côté / *her hair is cut short at the sides* ses cheveux sont coupés court sur les côtés / *there's a door at the side* il y a une porte sur le côté / *the car was hit from the side* la voiture a subi un choc latéral **3.** [outer surface - of cube, pyramid] côté *m*, face *f* ; [flat surface - of biscuit, sheet of paper, cloth] côté *m* ; [- of coin, record, tape] côté *m*, face *f* / *write on both sides of the paper* écrivez recto verso / *grill for three minutes on each side* passez au grill trois minutes de chaque côté / **'this side up'** 'haut' / *the right / wrong side of the cloth* l'endroit *m* / l'envers *m* du tissu / *the other side of the tape is blank* l'autre face de la cassette est vierge ; [inner surface - of bathtub, cave, stomach] paroi *f* / *the sides of the crate are lined with newspaper* l'intérieur de la caisse est recouvert de papier journal ▸ **to know which side one's bread is buttered on** ne pas perdre le nord **4.** [edge - of triangle, lawn] côté *m* ; [- of road, pond, river, bed] bord *m* / *there's a wall on three sides of the property* il y a un mur sur trois côtés du terrain / *she held on to the side of the pool* elle s'accrochait au rebord de la piscine / *a wave washed him over the side* une vague l'emporta par-dessus bord / *I sat on the side of the bed* je me suis assis sur le bord du lit / *I sat on* or *at the side of the road* je me suis assis au bord de la route / *she was kneeling by the side of the bed* elle était agenouillée à côté du lit **5.** [slope - of mountain, hill, valley] flanc *m*, versant *m* / *the village is set on the side of a mountain* le village est situé sur le flanc d'une montagne **6.** [opposing part] côté *m* / *on the other side of the room / wall* de l'autre côté de la pièce / du mur / *on* or *to one side of the door* d'un côté de la porte / *you're driving on the wrong side!* vous conduisez du mauvais côté ! / *which side of the bed do you sleep on?* de quel côté du lit dors-tu ? / *she got in on the driver's side* elle est montée côté conducteur / *the sunny side of the stadium* le côté ensoleillé du stade / *the dark side of the moon* la face cachée de la Lune / *the Mexican side of the border* le côté mexicain de la frontière / *the lamppost leaned to one side* le réverbère penchait d'un côté / *he wore his hat on one side* il portait son chapeau de côté / *move the bags to one side* écartez or poussez les sacs ▸ **to jump to one side** faire un bond de côté ▸ **to take sb to one side** prendre qqn à part / *leaving that on one side for the moment…* en laissant cela de côté pour l'instant… / *Manhattan's Lower East Side* le quartier sud-est de Manhattan / *it's way on the other side of town* c'est à l'autre bout de la ville / *on every side* or *on all sides* de tous côtés, de toutes parts / *they were attacked on* or *from all sides* ils ont été attaqués de tous côtés or de toutes parts / *there were flames on every side* il y avait des flammes de tous (les) côtés / *the ship rolled from side to side* le bateau roulait / *he's on the right / wrong side of forty* il n'a pas encore / il a dépassé la quarantaine / *stay on the right side of the law* restez dans la légalité / *he operates on the wrong side of the law* il fait des affaires en marge de la loi / *there's no other hotel this side of Reno* il n'y a pas d'autre hôtel entre ici et Reno / *these are the best beaches this side of Hawaii* ce sont les meilleures plages après celles de Hawaii / *I can't see myself finishing the work this side of Easter* je ne me vois pas finir ce travail d'ici à Pâques / *it's a bit on the pricey / small side* c'est un peu cher / petit **7.** [facet, aspect - of problem] aspect *m*, côté *m* ; [- of person] côté *m* / *to examine all sides of an issue* examiner un problème sous tous ses aspects / *there are many sides to this issue* c'est une question complexe / *he stressed the positive / humanitarian side* il a souligné le côté positif / humanitaire / *she's very good at the practical side of things* elle est excellente sur le plan pratique / *she has her good side* elle a ses bons côtés / *I've seen his cruel side* je sais qu'il peut être cruel / *she showed an unexpected side of herself* elle a révélé une facette inattendue de sa personnalité / *I've kept my side of the deal* j'ai tenu mes engagements dans cette affaire **8.** [group, faction] côté *m*, camp *m* ; [team] équipe *f* ; POL [party] parti *m* / *the winning side* le camp des vainqueurs ▸ **to pick** or **to choose sides** former des équipes / *whose side is he on?* de quel côté est-il ? / *which side won the war?* qui a gagné la guerre ? / *the rebel side* les rebelles *mpl* / *there is mistrust on both sides* il y a de la méfiance dans les deux camps / *there's still no concrete proposal on* or *from their side* il n'y a toujours pas de proposition concrète de leur part ▸ **to go over to the other side, to change sides** changer de camp / *luck is on our side* la chance est avec nous / *time is on their side* le temps joue en leur faveur / *he has youth on his side* il a l'avantage de la jeunesse / *he really let the side down* il nous / leur / etc. a fait faux bond / *don't let the side down!* nous comptons sur vous ! / *she tried to get the committee on her side* elle a essayé de mettre le comité de son côté ▸ **to take sides** prendre parti / *he took Tom's side against me* il a pris le parti de Tom contre moi / *to be on the side of peace* être pour la paix **9.** [position, point of view] point *m* de vue / *there are two sides to every argument* dans toute discussion il y a deux points de vue / *he's told me his side of the story* il m'a donné sa version de l'affaire **10.** [line of descent] : *she's a Smith on her mother's side* c'est une Smith par sa mère / *he's Polish on both sides* ses parents sont tous les deux polonais / *my grandmother on my mother's / father's side* ma grand-mère maternelle / paternelle / *she gets her love for music from her mother's side of the family* elle tient son goût pour la musique du côté maternel de sa famille / *they are all blond on her father's side of the family* ils sont tous blonds du côté de son père or dans la famille de son père **11.** CULIN ▸ **side of pork** demi-porc *m* ▸ **side of beef / lamb** quartier *m* de bœuf / d'agneau **12.** UK [page of text] page *f* / *I wrote ten sides* j'ai écrit dix pages **13.** UK *inf* [TV channel] chaîne *f* / *what's on the other side?* qu'est-ce qu'il y a sur l'autre chaîne ? **14.** UK [in snooker, billiards, etc.] effet *m* **15.** UK *inf* [cheek] culot *m* ; [arrogance] fierté *f* / *there's no side to him* il est très simple, ce n'est pas un frimeur **16.** US [side order] : *a pork chop with a side of fries* une côte de porc avec des frites *(servies à part)*. ◆ vi ▸ **to side with sb** se ranger or se mettre du côté de qqn, prendre parti pour qqn / *it's in our interest to side with the majority* nous avons intérêt à nous ranger du côté de la majorité / *they all sided against her* ils ont fait cause commune contre elle. ◆ adj **1.** [situated on one side - panel, window] latéral, de côté ▸ **side aisle a)** [in church] bas-côté *m* **b)** THEAT allée *f* latérale ▸ **side door** porte *f* latérale ▸ **side entrance** entrée *f* latérale ▸ **side pocket** poche *f* extérieure ▸ **side rail a)** [on bridge] garde-fou *m* **b)** NAUT rambarde *f* **2.** [directional - view] de côté, de profil ; [- elevation, kick] latéral ▸ **to do a side split** DANCE faire un grand écart latéral ▸ **to put side spin on a ball** SPORT donner de l'effet à une balle **3.** [additional] en plus / *a side order of toast* une portion de toast en plus or en supplément.

❖ **on the side** adv phr : *to make a bit of money on the side* **a)** [gen] se faire un peu d'argent en plus or supplémentaire **b)** [dishonestly] se remplir les poches / *she's an artist but works as a taxi driver on the side* elle est artiste mais elle fait le chauffeur de taxi pour arrondir ses fins de mois / *a hamburger with salad on the side* un hamburger avec une salade / *anything on the side, sir?* US [in restaurant] et avec cela, Monsieur ?

❖ **side by side** adv phr côte à côte / *they were walking side by side* ils marchaient côte à côte / *the tribes lived peacefully side by side* les tribus vivaient paisiblement côte à côte / *the road and the river run side by side* la route longe la rivière / *we'll be working side by side with the Swiss on this project* nous travaillerons en étroite collaboration avec les Suisses sur ce projet.

sidearm ['saɪdɑːm] n arme *f* de poing.

sideband ['saɪdbænd] n RADIO bande *f* latérale.

sidebar ['saɪdbɑːr] n COMPUT menu *m* latéral.

sideboard ['saɪdbɔːd] n [for dishes] buffet *m* bas.

❖ **sideboards** UK = **sideburns**.

sideburns ['saɪdbɜːnz] pl n pattes *fpl*.

sidecar ['saɪdkɑːr] n **1.** [on motorbike] side-car *m* **2.** [drink] side-car *m* *(cocktail composé de cognac, de Cointreau et de jus de citron)*.

side chain n CHEM chaîne *f* latérale.

-sided ['saɪdɪd] in comp : *three / five-sided* à trois / cinq côtés / *a many-sided figure* une figure polygonale / *a glass-sided box* une boîte à parois de verre / *elastic-sided boots* bottes avec de l'élastique sur les côtés / *a steep-sided valley* une vallée encaissée.

side dish n plat *m* d'accompagnement / *with a side dish of spinach* avec des épinards servis à part.

side drum n caisse *f* claire.

side effect n effet *m* secondaire / *the drug was found to have harmful side effects* on a découvert que la drogue avait des effets secondaires nocifs / *consumers suffered the side effects of inflation* les consommateurs ont subi les effets secondaires or indésirables de l'inflation.

side glance n *lit* regard *m* oblique or de côté ; *fig* [allusion] allusion *f*.

side-impact bar n AUTO renfort *m* anti-impact latéral.

side issue n question *f* secondaire.

sidekick ['saɪdkɪk] n *inf* acolyte *m*.

sidelight ['saɪdlaɪt] n **1.** UK AUTO feu *m* de position **2.** NAUT feu *m* de position **3.** [information] ▸ **to give (sb) a sidelight on sthg** donner à qqn un aperçu de qqch.

sideline ['saɪdlaɪn] ◆ n **1.** SPORT [gen] ligne *f* de côté ; [touchline] (ligne *f* de) touche *f*, ligne *f* de jeu ▸ **to wait on the sidelines a)** SPORT attendre sur la touche **b)** *fig* attendre dans les coulisses / *her injury kept her on the sidelines all season* sa blessure l'a laissée sur la touche pendant toute la saison / *I prefer to stand on the sidelines fig* je préfère ne pas m'en mêler **2.** [job] activité *f* or occupation *f* secondaire / *as a sideline he takes wedding photos* il fait des photos de mariage pour arrondir ses fins de mois **3.** COMM [product line] ligne *f* de produits secondaires / *they've made recycling a profitable sideline* ils ont fait du recyclage une activité secondaire rentable / *it's only a sideline for us* ce n'est pas notre spécialité. ◆ vt SPORT & *fig* mettre sur la touche.

sidelong ['saɪdlɒŋ] ◆ adj oblique, de côté / *they exchanged sidelong glances* ils ont échangé un regard complice. ◆ adv en oblique, de côté.

sideman ['saɪdmən] (*pl* **sidemen** [-mən]) n MUS membre *m* de l'orchestre / *he was one of Count Basie's sidemen in Chicago* il a joué avec Count Basie à Chicago.

side meat n US *inf* poitrine *f* fumée.

side-on ◆ adv de profil / *side-on, she looks very like you* de profil, elle te ressemble beaucoup / *the car was hit side-on* la voiture a subi un choc latéral. ◆ adj [photo] de profil ; [collision] latéral.

side order n US portion *f* / *I'd like a side order of fries* je voudrais aussi des frites.

side plate n petite assiette *f* (*que l'on met à gauche de chaque convive*).

sidereal [saɪ'dɪərɪəl] adj sidéral.

side road n [minor road - in country] route *f* secondaire ; [- in town] petite rue *f* ; [road at right angles] rue *f* transversale / *the car was coming out of a side road* la voiture débouchait d'une route transversale.

sidesaddle ['saɪd,sædl] ◆ n selle *f* de femme. ◆ adv ▸ **to ride sidesaddle** monter en amazone.

side salad n salade *f* (*pour accompagner un plat*).

sideshow ['saɪdʃəʊ] n **1.** [in fair - booth] stand *m*, baraque *f* foraine ; [- show] attraction *f* **2.** [minor event] détail *m*.

sideslip ['saɪdslɪp] (*pt & pp* **sideslipped**, *cont* **sideslipping**) ◆ n **1.** AERON glissade *f* sur l'aile **2.** AUTO dérapage *m* ▸ **to go into sideslip** déraper. ◆ vi AERON glisser sur l'aile.

sidesman ['saɪdzmən] (*pl* **sidesmen** [-mən]) n UK RELIG ≃ bedeau *m*.

sidesplitting ['saɪd,splɪtɪŋ] adj *inf* [story, joke] tordant, bidonnant.

sidesplittingly ['saɪd,splɪtɪŋlɪ] adv *inf* : *sidesplittingly funny* à se tordre de rire.

sidestep ['saɪdstep] (*pt & pp* **sidestepped**, *cont* **sidestepping**) ◆ n crochet *m* ; SPORT esquive *f*. ◆ vt **1.** [opponent, tackle - in football, rugby] crocheter ; [- in boxing] esquiver **2.** [issue, question] éluder, éviter ; [difficulty] esquiver / *he'll sidestep making any decision* il évitera de prendre quelque décision que ce soit / *they'll sidestep the regulations / the law* ils contourneront le règlement / la loi. ◆ vi **1.** [dodge] esquiver **2.** [in skiing] : *to sidestep up a slope* monter une pente en escalier **3.** [be evasive] rester évasif.

side street n [minor street] petite rue *f* ; [at right angles] rue *f* transversale.

sidestroke ['saɪdstrəʊk] n nage *f* indienne ▸ **to swim sidestroke** nager à l'indienne.

sideswipe ['saɪdswaɪp] ◆ n **1.** [blow - glancing] coup *m* oblique ; [- severe] choc *m* latéral **2.** [remark] allusion *f* désobligeante / *he took a few sideswipes at the project* il a fait quelques allusions désobligeantes sur le projet. ◆ vt US faucher.

side table n petite table *f* ; [for dishes] desserte *f* ; [beside bed] table *f* de chevet.

sidetrack ['saɪdtræk] ◆ vt [person - in talk] faire dévier de son sujet ; [- in activity] distraire ; [enquiry, investigation] détourner / *the speaker kept getting sidetracked* le conférencier s'écartait sans cesse de son sujet / *sorry, I got sidetracked for a moment* pardon, je m'égare. ◆ n **1.** [digression] digression *f* / *he went off on a sidetrack* **a)** [topic] il s'est écarté de son sujet **b)** [activity] il s'est laissé distraire **2.** US RAIL [in yard] voie *f* de garage ; [off main line] voie *f* d'évitement.

sidewalk ['saɪdwɔ:k] n US trottoir *m* ▸ **to hit the sidewalks** *inf* chercher du boulot.

sidewalk artist n US artiste *mf* de rue (*qui dessine à la craie sur le trottoir*).

sidewalk café n US café *m* avec terrasse.

sidewalk furniture n US mobilier *m* urbain.

sideways ['saɪdweɪz] ◆ adv [lean] d'un côté ; [glance] obliquement, de côté ; [walk] en crabe / *to step sideways* faire un pas de côté / *I was thrown sideways* j'ai été projeté sur le côté / *the cup slid sideways* la tasse glissa de côté / *now turn sideways* maintenant mettez-vous de profil / *the pieces can move only sideways* les pièces ne peuvent que se déplacer latéralement ▸ **to knock sb sideways** : *the news really knocked him sideways* **a)** *inf* [astounded him] la nouvelle l'a vraiment époustouflé **b)** [upset him] la nouvelle l'a vraiment mis dans tous ses états. ◆ adj [step] de côté ; [look] oblique, de côté / *the job is a sideways move* c'est une mutation et non pas une promotion.

side-wheeler n US bateau *m* à aubes.

side-whiskers pl n favoris *mpl*.

sidewinder ['saɪd,waɪndər] n US **1.** [blow] grand coup *m* de poing **2.** [snake] crotale *m*, serpent *m* à sonnettes **3.** ARM ▸ **Sidewinder missile** missile *m* Sidewinder (*missile air-air tactique américain*).

sideyard ['saɪdyɑ:d] n US jardin *m* (*à côté d'une maison*).

siding ['saɪdɪŋ] n **1.** RAIL [in yard] voie *f* de garage ; [off main track] voie *f* d'évitement **2.** US CONSTR parement *m*.

sidle ['saɪdl] vi se faufiler ▸ **to sidle up** or **over to sb** se glisser vers or jusqu'à qqn ▸ **to sidle in / out** entrer / sortir furtivement ▸ **to sidle along** marcher de côté, avancer de biais.

Sidon ['saɪdn] pr n Sidon.

SIDS n abbr of **sudden infant death syndrome**.

siege [si:ʤ] ◆ n MIL & *fig* siège *m* ▸ **to lay siege to sthg** assiéger qqch ▸ **to be under siege** être assiégé ▸ **to raise a siege** lever le siège / *a state of siege has been declared* l'état de siège a été déclaré. ◆ comp [machine, warfare] de siège ▸ **to have a siege mentality** être toujours sur la défensive.

siege economy n économie *f* protectionniste.

Siegfried ['si:gfri:d] pr n Siegfried.

siemens ['si:mənz] (*pl* **siemens**) n siemens *m*.

Siena [sɪ'enə] pr n Sienne.

sienna [sɪ'enə] ◆ n **1.** [earth] terre *f* de Sienne ▸ **raw / burnt sienna** terre de Sienne naturelle / brûlée **2.** [colour] ocre *m* brun. ◆ adj ocre brun (*inv*).

sierra [sɪ'erə] n sierra *f*.

Sierra Club pr n ▸ **the Sierra Club** *organisation écologique américaine, fondée en 1892.*

Sierra Leone [sɪ'erəlɪ'əʊn] pr n Sierra Leone *f* / *in Sierra Leone* en Sierra Leone.

Sierra Leonean [sɪ'erəlɪ'əʊnjən] ◆ n *habitant de la Sierra Leone.* ◆ adj de la Sierra Leone.

Sierra Madre [sɪ,erə'mɑ:dreɪ] pr n ▸ **the Sierra Madre** la Sierra Madre.

Sierra Nevada [sɪ,erənə'vɑ:də] pr n ▸ **the Sierra Nevada** la Sierra Nevada.

siesta [sɪ'estə] n sieste *f* ▸ **to have** or **to take a siesta** faire la sieste.

sieve [sɪv] ◆ n [gen] tamis *m* ; [kitchen utensil] passoire *f* ; [for gravel, ore] crible *m* ▸ **to have a memory** or **mind like a sieve** : *I've got a memory like a sieve!* ma mémoire est une vraie passoire ! ◆ vt [flour, sand, powder] tamiser, passer au tamis ; [purée, soup] passer ; [gravel, ore] cribler, passer au crible.

sievert ['si:vət] n sievert *m*.

sift [sɪft] ◆ vt **1.** [ingredients, soil] tamiser, passer au tamis ; [gravel, seed, ore] cribler, passer au crible / *sift a little sugar onto the cakes* saupoudrez un peu de sucre sur les gâteaux **2.** [scrutinize - evidence, proposal] passer au crible *fig* / *the experts are sifting the facts* les experts passent les faits au crible **3.** = **sift out**. ◆ vi **1.** [search] fouiller / *they sifted through the garbage / the ruins* ils fouillaient (dans) les ordures / les ruines / *he was sifting through some old correspondence* il était en train de fouiller dans une vieille correspondance **2.** [pass, filter] filtrer / *dust had sifted in through the cracks* la poussière s'était infiltrée par les fentes / *I let the sand sift through my fingers* j'ai laissé le sable couler entre mes doigts.

❖ **sift out** vt sep **1.** [remove - lumps, debris] enlever (à l'aide) d'un tamis or d'un crible / *he sifted out the lumps from the flour* il a tamisé la farine pour enlever les grumeaux **2.** [distinguish] dégager, distinguer / *they sifted out the relevant information* ils n'ont retenu que les éléments intéressants.

sifter ['sɪftər] n [sieve - for flour, powder, soil] tamis *m* ; [- for gravel, seed, ore] crible *m* ; [shaker] saupoudreuse *f*.

sifting ['sɪftɪŋ] n [of flour, powder, soil] tamisage *m* ; [of seed, gravel, ore] criblage *m*.

❖ **siftings** pl n [residue] résidu *m* ; AGR criblure *f*.

sigh [saɪ] ◆ vi **1.** [gen] soupirer, pousser un soupir ▸ **to sigh with relief** pousser un soupir de soulagement **2.** *liter* [lament] se lamenter ▸ **to sigh over sthg** se lamenter sur qqch ; [grieve] soupirer ▸ **to sigh for** or **over sb / sthg** soupirer pour qqn / qqch **3.** [wind] murmurer ; [tree, reed] bruire. ◆ vt : *"it's so lovely here", she sighed* « c'est tellement joli ici », soupira-t-elle. ◆ n soupir *m* ▸ **to give** or **to heave a sigh of relief** pousser un soupir de soulagement.

sighing ['saɪɪŋ] n (*U*) [of person] soupirs *mpl* ; [of wind] murmure *m* ; [of trees] bruissement *m*.

sight [saɪt] ◆ n **1.** [faculty, sense] vue *f* / *her sight is failing* sa vue baisse ▸ **to lose / to recover one's sight** perdre / recouvrer la vue **2.** [act, instance of seeing] vue *f* / *it was my first sight of the Pacific* c'était la première fois que je voyais le Pacifique / *he fainted at the sight of the blood* il s'est évanoui à la vue du sang ▸ **to catch sight of sb / sthg** apercevoir or entrevoir qqn / qqch ▸ **to lose sight of sb / sthg** perdre qqn / qqch de vue / *at first sight the place seemed abandoned* à première vue, l'endroit avait l'air abandonné / *it was love at first sight* ce fut le coup de foudre / *do you believe in love at first sight?* est-ce que tu crois au coup de foudre ? / *I can't stand* or *bear the sight of him!* je ne le supporte pas ! ▸ **to know sb by sight** connaître qqn de vue ▸ **to buy sthg sight unseen** acheter qqch sans l'avoir vu / *he can play music at* or US *by sight* il sait déchiffrer une partition ▸ **to shoot at** or **on sight** tirer à vue ▸ **payable at** or US **on sight** payable à vue **3.** [range of vision] (portée *f* de) vue *f* / *the plane was still in sight* l'avion était encore en vue / *there wasn't a taxi in sight* il n'y avait pas un (seul) taxi en vue / *I heard her voice but she was nowhere in sight* j'entendais sa voix mais je ne la voyais nulle part / *is the end in sight?* est-ce que tu en vois la fin ? / *there's still no end in sight* je n'en vois pas la fin / *keep that car / your goal in sight* ne perdez pas cette voiture / votre but de vue / *the mountains came into sight* les montagnes sont apparues / *the runners came into sight* les coureurs sont apparus ▸ **out of sight** hors de vue / *I watched her until she was out of sight* je l'ai regardée jusqu'à ce qu'elle disparaisse de ma vue / *keep out of sight!* ne vous montrez pas !, cachez-vous ! / *keep it out of sight* ne le montrez pas, cachez-le / *she never lets him out of her sight* elle ne le perd jamais de vue / *get out of my sight!* disparais de ma vue ! / *get that dog out* *of my sight!* faites disparaître ce chien ! / *a peace settlement now seems within sight* un accord de paix semble maintenant possible / *it was impossible to get within sight of the accident* il était impossible de s'approcher du lieu de l'accident pour voir ce qui se passait / *he had to give up within sight of the summit* il a dû renoncer à quelques mètres du sommet ▸ **out of sight, out of mind** *prov* loin des yeux, loin du cœur *prov* **4.** [spectacle] spectacle *m* / *the cliffs were an impressive sight* les falaises étaient impressionnantes à voir / *beggars are a common sight on the streets* on voit beaucoup de mendiants dans les rues / *it was not a pretty sight* ça n'était pas beau à voir / *the waterfalls are a sight worth seeing* les cascades valent la peine d'être vues ; [you look awful] tu fais vraiment peine à voir ▸ **to be a sight for sore eyes** [a welcome sight] : *you're a sight for sore eyes!* Dieu merci te voilà ! **5.** [tourist attraction] curiosité *f* / *one of the sights of Rome* une des choses à voir à Rome / *I'll show you* or *take you round the sights tomorrow* je vous ferai visiter or voir la ville demain **6.** *liter* [opinion, judgment] avis *m*, opinion *f* / *in my father's sight she could do no wrong* aux yeux de mon père, elle était incapable de faire du mal / *we are all equal in the sight of God* nous sommes tous égaux devant Dieu **7.** *inf* [mess] pagaille *f* ; [ridiculously dressed person] tableau *m fig* / *the kitchen was a sight!* quelle pagaille dans la cuisine ! / *your hair is a sight!* tu as vu tes cheveux ? / *you look a sight in that outfit!* tu as vu de quoi tu as l'air dans cette tenue ? / *I must look a sight!* je ne dois pas être beau à voir ! **8.** [aiming device] viseur *m* ; [on mortar] appareil *m* de pointage ▸ **to take a sight on sthg** viser qqch ▸ **front sight** guidon *m* ▸ **notch sight** cran *m* de mire ▸ **to have sthg in one's sights a)** *lit* avoir qqch dans sa ligne de tir **b)** *fig* avoir qqch en vue ▸ **to lower one's sights** viser moins haut ▸ **to set one's sights on sthg** viser qqch ▸ **to set one's sights on doing sthg** avoir pour ambition de faire qqch / *he's set his sights on becoming a doctor* son ambition est de devenir médecin / *she has her sights set on the presidency / a diplomatic career* elle vise la présidence / une carrière de diplomate. ◆ vt **1.** [see] voir, apercevoir ; [spot] repérer / *the clouds parted and we sighted the summit* les nuages se déchirèrent et nous aperçûmes le sommet / *a submarine was sighted* un sous-marin a été repéré **2.** [aim - gun] pointer / *he carefully sighted his pistol at the target* il visa soigneusement la cible avec son pistolet.

❖ **a sight** adv phr UK *inf* beaucoup / *you'd earn a sight more money working in industry* votre salaire serait beaucoup plus important si vous travailliez dans l'industrie / *it's (far) sight worse than before* c'est bien pire qu'avant / *he's a sight too modest* il est bien or beaucoup trop modeste ▸ **not by a long sight** loin de là, bien au contraire.

sighted ['saɪtɪd] adj voyant / *the school also accepts sighted students* l'école reçoit aussi des élèves voyants.

sight gag n gag *m* visuel.

sighting ['saɪtɪŋ] n : *UFO sightings have increased* un nombre croissant de personnes déclarent avoir vu des ovnis.

sightless ['saɪtlɪs] adj [blind] aveugle.

sightline ['saɪtlaɪn] n ▸ **to block sb's sightline** boucher la vue de qqn / *drivers need an unobstructed sightline at intersections* les conducteurs doivent avoir un champ de vision dégagé aux croisements.

sightly ['saɪtlɪ] (*compar* **sightlier**, *superl* **sightliest**) adj agréable à regarder.

sight-read [-ri:d] (*pt & pp* **sight-read** [-red]) vi & vt MUS déchiffrer.

sight-reading n MUS déchiffrage *m*.

sightscreen ['saɪtskri:n] n [in cricket] *grand panneau blanc mobile placé derrière le lanceur, destiné à offrir au batteur un champ visuel uniforme.*

sightsee ['saɪtsi:] vi ▸ **to go sightseeing** faire du tourisme.

sightseeing ['saɪt,si:ɪŋ] ◆ n tourisme *m* ▸ **to do some sightseeing a)** faire du tourisme **b)** [in town] visiter la ville. ◆ comp ▸ **sightseeing bus** car *m* de touristes ▸ **sightseeing tour** : *I went on a sightseeing tour of Rome* j'ai fait une visite guidée de Rome.

sightseer ['saɪt,si:əʳ] n touriste *mf*.

sigma ['sɪgmə] n sigma *m*.

sign [saɪn] ◆ n **1.** [gen, LING, MATH & MUS] signe *m* / *this sign means "real leather"* ce symbole signifie « cuir véritable » **2.** [gesture, motion] signe *m*, geste *m* ▸ **to make a sign to sb** faire signe à qqn / *she made a sign for me to enter* elle m'a fait signe d'entrer / *the chief made signs for me to follow him* le chef m'a fait signe de le suivre ▸ **to make the sign of the cross** faire le signe de croix / *wait until the policeman gives the sign to cross* attendez que le policier vous fasse signe de traverser / *the victory sign* le signe de la victoire **3.** [arranged signal] signal *m* / *a lighted lamp in the window is the sign that it's safe* une lampe allumée à la fenêtre signifie qu'il n'y a pas de danger / *when I give the sign, run* à mon signal, courez **4.** [written notice - gen & AUTO] panneau *m* ; [- hand-written] écriteau *m* ; [- on shop, bar, cinema, etc.] enseigne *f* / *the signs are all in Arabic* tous les panneaux sont en arabe ▸ **traffic signs** panneau *m* de signalisation **5.** [evidence, indication] signe *m*, indice *m* ; MED signe *m* / *the speech was interpreted as a sign of goodwill* on a interprété son discours comme un signe de bonne volonté / *as a sign of respect* en témoignage or en signe de respect / *they wear red as a sign of mourning* ils portent le rouge en signe de deuil / *a distended belly is a sign of malnutrition* un ventre dilaté est un signe de sous-alimentation / *a red sunset is a sign of fair weather* un coucher de soleil rouge est signe qu'il fera beau / *it's a sign of the times* c'est un signe des temps / *if he's making jokes it's a good sign* c'est bon signe s'il fait des plaisanteries / *at the first sign of trouble, he goes to pieces inf* au premier petit problème, il craque / *were there any signs of a struggle?* y avait-il des traces de lutte ? / *all the signs are that the economy is improving* tout laisse à penser que l'économie s'améliore / *there's no sign of her changing her mind* rien n'indique qu'elle va changer d'avis / *there's no sign of the file anywhere* on ne trouve trace du dossier nulle part / *he gave no sign of having heard me* il n'a pas eu l'air de m'avoir entendu / *is there any sign of Amy yet? — not a sign* est-ce qu'on a eu des nouvelles de Amy ? — pas la moindre nouvelle / *since then, he's given no sign of life* depuis lors, il n'a pas donné signe de vie **6.** ASTROL signe *m* / *what sign are you?* de quel signe êtes-vous ? **7.** RELIG [manifestation] signe *m* / *a sign from God* un signe de Dieu. ◆ vt **1.** [document, book] signer / *sign your name here* signez ici / *here are the letters to be signed* voici les lettres à signer / *a signed Picasso lithograph* une lithographie signée par Picasso / *he gave me a signed photo of himself* il m'a donné une photo dédicacée / *do you want to sign this to your room?* US je le mets sur votre note ? / *she signs herself A.M. Hall* elle signe A.M. Hall / *the deal will be signed and sealed tomorrow* l'affaire sera définitivement conclue demain / *you're signing your own death warrant fig* vous signez votre arrêt de mort **2.** SPORT [contract] signer ; [player] engager / *he's been signed for next season* il a été engagé pour la saison prochaine **3.** [provide with signs] signaliser / *the museum is not very well signed* la signalisation du musée n'est pas très bonne. ◆ vi **1.** [write name] signer / *he signed with an X* il a signé d'une croix ▸ **to sign on the dotted line a)** *lit* signer à l'endroit indiqué **b)** *fig* s'engager **2.** [signal] ▸ **to sign to sb to do sthg** faire signe à qqn de faire qqch **3.** [use sign language] communiquer par signes / *they were signing to each other* ils se parlaient par signes.

❖ **sign away** vt sep [right, land, inheritance] se désister de ; [independence] renoncer à ; [power, control] abandonner / *I felt I was signing away my freedom* j'avais l'impression qu'en signant je renonçais à ma liberté.

❖ **sign in** ◆ vi **1.** [at hotel] remplir sa fiche (d'hôtel) ; [in club] signer le registre **2.** [worker] pointer (en arrivant). ◆ vt sep **1.** [guest] faire signer en arrivant / *guests must be signed in* les visiteurs doivent se faire inscrire dès leur arrivée **2.** [file, book] rendre, retourner.

❖ **sign for** vt insep **1.** [accept] signer / *to sign for a delivery / a registered letter* signer un bon de livraison / le récépissé d'une lettre recommandée / *the files have to be signed for* il faut signer pour retirer les dossiers **2.** [undertake work] signer (un contrat d'engagement) / *she's signed for another series* elle a signé pour un autre feuilleton.

❖ **sign off** vi **1.** RADIO & TV terminer l'émission / *it's time to sign off for today* il est l'heure de nous quitter pour aujourd'hui **2.** [in letter] : *I'll sign off now* je vais conclure ici.

❖ **sign on** UK ◆ vi **1.** = **sign up** *(vi)* **2.** [register as unemployed] s'inscrire au chômage / *you have to sign on every two weeks* il faut pointer (au chômage) toutes les deux semaines. ◆ vt sep = **sign up** *(vt sep).*

❖ **sign out** ◆ vi [gen] signer le registre (en partant) ; [worker] pointer (en partant). ◆ vt sep **1.** [file, car] retirer (contre décharge) ; [library book] emprunter / *the keys are signed out to Mr Hill* c'est M. Hill qui a signé pour retirer les clés **2.** [hospital patient] autoriser le départ de / *he signed himself out* il est parti sous sa propre responsabilité.

❖ **sign over** vt sep transférer / *she signed the property over to her son* elle a transféré la propriété au nom de son fils / *the house is being signed over to its new owners tomorrow* les nouveaux propriétaires entrent en possession de la maison demain.

❖ **sign up** ◆ vi **1.** [for job] se faire embaucher / *he signed up as a crew member* il s'est fait embaucher comme membre d'équipage **2.** MIL [enlist] s'engager / *to sign up for the Marines* s'engager dans les marines **3.** [enrol] s'inscrire / *she signed up for an evening class* elle s'est inscrite à des cours du soir. ◆ vt sep **1.** [employee] embaucher ; MIL [recruit] engager **2.** [student, participant] inscrire.

signal ['sɪgnl] (UK *pt & pp* **signalled**, *cont* **signalling** ; US *pt & pp* **signaled**, *cont* **signaling**) ◆ n **1.** [indication] signal *m* ▸ **to give sb the signal to do sthg** donner à qqn le signal de faire qqch / *he'll give the signal to attack* il donnera le signal de l'attaque / *she gave the signal for us to leave* elle nous a donné le signal de départ / *it was the first signal (that) the regime was weakening* c'était le premier signe de l'affaiblissement du régime / *they are sending the government a clear signal that...* ils indiquent clairement au gouvernement que... ▸ **to send smoke signals** envoyer des signaux de fumée **2.** RAIL sémaphore *m* **3.** RADIO, TELEC & TV signal *m* ▸ **radio signal** signal radiophonique ▸ **station signal** RADIO indicatif *m* (de l'émetteur). ◆ comp **1.** NAUT ▸ **signal book** code *m* international des signaux ▸ **signal beacon** or **light** AERON & NAUT balise *f* **2.** RADIO & TELEC [strength, frequency] de signal. ◆ adj *fml* insigne / *you showed a signal lack of tact* vous avez fait preuve d'une maladresse insigne. ◆ vt **1.** [send signal to] envoyer un signal à / *he signalled the plane forward* il a fait signe au pilote d'avancer / *the brain signals the muscles to contract* le cerveau envoie aux muscles le signal de se contracter ▸ **to signal sb** US faire signe à qqn **2.** [indicate - refusal] indiquer, signaler ; [- malfunction] signaler, avertir de / *the parachutist signalled his readiness to jump* le parachutiste fit signe qu'il était prêt à sauter / *the linesman signalled the ball out* le juge de ligne a signalé que le ballon était sorti / *the cyclist signalled a left turn* le cycliste a indiqué qu'il tournait à gauche **3.** [announce, mark - beginning, end, change] marquer / *the speech signalled a radical change in policy* le discours a marqué une réorientation politique radicale. ◆ vi **1.** [gesture] faire des signes ▸ **to signal to sb to do sthg** faire signe à qqn de faire qqch / *he signalled for the bill* il a fait signe qu'il voulait l'addition / *she was signalling for us to stop* elle nous faisait signe de nous arrêter **2.** [send signal] envoyer un signal / *the satellite is still signalling* le satellite émet or envoie toujours des signaux **3.** AUTO [with indicator] mettre son clignotant ; [with arm] indiquer de la main un changement de direction.

signal box n UK RAIL poste *m* de signalisation.

signaling US = **signalling**.

signalize, signalise ['sɪgnəlaɪz] vt **1.** US [call attention to] signaler, faire remarquer **2.** *fml* [distinguish, mark] marquer / *his term of office was signalized by numerous scandals* son mandat a été marqué par de nombreux scandales.

signalling UK, **signaling** US ['sɪgnəlɪŋ] ◆ n **1.** AERON, AUTO, NAUT & RAIL signalisation *f* **2.** [warning] avertissement *m* / *the signalling of any malfunction is automatic* toute défaillance est signalée par un dispositif automatique **3.** [of electronic message] transmission *f* / *the satellite signalling was interrupted* le satellite a cessé d'émettre des signaux. ◆ comp [error, equipment] de signalisation ▸ **signalling flag a)** NAUT pavillon *m* de signalisation **b)** MIL drapeau *m* de signalisation.

signally ['sɪgnəlɪ] adv *fml* : *they have signally failed to achieve their goal* ils n'ont manifestement pas pu atteindre leur but.

signalman ['sɪgnlmən] (*pl* **signalmen** [-mən]) n RAIL aiguilleur *m* ; MIL & NAUT signaleur *m*.

signal-to-noise ratio n rapport *m* signal-bruit.

signal tower n US poste *m* d'aiguillage or de signalisation.

signatory ['sɪgnətrɪ] (*pl* **signatories**) ◆ n signataire *mf* / *Namibia is a signatory to* or *of the treaty* la Namibie a ratifié le traité. ◆ adj signataire / *the signatory nations* les nations signataires.

signature ['sɪgnətʃəʳ] ◆ n **1.** [name] signature *f* ▸ **to put one's signature to sthg** apposer sa signature sur qqch **2.** [signing] signature *f* ▸ **to witness a signature** signer comme témoin / *the bill is awaiting signature* US POL le projet de loi attend la signature du président **3.** US PHARM [instructions] posologie *f* **4.** TYPO [section of book] cahier *m* ; [mark] signature *f*. ◆ comp : *Chanel and her signature two-piece suit* Chanel et le tailleur (deux-pièces) qui lui est si caractéristique.

signature tune n UK RADIO & TV indicatif *m* (musical) / *the song became their signature tune fig* cette chanson est devenue leur indicatif.

signboard ['saɪnbɔːd] n [gen] panneau *m* ; [for notices] panneau *m* d'affichage ; [for ads] panneau publicitaire ; [on shop, bar, cinema, etc.] enseigne *f*.

signer ['saɪnəʳ] n signataire *mf*.

signet ['sɪgnɪt] n sceau *m*, cachet *m*.

signet ring n chevalière *f*.

significance [sɪg'nɪfɪkəns] n **1.** [importance, impact] importance *f*, portée *f* / *what happened? — nothing of any significance* qu'est-ce qui s'est passé ? — rien d'important or de spécial / *his decision is of no significance to our plans* sa décision n'aura aucune incidence sur nos projets **2.** [meaning] signification *f*, sens *m* / *sounds take on a new significance at night* la nuit, les bruits se chargent d'un autre sens or acquièrent une autre signification / *the significance of her words escaped me at the time* la signification de ses paroles m'a échappé sur le coup / *the stones have religious significance for the tribe* les pierres ont une signification religieuse pour la tribu.

significant [sɪg'nɪfɪkənt] adj **1.** [notable - change, amount, damage] important, considérable ; [- discovery, idea, event] de grande portée / *no significant progress has been made* aucun progrès notable n'a été réalisé / *was anything significant decided at the meeting?* s'est-il décidé quelque chose d'important à la réunion ? ▸ **significant other** partenaire *mf* (*dans une relation affective*) **2.** [meaningful, indicative - look, pause] significatif / *the government has made a small but significant gesture* le gouvernement a fait un geste petit mais significatif **3.** [in statistics] significatif.

significant digits, **significant figures** US pl n chiffres *mpl* significatifs.

significantly [sɪg'nɪfɪkəntlɪ] adv **1.** [differ, change, increase] considérablement, sensiblement / *his health has improved significantly* sa santé s'est considérablement améliorée / *taxes have been significantly reduced* les impôts ont été considérablement réduits / *unemployment figures are not significantly lower* le nombre de chômeurs n'a pas considérablement baissé **2.** [nod, frown, wink] de façon significative / *she smiled significantly* elle a eu un sourire lourd de signification or qui en disait long / *significantly, she arrived early* fait révélateur, elle est arrivée en avance **3.** [in statistics] de manière significative.

signification [ˌsɪgnɪfɪ'keɪʃn] n signification *f*.

significative [sɪg'nɪfɪkətɪv] adj significatif.

signified ['sɪgnɪfaɪd] n LING signifié *m*.

signifier ['sɪgnɪfaɪəʳ] n LING signifiant *m*.

signify ['sɪgnɪfaɪ] (*pt & pp* **signified**) ◆ vt **1.** [indicate, show] signifier, indiquer / *she stood up, signifying that the interview was over* elle se leva, signifiant ainsi que l'entrevue était terminée / *the riots signify an urgent need for reform* les émeutes indiquent un besoin pressant de réforme **2.** [mean] signifier, vouloir dire / *for him, socialism signified chaos* pour lui, le socialisme était synonyme de chaos. ◆ vi *inf* être important / *it doesn't signify!* c'est sans importance !

signing ['saɪnɪŋ] n *traduction simultanée en langage par signes.*

sign language n (U) langage *m* des signes ▸ **to speak in sign language** parler par signes / *using sign language, he managed to ask for food* (en s'exprimant) par signes, il s'est débrouillé pour demander à manger.

signpost ['saɪnpəʊst] ◆ n **1.** *lit* poteau *m* indicateur **2.** *fig* [guide] repère *m* ; [omen] présage *m*. ◆ vt *lit & fig* [indicate] indiquer ; [provide with signs] signaliser, baliser / *the village is clearly signposted* le chemin du village est bien indiqué.

signposting ['saɪnˌpəʊstɪŋ] n signalisation *f*, balisage *m*.

signwriter ['saɪnˌraɪtəʳ] n peintre *m* en lettres.

Sikh [siːk] ◆ n Sikh *mf*. ◆ adj sikh.

Sikhism ['siːkɪzm] n sikhisme *m*.

silage ['saɪlɪdʒ] n ensilage *m*.

silence ['saɪləns] ◆ n silence *m* / *an embarrassed* / *a shocked silence* un silence gêné / scandalisé / *an explosion shattered the silence of the night* une explosion déchira le silence de la nuit / *a silence fell between them* un silence s'installa entre eux ▸ **to suffer in silence** souffrir en silence ▸ **to pass sthg over in silence** passer qqch sous silence / *his silence on the issue* / *about his past intrigues me* le silence qu'il garde à ce sujet / sur son passé m'intrigue / *what's my silence worth to you?* combien êtes-vous disposé à payer pour acheter mon silence ? ▸ **to observe a minute's silence** observer une minute de silence ▸ **silence is golden** *prov* le silence est d'or *prov*. ◆ vt **1.** [person] réduire au silence, faire taire ; [sound] étouffer ; [guns] faire taire / *she silenced the child with a look* d'un regard elle fit taire l'enfant / *dissidents cannot be silenced forever* on ne peut pas réduire les dissidents au silence or faire taire les dissidents très longtemps **2.** [stifle - opposition] réduire au silence ; [- conscience, rumours, complaints] faire taire.

silencer ['saɪlənsəʳ] n **1.** [on gun] silencieux *m* **2.** UK AUTO pot *m* d'échappement, silencieux *m*.

silent ['saɪlənt] ◆ adj **1.** [saying nothing] silencieux / *he was silent for a moment* il resta silencieux un moment ▸ **to fall silent** se taire ▸ **to keep** or **to be silent** garder le silence, rester silencieux / *history remains* or *is silent on this point* l'histoire ne dit rien sur ce point ▸ **to give sb the silent treatment** *inf* rester silencieux pour mettre qqn mal à l'aise **2.** [taciturn] silencieux, taciturne / *Hal's the strong, silent type* Hal est du genre fort et taciturne **3.** [unspoken - prayer, emotion, reproach] muet / *his mouth twisted in silent agony* sa bouche se tordit dans un cri de douleur muette **4.** [soundless - room, forest] silencieux, tranquille ; [- tread] silencieux ; [- film] muet / *the machines* / *the wind fell silent* le bruit des machines / du vent cessa ▸ **as silent as the grave** muet comme la tombe **5.** LING muet / *the "g" is silent* le « g » est muet. ◆ n CIN film *m* muet ▸ **the silents** le (cinéma) muet.

silently ['saɪləntlɪ] adv silencieusement.

silent majority n majorité *f* silencieuse.

silent partner n US COMM (associé *m*) commanditaire *m*, bailleur *m* de fonds.

Silesia [saɪ'liːzjə] pr n Silésie *f* / *in Silesia* en Silésie ▸ **Lower Silesia** la basse Silésie ▸ **Upper Silesia** la haute Silésie.

silex ['saɪleks] n silex *m*.

silhouette [ˌsɪluː'et] ◆ n silhouette *f* / *I saw her silhouette at the window* j'ai aperçu sa silhouette à la fenêtre / *he could just see the church in silhouette against the sky* il ne voyait que la silhouette de l'église qui se découpait contre le ciel. ◆ vt (*usu passive*) ▸ **to be silhouetted against sthg** se découper contre qqch / *the tower was silhouetted against the sky* la tour se découpait sur le ciel / *she stood at the window, silhouetted against the light* elle se tenait à la fenêtre, sa silhouette se détachant à contre-jour.

silica ['sɪlɪkə] n silice *f* ▸ **silica gel** / **glass** gel *m* / verre *m* de silice.

silicate ['sɪlɪkɪt] n silicate *m*.

siliceous, **silicious** [sɪ'lɪʃəs] adj siliceux.

silicon ['sɪlɪkən] n silicium *m*.

silicon chip n puce *f*.

silicone ['sɪlɪkəʊn] n silicone *f* ▸ **silicone implant** : *she's had a silicone implant* elle s'est fait poser des implants en silicone.

Silicon Valley pr n Silicon Valley *f*.

silicosis [ˌsɪlɪ'kəʊsɪs] n (U) silicose *f*.

silk [sɪlk] ◆ n **1.** [fabric] soie *f* ; [thread] fil *m* de soie / *fine ladies in their silks and satins* de belles dames dans leurs plus beaux atours **2.** [filament - from insect, on maize] soie *f* **3.** UK LAW ▸ **to take silk** être nommé avocat de la couronne. ◆ comp [scarf, blouse, etc.] de or en soie ▸ **the silk industry** l'industrie *f* de la soie ▸ **silk merchant** or **trader** marchand *m*, -e *f* de soierie, soyeux *m spec* ▸ **silk finish paint** peinture *f* satinée.

❖ **silks** pl n [jockey's jacket] casaque *f* / *Jo Burns, in the Graham (Stable) silks* Jo Burns, portant les couleurs (de l'Écurie) Graham.

silk cotton n kapok *m* ▸ **silk-cotton tree** fromager *m*.

silken ['sɪlkn] adj *liter* **1.** [made of silk] de or en soie **2.** [like silk - hair, cheek, etc.] soyeux ; [- voice, tone] doux (douce).

silk hat n haut-de-forme *m*, chapeau *m* haut de forme.

silk road pr n ▸ **the silk road** la route de la soie.

silk screen n ▸ **silk screen (printing** or **process)** sérigraphie *f*.

❖ **silk-screen** vt sérigraphier, imprimer en sérigraphie.

silkworm ['sɪlkwɜːm] n ver *m* à soie ▸ **silkworm breeder** sériciculteur *m* ▸ **silkworm breeding** sériciculture *f*.

silkworm moth n bombyx *m* du mûrier.

silky ['sɪlkɪ] (*compar* **silkier**, *superl* **silkiest**) adj **1.** [like silk - hair, cheek] soyeux **2.** [suave - tone, manner] doux (douce) **3.** [made of silk] de or en soie.

sill [sɪl] n **1.** [ledge - gen] rebord *m* ; [- of window] rebord *m*, appui *m* ; [- of door] seuil *m* **2.** AUTO marchepied *m* **3.** MIN [deposit] filon *m*, gisement *m*.

silliness ['sɪlɪnɪs] n bêtise *f*, stupidité *f* / *I want no more silliness from you!* arrête de faire l'idiot !

silly ['sɪlɪ] (*compar* **sillier**, *superl* **silliest**) ◆ adj **1.** [foolish - person] bête, stupide ; [- quarrel, book, grin, question] bête, stupide, idiot ; [infantile] bébête / *I'm sorry, it was a silly thing to say* excusez-moi, c'était bête de dire ça / *don't do anything silly* ne fais pas de bêtises / *how silly of me!* que je suis bête ! / *it's silly to worry* c'est idiot de s'inquiéter / *you silly idiot!* espèce d'idiot or d'imbécile ! / *you look silly in that tie* tu as l'air ridicule avec cette cravate / *I couldn't get the silly door open inf* je n'arrivais pas à ouvrir cette fichue or satanée porte **2.** [comical - mask, costume, voice] comique, drôle / *we all wore silly hats* nous portions tous des chapeaux marrants. ◆ adv *inf* [senseless] : *the blow knocked me silly* le coup m'a étourdi / *I was bored silly* je m'ennuyais à mourir / *I was scared silly* j'avais une peur bleue / *he drank himself silly* il s'est complètement soûlé.

silly-billy (*pl* **silly-billies**) n *inf* gros bêta *m*, grosse bêtasse *f*.

silly season n UK PRESS ▸ **the silly season** la période creuse (*pour les journalistes*).

silly-willy (*pl* **silly-willies**) US *inf* = **silly-billy**.

silo ['saɪləʊ] (*pl* **silos**) n AGR & MIL silo *m*.

silt [sɪlt] n GEOL limon *m* ; [mud] vase *f*.

❖ **silt up** ◆ vi [with mud] s'envaser ; [with sand] s'ensabler. ◆ vt sep [subj: mud] envaser ; [subj: sand] ensabler / *the old harbour is now completely silted up* le vieux port est maintenant complètement ensablé.

silty ['sɪltɪ] adj limoneux.

Silurian [saɪ'lʊərɪən] ◆ adj silurien. ◆ n silurien *m*.

silver ['sɪlvəʳ] ◆ n **1.** [metal] argent *m* **2.** *(U)* [coins] pièces *fpl* (d'argent) / *I'd like two £10 notes and the rest in silver* je voudrais deux billets de 10 livres et le reste en pièces (de monnaie) ▸ **silver collection** quête *f* **3.** *(U)* [dishes] argenterie *f* ; [cutlery - gen] couverts *mpl* ; [- made of silver] argenterie *f*, couverts *mpl* en argent / *to clean the silver* nettoyer or faire l'argenterie **4.** [colour] (couleur *f*) argent *m* **5.** SPORT [medal] médaille *f* d'argent / *he's hoping to win the silver* il espère remporter la médaille d'argent. ◆ comp ▸ **silver mine** mine *f* d'argent ▸ **silver ore** minerai *m* argentifère. ◆ adj **1.** [of silver] d'argent, en argent / *is your ring silver?* est-ce que votre bague est en argent ? **2.** [in colour] argenté, argent *(inv)* / *silver hair* des cheveux argentés **3.** [sound] argentin ▸ **to have a silver tongue** : *she has a silver tongue* elle sait parler. ◆ vt *lit & fig* argenter / *the moon silvered the lake* la lune donnait au lac des reflets d'argent.

silver birch n bouleau *m* blanc.

silver bromide n bromure *m* d'argent.

silver bullet n *fig* solution *f* miracle / *it's no silver bullet, but it'll help* ce n'est pas une solution miracle, mais ça aidera.

silver certificate n *papier-monnaie qui était garanti par les réserves en pièces d'argent d'un montant équivalent.*

silver chloride n chlorure *m* d'argent.

silvered ['sɪlvəd] adj *liter* argenté.

silver fir n [gen] sapin *m* blanc or pectiné ; [ornamental] sapin *m* argenté.

silverfish ['sɪlvəfɪʃ] (*pl* **silverfish** *or* **silverfishes**) n [insect] poisson *m* d'argent, lépisme *m*.

silver foil n papier *m* d'aluminium.

silver fox n renard *m* argenté.

silver-gilt ◆ n vermeil *m*. ◆ comp en vermeil.

silver grey n gris *m* argenté.

❖ **silver-grey** adj gris argenté *(inv)*.

silver-haired adj aux cheveux argentés.

silver iodide n iodure *m* d'argent.

silver jubilee n (fête *f* du) vingt-cinquième anniversaire *m* / *the Queen's silver jubilee* le vingt-cinquième anniversaire de l'accession au trône de la reine.

silver maple n érable *m* à sucre or du Canada.

silver medal n SPORT médaille *f* d'argent.

silver nitrate n nitrate *m* d'argent.

silver paper n papier *m* d'aluminium.

silver plate n **1.** [coating] plaquage *m* d'argent / *the cutlery is silver plate* les couverts sont en plaqué argent **2.** [tableware] argenterie *f*.

❖ **silver-plate** vt argenter.

silver-plated [-'pleɪtɪd] adj argenté, plaqué argent / *silver-plated tableware* argenterie *f*.

silver plating n argentage *m* ; [layer] argenture *f*.

silver screen n *dated* ▸ **the silver screen** le grand écran, le cinéma.

silverside ['sɪlvəsaɪd] n UK CULIN ≃ gîte *m* à la noix.

silversides ['sɪlvəsaɪdz] (*pl* **silversides**) n ZOOL capucette *f*.

silversmith ['sɪlvəsmɪθ] n orfèvre *m*.

silver standard n étalon *m* argent.

Silverstone ['sɪlvəstən] pr n *circuit de courses automobiles en Angleterre.*

silver surfer n *inf* internaute *mf* senior.

silverware ['sɪlvəweəʳ] n **1.** [gen] argenterie *f* **2.** US [cutlery] couverts *mpl*.

silver wedding n ▸ **silver wedding (anniversary)** noces *fpl* d'argent.

silvery ['sɪlvərɪ] adj [hair, fabric] argenté ; [voice, sound] argentin.

silviculture ['sɪlvɪ,kʌltʃəʳ] n sylviculture *f*.

sim n GAMES abbr of **simulation**.

SIM (abbr of **subscriber identity module**) n TELEC ▸ **SIM card** carte *f* SIM.

Simeon ['sɪmɪən] pr n Siméon.

simian ['sɪmɪən] ◆ adj simien ; [resembling ape] simiesque. ◆ n simien *m*.

similar ['sɪmɪləʳ] adj **1.** [showing resemblance] similaire, semblable / *they're very similar* ils se ressemblent beaucoup / *other customers have had similar problems* d'autres clients ont eu des problèmes similaires or analogues or du même ordre / *they are very similar in content* leurs contenus sont pratiquement identiques / *the print is similar in quality to that of a typewriter* la qualité de l'impression est proche de celle d'une machine à écrire / *it's an assembly similar to the US Senate* c'est une assemblée comparable au Sénat américain / *a fruit similar to the orange* un fruit voisin de l'orange **2.** GEOM [triangles] semblable.

similarity [,sɪmɪ'lærətɪ] n [resemblance] ressemblance *f*, similarité *f* / *there is a certain similarity to her last novel* ça ressemble un peu à son dernier roman / *there are points of similarity in their strategies* leurs stratégies ont des points communs or présentent des similitudes.

❖ **similarities** pl n [features in common] ressemblances *fpl*, points *mpl* communs / *the molecules show similarities in structure* les molécules présentent des analogies de structure / *our similarities are more important than our differences* nos points communs sont plus importants que nos différends.

similarly ['sɪmɪləlɪ] adv **1.** [in a similar way] d'une façon similaire / *the houses are similarly constructed* les maisons sont construites sur le même modèle / *other people were similarly treated* d'autres personnes ont été traitées de la même manière **2.** [likewise] de même / *similarly, it is obvious that...* de même, il est évident que...

simile ['sɪmɪlɪ] n LITER comparaison *f*.

similitude [sɪ'mɪlɪtju:d] n similitude *f*.

SIMM n abbr of **single in-line memory module**.

simmer ['sɪməʳ] ◆ vi **1.** [water, milk, sauce] frémir ; [soup, stew] mijoter, mitonner ; [vegetables] cuire à petit feu **2.** [smoulder - violence, quarrel, discontent] couver, fermenter ; [seethe - with anger, excitement] être en ébullition / *unrest is simmering in the big cities* des troubles couvent dans les grandes villes / *the audience simmered with excitement* les spectateurs étaient en ébullition / *tempers are simmering* les passions s'échauffent / *his anger simmered just below the surface* il bouillait de colère **3.** [be hot] rôtir ; [when humid] mijoter / *the city simmered in the heat* la ville était accablée par la canicule. ◆ vt [milk, sauce] laisser frémir ; [soup, stew] mijoter, mitonner ; [vegetables] faire cuire à petit feu. ◆ n faible ébullition *f*.

❖ **simmer down** vi *inf* [person] se calmer / *simmer down!* calme-toi !, du calme !

simnel cake ['sɪmnl-] n UK *gâteau aux fruits confits, recouvert de pâte d'amandes ou fourré à la pâte d'amandes (mangé traditionnellement à Pâques).*

Simon ['saɪmən] pr n Simon.

Simon says ['saɪmənsez] n GAMES Jacques a dit *m*.

simony ['saɪmənɪ] n simonie *f*.

simoom [sɪ'mu:m], **simoon** [sɪ'mu:n] n simoun *m*.

simp [sɪmp] n US *inf* bêta *m*, -asse *f*, nigaud *m*, -e *f*.

simper ['sɪmpəʳ] ◆ vi minauder. ◆ vt : *"of course, madam", he simpered* « bien sûr, chère Madame », dit-il en minaudant. ◆ n sourire *m* affecté / *"may I help you?", she said with a simper* « vous désirez ? », dit-elle en minaudant.

simpering ['sɪmpərɪŋ] n *(U)* minauderies *fpl*.

simple ['sɪmpl] adj **1.** [easy] simple, facile ; [uncomplicated] simple / *his reasons are never simple* ses raisons ne sont jamais simples / *it's a simple operation* c'est une opération simple / *getting there was the simple part* ce n'est pas d'y aller qui était difficile / *it's a simple meal to prepare* c'est un repas facile à préparer / *it would be simpler to do it myself* ce serait plus simple que je le fasse or si je le faisais moi-même / *it should be a simple matter to change your ticket* tu ne devrais avoir aucun mal à changer ton billet / *to yearn for the simple life* aspirer au retour à la nature / *let's hear your story, then, but keep it simple* bon, racontez votre histoire, mais passez-moi les détails **2.** [plain - tastes, ceremony, life, style] simple / *she wore a simple black dress* elle portait une robe noire toute simple / *I want a simple "yes" or "no"* répondez-moi simplement par « oui » ou par « non » / *let me explain in simple terms* or *language* laissez-moi vous expliquer ça en termes simples / *I did it for the simple reason that I had no choice* je l'ai fait pour la simple raison que je n'avais pas le choix **3.** [unassuming] simple, sans façons / *despite her success, she remains simple and unaffected* malgré sa réussite, elle est restée simple et naturelle **4.** [naive] simple, naïf ; [feeble-minded] simple, niais / *he's a bit simple* il est un peu simplet **5.** [basic, not compound - substance, fracture, sentence] simple ; BIOL [eye] simple ▸ **simple equation** MATH équation *f* du premier degré.

simple fraction n fraction *f* ordinaire.

simple fracture n fracture *f* simple.

simple-hearted adj [person] candide, ouvert ; [wisdom, gesture] simple, naturel.

simple interest n *(U)* intérêts *mpl* simples.

simple machine n pièce *f* (d'un mécanisme).

simple-minded adj [naive] naïf, simplet ; [feeble-minded] simple d'esprit / *it's a very simple-minded view of society* c'est une vision très simpliste de la société.

simple-mindedness [-'maɪndɪdnɪs] n [naivety] naïveté *f* ; [feeble-mindedness] simplicité *f* d'esprit.

Simple Simon n naïf *m*, nigaud *m*.

simple tense n temps *m* simple.

simpleton ['sɪmpltən] n *dated* nigaud *m*, -e *f*.

simplex ['sɪmpleks] ◆ adj COMPUT & TELEC simplex *(inv)*, unidirectionnel. ◆ n COMPUT & TELEC simplex *m*, transmission *f* unidirectionnelle ; GEOM simplexe *m* ; LING [sentence] unité *f* proportionnelle ; [word] mot *m* simple.

simplicity [sɪm'plɪsətɪ] (*pl* **simplicities**) n simplicité *f* / *the instructions are simplicity itself* les instructions sont simples comme bonjour or tout ce qu'il y a de plus simple.

simplification [,sɪmplɪfɪ'keɪʃn] n simplification *f*.

simplify ['sɪmplɪfaɪ] (*pt & pp* **simplified**) vt simplifier.

simplistic [sɪm'plɪstɪk] adj simpliste.

simplistically [sɪm'plɪstɪklɪ] adv de manière simpliste.

simply ['sɪmplɪ] adv **1.** [in a simple way] simplement, avec simplicité / *put quite simply, it's a disaster* c'est tout simplement une catastrophe **2.** [just, only] simplement, seulement / *it's not simply a matter of money* ce n'est pas une simple question d'argent / *I simply told her the truth* je lui ai tout simplement dit la vérité **3.** [as intensifier] absolument / *it's simply perfect!* c'est absolument parfait ! / *I simply don't understand you* je ne vous comprends vraiment pas / *we simply must go now* il faut absolument que nous partions maintenant.

simulacrum [,sɪmjʊ'leɪkrəm] (*pl* **simulacra** [-krə]) n *fml & liter* simulacre *m*, semblant *m*.

simulate ['sɪmjʊleɪt] vt **1.** [imitate - blood, battle, sound] simuler, imiter / *the insect simulates a piece of bark* l'insecte prend l'apparence d'un morceau d'écorce **2.** [feign - pain, pleasure] simuler, feindre **3.** COMPUT & TECH simuler.

simulated ['sɪmjʊleɪtɪd] adj simulé / *a simulated nuclear disaster* une catastrophe nucléaire simulée.

simulation [,sɪmjʊ'leɪʃn] n simulation *f* ▸ **simulation model** COMPUT modèle *m* de simulation.

simulator ['sɪmjʊleɪtəʳ] n simulateur *m*.

simulcast [UK 'sɪməlkɑ:st US 'saɪməlkæst] ◆ vt diffuser simultanément à la télévision et à la radio. ◆ adj radiotélévisé. ◆ n émission *f* radiotélévisée.

simultaneity [,sɪməltə'nɪətɪ] n simultanéité *f*.

simultaneous [UK ,sɪməl'teɪnjəs US ,saɪməl'teɪnjəs] adj simultané ▸ **simultaneous translation** traduction *f* simultanée.

simultaneous equations pl n système *m* d'équations différentielles.

simultaneously [UK ˌsɪməl'teɪnjəslɪ US ˌsaɪməl'teɪnjəslɪ] adv simultanément, en même temps.

sin [sɪn] (*pt & pp* **sinned**, *cont* **sinning**) ◆ n péché *m* ▶ **to commit a sin** pécher, commettre un péché / *the sin of pride* le péché d'orgueil / *it's a sin to tell a lie* mentir or le mensonge est un péché / *it would be a sin to sell it* ce serait un crime de le vendre / *for my sins, I'm the person in charge of all this* *hum* malheureusement pour moi, c'est moi le responsable de tout ça ▶ **to live in sin** RELIG & *hum* vivre dans le péché. ◆ vi pécher ▶ **to sin against sthg** pécher contre qqch ▶ **to be more sinned against than sinning** être plus victime que coupable.

More sinned against than sinning

Dans le troisième acte du *Roi Lear*, de Shakespeare, le vieux roi se lamente des mauvais traitements que ses propres filles lui ont fait subir, en disant : **I am a man more sinned against than sinning.** *Je suis un homme à qui on a fait plus de mal qu'il n'a fait.* Entrée dans l'usage courant, l'expression **more sinned against than sinning** est employée pour évoquer le fait d'être davantage victime que coupable :

Despite his reputation as a misogynist who seduced and discarded women, Picasso is seen by some as a man more sinned against than sinning. *Malgré sa réputation de misogyne qui séduisait les femmes pour les quitter aussitôt, Picasso est considéré par certains comme un homme qui a souffert plus qu'il n'a fait souffrir.*

When questioned on her growing unpopularity, she insists that she has been more often sinned against than sinning. *Interrogée sur son impopularité croissante, elle maintient qu'elle a subi davantage de torts qu'elle n'en a causé.*

Sinai ['saɪnaɪ] pr n [region] Sinaï *m* ▶ **the Sinai (Desert)** le (désert du) Sinaï ▶ **the Sinai Peninsula** la presqu'île du Sinaï ▶ **(Mount) Sinai** le (mont) Sinaï.

Sinbad ['sɪnbæd] pr n ▶ **Sinbad the Sailor** Sinbad le marin.

sin bin n *inf* **1.** US [brothel] lupanar *m*, bordel *m* **2.** SPORT banc *m* des pénalités, prison *f*.

since [sɪns] ◆ prep depuis / *he has been talking about it since yesterday / since before Christmas* il en parle depuis hier / depuis avant Noël / *the fair has been held annually ever since 1950* la foire a lieu chaque année depuis 1950 / *she's the best soul singer since Aretha Franklin* c'est la meilleure chanteuse de soul depuis Aretha Franklin / *how long is it since their divorce?* ça fait combien de temps qu'ils ont divorcé ? / *since then* depuis lors / *that was in 1966, since when the law has been altered* c'était en 1966 ; depuis, la loi a été modifiée / *since when have you been married?* depuis quand êtes-vous marié ? / *they really have changed — oh yes, since when?* ils ont vraiment changé — ah oui, depuis quand ? ◆ conj **1.** [in time] depuis que / *I've worn glasses since I was six* je porte des lunettes depuis que j'ai six ans or depuis l'âge de six ans / *how long has it been since you last saw Hal?* ça fait combien de temps que tu n'as pas vu Hal ? / *it's been ages since we've gone to a play* ça fait une éternité que nous ne sommes pas allés au théâtre / *since leaving New York, I...* depuis que j'ai quitté New York, je... / *it had been ten years since I had seen him* cela faisait dix ans que je ne l'avais pas revu **2.** [expressing cause] puisque, comme / *since you don't want to go, I'll go by myself* puisque or comme tu ne veux pas y aller, j'irai tout seul. ◆ adv depuis / *she used to be his assistant, but she's since been promoted* elle était son assistante, mais depuis elle a été promue / *I've never seen it / her since* je ne l'ai jamais revu / revue depuis.

❖ **ever since** ◆ conj phr depuis que / *ever since she resigned, things have been getting worse* depuis qu'elle a démissionné or depuis sa démission, les choses ont empiré. ◆ prep phr depuis / *ever since that day he's been afraid of dogs* depuis ce jour-là, il a peur des chiens. ◆ adv phr depuis / *he arrived at 9 o'clock and he's been sitting there ever since* il est arrivé à 9 h et il est assis là depuis.

❖ **long since** adv phr : *I've long since forgotten why* il y a longtemps que j'ai oublié pourquoi / *I've long since got used to it* il y a longtemps que j'y suis habitué.

See box at for.

sincere [sɪn'sɪəʳ] adj sincère / *please accept my sincere apologies* veuillez accepter mes sincères excuses / *it is my sincere belief that war can be avoided* je crois sincèrement qu'on peut éviter la guerre.

sincerely [sɪn'sɪəlɪ] adv sincèrement / *sincerely held views* des opinions auxquelles on croit sincèrement / *I sincerely hope we can be friends* j'espère sincèrement que nous serons amis ▶ **Yours sincerely a)** [formally] je vous prie d'agréer, Monsieur (or Madame), mes sentiments les meilleurs **b)** [less formally] bien à vous.

sincerity [sɪn'serətɪ] n sincérité *f* ▶ **to doubt sb's sincerity** douter de la sincérité or bonne foi de qqn / *in all sincerity, I must admit that...* en toute sincérité, je dois admettre que...

sine [saɪn] n MATH sinus *m*.

sinecure ['saɪnɪˌkjʊəʳ] n sinécure *f*.

sine die [ˌsaɪnɪ'daɪi:] adv sine die.

sine qua non [ˌsaɪnɪkweɪ'nɒn] n condition *f* sine qua non.

sinew ['sɪnju:] n [tendon] tendon *m* ; [muscle] muscle *m* ; *liter* [strength] force *f*, forces *fpl* / *I will resist with every sinew of my body* je résisterai de toutes mes forces.

❖ **sinews** pl n *liter* [source of strength] nerf *m*, vigueur *f* / *coal and steel were the sinews of our economy* le charbon et la sidérurgie étaient le nerf de notre économie.

sinewy ['sɪnju:ɪ] adj **1.** [muscular - person, body, arm] musclé ; [- neck, hands] nerveux **2.** [with tendons - tissue] tendineux / *sinewy meat* viande *f* nerveuse or tendineuse **3.** *liter* [forceful - style] vigoureux, nerveux.

sinful ['sɪnfʊl] adj [deed, urge, thought] coupable, honteux ; [world] plein de péchés, souillé par le péché / *his sinful ways* sa vie de pécheur / *sinful man* pécheur *m* / *sinful woman* pécheresse *f* / *how could such pleasure be sinful?* comment un tel plaisir pourrait-il être coupable ? / *she thought alcohol was sinful* pour elle, boire de l'alcool était un péché / *it's downright sinful!* c'est un vrai scandale !

sinfully ['sɪnfʊlɪ] adv d'une façon coupable or scandaleuse.

sing [sɪŋ] (*pt* **sang** [sæŋ], *pp* **sung** [sʌŋ]) ◆ vi **1.** [person] chanter ▶ **to sing like a lark** chanter comme un rossignol / *she sings of a faraway land* elle chante une terre lointaine / **'Singin' in the Rain'** *Kelly, Donen* 'Chantons sous la pluie' **2.** [bird, kettle] chanter ; [wind, arrow] siffler ; [ears] bourdonner, siffler / *bullets sang past his ears* des balles sifflaient à ses oreilles / *the noise made my ears sing* ce bruit m'a fait bourdonner les oreilles **3.** US *inf* [act as informer] parler / *he sang like a songbird at the trial* il a tout dit au procès / *somebody's been singing to our competitors* quelqu'un a vendu la mèche à or tuyauté nos concurrents. ◆ vt **1.** [song, note, mass] chanter ▶ **to sing opera / jazz** chanter de l'opéra / du jazz / *who sings tenor?* qui est ténor ? ▶ **to sing sb to sleep** chanter pour endormir qqn ▶ **to sing another** or **a different tune** : *now they're singing another* or *a different tune* ils ont changé de ton **2.** [laud] célébrer, chanter ▶ **to sing sb's praises** chanter les louanges de qqn.

❖ **sing along** vi chanter (tous) ensemble / *they sang along with her in the chorus* ils ont repris le refrain avec elle / *to sing along to* or *with the radio* chanter en même temps que la radio.

❖ **sing out** vi **1.** [sing loudly] chanter fort **2.** *inf* [shout] crier / *when you're ready, sing out* quand tu seras prêt, fais-moi signe.

❖ **sing up** vi chanter plus fort / *sing up!* plus fort !

sing-along n chants *mpl* en chœur / *let's have a sing-along* chantons tous en chœur or tous ensemble.

Singapore [ˌsɪŋə'pɔ:ʳ] ◆ pr n Singapour. ◆ comp ▶ **Singapore dollar** dollar *m* de Singapour.

Singaporean [ˌsɪŋə'pɔ:rɪən] ◆ n Singapourien *m*, -enne *f*. ◆ adj singapourien.

singe [sɪndʒ] (*cont* **singeing**) ◆ vt **1.** [gen] brûler légèrement ; [shirt, fabric, paper] roussir / *the lighter singed his moustache* il s'est brûlé la moustache avec le briquet **2.** CULIN [carcass, chicken] flamber, passer à la flamme. ◆ vi [fabric] roussir. ◆ n [burn] brûlure *f* (légère) ▶ **singe (mark)** marque *f* de brûlure.

singer ['sɪŋəʳ] n chanteur *m*, -euse *f* / *she's a jazz singer* elle est chanteuse de jazz / *I'm a terrible singer* je chante affreusement mal.

Singhalese [ˌsɪŋhə'li:z] = **Sinhalese.**

singing ['sɪŋɪŋ] ◆ n **1.** [of person, bird] chant *m* ; [of kettle, wind] sifflement *m* ; [in ears] bourdonnement *m*, sifflement *m* / *the singing went on until dawn* on a chanté or les chants ont continué jusqu'à l'aube / *we left after the singing of the national anthem* nous sommes partis après l'hymne national **2.** [art] chant *m* / *to study singing* étudier le chant / *her singing has improved* elle chante mieux. ◆ adj [lesson, teacher, contest] de chant / *she's got a fine singing voice* elle a une belle voix / *it's a singing role* c'est un rôle qui comporte des passages chantés.

singing telegram n *vœux présentés sous forme chantée, généralement à l'occasion d'un anniversaire.*

single ['sɪŋgl] ◆ adj **1.** [sole] seul, unique / *the room was lit by a single lamp* la pièce était éclairée par une seule lampe / *the report comes in a single volume* le rapport est publié en un (seul) volume / *I can't think of one single reason why I should do it* je n'ai aucune raison de le faire / *there wasn't a single person in the street* il n'y avait pas un chat dans la rue / *not a single one of her friends came* pas un seul de ses amis or aucun de ses amis n'est venu / *I couldn't think of a single thing to say* je ne trouvais absolument rien à dire ▶ **single currency** monnaie *f* unique ▶ **the Single European Act** l'Acte unique européen ▶ **the Single Market** le Marché unique (européen) **2.** [individual, considered discretely] individuel, particulier / *he gave her a single red rose* il lui a donné une rose rouge / *our single most important resource is oil* notre principale ressource est le pétrole / *what would my single best investment be?* quel serait le meilleur placement ? / *we sell single items at a higher price per unit* le prix unitaire est plus élevé / *single copies cost more* un exemplaire seul coûte plus cher / *in any single year, average sales are ten million* sur une seule année, les ventes sont en moyenne de dix millions / *every single apple* or *every single one of the apples was rotten* toutes les pommes sans exception étaient pourries / *every single time I take the plane, there's some problem* chaque fois que je prends l'avion, il y a un problème **3.** [not double - flower, thickness] simple ; [- combat] singulier / *five years ago we had single figure inflation* il y a cinq ans nous avions un taux d'inflation inférieur à 10 % / *the score is still in single figures* le score est toujours inférieur à dix **4.** [for one person] ▶ **single room** chambre *f* pour une personne or individuelle ▶ **a single sheet** un drap pour un lit d'une personne **5.** [unmarried] célibataire / *the single life seems to agree with you* la vie de célibataire a l'air de te convenir **6.** UK [one way] ▶ **single ticket** : *a single ticket to Oxford* un aller (simple) pour Oxford ▶ **single fare** : *the single fare is £12* un aller simple coûte 12 livres. ◆ n **1.** [hotel room] chambre *f* pour une personne or individuelle / *I've reserved a single with bath* j'ai réservé une chambre pour une personne avec bain **2.** [record] 45 tours *m inv*, single *m* **3.** UK [ticket] billet *m*, aller *m* simple / *we only have singles left* THEAT il ne nous reste que des places séparées **4.** (*usu pl*) UK [money] pièce *f* d'une livre ; US billet *m* d'un dollar / *she gave me the change in singles* **a)** UK elle m'a rendu la monnaie en pièces d'une livre **b)** US elle m'a rendu la monnaie en billets d'un dollar **5.** [in cricket] point *m*.

◆ **single out** vt sep [for attention, honour] sélectionner, distinguer / *a few candidates were singled out for special praise* quelques candidats ont eu droit à des félicitations supplémentaires / *they were all guilty, so why single anyone out?* ils étaient tous coupables, alors pourquoi accuser quelqu'un en particulier ?

single-action adj [firearm] *que l'on doit réarmer avant chaque coup.*

single bed n lit à une place.

single-breasted [-'brestɪd] adj [jacket, coat] droit.

single-celled [-seld] adj BIOL unicellulaire.

single-click ◆ n clic *m*. ◆ vi cliquer une fois. ◆ vt cliquer une seule fois sur.

single cream n UK crème *f* (fraîche) liquide.

single-decker [-'dekəʳ] n ▸ **single-decker (bus)** autobus *m* sans impériale.

single-density adj COMPUT ▸ **single-density disk** disquette *f* simple densité.

single-engined [-,endʒɪnd] adj [plane] monomoteur.

single entry bookkeeping n comptabilité *f* en partie simple.

single file n file *f* indienne ▸ **to walk in single file** marcher en file indienne or à la queue leu leu.

single-handed [-'hændɪd] ◆ adv [on one's own] tout seul, sans aucune aide / *she's tripled our sales single-handed* elle a triplé nos ventes à elle toute seule. ◆ adj **1.** [unaided - voyage] en solitaire ▸ **to be single-handed** être tout seul, n'avoir aucune aide **2.** [using one hand] à une main / *single-handed backhand shot* revers *m* à une main ▸ **single-handed saw** (scie *f*) égoïne *f*.

single-handedly [-'hændɪdlɪ] adv **1.** [on one's own] tout seul **2.** [with one hand] d'une seule main.

single-income adj [family, couple] à salaire unique.

single-lane adj [traffic] à voie unique.

single-lens reflex n reflex *m* (mono-objectif).

single-masted [-'mɑːstɪd] adj à un (seul) mât.

single-minded adj résolu, déterminé ▸ **to be single-minded about sthg** aborder qqch avec beaucoup de ténacité or de détermination / *he is single-minded in his efforts to block the project* il fait tout ce qu'il peut pour bloquer le projet / *the single-minded pursuit of money* la poursuite acharnée de l'argent.

single-mindedly [-'maɪndɪdlɪ] adv avec détermination.

single-mindedness [-'maɪndɪdnɪs] n résolution *f*, détermination *f*.

single mother, single mum n mère *f* célibataire.

single parent n parent *m* isolé / *he's a single parent* c'est un père célibataire.

single-parent family n famille *f* monoparentale.

single-party adj à parti unique.

single-phase adj [current] monophasé.

single quotes pl n guillemets *mpl*.

singles ['sɪŋglz] (*pl* **singles**) ◆ n SPORT simple *m* / *the men's singles champion* le champion du simple messieurs. ◆ comp [bar, club, magazine] pour célibataires / *Tuesday is singles night* mardi, c'est la soirée pour célibataires.

single-seater n AERON (avion *m*) monoplace *m*.

single-sex adj SCH non mixte.

single-space vt [on typewriter] taper avec un interligne simple ; [on printer] imprimer avec un interligne simple / *the typescript should be single-spaced* le texte dactylographié devra être en interligne simple.

singlet ['sɪŋglɪt] n UK [undergarment] maillot *m* de corps ; SPORT maillot *m*.

singleton ['sɪŋgltən] n CARDS & MATH singleton *m*.

single track n RAIL voie *f* unique.

◆ **single-track** adj à voie unique.

single-use adj à usage unique.

single-user licence n COMPUT licence *f* individuelle d'utilisation.

singly ['sɪŋglɪ] adv **1.** [one at a time] séparément / *I'd rather see them singly* je préférerais les voir séparément **2.** [alone] seul / *they arrived either in couples or singly* ils sont arrivés en couples ou seuls **3.** [individually - packaged] individuellement / *you can't buy them singly* vous ne pouvez pas les acheter à la pièce.

Sing Sing pr n *prison de haute sécurité dans l'État de New York.*

singsong ['sɪŋsɒŋ] ◆ n **1.** [melodious voice, tone] ▸ **to speak in a singsong** parler d'une voix chantante **2.** UK [singing] chants *mpl* (en chœur) / *let's have a singsong* chantons tous ensemble or en chœur. ◆ adj [voice, accent] chantant / *in a singsong voice* d'une voix chantante.

singular ['sɪŋgjʊləʳ] ◆ adj **1.** [remarkable] singulier ; [odd] singulier, bizarre **2.** GRAM singulier. ◆ n GRAM singulier *m* / *in the third person singular* à la troisième personne du singulier.

singularity [,sɪŋgjʊ'lærətɪ] (*pl* **singularities**) n singularité *f*.

singularize, singularise ['sɪŋgjʊləraɪz] vt **1.** [distinguish] singulariser **2.** GRAM mettre au singulier.

singularly ['sɪŋgjʊləlɪ] adv singulièrement.

Sinhalese [,sɪnhə'liːz] ◆ n **1.** [person] Cinghalais *m*, -e *f* **2.** LING cinghalais *m*. ◆ adj cinghalais.

sinister ['sɪnɪstəʳ] adj **1.** [ominous, evil] sinistre / *he looks very sinister in black* le noir lui donne un air sinistre **2.** HERALD senestre, sénestre.

sink [sɪŋk] (*pt* **sank** [sæŋk], *pp* **sunk** [sʌŋk]) ◆ n **1.** [for dishes] évier *m* ; [for hands] lavabo *m* ▸ **double sink** évier à deux bacs ▸ **sink board** US égouttoir *m* **2.** [cesspool] puisard *m* ▸ **a sink of sin and corruption** un cloaque du vice **3.** GEOL doline *f*. ◆ vi **1.** [below surface - boat] couler, sombrer ; [- person, stone, log] couler ▸ **to sink like a stone** couler à pic / *the bottle sank slowly to the bottom of the pool* la bouteille a coulé lentement jusqu'au fond de la piscine / *the prow had not yet sunk beneath the surface* la proue n'était pas encore submergée / *Atlantis sank beneath the seas* l'Atlantide a été engloutie par les mers / *the sun / moon is sinking* le soleil / la lune disparaît à l'horizon / *the moon sank behind the mountains* la lune a disparu derrière les montagnes / *as I climbed, the valley sank out of sight* au fur et à mesure que je grimpais, la vallée disparaissait ▸ **to sink without (a) trace a)** [whereabouts unknown] disparaître sans laisser de trace **b)** *fig* [no longer famous] tomber dans l'oubli / *it was a case of sink or swim* il a bien fallu se débrouiller / *now it's up to them to sink or swim by themselves* à eux maintenant de se débrouiller comme ils peuvent **2.** [in mud, snow, etc.] s'enfoncer / *at each step, I sank up to my knees in water* à chaque pas, je m'enfonçais dans l'eau jusqu'aux genoux / *the wheels sank into the mud* les roues s'enfonçaient dans la boue **3.** [subside - level, water, flames] baisser ; [- building, ground] s'affaisser / *Venice is sinking* Venise est en train de s'affaisser **4.** [sag, slump - person] s'affaler, s'écrouler ; [- hopes] s'écrouler / *I sank back in my seat* je me suis enfoncé dans mon fauteuil / *her head sank back on the pillow* sa tête retomba sur l'oreiller / *he sank onto the bed* il s'est affalé or il s'est laissé tomber sur le lit ▸ **to sink to the ground** s'effondrer ▸ **to sink to one's knees** tomber à genoux / *she sank down on her knees* elle tomba à genoux / *my heart* or *spirits sank when I saw I was too late* j'ai perdu courage en voyant que j'arrivais trop tard / *his heart sinks every time he gets a letter from her* il a un serrement de cœur chaque fois qu'il reçoit une lettre d'elle **5.** [decrease, diminish - wages, rates, temperature] baisser ; [more dramatically] plonger, chuter / *you have sunk in my estimation* tu as baissé dans mon estime / *the dollar has sunk to half its former value* le dollar a perdu la moitié de sa valeur / *profits have sunk to an all-time low* les bénéfices sont au plus bas ; [voice] se faire plus bas / *her voice had sunk to a whisper* **a)** [purposefully] elle s'était mise à chuchoter **b)** [weakly] sa voix n'était plus qu'un murmure **6.** [slip, decline] sombrer, s'enfoncer / *to sink into apathy / depression* sombrer dans l'apathie / dans la dépression / *he sank deeper into crime* il s'enfonça dans la délinquance / *the house sank into decay and ruin* la maison est tombée en ruines / *how could you sink to this?* comment as-tu pu tomber si bas ? ▸ **to sink to new depths** tomber plus bas / *the patient is sinking fast* le malade décline rapidement / *he has sunk into a coma* il est tombé dans le coma / *I sank into a deep sleep* j'ai sombré dans un sommeil profond **7.** [penetrate - blade, arrow] s'enfoncer / *I felt the dog's teeth sink into my arm* j'ai senti les crocs du chien s'enfoncer dans mon bras. ◆ vt **1.** [boat, submarine] couler, envoyer par le fond ▸ **to be sunk in thought** être plongé dans ses pensées **2.** [ruin - plans] faire échouer / *their bid has sunk any chance of us getting the contract* leur offre a réduit à néant nos chances de décrocher le contrat / *this latest scandal looks certain to sink him* ce dernier scandale va sûrement le couler / *if they don't come we're sunk!* *inf* s'ils ne viennent pas, nous sommes fichus ! **3.** [forget] oublier / *he sank his troubles in drink* il noya ses soucis dans l'alcool / *they'll have to learn to sink their differences* il faudra qu'ils apprennent à oublier leurs différends **4.** [plunge, drive - knife, spear] enfoncer / *they're sinking the piles for the jetty* ils sont en train de mettre en place les pilotis de la jetée / *the fishpond was a metal basin sunk in the ground* l'étang à poissons était un bassin en métal enfoncé dans le sol / *I sank my teeth into the peach* j'ai mordu dans la pêche / *the dog sank its teeth into my leg* le chien m'enfonça or me planta ses crocs dans la jambe **5.** [dig, bore - well, mine shaft] creuser, forer **6.** [invest - money] mettre, investir ; [- extravagantly] engloutir / *we sank a fortune into this company* nous avons englouti une fortune dans cette société **7.** SPORT [score - basket] marquer ; [- putt] réussir ▸ **to sink a shot a)** [in snooker] couler une bille **b)** [in basketball] réussir un tir or un panier **8.** [debt] s'acquitter de, payer ; FIN amortir **9.** UK *inf* [drink down] s'envoyer, siffler.

◆ **sink in** vi **1.** [nail, blade] s'enfoncer **2.** [soak - varnish, cream] pénétrer **3.** [register - news] être compris or assimilé ; [- allusion] faire son effet / *I heard what you said, but it didn't sink in at the time* je vous ai entendu, mais je n'ai pas vraiment saisi sur le moment / *the implications of the epidemic have not yet sunk in* on ne se rend pas encore vraiment compte or on ne réalise pas encore quelles seront les conséquences de cette épidémie / *I paused to let my words sink in* j'ai marqué une pause pour que mes paroles fassent leur effet.

sinker ['sɪŋkəʳ] n **1.** [weight] plomb *m* *(pour la pêche)* **2.** US *inf* [doughnut] beignet *m* ▸ **sinkers and suds** *v inf* des beignets et du café.

sinkhole ['sɪŋkhəʊl] n GEOL entonnoir *m*.

sinking ['sɪŋkɪŋ] ◆ n **1.** [of ship - accidental] naufrage *m* ; [- deliberate] torpillage *m* **2.** [of building, ground] affaissement *m* **3.** [of money] engloutissement *m*. ◆ adj ▸ **sinking feeling** : *I experienced that sinking feeling you get when you've forgotten something* j'ai eu cette angoisse que l'on ressent quand on sait que l'on a oublié quelque chose.

sinking fund n FIN caisse *f* or fonds *mpl* d'amortissement.

sink school n *inf & pej* école *f* poubelle.

sink tidy (*pl* **sink tidies**) n *rangement pour ustensiles sur un évier.*

sink unit n bloc-évier *m*.

sinner ['sɪnəʳ] n pécheur *m*, -eresse *f*.

Sinn Féin [,ʃɪn'feɪn] pr n le Sinn Féin *(branche politique de l'IRA)*.

 **Sinn Féin**

Mouvement nationaliste et républicain irlandais fondé en 1905, luttant pour l'indépendance et la renaissance de la culture gaélique. Force politique vitale en Irlande à partir de 1916, il devient, après la Seconde Guerre mondiale, la branche politique de l'IRA (**Irish Republican Army**).

Sino- ['saɪnəʊ] in comp sino- ▸ **the Sino-Japanese War** la guerre sino-japonaise.

sinologist [saɪ'nɒlədʒɪst] n sinologue *mf*.

sinology [saɪ'nɒlədʒɪ] n sinologie *f*.

sinophile ['saɪnəfaɪl] n sinophile *mf*.

sinuosity [,sɪnjʊ'ɒsətɪ] n sinuosité *f*.

sinuous ['sɪnjʊəs] adj [road, neck, movement, reasoning] sinueux / *he danced with sinuous grace* lorsqu'il dansait, son corps ondulait avec grâce.

sinus ['saɪnəs] n sinus *m* / *for fast sinus relief* pour dégager rapidement les sinus.

sinusitis [,saɪnə'saɪtɪs] n *(U)* sinusite *f*.

Sioux [su:] *(pl* **Sioux** [su:]) ◆ n **1.** [person] Sioux *mf* **2.** LING sioux *m*. ◆ adj sioux *(inv)* ▸ **the Sioux Indians** les Sioux *mpl*.

sip [sɪp] *(pt & pp* **sipped**, *cont* **sipping**) ◆ vt [drink slowly] boire à petites gorgées or à petits coups ; [savour] siroter. ◆ vi : *he was at the bar, sipping at a cognac* il était au comptoir, sirotant un cognac. ◆ n petite gorgée *f* / *can I have a sip?* je peux goûter or en boire un peu ? / *she took a sip of wine* elle a bu une petite gorgée de vin.

siphon ['saɪfn] ◆ n siphon *m*. ◆ vt **1.** [liquid, petrol] siphonner **2.** [money, resources] transférer ; [illicitly] détourner / *the money is siphoned from one account into another* l'argent est transféré d'un compte à un autre / *huge sums were siphoned into public housing* des sommes énormes ont été injectées dans les logements sociaux.

❖ **siphon off** vt sep **1.** [liquid, petrol] siphonner **2.** [remove - money] absorber, éponger ; [divert illegally] détourner / *the private sector is siphoning off the best graduates* le secteur privé absorbe les meilleurs diplômés / *the road will siphon traffic off from the city centre* la route va détourner une bonne partie de la circulation du centre-ville.

SIPP (abbr of **self-invested personal pension**) n UK fonds *m* de retraite par capitalisation.

sir [sɜ:ʳ] n **1.** [term of address] monsieur *m* / *no, sir* **a)** [gen & SCH] non, monsieur **b)** MIL [to officer] non, mon général / mon colonel / etc. ▸ **(Dear) Sir** [in letter] (Cher) Monsieur ▸ **not for me, no sir** *inf* [emphatic] pas pour moi, ça non or pas question ! **2.** [title of knight, baronet] : *Sir Ian Hall* sir Ian Hall ▸ **to be made a sir** être anobli **3.** UK *inf* [male teacher] : *Sir's coming!* le maître arrive !

sire ['saɪəʳ] ◆ n **1.** [animal] père *m* **2.** *arch* [father] père *m* **3.** [term of address] : *no, sire* **a)** [to king] non, sire **b)** *arch* [to lord] non, seigneur. ◆ vt engendrer / *Buttons, sired by Goldfly* Buttons, issu de Goldfly.

siree [sɜ:'ri:] *inf* = **sirree**.

siren ['saɪərən] n **1.** [device] sirène *f* ▸ **ambulance / police siren** sirène d'ambulance / de voiture de police **2.** MYTH sirène *f* ; *fig* [temptress] sirène *f*, femme *f* fatale.

siren call, **siren song** n *lit* chant *m* des sirènes ; *fig* attrait *m*, appât *m* / *who can resist the siren call of fame and wealth?* qui peut résister à l'attrait de la gloire et de la fortune ?

Sirius ['sɪrɪəs] pr n Sirius *m*.

sirloin ['sɜ:lɔɪn] n aloyau *m* ▸ **a sirloin steak** un bifteck dans l'aloyau.

sirocco [sɪ'rɒkəʊ] *(pl* **siroccos**) n sirocco *m*.

sirree [sɜ:'ri:] interj US *inf* ▸ **yes / no sirree!** ça oui / non !

sis [sɪs] n *inf* [sister] frangine *f*, sœurette *f*.

sisal ['saɪsl] ◆ n sisal *m*. ◆ adj en or de sisal.

siskin ['sɪskɪn] n ORNITH tarin *m*.

sissy ['sɪsɪ] *(pl* **sissies**) ◆ n [coward] peureux *m*, -euse *f* ; [effeminate person] : *he's a real sissy* c'est une vraie mauviette. ◆ adj [cowardly] peureux ; [effeminate] : *don't be so sissy* t'es une mauviette, ou quoi ?

sister ['sɪstəʳ] ◆ n **1.** sœur *f* / *they're sisters* elles sont sœurs / *my big / little sister* ma grande / petite sœur **2.** [nun] religieuse *f*, (bonne) sœur *f* / *no, Sister* non, ma sœur / *Sister Pauline* sœur Pauline / *the Little Sisters of the Poor* les Petites Sœurs des pauvres **3.** UK [nurse] infirmière *f* en chef / *I'll have to ask Sister* il faudra que je demande à l'infirmière en chef **4.** POL [comrade] sœur *f* / *our sisters in Africa* nos sœurs d'Afrique **5.** US *inf* [black woman] *nom donné par les Noirs américains à une femme noire* **6.** [to address woman] ma fille. ◆ adj *(especially with f nouns)* sœur ; *(especially with m nouns)* frère ▸ **sister company** société *f* sœur ▸ **sister countries** pays *mpl* frères, nations *fpl* sœurs ▸ **sister ship a)** [belonging to same company] navire *m* de la même ligne **b)** [identical] navire-jumeau *m*, sister-ship *m*.

sisterhood ['sɪstəhʊd] n **1.** [group of women - gen & RELIG] communauté *f* de femmes **2.** [solidarity] solidarité *f* entre femmes.

sister-in-law *(pl* **sisters-in-law**) n belle-sœur *f*.

sisterly ['sɪstəlɪ] adj [kiss, hug] sororal *liter*, fraternel ; [advice] de sœur / *sisterly devotion* dévouement *m* de sœur.

Sistine Chapel ['sɪsti:n-] pr n ▸ **the Sistine Chapel** la chapelle Sixtine.

Sisyphus ['sɪsɪfəs] pr n Sisyphe ▸ **the myth of Sisyphus** le mythe de Sisyphe.

sit [sɪt] *(pt & pp* **sat** [sæt], *cont* **sitting**) ◆ vi **1.** [take a seat] s'asseoir ; [be seated] être assis / *she came and sat next to me* elle est venue s'asseoir à côté de moi / *she sat by me all evening* elle était assise à côté de moi toute la soirée / *sit in the back of the car* mettez-vous à l'arrière (de la voiture) / *sit still!* tiens-toi or reste tranquille ! ▸ **sit!** [to dog] assis ! / *they sat over the meal for hours* ils sont restés à table pendant des heures ▸ **to sit home** US rester à la maison / *don't think I'm just going to sit and wait for you!* ne t'imagine pas que je vais rester là à t'attendre ! / *he sits in front of the television all day* il passe toute la journée devant la télévision ▸ **to sit tight** *inf* : *sit tight, I'll be back in a moment* ne bouge pas, je reviens tout de suite / *we just have to sit tight and wait for things to get better* on ne peut qu'attendre patiemment que les choses s'arrangent **2.** ART & PHOT [pose] poser / *she sat for Modigliani* elle a posé pour Modigliani **3.** [be a member] ▸ **to sit on a board** faire partie or être membre d'un conseil d'administration / *he sat for Swansea* UK POL il était député de Swansea **4.** [be in session] être en séance, siéger / *the council was still sitting at midnight* à minuit, le conseil siégeait toujours or était toujours en séance / *the House sits for another two months* la session de la Chambre doit durer encore deux mois **5.** [baby-sit] : *I'll ask Amy to sit for us* je demanderai à Amy de garder les enfants / *she's sitting for the neighbours* elle garde les enfants des voisins **6.** UK SCH & UNIV [be a candidate] ▸ **to sit for an exam** se présenter à or passer un examen **7.** [be situated - building] être, se trouver ; [- vase] être posé / *the houses sit nestled in a beautiful valley* les maisons sont nichées or blotties dans une belle vallée / *a clock sat on the mantlepiece* une horloge était posée sur la cheminée / *your keys are sitting right in front of you* tes clés sont là, devant ton nez / *her mail sat in a pile on her desk* son courrier était empilé sur son bureau / *a tank sat in the middle of the road* un char d'assaut était planté au milieu de la route / *the wind sits in the east* *liter* le vent vient de l'est **8.** [remain inactive or unused] rester / *the plane sat waiting on the runway* l'avion attendait sur la piste / *the letter sat unopened* la lettre n'avait pas été ouverte **9.** [fit - coat, dress] tomber / *the jacket sits well on you* la veste vous va parfaitement / *the collar should sit flat* le col devrait rester à plat ; *fig* : *age sits well on him* la maturité lui va bien / *the thought sat uneasily on my conscience* cette pensée me pesait sur la conscience **10.** [bird - perch] se percher, se poser ; [- brood] couver / *they take turns sitting on the eggs* ils couvent les œufs à tour de rôle. ◆ vt **1.** [place] asseoir, installer / *he sat the child in the pram* il a assis l'enfant dans le landau **2.** [invite to be seated] faire asseoir / *she sat me in the waiting room* elle m'a fait asseoir dans la salle d'attente **3.** UK [examination] se présenter à, passer **4.** EQUIT ▸ **to sit a horse badly / well** monter (un cheval) mal / bien, avoir une mauvaise / bonne assiette.

❖ **sit about** UK, **sit around** vi rester à ne rien faire, traîner / *she just sits around (the house) all day* elle reste toute la journée à la maison à ne rien faire / *I'm not going to sit around waiting for you* je ne vais pas passer mon temps à t'attendre.

❖ **sit back** vi **1.** [relax] s'installer confortablement / *I sat back against the cushions* je me suis calé contre les coussins / *just sit back and close your eyes* installe-toi bien et ferme les yeux / *sit back and enjoy it* détends-toi et profites-en **2.** [refrain from intervening] : *I can't just sit back and watch!* je ne peux pas rester là à regarder sans rien faire ! / *he just sits back and lets the others do the work* il regarde les autres travailler sans lever le petit doigt / *we can't just sit back and ignore the danger* nous ne pouvons tout de même pas faire comme s'il n'y avait pas de danger.

❖ **sit by** vi rester sans rien faire / *how can you sit by while others suffer?* comment peux-tu rester sans rien faire quand d'autres souffrent ?

❖ **sit down** ◆ vi s'asseoir / *please sit down* asseyez-vous, je vous en prie / *I was just sitting down to work when the phone rang* j'étais sur le point de me mettre au travail quand le téléphone a sonné ▸ **to sit down to table** se mettre à table, s'attabler / *the two sides have decided to sit down together at the negotiating table* les deux camps ont décidé de s'asseoir à la table des négociations. ◆ vt sep [place - person] asseoir, installer / *he sat himself down beside me* il s'est assis à côté de moi / *sit yourself down and have a drink* asseyez-vous et prenez un verre.

❖ **sit in** vi **1.** [attend] ▸ **to sit in on a meeting / a class** assister à une réunion / un cours **2.** [replace] ▸ **to sit in for sb** remplacer qqn **3.** [hold a sit-in] faire un sit-in.

❖ **sit on** vt insep *inf* **1.** [suppress, quash - file, report] garder le silence sur ; [- suggestion, proposal] repousser, rejeter / *any new initiative is promptly sat on* on décourage rapidement toute nouvelle initiative **2.** [take no action on] ne pas s'occuper de / *his office has been sitting on those recommendations for months now* ça fait des mois que son bureau a ces recommandations sous le coude **3.** [silence - person] faire taire ; [rebuff] rabrouer.

❖ **sit out** ◆ vi [sit outside] s'asseoir or se mettre dehors. ◆ vt sep **1.** [endure] attendre la fin de / *it was very boring but I sat it out* c'était très ennuyeux, mais je suis restée jusqu'au bout **2.** [not take part in] : *I think I'll sit the next one out* **a)** [dance] je crois que je ne vais pas danser la prochaine danse **b)** [in cards] je crois que je ne jouerai pas la prochaine main.

❖ **sit through** vt insep attendre la fin de / *I can't bear to sit through another of his speeches* je ne supporterai pas un autre de ses discours / *we sat through dinner in silence* nous avons passé tout le dîner sans rien dire.

❖ **sit up** ◆ vi **1.** [raise o.s. to sitting position] s'asseoir ; [sit straight] se redresser / *she was sitting up in bed reading* elle lisait, assise dans son lit / *the baby can sit up now* le bébé peut se tenir assis maintenant / *sit up straight!* redresse-toi !, tiens-toi droit ! **2.** [not go to bed] rester debout, ne pas se coucher / *don't bother sitting up for me* ne m'attendez pas / *I sat up watching TV until 3 a.m.* j'ai regardé la télé jusqu'à 3 h du matin / *I'll sit up with her until the fever passes* je vais rester avec elle jusqu'à ce que sa fièvre tombe **3.** *inf* [look lively] ▸ **to make sb sit up** secouer qqn, secouer les puces à qqn / *the public began to sit up and take notice* le public a commencé à montrer un certain intérêt. ◆ vt sep [child, patient] asseoir, redresser.

sitar [sɪ'tɑ:ʳ] n sitar *m*.

sitcom ['sɪtkɒm] n comédie *f* de situation, sitcom *m*.

SITD MESSAGING written abbr of **still in the dark**.

sit-down ◆ n *inf* [rest] pause *f* / *I could do with a bit of a sit-down* j'aimerais bien faire une pause or m'asseoir un peu. ◆ adj ▸ **sit-down dinner** dîner pris à table / *there are too many guests for a sit-down meal* il y a trop d'invités pour que tout le monde puisse s'asseoir à table ▸ **sit-down strike** UK grève *f* sur le tas.

site [saɪt] ◆ n **1.** [piece of land] terrain *m* / *the development project includes sites for small businesses* le projet immobilier prévoit des terrains pour de petites entreprises **2.** [place, location] emplacement *m*, site *m* / *there's been a church on this site for centuries* cela fait des siècles qu'il y a une église à cet endroit or ici / *this forest has been the site of several battles* cette forêt a été le théâtre de plusieurs batailles ▸ **site of special scientific interest** *site protégé présentant un intérêt particulier du point de vue de la faune, de la flore ou de la géologie* **3.** CONSTR : *helmets must be worn on the site* le port du casque est obligatoire sur le chantier ▶ **(building) site** chantier *m* ▶ **demolition site** chantier de démolition **4.** ARCHEOL site *m* **5.** INTERNET site *m*. ◆ comp CONSTR [office, inspection, visit] de chantier. ◆ vt placer, situer / *the argument continues over where the new airport should be sited* les discussions continuent pour décider de l'emplacement du nouvel aéroport.

❖ **on site** adv phr sur place.

site map n INTERNET plan *m* de site.

site supervisor n chef *mf* de chantier.

sit-in n **1.** [demonstration] sit-in *m inv* ▶ **to stage** or **to hold a sit-in** faire un sit-in **2.** [strike] grève *f* sur le tas.

siting ['saɪtɪŋ] n : *the siting of the nuclear plant is highly controversial* le choix de l'emplacement de la centrale nucléaire provoque une vive controverse / *access is important in the siting of the stadium* l'accessibilité est un facteur important dans le choix du site pour le stade.

sitter ['sɪtəʳ] n **1.** [babysitter] baby-sitter *mf* **2.** ART [model] modèle *m* **3.** [hen] couveuse *f* **4.** UK *inf* SPORT [easy chance] coup *m* facile ▶ **to miss a sitter** rater un coup facile.

sitting ['sɪtɪŋ] ◆ n [for meal] service *m* ; ART [for portrait] séance *f* de pose ; [of assembly, committee] séance *f* / *I read the book at* or *in one sitting* j'ai lu le livre d'une traite. ◆ adj **1.** [seated] assis / *he propped up the body in a sitting position* il a calé le corps en position assise **2.** [in office] en exercice / *the sitting member for Leeds* le député actuel de Leeds.

sitting duck n *inf* [target] cible *f* facile ; [victim] proie *f* facile, pigeon *m* / *old people are sitting ducks for all sorts of confidence tricksters* les personnes âgées sont des proies faciles pour les escrocs en tout genre.

sitting room n UK salon *m*, salle *f* de séjour.

sitting target n UK cible *f* facile.

sitting tenant n UK locataire *mf* en place.

sitting trot n trot *m* assis.

situate ['sɪtjʊeɪt] vt *fml* [in place] situer, implanter / *they plan to situate the new hospital near the town centre* ils envisagent d'implanter le nouvel hôpital près du centre-ville ; [in context] resituer.

situated ['sɪtjʊeɪtɪd] adj **1.** [physically] situé / *the house is conveniently situated for shops and public transport* la maison est située à proximité des commerces et des transports en commun / *the town is well / badly situated for tourist development* la situation de la ville est / n'est pas favorable à son développement touristique / *the island is strategically situated* l'île occupe une position stratégique **2.** [circumstantially] : *how are we situated as regards the competition?* comment est-ce qu'on est situés par rapport à la concurrence ?

situation [,sɪtjʊ'eɪʃn] n **1.** [state of affairs] situation *f* / *the situation at work / in China is getting worse* la situation au travail / en Chine ne s'arrange pas / *I've got myself into a ridiculous situation* je me suis mis dans une situation ridicule / *what would you do in my situation?* qu'est-ce que tu ferais à ma place or dans ma situation ? / *can't you do something about the situation?* ne pouvez-vous pas faire quelque chose ? / *the firm's financial situation isn't good* la situation financière de la société n'est pas bonne / *a crisis situation* une situation de crise / *it won't work in a classroom situation* ça ne marchera pas dans une salle de classe / *the skills needed in an interview situation* les compétences dont on a besoin pour faire face à un entretien **2.** [job] situation *f*, emploi *m* / *situations vacant / wanted* offres *fpl* / demandes *fpl* d'emploi **3.** [location] situation *f*, emplacement *m*.

situational [,sɪtjʊ'eɪʃnl] adj situationnel.

situation comedy n comédie *f* de situation.

situationism [,sɪtjʊ'eɪʃnɪzm] n situationnisme *m*.

situationist [,sɪtjʊ'eɪʃnɪst] ◆ adj situationniste. ◆ n situationniste *mf*.

sit-up n SPORT redressement *m* assis.

six [sɪks] ◆ n **1.** [number] six *m* ▶ **to be at sixes and sevens** UK être sens dessus dessous / *I'm at sixes and sevens as to what to do* je ne sais absolument pas quoi faire ▶ **it's six of one and half a dozen of the other** *inf* c'est blanc bonnet et bonnet blanc, c'est kif-kif ▶ **to get six of the best** UK *inf & dated* SCH recevoir six coups de canne **2.** [ice hockey team] équipe *f* ; [cub or brownie patrol] patrouille *f* **3.** [in cricket] six points *mpl* / *he scored five sixes* il a marqué cinq fois six points. ◆ det six ▶ **to be six feet under** *inf* être six pieds sous terre, manger les pissenlits par la racine / **'Six Characters in Search of an Author'** *Pirandello* 'Six Personnages en quête d'auteur'. ◆ pron six. **See also five.**

Six Counties pl pr n ▶ **the Six Counties** (les six comtés *mpl* de) l'Irlande *f* du Nord.

Six Day War n ▶ **the Six Day War** la guerre des Six-Jours.

sixer ['sɪksəʳ] n UK [in cubs, brownies] chef *m* de patrouille.

sixfold ['sɪksfəʊld] ◆ adj sextuple. ◆ adv au sextuple / *the population has increased sixfold* la population a sextuplé or s'est multipliée par six / *profits are up sixfold on last year* les bénéfices sont six fois plus importants que or se sont multipliés par six depuis l'année dernière.

six-footer [-'fʊtəʳ] n *inf* [person] : *both her sons are six-footers* ses deux fils mesurent plus de 1,80 m.

six-gun = **six-shooter.**

six-pack n pack *m* de six / *he polishes off a couple of six-packs every night* il s'envoie une bonne douzaine de bières chaque soir.

sixpence ['sɪkspəns] n [coin] (ancienne) pièce *f* de six pence / *it costs sixpence* ça coûte six pence.

six-shooter n US *inf* pistolet *m* à six coups, six-coups *m inv*.

sixteen [sɪks'tiːn] ◆ det seize ▶ **sweet sixteen** : *she was sweet sixteen* c'était une jolie jeune fille de seize ans. ◆ n seize *m*. ◆ pron seize. **See also fifteen.**

sixteenmo [sɪks'tiːnməʊ] (*pl* **sixteenmos**) ◆ adj in-seize. ◆ n in-seize *m inv*.

sixteenth [sɪks'tiːnθ] ◆ det seizième. ◆ n **1.** [ordinal] seizième *m* **2.** [fraction] seizième *mf*. **See also fifteenth.**

sixteenth note n US MUS double-croche *f*. **See also fifteenth.**

sixth [sɪksθ] ◆ det sixième. ◆ n **1.** [ordinal] sixième *mf* **2.** [fraction] sixième *m* **3.** MUS sixte *f* **4.** UK SCH ▶ **to be in the lower / upper sixth** ≃ être en première / en terminale. ◆ adv **1.** [in contest] en sixième position, à la sixième place **2.** = **sixthly. See also fifth.**

sixth form n UK SCH *dernière classe de l'enseignement secondaire en Grande-Bretagne, préparant aux A-levels et correspondant aux classes de première et de terminale.*

❖ **sixth-form** adj [student, teacher, subject] de première or terminale ▶ **sixth-form college** *établissement préparant aux A-levels.*

sixth former n UK SCH élève *mf* de première or de terminale / *all the sixth formers* tous les élèves de première et de terminale.

sixth grade n US SCH *classe du primaire pour les 10-11 ans.*

sixthly ['sɪksθlɪ] adv sixièmement.

sixth sense n sixième sens *m* / *some sixth sense told me she wouldn't come* j'avais l'intuition qu'elle ne viendrait pas.

sixtieth ['sɪkstɪəθ] ◆ det soixantième. ◆ n **1.** [ordinal] soixantième *mf* **2.** [fraction] soixantième *m*. **See also fifth.**

Sixtus ['sɪkstəs] pr n Sixte.

sixty ['sɪkstɪ] (*pl* **sixties**) ◆ det soixante / *about sixty cars* une soixantaine de voitures / *he must be close to* or *getting on for sixty* il doit approcher de la soixantaine. ◆ n soixante *m* / *she's in her sixties* elle a entre soixante et soixante-dix ans / *sixties pop music* la musique pop des années soixante / *daytime temperatures will be in the sixties* pendant la journée, les températures seront comprises entre 15 °C et 20 °C. ◆ pron soixante. **See also fifty.**

sixty-nine n [sexual position] soixante-neuf *m*.

sizable ['saɪzəbl] = **sizeable.**

size [saɪz] ◆ n **1.** [gen] taille *f* ; [of ball, tumour] taille *f*, grosseur *f* ; [of region, desert, forest] étendue *f*, superficie *f* ; [of difficulty, operation, protest movement] importance *f*, ampleur *f* ; [of debt, bill, sum] montant *m*, importance *f* / *to buy a house of comparable size in London would be impossible* on ne pourrait pas acheter une maison de cette taille à Londres / *the two rooms are the same size* les deux pièces sont de la même taille or ont les mêmes dimensions / *it's about the size of a dinner plate* c'est à peu près de la taille d'une assiette / *the kitchen is the size of a cupboard* la cuisine est grande comme un placard / *my garden is half the size of hers* mon jardin fait la moitié du sien / *average family size is four persons* la famille moyenne est composée de quatre personnes / *you should have seen the size of the truck!* si tu avais vu la taille du camion ! / *it's a city of some size* c'est une ville assez importante / *the town has no hotels of any size* la ville n'a pas d'hôtel important / *we weren't expecting a crowd of this size* nous ne nous attendions pas à une foule aussi nombreuse / *the crowd was steadily growing in size* la foule grossissait à vue d'œil / *the tumour is increasing in size* la tumeur grossit / *the budget will have to double in size* le budget devra être multiplié par deux / *the army has doubled in size* les effectifs de l'armée ont doublé / *a block of marble one cubic metre in size* un bloc de marbre d'un mètre cube / *the cupboards can be built to size* les placards peuvent être construits sur mesure ▶ **that's about the size of it!** *inf* en gros, c'est ça ! ▶ **size matters** *inf* c'est la taille qui compte **2.** [of clothes - gen] taille *f* ; [of shoes, gloves, hat] pointure *f*, taille *f* / *what size are you?* or *what size do you take?* quelle taille faites-vous ? / *I take (a) size 40* je fais du 40 / *I take a size 5 shoe* ≃ je chausse du 38 / *I need a size larger / smaller* il me faut la taille au-dessus / au-dessous / *we've nothing in your size* nous n'avons rien dans votre taille / *try this jacket on for size* essayez cette veste pour voir si c'est votre taille ▶ **collar size** encolure *f* **3.** [for paper, textiles, leather] apprêt *m* ; [for plaster] enduit *m*. ◆ vt **1.** [sort] trier selon la taille **2.** [make] fabriquer aux dimensions voulues / *the clothing is sized for the American market* les vêtements sont faits pour le marché américain **3.** [paper, textiles, leather] apprêter ; [plaster] enduire.

❖ **size up** vt sep [stranger, rival] jauger ; [problem, chances] mesurer / *we all waited outside, sizing each other up* nous attendions tous dehors, nous observant les uns les autres / *she sized up the situation immediately* elle a tout de suite compris ce qui se passait.

-size = **-sized.**

sizeable ['saɪzəbl] adj [piece, box, car] assez grand ; [apple, egg, tumour] assez gros (assez grosse) ; [sum, income, quantity, crowd] important ; [town] assez important ; [error] de taille / *they were elected by a sizeable majority* ils ont été élus à une assez large majorité.

sizeably ['saɪzəblɪ] adv considérablement.

-sized [-saɪzd] in comp : *small and medium-sized businesses* petites et moyennes entreprises *fpl*, PME *fpl* / *a fair-sized crowd* une foule assez nombreuse / *a man-sized portion* une grosse portion.

size queen n *inf* : *to be a size queen* n'aimer que les gros sexes.

Sizewell ['saɪzwel] pr n *centrale nucléaire dans le Suffolk (Angleterre).*

sizing ['saɪzɪŋ] n [process] apprêtage *m* ; [substance] colle *f*.

sizzle ['sɪzl] ◆ vt **1.** [sputter] grésiller **2.** *inf* [be hot] : *the city sizzled in the heat* la ville étouffait sous la chaleur. ◆ n grésillement *m*.

sizzler ['sɪzləʳ] n *inf* journée *f* torride / *it's going to be a sizzler!* il va faire une chaleur torride aujourd'hui !

sizzling ['sɪzlɪŋ] ◆ adj **1.** [sputtering] grésillant **2.** *inf* [hot] brûlant. ◆ adv *inf* ▶ **sizzling hot** brûlant.

SK written abbr of **Saskatchewan.**

ska [skɑː] n ska *m*.

skank [skæŋk] n US *inf* **1.** [ugly woman] cageot *m*, boudin *m* **2.** [slut] salope *f*.

skanky ['skæŋkɪ] adj **1.** US *v inf* [filthy] dégueulasse / *some skanky guy* un mec vraiment dégueu **2.** [ugly] moche **3.** [slutty] : *she's real skanky* c'est une vraie salope.

skat [skæt] n *jeu de cartes à 3 personnes, comprenant 32 cartes.*

skate [skeɪt] ◆ n **1.** [ice] patin *m* à glace ; [roller] patin *m* à roulettes ▸ **to get** or **to put one's skates on** *inf* se dépêcher, se grouiller **2.** (*pl* **skate** or **skates**) [fish] raie *f.* ◆ vi **1.** [gen] patiner ▸ **to go skating a)** [ice] faire du patin or du patinage **b)** [roller] faire du patin à roulettes / *we used to skate to school* nous allions à l'école en patins à roulettes / *couples skated around the rink* des couples patinaient autour de la piste ▸ **to skate on thin ice** être sur un terrain dangereux, avancer en terrain miné **2.** [slide - pen, plate] glisser **3.** [person] glisser / *his legs skated out from under him* ses jambes se sont dérobées sous lui.

❖ **skate around, skate over** vt insep [problem, issue] esquiver, éviter / *the book skates around* or *over his two divorces* le livre passe sous silence ses deux divorces.

skateboard ['skeɪtbɔːd] ◆ n skateboard *m*, planche *f* à roulettes. ◆ vi faire du skateboard or de la planche à roulettes.

skateboarder ['skeɪtbɔːdər] n personne qui fait du skateboard or de la planche à roulettes.

skateboarding ['skeɪtbɔːdɪŋ] n ▸ **to go skateboarding** faire de la planche à roulettes or du skateboard.

skater ['skeɪtər] n [on ice] patineur *m*, -euse *f* ; [on roller skates] patineur *m*, -euse *f* à roulettes.

skating ['skeɪtɪŋ] ◆ n [on ice] patin *m* (à glace) ; [on roller skates] patin *m* (à roulettes). ◆ adj de patinage.

skating rink n [for ice skating] patinoire *f* ; [for roller skating] piste *f* pour patin à roulettes.

skedaddle [skɪ'dædl] vi *inf* mettre les voiles, se tirer, déguerpir / *I'd better skedaddle* il faut que je me sauve or que je file.

skeet shooting [skiːt-] n US ball-trap *m*.

skein [skeɪn] n **1.** [of wool, silk] écheveau *m* **2.** [flight - of geese] vol *m*.

skeletal ['skelɪtl] adj squelettique.

skeleton ['skelɪtn] ◆ n **1.** ANAT squelette *m* / *he was little more than a skeleton* il n'avait plus que la peau sur les os ▸ **to have a skeleton in the cupboard** UK or **closet** US avoir quelque chose à cacher **2.** CONSTR & CHEM [structure] squelette *m* **3.** [outline - of book, report] ébauche *f*, esquisse *f* ; [- of project, strategy, speech] schéma *m*, grandes lignes *fpl*. ◆ comp [crew, staff, team] (réduit au) minimum, squelettique *pej* / *a skeleton staff* UK or *crew* US des effectifs réduits au minimum / *they're running a skeleton train service* ils assurent un service minimum de trains.

skeleton contract n contrat-type *m*.

skeleton key n passe-partout *m inv*, passe *m*.

skeptic US = **sceptic.**

sketch [sketʃ] ◆ n **1.** [drawing] croquis *m*, esquisse *f* / *the map is only a sketch* la carte n'est qu'un croquis **2.** [brief description] résumé *m* / *historical sketch* résumé historique / *a biographical sketch of the author* **a)** une biographie succincte de l'auteur **b)** [on book jacket] une notice bibliographique sur l'auteur ; [preliminary outline - of book] ébauche *f* ; [- of proposal, speech, campaign] grandes lignes *fpl* / *give us a rough sketch of your plan* donnez-nous un aperçu de ce que vous proposez **3.** THEAT sketch *m*. ◆ vt **1.** [person, scene] faire un croquis or une esquisse de, croquer, esquisser ; [line, composition, form] esquisser, croquer ; [portrait, illustration] faire (rapidement) / *he began by sketching the foreground* il a commencé par esquisser or croquer le premier plan **2.** [book] ébaucher, esquisser ; [proposal, speech] ébaucher, préparer dans les grandes lignes.

❖ **sketch in** vt sep **1.** [provide - background, main points] indiquer / *Harry will sketch a few more details in for you* Harry va vous donner encore quelques précisions **2.** [draw] ajouter, dessiner.

❖ **sketch out** vt sep **1.** [book] ébaucher, esquisser ; [plan, speech] ébaucher, préparer dans les grandes lignes ; [details, main points] indiquer **2.** [draw] ébaucher.

sketchblock ['sketʃblɒk] n bloc *m* à dessins.

sketchbook ['sketʃbʊk] n carnet *m* à dessins / *Picasso's sketchbooks* les carnets (de dessins) de Picasso.

sketchily ['sketʃɪlɪ] adv [describe, report] sommairement / *his article is very sketchily researched* son article repose sur des recherches très superficielles.

sketchpad ['sketʃpæd] n carnet *m* à dessins.

sketchy ['sketʃɪ] (*compar* **sketchier**, *superl* **sketchiest**) adj [description, account] sommaire ; [research, work, knowledge] superficiel ; [idea, notion] vague ; [plan] peu détaillé / *my memory of that day is very sketchy* mes souvenirs de cette journée sont très flous.

skew [skjuː] ◆ vt [distort - facts, results] fausser ; [- idea, truth] dénaturer ; [- statistics] / *it will skew the sample* ça va fausser l'échantillonnage. ◆ vi obliquer, dévier de sa trajectoire / *the truck skewed across the intersection* le camion a traversé le carrefour en biais / *he skewed off the road* il a quitté la route. ◆ adj UK **1.** [crooked - picture] de travers ; [- pole] penché **2.** [distorted - notion, view] partial ▸ **skew distribution** [in statistics] distribution *f* asymétrique **3.** [angled, slanting] oblique, en biais. ◆ n UK ▸ **to be on the skew** être de travers.

skewbald ['skjuːbɔːld] ◆ adj fauve et blanc, pie rouge (*inv*). ◆ n cheval *m* fauve et blanc or pie rouge.

skewed [skjuːd] = **skew** (*adj*).

skewer ['skjʊər] ◆ n CULIN brochette *f* ; [larger] broche *f*. ◆ vt CULIN [roast, duck] embrocher ; [meat, mushrooms, tomatoes] mettre en brochette ; *fig* [person] transpercer.

skew-whiff [,skjuː'wɪf] adj & adv UK *inf* de traviole, de travers.

skewy ['skjuːɪ] (*compar* **skewier**, *superl* **skewiest**) adj *inf* **1.** [crooked - picture, hat] de traviole, de travers / *the shelf is skewy* l'étagère est de traviole or de travers / *the steering is skewy* la direction est faussée, il y a du jeu dans la direction **2.** [weird, odd] farfelu.

ski [skiː] ◆ n **1.** SPORT ski *m* (*equipment*) ▸ **(a pair of) skis** (une paire de) skis **2.** AERON patin *m*, ski *m*. ◆ vi faire du ski, skier ▸ **to go skiing a)** [activity] faire du ski **b)** [on holiday] partir aux sports d'hiver or faire du ski / *they skied down the slope* ils descendirent la pente à skis. ◆ comp [clothes, boots, lessons] de ski ▸ **ski instructor** moniteur *m*, -trice *f* de ski ▸ **ski pass** forfait *m* de remonte-pente ▸ **ski pole** or **stick** bâton *m* de ski ▸ **ski wax** fart *m* (pour skis). ◆ vt : *I've never skied the red run* je n'ai jamais descendu la piste rouge.

skibob ['skiːbɒb] n ski-bob *m*, véloski *m*.

skid [skɪd] (*pt & pp* **skidded**, *cont* **skidding**) ◆ vi **1.** [on road - driver, car, tyre] déraper / *the car skidded across the junction* la voiture a traversé le carrefour en dérapant / *I skidded into the truck* j'ai dérapé et percuté le camion ▸ **to skid to a halt** s'arrêter en dérapant **2.** [slide - person, object] déraper, glisser / *I skidded on the wet floor* j'ai dérapé or glissé sur le sol mouillé / *the plates skidded off the tray* les assiettes ont glissé du plateau. ◆ vt [vehicle] : *he skidded the truck into the ditch* il a perdu le contrôle du camion qui est parti dans le fossé. ◆ n **1.** AUTO dérapage *m* ▸ **to go into a skid** partir en dérapage, déraper ▸ **to get out of** or **to correct a skid** redresser or contrôler un dérapage **2.** [wedge] cale *f* **3.** US [log] rondin *m* ; [dragging platform] traîneau *m* ; ≃ schlitte *f* ▸ **to put the skids on** or **under sb** mettre des bâtons dans les roues à qqn ▸ **to grease the skids** US mettre de l'huile dans les rouages ▸ **to hit the skids** *inf* devenir clochard.

skiddoo [skɪ'duː] vi US *inf & dated* mettre les voiles, déguerpir ▸ **twenty-two skiddoo! a)** [get out] foutez le camp, et plus vite que ça ! *v inf* **b)** [let's go] barrons-nous !, tirons-nous !

skid-lid n UK *inf* casque *m* (de moto).

skid mark n trace *f* de pneus (*après un dérapage*).

skidoo [skɪ'duː] *inf* = **skiddoo.**

skidpan ['skɪdpæn] n UK piste *f* d'entraînement au dérapage.

skidproof ['skɪdpruːf] adj antidérapant.

skid road n US **1.** [for logs] voie *f* faite de troncs d'arbres ; ≃ chemin *m* de schlitte **2.** = **skid row.**

skid row n US *inf* quartier *m* des clochards / *you'll end up on skid row!* tu es sur une mauvaise pente ! ▸ **a skid-row bum** un zonard.

skidway ['skɪdweɪ] n US **1.** [road made from logs] voie *f* faite de troncs d'arbres **2.** [for transporting logs] voie *f* de glissement.

skier ['skiːər] n skieur *m*, -euse *f*.

skiff [skɪf] n skiff *m*, yole *f*.

skiffle ['skɪfl] n skiffle *m* (*type de musique pop des années 1950 jouée avec des guitares et des instruments à percussion improvisés*).

skiing ['skiːɪŋ] ◆ n ski *m* (*activité*). ◆ comp [lessons, accident, clothes] de ski ▸ **to go on a skiing holiday** partir aux sports d'hiver ▸ **skiing instructor** moniteur *m*, -trice *f* de ski.

ski jump ◆ n [ramp] tremplin *m* de ski ; [event, activity] saut *m* à skis. ◆ vi faire du saut à skis.

skilful UK, **skillful** US ['skɪlfʊl] adj habile, adroit / *a skilful carpenter* un menuisier habile / *a skilful pianist* un pianiste accompli / *she's very skilful with the scissors* elle sait se servir d'une paire de ciseaux / *a skilful move* une démarche habile.

skilfully UK, **skillfully** US ['skɪlfʊlɪ] adv habilement, avec habileté, adroitement.

skilfulness UK, **skillfulness** US ['skɪlfʊlnɪs] n habileté *f*, adresse *f*.

ski lift n [gen] remontée *f* mécanique ; [chair lift] télésiège *m*.

skill [skɪl] n **1.** [ability] compétence *f*, aptitude *f* ; [dexterity] habileté *f*, adresse *f* ; [expertise] savoir-faire *m inv* / *you don't need any special skill* ça ne demande aucune compétence précise / *it involves a lot of skill* ça demande beaucoup d'habileté / *with great skill* **a)** [in manoeuvre] avec une grande habileté **b)** [diplomacy] avec un grand savoir-faire **c)** [dexterity] avec beaucoup d'adresse / *his work shows skill and imagination* son travail est plein de talent et d'imagination **2.** [learned technique] aptitude *f*, technique *f* ; [knowledge] connaissances *fpl* / *management skills* techniques de gestion / *poor reading skills* de faibles aptitudes pour la lecture / *language skills* aptitudes linguistiques / *computer technology requires us to learn new skills* l'informatique nous oblige à acquérir de nouvelles compétences.

❖ **skill up** vi [in game] améliorer sa technique.

Skillcentre ['skɪl,sentər] n *centre de formation professionnelle relevant du ministère de l'Emploi en Grande-Bretagne.*

skilled [skɪld] adj **1.** INDUST [engineer, labour, worker] qualifié ; [task] de spécialiste **2.** [experienced - driver, negotiator] habile, expérimenté ; [expert] habile, expert ; [manually] adroit ; [clever - gesture] habile, adroit / *skilled in the art of public speaking* versé dans l'art oratoire, rompu aux techniques oratoires ▸ **to be skilled at doing sthg** être doué pour faire qqch.

skillet ['skɪlɪt] n US poêle *f* (à frire).

skillful US = **skilful.**

skim [skɪm] (*pt & pp* **skimmed**, *cont* **skimming**) ◆ vt **1.** [milk] écrémer ; [jam] écumer ; [floating matter - with skimmer] écumer, enlever avec une écumoire ; [- with spatula] enlever avec une spatule / *to skim the froth from* or *off a glass of beer* enlever la mousse d'un verre de bière / *to skim the fat from the gravy* dégraisser la sauce / *to skim the cream from the milk* écrémer le lait **2.** [glide over - surface] effleurer, frôler / *the seagull skimmed the waves* la mouette volait au ras de l'eau or rasait les vagues / *the glider skimmed the tops of the trees* le planeur frôlait or rasait la cime des arbres / *the stone skimmed the lake* la pierre a ricoché à la surface du lac / *the book only skims the surface fig* le livre ne fait qu'effleurer or que survoler la question **3.** [stone] faire ricocher / *the children were skimming stones over the lake* les enfants faisaient des ricochets sur le lac **4.** [read quickly - letter, book] parcourir, lire en diagonale ; [- magazine] parcourir, feuilleter. ◆ vi : *to skim over the ground / across the waves* [bird] raser le sol / les vagues

/ *to skim over* or *across the lake* [stone] faire des ricochets sur le lac.

❖ **skim off** vt sep **1.** [cream, froth] enlever (avec une écumoire) / *the book dealers skimmed off the best bargains fig* les marchands de livres ont fait les meilleures affaires **2.** [steal - money] : *he skimmed a little off the top for himself* il s'est un peu servi au passage.

❖ **skim over** vt insep [letter, report] parcourir, lire en diagonale ; [difficult passage] lire superficiellement, parcourir rapidement.

❖ **skim through** vt insep [letter, page] parcourir, lire en diagonale ; [magazine] feuilleter / *I only had time to skim through the report* je n'ai eu que le temps de lire le rapport en vitesse.

skimmed milk [skɪmd-] n lait *m* écrémé.

skimmer ['skɪmər] n **1.** ORNITH bec-en-ciseaux *m* **2.** CULIN écumoire *f* **3.** [for pool] skimmer *m*.

skim milk = **skimmed milk.**

skimming ['skɪmɪŋ] n US *inf* [tax fraud] fraude *f* fiscale.

skimp [skɪmp] ◆ vi lésiner ▸ **to skimp on sthg** lésiner sur qqch / *the builders skimped on materials* les constructeurs ont lésiné sur les matériaux. ◆ vt [resources, food] économiser sur, lésiner sur ; [job] faire à la va-vite.

skimpily ['skɪmpɪlɪ] adv [scantily] ▸ **skimpily dressed** légèrement vêtu.

skimpy ['skɪmpɪ] (*compar* **skimpier**, *superl* **skimpiest**) adj **1.** [mean - meal, offering] maigre, chiche ; [- praise, thanks] maigre, chiche **2.** [clothes, dress - too small] trop juste ; [- light] léger / *a skimpy skirt* une jupe étriquée.

skin [skɪn] (*pt & pp* **skinned**, *cont* **skinning**) ◆ n **1.** [of person] peau *f* / *to have dark / fair skin* avoir la peau brune / claire / *to have bad / good skin* avoir une vilaine / jolie peau / *you're nothing but skin and bone* tu n'as que la peau et les os / *we're all human under the skin* au fond, nous sommes tous humains ▸ **to escape by the skin of one's teeth** : *she escaped by the skin of her teeth* elle l'a échappé belle, elle s'en est tirée de justesse / *he got into office by the skin of his teeth* il a été élu de justesse ▸ **to jump out of one's skin** : *she nearly jumped out of her skin* elle a sauté au plafond ▸ **it's no skin off my nose** *inf* ça ne me coûte rien *fig*, ça ne me gêne pas ▸ **to get under sb's skin** *inf* : *he really gets under my skin* il me tape sur les nerfs, celui-là ▸ **to save one's skin** sauver sa peau ▸ **to be soaked to the skin** être trempé jusqu'aux os ▸ **to put some skin in the game** US se lancer dans l'aventure **2.** [from animal] peau *f* / *a crocodile-skin handbag* un sac en crocodile **3.** [on fruit, vegetable, sausage] peau *f* ; [on onion] pelure *f* / *potatoes cooked in their skins* des pommes de terre en robe des champs **4.** [on milk, pudding] peau *f* / *take the skin off the custard* enlevez la peau de la crème anglaise **5.** [of plane] revêtement *m* ; [of building] revêtement *m* extérieur ; [of drum] peau *f* **6.** [for wine] outre *f* **7.** *inf* [skinhead] skin *mf* **8.** UK *v inf* [cigarette paper] papier *m* à cigarette **9.** COMPUT [interface] interface *f*. ◆ comp [cancer, disease, tone] de la peau. ◆ vt **1.** [animal] dépouiller, écorcher ; [vegetable] éplucher / *if I find him I'll skin him alive fig* si je le trouve, je l'écorche vif ▸ **there's more than one way to skin a cat** *prov* il y a bien des moyens d'arriver à ses fins **2.** [graze - limb] écorcher / *I skinned my knee* je me suis écorché le genou **3.** UK *inf* [rob] plumer / *he got skinned at cards* il s'est laissé plumer aux cartes / *you've been skinned* tu t'es fait avoir or arnaquer.

❖ **skins** pl n *v inf* [drums] batterie *f*.

❖ **skin up** vi *inf* rouler un joint.

skincare ['skɪnkeər] n *(U)* soins *mpl* de la peau.

skincare product n produit *m* (de soin) pour la peau.

skin cream n crème *f* pour la peau.

skin-deep ◆ adj superficiel. ◆ adv superficiellement.

skin diver n plongeur *m*, -euse *f*.

skin diving n plongée *f* sous-marine.

skin flick n *v inf* film *m* porno.

skinflint ['skɪnflɪnt] n avare *mf*.

skin food n *(U)* crème *f* nourrissante (pour la peau).

skinful ['skɪnfʊl] n UK *inf* : *he's had a skinful* il est beurré.

skin game n *v inf* arnaque *f*.

skin graft n greffe *f* de la peau / *to have a skin graft* subir une greffe de la peau.

skin grafting [-'grɑːftɪŋ] n greffage *m* de la peau.

skinhead ['skɪnhed] n skinhead *mf*.

skinless ['skɪnlɪs] adj [sausages] sans peau.

skin mag n US *v inf* revue *f* porno.

-skinned [skɪnd] in comp à la peau… / *she's dark-skinned* elle a la peau foncée.

skinny ['skɪnɪ] (*compar* **skinnier**, *superl* **skinniest**) adj **1.** [person] très mince / *the skinny look is in fashion* c'est à la mode d'être très mince / *she's a skinny little thing* elle est toute maigrichonne ▸ **as skinny as a rail** US épais comme un fil (de fer) **2.** [belt, tie] très fin ; [jeans] très serré.

skinny-dip (*pt & pp* **skinny-dipped**, *cont* **skinny-dipping**) vi *inf* se baigner à poil.

skinny-dipping [-'dɪpɪŋ] n *inf* baignade *f* à poil ▸ **to go skinny-dipping** se baigner à poil.

skint [skɪnt] adj UK *inf* fauché, raide.

skin test n MED cuti-réaction *f*.

skin-tight adj moulant.

skip [skɪp] (*pt & pp* **skipped**, *cont* **skipping**) ◆ vi **1.** [with skipping rope] sauter à la corde **2.** [jump] sautiller / *he skipped out of the way* il s'est écarté d'un bond / *the children were skipping around in the garden* les enfants gambadaient dans le jardin / *the book keeps skipping from one subject to another* le livre passe sans arrêt d'un sujet à l'autre **3.** [go] faire un saut, aller / *we skipped across to Paris for the weekend* on a fait un saut à Paris pour le week-end. ◆ vt **1.** [omit] sauter, passer / *skip the details* passez les détails, épargnez-nous les détails / *let's skip the next chapter* sautons le chapitre suivant ; [miss - meeting, meal] sauter ; [SCH - class] sécher / *we decided to skip lunch* nous avons décidé de sauter le déjeuner or de ne pas déjeuner / *my heart skipped a beat fig* mon cœur s'est arrêté de battre pendant une seconde ▸ **skip it!** *inf* laisse tomber ! ▸ **to skip bail** US ne pas comparaître au tribunal **2.** *inf* [leave] fuir, quitter / *the thieves have probably skipped the country by now* à l'heure qu'il est, les voleurs ont probablement quitté le pays. ◆ n **1.** *inf* = **skipper 2.** [jump] (petit) saut *m* / *with a little skip, she jumped over the rope* d'un bond léger, elle sauta par-dessus la corde **3.** [on lorry, for rubbish] benne *f*.

❖ **skip off** vi *inf* **1.** [disappear] décamper / *they skipped off without doing the washing up* ils ont décampé sans faire la vaisselle **2.** [go] faire un saut / *we skipped off to Greece for a holiday* on est allés passer quelques jours de vacances en Grèce.

❖ **skip over** vt insep [omit] sauter, passer.

ski pants pl n fuseau *m*, pantalon *m* de ski.

ski plane n avion *m* à skis.

skipper ['skɪpər] ◆ n **1.** NAUT [gen] capitaine *m* ; [of yacht] skipper *m* **2.** SPORT capitaine *m*, chef *m* d'équipe **3.** *inf* [boss] patron *m*. ◆ vt **1.** [ship, plane] commander, être le capitaine de ; [yacht] skipper **2.** SPORT [team] être le capitaine de.

skipping ['skɪpɪŋ] n saut *m* à la corde.

skipping rope n UK corde *f* à sauter.

skirl [skɜːl] ◆ vi [emit a sound] sonner *(en parlant d'une cornemuse)* ; [player] jouer de la cornemuse. ◆ n son *m* (de la cornemuse).

skirmish ['skɜːmɪʃ] ◆ n MIL & *fig* escarmouche *f*, accrochage *m* / *I had a bit of a skirmish with the authorities* j'ai eu un différend avec les autorités. ◆ vi MIL s'engager dans une escarmouche ▸ **to skirmish with sb over sthg** *fig* avoir un accrochage or s'accrocher avec qqn au sujet de qqch.

skirt [skɜːt] ◆ n **1.** [garment] jupe *f* ; [part of coat] pan *m*, basque *f* **2.** MECH jupe *f* **3.** UK [cut of meat] ≃ flanchet *m* **4.** *(U)* UK *v inf* [woman] ▸ **a bit of skirt** une belle nana. ◆ vt **1.** [go around] contourner / *the road skirts the mountain* la route contourne la montagne **2.** [avoid - issue, problem] éluder, esquiver.

❖ **skirt round** vt insep = **skirt** *(vt)*.

skirting (board) ['skɜːtɪŋ-] n UK plinthe *f*.

ski run n piste *f* de ski.

skit [skɪt] n parodie *f*, satire *f* ▸ **to do a skit on sthg** parodier qqch / *it's a skit on football commentators* c'est une parodie des commentateurs de football.

ski tow n téléski *m*.

skitter ['skɪtər] vi **1.** [small animal] trottiner ; [bird] voleter / *the bird skittered over the ground* l'oiseau volait en rase-mottes **2.** [ricochet] faire des ricochets / *the stone skittered across the lake* la pierre a fait des ricochets sur le lac.

skittish ['skɪtɪʃ] adj **1.** [person - playful] espiègle ; [- frivolous] frivole **2.** [horse] ombrageux, difficile.

skittishly ['skɪtɪʃlɪ] adv **1.** [of person - playfully] avec espièglerie ; [- frivolously] avec frivolité **2.** [of horse] d'une manière ombrageuse.

skittle ['skɪtl] n quille *f*.

❖ **skittles** n (jeu *m* de) quilles *fpl* / *to play skittles* jouer aux quilles, faire une partie de quilles.

skittle alley n piste *f* de jeu de quilles.

skive [skaɪv] vi UK *inf* [avoid work] tirer au flanc ; SCH sécher les cours.

❖ **skive off** UK *inf* ◆ vi se défiler. ◆ vt insep [work, class, school] sécher.

skiver ['skaɪvər] n UK *inf* tire-au-flanc *mf inv*.

skivvy ['skɪvɪ] (*pl* **skivvies**) UK *inf* ◆ vi faire la boniche / *I won't skivvy for you* je ne vais pas vous servir de boniche. ◆ n *pej* bonne *f* à tout faire / *I'm not your skivvy* je ne suis pas ta boniche.

❖ **skivvies** pl n US *inf* [for women] dessous *mpl* ; [for men] sous-vêtements *mpl* (masculins).

skua ['skjuːə] n skua *m*.

skulduggery [skʌl'dʌgərɪ] n *(U)* combines *fpl* or manœuvres *fpl* douteuses.

skulk [skʌlk] vi rôder / *there's somebody skulking (about) in the garden / bushes* il y a quelqu'un qui rôde dans le jardin / qui se cache dans les buissons ▸ **to skulk away** or **off** s'éclipser.

skull [skʌl] n crâne *m* / *can't you get it into your thick skull that she doesn't like you! inf & fig* tu n'as toujours pas compris qu'elle ne t'aime pas !

skull and crossbones n [motif] tête *f* de mort ; [flag] pavillon *m* à tête de mort.

skullcap ['skʌlkæp] n **1.** [headgear] calotte *f* **2.** BOT scutellaire *f*.

skullduggery [skʌl'dʌgərɪ] = **skulduggery**.

skunk [skʌŋk] ◆ n **1.** (*pl* **skunk** *or* **skunks**) [animal] moufette *f*, mouffette *f*, sconse *m* ; [fur] sconse *m* **2.** (*pl* **skunks**) *inf* [person] canaille *f*, ordure *f*. ◆ vt US *inf* [opponent] battre à plate couture, flanquer une déculottée à.

skunkworks ['skʌŋkwɜːks] n US *inf* [R&D team] équipe *f* de recherche et développement *(travaillant de façon informelle)*.

sky [skaɪ] (*pl* **skies**, *pt & pp* **skied** *or* **skyed**) ◆ n [gen] ciel *m* / *the sky went dark* le ciel s'est assombri / *smoke rose into the sky* de la fumée s'élevait dans le ciel / *the sky at night* le ciel nocturne / *to sleep under the open sky* dormir à la belle étoile ▸ **the sky's the limit** *inf* tout est possible. ◆ vt **1.** FOOT [ball] envoyer au ciel **2.** [in rowing] ▸ **to sky the oars** lever les avirons trop haut.

❖ **skies** pl n [climate] cieux *mpl* ; [descriptive] ciels *mpl* / *we spend the winter under sunnier skies* nous passons l'hiver sous des cieux plus cléments / *Turner is famous for his skies* Turner est renommé pour ses ciels.

sky blue n bleu ciel *m*.

❖ **sky-blue** adj bleu ciel *(inv)*.

skycap ['skaɪkæp] n US porteur *m (dans un aéroport)*.

skydiver ['skaɪˌdaɪvər] n parachutiste *mf*.

skydiving ['skaɪˌdaɪvɪŋ] n parachutisme *m*.

Skye terrier [skaɪ-] n skye-terrier *m*.

sky-high ◆ adj *lit* très haut dans le ciel ; *fig* [prices] inabordable, exorbitant. ◆ adv **1.** *lit* très haut dans le ciel **2.** *fig* [very high] : *prices soared* or *went sky-high* les prix ont grimpé en flèche / *the explosion blew the building sky-high* l'explosion a complètement soufflé le bâtiment / *our plans were blown sky-high* nos projets sont complètement tombés à l'eau.

skyjack ['skaɪdʒæk] vt [plane] détourner.

skyjacker ['skaɪˌdʒækəʳ] n pirate *m* de l'air.

skylark ['skaɪlɑ:k] ◆ n alouette *f* des champs. ◆ vi *inf & dated* faire le fou, chahuter.

skylarking ['skaɪlɑ:kɪŋ] n *inf & dated* chahut *m*.

skylight ['skaɪlaɪt] n lucarne *f*.

skyline ['skaɪlaɪn] n [horizon] horizon *m* ; [urban] : *the New York skyline* la silhouette (des immeubles) de New York.

sky marshal n US *agent de sécurité à bord d'un avion.*

sky pilot n *mil sl* aumônier *m (dans l'armée).*

skyrocket ['skaɪˌrɒkɪt] ◆ n fusée *f*. ◆ vi *inf* [prices] grimper en flèche.

skyscape ['skaɪskeɪp] n ART & PHOT ciel *m*.

skyscraper ['skaɪˌskreɪpəʳ] n gratte-ciel *m inv*.

skyscraper ad n [on website] bannière *f* verticale.

skyward ['skaɪwəd] adj & adv vers le ciel.

skywards ['skaɪwədz] adv vers le ciel.

skyway ['skaɪweɪ] n **1.** AERON couloir *m* aérien **2.** US AUTO route *f* surélevée.

skywriting ['skaɪˌraɪtɪŋ] n publicité *f* aérienne *(tracée dans le ciel par un avion).*

S&L n abbr of **Savings and Loan (Association)**.

slab [slæb] (*pt & pp* **slabbed**, *cont* **slabbing**) ◆ n **1.** [block - of stone, wood] bloc *m* ; [flat] plaque *f*, dalle *f* ; [for path] pavé *m* / *the path was made of stone slabs* le chemin était pavé de pierres / *a wooden slab* un bloc de bois / *a concrete slab* une dalle de béton **2.** [piece - of cake] grosse tranche *f* ; [- of chocolate] tablette *f* ; [- of meat] pavé *m* **3.** [table, bench - of butcher] étal *m* ▸ **on the slab a)** [in mortuary] sur la table d'autopsie **b)** *inf* [for operation] sur la table d'opération. ◆ vt [cut - stone] tailler en blocs ; [- log] débiter.

slack [slæk] ◆ adj **1.** [loose - rope, wire] lâche, insuffisamment tendu ; [- knot] mal serré, desserré ; [- chain] lâche ; [- grip] faible / *the rope is very slack* la corde a du mou / *the chain is very slack* la chaîne n'est pas assez tendue **2.** [careless - work] négligé ; [- worker, student] peu sérieux, peu consciencieux / *he's becoming very slack about his appearance* / *his work* il commence à négliger son apparence / son travail / *her work has become rather slack lately* il y a eu un certain laisser-aller dans son travail dernièrement / *she's very slack about* or *at getting orders ready on time* elle n'est pas très sérieuse pour ce qui est de préparer les commandes en temps voulu **3.** [slow, weak - demand] faible ; [- business] calme / *the slack season for tourists* la période creuse pour le tourisme / *after lunch is my slack period* après le déjeuner, c'est mon heure creuse / *business is slack at the moment* les affaires marchent au ralenti en ce moment **4.** [lax - discipline, laws, control] mou *(before vowel or silent 'h' mol, f molle)*, relâché ; [- parents] négligent / *they're rather slack about discipline* ils sont plutôt laxistes **5.** NAUT ▸ **slack water, slack tide** mer *f* étale. ◆ n **1.** [in rope] mou *m* ; [in cable joint] jeu *m* ; NAUT [in cable] battant *m* ▸ **to take up the slack in a rope** tendre une corde / *leave a bit of slack* laissez un peu de mou ▸ **cut me some slack!** US *fig* fiche-moi la paix ! **2.** *fig* [in economy] secteurs *mpl* affaiblis ▸ **to take up the slack in the economy** relancer les secteurs faibles de l'économie **3.** [still water] eau *f* morte ; [tide] mer *f* étale **4.** [coal] poussier *m*. ◆ vi se laisser aller.

❖ **slack up** vi *inf* [slow down] se laisser aller.

slacken ['slækn] ◆ vt **1.** [loosen - cable, rope] détendre, relâcher ; [- reins] relâcher ; [- grip, hold] desserrer **2.** [reduce - pressure, speed] réduire, diminuer ; [- pace] ralentir / *the train slackened speed* le train a ralenti. ◆ vi **1.** [rope, cable] se relâcher ; [grip, hold] se desserrer **2.** [lessen - speed, demand, interest] diminuer ; [- business] ralentir ; [- wind] diminuer de force ; [- standards] baisser.

❖ **slacken off** ◆ vt sep **1.** [rope] relâcher, donner du mou à **2.** [speed, pressure] diminuer ; [efforts] relâcher. ◆ vi **1.** [rope] se relâcher **2.** [speed, demand] diminuer.

❖ **slacken up** vi [speed] diminuer ; [person] se relâcher.

slackening ['slæknɪŋ] n [in speed] diminution *f*, réduction *f* ; [in interest] diminution *f* ; [in demand] affaiblissement *m* ; [in knot] desserrement *m* ; [in rope] relâchement *m* ; [in standards] abaissement *m* / *a slackening of speed* un ralentissement.

slacker ['slækəʳ] n *inf* fainéant *m*, -e *f* / *she's no slacker* elle n'est pas fainéante.

slackly ['slæklɪ] adv [work] négligemment, sans soin ; [hang] mollement.

slackness ['slæknɪs] n **1.** [in rope] mou *m* **2.** [in business] ralentissement *m* **3.** [negligence] négligence *f*, paresse *f*.

slacks [slæks] pl n ▸ **(a pair of) slacks** un pantalon.

slacksuit ['slæksu:t] n US tailleur-pantalon *m*.

slag [slæg] (*pt & pp* **slagged**, *cont* **slagging**) n **1.** *(U)* [waste - from mine] stériles *mpl* ; [- from foundry] scories *fpl*, crasses *fpl* ; [- from volcano] scories *fpl* volcaniques **2.** UK *v inf & pej* [woman] garce *f*, salope *f*.

❖ **slag off** vt sep UK *inf* dénigrer, débiner.

slagheap ['slæghi:p] n terril *m*, crassier *m*.

slain [sleɪn] ◆ pp ⟶ **slay.** ◆ pl n *liter* ▸ **the slain** les soldats tombés au champ d'honneur.

slake [sleɪk] vt **1.** *liter* [thirst] étancher ; [desire] assouvir **2.** CHEM éteindre.

slaked lime [sleɪkt-] n chaux *f* éteinte.

slalom ['slɑ:ləm] ◆ n [gen & SPORT] slalom *m*. ◆ vi slalomer, faire du slalom.

slam [slæm] (*pt & pp* **slammed**, *cont* **slamming**) ◆ vt **1.** [close - window, door] claquer ; [- drawer] fermer violemment ▸ **to slam the door shut** claquer la porte / *I tried to explain but she slammed the door in my face* j'ai essayé de lui expliquer mais elle m'a claqué la porte au nez ; [bang] : *he slammed the books on the desk* il a posé bruyamment les livres sur le bureau / *he slammed the ball into the net* il a envoyé le ballon dans le filet d'un grand coup de pied **2.** *inf* [defeat] écraser / *our team got slammed* notre équipe a été battue à plate couture **3.** *inf* [criticize] descendre / *her latest novel was slammed by the critics* son dernier roman à été descendu par les critiques. ◆ vi [door, window] claquer / *the door slammed shut* la porte a claqué. ◆ n **1.** [of door, window] claquement *m* / *the door swung shut with a slam* la porte s'est refermée en claquant / *give the door a good slam* claque la porte un bon coup / *I heard a loud slam* j'ai entendu un grand claquement **2.** CARDS chelem *m*.

❖ **slam down** vt sep [lid] refermer en claquant ; [books, keys] poser bruyamment / *she slammed the money down on the table* elle a jeté l'argent sur la table.

❖ **slam on** vt sep ▸ **to slam on the brakes** freiner brutalement / *he slammed on a hat and stormed out* il enfonça un chapeau sur sa tête et sortit comme un ouragan.

❖ **slam to** vt sep refermer en claquant / *she slammed the gate to* elle a refermé la porte en la claquant.

slam-bang adv US *inf* **1.** [directly] : *she ran slam-bang into me* elle m'est rentrée (en plein) dedans **2.** [recklessly] sans faire attention, n'importe comment.

slam dunk US ◆ n SPORT smash *m* au panier, slam-dunk *m*. ◆ vt & vi SPORT smasher.

slammer ['slæməʳ] n *v inf* [jail] tôle *f*.

slander ['slɑ:ndəʳ] ◆ vt [gen] calomnier, dire du mal de ; LAW diffamer. ◆ n [gen] calomnie *f* ; LAW diffamation *f*.

slanderer ['slɑ:ndərəʳ] n [gen] calomniateur *m*, -trice *f* ; LAW diffamateur *m*, -trice *f*.

slanderous ['slɑ:ndrəs] adj [gen] calomniateur ; LAW diffamatoire / *slanderous gossip* calomnies *fpl*.

slanderously ['slɑ:ndrəslɪ] adv [gen] calomnieusement ; LAW de façon diffamatoire.

slang [slæŋ] ◆ n [gen & LING] argot *m* / *he uses a lot of slang* il emploie beaucoup de mots d'argot / *prison slang* argot carcéral or de prison. ◆ adj argotique, d'argot. ◆ vt UK *inf* traiter de tous les noms / *they started slanging each other in the street* ils commencèrent à se traiter de tous les noms dans la rue.

slanging match ['slæŋɪŋ-] n UK *inf* échange *m* d'insultes ▸ **to have a slanging match with sb** échanger des insultes avec qqn.

slangy ['slæŋɪ] (*compar* **slangier**, *superl* **slangiest**) adj argotique.

slant [slɑ:nt] ◆ n **1.** [line] ligne *f* oblique ; [slope] inclinaison *f* / *the table has a slant* or *is on a slant* la table penche or n'est pas d'aplomb **2.** [point of view] perspective *f*, point *m* de vue / *his articles usually have an anti-government slant* il a tendance à critiquer le gouvernement dans ses articles / *the book gives a different slant on the whole business* le livre offre un point de vue différent sur toute cette affaire or présente toute l'affaire sous un jour différent. ◆ vt **1.** [news, evidence] présenter avec parti pris or de manière peu objective **2.** [line, perspective] incliner, faire pencher. ◆ vi [line, handwriting] pencher ; [ray of light] passer obliquement.

slant-eyed adj aux yeux bridés, qui a les yeux bridés.

slanting ['slɑ:ntɪŋ] adj [floor, table] en pente, incliné ; [writing] penché ; [line] oblique, penché.

slantwise ['slɑ:ntwaɪz] adv [hang, fall] en oblique, obliquement ; [write] d'une écriture penchée.

slap [slæp] (*pt & pp* **slapped**, *cont* **slapping**) ◆ vt **1.** [hit] donner une claque à / *she slapped his face* or *she slapped him across the face* elle l'a giflé, elle lui a donné une gifle ▸ **to slap sb on the back a)** [for hiccups, in greeting] donner à qqn une tape dans le dos **b)** [in praise] féliciter qqn en lui donnant une tape dans le dos ▸ **to slap sb's wrist** or **wrists, to slap sb on the wrist** or **wrists** taper sur les doigts de qqn **2.** [put] : *just slap some paint over it* passe un coup de pinceau dessus / *slap some Sellotape across it* mets juste un bout de Scotch dessus. ◆ vi : *the waves slapped against the harbour wall* les vagues battaient contre la digue / *the flag was slapping against the mast* le drapeau claquait contre le mât. ◆ n **1.** [smack] claque *f* ; [on face] gifle *f* ; [on back] tape *f* dans le dos ; [on wrist] tape *f* / *they gave him a slap on the back* [in praise] ils lui ont donné une tape dans le dos pour le féliciter / *I got a slap in the face* *lit* j'ai reçu une gifle / *it was a real slap in the face* *fig* ça m'a fait l'effet d'une gifle / *I got away with just a slap on the wrist* j'en ai été quitte pour une tape sur les doigts **2.** [noise] : *the slap of bare feet on the floor* le bruit de pieds nus sur le plancher / *the slap of the waves against the side of the boat* le clapotis des vagues contre la coque **3.** THEAT [makeup] fard *m*. ◆ adv *inf* en plein / *she rode slap into me* elle m'est rentrée en plein dedans / *I ran slap into a tree* je suis rentré en plein or tout droit dans un arbre / *slap in the middle of the meeting* en plein or au beau milieu de la réunion.

❖ **slap down** vt sep **1.** [book, money] poser avec violence / *she slapped £1,000 down on the table* elle a jeté 1 000 livres sur la table **2.** *inf* [suggestion] rejeter ; [person] rembarrer, envoyer promener or paître.

❖ **slap on** vt sep **1.** [paint] appliquer n'importe comment or à la va-vite ; [jam, butter] étaler généreusement / *slap some paint on the door* donne un coup de pinceau sur la porte / *the whitewash only needs to be slapped on* le blanc de chaux n'a pas besoin d'être étalé soigneusement / *hang on, I'll just slap some make-up on* attends, je vais juste me maquiller vite fait **2.** [tax, increase] : *they slapped on a 3% surcharge* ils ont mis une surtaxe de 3 % / *10% was slapped on the price* ils ont augmenté le prix de 10 %.

slap and tickle n UK *inf* pelotage *m* / *a bit of slap and tickle* une partie de pelotage.

slap-bang adv *inf* en plein, tout droit / *she went slap-bang(-wallop) into a tree* elle est rentrée en plein or tout droit dans un arbre / *he walked slap-bang into his boss* *fig* il s'est trouvé nez à nez avec son patron.

slapdash ['slæpdæʃ] ◆ adv à la va-vite, sans soin, n'importe comment. ◆ adj [work] fait n'importe comment or à la va-vite ; [person] négligent / *he's very slapdash in everything he does* il fait tout un peu n'importe comment or à la va-vite.

slaphappy ['slæp,hæpɪ] adj *inf* relax.

slaphead ['slæphed] n *v inf* chauve *m*, crâne *m* d'œuf.

slapjack ['slæpdʒæk] n US CULIN crêpe *f*.

slapper ['slæpər] n UK *v inf* salope *f*.

slapstick ['slæpstɪk] ◆ n grosse farce *f*, bouffonnerie *f*. ◆ adj [humour] bouffon ▸ **slapstick comedy** comédie *f* bouffonne.

slap-up adj UK *inf* ▸ **a slap-up meal** un repas de derrière les fagots / *he invited me out for a slap-up lunch* il m'a invité à déjeuner dans un restaurant chic.

slash [slæʃ] ◆ vt **1.** [cut - gen] taillader ; [- face] balafrer / *he slashed my arm with a knife* il m'a tailladé le bras avec un couteau / *the bus seats had been slashed by vandals* les sièges du bus avaient été lacérés par des vandales / *he slashed his way through the jungle* il s'est taillé or frayé un chemin à travers la jungle à coups de couteau **2.** [hit - with whip] frapper, cingler ; [- with stick] battre / *the rider slashed the horse with his whip* le cavalier frappait or cinglait le cheval de sa cravache / *she slashed the bushes with a stick* elle donnait des coups de bâton dans les buissons **3.** US [verbally] critiquer violemment / *she slashed the government in her speech* elle a violemment critiqué le gouvernement dans son discours **4.** [prices] casser ; [cost, taxes] réduire considérablement / **'prices slashed!'** 'prix cassés !' / *prices have been slashed by 40%* les prix ont été réduits de 40 % **5.** SEW : *a green jacket slashed with blue* une veste verte avec des crevés laissant apercevoir du bleu. ◆ vi ▸ **to slash at sb with a knife** donner des coups de couteau en direction de qqn / *he slashed at the bushes with a stick* il donna des coups de bâton dans les buissons. ◆ n **1.** [with knife] coup *m* de couteau ; [with sword] coup *m* d'épée ; [with whip] coup *m* de fouet ; [with stick] coup *m* de bâton **2.** [cut] entaille *f* ; [on face] balafre *f* **3.** SEW crevé *m* **4.** TYPO (barre *f*) oblique *f* **5.** *(U)* US [wood chips] copeaux *mpl* **6.** PHR **to have a slash** UK *v inf* pisser un coup.

slash-and-burn adj sur brûlis.

slasher movie n *inf* film *m* gore.

slashing ['slæʃɪŋ] adj [attack] cinglant.

slat [slæt] n [in blinds, louvre] lamelle *f* ; [wooden] latte *f* ; AERON aileron *m*.

slate [sleɪt] ◆ n **1.** CONSTR & SCH ardoise *f* ▸ **to put sthg on the slate** UK *inf & fig* : *put it on the slate* mettez-le sur mon compte **2.** US POL liste *f* provisoire de candidats / *the Republicans have a full slate* les républicains présentent des candidats dans toutes les circonscriptions. ◆ comp [mine] d'ardoise ; [roof] en ardoise or ardoises, d'ardoise ; [industry] ardoisier ▸ **slate quarry** carrière *f* d'ardoise, ardoisière *f*. ◆ vt **1.** [cover roof] couvrir d'ardoises **2.** US POL proposer *(un candidat)* / *Magee is slated for President* Magee a été choisi comme candidat aux élections présidentielles **3.** US [destine] : *she was slated for a gold medal / for victory* elle devait remporter une médaille d'or / la victoire ; [expect] prévoir / *we're slating a full house* nous comptons faire salle comble **4.** UK *inf* [criticize - film, actor] descendre / *his latest novel was slated by the critics* les critiques ont descendu son dernier roman.

slate blue n bleu ardoise *m inv*.

❖ **slate-blue** adj bleu ardoise *(inv)*.

slate-coloured adj ardoise *(inv)*.

slate-grey adj gris ardoise *(inv)*.

slater ['sleɪtər] n **1.** [roofer] couvreur *m* **2.** IR, SCOT, AUSTR & NZ [woodlouse] cloporte *m*.

slather ['slæðər] ◆ n UK *inf* : *slathers of cream* des masses or des tonnes de crème. ◆ vt US *v inf* **1.** [waste] gaspiller **2.** [butter] étaler généreusement.

slating ['sleɪtɪŋ] n **1.** *(U)* CONSTR [of roof] couverture *f* ; [material] ardoises *fpl* **2.** UK *inf* ▸ **to get a slating a)** [criticism] se faire descendre *(par la critique)* **b)** [scolding] se faire engueuler.

slatted ['slætɪd] adj à lattes.

slattern ['slætən] n souillon *f*.

slatternly ['slætənlɪ] adj [woman] mal soigné ; [habit, dress] négligé.

slaty ['sleɪtɪ] adj [in colour] ardoise *(inv)* ; [in appearance, texture] qui ressemble à l'ardoise.

slaughter ['slɔːtər] ◆ vt **1.** [kill - animal] abattre, tuer ; [- people] massacrer, tuer (sauvagement) **2.** *inf & fig* [defeat - team, opponent] massacrer. ◆ n [of animal] abattage *m* ; [of people] massacre *m*, tuerie *f*.

slaughterer ['slɔːtərər] n [in abattoir] tueur *m (dans un abattoir)* ; [murderer] meurtrier *m*, -ère *f* ; [in massacre] massacreur *m*, -euse *f*.

slaughterhouse ['slɔːtəhaʊs] *(pl* [-haʊzɪz]*)* n abattoir *m*.

Slav [slɑːv] ◆ adj slave. ◆ n Slave *mf*.

slave [sleɪv] ◆ n *lit & fig* esclave *mf* / *to be a slave to fashion / habit* être esclave de la mode / de ses habitudes / *he's a slave to drink* il est prisonnier de l'alcool. ◆ vi travailler comme un esclave or un forçat, trimer / *I've been slaving over a hot stove all morning* j'ai travaillé comme un forçat à la cuisine toute la matinée / *he slaved over his books all day long* il était plongé dans ses livres à longueur de journée / *they slaved (away) to get their house finished in time* ils ont travaillé comme des forçats pour terminer leur maison à temps.

slave cylinder n cylindre *m* récepteur.

slave driver n *lit* meneur *m* d'esclaves ; *fig* négrier *m*.

slaveholder ['sleɪv,həʊldər] n propriétaire *mf* d'esclaves.

slave labour n [work] travail *m* fait par des esclaves / *the Great Wall was built by slave labour* la Grande Muraille a été construite par des esclaves ; *fig* travail *m* de forçat / *I'm not working there any more, it's slave labour* je ne travaillerai plus pour eux, c'est le or un vrai bagne.

slaver[1] ['sleɪvər] n **1.** [trader] marchand *m* d'esclaves **2.** [ship] (vaisseau *m*) négrier *m*.

slaver[2] ['slævər] ◆ vi [dribble] baver / *the dog was slavering at the mouth* le chien bavait. ◆ n [saliva] bave *f*.

❖ **slaver over** vt insep [person] s'extasier devant ; [possession] convoiter ; [event] se délecter de.

slavery ['sleɪvərɪ] n esclavage *m* ▸ **to be sold into slavery** être vendu comme esclave.

slave ship n négrier *m (bateau)*.

slave state n US HIST État *m* esclavagiste.

slave trade n commerce *m* des esclaves ; [of Africans] traite *f* des Noirs.

slave trader n marchand *m* d'esclaves, négrier *m*.

slavey ['sleɪvɪ] n UK *inf* boniche *f*.

Slavic ['slɑːvɪk] = **Slavonic**.

slavish ['sleɪvɪʃ] adj [mentality, habits] d'esclave ; [devotion] servile ; [imitation] sans aucune originalité, servile.

slavishly ['sleɪvɪʃlɪ] adv [work] comme un forçat ; [copy, worship] servilement.

Slavonic [slə'vɒnɪk] ◆ n LING slave *m* ; HIST slavon *m*. ◆ adj slave.

slaw [slɔː] n US salade *f* de chou cru.

slay [sleɪ] *(pt* **slew** [sluː], *pp* **slain** [sleɪn]*)* vt **1.** [kill] tuer **2.** UK *inf* [impress] impressionner **3.** UK *inf* [amuse] faire crever de rire.

slayer ['sleɪər] n *liter* tueur *m*, -euse *f*.

sleaze [sliːz] ◆ n *inf* [squalidness] aspect *m* miteux, caractère *m* sordide ; [pornography] porno *m* ; POL [corruption] corruption *f* / *sleaze factor* élément *m* de corruption. ◆ vi **1.** [live immoral life] mener une vie dissolue **2.** [move or act sleazily] : *he sleazed up to the bar* il s'approcha du bar en roulant des mécaniques.

sleazebag ['sliːzbæg], **sleazeball** ['sliːzbɔːl] n *inf* **1.** [despicable person] ordure *f*, raclure *f* **2.** [repulsive man] gros dégueulasse *m*.

sleaziness ['sliːzɪnɪs] n *inf* sordide *m*.

sleazy ['sliːzɪ] *(compar* **sleazier**, *superl* **sleaziest***)* adj *inf* [squalid] miteux, sordide ; [disreputable] mal famé / *a sleazy bar* un bar miteux or mal famé.

sled [sled] ◆ n UK = **sledge** *(noun)* ; US = **sledge** *(noun)*. ◆ vi UK = **sledge** *(vi)* ; US = **sledge** *(vi)*. ◆ vt US transporter en luge.

sledge [sledʒ] ◆ n **1.** [for fun or sport] luge *f* **2.** [pulled by animals] traîneau *m*. ◆ vi **1.** UK [for fun or sport] faire de la luge ▸ **to go sledging** faire de la luge / *children were sledging down the slope* des enfants descendaient la pente sur une or en luge **2.** [pulled by animals] faire du traîneau. ◆ vt US transporter en traîneau.

sledgehammer ['sledʒ,hæmər] n masse *f (outil)* ▸ **a sledgehammer blow** *fig* un coup très violent.

sledging ['sledʒɪŋ] n SPORT [intimidation] intimidation *f* de l'adversaire *(dans le but de le déconcentrer)*.

sleek [sliːk] adj **1.** [fur, hair] luisant, lustré, lisse ; [feathers] brillant, luisant ; [bird] aux plumes luisantes ; [cat] au poil soyeux or brillant **2.** [person - in appearance] soigné, tiré à quatre épingles ; [- in manner] onctueux, doucereux **3.** [vehicle, plane] aux lignes pures / *the car has very sleek lines* cette voiture a une très belle ligne.

❖ **sleek back, sleek down** vt sep ▸ **to sleek one's hair back** or **down** se lisser les cheveux.

sleekly ['sliːklɪ] adv **1.** [glossily] : *its fur shone sleekly* il avait le poil luisant **2.** [elegantly - dress] élégamment, avec chic **3.** [unctuously - behave] onctueusement, doucereusement.

sleekness ['sliːknɪs] n **1.** [of fur, hair] brillant *m*, luisant *m* **2.** [of person - in appearance] chic *m*, élégance *f* ; [- in manner] onctuosité *f* **3.** [of vehicle, plane] pureté *f* de lignes, ligne *f* aérodynamique.

sleep [sliːp] *(pt & pp* **slept** [slept]*)* ◆ vi **1.** [rest] dormir ▸ **sleep well** or **tight!** bonne nuit ! / *did you sleep well?* avez-vous bien dormi ? ▸ **to sleep soundly** dormir profondément or à poings fermés ▸ **to sleep rough** coucher à la dure / *I'm not sleeping well at the moment* je ne dors pas bien en ce moment / *she slept through the storm* la tempête ne l'a pas réveillée ; [spend night] coucher, passer la nuit / *can I sleep at your place?* est-ce que je peux coucher or dormir chez vous ? / *you can sleep on the sofa* tu peux dormir or coucher sur le canapé / *where did you sleep last night?* où est-ce que tu as passé la nuit ? ▸ **to sleep like a log** dormir comme une souche or comme un loir or du sommeil du juste / **'The Sleeping Beauty'** *Perrault, Tchaïkovsky* 'la Belle au bois dormant' **2.** [daydream] rêvasser, rêver / *Walsh is sleeping at the back of the class as usual* Walsh rêvasse au fond de la classe comme d'habitude **3.** *euph & liter* [be dead] dormir du dernier sommeil. ◆ vt **1.** [accommodate] : *the sofa bed sleeps two* deux personnes peuvent coucher dans le canapé-lit / *the house sleeps four* on peut loger quatre personnes dans cette maison **2.** PHR *I didn't sleep a wink all night* je n'ai pas fermé l'œil de la nuit. ◆ n **1.** [rest] sommeil *m* ▸ **to turn over in one's sleep** se retourner dans son sommeil ▸ **to talk in one's sleep** parler en dormant or dans son sommeil ▸ **to walk in one's sleep** être somnambule ▸ **to be in a deep sleep** dormir profondément ▸ **to have a good sleep** bien dormir / *I only had two hours' sleep* je n'ai dormi que deux heures / *you need (to get) a good night's sleep* il te faut une bonne nuit de sommeil / *I couldn't get to sleep* je n'arrivais pas à m'endormir ▸ **to go to sleep** s'endormir / *my legs have gone to sleep* **a)** *fig* [numb] j'ai les jambes engourdies **b)** [tingling] j'ai des fourmis dans les jambes / *you're not going to lose sleep over it!* tu ne vas pas en perdre le sommeil ! ▸ **to put to sleep a)** [patient] endormir **b)** *euph* [horse, dog] piquer / *the horse had to be put to sleep* on a dû faire piquer le cheval / *I was put to sleep before the operation* on m'a endormi avant l'opération ▸ **to send sb to sleep a)** *lit* endormir qqn **b)** *fig* [bore] endormir qqn, assommer qqn **2.** UK [nap] : *the children usually have a sleep in the afternoon* en général les enfants font la sieste l'après-midi / *I could do with a sleep* je ferais bien un petit somme **3.** [substance in eyes] chassie *f* / *to rub the sleep out of one's eyes* se frotter les yeux *(au réveil)* **4.** *liter* [death] la mort.

❖ **sleep around** vi *inf* coucher à droite et à gauche.

❖ **sleep away** vt sep : *he sleeps the day away* il passe toute la journée à dormir.

❖ **sleep in** vi **1.** [lie in - voluntarily] faire la grasse matinée ; [- involuntarily] se lever en retard **2.** [sleep at home] coucher à la maison ; [staff] être logé sur place.

❖ **sleep off** vt sep [hangover, fatigue] dormir pour faire passer / *he's sleeping off the effects of the journey* il dort pour se remettre de la fatigue du voyage / *he's sleeping it off inf* il cuve son vin.

❖ **sleep on** ◆ vi continuer à dormir / *let her sleep on a bit* laisse-la dormir encore un peu / *she slept on until lunchtime* elle a dormi jusqu'à l'heure du déjeuner. ◆ vt insep ▸ **sleep on it** la nuit porte conseil *prov.*

❖ **sleep out** vi [away from home] découcher ; [in the open air] coucher à la belle étoile ; [in tent] coucher sous la tente / *some of the nurses sleep out* les infirmières ne sont pas toutes logées sur place.

❖ **sleep over** vi : *can I sleep over?* est-ce que je peux rester dormir ?

❖ **sleep through** ◆ vi : *he slept through till five o'clock* il a dormi jusqu'à cinq heures. ◆ vt insep : *I slept through the last act* j'ai dormi pendant tout le dernier acte / *she slept through her alarm* elle n'a pas entendu son réveil / *they slept through my speech* ils ont dormi pendant mon discours.

❖ **sleep together** vi coucher ensemble.

❖ **sleep with** vt insep *euph* coucher avec.

sleeper ['sliːpəʳ] n **1.** [sleeping person] dormeur *m*, -euse *f* ▸ **to be a light / heavy sleeper** avoir le sommeil léger / lourd **2.** [train] train-couchettes *m* ; [sleeping car] wagon-lit *m*, voiture-lit *f* ; [berth] couchette *f* / *I took the sleeper to Rome* je suis allé à Rome en train-couchettes **3.** US [sofa bed] canapé-lit *m* **4.** UK RAIL [track support] traverse *f* **5.** [spy] agent *m* dormant **6.** UK [earring] clou *m* **7.** *inf* [unexpected success] révélation *f*.

sleepily ['sliːpɪlɪ] adv [look] d'un air endormi ; [speak] d'un ton endormi / *she wandered sleepily into the kitchen* elle est arrivée à moitié endormie dans la cuisine.

sleepiness ['sliːpɪnɪs] n [of person] envie *f* de dormir ; [of town] torpeur *f*.

sleeping ['sliːpɪŋ] adj qui dort, endormi.

sleeping bag n sac *m* de couchage.

sleeping berth n RAIL & NAUT couchette *f*.

sleeping car n wagon-lit *m*.

sleeping draught n UK soporifique *m*.

sleeping economy n économie *f* dormante.

sleeping partner n UK COMM (associé *m*) commanditaire *m*, bailleur *m* de fonds.

sleeping pill n somnifère *m*.

sleeping policeman n UK casse-vitesse *m inv*, ralentisseur *m*.

sleeping quarters pl n chambres *fpl* à coucher ; MIL chambrées *fpl* ; SCH dortoir *m*.

sleeping sickness n maladie *f* du sommeil.

sleeping suit n US grenouillère *f*.

sleeping tablet = **sleeping pill.**

sleep-learning n apprentissage *m* en dormant, hypnopédie *f*.

sleepless ['sliːplɪs] adj **1.** [without sleep] sans sommeil / *I had* or *spent a sleepless night* j'ai passé une nuit blanche, je n'ai pas fermé l'œil de la nuit **2.** *liter* [person] qui ne peut trouver le sommeil.

sleeplessly ['sliːplɪslɪ] adv sans pouvoir dormir.

sleeplessness ['sliːplɪsnɪs] n *(U)* insomnie *f*, insomnies *fpl*.

sleep mode n COMPUT mode *m* de veille.

sleepsuit = **sleeping suit.**

sleepwalk ['sliːpwɔːk] vi : *he was sleepwalking last night* il a eu une crise de somnambulisme hier soir.

sleepwalker ['sliːpˌwɔːkəʳ] n somnambule *mf*.

sleepwalking ['sliːpˌwɔːkɪŋ] n somnambulisme *m*.

sleepwear ['sliːpweəʳ] n *(U)* vêtements *mpl* de nuit.

sleepy ['sliːpɪ] *(compar* **sleepier**, *superl* **sleepiest)** adj **1.** [person] qui a envie de dormir, somnolent / *I'm* or *I feel sleepy* j'ai sommeil, j'ai envie de dormir **2.** [town] plongé dans la torpeur.

sleepyhead ['sliːpɪhed] n *inf* : *come on, sleepyhead, it's time for bed!* allez, va au lit, tu dors debout !

sleet [sliːt] ◆ n neige *f* fondue *(tombant du ciel).* ◆ vi : *it's sleeting* il tombe de la neige fondue.

sleeve [sliːv] n **1.** [on garment] manche *f* ▸ **to have** or **to keep something up one's sleeve** avoir plus d'un tour dans son sac / *I wonder what else she's got up her sleeve* je me demande ce qu'elle nous réserve encore comme surprise / *I've still got a few ideas up my sleeve* j'ai encore quelques idées en réserve **2.** TECH [tube] manchon *m* ; [lining] chemise *f* **3.** UK [for record] pochette *f*.

sleeve board n jeannette *f*.

-sleeved [sliːvd] in comp à manches... ▸ **short-sleeved** à manches courtes.

sleeveless ['sliːvlɪs] adj sans manches.

sleeve notes pl n UK *texte figurant au dos des pochettes de disques.*

sleeving ['sliːvɪŋ] n UK ELEC gaine *f* isolante.

sleigh [sleɪ] ◆ n traîneau *m* ▸ **sleigh ride** promenade *f* en traîneau. ◆ vi se promener en traîneau, aller en traîneau.

sleigh bell n grelot *m* (de traîneau).

sleight of hand [ˌslaɪt-] n [skill] dextérité *f* ; [trick] tour *m* de passe-passe / *by sleight of hand* par un tour de passe-passe.

slender ['slendəʳ] adj **1.** [slim, narrow -figure] mince, svelte ; [-fingers, neck, stem] fin / *Peter is tall and slender* Peter est grand et élancé ; [margin] étroit **2.** [limited -resources] faible, maigre, limité ; [-majority] étroit, faible ; [-hope, chance] maigre, faible ; [-knowledge] faible, limité / *he's a person of slender means euph* il ne roule pas sur l'or.

slenderize ['slendəraɪz] US *inf* ◆ vi maigrir, mincir. ◆ vt mincir, amincir.

slenderizing ['slendəraɪzɪŋ] US *inf* ◆ n amaigrissement *m*. ◆ adj [diet] amaigrissant ; [cream, product] amincissant ; [exercises] pour maigrir ; [lunch] qui ne fait pas grossir.

slenderly ['slendəlɪ] adv ▸ **slenderly built** svelte, mince.

slenderness ['slendənɪs] n **1.** [of figure] minceur *f*, sveltesse *f* ; [of neck, fingers] finesse *f* **2.** [of resources] insuffisance *f* ; [of hope, majority] faiblesse *f*.

slept [slept] pt & pp ⟶ **sleep.**

sleuth [sluːθ] *inf & hum* ◆ n (fin) limier *m*, détective *m*. ◆ vi enquêter. ◆ vt enquêter sur.

sleuthhound ['sluːθhaʊnd] n **1.** *inf* = **sleuth 2.** [dog] limier *m (chien).*

sleuthing ['sluːθɪŋ] n *inf & hum* travail *m* de détective / *I decided to do a bit of sleuthing of my own* j'ai décidé de mener ma propre petite enquête.

slew [sluː] ◆ pt ⟶ **slay.** ◆ vi **1.** [pivot -person] pivoter, se retourner / *he slewed round in his chair* il a pivoté sur sa chaise **2.** [vehicle -skid] déraper ; [-swerve] faire une embardée ; [-turn] virer / *the car slewed into the ditch* la voiture a dérapé et a fini dans le fossé. ◆ vt **1.** [turn, twist] faire tourner or pivoter ; NAUT [mast] virer, dévirer **2.** [vehicle] faire déraper / *he slewed the car around* il a fait un tête-à-queue. ◆ n *inf* ▸ **a slew of, slews of** un tas de / *a whole slew of photographers* un tas de photographes / *slews of people* des or un tas de gens.

slewed [sluːd] adj UK *inf* rond, ivre ▸ **to get slewed** prendre une cuite.

slice [slaɪs] ◆ n **1.** [of bread, meat, cheese] tranche *f* ; [of pizza] part *f* ; [round] rondelle *f*, tranche *f* **2.** *fig* [share, percentage] part *f*, partie *f* / *a large slice of my income goes on rent* une bonne partie de mes revenus est absorbée par le loyer / *employees receive a slice of the profits* les employés reçoivent une part des bénéfices / *they were all very keen to get a slice of the action inf* tout le monde voulait participer **3.** [utensil] pelle *f*, spatule *f* ▸ **cake slice** pelle *f* à gâteau **4.** SPORT slice *m* ▸ **to give a ball a slice** slicer une balle / *she puts a lot of slice in her serve* elle slice beaucoup ses balles au service. ◆ vt **1.** [cut into pieces -cake, bread] couper (en tranches) ; [-sausage, banana] couper (en rondelles) ▸ **any way you slice it** US *inf* il n'y a pas à tortiller **2.** [cut] couper, trancher **3.** SPORT couper, slicer. ◆ vi [knife] couper ; [bread] se couper / *this bread doesn't slice very easily* ce pain n'est pas très facile à couper.

❖ **slice away** vt sep [branch] couper (avec une machette).

❖ **slice off** vt sep [branch] couper / *his finger was sliced off* il a eu le doigt coupé / *slice me off some ham / cheese* coupe-moi une tranche de jambon / fromage.

❖ **slice through** vt insep **1.** [cut -rope, cable] couper (net), trancher / *she just sliced straight through all the red tape fig* elle a réussi à éviter toute la paperasserie **2.** [go, move] traverser (rapidement), fendre / *the boat sliced through the water* le bateau fendait l'eau / *the arrow sliced through the air* la flèche fendit l'air.

❖ **slice up** vt sep [loaf, cake] couper (en tranches) ; [banana] couper (en rondelles).

sliced bread [slaɪst-] n pain *m* (coupé) en tranches ▸ **it's the best thing since sliced bread** *inf* il n'y a pas mieux dans le genre.

slice of life n THEAT tranche *f* de vie ; [novel] description *f* réaliste.

slicer ['slaɪsəʳ] n [gen] machine *f* à trancher ; [for bread] machine *f* à couper le pain ; [for meat] machine *f* à couper la viande ; [for salami, ham] coupe-jambon *m inv*.

slick [slɪk] ◆ adj **1.** *pej* [glib] qui a du bagout ; [in speech] enjôleur ; [in manner] doucereux ; [in content] superficiel / *she always has a slick excuse* elle a toujours une bonne excuse / *he always has a slick answer* il a toujours réponse à tout / *the explanation was rather too slick* l'explication était trop bonne (pour être vraie) **2.** [smoothly efficient] habile / *she made a slick gear change* elle effectua un changement de vitesse en souplesse / *a slick campaign* une campagne astucieuse / *a slick sale* une vente rondement menée / *a slick take-over* un rachat rondement mené **3.** [style, magazine] beau ***(before vowel or silent 'h' bel, f belle)*** **4.** [smart, chic] chic, tiré à quatre épingles / *you're looking very slick* tu fais très chic **5.** [hair] lisse, lissé, luisant ; [road surface] glissant, gras ; [tyre] lisse **6.** US [slippery] glissant ; [greasy] gras (grasse) / *the road was slick with ice / mud* le verglas / la boue avait rendu la chaussée glissante **7.** US [cunning] malin (maligne), rusé. ◆ n **1.** [oil spill -on sea] nappe *f* de pétrole ; [-on beach] marée *f* noire **2.** [tyre] pneu *m* lisse **3.** US [glossy magazine] *magazine en papier glacé contenant surtout des articles et des photos sur la vie privée des stars.*

❖ **slick back, slick down** vt sep ▸ **to slick one's hair back** or **down** se lisser les cheveux.

❖ **slick up** vt sep US [appearance] mettre en valeur ; [house, room] astiquer, faire reluire ▸ **to slick o.s. up** se pomponner.

slicker ['slɪkəʳ] n **1.** *inf* [sly person] combinard *m*, -e *f* **2.** US [raincoat] imperméable *m*, ciré *m*.

slickly ['slɪklɪ] adv [answer] habilement ; [perform] brillamment / *his hair shone slickly* il avait les cheveux luisants / *the deal went through slickly enough* l'affaire fut assez rondement menée.

slickness ['slɪknɪs] n **1.** [of hair] brillant *m*, luisant *m* **2.** *pej* [in speech] bagout *m* ; [in manner] caractère *m* doucereux ; [in style] brillance *f* (apparente) **3.** [of deal, sale] rapidité *f*, efficacité *f*.

slide [slaɪd] *(pt & pp* **slid** [slɪd]) ◆ vi **1.** [on ice, slippery surface] glisser / *he slid on the ice* il a glissé sur la glace / *he slid down the bannisters* il a descendu l'escalier en glissant sur la rampe / *tears slid down her face* des larmes roulèrent sur son visage **2.** [move quietly] : *the car slid away into the dark* la voiture s'enfonça dans l'obscurité / *she slid into / out of the room* elle s'est glissée dans la pièce / hors de la pièce / *the door slid open / shut* la porte s'est ouverte / fermée en glissant / *her eyes slid over the familiar objects in the room* elle promena son regard sur les objets familiers de la pièce **3.** [go gradually] glisser / *the sheet music slid (down) behind the piano* la partition a glissé derrière le piano / *she slid slowly into debt* elle a fini par s'endetter / *he's sliding into bad habits* il est en train de prendre de mauvaises habitudes ▸ **to let things slide** laisser les choses aller à la dérive **4.** [prices, value] baisser. ◆ vt faire glisser, glisser / *I slid the book into my pocket* j'ai glissé le livre dans ma poche / *he slid the door open / shut* il a ouvert / fermé la porte en la faisant coulisser / *slide the lid into place* faites glisser le couvercle à sa place / *she slid the* *money across the table* elle fit glisser l'argent sur la table. ◆ n **1.** [in playground] toboggan *m* ; [on ice, snow] glissoire *f* ; [for logs] glissoire *f* **2.** [act of sliding] glissade *f* ▸ **to go into a slide** faire une glissade **3.** [fall - in prices] baisse *f* / *the stock exchange is on a downward slide* la Bourse est en baisse / *the slide in standards* la dégradation des valeurs **4.** PHOT diapositive *f*, diapo *f* ; [for microscope] porte-objet *m* / *I illustrated my lecture with slides* j'ai illustré mon cours avec des diapositives **5.** UK [in hair] barrette *f* **6.** [runner - in machine, trombone] coulisse *f* **7.** MUS coulé *m*.

❖ **slide off** vi **1.** [lid] s'enlever en glissant / *this part slides off easily* il suffit de faire coulisser cette pièce pour l'enlever **2.** [fall] glisser / *the book keeps sliding off* le livre n'arrête pas de glisser **3.** [go away - visitor] s'en aller discrètement, s'éclipser / *where are you sliding off to?* où est-ce que tu te sauves comme ça ? / *she slid off to the bar in the interval* elle s'est éclipsée à l'entracte pour aller au bar.

❖ **slide over** ◆ vt insep [evade - issue] éviter de parler de, esquiver. ◆ vi se glisser / *she slid over to me in the interval* elle m'a rejoint pendant l'entracte / *slide over and let me drive* pousse-toi et laisse-moi le volant.

slide fastener n US fermeture *f* à glissière, fermeture *f* Éclair®.

slide guitar n slide guitar *f*.

slide phone n téléphone *m* à glissière.

slide projector n projecteur *m* de diapositives.

slide rule n règle *f* à calcul.

slide show n diaporama *m*.

slide valve n (soupape *f* à) clapet *m*.

sliding ['slaɪdɪŋ] ◆ adj [part] qui glisse ; [movement] glissant ; [door] coulissant ; [panel] mobile. ◆ n glissement *m*.

sliding roof n AUTO toit *m* ouvrant.

sliding scale n [for salaries] échelle *f* mobile ; [for prices] barème *m* des prix ; [for tax] barème *m* des impôts.

slight [slaɪt] ◆ adj **1.** [person - slender] menu, mince ; [- frail] frêle ; [structure] fragile, frêle / *she is of slight build* elle est fluette **2.** [minor, insignificant - error, increase, movement] faible, léger, petit ; [- difference] petit ; [- cut, graze] léger / *there's a slight drizzle* / *wind* il y a un peu de crachin / de vent / *the difference is only very slight* or *there's only a very slight difference* la différence est minime, il n'y a qu'une très légère différence / *he has a slight accent* il a un léger accent / *she has a slight temperature* elle a un peu de température / *she has a slight cold* elle est un peu enrhumée / *a slight piece of work* un ouvrage insignifiant ; [in superl form] : *it makes not the slightest bit of difference* ça ne change absolument rien / *I haven't the slightest idea* je n'en ai pas la moindre idée / *he gets angry at the slightest thing* il se fâche pour un rien / *they haven't the slightest chance of winning* ils n'ont pas la moindre chance or la plus petite chance de l'emporter ▸ **not in the slightest** pas le moins du monde, pas du tout. ◆ vt [snub] manquer d'égards envers ; [insult] insulter ; [offend] froisser, blesser / *she felt slighted* elle a été blessée or froissée ▸ **to slight sb's memory** faire affront à la mémoire de qqn. ◆ n [snub, insult] manque *m* d'égards, vexation *f*, affront *m* / *it's a slight on her reputation* c'est une offense à sa réputation.

slighting ['slaɪtɪŋ] adj offensant, désobligeant.

slightingly ['slaɪtɪŋlɪ] adv ▸ **to speak slightingly of sb** faire des remarques désobligeantes sur qqn.

slightly ['slaɪtlɪ] adv **1.** [a little] un peu, légèrement / *I know him only slightly* je le connais très peu / *slightly better* légèrement mieux, un peu mieux / *a slightly higher number* un chiffre un peu plus élevé / *I felt ever so slightly ridiculous* UK je me suis senti légèrement ridicule **2.** [slenderly] : *slightly built* fluet, frêle.

slightness ['slaɪtnɪs] n **1.** [of number, increase] caractère *m* insignifiant or négligeable **2.** [of build] minceur *f* ; [frailty] fragilité *f*.

slily ['slaɪlɪ] = **slyly**.

slim [slɪm] (*compar* **slimmer**, *superl* **slimmest**, *pt & pp* **slimmed**) ◆ adj **1.** [person, waist, figure] mince, svelte ; [wrist] mince, fin, délicat / *a slim-hipped young man* un jeune homme aux hanches étroites ▸ **to keep slim** rester mince **2.** [volume, wallet, diary] mince **3.** [faint, feeble - hope, chance] faible, minime ; [- pretext] mince, piètre, dérisoire / *they have only a slim chance of winning the next election* ils n'ont que de faibles chances de gagner les prochaines élections. ◆ vi [get thin] maigrir, mincir ; [diet] faire or suivre un régime. ◆ vt [subj: diet, exercise] faire maigrir.

❖ **slim down** ◆ vt sep **1.** [subj: diet] faire maigrir ; [subj: clothes] amincir **2.** *fig* [industry] dégraisser ; [workforce] réduire ; [ambitions, plans] limiter, réduire ; [design, car] épurer, alléger / *a slimmed-down version of the old model* une version épurée de l'ancien modèle. ◆ vi **1.** [person] maigrir, suivre un régime **2.** [industry] être dégraissé.

slime [slaɪm] n [sticky substance] substance *f* gluante or poisseuse ; [from snail] bave *f* ; [mud] vase *f*.

slimeball ['slaɪmbɔːl] US *v inf* = **sleazeball**.

slimline ['slɪmlaɪn] adj **1.** [butter] allégé ; [milk, cheese] sans matière grasse, minceur *(inv)* ; [soft drink] light *(inv)* **2.** *fig* : *clothes for the new slimline you* des vêtements pour votre nouvelle silhouette allégée / *the slimline version of the 2009 model* la version épurée du modèle 2009.

slimmer ['slɪmər] n personne *f* qui suit un régime (amaigrissant) / *good news for slimmers* une bonne nouvelle pour ceux qui veulent maigrir or perdre du poids.

slimming ['slɪmɪŋ] ◆ n amaigrissement *m* / *slimming can be bad for you* les régimes amaigrissants ne sont pas toujours bons pour la santé. ◆ adj **1.** [diet] amaigrissant ; [cream, product] amincissant ; [exercises] pour maigrir ; [meal] à faible teneur en calories **2.** [flattering - dress, suit, colour] amincissant.

slimness ['slɪmnɪs] n **1.** [of person, waist, figure] minceur *f*, sveltesse *f* ; [of wrist, ankle] minceur *f*, finesse *f*, délicatesse *f* **2.** [weakness - of chance, hope] faiblesse *f*.

slimy ['slaɪmɪ] (*compar* **slimier**, *superl* **slimiest**) adj **1.** [with mud] vaseux, boueux ; [with oil, secretion] gluant, visqueux ; [wall] suintant / *slimy stones* des pierres glissantes / *the slug left a slimy trail* la limace laissa une traînée visqueuse **2.** UK [obsequious - person] mielleux ; [- manners] doucereux, obséquieux / *I can't stand him, he's so slimy* je ne le supporte pas, il est tellement mielleux.

sling [slɪŋ] (*pt & pp* **slung** [slʌŋ]) ◆ vt **1.** [fling] jeter, lancer / *the children were slinging stones at the statue* les enfants lançaient des pierres sur la statue / *can you sling the ball back to me?* pouvez-vous me relancer le ballon ? / *she slung the case into the back of the car* elle a jeté la valise à l'arrière de la voiture / *can you sling me (over) the salt?* *inf* tu peux me balancer le sel ? / *if he's not careful, he'll get slung off the course* *inf* s'il ne fait pas attention, il se fera virer du cours ▸ **to sling mud (at sb)** couvrir (qqn) de boue ▸ **to sling one's hook** *inf* mettre les bouts, ficher le camp **2.** [lift, hang - load] hisser ; NAUT élinguer / *the hammock was slung between two trees* le hamac était suspendu or accroché entre deux arbres / *the soldiers wore rifles slung across* or *over their shoulders* les soldats portaient des fusils en bandoulière / *the jacket was slung over the back of the chair* la veste était négligemment jetée sur le dossier de la chaise / *he slung his jacket over his shoulder* il a jeté sa veste pardessus son épaule / *I slung the towel over the washing line* j'ai jeté la serviette par-dessus la corde à linge. ◆ n **1.** [for broken arm] écharpe *f* / *she had her arm in a sling* elle avait le bras en écharpe **2.** [for baby] porte-bébé *m* **3.** NAUT & CONSTR élingue *f* ; [belt] courroie *f* ; [rope] corde *f*, cordage *m* ; [for removal men] corde *f*, courroie *f* ; [for rifle] bretelle *f* ; [for mast] cravate *f* **4.** [weapon] fronde *f* ; [toy] lance-pierres *m inv* **5.** [for climber] baudrier *m* **6.** [cocktail] sling *m* *(cocktail à base de spiritueux et de jus de citron, allongé d'eau plate ou gazeuse)*.

❖ **sling away** vt sep UK *inf* bazarder, balancer, ficher en l'air.

❖ **sling out** vt sep UK *inf* [person] flanquer or ficher à la porte ; [rubbish, magazines, etc.] bazarder, ficher en l'air / *he was slung out on his ear* il a été fichu à la porte, on l'a fichu dehors.

❖ **sling over** vt sep UK *inf* lancer, envoyer / *can you sling the paper over?* tu peux me lancer le journal ?

❖ **sling up** vt sep *inf* suspendre, accrocher.

slingback ['slɪŋbæk] n UK chaussure *f* à talon découvert.

slingshot ['slɪŋʃɒt] n US lance-pierres *m inv*.

slink [slɪŋk] (*pt & pp* **slunk** [slʌŋk]) vi ▸ **to slink in** / **out** entrer / sortir furtivement / *she slunk into the room* elle s'est glissée discrètement dans la pièce ▸ **to slink away** s'éclipser.

slinkily ['slɪŋkɪlɪ] adv *inf* [walk] d'une démarche ondoyante ; [dress] d'une manière sexy.

slinky ['slɪŋkɪ] (*compar* **slinkier**, *superl* **slinkiest**) adj *inf* [manner] aguichant ; [dress] sexy *(inv)* ; [walk] ondoyant, chaloupé.

slip [slɪp] (*pt & pp* **slipped**, *cont* **slipping**) ◆ vi **1.** [lose balance, slide] glisser / *I slipped on the ice* j'ai glissé sur une plaque de verglas / *he slipped and fell* il glissa et tomba ; [move unexpectedly] glisser / *the knife slipped and cut my finger* le couteau a glissé et je me suis coupé le doigt / *my hand slipped* ma main a glissé / *the cup slipped out of my hands* la tasse m'a glissé des mains / *she let the sand slip through her fingers* elle laissa le sable glisser entre ses doigts / *the prize slipped from her grasp* or *from her fingers* *fig* le prix lui a échappé / *somehow, the kidnappers slipped through our fingers* *fig* je ne sais comment les ravisseurs nous ont filé entre les doigts **2.** [go gradually] glisser / *the patient slipped into a coma* le patient a glissé or s'est enfoncé peu à peu dans le coma / *she slipped into the habit of visiting him every day* petit à petit elle a pris l'habitude d'aller le voir tous les jours **3.** [go down] baisser / *prices have slipped (by) 10%* les prix ont baissé de 10 % **4.** [go discreetly or unnoticed] se glisser, se faufiler / *to slip into bed* se glisser dans son lit / *she slipped quietly into the room* elle s'est glissée discrètement dans la pièce / *the thieves managed to slip through the road blocks* les voleurs ont réussi à passer à travers les barrages routiers / *why don't you slip through the kitchen* / *round the back?* pourquoi ne passez-vous pas par la cuisine / par derrière ? / *some misprints have slipped into the text* des coquilles se sont glissées dans le texte ; [go quickly] se faufiler / *we slipped through the rush hour traffic* on s'est faufilés dans les embouteillages des heures de pointe ; [into clothes] : *I'll slip into something cooler* je vais enfiler or mettre quelque chose de plus léger / *he slipped into a dressing gown* il a passé or mis une robe de chambre **5.** [slide - runners, drawer] glisser / *the back should just slip into place* l'arrière devrait glisser à sa place **6.** *inf* [be less efficient] : *you're slipping!* tu n'es plus ce que tu étais ! **7.** AUTO [clutch] patiner **8.** PHR ▸ **to let slip a)** [opportunity] laisser passer or échapper **b)** [word] lâcher, laisser échapper / *you shouldn't let this chance slip* UK tu ne devrais pas laisser passer cette chance / *she let (it) slip that she was selling her house* elle a laissé échapper qu'elle vendait sa maison. ◆ vt **1.** [give or put discreetly] glisser / *to slip sb a note* glisser un mot à qqn / *to slip a letter into sb's hand* / *pocket* glisser une lettre dans la main / la poche de qqn / *I slipped the pen into my pocket* j'ai glissé le stylo dans ma poche / *slip the car into gear* mettez la voiture en prise / *slip the key under the door* glissez la clé sous la porte / *I slipped the photo between the pages of the book* j'ai glissé la photo entre les pages du livre / *she slipped the jigsaw piece into place* elle a fait glisser le morceau de puzzle à sa place **2.** [escape] : *it slipped my mind* ça m'est sorti de la tête / *her name has completely slipped my memory* j'ai complètement oublié son nom **3.** [release] : *he slipped the dog's lead* UK il a lâché la laisse du chien / *the dog slipped its lead* UK le chien s'est dégagé de sa laisse ▸ **to slip anchor** / **a cable** filer l'ancre / un câble ▸ **to slip a stitch** glisser une maille ▸ **to slip a disc, to have a slipped disc** MED avoir une hernie discale **4.** AUTO [clutch] faire patiner. ◆ n **1.** [piece of paper] ▸ **slip (of paper)** feuille *f* or bout *m* de papier ▸ **withdrawal slip** [in bank] bordereau *m* de retrait ▸ **delivery slip** COMM bordereau *m* de livraison **2.** [on ice, banana skin] glissade *f* **3.** [mistake] erreur *f* ; [blunder] bévue *f* ; [careless oversight] étourderie *f* ; [moral] écart *m*, faute *f* légère ▸ **slip of the tongue** or pen lapsus *m* ▸ **there's many a slip twixt cup and lip** UK *prov* il y a loin de la coupe aux lèvres *prov* **4.** [landslide] éboulis *m*, éboulement *m* **5.** [petticoat - full length] combinaison *f*, fond *m* de robe ; [- skirt] jupon *m* **6.** BOT bouture *f* **7.** *(usu pl)* NAUT cale *f* / *the Queen Helen is still on the slips* le Queen Helen est toujours en cale sèche **8.** TECH [glaze] engobe *m* **9.** PHR **a slip of a girl** UK une petite jeune ▸ **a slip of a boy** UK un petit jeune ▸ **to give sb the slip** semer qqn.

❖ **slips** pl n **1.** THEAT coulisses *fpl* **2.** SPORT [in cricket] *partie du terrain ou joueurs situés à droite du guichet, du point de vue du lanceur, si le batteur est gaucher (et vice versa).*

❖ **slip along** vi **1.** [go quickly] faire un saut / *I'll just slip along to the chemist's* je fais juste un saut à la pharmacie **2.** [discreetly] aller en cachette.

❖ **slip away** vi [person] s'éclipser, partir discrètement ; [moment] passer ; [boat] s'éloigner doucement / *her children gradually slipped away from her fig* ses enfants se sont peu à peu éloignés d'elle / *I felt my life slipping away* j'avais l'impression que ma vie me glissait entre les doigts.

❖ **slip back** vi [car] glisser (en arrière) ; [person] revenir discrètement / *he slipped back into a coma* il est retombé dans le coma / *she slipped back for a sweater* elle est retournée chercher un pull-over / *he slipped back into his old habits* il est retombé dans ses vieilles habitudes.

❖ **slip by** vi [time] passer ; [person] se faufiler / *I slipped by without being noticed* je me suis faufilé sans qu'on me remarque.

❖ **slip down** vi [fall - picture, car, socks, skirt] glisser.

❖ **slip in** ◆ vi [person] entrer discrètement or sans se faire remarquer ; [boat] entrer lentement / *I just slipped in for five minutes* je n'ai fait qu'entrer cinq minutes, je suis juste passé / *a blank page has slipped in by mistake* une page blanche s'y est glissée par erreur / *some misprints have slipped in somehow* des fautes de frappe se sont glissées dans le texte. ◆ vt sep [moving part] faire glisser à sa place ; [quotation, word] glisser, placer ▸ **to slip the clutch in** AUTO embrayer.

❖ **slip off** ◆ vi **1.** [go away] s'éclipser **2.** [fall - bottle, hat, book] glisser (et tomber). ◆ vt sep [remove - coat, hat] enlever, ôter ; [- shoe, ring, sock] enlever ; [- top, lid] faire glisser pour ouvrir.

❖ **slip on** vt sep [dress, ring, coat] mettre, enfiler ; [lid] mettre or remettre (en faisant glisser).

❖ **slip out** ◆ vi **1.** [leave - person] sortir discrètement, s'esquiver **2.** [escape - animal, child] s'échapper / *the word slipped out before he could stop himself* le mot lui a échappé / *the story slipped out* l'affaire s'est ébruitée **3.** [go out] sortir (un instant) / *I'll just slip out into the garden* je sors un instant dans le jardin / *I'll slip out and buy some milk* je sors juste acheter du lait. ◆ vt sep sortir.

❖ **slip over** ◆ vi aller / *we slipped over to Blackpool to see them* nous sommes allés à Blackpool pour les voir. ◆ vt sep ▸ **to slip one over on sb** *inf* rouler qqn.

❖ **slip past** vi [time] passer ; [person] se faufiler / *I managed to slip past unseen* j'ai réussi à passer discrètement.

❖ **slip round** vi **1.** UK [go] passer / *can you slip round after supper?* peux-tu passer (chez moi) après souper ? **2.** [saddle] se retourner ; [skirt] tourner.

❖ **slip through** vi [person] passer sans se faire remarquer ; [mistake] passer inaperçu.

❖ **slip up** vi faire une erreur / *you've slipped up badly here* tu as fait une grosse erreur là.

slipcase ['slɪpkeɪs] n [for single volume] étui *m* ; [for several volumes, for records] coffret *m*.

slipcover ['slɪpkʌvər] n US **1.** [for furniture] housse *f* **2.** = slipcase.

slipknot ['slɪpnɒt] n nœud *m* coulant.

slip-on ◆ adj [shoe] sans lacets. ◆ n chaussure *f* sans lacets.

slipover ['slɪp,əʊvər] ◆ adj [garment] qui s'enfile par la tête. ◆ n débardeur *m* *(vêtement)*.

slippage ['slɪpɪdʒ] n **1.** MECH patinage *m* **2.** [in targeting] retard *m* *(par rapport aux prévisions)* ; [in standards] baisse *f*.

slipped disc [,slɪpt-] n hernie *f* discale.

slipper ['slɪpər] ◆ n [soft footwear] chausson *m*, pantoufle *f* ; [mule] mule *f* ; [for dancing] escarpin *m* ▸ **to get the slipper** UK recevoir une fessée *(avec une pantoufle)*. ◆ vt UK [hit] ▸ **to slipper sb** donner une fessée à qqn *(avec une pantoufle)*.

slipper bath n [in bathroom] (baignoire *f*) sabot *m*.

❖ **slipper baths** pl n [public] bains *mpl* publics.

slipperiness ['slɪpərɪnɪs] n **1.** [of surface, soap] : *the slipperiness of the road* l'état glissant de la route **2.** [of person - evasiveness] caractère *m* insaisissable or fuyant ; [- unreliability] nature *f* peu fiable.

slippery ['slɪpərɪ] adj **1.** [surface, soap] glissant / *the path is slippery* le chemin est glissant / *we're on the slippery slope to bankruptcy fig* nous allons droit à la faillite **2.** *inf* [person - evasive] fuyant ; [unreliable] sur qui on ne peut pas compter / *he's a slippery customer* c'est le genre de type à qui on ne peut pas se fier *inf*.

slippy ['slɪpɪ] *(compar* **slippier**, *superl* **slippiest)** adj **1.** [slippery] glissant **2.** UK *inf* [fast] ▸ **look slippy!** grouille-toi !

slip road n UK bretelle *f* d'accès.

slip sheet n TYPO feuille *f* intercalaire.

slipshod ['slɪpʃɒd] adj [appearance] négligé, débraillé ; [habits, behaviour] négligent ; [style] peu soigné, négligé ; [work] négligé, mal fait.

slip stitch n SEW point *m* perdu.

slipstream ['slɪpstriːm] ◆ n AUTO sillage *m*. ◆ vt [driver] rester dans le sillage de.

slip-up n *inf* erreur *f* / *there must have been a slip-up* il a dû y avoir une erreur / *there mustn't be any slip-ups* pas d'erreurs.

slipway ['slɪpweɪ] n NAUT [for repairs] cale *f* de halage ; [for launching] cale *f* de lancement.

slit [slɪt] *(pt & pp* **slit**, *cont* **slitting)** ◆ n [narrow opening] fente *f* ; [cut] incision *f* / *the skirt has a slit at the back* la jupe a une fente or est fendue dans le dos / *make a slit in the surface* faire une incision superficielle. ◆ vt **1.** [split] fendre ; [cut] inciser, couper / *the skirt was slit up the side* la jupe était fendue sur le côté / *the mattress had been slit open* le matelas avait été éventré ▸ **to slit sb's throat** égorger qqn / *she slit her wrists* elle s'est ouvert les veines **2.** [open - parcel, envelope] ouvrir (avec un couteau or un coupe-papier) / *she slit the packet open with a knife* elle a ouvert le paquet avec un couteau. ◆ adj [skirt] fendu ; [eyes] bridé.

slither ['slɪðər] vi **1.** [snake] ramper, onduler **2.** [car, person - slide] glisser, patiner ; [- skid] déraper / *the car slithered on a patch of oil* la voiture a dérapé sur une flaque d'huile / *I slithered down the tree* / *drainpipe* je me suis laissé glisser le long de l'arbre / de la gouttière.

slithery ['slɪðərɪ] adj [surface] glissant ; [snake] ondulant.

slit pocket n poche *f* fendue.

slit trench n MIL tranchée *f* étroite.

sliver ['slɪvər] n **1.** [of glass] éclat *m* **2.** [small slice - of cheese, cake] tranche *f* fine.

slivovitz ['slɪvəvɪts] n slivovitz *m*.

Sloane [sləʊn] n UK *inf* ▸ **Sloane (Ranger)** *personne de la haute bourgeoisie (généralement une jeune femme) portant des vêtements sport mais chics et parlant de façon affectée* ; ≃ NAP *mf*.

Sloaney ['sləʊnɪ] adj *inf* ≃ NAP.

slob [slɒb] n *inf* [dirty] souillon *mf* ; [uncouth] plouc *m* ; [lazy] flemmard *m*, -e *f*.

❖ **slob about** UK, **slob around** *inf* ◆ vi traînasser. ◆ vt insep traînasser.

slobber ['slɒbər] ◆ vi **1.** [dribble - baby, dog] baver ▸ **to slobber over** baver sur / *the baby has slobbered all over the book* le bébé a bavé partout sur le livre / *the dog came and slobbered all over me* le chien est venu baver sur moi **2.** *fig* ▸ **to slobber over a)** [possession, pet] s'extasier sur or devant **b)** [person] faire des ronds de jambe à. ◆ n **1.** [dribble] bave *f* **2.** *pej* [behaviour] sensiblerie *f*.

slobbery ['slɒbərɪ] adj [kiss] baveux.

sloe [sləʊ] n [berry] prunelle *f* ; [tree] prunellier *m*.

sloe-eyed adj aux yeux de biche.

sloe gin n gin *m* à la prunelle.

slog [slɒg] *(pt & pp* **slogged**, *cont* **slogging)** *inf* ◆ n **1.** [hard task] travail *m* d'Hercule ; [chore] corvée *f*, travail *m* pénible ; [effort] (gros) effort *m* / *it was a real slog to finish in time* on a dû bosser comme des malades pour finir à temps / *what a slog!* quelle corvée ! / *it was a slog teaching them history* leur enseigner l'histoire n'était pas une mince affaire / *it's been a long hard slog for her to get where she is* elle en a bavé pour arriver là où elle est / *it was quite a slog getting up that hill* on en a bavé pour monter cette côte **2.** UK [hit] grand coup *m* / *he gave the ball an almighty slog* il a frappé la balle de toutes ses forces. ◆ vi **1.** [work hard] trimer, bosser / *she spent all weekend slogging away at that report* elle a passé tout le week-end à trimer sur ce rapport / *she slogged on until ten o'clock* elle est restée bosser jusqu'à 10 h / *do we really have to slog through all this paperwork?* est-ce qu'il est indispensable de se farcir toute cette paperasse ? **2.** [walk, go] avancer péniblement / *he slogged (along) through the snow* il avançait péniblement dans la neige / *we slogged slowly up the hill* nous avons gravi la côte à pas lents / *I had to slog back home again* j'ai dû refaire tout le trajet pour rentrer à la maison. ◆ vt **1.** [move] : *we slogged our way through the snow* nous nous sommes péniblement frayé un chemin dans la neige **2.** UK [hit - ball] donner un grand coup dans ; [- person] cogner sur ▸ **to slog it out a)** [fight] se tabasser **b)** [argue] s'enguirlander.

slogan ['sləʊgən] n slogan *m*.

slogger ['slɒgər] n UK *inf* bosseur *m*, -euse *f*.

slo-mo ['sləʊməʊ] n *inf* ralenti *m* ▸ **in slo-mo** au ralenti.

sloop [sluːp] n sloop *m*.

slop [slɒp] *(pt & pp* **slopped**, *cont* **slopping)** ◆ vi [spill] renverser / *the tea slopped into the saucer* / *onto the tablecloth* le thé s'est renversé dans la soucoupe / sur la nappe ; [overflow - liquid] déborder / *the soup slopped onto the cooker* la soupe a débordé sur la cuisinière. ◆ vt renverser / *he slopped soup onto the tablecloth* il a renversé or répandu de la soupe sur la nappe / *don't slop water all over the floor* ne renverse pas d'eau par terre. ◆ n *(U)* [liquid waste - for pigs] pâtée *f* ; [- from tea, coffee] fond *m* de tasse ; [tasteless food] mixture *f* *pej*.

❖ **slop about** UK, **slop around** ◆ vi **1.** [liquid] clapoter **2.** [paddle] patauger / *the children were slopping about in the puddles* les enfants pataugeaient dans les flaques d'eau **3.** *inf* [be lazy] traînasser / *I just slopped around all morning* j'ai traînassé or flemmardé toute la matinée. ◆ vt sep [paint] éclabousser ; [tea] renverser. ◆ vt insep *inf* : *he slops about the house doing nothing* il traîne à la maison à ne rien faire.

❖ **slop out** vi [prisoner] vider les seaux hygiéniques.

❖ **slop over** ◆ vi [spill] se renverser ; [overflow] déborder / *the water slopped over onto the floor* l'eau s'est renversée or a débordé sur le sol. ◆ vt sep renverser, répandre.

slop basin n UK vide-tasses *m inv*.

slop bucket n [gen] seau *m* (à ordures) ; [in prison] seau *m* hygiénique.

slope [sləʊp] ◆ n **1.** [incline - of roof] inclinaison *f*, pente *f* ; [- of ground] pente *f* / *a steep* / *gentle slope* une pente raide / douce / *the house is built on a slope* la maison a été construite sur une pente ▸ **rifle at the slope** MIL fusil sur l'épaule **2.** [hill - up] côte *f*, montée *f* ; [- down] pente *f*, descente *f* ; [mountainside] versant *m*, flanc *m* / *tea is grown on the higher slopes* on cultive le thé plus haut sur les versants de la montagne / *on the slopes of Mount Fuji* sur les versants du mont Fuji **3.** [for skiing] piste *f*. ◆ vi [roof] être en pente or incliné ; [writing] pencher / *the beach sloped gently to the sea* la plage descendait en pente douce vers la mer / *the table slopes* la table penche or n'est pas droite. ◆ vt MIL ▸ **slope arms!** portez arme !

❖ **slope off** vi *inf* filer.

sloping ['sləʊpɪŋ] adj [table, roof] en pente, incliné ; [writing] penché ; [shoulders] tombant.

slop pail n [for pigs] seau *m* à pâtée ; [in kitchen] seau *m* à ordures ; [for cleaning] seau *m*.

sloppily ['slɒpɪlɪ] adv **1.** [work] sans soin ; [dress] de façon négligée **2.** UK *inf* [sentimentally] avec sensiblerie.

sloppiness ['slɒpɪnɪs] n **1.** [of work] manque *m* de soin or de sérieux ; [in dress] négligence *f*, manque *m* de soin ; [of thought] flou *m*, manque *m* de précision **2.** *inf* [of emotions] sensiblerie *f*, mièvrerie *f*.

sloppy ['slɒpɪ] (*compar* **sloppier**, *superl* **sloppiest**) adj **1.** [untidy - appearance] négligé, débraillé ; [careless - work] bâclé, négligé ; [- writing] peu soigné ; [- thinking] flou, vague, imprécis / *he has a very sloppy way of speaking* il s'exprime d'une manière peu élégante **2.** *inf* [loose - garment] large, lâche **3.** *inf* [sentimental - person, letter] sentimental ; [- book, film] à l'eau de rose / *stop all that sloppy talk!* arrête de faire du sentiment !

sloppy joe n *inf* **1.** UK [sweater] gros pull *m* **2.** US [hamburger] hamburger *m*.

slosh [slɒʃ] *inf* ◆ vt **1.** [spill] renverser, répandre ; [pour - onto floor] répandre ; [- into glass, bucket] verser / *she sloshed some bleach into the bucket* elle a versé de l'eau de Javel dans le seau ; [apply - paint, glue] flanquer / *she sloshed whitewash on* or *over the wall* elle a barbouillé le mur de blanc de chaux **2.** UK [hit] flanquer un coup de poing à *v inf.* ◆ vi **1.** [liquid] se répandre / *the juice sloshed all over the cloth* le jus s'est renversé partout sur la nappe / *water sloshed over the edge* l'eau a débordé **2.** [move - in liquid, mud] patauger / *we sloshed through the mud* on a pataugé dans la boue. ◆ onomat plouf.

⇎ **slosh about** UK, **slosh around** vi [liquid] clapoter ; [person] patauger / *the water sloshed about in the bucket* l'eau clapotait dans le seau / *the children were sloshing about in puddles* les enfants pataugeaient dans des flaques d'eau.

sloshed [slɒʃt] adj *inf* rond, soûl ▸ **to get sloshed** prendre une cuite.

slot [slɒt] (*pt & pp* **slotted**, *cont* **slotting**) ◆ n **1.** [opening - for coins, papers] fente *f* ; [groove] rainure *f* / *put the coin in the slot* mettez la pièce dans la fente / *there's a slot in the door for letters* il y a une fente dans la porte pour le courrier **2.** [in schedule, timetable] tranche *f* or plage *f* horaire, créneau *m* ; RADIO & TV créneau *m* / *we could put the new series in the 7:30 slot* on pourrait caser or placer le nouveau feuilleton dans le créneau de 19 h 30 / *what shall we put in the slot before the news?* qu'est-ce qu'on va mettre dans la tranche or le créneau qui précède les informations ; [opening] créneau *m* / *there's a slot for someone with marketing skills* il y a un créneau pour quelqu'un qui s'y connaît en marketing **3.** AERON fente *f.* ◆ vt **1.** [insert] emboîter / *slot this bit in here* **a)** [in machine, model] introduisez cette pièce ici **b)** [in jigsaw] posez or mettez cette pièce ici **2.** [find time for, fit] insérer, faire rentrer / *she managed to slot me into her timetable* elle a réussi à me réserver un moment or à me caser dans son emploi du temps. ◆ vi **1.** [fit - part] rentrer, s'encastrer, s'emboîter / *the tape slots into the recorder here* c'est ici qu'on introduit la cassette dans le magnétophone / *the blade slots into the handle* la lame rentre dans le manche **2.** [in timetable, schedule] rentrer, s'insérer / *our programme slots into the space after the news* notre émission s'insère dans le créneau qui suit les informations / *where do we slot into the scheme?* où intervenons-nous dans le projet ?

⇎ **slot in** ◆ vt sep [into schedule] faire rentrer / *she just slots me in when it suits her* elle n'est disponible pour moi que quand ça l'arrange / *when can you slot me in?* quand pouvez-vous me caser or trouver un moment pour moi ? ◆ vi [part] s'emboîter, s'encastrer ; [programme] s'insérer.

⇎ **slot together** ◆ vt sep emboîter, encastrer / *slot these two parts together* emboîtez ces deux pièces l'une dans l'autre. ◆ vi s'emboîter, s'encastrer / *the two parts slot together* les deux pièces s'emboîtent l'une dans l'autre.

sloth [sləʊθ] n **1.** [laziness] paresse *f* **2.** ZOOL paresseux *m*.

slothful ['sləʊθfʊl] adj paresseux.

slothfully ['sləʊθfʊlɪ] adv paresseusement, avec indolence.

slot-in card n COMPUT carte *f* enfichable.

slot machine n [for vending] distributeur *m* (automatique) ; [for gambling] machine *f* à sous.

slot meter n UK compteur *m* à pièces.

slotted spatula ['slɒtɪd-] n pelle *f* à poisson.

slotted spoon n écumoire *f.*

slouch [slaʊtʃ] ◆ vi : *she was slouching against the wall* elle était nonchalamment adossée au mur / *stop slouching!* redresse-toi ! ▸ **to slouch in** / **out** entrer / sortir en traînant les pieds. ◆ vt ▸ **to slouch one's shoulders** rentrer les épaules. ◆ n **1.** [in posture] ▸ **to have a slouch** avoir le dos voûté **2.** *inf* [person] : *he's no slouch* ce n'est pas un empoté.

⇎ **slouch about** UK, **slouch around** vi se traîner.

slouch hat n chapeau *m* à larges bords.

slough[1] [slaʊ] n [mud pool] bourbier *m* ; [swamp] marécage *m* ▸ **a slough of gloom** / **of despair** *fig* un accès de mélancolie / de désespoir ▸ **the Slough of Despond** le tréfonds du désespoir.

slough[2] [slʌf] ◆ n **1.** [skin - of snake] dépouille *f*, mue *f* ; MED escarre *f* **2.** CARDS carte *f* défaussée. ◆ vt : *the snake sloughs its skin* le serpent mue.

⇎ **slough off** vt sep [skin] se dépouiller de / *the snake sloughs off its skin* le serpent mue ; *fig* [worries] se débarrasser de ; [habit] perdre, se débarrasser de.

Slovak ['sləʊvæk] ◆ n **1.** [person] Slovaque *mf* **2.** LING slovaque *m.* ◆ adj slovaque.

Slovakia [slə'vækɪə] pr n Slovaquie *f* / *in Slovakia* en Slovaquie.

Slovakian [slə'vækɪən] ◆ n Slovaque *mf.* ◆ adj slovaque.

sloven ['slʌvn] n *liter* souillon *mf.*

Slovene ['sləʊvi:n] ◆ n **1.** [person] Slovène *mf* **2.** LING slovène *m.* ◆ adj slovène.

Slovenia [slə'vi:njə] pr n Slovénie *f* / *in Slovenia* en Slovénie.

Slovenian [slə'vi:njən] ◆ n Slovène *mf.* ◆ adj slovène.

slovenliness ['slʌvnlɪnɪs] n [of dress] négligé *m*, débraillé *m* ; [of habits] laisser-aller *m* ; [of work] manque *m* de soin.

slovenly ['slʌvnlɪ] adj [appearance] négligé, débraillé ; [habits] relâché ; [work] peu soigné ; [style, expression] relâché, négligé / *he's often slovenly in appearance* il fait souvent négligé.

slow [sləʊ] ◆ adj **1.** [not fast - movements, speed, service, traffic] lent / *he's a slow worker* il travaille lentement / *it's slow work* c'est un travail qui n'avance pas vite or de longue haleine / *slow growth* ANAT, BOT & ECON croissance *f* lente / *to make slow progress* [in work, on foot] avancer lentement / *slow movement* MUS mouvement *m* lent / *a slow dance* un slow / *it was slow going* or *the going was slow* ça n'avançait pas / *with slow steps* d'un pas lent / *we had a painfully slow journey* le voyage a duré un temps fou / *the pace of life is slow* on vit au ralenti / *the fog was slow to clear* le brouillard a mis longtemps à se dissiper ; [in reactions] lent / *he was rather slow to make up* or *in making up his mind* il a mis assez longtemps à se décider / *she wasn't slow to offer her help* / *in accepting the cheque* elle ne se fit pas prier pour proposer son aide / pour accepter le chèque / *I was rather slow to understand* or *in understanding* il m'a fallu assez longtemps pour comprendre / *you were a bit slow there* là, tu t'es laissé prendre de vitesse / *she's very slow to anger* il lui en faut beaucoup pour se mettre en colère ; [in progress] lent / *the company was slow to get off the ground* la société a été lente à démarrer ; [intellectually] lent / *he's a slow learner* / *reader* il apprend / lit lentement / *they're rather slow in that class* les élèves de cette classe sont assez lents ▸ **the slow lane a)** AUTO [when driving on left] la file de gauche **b)** [when driving on right] la file de droite ▸ **slow train** omnibus *m* ▸ **to be slow off the mark a)** UK *lit* être lent à démarrer **b)** *fig* avoir l'esprit lent **2.** [slack - business, market] calme / *business is slow* les affaires ne marchent pas fort / *slow economic growth* une faible croissance économique **3.** [dull - evening, film, party] ennuyeux **4.** [clock] qui retarde / *your watch is (half an hour) slow* ta montre retarde (d'une demi-heure) **5.** CULIN ▸ **slow burner** feu *m* doux / *bake in a slow oven* faire cuire à four doux. ◆ adv lentement / *go a bit slower* ralentissez un peu / *the clock is going* or *running slow* l'horloge prend du retard / **'slow'** [road marking] 'ralentir' ▸ **slow astern!** NAUT arrière doucement ! ▸ **to go slow** faire une grève perlée. ◆ vt ralentir / *I slowed the horse to a trot* j'ai mis le cheval au trot / *these drugs slow the heart rate* ces médicaments ralentissent le rythme cardiaque / *the mud slowed our progress* la boue nous a ralentis.

⇎ **slow down** ◆ vt sep **1.** [in speed - bus, machine, progress] ralentir ; [- person] (faire) ralentir / *the roadworks slowed us down considerably* les travaux nous ont considérablement ralentis ; [in achievement, activity] ralentir / *having to write the addresses by hand slowed the work down* le fait de devoir écrire les adresses à la main a ralenti le travail / *production is slowed down during the winter* pendant l'hiver, la production tourne au ralenti **2.** [delay] retarder. ◆ vi [driver, train, speed] ralentir ; *fig* [person] ralentir (le rythme) / *if he doesn't slow down he'll have a heart attack* s'il ne ralentit pas le rythme il va faire une crise cardiaque / *slow down!* moins vite ! / *growth slowed down in the second quarter* il y a eu une diminution or un ralentissement de la croissance au cours du deuxième trimestre.

⇎ **slow up** = **slow down.**

slow-acting adj à action lente.

slow burn n US ▸ **to do a slow burn** sentir la colère monter.

slow-burning adj [fuse, fuel] à combustion lente / *fig slow-burning anger* colère *f* froide / *he's got a slow-burning temper* il refoule sa colère jusqu'au moment où il explose.

slowcoach ['sləʊkəʊtʃ] n UK *inf* [in moving] lambin *m*, -e *f*, traînard *m*, -e *f* ; [in thought] balourd *m*, -e *f*, lourdaud *m*, -e *f* / *come on slowcoach* allez, du nerf !

slow-cook vt mitonner, mijoter.

slow cooker n mijoteuse *f.*

slowdown ['sləʊdaʊn] n **1.** US [go-slow] grève *f* perlée **2.** [slackening] ralentissement *m*.

slow handclap n UK applaudissements *mpl* rythmés *(pour montrer sa désapprobation)* / *they gave him the slow handclap* ≃ ils l'ont sifflé.

slowly ['sləʊlɪ] adv **1.** [not fast] lentement / *the bus came slowly down the hill* le bus a descendu la côte lentement / *could you walk* / *speak more slowly?* pouvez-vous marcher / parler moins vite ? ▸ **slowly but surely** lentement mais sûrement **2.** [gradually] peu à peu.

slow match n mèche *f* à combustion lente.

slow motion n CIN & TV ralenti *m* ▸ **in slow motion** au ralenti.

⇎ **slow-motion** adj (tourné) au ralenti ▸ **slow-motion replay** TV ralenti *m*.

slow-moving adj [person, car] lent ; [film, plot] dont l'action est lente ; [market] stagnant / *slow-moving target* cible *f* qui bouge lentement.

slowness ['sləʊnɪs] n **1.** [of progress, reaction, service, traffic] lenteur *f* ; [of plot, play] lenteur *f*, manque *m* d'action **2.** [of intellect] lenteur *f* (d'esprit) **3.** [of trading, market] stagnation *f* **4.** [of watch] retard *m*.

slowpoke ['sləʊpəʊk] US *inf* = **slowcoach.**

slow-release adj MED à libération prolongée ; AGR [fertilizer] à action lente.

slow-roast vt confire / *slow-roasted lamb shank* souris d'agneau confite.

slow-witted [-'wɪtɪd] adj (intellectuellement) lent.

slowworm ['sləʊwɜ:m] n orvet *m*.

SLR (abbr of **single-lens reflex**) n reflex *m* (mono-objectif).

slub [slʌb] (*pt & pp* **slubbed**, *cont* **slubbing**) ◆ n TEXT **1.** [lump] bouton *m* floche **2.** [roll of yarn] mèche *f* (de laine cardée) **3.** ▸ **slub yarn** fil *m* flammé. ◆ vt TEXT [yarn] boudiner.

sludge [slʌdʒ] n *(U)* **1.** [mud] boue *f*, vase *f* ; [snow] neige *f* fondue **2.** [sediment] dépôt *m*, boue *f* **3.** [sewage] vidanges *fpl*.

sludgy ['slʌdʒɪ] adj **1.** [muddy] vaseux **2.** [sediment] boueux **3.** [sea] plein de glaçons.

slue [slu:] US = **slew** *(vi, vt)*.

sluff [slʌf] = **slough** *(noun)*.

slug [slʌg] *(pt & pp* **slugged**, *cont* **slugging**) ◆ n **1.** ZOOL limace *f* **2.** *inf & fig* [lazy person] mollusque *m* **3.** PRINT [of metal] lingot *m* **4.** US [token] jeton *m* **5.** *inf* [hit] beigne *f* **6.** *inf* [drink] coup *m* ; [mouthful] lampée *f* / *to take a slug of whisky* boire une gorgée de whisky **7.** *inf* [bullet] balle *f*. ◆ vt *inf* **1.** [hit] frapper (fort), cogner / *he was slugged over the head with a rubber cosh* il a reçu un coup de matraque en caoutchouc sur la tête **2.** PHR **to slug it out a)** [fight] se taper dessus **b)** [argue] s'enguirlander / *I left them to slug it out* [fight] je les ai laissés régler leurs comptes à coups de poing.

slugabed ['slʌgəbed] n *inf & arch* paresseux *m*, -euse *f* *(qui fait la grasse matinée)*.

sluggard ['slʌgəd] n *liter* paresseux *m*, -euse *f*, fainéant *m*, -e *f*.

slugger ['slʌgər] n *inf* SPORT [boxer] cogneur *m*, puncheur *m* ; [in ball games] joueur *m*, -euse *f* qui frappe très fort.

sluggish ['slʌgɪʃ] adj **1.** [lethargic] mou *(before vowel or silent 'h' mol, f molle)*, apathique **2.** [slow -traffic, growth, reaction] lent ; [-digestion] lent, paresseux ; [-market, business] calme, stagnant / *trading is always rather sluggish on Mondays* les affaires ne marchent jamais très bien or très fort le lundi **3.** [engine] qui manque de reprise or de nervosité / *the engine is very sluggish in the mornings* le moteur est très lent à démarrer le matin.

sluggishly ['slʌgɪʃlɪ] adv [slowly] lentement ; [lethargically] mollement / *trading began sluggishly* les affaires ont démarré lentement / *the market reacted sluggishly* la Bourse a réagi faiblement / *the car started sluggishly* la voiture a démarré avec difficulté.

sluggishness ['slʌgɪʃnɪs] n [lethargy] mollesse *f* ; [of reaction, pulse, market] lenteur *f* ; [of growth] faiblesse *f*, lenteur *f* ; [of engine] manque *m* de nervosité.

sluice [slu:s] ◆ n **1.** [lock] écluse *f* ; [gate] porte *f* or vanne *f* d'écluse ; [channel] canal *m* à vannes ; *(U)* [lock water] eaux *fpl* retenues par la vanne **2.** [wash] ▸ **to give sthg a sluice (down)** laver qqch à grande eau ▸ **to give sb a sluice (down)** asperger qqn d'eau. ◆ vt **1.** [drain] drainer ; [irrigate] irriguer **2.** [wash] laver à grande eau ; MIN [ore] laver ▸ **to sluice sthg (down)** laver qqch à grande eau / *they sluiced out the stable* ils ont lavé l'écurie à grande eau / *we sluiced down the meal with cheap red wine* on a arrosé le repas d'un petit rouge.

sluice gate, **sluice valve** n porte *f* or vanne *f* d'écluse.

sluiceway ['slu:sweɪ] n canal *m* à vannes.

slum [slʌm] *(pt & pp* **slummed**, *cont* **slumming**) ◆ n *lit & fig* taudis *m* ; [district] quartier *m* pauvre, bas quartiers *mpl* ▸ **slum dwelling** taudis *m*. ◆ vt UK ▸ **to slum it** *inf* s'encanailler. ◆ vi *inf & hum* : *we're slumming tonight* on va s'encanailler ce soir *hum*.

slumber ['slʌmbər] ◆ n *liter* sommeil *m* (profond) / *deep in slumber* plongé dans un sommeil profond. ◆ vi dormir.

slumber party n US soirée *f* entre copines *(au cours de laquelle on regarde des films, on discute et on reste dormir chez la personne qui a organisé la soirée)*.

slumberwear ['slʌmbəweər] n *(U)* vêtements *mpl* de nuit.

slum clearance n UK rénovation *f* or aménagement *m* des quartiers insalubres.

slumlord ['slʌmlɔ:d] n marchand *m* de sommeil.

slummy ['slʌmɪ] *(compar* **slummier**, *superl* **slummiest**) adj [area, house, lifestyle] sordide, misérable.

slump [slʌmp] ◆ n **1.** [in attendance, figures, popularity] chute *f*, forte baisse *f*, baisse *f* soudaine / *there has been a slump in investment* les investissements sont en forte baisse / *a slump in prices* / *demand* une forte baisse des prix / de la demande **2.** ECON [depression] crise *f* économique ; [recession] récession *f* ; ST. EX effondrement *m* (des cours), krach *m* (boursier) **3.** US SPORT passage *m* à vide. ◆ vi **1.** [flop -with fatigue, illness] s'écrouler, s'effondrer / *she slumped (down) in an armchair* elle s'est effondrée dans un fauteuil **2.** [shoulders] avoir le dos voûté **3.** [collapse -business, prices, market] s'effondrer ; [morale, attendance] baisser soudainement. ◆ vt *(usu passive)* : *to be slumped in an armchair* être affalé or affaissé dans un fauteuil / *he was slumped over the wheel* [in car] il était affaissé sur le volant.

❖ **slump back** vi retomber en arrière.

slumpflation [slʌmp'fleɪʃn] n ECON *forte récession accompagnée d'une inflation des prix et des salaires*.

slung [slʌŋ] pt & pp ⟶ **sling**.

slunk [slʌŋk] pt & pp ⟶ **slink**.

slur [slɜ:r] *(pt & pp* **slurred**, *cont* **slurring**) ◆ n **1.** [insult] insulte *f*, affront *m* / *a racial slur* une insulte raciste ; [blot, stain] tache *f* / *it's a slur on his character* c'est une tache à sa réputation ▸ **to cast a slur on sb** porter atteinte à la réputation de qqn **2.** [confused sound] articulation *f* confuse **3.** MUS liaison *f*. ◆ vt **1.** [speech] mal articuler **2.** [denigrate] dénigrer **3.** MUS lier. ◆ vi [speech, words] devenir indistinct / *his speech slurred* ses paroles étaient indistinctes.

slurp [slɜ:p] *inf* ◆ vt & vi boire bruyamment. ◆ n : *a loud slurp* un lapement bruyant / *can I have a quick slurp of your tea?* je peux boire une gorgée de ton thé ?

slurred [slɜ:d] adj mal articulé / *his speech was slurred* il articulait.

slurry ['slʌrɪ] n [cement, clay] barbotine *f* ; [manure] purin *m*.

slush [slʌʃ] n **1.** [snow] neige *f* fondue ; [mud] gadoue *f* **2.** *inf* [sentimentality] sensiblerie *f*.

slush fund, **slush money** US n caisse *f* noire *(servant généralement au paiement des pots-de-vin)*.

slushy ['slʌʃɪ] *(compar* **slushier**, *superl* **slushiest**) adj **1.** [snow] fondu ; [ground] détrempé ; [path] couvert de neige fondue **2.** [film, book] à l'eau de rose.

slut [slʌt] n *pej* [slovenly woman] souillon *f* ; [immoral woman] fille *f* facile.

sluttish ['slʌtɪʃ] adj *pej* [appearance] de souillon, sale ; [morals] dépravé ; [behaviour] débauché, dépravé.

sluttishly ['slʌtɪʃlɪ] adv *pej* **1.** [dirtily] malproprement, salement **2.** [promiscuously] comme une débauchée.

sluttishness ['slʌtɪʃnɪs] n *pej* **1.** [dirtiness] saleté *f* **2.** [promiscuity] conduite *f* débauchée or dépravée.

sly [slaɪ] *(compar* **slyer** *or* **slier**, *superl* **slyest** *or* **sliest**) ◆ adj **1.** [cunning, knowing] rusé / *he's a sly (old) devil* or *dog* c'est une fine mouche / *he gave me a sly look* / *smile* il m'a regardé / souri d'un air rusé **2.** [deceitful -person] sournois ; [-behaviour] déloyal ; [-trick] malhonnête **3.** [mischievous] malin (maligne), espiègle **4.** [secretive] dissimulé / *he's a sly one!* c'est un petit cachottier ! ◆ n ▸ **on the sly** *inf* en douce.

slyboots ['slaɪbu:ts] n UK *inf* (petit) malin *m*, (petite) maligne *f*.

slyly ['slaɪlɪ] adv **1.** [cunningly] de façon rusée, avec ruse **2.** [deceitfully] sournoisement **3.** [mischievously] avec espièglerie, de façon espiègle **4.** [secretly] discrètement.

slyness ['slaɪnɪs] n **1.** [cunning] ruse *f* **2.** [deceitfulness] fausseté *f* **3.** [mischief] espièglerie *f* **4.** [secrecy] dissimulation *f*.

S/M n abbr of **sadomasochism**.

SM n abbr of **sergeant major**.

S&M n abbr of **sadomasochism**.

smack [smæk] ◆ n **1.** [slap] grande tape *f*, claque *f* ; [on face] gifle *f* ; [on bottom] fessée *f* ▸ **to give sb a smack in the face** gifler qqn ▸ **to give sb a smack on the bottom** donner une tape sur les fesses à qqn / *a smack in the face* or *eye fig* une gifle, une rebuffade / *take a good smack at the ball* donne un grand coup dans le ballon **2.** [sound] bruit *m* sec ; [of whip] claquement *m* / *there was a resounding smack as the bat hit the ball* la batte heurta la balle avec un claquement sonore **3.** [taste] léger or petit goût *m* ; CULIN soupçon *m* **4.** [boat] smack *m*, sémaque *m* **5.** [kiss] gros baiser *m* ▸ **to give sb a smack on the lips** faire un gros baiser à qqn **6.** UK *inf* [try] ▸ **to have a smack at doing sthg** essayer de faire qqch / *I'll have a smack at it* je vais essayer **7.** *drugs sl* [heroin] poudre *f*, blanche *f* ▸ **smack addict** junkie *mf*. ◆ vt donner une grande tape à, donner une claque à ; [in face] donner une gifle à, gifler ; [on bottom] donner une fessée à ▸ **to smack sb's face** or **sb in the face** gifler qqn, donner une gifle à qqn ▸ **to smack sb's bottom a)** [in punishment] donner la fessée à qqn **b)** [in play] donner une tape sur les fesses à qqn / *she smacked the book down on the table* elle posa le livre sur la table avec un claquement sonore ▸ **to smack one's lips** se lécher les babines. ◆ vi ▸ **to smack of sthg** *lit & fig* sentir qqch / *the whole thing smacks of corruption* tout ça, ça sent la corruption. ◆ adv **1.** [forcefully] en plein / *she went smack into a wall* elle est rentrée en plein dans un mur / *she kissed him smack on the lips* elle l'a embrassé en plein sur la bouche **2.** [exactly] en plein / *we arrived smack in the middle of the meeting* nous sommes arrivés au beau milieu de la réunion.

smack-bang, **smack-dab** US = **smack** *(adv)*.

smacker ['smækər] n *inf* **1.** [kiss] grosse bise *f* **2.** US [banknote] dollar *m* ; UK [pound] livre *f* / *ten lovely smackers* dix beaux billets.

❖ **smackers** pl n *inf* [lips] lèvres *fpl*.

smackeroo [,smækə'ru] n US *inf* [dollar] dollar *m*.

smacking ['smækɪŋ] ◆ n fessée *f* / *I gave the child a good smacking* j'ai donné une bonne fessée à l'enfant. ◆ adj UK *inf* ▸ **at a smacking pace** à vive allure, à toute vitesse.

small [smɔ:l] ◆ adj **1.** [in size -person, town, garden] petit / *small children* les jeunes enfants / *in small letters* en (lettres) minuscules / *small sizes* les petites tailles ▸ **to get** or **to grow smaller** devenir plus petit, diminuer ▸ **to make smaller a)** [garment] diminuer **b)** [hole] réduire / *the new wallpaper makes the room look smaller* le nouveau papier peint rapetisse la pièce ▸ **to make o.s. small** se faire tout petit ▸ **the smallest room** *euph* le petit coin ▸ **to feel small** se trouver or se sentir bête ▸ **to make sb look** or **feel small** humilier qqn **2.** [in number -crowd] peu nombreux ; [-family] petit ; [-population] faible ; [in quantity -amount, percentage, resources] petit, faible ; [-supply] petit ; [-salary, sum] petit, modeste ; [-helping] petit, peu copieux ; [-meal] léger / *the audience was very small* l'assistance était très peu nombreuse, il y avait très peu de monde / *the smallest possible number of guests* le moins d'invités possible ▸ **to get** or **to grow smaller** diminuer, décroître / *the problems don't get any smaller* les problèmes ne vont pas (en) s'amenuisant ▸ **to make smaller a)** [income] diminuer **b)** [staff] réduire **3.** [in scale, range] petit ; [minor] petit, mineur / *down to the smallest details* jusqu'aux moindres détails / *it's no small achievement* c'est une réussite non négligeable / *there's the small matter of the £150 you still owe me* il reste ce petit problème des 150 livres que tu me dois / *a small voice* une petite voix / *I like to be able to help in a small way* j'aime me sentir utile / *he felt responsible in his own small way* il se sentait responsable à sa façon ; COMM : *a small farmer* un petit cultivateur / *small businessmen* les petits entrepreneurs *mpl* or patrons *mpl* ▸ **small businesses a)** [firms] les petites et moyennes entreprises *fpl*, les PME *fpl* **b)** [shops] les petits commerçants *mpl* **4.** [mean, narrow] petit, mesquin / *they've got small minds* ce sont des esprits mesquins. ◆ adv ▸ **to cut sthg up small** couper qqch en tout petits morceaux ▸ **to roll sthg up small a)** [long] rouler qqch bien serré **b)** [ball] rouler qqch en petite boule / *the cat curled itself up small* le chat s'est roulé en boule. ◆ n : *he took her by the small of the waist* il l'a prise par la taille / *I have a pain in the small of my back* j'ai mal aux reins or au creux des reins.

❖ **smalls** pl n *inf & hum* sous-vêtements *mpl*.

small ad n petite annonce *f*.

small arms pl n armes *fpl* portatives.

small beer n UK *inf* : *it's small beer* c'est de la petite bière / *we're very small beer in the advertising world* nous ne représentons pas grand-chose dans le monde de la publicité.

small-bore adj de petit calibre.

small change n petite monnaie *f*.

small-claims court n LAW tribunal *m* d'instance.

small fry n menu fretin *m* / *he's small fry* UK or *a small fry* US il ne compte pas.

smallholder ['smɔ:l,həʊldər] n UK petit propriétaire *m*.

smallholding ['smɔ:l,həʊldɪŋ] n UK petite propriété *f*.

small hours pl n petit matin *m* / *in the small hours* au petit matin.

smallish ['smɔ:lɪʃ] adj [room, child] assez petit ; [income] assez modeste ; [family] assez peu nombreux ; [meal] assez léger.

small letter n (lettre *f*) minuscule *f* / *in small letters* en (lettres) minuscules.

small-minded adj [attitude, person] mesquin.

small-mindedness [-'maɪndɪdnɪs] n mesquinerie *f*, petitesse *f*.

smallness ['smɔ:lnɪs] n **1.** [of child] petite taille *f* ; [of hand, room] petitesse *f* ; [of salary, fee] modicité *f* ; [of extent] caractère *m* limité **2.** [of mind] mesquinerie *f*.

small potatoes pl n US *inf* = **small beer**.

smallpox ['smɔ:lpɒks] n variole *f*.

small print n : *in small print* en petits caractères, écrit petit / *make sure you read the small print before you sign* lisez bien ce qui est écrit en petits caractères avant de signer.

small scale n petite échelle *f* / *on a small scale* sur une petite échelle.

❖ **small-scale** adj [replica, model] à taille réduite, réduit ; [operation] à petite échelle / *a small-scale event* un événement de peu d'importance.

small screen n ▸ **the small screen** le petit écran.

small talk n *(U)* papotage *m*, menus propos *mpl* ▸ **to make small talk** échanger des banalités / *I'm no good at small talk* je ne sais pas faire la conversation.

small-time adj peu important, de petite envergure / *a small-time thief / crook* un petit voleur / escroc.

small-timer n *inf* minable *mf*.

small-town adj provincial / *small-town America* l'Amérique profonde / *small-town rivalries* rivalités *fpl* de clocher / *small-town gossip* commérages *mpl* de quartier.

smalt [smɔ:lt] n smalt *m*.

smarm [smɑ:m] UK *inf & pej* ◆ vt faire du plat or lécher les bottes à / *you won't smarm your way out of this one!* tu ne t'en tireras pas avec des flatteries, cette fois-ci ! ◆ vi ▸ **to smarm up to sb** passer de la pommade à or lécher les bottes à qqn. ◆ n obséquiosité *f* / *full of smarm* très obséquieux.

smarmily ['smɑ:mɪlɪ] adv UK *inf & pej* mielleusement.

smarmy ['smɑ:mɪ] *(compar* **smarmier**, *superl* **smarmiest**) adj UK *inf & pej* [toadying] lèche-bottes *(inv)* ; [obsequious] obséquieux.

smart [smɑ:t] ◆ adj **1.** UK [elegant - person, clothes] chic, élégant / *she's a smart dresser* elle s'habille avec beaucoup de chic / *you look very smart in your new suit* vous avez beaucoup d'allure avec votre nouveau costume ; [fashionable - hotel, district] élégant, chic ▸ **the smart set** les gens chics, le beau monde **2.** [clever - person] malin (maligne), habile ; [- reply] habile, adroit ; [- shrewd person] habile, astucieux ; [witty - person, remark] spirituel / *he's a smart lad* il n'est pas bête / *he's trying to be smart* il essaie de faire le malin / *he thinks he's so smart* il se croit très malin / *it was smart of her to think of it* c'était futé de sa part d'y penser / *she was too smart for them* elle était trop maligne or futée pour eux **3.** [impertinent] impertinent, audacieux / *don't get smart with me!* n'essaie pas de jouer au plus malin avec moi ! **4.** [quick - pace, rhythm] vif, prompt / *that was smart work!* voilà du travail rapide !, voilà qui a été vite fait ! ▸ **look smart!** *inf* grouille-toi ! **5.** [sharp - reprimand] bon, bien envoyé / *a smart slap across the face* une bonne gifle / *give the top a smart tap* donnez une bonne tape sur le dessus / *give the top a smart pull* tirez fort sur le dessus **6.** COMPUT intelligent **7.** ARM [bomb, weapon] intelligent. ◆ vi **1.** [eyes, wound] picoter, brûler / *her eyes were smarting* elle avait les yeux qui piquaient / *the onion made her eyes smart* les oignons lui piquaient les yeux or la faisaient pleurer / *my face was still smarting from the blow* le visage me cuisait encore du coup que j'avais reçu **2.** [person] être piqué au vif / *he's still smarting from the insult* il n'a toujours pas digéré l'insulte. ◆ adv [quickly - walk] vivement, à vive allure ; [- act] vivement, promptement. ◆ n **1.** [pain] douleur *f* cuisante ; *fig* effet *m* cinglant **2.** US *inf* [useful hint] tuyau *m*, combine *f*.

smart aleck n *inf* je-sais-tout *mf*.

❖ **smart-aleck** adj *inf* gonflé.

smartarse UK, **smartass** US ['smɑ:tɑ:s] *v inf* = **smart aleck**.

smart card n carte *f* à puce.

smart drug n smart drug *f*, nootrope *m*.

smarten ['smɑ:tn] vt **1.** [improve appearance] ▸ **to smarten o.s.** se faire beau **2.** UK [speed up] ▸ **to smarten one's pace** accélérer l'allure.

❖ **smarten up** ◆ vi **1.** [person] se faire beau ; [restaurant] devenir plus chic, être retapé ; [town, street] devenir plus pimpant / *I went upstairs to smarten up* je suis monté me faire beau **2.** UK [output, speed] s'accélérer. ◆ vt sep **1.** [person] pomponner ; [room, house, town] arranger, rendre plus élégant / *a coat of paint would help smarten up the restaurant / the car* une couche de peinture et le restaurant / la voiture aurait déjà meilleure allure ▸ **to smarten o.s. up** se faire beau, soigner son apparence **2.** [production] accélérer.

smartly ['smɑ:tlɪ] adv **1.** [elegantly] avec beaucoup d'allure or de chic, élégamment **2.** [cleverly] habilement, adroitement **3.** [briskly - move] vivement ; [- act, work] rapidement, promptement **4.** [sharply - reprimand] vertement ; [- reply] du tac au tac, sèchement.

smart money n *inf* : *all the smart money is on him to win the presidency* il est donné pour favori aux élections présidentielles.

smartness ['smɑ:tnɪs] n **1.** UK [elegance - of appearance, dress, style] allure *f*, chic *m*, élégance *f* **2.** [cleverness] intelligence *f*, habileté *f* ; [shrewdness] astuce *f*, vivacité *f* (d'esprit) ; [ingenuity] débrouillardise *f* **3.** [impertinence] impertinence *f* **4.** [briskness - of pace] rapidité *f* ; [- of action, behaviour] promptitude *f*, rapidité *f*.

smartphone ['smɑ:tfəʊn] n smartphone *m*, téléphone *m* intelligent.

smart set n ▸ **the smart set** les branchés.

smarty ['smɑ:tɪ] *(pl* **smarties**) n *inf* (Monsieur or Madame or Mademoiselle) je-sais-tout *mf*.

smarty-pants *(pl* **smarty-pants**) n *inf* : *you're a real smarty-pants, aren't you?* tu crois vraiment tout savoir !

smash [smæʃ] ◆ n **1.** [noise - of breaking] fracas *m* / *with a loud smash* avec un grand fracas / *the vase fell with a smash* le vase s'est fracassé en tombant / *there was a tremendous smash as the two cars collided* il y eut un très violent fracas quand les deux voitures entrèrent en collision **2.** [blow] coup *m* or choc *m* violent / *a smash on the head* un coup violent sur la tête **3.** *inf* [collision] collision *f* ; [accident] accident *m* ; [pile-up] carambolage *m* / *a five-car smash* un carambolage de cinq voitures **4.** ECON & FIN [collapse - of business, market] débâcle *f* (financière), effondrement *m* (financier) ; ST. EX krach *m*, effondrement *m* des cours ; [bankruptcy] faillite *f* **5.** SPORT smash *m* **6.** *inf* [success] succès *m* bœuf / *it was a smash* ça a fait un tabac. ◆ onomat patatras. ◆ adv : *to go* or *to run smash into a wall* heurter un mur avec violence, rentrer en plein dans un mur. ◆ vt **1.** [break - cup, window] fracasser, briser ▸ **to smash sthg to pieces** briser qqch en morceaux / *I've smashed my glasses* j'ai cassé mes lunettes ▸ **to smash sthg open** ouvrir qqch d'un grand coup ; PHYS [atom] désintégrer **2.** [crash, hit] écraser / *he smashed his fist (down) on the table* il écrasa son poing sur la table / *they smashed their way in* ils sont entrés par effraction *(en enfonçant la porte ou la fenêtre)* / *the raft was smashed against the rocks* le radeau s'est fracassé contre or sur les rochers **3.** SPORT ▸ **to smash the ball** faire un smash, smasher / *he smashed the ball into the net* il a envoyé son smash dans le filet **4.** [destroy - conspiracy, organization] briser, démolir ; [- resistance, opposition] briser, écraser ; [- chances, hopes, career] ruiner, briser ; [- opponent, record] pulvériser. ◆ vi [break, crash] se briser, se fracasser ▸ **to smash into bits** se briser en mille morceaux / *the car smashed into the lamppost* la voiture s'est écrasée contre le réverbère.

❖ **smash down** vt sep [door] fracasser, écraser.

❖ **smash in** vt sep [door, window] enfoncer ▸ **to smash sb's face** or **head in** *inf* démolir le portrait à qqn.

❖ **smash up** vt sep [furniture] casser, démolir ; [room, shop] tout casser or démolir dans ; [car] démolir.

smash-and-grab (raid) n *cambriolage commis en brisant une devanture* / *the jewels were stolen in a smash-and-grab raid* des cambrioleurs ont brisé la vitrine et se sont enfuis avec les bijoux.

smashed [smæʃt] adj *inf* [on alcohol] bourré ; [on drugs] défoncé.

smasher ['smæʃər] n UK *inf* **1.** [person] : *she's a real smasher* **a)** [in appearance] c'est un vrai canon **b)** [in character] elle est vraiment sensass **2.** [object] : *it's a real smasher!* c'est sensass !

smash hit n [song, album] gros succès *m* / *this album is a smash hit in America* cet album fait fureur or connaît un succès fou en Amérique.

smashing ['smæʃɪŋ] adj UK *inf* super, terrible / *it was a smashing party!* ça a été une soirée du tonnerre ! / *we had a smashing time!* on s'est super bien amusés ! / *she's a smashing girl* c'est une fille super.

smash-up n [accident] accident *m* ; [pile-up] carambolage *m*, télescopage *m* / *five cars were involved in the smash-up* cinq voitures se sont télescopées.

smattering ['smætərɪŋ] n *(U)* [of knowledge] notions *fpl* vagues ; [of people, things] poignée *f*, petit nombre *m* / *they only have a smattering of grammar* ils n'ont que quelques vagues notions de grammaire / *she has a smattering of Italian* elle a quelques notions d'italien, elle sait un peu d'italien / *there was the usual smattering of artists at the party* comme toujours, il y avait un petit groupe d'artistes à la réception.

smaze [smeɪz] n US *inf* brume *f*, smog *m*.

SME (abbr of **small and medium-sized enterprise**) n PME *f*.

smear [smɪər] ◆ n **1.** [mark - on glass, mirror, wall] trace *f*, tache *f* ; [longer] traînée *f* ; [of ink] pâté *m*, bavure *f* / *smears of blood / paint* des traînées de sang / de peinture **2.** [slander] diffamation *f* ▸ **a smear on sb's integrity / reputation** une atteinte à l'honneur / à la réputation de qqn ▸ **to use smear tactics** avoir recours à la calomnie **3.** MED frottis *m*, prélèvement *m*. ◆ vt **1.** [spread - butter, oil] étaler ; [coat] barbouiller / *she smeared the dish with butter* elle a beurré le plat / *to smear paint / chocolate on one's face* se barbouiller le visage de peinture / de chocolat / *they smeared red paint everywhere* ils ont tout barbouillé de peinture rouge **2.** [smudge] : *the ink on the page was smeared* l'encre a coulé sur la page / *don't smear the wet paint / varnish* ne faites pas de taches de peinture / de vernis / *the mirror was smeared with fingermarks* il y avait des traces de doigts sur la glace **3.** [slander] ▸ **to smear sb** salir la réputation de qqn, calomnier qqn **4.** US *inf* [thrash] battre à plates coutures. ◆ vi [wet paint, ink] se salir, se maculer.

smear campaign n campagne *f* de diffamation or dénigrement.

smear test n MED frottis *m*.

smegma ['smegmə] n smegma *m*.

smell [smel] (UK *pt & pp* **smelled** *or* **smelt** [smelt] ; US *pt & pp* **smelled**) ◆ vt **1.** [notice an odour of] sentir / *to smell gas* sentir le gaz / *I can smell (something) burning* (je trouve que) ça sent le brûlé / *she smelt* or *she could smell alcohol on his breath* elle s'aperçut que son haleine sentait l'alcool **2.** *fig* [sense - trouble, danger] flairer, pressentir ▸ **to smell a rat** flairer quelque chose de louche **3.** [sniff at - food] sentir, renifler ; [- flower] sentir, humer / *she smelt the cream to see if it was fresh* elle a senti la crème pour voir si elle était fraîche. ◆ vi **1.** [have odour] sentir / *to smell good* or *sweet* sentir bon / *to smell bad* sentir mauvais / *it smells awful!* ça pue ! / *it smells musty* ça sent le renfermé / *that soup smells delicious!* cette soupe sent délicieusement bon ! / *what does it smell of* or *like?* qu'est-ce que ça sent ? / *it smells of lavender* ça sent la lavande / *it smells like lavender* on dirait de la lavande / *to smell of treachery* / *hypocrisy* *fig* sentir la trahison / l'hypocrisie ▸ **to smell fishy** sembler louche **2.** [have bad odour] sentir (mauvais) / *his breath smells* il a mauvaise haleine / *the dog smells* le chien sent mauvais or pue **3.** [perceive odour] : *he can't smell* il n'a pas d'odorat / *you smell with your nose* le nez sert à sentir. ◆ n **1.** [sense - of person] odorat *m* ; [- of animal] odorat *m*, flair *m* / *he has no sense of smell* il n'a pas d'odorat ▸ **to have a keen sense of smell** avoir le nez fin **2.** [odour] odeur *f* ; [bad odour] mauvaise odeur *f*, relent *m* ; [stench] puanteur *f* / *there's a strong smell of gas in here* il y a une forte odeur de gaz ici / *there was a smell of burning in the kitchen* il y avait une odeur de brûlé dans la cuisine / *a smell of onions cooking* une odeur d'oignons qui cuisent / *there was a lovely smell of lavender* ça sentait bon la lavande / *does it have a smell?* est-ce que ça sent quelque chose ?, est-ce que ça a une odeur ? / *natural gas has no smell* le gaz naturel n'a pas d'odeur or est inodore / *what an awful smell!* qu'est-ce que ça sent mauvais ! / *the smell of defeat* / *fear* *fig* l'odeur de la défaite / de la peur **3.** [sniff] : *have a smell of this* sentez-moi ça.

❖ **smell out** vt sep [subj: dog] dénicher en flairant ; *fig* [subj: person] découvrir, dépister ; [secret, conspiracy] découvrir.

smelliness ['smelɪnɪs] n mauvaise odeur *f* ; [stench] puanteur *f*.

smelling salts ['smelɪŋ-] pl n sels *mpl*.

smelly ['smelɪ] (*compar* **smellier**, *superl* **smelliest**) adj [person, socks, etc.] qui sent mauvais, qui pue / *it's awfully smelly in here* ça sent horriblement mauvais or ça pue ici / *to have smelly feet* sentir des pieds.

smelt [smelt] (*pl* **smelt** *or* **smelts**) ◆ pt & pp ⟶ **smell.** ◆ n [fish] éperlan *m*. ◆ vt METALL [ore] fondre ; [metal] extraire par fusion.

smelter ['smeltəʳ] n haut-fourneau *m*.

smidgen, **smidgin** ['smɪdʒɪn] n *inf* ▸ **a smidgen of** un tout petit peu de / *there isn't a smidgen of truth in what he says* il n'y a pas une ombre de vérité dans ce qu'il dit.

smile [smaɪl] ◆ n sourire *m* / *with a smile on her lips* (avec) le sourire aux lèvres / *"of course", he said with a smile* « bien sûr », dit-il en souriant / *he has a nice smile* il a un joli sourire / *come on, give us a smile!* allez ? fais-nous un sourire ! / *she gave me a friendly little smile* elle m'a adressé un petit sourire amical ▸ **to have a smile on one's face** avoir le sourire / *take that smile off your face!* arrête de sourire comme ça ! ▸ **to knock** or **to wipe the smile off sb's face** *inf & fig* faire passer à qqn l'envie de sourire ▸ **to be all smiles** être tout souriant or tout sourire. ◆ vi sourire ▸ **to smile at sb** sourire à qqn ▸ **to smile to o.s.** sourire pour soi / *she smiled at his awkwardness* sa maladresse l'a fait sourire / *he smiled to think of it* il a souri en y pensant, y penser le faisait sourire / *keep smiling!* gardez le sourire ! / *she sat smiling through it all* elle a gardé le sourire du début à la fin / *heaven smiled on them* *fig* le ciel leur sourit. ◆ vt ▸ **to smile one's approval** exprimer son approbation par un sourire ▸ **to smile one's thanks** remercier d'un sourire / *she smiled a sad smile* elle eut un sourire triste.

smiley ['smaɪlɪ] n smiley *m*, émoticon *m*, souriant *m*.

smiling ['smaɪlɪŋ] adj souriant.

smilingly ['smaɪlɪŋlɪ] adv en souriant, avec un sourire.

smirch [smɜːtʃ] vt *liter* **1.** [stain] salir, souiller **2.** *fig* [name, reputation] salir, ternir.

smirk [smɜːk] ◆ vi [smugly] sourire d'un air suffisant or avec suffisance ; [foolishly] sourire bêtement. ◆ n [smug] petit sourire *m* satisfait or suffisant ; [foolish] sourire *m* bête.

smite [smaɪt] (*pt* **smote** [sməʊt], *pp* **smitten** ['smɪtn]) vt **1.** *liter & arch* [strike - object] frapper ; [- enemy] abattre **2.** *(usu passive)* [afflict] : *to be smitten with remorse* être accablé de remords / *they were smitten with blindness* / *fear* ils ont été frappés de cécité / frayeur **3.** BIBLE [punish] châtier.

smith [smɪθ] n [blacksmith - gen] forgeron *m* ; EQUIT maréchal-ferrant *m*.

smithereens [ˌsmɪðə'riːnz] pl n morceaux *mpl* ▸ **to smash sthg to smithereens** briser qqch en mille morceaux / *the house was blown to smithereens in the explosion* la maison a été complètement soufflée par l'explosion.

Smithfield Market ['smɪθfiːld-] pr n *marché de gros de la viande à Londres.*

Smithsonian Institution [smɪθ'səʊnɪən-] pr n *complexe réunissant des centres de recherche et un grand nombre de musées à Washington.*

smithy ['smɪðɪ] (*pl* **smithies**) n forge *f*.

smitten ['smɪtn] ◆ pp ⟶ **smite.** ◆ adj : *he was with* or *by her beauty* il a été ébloui par sa beauté / *he's really smitten (with that girl)* il est vraiment très épris (de cette fille).

smock [smɒk] ◆ n [loose garment] blouse *f* ; [maternity wear - blouse] tunique *f* de grossesse ; [- dress] robe *f* de grossesse. ◆ vt faire des smocks à.

smocking ['smɒkɪŋ] n *(U)* smocks *mpl*.

smog [smɒg] n smog *m*.

smoggy ['smɒgɪ] (*compar* **smoggier**, *superl* **smoggiest**) adj : *a smoggy day* une journée de smog / *it's smoggy* il y a du smog.

smoke [sməʊk] ◆ n **1.** [from fire, cigarette] fumée *f* ▸ **to go up in smoke a)** [building] brûler **b)** [plans] partir or s'en aller en fumée ▸ **there's no smoke without fire** *prov* il n'y a pas de fumée sans feu *prov* ▸ **to blow smoke up sb's ass** US *v inf* lécher le cul de qqn, faire le fayot avec qqn / *he was just blowing smoke* US *inf* ce qu'il disait, c'était du vent ▸ **it's all smoke and mirrors** US on n'y voit que du feu ▸ **to end in smoke** se solder par un échec, tomber à l'eau **2.** [act of smoking] ▸ **to have a smoke** fumer / *I went outside for a smoke* je suis sorti fumer une cigarette **3.** *inf & dated* [cigarette] clope *m* ou *f* **4.** *drugs sl* [hashish] shit *m* **5.** UK *inf* [city] ▸ **the Smoke a)** [any city] la grande métropole **b)** [London] Londres. ◆ vi **1.** [fireplace, chimney, lamp] fumer **2.** [person] fumer / *do you mind if I smoke?* ça vous gêne si je fume ? ▸ **to smoke like a chimney** *inf* fumer comme un pompier or un sapeur. ◆ vt **1.** [cigarette, pipe, opium, etc.] fumer / *to smoke a pipe* fumer la pipe **2.** CULIN & INDUST [fish, meat, glass] fumer **3.** [fumigate - plants, greenhouse, room] soumettre à des fumigations.

❖ **smoke out** vt sep **1.** [from den, hiding place - fugitive, animal] enfumer ; *fig* [discover - traitor] débusquer, dénicher ; [- conspiracy, plot] découvrir **2.** [room] enfumer.

❖ **smoke up** vt sep US [room] enfumer.

smoke bomb n bombe *f* fumigène.

smoked [sməʊkt] adj fumé ▸ **smoked salmon** saumon *m* fumé ▸ **smoked glass** verre *m* fumé.

smoke-dried adj fumé.

smoke-filled [-fɪld] adj enfumé ▸ **the smoke-filled room** *fig réunion secrète d'hommes politiques en vue du choix d'un candidat, d'une prise de décision, etc.*

smoke hood n hotte *f* (aspirante).

smokehouse ['sməʊkhaʊs] (*pl* [-haʊzɪz]) n fumoir *m* *(pour aliments)*.

smokeless fuel ['sməʊklɪs-] n combustible *m* non polluant.

smokeless zone n *zone dans laquelle seul l'usage de combustibles non polluants est autorisé.*

smoker ['sməʊkəʳ] n **1.** [person] fumeur *m*, -euse *f* ▸ **to have a smoker's cough** avoir une toux de fumeur **2.** [on train] compartiment *m* fumeurs.

smokescreen ['sməʊkskriːn] n MIL écran *m* or rideau *m* de fumée ; *fig* paravent *m*, couverture *f*.

smoke shop n US tabac *m*.

smoke signal n signal *m* de fumée.

smokestack ['sməʊkstæk] n cheminée *f*.

smokestack industry n industrie *f* lourde.

Smokey the Bear ['sməʊkɪ-] pr n *mascotte du service américain de protection des forêts.*

smoking ['sməʊkɪŋ] n : *I've given up smoking* j'ai arrêté de fumer / **'no smoking'** 'défense de fumer' / *smoking can cause cancer* le tabac peut provoquer le cancer.

smoking ban n interdiction *f* de fumer.

smoking compartment n UK compartiment *m* fumeurs.

smoking gun n *fig* [clue] indice *m* tangible, preuve *f* flagrante.

smoking jacket n veste *f* d'intérieur.

smoking room n fumoir *m* *(pour fumeurs)*.

smoky ['sməʊkɪ] (*compar* **smokier**, *superl* **smokiest**) adj **1.** [atmosphere, room] enfumé **2.** [chimney, lamp, fire] qui fume **3.** [in flavour - food] qui sent le fumé, qui a un goût de fumé **4.** [in colour] gris cendré *(inv)*.

smolder US = **smoulder.**

smolt [sməʊlt] n tacon *m* *(poisson)*.

smooch [smuːtʃ] *inf* ◆ n ▸ **to have a smooch a)** [kiss] se bécoter **b)** [pet] se peloter. ◆ vi **1.** [kiss] se bécoter ; [pet] se peloter **2.** UK [dance] danser joue contre joue.

smoochy [-smuːtʃɪ] (*compar* **smoochier**, *superl* **smoochiest**) adj *inf* [music] sentimental, tendre.

smooth [smuːð] ◆ adj **1.** [surface] lisse ; [pebble, stone] lisse, poli ; [skin] lisse, doux (douce) ; [chin - close-shaven] rasé de près ; [- beardless] glabre, lisse ; [hair, fabric, road] lisse ; [sea, water] calme / *this razor gives a smooth shave* ce rasoir vous rase de près / *the stone has been washed* or *worn smooth by the sea* la pierre avait été polie par la mer **2.** [ride, flight] confortable ; [takeoff, landing] en douceur / *they had a smooth crossing* la traversée a été calme **3.** [steady, regular - flow, breathing, working, supply] régulier ; [- organization] qui marche bien ; [- rhythm, style] coulant / *the smooth running of the service* la bonne marche du service / *the smooth running of the operation* le bon déroulement de l'opération **4.** [trouble-free - life, course of events] paisible, calme ▸ **to get off to a smooth start** démarrer en douceur ▸ **to make the way smooth for sb** aplanir les difficultés pour qqn / *the way is now smooth for further reforms* il n'y a plus d'obstacles maintenant aux nouvelles réformes / *the bill had a smooth passage through Parliament* le projet de loi a été voté sans problèmes au Parlement **5.** CULIN [in texture] onctueux, homogène ; [in taste] moelleux **6.** *pej* [slick, suave] doucereux, onctueux, suave / *he's a smooth operator* *inf* il sait y faire / *he's a smooth talker* c'est un beau parleur. ◆ vt **1.** [tablecloth, skirt] défroisser ; [hair, feathers] lisser ; [wood] rendre lisse, planer ▸ **to smooth the way for sb, to smooth sb's path** aplanir les difficultés pour qqn **2.** [rub - oil, cream] masser / *to smooth oil into one's skin* mettre de l'huile sur sa peau *(en massant doucement)* **3.** [polish] lisser, polir. ◆ n **1.** PHR : *to give one's hair a smooth* lisser ses cheveux, se lisser les cheveux **2.** [smooth part] partie *f* lisse ; [smooth surface] surface *f* unie.

❖ **smooth back** vt sep [hair] lisser en arrière ; [sheet] rabattre en lissant.

❖ **smooth down** vt sep [hair] lisser ; [sheets, dress] lisser, défroisser ; [wood] planer, aplanir ; *fig* [person] apaiser, calmer.

❖ **smooth out** vt sep [skirt, sheet, curtains] lisser, défroisser ; [crease, pleat, wrinkle] faire disparaître (en lissant) ; *fig* [difficulties, obstacles] aplanir, faire disparaître.

❖ **smooth over** vt sep **1.** [gravel, sand] rendre lisse (en ratissant) ; [soil] aplanir, égaliser **2.** *fig* [difficulties, obstacles] aplanir ; [embarrassing situation] ▸ **to smooth things over** arranger les choses.

smoothbore ['smu:ðbɔ:ʳ] ◆ adj à canon lisse. ◆ n fusil *m* non rayé.

smooth-faced adj *lit* au visage lisse ; [after shaving] rasé de près ; *fig & pej* trop suave or poli, onctueux.

smoothie ['smu:ðɪ] n **1.** *inf & pej* : *he's a real smoothie* **a)** [in manner] il roule les mécaniques **b)** [in speech] c'est vraiment un beau parleur **2.** [drink] smoothie *m*.

smoothing iron ['smu:ðɪŋ-] n fer *m* à repasser *(non électrique)*.

smoothly ['smu:ðlɪ] adv **1.** [easily, steadily - operate, drive, move] sans à-coups, en douceur ▸ **to run smoothly a)** [engine] tourner bien **b)** [operation] marcher comme sur des roulettes / *things are not going very smoothly between them* ça ne va pas très bien entre eux / *the meeting went off quite smoothly* la réunion s'est déroulée sans heurt or accroc **2.** [gently - rise, fall] doucement, en douceur / *the plane took off smoothly* l'avion a décollé en douceur **3.** *pej* [talk] doucereusement ; [behave] (trop) suavement.

smoothness ['smu:ðnɪs] n **1.** [of surface] égalité *f*, aspect *m* uni or lisse ; [of fabric, of skin, of hair] douceur *f* ; [of road] surface *f* lisse ; [of sea] calme *m* ; [of stone] aspect *m* lisse or poli ; [of tyre] aspect *m* lisse / *she has a wonderful smoothness of touch on the piano* elle a un merveilleux doigté au piano **2.** [of flow, breathing, pace, supply] régularité *f* ; [of engine, machine] bon fonctionnement *m* ; [of life, course of events] caractère *m* paisible or serein ; *fig* [of temperament] calme *m*, sérénité *f* / *the operation was carried out with great smoothness* l'opération s'est déroulée sans accroc or heurt **3.** CULIN [of texture] onctuosité *f* ; [of taste] moelleux *m* **4.** [of voice] douceur *f* **5.** *pej* [suaveness] caractère *m* doucereux or mielleux, onctuosité *f*.

smooth-running adj [machine] qui fonctionne bien or sans à-coups ; [engine] qui tourne bien ; [car] confortable *(qui roule sans secousses)* ; [business, organization] qui marche bien ; [plan, operation] qui se déroule bien.

smooth sailing n : *it's smooth sailing from now on* maintenant, ça va marcher tout seul or comme sur des roulettes.

smooth-shaven adj rasé de près.

smooth-spoken adj qui sait parler.

smooth-talk vt : *don't let him smooth-talk you* ne te laisse pas enjôler par lui / *she was smooth-talked into accepting the job* ils l'ont convaincu d'accepter le travail à force de belles paroles.

smooth-talking [-,tɔ:kɪŋ] adj doucereux, mielleux.

smooth-tongued = **smooth-spoken**.

smoothy ['smu:ðɪ] *inf* = **smoothie**.

smorgasbord ['smɔ:gəsbɔ:d] n CULIN smorgasbord *m*, buffet *m* scandinave ; *fig* grande variété *f*, grande diversité *f*.

smote [sməʊt] pt ⟶ **smite**.

smother ['smʌðəʳ] ◆ vt **1.** [suppress - fire, flames] étouffer ; [- sound] étouffer, amortir ; [- emotions, laughter, yawn] réprimer ; [suppress - scandal, opposition] étouffer **2.** [suffocate - person] étouffer **3.** [cover] couvrir, recouvrir / *strawberries smothered in* or *with cream* des fraises couvertes de crème / *she was smothered in furs* elle était emmitouflée dans des fourrures **4.** [overwhelm - with kindness, love] combler / *to smother sb with kisses* couvrir or dévorer qqn de baisers / *to smother sb with attention* être aux petits soins pour qqn. ◆ vi [person] étouffer.

smother-love n *inf* amour *m* étouffant d'une mère.

smoulder UK, **smolder** US ['sməʊldəʳ] vi **1.** [fire - before flames] couver ; [- after burning] fumer **2.** [feeling, rebellion] couver / *her eyes smouldered with passion* son regard était plein de désir.

smouldering UK, **smoldering** US ['sməʊldərɪŋ] adj [fire, anger, passion] qui couve ; [embers, ruins] fumant ; [eyes] de braise.

SMS [,esem'es] (abbr of **short message service**) n TELEC service *m* SMS ▸ **SMS (message)** (message *m*) SMS *m*, texto *m*.

smudge [smʌdʒ] ◆ n **1.** [on face, clothes, surface] (petite) tache *f* ; [of make-up] traînée *f* ; [on page of print] bavure *f* / *you've got a smudge on your chin* tu as du noir sur le menton ; [blur] : *the ship was just a smudge on the horizon* le navire n'était plus qu'une tache à l'horizon **2.** US [fire] feu *m* (de jardin). ◆ vt [face, hands] salir ; [clothes, surface] tacher, salir ; [ink] répandre ; [writing] étaler / *you've made me smudge my lipstick* à cause de toi je me suis mis du rouge à lèvres partout. ◆ vi [ink, make-up] faire des taches ; [print] être maculé ; [wet paint] s'étaler.

smudgy ['smʌdʒɪ] (*compar* **smudgier**, *superl* **smudgiest**) adj [make-up, ink] étalé ; [print, page] maculé ; [writing] à demi effacé ; [face] sali, taché ; [outline] estompé, brouillé.

smug [smʌg] (*compar* **smugger**, *superl* **smuggest**) adj *pej* [person] content de soi, suffisant ; [attitude, manner, voice] suffisant / *he's so smug!* ce qu'il peut être suffisant or content de sa petite personne ! / *you sound awfully smug about the whole thing* tu as l'air content or fier de toi.

smuggle ['smʌgl] ◆ vt [contraband] passer en contrebande ; [into prison - mail, arms] introduire clandestinement ▸ **to smuggle sthg through customs** passer qqch en fraude à la douane / *the terrorists were smuggled over the border* les terroristes ont passé la frontière clandestinement / *they are suspected of smuggling arms / heroin* on les soupçonne de trafic d'armes / d'héroïne ; *fig* [into classroom, meeting, etc.] introduire subrepticement. ◆ vi faire de la contrebande.

❖ **smuggle in** vt sep [on a large scale - drugs, arms] faire entrer or passer en contrebande ; [as tourist - cigarettes, alcohol] introduire en fraude ; [move secretly - books, mail, etc.] introduire clandestinement ▸ **to smuggle goods / mercenaries into a country** introduire des marchandises / des mercenaires clandestinement dans un pays / *he managed to smuggle a knife into the prison* il a réussi à faire entrer or passer clandestinement un couteau dans la prison.

❖ **smuggle out** vt sep [goods] faire sortir en fraude or en contrebande / *he was smuggled out of the country* il a quitté le pays clandestinement or en secret.

smuggled ['smʌgld] adj [arms, drugs] passé en contrebande ; [excised goods] de contrebande ▸ **smuggled goods** contrebande *f*.

smuggler ['smʌgləʳ] n contrebandier *m*, -ère *f* ▸ **drug smuggler** trafiquant *m*, -e *f* de drogue.

smuggling ['smʌglɪŋ] n contrebande *f*.

smugly ['smʌglɪ] adv [say] d'un ton suffisant, avec suffisance ; [look, smile] d'un air suffisant, avec suffisance.

Smurf [smɜ:f] n Schtroumpf *m*.

smut [smʌt] (*pt & pp* **smutted**, *cont* **smutting**) ◆ n **1.** *(U)* *inf* [obscenity] cochonneries *fpl* ; [pornography] porno *m* / *that bookshop sells nothing but smut* cette librairie ne vend que du porno **2.** UK [speck of dirt] poussière *f* ; [smudge of soot] tache *f* de suie / *you've got a smut on your cheek* tu as de la suie sur la joue / *I've got a smut in my eye* j'ai une poussière dans l'œil **3.** AGR charbon *m* or nielle *f* du blé. ◆ vt [smudge, stain] salir, noircir.

smuttiness ['smʌtɪnɪs] n *inf* obscénité *f*.

smutty ['smʌtɪ] (*compar* **smuttier**, *superl* **smuttiest**) adj **1.** *inf* [obscene] cochon ; [pornographic] porno / *a book full of smutty stories* un livre plein d'histoires cochonnes **2.** [dirty - hands, face, surface] sali, noirci.

Smyrna ['smɜ:nə] pr n Smyrne.

snack [snæk] ◆ n **1.** [light meal] casse-croûte *m inv*, en-cas *m inv* ▸ **to have a snack** casser la croûte, manger un morceau ▸ **to have a snack lunch** déjeuner sur le pouce **2.** *(usu pl)* [appetizer - esp at party] amuse-gueule *m*. ◆ vi US grignoter.

snack bar n snack *m*, snack-bar *m*.

snacking ['snækɪŋ] n *fait de manger entre les repas* / *is snacking healthy?* est-ce qu'il est sain de grignoter entre les repas ?

snaffle ['snæfl] ◆ vt **1.** UK *inf* [get] se procurer ; [steal] piquer, faucher / *they snaffled (up) all the prizes* ils ont raflé tous les prix **2.** EQUIT mettre un bridon à. ◆ n EQUIT ▸ **snaffle (bit)** mors *m* brisé, bridon *m*.

snafu [snæ'fu:] *v inf* ◆ adj MIL en pagaille, bordélique. ◆ vt US mettre la pagaille or le bordel dans. ◆ n pagaille *f*, bordel *m fig*.

snag [snæg] (*pt & pp* **snagged**, *cont* **snagging**) ◆ n **1.** [problem] problème *m*, difficulté *f*, hic *m* ▸ **to come across** or **to run into a snag** tomber sur un hic or sur un os / *there are several snags in your plan* il y a plusieurs choses qui clochent dans ton projet / *the only snag is that you have to pay first* le seul problème, c'est qu'il faut payer d'abord **2.** [tear - in garment] accroc *m* ; [- in stocking] fil *m* tiré **3.** [sharp protuberance] aspérité *f* ; [tree stump] chicot *m* / *I caught my dress on a snag* j'ai fait un accroc à ma robe. ◆ vt **1.** [tear - cloth, garment] faire un accroc à, déchirer / *she snagged her stocking on the brambles* elle a accroché son bas or fait un accroc à son bas dans les ronces **2.** US *inf* [obtain] s'emparer de. ◆ vi s'accrocher / *the rope snagged on the ledge* la corde s'est trouvée coincée sur le rebord.

snagging ['snægɪŋ] n UK [of property] relevé *m* des défauts de construction ▸ **snagging list** liste de défauts de construction.

snaggle-toothed ['snægl-] adj US *aux dents mal placées*.

snag list n UK = **snagging list**.

snail [sneɪl] n escargot *m* ▸ **at a snail's pace a)** [move] comme un escargot **b)** [change, progress] très lentement.

snail mail n *inf* ▸ **to send sthg by snail mail** envoyer qqch par courrier.

snake [sneɪk] ◆ n **1.** ZOOL serpent *m* ▸ **snakes alive!** UK *dated* ciel ! **2.** [person] vipère *f* / *he's a real snake* c'est un faux jeton ▸ **a snake in the grass** un faux frère **3.** ECON serpent *m* (monétaire). ◆ vi serpenter, sinuer *liter* / *the smoke snaked upwards* une volute de fumée s'élevait vers le ciel / *the path snaked between the trees* le chemin serpentait entre les arbres. ◆ vt : *the river / road snakes its way down to the sea* le fleuve serpente / la route descend en lacets jusqu'à la mer.

snakebird ['sneɪkbɜ:d] n oiseau-serpent *m*.

snakebite ['sneɪkbaɪt] n **1.** *lit* morsure *f* de serpent **2.** [drink] *mélange de cidre et de bière blonde*.

snake charmer n charmeur *m*, -euse *f* de serpent.

snake oil n remède *m* de charlatan.

snake pit n US *fig* fosse *f* aux serpents, nid *m* de vipères.

snakes and ladders n *(U) jeu d'enfants ressemblant au jeu de l'oie*.

snakeskin ['sneɪkskɪn] ◆ n peau *f* de serpent. ◆ comp [shoes, handbag] en (peau de) serpent.

snaky ['sneɪkɪ] (*compar* **snakier**, *superl* **snakiest**) adj **1.** [sinuous - river, road, movement] sinueux **2.** [person] insidieux, perfide ; [cunning, acts] perfide.

snap [snæp] (*pt & pp* **snapped**, *cont* **snapping**) ◆ vt **1.** [break - sharply] casser net ; [- with a crack] casser avec un bruit sec ▸ **to snap sthg in two** or **in half** casser qqch en deux d'un coup sec **2.** [make cracking sound] faire claquer / *she snapped her case shut* elle ferma sa valise d'un coup sec / *she only needs to snap her fingers and he comes running* il lui suffit de claquer des doigts pour qu'il arrive en courant ▸ **to snap one's fingers at sb a)** faire claquer ses doigts pour attirer l'attention de qqn **b)** [mockingly] faire la nique à qqn / *they snapped their fingers at the idea* ils ont rejeté l'idée avec mépris **3.** [say brusquely] dire d'un ton sec or brusque / *"no", he snapped* « non », dit-il d'un ton sec **4.** [seize - gen] saisir ; [- subj: dog] happer / *she snapped the letter out of my hand* elle m'a arraché la lettre des mains **5.** *inf* PHOT prendre une photo de. ◆ vi **1.** [break - branch] se casser net or avec un bruit sec, craquer ; [- elastic band] claquer ; [- rope] se casser, rompre ▸ **to snap in two** se casser net **2.** [make cracking sound - whip, fingers] claquer ▸ **to snap open** s'ouvrir avec un bruit sec or avec un claquement ▸ **snap to it!** *inf* grouille-toi !, magne-toi ! **3.** *fig* [person, nerves] craquer / *after his divorce he just snapped* après son divorce, il a craqué **4.** [speak brusquely] ▸ **to snap at sb** parler à qqn d'un ton sec / *there's no need to snap!* tu n'as pas besoin de parler sur ce ton-là ! **5.** [try to bite]

▸ **to snap at** chercher à or essayer de mordre / *the dog snapped at his ankles* le chien essayait de lui mordre les chevilles / *the fish snapped at the bait* les poissons cherchaient à happer l'appât / *the taxmen were beginning to snap at his heels fig* les impôts commençaient à le talonner. ◆ n **1.** [of whip] claquement *m* ; [of sthg breaking, opening, closing] bruit *m* sec / *with a snap of his fingers* en claquant des doigts ▸ **to open / to close sthg with a snap** ouvrir / refermer qqch d'un coup sec / *the branch broke with a snap* la branche a cassé avec un bruit sec **2.** [of jaws] ▸ **to make a snap at sb / sthg** essayer de mordre qqn / qqch / *the puppy made a snap at my ankles* le chiot a essayé de me mordiller les chevilles / *the dog made a snap at the bone* le chien a essayé de happer l'os **3.** *inf* PHOT photo *f*, instantané *m* ▸ **to take a snap of sb** prendre qqn en photo ▸ **holiday snaps** photos de vacances **4.** UK CARDS ≃ bataille *f* / *to play snap* ≃ jouer à la bataille **5.** METEOR : *a cold snap* or *a snap of cold weather* une vague de froid **6.** *inf* [effort] effort *m* ; [energy] énergie *f* / *put some snap into it!* allez, mettez-y un peu de nerf ! **7.** US *inf* [easy task] : *it's a snap!* c'est simple comme bonjour ! **8.** CULIN biscuit *m*, petit gâteau *m* sec **9.** US [clasp, fastener] fermoir *m* ; [press stud] bouton-pression *m* **10.** UK *inf & regional* [food] bouffe *f*. ◆ adj **1.** [vote] éclair ; [reaction] immédiat ; [judgment] irréfléchi, hâtif / *she made a snap decision to go to Paris* elle décida tout à coup d'aller à Paris / *the President made a snap decision to send troops* le président décida immédiatement d'envoyer des troupes / *to call a snap election* procéder à une élection surprise **2.** US *inf* [easy] facile. ◆ adv ▸ **to go snap** casser net. ◆ interj UK **1.** CARDS ▸ **snap!** ≃ bataille ! **2.** *inf* [in identical situation] ▸ **snap!** tiens !, quelle coïncidence ! / *my mother's a teacher — snap, so's mine!* ma mère est prof — tiens ! la mienne aussi !

❖ **snap off** ◆ vt sep casser / *he snapped off a piece of chocolate* il a cassé un morceau de chocolat ▸ **to snap sb's head off** *inf* envoyer promener qqn. ◆ vi casser net.

❖ **snap on** vt sep US ▸ **to snap a light on** allumer une lampe.

❖ **snap out** ◆ vi ▸ **to snap out of a)** [depression, mood, trance] se sortir de, se tirer de **b)** [temper] dominer, maîtriser / *snap out of it!* **a)** [depression] ne te laisse pas aller comme ça ! **b)** [bad temper] ne t'énerve pas comme ça ! / *he can't seem to snap out of this mood he's in* il n'a pas l'air de vouloir changer d'humeur. ◆ vt sep [question] poser d'un ton sec ; [order, warning] lancer brutalement / *"stop!" he snapped out* « arrête ! » lança-t-il brutalement.

❖ **snap up** vt sep **1.** [subj: dog, fish] happer, attraper **2.** *fig* [bargain, offer, opportunity] sauter sur, se jeter sur / *the records were snapped up in no time* les disques sont partis or se sont vendus en un rien de temps / *the cakes / the best bargains were soon snapped up* les gâteaux sont partis / les meilleures affaires sont parties très vite **3.** PHR ▸ **snap it up!** US *inf* dépêchons !

snapback ['snæpbæk] n US [recovery, of prices] redressement *m* / *our team made a snapback to win in the last minutes* notre équipe s'est ressaisie et a remporté le match dans les dernières minutes.

snap bean n US haricot *m* vert.

snapdragon ['snæp,drægən] n muflier *m*, gueule-de-loup *f*.

snap fastener n [press stud] bouton-pression *m*, pression *f* ; [clasp - on handbag, necklace] fermoir *m* (à pression).

snap-on adj [collar, cuffs, hood] détachable, amovible (à pressions).

snapper ['snæpər] (*pl* **snapper** *or* **snappers**) n [fish] lutjanidé *m* ▸ **red snapper** vivaneau *m*.

snappily ['snæpılı] adv *inf* **1.** [dress] avec chic **2.** [act, converse] vivement ; [work] vite, sans traîner ; [reply] du tac-au-tac.

snappish ['snæpıʃ] adj [dog] hargneux, toujours prêt à mordre ; [person] hargneux ; [voice] mordant, cassant ; [reply] brusque, cassant, sec (sèche) / *she's in a very snappish mood today* elle n'est pas à prendre avec des pincettes aujourd'hui.

snappy ['snæpı] (*compar* **snappier**, *superl* **snappiest**) adj *inf* **1.** [fashionable] : *she's a snappy dresser* elle sait s'habiller **2.** [lively - pace, rhythm] vif, entraînant ; [- dialogue, debate] plein d'entrain, vivant ; [- style, slogan] qui a du punch ; [- reply] bien envoyé ▸ **look snappy!** grouille-toi !, active ! ▸ **make it snappy!** et que ça saute ! **3.** [unfriendly - person] hargneux ; [- answer] brusque ; [- voice] cassant / *you're a bit snappy today!* tu es de mauvais poil aujourd'hui ! / *a snappy little dog* un petit roquet.

snapshot ['snæpʃɒt] n instantané *m*.

snare [sneər] ◆ n **1.** [trap - gen] piège *m* ; [- made of rope, wire] lacet *m*, collet *m*, lacs *m* ; *fig* piège *m*, traquenard *m* ▸ **to set a snare** tendre un piège ▸ **to be caught in a snare a)** [animal] être pris dans un piège **b)** *fig* [person] être pris au piège / *the snares of love liter* les pièges de l'amour **2.** MUS ▸ **snare (drum)** caisse *f* claire. ◆ vt [animal - gen] piéger ; [- in wire or rope trap] prendre au lacet or au collet ; *fig* [person] prendre au piège, piéger.

snarl [snɑ:l] ◆ vi **1.** [dog] gronder, grogner ; [person] gronder / *the dog snarled at me as I walked past* le chien a grogné quand je suis passé / *the lions snarled at their tamer* les lions rugissaient contre leur dompteur / *there's no need to snarl at me!* tu n'as pas besoin de prendre ce ton hargneux pour me parler ! **2.** [thread, rope, hair] s'emmêler ; [traffic] se bloquer ; [plan, programme] cafouiller. ◆ vt **1.** [person] lancer d'une voix rageuse, rugir / *to snarl a reply* répondre d'une voix rageuse / *"shut up!", she snarled* « tais-toi », lança-t-elle d'un ton hargneux **2.** [thread, rope, hair] enchevêtrer, emmêler / *you hair is all snarled* tu as les cheveux tout emmêlés / *the wool is all snarled* la laine est tout enchevêtrée. ◆ n **1.** [sound] grognement *m*, grondement *m* ▸ **to give a snarl a)** [subj: dog] pousser un grognement **b)** [subj: tiger] feuler **c)** [subj: person] gronder / *she answered him with a snarl* elle lui a répondu d'un ton hargneux **2.** [tangle - in thread, wool, hair] nœud *m*, nœuds *mpl* / *caught in a snarl of traffic* pris dans un embouteillage or un bouchon.

❖ **snarl up** ◆ vi = **snarl** *(vi)*. ◆ vt sep *(usu passive)* **1.** [thread, rope, hair] emmêler, enchevêtrer ▸ **to get snarled up** s'emmêler, s'enchevêtrer **2.** [traffic] bloquer, coincer ; [plans] faire cafouiller / *the postal service is completely snarled up* le service des postes est complètement bloqué.

snarl-up n [of traffic] bouchon *m*, embouteillage *m* ; [of plans] cafouillage *m*.

snatch [snætʃ] ◆ vt **1.** [seize - bag, money] saisir ; [- opportunity] saisir, sauter sur ▸ **to snatch sthg from sb** or **from sb's hands** arracher qqch des mains de qqn / *a boy on a motorbike snatched her bag* un garçon en moto lui a arraché son sac / *his mother snatched him out of the path of the bus* sa mère l'a attrapé par le bras pour l'empêcher d'être renversé par le bus **2.** [manage to get - meal, drink] avaler à la hâte ; [- holiday, rest] réussir à avoir ▸ **to snatch some sleep** réussir à dormir un peu / *I was only able to snatch a sandwich* j'ai juste eu le temps d'avaler un sandwich ▸ **to snatch a glance at sb** lancer un coup d'œil furtif à qqn **3.** [steal] voler ; [kiss] voler, dérober ; [victory] décrocher **4.** [kidnap] kidnapper. ◆ vi [to child] : *don't snatch!* **a)** [from hand] prends-le doucement ! **b)** [from plate] prends ton temps ! ▸ **to snatch at sthg** essayer de saisir or d'attraper qqch / *she snatches at the slightest hope / opportunity fig* elle s'accroche au moindre espoir / saute sur la moindre occasion. ◆ n **1.** [grab] geste *m* vif de la main *(pour attraper qqch)* ▸ **to make a snatch at sthg** essayer de saisir or d'attraper qqch / *to make a snatch at victory fig* essayer de s'emparer de la victoire **2.** UK *inf* [robbery] vol *m* à l'arraché ▸ **bag snatch** vol (de sac) à l'arraché **3.** *inf* [kidnapping] kidnapping *m* **4.** [fragment - of conversation] fragment *m*, bribes *fpl* ; [- of song, music] fragment *m*, mesure *f* ; [- of poetry] fragment *m*, vers *m* / *she could only catch a few snatches of their conversation / the song* elle ne put saisir que quelques bribes de leur conversation / quelques mesures de la chanson **5.** [short spell] courte période *f* / *to sleep in snatches* dormir par intervalles or de façon intermittente / *to work in snatches* travailler par à-coups **6.** [in weightlifting] arraché *m* **7.** *vulg* [vagina] chatte *f*.

❖ **snatch away** vt sep [letter, plate, etc.] arracher, enlever d'un geste vif ; [hope] ôter, enlever ▸ **to snatch sthg away from sb** arracher qqch à qqn / *she snatched her hand away from the hot stove* elle a vite enlevé sa main du fourneau brûlant / *victory was snatched from them in the last minute* la victoire leur a été soufflée à la dernière minute.

❖ **snatch up** vt sep ramasser vite or vivement or d'un seul coup / *she snatched up her child* elle a saisi or empoigné son enfant.

-snatcher ['snætʃər] in comp arracheur *m*, -euse *f* ▸ **bag-snatcher** voleur *m*, -euse *f* (de sac) à l'arraché.

snatch squad n UK *groupe de policiers chargé d'arrêter les meneurs (lors d'une manifestation).*

snatchy ['snætʃı] (*compar* **snatchier**, *superl* **snatchiest**) adj *inf* [sleep] intermittent ; [work] fait par à-coups or de façon intermittente ; [conversation] à bâtons rompus.

snazzily ['snæzılı] adv *inf* [dress] avec chic.

snazzy ['snæzı] (*compar* **snazzier**, *superl* **snazziest**) adj *inf* [garment] chic, qui a de l'allure ; [car, house] chouette / *she's a snazzy dresser* elle s'habille avec chic, elle est toujours bien sapée / *he's got a snazzy new suit* il s'est acheté un nouveau costume drôlement chic.

sneak [sni:k] (UK *pt & pp* **sneaked** ; US *pt & pp* **sneaked** *or* **snuck** [snʌk]) ◆ vi **1.** [verb of movement] se glisser, se faufiler ; [furtively] se glisser furtivement ; [quietly] se glisser à pas feutrés or sans faire de bruit ; [secretly] se glisser sans se faire remarquer / *to sneak up / down the stairs* monter / descendre l'escalier furtivement / *to sneak into / out of a room* entrer dans une pièce / sortir d'une pièce à pas feutrés / *he sneaked into her bedroom* il s'est glissé or faufilé dans sa chambre / *we sneaked in at the back* nous nous sommes glissés dans le fond discrètement or sans nous faire remarquer / *they sneaked into the cinema without paying* ils se sont introduits dans le cinéma sans payer / *we managed to sneak past the guards / window* nous avons réussi à passer devant les gardes / la fenêtre sans nous faire remarquer / *I sneaked round to the back door* je me suis glissé sans bruit jusqu'à la porte de derrière **2.** UK *inf* SCH moucharder, cafter ▸ **to sneak on sb** moucharder qqn. ◆ vt **1.** [give - letter, message] glisser en douce or sans se faire remarquer / *they sneaked the money to her* ils lui ont glissé l'argent en douce / *the visitor managed to sneak him a knife* le visiteur réussit à lui glisser un couteau sans se faire remarquer **2.** [take] enlever, prendre / *he sneaked the keys from her pocket* il a pris les clés dans sa poche sans qu'elle s'en aperçoive ▸ **to sneak a look at sthg** lancer or jeter un coup d'œil furtif à qqch **3.** *inf* [steal] chiper, piquer, faucher. ◆ n *inf* **1.** [devious person] faux jeton *m* **2.** UK SCH cafardeur *m*, -euse *f*, mouchard *m*, -e *f*. ◆ adj [attack] furtif.

❖ **sneak away, sneak off** vi se défiler, s'esquiver.

❖ **sneak up** vi s'approcher à pas feutrés or furtivement ▸ **to sneak up on** or **behind sb** s'approcher de qqn à pas feutrés.

sneaker ['sni:kər] n US (chaussure *f* de) tennis *m ou f*, basket *m ou f*.

sneakily ['sni:kılı] adv [slyly] sournoisement ; [furtively] en cachette.

sneaking ['sni:kıŋ] adj [feeling, respect] inavoué, secret (secrète) / *she had a sneaking suspicion that he was guilty* elle ne pouvait (pas) s'empêcher de penser qu'il était coupable / *she felt a sneaking admiration for him* elle ne pouvait (pas) s'empêcher de l'admirer / *I had a sneaking feeling that he was right* quelque chose me disait qu'il avait raison.

sneak preview n avant-première *f* privée / *I was given a sneak preview of the new film* j'ai pu voir le nouveau film en avant-première.

sneak thief n UK chapardeur *m*, -euse *f*.

sneaky ['sni:kı] (*compar* **sneakier**, *superl* **sneakiest**) adj [person] sournois ; [action] faite en cachette, faite à la dérobée / *I caught him having a sneaky cigarette* je l'ai surpris en train de fumer une cigarette en cachette.

sneer [snıər] ◆ vi ricaner, sourire avec mépris or d'un air méprisant / *don't sneer* ne sois pas si méprisant ▸ **to sneer at sb / sthg** se moquer de qqn / qqch / *an* *achievement not to be sneered at* un exploit qu'il ne faudrait pas minimiser. ◆ n [facial expression] ricanement *m*, rictus *m* ; [remark] raillerie *f*, sarcasme *m* / *"who do you think you are?", he said with a sneer* « pour qui est-ce que tu te prends ? », dit-il en ricanant *or* ricana-t-il.

sneering ['snɪərɪŋ] ◆ adj ricaneur, méprisant. ◆ n *(U)* ricanement *m*, ricanements *mpl*.

sneeringly ['snɪərɪŋlɪ] adv [look] d'un air ricaneur, en ricanant ; [say] d'un ton ricaneur, en ricanant.

sneeze [sni:z] ◆ n éternuement *m*. ◆ vi éternuer / *an offer not to be sneezed at inf* une proposition qui n'est pas à dédaigner *or* sur laquelle il ne faut pas cracher.

sneezing ['sni:zɪŋ] n éternuement *m* / *his sneezing irritates me* ses éternuements m'agacent ▸ **sneezing fit** crise *f* d'éternuements ▸ **sneezing powder** poudre *f* à éternuer.

snick [snɪk] ◆ n **1.** [notch] petite entaille *f*, encoche *f* ▸ **to make a snick in sthg** faire une entaille *or* une encoche à qqch **2.** [in cricket] *coup (de batte) qui fait dévier la balle.* ◆ vt **1.** [cloth, wood] faire une petite entaille *or* une encoche dans **2.** [in cricket] couper la balle.

snicker ['snɪkəʳ] ◆ n **1.** [snigger] ricanement *m* **2.** [of horse] (petit) hennissement *m*. ◆ vi **1.** [snigger] ricaner ▸ **to snicker at sb** se moquer de qqn **2.** [horse] hennir doucement.

snickerdoodle ['snɪkədu:dl] n US CULIN *cookie à la cannelle.*

snide [snaɪd] adj [sarcastic] narquois, railleur ; [unfriendly] inamical, insidieux / *I've had enough of your snide remarks!* j'en ai assez de tes sarcasmes ! / *a snide dig at his colleagues* une remarque inamicale destinée à ses collègues.

snidely ['snaɪdlɪ] adv [sarcastically] railleusement ; [in unfriendly manner] insidieusement.

sniff [snɪf] ◆ vi **1.** [from cold, crying, etc.] renifler **2.** [scornfully] faire la grimace *or* la moue. ◆ vt **1.** [smell - food, soap] renifler, sentir l'odeur de ; [-rose, perfume] humer, sentir l'odeur de ; [subj: dog] renifler, flairer / *the dog was sniffing the bone suspiciously* le chien flairait l'os d'un air soupçonneux **2.** [inhale - air] humer, respirer ; [-smelling salts] respirer ; [-cocaine] sniffer, priser ; [-snuff] priser ; [-glue] respirer, sniffer **3.** [say scornfully] dire d'un air méprisant *or* dédaigneux / *"it's not my cup", she sniffed* « ce n'est pas ma tasse », fit-elle d'un air méprisant. ◆ n [gen] reniflement *m* ▸ **to give a sniff a)** *lit* renifler **b)** [scornfully] faire la grimace *or* la moue / *"I've no idea", she said with a scornful sniff* « je n'en ai aucune idée », dit-elle d'un air dédaigneux ▸ **to have** *or* **to take a sniff of sthg** renifler *or* flairer qqch / *take a sniff of this meat* / *this perfume* renifle-moi cette viande / ce parfum / *one sniff of that stuff is enough to knock you out inf* une bouffée de ce truc et tu tombes raide / *I didn't even get a sniff of a cup of coffee fig* ils ne m'ont même pas offert une tasse de café.

❖ **sniff at** vt insep **1.** *lit* ▸ **to sniff at sthg a)** [subj: person] renifler qqch **b)** [subj: dog] renifler *or* flairer qqch **2.** *fig* faire la grimace *or* la moue devant ▸ **to sniff at an idea** / **a suggestion** faire la grimace devant une idée / suggestion / *their offer is not to be sniffed at* leur offre n'est pas à dédaigner.

❖ **sniff out** vt sep [subj: dog] découvrir en reniflant *or* en flairant ; [criminal] découvrir, dépister ; [secret] découvrir.

sniffer dog ['snɪfəʳ-] n chien *m* policier *(dressé pour le dépistage de la drogue, des explosifs).*

sniffle ['snɪfl] ◆ vi [sniff] renifler ; [have runny nose] avoir le nez qui coule. ◆ n [sniff] (léger) reniflement *m* ; [cold] petit rhume *m* de cerveau ▸ **to have the sniffles** *inf* avoir le nez qui coule.

sniffy ['snɪfɪ] *(compar* **sniffier**, *superl* **sniffiest***)* adj *inf* méprisant, dédaigneux ▸ **to be sniffy about sthg** faire le dédaigneux devant qqch.

snifter ['snɪftəʳ] n **1.** UK *inf* [drink] petit verre *m* (d'alcool) / *fancy a snifter?* tu prends un petit verre ? **2.** US [glass] verre *m* à dégustation.

snigger ['snɪgəʳ] ◆ vi ricaner, rire dans sa barbe ▸ **to snigger at a)** [suggestion, remark] ricaner en entendant **b)** [appearance] se moquer de, ricaner à la vue de. ◆ n rire *m* en dessous ; [sarcastic] ricanement *m* ▸ **to give a snigger** ricaner.

sniggering ['snɪgərɪŋ] ◆ n *(U)* rires *mpl* en dessous ; [sarcastic] ricanements *mpl*. ◆ adj ricaneur.

snip [snɪp] *(pt & pp* **snipped**, *cont* **snipping***)* ◆ n **1.** [cut] petit coup *m* de ciseaux, petite entaille *f* *or* incision *f* **2.** [sound] clic *m* / *he could hear the snip of scissors* il entendait le clic-clac de ciseaux **3.** [small piece - of cloth, paper] petit bout *m* ; [-of hair] mèche *f* (coupée) **4.** UK *inf* [bargain] (bonne) affaire *f* ; [horse] tuyau *m* sûr **5.** UK *inf* [cinch] ▸ **it's a snip!** c'est du gâteau !, c'est simple comme bonjour ! ◆ vt couper *(en donnant de petits coups de ciseaux).* ◆ vi : *he was snipping at the hedge* il coupait la haie.

❖ **snip off** vt sep couper *or* enlever (à petits coups de ciseaux) / *the rose heads had been snipped off* les roses avaient été décapitées.

snipe [snaɪp] *(pl* **snipe***)* ◆ n bécassine *f*. ◆ vi **1.** [shoot] tirer (d'une position cachée) ▸ **to snipe at sb a)** *lit* tirer sur qqn **b)** *fig* [criticize] critiquer qqn par derrière / *sniping criticism* critiques insidieuses **2.** HUNT aller à la chasse aux bécassines.

sniper ['snaɪpəʳ] n tireur *m* embusqué *or* isolé / *killed by a sniper's bullet* abattu par un tireur (embusqué).

snippet ['snɪpɪt] n [of material, paper] petit bout *m* ; [of conversation, information] bribe *f* / *a snippet of news* une petite nouvelle.

snippy ['snɪpɪ] *(compar* **snippier**, *superl* **snippiest***)* adj US brusque, vif.

snit [snɪt] n US ▸ **to be in a snit** faire la gueule.

snitch [snɪʧ] *inf* ◆ n **1.** [person] cafardeur *m*, -euse *f*, mouchard *m*, -e *f* **2.** UK *hum* [nose] pif *m* **3.** PHR ▸ **it's a snitch** UK **a)** [easy] c'est simple comme bonjour **b)** [bargain] c'est une (bonne) occase. ◆ vi [tell tales] moucharder ▸ **to snitch on sb** moucharder *or* cafarder qqn. ◆ vt [steal] chiper, piquer, faucher.

snivel ['snɪvl] *(*UK *pt & pp* **snivelled**, *cont* **snivelling** ; US *pt & pp* **sniveled**, *cont* **sniveling***)* ◆ vi [whine] pleurnicher ; [because of cold] renifler (continuellement) ; [with runny nose] avoir le nez qui coule / *stop snivelling!* **a)** [crying] arrête de pleurnicher comme ça ! **b)** [sniffing] arrête de renifler comme ça ! ◆ vt : *"it wasn't my fault", he snivelled* « ce n'était pas de ma faute », fit-il en pleurnichant. ◆ n [sniffing] reniflement *m*, reniflements *mpl* ; [tears] pleurnichements *mpl* ▸ **to have a snivel** pleurnicher.

sniveller UK, **sniveler** US ['snɪvləʳ] n pleurnicheur *m*, -euse *f*, pleurnichard *m*, -e *f*.

snivelling UK, **sniveling** US ['snɪvlɪŋ] ◆ adj pleurnicheur, larmoyant / *shut up, you snivelling little wretch!* tais-toi, espèce de pleurnicheur ! ◆ n *(U)* [crying] pleurnichements *mpl* ; [because of cold] reniflement *m*, reniflements *mpl* / *stop your snivelling!* **a)** [tears] arrête de pleurnicher comme ça ! **b)** [sniffing] arrête de renifler comme ça !

snob [snɒb] n snob *mf* / *she's an awful snob* / *a bit of a snob* elle est terriblement / un peu snob / *to be an intellectual* / *a literary snob* être un snob intellectuel / en matière de littérature ▸ **inverted** UK or **reverse snob** *personne d'origine modeste qui affiche un mépris pour les valeurs bourgeoises.*

snobbery ['snɒbərɪ] n snobisme *m*.

snobbish ['snɒbɪʃ] adj snob.

snobbishness ['snɒbɪʃnɪs] n snobisme *m*.

snobby ['snɒbɪ] *(compar* **snobbier**, *superl* **snobbiest***)* *inf* = **snobbish**.

Sno-Cat® ['snəʊkæt] = **snowcat**.

snog [snɒg] *(pt & pp* **snogged**, *cont* **snogging***)* UK *inf* ◆ vi se rouler une pelle. ◆ vt rouler une pelle à. ◆ n ▸ **to have a snog** se rouler une pelle.

snogging ['snɒgɪŋ] n UK *inf* : *there was a lot of snogging going on* ça s'embrassait dans tous les coins.

snood [snu:d] n résille *f (pour les cheveux).*

snook [snu:k] n **1.** ZOOL brochet *m* de mer **2.** ⟶ **cock**.

snooker ['snu:kəʳ] ◆ n snooker *m (sorte de billard joué avec 22 boules).* ◆ vt **1.** UK *inf* [thwart] mettre dans l'embarras, mettre dans une situation impossible ; [trick] arnaquer, avoir / *we're snookered!* **a)** [stuck] on est coincé ! **b)** [tricked] on s'est fait avoir ! / *they've got us snookered!* ils nous ont eus ! **2.** GAMES laisser dans une position difficile.

snoop [snu:p] *inf* ◆ vi fourrer son nez dans les affaires des autres / *someone has been snooping about in my room* quelqu'un est venu fouiner dans ma chambre ▸ **to snoop on sb** espionner qqn / *he's always snooping around* il est toujours à se mêler des affaires des autres or de ce qui ne le regarde pas. ◆ n **1.** [search] ▸ **to have a snoop around** fouiller, fouiner / *she had a good snoop around the house* elle a fouillé *or* fureté partout dans la maison **2.** = **snooper**.

snooper ['snu:pəʳ] n fouineur *m*, -euse *f* / *she's a born snooper* c'est une vraie fouineuse.

snoot [snu:t] n UK *inf* pif *m*.

snooty ['snu:tɪ] *(compar* **snootier**, *superl* **snootiest***)* adj *inf* [person] snobinard ; [restaurant] snob / *she's very snooty* c'est une vraie pimbêche.

snooze [snu:z] *inf* ◆ n petit somme *m*, roupillon *m* ▸ **to have a snooze** faire un petit somme, piquer un roupillon ; [in afternoon] faire la sieste ▸ **snooze (position)** [on alarm clock] (position *f*) sommeil *m*. ◆ vi sommeiller, piquer un roupillon ; [in afternoon] faire la sieste.

snooze button n bouton *m* de veille.

snore [snɔ:ʳ] ◆ vi ronfler. ◆ n ronflement *m*.

snorer ['snɔ:rəʳ] n ronfleur *m*, -euse *f*.

snoring ['snɔ:rɪŋ] n *(U)* ronflement *m*, ronflements *mpl*.

snorkel ['snɔ:kl] *(*UK *pt & pp* **snorkelled**, *cont* **snorkelling** ; US *pt & pp* **snorkeled**, *cont* **snorkeling***)* ◆ n [of swimmer] tuba *m* ; [on submarine] schnorchel *m*, schnorkel *m*. ◆ vi nager sous l'eau *(avec un tuba).*

snorkelling UK, **snorkeling** US ['snɔ:klɪŋ] n ▸ **to go snorkelling** faire de la plongée avec un tuba.

snort [snɔ:t] ◆ vi **1.** [horse] s'ébrouer ; [pig] grogner ; [bull] renâcler **2.** [person - in anger] grogner, ronchonner ▸ **to snort with laughter** s'étouffer *or* pouffer de rire / *he snorted in disbelief* il eut un petit grognement incrédule. ◆ vt **1.** [angrily] grogner ; [laughingly] dire en pouffant de rire / *"nonsense!", he snorted* « c'est absurde ! », grommela-t-il **2.** *drugs sl* [cocaine] sniffer. ◆ n **1.** [of bull, horse] ébrouement *m* ; [of person] grognement *m* / *the horse gave a loud snort* le cheval s'ébroua bruyamment / *he gave a snort of contempt* il poussa un grognement de mépris / *he gave a snort of laughter* il pouffa de rire **2.** *inf* [drink] petit verre *m* (d'alcool).

snorter ['snɔ:təʳ] n UK *inf* **1.** [as intensifier] : *her second serve was a snorter* son deuxième service a été terrible / *a snorter of a performance* une interprétation époustouflante / *a snorter of a problem* un vrai casse-tête, un sacré problème / *he wrote them a real snorter of a letter* il leur a écrit une vraie lettre d'engueulade **2.** [drink] petit verre *m* (d'alcool) ▸ **to have a snorter** prendre un petit verre.

snot [snɒt] n *inf* **1.** [in nose] morve *f* ▸ **snot rag** *v inf* tire-jus *m* **2.** [person] morveux *m*, -euse *f* / *you pathetic little snot!* pauvre petit morveux !

snotty ['snɒtɪ] *(compar* **snottier**, *superl* **snottiest**, *pl* **snotties***)* *inf* ◆ adj **1.** [nose] qui coule ; [face, child] morveux **2.** [uppity] crâneur, snobinard / *a snotty letter* une lettre agressive. ◆ n NAUT aspirant *m*.

snotty-faced adj *inf* morveux, qui a le nez qui coule.

snotty-nosed adj *inf, lit & fig* morveux.

snout [snaʊt] n **1.** [of pig] groin *m*, museau *m* ; [of other animal] museau *m* **2.** [projection] saillie *f* ; [of gun] canon *m* **3.** *inf & hum* [nose] pif *m* **4.** UK *v inf* [cigarette] sèche *f*, clope *f* ; [tobacco] tabac *m*, foin *m* **5.** UK *inf* [informer] mouchard *m*, -e *f*, indic *m*.

snow [snəʊ] ◆ n **1.** *lit* neige *f* / *heavy snow is forecast* la météo prévoit d'abondantes chutes de neige / *the snows of yesteryear* les neiges d'antan / *the roads are covered with snow* les routes sont enneigées / **'Snow White and the Seven Dwarfs'** *Grimm, Disney*

'Blanche-Neige et les sept nains' / **'The Snow Maiden'** *Rimsky-Korsakov* 'Fleur de neige' / **'The Snow Queen'** *Andersen* 'la Reine des glaces' **2.** *fig* [on screen] neige *f* **3.** *drugs sl* [cocaine] neige *f drugs sl.* ◆ vi neiger / *it's snowing* il neige. ◆ vt US *inf* [sweet-talk] baratiner / *she snowed him into giving her the money* elle l'a embobiné pour qu'il lui donne l'argent / *the president is just snowing people into believing in his tax program* le président essaie d'embobiner le monde avec son programme fiscal.

❖ **snow in** vt sep ▶ **to be snowed in** être bloqué par la neige.

❖ **snow under** vt sep *fig* : *to be snowed under with work* être débordé or complètement submergé de travail / *they're snowed under with applications / offers* ils ont reçu une avalanche de demandes / d'offres.

❖ **snow up** vt sep ▶ **to be snowed up a)** [house, village, family] être bloqué par la neige **b)** [road] être complètement enneigé.

snowball ['snəubɔ:l] ◆ n **1.** boule *f* de neige / *they had a snowball fight* ils ont fait une bataille de boules de neige / *he hasn't a snowball's chance in hell inf* il n'a pas l'ombre d'une chance **2.** [cocktail] snowball *m (advokaat allongé de limonade).* ◆ comp ▶ **snowball effect** effet *m* boule de neige. ◆ vt bombarder de boules de neige, lancer des boules de neige à. ◆ vi *fig* faire boule de neige.

snowbank ['snəubæŋk] n congère *f.*

snowberry ['snəubərɪ] (*pl* **snowberries**) n BOT boule-de-neige *f.*

snowbike ['snəubaɪk] n motoneige *f.*

snow-blind adj : *to be snow-blind* être atteint de or souffrir de la cécité des neiges.

snow blindness n cécité *f* des neiges.

snow blower n chasse-neige *m* à soufflerie.

snowboard ['snəu,bɔ:d] ◆ n surf *m* des neiges. ◆ vi faire du surf des neiges.

snowboarder ['snəu,bɔ:dər] n surfeur *m*, -euse *f* (des neiges).

snowboarding ['snəu,bɔ:dɪŋ] n surf *m* (des neiges).

snow-boot n après-ski *m.*

snowbound ['snəubaund] adj [person, house, village] bloqué par la neige ; [road] enneigé.

snowcap ['snəukæp] n sommet *m* couronné de neige.

snow-capped [-kæpt] adj couronné de neige.

snowcat ['snəukæt] n autoneige *f*, motoneige *f.*

snow chains pl n AUTO chaînes *fpl.*

snow-clad adj couvert de neige, enneigé.

snowdrift ['snəudrɪft] n congère *f.*

snowdrop ['snəudrɒp] n perce-neige *m ou f inv.*

snowfall ['snəufɔ:l] n **1.** [snow shower] chute *f* de neige **2.** [amount] enneigement *m.*

snow fence n pare-neige *m inv.*

snowfield ['snəufi:ld] n champ *m* de neige.

snowflake ['snəufleɪk] n flocon *m* de neige.

snow goose n oie *f* des neiges.

snow job n US *inf* ▶ **to give sb a snow job** baratiner qqn / *it's a snow job* c'est de la poudre aux yeux.

snow leopard n léopard *m* des neiges, once *f.*

snowline ['snəulaɪn] n limite *f* des neiges éternelles.

snowman ['snəumæn] (*pl* **snowmen** [-men]) n bonhomme *m* de neige.

snowmobile ['snəuməbi:l] = **snowcat.**

snow pea n US mange-tout *m inv.*

snowplough UK, **snowplow** US ['snəuplau] ◆ n **1.** [vehicle] chasse-neige *m inv* **2.** [in skiing] chasse-neige *m inv.* ◆ vi [in skiing] faire du chasse-neige.

snowshoe ['snəuʃu:] n raquette *f (pour marcher sur la neige).*

snowslide ['snəuslaɪd], **snowslip** ['snəuslɪp] n avalanche *f.*

snowstorm ['snəustɔ:m] n tempête *f* de neige.

snowsuit ['snəusu:t] n combinaison *f* de ski.

snow tyre n pneu *m* neige.

snow-white adj blanc comme neige.

snowy ['snəuɪ] (*compar* **snowier**, *superl* **snowiest**) adj **1.** [weather, region, etc.] neigeux ; [countryside, roads, etc.] enneigé, couvert or recouvert de neige ; [day] de neige / *a snowy Christmas* un Noël enneigé **2.** *fig* [hair, beard] de neige ; [sheets, tablecloth] blanc comme neige.

snowy owl n chouette *f* blanche, harfang *m.*

SNP pr n abbr of **Scottish National Party.**

Snr (written abbr of **Senior**) *utilisé après le nom de quelqu'un pour le distinguer d'un autre membre de la famille, plus jeune et portant le même nom.*

snub [snʌb] (*pt & pp* **snubbed**, *cont* **snubbing**) ◆ n rebuffade *f.* ◆ vt [person] remettre à sa place, rabrouer ; [offer, suggestion] repousser (dédaigneusement) ▶ **to be snubbed** essuyer une rebuffade / *I felt snubbed* je me suis senti rabroué. ◆ adj [nose] retroussé.

snub-nosed adj au nez retroussé.

snuck [snʌk] pt & pp ⟶ **sneak.**

snuff [snʌf] ◆ n tabac *m* à priser ▶ **to take snuff** priser ▶ **a pinch of snuff** une prise (de tabac) ▶ **to be up to snuff a)** *inf & dated* [in good health] être en forme **b)** [of sufficient quality] être à la hauteur. ◆ vi [sniff] priser. ◆ vt **1.** [candle] moucher **2.** [sniff] renifler, flairer **3.** PHR **to snuff it** *inf & hum* casser sa pipe.

❖ **snuff out** vt sep [candle] éteindre, moucher ; *fig* [hope] ôter, supprimer ; [rebellion] étouffer ; [enthusiasm] briser.

snuffbox ['snʌfbɒks] n tabatière *f (pour tabac à priser).*

snuffer ['snʌfər] n ▶ **(candle) snuffer** éteignoir *m.*

❖ **snuffers** pl n mouchettes *fpl.*

snuffle ['snʌfl] ◆ vi **1.** [sniffle] renifler **2.** [in speech] parler du nez, nasiller. ◆ vt dire or prononcer d'une voix nasillarde. ◆ n **1.** [sniffle] reniflement *m* ▶ **to have the snuffles** être un peu enrhumé **2.** [in speech] voix *f* nasillarde ▶ **to speak in a snuffle** parler d'une voix nasillarde.

snuff movie n *inf film pornographique sadique supposé comporter une scène de meurtre filmée en direct.*

snug [snʌg] ◆ adj **1.** [warm and cosy - bed, room] douillet, (bien) confortable ; [- sleeping bag, jacket] douillet, bien chaud / *a snug little house* une petite maison confortable / *it's very snug in this room* on est bien or il fait bon dans cette pièce / *I wish I was home and snug in bed* j'aimerais être bien au chaud dans mon lit ▶ **to be (as) snug as a bug in a rug** *inf* être bien au chaud **2.** [fit] bien ajusté / *my skirt is a snug fit* ma jupe me va comme un gant **3.** [harbour] bien abrité ; [hideout] sûr. ◆ n UK [in pub] petite arrière-salle *f.*

snuggery ['snʌgərɪ] (*pl* **snuggeries**) n UK petite pièce *f* douillette ; [in pub] petite arrière-salle *f.*

snuggle ['snʌgl] ◆ vi se blottir, se pelotonner / *to snuggle into a corner* se blottir or se pelotonner dans un coin. ◆ vt [child, kitten] serrer contre soi, câliner. ◆ n câlin *m* ▶ **to have a snuggle** (se) faire un câlin.

❖ **snuggle down** vi se blottir, se pelotonner / *to snuggle down under the blankets* s'enfouir sous les couvertures / *she snuggled down to sleep* elle se pelotonna pour dormir / *she snuggled down beside her mum* elle s'est blottie contre sa maman.

❖ **snuggle up** vi ▶ **to snuggle up to sb** se blottir or se serrer contre qqn.

snugly ['snʌglɪ] adv **1.** [cosily] douillettement, confortablement / *soon they were settled snugly by the fire* ils se retrouvèrent bientôt réunis autour d'un bon feu **2.** [in fit] : *the skirt fits snugly* la jupe est très ajustée / *the two parts fit together snugly* les deux pièces s'emboîtent parfaitement.

so[1] [səu] ◆ adv **1.** *(before adj, adv)* [to such an extent] si, tellement / *I'm so glad to see you* ça me fait tellement plaisir or je suis si content de te voir / *he can be so irritating at times* il est tellement énervant par moments / *she makes me so angry* elle a le don de me mettre en colère / *I've never been so surprised in all my life* jamais de ma vie je n'avais eu une surprise pareille or une telle surprise / *it was so beautiful a sight fml* c'était un si beau spectacle / *she was so shocked (that) she couldn't speak* [result] elle était tellement choquée qu'elle ne pouvait pas parler / *so complex was the problem that it baffled even the experts* le problème était si or tellement complexe que même les experts ne comprenaient pas / *his handwriting's so bad (that) it's illegible* il écrit si mal que c'est impossible à lire / *would you be so kind as to carry my case?* auriez-vous l'amabilité or la gentillesse de porter ma valise? / *is it so very hard to say you're sorry?* est-ce si difficile de demander pardon? ; *(after verb)* comme ça, ainsi / *you mustn't worry so* il ne faut pas te faire du souci comme ça / *I wish he wouldn't go on so* j'aimerais qu'il arrête de radoter ; *(with 'that' clause)* : *she so detests him* or *she detests him so that she won't even speak to him* elle le hait au point de refuser or elle le déteste tellement qu'elle refuse de lui parler / *he was upset, so much so that he cried* il était bouleversé, à tel point qu'il en a pleuré ; *(in negative comparisons)* si, aussi / *I'm not so sure* je n'en suis pas si sûr / *it's not so bad, there's only a small stain* ça n'est pas si grave que ça, il n'y a qu'une petite tache / *the young and the not so young* les jeunes et les moins jeunes / *he's not so handsome as his father / as all that* il n'est pas aussi beau que son père / si beau que ça / *he was not so ill (that) he couldn't go out* il n'était pas malade au point de ne pas pouvoir sortir **2.** [indicating a particular size, length, etc.] : *the table is about so high / wide* la table est haute / large comme ça à peu près **3.** [referring to previous statement, question, word, etc.] : *I believe / think / suppose so* je crois / pense / suppose / *I don't believe / think so* je ne crois / pense pas / *I don't suppose so* je suppose que non / *I hope so* **a)** [answering question] j'espère que oui **b)** [agreeing] j'espère bien, je l'espère / *who says so?* qui dit ça? / *I told you so!* je vous l'avais bien dit! / *if so* si oui / *perhaps so* peut-être bien / *quite so* tout à fait, exactement / *so I believe / see* c'est ce que je crois / vois / *so I've been told / he said* c'est ce qu'on m'a dit / qu'il a dit / *isn't that Jane over there? — why, so it is!* ce ne serait pas Jane là-bas? — mais si (c'est elle)! / *he was told to leave the room and did so immediately* on lui a ordonné de quitter la pièce et il l'a fait immédiatement / *she was furious and understandably / and justifiably so* elle était furieuse et ça se comprend / et c'est normal / *the same only more so* tout autant sinon plus / *he's very sorry — so he should be!* il est désolé — c'est la moindre des choses or j'espère bien! ; [used mainly by children] : *I can so! inf* si, je peux! / *I didn't say that! — you did so! inf* je n'ai pas dit ça! — si, tu l'as dit! ▶ **so be it!** *arch & hum* soit!, qu'il en soit ainsi! ▶ **so help me God! a)** [I swear] je le jure devant Dieu! **b)** [praying for help] que Dieu me vienne en aide! **4.** [likewise] aussi / *I had brought food, and so had they* j'avais apporté de quoi manger et eux aussi / *we arrived early and so did he* nous sommes arrivés tôt et lui aussi / *if he can do it, then so can I* s'il peut or est capable de le faire, alors moi aussi / *my shoes are Italian and so is my shirt* mes chaussures sont italiennes et ma chemise aussi **5.** [like this, in this way] ainsi / *hold the pen (like) so* tenez le stylo ainsi or comme ceci / *any product so labelled is guaranteed lead-free* tous les produits portant cette étiquette sont garantis sans plomb / *the laptop computer is so called because...* l'ordinateur laptop tient son nom de... ; [in such a way] : *the helmet is so constructed as to absorb most of the impact* le casque est conçu de façon à amortir le choc ▶ **it (just) so happens that...** il se trouve (justement) que... / *she likes everything (to be) just so* elle aime que tout soit parfait / *it has to be positioned just so or it won't go in* il faut le mettre comme ça sinon ça n'entre pas **6.** [introducing the next event in a sequence] : *and so to bed!* et maintenant au lit! / *and so we come to the next question* et maintenant nous en venons à la question suivante / *so then she left* alors elle est partie ; [requesting more information] : *so what's the problem?* alors, qu'est-ce qui ne va pas? ; [summarizing, inferring] : *so we can't go after all* donc nous ne pouvons plus y aller ; [in exclamations] alors / *so you're Anna's brother!* alors (comme ça) vous êtes le frère d'Anna? / *so that's why she didn't* *phone!* alors c'est pour ça qu'elle n'a pas téléphoné ! / *so publish it!* eh bien or alors allez-y, publiez-le ! ; [introducing a concession] et alors / *so I'm late, who cares?* je suis en retard, et alors, qu'est-ce que ça peut faire ? / *so it costs a lot of money, we can afford it* ça coûte cher, et alors ? on peut se le permettre ▸ **so?** et alors ?, et après ? / *he'll be angry — so what?* il va se fâcher ! — qu'est-ce que ça peut (me) faire or et alors ? / *so what if she does find out!* qu'est-ce que ça peut faire si elle s'en rend compte ? ◆ conj **1.** [indicating result] donc, alors / *the door was open, so I went in* la porte était ouverte, alors je suis entré **2.** [indicating purpose] pour que, afin que / *give me some money so I can buy some sweets* donne-moi de l'argent pour que je puisse acheter des bonbons **3.** [in the same way] de même / *as 3 is to 6, so 6 is to 12* le rapport entre 6 et 12 est le même qu'entre 3 et 6 / *as he has lived so will he die* il mourra comme il a vécu. ◆ adj ainsi, vrai / *is that so?* **a)** c'est vrai ? **b)** *iro* vraiment ? / *that is so* c'est vrai, c'est exact / *if that is so* si c'est le cas, s'il en est ainsi.

❖ **or so** adv phr environ, à peu près / *it costs £5 or so* ça coûte environ 5 livres / *there were thirty or so people* il y avait trente personnes environ or à peu près, il y avait une trentaine de personnes.

❖ **so as** conj phr *inf* pour que, afin que.

❖ **so as to** conj phr pour, afin de / *she went to bed early so as not to be tired next day* elle s'est couchée tôt afin de or pour ne pas être fatiguée le lendemain.

❖ **so that** conj phr **1.** [in order that] pour que, afin que / *they tied him up so that he couldn't escape* ils l'ont attaché afin qu'il or pour qu'il ne s'échappe pas / *I took a taxi so that I wouldn't be late* j'ai pris un taxi pour ne pas être en retard **2.** [with the result that] si bien que, de façon à ce que / *she didn't eat enough, so that in the end she fell ill* elle ne mangeait pas assez, de telle sorte or si bien qu'elle a fini par tomber malade.

❖ **so to speak, so to say** adv phr pour ainsi dire.

Note that **afin que, pour que,** and **de façon (à ce) que** are all followed by a verb in the subjunctive:

Use a microphone so that everyone can hear you. *Utilisez un micro afin que tout le monde puisse vous entendre.*

Make a guest list so that no one feels left out. *Préparez une liste d'invités pour que personne ne se sente exclu.*

They have been asked to step in so that the incident does not turn into a crisis. *On leur a demandé d'intervenir de façon (à ce) que l'incident ne devienne pas une crise.*

so² [səʊ] n MUS sol *m*.

SO n abbr of **standing order.**

soak [səʊk] ◆ vt **1.** [washing, food] faire or laisser tremper / *he soaked the shirts in warm water* il a fait tremper les chemises dans de l'eau chaude / *soak the prunes overnight* laisser tremper les pruneaux toute la nuit ▸ **to soak o.s. (in the bath)** faire trempette dans la baignoire **2.** [drench - person, dog, etc.] tremper ▸ **to be soaked through** or **to the skin** être trempé jusqu'aux os / *I got soaked waiting in the rain* je me suis fait tremper en attendant sous la pluie / *his shirt was soaked in blood / in sweat* sa chemise était maculée de sang / trempée de sueur **3.** *fig* [immerse] imprégner / *to soak o.s. in the history of a period* se plonger dans or s'imprégner de l'histoire d'une époque **4.** *inf* [exploit - by swindling] rouler, arnaquer ; [- through taxation] faire casquer / *to soak the rich* faire casquer les riches. ◆ vi [washing] tremper / *he put the washing (in) to soak* il a mis le linge à tremper ▸ **to soak in the bath** faire trempette dans la baignoire. ◆ n **1.** [in water] trempage *m* / *the shirts are in soak* les chemises sont en train de tremper / *these shirts need a good soak* il faut laisser or bien faire tremper ces chemises / *I had a nice long soak in the bath* je suis resté longtemps plongé dans un bon bain **2.** *inf* [heavy drinker] soûlard *m*, -e *f*, pochard *m*, -e *f* **3.** UK *inf* [rain shower] saucée *f*, rincée *f*.

❖ **soak in** vi **1.** [water] pénétrer, s'infiltrer **2.** *inf & fig* [comment, news] faire son effet / *she told me what happened, but it hasn't soaked in yet* elle m'a dit ce qui s'est passé, mais je n'ai pas encore vraiment bien compris.

❖ **soak out** ◆ vi [dirt, stains] partir (au trempage). ◆ vt sep [dirt, stains] faire disparaître or partir (en faisant tremper).

❖ **soak through** vi [liquid] filtrer au travers, s'infiltrer.

❖ **soak up** vt sep **1.** [absorb] absorber / *we spent a week soaking up the sun* nous avons passé une semaine à lézarder or à nous faire dorer au soleil / *they come to Europe to soak up the culture* ils viennent en Europe pour s'imbiber de culture **2.** *inf & hum* [drink] : *he can really soak it up* il peut vraiment boire comme un trou.

soaked [səʊkt] adj *fig* [immersed] imprégné / *the place is soaked in history* l'endroit est imprégné d'histoire.

soaking ['səʊkɪŋ] ◆ adj trempé / *take off your shirt, it's soaking* enlève ta chemise, elle est trempée / *I'm soaking (wet)!* je suis trempé jusqu'aux os ! ◆ n **1.** [gen] trempage *m* / *these clothes need a good soaking* il faut laisser tremper ces vêtements ; *inf* [in rain] ▸ **to get a soaking** se faire tremper or saucer **2.** *inf* [financial loss] perte *f* financière / *we got a real soaking on the stock market* on a vraiment beaucoup perdu à la Bourse.

so-and-so n *inf* **1.** [referring to stranger] untel *m*, unetelle *f* / *Mr so-and-so* Monsieur Untel / *Mrs so-and-so* Madame Unetelle **2.** [annoying person] : *you little so-and-so!* espèce de petit minable !

soap [səʊp] ◆ n *(U)* **1.** savon *m* ▸ **a bar of soap** un savon, une savonnette ▸ **soap bubble** bulle *f* de savon **2.** *inf* [flattery] = **soft soap 3.** *inf* RADIO & TV = **soap opera 4.** PHR **no soap!** US *inf* des clous !, des nèfles ! ◆ vt savonner.

❖ **soap down** vt sep savonner ▸ **to soap o.s. down** se savonner.

❖ **soap up** ◆ vt sep *inf* **1.** [flatter] passer de la pommade à **2.** US [bribe] soudoyer. ◆ vi [while washing] se savonner.

soapbox ['səʊpbɒks] ◆ n **1.** *lit* caisse *f* à savon ; *fig* [for speaker] tribune *f* improvisée or de fortune ▸ **get off your soapbox!** ne monte pas sur tes grands chevaux ! **2.** [go-kart] chariot *m* ; ≃ kart *m (sans moteur)*. ◆ comp [orator] de carrefour ; [oratory] de démagogue / *he's just a soapbox orator* ce n'est qu'un orateur de carrefour.

soapdish ['səʊpdɪʃ] n porte-savon *m*.

soapflakes ['səʊpfleɪks] pl n paillettes *fpl* de savon, savon *m* en paillettes.

soap opera n RADIO & TV soap opera *m*.

soap powder n lessive *f* (en poudre), poudre *f* à laver.

soapstone ['səʊpstəʊn] n stéatite *f*.

soapsuds ['səʊpsʌdz] pl n [foam] mousse *f* de savon ; [soapy water] eau *f* savonneuse.

soapy ['səʊpɪ] (*compar* **soapier**, *superl* **soapiest**) adj **1.** [water, hands, surface] savonneux ; [taste] de savon **2.** *inf & fig* [person, manner, voice] doucereux, mielleux.

soar [sɔːr] vi **1.** [bird, plane] monter en flèche ; [flames] jaillir ▸ **to soar into the sky** or **the air** [bird, balloon, etc.] s'élever dans les airs / *the ball soared over the fence / our heads* le ballon s'est envolé au-dessus de la clôture / de nos têtes / *the jet soared above us* l'avion est monté en flèche au-dessus de nous **2.** [spire] se dresser vers le ciel ; [mountain] s'élever vers le ciel / *the mountain seemed to soar into the clouds* la montagne paraissait s'élancer dans les nuages **3.** [temperature, profits, prices] monter or grimper en flèche ; [suddenly] faire un bond / *sales have soared since the TV adverts* les ventes ont grimpé en flèche depuis les publicités à la télé **4.** [spirits] remonter en flèche ; [hopes, imagination] grandir démesurément ; [reputation] monter en flèche **5.** [sound, music] s'élever.

soaring ['sɔːrɪŋ] ◆ adj **1.** [bird, glider] qui s'élève dans le ciel ; [spire, tower] qui s'élance vers le ciel ; [mountain] qui s'élève vers le ciel / *the soaring spire of the cathedral* la flèche de la cathédrale qui s'élance vers le ciel **2.** [prices, inflation] qui monte or qui grimpe en flèche ; [imagination] débordant ; [hopes, reputation] grandissant. ◆ n [of bird] essor *m*, élan *m* ; [of plane] envol *m* ; [of prices] envolée *f*, explosion *f*.

SOAS ['səʊæs] (abbr of **School of Oriental and African Studies**) pr n *école des études orientales et africaines de Londres.*

sob¹ [sɒb] (*pt & pp* **sobbed**, *cont* **sobbing**) ◆ n sanglot *m* / *she answered him with a sob* elle lui répondit dans un sanglot / *it wasn't me, he said with a sob* ce n'est pas moi, dit-il en sanglotant / *with a sob in her voice* la voix étouffée par un sanglot. ◆ vi sangloter. ◆ vt ▸ **to sob o.s. to sleep** s'endormir à force de sangloter or en sanglotant / *"I can't remember!", he sobbed* « je ne me rappelle pas », dit-il en sanglotant.

❖ **sob out** vt sep raconter en sanglotant / *she sobbed out her grief* son chagrin se traduisait par des sanglots ▸ **to sob one's heart out** sangloter de tout son corps, pleurer à gros sanglots.

sob², SOB ['esəʊbiː] n US *inf* abbr of **son-of-a-bitch.**

sobbing ['sɒbɪŋ] ◆ n *(U)* sanglots *mpl* / *stop your sobbing* arrête de sangloter. ◆ adj sanglotant.

sober ['səʊbər] ◆ adj **1.** [not drunk] : *are you sure he was sober?* tu es sûr qu'il n'avait pas bu ? / *he's never sober* il est toujours ivre ; [sobered up] dessoûlé / *wait until he's sober again* attends qu'il dessoûle ▸ **to be as sober as a judge a)** [serious] être sérieux comme un pape **b)** [temperate] être sobre comme un chameau **2.** [moderate - person] sérieux, posé, sensé ; [- attitude, account, opinion] modéré, mesuré ; [- manner] sérieux, posé **3.** [serious, solemn - atmosphere, occasion] solennel, plein de solennité ; [- expression] grave, plein de gravité ; [- voice] grave, empreint de gravité ; [- reminder] solennel / *you're in (a) sober mood* vous êtes d'humeur bien solennelle **4.** [subdued - colour, clothing] discret (discrète), sobre / *he was wearing a sober blue tie* il portait une cravate d'un bleu sobre / *of sober appearance* d'aspect sobre **5.** [plain - fact, reality] (tout) simple ; [- truth] simple, tout nu / *the sober fact is...* le fait est que... ; [tastes] simple, sobre. ◆ vt [calm] calmer, assagir.

❖ **sober down** ◆ vi [calm down] se calmer, s'assagir. ◆ vt sep [calm] calmer, assagir.

❖ **sober up** vi & vt sep dessoûler.

sobering ['səʊbərɪŋ] adj : *it's a sobering thought* cela donne à réfléchir / *what she said had a sobering effect on everyone* ce qu'elle a dit donnait à réfléchir à tous.

soberly ['səʊbəlɪ] adv [act, speak] avec sobriété or modération or mesure ; [dress] sobrement, discrètement / *he said soberly* **a)** [calmly] dit-il d'un ton posé or mesuré **b)** [solemnly] dit-il d'un ton grave / *the soldiers filed soberly past* les soldats défilèrent solennellement.

soberness ['səʊbənɪs] = **sobriety.**

sobersides ['səʊbəsaɪdz] n UK *inf* : *he's a real sobersides* c'est un vrai bonnet de nuit.

sobriety [səʊ'braɪətɪ] n **1.** [non-drunkenness] sobriété *f* / *his sobriety cannot be guaranteed* rien ne garantit qu'il ne sera pas ivre **2.** [moderation - of person] sobriété *f*, sérieux *m* ; [- of opinion, judgement] mesure *f*, modération *f* ; [- of manner, style, tastes] sobriété *f* **3.** [solemnity - of occasion] solennité *f* ; [- of voice] ton *m* solennel or grave ; [- of mood] sobriété *f* **4.** [of colour, dress] sobriété *f*.

sobriquet ['səʊbrɪkeɪ] n *liter* sobriquet *m*.

sob story n *inf & pej* histoire *f* larmoyante, histoire *f* à vous fendre le cœur / *she's always full of sob stories* elle cherche toujours à vous apitoyer or à vous fendre le cœur avec ses histoires / *he told us some sob story about his deprived childhood* il nous a parlé de son enfance malheureuse, à faire pleurer dans les chaumières.

Soc [sɒk] (abbr of **Society**) n ≃ club *m (abréviation utilisée dans la langue parlée, notamment par les étudiants pour désigner les différents clubs universitaires).*

so-called [-kɔːld] adj soi-disant *(inv)*, prétendu / *his so-called aunt* sa soi-disant tante / *so-called social* *workers* des soi-disant assistants sociaux / *her so-called boudoir* son boudoir, comme elle l'appelle.

soccer ['sɒkəʳ] ◆ n football *m*, foot *m*. ◆ comp [pitch, match, team] de football, de foot ; [supporter] d'une équipe de foot ▸ **soccer hooligans** hooligans *mpl (lors de matches de football)* ▸ **soccer mom** US *mère de famille blanche de classe moyenne ayant des enfants d'âge scolaire* ▸ **soccer player** footballeur *m*, -euse *f*.

sociability [,səʊʃə'bɪlətɪ] n sociabilité *f*.

sociable ['səʊʃəbl] ◆ adj **1.** [enjoying company] sociable, qui aime la compagnie (des gens) ; [friendly] sociable, amical ; [evening] amical, convivial / *try to be more sociable* **a)** [go out more] essaie de sortir un peu et de rencontrer des gens **b)** [mix more] essaie d'être un peu plus sociable / *I'm not in a sociable mood* je ne suis pas d'humeur sociable, je n'ai pas envie de voir de monde **2.** SOCIOL & ZOOL sociable. ◆ n US fête *f*.

sociably ['səʊʃəblɪ] adv [behave] de manière sociable, amicalement ; [say] amicalement.

social ['səʊʃl] ◆ adj **1.** [background, behaviour, conditions, reform, tradition] social ; [phenomenon] social, de société / *to bow to social pressures* se plier aux pressions sociales / *they are our social equals* ils sont de même condition sociale que nous ▸ **social benefits** prestations *fpl* sociales ▸ **social class** classe *f* sociale / *it's social death to wear such clothes there hum* plus personne ne te connaît si tu t'habilles comme ça pour y aller / *they move in high* or *the best social circles* ils évoluent dans les hautes sphères de la société ▸ **social conscience** conscience *f* sociale ▸ **social order** ordre *m* social ▸ **social outcast** paria *m* ▸ **social structure** structure *f* sociale **2.** [in society - activities] mondain ; [leisure] de loisir or loisirs / *his life is one mad social whirl* il mène une vie mondaine insensée **3.** [evening, function] amical ▸ **social event** rencontre *f* / *it was the social event of the year* c'était l'événement mondain de l'année **4.** ZOOL social / *ants are social insects* les fourmis sont une espèce sociale / *man is a social animal* l'homme est un animal social. ◆ n soirée *f* (dansante).

social chapter n volet *m* social.

Social Charter n Charte *f* sociale.

social climber n arriviste *mf*.

social climbing n arrivisme *m*.

social club n club *m*.

social contract n contrat *m* social.

social democracy n **1.** [system] social-démocratie *f* **2.** [country] démocratie *f* socialiste / *we live in a social democracy* nous vivons dans une démocratie socialiste.

social democrat n social-démocrate *mf*.

social democratic adj social-démocrate.

Social Democratic and Labour Party pr n *parti travailliste d'Irlande du Nord.*

Social Democratic Party pr n Parti *m* social-démocrate.

social disease n [gen] maladie *f* provoquée par des facteurs socio-économiques ; *euph* [venereal] maladie *f* vénérienne.

social drinker n : *he's purely a social drinker* il ne boit pas seul, il boit seulement en société or en compagnie.

social drinking n alcoolisme *m* mondain.

social engineering n manipulation *f* des structures sociales.

social fund n *caisse d'aide sociale.*

social insurance n *(U)* prestations *fpl* sociales.

socialism ['səʊʃəlɪzm] n socialisme *m*.

socialist ['səʊʃəlɪst] ◆ adj socialiste. ◆ n socialiste *mf*.

socialistic [,səʊʃə'lɪstɪk] adj socialiste, de nature socialiste.

socialite ['səʊʃəlaɪt] n mondain *m*, -e *f*, personne *f* qui fréquente la haute société / *she's a famous socialite* elle est connue pour fréquenter beaucoup la haute société.

sociality [,səʊʃɪ'ælətɪ] n socialité *f*.

socialization [,səʊʃəlaɪ'zeɪʃn] n POL & PSYCHOL socialisation *f*.

socialize, socialise ['səʊʃəlaɪz] ◆ vi [go out] sortir, fréquenter des gens ; [make friends] se faire des amis ▸ **to socialize with sb** frayer avec qqn / *she used to socialize a lot when she was at college* elle sortait beaucoup quand elle était étudiante / *he finds it difficult to socialize* il a du mal à lier connaissance, il est très peu sociable. ◆ vt POL & PSYCHOL socialiser.

socialized medicine ['səʊʃəlaɪzd-] n US *système de sécurité sociale.*

socializing ['səʊʃəlaɪzɪŋ] n fait *m* de fréquenter des gens / *socializing between teachers and pupils is discouraged* les relations entre élèves et professeurs ne sont pas encouragées.

social life n vie *f* mondaine ▸ **to have a busy social life a)** [be fashionable] mener une vie très mondaine **b)** [go out often] sortir beaucoup / *he doesn't have much of a social life* il ne sort pas beaucoup / *there isn't much of a social life in this town* les gens ne sortent pas beaucoup dans cette ville, il ne se passe rien dans cette ville / *what's the social life like here?* est-ce que vous sortez beaucoup ici ?

socially ['səʊʃəlɪ] adv socialement / *socially acceptable behaviour* comportement socialement acceptable / *we've never met socially* on ne s'est jamais rencontrés en société.

social media pl n médias *mpl* sociaux.

social networking n réseautage *m* social ▸ **social networking site** site *m* de réseautage social.

social science n sciences *fpl* humaines.

social scientist n spécialiste *mf* des sciences humaines.

social security n **1.** [gen] prestations *fpl* sociales ▸ **to be on social security** toucher une aide sociale **2.** UK [money paid to unemployed] ≃ allocations *fpl* de chômage.

social security number n US numéro *m* de sécurité sociale.

social services pl n services *mpl* sociaux.

social software n logiciels *mpl* sociaux / *a piece of social software* un logiciel social.

social studies pl n sciences *fpl* sociales.

social welfare n protection *f* sociale.

social work n assistance *f* sociale, travail *m* social.

social worker n assistant social *m*, assistante sociale *f*, travailleur social *m*, travailleuse sociale *f*.

societal [sə'saɪətl] adj sociétal.

society [sə'saɪətɪ] (*pl* **societies**) ◆ n **1.** [social community] société *f* / *it is a danger to society* cela constitue un danger pour la société / *for the good of society* dans l'intérêt de la société / *woman's place in society* la place de la femme dans la société **2.** [nation, group] société *f* / *primitive* / *industrial societies* des sociétés primitives / industrielles / *Western society* la société occidentale **3.** [fashionable circles] ▸ **(high) society** la haute société, le (beau or grand) monde / *to make one's debut in society* faire ses débuts dans le monde **4.** *liter* [company] société *f*, compagnie *f* / *to avoid the society of sb* éviter la société de qqn / *I do not care for their society* je ne me plais pas en leur compagnie or en leur société ▸ **in polite society** dans la bonne société or le (beau) monde **5.** [association, club] société *f*, association *f* ; [for sports] club *m*, association *f* ; SCH & UNIV [for debating, study, etc.] société *f* ▸ **charitable society** œuvre *f* de charité, association *f* caritative ▸ **the Society of Friends** la Société des Amis *(les quakers)* ▸ **the Society of Jesus** la Compagnie de Jésus. ◆ comp [gossip, news, wedding] mondain ▸ **the society column** PRESS la chronique mondaine ▸ **a society man** / **woman** un homme / une femme du monde.

sociobiology [,səʊsɪəʊbaɪ'ɒlədʒɪ] n sociobiologie *f*.

sociocultural [,səʊsɪəʊ'kʌltʃərəl] adj socioculturel.

socioeconomic ['səʊsɪəʊ,iːkə'nɒmɪk] adj socio-économique.

sociolinguistic [,səʊsɪəʊlɪŋ'gwɪstɪk] adj sociolinguistique.

sociolinguistics [,səʊsɪəʊlɪŋ'gwɪstɪks] n *(U)* sociolinguistique *f*.

sociological [,səʊsjə'lɒdʒɪkl] adj sociologique.

sociologist [,səʊsɪ'ɒlədʒɪst] n sociologue *mf*.

sociology [,səʊsɪ'ɒlədʒɪ] n sociologie *f*.

sociometric [,səʊsɪəʊ'metrɪk] adj sociométrique.

sociometry [,səʊsɪ'ɒmɪtrɪ] n sociométrie *f*.

sociopath [,səʊsɪəʊ'pæθ] n sociopathe *mf*.

sociopathic [,səʊsɪəʊ'pæθɪk] adj sociopathe, sociopathique.

sociopolitical [,səʊsɪəʊpə'lɪtɪkl] adj sociopolitique.

sock [sɒk] ◆ n **1.** [garment] chaussette *f* ▸ **it'll knock your socks off!** *inf* tu vas tomber à la renverse ! ▸ **to pull one's socks up** *inf* se secouer *inf* (les puces) ▸ **put a sock in it!** UK *inf* la ferme ! **2.** [insole] semelle *f* (intérieure) **3.** [of horse] paturon *m* **4.** AERON & METEOR ▸ **(wind) sock** manche *f* à air **5.** *inf* [blow] gnon *m*, beigne *f* / *I got a sock on the jaw* j'ai pris une beigne **6.** ANTIQ ▸ **the sock and buskin** le socque et le cothurne. ◆ adv *inf* : *the blow caught him sock in the face* il a pris le coup en pleine poire. ◆ vt *inf* [hit] flanquer une beigne à / *he socked him on the jaw* il lui a flanqué un coup de poing à la mâchoire / *they socked me over the head with a cosh* ils m'ont flanqué un coup de matraque sur la tête ▸ **sock it to him!** or **sock him one!** fous-lui une beigne !, cogne-le ! ▸ **sock it to them!** [in performance] allez, montrez-leur un peu de quoi vous êtes capables ! ▸ **sock it to me then!** allez, accouche ! *v inf.*

❖ **sock away** vt sep US *inf* [money] mettre de côté, économiser ▸ **to sock it away** remplir son bas de laine.

❖ **sock in** vt sep US *inf* [airport] fermer *(à cause de mauvaises conditions météorologiques).*

sockdolager, sockdologer [sɒk'dɒlədʒəʳ] n US *inf* **1.** [decisive blow] coup *m* décisif **2.** [remarkable person] personne *f* extraordinaire ; [phenomenon] chose *f* extraordinaire / *that was a sockdolager of a thunderstorm / film!* quel orage incroyable / film génial !

socket ['sɒkɪt] n **1.** ELEC [for bulb] douille *f* ; UK [in wall] prise *f* (de courant) **2.** TECH cavité *f* ; [in carpentry] mortaise *f* / *it fits into a socket* ça s'emboîte dans un support prévu à cet effet **3.** ANAT [of arm, hipbone] cavité *f* articulaire ; [of tooth] alvéole *f* ; [of eye] orbite *f* / *her arm was pulled out of its socket* elle a eu l'épaule luxée / *her eyes almost popped* or *jumped out of their sockets fig* les yeux lui en sont presque sortis de la tête.

socket joint n **1.** [in carpentry] joint *m* à rotule **2.** ANAT énarthrose *f*.

socket set n coffret *m* de douilles.

socket wrench n clef *f* à douille.

sockeye ['sɒkaɪ] n ZOOL saumon *m* rouge.

socking ['sɒkɪŋ] adv UK *inf* [as intensifier] vachement / *he had a socking great bruise!* il avait un de ces bleus !

sock puppet n **1.** [puppet] *marionnette fabriquée avec une chaussette* **2.** INTERNET faux-nez *m (avatar supplémentaire créé par un utilisateur déjà enregistré).*

Socrates ['sɒkrətiːz] pr n Socrate.

Socratic [sɒ'krætɪk] adj socratique *(inv)*.

sod [sɒd] (*pt & pp* **sodded**, *cont* **sodding**) ◆ n **1.** UK *v inf* [obnoxious person] enfoiré *m*, con *m* / *the stupid sod!* tu parles d'un enfoiré ! / *you (rotten) sod!* espèce de saligaud ! / *he's a real sod!* c'est un salopard ! **2.** UK *v inf* [fellow] bougre *m*, con *m* / *poor sod* le pauvre con / *he's not such a bad old sod* ce n'est pas un mauvais bougre **3.** UK *v inf* [difficult or unpleasant thing] corvée *f* / *it's a sod of a job* c'est vraiment chiant comme boulot / *these screws are real sods to get out* ces vis sont vraiment emmerdantes or chiantes à enlever ▸ **that's sod's law** c'est la poisse **4.** [of turf] motte *f* (de gazon) ; [earth and grass] terre *f* ; [lawn] gazon *m* ▸ **the sod of old Ireland** la bonne vieille terre d'Irlande. ◆ vt UK *v inf* ▸ **sod it!** merde ! ▸ **sod him!** qu'il aille se faire foutre !

❖ **sod off** vi UK *v inf* foutre le camp ▸ **sod off!** va te faire foutre !

soda ['səʊdə] n **1.** CHEM soude *f* **2.** [fizzy water] eau *f* de Seltz ▸ **a whisky and soda** un whisky soda **3.** US [soft drink] soda *m*.

soda ash n soude *f* du commerce.

soda biscuit n UK *biscuit sec à la levure chimique.*

soda bread n pain *m* à la levure chimique.

soda cracker = **soda biscuit.**

soda fountain n US **1.** [café] ≃ café *m* ; [counter] buvette *f (où sont servis des sodas)* **2.** = **soda siphon.**

soda jerk n US *inf* serveur *m*, -euse *f (de soda).*

soda lime n chaux *f* sodée.

sodality [sə'dælətɪ] (*pl* **sodalities**) n **1.** *fml* [fellowship] fraternité *f*, camaraderie *f* **2.** RELIG [association] confrérie *f*.

sod all n UK *v inf* : *he does sod all around the house* il n'en fout pas une dans la maison / *I'll tell you what you'll get out of him: sod all!* tu sais ce qu'il te donnera : que dalle !

soda siphon n siphon *m* (d'eau de Seltz).

soda water n eau *f* de Seltz.

sodden ['sɒdn] adj [ground] détrempé ; [clothes] trempé ▸ **to be sodden with drink** *fig* être abruti par l'alcool.

sodding ['sɒdɪŋ] UK *v inf* ◆ adj foutu / *I lost my sodding umbrella* j'ai perdu ce foutu parapluie. ◆ adv [very] vachement ; [as intensifier] : *you can sodding well do it yourself!* tu n'as qu'à le faire toi-même, merde !

sodium ['səʊdɪəm] n sodium *m*.

sodium bicarbonate n bicarbonate *m* de soude.

sodium carbonate n carbonate *m* de sodium, soude *f*.

sodium chloride n chlorure *m* de sodium.

sodium lamp n lampe *f* à vapeur de sodium.

sodium sulphate n sulfate *m* de sodium.

sodium-vapour lamp = **sodium lamp.**

Sodom ['sɒdəm] pr n ▸ **Sodom and Gomorrah** Sodome et Gomorrhe.

sodomite ['sɒdəmaɪt] n sodomite *m*.

sodomize, sodomise ['sɒdəmaɪz] vt sodomiser.

sodomy ['sɒdəmɪ] n sodomie *f*.

sofa ['səʊfə] n sofa *m*, canapé *m*.

sofa bed n canapé-lit *m*.

Sofia ['səʊfjə] pr n Sofia.

soft [sɒft] ◆ adj **1.** [to touch -skin, hands] doux (douce) ; [-wool, fur, pillow] doux (douce), moelleux ; [-leather] souple ; [-material, hair] doux (douce), soyeux ▸ **as soft as velvet** / **as a baby's bottom** doux comme du velours / comme une peau de bébé ▸ **to become soft** or **softer, to get soft** or **softer a)** [skin] s'adoucir **b)** [leather] s'assouplir / *the cream will make your hands* / *the leather soft* la crème t'adoucira les mains / assouplira le cuir **2.** [yielding to pressure -bed, mattress] moelleux ; [-collar, ground, snow] mou *(before vowel or silent 'h' mol, f molle)* ; [-butter] mou *(before vowel or silent 'h' mol, f molle)*, ramolli ; [-muscles, body] ramolli, avachi, flasque ; [too yielding -bed, mattress] mou *(before vowel or silent 'h' mol, f molle)* / *the butter has gone soft* le beurre s'est ramolli / *the mattress will get softer with wear* le matelas deviendra plus moelleux à l'usage / *mix to a soft paste* mélanger jusqu'à obtention d'une pâte molle / *these chocolates have soft centres* ces chocolats sont mous à l'intérieur / *the brakes are soft fig* il y a du mou dans les freins / *the brakes have gone soft fig* il y a du mou dans la pédale de frein / *the going is soft* [in horseracing] le terrain est mou ▸ **soft cheese** fromage *m* à pâte molle **3.** [malleable -metal, wood, stone] tendre ; [-pencil] gras (grasse), tendre ▸ **soft contact lenses** lentilles *fpl* souples **4.** [gentle -breeze, rain, words] doux (douce) ; [-expression, eyes] doux (douce), tendre ; [-curve, shadow] doux (douce) ; [-climate, weather] doux (douce), clément / *she suits a softer hairstyle* ce qui lui va bien, c'est une coiffure plus souple / *it's a soft day* UK il bruine aujourd'hui **5.** [quiet, not harsh -voice, music] doux (douce) ; [-sound, accent] doux (douce), léger ; [-tap, cough] petit, léger ; [-step] feutré / *yes, he said in a soft whisper* / *voice* oui, murmura-t-il doucement / dit-il d'une voix douce / *she gave a soft laugh* elle rit doucement **6.** [muted -colour, glow] doux (douce) ; [-shade] doux (douce), pastel *(inv)* ; [-light] doux (douce), tamisé **7.** [blurred -outline] estompé, flou **8.** [kind, gentle -person] doux (douce), tendre ; [-reply] gentil, aimable ; [-glance] doux (douce), gentil ▸ **to have a soft heart** avoir le cœur tendre ▸ **to have a soft nature** être doux de nature ; [lenient] indulgent / *you're too soft with the boy* vous êtes trop indulgent avec le garçon ▸ **to be soft on sb** se montrer indulgent envers qqn, faire preuve d'indulgence envers qqn / *to be soft on terrorism* faire preuve de laxisme envers le terrorisme **9.** [weak -physically] mou *(before vowel or silent 'h' mol, f molle)* / *the boy's too soft* ce garçon n'a pas de caractère / *you're getting soft* tu te ramollis / *city life has made you soft* la vie citadine t'a ramolli **10.** *inf* [mentally] : *he's going soft in his old age* il devient gâteux en vieillissant / *you must be soft in the head!* ça va pas, non ? / *don't be soft* **a)** [stop crying] arrête de pleurer **b)** [silly] arrête de dire des bêtises **11.** [fond] ▸ **to be soft on sb** *inf* avoir le béguin pour qqn ▸ **to have a soft spot for sb** avoir un faible pour qqn **12.** [easy -life] doux (douce), tranquille, facile ; [-job] facile ▸ **to have a soft time of it** *inf* se la couler douce / *it's the soft option* c'est la solution de facilité ▸ **to take the soft option** opter pour la solution de facilité **13.** [moderate] modéré / *the soft left* POL la gauche modérée ▸ **to take a soft line on sthg a)** adopter une ligne modérée sur qqch **b)** [compromise] adopter une politique de compromis sur qqch **14.** ECON & FIN [currency] faible ; [market] faible, lourd ▸ **soft terms** conditions *fpl* favorables ▸ **soft loan** prêt *m* avantageux or à des conditions avantageuses **15.** [water] doux (douce) **16.** LING [consonant] doux (douce) **17.** [drug] doux (douce). ◆ adv **1.** *liter* [softly] doucement **2.** *inf* ▸ **don't talk soft!** ne sois pas idiot !

softball ['sɒftbɔːl] n US **1.** [game] *sorte de base-ball joué sur un terrain plus petit et avec une balle moins dure* **2.** [ball] *balle utilisée au softball (plus grande et plus molle qu'une balle de base-ball).*

soft-boiled [-bɔɪld] adj ▸ **soft-boiled egg** œuf *m* (à la) coque.

softbound ['sɒftbaʊnd] = **soft-cover.**

soft-centre n [chocolate] chocolat *m* fourré.

soft-centred adj [chocolate, sweet] fourré.

soft copy n COMPUT copie *f* électronique.

soft-core adj [pornography] soft *(inv).*

soft-cover adj broché.

soft drink n boisson *f* non alcoolisée.

soften ['sɒfn] ◆ vt **1.** [butter, ground] ramollir ; [skin, water] adoucir ; [fabric, wool, leather] assouplir / *a cream to soften chapped skin* une crème pour adoucir les peaux gercées / *soften the paste by kneading it between your fingers* ramollir la pâte en la malaxant avec les doigts / *centuries of erosion had softened the stone* des siècles d'érosion avaient rendu la pierre tendre **2.** [voice, tone] adoucir, radoucir ; [colour, light, sound] adoucir, atténuer / *to soften one's voice* **a)** [less strident] parler d'une voix plus douce **b)** [quieter] parler moins fort **3.** [make less strict] assouplir / *he has softened his stance on vegetarianism* son attitude envers le végétarisme est plus modérée qu'avant **4.** [lessen -pain, emotion] soulager, adoucir, atténuer ; [-shock, effect, impact] adoucir, amoindrir ; [-opposition, resistance] réduire, amoindrir / *to soften the blow lit & fig* amortir le choc. ◆ vi **1.** [butter, ground, etc.] se ramollir ; [skin] s'adoucir ; [cloth, wool, leather] s'assouplir **2.** [become gentler -eyes, expression, voice] s'adoucir ; [-breeze, rain] s'atténuer ; [-lighting, colour] s'atténuer, s'adoucir ; [-angle, outline] s'adoucir, s'estomper **3.** [become friendlier, more receptive] ▸ **to soften towards sb** se montrer plus indulgent envers qqn / *their attitude towards immigration has softened noticeably* leur position par rapport à l'immigration est nettement plus tolérante / *his face softened* son expression se radoucit / *her heart softened at the sound of his voice* elle s'attendrit en entendant sa voix.

❖ **soften up** ◆ vt sep **1.** *inf* [make amenable -gen] attendrir, rendre plus souple ; [-by persuasion] amadouer ; [-aggressively] intimider / *they tried to soften us up with champagne lunches* ils ont essayé de nous amadouer à coups de déjeuners au champagne / *they sent in bully boys to soften the shopkeepers up* ils ont envoyé des gros bras pour intimider les commerçants **2.** MIL affaiblir **3.** [make softer -butter, ground] ramollir ; [-skin] adoucir ; [-leather] assouplir. ◆ vi **1.** [ground] devenir mou, se ramollir ; [butter] se ramollir ; [leather] s'assouplir ; [skin] s'adoucir **2.** [become gentler -person, voice] s'adoucir ▸ **to soften up on sb** faire preuve de plus d'indulgence envers qqn.

softener ['sɒfnəʳ] n **1.** [for water] adoucisseur *m* (d'eau) ; [for fabric] assouplissant *m* (textile) **2.** *inf* [bribe] pot-de-vin *m*.

softening ['sɒfnɪŋ] n [of substance, ground] ramollissement *m* ; [of fabric, material] assouplissement *m*, adoucissement *m* ; [of attitude, expression, voice] adoucissement *m* ; [of colours, contrasts] atténuation *f* / *there has been no softening of attitude on the part of the management* la direction n'a pas modéré son attitude ▸ **softening of the brain** MED ramollissement *m* cérébral.

soft focus n PHOT flou *m* artistique.

soft fruit n *(U)* ≃ fruits *mpl* rouges.

soft furnishings pl n UK tissus *mpl* d'ameublement.

soft goods pl n UK tissus *mpl*, textiles *mpl*.

soft growth n ECON croissance *f* molle.

soft-headed adj *inf* [weak-minded] faible d'esprit ; [silly] bête, idiot.

softhearted [,sɒft'hɑːtɪd] adj (au cœur) tendre.

softie ['sɒftɪ] (*pl* **softies**) n *inf* **1.** [weak] mauviette *f*, mollasson *m*, -onne *f* ; [coward] poule *f* mouillée, dégonflé *m*, -e *f* **2.** [softhearted] sentimental *m*, -e *f* / *he's just a big softie really* au fond, c'est un grand sentimental.

soft landing n atterrissage *m* en douceur.

softly ['sɒftlɪ] adv **1.** [quietly -breathe, say] doucement ; [-move, walk] à pas feutrés, (tout) doucement **2.** [gently -blow, touch] doucement, légèrement **3.** [fondly -smile, look] tendrement, avec tendresse.

softly-softly UK ◆ adv tout doucement, avec prudence. ◆ adj prudent / *try a softly-softly approach* allez-y doucement.

soft margarine n margarine *f* à tartiner.

softness ['sɒftnɪs] n **1.** [to touch -of skin, hands, hair] douceur *f* ; [-of fabric, wool, fur, pillow] douceur *f*, moelleux *m* ; [-of leather] souplesse *f* **2.** [to pressure -of bed, ground, snow, butter] mollesse *f* ; [-of collar] souplesse *f* ; [-of wood] tendreté *f* **3.** [gentleness -of breeze, weather, voice, music] douceur *f* ; [-of expression, manner] douceur *f*, gentillesse *f* ; [-of eyes, light, colour] douceur *f* ; [-of outline, curve] flou *m*, douceur *f* **4.** [kindness -of person] douceur *f* ; [-of heart] tendresse *f* ; [indulgence] indulgence *f* **5.** [weakness -of character, person] mollesse *f* **6.** [easiness -of life] douceur *f* ; [-of job] facilité *f* **7.** *inf* [silliness] niaiserie *f*, stupidité *f*.

soft palate n voile *m* du palais.

soft pedal (UK *pt & pp* **soft-pedalled**, *cont* **soft-pedalling** ; US *pt & pp* **soft-pedaled**, *cont* **soft-pedaling**) n [on piano] pédale *f* douce, sourdine *f*.

❖ **soft-pedal** ◆ vi **1.** MUS mettre la sourdine **2.** *fig* : *to soft pedal on reforms* ralentir le rythme des réformes. ◆ vt *fig* glisser sur, atténuer.

soft science n ▸ **the soft sciences** les sciences *fpl* molles ; ≃ les sciences *fpl* humaines.

soft sell n COMM *méthodes de vente non agressives* / *she has a flair for the soft sell* elle a le don de or pour circonvenir ses clients.

soft-shell crab n crabe *m* à carapace molle.

soft-shelled turtle n tortue *f* à carapace molle.

soft shoulder = **soft verge.**

soft soap n **1.** MED savon *m* vert **2.** *(U) inf* [flattery] flagornerie *f*, flatterie *f*, flatteries *fpl*.

❖ **soft-soap** vt passer de la pommade à.

soft top n *inf* AUTO (voiture *f*) décapotable *f*.

soft touch n UK *inf* pigeon *m* / *he's a real soft touch* **a)** [easily fooled] il se laisse berner facilement **b)** [for money] il se laisse avoir or rouler facilement.

soft toy n (jouet *m* en) peluche *f*.

soft verge n [on road] accotement *m* non stabilisé.

software ['sɒftweəʳ] ◆ n COMPUT logiciels *m*, software *m* ▸ **a piece of software** un logiciel. ◆ comp ▸ **software company** fabricant *m* de logiciels ▸ **software house** société *f* de services et d'ingénierie informatique ▸ **software piracy** piratage *m* de logiciels.

software licence n licence *f* logicielle.

software package n logiciel *m*.

softwood ['sɒftwʊd] n bois *m* tendre.

softy ['sɒftɪ] *inf* = **softie.**

soggy ['sɒgɪ] (*compar* **soggier**, *superl* **soggiest**) adj [ground] détrempé, imbibé d'eau ; [clothes] trempé ; [bread, cake] mou ***(before vowel or silent 'h' mol, f molle)*** ; [rice] trop cuit, collant / *the ground is soggy underfoot* on s'enfonce dans le sol détrempé / *my shoes are all soggy* mes chaussures sont trempées.

soh [səʊ] n MUS sol *m*.

SoHo ['seʊhəʊ] pr n *quartier de Manhattan, dont le nom signifie South of Houston Street, réunissant un grand nombre de galeries d'art.*

Soho ['səʊhəʊ] pr n *quartier chaud de Londres connu pour ses restaurants.*

soil [sɔɪl] ◆ n **1.** [earth] terre *f* ▸ **to work the soil** travailler la terre **2.** [type of earth] terre *f*, sol *m* / *good farming soil* de la bonne terre agricole / *sandy / clay soils* sols sablonneux / argileux, terres sablonneuses / argileuses **3.** *fig* [land] terre *f*, sol *m* / *his native soil* sa terre natale / *on Irish soil* sur le sol irlandais **4.** *(U)* [excrement] excréments *mpl*, ordures *fpl* ; [sewage] vidange *f*. ◆ vt **1.** [dirty - clothes, linen, paper] salir ; *fig & liter* souiller / *she refused to soil her hands with such work* elle a refusé de se salir les mains avec ce genre de travail **2.** *fig* [reputation] salir, souiller, entacher. ◆ vi [clothes, material] se salir / *these covers soil easily* ces housses sont salissantes.

soiled [sɔɪld] adj [dressings] usagé ; [bedlinen] souillé ; [goods] défraîchi.

soil pipe n tuyau *m* de chute unique.

sojourn ['sɒdʒɜːn] *liter* ◆ n séjour *m*. ◆ vi séjourner.

solace ['sɒləs] *liter* ◆ n consolation *f*, réconfort *m* / *he found solace in religion* il a trouvé un réconfort dans la religion. ◆ vt [person] consoler, réconforter ; [pain, suffering] soulager.

solar ['səʊləʳ] adj **1.** [of, concerning the sun - heat, radiation] solaire, du soleil ; [- cycle, year] solaire ▸ **solar eclipse** éclipse *f* solaire **2.** [using the sun's power - energy, heating] solaire ▸ **solar battery** batterie *f* solaire.

solar cell n pile *f* solaire, photopile *f*.

solar flare n éruption *f* solaire.

solar furnace n four *m* solaire.

solarium [sə'leərɪəm] (*pl* **solariums** *or* **solaria** [-rɪə]) n solarium *m*.

solar panel n panneau *m* solaire.

solar plexus n plexus *m* solaire.

solar power n énergie *f* solaire.

solar-powered [-'paʊəd] adj à énergie solaire.

solar system n système *m* solaire.

sold [səʊld] ◆ pt & pp ⟶ **sell.** ◆ adj **1.** COMM vendu **2.** *inf & fig* ▸ **to be sold on sb / sthg** être emballé par qqn / qqch / *he's really sold on her* il est vraiment entiché or toqué d'elle / *she's sold on the new plan* elle est complètement emballée par le nouveau projet.

❖ **sold out** adj phr **1.** [goods] épuisé / **'sold out'** [for play, concert] 'complet' / *the concert was completely sold out* tous les billets pour le concert ont été vendus **2.** [stockist] : *we're sold out of bread* nous avons vendu tout le pain, il ne reste plus de pain.

solder ['səʊldəʳ] ◆ vt souder / *to solder a wire to a contact* souder un fil à un plot. ◆ n soudure *f*, métal *m* d'apport ▸ **brazing solder** soudure au laiton, brasure *f* ▸ **soft solder** soudure à l'étain, brasure *f* tendre.

soldering iron ['səʊldərɪŋ-] n fer *m* à souder.

soldier ['səʊldʒəʳ] ◆ n **1.** soldat *m*, militaire *m* ▸ **to become a soldier** se faire soldat, entrer dans l'armée ▸ **to play (at) soldiers a)** [children] jouer aux soldats or à la guerre **b)** *pej* [country, adults] jouer à la guerre or à la guéguerre ▸ **soldier of Christ** soldat du Christ ▸ **soldier of fortune** soldat de fortune ▸ **old soldier** MIL vétéran *m* ▸ **don't come** *inf* or **play the old soldier with me** ne prenez pas de grands airs avec moi **2.** ENTOM soldat *m* **3.** [strip of bread] mouillette *f*. ◆ vi être soldat, servir dans l'armée.

❖ **soldier on** vi UK continuer or persévérer (malgré tout) / *despite the freezing conditions they soldiered on* ils ont persévéré en dépit d'un froid glacial.

soldier ant n (fourmi *f*) soldat *m*.

soldiering ['səʊldʒərɪŋ] n carrière *f* or vie *f* (de) militaire ▸ **to go soldiering** partir à l'armée or à la guerre / *their love of soldiering* leur amour de la vie militaire / *after many years' soldiering* après avoir servi pendant de nombreuses années dans l'armée.

soldierly ['səʊldʒəlɪ] adj [act, behaviour] de soldat ; [appearance, manner, bearing] militaire.

soldiery ['səʊldʒərɪ] n **1.** [soldiers collectively] soldats *mpl*, militaires *mpl* **2.** [profession] métier *m* de soldat.

sole [səʊl] ◆ adj **1.** [only] seul, unique / *the sole survivor* le seul survivant **2.** [exclusive] exclusif ▸ **to have sole rights on sthg** avoir l'exclusivité des droits sur qqch ▸ **to have sole responsibility for sthg** être entièrement responsable de qqch ▸ **sole agent** COMM concessionnaire *mf* ▸ **sole legatee** LAW légataire *m* universel, légataire *f* universelle ▸ **sole trader** UK COMM entreprise *f* individuelle or unipersonnelle. ◆ n **1.** [of foot] plante *f* **2.** [of shoe, sock] semelle *f* **3.** (*pl* **sole** *or* **soles**) [fish] sole *f*. ◆ vt ressemeler ▸ **to have one's shoes soled** faire ressemeler ses chaussures.

solecism ['sɒlɪsɪzm] n **1.** GRAM solécisme *m* **2.** *fml* [violation of good manners] manque *m* de savoir-vivre.

-soled [səʊld] in comp à semelle de / *rubber-soled shoes* chaussures *fpl* à semelles de caoutchouc.

solely ['səʊllɪ] adv **1.** [only] seulement, uniquement **2.** [entirely] entièrement ▸ **to be solely responsible for sthg** être entièrement responsable de qqch.

solemn ['sɒləm] adj **1.** [grave, serious] sérieux, grave, solennel / *a solemn face* un visage grave or solennel ; [sombre] sobre / *a solemn grey suit* un costume gris sobre **2.** [formal - agreement, promise] solennel / *a solemn oath* un serment solennel **3.** [grand - occasion, music] solennel ▸ **solemn mass** grand-messe *f*, messe *f* solennelle.

solemnify [sə'lemnɪfaɪ] (*pt & pp* **solemnified**) vt rendre solennel or sérieux.

solemnity [sə'lemnətɪ] (*pl* **solemnities**) n **1.** [serious nature] sérieux *m*, gravité *f* **2.** [formality] solennité *f* / *she was received with great solemnity* elle fut accueillie très solennellement **3.** *(usu pl) liter* [solemn event] solennité *f* / *the Easter solemnities* les solennités de Pâques.

solemnization [,sɒləmnaɪ'zeɪʃn] n *liter* [gen] solennisation *f* *liter* ; [of marriage] célébration *f*.

solemnize, solemnise ['sɒləmnaɪz] vt *liter* [gen] solenniser *liter* ; [marriage] célébrer.

solemnly ['sɒləmlɪ] adv **1.** [seriously, gravely] gravement, solennellement / *"it's time I left", he said solemnly* « il est temps que je parte », dit-il d'un ton grave / *she solemnly believes that what she did was right* elle croit fermement que ce qu'elle a fait était juste **2.** [formally] solennellement / *they solemnly swore to avenge their brother's death* ils jurèrent solennellement de venger la mort de leur frère **3.** [grandly] solennellement, avec solennité.

solenoid ['səʊlɪnɔɪd] n solénoïde *m*.

Solent ['səʊlənt] pr n ▸ **the Solent** *chenal entre l'île de Wight et l'Angleterre.*

sol-fa [,sɒl'fɑː] n solfège *m*.

solfeggio [sɒl'fedʒɪəʊ] (*pl* **solfeggios** *or* **solfeggi** [-dʒɪ]) n solfège *m*.

solicit [sə'lɪsɪt] ◆ vt **1.** [business, support, information] solliciter ; [opinion] demander **2.** [subj: prostitute] racoler. ◆ vi [prostitute] racoler.

solicitation [sə,lɪsɪ'teɪʃn] n sollicitation *f*.

soliciting [sə'lɪsɪtɪŋ] n [by prostitute] racolage *m*.

solicitor [sə'lɪsɪtəʳ] n **1.** UK LAW [for sales, wills] ≃ notaire *m* ; [in divorce, court cases] ≃ avocat *m*, -e *f* **2.** US ADMIN conseil *m* juridique d'une municipalité **3.** [person who solicits] solliciteur *m*, -euse *f* / **'caution, unofficial solicitors'** US attention aux démarcheurs non autorisés.

solicitor general (*pl* **solicitors general** *or* **solicitor generals**) n **1.** [in UK] conseil *m* juridique de la Couronne **2.** [in US] représentant *m* du gouvernement *(auprès de la Cour suprême)*.

solicitous [sə'lɪsɪtəs] adj [showing consideration, concern] plein de sollicitude ; [eager, attentive] empressé ; [anxious] soucieux / *he was most solicitous about your future happiness* il était extrêmement soucieux de votre avenir et de votre bonheur.

solicitously [sə'lɪsɪtəslɪ] adv [with consideration, concern] avec sollicitude ; [eagerly, attentively] avec empressement ; [anxiously] avec inquiétude.

solicitude [sə'lɪsɪtjuːd] n [consideration, concern] sollicitude *f* ; [eagerness, attentiveness] empressement *m* ; [anxiety] souci *m*, préoccupation *f*.

solid ['sɒlɪd] ◆ adj **1.** [not liquid or gas] solide / *a solid body* un corps solide / *frozen solid* complètement gelé / *the fat had set solid* la graisse était complètement figée / *she can't eat solid food* elle ne peut pas absorber d'aliments solides **2.** [of one substance] massif / *her necklace is solid gold* son collier est en or massif / *solid oak furniture* meubles *mpl* en chêne massif / *they dug until they reached solid rock* ils ont creusé jusqu'à ce qu'ils atteignent la roche compacte / *caves hollowed out of solid rock* des grottes creusées à même la roche **3.** [not hollow] plein / *solid tyres* pneus pleins **4.** [unbroken, continuous] continu / *a solid yellow line* une ligne jaune continue / *I worked for eight solid hours* or *eight hours solid* j'ai travaillé sans arrêt pendant huit heures, j'ai travaillé huit heures d'affilée / *we had two solid weeks of rain* nous avons eu deux semaines de pluie ininterrompue ▸ **solid compound** GRAM composé *m* écrit en un seul mot **5.** US [of one colour] uni / *the walls were painted a solid green* les murs étaient peints en vert uni **6.** [dense, compact] dense, compact / *knead it until it forms a solid mass* travailler jusqu'à ce que cela forme une masse compacte / *the streets were a solid mass of people* les rues étaient noires de monde / *the concert hall was packed solid* la salle de concert était bondée **7.** [powerful - blow] puissant / *I gave him a solid punch to the jaw* je lui ai assené un violent coup de poing dans la mâchoire **8.** [sturdy, sound - structure, understanding, relationship] solide ; [- evidence, argument] solide, irréfutable ; [- advice] valable, sûr / *a man of solid build* un homme bien charpenté / *their marriage was never solid* leur mariage n'a jamais été très solide / *I have very solid reasons for believing the opposite* j'ai de solides raisons de croire le contraire / *we need somebody with some solid experience in the field* nous avons besoin de quelqu'un qui possède une solide expérience de travail sur le terrain / *he's a good solid worker* c'est un bon travailleur ▸ **to be on solid ground a)** *lit* être sur la terre ferme **b)** *fig* être en terrain sûr **9.** [respectable, worthy] respectable, honorable / *the solid citizens of this town* les respectables citoyens de cette ville **10.** POL [firm] massif ; [unanimous] unanime / *we have the solid support of the electorate* nous avons le soutien massif des électeurs / *the south is solid for the Christian Democrats* le sud soutient massivement les démocrates-chrétiens / *the strike was 100% solid* la grève était totale / *the committee was solid against the proposal* le comité a rejeté la proposition à l'unanimité **11.** MATH ▸ **solid figure** solide *m*. ◆ n GEOM & PHYS solide *m*.

❖ **solids** pl n **1.** [solid food] aliments *mpl* solides / *I can't eat solids* je ne peux pas absorber d'aliments solides **2.** CHEM particules *fpl* solides ▸ **milk solids** extrait *m* du lait.

solid angle n MATH angle *m* solide.

solidarity [,sɒlɪ'dærətɪ] ◆ n solidarité *f* / *they went on strike in solidarity with the miners* ils ont fait grève par solidarité avec les mineurs. ◆ comp [strike] de solidarité.

solid fuel n combustible *m* solide.
◇ **solid-fuel** adj à combustible solide / *a solid-fuel heating system* un chauffage à combustibles solides.

solid geometry n MATH géométrie *f* des solides.

solidification [sə,lɪdɪfɪ'keɪʃn] n solidification *f*.

solidify [sə'lɪdɪfaɪ] (*pt & pp* **solidified**) ◆ vi **1.** [liquid, gas] se solidifier **2.** [system, opinion] se consolider. ◆ vt **1.** [liquid, gas] solidifier **2.** [system, opinion] consolider.

solidity [sə'lɪdətɪ] n solidité *f*.

solidly ['sɒlɪdlɪ] adv **1.** [sturdily] solidement / *the town hall stands solidly in the middle of the square* la mairie est solidement plantée au milieu de la place ; [person] ▸ **to be solidly built** avoir une forte carrure **2.** [thoroughly] très, tout à fait / *a solidly established reputation* une réputation solidement établie **3.** [massively] massivement, en masse / *Massachusetts voted solidly for the Democrats* l'État du Massachusetts a voté massivement or en masse pour les démocrates **4.** [continuously] sans arrêt / *I worked solidly for five hours* j'ai travaillé sans interruption pendant cinq heures.

solid-state adj **1.** PHYS des solides **2.** ELECTRON à semi-conducteurs.

solidus ['sɒlɪdəs] (*pl* **solidi** [-daɪ]) n TYPO barre *f* oblique.

soliloquize, **soliloquise** [sə'lɪləkwaɪz] vi soliloquer, monologuer.

soliloquy [sə'lɪləkwɪ] (*pl* **soliloquies**) n soliloque *m*, monologue *m*.

solipsism ['sɒlɪpsɪzm] n solipsisme *m*.

solipsistic [,sɒlɪp'sɪstɪk] adj solipsiste.

solitaire [,sɒlɪ'teər] n **1.** [pegboard] solitaire *m* **2.** US [card game] réussite *f*, patience *f* / *to play solitaire* faire des réussites or des patiences **3.** [gem] solitaire *m*.

solitary ['sɒlɪtrɪ] (*pl* **solitaries**) ◆ adj **1.** [alone - person, life, activity] solitaire / *she had a solitary childhood* elle a eu une enfance solitaire **2.** [single] seul, unique / *a solitary tree on the horizon* un seul arbre à l'horizon / *can you give me one solitary reason why I should go?* peux-tu me donner une seule raison d'y aller ? **3.** [remote - place] retiré, isolé **4.** [empty of people] vide, désert / *the solitary streets of the suburbs* les rues désertes de la banlieue. ◆ n **1.** *inf* = **solitary confinement 2.** [person] solitaire *mf*.

solitary confinement n isolement *m* (*d'un prisonnier*).

solitude ['sɒlɪtju:d] n solitude *f* ▸ **to live in solitude** vivre dans la solitude.

solo ['səʊləʊ] (*pl* **solos**) ◆ n **1.** MUS solo *m* / *he played a violin / drum solo* il a joué un solo de violon / de batterie **2.** [flight] vol *m* solo **3.** = **solo whist**. ◆ adj **1.** MUS solo / *she plays solo violin* elle est soliste de violon, elle est violon solo **2.** [gen] en solitaire / *a solo act* un one-man-show / *the first solo attempt on the north face* la première tentative d'escalade de la face nord en solitaire / *her first solo flight* son premier vol en solo. ◆ adv **1.** MUS en solo ▸ **to play / to sing solo** jouer / chanter en solo **2.** [gen] seul, en solitaire, en solo ▸ **to fly solo** voler en solo.

soloist ['səʊləʊɪst] n soliste *mf*.

Solomon ['sɒləmən] pr n Salomon.

Solomon Islander n Salomonien *m*, -enne *f*.

Solomon Islands pl pr n ▸ **the Solomon Islands** les îles *fpl* Salomon / *in the Solomon Islands* dans les îles Salomon.

solo parent n [father] père *m* célibataire ; [mother] mère *f* célibataire.

Solothurn ['sɒlə,θɜ:n] pr n Soleure / *in Solothurn* en Soleure.

solo whist n solo *m* (*variante du whist*).

solstice ['sɒlstɪs] n solstice *m*.

solubility [,sɒljʊ'bɪlətɪ] n solubilité *f*.

solubilize, **solubilise** ['sɒljʊbɪlaɪz] vt solubiliser.

soluble ['sɒljʊbl] adj **1.** [substance] soluble **2.** [problem] soluble.

solute ['sɒlju:t] n soluté *m*, corps *m* dissous.

solution [sə'lu:ʃn] n **1.** [answer - to problem, equation, mystery] solution *f* / *a political solution to the conflict* une solution politique au conflit **2.** [act of solving - of problem, equation, mystery] résolution *f* / *our main aim should be the rapid solution of the problem* notre principal objectif devrait être de résoudre rapidement le problème **3.** CHEM & PHARM solution *f* / *salt in solution* sel en solution.

solvable ['sɒlvəbl] adj soluble.

solve [sɒlv] vt [equation] résoudre ; [problem] résoudre, trouver la solution de ; [crime, mystery] élucider / *I couldn't solve a single clue in the Times crossword* je n'ai pas réussi à trouver une seule définition dans les mots croisés du Times.

solvency ['sɒlvənsɪ] n solvabilité *f*.

solvent ['sɒlvənt] ◆ adj **1.** [financially] solvable **2.** [substance, liquid] dissolvant. ◆ n solvant *m*, dissolvant *m*.

solvent abuse n *fml* usage *m* de solvants hallucinogènes.

Solzhenitsyn [,sɒlʒə'nɪtsɪn] pr n Soljenitsyne.

Som. written abbr of **Somerset**.

soma ['səʊmə] (*pl* **somas** *or* **somata** [-mətə]) n soma *m*.

Somali [sə'mɑ:lɪ] ◆ n **1.** [person] Somalien *m*, -enne *f* **2.** LING somali *m*. ◆ adj somalien.

Somalia [sə'mɑ:lɪə] pr n Somalie *f* / *in Somalia* en Somalie.

Somalian [sə'mɑ:lɪən] = **Somali**.

Somali Democratic Republic pr n ▸ **the Somali Democratic Republic** la République démocratique de Somalie.

Somaliland [sə'mɑ:lɪlænd] pr n Somalie *f* ▸ **British / Italian Somaliland** Somalie britannique / italienne.

somatic [sə'mætɪk] adj somatique.

somatology [,səʊmə'tɒlədʒɪ] n somatologie *f*.

somber US = **sombre**.

sombre UK, **somber** US ['sɒmbər] adj **1.** [dark - colour, place] sombre **2.** [grave, grim - outlook, person, day] sombre, morne / *what are you looking so sombre about?* pourquoi cet air si sombre ? / *a sombre episode in the history of Europe* un épisode sombre dans l'histoire de l'Europe.

sombrely UK, **somberly** US ['sɒmbəlɪ] adv sombrement.

sombreness UK, **somberness** US ['sɒmbənɪs] n **1.** [darkness] obscurité *f* / *the sombreness of the colours* les couleurs sombres **2.** [graveness, grimness] gravité *f*, caractère *m* sombre / *the news was announced with great sombreness* on annonça la nouvelle avec beaucoup de gravité.

sombrero [sɒm'breərəʊ] (*pl* **sombreros**) n sombrero *m*.

some [sʌm] ◆ det **1.** (*before uncountable nouns*) [a quantity of] : *don't forget to buy some cheese / beer / garlic* n'oublie pas d'acheter du fromage / de la bière / de l'ail / *let me give you some advice* laissez-moi vous donner un conseil ; (*before plural nouns*) [a number of] des / *we've invited some friends round* nous avons invité des amis à la maison / *I met some old friends last night* j'ai rencontré de vieux amis hier soir **2.** (*before uncountable nouns*) [not all] : *some wine / software is very expensive* certains vins / logiciels coûtent très cher / *some petrol still contains lead* il existe encore de l'essence avec plomb ; (*before plural nouns*) certains *mpl*, certaines *fpl* / *some English people like frogs' legs* certains Anglais aiment les cuisses de grenouille / *some cars shouldn't be allowed on the road* il y a des voitures qu'on ne devrait pas laisser circuler / *some employees like the new system, others don't* certains employés aiment le nouveau système, d'autres pas **3.** (*before uncountable nouns*) [a fairly large amount of] un certain *m*, une certaine *f* / *I haven't been abroad for some time* ça fait un certain temps que je ne suis pas allé à l'étranger / *it happened (quite) some time ago* ça s'est passé il y a (bien) longtemps / *it's some distance from here* c'est assez loin d'ici / *the money should go some way towards compensating them* l'argent devrait les dédommager dans une certaine mesure / *not without some opposition* non sans rencontrer une certaine opposition ; (*before plural nouns*) [a fairly large number of] certains *mpl*, certaines *fpl*, quelques *mf pl* / *it happened some years ago* ça s'est passé il y a quelques années **4.** (*before uncountable nouns*) [a fairly small amount of] un peu de / *you might have shown some gratitude!* tu aurais pu faire preuve d'un peu de gratitude (,quand même) ! / *you must have some idea of how much it will cost* vous devez avoir une petite idée de combien ça va coûter / *I hope I've been of some help to you* j'espère que je vous ai un peu aidé ; (*before plural nouns*) [a fairly small number of] : *I'm glad some people understand me!* je suis content qu'il y ait quand même des gens qui me comprennent ! **5.** [not known or specified] : *we must find some alternative* il faut que nous trouvions une autre solution / *he's gone to some town in the north* il est parti dans une ville quelque part dans le nord / *she works for some publishing company* elle travaille pour je ne sais quelle maison d'édition / *I'll get even with them some day!* je me vengerai d'eux un de ces jours or un jour ou l'autre ! / *come back some other time* revenez un autre jour **6.** *inf* [expressing scorn] : *did you go to the party? — some party!* est-ce que tu es allé à la fête ? — tu parles d'une fête ! / *some hope we've got of winning!* comme si on avait la moindre chance de gagner ! ; [expressing irritation, impatience] : *some people!* il y a des gens, je vous assure ! **7.** *inf* [expressing admiration, approval] : *that was some party!* ça c'était une fête ! / *he's some tennis player!* c'est un sacré tennisman ! ◆ pron **1.** [an unspecified number or amount - as subject] quelques-uns *mpl*, quelques-unes *fpl*, certains *mpl*, certaines *fpl* / *some are plain and some or others are patterned* certains sont unis et certains or d'autres ont des motifs / *some say it wasn't an accident* certains disent or il y a des gens qui disent que ce n'était pas un accident ; [as object] en / *I've got too much cake, do you want some?* j'ai trop de gâteau, en voulez-vous un peu ? / *can I have some more?* est-ce que je peux en reprendre ? / *where are the envelopes? — there are some in my drawer* où sont les enveloppes ? — il y en a dans mon tiroir / *he wants the lot and then some* il veut tout et puis le reste **2.** [not all] : *some of the snow had melted* une partie de la neige avait fondu / *I only believe some of what I read in the papers* je ne crois pas tout ce que je lis dans les journaux / *some of the most beautiful scenery in the world is in Australia* quelques-uns des plus beaux paysages du monde se trouvent en Australie / *I've seen some of her films* j'ai vu quelques-uns or certains de ses films / *some of us / them* certains d'entre nous / eux / *if you need pencils, take some of these / mine* si vous avez besoin de crayons à papier, prenez quelques-uns de ceux-ci / des miens / *do you want some or all of them?* en voulez-vous quelques-uns ou les voulez-vous tous ? ◆ adv **1.** [approximately] quelque, environ / *it's some fifty kilometres from London* c'est à environ cinquante kilomètres or c'est à une cinquantaine de kilomètres de Londres / *some 500 people* quelque 500 personnes **2.** US *inf* [a little] un peu ; [a lot] beaucoup, pas mal / *I need to rest up some* j'ai besoin de me reposer un peu / *admit it, you like her some!* avoue-le, tu l'aimes bien ! See box on next page.

somebody ['sʌmbədɪ] pron **1.** [an unspecified person] quelqu'un ▸ **somebody else** quelqu'un d'autre / *somebody big / small* quelqu'un de grand / de petit / *they're looking for somebody with a lot of experience* ils cherchent quelqu'un qui ait beaucoup d'expérience / *there's somebody on the phone for you* on vous demande au téléphone / *somebody's at the door* or *there's somebody at the door* on a frappé / *somebody in the crowd / from head office* quelqu'un dans la foule / à la direction / *somebody has left their / his / her umbrella behind* quelqu'un a oublié son parapluie ▸ **somebody or other** quelqu'un, je ne sais qui **2.** [an important person] : *you really think you're somebody, don't you?* tu te crois vraiment quelqu'un, n'est-ce pas ? See box on next page.

SOME / ANY / NO

Some, **any** et **no** sont des déterminants indiquant une quantité indéterminée d'un élément (**some**, **any**) ou une absence de cet élément (**no**).

We need to buy **some** milk. Il faut que nous achetions du lait.
We don't have **any** skimmed milk. Nous n'avons pas de lait écrémé.
There's **no** milk left in the fridge. Il ne reste plus de lait dans le réfrigérateur.

Dans certains cas, ils peuvent aussi permettre à l'interlocuteur de fournir une appréciation qualitative.

LA QUANTIFICATION : SOME, ANY ET NO

❶ Quantité indéfinie

Some

Some est un déterminant qui indique que l'on parle d'une quantité indéterminée d'objets dénombrables (some vegetables, some letters) ou de masse indénombrable (some cheese, some advice). On le rencontre suivi d'un indénombrable ou d'un dénombrable au pluriel :

There's some chicken curry in the kitchen if you're hungry. Il y a du curry de poulet dans la cuisine si tu as faim.
Have some more peas. Reprends des petits pois.

Some et any

Any, comme **some**, indique que l'on parle d'une quantité non définie d'un élément indénombrable ou dénombrable au pluriel.

Any et **some** sont souvent ***interchangeables dans les questions*** :

Did you read some / any good books over the holidays? Avez-vous lu des livres intéressants pendant les vacances ?
Do you think we'll have some / any rain tomorrow? Tu penses qu'on aura de la pluie demain ?
Is there some / any way I can help? Je peux vous aider [d'une quelconque façon] ?
Is there any / some bread left? Est-ce qu'il reste du pain ?

En revanche, dans les énoncés négatifs, on emploie toujours **any** déterminant, jamais **some**.

I don't need any advice. Je n'ai pas besoin de conseils.
There isn't any reason to be afraid. Il n'y a aucune raison d'avoir peur.
*[**some** est impossible dans ces phrases]*

Remarque 1 : on trouve **any** dans des énoncés où la négation n'est pas forcément explicitée par **not**, comme ceux avec **never**, **impossible**, **hardly**, **I doubt**...
He never seems to make any mistakes. On dirait qu'il ne fait jamais d'erreurs.
It was impossible to make any progress. C'était impossible d'avancer.
He hardly made any comments. Il n'a presque pas fait de commentaires.
I doubt she could be of any help. Je doute qu'elle puisse nous aider.

Remarque 2 : les composés avec **some** (somebody, somewhere, something...) et **any** (anybody, anywhere, anything...) fonctionnent de la même manière. On trouve les composés avec **any** dans les énoncés interrogatifs et négatifs, et ceux avec **some** dans les énoncés affirmatifs et dans certains énoncés interrogatifs.
Did you see anything? Avez-vous vu quelque chose ?
This is something we need to talk about. C'est quelque chose dont il faut qu'on parle.
There isn't anywhere I'd rather be. Je n'imagine pas un endroit où je serais mieux qu'ici.

❷ Quantité nulle : no

No est un déterminant indiquant que l'on parle d'une quantité nulle d'un élément donné. Il peut introduire un dénombrable singulier, pluriel, ou un indénombrable. Il peut souvent être remplacé par **not any**.

There's no butter left. / There isn't any butter left. Il ne reste plus de beurre.
There were no / there weren't any chairs to sit on. Il n'y avait pas de chaises pour s'asseoir.
There's no / there isn't any chance of us getting there by eight. Nous n'avons aucune chance d'y être pour huit heures.
That's my kind of holiday – no telephone, no TV and no worries. C'est bien mon genre de vacances : pas de téléphone, pas de télé, et pas de soucis.

Remarques :

- En début d'énoncé, **not any** n'est pas possible. Dans ce cas, c'est **no** qui est utilisé :
  No rental cars were available. Aucune voiture de location n'était disponible.
- **No** est souvent utilisé dans les affiches pour interdire quelque chose :
  No smoking. Interdiction de fumer.
  No trespassing. Défense d'entrer.
- Pour reprendre un nom de manière négative dans une réponse, on peut utiliser le pronom **none** :
  Is there any wine left? No, sorry, there's none left / there isn't any left. Est-ce qu'il reste du vin ? Non, désolé, il n'y en a plus.

APPRÉCIATION QUALITATIVE : SOME, ANY ET NO

Bien qu'ils soient essentiellement utilisés comme quantificateurs, on rencontre parfois **some**, **any** et **no** pour porter une appréciation qualitative.

❶ Some

Some accentué peut être employé pour exprimer l'admiration avec un dénombrable singulier (dans un registre familier) :
That was some party! C'était une sacrée fête !
That's some dress she's wearing! T'as vu la robe qu'elle porte !

Il peut aussi exprimer le mépris du locuteur :
I'm not some slave you can just order around! Je ne suis pas un esclave à qui tu peux donner des ordres !

D'une manière générale, lorsque l'on veut insister sur l'élément dont on parle, on peut utiliser **some** accentué + nom singulier ; en français, on utilise des adverbes pour traduire cette emphase.
There must be **some** way we can help them. Il y a ***sûrement*** moyen de les aider.
[il est peu probable qu'on puisse les aider, mais j'insiste sur le fait qu'il y a certainement un moyen en cherchant bien]

Dans le registre familier, **some** accentué est sémantiquement équivalent à l'article indéfini (**a** / **an**) :
There's some guy at the door wanting to talk to you. Il y a un type à la porte qui te demande.
Some idiot's spilt paint on my car! Il y a un imbécile qui a fait tomber de la peinture sur ma bagnole !

Enfin, **some** adverbe sert à indiquer une quantité approximative :
He lives some 30 miles from here. Il vit à environ 30 miles d'ici.

❷ Any

En anglais parlé, accentuer **any** permet d'insister sur l'éventualité : on passe en revue toutes les possibilités offertes sans en laisser une seule, pour essayer de trouver un accord. Dans ce cas, il correspond à « n'importe lequel / laquelle / lesquels ». Comparez :

Do you have any free time next week? Est-ce que tu as du temps libre la semaine prochaine ?
Ici, on pose une simple question sur la disponibilité de la personne : **any** est un quantificateur et n'est pas accentué.

Do you have **any** free time next week? N'as-tu pas un seul moment de libre la semaine prochaine ?
*[on accentue fortement la première syllabe de **any**]*
Ici, je suis déjà conscient de son indisponibilité, mais je pose la question au cas où elle aurait un moment à m'accorder : **any** a une valeur qualitative.

Pick a card, any card. Prenez une carte, n'importe laquelle.
Any scarf will do. N'importe quelle écharpe fera l'affaire.
Any complaints should be made in writing. Toute réclamation éventuelle devra être faite par écrit.

Any qualitatif est fréquent dans les propositions en **if** :
Let me know if you have any problems. Faites-moi savoir si vous avez le moindre problème.

❸ No

Enfin, **no** peut être employé de manière qualitative.

I don't think she believed you: she's no fool, you know. Je ne pense pas qu'elle t'ait cru : c'est loin d'être une imbécile, tu sais.
It was no accident that he was there when we arrived. Le fait qu'il était là lorsque nous sommes arrivés est loin d'être une coïncidence.
He's no friend of mine! Ce n'est pas un ami, loin de là !

someday ['sʌmdeɪ] adv un jour (ou l'autre), un de ces jours / *someday we'll go to the Bahamas* un jour (ou l'autre), nous irons aux Bahamas.

somehow ['sʌmhaʊ] adv **1.** [in some way or another] d'une manière ou d'une autre, d'une façon ou d'une autre / *don't worry, we'll manage somehow (or other)* ne t'inquiète pas, nous nous débrouillerons d'une façon ou d'une autre / *she'd somehow (or other) managed to lock herself in* elle avait trouvé moyen de s'enfermer **2.** [for some reason] pour une raison ou pour une autre, je ne sais pas trop pourquoi / *somehow I'm not surprised he didn't come* je ne sais pas trop pourquoi, mais cela ne m'étonne pas qu'il ne soit pas venu / *it somehow doesn't look right* je ne sais pas pourquoi mais il me semble qu'il y a quelque chose qui ne va pas.

someone ['sʌmwʌn] = somebody.

someplace ['sʌmpleɪs] US = somewhere.

somersault ['sʌməsɔ:lt] ◆ n [roll] culbute *f* ; [by car] tonneau *m* ; [acrobatic feat - in air] saut *m* périlleux ▸ **to do** or **to turn somersaults** faire des culbutes. ◆ vi faire la culbute or un saut périlleux or des sauts périlleux ; [car] faire un tonneau or des tonneaux.

Somerset House ['sʌməset-] pr n *édifice sur le Strand à Londres.*

 **Somerset House**

Cet édifice du XVIIIe siècle abritait autrefois les services de l'état civil, des impôts et d'autres administrations. Il accueille aujourd'hui des expositions et des manifestations culturelles.

something ['sʌmθɪŋ] ◆ pron **1.** [an unspecified object, event, action, etc.] quelque chose / *there must be something going on* il doit se passer quelque chose / *I've got something in my eye* j'ai quelque chose dans l'œil / *I've thought of something* j'ai eu une idée / *don't just stand there, do something!* ne reste pas là, fais quelque chose ! ▸ **something else** quelque chose d'autre, autre chose ▸ **something or other** quelque chose / *something big / small* quelque chose de grand / de petit / *I've done / said something stupid* j'ai fait / dit une bêtise / *I've got a feeling there's something wrong* j'ai le sentiment que quelque chose ne va pas / *there's something wrong with the ship's computer* l'ordinateur de bord ne marche pas bien / *take something to read on the train* prenez quelque chose à lire or prenez de quoi lire dans le train / *he gave them something to eat / drink* il leur a donné à manger / boire / *would you like something to eat?* voulez-vous manger quelque chose ? / *a film with something for everybody* un film qui peut plaire à tout le monde / *they all want something for nothing* ils veulent tous avoir tout pour rien / *you can't get something for nothing* on n'a rien pour rien / *there's something about him / in the way he talks that reminds me of Gary* il y a quelque chose chez lui / dans sa façon de parler qui me rappelle Gary / *there must be something in* or *to all these rumours* il doit y avoir quelque chose de vrai dans toutes ces rumeurs / *she's something in the City / in insurance* elle travaille dans la finance / dans les assurances / *would you like a little something to drink?* voulez-vous un petit quelque chose à boire ? / *she slipped the head waiter a little something* elle a glissé un petit pourboire au maître d'hôtel / *that new singer has got something* ce nouveau chanteur n'est pas mal / *he's got a certain something* il a un petit quelque chose / *I'm sure she's got something going with him inf* je suis sûr qu'il y a quelque chose entre elle et lui / *I think you've got something there!* je crois que vous avez un début d'idée, là ! / *at least they've replied to my letter, that's something* au moins, ils ont répondu à ma lettre, c'est mieux que rien or c'est toujours ça ▸ **wow, that's something else!** *inf* ça, c'est génial ! ▸ **well, isn't that something?** *inf* et bien, ça alors ! / *it was really something to see those kids dancing!* c'était quelque chose de voir ces gosses danser ! / *the new model is really something inf* le nouveau modèle est sensationnel **2.** *inf* [in approximations] : *the battle took place in 1840 something* la bataille a eu lieu dans les années 1840 / *he's forty something* il a dans les quarante ans / *it cost £7 something* ça a coûté 7 livres et quelques ; [replacing forgotten word, name, etc.] : *her friend, Maisie something (or other)* son amie, Maisie quelque chose **3.** PHR **something of** : *he's something of an expert in the field* c'est en quelque sorte un expert dans ce domaine / *she became something of a legend* elle est devenue une sorte de légende / *how they do it remains something of a mystery* comment ils s'y prennent, ça c'est un mystère ▸ **to be** or **have something to do with** avoir un rapport avec / *her job is* or *has something to do with the Stock Exchange* son travail a un rapport avec la Bourse / *I don't know what it means, I think it's got something to do with nuclear physics* je ne sais pas ce que ça veut dire, je crois que ça a (quelque chose) à voir avec la physique nucléaire / *I'm sure the weather has something to do with it* je suis sûre que le temps y est pour quelque chose or que ça a un rapport avec le temps. ◆ adv **1.** [a little] un peu / *something over a month's salary* un peu plus d'un mois de salaire / *temperatures were something under what we expected* les températures étaient un peu en dessous de ce que nous attendions ; [somewhere] : *something in the region of $10,000* quelque chose comme 10 000 dollars / *an increase of something between 10 and 15 per cent* une augmentation de 10 à 15 pour cent **2.** *inf* [as intensifier] vraiment, vachement / *it hurts something awful* ça fait vachement mal.

❖ **or something** adv phr *inf* : *would you like a cup of tea or something?* veux-tu une tasse de thé, ou autre chose ? / *she must be ill or something* elle doit être malade ou quelque chose dans ce genre-là / *I thought they were engaged or something* je croyais qu'ils étaient fiancés ou quelque chose comme ça / *are you deaf or something?* tu es sourd ou quoi ?

❖ **something like** prep phr **1.** [rather similar to] : *it looks something like a grapefruit* ça ressemble un peu à un pamplemousse ▸ **now that's something like it!** c'est déjà mieux ! **2.** [roughly] environ / *it's something like 5 metres long / wide* ça fait quelque chose comme 5 mètres de long / large / *it costs something like £500* ça coûte quelque chose comme or dans les 500 livres.

sometime ['sʌmtaɪm] ◆ adv **1.** [in future] un jour (ou l'autre), un de ces jours / *you must come and see us sometime* il faut que vous veniez nous voir un de ces jours / *I hope we'll meet again sometime soon* j'espère que nous nous reverrons bientôt / *you'll have to face up to it sometime or other* un jour ou l'autre il faudra bien voir les choses en face / *her baby is due sometime in May* elle attend son bébé pour le mois de mai / *sometime after / before next April* après le mois / d'ici au mois d'avril / *sometime next year* dans le courant de l'année prochaine **2.** [in past] : *she phoned sometime last week* elle a téléphoné (dans le courant de) la semaine dernière / *it happened sometime before / after the Second World War* ça s'est passé avant / après la Seconde Guerre mondiale / *sometime around 1920* vers 1920. ◆ adj **1.** [former] ancien / *Mrs Evans, the club's sometime president* l'ancienne présidente du club, Mme Evans **2.** US [occasional] intermittent / *he was a baseball player and sometime golfer* il jouait au base-ball et parfois au golf / *it's very much a sometime thing inf* c'est très épisodique.

sometimes ['sʌmtaɪmz] adv quelquefois, parfois / *I sometimes think that it's a waste of time* parfois je me dis que c'est une perte de temps / *you can be so irritating sometimes!* qu'est-ce que tu peux être agaçant quelquefois ! / *sometimes (they're) friendly, sometimes they're not* tantôt ils sont aimables, tantôt (ils ne le sont) pas / *the museum is sometimes closed on Sundays* le musée est parfois fermé le dimanche, il arrive que le musée soit fermé le dimanche.

Note that il arrive que is followed by a verb in the subjunctive:
These practices are sometimes forbidden.
Il arrive que ces pratiques soient interdites.

someway ['sʌmweɪ] US *inf* = somehow.

somewhat ['sʌmwɒt] adv quelque peu, un peu / *I was somewhat disappointed* j'ai été quelque peu déçu / *everybody came, somewhat to my surprise* tout le monde est venu, ce qui n'a pas été sans me surprendre / *I was in somewhat of a hurry to get home* j'étais quelque peu pressé de rentrer chez moi / *it was somewhat of a failure* c'était plutôt un échec.

somewhere ['sʌmweəʳ] adv **1.** [indicating an unspecified place] quelque part / *somewhere in the drawer / on the desk* quelque part dans le tiroir / sur le bureau / *she's somewhere around* elle est quelque part par là, elle n'est pas loin / *let's go somewhere else* allons ailleurs or autre part / *but it's got to be somewhere or other!* mais il doit bien être quelque part ! / *I read somewhere that it can be fatal* j'ai lu quelque part que ça peut être mortel / *I'm looking for somewhere to stay* je cherche un endroit où loger / *she's found somewhere more comfortable to sit* elle a trouvé un siège plus confortable ▸ **now we're getting somewhere!** nous arrivons enfin à quelque chose ! **2.** [approximately] environ / *she earns somewhere around $2,000 a month* elle gagne quelque chose comme 2 000 dollars par mois / *somewhere between five and six hundred people were there* il y avait entre cinq et six cents personnes / *he must be somewhere in his forties* il doit avoir entre 40 et 50 ans.

somnambulism [sɒm'næmbjʊlɪzm] n somnambulisme *m*.

somnambulist [sɒm'næmbjʊlɪst] n somnambule *mf*.

somniferous [sɒm'nɪfərəs] adj soporifique, somnifère.

somnolence ['sɒmnələns] n somnolence *f*.

somnolent ['sɒmnələnt] adj somnolent.

son [sʌn] n **1.** fils *m* / *she's got two sons* elle a deux fils or garçons / *the sons of Ireland fig* les fils de l'Irlande ▸ **son and heir** héritier *m* / **'All my Sons'** *Miller* 'Tous mes fils' / **'Dombey and Son'** *Dickens* 'Dombey et fils' / **'Sons and Lovers'** *Lawrence* 'Amants et fils' **2.** *inf* [term of address] fiston *m*.

❖ **Son** n RELIG Fils *m* ▸ **the Son of God** le Fils de Dieu ▸ **the Son of Man** le Fils de l'Homme.

sonant ['səʊnənt] ◆ adj LING sonore. ◆ n sonore *f*.

sonar ['səʊnɑ:ʳ] n sonar *m*.

sonata [sə'nɑ:tə] n sonate *f* ▸ **piano / violin sonata** sonate pour piano / violon.

sonatina [,sɒnə'ti:nə] n sonatine *f*.

sonde [sɒnd] n ASTRONAUT & METEOR sonde *f*.

sone [səʊn] n sone *m*.

song [sɒŋ] n **1.** chanson *f* / *I'll sing you a song* je vais vous chanter une chanson ▸ **a song and dance act** un numéro de comédie musicale ▸ **the Song of Songs** or **the Song of Solomon** BIBLE le Cantique des cantiques ▸ **it was going for a song** ça se vendait pour une bouchée de pain or trois fois rien ▸ **to make a song and dance about sthg** UK *inf* faire toute une histoire pour qqch / *she gave me that old song and dance about being broke inf* elle m'a ressorti son couplet habituel, comme quoi elle était fauchée ▸ **to be on song** UK *inf* être en super forme **2.** [songs collectively, act of singing] chanson *f* / *an anthology of British song* une anthologie de la chanson britannique / *they all burst into song* ils se sont tous mis à chanter / *we raised our voice in song* nous avons entonné une chanson à pleins poumons **3.** [of birds, insects] chant *m*.

songbird ['sɒŋbɜ:d] n oiseau *m* chanteur.

songbook ['sɒŋbʊk] n recueil *m* de chansons.

song cycle n cycle *m* de chansons.

songfest ['sɒŋfest] n US festival *m* de chant.

songsmith ['sɒŋsmɪθ] n [songwriter] auteur *m*, auteure *f* de chansons ; [performer] auteur-compositeur *m* interprète.

songster ['sɒŋstəʳ] n **1.** [person] chanteur *m*, -euse *f* **2.** *liter* [bird] oiseau *m* chanteur.

songstress ['sɒŋstrɪs] n *liter* chanteuse *f*.

song thrush n grive *f* musicienne.

songwriter ['sɒŋ,raɪtər] n [of lyrics] parolier *m*, -ère *f* ; [of music] compositeur *m*, -trice *f* ; [of lyrics and music] auteur-compositeur *m*.

sonic ['sɒnɪk] adj **1.** [involving, producing sound] acoustique ▸ **sonic frequency** fréquence *f* acoustique **2.** [concerning speed of sound] sonique.

sonic barrier = sound barrier.

sonic boom n bang *m*.

son-in-law (*pl* sons-in-law) n gendre *m*, beau-fils *m*.

sonnet ['sɒnɪt] n sonnet *m*.

sonny ['sʌnɪ] n *inf* fiston *m* / *come here, sonny (boy* or *Jim)* viens-là, fiston.

sonobuoy ['səʊnə,bɔɪ] n bouée *f* acoustique.

son-of-a-bitch (*pl* **sons-of-bitches**) n US *v inf* salaud *m*, fils *m* de pute.

son-of-a-gun (*pl* **sons-of-guns**) n US *inf* : *you old son-of-a-gun!* sacré bonhomme !

sonogram ['səʊnəgræm] n PHYS sonagramme *m*.

sonority [sə'nɒrətɪ] n sonorité *f*.

sonorous ['sɒnərəs] adj **1.** [resonant] sonore **2.** [grandiloquent] grandiloquent.

sonorously ['sɒnərəslɪ] adv [speak, sing] d'une voix sonore ; [echo, crash] avec un bruit retentissant.

Sons of Liberty pl pr n US HIST *groupes clandestins, formés avant la révolution américaine, qui luttaient pour l'indépendance des colonies.*

soon [su:n] adv **1.** [in a short time] bientôt, sous peu / *(I'll) see you* or *speak to you soon!* à bientôt ! / *write soon!* écris-moi vite ! / *I'll be back soon* je serai vite de retour / *a burglar can soon open a lock like that* un cambrioleur a vite fait d'ouvrir une serrure comme celle-ci / *she phoned soon after you'd left* elle a téléphoné peu après ton départ **2.** [early] tôt / *oh dear, I spoke too soon!* mince, j'ai parlé trop tôt ! / *it's too soon to make any predictions* il est trop tôt pour se prononcer / *how soon can you finish it?* pour quand pouvez-vous le terminer ? / *the police have arrived, and not a moment too soon* les policiers sont arrivés, et ce n'est pas trop tôt.

❖ **as soon as** conj phr dès que, aussitôt que ▸ **as soon as possible** dès que possible, le plus tôt or le plus vite possible / *phone me as soon as you hear anything* téléphonez-moi dès que vous aurez des nouvelles / *he came as soon as he could* il est venu dès or aussitôt qu'il a pu.

❖ **(just) as soon** adv phr : *I'd (just) as soon go by boat as by plane* j'aimerais autant or mieux y aller en bateau qu'en avion / *do you want to come with us? — I'd just as soon not, if you don't mind* veux-tu venir avec nous ? — j'aimerais autant or mieux pas, si ça ne t'ennuie pas / *I'd just as soon he came tomorrow* j'aimerais autant or mieux qu'il vienne demain / *I'd as soon die as do that!* plutôt mourir que de faire ça !

sooner ['su:nər] ◆ adv (*compar of soon*) **1.** [earlier] plus tôt ▸ **the sooner the better** le plus tôt sera le mieux / *the sooner it's over the sooner we can leave* plus tôt ce sera fini, plus tôt nous pourrons partir ▸ **no sooner said than done!** aussitôt dit, aussitôt fait ! / *no sooner had I sat down than the phone rang again* je venais juste de m'asseoir quand le téléphone a de nouveau sonné ▸ **sooner or later** : *it was bound to happen sooner or later* cela devait arriver tôt ou tard **2.** [indicating preference] : *would you sooner I called back tomorrow?* préférez-vous que je rappelle demain ? / *shall we go out tonight? — I'd sooner not* si on sortait ce soir ? — j'aimerais mieux pas / *I'd sooner die than go through that again!* plutôt mourir que de revivre ça ! ◆ n US [pioneer] pionnier *m*, -ère *f* du Far West *(se dit surtout de ceux qui s'installaient sans posséder de titre légal de propriété)*.

Sooner ['su:nər] n *habitant ou natif de l'Oklahoma* ▸ **the Sooner State** *l'Oklahoma*.

soonish ['su:nɪʃ] adv assez rapidement.

soot [sʊt] n suie *f*.

❖ **soot up** vt sep [dirty] couvrir or recouvrir de suie ; [clog] encrasser.

sooth [su:θ] n *arch* ▸ **in sooth** en vérité.

soothe [su:ð] vt **1.** [calm, placate] calmer, apaiser **2.** [relieve - pain] calmer, soulager / *this will soothe your sore throat* ça va soulager votre mal de gorge.

soothing ['su:ðɪŋ] adj **1.** [music, words, voice] apaisant ; [atmosphere, presence] rassurant / *the music had a soothing effect on them* la musique les a calmés / *the chairman made the usual soothing noises inf* le président a fait son laïus habituel pour calmer les esprits **2.** [lotion, ointment] apaisant, calmant.

soothingly ['su:ðɪŋlɪ] adv [gen] d'une manière apaisante or rassurante ; [say, speak] d'un ton apaisant or tranquillisant.

soothsayer ['su:θ,seɪər] n devin *m*, devineresse *f*.

soothsaying ['su:θ,seɪɪŋ] n divination *f*.

sooty ['sʊtɪ] (*compar* **sootier**, *superl* **sootiest**) adj **1.** [dirty] couvert de suie, noir de suie **2.** [dark] noir comme de la suie.

sop [sɒp] n [concession] : *they threw in the measure as a sop to the ecologists* ils ont ajouté cette mesure pour amadouer les écologistes / *she said it as a sop to their pride / feelings* elle l'a dit pour flatter leur amour-propre / pour ménager leur sensibilité.

❖ **sops** pl n CULIN pain *m* trempé.

❖ **sop up** vt sep absorber.

SOP (abbr of **standard operating procedure**) n procédure *f* à suivre.

sophism ['sɒfɪzm] n sophisme *m*.

sophist ['sɒfɪst] n [false reasoner] sophiste *mf*.

❖ **Sophist** n PHILOS sophiste *m*.

sophistic(al) [sə'fɪstɪk(l)] adj sophistique.

sophisticate [sə'fɪstɪkeɪt] n personne *f* raffinée / *he thinks he's a sophisticate* il se croit raffiné.

sophisticated [sə'fɪstɪkeɪtɪd] adj **1.** [person, manner, tastes - refined] raffiné ; [- chic] chic, élégant ; [- well-informed] bien informé ; [- mature] mûr / *they used to think it was sophisticated to smoke* ils croyaient que ça faisait chic de fumer / *a sophisticated restaurant* un restaurant chic / *the electorate has become too sophisticated to believe that promise* l'électorat est désormais trop bien informé or trop averti pour croire à cette promesse **2.** [argument, novel, film - subtle] subtil ; [- complicated] complexe **3.** [machine, system, technology - advanced] sophistiqué, perfectionné.

sophistication [sə,fɪstɪ'keɪʃn] n **1.** [of person, manners, tastes - refinement] raffinement *m* ; [- chic] chic *m*, élégance *f* ; [- maturity] maturité *f* / *the growing sophistication of cinema audiences* la maturité croissante du public de cinéma **2.** [of argument, novel, film - subtlety] subtilité *f* ; [- complexity] complexité *f* **3.** [of system, technology] sophistication *f*, perfectionnement *m*.

sophistry ['sɒfɪstrɪ] (*pl* **sophistries**) n **1.** [argumentation] sophistique *f* **2.** [argument] sophisme *m*.

Sophocles ['sɒfəkli:z] pr n Sophocle.

sophomore ['sɒfəmɔ:r] n US étudiant *m*, -e *f* de seconde année / *in my sophomore year* lorsque j'étais en seconde année.

soporific [,sɒpə'rɪfɪk] ◆ adj soporifique. ◆ n soporifique *m*, somnifère *m*.

sopping ['sɒpɪŋ] adj & adv *inf* ▸ **sopping (wet)** **a)** [person] trempé (jusqu'aux os) **b)** [shirt, cloth] détrempé.

soppy ['sɒpɪ] (*compar* **soppier**, *superl* **soppiest**) adj UK *inf* **1.** [sentimental - person] sentimental, fleur bleue *(inv)* ; [- story, picture] sentimental, à l'eau de rose **2.** [silly] nigaud, bébête **3.** [in love] ▸ **to be soppy about sb** avoir le béguin pour qqn.

soprano [sə'prɑ:nəʊ] (*pl* **sopranos** *or* **soprani** [-ni:]) ◆ n [singer] soprano *mf* ; [voice, part, instrument] soprano *m* ▸ **to sing soprano** avoir une voix de soprano. ◆ adj [voice, part] de soprano ; [music] pour soprano ▸ **soprano saxophone** saxophone *m* soprano.

SOR written abbr of **sale or return**.

sorb [sɔ:b] n [fruit] sorbe *f* ; [tree] sorbier *m*.

sorbet ['sɔ:beɪ] n **1.** UK sorbet *m* **2.** US *pulpe de fruit glacée*.

sorbic acid ['sɔ:bɪk-] n acide *m* sorbique.

sorbitol ['sɔ:bɪtɒl] n sorbitol *m*.

sorcerer ['sɔ:sərər] n sorcier *m* / **'The Sorcerer's Apprentice'** *Dukas* 'l'Apprenti sorcier'.

sorceress ['sɔ:sərɪs] n sorcière *f*.

sorcery ['sɔ:sərɪ] n sorcellerie *f*.

sordid ['sɔ:dɪd] adj **1.** [dirty, wretched] sordide, misérable / *they live in extremely sordid conditions* ils vivent dans des conditions vraiment sordides **2.** [base, loathsome] sordide, infâme, vil / *they've got sordid little minds* ce sont des esprits mesquins et sordides / *a sordid affair* une affaire sordide / *I'll spare you the sordid details* je vous épargnerai les détails sordides.

sordino [sɔ:'di:nəʊ] (*pl* **sordini** [-ni:]) n MUS sourdine *f*.

sore [sɔ:r] ◆ adj **1.** [aching] douloureux / *we stopped to rest our sore feet* nous nous sommes arrêtés pour reposer nos pieds endoloris / *I'm sore all over* j'ai mal partout / *I've a sore throat* j'ai mal à la gorge / *my arms / legs are sore* j'ai mal aux bras / jambes, mes bras / jambes me font mal / *don't touch me there, it's sore* ne me touche pas là, ça fait mal / *where is it sore?* où as-tu mal ? / *it's a sore point with her fig* elle est très sensible sur ce point or là-dessus **2.** US *inf* [angry] en boule / *are you still sore at me?* est-ce que tu es toujours en boule contre moi ? / *he got sore* il s'est mis en boule ; [resentful] vexé, amer / *he's sore because they left him out of the team* il est vexé parce qu'ils l'ont laissé en dehors de l'équipe **3.** *liter* [great] grand / *in sore distress* dans une grande détresse ▸ **to be in sore need of sthg** avoir grand besoin de qqch. ◆ n plaie *f* / *open sores* des plaies ouvertes. ◆ adv *arch* grandement / *they were sore afraid* ils éprouvèrent une grande frayeur.

sorehead ['sɔ:hed] n US *inf* râleur *m*, -euse *f* / *don't be such a sorehead!* ne râle pas comme ça !, quel râleur tu fais !

sorely ['sɔ:lɪ] adv **1.** [as intensifier] grandement / *the house is sorely in need of a new coat of paint* la maison a grandement or bien besoin d'être repeinte / *we are sorely pressed for time* nous manquons cruellement de temps / *she will be sorely missed* elle nous manquera cruellement / *I was sorely tempted to accept her offer* j'ai été très tenté d'accepter sa proposition **2.** *liter* [painfully] : *sorely wounded* grièvement blessé.

soreness ['sɔ:nɪs] n douleur *f*.

sorghum ['sɔ:gəm] n sorgho *m*.

sorority [sə'rɒrətɪ] (*pl* **sororities**) n US UNIV *association d'étudiantes très sélective.*

sorrel ['sɒrəl] ◆ n **1.** BOT & CULIN oseille *f* **2.** [colour] roux *m*, brun rouge *m* **3.** [horse] alezan *m* clair. ◆ adj [gen] roux ; [horse] alezan clair *(inv)*.

sorrow ['sɒrəʊ] ◆ n chagrin *m*, peine *f*, tristesse *f* ; [stronger] affliction *f*, douleur *f* / *I am writing to express my sorrow at your sad loss* je vous écris pour vous faire part de la tristesse que j'ai éprouvée en apprenant votre deuil / *her sorrow at* or *over losing the match was short-lived* le chagrin qu'elle a éprouvé or la tristesse qu'elle a éprouvée d'avoir perdu le match n'a pas duré / *to our great sorrow* à notre grand regret / *more in sorrow than in anger* avec plus de tristesse que de colère / *his son's failure was a great sorrow to him* l'échec de son fils lui a fait or causé beaucoup de peine / *life is full of joys and sorrows* la vie est faite de joies et de peines / **'The Sorrows of Young Werther'** *Goethe* 'les Souffrances du jeune Werther'. ◆ vi *liter* éprouver du chagrin or de la peine / *he is still sorrowing over his son's death* il pleure encore la mort de son fils.

sorrowful ['sɒrəʊfʊl] adj [person] triste ; [look, smile] affligé.

sorrowfully ['sɒrəʊflɪ] adv tristement.

sorrowing ['sɒrəʊɪŋ] adj attristé, affligé.

sorry ['sɒrɪ] (*compar* **sorrier**, *superl* **sorriest**) adj **1.** [in apologies] désolé / *I'm sorry we won't be able to fetch you* je regrette que or je suis désolé que nous ne puissions venir vous chercher / *(I'm) sorry to have bothered you* (je suis) désolé de vous avoir dérangé / *I'm sorry to say there's little we can do* malheureusement, nous ne pouvons pas faire grand-chose / *I'm so* or *very* or *terribly sorry* je suis vraiment navré / *ouch, that's my foot! — (I'm) sorry!* aïe! mon pied! — je suis désolé or excusez-moi! / *(I'm) sorry about the mess* excusez le désordre / *I'm sorry about the mix-up* excusez-moi pour la confusion / *sorry to interrupt you but you're wanted on the phone* excusez-moi de vous interrompre mais on vous demande au téléphone / *sorry about forgetting your birthday* désolé d'avoir oublié ton anniversaire ▸ **to say sorry** s'excuser / *he said he was sorry* il a présenté ses excuses / *say (you're) sorry to the lady* demande pardon à la dame / *what's the time? — sorry?* quelle heure est-il? — pardon? or comment? / *they're coming on Tuesday, sorry, Thursday* ils viennent mardi, pardon, jeudi ▸ **what can sorry do?** les excuses, ça sert à quoi? **2.** [regretful] ▸ **to be sorry** regretter / *I'm sorry I ever came here!* je regrette d'être venu ici! / *you'll be sorry for this* tu le regretteras **3.** [expressing sympathy] désolé, navré, peiné / *I was sorry to hear about your father's death* j'ai été désolé or peiné or navré d'apprendre la mort de votre père **4.** [pity] ▸ **to be** or **to feel sorry for sb** plaindre qqn / *it's the children I feel sorry for* ce sont les enfants que je plains / *there's no need to feel sorry for them* ils ne sont pas à plaindre / *she felt sorry for him and gave him a pound* elle eut pitié de lui et lui donna une livre ▸ **to be** or **to feel sorry for o.s.** s'apitoyer sur soi-même or sur son propre sort / *stop feeling sorry for yourself!* arrête un peu de t'apitoyer sur ton propre sort! / *he's just feeling a bit sorry for himself* il est juste un peu déprimé **5.** [pitiable, wretched] triste, piteux ▸ **to cut a sorry figure** faire triste or piètre figure / *they were a sorry sight after the match* ils étaient dans un triste état après le match / *the garden was in a sorry state* le jardin était en piteux état or dans un triste état / *it's a sorry state of affairs* c'est bien triste.

sorry-ass, sorry-assed adj US *v inf* [inferior, contemptible] à la con.

sort [sɔ:t] ◆ n **1.** [kind, type] sorte *f*, espèce *f*, genre *m* ; [brand] marque *f* / *a hat with a sort of veil* un chapeau avec une sorte or une espèce or un genre de voile / *it's a strange sort of film* c'est un drôle de film / *it's a different sort of problem* c'est un autre type de problème / *I've got a sort of feeling about what the result will be* j'ai comme un pressentiment sur ce que sera le résultat / *I think that he's some sort of specialist* or *that he's a specialist of some sort* je crois que c'est un genre de spécialiste / *she's not the sort (of woman) to let you down* elle n'est pas du genre à vous laisser tomber / *I love these* inf or *this sort of biscuits* j'adore ces biscuits-là / *there's too much of this sort of thing going on* il se passe trop de choses de ce genre / *they're not our sort (of people)* nous ne sommes pas du même monde / *I know your sort!* les gens de ton espèce, je les connais! / *what sort of fish are we having?* qu'est-ce qu'on mange comme poisson? / *what sort of washing machine have you got?* qu'est-ce que vous avez comme (marque de) machine à laver? / *what sort of dog is that?* qu'est-ce que c'est comme chien or comme race de chien? / *what sort of woman is she?* quel genre de femme est-ce? / *what sort of girl do you take me for?* pour qui me prenez-vous? / *what sort of way is that to speak to your grandmother?* en voilà une façon de parler à ta grand-mère! / *good luck, and all that sort of thing!* bonne chance, et tout et tout! / *there are all sorts of materials to choose from* on peut choisir parmi toutes sortes de matériaux / *I've heard all sorts of good things about you* j'ai entendu dire beaucoup de bien de vous / *I said nothing of the sort!* je n'ai rien dit de pareil or de tel! / *you were drunk last night — I was nothing of the sort!* tu étais ivre hier soir — absolument pas! or mais pas du tout! ▸ **to feel out of sorts** : *I feel out of sorts* je ne suis pas dans mon assiette ▸ **it takes all sorts (to make a world)** *prov* il faut de tout pour faire un monde *prov* **2.** *inf* [person] : *she's a good sort* **a)** [young woman] c'est une brave fille **b)** [older woman] c'est une brave femme **3.** [gen] [COMPUT - act of sorting] tri *m* / *the program will do an alphabetical sort* le programme exécutera un tri alphabétique / *I've had a sort through all the winter clothes* inf j'ai trié tous les vêtements d'hiver ▸ **sort routine** routine *f* de tri. ◆ vt **1.** [classify] classer, trier ; [divide up] répartir ; [separate] séparer ; COMPUT trier / *to sort mail* trier le courrier / *to sort by name / date* trier selon le nom / la date / *I've sorted the index cards into alphabetical order* j'ai classé or trié les fiches par ordre alphabétique / *they were sorting the shirts according to colour* ils triaient les chemises selon leur couleur / *sort the cards into two piles* répartissez les cartes en deux piles / *sort the letters into urgent and less urgent* répartissez les lettres entre celles qui sont urgentes et celles qui le sont moins / *help me sort the good fruit from the bad* aidez-moi à séparer les bons fruits des mauvais **2.** [select and set aside] = **sort out.**

❖ **of a sort, of sorts** adj phr : *they served us champagne of a sort* or *of sorts* ils nous ont servi une espèce de champagne.

❖ **sort of** adv phr *inf* : *I sort of expected it to rain* je m'attendais un peu à ce qu'il pleuve / *I'm sort of glad that I missed them* je suis plutôt content de les avoir ratés / *it's sort of big and round* c'est du genre grand et rond / *did you hit him? — well, sort of* tu l'as frappé? — en quelque sorte, oui.

❖ **sort out** vt sep **1.** [classify] = **sort** *(vt)* **2.** [select and set aside] trier / *I've been sorting out some books for you to take* j'ai trié quelques livres pour que tu les emportes / *we've already sorted out the likely candidates from the rest* nous avons déjà trié les candidats intéressants (et les autres) **3.** [tidy up - papers, clothes, room, cupboard] ranger ; [put in order - finances, ideas] mettre en ordre / *she needs to get her personal life sorted out* il faut qu'elle règle ses problèmes personnels **4.** [settle, resolve - problem, dispute] régler, résoudre / *I'm glad that bit of bother has been sorted out* je suis content que ce petit problème ait été réglé / *they still haven't sorted out the mistake in my tax demand* ils n'ont toujours pas réglé cette erreur dans ma feuille d'impôts / *everything's sorted out now* tout est arrangé maintenant / *once the initial confusion had sorted itself out* une fois que la confusion du début se fut dissipée / *things will sort themselves out in the end* les choses finiront par s'arranger **5.** [work out] : *have you sorted out how to do it?* est-ce que tu as trouvé le moyen de le faire? / *she couldn't sort out what they wanted* elle n'arrivait pas à savoir au juste ce qu'ils voulaient / *I'm trying to sort out what's been going on* j'essaie de savoir or de comprendre ce qui s'est passé ; [arrange] arranger, fixer / *we still have to sort out a date for the next meeting* il nous faut encore arranger or choisir une date pour la prochaine réunion **6.** UK *inf* [solve the problems of - person] : *he's very depressed, you should try to sort him out* il est très déprimé, tu devrais essayer de l'aider à s'en sortir / *she needs time to sort herself out* il lui faut du temps pour régler ses problèmes **7.** UK *inf* [punish] régler son compte à / *just wait till he gets home, I'll sort him out!* attends un peu qu'il rentre à la maison, je vais lui régler son compte!

❖ **sort through** vt insep trier / *I've been sorting through the old magazines* j'ai trié les vieux magazines.

sorta ['sɔ:tə] *inf* abbr of **sort of.**

sort code n BANK code *m* guichet.

sorted ['sɔ:tɪd] UK *inf* ◆ adj : *to be sorted* **a)** [psychologically] être équilibré, être bien dans ses baskets or dans sa peau **b)** [have everything one needs] être paré / *to be sorted for sthg* disposer de qqch. ◆ excl super!, génial!

sorter ['sɔ:tər] n **1.** [person] trieur *m*, -euse *f* ▸ **letter sorter** employé *m*, -e *f* au tri postal **2.** [machine - gen] trieur *m* ; [- for punched cards] trieuse *f*.

sortie ['sɔ:ti:] n MIL sortie *f* / *I sometimes make the odd sortie to the pub* hum de temps en temps je fais une petite sortie au pub.

sorting ['sɔ:tɪŋ] n tri *m* ▸ **sorting routine** COMPUT routine *f* de tri.

sorting code = **sort code.**

sorting office n centre *m* de tri.

sort-out n UK *inf* [tidying] rangement *m* / *the attic needs a good sort-out* il faudrait ranger le grenier.

SOS (abbr of **save our souls**) n SOS *m* ▸ **to send out an SOS** lancer un SOS / *we received an SOS message* nous avons reçu un SOS.

so-so adj *inf* pas fameux ; [in health] comme ci comme ça, couci-couça / *the film was only so-so* le film n'était pas génial.

sot [sɒt] n *liter* ivrogne *m*, -esse *f*.

Sotheby's ['sʌðəbi:z] pr n *importante maison de vente aux enchères londonienne.*

sottish ['sɒtɪʃ] adj *liter* sot (sotte), stupide, abruti.

sotto voce [,sɒtəʊ'vəʊtʃɪ] adv **1.** [gen] à voix basse **2.** MUS sotto voce.

sou [su:] n sou *m*.

soufflé ['su:fleɪ] n soufflé *m* ▸ **cheese / chocolate soufflé** soufflé au fromage / au chocolat ▸ **soufflé dish** moule *m* à soufflé.

sough [saʊ] *liter* ◆ vi murmurer, susurrer. ◆ n murmure *m*, susurrement *m (du vent)*.

sought [sɔ:t] pt & pp ⟶ **seek.**

sought-after adj recherché / *furniture of this period is much sought-after* les meubles de cette époque sont très recherchés (actuellement).

soul [səʊl] ◆ n **1.** RELIG âme *f* ▸ **God rest his soul!** que Dieu ait son âme! ▸ **All Soul's Day** le jour des Morts, la Toussaint ▸ **upon my soul!** *dated* grands dieux! / *you've got no soul!* tu n'as pas de cœur! ; [emotional depth] profondeur *f* / *it was a polished performance, but it lacked soul* c'était une prestation impeccable, mais sans âme ▸ **I can't call my soul my own these days** je ne m'appartiens plus ces jours-ci **2.** [leading figure] âme *f* / *she was the soul of the early feminist movement* elle était l'âme du mouvement féministe à ses débuts **3.** [perfect example] modèle *m* / *the soul of discretion* la discrétion même or personnifiée **4.** [person] personne *f*, âme *f* / *poor old soul!* le pauvre!, la pauvre! / *there wasn't a soul in the streets* il n'y avait pas âme qui vive dans les rues / *I didn't know a soul at the party* je ne connaissais personne à la réception / *I won't tell a soul* je ne le dirai à personne ; *liter* : *a town of 20,000 souls* une ville de 20 000 âmes / *the ship went down with all souls* le navire a sombré corps et biens **5.** [music] (musique *f*) soul *f*, soul music *f* ▸ **a soul singer** un chanteur de soul. ◆ adj US *dated caractéristique de la culture des Noirs américains.*

soul brother n US *inf & dated* frère *m* de race.

soul-destroying [-dɪ,strɔɪɪŋ] adj [job] abrutissant ; [situation, place] déprimant.

soul food n *inf* cuisine *f* afro-américaine.

soulful ['səʊlfʊl] adj [song, performance, sigh] émouvant, attendrissant ; [look, eyes] expressif.

soulfully ['səʊlfʊlɪ] adv [sing, perform, sigh] de façon émouvante or attendrissante ; [look] de façon expressive.

soulless ['səʊllɪs] adj **1.** [inhuman - place] inhumain, sans âme ; [- work] abrutissant **2.** [heartless] sans cœur, insensible.

soul mate n âme *f* sœur.

soul music n musique *f* soul, soul music *f*.

soul patch n *touffe de poils sur la lèvre inférieure.*

soul-searching n introspection *f* / *after much soul-searching she decided to leave* après mûre réflexion or après avoir mûrement réfléchi, elle décida de partir.

soul sister n US *inf & dated nom que les Noirs américains donnaient aux femmes noires.*

soul-stirring adj (profondément) émouvant.

sound [saʊnd] ◆ n **1.** [noise - of footsteps, thunder, conversation] bruit *m* ; [- of voice, musical instrument] son *m* / *I was woken by the sound of voices / laughter* j'ai été réveillé par un bruit de voix / par des éclats de rires / *I love the sound of her voice* j'adore le son de sa voix / *don't make a sound!* surtout ne faites pas de bruit! / *they tiptoed out without (making) a sound* ils sont sortis sur la pointe des pieds sans faire de bruit / *the plaintive sound of the bagpipes* le son plaintif de la cornemuse / **'The Sound and the Fury'** *Faulkner* 'le Bruit et la fureur' / **'The Sound of Music'** *Wise* 'la Mélodie du bonheur' **2.** PHYS son *m* / *light travels faster* *than sound* la lumière se déplace plus vite que le son / *the speed of sound* la vitesse du son **3.** LING son *m* / *it's a similar sound to the Scots "ch"* c'est un son qui ressemble au « ch » écossais / *the English vowel sounds* les sons vocaliques de l'anglais **4.** RADIO & TV son *m* / *the sound is very poor* le son est mauvais ▸ **to turn the sound up** / **down** monter / baisser le son or volume **5.** [type of music] style *m* de musique, musique *f* / *the Liverpool sound* la musique de Liverpool / *a brand new sound has hit the charts* un son complètement nouveau a fait son entrée au hit-parade **6.** [impression, idea] : *I don't like the sound of these new measures* ces nouvelles mesures ne me disent rien qui vaille / *it's pretty easy by the sound of it* ça a l'air assez facile **7.** [earshot] : *within the sound of the church bells* à portée du son des cloches de l'église **8.** MED [probe] sonde *f* **9.** NAUT [sounding line] (ligne *f* de) sonde *f* **10.** GEOG [channel] détroit *m*, bras *m* de mer **11.** ZOOL [air bladder] vessie *f* natatoire. ◆ comp [level, recording] sonore ; [broadcasting] radiophonique ; LING [change] phonologique ▸ **sound crew** équipe *f* du son. ◆ adj **1.** [structure, building, wall -sturdy] solide ; [-in good condition] en bon état, sain / *built on sound foundations* construit sur des fondations solides **2.** [healthy -person] en bonne santé ; [-body, mind, limbs] sain ▸ **to be of sound mind** être sain d'esprit ▸ **to be as sound as a bell** être en parfaite santé ▸ **to be sound of wind and limb** avoir bon pied bon œil **3.** [sensible, well-founded -advice, idea, strategy] sensé, judicieux ; [-argument, claim] valable, fondé, solide / *to show sound judgment* faire preuve de jugement / *do you think that was a sound move?* croyez-vous que c'était une décision judicieuse **4.** [reliable, solid] solide, compétent / *we need somebody with a sound grasp of the subject* il nous faut quelqu'un ayant de solides connaissances en la matière / *my knowledge of German history isn't too sound* mes connaissances en ce qui concerne l'histoire de l'Allemagne laissent à désirer / *Crawford seems a sound enough chap* Crawford semble être quelqu'un en qui on peut avoir confiance / *is she politically sound?* ses convictions politiques sont-elles solides ? **5.** [safe -investment] sûr ; [-company, business] solide **6.** [severe -defeat] total ; [-hiding] bon / *he needs a sound thrashing* il a besoin d'une bonne correction **7.** [deep -sleep] profond / *I'm a very sound sleeper* j'ai le sommeil profond **8.** PHR **sound (as a pound)!** UK *regional* super ! ◆ adv ▸ **to be sound asleep** dormir profondément or à poings fermés. ◆ vi **1.** [make a sound] sonner, résonner, retentir / *it sounds hollow if you tap it* ça sonne creux lorsqu'on tape dessus / *their voices sounded very loud in the empty house* leurs voix résonnaient bruyamment dans la maison vide / *sirens sounded in the streets* des sirènes retentissaient dans les rues / *if the alarm sounds, run* si vous entendez l'alarme, enfuyez-vous **2.** UK [be pronounced] se prononcer / *in English words are rarely spelt as they sound* en anglais, les mots s'écrivent rarement comme ils se prononcent **3.** [seem] sembler, paraître / *he sounded sad* il semblait triste / *he sounded bored* il semblait s'ennuyer / *it doesn't sound very interesting to me* ça ne m'a pas l'air très intéressant / *(that) sounds like a good idea* ça semble être une bonne idée / *two weeks in Crete, that sounds nice!* deux semaines en Crète, pas mal du tout ! / *the name sounded French* le nom avait l'air d'être or sonnait français / *you sound as though* or *as if* or *like you've got a cold* on dirait que tu es enrhumé / *it sounds to me as though they don't want to do it* j'ai l'impression qu'ils ne veulent pas le faire / *it doesn't sound to me as though they want to do it* je n'ai pas l'impression qu'ils veuillent le faire / *you sound just like your brother on the phone* tu as la même voix que ton frère or on dirait vraiment ton frère au téléphone / *it's an instrument which sounds rather like a flute* c'est un instrument dont le son ressemble assez à or est assez proche de la flûte / *that sounds like the postman now* je crois entendre le facteur. ◆ vt **1.** [bell, alarm] sonner ; [wind instrument] sonner de / *the huntsman sounded his horn* le chasseur sonna du cor ▸ **to sound one's horn** klaxonner / *the driver behind me sounded his horn* le conducteur derrière moi a klaxonné / *they sounded the church bells* ils sonnèrent les cloches / *the bugler sounded the reveille* le clairon sonna le réveil ▸ **to sound a warning** lancer un avertissement **2.** [pronounce] prononcer / *the "p" isn't sounded* le « p » ne se prononce pas / *he doesn't sound his aitches* il ne prononce pas ses « h » **3.** MED [chest, lungs] ausculter ; [cavity, passage] sonder **4.** NAUT sonder **5.** [person] sonder / *I'll try to sound their feelings on the matter* j'essaierai de connaître leur sentiment à cet égard.

❖ **sound off** vi *inf* **1.** [declare one's opinions] crier son opinion sur tous les toits ; [complain] râler / *he's always sounding off about the management* il est toujours à râler contre la direction ▸ **to sound off at sb** [angrily] passer un savon à *v inf* qqn **2.** [boast] se vanter.

❖ **sound out** vt sep *fig* [person] sonder / *the company is sounding out potential buyers* la compagnie sonde les acheteurs potentiels.

sound archives pl n phonothèque *f* / *a recording from the BBC sound archives* un enregistrement qui vient des archives de la BBC.

sound barrier n mur *m* du son ▸ **to break the sound barrier** franchir le mur du son.

soundbite ['saʊndbaɪt] n petite phrase *f* *(prononcée par un homme politique à la radio ou à la télévision pour frapper les esprits)*.

soundboard ['saʊndbɔːd] n **1.** [over pulpit, rostrum] abat-voix *m inv* **2.** MUS table *f* d'harmonie.

sound box n caisse *f* de résonance.

sound card n COMPUT carte *f* son.

sound effects pl n bruitage *m*.

sound engineer n ingénieur *m* du son.

sounder ['saʊndəʳ] n NAUT sondeur *m*.

sound hole n [of violin, viola, etc.] ouïe *f*, esse *f* ; [of guitar, lute, etc.] rosace *f*, rose *f*.

sounding ['saʊndɪŋ] n **1.** AERON, METEOR & NAUT [measuring] sondage *m* **2.** [of bell, horn] son *m* / *wait for the sounding of the alarm* attendez le signal d'alarme or que le signal d'alarme retentisse.

❖ **soundings** pl n [investigations] sondages *mpl* ▸ **to take soundings** faire des sondages.

-sounding in comp : *a foreign-sounding name* un nom à consonance étrangère / *high-sounding phrases* des phrases ronflantes or grandiloquentes.

sounding board n **1.** *fig* [person] : *she uses her assistants as a sounding board for any new ideas* elle essaie toutes ses nouvelles idées sur ses assistants **2.** [over pulpit, rostrum] abat-voix *m inv*.

sounding line n sonde *f*.

soundless ['saʊndlɪs] adj **1.** [silent] silencieux **2.** *liter* [deep] insondable.

soundlessly ['saʊndlɪslɪ] adv [silently] silencieusement, sans bruit.

soundly ['saʊndlɪ] adv **1.** [deeply -sleep] profondément **2.** [sensibly -advise, argue] judicieusement, avec bon sens **3.** [safely -invest] de façon sûre, sans risque or risques **4.** [competently -work, run] avec compétence **5.** [thoroughly -defeat] à plate couture or plates coutures / *he deserves to be soundly thrashed* il mérite une bonne correction.

soundness ['saʊndnɪs] n **1.** [of body, mind] santé *f*, équilibre *m* ; [of health] robustesse *f* **2.** [of building, structure] solidité *f* ; [of business, financial situation] solvabilité *f* ; [of decision, advice] bon sens *m* ; [of argument, reasoning] justesse *f* **3.** [of sleep] profondeur *f*.

soundproof ['saʊndpruːf] ◆ adj insonorisé. ◆ vt insonoriser.

soundproofing ['saʊndpruːfɪŋ] n insonorisation *f*.

sound shift n mutation *f* phonologique.

sound system n [hi-fi] chaîne *f* hi-fi ; [PA system] sonorisation *f*.

soundtrack ['saʊndtræk] n bande *f* sonore.

sound wave n onde *f* sonore.

soup [suːp] n **1.** CULIN soupe *f* ; [thin or blended] soupe *f*, potage *m* ; [smooth and creamy] velouté *m* / *onion* / *fish* / *leek soup* soupe à l'oignon / de poisson / aux poireaux ▸ **cream of mushroom soup** velouté de champignons ▸ **soup ladle** louche *f* ▸ **to be in the soup** *inf* être dans le pétrin ▸ **from soup to nuts** US *inf* du début à la fin ▸ **everything from soup to nuts** absolument tout **2.** *v inf* [nitroglycerine] nitroglycérine *f*, nitro *f*.

❖ **soup up** vt sep *inf* [engine] gonfler ; [car] gonfler le moteur de ; [machine, computer program] perfectionner.

soupçon ['suːpsɒn] n *fml & hum* soupçon *m*, pointe *f*.

souped-up [suːpt-] adj *inf* [engine] gonflé, poussé ; [car] au moteur gonflé or poussé ; [machine, computer program] perfectionné.

soup kitchen n soupe *f* populaire.

soup plate n assiette *f* creuse or à soupe.

soup spoon n cuillère *f* or cuiller *f* à soupe.

soup tureen n soupière *f*.

soupy ['suːpɪ] (*compar* **soupier**, *superl* **soupiest**) adj **1.** [thick] épais (épaisse), dense **2.** US *inf* [sentimental] à l'eau de rose.

sour ['saʊəʳ] ◆ adj **1.** [flavour, taste] aigre, sur **2.** [rancid -milk] tourné, aigre ; [-breath] fétide / *the milk has gone* or *turned sour* le lait a tourné **3.** [disagreeable -person, character, mood] aigre, revêche, hargneux ; [-look] hargneux ; [-comment, tone] aigre, acerbe **4.** [wrong, awry] ▸ **to go** or **to turn sour** mal tourner / *everything suddenly went sour on us* tout a soudainement mal tourné pour nous / *their marriage went sour* leur mariage a tourné au vinaigre **5.** [too acidic -soil] trop acide. ◆ vi **1.** [wine] surir, s'aigrir ; [milk] tourner, aigrir **2.** [person, character] aigrir ; [relationship] se dégrader, tourner au vinaigre ; [situation] mal tourner. ◆ vt **1.** [milk, wine] aigrir **2.** [person, character] aigrir ; [relationship] gâter, empoisonner ; [situation] gâter / *the experience soured his view of life* cette expérience l'a aigri. ◆ n whisky *m* sour.

sourball ['saʊə,bɔːl] n US bonbon *m* acidulé.

source [sɔːs] ◆ n **1.** [gen] source *f* / *they have traced the source of the power cut* ils ont découvert l'origine de la panne de courant / *energy sources* sources d'énergie / *at source* à la source / *source of infection* MED foyer *m* d'infection **2.** [of information] source *f* / *the journalist refused to name his sources* le journaliste a refusé de nommer ses sources / *according to reliable sources war is imminent* selon des sources sûres or bien informées, la guerre est imminente **3.** [of river] source *f*. ◆ comp ▸ **source material** or **materials** [documents] documentation *f*. ◆ vt : *the quotations are sourced in footnotes* la source des citations figure dans les notes en bas de page / *our paper is sourced from sustainable forests* notre papier provient de forêts gérées de façon durable / *we source all our ingredients from local farmers* tous nos ingrédients proviennent de producteurs locaux.

source code n COMPUT code *m* source.

source language n **1.** LING langue *f* source **2.** COMPUT langage *m* source.

source program n COMPUT programme *m* source.

sour cream n crème *f* aigre.

sourdough ['saʊədəʊ] n **1.** *regional* CULIN levain *m* ▸ **sourdough bread** pain *m* au levain **2.** [pioneer] pionnier *m*, -ère *f* *(de l'Alaska ou de l'ouest du Canada)*.

sour-faced adj à la mine revêche / *what are you looking so sour-faced about?* pourquoi cet air maussade or cette mine revêche ?

sour grapes n jalousie *f*, envie *f* / *it's a simple case of sour grapes* c'est tout simplement du dépit.

sourly ['saʊəlɪ] adj aigrement, avec aigreur.

sour mash n *pâte spéciale utilisée dans la fabrication de certains whiskies américains.*

sourness ['saʊənɪs] n **1.** [of flavour, taste] aigreur *f*, acidité *f* ; [of milk] aigreur *f* **2.** [of person, character, mood] aigreur *f* ; [of speech, comment] ton *m* aigre.

sourpuss ['saʊəpʊs] n *inf* grincheux *m*, -euse *f*.

soursop ['saʊəsɒp] n corossol *m*.

sousaphone ['suːzəfəʊn] n sousaphone *m*.

souse [saʊs] ◆ vt **1.** CULIN [in vinegar] (faire) mariner dans du vinaigre ; [in brine] (faire) mariner dans de la saumure / *soused herrings* harengs au vinaigre **2.** [immerse] immerger, plonger ; [drench] tremper / *he soused himself with cold water* il s'aspergea abondamment d'eau froide **3.** *inf* [make drunk] soûler / *he comes home soused every night* il rentre soûl tous les soirs. ◆ n CULIN [vinegar] marinade *f* de vinaigre ; [brine] saumure *f*.

soutane [suːˈtɑːn] n soutane *f*.

south [saʊθ] ◆ n **1.** GEOG sud *m* / *the region to the south of Birmingham* la région qui est au sud de Birmingham / *I was born in the south* je suis né dans le Sud / *in the South of France* dans le Midi (de la France) / *the wind is in the south* le vent vient du sud ; [in US] ▸ **the South** le Sud, les États du Sud **2.** CARDS sud *m*. ◆ adj **1.** GEOG sud *(inv)*, du sud, méridional / *the south coast* la côte sud / *in south London* dans le sud de Londres / *in south India* dans le sud de l'Inde ▸ **the South Atlantic** l'Atlantique *m* **2.** [wind] du sud. ◆ adv au sud, vers le sud / *the village lies south of York* le village est situé au sud de York / *the living room faces south* la salle de séjour est exposée au sud / *the path heads (due) south* le chemin va or mène (droit) vers le sud / *walk south until you come to a main road* marchez vers le sud jusqu'à ce que vous arriviez à une route principale / *we're going south for our holidays* nous allons passer nos vacances dans le Sud / *I travelled south* je suis allée vers le sud / *they live down south* ils habitent dans le Sud.

South Africa pr n Afrique *f* du Sud / *in South Africa* en Afrique du Sud ▸ **the Republic of South Africa** la République d'Afrique du Sud.

South African ◆ n Sud-Africain *m*, -e *f*. ◆ adj sud-africain, d'Afrique du Sud.

South America pr n Amérique *f* du Sud / *in South America* en Amérique du Sud.

South American ◆ n Sud-Américain *m*, -e *f*. ◆ adj sud-américain, d'Amérique du Sud.

South Australia pr n Australie-Méridionale *f* / *in South Australia* en Australie-Méridionale.

South Bank pr n ▸ **the South Bank** *complexe sur la rive sud de la Tamise réunissant des salles de concert, des théâtres et des musées.*

southbound [ˈsaʊθbaʊnd] adj en direction du sud / *the southbound carriageway of the motorway is closed* l'axe sud de l'autoroute est fermé (à la circulation).

South Carolina pr n Caroline *f* du Sud / *in South Carolina* en Caroline du Sud.

South Circular pr n ▸ **the South Circular** *moitié sud du périphérique londonien.*

South Dakota pr n Dakota *m* du Sud / *in South Dakota* dans le Dakota du Sud.

southeast [ˌsaʊθˈiːst] ◆ n sud-est *m* / *in the southeast of England* dans le sud-est de l'Angleterre. ◆ adj **1.** GEOG sud-est *(inv)*, du sud-est / *in southeast England* dans le sud-est de l'Angleterre **2.** [wind] de sud-est. ◆ adv au sud-est, vers le sud-est / *it's 50 miles southeast of Liverpool* c'est à 80 kilomètres au sud-est de Liverpool.

Southeast Asia pr n Asie *f* du Sud-Est / *in Southeast Asia* en Asie du Sud-Est.

southeaster [ˌsaʊθˈiːstəʳ] n vent *m* de sud-est.

southeasterly [ˌsaʊθˈiːstəlɪ] (*pl* **southeasterlies**) ◆ adj **1.** GEOG sud-est *(inv)*, du sud-est / *to travel in a southeasterly direction* aller vers le sud-est **2.** [wind] de sud-est. ◆ adv au sud-est, vers le sud-est. ◆ n vent *m* de sud-est.

southeastern [ˌsaʊθˈiːstən] adj sud-est *(inv)*, du sud-est / *the southeastern suburbs* la banlieue sud-est.

southeastwards [ˌsaʊθˈiːstwədz] adv vers le sud-est, en direction du sud-est.

souther [ˈsaʊðəʳ] n NAUT fort vent *m* du sud.

southerly [ˈsʌðəlɪ] (*pl* **southerlies**) ◆ adj **1.** GEOG sud *(inv)*, du sud / *in a southerly direction* vers le sud / *a room with a southerly aspect* une pièce exposée au sud or au midi **2.** [wind] du sud. ◆ adv vers le sud. ◆ n vent *m* du sud.

southern [ˈsʌðən] adj GEOG sud *(inv)*, du sud, méridional / *he has a southern accent* il a un accent du sud / *southern Africa* l'Afrique *f* australe / *southern Europe* l'Europe *f* méridionale / *in southern India* dans le sud de l'Inde ▸ **the southern hemisphere** l'hémisphère *m* Sud or austral ▸ **Southern Baptists** *membres de la Southern Baptist convention fondée en 1845 à Augusta en Géorgie* ▸ **the Southern States** *aux États-Unis, les États entre la Pennsylvanie et la Virginie occidentale.*

Southern Cross n ▸ **the Southern Cross** la Croix du Sud.

southerner [ˈsʌðənəʳ] n [gen] homme *m*, femme *f* du sud ; [in continental Europe] méridional *m*, -e *f* / *she's a southerner* elle vient du sud.

Southern Ireland pr n Irlande *f* du Sud / *in Southern Ireland* en Irlande du Sud.

southernmost [ˈsʌðənməʊst] adj le plus au sud / *the southernmost town in Chile* la ville la plus au sud du Chili / *the southernmost limits of the Sahara* les limites méridionales du Sahara.

south-facing adj [house, wall] (exposé) au sud or au midi.

South Island pr n l'île *f* du Sud.

South Korea pr n Corée *f* du Sud / *in South Korea* en Corée du Sud.

South Korean ◆ n Sud-Coréen *m*, -enne *f*, Coréen *m*, -enne *f* du Sud. ◆ adj sud-coréen.

South Pacific pr n ▸ **the South Pacific** le Pacifique Sud.

southpaw [ˈsaʊθpɔː] ◆ n US *inf* gaucher *m*, -ère *f*. ◆ adj gaucher.

South Pole pr n pôle *m* Sud / *at the South Pole* au pôle Sud.

South Sea Bubble pr n ▸ **the South Sea Bubble** *krach financier de 1720 en Angleterre.*

The South Sea Bubble

Krach financier qui eut lieu en 1720, après que la **South Sea Company** eut repris à son compte la dette nationale britannique en échange du monopole du commerce sur les mers du Sud ; cette nouvelle provoqua une ruée sur les actions de la compagnie et une forte spéculation, qui entraîna la chute des cours et la ruine de nombreux investisseurs.

South Seas pl pr n ▸ **the South Seas** les mers *fpl* du Sud.

south-southeast ◆ n sud-sud-est *m*. ◆ adj sud-sud-est *(inv)*, du sud-sud-est. ◆ adv au sud-sud-est, vers le sud-sud-est.

south-southwest ◆ n sud-sud-ouest *m*. ◆ adj sud-sud-ouest *(inv)*, du sud-sud-ouest. ◆ adv au sud-sud-ouest, vers le sud-sud-ouest.

South Vietnam pr n Sud Viêt Nam *m* / *in South Vietnam* au Sud Viêt Nam.

South Vietnamese ◆ n Sud-Vietnamien *m*, -enne *f* ▸ **the South Vietnamese** les Sud-Vietnamiens. ◆ adj sud-vietnamien.

South Wales pr n pays de Galles *m* du Sud.

southward [ˈsaʊθwəd] ◆ adj au sud. ◆ adv vers le sud, en direction du sud.

southwards [ˈsaʊθwədz] = **southward** *(adv)*.

southwest [ˌsaʊθˈwest] ◆ n sud-ouest *m* / *in the southwest of the United States* dans le sud-ouest des États-Unis. ◆ adj **1.** GEOG sud-ouest *(inv)*, du sud-ouest / *in southwest Scotland* dans le sud-ouest de l'Écosse **2.** [wind] de sud-ouest. ◆ adv au sud-ouest, vers le sud-ouest / *it's southwest of London* c'est au sud-ouest de Londres.

southwester [ˌsaʊθˈwestəʳ] n vent *m* de sud-ouest, suroît *m*.

southwesterly [ˌsaʊθˈwestəlɪ] (*pl* **southwesterlies**) ◆ adj **1.** GEOG sud-ouest *(inv)*, du sud-ouest / *in a southwesterly direction* vers le sud-ouest **2.** [wind] de sud-ouest. ◆ adv au sud-ouest, vers le sud-ouest. ◆ n vent *m* de sud-ouest, suroît *m*.

southwestern [ˌsaʊθˈwestən] adj sud-ouest *(inv)*, du sud-ouest / *the southwestern States* les États du sud-ouest.

southwestwards [ˌsaʊθˈwestwədz] adv vers le sud-ouest, en direction du sud-ouest.

South Yemen pr n Yémen *m* du Sud / *in South Yemen* au Yémen du Sud.

souvenir [ˌsuːvəˈnɪəʳ] n souvenir *m (objet)*.

sou'wester [saʊˈwestəʳ] n **1.** [headgear] suroît *m* **2.** [wind] = **southwesterly**.

sovereign [ˈsɒvrɪn] ◆ n **1.** [monarch] souverain *m*, -e *f* **2.** [coin] souverain *m*. ◆ adj **1.** POL [state, territory] souverain ; [powers] souverain, suprême ; [rights] de souveraineté / *Parliament remains sovereign* le Parlement reste souverain **2.** *liter* [excellent - remedy] souverain ; [utmost - scorn, indifference] souverain, absolu.

sovereignty [ˈsɒvrɪntɪ] (*pl* **sovereignties**) n souveraineté *f* / *with no loss of sovereignty* sans perte de souveraineté.

soviet [ˈsəʊvɪət] n [council] soviet *m*.

❖ **Soviet** ◆ n [inhabitant] Soviétique *mf*. ◆ adj soviétique ▸ **Soviet Russia** la Russie soviétique ▸ **the Union of Soviet Socialist Republics** l'Union *f* des républiques socialistes soviétiques.

sovietize, sovietise [ˈsəʊvɪətaɪz] vt soviétiser.

Soviet Union pr n ▸ **the Soviet Union** l'Union *f* soviétique / *in the Soviet Union* en Union soviétique.

sow[1] [səʊ] (*pt* **sowed**, *pp* **sowed** *or* **sown** [səʊn], *cont* **sowing**) ◆ vt **1.** [seed, crop] semer ; [field] ensemencer **2.** *fig* semer / *to sow discord / terror* semer la discorde / la terreur / *he sowed (the seeds of) doubt in their minds* il a semé le doute dans leur esprit / *it was at this time that the seeds of the Industrial Revolution were sown* c'est à cette époque que remontent les origines de la révolution industrielle ▸ **sow the wind and reap the whirlwind** *prov* qui sème le vent récolte la tempête *prov*. ◆ vi semer / *as you sow so shall you reap* BIBLE comme tu auras semé tu moissonneras.

sow[2] [saʊ] n [pig] truie *f*.

sow bug [saʊ-] n US cloporte *m*.

sower [ˈsəʊəʳ] n [person] semeur *m*, -euse *f* ; [machine] semoir *m*.

sowing [ˈsəʊɪŋ] n **1.** [act] ensemencement *m* **2.** *(U)* [work, period, seed] semailles *fpl*.

sown [səʊn] pp ⟶ **sow**.

sow thistle [saʊ-] n laiteron *m* (potager).

sox [sɒks] pl n US *inf* chaussettes *fpl*.

soy [sɔɪ] = **soy sauce**.

soya [ˈsɔɪə] n soja *m* ▸ **soya flour / milk** farine *f* / lait *m* de soja.

soya bean UK, **soybean** US [ˈsɔɪbiːn] n graine *f* de soja.

soy sauce n sauce *f* de soja.

sozzled [ˈsɒzld] adj UK *inf* soûl, paf.

spa [spɑː] n **1.** [resort] ville *f* d'eau **2.** [spring] source *f* minérale **3.** [whirlpool bath] bain *m* à remous **4.** [health club] centre *m* de fitness.

space [speɪs] ◆ n **1.** ASTRON & PHYS espace *m* / *the first man in space* le premier homme dans l'espace / *a particular point in space and time* un point particulier dans l'espace et le temps / *she sat staring into space* elle était assise, le regard perdu dans le vide **2.** [room] espace *m*, place *f* / *there's too much wasted space in this kitchen* il y a trop de place perdue or d'espace inutilisé dans cette cuisine / *your books take up an awful lot of space* tes livres prennent énormément de place / *the large windows give an impression of space* les grandes fenêtres donnent une impression d'espace / *he cleared a* or *some space on his desk for the tray* il a fait un peu de place sur son bureau pour le plateau / *can you make space for one more?* pouvez-vous faire de la place pour une personne de plus ? / *the author devotes a lot of space to philosophical speculations* l'auteur fait une large part aux spéculations philosophiques **3.** [volume, area, distance] espace *m* / *an enclosed space* un espace clos / *there are at least five pubs in the space of a few* *hundred yards* il y a au moins cinq pubs sur quelques centaines de mètres ▸ **advertising space** espace *m* publicitaire **4.** [gap] espace *m*, place *f* / *there's barely any space between the houses* il n'y a pratiquement pas d'espace entre les maisons ; [on page, official form] espace *m*, case *f* / *leave a space for the teacher's comments* laissez un espace pour les remarques du professeur / *please add any further details in the space provided* veuillez ajouter tout détail supplémentaire dans la case prévue à cet effet **5.** TYPO [gap between words] espace *f*, blanc *m* ; [blank type] espace *f* **6.** [period of time, interval] intervalle *m*, espace *m* (de temps), période *f* / *in* or *within the space of six months* en (l'espace de) six mois / *over a space of several years* sur une période de plusieurs années / *it'll all be over in a very short space of time* tout sera fini dans très peu de temps or d'ici peu **7.** [seat, place] place *f*. ◆ comp [programme, research, travel, flight] spatial. ◆ vt = **space out**.

❖ **space out** vt sep **1.** [in space] espacer / *the buoys are well spaced out* les bouées sont largement espacées / *space yourselves out a bit more* écartez-vous un peu plus les uns des autres **2.** [in time] échelonner, espacer / *spaced out over a period of ten years* échelonné sur une période de dix ans.

space age n ▸ **the space age** l'ère *f* spatiale.

❖ **space-age** adj **1.** SCI de l'ère spatiale **2.** [futuristic] futuriste.

space bar n [on typewriter] barre *f* d'espacement.

space blanket n couverture *f* de survie.

space cadet n *inf* taré *m*, -e *f*.

space capsule n capsule *f* spatiale.

spacecraft ['speɪskrɑːft] n vaisseau *m* spatial.

-spaced [speɪst] in comp **1.** [gen] : *the buildings are closely / widely-spaced* les bâtiments sont proches les uns des autres / largement espacés / *widely-spaced eyes* des yeux très écartés **2.** TYPO ▸ **single / double-spaced** à interligne simple / double.

spaced-out adj *v inf* shooté / *they were spaced-out on acid* ils étaient shootés à l'acide.

space heater n radiateur *m*.

spacelab ['speɪslæb] n laboratoire *m* spatial.

spaceman ['speɪsmæn] (*pl* **spacemen** [-men]) n [gen] spationaute *m* ; [American] astronaute *m* ; [Russian] cosmonaute *m*.

space platform = **space station**.

spaceport ['speɪspɔːt] n base *f* de lancement.

space probe n sonde *f* spatiale.

space race n course *f* pour la suprématie dans l'espace.

space rescue vehicle n véhicule *m* de secours dans l'espace.

space rocket n fusée *f* spatiale or interplanétaire.

space-saving adj qui fait gagner de la place.

spaceship ['speɪsʃɪp] n vaisseau *m* spatial habité.

space shot n lancement *m* spatial.

space shuttle n navette *f* spatiale.

space-sick adj : *to be space-sick* avoir le mal de l'espace.

space sickness n mal *m* de l'espace.

space station n station *f* spatiale or orbitale.

spacesuit ['speɪssuːt] n combinaison *f* spatiale.

space-time continuum n continuum *m* espace-temps or spatio-temporel.

space travel n voyages *mpl* dans l'espace, astronautique *f* *spec*.

space walk ◆ n marche *f* dans l'espace. ◆ vi marcher dans l'espace.

spacewoman ['speɪs,wʊmən] (*pl* **spacewomen** [-,wɪmɪn]) n [gen] spationaute *f*, astronaute *f* ; [Russian] cosmonaute *f*.

spacey ['speɪsɪ] (*compar* **spacier**, *superl* **spaciest**) adj *v inf* **1.** [music] planant **2.** [person] ▸ **to feel spacey** être dans les vapes.

spacial ['speɪʃl] = **spatial**.

spacing ['speɪsɪŋ] n **1.** [of text on page - horizontal] espacement *m* ; [- vertical] interligne *m* / *typed in single / double spacing* tapé avec interligne simple / double **2.** [between trees, columns, buildings, etc.] espacement *m*, écart *m*.

spacious ['speɪʃəs] adj [house, room, office] spacieux, grand ; [park, property] étendu, grand.

spaciousness ['speɪʃəsnɪs] n grandeur *f*, dimensions *fpl* spacieuses.

Spackle® ['spækl] n enduit *m*.

spade [speɪd] n **1.** [tool] bêche *f* ▸ **to call a spade a spade** appeler un chat un chat ▸ **to have sthg in spades** US *inf* avoir des tonnes de qqch / *and you've got it in spades* et tu en as à revendre **2.** [in cards] pique *m* / *my partner played a spade* mon partenaire a joué pique / *the ace / ten of spades* l'as / le dix de pique **3.** *offens terme raciste désignant un Noir* ; ≃ nègre *m* ; ≃ négresse *f*.

spadeful ['speɪdfʊl] n pelletée *f*.

spadework ['speɪdwɜːk] n travail *m* de préparation or de déblayage.

spag bol ['spæg'bɒl] (abbr of **spaghetti bolognese**) n UK *inf* spaghettis *mpl* (à la) bolognaise.

spaghetti [spə'getɪ] n *(U)* spaghetti *mpl*, spaghettis *mpl*.

Spaghetti Junction pr n *surnom d'un échangeur sur l'autoroute M6 au nord de Birmingham.*

spaghetti western n western-spaghetti *m*.

Spain [speɪn] pr n Espagne *f* / *in Spain* en Espagne.

spake [speɪk] pt *arch* ⟶ **speak**.

Spam® [spæm] n *pâté de jambon en conserve.*

spam [spæm] ◆ n *inf* COMPUT spam *m*, pourriel *m*. ◆ vt (*pt & pp* **spammed**, *cont* **spamming**) envoyer un spam à.

spambot ['spæmbɒt] n COMPUT spambot *m*.

spammer ['spæmər] n spammeur *m*.

spamming ['spæmɪŋ] n *(U)* spam *m*.

spamvertise ['spæmvətaɪz] vi faire de la pub avec des spams.

span [spæn] (*pt & pp* **spanned**, *cont* **spanning**) ◆ n **1.** [duration] durée *f*, laps *m* de temps / *a short attention span* une capacité d'attention limitée / *man's span on earth* le séjour terrestre de l'homme ; [interval] intervalle *m* / *his work covers a span of twenty-odd years* son œuvre s'étend sur une vingtaine d'années **2.** [range] gamme *f* / *we cover only a limited span of subjects* nous ne couvrons qu'un nombre restreint de sujets **3.** [of hands, arms, wings] envergure *f* **4.** [of bridge] travée *f* ; [of arch, dome, girder] portée *f* **5.** [unit of measurement] empan *m* **6.** [matched pair - of horses, oxen] paire *f*. ◆ vt **1.** [encompass, stretch over - in time, extent] couvrir, embrasser / *her career spanned more than 50 years* sa carrière s'étend sur plus de 50 ans **2.** [cross - river, ditch, etc.] enjamber, traverser / *a modern bridge now spans the valley* un pont moderne enjambe maintenant la vallée **3.** [build bridge over] jeter un pont sur. ◆ pt *arch* ⟶ **spin**.

spandex ['spændeks] n Lycra® *m*.

spang [spæŋ] adv US *inf* directement, pile / *spang on target* en plein dans le mille.

spangle ['spæŋgl] ◆ n paillette *f*. ◆ vt pailleter, décorer de paillettes / *spangled with gold* pailleté d'or / *stars spangled the night sky* le ciel était parsemé d'étoiles.

spangly ['spæŋglɪ] adj pailleté.

Spaniard ['spænjəd] n Espagnol *m*, -e *f*.

spaniel ['spænjəl] n épagneul *m*.

Spanish ['spænɪʃ] ◆ adj espagnol ▸ **Spanish guitar** guitare *f* classique. ◆ n LING espagnol *m*. ◆ pl n ▸ **the Spanish** les Espagnols *mpl*.

Spanish America pr n Amérique *f* hispanophone.

Spanish-American ◆ n **1.** [in the US] Hispanique *mf* **2.** [in Latin America] Hispano-Américain *m*, -e *f*. ◆ adj **1.** [in the US] hispanique **2.** [in Latin America] hispano-américain **3.** US HIST ▸ **the Spanish-American War** la guerre hispano-américaine.

 **The Spanish-American War**

Conflit qui opposa en 1898, aux Caraïbes, les États-Unis à l'Espagne. Se posant en défenseurs des Cubains opprimés par les Espagnols, les Américains remportèrent une victoire facile qui leur permit d'étendre leur influence sur le Pacifique et les Caraïbes tout en conférant à leur pays le statut de puissance mondiale.

Spanish Armada pr n ▸ **the Spanish Armada** l'Invincible Armada *f*.

 **The Spanish Armada**

Flotte envoyée par Philippe II d'Espagne en 1588 pour envahir l'Angleterre et y rétablir le catholicisme. Bien que supérieure en nombre et très préparée, la flotte espagnole fut vaincue, victime d'une série de contretemps et d'une plus grande maniabilité de la flotte britannique.

Spanish fly n **1.** [insect] cantharide *f* **2.** [product] poudre *f* de cantharide.

Spanish Inquisition n ▸ **the Spanish Inquisition** l'Inquisition *f* espagnole.

Spanish Main pr n ▸ **the Spanish Main** la mer des Caraïbes.

Spanish moss n tillandsie *f*, tillandsia *m*.

Spanish omelette n omelette *f* à l'espagnole.

Spanish onion n oignon *m* d'Espagne.

Spanish-speaking adj hispanophone.

spank [spæŋk] ◆ vt donner une fessée à, fesser. ◆ vi [go at a lively pace] ▸ **to be** or **to go spanking along** aller bon train or à bonne allure. ◆ n tape *f* sur les fesses / *to give a child a spank* donner une tape sur les fesses à un enfant.

spanking ['spæŋkɪŋ] ◆ n fessée *f* ▸ **to give sb a spanking** donner une fessée à qqn. ◆ adj *inf* **1.** [excellent] excellent / *in spanking condition* en excellent état **2.** [brisk] vif / *a spanking breeze* une bonne brise ▸ **to go at a spanking pace** aller bon train or à bonne allure. ◆ adv *inf* : *spanking new* flambant neuf / *spanking clean* propre comme un sou neuf.

spanner ['spænər] n clé *f*, clef *f* *(outil)* ▸ **to throw** or **to put a spanner in the works** poser des problèmes / *if they both arrived together that would really put a spanner in the works* s'ils arrivaient tous les deux ensemble ça poserait quelques problèmes.

spar [spɑːr] (*pt & pp* **sparred**, *cont* **sparring**) ◆ vi **1.** SPORT [in boxing - train] s'entraîner (avec un sparring-partner) ; [- test out opponent] faire des feintes *(pour tester son adversaire)* / *they sparred with each other for a few rounds* ils boxèrent amicalement durant quelques rounds **2.** [argue] se disputer. ◆ n **1.** [pole - gen] poteau *m*, mât *m* ; NAUT espar *m* **2.** AERON longeron *m* **3.** MINER spath *m*.

spare [speər] ◆ adj **1.** [not in use] dont on ne se sert pas, disponible ; [kept in reserve] de réserve, de rechange ; [extra, surplus] de trop, en trop / *take a spare pullover* prenez un pull de rechange / *have you got a spare piece of paper?* est-ce que tu as une feuille de papier à me prêter ? / *have you got any spare cash on you?* est-ce que tu peux me prêter de l'argent ? / *we had no spare cash left to buy souvenirs* nous n'avions plus assez d'argent pour acheter des souvenirs / *I've got two spare tickets for the match* j'ai deux billets en plus pour le match / *I'll have some more cake if there's any going spare inf* je vais reprendre du gâteau s'il en reste / *you can stay here if you want, we have a spare bed* tu peux rester ici si tu veux, nous avons un lit pour toi **2.** [free] libre, disponible / *there are plenty of spare seats at* *the back* il y a de nombreuses places libres au fond / *call in next time you have a spare moment* passez la prochaine fois que vous aurez un moment de libre **3.** [lean] maigre, sec (sèche) **4.** [uncluttered - style, decor] dépouillé ; [frugal - meal] frugal **5.** UK *inf* [mad] ▸ **to go spare** devenir dingue ▸ **to drive sb spare** rendre qqn fou. ◆ n **1.** [spare part] pièce *f* de rechange ; [wheel] roue *f* de secours ; [tyre] pneu *m* de rechange **2.** [in tenpin bowling] honneur *m* simple ▸ **to get** or **to score a spare** réussir un honneur simple. ◆ vt **1.** [make available, give] accorder, consacrer / *Mr Austen can spare you a few minutes this afternoon* M. Austen peut vous consacrer quelques minutes cet après-midi / *come and see us if you can spare the time* venez nous voir si vous avez le temps / *spare a thought for their poor parents!* pensez un peu à leurs pauvres parents ! / *less money can be spared for research these days* on ne peut plus consacrer autant d'argent à la recherche aujourd'hui / *can you spare (me) a few pounds?* vous n'auriez pas quelques livres (à me passer) ? ; [do without] se passer de / *I'm afraid we can't spare anyone at the moment* je regrette mais nous ne pouvons nous passer de personne or nous avons besoin de tout le monde en ce moment / *I need £50, if you think you can spare it* j'aurais besoin de 50 livres si c'est possible **2.** [refrain from harming, punishing, destroying] épargner / *a few villages were miraculously spared* par miracle, quelques villages furent épargnés ▸ **to spare sb's life** épargner la vie de qqn ▸ **to spare sb's feelings** ménager les sentiments de qqn ▸ **to spare sb's blushes** épargner qqn / *spare my blushes!* ne me faites pas rougir ! **3.** [save - trouble, suffering] épargner, éviter / *I could have spared myself the bother* j'aurais pu m'épargner le dérangement / *she was spared further distress by the judge's intervention* l'intervention du juge mit fin à ses tortures / *he was spared the shame of a public trial* la honte d'un procès public lui a été épargnée **4.** [economize] ménager / *they spared no expense on the celebrations* ils n'ont reculé devant aucune dépense pour les fêtes / *the first prize is a real luxury trip, with no expense spared* le premier prix est un voyage de rêve pour lequel on n'a pas regardé à la dépense / *we shall spare no effort to push the plan through* nous ne reculerons devant aucun effort pour faire accepter le projet ▸ **spare the rod and spoil the child** *prov* qui aime bien châtie bien *prov.*

❖ **to spare** adj phr : *young people with money to spare* des jeunes qui ont de l'argent à dépenser / *he's got enough money and to spare* il a plus d'argent qu'il ne lui en faut / *do you have a few minutes to spare?* avez-vous quelques minutes de libres or devant vous ? / *we got to the airport with over an hour to spare* nous sommes arrivés à l'aéroport avec plus d'une heure d'avance / *I caught the train with just a few seconds to spare* à quelques secondes près je ratais le train.

spare part n pièce *f* de rechange, pièce *f* détachée.

spare-part surgery n *inf* chirurgie *f* des greffes.

sparerib [speə'rɪb] n travers *m* de porc / *barbecue spareribs* travers de porc grillés sauce barbecue.

spare room n chambre *f* d'amis.

spare time n temps *m* libre / *what do you do in your spare time?* que faites-vous pendant votre temps libre or pendant vos moments de loisirs ?

❖ **spare-time** adj ▸ **spare-time activities** loisirs *mpl.*

spare tyre n **1.** AUTO pneu *m* de secours or de rechange **2.** *inf* [roll of fat] bourrelet *m* *(à la taille).*

spare wheel n roue *f* de secours.

sparing ['speərɪŋ] adj **1.** [economical - person] économe / *she's very sparing with her compliments* elle est très avare de compliments / *they were sparing in their efforts to help us* ils ne se sont pas donnés beaucoup de mal pour nous aider **2.** [meagre - quantity] limité, modéré ; [- use] modéré, économe ▸ **to make sparing use of sthg** utiliser qqch avec parcimonie or modération / *the author makes sparing use of metaphors* l'auteur utilise la métaphore avec parcimonie or modération.

sparingly ['speərɪŋlɪ] adv [eat] frugalement ; [drink, use] avec modération ; [praise] chichement, avec parcimonie / *they should be watered often but sparingly* il faudrait les arroser souvent mais avec modération / *use your strength sparingly* ménagez vos forces.

spark [spɑːk] ◆ vt [trigger - interest, argument] susciter, provoquer / *the incident was the catalyst that sparked the revolution* c'est l'incident qui a déclenché la révolution / *the news sparked (off) an intense debate* la nouvelle déclencha un débat animé. ◆ vi **1.** [produce sparks - gen] jeter des étincelles **2.** AUTO [spark plug, ignition system] allumer *(par étincelle).* ◆ n **1.** [from flame, electricity] étincelle *f* ; *fig* : *whenever they meet the sparks fly* chaque fois qu'ils se rencontrent, ça fait des étincelles / *they strike sparks off each other* ils se stimulent mutuellement **2.** [flash, trace - of excitement, wit] étincelle *f*, lueur *f* ; [- of interest, enthusiasm] / *she hasn't a spark of common sense* elle n'a pas le moindre bon sens.

❖ **sparks** n *v inf* UK [electrician] électricien *m*, -enne *f* ; [radio operator] radio *m.*

❖ **spark off** vt sep = **spark.**

spark chamber n chambre *f* à étincelles.

spark gap n AUTO écartement *m* des électrodes.

sparking plug ['spɑːkɪŋ-] UK = **spark plug.**

sparkle ['spɑːkl] ◆ vi **1.** [jewel, frost, glass, star] étinceler, briller, scintiller ; [sea, lake] étinceler, miroiter ; [eyes] étinceler, pétiller **2.** [person] briller ; [conversation] être brillant **3.** [wine, cider, mineral water] pétiller. ◆ n **1.** [of jewel, frost, glass, star] étincellement *m*, scintillement *m* ; [of sea, lake] étincellement *m*, miroitement *m* ; [of eyes] éclat *m* / *she has a sparkle in her eye* elle a des yeux pétillants **2.** [of person, conversation, wit, performance] éclat *m.*

sparkler ['spɑːklər] n **1.** [firework] cierge *m* magique **2.** UK *v inf* [diamond] diam *m.*

sparkling ['spɑːklɪŋ] ◆ adj **1.** [jewel, frost, glass, star] étincelant, scintillant ; [sea, lake] étincelant, miroitant ; [eyes] étincelant, pétillant **2.** [person, conversation, wit, performance] brillant **3.** [soft drink, mineral water] gazeux, pétillant. ◆ adv : *sparkling clean / white* d'une propreté / blancheur éclatante.

sparkling wine n vin *m* mousseux.

spark plug n AUTO bougie *f* ▸ **spark plug spanner** clé *f* à bougie.

sparring match ['spɑːrɪŋ-] n **1.** [in boxing] combat *m* d'entraînement **2.** [argument] discussion *f* animée.

sparring partner n **1.** [in boxing] sparring-partner *m* **2.** *fig* adversaire *m.*

sparrow ['spærəʊ] n moineau *m.*

sparrowhawk n ▸ **(Eurasian) sparrowhawk** épervier *m* ▸ **American sparrowhawk** faucon *m* des moineaux.

sparse [spɑːs] adj clairsemé, rare.

sparsely ['spɑːslɪ] adv [wooded, populated] peu / *the room was sparsely furnished* la pièce contenait peu de meubles / *it grows only sparsely in the north* ça ne pousse pas beaucoup dans le nord.

sparseness ['spɑːsnɪs] n [of population] faible densité *f* ; [of hair, vegetation] manque *m.*

Sparta ['spɑːtə] pr n Sparte.

Spartacist ['spɑːtəsɪst] ◆ adj spartakiste. ◆ n spartakiste *mf.*

Spartacus ['spɑːtəkəs] pr n Spartacus.

spartan ['spɑːtn] adj *fig* spartiate / *spartan living conditions* des conditions de vie spartiates / *a spartan room* une chambre austère or sans aucun confort.

❖ **Spartan** ◆ n HIST Spartiate *mf.* ◆ adj HIST spartiate.

spasm ['spæzm] n **1.** [muscular contraction] spasme *m* **2.** [fit] accès *m* / *a spasm of anger / pain* un accès de colère / de douleur / *he had a spasm of coughing* il a eu une quinte de toux / *she went into spasms of laughter* elle a été prise d'une crise de fou rire / *I tend to work in spasms* UK j'ai tendance à travailler de façon irrégulière.

spasmodic [spæz'mɒdɪk] adj **1.** [intermittent] intermittent, irrégulier **2.** MED [pain, contraction] spasmodique.

spasmodically [spæz'mɒdɪklɪ] adv de façon intermittente, par à-coups.

spastic ['spæstɪk] ◆ n **1.** MED [gen] handicapé *m*, -e *f* (moteur) ; [person affected by spasms] spasmophile *mf* **2.** *v inf & offens* [clumsy person] maladroit *m*, -e *f*, lourdaud *m*, -e *f.* ◆ adj **1.** MED [gen] handicapé (moteur) ; [affected by spasms] spasmophile ▸ **spastic paralysis** tétanie *f* **2.** *v inf & offens* [clumsy] empoté, gourde.

spat [spæt] ◆ pt & pp ⟶ **spit.** ◆ n **1.** [gaiter] guêtre *f* **2.** *inf* [quarrel] prise *f* de bec **3.** [shellfish] naissain *m.*

spatchcock ['spætʃkɒk] n CULIN poulet *m* à la crapaudine.

spate [speɪt] n **1.** [of letters, visitors] avalanche *f* ; [of abuse, insults] torrent *m* / *a spate of murders / burglaries* une série de meurtres / cambriolages **2.** UK [flood] crue *f* / *the river was in spate* le fleuve était en crue ▸ **to interrupt sb in full spate** *fig* interrompre qqn en plein discours.

spatial ['speɪʃl] adj spatial.

spatially ['speɪʃəlɪ] adv dans l'espace.

spatiotemporal [ˌspeɪʃɪəʊ'temprəl] adj spatiotemporel.

spatter ['spætər] ◆ vt [splash] éclabousser / *he spattered ink on* or *over the table* il a fait des éclaboussures d'encre sur la table / *the car spattered me with mud* or *the car spattered mud over me* l'auto m'a éclaboussé or aspergé de boue. ◆ vi [liquid] gicler ; [oil] crépiter / *rain spattered on the windowpane* la pluie crépitait sur la vitre. ◆ n [on garment] éclaboussure *f*, éclaboussures *fpl* ; [sound - of rain, oil, applause] crépitement *m.*

spatterdash ['spætədæʃ] n US **1.** [roughcast] crépi *m* **2.** [gaiter] ▸ **spatterdashes** guêtres *fpl.*

spatula ['spætjʊlə] n **1.** CULIN spatule *f* **2.** MED abaisse-langue *m inv*, spatule *f.*

spavin ['spævɪn] n éparvin *m*, épervin *m.*

spawn [spɔːn] ◆ n *(U)* **1.** ZOOL [of frogs, fish] œufs *mpl*, frai *m* **2.** BOT [of mushrooms] mycélium *m* **3.** *fig & pej* [offspring] progéniture *f.* ◆ vt **1.** ZOOL pondre **2.** *fig* [produce] engendrer. ◆ vi ZOOL frayer.

spay [speɪ] vt stériliser.

spaying ['speɪɪŋ] n VET castration *f.*

spaz, spazz [spæz] n *inf* **1.** [spastic] infirme *mf* *(terme injurieux désignant un handicapé moteur)* **2.** [idiot] crétin *m*, -e *f*, idiot *m*, -e *f.*

❖ **spaz out** vi *inf* faire le con.

spazzy ['spæzɪ] = **spaz.**

SPCA (abbr of **Society for the Prevention of Cruelty to Animals**) pr n *société américaine protectrice des animaux* ; ≃ SPA.

SPCC (abbr of **Society for the Prevention of Cruelty to Children**) pr n *société américaine pour la protection de l'enfance.*

speak [spiːk] *(pt* **spoke** [spəʊk], *pp* **spoken** ['spəʊkn]) ◆ vi **1.** [talk] parler ▸ **to speak to** or US **with sb** parler à or avec qqn ▸ **to speak about** or **of sthg** parler de qqch ▸ **to speak to sb about sthg** parler à qqn de qqch / *I'll speak to her about it* je lui en parlerai ▸ **to speak in a whisper** chuchoter / *speak to me!* dites(-moi) quelque chose ! / *don't speak to your mother like that!* ne parle pas à ta mère sur ce ton ! / *speak when you're spoken to!* ne parlez que lorsque l'on s'adresse à vous ! / *don't speak with your mouth full* ne parle pas la bouche pleine / *it seems I spoke too soon* on dirait que j'ai parlé un peu vite ; [on telephone] parler / *who's speaking?* **a)** [gen] qui est à l'appareil ? **b)** [switchboard] c'est de la part de qui ? / *Kate Smith speaking* Kate Smith à l'appareil, c'est Kate Smith / *may I speak to Kate? — speaking* puis-je parler à Kate ? — c'est moi ▸ **speak now or forever hold your peace** parlez maintenant ou gardez le silence pour toujours **2.** [in debate, meeting, etc. - make a speech] faire un discours, parler ; [- intervene] prendre la parole, parler / *he began to speak* il a pris la parole / *she got up to speak* elle s'est levée pour parler / *the chair called upon Mrs Fox to speak* le président a demandé à Mme Fox de prendre la parole / *he was invited to speak* *to us on* or *about Chile* il a été invité à venir nous parler du Chili / *she spoke for an hour on imperialism* elle a parlé de l'impérialisme pendant une heure ▸ **to speak to** or **on a motion** soutenir une motion ▸ **to speak from the floor** intervenir dans un débat **3.** [be on friendly terms] : *she isn't speaking to me* elle ne me parle plus / *I don't know them to speak to* je ne les connais que de vue ▸ **to be on speaking terms with sb** connaître qqn *(assez pour lui parler)* / *we're no longer on speaking terms* nous ne nous parlons plus **4.** [as spokesperson] ▸ **to speak for sb a)** [on their behalf] parler au nom de qqn **b)** [in their favour] parler en faveur de qqn / *let her speak for herself!* laisse-la s'exprimer ! ▸ **speak for yourself!** *hum* parle pour toi ! / *the facts speak for themselves fig* les faits parlent d'eux-mêmes / *the title speaks for itself fig* le titre se passe de commentaire **5.** [in giving an opinion] : *generally speaking* en général / *personally speaking* en ce qui me concerne, quant à moi ▸ **speaking of which** justement, à ce propos / *financially speaking* financièrement parlant, du point de vue financier / *speaking as a politician* en tant qu'homme politique / *you shouldn't speak ill of the dead* tu ne devrais pas dire du mal des morts / *he always speaks well* / *highly of you* il dit toujours du bien / beaucoup de bien de vous / *the gift speaks well of her concern for old people* son don témoigne de l'intérêt qu'elle porte aux personnes âgées **6.** *fig* [give an impression] : *everything he saw seemed to speak to him of Greece* tout ce qu'il voyait lui semblait évoquer la Grèce / *his paintings speak of terrible loneliness* ses peintures expriment une immense solitude **7.** *liter* [sound - trumpet] sonner, retentir ; [- organ pipe] parler ; [- gun] retentir. ◆ vt **1.** [say, pronounce] dire, prononcer / *the baby spoke his first words* le bébé a dit ses premiers mots / *I only had three lines to speak in the play* je n'avais que trois lignes à dire dans la pièce ▸ **to speak one's mind** dire sa pensée or façon de penser / *she spoke my name in her sleep* elle a prononcé mon nom dans son sommeil / *he didn't speak a word* il n'a pas dit un mot / *without a word being spoken* sans qu'un mot ne soit prononcé ▸ **to speak the truth** dire la vérité / *their behaviour speaks volumes for their generosity* leur comportement en dit long sur leur générosité or montre à quel point ils sont généreux / *his silence speaks volumes* son silence en dit long **2.** [language] parler / *he doesn't speak a word of Greek* il ne parle pas un mot de grec / **'English spoken'** 'ici on parle anglais' / *we just don't speak the same language fig* nous ne parlons pas le même langage, c'est tout.

❖ **not to speak of** prep phr sans parler de / *his plays are hugely popular, not to speak of his many novels* ses pièces sont extrêmement populaires, sans parler de ses nombreux romans.

❖ **so to speak** adv phr pour ainsi dire.

❖ **to speak of** adv phr : *there's no wind* / *mail to speak of* il n'y a presque pas de vent / de courrier.

❖ **speak for** vt insep *(usu passive)* : *these goods are already spoken for* ces articles sont déjà réservés or retenus / *she's already spoken for* elle est déjà prise.

❖ **speak out** vi parler franchement, ne pas mâcher ses mots / *don't be afraid to speak out* n'aie pas peur de parler franchement or de dire ce que tu penses ▸ **to speak out for sthg** parler en faveur de qqch ▸ **to speak out against sthg** s'élever contre qqch / *she spoke out strongly against the scheme* elle a condamné le projet avec véhémence.

❖ **speak up** vi **1.** [louder] parler plus fort ; [more clearly] parler plus clairement **2.** [be frank] parler franchement ▸ **to speak up for sb** parler en faveur de qqn, défendre les intérêts de qqn / *why didn't you speak up?* pourquoi n'avez-vous rien dit ?

-speak in comp *pej* ▸ **computer-speak** langage *m* or jargon *m* de l'informatique ▸ **psycho-speak** jargon *m* psychologique or des psychologues.

speakeasy ['spi:k,i:zɪ] *(pl* **speakeasies***)* n bar *m* clandestin *(pendant la prohibition)*.

speaker ['spi:kər] n **1.** [gen] celui *m* / celle *f* qui parle ; [in discussion] interlocuteur *m*, -trice *f* ; [in public] orateur *m*, -trice *f* ; [in lecture] conférencier *m*, -ère *f* / *she's a good speaker* elle sait parler or s'exprimer en public / *the chairman called the next speaker* le président a appelé l'orateur suivant **2.** LING locuteur *m*, -trice *f* / *native speakers of English* ceux dont la langue maternelle est l'anglais / *Spanish speaker* hispanophone *mf* / *she's a Polish speaker* sa langue maternelle est le polonais / *my parents are Welsh speakers* mes parents sont gallois or parlent (le) gallois **3.** POL speaker *m*, président *m*, -e *f* de l'assemblée ▸ **the Speaker (of the House of Commons)** *le président de la Chambre des communes* ▸ **the Speaker of the House** *le président de la Chambre des représentants américaine* **4.** [loudspeaker] haut-parleur *m* ; [in stereo system] enceinte *f*, baffle *m*.

> **Speaker of the House**
>
> Le président de la Chambre des représentants est l'une des personnalités politiques les plus influentes de la Maison-Blanche : il est en deuxième position, après le vice-président, pour remplacer le président des États-Unis en cas de force majeure.

speaker phone n téléphone *m* avec haut-parleur.

Speakers' Corner pr n *angle nord-est de Hyde Park où chacun peut venir le week-end haranguer la foule sur des tribunes improvisées.*

speaking ['spi:kɪŋ] ◆ adj **1.** [involving speech] : *do you have a speaking part in the play?* est-ce que vous avez du texte ? / *she has a good speaking voice* elle a une belle voix **2.** [which speaks - robot, machine, doll] parlant. ◆ n art *m* de parler.

-speaking in comp **1.** [person] : *they're both German* / *Spanish-speaking* ils sont tous deux germanophones / hispanophones / *a child of Polish-speaking parents* un enfant dont les parents sont de langue or d'origine polonaise **2.** [country] : *French* / *English-speaking countries* les pays francophones / anglophones / *the Arab-speaking world* le monde arabophone.

speaking clock n UK horloge *f* parlante.

speaking tube n tuyau *m* acoustique.

spear [spɪər] ◆ n **1.** [weapon] lance *f* ; [harpoon] harpon *m* **2.** [of asparagus, broccoli, etc.] pointe *f*. ◆ vt **1.** [enemy] transpercer d'un coup de lance ; [fish] harponner **2.** [food] piquer / *he speared a piece of meat with his fork* / *on a skewer* il a piqué un morceau de viande avec sa fourchette / enfilé un morceau de viande sur une brochette.

spearfish ['spɪəfɪʃ] *(pl* **spearfish** *or* **spearfishes***)* ◆ n marlin *m*. ◆ vi US pratiquer la pêche sous-marine.

spear grass n pâturin *m*.

speargun ['spɪəgʌn] n fusil *m* (de pêche sous-marine).

spearhead ['spɪəhed] ◆ n *lit & fig* fer *m* de lance. ◆ vt [attack] être le fer de lance de ; [campaign, movement] mener, être à la tête de.

spearmint ['spɪəmɪnt] ◆ n **1.** [plant] menthe *f* verte ; [flavour] menthe *f* **2.** [sweet] bonbon *m* à la menthe. ◆ adj [flavour] de menthe ; [toothpaste, chewing gum] à la menthe.

spearwort ['spɪəwɜ:t] n renoncule *f*.

spec [spek] n **1.** abbr of **specification 2.** PHR **on spec** UK *inf* au hasard / *I called by on spec* je suis passé au hasard / *he bought the car on spec* il a risqué le coup en achetant la voiture / *he bought the books on spec* il a acheté les livres dans l'espoir de faire une affaire.

speccy ['spekɪ] UK *inf* ◆ n binoclard *m*, -e *f*. ◆ adj binoclard.

special ['speʃl] ◆ adj **1.** [exceptional, particular - offer, friend, occasion, ability] spécial ; [- reason, effort, pleasure] particulier ; [- powers] extraordinaire / *pay special attention to the details* faites particulièrement attention aux détails / *this is a very special moment for me* c'est un moment particulièrement important pour moi / *as a special treat* **a)** [present] comme cadeau **b)** [outing] pour vous faire plaisir / *can you do me a special favour?* pouvez-vous me rendre un grand service ? / *I'll do it as a special favour to you* je le ferai, mais c'est bien pour toi or parce que c'est toi / *it's a special case* c'est un cas particulier or à part / *a special feature* **a)** [in paper] un article spécial **b)** [on TV] une émission spéciale / *they put on a special train for the match* ils ont prévu un train supplémentaire pour le match / *what did you do last night? — nothing special* qu'as-tu fait hier soir ? — rien de spécial / *I'm going to cook something special for dinner tonight* ce soir, je vais cuisiner quelque chose qui sorte de l'ordinaire ▸ **special agent** agent *m* secret ▸ **special interest holidays** vacances *fpl* à thème ▸ **the special relationship** POL *relations d'amitié entre les USA et la Grande-Bretagne* **2.** [specific - need, problem] spécial, particulier ; [- equipment] spécial ; [- adviser] particulier / *you need special permission* il vous faut une autorisation spéciale / *by special permission of the Lyme museum* avec l'aimable autorisation du musée Lyme / *she has a special interest in Italian art* elle s'intéresse beaucoup à or porte un intérêt tout particulier à l'art italien **3.** [peculiar] particulier / *it has a special taste* ça a un goût particulier or assez spécial **4.** [valued] cher / *this house is very special to me* cette maison m'est très chère / *you're very special to me* je tiens beaucoup à toi / *a present for a special person* un cadeau pour un être cher. ◆ n **1.** [train] train *m* supplémentaire ; [bus] car *m* supplémentaire / *they put on a football* / *holiday special* ils ont mis un train supplémentaire pour le match de football / les départs en vacances **2.** [in restaurant] spécialité *f* / *the chef's* / *the house special* la spécialité du chef / de la maison / *today's special* le plat du jour **3.** TV émission *f* spéciale ; PRESS [issue] numéro *m* spécial ; [feature] article *m* spécial / *they brought out a special on the war* ils ont sorti un numéro spécial sur la guerre **4.** UK [police officer] = **special constable 5.** US COMM offre *f* spéciale / *sugar is on special today* le sucre est en promotion aujourd'hui.

Special Air Service pr n *commando d'intervention spéciale de l'armée britannique.*

Special Branch pr n *renseignements généraux britanniques.*

special constable n UK auxiliaire *mf* de police.

special correspondent n PRESS envoyé *m* spécial, envoyée *f* spéciale.

special delivery n *service postal britannique garantissant la distribution du courrier sous 24 heures.*

special effects pl n CIN & TV effets *mpl* spéciaux.

specialism ['speʃəlɪzm] n spécialisation *f* / *my specialism is maths* je me spécialise dans les maths.

specialist ['speʃəlɪst] ◆ n **1.** [gen & MED] spécialiste *mf* / *she's a heart specialist* elle est cardiologue / *he's a specialist in rare books* c'est un spécialiste en livres rares **2.** US MIL officier *m* technicien. ◆ adj [skills, vocabulary] spécialisé, de spécialiste ; [writing, publication] pour spécialistes / *it's a specialist job* c'est un travail de spécialiste / *to seek specialist advice* demander conseil à or consulter un spécialiste / *specialist teacher* professeur *m* spécialisé / *she's a specialist maths teacher* elle n'enseigne que or enseigne uniquement les maths.

speciality UK [,speʃɪ'ælətɪ] *(pl* **specialities***)*, **specialty** US ['speʃltɪ] *(pl* **specialties***)* n **1.** [service, product] spécialité *f* / *a local speciality* une spécialité de la région / *he made a speciality of croissants* il s'est spécialisé dans les croissants / *our speciality is electronic components* nous nous spécialisons or nous sommes spécialisés dans les composants électroniques **2.** [area of study] spécialité *f* / *her speciality is Chinese* elle est spécialisée en chinois.

specialization [,speʃəlaɪ'zeɪʃn] n spécialisation *f* / *his specialization is computers* il est spécialisé en informatique.

specialize, specialise ['speʃəlaɪz] vi [company, restaurant, student] se spécialiser ▸ **to specialize in sthg** se spécialiser en or dans qqch.

specialized ['speʃəlaɪzd] adj spécialisé / *highly specialized equipment* un matériel hautement spécialisé / *we need somebody with specialized knowledge* il nous faut un spécialiste.

special licence n UK dispense *f* de bans ▸ **to be married by special licence** se marier avec dispense de bans.

specially ['speʃəlɪ] adv **1.** [above all] spécialement, particulièrement, surtout / *she was specially interested in old cars* elle s'intéressait particulièrement or surtout aux vieilles voitures / *I would specially like to hear that song* j'aimerais beaucoup écouter cette chanson **2.** [on purpose, specifically] exprès, spécialement / *I made your favourite meal specially* j'ai fait exprès ton repas préféré / *the coat was specially made for him* le manteau a été fait tout spécialement pour lui / *we've driven 500 miles specially to see you* nous avons fait 800 kilomètres spécialement pour venir te voir **3.** [particularly] spécialement / *the chocolate mousse is specially good here* la mousse au chocolat est particulièrement bonne ici / *do you want to come? — not specially* (est-ce que) tu veux venir ? — pas spécialement.

special needs pl n ▸ **children with special needs** enfants ayant des difficultés scolaires ▸ **special needs teacher** enseignant *m*, -e *f* spécialisé s'occupant d'enfants ayant des difficultés scolaires.

special offer n offre *f* spéciale, promotion *f* ▸ **to be on special offer** être en promotion.

Special Olympics pr n ▸ **the Special Olympics** *championnats sportifs pour handicapés mentaux.*

special pleading n [gen] argument *m* spécieux ; LAW plaidoyer *m* partial.

special powers n POL pouvoirs *mpl* d'exception.

special school n UK [for the physically disabled] établissement *m* d'enseignement spécialisé *(pour enfants handicapés)* ; [for the mentally disabled] établissement *m* d'enseignement spécialisé *(pour enfants inadaptés).*

special sort n TYPO caractère *m* spécial.

specialty ['speʃltɪ] *(pl* **specialties***)* n **1.** US = **speciality 2.** LAW contrat *m* sous seing privé.

speciate ['spi:ʃɪeɪt] vi BIOL subir la spéciation.

specie ['spi:ʃi:] n *(U)* [coins] espèces *fpl*, numéraire *m* ▸ **in specie a)** *lit* en espèces, en numéraire **b)** *fig* de manière identique.

species ['spi:ʃi:z] *(pl* **species***)* n **1.** BIOL espèce *f* / *a rare species of butterfly* une espèce rare de papillon **2.** *fig* espèce *f* / *an unusual species of politician* un homme politique d'une espèce rare.

specific [spə'sɪfɪk] ◆ adj **1.** [explicit] explicite ; [precise] précis ; [clear] clair ; [particular] particulier / *I gave him specific instructions* je lui ai donné des instructions précises / *give me a specific example* donnez-moi un exemple précis / *could you please be a little* or *a bit more specific?* pourriez-vous être un peu plus précis ? / *she was quite specific about it* elle s'est montrée très claire or précise à ce sujet / *what did he say? — nothing specific* qu'a-t-il dit ? — rien de précis or de particulier **2.** BIOL & BOT ▸ **specific name** nom *m* spécifique or d'espèce. ◆ n MED (remède *m*) spécifique *m* / *insulin is a specific for diabetes* l'insuline est le médicament spécifique pour le diabète.

❖ **specifics** pl n détails *mpl* / *let's not bother with the specifics of the case* inutile d'entrer dans les détails de l'affaire.

specifically [spə'sɪfɪklɪ] adv **1.** [explicitly] explicitement ; [precisely] précisément, de façon précise ; [clearly] clairement, expressément / *his book does not specifically say what happened* son livre ne dit pas clairement ce qui s'est passé / *I specifically asked to speak to Mr Day* j'avais bien spécifié or précisé que je voulais parler à M. Day / *I specifically told you to telephone* je t'avais bien dit de téléphoner **2.** [particularly] particulièrement ; [specially] spécialement ; [purposely] exprès, expressément / *our kitchens are specifically designed for the modern family* nos cuisines sont (tout) spécialement conçues pour la famille moderne / *it's not a specifically British problem* ce n'est pas un problème spécifiquement britannique.

specification [,spesɪfɪ'keɪʃn] n **1.** *(often pl)* [in contract, of machine, building materials, etc.] spécifications *fpl* / *made (according) to specification* construit en fonction de spécifications techniques / *the builder didn't follow the architect's specifications* le constructeur n'a pas respecté le cahier des charges rédigé par l'architecte **2.** [stipulation] spécification *f*, précision *f* / *there was no specification as to age* l'âge n'était pas précisé.

specific gravity n densité *f*.

specific heat n chaleur *f* spécifique.

specificity [,spesɪ'fɪsətɪ] *(pl* **specificities***)* n spécificité *f*.

specify ['spesɪfaɪ] *(pt & pp* **specified***)* vt spécifier, préciser / *the rules specify a 5-minute break* le règlement spécifie une pause de 5 minutes / *unless otherwise specified* sauf indication contraire / *the person previously specified* la personne précitée or déjà nommée / *on a specified date* à une date précise.

specimen ['spesɪmən] ◆ n **1.** [sample - of work, handwriting] spécimen *m* ; [- of blood] prélèvement *m* ; [- of urine] échantillon *m* **2.** [single example] spécimen *m* / *this butterfly is a superb specimen* ce papillon est un superbe spécimen / *a fine specimen of Gothic architecture* un bel exemple d'architecture gothique **3.** *inf & pej* [person] spécimen *m* / *he's a peculiar specimen* c'est un drôle de spécimen / *that pathetic specimen is her husband* ce triste spécimen est son mari. ◆ comp [page, letter, reply] spécimen / *they will ask you for a specimen signature* ils vous demanderont un exemplaire de votre signature ▸ **specimen copy** spécimen *m (livre, magazine).*

specimen bottle n flacon-échantillon *m*.

specious ['spi:ʃəs] adj [argument, reasoning] spécieux ; [appearance] trompeur.

speck [spek] ◆ n **1.** [of dust, dirt] grain *m* ; [in eye] poussière *f* / *there wasn't a speck of dust anywhere* il n'y avait pas le moindre grain de poussière **2.** [stain, mark - gen] petite tache *f* ; [- on skin, fruit] tache *f*, tavelure *f* ; [- of blood] petite tache *f* / *I keep seeing black specks in front of my eyes* j'ai souvent des taches noires devant les yeux **3.** [dot - on horizon, from height] point *m* noir / *from the top of the tower, the people looked like mere specks* vus du haut de la tour, les gens avaient l'air de minuscules points noirs **4.** [tiny amount] tout petit peu *m* / *there isn't a speck of truth in the rumour* il n'y a pas la moindre vérité or un atome de vérité dans cette rumeur. ◆ vt *(usu passive)* tacheter.

speckle ['spekl] ◆ n moucheture *f*. ◆ vt tacheter, moucheter / *speckled with yellow* tacheté or moucheté de jaune.

speckled ['spekld] adj tacheté, moucheté.

specs [speks] (abbr of **spectacles**) pl n *inf* lunettes *fpl*, binocles *mpl*.

spectacle ['spektəkl] n **1.** [sight] spectacle *m* / *he was a sorry* or *sad spectacle* il était triste à voir ▸ **to make a spectacle of o.s.** se donner en spectacle **2.** CIN, THEAT & TV superproduction *f*.

spectacled ['spektəkld] adj [gen & ZOOL] à lunettes.

spectacles ['spektəklz] pl n lunettes *fpl* ▸ **a pair of spectacles** une paire de lunettes.

spectacular [spek'tækjʊlər] ◆ adj [event, defeat, result, view] spectaculaire / *it was the most spectacular success of the decade* ce fut la réussite la plus spectaculaire de la décennie / *there has been a spectacular rise in house prices* le prix des maisons a fait un bond spectaculaire. ◆ n CIN, THEAT & TV superproduction *f*.

spectacularly [spek'tækjʊləlɪ] adv [big, beautiful] spectaculairement / *it went spectacularly wrong* ça s'est vraiment très mal passé.

spectate [spek'teɪt] vi assister à.

spectator [spek'teɪtər] n spectateur *m*, -trice *f*.

spectator pumps pl n US escarpins *mpl* bicolores.

spectator sport n sport *m* grand public.

specter US = **spectre**.

spectra ['spektrə] pl ⟶ **spectrum**.

spectral ['spektrəl] adj [gen & PHYS] spectral.

spectre UK, **specter** US ['spektər] n spectre *m* ▸ **to raise the spectre of unemployment / war** agiter le spectre du chômage / de la guerre.

spectrogram ['spektrəgræm] n spectrogramme *m*.

spectrograph ['spektrəgrɑ:f] n spectrographe *m*.

spectrography [spek'trɒgrəfɪ] n spectrographie *f*.

spectrometer [spek'trɒmɪtər] n spectromètre *m*.

spectrometry [spek'trɒmɪtrɪ] n spectrométrie *f*.

spectroscope ['spektrəskəʊp] n spectroscope *m*.

spectroscopic [,spektrəʊ'skɒpɪk], **spectroscopical** [,spektrəʊ'skɒpɪkl] adj spectroscopique ▸ **spectroscopic analysis** analyse *f* spectroscopique, analyse *f* spectrale ▸ **spectroscopic notation** notation *f* spectroscopique ▸ **spectroscopic parallax** ASTRON parallaxe *f* spectroscopique.

spectroscopy [spek'trɒskəpɪ] n spectroscopie *f*.

spectrum ['spektrəm] *(pl* **spectrums** *or* **spectra** ['spektrə]*)* n **1.** PHYS spectre *m* **2.** *fig* [range] gamme *f* / *right across the spectrum* sur toute la gamme / *we've covered the whole spectrum of opinion* nous avons couvert tous les secteurs d'opinion ▸ **the political spectrum** l'éventail *m* politique.

spectrum analysis n analyse *f* spectrale.

speculate ['spekjʊleɪt] vi **1.** [wonder] s'interroger, se poser des questions ; [make suppositions] faire des suppositions ; PHILOS spéculer / *we can only speculate* nous ne pouvons que spéculer or faire des suppositions / *the press is speculating about the future of the present government* la presse s'interroge sur l'avenir du gouvernement actuel **2.** COMM & FIN spéculer ▸ **to speculate on the stock market** spéculer or jouer en Bourse.

speculation [,spekjʊ'leɪʃn] n **1.** *(U)* [supposition, conjecture] conjecture *f*, conjectures *fpl*, supposition *f*, suppositions *fpl* ; PHILOS spéculation *f* / *it's pure speculation* ce n'est qu'une hypothèse / *there's been a lot of speculation about her motives* les conjectures vont bon train sur ce qui a pu motiver son geste **2.** [guess] supposition *f*, conjecture *f* **3.** COMM & FIN spéculation *f* / *speculation in oil* spéculation sur le pétrole.

speculative ['spekjʊlətɪv] adj spéculatif ▸ **speculative bubble** bulle *f* spéculative.

speculator ['spekjʊleɪtər] n spéculateur *m*, -trice *f*.

speculum ['spekjʊləm] *(pl* **speculums** *or* **specula** [-lə]*)* n MED spéculum *m* ; OPT miroir *m*, réflecteur *m*.

sped [sped] pt & pp ⟶ **speed**.

speech [spi:tʃ] n **1.** [ability to speak] parole *f* ; [spoken language] parole *f*, langage *m* parlé / *their poetry is based on speech rather than writing* leur poésie relève de la tradition orale plus que de l'écriture ▸ **to express o.s. in speech** s'exprimer oralement or par la parole ▸ **speech is silver but silence is golden** *prov* la parole est d'argent, mais le silence est d'or *prov* **2.** [manner of speaking] façon *f* de parler, langage *m* ; [elocution] élocution *f*, articulation *f* / *his speech was slurred* il bafouillait / *her speech grew hesitant* son élocution devenait hésitante **3.** [dialect, language] parler *m*, langage *m* / *the speech of the islanders / local fishermen* le parler des habitants de l'île / des pêcheurs du coin **4.** [talk] discours *m*, allocution *f fml* ; [shorter, more informal] speech *m* ▸ **to make a speech on** or **about sthg** faire un discours sur qqch ▸ **speech! speech!** un discours !, un discours ! ▸ **the Queen's Speech** POL le discours du Trône **5.** THEAT monologue *m*.

speech act n LING acte *m* de parole.

speech community n LING communauté *f* linguistique.

speech day n UK SCH distribution *f* des prix / *on speech day* le jour de la distribution des prix.

Speech day

À la fin de l'année scolaire en Grande-Bretagne, il est de coutume, dans certaines écoles, d'inviter une personnalité qui préside la cérémonie de remise des prix et prononce un discours.

speech defect n défaut *m* de prononciation, trouble *m* du langage *spec*.

speechify ['spi:tʃɪfaɪ] *(pt & pp* **speechified***)* vi *pej* discourir, faire de beaux discours.

speech-impaired adj muet.

speech impediment n défaut *m* d'élocution or de prononciation.

speechless ['spi:tʃlɪs] adj **1.** [with amazement, disbelief] muet, interloqué ; [with rage, joy] muet / *she was speechless with admiration* elle était muette d'admiration ▸ **to leave sb speechless** laisser qqn sans voix / *I'm speechless! inf* je ne sais pas quoi dire !, les bras m'en tombent ! **2.** [inexpressible - rage, fear] muet.

speechmaker ['spi:tʃ,meɪkər] n orateur *m*, -trice *f*.

speechmaking ['spi:tʃ,meɪkɪŋ] n *(U)* discours *mpl* ; *pej* beaux discours *mpl*.

speech pattern n schéma *m* linguistique.

speech processing n compréhension *f* du langage parlé.

speech recognition n COMPUT reconnaissance *f* de la parole.

speech sound n LING phone *m*, son *m* linguistique.

speech synthesizer n synthétiseur *m* de parole.

speech therapist n orthophoniste *mf*.

speech therapy n orthophonie *f*.

speechwriter ['spi:tʃ,raɪtər] n personne *f* qui écrit des discours / *she's the mayor's speechwriter* c'est elle qui écrit les discours du maire.

speed [spi:d] ◆ n **1.** [rate, pace - of car, progress, reaction, work] vitesse *f* / *I was driving* or *going at a speed of 65 mph* je roulais à 100 km/h / *to do a speed of 100 km/h* faire du 100 km/h / *at (a) great* or *high speed* à toute vitesse, à grande vitesse / *at top* or *full speed* **a)** [drive] à toute vitesse or allure **b)** [work] très vite, en quatrième vitesse / *at the speed of light / sound* à la vitesse de la lumière / du son ▸ **reading speed** vitesse *f* de lecture ▸ **typing / shorthand speed** nombre *m* de mots-minute en dactylo / en sténo ▸ **to be up to speed** être opérationnel ▸ **to bring sb up to speed** rendre qqn opérationnel **2.** [rapid rate] vitesse *f*, rapidité *f* / *he replied with speed* **a)** [quickly] il a répondu rapidement **b)** [promptly] il a répondu avec promptitude / *I hate having to work at speed* UK j'ai horreur de devoir travailler vite / *the actress delivered her lines at speed* UK l'actrice a débité son texte à toute allure ▸ **to pick up / to lose speed** prendre / perdre de la vitesse **3.** [gear - of car, bicycle] vitesse *f* / *a 10-speed racer* un vélo de course à 10 vitesses **4.** PHOT [of film] rapidité *f*, sensibilité *f* ; [of shutter] vitesse *f* ; [of lens] luminosité *f* **5.** *drugs sl* speed *m*, amphétamines *fpl*. ◆ vi **1.** *(pt & pp* **sped** [sped]) [go fast] aller à toute allure / *we sped across the field* nous avons traversé le champ à toute allure / *I saw her speeding down the street* je l'ai vue descendre la rue à toute allure / *he sped away* il est parti à toute vitesse, il a pris ses jambes à son cou / *time seems to speed by* le temps passe comme un éclair / *the jetplane sped through the sky* le jet traversa le ciel comme un éclair / *the torpedo sped through the water* la torpille se déplaçait dans l'eau à toute vitesse **2.** *(pt & pp* **speeded**) AUTO [exceed speed limit] faire des excès de vitesse, rouler trop vite **3.** *drugs sl* [on amphetamines] être parti. ◆ vt *(pt & pp* **sped** [sped] *or* **speeded**) [person] ▸ **to speed sb on his way** souhaiter bon voyage à qqn / *I gave him a drink to speed him on his way* je lui ai offert quelque chose pour la route ▸ **God speed (you)!** *arch* (que) Dieu vous garde !

❖ **speed up** ◆ vi [gen] aller plus vite ; [driver] rouler plus vite ; [worker] travailler plus vite ; [machine, film] accélérer / *can't you get him to speed up?* **a)** [work harder] vous ne pouvez pas le faire travailler plus vite ? **b)** [hurry] vous ne pouvez pas le faire se dépêcher ? ◆ vt sep [worker] faire travailler plus vite ; [person] faire aller plus vite ; [work] activer, accélérer ; [pace] presser ; [production] accélérer, augmenter ; [reaction, film] accélérer.

speedboat ['spi:dbəʊt] n vedette *f* (rapide) ; [with outboard engine] hors-bord *m inv*.

speed bump n ralentisseur *m*, casse-vitesse *m*.

speed camera n cinémomètre *m*.

speed cop n US *inf* motard *inf m* (de la police).

speed dating n speed-dating *m*.

speed-dialling UK, **speed-dialing** US n *(U)* TELEC numérotation *f* rapide.

speeder ['spi:dər] n [fast driver] *personne qui conduit vite* ; [convicted driver] *automobiliste condamné pour excès de vitesse*.

speed gun n radar *m* à main.

speedily ['spi:dɪlɪ] adv [quickly] vite, rapidement ; [promptly] promptement, sans tarder ; [soon] bientôt.

speeding ['spi:dɪŋ] ◆ n AUTO excès *m* de vitesse / *I was stopped for speeding* j'ai été arrêté pour excès de vitesse. ◆ comp ▸ **a speeding conviction** une condamnation pour excès de vitesse ▸ **a speeding ticket** un P-V pour excès de vitesse.

speed limit n limitation *f* de vitesse / *the speed limit is 60* la vitesse est limitée à 60.

speed merchant n *inf* mordu *m*, -e *f* de vitesse.

speedo ['spi:dəʊ] *(pl* **speedos**) UK *inf* = **speedometer**.

speedometer [spɪ'dɒmɪtər] n compteur *m* de vitesse.

speed-read vi & vt lire selon la méthode de lecture rapide.

speed-reading n lecture *f* rapide.

speed trap n contrôle *m* de vitesse ▸ **radar speed trap** contrôle radar.

speed-up n accélération *f*.

speedway ['spi:dweɪ] n **1.** [racing] speedway *m* **2.** US [track] piste *f* de vitesse pour motos **3.** US [expressway] voie *f* express or rapide.

speedwell ['spi:dwel] n BOT véronique *f*.

speedy ['spi:dɪ] *(compar* **speedier**, *superl* **speediest**) adj **1.** [rapid] rapide ; [prompt] prompt / *her help brought a speedy end to the dispute* son aide a permis de mettre rapidement fin au différend **2.** [car] rapide, nerveux.

speleologist [,spi:lɪ'ɒlədʒɪst] n spéléologue *mf*.

speleology [,spi:lɪ'ɒlədʒɪ] n spéléologie *f*.

spell [spel] (UK *pt & pp* **spelt** [spelt] *or* **spelled** ; US *pt & pp* **spelled**) ◆ vt **1.** [write] écrire, orthographier / *they've spelt my name wrong* ils ont mal écrit mon nom / *his name is spelt J-O-N* son nom s'écrit J-O-N / *how do you spell it?* comment est-ce que ça s'écrit ? / *he spells Martin with a "y"* il écrit Martin avec un « y » ; [aloud] épeler / *shall I spell my name for you?* voulez-vous que j'épelle mon nom ? **2.** [subj: letters] former, donner / *C-O-U-G-H spells "cough"* C-O-U-G-H donnent « cough » **3.** *fig* [mean] signifier / *the floods spell disaster for our region* les inondations signifient le désastre pour notre région / *her discovery could spell success for the business* sa découverte pourrait être très profitable à notre entreprise **4.** (UK *pt & pp* **spelled**) [worker, colleague] relayer / *can I spell you at the wheel?* est-ce que je peux vous relayer au volant ? ◆ vi ▸ **to learn to spell** apprendre l'orthographe / *he spells badly* il est mauvais en orthographe. ◆ n **1.** [period] (courte) période *f* / *a spell of cold weather* une période de (temps) froid / *scattered showers and sunny spells* des averses locales et des éclaircies / *she did* or *had a spell as a reporter* elle a été journaliste pendant un certain temps / *he had a dizzy spell* il a été pris de vertige **2.** [of duty] tour *m* / *do you want me to take* or *to do a spell at the wheel?* voulez-vous que je vous relaie au volant or que je conduise un peu ? **3.** [magic words] formule *f* magique, incantation *f* / *she muttered a spell* elle marmonna une incantation **4.** [enchantment] charme *m*, sort *m*, sortilège *m* ▸ **to cast** or **to put a spell on sb** jeter un sort or un charme à qqn, ensorceler or envoûter qqn / *she was put under an evil spell* on lui a jeté un maléfice or mauvais sort ▸ **to break the spell** rompre le charme ▸ **to be under sb's spell** *lit & fig* être sous le charme de qqn.

❖ **spell out** vt sep **1.** [read out letter by letter] épeler ; [decipher] déchiffrer **2.** [make explicit] expliquer bien clairement / *let me spell out the implications of his study* laissez-moi expliquer en détail la portée de son étude / *she spelt out in detail what the scheme would cost* elle a expliqué en détail quel serait le coût du projet / *do I have to spell it out for you?* est-ce qu'il faut que je mette les points sur les « i » ?

spellbinder ['spel,baɪndər] n **1.** [speaker] orateur *m* fascinant, oratrice *f* fascinante **2.** [fascinating thing] : *her latest novel is a spellbinder* son dernier roman est un enchantement / *the match was a spellbinder* le match a tenu tout le monde en haleine.

spellbinding ['spel,baɪndɪŋ] adj ensorcelant, envoûtant.

spellbound ['spelbaʊnd] adj [spectator, audience] captivé, envoûté / *the children listened spellbound* les enfants écoutaient, captivés / *the film held me spellbound from start to finish* le film m'a tenu en haleine or m'a captivé du début jusqu'à la fin.

spell-check ◆ n vérification *f* orthographique ▸ **to do** or **run a spell-check on a document** effectuer la vérification orthographique d'un document. ◆ vt faire la vérification orthographique de.

spell-checker n correcteur *m* or vérificateur *m* orthographique.

speller ['spelər] n **1.** [person] : *he is a good / bad speller* il est bon / mauvais en orthographe **2.** [book] livre *m* d'orthographe.

spelling ['spelɪŋ] ◆ n **1.** [word formation] orthographe *f* / *what is the spelling of this word?* quelle est l'orthographe de or comment s'écrit ce mot ? **2.** [ability to spell] : *he is good at spelling* il est fort en orthographe. ◆ comp [error, test, book] d'orthographe ; [pronunciation] orthographique ▸ **spelling mistake** faute *f* d'orthographe.

spelling bee n US concours *m* d'orthographe.

spelling checker = **spell-checker**.

spelt [spelt] ◆ pt & pp ⟶ **spell** *(vi & vt)*. ◆ n BOT épeautre *m*.

spelunker [spɪ'lʌŋkər] n US spéléologue *mf*.

spelunking [spɪ'lʌŋkɪŋ] n US spéléologie *f*.

spencer ['spensər] n [jacket] spencer *m*.

spend [spend] *(pt & pp* **spent** [spent]) ◆ vt **1.** [money, fortune] dépenser ▸ **to spend money on a)** [food, clothes] dépenser de l'argent en **b)** [house, car] dépenser de l'argent pour, consacrer de l'argent à / *how much do you spend on the children's clothes?* combien (d'argent) dépensez-vous pour habiller vos enfants ? / *he spends all his money (on) gambling* il dépense tout son argent au jeu / *he spends most of his pocket money on (buying) records* la plus grande partie de son argent de poche passe dans l'achat de disques / *I consider it money well spent* je considère que c'est un bon investissement / *without spending a penny* sans dépenser un centime, sans bourse délier ▸ **to spend a penny** UK *inf & euph* aller au petit coin **2.** [time - pass] passer ; [- devote] consacrer ▸ **to spend time on sthg / on doing sthg** passer du temps sur qqch / à faire qqch / *she spent the whole afternoon knitting* elle a passé tout l'après-midi à tricoter / *I spent three hours on the job* le travail m'a pris or demandé trois heures / *what a way to spend Easter!* quelle façon de passer les vacances de Pâques ! / *I spent a lot of time and effort on this* j'y ai consacré beaucoup de temps et d'efforts / *she spent her life helping the underprivileged* elle a consacré sa vie à aider les défavorisés **3.** [exhaust, use up] épuiser / *the gale had spent itself* le vent avait fini par tomber / *she has at last spent her indignation* son indignation s'est enfin calmée. ◆ vi dépenser, faire des dépenses. ◆ n UK [allocated money] allocation *f* / *we must increase our marketing spend* nous devons augmenter le budget marketing.

spendaholic [,spendə'hɒlɪk] n grand dépensier *m*, grande dépensière *f*.

spender ['spendər] n dépensier *m*, -ère *f* / *she's a big spender* elle est très dépensière.

spending ['spendɪŋ] n *(U)* dépenses *fpl* / *public* or *government spending* dépenses publiques / *a cut in defence spending* une réduction du budget de la défense.

spending money n argent *m* de poche.

spending power n pouvoir *m* d'achat.

spending spree n : *we went on a spending spree* nous avons fait des folies, nous avons dépensé des sommes folles.

spendthrift ['spendθrɪft] ◆ n dépensier *m*, -ère *f* / *she's a terrible spendthrift* elle est terriblement dépensière, elle jette l'argent par les fenêtres. ◆ adj dépensier.

Spenserian [spen'sɪərɪən] adj [in style] à la manière de Spenser ; [of Spenser] de Spenser.

spent [spent] ◆ pt & pp ⟶ **spend.** ◆ adj **1.** [used up - fuel, bullet, match] utilisé ; [cartridge] brûlé / *he's a spent force in the firm* il n'a plus rien à apporter à l'entreprise / *the party is a spent force in politics* le parti n'a plus l'influence qu'il avait en politique / *her courage was spent* elle n'avait plus de courage **2.** [tired out] épuisé / *he was completely spent* il était épuisé or à bout.

sperm [spɜːm] (*pl* **sperm** *or* **sperms**) n **1.** [cell] spermatozoïde *m* ▸ **sperm count** spermogramme *m* **2.** [liquid] sperme *m*.

spermaceti [ˌspɜːmə'setɪ] n blanc *m* de baleine, spermaceti *m*.

spermatic [spɜː'mætɪk] adj spermatique ▸ **spermatic cord** cordon *m* spermatique ▸ **spermatic fluid** sperme *m*.

spermatocyte ['spɜːmətəʊsaɪt] n spermatocyte *m*.

spermatozoon [ˌspɜːmətəʊ'zəʊɒn] (*pl* **spermatozoa** [-'zəʊə]) n spermatozoïde *m*.

sperm bank n banque *f* de sperme.

spermicidal [ˌspɜːmɪ'saɪdl] adj spermicide ▸ **spermicidal cream / jelly** crème *f* / gelée *f* spermicide.

spermicide ['spɜːmɪsaɪd] n spermicide *m*.

sperm whale n cachalot *m*.

spew [spjuː] ◆ vt **1.** *v inf & lit* dégueuler **2.** *fig* vomir. ◆ vi **1.** *v inf & lit* dégueuler **2.** *fig* [pour out] gicler / *the acid spewed everywhere* l'acide a giclé partout. ◆ n *v inf* vomi *m*, dégueulis *m*.

❖ **spew forth, spew out** vi & vt sep *liter* vomir.

❖ **spew up** vi & vt sep *v inf* vomir.

SPF (abbr of **sun protection factor**) indice *m* de protection solaire.

sphagnum ['sfægnəm] n sphaigne *f*.

sphere [sfɪəʳ] n **1.** [globe] sphère *f* ; *liter* [sky] cieux *mpl* ▸ **the heavenly sphere** la sphère céleste **2.** *fig* [of interest, activity] sphère *f*, domaine *m* / *her sphere of activity* **a)** [professional] son domaine d'activité **b)** [personal] sa sphère d'activité / *it's not my sphere* ce n'est pas de mon domaine, cela ne relève pas de mes compétences / *the question is outside the committee's sphere* la question ne relève pas des compétences du comité / *the guests came from various social and professional spheres* les invités venaient de divers horizons sociaux et professionnels ▸ **sphere of influence** sphère d'influence ▸ **in the public sphere a)** [industry] dans le domaine public **b)** [politics] dans la vie politique.

spherical ['sferɪkl] adj sphérique ▸ **spherical triangle** triangle *m* sphérique ▸ **spherical trigonometry / geometry** trigonométrie *f* / géométrie *f* sphérique.

spheroid ['sfɪərɔɪd] n sphéroïde *m*.

spheroidal [ˌsfɪə'rɔɪdl] adj sphéroïdal.

sphincter ['sfɪŋktəʳ] n sphincter *m*.

Sphinx [sfɪŋks] pr n ▸ **the Sphinx** le sphinx.

sphygmomanometer [ˌsfɪgməʊmə'nɒmɪtəʳ] n sphygmomanomètre *m*.

spic [spɪk] n US *offens terme injurieux désignant les Américains hispanophones, en particulier les Portoricains.*

spice [spaɪs] ◆ n **1.** CULIN épice *f* ▸ **kitchen spices** épices de cuisine / *it needs more spice* ce n'est pas assez épicé or relevé ▸ **mixed spice** (U) épices *fpl* mélangées ▸ **spice cake** gâteau *m* aux épices ▸ **spice rack** étagère *f* or présentoir *m* à épices **2.** *fig* piquant *m*, sel *m* / *the story lacks spice* l'histoire manque de sel or de piquant / *it added a bit of spice to our routine* ça a ajouté un peu de piquant à notre train-train quotidien. ◆ vt **1.** CULIN épicer, parfumer / *spiced with nutmeg* parfumé à la muscade **2.** *fig* pimenter, corser / *the story is spiced with political anecdotes* l'histoire est pimentée d'anecdotes politiques.

❖ **spice up** vt sep = **spice** *(vt)*.

spiciness ['spaɪsɪnɪs] n **1.** [of food] goût *m* épicé or relevé **2.** *fig* [of story, adventure] piquant *m*.

spick-and-span ['spɪkənˌspæn] adj [room] impeccable, reluisant de propreté ; [appearance] tiré à quatre épingles.

spicy ['spaɪsɪ] (*compar* **spicier**, *superl* **spiciest**) adj **1.** [food] épicé **2.** *fig* [book, story] piquant, corsé.

spider ['spaɪdəʳ] n **1.** ZOOL araignée *f* ▸ **spider's web** toile *f* d'araignée **2.** UK [for luggage] araignée *f* (à bagages) **3.** US CULIN poêle *f* (à trépied) **4.** COMPUT araignée *f*.

spider crab n araignée *f* (de mer).

spiderman ['spaɪdəmæn] (*pl* **spidermen** [-men]) n UK *inf ouvrier travaillant sur de hautes constructions.*

❖ **Spiderman** pr n [cartoon hero] Spiderman *m*.

spider monkey n singe *m* araignée, atèle *m*.

spider plant n chlorophytum *m*.

spiderweb ['spaɪdəweb] n US toile *f* d'araignée.

spidery ['spaɪdərɪ] adj [in shape] en forme d'araignée ; [finger] long et mince ▸ **spidery writing** pattes *fpl* de mouches.

spiel [ʃpiːl] *inf* ◆ n **1.** [speech] laïus *m*, baratin *m* / *he gave his usual spiel about the need to work hard* il a ressorti son laïus habituel sur la nécessité de travailler dur **2.** [sales talk] baratin *m*. ◆ vi baratiner.

spiffing ['spɪfɪŋ] adj UK *inf & dated* épatant.

spif(f)licate ['spɪflɪkeɪt] vt UK *inf & dated* écrabouiller.

spiffy ['spɪfɪ] (*compar* **spiffier**, *superl* **spiffiest**) adj US chic.

spigot ['spɪgət] n **1.** [in cask] fausset *m* **2.** [part of tap] clé *f* **3.** US [tap] robinet *m* (extérieur).

spike [spaɪk] ◆ vt **1.** [shoes, railings] garnir de pointes **2.** [impale] transpercer **3.** *inf* [drink] corser / *my coffee was spiked with brandy* mon café était arrosé de cognac **4.** PRESS [story] rejeter. ◆ vi [in volleyball] smasher. ◆ n **1.** [on railings, shoe] pointe *f* ; [on cactus] épine *f* ; [on tyre] clou *m* ; [for paper] pique-notes *m inv* / *the story was put on the spike* PRESS l'article a été rejeté **2.** [peak - on graph] pointe *f* **3.** [nail] gros clou *m* **4.** [antler] dague *f* **5.** [in volleyball] smash *m*.

❖ **spikes** pl n *inf* [shoes] chaussures *fpl* à pointes.

spiked [spaɪkt] adj [railings] à pointes de fer ; [shoes] à pointes ; [tyre] clouté, à clous.

spike heels pl n (chaussures *fpl* à) talons *mpl* aiguilles.

spikenard ['spaɪknɑːd] n BOT nard *m* (indien).

spiky ['spaɪkɪ] (*compar* **spikier**, *superl* **spikiest**) adj **1.** [branch, railings] garni or hérissé de pointes ; [hair] en épis ; [writing] pointu **2.** UK *inf* [bad-tempered] chatouilleux, ombrageux.

spill [spɪl] (UK *pt & pp* **spilt** [spɪlt] *or* **spilled** ; US *pt & pp* **spilled**) ◆ vt **1.** [liquid, salt, etc.] renverser, répandre / *she spilt coffee down* or *over her dress* elle a renversé du café sur sa robe / *try to carry the bucket upstairs without spilling any water* essaie de monter le seau sans renverser d'eau / *she spilt the contents of her handbag onto the bed* elle vida (le contenu de) son sac à main sur le lit **2.** *fig* [secret] dévoiler ▸ **to spill the beans** *inf* vendre la mèche **3.** [blood] verser, faire couler / *not a drop of blood was spilled* pas une goutte de sang n'a été versée **4.** [person] : *he was spilled from his motorbike* il est tombé de sa moto / *the rider was spilled into the stream* le cavalier a été projeté dans le ruisseau **5.** NAUT ▸ **to spill (wind from) a sail** étouffer une voile or la toile. ◆ vi **1.** [liquid, salt, etc.] se renverser, se répandre **2.** [crowd] se déverser / *the huge crowd spilled into the square* l'immense foule se répandit or se déversa sur la place. ◆ n **1.** [spillage - of liquid] renversement *m* ; ECOL déversement *m* / *mop up any spills immediately* essuyer immédiatement tout liquide renversé ▸ **toxic spill** déversement *m* de produits toxiques **2.** [fall - from horse, bike] chute *f*, culbute *f* ; *dated* [accident] accident *m* ▸ **to take a spill** faire la culbute **3.** [channel] déversoir *m* **4.** AUSTR POL remaniement *m* **5.** [for fire] longue allumette *f*.

❖ **spill out** ◆ vt sep **1.** [contents, liquid] renverser, répandre **2.** *fig* [secret] dévoiler, révéler / *he got drunk and spilled out all his problems* il a bu et s'est mis à parler de tous ses problèmes. ◆ vi **1.** [contents, liquid] se renverser, se répandre / *the water spilt out onto the floor* l'eau s'est renversée par terre **2.** *fig* [crowd] se déverser, s'échapper / *the commuters spilled out of the train* un flot de banlieusards s'est échappé du train.

❖ **spill over** vi **1.** [liquid] déborder, se répandre / *the tea spilled over into the saucer* le thé a débordé dans la soucoupe **2.** *fig* [overflow] se déverser, déborder / *the city's population has spilled over into the surrounding villages* les habitants de la ville ont envahi les villages environnants / *her work spills over into her family life* son travail empiète sur sa vie familiale.

spillage ['spɪlɪdʒ] n [act of spilling] renversement *m*, fait *m* de renverser ; [liquid spilt] liquide *m* renversé / *we managed to avoid too much spillage* nous avons réussi à ne pas trop en renverser.

spillikin ['spɪlɪkɪn] n jonchet *m* / *to play spillikins* jouer aux jonchets.

spillover ['spɪlˌəʊvəʳ] n **1.** [act of spilling] renversement *m* ; [quantity spilt] quantité *f* renversée **2.** [excess] excédent *m* **3.** ECON retombées *fpl* (économiques).

spillway ['spɪlweɪ] n déversoir *m*.

spilt [spɪlt] pt & pp UK ⟶ **spill.**

spin [spɪn] (*pt & pp* **spun** [spʌn], *cont* **spinning**) ◆ vt **1.** [cause to rotate - wheel, chair] faire tourner ; [- top] lancer, faire tournoyer ; [SPORT - ball] donner de l'effet à / *to spin the wheel* **a)** [in casino] faire tourner la roue **b)** [in car] braquer **2.** [yarn, glass] filer ; [thread] fabriquer / *he spun the glass into the shape of a swan* il a filé le verre en forme de cygne **3.** [subj: spider, silkworm] tisser **4.** [invent - tale] inventer, débiter / *she spun some yarn about the buses being on strike* elle a prétexté que les bus étaient en grève / *he spins a good yarn* il raconte bien les histoires **5.** [in spin-dryer] essorer. ◆ vi **1.** [rotate] tourner, tournoyer ; SPORT [ball] tournoyer / *it spins on its axis* il tourne sur son axe or sur lui-même / *the skater / ballerina spun on one foot* le patineur / la ballerine virevolta sur un pied / *the room seemed to be spinning (around me)* la pièce semblait tourner autour de moi / *a strange shape was spinning across the sky* une forme étrange traversait le ciel en tournoyant sur elle-même / *the wheels were spinning in the mud* les roues patinaient dans la boue / *to spin out of control* **a)** [plane] tomber en vrille **b)** [car] faire un tête-à-queue **2.** *fig* [grow dizzy] tourner / *my head is spinning* j'ai la tête qui (me) tourne / *these figures make your head spin* ces chiffres vous donnent le tournis or le vertige / *his mind was spinning from the recent events* les derniers événements lui donnaient le vertige **3.** [spinner] filer ; [spider] tisser sa toile **4.** [in spin-dryer] essorer / *put the clothes in to spin* mets le linge à essorer **5.** [travel fast] : *we were spinning along at a hundred* on filait à cent à l'heure **6.** FISHING : *to spin for pike* pêcher le brochet à la cuiller. ◆ n **1.** [rotation] tournoiement *m* / *give the wheel a spin* faites tourner la roue / *give the top a spin* lancez la toupie / *the plane went into a spin* **a)** [accidentally] l'avion a fait une chute en vrille **b)** [in aerobatics] l'avion a effectué une descente en vrille / *the car went into a spin* la voiture a fait un tête-à-queue / *my head is in a spin* *fig* j'ai la tête qui tourne **2.** *inf* [panic] ▸ **to be in a flat spin** être dans tous ses états / *the office was thrown into a (flat) spin by the arrival of the boss* les employés se sont affolés en voyant arriver le patron **3.** SPORT [on ball] effet *m* ▸ **to put spin on a ball** donner de l'effet à une balle **4.** [in spin-dryer] essorage *m* ▸ **long / short spin** essorage complet / court ▸ **to give sthg a spin** essorer qqch **5.** *inf* [ride - in car] tour *m*, balade *f* ▸ **to go for a spin** faire une (petite) balade en voiture **6.** *inf* [try] ▸ **to give sthg a spin** essayer or tenter qqch / *would you like to give the car a spin?* voulez-vous essayer la voiture ? **7.** [manipulation of facts] : *PR is all about spin* la communication, c'est avant tout l'art de présenter les choses sous un angle positif / *they're masters of spin* **a)** [giving positive image] ils sont très doués pour présenter les choses sous un angle positif **b)** [duping people] ce sont les rois de l'intox *inf* / *it was just spin* c'était de l'intox *inf*.

❖ **spin off** vt sep [hive off] : *they spun off their own company* ils ont monté leur propre affaire.

❖ **spin out** vt sep [story, idea] faire durer, délayer ; [supplies, money] faire durer, économiser / *the plane spun out of control* l'avion est parti en vrille / *the car spun out of control* la voiture a dérapé / *things are spinning out of control* les choses dérapent complètement or partent en vrille.

❖ **spin round** UK, **spin around** ◆ vi **1.** [planet, wheel] tourner (sur soi-même) ; [skater, top] tournoyer, tourner **2.** [face opposite direction] se retourner / *he suddenly spun round* il pivota sur ses talons or se retourna brusquement / *she spun round and faced me* elle se retourna vivement vers moi. ◆ vt sep faire tourner.

spina bifida [ˌspaɪnəˈbɪfɪdə] n spina-bifida *m inv*.

spinach [ˈspɪnɪʤ] n *(U)* épinards *mpl*.

spinal [ˈspaɪnl] adj [nerve, muscle] spinal ; [ligament, disc] vertébral ▸ **a spinal injury** une blessure à la colonne vertébrale.

spinal column n colonne *f* vertébrale.

spinal cord n moelle *f* épinière.

spin bowler n bôleur *m*.

spindle [ˈspɪndl] n **1.** [for spinning - by hand] fuseau *m* ; [- by machine] broche *f* **2.** TECH broche *f*, axe *m* ; [in motor, lathe] arbre *m* ; [of valve] tige *f*.

spindleshanks [ˈspɪndlˌʃæŋks] n [person] grand gringalet *m*.

spindle tree n fusain *m*.

spindling [ˈspɪndlɪŋ] adj filiforme.

spindly [ˈspɪndlɪ] (*compar* **spindlier**, *superl* **spindliest**) adj [legs] grêle, comme des allumettes ; [body] chétif, maigrichon ; [tree] grêle ; [plant] étiolé.

spin doctor n *responsable de la communication d'un parti politique*.

spin-drier n essoreuse *f*.

spindrift [ˈspɪndrɪft] n *(U)* embruns *mpl*.

spin-dry vi & vt essorer.

spine [spaɪn] n **1.** ANAT colonne *f* vertébrale ; ZOOL épine *f* dorsale **2.** [prickle - of hedgehog] piquant *m* ; [- of plant, rose] épine *f* **3.** [of book] dos *m* **4.** [of hill] crête *f* **5.** US [courage] résolution *f*, volonté *f*.

spine-chiller n [book] livre *m* d'horreur ; [film] film *m* d'épouvante / *that story is a real spine-chiller* c'est une histoire à vous glacer le sang.

spine-chilling adj à vous glacer le sang, terrifiant.

spinel [spɪˈnel] n spinelle *m*.

spineless [ˈspaɪnlɪs] adj **1.** [weak] mou *(before vowel or silent 'h' mol, f molle)* ; [cowardly] lâche **2.** ZOOL invertébré **3.** BOT sans épines.

spinelessness [ˈspaɪnlɪsnɪs] n lâcheté *f*.

spinet [spɪˈnet] n épinette *f*.

spinnaker [ˈspɪnəkəʳ] n spinnaker *m*, spi *m*.

spinner [ˈspɪnəʳ] n **1.** TEXT [person] fileur *m*, -euse *f* **2.** [in fishing] cuiller *f* **3.** [spin-dryer] essoreuse *f (à linge)* **4.** UK SPORT [bowler in cricket] lanceur *m* ; [ball] balle *f* qui a de l'effet ▸ **to bowl a spinner** lancer une balle avec de l'effet.

spinneret [ˈspɪnəret] n ENTOM & TEXT filière *f*.

spinney [ˈspɪnɪ] n UK bosquet *m*, boqueteau *m*, petit bois *m*.

spinning [ˈspɪnɪŋ] ◆ n **1.** TEXT [by hand] filage *m* ; [by machine] filature *f* **2.** [in fishing] pêche *f* à la cuiller. ◆ adj tournant, qui tourne.

spinning jenny n jenny *f*.

spinning top n toupie *f*.

spinning wheel n rouet *m*.

spin-off n **1.** [by-product] retombée *f*, produit *m* dérivé / *the spin-offs from research into nuclear physics* les retombées des recherches en physique nucléaire **2.** [work derived from another] : *the book is a spin-off from the TV series* le roman est tiré de la série télévisée / *the TV series gave rise to a number of spin-offs* la série télévisée a donné lieu à plusieurs produits dérivés.

spinster [ˈspɪnstəʳ] n ADMIN & LAW célibataire *f* ; *pej* vieille fille *f*.

spinsterhood [ˈspɪnstəhʊd] n célibat *m (pour une femme)*.

spiny [ˈspaɪnɪ] (*compar* **spinier**, *superl* **spiniest**) adj épineux, couvert d'épines.

spiny anteater n échidné *m*.

spiny lobster n langouste *f*.

spiracle [ˈspaɪrəkl] n **1.** ZOOL [in insect] stigmate *m* ; [in whale] évent *m*, spiracle *m* ; [in fish] ouïe *f* **2.** GEOL fissure *f*.

spiraea, **spirea** US [spaɪˈrɪə] n BOT spirée *f*.

spiral [ˈspaɪərəl] (UK *pt & pp* **spiralled**, *cont* **spiralling** ; US *pt & pp* **spiraled**, *cont* **spiraling**) ◆ n **1.** [gen] spirale *f* / *in a spiral* en spirale / *a spiral of smoke rose into the sky* une volute de fumée s'éleva dans le ciel ▸ **inflationary spiral** spirale *f* inflationniste ▸ **the wage-price spiral** la spirale des prix et des salaires **2.** AERON vrille *f*. ◆ adj [motif, shell, curve] en (forme de) spirale ; [descent, spring] en spirale / *the plane went into a spiral descent* l'avion commença une descente en vrille ▸ **spiral binding** reliure *f* spirale. ◆ vi **1.** [in flight - plane] vriller ; [- bird] voler en spirale ; [in shape - smoke, stairs] former une spirale **2.** [prices, inflation] s'envoler, monter en flèche ▸ **to spiral downwards** chuter.

❖ **spiral down** vi [plane] descendre en vrille ; [leaf, feather] tomber en tourbillonnant.

❖ **spiral up** vi [plane, smoke] monter en spirale ; [prices] monter en flèche.

spiral-bound adj [notebook] à spirale.

spiral galaxy n galaxie *f* spirale.

spirally [ˈspaɪərəlɪ] adv [gen] en spirale ; AERON en vrille.

spiral staircase n escalier *m* en colimaçon.

spire [ˈspaɪəʳ] n **1.** ARCHIT flèche *f* **2.** [of blade of grass] tige *f* ; [of mountain, tree] cime *f*.

spirea US = **spiraea**.

spirit [ˈspɪrɪt] ◆ n **1.** [non-physical part of being, soul] esprit *m* / *the poor in spirit* les pauvres d'esprit / *the spirit is willing but the flesh is weak* l'esprit est prompt mais la chair est faible / *he is with us in spirit* il est avec nous en esprit or par l'esprit **2.** [supernatural being] esprit *m* / *I don't believe in ghosts or spirits* je ne crois ni aux fantômes ni aux esprits / *she is possessed by spirits* elle est possédée par des esprits / *to call up the spirits of the dead* évoquer les âmes des morts ▸ **evil spirits** esprits malins ▸ **the spirit world** le monde des esprits **3.** [person] esprit *m*, âme *f* / *he is one of the great spirits of modern philosophy* c'est un des grands esprits de la philosophie moderne **4.** [attitude, mood] esprit *m*, attitude *f* / *the spirit of the age* l'esprit or le génie de l'époque ▸ **to do sthg in a spirit of fun** faire qqch pour s'amuser / *you mustn't do it in a spirit of vengeance* il ne faut pas le faire par esprit de vengeance / *she took my remarks in the wrong spirit* elle a mal pris mes remarques / *he went about the job entirely in the wrong spirit* il n'a pas compris dans quel esprit il devait travailler ▸ **to enter into the spirit of things** **a)** [at party] se mettre au diapason **b)** [in work] participer de bon cœur ▸ **that's the spirit!** voilà comment il faut réagir !, à la bonne heure ! **5.** [deep meaning] esprit *m*, génie *m* / *the spirit of the law* l'esprit de la loi / *you haven't understood the spirit of the poem* vous n'avez pas saisi l'esprit du poème **6.** [energy] énergie *f*, entrain *m* ; [courage] courage *m* ; [character] caractère *m* ▸ **to do sthg with spirit** faire quelque chose avec entrain / *he replied with spirit* il a répondu énergiquement / *they sang with spirit* ils ont chanté avec entrain / *a man of spirit* un homme de caractère / *he is entirely lacking in spirit* il est complètement amorphe / *his spirit was broken* il avait perdu courage **7.** *(usu pl)* UK [alcoholic drink] alcool *m*, spiritueux *m* / *I prefer beer to spirits* je préfère la bière aux spiritueux / *brandy is my favourite spirit* le cognac est mon alcool préféré / *taxes on spirits have increased* les taxes sur les spiritueux ont augmenté **8.** CHEM essence *f*, sel *m* ▸ **spirit** or **spirits of ammonia** ammoniaque *m* liquide ▸ **spirit of turpentine** (essence de) térébenthine *f*. ◆ vt [move secretly] : *they spirited her in / out by a side door* ils l'ont fait entrer / sortir discrètement par une porte dérobée / *he seems to have been spirited into thin air* il semble avoir disparu comme par enchantement.

❖ **spirits** pl n [mood, mental state] humeur *f*, état *m* d'esprit ; [morale] moral *m* ▸ **to be in good spirits** être de bonne humeur, avoir le moral ▸ **to feel out of spirits** avoir le cafard ▸ **to be in high spirits** être de très bonne humeur ▸ **to be in low spirits** être déprimé / *you must keep your spirits up* il faut garder le moral, il ne faut pas vous laisser abattre / *my spirits rose at the thought* mon moral est remonté rien que d'y penser ▸ **to raise sb's spirits** remonter le moral à qqn.

❖ **spirit away**, **spirit off** vt sep [carry off secretly] faire disparaître (comme par enchantement) ; [steal] escamoter, subtiliser.

spirited [ˈspɪrɪtɪd] adj **1.** [lively - person] vif, plein d'entrain ; [- horse] fougueux ; [- manner] vif ; [- reply, argument] vif ; [- music, rhythm, dance] entraînant **2.** [courageous - person, action, decision, defence] courageux ▸ **to put up a spirited resistance** résister courageusement, opposer une résistance courageuse / *he's a spirited young fellow* il ne manque pas de courage, ce petit.

spirit gum n colle *f* gomme.

spirit lamp n lampe *f* à alcool.

spiritless [ˈspɪrɪtlɪs] adj [lifeless] sans vie, sans entrain, apathique ; [depressed] démoralisé, déprimé ; [cowardly] lâche.

spirit level n niveau *m* à bulle.

Spirit of Saint Louis pr n ▸ **the Spirit of Saint Louis** *avion spécialement conçu pour l'aviateur américain Charles Lindbergh, avec lequel il effectua, en 1927, la première traversée de l'Atlantique sans escale, de New York à Paris.*

spirit stove n réchaud *m* à alcool.

spiritual [ˈspɪrɪtʃʊəl] ◆ adj **1.** [relating to the spirit] spirituel / *a very spiritual man* un homme d'une grande spiritualité / *the spiritual death of the people* la mort spirituelle du peuple / *a spiritual heir* un successeur spirituel / *China is her spiritual home* la Chine est sa patrie d'adoption **2.** [religious, sacred] religieux, sacré ▸ **spiritual adviser** conseiller *m* spirituel. ◆ n [song] (negro) spiritual *m*.

spiritualism [ˈspɪrɪtʃʊəlɪzm] n RELIG spiritisme *m* ; PHILOS spiritualisme *m*.

spiritualist [ˈspɪrɪtʃʊəlɪst] ◆ adj RELIG spirite ; PHILOS spiritualiste. ◆ n RELIG spirite *mf* ; PHILOS spiritualiste *mf*.

spirituality [ˌspɪrɪtʃʊˈælətɪ] n spiritualité *f*.

❖ **spiritualities** pl n biens *mpl* ecclésiastiques.

spiritually [ˈspɪrɪtʃʊəlɪ] adv spirituellement, en esprit.

spirit varnish n vernis *m* à alcool.

spirogyra [ˌspaɪrəʊˈʤaɪrə] n spirogyre *f*.

spirt [spɜːt] = **spurt**.

spit [spɪt] (*pt & pp* **spit** or **spat** [spæt], *cont* **spitting**) ◆ vi **1.** [in anger, contempt] cracher ▸ **to spit at sb** cracher sur qqn ▸ **to spit in sb's face** cracher à la figure de qqn / *she spat at him* elle lui a craché dessus **2.** [while talking] postillonner, envoyer des postillons **3.** [hot fat] sauter, grésiller / *the oil spat onto my hand* l'huile m'a éclaboussé la main **4.** PHR **it's spitting (with rain)** il bruine, il pleut légèrement. ◆ vt *lit & fig* cracher. ◆ n **1.** *(U)* [spittle - in mouth] salive *f* ; [- spat out] crachat *m* ; [- ejected while speaking] postillon *m* ; [act of spitting] crachement *m* ▸ **spit and polish** MIL astiquage *m* ▸ **spit and sawdust** *expression évoquant un pub miteux* **2.** UK *inf* [likeness] ▸ **to be the spit of sb** : *he's the spit of his dad* c'est son père tout craché **3.** [of insects] écume *f* printanière, crachat *m* de coucou **4.** CULIN broche *f* **5.** GEOG pointe *f*, langue *f* de terre **6.** HORT [spade's depth] : *to dig the ground three spits deep* creuser la terre à une profondeur de trois fers de bêche **7.** PHR **a spit of rain** : *there was just a spit of rain* il n'est tombé que quelques gouttes de pluie.

❖ **spit out** vt sep [food, medicine, words, invective] cracher ▸ **come on, spit it out!** *inf* allez, accouche !

❖ **spit up** vt sep [blood, food] cracher.

spitball ['spɪtbɔːl] n **1.** [paper] boulette *f* (de papier mâché) **2.** [baseball] *balle de baseball humectée de salive, ayant de ce fait une trajectoire inhabituelle.*

spit curl n US accroche-cœur *m*.

spite [spaɪt] ◆ n [malice] dépit *m*, malveillance *f* ▸ **to do sthg out of spite** faire qqch par dépit / *out of pure spite* par pur dépit, par pure méchanceté. ◆ vt contrarier, vexer.

❖ **in spite of** prep phr en dépit de, malgré / *he went out in spite of my advice* il est sorti en dépit de mes conseils / *in spite of myself* malgré moi / *in spite of the fact that we have every chance of winning* bien que nous ayons toutes les chances de gagner.

spiteful ['spaɪtfʊl] adj [person, remark, character] malveillant / *that was a spiteful thing to say* c'était méchant de dire ça ▸ **to have a spiteful tongue** avoir une langue de vipère.

spitefully ['spaɪtfʊlɪ] adv par dépit, par méchanceté, méchamment.

spitefulness ['spaɪtfʊlnɪs] n méchanceté *f*.

spitfire ['spɪtfaɪəʳ] n : *she's a real spitfire* elle est très soupe au lait.

spit roast n rôti *m* à la broche.

❖ **spit-roast** vt faire rôtir à la broche.

Spitsbergen ['spɪtsˌbɜːgən] pr n Spitsberg, Spitzberg.

spitting ['spɪtɪŋ] n / **'no spitting'** 'défense de cracher' ▸ **to be within spitting distance of sb** or **sthg** *inf* : *he was within spitting distance of me* il était à deux pas de moi.

spitting image n *inf* ▸ **to be the spitting image of sb** : *he's the spitting image of his father* c'est son père tout craché.

spittle ['spɪtl] n [saliva - of person] salive *f* ; [- of dog] bave *f* ; [- on floor] crachat *m*.

spittoon [spɪ'tuːn] n crachoir *m*.

spitz [spɪts] n [dog] loulou *m*.

Spitzbergen ['spɪtsˌbɜːgən] = **Spitsbergen**.

spiv [spɪv] n UK *inf* filou *m*.

splash [splæʃ] ◆ vt **1.** [with water, mud] éclabousser / *the bus splashed us with mud* or *splashed mud over us* le bus nous a éclaboussés de boue / *she splashed wine on* or *over her dress* elle a fait des taches de vin sur sa robe / *I splashed my face with cold water* or *cold water onto my face* je me suis aspergé le visage d'eau froide or avec de l'eau froide / *he splashed his way across the river* il a traversé la rivière en pataugeant **2.** [pour carelessly] répandre / *he splashed bleach on the tiles* il a répandu de l'eau de Javel sur le carrelage / *I splashed disinfectant round the sink* j'ai aspergé le tour de l'évier de désinfectant **3.** [daub] barbouiller / *he splashed whitewash on the wall* il a barbouillé le mur au blanc de chaux **4.** PRESS étaler / *the story was splashed across the front page* l'affaire était étalée à la une des journaux. ◆ vi **1.** [rain, liquid] faire des éclaboussures / *the tea splashed onto the floor* / *over the book* le thé éclaboussa le sol / le livre / *the paint splashed on my trousers* la peinture a éclaboussé mon pantalon / *heavy drops of rain splashed on the ground* de grosses gouttes de pluie s'écrasaient sur le sol **2.** [walk, run, etc.] patauger, barboter / *we splashed across the stream* nous avons traversé le ruisseau en pataugeant / *he splashed through the mud* / *puddles* il a traversé la boue / les flaques d'eau en pataugeant. ◆ n **1.** [noise] floc *m*, plouf *m* / *the ball made a loud splash* le ballon a fait un grand floc / *he fell* / *jumped in with a splash* il est tombé / il a sauté dedans avec un grand plouf **2.** [of mud, paint] éclaboussure *f* ; [of colour, light] tache *f* / *to give sthg a splash of colour* donner une touche de couleur à qqch / *splashes of white* des taches blanches / *there was a bright splash of light on the wall* il y avait une tache de lumière vive sur le mur **3.** [small quantity - of whisky] goutte *f* ; [- of soda, tonic] / *would you like a splash of soda in your whisky?* voulez-vous un peu de soda dans votre whisky ? / *just a splash of lemonade, please* juste une goutte de limonade, s'il vous plaît **4.** *inf & fig* [sensation] sensation *f* ▸ **to make a splash** faire sensation / *his arrival caused a bit of a splash* son arrivée n'est pas passée inaperçue. ◆ adv ▸ **to go** / **to fall splash into the water** entrer / tomber dans l'eau en faisant plouf.

❖ **splash about** UK, **splash around** ◆ vi [duck, swimmer] barboter / *he was splashing about in the bath* / *swimming pool* il barbotait dans son bain / la piscine. ◆ vt sep [liquid] faire des éclaboussures de ; [money] dépenser sans compter.

❖ **splash down** vi [spaceship] amerrir.

❖ **splash out** *inf* ◆ vi [spend] faire des folies ▸ **to splash out on sthg** se payer qqch. ◆ vt insep [money] claquer / *she splashed out a lot of money on a camera* elle a claqué un argent fou pour s'acheter un appareil photo.

splashback ['splæʃbæk] n revêtement *m* *(derrière un évier, un lavabo)*.

splashboard ['splæʃbɔːd] n [on car] garde-boue *m inv*.

splashdown ['splæʃdaʊn] n [of spaceship] amerrissage *m*.

splashguard ['splæʃgɑːd] n US garde-boue *m inv*.

splashproof ['splæʃpruːf] adj étanche aux projections d'eau.

splashy ['splæʃɪ] adj US *inf* tape-à-l'œil.

splat [splæt] ◆ n floc *m*. ◆ adv ▸ **to go splat** faire floc.

splatter ['splætəʳ] ◆ vt éclabousser / *splattered with mud* / *blood* éclaboussé de boue / sang. ◆ vi [rain] crépiter ; [mud] éclabousser. ◆ n **1.** [mark - of mud, ink] éclaboussure *f* **2.** [sound - of rain] crépitement *m*.

splatter film UK, **splatter movie** US n film *m* gore.

splay [spleɪ] ◆ vt [fingers, legs] écarter ; [feet] tourner en dehors. ◆ vi [fingers, legs] s'écarter ; [feet] se tourner en dehors.

❖ **splay out** vt sep & vi = **splay**.

splayfooted [ˌspleɪ'fʊtɪd] adj [person] aux pieds plats ; [horse] panard.

spleen [spliːn] n **1.** ANAT rate *f* **2.** [bad temper] humeur *f* noire, mauvaise humeur *f* ▸ **to vent one's spleen on sthg** / **sb** décharger sa bile sur qqch / qqn.

splendid ['splendɪd] ◆ adj **1.** [beautiful, imposing - dress, setting, decor] splendide, superbe, magnifique **2.** [very good - idea, meal] excellent, magnifique ; [- work] excellent, superbe / *I think he's a splendid cook* je trouve que c'est un excellent cuisinier ▸ **splendid isolation** splendide isolement / *we had a splendid time on holiday* nous avons passé d'excellentes vacances / *how splendid for you!* mais c'est formidable pour vous ! ◆ interj excellent !, parfait !

splendidly ['splendɪdlɪ] adv **1.** [dress, decorate, furnish] magnifiquement, superbement ; [entertain] somptueusement / *he was splendidly turned out in military uniform* il était vraiment superbe en uniforme militaire **2.** [perform] superbement / *you acted splendidly!* tu as été merveilleux ! / *the children behaved splendidly* les enfants ont été des anges / *my work is going splendidly* mon travail avance à merveille.

splendiferous [ˌsplen'dɪfərəs] adj *inf & hum* épatant, mirobolant.

splendour UK, **splendor** US ['splendəʳ] n splendeur *f*.

splenetic [splɪ'netɪk] adj *liter* [ill-humoured] atrabilaire.

splice [splaɪs] ◆ vt **1.** [join] ▸ **to splice (together) a)** [film, tape] coller **b)** [rope] épisser **c)** [pieces of wood] enter / *to splice one piece of tape onto another* coller un morceau de bande sur un autre ▸ **to splice the mainbrace a)** *inf* NAUT ≃ distribuer une ration de rhum **b)** [gen] boire un coup **2.** UK *inf & hum* [marry] ▸ **to get spliced** convoler (en justes noces). ◆ n [in tape, film] collure *f* ; [in rope] épissure *f* ; [in wood] enture *f*.

spliff [splɪf] n *drugs sl* joint *m*.

splint [splɪnt] ◆ n MED éclisse *f*, attelle *f* / *her arm was in a splint* or *in splints* elle avait le bras dans une attelle. ◆ vt éclisser, mettre dans une attelle.

splinter ['splɪntəʳ] ◆ n [of glass, wood] éclat *m* ; [of bone] esquille *f* ; [in foot, finger] écharde *f*. ◆ vt [glass, bone] briser en éclats ; [wood] fendre en éclats. ◆ vi [glass, bone] se briser en éclats ; [marble, wood] se fendre en éclats ; [political party] se scinder, se fractionner.

splinter group n groupe *m* dissident or scissionniste.

split [splɪt] (*pt & pp* **split**, *cont* **splitting**) ◆ vt **1.** [cleave - stone] fendre, casser ; [- slate] cliver ; [- wood] fendre / *he was splitting wood for the fire* il fendait du bois pour faire du feu / *the lightning split the oak right down the middle* la foudre a fendu le chêne en plein milieu / *karate experts can split bricks with their bare hands* les karatékas sont capables de casser des briques à main nue ▸ **to split sthg in two** or **in half** casser or fendre qqch en deux ▸ **to split sthg open** ouvrir qqch *(en le coupant en deux ou en le fendant)* / *the customs split the boxes open* les douaniers ont ouvert les cartons d'un coup de canif / *he split his head open on the concrete* il s'est fendu le crâne sur le béton / *they split open the mattress in their search for drugs* ils ont éventré le matelas à la recherche de stupéfiants ▸ **to split the atom** PHYS fissionner l'atome ▸ **to split one's sides (laughing)** se tordre de rire **2.** [tear] déchirer / *the plastic sheet had been split right down the middle* la bâche en plastique avait été fendue en plein milieu / *I've split my trousers* j'ai déchiré mon pantalon **3.** [divide - family] diviser ; [POL - party] diviser, créer or provoquer une scission dans / *we were split into two groups* on nous a divisés en deux groupes / *you can't split it in three* on ne peut pas le diviser en trois / *the committee is split on this issue* le comité est divisé sur cette question / *the vote was split down the middle* les deux camps avaient obtenu exactement le même nombre de voix / *we were split 30-70* on était 30 % d'un côté et 70 % de l'autre ▸ **to split one's ticket** US panacher son bulletin de vote **4.** [share - profits] (se) partager, (se) répartir ; [- bill] (se) partager ; [FIN - stocks] faire une redistribution de / *they decided to split the work between them* ils ont décidé de se partager le travail / *to split the profits four ways* diviser les bénéfices en quatre ▸ **to split the difference a)** [share out] partager la différence **b)** [compromise] couper la poire en deux / *shall we split a taxi* / *a dessert?* on partage un taxi / un dessert ? **5.** GRAM ▸ **to split an infinitive** *intercaler un adverbe ou une expression adverbiale entre « to » et le verbe* **6.** US *v inf* [leave] quitter / *we split town* nous avons quitté la ville / *I'm going to split this scene* je me tire or barre. ◆ vi **1.** [break - wood, slate] se fendre, éclater / *the ship split in two* le navire s'est brisé (en deux) / *my head is splitting fig* j'ai un mal de tête atroce **2.** [tear - fabric] se déchirer ; [- seam] craquer / *the bag split open* le sac s'est déchiré / *her dress split right down the back* le dos de sa robe s'est déchiré de haut en bas **3.** [divide - gen] se diviser, se fractionner ; [- political party] se scinder ; [- cell] se diviser ; [- road, railway] se diviser, bifurquer / *the hikers split into three groups* les randonneurs se sont divisés en trois groupes / *the party split over the question of pollution* le parti s'est scindé or divisé sur la question de la pollution / *the committee split down the middle on the issue* le comité s'est divisé en deux clans sur la question **4.** [separate - couple] se séparer ; [- family, group] s'éparpiller, se disperser / *she has split with her old school friends* elle ne voit plus ses anciennes camarades de classe **5.** *v inf* [leave] se casser, mettre les bouts / *let's split!* on se casse ! / *they split for San Francisco* ils sont partis à San Francisco. ◆ n **1.** [crack - in wood, rock] fissure *f* / *there is a long split in the wood* le bois est fendu sur une bonne longueur **2.** [tear] déchirure *f* **3.** [division] division *f* ; [separation] séparation *f* ; [quarrel] rupture *f* ; POL scission *f*, schisme *m* ; RELIG schisme *m* ; [gap] fossé *m*, écart *m* / *the split between rich and poor nations* l'écart entre les pays riches et les pays pauvres / *a split in the ranks* une division dans les rangs / *there was a three-way split in the voting* les votes étaient répartis en trois groupes **4.** [share] part *f* / *he asked to be given his split of the booty* il a demandé qu'on lui donne sa part du butin **5.** US [bottle] ▸ **soda split** petite bouteille de soda. ◆ adj [lip, skirt] fendu.

❖ **splits** pl n ▸ **to do the splits** UK, **to do splits** US faire le grand écart.

❖ **split off** ◆ vi **1.** [branch, splinter] se détacher / *a large rock split off from the cliff* un gros rocher s'est détaché de la falaise **2.** [separate - person, group] se séparer / *we split off (from the others) to visit the museum* nous avons quitté les autres pour visiter le musée / *a radical movement split off from the main party* un mouvement radical s'est détaché du gros du parti. ◆ vt sep **1.** [break, cut - branch, piece] enlever (en fendant) **2.** [person, group] séparer / *our branch was split off from the parent company* notre succursale a été séparée de la maison mère.

❖ **split on** vt insep UK *inf* [inform on] vendre, moucharder / *he split on his friend to the police* il a donné son ami à la police / *don't split on him!* ne le vends pas !

❖ **split up** ◆ vi **1.** [wood, marble] se fendre ; [ship] se briser **2.** [couple] se séparer, rompre ; [friends] rompre, se brouiller ; [meeting, members] se disperser ; POL se diviser, se scinder ▸ **to split up with sb** rompre avec qqn / *the search party split up into three groups* l'équipe de secours s'est divisée en trois groupes. ◆ vt sep **1.** [wood] fendre ; [cake] couper en morceaux / *he split the wood up into small pieces* il a fendu le bois en petits morceaux **2.** [divide - profits] partager ; [- work] répartir / *let's split the work up between us* répartissons-nous le travail / *the teaching syllabus is split up into several chapters* le programme d'enseignement est divisé en plusieurs chapitres **3.** [disperse] disperser / *the teacher split the boys up* le professeur a séparé les garçons / *the police split up the meeting / crowd* la police a mis fin à la réunion / dispersé la foule.

split cane n osier *m*.

❖ **split-cane** adj en osier.

split decision n SPORT [in boxing] victoire *f*, décision *f* aux points.

split end n fourche *f*.

split infinitive n GRAM *infinitif comportant un adverbe (ou une expression adverbiale) intercalé entre « to » et le verbe.*

split-level adj [house, flat] à deux niveaux ▸ **split-level cooker** cuisinière *f* à éléments de cuisson séparés.

split pea n pois *m* cassé.

split personality n double personnalité *f*, dédoublement *m* de la personnalité.

split pin n UK goupille *f* fendue.

split ring n bague *f* à fente.

split screen n CIN écran *m* divisé.

split second n : *in a split second* en une fraction de seconde / *it only took a split second* cela n'a demandé qu'une fraction de seconde.

❖ **split-second** adj [timing, reaction] au quart de seconde.

split shift n : *he works a split shift* sa journée de travail est divisée en deux tranches horaires.

splitsville ['splɪtsvɪl] n US *inf* : *it's splitsville for me!* [I'm leaving] je me barre !

split ticket n US POL panachage *m*.

splitting ['splɪtɪŋ] ◆ n **1.** [of wood, marble] fendage *m* ▸ **the splitting of the atom** PHYS la fission de l'atome **2.** [of fabric, seams] déchirure *f* **3.** [division] division *f* **4.** [sharing] partage *m*. ◆ adj : *I have a splitting headache* j'ai un mal de tête atroce.

split-up n [gen] rupture *f*, séparation *f* ; POL scission *f*.

splodge [splɒdʒ] *inf* ◆ n **1.** [splash - of paint, ink] éclaboussure *f*, tache *f* ; [- of colour] tache *f* **2.** [dollop - of cream, of jam] bonne cuillerée *f*. ◆ vt éclabousser, barbouiller. ◆ vi s'étaler, faire des pâtés.

splog [splɒg] n INTERNET splog *m*.

splosh [splɒʃ] *inf* ◆ vi **1.** [splash - liquid] faire des éclaboussures / *the water sploshed on the floor* l'eau a éclaboussé le sol **2.** [as verb of movement] : *we sploshed through the mud / puddles* nous avons traversé la boue / les flaques d'eau en pataugeant. ◆ vt [pour - water, disinfectant] verser, mettre ; [daub - paint] barbouiller. ◆ n éclaboussure *f*.

splotch [splɒtʃ] US *inf* = **splodge**.

splurge [splɜːdʒ] *inf* ◆ n **1.** [spending spree] folie *f*, folles dépenses *fpl* / *I went on* or *I had a splurge and bought a fur coat* j'ai fait une folie, je me suis acheté un manteau de fourrure **2.** [display] fla-fla *m*, tralala *m* / *the book came out in a splurge of publicity* le livre est sorti avec un grand battage publicitaire / *a great splurge of colour* une débauche de couleurs. ◆ vt [spend] dépenser ; [waste] dissiper / *she splurged her savings on a set of encyclopedias* toutes ses économies ont été englouties par l'achat d'une encyclopédie.

❖ **splurge out** vi faire une folie or des folies ▸ **to splurge out on sthg** se payer qqch.

splutter ['splʌtəʳ] ◆ vi **1.** [spit - speaker] postillonner ; [- flames, fat] crépiter, grésiller ; [- pen, ink] cracher **2.** [stutter - speaker] bredouiller ; [- engine] tousser, avoir des ratés / *she was spluttering with rage* elle bredouillait de rage / *the engine spluttered and died* le moteur toussa et s'arrêta. ◆ vt [protest, apology, thanks] bredouiller, balbutier. ◆ n **1.** [spitting - in speech] crachotement *m* ; [- of fat, flames] crépitement *m*, grésillement *m* **2.** [stutter - in speech] bredouillement *m*, balbutiement *m* ; [- of engine] toussotement *m*.

Spode [spəʊd] n ▸ **Spode (china)** *porcelaine fabriquée par la manufacture Spode au Royaume-Uni.*

spoil [spɔɪl] (*pt & pp* **spoilt** [spɔɪlt] *or* **spoiled**) ◆ vt **1.** [make less attractive or enjoyable] gâter, gâcher / *the tall chimneys spoil the view* les hautes cheminées gâchent or gâtent la vue / *our holiday was spoilt by the wet weather* le temps pluvieux a gâché nos vacances / *you've spoilt everything by your foolish behaviour* tu as tout gâché avec ton comportement stupide / *the ending spoilt the film for me* la fin m'a gâché le film / *don't spoil the ending for me* ne me raconte pas la fin, ça va tout gâcher **2.** [damage] abîmer, endommager / *I spoilt my eyesight by reading in the dark* je me suis abîmé la vue or les yeux en lisant dans la pénombre / *if you eat those chocolates, you'll spoil your appetite for dinner* si tu manges ces chocolats, tu n'auras plus faim or plus d'appétit à l'heure du dîner / *the dinner was spoilt because they were late* le dîner a été gâché par leur retard ▸ **to spoil the ship for a hap'orth of tar** faire des économies de bouts de chandelle **3.** [pamper] gâter / *she's spoilt rotten inf* elle est super gâtée, c'est une enfant pourrie / *we like to spoil our clients* nous aimons gâter nos clients ▸ **to spoil o.s.** s'offrir une petite folie **4.** POL [ballot paper] rendre nul. ◆ vi [fruit, food] se gâter, s'abîmer ; [in store, hold of ship] s'avarier, devenir avarié. ◆ n *(U)* **1.** = **spoils 2.** [earth, diggings] déblai *m*, déblais *mpl*.

❖ **spoils** pl n **1.** [loot] butin *m*, dépouilles *fpl* ; [profit] bénéfices *mpl*, profits *mpl* ; [prize] prix *m* / *he made off with the spoils* il s'est enfui avec le butin / *the spoils of war* les dépouilles de la guerre **2.** US POL assiette *f* au beurre.

❖ **spoil for** vt insep ▸ **to be spoiling for a fight / an argument** chercher la bagarre / la dispute.

spoilage ['spɔɪlɪdʒ] n *(U)* [damage] détérioration *f* ; [spoilt matter] déchets *mpl*.

spoiled [spɔɪld] = **spoilt**.

spoiler ['spɔɪləʳ] n **1.** AUTO becquet *m* **2.** AERON aérofrein *m* **3.** PRESS *tactique utilisée pour s'approprier le scoop d'un journal rival.*

spoiler campaign n *campagne lancée par une entreprise pour minimiser l'impact d'une campagne publicitaire menée par une société concurrente.*

spoilsman ['spɔɪlsmən] (*pl* **spoilsmen** [-mən]) n US POL *personne qui bénéficie d'un soutien politique.*

spoilsport ['spɔɪlspɔːt] n trouble-fête *mf*, rabat-joie *m inv*, empêcheur *m*, -euse *f* de tourner en rond.

spoils system n US POL assiette *f* au beurre *pej*, système *m* des dépouilles.

spoilt [spɔɪlt] ◆ pt & pp ⟶ **spoil.** ◆ adj **1.** [child] gâté ; [behaviour] d'enfant gâté ▸ **to be spoilt for choice** : *we were spoilt for choice* nous n'avions que l'embarras du choix **2.** [harvest] abîmé ; [food, dinner] gâché, gâté **3.** POL [ballot paper] nul.

spoke [spəʊk] ◆ pt ⟶ **speak.** ◆ n [in wheel] rayon *m* ; [in ladder] barreau *m*, échelon *m* ; [on ship's wheel] manette *f* ▸ **to put a spoke in sb's wheel** UK mettre des bâtons dans les roues à qqn.

spoken ['spəʊkn] ◆ pp ⟶ **speak.** ◆ adj [dialogue] parlé, oral ▸ **the spoken word** la langue parlée, la parole ▸ **spoken language** oral *m* / *she's better at the spoken language* elle se débrouille mieux lorsqu'il s'agit de parler.

-spoken in comp ▸ **soft-spoken** à la voix douce.

spokeshave ['spəʊkʃeɪv] n vastringue *f*.

spokesman ['spəʊksmən] (*pl* **spokesmen** [-mən]) n porte-parole *m inv* / *a government spokesman* or *a spokesman for the government* un porte-parole du gouvernement.

spokesperson ['spəʊks,pɜːsn] n porte-parole *m inv*.

spokeswoman ['spəʊks,wʊmən] (*pl* **spokeswomen** [-,wɪmɪn]) n porte-parole *m inv (femme).*

spoliate ['spəʊlɪeɪt] vt spolier.

spoliation [,spəʊlɪ'eɪʃn] n **1.** [plundering] spoliation *f*, pillage *m* **2.** LAW [of document] altération *f*.

spondee ['spɒndiː] n spondée *m*.

spondulicks, spondulix [spɒn'djuːlɪks] pl n *inf* fric *m*, pognon *m*, flouze *m*.

sponge [spʌndʒ] ◆ n **1.** ZOOL [in sea] éponge *f* **2.** [for cleaning, washing] éponge *f* / *I gave the table a sponge* j'ai passé un coup d'éponge sur la table ▸ **to throw in the sponge** jeter l'éponge **3.** *inf & pej* [scrounger] parasite *m* **4.** UK [cake] gâteau *m* de Savoie ▸ **jam / cream sponge** gâteau de Savoie fourré à la confiture / à la crème. ◆ vt **1.** [wipe - table, window] donner un coup d'éponge sur ; [- body] éponger / *she sponged his face* elle lui a épongé le visage **2.** [soak up] éponger / *can you sponge the milk off the table?* peux-tu éponger le lait renversé sur la table ? **3.** *inf* [cadge - food, money] taper / *I sponged £20 off* or *from him* je l'ai tapé de 20 livres / *can I sponge a cigarette off you?* est-ce que je peux te taper une cigarette ? / *she sponged a meal off her friends* elle s'est fait inviter à manger par ses amis. ◆ vi *inf* [cadge] ▸ **to sponge on** or **from sb** vivre aux crochets de qqn / *she's always sponging* c'est un vrai parasite / *too many people sponge off the state* trop de gens vivent aux crochets de l'État.

❖ **sponge down** vt sep éponger, laver à l'éponge / *he sponged himself down* il s'est lavé avec une éponge.

❖ **sponge up** vt sep [liquid] éponger.

sponge bag n UK trousse *f* or sac *m* de toilette.

sponge bath n toilette *f* à l'éponge.

sponge cake n gâteau *m* de Savoie.

sponge-down n coup *m* d'éponge.

sponge finger n boudoir *m (biscuit).*

sponge pudding n *dessert chaud fait avec une pâte de gâteau de Savoie.*

sponger ['spʌndʒəʳ] n *inf & pej* parasite *m*.

sponge rubber n mousse *f*, caoutchouc *m* Mousse®.

spongy ['spʌndʒɪ] (*compar* **spongier**, *superl* **spongiest**) adj spongieux.

sponsor ['spɒnsəʳ] ◆ n **1.** COMM & SPORT [of sportsman, team, tournament] sponsor *m* ; [of film, TV programme] sponsor *m*, commanditaire *m* ; [of artist, musician] commanditaire *m*, mécène *m* ; [of student, studies] parrain *m* ; [for charity] donateur *m*, -trice *f* / *he's looking for sponsors for his Channel swim* **a)** [financial backers] il cherche des sponsors pour financer sa traversée de la Manche à la nage **b)** [charitable donations] il cherche des gens qui accepteront de faire une donation aux bonnes œuvres s'il réussit sa traversée de la Manche à la nage ▸ **to act as sponsor for sb** sponsoriser qqn **2.** [of would-be club member] parrain *m*, marraine *f* ; [guarantor - for loan] répondant *m*, -e *f*, garant *m*, -e *f* ; [backer - for business] parrain *m*, bailleur *m* de fonds / *he was the sponsor of the proposal* c'est lui qui a lancé la proposition / *her uncle stood (as) sponsor to her* **a)** [for loan] son oncle a été son répondant **b)** [for business] son oncle l'a parrainée **3.** US [of godchild] parrain *m*, marraine *f*. ◆ vt **1.** COMM & SPORT sponsoriser ; RADIO & TV [programme] sponsoriser, parrainer ; [concert, exhibition] parrainer, commanditer ; [studies, student] parrainer / *the rally is sponsored by the milk industry* le rallye est sponsorisé par l'industrie laitière / *our firm sponsored her to the tune of £10,000* notre firme l'a sponsorisée pour un montant de 10 000 livres **2.** [for charity] : *I sponsored him to swim 10 miles* je me suis engagé à lui donner de l'argent (pour des œuvres charitables) s'il parcourait 10 milles à la nage **3.** [appeal, proposal] présenter ; [would-be club member] parrainer ; [loan, borrower] se porter garant de ; [firm] patronner ▸ **to sponsor a bill** POL présenter un projet de loi **4.** [godchild] être le parrain / la marraine de.

sponsored walk ['spɒnsəd-] n *marche parrainée.*

Sponsored walk

Les **sponsored walks** sont destinés à rassembler des fonds, chaque marcheur établissant une liste des personnes ayant accepté de donner une certaine somme d'argent par kilomètre parcouru. On utilise ce principe pour d'autres activités sportives : **sponsored swim, sponsored parachute jump**, etc.

sponsorship ['spɒnsəʃɪp] n **1.** COMM & SPORT sponsoring *m* **2.** [of appeal, proposal] présentation *f* ; POL [of bill] proposition *f*, présentation *f* ; [of would-be club member, godchild] parrainage *m* ; [of loan, borrower] cautionnement *m*.

sponsorship deal n contrat *m* de sponsoring.

spontaneity [,spɒntə'neɪətɪ] n spontanéité *f*.

spontaneous [spɒn'teɪnjəs] adj spontané.

spontaneous combustion n combustion *f* spontanée.

spontaneously [spɒn'teɪnjəslɪ] adv spontanément.

spoof [spu:f] *inf* ◆ n **1.** [mockery] satire *f*, parodie *f* / *it's a spoof on horror films* c'est une parodie des films d'horreur **2.** [trick] blague *f*, canular *m* / *the whole thing was just a spoof* c'était un simple canular du début à la fin. ◆ adj prétendu, fait par plaisanterie / *a spoof phone call* un canular téléphonique. ◆ vi raconter des blagues. ◆ vt [book, style] parodier ; [person] faire marcher.

spook [spu:k] *inf* ◆ n **1.** [ghost] fantôme *m* **2.** US [spy] barbouze *mf* **3.** US *offens terme raciste désignant un Noir* ; ≃ négro. ◆ vt US **1.** [frighten] faire peur à, effrayer **2.** [haunt] hanter.

spooky ['spu:kɪ] (*compar* **spookier**, *superl* **spookiest**) adj *inf* **1.** [atmosphere] qui donne la chair de poule, qui fait froid dans le dos **2.** US [skittish] peureux **3.** [odd] bizarre.

spool [spu:l] ◆ n [of film, tape, thread] bobine *f* ; [for fishing] tambour *m* ; [of wire] rouleau *m* ; SEW & TEXT cannette *f*. ◆ vt [gen] bobiner ; COMPUT spouler.

spooler ['spu:lər] n COMPUT spouleur *m*.

spoon [spu:n] ◆ n **1.** [utensil] cuiller *f*, cuillère *f* **2.** [quantity] cuillerée *f* / *add two spoons of sugar* ajoutez deux cuillerées de sucre **3.** FISHING cuiller *f*, cuillère *f* **4.** [in golf] spoon *m*. ◆ vt [food - serve] servir ; [- transfer] verser / *to spoon the cream from* or *off the milk* enlever la crème du lait avec une cuiller / *to spoon the fat from* or *off the gravy* dégraisser la sauce à l'aide d'une cuiller / *he spooned the ice cream into a bowl* il a servi la glace dans un bol (avec une cuiller) / *she spooned the porridge into his mouth* elle lui a fait manger la bouillie avec une cuiller. ◆ vi *inf & dated* se faire des mamours.

❖ **spoon out** vt sep [serve] servir à l'aide d'une cuiller ; [transfer] verser à l'aide d'une cuillère.

❖ **spoon up** vt sep [eat] manger avec une cuiller ; [clear up] ramasser avec une cuiller.

spoonbill ['spu:nbɪl] n ORNITH spatule *f*.

spoonbread ['spu:nbred] n US CULIN *pain de maïs très tendre.*

spoonerism ['spu:nərɪzm] n contrepèterie *f*.

spoon-feed vt **1.** *lit* [child, sick person] nourrir à la cuiller **2.** *fig* ▸ **to spoon-feed sb** mâcher le travail à qqn.

spoonful ['spu:nfʊl] n cuillerée *f*.

spoor [spɔ:r] n trace *f*, traces *fpl*, empreintes *fpl*.

Sporades ['spɒrədi:z] pl pr n ▸ **the Sporades** les Sporades *fpl* / *in the Sporades* aux Sporades.

sporadic [spə'rædɪk] adj sporadique / *sporadic outbreaks of gunfire* des coups de feu isolés or sporadiques.

sporadically [spə'rædɪklɪ] adv sporadiquement.

spore [spɔ:r] n spore *f*.

sporran ['spɒrən] n escarcelle *f (portée avec le kilt).*

sport [spɔ:t] ◆ n **1.** [physical exercise] sport *m* / *she does a lot of sport* elle fait beaucoup de sport, elle est très sportive / *you shouldn't mix sport and politics* tu ne devrais pas mélanger sport et politique / *minority sports* les sports minoritaires / *I hated sport* or *sports at school* je détestais le sport or les sports à l'école ▸ **the sport of kings** [horse racing] un sport de rois **2.** *liter* [hunting] chasse *f* ; [fishing] pêche *f* **3.** *liter* [fun] amusement *m*, divertissement *m* ▸ **to say sthg in sport** dire qqch pour rire or en plaisantant / *it's great sport flying these remote-controlled planes* c'est très amusant de faire voler ces avions radioguidés ▸ **to make sport of sb / sthg** se moquer de qqn / qqch, tourner qqn / qqch en ridicule **4.** *inf* [friendly person] chic type *m*, chic fille *f* / *he's a real sport* c'est vraiment un chic type / *go on, be a sport!* allez, sois sympa ! **5.** [good loser] ▸ **to be a (good) sport** être beau joueur / *they're not very good sports* ils sont plutôt mauvais joueurs **6.** [gambler] joueur *m*, -euse *f* ; [high flyer] bon vivant *m* **7.** AUSTR & NZ *inf* [fellow] pote *m*, vieux *m* **8.** BIOL variété *f* anormale. ◆ vt [wear] porter, arborer / *he was sporting a tartan jacket / a yellow carnation* il portait une veste tartan / arborait un œillet jaune. ◆ vi *liter* batifoler, s'ébattre.

❖ **sports** ◆ pl n [athletics meeting] meeting *m* d'athlétisme ; [competition] compétition *f* sportive / *this weekend is the inter-regional sports* ce week-end ont lieu les compétitions sportives interrégionales / *the school sports* la compétition sportive scolaire. ◆ comp [equipment, programme, reporter] sportif ; [fan] de sport.

sporting ['spɔ:tɪŋ] adj **1.** SPORT [fixtures, interests] sportif **2.** [friendly, generous - behaviour] chic *(inv)* / *it's very sporting of you* c'est très chic de votre part **3.** [fairly good - chance] assez bon / *we're in with a sporting chance* on a une assez bonne chance de gagner / *there's a sporting chance he'll come* il y a de fortes chances (pour) qu'il vienne.

sportingly ['spɔ:tɪŋlɪ] adv (très) sportivement.

sportive ['spɔ:tɪv] adj *liter* folâtre, badin.

sport jacket US = **sports jacket**.

sports car n voiture *f* de sport.

sportscast ['spɔ:tskɑ:st] n US émission *f* sportive.

sportscaster ['spɔ:ts,kɑ:stər] n US reporter *m* sportif.

sports coat US = **sports jacket**.

sports day n UK SCH *réunion sportive annuelle où les parents sont invités.*

sports jacket n veste *f* sport.

sportsman ['spɔ:tsmən] (*pl* **sportsmen** [-mən]) n **1.** [player of sport] sportif *m* **2.** [person who plays fair] : *he's a real sportsman* il est très sport or beau joueur.

sportsmanlike ['spɔ:tsmənlaɪk] adj sportif.

sportsmanship ['spɔ:tsmənʃɪp] n sportivité *f*, sens *m* sportif.

sportsperson ['spɔ:ts,pɜ:sn] (*pl* **sportspeople** [-,pi:pl]) n sportif *m*, sportive *f*.

sports scholarship n US *bourse pour les bons en sport.*

sports shoe n training *m (chaussure).*

sportswear ['spɔ:tsweər] n *(U)* vêtements *mpl* de sport.

sportswoman ['spɔ:ts,wʊmən] (*pl* **sportswomen** [-,wɪmɪn]) n sportive *f*.

sport-utility vehicle n US 4 x 4 *m*.

sporty ['spɔ:tɪ] (*compar* **sportier**, *superl* **sportiest**) adj [person] sportif ; [garment] de sport / *he's got a very sporty image* il a un look très sport.

spot [spɒt] (*pt & pp* **spotted**, *cont* **spotting**) ◆ n **1.** [dot - on material, clothes] pois *m* ; [- on leopard, giraffe] tache *f*, moucheture *f* ; [- on dice, playing card] point *m* / *a tie with red spots* une cravate à pois rouges / *I've got spots before my eyes* j'ai des points lumineux or des taches devant les yeux / *the carnations brought a spot of colour into the church* les œillets apportaient une tache de couleur dans l'église **2.** [stain, unwanted mark] tache *f* ; [on fruit] tache *f*, tavelure *f* ; [splash] éclaboussure *f* / *a dirty spot* une tache, une salissure / *there are some spots of mould on the jam* il y a des taches de moisissure sur la confiture / *how did you get these spots of blood on your shirt?* d'où viennent ces taches de sang sur ta chemise ? **3.** UK [pimple] bouton *m* ; [freckle] tache *f* de son or de rousseur / *I've got a spot on my chin* j'ai un bouton sur le menton ▸ **to come out in spots** avoir une éruption de boutons ▸ **to suffer from spots** souffrir d'acné **4.** [blemish - on character] tache *f*, souillure *f* / *there isn't a spot on his reputation* sa réputation est sans tache **5.** [small amount - of liquid] goutte *f* ; [- of salt] pincée *f* ; [- of irony, humour] pointe *f*, soupçon *m* / *there were a few spots of rain* il est tombé quelques gouttes (de pluie) / *would you like cream in your coffee? — just a spot* voulez-vous de la crème dans votre café ? — juste un soupçon / *I've got a spot of bad news* *inf* j'ai une mauvaise nouvelle / *she hardly did a spot of work* *inf* elle n'a quasiment rien fait / *I'm having a spot of bother with the neighbours* *inf* j'ai quelques ennuis or problèmes avec les voisins / *I could do with a spot of sleep* *inf* un petit somme me ferait du bien / *do you want a spot of supper?* *inf* veux-tu manger un morceau ? **6.** [place] endroit *m*, coin *m* ; [site] site *m* ; [on body] endroit *m*, point *m* / *a tender* or *sore spot* un point sensible / *this is a peaceful spot* c'est un endroit très tranquille / *this is the exact spot where the market cross was situated* c'est l'endroit exact où se trouvait la croix du marché ▸ **that hits the spot!** ça fait du bien ! **7.** [aspect, feature, moment] : *the only bright spot of the week* le seul bon moment de la semaine **8.** [position, job] poste *m*, position *f* **9.** *inf* [difficult situation] embarras *m* ▸ **to be in a spot** être dans l'embarras / *we're in a bit of a (tight) spot* nous sommes dans le pétrin or dans de beaux draps / *you're putting us in a spot* vous nous mettez dans l'embarras ▸ **to put sb on the spot** prendre qqn au dépourvu, coincer qqn **10.** RADIO & TV [for artist, interviewee] numéro *m* ; [news item] brève *f* / *he got a spot on the Margie Warner show* **a)** [as singer, comedian] il a fait un numéro dans le show de Margie Warner **b)** [interview] il s'est fait interviewer or il est passé dans le show de Margie Warner ▸ **advertising spot** message *m* or spot *m* publicitaire **11.** [spotlight] spot *m*, projecteur *m* **12.** [in billiards] mouche *f*. ◆ comp **1.** COMM [price] comptant ; [transaction, goods] payé comptant **2.** [random - count, test] fait à l'improviste **3.** TV ▸ **spot advertisement** spot *m* publicitaire ▸ **spot announcement** flash *m*. ◆ vt **1.** [notice - friend, object] repérer, apercevoir ; [- talent, mistake] trouver, déceler / *I could spot him a mile off* je pourrais le repérer à des kilomètres / *well spotted!* bien vu ! **2.** [stain] tacher ; [mark with spots] tacheter / *the wall is spotted with mildew* le mur est taché or piqué d'humidité / *the rain spotted the pavement* des gouttes de pluie formaient des taches sur le trottoir **3.** US [opponent] accorder un avantage à / *he spotted his opponent ten points* il a cédé or concédé dix points à son adversaire **4.** US [remove - stain] enlever / *a chemical for spotting clothes* un produit pour détacher les vêtements. ◆ vi **1.** [garment, carpet] se tacher, se salir **2.** [rain] : *it's spotting with rain* il tombe quelques gouttes de pluie **3.** MIL servir d'observateur.

❖ **on the spot** adv phr [at once] sur-le-champ ; [at the scene] sur les lieux, sur place / *he was killed on the spot* il a été tué sur le coup / *the man on the spot* **a)** [employee, diplomat] l'homme qui est sur place or sur le terrain **b)** [journalist] l'envoyé spécial / *the doctor arrived on the spot in five minutes* le docteur est arrivé sur les lieux en cinq minutes ▸ **to run on the spot** courir sur place.

❖ **on-the-spot** adj phr [fine] immédiat ; [report] sur place or sur le terrain.

spot buying n achats *mpl* au comptant.

spot cash n UK argent *m* liquide.

spot check n [investigation] contrôle *m* surprise ; [for quality] sondage *m* ; [by customs] fouille *f* au hasard.
❖ **spot-check** vt contrôler au hasard ; [for quality] sonder.

spotless ['spɒtlɪs] adj [room, appearance] impeccable ; [character] sans tache.

spotlessly ['spɒtlɪslɪ] adv ▶ **spotlessly clean** reluisant de propreté, d'une propreté impeccable.

spotlight ['spɒtlaɪt] (*pt & pp* **spotlit** [-lɪt]) ◆ n **1.** [in theatre] spot *m*, projecteur *m* ▶ **in the spotlight** *lit & fig* sous le feu or la lumière des projecteurs ▶ **to turn the spotlight on sb a)** *lit* braquer les projecteurs sur qqn **b)** *fig* mettre qqn en vedette / *the spotlight was on her* **a)** *lit* les projecteurs étaient braqués sur elle **b)** *fig* elle était en vedette / *the political spotlight was on Mrs Warner this week* les feux de l'actualité étaient braqués sur Mme Warner cette semaine **2.** [lamp - in home, on car] spot *m*. ◆ vt **1.** THEAT diriger les projecteurs sur **2.** *fig* [personality, talent] mettre en vedette ; [pinpoint - flaws, changes] mettre en lumière, mettre le doigt sur.

spotlit [-lɪt] adj éclairé par des projecteurs.

spot market n marché *m* au comptant.

spot-on *inf* ◆ adj UK **1.** [correct - remark, guess] en plein dans le mille ; [- measurement] pile, très précis **2.** [perfect] parfait. ◆ adv [guess] en plein dans le mille / *he timed it spot-on* il a calculé son coup à la seconde près.

spotted ['spɒtɪd] ◆ pt & pp ⟶ **spot.** ◆ adj **1.** [leopard, bird] tacheté, moucheté ; [apple, pear] tavelé **2.** [tie, dress] à pois **3.** [stained - carpet, wall] taché.

spotted dick n UK *dessert chaud fait avec une pâte à gâteau et des raisins.*

spotted fever n fièvre *f* éruptive.

spotted flycatcher n gobe-mouches *m inv* gris.

spotter ['spɒtəʳ] ◆ n **1.** [observer] observateur *m*, -trice *f* ; [lookout] dénicheur *m* **2.** UK [enthusiast] ▶ **train / plane spotter** passionné *m*, -e *f* de trains / d'avions **3.** US *inf* COMM surveillant *m*, -e *f* du personnel. ◆ comp [plane] de recherche or recherches.

spotting ['spɒtɪŋ] n **1.** PHR : *train / plane spotting* repérage *m* de trains / d'avions **2.** MED *petites pertes de sang en dehors des règles.*

spotty ['spɒtɪ] (*compar* **spottier**, *superl* **spottiest**) adj **1.** [covered with spots - wallpaper] piqué or tacheté d'humidité ; [- mirror] piqueté, piqué ; [stained] taché ; UK [skin, person] boutonneux **2.** [patterned - fabric, tie] à pois **3.** US [patchy] irrégulier / *a spotty performance* une représentation inégale.

spot-weld ◆ vt souder par points. ◆ n soudure *f* par points.

spot-welding n soudure *f* par points.

spouse [spaʊs] n *fml* époux *m*, épouse *f* ; ADMIN & LAW conjoint *m*, -e *f*.

spout [spaʊt] ◆ n **1.** [of teapot, kettle, tap, watering can] bec *m* ; [of carton] bec *m* verseur ; [of pump, gutter] dégorgeoir *m* ; [of pipe] embout *m* **2.** [of water - from fountain, geyser] jet *m* ; [- from whale] jet *m*, souffle *m* d'eau ; [of flame] colonne *f* ; [of lava] jet *m* / *a spout of boiling water* un jet d'eau bouillante **3.** UK PHR **to be up the spout a)** *inf* [ruined] être fichu or foutu **b)** [pregnant] être enceinte / *our plans are up the spout* nos projets sont tombés à l'eau / *now we're really up the spout* maintenant nous sommes vraiment dans de beaux draps or dans le pétrin. ◆ vi **1.** [water, oil] jaillir, sortir en jet ; [whale] souffler / *water spouted out of the pipe* de l'eau jaillit du tuyau **2.** *inf & pej* [talk] dégoiser / *he's always spouting (on) about politics* il est toujours à dégoiser sur la politique. ◆ vt **1.** [water, oil] faire jaillir un jet de ; [fire, smoke] vomir, émettre un jet de **2.** *inf & pej* [words, poetry] débiter, sortir / *she's always spouting Latin quotations* elle est toujours en train de débiter or sortir des citations latines.

sprain [spreɪn] ◆ vt [joint] fouler, faire une entorse à ; [muscle] étirer / *she has sprained her ankle* or *has a sprained ankle* elle s'est fait une entorse à la cheville or s'est foulé la cheville. ◆ n entorse *f*, foulure *f*.

sprang [spræŋ] pt ⟶ **spring.**

sprat [spræt] n sprat *m*.

sprawl [sprɔːl] ◆ vi **1.** [be sitting, lying] être affalé or vautré ; [sit down, lie down] s'affaler, se laisser tomber / *she was sprawling in the armchair / on the bed* elle était avachie dans le fauteuil / vautrée sur le lit / *the blow sent him sprawling* le coup l'a fait tomber de tout son long **2.** [spread] s'étaler, s'étendre / *the new industrial estate is beginning to sprawl into the countryside* la nouvelle zone industrielle commence à grignoter or envahir la campagne / *her signature sprawled across half the page* sa signature s'étalait sur la moitié de la page. ◆ vt *(usu passive)* : *she was sprawled in the armchair / on the pavement* elle était vautrée dans le fauteuil / étendue de tout son long sur le trottoir. ◆ n **1.** [position] position *f* affalée / *she lay in an ungainly sprawl* elle était étendue de tout son long de façon peu élégante **2.** [of city] étendue *f* / *the problem of urban sprawl* le problème de l'expansion urbaine.

sprawling ['sprɔːlɪŋ] adj [body] affalé ; [suburbs, metropolis] tentaculaire ; [handwriting] informe.

spray [spreɪ] ◆ vt **1.** [treat - crops, garden] faire des pulvérisations sur, traiter ; [- field] pulvériser ; [- hair, house plant] vaporiser ; [sprinkle - road] asperger / *to spray a plant with insecticide* or *to spray insecticide on a plant* pulvériser de l'insecticide sur une plante / *she sprayed her hairstyle in place* elle s'est mis de la laque pour faire tenir sa coiffure / *I got sprayed with cold water* je me suis fait arroser or asperger d'eau froide / *they sprayed the bar with bullets / with machine-gun fire fig* ils arrosèrent le bar de balles / de rafales de mitrailleuses **2.** [apply - water, perfume] vaporiser ; [- paint, insecticide] pulvériser ; [- coat of paint, fixer] mettre, appliquer ; [- graffiti, slogan] écrire, tracer (à la bombe) / *she sprayed perfume behind her ears* elle se vaporisa du parfum derrière les oreilles / *they sprayed water on the flames* ils vaporisèrent de l'eau sur les flammes / *she sprayed air freshener around the room* elle vaporisa du désodorisant dans la pièce. ◆ vi **1.** [liquid] jaillir / *the water sprayed (out) over* or *onto the road* l'eau a jailli sur la route **2.** [against crop disease] pulvériser, faire des pulvérisations. ◆ n **1.** [droplets] gouttelettes *fpl* fines ; [from sea] embruns *mpl* / *the liquid comes out in a fine spray* le liquide est pulvérisé **2.** [container - for aerosol] bombe *f*, aérosol *m* ; [- for perfume] atomiseur *m* ; [- for cleaning fluids, water, lotion] vaporisateur *m* / *this deodorant is a spray* ce déodorant est un aérosol / *throat spray* vaporisateur pour la gorge **3.** [act of spraying - of crops] pulvérisation *f* ; [- against infestation] traitement *m* (par pulvérisation) ; [- of aerosol product] coup *m* de bombe / *I'll give your hair a light spray* je vais donner un petit coup de laque sur vos cheveux **4.** *fig* [of bullets] grêle *f* / *the welding sent up sprays* or *a spray of bright sparks* la soudure faisait voler des gerbes d'étincelles **5.** [cut branch] branche *f* / *forsythia sprays* branches de forsythia / *a single spray of orchids in a vase* une simple branche d'orchidée dans un vase **6.** [bouquet] (petit) bouquet *m* **7.** [brooch] aigrette *f*. ◆ comp [insecticide, deodorant] en aérosol / *he took the car in for a spray job* UK *inf* il a amené la voiture au garage pour la faire repeindre.
❖ **spray on** ◆ vt sep appliquer (à la bombe) / *he sprayed on some deodorant* il s'est mis un peu de déodorant / *spray the paint on evenly* vaporisez la peinture de façon uniforme. ◆ vi [paint, polish, cleaner] s'appliquer (par pulvérisation) / *the product sprays on* le produit est présenté sous forme d'aérosol.

spray can n [for aerosol] bombe *f*, aérosol *m* ; [refillable] vaporisateur *m*.

sprayer ['spreɪəʳ] n **1.** [container - for perfume] atomiseur *m* ; [spray gun] pistolet *m* (à peinture) ; [nozzle] buse *f* **2.** AGR [machine] pulvérisateur *m* ; [plane] avion-pulvérisateur *m* **3.** [person] arroseur *m*, -euse *f*.

spray gun n [for paint] pistolet *m* (à peinture).

spray-on adj en bombe, en aérosol ▶ **spray-on deodorant** déodorant *m* en bombe or en spray.

spray paint n peinture *f* en bombe / *a can of spray paint* une bombe de peinture.
❖ **spray-paint** vt [with can] peindre à la bombe ; [with spray gun] peindre au pistolet.

spread [spred] (*pt & pp* **spread**) ◆ vt **1.** [apply - jam, icing, plaster, glue] étaler ; [- asphalt] répandre ; [- manure] épandre / *I spread mustard on the ham* or *I spread the ham with mustard* j'ai étalé de la moutarde sur le jambon / *he spread butter on a slice of toast* or *a slice of toast with butter* il a tartiné de beurre une tranche de pain grillé **2.** [open out, unfold - wings, sails] étendre, déployer ; [- arms, legs, fingers] écarter ; [- map, napkin, blanket] étaler ; [- rug] étendre ; [- fan] ouvrir / *he spread his handkerchief over his face* il étala son mouchoir sur son visage / *she lay on her back, her arms spread (out)* elle était allongée sur le dos, les bras écartés ▶ **to spread one's wings** : *it's time you spread your wings* il est temps que vous voliez de vos propres ailes **3.** [lay out, arrange - photos, cards, possessions] étaler / *he spread his papers on the desk* il étala ses papiers sur le bureau / *her hair was spread over the pillow* ses cheveux s'étalaient sur l'oreiller / *we spread the contents of the bag over the floor* nous étalâmes le contenu du sac sur le sol **4.** [disseminate - disease, fire] propager, répandre ; [- news, idea, faith] propager ; [- rumour] répandre, faire courir ; [- terror, panic] répandre / *the disease is spread by rats* la maladie est propagée par les rats / *the wind will spread the fire to the fields* le vent va propager l'incendie jusque dans les champs / *trade helped to spread the new technology to Asia* le commerce a facilité la diffusion or la dissémination de cette nouvelle technologie en Asie / *the attack is at noon, spread the word!* l'attaque est pour midi, faites passer or passez le mot ! / *to spread the gospel* prêcher or répandre l'Évangile **5.** [scatter - over an area] répandre ; [- over a period of time] échelonner, étaler / *the floor was spread with straw* le sol était recouvert de paille / *take your shoes off, you're spreading dirt everywhere!* enlève tes chaussures, tu salis tout ! / *the explosion had spread debris over a large area* l'explosion avait dispersé des débris sur une grande superficie / *their troops are spread (out) too thinly to be effective* leurs troupes sont trop dispersées pour être efficaces ▶ **to spread o.s. too thinly** disperser ses efforts / *the tourist season is now spread over six months* la saison touristique s'étale maintenant sur six mois / *to spread (out) the losses over five years* répartir les pertes sur cinq ans **6.** [divide up - tax burden, work load] répartir / *a policy designed to spread wealth more evenly* une mesure qui vise à distribuer plus équitablement les richesses **7.** MUS [chord] arpéger. ◆ vi **1.** [stain] s'élargir ; [disease, suburb] s'étendre ; [fire, desert, flood] gagner du terrain, s'étendre ; [rumour, ideas, faith, terror, crime, suspicion] se répandre / *panic spread through the crowd* la panique a envahi or gagné la foule / *the epidemic is spreading to other regions* l'épidémie gagne de nouvelles régions / *the cancer had spread through her whole body* le cancer s'était généralisé / *the suburbs are spreading further everyday* les banlieues s'étendent chaque jour un peu plus / *the flood waters have spread across* or *over the whole plain* l'inondation a gagné toute la plaine / *the species spread throughout Africa* l'espèce s'est répandue à travers toute l'Afrique / *a spreading waistline* une taille qui s'épaissit **2.** [extend - over a period of time, a range of subjects] s'étendre / *their correspondence spreads over 20 years* leur correspondance s'étend sur 20 ans **3.** [butter, glue] s'étaler / *the icing should spread easily* le glaçage devrait s'étaler facilement. ◆ n **1.** [diffusion, growth - of epidemic, fire] propagation *f*, progression *f* ; [- of technology, idea] diffusion *f*, dissémination *f* ; [- of religion] propagation *f* / *they are trying to prevent the spread of unrest to other cities* ils essaient d'empêcher les troubles d'atteindre or de gagner d'autres villes **2.** [range - of ages, interests] gamme *f*, éventail *m* / *the commission represented a broad spread of opinion* la commission représentait un large éventail d'opinions / *maximum May temperatures show a ten-point spread* les températures maximales du mois de mai montrent une variation de dix degrés **3.** [wingspan] envergure *f* **4.** [period] période *f* / *growth occurred over a spread of several years* la croissance s'étala sur une période de plusieurs années **5.** [expanse] étendue *f* / *a spread of land* une étendue de terre **6.** [cover - for bed] couvre-lit *m* ; [tablecloth] nappe *f* ; [dustcover] housse *f* **7.** CULIN [paste] pâte *f* à tartiner ; [jam] confiture *f* ▸ **salmon spread** beurre *m* de saumon ▸ **chocolate spread** chocolat *m* à tartiner **8.** PRESS & TYPO [two pages] double page *f* ; [advertisement] double page *f* publicitaire / *the event was given a good spread* l'événement a été largement couvert par la presse **9.** *inf* [meal] festin *m* / *the hotel lays on a decent spread* l'hôtel propose des repas tout à fait convenables **10.** US *inf* [farm] ferme *f* ; [ranch] ranch *m* / *nice spread you've got here!* belle propriété que vous avez là ! **11.** ST. EX spread *m* **12.** US [bedspread] couvre-lit *m*. ◆ adj **1.** [arms, fingers, legs] écarté **2.** LING [vowel] non arrondi.

❖ **spread out** ◆ vi **1.** [town, forest] s'étendre **2.** [disperse] se disperser ; [in formation] se déployer / *the search party had spread out through the woods* l'équipe de secours s'était déployée à travers les bois **3.** [open out - sail] se déployer, se gonfler **4.** [make o.s. at ease] s'installer confortablement / *I need an office where I can spread out* j'ai besoin d'un bureau où je puisse étaler mes affaires. ◆ vt sep **1.** *(usu passive)* [disperse] disperser, éparpiller / *the buildings are spread out among the trees* les bâtiments sont dispersés parmi les arbres / *the runners are now spread out (along the course)* les coureurs sont maintenant éparpillés le long du parcours / *the population is very spread out* la population est très dispersée / *in a city as spread out as Los Angeles* dans une ville aussi étendue que Los Angeles **2.** = **spread** *(vt)*.

spread eagle n **1.** HERALD aigle *f* éployée **2.** [in skating] grand aigle *m* ▸ **to do a spread eagle** faire un grand aigle.

❖ **spread-eagle** ◆ vt **1.** [lay flat] : *he spread eagled himself against the wall* il se plaqua contre le mur, bras et jambes écartés **2.** [knock flat] envoyer par terre / *he was spread eagled by the blow* le coup l'a fait tomber à la renverse. ◆ adj **1.** = **spread-eagled 2.** US *inf* chauvin.

spread-eagled [-,i:gld] adj bras et jambes écartés / *the police had him spread-eagled against the wall* les policiers l'ont plaqué contre le mur, bras et jambes écartés / *sunbathers lay spread-eagled on the sand* les baigneurs étaient étalés sur le sable.

spreader ['spredəʳ] n AGR & TECH [for fertilizer, manure, asphalt] épandeur *m*, épandeuse *f*.

spreadsheet ['spredʃi:t] n tableur *m*.

spree [spri:] n fête *f* ▸ **to go** or **to be on a spree** faire la fête / *her drinking / gambling sprees* les périodes où elle boit / joue ▸ **to go on a shopping spree** faire des folies dans les magasins.

sprig [sprɪg] n brin *m*.

sprightliness ['spraɪtlɪnɪs] n [of person] vivacité *f*, vitalité *f* ; [of tune] gaieté *f*.

sprightly ['spraɪtlɪ] *(compar* **sprightlier**, *superl* **sprightliest**) adj [person] alerte, guilleret ; [step] vif ; [tune, whistle] gai / *he's a sprightly 80-year-old* c'est un alerte octogénaire.

spring [sprɪŋ] *(pt* **sprang** [spræŋ] *or* **sprung** [sprʌŋ], *pp* **sprung**) ◆ n **1.** [season] printemps *m* / *in (the) spring* au printemps / *spring is here!* c'est le printemps ! ▸ **the Spring Bank Holiday** UK *le dernier lundi de mai, jour férié en Grande-Bretagne* **2.** [device, coil] ressort *m* ▸ **the springs** AUTO la suspension **3.** [natural source] source *f* ▸ **volcanic springs** sources volcaniques **4.** [leap] bond *m*, saut *m* / *he made a sudden spring for the knife* tout à coup, il bondit pour s'emparer du couteau **5.** [resilience] élasticité *f* / *the diving board has plenty of spring* le plongeoir est très élastique / *the mattress has no spring left* le matelas n'a plus de ressort / *the news put a spring in her step* la nouvelle l'a rendue toute guillerette / *he set out with a spring in his step* il est parti d'un pas alerte. ◆ comp **1.** [flowers, weather, colours] printanier, de printemps / *his new spring collection* sa nouvelle collection de printemps ▸ **spring term** SCH & UNIV ≃ dernier trimestre *m* **2.** [mattress] à ressorts ▸ **spring binding** reliure *f* à ressort **3.** [water] de source. ◆ vi **1.** [leap] bondir, sauter ▸ **to spring at** bondir or se jeter sur / *the cat sprang at the bird* le chat bondit sur l'oiseau / *he saw the blow coming and sprang away in time* il a vu le coup arriver et l'a esquivé de justesse / *the couple sprang apart* le couple se sépara hâtivement / *the bus stopped and she sprang off* le bus s'arrêta et elle descendit d'un bond / *he sprang ashore* il sauta à terre / *the car sprang forward* la voiture fit un bond en avant / *springing out of the armchair* bondissant du fauteuil / *I sprang to my feet* je me suis levé d'un bond / *to spring to attention* bondir au garde-à-vous **2.** [be released] : *to spring shut / open* se fermer / s'ouvrir brusquement / *the branch sprang back* la branche s'est redressée d'un coup **3.** *fig* : *the police sprang into action* les forces de l'ordre passèrent rapidement à l'action / *the engine sprang to* or *into life* le moteur s'est mis soudain en marche or a brusquement démarré / *she sprang to my defence* elle a vivement pris ma défense / *the issue has made the town spring to life* l'affaire a galvanisé la ville / *to spring to the rescue* se précipiter pour porter secours / *tears sprang to his eyes* les larmes lui sont montées or venues aux yeux / *a protest sprang to her lips* elle eut envie de protester / *just say the first thing which springs to mind* dites simplement la première chose qui vous vient à l'esprit / *you didn't notice anything strange? — nothing that springs to mind* vous n'avez rien remarqué d'anormal ? — rien qui me frappe particulièrement / *where did you spring from? inf* d'où est-ce que tu sors ? **4.** [originate] venir, provenir / *the problem springs from a misunderstanding* le problème provient or vient d'un malentendu / *their conservatism springs from fear* leur conservatisme vient de ce qu'ils ont peur **5.** [plank - warp] gauchir, se gondoler ; [- crack] se fendre **6.** US *inf* [pay] ▸ **to spring for sthg** casquer pour qqch. ◆ vt **1.** [trap] déclencher ; [mine] faire sauter ; [bolt] fermer / *the mousetrap had been sprung but it was empty* la souricière or tapette avait fonctionné, mais elle était vide **2.** [make known - decision, news] annoncer de but en blanc or à brûle-pourpoint / *I hate to have to spring it on you like this* cela m'embête d'avoir à vous l'annoncer de but en blanc comme ça / *he doesn't like people springing surprises on him* il n'aime pas les surprises or qu'on lui réserve des surprises ▸ **to spring a question on sb** poser une question à qqn de but en blanc **3.** [develop] ▸ **to spring a leak a)** [boat] commencer à prendre l'eau **b)** [tank, pipe] commencer à fuir / *the radiator has sprung a leak* il y a une fuite dans le radiateur **4.** [jump over - hedge, brook] sauter **5.** [plank - warp] gauchir, gondoler ; [- crack] fendre **6.** HUNT [game] lever **7.** *inf* [prisoner] faire sortir / *the gang sprung him from prison with a helicopter* le gang l'a fait évader de prison en hélicoptère.

❖ **spring up** vi **1.** [get up] se lever d'un bond **2.** [move upwards] bondir, rebondir / *the lid sprang up* le couvercle s'est ouvert brusquement / *several hands sprang up* plusieurs mains se sont levées **3.** [grow in size, height] pousser / *hasn't Lisa sprung up this year!* comme Lisa a grandi cette année ! **4.** [appear - towns, factories] surgir, pousser comme des champignons ; [- doubt, suspicion, rumour, friendship] naître ; [- difficulty, threat] surgir ; [- breeze] se lever brusquement / *new companies are springing up every day* de nouvelles entreprises apparaissent chaque jour / *an argument sprang up between them* une querelle éclata entre eux.

spring balance n peson *m* à ressort.

springboard ['sprɪŋbɔ:d] n SPORT & *fig* tremplin *m* / *the job is a springboard for ministerial office* ce poste est un tremplin pour un portefeuille ministériel.

springbok ['sprɪŋbɒk] *(pl* **springbok** *or* **springboks**) n springbok.

❖ **Springbok** pr n ▸ **the Springboks** [rugby team] les Springboks.

spring chicken n **1.** US poulet *m (à rôtir)* **2.** [young person] : *he's no spring chicken* il n'est plus tout jeune.

spring-clean ◆ vi faire un nettoyage de printemps. ◆ vt nettoyer de fond en comble. ◆ n UK nettoyage *m* de printemps ▸ **to give the house a spring-clean** nettoyer la maison de fond en comble / *the accounting department needs a spring-clean fig* le service comptabilité a besoin d'un bon coup de balai.

spring-cleaning n nettoyage *m* de printemps.

springe [sprɪndʒ] n [snare] collet *m*.

springer ['sprɪŋəʳ] n **1.** = **springer spaniel 2.** ARCHIT [stone] sommier *m* ; [impost] imposte *f*.

springer spaniel n springer *m*.

spring fever n agitation *f* printanière.

spring greens pl n choux *mpl* précoces.

springlike ['sprɪŋlaɪk] adj [gen] de printemps ; [dress] printanier.

spring-loaded adj à ressort.

spring lock n serrure *f* à fermeture automatique.

spring onion n petit oignon *m* blanc.

spring roll n rouleau *m* de printemps.

spring tide n grande marée *f* ; [at equinox] marée *f* d'équinoxe (de printemps).

springtide ['sprɪŋtaɪd] n *liter* printemps *m*.

springtime ['sprɪŋtaɪm] n printemps *m*.

springy ['sprɪŋɪ] *(compar* **springier**, *superl* **springiest**) adj [mattress, diving board] élastique ; [step] souple, élastique ; [floor] souple ; [moss, carpet] moelleux ; [hair] dru.

sprinkle ['sprɪŋkl] ◆ vt **1.** [salt, sugar, spices, breadcrumbs, talc] saupoudrer ; [parsley, raisins] parsemer / *I sprinkled sugar on* or *over my cereal, I sprinkled my cereal with sugar* j'ai saupoudré mes céréales de sucre / *sprinkle with grated cheese* recouvrez de fromage râpé / *he sprinkled sawdust on the floor* il a répandu de la sciure par terre ; [liquid] : *to sprinkle water on sthg* or *sthg with water* asperger qqch d'eau / *he sprinkled vinegar on* or *over his chips* il mit un peu de vinaigre sur ses frites **2.** *(usu passive)* [strew, dot] parsemer, semer / *the sky was sprinkled with stars* le ciel était parsemé d'étoiles / *the fields were sprinkled with snow* les champs étaient tachetés de neige / *his hair was sprinkled with grey* ses cheveux étaient légèrement grisonnants / *a speech sprinkled with metaphors* un discours émaillé de métaphores / *a few policemen were sprinkled among the crowd* quelques policiers étaient disséminés dans la foule. ◆ vi [rain] tomber des gouttes. ◆ n **1.** [rain] petite pluie *f* / *I felt a sprinkle (of rain)* j'ai senti quelques gouttes (de pluie) **2.** = **sprinkling**.

sprinkler ['sprɪŋkləʳ] n **1.** AGR & HORT arroseur *m* (automatique) ▸ **sprinkler truck** arroseuse *f* **2.** [fire-extinguishing device] sprinkler *m* ▸ **sprinkler system** installation *f* d'extinction automatique d'incendie **3.** [for holy water] goupillon *m*, aspersoir *m*.

sprinkling ['sprɪŋklɪŋ] n [small quantity] petite quantité *f* ; [pinch] pincée *f* / *a sprinkling of paprika makes all the difference* une pincée de paprika fait toute la différence / *it was a male audience with a sprinkling of women* c'était une assistance masculine avec quelques rares femmes / *a sprinkling of freckles gave his face a youthful look* quelques taches de rousseur donnaient à son visage un air de jeunesse / *there was a sprinkling of grey in her hair* elle avait quelques cheveux gris.

sprint [sprɪnt] ◆ n SPORT [dash] sprint *m* ; [race] course *f* de vitesse, sprint *m* / *he was beaten in the finishing sprint* il a été battu au sprint final / *the 60 metre sprint* le 60 mètres ▸ **to break into** or **to put on a sprint** [gen] piquer un sprint. ◆ vi sprinter / *she sprinted to* or *for her car* elle sprinta jusqu'à sa voiture.

sprinter ['sprɪntəʳ] n sprinter *m*.

❖ **Sprinter** n UK TRANSP *train de banlieue express*.

sprit [sprɪt] n livarde *f*, baleston *f*, balestron *m*.

sprite [spraɪt] n MYTH [male] lutin *m* ; [female] nymphe *f* ▸ **water sprite** MYTH naïade *f*.

spritzer ['sprɪtsəʳ] n *mélange de vin blanc et de soda*.

sprocket ['sprɒkɪt] n [wheel] pignon *m* ▸ **film transport sprocket** PHOT pignon d'entraînement de la pellicule.

sprog [sprɒg] n UK *inf* **1.** [child] gosse *mf*, môme *mf* **2.** MIL [novice] bleu *m*, nouvelle recrue *f*.

sprout [spraʊt] ◆ n **1.** [on plant, from ground] pousse *f* ; [from bean, potato] germe *m* ▸ **alfalfa sprouts** germes de luzerne **2.** ▸ **(Brussels) sprouts** choux *mpl* de Bruxelles **3.** US *inf* [child] gosse *mf*, môme *mf*. ◆ vi **1.** [germinate - bean, seed, onion] germer **2.** [grow

-leaves, hair] pousser / *he had hair sprouting from his ears* des touffes de poils lui sortaient des oreilles **3.** [appear] apparaître, surgir / *satellite TV receivers have sprouted on all the rooftops* des antennes paraboliques ont surgi sur tous les toits. ◆ vt **1.** [grow -leaves] pousser, produire ; [-beard] faire pousser / *some lizards can sprout new tails* la queue de certains lézards repousse **2.** [germinate -seeds, beans, lentils] faire germer.

❖ **sprout up** vi **1.** [grow -grass, wheat, plant] pousser, pointer ; [-person] pousser / *hasn't she sprouted up!* comme elle a poussé ! **2.** [appear -towns, factories] pousser comme des champignons, surgir / *a tented city had sprouted up overnight* une ville de toile avait poussé or surgi pendant la nuit.

spruce [spru:s] (*pl* **spruce**) ◆ n BOT épicéa *m* ; [timber] épinette *f*. ◆ adj [person, car, building, town] pimpant ; [haircut] net ; [garment] impeccable / *spruce white curtains* des rideaux blancs impeccables / *she looked very spruce in her uniform* elle était toute pimpante dans son uniforme.

❖ **spruce up** vt sep [car, building, town] donner un coup de neuf à ; [paintwork] refaire ; [child] faire beau / *a coat of paint will spruce the room up* une couche de peinture rafraîchira la pièce / *his image needs sprucing up* son image de marque a besoin d'être rafraîchie ▸ **to spruce o.s. up, to get spruced up** se faire beau / *he was all spruced up* il était tiré à quatre épingles.

sprucely ['spru:slɪ] adv [painted, polished, starched] impeccablement / *sprucely dressed* tiré à quatre épingles.

sprung [sprʌŋ] ◆ pt & pp ⟶ **spring.** ◆ adj [mattress] à ressorts.

spry [spraɪ] (*compar* **sprier** *or* **spryer**, *superl* **spriest** *or* **spryest**) adj [person] alerte, leste.

spryly ['spraɪlɪ] adv agilement, lestement / *she leapt spryly out of bed* elle sauta lestement hors du lit.

SPUC [spʌk] (abbr of **Society for the Protection of Unborn Children**) pr n *ligue contre l'avortement.*

spud [spʌd] ◆ n **1.** *inf* [potato] patate *f* **2.** [gardening tool] sarcloir *m*. ◆ vt PETR ▸ **to spud a well (in)** amorcer un puits.

spud-bashing n UK *inf* MIL corvée *f* de patates.

spume [spju:m] n *liter* écume *f*.

spun [spʌn] ◆ pt & pp ⟶ **spin.** ◆ adj filé / *her hair was like spun gold* ses cheveux ressemblaient à de l'or filé.

spun glass n verre *m* filé.

spunk [spʌŋk] n **1.** *inf* [pluck] cran *m*, nerf *m* / *show some spunk!* un peu de nerf, voyons ! **2.** UK *vulg* [semen] foutre *m*.

spunky ['spʌŋkɪ] (*compar* **spunkier**, *superl* **spunkiest**) adj *inf* [person] plein de cran, qui a du cran ; [retort, fight] courageux.

spun silk n schappe *f*.

spun sugar n US barbe *f* à papa.

spun yarn n bitord *m*.

spur [spɜ:ʳ] (*pt & pp* **spurred**, *cont* **spurring**) ◆ n **1.** EQUIT éperon *m* ▸ **to win one's spurs a)** HIST gagner son épée de chevalier **b)** *fig* faire ses preuves **2.** *fig* [stimulation] aiguillon *m* / *the spur of competition* l'aiguillon de la concurrence / *easy credit is a spur to consumption* le crédit facile pousse or incite à la consommation / *on the spur of the moment* sur le coup, sans réfléchir **3.** GEOG [ridge] éperon *m*, saillie *f* **4.** RAIL [siding] voie *f* latérale or de garage ; [branch line] embranchement *m* / *the warehouse is served by a spur line* l'entrepôt est desservi par un embranchement **5.** [on motorway] bretelle *f* **6.** [breakwater] brise-lames *m inv*, digue *f* **7.** BOT & ZOOL éperon *m* ; [on gamecock] ergot *m*. ◆ vt **1.** [horse] éperonner **2.** *fig* inciter / *her words spurred me into action* ses paroles m'ont incité à agir.

❖ **spur on** vt sep **1.** [horse] éperonner **2.** *fig* éperonner, aiguillonner / *their shouts spurred us on* leurs cris nous aiguillonnaient or encourageaient ▸ **to spur sb on to do sthg** inciter or pousser qqn à faire qqch / *the move towards rearmament was spurred on by the Cold War* la tendance au réarmement a été encouragée par la guerre froide.

spurge [spɜ:dʒ] n euphorbe *f*.

spurge laurel n daphné *m*.

spurious ['spʊərɪəs] adj **1.** [false -gen] faux (fausse) ; [-comparison, argument, reason, objection] spécieux / *your claim is a spurious one* votre revendication est sans fondement **2.** [pretended -enthusiasm, sympathy] simulé ; [-flattery, compliment] hypocrite **3.** [of doubtful origin -text] apocryphe, inauthentique.

spuriously ['spjʊərɪəslɪ] adv faussement.

spurn [spɜ:n] vt [gen] dédaigner, mépriser ; [suitor] éconduire, rejeter / *those who spurn tradition* ceux qui dédaignent les traditions / *a spurned lover* un amoureux éconduit.

spur-of-the-moment adj [purchase, phone call] fait sur le coup or sans réfléchir ; [excuse, tactics, invitation] improvisé / *I made a spur-of-the-moment decision* je me suis décidé sur le moment.

spurred [spɜ:d] adj [boots] à éperons.

Spurs [spɜ:z] pr n *surnom de Tottenham Hotspur, équipe de football londonienne.*

spurt [spɜ:t] ◆ vi **1.** [water, blood] jaillir, gicler ; [flames, steam] jaillir / *beer spurted (out) from the can* la bière a giclé de la boîte / *the milk spurted into the pail* le lait gicla dans le seau / *some lemon juice spurted into my eye* j'ai reçu une giclée de jus de citron dans l'œil **2.** [dash -runner, cyclist] sprinter, piquer un sprint / *he spurted past us* il nous a dépassés comme une flèche / *the car spurted through the maze of streets* la voiture fila à travers le dédale de rues. ◆ vt [gush -subj : pierced container] laisser jaillir ; [spit -subj : gun, chimney] cracher / *his wound spurted blood* le sang gicla or jaillit de sa blessure / *we spurted each other with water* nous nous sommes mutuellement aspergés d'eau. ◆ n **1.** [of steam, water, flame] jaillissement *m* ; [of blood, juice] giclée *f* / *the water came out of the tap in spurts* l'eau jaillit du robinet par à-coups / *a spurt of machine gun fire* une rafale de mitrailleuse **2.** [dash] accélération *f* ; [at work] coup *m* de collier ; [revival] regain *m* ; [flash -of temper, jealousy, sympathy] sursaut *m* ▸ **to put on a spurt a)** [while running, cycling] piquer un sprint **b)** [while working] donner un coup de collier / *after a brief spurt of economic growth* après un bref regain de croissance économique / *a spurt in prices* une poussée or flambée des prix / *her inspiration came in spurts* l'inspiration lui venait par à-coups.

❖ **spurt out** vi = **spurt** *(vi).*

Sputnik ['spʊtnɪk] n Spoutnik *m*.

sputter ['spʌtəʳ] ◆ vi **1.** [motor] toussoter, crachoter ; [fire, candle] crépiter / *the engine sputtered to a halt* le moteur s'arrêta dans un toussotement **2.** [stutter] bredouiller, bafouiller / *he sputtered angrily* il bredouillait de colère **3.** [spit -gen] crachoter ; [-when talking] postillonner. ◆ vt [apology, curses] bredouiller, bafouiller. ◆ n **1.** [of motor] toussotement *m*, hoquet *m* ; [of fire, candle] crépitement *m* / *the engine gave a final sputter* le moteur toussa une dernière fois **2.** [stuttering] bredouillement *m* / *"go away!", he said with a sputter* « va-t'en ! », bredouilla-t-il.

❖ **sputter out** vi [candle, enthusiasm, anger] s'éteindre.

sputum ['spju:təm] (*pl* **sputa** [-tə]) n MED crachat *m*, expectoration *f*.

spy [spaɪ] (*pl* **spies**, *pt & pp* **spied**) ◆ n espion *m*, -onne *f* / **'The Spy Who Came in From the Cold'** *Le Carré, Ritt* 'l'Espion qui venait du froid'. ◆ comp [novel, film, scandal] d'espionnage ; [network] d'espions ▸ **spy ring** réseau *m* d'espions ▸ **spy satellite** satellite *m* espion. ◆ vi [engage in espionage] faire de l'espionnage / *accused of spying for the enemy* accusé d'espionnage au profit de l'ennemi. ◆ vt *liter* [notice] apercevoir ; [make out] discerner / *he spied someone running away* il a aperçu quelqu'un qui se sauvait.

❖ **spy on** vt insep espionner / *they now spy on each other using satellites* maintenant ils s'espionnent à l'aide de satellites / *you've been spying on me!* tu m'as espionné !

❖ **spy out** vt sep [sb's methods, designs] chercher à découvrir (subrepticement) ; [landing sites] repérer ▸ **to spy out the land** *lit & fig* reconnaître le terrain.

spycatcher ['spaɪˌkætʃəʳ] n chasseur *m* d'espions.

spyglass ['spaɪglɑ:s] n longue-vue *f*.

spyhole ['spaɪhəʊl] n judas *m*.

spying ['spaɪɪŋ] n [gen & INDUST] espionnage *m*.

spymaster ['spaɪˌmɑ:stəʳ] n chef *m* des services secrets.

spyware [spaɪweəʳ] n logiciels *mpl* espions / *a piece of spyware* un logiciel espion.

sq., **Sq.** written abbr of **square.**

sq. ft. (written abbr of **square foot/feet**) pied(s) carré(s).

SQL n abbr of **structured query language.**

Sqn. Ldr. (written abbr of **Squadron Leader**) UK MIL commandant *m*.

squab [skwɒb] (*pl* **squab** *or* **squabs**, *compar* **squabber**, *superl* **squabbest**) ◆ n **1.** ORNITH pigeonneau *m* **2.** [person] homme *m* rond or rondelet, femme *f* ronde or rondelette **3.** [cushion] coussin *m* bien rembourré ; [sofa] sofa *m* ; AUTO [of car seat] dossier *m*. ◆ adj **1.** [tubby] rond, enrobé **2.** ORNITH sans plumes.

squabble ['skwɒbl] ◆ vi se disputer, se quereller. ◆ n dispute *f*, querelle *f*.

squabbling ['skwɒblɪŋ] n *(U)* chamailleries *fpl*, disputes *fpl*.

squad [skwɒd] n **1.** [group -gen] équipe *f*, escouade *f* ▸ **the England football squad** SPORT l'équipe anglaise de football **2.** MIL escouade *f*, section *f* **3.** [of police detachment] brigade *f*.

squad car n US voiture *f* de patrouille de police.

squaddie, **squaddy** ['skwɒdɪ] (*pl* **squaddies**) n UK *inf* MIL bidasse *m*, troufion *m*.

squadron ['skwɒdrən] n [in air force] escadron *m* ; [in navy -small] escadrille *f* ; [-large] escadre *f* ; [in armoured regiment, cavalry] escadron *m*.

squadron leader n [in air force] commandant *m*.

squalid ['skwɒlɪd] adj sordide.

squall [skwɔ:l] ◆ n **1.** [METEOR-storm] bourrasque *f*, rafale *f* ; NAUT grain *m* ; [rain shower] grain *m* ▸ **snow squalls** bourrasques de neige **2.** [argument] dispute *f* / *the treaty ratification caused a squall in Parliament* la ratification du traité a soulevé une tempête au Parlement **3.** [bawling] braillement *m*. ◆ vi **1.** [bawl] brailler / *he could hear squalling children* il entendait brailler des enfants **2.** NAUT : *it was squalling* on a pris un grain. ◆ vt : *"no!", he squalled* « non ! », brailla-t-il.

squally ['skwɔ:lɪ] (*compar* **squallier**, *superl* **squalliest**) adj [wind] qui souffle par or en rafales ; [rain] qui tombe par rafales / *the weather will be squally* il y aura des bourrasques.

squalor ['skwɒləʳ] n *(U)* [degrading conditions] conditions *fpl* sordides ; [filth] saleté *f* repoussante ▸ **to live in squalor** vivre dans des conditions sordides or dans une misère noire / *the squalor of* or *in the stairwell* la saleté repoussante de la cage d'escalier.

squamate ['skweɪmeɪt] adj [reptile] squamifère.

squamous ['skweɪməs] adj **1.** [scaly] écailleux ; [flaky] squameux **2.** BIOL ▸ **squamous cell** cellule *f* épithéliale ▸ **squamous epithelium** épithélium *m* simple.

squander ['skwɒndəʳ] vt [resources, time, money] gaspiller ; [inheritance] dissiper ; [opportunity] gâcher, passer à côté de / *huge sums were squandered on unworkable schemes* des sommes énormes ont été dépensées en pure perte pour des projets irréalisables.

square [skweəʳ] ◆ n **1.** [shape -gen & GEOM] carré *m* / *she arranged the pebbles in a square* elle a disposé les cailloux en carré / *he folded the napkin into a neat square* il a plié la serviette en un carré bien net / *cut the cake into squares* coupez le gâteau en carrés / *the drawer is out of square* le tiroir n'est pas d'équerre ▸ **to be on the square** *inf* être réglo / *I'm telling you this on the square* *inf* je vous le dis carrément **2.** [square object -gen] carré *m* ; [-tile] carreau *m* / *a silk square* un carré de soie / *a square of chocolate* un carré or morceau de chocolat / *a bathroom in grey and white squares* une salle de bains avec un carrelage gris et blanc **3.** [square space - in matrix, crossword, board game] case *f* / *locate square D4 on the map* trouvez la case D4 sur la carte ▸ **back to square one!** retour à la case départ ! / *we're back at* or *to square one fig* nous voilà revenus à la case départ / *I had to start from square one again* j'ai dû repartir à zéro **4.** [open area - with streets] place *f* ; [- with gardens] square *m* ; MIL [parade ground] place *f* d'armes ▸ **barrack square** cour *f* de caserne ▸ **the town square** la place, la grand-place **5.** MATH [multiple] carré *m* / *nine is the square of three* neuf est le carré de trois **6.** [instrument] équerre *f* **7.** *inf & pej* [person] ringard *m*, -e *f* / *he's such a square!* qu'est-ce qu'il est ringard ! ◆ adj **1.** [in shape - field, box, building, face] carré / *a tall man with square shoulders* un homme grand aux épaules carrées ▸ **to be a square peg in a round hole** être comme un chien dans un jeu de quilles **2.** [mile, inch, etc.] carré / *10 square kilometres* 10 kilomètres carrés / *the room is 15 feet square* la pièce fait 5 mètres sur 5 **3.** [at right angles] à angle droit ▸ **a square corner** un angle droit / *the shelves aren't square* les étagères ne sont pas droites ▸ **square pass** SPORT passe *f* latérale ▸ **square leg** [cricket] *chasseur situé derrière le batteur* **4.** [fair, honest] honnête ▸ **to give sb a square deal** agir correctement avec qqn / *I got a square deal on the car rental* je n'ai rien à redire au prix de location de la voiture / *the farmers aren't getting a square deal* les perdants dans l'affaire, ce sont les agriculteurs **5.** [frank, blunt - person] franc (franche) ; [- denial] clair, net, catégorique / *he won't give me a square answer* il refuse de me donner une réponse claire et nette **6.** [even, equal] : *we're all square* [in money] nous sommes quittes / *they were (all) square at two games each* SPORT ils étaient à égalité deux parties chacun / *did you get things square with Julia?* est-ce que tu as pu arranger les choses avec Julia ? **7.** *inf* [old-fashioned] vieux jeu. ◆ adv **1.** = **squarely 2.** [at right angles] : *she set the box square with* or *to the edge of the paper* elle a aligné la boîte sur les bords de la feuille de papier / *the house stands square to the street* la maison est parallèle à la rue **3.** [directly] : *he hit the ball square in the middle of the racket* il frappa la balle avec le milieu de sa raquette / *she looked him square in the face* elle le regarda bien en face. ◆ vt **1.** [make square - pile of paper] mettre droit, aligner ; [- stone] carrer ; [- log] équarrir ; [- shoulders] redresser ▸ **it's like trying to square the circle** c'est la quadrature du cercle **2.** MATH carrer, élever au carré / *three squared is nine* trois au carré égale neuf **3.** [reconcile] concilier / *how do you square your wealth with being a socialist?* comment arrivez-vous à concilier votre richesse avec vos idées socialistes ? / *I couldn't square the story with the image I had of him* je n'arrivais pas à faire coïncider cette histoire avec l'image que j'avais de lui **4.** [settle - account, bill] régler ; [- debt] acquitter ; [- books] balancer, mettre en ordre ▸ **to square accounts with sb** *fig* régler son compte à qqn **5.** SPORT : *his goal squared the match* son but a mis les équipes à égalité **6.** *inf* [arrange] arranger / *can you square it with the committee?* pourriez-vous arranger cela avec le comité ? / *we shouldn't do it unless we square it with them first* nous ne devrions pas le faire avant d'avoir arrangé ça avec eux **7.** *inf* [bribe] soudoyer. ◆ vi cadrer, coïncider / *his story doesn't square with the facts* son histoire ne cadre or ne coïncide pas avec les faits / *her figures / results don't square with mine* ses chiffres / résultats ne cadrent pas avec les miens / *does their offer square with your asking price?* leur offre correspond-elle au prix que vous demandez ?

❖ **square away** vt sep (*usu passive*) US *inf* régler, mettre en ordre / *did you get everything squared away?* est-ce que tu as pu tout régler ?

❖ **square off** ◆ vi [opponents, boxers] se mettre en garde. ◆ vt sep **1.** [piece of paper, terrain] quadriller **2.** [stick, log] carrer, équarrir.

❖ **square up** vi **1.** [settle debt] faire les comptes ▸ **to square up with sb** régler ses comptes avec qqn *lit* / *I'll square up with you when you have finished all the work* je réglerai mes comptes avec toi dès que tu auras fini tout le travail **2.** = **square off**.

❖ **square up to** vt insep [confront - situation, criticism] faire face or front à ; [- in physical fight] se mettre en position de combat contre / *he squared up to me* il se mit en garde devant moi / *the unions are squaring up to the management* les syndicats cherchent la confrontation avec la direction.

square-bashing n (*U*) UK *inf* MIL exercice *m*.

square bracket n PRINT crochet *m* / *in square brackets* entre crochets.

square-cut adj [gem, rock] coupé à angle droit or d'équerre ; [log] équarri ; *fig* [jaw] carré.

squared [skweəd] adj [paper] quadrillé.

square dance n quadrille *m* américain.

❖ **square-dance** vi danser le quadrille américain.

square dancing n (*U*) quadrille *m* américain / *there'll be square dancing at the saloon tonight* on va danser au saloon ce soir.

square knot n US [reef knot] nœud *m* plat.

squarely ['skweəlɪ] adv **1.** [firmly] fermement, carrément ; [directly] en plein / *squarely opposed to* fermement opposé à / *we must confront the dilemma squarely* nous devons affronter ce dilemme avec fermeté ▸ **to look sb squarely in the eye** regarder qqn droit dans les yeux / *squarely in the middle* en plein milieu / *the blow landed squarely on his nose* il a reçu le coup en plein sur le nez **2.** [honestly] honnêtement ▸ **to deal squarely with sb** agir avec qqn de façon honnête.

square meal n : *I haven't had a square meal in days* ça fait plusieurs jours que je n'ai pas fait de vrai repas.

Square Mile pr n ▸ **the Square Mile** *la City de Londres, dont la superficie fait environ un mile carré.*

square number n carré *m*.

square-rigged adj NAUT [boat] gréé en carré.

square root n racine *f* carrée.

squarial ['skweərɪəl] n UK *antenne carrée permettant de recevoir la télévision par satellite.*

squash [skwɒʃ] ◆ vt **1.** [crush] écraser / *he sat on my hat and squashed it* en s'asseyant il a écrasé mon chapeau / *you're squashing me!* tu m'écrases ! / *I was squashed between two large ladies* j'étais serré or coincé entre deux grosses dames / *we were squashed in like sardines* nous étions serrés comme des sardines **2.** [cram, stuff] fourrer / *she squashed the laundry down in the bag* elle a tassé le linge dans le sac / *I squashed another sweater into my rucksack* j'ai pu faire entrer un pull supplémentaire dans mon sac à dos **3.** [silence, repress - person] remettre à sa place ; [- objection] écarter ; [- suggestion] repousser ; [- argument] réfuter ; [- hopes] réduire à néant ; [- rumour] mettre fin à ; [- rebellion] réprimer / *she squashed him with a look* elle l'a foudroyé du regard. ◆ vi **1.** [push - people] s'entasser / *all seven of us managed to squash into her car* on a réussi à s'entasser à sept dans sa voiture **2.** [fruit, package] s'écraser / *be careful, the fruit squashes easily* faites attention, ces fruits s'écrasent facilement. ◆ n **1.** [crush of people] cohue *f* / *with five of us it'll be a bit of a squash* à cinq, nous serons un peu serrés **2.** SPORT squash *m* **3.** UK [drink] ▸ **lemon / orange squash** sirop *m* de citron / d'orange **4.** US [vegetable] courge *f*. ◆ comp [ball, court, champion, racket] de squash ▸ **squash court** court *m* de squash ▸ **squash rackets** UK [game] squash *m*.

❖ **squash in** vi [people] s'entasser / *the lift arrived and everybody squashed in* l'ascenseur arriva et tout le monde s'entassa dedans / *I squashed in between two very fat men* je me suis fait une petite place entre deux hommes énormes.

❖ **squash together** ◆ vi [people] se serrer (les uns contre les autres), s'entasser. ◆ vt sep serrer, tasser.

squashy ['skwɒʃɪ] (*compar* **squashier**, *superl* **squashiest**) adj [fruit, package] mou (molle) ; [cushion, sofa] moelleux ; [ground] spongieux.

squat [skwɒt] (*pt & pp* **squatted**, *cont* **squatting**, *compar* **squatter**, *superl* **squattest**) ◆ vi **1.** [crouch - person] s'accroupir ; [- animal] se tapir / *we ate squatting (down) on our haunches* nous avons mangé accroupis **2.** [live] vivre dans un squat / *they're allowed to squat in abandoned buildings* on leur permet de squatter dans des immeubles abandonnés. ◆ vt [building] squatter, squattériser. ◆ n **1.** [building] squat *m* ; [action] squat *m*, occupation *f* de logements vides / *the squat held out for two years* le squat a duré deux ans **2.** [crouch] accroupissement *m* / *she rested in an easy squat* elle était confortablement assise sur ses talons **3.** US *v inf* [nothing] que dalle. ◆ adj [person, figure, building] trapu / *he had short, squat legs* il avait des petites jambes trapues.

squatter ['skwɒtəʳ] n squatter *m* ; AUSTR [rancher] squatter *m*, éleveur *m* / *there are squatter settlements all round the town* il y a des squats un peu partout dans la ville.

squaw [skwɔː] n **1.** [American Indian] squaw *f* **2.** *pej & hum* [woman] femme *f*, gonzesse *f* ; [wife] épouse *f* / *my squaw* la patronne, ma bourgeoise.

squawk [skwɔːk] ◆ vi **1.** [bird] criailler ; [person] brailler **2.** *inf* [complain] criailler, râler **3.** *inf* [inform] moucharder, vendre la mèche. ◆ vt : *"let go of me!", she squawked* « lâchez-moi ! », brailla-t-elle. ◆ n [of bird] criaillement *m*, cri *m* ; [of person] cri *m* rauque ▸ **to let out** or **to give a squawk** pousser un cri rauque / *the measure raised squawks of protest from the oil industry fig* cette mesure a suscité de vives protestations au sein de l'industrie pétrolière.

squawk box n US *inf* [loudspeaker] haut-parleur *m* ; [intercom] interphone *m* ; [telephone] bigophone *m*.

squeak [skwiːk] ◆ vi **1.** [floorboard, chalk, wheel] grincer ; [animal] piauler, piailler ; [person] glapir / *she squeaked with delight* elle poussa un cri de joie **2.** *inf* [succeed narrowly] : *the team squeaked into the finals* l'équipe s'est qualifiée de justesse pour la finale / *they squeaked past Canada to become the biggest wheat producer* ils ont dépassé le Canada de justesse pour devenir le plus grand producteur de blé. ◆ vt : *"who, me?", he squeaked* « qui ? moi ? », glapit-il. ◆ n **1.** [of floorboard, hinge, chalk, etc.] grincement *m* ; [of animal] piaillement *m* ; [of person] petit cri *m* aigu, glapissement *m* ; [of soft toy] couinement *m* / *to let out* or *to give a squeak of pleasure* pousser un petit cri de plaisir / *don't let me hear one more squeak out of you!* et que je ne t'entende plus ! **2.** PHR **that was a narrow squeak!** on l'a échappé belle !

❖ **squeak by, squeak through** vi *inf* **1.** [pass through] se faufiler / *there was just enough room to squeak by* il y avait juste assez de place pour se faufiler **2.** [succeed narrowly] réussir de justesse ; [in exam] être reçu de justesse ; [in election] l'emporter de justesse.

❖ **squeak in** vi passer de justesse / *he squeaked into the second round* il est passé au second tour de justesse.

❖ **squeak under** vt : *we squeaked under the budget limit / the deadline* on a réussi de justesse à ne pas dépasser le budget / le délai.

squeaky ['skwiːkɪ] (*compar* **squeakier**, *superl* **squeakiest**) adj [floorboard, bed, hinge] grinçant ; [voice] aigu (aiguë).

squeaky clean adj *inf* **1.** [hands, hair] extrêmement propre / *a shampoo that leaves your hair squeaky clean* un shampooing qui donne à vos cheveux une propreté impeccable **2.** [reputation] sans tache.

squeal [skwiːl] ◆ vi **1.** [person] pousser un cri perçant ; [tyres, brakes] crisser ; [pig] couiner ▸ **to squeal with pain** pousser un cri de douleur ▸ **to squeal with laughter** hurler de rire / *the car squealed around the corner* la voiture prit le virage dans un crissement de pneus ▸ **to squeal like a stuck pig** : *he was squealing like a stuck pig* il criait comme un cochon qu'on égorge **2.** *v inf* [inform] moucharder ▸ **to squeal on sb** balancer qqn. ◆ vt : *"ouch!", she squealed* « aïe ! », cria-t-elle. ◆ n [of person] cri *m* perçant ; [of tyres, brakes] crissement *m* / *he gave a squeal of delight* il poussa un cri de joie.

squeamish ['skwiːmɪʃ] adj hypersensible / *I'm very squeamish about the sight of blood* je ne supporte pas la vue du sang / *she's squeamish about physical violence* elle ne supporte pas les scènes de violence / *he was too squeamish even to taste it* il n'a même pas eu le courage d'y goûter / *this film is not for the squeamish* ce film n'est pas conseillé aux âmes sensibles.

squeamishness ['skwi:mɪʃnɪs] n hypersensibilité *f* / *her squeamishness really annoys me* **a)** [about blood] ça m'énerve qu'elle supporte aussi mal la vue du sang **b)** [about food] ça m'énerve qu'elle soit aussi difficile sur la nourriture **c)** [about violence] ça m'énerve qu'elle supporte aussi mal les scènes de violence.

squeegee ['skwi:dʒi:] ◆ n **1.** [with rubber blade] raclette *f* ; [sponge mop] balai-éponge *m* ; PHOT [roller] rouleau *m (en caoutchouc)* **2.** [person] laveur *m*, -euse *f* de pare-brise. ◆ vt [window] passer une raclette sur, laver avec une raclette.

squeeze [skwi:z] ◆ vt **1.** [press - tube, sponge, pimple] presser ; [- trigger] presser sur, appuyer sur ; [- package] palper ; [- hand, shoulder] serrer / *I squeezed as hard as I could* j'ai serré aussi fort que j'ai pu / *she squeezed her knees together* elle serra les genoux / *I kept my eyes squeezed tight shut* j'ai gardé les yeux bien fermés **2.** [extract, press out - liquid] exprimer ; [- paste, glue] faire sortir / *I squeezed a dab of cream onto my nose* je me suis mis un peu de crème sur le nez / *a glass of freshly squeezed orange juice* une orange pressée / *to squeeze the air out of* or *from sthg* faire sortir l'air de qqch en appuyant dessus **3.** *fig* [money, information] soutirer / *it won't be easy to squeeze the results out of him* il ne sera pas facile de lui soutirer les résultats / *you won't squeeze another penny out of me!* tu n'auras pas un sou de plus ! / *they want to squeeze more concessions from the EU* ils veulent forcer l'UE à faire de nouvelles concessions / *she's squeezing a lot of publicity out of the issue* elle exploite le sujet au maximum pour se faire de la publicité **4.** [cram, force] faire entrer (avec difficulté) / *I can't squeeze another thing into my suitcase* je ne peux plus rien faire entrer dans ma valise / *they're squeezing more and more circuits onto microchips* ils réussissent à mettre de plus en plus de circuits sur les puces / *she squeezed the ring onto her finger* elle enfila la bague avec difficulté / *he squeezed his huge bulk behind the steering wheel* il parvint à glisser son corps volumineux derrière le volant / *20 men were squeezed into one small cell* 20 hommes étaient entassés dans une petite cellule / *the airport is squeezed between the sea and the mountains* l'aéroport est coincé entre la mer et les montagnes **5.** [constrain - profits, budget] réduire ; [- taxpayer, workers] pressurer / *universities are being squeezed by the cuts* les réductions (de budget) mettent les universités en difficulté / *I'm a bit squeezed for time / money inf* question temps / argent, je suis un peu juste **6.** [in bridge] squeezer. ◆ vi : *the lorry managed to squeeze between the posts* le camion a réussi à passer de justesse entre les poteaux / *I squeezed into the crowded room* j'ai réussi à me glisser dans la salle bondée / *they all squeezed onto the bus* ils se sont tous entassés dans le bus / *can you squeeze into that parking space?* y a-t-il assez de place pour te garer là ? / *try and squeeze into these trousers* essayez de rentrer dans ce pantalon / *it was possible just to squeeze under the wire* il était tout juste possible de se glisser sous le fil de fer. ◆ n **1.** [amount - of liquid, paste] quelques gouttes *fpl* / *a squeeze of toothpaste* un peu de dentifrice **2.** [crush of people] cohue *f* / *it was a tight squeeze* **a)** [in vehicle, room] on était très serré **b)** [through opening] on est passé de justesse **3.** [pressure, grip] pression *f* ; [handshake] poignée *f* de main ; [hug] étreinte *f* / *he gave my hand a reassuring squeeze* il a serré ma main pour me rassurer ▸ **to put the squeeze on sb** *inf* faire pression sur qqn **4.** *inf* [difficult situation] situation *f* difficile / *in a squeeze you can always borrow my car* en cas de problème, tu peux toujours emprunter ma voiture **5.** ECON ▸ **(credit) squeeze** resserrement *m* du crédit **6.** [in bridge] squeeze *m* **7.** US *inf* [friend] copain *m*, copine *f*.

❖ **squeeze in** ◆ vi [get in] se faire une petite place / *I had to squeeze in past six people to reach my seat* j'ai dû me glisser devant six personnes pour atteindre mon siège. ◆ vt sep [in schedule] réussir à faire entrer / *she's hoping to squeeze in a trip to Rome too* elle espère avoir aussi le temps de faire un saut à Rome / *the dentist says he can squeeze you in* le dentiste dit qu'il peut vous prendre entre deux rendez-vous / *can you squeeze in a lunch with me next week?* vous n'aurez pas une petite heure disponible pour déjeuner avec moi la semaine prochaine ?

❖ **squeeze out** vt sep **1.** [sponge, wet clothes] essorer **2.** [liquid] exprimer ; TECH [plastic] extruder / *I squeezed out the last of the glue* j'ai fini le tube de colle / *she gently squeezed the splinter out* en pressant doucement, elle a fait sortir l'écharde **3.** [replace - candidate, competitor] l'emporter sur / *we were squeezed out by a German firm* une société allemande nous a devancés d'une courte tête / *the Japanese are squeezing them out of the market* ils sont en train de se faire évincer du marché par les Japonais.

❖ **squeeze up** vi se serrer, se pousser.

squeezebox ['skwi:zbɒks] n *inf* [accordion] accordéon *m*, piano *m* à bretelles ; [concertina] concertina *m*.

squeezer ['skwi:zər] n CULIN presse-agrumes *m inv*.

squelch [skweltʃ] ◆ vi **1.** [walk - in wet terrain] patauger ; [- with wet shoes] marcher les pieds trempés / *I squelched across the field* j'ai traversé le champ en pataugeant / *he squelched into the kitchen* il entra dans la cuisine avec les pieds trempés **2.** [make noise - mud] clapoter / *I heard something soft squelch beneath my foot* j'ai entendu quelque chose de mou s'écraser sous mon pied. ◆ vt **1.** [crush] écraser **2.** *inf* [rumour] étouffer ; [person] clouer le bec à. ◆ n [noise] clapotement / *I heard the squelch of tyres in mud* j'ai entendu le bruit des pneus dans la boue.

squib [skwɪb] n **1.** [firecracker] pétard *m* **2.** [piece of satire] pamphlet *m*.

squid [skwɪd] (*pl* **squid** *or* **squids**) n cal(a)mar *m*, encornet *m*.

squidgy ['skwɪdʒɪ] (*compar* **squidgier**, *superl* **squidgiest**) adj UK *inf* mou *(before vowel or silent 'h' mol, f molle)*, spongieux.

squiffy ['skwɪfɪ] (*compar* **squiffier**, *superl* **squiffiest**) adj UK *inf & dated* éméché, pompette.

squiggle ['skwɪgl] ◆ n **1.** [scrawl, doodle] gribouillis *m* **2.** [wavy line, mark] ligne *f* ondulée / *something had left squiggles in the sand* quelque chose avait laissé des traces sinueuses sur le sable. ◆ vi **1.** [scrawl, doodle] gribouiller, faire des gribouillages **2.** [twist - road, lines] sinuer, serpenter ; [- worm] se tortiller.

squiggly ['skwɪglɪ] adj *inf* pas droit, ondulé.

squinch [skwɪntʃ] vt US *inf* ▸ **to squinch one's eyes** plisser les yeux ▸ **to squinch one's face up** faire une grimace.

squint [skwɪnt] ◆ n **1.** MED strabisme *m* ▸ **to have a squint** loucher **2.** *inf* [glimpse] coup *m* d'œil / *have* or *take a squint at this!* vise-moi un peu ça ! ◆ vi **1.** MED loucher **2.** [half-close one's eyes] plisser les yeux / *he squinted at the photo* **a)** [with difficulty] il regarda la photo en plissant les yeux **b)** [quickly] il jeta un coup d'œil à la photo **c)** [sidelong] il regarda la photo du coin de l'œil.

squint-eyed adj **1.** *inf* [cross-eyed] qui louche, bigleux **2.** [sidelong] de côté.

squirarchy ['skwaɪərɑ:kɪ] n = **squirearchy**.

squire ['skwaɪər] ◆ n **1.** [landowner] propriétaire *m* terrien / *he's the village squire* c'est le propriétaire du plus grand domaine du coin / *Squire Greaves* le squire Greaves **2.** [for knight] écuyer *m* **3.** *dated* [escort] cavalier *m* / *her squire for the evening* son cavalier pour la soirée **4.** UK *inf* [term of address] : *evening, squire!* bonsoir, chef ! ◆ vt *dated* [woman] escorter, accompagner.

squirearchy ['skwaɪərɑ:kɪ] (*pl* **squirearchies**) n propriétaires *mpl* terriens / *the island's planters form a squirearchy* les planteurs de l'île forment une petite noblesse terrienne.

squirm [skwɜ:m] ◆ vi **1.** [wriggle] se tortiller / *he squirmed out of my grasp* il a échappé à mon étreinte en se tortillant / *she squirmed with impatience* elle était tellement impatiente qu'elle ne tenait plus en place **2.** [be ill-at-ease] être gêné, être très mal à l'aise ; [be ashamed] avoir honte / *to squirm with embarrassment* être mort de honte / *the reporters are going to make him squirm!* devant la presse, il ne saura pas où se mettre ! / *I still squirm when I remember how I treated her* j'ai encore honte quand je pense à la manière dont je l'ai traitée / *his speech was so bad it made me squirm* son discours était si mauvais que j'en ai eu honte pour lui. ◆ n : *she gave a squirm of embarrassment* elle ne put cacher sa gêne.

squirrel [UK 'skwɪrəl US 'skwɜ:rəl] (UK *pt & pp* **squirrelled**, *cont* **squirrelling** ; US *pt & pp* **squirreled**, *cont* **squirreling**) n **1.** ZOOL écureuil *m* ▸ **flying squirrel** écureuil volant **2.** *fig* [hoarder] : *she's a real squirrel* c'est une vraie fourmi **3.** US *inf* [bizarre person] énergumène *m*.

❖ **squirrel away** vt sep [hoard, store] engranger *fig* ; [hide] cacher / *he's got a fortune squirrelled away in various Swiss banks* il a amassé une fortune dans plusieurs banques suisses.

squirrelly ['skwɪrəlɪ] adj US *inf* : *he's a little squirrelly* il n'est pas très net / *he got a false passport from some squirrelly guy* il a obtenu un faux passeport d'un type pas très net.

squirt [skwɜ:t] ◆ vt [liquid] faire gicler ; [mustard, ketchup, washing-up liquid] faire jaillir / *squirt some oil on the hinges* mettez quelques gouttes d'huile sur les gonds / *they were squirting each other with water* or *they were squirting water at each other* ils s'aspergeaient d'eau mutuellement / *he squirted some soda water into his whisky* il versa une rasade d'eau de Seltz dans son whisky / *she squirted perfume on her wrists* elle se vaporisa du parfum sur les poignets. ◆ vi [juice, blood, ink] gicler ; [water] jaillir / *juice squirted onto my shirt* le jus a giclé sur ma chemise / *the milk squirted (out) into the pail* le lait giclait dans le seau. ◆ n **1.** [of juice, ink] giclée *f* ; [of water] jet *m* ; [of mustard, ketchup, washing-up liquid] dose *f* ; [of oil, perfume] quelques gouttes *fpl* **2.** *inf & pej* [person] minus *m* ; [short person] avorton *m* ; [child] mioche *mf* / *get lost, you little squirt!* va donc, eh minus !

squirt gun n US pistolet *m* à eau.

squish [skwɪʃ] *inf* ◆ vt US [crush] écrabouiller / *he squished his nose against the glass* il a écrasé son nez contre la vitre / *the cake got all squished* le gâteau était complètement écrabouillé. ◆ vi **1.** US [squash - insect, fruit] s'écrabouiller **2.** [squelch] clapoter / *the mud squished between my toes* la boue s'infiltrait entre mes orteils.

squishy ['skwɪʃɪ] (*compar* **squishier**, *superl* **squishiest**) adj *inf* [fruit, wax] mou *(before vowel or silent 'h' mol, f molle)* ; [chocolate] ramolli ; [ground] boueux / *a squishy blob of dough* un petit tas de pâte molle.

squit [skwɪt] n UK *inf* **1.** [person] minus *m* **2.** *(U)* [nonsense] bêtises *fpl*.

Sr 1. (written abbr of **senior**) : *Ralph Todd Sr* Ralph Todd père **2.** written abbr of **sister**.

SRC n (abbr of **students' representative council**) UK *comité étudiant*.

Sri Lanka [,sri:'læŋkə] pr n Sri Lanka *m* / *in Sri Lanka* au Sri Lanka.

Sri Lankan [,sri:'læŋkn] ◆ n Sri Lankais *m*, -e *f*. ◆ adj sri lankais.

SRN n abbr of **State Registered Nurse**.

SRO abbr of **standing room only**.

SRV n abbr of **space rescue vehicle**.

Sry MESSAGING (written abbr of **sorry**) dsl.

SS ◆ (abbr of **steamship**) *initiales précédant le nom des navires de la marine marchande* ▸ **the SS "Norfolk"** le « Norfolk ». ◆ pr n (abbr of **Schutzstaffel**) ▸ **the SS** les SS ▸ **an SS officer** un officier SS.

SSA pr n US abbr of **Social Security Administration**.

SSE (written abbr of **South Southeast**) S-SE.

ssh [ʃ] interj ▸ **ssh!** chut !

SSN n abbr of **social security number**.

SSP n abbr of **statutory sick pay**.

SSSI (abbr of **Site of Special Scientific Interest**) n *en Grande-Bretagne, site déclaré d'intérêt scientifique*.

SSW (written abbr of **South Southwest**) S-SO, S-SW.

St 1. (written abbr of **saint**) St, Ste **2.** written abbr of **street**.

ST n abbr of **Standard Time**.

stab [stæb] (*pt & pp* **stabbed**, *cont* **stabbing**) ◆ vt **1.** [injure - with knife] donner un coup de couteau à, poignarder ; [- with bayonet] blesser d'un coup de baïonnette ; [- with spear] blesser avec une lance / *he stabbed me in the arm* il me donna un coup de couteau dans le bras / *they were stabbed to death* ils ont été tués à coups de couteau / *he was stabbed to death with a kitchen knife* il a été tué avec un couteau de cuisine ▸ **to stab sb in the back** *lit & fig* poignarder qqn dans le dos **2.** [thrust, jab] planter / *she stabbed the needle into my arm* elle planta l'aiguille dans mon bras / *I stabbed myself in the thumb with a pin* je me suis enfoncé une épingle dans le pouce / *I stabbed my finger in his eye* je lui ai enfoncé mon doigt dans l'œil / *I stabbed a turnip with my fork* j'ai piqué un navet avec ma fourchette. ◆ vi : *he stabbed at the map with his finger* il frappa la carte du doigt / *she stabbed frantically at the different control buttons* elle poussa frénétiquement les différents boutons de contrôle / *he stabbed at the leaves with his walking stick* il piquait les feuilles de la pointe de sa canne. ◆ n **1.** [thrust] coup *m* (de couteau or de poignard) / *he made a vicious stab at me with the broken bottle* il fit un mouvement agressif vers moi avec la bouteille cassée / *she felt the stab of the needle in her finger* elle a senti la piqûre de l'aiguille dans son doigt ▸ **stab wound** blessure *f* par arme blanche / *a man was rushed to hospital with stab wounds* un homme blessé à coups de couteau a été transporté d'urgence à l'hôpital ▸ **it was a stab in the back** c'était un véritable coup de poignard dans le dos **2.** *liter* [of neon, colour] éclat *m* / *a stab of lightning* un éclair **3.** [of pain] élancement *m* / *I felt a stab of doubt* l'espace d'un instant je fus saisi par le doute / *I felt a stab of envy* je sentis un pincement de jalousie **4.** *inf* [try] ▸ **to have** or **to make** or **to take a stab at (doing) sthg** s'essayer à (faire) qqch / *why don't you take a stab at it?* pourquoi n'essayez-vous pas ?

stabbing ['stæbɪŋ] ◆ n [knife attack] agression *f* (à l'arme blanche) / *there were two fatal stabbings at the football match* deux personnes ont été tuées à coups de couteau au match de football. ◆ adj [pain] lancinant.

stability [stə'bɪlətɪ] n stabilité *f* / *a period of political stability* une période de stabilité politique / *it will undermine the stability of their marriage* cela va ébranler leur mariage / *his mental stability* son équilibre mental.

stabilization [,steɪbəlaɪ'zeɪʃn] n stabilisation *f*.

stabilize, **stabilise** ['steɪbəlaɪz] ◆ vt stabiliser. ◆ vi se stabiliser / *the political situation has stabilized* la situation politique s'est stabilisée.

stabilizer ['steɪbəlaɪzər] n **1.** AERON, AUTO & ELEC [device] stabilisateur *m* ; NAUT stabilisateur *m* ; [on bicycle] stabilisateur *m* / *the measure is intended to act as an economic stabilizer* fig cette mesure a pour but de stabiliser l'économie **2.** CHEM [in food] stabilisateur *m*, stabilisant *m*.

stable ['steɪbl] ◆ adj **1.** [steady, permanent - gen] stable ; [- marriage] solide / *the patient's condition is stable* l'état du malade est stationnaire / *he never had a stable family life* il n'a jamais eu de vie de famille stable **2.** [person, personality] stable, équilibré **3.** CHEM & PHYS stable. ◆ n **1.** [building] écurie *f* ▸ **riding stable** or **stables** centre *m* d'équitation **2.** [group - of racehorses, racing drivers, etc.] écurie *f*. ◆ vt [take to stable] mettre à l'écurie / *her horse is stabled at Dixon's* son cheval est en pension chez Dixon.

stable boy n valet *m* d'écurie, lad *m*.

stable door n porte *f* d'écurie, porte *f* à deux vantaux or battants ▸ **to shut** or **to close the stable door after the horse has bolted** *fig* envoyer les pompiers après l'incendie.

stable girl n valet *m* d'écurie *(fille)*.

stable lad n **1.** = **stable boy 2.** [in racing stable] lad *m*.

stablemate ['steɪblmeɪt] n **1.** [horse] compagnon *m* d'écurie **2.** *fig* [person - at work] collègue *mf* de travail ; [- from same school] camarade *mf* d'études.

stabling ['steɪblɪŋ] n *(U)* écuries *fpl* / *we supply stabling for 40 horses* nous pouvons accueillir 40 chevaux.

staccato [stə'kɑːtəʊ] ◆ adj **1.** MUS [note] piqué ; [passage] joué en staccato ▸ **staccato mark** trait *m* vertical **2.** [noise, rhythm] saccadé / *in a staccato voice* d'une voix saccadée. ◆ adv MUS staccato.

stack [stæk] ◆ n **1.** [pile] tas *m*, pile *f* / *a huge stack of books* une pile énorme de livres **2.** *inf* [large quantity] tas *m* / *I've written a stack of* or *stacks of postcards* j'ai écrit un tas de cartes postales / *she has stacks of money* elle est bourrée de fric **3.** AGR [of hay, straw] meule *f* **4.** [chimney] cheminée *f* **5.** AERON avions *mpl* en attente, empilage *m* / *the stack is twenty planes high* il y a vingt avions qui attendent le feu vert de la tour de contrôle pour atterrir **6.** COMPUT [file] pile *f* **7.** MIL [of rifles] faisceau *m* **8.** [in library] ▸ **the stack** or **stacks** les rayons *mpl* **9.** UK [measure of firewood] ≃ 3 stères *mpl* *(3,06 mètres cubes)* **10.** PHR **to blow one's stack** US *inf* exploser, piquer une crise. ◆ vt **1.** [pile - chairs, boxes, etc.] empiler / *stack the glasses in the cupboard* empilez les verres dans l'armoire / *oil cans were stacked in pyramids* des bidons d'huile étaient empilés en pyramide **2.** AGR [hay] mettre en meule or meules **3.** [fill - room, shelf] remplir / *his desk was stacked high with files* des piles de dossiers s'entassaient sur son bureau **4.** COMPUT empiler **5.** AERON [planes] mettre en attente (à altitudes échelonnées) **6.** [fix, rig - committee] remplir de ses partisans ; [- cards, odds, etc.] ▸ **to stack the cards** or **the deck** truquer les cartes / *he's playing with a stacked deck* **a)** *fig* [in his favour] les dés sont pipés en sa faveur **b)** [against him] les dés sont pipés contre lui ▸ **the cards** or **the odds are stacked against us** *fig* nous sommes dans une mauvaise situation / *a woman lawyer starts with the cards stacked against her* une femme avocat part avec un handicap / *the elections are heavily stacked against the smaller parties* ce mode de scrutin défavorise fortement les petits partis. ◆ vi s'empiler.

⇎ **stacks** adv UK *inf* vachement / *it's stacks easier* c'est vachement plus facile.

⇎ **stack up** ◆ vt sep [pile up] empiler. ◆ vi **1.** US *inf* [add up, work out] : *I don't like the way things are stacking up* je n'aime pas la tournure que prennent les événements / *I wanted someone honest and dynamic and that's how Jan stacks up* je voulais quelqu'un d'honnête et de dynamique et Jan fait parfaitement l'affaire **2.** [compare] se comparer / *our product stacks up well against theirs* notre produit soutient bien la comparaison avec le leur / *how does he stack up against* or *with the other candidates?* que vaut-il comparé aux autres candidats ?

stackable ['stækəbl] adj empilable.

stacked [stækt] adj **1.** ▸ **stacked heel** talon *m* compensé **2.** *v inf* [woman] ▸ **to be (well) stacked** : *she's stacked* il y a du monde au balcon.

stacker ['stækər] n [worker] manutentionnaire *mf* ; [pallet truck] transpalette *m*.

stadium ['steɪdjəm] (*pl* **stadiums** *or* **stadia** [-djə]) n stade *m*.

staff [stɑːf] (*pl* **staffs** [stɑːvz]) ◆ n **1.** [work force] personnel *m* ; [teachers] professeurs *mpl*, personnel *m* enseignant / *the company has a staff of fifty* l'effectif de la société est de cinquante personnes / *we have ten lawyers on the staff* notre personnel comprend dix avocats / *reductions in the clerical staff* une réduction du personnel administratif / *is he staff* or *a member of staff?* est-ce qu'il fait partie du personnel ? / *staff / student ratio* taux *m* d'encadrement des étudiants **2.** MIL & POL état-major *m* / *she was asked to join the President's campaign staff* on lui a demandé de faire partie de l'état-major de campagne du président **3.** (*pl* **staffs** *or* **staves**) [rod] bâton *m* ; [flagpole] mât *m* ; [for shepherd] houlette *f* ; [for bishop] crosse *f*, bâton *m* pastoral ; UK [in surveying & TECH] jalon *m* ; *fig* [support] soutien *m* ▸ **the staff of life a)** [bread] l'aliment de base **b)** *fig* le pain et le sel de la vie **4.** (*pl* **staffs** *or* **staves**) MUS portée *f* ▸ **treble staff** portée en clé de sol. ◆ comp [canteen, outing, etc.] du personnel ▸ **staff training** formation *f* du personnel. ◆ vt *(usu passive)* pourvoir en personnel / *the branch is staffed by* or *with competent people* le personnel de la succursale est compétent / *the committee is completely staffed by volunteers* le comité est entièrement composé de bénévoles.

staff association n association *f* du personnel ; ≃ comité *m* d'entreprise.

staff college n MIL école *f* supérieure de guerre.

staff corporal n MIL ≃ sergent-major *m*.

staffer ['stɑːfər] n **1.** PRESS rédacteur *m*, -trice *f*, membre *m* de la rédaction **2.** US [staff member] membre *m* du personnel.

staffing ['stɑːfɪŋ] n [recruiting] recrutement *m* / *the delay is due to staffing difficulties* le retard est dû à des problèmes de recrutement ▸ **staffing levels** effectifs *mpl*.

staff nurse n infirmier *m*, -ère *f*.

staff officer n MIL officier *m* d'état-major.

staffroom ['stɑːfrʊm] n SCH salle *f* des enseignants or des professeurs.

Staffs written abbr of **Staffordshire**.

staff sergeant n UK MIL ≃ sergent-chef *m* ; US ≃ sergent *m*.

stag [stæg] (*pl* **stag** *or* **stags**) ◆ n **1.** ZOOL cerf *m* **2.** UK ST. EX spéculateur *m*, -trice *f* sur un titre nouveau. ◆ adj **1.** [event for men] entre hommes / *Thursday night is stag night* le jeudi soir est réservé aux hommes **2.** *inf* [pornographic] porno ▸ **stag films** films *mpl* pornos.

stag beetle n cerf-volant *m* ; lucane *m*.

stage [steɪdʒ] ◆ n **1.** [period, phase - of development, project, etc.] stade *m* ; [- of illness] stade *m*, phase *f* / *larval stage* stade larvaire / *the bill is at the committee stage* le projet de loi va maintenant être examiné par un comité / *we'll deal with that at a later stage* nous nous en occuperons plus tard / *the details can wait for a later stage* nous nous occuperons des détails plus tard / *at this stage of the negotiations, I won't venture to comment* à ce stade des négociations, je m'interdirai tout commentaire / *the conflict is still in its early stages* le conflit n'en est encore qu'à ses débuts / *the next stage in computer technology* le stade suivant or l'étape suivante du développement de l'informatique ▸ **by** or **in stages** par paliers / *the changes were instituted in stages* les changements ont été introduits progressivement ▸ **to do sthg stage by stage** faire qqch par étapes or progressivement **2.** [stopping place, part of journey] étape *f* / *we travelled to Lisbon in easy stages* nous avons voyagé jusqu'à Lisbonne par petites étapes **3.** THEAT [place] scène *f* ▸ **the stage** [profession, activity] le théâtre ▸ **on stage** sur scène ▸ **stage right** / **left** côté jardin / cour ▸ **to go on stage** monter sur (la) scène ▸ **to go on the stage** [as career] monter sur les planches, faire du théâtre / *he first appeared on the stage in 1920* il a commencé à faire du théâtre en 1920 ▸ **to write for the stage** écrire pour la scène / *she was the first to bring the play to the London stage* elle a été la première à monter cette pièce sur la scène londonienne ; *fig* : *the political stage* la scène politique / *on the stage of world events* sur la scène internationale / *his concerns always take centre stage* ses soucis à lui doivent toujours passer avant tout ▸ **to set the stage for sthg** préparer le terrain pour qqch **4.** ASTRONAUT étage *m* / *a three-stage satellite launcher* un lanceur spatial à trois étages **5.** [platform - gen] plate-forme *f* ; [- on microscope] platine *f* ; [scaffolding] échafaudage *m* **6.** [stagecoach] diligence *f* **7.** ELECTRON [circuit part] étage *m*. ◆ comp [design] scénique ; [version] pour le théâtre / *a stage Irishman* une caricature d'Irlandais / *she has great stage presence* elle a énormément de présence sur scène. ◆ vt **1.** THEAT [put on - play] monter ; [set] situer / *it's the first time the play has been staged* c'est la première fois qu'on monte cette pièce / *Macbeth was very well staged* la mise en scène de Macbeth était très réussie / *the company is staging plays in parks this summer* la troupe joue dans les parcs cet été / *the play was staged in Paris in the 20s* la pièce avait pour cadre le Paris des années 1920 **2.** [organize - ceremony, festival] organiser ; [carry out - robbery] organiser / *to stage a hijacking* détourner un avion / *to stage a diversion* créer une or faire diversion /

she staged her entrance for maximum effect elle prépara son entrée de façon à faire le plus d'effet possible / *the handshake was staged for the TV cameras* la poignée de main était une mise en scène destinée aux caméras de télévision **3.** [fake - accident] monter, manigancer / *they staged an argument for your benefit* ils ont fait semblant de se disputer parce que vous étiez là / *the murder was staged to look like a suicide* le meurtre a été maquillé en suicide.

⚠ The French word **stage** means a training course, not a stage.

stagecoach ['steɪdʒkəʊtʃ] n diligence *f* / **'Stagecoach'** *Ford* 'la Chevauchée fantastique'.

stagecraft ['steɪdʒkrɑːft] n [of playwright] maîtrise *f* de l'écriture théâtrale ; [of director] maîtrise *f* de la mise en scène ; [of actor] maîtrise *f* du jeu.

staged [steɪdʒd] adj mis en scène / *staged photographs* des photos mises en scène / *the whole thing looked very staged* tout cela avait l'air d'avoir été mis en scène.

stage designer n décorateur *m* de théâtre.

stage direction n indication *f* scénique.

stage door n entrée *f* des artistes.

stage effect n effet *m* scénique.

stage fright n trac *m* / *to have stage fright* avoir le trac, être pris de trac.

stagehand ['steɪdʒhænd] n THEAT machiniste *mf*.

stage-manage vt **1.** THEAT [play, production] s'occuper de la régie de **2.** [press conference, appearance] orchestrer, mettre en scène / *her arrival at the airport was stage-managed to generate publicity* son arrivée à l'aéroport a été une vraie mise en scène publicitaire / *the unrest was stage-managed to coincide with the summit meeting* les troubles ont été orchestrés de manière à coïncider avec le sommet.

stage manager n THEAT régisseur *m*.

stage name n nom *m* de scène.

stager ['steɪdʒəʳ] n *arch* [actor] acteur *m*.

stage set n THEAT décor *m*.

stagestruck ['steɪdʒstrʌk] adj possédé par le démon du théâtre, qui rêve de faire du théâtre.

stage whisper n aparté *m* / *"it's midnight", he announced in a loud stage whisper* « il est minuit », chuchota-t-il, suffisamment fort pour que tout le monde l'entende.

stagey ['steɪdʒɪ] US = **stagy**.

stagflation [stæg'fleɪʃn] n stagflation *f*.

stagger ['stægəʳ] ◆ vi [totter - person, horse] chanceler, tituber / *to stagger with tiredness* chanceler de fatigue / *to stagger out* sortir en chancelant or titubant / *I staggered over to the chair* je me suis dirigé vers la chaise d'un pas chancelant / *I staggered under the weight* je titubais sous le poids / *we staggered into bed at 3 o'clock in the morning* nous nous sommes écroulés sur nos lits à 3 h du matin. ◆ vt **1.** *(usu passive)* [payments] échelonner ; [holidays] étaler / *they plan to bring in staggered working hours* ils ont l'intention de mettre en place un système d'échelonnement des heures de travail / *employees' vacation times are staggered over the summer months* les vacances du personnel sont étalées sur tout l'été / *lampposts were staggered along the street* la rue était jalonnée de réverbères ▸ **staggered start** SPORT [on oval track] départ *m* décalé ▸ **staggered wings** AERON ailes *fpl* décalées **2.** *(usu passive)* [astound] ▸ **to be staggered** être atterré, être stupéfait / *I was staggered to learn of his decision* j'ai été stupéfait d'apprendre sa décision. ◆ n [totter] pas *m* chancelant / *he got up with a stagger* il s'est levé en chancelant.

❖ **staggers** n [in diver] ivresse *f* des profondeurs ▸ **(blind) staggers a)** [in sheep] tournis *m*, cœnurose *f* **b)** [in horses] vertigo *m*.

staggering ['stægərɪŋ] ◆ adj [news, amount] stupéfiant, ahurissant ; [problems] énorme / *it was a staggering blow lit & fig* ce fut un sacré coup / *the price tag is a staggering $500,000* c'est au prix astronomique de 500 000 dollars. ◆ n **1.** [of vacations] étalement *m* ; [of payments] échelonnement *m* **2.** [unsteady gait] démarche *f* chancelante.

staghound ['stæghaʊnd] n chien *m* d'équipage.

staging ['steɪdʒɪŋ] ◆ n **1.** THEAT [of play] mise *f* en scène **2.** [scaffolding] échafaudage *m* ; [shelving] rayonnage *f* **3.** ASTRONAUT largage *m* *(d'un étage de fusée)*. ◆ comp MIL ▸ **staging area** or **point** lieu *m* de rassemblement.

staging post n lieu *m* or point *m* de ravitaillement.

stagnancy ['stægnənsɪ] n stagnation *f*.

stagnant ['stægnənt] adj **1.** [water, pond - still] stagnant ; [- stale] croupissant ; [air - still] confiné ; [- stale] qui sent le renfermé **2.** [trade, career] stagnant ; [society] statique, en stagnation.

stagnate [stæg'neɪt] vi **1.** [water - be still] stagner ; [- be stale] croupir **2.** [economy, career] stagner ; [person] croupir / *he stagnated in the same job for years* il a croupi dans le même emploi pendant des années.

stagnation [stæg'neɪʃn] n stagnation *f*.

stag night, **stag party** n [gen] soirée *f* entre hommes ; [before wedding day] : *we're having* or *holding a stag night for Bob* nous enterrons la vie de garçon de Bob.

stagy ['steɪdʒɪ] (*compar* **stagier**, *superl* **stagiest**) adj théâtral / *she's very stagy* elle a des manières très théâtrales.

staid [steɪd] adj [person] rangé, collet monté *(inv) pej* ; [colours] sobre, discret (discrète) ; [job] très ordinaire / *a man of staid habits* un homme rangé / *a staid and simple life* une vie simple et rangée / *the party was all very staid* la soirée fut sans surprises or très banale.

staidly ['steɪdlɪ] adv [sit, watch] calmement ; [walk, dance] dignement ; [dress] sobrement.

staidness ['steɪdnɪs] n sobriété *f*.

stain [steɪn] ◆ n **1.** [mark, spot] tache *f* ▸ **coffee / ink stains** taches de café / d'encre ▸ **to leave a stain** laisser une tache / *I couldn't get the stain out* je n'ai pas réussi à enlever or faire disparaître la tache **2.** *fig* [on character] tache *f* / *it was a stain on his reputation* cela a entaché sa réputation **3.** [colour, dye] teinte *f*, teinture *f* ▸ **a wood stain** une teinture pour bois ▸ **oak / mahogany stain** teinte chêne / acajou. ◆ vt **1.** [soil, mark] tacher / *the sink was stained with rust* l'évier était taché de rouille / *smoking stains your teeth* le tabac jaunit les dents / *his hands are stained with blood lit & fig* il a du sang sur les mains **2.** [honour, reputation] tacher, entacher, ternir **3.** [colour, dye - wood] teindre ; [- glass, cell specimen] colorer / *the lake was stained pink by the dawn* la lumière rosée de l'aube se reflétait dans le lac. ◆ vi **1.** [mark - wine, oil, etc.] tacher / *white wine doesn't stain* le vin blanc ne tache pas **2.** [become marked - cloth] se tacher / *silk stains easily* la soie se tache facilement or est salissante.

stained [steɪnd] adj **1.** [soiled - collar, sheet] taché ; [- teeth] jauni **2.** [coloured - gen] coloré ; [- wood] teint.

-stained in comp taché / *rust / ink-stained* taché de rouille / d'encre / *his sweat-stained shirt* sa chemise tachée de transpiration.

stained glass n vitrail *m* / *she works in stained glass* elle fabrique des vitraux.

❖ **stained-glass** adj ▸ **stained-glass window** vitrail *m*.

stainless ['steɪnlɪs] adj **1.** [rust-resistant] inoxydable **2.** *fig* sans tache, pur / *a stainless reputation* une réputation sans tache.

stainless steel ◆ n acier *m* inoxydable, Inox® *m*. ◆ comp en acier inoxydable, en Inox®.

stain remover n détachant *m*.

stair [steəʳ] n **1.** [step] marche *f* / *the bottom stair* la première marche **2.** *liter* [staircase] escalier *m*.

❖ **stairs** pl n [stairway] escalier *m*, escaliers *mpl* / *I slipped on the stairs* j'ai glissé dans l'escalier ▸ **to run up / down the stairs** monter / descendre les escaliers en courant ▸ **at the top of the stairs** en haut de l'escalier ▸ **at the bottom** or **the foot of the stairs** en bas or au pied de l'escalier / *we passed on the stairs* on s'est croisés dans les escaliers ▸ **above / below stairs** UK chez les patrons / les domestiques.

staircase ['steəkeɪs] n escalier *m*.

stair-rod n tringle *f* d'escalier ▸ **it's raining stair-rods** il pleut des cordes or des hallebardes.

stairway ['steəweɪ] = **staircase**.

stairwell ['steəwel] n cage *f* d'escalier.

stake [steɪk] ◆ n **1.** [post, pole] pieu *m* ; [for plant] tuteur *m* ; [in surveying] piquet *m*, jalon *m* ; [for tent] piquet *m* ; [for execution] poteau *m* ▸ **to die** or **to be burned at the stake** mourir sur le bûcher / *it's an important principle but I'm not about to go to the stake for it fig* c'est un principe important mais je ne me sacrifierais pas or je ne mourrais pas pour le défendre ▸ **to (pull) up stakes a)** US [leave place, job] faire ses valises **b)** [continue journey] se remettre en route **2.** [in gambling] enjeu *m*, mise *f* ▸ **to play for high stakes** jouer gros jeu / *the stakes are too high for me* l'enjeu est trop important pour moi ▸ **to lose one's stake** perdre sa mise **3.** [interest, share] intérêt *m*, part *f* ; [investment] investissement *m*, investissements *mpl* ; [shareholding] participation *f* / *she has a 10% stake in the company* elle a une participation de 10 % dans la société, elle détient 10 % du capital de la société / *the company has a big stake in nuclear energy* la société a misé gros sur or a fait de gros investissements dans le nucléaire / *we all have a stake in the education of the young* l'éducation des jeunes nous concerne tous **4.** US [savings] (petit) pécule *m*, bas *m* de laine. ◆ vt **1.** [bet - sum of money, valuables] jouer, miser ; *fig* [reputation] jouer, risquer / *he staked $10 on Birdy* il a joué or misé or mis 10 dollars sur Birdy / *she had staked her reputation on the outcome of the negotiations* elle avait risqué or joué sa réputation sur le résultat des négociations / *he had staked everything* or *his all on getting the job* il avait tout misé sur l'acceptation de sa candidature / *I'd stake my all* or *my life on it* j'en mettrais ma main au feu **2.** US [aid financially] financer / *he is staking the newspaper for half a million dollars* il investit un demi-million de dollars dans le journal / *can you stake me for a new suit? inf* est-ce que tu peux m'avancer de quoi m'acheter un nouveau costume ? **3.** [fasten - boat, animal] attacher (à) un pieu or un piquet ; [- tent] attacher avec des piquets ; [- plant] tuteurer **4.** [put forward] ▸ **to stake a** or **one's claim to sthg** revendiquer qqch / *to stake one's claim to a territory lit* revendiquer un territoire *(en le délimitant avec des piquets)* / *each gang has staked its claim to a piece of the territory* chaque gang a délimité sa part de territoire / *she has staked her claim to a place in the history of our country* elle mérite une place d'honneur dans l'histoire de notre pays **5.** PHR **to be at stake** être en jeu / *what* or *how much is at stake?* quels sont les enjeux ?, qu'est-ce qui est en jeu ? / *basic issues of public health are at stake* les bases mêmes de la santé publique sont en jeu / *there are lives at stake!* il y a des vies en jeu ! / *she has a lot at stake* elle joue gros jeu, elle risque gros.

❖ **stakes** pl n [horse race] course *f* de chevaux ; [money prize] prix *m* ▸ **the Bingham Stakes** EQUIT le Prix de Bingham ▸ **the promotion stakes** *fig* la course à l'avancement.

❖ **stake off** vt sep = **stake out**.

❖ **stake out** vt sep **1.** [delimit - area, piece of land] délimiter (avec des piquets) ; [- boundary, line] marquer, jalonner ; [- sphere of influence] définir ; [- market] se tailler ; [- job, research field] s'approprier **2.** US [keep watch on] mettre sous surveillance, surveiller / *they've got the house staked out* ils surveillent la maison.

stakeholder ['steɪk,həʊldəʳ] n partie *f* prenante ▸ **a stakeholder society** une société citoyenne.

stakeholder pension n *épargne-retraite par capitalisation*.

stakeout ['steɪkaʊt] n US [activity] surveillance *f* ; [place] locaux *mpl* sous surveillance ▸ **to be on stakeout duty** effectuer une surveillance.

Stakhanovism [stə'kænəvɪzm] n stakhanovisme *m*.

Stakhanovite [stə'kænəvaɪt] n stakhanoviste *mf*.

stalactite ['stæləktaɪt] n stalactite *f*.

stalag ['stælæg] n stalag *m*.

stalagmite ['stæləgmaɪt] n stalagmite *f*.

stale [steɪl] ◆ adj **1.** [bread, cake] rassis, sec (sèche) ; [chocolate, cigarette] vieux *(before vowel or silent 'h' vieil, f vieille)* ; [cheese - hard] desséché ; [- mouldy] moisi ; [fizzy drink] éventé, plat ; [air - foul] vicié ; [- confined] confiné / *the car smelt of stale cigarette smoke* la voiture sentait le tabac froid / *stale breath* haleine *f* fétide ▸ **to go stale a)** [bread] (se) rassir **b)** [chocolate, cigarette] perdre son goût **c)** [cheese] se dessécher **d)** [beer] s'éventer **2.** [idea, plot, joke] éculé, rebattu ; [discovery, news] éventé, dépassé ; [pleasure] émoussé, qui n'a plus de goût ; [beauty] fané, défraîchi / *his arguments were stale and unconvincing* ses arguments étaient éculés et peu convaincants / *her marriage had gone stale* son bonheur conjugal s'était fané, elle s'était lassée de son mariage / *he's getting stale in that job* il sèche sur pied dans ce poste **3.** LAW [warrant] périmé ; [debt] impayable ▸ **stale cheque** FIN chèque *m* prescrit. ◆ vi *liter* [novelty, place, activity] perdre son charme.

stalemate ['steɪlmeɪt] ◆ n **1.** [in chess] pat *m* / *the game ended in stalemate* la partie s'est terminée par un pat **2.** [deadlock] impasse *f* / *the nuclear arms stalemate* l'impasse de la course aux armements nucléaires / *the argument ended in (a) stalemate* la discussion s'est terminée dans une impasse / *the announcement broke the stalemate in the negotiations* l'annonce a fait sortir les négociations de l'impasse. ◆ vt *(usu passive)* [in chess - opponent] faire pat à / *the negotiations were stalemated fig* les négociations étaient dans l'impasse.

staleness ['steɪlnɪs] n [of food, air] manque *m* de fraîcheur ; [of information, joke, etc.] manque *m* de nouveauté.

Stalin ['stɑːlɪn] pr n Staline.

Stalingrad ['stɑːlɪngræd] pr n Stalingrad.

Stalinism ['stɑːlɪnɪzm] n stalinisme *m*.

Stalinist ['stɑːlɪnɪst] ◆ adj stalinien. ◆ n stalinien *m*, -enne *f*.

stalk [stɔːk] ◆ n **1.** BOT [of flower, plant] tige *f* ; [of cabbage, cauliflower] trognon *m* ▸ **(grape) stalks** râpe *f*, rafle *f* **2.** ZOOL pédoncule *m* / *his eyes stood out on stalks inf* il avait les yeux qui lui sortaient de la tête **3.** [gen - long object] tige *f*. ◆ vt **1.** [game, fugitive, etc.] traquer **2.** [subj: wolf, ghost] rôder dans / *to stalk the woods / the bush on foot* **a)** [gen] battre les bois / la brousse à pied **b)** HUNT faire une battue dans les bois / la brousse / *enemy patrols stalked the hills* des patrouilles ennemies rôdaient dans les collines **3.** *liter* [subj: disease, terror] régner dans, rôder dans / *hunger stalked the countryside* la faim régnait dans les campagnes / *evil stalks the night* les forces du mal rôdent dans la nuit. ◆ vi **1.** [person] : *she stalked out angrily / in disgust* elle sortit d'un air furieux / dégoûté / *he was stalking up and down the deck* il arpentait le pont **2.** [prowl - tiger, animal] rôder ; [hunt] chasser / *a stalking lion* un lion en chasse / *famine stalked through the land liter* la famine régnait dans le pays.

stalker ['stɔːkəʳ] n [criminal] *criminel suivant sa victime à la trace.*

stalking horse ['stɔːkɪŋ-] n **1.** *lit* cheval *m* d'abri **2.** *fig* stratagème *m*.

stall [stɔːl] ◆ n **1.** [at market] étal *m*, éventaire *m* ; [at fair, exhibition] stand *m* / *I bought some peaches at a fruit stall* j'ai acheté des pêches chez un marchand de fruits / *flower stall* UK [on street] kiosque *m* de fleuriste **2.** [for animal] stalle *f* ▸ **(starting) stalls** EQUIT stalles de départ **3.** [cubicle] cabine *f* **4.** [in church] stalle *f* **5.** UK CIN & THEAT orchestre *m*, fauteuil *m* d'orchestre ▸ **the stalls** l'orchestre / *a seat in the stalls* un fauteuil d'orchestre **6.** US [in parking lot] emplacement *m (de parking)* **7.** [for finger] doigtier *m* **8.** AERON décrochage *m* ; AUTO calage *m (du moteur)* / *the aircraft went into a stall* l'avion a décroché **9.** [delaying tactic] manœuvre *f* dilatoire ; [pretext] prétexte *m*. ◆ vi **1.** [motor, vehicle, driver] caler ; [plane] décrocher ; [pilot] faire décrocher son avion **2.** [delay] ▸ **to stall for time** essayer de gagner du temps / *I can stall for another month* je peux essayer de gagner du temps pendant encore un mois / *I think they're stalling on the loan until we make more concessions* je crois qu'ils vont retarder le prêt jusqu'à ce que nous leur fassions davantage de concessions. ◆ vt **1.** [motor, vehicle] caler ; [plane] faire décrocher **2.** [delay - sale, decision] retarder ; [- person] faire attendre / *try to stall him (off)!* essayez de gagner du temps ! / *I'll stall her in the lobby while you grab a taxi* je la retiendrai dans le hall le temps que tu sautes dans un taxi / *I can't stall them (off) for much longer* je ne peux guère les faire attendre plus longtemps / *the project / his career is stalled* le projet / sa carrière en est au point mort / *we managed to stall the enemy's advance* on a réussi à retarder la progression de l'ennemi **3.** [animal] mettre à l'étable.

stall-fed adj AGR engraissé à l'étable.

stallholder ['stɔːl,həʊldəʳ] n [in market] marchand *m*, -e *f* de or des quatre-saisons ; [in fair] forain *m*, -e *f* ; [in exhibition] exposant *m*, -e *f*.

stalling ['stɔːlɪŋ] ◆ n *(U)* atermoiements *mpl*, manœuvres *fpl* dilatoires. ◆ adj ▸ **stalling tactic** manœuvre *f* dilatoire.

stallion ['stæljən] n étalon *m (cheval)*.

stalwart ['stɔːlwət] ◆ adj [person] robuste ; [citizen, fighter] vaillant, brave ; [work, worker] exemplaire / *he was a stalwart supporter of the England team* c'était un supporter inconditionnel de l'équipe d'Angleterre. ◆ n fidèle *mf* / *the party stalwarts* les fidèles du parti.

stamen ['steɪmən] *(pl* **stamens** *or* **stamina** ['stæmɪnə]) n BOT étamine *f*.

stamina ['stæmɪnə] n [physical] résistance *f*, endurance *f* ; [mental] force *f* intérieure, résistance *f* ▸ **to build up one's stamina** SPORT développer son endurance / *she has more stamina than he does* elle est plus résistante que lui.

stammer ['stæməʳ] ◆ vi [through fear, excitement] balbutier, bégayer ; [through speech defect] bégayer, être bègue. ◆ vt bredouiller, bégayer / *I managed to stammer (out) an apology* j'ai réussi à bredouiller des excuses. ◆ n [through fear, excitement] balbutiement *m*, bégaiement *m* ; [through speech defect] bégaiement *m* ▸ **to have a stammer** bégayer, être bègue / *he has a bad stammer* il est affligé d'un bégaiement prononcé.

stammerer ['stæmərəʳ] n bègue *mf*.

stammering ['stæmərɪŋ] n [through fear, excitement] bégaiement *m*, balbutiement *m* ; [speech defect] bégaiement *m*.

stammeringly ['stæmərɪŋlɪ] adv en bégayant, en bredouillant.

stamp [stæmp] ◆ n **1.** [sticker, token] timbre *m* / *fiscal* or *revenue stamp* timbre fiscal / *UNESCO stamps* timbres de l'Unesco / *television (licence) stamp* timbre pour la redevance ▸ **(national insurance) stamp** UK cotisation *f* de sécurité sociale ▸ **(postage) stamp** timbre, timbre-poste *m* ▸ **the Stamp Act** US HIST le Stamp Act **2.** [instrument - rubber stamp] tampon *m*, timbre *m* ; [- for metal] poinçon *m* ; [- for leather] fer *m* **3.** [mark, impression - in passport, library book, etc.] cachet *m*, tampon *m* ; [- on metal] poinçon *m* ; [- on leather] motif *m* ; [- on antique] estampille *f* ; [postmark] cachet *m* (d'oblitération de la poste) / *he has an Israeli stamp in his passport* il a un tampon de la douane israélienne sur son passeport / *silversmith's stamp* poinçon d'orfèvre ▸ **stamp of approval** *fig* approbation *f*, aval *m* **4.** [distinctive trait] marque *f*, empreinte *f* / *a work which bears the stamp of originality* une œuvre qui porte l'empreinte de l'originalité / *his story had the stamp of authenticity* son histoire semblait authentique / *poverty has left its stamp on him* la pauvreté a laissé son empreinte sur lui or l'a marqué de son sceau / *their faces bore the stamp of despair* le désespoir se lisait sur leur visage **5.** [type, ilk, class] genre *m*, acabit *m pej* ; [calibre] trempe *f* / *we need more teachers of his stamp* nous avons besoin de plus d'enseignants de sa trempe / *of the old stamp* **a)** [servant, worker] comme on n'en fait plus **b)** [doctor, disciplinarian] de la vieille école **6.** [noise - of boots] bruit *m* (de bottes) ; [- of audience] trépignement *m* / *"no!", he cried with an angry stamp of his foot* « non ! », cria-t-il rageusement en tapant du pied. ◆ comp [album, collection, machine] de timbres, de timbres-poste. ◆ vt **1.** [envelope, letter] timbrer, affranchir **2.** [mark - document] tamponner ; [- leather, metal] estamper / *he stamped the firm's name on each document* il a tamponné le nom de la société sur chaque document / *incoming mail is stamped with the date received* le courrier qui arrive est tamponné à la date de réception / *the machine stamps the time on your ticket* la machine marque or poinçonne l'heure sur votre ticket / *it's stamped "fragile"* c'est marqué « fragile » / *the belt has a stamped design* la ceinture porte un motif estampé **3.** [affect, mark - society, person] marquer / *as editor she stamped her personality on the magazine* comme rédactrice en chef, elle a marqué la revue du sceau de sa personnalité **4.** [characterise, brand] étiqueter / *recent events have stamped the president as indecisive* le président a été taxé d'indécision au vu des derniers événements / *her actions stamped her as a pacifist in the eyes of the public* son action lui a valu une réputation de pacifiste **5.** [foot] : *she stamped her foot in anger* furieuse, elle tapa du pied / *the audience were stamping their feet and booing* la salle trépignait et sifflait / *they were stamping their feet to keep warm* ils sautillaient sur place pour se réchauffer / *he stamped the snow off his boots* il a tapé du pied pour enlever la neige de ses bottes. ◆ vi **1.** [in one place - person] taper du pied ; [- audience] trépigner ; [- horse] piaffer / *I stamped on his fingers* je lui ai marché sur les doigts / *he stamped on the rotten plank and it broke* il a tapé du pied sur la planche pourrie et elle s'est cassée **2.** [walk] ▸ **to stamp in / out a)** [noisily] entrer / sortir bruyamment **b)** [angrily] entrer / sortir en colère / *he stamped up the stairs* il monta l'escalier d'un pas lourd / *they were stamping about* or *around to keep warm* ils sautillaient sur place pour se réchauffer.

❖ **stamp down** vt sep [loose earth, snow] tasser avec les pieds ; [peg] enfoncer du pied.

❖ **stamp on** vt insep [rebellion] écraser ; [dissent, protest] étouffer ; [proposal] repousser.

❖ **stamp out** vt sep **1.** [fire] éteindre avec les pieds or en piétinant **2.** [end - disease, crime] éradiquer ; [- strike, movement] supprimer ; [- dissent, protest] étouffer ; [- corruption, ideas] extirper **3.** [hole] découper (à l'emporte-pièce) ; [medal] frapper ; [pattern] estamper.

The Stamp Act

Impôt britannique auquel furent soumises les colonies américaines à partir de 1765. Portant sur un certain nombre de publications (actes juridiques, journaux, etc.), il doit son nom au timbre justifiant de son acquittement. Premier impôt direct levé par la Couronne, il souleva une violente opposition chez les colons, qui obtinrent sa suppression un an plus tard.

stamp book n **1.** [of postage stamps] carnet *m* de timbres or de timbres-poste **2.** [for trading stamps] carnet *m* pour coller les vignettes-épargne / *I got the toaster for ten stamp books* j'ai eu le grille-pain avec dix carnets de vignettes.

stamp collecting n philatélie *f*.

stamp collector n collectionneur *m*, -euse *f* de timbres or de timbres-poste, philatéliste *mf*.

stamped [stæmpt] adj [letter, envelope] timbré / *send a stamped addressed envelope* envoyez une enveloppe timbrée à votre adresse.

stampede [stæm'piːd] ◆ n **1.** [of animals] fuite *f*, débandade *f* / *what started the stampede?* qu'est-ce qui a provoqué cette débandade ? **2.** [of people - flight] sauve-qui-peut *m inv*, débandade *f* ; [- rush] ruée *f* / *there was a stampede for seats* il y a eu une ruée vers or sur les sièges / *there's been a stampede to buy up the share issue* les acheteurs se sont précipités or se sont jetés sur la souscription. ◆ vi [flee] s'enfuir (pris d'affolement) ; [rush] se ruer, se précipiter / *the cattle stampeded across the river* pris d'affolement, le bétail a traversé la rivière / *shoppers stampeded for the sales counters* les clients se sont rués or se sont précipités vers les rayons des soldes / *the children came stampeding along the corridor* les enfants se sont rués dans le couloir. ◆ vt **1.** [animals] faire fuir ; [crowd] semer la panique dans **2.** [pressurize] forcer la main à / *don't let yourself be stampeded into anything* ne vous laissez pas forcer la main.

stamping ground ['stæmpɪŋ-] n *inf* lieu *m* favori.

stance [stæns] n **1.** [physical posture] posture *f* / *she altered her stance slightly* elle changea légèrement de position / *he took up a boxer's stance* il adopta la position d'un boxeur / *he took up his usual stance in front of the fire* il s'est planté devant le feu à sa place habituelle / *widen your stance* SPORT écartez les jambes **2.** [attitude] position *f* ▸ **to adopt** or **to take a tough stance on sthg** adopter or prendre une position ferme sur qqch.

stanch [stɑːntʃ] US = **staunch** *(vt).*

stanchion ['stænʃn] n **1.** [post] étai *m*, étançon *m* ; [in window] montant *m* **2.** [for cow] attache *f*.

stand [stænd] *(pt & pp* **stood** [stʊd])

◆ vi

A. IN SPACE
B. SITUATION OR STATE
C. MEASURE OR RANK
D. IN ELECTION
E. PAY

A. IN SPACE **1.** [rise to one's feet] se lever, se mettre debout / *he refused to stand for the national anthem* il a refusé de se lever pendant l'hymne national **2.** [be on one's feet] être or se tenir debout / *I've been standing all day* je suis resté debout toute la journée / *I had to stand all the way* j'ai dû voyager debout pendant tout le trajet / *she was so tired she could hardly stand* elle était si fatiguée qu'elle avait du mal à tenir debout or sur ses jambes / *wear flat shoes if you have to stand a lot* portez des chaussures à talons plats si vous devez rester debout pendant des heures / *I don't mind standing* ça ne me gêne pas de rester debout ; [in a specified location] être (debout), rester (debout) / *don't stand near the edge* ne restez pas près du bord / *don't just stand there, do something!* ne restez pas là à ne rien faire ! / *stand clear!* écartez-vous ! / *I saw her standing at the window* je l'ai vue (debout) à la fenêtre / *do you see that man standing over there?* vous voyez cet homme là-bas ? / *where should I stand? — beside Yvonne* où dois-je me mettre ? — à côté d'Yvonne / *I'll be standing outside the theatre* j'attendrai devant le théâtre / *small groups of men stood talking at street corners* des hommes discutaient par petits groupes au coin des rues / *he was standing at the bar* il était debout au comptoir / *is there a chair I can stand on?* y a-t-il une chaise sur laquelle je puisse monter ? / *they were standing a little way off* ils se tenaient un peu à l'écart / *excuse me, you're standing on my foot* excusez-moi, vous me marchez sur le pied ▸ **to stand in line** US faire la queue / *stand in the corner!* SCH au coin ! ; [in a specified posture] se tenir ▸ **to stand upright** or **erect** se tenir droit / *he was so nervous he couldn't stand still* il était si nerveux qu'il ne tenait pas en place / *I stood perfectly still, hoping they wouldn't see me* je me suis figé sur place en espérant qu'ils ne me verraient pas / *stand still!* ne bougez pas !, ne bougez plus ! / *stand with your feet apart* écartez les pieds / *the heron was standing on one leg* le héron se tenait debout sur une patte ▸ **to stand on tiptoe** se tenir sur la pointe des pieds ▸ **stand and deliver!** la bourse ou la vie ! **3.** [be upright - post, target, etc.] être debout / *not a stone was left standing* il ne restait plus une seule pierre debout / *the aqueduct has stood for centuries* l'aqueduc est là depuis des siècles / *the wheat stood high* les blés étaient hauts **4.** [be supported, be mounted] reposer / *the coffin stood on trestles* le cercueil reposait sur des tréteaux / *the house stands on solid foundations* la maison repose or est bâtie sur des fondations solides / *this argument stands on three simple facts fig* ce raisonnement repose sur trois simples faits **5.** [be located - building, tree, statue] se trouver ; [- clock, vase, lamp] être, être posé / *the fort stands on a hill* la forteresse se trouve en haut d'une colline / *this is where the city gates once stood* c'est ici qu'autrefois se dressaient les portes de la ville / *the piano stood in the centre of the room* le piano était au centre or occupait le centre de la pièce / *the bottles stood in rows of five* les bouteilles étaient disposées en rangées de cinq / *do you see the lorry standing next to my car?* vous voyez le camion qui est à côté de ma voiture ? / *a wardrobe stood against one wall* il y avait une armoire contre un mur **6.** US [stop] se garer *(pour un court instant)* / **'no standing'** 'arrêt interdit'.

B. SITUATION OR STATE **1.** [indicating current state of affairs, situation] être / *how do things stand?* où en est la situation ? / *I'd like to know where I stand with you* j'aimerais savoir où en sont les choses entre nous / *as things stand* telles que les choses se présentent / *he's dissatisfied with the contract as it stands* il n'est pas satisfait du contrat tel qu'il a été rédigé / *just print the text as it stands* faites imprimer le texte tel quel / *he stands accused of rape* il est accusé de viol / *she stands alone in advocating this approach* elle est la seule à préconiser cette approche / *I stand corrected* c'est vous qui avez raison / *the doors stood wide open* les portes étaient grandes ouvertes / *I've got a taxi standing ready* j'ai un taxi qui attend / *the police are standing ready to intervene* la police se tient prête à intervenir / *the party stands united behind him* le parti est uni derrière lui / *no-one stands above the law* personne n'est au-dessus des lois ▸ **to stand at a)** [gauge, barometer] indiquer **b)** [score] être de **c)** [unemployment] avoir atteint / *their turnover now stands at three million pounds* leur chiffre d'affaires atteint désormais les trois millions de livres / *the exchange rate stands at 1.5 dollars to the euro* le taux de change est de 1,5 dollar pour un euro / *nothing stood between her and victory* rien ne pouvait désormais l'empêcher de remporter la victoire / *it's the only thing standing between us and financial disaster* c'est la seule chose qui nous empêche de sombrer dans un désastre financier / *he stands in danger of losing his job* il risque de perdre son emploi / *I stood lost in admiration* j'en suis resté béat d'admiration ▸ **to stand in sb's way a)** *lit* être sur le chemin de qqn **b)** *fig* gêner qqn / *don't stand in my way!* ne reste pas sur mon chemin ! / *nothing stands in our way now* maintenant, la voie est libre / *if you want to leave school I'm not going to stand in your way* si tu veux quitter l'école, je ne m'y opposerai pas / *it's his lack of experience that stands in his way* c'est son manque d'expérience qui le handicape / *their foreign debt stands in the way of economic recovery* leur dette extérieure constitue un obstacle à la reprise économique / *her pride is the only thing standing in the way of their reconciliation* son orgueil est le seul obstacle à leur réconciliation **2.** [on issue] : *how* or *where does he stand on the nuclear issue?* quelle est sa position or son point de vue sur la question nucléaire ? / *you ought to tell them where you stand* vous devriez leur faire part de votre position **3.** [be likely] ▸ **to stand to lose** risquer de perdre ▸ **to stand to win** avoir des chances de gagner / *they stand to make a huge profit on the deal* ils ont des chances de faire un bénéfice énorme dans cette affaire **4.** [remain] rester ; [be left undisturbed - marinade, dough] reposer ; [- tea] infuser / *the machines stood idle* les machines étaient arrêtées / *the houses stood empty awaiting demolition* les maisons, vidées de leurs occupants, attendaient d'être démolies / *time stood still* le temps semblait s'être arrêté / *the car has been standing in the garage for a year* ça fait un an que la voiture n'a pas bougé du garage / *the champion stands unbeaten* le champion reste invaincu / *his theory stood unchallenged for a decade* pendant dix ans, personne n'a remis en cause sa théorie / *I've decided to let my flight reservation stand* j'ai décidé de ne pas changer ma réservation d'avion / *let the mixture stand until the liquid is clear* laissez reposer le mélange jusqu'à ce que le liquide se clarifie **5.** [be valid, effective - offer, law] rester valable ; [- decision] rester inchangé / *my invitation still stands* vous êtes toujours le bienvenu / *the verdict stands unless there's an appeal* le jugement reste valable à moins que l'on ne fasse appel / *even with this new plan, our objection still stands* ce nouveau projet ne remet pas en cause notre objection première **6.** [succeed] : *the government will stand or fall on the outcome of this vote* le maintien ou la chute du gouvernement dépend du résultat de ce vote ▸ **united we stand, divided we fall** l'union fait la force.

C. MEASURE OR RANK **1.** [measure - person, tree] mesurer / *she stands 5 feet in her stocking feet* elle mesure moins de 1,50 m pieds nus / *the building stands ten storeys high* l'immeuble compte dix étages **2.** [rank] se classer, compter / *this hotel stands among the best in the world* cet hôtel figure parmi les meilleurs du monde / *she stands first / last in her class* US elle est la première / la dernière de sa classe / *I know she stands high in your opinion* je sais que tu as une très bonne opinion d'elle / *for price and quality, it stands high on my list* en ce qui concerne le prix et la qualité, je le range or le compte parmi les meilleurs.

D. IN ELECTION UK [run in election] se présenter, être candidat / *she stood for Waltham* elle a été candidate à la circonscription de Waltham / *will he stand for re-election?* va-t-il se représenter aux élections ? / *she's standing as an independent* elle se présente en tant que candidate indépendante.

E. PAY US [pay] payer la tournée / *you're standing* c'est ta tournée.

◆ vt **1.** [set, place] mettre, poser / *he stood the boy on a chair* il a mis le garçon debout sur une chaise / *she stood her umbrella in the corner* elle a mis son parapluie dans le coin ▸ **to stand sthg on (its) end** faire tenir qqch debout / *help me stand the bedstead against the wall* aide-moi à dresser le sommier contre le mur **2.** [endure, withstand] supporter / *his heart couldn't stand the shock* son cœur n'a pas résisté au or n'a pas supporté le choc / *it will stand high temperatures without cracking* cela peut résister à or supporter des températures élevées sans se fissurer / *how much weight can the bridge stand?* quel poids le pont peut-il supporter ? / *the motor wasn't built to stand intensive use* le moteur n'a pas été conçu pour supporter un usage intensif / *wool carpeting can stand a lot of hard wear* une moquette en laine est beaucoup plus solide / *she's not strong enough to stand another operation* elle n'est pas assez forte pour supporter une nouvelle opération ; *fig* : *he certainly doesn't stand comparison with Bogart* il n'est absolument pas possible de le comparer avec Bogart / *their figures don't stand close inspection* leurs chiffres ne résistent pas à un examen sérieux **3.** [put up with, bear - toothache, cold] supporter ; [- behaviour] supporter, tolérer / *I can't stand it any longer!* je n'en peux plus ! / *how can you stand working with him?* comment est-ce que vous faites pour or comment arrivez-vous à travailler avec lui ? / *I've had as much as I can stand of your griping!* j'en ai assez de tes jérémiades ! / *if there's one thing I can't stand, it's hypocrisy* s'il y a quelque chose que je ne supporte pas, c'est bien l'hypocrisie / *I can't stand (the sight of) him!* je ne peux pas le supporter !, je ne peux pas le voir en peinture ! / *she can't stand Wagner / smokers / flying* elle déteste Wagner / les fumeurs / prendre l'avion **4.** *inf* [do with, need] supporter, avoir besoin de / *oil company profits could certainly stand a cut* une diminution de leurs bénéfices ne ferait aucun mal aux compagnies pétrolières / *he could stand a bath!* un bain ne lui ferait pas de mal ! / *could I stand a drink!* US je ne dirais pas non à un verre ! **5.** [perform duty of] remplir la fonction de ▸ **to stand witness for sb** [at marriage] être le témoin de qqn **6.** *inf* [treat to] ▸ **to stand sb a meal** payer un repas à qqn / *I'll stand you a drink* UK, *I'll stand you to a drink* US je t'offre un verre **7.** PHR **to stand a chance (of doing sthg)** avoir de bonnes chances (de faire qqch) / *you don't stand a chance!* vous n'avez pas la moindre chance ! / *the plans stand little chance of being approved* les projets ont peu de chances d'être approuvés.

◆ n **1.** [stall, booth - gen] stand *m* ; [- in exhibition] stand *m* ; [- in market] étal *m*, éventaire *m* ; [- for newspapers] kiosque *m* ▸ **a shooting stand** un stand de tir **2.** [frame, support - gen] support *m* ; [- for lamp, sink] pied *m* ; [- on bicycle, motorbike] béquille *f* ; [- for pipes, guns] râtelier *m* ; [COMM - for magazines, sunglasses] présentoir *m* ; [lectern] lutrin *m* ▸ **bicycle stand** [in street] râtelier à bicyclettes ▸ **plate stand** support à assiette, présentoir ▸ **revolving stand** COMM tourniquet *m*, présentoir rotatif **3.** [platform - gen] plate-forme *f* ; [- for speaker] tribune *f* ; [pulpit] chaire *f* **4.** [in sports ground] tribune *f* /

the stands roared un rugissement s'éleva des tribunes or des gradins **5.** [for taxis] ▸ **(taxi) stand** station *f* de taxis **6.** US [in courtroom] barre *f* / *the first witness took the stand* le premier témoin est venu à la barre **7.** *lit & fig* [position] position *f* ▸ **to take a stand on sthg** prendre position à propos de qqch / *what's your stand on the issue?* quelle est votre position sur la question ? / *he refuses to take a stand* il refuse de prendre position **8.** MIL & *fig* [defensive effort] résistance *f*, opposition *f* ▸ **to make a stand** résister / *they made a stand at the foot of the hill* ils ont résisté au pied de la colline ▸ **Custer's last stand** HIST la dernière bataille de Custer **9.** [of trees] bosquet *m*, futaie *f* ; [of crop] récolte *f* sur pied / *a fine stand of corn* un beau champ de blé / *a stand of bamboo* un massif de bambous.

✣ **stand about** UK, **stand around** vi rester là, traîner *pej* / *we stood about* or *around waiting for the flight announcement* nous restions là à attendre que le vol soit annoncé / *the prisoners stood about* or *around in small groups* les prisonniers se tenaient par petits groupes / *after Mass, the men stand about* or *around in the square* après la messe, les hommes s'attardent sur la place / *I'm not just going to stand about waiting for you to make up your mind!* je n'ai pas l'intention de poireauter là en attendant que tu te décides !

✣ **stand aside** vi [move aside] s'écarter / *stand aside, someone's fainted!* écartez-vous, quelqu'un s'est évanoui ! / *he politely stood aside to let us pass* il s'écarta or s'effaça poliment pour nous laisser passer ▸ **to stand aside in favour of sb a)** [gen] laisser la voie libre à qqn **b)** POL se désister en faveur de qqn.

✣ **stand back** vi **1.** [move back] reculer, s'écarter / *stand back from the doors!* écartez-vous des portes ! / *she stood back to look at herself in the mirror* elle recula pour se regarder dans la glace / *the painting is better if you stand back from it* le tableau est mieux si vous prenez du recul **2.** [be set back] être en retrait or à l'écart / *the house stands back from the road* la maison est en retrait de la route **3.** [take mental distance] prendre du recul / *I need to stand back and take stock* j'ai besoin de prendre du recul et de faire le point.

✣ **stand by** ◆ vi **1.** [not intervene] rester là (sans rien faire) / *how could you just stand by and watch them mistreat that poor dog?* comment as-tu pu rester là à les regarder maltraiter ce pauvre chien sans intervenir ? / *I stood by helplessly while they searched the room* je restais là, impuissant, pendant qu'ils fouillaient la pièce **2.** [be ready - person] être or se tenir prêt ; [- vehicle] être prêt ; [- army, embassy] être en état d'alerte / *the police were standing by to disperse the crowd* la police se tenait prête à disperser la foule / *we have an oxygen machine standing by* nous avons une machine à oxygène prête en cas d'urgence ▸ **stand by!** attention ! / *stand by for take-off* préparez-vous pour le décollage / *stand by to receive* RADIO prenez l'écoute / *standing by for orders!* MIL à vos ordres ! ◆ vt insep **1.** [support - person] soutenir / *I'll stand by you through thick and thin* je te soutiendrai or je resterai à tes côtés quoi qu'il arrive **2.** [adhere to - promise, word] tenir ; [- decision, offer] s'en tenir à / *to stand by an agreement* respecter un accord / *I stand by my original analysis of the situation* je m'en tiens à ma première analyse de la situation.

✣ **stand down** ◆ vi **1.** UK POL [withdraw] se désister ; [resign] démissionner / *will he stand down in favour of a younger candidate?* va-t-il se désister en faveur d'un candidat plus jeune ? **2.** [leave witness box] quitter la barre / *you may stand down, Mr Simms* vous pouvez quitter la barre, M. Simms **3.** MIL [troops] être déconsigné *(en fin d'alerte)* ▸ **stand down!** [after drill] rompez (les rangs) ! ◆ vt sep [workers] licencier.

✣ **stand for** vt insep **1.** [represent] représenter / *what does DNA stand for?* que veut dire l'abréviation ADN ? / *the R stands for Ryan* le R signifie Ryan / *the dove stands for peace* la colombe symbolise or signifie la paix / *we want our name to stand for quality and efficiency* nous voulons que notre nom soit synonyme de qualité et d'efficacité / *she supports the values and ideas the party once stood for* elle soutient les valeurs et les idées qui furent autrefois celles du parti / *I detest everything that they stand for!* je déteste tout ce qu'ils représentent ! **2.** [tolerate] tolérer, supporter ; [allow] permettre / *I'm not going to stand for it!* je ne le tolérerai or permettrai pas !

✣ **stand in** vi assurer le remplacement ▸ **to stand in for sb** remplacer qqn.

✣ **stand off** ◆ vi **1.** [move away] s'écarter **2.** NAUT [take up position] croiser ; [sail away] mettre le cap au large. ◆ vt sep UK [workers] mettre en chômage technique. ◆ vt insep NAUT [coast, island] croiser au large de / *they have an aircraft carrier standing off Aden* ils ont un porte-avions qui croise au large d'Aden.

✣ **stand out** vi **1.** [protrude - vein] saillir ; [- ledge] faire saillie, avancer / *the veins in his neck stood out* les veines de son cou saillaient or étaient gonflées **2.** [be clearly visible - colour, typeface] ressortir, se détacher ; [- in silhouette] se découper / *the pink stands out against the green background* le rose ressort or se détache sur le fond vert / *the masts stood out against the sky* les mâts se découpaient or se dessinaient contre le ciel / *the name on the truck stood out clearly* le nom sur le camion était bien visible **3.** [be distinctive] ressortir, se détacher / *this one book stands out from all his others* ce livre-ci surclasse tous les autres livres qu'il a écrits / *there is no one issue which stands out as being more important than the others* il n'y a pas une question qui soit plus importante que les autres / *she stands out above all the rest* elle surpasse or surclasse tous les autres / *I don't like to stand out in a crowd* je n'aime pas me singulariser / *the day stands out in my memory* cette journée est marquée d'une pierre blanche dans ma mémoire **4.** [resist, hold out] tenir bon, tenir / *they won't be able to stand out for long* ils ne pourront pas tenir or résister longtemps ▸ **to stand out against a)** [attack, enemy] résister à **b)** [change, tax increase] s'opposer avec détermination à ▸ **to stand out for sthg** revendiquer qqch / *they are standing out for a pay increase* ils réclament une augmentation de salaire.

✣ **stand over** ◆ vt insep [watch over] surveiller / *I can't work with someone standing over me* je ne peux pas travailler quand quelqu'un regarde par-dessus mon épaule / *she stood over him until he'd eaten every last bit* elle ne l'a pas lâché avant qu'il ait mangé la dernière miette. ◆ vt sep UK [postpone] remettre (à plus tard) / *I'd prefer to stand this discussion over until we have more information* je préférerais remettre cette discussion jusqu'à ce que nous disposions de plus amples renseignements. ◆ vi UK être remis (à plus tard) / *we have two items standing over from the last meeting* il nous reste deux points à régler depuis la dernière réunion.

✣ **stand to** vi MIL se mettre en état d'alerte ▸ **stand to!** à vos postes !

✣ **stand up** ◆ vi **1.** [rise to one's feet] se lever, se mettre debout / *she stood up to offer me her seat* elle se leva pour m'offrir sa place ▸ **to stand up and be counted** avoir le courage de ses opinions **2.** [be upright] être debout / *I can't get the candle to stand up straight* je n'arrive pas à faire tenir la bougie droite **3.** [last] tenir, résister / *how is that repair job standing up?* est-ce que cette réparation tient toujours ? **4.** [be valid - argument, claim] être valable, tenir debout / *his evidence won't stand up in court* son témoignage ne sera pas valable en justice. ◆ vt sep **1.** [set upright - chair, bottle] mettre debout / *they stood the prisoner up against a tree* ils ont adossé le prisonnier à un arbre / *stand the ladder up against the wall* mettez or appuyez l'échelle contre le mur **2.** *inf* [fail to meet] poser un lapin à, faire faux bond à / *I was stood up twice in a row* on m'a posé un lapin deux fois de suite.

✣ **stand up for** vt insep défendre ▸ **to stand up for o.s.** se défendre.

✣ **stand up to** vt insep ▸ **to stand up to sthg** résister à qqch ▸ **to stand up to sb** tenir tête à or faire face à qqn / *he's too weak to stand up to her* il est trop faible pour lui tenir tête / *she had a hard time standing up to their criticism* ça ne lui a pas été facile de faire face à leurs critiques / *her hypothesis doesn't stand up to empirical testing* son hypothèse ne résiste pas à la vérification expérimentale.

standalone ['stændələʊn] ◆ adj COMPUT [system] autonome / *it has standalone capability* ça peut fonctionner de façon autonome. ◆ n application *f* autonome.

standard ['stændəd] ◆ n **1.** [norm] norme *f* ; [level] niveau *m* ; [criterion] critère *m* / *most of the goods are* or *come up to standard* la plupart des marchandises sont de qualité satisfaisante / *your work isn't up to standard* or *is below standard* votre travail laisse à désirer / *he sets high standards for himself* il est très exigeant avec lui-même / *to set quality standards for a product* fixer des normes de qualité pour un produit / *high safety standards* des règles de sécurité très strictes / *their salaries are low by European standards* leurs salaires sont bas par rapport aux salaires européens / *she's an Olympic standard swimmer* c'est une nageuse de niveau olympique / *it's a difficult task by any standard* or *by anybody's standards* c'est indiscutablement une tâche difficile / *we apply the same standards to all candidates* nous jugeons tous les candidats selon les mêmes critères / *their only standard of success is money* leur unique critère de réussite, c'est l'argent / *we don't have the same aesthetic standards* nous n'avons pas les mêmes valeurs esthétiques ▸ **standard of living** niveau de vie **2.** [moral principle] principe *m* / *I won't do it! I have my standards!* je ne le ferai pas ! j'ai des principes ! / *to have high moral standards* avoir de grands principes moraux **3.** [for measures, currency - model] étalon *m* ; [in coins - proportion] titre *m* **4.** [established item] standard *m* ; [tune] standard *m* / *a jazz standard* un classique du jazz **5.** US [car] : *I can't drive a standard* je ne sais conduire que les voitures à boîte de vitesse automatique **6.** [flag] étendard *m* ; [of sovereign, noble] bannière *f* / *under the standard of Liberty fig* sous l'étendard de la liberté **7.** [support - pole] poteau *m* ; [- for flag] mât *m* ; [- for lamp] pied *m* ; [- for power-line] pylône *m* **8.** UK [lamp] lampadaire *m* (de salon) **9.** AGR & HORT [fruit tree] haute-tige *f* **10.** BOT [petal] étendard *m* **11.** UK *dated* SCH [class] classe *f*. ◆ adj **1.** [ordinary, regular - gen] normal ; [- model, size] standard / *they come in three standard sizes* ils existent en trois tailles standards / *catalytic converters are now standard features* les pots catalytiques sont désormais la norme / *the standard return fare is $500* l'aller-retour au tarif normal coûte 500 dollars / *what's the standard tip?* que laisse-t-on normalement comme pourboire ? / *there's a standard procedure for reporting accidents* il y a une procédure bien établie pour signaler les accidents / *any standard detergent will do* n'importe quel détergent usuel fera l'affaire / *an apartment with all the standard amenities* un appartement doté de tout le confort moderne / *it was just a standard hotel room* c'était une chambre d'hôtel ordinaire / *she has a standard speech for such occasions* elle a un discours tout prêt pour ces occasions ▸ **standard gear shift** US AUTO changement *m* de vitesse manuel **2.** [measure - metre, kilogramme, etc.] étalon *(inv)* **3.** [text, work] classique, de base / *the standard works in English poetry* les ouvrages classiques de la poésie anglaise / *it's the standard work on the Reformation* c'est l'ouvrage de base sur la Réforme **4.** LING [pronunciation, spelling, etc.] standard / *standard English* l'anglais correct **5.** AGR & HORT [fruit tree, shrub] à haute tige ▸ **standard rose** rose *f* tige.

standard bearer n **1.** [of cause] porte-drapeau *m* ; [of political party] chef *m* de file **2.** [of flag] porte-étendard *m*.

standard deviation, **standard error** n [in statistics] écart-type *m*.

standard gauge n RAIL voie *f* normale, écartement *m* normal.

✣ **standard-gauge** adj RAIL [line] à voie normale ; [carriage, engine] pour voie normale.

standardization [,stændədaɪ'zeɪʃn] n **1.** [gen] standardisation *f* ; [of dimensions, terms, etc.] normalisation *f* **2.** TECH [verification] étalonnage *m*.

standardize, **standardise** ['stændədaɪz] vt **1.** [gen] standardiser ; [dimensions, products, terms] normaliser / *standardized parts* pièces *fpl* standardisées or standard **2.** TECH [verify] étalonner.

standard lamp n UK lampadaire *m* (de salon).

standards-compliant adj conforme aux normes.

standard time n heure *f* légale.

standaway ['stændəweɪ] adj [skirt, sleeve] bouffant ▸ **standaway collar** *col qui dégage le cou ou les épaules.*

standby ['stændbaɪ] (*pl* **standbys**) ◆ adj **1.** [equipment, provisions, etc.] de réserve ; [generator] de secours ▸ **to be on standby duty a)** [doctor] être de garde or d'astreinte **b)** [flight personnel, emergency repairman] être d'astreinte **c)** [troops, police, firemen] être prêt à intervenir / *the standby team can take over operations within an hour* l'équipe de secours est prête à prendre le contrôle des opérations en moins d'une heure / *the shortages meant some factories were put on a standby basis* à cause de la pénurie, certaines usines ont dû ralentir leur rythme de production / *in standby position* RADIO en écoute **2.** AERON [ticket, fare] stand-by (*inv*) ; [passenger] stand-by (*inv*), en attente ▸ **standby list** liste *f* d'attente **3.** FIN ▸ **standby agreement** accord *m* stand-by ▸ **standby credit** crédit *m* stand-by or de soutien ▸ **standby loan** prêt *m* conditionnel. ◆ n **1.** [substitute - person] remplaçant *m*, -e *f* ; THEAT [understudy] doublure *f* ▸ **to be on standby a)** [doctor] être de garde or d'astreinte **b)** [flight personnel, emergency repairman] être d'astreinte **c)** [troops, police, firemen] être prêt à intervenir / *we have a repair crew on standby* nous avons une équipe de réparateurs prête à intervenir en cas de besoin / *make sure you have a standby* **a)** [equipment] vérifiez que vous en avez un or une de secours **b)** [person] assurez-vous que vous pouvez vous faire remplacer / *I'll keep the old typewriter as a standby* je garderai la vieille machine à écrire en cas de besoin or au cas où / *eggs are a great standby in the kitchen* des œufs sont toujours bons à avoir dans une cuisine / *that story is an old standby of his* cette histoire lui a beaucoup servi **2.** AERON [system] stand-by *m inv* ; [passenger] passager *m*, -ère *f* stand-by *m inv* ▸ **to be on standby** [passenger] être en stand-by or sur la liste d'attente. ◆ adv [travel] en stand-by.

standee [stæn'diː] n US [in theatre] *spectateur qui n'a pas de place assise* ; [in public transport] passager *m*, -ère *f* (qui reste) debout.

stand-in ◆ n [gen] remplaçant *m*, -e *f* ; CIN [for lighting check] doublure *f* ; [stunt person] cascadeur *m*, -euse *f* ; THEAT [understudy] doublure *f* / *she asked him to go as her stand-in* elle lui a demandé de la remplacer. ◆ adj [gen] remplaçant ; [office worker] intérimaire ; [teacher] suppléant, qui fait des remplacements / *we'll need stand-in staff during the summer* nous aurons besoin d'intérimaires pendant l'été / *I can't find a stand-in speaker for tomorrow's session* je ne trouve personne qui puisse remplacer le conférencier prévu pour demain.

standing ['stændɪŋ] ◆ adj **1.** [upright - position, person, object] debout (*inv*) ▸ **standing room** or **places** places *fpl* debout / *it was standing room only at the meeting* il n'y avait plus de places assises or la salle était pleine à craquer lors de la réunion ▸ **standing lamp** US lampadaire *m* (de salon) ▸ **standing ovation** ovation *f* ▸ **to get a standing ovation** se faire ovationner **2.** [stationary] ▸ **standing jump** SPORT saut *m* à pieds joints ▸ **standing start a)** SPORT départ *m* debout **b)** AUTO départ *m* arrêté / *it reaches 100 mph in 40 seconds from a standing start* elle atteint les 160 km/h en 40 secondes départ arrêté ▸ **standing wave** PHYS onde *f* stationnaire **3.** [grain, timber] sur pied ▸ **standing crop a)** AGR récolte *f* sur pied **b)** BIOL [of plankton] biomasse *f* **4.** [stagnant - water] stagnant **5.** [permanent - army, offer, etc.] permanent ; [- claim] de longue date / *it's a standing joke with us* c'est une vieille plaisanterie entre nous ▸ **standing committee** comité *m* permanent ▸ **to pay by standing order** UK payer par prélèvement (bancaire) automatique / *I get paid by standing order* je reçois mon salaire par virement bancaire ▸ **standing orders** UK POL règlement *m* intérieur (*d'une assemblée délibérative*). ◆ n **1.** [reputation] réputation *f* ; [status] standing *m* / *a man of your standing needs to be more careful* un homme de votre standing se doit d'être plus prudent / *an economist of considerable standing* un économiste de grand renom or très réputé / *people of lower / higher social standing* des gens d'une position sociale moins / plus élevée / *they are a family of some standing in the community* c'est une famille qui jouit d'une certaine position dans la communauté / *enquiries were made into his financial standing* on a enquêté sur sa situation financière / *Mr Pym is a client in good standing with our bank* M. Pym est un client très estimé de notre banque / *the scandal has damaged the company's standing in the eyes of the public* le scandale a nui à la réputation de la société auprès du public **2.** [ranking] rang *m*, place *f* ; SCH & SPORT [ordered list] classement *m* / *her standing in the opinion polls is at its lowest yet* sa cote de popularité dans les sondages est au plus bas / *the standings in the Senate are Liberals 62 seats and Conservatives 30* la répartition des sièges au Sénat est de 62 sièges pour les libéraux et 30 pour les conservateurs / *what's their standing in the league table?* quel est leur classement dans le championnat ? **3.** [duration] durée *f* / *of long standing* de longue date / *of 15 years' standing* **a)** [collaboration, feud] qui dure depuis 15 ans **b)** [treaty, account] qui existe depuis 15 ans **c)** [friend, member] depuis 15 ans / *an employee of 10 years' standing* un salarié qui a 10 ans d'ancienneté dans l'entreprise **4.** US AUTO / **'no standing'** 'arrêt interdit' **5.** US LAW position *f* en droit / *homosexuals have no standing to collect alimony payments* aucune disposition légale n'autorise les homosexuels à toucher une pension alimentaire.

standing charges n [on bill] frais *mpl* d'abonnement.

standing stone n pierre *f* levée.

standoff ['stændɒf] n **1.** POL [inconclusive clash] affrontement *m* indécis ; [deadlock] impasse *f* / *their debate ended in a standoff* leur débat n'a rien donné / *the standoff over the budget is making Wall Street nervous* l'impasse dans laquelle se trouve le budget inquiète Wall Street **2.** US SPORT [tie] match *m* nul **3.** UK [in rugby] ▸ **standoff (half)** demi *m* d'ouverture.

standoffish [ˌstænd'ɒfɪʃ] adj distant, froid / *there's no need to be standoffish* ce n'est pas la peine de prendre cet air supérieur.

standoff missile n missile *m* tiré à distance de sécurité.

standout ['stændaʊt] n US : *his article was a real standout* son article sortait vraiment du lot.

standpipe ['stændpaɪp] n **1.** [in street - for fire brigade] bouche *f* d'incendie ; [- for public] point *m* d'alimentation en eau de secours **2.** [in pumping system] tuyau *m* ascendant, colonne *f* d'alimentation.

standpoint ['stændpɔɪnt] n point *m* de vue / *try to see the situation from her standpoint* essayez de voir la situation de son point de vue à elle.

standstill ['stændstɪl] n arrêt *m* ▸ **to come to a standstill a)** [vehicle, person] s'immobiliser **b)** [talks, work, etc.] piétiner ▸ **to bring to a standstill a)** [vehicle, person] arrêter **b)** [talks, traffic] paralyser ▸ **to be at a standstill a)** [talks, career] être au point mort **b)** [traffic] être paralysé **c)** [economy] piétiner, stagner.

stand-up adj [collar] droit ; [meal] (pris) debout ▸ **a stand-up fight a)** [physical] une bagarre en règle **b)** [verbal] une discussion violente ▸ **stand-up comic** or **comedian** comique *mf* (*qui se produit seul en scène*) ▸ **stand-up counter** or **diner** US buvette *f* ▸ **a stand-up guy** US [decent, honest] un type réglo.

Stanford ['stænfəd] pr n *prestigieuse université près de San Francisco.*

stank [stæŋk] pt ⟶ **stink.**

Stanley knife® ['stænlɪ-] n cutter *m*.

stannic ['stænɪk] adj stannique.

stanza ['stænzə] n **1.** [in poetry] strophe *f* **2.** US SPORT période *f*.

staphylococcus [ˌstæfɪləʊ'kɒkəs] (*pl* **staphylococci** [-'kɒksaɪ]) n staphylocoque *m*.

staple ['steɪpl] ◆ n **1.** [for paper] agrafe *f* **2.** [for wire] cavalier *m*, crampillon *m* **3.** [foodstuff] aliment *m* or denrée *f* de base ▸ **kitchen** or **household staples** provisions *fpl* de base / *staples are being rationed* en ce moment, les produits de première nécessité sont rationnés **4.** COMM & ECON [item] article *m* de base ; [raw material] matière *f* première **5.** [constituent] partie *f* intégrante / *divorce cases are a staple of his law practice* son cabinet s'occupe essentiellement de divorces **6.** TEXT fibre *f* artificielle à filer. ◆ vt **1.** [paper, upholstery, etc.] agrafer / *staple the sheets together* agrafez les feuilles / *posters were stapled on* or *onto* or *to the walls* des posters étaient agrafés aux murs **2.** MED ▸ **to have one's stomach stapled** se faire poser un anneau gastrique. ◆ adj **1.** [food, products] de base ; [export, crop] principal / *a staple diet of rice and beans* un régime à base de riz et de haricots / *for young children, milk is the staple diet* pour de jeunes enfants, le lait est l'aliment de base / *the staple diet of these TV channels consists of soap operas* fig les programmes de ces chaînes de télévision sont essentiellement constitués de feuilletons / *their staple commodity is cotton* le coton est leur produit de base / *tanks are a staple feature of conventional warfare* les tanks sont un des éléments de base de la guerre conventionnelle **2.** TEXT ▸ **staple fibre** fibre *f* artificielle à filer.

staple gun n agrafeuse *f* (professionnelle).

stapler ['steɪplər] n agrafeuse *f* (de bureau).

staple remover n ôte-agrafes *m inv.*

star [stɑːr] (*pt & pp* **starred**, *cont* **starring**) ◆ n **1.** [in sky] étoile *f* / *to sleep (out) under the stars* dormir or coucher à la belle étoile ▸ **the morning** / **evening star** l'étoile du matin / du soir ▸ **falling** or **shooting star** étoile filante ▸ **to have stars in one's eyes** être sur un petit nuage ▸ **to see stars** voir trente-six chandelles ▸ **The Star** PRESS *nom abrégé du Daily Star* **2.** [symbol of fate, luck] étoile *f* ; ASTROL astre *m*, étoile *f* / *his star is rising* son étoile brille chaque jour davantage / *his star is on the wane* son étoile pâlit ▸ **to be born under a lucky star** être né sous une bonne étoile / *I thanked my (lucky) stars I wasn't chosen* j'ai remercié le ciel de ne pas avoir été choisi / *the influence of the stars* l'influence des astres / *what do my stars say today?* inf que dit mon horoscope aujourd'hui ? / *it's written in the stars* c'est le destin **3.** [figure, emblem] étoile *f* ; SCH bon point *m* / *the restaurant has gained another star* le restaurant s'est vu décerner une étoile supplémentaire ▸ **the Star of David** l'étoile de David ▸ **the Stars and Bars** le drapeau des États confédérés ▸ **the Stars and Stripes** *le drapeau américain* **4.** [asterisk] astérisque *m* **5.** [celebrity] vedette *f*, star *f* / *one film won't make him a star* un seul film ne fera pas de lui une vedette or une star / *she was an up-and-coming rock star* elle était en train de devenir une grande star du rock / *he's a rising star in the Labour party* il est en train de devenir un personnage important du parti travailliste / *to be the star of the class* être la vedette de la classe / **'A Star Is Born'** *Wellman* 'Une étoile est née' **6.** [blaze - on animal] étoile *f*. ◆ comp **1.** CIN & THEAT ▸ **the star attraction** : *the star attraction of tonight's show* la principale attraction du spectacle de ce soir ▸ **the star turn** la vedette ▸ **to get star billing** être en tête d'affiche ▸ **to give sb star billing** mettre qqn en tête d'affiche ▸ **to give sb star treatment** : *the hotel gives all its clients star treatment* cet hôtel offre à sa clientèle un service de première classe **2.** [salesman, pupil, etc.] meilleur / *he's our star witness* c'est notre témoin-vedette or notre témoin principal **3.** ELEC ▸ **star connection** couplage *m* en étoile ▸ **star point** point *m* neutre. ◆ vt **1.** CIN & THEAT avoir comme or pour vedette / *the play starred David Caffrey* la pièce avait pour vedette David Caffrey / *"Casablanca", starring Humphrey Bogart and Ingrid Bergman* « Casablanca », avec Humphrey Bogart et Ingrid Bergman (dans les rôles principaux) **2.** [mark with asterisk] marquer d'un astérisque **3.** *liter* [adorn with stars] étoiler / *candles starred the darkness* des bougies étoilaient l'obscurité / *the bay was starred with sail boats* la baie était parsemée de voiliers. ◆ vi CIN & THEAT être la vedette / *who starred with Redford in "The Sting"?* qui jouait avec Redford dans « l'Arnaque » ? / *"Othello", with Laurence Olivier starring in the title role* « Othello », avec Laurence Olivier dans le rôle principal / *he's starring in a new TV serial* il est la vedette d'un nouveau feuilleton télévisé.

The Stars and Stripes

The Stars and Stripes (« la bannière étoilée ») n'est que l'une des nombreuses appellations populaires du drapeau américain, au même titre que **Old Glory** ou **Stars and Bars**. Les 50 étoiles représentent les 50 États actuels, alors que les rayures rouges et blanches symbolisent les 13 États fondateurs de l'Union. Les Américains sont très fiers de leur drapeau et il n'est pas rare de le voir flotter devant les maisons particulières. Le fait de détruire ou déshonorer cet emblème est considéré comme un crime fédéral.

-star in comp ▸ **a two-star hotel** un hôtel deux étoiles ▸ **a four-star general** un général à quatre étoiles ▸ **two-star petrol** UK (essence *f*) ordinaire *m* ▸ **four-star petrol** UK super *m*.

star anise n badiane *f*.

star apple n pomme *f* étoilée.

starboard ['stɑːbəd] ◆ n NAUT tribord *m* ; AERON tribord *m*, droite *f* / *to starboard* à tribord / *vessel to starboard!* navire par tribord ! ◆ adj NAUT [rail, lights] de tribord ; AERON [door, wing] droit, de tribord. ◆ vt NAUT ▸ **to starboard the helm** or **rudder** mettre la barre à tribord.

starch [stɑːtʃ] ◆ n **1.** [for laundry] amidon *m*, empois *m* **2.** [in cereals] amidon *m* ; [in root vegetables] fécule *f* / *try and avoid starch* or *starches* essayez d'éviter les féculents **3.** *(U) inf* [formality] manières *fpl* guindées **4.** PHR ▸ **to take the starch out of sb** US [critic, bully] rabattre le caquet à qqn. ◆ vt empeser, amidonner.

Star Chamber n UK HIST tribunal *m* correctionnel ; *fig & pej* tribunal *m* arbitraire or inquisitorial ▸ **Court of Star Chamber** *tribunal anglais de 1487*.

❖ **star-chamber** adj *pej* [decision] arbitraire ; [trial, procedure] arbitraire, inquisitorial / *star-chamber sessions of the town council* des réunions secrètes or à huis clos du conseil municipal.

starched [stɑːtʃt] adj amidonné.

starch-reduced adj [bread] de régime ; [diet] pauvre en féculents.

starchy ['stɑːtʃɪ] (*compar* **starchier**, *superl* **starchiest**) adj **1.** [diet] riche en féculents ; [taste] farineux ▸ **starchy foods** féculents *mpl* **2.** *pej* [person] guindé, compassé / *he's so starchy!* on dirait qu'il a avalé son parapluie !

star-crossed adj *liter* maudit par le sort.

stardom ['stɑːdəm] n célébrité *f*, vedettariat *m* ▸ **to rise to stardom** devenir célèbre, devenir une vedette / *he never actively sought stardom* il n'a jamais vraiment couru après la célébrité / *she has been groomed for stardom* on l'a façonnée pour en faire une vedette.

stardust ['stɑːdʌst] n *(U)* [illusions] chimères *fpl*, illusions *fpl* ; [sentimentality] sentimentalité *f* ▸ **to have stardust in one's eyes a)** [be deluded] être en proie aux chimères **b)** [be a romantic] être très fleur bleue.

stare [steəʳ] ◆ vi regarder (fixement) ▸ **to stare at sb / sthg** regarder qqn / qqch fixement / *it's rude to stare!* ça ne se fait pas de regarder les gens comme ça ! / *stop it, people are staring!* arrête, les gens nous regardent ! / *I stared into his eyes* je l'ai regardé dans le blanc des yeux / *she stared at me in disbelief* elle m'a regardé avec des yeux incrédules / *to stare in amazement* regarder d'un air ébahi / *he stared straight ahead* il regardait fixement devant lui / *she sat staring into the distance* elle était assise, le regard perdu (au loin) / *I stared out of the train window* j'ai regardé longuement par la fenêtre du train / *doesn't being stared at in the street bother you?* ça ne vous gêne pas d'attirer les regards des gens dans la rue ? ◆ vt **1.** [intimidate] ▸ **to stare sb into silence** faire taire qqn en le fixant du regard / *her steely eyes stared him into submission* son regard d'acier l'a réduit à l'obéissance **2.** PHR *the answer is staring you in the face!* mais la réponse saute aux yeux ! / *I'd looked everywhere for my keys and there they were staring me in the face* j'avais cherché mes clefs partout alors qu'elles étaient là sous mon nez / *failure was staring us in the face* nous courions à l'échec. ◆ n regard *m* (fixe) ▸ **to give sb a hostile / an incredulous stare** fixer qqn d'un regard hostile / incrédule.

❖ **stare out** UK, **stare down** US vt sep faire baisser les yeux à.

starfish ['stɑːfɪʃ] (*pl* **starfish** *or* **starfishes**) n étoile *f* de mer.

starfruit ['stɑːfruːt] n carambole *f*.

stargaze ['stɑːgeɪz] vi **1.** [watch] observer les étoiles **2.** [daydream] rêvasser.

stargazer ['stɑːˌgeɪzəʳ] n **1.** [astronomer] astronome *mf* ; [astrologer] astrologue *mf* **2.** [daydreamer] rêveur *m*, -euse *f*, rêvasseur *m*, -euse *f* **3.** [fish] uranoscope *m*.

stargazing ['stɑːˌgeɪzɪŋ] n **1.** [astronomy] observation *f* des étoiles ; [astrology] astrologie *f* / *economists are often accused of indulging in stargazing fig* on accuse souvent les économistes de tirer des plans sur la comète **2.** *(U)* [daydreaming] rêveries *fpl*, rêvasseries *fpl*.

staring ['steərɪŋ] ◆ adj [bystanders] curieux / *with staring eyes* **a)** [fixedly] aux yeux fixes **b)** [wide-open] aux yeux écarquillés **c)** [blank] aux yeux vides. ◆ adv = **stark**.

stark [stɑːk] ◆ adj **1.** [bare, grim - landscape] désolé ; [- branches, hills] nu ; [- crag, rock] âpre, abrupt ; [- room, façade] austère ; [- silhouette] net / *in the stark light of day* à la lumière crue du jour / *the chimneys rose in stark relief against the sky* les cheminées se découpaient nettement contre le ciel / *the stark simplicity of the shapes* l'austère dépouillement des formes **2.** [blunt - description, statement] cru, sans ambages ; [- refusal, denial] catégorique ; [harsh - words] dur / *the stark realities of war* les dures réalités de la guerre / *those are the stark facts* ce sont les faits tels qu'ils sont / *the stark realism of her book* le réalisme cru de son livre **3.** [utter - brutality, terror] absolu ; [- madness] pur / *in stark poverty* dans la misère absolue or la plus noire / *in stark violation of the ceasefire* en violation flagrante du cessez-le-feu / *their foreign policy success is in stark contrast to the failure of their domestic policies* la réussite de leur politique étrangère contraste nettement avec l'échec de leur politique intérieure. ◆ adv complètement ▸ **stark raving** or **staring mad** *inf* complètement fou or dingue ▸ **stark naked** à poil.

starkers ['stɑːkəz] adj & adv UK *inf* à poil.

starkly ['stɑːklɪ] adv [describe] crûment ; [tell] carrément, sans ambages ; [stand out] nettement / *the room was starkly lit* la pièce était éclairée par une lumière crue / *in starkly realistic terms* en termes d'un réalisme cru.

starkness ['stɑːknɪs] n [of landscape, scene] désolation *f* ; [of room, façade] austérité *f* ; [of branches] nudité *f* ; [of light] crudité *f* ; [of life, reality] dureté *f* / *the starkness of the author's style* le style dépouillé de l'auteur / *a mirror offset the starkness of the bare walls* une glace adoucissait l'austérité des murs nus.

starless ['stɑːlɪs] adj sans étoile.

starlet ['stɑːlɪt] n starlette *f*.

starlight ['stɑːlaɪt] n lumière *f* des étoiles / *by starlight* à or sous la lumière des étoiles.

starling ['stɑːlɪŋ] n étourneau *m*, sansonnet *m*.

starlit ['stɑːlɪt] adj [night] étoilé ; [landscape] illuminé par les étoiles ; [beach, sea] baigné par la lumière des étoiles.

star-of-Bethlehem n BOT étoile *f* de Bethléem.

starry ['stɑːrɪ] (*compar* **starrier**, *superl* **starriest**) adj **1.** [adorned with stars] étoilé / *a starry night* une nuit étoilée / *the starry light* la lumière des étoiles **2.** [sparkling] étincelant, brillant / *a starry diadem* un diadème étincelant **3.** *liter & fig* [lofty] élevé / *the starry heights of Mount Olympus* les hauteurs infinies de l'Olympe.

starry-eyed adj [idealistic] idéaliste ; [naive] naïf, ingénu ; [dreamy] rêveur, dans la lune / *there's nothing starry-eyed about her* elle a vraiment les pieds sur terre.

star sapphire n saphir *m* en forme d'étoile.

star shell n MIL obus *m* éclairant.

starship ['stɑːʃɪp] n vaisseau *m* spatial.

star sign n signe *m* (du zodiaque).

star-spangled [-'spæŋgld] adj [flag] étoilé ; [sky] parsemé d'étoiles.

Star-Spangled Banner n ▸ **the Star-Spangled Banner** la bannière étoilée.

star-studded adj **1.** [show, film] à vedettes / *a star-studded cast* une distribution où figurent de nombreuses vedettes or qui réunit une brochette de stars **2.** = **star-spangled**.

star system n **1.** CIN & THEAT star-system *m* **2.** ASTRON système *m* stellaire.

start [stɑːt] ◆ vt **1.** [begin - gen] commencer ; [- climb, descent] amorcer / *I've started the first chapter* **a)** [write] j'ai commencé (à écrire) le premier chapitre **b)** [read] j'ai commencé (à lire) le premier chapitre ▸ **to start doing** or **to do sthg** commencer à or se mettre à faire qqch / *it's starting to rain* il commence à pleuvoir / *it had just started raining* or *to rain when I left* il venait juste de commencer à pleuvoir quand je suis parti / *she started driving* or *to drive again a month after her accident* elle a recommencé à conduire or elle s'est remise à conduire un mois après son accident / *to start school* **a)** [for the first time] commencer l'école **b)** [after holidays] rentrer à or reprendre l'école / *she started her speech with a quotation from the Bible* elle a commencé son discours par une citation de la Bible / *I started my investigation with a visit to Carl* j'ai commencé mon enquête par une visite chez Carl / *they started the year with a deficit* ils ont commencé l'année avec un déficit / *he started work at sixteen* il a commencé à travailler à seize ans / *he started life as a delivery boy* il débuta dans la vie comme garçon livreur / *frogs start life as tadpoles* les grenouilles commencent par être des têtards / *go ahead and start lunch without me* allez-y, vous pouvez commencer (à déjeuner) sans moi / *I like to finish anything I start* j'aime aller au bout de tout ce que j'entreprends / *I think I'm starting a cold* je crois que j'ai attrapé un rhume ▸ **to get started** : *I got started on the dishes* je me suis mis à la vaisselle / *let's get started!* allons-y ! / *once he gets started there's no stopping him* une fois lancé, il n'y a pas moyen de l'arrêter / *I need a coffee to get me started in the morning* j'ai besoin d'un café pour commencer la journée / *shall we get started on the washing up?* si on attaquait la vaisselle ? **2.** [initiate, instigate - reaction, revolution, process] déclencher ; [- fashion] lancer ; [- violence] déclencher, provoquer ; [- conversation, discussion] engager, amorcer ; [- rumour] faire naître / *her article started the controversy* son article a été à l'origine de la controverse / *which side started the war?* quel camp a déclenché la guerre ? / *the referee blew his whistle to start the match* l'arbitre siffla pour signaler le début du match / *it wasn't me who started the quarrel / the fight!* ce n'est pas moi qui ai commencé la dispute / la bagarre ! / *the breakup of the empire started the process of decline* le démantèlement de l'empire a déclenché le processus de déclin / *to start a fire* **a)** [in fireplace] allumer le feu **b)** [campfire] faire du feu **c)** [by accident, bomb] mettre le feu / *the fire was started by arsonists* l'incendie a été allumé par des pyromanes ▸ **are you trying to start something?** *inf*, **just what are you trying to start?** *inf* tu cherches la bagarre, ou quoi ? **3.** [cause to behave in specified way] faire / *it started her (off) crying / laughing* cela l'a fait pleurer / rire / *I'll start a team working on it right away* je vais mettre une équipe là-dessus tout de suite / *the news is going to start tongues wagging* la nouvelle va faire jaser **4.** [set in motion - motor, car] (faire) démarrer, mettre en marche ; [- machine, device] mettre en marche ; [- meal] mettre en route / *how do I start the tape (going)?* comment est-ce que je dois faire pour mettre le magnétophone en marche ? / *I couldn't get the car started* je n'ai pas réussi à faire démarrer la voiture / *to start the printer again, press this key* pour remettre en marche l'imprimante, appuyez sur cette touche **5.** [begin using - bottle, pack] entamer **6.** [establish, found - business, school, political party] créer, fonder ; [- restaurant, shop] ouvrir ; [- social programme] créer, instaurer ▶ **to start a newspaper** créer or fonder un journal ▶ **to start a family** avoir un (premier) enfant **7.** [person - in business, work] installer, établir / *he started his son in the family business* il a fait entrer son fils dans l'entreprise familiale / *his election success started him on his political career* son succès aux élections l'a lancé dans sa carrière d'homme politique / *they start new pilots on domestic flights* ils font débuter les nouveaux pilotes sur les vols intérieurs / *I start on $500 a week* je débute à 500 dollars par semaine **8.** SPORT ▶ **to start the race** donner le signal du départ **9.** HUNT [flush out] lever. ◆ vi **1.** [in time] commencer / *the film starts at 8 o'clock* le film commence à 20 h / *when did the contractions start?* quand les contractions ont-elles commencé ? / *our problems are just starting* nos ennuis ne font que commencer / *before the New Year* | *the rainy season starts* avant le début de l'année prochaine | de la saison des pluies / *before the cold weather starts* avant qu'il ne commence à faire froid / *starting (from) next week* à partir de la semaine prochaine ▶ **to start again** or **afresh** recommencer ▶ **to start all over again, to start again from scratch** recommencer à zéro / *school starts on September 5th* la rentrée a lieu or les cours reprennent le 5 septembre ; [story, speech] : *calm down and start at the beginning* calmez-vous et commencez par le commencement / *I didn't know where to start* je ne savais pas par quel bout commencer / *she started with a joke* | *by introducing everyone* elle a commencé par une plaisanterie | par faire les présentations / *I'd like to start by saying how pleased I am to be here tonight* j'aimerais commencer par vous dire à quel point je suis heureux d'être parmi vous ce soir / *the book starts with a quotation* le livre commence par une citation ; [in career, job] débuter / *she started in personnel* | *as an assistant* elle a débuté au service du personnel | comme assistante / *have you been working here long? — no, I've just started* vous travaillez ici depuis longtemps ? — non, je viens de commencer or je débute / *gymnasts have to start young* les gymnastes doivent commencer jeunes / *I'll have the soup to start (with)* pour commencer, je prendrai du potage / *she was an architect to start with, then a journalist* elle a d'abord été architecte, puis journaliste / *isn't it time you got a job? — don't* YOU *start!* il serait peut-être temps que tu trouves du travail — tu ne vas pas t'y mettre, toi aussi ! **2.** [in space - desert, fields, slope, street] commencer ; [- river] prendre sa source / *the neutral zone starts at the river* la zone neutre commence à la rivière / *there's an arrow where the path starts* il y a une flèche qui indique le début du sentier / *the bus route starts at the station* la ligne de bus commence à la gare / *where does the tunnel start?* où est l'entrée du tunnel ? **3.** [car, motor] démarrer, se mettre en marche / *the engines started with a roar* les moteurs ont démarré en vrombissant / *why won't the car start?* pourquoi la voiture ne veut-elle pas démarrer ? **4.** [set off - person, convoy] partir, se mettre en route ; [- train] s'ébranler / *the tour starts at* or *from the town hall* la visite part de la mairie / *I'll have to start for the airport soon* il va bientôt falloir que je parte pour l'aéroport / *the train was starting across* or *over the bridge* le train commençait à traverser le pont or abordait le pont / *she started along the path* elle s'engagea sur le sentier / *only four horses started* SPORT quatre chevaux seulement ont pris le départ **5.** [range - prices] commencer / *houses here start at $100,000* ici, le prix des maisons démarre à 100 000 dollars / *return fares start from £299* on trouve des billets aller-retour à partir de 299 livres **6.** [jump involuntarily - person] sursauter ; [- horse] tressaillir, faire un soubresaut ; [jump up] bondir / *he started in surprise* il a tressailli de surprise / *she started from her chair* elle bondit de sa chaise **7.** [gush] jaillir, gicler / *tears started to his eyes* les larmes lui sont montées aux yeux. ◆ n **1.** [beginning - gen] commencement *m*, début *m* ; [- of inquiry] ouverture *f* / *it's the start of a new era* c'est le début or le commencement d'une ère nouvelle / *the start of the school year* la rentrée scolaire / *the start of the footpath is marked by an arrow* le début du sentier est signalé par une flèche / *it was an inauspicious start to his presidency* c'était un début peu prometteur pour sa présidence / *things are off to a bad* | *good start* ça commence mal | bien, on est mal | bien partis / *my new boss and I didn't get off to a very good start* au début, mes rapports avec mon nouveau patron n'ont pas été des meilleurs / *to get a good start in life* prendre un bon départ dans la vie or l'existence / *we want an education that will give our children a good start* nous voulons une éducation qui donne à nos enfants des bases solides / *a second honeymoon will give us a fresh start* une deuxième lune de miel nous fera repartir d'un bon pied / *the programme will give ex-prisoners a fresh* or *new start (in life)* le programme va donner aux anciens détenus une seconde chance (dans la vie) ▶ **to make a start (on sthg)** commencer (qqch) ▶ **to make** or **to get an early start a)** [gen] commencer de bonne heure **b)** [on journey] partir de bonne heure / *I've made a good start on my Christmas shopping* j'ai déjà fait une bonne partie de mes achats de Noël / *I was lonely at the start* au début je me sentais seule / *at the start of the war* au début de la guerre ▶ **from the start** dès le début or commencement ▶ **from start to finish** : *the trip was a disaster from start to finish* le voyage a été un désastre d'un bout à l'autre / *I laughed from start to finish* j'ai ri du début à la fin / *the project was ill-conceived from start to finish* le projet était mal conçu de bout en bout **2.** SPORT [place] (ligne *f* de) départ *m* ; [signal] signal *m* de départ / *they are lined up for* or *at the start* ils sont sur la ligne de départ / *where's the start of the rally?* où est le départ du rallye ? **3.** [lead, advance] avance *f* / *she has two hours' start* or *a two-hour start on us* elle a une avance de deux heures sur nous / *he gave him 20 metres' start* or *a 20-metre start* il lui a accordé une avance de 20 mètres / *our research gives us a start over our competitors* nos recherches nous donnent de l'avance sur nos concurrents **4.** [jump] sursaut *m* / *she woke up with a start* elle s'est réveillée en sursaut / *with a start, I recognized my own handwriting* j'ai eu un sursaut quand j'ai reconnu ma propre écriture ▶ **to give a start** sursauter, tressaillir ▶ **to give sb a start** faire sursauter or tressaillir qqn.

✣ **for a start** adv phr d'abord, pour commencer.

✣ **for starts** US *inf* = **for a start**.

✣ **to start with** adv phr pour commencer, d'abord / *to start (off) with, my name isn't Jo* pour commencer or d'abord, je ne m'appelle pas Jo.

✣ **start back** vi **1.** [turn back] rebrousser chemin **2.** [start again] recommencer / *the children start back at school tomorrow* c'est la rentrée scolaire demain.

✣ **start in on** vt insep s'attaquer à / *I started in on the pile of mail* je me suis attaqué à la pile de courrier / *once he starts in on liberty and democracy, there's no stopping him* une fois qu'il est lancé sur le sujet de la liberté et de la démocratie, il n'y a plus moyen de l'arrêter ▶ **to start in on sb** *inf* s'en prendre à qqn, tomber à bras raccourcis sur qqn.

✣ **start off** ◆ vi **1.** [leave] partir, se mettre en route / *he started off at a run* il est parti en courant / *when do you start off on your trip?* quand est-ce que vous partez en voyage ? **2.** [begin - speech, film] commencer / *it starts off with a description of the town* ça commence par une description de la ville / *start off with a summary of the problem* commencez par un résumé du problème / *the interview started off badly* | *well* l'entrevue a mal | bien commencé / *I started off agreeing with him* au début, j'étais d'accord avec lui **3.** [in life, career] débuter / *he started off as a cashier* il a débuté comme caissier / *she started off as a Catholic* elle était catholique à l'origine / *you're starting off with all the advantages* vous partez avec tous les avantages. ◆ vt sep **1.** [book, campaign, show] commencer / *she started the meeting off with introductions* elle a commencé la réunion en faisant les présentations **2.** [person - on new task] : *here's some wool to start you off* voici de la laine pour commencer **3.** [set off] déclencher / *what started the alarm off?* qu'est-ce qui a déclenché l'alarme ? / *if you mention it it'll only start her off again* n'en parle pas, sinon elle va recommencer ▶ **to start sb off laughing** | **crying** faire rire | pleurer qqn.

✣ **start on** vt insep **1.** [begin - essay, meal] commencer ; [- task, dishes] se mettre à ; [- new bottle, pack] entamer / *they had already started on their dessert* ils avaient déjà commencé à manger or entamé leur dessert / *after they'd searched the car they started on the luggage* après avoir fouillé la voiture, ils sont passés aux bagages **2.** [attack, berate] s'en prendre à / *don't start on me, I'm not to blame!* ne t'en prends pas à moi, ce n'est pas de ma faute !

✣ **start out** vi **1.** = **start off 2.** [begin career] se lancer, s'installer, s'établir / *he started out in business with his wife's money* il s'est lancé dans les affaires avec l'argent de sa femme / *when she started out there were only a few women lawyers* quand elle a commencé sa carrière, il y avait très peu de femmes avocats.

✣ **start over** vi & vt sep US recommencer (depuis le début).

✣ **start up** ◆ vt sep **1.** [establish, found - business, school, political party] créer, fonder ; [- restaurant, shop] ouvrir **2.** [set in motion - car, motor] faire démarrer ; [- machine] mettre en marche. ◆ vi **1.** [guns, music, noise, band] commencer ; [wind] se lever / *the applause started up again* les applaudissements ont repris **2.** [car, motor] démarrer, se mettre en marche ; [machine] se mettre en marche **3.** [set up business] se lancer, s'installer, s'établir.

starter ['stɑːtəʳ] n **1.** AUTO [motor, button] démarreur *m* ; [on motorbike] kick *m*, démarreur *m* au pied ▶ **starter switch** bouton *m* de démarrage ▶ **starter handle** UK AUTO manivelle *f* **2.** [runner, horse] partant *m* ; [in relay race] premier coureur *m*, première coureuse *f* ▶ **to be a slow starter** [gen & SPORT] être lent à démarrer, avoir du retard à l'allumage **3.** SPORT [official] starter *m*, juge *m* de départ ▶ **starter's pistol** or **gun** pistolet *m* du starter ▶ **to be under starter's orders** [in horseracing] être sous les ordres du starter **4.** [fermenting agent] ferment *m* ▶ **yoghurt starter** ferment lactique pour yaourt **5.** UK [hors d'œuvre] hors-d'œuvre *m inv* ▶ **for starters a)** [in meal] comme hors-d'œuvre **b)** *fig* pour commencer / *that was just for starters* ce n'était qu'un hors-d'œuvre **6.** US *inf* = **starter home**.

starter home n première maison *f* *(achetée par un individu ou un couple)*.

starter motor n démarreur *m*.

starter pack n kit *m* de base.

starter set n US [dishes] service *m* pour six.

starting ['stɑːtɪŋ] ◆ n commencement *m* / *who wants to be responsible for the starting of a nuclear war?* qui veut assumer la responsabilité du déclenchement d'une guerre nucléaire ? ◆ adj initial / *the starting line-up* la composition initiale de l'équipe ▶ **starting salary** salaire *m* d'embauche.

starting block n starting-block *m*.

starting gate n SPORT [for horse] starting-gate *f* ; [for skier] porte *f* de départ.

starting grid n [in motor racing] grille *f* de départ.

starting handle n UK AUTO manivelle *f*.

starting line = **starting post**.

starting pistol n pistolet *m* du starter.

starting point n point *m* de départ.

starting post n SPORT ligne *f* de départ.

starting price n [gen] prix *m* initial ; [in horseracing] cote *f* au départ ; [at auction] mise *f* à prix, prix *m* d'appel.

startle ['stɑːtl] ◆ vt [person - surprise] surprendre, étonner ; [- frighten, alarm] faire peur à, alarmer ; [- cause to jump] faire sursauter ; [animal, bird, fish] effaroucher / *I didn't mean to startle you* je ne voulais pas vous faire peur / *it startled me* or *I was startled to see how much he had aged* j'ai été surpris or ça a été un choc pour moi de voir à quel point il avait vieilli / *the noise startled him out of his reverie* le bruit l'a brusquement tiré de ses rêveries. ◆ vi s'effaroucher.

startled ['stɑːtld] adj [person] étonné ; [expression, shout, glance] de surprise ; [animal] effarouché / *there* *was a startled silence* il y a eu un silence étonné / *the startled waiter dropped the tray* le serveur, surpris, a laissé tomber son plateau / *the startled guests didn't move* les invités, ahuris, restaient sans bouger.

startling ['stɑ:tlɪŋ] adj étonnant, surprenant ; [contrast, resemblance] saisissant / *startling green eyes* des yeux d'un vert saisissant.

start-up ◆ adj [costs] de démarrage ▸ **start-up loan** prêt *m* initial. ◆ n start-up *f*, jeune pousse *f* d'entreprise *offic.*

starvation [stɑ:'veɪʃn] n faim *f* ▸ **to die of** or **from starvation** mourir de faim / *starvation had decimated the troops* la famine avait décimé les troupes.

starvation diet n *lit* ration *f* de famine ; *fig* régime *m* draconien / *the prisoners subsisted on a starvation diet of rice and water* les prisonniers devaient se contenter de riz et d'eau.

starvation wages pl n salaire *m* de famine / *they pay starvation wages* ce sont des affameurs.

starve [stɑ:v] ◆ vi [suffer] souffrir de la faim, être affamé ▸ **to starve (to death)** [die] mourir de faim / *I'm starving!* *inf* je meurs de faim ! / *you must be starving!* tu dois mourir de faim ! ◆ vt **1.** [cause to suffer] affamer / *he starved himself to feed his child* il s'est privé de nourriture pour donner à manger à son enfant / *I'm starved!* *inf* je meurs de faim ! / *the garrison was starved into surrender* la garnison affamée a fini par se rendre **2.** [cause to die] laisser mourir de faim **3.** [deprive] priver / *the libraries have been starved of funds* les bibliothèques manquent cruellement de subventions / *to be starved of affection* être privé d'affection / *the inhabitants were starved of news* les habitants étaient privés d'informations.

✣ **starve out** vt sep [rebels, inmates] affamer, réduire par la faim ; [animal] obliger à sortir en l'affamant.

starveling ['stɑ:vlɪŋ] n *liter* [person] crève-la-faim *m inv* ; [animal] animal *m* famélique.

starving ['stɑ:vɪŋ] adj affamé / *I've got four starving kids to feed!* *inf* j'ai quatre gosses affamés à nourrir ! / *think of all the starving people in the world* pense à tous ces gens qui meurent de faim dans le monde.

Star Wars ◆ pr n **1.** HIST la guerre des étoiles *(nom donné à l'Initiative de Défense Stratégique, programme militaire spatial mis en place dans les années 1980 par le président Reagan)* **2.** CIN 'la Guerre des étoiles', 'Star Wars'. ◆ comp [policy, advocate, weapon] de la guerre des étoiles ▸ **Star Wars research** la recherche sur la défense stratégique.

stash [stæʃ] *inf* ◆ vt **1.** [hide] planquer, cacher / *it was stashed under the bed* c'était planqué or caché sous le lit / *he's probably got it stashed (away) here somewhere* il l'a certainement planqué or caché ici quelque part / *he's got a lot of money stashed (away) somewhere* il a plein de fric planqué quelque part **2.** [put away] ranger / *let me stash my things* attends que je ramasse mon bazar. ◆ n **1.** [reserve] réserve *f* / *a stash of money* un magot / *the police found a big stash of guns / of cocaine* la police a découvert une importante cache d'armes / un important stock de cocaïne **2.** [hiding place] planque *f*, cachette *f* **3.** *drugs sl* cache *f*.

✣ **stash away** vt sep *inf* = **stash** *(vt).*

stasis ['steɪsɪs] *(pl* **stases** [-si:z]*)* n **1.** MED stase *f* **2.** [equilibrium] équilibre *m*, repos *m* ; [stagnation] stagnation *f*.

state [steɪt] ◆ n **1.** [condition] état *m* / *the country is in a state of war / shock* le pays est en état de guerre / choc / *a state of confusion prevailed* la confusion régnait / *chlorine in its gaseous / liquid state* le chlore à l'état gazeux / liquide ▸ **to be in a good / bad state a)** [road, carpet, car] être en bon / mauvais état **b)** [person, economy, friendship] aller bien / mal / *the house was in a good / poor state of repair* la maison était en bon / mauvais état / *he was in a state of confusion* il ne savait plus où il en était / *she was in no (fit) state to make a decision* elle était hors d'état de or elle n'était pas en état de prendre une décision / *the car's not in a state to be driven* la voiture n'est pas en état de rouler ▸ **to get into a state** *inf* se mettre dans tous ses états / *he gets into an awful state if I don't phone* si je ne lui téléphone pas, il se met dans tous ses états / *there's no need to get into such a state about it* ce n'est pas la peine de te mettre dans un état pareil or de t'affoler comme ça **2.** POL [nation, body politic] État *m* ▸ **a state within a state** un État dans l'État ▸ **the member states** les États membres ▸ **the head of state** le chef de l'État ▸ **heads of state** chefs d'État ▸ **the separation of (the) Church and (the) State** la séparation de l'Église et de l'État ▸ **state lottery** US *loterie d'État dont les gros lots sont soumis à l'impôt et sont versés au gagnant sur une période de 10 ou 20 ans* ▸ **the State Opening of Parliament** *ouverture officielle du Parlement britannique en présence de la reine* **3.** [in US, Australia, India, etc. - political division] État *m* ▸ **the States** *inf* les États-Unis, les US / *the State of Ohio* l'État de l'Ohio **4.** US [department] ▸ **State** le Département d'État **5.** [pomp] apparat *m*, pompe *f* / *the carriages are used only on state occasions* les carrosses sont réservés aux cérémonies d'apparat **6.** *arch* [social position, estate] état *m*. ◆ comp **1.** [secret] d'État ; [subsidy, intervention] de l'État ; ECON [sector] public / *state buildings* bâtiments *mpl* publics / *the state airline* la compagnie d'aviation nationale / *a state funeral* des funérailles nationales **2.** UK SCH [education system] public **3.** US [not federal - legislature, policy, law] de l'État / *the state capital* la capitale de l'État / *state police* police *f* de l'État / *a state university* une université d'État or publique / *the Michigan State team* l'équipe de l'État du Michigan / *a state park* un parc régional **4.** [official, ceremonious] officiel / *state dinner* dîner *m* officiel. ◆ vt [utter, say] déclarer ; [express, formulate - intentions] déclarer ; [- demand] formuler ; [- proposition, problem, conclusions, views] énoncer, formuler ; [- conditions] poser / *the president stated emphatically that the rumours were untrue* le président a démenti catégoriquement les rumeurs / *I have already stated my position on that issue* j'ai déjà fait connaître ma position à ce sujet / *we state the current figures on page five* les chiffres actuels sont donnés en page cinq / *the regulations clearly state that daily checks must be made* le règlement dit or indique clairement que des vérifications quotidiennes doivent être effectuées / *please state salary expectations* veuillez indiquer le salaire souhaité / *state your name and address* donnez vos nom, prénoms et adresse / *the man refused to state his business* l'homme a refusé d'expliquer ce qu'il faisait / *as stated above* comme indiqué plus haut / *state the figure as a percentage* exprimez or indiquez le chiffre en pourcentage ▸ **to state one's case** présenter ses arguments ▸ **to state the case for the defence / the prosecution** LAW présenter le dossier de la défense / de l'accusation.

✣ **in state** adv phr en grand apparat, en grande pompe ▸ **to lie in state** être exposé solennellement ▸ **to live in state** mener grand train.

state apartments pl n appartements *mpl* de parade.

state bank n US banque *f* de dépôts *(agréée par un État).*

state capitalism n capitalisme *m* d'État.

state control n contrôle *m* étatique ; [doctrine] étatisme *m* ▸ **to be put** or **placed under state control** être nationalisé / *state control of the means of communication* la nationalisation des moyens de communication.

state-controlled adj [industry] nationalisé ; [economy] étatisé ; [activities] soumis au contrôle de l'État / *the oil company is 51% state-controlled* l'État détient 51 % des actions de la compagnie pétrolière.

statecraft ['steɪtkrɑ:ft] n [skill - in politics] habileté *f* politique ; [- in diplomacy] (art *m* de la) diplomatie *f* / *he is a master of statecraft* c'est un maître confirmé de la diplomatie.

stated ['steɪtɪd] adj [amount, date] fixé ; [limit] prescrit ; [aim] déclaré / *it will be finished within the stated time* cela va être terminé dans les délais prescrits or prévus / *at the stated price* au prix fixé or convenu.

State Department n US ministère *m* des Affaires étrangères.

State Enrolled Nurse n UK aide-soignant *m* diplômé, aide-soignante *f* diplômée.

statehood ['steɪthʊd] n : *the struggle for statehood* la lutte pour l'indépendance ▸ **to achieve statehood** devenir un État.

Statehouse ['steɪthaʊs] *(pl* [-haʊzɪz]*)* n *siège de l'assemblée législative d'un État aux États-Unis.*

stateless ['steɪtlɪs] adj apatride ▸ **stateless person** apatride *mf*.

state line n US frontière *f* entre États.

stateliness ['steɪtlɪnɪs] n [of ceremony, building, monument] majesté *f*, grandeur *f* ; [of person, bearing] dignité *f*.

stately ['steɪtlɪ] *(compar* **statelier**, *superl* **stateliest***)* adj [ceremony, building] majestueux, imposant ; [person, bearing] noble, plein de dignité.

stately home n *château ou manoir à la campagne, généralement ouvert au public.*

statement ['steɪtmənt] n **1.** [declaration - gen] déclaration *f*, affirmation *f* ; [- to the press] communiqué *m* / *a written / policy statement* une déclaration écrite / de principe / *can you back that statement up?* pouvez-vous confirmer cette déclaration ? ▸ **to put out** or **to issue** or **to make a statement about sthg** émettre un communiqué concernant qqch / *the chairman was asked to withdraw his statement* le président a été prié de retirer sa déclaration / *a statement to the effect that...* une déclaration selon laquelle... ▸ **to make a fashion statement** s'habiller à la dernière mode **2.** [act of stating - of theory, opinions, policy, aims] exposition *f* ; [- of problem] exposé *m*, formulation *f* ; [- of facts, details] exposé *m*, compte-rendu *m* **3.** LAW déposition *f* / *to make a statement to the police* faire une déposition dans un commissariat de police ▸ **a sworn statement** une déposition faite sous serment ▸ **statement of claim** demande *f* introductive d'instance **4.** COMM & FIN relevé *m* **5.** LING affirmation *f* **6.** COMPUT instruction *f*.

Staten Island ['stætn-] pr n Staten Island *(quartier de New York).*

state of affairs n circonstances *fpl* actuelles / *nothing can be done in the present state of affairs* vu les circonstances actuelles, on ne peut rien faire / *this is an appalling state of affairs* c'est une situation épouvantable / *this is a fine state of affairs!* *iro* c'est du propre !

state of emergency *(pl* **states of emergency***)* n état *m* d'urgence / *a state of emergency has been declared* l'état d'urgence a été déclaré.

state of mind *(pl* **states of mind***)* n état *m* d'esprit / *in your present state of mind* dans l'état d'esprit dans lequel vous êtes / *success is just a state of mind* la réussite n'est qu'un état d'esprit / *is he in a better state of mind?* est-ce qu'il est dans de meilleures dispositions ?

state of the art n [of procedures, systems] pointe *f* du progrès / *the state of the art in linguistics* l'état actuel des connaissances en linguistique.

✣ **state-of-the-art** adj [design, device] de pointe / *the method incorporates state-of-the-art technology* la méthode utilise des techniques de pointe / *it's state-of-the-art* *inf* c'est ce qui se fait de mieux, c'est du dernier cri.

State of the Union address n : *the State of the Union address* le discours sur l'état de l'Union.

State of the Union address

Une fois par an, le président des États-Unis prononce un discours devant le Congrès, dans lequel il dresse le bilan de son programme et en définit les orientations. Ce discours est retransmis à la radio et à la télévision.

state-owned [-'əʊnd] adj nationalisé.

state pension n pension *f* de l'État.

state prison n US prison *f* d'État *(pour les longues peines).*

stateroom ['steɪtrʊm] n **1.** [in ship] cabine *f* de grand luxe ; US [in railway coach] compartiment *m* privé **2.** [in public building] salon *m* (de réception).

state school n UK école *f* publique.

state's evidence n US ▸ **to turn state's evidence** *témoigner contre ses complices en échange d'une remise de peine.*

States General pl n États généraux *mpl.*

stateside ['steɪtsaɪd] adj & adv US *inf* aux États-Unis ; ≃ au pays / *he has a wife stateside* il a une épouse au pays.

statesman ['steɪtsmən] (*pl* **statesmen** [-mən]) n homme *m* d'État.

statesmanlike ['steɪtsmənlaɪk] adj [protest, reply] diplomatique ; [solution] de grande envergure ; [caution] pondéré.

statesmanship ['steɪtsmənʃɪp] n qualités *fpl* d'homme d'État / *he showed great statesmanship in dealing with the problem* il a traité ce problème avec toute l'habileté d'un grand chef d'État.

state socialism n socialisme *m* d'État.

State Supreme Court n *aux États-Unis, la plus haute instance judiciaire de chaque État.*

state's witness n US ▸ **to turn state's witness** *témoigner contre ses complices en échange d'une remise de peine.*

stateswoman ['steɪts,wʊmən] (*pl* **stateswomen** [-,wɪmɪn]) n femme *f* politique.

state trooper n US ≃ gendarme *m.*

state visit n POL visite *f* officielle / *he's on a state visit to Japan* il est en voyage officiel au Japon.

state-wide ◆ adj US [support, protest, celebration] dans tout l'État / *the epidemic / our distribution is state-wide* l'épidémie / notre réseau de distribution s'étend à tout l'État. ◆ adv dans tout l'État / *better schools are needed state-wide* on a besoin de meilleures écoles dans tout l'État.

static ['stætɪk] ◆ adj **1.** [stationary, unchanging] stationnaire, stable / *prices are fairly static just now* les prix sont relativement stables en ce moment **2.** ELEC statique ▸ **static electricity** électricité *f* statique. ◆ n *(U)* **1.** RADIO & TELEC parasites *mpl* **2.** ELEC électricité *f* statique / *you get a lot of static from nylon carpets* les moquettes en Nylon ® produisent beaucoup d'électricité statique **3.** US *inf* [aggravation, criticism] ▸ **to give sb static about** or **over sthg** passer un savon à qqn à propos de qqch ▸ **to get a lot of static (about)** or **(over) sthg** se faire enguirlander (pour qqch).

statics ['stætɪks] n *(U)* SCI statique *f.*

station ['steɪʃn] ◆ n **1.** TRANSP gare *f* ; [underground] station *f* (de métro) / *I'll meet you at Brighton station* je vous retrouverai à la gare de Brighton **2.** [establishment, building] station *f*, poste *m* / *I must ask you to accompany me to the station* je dois vous demander de m'accompagner au commissariat **3.** MIL [gen - position] poste *m* ▸ **to take up one's station** prendre position ▸ **action** or **battle stations!** à vos postes ! **4.** MIL [base] poste *m*, base *f* ▸ **airforce station** UK base aérienne **5.** RADIO & TV [broadcaster] station *f* ; [smaller] poste *m* émetteur ▸ **commercial radio station** station de radio commerciale, radio *f* commerciale ; [on radio or TV set] chaîne *f* ▸ **to change stations** changer de chaîne **6.** [social rank] rang *m*, condition *f*, situation *f* / *they tend to forget their true station in life* ils ont tendance à oublier leur véritable position sociale ▸ **to marry below one's station** faire une mésalliance ▸ **to marry above one's station** se marier au-dessus de sa condition sociale **7.** COMPUT station *f* **8.** RELIG ▸ **the Stations of the Cross** le chemin de la Croix. ◆ comp [buffet, platform, etc.] de gare. ◆ vt **1.** [position] placer, poster / *police were stationed at all the exits* des policiers étaient postés à toutes les issues **2.** MIL [garrison] : *British troops stationed in Germany* les troupes britanniques stationnées en Allemagne.

stationary ['steɪʃnərɪ] adj **1.** [not moving] stationnaire / *he hit a stationary vehicle* il a heurté un véhicule à l'arrêt or en stationnement ▸ **stationary front** METEOR front *m* stationnaire **2.** [fixed] fixe ▸ **stationary engine / shaft** MECH moteur *m* / arbre *m* fixe.

station break n US pause *f* or page *f* de publicité.

stationer ['steɪʃnəʳ] n UK papetier *m*, -ère *f* ▸ **stationer's (shop)** papeterie *f* / *at the stationer's* à la papeterie.

stationery ['steɪʃnərɪ] n [in general] papeterie *f* ; [writing paper] papier *m* à lettres / *a letter written on hotel stationery* une lettre écrite sur le papier à en-tête d'un hôtel ▸ **school / office stationery** fournitures *fpl* scolaires / de bureau.

station house n US [police station] poste *m* de police, commissariat *m* ; [fire station] caserne *f* de pompiers.

stationmaster ['steɪʃn,mɑːstəʳ] n chef *m* de gare.

station wagon n US break *m.*

statistic [stə'tɪstɪk] n chiffre *m*, statistique *f* / *that particular statistic is certain to embarrass the government* ces chiffres or statistiques vont sûrement embarrasser le gouvernement / *he may be just another statistic to the police, but he was my brother* ce n'est peut-être qu'une statistique de plus pour la police, mais il s'agissait de mon frère.

statistical [stə'tɪstɪkl] adj [analysis, technique] statistique ; [error] de statistique / *it's a statistical certainty* c'est statistiquement certain ▸ **statistical mechanism** mécanique *f* statistique.

statistically [stə'tɪstɪklɪ] adv statistiquement.

statistician [,stætɪ'stɪʃn] n statisticien *m*, -enne *f.*

statistics [stə'tɪstɪks] ◆ n *(U)* [science] statistique *f.* ◆ pl n **1.** [figures] statistiques *fpl*, chiffres *mpl* **2.** *inf* [of woman] mensurations *fpl.*

stative ['steɪtɪv] adj ▸ **stative verb** verbe *m* d'état.

stator ['steɪtəʳ] n stator *m.*

stats [stæts] *inf* = **statistics.**

statuary ['stætʃʊərɪ] ◆ n *(U) fml* [statues collectively] statues *fpl* ; [art] statuaire *f.* ◆ adj statuaire ▸ **statuary marble** marbre *m* statuaire.

statue ['stætʃuː] n statue *f* ▸ **the Statue of Liberty** la statue de la Liberté.

statuesque [,stætjʊ'esk] adj : *a statuesque woman* une femme d'une beauté sculpturale.

statuette [,stætjʊ'et] n statuette *f.*

stature ['stætʃəʳ] n **1.** [height] stature *f*, taille *f* / *he is rather short in* or *of stature* il est plutôt petit **2.** [greatness] envergure *f*, calibre *m* / *he doesn't have the stature to be prime minister* il n'a pas l'envergure d'un Premier ministre / *a mathematician of considerable stature* un mathématicien d'une très grande envergure.

status [UK 'steɪtəs US 'stætəs] ◆ n **1.** [position - in society, hierarchy, etc.] rang *m*, position *f*, situation *f* / *what's your status in the company?* quelle est votre position dans l'entreprise ? / *she quickly achieved celebrity status* elle est vite devenue une célébrité **2.** [prestige] prestige *m*, standing *m* / *living here definitely confers a certain status* le fait de vivre ici confère indéniablement un certain standing or prestige **3.** [legal or official standing] statut *m* ▸ **legal status** statut légal **4.** [general state or situation] état *m*, situation *f*, condition *f* ▸ **to make a status report on sthg** faire le point sur qqch / *their financial status is under investigation* on enquête sur leur situation financière **5.** MED : *HIV-positive status* séropositivité *f.* ◆ comp [car, club] de prestige, prestigieux.

status bar n COMPUT barre *f* d'état.

status line n COMPUT ligne *f* d'état.

status meeting n réunion *f* de bilan.

status quo [,steɪtəs'kwəʊ] n statu quo *m* ▸ **to maintain** or **to preserve the status quo** maintenir le statu quo.

status symbol n marque *f* de prestige.

statute ['stætjuːt] n **1.** LAW loi *f* ▸ **statute of limitations** loi *f* de prescription, prescription *f* légale **2.** [of club, company, university] règle *f* ▸ **the statutes** le règlement, les statuts *mpl.*

statute book n UK code *m* (des lois), recueil *m* de lois / *the new law is not yet on the statute book* la nouvelle loi n'est pas encore entrée en vigueur.

statute law n droit *m* écrit.

statutorily ['stætjʊtərɪlɪ] adv statutairement.

statutory ['stætjʊtrɪ] adj **1.** [regulations] statutaire ; [rights, duties, penalty] statutaire, juridique ; [holiday] légal ; [offence] prévu par la loi ; [price controls, income policy] obligatoire ▸ **statutory rape** US détournement *m* de mineur ▸ **statutory sick pay** UK *indemnité de maladie versée par l'employeur* ▸ **statutory tenant** locataire *mf* en place **2.** UK [token] ▸ **the statutory woman** la femme-alibi *(présente pour que soit respectée la réglementation sur l'égalité des sexes).*

staunch [stɔːntʃ] ◆ adj [loyal] loyal, dévoué ; [unswerving] constant, inébranlable / *he's my staunchest ally* c'est mon allié le plus sûr. ◆ vt [liquid, blood] étancher ; [flow] arrêter, endiguer.

staunchly ['stɔːntʃlɪ] adv [loyally] loyalement, avec dévouement ; [unswervingly] avec constance, fermement / *their house is in a staunchly Republican area* ils habitent un quartier résolument républicain.

staunchness ['stɔːntʃnɪs] n [loyalty] loyauté *f*, dévouement *m* ; [firmness] constance *f*, fermeté *f.*

stave [steɪv] (*pt & pp* **staved** *or* **stove** [stəʊv]) n **1.** MUS portée *f* **2.** [stanza] stance *f*, strophe *f* **3.** [part of barrel] douve *f*, douelle *f.*

❖ **stave in** vt sep enfoncer, défoncer.

❖ **stave off** vt sep [defeat] retarder ; [worry, danger] écarter ; [disaster, threat] conjurer ; [misery, hunger, thirst] tromper ; [questions] éluder / *his lawyer tried to stave off any awkward questions* son avocat a essayé d'éluder toute question gênante.

staves [steɪvz] pl **1.** ⟶ **staff 2.** ⟶ **stave.**

stay [steɪ] ◆ vi **1.** [remain] rester / *stay here* or *stay put until I come back* restez ici or ne bougez pas jusqu'à ce que je revienne / *I can't stay long, I've got a train to catch* je ne peux pas rester longtemps, j'ai un train à prendre / *would you like to stay for* or *to dinner?* voulez-vous rester dîner ? / *I don't want to stay in the same job all my life* je ne veux pas faire le même travail toute ma vie / *to stay awake all night* rester éveillé toute la nuit, ne pas dormir de la nuit / *it stays dark here until at least 10 o'clock in the morning* ici, il ne fait pas jour avant 10 h du matin / *let's try and stay calm* essayons de rester calmes / *she managed to stay ahead of the others* elle a réussi à conserver son avance sur les autres / *stay tuned for the news* restez à l'écoute pour les informations / *personal computers have come to stay* or *are here to stay* l'ordinateur personnel est devenu indispensable **2.** [reside temporarily] : *how long are you staying in New York?* combien de temps restez-vous à New York ? / *we decided to stay an extra week* nous avons décidé de rester une semaine de plus or de prolonger notre séjour d'une semaine / *I always stay at the same hotel* je descends toujours au même hôtel / *we met a couple staying at the same hotel as us* nous avons rencontré un couple qui séjournait au même hôtel que nous / *she's staying with friends* elle séjourne chez des amis / *to look for a place to stay* chercher un endroit où loger / *you can stay here for the night* or *you can stay the night here* tu peux coucher ici cette nuit or passer la nuit ici **3.** *liter* [stop, pause] s'arrêter. ◆ vt **1.** [last out] aller jusqu'au bout de, tenir jusqu'à la fin de ▸ **to stay the course a)** *lit* finir la course **b)** *fig* tenir jusqu'au bout **2.** [stop] arrêter, enrayer ; [delay] retarder ▸ **to stay sb's hand** retenir qqn ▸ **to stay one's hand** se retenir **3.** [prop up - wall] étayer ; [secure with cables - mast] haubaner. ◆ n **1.** [sojourn] séjour *m* / *enjoy your stay!* bon séjour ! / *an overnight stay in hospital* une nuit d'hospitalisation **2.** LAW [suspension] suspension *f* ▸ **stay of execution** ordonnance *f* à surseoir (à un jugement) **3.** [support, prop] étai *m*, support *m*, soutien *m* **4.** [in corset] baleine *f* **5.** [cable, wire - for mast, flagpole, etc.] étai *m*, hauban *m.*

❖ **stays** pl n *dated* corset *m.*

❖ **stay away** vi ne pas aller, s'abstenir d'aller / *she stayed away from school last week* elle n'est pas allée à l'école la semaine dernière / *people are staying away* *from the beaches* les plages sont désertées en ce moment / *stay away from my sister!* ne t'approche pas de ma sœur !

◆ **stay behind** vi rester / *I'll stay behind to clear up* je vais rester pour ranger / *a few pupils stayed behind to talk to the teacher* quelques élèves sont restés (après le cours) pour parler au professeur.

◆ **stay down** vi **1.** [gen] rester en bas **2.** UK SCH redoubler / *she had to stay down a year* elle a dû redoubler **3.** [food] : *I do eat, but nothing will stay down* je mange, mais je ne peux rien garder.

◆ **stay in** vi **1.** [stay at home] rester à la maison, ne pas sortir ; [stay indoors] rester à l'intérieur, ne pas sortir **2.** [be kept in after school] être consigné, être en retenue **3.** [not fall out] rester en place, tenir / *I can't get this nail to stay in* je n'arrive pas à faire tenir ce clou.

◆ **stay on** vi rester / *more pupils are staying on at school after the age of 16* de plus en plus d'élèves poursuivent leur scolarité au-delà de l'âge de 16 ans.

◆ **stay out** vi **1.** [not come home] ne pas rentrer / *she stayed out all night* elle n'est pas rentrée de la nuit **2.** [remain outside] rester dehors / *don't stay out there in the rain!* ne reste pas dehors sous la pluie ! / *get out and stay out!* sors d'ici et ne t'avise pas de revenir ! **3.** [remain on strike] rester en grève / *the miners stayed out for nearly a year* la grève des mineurs a duré près d'un an **4.** [not get involved] ne pas se mêler / *stay out of this!* ne te mêle pas de ça !

◆ **stay over** vi **1.** [not leave] s'arrêter un certain temps / *we decided to stay over until the weekend* nous avons décidé de prolonger notre séjour jusqu'au week-end **2.** [stay the night] passer la nuit / *do you want to stay over?* veux-tu passer la nuit ici ?

◆ **stay up** vi **1.** [not go to bed] veiller, ne pas se coucher / *don't stay up too late* ne veillez pas or ne vous couchez pas trop tard **2.** [not fall - building, mast] rester debout ; [- socks, trousers] tenir ; [remain in place - pictures, decorations] rester en place.

◆ **stay with** vt insep *inf* : *just stay with it, you can do it* accroche-toi, tu peux y arriver.

stay-at-home *inf & pej* ◆ n pantouflard *m*, -e *f*. ◆ adj pantouflard, popote *(inv)*.

stayer ['steɪəʳ] n *inf* : *he's a real stayer* il est drôlement résistant.

staying power ['steɪɪŋ-] n résistance *f*, endurance *f*.

staysail ['steɪseɪl] n voile *f* d'étai.

stay stitch n point *m* d'arrêt.

stay-ups pl n [tights] bas *mpl* autofixants.

St. Bernard [UK ˌseɪnt'bɜːnəd US ˌseɪntbər'nɑːrd] n [dog] saint-bernard *m inv*.

STD n **1.** (abbr of **subscriber trunk dialling**) UK TELEC automatique *m* (interurbain) ▸ **STD code** indicatif *m* de zone **2.** (abbr of **sexually transmitted disease**) MST *f*.

stead [sted] n UK ▸ **in sb's stead** *fml* à la place de qqn / *he asked me to go in his stead* il m'a demandé d'y aller à sa place ▸ **to stand sb in good stead** rendre grand service or être très utile à qqn.

steadfast ['stedfɑːst] adj **1.** [unswerving] constant, inébranlable ; [loyal] loyal, dévoué / *to be steadfast in one's support of sb* apporter un soutien inconditionnel à qqn **2.** [steady - stare, gaze] fixe.

steadfastly ['stedfɑːstlɪ] adv avec constance, fermement.

steadfastness ['stedfɑːstnɪs] n constance *f*, fermeté *f* / *they showed great steadfastness of purpose* ils ont fait preuve d'une grande ténacité or persévérance.

Steadicam® ['stedɪkæm] n Steadicam® *m*.

steadily ['stedɪlɪ] adv **1.** [regularly - increase, decline] régulièrement, progressivement ; [- breathe] régulièrement ; [non-stop - rain] sans interruption, sans cesse / *her health grew steadily worse* sa santé s'est progressivement détériorée **2.** [firmly - stand] planté or campé sur ses jambes ; [- walk] d'un pas ferme ; [- gaze] fixement, sans détourner les yeux.

steadiness ['stedɪnɪs] n **1.** [regularity - of increase, speed, pulse, etc.] régularité *f* **2.** [stability - of ladder, relationship, market, etc.] stabilité *f* ; [firmness - of voice] fermeté *f* ; [- of hand] sûreté *f* / *the steadiness of her gaze* la fixité de son regard **3.** [reliability - of person] sérieux *m*.

steady ['stedɪ] (*compar* **steadier**, *superl* **steadiest**, *pl* **steadies**, *pt & pp* **steadied**) ◆ adj **1.** [regular, constant - growth, increase, decline] régulier, progressif ; [- speed, pace] régulier, constant ; [- pulse] régulier, égal ; [- work] stable ; [- income] régulier / *inflation remains at a steady 5%* l'inflation s'est stabilisée à 5 % / *he's never been able to hold down a steady job* il n'a jamais pu garder un emploi stable / *steady boyfriend* petit ami *m* régulier or attitré / *steady girlfriend* petite amie *f* régulière or attitrée / *I've got several boyfriends but no one steady* j'ai des flirts, mais pas de petit ami attitré **2.** [firm, stable - ladder, boat, relationship] stable ; [- structure, desk, chair] solide, stable / *hold the ladder steady for me* tiens-moi l'échelle ▸ **to have a steady hand** avoir la main sûre ; [calm - voice] ferme ; [- gaze] fixe ; [- nerves] solide **3.** [reliable - person] sérieux. ◆ adv ▸ **to go steady with sb** sortir avec qqn / *are Diana and Paul going steady?* c'est sérieux entre Diana et Paul ? ◆ n US *inf* petit ami *m*, petite amie *f*. ◆ interj ▸ **steady (on)! a)** [be careful] attention ! **b)** [calm down] du calme ! / *steady! you almost knocked me over!* eh ! doucement ! tu as failli me faire tomber ! ◆ vt **1.** [stabilize] stabiliser ; [hold in place] maintenir, retenir / *I reached out to steady the vase* j'ai tendu le bras pour retenir le vase / *he almost fell off, but he managed to steady himself* il a failli tomber, mais il a réussi à se rattraper / *she rested her elbows on the wall to steady the camera* elle appuya ses coudes sur le mur pour que l'appareil photo ne bouge pas / *we were trying to steady the boat* nous essayions de stabiliser le bateau **2.** [calm] calmer / *drink this, it'll steady your nerves* bois ça, ça te calmera (les nerfs) / *living with Edith has had a steadying influence on him* il s'est assagi or calmé depuis qu'il vit avec Edith. ◆ vi [boat, prices, stock market] se stabiliser ; [pulse, breathing] devenir régulier ; [person - regain balance] retrouver son équilibre ; [- calm down] se calmer.

steady state theory n PHYS théorie *f* de l'état or de l'univers stationnaire.

steak [steɪk] n **1.** [beefsteak - for frying, grilling] steak *m*, bifteck *m* ▸ **steak and chips** steak frites *m* **2.** [beef - for stews, casseroles] bœuf *m* à braiser ▸ **steak and kidney pie** *tourte à la viande et aux rognons cuite au four* ▸ **steak and kidney pudding** *tourte à la viande et aux rognons cuite à la vapeur* **3.** [cut - of veal, turkey] escalope *f* ; [- of horse meat] steak *m*, bifteck *m* ; [- of other meat] tranche *f*, [- of fish] tranche *f*, darne *f*.

steakhouse ['steɪkhaʊs] *(pl* [-haʊzɪz]*)* n grill *m*, grill-room *m*.

steak knife n couteau *m* à steak or à viande.

steak tartare [-tɑː'tɑːʳ] n steak *m* tartare.

steal [stiːl] (*pt* **stole** [stəʊl], *pp* **stolen** ['stəʊln]) ◆ vt **1.** [money, property] voler ▸ **to steal sthg from sb** voler qqch à qqn / *he stole money from her purse* il a volé de l'argent dans son porte-monnaie / *several paintings have been stolen from the museum* plusieurs tableaux ont été volés au musée / *they've stolen my idea!* ils ont volé mon idée ! **2.** *fig* [time] voler, prendre ; [attention, affection] détourner ▸ **to steal sb's heart** séduire qqn ▸ **to steal all the credit for sthg** s'attribuer tout le mérite de qqch / *may I steal a few moments of your precious time?* pouvez-vous m'accorder quelques instants de votre temps si précieux ? ▸ **to steal a glance at sb** jeter un regard furtif à qqn ▸ **to steal a march on sb** UK prendre qqn de vitesse, couper l'herbe sous le pied de qqn ▸ **to steal the show from sb** ravir la vedette à qqn / *he really stole the show with that act of his!* son numéro a été le clou du spectacle ! ▸ **to steal sb's thunder** éclipser qqn. ◆ vi **1.** [commit theft] voler / *he was caught stealing* il a été pris en train de voler ▸ **thou shalt not steal** BIBLE tu ne voleras point **2.** [move secretively] ▸ **to steal in** / **out** entrer / sortir à pas furtifs or feutrés ▸ **to steal into a room** se glisser or se faufiler dans une pièce / *she stole up on me from behind* elle s'est approchée de moi par derrière sans faire de bruit ; *fig* : *shadows began to steal across the courtyard liter* des ombres commencèrent à envahir la cour / *a strange sadness stole over me liter* une étrange tristesse m'envahit. ◆ n US *inf* [bargain] affaire *f* / *it was a steal* c'était une bonne affaire.

◆ **steal away** vi partir furtivement, s'esquiver.

stealing ['stiːlɪŋ] n vol *m*.

stealth [stelθ] n **1.** [of animal] ruse *f* **2.** *(U)* [underhandedness] moyens *mpl* détournés / *the documents were obtained by stealth* nous nous sommes procuré les documents en cachette or par des moyens détournés ▸ **stealth tax** *impôt indirect et donc invisible.*

Stealth bomber, **Stealth plane** n avion *m* furtif.

stealthily ['stelθɪlɪ] adv furtivement, subrepticement, en catimini.

stealthy ['stelθɪ] (*compar* **stealthier**, *superl* **stealthiest**) adj furtif.

steam [stiːm] ◆ n **1.** [vapour] vapeur *f* ; [condensation] buée *f* / *she wiped the steam from the mirror* elle essuya la buée sur la glace **2.** MECH & RAIL [as power] vapeur *f* ▸ **to run on** or **to work by steam** marcher à la vapeur ▸ **at full steam** à toute vapeur, à pleine vitesse ▸ **full steam ahead!** en avant toute ! ▸ **to do sthg under one's own steam** faire qqch par ses propres moyens ▸ **to get up** or **to pick up steam a)** [vehicle] prendre de la vitesse **b)** [campaign] être lancé / *the battle against drugs is finally picking up steam* la lutte contre la drogue est enfin bien lancée ▸ **to let off steam** se défouler ▸ **to run out of steam** s'essouffler, s'épuiser. ◆ comp [boiler, locomotive, etc.] à vapeur. ◆ vt **1.** [unstick with steam] : *steam the stamps off the envelope* passez l'enveloppe à la vapeur pour décoller les timbres / *to steam open an envelope* décacheter une enveloppe à la vapeur **2.** CULIN (faire) cuire à la vapeur / *steamed vegetables* légumes *mpl* (cuits) à la vapeur. ◆ vi **1.** [soup, kettle, wet clothes] fumer **2.** [go - train, ship] : *the train steamed into / out of the station* le train entra en gare / quitta la gare / *the liner steamed into the harbour* le paquebot entra dans le port / *cargo boats regularly steamed across the Atlantic* des cargos à vapeur traversaient régulièrement l'Atlantique / *my brother steamed on ahead fig* mon frère filait devant / *she steamed into / out of the room fig* elle est entrée dans / sortie de la pièce comme une furie.

◆ **steam up** ◆ vi [window, glasses] s'embuer, se couvrir de buée. ◆ vt sep [window, glasses] embuer.

steam bath n bain *m* de vapeur.

steamboat ['stiːmbəʊt] n bateau *m* à vapeur, vapeur *m*.

steam coal n charbon *m* à vapeur, houille *f* de chaudière.

steam-driven adj à vapeur.

steamed-up [stiːmd-] adj *inf* [angry] énervé, dans tous ses états / *what's he all steamed-up about?* pourquoi est-il dans tous ses états or dans un état pareil ? / *she got very steamed-up about the whole business* (toute) cette histoire l'a mise dans tous ses états or l'a beaucoup énervée.

steam engine n MECH moteur *m* à vapeur ; RAIL locomotive *f* à vapeur.

steamer ['stiːməʳ] n **1.** NAUT bateau *m* à vapeur, vapeur *m* **2.** CULIN [pan] marmite *f* à vapeur ; [basket inside pan] panier *m* de cuisson à la vapeur ; ELEC cuit-vapeur *m*.

steam heat n chaleur *f* fournie par la vapeur.

steaming ['stiːmɪŋ] ◆ adj **1.** [very hot] fumant **2.** *inf* [angry] furibard, furax. ◆ adv ▸ **steaming hot** fumant.

steam iron n fer *m* (à repasser) à vapeur.

steam point n point *m* d'ébullition.

steam radio n UK *inf & dated* **1.** [broadcasting] ≃ la bonne vieille radio *(par opposition à la télévision)* **2.** [set] poste *m* de radio antédiluvien.

steamroll ['stiːmrəʊl] vt [road] cylindrer.

steamroller ['stiːmˌrəʊləʳ] ◆ n *lit & fig* rouleau *m* compresseur ▸ **to use steamroller tactics** employer la technique du rouleau compresseur. ◆ vt **1.** [crush - opposition, obstacle] écraser **2.** [force] ▸ **to steamroller**

a bill through Parliament *faire passer une loi à la Chambre sans tenir compte de l'opposition* ▸ **to steamroller sb into doing sthg** forcer qqn à faire qqch **3.** = **steamroll.**

steamroom ['sti:mru:m] n hammam *m.*

steamship ['sti:mʃɪp] n navire *m* à vapeur, vapeur *m.*

steam shovel n US bulldozer *m.*

steamy ['sti:mɪ] (*compar* **steamier**, *superl* **steamiest**) adj **1.** [room] plein de vapeur ; [window, mirror] embué **2.** *inf* [erotic] érotique, d'un érotisme torride.

stearic [stɪ'ærɪk] adj stéarique ▸ **stearic acid** acide *m* stéarique.

stearin ['stɪərɪn] n stéarine *f.*

steatite ['stɪə,taɪt] n stéatite *f.*

steed [sti:d] n *liter* coursier *m (cheval).*

steel [sti:l] ◆ n **1.** [iron alloy] acier *m* ▸ **to have nerves of steel** avoir des nerfs d'acier **2.** [steel industry] industrie *f* sidérurgique, sidérurgie *f* / *the nationalization of steel* la nationalisation de l'industrie sidérurgique **3.** [for sharpening knives] aiguisoir *m* **4.** *liter* [sword] fer *m.* ◆ comp [industry, plant] sidérurgique ; [strike] des sidérurgistes ▸ **steel manufacturer** sidérurgiste *mf.* ◆ adj [helmet, cutlery, etc.] en acier. ◆ vt **1.** UK [harden] ▸ **to steel o.s. against sthg** se cuirasser contre qqch / *he steeled himself against any further hurt* il s'est cuirassé contre toute nouvelle blessure sentimentale / *steel yourself for a terrible ordeal* préparez-vous à affronter une rude épreuve / *I had steeled myself for the worst* je m'étais préparé au pire **2.** METALL aciérer.

steel band n MUS steel band *m.*

steel blue n bleu *m* acier.

❖ **steel-blue** adj bleu acier *(inv).*

steel grey n gris *m* acier.

❖ **steel-grey** adj gris acier *(inv).*

steel guitar n steel guitar *f.*

steel wool n paille *f* de fer.

steelworker ['sti:l,wɜ:kər] n sidérurgiste *mf.*

steelworks ['sti:lwɜ:ks] (*pl* **steelworks**) n aciérie *f*, usine *f* sidérurgique.

steely ['sti:lɪ] adj **1.** [in colour] d'acier, gris acier *(inv)* **2.** [strong - determination, will] de fer ; [- look] d'acier.

steelyard ['sti:ljɑ:d] n balance *f* romaine.

steenbok ['sti:nbɒk] n steinbock *m*, steenbok *m.*

steep [sti:p] ◆ adj **1.** [hill] raide, abrupt, escarpé ; [slope] fort, raide ; [cliff] abrupt ; [road, path] raide, escarpé ; [staircase] raide / *it's a steep climb to the village* la montée est raide pour arriver au village / *the plane went into a steep dive* l'avion se mit à piquer du nez **2.** [increase, fall] fort / *a steep drop in share prices* une forte chute du prix des actions **3.** *inf* [fee, price] excessif, élevé / *the prices are a bit steep* l'addition est plutôt salée **4.** *inf* [unreasonable] : *it's a bit steep asking us to do all that work by Friday* c'est un peu fort or un peu raide de nous demander de faire tout ce travail pour vendredi. ◆ vt [soak] (faire) tremper ; CULIN (faire) macérer, (faire) mariner / *steep the onions in vinegar* faites macérer les oignons dans du vinaigre / *I want to steep myself in the atmosphere of the place fig* je veux m'imprégner de l'atmosphère de l'endroit. ◆ vi [gen] tremper ; CULIN macérer, mariner.

steeped [sti:pt] adj : *steeped in tradition / mystery* imprégné de tradition / mystère.

steepen ['sti:pn] vi **1.** [slope, road, path] devenir plus raide or escarpé / *the climb steepened as we neared the top* la pente devenait de plus en plus raide à mesure que nous approchions du sommet **2.** [increase - inflation, rate] croître.

steeple ['sti:pl] n clocher *m*, flèche *f.*

steeplechase ['sti:plʧeɪs] n [in horse racing, athletics] steeple *m*, steeple-chase *m.*

steeplechaser ['sti:pl,ʧeɪsər] n **1.** [jockey] jockey *m* de steeple or steeple-chase **2.** [runner] coureur *m*, -euse *f* de steeple or steeple-chase.

steeplejack ['sti:plʤæk] n UK *réparateur de clochers et de cheminées.*

steeply ['sti:plɪ] adv en pente raide, à pic / *the path climbs steeply* le chemin monte en pente raide / *a steeply sloping field leads down to the lake* un champ descend en pente raide jusqu'au lac / *costs are rising steeply* les coûts montent en flèche.

steepness ['sti:pnɪs] n **1.** [of climb, road, staircase] raideur *f* **2.** [of price rise] importance *f.*

steer [stɪər] ◆ vt **1.** [car] conduire / *the lorry was surprisingly easy to steer* le camion était étonnamment facile à conduire / *she steered the car into the garage / out onto the main road* elle a rentré la voiture au garage / conduit la voiture jusqu'à la route principale ; NAUT [boat] gouverner, barrer ▸ **to steer a course for** mettre le cap sur / *the management has decided to steer a radically different course fig* la direction a décidé de changer radicalement de cap / *it's a dangerous course you're steering fig* vous vous engagez sur un terrain dangereux ▸ **steered course** route *f* au compas or apparente **2.** [person] guider, diriger / *she steered me over to a sofa* elle m'a guidé vers un canapé / *try to steer him away from the bar* essayez de l'éloigner du bar **3.** [conversation, project, etc.] diriger / *I tried to steer the conversation round to / away from the subject* j'ai essayé d'amener la conversation sur le sujet / de détourner la conversation du sujet / *she successfully steered the company through the crisis* elle a réussi à sortir la société de la crise / *to steer a bill through Parliament* réussir à faire voter un projet de loi par le Parlement. ◆ vi **1.** [driver] conduire / *I'd feel safer if you steered with both hands!* je me sentirais mieux si tu conduisais des deux mains ! / *I steered carefully into the garage* j'ai manœuvré avec soin pour entrer dans le garage / *she steered smoothly round the bend* elle prit le virage en douceur ; NAUT [helmsman] gouverner, barrer / *steer for that buoy* mettez le cap sur cette bouée ▸ **to steer clear of sthg / sb** éviter qqch / qqn / *steer clear of her husband, he's a real bore* évite son mari, c'est un vrai raseur **2.** [car] : *this car steers very well / badly* cette voiture a une excellente / très mauvaise direction / *a taxi steered out of a side street* un taxi a débouché d'une rue latérale ; NAUT [boat] se diriger / *the ferry was steering for Dover* le ferry se dirigeait vers Douvres. ◆ n **1.** AGR bœuf *m* **2.** US *inf* [piece of advice] conseil *m* ; [tip] tuyau *m.*

steerage ['stɪərɪʤ] n NAUT **1.** *dated* [accommodation] entrepont *m* ▸ **steerage passengers** passagers *mpl* d'entrepont **2.** [steering] conduite *f*, pilotage *m.*

steerageway ['stɪərɪʤ,weɪ] n NAUT vitesse *f* acquise, erre *f spec* ▸ **to get up / to lose steerageway** augmenter / diminuer l'erre.

steering ['stɪərɪŋ] ◆ n **1.** AUTO [apparatus, mechanism] direction *f* ; [manner of driving] conduite *f* **2.** NAUT conduite *f*, pilotage *m.* ◆ comp AUTO [arm, lever] de direction.

steering column n colonne *f* de direction.

steering committee n UK comité *m* directeur, comité *m* de pilotage.

steering gear n AERON & AUTO mécanisme *m* de direction ; NAUT appareil *m* à gouverner.

steering lock n AUTO **1.** [turning circle] rayon *m* de braquage **2.** [antitheft device] antivol *m* de direction.

steering wheel n **1.** AUTO volant *m* ▸ **steering wheel cover** housse *f* de volant **2.** NAUT roue *f* du gouvernail, barre *f.*

steersman ['stɪəzmən] (*pl* **steersmen** [-mən]) n timonier *m*, barreur *m.*

stegosaurus [,stegə'sɔ:rəs] n stégosaure *m.*

stein ['staɪn] n chope *f.*

stellar ['stelər] adj **1.** ASTRON stellaire **2.** *inf* CIN & THEAT : *the play boasts a stellar cast* cette pièce a une distribution éblouissante.

stem [stem] (*pt & pp* **stemmed**, *cont* **stemming**) ◆ n **1.** BOT [of plant, tree] tige *f* ; [of fruit, leaf] queue *f* **2.** [of glass] pied *m* **3.** [of tobacco pipe] tuyau *m* **4.** LING [of word] radical *m* **5.** TECH [in lock, watch] tige *f* ▸ **winding stem** tige de remontoir **6.** [vertical stroke - of letter] hampe *f* ; [- of musical note] queue *f* **7.** NAUT [timber, structure] étrave *f* ; [forward section] proue *f* ▸ **from stem to stern** de l'étrave à l'étambot **8.** BIBLE [family, stock] souche *f.* ◆ vt **1.** [check, stop - flow, spread, bleeding] arrêter, endiguer ; [- blood] étancher ; [- river, flood] endiguer, contenir / *the government has taken new measures to stem the flow of capital abroad* le gouvernement a pris de nouvelles mesures pour arrêter la fuite des capitaux à l'étranger / *they are trying to stem the tide of protest* ils essaient d'endiguer le nombre croissant de protestations **2.** SPORT ▸ **to stem one's skis** faire un stem or stemm. ◆ vi **1.** [derive] ▸ **to stem from** avoir pour cause, être le résultat de / *all her difficulties stem from her insecure childhood* tous ses problèmes ont pour cause une enfance difficile **2.** SPORT faire du stem or stemm.

stem cell n MED cellule *f* souche ▸ **stem cell research** recherche *f* sur les cellules souches.

stem glass n verre *m* à pied.

-stemmed [stemd] in comp **1.** BOT à tige... / *a long / short / thin-stemmed plant* une plante à tige longue / courte / mince **2.** [gen] : *a long / short-stemmed glass* un verre à pied haut / bas / *a long / short-stemmed pipe* une pipe à tuyau long / court.

stemming ['stemɪŋ] n COMPUT stemming *m.*

stem turn n SPORT (virage *m* de) stem *m.*

stemware ['stemweər] n US [glasses] verres *mpl.*

stem-winder n montre *f* à remontoir.

Sten [sten] = **Sten gun.**

stench [stenʧ] n puanteur *f*, odeur *f* nauséabonde.

stencil ['stensl] (UK *pt & pp* **stencilled**, *cont* **stencilling** ; US *pt & pp* **stenciled**, *cont* **stenciling**) ◆ n **1.** [for typing] stencil *m* **2.** [template] pochoir *m* **3.** [pattern] dessin *m* au pochoir. ◆ vt dessiner au pochoir.

Sten gun [sten-] n mitraillette *f* légère.

steno ['stenəʊ] (*pl* **stenos**) n US *inf* **1.** [stenographer] sténo *mf* **2.** [stenography] sténo *f.*

stenographer [stə'nɒgrəfər] n US sténographe *mf.*

stenography [stə'nɒgrəfɪ] n US sténographie *f.*

Stenotype® ['stenəʊtaɪp] n sténotype *f.*

stenotypist ['stenəʊ,taɪpɪst] n sténotypiste *mf.*

stentorian [sten'tɔ:rɪən] adj *liter* [voice] de stentor.

step [step] (*pt & pp* **stepped**, *cont* **stepping**) ◆ n **1.** [pace] pas *m* / *take two steps forwards / backwards* faites deux pas en avant / en arrière / *I grew wearier with every step I took* je m'épuisais un peu plus à chaque pas (que je faisais) / *I heard her step or steps on the stairs* j'ai entendu (le bruit de) ses pas dans l'escalier / *that's certainly put a spring in her step* ça a dû lui donner un peu de ressort / *he was following a few steps behind me* il me suivait à quelques pas / *it's only a (short) step to the shops* les magasins sont à deux pas d'ici ▸ **watch** or **mind your step! a)** *lit* faites attention où vous mettez les pieds ! **b)** *fig* faites attention ! **2.** [move, action] pas *m* ; [measure] mesure *f*, disposition *f* / *it's a great step forward for mankind* c'est un grand pas en avant pour l'humanité / *our first step will be to cut costs* notre première mesure sera de réduire les coûts ▸ **to take steps to do sthg** prendre des mesures pour faire qqch / *the government should take steps to ban the book* le gouvernement devrait prendre des mesures pour interdire le livre / *what steps have you taken?* quelles mesures avez-vous prises ? / *it's only a short step from what you are suggesting to an outright ban* entre ce que vous suggérez et une interdiction absolue, il n'y a qu'un pas / *it's a step in the right direction* c'est un pas dans la bonne direction **3.** [stage] étape *f* / *the different steps in the manufacturing process* les différentes étapes du processus de fabrication / *this promotion is a big step up for me* cette promotion est un grand pas en avant pour moi / *we are still one step ahead of our competitors* nous conservons une petite avance sur nos concurrents / *if I may take your argument one step further* si je peux pousser votre raisonnement un peu plus loin / *we'll support you every step of the way* nous vous soutiendrons à fond or sur toute la ligne / *one step at a time* petit à petit **4.** [stair - gen] marche *f* ; [- into bus, train, etc.] marchepied *m* ▸ **a flight of steps** un escalier ▸ **the church steps** le perron de l'église / **'mind the step'** 'attention à la marche' **5.** DANCE pas *m* / *a minuet step* un pas de menuet / *do try and keep step!* essaie donc de danser en mesure ! **6.** [in marching] pas *m* ▸ **in step** au pas ▸ **to march in step** marcher au pas ▸ **out of step** désynchronisé ▸ **to be out of step** ne pas être en cadence / *they were walking out of step* ils ne marchaient pas en cadence ▸ **to break step** rompre le pas ▸ **to change step** changer de pas ▸ **to fall into step with sb a)** *lit* s'aligner sur le pas de qqn **b)** *fig* se ranger à l'avis de qqn / *he fell into step beside me* arrivé à ma hauteur, il régla son pas sur le mien ▸ **to keep step** marcher au pas ▸ **to be in step with the times** / **with public opinion** être au diapason de son temps / de l'opinion publique ▸ **to be out of step with the times** / **with public opinion** être déphasé par rapport à son époque / à l'opinion publique **7.** US MUS [interval] seconde *f*. ◆ vi **1.** [take a single step] faire un pas ; [walk, go] marcher, aller / *step this way, please* par ici, je vous prie / *step inside!* entrez ! / *he carefully stepped round the sleeping dog* il contourna prudemment le chien endormi / *I stepped onto* / *off the train* je suis monté dans le / descendu du train / *she stepped lightly over the ditch* elle enjamba le fossé lestement **2.** [put one's foot down, tread] marcher / *I stepped on a banana skin* / *in a puddle* j'ai marché sur une peau de banane / dans une flaque d'eau ▸ **step on it!** *inf* appuie sur le champignon ! ▸ **to step out of line** s'écarter du droit chemin. ◆ vt **1.** [measure out] mesurer **2.** [space out] échelonner.

❖ **steps** pl n UK [stepladder] ▸ **(pair of) steps** escabeau *m*.

❖ **step aside** vi **1.** [move to one side] s'écarter, s'effacer **2.** = **step down** *(vi)*.

❖ **step back** vi **1.** *lit* reculer, faire un pas en arrière **2.** *fig* prendre du recul / *we don't have time to step back and figure out what it all means* nous n'avons pas le temps de prendre du recul pour essayer de comprendre tout cela.

❖ **step down** ◆ vi **1.** [descend] descendre **2.** [quit position, job] se retirer, se désister / *he stepped down in favour of a younger person* il a cédé la place à quelqu'un de plus jeune. ◆ vt sep ELEC [voltage] abaisser.

❖ **step forward** vi **1.** *lit* faire un pas en avant **2.** *fig* [volunteer] se présenter, être volontaire.

❖ **step in** vi **1.** [enter] entrer **2.** [intervene] intervenir.

❖ **step out** vi **1.** [go out of doors] sortir **2.** [walk faster] presser le pas.

❖ **step out on** vt insep US ▸ **to step out on sb** laisser tomber qqn.

❖ **step up** ◆ vi s'approcher ▸ **to step up to sb** s'approcher de qqn. ◆ vt sep **1.** [increase - output, pace] augmenter, accroître ; [- activity, efforts] intensifier **2.** ELEC [voltage] augmenter.

step aerobics n step *m*.

stepbrother ['step,brʌðəʳ] n demi-frère *m*.

step-by-step ◆ adv [gradually] pas à pas, petit à petit. ◆ adj [point by point] : *a step-by-step guide to buying your own house* un guide détaillé pour l'achat de votre maison.

stepchild ['step,tʃaɪld] *(pl* **stepchildren** [-,tʃɪldrən]) n beau-fils *m*, belle-fille *f (fils ou fille du conjoint)*.

stepdaughter ['step,dɔ:təʳ] n belle-fille *f (fille du conjoint)*.

step-down n ▸ **step-down transformer** abaisseur *m* de tension.

stepfather ['step,fɑ:ðəʳ] n beau-père *m (conjoint de la mère)*.

Stephen ['sti:vn] pr n ▸ **Saint Stephen** saint Étienne.

step-in adj [skirt] à enfiler *(sans boutons ni fermeture Éclair)*.

stepladder ['step,lædəʳ] n escabeau *m*.

stepmother ['step,mʌðəʳ] n belle-mère *f (conjointe du père)*.

stepparent ['step,peərənt] n beau-père *m*, belle-mère *f* / *relations between children and their step-parents are often difficult* les rapports entre un enfant et son beau-père ou sa belle-mère sont souvent difficiles.

steppe [step] n steppe *f*.

stepped-up [stept-] adj [output] accru, augmenté ; [pace] plus rapide ; [activity, efforts, war] intensifié.

stepping-stone ['stepɪŋ-] n **1.** *lit* pierre *f* de gué **2.** *fig* tremplin *m* / *a stepping-stone to a new career* un tremplin pour (se lancer dans) une nouvelle carrière.

stepsister ['step,sɪstəʳ] n demi-sœur *f*.

stepson ['stepsʌn] n beau-fils *m (fils du conjoint d'un précédent mariage)*.

step-up transformer n transformateur *m* (élévateur).

stere [stɪəʳ] n stère *m*.

stereo ['sterɪəʊ] *(pl* **stereos**) ◆ n **1.** [stereo sound] stéréo *f* / *broadcast in stereo* retransmis en stéréo **2.** [hifi system] chaîne *f* (stéréo) / *I need a new stereo* il me faudrait une nouvelle chaîne. ◆ adj [cassette, record, record player] stéréo *(inv)* ; [recording, broadcast] en stéréo.

stereogram ['sterɪəgræm] n **1.** = **stereograph 2.** UK *dated* chaîne *f* stéréo.

stereograph ['sterɪəgrɑ:f] n stéréogramme *m*.

stereography [,sterɪ'ɒgrəfɪ] n stéréographie *f*.

stereometry [,sterɪ'ɒmɪtrɪ] n stéréométrie *f*.

stereophonic [,sterɪə'fɒnɪk] adj stéréophonique.

stereoscope ['sterɪəʊskəʊp] n stéréoscope *m*.

stereoscopic [,sterɪə'skɒpɪk] adj stéréoscopique.

stereoscopy [,sterɪ'ɒskəpɪ] n stéréoscopie *f*.

stereo system n chaîne *f* stéréo.

stereotype ['sterɪətaɪp] ◆ n **1.** [idea, trait, convention] stéréotype *m* / *they don't really conform to our stereotype of what Americans are like* ils ne correspondent pas vraiment au stéréotype que nous avons des Américains **2.** TYPO cliché *m*. ◆ vt **1.** [person, role] stéréotyper **2.** TYPO clicher.

stereotyped ['sterɪəʊtaɪpt] adj stéréotypé / *the film is full of very stereotyped images of women* dans ce film, les personnages de femmes sont très stéréotypés or les femmes ont des rôles très stéréotypés.

stereotypical [,sterɪəʊ'tɪpɪkl] adj stéréotypé.

stereotyping ['sterɪəʊ,taɪpɪŋ] n : *we want to avoid sexual stereotyping* nous voulons éviter les stéréotypes sexuels.

sterile ['steraɪl] adj stérile.

sterility [ste'rɪlətɪ] n stérilité *f*.

sterilization [,sterəlaɪ'zeɪʃn] n stérilisation *f*.

sterilize, sterilise ['sterəlaɪz] vt stériliser.

sterilized ['sterəlaɪzd] adj [milk] stérilisé.

sterilizer ['sterəlaɪzəʳ] n stérilisateur *m*.

Steristrip® ['sterɪstrɪp] n MED Stéristrip® *m*.

sterling ['stɜ:lɪŋ] ◆ n **1.** [currency] sterling *m inv* / *twenty thousand pounds sterling* vingt mille livres sterling ▸ **sterling area** zone *f* sterling **2.** [standard] titre *m* **3.** [silverware] argenterie *f*. ◆ comp [reserves, balances] en sterling ; [traveller's cheques] en livres sterling. ◆ adj **1.** [gold, silver] fin **2.** *fml* [first-class] excellent, de premier ordre.

stern [stɜ:n] ◆ adj **1.** [strict, harsh - person, measure] sévère, strict ; [- appearance] sévère, austère ; [- discipline, punishment] sévère, rigoureux ; [- look, rebuke] sévère, dur ; [- warning] solennel, grave **2.** [robust] solide, robuste / *his wife is made of sterner stuff* sa femme est d'une autre trempe. ◆ n **1.** NAUT arrière *m*, poupe *f* **2.** [of horse] croupe *f*.

sternforemost [stɜ:n'fɔ:məʊst] adv NAUT par l'arrière.

sternly ['stɜ:nlɪ] adv sévèrement.

sternness ['stɜ:nnɪs] n sévérité *f*.

Sterno can® ['stɜ:nəʊ-] n US *petit réchaud sous forme de boîte contenant de l'alcool gélifié.*

stern post n NAUT étambot *m*.

sternum ['stɜ:nəm] *(pl* **sternums** *or* **sterna** ['stɜ:nə]) n sternum *m*.

sternward(s) ['stɜ:nwəd(z)] adv vers l'arrière.

steroid ['stɪərɔɪd] n stéroïde *m* / *the doctor put him on a course of steroids* le médecin lui a prescrit or donné un traitement stéroïdien ▸ **steroid abuse** abus *m* de stéroïdes anabolisants ▸ **on steroids** *fig* : *it was like a headache on steroids* c'était un mal de tête super fort / *put your savings on steroids* boostez votre épargne / *the country's Internet population is on steroids* le nombre d'internautes dans ce pays est en train d'exploser.

sterol ['stɪərɒl] n stérol *m*.

stertorous ['stɜ:tərəs] adj *liter* stertoreux, ronflant.

stet [stet] interj TYPO bon, à maintenir.

stethoscope ['steθəskəʊp] n stéthoscope *m*.

Stetson® ['stetsn] n Stetson® *m*, chapeau *m* de cow-boy.

stevedore ['sti:vədɔ:ʳ] ◆ n US docker *m*, débardeur *m*. ◆ vi travailler comme docker or débardeur.

stew [stju:] ◆ n CULIN ragoût *m* ▸ **lamb** / **vegetable stew** ragoût d'agneau / de légumes (mijotés) ▸ **to be in a stew a)** UK *inf* [bothered] être dans tous ses états **b)** [in a mess] être dans de beaux draps or dans le pétrin. ◆ vt [meat] préparer en ragoût, cuire (en ragoût) ; [fruit] (faire) cuire en compote. ◆ vi **1.** CULIN [meat] cuire en ragoût, mijoter ; [fruit] cuire / *leave the meat to stew for at least two hours* laissez mijoter la viande pendant deux bonnes heures ; [tea] infuser trop longtemps ▸ **to let sb stew (in his** / **her own juice)** UK *inf* laisser cuire or mijoter qqn dans son jus **2.** [worry] ▸ **to stew over sthg** ruminer qqch / *don't just sit there and stew* ne reste pas là assis à ruminer.

steward ['stjʊəd] n **1.** [on aeroplane, ship] steward *m* **2.** [at race, sports event] commissaire *m* ▸ **steward's enquiry** UK enquête *f* des commissaires **3.** [at dance, social event] organisateur *m*, -trice *f* ; [at meeting, demonstration] membre *m* du service d'ordre **4.** [of property] intendant *m*, -e *f* ; [estate, finances] régisseur *m*, -euse *f* ; [in college] économe *mf*.

stewardess ['stjʊədɪs] n hôtesse *f*.

stewardship ['stjʊədʃɪp] n intendance *f*, économat *m*.

stewbeef ['stju:bi:f] US = **stewing steak**.

stewed [stju:d] adj **1.** CULIN ▸ **stewed meat** ragoût *m* / *we had stewed lamb for supper* au dîner, nous avons mangé un ragoût d'agneau ▸ **stewed fruit** compote *f* de fruits **2.** [tea] trop infusé **3.** *inf* [drunk] bourré, cuité ▸ **to get stewed** se cuiter.

stewing steak [stju:ɪŋ-] n UK bœuf *m* à braiser.

stewpot ['stju:pɒt] n cocotte *f*.

St. Ex. written abbr of **stock exchange**.

stg written abbr of **sterling**.

STI (abbr of **sexually transmitted infection**) n MED IST *f*.

stick [stɪk] *(pt & pp* **stuck** [stʌk]) ◆ n **1.** [piece of wood] bout *m* de bois ; [branch] branche *f* ; [twig] petite branche *f*, brindille *f* / *gather some sticks, we'll make a fire* ramassez du bois, on fera du feu **2.** [wooden rod - as weapon] bâton *m* ; [walking stick] canne *f*, bâton *m* ; [drumstick] baguette *f* ; [for plants] rame *f*, tuteur *m* ; [for lollipop] bâton *m* / *she had legs like sticks* elle avait des jambes comme des allumettes ▸ **to give sb the stick** UK donner la bastonnade à qqn / *I'm going to take a stick to that boy one day!* un jour je vais mettre une raclée à ce garçon ! / *the threat of redundancy has become a stick with which industry beats the unions* *fig* pour le patronat, la menace du licenciement est devenue une arme contre les syndicats / *his behaviour became a stick to beat him with* son comportement s'est retourné contre lui ▸ **a few sticks (of furniture)** UK *inf* quelques vagues meubles / *we don't have one stick of decent furniture* nous n'avons pas un seul meuble convenable ▸ **to get (hold of) the wrong end of the stick** mal comprendre, comprendre de travers / *you've got (hold of) the wrong end of the stick about this business* vous avez tout compris de travers dans cette histoire ▸ **to get the short** or **dirty end of the stick** être mal loti / *she got the short* or *dirty end of the stick as usual* c'est tombé sur elle comme d'habitude ▸ **sticks and stones may break my bones but words will never hurt me**

prov la bave du crapaud n'atteint pas la blanche colombe *prov* **3.** [piece - of chalk] bâton *m*, morceau *m* ; [- of cinnamon, incense, liquorice, dynamite] bâton *m* ; [- of charcoal] morceau *m* ; [- of chewing gum] tablette *f* ; [- of glue, deodorant] bâton *m*, stick *m* ; [- of celery] branche *f* ; [- of rhubarb] tige *f* **4.** GAMES & SPORT [in lacrosse] crosse *f* ; [in hockey] crosse *f*, stick *m* ; [ski pole] bâton *m* (de ski) ; [baseball bat] batte *f* ; [billiard cue] queue *f* de billard ; [in pick-up sticks] bâton *m*, bâtonnet *m*, jonchet *m* **5.** *(U)* UK *inf* [criticism] critiques *fpl* (désobligeantes) ▸ **to get** or **to come in for a lot of stick** : *the police got a lot of stick from the press* la police s'est fait éreinter or démolir par la presse / *he got a lot of stick from his friends about his new hairstyle* ses amis l'ont bien charrié avec sa nouvelle coupe **6.** *inf* AERON [control lever] manche *m* à balai ; AUTO levier *m* de vitesse **7.** MIL [cluster - of bombs] chapelet *m* ; [- of parachutists] stick *m* **8.** UK *inf & dated* [person] type *m* / *he's a dull* or *dry old stick* il est rasoir / *she's not a bad old stick, she's a nice old stick* elle est plutôt sympa **9.** *inf* [glue] colle *f* ; [stickiness] pouvoir *m* adhésif **10.** US *v inf, dated & drugs sl* [cannabis cigarette] joint *m* **11.** UK *inf* : *give it some stick!* vas-y à fond ! / *he really gave it some stick* il s'y est donné à fond. ◆ vt **1.** [jab, stab - spear, nail, knife] planter, enfoncer ; [- needle] piquer, planter ; [- pole, shovel] planter ; [- elbow, gun] enfoncer / *he stuck his fork into a potato* il a planté sa fourchette dans une pomme de terre / *don't stick drawing pins in the wall* ne plantez pas de punaises dans le mur / *there were maps with coloured pins stuck in them* il y avait des cartes avec des épingles de couleur / *a ham stuck with cloves* un jambon piqué de clous de girofle / *watch out! you almost stuck your umbrella in my eye!* fais attention ! tu as failli m'enfoncer ton parapluie dans l'œil ! / *he stuck his elbow in my ribs* il m'a enfoncé son coude dans les côtes / *she stuck the revolver in his back* elle lui a enfoncé le revolver dans le dos / *he pulled out his gun and stuck it in my face inf* il a sorti son arme et l'a brandie sous mon nez / *stick the skewer through the chicken* enfilez le poulet sur la broche, embrochez le poulet **2.** [insert] insérer, mettre, ficher ; [put] mettre / *stick the candles in the holders* mettez les bougies dans les bougeoirs / *he stuck a rose in his lapel* il s'est mis une rose à la boutonnière / *she stuck the cork in the bottle* elle a enfoncé le bouchon dans le goulot de la bouteille / *to stick a flower in one's hair* piquer une fleur dans ses cheveux / *here, stick this under the chair leg* tenez, calez la chaise avec ça / *he stuck his foot in the door* il glissa son pied dans l'entrebâillement de la porte / *he stood there with a cigar stuck in his mouth / with his hands stuck in his pockets* il était planté là, un cigare entre les dents / les mains enfoncées dans les poches / *he stuck the card back in the pack* il a remis la carte dans le jeu / *she stuck her head into the office / out of the window* elle a passé la tête dans le bureau / par la fenêtre / *I had to stick my fingers down my throat* il a fallu que je me mette les doigts dans la bouche ; *inf* [put casually] mettre, ficher / *mix it all together and stick it in the oven* mélangez bien (le tout) et mettez au four / *can you stick my name on the list?* tu peux ajouter mon nom sur la liste ? / *he can stick the job!* UK *v inf* il sait où il peut se le mettre, son boulot ! ▸ **stick it!** *v inf* tu peux te le mettre où je pense or quelque part ! **3.** [fasten] fixer ; [pin up] punaiser / *she stuck the broom head on the handle* elle a fixé la brosse à balai au manche / *it was stuck on the notice-board with tacks* c'était punaisé au tableau d'affichage **4.** [with adhesive] coller / *help me stick this vase together* aide-moi à recoller le vase / *to stick a stamp on an envelope* coller un timbre sur une enveloppe / *he had posters stuck to the walls with Sellotape* il avait scotché des posters aux murs / **'stick no bills'** 'défense d'afficher' **5.** [kill - pig] égorger **6.** UK *inf* [bear - person, situation] supporter / *I don't know how you've stuck it for so long* je ne sais pas comment tu as fait pour supporter ça si longtemps / *I can't stick him* je ne peux pas le sentir / *what I can't stick is her telling me how to run my life* ce que je ne supporte pas c'est qu'elle me dise comment je dois vivre / *I'm amazed she stuck a term, let alone three years* je suis étonné qu'elle ait tenu (le coup) un trimestre, et à plus forte raison trois ans **7.** *inf* [with chore, burden] ▸ **to stick sb with a fine / the blame** coller une amende / faire endosser la responsabilité à qqn / *I always get stuck with the dishes* je me retrouve toujours avec la vaisselle sur les bras, c'est toujours moi qui dois me taper la vaisselle **8.** US *inf* [give injection to] faire une piqûre à, piquer. ◆ vi **1.** [arrow, dart, spear] se planter / *I've got a splinter stuck in my finger* je me suis planté une écharde dans le doigt / *you'll find some tacks already sticking in the notice-board* vous trouverez quelques punaises déjà plantées dans le tableau d'affichage **2.** [attach, adhere - wet clothes, bandage, chewing gum] coller ; [- gummed label, stamp] tenir, coller ; [- burr] s'accrocher / *the dough stuck to my fingers* la pâte collait à mes doigts / *the damp has made the stamps stick together* l'humidité a collé les timbres les uns aux autres / *the dust will stick to the wet varnish* la poussière va coller sur le vernis frais / *a butterfly had got stuck to the flypaper* un papillon était venu se coller au papier tue-mouches / *these badges stick to any surface* ces autocollants adhèrent sur toutes les surfaces / *food won't stick to these pans* ces casseroles n'attachent pas / *they had straw sticking in their hair* ils avaient des brins de paille dans les cheveux / *the noodles had got all stuck together* les nouilles avaient collé or étaient toutes collées / *have some porridge! that'll stick to your ribs!* UK *inf* prends du porridge, ça tient au corps ! **3.** [become jammed, wedged - mechanism, drawer, key] se coincer, se bloquer / *the lorry stuck fast in the mud* le camion s'est complètement enlisé dans la boue / *he tried to wriggle out but his shoulders got stuck* il a essayé de se libérer en se tortillant mais ses épaules sont restées bloquées / *I have a fishbone stuck in my throat* j'ai une arête (de poisson) coincée dans la gorge ▸ **it sticks in my throat** or UK **gullet** *inf* ça me reste sur l'estomac or en travers de la gorge / *having to ask him for a loan really sticks in my throat* ça me coûte vraiment d'avoir à lui demander un prêt **4.** [remain, keep] rester / *they called him Boney as a child and the name stuck* quand il était petit, on le surnommait Boney et le nom lui est resté / *she has the kind of face that sticks in your memory* elle a un visage qu'on n'oublie pas or dont on se souvient / *dates just never stick in my head* je n'ai vraiment pas la mémoire des dates / *stick close to the house* restez près de la maison / *his bodyguards stick close to him at all times* ses gardes du corps l'accompagnent partout or ne le quittent jamais d'une semelle / *stick to the main road* suivez la route principale **5.** *inf* [be upheld] : *we know he's guilty, but will the charge stick?* nous savons qu'il est coupable, mais est-ce qu'un tribunal le condamnera ? ▸ **to make the charge** or **charges stick** prouver la culpabilité de qqn / *the important thing now is to make the agreement stick* ce qui compte maintenant, c'est de faire respecter l'accord **6.** [extend, project] : *the antenna was sticking straight up* l'antenne se dressait toute droite / *his ticket was sticking out of his pocket* son billet sortait or dépassait de sa poche / *one leg was sticking out of the sheets* une jambe dépassait de sous les draps / *only her head was sticking out of the water* seule sa tête sortait or émergeait de l'eau **7.** [in card games] ▸ **(I) stick** j'arrête, je ne veux pas d'autre carte / *the dealer must stick on* or *with seventeen* le donneur doit s'arrêter à dix-sept.

❖ **sticks** pl n *inf* [backwoods] cambrousse *f* / *they live way out in the sticks* ils habitent en pleine cambrousse.

❖ **stick around** vi *inf* [stay] rester (dans les parages) ; [wait] attendre / *stick around if you want, she'll be back in a little while* tu peux rester si tu veux, elle ne va pas tarder à rentrer / *I'm not sticking around a moment longer!* je n'attendrai pas une minute de plus !

❖ **stick at** vt insep **1.** ▸ **to stick at it** UK [persevere] persévérer **2.** [stop] ▸ **to stick at nothing** ne reculer or n'hésiter devant rien / *she'll stick at nothing to get her way* elle ne reculera devant rien pour parvenir à ses fins.

❖ **stick away** vt sep *inf* **1.** [put away] ranger **2.** [hide] planquer.

❖ **stick by** vt insep **1.** [person] soutenir / *don't worry, I'll always stick by you* sois tranquille, je serai toujours là pour te soutenir **2.** [one's decision] s'en tenir à / *I stick by what I said* je maintiens ce que j'ai dit.

❖ **stick down** ◆ vt sep **1.** [flap, envelope] coller **2.** UK [note down] noter ; [scribble] griffonner **3.** *inf* [place] poser / *stick the box down in the corner* posez le carton dans le coin / *he stuck the plate down in front of me* il flanqua l'assiette devant moi. ◆ vi [flap, envelope] (se) coller.

❖ **stick in** ◆ vt sep **1.** [nail, knife, spear] planter, enfoncer ; [needle] piquer, enfoncer ; [pole, shovel] enfoncer, planter / *he stuck the knife all the way in* il a enfoncé le couteau jusqu'au bout or jusqu'à la garde / *she stuck the knife in again and again* elle donna plusieurs coups de couteau **2.** [insert - coin, bank card] insérer ; [- electric plug] brancher ; [- cork, sink plug] enfoncer ; [- word, sentence] ajouter / *it's simple, just stick the key in and turn* c'est très simple, il suffit d'insérer la clé et de tourner / *I stuck my hand in to test the water temperature* j'y ai plongé la main pour vérifier la température de l'eau / *he stuck his head in through the door* il passa la tête par la porte / *she's stuck in a lot of footnotes to give weight to her thesis* elle a ajouté un tas de notes pour donner du poids à sa thèse **3.** [glue in] coller / *there's not enough space to stick in all these stamps / photos* il ne reste pas assez de place pour coller tous ces timbres / toutes ces photos. ◆ vi [dart, arrow, spear] se planter / *if the javelin doesn't stick in the throw doesn't count* si le javelot ne se plante pas, le jet ne compte pas / *the last dart failed to stick in* la dernière fléchette n'est pas restée plantée.

❖ **stick on** ◆ vt sep **1.** [fasten on - gummed badge, label, stamp] coller ; [- china handle] recoller ; [- broom head] fixer **2.** *inf* [jacket, boots] enfiler / *he hurriedly stuck a hat on* il s'est collé en vitesse un chapeau sur la tête. ◆ vi coller, se coller / *the stamp won't stick on* le timbre ne colle pas / *the patch sticks on when ironed* la pièce se colle au tissu quand on la repasse.

❖ **stick out** ◆ vt sep **1.** [extend - hand, leg] tendre, allonger ; [- feelers, head] sortir ▸ **to stick one's tongue out (at sb)** tirer la langue (à qqn) / *he stuck his foot out to trip me up* il a allongé la jambe pour me faire un croche-pied / *I opened the window and stuck my head out* j'ai ouvert la fenêtre et j'ai passé la tête au dehors ▸ **to stick one's chest out** bomber le torse ▸ **to stick out one's lower lip** faire la moue **2.** PHR ▸ **to stick it out** *inf* tenir le coup jusqu'au bout. ◆ vi **1.** [protrude - nail, splinter] sortir ; [- teeth] avancer ; [- plant, shoot] pointer ; [- ledge, balcony] être en saillie / *his belly stuck out over his belt* son ventre débordait au-dessus de sa ceinture / *her ears stick out* elle a les oreilles décollées / *my feet stuck out over the end of the bed* mes pieds dépassaient du lit / *the front of the car stuck out of the garage* l'avant de la voiture dépassait du garage **2.** [be noticeable - colour] ressortir / *the red Mercedes really sticks out* on ne voit que la Mercedes rouge / *I don't like to stick out in a crowd* je n'aime pas me singulariser or me faire remarquer / *it's her accent that makes her stick out* c'est à cause de son accent qu'on la remarque.

❖ **stick out for** vt insep s'obstiner à vouloir, exiger / *the union is sticking out for a five per cent rise* le syndicat continue à revendiquer une augmentation de cinq pour cent / *after sticking out for higher quotas, they had to settle for last year's levels* après s'être battus pour obtenir une augmentation des quotas, ils ont dû se contenter de ceux de l'année dernière.

❖ **stick to** vt insep : *it won't be easy to stick to this schedule* ce ne sera pas facile de tenir or respecter ce planning / *I can never stick to diets* je n'arrive jamais à suivre un régime longtemps / *we must stick to our plan* nous devons continuer à suivre notre plan / *once I make a decision I stick to it* une fois que j'ai pris une décision, je m'y tiens or je n'en démords pas / *to stick to one's word* or *promises* tenir (sa) parole / *to stick to one's principles* rester fidèle à ses principes / *stick as close to the truth as possible* restez aussi près que possible de la vérité / *she's still sticking to her story* elle maintient ce qu'elle a dit / *stick to the point!* ne vous éloignez pas du sujet ! / *stick to the facts!* tenez-vous-en aux faits ! / *can we stick to the business in hand?* peut-être pourrions-nous en finir avec les digressions ? / *the author would be better off sticking to journalism* l'auteur ferait mieux de se cantonner au journalisme.

❖ **stick together** vi *inf* [people] rester ensemble ; *fig* se serrer les coudes / *we'd better stick together* il vaut mieux que nous restions ensemble, il vaut mieux ne pas nous séparer / *we'll get through the bad time if we stick together fig* on sortira de cette mauvaise passe si on se serre les coudes.

❖ **stick up** ◆ vt sep **1.** [sign, notice, poster] afficher ; [postcard] coller ; [with drawing pins] punaiser **2.** [raise -pole] dresser / *stick the target back up* redressez la cible ▸ **to stick one's hand up** lever la main ▸ **stick 'em up!** *inf* haut les mains ! **3.** US *inf* [rob -person, bank, supermarket] braquer. ◆ vi [point upwards -tower, antenna] s'élever ; [-plant shoots] pointer / *I saw a chimney sticking up in the distance* j'ai vu une cheminée qui s'élevait au loin / *a branch was sticking up out of the water* une branche sortait de l'eau.

❖ **stick up for** vt insep ▸ **to stick up for sb** prendre la défense or le parti de qqn / *stick up for yourself!* ne te laisse pas faire ! / *he has trouble sticking up for himself / his rights* il a du mal à défendre ses intérêts / à faire valoir ses droits.

❖ **stick with** vt insep **1.** [activity, subject] s'en tenir à, persister dans / *now I've started the job, I'm going to stick with it* maintenant que j'ai commencé ce travail, je ne le lâche pas **2.** [person] : *stick with me, kid, and you'll be all right inf* reste avec moi, petit, et tout ira bien.

stickball ['stɪkbɔ:l] n US baseball *m (joué dans la rue).*

stick deodorant n déodorant *m* en stick.

sticker ['stɪkər] n **1.** [adhesive label] autocollant *m* **2.** *inf* [determined person] : *she's a sticker* elle est persévérante, elle va au bout de ce qu'elle entreprend.

stick figure n *personnage dessiné à l'aide de bâtonnets.*

stickiness ['stɪkɪnɪs] n **1.** [of hands, substance, surface, jamjar] caractère *m* gluant or poisseux **2.** [of weather, climate] moiteur *f*, humidité *f*.

sticking plaster ['stɪkɪŋ-] n UK pansement *m*, sparadrap *m*.

sticking point n *fig* point *m* de friction.

stick insect n phasme *m*.

stick-in-the-mud n *inf* [fogey] vieux croûton *m* ; [killjoy] rabat-joie *m inv* / *don't be such a stick-in-the-mud!* ne sois pas rabat-joie !

stickleback ['stɪklbæk] n épinoche *f (de rivière).*

stickler ['stɪklər] n ▸ **to be a stickler for a)** [regulations, discipline, good manners] être à cheval sur **b)** [tradition, routine] insister sur.

stickman ['stɪkmæn] (*pl* **stickmen** [-men]) n US **1.** [croupier] croupier *m* **2.** SPORT [hockey player] hockeyeur *m*, joueur *m* de hockey ; [lacrosse player] joueur *m* de lacrosse ; [billiard player] joueur *m* de billard **3.** = **stick figure.**

stick-on adj autocollant.

stickpin ['stɪkpɪn] n US épingle *f* de cravate.

stick shift n US AUTO levier *m* de vitesse / *I don't know how to drive a stick shift* je ne sais pas conduire une voiture à vitesses manuelles.

stick-shift transmission n US AUTO transmission *f* manuelle.

stick-to-it-iveness [stɪk'tu:ɪtɪvnɪs] n US *inf* ténacité *f*.

stick-up n US *inf* braquage *m*, hold-up *m* / *this is a stick-up!* c'est un hold-up !

stickweed ['stɪkwi:d] n BOT jacobée *f*.

sticky ['stɪkɪ] (*compar* **stickier**, *superl* **stickiest**) adj **1.** [adhesive] adhésif, gommé **2.** [tacky, gluey -hands, fingers] collant, poisseux ; [-substance, surface, jamjar] gluant, poisseux / *his mouth was all sticky with jam* il avait la bouche poisseuse de confiture ▸ **to have sticky fingers a)** *lit* avoir les doigts collants or poisseux **b)** *fig* être porté sur la fauche **3.** [sweaty] moite **4.** [humid -weather] moite, humide / *it was a hot, sticky afternoon* c'était un après-midi chaud et moite **5.** *inf* [awkward -situation] difficile, délicat ▸ **to be (batting) on a sticky wicket** UK être dans une situation difficile ▸ **to come to a sticky end** UK mal finir.

sticky-fingered adj *inf* ▸ **to be sticky-fingered** être porté sur la fauche.

sticky tape n ruban *m* adhésif.

stiff [stɪf] ◆ adj **1.** [rigid] raide, rigide / *stiff paper / cardboard* papier / carton rigide / *a stiff brush* une brosse à poils durs ▸ **to be stiff with terror** être glacé de terreur ▸ **as stiff as a poker** raide comme un piquet ▸ **to keep a stiff upper lip** garder son flegme **2.** [thick, difficult to stir] ferme, consistant / *beat the mixture until it is stiff* battez jusqu'à obtention d'une pâte consistante / *beat the eggwhites until stiff* battre les blancs en neige jusqu'à ce qu'ils soient (bien) fermes **3.** [difficult to move] dur / *this door handle is very stiff* cette poignée de porte est très dure / *the drawers have got a bit stiff* les tiroirs sont devenus un peu durs à ouvrir **4.** [aching] courbaturé, raide / *I'm still stiff after playing squash the other day* j'ai encore des courbatures d'avoir joué au squash l'autre jour ▸ **to have a stiff back** avoir mal au dos ▸ **to have a stiff neck** avoir un or le torticolis **5.** [over-formal -smile, welcome] froid ; [-person, manners, behaviour] froid, guindé ; [-style] guindé **6.** [difficult] dur, ardu ▸ **to face stiff competition** avoir affaire à forte concurrence / *it will be a stiff match* la partie sera dure / *competition for university places is getting stiffer* la compétition pour les places à l'université devient de plus en plus acharnée **7.** [severe] sévère / *a stiff sentence* une condamnation sévère, une lourde condamnation / *I sent them a stiff letter* je leur ai envoyé une lettre bien sentie **8.** [strong -breeze, drink] fort / *she poured herself a stiff whisky* elle s'est versé un whisky bien tassé **9.** [high -price, bill] élevé **10.** [determined -resistance, opposition] tenace, acharné ; [-resolve] ferme, inébranlable **11.** UK *inf* [full] plein (à craquer) / *the place was stiff with men in suits* l'endroit était plein de messieurs en costume. ◆ adv *inf* ▸ **to be bored stiff** mourir d'ennui ▸ **to be worried / scared stiff** être mort d'inquiétude / de peur. ◆ n *v inf* **1.** [corpse] macchabée *m* **2.** [erection] ▸ **to have a stiff** bander.

stiffen ['stɪfn] ◆ vt **1.** [paper, fabric] raidir, renforcer **2.** [thicken -batter, concrete] donner de la consistance à ; [-sauce] lier **3.** [make painful -arm, leg, muscle] courbaturer / *his joints had become stiffened by arthritis* ses articulations s'étaient raidies à cause de l'arthrite **4.** [strengthen -resistance, resolve] renforcer. ◆ vi **1.** [harden -paper, fabric] devenir raide or rigide **2.** [tense, stop moving] se raidir / *everybody in the room suddenly stiffened* tout à coup, tout le monde dans la pièce retint son souffle or s'immobilisa **3.** [thicken -batter, concrete] épaissir, devenir ferme ; [-sauce] se lier **4.** [become hard to move -hinge, handle, door] se coincer **5.** [start to ache] s'ankyloser **6.** [strengthen -resistance, resolve] se renforcer ; [-breeze] forcir.

stiffener ['stɪfnər] n **1.** [in collar] baleine *f* **2.** UK *inf* [drink] remontant *m*.

stiffening ['stɪfnɪŋ] n renforcement *m*.

stiffie ['stɪfɪ] n *v inf* ▸ **to have a stiffie** bander.

stiffly ['stɪflɪ] adv **1.** [rigidly] : *stiffly starched* très empesé or amidonné / *he stood stiffly to attention* il se tenait raide au garde-à-vous **2.** [painfully -walk, bend] avec raideur **3.** [coldly -smile, greet] froidement, d'un air distant.

stiff-necked adj *lit* qui a le torticolis ; *fig* opiniâtre, entêté, intraitable.

stiffness ['stɪfnɪs] n **1.** [of paper, fabric] raideur *f*, rigidité *f* **2.** [of batter, dough, concrete] consistance *f*, fermeté *f* **3.** [of hinge, handle, door] dureté *f* **4.** [of joints, limbs] raideur *f*, courbatures *fpl* **5.** [of manners, smile, welcome] froideur *f*, distance *f* ; [of style] caractère *m* guindé **6.** [difficulty -of exam, competition] difficulté *f*, dureté *f* **7.** [severity -of sentence, warning] sévérité *f* **8.** [determination -of resistance] ténacité *f*, acharnement *m* ; [-of resolve] fermeté *f*.

stifle ['staɪfl] ◆ vt **1.** [suppress -resistance, creativity, progress] réprimer, étouffer ; [-tears, anger, emotion] réprimer / *to stifle a cough* réprimer une envie de tousser / *I tried to stifle my laughter / a yawn* j'ai essayé de ne pas rire / bâiller **2.** [suffocate] étouffer, suffoquer. ◆ vi étouffer, suffoquer.

stifling ['staɪflɪŋ] adj suffocant, étouffant / *open the window, it's stifling in here!* ouvre la fenêtre, on étouffe ici ! / *it was a stifling hot day* ce fut une journée étouffante de chaleur.

stigma ['stɪgmə] n **1.** [social disgrace] honte *f* / *the stigma attached to having been in prison* l'opprobre qui ne quitte pas ceux qui ont fait de la prison **2.** BOT, MED & ZOOL stigmate *m*.

stigmata [stɪg'mɑ:tə] pl n RELIG stigmates *mpl*.

stigmatism ['stɪgmətɪzm] n OPT stigmatisme *m*.

stigmatize, stigmatise ['stɪgmətaɪz] vt stigmatiser.

stile [staɪl] n **1.** [over fence] échalier *m* **2.** [turnstile] tourniquet *m* **3.** CONSTR [upright] montant *m*.

stiletto [stɪ'letəʊ] (*pl* **stilettos**) n **1.** [heel] talon *m* aiguille **2.** [knife] stylet *m*.

❖ **stilettos** pl n (chaussures *fpl* à) talons *mpl* aiguilles.

stiletto heel n talon *m* aiguille.

still[1] [stɪl] adv **1.** [as of this moment] encore, toujours / *is it still raining?* est-ce qu'il pleut encore or toujours ? / *we're still waiting for the repairman to come* nous attendons toujours que le réparateur vienne / *there's still a bit of cake left* il reste encore un morceau de gâteau / *the worst was still to come* le pire n'était pas encore arrivé **2.** [all the same] quand même / *it's certainly difficult, but it's still better than my last job* c'est difficile, c'est sûr, mais c'est quand même mieux que mon dernier emploi / *whatever she's done, she's still your mother* quoi qu'elle ait fait, c'est quand même ta mère / *it's a shame we lost — still, it was a good game* (c'est) dommage que nous ayons perdu — quand même, c'était un bon match ▸ **still and all** *inf* quand même **3.** *(with compar)* [even] encore / *still more / less* encore plus / moins / *still further* or *further still* encore plus loin / *the sea was getting still rougher* la mer était de plus en plus agitée.

still[2] [stɪl] ◆ adj **1.** [motionless -person, air, surface] immobile / *her eyes were never still* ses yeux ne restaient jamais immobiles / *be still!* arrête de remuer ! ▸ **still waters run deep** *prov* méfie-toi de l'eau qui dort *prov* **2.** [calm] calme, tranquille ; [quiet] silencieux / *a still night* une nuit calme **3.** [not fizzy] plat / *still mineral water* eau *f* minérale non gazeuse or plate. ◆ adv sans bouger / *stand still!* ne bougez pas ! / *my heart stood still* mon cœur a cessé de battre / *they're so excited they can't sit still* ils sont tellement excités qu'ils ne peuvent pas rester en place / *try to hold the camera still* essaie de ne pas bouger l'appareil photo. ◆ vt *liter* **1.** [silence] faire taire / *the voices of protest had been stilled* on avait fait taire les contestataires **2.** [allay -doubts, fears] apaiser, calmer. ◆ n **1.** *liter* [silence] silence *m* / *in the still of the night* dans le silence de la nuit **2.** CIN photo *f* (de plateau) ▸ **still photographer** photographe *mf* de plateau **3.** [apparatus] alambic *m*.

stillage ['stɪlɪdʒ] n caisse-palette *f*.

stillbirth ['stɪlbɜ:θ] n [birth] mort *f* à la naissance ; [fœtus] enfant *m* mort-né, enfant *f* mort-née / *the number of stillbirths* la mortinatalité.

stillborn ['stɪlbɔ:n] adj **1.** MED mort-né **2.** *fig* [idea, plan] avorté.

still life (*pl* **still lifes**) n nature *f* morte.

stillness ['stɪlnɪs] n **1.** [motionlessness] immobilité *f* **2.** [calm] tranquillité *f*, paix *f*.

stilt [stɪlt] n **1.** [for walking] échasse *f* ▸ **to walk on stilts** marcher sur des échasses **2.** ARCHIT pilotis *m*.

stilted ['stɪltɪd] adj [speech, writing, person] guindé, emprunté ; [discussion] qui manque de naturel.

Stilton® ['stɪltn] n stilton *m*, fromage *m* de Stilton.

stimulant ['stɪmjʊlənt] ◆ n stimulant *m* / *devaluation acts as a stimulant to exports* la dévaluation stimule les exportations. ◆ adj stimulant.

stimulate ['stɪmjʊleɪt] vt stimuler / *the bracing sea air stimulated me* l'air de la mer m'a revigoré ▸ **to stimulate sb to do sthg** inciter or encourager qqn à faire qqch / *sexually stimulated* excité (sexuellement).

stimulating ['stɪmjʊleɪtɪŋ] adj **1.** [medicine, drug] stimulant **2.** [work, conversation, experience] stimulant, enrichissant / *intellectually stimulating* intellectuellement stimulant.

stimulation [ˌstɪmjʊ'leɪʃn] n **1.** [of person] stimulation *f* **2.** [stimulus] stimulant *m*.

stimulus ['stɪmjʊləs] (*pl* **stimuli** [-laɪ or -liː]) n **1.** [incentive] stimulant *m*, incitation *f* / *her example will be a powerful stimulus to others* son exemple sera un stimulant extrêmement efficace pour d'autres **2.** PHYSIOL stimulus *m*.

sting [stɪŋ] (*pt & pp* **stung** [stʌŋ]) ◆ vt **1.** [subj: insect, nettle, scorpion] piquer ; [subj: smoke] piquer, brûler ; [subj: vinegar, acid, disinfectant] brûler ; [subj: whip, rain] cingler / *the smoke stung my eyes* la fumée me brûlait or me piquait les yeux **2.** [subj: remark, joke, criticism] piquer (au vif), blesser / *she was stung by their sharp criticisms* leurs critiques acérées l'ont piquée au vif ▸ **to sting sb into action** inciter or pousser qqn à agir / *our comments might sting them into doing something* nos remarques les inciteront peut-être à faire quelque chose **3.** *inf* [cheat] arnaquer / *they stung me for £20* ils m'ont arnaqué de 20 livres. ◆ vi **1.** [insect, nettle, scorpion] piquer ; [vinegar, acid, disinfectant] brûler, piquer ; [whip, rain] cingler **2.** [eyes, skin] piquer, brûler / *my eyes are stinging* j'ai les yeux qui piquent. ◆ n **1.** [organ -of bee, wasp, scorpion] aiguillon *m*, dard *m* ; [-of nettle] poil *m* (urticant) ▸ **there's a sting in the tail** UK il y a une mauvaise surprise à la fin / *his remarks often have a sting in the tail* ses remarques sont rarement innocentes ▸ **to take the sting out of sthg** rendre qqch moins douloureux, adoucir qqch **2.** [wound, pain, mark -from insect, nettle, scorpion] piqûre *f* ; [-from vinegar, acid, disinfectant] brûlure *f* ; [-from whip] douleur *f* cinglante **3.** *inf* [trick] arnaque *f* ▸ **sting (operation)** coup *m* monté (où les policiers se font passer pour des complices) / **'The Sting'** *Hill* 'l'Arnaque'.

stinger ['stɪŋəʳ] n *inf* [blow] beigne *f*.

stingily ['stɪndʒɪlɪ] adv [give, serve out, behave] chichement.

stinginess ['stɪndʒɪnɪs] n [of person, behaviour] avarice *f*, pingrerie *f* ; [of amount, helping] insuffisance *f*.

stinging ['stɪŋɪŋ] adj **1.** [wound, pain] cuisant ; [bite, eyes] qui pique ; [lash, rain] cinglant **2.** [remark, joke, criticism] cinglant, mordant.

stinging nettle n ortie *f*.

stingray ['stɪŋreɪ] n pastenague *f*.

stingy ['stɪndʒɪ] adj *inf* [person] radin ; [amount, helping] misérable / *he's too stingy with his money* il est trop avare / *they're never stingy about food* ils ne lésinent jamais sur la nourriture.

stink [stɪŋk] (*pt* **stank** [stæŋk], *pp* **stunk** [stʌŋk]) ◆ vi **1.** [smell] puer, empester / *the room stank of cigarette smoke* la pièce puait or empestait la fumée de cigarette **2.** *inf* [be bad] : *I think your idea stinks!* je trouve ton idée nulle ! / *this town stinks!* cette ville est pourrie ! ◆ n **1.** [stench] puanteur *f*, odeur *f* nauséabonde / *what a stink! inf* qu'est-ce que ça pue ! **2.** *inf* [fuss] esclandre *m* ▸ **to kick up** or **to make** or **to raise a stink about sthg** faire un esclandre or un scandale à propos de qqch.

❖ **stink out** vt sep *inf* **1.** [drive away] chasser par la mauvaise odeur **2.** [fill with a bad smell] empester / *your cigar's stinking the whole house out!* ton cigare empeste toute la maison !

stink-bomb n boule *f* puante.

stinker ['stɪŋkəʳ] n *inf* **1.** [person] peau *f* de vache **2.** [unpleasant thing] : *the exam was a real stinker!* cet examen était vraiment vache ! / *today's crossword's a stinker* les mots croisés d'aujourd'hui sont vraiment coriaces / *I've got a stinker of a cold* j'ai un rhume carabiné.

stinkhorn ['stɪŋkhɔːn] n BOT phallus *m* impudique, satyre *m* puant.

stinking ['stɪŋkɪŋ] ◆ adj **1.** [smelly] puant, nauséabond **2.** *inf* [as intensifier] : *I'm tired of seeing this stinking mess all the time!* j'en ai assez de voir tout le temps cette pagaille or ce bazar ! / *I've got a stinking cold* j'ai un rhume carabiné. ◆ adv *inf* vachement ▸ **to be stinking drunk** être soûl comme un cochon ▸ **to be stinking rich** être plein de fric or plein aux as.

stint [stɪnt] ◆ n **1.** [period of work] période *f* de travail ; [share of work] part *f* de travail / *she did a stint in Africa / as a teacher* elle a travaillé pendant un certain temps en Afrique / comme professeur / *we expect everybody to do their stint* nous attendons de chacun qu'il fournisse sa part du travail / *I'll take* or *I'll do another stint at the wheel* je vais reprendre le volant **2.** *fml* [limitation] ▸ **without stint a)** [spend] sans compter **b)** [give] généreusement **c)** [work] inlassablement. ◆ vt UK **1.** [skimp on] lésiner sur / *don't stint the cream* ne lésine pas sur la crème **2.** [deprive] priver / *he's incapable of stinting himself of anything* il est incapable de se priver de quoi que ce soit. ◆ vi UK ▸ **to stint on sthg** lésiner sur qqch.

stipend ['staɪpend] n traitement *m*, appointements *mpl*.

stipendiary [staɪ'pendjərɪ] (*pl* **stipendiaries**) ◆ adj [work, person] rémunéré. ◆ n [clergyman] *prêtre percevant un traitement* ; [magistrate] *juge d'un tribunal de police correctionnelle*.

stipple ['stɪpl] vt **1.** [apply -paint] pointiller **2.** [mark -cement, wet paint] granuler.

stippled ['stɪpld] adj tacheté, moucheté / *stippled with yellow* tacheté or moucheté de jaune.

stipulate ['stɪpjʊleɪt] ◆ vt stipuler / *please stipulate the quantity on your order form* veuillez stipuler la quantité sur votre commande / *the contract stipulates that the work must be finished by March* le contrat stipule que le travail doit être terminé d'ici le mois de mars. ◆ vi *fml* ▸ **to stipulate for sthg** stipuler qqch / *the sum of money stipulated for* la somme stipulée.

stipulation [ˌstɪpjʊ'leɪʃn] n stipulation *f* / *they accepted, but with the stipulation that the time limit be extended* ils ont accepté sous réserve que les délais soient prolongés.

stir [stɜːʳ] (*pt & pp* **stirred**, *cont* **stirring**) ◆ vt **1.** [mix] remuer, tourner / *your tea is sugared but not stirred* ton thé est sucré mais il faut le remuer / *stir the flour into the sauce* incorporez la farine à la sauce en remuant **2.** [move] agiter, remuer / *a light breeze stirred the leaves* une brise légère agitait les feuilles ▸ **stir yourself** or **your stumps, it's time to go!** UK *inf* grouille-toi, il est l'heure de partir ! **3.** [touch] émouvoir / *his story has stirred us deeply* son histoire nous a profondément émus **4.** [rouse, excite] éveiller, exciter ▸ **to stir sb's curiosity** / **sympathy** éveiller la curiosité / sympathie de qqn ▸ **to stir sb to do sthg** inciter or pousser qqn à faire qqch ▸ **to stir sb into action** pousser qqn à agir. ◆ vi **1.** [move -person] bouger, remuer ; [-leaves] remuer / *I shan't stir from my bed until midday* je ne bougerai pas de mon lit avant midi **2.** [awaken, be roused -feeling, anger] s'éveiller / *a mood of nationalism was stirring in the country* un sentiment nationaliste s'éveillait dans le pays **3.** *inf* [cause trouble] faire de la provocation or des histoires. ◆ n **1.** [act of mixing] ▸ **to give sthg a stir** remuer qqch / *the sauce needs a stir* il faudrait remuer la sauce **2.** [commotion] émoi *m*, agitation *f* ▸ **to cause** or **to create** or **to make quite a stir** soulever un vif émoi, faire grand bruit / *there was a big stir about* or *over the unemployment figures* les chiffres du chômage ont soulevé un vif émoi **3.** [movement] mouvement *m* / *a stir of excitement* un frisson d'excitation **4.** *v inf & prison sl* [prison] taule *f*.

❖ **stir in** vt sep CULIN ajouter or incorporer en remuant.

❖ **stir up** vt sep **1.** [disturb -dust, mud] soulever **2.** [incite, provoke -trouble] provoquer ; [-emotions] exciter, attiser ; [-dissent] fomenter ; [-memories] réveiller ; [-crowd, followers] ameuter / *he likes stirring it* or *things up* il aime provoquer **3.** *liter* [fire] attiser, tisonner.

stir-crazy adj *inf* fou *(à cause d'une période de détention)*.

stir-fry ◆ vt CULIN faire sauter à feu vif *(tout en remuant)*. ◆ adj sauté / *stir-fry pork* porc sauté.

stirrer ['stɜːrəʳ] n **1.** *inf* [troublemaker] provocateur *m*, -trice *f* **2.** CULIN [implement] fouet *m*.

stirring ['stɜːrɪŋ] ◆ adj [music, song] entraînant ; [story] excitant, passionnant ; [speech] vibrant. ◆ n : *he felt vague stirrings of guilt* il éprouva un vague sentiment de culpabilité / *the first stirrings of what was to become the Romantic movement* les premières manifestations de ce qui allait devenir le mouvement romantique.

stirrup ['stɪrəp] n EQUIT étrier *m* ▸ **to put one's feet in the stirrups** chausser les étriers.

❖ **stirrups** pl n MED étriers *mpl*.

stirrup cup n coup *m* de l'étrier.

stirrup leather n étrivière *f*.

stirrup pump n seau-pompe *m*.

stitch [stɪtʃ] ◆ n **1.** SEW point *m* ; [in knitting] maille *f* ▸ **to drop a stitch** sauter une maille ▸ **to pick up a stitch** reprendre une maille / *I didn't have a stitch (of clothing) on inf* j'étais nu comme un ver, j'étais dans le plus simple appareil ▸ **a stitch in time saves nine** *prov* un point à temps en vaut cent *prov* **2.** MED point *m* de suture / *she had to have ten stitches in her face* il a fallu lui faire dix points de suture au visage / *I'm having my stitches taken out tomorrow* on m'ôte les fils demain **3.** [pain] point *m* de côté ▸ **to get a stitch** attraper un point de côté **4.** PHR ▸ **to be in stitches** *inf* se tordre or être écroulé de rire / *his story had us in stitches* son histoire nous a fait pleurer de rire. ◆ vt **1.** [material, shirt, hem] coudre / *he stitched the button back on his shirt* il a recousu son bouton de chemise **2.** MED suturer **3.** [in bookbinding] brocher.

❖ **stitch down** vt sep rabattre.

❖ **stitch up** vt sep **1.** [material, shirt, hem] coudre **2.** MED suturer **3.** *inf* [deal] conclure, sceller **4.** *inf* [frame -person] : *he reckons the police stitched him up* il pense que la police a monté un coup contre lui.

stitching ['stɪtʃɪŋ] n **1.** [gen] couture *f* / *the stitching's coming undone* la couture se défait **2.** [in bookbinding] brochage *m*.

St John Ambulance pr n *organisme bénévole de secours d'urgence en Grande-Bretagne*.

St John's wort [-wɜːt] n millepertuis *m*.

St Leger [-'ledʒə] pr n *course pour chevaux de trois ans qui se tient chaque année à Doncaster (Angleterre)*.

stoat [stəʊt] n hermine *f*.

stochastic [stɒ'kæstɪk] adj stochastique.

stock [stɒk] ◆ n **1.** [supply] réserve *f*, provision *f*, stock *m* ; COMM & INDUST stock *m* / *we got in a stock of food* nous avons fait tout un stock de nourriture / *huge stocks of nuclear weapons* d'énormes stocks d'armes nucléaires / *she always has a wonderful stock of funny stories* elle a toujours un tas d'histoires drôles en réserve ▸ **in stock** en stock, en magasin ▸ **to keep sthg in stock** stocker qqch ▸ **out of stock** épuisé / *I'm afraid we're out of stock* je regrette, nous n'en avons plus en stock ▸ **to take stock a)** *lit* faire l'inventaire **b)** *fig* faire le point / *we took stock of the situation* nous avons fait le point de la situation **2.** [total amount] parc *m* ▸ **the housing stock** le parc de logements **3.** *(usu pl)* ST. EX [gen] valeur *f* mobilière ; [share] action *f* ; [bond] obligation *f* / *mining stocks are falling* les actions minières sont en baisse ▸ **to invest in stocks and shares** investir dans des actions et obligations or en portefeuille ▸ **government stocks** obligations *fpl* or titres *mpl* d'État **4.** FIN [equity] capital *m* / *he already owns 27% of the company's stock* il possède déjà 27 % du capital de la société **5.** *fig* [value, credit] cote *f* / *the Prime Minister's stock is rising / falling* la cote du Premier ministre est en hausse / en baisse ▸ **to put stock in sthg** faire (grand) cas de qqch / *I don't put much stock in this new system* je ne suis pas très convaincu par ce nouveau système **6.** [descent, ancestry] souche *f*, lignée *f* / *of peasant / noble stock* de souche paysanne / noble **7.** AGR [animals] cheptel *m* **8.** CULIN bouillon *m* ▸ **vegetable stock** bouillon de légumes **9.** [handle, butt -of gun, plough] fût *m* ; [-of whip] manche *m* ; [-of fishing rod] gaule *f* **10.** BOT giroflée *f* **11.** [tree trunk] tronc *m* ; [tree stump] souche *f* **12.** HORT [stem receiving graft] porte-greffe *m*, sujet *m* ; [plant from which graft is taken] plante *f* mère *(sur laquelle on prélève un greffon)* **13.** [in card games, dominoes] talon *m*, pioche *f* **14.** THEAT répertoire *m* **15.** [neckcloth] lavallière *f*, foulard *m* ▸ **riding stock** col-cravate *m* **16.** NAUT [of anchor] jas *m*. ◆ vt **1.** COMM [have in stock] avoir (en stock), vendre / *I'm afraid we don't stock that* *item any more* je regrette, mais nous ne vendons plus or nous ne faisons plus cet article **2.** [supply] approvisionner ; [fill] remplir / *they have a well stocked cellar* ils ont une cave bien approvisionnée / *we stocked the fridge with food* nous avons rempli le frigo de nourriture **3.** [stream, lake] empoissonner ; [farm] monter en bétail. ◆ adj **1.** [common, typical - phrase, expression] tout fait ; [- question, answer, excuse] classique **2.** COMM [kept in stock] en stock ; [widely available] courant ▸ **stock control** contrôle *m* des stocks / *the sale of stock goods* la liquidation du stock / *available in all stock sizes* disponible dans toutes les tailles courantes **3.** AGR [for breeding] destiné à la reproduction **4.** THEAT [play] du répertoire.

❖ **stocks** pl n **1.** [instrument of punishment] pilori *m* / *sentenced to the stocks* condamné au pilori **2.** NAUT [frame] cale *f* ▸ **on the stocks** en chantier.

❖ **stock up** ◆ vi s'approvisionner ▸ **to stock up on** or **with sthg** s'approvisionner en qqch. ◆ vt sep approvisionner, garnir.

stockade [stɒ'keɪd] ◆ n **1.** [enclosure] palissade *f* **2.** US MIL [prison] prison *f* (militaire). ◆ vt palissader.

stockboy ['stɒkbɔɪ] n magasinier *m*.

stockbreeder ['stɒk,bri:dəʳ] n éleveur *m*, -euse *f* de bétail.

stockbreeding ['stɒk,bri:dɪŋ] n élevage *m* de bétail.

stockbroker ['stɒk,brəʊkəʳ] n agent *m* de change.

stockbroker belt n ▸ **the stockbroker belt** *partie de la banlieue sud de Londres où habitent les agents de change et autres personnes du même milieu socio-professionnel.*

stockbroking ['stɒk,brəʊkɪŋ] n commerce *m* des valeurs en Bourse.

stockbuild ['stɒkbɪld] vi : *CWX have been stockbuilding in Gomez for several months* cela fait plusieurs mois que CWX accumule des actions de Gomez.

stockbuilding ['stɒk,bɪldɪŋ] n achat *m* d'actions.

stock car n **1.** AUTO stock-car *m* ▸ **stock car racing** (courses *fpl* de) stock-car *m* **2.** US RAIL wagon *m* à bestiaux.

stock certificate n US FIN titre *m*.

stock company n US **1.** FIN société *f* anonyme par actions **2.** THEAT troupe *f* de répertoire.

stock cube n tablette *f* de bouillon.

stock exchange n Bourse *f* / *he lost a fortune on the stock exchange* il a perdu une fortune à la Bourse.

❖ **stock-exchange** comp boursier, de la Bourse ▸ **stock exchange prices** cours *m* des actions.

stock farm n élevage *m* (de bétail).

stock farming n élevage *m* (de bétail) *(activité)*.

stockfish ['stɒkfɪʃ] n stockfisch *m*, poisson *m* séché.

stockgirl ['stɒkgɜ:l] n magasinière *f*.

stockholder ['stɒk,həʊldəʳ] n actionnaire *mf*.

Stockholm ['stɒkhəʊm] pr n Stockholm ▸ **Stockholm syndrome** PSYCHOL syndrome *m* de Stockholm.

stockily ['stɒkɪlɪ] adv ▸ **stockily built** trapu, râblé.

stockiness ['stɒkɪnɪs] n aspect *m* trapu or râblé / *he inherited his stockiness from his father* il a hérité de la silhouette trapue or râblée de son père.

stockinet(te) [,stɒkɪ'net] n [fabric] jersey *m* ; [stitch] point *m* de jersey.

stocking ['stɒkɪŋ] n **1.** [for women] bas *m* ▸ **silk stockings** bas *mpl* de soie ▸ **stocking mask** bas *m* *(utilisé par un bandit masqué)* **2.** *dated* [sock] bas *m* de laine ▸ **in one's stocking feet** sans chaussures, en chaussettes.

stockinged ['stɒkɪŋd] adj ▸ **in one's stockinged feet** sans chaussures, en chaussettes.

stocking filler n *petit cadeau destiné à remplir la chaussette de Noël.*

stocking stitch n point *m* de jersey.

stock-in-trade n COMM & *fig* fonds *m* de commerce / *glamour is her stock-in-trade* le glamour, c'est son fonds de commerce.

stockist ['stɒkɪst] n stockiste *mf*.

stockjobber ['stɒk,ʤɒbəʳ] n **1.** UK [wholesale dealer in stocks] *intermédiaire en Bourse qui traitait directement avec les agents de change et non avec le public (cette fonction n'existe plus depuis 1987)* **2.** US *pej* agent *m* de change.

stockkeeper ['stɒk,ki:pəʳ] n **1.** [cowherd] vacher *m*, -ère *f*, bouvier *m*, -ère *f* **2.** US [storekeeper] magasinier *m*, -ère *f*.

stocklist ['stɒklɪst] n inventaire *m*.

stockman ['stɒkmən] (*pl* **stockmen** [-mən]) n [cowherd] vacher *m*, -ère *f*, bouvier *m*, -ère *f* ; [breeder] éleveur *m*, -euse *f* (de bétail).

stock market ◆ n Bourse *f* (des valeurs), marché *m* financier / *he lost a fortune on the stock market* il a perdu une fortune à la Bourse / *the London stock market is rising* la Bourse de Londres est en hausse. ◆ comp boursier, de la Bourse ▸ **stock market boom** boom *m* du marché boursier ▸ **the stock market crash** le krach boursier ▸ **stock market prices** cours *m* des actions.

stockpile ['stɒkpaɪl] ◆ n stock *m*, réserve *f*. ◆ vt [goods] stocker, constituer un stock de ; [weapons] amasser, accumuler. ◆ vi faire des stocks.

stockpiling ['stɒkpaɪlɪŋ] n ▸ **to accuse sb of stockpiling a)** [food] accuser qqn de faire des réserves de nourriture **b)** [weapon] accuser qqn de faire des réserves d'armes.

stockpot ['stɒkpɒt] n marmite *f* *(pour le bouillon)*.

stockroom ['stɒkrʊm] n magasin *m*, réserve *f*.

stock saddle n US selle *f* de cow-boy.

stock-still adv (complètement) immobile / *she was standing stock-still in the middle of the road* elle se tenait complètement immobile au milieu de la route.

stocktaking ['stɒk,teɪkɪŋ] n **1.** COMM inventaire *m* / **'closed for stocktaking'** 'fermé pour inventaire' **2.** *fig* ▸ **to do some stocktaking** faire le point / *the time has come for some long overdue stocktaking* assez attendu ! le moment est venu de faire le point.

stocky ['stɒkɪ] (*compar* **stockier**, *superl* **stockiest**) adj trapu, râblé.

stockyard ['stɒkjɑ:d] n parc *m* à bestiaux.

stodge [stɒʤ] n *(U)* UK *inf* **1.** [food] aliments *mpl* bourratifs, étouffe-chrétien *m inv* / *the canteen food is pure stodge* ce qu'on mange à la cantine est vraiment bourratif **2.** [writing] littérature *f* indigeste.

stodgy ['stɒʤɪ] (*compar* **stodgier**, *superl* **stodgiest**) adj *inf* **1.** [food, meal] bourratif, lourd **2.** [style] lourd, indigeste **3.** [person, manners, ideas] guindé.

stogie, **stogy** ['stəʊgɪ] (*pl* **stogies**) n US *inf* cigare *m* bon marché.

stoic ['stəʊɪk] ◆ adj stoïque. ◆ n stoïque *mf*.

❖ **Stoic** n PHILOS stoïcien *m*, -enne *f*.

stoical ['stəʊɪkl] adj stoïque.

stoically ['stəʊɪklɪ] adv stoïquement, avec stoïcisme.

stoicism ['stəʊɪsɪzm] n stoïcisme *m*.

❖ **Stoicism** n PHILOS stoïcisme *m*.

stoke [stəʊk] vt **1.** [fire, furnace] alimenter, entretenir ; [locomotive, boiler] chauffer **2.** *fig* [emotions, feelings, anger] entretenir, alimenter.

❖ **stoke up** ◆ vi **1.** [put fuel on - fire] alimenter le feu ; [- furnace] alimenter la chaudière **2.** UK *inf* [fill one's stomach] s'empiffrer. ◆ vt sep = **stoke**.

stoked [stəkd] adj US *inf* ▸ **to be stoked about sthg** [excited] être tout excité à cause de qqch.

stokehold ['stəʊkhəʊld] n NAUT chambre *f* de chauffe, chaufferie *f*.

stokehole ['stəʊkhəʊl] n **1.** [in boiler, furnace] porte *f* de chauffe **2.** = **stokehold**.

stoker ['stəʊkəʳ] n chauffeur *m* or chargeur *m* *(d'un four, d'une chaudière, etc.)*.

STOL [stɒl] (abbr of **short takeoff and landing**) n ADAC *m*.

stole [stəʊl] ◆ pt ⟶ **steal**. ◆ n **1.** étole *f*, écharpe *f* ▸ **mink stole** étole de or en vison **2.** RELIG étole *f*.

stolen ['stəʊln] ◆ pp ⟶ **steal**. ◆ adj [goods, car] volé / *a stolen kiss* un baiser volé.

stolid ['stɒlɪd] adj flegmatique, impassible.

stolidity [stɒ'lɪdətɪ] n flegme *m*, impassibilité *f*.

stolidly ['stɒlɪdlɪ] adv flegmatiquement, avec flegme, de manière impassible.

stoma ['stəʊmə] (*pl* **stomata** [-mətə]) n stomate *m*.

stomach ['stʌmək] ◆ n **1.** [organ] estomac *m* ▸ **to have an upset stomach** avoir l'estomac barbouillé / *I can't work on an empty stomach* je ne peux pas travailler l'estomac vide / *he has a cast-iron stomach* il a l'estomac solide ▸ **to have a pain in one's stomach a)** avoir mal à l'estomac **b)** [lower] avoir mal au ventre / *the sight was enough to turn your stomach* le spectacle avait de quoi vous soulever le cœur ▸ **an army marches on its stomach** une armée ne peut pas se battre l'estomac vide **2.** [region of body] ventre *m* / *he has a fat stomach* il a du ventre / *lie on your stomach* couchez-vous sur le ventre **3.** *(usu neg)* [desire, appetite] envie *f*, goût *m* / *she has no stomach for spicy food* elle supporte mal la cuisine épicée / *I've no stomach for his vulgar jokes this evening* je n'ai aucune envie d'écouter ses plaisanteries vulgaires ce soir. ◆ comp [infection] de l'estomac, gastrique ; [ulcer, operation] à l'estomac ; [pain] à l'estomac, au ventre. ◆ vt **1.** [tolerate] supporter, tolérer / *I just can't stomach the thought of him being my boss* je ne supporte simplement pas l'idée qu'il soit mon patron **2.** [digest] digérer / *I can't stomach too much rich food* je ne digère pas bien la cuisine riche.

stomachache ['stʌməkeɪk] n mal *m* de ventre ▸ **to have (a) stomachache** avoir mal au ventre / *don't eat so much, you'll get (a) stomachache* ne mange pas tant, ça va te donner mal au ventre.

stomachic [stə'mækɪk] adj stomachique, stomacal.

stomach pump n pompe *f* stomacale.

stomatitis [,stəʊmə'taɪtɪs] n *(U)* stomatite *f*.

stomatologist [,stəʊmə'tɒləʤɪst] n stomatologiste *mf*, stomatologue *mf*.

stomatology [,stəʊmə'tɒləʤɪ] n stomatologie *f*.

stomp [stɒmp] *inf* ◆ vi marcher d'un pas lourd / *he stomped out of the room* il est sorti de la pièce d'un pas lourd. ◆ n **1.** [tread] pas *m* lourd **2.** [dance] *jazz que l'on danse en frappant du pied pour marquer le rythme.*

stomping ground ['stɒmpɪŋ-] = **stamping ground**.

stone [stəʊn] (*pl* **stones**) ◆ n **1.** [material] pierre *f* / *the houses are built of stone* les maisons sont en pierre / *are you made of stone? fig* n'as-tu donc pas de cœur ? / *a heart of stone fig* un cœur de pierre **2.** [piece of rock] pierre *f*, caillou *m* ; [on beach] galet *m* / *they threw stones at me* ils m'ont lancé des pierres ▸ **to fall like a stone** tomber comme une pierre ▸ **to leave no stone unturned** remuer ciel et terre / *we will leave no stone unturned to find the culprits* nous remuerons ciel et terre pour retrouver les coupables ▸ **to be within a stone's throw of sthg** : *it's within a stone's throw of the countryside* c'est à deux pas de la campagne **3.** [memorial] stèle *f*, pierre *f* **4.** [gem] pierre *f* **5.** MED calcul *m* / *he has a stone in his kidney* il a un calcul rénal **6.** UK [in fruit] noyau *m* **7.** (*pl* **stone** *or* **stones**) [unit of weight] ≃ 6 kg / *she weighs about 8 stone or stones* elle pèse dans les 50 kilos. ◆ adj de or en pierre ▸ **a stone jar** un pot de grès. ◆ vt **1.** [fruit, olive] dénoyauter **2.** [person, car] jeter des pierres sur, bombarder de pierres ; [as punishment] lapider **3.** PHR **stone the crows!, stone me!** *inf* UK mince alors !

Stone Age n ▸ **the Stone Age** l'âge *m* de (la) pierre.

❖ **Stone-Age** comp [man, dwelling, weapon] de l'âge de (la) pierre.

stone-blind adj complètement aveugle.

stonebreaker ['stəʊn,breɪkəʳ] n [person] casseur *m* de pierres ; [machine] concasseur *m*.

stone-broke *inf* = **stony-broke**.

stonechat ['stəʊntʃæt] n traquet *m* (pâtre).

stone-cold ◆ adj complètement froid. ◆ adv *inf* ▸ **stone-cold sober** pas du tout soûl.

stonecrop ['stəʊnkrɒp] n orpin *m*.

stonecutter ['stəʊn,kʌtəʳ] n **1.** [person - of stone] tailleur *m* de pierre(s) ; [- of precious stones] lapidaire *m* **2.** [machine] lapidaire *m*.

stoned [stəʊnd] adj *v inf* [drunk] bourré, schlass ; [drugged] défoncé.

stone-dead adj raide mort.

stone-deaf adj complètement sourd.

stone fruit n UK fruit *m* à noyau.

stone-ground adj moulu à la pierre.

Stonehenge ['stəʊnhendʒ] pr n *monument mégalithique dans le sud de l'Angleterre.*

stone marten n fouine *f*.

stonemason ['stəʊn,meɪsn] n tailleur *m* de pierre.

stone-still adj ▸ **to stay stone-still** rester cloué sur place.

stonewall ['stəʊn,wɔːl] ◆ vi **1.** [filibuster] monopoliser la parole *(pour empêcher les autres de parler)* ; [avoid questions] donner des réponses évasives **2.** SPORT jouer très prudemment, bétonner. ◆ vt bloquer, faire barrage à.

Stonewall ['stəʊn,wɔːl] pr n US HIST Stonewall.

Stonewall

Bar new-yorkais fréquenté par des homosexuels où, en 1969, les incessantes descentes de police provoquèrent des émeutes qui furent à l'origine du mouvement du même nom luttant pour la reconnaissance des droits des homosexuels.

stonewalling ['stəʊnwɔːlɪŋ] n POL obstructionnisme *m*.

stoneware ['stəʊnweəʳ] n (poterie *f* en) grès *m*.

stonewashed ['stəʊnwɒʃt] adj [jeans, denim] délavé *(avant l'achat)*.

stonework ['stəʊnwɜːk] n maçonnerie *f*, ouvrage *m* en pierre.

stonily ['stəʊnɪlɪ] adv froidement ▸ **to look at sb stonily** regarder qqn froidement.

stonker ['stɒŋkəʳ] n *inf* : *what a stonker of a goal!* quel but génial !

stonking ['stɒŋkɪŋ] adj UK *inf* super, génial, d'enfer / *he scored a stonking goal* il a marqué un but d'enfer.

stony ['stəʊnɪ] (*compar* **stonier**, *superl* **stoniest**) adj **1.** [covered with stones - ground, soil, road, land] pierreux, caillouteux, rocailleux ; [- beach] de galets / *his requests fell on stony ground* ses démarches n'ont rien donné **2.** [stone-like - texture, feel] pierreux **3.** [unfeeling] insensible ; [look, silence] glacial / *a stony heart* un cœur de pierre.

Fall on stony ground

Cette expression trouve son origine dans la parabole du semeur (Marc 4) : lorsque le semeur sème ses graines dans un endroit pierreux (**stony ground**), les plantes meurent car elles n'ont pas assez de terre pour pousser. Dans l'usage courant, on emploie **to fall on stony ground** pour évoquer un conseil ou un avertissement qui n'est pas entendu :

Warnings about the factory's disastrous effects on local rivers fell on stony ground. *Les mises en garde concernant les effets désastreux des rejets de l'usine sur les rivières avoisinantes sont restées lettre morte.*

His ideas for a new production method kept falling on stony ground. *Ses idées à propos d'une nouvelle méthode de production n'ont pas trouvé d'écho.*

stony-broke adj UK *inf* fauché (comme les blés), à sec.

stony-faced adj au visage impassible.

stony-hearted adj au cœur de pierre.

stood [stʊd] pt & pp ⟶ **stand.**

stooge [stuːdʒ] n **1.** *inf & pej* larbin *m*, laquais *m* **2.** THEAT [straight man] faire-valoir *m inv*.

stook [stʊk] ◆ n moyette *f*. ◆ vt moyetter.

stool [stuːl] n **1.** [seat] tabouret *m* ▸ **to fall between two stools** UK être assis entre deux chaises **2.** MED selle *f* **3.** HORT [tree stump] souche *f* ; [shoot] rejet *m* de souche ; [base of plant] pied *m* de plante **4.** US [windowsill] rebord *m* de fenêtre.

stoolie ['stuːlɪ] US *v inf* indic *mf*.

stoolpigeon ['stuːl,pɪdʒɪn] n *inf* indicateur *m*, -trice *f*, indic *mf*, mouchard *m*, -e *f*.

stoop [stuːp] ◆ vi **1.** [bend down] se baisser, se pencher / *she stooped to pick up her pen* elle se baissa or se pencha pour ramasser son stylo **2.** [stand, walk with a stoop] avoir le dos voûté **3.** [abase o.s.] s'abaisser / *I can't believe he stooped to lying* je n'arrive pas à croire qu'il se soit abaissé à mentir / *she would stoop to anything* elle est prête à toutes les bassesses / **'She Stoops to Conquer'** *Goldsmith* 'Elle s'abaisse pour triompher' **4.** [condescend] daigner / *she wouldn't stoop to doing the dirty work herself* elle ne s'abaisserait pas à faire elle-même le sale travail **5.** [bird of prey] fondre, plonger. ◆ vt baisser, pencher, incliner / *he stooped his head to go through the door* il a baissé la tête pour passer la porte. ◆ n **1.** [of person] ▸ **to walk with** or **to have a stoop** avoir le dos voûté **2.** [by bird of prey] attaque *f* en piqué **3.** US [veranda] véranda *f*, porche *m*.

stooping ['stuːpɪŋ] adj [back, shoulders, figure] voûté.

stop [stɒp] (*pt & pp* **stopped**, *cont* **stopping**) ◆ vt **1.** [cease, finish] arrêter, cesser / *it hasn't stopped raining all day* il n'a pas arrêté de pleuvoir toute la journée / *you should stop smoking* tu devrais arrêter de fumer / *I wish they'd stop that noise!* j'aimerais qu'ils arrêtent ce bruit ! / *she stopped work when she got married* elle a arrêté de travailler quand elle s'est mariée / *stop it, that hurts!* arrête, ça fait mal ! **2.** [prevent] empêcher ▸ **to stop sb (from) doing sthg** empêcher qqn de faire qqch / *it's too late to stop the meeting from taking place* il est trop tard pour empêcher la réunion d'avoir lieu / *she's made up her mind and there's nothing we can do to stop her* elle a pris sa décision et nous ne pouvons rien faire pour l'arrêter **3.** [cause to halt] arrêter / *this lever stops the motor* ce levier arrête le moteur / *I managed to stop the car* j'ai réussi à arrêter la voiture / *a policeman stopped the traffic* un agent arrêta la circulation / *we could do nothing to stop the bleeding* nous ne pouvions rien faire pour arrêter l'hémorragie / *a woman stopped me to ask the way to the station* une femme m'a arrêté pour me demander le chemin de la gare / *the sound of voices stopped him short* or *stopped him in his tracks* un bruit de voix le fit s'arrêter net ▸ **to stop a bullet** *inf* se prendre une balle ▸ **stop thief!** au voleur ! **4.** [arrest] arrêter **5.** UK [withhold - sum of money, salary] retenir / *the money will be stopped out of your wages* la somme sera retenue sur votre salaire / *taxes are stopped at source* les impôts sont retenus à la source **6.** [interrupt] interrompre, arrêter ; [suspend] suspendre, arrêter ; [cut off] couper / *once he starts talking about the war there's no stopping him* une fois qu'il commence à parler de la guerre, on ne peut plus l'arrêter / *the referee stopped the fight in the third round* l'arbitre a arrêté le combat à la troisième reprise / *his father threatened to stop his allowance* son père menaça de lui couper les vivres / *I forgot to stop the newspaper* j'ai oublié de faire suspendre mon abonnement au journal ▸ **to stop a cheque** faire opposition à un chèque **7.** [block - hole, gap] boucher ▸ **to stop one's ears** se boucher les oreilles **8.** [fill - tooth] plomber **9.** MUS [string] presser ; [wind instrument] boucher. ◆ vi **1.** [halt, pause - person, vehicle, machine] arrêter, s'arrêter / *go on, don't stop* continue, ne t'arrête pas / *my watch has stopped* ma montre s'est or est arrêtée / *does the bus stop near the church?* le bus s'arrête-t-il près de l'église ? / *we can stop for tea on the way* nous pouvons nous arrêter en chemin pour prendre le thé / *we drove from London to Edinburgh without stopping* nous avons roulé de Londres à Édimbourg d'une traite / *the bus kept stopping and starting* le bus a fait beaucoup d'arrêts en cours de route ▸ **to stop dead in one's tracks** s'arrêter net / *I used to play football but I stopped last year* je jouais au football mais j'ai arrêté l'année dernière ; *fig* : *she doesn't know where* or *when to stop* elle ne sait pas s'arrêter / *they'll stop at nothing to get what they want* ils ne reculeront devant rien pour obtenir ce qu'ils veulent / *we don't have time to stop and think* nous n'avons pas le temps de nous arrêter pour réfléchir / *if you stopped to consider, you'd never do anything* si on prenait le temps de réfléchir, on ne ferait jamais rien / *they stopped short of actually harming him* ils ne lui ont pas fait de mal, mais il s'en est fallu de peu / *she began talking then stopped short* elle commença à parler puis s'arrêta net or brusquement **2.** [come to an end] cesser, s'arrêter, se terminer / *the rain has stopped* la pluie s'est arrêtée / *wait for the music to stop* attendez que la musique s'arrête / *the road stops a few miles east of Alice Springs* la route se termine à quelques kilomètres à l'est d'Alice Springs **3.** [stay] rester ; [reside] loger / *I'm late, I can't stop* je suis en retard, je ne peux pas rester / *we've got friends stopping with us* nous avons des amis qui séjournent chez nous en ce moment / *which hotel did you stop at?* dans quel hôtel êtes-vous descendus ? ◆ n **1.** [stopping place - for buses] arrêt *m* ; [- for trains] station *f* / *we get off at the next stop* nous descendons au prochain arrêt **2.** [break - in journey, process] arrêt *m*, halte *f* ; [- in work] pause *f* / *we made several stops to pick up passengers* nous nous sommes arrêtés à plusieurs reprises pour prendre des passagers / *our first stop was Brussels* nous avons fait une première halte à Bruxelles / *my whole career has been full of stops and starts* ma carrière entière est faite de hauts et de bas **3.** [standstill] arrêt *m* ▸ **to come to a stop** s'arrêter / *she brought the bus to a stop* elle arrêta le bus **4.** [end] ▸ **to put a stop to sthg** mettre fin or un terme à qqch **5.** UK [full stop] point *m* ; [in telegrams] stop *m* **6.** [on organ] jeu *m* (d'orgue) ▸ **to pull out all the stops (to do sthg)** remuer ciel et terre (pour faire qqch) **7.** [plug, stopper] bouchon *m* **8.** [blocking device] arrêt *m* **9.** PHOT diaphragme *m* **10.** LING occlusive *f* **11.** [in bridge] contrôle *m* / *to have a stop in hearts* avoir un contrôle à cœur. ◆ comp [button, mechanism, signal] d'arrêt.

❖ **stop around** US *inf* = **stop by.**

❖ **stop away** vi UK *inf* rester absent.

❖ **stop by** vi *inf* passer / *you must stop by and see us next time you're in London* il faut que vous passiez nous voir la prochaine fois que vous venez à Londres / *I'll stop by at the chemist's on my way home* je passerai à la pharmacie en rentrant.

❖ **stop down** ◆ vi **1.** UK [gen] rester en bas ▸ **to stop down a year** SCH redoubler une année **2.** PHOT diaphragmer. ◆ vt sep PHOT diaphragmer.

❖ **stop in** vi UK *inf* **1.** [stay at home] ne pas sortir, rester à la maison **2.** = **stop by.**

❖ **stop off** vi s'arrêter, faire une halte.

❖ **stop out** vi UK *inf* ne pas rentrer.

❖ **stop over** vi [gen] s'arrêter, faire une halte ; TRANSP [on flight, cruise] faire escale.

❖ **stop round** US *inf* = **stop by.**

❖ **stop up** vi UK *inf* ne pas se coucher, veiller.

Note that **empêcher que** is followed by **ne** and a verb in the subjunctive:
They have taken steps to stop this happening. *Ils ont pris des dispositions pour empêcher que cela ne se produise.*

stop-and-go US = **stop-go.**

stop-and-search n fouilles *fpl* dans la rue.

stop bath n bain *m* d'arrêt.

stopcock ['stɒpkɒk] n UK robinet *m* d'arrêt.

stop consonant n (consonne *f*) occlusive *f*.

stope [stəʊp] n gradin *m*.

stopgap ['stɒpgæp] ◆ n bouche-trou *m*. ◆ adj de remplacement ▸ **a stopgap measure** un palliatif.

stop-go adj ECON ▸ **stop-go policy** politique *f* économique en dents de scie *(alternant arrêt de la croissance et mesures de relance)*, politique *f* du stop-and-go.

stoplight ['stɒplaɪt] n **1.** [traffic light] feu *m* rouge **2.** UK [brake-light] stop *m*.

stop-list n BANK [for lost cheques] liste *f* de chèques volés ou perdus.

stop-off n halte *f*, courte halte *f*.

stop order n ordre *m* stop.

stopover ['stɒp,əʊvər] n [gen] halte *f* ; [on flight] escale *f*.

stoppage ['stɒpɪdʒ] n **1.** [strike] grève *f*, arrêt *m* de travail **2.** UK [sum deducted] retenue *f* / *my wages are a lot less after stoppages* après les retenues, il ne reste plus grand-chose de mon salaire **3.** [halting, stopping] arrêt *m*, interruption *f* ; FOOT arrêt *m* de jeu **4.** [blockage] obstruction *f* ; MED occlusion *f*.

stop payment n opposition *f (à un chèque)*.

stopper ['stɒpər] ◆ n **1.** [for bottle, jar] bouchon *m* ; [for sink] bouchon *m*, bonde *f* ; [for pipe] obturateur *m* ; [on syringe] embout *m* de piston / *I can't get the stopper out of the jar / back on the jar* je n'arrive pas à déboucher / à reboucher le bocal **2.** FOOT stoppeur *m* **3.** [in bridge] arrêt *m* / *to have a stopper in clubs* avoir un arrêt à trèfle. ◆ vt boucher, fermer.

stopping ['stɒpɪŋ] ◆ n **1.** [coming or bringing to a halt] arrêt *m* ▸ **stopping distance** AUTO distance *f* d'arrêt **2.** [blocking] obturation *f* / *the stopping (up) of a leak* le colmatage d'une fuite **3.** [cancellation - of payment, leave, etc.] suspension *f* ; [- of service] suppression *f* ; [- of cheque] opposition *f*. ◆ adj [place] où l'on s'arrête.

stopping train n UK omnibus *m*.

stop press ◆ n nouvelles *fpl* de dernière minute / **'stop press!'** 'dernière minute'. ◆ adj de dernière heure or minute.

stop sign n (signal *m* de) stop *m* / *I didn't see the stop sign* je n'ai pas vu le stop.

stop valve n soupape *f* or robinet *m* d'arrêt.

stopwatch ['stɒpwɒtʃ] n chronomètre *m*.

stopword ['stɒpwɜ:d] n COMPUT stopword *m*.

storage ['stɔ:rɪdʒ] ◆ n **1.** [putting into store] entreposage *m*, emmagasinage *m*, stockage *m* ; [keeping, conservation] stockage *m* / *careful packing should prevent the goods being damaged in storage* un bon emballage devrait empêcher la détérioration des marchandises pendant le stockage / *our furniture is in storage* nos meubles sont au garde meubles **2.** COMPUT (mise *f* en) mémoire *f*. ◆ comp **1.** [charges] de stockage, d'emmagasinage **2.** COMPUT de mémoire.

storage battery n accumulateur *m*, batterie *f* secondaire.

storage card n carte *f* à mémoire.

storage cell = storage battery.

storage device n COMPUT dispositif *m* de stockage.

storage heater, **storage radiator** n radiateur *m* à accumulation.

storage medium n COMPUT support *m* de stockage.

storage room n [small] cagibi *m* ; [larger] débarras *m*.

storage space n espace *m* de rangement.

storage tank n [for fuel] réservoir *m* (de stockage) ; [for rainwater] citerne *f*.

storage unit n meuble *m* de rangement.

storax ['stɔ:ræks] n [tree, resin] styrax *m*, storax *m*.

store [stɔ:r] ◆ n **1.** [large shop] grand magasin *m* ; US [shop] magasin *m* ▸ **candy store** US confiserie *f* **2.** [stock - of goods] stock *m*, réserve *f*, provision *f* ; [- of food] provision *f* ; [- of facts, jokes, patience, knowledge] réserve *f* ; [- of wisdom] fonds *m* / *we should get in* or *lay in a store of coal* nous devrions faire provision de charbon / *I have my own private store of tea* j'ai ma provision personnelle de thé **3.** [place - warehouse] entrepôt *m*, dépôt *m* ; [- in office, home, shop] réserve *f* ; [- in factory] magasin *m*, réserve *f* / *goods in store* UK marchandises *fpl* en entrepôt ▸ **furniture store** garde-meubles *m inv* **4.** COMPUT [memory] mémoire *f* **5.** [value] ▸ **to lay** or **to put** or **to set great store by sthg** faire grand cas de qqch / *I don't set much store by his advice* je ne fais pas grand cas de ses conseils. ◆ comp **1.** US [store-bought - gen] de commerce ; [- clothes] de confection ▸ **a store cake** un gâteau acheté dans une pâtisserie **2.** [for storage] ▸ **store cupboard** placard *m* de rangement. ◆ vt **1.** [put away, put in store - goods, food] emmagasiner, entreposer ; [- grain, crop] engranger ; [- heat] accumuler, emmagasiner ; [- electricity] accumuler ; [- files, documents] classer ; [- facts, ideas] engranger, enregistrer dans sa mémoire / *we stored our furniture at my mother's house* nous avons laissé or mis nos meubles chez ma mère / *they stored the ship with provisions for the voyage* ils ont rempli le bateau de provisions pour le voyage **2.** [keep] conserver, stocker / **'store in a cool place'** 'à conserver au frais' **3.** [fill with provisions] approvisionner **4.** COMPUT stocker.

❖ **stores** pl n [provisions] provisions *fpl* / *the expedition's stores are running low* l'expédition commence à manquer de provisions.

❖ **in store** adv phr : *they had a surprise in store for her* ils lui avaient réservé une surprise / *who knows what the future has in store?* qui sait ce que l'avenir nous réserve ? / *if only we'd realised all the problems that were in store for us* si seulement nous nous étions rendu compte de tous les problèmes qui nous attendaient.

❖ **store away**, **store up** vt sep garder en réserve / *he stored (away) the anecdote for future use* il a noté l'anecdote en se disant qu'il la replacerait / *he's just storing up trouble for himself by keeping silent* en ne disant rien, il ne fait que se préparer des ennuis.

⚠ The French word **store** means a blind, not a store.

store-bought adj [gen] de commerce ; [clothes] de confection / *a store-bought cake* un gâteau de pâtisserie.

store card n carte *f* de crédit *(d'un grand magasin)*.

store detective n vigile *m (dans un magasin)*.

storefront ['stɔ:frʌnt] n US devanture *f* de magasin.

storehouse ['stɔ:haʊs] (*pl* [-haʊzɪz]) n **1.** *lit* magasin *m*, entrepôt *m*, dépôt *m* **2.** *fig* [of information, memories] mine *f*.

storekeeper ['stɔ:,ki:pər] n **1.** [in warehouse] magasinier *m*, -ère *f* **2.** US [shopkeeper] commerçant *m*, -e *f*.

storeman ['stɔ:mən] (*pl* **storemen** [-mən]) n UK manutentionnaire *m*.

storeroom ['stɔ:rʊm] n **1.** [in office, shop] réserve *f* ; [in factory] magasin *m*, réserve *f* ; [in home] débarras *m* **2.** NAUT soute *f*, magasin *m*.

storey UK, **story** US ['stɔ:rɪ] (UK *pl* **storeys** ; US *pl* **stories**) n étage *m*.

-storey(ed) UK, **-storied** US ['stɔ:rɪ(d)] in comp : *a single-storeyed / five-storeyed building* un bâtiment à un étage / à cinq étages.

stork [stɔ:k] n cigogne *f*.

storm [stɔ:m] ◆ n **1.** METEOR tempête *f* ; [thunderstorm] orage *m* ; [on Beaufort scale] tempête *f* ▸ **it was a storm in a teacup** UK ce fut une tempête dans un verre d'eau **2.** *fig* [furore] tempête *f*, ouragan *m* / *the arms deal caused a political storm* la vente d'armes a déclenché un véritable scandale politique / *a storm of protest* une tempête de protestations / *a storm of criticism* une marée de condamnations ; [roar] tempête *f* / *a storm of applause* une tempête d'applaudissements / *a storm of abuse* une tornade d'injures **3.** MIL ▸ **to take by storm** prendre d'assaut / *the show took Broadway by storm* *fig* le spectacle a connu un succès foudroyant à Broadway. ◆ vi **1.** [go angrily] ▸ **to storm in** / **out** entrer / sortir comme un ouragan / *she stormed off without saying a word* elle est partie furieuse, sans dire un mot **2.** [be angry] tempêter, fulminer **3.** [rain] tomber à verse ; [wind] souffler violemment ; [snow] faire rage / *it stormed all night* il y a eu de l'orage toute la nuit **4.** MIL donner or livrer l'assaut / *the enemy stormed through our defences* l'ennemi donna l'assaut et franchit nos lignes de défense. ◆ vt emporter, enlever d'assaut / *the troops stormed the ramparts* les troupes ont pris d'assaut les remparts.

stormbound ['stɔ:mbaʊnd] adj bloqué par l'orage or la tempête.

storm cellar n US abri *m* contre les cyclones.

storm centre n **1.** METEOR œil *m* de la tempête or du cyclone **2.** *fig* centre *m* de l'agitation, point *m* névralgique.

storm cloud n **1.** METEOR nuage *m* d'orage **2.** *fig* nuage *m* menaçant / *the storm clouds of war were gathering* le danger or la menace d'une guerre grandissait.

storm cone n cône *m* de tempête.

storm door n US porte *f* extérieure *(qui double la porte de la maison pour éviter les courants d'air)*.

storm drain n égout *m* pluvial.

storming ['stɔ:mɪŋ] n [attack] assaut *m* ; [capture] prise *f* (d'assaut) ▸ **the storming of the Bastille** HIST la prise de la Bastille.

storm lantern n lampe *f* tempête.

Stormont ['stɔ:mənt] pr n *château de la banlieue de Belfast qui abrite le parlement d'Irlande du Nord.*

storm petrel n pétrel-tempête *m*.

stormproof ['stɔ:mpru:f] adj à l'épreuve de la tempête.

storm surge n vague *f* de tempête.

storm trooper n membre *m* des troupes d'assaut ▸ **the storm troopers** les troupes *fpl* d'assaut.

❖ **stormtrooper** adj [tactics] brutal, impitoyable.

storm troops pl n troupes *fpl* d'assaut.

stormwater ['stɔ:m,wɔ:tər] n eau *f* pluviale.

storm window n contre-fenêtre *f*.

stormy ['stɔ:mɪ] (*compar* **stormier**, *superl* **stormiest**) adj **1.** [weather] orageux, d'orage ; [sea] houleux, démonté / *it was a stormy day* il faisait un temps orageux **2.** *fig* [relationship] orageux ; [debate] houleux ; [look] furieux ; [career, life] tumultueux, mouvementé.

stormy petrel = storm petrel.

story ['stɔ:rɪ] (*pl* **stories**) n **1.** [tale, work of fiction - spoken] histoire *f* ; [- written] histoire *f*, conte *m* ▸ **to tell sb a story** raconter une histoire à qqn / *he stopped halfway through his story* il s'interrompit en plein milieu de son récit / *this is a true story* c'est une histoire vraie / *a collection of her poems and stories* un recueil de ses poèmes et nouvelles / *it's always the same old story* *fig* c'est toujours la même histoire **2.** [plot - story line] intrigue *f*, scénario *m* / *the story of the film is very complicated* l'intrigue du film est très compliquée / *I like a play with a good story to it* j'aime les pièces qui ont une bonne intrigue **3.** [account] histoire *f* / *I got the inside story from his wife* j'ai appris la vérité sur cette histoire par sa femme / *let me tell you my side of the story* laisse-moi te donner ma version de l'histoire / *well, that's my story and I'm sticking to it* *hum* c'est la version officielle / *the witness changed his story* le témoin est revenu sur sa version des faits / *but that's another story* mais ça, c'est une autre histoire / *that's not the whole story* or *that's only part of the story* mais ce n'est pas tout / *we'll probably never know the whole* or *full story* nous ne saurons peut-être jamais le fin mot de l'histoire ▸ **to cut** UK or **make** US **a long story short** enfin bref **4.** [history] histoire *f* / *his life story* l'histoire de sa vie / *that's the story of my life!* *hum* ça m'arrive tout le temps ! **5.** *euph* [lie] histoire *f* / *are you telling stories again?* est-ce que tu racontes encore des histoires ? **6.** [rumour] rumeur *f*, bruit *m* / *there's a story going about that they're getting divorced* le bruit court qu'ils vont divorcer ▸ **or so the story goes** c'est du moins ce que l'on raconte **7.** PRESS [article] article *m* / *there's a front-page story about* or *on the riots* il y a un article en première page sur les émeutes / *the editor refused to run her story* le rédacteur en chef a refusé de publier son article / *all the papers ran* or *carried the story* tous les journaux en ont parlé ; [event, affair] affaire *f* / *have you been following this corruption story?* est-ce que vous avez suivi cette affaire de corruption ? / *what's the story?* quelle nouvelle ? / *the story broke just after the morning papers had gone to press* on a appris la nouvelle juste après la mise sous presse des journaux du matin **8.** US = **storey**.

storyboard ['stɔːrɪbɔːd] n story-board *m*, scénarimage *m offic.*

storybook ['stɔːrɪbʊk] ◆ n livre *m* de contes. ◆ adj ▸ **a storybook ending** une fin romanesque ▸ **a storybook romance** une idylle de conte de fées ▸ **a storybook castle** un château de conte de fées.

story line n intrigue *f*, scénario *m*.

storyteller ['stɔːrɪ,teləʳ] n **1.** conteur *m*, -euse *f* **2.** *euph* [liar] menteur *m*, -euse *f*.

storytelling ['stɔːrɪ,telɪŋ] n **1.** [art] art *m* de conter / *to be good at storytelling* avoir l'art de raconter des histoires **2.** *euph* [telling lies] mensonges *mpl*.

stoup [stuːp] n RELIG bénitier *m*.

stout [staʊt] ◆ adj **1.** [corpulent] gros (grosse), corpulent, fort **2.** [strong - stick] solide ; [- structure, material] solide, robuste / *a pair of stout walking shoes* une paire de chaussures de marche solides or robustes **3.** [brave] vaillant, courageux ; [firm, resolute - resistance, opposition, enemy] acharné ; [- support, supporter] fidèle, loyal ▸ **a stout heart** un cœur vaillant. ◆ n stout *m*, bière *f* brune forte.

stouthearted [,staʊt'hɑːtɪd] adj *liter* vaillant, courageux.

stoutly ['staʊtlɪ] adv **1.** [solidly] solidement, robustement / *stoutly built houses* des maisons solides **2.** [bravely] vaillamment, courageusement ; [firmly, resolutely - resist, defend, oppose] avec acharnement ; [- support] fidèlement, loyalement / *she still stoutly maintains she was in the right* elle continue à prétendre dur comme fer qu'elle avait raison.

stoutness ['staʊtnɪs] n **1.** [corpulence] corpulence *f*, embonpoint *m* **2.** [solidity, strength - of structure, materials] solidité *f*, robustesse *f* **3.** [bravery] vaillance *f*, courage *m* ; [firmness, resolution - of resistance, defence, opposition] acharnement *m* ; [- of support, supporter] fidélité *f*, loyauté *f* ▸ **stoutness of heart** vaillance, courage.

stove [stəʊv] ◆ pt & pp ⟶ **stave**. ◆ n **1.** [for heating] poêle *m* **2.** [cooker - gen] cuisinière *f* ; [- portable] réchaud *m* ; [kitchen range] fourneau *m* **3.** INDUST [kiln] four *m*, étuve *f*.

stove enamel n laque *f* or vernis *m* à cuire.

stove-in adj US défoncé, enfoncé.

stovepipe ['stəʊvpaɪp] n **1.** *lit* tuyau *m* de poêle **2.** *inf* ▸ **stovepipe (hat)** tuyau *m* de poêle.

❖ **stovepipes** pl n UK [trousers] pantalon-cigarette *m*.

stovies ['stəʊvɪz] pl n CULIN *ragoût écossais de pommes de terre et d'oignons.*

stow [stəʊ] vt **1.** [store] ranger, stocker ; [in warehouse] emmagasiner ; NAUT [cargo] arrimer ; [equipment, sails] ranger / *where do you stow the coffee?* où rangez-vous le café ? / *he stowed the keys behind the clock* **a)** [hid] il a caché les clés derrière la pendule **b)** [hurriedly] il a fait disparaître les clés derrière la pendule / *please stow your luggage in the overhead lockers* veuillez placer vos bagages dans les compartiments à bagages situés au-dessus de vous / *the life raft was incorrectly stowed* le canot de sauvetage était mal arrimé **2.** [pack, fill] remplir **3.** PHR **stow it!** UK *v inf* **a)** [stop] ça suffit ! **b)** [shut up] la ferme !

❖ **stow away** ◆ vi [on ship, plane] s'embarquer clandestinement, être un passager clandestin / *I stowed away to Brazil* je me suis embarqué clandestinement pour le Brésil. ◆ vt sep **1.** = **stow 2.** UK *inf* [food] enfourner / *he can certainly stow it away!* qu'est-ce qu'il descend !

stowage ['stəʊɪdʒ] n **1.** [of goods - in warehouse] emmagasinage *m* ; [- on ship] arrimage *m* **2.** [capacity - gen] espace *m* utile or de rangement ; [- in warehouse] espace *m* d'emmagasinage ; [- on ship] espace *m* d'arrimage.

stowaway ['stəʊəweɪ] n passager *m* clandestin, passagère *f* clandestine.

strabismus [strə'bɪzməs] n MED strabisme *m*.

Strad [stræd] n stradivarius *m*.

straddle ['strædl] ◆ vt **1.** [sit astride of - horse, bicycle, chair, wall] chevaucher ; [mount - horse, bicycle] enfourcher ; [step over - ditch, obstacle] enjamber **2.** [span, spread over] enjamber / *the bridge straddles the river* le pont enjambe la rivière / *the park straddles the state line* le parc est à cheval sur la frontière entre les États **3.** MIL [target] encadrer **4.** US *inf* ▸ **to straddle the fence** [be noncommittal] ne pas prendre position / *you can't straddle the fence* vous devez prendre position. ◆ vi US *inf & fig* [sit on the fence] ne pas prendre position.

strafe [strɑːf] vt [with machine guns] mitrailler (au sol) ; [with bombs] bombarder.

straggle ['strægl] ◆ vi **1.** [spread in long line - roots, creeper, branches] pousser de façon désordonnée ; [be scattered - trees, houses] être disséminé / *vines straggled over the fence* la vigne envahissait la clôture / *the suburbs straggled on for miles along the railway line* la banlieue s'étendait sur des kilomètres le long de la voie ferrée / *the excavations straggled down the hillside* les fouilles s'étendaient jusqu'en bas de la colline ; [hang untidily - hair] pendre (lamentablement) / *her hair straggled over her forehead* des mèches pendaient sur son front **2.** [linger] traîner, traînasser / *she was straggling behind all the others* elle traînassait derrière tous les autres / *stop straggling! do try and keep up!* ne traînez pas ! essayez de rester groupés ! ▸ **to straggle in / out** entrer / sortir de manière dispersée or par petits groupes / *the crowd began to straggle away from the scene* la foule commença à se disperser petit à petit. ◆ n : *there was a constant straggle of visitors* il y a eu un défilé ininterrompu de visiteurs / *all I saw was a straggle of houses / trees on the hillside* je n'ai aperçu que quelques maisons disséminées / quelques arbres disséminés sur la colline / *a straggle of islands* un long chapelet d'îles.

straggler ['stræglәʳ] n **1.** [lingerer] traînard *m*, -e *f* ; [in race] retardataire *mf* **2.** BOT gourmand *m*.

straggling ['stræglɪŋ] adj [vine, plant] maigre, (qui pousse) tout en longueur ; [houses, trees] disséminé ; [village, street] tout en longueur ; [beard] épars / *to have long, straggling hair* avoir une chevelure longue et maigre.

straggly ['stræglɪ] adj [hair] maigre ; [beard] épars, hirsute ; [roots] long et mince.

straight [streɪt] ◆ adj **1.** [not curved - line, road, nose] droit ; [- hair] raide ▸ **a straight line** MATH une (ligne) droite / *keep your back straight* tiens-toi droit, redresse-toi **2.** [level, upright] droit / *the picture isn't straight* le tableau n'est pas droit or est de travers / *is my tie straight?* est-ce que ma cravate est droite ? ▸ **to put** or **to set straight a)** [picture] remettre d'aplomb, redresser **b)** [hat, tie] ajuster / *hold* or *keep the tray straight* tenez le plateau bien droit **3.** [honest, frank] franc (franche), droit ▸ **to be straight with sb** être franc avec qqn ▸ **to give sb a straight answer** répondre franchement à qqn ▸ **to have a straight talk about sthg** parler franchement de qqch / *he's always been straight in his dealings with me* il a toujours été honnête avec moi ▸ **to do some straight talking** parler franchement / *at the meeting he did some straight talking* il n'a pas mâché ses mots à la réunion / *it's time we did some straight talking* il faut qu'on parle, tous les deux / *are you being straight with me?* est-ce que tu joues franc jeu avec moi ? **4.** [correct, clear] clair ▸ **to put** or **to set the record straight** mettre les choses au clair / *just to set the record straight* pour que ce soit bien clair / *I'd like to get things straight before I leave* je voudrais mettre les choses au clair avant de partir / *let's get this straight* entendons-nous bien sur ce point / *have you put her straight?* as-tu mis les choses au point avec elle ? / *now just you get this straight!* mets-toi bien ceci dans la tête !, qu'on se mette bien d'accord sur ce point ! **5.** [tidy, in order - room, desk, accounts] en ordre ▸ **to put** or **to set straight a)** [room, house] mettre en ordre, mettre de l'ordre dans **b)** [affairs] mettre de l'ordre dans / *put your desk straight* rangez votre bureau / *put your things straight on the desk* mettez un peu d'ordre sur le bureau **6.** [quits] quitte / *here's the £5 I owe you, now we're straight* voilà les 5 livres que je te dois, maintenant nous sommes quittes **7.** [direct] droit, direct / *he hit him a straight left* il lui a porté un direct du gauche ; POL ▸ **straight fight** *une élection où ne se présentent que deux candidats* ▸ **to vote a straight ticket** US voter pour une liste sans panachage **8.** [pure, utter] pur / *it's just straight prejudice* ce sont des préjugés, tout simplement / *it's just straight propaganda* c'est de la propagande pure et simple **9.** [consecutive] consécutif, de suite / *to have three straight wins* gagner trois fois de suite or d'affilée / *we worked for three straight days* nous avons travaillé trois jours d'affilée ▸ **a straight flush** CARDS une quinte flush **10.** [neat - whisky, vodka] sec (sèche) **11.** [serious] sérieux ▸ **to keep a straight face** garder son sérieux ▸ **straight theatre** le théâtre traditionnel / *it's the first straight role she's played in years* c'est son premier rôle sérieux depuis des années **12.** *inf* [conventional] vieux jeu *(inv)* ; [heterosexual] hétéro ; [not a drug user] qui ne se drogue pas **13.** AUTO [cylinders] en ligne / *a straight eight engine* un moteur huit cylindres en ligne **14.** GEOM [angle] plat **15.** US SCH ▸ **to get straight As** : *he got straight As all term* il n'a eu que de très bonnes notes tout le semestre ▸ **a straight A student** un étudiant brillant **16.** US *inf* ▸ **I'm straight** [I'm OK] ça va aller / *do you need change? — no, I'm straight* tu as besoin de monnaie ? — non, ça va aller. ◆ adv **1.** [in a straight line] droit, en ligne droite / *try and walk straight!* essaie de marcher droit ! / *the rocket shot straight up* la fusée est montée à la verticale or en ligne droite / *to shoot straight* viser juste ; *fig* : *I can't see straight* je ne vois pas bien / *I can't think straight* je n'ai pas les idées claires ▸ **to go straight** *inf* [criminal] revenir dans le droit chemin **2.** [upright - walk, sit, stand] (bien) droit / *sit up straight!* tiens-toi droit or redresse-toi (sur ta chaise) ! **3.** [directly] (tout) droit, directement / *he looked me straight in the eye* il me regarda droit dans les yeux / *it's straight across the road* c'est juste en face / *the car came straight at me* la voiture a foncé droit sur moi / *come straight home after the concert!* rentre à la maison tout de suite après le concert ! / *go straight to bed!* va tout de suite te coucher ! / *the ball went straight through the window* la balle est passée par la fenêtre / *the knife went straight through my arm* le couteau m'a transpercé le bras / *they mostly go straight from school to university* pour la plupart, ils passent directement du lycée à l'université ▸ **to come straight to the point** aller droit au fait / *it went straight to his heart* cela lui est allé droit au cœur ▸ **straight ahead** tout droit / *where's the crossroads? — it's straight ahead* où se trouve le carrefour ? — c'est tout droit devant vous / *he looked straight ahead* il regarda droit devant lui ▸ **straight off** *inf* sur-le-champ, tout de suite ▸ **straight on** tout droit / *go straight on till you come to a roundabout* continuez tout droit jusqu'à ce que vous arriviez à un rond-point / *at the roundabout go straight over* au rond-point allez tout droit ▸ **straight from the shoulder** : *she gave it to me straight from the shoulder* elle me l'a dit sans ambages or sans prendre de gants **4.** [frankly] franchement, carrément, tout droit / *I told him straight (out) what I thought of him* je lui ai dit franchement ce que je pensais de lui / *I'm giving it to you straight inf* je vous le dis tout net ▸ **straight up** UK *inf* [honestly] sans blague **5.** [neat, unmixed] ▸ **to drink whisky straight** boire son whisky sec. ◆ n **1.** [on racecourse, railway track] ligne *f* droite ▸ **the final** or **home straight** la dernière ligne droite ▸ **to keep to the straight and narrow** rester dans le droit chemin **2.** [level] ▸ **to be out of straight** UK être de biais or de travers ▸ **on the straight** TEXT de droit fil **3.** *inf* [person] : *he's a straight* **a)** [conventional person] il est conventionnel, c'est quelqu'un de conventionnel **b)** [heterosexual] il est hétéro, c'est un hétéro.

straight-arm ◆ adj [in American football] ▸ **straight-arm tackle** raffût *m*. ◆ vt raffûter.

straight arrow n US : *he's a straight arrow* **a)** [person of integrity] on peut compter sur lui **b)** [too conventional] il est un peu coincé.

straightaway [,streɪtə'weɪ] ◆ adv tout de suite, sur-le-champ. ◆ adj US droit. ◆ n US ligne *f* droite.

straight-cut adj **1.** [tobacco] *en tranches coupées dans le sens de la longueur des feuilles* **2.** [jeans] coupe droite.

straightedge ['streɪtedʒ] n [gen] règle *f* ; [in carpentry] limande *f*.

straight-edged adj [blade] à tranchant droit.

straighten ['streɪtn] ◆ vt **1.** [remove bend or twist from - line, wire] redresser ; [- nail] redresser, défausser ; [- wheel] redresser, dévoiler ; [- hair] décrêper **2.** [adjust - picture] redresser, remettre d'aplomb ; [- tie, hat] redresser, ajuster ; [- hem] arrondir, rectifier / *she straightened her back* or *shoulders* elle se redressa / *he had his nose straightened* il s'est fait redresser le nez **3.** [tidy - room, papers] ranger, mettre de l'ordre dans ; [organize - affairs, accounts] mettre en ordre, mettre de l'ordre dans / *straighten your desk before you leave* rangez votre bureau avant de partir. ◆ vi [person] se dresser, se redresser ; [plant] pousser droit ; [hair] devenir raide ; [road] devenir droit.

❖ **straighten out** ◆ vt sep **1.** [nail, wire] redresser **2.** [situation] débrouiller, arranger ; [problem] résoudre ; [mess, confusion] mettre de l'ordre dans, débrouiller / *don't worry, things will straighten themselves out* ne t'en fais pas, les choses vont s'arranger **3.** ▸ **to straighten sb out a)** *inf* [help] remettre qqn dans la bonne voie **b)** [punish] remettre qqn à sa place / *I'll soon straighten her out!* je vais lui apprendre ! ◆ vi [road] devenir droit ; [plant] pousser droit ; [hair] devenir raide.

❖ **straighten up** ◆ vi [person] se dresser, se redresser ; [plant] pousser droit. ◆ vt sep [room, papers] ranger, mettre de l'ordre dans ; [affairs] mettre de l'ordre dans, mettre en ordre.

straight-faced adj qui garde son sérieux, impassible.

straightforward [,streɪt'fɔːwəd] adj **1.** [direct - person] direct ; [- explanation] franc (franche) ; [- account] très clair / *it's impossible to get a straightforward answer out of her* il est impossible d'obtenir d'elle une réponse nette et précise **2.** [easy, simple - task, problem] simple, facile ; [- instructions] clair / *it was all quite straightforward* ce n'était pas compliqué du tout **3.** [pure, utter] pur / *it's straightforward elitism* ça s'appelle de l'élitisme, c'est de l'élitisme pur et simple.

straightforwardly [,streɪt'fɔːwədlɪ] adv **1.** [honestly - act, behave] avec franchise ; [- answer] franchement, sans détour **2.** [without complications] simplement, sans anicroche / *the meeting did not go off quite as straightforwardly as hoped* la réunion ne s'est pas passée aussi bien qu'on l'avait espéré.

straightjacket ['streɪt,dʒækɪt] = **straitjacket.**

straightlaced [,streɪt'leɪst] = **straitlaced.**

straight-line adj ECON & FIN constant.

straight man n faire-valoir *m inv*.

straight-out adj US *inf* **1.** [forthright - answer] net ; [- refusal] catégorique / *he gave a straight-out answer* il a répondu franchement **2.** [utter - liar, hypocrite] fieffé ; [- lie, dishonesty] pur ; [- opponent, supporter] inconditionnel.

straight razor n US rasoir *m* à main.

straightway ['streɪtweɪ] adv *arch* tout de suite, sur-le-champ.

strain [streɪn] ◆ n **1.** [on rope, girder - pressure] pression *f* ; [- tension] tension *f* ; [- pull] traction *f* ; [- weight] poids *m* / *the rope snapped under the strain* la corde a rompu sous la tension / *the weight put too much strain on the rope* le poids a exercé une trop forte tension sur la corde ▸ **to collapse under the strain** [bridge, animal] s'effondrer sous le poids / *I took most of the strain* c'est moi qui ai fourni le plus gros effort / *the buttress takes the strain off the wall* le contrefort réduit la pression qui s'exerce sur le mur / *the girder can't take the strain* la poutre ne peut pas supporter cette pression or sollicitation / *the war is putting a great strain on the country's resources* la guerre pèse lourd sur or grève sérieusement les ressources du pays / *the new taxes take the strain off the budget* les nouveaux impôts renflouent le budget **2.** [mental or physical effort] (grand) effort *m* ; [overwork] surmenage *m* ; [tiredness] (grande) fatigue *f* / *he's beginning to feel / show the strain* il commence à sentir la fatigue / à donner des signes de fatigue / *I've been under great physical strain* je me suis surmené / *it was quite a strain for me to have to stand* j'ai trouvé très fatigant de devoir rester debout / *the strain of making polite conversation* l'effort que ça demande de faire la conversation à quelqu'un ; [stress] stress *m*, tension *f* or fatigue *f* nerveuse / *the situation has put our family under a great deal of strain* la situation a mis notre famille à rude épreuve / *recent events have placed considerable strain on their relationship* les événements récents ont mis leur relation à rude épreuve / *he can't take the strain anymore* il ne peut plus supporter cette situation stressante / *it's a terrible strain on her nerves* elle trouve ça difficile à supporter nerveusement / *they've been under a lot of strain recently* leurs nerfs ont été mis à rude épreuve ces derniers temps / *the arrival of a new secretary took the immediate strain off me* avec l'arrivée d'une nouvelle secrétaire, j'ai été immédiatement soulagée d'une partie de mon travail / *I couldn't stand the strain of commuting* je trouvais trop épuisant de prendre les transports en commun tous les matins **3.** MED [of muscle] froissement *m* ; [sprain - of ankle, wrist] entorse *f* ▸ **to give one's back a strain** se faire un tour de reins **4.** [breed, variety - of animals] lignée *f*, race *f* ; [of plant, virus, etc.] souche *f* **5.** [style] genre *m*, style *m* / *his other books are all very much in the same strain* ses autres livres sont tout à fait dans le même genre or dans le même esprit **6.** [streak, touch] fond *m*, tendance *f* / *there is a strain of madness in the family* il y a une prédisposition à la folie dans la famille / *there's a strong strain of fantasy in his novels* il y a une grande part de rêve dans ses romans. ◆ vt **1.** [rope, cable, girder] tendre (fortement) / *he strained the canvas over the frame* il a tendu la toile sur le cadre ▸ **to be strained to breaking point** être tendu au point de se rompre ; [resources, economy, budget] grever / *this new expense is straining our income to the limit* nos revenus nous permettent tout juste cette dépense supplémentaire **2.** [force - voice] forcer / *he strained his ears to hear what they were saying* il tendit l'oreille pour entendre ce qu'ils disaient ▸ **to strain one's eyes to see sthg** plisser les yeux pour mieux voir qqch ▸ **to strain every nerve** or **sinew to do sthg** s'efforcer de faire qqch **3.** [hurt, damage - muscle] froisser ; [- eyes] fatiguer / *reading small print strains your eyes* ça fatigue les yeux de lire des petits caractères / *you'll strain your eyes* tu vas te fatiguer les yeux / *I have to be careful not to strain my heart* il faut que je veille à ménager mon cœur / *to strain one's back* se faire un tour de reins / *I've strained my arm* je me suis froissé un muscle du bras ▸ **to strain o.s. a)** [by gymnastics, lifting] se froisser un muscle **b)** [by overwork] se surmener / *mind you don't strain yourself lifting that typewriter* attention de ne pas te faire mal en soulevant cette machine à écrire ; *hum* ▸ **don't strain yourself!** surtout ne te fatigue pas ! / *she lent a hand, but she didn't exactly strain herself* elle a mis la main à la pâte, mais elle ne s'est pas vraiment fatiguée **4.** [force - meaning] forcer ; [- word] forcer le sens de / *it would be straining the truth to call the play a masterpiece* dire que cette pièce est un chef-d'œuvre serait exagéré **5.** [test - patience] mettre à l'épreuve, abuser de ; [- friendship, relationship] mettre à l'épreuve, mettre à rude épreuve **6.** CULIN [soup, milk] passer ; [vegetables] (faire) égoutter **7.** *liter* [press - child, lover] serrer / *she strained the child to her breast* elle serra l'enfant contre sa poitrine. ◆ vi **1.** [pull] tirer fort ; [push] pousser fort / *she was straining at the door* **a)** [pull] elle tirait sur la porte de toutes ses forces **b)** [push] elle poussait (sur) la porte de toutes ses forces / *the dog strained at the leash* le chien tirait sur sa laisse ▸ **to be straining at the leash** *fig* piaffer d'impatience / *I had to strain against the wind* j'ai dû lutter contre le vent / *she strained under the weight* elle ployait sous la charge **2.** [strive] s'efforcer, faire beaucoup d'efforts ▸ **to strain to do sthg** s'efforcer de faire qqch / *I strained to understand / hear what they were saying* je me suis efforcé de comprendre / d'entendre ce qu'ils disaient / *he tends to strain after effect* il a tendance à vouloir se faire remarquer **3.** [rope, cable] se tendre.

❖ **strains** pl n [in music] accents *mpl*, accords *mpl* ; [in verse] accents *mpl* / *the crowd rose to the strains of the national anthem* le public s'est levé aux accents de l'hymne national.

❖ **strain off** vt sep [liquid] vider, égoutter.

strained [streɪnd] adj **1.** [forced - manner, laugh] forcé, contraint ; [- voice] forcé ; [- language, style, etc.] forcé, exagéré / *she gave me a strained smile* elle m'adressa un sourire contraint or forcé **2.** [tense - atmosphere, relations, person] tendu **3.** [sprained - ankle, limb] foulé ; [- muscle] froissé / *to have a strained shoulder* s'être froissé un muscle à l'épaule / *to have a strained neck* avoir un torticolis ; [tired - eyes] fatigué / *his eyes looked strained* il avait l'air d'avoir les yeux fatigués **4.** CULIN [liquid] filtré ; [soup] passé ; [vegetables] égoutté ; [baby food] en purée.

strainer ['streɪnəʳ] n passoire *f*.

strait [streɪt] ◆ n GEOG ▸ **strait, straits** détroit *m*. ◆ adj *arch* étroit.

❖ **straits** pl n [difficulties] gêne *f*, situation *f* fâcheuse ▸ **to be in financial straits** avoir des ennuis financiers or des problèmes d'argent.

STRAITS

the Straits of Dover	le pas de Calais
the Strait of Gibraltar	le détroit de Gibraltar
the Strait of Hormuz or Ormuz	le détroit d'Hormuz or d'Ormuz
the Strait of Magellan	le détroit de Magellan
the Strait of Malacca	le détroit de Malacca

straitened ['streɪtnd] adj ▸ **in straitened circumstances** dans le besoin or la gêne.

straitjacket ['streɪt,dʒækɪt] n camisole *f* de force.

straitlaced [,streɪt'leɪst] adj collet monté *(inv)* / *he was always very proper and straitlaced* il était toujours très digne et très guindé.

strand [strænd] ◆ n **1.** [of thread, string, wire] brin *m*, toron *m* ▸ **a strand of hair** une mèche de cheveux **2.** [in argument, plot, sequence] fil *m* / *the main strand of the narrative* le fil conducteur (du récit) **3.** *liter* [beach] plage *f* ; [shore] grève *f*, rivage *m*. ◆ vt **1.** [ship, whale] échouer / *the ship was stranded on a mudbank* le bateau s'est échoué sur un banc de vase **2.** *(usu passive)* ▸ **to be stranded** [person, vehicle] rester en plan or coincé / *she was stranded in Seville with no money* elle s'est retrouvée coincée à Séville sans un sou vaillant / *we were left stranded with no way of getting home* on est restés en plan sans aucun moyen de rentrer chez nous.

❖ **Strand** pr n ▸ **the Strand** *quartier du centre de Londres célèbre pour ses théâtres.*

stranded ['strændɪd] adj **1.** [person, car] bloqué / *the stranded holidaymakers camped out in the airport* les vacanciers, ne pouvant pas partir, campèrent à l'aéroport **2.** BIOL & CHEM [molecule, sequence] torsadé.

strange [streɪndʒ] adj **1.** [odd] étrange, bizarre ; [peculiar] singulier, insolite / *it's strange that he should be so late* c'est bizarre or étrange qu'il ait tant de retard / *she has some strange ideas* elle a des idées bizarres or de drôles d'idées / *strange to say, I've never been there* chose curieuse or étrange, je n'y suis jamais allé / *strange as it may seem* aussi étrange que cela paraisse or puisse paraître / *truth is stranger than fiction* la vérité dépasse la fiction **2.** [unfamiliar] inconnu / *to find o.s. in strange surroundings* se trouver dans un endroit inconnu / *strange faces* des visages inconnus / *I woke up to find a strange man in my room* lorsque je me suis réveillé il y avait un inconnu dans ma chambre / *a strange car was seen in the neighbourhood earlier in the week* en début de semaine on avait remarqué la présence dans le voisinage d'une voiture qu'on ne connaissait pas **3.** [unaccustomed] : *he is still strange to city life* il n'est pas encore accoutumé à or il n'a pas encore l'habitude de la vie citadine **4.** [unwell] bizarre ▸ **to look / to feel strange** avoir l'air / se sentir bizarre **5.** PHYS [matter, particle] étrange.

strangely ['streɪndʒlɪ] adv étrangement, bizarrement / *strangely enough, I never saw him again* chose curieuse or chose étrange, je ne l'ai jamais revu / *her face was strangely familiar to him* son visage lui était singulièrement familier / *he spoke in a strangely calm voice* il parla d'une voix étonnamment calme.

strangeness ['streɪndʒnɪs] n **1.** [of person, situation] étrangeté *f*, bizarrerie *f*, singularité *f* **2.** PHYS étrangeté *f*.

stranger ['streɪndʒər] n **1.** [unknown person] inconnu *m*, -e *f* / *never talk to strangers* ne parle jamais à des inconnus / *we are complete strangers* nous ne nous sommes jamais rencontrés / *we were strangers until yesterday* nous ne nous connaissons que depuis hier / *a perfect stranger* un parfait inconnu / *they greeted each other for all the world like perfect strangers* ils se sont salués comme de parfaits étrangers / *she has become a stranger to her own family* elle est devenue une étrangère pour sa propre famille / *you've become quite a stranger round here* on ne vous voit plus beaucoup par ici or dans les parages ▸ **hello stranger!** *hum* tiens, un revenant ! **2.** [person from elsewhere] étranger *m*, -ère *f* / *strangers to the town often get lost* les étrangers se perdent souvent dans cette ville / *I'm a stranger here myself* je ne suis pas d'ici non plus **3.** [novice] novice *m* / *I am not exactly a stranger to jazz* je ne suis pas complètement ignorant en matière de jazz / *he is no stranger to loneliness / misfortune* il sait ce qu'est la solitude / le malheur.

Strangers' Gallery pr n ▸ **the Strangers' Gallery** *la tribune du public à la Chambre des communes et à la Chambre des lords.*

Strangeways ['streɪndʒweɪz] pr n *prison à Manchester.*

strangle ['stræŋgl] vt **1.** *lit* étrangler / *I could cheerfully have strangled that child* ce n'est pas l'envie qui me manquait d'étrangler cet enfant **2.** *fig* [opposition, growth, originality] étrangler, étouffer.

strangled ['stræŋgld] adj [cry, sob] étranglé, étouffé ; [voice] étranglé.

stranglehold ['stræŋglhəʊld] n [grip around throat] étranglement *m*, étouffement *m*, strangulation *f* ; [in wrestling] étranglement *m* ▸ **to have a stranglehold on sb** *lit & fig* tenir qqn à la gorge ▸ **to have a stranglehold on sthg** *fig* tenir qqch à la gorge / *they have a stranglehold on the government* ils tiennent le gouvernement à leur merci / *superstition still retains a stranglehold on the country* l'emprise des superstitions sur le pays est toujours très forte / *to have a stranglehold on the market / economy* jouir d'un monopole sur le marché / l'économie.

strangler ['stræŋglər] n étrangleur *m*, -euse *f*.

strangling ['stræŋglɪŋ] n **1.** [killing] étranglement *m*, strangulation *f* ; *fig* [of opposition, protest, originality] étranglement *m*, étouffement *m* **2.** [case] : *there has been yet another strangling* une nouvelle victime a été étranglée / *that brings to five the number of stranglings* cela porte à cinq le nombre de personnes étranglées.

strangulate ['stræŋgjʊleɪt] vt **1.** MED étrangler ▸ **a strangulated hernia** une hernie étranglée **2.** = **strangle.**

strangulation [,stræŋgjʊ'leɪʃn] n strangulation *f* / *the victim died of strangulation* la victime est morte étranglée.

strap [stræp] (*pt & pp* **strapped**, *cont* **strapping**) ◆ n **1.** [belt - of leather] courroie *f*, sangle *f*, lanière *f* ; [- of cloth, metal] sangle *f*, bande *f* **2.** [support - for bag, camera, on harness] sangle *f* ; [fastening - for dress, bra] bretelle *f* ; [- for hat, bonnet] bride *f* ; [- for helmet] attache *f* ; [- for sandal] lanière *f* ; [- under trouser leg] sous-pied *m* ; [- for watch] bracelet *m* **3.** [as punishment] ▸ **to give sb / to get the strap** administrer / recevoir une correction (à coups de ceinture) **4.** [on bus, underground] poignée *f* **5.** = **strop 6.** TECH lien *m*. ◆ vt sangler, attacher / *she had a knife strapped to her leg* elle portait un couteau fixé à sa jambe.

❖ **strap down** vt sep sangler, attacher avec une sangle or une courroie.

❖ **strap in** vt sep [in car] attacher la ceinture (de sécurité) de ; [child - in high chair, pram] attacher avec un harnais or avec une ceinture / *let me strap you in* laisse-moi attacher ta ceinture / *he strapped himself into the driving seat* il s'est installé au volant et a attaché sa ceinture de sécurité / *are you strapped in?* as-tu mis ta ceinture ?

❖ **strap on** vt sep [bag, watch] attacher / *the diver strapped his aqualung on* le plongeur mit son scaphandre.

❖ **strap up** vt sep [suitcase, parcel] sangler ; [limbs, ribs] mettre un bandage à, bander.

straphang ['stræphæŋ] vi UK *inf* voyager debout *(dans les transports en commun).*

straphanger ['stræphæŋər] n UK *inf* voyageur *m*, -euse *f* debout *(dans les transports en commun).*

strapless ['stræplɪs] adj [dress, bra, etc.] sans bretelles.

strapline ['stræplaɪn] n **1.** UK [slogan] slogan *m* **2.** PRESS sous-titre *m*.

strapped [stræpt] adj *inf* ▸ **to be strapped for cash** être fauché.

strapper ['stræpər] n *inf* costaud *m*, -e *f*.

strapping ['stræpɪŋ] adj *inf* costaud / *a fine strapping girl* un beau brin de fille.

Strasbourg ['stræzbɜ:g] pr n Strasbourg.

strata ['strɑ:tə] pl ⟶ **stratum.**

stratagem ['strætədʒəm] n stratagème *m*.

strategic [strə'ti:dʒɪk] adj stratégique / *we decided on a strategic withdrawal of our troops* nous avons décidé d'opérer un repli stratégique de nos troupes / *a strategic position* une position stratégique.

strategic advisor n conseil *m* en stratégie.

strategically [strə'ti:dʒɪklɪ] adv stratégiquement, du point de vue de la stratégie / *to be strategically located* or *placed* or *situated* être placé à un endroit stratégique.

strategics [strə'ti:dʒɪks] n *(U)* MIL (l'art *m* de la) stratégie *f*.

strategist ['strætɪdʒɪst] n stratège *m*.

strategy ['strætɪdʒɪ] (*pl* **strategies**) n [gen & MIL] stratégie *f* ▸ **marketing strategies** stratégies de marketing.

strati ['streɪtaɪ] pl ⟶ **stratus.**

stratification [,strætɪfɪ'keɪʃn] n stratification *f*.

stratificational [,strætɪfɪ'keɪʃnl] adj LING stratificationnel.

stratified ['strætɪfaɪd] adj stratifié, en couches.

stratify ['strætɪfaɪ] (*pt & pp* **stratified**) ◆ vt stratifier. ◆ vi se stratifier.

stratigraphy [strə'tɪgrəfɪ] n stratigraphie *f*.

stratocumulus [,strætəʊ'kju:mjʊləs] (*pl* **stratocumuli** [-laɪ]) n stratocumulus *m*.

stratosphere ['strætə,sfɪər] n stratosphère *f*.

stratum ['strɑ:təm] (*pl* **strata** ['strɑ:tə]) n **1.** GEOL strate *f*, couche *f* **2.** *fig* couche *f* / *the various strata of society* les différentes couches de la société.

stratus ['streɪtəs] (*pl* **strati** ['streɪtaɪ]) n stratus *m*.

Stravinsky [strə'vɪnskɪ] pr n Stravinski.

straw [strɔ:] ◆ n **1.** AGR paille *f* ▸ **man of straw** UK, **straw man** US homme *m* de paille **2.** [for drinking] paille *f* ▸ **to drink sthg through a straw** boire qqch avec une paille **3.** PHR ▸ **to catch** or **to clutch at a straw** or **at straws** se raccrocher désespérément à la moindre lueur d'espoir / *you're just grasping at straws* vous vous raccrochez à de faux espoirs ▸ **to draw** or **to get the short straw** être tiré au sort, être de corvée ▸ **a straw in the wind** un aperçu (de ce que l'avenir nous réserve) ▸ **that's the last straw** or **the straw that breaks the camel's back** c'est la goutte d'eau qui fait déborder le vase ▸ **I don't care a straw** or **two straws!** UK *inf* je m'en fiche ! ▸ **it's not worth a straw** *inf* ça ne vaut pas un clou. ◆ comp [gen] de or en paille ; [roof] en paille, en chaume / **'Straw Dogs'** *Peckinpah* 'les Chiens de paille'.

strawberry ['strɔ:bərɪ] (*pl* **strawberries**) ◆ n [fruit] fraise *f* ; [plant] fraisier *m*. ◆ comp [jam] de fraises ; [tart] aux fraises ; [ice cream] à la fraise.

Strawberries and cream

En Grande-Bretagne, on déguste traditionnellement des fraises à la crème lors de manifestations en plein air, notamment pendant les tournois de tennis à Wimbledon.

strawberry blonde ◆ adj blond vénitien *(inv)*. ◆ n blonde *f* qui tire sur le roux.

strawberry mark n tache *f* de vin, envie *f*.

strawboard ['strɔ:bɔ:d] n carton-paille *m*.

straw boss n sous-chef *m*.

straw-coloured adj (couleur) paille *(inv)*.

straw hat n chapeau *m* de paille.

straw mattress n paillasse *f*.

straw poll n [vote] vote *m* blanc ; [opinion poll] sondage *m* d'opinion.

straw vote US = **straw poll.**

stray [streɪ] ◆ vi **1.** [child, animal] errer / *some sheep had strayed onto the railway line* des moutons s'étaient aventurés sur la ligne de chemin de fer ▸ **to stray away a)** [get lost] s'égarer **b)** [go away] s'en aller / *the children strayed (away) from the rest of the group* les enfants se sont écartés du groupe / *we strayed into what must have been the red light area* nous nous sommes retrouvés dans ce qui devait être le quartier des prostituées ▸ **to stray from the fold** *lit & fig* s'écarter du troupeau ▸ **to stray (away) from the right path** *lit & fig* faire fausse route **2.** [speaker, writer] s'éloigner du sujet / *but I am straying from the point* mais je m'écarte du sujet **3.** [thoughts] errer, vagabonder / *her thoughts strayed (back) to her days in Japan* elle se mit à penser à sa vie au Japon. ◆ n [dog] chien *m* errant or perdu ; [cat] chat *m* errant or perdu ; [cow, sheep] animal *m* égaré ; [child] enfant *m* perdu or abandonné / *she set up a home for strays* elle a ouvert un centre pour recueillir les chiens et les chats perdus. ◆ adj **1.** [lost - dog, cat] perdu, errant ; [- cow, sheep] égaré ; [- child] perdu, abandonné **2.** [random - bullet] perdu ; [- thought] vagabond ; [- memory] fugitif / *she pushed back a few stray curls* elle repoussa quelques mèches folles or rebelles **3.** [occasional - car, boat] isolé, rare / *a few stray cars drove by* quelques rares voitures passaient par là.

❖ **strays** pl n RADIO & TELEC parasites *mpl*, friture *f*.

streak [stri:k] ◆ n **1.** [smear - of blood, dirt] filet *m* ; [- of ink, paint] traînée *f* / *there were streaks of green ink across the page* il y avait des traînées d'encre verte sur la page / *there were a few streaks of cloud in an otherwise blue sky* il y avait quelques traînées nuageuses dans le ciel bleu / *the tears had left grubby streaks down her face* les larmes avaient laissé des traînées sales sur ses joues ; [line, stripe - of light] trait *m*, rai *m* ; [- of ore] filon *m*, veine *f* ; [- in marble] veine *f* / *black wings with white streaks* des ailes noires avec des traînées blanches / *the carpet has green streaks* la moquette est striée de vert / *her hair has grey streaks in it* elle a les cheveux gris / *to have blond streaks put in one's hair* se faire faire des mèches blondes / *streaks of lightning lit up the sky* des éclairs zébraient le ciel / *they drove past like a streak of lightning* leur voiture est passée comme un éclair ▸ **to talk a blue streak** US *inf* être un vrai moulin à paroles **2.** [of luck] période *f* / *I've had a streak of (good) luck* je viens de traverser une période faste / *he's hit a winning streak* **a)** [in gambling] la chance lui a souri **b)** [good deal] il tient un bon filon / *he's just had a streak of bad luck lately* il vient d'essuyer toute une série de revers **3.** [tendency] : *he has a mean streak* or *a streak of meanness in him* il est un peu mesquin / *there has always been a streak of madness in the family* il y a toujours eu une prédisposition à la folie dans la famille ; [trace] trace *f* / *there's a streak of Indian blood in the family* il y a un peu de sang indien dans la famille **4.** *inf* [naked dash] ▸ **to do a streak** *traverser un lieu public nu en courant.* ◆ vt [smear] tacher / *the wall was streaked with paint* il y avait des traînées de peinture sur le mur / *her hands were streaked with blue ink* elle avait des taches d'encre bleue sur les mains / *the mirror was streaked with finger marks* il y avait des traces de doigts sur le miroir / *the sink was streaked with coffee stains* il y avait des taches de café partout dans l'évier / *their cheeks were streaked with tears* leurs joues étaient couvertes de larmes ; [stripe] strier, zébrer / *the carpet is streaked with green* la moquette est striée de vert / *marble streaked with red* du marbre strié de rouge / *her hair is streaked with grey* **a)** [natural] elle a des cheveux gris **b)** [artificial] elle s'est fait des mèches grises / *she's had her hair streaked* elle s'est fait faire des mèches. ◆ vi **1.** [go quickly] ▸ **to streak in / out** entrer / sortir comme un éclair ▸ **to streak past** passer en courant d'air **2.** [run naked] faire du streaking *(traverser un lieu public nu en courant)* / *he was arrested for streaking* ≃ il a été arrêté pour exhibitionnisme.

streaker ['stri:kəʳ] n streaker *mf (personne nue qui traverse un lieu public en courant).*

streaky ['stri:kɪ] (*compar* **streakier**, *superl* **streakiest**) adj **1.** [colour, surface] marbré, jaspé, zébré ; [rock, marble] veiné ▸ **streaky clouds** de longues traînées nuageuses **2.** CULIN [meat] entrelardé, persillé ▸ **streaky bacon** bacon *m* entrelardé.

stream [stri:m] ◆ n **1.** [brook] ruisseau *m* **2.** [current] courant *m* ▸ **to go with the stream a)** *lit* aller au fil de l'eau **b)** *fig* suivre le courant or le mouvement ▸ **to go against the stream** *lit & fig* aller à contre-courant **3.** [flow - of liquid] flot *m*, jet *m* ; [- of air] courant *m* ; [- of blood, lava] ruisseau *m*, flot *m*, cascade *f*, torrent *m* ; [- of people, traffic] flot *m*, défilé *m* (continu) ; [- of tears] ruisseau *m*, torrent *m* / *the vent sent out a stream of hot air* du conduit s'échappait un courant d'air chaud / *a red hot stream of lava flowed down the mountain* une coulée de lave incandescente descendait le flanc de la montagne / *there was a continuous stream of visitors* il y avait un défilé continu or ininterrompu de visiteurs / *streams of wellwishers have been arriving all day* des flots de sympathisants sont arrivés tout au long de la journée / *we've received a steady stream of applications* nous avons reçu un flot incessant de candidatures / *she unleashed a stream of insults* elle lâcha un torrent d'injures ▸ **stream of consciousness** monologue *m* intérieur **4.** INDUST & TECH ▸ **to be on / off stream** être en service / hors service ▸ **to come on stream** être mis en service **5.** UK SCH classe *f* de niveau / *we're in the top stream* nous sommes dans la section forte. ◆ vi **1.** [flow - water, tears] ruisseler, couler à flots ; [- blood] ruisseler / *the wall was streaming with condensation* or *condensation streamed down the wall* la condensation ruisselait le long du mur / *tears streamed down her face* des larmes ruisselaient sur son visage / *the onions made her eyes stream* les oignons l'ont fait pleurer / *sunlight streamed into the room* le soleil entra à flots dans la pièce **2.** [flutter] flotter, voleter / *flags were streaming in the wind* des drapeaux flottaient au vent / *her long hair streamed (out) behind her* ses longs cheveux flottaient derrière elle **3.** [people, traffic] ▸ **to stream in / out** entrer / sortir à flots / *cars streamed out of the city in their thousands* des milliers de voitures sortaient de la ville en un flot ininterrompu / *I watched as the demonstrators streamed past* je regardai passer les flots de manifestants. ◆ vt **1.** [flow with] ▸ **to stream blood / tears** ruisseler de sang / de larmes **2.** UK SCH répartir en classes de niveau **3.** COMPUT [music, news] télécharger en streaming.

streamer ['stri:məʳ] n **1.** [decoration] serpentin *m* **2.** [banner] banderole *f* ; [pennant] flamme *f* **3.** ASTRON flèche *f* lumineuse **4.** PRESS manchette *f*.

streaming ['stri:mɪŋ] ◆ n **1.** UK SCH répartition *f* en classes de niveau **2.** COMPUT streaming *m*. ◆ adj [surface, window, windscreen] ruisselant / *I've got a streaming cold* UK j'ai attrapé un gros rhume.

streaming video n vidéo *f* streaming.

streamline ['stri:mlaɪn] ◆ vt **1.** AUTO & AERON donner un profil aérodynamique à, profiler, caréner **2.** ECON & INDUST [company, production] rationaliser ; [industry] dégraisser, restructurer. ◆ n **1.** AUTO & AERON ligne *f* aérodynamique, forme *f* profilée or carénée **2.** PHYS écoulement *m* non perturbé.

streamlined ['stri:mlaɪnd] adj **1.** AUTO & AERON aérodynamique, profilé, caréné **2.** *fig* [building] aux contours harmonieux ; [figure] svelte **3.** ECON & INDUST [company, production] rationalisé ; [industry] dégraissé, restructuré.

streamlining ['stri:mlaɪnɪŋ] n **1.** AUTO & AERON carénage *m* **2.** ECON & INDUST [of business, organization] rationalisation *f* ; [of industry] dégraissage *m*, restructuration *f*.

street [stri:t] ◆ n rue *f* ▸ **in** UK or **on** US **a street** dans une rue / *a street of houses* une rue résidentielle / *the whole street knows about it* toute la rue est au courant ▸ **to put** or **to turn sb out into the street** mettre qqn à la rue ▸ **to be on the street** or **streets a)** *inf* [as prostitute] faire le trottoir **b)** [homeless person] être à la rue or sur le pavé ▸ **to take to the streets** [protestors] descendre dans la rue ▸ **to walk the streets a)** *inf* [as prostitute] faire le trottoir **b)** [from idleness] battre le pavé, flâner dans les rues **c)** [in search] faire les rues / *they walked the streets looking for her* ils ont parcouru la ville à pied à sa recherche ▸ **that's right up his street! a)** [competence] c'est tout à fait son rayon or dans ses cordes ! **b)** [interest] c'est tout à fait son truc ! ◆ comp [noises] de la rue ; [musician] des rues. ◆ adj US *inf* [streetsmart] dégourdi.

❖ **streets** adv *inf* ▸ **to be streets ahead of sb** dépasser qqn de loin / *they're streets apart in the way they think* ils ne partagent pas du tout les mêmes opinions.

street Arab UK *dated & offens* = **street urchin**.

street café n UK café *m* avec terrasse / *we had breakfast at a street café* nous avons pris le petit déjeuner à la terrasse d'un café.

streetcar ['stri:tkɑ:ʳ] n US tramway *m* / **'A Streetcar Named Desire'** *Williams, Kazan* 'Un tramway nommé Désir'.

street cleaner = **street sweeper**.

street cred [-kred] *inf*, **street credibility** n ≃ image *f* cool or branchée / *she reckons the leather jacket gives her more street cred* elle trouve que son blouson en cuir fait très branché or lui donne l'air encore plus cool.

street cry n cri *m* de colporteur / *the street cries of old Paris* le cri des colporteurs du vieux Paris.

street door n porte *f* (qui donne) sur la rue, porte *f* d'entrée.

street guide n plan *m* de la ville, répertoire *m* des rues.

street hawker n colporteur *m*, -euse *f*.

streetlamp ['stri:tlæmp], **streetlight** ['stri:tlaɪt] n réverbère *m*.

street lighting n éclairage *m* public / *the street lighting comes on at sunset* on allume la lumière dans les rues au coucher du soleil.

street map n plan *m* de la ville.

street market n marché *m* en plein air or à ciel ouvert.

street party n *fête de rue organisée en l'honneur d'un événement national.*

street person n SDF *mf*.

street photographer n photostoppeur *m*, -euse *f*.

street plan = **street map**.

streetsmart ['stri:tsmɑ:t] adj *inf* dégourdi.

street sweeper n [person] balayeur *m*, -euse *f* ; [machine] balayeuse *f*.

street theatre n théâtre *m* de rue or de foire.

street trader n marchand *m* ambulant, marchande *f* ambulante.

street trading n vente *f* ambulante.

street urchin n gamin *m*, -e *f* or gosse *mf* des rues.

street value n [of drugs] valeur *f* marchande.

street vendor US = **street trader**.

streetwalker ['stri:t,wɔ:kəʳ] n *dated* fille *f* de joie.

streetwalking ['stri:t,wɔ:kɪŋ] n *dated* racolage *m*.

streetwise ['stri:twaɪz] adj *inf qui connaît la vie de la rue, ses dangers et ses codes.*

strength [streŋθ] n **1.** *(U)* [physical power - of person, animal, muscle] force *f*, puissance *f* / *she doesn't know her own strength* elle ne connaît pas sa force / *his strength failed him* ses forces l'ont trahi or abandonné / *I haven't the strength to lift these boxes* je n'ai pas assez de force or je ne suis pas assez fort pour soulever ces cartons / *he has great strength in his arms / hands* il a beaucoup de force dans les bras / les mains ▸ **to lose strength** perdre des forces, s'affaiblir / *by sheer strength* de force / *with all my strength* de toutes mes forces ; [health] forces *fpl* ▸ **to get one's strength back** reprendre des or recouvrer ses forces ▸ **to go from strength to strength a)** *lit* [sick person] aller de mieux en mieux **b)** *fig* [business] être en plein essor **2.** [of faith, opinion, resolution] force *f*, fermeté *f* ; [of emotion, feeling] force *f* ; [of music, art] force *f* ▸ **strength of character** force de caractère ▸ **strength of purpose** résolution *f* / *they have no strength of purpose* ils n'ont aucune détermination / *they have great strength of purpose* ils sont très déterminés ▸ **strength of will** volonté *f* / *I haven't the strength to start again* je n'ai pas le courage de recommencer ▸ **give me strength!** pitié ! **3.** [intensity - of earthquake, wind] force *f*, intensité *f* ; [- of current, light] intensité *f* ; [- of sound, voice, lens, magnet] force *f*, puissance *f* **4.** [strong point, asset] force *f*, point *m* fort / *her ambition is her main strength* son ambition fait l'essentiel de sa force / *the nation's strength lies in its young people* ce sont les jeunes qui font la force du pays / *it's one of their strengths* c'est un de leurs points forts **5.** [solidity] solidité *f* ; *fig* [of claim, position, relationship] solidité *f* ; [vigour - of argument, protest] force *f*, vigueur *f* / *to argue from a position of strength* être en position de force ; FIN [of currency, economy] solidité *f* / *the dollar has gained / fallen in strength* le dollar s'est consolidé / a chuté **6.** [of alcohol] teneur *f* en alcool ; [of solution] titre *m* ; [of coffee, tobacco] force *f* **7.** *(U)* [numbers] effectif *m*, effectifs *mpl* / *the office staff is below* or *under strength* il nous manque du personnel de bureau / *we're at full strength* nos effectifs sont au complet / *the staff must be brought up to strength* il faut engager du personnel / *the protestors turned up in strength* les manifestants sont venus en force or en grand nombre.

❖ **on the strength of** prep phr en vertu de, sur la foi de / *he was accepted on the strength of his excellent record* il a été accepté grâce à ses excellents antécédents / *I was convicted on the strength of the flimsiest of evidence* j'ai été condamné sur la foi de preuves bien minces.

strengthen ['streŋθn] ◆ vt **1.** [physically - body, muscle] fortifier, raffermir ; [- person] fortifier, tonifier ; [- voice] renforcer ; [improve - eyesight, hearing] améliorer / *to strengthen one's body by exercise* fortifier son corps en faisant de l'exercice / *to strengthen one's grip* or *hold on sthg lit & fig* resserrer son emprise sur qqch **2.** [reinforce - firm, nation] renforcer ; [- fear, emotion, effect] renforcer, intensifier ; [- belief, argument] renforcer ; [- link, friendship] renforcer, fortifier / *the decision strengthened my resolve* la décision n'a fait que renforcer ma détermination ; [morally - person] fortifier / *I felt strengthened by the experience* je suis sorti plus fort de cette expérience **3.** [foundation, structure] renforcer, consolider ; [material] renforcer **4.** FIN [currency, economy] consolider. ◆ vi **1.** [physically - body] se fortifier, se raffermir ; [- voice] devenir plus fort ; [- grip] se resserrer **2.** [increase - influence, effect, desire] augmenter, s'intensifier ; [- wind] forcir ; [- current] augmenter, se renforcer ; [- friendship, character, resolve] se renforcer, se fortifier **3.** FIN [prices, market] se consolider, se raffermir.

strengthening ['streŋθənɪŋ] ◆ n **1.** [physical - of body, muscle] raffermissement *m* ; [- of voice] renforcement *m* ; [- of hold, grip] resserrement *m* **2.** [increase - of emotion, effect, desire] renforcement *m*, augmentation *f*, intensification *f* ; [reinforcement - of character, friendship, position] renforcement *m* ; [- of wind, current] renforcement *m* **3.** [of structure, building] renforcement *m*, consolidation *f* **4.** FIN consolidation *f*. ◆ adj fortifiant, remontant ; MED tonifiant ▸ **to have a strengthening effect on sb** fortifier qqn.

strenuous ['strenjʊəs] adj **1.** [physically - activity, exercise, sport] ardu / *it was a long, strenuous climb* ce fut une longue et difficile ascension / *I'm not allowed to do anything strenuous* je ne dois pas me fatiguer / *avoid very strenuous games like squash* évitez les sports comme le squash qui demandent une grande dépense d'énergie / *she leads a strenuous life* elle mène une vie stressante **2.** [vigorous - opposition, support] acharné, énergique ; [- protest] vigoureux, énergique ; [- opponent, supporter] zélé, très actif ▸ **to make strenuous efforts to do sthg** faire des efforts considérables pour faire qqch / *he is a strenuous campaigner for civil rights* il milite avec acharnement pour les droits civils or civiques.

strenuously ['strenjʊəslɪ] adv **1.** [play, swim, work] en se dépensant beaucoup, en faisant de gros efforts **2.** [fight, oppose, resist] avec acharnement, énergiquement.

strep [strep] *inf* ◆ n streptocoque *m.* ◆ adj [infection] streptococcique ▸ **strep throat** angine *f.*

streptococcal [,streptə'kɒkl], **streptococcic** [,streptə'kɒksɪk] adj streptococcique.

streptococcus [,streptə'kɒkəs] (*pl* **streptococci** [-'kɒksaɪ]) n streptocoque *m.*

streptomycin [,streptə'maɪsɪn] n streptomycine *f.*

stress [stres] ◆ n **1.** [nervous tension] stress *m*, tension *f* nerveuse ▸ **to suffer from stress** être stressé ▸ **to be under stress a)** [person] être stressé **b)** [relationship] être tendu / *she's been under a lot of stress lately* elle a été très stressée ces derniers temps / *the stresses and strains of city life* le stress de la vie urbaine / *the stresses and strains of being a parent* les angoisses qu'on éprouve lorsqu'on a des enfants / *she copes well in times of stress* elle sait faire face dans les moments difficiles ; [pressure] pression *f* / *I always work better under stress* je travaille toujours mieux quand je suis sous pression **2.** CONSTR & TECH contrainte *f*, tension *f* ▸ **to be in stress** [beam, girder] être sous contrainte / *there is too much stress on the foundations* la contrainte que subissent les fondations est trop forte / *we have measured the stresses produced in the metal plates* nous avons mesuré l'effort que produisent les plaques métalliques / *can the girders take the stress?* est-ce que les poutres peuvent soutenir la charge or la tension ? / *earthquakes are caused by subterranean stresses* les tremblements de terre sont provoqués par des tensions souterraines **3.** [emphasis] insistance *f* ▸ **to lay stress on sthg a)** [fact, point, detail] insister sur, souligner **b)** [qualities, values, manners] insister sur, mettre l'accent sur / *the stress has always been on productivity* nous avons toujours mis l'accent sur la productivité **4.** LING [gen] accentuation *f* / *the rules of English sentence stress* les règles d'accentuation de la phrase anglaise ; [on syllable] accent *m* / *the stress is* or *falls on the third syllable* l'accent tombe sur la troisième syllabe ; [accented syllable] syllabe *f* accentuée / *there are three stresses in the sentence* il y a trois syllabes accentuées dans la phrase **5.** MUS accent *m.* ◆ vt **1.** [emphasize - fact, point, detail] insister sur, faire ressortir, souligner ; [- value, qualities] insister sur, mettre l'accent sur / *this point cannot be stressed enough* on ne saurait trop insister sur ce point **2.** [in phonetics, poetry, music] accentuer **3.** CONSTR & TECH [structure, foundation] mettre sous tension or en charge ; [concrete, metal] solliciter. ◆ vi *inf* stresser.

stress-buster n *inf* éliminateur *m* de stress.

stressed [strest] adj **1.** [person] stressé, tendu ; [relationship] tendu **2.** [syllable, word] accentué.

stressed-out adj *inf* stressé.

stress fracture n MED fracture *f* de fatigue or de stress.

stressful ['stresfʊl] adj [lifestyle, job, conditions] stressant ; [moments] de stress / *to lead a stressful life* mener une vie très stressante.

stress management n gestion *f* du stress.

stress mark n LING marque *f* d'accent.

stressor ['stresəʳ] n US facteur *m* de stress.

stress-related adj dû au stress ▸ **stress-related illnesses** maladies *fpl* dues au stress.

stress-timed adj ▸ **stress-timed language** *langue dont le rythme est fonction des syllabes accentuées.*

stretch [stretʃ] ◆ vt **1.** [pull tight] tendre / *stretch the rope tight* tendez bien la corde / *a cable was stretched across the ravine* on avait tendu un câble à travers le ravin / *they stretched a net over the pit* ils ont tendu un filet au-dessus de la fosse **2.** [pull longer or wider - elastic] étirer ; [- garment, shoes] élargir ▸ **to stretch sthg out of shape** déformer qqch / *don't pull your socks like that, you'll stretch them* ne tire pas sur tes chaussettes comme ça, tu vas les déformer **3.** [extend, reach to full length] étendre / *stretch your arms upwards* tendez les bras vers le haut / *if I stretch up my hand I can reach the ceiling* si je tends la main je peux toucher le plafond ▸ **to stretch o.s.** s'étirer ▸ **to stretch one's legs** se dégourdir les jambes / *the bird stretched its wings* l'oiseau déploya ses ailes ▸ **to stretch one's wings** *fig* prendre son envol **4.** [force, strain, bend - meaning, truth] forcer, exagérer ; [- rules] tourner, contourner, faire une entorse à ; [- principle] faire une entorse à ; [- imagination] faire un gros effort de / *you're really stretching my patience* ma patience a des limites / *they have stretched their authority a bit too far* ils ont un peu abusé de leur autorité / *that's stretching it a bit (far)!* là vous exagérez !, là vous allez un peu loin ! / *it would be stretching a point to call him a diplomat* dire qu'il est diplomate serait exagérer or aller un peu loin / *I suppose we could stretch a point and let him stay* je suppose qu'on pourrait faire une entorse au règlement et lui permettre de rester **5.** [budget, income, resources, supplies - get the most from] tirer le maximum de ; [- overload] surcharger, mettre à rude épreuve / *I can't stretch my income that far* mon salaire ne me permet pas de faire de telles dépenses / *our resources are stretched to the limit* nos ressources sont exploitées or utilisées au maximum / *our staff are really stretched today* le personnel travaille à la limite de ses possibilités aujourd'hui ▸ **to be fully stretched a)** [machine, engine] tourner à plein régime **b)** [factory, economy] fonctionner à plein régime **c)** [person, staff] faire son maximum ; [person - use one's talents] : *the job won't stretch you enough* le travail ne sera pas assez stimulant pour vous / *she believes young people need to be stretched* elle pense qu'il faut être exigeant avec les jeunes pour qu'ils donnent le meilleur d'eux-mêmes **6.** MED [ligament, muscle] étirer. ◆ vi **1.** [be elastic] s'étirer ; [become longer] s'allonger ; [become wider] s'élargir / *this fabric tends to stretch* ce tissu a tendance à s'étirer / *the shoes will stretch with wear* vos chaussures vont se faire or s'élargir à l'usage / *my pullover has stretched out of shape* mon pull s'est déformé **2.** [person, animal - from tiredness] s'étirer ; [- on ground, bed] s'étendre, s'allonger ; [- to reach something] tendre la main / *she stretched lazily* elle s'étira nonchalamment / *he had to stretch to reach it* **a)** [reach out] il a dû tendre le bras pour l'atteindre **b)** [stand on tiptoe] il a dû se mettre sur la pointe des pieds pour l'atteindre / *she stretched across me to get the salt* elle a passé le bras devant moi pour attraper le sel / *can you stretch over and get me the paper?* pouvez-vous tendre le bras et me passer le journal ? / *he stretched up to touch the cupboard* il s'est mis sur la pointe des pieds pour atteindre le placard **3.** [spread, extend - in space, time] s'étendre / *the forest stretches as far as the eye can see* la forêt s'étend à perte de vue / *the road stretched across 500 miles of desert* la route parcourait 800 km de désert / *minutes stretched into hours* les minutes devenaient des heures / *our powers don't stretch as far as you imagine* nos pouvoirs ne sont pas aussi étendus que vous l'imaginez / *my salary won't stretch to a new car* mon salaire ne me permet pas d'acheter une nouvelle voiture. ◆ n **1.** [expanse - of land, water] étendue *f* / *this stretch of the road is particularly dangerous in the winter* cette partie de la route est très dangereuse en hiver / *a new stretch of road / motorway* un nouveau tronçon de route / d'autoroute / *a long straight stretch* une longue route en ligne droite / *it's a lovely stretch of river / scenery* cette partie de la rivière / du paysage est magnifique ; [on racetrack] ligne *f* droite ▸ **to go into the final** or **finishing stretch** entamer la dernière ligne droite **2.** [period of time] laps *m* de temps / *for a long stretch of time* pendant longtemps / *for long stretches at a time there was nothing to do* il n'y avait rien à faire pendant de longues périodes / *to do a stretch of ten years in the army* passer dix ans dans l'armée / *a prison stretch of three years* une peine de prison de trois ans / *he did a stretch in Dartmoor* *inf* il a fait de la taule à Dartmoor **3.** [act of stretching] étirement *m* / *he stood up, yawned and had a stretch* il se leva, bâilla et s'étira ▸ **to give one's legs a stretch** se dégourdir les jambes / *by no stretch of the imagination* même en faisant un gros effort d'imagination ▸ **by a long stretch** : *he's the better writer by a long stretch* c'est lui de loin le meilleur écrivain ▸ **not by a long stretch!** loin de là ! **4.** [elasticity] élasticité *f* / *there isn't much stretch in these gloves* ces gants ne sont pas très souples / *there's a lot of stretch in these stockings* ces bas sont très élastiques or s'étirent facilement **5.** SPORT [exercise] étirement *m* / *do a couple of stretches before breakfast* faites quelques exercices d'assouplissement avant le petit déjeuner. ◆ adj TEXT [material] élastique, stretch *(inv)* ; [cover] extensible.

❖ **at a stretch** adv phr d'affilée / *we worked for five hours at a stretch* nous avons travaillé cinq heures d'affilée.

❖ **at full stretch** adv phr ▸ **to be at full stretch a)** [factory, machine] fonctionner à plein régime or à plein rendement **b)** [person] se donner à fond, faire son maximum / *we were working at full stretch* nous travaillions d'arrache-pied / *even at full stretch, we can't meet the delivery date* même en tournant à plein régime, nous ne pouvons pas respecter les délais de livraison.

❖ **stretch out** ◆ vt sep **1.** [pull tight] tendre / *the sheets had been stretched out on the line to dry* on avait étendu les draps sur le fil à linge pour qu'ils sèchent / *the plastic sheet was stretched out on the lawn* la bâche en plastique était étalée sur la pelouse **2.** [extend, spread - arms, legs] allonger, étendre ; [- hand] tendre ; [- wings] déployer / *she stretched out her hand towards him / for the cup* elle tendit la main vers lui / pour prendre la tasse / *she lay stretched out in front of the television* elle était allongée par terre devant la télévision **3.** [prolong - interview, meeting] prolonger, faire durer ; [- account] allonger / *she has to stretch her thesis out a bit for publication* il faut qu'elle étoffe un peu sa thèse pour la publier **4.** [make last - supplies, income] faire durer. ◆ vi **1.** [person, animal] s'étendre, s'allonger / *they stretched out on the lawn in the sun* ils se sont allongés au soleil sur la pelouse **2.** [forest, countryside] s'étendre ; [prospects, season] s'étendre, s'étaler / *a nice long holiday stretched out before them* ils avaient de longues vacances devant eux.

stretcher ['stretʃəʳ] n **1.** MED brancard *m*, civière *f* **2.** [for shoes] tendeur *m*, forme *f* ; [for gloves] ouvre-gants *m inv* ; [in umbrella] baleine *f* ; ART & SEW [for canvas] cadre *m*, châssis *m* **3.** CONSTR [brick, stone] panneresse *f*, carreau *m* **4.** [crossbar - in structure] traverse *f*, tirant *m* ; [- on chair] barreau *m*, bâton *m.*

stretcher-bearer n brancardier *m.*

stretcher case n *blessé ou malade ayant besoin d'être porté sur un brancard* / *I was practically a stretcher case by the time the parents got home* *hum* je ne tenais plus debout or j'étais bon pour l'hôpital quand les parents sont rentrés.

stretcher party n détachement *m* de brancardiers.

stretch fabric n stretch *m.*

stretchmarks ['stretʃmɑ:ks] pl n vergetures *fpl.*

stretchy ['stretʃɪ] (*compar* **stretchier**, *superl* **stretchiest**) adj élastique, extensible.

strew [stru:] (*pt* **strewed**, *pp* **strewn** [stru:n] *or* **strewed**) vt *liter* **1.** [scatter - seeds, flowers, leaves] répandre, éparpiller ; [throw - toys, papers] éparpiller, jeter ; [- debris] éparpiller, disséminer / *they strewed sand on the floor* ils ont répandu du sable sur le sol / *the guests strewed confetti over the bride* les invités ont lancé des confettis sur la mariée / *wreckage was strewn all over the road* il y avait des débris partout sur la route / *their conversation was strewn with four-letter words* leur conversation était truffée de gros mots **2.** [cover - ground, floor, path] joncher, parsemer ; [- table] joncher

/ *the path was strewn with leaves* / *litter* l'allée était jonchée de feuilles / de détritus.

strewth [stru:θ] interj UK *inf & dated* ▸ **strewth!** mon Dieu !, bon sang !

striated [straɪ'eɪtɪd] adj ANAT & GEOL strié.

striation [straɪ'eɪʃn] n striation *f*.

stricken ['strɪkn] adj *fml* **1.** [ill] malade ; [wounded] blessé ; [damaged, troubled] ravagé, dévasté ▸ **to be stricken in years** être âgé et infirme / *our stricken industry* notre industrie dévastée / *the stricken army retreated* l'armée défaite battit en retraite **2.** [afflicted] frappé, atteint / *stricken by* or *with blindness* frappé de cécité / *they were stricken with grief* / *fear* ils étaient accablés de chagrin / transis de peur.

-stricken in comp ▸ **grief-stricken** accablé de chagrin or de douleur, affligé.

strict [strɪkt] adj **1.** [severe, stern -person, discipline] strict, sévère / *you must be very strict with them* il faut être très strict avec eux ; [inflexible -principles] strict, rigoureux ; [-belief, code, rules] strict, rigide / *they belong to a strict religious sect* ils appartiennent à une secte religieuse très stricte / *she's a strict vegetarian* c'est une végétarienne pure et dure / *I gave strict orders not to be disturbed* j'ai formellement ordonné qu'on ne me dérange pas / *I'm on a strict diet* je suis un régime très strict **2.** [exact, precise -meaning, interpretation] strict / *in the strict sense of the word* au sens strict du terme / *the strict truth* la stricte vérité / *it's a strict translation from the Hebrew* c'est une traduction exacte or fidèle de l'hébreu ▸ **strict construction** US LAW interprétation *f* stricte de la constitution **3.** [absolute -accuracy, hygiene] strict, absolu / *he told me in the strictest confidence* il me l'a dit à titre strictement confidentiel / *in strict secrecy* dans le plus grand secret.

strictly ['strɪktlɪ] adv **1.** [severely -act, treat] strictement, avec sévérité / *the children were very strictly brought up* les enfants ont reçu une éducation extrêmement stricte **2.** [exactly -interpret, translate] fidèlement, exactement ▸ **strictly speaking** à strictement or à proprement parler **3.** [absolutely, rigorously] strictement, absolument / *what you say is not strictly accurate* ce que vous dites n'est pas tout à fait exact / *strictly confidential* strictement confidentiel / *to adhere strictly to one's principles* adhérer rigoureusement à ses principes / *the rules must be strictly observed* le règlement doit être scrupuleusement observé / *to adhere strictly to one's diet* suivre scrupuleusement son régime / *strictly forbidden* or *prohibited* formellement interdit / **'smoking strictly forbidden'** 'défense absolue de fumer'.

strictness ['strɪktnɪs] n **1.** [severity -of person, rules, diet] sévérité *f* **2.** [exactness -of interpretation] exactitude *f*, rigueur *f*.

stricture ['strɪktʃər] n *fml* **1.** [criticism] critique *f* sévère ▸ **to pass stricture on sb / sthg** critiquer qqn / qqch sévèrement **2.** [restriction] restriction *f* **3.** MED striction *f*, sténose *f*.

stride [straɪd] (*pt* **strode** [strəʊd], *pp* **stridden** ['strɪdn]) ◆ n **1.** [step] grand pas *m*, enjambée *f*, foulée *f* ▸ **to take big** or **long strides** faire de grandes enjambées / *with giant strides* à pas de géant / *he crossed the threshold in* or *with one stride* il a franchi le seuil d'une seule enjambée / *she recognized him by his purposeful stride* elle l'a reconnu à son pas décidé ▸ **to get** or **to hit** US **into one's stride** trouver son rythme ▸ **to be caught off stride** US être pris au dépourvu ▸ **to take sthg in one's stride** ne pas se laisser démonter or abattre / *he took all their criticisms in his stride* leurs critiques n'ont pas semblé le déranger / *they've always taken exams in their stride* ils ont toujours réussi leurs examens facilement / *she takes everything in her stride* elle ne se laisse jamais démonter or abattre ▸ **to put sb off their stride** faire perdre le rythme à qqn **2.** *fig* [progress] ▸ **to make great strides** faire de grands progrès, avancer à pas de géant / *he is making great strides in German* il fait de grands progrès en allemand / *he is making great strides with his research* sa recherche avance à grands pas. ◆ vi marcher à grands pas or à grandes enjambées ▸ **to stride away** / **in** / **out** s'éloigner / entrer / sortir à grands pas / *he came striding over* or *up to them* il avança vers eux à grands pas / *she strode away across the fields* elle s'éloigna à travers les champs à grands pas / *he strode up and down the street* il faisait les cent pas dans la rue / *he strode up and down the room* il arpentait la pièce. ◆ vt [streets, fields, deck] arpenter.

❖ **strides** pl n UK & AUSTR *inf* [trousers] pantalon *m*.

stridency ['straɪdənsɪ] n stridence *f*.

strident ['straɪdnt] adj strident / *strident demands* des revendications véhémentes.

stridently ['straɪdəntlɪ] adv [call, cry, sing] d'une voix stridente ; [sound, ring] en faisant un bruit strident ; [demand] avec véhémence, à grands cris.

stridulate ['strɪdjʊleɪt] vi striduler.

strife [straɪf] n (*U*) *fml* [conflict] dissensions *fpl* ; [struggles] luttes *fpl* ; [quarrels] querelles *fpl* / *a period of political strife* une période marquée par des dissensions politiques / *industrial strife* conflits sociaux / *sectarian strife* luttes sectaires.

strife-torn adj déchiré par les conflits.

strike [straɪk] (*pt & pp* **struck** [strʌk], *cont* **striking**) ◆ n **1.** [by workers] grève *f* ▸ **to go on strike** se mettre en or faire grève ▸ **to be (out) on strike** être en grève / *the Italian air strike* la grève des transports aériens en Italie / *railway strike* grève des chemins de fer / *teachers' strike* grève des enseignants / *coal* or *miners' strike* grève des mineurs / *postal* or *post office strike* grève des postes / *rent strike* grève des loyers ▸ **the General Strike** UK HIST *la grève de mai 1926 en Grande-Bretagne, lancée par les syndicats par solidarité avec les mineurs* **2.** MIL raid *m*, attaque *f* / *to carry out air strikes against* or *on enemy bases* lancer des raids aériens contre des bases ennemies / *retaliatory strike* raid de représailles ; [nuclear] deuxième frappe *f* ; [by bird of prey, snake] attaque *f* **3.** AERON & MIL [planes] escadre *f* (*d'avions participant à un raid*) **4.** PETR & MIN [discovery] découverte *f* / *a gold strike* la découverte d'un gisement d'or / *the recent oil strikes in the North Sea* la découverte récente de gisements de pétrole en mer du Nord ▸ **it was a lucky strike** c'était un coup de chance **5.** [of clock -chime, mechanism] sonnerie *f* / *life was regulated by the strike of the church clock* la vie était rythmée par la cloche de l'église **6.** [act or instance of hitting] coup *m* ; [sound] bruit *m* / *the strike of iron on iron* le bruit du fer qui frappe le fer / *he adjusted the strike of the keys on the platen roll* il a réglé la frappe des caractères contre le cylindre **7.** [in baseball] strike *m* ; US *fig* [black mark] mauvais point *m* / *he has two strikes against him fig* il est mal parti / *being too young was another strike against her fig* le fait d'être trop jeune constituait un handicap supplémentaire pour elle **8.** [in bowling] honneur *m* double ▸ **to get** or **to score a strike** réussir un honneur double **9.** FISHING [by fisherman] ferrage *m* ; [by fish] touche *f* **10.** *arch* ▸ **at the strike of day** à la pointe or au point du jour. ◆ comp **1.** [committee, movement] de grève ▸ **to threaten strike action** menacer de faire or de se mettre en grève **2.** MIL [aircraft, mission] d'intervention, d'attaque. ◆ vt **1.** [hit] frapper / *she raised her hand to strike him* elle leva la main pour le frapper / *he struck me with his fist* il m'a donné un coup de poing / *the chairman struck the table with his gavel* le président donna un coup de marteau sur la table / *she took the vase and struck him on* or *over the head* elle saisit le vase et lui donna un coup sur la tête / *she struck him across the face* elle lui a donné une gifle / *a light breeze struck the sails* une légère brise gonfla les voiles / *the phenomenon occurs when warm air strikes cold* ce phénomène se produit lorsque de l'air chaud entre en contact avec de l'air froid / *a wave struck the side of the boat* une vague a heurté le côté du bateau ; [inflict, deliver -blow] donner / *he went for them striking blows left and right* il s'est jeté sur eux, distribuant les coups de tous côtés / *who struck the first blow?* qui a porté le premier coup ?, qui a frappé le premier ? / *he struck the tree a mighty blow with the axe* il a donné un grand coup de hache dans l'arbre / *the trailer struck the post a glancing blow* la remorque a percuté le poteau en passant ▸ **to strike a blow for democracy** / **women's rights a)** *fig* [law, event] faire progresser la démocratie / les droits de la femme **b)** [person, group] marquer des points en faveur de la démocratie / des droits des femmes **2.** [bump into, collide with] heurter, cogner / *his foot struck the bar on his first jump* son pied a heurté la barre lors de son premier saut / *she fell and struck her head on* or *against the kerb* elle s'est cogné la tête contre le bord du trottoir en tombant / *the Volvo struck the bus head-on* la Volvo a heurté le bus de plein fouet / *we've struck ground!* NAUT nous avons touché (le fond) ! **3.** [assail, attain -subj: bullet, torpedo, bomb] toucher, atteindre ; [-subj: lightning] frapper / *the arrow struck the target* la flèche a atteint la cible / *a hail of bullets struck the car* la voiture a été mitraillée / *he was struck by a piece of shrapnel* il a été touché par or il a reçu un éclat de grenade ▸ **to be struck by lightning** être frappé par la foudre, être foudroyé ; [afflict -subj: drought, disease, worry, regret] frapper ; [-subj: storm, hurricane, disaster, wave of violence] s'abattre sur, frapper / *an earthquake struck the city* un tremblement de terre a frappé la ville / *he was struck by a heart attack* il a eu une crise cardiaque / *the pain struck her as she tried to get up* la douleur l'a saisie au moment où elle essayait de se lever / *I was struck by* or *with doubts* j'ai été pris de doute, le doute s'est emparé de moi **4.** [occur to] frapper / *only later did it strike me as unusual* ce n'est que plus tard que j'ai trouvé ça or que cela m'a paru bizarre / *it suddenly struck him how little had changed* il a soudain pris conscience du fait que peu de choses avaient changé / *a terrible thought struck her* une idée affreuse lui vint à l'esprit / *it strikes me as useless* / *as the perfect gift* ça me semble inutile / être le cadeau idéal / *it doesn't strike me as being the best course of action* il ne me semble pas que ce soit la meilleure voie à suivre **5.** [impress] frapper, impressionner / *the first thing that struck me was his pallor* la première chose qui m'a frappé, c'était sa pâleur / *what strikes you is the silence* ce qui (vous) frappe, c'est le silence / *how did she strike you?* quelle impression vous a-t-elle faite ?, quel effet vous a-t-elle fait ? / *how did Tokyo* / *the film strike you?* comment avez-vous trouvé Tokyo / le film ? / *we can eat here and meet them later, how does that strike you?* on peut manger ici et les retrouver plus tard, qu'en penses-tu ? / *I was very struck with* UK or *by* US *the flat* l'appartement m'a plu énormément / *I wasn't very struck with* UK or *by* US *his colleague* son collègue ne m'a pas fait une grande impression **6.** [chime] sonner / *the church clock struck five* l'horloge de l'église a sonné cinq heures / *it was striking midnight as we left* minuit sonnait quand nous partîmes **7.** [play -note, chord] jouer / *she struck a few notes on the piano* elle a joué quelques notes sur le piano / *when he struck the opening chords the audience applauded* quand il a joué or plaqué les premiers accords le public a applaudi ▸ **to strike a false note a)** MUS faire une fausse note **b)** [speech] sonner faux / *his presence* / *his words struck a gloomy note* sa présence a / ses paroles ont mis une note de tristesse / *the report strikes an optimistic note* / *a note of warning for the future* le rapport est très optimiste / très alarmant pour l'avenir ▸ **to strike a chord** : *does it strike a chord?* est-ce que cela te rappelle or dit quelque chose ? / *to strike a chord with the audience* faire vibrer la foule / *her description of company life will strike a chord with many managers* beaucoup de cadres se reconnaîtront dans sa description de la vie en entreprise **8.** [arrive at, reach -deal, treaty, agreement] conclure ▸ **to strike a bargain** conclure un marché / *I'll strike a bargain with you* je te propose un marché / *it's not easy to strike a balance between too much and too little freedom* il n'est pas facile de trouver un équilibre or de trouver le juste milieu entre trop et pas assez de liberté **9.** [cause a feeling of] ▸ **to strike fear** or **terror into sb** remplir qqn d'effroi **10.** [cause to become] rendre ▸ **to strike sb blind** / **dumb** rendre qqn aveugle / muet / *the news struck us speechless with horror* nous sommes restés muets d'horreur en apprenant la nouvelle / *I was struck dumb by the sheer cheek of the man!* je suis resté muet devant le culot de cet homme ! / *a stray bullet struck him dead* il a été tué par une balle perdue / *she was struck dead by a heart attack* elle a été foudroyée par une crise cardiaque / *God strike me dead if I lie!* je jure que c'est la vérité ! **11.** [ignite -match] frotter, allumer ;

[-sparks] faire jaillir / *he struck a match* or *a light* il a frotté une allumette **12.** [discover - gold] découvrir ; [- oil, water] trouver ▸ **to strike it lucky a)** UK *inf* [material gain] trouver le filon **b)** [be lucky] avoir de la veine ▸ **to strike it rich** *inf* trouver le filon, faire fortune **13.** [adopt - attitude] adopter / *he struck an attitude of wounded righteousness* il a pris un air de dignité offensée **14.** [mint - coin, medal] frapper **15.** [take down - tent] démonter ; [NAUT - sail] amener, baisser ▸ **to strike camp** lever le camp ▸ **to strike the flag** or **the colours** NAUT amener les couleurs **16.** [delete - name, remark, person] rayer ; [- from professional register] radier **17.** [attack] attaquer **18.** US [go on strike at] : *the union is striking four of the company's plants* le syndicat a déclenché des grèves dans quatre des usines de la société / *students are striking their classes* les étudiants font la grève des cours / *the dockers are striking ships carrying industrial waste* les dockers refusent de s'occuper des cargos chargés de déchets industriels **19.** BOT ▸ **to strike roots** prendre racine / *the tree had struck deep roots into the ground* l'arbre avait des racines très profondes. ◆ vi **1.** [hit] frapper / *she struck at me with her umbrella* elle essaya de me frapper avec son parapluie ▸ **to strike home a)** [blow] porter **b)** [missile, remark] faire mouche ▸ **to strike lucky** *inf* avoir de la veine ▸ **strike while the iron is hot** *prov* il faut battre le fer pendant qu'il est chaud *prov* **2.** [stop working] faire grève / *they're striking for more pay* ils font grève pour obtenir une augmentation de salaire / *the nurses struck over the minister's decision to freeze wages* les infirmières ont fait grève suite à la décision du ministre de bloquer les salaires **3.** [attack - gen] attaquer ; [- snake] mordre ; [- wild animal] sauter or bondir sur sa proie ; [- bird of prey] fondre or s'abattre sur sa proie / *the bombers struck at dawn* les bombardiers attaquèrent à l'aube / *the murderer has struck again* l'assassin a encore frappé / *these are measures which strike at the root / heart of the problem* voici des mesures qui attaquent le problème à la racine / qui s'attaquent au cœur du problème / *this latest incident strikes right at the heart of government policy* ce dernier incident remet complètement en cause la politique gouvernementale **4.** [chime] sonner / *midnight had already struck* minuit avait déjà sonné **5.** [happen suddenly - illness, disaster, earthquake] survenir, se produire, arriver / *we were travelling quietly along when disaster struck* nous roulions tranquillement lorsque la catastrophe s'est produite / *the first tremors struck at 3 a.m.* les premières secousses sont survenues à 3 h du matin **6.** FISHING [fisherman] ferrer ; [fish] mordre (à l'hameçon).

✣ **strike back** vi se venger ; MIL contre-attaquer.

✣ **strike down** vt sep foudroyer, terrasser.

✣ **strike off** ◆ vt sep **1.** [delete, remove - from list] rayer, barrer ; [- from professional register] radier **2.** [sever] couper **3.** TYPO tirer. ◆ vi [go] : *we struck off into the forest* nous sommes entrés or avons pénétré dans la forêt.

✣ **strike on** vt insep UK [solution, right answer] trouver (par hasard), tomber sur ; [plan] trouver ; [idea] avoir.

✣ **strike out** ◆ vi **1.** [set up on one's own] s'établir à son compte ; [launch out] se lancer / *they decided to strike out into a new field* ils ont décidé de se lancer dans un nouveau domaine **2.** [go] : *she struck out across the fields* elle prit à travers champs **3.** [swim] : *we struck out for the shore* nous avons commencé à nager en direction de la côte **4.** [aim a blow] : *he struck out at me* il essaya de me frapper / *they struck out in all directions with their truncheons* ils distribuaient des coups de matraque à droite et à gauche **5.** [in baseball] s'éliminer. ◆ vt sep **1.** [cross out] rayer, barrer **2.** [in baseball] éliminer.

✣ **strike through** vt sep UK [cross out] rayer, barrer.

✣ **strike up** ◆ vt insep **1.** [start] ▸ **to strike up a conversation with sb** engager la conversation avec qqn ▸ **to strike up an acquaintance / a friendship with sb** lier connaissance / se lier d'amitié avec qqn **2.** MUS [start playing] commencer à jouer / *the band struck up the national anthem* l'orchestre commença à jouer l'hymne national or entonna les premières mesures de l'hymne national. ◆ vi [musician, orchestra] commencer à jouer ; [music] commencer.

✣ **strike upon** UK = **strike on.**

> **The General Strike**
>
> Grève générale sans précédent qui paralysa l'Angleterre pendant neuf jours en 1926. Elle éclata dans le secteur minier et s'étendit rapidement à toute l'industrie. La grève des mineurs dura six mois mais se solda par un échec.

strikebound ['straɪkbaʊnd] adj [factory, department] bloqué par une or la grève ; [industry, country] bloqué par des grèves.

strikebreaker ['straɪk,breɪkəʳ] n briseur *m*, -euse *f* de grève, jaune *m*.

strikebreaking ['straɪk,breɪkɪŋ] n refus *m* de faire grève.

strike force n **1.** [nuclear capacity] force *f* de frappe **2.** [of police, soldiers - squad] détachement *m* or brigade *f* d'intervention ; [- larger force] force *f* d'intervention.

strikeover ['straɪk,əʊvəʳ] n surimpression *f*.

strike pay n salaire *m* de gréviste *(versé par le syndicat ou par un fonds de solidarité)*.

striker ['straɪkəʳ] n **1.** INDUST gréviste *mf* **2.** FOOT buteur *m* **3.** [device - on clock] marteau *m* ; [- in gun] percuteur *m*.

striking ['straɪkɪŋ] ◆ adj **1.** [remarkable - contrast, resemblance, beauty] frappant, saisissant **2.** [clock] qui sonne les heures ▸ **striking mechanism** sonnerie *f* (des heures) **3.** MIL [force] d'intervention **4.** INDUST en grève ▸ **striking workers** des travailleurs en grève, des grévistes **5.** PHR **within striking distance** à proximité / *they came within striking distance of finding a solution* ils ont failli trouver or presque trouvé une solution / *she lives within striking distance of London* elle habite tout près de Londres. ◆ n **1.** [of clock] sonnerie *f* (des heures) **2.** [of coins] frappe *f*.

strikingly ['straɪkɪŋlɪ] adv remarquablement / *a strikingly beautiful woman* une femme d'une beauté saisissante / *it was strikingly obvious to everyone but me* c'était une évidence pour tout le monde sauf pour moi.

Strimmer® ['strɪməʳ] n débroussailleuse *f* (à fil).

Strine [straɪn] n *hum* l'anglais *m* australien.

string [strɪŋ] (*pt & pp* **strung** [strʌŋ]) ◆ n **1.** [gen - for parcel] ficelle *f* ; [- on apron, pyjamas] cordon *m* / *a piece of string* un bout or un morceau de ficelle ; [for puppet] ficelle *f*, fil *m* ▸ **to have sb on a string** *inf* mener qqn par le bout du nez / *he pulls the strings* c'est lui qui tire les ficelles ▸ **to pull strings for sb a)** *inf* [obtain favours] user de son influence or faire jouer ses relations pour aider qqn **b)** [get job, promotion] pistonner qqn / *she needs somebody to pull a few strings for her* elle a besoin d'être pistonnée or d'un coup de piston / *somebody pulled strings to get him the job* il a eu le poste par piston ▸ **no strings attached** *inf* sans condition or conditions ▸ **there are no strings attached** cela n'engage à rien **2.** [for bow, tennis racket, musical instrument] corde *f* ▸ **the strings** MUS les cordes ▸ **to have more than one / a second string to one's bow** avoir plus d'une / une seconde corde à son arc **3.** [row, chain - of beads, pearls] rang *m*, collier *m* ; [- of onions, sausages] chapelet *m* ; [- of visitors, cars] file *f* / *a string of islands* un chapelet d'îles / *a string of fairy lights* une guirlande (électrique) / *she owns a string of shops* elle est propriétaire d'une chaîne de magasins / *a string of race horses* une écurie de course **4.** [series - of successes, defeats] série *f* ; [- of lies, insults] kyrielle *f*, chapelet *m* / *he has a whole string of letters after his name* il a toute une kyrielle de diplômes **5.** COMPUT & LING chaîne *f* ; MATH séquence *f* **6.** BOT fil *m*. ◆ comp **1.** MUS [band, instrument, orchestra] à cordes ▸ **string player** musicien *m*, -enne *f* qui joue d'un instrument à cordes ▸ **the string section** les cordes *fpl* ▸ **string quartet** quatuor *m* à cordes **2.** [made of string] de or en ficelle ▸ **string bag** filet *m* à provisions ▸ **string vest** tricot *m* de corps à grosses mailles. ◆ vt **1.** [guitar, violin] monter, mettre des cordes à ; [racket] corder ; [bow] mettre une corde à **2.** [beads, pearls] enfiler **3.** [hang] suspendre ; [stretch] tendre / *Christmas lights had been strung across the street* des décorations de Noël avaient été suspendues en travers de la rue / *he strung the chain across the gateway* il a tendu or attaché la chaîne en travers de l'entrée **4.** CULIN [beans] enlever les fils de.

✣ **string along** *inf* ◆ vi **1.** [tag along] suivre (les autres) / *do you mind if I string along?* est-ce que ça vous gêne si je viens avec vous or si je vous accompagne ? **2.** [agree] ▸ **to string along with sb** se ranger à l'avis de qqn / *he always strings along with everybody else* il est toujours d'accord avec tout le monde. ◆ vt sep [person] faire marcher.

✣ **string out** vt sep [washing, lamps] suspendre (sur une corde) / *lights were strung out along the runway* des lumières s'échelonnaient le long de la piste / *armed guards were strung out along the route* des gardes armés avaient été postés tout le long du parcours.

✣ **string together** vt sep **1.** [beads] enfiler ; [words, sentences] enchaîner / *she can barely string two words together in French* c'est à peine si elle peut faire une phrase en français **2.** [improvise - story] monter, improviser / *we managed to string together some story about missing the last bus* on a raconté qu'on avait raté le dernier bus.

✣ **string up** vt sep **1.** [lights] suspendre ; [washing] étendre **2.** *inf* [hang - person] pendre / *I could string her up!* *fig* je lui tordrais bien le cou !

string bean n **1.** [vegetable] haricot *m* vert **2.** *inf* [person] grande perche *f*.

stringboard ['strɪŋbɔːd] n limon *m* (d'escalier).

stringed [strɪŋd] adj [instrument] à cordes.

-stringed in comp ▸ **five-stringed** à cinq cordes.

stringency ['strɪnʤənsɪ] n **1.** [severity] rigueur *f*, sévérité *f* **2.** ECON & FIN austérité *f* / *there is a need for financial stringency* des mesures d'austérité s'imposent.

stringent ['strɪnʤənt] n **1.** [rules] rigoureux, strict, sévère ; [measures, conditions] rigoureux, draconien **2.** ECON & FIN [market] tendu.

stringently ['strɪnʤəntlɪ] adv rigoureusement, strictement.

stringer ['strɪŋəʳ] n **1.** PRESS reporter *m* local **2.** CONSTR [timber] poutre *f* de renforcement ; [metal] serre *f* **3.** MINER filet *m*, veine *f* **4.** [stringboard] limon *m* (d'escalier).

string-puller [-,pʊləʳ] n *personne qui utilise ses relations*.

string-pulling [-,pʊlɪŋ] n piston *m* / *he got the job through string-pulling* il a décroché ce poste grâce à ses relations.

string variable n COMPUT variable *f* alphanumérique.

stringy ['strɪŋɪ] (*compar* **stringier**, *superl* **stringiest**) adj **1.** [meat, vegetable] filandreux, fibreux ; [cooked cheese] qui file **2.** [long - plant] (qui pousse) tout en longueur ; [- build, limbs] filiforme.

strip [strɪp] (*pt & pp* **stripped**) ◆ n **1.** [of paper, carpet] bande *f* ; [of metal] bande *f*, ruban *m* ; [of land] bande *f*, langue *f* / *there was a thin strip of light under the door* il y avait un mince rai de lumière sous la porte / *each house had a strip of grass in front of it* il y avait une bande de gazon devant chaque maison / *a narrow strip of water* **a)** [sea] un étroit bras de mer **b)** [river] un étroit ruban de rivière / *can you cut off a strip of material?* pouvez-vous couper une bande de tissu ? / *she cut the dough / material into strips* elle coupa la pâte en lamelles / le tissu en bandes ▸ **to tear sthg into strips** déchirer qqch en bandes ▸ **to tear sb off a strip** sonner les cloches à qqn **2.** US [street with businesses] avenue *f* commerçante ▸ **the Strip, Sunset Strip** *artère de Las Vegas où se trouvent tous les casinos* **3.** AERON piste *f* **4.** [light] ▸ **neon strip** tube *m* néon **5.** SPORT tenue *f* / *the Liverpool strip* la tenue or les couleurs de l'équipe de Liverpool **6.** [striptease] strip-tease *m* ▸ **to do a strip** faire un strip-tease. ◆ vt **1.** [undress] déshabiller, dévêtir / *they were stripped to the waist* ils étaient torse nu, ils étaient nus jusqu'à la ceinture ▸ **to strip sb naked** déshabiller qqn (complètement) **2.** [make bare - tree] dépouiller, dénuder ; [-door, furniture] décaper ; [-wire] dénuder / *the walls need to be stripped first* **a)** [of wallpaper] il faut d'abord enlever or arracher le papier peint **b)** [of paint] il faut d'abord décaper les murs **3.** [remove cover from] découvrir ; [take contents from] vider ▸ **to strip a bed** défaire un lit ▸ **to strip a room / house** vider une pièce / maison / *the windows had been stripped of their curtains* on avait enlevé les rideaux des fenêtres / *the Christmas tree looks odd stripped of its decorations* le sapin a un drôle d'air une fois qu'on lui a enlevé ses décorations / *the liner is to be completely stripped and refitted* le paquebot doit être refait de fond en comble **4.** [remove -gen] enlever ; [-paint] décaper / *we stripped the wallpaper from the walls* nous avons arraché le papier peint des murs / *the birds have stripped the cherries from the trees* les oiseaux ont fait des ravages dans les cerisiers / *the storm stripped the leaves off the trees* la tempête a dépouillé les arbres de leurs feuilles / *the years of suffering had stripped away all pretence* les années de souffrance avaient effacé toute trace d'affectation **5.** [deprive] dépouiller, démunir ▸ **to strip sb of his / her privileges / possessions** dépouiller qqn de ses privilèges / biens / *he was stripped of his rank* il a été dégradé / *overcooking strips vegetables of all their nutritional value* une cuisson prolongée élimine tous les éléments nutritifs des légumes **6.** [dismantle -engine, gun] démonter **7.** TECH [screw, bolt] arracher le filet de ; [gear] arracher les dents de. ◆ vi **1.** [undress] se déshabiller, se dévêtir ▸ **to strip to the waist** se dévêtir jusqu'à la ceinture, se mettre torse nu **2.** [do a striptease] faire un strip-tease.

❖ **strip down** ◆ vt sep **1.** [bed] défaire (complètement) ; [wallpaper] arracher, enlever ; [door, furniture] décaper / *to strip the walls down* **a)** [remove wallpaper] arracher or enlever le papier peint des murs **b)** [remove paint] décaper les murs / *the text has been stripped down to its bare essentials fig* le texte a été réduit à l'essentiel **2.** [dismantle -engine, mechanism] démonter. ◆ vi se déshabiller / *he stripped down to his underpants* il s'est déshabillé, ne gardant que son slip.

❖ **strip off** ◆ vt sep [gen] enlever, arracher ; [clothes, shirt] enlever ; [paint] décaper / *to strip the leaves off a tree* dépouiller un arbre de ses feuilles / *to strip the bark off a tree* dénuder un arbre de son écorce. ◆ vi se déshabiller, se mettre nu.

❖ **strip out** vt sep [engine, mechanism] démonter, démanteler.

strip cartoon n UK bande *f* dessinée.

strip club n boîte *f* de strip-tease.

strip cropping [-,krɒpɪŋ] n *(U)* culture *f* en bande *(pour limiter l'érosion)*.

stripe [straɪp] ◆ n **1.** [on animal] zébrure *f* ; [on material, shirt] raie *f*, rayure *f* ; [on car] filet *m* / *black with orange stripes* noir avec des rayures orange **2.** MIL galon *m*, chevron *m* ▸ **to get / to lose one's stripes** gagner / perdre ses galons **3.** [kind] genre *m* / *they are of the same political stripe* ils partagent les mêmes idées politiques, ils appartiennent à la même famille politique **4.** [lash] coup *m* de fouet ; [mark] marque *f* d'un coup de fouet. ◆ vt rayer, marquer de rayures.

striped [straɪpt] adj [animal] tigré, zébré ; [material, shirt, pattern] rayé, à rayures / *striped with blue* avec des rayures bleues.

stripey ['straɪpɪ] = **stripy.**

strip farming n **1.** HIST système *m* des openfields **2.** = **strip cropping.**

strip light n (tube *m*) néon *m*.

strip lighting n éclairage *m* fluorescent or au néon.

stripling ['strɪplɪŋ] n *liter & hum* tout jeune homme *m*.

strip mall n US *centre commercial dont les différents magasins sont situés côte à côte le long d'un trottoir.*

strip mining n US extraction *f* à ciel ouvert.

strippagram ['strɪpəgræm] n *message qu'on envoie par l'intermédiaire d'une personne qui fait un strip-tease.*

stripped [strɪpt] adj [wood] décapé ▸ **stripped pine furniture** meubles *mpl* en pin naturel.

stripper ['strɪpər] n **1.** [in strip club] strip-teaseuse *f* / *the club had two male strippers* le club avait deux strip-teaseurs **2.** [for paint] décapant *m*.

strip poker n strip-poker *m*.

strip search n fouille *f* corporelle *(la personne fouillée devant se déshabiller)*.

❖ **strip-search** vt ▸ **to strip search sb** fouiller qqn après l'avoir fait déshabiller / *he was strip searched by prison warders* des gardiens de prison lui ont fait subir une fouille corporelle or l'ont fouillé après l'avoir fait déshabiller.

strip show n (spectacle *m* de) strip-tease *m*.

striptease ['strɪpti:z] n strip-tease *m* ▸ **striptease artist** strip-teaseur *m*, -euse *f*.

stripy ['straɪpɪ] (*compar* **stripier**, *superl* **stripiest**) adj [material, shirt, pattern] rayé, à rayures ; ZOOL tigré, zébré.

strive [straɪv] (*pt* **strove** [strəʊv], *pp* **striven** ['strɪvn]) vt *fml & liter* **1.** [attempt] ▸ **to strive to do sthg** s'évertuer à or s'acharner à faire qqch ▸ **to strive after** or **for sthg** faire tout son possible pour obtenir qqch, s'efforcer d'obtenir qqch / *to strive for effect* chercher à se faire remarquer à tout prix **2.** [struggle] lutter, se battre / *to strive against misfortune* lutter or se battre contre la malchance / *all her life she strove for success / recognition* toute sa vie, elle s'est battue pour réussir / être reconnue.

strobe [strəʊb] n **1.** ▸ **strobe (lighting)** lumière *f* stroboscopique **2.** = **stroboscope.**

stroboscope ['strəʊbəskəʊp] n stroboscope *m*.

strode [strəʊd] pt ⟶ **stride.**

stroke [strəʊk] ◆ n **1.** [blow, flick] coup *m* / *with a stroke of the whip* d'un coup de fouet / *with a stroke of the brush* d'un coup de pinceau / *with a stroke of the pen* d'un trait de plume / *a stroke of lightning* un coup de foudre / *they were given 50 strokes* ils ont reçu 50 coups de fouet **2.** SPORT [in golf, tennis, cricket, billiards] coup *m* ; [in swimming -movement] mouvement *m* des bras ; [-style] nage *f* ; [in rowing -movement] coup *m* d'aviron ; [-technique] nage *f* / *she swam across the river with quick strokes* elle traversa rapidement la rivière à la nage / *the Oxford team rowed at 25 strokes to the minute* l'équipe d'Oxford ramait à une cadence de 25 coups à la minute ▸ **to keep stroke** garder la cadence ▸ **to set the stroke** *lit & fig* donner la cadence ▸ **to put sb off his stroke a)** *lit* [in rowing] faire perdre sa cadence or son rythme à qqn **b)** [in golf] faire manquer son coup à **c)** *fig* faire perdre tous ses moyens à qqn ▸ **to be off one's stroke** ne pas être au mieux de sa forme ▸ **different strokes for different folks** US *inf* chacun son truc **3.** [mark -from pen, pencil] trait *m* ; [from brush] trait *m*, touche *f* ; [on letters, figures] barre *f* / *written with thick / thin strokes* écrit d'une écriture appuyée / fine ; TYPO [oblique dash] barre *f* oblique / *225 stroke 62* UK 225 barre oblique 62 **4.** [piece, example -of luck] coup *m* ; [-of genius] trait *m* / *it was a stroke of brilliance!* c'était un coup de génie ! / *she didn't do a stroke (of work) all day* UK elle n'a rien fait de la journée **5.** [of clock, bell] coup *m* / *on the stroke of midnight* sur le coup de minuit / *on the stroke of 6* à 6 h sonnantes or tapantes / *he arrived on the stroke* il est arrivé à l'heure exacte or précise / *at the third stroke it will be 6:32 precisely* UK TELEC au troisième top, il sera exactement 6 h 32 **6.** MED attaque *f* (d'apoplexie) ▸ **to have a stroke** avoir une attaque **7.** NAUT [oarsman] chef *m* de nage ▸ **to row stroke** être chef de nage, donner la nage **8.** TECH [of piston] course *f* ▸ **two- / four-stroke engine** un moteur à deux / quatre temps **9.** [caress] caresse *f* / *she gave the cat a stroke* elle a caressé le chat **10.** *inf* [compliment] compliment *m* flatteur. ◆ vt **1.** [caress] caresser / *he stroked her hand* il lui caressait la main / *she stroked the piano keys with her fingers* elle caressait les touches du piano ▸ **to stroke sb's ego** caresser qqn dans le sens du poil **2.** [in rowing] ▸ **to stroke a boat** être chef de nage, donner la nage **3.** SPORT [ball] frapper. ◆ vi [in rowing] être chef de nage, donner la nage.

❖ **at a stroke, at one stroke** adv phr d'un seul coup.

stroke play n [in golf] partie *f* par coups.

stroll [strəʊl] ◆ vi se balader, flâner ▸ **to stroll in / out / past** entrer / sortir / passer sans se presser / *we strolled round the shops* nous avons fait un petit tour dans les magasins. ◆ vt ▸ **to stroll the streets** se promener dans les rues. ◆ n petit tour *m*, petite promenade *f* ▸ **to go for a stroll** aller faire un tour or une petite promenade.

stroller ['strəʊlər] n **1.** [walker] promeneur *m*, -euse *f* **2.** US [pushchair] poussette *f*.

strolling ['strəʊlɪŋ] adj [player, musician] ambulant / *a troupe of strolling players* une troupe ambulante.

strong [strɒŋ] (*compar* **stronger** ['strɒŋgər], *superl* **strongest** ['strɒŋgɪst]) ◆ adj **1.** [sturdy -person, animal, constitution, arms] fort, robuste ; [-building] solide ; [-cloth, material] solide, résistant ; [-shoes, table] solide, robuste / *I'm not very strong* je ne suis pas très fort / *you need a strong stomach to eat this junk inf* il faut avoir un estomac en béton pour manger des cochonneries pareilles / *you'd need a strong stomach to go and watch that film* il faut avoir l'estomac bien accroché pour aller voir ce film ; [in health -person] en bonne santé ; [-heart] solide, robuste ; [-eyesight] bon / *he'll be able to go out once he's strong again* il pourra sortir quand il aura repris des forces / *I wasn't very strong as a child* je n'étais pas un enfant très robuste ▸ **to be as strong as a horse a)** [powerful] être fort comme un turc or un bœuf **b)** [in good health] avoir une santé de fer **2.** [in degree, force -sea current, wind, light, lens, voice] fort, puissant ; [-magnet] puissant ; [ELEC -current] intense ; [MUS -beat] fort / *there is a strong element of suspense in the story* il y a beaucoup de suspense dans cette histoire / *it's my strong suit* **a)** [in cards] c'est ma couleur forte **b)** *fig* c'est mon fort / *tact isn't her strong suit* or *point fig* le tact n'est pas son (point) fort / *what are his strong points?* quels sont ses points forts ? ; [firm -conviction, belief] ferme, fort, profond ; [-protest, support] énergique, vigoureux ; [-measures] énergique, draconien / *he is a strong believer in discipline* il est de ceux qui croient fermement à la discipline / *it is my strong opinion that the men are innocent* je suis convaincu or persuadé que ces hommes sont innocents / *she is a strong supporter of the government* elle soutient le gouvernement avec ferveur / *she is a strong supporter of Sunday trading* c'est une ardente partisane de l'ouverture des commerces le dimanche ; [intense, vivid -desire, imagination, interest] vif ; [-colour] vif, fort / *to exert a strong influence on sb* exercer beaucoup d'influence or une forte influence sur qqn ; [emotionally, morally -character] fort, bien trempé ; [-feelings] intense, fort ; [-nerves] solide / *she has a strong personality* elle a une forte personnalité / *I have strong feelings on* or *about the death penalty* **a)** [against] je suis absolument contre la peine de mort **b)** [for] je suis tout à fait pour la peine de mort / *I have no strong feelings* or *views one way or the other* cela m'est égal / *he had a strong sense of guilt* il éprouvait un fort sentiment de culpabilité / *to have a strong will* avoir de la volonté / *you'll have to be strong now* [when consoling or encouraging] il va falloir être courageux maintenant **3.** [striking -contrast, impression] fort, frappant, marquant ; [-accent] fort / *to bear a strong resemblance to sb* ressembler beaucoup or fortement à qqn / *his speech made a strong impression on them* son discours les a fortement impressionnés or a eu un profond effet sur eux / *there is a strong chance* or *probability that he will win* il y a de fortes chances pour qu'il gagne **4.** [solid -argument, evidence] solide, sérieux / *we have strong reasons to believe them innocent* nous avons de bonnes or sérieuses raisons de croire qu'ils sont innocents / *they have a strong case* ils ont de bons arguments / *we're in a strong bargaining position* nous sommes bien placés or en position de force pour négocier **5.** [in taste, smell] fort / *I like strong coffee* j'aime le café fort or corsé / *this whisky is strong stuff* ce whisky est fort / *there's a strong smell of gas in here* il y a une forte odeur de gaz ici **6.** [in ability -student, team] fort ; [-candidate, contender] sérieux / *he is a strong contender for the presidency* il a de fortes chances de remporter l'élection présidentielle / *she is particularly strong in science subjects* elle est particulièrement forte dans les matières scientifiques / *in very strong form* en très grande forme / *the film was strong on style but weak on content* le film était très bon du point de vue de la forme mais pas du tout du point de vue du contenu **7.** [tough, harsh - words] grossier / *to use strong language* dire des grossièretés, tenir des propos grossiers / *I wrote him a strong letter* je lui ai écrit une lettre bien sentie / *she gave us her opinion in strong terms* elle nous a dit ce qu'elle pensait sans mâcher ses mots / *his latest film is strong stuff* son dernier film est vraiment dur **8.** [in number] : *an army 5,000 strong* une armée forte de 5 000 hommes / *the marchers were 400 strong* les manifestants étaient au nombre de 400 **9.** COMM & ECON [currency, price] solide ; [market] ferme / *the dollar has got stronger* le dollar s'est consolidé **10.** GRAM [verb, form] fort. ◆ adv *inf* ▸ **to be going strong a)** [person] être toujours solide or toujours d'attaque **b)** [party] battre son plein **c)** [machine, car] fonctionner toujours bien **d)** [business, economy] être florissant, prospérer / *he's 80 years of age and still going strong* il a 80 ans et toujours bon pied bon œil / *the favourite was going strong as they turned into the home straight* le favori marchait fort quand les chevaux ont entamé la dernière ligne droite ▸ **to come on strong a)** [insist] insister lourdement **b)** [make a pass] faire des avances / *that's (coming it) a bit strong!* vous y allez un peu fort !, vous exagérez !

strongarm ['strɒŋɑ:m] adj *inf* [methods] brutal, violent ▸ **to use strongarm tactics** employer la manière forte.

❖ **strong-arm** vt *inf* faire violence à ▸ **to strong-arm sb into doing sthg** forcer la main à qqn pour qu'il fasse qqch.

strongbox ['strɒŋbɒks] n coffre-fort *m*.

stronghold ['strɒŋhəʊld] n **1.** MIL forteresse *f*, fort *m* **2.** *fig* bastion *m* / *a Conservative Party stronghold* un bastion du parti conservateur.

strong-limbed adj aux membres forts or athlétiques or vigoureux.

strongly ['strɒŋlɪ] adv **1.** [greatly - regret] vivement, profondément ; [- impress, attract] fortement, vivement / *the kitchen smelt strongly of bleach* il y avait une forte odeur de Javel dans la cuisine / *I strongly advise you to accept* je vous conseille vivement d'accepter / *I am strongly tempted to say yes* j'ai très envie de dire oui / *I strongly disagree with you* je ne suis pas du tout d'accord avec vous / *the report was strongly critical of the hospital* le rapport était extrêmement critique à l'égard de l'hôpital / *he strongly resembles his mother* il ressemble beaucoup à sa mère **2.** [firmly - believe, support] fermement ; [forcefully - attack, defend, protest] énergiquement, vigoureusement, avec force ; [- emphasize] fortement / *a strongly worded protest* une violente protestation / *I feel very strongly about the matter* c'est un sujet or une affaire qui me tient beaucoup à cœur / *the importance of the elections cannot be too strongly stressed* on ne saurait trop insister sur l'importance des élections **3.** [sturdily - constructed] solidement / *strongly built* **a)** [person] costaud, bien bâti **b)** [wall, structure] solide, bien construit.

strongman ['strɒŋmæn] (*pl* **strongmen** [-men]) n hercule *m* (de foire).

strong-minded adj résolu, déterminé / *she is very strong-minded* elle sait ce qu'elle veut.

strong-mindedness [-'maɪndɪdnɪs] n force *f* de caractère, résolution *f*.

strongroom ['strɒŋrum] n UK [in castle, house] chambre *f* forte ; [in bank] chambre *f* forte, salle *f* des coffres.

strong-willed [-'wɪld] adj volontaire, résolu, tenace.

strontium ['strɒntɪəm] n strontium *m* ▸ **strontium 90** strontium 90.

strop [strɒp] (*pt & pp* **stropped**, *cont* **stropping**) ◆ n cuir *m* (à rasoir) ▸ **to be in a strop** *fig* être de mauvais poil. ◆ vt [razor] repasser sur le cuir.

strophe ['strəʊfɪ] n strophe *f*.

stroppy ['strɒpɪ] (*compar* **stroppier**, *superl* **stroppiest**) adj UK *inf* : *there's no need to get stroppy!* tu n'as pas besoin de monter sur tes grands chevaux ! / *he can be a very stroppy individual at times* il peut être très embêtant par moments.

strove [strəʊv] pt ⟶ **strive.**

struck [strʌk] ◆ pt & pp ⟶ **strike.** ◆ adj US [industry] bloqué pour cause de grève ; [factory] fermé pour cause de grève.

structural ['strʌktʃərəl] adj **1.** [gen] structural ; [change, problem] structurel, de structure ; [unemployment] structurel ; LING [analysis] structural, structurel ▸ **structural linguistics** / **psychology** linguistique *f* / psychologie *f* structurale **2.** CONSTR [fault, steel] de construction ; [damage, alterations] structural ▸ **structural engineering** génie *m* civil.

structuralism ['strʌktʃərəlɪzm] n structuralisme *m*.

structuralist ['strʌktʃərəlɪst] ◆ n structuraliste *mf*. ◆ adj structuraliste.

structurally ['strʌktʃərəlɪ] adv **1.** [gen] du point de vue de la structure / *structurally similar* de structure semblable / *the book is structurally well written* le livre est bien structuré or construit **2.** CONSTR du point de vue de la construction / *the building is structurally sound* le bâtiment est solidement construit.

structure ['strʌktʃər] ◆ n **1.** [composition, framework] structure *f* ; [of building] structure *f*, ossature *f*, armature *f* / *the structure of the tower enables it to withstand winds of up to 150 mph* la structure de la tour lui permet de résister à des vents pouvant atteindre 249 km/h **2.** [building] construction *f*, bâtisse *f* / *the scaffolding was a flimsy-looking structure* l'échafaudage était une construction d'apparence fragile. ◆ vt structurer.

structured ['strʌktʃəd] adj structuré.

structured query language n COMPUT langage *m* d'interrogation structuré.

struggle ['strʌgl] ◆ n [gen] lutte *f* ; [physical fight] bagarre *f*, lutte *f* ▸ **armed struggle** lutte armée ▸ **power struggle** lutte pour le pouvoir / *he got hurt in the struggle* il a été blessé dans la bagarre / *there was evidence of a struggle* il y avait des traces de lutte / *the rebels put up a fierce struggle* les rebelles ont opposé une vive résistance / *they surrendered without a struggle* ils se sont rendus sans opposer de résistance / *I finally succeeded but not without a struggle* j'y suis finalement parvenu, non sans peine / *it was a struggle to convince him* on a eu du mal à le convaincre / *there was a bitter struggle for leadership of the party* les candidats à la direction du parti se sont livré une lutte acharnée / *bringing up the children on her own was an uphill struggle* UK élever ses enfants seule n'a pas été facile / *it's a bit of a struggle to manage on one income* ce n'est pas facile de s'en sortir avec un seul salaire / *it was a struggle for him to climb the ten flights of stairs* il a eu de la peine à monter les dix étages à pied. ◆ vi **1.** [fight] lutter, se battre / *she struggled with her attacker* elle a lutté contre or s'est battue avec son agresseur / *to struggle with one's conscience* se débattre avec sa conscience / *he struggled violently when they tried to force him into the car* il s'est violemment débattu quand ils ont essayé de le pousser dans la voiture **2.** [try hard, strive] lutter, s'efforcer, se démener / *I struggled to open the door* je me suis démené pour ouvrir la porte / *he struggled with the lock* il s'est battu avec la serrure / *she struggled to control her temper* elle avait du mal à garder son calme / *we're struggling to meet their deadlines* nous faisons tout notre possible pour finir dans les délais / *she had to struggle to make ends meet* elle a eu bien du mal à joindre les deux bouts / *I left him struggling through a Latin translation* je l'ai laissé aux prises avec une traduction latine **3.** [expressing movement] : *he struggled back up onto the ledge* il remonta avec peine or avec difficulté sur la corniche / *he struggled into his clothes* il enfila ses habits avec peine / *the dog struggled out of the water* le chien s'est débattu pour sortir de l'eau / *she struggled through the undergrowth* elle s'est péniblement frayé un chemin à travers les broussailles / *to struggle to one's feet* **a)** [old person] se lever avec difficulté or avec peine **b)** [in fight] se relever péniblement / *to struggle up a hill* **a)** [person] gravir péniblement une colline **b)** [car] peiner dans une côte.

❖ **struggle along** vi *lit* peiner, avancer avec peine ; *fig* subsister avec difficulté / *how are you? — oh, struggling along* comment ça va ? — oh, on fait aller.

❖ **struggle on** vi **1.** = **struggle along 2.** [keep trying] continuer à se battre / *we must struggle on* nous devons continuer à nous battre.

❖ **struggle through** vi [in difficult situation] s'en sortir tant bien que mal / *we'll struggle through somehow* on trouvera bien un moyen de se débrouiller.

struggling ['strʌglɪŋ] adj [hard up - painter, writer, etc.] qui tire le diable par la queue, qui a du mal à joindre les deux bouts.

strum [strʌm] (*pt & pp* **strummed**, *cont* **strumming**) ◆ vt [guitar] gratter sur ▸ **to strum a tune on the guitar** jouer un petit air à la guitare. ◆ vi [guitarist] gratter / *she started strumming on her guitar* elle commença à gratter sa guitare. ◆ n [on guitar] raclement *m* / *he gave the guitar a strum* il a gratté les cordes de la guitare.

strumming ['strʌmɪŋ] n [on guitar] raclement *m*.

strumpet ['strʌmpɪt] n *arch & hum* femme *f* de petite vertu.

strung [strʌŋ] ◆ pt & pp ⟶ **string.** ◆ adj **1.** [guitar, piano] muni de cordes, monté ; [tennis racket] cordé **2.** US *inf* à cran.

strung-out adj *v inf* **1.** *drugs sl* ▸ **to be strung-out a)** [addicted] être accroché or accro **b)** [high] être shooté, planer **c)** [suffering withdrawal symptoms] être en manque ▸ **to get strung-out** se défoncer **2.** [uptight] crispé, tendu.

strung-up adj *inf* tendu, nerveux / *she's all strung-up about her exams* elle est très tendue à la perspective de ses examens / *don't get strung-up about it!* ne te mets pas dans tous tes états !

strut [strʌt] (*pt & pp* **strutted**, *cont* **strutting**) ◆ n **1.** [support - for roof, wall] étrésillon *m*, étançon *m*, contrefiche *f* ; [- for building] étai *m*, support *m* ; [- between uprights] entretoise *f*, traverse *f* ; [- for beam] jambe *f* de force ; [- in plane wing, model] support *m* ▸ **metal strut** support métallique **2.** [crossbar - of chair, ladder] barreau *m* **3.** [gait] démarche *f* fière. ◆ vi ▸ **to strut (about)** or **around** plastronner, se pavaner / *he strutted about the room* il arpentait la pièce en se pavanant. ◆ vt US ▸ **to strut one's stuff** *inf* se montrer en spectacle.

strychnine ['strɪkni:n] n strychnine *f*.

St Trinian's [-'trɪnɪənz] pr n *école de jeunes filles apparaissant dans des bandes dessinées et des films anglais ; le nom évoque des élèves indisciplinées et impertinentes.*

stub [stʌb] (*pt & pp* **stubbed**, *cont* **stubbing**) ◆ n **1.** [stump - of tree] chicot *m*, souche *f* ; [- of pencil] bout *m* ; [- of tail] moignon *m* ; [- of cigarette] mégot *m* / *she was trying to write with a tiny stub of pencil* elle essayait d'écrire avec un bout de crayon minuscule / *an ashtray full of cigarette stubs* un cendrier plein de mégots **2.** [counterfoil - of cheque] souche *f*, talon *m* ; [- of ticket] talon *m*. ◆ vt ▸ **to stub one's toe** / **foot** se cogner le doigt de pied / le pied / *he stubbed his toe against the kerb* il a buté contre le bord du trottoir.

❖ **stub out** vt sep [cigarette] écraser.

stub axle n essieu *m* à chapes fermées.

stubble ['stʌbl] n **1.** AGR chaume *m* **2.** [on chin] barbe *f* de plusieurs jours.

stubble burning n brûlis *m* des chaumes.

stubbly ['stʌblɪ] (*compar* **stubblier**, *superl* **stubbliest**) adj **1.** [chin, face] mal rasé ; [beard] de plusieurs jours ; [hair] en brosse **2.** [field] couvert de chaume.

stubborn ['stʌbən] adj **1.** [determined - person] têtu, obstiné ; [- animal] rétif, récalcitrant ; [- opposition] obstiné, acharné ; [- refusal, insistence] obstiné / *she maintained a stubborn silence* elle garda obstinément le silence or s'obstina à ne rien dire **2.** [resistant - cold, cough, symptoms] persistant, opiniâtre ; [- stain] récalcitrant, rebelle.

stubbornly ['stʌbənlı] adv obstinément, opiniâtrement / *he stubbornly insisted on doing it himself* il s'obstina à le faire lui-même.

stubbornness ['stʌbənnıs] n [of person] entêtement *m*, obstination *f*, opiniâtreté *f* ; [of resistance] acharnement *m*.

stubby ['stʌbı] (*compar* **stubbier**, *superl* **stubbiest**) ◆ adj [finger] boudiné, court et épais ; [tail] très court, tronqué ; [person] trapu / *a stubby pencil* un petit bout de crayon. ◆ n AUSTR *inf* petite canette *f* de bière.

stucco ['stʌkəʊ] (*pl* **stuccos** *or* **stuccoes**) ◆ n stuc *m*. ◆ comp [ceiling, wall, façade] de or en stuc, stuqué. ◆ vt stuquer.

stuccoed ['stʌkəʊd] adj décoré de stuc.

stuck [stʌk] ◆ pt & pp ⟶ **stick.** ◆ adj **1.** [jammed - window, mechanism] coincé, bloqué ; [- vehicle, lift] bloqué / *he got his hand stuck inside the jar* il s'est pris or coincé la main dans le pot / *the window was stuck* la fenêtre était coincée / *the wheel is stuck fast* la roue est complètement coincée / *to get stuck in the mud* s'embourber / *to get stuck in the sand* s'enliser / *to be* or *to get stuck in traffic* être coincé or bloqué dans les embouteillages ; [stranded] coincé, bloqué / *they were* or *they got stuck at the airport overnight* ils sont restés bloqués or ils ont dû passer toute la nuit à l'aéroport **2.** [in difficulty] : *if you get stuck go on to the next question* si tu sèches, passe à la question suivante / *he's never stuck for an answer* il a toujours réponse à tout / *to be stuck for money* être à court d'argent **3.** [in an unpleasant situation, trapped] coincé / *to be stuck in a boring* / *dead-end job* avoir un boulot ennuyeux / sans avenir **4.** *inf* [lumbered] ▸ **to get** or **to be stuck with sthg** se retrouver avec qqch sur les bras / *as usual I got stuck with (doing) the washing-up* comme d'habitude, c'est moi qui me suis tapé la vaisselle / *he was stuck with the nickname "Teddy"* le surnom de « Teddy » lui est resté / *it's not a very good car but we're stuck with it* ce n'est pas génial comme voiture, mais on n'a pas le choix **5.** *inf* [fond, keen] ▸ **to be stuck on sb** en pincer pour qqn / *I'm not exactly stuck on the idea* je ne peux pas dire que l'idée m'emballe vraiment **6.** UK *inf* PHR *he got stuck into his work* il s'est mis au travail / *get stuck in!* allez-y !

stuck-up adj *inf* bêcheur, snob / *she's very stuck-up* elle s'y croit vraiment.

stud [stʌd] (*pt & pp* **studded**, *cont* **studding**) ◆ n **1.** [nail, spike] clou *m* (*à grosse tête*) ; [decorative] clou *m* (*décoratif*) ; [on shoe] clou *m* (*à souliers*), caboche *f* ; [on belt] clou *m* ; [on football boots, track shoes] crampon *m* ; [on tyre] clou *m* **2.** [earring] = **stud earring 3.** [on roadway] catadioptre *m* **4.** [on shirt] agrafe *f* (*servant à fermer un col, un plastron, etc.*) **5.** TECH [screw] goujon *m* ; [pin, pivot] tourillon *m* ; [lug] ergot *m* **6.** CONSTR montant *m* **7.** [on chain] étai *m* **8.** [reproduction] monte *f* / *animals kept for stud* animaux destinés à la monte ▸ **to put a stallion (out) to stud** mener un étalon à la monte ▸ **to be at stud** saillir **9.** [stud farm] haras *m* **10.** [stallion] étalon *m* **11.** *v inf* [man - gen] mec *m* ; [promiscuous man] tombeur *m* ; [lover] jules *m* **12.** US = **stud poker.** ◆ vt [shoes, belt] clouter ; [door, chest] clouter, garnir de clous / *stars studded the night sky fig* le ciel était parsemé d'étoiles.

studbook ['stʌdbʊk] n stud-book *m*.

studded ['stʌdıd] adj **1.** [tyre, belt, jacket] clouté **2.** [spangled] ▸ **studded with** émaillé or parsemé de / *a crown studded with jewels* une couronne émaillée de pierres précieuses / *the sky was studded with stars* le ciel était parsemé d'étoiles.

-studded in comp ▸ **diamond-studded** émaillé de diamants ▸ **star-studded a)** [sky] parsemé d'étoiles **b)** [show] plein de vedettes.

stud earring n clou *m* d'oreille.

student ['stju:dnt] ◆ n UNIV étudiant *m*, -e *f* ; SCH élève *mf*, lycéen *m*, -enne *f* / *she's a biology student* or *a student of biology* elle étudie la biologie or est étudiante en biologie / *a good student* un bon élève / **'The Student Prince'** *Lubitsch* 'le Prince étudiant'. ◆ comp [life] d'étudiant, estudiantin ; [hall of residence, canteen] universitaire ; UNIV [participation] étudiant ; SCH des élèves ; [power, union] étudiant ; UNIV [protest] d'étudiants, étudiant ; SCH d'élèves, de lycéens ; UNIV [attitudes] des étudiants ; SCH des élèves.

student adviser n conseiller *m*, -ère *f* pédagogique.

student card n carte *f* d'étudiant.

student grant n bourse *f* (d'études).

student hostel n résidence *f* universitaire.

student lamp n US lampe *f* de bureau.

student loan n *prêt bancaire pour étudiants.*

student nurse n élève *m* infirmier, élève *f* infirmière.

studentship ['stju:dntʃıp] n UK bourse *f* (d'études).

student teacher n [in primary school] instituteur *m*, -trice *f* stagiaire ; [in secondary school] professeur *m* stagiaire.

student union n **1.** [trade union] syndicat *m* or union *f* des étudiants **2.** [premises] ≃ foyer *m* des étudiants.

Student union

Dans les universités britanniques et américaines, on appelle **student union** à la fois le syndicat des étudiants et le local lui-même. Les syndicats défendent les intérêts des étudiants et leur offrent différents services.

stud farm n haras *m*.

studhorse ['stʌdhɔ:s] n étalon *m*.

studied ['stʌdıd] adj [ease, politeness, indifference] étudié ; [insult, rudeness, negligence] délibéré ; [elegance] recherché ; [manner, pose] étudié, affecté / *he wore a look of studied boredom* il affichait l'ennui.

studio ['stju:dıəʊ] (*pl* **studios**) n [gen, CIN & RADIO] studio *m*.

studio apartment n US studio *m*.

studio audience n public *m* (*présent lors de la diffusion ou de l'enregistrement d'une émission*).

studio couch n canapé-lit *m*, canapé *m* convertible.

studio flat n UK studio *m*.

studio manager n TV régisseur *m*, -euse *f* plateau.

studio portrait n portrait *m* photographique.

studious ['stju:djəs] adj **1.** [diligent - person] studieux, appliqué ; [painstaking - attention, effort] soutenu ; [- piece of work] soigné, sérieux **2.** [deliberate - indifference] délibéré, voulu.

studiously ['stju:djəslı] adv **1.** [diligently - prepare, work, examine] minutieusement, soigneusement **2.** [deliberately] d'une manière calculée or délibérée / *studiously indifferent* d'une indifférence feinte / *she studiously ignored him* elle s'ingéniait à ignorer sa présence.

studiousness ['stju:djəsnıs] n application *f* (à l'étude), assiduité *f*.

stud poker n stud-poker *m* (*variété de poker où certaines cartes sont exposées*).

study ['stʌdı] (*pt & pp* **studied**, *pl* **studies**) ◆ vt **1.** [gen, SCH & UNIV] étudier / *she's studying medicine* / *history* elle fait des études de médecine / d'histoire, elle est étudiante en médecine / histoire **2.** [examine - plan, evidence, situation] étudier, examiner ; [observe - expression, reactions] étudier, observer attentivement ; [- stars] observer. ◆ vi [gen] étudier ; SCH & UNIV étudier, faire ses études / *she's studying to be an architect* elle fait des études pour devenir architecte or des études d'architecture / *he's studying for a degree in history* il étudie dans le but d'obtenir un diplôme d'histoire / *where's Brian? — he's upstairs studying* où est Brian ? — il travaille en haut ▸ **to study for an exam** préparer un examen / *I studied under her at university* je suivais ses cours à l'université. ◆ n **1.** [gen] étude *f* / *she devotes most evenings to study* elle passe la plupart de ses soirées à étudier / *he sets aside one day a week for study* il consacre un jour par semaine à ses études / *the plan is under study* le projet est à l'étude / *her thesis is a study of multi-racial communities* sa thèse est une étude des communautés or sur les communautés multiraciales / *I've made an extensive study of animal behaviour* j'ai fait une étude approfondie du comportement animal / *scientific studies have shown that...* des études or des recherches scientifiques ont montré que... **2.** [room] bureau *m*, cabinet *m* de travail **3.** ART, MUS & PHOT étude *f* / *a study in black* une étude en noir / *her face was a study fig & liter* il fallait voir son visage. ◆ comp [hour, period, room] d'étude ▸ **study period** : *we have a study period on Monday mornings* nous avons une heure d'étude le lundi matin ▸ **study tour** voyage *m* d'étude.

❖ **studies** pl n SCH & UNIV études *fpl* / *how are your studies going?* comment vont vos études ? / *the School of Oriental Studies* l'Institut des études orientales.

study group n groupe *m* de travail or d'étude.

study hall n US [place] salle *f* de permanence or d'études ; [period] heure *f* de permanence or d'étude.

stuff [stʌf] ◆ n (*U*) **1.** *inf* [indefinite sense - things] choses *fpl*, trucs *mpl* ; [- substance] substance *f*, matière *f* / *he writes some good stuff* il écrit de bons trucs / *what's that sticky stuff in the sink?* qu'est-ce que c'est que ce truc gluant dans l'évier ? / *his pockets are always full of all kinds of stuff* il a toujours un tas de trucs dans les poches / *it's made of tomatoes and onions and stuff* il y a des tomates, des oignons et des trucs comme ça / *they go climbing and sailing and stuff like that* ils font de l'escalade, de la voile et des trucs du même genre / *this material is good stuff* c'est un bon tissu or du tissu de bonne qualité / *I used to drink whisky but now I never touch the stuff* avant, je buvais du whisky, mais maintenant je n'y touche plus / *no thanks, I can't stand the stuff* non merci, j'ai horreur de ça / *this whisky is strong stuff* il arrache, ce whisky / *this mustard is strong stuff* cette moutarde est forte / *the book is strong stuff* **a)** [sexually explicit] ce livre n'est pas à mettre entre toutes les mains **b)** [depressing] ce livre est dur / *she's a nice bit of stuff!* c'est un canon ! **2.** *inf & pej* [rubbish, nonsense] bêtises *fpl*, sottises *fpl* ▸ **stuff and nonsense!** *pej* balivernes ! / *don't give me all that stuff about the British Empire!* passe-moi le topo débile sur l'Empire britannique ! / *you don't believe all that stuff about ghosts, do you?* vous ne croyez tout de même pas à toutes ces bêtises sur les fantômes ? / *do you call that stuff art* / *music?* vous appelez ça de l'art / de la musique ? / *it's no use trying on that sweet and innocent stuff with me!* pas la peine de jouer au plus fin avec moi ! **3.** *inf* [possessions] affaires *fpl* / *clear all that stuff off the table!* enlève tout ce bazar de sur la table ! / *have you packed all your stuff?* est-ce que tu as fini de faire tes bagages ? ; [equipment] affaires *fpl*, matériel *m* / *where's my shaving* / *fishing stuff?* où est mon matériel de rasage / de pêche ? **4.** *liter* [essence] étoffe *f* / *he's the stuff that heroes are made of* il est de l'étoffe dont sont faits les héros / *the very stuff of melodrama* ce dont on fait les mélodrames **5.** *drugs sl* came *f* **6.** *arch* [fabric] étoffe *f* (de laine) **7.** US SPORT [spin] effet *m* **8.** *inf* **to do one's stuff** faire ce qu'on a à faire / *get out there and do your stuff!* allez, fais ce que tu as à faire ! ▸ **that's the stuff!** c'est ça !, allez-y ! ▸ **to know one's stuff** connaître son affaire / *he certainly knows his stuff* il connaît son affaire. ◆ vt **1.** *inf* [shove] fourrer / *he stuffed the papers into his pocket* il a fourré les papiers dans sa poche / *when the police came, he stuffed the drugs down the toilet* quand la police est arrivée, il a fourré la drogue dans la cuvette des toilettes / *just stuff everything under the bed* vous n'avez qu'à tout fourrer sous le lit ; [expressing anger, rejection, etc.] : *he told me I could stuff my report v inf* il m'a dit qu'il se foutait pas mal de mon rapport / *you can stuff that idea! v inf* tu sais où tu peux te la mettre, ton idée ! ▸ **stuff it!** *v inf* la ferme ! ▸ **get stuffed!** *v inf* va te faire voir ! / *stuff him! v inf* il peut aller se faire voir ! **2.** *inf* [cram, pack full] bourrer / *their house is stuffed with souvenirs from India* leur maison est bourrée de souvenirs d'Inde / *his teachers stuffed his head with a load of political nonsense* ses professeurs lui ont bourré le crâne d'un tas d'idées politiques fausses / *her head is stuffed with useless infor-*

mation elle a la tête farcie de renseignements inutiles **3.** [plug - gap] boucher / *the hole had been stuffed with paper* le trou avait été bouché avec du papier **4.** [cushion, armchair] rembourrer / *stuffed with foam* rembourré de mousse **5.** CULIN farcir / *stuffed with sausagemeat* farci de chair à saucisse **6.** [in taxidermy - animal, bird] empailler **7.** *inf* [with food] ▸ **to stuff o.s.** or **one's face** *v inf* bâfrer, s'empiffrer / *to stuff o.s. with cake* s'empiffrer de gâteau / *stop stuffing your face with chocolate!* arrête de t'empiffrer de chocolat ! / *I'm stuffed* je n'ai plus faim **8.** US POL [ballot box] remplir de bulletins de votes truqués.

❖ **stuff away** vt sep *inf* [food] enfourner, s'enfiler.

❖ **stuff up** vt sep [block] boucher / *my nose is all stuffed up* j'ai le nez complètement bouché.

stuffed [stʌft] adj **1.** CULIN farci **2.** [chair, cushion] rembourré.

stuffed animal n UK [mounted] animal *m* empaillé ; US [toy] peluche *f*.

stuffed shirt n prétentieux *m*, -euse *f* / *he's a real stuffed shirt* il est vraiment suffisant.

stuffily ['stʌfɪlɪ] adv [say, reply] d'un ton désapprobateur.

stuffiness ['stʌfɪnɪs] n **1.** [of room] manque *m* d'air **2.** [of person] esprit *m* collet monté or vieux jeu, pruderie *f*.

stuffing ['stʌfɪŋ] n **1.** [for furniture, toys] rembourrage *m*, bourre *f* ; [for clothes] rembourrage *m* ; [in taxidermy] paille *f* / *he's got no stuffing! fig* il n'a rien dans le ventre ! ▸ **to knock the stuffing out of sb** *inf* [in fight] casser la figure à qqn / *the news of his death really knocked the stuffing out of me* ça m'a fait un sacré coup d'apprendre qu'il était mort **2.** CULIN farce *f*.

stuffy ['stʌfɪ] (*compar* **stuffier**, *superl* **stuffiest**) adj **1.** [room] mal aéré, mal ventilé, qui sent le renfermé / *it's terribly stuffy in here* **a)** [stale] ça sent terriblement le renfermé ici **b)** [stifling] on manque d'air or on étouffe ici **2.** *pej* [person - prim] collet monté *(inv)* ; [- old-fashioned] vieux jeu *(inv)* ; [atmosphere, reception] guindé / *don't be so stuffy!* **a)** [shocked] il n'y a pas de quoi être scandalisé ! **b)** [prim] ne sois pas si prude ! **c)** [old-fashioned] ne sois pas si vieux jeu ! **3.** [dull - book, subject, lecture] ennuyeux **4.** [nose] bouché.

stultify ['stʌltɪfaɪ] (*pt & pp* **stultified**) vt [make stupid] abrutir ; [stifle - creativity, talent] étouffer.

stultifying ['stʌltɪfaɪɪŋ] adj [work] abrutissant, assommant ; [atmosphere] abrutissant, débilitant / *their policies have had a stultifying effect on the country's economy* leur politique a paralysé or étouffé l'économie du pays.

stumble ['stʌmbl] ◆ vi **1.** [person] trébucher, faire un faux pas ; [horse] broncher, faire un faux pas / *she stumbled and fell* elle trébucha et tomba / *he stumbled against me* il a trébuché et m'a heurté / *he stumbled over the toys in the hall* il a trébuché sur les jouets dans le couloir ▸ **to stumble along / in / out** avancer / entrer / sortir en trébuchant / *they stumbled, exhausted, over the finishing line* ils ont franchi la ligne d'arrivée en titubant de fatigue / *he was stumbling about in the dark* il avançait en trébuchant dans le noir / *they stumbled out into the bright light* ils sortirent en chancelant sous la lumière aveuglante **2.** [in speech] trébucher / *to stumble over a long word* trébucher sur un mot long / *he managed to stumble through his lecture* c'est d'une voix mal assurée qu'il a finalement prononcé son cours. ◆ n **1.** [in walking] faux pas *m* **2.** [in speech] : *she read the poem without a stumble* elle a lu le poème sans se tromper or sans se reprendre une seule fois.

❖ **stumble across, stumble on, stumble upon** vt insep **1.** [meet] rencontrer par hasard, tomber sur **2.** [discover] trouver par hasard, tomber sur.

stumblebum ['stʌmblbʌm] n US *v inf* abruti *m*, -e *f*.

stumbling block ['stʌmblɪŋ-] n pierre *f* d'achoppement.

stump [stʌmp] ◆ n **1.** [of tree] chicot *m*, souche *f* **2.** [of limb, tail] moignon *m* ; [of tooth] chicot *m* ; [of pencil, blade] (petit) bout *m* **3.** US POL estrade *f (d'un orateur politique)* ▸ **to be** or **to go on the stump** faire une tournée électorale **4.** ART estompe *f* ▸ **stump drawing** estompe *f*. ◆ vt **1.** *inf* [bewilder] laisser perplexe ; [with question] coller / *I'm stumped* **a)** [don't know answer] je sèche **b)** [don't know what to do] je ne sais pas quoi faire / *the question had them stumped* la question les a laissés sans voix / *she's stumped for an answer* **a)** [in quiz] elle ne connaît pas la réponse **b)** [for solution] elle ne trouve pas de solution / *it stumps me how anybody could be so silly!* que quelqu'un puisse être aussi bête, ça me dépasse ! **2.** US POL [constituency, state] faire une tournée électorale dans. ◆ vi **1.** [walk heavily] marcher d'un pas lourd ▸ **to stump in / out** [heavily] entrer / sortir d'un pas lourd **2.** US POL faire une tournée électorale.

❖ **stumps** pl n *inf* [legs] quilles *fpl*.

❖ **stump up** UK *inf* ◆ vi casquer / *I had to stump up for the taxi* c'est moi qui ai dû payer le taxi. ◆ vt sep [money] cracher, aligner ; [deposit] payer.

stumpage ['stʌmpɪdʒ] n US valeur *f* de bois d'œuvre.

stumpy ['stʌmpɪ] (*compar* **stumpier**, *superl* **stumpiest**) adj [person] boulot, courtaud ; [arms, legs] court et épais ; [tail] tronqué.

stun [stʌn] (*pt & pp* **stunned**, *cont* **stunning**) vt **1.** [knock out] assommer **2.** *fig* [astonish] abasourdir, stupéfier.

stung [stʌŋ] pt & pp ⟶ **sting**.

stun gun n fusil *m* paralysant.

stunk [stʌŋk] pp ⟶ **stink**.

stunned [stʌnd] adj **1.** [knocked out] assommé **2.** *fig* abasourdi, stupéfait / *she was stunned by the news* la nouvelle l'a abasourdi.

stunner ['stʌnəʳ] n *inf* [woman] fille *f* superbe ; [car] voiture *f* fantastique.

stunning ['stʌnɪŋ] adj **1.** [blow] étourdissant **2.** [astounding - news, event] stupéfiant, renversant ; [beautiful - dress, car] fantastique ; [- woman, figure] superbe / *the film wasn't exactly stunning* le film n'avait rien de bien sensationnel.

stunningly ['stʌnɪŋlɪ] adv remarquablement, incroyablement / *stunningly beautiful* d'une beauté éblouissante.

stunt [stʌnt] ◆ n **1.** [feat] tour *m* de force, exploit *m* spectaculaire ; [in plane] acrobatie *f* (aérienne) / *it was quite a stunt!* il fallait le faire ! **2.** [by stunt man] cascade *f* ▸ **to do a stunt a)** [in plane] faire des acrobaties **b)** [stunt man] faire une cascade **3.** [trick] truc *m* ; [hoax] farce *f*, canular *m* ▸ **to pull a stunt** faire un canular or une farce / *it's just a stunt to raise money* ce n'est qu'un truc or une combine pour se faire de l'argent **4.** [plant] plante *f* chétive or rabougrie ; [animal] animal *m* dont la croissance a été freinée. ◆ comp ▸ **stunt driver** conducteur *m* cascadeur, conductrice *f* cascadeuse ▸ **stunt driving** cascades *fpl* automobiles ▸ **stunt pilot** aviateur *m*, -trice *f* qui fait des cascades, spécialiste *mf* de l'acrobatie aérienne. ◆ vi **1.** AERON faire des acrobaties **2.** CIN & TV faire des cascades. ◆ vt [impede - growth, development] retarder ; [- person] freiner or retarder la croissance de ; [- intelligence] freiner le développement de.

stunted ['stʌntɪd] adj [person] chétif ; [plant] chétif, rabougri ; [growth, intelligence] retardé.

stunt man n cascadeur *m*.

stunt woman n cascadeuse *f*.

stupa ['stu:pə] n stupa *m*, stoupa *m*.

stupefaction [,stju:pɪ'fækʃn] n stupéfaction *f*, stupeur *f*.

stupefied ['stju:pɪfaɪd] adj stupéfait.

stupefy ['stju:pɪfaɪ] (*pt & pp* **stupefied**) vt **1.** [subj: alcohol, drugs, tiredness] abrutir ; [subj: blow] assommer, étourdir **2.** [astound] stupéfier, abasourdir.

stupefying ['stju:pɪfaɪɪŋ] adj stupéfiant.

stupendous [stju:'pendəs] adj [amount, achievement, talent] extraordinaire, prodigieux ; [event] prodigieux, extraordinaire ; [book, film] extraordinaire.

stupendously [stju:'pendəslɪ] adv prodigieusement, formidablement.

stupid ['stju:pɪd] ◆ adj **1.** [foolish] stupide, bête / *he's always saying / doing stupid things* il dit / fait sans arrêt des bêtises / *I was stupid enough to go and apologize* j'ai eu la sottise d'aller or j'ai été assez bête pour aller m'excuser / *he's stupid enough to believe you* il est assez bête pour vous croire / *stop being so stupid!* arrête de faire l'idiot or l'imbécile ! **2.** *liter* [from alcohol, drugs, sleep] abruti, hébété ; [from blow] étourdi / *he was still stupid from* or *with sleep* il était encore abruti de sommeil ▸ **to drink o.s. stupid** s'abrutir d'alcool **3.** *inf* [wretched, confounded] maudit, fichu / *where did I put that stupid hammer?* où est-ce que j'ai mis ce maudit marteau ? ◆ n *inf* bêta *m*, -asse *f*, idiot *m*, -e *f* / *I'm only joking, stupid!* je plaisante, gros bêta !

stupidity [stju:'pɪdətɪ] (*pl* **stupidities**) n stupidité *f*, bêtise *f*, sottise *f*.

stupidly ['stju:pɪdlɪ] adv stupidement, bêtement / *I stupidly forgot to phone them* je suis bête, j'ai oublié de leur téléphoner.

stupor ['stju:pəʳ] n stupeur *f*, abrutissement *m* ▸ **to be in a drunken stupor** être abruti par l'alcool.

sturdily ['stɜ:dɪlɪ] adv **1.** [solidly] solidement, robustement ▸ **to be sturdily built a)** [person] être costaud or bien bâti **b)** [toys, furniture, equipment] être solide **c)** [house] être de construction solide, être robuste **2.** [firmly - deny, refuse, oppose] énergiquement, vigoureusement.

sturdiness ['stɜ:dɪnɪs] n **1.** [solidity] solidité *f*, robustesse *f* **2.** [firmness] fermeté *f* / *with great sturdiness of purpose* avec une grande résolution.

sturdy ['stɜ:dɪ] (*compar* **sturdier**, *superl* **sturdiest**) adj **1.** [robust - person] robuste, vigoureux ; [- limbs] robuste ; [- table, tree, shoes] robuste, solide **2.** [firm - denial, defence, opposition, support] énergique, vigoureux ; [- voice] ferme / *with sturdy determination* avec une ferme résolution.

sturgeon ['stɜ:dʒən] (*pl* **sturgeon**) n esturgeon *m*.

stutter ['stʌtəʳ] ◆ n bégaiement *m* ▸ **to speak with a** or **to have a stutter** bégayer, être bègue. ◆ vi bégayer. ◆ vt ▸ **to stutter (out)** bégayer, bredouiller / *she stuttered (out) an apology* elle bredouilla une excuse.

stutterer ['stʌtərəʳ] n bègue *mf*.

stuttering ['stʌtərɪŋ] ◆ n bégaiement *m*. ◆ adj bègue, qui bégaie.

sty [staɪ] (*pl* **sties**) n **1.** [for pigs] porcherie *f* **2.** = **stye**.

stye [staɪ] n orgelet *m*, compère-loriot *m*.

Stygian ['stɪdʒɪən] adj *liter* ténébreux, sombre ▸ **Stygian gloom** ténèbres *fpl* impénétrables or insondables.

style [staɪl] ◆ n **1.** [manner] style *m*, manière *f* ; ART, LITER & MUS style *m* / *in the style of Vermeer* dans le style de Vermeer / *February 12th old / new style* [in calendar] le 12 février vieux / nouveau style / *style of life* mode *m* de vie / *I don't like his style of dressing* je n'aime pas sa façon de s'habiller / *they've adopted a new management style* [approach] ils ont adopté un nouveau style de gestion / *they danced the charleston, 1920s style* ils ont dansé le charleston comme on le dansait dans les années vingt / *the meal was prepared in authentic Japanese style* le repas a été préparé dans la plus pure tradition japonaise / *it's a case of style over substance* il y a plus de style que de contenu **2.** [fashion - in clothes] mode *f* ▸ **to be dressed in the latest style** être habillé à la dernière mode ; [model, design] modèle *m* / *a new style of dress* un nouveau modèle de robe / *all the latest styles* tous les derniers modèles / *this winter's styles* les modèles de cet hiver / *the boots come in two styles* ces bottes existent en deux modèles **3.** [elegance - of person] allure *f*, chic *m* ; [- of dress, picture, building, film] style *m* / *she's got real style* elle a vraiment de l'allure or du chic / *she does everything with great style* elle fait tout avec beaucoup de style ▸ **to live in style** mener grand train, vivre dans le luxe / *he likes to do things in style* il aime faire bien les choses / *they were dressed in style* ils étaient habillés avec beaucoup de chic / *they made their entrance in great style* ils ont fait une entrée très remarquée / *they drove off in style in a fleet of limousines* ils sont partis en grande pompe dans un cortège de limousines **4.** [type] genre *m* / *I wouldn't have thought cheating was your style* je n'aurais jamais pensé que c'était ton genre de tricher / *I don't like his style* je n'aime pas son genre / *that's the style!* c'est ça !, bravo ! **5.** TYPO [in editing] style *m* ▸ **house style** style de la maison **6.** UK *fml* [title] titre *m* **7.** BOT style *m* **8.** = **stile.** ◆ vt **1.** [call] appeler, désigner / *she styles herself "countess"* elle se fait appeler « comtesse » **2.** [design - dress, jewel, house] créer, dessiner / *dress styled by Dior* robe créée par Dior ▸ **to style sb's hair** coiffer qqn / *styled for comfort and elegance* conçu pour le confort et l'élégance **3.** PRESS & TYPO [manuscript] mettre au point *(selon les précisions stylistiques de l'éditeur).*

-style in comp dans le style de / *a sixties'-style haircut* une coupe de cheveux (dans le style des) années soixante / *baroque-style architecture* architecture *f* de style baroque, baroque *m.*

style bar n COMPUT barre *f* de style.

stylebook ['staɪlbʊk] n TYPO manuel *m* or protocole *m* de style.

style sheet n COMPUT feuille *f* de style.

stylet ['staɪlɪt] n stylet *m.*

styli ['staɪlaɪ] pl ⟶ **stylus.**

styling ['staɪlɪŋ] n [of dress] forme *f,* ligne *f* ; [of hair] coupe *f* ; [of car] ligne *f* ▸ **styling gel** gel *m* coiffant ▸ **styling mousse** mousse *f* coiffante.

stylish ['staɪlɪʃ] adj [person] élégant, chic *(inv)* ; [clothes, hotel, neighbourhood] élégant, chic *(inv)* ; [book, film] qui a du style.

stylishly ['staɪlɪʃlɪ] adv [dress] avec chic, avec allure, élégamment ; [live] élégamment ; [travel] dans le luxe ; [write] avec style or élégance.

stylishness ['staɪlɪʃnɪs] n chic *m,* élégance *f.*

stylist ['staɪlɪst] n **1.** [designer - for clothes] styliste *mf* (de mode), modéliste *mf* ; [- for cars, furniture] styliste *mf* ▸ **(hair) stylist** coiffeur *m,* -euse *f* **2.** ART & LITER styliste *mf.*

stylistic [staɪ'lɪstɪk] adj ART, LITER & LING stylistique.

stylistically [staɪ'lɪstɪklɪ] adv d'un point de vue stylistique.

stylistics [staɪ'lɪstɪks] n *(U)* stylistique *f.*

stylize, stylise ['staɪlaɪz] vt styliser.

stylized ['staɪlaɪzd] adj stylisé.

stylograph ['staɪləʊgrɑ:f] n stylographe *m.*

stylus ['staɪləs] *(pl* **styluses** *or* **styli** ['staɪlaɪ]) n [on record player] saphir *m* ; [tool] style *m,* stylet *m.*

stymie ['staɪmɪ] ◆ vt **1.** [in golf] barrer le trou à **2.** *inf & fig* [person] coincer ; [plan] ficher en l'air. ◆ n [in golf] trou *m* barré ; *fig* obstacle *m,* entrave *f.*

styptic ['stɪptɪk] ◆ adj styptique. ◆ n styptique *m.*

styptic pencil n crayon *m* hémostatique.

Styria ['stɪrɪə] pr n Styrie *f.*

Styrofoam® ['staɪrəfəʊm] n polystyrène *m* expansé.

Styx [stɪks] pr n ▸ **the (River) Styx** le Styx.

suave [swɑ:v] adj **1.** [polite, charming] poli ; *pej* [smooth] doucereux, mielleux, onctueux / *he's a bit too suave for my liking* je le trouve un peu trop doucereux **2.** [elegant] élégant, chic.

suavely ['swɑ:vlɪ] adv **1.** [politely, charmingly] poliment ; *pej* [smoothly] mielleusement **2.** [elegantly] avec élégance.

suaveness ['swɑ:vnɪs], **suavity** ['swɑ:vətɪ] n **1.** [politeness, charm] politesse *f* ; *pej* manières *fpl* doucereuses **2.** [elegance] élégance *f.*

sub [sʌb] *(pt & pp* **subbed**, *cont* **subbing**) ◆ n **1.** abbr of **submarine 2.** abbr of **subeditor 3.** abbr of **subscription 4.** abbr of **substitute 5.** US abbr of **submarine sandwich.** ◆ vi & vt **1.** abbr of **subcontract 2.** abbr of **subedit.**

sub- in comp sub-, sous / *to run a sub-four minute mile* courir le mile en moins de quatre minutes.

subagent [,sʌb'eɪdʒənt] n sous-agent *m.*

subalpine [,sʌb'ælpaɪn] adj subalpin.

subaltern ['sʌbltən] ◆ n **1.** UK MIL *officier de l'armée de terre d'un rang inférieur à celui de capitaine* **2.** [subordinate - gen] subalterne *mf,* subordonné *m,* -e *f.* ◆ adj subalterne.

sub-aqua [-'ækwə] adj sous-marin, subaquatique.

subaquatic [,sʌbə'kwætɪk] adj subaquatique.

subarctic [,sʌb'ɑ:ktɪk] ◆ adj **1.** GEOG subarctique **2.** [very cold - weather] glacial, arctique. ◆ n zone *f* subarctique.

subatomic [,sʌbə'tɒmɪk] adj subatomique.

subbasement ['sʌb,beɪsmənt] n deuxième sous-sol *m.*

subcategory ['sʌb,kætəgərɪ] *(pl* **subcategories**) n sous-catégorie *f.*

subclass ['sʌbklɑ:s] n sous-classe *f.*

subclinical [,sʌb'klɪnɪkl] adj infraclinique.

subcommittee ['sʌbkə,mɪtɪ] n sous-comité *m,* sous-commission *f.*

subcompact [,sʌbkəm'pækt] n US (très) petite voiture *f.*

subconscious [,sʌb'kɒnʃəs] ◆ adj subconscient ▸ **the subconscious mind** le subconscient. ◆ n subconscient *m.*

subconsciously [,sʌb'kɒnʃəslɪ] adv d'une manière subconsciente, inconsciemment.

subcontinent [,sʌb'kɒntɪnənt] n sous-continent *m* ▸ **the (Indian) Subcontinent** le sous-continent indien.

subcontract ◆ vt [,sʌbkən'trækt] [pass on] (faire) sous-traiter / *they subcontract some of the work (out) to local firms* ils sous-traitent une partie du travail à des entreprises locales. ◆ vi [,sʌbkən'trækt] travailler en sous-traitance / *they have a lot of small companies who subcontract for them* beaucoup de petites sociétés travaillent pour eux en sous-traitance. ◆ n [sʌb'kɒntrækt] (contrat *m* de) sous-traitance *f.*

❖ **subcontract out** vt sep = **subcontract** *(vt).*

subcontracting [,sʌbkən'træktɪŋ] adj sous-traitant.

subcontractor [,sʌbkən'træktər] n sous-traitant *m.*

subcortex [,sʌb'kɔ:teks] n zone *f* (cérébrale) sous-corticale.

subcritical [,sʌb'krɪtɪkl] adj sous-critique.

subculture ['sʌb,kʌltʃər] n **1.** [gen & SOCIOL] subculture *f* **2.** BIOL culture *f* repiquée or secondaire.

subcutaneous [,sʌbkju:'teɪnjəs] adj sous-cutané.

subcutaneously [,sʌbkju:'teɪnjəslɪ] adv de manière sous-cutanée ▸ **to be injected subcutaneously** à administrer par injection sous-cutanée.

subdeacon [,sʌb'di:kən] n sous-diacre *m.*

subdeb [,sʌb'deb] *inf,* **subdebutante** [,sʌb'debju:tɑ:nt] n US préadolescente *f.*

subdirectory ['sʌbdaɪ,rektərɪ] n COMPUT sous-répertoire *m.*

subdistrict ['sʌb,dɪstrɪkt] n subdivision *f* (d'arrondissement).

subdivide [,sʌbdɪ'vaɪd] ◆ vt subdiviser. ◆ vi se subdiviser.

subdivision [,sʌbdɪ'vɪʒn] n subdivision *f.*

subdominant [,sʌb'dɒmɪnənt] n BIOL & MUS sous-dominante *f.*

subdue [səb'dju:] vt **1.** [country, tribe] assujettir, soumettre ; [rebels] soumettre ; [rebellion] réprimer **2.** [feelings, passions] refréner, maîtriser ; [fears, anxiety] apaiser.

subdued [səb'dju:d] adj **1.** [person] silencieux ; [mood] sombre ; [emotion, feeling] contenu ; [audience] peu enthousiaste / *you're very subdued, what's the matter?* vous n'êtes pas très bavard, qu'est-ce qui ne va pas ? / *it was rather a subdued gathering* ce fut un rassemblement plutôt sombre **2.** [voice, sound] bas ; [conversation] à voix basse **3.** [light, lighting] tamisé, atténué ; [colours] sobre.

subedit [,sʌb'edɪt] ◆ vt corriger, préparer pour l'impression. ◆ vi travailler comme secrétaire de rédaction.

subeditor [,sʌb'edɪtər] n secrétaire *mf* de rédaction.

subentry [,sʌb'entrɪ] *(pl* **subentries**) n sous-entrée *f.*

subequatorial ['sʌb,ekwə'tɔ:rɪəl] adj subéquatorial.

subfamily ['sʌb,fæməlɪ] *(pl* **subfamilies**) n sous-famille *f.*

subfolder ['sʌb,fəʊldər] n COMPUT sous-dossier *m.*

subframe ['sʌb,freɪm] n AUTO faux-châssis *m inv.*

subfusc ['sʌbfʌsk] ◆ n UK tenue *f* universitaire *(en particulier à Oxford).* ◆ adj *liter* [dark] sombre ; [dusky] bistre *(inv).*

subgenus [,sʌb'dʒi:nəs] *(pl* **subgenuses** *or* **subgenera** [-'dʒenərə]) n sous-genre *m.*

subgroup ['sʌbgru:p] n sous-groupe *m.*

subharmonic [,sʌbhɑ:'mɒnɪk] adj sous-harmonique.

subhead ['sʌbhed], **subheading** ['sʌb,hedɪŋ] n [title] sous-titre *m* ; [division] paragraphe *m.*

subhuman [,sʌb'hju:mən] ◆ adj [intelligence] limité ; [crime] brutal, bestial / *to live in subhuman conditions* vivre dans des conditions terribles or inhumaines. ◆ n sous-homme *m.*

subject ◆ n ['sʌbdʒekt] **1.** [topic] sujet *m* ▸ **on the subject of** au sujet de, à propos de / *let's come* or *get back to the subject* revenons à nos moutons / *don't try and change the subject* n'essaie pas de changer de conversation or de sujet / *let's drop the subject* parlons d'autre chose / *while we're on the subject* à (ce) propos / *while we're on the subject of holidays* puisque nous parlons de vacances / *that's a touchy subject* c'est un sujet délicat **2.** [in letters and memos] : *subject: recruitment of new staff* objet : recrutement de personnel **3.** ART, LITER & PHOT sujet *m* / *the subject of her film / novel* le sujet de son film / roman / *he always photographs his subjects in natural light* il photographie toujours ses sujets en lumière naturelle **4.** GRAM & PHILOS sujet *m* **5.** SCH & UNIV matière *f,* discipline *f* ; [field] domaine *m* / *she's taking exams in four subjects* elle passe des examens dans quatre matières / *I was always better at science subjects* j'ai toujours été plus fort en sciences / *it's not really my subject* ce n'est pas vraiment mon domaine / *that would be a good subject for a PhD thesis* ce serait un bon sujet pour une thèse de doctorat **6.** POL sujet *m,* -ette *f* / *she is a British subject* c'est une ressortissante britannique / *foreign subjects* ressortissants *mpl* étrangers **7.** MED & PSYCHOL [of test] sujet *m* / *she'd be a good subject for the new treatment* elle serait un bon sujet pour le nouveau traitement / *subjects were tested for their reactions* on a testé la réaction des sujets **8.** [cause] sujet *m,* motif *m,* raison *f* / *he was the subject of much comment* il a été l'objet de nombreux commentaires. ◆ adj ['sʌbdʒekt] **1.** [subordinate] dépendant / *they are subject to my authority* ils sont placés sous mon autorité, ils dépendent de moi / *we are all subject to the rule of law* nous sommes tous soumis à la loi ▸ **subject states** États *mpl* dépendants **2.** [liable, prone] ▸ **subject to** sujet à / *he is subject to frequent lung infections* il est sujet à de fréquentes infections pulmonaires / *subject to attack* exposé à l'attaque / *the terms are subject to alteration without notice* les termes peuvent être modifiés sans préavis / *subject to tax* imposable / *the price is subject to a handling charge* les frais de manutention sont en sus. ◆ vt [səb'dʒekt] **1.** [country, people] soumettre, assujettir **2.** [expose] ▸ **to subject to** soumettre à / *they subject all applicants to lengthy testing procedures* ils font passer de longs examens à tous les candidats / *the material was subjected to intense heat* le matériau a été soumis or exposé à une température très élevée / *I refuse to subject anyone to such indignities* je refuse de faire subir de tels affronts à qui que ce soit.

❖ **subject to** prep phr ['sʌbdʒekt] [save for] sous réserve de, sauf ; [conditional upon] à condition de / *these are the rules, subject to revision* voici le règlement, sous réserve de modification / *subject to your passing the exam* à condition de réussir or à condition que vous réussissiez l'examen.

subject catalogue n fichier *m* par matières.

subject index n index *m* des matières.

subjection [səbˈdʒekʃn] n **1.** [act of subjecting] assujettissement *m* **2.** [state of being subjected] sujétion *f*, assujettissement *m*, soumission *f* / *they live in (a state of) complete subjection* ils vivent dans la soumission la plus totale.

subjective [səbˈdʒektɪv] ◆ adj **1.** [viewpoint, argument, criticism] subjectif **2.** GRAM [pronoun, case] sujet ; [genitive] subjectif **3.** MED [symptom] subjectif. ◆ n GRAM (cas *m*) sujet *m*, nominatif *m*.

subjectively [səbˈdʒektɪvlɪ] adv subjectivement.

subjectivism [səbˈdʒektɪvɪzm] n subjectivisme *m*.

subjectivity [ˌsʌbdʒekˈtɪvətɪ] n subjectivité *f*.

subject matter n [topic] sujet *m*, thème *m* ; [substance] substance *f*, contenu *m*.

subjoin [ˌsʌbˈdʒɔɪn] vt adjoindre.

sub judice [-ˈdʒuːdɪsɪ] adj en instance, pendant / *I cannot comment on a case which is still sub judice* je ne peux faire aucun commentaire sur une affaire qui est encore en cours de jugement.

subjugate [ˈsʌbdʒʊgeɪt] vt **1.** [people, tribe, country] assujettir, soumettre ; [rebels] soumettre **2.** [feelings] dompter ; [reaction] réprimer.

subjugation [ˌsʌbdʒʊˈgeɪʃn] n soumission *f*, assujettissement *m*.

subjunctive [səbˈdʒʌŋktɪv] ◆ adj subjonctif ▸ **subjunctive mood** mode *m* subjonctif. ◆ n subjonctif *m* / *in the subjunctive* au subjonctif / *some verbs always take the subjunctive* certains verbes sont toujours suivis du subjonctif.

subkingdom [ˌsʌbˈkɪŋdəm] n BIOL embranchement *m*.

sublease [ˌsʌbˈliːs] ◆ n sous-location *f*. ◆ vt sous-louer.

sublet [ˌsʌbˈlet] (*pt & pp* **sublet**, *cont* **subletting**) ◆ vt sous-louer. ◆ n sous-location *f*.

sublieutenant [ˌsʌblefˈtenənt] n UK ≃ enseigne *m* de vaisseau deuxième classe.

sublimate ◆ vt [ˈsʌblɪmeɪt] [gen, CHEM & PSYCHOL] sublimer. ◆ n [ˈsʌblɪmət] CHEM sublimé *m*.

sublimation [ˌsʌblɪˈmeɪʃn] n sublimation *f*.

sublime [səˈblaɪm] ◆ adj **1.** [noble, inspiring] sublime **2.** *inf* [very good] génial, sensationnel / *you look sublime* tu es superbe **3.** [utter - disregard, contempt, ignorance] suprême, souverain. ◆ n ▸ **the sublime** le sublime / *from the sublime to the ridiculous* du sublime au grotesque. ◆ vt sublimer.

sublimely [səˈblaɪmlɪ] adv complètement, totalement / *they were sublimely unaware of the danger* ils étaient totalement inconscients du danger.

subliminal [ˌsʌbˈlɪmɪnl] adj infraliminaire, subliminaire, subliminal / *subliminal advertising* publicité *f* subliminale or invisible.

sublimity [səˈblɪmətɪ] n sublimité *f*.

submachine gun [ˌsʌbməˈʃiːn-] n mitraillette *f*.

submarine [ˌsʌbməˈriːn] ◆ n **1.** sous-marin *m* **2.** US abbr of **submarine sandwich.** ◆ adj sous-marin.

submariner [sʌbˈmærɪnər] n sous-marinier *m*.

submarine sandwich n US grand sandwich *m* mixte.

submaxillary [ˌsʌbmækˈsɪlərɪ] adj sous-maxillaire.

submediant [ˌsʌbˈmiːdjənt] n sus-dominante *f*, sixte *f*.

submenu [ˈsʌbˌmenjuː] n COMPUT sous-menu *m*.

submerge [səbˈmɜːdʒ] ◆ vt **1.** [plunge] submerger, immerger / *to submerge o.s. in work fig* se plonger dans le travail **2.** [flood] submerger, inonder / *the flood waters had submerged the fields* les eaux en crue avaient inondé les champs / *the rocks were soon submerged by the tide* les rochers furent bientôt recouverts par la marée. ◆ vi [submarine] plonger.

submerged [səbˈmɜːdʒd] adj submergé ▸ **a submerged volcano** un volcan sous-marin.

submersible [səbˈmɜːsəbl] ◆ adj submersible. ◆ n submersible *m*.

submersion [səbˈmɜːʃn] n **1.** [in liquid] immersion *f* ; [of submarine] plongée *f* **2.** [flooding] inondation *f*.

subminiature [ˌsʌbˈmɪnətʃər] adj subminiature.

submission [səbˈmɪʃn] n **1.** [yielding] soumission *f* / *their total submission to fate* leur fatalisme ▸ **to beat sb into submission** réduire qqn par la violence **2.** [submissiveness] soumission *f*, docilité *f* **3.** [referral - gen] soumission *f* ; LAW [of case] renvoi *m* / *after submission of the project to the coordinating committee* après soumission du projet au comité de coordination **4.** [proposition, argument - gen] thèse *f* ; LAW plaidoirie *f* / *her submission is that…* elle soutient que… / *in my submission, the defendant is lying* je soutiens que l'accusé ment **5.** [in wrestling] soumission *f*.

submissive [səbˈmɪsɪv] adj soumis.

submissively [səbˈmɪsɪvlɪ] adv [behave, confess, accept] docilement ; [yield, react] avec résignation.

submissiveness [səbˈmɪsɪvnɪs] n soumission *f*, docilité *f*.

submit [səbˈmɪt] (*pt & pp* **submitted**, *cont* **submitting**) ◆ vi **1.** *lit* se rendre, se soumettre **2.** *fig* se soumettre, se plier / *we shall never submit to such demands* nous n'accéderons jamais à de telles exigences / *to submit to one's fate* accepter son destin. ◆ vt **1.** [propose] soumettre / *all proposals must be submitted to the coordinating committee* toutes les propositions doivent être soumises au comité de coordination / *I submit that…* LAW je soutiens or je maintiens que… **2.** [yield] ▸ **to submit o.s. to sb / sthg** se soumettre à qqn / qqch.

submultiple [ˌsʌbˈmʌltɪpl] n sous-multiple *m*.

subnormal [ˌsʌbˈnɔːml] adj **1.** [person] arriéré ▸ **educationally subnormal children** des enfants arriérés *(du point de vue scolaire)* **2.** [temperatures] au-dessous de la normale.

subnotebook [ˌsʌbˈnəʊtbʊk] n COMPUT notebook *m (très petit)*, miniportable *m*.

suborder [ˈsʌbˌɔːdər] n BIOL sous-ordre *m*.

subordinate ◆ n [səˈbɔːdɪnət] subordonné *m*, -e *f*, subalterne *mf*. ◆ adj **1.** [in rank, hierarchy] subordonné, subalterne / *he is subordinate to the duty officer* son grade est inférieur à celui de l'officier de permanence / *of subordinate rank* de rang subalterne / *she had a very subordinate position in the company* elle occupait un poste tout à fait subalterne dans l'entreprise **2.** [secondary] subordonné, accessoire / *but that is subordinate to the main problem* mais c'est secondaire par rapport au problème principal **3.** GRAM subordonné. ◆ vt [səˈbɔːdɪneɪt] subordonner.

subordinate clause [səˈbɔːdɪnət-] n GRAM (proposition *f*) subordonnée *f*.

subordinating conjunction [səˈbɔːdɪneɪtɪŋ-] n GRAM conjonction *f* de subordination.

subordination [səˌbɔːdɪˈneɪʃn] n subordination *f*.

suborn [sʌˈbɔːn] vt suborner.

subplot [ˈsʌbˌplɒt] n intrigue *f* secondaire.

subpoena [səˈpiːnə] ◆ n citation *f (à comparaître en qualité de témoin)*, assignation *f*. ◆ vt citer *(à comparaître en qualité de témoin)*.

subpopulation [ˈsʌbˌpɒpjʊˈleɪʃn] n sous-population *f*.

sub-postmaster n UK receveur *m (dans un petit bureau de poste local)*.

sub-postmistress n UK receveuse *f (dans un petit bureau de poste local)*.

sub-post office n UK petit bureau *m* de poste local.

subprime [ˈsʌbpraɪm] n US FIN ▸ **subprime (loan** or **mortgage)** subprime *m (type de crédit immobilier à risque)*.

subprogram [ˈsʌbˌprəʊgræm] n COMPUT sous-programme *m*.

subrogate [ˈsʌbrəgeɪt] vt subroger.

sub rosa [-ˈrəʊzə] adv confidentiellement, sous le sceau du secret.

subroutine [ˈsʌbruːˌtiːn] n COMPUT sous-programme *m*.

subscribe [səbˈskraɪb] ◆ vi **1.** [to magazine, service] s'abonner, être abonné / *we subscribe to several publications* nous sommes abonnés à plusieurs publications **2.** [to loan, fund, campaign, share issue] souscrire / *to subscribe to a charity* faire des dons à une œuvre de charité **3.** ▸ **to subscribe to** [opinion, belief] souscrire à / *I cannot subscribe to that view of politics* il m'est impossible de souscrire à cette vision de la politique. ◆ vt **1.** [donate] donner, faire don de / *she subscribed £800 to the election fund* elle a donné 800 livres à la caisse électorale **2.** *fml* [write - one's name, signature] apposer ; [sign - document] signer.

subscriber [səbˈskraɪbər] n **1.** [to newspaper, service, telephone system] abonné *m*, -e *f* **2.** [to fund, campaign, share issue] souscripteur *m*, -trice *f* / *subscribers to various charities* les personnes qui ont fait des dons à diverses œuvres de charité **3.** [to opinion, belief] partisan *m*, adepte *mf*.

subscriber trunk dialling n UK automatique *m*.

subscript [ˈsʌbskrɪpt] ◆ n COMPUT, MATH & TYPO indice *m*. ◆ adj en indice.

subscription [səbˈskrɪpʃn] n **1.** [to newspaper, magazine] abonnement *m* ▸ **subscription charges** tarifs *mpl* d'abonnement ▸ **to cancel a subscription** résilier un abonnement ▸ **to take out a subscription to a magazine** s'abonner à un magazine **2.** [to fund, campaign, share issue] souscription *f* ; [to club, organization] cotisation *f* **3.** [to opinion, belief] adhésion *f*.

subsection [ˈsʌbˌsekʃn] n [of text, contract, etc.] article *m*, paragraphe *m*.

subsequent [ˈsʌbsɪkwənt] adj **1.** [next] suivant, subséquent *fml* / *the subsequent days* les jours suivants / *to await subsequent events* attendre de connaître la suite des événements / *subsequent generations* les générations suivantes / *subsequent to 1880* après 1880 / *subsequent to this* par la suite **2.** [consequent] conséquent, consécutif.

subsequently [ˈsʌbsɪkwəntlɪ] adv par la suite, subséquemment *fml*.

subserve [səbˈsɜːv] vt *fml* encourager, favoriser.

subservience [səbˈsɜːvjəns] n **1.** [servility] servilité *f* **2.** [subjugation] asservissement *m* / *subservience to a foreign power* asservissement à une puissance étrangère.

subservient [səbˈsɜːvjənt] adj **1.** [servile] servile, obséquieux *pej* **2.** [subjugated] asservi / *they are totally subservient to the town council* ils sont totalement dépendants de la municipalité **3.** [secondary] secondaire, accessoire.

subset [ˈsʌbset] n sous-ensemble *m*.

subside [səbˈsaɪd] vi **1.** [abate - shooting, laughter] cesser ; [- storm, rage, pain] se calmer ; [recede - water] se retirer, baisser ; [- danger] s'éloigner **2.** [sink - house, land] s'abaisser ; [- wall, foundations] se tasser ; [settle - sediment] se déposer.

subsidence [səbˈsaɪdns or ˈsʌbsɪdns] n [of house, land] affaissement *m* ; [of wall, foundations] tassement *m* / **'road liable to subsidence'** ≃ chaussée déformée.

subsidiarity [sʌbˌsɪdɪˈærɪtɪ] n subsidiarité *f*.

subsidiary [səbˈsɪdjərɪ] (*pl* **subsidiaries**) ◆ adj [supplementary] supplémentaire, complémentaire ; [secondary - question, reason] subsidiaire ; [- idea, action] accessoire ▸ **subsidiary company** filiale *f*. ◆ n COMM filiale *f*.

subsidize, subsidise [ˈsʌbsɪdaɪz] vt subventionner.

subsidized [ˈsʌbsɪdaɪzd] adj subventionné ▸ **subsidized industry** industrie *f* subventionnée.

subsidy [ˈsʌbsɪdɪ] (*pl* **subsidies**) n subvention *f* ▸ **government subsidy** subvention de l'État ▸ **export subsidies** primes *fpl* à l'exportation.

subsist [səbˈsɪst] vi subsister / *they subsist on fish and rice* ils vivent de poisson et de riz.

subsistence [səbˈsɪstəns] ◆ n subsistance *f*, existence *f* / *means of subsistence* moyens *mpl* d'existence. ◆ comp [wage] à peine suffisant pour vivre ; [farming] d'autoconsommation ▸ **subsistence economy** économie *f* de subsistance ▸ **to live at subsistence level** avoir tout juste de quoi vivre.

subsistence allowance n UK [advance] acompte *m* *(perçu avant l'engagement définitif)*; [expenses] frais *mpl* (de subsistance).

subsoil ['sʌbsɔɪl] n GEOL sous-sol *m*.

subsonic [ˌsʌb'sɒnɪk] adj subsonique.

subspecies ['sʌbˌspiːʃiːz] *(pl* **subspecies**) n sous-espèce *f*.

substance ['sʌbstəns] n **1.** [matter] substance *f* / *tobacco contains harmful substances* le tabac contient des substances nocives ▸ **illegal substances** stupéfiants *mpl* **2.** [solidity] solidité *f* / *it seemed to have as little substance as a ghost* cela semblait aussi immatériel qu'un fantôme **3.** [essential part, gist] essentiel *m*, substance *f*; [basis] fond *m* / *that's the substance of what he said* voilà en substance ce qu'il a dit / *the substance of the charges* l'essentiel de l'inculpation / *the substance of the case* le fond de l'affaire **4.** [significance, weight] étoffe *f*, poids *m* / *these developments add substance to our hypothesis* ces développements donnent davantage de poids à notre hypothèse / *I find his stories lack substance* je trouve que ses histoires manquent d'étoffe / *their claim lacks substance* leur revendication est sans fondement or n'est pas fondée **5.** [wealth] richesses *fpl*; [power] pouvoir *m*; [influence] influence *f* / *a woman of substance* **a)** [rich] une femme riche or aisée **b)** [powerful] une femme puissante **c)** [influential] une femme influente.

❖ **in substance** adv phr [generally] en gros, en substance; [basically] à la base, au fond; [in brief] en substance, en somme.

substance abuse n *fml* abus *m* de stupéfiants.

substandard [ˌsʌb'stændəd] adj **1.** [work, output] médiocre, en dessous des niveaux requis; [meal, merchandise] de qualité inférieure ▸ **substandard housing** *logements ne respectant pas les normes requises* / *they live in substandard housing* ils habitent des logements insalubres **2.** LING non conforme à la norme.

substantial [səb'stænʃl] adj **1.** [large] considérable, important; LAW [damages] élevé / *substantial differences remain* il reste des divergences importantes / *a substantial number of teachers were there* il y avait de nombreux professeurs **2.** [nourishing - food] nourrissant; [- meal] solide, copieux, substantiel **3.** [convincing - argument, evidence] solide, convaincant **4.** [real, tangible] réel, substantiel; PHILOS substantiel **5.** [solidly built] solide / *the town hall is a substantial Victorian building* la mairie est un solide bâtiment de l'époque victorienne **6.** [rich] riche, aisé; [powerful] puissant; [influential] influent; [well-established] solide, bien établi / *a substantial company* une société solidement implantée.

substantially [səb'stænʃəlɪ] adv **1.** [considerably] considérablement / *taxes have been cut substantially* les impôts ont été considérablement réduits **2.** [generally] en gros, en grande partie; [fundamentally] fondamentalement, au fond / *it is substantially correct* c'est en grande partie correct **3.** [solidly] solidement / *substantially built* solide **4.** PHILOS [as for the substance] substantiellement.

substantiate [səb'stænʃɪeɪt] vt confirmer, apporter or fournir des preuves à l'appui de.

substantiation [səbˌstænʃɪ'eɪʃn] n *(U)* [proof] preuve *f*; [reason] bien-fondé *m*, justification *f* / *do you have any substantiation for your allegations?* pouvez-vous fournir des preuves de ce que vous avancez?

substantival [ˌsʌbstən'taɪvl] adj GRAM substantif.

substantive ◆ adj [səb'stæntɪv] **1.** [real, important] substantiel; [permanent - rank] permanent; [independent - means, resources] indépendant **2.** GRAM nominal. ◆ n ['sʌbstəntɪv] GRAM substantif *m*.

substantively [səb'stæntɪvlɪ] adv [considerably] substantiellement, considérablement.

substation ['sʌbˌsteɪʃn] n sous-station *f*.

substitute ['sʌbstɪtjuːt] ◆ n **1.** [person] remplaçant *m*, -e *f* / *each team is allowed three substitutes* chaque équipe a droit à trois remplaçants **2.** [thing] produit *m* de remplacement or de substitution / *we'll have to find a substitute for it* il faut que nous trouvions quelque chose pour le remplacer / *use a low-fat substitute instead of butter* utilisez un produit à faible teneur en matière grasse à la place du beurre / *sugar substitute* édulcorant *m* de synthèse / *there's no substitute for real coffee* rien ne vaut le vrai café / *tapes are a poor substitute for live music* les cassettes ne valent pas la musique live **3.** GRAM terme *m* suppléant. ◆ adj remplaçant / *a substitute goalkeeper* un gardien de but remplaçant / *it'll do as a substitute cork* ça fera office de bouchon ▸ **substitute teacher** US suppléant *m*, -e *f*. ◆ vt [gen] substituer, remplacer; SPORT remplacer ▸ **to substitute sthg for sthg** substituer qqch à qqch / *margarine may be substituted for butter* on peut remplacer le beurre par de la margarine, on peut utiliser de la margarine au lieu du beurre. ◆ vi ▸ **to substitute for sb / sthg** remplacer qqn / qqch.

substitution [ˌsʌbstɪ'tjuːʃn] n [gen] remplacement *m*, substitution *f*; SPORT remplacement *m* / *the substitution of man-made fibres for cotton* le fait d'avoir remplacé le coton par des fibres synthétiques.

substrata [ˌsʌb'strɑːtə] pl ⟶ **substratum**.

substrate ['sʌbstreɪt] n [gen, CHEM & ELECTRON] substrat *m*.

substratum [ˌsʌb'strɑːtəm] *(pl* **substrata** [ˌsʌb'strɑːtə]) n **1.** [infrastructure, base] fond *m* **2.** GEOL [underlying formation] substratum *m*; [subsoil] sous-sol *m* **3.** LING substrat *m* **4.** PHOT substratum *m*.

substructure ['sʌbˌstrʌktʃər] n CONSTR infrastructure *f* / *various substructures make up the organization* l'organisation se compose de plusieurs services distincts.

subsume [səb'sjuːm] vt subsumer.

subsystem ['sʌbˌsɪstəm] n sous-système *m*.

subteen [ˌsʌb'tiːn] US ◆ n préadolescent *m*, -e *f*. ◆ adj [fashions, sizes] pour les préadolescents.

subteenage [ˌsʌb'tiːneɪdʒ] US = **subteen** *(adj)*.

subteenager [ˌsʌb'tiːneɪdʒər] US = **subteen** *(noun)*.

subtenancy [ˌsʌb'tenənsɪ] *(pl* **subtenancies**) n sous-location *f*.

subtenant [ˌsʌb'tenənt] n sous-locataire *mf*.

subtend [səb'tend] vt sous-tendre.

subterfuge ['sʌbtəfjuːdʒ] n subterfuge *m*.

subterranean [ˌsʌbtə'reɪnjən] adj souterrain / *subterranean forces were at work* des forces secrètes étaient à l'œuvre.

subtext ['sʌbˌtekst] n [of book, film, situation] message *m* sous-jacent / *if you pay attention to the subtext of the minister's speech you will see that...* si vous lisez le discours du ministre entre les lignes, vous verrez que...

subtitle ['sʌbˌtaɪtl] ◆ n CIN, LITER & PRESS sous-titre *m*. ◆ vt sous-titrer.

subtitled ['sʌbˌtaɪtld] adj sous-titré, avec sous-titrage.

subtitling ['sʌbˌtaɪtlɪŋ] n sous-titrage *m*.

subtle ['sʌtl] adj subtil / *a subtle sense of humour* un sens de l'humour subtil / *there's a very subtle difference between them* il y a une très légère différence entre eux / *subtle shades of green and blue* des nuances subtiles de vert et de bleu / *you're not very subtle, are you?* la subtilité n'est vraiment pas ton fort!

subtlety ['sʌtltɪ] *(pl* **subtleties**) n **1.** [subtle nature] subtilité *f* / *subtlety is not one of his strong points* la subtilité n'est pas son fort **2.** [detail, distinction] subtilité *f*.

subtly ['sʌtlɪ] adv subtilement.

subtonic [ˌsʌb'tɒnɪk] n sous-tonique *f*.

subtotal ['sʌbˌtəʊtl] n total *m* partiel.

subtract [səb'trækt] vt soustraire, déduire / *subtract 52 from 110* ôtez or retranchez 52 de 110.

subtraction [səb'trækʃn] n soustraction *f*.

subtropical [ˌsʌb'trɒpɪkl] adj subtropical.

subtropics [ˌsʌb'trɒpɪks] pl n zones *fpl* subtropicales.

subtype ['sʌbtaɪp] n sous-classe *f*.

suburb ['sʌbɜːb] n banlieue *f*, faubourg *m* / *the London suburb of Barking* Barking, dans la banlieue de Londres / *the suburbs stretch for miles* la banlieue s'étend sur des kilomètres / *in the suburbs* en banlieue / *the outer suburbs* la grande banlieue.

Suburb

À la différence du mot « banlieue » qui en est souvent la traduction, le mot « suburb » ne désigne que rarement les quartiers en difficulté. Il évoque plutôt des cités tranquilles, bourgeoises, confortables. Sur le plan social, en faisant la part des différences urbanistiques, les équivalents les plus proches des « banlieues en difficulté » françaises sont, en Grande-Bretagne, les **inner cities** (les centres urbains) et, aux États-Unis, les **housing projects** (proches des cités HLM).

suburban [sə'bɜːbn] adj **1.** [street, railway, dweller] de banlieue; [population, growth] de banlieue, suburbain **2.** *pej* [mentality, outlook] de petit-bourgeois.

suburbanite [sə'bɜːbənaɪt] n banlieusard *m*, -e *f*.

suburbia [sə'bɜːbɪə] n la banlieue / *in suburbia* en banlieue.

subvention [səb'venʃn] n subvention *f*.

subversion [səb'vɜːʃn] n subversion *f*.

subversive [səb'vɜːsɪv] ◆ adj subversif. ◆ n élément *m* subversif.

subvert [səb'vɜːt] vt **1.** [undermine - society, state, institution] subvertir *liter*, renverser **2.** [corrupt - individual] corrompre.

subway ['sʌbweɪ] n **1.** UK [pedestrian underpass] passage *m* souterrain **2.** US [railway] métro *m* / *it's quicker by subway* c'est plus rapide en métro.

sub-zero adj au-dessous de zéro.

succeed [sək'siːd] ◆ vi **1.** [manage successfully] réussir ▸ **to succeed in doing sthg** réussir or parvenir or arriver à faire qqch / *he succeeded only in confusing things further* il n'a réussi qu'à compliquer davantage les choses ▸ **if at first you don't succeed, try again** *prov* si vous ne réussissez pas du premier coup, recommencez **2.** [work out] réussir / *the first attack did not succeed* la première offensive a échoué **3.** [do well] réussir, avoir du succès / *we all want to succeed in life* nous voulons tous réussir dans la vie / *to succeed in business* / *in publishing* réussir dans les affaires / l'édition / *he succeeds in everything he does* il réussit tout ce qu'il entreprend, tout lui réussit ▸ **nothing succeeds like success** *prov* un succès en entraîne un autre **4.** [follow on] succéder ▸ **to succeed to the throne** monter sur le trône. ◆ vt [subj: person] succéder à, prendre la suite de / *I succeeded him as editor* je lui ai succédé au poste de rédacteur; [subj: event, thing] succéder à, suivre / *as month succeeded month* au fur et à mesure que les mois passaient.

succeeding [sək'siːdɪŋ] adj **1.** [subsequent] suivant, qui suit / *we met several times during the succeeding weeks* nous nous sommes vus plusieurs fois pendant les semaines qui ont suivi / *each succeeding year* chaque année qui passe **2.** [future] futur, à venir / *succeeding generations will right these wrongs* les générations à venir redresseront ces torts.

success [sək'ses] ◆ n réussite *f*, succès *m* / *her success in the elections* sa victoire aux élections / *his success in the exam* son succès à l'examen ▸ **to meet with** or **to achieve success** réussir / *I wish you every success* je vous souhaite beaucoup de succès / *I had no success in trying to persuade them* je n'ai pas réussi à les convaincre / *I tried to convince them, but without success* j'ai essayé de les convaincre, mais sans succès ▸ **to make a success of sthg** mener qqch à bien / *he made a success of the campaign* il a mené la campagne à bien / *she made a great success of her career* elle a bien réussi dans son métier / *I haven't had much success in finding work* mes recherches pour un emploi n'ont pas donné grand-chose / *their album was a great success* leur album a eu un succès fou / *you were a great success at the party* tu as eu beaucoup de succès à la fête / *the* *evening was a success* la soirée a été réussie or a été une réussite. ◆ comp [rate] de réussite, de succès.

successful [sək'sesfʊl] adj **1.** [resulting in success - attempt, effort, plan] qui réussit ; [- negotiations] fructueux ; [- outcome] heureux ; [- performance, mission, partnership] réussi / *his efforts were supremely successful* ses efforts ont été couronnés de succès / *she was not successful in her application for the post* sa candidature à ce poste n'a pas été retenue / *I was successful in convincing them* j'ai réussi or je suis arrivé or je suis parvenu à les convaincre / *it's not been a very successful day for me* ma journée n'a pas été très fructueuse / *she brought the project to a successful conclusion* elle a mené le projet à bien **2.** [thriving - singer, album, author, book, play] à succès ; [- businessman] qui a réussi ; [- life, career] réussi / *their first album was very successful* leur premier album a eu un succès fou / *she's a successful businesswoman* elle a réussi dans les affaires / *she's successful in everything she does* tout lui réussit, elle réussit tout ce qu'elle entreprend.

successfully [sək'sesfʊlɪ] adv avec succès ▸ **to do sthg successfully** réussir à faire qqch / *we managed to tackle the problem successfully* nous avons trouvé une solution satisfaisante au problème / *he was successfully operated on for a stomach ulcer* il a été opéré avec succès d'un ulcère de l'estomac.

succession [sək'seʃn] n **1.** [series] succession *f*, suite *f* / *a succession of visitors* une succession or une suite de visiteurs / *we won three years in succession* nous avons gagné trois ans de suite / *for five years in succession* pendant cinq années consécutives or cinq ans de suite / *she made three phone calls in succession* elle a passé trois coups de fil de suite / *they filed into the room in close succession* ils sont entrés dans la pièce les uns derrière les autres / *the fireworks went off in quick* or *rapid succession* les feux d'artifice sont partis les uns après les autres / *a succession of gains and losses* une succession de gains et de pertes **2.** [ascension to power] succession *f* / *his succession to the post* sa succession au poste / *she's first in succession (to the throne)* elle occupe la première place dans l'ordre de succession (au trône) / *in succession to her boss* à la suite de son patron **3.** LAW [descendants] descendance *f* ; [heirs] héritiers *mpl*.

successive [sək'sesɪv] adj [attempts, generations] successif ; [days, years] consécutif.

successively [sək'sesɪvlɪ] adv [in turn] successivement, tour à tour, l'un / l'une après l'autre.

successor [sək'sesər] n **1.** [replacement] successeur *m* / *I'm her successor to the position* je suis son successeur à ce poste / *I'm to be his successor* c'est moi qui dois lui succéder / *she's the successor to the throne* c'est l'héritière de la couronne **2.** [heir] héritier *m*, -ère *f*.

success story n réussite *f* / *one of the great success stories of the 20th century* une des grandes réussites du XXe siècle.

succinct [sək'sɪŋkt] adj succinct, concis.

succinctly [sək'sɪŋktlɪ] adv succinctement, avec concision.

succinctness [sək'sɪŋktnɪs] n concision *f*.

succor US = succour.

succotash ['sʌkətæʃ] n US *plat composé de maïs en grain et de haricots.*

succour UK, **succor** US ['sʌkər] ◆ n secours *m*, aide *f*. ◆ vt secourir, aider.

succubus ['sʌkjʊbəs] (*pl* **succubi** [-baɪ]) n succube *m*.

succulence ['sʌkjʊləns] n succulence *f*.

succulent ['sʌkjʊlənt] ◆ adj **1.** [tasty] succulent **2.** BOT succulent. ◆ n plante *f* grasse.

succumb [sə'kʌm] vi **1.** [yield] succomber, céder / *don't succumb to temptation!* ne succombez pas à la tentation ! / *he succumbed to her charm* il a succombé à son charme **2.** [die] succomber, mourir / *he succumbed to cancer* il est mort d'un cancer / *he finally succumbed* il a finalement succombé.

such [sʌtʃ] ◆ det & predet **1.** [of the same specified kind] tel, pareil / *such a song* une telle chanson, une chanson pareille or de ce genre / *such songs* de telles chansons, des chansons pareilles or de ce genre / *such weather* un temps pareil or comme ça / *how can you tell such lies?* comment peux-tu raconter de tels mensonges or des mensonges pareils ? / *no such place exists* un tel endroit n'existe pas / *on such an occasion* en une telle occasion / *we had such a case last year* nous avons eu un cas semblable l'année dernière / *have you ever heard such a thing?* avez-vous jamais entendu une chose pareille ? / *such a thing is unheard-of* ce genre de chose est sans précédent / *I said no such thing!* je n'ai rien dit de tel or de la sorte ! / *you'll do no such thing!* il n'en est pas question ! / *no such thing exists here* il n'existe rien de tel ici / *they called her Jane or some such thing* ils l'ont baptisée Jane ou quelque chose de ce genre ; [followed by 'as'] : *there is no such thing as magic* la magie n'existe pas / *we will take such steps as are considered necessary* nous prendrons toutes les mesures nécessaires / *I'm not such a fool as to believe him!* je ne suis pas assez bête pour le croire ! / *he speaks in such a way as to be incomprehensible* il parle de telle manière que personne ne le comprend / *such money as we have* le peu d'argent que nous avons ; [followed by 'that'] : *their timetable is such that we never see them* leur emploi du temps est tel que nous ne les voyons jamais / *she works in such a way that we can't keep up* elle travaille de telle façon que nous ne pouvons pas suivre **2.** [as intensifier] tel / *my accounts are in such a mess!* mes comptes sont dans un de ces états ! / *she has such courage!* elle a un de ces courages ! / *it's such a pity you can't come!* c'est tellement dommage que vous ne puissiez pas venir ! / *you gave me such a scare!* tu m'as fait une de ces peurs ! / *such tall buildings* des immeubles aussi hauts / *such a handsome man* un si bel homme / *she has such a nice voice!* elle a une si jolie voix ! / *it's been such a long time since I've seen her* ça fait si longtemps que je ne l'ai pas vue / *I didn't realize it was such a long way* je ne me rendais pas compte que c'était si loin / *I've never read such beautiful poetry* je n'ai jamais lu de si belle poésie ; [followed by 'that'] : *her grief was such that we feared for her sanity* son chagrin était tel que nous craignions pour sa santé mentale / *he was in such pain that he fainted* il souffrait tellement qu'il s'est évanoui. ◆ pron : *such is the power of the media* voilà ce que peuvent faire les médias / *such was the result* voilà quel était le résultat / *such were my thoughts last night* voilà où j'en étais hier soir / *such is life!* c'est la vie !

❖ **and such** adv phr et d'autres choses de ce genre or de la sorte / *detective stories, thrillers and such* des policiers, des romans à suspense et d'autres livres de ce genre or de la sorte.

❖ **as such** adv phr [strictly speaking] en soi ; [in that capacity] en tant que tel, à ce titre / *she doesn't get a salary as such* elle n'a pas de véritable salaire or pas de salaire à proprement parler / *have they offered you more money? — well, not as such* vous ont-ils proposé plus d'argent ? — pas véritablement / *they are not opposed to privatization as such* ils ne sont pas opposés à la privatisation en soi or à proprement parler / *she's an adult and as such she has rights* elle est majeure et en tant que telle elle a des droits.

❖ **such and such** predet phr tel / *on such and such a date* à telle date.

❖ **such as** prep phr tel que, comme / *a country such as Germany* un pays tel que or comme l'Allemagne / *films such as Fellini's* les films tels que ceux de Fellini / *I can think of lots of reasons — such as?* je vois beaucoup de raisons — comme quoi par exemple ?

❖ **such as it is, such as they are** adv phr : *and this is my study, such as it is* et voici ce que j'appelle mon bureau / *I'll give you my opinion, such as it is* je vais vous donner mon avis, prenez-le pour ce qu'il vaut / *you're welcome to use my notes, such as they are* je te prêterai mes notes avec plaisir, elles valent ce qu'elles valent.

suchlike ['sʌtʃlaɪk] ◆ adj semblable, pareil / *and other suchlike dishes* et d'autres plats du même genre. ◆ pron : *frogs, toads and suchlike* les grenouilles, les crapauds et autres animaux (du même genre).

suck [sʌk] ◆ vt **1.** [with mouth] sucer ▸ **to suck one's thumb** sucer son pouce / *he sucked the end of his pencil thoughtfully* il suçait pensivement le bout de son crayon / *she was sucking orange juice through a straw* elle sirotait du jus d'orange avec une paille / *he was sucking a sweet* il suçait un bonbon / *suck the poison out* aspirez le poison ▸ **to suck sb dry** prendre jusqu'à son dernier sou à qqn **2.** [pull] aspirer / *the whirlpool sucked him to the bottom* le tourbillon l'a entraîné au fond / *we found ourselves sucked into an argument* fig nous nous sommes trouvés entraînés dans une dispute. ◆ vi **1.** [with mouth] ▸ **to suck at** or **on sthg** sucer or suçoter qqch / *the child was sucking at her breast* l'enfant tétait son sein **2.** US *v inf* [be very bad] : *this town sucks!* cette ville est nulle ! **3.** PHR **(ya boo) sucks to you!** *v inf & dated* va te faire voir ! ◆ n **1.** [act of sucking - gen] ▸ **to have a suck at sthg** sucer or suçoter qqch / *he took a long suck on his cigar* il tira longuement sur son cigare ; [at breast] tétée *f* ▸ **to give suck** donner le sein, allaiter **2.** [force] aspiration *f*.

❖ **suck down** vt sep [subj: sea, quicksand, whirlpool] engloutir.

❖ **suck off** vt sep *vulg* sucer, tailler une pipe à.

❖ **suck up** ◆ vt sep [subj: person] aspirer, sucer ; [subj: vacuum cleaner, pump] aspirer ; [subj: porous surface] absorber. ◆ vi *inf* ▸ **to suck up to sb** lécher les bottes à qqn.

sucker ['sʌkər] ◆ n **1.** *inf* [dupe] pigeon *m*, gogo *m* / *he's a real sucker* c'est un vrai pigeon / *I'm a sucker for chocolate* je raffole du chocolat / *you've been played for a sucker* US vous vous êtes fait rouler or pigeonner / *OK, sucker, you asked for it* OK, mec, tu l'auras voulu **2.** UK [suction cup or pad] ventouse *f* / *there are rubber suckers on the end of the arrows* il y a des ventouses au bout des flèches **3.** ZOOL [of insect] suçoir *m* ; [of octopus, leech] ventouse *f* **4.** BOT drageon *m* **5.** US [lollipop] sucette *f*. ◆ vt **1.** HORT enlever les drageons de **2.** US *v inf* [dupe] refaire, pigeonner / *she suckered him out of $300* elle l'a refait de 300 dollars. ◆ vi BOT [plant] drageonner.

sucking pig ['sʌkɪŋ-] n cochon *m* de lait.

suckle ['sʌkl] ◆ vt **1.** [child] allaiter, donner le sein à ; [animal] allaiter **2.** *fig* [raise] élever. ◆ vi téter.

suckling ['sʌklɪŋ] n **1.** [child] nourrisson *m*, enfant *m* encore au sein ; [animal] animal *m* qui tète **2.** [act] allaitement *m*.

suckling pig = sucking pig.

sucrose ['su:krəʊz] n saccharose *f*.

suction ['sʌkʃn] n succion *f*, aspiration *f* / *it adheres by suction* ça fait ventouse.

suction cup, suction pad n ventouse *f*.

suction pump n pompe *f* aspirante.

suction valve n clapet *m* or soupape *f* d'aspiration.

Sudan [su:'dɑ:n] pr n Soudan *m* / *in Sudan* or *in the Sudan* au Soudan.

Sudanese [ˌsu:də'ni:z] (*pl* **Sudanese**) ◆ n Soudanais *m*, -e *f*. ◆ adj soudanais.

Sudanic [su:'dænɪk] ◆ adj soudanais. ◆ n LING soudanais *m*.

sudden ['sʌdn] adj soudain, subit / *a sudden twinge of remorse* un remords subit / *there was a sudden bend in the road* il y avait un virage soudain / *she had a sudden change of heart* elle a soudainement or subitement changé d'avis / *this is all very sudden!* c'est plutôt inattendu ! ▸ **sudden death a)** *lit* mort *f* subite **b)** GAMES & SPORT *jeu pour départager les ex aequo (où le premier point perdu, le premier but concédé, etc., entraîne l'élimination immédiate).*

❖ **all of a sudden** adv phr soudain, subitement, tout d'un coup / *I feel very cold all of a sudden* j'ai très froid tout d'un coup.

sudden infant death syndrome n mort *f* subite du nourrisson.

suddenly ['sʌdnlɪ] adv soudainement, subitement, tout à coup / *he died suddenly in the night* il est mort subitement dans la nuit.

suddenness ['sʌdnnɪs] n soudaineté *f*, caractère *m* subit or imprévu / *the suddenness of the attack surprised us* la soudaineté de l'attaque nous a surpris.

sudoku ['su:dəʊku:] n sudoku *m*.

sudorific [,su:də'rɪfɪk] ◆ adj sudorifique. ◆ n sudorifique *m*.

suds [sʌdz] pl n **1.** [foam] mousse *f* ; [soapy water] eau *f* savonneuse **2.** US *inf* [beer] bière *f*.

sudsy ['sʌdzɪ] (*compar* **sudsier**, *superl* **sudsiest**) adj [foamy] mousseux ; [soapy] savonneux.

sue [su:] ◆ vt poursuivre en justice, intenter un procès à ▸ **to sue sb for** or **over sthg** poursuivre qqn en justice pour qqch / *he sued the factory for damages* il a poursuivi l'usine pour obtenir des dommages et intérêts ▸ **to be sued for damages** / **libel** être poursuivi en dommages-intérêts / en diffamation / *she's suing him for divorce* elle a entamé une procédure de divorce. ◆ vi **1.** LAW intenter un procès, engager des poursuites / *she threatened to sue for libel* elle a menacé d'intenter un procès en diffamation / *he's suing for divorce* il a entamé une procédure de divorce **2.** *fml* [solicit] ▸ **to sue for** solliciter / *to sue for peace* solliciter la paix.

suede [sweɪd] ◆ n daim *m*, suède *m spec.* ◆ comp [jacket, purse, shoes] en or de daim ; [leather] suédé.

suedette [sweɪ'det] n suédine *f*.

suet ['sʊɪt] n graisse *f* de rognon.

suet pudding n *sorte de pudding sucré ou salé à base de farine et de graisse de bœuf.*

Suez ['sʊɪz] pr n Suez ▸ **the Suez Canal** le canal de Suez ▸ **the Suez crisis** l'affaire du canal de Suez.

suffer ['sʌfər] ◆ vi **1.** [feel pain] souffrir ▸ **to suffer in silence** souffrir en silence / *I'll make you suffer for this!* *fig* tu vas me payer ça !, je te revaudrai ça ! **2.** [be ill, afflicted] souffrir ▸ **to suffer from a)** [serious disease] souffrir de **b)** [cold, headache] avoir / *to suffer from rheumatism* souffrir de or avoir des rhumatismes / *to suffer from diabetes* être diabétique / *he's still suffering from the effects of the anaesthetic* il ne s'est pas encore tout à fait remis des suites de l'anesthésie / *to suffer from a speech defect* avoir un défaut de prononciation / *they're still suffering from shock* ils sont encore sous le choc / *she suffers from an inferiority complex* elle fait un complexe d'infériorité **3.** [be affected] : *it's the children who suffer in a marriage break-up* ce sont les enfants qui souffrent lors d'une séparation / *the low-paid will be the first to suffer* les petits salaires seront les premiers touchés ▸ **to suffer from** subir / *the schools suffer from a lack of funding* les établissements scolaires manquent de crédits **4.** [deteriorate] souffrir, se détériorer / *her health is suffering under all this stress* sa santé se ressent de tout ce stress / *the business really suffered when he left* l'affaire a beaucoup souffert de son départ / *in the wake of government cutbacks, safety standards are beginning to suffer* la sécurité commence à se ressentir or à souffrir des réductions effectuées par le gouvernement. ◆ vt **1.** [experience - pain, thirst] souffrir de ; [- hardship] souffrir, subir / *she suffered a lot of pain* elle a beaucoup souffert / *I suffered agonies!* *inf* j'ai souffert le martyre ! / *our scheme has suffered a serious setback* notre projet a subi or essuyé un grave revers / *you'll have to suffer the consequences* vous devrez en subir les conséquences / *his popularity suffered a decline* sa cote de popularité a baissé **2.** [stand, put up with] tolérer, supporter / *I won't suffer him another minute* je ne le supporterai pas une minute de plus / *he doesn't suffer fools gladly* il ne tolère pas les imbéciles **3.** *liter* [allow] permettre, souffrir *liter* ▸ **to suffer sb to do sthg** souffrir que qqn fasse qqch / *suffer the little children to come unto me* BIBLE laissez venir à moi les petits enfants.

sufferance ['sʌfrəns] n **1.** [tolerance] tolérance *f* ▸ **on sufferance** par tolérance / *remember you are only here on sufferance* n'oubliez pas que votre présence ici n'est que tolérée or est tout juste tolérée **2.** [endurance] endurance *f*, résistance *f* **3.** [suffering] souffrance *f*.

sufferer ['sʌfrər] n malade *mf*, victime *f* / *sufferers from heart disease* les personnes cardiaques / *a polio sufferer* un polio / *good news for arthritis sufferers* une bonne nouvelle pour les personnes sujettes à l'arthrite or qui souffrent d'arthrite.

suffering ['sʌfrɪŋ] ◆ n souffrance *f*, souffrances *fpl* / *war causes great suffering* la guerre est cause de nombreuses souffrances / *all their sufferings have been unnecessary* toutes leurs souffrances ont été inutiles. ◆ adj souffrant, qui souffre.

suffice [sə'faɪs] ◆ vi *fml* suffire, être suffisant / *will some bread and soup suffice?* du pain et de la soupe seront-ils suffisants ? / *suffice it to say (that) she's overjoyed* inutile de dire qu'elle est ravie. ◆ vt suffire à, satisfaire / *empty promises will not suffice him* il ne se contentera pas de vaines promesses.

sufficiency [sə'fɪʃnsɪ] (*pl* **sufficiencies**) n quantité *f* suffisante / *the country already had a sufficiency of oil* le pays avait déjà suffisamment de pétrole or du pétrole en quantité suffisante.

sufficient [sə'fɪʃnt] adj **1.** [gen] suffisant / *there's sufficient food for everyone* il y a assez or suffisamment à manger pour tout le monde / *have you had sufficient to eat?* avez-vous mangé à votre faim ? / *three will be quite sufficient for our needs* trois nous suffiront amplement / *we don't have sufficient evidence to convict them* nous ne disposons pas d'assez de preuves pour les inculper **2.** PHILOS suffisant / *a sufficient condition* une condition suffisante.

sufficiently [sə'fɪʃntlɪ] adv suffisamment, assez / *it's sufficiently strong to withstand your weight* c'est assez solide pour supporter votre poids / *a sufficiently large quantity* une quantité suffisante.

suffix ['sʌfɪks] ◆ n suffixe *m*. ◆ vt suffixer.

suffocate ['sʌfəkeɪt] ◆ vi **1.** [die] suffoquer, étouffer, s'asphyxier **2.** [be hot, lack fresh air] suffoquer, étouffer / *open the window, I'm suffocating!* ouvre la fenêtre, j'étouffe ! **3.** *fig* [with anger, emotion, etc.] s'étouffer, suffoquer. ◆ vt **1.** [kill] suffoquer, étouffer, asphyxier **2.** *fig* [repress, inhibit] étouffer, suffoquer.

suffocating ['sʌfəkeɪtɪŋ] adj **1.** [heat, room] suffocant, étouffant ; [smoke, fumes] asphyxiant, suffocant **2.** *fig* étouffant.

suffocation [,sʌfə'keɪʃn] n suffocation *f*, étouffement *m*, asphyxie *f* ▸ **to die from suffocation** mourir asphyxié.

suffragan ['sʌfrəgən] ◆ n ▸ **suffragan (bishop)** (évêque *m*) suffragant *m*. ◆ adj suffragant.

suffrage ['sʌfrɪdʒ] n **1.** [right to vote] droit *m* de suffrage or de vote ▸ **universal suffrage** suffrage *m* universel ▸ **women's suffrage** le droit de vote pour les femmes **2.** *fml* [vote] suffrage *m*, vote *m*.

suffragette [,sʌfrə'dʒet] n suffragette *f*.

The suffragettes

Militantes britanniques luttant pour le droit de vote des femmes au début du XXe siècle. Menées par Emmeline Pankhurst, elles mirent en œuvre différents moyens d'action (manifestations, interruptions de meetings, attentats, incendies criminels, grèves de la faim) qui eurent finalement raison du Premier ministre Asquith, lequel fit adopter par le Parlement, en 1918, un projet de loi accordant le droit de vote à certaines catégories de femmes (femmes mariées, femmes au foyer et femmes diplômées âgées d'au moins 30 ans). En 1928, une nouvelle loi étendit ce droit à toutes les femmes.

suffuse [sə'fju:z] vt (*usu passive*) se répandre sur, baigner / *suffused with light* inondé de lumière / *the sky was suffused with red* le ciel était tout empourpré.

Sufi ['su:fɪ] n soufi *m*, çoufi *m*.

Sufism ['su:fɪzm] n soufisme *m*.

sugar ['ʃʊgər] ◆ n **1.** [gen, & CHEM] sucre *m* / *how many sugars?* combien de sucres ? / *I don't take sugar* je ne prends pas de sucre **2.** US *inf* [to a man] mon chéri ; [to a woman] ma chérie. ◆ vt sucrer. ◆ interj *inf* ▸ **oh sugar!** mince alors !

sugar basin n UK sucrier *m*.

sugar beet n betterave *f* sucrière or à sucre.

sugar bowl n sucrier *m* ▸ **the Sugar Bowl** US SPORT *tournoi de football américain de La Nouvelle-Orléans.*

sugar candy n sucre *m* candi.

sugarcane ['ʃʊgəkeɪn] n canne *f* à sucre.

sugar-coated [-,kəʊtɪd] adj dragéifié ▸ **sugar-coated pill** comprimé *m* dragéifié ▸ **sugar-coated almonds** dragées *fpl*.

sugar cookie n US cookie *m* au sucre.

sugar cube n morceau *m* de sucre.

sugar daddy n *inf* vieux protecteur *m*.

sugared ['ʃʊgəd] adj **1.** *lit* sucré **2.** *fig* mielleux, doucereux / *he spoke in sugared tones* il parlait d'un ton mielleux or doucereux.

sugared almond n dragée *f*.

sugar-free adj sans sucre.

sugarless ['ʃʊgəlɪs] adj sans sucre.

sugarloaf ['ʃʊgələʊf] (*pl* **sugarloaves** [-ləʊvz]) n pain *m* de sucre.

sugar lump n morceau *m* de sucre.

sugar maple n érable *m* à sucre.

sugar pea n mange-tout *m inv*.

sugarplum ['ʃʊgəplʌm] n [candied plum] prune *f* confite ; [boiled sweet] bonbon *m*.

sugar shaker n saupoudreuse *f* (à sucre).

sugarsnap peas ['ʃʊgəsnæp-] pl n pois *mpl* gourmands.

sugar syrup n sirop *m* de sucre.

sugary ['ʃʊgərɪ] adj **1.** [drink, food] (très) sucré ; [taste] sucré **2.** [manner, tone] mielleux, doucereux / *sugary sentimentality* mièvrerie *f*.

suggest [sə'dʒest] vt **1.** [propose, put forward] suggérer, proposer / *I suggest (that) we do nothing for the moment* je suggère or je propose que nous ne fassions rien pour l'instant / *he suggested that the meeting be held next Tuesday* il a proposé de fixer la réunion à mardi prochain / *a new plan suggested itself* un nouveau plan s'est dessiné / *this, I suggest, is how it happened* voici, à mon avis, comment c'est arrivé **2.** [recommend] proposer, conseiller, recommander / *who do you suggest for the job?* qui suggérez-vous pour cette tâche ? **3.** [imply, insinuate] suggérer / *just what are you suggesting?* que voulez-vous dire par là ?, qu'allez-vous insinuer là ? / *are you suggesting that I might be wrong?* suggérez-vous que je pourrais avoir tort ? **4.** [indicate, point to] suggérer, laisser supposer / *recent studies suggest that radiation may be the cause* des études récentes semblent indiquer que le problème est dû à des radiations **5.** [evoke] évoquer / *what does this picture suggest to you?* qu'est-ce que ce tableau évoque pour vous ?, à quoi ce tableau vous fait-il penser ?

suggestibility [sə,dʒestə'bɪlətɪ] n suggestibilité *f*.

suggestible [sə'dʒestəbl] adj suggestible.

suggestion [sə'dʒestʃn] n **1.** [proposal] suggestion *f*, proposition *f* / *may I make a suggestion?* puis-je faire une suggestion ? / *if nobody has any other suggestions, we'll move on* si personne n'a rien d'autre à suggérer or à proposer, nous allons passer à autre chose / *we are always open to suggestions* toute suggestion est la bienvenue / *there's never been any suggestion before of the rules being changed* jusqu'à présent, il n'a jamais été question de modifier le règlement / **'serving suggestion'** 'suggestion de présentation' **2.** [recommendation] conseil *m*, recommandation *f* / *at her doctor's suggestion she stayed in bed* suivant le conseil de son médecin, elle est restée au lit / *their suggestion is that we stop work immediately* ils proposent que nous arrêtions le travail immédiatement **3.** [indication] indication *f* / *her expression gave no suggestion of what she was really* *thinking* son expression ne donnait aucune indication sur or ne laissait rien paraître de ce qu'elle pensait vraiment **4.** [trace, hint] soupçon *m*, trace *f* / *with just a suggestion of irony* avec un soupçon d'ironie **5.** [implication] suggestion *f*, implication *f* / *there is no suggestion of negligence on their part* rien ne laisse penser qu'il y ait eu négligence de leur part **6.** PSYCHOL suggestion *f* / *the power of suggestion* le pouvoir de suggestion.

suggestion box n boîte *f* à suggestions.

suggestive [sə'ʤestɪv] adj **1.** [indicative, evocative] suggestif / *his sculptures are suggestive of natural forms* ses sculptures rappellent or évoquent des formes naturelles **2.** [erotic] suggestif.

suggestively [sə'ʤestɪvlɪ] adv de façon suggestive.

suicidal [su:ɪ'saɪdl] adj suicidaire / *suicidal tendencies* des tendances *fpl* suicidaires / *I was feeling suicidal* j'avais envie de me tuer / *to stop now would be suicidal* ce serait un suicide de s'arrêter maintenant.

suicide ['su:ɪsaɪd] ◆ n [act] suicide *m* ▸ **to commit suicide** se suicider / *privatization would be financial suicide* la privatisation représenterait un véritable suicide financier. ◆ comp [mission, plane, squad] suicide ; [attempt, bid, pact] de suicide ▸ **suicide note** lettre *f (que l'on laisse quand on se suicide)*.

suit [su:t] ◆ n **1.** [outfit - for men] costume *m*, complet *m* ; [- for women] tailleur *m* ; [- for particular activity] combinaison *f* / *he came in a suit and tie* il est venu en costume-cravate / *the workers wear protective suits* les ouvriers portent des combinaisons de protection ▸ **suit of armour** armure *f* complète ▸ **suit of clothes** tenue *f* **2.** [complete set] jeu *m* ▸ **a suit of sails** un jeu de voiles **3.** [in card games] couleur *f* ▸ **long** or **strong suit** couleur forte / *generosity is not his strong suit* la générosité n'est pas vraiment son (point) fort **4.** LAW [lawsuit] action *f*, procès *m* ▸ **to bring** or **to file a suit against sb** intenter un procès à qqn, poursuivre qqn en justice ▸ **criminal suit** action au pénal **5.** *fml* [appeal] requête *f*, pétition *f* ; *liter* [courtship] cour *f* ▸ **to pay suit to sb** faire la cour à qqn **6.** *inf* [corporate executive] cadre *m* ▸ **the suits** les cadres. ◆ vt **1.** [be becoming to - subj: clothes, colour] aller à / *black really suits her* le noir lui va à merveille **2.** [be satisfactory or convenient to] convenir à, arranger / *Tuesday suits me best* c'est mardi qui me convient or qui m'arrange le mieux / *their relaxed approach suits me fine* leur attitude décontractée me convient tout à fait ▸ **suit yourself!** *inf* faites ce qui vous chante ! **3.** [agree with] convenir à, aller à, réussir à / *life in the country obviously suits her* de toute évidence, la vie à la campagne lui convient or lui réussit **4.** [be appropriate] convenir à, aller à, être fait pour / *clothes to suit all tastes* des vêtements pour tous les goûts / *the role suits her perfectly* le rôle lui va comme un gant **5.** [adapt] adapter, approprier / *he tries to suit his act to his audience* il essaie d'adapter son numéro à son public ▸ **to suit the action to the word** joindre le geste à la parole. ◆ vi [be satisfactory] convenir, aller / *will that date suit?* cette date vous convient-elle or est-elle à votre convenance ?

❖ **suit up** vi [dress - diver, pilot, astronaut, etc.] mettre sa combinaison.

suitability [ˌsu:tə'bɪlətɪ] n [of clothing] caractère *m* approprié ; [of behaviour, arrangements] caractère *m* convenable ; [of act, remark] à-propos *m*, pertinence *f* ; [of time, place] opportunité *f* / *they doubt his suitability for the post* ils ne sont pas sûrs qu'il soit fait pour ce poste / *they're worried about the film's suitability for younger audiences* ils ont peur que le film ne convienne pas à un public jeune.

suitable ['su:təbl] adj **1.** [convenient] approprié, adéquat / *will that day be suitable for you?* cette date-là vous convient-elle ? / *afternoons aren't suitable* ça n'est pas possible l'après-midi **2.** [appropriate - gen] qui convient ; [- clothing] approprié, adéquat ; [- behaviour] convenable ; [- act, remark] approprié, pertinent ; [- time, place] propice / *suitable for all occasions* qui convient dans toutes les occasions / **'not suitable for children'** 'réservé aux adultes' / *this is hardly a suitable time for a heart to heart* ce n'est pas vraiment le bon moment pour se parler à cœur ouvert / *the most suitable candidate for the post* le candidat le plus apte à occuper ce poste / *the house is not suitable for a large family* la maison ne conviendrait pas à une famille nombreuse / *the stage was not considered a suitable career for a woman* le théâtre n'était pas considéré comme un métier convenable pour une femme.

suitably ['su:təblɪ] adv [dress] de façon appropriée ; [behave] convenablement, comme il faut / *he was suitably equipped for his trip* il était convenablement équipé pour son voyage / *I tried to look suitably surprised* j'ai essayé d'adopter une expression de surprise ; [as intensifier] : *he was suitably impressed* il a été plutôt impressionné.

suitcase ['su:tkeɪs] n valise *f* / *I've been living out of a suitcase for weeks* ça fait des semaines que je n'ai pas défait mes valises.

suitcoat ['su:tkəʊt] n US veston *m*.

suite [swi:t] n **1.** [rooms] suite *f*, appartement *m* ▸ **a suite of rooms** une enfilade de pièces **2.** [furniture] mobilier *m* ▸ **bedroom suite** chambre *f* à coucher **3.** MUS suite *f* ▸ **a cello suite** une suite pour violoncelle / **'The Firebird Suite'** *Stravinsky* 'l'Oiseau de feu' **4.** [staff, followers] suite *f* **5.** COMPUT ensemble *m* (de programmes), progiciel *m*.

suited ['su:tɪd] adj **1.** [appropriate] approprié / *he's not suited to teaching* il n'est pas fait pour l'enseignement / *she's ideally suited for the job* ce travail lui convient tout à fait **2.** [matched] assorti / *they are well suited (to each other)* ils sont faits l'un pour l'autre, ils sont bien assortis.

suiting ['su:tɪŋ] n tissu *m* de confection.

suitor ['su:tə^r] n **1.** *dated* [wooer] amoureux *m*, soupirant *m* **2.** LAW plaignant *m*, -e *f*.

Sulawesi [ˌsu:lə'weɪsɪ] pr n Sulawesi / *in Sulawesi* à Sulawesi.

Suleiman [ˌsu:leɪ'mɑ:n] pr n ▸ **Suleiman the Magnificent** Soliman le Magnifique.

sulfa drug US = **sulpha drug**.

sulfate US = **sulphate**.

sulfide US = **sulphide**.

sulfonamide US = **sulphonamide**.

sulfur US = **sulphur**.

sulk [sʌlk] ◆ vi bouder, faire la tête / *there's no need to sulk!* (ce n'est) pas la peine de faire la tête ! ◆ n bouderie *f* ▸ **to have a sulk** or **(a fit of) the sulks** faire la tête.

sulkily ['sʌlkɪlɪ] adv [act] en boudant, d'un air maussade ; [answer] d'un ton maussade.

sulkiness ['sʌlkɪnɪs] n [mood] bouderie *f*, humeur *f* maussade ; [temperament] caractère *m* boudeur or maussade.

sulky ['sʌlkɪ] (*compar* **sulkier**, *superl* **sulkiest**, *pl* **sulkies**) ◆ adj [person, mood] boudeur, maussade / *now, don't go all sulky on me!* allez, pas la peine de me faire la tête ! ◆ n sulky *m*.

sullen ['sʌlən] adj **1.** [person, behaviour, appearance, remark] maussade, renfrogné **2.** [clouds] menaçant.

sullenly ['sʌlənlɪ] adv [behave] d'un air maussade or renfrogné ; [answer, say, refuse] d'un ton maussade ; [agree, obey] de mauvaise grâce, à contrecœur.

sullenness ['sʌlənnɪs] n [temperament] humeur *f* maussade ; [of appearance] air *m* renfrogné.

sully ['sʌlɪ] (*pt & pp* **sullied**) vt **1.** [dirty] souiller **2.** *fig* [reputation] ternir.

sulpha drug UK, **sulfa drug** US ['sʌlfə-] n sulfamide *m*.

sulphate UK, **sulfate** US ['sʌlfeɪt] n sulfate *m* ▸ **copper / zinc sulphate** sulfate *m* de cuivre / de zinc.

sulphide UK, **sulfide** US ['sʌlfaɪd] n sulfure *m* ▸ **to treat sthg with sulphide** sulfurer qqch.

sulphite UK, **sulfite** US ['sʌlfaɪt] n sulfite *m*.

sulphonamide UK, **sulfonamide** US [sʌl'fɒnəmaɪd] n sulfonamide *m*, sulfamide *m*.

sulphur UK, **sulfur** US ['sʌlfə^r] n soufre *m*.

sulphur dioxide n dioxyde *m* de soufre, anhydride *m* sulfureux.

sulphuric UK, **sulfuric** US [sʌl'fjʊərɪk] adj sulfurique ▸ **sulphuric acid** acide *m* sulfurique.

sulphurous UK, **sulfurous** US ['sʌlfərəs] adj *lit & fig* sulfureux.

sultan ['sʌltən] n sultan *m*.

sultana [səl'tɑ:nə] n **1.** UK [raisin] raisin *m* de Smyrne ▸ **sultana cake** gâteau *m* aux raisins de Smyrne **2.** [woman] sultane *f*.

sultanate ['sʌltənət] n sultanat *m*.

sultriness ['sʌltrɪnɪs] n **1.** [of weather] chaleur *f* étouffante **2.** [sensuality] sensualité *f*.

sultry ['sʌltrɪ] (*compar* **sultrier**, *superl* **sultriest**) adj **1.** [weather] lourd ; [heat] étouffant, suffocant **2.** [person, look, smile] sensuel ; [voice] chaud, sensuel.

sum [sʌm] (*pt & pp* **summed**, *cont* **summing**) ◆ n **1.** [amount of money] somme *f* / *it's going to cost us a considerable sum (of money)* ça va nous coûter beaucoup d'argent or très cher **2.** [total] total *m*, somme *f* / *a good orchestra is greater than the sum of its parts* un bon orchestre est plus que la somme de ses membres **3.** [arithmetical operation] calcul *m* ▸ **to do sums** UK faire du calcul / *he's very weak at sums* UK il est très faible en calcul / *I tried to do the sum in my head* j'ai essayé de faire le calcul de tête / *they've really got their sums right* *fig* ils ont bien calculé leur coup **4.** [gist] somme *f* ▸ **in sum** en somme, somme toute / *the sum and substance of her argument* les grandes lignes de son raisonnement. ◆ vt [add] additionner, faire le total de ; [calculate] calculer.

❖ **sum up** ◆ vt sep **1.** [summarize] résumer, récapituler / *one word sums the matter up* un mot suffit à résumer la question **2.** [size up] jauger / *he summed us up immediately* il nous a jaugés or classés sur-le-champ / *I summed up the situation at a glance* un simple coup d'œil m'a suffi pour jauger la situation. ◆ vi [gen] récapituler, faire un résumé ; LAW [judge] résumer.

sumach UK, **sumac** US ['ʃu:mæk] n sumac *m*.

Sumatra [sʊ'mɑ:trə] pr n Sumatra / *in Sumatra* à Sumatra.

Sumatran [sʊ'mɑ:trən] ◆ n Sumatranais *m*, -e *f*. ◆ adj sumatranais.

Sumer ['su:mə^r] pr n Sumer.

Sumerian [su:'mɪərɪən] ◆ n **1.** [person] Sumérien *m*, -enne *f* **2.** LING sumérien *m*. ◆ adj sumérien.

summa cum laude ['sʌməˌkʊm'laʊdeɪ] adj & adv US avec les plus grands honneurs ▸ **to graduate summa cum laude** obtenir un diplôme avec mention très honorable.

summarily ['sʌmərəlɪ] adv sommairement / *they were summarily dismissed without any explanation* on les a sommairement or tout simplement congédiés sans plus d'explications.

summarize, **summarise** ['sʌməraɪz] vt résumer.

summary ['sʌmərɪ] (*pl* **summaries**) ◆ n **1.** [synopsis - of argument, situation] résumé *m*, récapitulation *f* ; [- of book, film] résumé *m* / *he gave us a brief summary of the situation* il nous a donné un bref résumé de la situation / *there is a news summary every hour* il y a un court bulletin d'information toutes les heures **2.** [written list] sommaire *m*, résumé *m* ; FIN [of accounts] relevé *m*. ◆ adj [gen, & LAW] sommaire.

summary offence n infraction *f* mineure, délit *m*.

summat ['sʌmət] UK *inf & regional* = **something**.

summation [sʌ'meɪʃn] n **1.** [addition] addition *f* ; [sum] somme *f*, total *m* **2.** [summary] récapitulation *f*, résumé *m* / *the book is a summation of her life's work* ce livre constitue une récapitulation de l'œuvre de sa vie.

summer ['sʌmə^r] ◆ n **1.** [season] été *m* ▸ **in (the) summer** en été / *in the summer of 1942* pendant or au cours de l'été 1942 / *they spend every summer at the seaside* ils passent tous leurs étés au bord de la mer / *we've had a good summer* **a)** [good weather] on a eu un bel été **b)** [profitable tourist season] la saison était bonne **2.** *liter* [year of age] : *a youth of 15 summers* un jeune homme de 15 printemps **3.** *fig* [high point] apogée *m*. ◆ comp [clothes, residence, day, holidays] d'été ; [heat, sports] estival ▸ **summer house** US maison *f* de campagne. ◆ vi passer l'été. ◆ vt [cattle, sheep] estiver.

summer camp n US colonie *f* de vacances.

summerhouse ['sʌməhaʊs] (*pl* [-haʊzɪz]) n UK pavillon *m* (de jardin).

summer pudding n UK *dessert composé d'une compote de fruits rouges et de pain ou de biscuit.*

summersault ['sʌməsɔ:lt] = **somersault.**

summer school n stage *m* d'été.

summer solstice n solstice *m* d'été.

summer squash n US courgette *f* jaune.

summer term n troisième trimestre *m*.

summertime ['sʌmətaɪm] n [season] été *m* / *in the summertime* en été.

❖ **summer time** n heure *f* d'été.

summerweight ['sʌməweɪt] adj léger, d'été.

summery ['sʌmərɪ] adj d'été / *it feels quite summery today* il fait un temps d'été aujourd'hui.

summing-up [,sʌmɪŋ-] (*pl* **summings-up**) n [gen] résumé *m*, récapitulation *f* ; LAW résumé *m*.

summit ['sʌmɪt] ◆ n **1.** [peak - of mountain] sommet *m*, cime *f* ; [- of glory, happiness, power] apogée *m*, summum *m* **2.** POL [meeting] sommet *m*. ◆ comp [talks, agreement] au sommet.

summit conference n (conférence *f* au) sommet *m*.

summon ['sʌmən] vt **1.** [send for - person] appeler, faire venir ; [- help] appeler à, requérir / *we were summoned to his presence* nous fûmes appelés auprès de lui **2.** [convene] convoquer ▸ **to summon a meeting** convoquer une réunion **3.** LAW citer, assigner ▸ **to summon sb to appear in court** citer qqn en justice / *the court summoned her as a witness* la cour l'a citée comme témoin **4.** [muster - courage, strength] rassembler, faire appel à / *he couldn't summon enough courage to ask her out* il n'a pas trouvé le courage nécessaire pour lui demander de sortir avec lui **5.** *fml* [order] sommer, ordonner à / *she summoned us in / up* elle nous a sommés or ordonné d'entrer / de monter.

❖ **summon up** vt sep **1.** [courage, strength] rassembler, faire appel à / *she summoned up her courage to ask him* elle a pris son courage à deux mains pour lui poser la question / *I'll be there if I can summon up the energy* j'y serai si j'arrive à rassembler suffisamment d'énergie **2.** [help, support] réunir, faire appel à / *I can't summon up much interest in this plan* je n'arrive pas à m'intéresser beaucoup à ce projet **3.** [memories, thoughts] évoquer **4.** [spirits] invoquer.

summons ['sʌmənz] (*pl* **summonses**) ◆ n **1.** LAW citation *f*, assignation *f* / *he received* or *got a summons for speeding* il a reçu une citation à comparaître en justice pour excès de vitesse ▸ **to take out a summons against sb** faire assigner qqn en justice **2.** [gen] convocation *f* **3.** MIL sommation *f* / *the town received a summons to surrender* les habitants de la ville furent sommés de se rendre. ◆ vt LAW citer or assigner (à comparaître) / *she was summonsed to testify* elle a été citée à comparaître en tant que témoin.

sumo ['su:məʊ] ◆ n sumo *m*. ◆ comp ▸ **sumo wrestler** lutteur *m* de sumo ▸ **sumo wrestling** sumo *m*.

SUM1 MESSAGING (written abbr of **someone**) kelk1.

sump [sʌmp] n **1.** TECH puisard *m* ; UK AUTO carter *m* **2.** [cesspool] fosse *f* d'aisances.

sump oil n UK huile *f* de carter.

sumptuous ['sʌmptʃʊəs] adj somptueux.

sumptuously ['sʌmptʃʊəslɪ] adv somptueusement.

sumptuousness ['sʌmptʃʊəsnɪs] n somptuosité *f*.

sum total n totalité *f*, somme *f* totale / *the report contains the sum total of research in the field* ce rapport contient tous les résultats de la recherche en ce domaine / *that is the sum total of our knowledge* voilà à quoi se résume tout ce que nous savons.

sun [sʌn] (*pt & pp* **sunned**, *cont* **sunning**) ◆ n soleil *m* / *the sun is shining* le soleil brille, il y a du soleil / *the sun is rising / setting* le soleil se lève / se couche / *the sun is in my eyes* j'ai le soleil dans les yeux / *I can't stay in the sun for very long* je ne peux pas rester très longtemps au soleil / *she's caught the sun* elle a attrapé un coup de soleil / *the living room gets the sun in the afternoon* le salon est ensoleillé l'après-midi / *to take a photograph into the sun* prendre une photo à contre-jour ▸ **The Sun** PRESS *quotidien britannique à sensation* ▸ **Sun reader** lecteur du Sun (*typique de la droite populaire*) ⟶ **tabloid** ▸ **a place in the sun** une place au soleil ▸ **under the sun** : *I've tried everything under the sun* j'ai tout essayé / *she called him all the names under the sun* elle l'a traité de tous les noms ▸ **there's nothing new under the sun** il n'y a rien de nouveau sous le soleil / **'The Sun Also Rises'** *Hemingway* 'Le soleil se lève aussi'. ◆ vt ▸ **to sun o.s. a)** [person] prendre le soleil, se faire bronzer **b)** [animal] se chauffer au soleil.

Sun. (written abbr of **Sunday**) dim.

sunbaked ['sʌnbeɪkt] adj desséché par le soleil.

sunbath ['sʌnbɑ:θ] (*pl* [-bɑ:ðz]) n bain *m* de soleil.

sunbathe ['sʌnbeɪð] ◆ vi prendre un bain de soleil, se faire bronzer. ◆ n UK bain *m* de soleil.

sunbather ['sʌnbeɪðəʳ] n *personne qui prend un bain de soleil* / *hundreds of sunbathers converged on the beach* des centaines de gens se dirigeaient vers la plage pour aller s'étendre au soleil.

sunbathing ['sʌnbeɪðɪŋ] n (*U*) bains *mpl* de soleil.

sunbeam ['sʌnbi:m] n rayon *m* de soleil.

sunbed ['sʌnbed] n [in garden, on beach] lit *m* pliant ; [with tanning lamps] lit *m* à ultraviolets.

sunbelt ['sʌnbelt] n US ▸ **the sunbelt** or **Sunbelt** les États du sud et de l'ouest des États-Unis.

sunblind ['sʌnblaɪnd] n UK store *m*.

sun block n écran *m* total.

sunbonnet ['sʌn,bɒnɪt] n capeline *f*.

sunburn ['sʌnbɜ:n] n coup *m* de soleil.

sunburnt ['sʌnbɜ:nt], **sunburned** ['sʌnbɜ:nd] adj brûlé par le soleil / *I get sunburnt easily* j'attrape facilement des coups de soleil.

sunburst ['sʌnbɜ:st] n **1.** [through clouds] rayon *m* de soleil **2.** [pattern] soleil *m* ; [brooch] broche *f* en forme de soleil ▸ **a sunburst clock** une pendule soleil.

sun cream n crème *f* solaire.

sun-cured [-kjʊəd] adj séché au soleil.

sundae ['sʌndeɪ] n *coupe de glace aux fruits et à la crème Chantilly.*

Sunda Islands ['sʌndə-] pl pr n ▸ **the Sunda Islands** les îles *fpl* de la Sonde / *in the Sunda Islands* dans les îles de la Sonde.

sun dance n danse *f* du soleil.

Sunday ['sʌndeɪ] ◆ n **1.** [day] dimanche *m* / **'Sunday, Bloody Sunday'** *Schlesinger* 'Un dimanche comme les autres' **2.** UK [newspaper] ▸ **the Sundays** les journaux *mpl* du dimanche. ◆ comp [clothes, newspaper, driver, painter] du dimanche ; [peace, rest, mass] dominical ▸ **the Sunday roast** or **joint** le rôti du dimanche. **See also Friday.**

Sunday papers

Les principaux hebdomadaires britanniques paraissant le dimanche sont :

The Independent on Sunday;

The Mail on Sunday (tendance conservatrice);

The News of the World (journal à sensation);

The Observer (tendance centre gauche);

The People (journal à sensation);

The Sunday Express;

The Sunday Mirror (tendance centre gauche);

The Sunday Telegraph (tendance conservatrice);

The Sunday Times (tendance conservatrice).

Sunday best n vêtements *mpl* du dimanche / *they were dressed in their Sunday best* ils étaient tout endimanchés, ils avaient mis leurs vêtements du dimanche.

Sunday opening n = **Sunday trading.**

Sunday school n ≃ catéchisme *m*.

Sunday trading n *ouverture des magasins le dimanche* ▸ **Sunday trading laws** *lois réglementant l'ouverture des magasins le dimanche.*

sun deck n [of house] véranda *f*, terrasse *f* ; NAUT pont *m* supérieur or promenade.

sunder ['sʌndəʳ] *arch* ◆ vt séparer, briser. ◆ n ▸ **in sunder** en morceaux.

sundew ['sʌndju:] n BOT drosera *m*, rossolis *m*.

sundial ['sʌndaɪəl] n cadran *m* solaire.

sundown ['sʌndaʊn] n coucher *m* du soleil / *at sundown* au coucher du soleil.

sundowner ['sʌndaʊnəʳ] n *inf* [drink] verre *m* (*qu'on prend le soir*).

sundrenched ['sʌndrentʃt] adj inondé de soleil.

sundress ['sʌndres] n bain *m* de soleil (*robe*).

sundried ['sʌndraɪd] adj séché au soleil ▸ **sundried tomatoes** tomates *fpl* séchées.

sundry ['sʌndrɪ] ◆ adj divers, différent. ◆ pron : *all and sundry were having a good time* tout le monde s'amusait bien / *she told all and sundry about it* elle l'a raconté à qui voulait l'entendre.

❖ **sundries** pl n articles *mpl* divers.

sunfast ['sʌnfɑ:st] adj qui ne se décolore pas au soleil.

sunfish ['sʌnfɪʃ] (*pl* **sunfish** or **sunfishes**) n poisson-lune *m*, môle *f*.

sunflower ['sʌn,flaʊəʳ] ◆ n tournesol *m*, soleil *m*. ◆ comp [oil, seed] de tournesol ▸ **the Sunflower State** US le Kansas.

sung [sʌŋ] ◆ pp ⟶ **sing.** ◆ adj ▸ **sung mass** messe *f* chantée.

sunglasses ['sʌn,glɑ:sɪz] pl n lunettes *fpl* de soleil.

sunglow ['sʌngləʊ] n *embrasement de l'horizon au moment du coucher ou du lever du soleil.*

sun god n dieu *m* solaire, dieu-soleil *m*.

sunhat ['sʌnhæt] n chapeau *m* de soleil.

sunk [sʌŋk] ◆ pp ⟶ **sink.** ◆ adj *inf* fichu / *if she catches us, we're sunk* si elle nous surprend, on est fichus.

sunken ['sʌŋkən] adj **1.** [boat, rock] submergé ; [garden] en contrebas ; [bathtub] encastré (au ras du sol) **2.** [hollow - cheeks] creux, affaissé ; [- eyes] creux.

sunk fence n saut-de-loup *m*.

Sun King pr n HIST ▸ **the Sun King** le Roi-Soleil.

sunlamp ['sʌnlæmp] n lampe *f* à rayons ultraviolets or à bronzer.

sunless ['sʌnlɪs] adj sans soleil.

sunlight ['sʌnlaɪt] n (lumière *f* du) soleil *m* / *in the sunlight* au soleil.

sunlit ['sʌnlɪt] adj ensoleillé.

sun lotion n lait *m* solaire.

sun lounge n UK solarium *m*.

sunlounger ['sʌn,laʊndʒəʳ] n UK chaise *f* longue (*où l'on s'allonge pour bronzer*).

Sunna ['sʌnə] n sunna *f*.

Sunni ['sʌnɪ] n **1.** [religion] sunnisme *m* **2.** [person] sunnite *mf*.

Sunnite ['sʌnaɪt] ◆ adj sunnite. ◆ n sunnite *mf*.

sunny ['sʌnɪ] (*compar* **sunnier**, *superl* **sunniest**) adj **1.** [day, place, etc.] ensoleillé / *it's a sunny day* or *it's sunny* il fait (du) soleil or beau ▸ **sunny intervals** or **periods** METEOR éclaircies *fpl* **2.** *fig* [cheerful - disposition] heureux ; [- smile] radieux, rayonnant ▸ **to look on**

the sunny side voir le bon côté des choses / *he's on the sunny side of sixty* UK il n'a pas encore la soixantaine.

sunny-side up adj ▸ **eggs sunny-side up** US œufs *mpl* sur le plat *(cuits d'un seul côté, non retournés).*

sun parlor, sun porch n US solarium *m*.

sunray lamp [ˈsʌnreɪ-] = **sunlamp**.

sunray pleats pl n plissé *m* soleil.

sunray treatment n héliothérapie *f*.

sunrise [ˈsʌnraɪz] n lever *m* du soleil / *at sunrise* au lever du soleil / *to get up at sunrise* se lever avec le soleil / *sunrise is about 6 o'clock* le soleil se lève vers 6 h / *the sunrise was beautiful this morning* il y avait un superbe lever de soleil ce matin.

sunrise industry n industrie *f* de pointe.

sunroof [ˈsʌnruːf] n toit *m* ouvrant.

sunscreen [ˈsʌnskriːn] n [suntan lotion] écran *m* or filtre *m* solaire.

sunseeker n *touriste qui part dans un pays chaud à la recherche du soleil, notamment en hiver.*

sunset [ˈsʌnset] n coucher *m* du soleil / *at sunset* au coucher du soleil / *sunset is about 6 o'clock* le soleil se couche vers 18 h / *it was a beautiful sunset* le coucher de soleil était magnifique.

Sunset Boulevard pr n *célèbre artère de Hollywood.*

sunshade [ˈsʌnʃeɪd] n [lady's parasol] ombrelle *f* ; [for table] parasol *m* ; [on cap] visière *f*.

sunshine [ˈsʌnʃaɪn] n **1.** [sunlight] (lumière *f* du) soleil *m* / *in the sunshine* au soleil / *we generally get at least 150 hours of sunshine in July* en général, nous avons au moins 150 heures d'ensoleillement en juillet / *his visit brought a little sunshine into our lives fig* sa visite a apporté un peu de soleil dans notre vie ▸ **the Sunshine State** la Floride **2.** *inf* [term of address] : *hello sunshine!* salut ma jolie !, salut mon mignon !

sunshine law n US loi *f* sur la transparence dans l'administration.

sunshine roof = **sunroof.**

sun-soaked adj [beach] inondé de soleil.

sunspecs [ˈsʌnspeks] pl n *inf* lunettes *fpl* noires.

sunspot [ˈsʌnspɒt] n tache *f* solaire.

sunstroke [ˈsʌnstrəʊk] n *(U)* insolation *f* ▸ **to have / to get sunstroke** avoir / attraper une insolation.

sunstruck [ˈsʌnstrʌk] adj ▸ **to be sunstruck** avoir attrapé un coup de soleil.

sunsuit [ˈsʌnsuːt] n (costume *m*) bain *m* de soleil.

suntan [ˈsʌntæn] ◆ n bronzage *m* ▸ **to have a suntan** être bronzé ▸ **to get a suntan** se faire bronzer, bronzer / *where did you get that lovely suntan?* d'où est-ce que tu viens pour être bronzé comme ça ? ◆ comp [cream, lotion, oil] solaire, de bronzage.

suntanned [ˈsʌntænd] adj bronzé.

suntrap [ˈsʌntræp] n coin *m* abrité et très ensoleillé / *the garden is a real suntrap* le jardin est toujours très ensoleillé.

sun-up [ˈsʌnʌp] n US *inf* lever *m* du soleil / *at sun-up* au lever du soleil.

sun visor n [on cap, for eyes] visière *f* ; AUTO pare-soleil *m*.

sun-worship n culte *m* du Soleil.

sun-worshipper n **1.** RELIG adorateur *m*, -trice *f* du Soleil **2.** *fig* adepte *mf* or fanatique *mf* du bronzage.

sup [sʌp] *(pt & pp* **supped**, *cont* **supping)** ◆ vi *arch* [have supper] souper / *they supped on* or *off some leftovers* ils ont soupé de quelques restes. ◆ vt boire à petites gorgées. ◆ n petite gorgée *f*. ◆ interj US *inf* (abbr of **what's up?**) ▸ **sup man?** ça va ou quoi ?

super [ˈsuːpəʳ] ◆ adj **1.** *inf* [wonderful] super *(inv)*, terrible, génial / *it was a super party!* c'était génial comme fête ! **2.** [superior] supérieur, super- / *they're developing a new sort of super hydrogen bomb* ils sont en train de mettre au point une nouvelle superbombe H. ◆ interj *inf* super, formidable. ◆ n **1.** US [petrol] super *m*, supercarburant *m* **2.** *inf* [police superintendent] ≃ commissaire *m* (de police) **3.** US [in apartment building] gardien *m*, -enne *f*.

superable [ˈsuːpərəbl] adj surmontable.

superabundance [ˌsuːpərəˈbʌndəns] n surabondance *f*.

superabundant [ˌsuːpərəˈbʌndənt] adj surabondant.

superannuate [ˌsuːpəˈrænjʊeɪt] vt **1.** [person] mettre à la retraite **2.** [object] mettre au rebut.

superannuated [ˌsuːpəˈrænjʊeɪtɪd] adj **1.** [person] à la retraite, retraité **2.** [object] suranné, désuet (désuète).

superannuation [ˈsuːpəˌrænjʊˈeɪʃn] n **1.** [act of retiring] mise *f* à la retraite **2.** [pension] pension *f* de retraite **3.** [contribution] versement *m* or cotisation *f* pour la retraite ▸ **superannuation fund** caisse *f* de retraite.

superb [suːˈpɜːb] adj superbe, magnifique.

superbitch [ˈsuːpəˌbɪtʃ] n *v inf personnage de femme riche, influente et antipathique.*

superblock [ˈsuːpəblɒk] n US zone *f* piétonne or piétonnière.

superbly [suːˈpɜːblɪ] adv superbement, magnifiquement / *she performed superbly* elle a merveilleusement bien joué.

Super Bowl pr n US Superbowl *m (finale du championnat des États-Unis de football américain).*

superbrat [ˈsuːpəˌbræt] n *inf* sale gosse *mf*.

superbug [ˈsuːpəbʌg] n bactérie *f* multirésistante.

supercargo [ˈsuːpəˌkɑːgəʊ] *(pl* **supercargoes)** n subrécargue *m*.

supercharge [ˈsuːpətʃɑːdʒ] vt **1.** TECH [engine] surcomprimer, suralimenter **2.** *fig* [atmosphere] électriser, galvaniser, survolter.

supercharged [ˈsuːpətʃɑːdʒd] adj TECH [engine] surcomprimé.

supercharger [ˈsuːpətʃɑːdʒəʳ] n compresseur *m*.

supercilious [ˌsuːpəˈsɪlɪəs] adj hautain, arrogant, dédaigneux.

superciliously [ˌsuːpəˈsɪlɪəslɪ] adv [act] d'un air hautain, avec arrogance or dédain ; [speak] d'un ton hautain, avec arrogance or dédain.

superciliousness [ˌsuːpəˈsɪlɪəsnɪs] n hauteur *f*, arrogance *f*, dédain *m*.

superclass [ˈsuːpəklɑːs] n superclasse *f*.

supercomputer [ˌsuːpəkəmˈpjuːtəʳ] n supercalculateur *m*, superordinateur *m*.

superconductive [ˌsuːpəkənˈdʌktɪv] adj supraconducteur.

superconductivity [ˌsuːpəkɒndʌkˈtɪvətɪ] n supraconductivité *f*.

superconductor [ˌsuːpəkənˈdʌktəʳ] n supraconducteur *m*.

supercool [ˈsuːpəkuːl] ◆ vt [liquid] surfondre. ◆ adj *inf* [very trendy] super branché ; [very relaxed] super génial.

supercooling [ˈsuːpəˌkuːlɪŋ] n surfusion *f*.

super-duper [-ˈduːpəʳ] adj *inf* super, superchouette.

superego [ˌsuːpərˈiːgəʊ] *(pl* **superegos)** n surmoi *m*.

supereminent [ˌsuːpərˈemɪnənt] adj suréminent.

supererogation [ˈsuːpərˌerəˈgeɪʃn] n surérogation *f*.

superfamily [ˈsuːpəˌfæməlɪ] *(pl* **superfamilies)** n BIOL superfamille *f*.

superficial [ˌsuːpəˈfɪʃl] adj [knowledge] superficiel ; [differences] superficiel, insignifiant ; [person] superficiel, frivole, léger ; [wound] superficiel, léger.

superficiality [ˈsuːpəˌfɪʃɪˈælətɪ] n caractère *m* superficiel, manque *m* de profondeur.

superficially [ˌsuːpəˈfɪʃəlɪ] adv superficiellement.

superfine [ˈsuːpəfaɪn] adj [quality, product] extrafin, superfin, surfin ; [analysis] très fin ; [distinction, detail] subtil.

superfluity [ˌsuːpəˈflʊətɪ] n **1.** [superfluousness] caractère *m* superflu **2.** [excess] surabondance *f* / *a superfluity of details* une surabondance de détails.

superfluous [suːˈpɜːflʊəs] adj superflu / *it is superfluous to say...* (il est) inutile de or il va sans dire... / *I felt superfluous* je me sentais de trop.

superfluously [suːˈpɜːflʊəslɪ] adv de manière superflue, inutilement.

supergiant [ˈsuːpəˌdʒaɪənt] n ASTRON supergéante *f*.

superglue [ˈsuːpəgluː] n superglu *f*.

supergrass [ˈsuːpəgrɑːs] n *indicateur de police très bien placé dans les milieux criminels.*

supergroup [ˈsuːpəgruːp] n *groupe de rock dont chaque membre est déjà célèbre pour avoir appartenu à un autre groupe.*

superheat [ˌsuːpəˈhiːt] vt surchauffer ▸ **superheated steam** vapeur *f* surchauffée.

superhero [ˈsuːpəˌhɪərəʊ] *(pl* **superheroes)** n superhéros *m*.

superhet [ˈsuːpəhet], **superheterodyne receiver** [ˌsuːpəˈhetərədaɪn-] n superhétérodyne *m*.

superhigh frequency [ˈsuːpəhaɪ-] n ondes *fpl* centimétriques.

superhighway [ˈsuːpəˌhaɪweɪ] n **1.** US AUTO autoroute *f* **2.** COMPUT autoroute *f*.

superhuman [ˌsuːpəˈhjuːmən] adj surhumain.

superimpose [ˌsuːpərɪmˈpəʊz] vt superposer ▸ **to superimpose sthg on sthg** superposer qqch à qqch ▸ **superimposed photos** des photos en surimpression.

superintend [ˌsuːpərɪnˈtend] vt **1.** [oversee - activity] surveiller ; [- person] surveiller, avoir l'œil sur **2.** [run - office, institution] diriger.

superintendent [ˌsuːpərɪnˈtendənt] n **1.** [of institution] directeur *m*, -trice *f* ; [of department, office] chef *m* **2.** UK [of police] ≃ commissaire *mf* (de police) **3.** US [of apartment building] gardien *m*, -enne *f*, concierge *mf*.

superior [suːˈpɪərɪəʳ] ◆ adj **1.** [better, greater] supérieur / *a superior wine* un vin de qualité supérieure ▸ **superior to** supérieur à / *the book is vastly superior to the film* le livre est bien meilleur que le film ▸ **superior in number to** supérieur en nombre à, numériquement supérieur à / *the enemy troops were superior in numbers* les troupes ennemies étaient en plus grand nombre or supérieures en nombre **2.** [senior - officer, position] supérieur ▸ **superior to** supérieur à, au-dessus de ▸ **the superior classes** les classes *fpl* dirigeantes **3.** *pej* [supercilious] suffisant, hautain / *with a superior smile* avec un sourire suffisant or condescendant / *in a superior voice* d'un ton suffisant or supérieur / *she feels superior* elle se croit supérieure **4.** [upper] supérieur ▸ **the superior limbs** les membres *mpl* supérieurs **5.** TYPO ▸ **superior letter** lettre *f* supérieure or suscrite **6.** BIOL supérieur ▸ **the superior mammals** les mammifères *mpl* supérieurs. ◆ n supérieur *m*, -e *f*.

❖ **Superior** pr n ▸ **Lake Superior** le lac Supérieur.

superiority [suːˌpɪərɪˈɒrətɪ] n **1.** [higher amount, worth] supériorité *f* / *their superiority in numbers* leur supériorité numérique / *the superiority of this brand to or over all the others* la supériorité de cette marque par rapport à toutes les autres **2.** *pej* [arrogance] supériorité *f*, arrogance *f*.

superiority complex n complexe *m* de supériorité.

superlative [suːˈpɜːlətɪv] ◆ adj **1.** [outstanding - quality, skill, performance] sans pareil ; [- performer, athlete] sans pareil, inégalé **2.** [overwhelming - indifference, ignorance, joy] suprême **3.** GRAM superlatif. ◆ n superlatif *m* / *in the superlative* au superlatif / *she always speaks in superlatives* elle a tendance à tout exagérer.

See box at comparative.

superlatively [suːˈpɜːlətɪvlɪ] adv au plus haut degré, exceptionnellement / *a superlatively good candidate* un candidat exceptionnel / *she is superlatively efficient* elle est on ne peut plus efficace.

Super League n UK FOOT *ligue de football formée des meilleures équipes britanniques.*

superman ['su:pəmæn] (*pl* **supermen** [-men]) n PHILOS [gen] surhomme *m* ; [gen] superman *m*.

❖ **Superman** pr n [comic book hero] Superman *m*.

supermarket ['su:pə,mɑ:kɪt] n supermarché *m* ▸ **supermarket trolley** Caddie® *m*.

supermodel ['su:pəmɒdl] n top model *m*.

supernal [su:'pɜ:nl] adj *liter* céleste, divin.

supernatural [,su:pə'nætʃrəl] ◆ adj surnaturel. ◆ n surnaturel *m*.

supernormal [,su:pə'nɔ:ml] adj **1.** [above average] au-dessus de la moyenne or de la normale **2.** [paranormal] supranormal, paranormal.

supernova [,su:pə'nəʊvə] (*pl* **supernovas** *or* **supernovae** [-vi:]) n supernova *f*.

supernumerary [,su:pə'nju:mərərɪ] (*pl* **supernumeraries**) ◆ adj [extra] surnuméraire ; [superfluous] superflu. ◆ n [gen, & ADMIN] surnuméraire *m* ; CIN & TV figurant *m*, -e *f*.

superorder ['su:pər,ɔ:dər] n superordre *m*.

superphosphate [,su:pə'fɒsfeɪt] n superphosphate *m*.

superpose [,su:pə'pəʊz] vt superposer ▸ **to superpose sthg on sthg** superposer qqch à qqch.

superposition [,su:pəpə'zɪʃn] n superposition *f*.

superpower ['su:pə,paʊər] n superpuissance *f*, supergrand *m*.

supersaturated [,su:pə'sætʃəreɪtɪd] adj [liquid] sursaturé ; [vapour] sursaturant.

superscript ['su:pəskrɪpt] ◆ n exposant *m*. ◆ adj en exposant.

supersede [,su:pə'si:d] vt [person - get rid of] supplanter, détrôner ; [- replace] succéder à, remplacer ; [object] remplacer / *she superseded him as director* elle lui a succédé or elle l'a remplacé à la direction / *this price list supersedes all previous ones* ce tarif remplace et annule les précédents / *superseded methods* méthodes périmées.

supersize ['su:pəsaɪz] vt augmenter la taille de / *the company has supersized itself* la société a augmenté sa taille.

supersonic [,su:pə'sɒnɪk] adj supersonique ▸ **supersonic bang** or **boom** bang *m* (supersonique).

superstar ['su:pəstɑ:r] n superstar *f*.

superstition [,su:pə'stɪʃn] n superstition *f*.

superstitious [,su:pə'stɪʃəs] adj superstitieux ▸ **to be superstitious about sthg** être superstitieux au sujet de qqch.

superstitiously [,su:pə'stɪʃəslɪ] adv superstitieusement.

superstore ['su:pəstɔ:r] n hypermarché *m*.

superstratum [,su:pə'strɑ:təm] (*pl* **superstratums** *or* **superstrata** [-tə]) n **1.** GEOL couche *f* supérieure **2.** LING superstrat *m*.

superstring ['su:pəstrɪŋ] n supercorde *f* ▸ **superstring theory** théorie *f* des supercordes.

superstructure ['su:pə,strʌktʃər] n superstructure *f*.

supertanker ['su:pə,tæŋkər] n supertanker *m*, superpétrolier *m*.

supertax ['su:pətæks] n ≃ impôt *m* sur les grandes fortunes.

supertonic [,su:pə'tɒnɪk] n sus-tonique *f*.

superuser ['su:pəju:zər] n COMPUT gros utilisateur *m*.

supervene [,su:pə'vi:n] vi survenir.

supervise ['su:pəvaɪz] ◆ vt **1.** [oversee - activity, exam] surveiller ; [- child, staff] surveiller, avoir l'œil sur **2.** [run - office, workshop] diriger. ◆ vi surveiller.

supervision [,su:pə'vɪʒn] n **1.** [of person, activity] surveillance *f*, contrôle *m* / *the children must be under the supervision of qualified staff at all times* les enfants doivent être sous la surveillance de personnel qualifié à tout moment / *translated under the supervision of the author* traduit sous la direction de l'auteur / *her work needs supervision* elle a besoin d'être surveillée dans son travail **2.** [of office] direction *f*.

supervision order n LAW *nomination par un tribunal pour enfants d'un travailleur social chargé d'assurer la tutelle d'un enfant.*

supervisor ['su:pəvaɪzər] n [gen] surveillant *m*, -e *f* ; COMM [of department] chef *m* de rayon ; SCH & UNIV [at exam] surveillant *m*, -e *f* ; UNIV [of thesis] directeur *m*, -trice *f* de thèse ; [of research] directeur *m*, -trice *f* de recherches.

supervisory ['su:pəvaɪzərɪ] adj de surveillance / *staff in supervisory posts* le personnel de surveillance / *in a supervisory role* or *capacity* à titre de surveillant.

superwoman ['su:pə,wʊmən] (*pl* **superwomen** [-,wɪmɪn]) n superwoman *f*.

❖ **Superwoman** pr n [comic book heroine] Superwoman.

supine ['su:paɪn] adj **1.** *liter* [on one's back] couché or étendu sur le dos / *she was lying supine* or *she was in a supine position* elle était couchée sur le dos **2.** *fig* [passive] indolent, mou ***(before vowel or silent 'h' mol, f molle)***, passif.

supper ['sʌpər] n [evening meal] dîner *m* ; [late-night meal] souper *m* ▸ **to have** or **to eat supper** dîner, souper / *we had steak for supper* nous avons mangé du steak au dîner or au souper ▸ **to sing for one's supper** : *I'll raise his salary but I intend to make him sing for his supper!* je vais lui accorder une augmentation, mais c'est donnant donnant !

supper club n US *boîte de nuit qui fait aussi restaurant.*

suppertime ['sʌpətaɪm] n [in evening] heure *f* du or de dîner ; [later at night] heure *f* du or de souper / *at suppertime* à l'heure du dîner or du souper.

supplant [sə'plɑ:nt] vt [person] supplanter, évincer ; [thing] supplanter, remplacer.

supple ['sʌpl] adj souple ▸ **to become supple** s'assouplir.

supplement ◆ n ['sʌplɪmənt] **1.** [additional amount - paid] supplément *m* ; [- received] complément *m* / *a small supplement to my income* un petit supplément à mes revenus / *a supplement is charged for occupying a single room* il y a un supplément à payer pour les chambres à un lit ▸ **food supplement** complément *m* alimentaire **2.** PRESS supplément *m* / *they have produced a supplement to the encyclopedia* ils ont sorti un supplément à l'encyclopédie **3.** UK ADMIN [allowance] allocation *f*. ◆ vt ['sʌplɪment] [increase] augmenter ; [complete] compléter / *I work nights to supplement my income* j'augmente mes revenus en travaillant la nuit / *he supplements his diet with vitamins* il complète son régime en prenant des vitamines.

supplementary [,sʌplɪ'mentərɪ] adj **1.** [gen] complémentaire, additionnel ▸ **supplementary to** en plus de / *may I ask a supplementary question?* puis-je poser encore une question ? ▸ **supplementary income** revenus *mpl* annexes **2.** GEOM [angle] supplémentaire.

supplementary benefit n UK *ancien nom de l'« income support »* ; ≃ allocation *f* supplémentaire.

suppleness ['sʌplnɪs] n souplesse *f*.

suppletion [sə'pli:ʃn] n LING suppléance *f*.

suppletive [sə'pli:tɪv] adj LING supplétif.

suppliant ['sʌplɪənt] ◆ adj suppliant. ◆ n = **supplicant**.

supplicant ['sʌplɪkənt] n suppliant *m*, -e *f*.

supplicate ['sʌplɪkeɪt] *liter & fml* ◆ vt supplier, implorer ▸ **to supplicate sb to do sthg** supplier qqn de faire qqch. ◆ vi ▸ **to supplicate for forgiveness** / **mercy** implorer le pardon / la pitié.

supplication [,sʌplɪ'keɪʃn] n supplication *f* / *he knelt in supplication* il supplia à genoux.

supplier [sə'plaɪər] n COMM fournisseur *m*, -euse *f* ▸ **supplier credit** crédit-fournisseur *m*.

supply[1] [sə'plaɪ] (*pt & pp* **supplied**, *pl* **supplies**) ◆ vt **1.** [provide - goods, services] fournir ▸ **to supply sthg to sb** fournir qqch à qqn / *to supply electricity* / *water to a town* alimenter une ville en électricité / eau / *cows supply milk* les vaches donnent du lait **2.** [provide sthg to - person, institution, city] fournir, approvisionner ; MIL ravitailler, approvisionner ▸ **to supply sb with sthg** fournir qqch à qqn, approvisionner qqn en qqch / *they supply all the local retailers* ils fournissent or approvisionnent tous les détaillants du coin / *the farm keeps us supplied with eggs and milk* grâce à la ferme nous avons toujours des œufs et du lait / *I supplied him with the details* / *the information* je lui ai fourni les détails / les informations **3.** [equip] munir / *all toys are supplied with batteries* des piles sont fournies avec tous les jouets **4.** [make good - deficiency] suppléer à ; [- omission] réparer, compenser ; [satisfy - need] répondre à. ◆ n **1.** [stock] provision *f*, réserve *f* / *the nation's supply of oil* les réserves nationales de pétrole / *we're getting in* or *laying in a supply of coal* nous faisons des provisions de charbon, nous nous approvisionnons en charbon ▸ **to get in a fresh supply of sthg** renouveler sa provision de or se réapprovisionner en qqch / *water is in short supply in the southeast* on manque d'eau dans le sud-est **2.** [provision - of goods, equipment] fourniture *f* ; [- of fuel] alimentation *f* ; MIL ravitaillement *m*, approvisionnement *m* / *the domestic hot water supply* l'alimentation domestique en eau chaude / *they won a contract for the supply of 10,000 computers to schools* ils ont obtenu un contrat pour la fourniture de 10 000 ordinateurs à des établissements scolaires **3.** ECON offre *f* **4.** UK [clergyman, secretary, teacher] remplaçant *m*, -e *f*, suppléant *m*, -e *f* ▸ **to be on supply** faire des remplacements or des suppléances **5.** ***(usu pl)*** POL [money] crédits *mpl*. ◆ comp **1.** [convoy, train, truck, route] de ravitaillement ▸ **supply ship** ravitailleur *m* **2.** [secretary] intérimaire ; [clergyman] suppléant.

❖ **supplies** pl n [gen] provisions *fpl* ; [of food] vivres *mpl* ; MIL subsistances *fpl*, approvisionnements *mpl* / *our supplies are running low* nos provisions seront bientôt épuisées, nous commençons à manquer de provisions / *office supplies* fournitures *fpl* de bureau.

supply[2] ['sʌplɪ] adv souplement, avec souplesse.

supply-side economics [sə'plaɪ-] n économie *f* de l'offre.

supply teacher [sə'plaɪ-] n UK remplaçant *m*, -e *f*.

support [sə'pɔ:t] ◆ vt **1.** [back - action, campaign, person] soutenir, appuyer ; [- cause, idea] défendre, soutenir / *she supports the Labour Party* elle est pour or elle soutient le parti travailliste / *to support a candidate* appuyer or soutenir un candidat / *I can't support their action* je ne peux pas approuver leur action / *we support her in her decision* nous approuvons sa décision / *the Democrats will support the bill* les démocrates seront pour or appuieront le projet de loi ; SPORT être supporter de, supporter / *he supports Tottenham* c'est un supporter de Tottenham **2.** [assist] soutenir, aider / *he made it with only her love to support him* il a réussi avec son amour comme seul soutien ; CIN & THEAT : *supported by a superb cast* avec une distribution superbe **3.** [hold up] supporter, soutenir / *the pillars that support the ceiling* les piliers qui soutiennent le plafond / *her legs were too weak to support her* ses jambes étaient trop faibles pour la porter / *will you support the shelf while I fix it to the wall?* tu peux tenir l'étagère le temps or pendant que je la fixe au mur ? / *she held on to the table to support herself* elle s'agrippa à la table pour ne pas tomber **4.** [provide for financially - person] subvenir aux besoins de ; [- campaign, project] aider financièrement / *she has three children to support* elle a trois enfants à charge / *she earns enough to support herself* elle gagne assez pour subvenir à ses propres besoins / *he supports himself by teaching* il gagne sa vie en enseignant / *the theatre is supported by contributions* le théâtre est financé par des contributions **5.** [sustain] faire vivre / *the land has supported four generations of tribespeople* cette terre a fait vivre la tribu pendant quatre générations **6.** [substantiate, give weight to] appuyer, confirmer, donner du poids à / *there is no evidence to support his claim* il n'y a aucune preuve pour appuyer ses dires / *a theory supported by experience* une théorie confirmée par l'expérience **7.** [endure] supporter, tolérer **8.** FIN [price, currency] maintenir. ◆ n **1.** [backing] soutien *m*, appui *m* / *support for the Socialist Party is declining* le nombre de ceux qui soutiennent le parti socialiste est en baisse / *he's trying to drum up* or *to mobilize* *support for his scheme* il essaie d'obtenir du soutien pour son projet ▸ **to give** or **to lend one's support to sthg** accorder or prêter son appui à qqch / *she gave us her full support* elle nous a pleinement appuyés / *you have my full support on this* je vous soutiens à cent pour cent, vous pouvez compter sur mon soutien inconditionnel / *to speak in support of a motion* appuyer une motion / *they are striking in support of the miners* ils font grève par solidarité avec les mineurs / *a collection in support of the homeless* une quête au profit des sans-abri **2.** [assistance, encouragement] appui *m*, aide *f* / *I couldn't have managed without the support of the neighbours* je n'aurais pas pu y arriver sans l'appui des voisins / *a mutual support scheme* un système d'entraide / *she gave me the emotional support I needed* elle m'a apporté le soutien affectif dont j'avais besoin **3.** [person who offers assistance, encouragement] soutien *m* / *she's been a great support to me* elle m'a été d'un grand soutien **4.** [holding up] soutien *m* / *the upper floors need extra support* les étages supérieurs ont besoin d'un soutien supplémentaire / *I was holding his arm for support* je m'appuyais sur son bras / *this bra gives good support* ce soutien-gorge maintient bien la poitrine **5.** [supporting structure, prop] appui *m* ; CONSTR & TECH soutien *m*, support *m* / *the steel supports had buckled* les supports en acier s'étaient déformés **6.** [funding] soutien *m* / *they depend on the government for financial support* ils sont subventionnés par le gouvernement / *he has no visible means of support* ses sources de revenus sont inconnues / *what are your means of support?* quelles sont vos sources de revenus? / *she is their only means of support* ils n'ont qu'elle pour les faire vivre **7.** [substantiation, corroboration] corroboration *f* / *in support of her theory* à l'appui de or pour corroborer sa théorie / *the investigation found no support for this view* l'enquête n'a rien trouvé pour corroborer ce point de vue **8.** US ECON [subsidy] subvention *f* ▸ **farm supports** subventions agricoles **9.** COMPUT assistance *f* **10.** MUS = **support band.** ◆ comp **1.** [troops, unit] de soutien **2.** [hose, stockings] de maintien ; [bandage] de soutien **3.** CONSTR & TECH [structure, device, frame] de soutien **4.** ADMIN ▸ **support services** services *mpl* d'assistance technique.

supportable [sə'pɔːtəbl] adj *fml* supportable.

support band n groupe *m* en première partie / *who was the support band?* qui est-ce qu'il y avait en première partie?

supporter [sə'pɔːtər] n **1.** CONSTR & TECH [device] soutien *m*, support *m* **2.** [advocate, follower - of cause, opinion] adepte *mf*, partisan *m* ; [- of political party] partisan *m* ; SPORT supporter *m*, supporteur *m*, -trice *f* / *he's a Liverpool supporter* c'est un supporter de Liverpool **3.** HERALD tenant *m*.

support group n **1.** ADMIN groupe *m* de soutien **2.** MUS = **support band.**

supporting [sə'pɔːtɪŋ] adj **1.** CONSTR & TECH [pillar, structure] d'appui, de soutènement ; [wall] porteur ▸ **supporting beam** CONSTR sommier *m* **2.** CIN & THEAT [role] secondaire, de second plan ; [actor] qui a un rôle secondaire or de second plan / *with a supporting cast of thousands* avec des milliers de figurants ▸ **supporting film** or **programme** *film qui passe en première partie de la séance* **3.** [substantiating] qui confirme, qui soutient / *do you have any supporting evidence?* avez-vous des preuves à l'appui?

supportive [sə'pɔːtɪv] adj [person] qui est d'un grand soutien ; [attitude] de soutien / *my parents have always been very supportive* mes parents m'ont toujours été d'un grand soutien / *they need supportive counselling* ils ont besoin d'être soutenus et orientés ▸ **supportive therapy** MED thérapie *f* de soutien.

support price n prix *m* de soutien.

suppose [sə'pəʊz] ◆ vt **1.** [assume] supposer / *I suppose it's too far to go and see them now* je suppose que c'est trop loin pour qu'on aille les voir maintenant / *if we suppose it is worth £5* si nous supposons que cela vaut cinq livres / *suppose* x *equals* y MATH soit *x* égal à *y* / *I suppose you think that's funny!* je suppose que vous trouvez ça drôle! / *let's suppose (that)...* supposons que... **2.** [think, believe] penser, croire / *do you suppose he'll do it?* pensez-vous or croyez-vous qu'il le fera? / *I suppose so* **a)** [affirmative response] je suppose que oui **b)** [expressing reluctance] oui, peut-être / *I suppose not* or *I don't suppose so* je ne (le) pense pas / *I don't suppose he'll agree* ça m'étonnerait qu'il soit d'accord, je ne pense pas qu'il sera d'accord / *I suppose it must be three years since I last saw her* je pense que ça doit faire trois ans que je ne l'ai pas vue / *you don't suppose anything's happened to them, do you?* tu ne penses pas qu'il leur est arrivé quelque chose? / *I don't suppose you'd have time to read this, would you?* tu n'as pas le temps de lire ceci, je suppose? / *and who do you suppose I met in the shop?* et devine qui j'ai rencontré dans le magasin! **3.** [imply] supposer / *that theory supposes a balanced budget* cette théorie suppose un budget équilibré. ◆ vi supposer, imaginer / *he's gone, I suppose?* il est parti, je suppose or j'imagine? / *there were, I suppose, about 50 people there* il y avait, je dirais, une cinquantaine de personnes. ◆ conj si / *suppose they see you?* et s'ils vous voyaient? / *suppose we wait and see* et si on attendait pour voir? / *suppose I'm right and she does come?* mettons or supposons que j'aie raison et qu'elle vienne?

supposed [sə'pəʊzd] adj **1.** [presumed] présumé, supposé ; [alleged] prétendu / *the supposed author of this poem* l'auteur présumé de ce poème / *all these supposed experts* *pej* tous ces prétendus experts **2.** PHR **to be supposed to** : *to be supposed to do sthg* être censé faire qqch / *she was supposed to be at work* elle était censée être à son travail / *what's that switch supposed to do?* à quoi sert cet interrupteur? / *how am I supposed to know?* comment est-ce que je saurais or suis censé savoir, moi? / *I'm not supposed to know* je ne suis pas censé savoir / *you're not supposed to do that!* tu ne devrais pas faire ça! / *what's that supposed to mean?* qu'est-ce que tu veux dire par là? / *we're not supposed to use dictionaries* nous n'avons pas le droit de nous servir de dictionnaires / *this restaurant is supposed to be very good* il paraît que ce restaurant est excellent.

supposedly [sə'pəʊzɪdlɪ] adv soi-disant *(adv)* / *she supposedly went to get help* elle est soi-disant allée chercher de l'aide / *he's supposedly too sick to walk* il est soi-disant trop malade pour marcher.

supposing [sə'pəʊzɪŋ] conj si, à supposer que / *supposing he still wants to go* et s'il veut encore y aller? / *even supposing she does come* même si elle vient or venait / *supposing you are right* admettons or mettons que vous ayez raison / *always supposing I can do it* en supposant or en admettant que je puisse le faire.

supposition [,sʌpə'zɪʃn] n supposition *f*, hypothèse *f* / *his theory was pure supposition* sa théorie n'était qu'une hypothèse / *on the supposition that your mother agrees* dans l'hypothèse où votre mère serait d'accord, à supposer que votre mère soit d'accord.

suppositional [,sʌpə'zɪʃənl] adj hypothétique.

suppositious [,sʌpə'zɪʃəs], **supposititious** [sə,pɒzɪ'tɪʃəs] adj *fml* **1.** [hypothetical] hypothétique **2.** [fraudulent] faux (fausse).

suppository [sə'pɒzɪtrɪ] (*pl* **suppositories**) n suppositoire *m*.

suppress [sə'pres] vt **1.** [put an end to] supprimer, mettre fin à / *the new régime suppressed all forms of dissent* le nouveau régime a mis fin or un terme à toute forme de dissidence **2.** [withhold] supprimer, faire disparaître / *to suppress evidence* faire disparaître des preuves ; [conceal] supprimer, cacher / *to suppress the truth / a scandal* étouffer la vérité / un scandale **3.** [withdraw from publication] supprimer, interdire / *all opposition newspapers have been suppressed* tous les journaux d'opposition ont été interdits or supprimés / *the government has suppressed the report* le gouvernement a interdit la parution du rapport **4.** [delete] supprimer, retrancher / *the judge ordered that the controversial passages should be suppressed* le juge ordonna la suppression des passages controversés **5.** [inhibit - growth, weeds] supprimer, empêcher **6.** [hold back, repress - anger, yawn, smile] réprimer ; [- tears] retenir, refouler ; [- feelings, desires] étouffer, refouler / *to suppress a cough* réprimer or retenir son envie de tousser / *to suppress a sneeze* se retenir pour ne pas éternuer / *to suppress a yawn* étouffer or réprimer un bâillement / *she suppressed a smile* elle réprima un sourire **7.** PSYCHOL refouler **8.** ELECTRON & RADIO antiparasiter.

suppressant [sə'presənt] n MED ▸ **(appetite) suppressant** coupe-faim *m* ▸ **cough suppressant** antitussif *m*.

suppression [sə'preʃn] n **1.** [ending - of rebellion, demonstration] suppression *f*, répression *f* ; [- of rights] suppression *f*, abolition *f* ; [- of a law, decree] abrogation *f* **2.** [concealment - of evidence, information] suppression *f*, dissimulation *f* ; [- of scandal] étouffement *m* **3.** [non-publication - of document, report] suppression *f*, interdiction *f* ; [- of part of text] suppression *f* **4.** [holding back - of feelings, thoughts] refoulement *m* **5.** PSYCHOL refoulement *m* **6.** ELECTRON & RADIO antiparasitage *m*.

suppressive [sə'presɪv] adj répressif.

suppressor [sə'presər] n ELEC dispositif *m* antiparasite.

suppressor grid n grille *f* d'arrêt.

suppressor T-cell n lymphocyte *m* T suppresseur.

suppurate ['sʌpjʊreɪt] vi suppurer / *a suppurating wound* une plaie suppurante.

suppuration [,sʌpjʊ'reɪʃn] n suppuration *f*.

supra ['suːprə] adv supra.

supranational [,suːprə'næʃənl] adj supranational.

suprasegmental [,suːprəseg'mentl] adj suprasegmental.

supremacist [sʊ'preməsɪst] n *personne qui croit en la suprématie d'un groupe* / *they are white supremacists* ils croient en la suprématie de la race blanche.

supremacy [sʊ'preməsɪ] n **1.** [dominance] suprématie *f*, domination *f* / *each nation tried to gain supremacy over the other* chaque nation essayait d'avoir la suprématie sur l'autre **2.** [superiority] suprématie *f* / *they believe in the supremacy of their methods over all others* ils croient leurs méthodes supérieures à or meilleures que toutes les autres.

supreme [sʊ'priːm] adj **1.** [highest in rank, authority] suprême ▸ **the Supreme Commander of Allied Forces** le commandant suprême or le commandant en chef des forces alliées ▸ **the Supreme Court of Judicature** HIST la Cour souveraine de justice **2.** [great, outstanding] extrême / *a supreme effort* un effort suprême / *she handles politicians with supreme skill* elle sait parfaitement s'y prendre avec les hommes politiques / *it would be an act of supreme folly to do that now* ce serait de la folie pure de faire ça maintenant ▸ **to make the supreme sacrifice** sacrifier sa vie, faire le sacrifice de sa vie.

Supreme Court pr n ▸ **the Supreme Court** la Cour suprême *(des États-Unis)*.

 **Supreme Court**

La Cour suprême est l'organe supérieur du pouvoir judiciaire américain. Composée de 9 membres nommés sans limitation de durée par le président des États-Unis, elle détient l'ultime pouvoir de décision et a le droit d'interpréter la Constitution.

supremely [sʊ'priːmlɪ] adv suprêmement, extrêmement.

Supreme Soviet pr n HIST Soviet *m* suprême.

supremo [sʊ'priːməʊ] (*pl* **supremos**) n UK *inf* (grand) chef *m*.

Supt. written abbr of **superintendent.**

sura ['sʊərə] n surate *f*.

surcharge ['sɜːtʃɑːdʒ] ◆ n **1.** [extra duty, tax] surtaxe *f* / *a 7% import surcharge* une surtaxe de 7 % sur les importations **2.** [extra cost] supplément *m* / *there is a surcharge for the express train* il faut payer un supplément pour le train rapide / *some travel companies guarantee no surcharge* certains voyagistes s'engagent à ne faire payer aucun supplément **3.** [overprinting - on postage stamp] surcharge *f*. ◆ vt **1.** [charge extra duty or tax on] surtaxer **2.** [charge a supplement to] faire payer un supplément à **3.** [overprint - postage stamp] surcharger.

surd [sɜ:d] ◆ n **1.** LING sourde *f* **2.** MATH équation *f* irrationnelle. ◆ adj **1.** LING sourd **2.** MATH irrationnel.

sure [ʃʊəʳ] ◆ adj **1.** [convinced, positive] sûr, certain / *are you sure of the facts?* êtes-vous sûr or certain des faits ? / *I'm not sure you're right* je ne suis pas sûr or certain que vous ayez raison / *he's not sure whether he's going to come or not* il n'est pas sûr de venir / *she isn't sure of* or *about her feelings for him* elle n'est pas sûre de ses sentiments pour lui / *you seem convinced, but I'm not so sure* tu sembles convaincu, mais moi j'ai des doutes / *he'll win, I'm sure* il gagnera, j'en suis sûr / *I'm sure I've been here before* je suis sûr d'être déjà venu ici / *she's sure she didn't receive your letter* elle est sûre de ne pas avoir reçu ta lettre / *what makes you so sure?* or *how can you be so sure?* qu'est-ce qui te fait dire ça ? **2.** [confident, assured] sûr / *is he someone we can be sure of?* est-ce quelqu'un de sûr ? / *you can be sure of good service in this restaurant* dans ce restaurant, vous êtes sûr d'être bien servi ▸ **to be sure of o.s.** être sûr de soi, avoir confiance en soi **3.** [certain - to happen] sûr, certain / *one thing is sure, he won't be back in a hurry!* une chose est sûre or certaine, il ne va pas revenir de sitôt ! / *we're sure to meet again* nous nous reverrons sûrement / *she's sure to be here soon* elle va sûrement arriver bientôt / *they're sure to get caught* ils vont sûrement se faire prendre / *the play is sure to be a success* la pièce va certainement avoir du succès / *it's a sure bet he'll be late* il y a tout à parier qu'il sera en retard ▸ **sure thing!** US *inf* bien sûr (que oui) !, pour sûr ! / *it's a sure thing* [it's a certainty] c'est dans la poche ▸ **be sure to** : *be sure to be on time tomorrow* il faut que vous soyez à l'heure demain / *be sure to go to bed early* il faut que tu te couches tôt ▸ **to make sure (that)** : *we made sure that no one was listening* nous nous sommes assurés or nous avons vérifié que personne n'écoutait / *it is his job to make sure that everyone is satisfied* c'est lui qui veille à ce que tout le monde soit satisfait / *make sure you don't lose your ticket* prends garde à ne pas perdre ton billet / *make sure you've turned off the gas* vérifie que tu as éteint le gaz **4.** [firm, steady] sûr / *with a sure hand* d'une main sûre / *a sure grasp of the subject fig* des connaissances solides en la matière **5.** [reliable, irrefutable] sûr / *work is a sure remedy for boredom* le travail est un remède sûr contre l'ennui / *insomnia is a sure sign of depression* l'insomnie est un signe incontestable de dépression. ◆ adv **1.** *inf* [of course] bien sûr, pour sûr / *can I borrow your car? — sure (you can)!* (est-ce que) je peux emprunter ta voiture ? — bien sûr (que oui) ! **2.** US *inf* [really] drôlement, rudement / *he sure is ugly* il est drôlement laid / *she sure can cook!* elle cuisine drôlement bien ! / *are you hungry? — I sure am!* as-tu faim ? — plutôt ! or et comment ! **3.** [as intensifier] ▸ **(as) sure as** aussi sûr que / *as sure as my name is Jones* aussi sûr que je m'appelle Jones / *as sure as I'm standing here (today)* aussi sûr que deux et deux font quatre / *I sure as hell do object! inf* et comment que je proteste !

❖ **for sure** adv phr : *I'll give it to you tomorrow for sure* je te le donnerai demain sans faute / *one thing is for sure, I'm not staying here!* une chose est sûre, je ne reste pas ici ! / *I think he's single but I can't say for sure* je crois qu'il est célibataire, mais je ne peux pas l'affirmer.

❖ **sure enough** adv phr effectivement, en effet / *she said she'd ring and sure enough she did* elle a dit qu'elle appellerait, et c'est ce qu'elle a fait.

❖ **to be sure** adv phr : *to be sure, his offer is well-intentioned* ce qui est certain, c'est que son offre est bien intentionnée.

Note that **pas sûr que** and **pas certain que** are followed by a verb in the subjunctive:

I'm not sure this is really fair. *Je ne suis pas sûr / certain que cela soit tout à fait juste.*

Note that **veiller à ce que** is followed by a verb in the subjunctive:

Make sure the chicken is cooked right through. *Veillez à ce que le poulet soit cuit à cœur.*

surefire ['ʃʊəfaɪəʳ] adj *inf* infaillible, sûr / *there's no surefire cure* il n'y a pas de remède infaillible.

surefooted ['ʃʊə,fʊtɪd] adj au pied sûr.

surely ['ʃʊəlɪ] adv **1.** [used to express surprise, incredulity, to contradict] quand même, tout de même / *they surely can't have forgotten* ils n'ont pas pu oublier, quand même / *you're surely not suggesting it was my fault?* vous n'insinuez tout de même pas que c'était de ma faute ? / *surely you must be joking!* vous plaisantez, j'espère ? / *surely he didn't say that* il n'a pas pu dire ça / *the real figures are a lot higher, surely?* mais les chiffres sont en fait beaucoup plus élevés, non ? / *surely to goodness* or *to God they must know by now* UK ce n'est pas possible qu'ils ne soient pas au courant à l'heure qu'il est **2.** [undoubtedly, assuredly] sûrement, sans (aucun) doute / *they will surely succeed* ils réussiront sûrement **3.** [steadily] sûrement / *things are improving slowly but surely* les choses s'améliorent lentement mais sûrement **4.** US [of course] bien sûr, certainement / *would you give me a hand? — surely!* peux-tu me donner un coup de main ? — bien sûr or certainement !

sureness ['ʃʊənɪs] n **1.** [certainty] certitude *f* **2.** [assurance] assurance *f* **3.** [steadiness] sûreté *f* ; [accuracy] justesse *f*, précision *f* / *he handled the problem with great sureness of touch* il a réglé le problème avec beaucoup de doigté.

surety ['ʃʊərətɪ] (*pl* **sureties**) n **1.** [guarantor] garant *m*, -e *f*, caution *f* ▸ **to act as** or **to stand surety (for sb)** se porter garant (de qqn) **2.** [collateral] caution *f*, sûreté *f*.

surf [sɜ:f] ◆ n *(U)* **1.** [waves] vagues *fpl* (déferlantes), ressac *m* / *the surf crashed against the rocks* les vagues venaient s'écraser contre les rochers ▸ **to ride the surf** faire du surf **2.** [foam] écume *f*. ◆ vt ▸ **to surf the Net** surfer sur le Net. ◆ vi surfer, faire du surf / *he goes surfing every weekend* il fait du surf tous les week-ends ; COMPUT surfer (sur le Net).

surface ['sɜ:fɪs] ◆ n **1.** [exterior, top] surface *f* / *the polished surface of the desk* la surface polie du bureau / *bubbles rose to the surface of the pond* des bulles montèrent à la surface de la mare / *the submarine / diver came to the surface* le sous-marin / plongeur fit surface / *the miners who work on the surface* les mineurs qui travaillent à la surface / *all the old tensions came* or *rose to the surface when they met* toutes les vieilles discordes ont refait surface quand ils se sont revus **2.** [flat area] surface *f* / *roll the dough out on a smooth clean surface* étalez la pâte sur une surface lisse et propre **3.** [covering layer] revêtement *m* / *the pan has a non-stick surface* la poêle a une surface anti-adhésive or qui n'attache pas ▸ **road surface** revêtement *m* **4.** [outward appearance] surface *f*, extérieur *m*, dehors *m* / *on the surface she seems nice enough* au premier abord elle paraît assez sympathique / *there was a feeling of anxiety lying beneath* or *below the surface* on sentait une angoisse sous-jacente / *the discussion hardly scratched the surface of the problem* le problème a à peine été abordé dans la discussion **5.** GEOM [area] surface *f*, superficie *f*. ◆ vi **1.** [submarine, diver, whale] faire surface, monter à la surface ▸ **to surface again** refaire surface, remonter à la surface **2.** [become manifest] apparaître, se manifester / *he surfaced again after many years of obscurity* il a réapparu après être resté dans l'ombre pendant de nombreuses années / *rumours like this tend to surface every so often* ce type de rumeur a tendance à refaire surface de temps à autre **3.** *inf* [get up] se lever, émerger / *he didn't surface till 11 o'clock* il n'a pas émergé avant 11 h. ◆ vt [put a surface on - road] revêtir ; [- paper] calandrer / *the track is surfaced with cement* la piste est revêtue de ciment. ◆ adj **1.** [superficial] superficiel / *a surface scratch* une égratignure superficielle, une légère égratignure / *his enthusiasm is purely surface fig* son enthousiasme n'est que superficiel **2.** [exterior] de surface ▸ **surface finish** [of metal] état *m* de surface, finissage *m* ▸ **surface measurements** superficie *f* **3.** MIN [workers] de surface, au jour ; [work] à la surface, au jour ; MIL [forces] au sol ; [fleet] de surface.

surface area n surface *f*, superficie *f*.

surface mail n [by land] courrier *m* par voie de terre ; [by sea] courrier *m* par voie maritime.

surface noise n grésillement *m*.

surface structure n structure *f* superficielle or de surface.

surface tension n tension *f* superficielle.

surface-to-air adj sol-air *(inv)*.

surface-to-surface adj sol-sol *(inv)*.

surfboard ['sɜ:fbɔ:d] n (planche *f* de) surf *m*.

surfboarder ['sɜ:fbɔ:dəʳ] n surfeur *m*, -euse *f*.

surfboarding ['sɜ:fbɔ:dɪŋ] n surf *m*.

surfcasting ['sɜ:fkɑ:stɪŋ] n *pêche à la ligne dans le ressac*.

surfeit ['sɜ:fɪt] ◆ n *fml* [excess] excès *m*, surabondance *f* / *we had a surfeit of pasta while on holiday in Rome* nous nous sommes gavés de pâtes pendant nos vacances à Rome / *there is a surfeit of imported goods* il y a trop d'importations. ◆ vt rassasier.

surfer ['sɜ:fəʳ] n SPORT surfeur *m*, -euse *f* ; COMPUT internaute *mf*.

surfing ['sɜ:fɪŋ] n surf *m* / *surfing is forbidden on this beach* le surf est interdit sur cette plage.

surfride ['sɜ:fraɪd] vi surfer, faire du surf.

surfrider ['sɜ:f,raɪdəʳ] n surfeur *m*, -euse *f*.

surfriding ['sɜ:f,raɪdɪŋ] n surf *m*.

surge [sɜ:dʒ] ◆ n **1.** [increase - of activity] augmentation *f*, poussée *f* ; [- of emotion] vague *f*, accès *m* ; [ELEC - of voltage, current] pointe *f* / *a big surge in demand* une forte augmentation de la demande / *a surge of pain / pity* un accès de douleur / de pitié / *he felt a surge of pride at the sight of his son* la fierté l'envahit en regardant son fils / *I felt a surge of hatred* j'ai senti la haine monter en moi **2.** [rush, stampede] ruée *f* / *there was a sudden surge for the exit* tout à coup les gens se sont rués vers la sortie / *a surge of spectators carried him forward* il fut emporté par le flot des spectateurs / *the demonstrators made a surge forward and broke through the police cordon* les manifestants se ruèrent en avant et le cordon de police céda **3.** NAUT houle *f*. ◆ vi **1.** [well up - emotion] monter / *I felt anger / hope / despair surge in me* j'ai senti la colère / l'espoir / le désespoir monter en moi **2.** [rush - crowd] se ruer, déferler ; [- water] couler à flots or à torrents ; [- waves] déferler / *the demonstrators surged forward* les manifestants se ruèrent en avant / *the gates of the stadium opened and the fans surged in / out* les portes du stade s'ouvrirent et des flots de spectateurs s'y engouffrèrent / en sortirent / *the truck surged forward* le camion a bondi en avant / *water surged through the breach in the dam* des torrents or trombes d'eau jaillirent de la brèche dans le barrage / *blood surged to her cheeks* le sang lui est monté au visage **3.** ELEC subir une surtension.

❖ **surge up** vi = **surge** *(vi)*.

surgeon ['sɜ:dʒən] n chirurgien *m*, -enne *f* / *she hopes to become a surgeon* elle espère devenir chirurgien or chirurgienne ▸ **a woman surgeon** une chirurgienne, une femme chirurgien.

surgeon general (*pl* **surgeons general**) n **1.** MIL médecin-général *m* **2.** US ADMIN chef *m* des services de santé.

surge protector n ELEC protecteur *m* de surtension.

surgery ['sɜ:dʒərɪ] (*pl* **surgeries**) n **1.** [field of medicine] chirurgie *f* / *to study surgery* étudier la chirurgie **2.** *(U)* [surgical treatment] intervention *f* chirurgicale, interventions *fpl* chirurgicales / *minor / major surgery might be necessary* une intervention chirurgicale mineure / importante pourrait s'avérer nécessaire ▸ **to perform surgery on sb** opérer qqn ▸ **to have brain / heart surgery** se faire opérer du cerveau / du cœur / *the patient is undergoing surgery* le malade est au bloc opératoire **3.** UK [consulting room] cabinet *m* médical or de consultation ; [building] centre *m* médical ; [consultation] consultation *f* / *Doctor Jones doesn't take surgery* *on Fridays* le docteur Jones ne consulte pas le vendredi / *can I come to the surgery tomorrow?* puis-je venir au cabinet or à la consultation demain ? ▸ **surgery hours** heures *fpl* de consultation **4.** UK POL permanence *f* / *our MP holds a surgery on Saturdays* notre député tient une permanence le samedi.

surgical ['sɜːdʒɪkl] adj **1.** [operation, treatment] chirurgical ; [manual, treatise] de chirurgie ; [instrument, mask] chirurgical, de chirurgien ; [methods, shock] opératoire **2.** [appliance, boot, stocking] orthopédique **3.** MIL ▸ **surgical strike** frappe *f* « chirurgicale ».

surgical cotton n coton *m* hydrophile.

surgical dressing n pansement *m*.

surgically ['sɜːdʒɪklɪ] adv par intervention chirurgicale / *the tumour was removed surgically* la tumeur fut enlevée par intervention chirurgicale.

surgical spirit n UK alcool *m* à 90 (degrés).

surging ['sɜːdʒɪŋ] adj [crowd, waves] déferlant ; [water] qui coule à flots or à torrents.

Surinam [,sʊərɪ'næm] pr n Surinam *m*, Suriname *m* / *in Surinam* au Surinam.

Surinamese [,sʊərɪnæ'miːz] ◆ n Surinamien *m*, -enne *f* ▸ **the Surinamese** les Surinamiens. ◆ adj surinamien.

surliness ['sɜːlɪnɪs] n [character] caractère *m* hargneux or grincheux ; [mood] humeur *f* hargneuse or grincheuse.

surly ['sɜːlɪ] (*compar* **surlier**, *superl* **surliest**) adj [ill-tempered] hargneux, grincheux ; [gloomy] maussade, renfrogné.

surmise [sɜː'maɪz] ◆ vt conjecturer, présumer / *I can only surmise what the circumstances were* je ne puis que conjecturer quelles étaient les circonstances / *I surmised that he was lying* je me suis douté qu'il mentait. ◆ n *fml* conjecture *f*, supposition *f* / *your conclusion is pure surmise* votre conclusion est entièrement hypothétique.

surmount [sɜː'maʊnt] vt **1.** [triumph over] surmonter, vaincre **2.** *fml* [cap, top] surmonter / *the building is surmounted by a large dome* le bâtiment est surmonté d'un grand dôme.

surmountable [sɜː'maʊntəbl] adj surmontable.

surname ['sɜːneɪm] n UK nom *m* (de famille) / *surname and Christian name* nom et prénom.

surpass [sə'pɑːs] vt **1.** [outdo, outshine] surpasser / *you have surpassed yourselves* vous vous êtes surpassés **2.** [go beyond] surpasser, dépasser / *that kind of behaviour surpasses my understanding* ce genre de comportement me dépasse / *the result surpassed all our expectations* le résultat dépassa toutes nos espérances.

surpassing [sə'pɑːsɪŋ] adj *liter* sans égal / *a woman of surpassing beauty* une femme d'une beauté sans égale or inégalable.

surplice ['sɜːplɪs] n surplis *m*.

surplus ['sɜːpləs] ◆ n **1.** [overabundance] surplus *m*, excédent *m* / *a labour surplus* un surplus de main-d'œuvre / *Japan's trade surplus* l'excédent commercial du Japon **2.** *(U)* [old military clothes] surplus *mpl* / *an army surplus overcoat* un manteau des surplus de l'armée / *an army surplus store* un magasin de surplus de l'armée **3.** FIN [in accounting] boni *m*. ◆ adj **1.** [gen] en surplus, en trop / *pour off any surplus liquid* enlevez tout excédent de liquide ▸ **to be surplus to requirements** excéder les besoins **2.** COMM & ECON en surplus, excédentaire / *surplus production* production *f* excédentaire / *they export their surplus agricultural produce* ils exportent leurs surplus agricoles / *surplus stock* stocks *mpl* excédentaires, surplus *m*.

surprise [sə'praɪz] ◆ n **1.** [unexpected event, experience, etc.] surprise *f* / *it was a surprise to me* cela a été une surprise pour moi, cela m'a surpris / *what a lovely surprise!* quelle merveilleuse surprise ! / *her death came as no surprise* sa mort n'a surpris personne / *his resignation came as a surprise to everyone* sa démission a surpris tout le monde ▸ **to give sb a surprise** faire une surprise à qqn / *you're in for (a bit of) a surprise* tu vas être surpris !, tu vas avoir une (sacrée) surprise ! **2.** [astonishment] surprise *f*, étonnement *m* / *much to my surprise, she agreed* à ma grande surprise or à mon grand étonnement, elle accepta / *her announcement caused some surprise* sa déclaration a provoqué un certain étonnement / *he looked at me in surprise* il me regarda d'un air surpris or étonné **3.** [catching unawares] surprise *f* / *the element of surprise is on our side* nous avons l'effet de surprise pour nous / *their arrival took me by surprise* leur arrivée m'a pris au dépourvu / *the soldiers took the enemy by surprise* les soldats ont pris l'ennemi par surprise. ◆ comp [attack, present, victory] surprise ; [announcement] inattendu / *the Prime Minister made a surprise visit to Ireland* le Premier ministre a fait une visite surprise en Irlande ▸ **surprise party** fête *f* surprise. ◆ vt **1.** [amaze] surprendre, étonner / *it surprised me that they didn't give her the job* j'ai été surpris or étonné qu'ils ne l'aient pas embauchée / *shall we surprise her?* si on lui faisait une surprise ? / *it wouldn't surprise me if they lost* ça ne m'étonnerait pas or je ne serais pas surpris qu'ils perdent / *go on, surprise me!* *iro* vas-y, annonce ! **2.** [catch unawares] surprendre / *the burglar was surprised by the police* le cambrioleur fut surpris par la police / *we surprised the enemy at dawn* nous avons surpris l'ennemi à l'aube.

surprised [sə'praɪzd] adj surpris, étonné / *she was surprised to learn that she had got the job* elle a été surprise d'apprendre qu'on allait l'embaucher / *don't be surprised if she doesn't come* ne vous étonnez pas si elle ne vient pas / *I wouldn't* or *I shoudn't be surprised if they'd forgotten* cela ne m'étonnerait pas qu'ils aient oublié / *I'm surprised by* or *at his reaction* sa réaction me surprend or m'étonne / *it looks easy but you'd be surprised* ça semble facile mais ne vous y fiez pas / *his lack of good manners is nothing to be surprised about* son manque de savoir-vivre n'a rien d'étonnant.

> Note that **être surpris / étonné que** and **s'étonner que** are followed by a verb in the subjunctive:
> **I'm surprised he's so fond of that old car.** *Je suis surpris / étonné qu'il tienne autant à cette vieille voiture.*
> **I'm surprised that no one has yet replied.** *Je m'étonne que personne n'ait encore répondu.*

surprising [sə'praɪzɪŋ] adj surprenant, étonnant / *it's surprising (that) she left so early* il est surprenant or étonnant qu'elle soit partie si tôt / *it's not at all* or *not in the least surprising* cela n'a rien d'étonnant.

surprisingly [sə'praɪzɪŋlɪ] adv étonnamment / *for a ten-year-old, she's surprisingly mature* elle est vraiment très mûre pour une fille de dix ans / *surprisingly, he managed to win* chose surprenante or étonnante, il a quand même gagné / *he apologized, surprisingly enough* chose surprenante or étonnante, il s'est excusé / *not surprisingly, the play sold out* toutes les places ont été louées, ce qui n'a rien d'étonnant.

surreal [sə'rɪəl] ◆ adj **1.** [strange, dreamlike] étrange, onirique **2.** [surrealist] surréaliste. ◆ n ▸ **the surreal** le surréel.

surrealism [sə'rɪəlɪzm] n ART & LITER surréalisme *m*.

surrealist [sə'rɪəlɪst] ◆ adj ART & LITER surréaliste. ◆ n ART & LITER surréaliste *mf*.

surrealistic [sə,rɪəl'ɪstɪk] adj **1.** ART & LITER surréaliste **2.** *fig* surréel, surréaliste.

surrender [sə'rendər] ◆ vi **1.** MIL [capitulate] se rendre, capituler / *they surrendered to the enemy* ils se rendirent à or ils capitulèrent devant l'ennemi **2.** [give o.s. up] se livrer / *after 16 hours the hijackers surrendered to the police* au bout de 16 heures, les pirates de l'air se sont livrés à la police ▸ **to surrender to bail** LAW comparaître en jugement (après une libération sous caution) **3.** *fig* [abandon o.s.] se livrer, s'abandonner / *to surrender to temptation* se livrer or s'abandonner à la tentation. ◆ vt **1.** [city, position] livrer ; [relinquish - possessions, territory] céder, rendre ; [- one's seat] céder, laisser ; [- arms] rendre, livrer ; [- claim, authority, freedom, rights] renoncer à ; [- hopes] abandonner ▸ **to surrender o.s. to sthg** se livrer or s'abandonner à qqch **2.** [hand in - ticket, coupon] remettre. ◆ n **1.** [capitulation] reddition *f*, capitulation *f* / *the town was starved into surrender* la famine a obligé la ville à capituler / *the government's surrender to the unions* la capitulation du gouvernement devant les syndicats / *he laughed at the idea of surrender* l'idée de se rendre l'a fait rire **2.** [relinquishing - of possessions, territory] cession *f* ; [- of arms] remise *f* ; [- of claim, authority, freedom, rights] renonciation *f*, abdication *f* ; [- of hopes] abandon *m* / *it is tantamount to a surrender of all our rights* cela équivaut à l'abdication de or renoncer à tous nos droits.

surreptitious [,sʌrəp'tɪʃəs] adj subreptice *liter*, furtif, clandestin.

surreptitiously [,sʌrəp'tɪʃəslɪ] adv subrepticement *liter*, furtivement, à la dérobée.

surrey ['sʌrɪ] n *voiture hippomobile à deux places.*

surrogacy ['sʌrəgəsɪ] n maternité *f* de remplacement or de substitution.

surrogate ['sʌrəgeɪt] ◆ n **1.** *fml* [substitute - person] remplaçant *m*, -e *f*, substitut *m* ; [- thing] succédané *m* **2.** PSYCHOL substitut *m* **3.** US LAW magistrat *m* de droit civil *(juridiction locale)* **4.** UK RELIG évêque *m* auxiliaire. ◆ adj de substitution, de remplacement / *they served as surrogate parents to her* ils ont en quelque sorte remplacé ses parents.

surrogate mother n PSYCHOL substitut *m* maternel ; MED mère *f* porteuse.

surround [sə'raʊnd] ◆ vt **1.** [gen] entourer / *the garden is surrounded by a brick wall* le jardin est entouré d'un mur en briques / *the president surrounded himself with advisers* le président s'est entouré de conseillers / *there is a great deal of controversy surrounding the budget cuts* il y a une vive controverse autour des réductions budgétaires **2.** [subj: troops, police, enemy] encercler, cerner / *surrounded by enemy soldiers* encerclé or cerné par des troupes ennemies. ◆ n UK [border, edging] bordure *f*.

surrounding [sə'raʊndɪŋ] adj environnant / *there's a lovely view of the surrounding countryside* il y a une belle vue sur le paysage alentour.

❖ **surroundings** pl n **1.** [of town, city] alentours *mpl*, environs *mpl* **2.** [setting] cadre *m*, décor *m* / *it's a pleasure to be in such lovely surroundings* c'est un vrai plaisir de se trouver dans un cadre aussi joli **3.** [environment] environnement *m*, milieu *m* / *she's indifferent to her surroundings* elle est indifférente à son environnement.

surround sound n son *m* surround.

surtax ['sɜːtæks] n *impôt supplémentaire qui s'applique au-delà d'une certaine tranche de revenus.*

surtitle ['sɜːtaɪtl] n surtitre *m*.

surveillance [sɜː'veɪləns] n surveillance *f* ▸ **to keep sb under constant surveillance** garder qqn sous surveillance continue / *the house is under police surveillance* la maison est surveillée par la police.

survey ◆ vt [sə'veɪ] **1.** [contemplate] contempler ; [inspect] inspecter, examiner ; [review] passer en revue / *we sat surveying the view* nous étions assis à contempler le paysage / *he stepped back to survey the painting* il fit un pas en arrière pour contempler le tableau **2.** [make a study of] dresser le bilan de, étudier / *the report surveys the current state of manufacturing industry in Britain* le rapport dresse le bilan de l'industrie manufacturière en Grande-Bretagne **3.** [poll] sonder / *65% of women surveyed were opposed to the measure* 65 % des femmes interrogées sont contre cette mesure **4.** [land] arpenter, relever, faire un relèvement de ; UK [house] expertiser, faire une expertise de / *always have a house independently surveyed before buying* il faut toujours faire faire une expertise indépendante avant d'acheter une maison. ◆ n ['sɜːveɪ] **1.** [study, investigation] étude *f*, enquête *f* / *they carried out a survey of retail prices* ils ont fait une enquête sur les prix au détail **2.** [overview] vue *f* d'ensemble / *the exhibition offers a comprehensive survey of contemporary British art* l'exposition présente une vision d'ensemble de l'art contemporain britannique **3.** [poll] sondage *m* **4.** [of land] relèvement *m*, levé *m* ▸ **aerial survey** levé aérien ;

UK [of house] expertise *f* ▸ **to have a survey done** faire faire une expertise.

surveying [sə'veɪɪŋ] n [measuring - of land] arpentage *m*, levé *m* ; UK [examination - of buildings] examen *m*.

surveyor [sə'veɪər] n **1.** [of land] arpenteur *m*, géomètre *m* **2.** UK [of buildings] géomètre-expert *m* / *the council surveyor declared the building unsafe* l'expert envoyé par la mairie déclara l'immeuble dangereux.

survival [sə'vaɪvl] ◆ n **1.** [remaining alive] survie *f* / *what are their chances of survival?* quelles sont leurs chances de survie ? ▸ **the survival of the fittest** la survie du plus apte **2.** [relic, remnant] survivance *f*, vestige *m* / *the custom is a survival from the Victorian era* cette coutume remonte à l'époque victorienne. ◆ comp [course, kit] de survie.

survivalism [sə'vaɪvəlɪzm] n *entraînement en vue de la survie en cas de catastrophe.*

survivalist [sə'vaɪvəlɪst] n *personne qui s'entraîne à la survie en cas de catastrophe.*

survive [sə'vaɪv] ◆ vi **1.** [remain alive] survivre / *nobody thought she'd survive* personne ne pensait qu'elle survivrait **2.** [cope, pull through] : *don't worry, I'll survive!* inf ne t'inquiète pas, je n'en mourrai pas ! / *how can they survive on such low wages?* comment font-ils pour vivre or pour subsister avec des salaires si bas ? / *he earned just enough to survive on* il gagnait tout juste de quoi survivre **3.** [remain, be left] subsister / *only a dozen of his letters have survived* il ne subsiste or reste qu'une douzaine de ses lettres. ◆ vt **1.** [live through] survivre à, réchapper à or de / *few of the soldiers survived the battle* peu de soldats ont survécu à la bataille / *we thought he'd never survive the shock* nous pensions qu'il ne se remettrait jamais du choc **2.** [cope with, get through] supporter / *she survived the death of her father better than expected* elle a surmonté la mort de son père mieux que prévu / *I never thought I'd survive the evening!* jamais je n'aurais cru que je tiendrais jusqu'à la fin de la soirée ! **3.** [outlive, outlast] survivre à / *she survived her husband by 20 years* elle a survécu 20 ans à son mari / *she is survived by two daughters* elle laisse deux filles **4.** [withstand] survivre à, résister à / *the house didn't survive the storm* la maison n'a pas survécu or résisté à la tempête / *her beauty has survived the passage of time* sa beauté a résisté au temps.

surviving [sə'vaɪvɪŋ] adj survivant / *his only surviving son* son seul fils encore en vie / *the longest surviving whale in captivity* la baleine qui vit depuis le plus longtemps en captivité.

survivor [sə'vaɪvər] n **1.** [of an accident, attack] survivant *m*, -e *f*, rescapé *m*, -e *f* / *the survivors of the death camps* les rescapés des camps de la mort / *there are no reports of any survivors* aucun survivant n'a été signalé / *she'll be all right, she's a born survivor* elle s'en sortira, elle est solide **2.** LAW survivant *m*, -e *f*.

sus [sʌs] n UK inf ▸ **sus laws** *lois (abrogées en 1981) équivalant au système du contrôle d'identité et autorisant l'arrestation de personnes dont le comportement paraissait suspect.*

susceptibility [sə,septə'bɪlətɪ] (*pl* **susceptibilities**) n **1.** [predisposition - to an illness] prédisposition *f* / *she has a susceptibility to respiratory complaints* elle a une prédisposition aux infections respiratoires **2.** [vulnerability] sensibilité *f* / *his susceptibility to flattery* sa sensibilité à la flatterie **3.** [sensitivity] sensibilité *f*, émotivité *f* **4.** PHYS susceptibilité *f*.

❖ **susceptibilities** pl n [feelings] sentiments *mpl*, susceptibilité *f* / *try to spare their susceptibilities* essayez de ménager leur susceptibilité.

susceptible [sə'septəbl] adj **1.** [prone - to illness] prédisposé / *I'm very susceptible to colds* je m'enrhume très facilement / *only the more susceptible children contracted the disease* seuls les enfants les plus prédisposés ont été contaminés par la maladie **2.** [responsive] sensible / *the management is susceptible to pressure from the staff* la direction est sensible aux pressions du personnel / *susceptible to flattery* sensible à la flatterie / *the virus is not susceptible to treatment* le virus ne répond pas au traitement **3.** [sensitive, emotional] sensible, émotif **4.** fml [capable] susceptible / *her decisions are susceptible of modification* ses décisions sont susceptibles d'être modifiées.

sushi ['su:ʃɪ] n sushi *m* ▸ **sushi bar** sushi-bar *m*.

suspect ◆ vt [sə'spekt] **1.** [presume, imagine] soupçonner, se douter de / *to suspect foul play* soupçonner quelque chose de louche / *I suspected there would be trouble* je me doutais qu'il y aurait des problèmes / *I suspected as much!* je m'en doutais ! / *what happened, I suspect, is that they had an argument* ce qui s'est passé, j'imagine, c'est qu'ils se sont disputés **2.** [mistrust] douter de, se méfier de ▸ **to suspect sb's motives** avoir des doutes sur les intentions de qqn **3.** [person - of wrongdoing] soupçonner, suspecter ▸ **to be suspected of sthg** être soupçonné de qqch ▸ **to suspect sb of sthg** or **of doing sthg** soupçonner qqn de qqch or d'avoir fait qqch. ◆ n ['sʌspekt] suspect *m*, -e *f*. ◆ adj ['sʌspekt] suspect / *his views on apartheid are rather suspect* ses vues sur l'apartheid sont plutôt douteuses.

suspected [sə'spektɪd] adj présumé / *a suspected terrorist* un terroriste présumé / *a suspected case of cholera* un cas présumé de choléra / *he's undergoing tests for a suspected tumour* on est en train de lui faire des analyses pour s'assurer qu'il ne s'agit pas d'une tumeur.

suspend [sə'spend] vt **1.** [hang] suspendre / *suspended from the ceiling* suspendu au plafond / *particles of radioactive dust were suspended in the atmosphere* des particules radioactives étaient en suspension dans l'atmosphère **2.** [discontinue] suspendre ; [withdraw - permit, licence] retirer (provisoirement), suspendre / *bus services have been suspended* le service des autobus a été suspendu or interrompu / *the government has suspended the repayment of foreign debts* le gouvernement a suspendu le remboursement de sa dette extérieure **3.** [defer] suspendre, reporter ▸ **to suspend judgment** suspendre son jugement / *the commission decided to suspend its decision* la commission décida de surseoir à sa décision ▸ **to suspend one's disbelief** faire taire son incrédulité **4.** [exclude temporarily - official, member, sportsman] suspendre ; [- worker] suspendre, mettre à pied ; [- pupil, student] exclure provisoirement / *suspended for six months* suspendu pendant six mois / *two pupils have been suspended from school for smoking* deux élèves surpris à fumer font l'objet d'un renvoi provisoire.

suspended animation [sə'spendɪd-] n [natural state] hibernation *f* ; [induced state] hibernation *f* artificielle.

suspended sentence n LAW condamnation *f* avec sursis / *she got a three-month suspended sentence* elle a été condamnée à trois mois de prison avec sursis.

suspender [sə'spendər] n UK [for stockings] jarretelle *f* ; [for socks] fixe-chaussette *m*.

❖ **suspenders** pl n US [for trousers] bretelles *fpl*.

suspender belt n UK porte-jarretelles *m inv*.

suspense [sə'spens] n **1.** [anticipation] incertitude *f* ▸ **to keep** or **to leave sb in suspense** laisser qqn dans l'incertitude ▸ **to break the suspense** mettre fin à l'incertitude ▸ **the suspense is killing me!** inf quel suspense ! ; [in films, literature] suspense *m* / *she manages to maintain the suspense throughout the book* elle réussit à maintenir or faire durer le suspense jusqu'à la fin du livre **2.** ADMIN & LAW ▸ **in suspense** en suspens.

suspense account n compte *m* d'ordre.

suspension [sə'spenʃn] n **1.** [interruption] suspension *f* ; [withdrawal] suspension *f*, retrait *m* (provisoire) / *the suspension of hostilities / payments* la suspension des hostilités / des paiements **2.** [temporary dismissal - from office, political party, club, team] suspension *f* ; [- from job] suspension *f*, mise *f* à pied ; [- from school, university] exclusion *f* provisoire **3.** AUTO & TECH suspension *f* ▸ **independent suspension** suspension à roues indépendantes **4.** CHEM suspension *f* / *in suspension* en suspension.

suspension bridge n pont *m* suspendu.

suspension light n (éclairage *m* à) suspension *f*.

suspension points pl n points *mpl* de suspension.

suspensor [sə'spensər] n **1.** ANAT [ligament] ligament *m* suspenseur ; [muscle] muscle *m* suspenseur **2.** BOT suspenseur *m*.

suspensory [sə'spensərɪ] (*pl* **suspensories**) ◆ n **1.** ANAT = **suspensor 2.** MED [bandage, sling] suspensoir *m*. ◆ adj **1.** ANAT suspenseur **2.** MED [bandage, sling] de soutien.

suspicion [sə'spɪʃn] n **1.** [presumption of guilt, mistrust] soupçon *m*, suspicion *f* / *her neighbours' strange behaviour aroused her suspicion* or *suspicions* le comportement étrange de ses voisins éveilla ses soupçons ▸ **to be above** or **beyond suspicion** être au-dessus de tout soupçon / *I have my suspicions about this fellow* j'ai des doutes sur cet individu / *the new boss was regarded with suspicion* on considérait le nouveau patron avec méfiance ▸ **to be under suspicion** être soupçonné / *he was arrested on suspicion of drug trafficking* LAW il a été arrêté parce qu'on le soupçonnait de trafic de drogue **2.** [notion, feeling] soupçon *m* / *I had a growing suspicion that he wasn't telling the truth* je soupçonnais de plus en plus qu'il ne disait pas la vérité / *I had a (sneaking) suspicion you'd be here* j'avais comme un pressentiment que tu serais là **3.** [trace, hint] soupçon *m*, pointe *f* / *there was a suspicion of bitterness in her voice* il y avait un soupçon or une pointe d'amertume dans sa voix.

suspicious [sə'spɪʃəs] adj **1.** [distrustful] méfiant, soupçonneux / *his strange behaviour made us suspicious* son comportement étrange a éveillé nos soupçons or notre méfiance / *she became suspicious when he refused to give his name* elle a commencé à se méfier quand il a refusé de donner son nom / *I'm suspicious of his motives* je me méfie de ses intentions / *she gave him a suspicious look* elle lui jeta un regard méfiant **2.** [suspect] suspect / *the minister resigned in very suspicious circumstances* le ministre démissionna dans des circonstances très suspectes / *there are a lot of suspicious-looking characters in this pub* il y a beaucoup d'individus suspects dans ce pub / *it is suspicious that she didn't phone the police* le fait qu'elle n'a pas téléphoné à la police est suspect.

suspiciously [sə'spɪʃəslɪ] adv **1.** [distrustfully] avec méfiance, soupçonneusement **2.** [strangely] de façon suspecte / *police saw a man acting suspiciously* la police a vu un homme qui se comportait de façon suspecte / *she was suspiciously keen to leave* son empressement à partir était suspect / *they came suspiciously close to guessing the truth* il est étrange qu'ils aient failli deviner la vérité / *it looks suspiciously like malaria* ça ressemble étrangement au paludisme.

suspiciousness [sə'spɪʃəsnɪs] n **1.** [distrust] méfiance *f* **2.** [suspect nature] caractère *m* suspect.

suss [sʌs] ◆ vt UK inf flairer / *she sussed what he was after* elle a compris où il voulait en venir. ◆ n inf = **sus**.

❖ **suss out** vt sep UK inf **1.** [device, situation] piger / *she sussed out how it worked in ten minutes* elle a pigé comment ça marchait en dix minutes / *I can't suss out this computer program* je n'arrive pas à piger (comment marche) ce nouveau logiciel **2.** [person] saisir le caractère de / *I've got him sussed out* je sais à qui j'ai affaire.

sustain [sə'steɪn] vt **1.** [maintain, keep up - conversation] entretenir ; [- effort, attack, pressure] soutenir, maintenir ; [- sb's interest] maintenir / *if the present level of economic growth is sustained* si le niveau actuel de croissance économique est maintenu **2.** [support physically] soutenir, supporter / *steel girders sustain the weight of the bridge* le pont est soutenu par des poutres en acier **3.** [support morally] soutenir / *it was only their belief in God that sustained them* seule leur croyance en Dieu les a soutenus **4.** MUS [note] tenir, soutenir **5.** [nourish] nourrir / *they had only dried fruit and water to sustain them* ils n'avaient que des fruits secs et de l'eau pour subsister / *one meal a day is not enough to sustain you* l'homme a besoin pour vivre de plus d'un repas par jour / *a planet capable of sustaining life* une planète capable de maintenir la vie **6.** [suffer - damage] subir ; [- defeat, loss] subir, essuyer ; [- injury] recevoir / *to* *sustain an injury* recevoir une blessure, être blessé / *the man sustained a serious blow to the head* l'homme a été grièvement atteint à la tête ; [withstand] supporter / *her fragile condition will not sustain another shock* étant donné la fragilité de son état, elle ne supportera pas un nouveau choc **7.** LAW [accept as valid] admettre / *the court refused to sustain the motion* le tribunal refusa d'admettre or d'accorder la requête / *objection sustained* objection admise / *the court sustained her claim* le tribunal lui accorda gain de cause **8.** [corroborate - assertion, theory, charge] corroborer **9.** THEAT [role] tenir.

sustainability [sə,steɪnə'bɪlɪtɪ] n durabilité *f*.

sustainable [səs'teɪnəbl] adj [development, agriculture, politics, housing] durable ▸ **sustainable resources** ressources *fpl* renouvelables.

sustained [sə'steɪnd] adj [effort, attack] soutenu ; [discussion] prolongé.

sustaining [sə'steɪnɪŋ] adj nourrissant, nutritif.

sustaining pedal n pédale *f* forte.

sustaining program n US RADIO & TV émission *f* non sponsorisée.

sustenance ['sʌstɪnəns] n **1.** [nourishment] valeur *f* nutritive / *there is little sustenance in such foods* de tels aliments ont peu de valeur nutritive or sont peu nourrissants / *stale bread provided her only form of sustenance* elle se nourrissait uniquement de pain rassis / *his neighbours provided moral sustenance during the crisis fig* ses voisins l'ont soutenu moralement pendant la crise **2.** [means of subsistence] subsistance *f* / *they could not derive sustenance from the land* ils ne pouvaient pas vivre de la terre.

susurration [,sju:sə'reɪʃn] n *liter* susurrement *m*.

suttee ['sʌti:] n [tradition] sati *m inv* ; [widow] sati *f inv*.

suture ['su:tʃər] ◆ n **1.** MED point *m* de suture **2.** ANAT & BOT suture *f*. ◆ vt MED suturer.

SUV (abbr of **sport utility vehicle**) n AUTO 4 x 4 *m*.

suzerain ['su:zəreɪn] ◆ n **1.** HIST suzerain *m*, -e *f* **2.** POL [state] État *m* dominant. ◆ adj **1.** HIST suzerain ▸ **suzerain lord** suzerain *m* **2.** POL [state, power] dominant.

suzerainty ['su:zəreɪntɪ] n **1.** HIST suzeraineté *f* **2.** POL dominance *f*.

svelte [svelt] adj svelte.

Svengali [,sveŋ'gɑ:lɪ] n manipulateur *m*.

SW 1. (written abbr of **short wave**) OC **2.** (written abbr of **south-west**) S-O.

swab [swɒb] (*pt & pp* **swabbed**, *cont* **swabbing**) ◆ n **1.** MED [cotton] tampon *m* ; [specimen] prélèvement *m* **2.** [mop] serpillière *f* **3.** [brush for firearms] écouvillon *m*. ◆ vt **1.** MED [clean] nettoyer (avec un tampon) **2.** [mop] laver / *to swab down the decks* laver le pont.

Swabia ['sweɪbjə] pr n Souabe *f* / *in Swabia* en Souabe.

swaddle ['swɒdl] vt **1.** [wrap] envelopper, emmitoufler / *swaddled in blankets* enveloppé or emmitouflé dans des couvertures / *her head was swaddled in bandages* elle avait la tête enveloppée de pansements **2.** *arch* [baby] emmailloter.

swaddling clothes pl n *arch* BIBLE maillot *m*, langes *mpl* / *the infant was wrapped in swaddling clothes* le nourrisson était emmailloté.

swag [swæg] *inf* ◆ n **1.** UK [booty] butin *m* **2.** AUSTR & NZ [bundle] baluchon *m*, balluchon *m* ▸ **to go on the swag** vagabonder **3.** AUSTR & NZ ▸ **swags of** [lots of] un tas de, une flopée de. ◆ vi AUSTR & NZ [roam] vagabonder.

swagger ['swægər] ◆ vi **1.** [strut] se pavaner / *he swaggered into / out of the room* il entra dans / sortit de la pièce en se pavanant **2.** [boast] se vanter, fanfaronner, plastronner. ◆ n [manner] air *m* arrogant ; [walk] démarche *f* arrogante / *he entered the room with a swagger* il entra dans la pièce en se pavanant.

swagger cane = **swagger stick**.

swaggering ['swægərɪŋ] ◆ adj [gait, attitude] arrogant ; [person] fanfaron, bravache. ◆ n [proud gait] démarche *f* or allure *f* arrogante ; [boasting] vantardise *f*.

swagger stick n [gen] badine *f*, canne *f* ; MIL bâton *m* (d'officier).

swagman ['swægmæn] (*pl* **swagmen** [-men]) n AUSTR & NZ *inf* clochard *m*.

Swahili [swɑ:'hi:lɪ] ◆ n **1.** LING swahili *m* **2.** [person] Swahili *m*, -e *f*. ◆ adj swahili.

swain [sweɪn] n *arch* [young man] jeune homme *m* de la campagne ; [lover] soupirant *m*.

SWALK [swɔ:lk] (abbr of **sealed with a loving kiss**) *inf doux baisers (écrit sur une enveloppe contenant une lettre d'amour).*

swallow ['swɒləʊ] ◆ vt **1.** [food, drink, medicine] avaler / *he almost swallowed his tongue* il a failli avaler sa langue **2.** *inf* [believe] avaler, croire / *she swallowed the story whole* elle a avalé or cru toute l'histoire / *he'll swallow anything* il avalerait n'importe quoi / *I find it hard to swallow* j'ai du mal à avaler ça **3.** [accept unprotestingly] avaler, accepter / *I find it hard to swallow* je trouve ça un peu raide / *I'm not going to swallow that sort of treatment* pas question que j'accepte d'être traité de cette façon **4.** [repress] ravaler / *to swallow one's anger / disappointment* ravaler sa colère / sa déception / *he had to swallow his pride* il a dû ravaler sa fierté **5.** [retract] : *to swallow one's words* ravaler ses paroles **6.** [absorb] engloutir / *they were soon swallowed by the crowd* la foule eut tôt fait de les engloutir. ◆ vi avaler, déglutir / *it hurts when I swallow* j'ai mal quand j'avale / *she swallowed hard and continued her speech* elle avala sa salive et poursuivit son discours. ◆ n **1.** [action] gorgée *f* / *she took a long swallow of champagne* elle prit or but une grande gorgée de champagne / *he finished his drink with one swallow* il finit sa boisson d'un trait or d'un seul coup **2.** ORNITH hirondelle *f* ▸ **one swallow doesn't make a summer** *prov* une hirondelle ne fait pas le printemps *prov*.

❖ **swallow up** vt sep engloutir / *the Baltic States were swallowed up by the Soviet Union* les pays Baltes ont été engloutis par l'Union soviétique / *I wished the ground would open and swallow me up* j'aurais voulu être à six pieds sous terre / *they were soon swallowed up in the mist* ils furent bientôt noyés dans la brume / *they were swallowed up in the crowd* ils ont disparu dans la foule.

swallow dive n UK SPORT saut *m* de l'ange.

swallow hole n UK gouffre *m*, aven *m*.

swallowtail ['swɒləʊteɪl] n machaon *m*.

swallow-tailed coat n queue-de-pie *f*.

swam [swæm] pt ⟶ **swim**.

swami ['swɑ:mɪ] (*pl* **swamis** *or* **swamies**) n swami *m*.

swamp [swɒmp] ◆ n marais *m*, marécage *m*. ◆ vt **1.** [flood] inonder ; [cause to sink] submerger **2.** [overwhelm] inonder, submerger / *she was swamped with calls* elle a été submergée d'appels / *we're swamped (with work) at the office at the moment* nous sommes débordés de travail au bureau en ce moment.

swamp buggy n US [boat] hydroglisseur *m* ; [tractor] tracteur *m* amphibie.

swamp fever n US [malaria] paludisme *m*, malaria *f*.

swampland ['swɒmplænd] n *(U)* marécages *mpl*, terrain *m* marécageux.

swampy ['swɒmpɪ] (*compar* **swampier**, *superl* **swampiest**) adj marécageux.

swan [swɒn] (*pt & pp* **swanned**, *cont* **swanning**) ◆ n cygne *m* ▸ **the Swan of Avon** Shakespeare / **'Swan Lake'** *Tchaikovsky* 'le Lac des cygnes'. ◆ vi UK *inf* : *they spent a year swanning round Europe* ils ont passé une année à se balader en Europe / *they swanned off to the pub* ils sont tranquillement allés au pub / *he came swanning into the office at 10:30* il est arrivé au bureau comme si de rien n'était à 10 h 30.

swan dive n US SPORT saut *m* de l'ange.

swank [swæŋk] *inf* ◆ vi se vanter, frimer. ◆ n UK **1.** [boasting] frime *f* / *ignore him, it's all swank* ne fais pas attention à lui, tout ça c'est de la frime **2.** [boastful person] frimeur *m*, -euse *f* **3.** US [luxury] luxe *m*, chic *m* / *it's got lots of swank* ça a une de ces classes ! ◆ adj = **swanky**.

swanky ['swæŋkɪ] (*compar* **swankier**, *superl* **swankiest**) adj *inf* [gen] chic ; [club, school] chic.

swan neck n col-de-cygne *m*.

swan-necked adj UK **1.** [person] au cou de cygne **2.** [object] en col de cygne.

swannery ['swɒnərɪ] (*pl* **swanneries**) n réserve *f* de cygnes.

swansdown ['swɒnzdaʊn] n **1.** [feathers] duvet *m* de cygne **2.** TEXT molleton *m*.

swansong ['swɒnsɒŋ] n chant *m* du cygne.

swan-upping n UK *recensement et marquage annuels des cygnes de la Tamise appartenant à la Couronne.*

swap [swɒp] (*pt & pp* **swapped**, *cont* **swapping**) ◆ vt **1.** [possessions, places] échanger ▸ **to swap sthg for sthg** échanger qqch contre qqch / *I'll swap my coat for yours* or *I'll swap coats with you* échangeons nos manteaux / *they've swapped places* ils ont échangé leurs places / *he swapped places with his sister* il a échangé sa place contre celle de sa sœur / *I wouldn't swap places with him for love nor money* je ne voudrais être à sa place pour rien au monde / *I'd swap jobs with him any day!* j'échangerais mon travail contre le sien sans hésiter ! / *as soon as the music stops, everybody swap partners* dès que la musique s'arrête, tout le monde change de cavalier **2.** [ideas, opinions] échanger / *they meet to swap stories about the war* ils se rencontrent pour échanger des histoires de guerre / *they swapped insults over the garden fence* ils échangèrent des insultes par-dessus la clôture du jardin. ◆ vi échanger, faire un échange or un troc / *I'll swap with you* on échangera, on fera un échange. ◆ n **1.** [exchange] troc *m*, échange *m* ▸ **to do a swap** faire un troc or un échange / *I gave her my bicycle as a swap for hers* je lui ai donné mon vélo en échange du sien **2.** [duplicate - stamp in collection, etc.] double *m*.

❖ **swap over, swap round** ◆ vt sep échanger, intervertir / *she swapped their glasses over* or *round when he left the room* elle échangea leurs verres quand il quitta la pièce. ◆ vi : *do you mind swapping over* or *round so I can sit next to Max?* est-ce que ça te dérange qu'on échange nos places pour que je puisse m'asseoir à côté de Max ?

swap meet n US foire *f* au troc.

SWAPO ['swɑ:pəʊ] (abbr of **South West Africa People's Organization**) pr n SWAPO *f*.

swap shop n foire *f* au troc, magasin *m* de troc.

sward [swɔ:d] n *arch & liter* gazon *m*, pelouse *f*.

swarf [swɔ:f] n *(U)* ébarbures *fpl*, limaille *f*.

swarm [swɔ:m] ◆ n **1.** [of bees] essaim *m* ; [of ants] colonie *f* **2.** *fig* [of people] essaim *m*, nuée *f*, masse *f* / *surrounded by a swarm of admirers* entouré d'une foule d'admirateurs. ◆ vi **1.** ENTOM essaimer **2.** *fig* [place] fourmiller, grouiller / *the streets were swarming with people* les rues grouillaient de monde **3.** *fig* [people] affluer / *the crowd swarmed in / out* la foule s'est engouffrée à l'intérieur / est sortie en masse / *bargain-hunters swarmed into the department store* les chercheurs d'occasions envahirent le grand magasin / *children were swarming round the ice-cream van* les enfants s'agglutinaient autour du camion du marchand de glaces **4.** [climb] grimper (lestement) / *she swarmed up the tree* elle grimpa lestement à l'arbre.

swarthiness ['swɔ:ðɪnɪs] n teint *m* basané.

swarthy ['swɔ:ðɪ] (*compar* **swarthier**, *superl* **swarthiest**) adj basané / *he has a swarthy complexion* il a le teint basané.

swash [swɒʃ] ◆ n [splash] clapotis *m*. ◆ vi clapoter.

swashbuckler ['swɒʃ,bʌklər] n **1.** [adventurer] aventurier *m*, -ère *f* ; [swaggerer] fier-à-bras *m*, matamore *m* **2.** [film] film *m* de cape et d'épée ; [novel] roman *m* de cape et d'épée.

swashbuckling ['swɒʃ,bʌklɪŋ] adj [person] fanfaron ; [film, story] de cape et d'épée.

swastika ['swɒstɪkə] n ANTIQ svastika *m* ; [Nazi] croix *f* gammée.

swat [swɒt] (*pt & pp* **swatted**, *cont* **swatting**) ◆ vt **1.** [insect] écraser **2.** *inf* [slap] frapper. ◆ n **1.** [device] tapette *f* **2.** [swipe] : *he took a swat at the mosquito* il essaya d'écraser le moustique **3.** *inf* = **swot.**

swatch [swɒtʃ] n échantillon *m* de tissu.

swath [swɔ:θ] = **swathe** *(noun).*

swathe [sweɪð] ◆ vt **1.** [bind] envelopper, emmailloter / *his head was swathed in bandages* sa tête était enveloppée de pansements / *she lay in bed swathed in blankets* elle était dans son lit, enveloppée or emmitouflée dans des couvertures **2.** [envelop] envelopper / *swathed in mist* enveloppé de brume. ◆ n **1.** AGR andain *m* **2.** [strip of land] bande *f* de terre / *the army cut a swathe through the town* l'armée a tout détruit sur son passage dans la ville / *the new motorway cuts a swathe through the countryside* la nouvelle autoroute coupe à travers la campagne / *she cut a swathe through the opposition* elle a fait des ravages dans les rangs de l'opposition **3.** [strip of cloth] lanière *f*.

swatter ['swɒtər] n tapette *f*.

sway [sweɪ] ◆ vi **1.** [pylon, bridge] se balancer, osciller ; [tree] s'agiter ; [bus, train] pencher ; [boat] rouler ; [person - deliberately] se balancer ; [- from tiredness, drink] chanceler, tituber / *the poplars swayed in the wind* les peupliers étaient agités par le vent / *they were swaying to the music* ils se balançaient au rythme de la musique ▸ **to sway from side to side / to and fro** se balancer de droite à gauche / d'avant en arrière **2.** [vacillate] vaciller, hésiter / *to sway between two opinions* vaciller or hésiter entre deux opinions ; [incline, tend] pencher / *to sway towards conservatism* pencher vers le conservatisme. ◆ vt **1.** [pylon] (faire) balancer, faire osciller ; [tree] agiter ; [hips] rouler, balancer / *they started swaying their bodies in time to the music* ils ont commencé à se balancer au rythme de la musique **2.** [influence] influencer / *his plea for mercy did not sway the judge* sa demande de clémence n'a pas influencé le juge / *don't be swayed by his charm* ne te laisse pas influencer par son charme **3.** *arch* [rule] régner sur. ◆ n **1.** [rocking - gen] balancement *m* ; [- of a boat] roulis *m* **2.** [influence] influence *f*, emprise *f*, empire *m* ▸ **to hold sway over sb / sthg** avoir de l'influence or de l'emprise sur qqn / qqch / *the economic theories that hold sway today* les théories économiques qui ont cours aujourd'hui.

Swazi ['swɑ:zɪ] n Swazi *mf*.

Swaziland ['swɑ:zɪlænd] pr n Swaziland *m* / *in Swaziland* au Swaziland.

swear [sweər] (*pt* **swore** [swɔ:r], *pp* **sworn** [swɔ:n]) ◆ vi **1.** [curse] jurer ▸ **to swear at sb** injurier qqn / *they started swearing at each other* ils ont commencé à se traiter de tous les noms or à s'injurier / *don't swear in front of the children* ne dis pas de gros mots devant les enfants ▸ **to swear like a trooper** jurer comme un charretier **2.** [vow, take an oath] jurer / *he swore on the Bible* il jura sur la Bible / *she swore on her honour / on her mother's grave* elle jura sur l'honneur / sur la tombe de sa mère / *I can't swear to its authenticity* je ne peux pas jurer de son authenticité / *I wouldn't swear to it, but I think it was him* je n'en jurerais pas, mais je crois que c'était lui / *I swear I'll never do it again!* je jure de ne plus jamais recommencer ! / *he swears he's never seen her before* il jure qu'il ne l'a jamais vue / *did YOU break it? — no, I swear I didn't* c'est toi qui l'as cassé ? — je vous jure que non or que ce n'est pas moi / *they swore to defend the family honour* ils jurèrent de défendre l'honneur de la famille. ◆ vt **1.** [pledge, vow] ▸ **to swear an oath** prêter serment ▸ **to swear allegiance to the Crown** jurer allégeance à la couronne ▸ **to swear a charge against sb** LAW faire une déposition sous serment contre qqn **2.** [make sb pledge] ▸ **to swear sb to secrecy** faire jurer à qqn de garder le secret.

❖ **swear by** vt insep : *she swears by that old sewing machine of hers* elle ne jure que par sa vieille machine à coudre / *you should try honey and hot milk for your cold, my mother swears by it* pour ton rhume, tu devrais essayer du miel dans du lait chaud, ma mère ne jure que par ça.

❖ **swear in** vt sep [witness, president] faire prêter serment à, assermenter *fml*.

❖ **swear off** vt insep *inf* renoncer à / *he has sworn off drinking* il a renoncé à l'alcool or arrêté de boire.

❖ **swear out** vt sep US LAW : *he swore out a warrant for Baker's arrest* il a témoigné sous serment afin de faire arrêter Baker.

swearing ['sweərɪŋ] n [use of swearwords] jurons *mpl*, gros mots *mpl* / *there's too much swearing on television* il y a trop de grossièretés à la télévision.

swearing in n : *after the swearing in of the jury* LAW après que le jury eut prêté serment.

swearword ['sweəwɜ:d] n grossièreté *f*, juron *m*, gros mot *m*.

sweat [swet] (UK *pt & pp* **sweated** ; US *pt & pp* **sweat** *or* **sweated**) ◆ n **1.** [perspiration] sueur *f*, transpiration *f* / *sweat was dripping from his forehead* son front était ruisselant de sueur / *I woke up covered in sweat* je me suis réveillé en nage or couvert de sueur or tout en sueur ▸ **to break into** or **to come out in a cold sweat** avoir des sueurs froides / *she earned it by the sweat of her brow* elle l'a gagné à la sueur de son front **2.** *inf* [unpleasant task] corvée *f* / *picking strawberries is a real sweat* UK la cueillette des fraises est une vraie corvée ▸ **no sweat!** : *can you give me a hand? — no sweat!* peux-tu me donner un coup de main ? — pas de problème ! **3.** UK *inf* [anxious state] : *there's no need to get into a sweat about it!* pas la peine de te mettre dans des états pareils ! **4.** *inf* [person] ▸ **(old) sweat a)** UK [old soldier] vieux soldat *m* **b)** [experienced worker] vieux routier *m* **5.** [sweatshirt] sweat *m*. ◆ vi **1.** [perspire] suer, transpirer / *the effort made him sweat* l'effort l'a mis en sueur / *she was sweating profusely* elle suait à grosses gouttes ▸ **to sweat like a pig** *inf* suer comme un bœuf **2.** *fig* [work hard, suffer] suer / *my mother sweated over a hot stove from morning till night* ma mère suait sur ses fourneaux du matin jusqu'au soir / *I'll make them sweat for this!* ils vont me le payer ! / *she's sweating over her homework* elle est en train de suer sur ses devoirs **3.** [ooze - walls] suer, suinter ; [- cheese] suer. ◆ vt **1.** [cause to perspire] faire suer or transpirer / *the doctor recommended sweating the patient* le médecin recommanda de faire transpirer le malade ; [exude] ▸ **to sweat blood** *fig* suer sang et eau / *he sweated blood over this article* il a sué sang et eau sur cet article ▸ **to sweat buckets** *inf* suer comme un bœuf **2.** CULIN faire suer **3.** US *inf* [extort] : *we sweated the information out of him* on lui a fait cracher le morceau **4.** CULIN cuire à l'étouffée **5.** US PHR **don't sweat it!** *inf* pas de panique ! ▸ **don't sweat the small stuff** n'angoisse pas sur les détails.

❖ **sweat off** vt sep éliminer / *you should do some exercise to sweat off those excess pounds* tu devrais faire un peu d'exercice pour éliminer ces kilos superflus.

❖ **sweat out** vt sep **1.** [illness] : *stay in bed and try to sweat out the cold* restez au chaud dans votre lit et votre rhume partira **2.** PHR **leave him to sweat it out** laissez-le se débrouiller tout seul.

sweatband ['swetbænd] n **1.** SPORT [headband] bandeau *m* ; [wristband] poignet *m* **2.** [in a hat] cuir *m* intérieur.

sweated ['swetɪd] adj ▸ **sweated labour a)** [staff] main-d'œuvre *f* exploitée **b)** [work] exploitation *f*.

sweater ['swetər] n pull-over *m*, pull *m*.

sweat gland n glande *f* sudoripare.

sweating ['swetɪŋ] n transpiration *f*, sudation *f spec* / *the illness can cause heavy sweating* la maladie peut provoquer une transpiration abondante or des sueurs abondantes.

sweatpants ['swetpænts] pl n US pantalon *m* de survêtement.

sweatshirt ['swetʃɜ:t] n sweat-shirt *m*.

sweatshop ['swetʃɒp] n ≃ atelier *m* clandestin.

sweat suit n US survêtement *m*, jogging *m*.

sweaty ['swetɪ] (*compar* **sweatier**, *superl* **sweatiest**) adj **1.** [person] (tout) en sueur ; [hands] moite ; [feet] qui transpire ; [clothing] trempé de sueur / *he's got sweaty feet* il transpire des pieds / *his uniform smelt sweaty* son uniforme sentait la sueur **2.** [weather, place] d'une chaleur humide or moite / *she went back into the sweaty workshop* elle replongea dans la chaleur humide de l'atelier **3.** [activity] qui fait transpirer / *it was a hard, sweaty climb* l'ascension était rude et donnait chaud.

swede [swi:d] n UK rutabaga *m*, chou-navet *m*.

Swede [swi:d] n Suédois *m*, -e *f*.

Sweden ['swi:dn] pr n Suède *f* / *in Sweden* en Suède.

Swedish ['swi:dɪʃ] ◆ pl n ▸ **the Swedish** les Suédois *mpl*. ◆ n LING suédois *m*. ◆ adj suédois.

Sweeney ['swi:nɪ] n UK *v inf* ▸ **the Sweeney** la brigade volante de Scotland Yard.

sweeny ['swi:nɪ] n VET atrophie *f* musculaire de l'épaule *(chez le cheval)*.

sweep [swi:p] (*pt & pp* **swept** [swept]) ◆ vt **1.** [with a brush - room, street, dust, leaves] balayer ; [- chimney] ramoner ▸ **to sweep the floor** balayer le sol / *he swept the room (out)* il a balayé la pièce / *she swept the leaves from the path into a pile* elle balaya les feuilles du chemin et les mit en tas / *I swept the broken glass into the dustpan* j'ai poussé le verre cassé dans la pelle avec le balai ▸ **to sweep sthg under the carpet** or **the rug** tirer le rideau sur qqch **2.** [with hand] : *he angrily swept the papers off the desk* d'un geste furieux, il balaya les papiers de dessus le bureau / *she swept the coins off the table into her handbag* elle a fait glisser les pièces de la table dans son sac à main **3.** [subj: wind, tide, crowd, etc.] : *the wind swept his hat into the river* le vent a fait tomber son chapeau dans la rivière / *the small boat was swept out to sea* le petit bateau a été emporté vers le large / *three fishermen were swept overboard* un paquet de mer emporta trois pêcheurs ▸ **to sweep everything before one** *fig* faire des ravages / *the incident swept all other thoughts from her mind* l'incident lui fit oublier tout le reste / *he was swept to power on a wave of popular discontent* il a été porté au pouvoir par une vague de mécontentement populaire ▸ **to be swept off one's feet (by sb) a)** [fall in love] tomber fou amoureux (de qqn) **b)** [be filled with enthusiam] être enthousiasmé (par qqn) **4.** [spread through - subj: fire, epidemic, rumour, belief] gagner / *a new craze is sweeping America* une nouvelle mode fait fureur aux États-Unis / *a wave of fear swept the city* une vague de peur gagna la ville / *the flu epidemic which swept Europe in 1919* l'épidémie de grippe qui sévit en Europe en 1919 **5.** [scan, survey] parcourir / *her eyes swept the horizon / the room* elle parcourut l'horizon / la pièce des yeux / *searchlights continually sweep the open ground outside the prison camp* des projecteurs parcourent or balayent sans cesse le terrain qui entoure la prison **6.** [win easily] gagner or remporter haut la main / *the Popular Democratic Party swept the polls* le parti démocratique populaire a fait un raz-de-marée aux élections / *she swept the tournament* US SPORT elle a gagné le tournoi sans concéder une seule partie ▸ **to sweep the board** remporter tous les prix / *the German athletes swept the board at the Olympics* les athlètes allemands ont remporté toutes les médailles aux jeux Olympiques **7.** NAUT [mines, sea, channel] draguer / *the port has been swept for mines* le port a été dragué. ◆ vi **1.** [with a brush] balayer **2.** [move quickly, powerfully] : *harsh winds swept across the bleak steppes* un vent violent balayait les mornes steppes / *a hurricane swept through the town* un ouragan a dévasté la ville / *I watched storm clouds sweeping across the sky* je regardais des nuages orageux filer dans le ciel / *the Barbarians who swept into the Roman Empire* les Barbares qui déferlèrent sur l'Empire romain / *nationalism swept through the country* une vague de nationalisme a submergé le pays / *the planes swept low over the town* les avions passèrent en rase-mottes au-dessus de la ville / *the fire swept through the forest* l'incendie a ravagé la forêt **3.** [move confidently, proudly] : *he swept into / out of the room* il entra / sortit majestueusement de la pièce / *she swept past me without even a glance* elle passa majestueusement à côté de moi sans même m'adresser un regard **4.** [stretch - land] s'étendre / *the fields sweep down to the lake* les prairies descendent en pente douce jusqu'au lac / *the river sweeps round in a wide curve* le fleuve décrit une large courbe **5.** NAUT ▸ **to sweep for mines** draguer, déminer. ◆ n **1.** [with a brush] coup *m* de balai / *the room needs a good sweep* la pièce aurait besoin d'un bon coup de balai **2.** [movement] : *with a sweep of her arm* d'un geste large / *with a sweep of his sword / scythe* d'un grand coup d'épée / de faux ▸ **in** or **at one sweep** d'un seul coup **3.** [curved line, area] (grande) courbe *f*, étendue *f* / *a vast sweep of woodland* une vaste étendue de forêt / *from where we stood, we could see the whole sweep of the bay* de là où nous étions, nous voyions toute (l'étendue de) la baie **4.** [range] gamme *f* / *the members of the commission represent a broad sweep of opinion* les membres de la commission représentent un large éventail d'opinions **5.** [scan, survey] : *her eyes made a sweep of the room* elle parcourut la pièce des yeux / *they jumped over the wall between two sweeps of the searchlight* ils sautèrent par-dessus le mur entre deux mouvements du projecteur **6.** ELECTRON [by electron beam] balayage *m* **7.** [search] fouille *f* / *police made a drugs sweep on the university* la police a ratissé l'université à la recherche de drogues **8.** [gen.] [MIL - attack] attaque *f* ; [- reconnaissance] reconnaissance *f* / *the rescue party made a sweep of the area* l'équipe de secours a ratissé les environs **9.** [chimney sweep] ramoneur *m* **10.** *inf* [sweepstake] sweepstake *m* **11.** AERON flèche *f* / *to vary the angle of sweep* varier la flèche.

❖ **sweep along** vt sep [subj: wind, tide, crowd] emporter, entraîner.

❖ **sweep aside** vt sep **1.** [object, person] écarter **2.** [advice, objection] repousser, rejeter ; [obstacle] écarter.

❖ **sweep away** vt sep **1.** [dust, snow] balayer **2.** [subj: wind, tide, crowd] emporter, entraîner / *three bathers were swept away by a huge wave* trois baigneurs ont été emportés par une énorme vague.

❖ **sweep by** vi [car] passer à toute vitesse ; [person - majestically] passer majestueusement ; [- disdainfully] passer dédaigneusement.

❖ **sweep down** vi [steps] descendre.

❖ **sweep past** = **sweep by**.

❖ **sweep up** ◆ vt sep [dust, leaves] balayer / *she swept up the pieces of glass* elle balaya les morceaux de verre. ◆ vi balayer / *can you sweep up after the meeting?* peux-tu balayer or peux-tu passer un coup de balai après la réunion ?

sweepback ['swi:pbæk] n flèche *f* (arrière).

sweeper ['swi:pəʳ] n **1.** [person] balayeur *m*, -euse *f* **2.** [device - for streets] balayeuse *f* ; [- for carpets] balai *m* mécanique **3.** FOOT libero *m*.

sweep hand n trotteuse *f*.

sweeping ['swi:pɪŋ] adj **1.** [wide - movement, curve] large / *with a sweeping gesture* d'un geste large, d'un grand geste / *a sweeping view* une vue panoramique **2.** [indiscriminate] ▸ **a sweeping generalization** or **statement** une généralisation excessive / *he makes sweeping statements about the European mentality* il fait des généralisations abusives or hâtives sur la mentalité européenne / *that's rather a sweeping generalization* là, vous généralisez un peu trop **3.** [significant, large - amount] considérable / *sweeping budget cuts* des coupes sombres dans le budget / *the opposition has made sweeping gains* l'opposition a énormément progressé **4.** [far-reaching - measure, change] de grande portée, de grande envergure / *sweeping reforms* des réformes de grande envergure.

❖ **sweepings** pl n balayures *fpl*.

sweepstake ['swi:psteɪk] n sweepstake *m*.

sweet [swi:t] ◆ adj **1.** [tea, coffee, taste] sucré ; [fruit, honey] doux (douce), sucré ; [wine] moelleux / *this tea is too sweet for me* ce thé est trop sucré pour moi **2.** [fresh, clean - air] doux (douce) ; [- breath] frais (fraîche) ; [- water] pur **3.** [fragrant - smell] agréable, suave / *the roses smell so sweet!* les roses sentent si bon ! **4.** [musical - sound, voice] mélodieux ; [- words] doux (douce) / *the sweet song of the lark* le chant mélodieux de l'alouette ▸ **to whisper sweet nothings in sb's ear** murmurer des mots d'amour à l'oreille de qqn, conter fleurette à qqn **5.** [pleasant, satisfactory - emotion, feeling, success] doux (douce) / *revenge is sweet* la vengeance est douce **6.** [kind, generous] gentil / *it was very sweet of you* c'était gentil de votre part / *how sweet of her to phone!* comme elle est gentille d'avoir téléphoné ! ▸ **to keep sb sweet** UK cultiver les bonnes grâces de qqn **7.** [cute] mignon, adorable / *what a sweet little baby / hat!* quel adorable bébé / chapeau ! **8.** US *inf* génial **9.** *inf* [in love] ▸ **to be sweet on sb** UK avoir le béguin pour qqn **10.** *inf* [as intensifier] : *he'll please his own sweet self* or *he'll go his own sweet way* il n'en fera qu'à sa tête / *she'll come in her own sweet time* elle viendra quand ça lui plaira / *you can bet your sweet life that something funny's going on!* tu peux être sûr qu'il se passe quelque chose de louche ! ▸ **sweet FA** UK *v inf* rien du tout, que dalle. ◆ n **1.** UK [confectionery] bonbon *m* **2.** UK [dessert] dessert *m* / *what's for sweet?* qu'est-ce qu'il y a comme dessert ? **3.** [term of address] ▸ **my sweet** mon chéri *m*, ma chérie *f*. ◆ excl US *inf* génial.

sweet alyssum n corbeille-d'argent *f*.

sweet-and-sour adj aigre-doux (aigre-douce) ▸ **sweet-and-sour pork** porc *m* à la sauce aigre-douce.

sweetbread ['swi:tbred] n [thymus] ris *m* ; [pancreas] pancréas *m*.

sweetbrier [,swi:t'braɪəʳ] n églantier *m* odorant.

sweet chestnut n marron *m*.

sweet cider n **1.** US jus *m* de pomme *(non fermenté)* **2.** UK cidre *m* doux.

sweet corn n maïs *m* doux.

sweeten ['swi:tn] vt **1.** [food, drink] sucrer / *sweetened with honey* sucré avec du miel **2.** [mollify, soften] ▸ **to sweeten (up)** amadouer, enjôler / *she tried to sweeten him (up) by taking him out to dinner* elle a essayé de l'amadouer en l'emmenant dîner au restaurant / *their remarks did nothing to sweeten my temper* leurs remarques n'ont rien fait pour apaiser ma colère **3.** *inf* [bribe] graisser la patte à / *how much would it cost to sweeten (up) the committee?* combien ça coûterait de graisser la patte au comité ? **4.** [make more attractive - task] adoucir ; [- offer] améliorer **5.** [improve the odour of] parfumer, embaumer / *the scent of roses sweetened the air* l'odeur des roses parfumait or embaumait l'atmosphère.

sweetener ['swi:tnəʳ] n **1.** [for food, drink] édulcorant *m*, sucrette *f* ▸ **artificial sweeteners** édulcorants artificiels **2.** UK *inf* [present] cadeau *m* ; [bribe] pot-de-vin *m* / *they gave him a bigger office as a sweetener* ils lui ont donné un plus grand bureau pour l'amadouer / *the government was accused of offering the company sweeteners* on a accusé le gouvernement de donner des pots-de-vin à la compagnie.

sweetening ['swi:tnɪŋ] n **1.** [substance] édulcorant *m*, édulcorants *mpl* **2.** [process - of wine] sucrage *m* ; [- of water] adoucissement *m*.

sweetheart ['swi:thɑ:t] n **1.** [lover] petit ami *m*, petite amie *f* / *they're sweethearts* ils sont amoureux / *they were childhood sweethearts* ils s'aimaient or ils étaient amoureux quand ils étaient enfants **2.** [term of address] (mon) chéri *m*, (ma) chérie *f*.

sweetie ['swi:tɪ] n *inf* **1.** [darling] chéri *m*, -e *f*, chou *m* / *he's a real sweetie* il est vraiment adorable / *what's the matter, sweetie?* qu'est-ce qu'il y a, mon chou ? **2.** UK *baby talk* [sweet] bonbon *m*.

sweetiepie ['swi:tɪpaɪ] *inf* = **sweetie**.

sweetly ['swi:tlɪ] adv **1.** [pleasantly, kindly] gentiment ; [cutely] d'un air mignon / *she smiled at him sweetly* elle lui sourit gentiment / *the child smiled at them sweetly* l'enfant leur adressa un joli sourire / *he was whispering sweetly in her ear* il lui chuchotait tendrement à l'oreille **2.** [smoothly] sans à-coups / *the engine was running sweetly* le moteur ronronnait ; [accurately] avec précision / *he's starting to hit the ball more sweetly* UK il commence à frapper la balle avec plus de précision **3.** [musically] harmonieusement, mélodieusement / *she sings very sweetly* elle a une voix très mélodieuse.

sweetmeal ['swi:tmi:l] adj ▸ **sweetmeal biscuit** UK sablé *m* à la farine complète.

sweetmeat ['swi:tmi:t] n *arch* friandise *f*.

sweetness ['swi:tnɪs] n **1.** [of food, tea, coffee] goût *m* sucré ; [of wine] (goût *m*) moelleux *m* **2.** [freshness - of air] douceur *f* ; [- of breath] fraîcheur *f* ; [- of water] pureté *f* **3.** [fragrance] parfum *m* **4.** [musicality - of sound] son *m* mélodieux ; [- of voice, words] douceur *f* **5.** [pleasure, satisfaction] douceur *f* / *the sweetness of revenge* le plaisir (exquis) de la vengeance **6.** [kindness, generosity] gentillesse *f* ▸ **to be all sweetness and light** : *she's all sweetness and light* elle est on ne peut plus gentille.

sweet pea n pois *m* de senteur.

sweet pepper n poivron *m*.

sweet potato n patate *f* douce.

sweet roll n US *sorte de pâtisserie fourrée.*

sweet-scented adj parfumé.

sweet shop n UK confiserie *f*.

sweet-smelling adj [rose] odorant ; [perfume] sucré.

sweet talk n *(U) inf* flatteries *fpl*, paroles *fpl* mielleuses.

❖ **sweet-talk** vt *inf* embobiner / *don't try to sweet-talk me!* n'essaie pas de m'embobiner ! / *she sweet-talked him into doing it* elle l'a si bien embobiné qu'il a fini par le faire.

sweet-tempered adj doux (douce), agréable.

sweet tooth n ▸ **to have a sweet tooth** adorer les or être friand de sucreries.

sweet william n œillet *m* de poète.

swell [swel] (*pt* **swelled**, *pp* **swelled** *or* **swollen** ['swəʊln]) ◆ vi **1.** [distend - wood, pulses, etc.] gonfler ; [- part of body] enfler, gonfler / *the damp has made the wood swell* l'humidité a fait gonfler le bois / *he felt his lip begin to swell* il sentit sa lèvre enfler or gonfler / *her heart swelled with joy / pride* *fig* son cœur s'est gonflé de joie / d'orgueil **2.** [increase] augmenter / *the crowd swelled to nearly two hundred* la foule grossit et il y eut bientôt près de 200 personnes **3.** [well up - emotion] monter, surgir / *I felt anger swell in me* je sentais la colère monter en moi **4.** [rise - sea, tide] monter ; [- river] se gonfler, grossir **5.** [grow louder] s'enfler / *the music swelled to its climax* la musique atteignit alors son point culminant. ◆ vt **1.** [distend] gonfler / *the wind swelled the sails* le vent gonfla les voiles / *her eyes were swollen with tears* ses yeux étaient pleins de larmes **2.** [increase] augmenter, grossir / *she asked her friends to come along to swell the numbers* elle a demandé à ses amis de venir pour qu'il y ait plus de monde / *to swell the ranks of the unemployed* venir grossir les rangs des chômeurs **3.** [cause to rise] gonfler, grossir / *the rivers had been swollen by torrential rains* les cours d'eau avaient été gonflés or grossis par des pluies torrentielles. ◆ n **1.** NAUT houle *f* / *there was a deep* or *heavy swell* il y avait une forte houle **2.** [bulge] gonflement *m* / *the swell of the sails* le gonflement des voiles **3.** [increase] augmentation *f* **4.** MUS crescendo *m* **5.** US *inf & dated* [big shot] gros bonnet *m* ; [dandy] dandy *m*, gandin *m* ; [rich person] personne *f* huppée, rupin *m*. ◆ adj US *inf & dated* [great] super, chouette / *she's a swell girl* c'est une chic fille / *we had a swell time* on s'est super bien amusés. ◆ interj US *inf & dated* super.

❖ **swell out** ◆ vi (se) gonfler. ◆ vt sep gonfler.

❖ **swell up** = **swell** *(vi)*.

swell-headed adj *inf* suffisant, qui a la grosse tête.

swelling ['swelɪŋ] ◆ n **1.** MED enflure *f*, gonflement *m* / *they gave her something to relieve the swelling* ils lui ont donné quelque chose pour que ça désenfle / *there was some swelling around the ankle* la cheville était un peu enflée **2.** [increase] augmentation *f*, grossissement *m*. ◆ adj [increasing] croissant / *the swelling numbers of the unemployed* le nombre croissant des chômeurs.

swelter ['sweltəʳ] vi [feel too hot] étouffer de chaleur ; [sweat] suer à grosses gouttes, être en nage.

sweltering ['sweltərɪŋ] adj [day, heat] étouffant, oppressant / *it was simply sweltering in the kitchen* il faisait une chaleur vraiment étouffante dans la cuisine.

swelteringly ['sweltərɪŋlɪ] adv : *it's swelteringly hot* il fait une chaleur étouffante / *a swelteringly hot day* une journée étouffante.

swept [swept] pt & pp ⟶ **sweep**.

swept-back adj **1.** AERON [wings] en flèche (arrière) **2.** [hair] ramené en arrière.

swept-wing adj [aircraft] aux ailes en flèche.

swerve [swɜːv] ◆ vi **1.** [car, driver, ship] faire une embardée ; [ball] dévier ; [aeroplane, bird, runner] virer / *I had to swerve to avoid the cyclist* j'ai dû faire une embardée or j'ai dû donner un coup de volant pour éviter le cycliste / *the car swerved to the left / towards us / round the corner / off the road* la voiture fit une embardée vers la gauche / vira pour foncer droit vers nous / prit le virage brusquement / fit une embardée et quitta la chaussée **2.** *fig* [budge, deviate] dévier / *she'll never swerve from her resolve* rien ne la détournera de sa résolution. ◆ vt **1.** [vehicle] faire virer ; [ball] faire dévier / *she swerved the car to the left* elle donna un coup de volant vers la gauche **2.** *fig* [person] détourner, faire dévier / *no one can swerve him from his ambition* personne ne peut le détourner de ses ambitions. ◆ n [by car, driver, ship] embardée *f* ; [by aeroplane, bird, runner, ball] déviation *f*.

swift [swɪft] ◆ adj **1.** [fast] rapide / *she is swift of foot liter* elle est leste / *let's stop here for a swift half* UK *inf* arrêtons-nous ici pour boire un coup en vitesse **2.** [prompt] prompt, rapide / *swift to react* prompt à réagir / *she received a swift reply* elle reçut une réponse immédiate / *he is swift in finding fault* il a la critique facile / *the government was swift to deny the rumours* le gouvernement fut prompt à démentir les rumeurs / *she took swift revenge* elle n'a pas tardé à se venger / *he has a swift temper* il est très susceptible, il se fâche facilement. ◆ adv ▸ **swift-flowing** [river, stream] au cours rapide ▸ **swift-moving** rapide. ◆ n ORNITH martinet *m*.

swiftly ['swɪftlɪ] adv **1.** [quickly] rapidement, vite / *the meeting moved swiftly to its conclusion* la réunion se termina rapidement ▸ **moving swiftly on!** passons ! **2.** [promptly] promptement, rapidement / *they reacted swiftly to the threat* ils réagirent promptement à la menace.

swiftness ['swɪftnɪs] n **1.** [speed] rapidité *f*, célérité *f liter* **2.** [promptness] promptitude *f*, rapidité *f* / *the ambulance arrived with remarkable swiftness* l'ambulance arriva avec une rapidité remarquable.

swig [swɪg] *inf* ◆ vt (*pt & pp* **swigged**, *cont* **swigging**) lamper, siffler. ◆ n lampée *f*, coup *m* / *have a swig of this* bois un coup de ça / *he took a long swig at his bottle* il porta sa bouteille à sa bouche et but un grand coup.

❖ **swig down** vt sep *inf* vider d'un trait, siffler.

swill [swɪl] ◆ vt **1.** UK [wash] laver à grande eau / *he swilled the floor (down)* il a lavé le sol à grande eau / *go and swill the glass (out) under the tap* va passer le verre sous le robinet **2.** *inf* [drink] écluser. ◆ n **1.** [for pigs] pâtée *f* **2.** [wash] ▸ **to give sthg a swill** laver qqch.

swim [swɪm] (*pt* **swam** [swæm], *pp* **swum** [swʌm], *cont* **swimming**) ◆ vi **1.** [fish, animal] nager ; [person -gen] nager ; [-for amusement] nager, se baigner ; [-for sport] nager, faire de la natation ▸ **to go swimming a)** [gen] (aller) se baigner **b)** [in swimming pool] aller à la piscine / *we went swimming in the lake* nous sommes allés nous baigner dans le lac / *she's learning to swim* elle apprend à nager / *I can't swim!* je ne sais pas nager ! / *the lake was too cold to swim in* le lac était trop froid pour qu'on s'y baigne / *to swim across a river* traverser une rivière à la nage / *to swim upstream / downstream* monter / descendre le courant à la nage / *she swam away from / back to the shore* elle quitta / regagna la rive à la nage / *he managed to swim to safety* il a réussi à se sauver en nageant / *the raft sank and they had to swim for it* le radeau a coulé et ils ont été obligés de nager ▸ **to swim against the tide** *lit & fig* nager à contre-courant **2.** [be soaked] nager, baigner / *the salad was swimming in oil* la salade baignait dans l'huile / *the kitchen floor was swimming with water* le sol de la cuisine était inondé **3.** [spin] : *my head is swimming* j'ai la tête qui tourne / *that awful feeling when the room starts to swim* cette impression horrible quand la pièce se met à tourner. ◆ vt **1.** [river, lake, etc.] traverser à la nage / *she swam the (English) Channel* elle a traversé la Manche à la nage **2.** [a stroke] nager / *can you swim butterfly?* est-ce que tu sais nager le papillon ? **3.** [distance] nager / *she swam ten lengths* elle a fait dix longueurs **4.** [animal] : *they swam their horses across the river* ils ont fait traverser la rivière à leurs chevaux (à la nage). ◆ n ▸ **to go for a swim a)** [gen] (aller) se baigner **b)** [in swimming pool] aller à la piscine / *he had his morning swim* il s'est baigné comme tous les matins / *I feel like a swim* j'ai envie d'aller me baigner / *did you have a nice swim?* est-ce que la baignade a été agréable ? / *it's a good 20-minute swim out to the island* il faut 20 bonnes minutes pour atteindre l'île à la nage / *it was a long hard swim back to the shore* ça a été long et difficile de regagner la rive à la nage.

SWIM MESSAGING written abbr of **see what I mean.**

swim bladder n vessie *f* natatoire.

swim briefs pl n maillot *m* de bain *(masculin)*.

swimmer ['swɪmər] n [one who swims] nageur *m*, -euse *f* ; [bather] baigneur *m*, -euse *f* / *he's an excellent swimmer* c'est un excellent nageur, il nage très bien.

swimming ['swɪmɪŋ] ◆ n [gen] nage *f* ; SPORT natation *f* / *her doctor advised her to take up swimming* son médecin lui a conseillé la natation / **'swimming forbidden'** 'baignade interdite'. ◆ comp [lesson, classes] de natation.

swimming bath, swimming baths n UK piscine *f*.

swimming cap n bonnet *m* de bain.

swimming costume n UK maillot *m* de bain.

swimming crab n étrille *f*.

swimming instructor n maître-nageur *m*.

swimmingly ['swɪmɪŋlɪ] adv UK *inf* à merveille / *your mother and I are getting on swimmingly* nous nous entendons à merveille, ta mère et moi / *everything's going swimmingly* tout marche comme sur des roulettes.

swimming pool n piscine *f*.

swimming trunks pl n maillot *m* or slip *m* de bain.

swimsuit ['swɪmsuːt] n maillot *m* de bain.

swimwear ['swɪmweər] n *(U)* maillots *mpl* de bain.

swindle ['swɪndl] ◆ vt escroquer / *they were swindled out of all their savings* on leur a escroqué toutes leurs économies. ◆ n escroquerie *f*, vol *m* / *it's a real swindle* c'est une véritable escroquerie.

swindler ['swɪndlər] n escroc *m*.

swine [swaɪn] (*pl* **swine** *or* **swines**) n **1.** (*pl* **swine**) *liter* [pig] porc *m*, pourceau *m liter* **2.** *inf* [unpleasant person] fumier *m*, ordure *f* / *you (filthy) swine!* espèce de fumier ! / *it's a swine of a job* c'est un sale boulot.

swine fever n peste *f* porcine.

swineherd ['swaɪnhɜːd] n porcher *m*, -ère *f*.

swing [swɪŋ] (*pt & pp* **swung** [swʌŋ]) ◆ vi **1.** [sway, move to and fro -gen] se balancer ; [-pendulum] osciller ; [hang, be suspended] pendre, être suspendu ▸ **to swing to and fro** se balancer / *he walked along with his arms swinging* il marchait en balançant les bras / *a basket swung from her arm* un panier se balançait à son bras / *swinging from a cord* suspendu à une corde / *a long rope swung from the ceiling* une longue corde pendait du plafond ▸ **to swing both ways** *inf* marcher à voile et à vapeur **2.** [move from one place to another] : *to swing from tree to tree* se balancer d'arbre en arbre / *they came swinging down the street* ils ont descendu la rue d'un pas rapide / *to swing into action fig* passer à l'action **3.** [make a turn] virer / *the car swung left* la voiture vira à gauche / *the lorry swung through the gate* le camion vira pour franchir le portail / *the car in front swung out to overtake* la voiture de devant a déboîté pour doubler / *the road swings east* la route oblique vers l'est / *the door swung open / shut* la porte s'est ouverte / s'est refermée / *the gate swung back in my face* le portail s'est refermé devant moi **4.** *fig* [change direction] virer / *the country has swung to the left* le pays a viré à gauche / *her mood swings between depression and elation* elle passe de la dépression à l'exultation **5.** *inf* [be hanged] être pendu / *he'll swing for this!* il sera pendu pour ça ! **6.** [hit out, aim a blow] essayer de frapper / *he swung at them with the hammer* il a essayé de les frapper avec le marteau / *I swung at him* je lui ai décoché un coup de poing **7.** *inf* [musician] swinguer ; [music] swinguer, avoir du swing / *the saxophonist really swings!* il swingue, ce saxo ! **8.** *inf & dated* [be modern, fashionable] être dans le vent or in / *he was there in the sixties, when London was really swinging* il était là dans les années soixante, quand ça bougeait à Londres **9.** *inf* [be lively] chauffer / *the party was beginning to swing* la fête commençait à être très animée **10.** *inf* [try hard] : *he's in there swinging* il fait ce qu'il peut / *I'm in there swinging for you* je fais tout ce que je peux pour toi. ◆ vt **1.** [cause to sway] balancer / *she was swinging her umbrella as she walked* elle marchait en balançant son parapluie / *he walked along swinging his arms* il marchait en balançant les bras / *to swing one's hips* balancer les or rouler des hanches **2.** [move from one place to another] : *she swung her bag onto the back seat* elle jeta son sac sur le siège arrière / *he swung a rope over a branch* il lança une corde par-dessus une branche / *the crane swung the cargo onto the wharf* la grue pivota pour déposer la cargaison sur le quai / *he swung his son (up) onto his shoulders* il hissa son fils sur ses épaules / *I swung myself (up) into the saddle* je me suis hissé sur la selle, j'ai sauté en selle **3.** [turn -steering wheel] (faire) tourner ; [-vehicle] faire virer / *the helmsman swung the wheel to port* le timonier fit tourner la roue à bâbord / *she swung the door shut* elle ferma la porte / *I swung the lorry through 180°* j'ai pris le virage à 180° (avec le camion) / *the accident swung public opinion against the company fig* l'accident a provoqué un revirement de l'opinion contre la compagnie **4.** [aim] : *she swung the bat at the ball* elle essaya de frapper la balle avec sa batte / *I swung the club at him* j'ai essayé de le frapper avec le gourdin **5.** *inf* [manage, pull off] ▸ **to swing sthg** réussir or arriver à faire qqch / *I swung the deal* l'affaire est dans la poche / *I think I should be able to swing it* je crois pouvoir me débrouiller **6.** PHR ▸ **to swing it** *inf* avoir le swing ▸ **to swing the lead** *inf* tirer au flanc. ◆ n **1.** [to-and-fro movement, sway -gen] balancement *m* ; [-of pendulum] oscillation *f* / *with a swing of his arm* en balançant son bras **2.** [arc described] arc *m*, courbe *f* / *the plane came round in a wide swing* l'avion décrivit une grande courbe **3.** [swipe, attempt to hit] (grand) coup *m* / *I took a swing at him* je lui ai décoché un coup de poing / *he took a swing at the ball* il donna un coup pour frapper la balle **4.** [hanging seat] balançoire *f* / *they're playing on the swings* ils jouent sur les balançoires ▸ **what you lose on the swings you gain on the roundabouts** ce que l'on perd d'un côté, on le récupère de l'autre ▸ **it's swings and roundabouts really** en fait, on perd d'un côté ce qu'on gagne de l'autre **5.** [change, shift] changement *m* / *his mood swings are very unpredictable* ses sautes d'humeur sont très imprévisibles / *seasonal swings* COMM fluctuations *fpl* saisonnières / *the upward / downward swing of the market* ST. EX la fluctuation du marché vers le haut / le bas ; POL revirement *m* / *America experienced a major swing towards conservatism* les États-Unis ont connu un important revirement vers le conservatisme / *the party needs a 10% swing to win the election* le parti a besoin d'un revirement d'opinion de 10 % pour gagner aux élections **6.** [in boxing, golf] swing *m* **7.** [rhythm -gen] rythme *m* ; [jazz rhythm, style of jazz] swing *m* ▸ **a swing band** un orchestre de swing **8.** US POL [tour] tournée *f* / *on his swing around the circle, the President visited 35 States* pendant sa tournée électorale, le président a visité 35 États **9.** PHR ▸ **to get into the swing of things** *inf* : *I'm beginning to get into the swing of things* je commence à être dans le bain / *it'll be a lot easier once you've got into the swing of things* ce sera beaucoup plus facile une fois que tu seras dans le bain ▸ **to go with a swing a)** *inf* [music] être très rythmé or entraînant **b)** [party] swinguer **c)** [business] marcher très bien.

❖ **in full swing** adj phr : *the party was in full swing* la fête battait son plein / *production is in full swing* on produit à plein rendement / *the town's packed when the season's in full swing* en pleine saison, il y a foule en ville / *once it's in full swing, the project will require more people* une fois lancé, il faudra plus de gens sur le projet.

❖ **swing round** ◆ vt sep [vehicle] faire virer ; [person] faire tourner / *he swung the car round the corner* il a tourné au coin / *he swung her round* il la fit tourner. ◆ vi [turn round - person] se retourner, pivoter ; [- crane] tourner, pivoter / *he swung round to look at me* il se retourna pour me regarder.

❖ **swing to** vi [door, gate] se refermer.

swingboat ['swɪŋbəʊt] n nacelle *f (balançoire de champ de foire).*

swing bridge n pont *m* tournant.

swing door n porte *f* battante.

swingeing ['swɪndʒɪŋ] adj UK [increase, drop] énorme ; [cuts] draconien ; [blow] violent ; [criticism, condemnation] sévère ; [victory, defeat] écrasant.

swinger ['swɪŋəʳ] n *inf & dated* **1.** [fashionable person] branché *m*, -e *f* ; [pleasure-seeker] noceur *m*, -euse *f* **2.** [promiscuous person] débauché *m*, -e *f*.

swinging ['swɪŋɪŋ] adj **1.** [swaying] balançant ; [pivoting] tournant, pivotant **2.** [rhythmic - gen] rythmé, cadencé ; [- jazz, jazz musician] qui swingue **3.** *inf & dated* [trendy] in ▸ **the swinging sixties** les folles années soixante.

swingometer [swɪŋ'ɒmɪtəʳ] n indicateur *m* de tendances *(lors de la diffusion télévisée des résultats d'élections législatives).*

swing set n US balançoires *fpl (sur un portique).*

swing shift n US *inf* [work period] *poste de 16 h à minuit* ; [team] *équipe qui travaille de 16 h à minuit.*

swing state n US POL *État pouvant basculer en faveur de l'un ou l'autre candidat dans une élection présidentielle.*

swing-wing ◆ adj à géométrie variable. ◆ n avion *m* à géométrie variable.

swinish ['swaɪnɪʃ] adj *inf* sale, pas sympa / *that was a swinish trick!* c'était pas sympa !

swipe [swaɪp] ◆ vi ▸ **to swipe at** : *he swiped at the fly with his newspaper* il donna un grand coup de journal pour frapper la mouche / *she swiped at the ball and missed* elle donna un grand coup pour frapper la balle et la manqua. ◆ vt **1.** [hit] donner un coup à **2.** *inf* [steal] piquer, faucher **3.** [credit card] passer. ◆ n (grand) coup *m* ▸ **to take a swipe at sthg a)** *lit* donner un grand coup pour frapper qqch **b)** *fig* [criticize] tirer à boulets rouges sur qqch.

swipe card n carte *f* magnétique.

swirl [swɜːl] ◆ vi tourbillonner, tournoyer / *the dead leaves swirled round our feet* les feuilles mortes tourbillonnaient or tournoyaient à nos pieds / *the water swirled beneath us* l'eau tourbillonnait au-dessous de nous. ◆ vt faire tourbillonner or tournoyer / *a sudden wind swirled the leaves around* une brusque bourrasque fit tournoyer or tourbillonner les feuilles / *swirl a bit of water round the sink* rince un peu le lavabo / *the raft was swirled downstream* le radeau a été emporté dans le tourbillon du courant / *he swirled her round the dance floor* il la fit tournoyer autour de la piste (de danse). ◆ n tourbillon *m* / *swirls of smoke rose from the fire* des tourbillons de fumée s'élevaient du feu.

swirling ['swɜːlɪŋ] adj tourbillonnant, tournoyant.

swish [swɪʃ] ◆ vi [whip] siffler ; [leaves, wind] chuinter, bruire *liter* ; [fabric, skirt] froufrouter ; [water] murmurer / *the curtains swished open / shut* les rideaux s'ouvrirent / se refermèrent en froufroutant. ◆ vt : *the horse swished its tail* le cheval donna un coup de queue. ◆ n **1.** [sound - of fabric, skirt] froufroutement *m*, froissement *m* ; [- of leaves, wind] bruissement *m* ; [- of water] murmure *m* **2.** [movement] : *the cow flicked the flies away with a swish of its tail* la vache chassa les mouches d'un coup de queue. ◆ adj **1.** UK *inf* [smart] chic **2.** US *v inf* [effeminate] efféminé.

swishy ['swɪʃɪ] *(compar* **swishier**, *superl* **swishiest)** *inf* = **swish** *(adj).*

Swiss [swɪs] *(pl* **Swiss)** ◆ n Suisse *m*, Suissesse *f* ▸ **the Swiss** les Suisses *mpl*. ◆ adj [gen] suisse ; [confederation, government] helvétique ▸ **the Swiss franc** le franc suisse ▸ **Swiss bank account** compte *m* en Suisse / **'The Swiss Family Robinson'** *Wyss* 'le Robinson suisse'.

Swiss chard n bette *f*, blette *f*.

Swiss cheese n emmental *m*.

Swiss cheese plant n monstera *m*.

Swiss-French ◆ n **1.** LING suisse *m* romand **2.** [person] Suisse *m* romand, Suisse *f* romande. ◆ adj suisse romand.

Swiss-German ◆ n **1.** LING suisse *m* allemand or alémanique **2.** [person] Suisse *m* allemand, Suisse *f* allemande. ◆ adj suisse allemand or alémanique.

Swiss Guard n **1.** [papal bodyguard] garde *f* (pontificale) suisse **2.** HIST [in France] membre *m* des troupes suisses ▸ **the Swiss Guard** les troupes *fpl* suisses.

swiss roll n (gâteau *m*) roulé *m*.

Swiss steak n US *bifteck fariné et braisé.*

switch [swɪtʃ] ◆ n **1.** ELEC [for light] interrupteur *m* ; [on radio, television] bouton *m* ; TECH & TELEC commutateur *m* / *is the switch on / off?* est-ce que c'est allumé / éteint ? ▸ **to flick** or **to throw a switch** actionner un commutateur ▸ **two-way switch** ELEC va-et-vient *m inv* **2.** [change - gen] changement *m* ; [- of opinion, attitude] changement *m*, revirement *m* / *the switch to the new equipment went very smoothly* on s'est très bien adaptés au nouveau matériel / *a sudden switch in foreign policy* un subit revirement de la politique étrangère **3.** [swap, trade] échange *m* **4.** US RAIL ▸ **switches** [points] aiguillage *m* **5.** [stick] baguette *f*, badine *f* ; [riding crop] cravache *f* **6.** [hairpiece] postiche *m* **7.** ZOOL [hair on tail] fouet *m* de la queue **8.** COMPUT paramètre *m*. ◆ vt **1.** [change, exchange] changer de / *he switched subjects after two years at university* il a changé de filière après deux ans d'université / *the two employees asked to switch jobs* les deux employés ont demandé à échanger leurs postes / *to switch places with sb* échanger sa place avec qqn / *she offered to switch jobs with me* elle a offert d'échanger son poste contre le mien **2.** [transfer - allegiance, attention] transférer / *she switched her attention back to the speaker* elle reporta son attention sur le conférencier ; [divert - conversation] orienter, détourner / *I tried to switch the discussion to something less controversial* j'ai essayé d'orienter la discussion vers un sujet moins épineux **3.** ELEC, RADIO & TV [circuit] commuter / *to switch channels / frequencies* changer de chaîne / de fréquence **4.** US RAIL aiguiller / *the freight train was switched to another track* le train de marchandises fut aiguillé sur une autre voie. ◆ vi changer / *she started studying medicine but switched to architecture* elle a commencé par étudier la médecine, mais elle a changé pour faire architecture / *I'd like to switch to another topic* j'aimerais changer de sujet / *can I switch to another channel?* est-ce que je peux changer de chaîne ? / *the committee switched to the problem of recruitment* le comité passa au problème du recrutement / *we've switched to another brand* nous avons changé de marque / *they've switched to American equipment* ils ont adopté du matériel américain / *he switches effortlessly from one language to another* il passe d'une langue à une autre avec une grande aisance.

❖ **switch around** = **switch round.**

❖ **switch off** ◆ vt sep [light] éteindre ; [electrical appliance] éteindre, arrêter / *don't forget to switch the lights off when you leave* n'oublie pas d'éteindre la lumière en partant / *the radio switches itself off* la radio s'éteint or s'arrête automatiquement / *they've switched off the power* ils ont coupé le courant / *to switch off the engine* AUTO couper le contact, arrêter le moteur. ◆ vi **1.** [go off - light] s'éteindre ; [- electrical appliance] s'éteindre, s'arrêter / *how do you get the oven to switch off?* comment tu éteins le four ? **2.** [TV viewer, radio listener] éteindre le poste / *don't switch off!* restez à l'écoute ! **3.** *inf* [stop paying attention] décrocher / *he switches off whenever we talk about politics* il décroche chaque fois qu'on parle politique.

❖ **switch on** ◆ vt sep **1.** ELEC [light, heating, oven, TV, radio] allumer ; [engine, washing machine, vacuum cleaner] mettre en marche / *could you switch on the light?* pourrais-tu allumer (la lumière) ? / *the power isn't switched on* il n'y a pas de courant / *to switch on the ignition* AUTO mettre le contact **2.** *fig & pej* ▸ **to switch on the charm** / **tears** sourire / pleurer sur commande. ◆ vi **1.** ELEC [light, heating, oven, TV, radio] s'allumer ; [engine, washing machine, vacuum cleaner] se mettre en marche / *the lights switch on and off automatically* les lumières s'allument et s'éteignent automatiquement **2.** [TV viewer, radio listener] allumer le poste / *don't forget to switch on at the same time tomorrow!* soyez à l'écoute demain à la même heure !

❖ **switch over** vi **1.** = **switch** *(vi)* **2.** TV changer de chaîne ; RADIO changer de station / *can we switch over at 8 p.m.?* est-ce que nous pouvons changer de chaîne à 20 h ?

❖ **switch round** ◆ vt sep changer de place, déplacer / *he switched the glasses round when she wasn't looking* il échangea les verres pendant qu'elle ne regardait pas / *the manager has switched the team round again* l'entraîneur a encore changé l'équipe. ◆ vi [two people] changer de place / *she's switched round with her brother* elle a changé de place avec son frère.

switchback ['swɪtʃbæk] ◆ n **1.** [road] route *f* accidentée et sinueuse **2.** UK [roller coaster] montagnes *fpl* russes. ◆ adj ▸ **a switchback road** une route accidentée et sinueuse.

switchblade ['swɪtʃbleɪd] n US (couteau *m* à) cran d'arrêt *m*.

switchboard ['swɪtʃbɔːd] n **1.** TELEC standard *m* **2.** ELEC tableau *m*.

switchboard operator n standardiste *mf*.

Switch card® n UK *carte de débit.*

switched-on [,swɪtʃt-] adj UK *inf & dated* [fashionable] dans le vent, in.

switcheroo [,swɪtʃə'ruː] n US *v inf* changement *m* inattendu ▸ **to pull a switcheroo** surprendre tout le monde.

switchgear ['swɪtʃgɪəʳ] n appareillage *m* de commutation.

switch-hitter n US **1.** SPORT batteur *m* ambidextre **2.** *v inf* [bisexual] bi *mf* / *he's a switch-hitter* il marche à voile et à vapeur.

switching ['swɪtʃɪŋ] n COMPUT, ELEC & TELEC commutation *f* ▸ **data switching** COMPUT commutation de données.

switchman ['swɪtʃmən] *(pl* **switchmen** [-mən]) n US aiguilleur *m*.

switchover ['swɪtʃ,əʊvəʳ] n [to another method, system] passage *m*, conversion *f* / *there's to be a switchover from the British to the continental system* il va y avoir un passage du système britannique au système continental.

switchyard ['swɪtʃjɑːd] n US gare *f* de triage.

Switzerland ['swɪtsələnd] pr n Suisse *f* / *in Switzerland* en Suisse ▸ **French- / Italian-speaking Switzerland** la Suisse romande / italienne ▸ **German-speaking Switzerland** la Suisse allemande or alémanique.

swivel ['swɪvl] (UK *pt & pp* **swivelled**, *cont* **swivelling** ; US *pt & pp* **swiveled**, *cont* **swiveling**) ◆ n [gen] pivot *m* ; [for gun] tourillon *m*. ◆ comp [lamp, joint, etc.] pivotant, tournant. ◆ vi ▸ **to swivel (round)** pivoter, tourner / *she swivelled round in her chair* elle pivota sur sa chaise / *his eyes swivelled back to the screen* ses yeux se tournèrent à nouveau vers l'écran. ◆ vt ▸ **to swivel (round)** [chair, wheel, etc.] faire pivoter.

swivel chair n chaise *f* pivotante ; [with arms] fauteuil *m* pivotant.

swivel phone n téléphone *m* à clapet pivotant.

swivel pin n AUTO pivot *m* central.

swiz(z) [swɪz] n UK *inf* escroquerie *f*, vol *m* / *what a swizz!* c'est du vol !

swizzle ['swɪzl] n **1.** UK *inf* = **swiz(z) 2.** US [cocktail] cocktail *m (préparé dans un verre mélangeur).*

swizzle stick n fouet *m*.

swollen ['swəʊln] ◆ pp ⟶ **swell.** ◆ adj **1.** [part of body] enflé, gonflé / *her ankle was badly swollen* sa cheville était très enflée / *his face was swollen* il avait le visage enflé or bouffi / *starving children with swollen abdomens* des enfants affamés au ventre ballonné / *her eyes were red and swollen with crying* elle avait les yeux rouges et gonflés à force de pleurer **2.** [sails] bombé, gonflé ; [lake, river] en crue.

swollen-headed adj *inf* qui a la grosse tête.

swoon [swu:n] ◆ vi **1.** [become ecstatic] se pâmer, tomber en pâmoison / *he used to make all the young girls swoon* il fut un temps où toutes les jeunes filles se pâmaient devant lui **2.** *dated* [faint] s'évanouir, se pâmer *liter*. ◆ n pâmoison *f* / *to fall to the ground in a swoon* tomber par terre en pâmoison / *she was (all) in a swoon over meeting her idol* elle était tout en émoi après avoir rencontré son idole.

swoop [swu:p] ◆ vi **1.** [dive - bird] s'abattre, fondre ; [- aircraft] piquer, descendre en piqué / *the gulls swooped down on the rocks* les mouettes s'abattirent sur or fondirent sur les rochers / *the helicopter swooped low over the battlefield* l'hélicoptère descendit en piqué au-dessus du champ de bataille **2.** [make a raid - police, troops, etc.] faire une descente. ◆ n **1.** [dive - by bird, aircraft] descente *f* en piqué **2.** [raid - by police, troops, etc.] descente *f* / *a dawn swoop* une descente à l'aube / *fifteen arrested in drugs swoop* quinze personnes arrêtées dans une opération antidrogue **3.** PHR **in one fell swoop** d'un seul coup.

swoosh [swʊʃ] *inf* ◆ vi [water] murmurer ; [vehicle, tyres] siffler, chuinter / *the express train swooshed past* le rapide est passé à toute vitesse / *the car swooshed through the puddle* la voiture a fait gicler l'eau en passant dans la flaque. ◆ n bruissement *m*, chuintement *m*, sifflement *m*.

swop [swɒp] (*pt & pp* **swopped**, *cont* **swopping**) = **swap**.

sword [sɔ:d] ◆ n épée *f* / *they fought with swords* ils se sont battus à l'épée / *all the prisoners were put to the sword* tous les prisonniers furent passés au fil de l'épée ▸ **the sword of justice** le glaive de la justice ▸ **he lived by the sword and died by the sword** il a vécu par l'épée, il a péri par l'épée. ◆ comp [blow, handle, wound] d'épée.

swordbearer ['sɔ:d,beərəʳ] n [in ceremony] *officier qui porte le glaive*.

sword dance n danse *f* du sabre.

sword-fight n [between two people] duel *m* (à l'épée) ; [between several people] bataille *f* à l'épée.

swordfish ['sɔ:dfɪʃ] (*pl* **swordfish** *or* **swordfishes**) n espadon *m*.

swordplay ['sɔ:dpleɪ] n [skill] maniement *m* de l'épée / *they were taught riding and swordplay* on leur apprenait à monter à cheval et à manier l'épée ; [activity] : *the last scene consisted of swordplay* la dernière scène était une scène de combats à l'épée.

swordsman ['sɔ:dzmən] (*pl* **swordsmen** [-mən]) n épéiste *m*, lame *f* (*personne*) / *he's a fine swordsman* c'est une fine lame.

swordsmanship ['sɔ:dzmənʃɪp] n maniement *m* de l'épée / *we admired her swordsmanship* nous admirâmes sa façon de manier l'épée.

swordstick ['sɔ:dstɪk] n canne-épée *f*, canne *f* armée.

sword-swallower n avaleur *m*, -euse *f* de sabres.

swore [swɔ:ʳ] pt ⟶ **swear**.

sworn [swɔ:n] ◆ pp ⟶ **swear**. ◆ adj **1.** LAW [declaration] fait sous serment ; [evidence] donné sous serment ▸ **sworn affidavits** des déclarations faites sous serment ▸ **a sworn statement** une déposition faite sous serment **2.** [committed - enemy] juré ; [- friend] indéfectible.

swot [swɒt] (*pt & pp* **swotted**, *cont* **swotting**) UK *inf* ◆ vi bûcher, potasser ▸ **to swot for an exam** bûcher or potasser un examen. ◆ n *pej* bûcheur *m*, -euse *f*.

❖ **swot up** UK *inf* ◆ vi bûcher, potasser ▸ **to swot up on sthg** bûcher or potasser qqch. ◆ vt sep bûcher, potasser.

SWOT [swɒt] (abbr of **strengths, weaknesses, opportunities and threats**) n ▸ **SWOT analysis** analyse *f* SWOT.

swotting ['swɒtɪŋ] n UK *inf* bachotage *m* / *I'll have to do some swotting to pass my exam* il va falloir que je bûche or que je potasse pour réussir mon examen.

swum [swʌm] pp ⟶ **swim**.

swung [swʌŋ] pt & pp ⟶ **swing**.

swung dash n tilde *m*.

sybarite ['sɪbəraɪt] n sybarite *mf*.

sybaritic [,sɪbə'rɪtɪk] adj sybarite.

sycamore ['sɪkəmɔ:ʳ] n **1.** UK sycomore *m*, faux platane *m* **2.** US platane *m*.

sycophancy ['sɪkəfənsɪ] n flagornerie *f*.

sycophant ['sɪkəfænt] n flagorneur *m*, -euse *f*.

sycophantic [,sɪkə'fæntɪk] adj [person] flatteur, flagorneur ; [behaviour] de flagorneur ; [approval, praise] obséquieux.

Sydney ['sɪdnɪ] pr n Sydney.

syllabary ['sɪləbərɪ] (*pl* **syllabaries**) n syllabaire *m*.

syllabi ['sɪləbaɪ] pl ⟶ **syllabus**.

syllabic [sɪ'læbɪk] adj syllabique.

syllabify [sɪ'læbɪfaɪ] (*pt & pp* **syllabified**) vt décomposer en syllabes.

syllable ['sɪləbl] n syllabe *f* / *I had to explain it to him in words of one syllable* j'ai dû le lui expliquer en termes simples.

syllabled ['sɪləbld] adj prononcé or écrit en syllabes.

syllabub ['sɪləbʌb] n **1.** UK [dessert] (crème *f*) sabayon *m* **2.** [drink] *boisson à base de lait, alcoolisée, relevée et souvent chaude*.

syllabus ['sɪləbəs] (*pl* **syllabuses** *or* **syllabi** ['sɪləbaɪ]) n SCH & UNIV programme *m* (d'enseignement) / *do you know what's on the syllabus?* savez-vous ce qu'il y a au programme ? / *the teacher handed out copies of the syllabus* le professeur distribua des exemplaires du programme.

syllepsis [sɪ'lepsɪs] (*pl* **syllepses** [-si:z]) n syllepse *f*.

syllogism ['sɪlədʒɪzm] n syllogisme *m*.

syllogistic [,sɪlə'dʒɪstɪk] adj syllogistique.

syllogize, **syllogise** ['sɪlədʒaɪz] vi raisonner par syllogismes.

sylph [sɪlf] n **1.** [mythical being] sylphe *m* **2.** *liter* [girl, woman] sylphide *f*.

sylphlike ['sɪlflaɪk] adj *liter* [figure] gracile, de sylphe ; [woman] gracieuse / *you're looking positively sylphlike, my dear* *hum* tu es une vraie sylphide, ma chère.

sylvan ['sɪlvən] adj *liter* sylvestre.

sylvanite ['sɪlvənaɪt] n sylvanite *f* graphique.

Sylvester [sɪl'vestəʳ] pr n ▸ **Saint Sylvester** saint Sylvestre.

symbiosis [,sɪmbaɪ'əʊsɪs] n *lit & fig* symbiose *f* / *in symbiosis* en symbiose.

symbiotic [,sɪmbaɪ'ɒtɪk] adj *lit & fig* symbiotique / *a symbiotic relationship* une association symbiotique.

symbol ['sɪmbl] n symbole *m*.

symbolic [sɪm'bɒlɪk] adj symbolique.

symbolically [sɪm'bɒlɪklɪ] adv symboliquement.

symbolism ['sɪmbəlɪzm] n symbolisme *m*.

symbolist ['sɪmbəlɪst] ◆ adj symboliste. ◆ n symboliste *mf*.

symbolization [,sɪmbəlaɪ'zeɪʃn] n symbolisation *f*.

symbolize, **symbolise** ['sɪmbəlaɪz] vt symboliser.

symmetric [sɪ'metrɪk] adj LOGIC & MATH symétrique.

symmetrical [sɪ'metrɪkl] adj symétrique.

symmetrically [sɪ'metrɪklɪ] adv symétriquement.

symmetry ['sɪmətrɪ] n symétrie *f*.

sympathetic [,sɪmpə'θetɪk] adj **1.** [compassionate] compatissant / *sympathetic words* des paroles compatissantes or de sympathie / *they weren't very sympathetic* ils ne se sont pas montrés très compatissants **2.** [well-disposed] bien disposé ; [understanding] compréhensif / *the public is generally sympathetic to* or *towards the strikers* l'opinion publique est dans l'ensemble bien disposée envers les grévistes / *she spoke to a sympathetic audience* elle s'adressa à un auditoire bienveillant / *the town council was sympathetic to our grievances* la municipalité a accueilli nos revendications avec compréhension **3.** [congenial, likeable] sympathique, agréable / *he's not a very sympathetic character* ce n'est pas un personnage très sympathique **4.** ANAT sympathique ▸ **the sympathetic nervous system** le système nerveux sympathique, le sympathique **5.** MUS ▸ **sympathetic string** corde *f* qui vibre par résonance.

> ⚠ If you say someone is **sympathique**, it means you think they are nice, not sympathetic.

sympathetically [,sɪmpə'θetɪklɪ] adv **1.** [compassionately] avec compassion / *"I understand how you feel", she said sympathetically* « je vous comprends », dit-elle avec compassion / *he patted me sympathetically on the hand* il me donna une petite tape sur la main en signe de compassion or de sympathie **2.** [with approval] avec bienveillance / *she received his request sympathetically* elle reçut sa requête avec bienveillance **3.** ANAT par sympathie.

sympathize, **sympathise** ['sɪmpəθaɪz] vi **1.** [feel compassion] compatir / *we all sympathized with him when his wife left* nous avons tous compati à son malheur quand sa femme est partie / *poor Emma, I really sympathize with her!* cette pauvre Emma, je la plains vraiment ! **2.** [feel understanding] : *he could not sympathize with their feelings* il ne pouvait pas comprendre leurs sentiments / *we understand and sympathize with their point of view* nous comprenons et partageons leur point de vue **3.** [favour, support] soutenir / *he clearly sympathized with the terrorists* à l'évidence, il soutenait l'action des terroristes.

> ⚠ **Sympathiser avec quelqu'un** usually means to get on with someone, not to sympathize with them.

sympathizer ['sɪmpəθaɪzəʳ] n **1.** [comforter] : *she received many cards from sympathizers after her husband's death* elle a reçu de nombreuses cartes de condoléances après la mort de son mari **2.** [supporter] sympathisant *m*, -e *f* / *she was suspected of being a communist sympathizer* elle était soupçonnée d'être sympathisante communiste.

sympathy ['sɪmpəθɪ] (*pl* **sympathies**) n **1.** [compassion] compassion *f* ▸ **to have** or **to feel sympathy for sb** éprouver de la compassion envers qqn / *he showed no sympathy for the children* il n'a fait preuve d'aucune compassion envers les enfants / *her tears were only a means of gaining sympathy* elle ne pleurait que pour qu'on s'attendrisse sur elle / *a sympathy card* une carte de condoléances / *you have my deepest sympathies* toutes mes condoléances **2.** [approval, support] soutien *m* / *the audience was clearly not in sympathy with the speaker* il était évident que le public ne partageait pas les sentiments de l'orateur / *she has strong left-wing sympathies* elle est très à gauche / *I have no sympathy for* or *with terrorism* je désapprouve tout à fait le terrorisme / *his sympathies did not lie with his own class* il ne partageait pas les valeurs de sa propre classe ▸ **to come out in sympathy (with sb)** faire grève par solidarité (avec qqn) **3.** [affinity] sympathie *f* / *there was a strong bond of sympathy between them* ils étaient liés par une forte sympathie.

> ⚠ **Sympathie** expresses liking, not sympathy, and avoir de la sympathie pour means to like, not to have sympathy for.

sympathy strike n grève *f* de solidarité.

symphonic [sɪm'fɒnɪk] adj symphonique ▸ **a symphonic poem** un poème symphonique.

symphony ['sɪmfənɪ] (*pl* **symphonies**) ◆ n symphonie *f* / *the landscape was a symphony of browns* *and greens fig & liter* le paysage était une symphonie de bruns et de verts. ◆ comp [concert, orchestra] symphonique.

symposium [sɪm'pəʊzjəm] (*pl* **symposiums** *or* **symposia** [-zjə]) n symposium *m*, colloque *m* / **'The Symposium'** *Plato* 'le Banquet'.

symptom ['sɪmptəm] n MED & *fig* symptôme *m* / *to show symptoms of fatigue* donner des signes de fatigue.

symptomatic [,sɪmptə'mætɪk] adj MED & *fig* symptomatique.

symptomatology [,sɪmptəmə'tɒlədʒɪ] n symptomatologie *f*.

synaeresis [sɪ'nɪərəsɪs] (*pl* **synaereses** [-si:z]) = **syneresis**.

synaesthesia UK, **synesthesia** US [,sɪnɪs'θi:zjə] n synesthésie *f*.

synagogue ['sɪnəgɒg] n synagogue *f*.

synal(o)epha [,sɪnə'li:fə] n synalèphe *f*.

synapse ['saɪnæps] n synapse *f*.

synapsis [sɪ'næpsɪs] n synapsis *f*.

sync(h) [sɪŋk] *inf* ◆ n (abbr of **synchronization**) synchronisation *f* ▸ **to be in / out of synch** être / ne pas être synchro. ◆ vt abbr of **synchronize**.

synchro ['sɪŋkrəʊ] n *inf* = **synchromesh**.

synchroflash ['sɪŋkrəʊflæʃ] n flash *m* synchronisé.

synchromesh ['sɪŋkrəʊmeʃ] ◆ adj ▸ **synchromesh gearbox** boîte *f* de vitesses avec synchroniseur. ◆ n synchroniseur *m*.

synchronic [sɪŋ'krɒnɪk] adj synchronique.

synchronism ['sɪŋkrənɪzm] n synchronisme *m*.

synchronization [,sɪŋkrənaɪ'zeɪʃn] n synchronisation *f*.

synchronize, synchronise ['sɪŋkrənaɪz] ◆ vt synchroniser. ◆ vi être synchronisé / *the chimes of the clocks synchronized perfectly* les carillons des horloges étaient parfaitement synchronisés.

synchronized swimming ['sɪŋkrənɪzd-] n natation *f* synchronisée.

synchronous ['sɪŋkrənəs] adj synchrone.

syncline ['sɪŋklaɪn] n synclinal *m*.

syncopate ['sɪŋkəpeɪt] vt syncoper ▸ **syncopated rhythm** rythme *m* syncopé.

syncopation [,sɪŋkə'peɪʃn] n MUS syncope *f*.

syncope ['sɪŋkəpɪ] n LING & MED syncope *f*.

syncretism ['sɪŋkrɪtɪzm] n syncrétisme *m*.

syncretize, syncretise ['sɪŋkrətaɪz] ◆ vt rendre syncrétique. ◆ vi devenir syncrétique.

syndetic [sɪn'detɪk] adj ▸ **syndetic clause** clause *f* reliée par syndèse.

syndic ['sɪndɪk] n syndic *m*.

syndicalism ['sɪndɪkəlɪzm] n [doctrine] syndicalisme *m* révolutionnaire.

syndicalist ['sɪndɪkəlɪst] ◆ n syndicaliste *mf* révolutionnaire. ◆ adj de syndicalisme révolutionnaire.

syndicate ◆ n ['sɪndɪkət] **1.** COMM & FIN groupement *m*, syndicat *m* / *the loan was underwritten by a syndicate of banks* le prêt était garanti par un consortium bancaire / *a syndicate of British and French companies* un groupement de sociétés françaises et britanniques **2.** [of organized crime] association *f* ▸ **crime syndicates** associations de grand banditisme ▸ **the Syndicate** la Mafia **3.** PRESS agence *f* de presse *(qui vend des articles, des photos / etc. à plusieurs journaux pour publication simultanée)*. ◆ vt ['sɪndɪkeɪt] **1.** COMM & FIN [loan] syndiquer **2.** PRESS publier simultanément dans plusieurs journaux ; US RADIO vendre à plusieurs stations ; US TV vendre à plusieurs chaînes / *she writes a syndicated column* elle écrit une chronique qui est publiée dans plusieurs journaux / *the photograph was syndicated in all the local newspapers* la photographie a été publiée dans toute la presse régionale / *a syndicated TV news programme* des informations télévisées reprises par plusieurs chaînes. ◆ vi [form a syndicate] former un groupement or syndicat.

syndication [,sɪndɪ'keɪʃn] n **1.** PRESS [of article] publication *f* simultanée dans plusieurs journaux **2.** RADIO & TV syndication *f*.

syndication agency n PRESS agence *f* de presse.

syndrome ['sɪndrəʊm] n syndrome *m*.

synecdoche [sɪn'ekdəkɪ] n synecdoque *f*.

syneresis [sɪ'nɪərəsɪs] (*pl* **synereses** [-si:z]) n synérèse *f*.

synergism ['sɪnədʒɪzm] = **synergy**.

synergy ['sɪnədʒɪ] (*pl* **synergies**) n synergie *f*.

synesthesia US = **synaesthesia**.

synod ['sɪnəd] n synode *m*.

synonym ['sɪnənɪm] n synonyme *m*.

synonymous [sɪ'nɒnɪməs] adj *lit & fig* synonyme / *success is not always synonymous with merit* le succès n'est pas toujours synonyme de mérite / *the two words are not really synonymous* les deux mots ne sont pas vraiment synonymes.

synonymy [sɪ'nɒnɪmɪ] n synonymie *f*.

synopsis [sɪ'nɒpsɪs] (*pl* **synopses** [-si:z]) n [gen] résumé *m* ; [of a film] synopsis *m*.

synopsize, synopsise [sɪ'nɒpsaɪz] vt US [summarize] résumer, faire un résumé de.

synoptic [sɪ'nɒptɪk] adj synoptique ▸ **the synoptic gospels** les Évangiles synoptiques.

syntactic [sɪn'tæktɪk] adj syntaxique ▸ **syntactic analysis** analyse *f* syntaxique.

syntactically [sɪn'tæktɪklɪ] adv du point de vue syntaxique.

syntactics [sɪn'tæktɪks] n *(U)* syntactique *f*.

syntagm ['sɪntæm] n syntagme *m*.

syntagmatic [,sɪntæg'mætɪk] adj syntagmatique.

syntax ['sɪntæks] n syntaxe *f*.

syntax error n COMPUT erreur *f* de syntaxe.

synthesis ['sɪnθəsɪs] (*pl* **syntheses** [-si:z]) n synthèse *f* / *the synthesis of vitamin D* la synthèse de la vitamine D / *his work is a synthesis of Eastern and Western philosophies* son œuvre est une synthèse des philosophies orientales et occidentales.

synthesize, synthesise ['sɪnθəsaɪz] vt **1.** BIOL & CHEM [produce by synthesis] synthétiser / *the hormone synthesized by this gland* l'hormone synthétisée par cette glande **2.** [amalgamate, fuse] synthétiser **3.** MUS synthétiser.

synthesizer ['sɪnθəsaɪzə^r] n synthétiseur *m* ▸ **voice synthesizer** synthétiseur *m* de voix.

synthetic [sɪn'θetɪk] ◆ adj **1.** [artificial, electronically produced] synthétique / *synthetic fibre / rubber* fibre *f* / caoutchouc *m* synthétique / *research on synthetic speech* les recherches sur la parole synthétique / *synthetic image* image *f* de synthèse **2.** *fig & pej* [food] qui a un goût chimique **3.** LING synthétique **4.** PHILOS [reasoning, proposition] synthétique. ◆ n produit *m* synthétique.
❖ **synthetics** pl n fibres *fpl* synthétiques.

synthetically [sɪn'θetɪklɪ] adv synthétiquement.

syphilis ['sɪfɪlɪs] n *(U)* syphilis *f*.

syphilitic [,sɪfɪ'lɪtɪk] ◆ adj syphilitique. ◆ n syphilitique *mf*.

syphon ['saɪfn] = **siphon**.

Syracuse ['saɪərəkju:z] pr n Syracuse.

Syria ['sɪrɪə] pr n Syrie *f* / *in Syria* en Syrie.

Syrian ['sɪrɪən] ◆ n Syrien *m*, -enne *f*. ◆ adj syrien ▸ **the Syrian Desert** le désert de Syrie.

syringe [sɪ'rɪndʒ] ◆ n seringue *f*. ◆ vt seringuer.

syrup ['sɪrəp] n **1.** [sweetened liquid] sirop *m* / *peaches in syrup* pêches *fpl* au sirop ▸ **syrup of figs** sirop de figues **2.** [treacle] mélasse *f* **3.** MED sirop *m*.

syrupy ['sɪrəpɪ] adj **1.** [viscous] sirupeux **2.** *pej* [sentimental] sirupeux, à l'eau de rose.

SYS MESSAGING written abbr of **see you soon**.

systaltic [sɪ'stæltɪk] adj systolique.

system ['sɪstəm] n **1.** [organization, structure] système *m* / *the British educational system* le système éducatif britannique / *the Social Security system* le système des prestations sociales / *they live in a democratic / totalitarian system* ils vivent dans un système démocratique / totalitaire **2.** [method] système *m* / *a new system of sorting mail* un nouveau système pour trier le courrier **3.** ANAT système *m* ▸ **the muscular system** le système musculaire **4.** [orderliness] méthode *f* / *you need some system in the way you work* vous devriez être plus systématique or méthodique dans votre travail **5.** [human body] organisme *m* / *bad for the system* nuisible à l'organisme ; *fig* ▸ **to get sthg out of one's system** se débarrasser de qqch / *go on, get it out of your system!* vas-y, défoule-toi ! / *she can't get him out of her system* elle n'arrive pas à l'oublier **6.** [equipment, device, devices] : *the electrical system needs to be replaced* l'installation électrique a besoin d'être remplacée / *a fault in the cooling system* un défaut dans le circuit de refroidissement **7.** [network] réseau *m* / *the rail / river / road system* le réseau ferroviaire / fluvial / routier **8.** COMPUT système *m* ▸ **system failure** panne *f* du système ▸ **system requirements** matériel *m* requis **9.** [established order] ▸ **the system** le système / *they're hoping to overthrow the system* ils espèrent renverser le système (en place) / *you can't beat* or *buck the system* *inf* on ne peut rien contre le système **10.** GEOL système *m* ▸ **the Precambrian system** le système précambrien.

systematic [,sɪstə'mætɪk] adj systématique.

systematically [,sɪstə'mætɪklɪ] adv systématiquement.

systematics [,sɪstə'mætɪks] n *(U)* systématique *f*.

systematization, systematisation [,sɪstɪmətaɪ'zeɪʃn] n systématisation *f*.

systematize, systematise ['sɪstəmətaɪz] vt systématiser.

system error n COMPUT erreur *f* système.

systemic [sɪs'temɪk] adj systémique.

systemization, systemisation [,sɪstəmaɪ'zeɪʃən] n systématisation *f*.

systemize, systemise ['sɪstəmaɪz] vt systématiser.

systems analysis ['sɪstəmz-] n analyse *f* fonctionnelle.

systems analyst ['sɪstəmz-] n analyste *m* fonctionnel, analyste *f* fonctionnelle.

systems disk n COMPUT disque *m* système.

systems engineer ['sɪstəmz-] n ingénieur *m* système, ingénieure *f* système.

systems engineering ['sɪstəmz-] n assistance *f* technico-commerciale.

systems software n COMPUT logiciel *m* de base.

systole ['sɪstəlɪ] n systole *f*.

t (*pl* **t's** *or* **ts**), **T** (*pl* **T's** *or* **Ts**) [tiː] n [letter] t *m*, T *m* / *T for Tommy* ≃ T comme Thérèse ▸ **to a T** parfaitement, à merveille / *you've described him to a T* vous l'avez parfaitement décrit / *that's her to a T* c'est tout à fait elle / *the jacket fits* or *suits her to a T* la veste lui va à merveille. **See also f.**

ta [tɑː] interj UK *inf* merci.

TA n abbr of **Territorial Army.**

tab [tæb] n **1.** [on garment -flap] patte *f* ; [-loop] attache *f* ; [over ear] oreillette *f* ; [on shoelaces] ferret *m* **2.** [tag -on clothing, luggage] étiquette *f* ; [-on file, dictionary] onglet *m* ; *fig* ▸ **to keep tabs on sb** avoir qqn à l'œil, avoir l'œil sur qqn / *I'll keep tabs on how the case progresses* je vais surveiller l'évolution de cette affaire **3.** US [bill] addition *f*, note *f* ▸ **to pick up the tab** **a)** *lit* payer (la note) **b)** *fig* payer l'addition **4.** UK *regional* [cigarette] clope *f* **5.** AERON compensateur *m* automatique à ressort.

tabard [ˈtæbəd] n tabard *m*.

Tabasco® [təˈbæskəʊ] n Tabasco® *m*.

tabbouleh [təˈbuːlɪ] n *(U)* taboulé *m*.

tabby [ˈtæbɪ] (*pl* **tabbies**) ◆ n ▸ **tabby (cat)** chat *m* tigré, chatte *f* tigrée. ◆ adj tigré.

tabernacle [ˈtæbənækl] n **1.** BIBLE & RELIG tabernacle *m* **2.** [place of worship] temple *m*.

tab key n touche *f* de tabulation.

table [ˈteɪbl] ◆ n **1.** [furniture] table *f* / *to get round the negotiating table* s'asseoir à la table des négociations ; [for meals] table *f* ▸ **to be at table** être à table / *we sat down to table* nous nous sommes mis à table / *may I leave the table?* puis-je sortir de table or quitter la table ? **2.** [people seated] table *f*, tablée *f* / *my uncle kept the whole table amused* mon oncle a diverti toute la tablée / *we were seated with a table of card players* nous étions assis à une table de joueurs de cartes **3.** *fml* [food] : *she keeps an excellent table* elle a une excellente table **4.** TECH [of machine] table *f* ; MUS [of violin] table *f* d'harmonie **5.** [list] liste *f* ; [chart] table *f*, tableau *m* ; [of fares, prices] tableau *m*, barème *m* / *the results are set out in the following table* les résultats sont donnés dans le tableau suivant ; SPORT classement *m* / *our team came bottom in the table* notre équipe s'est classée dernière or était dernière au classement ; SCH ▸ **(multiplication) table** table *f* (de multiplication) / *we have to learn our 4 times table* il faut qu'on apprenne la table de 4 ▸ **table of contents** table *f* des matières **6.** [slab -of stone, marble] plaque *f* ▸ **the Tables of the Law** BIBLE les Tables de la Loi **7.** GEOG plateau *m* **8.** ANAT [of cranium] table *f* **9.** PHR **to put** or **to lay sthg on the table** mettre qqch sur la table / *we will not negotiate until they put a better offer on the table* nous ne négocierons pas tant qu'ils ne mettront pas une meilleure offre sur la table ▸ **to bring sthg to the table** : *what did they bring to the table?* qu'ont-ils apporté à la négociation ? / *the most important thing he brought to the table was his knowledge of Hindi* son apport le plus précieux fut sa connaissance de l'hindi ▸ **under the table** [drunk] : *to be under the table* rouler sous la table, être ivre mort / *he can drink me under the table* il peut boire beaucoup plus que moi / *the man offered me £100 under the table* l'homme m'a offert 100 livres en dessous-de-table. ◆ comp [lamp, leg, linen] de table. ◆ vt **1.** UK [submit -bill, motion] présenter **2.** US [postpone] ajourner, reporter / *the bill has been tabled* la discussion du projet de loi a été reportée **3.** [tabulate] présenter sous forme de tableau ; [classify] classifier **4.** [schedule] prévoir, fixer / *the discussion is tabled for 4 o'clock* la discussion est prévue or a été fixée à 16 h.

tableau [ˈtæbləʊ] (*pl* **tableaus** *or* **tableaux** [-bləʊz]) n tableau *m*.

tablecloth [ˈteɪblklɒθ] n nappe *f*.

table dancer n danseuse *f* de bar.

table d'hôte [ˈtɑːbl,dəʊt] n ▸ **the table d'hôte** le menu à prix fixe.

table lamp n lampe *f* (de table).

tableland [ˈteɪbllænd] n GEOG plateau *m*.

table licence n UK *licence autorisant un restaurant à vendre des boissons alcoolisées uniquement avec les repas.*

table manners pl n manière *f* de se tenir à table / *he has terrible / excellent table manners* il se tient très mal / très bien à table.

tablemat [ˈteɪblmæt] n set *m* de table.

Table Mountain pr n la Montagne de la Table.

table salt n sel *m* de table, sel *m* fin.

tablespoon [ˈteɪblspuːn] n [for serving] grande cuillère *f*, cuillère *f* à soupe ; [as measure] grande cuillerée *f*, cuillerée *f* à soupe.

tablespoonful [ˈteɪbl,spuːnfʊl] n grande cuillerée *f*, cuillerée *f* à soupe.

tablet [ˈtæblɪt] n **1.** [for writing -stone, wax, etc.] tablette *f* ; [-pad] bloc-notes *m* **2.** [pill] comprimé *m*, cachet *m* **3.** [of chocolate] tablette *f* ; [of soap] savonnette *f* **4.** [plaque] plaque *f* (commémorative) **5.** COMPUT tablette *f*.

table tennis n tennis *m* de table, ping-pong *m*.

table top n dessus *m* de table, plateau *m* (de table).

table-turning n *pej* [spirituality] spiritisme *m*.

tableware [ˈteɪblweəʳ] n vaisselle *f*.

table wine n vin *m* de table.

tabloid [ˈtæblɔɪd] ◆ n ▸ **tabloid (newspaper)** tabloïd(e) *m* / *it's front-page news in all the tabloids* c'est à la une de tous les journaux à sensation. ◆ adj : *in tabloid form* condensé, en résumé ▸ **the tabloid press** la presse à sensation.

tabloidese [,tæblɔɪˈdiːz] n style *m* tabloïde.

taboo [təˈbuː] ◆ adj [subject, word] tabou. ◆ n tabou *m*. ◆ vt proscrire, interdire.

tabor [ˈteɪbəʳ] n tambourin *m*.

Tabriz [tæˈbriːz] pr n Tabriz.

tabular [ˈtæbjʊləʳ] adj **1.** [statistics, figures] tabulaire / *in tabular form* sous forme de tableaux **2.** [crystal] tabulaire.

tabula rasa [ˈtæbjʊləˈrɑːzə] (*pl* **tabulae rasae** [ˈtæbjʊliːˈrɑːziː]) n table *f* rase.

tabulate [ˈtæbjʊleɪt] vt **1.** [in table form] mettre sous forme de table or tableau ; [in columns] mettre en colonnes **2.** [classify] classifier.

tabulation [,tæbjʊˈleɪʃn] n **1.** [in tables] présentation *f* or disposition *f* en tables ; [in columns] disposition *f* en colonnes **2.** [classification] classification *f*.

tabulator [ˈtæbjʊleɪtəʳ] n tabulateur *m*.

tache [tæʃ] (abbr of **moustache**) n *inf* moustache *f*.

tacheometer [,tækɪˈɒmɪtəʳ] = **tachymeter.**

tachograph [ˈtækəgrɑːf] n tachygraphe *m*.

tachometer [tæˈkɒmɪtəʳ] n tachymètre *m*.

tachycardia [,tækɪˈkɑːdɪə] n tachycardie *f*.

tachymeter [tæˈkɪmɪtəʳ] n tachéomètre *m*.

tacit [ˈtæsɪt] adj tacite, implicite / *tacit approval* accord *m* tacite / *tacit knowledge* connaissances *fpl* implicites.

tacitly [ˈtæsɪtlɪ] adv tacitement.

taciturn [ˈtæsɪtɜːn] adj taciturne, qui parle peu / *he was a tall, taciturn gentleman* c'était un homme grand et taciturne.

Tacitus [ˈtæsɪtəs] pr n Tacite.

tack [tæk] ◆ n **1.** [nail] pointe *f* ; [for carpeting, upholstery] semence *f* ▸ **tack, thumb-tack** punaise *f* ▸ **to be as sharp as a tack** **a)** [person] avoir une intelligence très vive **b)** [photograph] être d'une netteté parfaite **2.** UK SEW point *m* de bâti **3.** NAUT [course] bordée *f*, bord *m* ▸ **to make** or **to set a tack** courir or tirer une bordée ▸ **to be on a starboard / port tack** être tribord / bâbord amures ; *fig* ▸ **to be on the right tack** être sur la bonne voie ▸ **to be on the wrong tack** faire fausse route / *he went off on a quite different tack* il est parti sur une tout autre piste *fig* / *she changed tack in mid-conversation* elle changea de sujet en pleine conversation **4.** *inf* [food] bouffe *f* **5.** *inf* [tacky things] trucs *mpl* ringards **6.** [harness] sellerie *f*. ◆ vt **1.** [carpet] clouer **2.** UK SEW faufiler, bâtir. ◆ vi NAUT faire or courir or tirer une bordée, louvoyer.

❖ **tack down** vt sep **1.** [carpet, board] clouer **2.** SEW maintenir en place au point de bâti.

❖ **tack on** vt sep **1.** [with nails] fixer avec des clous **2.** SEW bâtir **3.** *fig* ajouter, rajouter / *the conclusion seems tacked on* la conclusion semble avoir été ajoutée après coup / *he tacked a joke on to the end of his story* il a rajouté une plaisanterie à la fin de son anecdote.

❖ **tack up** vt sep [note, poster] fixer au mur *(avec une punaise).*

tackily ['tækɪlɪ] adv [shoddily] minablement ; [in bad taste] avec mauvais goût.

tacking ['tækɪŋ] n UK SEW bâti *m*, faufilage *m* / *you'll have to take the tacking out of the skirt* il va falloir enlever le faufilage de la jupe.

tacking stitch n UK point *m* de bâti.

tackle ['tækl] ◆ vt **1.** SPORT tacler ; *fig* [assailant, bank robber] saisir, empoigner **2.** [task, problem] s'attaquer à ; [question, subject] s'attaquer à, aborder / *to tackle a job* se mettre au travail, s'atteler à la tâche / *during the holidays, I hope to tackle Churchill's memoirs* pendant les vacances, j'espère pouvoir m'attaquer aux Mémoires de Churchill / *he tackled an enormous plate of chips* il attaqua une énorme assiettée de frites ; [confront] interroger / *I tackled him on* or *about his stand on abortion* je l'ai interrogé sur sa prise de position sur l'avortement / *I'll tackle her about the extra cost* je lui toucherai un mot or je lui parlerai du coût supplémentaire. ◆ vi SPORT tacler. ◆ n **1.** [equipment] attirail *m*, matériel *m* ▸ **fishing tackle** matériel *m* or articles *mpl* de pêche **2.** [ropes and pulleys] appareil *m* or appareils *mpl* de levage ; [hoist] palan *m* **3.** SPORT [gen] tacle *m* / *good tackle!* bien taclé ! **4.** [in American football - player] plaqueur *m* **5.** NAUT [rigging] gréement *m* **6.** UK *inf* [genitals] bijoux *mpl* de famille.

tackling ['tæklɪŋ] n **1.** SPORT tacle *m* **2.** [of problem, job] manière *f* d'aborder.

tack-room n sellerie *f*.

tack-sharp adj [photograph] d'une netteté parfaite, parfaitement net.

tacky ['tækɪ] (*compar* **tackier**, *superl* **tackiest**) adj **1.** [sticky] collant, poisseux ; [of paint] pas encore sec / *wait until the glue is tacky* attendez que la colle ait commencé à prendre **2.** *inf* [shoddy] minable, moche **3.** *inf* [vulgar] de mauvais goût, vulgaire ; US [person] beauf, vulgaire.

taco ['tækəʊ] (*pl* **tacos**) n taco *m* (*crêpe mexicaine farcie*).

tact [tækt] n tact *m*, diplomatie *f*, doigté *m*.

tactful ['tæktfʊl] adj [person] plein de tact, qui fait preuve de tact ; [remark, suggestion] plein de tact ; [inquiry] discret (discrète) ; [behaviour] qui fait preuve de tact or de délicatesse / *that wasn't a very tactful thing to say* ce n'était pas très diplomatique de dire ça / *try to be more tactful* essaie de faire preuve de plus de tact / *we must be tactful with her* nous devons faire preuve de tact avec elle / *they gave us a tactful hint* ils nous ont fait discrètement comprendre.

tactfully ['tæktfʊlɪ] adv avec tact or délicatesse.

tactic ['tæktɪk] n tactique *f* ; MIL tactique *f*.

tactical ['tæktɪkl] adj **1.** MIL tactique / *tactical mistake* erreur *f* tactique / *tactical advantage* avantage *m* tactique / *tactical nuclear weapons* armes *fpl* nucléaires tactiques **2.** [shrewd] adroit / *a purely tactical manoeuvre* une manœuvre purement diplomatique ▸ **tactical voter** *personne qui fait un vote utile* ▸ **tactical voting** *(U)* : *there has been a lot of tactical voting* beaucoup de gens ont voté utile.

tactically ['tæktɪklɪ] adv du point de vue tactique ▸ **to vote tactically** voter utile.

tactician [tæk'tɪʃn] n tacticien *m*, -enne *f*.

tactics ['tæktɪks] n *(U)* MIL & SPORT tactique *f*.

tactile ['tæktaɪl] adj tactile.

tactless ['tæktlɪs] adj [person] dépourvu de tact, qui manque de doigté ; [answer] indiscret (indiscrète), peu diplomatique / *what a tactless thing to say / to do!* il faut vraiment manquer de tact pour dire / faire une chose pareille ! / *how tactless of him!* quel manque de tact de sa part !

tactlessly ['tæktlɪslɪ] adv sans tact.

tactlessness ['tæktlɪsnɪs] n manque *m* de tact, indélicatesse *f*.

tad [tæd] n *inf* **1.** US [boy] mioche *m*, gamin *m* **2.** [small bit] ▸ **a tad** un peu / *we only had a tad* on n'en a eu qu'un chouia / *the coat is a tad expensive* le manteau est un chouia trop cher.

tadpole ['tædpəʊl] n ZOOL têtard *m*.

Tadzhik [tɑː'dʒiːk] n Tadjik *mf*.

Tadzhiki [tɑː'dʒiːkɪ] ◆ n tadjik *m*. ◆ adj tadjik.

Tadzhikistan [tɑː,dʒɪkɪ'stɑːn] pr n Tadjikistan *m* / *in Tadzhikistan* au Tadjikistan.

Taff [tæf] *inf* = **Taffy**.

taffeta ['tæfɪtə] ◆ n taffetas *m*. ◆ adj [dress] en taffetas.

taffrail ['tæfreɪl] n NAUT lisse *f* de couronnement, rambarde *f* arrière.

taffy ['tæfɪ] (*pl* **taffies**) n US bonbon *m* au caramel.

Taffy ['tæfɪ] (*pl* **Taffies**) n *inf nom péjoratif ou humoristique désignant un Gallois.*

taffy apple n US pomme *f* d'amour.

TAFN MESSAGING written abbr of **that's all for now**.

tag [tæg] (*pt & pp* **tagged**, *cont* **tagging**) ◆ n **1.** [label - on clothes, suitcase] étiquette *f* ; [- on file] onglet *m* ▸ **(price) tag** étiquette *f* de prix ▸ **(name) tag a)** [gen] étiquette *f* (où est marqué le nom) **b)** [for dog, soldier] plaque *f* d'identité **2.** [on shoelace] ferret *m* **3.** [on jacket, coat - for hanging] patte *f* **4.** [graffiti] tag *m* **5.** US [licence plate] plaque *f* minéralogique **6.** [quotation] citation *f* ; [cliché] cliché *m*, lieu *m* commun ; [catchword] slogan *m* ▸ **a Latin tag** une citation latine **7.** GRAM ▸ **tag (question)** question-tag *f* **8.** GAMES chat *m* ▸ **to play tag** jouer à chat **9.** COMPUT balise *f*. ◆ vt **1.** [label - package, article, garment] étiqueter ; [- animal] marquer ; [- file] mettre un onglet à ; [- criminal] pincer, épingler ; *fig* [person] étiqueter / *he was tagged as a trouble-maker* il a été classé parmi les agitateurs **2.** US [follow] suivre ; [subj: detective] filer **3.** [leave graffiti on] faire des graffitis sur **4.** COMPUT [text] baliser.

⇨ **tag along** vi suivre ▸ **to tag along with sb a)** [follow] suivre qqn **b)** [accompany] aller or venir avec qqn / *do you mind if I tag along?* ça vous gêne si je viens ? / *the girl tagged along behind the others* **a)** [followed] la fille suivit les autres **b)** [lagged behind] la fille était à la traîne derrière les autres.

⇨ **tag on** ◆ vt sep ajouter. ◆ vi *inf* ▸ **to tag on to sb** suivre qqn partout ▸ **to tag on behind sb** traîner derrière qqn.

Tagalog [tə'gɑːlɒg] n **1.** [person] Tagal *mf* **2.** LING tagalog *m*, tagal *m*.

tagboard ['tægbɔːd] n carton *m* pour étiquettes.

tag day n US *journée de vente d'insignes pour une œuvre de bienfaisance.*

tag end n US **1.** [oddment - of cloth, thread] bout *m* ; [of goods] restes *mpl* **2.** [end - of performance, day] fin *f*.

tagger ['tægəʳ] n [graffitist] tagueur *m*, -euse *f*.

tagging ['tægɪŋ] n COMPUT balisage *m*.

tagmeme ['tægmiːm] n tagmème *m*.

tagmemic [tæg'miːmɪk] adj tagmémique.

tagmemics [tæg'miːmɪks] n *(U)* tagmémique *f*.

Tagus ['teɪgəs] pr n ▸ **the Tagus** le Tage.

tahini [tə'hiːnɪ] n CULIN tahini *m*.

Tahiti [tɑː'hiːtɪ] pr n Tahiti / *in Tahiti* à Tahiti.

Tahitian [tɑː'hiːʃn] ◆ n Tahitien *m*, -enne *f*. ◆ adj tahitien.

tai chi [taɪ'tʃiː] n tai-chi(-chuan) *m*.

taiga ['taɪgə] n taïga *f*.

tail [teɪl] ◆ n **1.** [of animal] queue *f* ▸ **with one's tail between one's legs** *fig* la queue basse ▸ **it's a case of the tail wagging the dog** c'est le monde à l'envers / *the detective was still on his tail* le détective le filait toujours ; *inf* [of vehicle] : *the car was right on my tail* la voiture me collait au derrière or aux fesses ▸ **to turn tail and run** prendre ses jambes à son cou **2.** [of kite, comet, aircraft] queue *f* ; [of musical note] queue *f* **3.** [of coat] basque *f* ; [of dress] traîne *f* ; [of shirt] pan *m* **4.** [end - of storm] queue *f* ; [- of procession] fin *f*, queue *f* ; [- of queue] bout *m* **5.** *inf* [follower - police officer, detective] *personne qui file* ▸ **to put a tail on sb** faire filer qqn **6.** US *inf* [bottom] fesses *fpl* ▸ **to work one's tail off** : *he worked his tail off* il s'est vraiment décarcassé **7.** *(U) v inf* [woman] ▸ **a bit of tail** une gonzesse. ◆ vt **1.** *inf* [follow] suivre, filer **2.** [animal] couper la queue à.

⇨ **tails** ◆ pl n *inf* [tailcoat] queue *f* de pie. ◆ adv [of coin] : *it's tails!* (c'est) pile !

⇨ **tail along** vi suivre / *she tailed along behind* or *after us* elle traînait derrière nous.

⇨ **tail away** vi [sound] s'affaiblir, décroître ; [interest] diminuer petit à petit ; [book] se terminer en queue de poisson ; [competitors in race] s'espacer / *his voice tailed slowly away* peu à peu sa voix s'affaiblit.

⇨ **tail back** vi [traffic] être arrêté, former un bouchon ; [demonstration, runners] s'égrener, s'espacer / *the line of cars tailed back for 10 miles* la file de voitures s'étendait sur 16 km.

⇨ **tail off** vi [quality] baisser ; [numbers] diminuer, baisser ; [voice] devenir inaudible ; [story] se terminer en queue de poisson.

tail assembly n AERON dérive *f*.

tailback ['teɪlbæk] n bouchon *m* (de circulation) / *a 3 mile tailback* un bouchon de 5 km.

tailboard ['teɪlbɔːd] n hayon *m* (*de camion*).

tailcoat [,teɪl'kəʊt] n queue *f* de pie.

tail end n [of storm] fin *f* ; [of cloth] bout *m* ; [of procession] queue *f*, fin *f* ; [of story] chute *f*.

tailender [teɪl'endəʳ] n [in race] dernier *m*, -ère *f*.

tail feather n penne *f*.

tailfin ['teɪlfɪn] n **1.** [fish] nageoire *f* caudale **2.** NAUT dérive *f*.

tailgate ['teɪlgeɪt] ◆ n AUTO hayon *m*. ◆ vt coller au pare-chocs de.

tailgate party n US pique-nique *m* (*où le hayon du véhicule sert de table ou de desserte*).

tail lamp, **taillight** ['teɪllaɪt] n feu *m* arrière.

tailor ['teɪləʳ] ◆ n tailleur *m*. ◆ vt [garment] faire sur mesure ; [equipment] adapter à un besoin particulier, concevoir en fonction d'un usage particulier / *the kitchen was tailored to our needs* la cuisine a été faite spécialement pour nous or conçue en fonction de nos besoins.

tailored ['teɪləd] adj [clothes, equipment] (fait) sur mesure ; [skirt] ajusté.

tailor-made adj [specially made - clothes, equipment] (fait) sur mesure ; [very suitable] (comme) fait exprès / *top players have their rackets tailor-made for them* les joueurs de haut niveau ont des raquettes faites sur mesure / *the job could have been tailor-made for her* on dirait que le poste est taillé pour elle.

tailor's tack n point *m* tailleur.

tailpiece ['teɪlpiːs] n **1.** [addition - to speech] ajout *m* ; [- to document] appendice *m* ; [- to letter] post-scriptum *m inv* **2.** MUS cordier *m* (*d'un violon*) **3.** TYPO cul-de-lampe *m*.

tail pipe n US tuyau *m* d'échappement.

tailplane ['teɪlpleɪn] n AERON stabilisateur *m*.

tail rotor n [of helicopter] Fenestron® *m*.

tail section n AERON arrière *m* / *a seat in the tail section* une place à l'arrière.

tailskid ['teɪlskɪd] n AERON béquille *f* de queue.

tailspin ['teɪlspɪn] n vrille *f* ▸ **to be in a tailspin a)** AERON vriller **b)** *fig* être en dégringolade.

tailwind ['teɪlwɪnd] n vent *m* arrière.

taint [teɪnt] ◆ vt **1.** [minds, morals] corrompre, souiller ; [person] salir la réputation de ; [reputation] salir / *his personal life is tainted with scandal* sa vie privée fait beaucoup de scandale **2.** [food] gâter ; [air] polluer, vicier ; [water] polluer, infecter. ◆ n **1.** [infection] infection *f* ; [contamination] contamination *f* ; [decay] décomposition *f* **2.** *fig* [of sin, corruption] tache *f*, souillure *f*.

tainted ['teɪntɪd] adj **1.** [morals] corrompu, dépravé ; [reputation] terni, sali ; [politician] dont la réputation est ternie or salie ; [money] sale / *tainted motives* des raisons malhonnêtes **2.** [food] gâté ; [meat] avarié ; [air] vicié, pollué ; [water] infecté, pollué ; [blood] impur.

Taipei [taɪ'peɪ] pr n Taibei.

Taiwan [ˌtaɪ'wɑːn] pr n Taïwan / *in Taiwan* à Taïwan.

Taiwanese [ˌtaɪwə'niːz] ◆ n Taïwanais *m*, -e *f*. ◆ adj taïwanais.

Taj Mahal [ˌtɑːdʒmə'hɑːl] pr n ▸ **the Taj Mahal** le Taj Mahal.

take [teɪk] (*pt* **took** [tʊk], *pp* **taken** ['teɪkən]) ◆ vt

- A. GET HOLD OF OR CAPTURE
- B. CARRY, LEAD OR OBTAIN
- C. WITH TRANSPORT
- D. MAKE OR HAVE
- E. RECEIVE
- F. ACCEPT OR UNDERGO
- G. CONSIDER OR PRESUME
- H. REQUIRE
- I. CONSUME
- J. OTHER USES

A. GET HOLD OF OR CAPTURE **1.** [get hold of] prendre ; [seize] prendre, saisir / *let me take your coat* donnez-moi votre manteau / *she took the book from him* elle lui a pris le livre ▸ **to take sb's hand** prendre qqn par la main / *she took his arm* elle lui a pris le bras / *Peter took her in his arms* Peter l'a prise dans ses bras / *the wolf took its prey by the throat* le loup a saisi sa proie à la gorge **2.** [get control of, capture - person] prendre, capturer ; [- fish, game] prendre, attraper ; MIL prendre, s'emparer de / *they took the town that night* ils prirent or s'emparèrent de la ville cette nuit-là ▸ **to take sb prisoner** faire qqn prisonnier ▸ **to take sb alive** prendre or capturer qqn vivant / *I took his queen with my rook* j'ai pris sa reine avec ma tour ▸ **to take control of a situation** prendre une situation en main / *we took our courage in both hands* nous avons pris notre courage à deux mains ▸ **to take the lead in sthg a)** [in competition] prendre la tête de qqch **b)** [set example] être le premier à faire qqch.

B. CARRY, LEAD OR OBTAIN **1.** [carry from one place to another] porter, apporter ; [carry along, have in one's possession] prendre, emporter / *she took her mother a cup of tea* elle a apporté une tasse de thé à sa mère / *he took the map with him* il a emporté la carte / *she took some towels upstairs* elle a monté des serviettes / *don't forget to take your camera* n'oubliez pas (de prendre) votre appareil photo / *the committee wanted to take the matter further* fig le comité voulait mener l'affaire plus loin ▸ **the devil take it!** que le diable l'emporte ! **2.** [person - lead] mener, emmener ; [- accompany] accompagner / *her father takes her to school* son père l'emmène à l'école / *could you take me home?* pourriez-vous me ramener or me raccompagner ? / *may I take you to dinner?* puis-je vous inviter à dîner or vous emmener dîner ? / *he offered to take them to work in the car* il leur a proposé de les emmener au bureau en voiture or de les conduire au bureau / *please take me with you* emmène-moi, s'il te plaît / *the estate agent took them over the house* l'agent immobilier leur a fait visiter la maison / *she used to take me along to meetings* (avant,) elle m'emmenait aux réunions / *this road will take you to the station* cette route vous mènera or vous conduira à la gare / *I don't want to take you out of your way* je ne veux pas vous faire faire un détour / *her job took her all over Africa* son travail l'a fait voyager dans toute l'Afrique / *that's what first took me to Portugal* c'est ce qui m'a amené au Portugal / *the song took her to number one in the charts* cette chanson l'a propulsée à la première place du hit-parade **3.** [obtain from specified place] prendre, tirer ; [remove from specified place] prendre, enlever / *she took a handkerchief from her pocket* elle a sorti un mouchoir de sa poche / *I took a chocolate from the box* j'ai pris un chocolat dans la boîte / *take a book from the shelf* prenez un livre sur l'étagère / *take your feet off the table* enlève tes pieds de la table **4.** [appropriate, steal] prendre, voler ▸ **to take sthg from sb** prendre qqch à qqn / *someone's taken my wallet* on a pris mon portefeuille / *his article is taken directly from my book* le texte de son article est tiré directement de mon livre **5.** [draw, derive] prendre, tirer / *a passage taken from a book* un passage extrait d'un livre / *a phrase taken from Latin* une expression empruntée au latin **6.** [refer] : *she takes all her problems to her sister* elle raconte tous ses problèmes à sa sœur / *he took the matter to his boss* il a soumis la question à son patron / *they intend to take the case to the High Court* LAW ils ont l'intention d'en appeler à la Cour suprême.

C. WITH TRANSPORT **1.** [subj: bus, car, train, etc.] conduire, transporter / *the ambulance took him to hospital* l'ambulance l'a transporté à l'hôpital / *this bus will take you to the theatre* ce bus vous conduira au théâtre **2.** [bus, car, plane, train] prendre ; [road] prendre, suivre / *take a right* US prenez à droite.

D. MAKE OR HAVE **1.** [have - attitude, bath, holiday] prendre ; [make - nap, trip, walk] faire ; [- decision] prendre / *she took a quick look at him* elle a jeté un rapide coup d'œil sur lui / *let's take five* US *inf* soufflons cinq minutes / *he took a flying leap* il a bondi ▸ **to take a shit** or **a dump** US *vulg* chier ▸ **to take a wife** *liter* or *arch* prendre femme **2.** PHOT ▸ **to take a picture** prendre une photo / *she took his picture* or *a picture of him* elle l'a pris en photo / *we had our picture taken* nous nous sommes fait photographier or prendre en photo / *he takes a good photo inf* [is photogenic] il est photogénique.

E. RECEIVE [receive, get] recevoir / *he took the blow on his arm* il a pris le coup sur le bras / *you can take the call in my office* vous pouvez prendre l'appel dans mon bureau ; [earn, win - prize] remporter, obtenir ; [- degree, diploma] obtenir, avoir / *the bookstore takes about $3,000 a day* la librairie fait à peu près 3 000 dollars (de recette) par jour / *how much does he take home a month?* quel est son salaire mensuel net ? / *we took all the tricks* CARDS nous avons fait toutes les levées / *their team took the match* leur équipe a gagné or remporté le match.

F. ACCEPT OR UNDERGO **1.** [accept - job, gift, payment] prendre, accepter ; [- bet] accepter / *the doctor only takes private patients* le docteur ne prend pas les patients du service public / *the owner won't take less than $100 for it* le propriétaire en veut au moins 100 dollars ▸ **to take a bribe** se laisser acheter or corrompre / *you'll have to take me as I am* il faut me prendre comme je suis / *take things as they come* prenez les choses comme elles viennent / *I won't take "no" for an answer* pas question de refuser / *it's my last offer, (you can) take it or leave it* c'est ma dernière offre, c'est à prendre ou à laisser / *I'll take it from here* je prends la suite / *I'll take it from there* je verrai à ce moment-là **2.** [accept as valid] croire ▸ **to take sb's advice** suivre les conseils de qqn / *take it from me, he's a crook* croyez-moi, c'est un escroc **3.** [assume, undertake] prendre ▸ **to take the blame for sthg** prendre la responsabilité de qqch / *you'll have to take the consequences* c'est vous qui en subirez les conséquences / *she takes all the credit for our success* elle s'attribue tout le mérite de notre réussite / *I take responsibility for their safety* je me charge de leur sécurité **4.** [deal with] : *let's take things one at a time* prenons les choses une par une / *the mayor took their questions calmly* le maire a entendu leurs questions avec calme / *how did she take the questioning?* comment a-t-elle réagi à or pris l'interrogatoire ? / *they took the news well* or *in their stride* ils ont plutôt bien pris la nouvelle ▸ **to take sthg badly** prendre mal qqch ▸ **to take things easy** *inf* or **it easy** *inf* se la couler douce ▸ **take it easy!** [don't get angry] du calme ! **5.** [bear, endure - pain] supporter ; [- damage, loss] subir / *don't take any nonsense!* ne te laisse pas faire ! / *your father won't take any nonsense* ton père ne plaisante pas avec ce genre de choses / *she can take it* elle tiendra le coup / *we couldn't take any more* on n'en pouvait plus / *I find his constant sarcasm rather hard to take* je trouve ses sarcasmes perpétuels difficiles à supporter / *don't expect me to take this lying down* ne comptez pas sur moi pour accepter ça sans rien dire / *those shoes have taken a lot of punishment* ces chaussures en ont vu de toutes les couleurs **6.** [experience, feel] ▸ **to take fright** prendre peur ▸ **to take an interest in sthg / sb** s'intéresser à qqch / qqn / *don't take offence* ne vous vexez pas, ne vous offensez pas / *no offence taken* il n'y a pas de mal / *we take pleasure in travelling* nous prenons plaisir à voyager / *she takes pride in her work* elle est fière de ce qu'elle fait / *to take pride in one's appearance* prendre soin de sa personne **7.** [contract, develop] ▸ **to take a chill, to take cold** prendre froid ▸ **to take sick** tomber malade / *I was taken with a fit of the giggles* j'ai été pris d'un fou rire / *she took an instant dislike to him* elle l'a tout de suite pris en aversion.

G. CONSIDER OR PRESUME **1.** [consider, look at] prendre, considérer / *take Einstein (for example)* prenons (l'exemple d')Einstein / *take the case of Colombia* prenons le cas de la Colombie / *taking everything into consideration* tout bien considéré ▸ **to take sthg / sb seriously** prendre qqch / qqn au sérieux ; [consider as] : *do you take me for an idiot?* vous me prenez pour un idiot ? / *what do you take me for?* pour qui me prenez-vous ? / *he took me for somebody else* il m'a pris pour quelqu'un d'autre **2.** [suppose, presume] supposer, présumer / *he's never been to Madrid, I take it* si je comprends bien, il n'a jamais été à Madrid / *I take it you're his mother* je suppose que vous êtes sa mère **3.** [interpret, understand] prendre, comprendre / *we never know how to take his jokes* on ne sait jamais comment prendre ses plaisanteries / *don't take that literally* ne le prenez pas au pied de la lettre / *he was slow to take my meaning* il lui a fallu un moment avant de comprendre ce que je voulais dire.

H. REQUIRE prendre, demander / *how long will it take to get there?* combien de temps faudra-t-il pour y aller ? / *the flight takes three hours* le vol dure trois heures / *it will take you ten minutes* vous en avez pour dix minutes / *it took him a minute to understand* il a mis une minute avant de comprendre / *it takes time to learn a language* il faut du temps pour apprendre une langue / *what kind of batteries does it take?* quelle sorte de piles faut-il ? / *he took a bit of coaxing before he accepted* il a fallu le pousser un peu pour qu'il accepte / *it took four people to stop the brawl* ils ont dû se mettre à quatre pour arrêter la bagarre / *it takes courage to admit one's mistakes* il faut du courage pour admettre ses erreurs / *it takes patience to work with children* il faut de la patience or il faut être patient pour travailler avec les enfants / *one glance was all it took* un regard a suffi / *the job took some doing inf* la tâche n'a pas été facile / *her story takes some believing inf* son histoire n'est pas facile à croire ; GRAM : *"falloir" takes the subjunctive* « falloir » est suivi du subjonctif ▸ **to have what it takes to do / to be sthg** avoir les qualités nécessaires pour faire / être qqch / *we need someone with leadership qualitites — she has what it takes* il nous faut quelqu'un qui ait des qualités de dirigeant — ce n'est pas ce qui lui manque ▸ **it takes one to know one** *inf* : *he's so lazy — it takes one to know one!* il est vraiment paresseux — tu peux parler ! ▸ **it takes two to tango** *inf & hum* il faut être deux pour faire ça.

I. CONSUME [food, drink, etc.] prendre / *do you take milk in your coffee?* prenez-vous du lait dans votre café ? / *I invited him to take tea* je l'ai invité à prendre le thé / *she refused to take any food* elle a refusé de manger (quoi que ce soit) ▸ **to take drugs** se droguer / *how many pills has he taken?* combien de comprimés a-t-il pris or absorbé ? / **'not to be taken internally'** [on bottle] '(à) usage externe' ▸ **to take the air** prendre l'air.

J. OTHER USES **1.** [commit oneself to] : *he took my side in the argument* il a pris parti pour moi dans la dispute / *the boy took an oath* or *a vow to avenge his family* le garçon a fait serment or a juré de venger sa famille ▸ **to take the Fifth (Amendment)** US invoquer le Cinquième Amendement *(pour refuser de répondre)* **2.** [allow oneself] : *may I take the liberty of inviting you to dinner?* puis-je me permettre de vous inviter à dîner ? / *he took the opportunity to thank them* or *of thanking them* il a profité de l'occasion pour les remercier **3.** [wear] faire, porter / *she takes a size 10* elle prend du 38 / *what size shoe do you take?* quelle est votre pointure ? **4.** [pick out, choose] prendre, choisir ; [buy] prendre, acheter ; [rent] prendre, louer / *I'll take it* je le prends / *what newspaper do you take?* quel journal prenez-vous ? **5.** [occupy - chair, seat] prendre, s'asseoir sur / *take a seat* asseyez-vous / *is this seat taken?* cette place est-elle occupée or prise ? **6.** [ascertain, find out] prendre ▸ **to take sb's pulse / temperature** prendre le pouls / la température de qqn ▸ **to take a reading from a meter** lire or relever un compteur

7. [write down - notes, letter] prendre / *he took a note of her address* il a noté son adresse **8.** [subtract] soustraire, déduire / *they took 10% off the price* ils ont baissé le prix de 10 % / *take 4 from 9 and you have 5* ôtez 4 de 9, il reste 5 **9.** SCH & UNIV [exam] passer, se présenter à ; [course] prendre, suivre / *I took Latin and Greek at A level* ≃ j'ai pris latin et grec au bac / *she takes us for maths* on l'a en maths **10.** [direct, aim] : *she took a swipe at him* elle a voulu le gifler **11.** [have recourse to] : *he took an axe to the door* il a donné des coups de hache dans la porte / *they took legal proceedings against him* LAW ils lui ont intenté un procès **12.** [catch unawares] prendre, surprendre ▸ **to take sb by surprise** or **off guard** surprendre qqn, prendre qqn au dépourvu / *his death took us by surprise* sa mort nous a surpris **13.** [negotiate - obstacle] franchir, sauter ; [- bend in road] prendre, négocier **14.** *inf* [deceive, cheat] avoir, rouler / *they took him for every penny (he was worth)* ils lui ont pris jusqu'à son dernier sou **15.** *liter* or *arch* [have sex with] prendre.

◆ vi **1.** [work, have desired effect] prendre / *did the dye take?* est-ce que la teinture a pris ? / *it was too cold for the seeds to take* il faisait trop froid pour que les graines germent **2.** [become popular] prendre, avoir du succès **3.** [fish] prendre, mordre.

◆ n **1.** [capture] prise *f* **2.** CIN, PHOT & TV prise *f* de vue ; RADIO enregistrement *m*, prise *f* de son **3.** US [interpretation] interprétation *f* / *what's your take on her attitude?* comment est-ce que tu interprètes son attitude ? / *it's a new take on the Cinderella story* c'est une nouvelle interprétation de l'histoire de Cendrillon **4.** US *inf* [takings] recette *f* ; [share] part *f* ▸ **to be on the take** toucher des pots-de-vin.

❖ **take aback** vt sep [astonish] étonner, ébahir ; [disconcert] déconcerter / *her question took him aback* sa question l'a déconcerté / *I was taken aback by the news* la nouvelle m'a beaucoup surpris.

❖ **take after** vt insep ressembler à, tenir de / *she takes after her mother in looks* physiquement, elle tient de sa mère.

❖ **take apart** vt sep **1.** [dismantle] démonter / *they took the room apart looking for evidence fig* ils ont mis la pièce sens dessus dessous pour trouver des preuves **2.** [criticize] critiquer.

❖ **take aside** vt sep prendre à part, emmener à l'écart / *the boss took her aside for a chat* le patron l'a prise à part pour discuter.

❖ **take away** vt sep **1.** [remove] enlever, retirer / *take that knife away from him* enlevez-lui ce couteau / *they took away his pension* ils lui ont retiré sa pension / *they took their daughter away from the club* ils ont retiré leur fille du club / *the police took his father away euph* son père a été arrêté par la police **2.** [carry away - object] emporter ; [- person] emmener / **'sandwiches to take away'** UK 'sandwiches à emporter' / **'not to be taken away'** [in library] 'à consulter sur place' **3.** MATH soustraire, retrancher / *nine take away six is three* neuf moins six font trois.

❖ **take away from** vt insep [detract from] : *that doesn't take away from his achievements as an athlete* ça n'enlève rien à ses exploits d'athlète.

❖ **take back** vt sep **1.** [after absence, departure] reprendre / *she took her husband back* elle a accepté que son mari revienne vivre avec elle / *the factory took back the workers* l'usine a repris les ouvriers **2.** [return] rapporter ; [accompany] raccompagner / *take it back to the shop* rapporte-le au magasin / *he took her back home* il l'a raccompagnée or ramenée chez elle **3.** [retract, withdraw] retirer, reprendre / *I take back everything I said* je retire tout ce que j'ai dit / *all right, I take it back!* d'accord, je n'ai rien dit ! **4.** [remind of the past] : *that takes me back to my childhood* ça me rappelle mon enfance / *that song takes me back forty years* cette chanson me ramène quarante ans en arrière **5.** TYPO transférer à la ligne précédente.

❖ **take down** ◆ vt sep **1.** [lower] descendre / *she took the book down from the shelf* elle a pris le livre sur l'étagère / *can you help me take the curtains down?* peux-tu m'aider à décrocher les rideaux ? / *she took his picture down from the wall* elle a enlevé sa photo du mur / *he took his trousers down* il a baissé son pantalon **2.** [note] prendre, noter / *he took down the registration number* il a relevé le numéro d'immatriculation / *to take down sb's details* noter les coordonnées de qqn. ◆ vi se démonter.

❖ **take in** vt sep **1.** [bring into one's home - person] héberger ; [- boarder] prendre ; [- orphan, stray animal] recueillir / *she takes in ironing* elle fait du repassage à domicile ; [place in custody] : *the police took him in* la police l'a mis or placé en garde à vue **2.** [air, water, food, etc.] : *she can only take in food intravenously* on ne peut la nourrir que par intraveineuse / *whales take in air through their blowhole* les baleines respirent par l'évent **3.** [understand, perceive] saisir, comprendre / *he was sitting taking it all in* il était là, assis, écoutant tout ce qui se disait / *he didn't take in the real implications of her announcement* il n'a pas saisi les véritables implications de sa déclaration / *I can't take in the fact that I've won* je n'arrive pas à croire que j'ai gagné / *she took in the situation at a glance* elle a compris la situation en un clin d'œil **4.** [make smaller - garment] reprendre ; [- in knitting] diminuer / *you'd better take in the slack on the rope* tu ferais bien de tendre or retendre la corde / *to take in a sail* NAUT carguer or serrer une voile **5.** [attend, go to] aller à / *to take in a show* aller au théâtre / *she took in the castle while in Blois* elle a visité le château pendant qu'elle était à Blois / *they took in the sights in Rome* ils ont fait le tour des sites touristiques à Rome **6.** *(usu passive) inf* [cheat, deceive] tromper, rouler / *don't be taken in by him* ne vous laissez pas rouler par lui / *I'm not going to be taken in by your lies* je ne suis pas dupe de tes mensonges / *he was completely taken in* il marchait complètement.

❖ **take off** ◆ vt sep **1.** [remove - clothing, lid, make-up, tag] enlever / *the boy took his clothes off* le garçon a enlevé ses vêtements or s'est déshabillé / *she took her glasses off* elle a enlevé ses lunettes / *he often takes the phone off the hook* il laisse souvent le téléphone décroché / *the surgeon had to take her leg off* le chirurgien a dû l'amputer de la jambe / *to take off the brake* AUTO desserrer le frein (à main) ; *fig* : *he didn't take his eyes off her all night* il ne l'a pas quittée des yeux de la soirée / *I tried to take her mind off her troubles* j'ai essayé de lui changer les idées or de la distraire de ses ennuis / *his retirement has taken ten years off him inf* sa retraite l'a rajeuni de dix ans **2.** [deduct] déduire, rabattre / *the teacher took one point off her grade* le professeur lui a retiré un point / *the manager took 10% off the price* le directeur a baissé le prix de 10 % **3.** [lead away] emmener / *she was taken off to hospital* on l'a transportée à l'hôpital / *the murderer was taken off to jail* on a emmené l'assassin en prison / *her friend took her off to dinner* son ami l'a emmenée dîner / *she took herself off to Italy* elle est partie en Italie **4.** [time] : *take a few days off* prenez quelques jours (de vacances or de congé) / *she takes Thursdays off* elle ne travaille pas le jeudi **5.** *inf* [copy] imiter ; [mimic] imiter, singer **6.** THEAT annuler / *the show was taken off after two weeks* le spectacle a été annulé après deux semaines. ◆ vi **1.** [aeroplane] décoller / *they took off for* or *to Heathrow* ils se sont envolés pour Heathrow **2.** [person - depart] partir / *he took off without telling us* il est parti sans nous avertir **3.** *inf* [become successful] décoller.

❖ **take on** ◆ vt sep **1.** [accept, undertake] prendre, accepter / *to take on the responsibility for sthg* se charger de qqch / *don't take on more than you can handle* ne vous surchargez pas / *she took it on herself to tell him* elle a pris sur elle de le lui dire / *he took the job on* **a)** [position] il a accepté le poste **b)** [task] il s'est mis au travail / *to take on a bet* accepter un pari **2.** [contend with, fight against] lutter or se battre contre ; [compete against] jouer contre / *the unions took on the government* les syndicats se sont attaqués or s'en sont pris au gouvernement / *I shouldn't like to take him on* je n'aimerais pas avoir affaire à lui / *he took us on at poker* il nous a défiés au poker **3.** [acquire, assume] prendre, revêtir / *her face took on a worried look* elle a pris un air inquiet **4.** [load] prendre, embarquer **5.** [hire] embaucher, engager. ◆ vi *inf* [fret, carry on] s'en faire / *don't take on so!* ne t'en fais pas !

❖ **take out** vt sep **1.** [remove - object] prendre, sortir ; [- stain] ôter, enlever ; [extract - tooth] arracher / *take the cheese out of the refrigerator* sors le fromage du réfrigérateur / *he took the knife out of his pocket* il a sorti le couteau de sa poche / *take your hands out of your pockets* enlève les mains de tes poches / *they took their children out of school* ils ont retiré leurs enfants de l'école ▸ **to take out sb's appendix / tonsils** MED enlever l'appendice / les amygdales à qqn **2.** [carry, lead outside - object] sortir ; [- person] faire sortir ; [escort] emmener ▸ **to take sb out to dinner / to the movies** emmener qqn dîner / au cinéma / *I took her out for a bike ride* je l'ai emmenée faire un tour à vélo / *would you take the dog out?* tu veux bien sortir le chien or aller promener le chien ? **3.** [food] emporter / **'sandwiches to take out'** US 'sandwiches à emporter' **4.** [obtain - subscription] prendre ; [- insurance policy] souscrire à, prendre ; [- licence] se procurer ; [COMM - patent] prendre / *to take out a mortgage* faire un emprunt-logement **5.** *inf* [destroy - factory, town] détruire ; [- person] supprimer, liquider / *the planes took the factory out by bombing* les avions ont détruit l'usine (en la bombardant) **6.** CARDS changer la couleur de *(annoncée par son partenaire)* **7.** PHR **to take sb out of himself / herself** changer les idées à qqn ▸ **to take it** or **a lot out of sb** *inf* : *working as an interpreter takes a lot out of you* le travail d'interprète est épuisant / *the operation really took it out of him* l'opération l'a mis à plat ▸ **to take it out on sb** s'en prendre à qqn / *he took his anger out on his wife inf* il a passé sa colère sur sa femme / *don't take it out on me! inf* ne t'en prends pas à moi !

❖ **take over** ◆ vt sep **1.** [assume responsibility of] reprendre / *he wants his daughter to take over the business* il veut que sa fille reprenne l'affaire / *she took over my classes* elle a pris la suite de mes cours / *will you be taking over his job?* est-ce que vous allez le remplacer (dans ses fonctions) ? **2.** [gain control of, invade] s'emparer de / *the military took over the country* l'armée a pris le pouvoir / *fast-food restaurants have taken over Paris* les fast-foods ont envahi Paris **3.** FIN [buy out] absorber, racheter **4.** [carry across] apporter ; [escort across] emmener / *I'll take you over by car* je vais vous y conduire en voiture / *the boat took us over to Seattle* le bateau nous a emmenés jusqu'à Seattle **5.** TYPO transférer à la ligne suivante. ◆ vi **1.** [as replacement] : *who will take over now that the mayor has stepped down?* qui va prendre la relève maintenant que le maire a donné sa démission ? / *I'll take over when he leaves* je le remplacerai quand il partira / *will he allow her to take over?* va-t-il lui céder la place ? / *MP3s have taken over from CDs* le MP3 a remplacé le CD **2.** [army, dictator] prendre le pouvoir.

❖ **take to** vt insep **1.** [have a liking for - person] se prendre d'amitié or de sympathie pour, prendre en amitié ; [- activity, game] prendre goût à / *I think he took to you* je crois que vous lui avez plu / *we took to one another at once* nous avons tout de suite sympathisé / *she didn't take to him* il ne lui a pas plu / *we've really taken to golf* nous avons vraiment pris goût au golf **2.** [acquire as a habit] se mettre à ▸ **to take to drink** or **to the bottle** se mettre à boire ▸ **to take to doing sthg** se mettre à faire qqch / *she took to wearing black* elle s'est mise à s'habiller en noir **3.** [make for, head for] : *he's taken to his bed with the flu* il est alité avec la grippe / *the rebels took to the hills* les insurgés se sont réfugiés dans les collines / *they took to the woods* ils se sont enfuis dans les bois.

❖ **take up** ◆ vt sep **1.** [carry, lead upstairs - object] monter ; [- person] faire monter **2.** [pick up - object] ramasser, prendre ; [- passenger] prendre / *she took up the notes from the table* elle a ramassé or pris les notes sur la table / *they're taking up the street* la rue est en travaux / *we finally took up the carpet* nous avons enfin enlevé la moquette **3.** [absorb] absorber **4.** [shorten] raccourcir / *you'd better take up the slack in that rope* tu ferais mieux de retendre or tendre cette corde **5.** [fill, occupy - space] prendre, tenir ; [- time] prendre, demander / *this table takes up too much room* cette table prend trop de place or est trop encombrante / *moving took up the whole day* le déménagement a pris toute la journée / *her work takes up all her attention* son travail l'absorbe complètement **6.** [begin, become interested in - activity, hobby] se mettre à ; [- job] prendre ; [- career] commencer, embrasser / *when did you take up Greek?* quand est-ce que tu t'es mis au grec? / *I've taken up gardening* je me suis mis au jardinage **7.** [continue, resume] reprendre, continuer / *I took up the tale where Susan had left off* j'ai repris l'histoire là où Susan l'avait laissée / *she took up her knitting again* elle a repris son tricot **8.** [adopt - attitude] prendre, adopter ; [- method] adopter ; [- place, position] prendre ; [- idea] adopter / *they took up residence in town* ils se sont installés en ville **9.** [accept - offer] accepter ; [- advice, suggestion] suivre ; [- challenge] relever **10.** [discuss] discuter, parler de ; [bring up] aborder / *take it up with the boss* parlez-en au patron **11.** [shares, stock] souscrire à. ◆ vi reprendre, continuer.

❖ **take upon** vt sep : *he took it upon himself to organize the meeting* il s'est chargé d'organiser la réunion.

❖ **take up on** vt sep **1.** [accept offer, advice of] : *his daughter took him up on his advice* sa fille a suivi ses conseils / *he might take you up on that someday!* il risque de vous prendre au mot un jour! / *she took him up on his promise* elle a mis sa parole à l'épreuve **2.** [ask to explain] : *I'd like to take you up on that point* j'aimerais revenir sur ce point avec vous.

❖ **take up with** vt insep **1.** [befriend] ▸ **to take up with sb** se lier d'amitié avec qqn, prendre qqn en amitié / *she took up with a bad crowd* elle s'est mise à fréquenter des vauriens **2.** [preoccupy] ▸ **to be taken up with doing sthg** être occupé à faire qqch / *she's very taken up with him* elle ne pense qu'à lui / *she's taken up with her business* elle est très prise par ses affaires / *meetings were taken up with talk about the economy* on passait les réunions à parler de l'économie.

See box at amener.

takeaway ['teɪkə,weɪ] ◆ n UK & NZ [shop] *boutique de plats à emporter* ; [food] plat *m* à emporter ▸ **Chinese takeaway a)** [shop] traiteur *m* chinois **b)** [meal] repas *m* chinois à emporter. ◆ adj ▸ **takeaway food** plats *mpl* à emporter ▸ **takeaway restaurant** *restaurant qui fait des plats à emporter.*

take-home pay n salaire *m* net *(après impôts et déductions sociales).*

taken ['teɪkən] ◆ pp ⟶ **take.** ◆ adj **1.** [seat] pris, occupé **2.** ▸ **to be taken with sthg / sb a)** [impressed] être impressionné par qqch / qqn **b)** [interested] s'intéresser à qqch / qqn / *they were quite taken with the performance* l'interprétation leur a beaucoup plu / *I'm rather taken with Aztec art* l'art aztèque me plaît beaucoup.

takeoff ['teɪkɒf] n **1.** AERON décollage *m* **2.** [imitation] imitation *f*, caricature *f* / *the comedian did a take-off of the prime minister* le comique a fait une imitation du Premier ministre **3.** ECON décollage *m* économique.

takeout ['teɪkaʊt] US = **takeaway.**

takeover ['teɪk,əʊvər] n [of power, of government] prise *f* de pouvoir ; [of company] prise *f* de contrôle.

takeover bid n offre *f* publique d'achat, OPA *f.*

taker ['teɪkər] n **1.** [buyer] acheteur *m*, -euse *f*, preneur *m*, -euse *f* ; [of suggestion, offer] preneur *m*, -euse *f* / *there were no takers* personne n'en voulait / *any takers?* y a-t-il des preneurs? **2.** [user] : *takers of drugs are at highest risk* ce sont les toxicomanes qui courent les plus grands risques.

takeup ['teɪkʌp] n [of benefits] réclamation *f* / *there has been a 75% takeup rate for the new benefit* 75 % des gens concernés par la nouvelle allocation l'ont effectivement demandée / *takeup has been poor* la demande a été faible.

taking ['teɪkɪŋ] ◆ adj engageant, séduisant. ◆ n [of city, power] prise *f* ; [of criminal] arrestation *f* ; [of blood, sample] prélèvement *m* / *the apples are there for the taking* prenez (donc) une pomme, elles sont là pour ça.

❖ **takings** pl n COMM recette *f.*

talc [tælk] ◆ n talc *m.* ◆ vt talquer ▸ **to talc o.s.** se mettre du talc, se talquer.

talcum powder ['tælkəm-] n talc *m.*

tale [teɪl] n **1.** [story] conte *m*, histoire *f* ; [legend] histoire *f*, légende *f* ; [account] récit *m* ▸ **to tell a tale** raconter une histoire / *he told them the tale of his escape* il leur a raconté son évasion or fait le récit de son évasion / *the astronaut lived / didn't live to tell the tale* l'astronaute a survécu / n'a pas survécu pour raconter ce qui s'est passé / *this painting tells its own tale* ce tableau est très parlant or se passe de commentaires / *tales of romance* des histoires romantiques ▸ **and thereby hangs a tale** *hum* et là-dessus il y en aurait à raconter / **'The Canterbury Tales'** *Chaucer* 'les Contes de Cantorbéry' / **'A Tale of Two Cities'** *Dickens* 'le Conte des deux villes' / **'Tales from the Vienna Woods'** *Strauss* 'Contes des bois de Vienne' / **'The Tales of Hoffman'** *Offenbach* 'les Contes d'Hoffmann' **2.** [gossip] histoires *fpl* / *there's a tale going around that they're moving* on raconte qu'ils vont déménager ▸ **to tell tales on sb** raconter des histoires sur le compte de qqn / *you shouldn't tell tales* **a)** [denounce] il ne faut pas rapporter **b)** [lie] il ne faut pas raconter des histoires.

talebearer ['teɪl,beərər] n *liter* rapporteur *m*, -euse *f.*

talebearing ['teɪl,beərɪŋ] n *liter* rapportage *m.*

talent ['tælənt] n **1.** [gift] talent *m*, don *m* / *she has great musical talent* elle est très douée pour la musique, elle a un grand don pour la musique / *I have quite a talent for sewing* je suis assez doué pour la or en couture / *it's just one of my many hidden talents* c'est un de mes nombreux talents cachés / *you have a talent for saying the wrong thing* tu as le don pour dire ce qu'il ne faut pas **2.** [talented person] talent *m* / *she is one of our most promising young talents* c'est un de nos jeunes talents les plus prometteurs **3.** *inf* [opposite sex - girls] jolies filles *fpl*, minettes *fpl* ; [- boys] beaux mecs *mpl* **4.** [coin] talent *m.*

talented ['tæləntɪd] adj talentueux, doué / *she's a talented musician* c'est une musicienne de talent / *she's really talented* elle a beaucoup de talent.

talent scout, talent-spotter n [for films] dénicheur *m*, -euse *f* de vedettes ; [for sport] dénicheur *m*, -euse *f* de futurs grands joueurs.

tale-telling n rapportage *m.*

talisman ['tælɪzmən] (*pl* **talismans**) n talisman *m.*

talk [tɔːk] ◆ vi **1.** [speak] parler ; [discuss] discuter ; [confer] s'entretenir ▸ **to talk to sb** parler à qqn ▸ **to talk with sb** parler or s'entretenir avec qqn ▸ **to talk of** or **about sthg** parler de qqch / *we sat talking together* nous sommes restés à discuter or à bavarder ▸ **to talk in signs / riddles** parler par signes / par énigmes / *they were talking in Chinese* ils parlaient en chinois / *I've been teaching my parrot to talk* j'ai appris à parler à mon perroquet ▸ **to talk for the sake of talking** parler pour ne rien dire / *that's no way to talk!* en voilà des façons de parler! / *they no longer talk to each other* ils ne se parlent plus, ils ne s'adressent plus la parole / *who do you think you're talking to?* non, mais à qui croyez-vous parler? / *don't you talk to me like that!* je t'interdis de me parler sur ce ton! ▸ **to talk to o.s.** parler tout seul / *I'll talk to you about it tomorrow morning* **a)** [converse] je vous en parlerai demain matin **b)** [as threat] j'aurai deux mots à vous dire à ce sujet demain matin / *it's no use talking to him, he never listens!* on perd son temps avec lui, il n'écoute jamais! ▸ **to talk of this and that** parler de la pluie et du beau temps or de choses et d'autres / *talking of Switzerland, have you ever been skiing?* à propos de la Suisse, vous avez déjà fait du ski? / *they talked of little else* ils n'ont parlé que de cela / *he's always talking big* c'est un beau parleur / *now you're talking!* voilà qui s'appelle parler! / *you can talk!* or *look who's talking!* or *you're a fine one to talk!* tu peux parler, toi! / *it's easy for you to talk, you've never had a gun in your back!* c'est facile à dire or tu as beau jeu de dire ça, on ne t'a jamais braqué un pistolet dans le dos! / *talk about luck!* **a)** [admiring] qu'est-ce qu'il a comme chance!, quel veinard! **b)** [complaining] tu parles d'une veine! ▸ **to talk through one's hat** or **the back of one's neck** or **one's backside** *inf* or **one's arse** *vulg* dire des bêtises or n'importe quoi **2.** [chat] causer, bavarder ; [gossip] jaser / *you know how people talk* les gens sont tellement bavards **3.** [reveal secrets, esp unwillingly] parler ▸ **to make sb talk** faire parler qqn / *we have ways of making people talk* on a les moyens de faire parler les gens / *someone must have talked* quelqu'un a dû parler. ◆ vt **1.** [language] parler ▸ **to talk slang** parler argot / *talk sense!* ne dis pas de sottises!, ne dis pas n'importe quoi! / *now you're talking sense* vous dites enfin des choses sensées / *stop talking rubbish!* *inf* or *nonsense!* arrête de dire des bêtises! ▸ **to talk turkey** US *inf* parler franc **2.** [discuss] parler ▸ **to talk business / politics** parler affaires / politique. ◆ n **1.** [conversation] conversation *f* ; [discussion] discussion *f* ; [chat] causette *f*, causerie *f* ; [formal] entretien *m* ▸ **to have a talk with sb about sthg** parler de qqch avec qqn, s'entretenir avec qqn de qqch / *I'll have a talk with him about it* je lui en parlerai / *we had a long talk* nous avons eu une longue discussion / *can we have a little talk?* je peux vous parler deux minutes? / *that's fighting talk!* c'est un défi! **2.** [speech, lecture] exposé *m* ▸ **to give a talk on** or **about sthg** faire un exposé sur qqch / *there was a series of radio talks on modern Japan* il y a eu à la radio une série d'émissions où des gens venaient parler du Japon moderne **3.** *(U)* [noise of talking] paroles *fpl*, propos *mpl* / *there is a lot of talk in the background* il y a beaucoup de bruit or de gens qui parlent **4.** [speculative] discussion *f*, rumeur *f* / *most of the talk was about the new road* il a surtout été question de or on a surtout parlé de la nouvelle route / *there's some talk of building a concert hall* **a)** [discussion] il est question or on parle de construire une salle de concert **b)** [rumour] le bruit court qu'on va construire une salle de concert / *enough of this idle talk!* assez parlé! / *he's all talk* tout ce qu'il dit, c'est du vent **5.** *(U)* [gossip] racontars *mpl*, bavardage *m*, bavardages *mpl*, potins *mpl* / *it's only talk* ce sont des racontars, tout ça / *it's the talk of the town* on ne parle que de ça / *the wedding was the talk of the town* on ne parlait que du mariage.

❖ **talks** pl n [negotiations] négociations *fpl*, pourparlers *mpl* ; [conference] conférence *f* / *official peace talks* des pourparlers officiels sur la paix / *so far there have only been talks about talks* jusqu'ici il n'y a eu que des négociations préliminaires.

❖ **talk about** vt insep **1.** [discuss] parler de ▸ **to talk to sb about sthg** parler de qqch à qqn / *what are you talking about?* **a)** [I don't understand] de quoi parles-tu? **b)** [annoyed] qu'est-ce que tu racontes? / *there's an important matter I must talk to you about* j'ai à vous parler or entretenir d'une affaire importante / *the new model has been much talked about* on a beaucoup parlé du nouveau modèle / *it gives them something to talk about* ça leur fait un sujet de conversation / *they were talking about going away for the weekend* ils parlaient or envisageaient de partir pour le week-end **2.** [mean] : *we're not talking about that!* il ne s'agit pas de cela! / *when it comes to hardship, he knows what he's talking about* pour ce qui est de souffrir, il sait de quoi il parle / *when it comes to cars, he knows what he's talking about* pour ce qui est des voitures, il connaît son affaire / *you don't know what you're talking about!* tu ne sais pas ce que tu dis! / *it's not as if we're talking about spending millions* qui parle de dépenser des millions? / *but I'm talking about a matter of principle!* pour moi, c'est une question de principe!

❖ **talk at** vt insep ▸ **to talk at sb** : *I hate people who talk at me not to me* je ne supporte pas les gens qui parlent sans se soucier de ce que j'ai à dire.

❖ **talk away** vi passer le temps à parler, parler sans arrêt / *they were still talking away at 3 a.m.* ils étaient encore en grande conversation à 3 h du matin.

❖ **talk back** vi [insolently] répondre ▸ **to talk back to sb** répondre (insolemment) à qqn / *don't you talk back to me!* ne me réponds pas (comme ça)!

❖ **talk down** ◆ vt sep **1.** [silence] ▸ **to talk sb down** réduire qqn au silence (en parlant plus fort que lui) **2.** [aircraft] faire atterrir par radio-contrôle **3.** [would-be suicide] : *the police managed to talk him down from the roof* la police a réussi à le convaincre de redescendre du toit. ◆ vi ▸ **to talk down to sb** parler à qqn comme à un enfant.

❖ **talk into** vt sep ▸ **to talk sb into doing sthg** persuader qqn de faire qqch / *she allowed herself to be talked into going* elle s'est laissé convaincre d'y aller.

❖ **talk out** vt sep **1.** [problem, disagreement] débattre de, discuter de / *they managed to talk out the problem* à force de discussions, ils sont arrivés à trouver une solution au problème **2.** POL ▸ **to talk out a bill** *prolonger la discussion d'un projet de loi jusqu'à ce qu'il soit trop tard pour le voter avant la clôture de la séance.*

❖ **talk out of** vt sep dissuader ▸ **to talk sb out of doing sthg** dissuader qqn de faire qqch / *try to talk him out of it* essayez de l'en dissuader.

❖ **talk over** vt sep discuter or débattre de / *let's talk it over* discutons-en, parlons-en / *we'll have to talk the problem over* il va falloir que l'on parle de ce problème / *to talk things over* discuter.

❖ **talk round** ◆ vt sep [convince] persuader, convaincre ▸ **to talk sb round to one's way of thinking** amener qqn à sa façon de penser or à son point de vue / *I'm sure she can be talked round* je suis sûr qu'on peut la convaincre. ◆ vt insep [problem] tourner autour de / *I'm tired of just talking round the subject* j'en ai assez de tourner autour de la question.

❖ **talk up** vt sep vanter les mérites de, faire de la publicité pour.

talkathon ['tɔ:kəθɒn] n US *hum* [in Congress, on television, etc.] débat-marathon *m.*

talkative ['tɔ:kətɪv] adj bavard, loquace.

talkativeness ['tɔ:kətɪvnɪs] n volubilité *f*, loquacité *f*.

talk-back n TV & RADIO émetteur-récepteur *m.*

talker ['tɔ:kər] n **1.** [speaker] causeur *m*, -euse *f*, bavard *m*, -e *f* / *she's a real talker* c'est une grande bavarde, c'est un vrai moulin à paroles / *he's a brilliant talker* c'est un beau parleur / *he's a fast talker* **a)** [gen] il parle vite **b)** COMM il a du bagout **2.** [talking bird] oiseau *m* qui parle.

talkfest ['tɔ:kfest] n discussion *f* à bâtons rompus.

talkie ['tɔ:kɪ] n *inf* film *m* parlant.

talk-in n *inf* causerie *f* suivie d'une discussion.

talking ['tɔ:kɪŋ] ◆ n *(U)* conversation *f*, propos *mpl* / *he did all the talking* il était le seul à parler. ◆ adj [film] parlant ; [bird] qui parle.

talking book n lecture *f* enregistrée d'un livre *(généralement à l'usage des aveugles).*

talking head n TV présentateur *m*, -trice *f (dont on ne voit que la tête et les épaules).*

talking point n sujet *m* de conversation or de discussion.

talking-to n *inf* attrapade *f*, réprimande *f* / *he needs a good talking-to* il a besoin qu'on lui passe un bon savon.

talk radio n radio *f* parlée.

talk show n causerie *f* (radiodiffusée or télévisée), talk-show *m* ▸ **talk show host** présentateur *m*, -trice *f* de talk-show.

talk time n *(U)* TELEC crédit *m* de communication.

talky ['tɔ:kɪ] (*compar* **talkier**, *superl* **talkiest**) adj US [film, novel] où il y a beaucoup de dialogues, qui manque d'action.

tall [tɔ:l] adj **1.** [person] grand, de grande taille / *how tall are you?* combien mesurez-vous ? / *I'm 6 feet tall* je mesure or fais 1 m 80 / *my sister is taller than me* ma sœur est plus grande que moi / *she's grown a lot taller in the past year* elle a beaucoup grandi depuis un an / *he's very tall and slim* il est très grand et mince ; [building] haut, élevé ; [tree, glass] grand, haut / *how tall is that tree?* quelle est la hauteur de cet arbre ? / *it's at least 80 feet tall* il fait au moins 25 mètres de haut / *it's a very tall tree* c'est un très grand arbre **2.** PHR **a tall story** une histoire invraisemblable or abracadabrante, une histoire à dormir debout ▸ **that's a tall order** c'est beaucoup demander.

tallboy ['tɔ:lbɔɪ] n **1.** [furniture] (grande) commode *f* **2.** [can of beer] grande canette *f* de bière.

tallness ['tɔ:lnɪs] n [of person] (grande) taille *f* ; [of tree, building] hauteur *f*.

tallow ['tæləʊ] n suif *m* ▸ **tallow candle** chandelle *f*.

tallow wood n AUSTR grand eucalyptus *m*.

tall ship n voilier *m* gréé en carré.

tally ['tælɪ] (*pl* **tallies**, *pt* & *pp* **tallied**) ◆ n **1.** [record] compte *m*, enregistrement *m* ; COMM pointage *m* ; US SPORT [score] score *m* / *to keep a tally of names* pointer des noms sur une liste / *to keep a tally of the score* compter les points / *automatic counters kept a tally of passing cars* des appareils automatiques comptaient les voitures qui passaient **2.** HIST [stick] taille *f*, baguette *f* à encoches ; [mark] encoche *f* **3.** [label] étiquette *f* **4.** [counterfoil - of cheque, ticket] talon *m* ; [duplicate] contrepartie *f*, double *m*. ◆ vt **1.** [record] pointer **2.** [count up] compter. ◆ vi correspondre / *I couldn't make the figures tally* je ne pouvais faire concorder les chiffres / *your story must tally with mine* il faut que ta version des faits concorde avec la mienne.

tallyho [,tælɪ'həʊ] (*pl* **tallyhos**) ◆ interj taïaut, tayaut. ◆ n cri *m* de taïaut.

tallyman ['tælɪmən] (*pl* **tallymen** [-mən]) n **1.** [recorder] pointeur *m*, contrôleur *m* **2.** UK [collector] encaisseur *m* (de traites).

tally sheet n COMM bordereau *m* ; SPORT feuille *f* de pointage.

Talmud ['tælmʊd] n Talmud *m*.

talon ['tælən] n **1.** [of hawk, eagle] serre *f* ; [of tiger, lion] griffe *f* **2.** CARDS talon *m*.

talus ['teɪləs] n GEOL talus *m* d'éboulis.

tamable ['teɪməbl] = **tameable**.

tamale [tə'mɑ:lɪ] n *spécialité mexicaine de viande et d'épices enrobée dans de la pâte de maïs et cuite à la vapeur.*

tamarin ['tæmərɪn] n tamarin *m (singe).*

tamarind ['tæmərɪnd] n [fruit] tamarin *m* ; [tree] tamarinier *m*.

tamarisk ['tæmərɪsk] n tamaris *m*, tamarix *m*.

tambour ['tæm,bʊər] n **1.** SEW tambour *m*, métier *m* à broder **2.** [on desk, cabinet] rideau *m* **3.** ARCHIT & MUS tambour *m*.

tambourine [,tæmbə'ri:n] n tambour *m* de basque, tambourin *m*.

Tamburlaine ['tæmbəleɪn] pr n ▸ **Tamburlaine the Great** Tamerlan le Grand.

tame [teɪm] ◆ adj **1.** [as pet - hamster, rabbit] apprivoisé, domestiqué ; [normally wild - bear, hawk] apprivoisé ; [esp in circus - lion, tiger] dompté / *the deer had become very tame* les cerfs n'étaient plus du tout farouches / *I'll ask our tame Frenchman if he knows what it means hum* je vais demander à notre Français de service s'il sait ce que cela veut dire **2.** [insipid, weak] fade, insipide / *the book has a very tame ending* le livre finit de manière très banale / *it was a very tame party* cette soirée n'était vraiment pas très folichonne / *the government's measures were considered rather tame* les mesures gouvernementales ont été jugées plutôt modérées. ◆ vt **1.** [as pet - hamster, rabbit] apprivoiser, domestiquer ; [normally wild - bear, hawk] apprivoiser ; [in circus - lion, tiger] dompter **2.** [person] mater, soumettre ; [natural forces] apprivoiser ; [passions] dominer.

tameable ['teɪməbl] adj [hawk, bear, rabbit] apprivoisable ; [lion, tiger] domptable.

tamely ['teɪmlɪ] adv [submit] docilement, sans résistance ; [end] platement, de manière insipide ; [write] de manière fade, platement.

tameness ['teɪmnɪs] n **1.** [of bird, hamster] nature *f* apprivoisée ; [of lion, tiger] nature *f* domptée **2.** [of person] docilité *f* **3.** [of ending, style] fadeur *f*, insipidité *f* ; [of party, film] manque *m* d'intérêt, banalité *f*.

tamer ['teɪmər] n dresseur *m*, -euse *f*.

Tamil ['tæmɪl] ◆ n **1.** [person] Tamoul *m*, -e *f* **2.** LING tamoul *m*. ◆ adj tamoul.

taming ['teɪmɪŋ] n [of animal] apprivoisement *m* ; [of lions, tigers] domptage *m*, dressage *m* / **'The Taming of the Shrew'** *Shakespeare* 'la Mégère apprivoisée'.

Tammany ['tæmənɪ] n US POL *organisation centrale du parti démocrate de New York (souvent impliquée dans des affaires de corruption)* ▸ **Tammany Hall** *siège du parti démocrate new-yorkais aux XVIII*e *et XIX*e *siècles.*

Tammanyism ['tæmənɪɪzm] n US POL *corruption dans l'administration politique.*

tammy ['tæmɪ] (*pl* **tammies**) = **tam-o'-shanter**.

tam-o'-shanter [,tæmə'ʃæntər] n béret *m* écossais.

tamp [tæmp] vt tasser, damer ; [for blasting - drill hole] bourrer (à l'argile or au sable).

❖ **tamp down** vt sep [earth] tasser, damer ; [gunpowder, tobacco] tasser.

tamper ['tæmpər] ❖ **tamper with** vt insep **1.** [meddle with - brakes, machinery] trafiquer ; [lock] essayer de forcer or crocheter, fausser ; [possessions] toucher à ; [falsify - records, accounts, evidence] falsifier, altérer / *someone has been tampering with my papers* on a touché à mes papiers / *stop tampering with the radio* arrête de jouer avec la radio / *the TV has been tampered with* quelqu'un a déréglé la télévision **2.** US LAW [witness] suborner ; [jury] soudoyer.

tamper-evident adj qui révèle toute tentative d'effraction.

tamperproof ['tæmpə,pru:f] adj scellé.

tampon ['tæmpɒn] n MED tampon *m* ; [for feminine use] tampon *m* périodique or hygiénique.

tam-tam ['tæmtæm] n tam-tam *m*.

tan [tæn] (*pt* & *pp* **tanned**, *cont* **tanning**) ◆ n **1.** [from sun] bronzage *m* / *I got a good tan in the mountains* j'ai bien bronzé à la montagne **2.** MATH tangente *f*. ◆ vt **1.** [leather, skins] tanner ▸ **to tan sb's hide** *inf & fig* rosser qqn **2.** [from sun] bronzer, brunir. ◆ vi bronzer / *her skin tans easily* elle a une peau qui bronze facilement. ◆ adj [colour] brun roux, brun clair ; [leather] jaune ; US [tanned] bronzé.

tanager ['tænədʒər] n tangara *m*.

tandem ['tændəm] ◆ n **1.** [carriage] tandem *m* / *to harness two horses in tandem* atteler deux chevaux en tandem or en flèche / *to work in tandem fig* travailler en tandem or en collaboration **2.** [bike] tandem *m*. ◆ adv ▸ **to ride tandem** rouler en tandem. ◆ adj double ▸ **tandem exchange** TELEC central *m* tandem.

tandoori [tæn'dʊərɪ] ◆ n cuisine *f* tandoori. ◆ adj tandoori *(inv).*

tang [tæŋ] n **1.** [taste] goût *m* (fort) / *the tang of orange juice* le goût acide du jus d'orange / *the tang of mustard* le goût fort de la moutarde **2.** [smell] odeur *f* forte / *the tang of the sea* l'odeur forte de la mer **3.** [hint - of irony] pointe *f* **4.** [of knife, sword] soie *f*.

tanga ['tæŋgə] n mini-slip *m*.

tangelo ['tændʒələʊ] (*pl* **tangelos**) n tangelo *m*.

tangent ['tændʒənt] n MATH tangente *f* ▸ **to be at a tangent** former une tangente ▸ **to go off at** or **on a tangent** *fig* partir dans une digression.

tangential [tæn'dʒenʃl] adj tangentiel ▸ **tangential line** ligne *f* tangentielle, tangente *f*.

tangentiality [tæn,dʒenʃɪ'ælətɪ] n digression *f*.

tangerine [,tændʒə'ri:n] ◆ n **1.** [fruit] ▸ **tangerine (orange)** mandarine *f* ▸ **tangerine (tree)** mandarinier *m* **2.** [colour] mandarine *f*. ◆ adj [in colour] mandarine *(inv).*

tangibility [,tændʒə'bɪlətɪ] n tangibilité *f*.

tangible ['tændʒəbl] adj **1.** [palpable] tangible ; [real, substantial] tangible, réel / *the tangible world* le monde sensible / *tangible proof* des preuves tangibles / *it made no tangible difference* ça n'a pas changé grand-chose **2.** LAW ▸ **tangible assets** actif *m* corporel.

tangibly ['tændʒəblɪ] adv tangiblement, manifestement, de manière tangible.

Tangier [tæn'dʒɪər] pr n Tanger.

tangle ['tæŋgl] ◆ n **1.** [of wire, string, hair] enchevêtrement *m* ; [of branches, weeds] fouillis *m*, enchevêtrement *m* / *this string is in an awful tangle* cette ficelle est tout embrouillée ▸ **to get into a tangle a)** [wires, string] s'embrouiller, s'emmêler **b)** [hair] s'emmêler / *a tangle of creepers* un enchevêtrement de lianes **2.** [muddle] fouillis *m*, confusion *f* / *a legal tangle* une affaire compliquée or embrouillée du point de vue juridique ▸ **to get into a tangle a)** [person] s'empêtrer, s'embrouiller **b)** [records, figures] s'embrouiller / *I often get into a tangle with figures / tax returns* je m'embrouille souvent dans les chiffres / déclarations d'impôts / *she was all in a tangle* elle était tout embrouillée, elle ne savait plus où elle en était / *the accounts are in a bit of a tangle* les comptes sont un peu embrouillés **3.** [disagreement] accrochage *m*, différend *m* / *they got into a tangle over the new salary scales* ils ont eu un différend au sujet de la nouvelle échelle des salaires / *I had a tangle with the social security officials* j'ai eu des mots or maille à partir avec les employés de la sécurité sociale. ◆ vt [wire, wool] emmêler, enchevêtrer ; [figures] embrouiller ▸ **to get tangled a)** [string] s'emmêler **b)** [situation] s'embrouiller. ◆ vi **1.** [wires, hair] s'emmêler **2.** *inf* [disagree] avoir un différend or un accrochage / *you'd better not tangle with her* il vaut mieux éviter de se frotter à elle / *they tangled over who should pay for supper* ils se sont disputés pour savoir qui allait payer le repas.

❖ **tangle up** vt sep [string, wire] emmêler, enchevêtrer ▸ **to get tangled up** s'emmêler / *she got tangled up with some gangster fig* elle s'est retrouvée avec un gangster.

tangled ['tæŋgld] adj **1.** [string, creepers] emmêlé, enchevêtré ; [undergrowth] touffu ; [hair] emmêlé **2.** [complex - story, excuse] embrouillé ; [- love life] complexe.

tango ['tæŋgəʊ] (*pl* **tangos**) ◆ n tango *m*. ◆ vi danser le tango.

tangram ['tæŋgræm] n casse-tête *m inv* chinois.

tangy ['tæŋɪ] (*compar* **tangier**, *superl* **tangiest**) adj [in taste] qui a un goût fort ; [in smell] qui a une odeur forte.

tank [tæŋk] ◆ n **1.** [container - for liquid, gas] réservoir *m*, cuve *f*, citerne *f* ; [- for rainwater] citerne *f*, bac *m* ; [- for processing] cuve *f* ; [- for transport] réservoir *m*, citerne *f* ; [barrel] tonneau *m*, cuve *f* ▸ **(petrol)** UK or **fuel tank** AUTO réservoir *m* (d'essence) ▸ **(domestic) hot water tank** ballon *m* d'eau chaude ▸ **(fish) tank** aquarium *m* **2.** MIL tank *m*, char *m* d'assaut ▸ **armoured tank** blindé *m*. ◆ comp de char or chars d'assaut ▸ **tank regiment** régiment *m* de chars (d'assaut). ◆ vt mettre en cuve or en réservoir.

❖ **tank up** UK ◆ vi AUTO faire le plein (d'essence). ◆ vt sep *inf* ▸ **to get tanked up** se soûler.

tankard ['tæŋkəd] n chope *f*.

tank car n wagon-citerne *m*.

tank engine n locomotive *f* tender, machine *f* tender.

tanker ['tæŋkəʳ] n [lorry] camion-citerne *m* ; [ship] bateau-citerne *m*, navire-citerne *m* ; [plane] avion-ravitailleur *m* ▸ **(oil) tanker** NAUT pétrolier *m*.

tankful ['tæŋkfʊl] n [of petrol] réservoir *m* (plein) ; [of water] citerne *f* (pleine).

tankini [tæŋ'ki:nɪ] n tankini *m*.

tank top n débardeur *m*.

tank trap n piège *m* à chars.

tank truck n camion-citerne *m*.

tan line n marque *f* de bronzage.

tanned [tænd] adj **1.** [person] hâlé, bronzé **2.** [leather] tanné.

tanner ['tænəʳ] n **1.** [of leather] tanneur *m*, -euse *f* **2.** UK *inf ancienne pièce de six pence.*

tannery ['tænərɪ] (*pl* **tanneries**) n tannerie *f* (C).

tannic ['tænɪk] adj tannique.

tannin ['tænɪn] n tanin *m*, tannin *m*.

tanning ['tænɪŋ] n **1.** [of skin] bronzage *m* **2.** [of hides] tannage *m* ; *fig* raclée *f* ▸ **to give sb a tanning** *inf* rosser qqn.

tanning cream n [self-tanning] crème *f* autobronzante ; [for natural tan] crème *f* solaire.

Tannoy® ['tænɔɪ] ◆ n UK système *m* de haut-parleurs / *the delay was announced over the Tannoy* le retard fut annoncé par haut-parleur. ◆ vt transmettre par haut-parleur.

tansy ['tænzɪ] (*pl* **tansies**) n tanaisie *f*, herbe *f* aux coqs.

tantalic [tæn'tælɪk] adj tantalique ▸ **tantalic acid** acide *m* tantalique.

tantalite ['tæntəlaɪt] n tantalite *f*.

tantalize, **tantanlise** ['tæntəlaɪz] vt tourmenter, taquiner.

tantalizing ['tæntəlaɪzɪŋ] adj [woman] provocant, aguichant ; [smell] alléchant, appétissant ; [hint, possibility] tentant.

tantalizingly ['tæntəlaɪzɪŋlɪ] adv cruellement / *victory was tantalizingly close* nous étions si près de la victoire que c'en était frustrant / *tantalizingly slow* d'une lenteur désespérante.

tantalum ['tæntələm] n tantale *m*.

Tantalus ['tæntələs] pr n Tantale.

tantamount ['tæntəmaʊnt] ❖ **tantamount to** prep phr équivalent à / *his statement was tantamount to an admission of guilt* sa déclaration équivalait à un aveu.

tantric sex ['tæntrɪk-] n sexe *m* tantrique.

Tantrism ['tæntrɪzm] n tantrisme *m*.

tantrum ['tæntrəm] n crise *f* de colère or de rage ▸ **to have** or **to throw a tantrum** piquer une crise.

Tanzania [,tænzə'nɪə] pr n Tanzanie *f* / *in Tanzania* en Tanzanie.

Tanzanian [,tænzə'nɪən] ◆ n Tanzanien *m*, -enne *f*. ◆ adj tanzanien.

tanzanite ['tænzənaɪt] n tanzanite *f*.

Taoiseach ['ti:ʃək] n *titre du Premier ministre de la République d'Irlande.*

Taoism ['tɑ:əʊɪzm] n taoïsme *m*.

Taoist ['tɑ:əʊɪst] ◆ adj taoïste. ◆ n taoïste *mf*.

tap [tæp] (*pt & pp* **tapped**, *cont* **tapping**) ◆ vt **1.** [strike] taper légèrement, tapoter / *someone tapped me on the shoulder* quelqu'un m'a tapé sur l'épaule / *she was tapping her fingers on the table* elle pianotait or tapotait sur la table / *he tapped his feet to the rhythm* il marquait le rythme en tapant du pied **2.** [barrel, cask] mettre en perce, percer ; [gas, water main] faire un branchement sur ; [current] capter ; [tree] inciser ; [pine] gemmer / *the trees were tapped for their gum* on a incisé les arbres pour en recueillir la résine **3.** [exploit - resources, market] exploiter ; [- talent, service] faire appel à, tirer profit de ; [- capital] drainer ▸ **to tap sb for information** soutirer des informations à qqn ▸ **to tap sb for a loan** *inf* taper qqn / *he tapped me for £15 inf* il m'a tapé de 15 livres **4.** TELEC [conversation] capter ▸ **to tap sb's line** or **phone** mettre qqn sur (table d')écoute **5.** TECH [screw] tarauder, fileter **6.** ELEC faire une dérivation sur **7.** MED poser un drain sur. ◆ vi **1.** [knock] tapoter, taper légèrement / *to tap at the door* frapper doucement à la porte / *to tap on the table* tapoter sur la table / *the boy was tapping on a drum* le garçon frappait doucement sur un tambour / *the woodpeckers are tapping on the bark* les piverts donnent des coups de bec sur l'écorce **2.** [dance] faire des claquettes. ◆ n **1.** [for water, gas] robinet *m* ; [on barrel] robinet *m*, chantepleure *f* ; [plug] bonde *f* ▸ **to turn a tap on / off** ouvrir / fermer un robinet ▸ **to leave the tap running** laisser le robinet ouvert ▸ **on tap a)** [beer] en fût **b)** *inf & fig* [money, person, supply] disponible / *they seem to have funds on tap* ils semblent avoir des fonds toujours disponibles **2.** [blow] petit coup *m*, petite tape *f* ▸ **to give sb a tap on the shoulder** donner une petite tape sur l'épaule à qqn **3.** [on shoe] fer *m* **4.** [dancing] claquettes *fpl* ▸ **to dance tap** faire des claquettes ▸ **tap shoes** claquettes *fpl (chaussures)* **5.** TECH ▸ **(screw) tap** taraud *m* **6.** ELEC dérivation *f*, branchement *f* **7.** TELEC ▸ **to put a tap on sb's phone** mettre (le téléphone de) qqn sur table d'écoute **8.** MED drain *m*.

❖ **tap in** vt sep **1.** [plug] enfoncer à petits coups **2.** COMPUT taper.

❖ **tap out** vt sep **1.** [plug] sortir à petits coups ; [pipe] vider, débourrer **2.** [code, rhythm] taper.

tap dance n claquettes *fpl (danse)*.

❖ **tap-dance** vi faire des claquettes.

tap dancer n danseur *m*, -euse *f* de claquettes.

tap dancing n *(U)* claquettes *fpl (danse)*.

tape [teɪp] ◆ n **1.** [strip] bande *f*, ruban *m* ; SEW ruban *m*, ganse *f* ; MED sparadrap *m* ▸ **to cut the tape** [at ceremony] couper le ruban ▸ **name tape** ruban *m* de noms tissés **2.** [for recording] bande *f* (magnétique) ; COMPUT bande *f* ; [for video, audio] cassette *f* ; [recording] enregistrement *m* ▸ **on tape** sur bande, enregistré **3.** SPORT fil *m* d'arrivée ▸ **to breast the tape** franchir la ligne d'arrivée (le premier) **4.** [for measuring] ▸ **tape (measure)** mètre *m* (à ruban). ◆ vt **1.** [record] enregistrer **2.** [fasten - package] attacher avec du ruban adhésif ; [stick] scotcher / *the address was taped to the suitcase* l'adresse était scotchée sur la valise **3.** US [bandage] bander **4.** PHR **to have sb taped** UK *inf* : *she's got him taped* elle sait ce qu'il vaut ▸ **to have sthg taped** : *we have the situation taped* on a la situation bien en main.

❖ **tape together** vt sep [fasten] attacher ensemble avec du ruban adhésif ; [stick] coller (avec du ruban adhésif).

❖ **tape up** vt sep [fasten - parcel] attacher avec du ruban adhésif ; [close - letterbox, hole] fermer avec du ruban adhésif ; US [bandage up] bander.

tape cleaner n COMPUT & ELECTRON nettoyeur *m* de tête, produit *m* de nettoyage de tête.

tape deck n platine *f* de magnétophone.

tape drive n dérouleur *m* de bande (magnétique), lecteur *m* de bande (magnétique).

tape head n tête *f* de lecture.

tapeline ['teɪplaɪn] = **tape measure**.

tape machine n téléscripteur *m*, téléimprimeur *m*.

tape measure n mètre *m* (ruban), centimètre *m*.

taper ['teɪpəʳ] ◆ vt [column, trouser leg, plane wing] fuseler ; [stick, table leg] effiler, tailler en pointe. ◆ vi [column, trouser leg, plane wing] être fuselé ; [stick, shape, table leg] se terminer en pointe, s'effiler ; [finger] être effilé. ◆ n *longue bougie fine* ; RELIG cierge *m*.

❖ **taper off** vi **1.** [shape] se terminer en fuseau or en pointe **2.** [noise] diminuer progressivement, décroître, s'affaiblir ; [conversation] tomber ; [level of interest, activity] décroître progressivement / *street crime shows signs of tapering off* tout laisse à penser que les agressions sont en baisse.

tape reader n COMPUT lecteur *m* de bande.

tape-record [-rɪ,kɔ:d] vt enregistrer (sur bande magnétique).

tape recorder n magnétophone *m*, lecteur *m* de cassettes.

tape recording n enregistrement *m* (sur bande magnétique).

tapered ['teɪpəd], **tapering** ['teɪpərɪŋ] adj [trousers] en fuseau ; [stick, candle] en pointe, pointu ; [table leg] fuselé ▸ **tapered fingers** des doigts effilés or fuselés.

tape streamer n COMPUT streamer *m*.

tapestry ['tæpɪstrɪ] (*pl* **tapestries**) n tapisserie *f*.

tape transport n mécanisme *m* d'entraînement *(d'une bande magnétique)*.

tapeworm ['teɪpwɜ:m] n ténia *m*, ver *m* solitaire.

tapioca [,tæpɪ'əʊkə] n tapioca *m*.

tapir ['teɪpəʳ] (*pl* **tapir** *or* **tapirs**) n tapir *m*.

tappet ['tæpɪt] n TECH ▸ **(valve) tappet** poussoir *m* (de soupape), taquet *m*.

taproom ['tæprʊm] n UK salle *f (d'un café)*, bar *m*.

taproot ['tæpru:t] n racine *f* pivotante.

taps [tæps] n US MIL [in evening] *sonnerie pour l'extinction des feux* ; [at funeral] sonnerie *f* aux morts.

tap water n eau *f* du robinet.

tar [tɑ:ʳ] (*pt & pp* **tarred**, *cont* **tarring**) ◆ n **1.** goudron *m* ; [on road] goudron *m*, bitume *m* ▸ **to beat the tar out of sb** US *inf* flanquer une rouste à qqn **2.** *inf* [sailor] matelot *m*, loup *m* de mer. ◆ vt goudronner ; [road] goudronner, bitumer ; NAUT goudronner ▸ **to tar**

and feather sb couvrir qqn de goudron et de plumes ▸ **to be tarred with the same brush** être à mettre dans le même panier *or* sac.

tara(h) [tə'rɑ:] *inf* = **ta-ta**.

taramasalata [,tærəməsə'lɑ:tə] n tarama *m*.

tarantella [,tærən'telə] n tarentelle *f*.

Taranto [tə'ræntəʊ] pr n Tarente.

tarantula [tə'ræntjʊlə] (*pl* **tarantulas** *or* **tarantulae** [-li:]) n tarentule *f*.

taraxacum [tə'ræksəkəm] n pissenlit *m*.

tardily ['tɑ:dɪlɪ] adv *fml & liter* **1.** [late] tardivement **2.** [slowly] lentement.

tardiness ['tɑ:dɪnɪs] n *fml & liter* **1.** [lateness] retard *m* **2.** [slowness] lenteur *f*.

tardy ['tɑ:dɪ] (*compar* **tardier**, *superl* **tardiest**) adj **1.** US SCH en retard **2.** *fml & liter* [late] tardif **3.** *fml & liter* [slow] lent, nonchalant.

tare [teər] n **1.** [weight] tare *f*, poids *m* à vide **2.** BOT vesce *f*.

target ['tɑ:gɪt] (*pt & pp* **targeted**, *cont* **targeting**) ◆ n **1.** [for archery, shooting] cible *f* ; MIL cible *f*, but *m* ; [objective] cible *f*, objectif *m* / *the target of criticism / jokes* la cible de critiques / plaisanteries / *she was an easy target for political cartoonists* elle était une cible facile pour les caricaturistes politiques ▸ **to be on target** **a)** [missile] suivre la trajectoire prévue **b)** [plans] se dérouler comme prévu **c)** [productivity] atteindre les objectifs prévus ▸ **to meet production targets** atteindre les objectifs de production ▸ **moving target** MIL & *fig* cible *f* mobile **2.** ELECTRON & PHYS cible *f* **3.** [in surveying] mire *f* **4.** CULIN [joint] épaule *f* de mouton. ◆ comp **1.** [date, amount] prévu ▸ **target weight** : *my target weight is 10 stone* je me suis fixé le poids idéal de 63 kg, mon poids idéal est (de) 63 kg ▸ **target figures** chiffres *mpl* prévus **2.** MIL ▸ **target area** zone *f* cible **3.** COMM ▸ **target audience / reader / user** public- / lecteur- / usager-cible ▸ **target market** marché *m* cible **4.** COMPUT ▸ **target disk / drive** disquette / unité de destination. ◆ vt **1.** [make objective of - enemy troops, city, etc.] prendre pour cible, viser **2.** [aim - missile] diriger ; [subj: benefits] être destiné à ; [subj: advertisement] viser, s'adresser à / *the benefits are targeted at one-parent families* les allocations visent les *or* sont destinées aux familles monoparentales / *the programme is targeted at 18-25-year-olds* l'émission s'adresse aux 18-25 ans *or* vise les jeunes de 18 à 25 ans ▸ **targeted completion date** délai *m* d'achèvement.

targeted ['tɑ:gɪtɪd] adj ciblé.

target language n langue *f* cible, langue *f* d'arrivée.

target practice n *(U)* MIL [gen] exercices *mpl* de tir.

tarheel ['tɑ:hi:l] n US habitant *m*, -e *f* de Caroline du Nord ▸ **the Tarheel State** la Caroline du Nord.

tariff ['tærɪf] ◆ n **1.** [customs] tarif *m* douanier ; [list of prices] tarif *m*, tableau *m* des prix ▸ **tariff reform** réforme *f* des tarifs douaniers **2.** UK [menu] menu *m* **3.** UK [rate - of gas, electricity] tarif *m*. ◆ adj tarifaire.

Tarmac® ['tɑ:mæk] (*pt & pp* **tarmacked**, *cont* **tarmacking**) n UK **1.** [on road] tarmacadam *m*, macadam *m* **2.** [at airport - runway] piste *f* ; [- apron] aire *f* de stationnement, piste *f* d'envol.

❖ **tarmac** vt macadamiser, goudronner.

Tarmacadam® [,tɑ:mə'kædəm] = **Tarmac** *(noun)*.

tarn [tɑ:n] n petit lac *m* de montagne.

tarnation [tɑ:'neɪʃn] interj US *inf & dated* zut, mince.

tarnish ['tɑ:nɪʃ] ◆ vt **1.** [metal] ternir ; [mirror] ternir, désargenter **2.** [reputation] ternir, salir. ◆ vi se ternir. ◆ n ternissure *f*.

tarnished ['tɑ:nɪʃt] adj *lit & fig* terni.

tarot ['tærəʊ] n *(U)* tarot *m*, tarots *mpl* ▸ **tarot card** carte *f* de tarot.

tarp [tɑ:p] n US *inf* toile *f* goudronnée.

tarpaulin [tɑ:'pɔ:lɪn] n bâche *f* ; NAUT prélart *m*.

tarpon ['tɑ:pɒn] (*pl* **tarpon** *or* **tarpons**) n tarpon *m*.

tarradiddle ['tærədɪdl] n UK **1.** [lie] petit mensonge *m* **2.** *(U)* [nonsense] bêtises *fpl*, idioties *fpl*.

tarragon ['tærəgən] n estragon *m* ▸ **tarragon vinegar / sauce** vinaigre *m* / sauce *f* à l'estragon.

Tarragona [,tærə'gəʊnə] pr n Tarragone.

tarry[1] ['tærɪ] (*pt & pp* **tarried**) vi *liter* [delay] s'attarder, tarder ; [remain] rester, demeurer.

tarry[2] ['tɑ:rɪ] adj goudronneux ; [fingers, shoes] plein *or* couvert de goudron.

tarsal ['tɑ:sl] ◆ adj tarsien. ◆ n os *m* tarsien.

tarsier ['tɑ:sɪər] n tarsier *m*.

tarsus ['tɑ:səs] (*pl* **tarsi** [-saɪ]) n tarse *m*.

tart [tɑ:t] ◆ n **1.** CULIN tarte *f* ; [small] tartelette *f* **2.** UK *v inf* [girl] gonzesse *f* ; [prostitute] grue *f*. ◆ adj **1.** [sour - fruit] acide ; [- taste] aigre, acide **2.** [remark] acerbe, caustique.

❖ **tart up** vt sep UK *inf* [house, restaurant, etc.] retaper, rénover ▸ **to tart o.s. up, to get tarted up** se pomponner.

tartan ['tɑ:tn] ◆ n [design] tartan *m* ; [fabric] tartan *m*, tissu *m* écossais. ◆ comp [skirt, trousers] en tissu écossais ; [pattern] tartan.

tartar ['tɑ:tər] n **1.** [on teeth] tartre *m* **2.** UK [fearsome person] tyran *m* / *she's a real tartar* c'est un vrai tyran.

❖ **Tartar** n = **Tatar**.

tartar(e) sauce ['tɑ:tə-] n sauce *f* tartare.

tartaric [tɑ:'tærɪk] adj tartrique ▸ **tartaric acid** acide *m* tartrique.

Tartary ['tɑ:tərɪ] = **Tatary**.

tartlet ['tɑ:tlɪt] n UK tartelette *f*.

tartly ['tɑ:tlɪ] adv avec aigreur, de manière acerbe / *"certainly not", he said tartly* « certainement pas », dit-il d'un ton acerbe.

tartness ['tɑ:tnɪs] n [of fruit] aigreur *f*, acidité *f* ; [of tone, reply] aigreur *f*, acidité *f*.

tartrazine ['tɑ:trəzi:n] n tartrazine *f*.

tarty ['tɑ:tɪ] (*compar* **tartier**, *superl* **tartiest**) adj UK *v inf* vulgaire.

Tarzan ['tɑ:zn] ◆ pr n Tarzan. ◆ n : *he thinks he's a real Tarzan* il aime jouer les tarzans.

tase [teɪz] vt ▸ **to tase sb** utiliser un pistolet à impulsion électronique *or* un taser contre qqn.

taser ['teɪzər] n pistolet *m* à impulsion électronique, taser *m*.

task [tɑ:sk] ◆ n [chore] tâche *f*, besogne *f* ; [job] tâche *f*, travail *m* ; SCH devoir *m* ▸ **to set sb a task** imposer une tâche à qqn / *convincing them will be no easy task* les convaincre ne sera pas chose facile ▸ **to take sb to task** réprimander qqn, prendre qqn à partie. ◆ vt = **tax** *(vt)*.

taskbar ['tɑ:skbɑ:r] n COMPUT barre *f* des tâches.

task force n MIL corps *m* expéditionnaire ; [gen] groupe *m* de travail, mission *f*.

task light n lampe *f* de bureau.

taskmaster ['tɑ:sk,mɑ:stər] n tyran *m* / *he's a hard taskmaster* il mène la vie dure à ses subordonnés, c'est un véritable négrier.

task work n travail *m* à la tâche *or* aux pièces.

Tasmania [tæz'meɪnjə] pr n Tasmanie *f* / *in Tasmania* en Tasmanie.

Tasmanian [tæz'meɪnjən] ◆ n Tasmanien *m*, -enne *f*. ◆ adj tasmanien.

Tasman Sea ['tæzmən-] pr n ▸ **the Tasman Sea** la mer de Tasman.

tassel ['tæsl] (UK *pt & pp* **tasselled**, *cont* **tasselling** ; US *pt & pp* **tasseled**, *cont* **tasseling**) ◆ n **1.** [on clothing, furnishing] gland *m* **2.** BOT épillets *mpl*, panicule *f*, inflorescence *f* mâle. ◆ vt garnir de glands.

tasselled ['tæsld] adj à glands, orné de glands.

taste [teɪst] ◆ n **1.** [sense] goût *m* ▸ **to lose one's sense of taste** perdre le goût, être atteint d'agueusie ▸ **to be sweet / salty to the taste** avoir un goût sucré / salé **2.** [flavour] goût *m*, saveur *f* / *these apples have a lovely / strange taste* ces pommes sont délicieuses / ont un drôle de goût / *this cheese doesn't have much taste* ce fromage n'a pas beaucoup de goût *or* est assez fade / *the cake has a taste of almonds* le gâteau a un goût d'amandes / *add sugar to taste* CULIN ajouter du sucre à volonté ▸ **to leave a bad taste in the mouth** **a)** [food] laisser un mauvais goût dans la bouche **b)** *fig* laisser un mauvais souvenir *or* un goût amer **3.** [small amount - of food] bouchée *f* ; [- of drink] goutte *f* / *can I have a taste of the chocolate cake?* est-ce que je peux goûter au gâteau au chocolat? / *would you like (to have) a taste?* voulez-vous goûter? / **'A Taste of Honey'** *Delaney* 'Un goût de miel' **4.** [liking, preference] goût *m*, penchant *m* ▸ **to have expensive / simple tastes** avoir des goûts de luxe / simples ▸ **to develop a taste for sthg** prendre goût à qqch ▸ **to have a taste for sthg** avoir un penchant *or* un faible pour qqch / *it's a matter of taste* c'est (une) affaire de goût / *musical / artistic tastes* goûts musicaux / artistiques / *I don't share his taste in music* je ne partage pas ses goûts en (matière de) musique, nous n'avons pas les mêmes goûts en (matière de) musique / *is it to your taste?* est-ce à votre goût?, est-ce que cela vous convient?, cela vous plaît? / *did you find it to your taste?* l'avez-vous trouvé à votre goût? **5.** [discernment] goût *m* ▸ **to have good taste** avoir du goût, avoir bon goût / *they have no taste* ils n'ont aucun goût / *she has good taste in clothes* elle s'habille avec goût / *they don't have much taste when it comes to art* en matière d'art, ils n'ont pas beaucoup de goût / *the joke was in extremely bad taste* la plaisanterie était de très mauvais goût / *it's bad taste to ask personal questions* il est de mauvais goût de poser des questions indiscrètes **6.** [experience] aperçu *m* ; [sample] échantillon *m* ▸ **to have a taste of freedom / happiness** avoir un aperçu de la liberté / du bonheur / *the sweet taste of success* les joies *or* les délices de la réussite / *he's already had a taste of prison life* il a déjà tâté *or* goûté de la prison / *the experience gave me a taste of life in the army* l'expérience m'a donné un aperçu de la vie militaire / *a taste of things to come* un avant-goût de l'avenir. ◆ vt **1.** [flavour, ingredient] sentir (le goût de) / *can you taste the brandy in it?* est-ce que vous sentez le (goût du) cognac? / *you can hardly taste the mint* on sent à peine (le goût de) la menthe **2.** [sample, try] goûter à ; [for quality] goûter / *have you tasted the sauce?* avez-vous goûté (à) la sauce? / *to taste (the) wine* **a)** [in restaurant] goûter le vin **b)** [in vineyard] déguster le vin ; [eat] manger ; [drink] boire / *I've never tasted oysters before* je n'ai jamais mangé d'huîtres / *you don't often get a chance to taste such good wine* on n'a pas souvent l'occasion de boire un aussi bon vin **3.** [experience - happiness, success] goûter, connaître. ◆ vi [food] : *to taste good / bad* avoir bon / mauvais goût / *to taste salty* avoir un goût salé / *to taste funny* avoir un drôle de goût / *it tastes like chicken* cela a un goût de poulet ▸ **to taste of sthg** avoir le *or* un goût de qqch / *it doesn't taste of anything* cela n'a aucun goût.

taste bud n papille *f* gustative.

tasteful ['teɪstfʊl] adj [decoration] raffiné, de bon goût ; [work of art] de bon goût ; [clothing] de bon goût, élégant.

tastefully ['teɪstfʊlɪ] adv avec goût.

tastefulness ['teɪstfʊlnɪs] n [of decoration] bon goût *m* ; [of clothing] chic *m*, élégance *f*.

tasteless ['teɪstlɪs] adj **1.** [food] fade, insipide, sans goût **2.** [remark] de mauvais goût ; [decoration, outfit, person] qui manque de goût, de mauvais goût.

tastelessly ['teɪstlɪslɪ] adv [decorated, dressed] sans goût.

tastelessness ['teɪstlɪsnɪs] n **1.** [of food] fadeur *f*, manque *m* de goût **2.** [of remark] mauvais goût *m* ; [in decoration, clothes] manque *m* de goût, mauvais goût *m*.

taster ['teɪstər] n dégustateur *m*, -trice *f*.

tastiness ['teɪstɪnɪs] n saveur *f* agréable, bon goût *m*.

tasty ['teɪstɪ] (*compar* **tastier**, *superl* **tastiest**) adj **1.** [flavour] savoureux, délicieux ; [spicy] relevé, bien assaisonné ; [dish] qui a bon goût **2.** *inf* [attractive] séduisant.

tat [tæt] (*pt & pp* **tatted**, *cont* **tatting**) ◆ vi [make lace] faire de la frivolité. ◆ n **1.** *(U)* UK *inf & pej* [clothes] fripes *fpl* ; [goods] camelote *f* **2.** US *inf* [tattoo] tatouage *m*.

ta-ta [tæ'tɑ:] interj UK *inf* au revoir, salut.

Tatar ['tɑ:təʳ] ◆ n **1.** [person] Tatar *m*, -e *f* **2.** LING tatar *m*. ◆ adj tatar.

Tatary ['tɑ:tərɪ] pr n Tatarie *f* / *in Tatary* en Tatarie.

Tate Gallery [teɪt-] pr n ▸ **the Tate Gallery** *musée d'art moderne à Londres.*

tater ['teɪtəʳ] n *inf* patate *f*.

tattered ['tætəd] adj [clothes] en lambeaux, en loques ; [page, book] en lambeaux, en morceaux, tout déchiré ; [person] en haillons, loqueteux ; [reputation] en miettes, ruiné ▸ **to be (all) tattered and torn a)** [clothes] être tout en lambeaux **b)** [page, book] être tout déchiré or en morceaux **c)** [person] être en loques et en guenilles.

tatters ['tætəz] pl n ▸ **to be in tatters** *lit* être en lambeaux or en loques / *the original plan is in tatters* *fig* le projet initial est complètement à l'eau / *her reputation is in tatters* sa réputation est ruinée.

tattie ['tætɪ] n Scot *inf* [potato] patate *f*.

tatting ['tætɪŋ] n *(U)* SEW frivolités *fpl*.

tattle ['tætl] *inf* ◆ vi [chatter] jaser, cancaner ; [tell secrets] rapporter. ◆ n *(U)* [gossiping] commérages *mpl*, cancans *mpl*.

tattler ['tætləʳ] n *inf* commère *f*, bavard *m*, -e *f*.

tattle-tale ['tætl-] = **telltale** *(noun)*.

tattoo [tə'tu:] (*pl* **tattoos**) ◆ n **1.** [on skin] tatouage *m* / *he had tattoos across his chest* il avait la poitrine tatouée **2.** MIL [signal] retraite *f* ▸ **to sound the tattoo** sonner la retraite ; [ceremony, parade] parade *f* militaire **3.** [on drums] battements *mpl* ▸ **to beat a tattoo on the drums** battre le tambour ; *fig* [on door, table] : *he beat a furious tattoo on the door with his fists* il tambourinait violemment sur or contre la porte avec ses poings. ◆ vi & vt tatouer.

tattooist [tə'tu:ɪst] n tatoueur *m*.

tatty ['tætɪ] (*compar* **tattier**, *superl* **tattiest**) adj UK *inf* [clothes] fatigué, défraîchi ; [person] défraîchi, miteux ; [house] délabré, en mauvais état ; [book] écorné, en mauvais état.

taught [tɔ:t] pt & pp ⟶ **teach**.

taunt [tɔ:nt] ◆ vt railler, tourner en ridicule, persifler. ◆ n raillerie *f*, sarcasme *m*.

taunting ['tɔ:ntɪŋ] ◆ n *(U)* railleries *fpl*, sarcasmes *mpl*. ◆ adj railleur, sarcastique.

tauntingly ['tɔ:ntɪŋlɪ] adv d'un ton railleur or persifleur.

taupe [təʊp] adj taupe *(inv)*.

tauromachy [,tɔ:'rɒməkɪ] n tauromachie *f*.

Taurus ['tɔ:rəs] pr n ASTROL & ASTRON Taureau *m* / *he's a Taurus* il est (du signe du) Taureau.

taut [tɔ:t] adj [rope, cable] tendu, raide ; [situation] tendu.

tauten ['tɔ:tn] ◆ vt [rope, cable, etc.] tendre, raidir. ◆ vi se tendre.

tautness ['tɔ:tnɪs] n tension *f*, raideur *f*.

tautological [,tɔ:tə'lɒʤɪkl] adj tautologique, pléonastique.

tautologize, **tautologise** [tɔ:'tɒləʤaɪz] vi faire des pléonasmes.

tautology [tɔ:'tɒləʤɪ] (*pl* **tautologies**) n tautologie *f*, pléonasme *m*.

tavern ['tævn] n auberge *f*, taverne *f*.

tawdriness ['tɔ:drɪnɪs] n [of clothes] mauvais goût *m*, aspect *m* tapageur ; [of jewellery] clinquant *m*, faux éclat *m* ; [of goods] mauvaise qualité *f* ; [of motives, situation] bassesse *f*, indignité *f*.

tawdry ['tɔ:drɪ] (*compar* **tawdrier**, *superl* **tawdriest**) adj [clothes] voyant, tapageur, de mauvaise qualité ; [jewellery] clinquant ; [goods] de mauvaise qualité ; [motives, situation] bas, indigne.

tawny ['tɔ:nɪ] (*compar* **tawnier**, *superl* **tawniest**) adj [colour] fauve.

tawny owl n chouette *f* hulotte.

tax [tæks] ◆ n **1.** [on income] contributions *fpl* ; ADMIN impôt *m* ▸ **to levy** or **to collect taxes** lever or percevoir des impôts / *most of my income goes in tax* la plus grande partie de mes revenus va aux impôts / *I don't pay much tax* je ne paie pas beaucoup d'impôts / *I paid over $5,000 in tax* j'ai payé plus de 5 000 dollars d'impôts ▸ **after tax** net (d'impôt) **2.** [on goods, services, imports] taxe *f* / *to levy* or *to put a 10% tax on sthg* frapper qqch d'une taxe de 10 %, imposer or taxer qqch à 10 % / *there is a high tax on whisky* le whisky est fortement taxé / *baby food is free of tax* les aliments pour bébés sont exempts or exonérés de taxe / *a tax on books / knowledge* une taxe sur les livres / le savoir **3.** *fig* [strain - on patience, nerves] épreuve *f* ; [- on strength, resources] mise *f* à l'épreuve. ◆ comp [burden] fiscal ; [assessment] de l'impôt ; [liability] à l'impôt ▸ **tax dollars** US l'argent *m* du contribuable ▸ **tax expert** fiscaliste *mf*. ◆ vt **1.** [person, company] imposer, frapper d'un impôt ; [goods] taxer, frapper d'une taxe / *the rich will be more heavily taxed* les riches seront plus lourdement imposés or payeront plus d'impôts / *luxury goods are taxed at 28%* les articles de luxe sont taxés à 28 % or font l'objet d'une taxe de 28 % **2.** UK ▸ **to tax one's car** acheter la vignette (automobile) **3.** *fig* [strain - patience, resources] mettre à l'épreuve ; [- strength, nerves] éprouver **4.** [accuse] ▸ **to tax sb with sthg** accuser or taxer qqn de qqch.

taxable ['tæksəbl] adj [goods, land] imposable ▸ **taxable income** revenu *m* imposable, assiette *f* fiscale or de l'impôt.

tax adjustment n redressement *m* fiscal or d'impôt.

taxation [tæk'seɪʃn] ◆ n *(U)* **1.** [of goods] taxation *f* ; [of companies, people] imposition *f* **2.** [taxes] impôts *mpl*, contributions *fpl*. ◆ comp [system] fiscal ▸ **taxation authorities** administration *f* fiscale, fisc *m* ▸ **taxation year** année *f* fiscale d'imposition, exercice *m* fiscal.

tax band n tranche *f* d'imposition.

tax bracket n tranche *f* d'imposition.

tax break n réduction *f* d'impôt.

tax code n barème *m* fiscal.

tax collector n percepteur *m*.

tax credit n crédit *m* d'impôt.

tax cut n baisse *f* de l'impôt.

tax-deductible adj déductible des impôts, sujet à un dégrèvement d'impôts.

tax disc n UK vignette *f* automobile.

taxeme ['tæksi:m] n taxème *m*.

tax evasion n fraude *f* fiscale.

tax-exempt US = **tax-free**.

tax-exemption n exonération *f* d'impôts.

tax exile n *personne qui s'expatrie pour échapper au fisc.*

tax form n feuille *f* or déclaration *f* d'impôts.

tax-free adj [goods] exonéré de taxes, non taxé ; [interest] exonéré d'impôts, exempt d'impôts.

tax haven n paradis *m* fiscal.

taxi ['tæksɪ] (*pl* **taxis** *or* **taxies**, *pt & pp* **taxied**, *cont* **taxying**) ◆ n taxi *m* ▸ **to get** or **to take a taxi** prendre un taxi ▸ **to hail a taxi** héler un taxi. ◆ vi [aircraft] se déplacer au sol / *the plane taxied across the tarmac* l'avion traversa lentement l'aire de stationnement. ◆ vt [carry passengers] transporter en taxi.

taxicab ['tæksɪkæb] n taxi *m*.

taxi dancer n *inf* taxi-girl *f*.

taxidermist ['tæksɪdɜ:mɪst] n empailleur *m*, -euse *f*, taxidermiste *mf*, naturaliste *mf*.

taxidermy ['tæksɪdɜ:mɪ] n empaillage *m*, taxidermie *f*, naturalisation *f* des animaux.

taxi driver n chauffeur *m* de taxi.

taxi fare n [gen] tarif *m* de taxi ; [cost of journey] coût *m* du taxi, prix *m* de la course (en taxi) / *can you pay the taxi fare?* pouvez-vous régler or payer le taxi ?

taximan ['tæksɪmæn] (*pl* **taximen** [-men]) UK = **taxi driver**.

taximeter ['tæksɪ,mi:təʳ] n taximètre *m*, compteur *m* (de taxi).

tax incentive n incitation *f* fiscale.

taxing ['tæksɪŋ] adj [problem, time] difficile ; [climb] ardu.

taxiplane ['tæksɪpleɪn] n avion-taxi *m*.

taxi rank UK, **taxi stand** US n station *f* de taxis.

taxiway ['tæksɪweɪ] n AERON taxiway *m*, chemin *m* de roulement.

tax loss n déduction *f* fiscale.

taxman ['tæksmæn] (*pl* **taxmen** [-men]) n **1.** [person] percepteur *m* (du fisc) **2.** UK *inf* [Inland Revenue] ▸ **the taxman** le fisc.

taxonomic [,tæksə'nɒmɪk] adj taxinomique.

taxonomy [tæk'sɒnəmɪ] (*pl* **taxonomies**) n taxinomie *f*, taxonomie *f*.

taxpayer ['tæks,peɪəʳ] n contribuable *mf*.

tax rebate n dégrèvement *m* d'impôts.

tax relief n *(U)* dégrèvement *m* fiscal ▸ **to get tax relief on sthg** obtenir un dégrèvement or allégement fiscal sur qqch.

tax return n déclaration *f* de revenus or d'impôts.

tax shelter n avantage *m* fiscal.

tax threshold n seuil *m* d'imposition.

tax year n année *f* fiscale *(qui commence en avril en Grande-Bretagne)*.

TB n **1.** abbr of **tuberculosis** **2.** MESSAGING written abbr of **text back**.

TBA abbr of **to be announced**.

T-bar n **1.** [for skiers] téléski *m*, remonte-pente *m* **2.** [wrench] clé *f* à pipe en forme de T ; [bar] profilé *m* or fer *m* en T.

TBD abbr of **to be determined**.

T-bill n US [treasury bill] bon *m* du Trésor.

T-bone (steak) n steak *m* dans l'aloyau *(sur l'os)*.

tbs., **tbsp.** (written abbr of **tablespoon(ful)**) cs.

T-cell n lymphocyte *m* T.

Tchaikovsky [ʧaɪ'kɒfskɪ] pr n Tchaïkovski.

TCP® (abbr of **thrichlorophenylmethyliodosalicyl**) n UK *désinfectant utilisé pour nettoyer des petites plaies ou pour se gargariser.*

TD **1.** abbr of **Treasury Department** **2.** abbr of **touchdown**.

TDTU MESSAGING written abbr of **totally devoted to you**.

te [ti:] n MUS si *m*.

tea [ti:] n **1.** [drink, plant] thé *m* / *a cup of tea* une tasse de thé / *more tea?* encore un peu de thé ? / *two teas and a coffee, please* deux thés et un café, s'il vous plaît ▸ **not for all the tea in China** : *I wouldn't do it for all the tea in China* je ne le ferais à aucun prix or pour rien au monde **2.** [afternoon snack] thé *m* ; [evening meal] repas *m* du soir ▸ **to ask sb to tea** inviter qqn à prendre le thé **3.** [infusion] infusion *f*, tisane *f* ▸ **rosehip tea** tisane d'églantine.

Tea

En Grande-Bretagne et en Irlande, le thé est une boisson très populaire ; il se boit fort, avec du lait et du sucre. Au bureau, à l'usine ou sur les chantiers de construction, la journée de travail est traditionnellement ponctuée de **tea breaks** (« pauses-thé »).

teabag ['ti:bæg] n sachet *m* de thé.

tea ball n US boule *f* à thé.

tea biscuit n UK gâteau *m* sec.

tea bread n *(U)* ≃ cake *m*.

tea break n pause *f* pour prendre le thé ; ≃ pause-café *f* ▸ **to have** or **to take a tea break** s'arrêter pour prendre le thé.

tea caddy n boîte *f* à thé.

teacake ['ti:keɪk] n *petite brioche.*

teacart ['ti:kɑ:t] US = **tea trolley.**

teach [ti:tʃ] *(pt & pp* **taught** [tɔ:t]) ◆ vt **1.** [gen] apprendre ▸ **to teach sb sthg** or **sthg to sb** apprendre qqch à qqn / *she taught herself knitting / French* elle a appris à tricoter / elle a appris le français toute seule / *you can't teach them anything!* ils savent tout !, ils n'ont plus rien à apprendre ! ▸ **to teach sb (how) to do sthg** apprendre à qqn à faire qqch / *she taught them to play the piano* elle leur a appris à jouer du piano / *they taught us what to do in emergencies* ils nous ont appris or montré ce qu'il fallait faire en cas d'urgence / *didn't anyone ever teach you not to interrupt people?* on ne t'a jamais dit or appris qu'il ne faut pas couper la parole aux gens ? ; [as threat] : *I'll teach you to be rude to your elders!* je vais t'apprendre à être insolent envers les aînés ! / *that'll teach you (not) to go off on your own* ça t'apprendra à t'en aller toute seule / *that'll teach you (a lesson)!* ça t'apprendra !, c'est bien fait pour toi ! / *that taught them a lesson they won't forget* cela leur a donné une leçon dont ils se souviendront ▸ **you can't teach your grandmother to suck eggs** *inf* on n'apprend pas à un vieux singe à faire la grimace *prov* **2.** SCH [physics, history, etc.] enseigner, être professeur de ; [pupils, class] faire cours à / *she taught us (to speak) French* elle nous a appris or enseigné le français / *she teaches geography* elle enseigne la géographie, elle est professeur de géographie / *I've been teaching 3B since Christmas* j'ai la 3B depuis Noël, je fais cours à la 3B depuis Noël ▸ **to teach school** US être enseignant / *she teaches elementary school / high school* US elle est institutrice / professeur. ◆ vi [as profession] être enseignant, enseigner ; [give lessons] faire cours / *I started teaching in 2004* j'ai commencé à enseigner or je suis entré dans l'enseignement en 2004 / *she spent the morning teaching* elle a fait cours toute la matinée.

teachable ['ti:tʃəbl] adj **1.** [subject] que l'on peut enseigner, susceptible d'être enseigné ; [children] à qui on peut apprendre quelque chose **2.** US ADMIN scolarisable.

teacher ['ti:tʃər] n [in primary school] instituteur *m*, -trice *f*, maître *m*, maîtresse *f* ; [in secondary school] professeur *m*, enseignant *m*, -e *f* ; [in special school] éducateur *m*, -trice *f* / *French / history teacher* professeur de français / d'histoire / *teachers are threatening to strike* les enseignants menacent de se mettre en grève ▸ **teacher pupil ratio** taux *m* d'encadrement.

teacher certification n US diplôme *m* d'enseignement.

teacher education n US formation *f* pédagogique des enseignants.

teacher evaluation n US UNIV évaluation *f* (des compétences) des enseignants.

teacher's aide n US assistant *m*, -e *f* pédagogique.

teacher's college US = **teacher training college.**

teacher's pet n chouchou *m*, -oute *f* du professeur.

teacher training n UK formation *f* pédagogique des enseignants ▸ **teacher training certificate** diplôme *m* d'enseignement.

teacher training college n UK centre *m* de formation pédagogique ; ≃ école *f* normale.

tea chest n caisse *f* (à thé).

teach-in n séminaire *m*.

teaching ['ti:tʃɪŋ] ◆ n **1.** [career] enseignement *m* ▸ **to go into teaching** entrer dans l'enseignement, devenir enseignant **2.** [of subject] enseignement *m* / *chemistry / history teaching* l'enseignement de la chimie / de l'histoire / *EFL teaching* l'enseignement de l'anglais (comme) langue étrangère **3.** *(U)* [hours taught] heures *fpl* d'enseignement, (heures *fpl* de) cours *mpl* / *she only does a few hours' teaching a week* elle ne donne or n'a que quelques heures de cours par semaine. ◆ comp [profession, staff] enseignant.

❖ **teachings** pl n [of leader, church] enseignements *mpl*.

teaching aid n matériel *m* pédagogique.

teaching assistant n US SCH *étudiant(e) chargé(e) de travaux dirigés.*

teaching diploma n diplôme *m* d'enseignement.

teaching fellow n UK UNIV *étudiant de troisième cycle qui assure quelques heures de cours.*

teaching hospital n centre *m* hospitalo-universitaire, CHU *m*.

teaching machine n *tout type d'appareil utilisant des programmes conçus à des fins pédagogiques.*

teaching practice n *(U)* stage *m* pédagogique *(pour futurs enseignants)* ▸ **to go on teaching practice** faire un stage pédagogique.

tea cloth UK = **tea towel.**

tea cosy UK, **tea cozy** US n cosy *m*.

teacup ['ti:kʌp] n tasse *f* à thé.

teacupful ['ti:kʌp,fʊl] n tasse *f* à thé *(mesure)* / *three teacupfuls of milk* trois tasses de lait.

tea dance n thé *m* dansant.

tea-drinker n buveur *m*, -euse *f* de thé.

tea egg = **tea ball.**

tea garden n **1.** [garden] *jardin de restaurant qui fait salon de thé* **2.** [plantation] plantation *f* de thé.

teahouse ['ti:haʊs] *(pl* [-haʊzɪz]) n maison *f* de thé *(orientale).*

teak [ti:k] ◆ n ▸ **teak (wood)** teck *m*, tek *m*. ◆ comp en teck.

teakettle ['ti:,ketl] n bouilloire *f*.

teal [ti:l] *(pl* **teal** *or* **teals**) n sarcelle *f*.

tea lady n UK *dame qui prépare ou sert le thé pour les employés d'une entreprise.*

tealeaf ['ti:li:f] *(pl* **tealeaves** [-li:vz]) n **1.** feuille *f* de thé ▸ **to read the tealeaves** ≃ lire dans le marc de café **2.** UK v *inf & hum* [thief] voleur *m*, -euse *f*.

tea light n bougie *f* chauffe-plats.

tea light holder n photophore *m*.

team [ti:m] ◆ n **1.** SPORT [gen] équipe *f* / *medical / basketball team* équipe médicale / de basket-ball **2.** [of horses, oxen, etc.] attelage *m*. ◆ vt **1.** [workers, players] mettre en équipe ; [horses, oxen, etc.] atteler / *I was teamed with my brother* j'ai fait équipe avec mon frère **2.** [colours, garments] assortir, harmoniser.

❖ **team up** ◆ vt sep **1.** [workers, players] mettre en équipe ; [horses, oxen, etc.] atteler / *we're often teamed up (together)* on fait souvent équipe (ensemble) / *I got teamed up with Peter* on m'a mis en équipe avec Peter **2.** [colours, clothes] assortir, harmoniser. ◆ vi **1.** [workers] faire équipe, travailler en collaboration ▸ **to team up with sb** faire équipe avec qqn / *the two villages teamed up to put on the show* les deux villages ont collaboré pour monter le spectacle **2.** [colours, clothes] être assorti, s'harmoniser.

team game n jeu *m* d'équipe.

team mate n coéquipier *m*, -ère *f*.

team member n équipier *m*, -ère *f*.

team player n ▸ **to be a (good) team player** avoir l'esprit d'équipe.

team spirit n esprit *m* d'équipe.

teamster ['ti:mstər] n US routier *m*, camionneur *m*.

❖ **Teamster** n US *membre du syndicat américain des camionneurs.*

Teamsters' Union pr n *syndicat américain des camionneurs.*

team teaching n enseignement *m* en équipe.

teamwork ['ti:mwɜ:k] n travail *m* d'équipe.

tea party n [for adults] thé *m* ; [for children] goûter *m* / *I'm having a little tea party on Sunday* j'ai invité quelques amis à prendre le thé dimanche.

tea plant n arbre *m* à thé, théier *m*.

tea plate n UK petite assiette *f*, assiette *f* à dessert.

teapot ['ti:pɒt] n théière *f*.

tear¹ [teər] *(pt* **tore** [tɔ:r], *pp* **torn** [tɔ:n]) ◆ vt **1.** [rip - page, material] déchirer ; [- clothes] déchirer, faire un accroc à ; [- flesh] déchirer, arracher / *I tore my jacket on a nail* j'ai fait un accroc à ma veste avec un clou / *he tore a hole in the paper* il a fait un trou dans le papier / **'tear along the dotted line'** 'détacher suivant le pointillé' / *he tore a hole in his trousers* il a fait un trou à son pantalon / *the dog was tearing the meat from a bone* le chien déchiquetait la viande d'un os / *her heart was torn by grief / remorse* elle était déchirée par la douleur / le remords / *she tore open the letter* elle ouvrit l'enveloppe en la déchirant, elle déchira l'enveloppe / *she tore open the wrapper* elle déchira l'emballage pour l'ouvrir ▸ **to tear sthg in two** or **in half** déchirer qqch en deux / *you can tear a piece off this cloth* vous pouvez déchirer un morceau de ce tissu ▸ **to be torn to shreds** être en lambeaux ▸ **to tear sthg to shreds** mettre qqch en lambeaux / *the critics tore the film to shreds fig* les critiques ont éreinté le film **2.** [muscle, ligament] froisser, déchirer **3.** [grab, snatch] arracher / *he tore the cheque from* or *out of my hand* il m'a arraché le chèque des mains / *the door had been torn from its hinges by the wind* le vent avait fait sortir la porte de ses gonds **4.** *fig* [divide] tirailler, déchirer / *I'm torn between going and staying* je suis tiraillé entre le désir de partir et celui de rester, j'hésite entre partir et rester / *the country had been torn by civil war for 30 years* ça faisait 30 ans que le pays était déchiré par la guerre civile **5.** *fig* [separate] arracher / *sorry to tear you from your reading, but I need your help* je regrette de vous arracher à votre lecture, mais j'ai besoin de votre aide ▸ **that's torn it** UK *inf*, **that tears it** US *inf* c'est le bouquet, il ne manquait plus que cela. ◆ vi **1.** [paper, cloth] se déchirer / *this cloth tears easily* ce tissu se déchire facilement **2.** [as verb of movement] ▸ **to tear after sb** se précipiter or se lancer à la poursuite de qqn ▸ **to tear along a)** [runner] courir à toute allure **b)** [car] filer à toute allure / *to tear up / down the stairs* monter / descendre l'escalier quatre à quatre / *the cyclists came tearing past* les cyclistes sont passés à toute allure or vitesse / *the children were tearing around the playground* les enfants couraient de tous les côtés dans la cour de récréation **3.** [hurry] : *to tear through a job* faire un travail à toute vitesse / *he tore through the book / the report* il a lu le livre / le rapport très rapidement. ◆ n [in paper, cloth] déchirure *f* ; [in clothes] déchirure *f*, accroc *m* / *this page has a tear in it* cette page est déchirée / *who's responsible for the tears in the curtains?* qui a déchiré les rideaux ?

❖ **tear apart** vt sep **1.** [rip to pieces] déchirer **2.** [divide] : *no-one can tear them apart* **a)** [friends] on ne peut pas les séparer, ils sont inséparables **b)** [fighters] on n'arrive pas à les séparer / *the party was being torn apart by internal strife* le parti était déchiré or divisé par des luttes intestines.

❖ **tear at** vt insep ▸ **to tear at sthg** déchirer or arracher qqch / *the dogs tore at the meat* les chiens arrachèrent or déchiquetèrent la viande / *the children tore impatiently at the wrapping paper* dans leur impatience les enfants déchirèrent le papier d'emballage.

❖ **tear away** vt sep **1.** [remove - wallpaper] arracher, enlever ; *fig* [gloss, façade] enlever **2.** [from activity] arracher ▸ **to tear sb away from sthg** arracher qqn à qqch / *I just couldn't tear myself away* je ne pouvais tout simplement pas me décider à partir / *surely you can tear yourself away from your work for ten minutes?* tu ne vas pas me dire que tu ne peux pas t'éloigner de ton travail pendant dix minutes ?, tu peux quand même laisser ton travail dix minutes !

❖ **tear down** vt sep **1.** [remove - poster] arracher **2.** [demolish - building] démolir ; *fig* [argument] démolir, mettre par terre.

❖ **tear into** vt insep **1.** [attack, rush at] se précipiter sur / *the boxers tore into each other* les boxeurs se sont jetés l'un sur l'autre **2.** *inf* [reprimand] enguirlander, passer un savon à ; [criticize] taper sur, descendre (en flèche) / *he really tore into me over my exam results* il m'a bien engueulé or il m'a passé un bon savon au sujet de mes résultats d'examen / *the critics have really torn into his latest film* les critiques ont complètement descendu son dernier film **3.** [bite into - subj : teeth, knife] s'enfoncer dans / *the saw tore into the soft wood* la scie s'est enfoncée dans le bois tendre comme dans du beurre **4.** [run] : *she came tearing into the garden* elle a déboulé dans le jardin à toute allure, elle s'est précipitée dans le jardin.

❖ **tear off** vt sep **1.** [tape, wrapper] arracher, enlever en arrachant ; [along perforations] détacher ; [clothing] retirer or enlever rapidement / *he tore off his trousers and jumped into the water* il retira or enleva son pantalon en toute hâte et sauta dans l'eau ▸ **to tear sb off a strip** *inf*, **to tear a strip off sb** UK *inf* passer un savon à qqn, enguirlander qqn **2.** *inf* [report, essay, etc. - do hurriedly] écrire à toute vitesse ; [- do badly] bâcler, torcher.

❖ **tear out** vt sep [page] arracher ; [coupon, cheque] détacher ▸ **to tear one's hair (out)** *lit & fig* s'arracher les cheveux.

❖ **tear up** vt sep **1.** [paper, letter] déchirer (en morceaux) ; *fig* [agreement, contract] déchirer **2.** [pull up - fence, weeds, surface] arracher ; [- tree] déraciner.

tear² [tɪəʳ] n larme *f* ▸ **to be in tears** être en larmes ▸ **to burst into tears** fondre en larmes ▸ **to shed tears** verser des larmes / *I shed no tears over her resignation* sa démission ne m'a pas ému outre mesure or ne m'a pas arraché de larmes / *to shed tears of joy* pleurer de joie, verser des larmes de joie / *he had tears* or *there were tears in his eyes* il avait les larmes aux yeux ▸ **to be on the verge of tears, to be near to tears** être au bord des larmes ▸ **to be moved to tears** être ému aux larmes / *the performance moved me to tears* or *brought tears to my eyes* le spectacle m'a ému aux larmes ▸ **to be bored to tears** s'ennuyer à mourir.

❖ **tear up** vi [start crying] se mettre à pleurer.

tearaway ['teərə,weɪ] n UK casse-cou *mf*.

teardrop ['tɪədrɒp] n larme *f*.

tear duct [tɪəʳ-] n canal *m* lacrymal.

tearful ['tɪəfʊl] adj **1.** [emotional - departure, occasion] larmoyant ; [- story, account] larmoyant, à faire pleurer / *they said a tearful goodbye* ils se sont dit au revoir en pleurant **2.** [person] en larmes, qui pleure ; [face] en larmes ; [voice] larmoyant / *I'm feeling a bit tearful* j'ai envie de pleurer / *she gave me a tearful look* elle m'a lancé un regard larmoyant.

tearfully ['tɪəfʊlɪ] adv en pleurant, les larmes aux yeux / *"I'll be all right", she said tearfully* « ça va aller », dit-elle avec des sanglots dans la voix or en pleurant.

tear gas [tɪəʳ-] n gaz *m* lacrymogène.

❖ **tear-gas** vt envoyer du gaz lacrymogène sur.

tearing ['teərɪŋ] ◆ n déchirement *m*. ◆ adj **1.** *lit* ▸ **a tearing sound a)** [from paper] un bruit de déchirement **b)** [from stitching] un (bruit de) craquement **2.** UK [as intensifier] ▸ **to be in a tearing hurry** être terriblement pressé.

tearjerker ['tɪə,ʤɜ:kəʳ] n *inf* : *the film / the book is a real tearjerker* c'est un film / un livre à faire pleurer.

tearjerking ['tɪə,ʤɜ:kɪŋ] adj *inf* à faire pleurer.

tearless ['tɪəlɪs] adj sans larmes.

tearoom ['ti:rʊm] n salon *m* de thé.

tea rose n rose thé *f*.

tearstained ['tɪəsteɪnd] adj barbouillé de larmes.

tease [ti:z] ◆ vt **1.** [person] taquiner ; [animal] tourmenter / *she's always teasing her brother* elle est toujours à taquiner son frère **2.** [fabric] peigner ; [wool] peigner, carder **3.** US [hair] crêper. ◆ vi faire des taquineries / *I'm only teasing* c'est pour rire. ◆ n *inf* **1.** [person] taquin *m*, -e *f* ; [sexually] allumeuse *f* / *don't be such a tease!* ne sois pas si taquin ! **2.** [behaviour] taquinerie *f* / *it was all a tease* c'était pour rire.

❖ **tease out** vt sep **1.** [wool, hair] démêler **2.** [information, facts] faire ressortir ▸ **to tease out a problem** débrouiller or démêler un problème, tirer un problème au clair.

teasel ['ti:zl] (UK *pt & pp* **teaselled**, *cont* **teaselling** ; US *pt & pp* **teaseled**, *cont* **teaseling**) ◆ n **1.** BOT cardère *f* **2.** TEXT carde *f*. ◆ vt [cloth] peigner, démêler.

teaser ['ti:zəʳ] n *inf* **1.** [person] taquin *m*, -e *f* **2.** [problem] problème *m* difficile, colle *f* **3.** [advertisement] teaser *m*.

teaser campaign n campagne *f* teasing.

tea service, tea set n service *m* à thé.

tea shop n UK salon *m* de thé.

teasing ['ti:zɪŋ] ◆ n *(U)* **1.** [tormenting] taquineries *fpl* **2.** TEXT peignage *m*. ◆ adj taquin.

teasingly ['ti:zɪŋlɪ] adv pour me / le / etc. taquiner.

Teasmaid® ['ti:zmeɪd] n UK *théière automatique avec horloge incorporée.*

teaspoon ['ti:spu:n] n **1.** [spoon] cuiller *f* or cuillère *f* à café **2.** = **teaspoonful.**

teaspoonful ['ti:spu:n,fʊl] adj cuiller *f* or cuillère *f* à café *(mesure).*

tea strainer n passoire *f* à thé, passe-thé *m inv*.

teat [ti:t] n **1.** [on breast] mamelon *m*, bout *m* de sein ; [of animal] tétine *f*, tette *f* ; [for milking] trayon *m* **2.** UK [on bottle] tétine *f* ; [dummy] tétine *f*, sucette *f* **3.** TECH téton *m*.

tea table n table *f* (mise) pour le thé or à thé.

teatime ['ti:taɪm] n l'heure *f* du thé.

tea towel n UK torchon *m* (à vaisselle).

tea tray n plateau *m* à thé.

tea trolley n UK table *f* roulante *(pour servir le thé).*

tea urn n fontaine *f* à thé.

tea wagon US = **tea trolley.**

teazel ['ti:zl] (UK *pt & pp* **teazelled**, *cont* **teazelling** ; US *pt & pp* **teazeled**, *cont* **teazeling**) = **teasel.**

teazle ['ti:zl] = **teasel.**

tech [tek] n *inf* abbr of **technical college.**

techie ['tekɪ] n *inf* technicien *m*, -enne *f*.

technetium [tek'ni:sɪəm] n technétium *m*.

technical ['teknɪkl] adj **1.** [gen & TECH] technique ▸ **technical education** enseignement *m* technique ▸ **technical hitch** incident *m* technique ▸ **technical term** terme *m* technique **2.** [according to rules] technique / *for technical reasons* pour des raisons d'ordre technique / *the judgment was quashed on a technical point* LAW le jugement a été cassé pour vice de forme or de procédure / *it's a purely technical point* *fig* ce n'est qu'un point de détail ▸ **technical knockout** SPORT knock-out *m inv* technique ▸ **technical irregularity** LAW vice *m* de forme or de procédure.

technical college n ≃ institut *m* de technologie.

technical drawing n dessin *m* industriel.

technical foul n SPORT faute *f* technique.

technicality [,teknɪ'kælətɪ] (*pl* **technicalities**) n **1.** [technical nature] technicité *f* **2.** [formal detail] détail *m* or considération *f* (d'ordre) technique ; [technical term] terme *m* technique / *it's only a technicality* ce n'est qu'un détail technique / *to lose one's case on a technicality* LAW perdre un procès pour vice de forme.

technically ['teknɪklɪ] adv **1.** [on a technical level] sur un plan technique ; [in technical terms] en termes techniques / *technically advanced* de pointe, sophistiqué, avancé sur le plan technique ▸ **to be technically minded** avoir l'esprit technique **2.** [in theory] en théorie, en principe / *technically, I'm in charge* théoriquement, c'est moi le responsable.

technical school n ≃ collège *m* technique ; ≃ lycée *m* d'enseignement professionnel.

technical writing n rédaction *f* technique.

technician [tek'nɪʃn] n technicien *m*, -enne *f*.

Technicolor® ['teknɪ,kʌləʳ] ◆ n Technicolor® *m* ▸ **in (glorious) Technicolor** en Technicolor. ◆ adj en technicolor.

technique [tek'ni:k] n technique *f*.

techno ['teknəʊ] n MUS techno *f*.

technobabble ['teknəʊ,bæbl] n jargon *m* technique.

technocracy [tek'nɒkrəsɪ] (*pl* **technocracies**) n technocratie *f*.

technocrat ['teknəkræt] n technocrate *mf*.

technological [,teknə'lɒʤɪkl] adj technologique.

technologically [,teknə'lɒʤɪklɪ] adv du point de vue or sur le plan technologique.

technologist [tek'nɒləʤɪst] n technologue *mf*, technologiste *mf*.

technology [tek'nɒləʤɪ] (*pl* **technologies**) n technologie *f*.

technophile ['teknəʊfaɪl] n technophile *mf*.

technophobe ['teknəfəʊb] n technophobe *mf*.

technophobia [,teknəʊ'fəʊbɪə] n technophobie *f*.

techno-savvy adj *inf* : *to be techno-savvy* être doué en technique.

tectonic [tek'tɒnɪk] adj tectonique ▸ **tectonic plates** plaques *fpl* tectoniques.

tectonics [tek'tɒnɪks] n *(U)* tectonique *f*.

ted [ted] (*pt & pp* **tedded**, *cont* **tedding**) ◆ vt [hay] faner. ◆ n *inf* abbr of **teddy boy.**

tedder ['tedəʳ] n [machine] faneuse *f* ; [person] faneur *m*, -euse *f*.

teddy ['tedɪ] (*pl* **teddies**) n **1.** ▸ **teddy (bear)** ours *m* en peluche **2.** [garment] teddy *m*.

teddy boy n UK ≃ blouson *m* noir *(personne).*

tedious ['ti:djəs] adj [activity, work] ennuyeux, fastidieux ; [time] ennuyeux ; [journey] fatigant, pénible ; [person] pénible / *we spent a tedious morning typing address labels* on a passé une matinée pénible à taper des étiquettes portant noms et adresses / *it's a very tedious job* c'est un travail très fastidieux or pénible / *it's a tedious business collecting signatures* recueillir des signatures est un travail fastidieux.

tediously ['ti:djəslɪ] adv péniblement ; [monotonously] de façon monotone, fastidieusement / *the journey seemed tediously long* le voyage était long et pénible.

tediousness ['ti:djəsnɪs] n ennui *m*, monotonie *f* / *the sheer tediousness of the job got her down* la monotonie de son travail lui mit le moral à zéro / *an air of tediousness hung over the house* un certain ennui pesait sur la maison.

tedium ['ti:djəm] n ennui *m*.

tee [ti:] ◆ n [in golf - peg] tee *m* ; [- area] tertre *m* or point *m* de départ / *the 17th tee* le départ du 17ᵉ trou. ◆ vt placer sur le tee. ◆ vi placer la balle sur le tee.

❖ **tee off** ◆ vi **1.** [in golf] jouer sa balle or partir du tee *(du tertre de départ)* ; *fig* commencer, démarrer **2.** US *inf* [get angry] se fâcher, s'emporter ▸ **to tee off about sthg** se fâcher au sujet de qqch. ◆ vt sep US *inf* [annoy] agacer, casser les pieds à / *he really tees me off with his arrogance* son arrogance m'énerve vraiment / *I'm teed off* j'en ai ras le bol or marre.

❖ **tee up** vi placer la balle sur le tee.

tee-hee [-'hi:] ◆ interj hi ! hi ! ◆ n ricanement *m*. ◆ vi ricaner.

teem [ti:m] vi **1.** [be crowded] grouiller, fourmiller / *the streets were teeming (with people)* les rues grouillaient (de monde) / *the river is teeming with fish* la rivière grouille de poissons / *the children came teeming through the gates* une horde d'enfants a franchi les grilles **2.** [rain] : *it's absolutely teeming (down* or *with rain)* il pleut à verse or à torrents.

teeming ['ti:mɪŋ] adj **1.** [streets] grouillant de monde ; [crowds, shoppers] grouillant, fourmillant ; [ants, insects, etc.] grouillant **2.** [rain] battant, torrentiel.

teen [ti:n] adj [teenage - fashion, magazine] pour adolescents or jeunes ▸ **teen idol** idole *f* des jeunes.

teenage ['ti:neɪʤ] adj jeune, adolescent ; [habits, activities] d'adolescents ; [fashion, magazine] pour les jeunes

▸ **the teenage years** l'adolescence ▸ **teenage boys and girls** les adolescents *mpl.*

teenager ['ti:n,eɪdʒəʳ] n jeune *mf (entre 13 et 19 ans),* adolescent *m*, -e *f.*

teens [ti:nz] pl n **1.** [age] adolescence *f (entre 13 et 19 ans)* / *she's in her teens* c'est une adolescente **2.** [numbers] *les chiffres entre 13 et 19* ▸ **the upper teens** *les chiffres de 17 à 19.*

teensy(-weensy) [,ti:nzɪ('wi:nzɪ)] *inf* = **teeny-weeny.**

teeny ['ti:nɪ] adj *inf* tout petit, minuscule.

teenybopper ['ti:nɪ,bɒpəʳ] n *inf jeune qui aime la musique pop.*

teeny-weeny [-'wi:nɪ], **teeny-tiny** US adj *inf* tout petit, minuscule.

teepee ['ti:pi:] = **tepee.**

tee shirt = **T-shirt.**

teeter ['ti:təʳ] ◆ vi **1.** [person] chanceler ; [pile, object] vaciller, être sur le point de tomber ▸ **to teeter on the brink of sthg** *fig* être au bord de qqch, friser qqch **2.** US [see-saw] se balancer, basculer. ◆ n US jeu *m* de bascule.

teeter-totter n US jeu *m* de bascule.

teeth [ti:θ] pl ⟶ **tooth.**

teethe [ti:ð] vi faire or percer ses premières dents ▸ **to be teething** commencer à faire ses dents.

teething ['ti:ðɪŋ] n poussée *f* dentaire, dentition *f.*

teething ring n anneau *m* de dentition.

teething troubles pl n *lit* douleurs *fpl* provoquées par la poussée des dents ; *fig* difficultés *fpl* initiales or de départ / *we're having teething troubles with the new computer* nous avons des problèmes de mise en route avec le nouvel ordinateur.

teetotal [ti:'təʊtl] adj [person] *qui ne boit jamais d'alcool* ; [organization] antialcoolique.

teetotaller UK, **teetotaler** US [ti:'təʊtləʳ] n *personne qui ne boit jamais d'alcool.*

TEFL ['tefl] (abbr of **Teaching (of) English as a Foreign Language**) n *enseignement de l'anglais langue étrangère.*

Teflon® ['teflɒn] n Teflon® *m* / *a Teflon-coated pan* une casserole teflonisée ▸ **a Teflon hero** *inf* un héros sans reproche.

tegument ['tegjʊmənt] n tégument *m.*

te-hee ['ti:'hi:] = **tee-hee.**

tekkie ['tekɪ] n *inf* = **techie.**

Tehran, Teheran [,teə'rɑ:n] pr n Téhéran.

tel. (written abbr of **telephone**) tél.

Tel-Aviv [,telə'vi:v] pr n ▸ **Tel-Aviv(-Jaffa)** Tel-Aviv (-Jaffa).

telebanking ['telɪbæŋkɪŋ] n FIN services *mpl* bancaires en ligne, télébanque *f.*

telecamera ['telɪ,kæmərə] n caméra *f* de télévision.

telecast ['telɪkɑ:st] ◆ n émission *f* de télévision, programme *m* télédiffusé. ◆ vt diffuser, téléviser.

telecine [,telɪ'sɪnɪ] n télécinéma *m.*

telecommunications ['telɪkə,mju:nɪ'keɪʃnz] ◆ n *(U)* télécommunications *fpl.* ◆ comp [engineer] des télécommunications ; [satellite] de télécommunication.

telecommuting [,telɪkə'mju:tɪŋ] n télétravail *m.*

telecom(s) ['telɪkɒm(z)] n abbr of **telecommunications.**

telecon ['telɪkɒn] n *inf* conversation *f* téléphonique.

teleconference ['telɪ,kɒnfərəns] n téléconférence *f.*

teleconferencing [,telɪ'kɒnfərənsɪŋ] n téléconférence *f.*

Telefax® ['telɪfæks] n Téléfax® *m.*

telefilm ['telɪfɪlm] n téléfilm *m.*

telegenic [,telɪ'dʒenɪk] adj télégénique.

telegram ['telɪgræm] n télégramme *m* ; [in press, diplomacy] dépêche *f* / *by telegram* par télégramme.

telegraph ['telɪgrɑ:f] ◆ n **1.** [system] télégraphe *m* ▸ **the Telegraph** PRESS *nom abrégé du «Daily Telegraph»* ▸ **Telegraph reader** *lecteur du «Daily Telegraph» (typiquement conservateur)* ⟶ **broadsheet 2.** [telegram] télégramme *m.* ◆ comp [service, wire] télégraphique ▸ **telegraph pole** or **post** poteau *m* télégraphique. ◆ vt **1.** [news] télégraphier ; [money] télégraphier, envoyer par télégramme / *she telegraphed us to say she couldn't come* elle nous a télégraphié or envoyé un télégramme pour dire qu'elle ne pouvait pas venir **2.** CAN POL ▸ **to telegraph votes** voter frauduleusement. ◆ vi télégraphier / *he telegraphed to say he'd be late* il a télégraphié or envoyé un télégramme pour dire qu'il serait en retard.

telegrapher [tɪ'legrəfəʳ] n télégraphiste *mf.*

telegraphese [,telɪgrɑ:'fi:z] n langage *m* or style *m* télégraphique.

telegraphic [,telɪ'græfɪk] adj télégraphique.

telegraphically [,telɪ'græfɪklɪ] adv [by telegram] télégraphiquement, par télégramme ; [speak, write] en style télégraphique.

telegraphist [tɪ'legrəfɪst] n télégraphiste *mf.*

telegraphy [tɪ'legrəfɪ] n télégraphie *f.*

telekinesis [,telɪkaɪ'ni:sɪs] n télékinésie *f.*

telemark ['telɪmɑ:k] n SPORT télémark *m* ▸ **telemark landing** atterrissage *m* jambes fléchies ▸ **telemark skiing** télémark *m* ▸ **telemark skis** skis *mpl* pour télémark.

telemarketing ['telɪ,mɑ:kɪtɪŋ] n vente *f* par téléphone.

Telemessage® ['telɪ,mesɪdʒ] n UK télémessagerie *f*, courrier *m* électronique.

telemeter [tə'lemɪtəʳ] n télémètre *m.*

teleological [,telɪə'lɒdʒɪkl] adj téléologique.

teleology [,telɪ'ɒlədʒɪ] n téléologie *f.*

telepathic [,telɪ'pæθɪk] adj [person] télépathe ; [message, means] télépathique.

telepathist [tɪ'lepəθɪst] n télépathe *mf.*

telepathy [tɪ'lepəθɪ] n télépathie *f*, transmission *f* de pensée / *by telepathy* par télépathie or transmission de pensée.

telepayment ['telɪ,peɪmənt] n télépaiement *m.*

telephone ['telɪfəʊn] ◆ n téléphone *m* ▸ **to be on the telephone a)** [talking] être au téléphone, téléphoner **b)** [subscriber] avoir le téléphone, être abonné au téléphone / *she's been on the telephone for nearly an hour* ça fait presque une heure qu'elle est au téléphone or qu'elle téléphone / *the boss is on the telephone for you* le patron te demande au téléphone / *you're wanted on the telephone* on vous demande au téléphone ▸ **to answer the telephone** répondre au téléphone / *I use the telephone a lot* je téléphone beaucoup. ◆ comp [line, receiver] de téléphone ; [call, message] téléphonique ; [bill, charges] téléphonique, de téléphone ; [service] des télécommunications. ◆ vt [person] téléphoner à, appeler (au téléphone) ; [place] téléphoner à, appeler ; [news, message, invitation] téléphoner, envoyer par téléphone / *I'll telephone him later* je lui téléphonerai or je l'appellerai plus tard / *to telephone the United States / home* téléphoner aux États-Unis / chez soi / *they telephoned me (with) the good news* ils m'ont téléphoné (pour m'annoncer) la bonne nouvelle. ◆ vi [call] téléphoner, appeler ; [be on phone] être au téléphone / *he telephoned to say he'd be late* il a téléphoné or appelé pour dire qu'il serait en retard / *where are you telephoning from?* d'où appelles-tu or téléphones-tu ?

telephone answering machine n répondeur *m* (téléphonique).

telephone banking n FIN banque *f* par téléphone.

telephone book n annuaire *m* (téléphonique).

telephone booth, telephone box n cabine *f* téléphonique.

telephone directory = **telephone book.**

telephone exchange n central *m* téléphonique.

telephone kiosk UK = **telephone booth.**

telephone number n numéro *m* de téléphone.

telephone subscriber n abonné *m*, -e *f* du téléphone.

telephone-tapping [-'tæpɪŋ] n mise *f* sur écoute téléphonique.

telephonic [,telɪ'fɒnɪk] adj téléphonique.

telephonist [tɪ'lefənɪst] n UK standardiste *mf*, téléphoniste *mf.*

telephony [tɪ'lefənɪ] n téléphonie *f.*

telephotograph [,telɪ'fəʊtəgrɑ:f] n photographie *f* prise au téléobjectif, téléphotographie *f.*

telephotography [,telɪfə'tɒgrəfɪ] n téléphotographie *f.*

telephoto lens [,telɪ'fəʊtəʊ-] n téléobjectif *m.*

teleport ['telɪpɔ:t] vt téléporter.

teleportation [,telɪpɔ:'teɪʃn] n télékinésie *f.*

teleprint ['telɪprɪnt] vt transmettre par téléscripteur or téléimprimeur.

teleprinter ['telɪ,prɪntəʳ] n UK téléscripteur *m*, téléimprimeur *m.*

teleprocessing [,telɪ'prəʊsesɪŋ] n télétraitement *m*, téléinformatique *f.*

Teleprompter® [,telɪ'prɒmptəʳ] n prompteur *m*, téléprompteur *m*, télésouffleur *m offic.*

telesales ['telɪseɪlz] pl n vente *f* par téléphone.

telesalesperson ['telɪ'seɪlzpɜ:sn] n télévendeur *m*, -euse *f.*

telescope ['telɪskəʊp] ◆ n télescope *m*, longue-vue *f* ; ASTRON télescope *m*, lunette *f* astronomique. ◆ vt [shorten, condense -parts, report] condenser, abréger. ◆ vi **1.** [collapse -parts] s'emboîter **2.** [railway carriages] se télescoper / *the carriages telescoped into each other* les wagons se sont télescopés.

telescopic [,telɪ'skɒpɪk] adj [aerial] télescopique ; [umbrella] pliant ▸ **telescopic lens** téléobjectif *m* ▸ **telescopic sight** lunette *f.*

teleselling [,telɪ'selɪŋ] = **telemarketing.**

teleshopping [,telɪ'ʃɒpɪŋ] n téléachat *m.*

telesoftware [,telɪ'sɒftweəʳ] n télélogiciel *m*, logiciel *m* de télétexte.

telestich [tɪ'lestɪk] n acrostiche *m* à l'envers *(ce sont les dernières lettres de chaque vers et non les premières qui composent le mot-clé).*

teletex ['telɪteks] n Télétex® *m.*

teletext ['telɪtekst] n télétexte *m*, vidéographie *f* diffusée.

telethon ['telɪθɒn] n Téléthon *m.*

Teletype® ['telɪtaɪp] ◆ n Télétype® *m.* ◆ vt transmettre par Télétype®.

teletypewriter [,telɪ'taɪp,raɪtəʳ] n US téléscripteur *m*, téléimprimeur *m.*

televangelism [,telɪ'vændʒəlɪzm] n *émissions télévisées d'évangélisation.*

televangelist [,telɪ'vændʒəlɪst] n *évangéliste qui prêche à la télévision.*

televideo [telɪ'vɪdɪəʊ] n combiné *m* télé/magnétoscope.

teleview ['telɪvju:] vi regarder la télévision.

televiewer ['telɪvju:əʳ] n téléspectateur *m*, -trice *f.*

televiewing ['telɪ,vju:ɪŋ] n [watching TV] *action de regarder la télévision* ; [programme] programme *m* de télévision.

televise ['telɪvaɪz] vt téléviser.

television ['telɪ,vɪʒn] ◆ n **1.** [system, broadcasts] télévision *f* ▸ **to watch television** regarder la télévision / *we don't watch much television* on ne regarde pas souvent la télévision ▸ **to go on television** passer à la télévision ▸ **to work in television** travailler à la télévision / *a film made for television* un téléfilm ▸ **terrestrial television** télévision *f* hertzienne or terrestre **2.** [set] téléviseur *m*, (poste *m* de) télévision *f* / *I saw her on (the)* *television* je l'ai vue à la télévision ▸ **to turn the television up / down / off / on** monter le son de / baisser le son de / éteindre / allumer la télévision / *is there anything good on television tonight?* qu'est-ce qu'il y a de bien à la télévision ce soir ? ▸ **colour / black-and-white television** télévision *f* (en) couleur / (en) noir et blanc. ◆ comp [camera, engineer, programme, station, screen] de télévision ; [picture, news] télévisé ; [satellite] de télédiffusion ▸ **to make a television appearance** passer à la télévision ▸ **television campaign** campagne *f* télévisuelle ▸ **television film** téléfilm *m*, film *m* pour la télévision ▸ **television lounge** salle *f* de télévision.

television licence n UK redevance *f* (de télévision).

television set n téléviseur *m*, (poste *m* de) télévision *f*.

television tube n tube *m* cathodique.

televisual [,telɪ'vɪʒʊəl] adj télévisuel.

telework ['telɪwɜːk] vi télétravailler.

teleworker ['telɪwɜːkəʳ] n télétravailleur *m*, -euse *f*.

teleworking [,telɪ'wɜːkɪŋ] n télétravail *m*.

telewriter ['telɪ,raɪtəʳ] n appareil *m* de téléécriture.

telex ['teleks] ◆ n télex *m*. ◆ vt envoyer par télex, télexer.

telic ['telɪk] adj qui tend vers un but précis ; GRAM de but.

tell [tel] (*pt & pp* **told** [təʊld]) ◆ vt **1.** [inform of] dire à ▸ **to tell sb sthg** dire qqch à qqn / *I told him the answer / what I thought* je lui ai dit la réponse / ce que je pensais ▸ **to tell sb about** or *of liter* **sthg** dire qqch à qqn, parler à qqn de qqch / *I told her about the new restaurant* je lui ai parlé du nouveau restaurant / *have you told them about the fire?* leur avez-vous parlé de l'incendie ? / *she told me of her woes liter* elle m'a parlé de ses malheurs / *they told me (that) they would be late* ils m'ont dit qu'ils seraient en retard / *I'm pleased to tell you you've won* j'ai le plaisir de vous informer or annoncer que vous avez gagné / *let me tell you how pleased I am* laissez-moi vous dire or permettez-moi de vous dire à quel point je suis heureux / *we are told that there is little hope* on nous dit qu'il y a peu d'espoir / *I'm told he's coming tomorrow* j'ai entendu dire or on m'a dit qu'il venait demain / *so I've been told* c'est ce qu'on m'a dit / *it doesn't tell us much* cela ne nous en dit pas très long, cela ne nous apprend pas grand-chose / *can you tell me the time?* pouvez-vous me dire l'heure (qu'il est) ? / *can you tell me your name / age?* pouvez-vous me dire votre nom / âge ? ▸ **a little bird told me!** c'est mon petit doigt qui me l'a dit ! **2.** [explain to] expliquer à, dire à / *this brochure tells me all I need to know* cette brochure m'explique tout ce que j'ai besoin de savoir / *I told him what to do in case of an emergency* je lui ai dit or expliqué ce qu'il fallait faire en cas d'urgence / *did you tell them how to get here?* leur as-tu expliqué comment se rendre ici ? / *can you tell me the way to the station / to Oxford?* pouvez-vous m'indiquer le chemin de la gare / la route d'Oxford ? / *do you want me to tell you again?* voulez-vous que je vous le redise or répète ? / *who can tell me the best way to make omelettes?* qui peut me dire or m'expliquer la meilleure façon de faire des omelettes ? / *if I've told you once, I've told you a thousand times!* je te l'ai dit cent fois ! / *(I'll) tell you what, let's play cards* j'ai une idée, on n'a qu'à jouer aux cartes **3.** [instruct, order] ▸ **to tell sb to do sthg** dire à qqn de faire qqch / *tell her to wait outside* dites-lui d'attendre dehors / *I told them not to interrupt* je leur ai dit de ne pas interrompre / *I thought I told you not to run?* je croyais t'avoir interdit or défendu de courir ? / *don't make me tell you twice* ne m'oblige pas à te le dire deux fois / *he didn't need to be told twice!* il ne s'est pas fait prier !, je n'ai pas eu besoin de lui dire deux fois ! **4.** [recount -story, joke] raconter ; [-news] annoncer ; [-secret] dire, raconter ▸ **to tell sb about sthg** parler à qqn de qqch, raconter qqch à qqn / *tell them about* or *of your life as an explorer* racontez-leur votre vie d'explorateur / *tell me what you know about it* dites-moi ce que vous en savez / *could you tell me a little about yourself?* pourriez-vous me parler un peu de vous-même ? / *I told myself it didn't matter* je me suis dit que cela n'avait pas d'importance / *I could tell you a thing or two about his role in it* je pourrais vous en dire long sur son rôle dans tout cela / *don't tell me you got lost!* ne me dites pas que vous vous êtes perdu ! / *don't tell me, let me guess!* ne me dites rien, laissez-moi deviner ! ▸ **tell it like it is!** *inf* n'ayez pas peur de dire la vérité ! ▸ **tell that to the marines!** *inf*, **tell me another!** *inf* à d'autres !, mon œil ! **5.** [recite] ▸ **to tell one's beads** dire or égrener son chapelet **6.** [utter -truth, lie] dire, raconter ▸ **to tell sb the truth** dire la vérité à qqn ▸ **to tell lies** mentir, dire des mensonges ▸ **I tell a lie!** *fig* je me trompe ! **7.** [assure] dire, assurer / *didn't I tell you?* or *I told you so!* je vous l'avais bien dit ! / *let me tell you!* **a)** [believe me] je vous assure !, croyez-moi ! **b)** [as threat] tenez-vous-le pour dit ! / *I can tell you!* c'est moi qui vous le dis ! ▸ **you're telling me!** *inf*, **tell me about it!** *inf* à qui le dites-vous ! **8.** [distinguish] distinguer ▸ **to tell right from wrong** distinguer le bien du mal / *you can hardly tell the difference between them* on voit or distingue à peine la différence entre eux / *how can you tell one from another?* comment les distinguez-vous l'un de l'autre ? ; [see] voir ; [know] savoir ; [understand] comprendre / *you could tell he was disappointed* on voyait bien qu'il était déçu / *how can you tell when it's ready?* à quoi voit-on or comment peut-on savoir que c'est prêt ? / *no one could tell whether the good weather would last* personne ne pouvait dire si le beau temps allait durer / *there's no telling what he might do next / how he'll react* (il est) impossible de dire ce qu'il est susceptible de faire ensuite / comment il réagira. ◆ vi **1.** [reveal] : *that would be telling!* ce serait trahir un secret ! / *I won't tell* je ne dirai rien à personne / *time will tell* qui vivra verra, le temps nous le dira / *more than words can tell* plus que les mots ne peuvent dire **2.** [know] savoir / *how can I tell?* comment le saurais-je ? / *who can tell?* qui peut savoir ?, qui sait ? / *you never can tell* on ne sait jamais **3.** [have effect] se faire sentir, avoir de l'influence ▸ **breeding tells** UK bon sang ne saurait mentir *prov* / *her age is beginning to tell* elle commence à accuser son âge / *the strain is beginning to tell* la tension commence à se faire sentir / *her aristocratic roots told against her* ses origines aristocratiques lui nuisaient **4.** *liter* [story, book] ▸ **to tell of sthg** raconter qqch / *the first volume tells of the postwar period* le premier volume raconte la période d'après-guerre / *I've heard tell of phantom ships* j'ai entendu parler de navires fantômes **5.** *liter* [bear witness] ▸ **to tell of** témoigner de / *the scars told of his reckless life* ses cicatrices témoignaient de sa vie mouvementée / *the stones told of battles of times past* les pierres portaient les traces de batailles des temps passés.

❖ **tell apart** vt sep distinguer (entre) / *I couldn't tell the twins apart* je ne pouvais pas distinguer les jumeaux l'un de l'autre.

❖ **tell off** vt sep **1.** [scold] réprimander, gronder ▸ **to tell sb off for doing sthg** gronder or réprimander qqn pour avoir fait qqch **2.** [select] affecter, désigner.

❖ **tell on** vt insep **1.** [denounce] dénoncer / *don't tell on me* ne me dénonce pas **2.** [have effect on] se faire sentir sur, produire un effet sur / *her age is telling on her* elle accuse son âge / *the strain soon began to tell on her health* la tension ne tarda pas à avoir un effet néfaste sur sa santé.

teller ['teləʳ] n **1.** US [in bank] ▸ **(bank) teller** caissier *m*, -ère *f*, guichetier *m*, -ère *f* **2.** POL [of votes] scrutateur *m*, -trice *f* **3.** [of story] ▸ **(story) teller** conteur *m*, -euse *f*, narrateur *m*, -trice *f*.

telling ['telɪŋ] ◆ adj **1.** [revealing -smile, figures, evidence] révélateur, éloquent / *a telling look* un regard qui en dit long **2.** [effective -style] efficace ; [-account] saisissant ; [-remark, argument] qui porte / *it was a telling blow* le coup fut bien asséné or porta. ◆ n récit *m*, narration *f* / *the story is long in the telling* l'histoire est longue à raconter.

tellingly ['telɪŋlɪ] adv **1.** [effectively] efficacement **2.** [revealingly] : *tellingly, he didn't invite his best friend* il n'a pas invité son meilleur ami, ce qui en dit long or ce qui est révélateur.

telling-off (*pl* **tellings-off**) n réprimande *f* ▸ **to get a good telling-off** se faire gronder ▸ **to give sb a telling-off** réprimander qqn.

telltale ['telteɪl] ◆ n **1.** [person] rapporteur *m*, -euse *f* **2.** MECH indicateur *m* ▸ **telltale lamp** lampe *f* témoin. ◆ adj [marks] révélateur ; [look, blush, nod] éloquent / *I was looking for any telltale signs of human settlement* je cherchais des traces d'habitation humaine.

tellurium [te'ljʊərɪəm] n tellure *m*.

telly ['telɪ] (*pl* **tellies**) n UK *inf* télé *f* / *on the telly* à la télé ▸ **telly addict** drogué *m*, -e *f* de la télé.

temerity [tɪ'merətɪ] n témérité *f*, audace *f* / *he had the temerity to suggest I had lied* il a eu l'audace or le front d'insinuer que j'avais menti, il a osé insinuer que j'avais menti.

temp [temp] ◆ n (abbr of **temporary employee**) intérimaire *mf*. ◆ vi : *she's temping* elle fait de l'intérim.

temp. (written abbr of **temperature**) temp.

temper ['tempəʳ] ◆ n **1.** [character] caractère *m*, tempérament *m* ▸ **to have an even temper** être d'un tempérament calme or d'humeur égale ▸ **to have a quick** or **hot temper** se mettre facilement en colère / *he's got a foul* or *an awful temper* il a mauvais caractère ; [patience] patience *f* ; [calm] calme *m*, sang-froid *m inv* / *do try and keep* or *hold your temper* essayez donc de garder votre calme or sang-froid, essayez donc de vous maîtriser ▸ **to lose one's temper** perdre patience, se mettre en colère ▸ **to lose one's temper with sb** s'emporter contre qqn / *don't try my temper* ne m'énerve pas **2.** [mood] humeur *f* ▸ **to be in a bad temper** être de mauvaise humeur / *he's in a dreadful temper* il est d'une humeur massacrante ; [bad mood] (crise *f* de) colère *f*, mauvaise humeur *f* ▸ **to be in a temper** être de mauvaise humeur **3.** METALL trempe *f*. ◆ vt **1.** [moderate -passions] modérer, tempérer ; [-pain, suffering] adoucir / *justice tempered with mercy* la justice tempérée de pitié **2.** METALL tremper. ◆ interj ▸ **temper!** on se calme !, du calme !

tempera ['tempərə] n [paint] tempera *f*, détrempe *f* ▸ **tempera painting** détrempe *f*.

temperament ['temprəmənt] n [character] tempérament *m*, nature *f* ; [moodiness] humeur *f* changeante or lunatique.

temperamental [,temprə'mentl] adj **1.** [moody -person] capricieux, lunatique ; [unpredictable -animal, machine] capricieux **2.** [relating to character] du tempérament, de la personnalité.

temperamentally [,temprə'mentəlɪ] adv de par son caractère.

temperance ['temprəns] ◆ n **1.** [moderation] modération *f*, sobriété *f* **2.** [abstinence from alcohol] tempérance *f*. ◆ comp [movement] antialcoolique ▸ **temperance hotel** *hôtel où l'on ne sert pas de boissons alcoolisées* ▸ **temperance society** société *f* de tempérance, ligue *f* antialcoolique.

temperate ['temprət] adj **1.** [climate] tempéré **2.** [moderate -person] modéré, mesuré ; [-character, appetite] modéré ; [-reaction, criticism] modéré, sobre.

Temperate Zone pr n zone *f* tempérée.

temperature ['temprətʃəʳ] ◆ n **1.** MED température *f* ▸ **to have** or **to run a temperature** avoir de la température or de la fièvre / *she has a temperature of 39°C* elle a 39°C de fièvre ▸ **to take sb's temperature** prendre la température de qqn ▸ **to take the temperature of a situation** *fig* prendre le pouls d'une situation / *her contribution certainly raised the temperature of the debate* son intervention a sans aucun doute fait monter le ton du débat **2.** METEOR & PHYS température *f* / *the cheese should be kept at a temperature of 5°C* le fromage doit être conservé à une température de 5°C / *a drop in temperature* une baisse de température / *the temperature fell overnight* la température a baissé du jour au lendemain / *temperatures will be in the low twenties* il fera un peu plus de vingt degrés. ◆ comp [change] de température ; [control] de la température ; [gradient] thermique ▸ **temperature chart** feuille *f* de température ▸ **temperature gauge** indicateur *m* de température.

tempered ['tempəd] adj **1.** [steel] trempé **2.** MUS [scale] tempéré.

-tempered in comp ▸ **good** / **bad-tempered** de bonne / mauvaise humeur ▸ **even-tempered** d'humeur égale.

temper tantrum n crise *f* de colère ▸ **to have** or **to throw a temper tantrum** piquer une colère.

tempest ['tempɪst] n *liter* tempête *f*, orage *m* / *it was a tempest in a teapot* US ce fut une tempête dans un verre d'eau / **'The Tempest'** *Shakespeare* 'la Tempête'.

tempestuous [tem'pestjuəs] adj **1.** [weather] de tempête **2.** [person] impétueux, fougueux ; [meeting] agité / *a tempestuous love affair* une liaison orageuse or tumultueuse.

tempi ['tempi:] pl ⟶ **tempo.**

temping ['tempɪŋ] n intérim *m* / *to do some temping* faire de l'intérim ▸ **temping agency** société *f* d'intérim.

Templar ['templəʳ] n **1.** [in crusades] ▸ **Knight Templar** chevalier *m* du Temple, templier *m* **2.** UK LAW avocat *m* du Temple.

template ['templɪt] n **1.** TECH gabarit *m*, calibre *m*, patron *m* **2.** [beam] traverse *f* **3.** COMPUT masque *m* de saisie.

temple ['templ] n **1.** RELIG temple *m* ▸ **the Temple** *édifice historique de la City à Londres abritant deux « Inns of Court »* **2.** ANAT tempe *f*.

Temple Bar pr n *porte ouest de la City de Londres où le maire vient traditionnellement accueillir le souverain.*

templet ['templɪt] = **template.**

tempo ['tempəʊ] (*pl* **tempos** *or* **tempi** ['tempi:]) n tempo *m*.

temporal ['tempərəl] adj **1.** [gen & GRAM] temporel **2.** [secular] temporel, séculier.

temporal lobe n lobe *m* temporal.

temporarily [UK 'tempərərəlɪ US ˌtempə'rerəlɪ] adv provisoirement, temporairement.

temporary ['tempərərɪ] (*pl* **temporaries**) ◆ adj [accommodation, solution, powers] temporaire, provisoire ; [employment] temporaire, intérimaire ; [improvement] passager, momentané ; [relief] passager / *on a temporary basis* à titre temporaire / *a temporary appointment* une nomination temporaire or provisoire / *a temporary job* un emploi temporaire ▸ **temporary teacher** SCH professeur *m* suppléant. ◆ n intérimaire *mf*.

temporary restraining order n US LAW injonction *f* du tribunal.

temporize, temporise ['tempəraɪz] vi *fml* [try to gain time] temporiser, chercher à gagner du temps.

tempt [tempt] vt [entice] tenter, donner envie à ; [seduce] tenter, séduire ; [attract] attirer, tenter ▸ **to tempt sb to do sthg** or **into doing sthg** donner à qqn l'envie de faire qqch / *did you hit him? — no, but I was sorely tempted* tu l'as frappé ? — non, mais ce n'est pas l'envie qui m'en manquait / *I'm tempted to accept their offer* je suis tenté d'accepter leur proposition / *and Satan tempted Christ* et Satan tenta le Christ / *a rival company tried to tempt him away* une entreprise rivale a essayé de le débaucher en lui faisant une offre alléchante / *I let myself be tempted into buying the car* je n'ai pas pu résister à la tentation d'acheter la voiture / *the mild weather tempted us into the garden* le temps doux nous a incités à aller au jardin / *don't tempt me! hum* n'essayez pas de me tenter !, ne me tentez pas ! / *can I tempt you to another sandwich?* je peux vous proposer encore un sandwich ?, vous voulez encore un sandwich ? ▸ **to tempt fate** / **providence** tenter le diable / le sort.

temptation [temp'teɪʃn] n tentation *f* ▸ **to put temptation in sb's way** exposer qqn à la tentation / *it's a great temptation* c'est très tentant ▸ **to give in to temptation** céder or succomber à la tentation ▸ **to resist temptation** résister à la tentation.

tempter ['temptəʳ] n tentateur *m*.

tempting ['temptɪŋ] adj [offer] tentant, attrayant ; [smell, meal] appétissant.

temptingly ['temptɪŋlɪ] adv d'une manière tentante / *it looks temptingly easy* c'est tentant parce que cela a l'air facile.

temptress ['temptrɪs] n *liter & hum* tentatrice *f*.

tempura [tem'pu:rə] n tempura *m* *(beignet japonais de légumes ou de poisson).*

ten [ten] ◆ det dix. ◆ n dix *m* / *tens of thousands of refugees* des dizaines de milliers de réfugiés ▸ **ten to one** [in ratio, bets] dix contre un / *ten to one we won't sell anything* je te parie que nous ne vendrons rien. ◆ pron dix. **See also five.**

❖ **tens** pl n MATH dizaines *fpl* ▸ **tens column** colonne *f* des dizaines.

tenable ['tenəbl] adj **1.** [argument, position] défendable, soutenable **2.** [post] que l'on occupe, auquel on est nommé / *the appointment is tenable for a five-year period* on est nommé à ce poste pour cinq ans.

tenacious [tɪ'neɪʃəs] adj **1.** [stubborn, persistent -person] entêté, opiniâtre ; [-prejudice, opposition] tenace, obstiné ; [-tradition] tenace **2.** [firm -grip] ferme, solide **3.** [tough -stain] tenace **4.** [long-lasting -memory] sûr, tenace.

tenaciously [tɪ'neɪʃəslɪ] adv avec ténacité, obstinément.

tenacity [tɪ'næsətɪ] n ténacité *f*, opiniâtreté *f*.

tenancy ['tenənsɪ] (*pl* **tenancies**) ◆ n **1.** [of house, land] location *f* ▸ **to take up the tenancy on a house** prendre une maison en location **2.** [period] ▸ **(period of) tenancy** (période *f* de) location *f* / *during my tenancy of the house* quand j'étais locataire de la maison / *during his tenancy of Government House fig* pendant qu'il était gouverneur **3.** [property] ▸ **a council tenancy** un logement appartenant à la municipalité ; ≃ une HLM. ◆ comp de location ▸ **tenancy agreement** contrat *m* de location.

tenant ['tenənt] ◆ n locataire *mf*. ◆ comp [rights] du locataire. ◆ vt habiter comme locataire, louer.

tenant farmer n métayer *m*, -ère *f*.

tenant farming n métayage *m*.

tenantry ['tenəntrɪ] n AGR ensemble *m* des tenanciers or locataires.

ten-cent-store n US bazar *m*.

tench [tenʃ] (*pl* **tench**) n tanche *f*.

tend [tend] ◆ vi **1.** [be inclined] ▸ **to tend to** avoir tendance à, tendre à / *he does tend to take himself seriously* il a vraiment tendance à se prendre au sérieux / *I tend to think (that) politics is a waste of time* j'ai tendance à penser que la politique est une perte de temps / *that does tend to be the case* c'est souvent le cas **2.** [colour] : *red tending to orange* rouge tirant sur l'orange **3.** [go, move] tendre / *his writings tend to* or *towards exoticism* ses écrits tendent vers l'exotisme / *in later life, she tended more towards a Marxist view of things* vers la fin de sa vie, elle inclina or évolua vers des idées marxistes **4.** [look after] : *she tended to his every wish* elle lui a passé tous ses caprices, elle a fait ses quatre volontés / *to tend to one's business* / *one's guests* s'occuper de ses affaires / ses invités / *to tend to sb's wounds* panser or soigner les blessures de qqn. ◆ vt **1.** [take care of -sheep] garder ; [-sick, wounded] soigner ; [-garden] entretenir, s'occuper de / *to tend sb's wounds* panser or soigner les blessures de qqn **2.** US [customer] servir / *to tend the bar* servir au bar.

tendency ['tendənsɪ] (*pl* **tendencies**) n **1.** [inclination] tendance *f* / *he has a tendency to forget things* il a tendance à tout oublier / *she has a natural tendency to* or *towards laziness* elle est d'un naturel paresseux / *to have suicidal tendencies* avoir des tendances suicidaires **2.** [trend] tendance *f* / *a growing tendency towards conservatism* une tendance de plus en plus marquée vers le conservatisme ▸ **upward** / **downward tendency** [in prices] tendance à la hausse / à la baisse **3.** POL tendance *f*, groupe *m*.

tendentious [ten'denʃəs] adj tendancieux.

tendentiously [ten'denʃəslɪ] adv tendancieusement.

tendentiousness [ten'denʃəsnɪs] n caractère *m* tendancieux.

tender ['tendəʳ] ◆ adj **1.** [affectionate -person] tendre, affectueux, doux (douce) ; [-heart, smile, words] tendre ; [-memories] doux (douce) / *they bade each other a tender farewell* ils se sont fait de tendres adieux ▸ **tender loving care** : *to need some tender loving care* avoir besoin d'être dorloté / *with tender loving care* avec beaucoup de tendresse / **'Tender is the Night'** *Fitzgerald* 'Tendre est la nuit' **2.** [sensitive -skin] délicat, fragile ; [sore] sensible, douloureux / *my knee is still tender* mon genou me fait encore mal / *that's rather a tender subject* c'est un sujet assez délicat ▸ **to touch sb on a tender spot** *fig* toucher le point sensible de qqn **3.** [meat, vegetables] tendre **4.** *liter* [innocent -age, youth] tendre / *she gave her first concert at the tender age of six* elle a donné son premier concert alors qu'elle n'avait que six ans ▸ **to be of tender years** être d'âge tendre. ◆ vt **1.** [resignation] donner ; [apologies] présenter ; [thanks] offrir ; [bid, offer] faire **2.** [money, fare] tendre ▸ **to tender sthg to sb** tendre qqch à qqn. ◆ vi faire une soumission ▸ **to tender for a contract** faire une soumission pour une adjudication, soumissionner une adjudication. ◆ n **1.** UK [statement of charges] soumission *f* ; [bid] offre *f* ▸ **to put in** or **to submit a tender for a job** soumissionner un travail, faire une soumission pour un travail ▸ **to put a job out to tender, to invite tenders for a job** faire un appel d'offres pour un travail **2.** RAIL tender *m* **3.** NAUT [shuttle] navette *f* ; [supply boat] ravitailleur *m* **4.** [supply vehicle] véhicule *m* ravitailleur ▸ **(fire) tender** UK voiture *f* de pompier.

tenderfoot ['tendəfʊt] (*pl* **tenderfoots** *or* **tenderfeet** [-fi:t]) n **1.** [beginner] novice *mf*, nouveau *m*, nouvelle *f* **2.** US *inf* [newcomer] nouveau venu *m*, nouvelle venue *f*.

tenderhearted [ˌtendə'hɑ:tɪd] adj au cœur tendre, compatissant / *she's too tenderhearted* elle est trop bonne.

tenderheartedness [ˌtendə'hɑ:tɪdnɪs] n compassion *f*, sensibilité *f*.

tenderize, tenderise ['tendəraɪz] vt attendrir.

tenderizer ['tendəraɪzəʳ] n attendrisseur *m*.

tenderloin ['tendəlɔɪn] n **1.** [meat] filet *m* **2.** US [district] quartier *m* chaud *(connu pour sa corruption).*

tenderly ['tendəlɪ] adv tendrement, avec tendresse.

tenderness ['tendənɪs] n **1.** [of person, feelings] tendresse *f*, affection *f* / *she feels a certain tenderness for the old man* elle éprouve une certaine tendresse pour ce vieux monsieur **2.** [of skin] sensibilité *f* ; [of plant] fragilité *f* ; [soreness] sensibilité *f* **3.** [of meat, vegetables] tendreté *f*.

tendinitis [tendɪ'naɪtəs] n tendinite *f*.

tendon ['tendən] n tendon *m*.

tendril ['tendrəl] n **1.** BOT vrille *f*, cirre *m* **2.** [of hair] boucle *f*.

tenement ['tenəmənt] n **1.** [block of flats] immeuble *m* (ancien) **2.** [slum] taudis *m* **3.** [dwelling] logement *m*.

tenement building n immeuble *m* (ancien).

tenement house n maison *f* divisée en appartements.

Tenerife [ˌtenə'ri:f] pr n Tenerife, Ténériffe / *in Tenerife* à Tenerife.

tenet ['tenɪt] n [principle] principe *m*, dogme *m* ; [belief] croyance *f*.

tenfold ['tenfəʊld] ◆ adv dix fois autant or plus, au décuple / *to increase tenfold* décupler. ◆ adj : *a tenfold increase in applications* dix fois plus de demandes.

ten-gallon hat n chapeau *m* de cow-boy.

tenner ['tenəʳ] n UK *inf* billet *m* de 10 livres.

Tennessee [ˌtenə'si:] pr n Tennessee *m* / *in Tennessee* dans le Tennessee.

tennis ['tenɪs] ◆ n tennis *m* ▸ **to have** or **to play a game of tennis** faire une partie de tennis / *anyone for tennis?* qui veut jouer au tennis ? ◆ comp [ball, court, player, racket] de tennis.

tennis elbow n *(U)* tennis-elbow *m*, synovite *f* du coude.

tennis shoe n (chaussure *f* de) tennis *f*.

tennis whites pl n tenue *f* de tennis.

tenon ['tenən] ◆ n tenon *m*. ◆ vt tenonner.

tenor ['tenər] ◆ n **1.** [general sense - of conversation] sens *m* général, teneur *f* ; [- of letter] contenu *m*, teneur *f* **2.** [general flow - of events] cours *m*, marche *f* / *the accident interrupted the even tenor of their life* l'accident est venu interrompre le cours paisible de leur vie **3.** MUS ténor *m*. ◆ comp [part, voice] de ténor ; [aria] pour (voix de) ténor ▸ **tenor recorder** flûte *f* à bec ▸ **tenor saxophone** saxophone *m* ténor. ◆ adv ▸ **to sing tenor** avoir une voix de or être ténor.

tenpin bowling ['tenpɪn-] n UK bowling *m* ▸ **to go tenpin bowling** aller faire du bowling, aller au bowling.

tenpins ['tenpɪnz] n US bowling *m*.

10Q MESSAGING written abbr of **thank you**.

tense [tens] ◆ adj **1.** [person, situation] tendu ; [smile] crispé / *the audience was tense with excitement* le public contenait avec peine son enthousiasme / *her voice was tense with emotion* elle avait la voix étranglée par l'émotion / *we spent several tense hours waiting for news* nous avons passé plusieurs heures à attendre des nouvelles dans un état de tension nerveuse / *the atmosphere was very tense* l'atmosphère était très tendue / *things are getting tense in the war zone* la situation devient tendue dans la zone de combat **2.** [muscles, rope, spring] tendu ▸ **to become tense** se tendre **3.** LING [vowel] tendu. ◆ vt [muscle] tendre, bander ▸ **to tense oneself** se raidir. ◆ n GRAM temps *m*.

❖ **tense up** ◆ vi [muscle] se tendre, se raidir ; [person] se crisper, devenir tendu / *don't tense up* détends-toi, décontracte-toi. ◆ vt sep [person] rendre nerveux / *she's all tensed up* elle est vraiment tendue.

tensely ['tenslɪ] adv [move, react] de façon tendue ; [speak] d'une voix tendue / *they waited tensely for the doctor to arrive* ils ont attendu le médecin dans un état de grande tension nerveuse.

tenseness ['tensnɪs] n tension *f*.

tensile ['tensaɪl] adj MECH extensible, élastique ▸ **tensile stress** force *f* de tension.

tensile strength n résistance *f* à la tension, limite *f* élastique à la tension.

tension ['tenʃn] n **1.** [of person, situation, voice] tension *f* / *tension between the two countries is mounting* la tension monte entre les deux pays **2.** [of muscle, rope, spring] tension *f* **3.** ELEC tension *f*, voltage *m* **4.** MECH & TECH tension *f*, (force *f* de) traction *f*.

tension headache n mal *m* de tête dû à la tension nerveuse.

tensor ['tensər] n ANAT & MATH tenseur *m*.

ten-spot n US *inf* billet *m* de dix dollars / *it'll cost you a ten-spot* ça te coûtera dix dollars.

tent [tent] ◆ n [for camping] tente *f* ▸ **to put up** or **to pitch a tent** monter une tente. ◆ comp [peg, pole] de tente. ◆ vi camper.

tentacle ['tentəkl] n tentacule *m*.

tentative ['tentətɪv] adj **1.** [provisional] provisoire ; [preliminary] préliminaire ; [experimental] expérimental / *a tentative offer* une offre provisoire / *our plans are only tentative* nos projets ne sont pas définitifs **2.** [uncertain - smile] timide ; [- person] indécis, hésitant ; [- steps] hésitant.

tentatively ['tentətɪvlɪ] adv **1.** [suggest] provisoirement ; [act] à titre d'essai **2.** [smile] timidement ; [walk] d'un pas hésitant.

tent dress n robe *f* très ample, robe *f* sac.

tenterhooks ['tentəhʊks] pl n TEXT clous *mpl* à crochet ▸ **to be on tenterhooks** être sur des charbons ardents ▸ **to keep sb on tenterhooks** tenir qqn en haleine.

tenth [tenθ] ◆ adj dixième. ◆ n **1.** [gen & MATH] dixième *m* **2.** MUS dixième *f*. ◆ adv en dixième place, à la dixième place. **See also fifth.**

tenth grade n US SCH *classe de l'enseignement secondaire correspondant à la seconde (14-15 ans).*

tenuity [te'nju:ətɪ] n ténuité *f*.

tenuous ['tenjʊəs] adj **1.** [fine - distinction] subtil, ténu ; [- thread] ténu / *a tenuous voice* une voix grêle or fluette **2.** [flimsy - link, relationship] précaire, fragile ; [- evidence] mince, faible ; [- argument] faible **3.** [precarious - existence] précaire **4.** PHYS [gas] raréfié.

tenuously ['tenjʊəslɪ] adv de manière ténue or précaire.

tenuousness ['tenjʊəsnɪs] n **1.** [of distinction] subtilité *f* ; [of thread] ténuité *f* ; [of voice] faiblesse *f* **2.** [of link, relationship] fragilité *f*, précarité *f* ; [of evidence] minceur *f*, faiblesse *f* ; [of argument] faiblesse *f* **3.** [of existence] précarité *f* **4.** PHYS raréfaction *f*.

tenure ['tenjər] n **1.** [of land, property] bail *m* **2.** [of post] occupation *f* / *during his tenure as chairman* pendant qu'il occupait le poste de président or était président ▸ **to have tenure** US UNIV être titulaire.

tenured ['tenjəd] adj [post] titulaire.

tenure-tracked adj US : *he's got a tenure-tracked job* il a obtenu un poste avec possibilité de titularisation.

tepee ['ti:pi:] n tipi *m*.

tephra ['tefrə] n US téphra *m*.

tepid ['tepɪd] adj **1.** [water] tiède **2.** [welcome, thanks] tiède, réservé.

tepidity [te'pɪdɪtɪ], **tepidness** ['tepɪdnɪs] n [of water, welcome] tiédeur *f*.

tequila [tɪ'ki:lə] n tequila *f*.

Ter written abbr of **terrace**.

teratology [terə'tɒlədʒɪ] n tératologie *f*.

terbium ['tɜ:bɪəm] n terbium *m*.

tercentenary [,tɜ:sen'ti:nərɪ] (*pl* **tercentenaries**), **tercentennial** [,tɜ:sen'tenjəl] ◆ n tricentenaire *m*. ◆ adj du tricentenaire.

tercet ['tɜ:sɪt] n tercet *m*.

Teresa [tə'ri:zə] pr n ▸ **Teresa of Avila** sainte Thérèse d'Avila ▸ **Mother Teresa** Mère Teresa.

term [tɜ:m] ◆ n **1.** [period, end of period] terme *m* ; [of pregnancy] terme *m* ▸ **in the long** / **short term** à long / court terme ▸ **to reach (full) term** arriver or être à terme **2.** SCH & UNIV trimestre *m* ▸ **in** or **during term (time)** pendant le trimestre ▸ **autumn term** trimestre d'automne, premier trimestre **3.** LAW & POL [of court, parliament] session *f* ; [of elected official] mandat *m* / *the president is elected for a 4-year term* le président est élu pour (une période or une durée de) 4 ans ▸ **during my term of office a)** [gen] pendant que j'étais en fonction **b)** POL pendant mon mandat **4.** [in prison] peine *f* ▸ **term of imprisonment** peine de prison ▸ **to serve one's term** purger sa peine **5.** [word, expression] terme *m* / *medical* / *legal term* terme médical / juridique / *she spoke of you in very flattering terms* elle a parlé de vous en (des) termes très flatteurs / *she told him what she thought in no uncertain terms* elle lui a dit carrément ce qu'elle pensait **6.** LOGIC & MATH terme *m*. ◆ vt appeler, nommer / *I wouldn't term it a scientific book exactly* je ne dirais pas vraiment que c'est un livre scientifique / *critics termed the play a total disaster* les critiques ont qualifié la pièce d'échec complet.

❖ **terms** pl n **1.** [conditions - of employment] conditions *fpl* ; [- of agreement, contract] termes *mpl* / *under the terms of the agreement* selon les termes de l'accord ▸ **terms of payment** modalités *fpl* de paiement ▸ **terms and conditions of sale** / **of employment** LAW conditions de vente / d'emploi / *what are the inquiry's terms of reference?* quelles sont les attributions or quel est le mandat de la commission d'enquête ? / *what are your terms?* quelles sont vos conditions ? ▸ **to dictate terms to sb** imposer des conditions à qqn / *she would only accept on her own terms* elle n'était disposée à accepter qu'après avoir posé ses conditions / *not on any terms* à aucun prix, à aucune condition ▸ **terms of use** conditions *fpl* d'utilisation **2.** [perspective] : *we must think in less ambitious terms* il faut voir moins grand / *he refuses to consider the question in international terms* il refuse d'envisager la question d'un point de vue international / *in personal terms, it was a disaster* sur le plan personnel, c'était une catastrophe **3.** [rates, tariffs] conditions *fpl*, tarifs *mpl* / *we offer easy terms* nous proposons des facilités de paiement ; [in hotel] : *weekly terms* tarifs à la semaine / *special terms for travellers* tarifs spéciaux pour VRP **4.** [relations] ▸ **to be on good terms with sb** être en bons termes avec qqn / *we're on the best of terms* nous sommes en excellents termes / *on equal terms* d'égal à égal / *they're no longer on speaking terms* ils ne se parlent plus **5.** [agreement] accord *m* ▸ **to make terms** or **to come to terms with sb** arriver à or conclure un accord avec qqn ; [acceptance] ▸ **to come to terms with sthg** se résigner à qqch, arriver à accepter qqch / *she'll have to come to terms with her problems eventually* tôt ou tard elle devra faire face à ses problèmes.

❖ **in terms of** prep phr en ce qui concerne, pour ce qui est de / *in terms of profits, we're doing well* pour ce qui est des bénéfices, tout va bien / *I was thinking more in terms of a Jaguar* je pensais plutôt à une Jaguar / *we really should be thinking more in terms of foreign competition* il nous faudrait davantage tenir compte de or penser davantage à la concurrence étrangère.

termagant ['tɜ:məgənt] n mégère *f*, harpie *f*.

-termer ['tɜ:mər] in comp ▸ **short** / **long-termer** condamné *m*, -e *f* à une courte / longue peine.

terminal ['tɜ:mɪnl] ◆ adj **1.** [final] terminal ▸ **terminal station** RAIL terminus *m* ▸ **terminal velocity** vitesse *f* limite **2.** MED [ward] pour malades condamnés or incurables ; [patient] en phase terminale ; [disease] qui est dans sa phase terminale / *he has terminal cancer* il a un cancer en phase terminale / *I think I'm suffering from terminal boredom hum* je crois que je vais mourir d'ennui **3.** [termly] trimestriel. ◆ n **1.** [for bus, underground] terminus *m* ; [at airport] terminal *m*, aérogare *f* ▸ **terminal B** aérogare or terminal B ▸ **terminal (platform)** PETR terminal **2.** COMPUT terminal *m* **3.** ELEC [of battery] borne *f* **4.** LING terminaison *f*.

terminally ['tɜ:mɪnəlɪ] adv ▸ **to be terminally ill** être dans la phase terminale d'une maladie ▸ **the terminally ill** les malades condamnés or qui sont en phase terminale.

terminate ['tɜ:mɪneɪt] ◆ vt **1.** [end - project, work] terminer ; [- employment] mettre fin or un terme à ; [- contract] résilier, mettre fin or un terme à ; [- pregnancy] interrompre **2.** US *inf* [employee] virer **3.** *inf* [kill] descendre. ◆ vi **1.** [end] se terminer / *the row terminated in* or *with her resignation* la dispute s'est terminée par sa démission **2.** LING se terminer **3.** RAIL : *this train terminates at Cambridge* ce train ne va pas plus loin que Cambridge.

termination [,tɜ:mɪ'neɪʃn] n **1.** [end - gen] fin *f* ; [- of contract] résiliation *f* ▸ **termination of employment** licenciement *m* **2.** [abortion] interruption *f* de grossesse, avortement *m* **3.** LING terminaison *f*, désinence *f*.

termini ['tɜ:mɪnaɪ] pl ⟶ **terminus.**

terminological [,tɜ:mɪnə'lɒdʒɪkl] adj terminologique ▸ **terminological inexactitude** *euph* mensonge *m*.

terminologist [,tɜ:mɪ'nɒlədʒɪst] n terminologue *mf*.

terminology [,tɜ:mɪ'nɒlədʒɪ] (*pl* **terminologies**) n terminologie *f*.

term insurance n assurance *f* à terme.

terminus ['tɜ:mɪnəs] (*pl* **terminuses** *or* **termini** ['tɜ:mɪnaɪ]) n terminus *m*.

termite ['tɜ:maɪt] n termite *m*, fourmi *f* blanche.

termless ['tɜ:mlɪs] adj **1.** [endless] illimité, sans limite or fin **2.** [unconditional] sans condition or conditions, inconditionnel.

termly ['tɜ:mlɪ] ◆ adj trimestriel. ◆ adv trimestriellement, par trimestre.

term paper n US SCH & UNIV dissertation *f* trimestrielle.

tern [tɜ:n] n hirondelle *f* de mer, sterne *f*.

ternary ['tɜ:nərɪ] adj ternaire.

Terr written abbr of **terrace**.

terrace ['terəs] ◆ n **1.** AGR & GEOL terrasse *f* **2.** [patio] terrasse *f* **3.** [embankment] terre-plein *m* **4.** UK [of houses] rangée *f* / *Victorian terraces in Manchester* des rangées de maisons victoriennes à Manchester **5.** = **terraced house**. ◆ vt AGR cultiver en terrasses.

✣ **terraces** pl n SPORT gradins *mpl* / *on the terraces* dans les gradins.

> **Terrace**
>
> Ce terme désigne au Royaume-Uni une rangée de maisons mitoyennes à un ou deux étages. À l'origine, les **terraced houses** étaient des logements ouvriers, construits à proximité des usines ou des mines de charbon.

terrace cultivation n culture *f* en terrasses.

terraced ['terəst] adj [garden] suspendu, étagé, en terrasses ; [hillside] cultivé en terrasses.

terraced house n UK *maison faisant partie d'une « terrace »* ▸ **terraced houses** maisons *fpl* alignées.

terracotta [,terə'kɒtə] ◆ n [earthenware] terre *f* cuite. ◆ comp [pottery] en terre cuite ; [colour] rouille *(inv)*.

terra firma [,terə'fɜ:mə] n *liter & hum* terre *f* ferme / *on terra firma* sur la terre ferme.

terrain [te'reɪn] n terrain *m*.

terrapin ['terəpɪn] n tortue *f* d'eau douce.

terrarium [tə'reərɪəm] n [for plants] mini-serre *f* ; [for reptiles] terrarium *m*.

terrazzo [tə'rætsəʊ] (*pl* **terrazos**) n granito *m*.

Terrence Higgins Trust [,terəns'hɪgɪnz-] pr n ▸ **the Terrence Higgins Trust** *association britannique de lutte contre le sida.*

terrestrial [tə'restrɪəl] ◆ adj terrestre. ◆ n **1.** [gen] terrien *m*, -enne *f* **2.** TV hertzien.

terrible ['terəbl] adj **1.** [severe, serious - cough, pain] affreux, atroce ; [- accident] effroyable, affreux ; [- storm] effroyable / *it caused terrible damage* cela a provoqué d'importants dégâts / *it was a terrible blow* ce fut un coup terrible / *the heat was terrible* il faisait une chaleur terrible or épouvantable **2.** [very bad - experience, dream] atroce ; [- food, smell] épouvantable ; [- conditions, poverty] épouvantable, effroyable ▸ **to feel terrible a)** [ill] se sentir très mal **b)** [morally] s'en vouloir beaucoup, avoir des remords / *I feel terrible about the whole situation* je m'en veux beaucoup pour tout ce qui s'est passé / *I feel terrible about leaving them on their own* cela m'ennuie terriblement de les laisser seuls / *I was always terrible at French* j'ai toujours été nul en français / *the food was a terrible disappointment* on a été terriblement déçus par la nourriture.

terribly ['terəblɪ] adv **1.** *inf* [as intensifier] terriblement, extrêmement / *I'm terribly sorry* je suis vraiment désolé / *she'll be terribly disappointed* elle sera terriblement déçue / *the food here isn't terribly good* la nourriture ici n'est pas fameuse / *she's terribly clever* elle est drôlement or rudement intelligente / *it must have hurt terribly* **a)** [physically] cela a dû vous faire terriblement mal **b)** [mentally] cela a dû vous faire énormément de peine **2.** [very badly] affreusement mal, terriblement mal / *she dresses / plays terribly (badly)* elle s'habille / joue affreusement mal.

terrier ['terɪəʳ] n terrier *m (chien)*.

✣ **Terriers** pl pr n UK *inf* ▸ **the Terriers** la territoriale, l'armée *f* territoriale.

terrific [tə'rɪfɪk] adj **1.** [extreme, intense - noise, crash] épouvantable, effroyable ; [- speed] fou *(before vowel or silent 'h' fol, f folle)* ; [- heat] terrible, épouvantable ; [- appetite] énorme, robuste / *these trees grow to a terrific height* ces arbres atteignent une taille énorme / *it must have come as a terrific shock* cela a dû vous faire un choc terrible **2.** *inf* [superb, great] terrible, super / *you look terrific in that dress* cette robe te va super bien / *well, I think he's terrific* eh bien moi, je le trouve super or génial.

terrifically [tə'rɪfɪklɪ] adv *inf* **1.** [extremely, enormously] extrêmement, très / *terrifically happy* super heureux / *terrifically disappointed* terriblement déçu / *he's grown terrifically* il a énormément grandi **2.** [very well] merveilleusement (bien) / *she sings terrifically* elle chante merveilleusement or formidablement bien.

terrified ['terɪfaɪd] adj terrifié ▸ **to be terrified of sthg** avoir une peur bleue or avoir très peur de qqch / *I was absolutely terrified* j'étais absolument mort de peur or complètement terrifié or complètement terrorisé.

terrify ['terɪfaɪ] (*pt & pp* **terrified**) vt terrifier, effrayer.

terrifying ['terɪfaɪɪŋ] adj [dream] terrifiant ; [person] terrible, épouvantable ; [weaker use] terrifiant, effroyable / *what a terrifying thought!* rien que d'y penser, je frémis !

terrifyingly ['terɪfaɪɪŋlɪ] adv de façon terrifiante or effroyable.

terrine [te'ri:n] n terrine *f*.

territorial [,terɪ'tɔ:rɪəl] ◆ adj territorial / *cats are very territorial (animals)* les chats sont des animaux farouchement attachés à leur territoire. ◆ n territorial *m* ▸ **the Territorials** l'armée *f* territoriale or la territoriale britannique.

Territorial Army pr n (armée *f*) territoriale *f* britannique.

territorialism [,terə'tɔ:rɪəlɪzm] n territorialisme *m*.

territorial waters pl n eaux *fpl* territoriales.

territory ['terətrɪ] (*pl* **territories**) n [area] territoire *m* ; [of salesperson] territoire *m*, région *f* ; [of knowledge] domaine *m* ▸ **it goes with the territory** [is a risk that goes with the job] c'est un des risques du métier.

terror ['terəʳ] n **1.** [fear] terreur *f*, épouvante *f* ▸ **to be** or **to go in terror of one's life** craindre pour sa vie ▸ **to be in a state of terror** être terrorisé or terrifié ▸ **to have a terror of (doing) sthg** avoir extrêmement peur or la terreur de (faire) qqch **2.** [frightening event or aspect] terreur *f* / *the terrors of the night* les terreurs de la nuit **3.** [terrorism] terreur *f* ▸ **campaign of terror** campagne *f* terroriste or de terreur **4.** *inf* [person] terreur *f* / *he's a terror on his bike* c'est une terreur en vélo / *you little terror!* petite terreur !

✣ **Terror** n ▸ **the Terror** HIST la Terreur.

terror attack n attentat *m* terroriste.

terrorism ['terərɪzm] n terrorisme *m* ▸ **ecological terrorism** terrorisme écologique.

terrorist ['terərɪst] ◆ n terroriste *mf*. ◆ adj [bomb] de terroriste ; [campaign, attack, group] terroriste.

terrorize, terrorise ['terəraɪz] vt terroriser.

terror-stricken, terror-struck adj épouvanté, saisi de terreur.

terry nappy ['terɪ-] n UK couche *f (pour bébés)*.

terry (towelling) ['terɪ-] n ▸ **terry towelling (cloth)** tissu-éponge *m*.

terse [tɜ:s] adj [concise] concis, succinct ; [laconic] laconique ; [abrupt] brusque, sec (sèche).

tersely ['tɜ:slɪ] adv [concisely] avec concision ; [laconically] laconiquement ; [abruptly] brusquement, sèchement.

terseness ['tɜ:snɪs] n [concision] concision *f* ; [laconicism] laconisme *m* ; [abruptness] brusquerie *f*.

tertiary ['tɜ:ʃərɪ] adj [gen & INDUST] tertiaire ; [education] postscolaire.

✣ **Tertiary** ◆ adj GEOL tertiaire. ◆ n ▸ **the Tertiary** GEOL le tertiaire.

Terylene® ['terəli:n] ◆ n Térylène® *m* ; ≃ Tergal® *m*. ◆ adj en Tergal®.

TESL ['tesl] (abbr of **Teaching (of) English as a Second Language**) n enseignement *m* de l'anglais langue seconde.

TESOL ['ti:sɒl] (abbr of **Teachers of English to Speakers of Other Languages**) pr n *association d'enseignants d'anglais langue étrangère.*

tessellated ['tesəleɪtɪd] adj en mosaïque.

tessitura [,tesɪ'tʊərə] n tessiture *f*.

test [test] ◆ n **1.** [examination - gen] test *m* ; SCH contrôle *m*, interrogation *f* ▸ **to pass a test** réussir à un examen ▸ **biology test** interrogation de biologie ▸ **to sit** or **to take a test** passer un examen ▸ **general knowledge test** test de culture générale ▸ **(driving) test** : *I'm taking my (driving) test tomorrow* je passe mon permis (de conduire) demain / *did you pass your (driving) test?* avez-vous été reçu au permis (de conduire) ? **2.** MED [of blood, urine] test *m*, analyse *f* ; [of eyes, hearing] examen *m* ▸ **to undergo tests** subir des tests or examens ▸ **to have a blood test** faire faire une analyse de sang ▸ **to have an eye test** se faire examiner la vue / *the lab did a test for salmonella* le laboratoire a fait une analyse pour détecter la présence de salmonelles **3.** [trial - of equipment, machine] test *m*, essai *m*, épreuve *f* ; [- of quality] contrôle *m* ▸ **to carry out tests on sthg** effectuer des tests sur qqch / *all new drugs undergo clinical tests* tous les nouveaux médicaments subissent des tests cliniques / *a test for noise levels* un contrôle des niveaux sonores ▸ **to be on test** être testé or à l'essai ▸ **to put sthg to the test** tester qqch, faire l'essai de qqch **4.** [of character, endurance, resolve] test *m* / *a good test of character* un bon test de personnalité, un bon moyen de tester la personnalité ▸ **to put sb to the test** éprouver qqn, mettre qqn à l'épreuve / *his courage was really put to the test* son courage fut sérieusement mis à l'épreuve or éprouvé / *it's the first major test for the Prime Minister* c'est la première fois que le Premier ministre est réellement mis à l'épreuve ▸ **to stand the test** se montrer à la hauteur ▸ **test of strength** *lit & fig* épreuve *f* de force ▸ **to stand the test of time** durer, résister à l'épreuve du temps / *her books have certainly stood the test of time* ses livres n'ont pas pris une ride **5.** [measure] test *m* / *it's a test of union solidarity* c'est un test de la solidarité syndicale / *it will be a test of popularity for the new leader* ce sera un test de popularité pour le nouveau dirigeant / *the by-election will be a good test of public opinion* l'élection partielle représentera un bon test de l'opinion publique **6.** UK SPORT test-match *m*. ◆ comp [flight, strip, etc.] d'essai ▸ **test shot** lancement *m* d'essai. ◆ vt **1.** [examine - ability, knowledge, intelligence] tester, mesurer ; SCH [pupils] tester, contrôler les connaissances de / *we were tested in geography* nous avons eu un contrôle de géographie / *she was tested on her knowledge of plants* on a testé or vérifié ses connaissances botaniques **2.** MED [blood, urine] analyser, faire une analyse de ; [sight, hearing] examiner / *to have one's eyes tested* se faire examiner la vue / *you need your eyes testing!* UK or *tested!* US *fig* il faut mettre des lunettes ! **3.** [try out - prototype, car] essayer, faire l'essai de ; [- weapon] tester ; [- drug] tester, expérimenter / *none of our products are tested on animals* nos produits ne sont pas testés sur les animaux **4.** [check - batteries, pressure, suspension] vérifier, contrôler **5.** [measure - reaction, popularity] mesurer, évaluer / *the day of action will test union solidarity* la journée d'action permettra de mesurer or d'évaluer la solidarité syndicale **6.** [analyse - soil] analyser, faire des prélèvements dans ; [- water] analyser / *the water was tested for phosphates* on a analysé l'eau pour en déterminer le taux de phosphates / *to test food for starch* rechercher la présence d'amidon dans les aliments ▸ **to test the water** tâter le terrain **7.** [tax - machinery, driver, patience] éprouver, mettre à l'épreuve ▸ **to test sb to the limit** pousser qqn à bout or à la dernière extrémité ▸ **to test sb's patience to the limit** mettre la patience de qqn à rude épreuve. ◆ vi **1.** [make examination] : *to test for salmonella* faire une recherche de salmonelles / *to test for the presence of gas* rechercher la présence de gaz **2.** RADIO & TELEC ▸ **testing, testing!** un, deux, trois !

✣ **test out** vt sep **1.** [idea, theory] tester **2.** [prototype, product] essayer, mettre à l'essai / *these products are tested out on animals* ces produits sont testés sur les animaux.

testament ['testəmənt] n **1.** LAW testament *m* **2.** BIBLE testament *m* ▸ **the New Testament** le Nouveau Testament ▸ **the Old Testament** l'Ancien Testament.

testamentary [,testə'mentərɪ] adj testamentaire.

testate ['testeɪt] adj ▸ **to die testate** mourir en ayant laissé un testament or testé.

testator [te'steɪtəʳ] n testateur *m*.

testatrix [te'steɪtrɪks] n testatrice *f*.

test ban n interdiction *f* des essais nucléaires.

test-bed n banc *m* d'essai or d'épreuve.

test card n UK TV mire *f*.

test case n LAW précédent *m*, affaire *f* qui fait jurisprudence.

test drive (*pt* **test-drove**, *pp* **test-driven**) n essai *m* sur route ▸ **to go for a test drive** essayer une voiture.

❖ **test-drive** vt [car] essayer.

tester ['testəʳ] n **1.** [person] contrôleur *m*, -euse *f*, vérificateur *m*, -trice *f* **2.** [machine] appareil *m* de contrôle or de vérification **3.** [sample - of make-up, perfume] échantillon *m* **4.** [over bed] baldaquin *m*, ciel *m*.

testes ['testi:z] pl ⟶ **testis**.

testicle ['testɪkl] n testicule *m*.

testify ['testɪfaɪ] (*pt & pp* **testified**) ◆ vt déclarer, affirmer / *I can testify that she remained at home* je peux attester qu'elle est restée à la maison. ◆ vi [be witness] porter témoignage, servir de témoin ; [make statement] déposer, faire une déposition ▸ **to testify for / against sb** déposer en faveur de / contre qqn / *I can testify to her honesty* je peux attester or témoigner de son honnêteté / *his behaviour testified to his guilt* son comportement témoignait de sa culpabilité.

testimonial [,testɪ'məʊnjəl] ◆ n **1.** [certificate] attestation *f* ; [reference] recommandation *f*, attestation *f* **2.** [tribute] témoignage *m* **3.** UK SPORT jubilé *m*. ◆ comp qui porte témoignage / *they organized a testimonial dinner for him* ils ont organisé un dîner en son honneur ▸ **testimonial match** UK jubilé *m*.

testimony [UK 'testɪmənɪ US 'testəməʊnɪ] (*pl* **testimonies**) n **1.** [statement] déclaration *f* ; LAW témoignage *m*, déposition *f* ▸ **to call sb in testimony** appeler qqn en témoignage **2.** [sign, proof] témoignage *m* / *to bear testimony to the truth* porter or rendre témoignage de la vérité / *the monument is a lasting testimony to* or *of his genius* ce monument est le témoignage vivant de son génie.

testing ['testɪŋ] ◆ adj [difficult] difficile, éprouvant / *it's been a testing time for everyone* cela a été une période éprouvante pour tout le monde. ◆ n **1.** [of product, machine, vehicle] (mise *f* à l')essai *m* **2.** MED [of sight, hearing] examen *m* ; [of blood, urine] analyse *f* ; [of reaction] mesure *f* **3.** [of intelligence, knowledge, skills] évaluation *f* ; [of candidate] évaluation *f*, examen *m*.

testing bench n banc *m* d'essai.

testing ground n terrain *m* d'essai / *Scotland is often used as a testing ground for new government policies* le gouvernement utilise souvent l'Écosse pour tester ses nouvelles mesures politiques.

testis ['testɪs] (*pl* **testes** ['testi:z]) n testicule *m*.

test match n UK match *m* international, test-match *m*.

testosterone [te'stɒstərəʊn] n testostérone *f*.

test paper n **1.** CHEM papier *m* réactif **2.** UK SCH interrogation *f* écrite.

test pattern n US mire *f*.

test piece n MUS morceau *m* imposé or de concours.

test pilot n pilote *m* d'essai.

test run n essai *m* ▸ **to go for a test run** faire un essai.

test signal n signal *m* de mesure.

test tube n éprouvette *f*.

❖ **test-tube** adj de laboratoire.

test-tube baby n bébé-éprouvette *m*.

testy ['testɪ] (*compar* **testier**, *superl* **testiest**) adj irritable, grincheux.

tetanus ['tetənəs] ◆ n tétanos *m*. ◆ comp [vaccination, injection] antitétanique.

tetany ['tetənɪ] n MED tétanie *f* / *grass tetany* VET tétanie *f* d'herbage.

tetchily ['tetʃɪlɪ] adv d'un ton irrité.

tetchiness ['tetʃɪnɪs] n irritabilité *f*.

tetchy ['tetʃɪ] (*compar* **tetchier**, *superl* **tetchiest**) adj UK grincheux, irascible.

tête-à-tête [,teɪtɑ:'teɪt] ◆ n tête-à-tête *m inv*. ◆ adj en tête-à-tête.

tether ['teðəʳ] ◆ n [for horse] longe *f*, attache *f* ▸ **to be at the end of one's tether a)** [depressed] être au bout du rouleau **b)** [exasperated] être à bout de patience. ◆ vt [horse] attacher.

tetherball ['teðə,bɔ:l] n jeu *m* du ballon captif.

tetrachloride [,tetrə'klɔ:raɪd] n tétrachlorure *m*.

tetracycline [,tetrə'saɪkli:n] n tétracycline *f*.

tetrad ['tetræd] n tétrade *f*.

tetragon ['tetrəgən] n quadrilatère *m*.

tetrahedron [,tetrə'hi:drən] (*pl* **tetrahedrons** *or* **tetrahedra** [-drə]) n tétraèdre *m*.

tetrameter [te'træmɪtəʳ] n tétramètre *m*.

tetraplegic [,tetrə'pli:dʒɪk] ◆ n tétraplégique *mf*. ◆ adj tétraplégique.

tetrapod ['tetrəpɒd] n tétrapode *m*.

tetrasyllable ['tetrə,sɪləbl] n tétrasyllabe *m*.

tetravalent [,tetrə'veɪlənt] adj tétravalent, quadrivalent.

tetrode ['tetrəʊd] n tétrode *f*, tube *m* à quatre électrodes.

tetter ['tetəʳ] n éruption *f* cutanée.

Teuton ['tju:tən] n Teuton *m*, -onne *f*.

Teutonic [tju:'tɒnɪk] adj teuton.

Teutonism ['tju:tənɪzm] n germanisme *m*.

Tex n **1.** written abbr of **Texan** **2.** written abbr of **Texas**.

Texan ['teksn] ◆ n Texan *m*, -e *f*. ◆ adj texan.

Texas ['teksəs] pr n Texas *m* / *in Texas* au Texas.

Tex-Mex [,teks'meks] n **1.** CULIN tex-mex *m* **2.** [music] musique *f* mexicano-américaine.

text [tekst] ◆ n **1.** [gen & COMPUT] texte *m* **2.** TELEC SMS *m*. ◆ comp **1.** COMPUT ▸ **text mode** mode *m* texte ▸ **text processing** traitement *m* automatique de texte sur ordinateur **2.** TELEC ▸ **text-message** SMS *m*, texto *m* ▸ **text-messaging** *(U)* TELEC envoi *m* de SMS, texting *m*. ◆ vt ▸ **to text sb** envoyer un SMS à qqn / *can you text me your number?* tu peux m'envoyer ton numéro par SMS ?

textbook ['tekstbʊk] ◆ n SCH [gen] manuel *m*. ◆ comp [typical] typique ; [ideal] parfait, idéal / *it's a textbook case* c'est un exemple classique or typique.

text editor n COMPUT éditeur *m* de texte.

textile ['tekstaɪl] ◆ n textile *m*. ◆ comp [industry] textile.

texting ['tekstɪŋ] n *(U)* TELEC envoi *m* de SMS, texting *m*.

textual ['tekstjʊəl] adj textuel, de texte ▸ **textual analysis** analyse *f* de texte ▸ **textual criticism** critique *f* littéraire d'un texte ▸ **textual error** erreur *f* de texte.

textually ['tekstjʊəlɪ] adv textuellement, mot à mot.

texture ['tekstʃəʳ] n **1.** [of fabric] texture *f* ; [of leather, wood, paper, skin, stone] grain *m* / *the paper is grainy in texture* le papier est de texture granuleuse **2.** [of food, soil] texture *f*, consistance *f* ; [of writing] structure *f*, texture *f* / *music is part of the texture of their lives* la musique fait partie intégrante de leur vie.

textured vegetable protein ['tekstʃəd-] n fibre *f* végétale protéique.

T4 n MED (lymphocyte *m*) T4 *m*.

TFT [,ti:ef'ti:] (abbr of **thin-film transistor**) adj TFT ▸ **TFT screen** écran *m* TFT.

TGIF (abbr of **thank God it's Friday!**) *inf* encore une semaine de tirée !

Thai [taɪ] (*pl* **Thai** *or* **Thais**) ◆ n **1.** [person] Thaï *mf*, Thaïlandais *m*, -e *f* **2.** LING thaï *m*, thaïlandais *m*. ◆ adj thaï, thaïlandais ▸ **Thai boxing** boxe *f* thaïlandaise.

Thai basil n basilic *m* thaï.

Thailand ['taɪlænd] pr n Thaïlande *f* / *in Thailand* en Thaïlande.

thalamus ['θæləməs] (*pl* **thalami** [-maɪ]) n thalamus *m*.

thalassaemia UK, **thalassemia** US [,θælə'si:mɪə] n thalassémie *f*.

thali ['tɑ:lɪ] n *repas indien complet consistant en un assortiment de petits plats présentés sur un plateau.*

thalidomide [θə'lɪdəmaɪd] n thalidomide *f*.

thalidomide baby n *bébé victime de la thalidomide.*

thallium ['θælɪəm] n thallium *m*.

Thames [temz] pr n ▸ **the (River) Thames** la Tamise / *he'll never set the Thames on fire* UK *inf* il n'a pas inventé la poudre or le fil à couper le beurre.

Thames Flood Barrier pr n ▸ **the Thames Flood Barrier** *digue construite à Woolwich pour protéger Londres des crues de la Tamise.*

than (*weak form* [ðən], *strong form* [ðæn]) ◆ conj **1.** [after comparative adj, adv] que / *he plays tennis better than I do* il joue au tennis mieux que moi / *she can walk faster than I can run* elle va plus vite en marchant que moi en courant / *it's quicker by train than by bus* ça va plus vite en train qu'en bus / *I was less / more disappointed than angry* j'étais moins / plus déçu que fâché **2.** [following negative clause] : *no sooner had he finished speaking than everyone made for the door* à peine avait-il fini de parler que tout le monde s'est précipité vers la porte / *nothing is worse than to spend* or *spending the holidays on your own* rien n'est pire que de passer les vacances tout seul **3.** [with 'rather', 'sooner'] : *I'd do anything rather than have to see him* je ferais n'importe quoi plutôt que d'être obligé de le voir / *I'd prefer to stay here rather than go out, I'd rather* or *sooner stay here than go out* je préférerais rester ici que de sortir **4.** [after 'different'] : *he is different than he used to be* il n'est plus le même. ◆ prep **1.** [after comparative adj, adv] que / *he plays tennis better than me* or *I* il joue au tennis mieux que moi / *the cedars are older than the oaks* les cèdres sont plus vieux que les chênes **2.** [indicating quantity, number] : *more than 15 people* plus de 15 personnes / *less* or *fewer than 15 people* moins de 15 personnes / *I've been invited more than once* j'ai été invité plus d'une fois / *there are more policemen than demonstrators* il y a plus de policiers que de manifestants **3.** [after 'other' in negative clauses] : *we have no sizes other than 40 or 42* nous n'avons pas d'autres tailles que 40 ou 42 / *it was none other than the Prime Minister who launched the appeal* c'est le Premier ministre en personne qui a lancé l'appel **4.** [after 'different'] : *she seems different than before* elle semble avoir changé / *she has different tastes than yours* elle a des goûts différents des vôtres.

thane [θeɪn] n HIST thane *m* ; ≃ baron *m*.

thank [θæŋk] vt **1.** remercier ▸ **to thank sb for sthg** remercier qqn de or pour qqch / *Mary Edwards thanks Mr. Wilson for his kind invitation* *fml* Mary Edwards remercie M. Wilson de son invitation ▸ **to thank sb for doing sthg** remercier qqn d'avoir fait qqch / *she thanked us for coming* elle nous remercia d'être venus / *I can't thank you enough for what you've done* je ne sais comment vous remercier pour ce que vous avez fait pour moi / *you have him to thank for that* tu peux lui dire merci / *you won't thank me for it* vous allez m'en vouloir / *you only have yourself to thank for that!* c'est à toi seul qu'il faut t'en prendre ! ▸ **thank God** or **goodness!** Dieu merci ! / *thank heaven* or *heavens you're safe!* Dieu merci vous êtes sain et sauf ! **2.** [as request] : *I'll thank you to keep quiet about it* je vous prierai de ne pas en parler.

❖ **thanks** ◆ pl n **1.** remerciements *mpl* / *give her my thanks for the flowers* remerciez-la de ma part pour les fleurs / *(many) thanks for all your help* merci (beaucoup) pour toute votre aide ▸ **received with thanks** ADMIN pour acquit **2.** RELIG louange *f*, grâce *f* ▸ **thanks be to God** rendons grâce à Dieu. ◆ interj merci ▸ **thanks a lot, thanks very much** merci beaucoup, merci bien ▸ **thanks a million** merci mille fois ▸ **thanks for coming** merci d'être venu ▸ **no thanks!** (non) merci ! ▸ **thanks for nothing!** je te remercie ! *iro.*

❖ **thanks to** prep phr grâce à / *thanks to you, we saved a lot of money* grâce à vous, nous avons économisé beaucoup d'argent / *thanks to you, we lost the contract* à cause de vous, nous avons perdu le contrat / *no thanks to you!* ce n'est sûrement pas grâce à vous !

thankful [ˈθæŋkfʊl] adj reconnaissant, content / *I'm thankful for all their help* je leur suis reconnaissant de toute leur aide / *I was thankful to get away* j'étais content de pouvoir partir / *I'm thankful not to have to go back* je suis content de ne pas avoir à y retourner / *she was just thankful (that) no one recognized her* elle s'estimait surtout heureuse que personne ne l'ait reconnue / *I'm only thankful everything went off all right* je me félicite que tout se soit bien passé.

thankfully [ˈθæŋkfʊlɪ] adv **1.** [with gratitude] avec reconnaissance or gratitude **2.** [with relief] avec soulagement **3.** [fortunately] heureusement.

thankfulness [ˈθæŋkfʊlnɪs] n gratitude *f*, reconnaissance *f*.

thankless [ˈθæŋklɪs] adj [task, person] ingrat.

thanksgiving [ˈθæŋks,gɪvɪŋ] n action *f* de grâce.

Thanksgiving (Day) n *fête nationale américaine célébrée le 4e jeudi de novembre.*

Thanksgiving

L'origine de cette fête fédérale, célébrée aux États-Unis le 4e jeudi de novembre, remonte à 1621, quand les premiers colons (les **Pilgrims Fathers**) décidèrent un jour d'action de grâce pour remercier Dieu à l'occasion de leur première récolte. Le dîner familial qui a lieu en cette occasion est traditionnellement composé d'une dinde aux airelles accompagnée de patates douces et se termine par une tarte au potiron.

thanks offering n *fml* action *f* de grâce / *as a thanks offering* **a)** [gen] en signe de reconnaissance **b)** RELIG comme action de grâce.

thank you interj merci ▸ **to say thank you** dire merci / *thank you very* or *so much* merci beaucoup or bien / *thank you for the flowers* merci pour les fleurs / *thank you for coming* merci d'être venu.

❖ **thankyou** n merci *m*, remerciement *m* / *without so much as a thankyou* sans même dire merci.

thankyou letter [ˈθæŋkju:-] n lettre *f* de remerciement.

THANQ MESSAGING written abbr of **thank you**.

that [ðæt *(weak form of rel pron and conj* [ðət]*)* *(pl* **those** [ðəʊz]*)* ◆ dem pron **1.** [thing indicated] cela, ce, ça / *after / before that* après / avant cela / *what's that?* qu'est-ce que c'est que ça ? / *who's that?* **a)** [gen] qui est-ce ? **b)** [on phone] qui est à l'appareil ? / *is that you Susan?* c'est toi Susan ? / *is that all you've got to eat?* c'est tout ce que vous avez à manger ? / *what did she mean by that?* qu'est-ce qu'elle voulait dire par là ? / *those are my parents* voilà mes parents / *that is what he told me* c'est or voilà ce qu'il m'a dit / *that is where I live* c'est là que j'habite / *that was three months ago* il y a trois mois de cela / *that's strange* c'est bizarre / *I've only got one coat and that's old* je n'ai qu'un manteau et encore, il est vieux / *so* THAT'S *how it works!* c'est donc comme ça que ça marche ! ▸ **that's as may be** peut-être bien / *it's not as hot as (all) that!* *inf* il ne fait pas si chaud que ça ! ▸ **so it's come to that** voilà donc où nous en sommes (arrivés) / *if it comes to that, you can always leave* si ça en arrive là, vous pouvez toujours partir / *that's a good boy!* en voilà un gentil petit garçon ! ▸ **that's all we need!** il ne manquait plus que ça ! ▸ **that's enough (of that)!** ça suffit ! ▸ **that's it!** **a)** [finished] c'est fini ! **b)** [correct] c'est ça ! ▸ **that's it for today!** ce sera tout pour aujourd'hui ! ▸ **that's it! you've got it!** c'est ça ! tu as trouvé ! ▸ **that's life!** c'est la vie ! ▸ **that's more like it!** voilà qui est déjà mieux ! ▸ **well, that's that!** eh bien voilà ! / *I said "no" and that's that!* j'ai dit « non », un point c'est tout ! / *that's the government all over* or *for you!* c'est bien l'administration ça ! / *is she intelligent? — that she is!* elle est intelligente ? — ça oui or pour sûr ! **2.** [in contrast to 'this'] celui-là *m*, celle-là *f* ▸ **those** ceux-là *mpl*, celles-là *fpl* / *this is an ash, that is an oak* ceci est un frêne et ça, c'est un chêne / *which book do you prefer, this or that?* quel livre préférez-vous, celui-ci ou celui-là ? / *I'd like some flowers, but not those!* j'aimerais des fleurs, mais pas celles-là ! **3.** [used when giving further information] celui *m*, celle *f* ▸ **those** ceux *mpl*, celles *fpl* / *there are those who believe that...* il y a des gens qui croient que... / *a sound like that of a baby crying* un bruit comme celui que fait un bébé qui pleure / *the symptoms sound like those of malaria* les symptômes ressemblent à ceux du paludisme / *he spoke with those concerned* il a parlé à ceux qui sont concernés / *all those interested should contact the club secretary* tous ceux qui sont intéressés doivent contacter le secrétaire du club. ◆ det **1.** [the one indicated] ce *m*, cet *m* *(before vowel or silent 'h')*, cette *f* ▸ **those** ces *mf pl* / *that man* cet homme / *those questions* ces questions / *at that moment* à ce moment-là / *it was raining that day* il pleuvait ce jour-là / *we all agree on that point* nous sommes tous d'accord là-dessus / *did you hear about that terrible accident on the motorway?* as-tu entendu parler de ce terrible accident sur l'autoroute ? / *do you remember that play we saw last year?* tu te rappelles cette pièce que nous avons vue l'année dernière ? / *how about that drink you offered me?* et ce verre que vous m'avez proposé ? / *I like that idea of his* j'aime son idée / *how's that son of yours?* comment va ton fils ? / *if I get hold of that son of yours* *pej* si je mets la main sur ton sacré fils ! / *they rode off into the sunset, it was that kind of film* ils se sont éloignés vers le soleil couchant, c'était ce genre de film, tu vois ? **2.** [in contrast to 'this'] ce...-là *m*, cet...-là *m* *(before vowel or silent 'h')*, cette...-là *f* ▸ **those** ces...-là *mf pl* / *that house over there is for sale* cette or la maison là-bas est à vendre ▸ **that one** celui-là *m*, celle-là *f* / *choose between this restaurant and that one* choisissez entre ce restaurant et l'autre. ◆ adv **1.** [so] si, aussi / *can you run that fast?* pouvez-vous courir aussi vite que ça ? / *he's not (all) that good-looking* il n'est pas si beau que ça / *there's a pile of papers on my desk that high!* il y a une pile de papiers haute comme ça sur mon bureau ! **2.** *inf* [with result clause] si, tellement / *he was that weak he couldn't stand* il était tellement affaibli qu'il ne tenait plus debout / *I could have cried, I was that angry* j'en aurais pleuré tellement j'étais en colère. ◆ rel pron **1.** [subject of verb] qui / *the conclusions that emerge from this* les conclusions qui en ressortent / *nothing that matters* rien d'important **2.** [object or complement of verb] que / *the house that Jack built* la maison que Jack a construite / *is this the best that you can do?* est-ce que c'est ce que vous pouvez faire de mieux ? / *fool that I am, I agreed* imbécile que je suis, j'ai accepté / *pessimist / optimist that he is* pessimiste / optimiste comme il est **3.** [object of preposition] lequel *m*, laquelle *f*, lesquels *mpl*, lesquelles *fpl* / *the box that I put it in / on* le carton dans lequel / sur lequel je l'ai mis / *the songs that I was thinking of* or *about* les chansons auxquelles je pensais / *the woman / the film that we're talking about* la femme / le film dont nous parlons / *not that I know of* pas que je sache **4.** [when] où / *the week that he was sick* la semaine où il était malade / *during the months that we were in Chicago* pendant les mois que nous avons passés or où nous étions à Chicago. ◆ conj **1.** [gen] que / *I said that I had read it* j'ai dit que je l'avais lu / *it's natural that you should be nervous* c'est normal que vous soyez nerveux / *it's not that she isn't friendly* ce n'est pas qu'elle ne soit pas amicale / *it was so dark that I could barely see* il faisait si noir que je voyais à peine / *that he is capable has already been proven* *fml* il a déjà prouvé qu'il était capable / *that I should live to see the day when...* *fml* [expressing incredulity] je n'aurais jamais cru qu'un jour... / *oh, that it were possible!* si seulement c'était possible ! **2.** *arch & liter* [in order that] afin que, pour que / *he died that we might live* il est mort pour que nous puissions vivre.

❖ **and (all) that** adv phr *inf* [and so on] et tout le bastringue / *it was a very posh do, waiters in white gloves and (all) that* c'était très classe, avec des serveurs en gants blancs et tout le bastringue / *she went on about friendship and (all) that* elle parlait d'amitié et tout ce qui s'ensuit.

❖ **at that** adv phr **1.** [what's more] en plus / *it's a forgery and a pretty poor one at that* c'est une copie et une mauvaise en plus **2.** *inf* [indicating agreement] en fait / *perhaps we're not so badly off at that* en fait, on n'est peut-être pas tellement à plaindre / *it might be worth trying at that* ça vaudrait peut-être le coup **3.** [then] à ce moment-là / *at that, he paused* à ce moment-là, il a marqué un temps d'arrêt.

❖ **like that** *inf* ◆ adj phr **1.** [indicating character or attitude] comme ça / *she's like that, she never says thank you* elle est comme ça, elle ne dit jamais merci / *don't be like that* ne soyez pas comme ça **2.** [close, intimate] comme les deux doigts de la main / *the two of them are like that* ils sont comme les deux doigts de la main / *he's like that with the boss* il est au mieux avec le patron. ◆ adv phr [in that way] comme ça / *stop looking at me like that!* arrête de me regarder comme ça !

❖ **not that** conj phr : *if he refuses, not that he will, is there an alternative?* s'il refuse, même si cela est peu probable, est-ce qu'il y a une autre solution ? / *he's already left, not that it matters* il est déjà parti, encore que ce soit sans importance.

❖ **that is (to say)** adv phr enfin / *I'll do anything, that's to say anything legal* je ferais n'importe quoi, enfin du moment que c'est légal / *I work at the hospital, as a receptionist that is, not as a nurse* je travaille à l'hôpital, enfin à la réception, pas comme infirmière / *I'd like to ask you something, that is, if you've got a minute* j'aimerais vous poser une question, enfin, si vous avez un instant.

❖ **that way** adv phr **1.** [in that manner] de cette façon / *what makes him act that way?* qu'est-ce qui le pousse à agir comme ça ? / *that way you'll only make things worse* de cette façon, tu ne feras qu'empirer les choses **2.** *inf* [in that respect] : *she's funny that way* c'est son côté bizarre / *I didn't know he was that way inclined* je ne connaissais pas ce côté-là de lui.

❖ **with that** adv phr là-dessus / *with that, she left* sur ce or là-dessus, elle est partie.

See box at this and at which.

thatch [θætʃ] ◆ n **1.** CONSTR chaume *m* **2.** UK *inf & fig* [hair] tignasse *f* / *a thatch of blonde hair* une crinière blonde. ◆ comp [roof] de or en chaume. ◆ vt [roof] couvrir de chaume.

thatched [θætʃt] adj [roof] en chaume ; [house] qui a un toit en chaume ▸ **thatched cottage** chaumière *f*.

thatcher [ˈθætʃər] n couvreur *m* en chaume.

Thatcherism [ˈθætʃərɪzm] n POL thatchérisme *m* *(politique de Margaret Thatcher).*

Thatcherite [ˈθætʃəraɪt] ◆ n partisan *m* du thatchérisme. ◆ adj [policy, view] thatchérien.

thatching [ˈθætʃɪŋ] n *(U)* couverture *f* de chaume.

that's abbr of **that is.**

thaw [θɔ:] ◆ vi **1.** [ice, snow] fondre / *it's beginning to thaw* il commence à dégeler **2.** [frozen food] dégeler, se décongeler **3.** [hands, feet] se réchauffer **4.** *fig* [person, relations] se dégeler, être plus détendu / *she seems at last to be thawing towards me* elle semble enfin perdre sa réserve or sa froideur à mon égard. ◆ vt **1.** [ice, snow] faire dégeler or fondre **2.** [frozen food] dégeler, décongeler. ◆ n **1.** METEOR dégel *m* **2.** POL détente *f*, dégel *m*.

❖ **thaw out** ◆ vt sep **1.** [frozen food] décongeler, dégeler **2.** [feet, hands] réchauffer / *come and thaw yourself out in the sitting room* venez vous réchauffer au salon **3.** *fig* [make relaxed - person] dégeler, mettre à l'aise. ◆ vi **1.** [frozen food] décongeler, dégeler **2.** [hands, feet] se réchauffer / *I'm beginning to thaw out now* je commence à me réchauffer maintenant **3.** *fig* [become relaxed] se dégeler, perdre sa froideur or réserve.

the *(weak form* [ðə]*, before vowel* [ðɪ]*, strong form* [ði:]*)* det **1.** [with noun, adj] le *m*, la *f*, l' *mf (before vowel or silent 'h')*, les *mf pl* / *the blue dress is the*

ARTICLES A, THE, Ø

Le système des articles en anglais est assez proche du système français : ***article indéfini*** (**a** / **an**), ***article défini*** (**the**). Toutefois, il faut y ajouter l'absence d'article, que nous signalerons par **Ø**, et qui fait partie intégrante du système de détermination en anglais.

ARTICLE INDÉFINI : A / AN

❶ Emploi

Étymologiquement, **a** a la même origine que **one** (tout comme l'article « *un* » en français a des origines communes avec le numéral « *un* ») ; lorsqu'on utilise **a**, cela signifie donc que l'on parle d'un élément, et un seul, parmi une classe d'éléments :

I'd like a sandwich, please. Je voudrais un sandwich, s'il vous plaît.

L'énonciateur ne spécifie pas quel type de sandwich il souhaite.

On emploie toujours **a** avec des dénombrables au singulier. Au pluriel, on utilisera l'***article zéro*** ou les déterminants **some** / **any** :

a sandwich / **Ø** sandwiches / **some** sandwiches un sandwich / des sandwichs

Are there **any** sandwiches left? Est-ce qu'il reste des sandwichs ?

Attention ! Certains substantifs qui admettent un emploi au singulier en français (un bagage, un conseil, une information, une nouvelle…) exigent en anglais soit l'emploi d'un « dénombreur » (**a piece of…**), soit l'emploi de **some** :

a piece of advice / **some** advice un conseil

a piece of information / **some** information une information

a piece of news / **some** news une nouvelle

a piece of furniture un meuble

On peut parfois utiliser **a** pour effectuer des généralisations :

A cat is an excellent hunter. Le chat est un excellent chasseur.

Enfin, on trouve **a** dans des emplois distributifs :

twice a day deux fois par jour

five times a month cinq fois par mois

❷ Prononciation

Devant un nom ou un adjectif commençant par un son voyelle, **a** devient **an** pour pouvoir faire la liaison.

I need to buy **an** umbrella. Je dois acheter un parapluie.

That's **an** amazing story! C'est une histoire incroyable !

En général, le son [h] est prononcé en anglais, contrairement à ce qui se passe en français, et c'est l'article **a** qui est utilisé :

a hospital un hôpital

a hare un lièvre

Quelques exceptions : **an** hour (une heure), **an** heir (un héritier), **an** honour (un honneur)…

Dans des cas assez rares d'insistance, par exemple pour marquer un contraste, on peut accentuer **a** et le prononcer [eɪ] :

He's not the winner, but **a** [eɪ] winner (= a winner among others). Ce n'est pas le seul gagnant, mais un gagnant parmi les autres.

ARTICLE DÉFINI : THE

❶ Emploi

The s'emploie de manière très similaire aux articles définis français ***le***, ***la***, ***les***. Il a la même étymologie que les déterminants démonstratifs **this** et **that**. Il permet donc à l'énonciateur de désigner un élément spécifique fortement déterminé, par exemple si l'élément a déjà été mentionné ou si le contexte (les mots du discours ou la situation) vient fournir des précisions sur cet élément.

He saw **a** semi-detached two-storey house. **The** house was rather well maintained. Il vit une maison mitoyenne à deux étages. Cette maison était plutôt bien entretenue.

Dans le premier énoncé, l'énonciateur décrit une maison encore inconnue (d'où le recours à l'article **a**) à l'aide d'adjectifs : semi-detached, two-storey, ce qui contribue à la définir. Dans l'énoncé suivant, il peut donc utiliser l'article défini **the**. Comme this et that, **the** permet d'effectuer une reprise d'un élément qui a déjà été mentionné (ici, la maison).

Comparez :

Do you like the music? Vous aimez cette musique ? *[spécifique]*

Do you like Ø music? Vous aimez la musique ? *[en général]*

Dans le premier exemple, l'article défini indique que l'énonciateur se réfère à une musique spécifique ; c'est le contexte qui indique de quelle musique on parle (par exemple, celle qui passe à la radio au moment de la conversation).

Dans le deuxième exemple, l'absence d'article indique que l'on se réfère au concept de musique et non à une musique particulière.

❷ Prononciation

Lorsque **the** précède un nom ou un adjectif commençant par un son voyelle, il est prononcé [**ðiː**]. Par exemple :

The [**ðiː**] umbrella I bought in Brighton. Le parapluie que j'ai acheté à Brighton.

The [ðiː] est aussi utilisé lorsque l'on veut mettre l'accent sur le caractère unique de l'élément dont on parle :

This is the [**ðiː**] Martin Smith! Voici le fameux Martin Smith !

ARTICLE Ø

L'absence d'article est très fréquente en anglais ; en général, cela signale que l'on ne parle pas d'une occurrence spécifique d'un élément, mais que l'on parle du concept associé à cet élément (par exemple, Ø nature = la nature), ou que l'on effectue une généralisation. L'article **Ø** peut être associé à des dénombrables au pluriel comme à des indénombrables :

good and evil le bien et le mal
[on parle de notions abstraites]

I love Ø ice-cream. J'adore les glaces.
[on parle de la crème glacée en général, et pas d'un cornet de glace particulier]

Ø Bicycles are environmentally friendly. Le vélo est écologique.
[on fait une généralisation sur les vélos ; notez qu'en français on traduit par l'article défini suivi du nom au singulier]

Ø Dogs shouldn't be given chocolate. On ne doit pas donner du chocolat aux chiens.

Ø Women are said to be more organised than Ø men. On dit que les femmes sont plus organisées que les hommes.

Ø young people today les jeunes d'aujourd'hui

D'une manière générale, l'article **Ø** se traduit le plus souvent en français par l'article défini.

Remarque :

Certaines catégories de noms ne prennent pas d'article :

- certains noms de lieu comme **home** (la maison), **school** (l'école), **university** (l'université), **prison** (la prison) ne prennent pas d'article ; la plupart des autres prennent l'article défini : **the bank** (la banque), **the theatre** (le théâtre), **the town hall** (la mairie)…
- les noms de pays : **France**, **England**, **Spain**, **Algeria**, **Japan**… (sauf **the United States of America**, **the Netherlands**, **the United Kingdom**…) ;
- les noms de repas : **breakfast**, **lunch**, **dinner**…
- les moyens de transports : **by train**, **by car**, **by plane**…
- les maladies : **cancer**, **AIDS**, **tuberculosis**…
- les matières, disciplines, activités, sports : **physics**, **maths**, **opera**, **theatre**, **film**, **gardening**, **cookery**, **judo**, **tennis**…

prettiest la robe bleue est la plus jolie / *the dead* / *poor* / *French* les morts / pauvres / Français / *I can't do the impossible* je ne peux pas faire l'impossible / *translated from the Latin* traduit du latin **2.** [with names, titles] : *the Smiths* / *Martins* les Smith / Martin / *Alexander the Great* Alexandre le Grand **3.** [with numbers, dates] : *Monday June the tenth* or *the tenth of June* le lundi 10 juin / *the 80s* les années 1980 / *the 1820s* les années 1820 à 1830 / *the second from the left* le second en partant de la gauche **4.** [in prices, quantities] : *tomatoes are 40p the pound* les tomates sont à 40 pence la livre / *the car does 40 miles to the gallon* la voiture consomme 7 litres aux 100 **5.** [with comparatives] : *the more the better* plus il y en a, mieux c'est / *the less said the better* moins on en parlera, mieux cela vaudra **6.** [stressed form] : *for him Bach is THE composer* pour lui, Bach est le compositeur par excellence / *the Olympics are THE event this winter* les jeux Olympiques sont l'événement à ne pas manquer cet hiver / *do you mean THE John Irving?* vous voulez dire le célèbre John Irving ? **7.** [enough] le *m*, la *f*, l' *mf (before vowel or silent 'h')*, les *mf pl* / *I haven't the time / money to do it* je n'ai pas le temps de / l'argent pour le faire **8.** [instead of 'your', 'my', etc.] : *she took him by the hand* elle l'a pris par la main / *how's the wife?* inf comment va ta femme ? / *I've brought the family along* j'ai emmené la famille.

theatre UK, **theater** US ['θɪətəʳ] ◆ n **1.** [building] théâtre *m* ▸ **to go to the theatre** aller au théâtre / *a night at the theatre* une soirée au théâtre ▸ **movie theater** US cinéma *m* **2.** [form] théâtre *m*, art *m* dramatique ; [plays in general] théâtre *m* ; [profession] théâtre *m* ▸ **Greek / modern theatre** le théâtre antique / moderne ▸ **Shakespeare's theatre** le théâtre de Shakespeare / *I've been in the theatre for over 30 years* je fais du théâtre depuis plus de 30 ans **3.** [hall] salle *f* de spectacle ; [for lectures] salle *f* de conférences ; UNIV amphithéâtre *m* **4.** MED ▸ **(operating) theatre** salle *f* d'opération / *she's in (the) theatre* **a)** [doctor] elle est en salle d'opération **b)** [patient] elle est sur la table d'opération **5.** *fig* [for important event] théâtre *m* ▸ **theatre of war** MIL théâtre des hostilités ▸ **the southern / eastern theatres** MIL les fronts du sud / de l'est. ◆ comp **1.** [programme, tickets] de théâtre ; [manager] du théâtre ▸ **theatre company** troupe de théâtre, compagnie théâtrale ▸ **theatre workshop** atelier *m* de théâtre **2.** MED [staff, nurse] de salle d'opération ; [routine, job] dans la salle d'opération.

theatregoer UK, **theatergoer** US ['θɪətə,gəʊəʳ] n amateur *m* de théâtre / *they're regular theatregoers* ils vont régulièrement au théâtre.

theatre in the round n théâtre *m* en rond.

theatreland ['θɪətəlænd] n UK quartier *m* des théâtres / *in theatreland* dans le quartier des théâtres.

theatrical [θɪ'ætrɪkl] adj **1.** THEAT [performance, season] théâtral **2.** *fig* [exaggerated - gesture, behaviour] théâtral, affecté / *there's no need to resort to such theatrical behaviour* c'est inutile de faire toute cette comédie.

❖ **theatricals** pl n **1.** THEAT théâtre *m* d'amateur **2.** *fig* comédie *f* / *I'm fed up with all her theatricals* j'en ai assez de toutes ses manières.

theatrically [θɪ'ætrɪklɪ] adv théâtralement.

Theban ['θi:bən] ◆ n Thébain *m*, -e *f*. ◆ adj thébain.

Thebes [θi:bz] pr n Thèbes.

thee [ði:] pron *arch* BIBLE te, t' *(before vowel or silent 'h')* ; [after prep] toi / *we beseech thee* nous te supplions.

theft [θeft] n vol *m* ▸ **to commit theft** commettre un vol ▸ **to be charged with theft** être inculpé de vol.

their *(weak form* [ðəʳ], *strong form* [ðeəʳ]) det leur *(sg)*, leurs *(pl)* / *their car* leur voiture / *their clothes* leurs vêtements / *somebody's left their umbrella behind* quelqu'un a oublié son parapluie / *a house of their own* leur propre maison, une maison à eux / *everyone must bring their own book* chacun doit apporter son livre / *nobody in their right mind would do such a thing!* personne de sensé ne ferait une chose pareille ! / *their highnesses the King and the Queen* Leurs Majestés le roi et la reine.

theirs [ðeəz] pron le leur *m*, la leur *f*, les leurs *mf pl* / *our car is sturdier than theirs* notre voiture est plus solide que la leur / *I like that painting of theirs* j'aime leur tableau / *I really can't stand that dog of theirs* je ne supporte pas leur sacré chien / *a friend of theirs* un de leurs amis / *is this yours or theirs?* est-ce que ceci est à vous ou à eux ? / *it is not theirs to choose* ce n'est pas à eux de choisir, le choix ne leur appartient pas.

theism ['θi:ɪzm] n RELIG théisme *m*.

theist ['θi:ɪst] ◆ adj théiste. ◆ n théiste *mf*.

theistic ['θi:ɪstɪk] adj théiste.

them *(weak form* [ðəm], *strong form* [ðem]) pron **1.** [direct obj] les / *I met them last week* je les ai rencontrés la semaine dernière **2.** [indirect obj] leur / *we bought / gave them some flowers* nous leur avons acheté / donné des fleurs **3.** [after preposition] : *it's for them* c'est pour eux / *the yacht belongs to them* le yacht leur appartient / *both of them are wool* ils sont tous les deux en laine / *she's brighter than them* elle est plus intelligente qu'eux / *neither of them is happy* ils ne sont heureux ni l'un ni l'autre / *I don't want any of them* je n'en veux aucun / *a few of them seemed genuinely interested* quelques-uns d'entre eux semblaient vraiment intéressés / *all of them came* ils sont tous venus / *most of them are busy* la plupart d'entre eux sont occupés / *it was good of them to come* c'était gentil de leur part or à eux de venir.

thematic [θɪ'mætɪk] adj thématique.

theme [θi:m] n **1.** [subject, topic] thème *m*, sujet *m* **2.** MUS thème *m* ▸ **theme and variations** thème et variations **3.** GRAM & LING thème *m*.

themed [θi:md] adj [pub, restaurant, etc.] à thème.

theme park n parc *m* à thème.

theme pub n bar *m* à thème.

theme song n **1.** [from film] chanson *f* (de film) / *the theme song from "The Graduate"* la chanson du film « le Lauréat » **2.** US [signature tune] indicatif *m*.

theme tune n **1.** [from film] musique *f* (de film) **2.** UK [signature tune] indicatif *m* / *the theme tune from "Dallas"* l'indicatif de « Dallas ».

themselves [ðəm'selvz] pron **1.** [reflexive use] : *they hurt themselves* ils se sont fait mal / *the girls enjoyed themselves* les filles se sont bien amusées / *the children could see themselves in the mirror* les enfants se voyaient dans la glace **2.** [emphatic use] eux-mêmes *mpl*, elles-mêmes *fpl* / *they had to come themselves* ils ont dû venir eux-mêmes or en personne / *they painted the house themselves* ils ont peint la maison eux-mêmes / *they came by themselves* ils sont venus tout seuls **3.** [referring to things] eux-mêmes *mpl*, elles-mêmes *fpl* / *the boxes themselves aren't very heavy* les boîtes (en) elles-mêmes ne sont pas très lourdes / *the details in themselves are not important* ce ne sont pas les détails en eux-mêmes qui sont importants.

then [ðen] ◆ adv **1.** [at a particular time] alors, à ce moment-là ; [in distant past] à l'époque, à cette époque, à cette époque-là / *we were very young then* nous étions très jeunes à l'époque / *we can talk about it then* nous pourrons en parler à ce moment-là / *Marilyn, or Norma Jean as she then was known* Marilyn, ou Norma Jean comme elle s'appelait alors ▸ **by then a)** [in future] d'ici là **b)** [in past] entre-temps ▸ **from then on** à partir de ce moment-là ▸ **since then** depuis (lors) ▸ **until then a)** [in future] jusque-là **b)** [in past] jusqu'alors, jusqu'à ce moment-là **2.** [afterwards, next] puis, ensuite / *we went shopping, then we had lunch* nous avons fait des courses, puis nous avons déjeuné / *do your homework first, then you can watch TV* fais d'abord tes devoirs, et ensuite tu pourras regarder la télé / *you then take the chopped onions...* prenez ensuite les oignons coupés en lamelles… **3.** [so, in that case] donc, alors / *what do you suggest then?* qu'est-ce que vous suggérez alors ? / *you were right then!* mais alors, vous aviez raison ! / *I'll see you at 6 then* bon, je te retrouve à 6 h alors / *right then, anyone for more tea?* bon alors, qui d'autre veut du thé ? ▸ **if… then…** si… alors… / *if x equals 10 then y...* si *x* égale 10 alors *y*… / *if it's not in my bag, then look in the cupboard* si ce n'est pas dans mon sac, regarde dans le placard **4.** [also] et puis / *then there's Peter to invite* et puis il faut inviter Peter **5.** [therefore] donc / *these then are the main problems* voici donc les principaux problèmes / *its significance, then, is twofold* sa signification, donc, est double. ◆ adj d'alors, de l'époque / *the then head of department* le chef du département d'alors or de l'époque.

❖ **then again** adv phr : *and then again, you may prefer to forget it* mais enfin peut-être que vous préférez ne plus y penser / *but then again, no one can be sure* mais après tout, on ne sait jamais.

thence [ðens] adv *liter & fml* **1.** [from that place] de là, de ce lieu, de ce lieu-là **2.** [from that time] depuis lors **3.** [therefore] par conséquent.

thenceforth [,ðens'fɔ:θ], **thenceforward** [,ðens'fɔ:wəd] adv *liter & fml* dès lors, désormais.

theocentric [θɪə'sentrik] adj théocentrique.

theocracy [θɪ'ɒkrəsɪ] *(pl* **theocracies**) n théocratie *f*.

theocratic [θɪə'krætɪk] adj théocratique.

Theocritus [θɪ'ɒkrɪtəs] pr n Théocrite.

theodolite [θɪ'ɒdəlaɪt] n théodolite *m*.

Theodore ['θɪədɔ:ʳ] pr n ▸ **Saint Theodore** saint Théodore.

Theodosius [,θɪə'dəʊsjəs] pr n Théodose.

theologian [θɪə'ləʊdʒən] n théologien *m*, -enne *f*.

theological [θɪə'lɒdʒɪkl] adj théologique ▸ **theological college** séminaire *m*.

theology [θɪ'ɒlədʒɪ] n théologie *f*.

theorem ['θɪərəm] n théorème *m*.

theoretical [θɪə'retɪkl] adj théorique.

theoretically [θɪə'retɪklɪ] adv théoriquement, en principe.

theoretician [,θɪərə'tɪʃn] n théoricien *m*, -enne *f*.

theorist ['θɪərɪst] n théoricien *m*, -enne *f*.

theorize, **theorise** ['θɪəraɪz] ◆ vi **1.** [speculate] théoriser, faire des théories / *analysts have theorized about the reasons for this* les analystes ont émis toutes sortes de théories pour expliquer cela / *it's no use theorizing, we have to make a decision* ça ne sert à rien de faire de grandes théories, il faut qu'on prenne une décision **2.** [scientist] élaborer des théories. ◆ vt : *scientists theorized that the space probe would disintegrate* les scientifiques émirent l'hypothèse que la sonde spatiale se désintégrerait.

theory ['θɪərɪ] *(pl* **theories**) n **1.** [hypothesis] théorie *f* / *I have a theory about his disappearance* j'ai mon idée sur sa disparition **2.** [principles, rules] théorie *f* ▸ **musical theory** théorie musicale.

❖ **in theory** adv phr en théorie, théoriquement, en principe.

theosophical [θɪə'sɒfɪkl] adj théosophique.

theosophist [θɪ'ɒsəfɪst] n théosophe *mf*.

theosophy [θɪ'ɒsəfɪ] n théosophie *f*.

therapeutic [,θerə'pju:tɪk] adj thérapeutique.

therapeutically [,θerə'pju:tɪklɪ] adv : *used therapeutically* utilisé comme thérapeutique.

therapeutic cloning n clonage *m* thérapeutique.

therapist ['θerəpɪst] n thérapeute *mf*.

therapize ['θerəpaɪz] vt faire suivre une thérapie à.

therapy ['θerəpɪ] *(pl* **therapies**) n thérapie *f* ▸ **to go for** or **to be in therapy** suivre une thérapie.

there *(weak form* [ðəʳ], *strong form* [ðeəʳ]) ◆ adv **1.** [in or to a particular place] là, y / *they aren't there* ils ne sont pas là, ils n'y sont pas / *we never go there* nous n'y allons jamais / *who's there?* qui est là ? / *is Maureen there?* est-ce que Maureen est là ? / *see that woman there? that's Margot* tu vois cette femme là-bas ? c'est Margot / *so there we were / I was* donc, on était / j'étais là / *she got there in the end* **a)** [reached a place] elle a fini par arriver **b)** [completed a task] elle a fini par y arriver / *it's there on the desk* c'est là sur le bureau / *she just sat / stood there* elle était assise / debout là / *there it is* le voilà / *it's around there somewhere* c'est quelque part par là ▸ **back there** là-bas ▸ **in there** là-dedans ▸ **on there** là-dessus ▸ **over there** là-bas ▸ **under there** là-dessous / *that car there* cette voiture-là / *those cars there* ces voitures-là **2.** [available] là / *it's there if you need it* c'est là si tu en as besoin / *she's always been there for me* elle a toujours été là quand j'avais besoin d'elle **3.** [in existence] là / *I couldn't believe he was really there* je n'arrivais pas à croire qu'il était vraiment là / *the central problem is still there* le principal problème est toujours là **4.** [on or at a particular point] là / *we disagree there* or *there we disagree* nous ne sommes pas d'accord là-dessus / *there you're wrong* là vous vous trompez / *you're right there* là vous avez raison / *let's leave it there* restons-en là / *could I just stop you there?* puis-je vous interrompre ici ? / *as for the food, I've no complaints there* pour ce qui est de la nourriture, là, je n'ai pas à me plaindre / *you've got me there!* inf là, je ne sais pas quoi vous répondre or dire ! **5.** [drawing attention to someone or something] : *hello* or *hi there!* salut ! / *hey there!* hep, vous là-bas ! / *there they are!* les voilà ! / *there they come* les voilà (qui arrivent) / *there you go again!* ça y est, vous recommencez ! / *there she goes, complaining again!* voilà qu'elle recommence à se plaindre ! / *there's the bell, I must be going* tiens ça sonne, je dois partir / *there's gratitude for you* iro c'est beau la reconnaissance ! iro / *now finish your homework, there's a good boy* maintenant sois un grand garçon et finis tes devoirs **6.** PHR **to be not all** or **not quite there** : *he's not all* or *not quite there* **a)** [stupid] il n'a pas toute sa tête **b)** [senile] il n'a plus toute sa tête. ◆ pron ▸ **there is** *(before singular noun)* il y a ▸ **there are** *(before plural noun)* il y a ▸ **there is** or **there's a book on the table** il y a un livre sur la table / *there are some books on the table* il y a des livres sur la table / *there's a bus coming* il y a un bus qui arrive / *there's that girl I was telling you about before* il y a bien cette fille dont je t'ai déjà parlé / *what happens if there's a change of plan?* qu'est-ce qui se passe si on change d'idée ? / *there must have been a mistake* il a dû y avoir une erreur / *there were some pieces missing* il manquait des pièces / *there weren't any more, were there?* il n'en restait pas, si ? / *there's no stopping her* rien ne peut l'arrêter / *there's no knowing what he'll do next* il est impossible de prévoir ce qu'il fera ensuite / *there was no denying it* c'était indéniable / *there now follows a party political broadcast* formule annonçant la diffusion télévisée des messages électoraux des différents partis / *there comes a time when you have to slow down* il arrive un moment où il faut ralentir le rythme / *there still remain several points to be resolved* il reste encore plusieurs problèmes à résoudre / *there arose a murmur of disapproval* un murmure de désapprobation s'éleva. ◆ interj **1.** [soothing] : *there now, don't cry!* allons ! or là ! ne pleure pas ! / *there, that wasn't so bad, was it?* voilà, ça n'était pas si terrible que ça, si ? ▸ **there, there!** allez ! **2.** [aggressive] : *there now, what did I say?* voilà, qu'est-ce que je t'avais dit ? / *there, now you've made me lose count!* et voilà, tu m'as fait perdre le compte ! **3.** [after all] : *but, there, it's not surprising* mais enfin, ce n'est pas surprenant.

❖ **so there** adv phr voilà.

❖ **there again** adv phr après tout / *but there again, no one really knows* mais après tout, personne ne sait vraiment.

❖ **there and back** adv phr : *we did the trip there and back in three hours* nous avons fait l'aller retour en trois heures / *it will take you about an hour / cost you about £50 there and back* l'aller retour vous prendra à peu près une heure / vous coûtera environ 50 livres.

❖ **there and then, then and there** adv phr sur-le-champ / *I decided there and then to have no more to do with him* j'ai tout de suite décidé de ne plus avoir affaire à lui.

❖ **there you are, there you go** adv phr **1.** [never mind] : *it wasn't the ideal solution, but there you are* or *go* ce n'était pas l'idéal, mais enfin or mais qu'est-ce que vous voulez **2.** [I told you so] voilà, ça y est **3.** [here you are] tenez, voilà.

thereabout [ˈðeərəbaut] US = **thereabouts.**

thereabouts [ˈðeərəbauts] adv **1.** [indicating place] par là, dans les environs, pas loin / *somewhere thereabouts* quelque part par là **2.** [indicating quantity, weight] à peu près, environ **3.** [indicating price] environ / *£10 or thereabouts* 10 livres environ **4.** [indicating time] aux alentours de / *at 10 p.m. or thereabouts* aux alentours de 22 h, vers 10 h du soir.

thereafter [ˌðeərˈɑːftəʳ] adv *fml* **1.** [subsequently] par la suite **2.** [below] ci-dessous.

thereat [ˌðeərˈæt] adv *arch & fml* **1.** [of place] là **2.** [of time] alors.

thereby [ˌðeərˈbaɪ] adv **1.** *fml* de ce fait, ainsi **2.** PHR **thereby hangs a tale!** c'est une longue histoire !

therefore [ˈðeəfɔːʳ] adv donc, par conséquent.

therefrom [ˌðeəˈfrɒm] adv *arch & fml* de là.

therein [ˌðeərˈɪn] adv *fml* LAW **1.** [within] à l'intérieur / *the box and all that is contained therein* la boîte et son contenu **2.** [in that respect] là / *therein lies the difficulty* là est la difficulté.

thereof [ˌðeərˈɒv] adv *arch & fml* de cela, en / *all citizens of the republic are subject to the laws thereof* tous les citoyens de la république doivent se soumettre aux lois de celle-ci / *he ate thereof* il en mangea.

thereon [ˌðeərˈɒn] adv *arch & fml* **1.** [on that subject] là-dessus **2.** = **thereupon.**

there's abbr of **there is.**

thereto [ˌðeəˈtuː] adv *fml* LAW : *the letter attached thereto* la lettre ci-jointe / *a copy of the Bill and the amendments thereto* une copie du projet de loi et de ses amendements.

theretofore [ˌðeətuːˈfɔːʳ] adv *fml* LAW jusqu'alors, avant cela.

thereunder [ðeərˈʌndəʳ] adv *fml* LAW là-dessous, en dessous.

thereupon [ˌðeərəˈpɒn] adv *fml* **1.** [then] sur ce **2.** LAW [on that subject] à ce sujet, là-dessus.

therewith [ˌðeəˈwɪð] adv **1.** LAW [with] avec cela ; [in addition] en outre **2.** *arch* = **thereupon.**

therm [θɜːm] n UK ≃ 1,055 x 10^8 joules *(unité de chaleur).*

thermal [ˈθɜːml] ◆ adj **1.** PHYS [energy, insulation] thermique ; [conductor, unit] thermique, de chaleur ▸ **thermal shield** bouclier *m* thermique **2.** [spring, stream] thermal ▸ **thermal baths** thermes *mpl* **3.** [underwear] en chlorofibres, en Rhovyl® or Thermolactyl®. ◆ n AERON & METEOR thermique *m*, ascendance *f* thermique.

❖ **thermals** pl n [thermal underwear] sous-vêtements *mpl* en chlorofibres.

thermal expansion n ECOL expansion *f* thermique.

thermal imaging n thermographie *f.*

thermal paper n papier *m* thermique.

thermal printer n imprimante *f* thermique.

thermal reactor n réacteur *m* thermique.

thermic [ˈθɜːmɪk] adj PHYS thermique.

thermionic [ˌθɜːmɪˈɒnɪk] adj thermoïonique ▸ **thermionic valve** UK, **thermionic tube** US tube *m* thermoïonique or thermoélectronique.

thermocouple [ˈθɜːməʊkʌpl] n thermocouple *m.*

thermodynamic [ˌθɜːməʊdaɪˈnæmɪk] adj thermodynamique.

thermodynamics [ˌθɜːməʊdaɪˈnæmɪks] n *(U)* thermodynamique *f.*

thermoelectric(al) [ˌθɜːməʊɪˈlektrɪk(l)] adj thermoélectrique.

thermoelectricity [ˌθɜːməʊɪlekˈtrɪsətɪ] n thermoélectricité *f.*

thermograph [ˌθɜːməʊˈgrɑːf] n thermographe *m.*

thermography [θɜːˈmɒgrəfɪ] n thermographie *f.*

thermoluminescence [ˌθɜːməʊluːmɪˈnesəns] n thermoluminescence *f.*

thermometer [θəˈmɒmɪtəʳ] n thermomètre *m.*

thermonuclear [ˌθɜːməʊˈnjuːklɪəʳ] adj thermonucléaire.

thermopile [ˈθɜːməʊpaɪl] n thermopile *f.*

thermoplastic [ˌθɜːməʊˈplæstɪk] ◆ adj thermoplastique. ◆ n thermoplastique *m.*

Thermos® [ˈθɜːmɒs] n ▸ **Thermos (flask)** Thermos® *f.*

thermosetting [ˈθɜːməʊˌsetɪŋ] adj thermodurcissable.

thermostat [ˈθɜːməstæt] n thermostat *m.*

thermostatic [ˌθɜːməˈstætɪk] adj thermostatique.

thermostatically [ˌθɜːməˈstætɪklɪ] adv ▸ **thermostatically controlled** contrôlé par thermostat.

thesaurus [θɪˈsɔːrəs] *(pl* **thesauri** [-raɪ] *or* **thesauruses** [-sɪz]) n **1.** [book of synonyms] ≃ dictionnaire *m* analogique **2.** COMPUT thésaurus *m.*

these [ðiːz] pl ⟶ **this.**

Theseus [ˈθiːsjuːs] pr n Thésée.

thesis [ˈθiːsɪs] *(pl* **theses** [-siːz]) n [gen & UNIV] thèse *f.*

thespian [ˈθespɪən] *fml & hum* ◆ adj dramatique, de théâtre. ◆ n acteur *m*, -trice *f.*

Thessalonians [ˌθesəˈləʊnjənz] pl n Thessaloniciens *mpl* / *the Epistle of Paul to the Thessalonians* l'Épître de saint Paul aux Thessaloniciens.

Thessaly [ˈθesəlɪ] pr n Thessalie *f* / *in Thessaly* en Thessalie.

they [ðeɪ] pron ils *mpl*, elles *fpl* ; [stressed form] eux *mpl*, elles *fpl* / *they've left* ils sont partis / *THEY bought the flowers* ce sont eux qui ont acheté les fleurs / *oh, there they are!* ah, les voilà ! / *they say that...* on prétend que…

See box at lui.

they'd [ðeɪd] **1.** abbr of **they had 2.** abbr of **they would.**

they'll [ðeɪl] abbr of **they will.**

they're [ðeəʳ] abbr of **they are.**

they've [ðeɪv] abbr of **they have.**

thiamin [ˈθaɪəmiːn] n thiamine *f.*

thiazol(e) [ˈθaɪəzəʊl] n thiazole *m.*

thick [θɪk] ◆ adj **1.** [wall, slice, writing] épais (épaisse), gros (grosse) ; [print] gras (grasse) ; [lips] épais, charnu ; [shoes, boots] gros (grosse) / *the boots have a thick fur lining* les bottes sont doublées de fourrure épaisse / *the snow was thick on the ground* il y avait une épaisse couche de neige sur le sol / *the boards are 20 cm thick* les planches ont une épaisseur de 20 cm, les planches font 20 cm d'épaisseur ▸ **to give sb a thick ear** UK donner une gifle à qqn / *he got a thick ear* il a reçu une bonne gifle **2.** [beard, eyebrows, hair] épais, touffu ; [grass, forest, crowd] épais (épaisse), dense ▸ **to be thick on the ground** : *pubs are not very thick on the ground round here* les pubs sont plutôt rares par ici **3.** [soup, cream, sauce] épais ▸ **to become** or **to get thick** épaissir, durcir **4.** [fog, smoke] épais, dense ; [clouds] épais ; [darkness, night] profond / *the air is rather thick in here* on respire mal ici / *my head feels a bit thick this morning* inf j'ai un peu mal au crâne ce matin **5.** : *thick with* : *the shelves were thick with dust* les étagères étaient recouvertes d'une épaisse couche de poussière / *the air was thick with smoke* **a)** [from smokers] la pièce était enfumée **b)** [from fire, guns] l'air était empli d'une épaisse fumée / *the streets were thick with police* les rues étaient pleines de policiers **6.** [voice - with emotion] voilé ; [- after late night, drinking] pâteux **7.** [accent] fort, prononcé **8.** *inf* [intimate] intime, très lié / *he's very thick with the boss* il est très bien avec le chef, lui et le chef sont comme les deux doigts de la main ▸ **to be as thick as thieves** : *those two are as thick as thieves* ces deux-là s'entendent comme larrons en foire **9.** *inf* [stupid] obtus, bouché ▸ **to be as thick as two short planks** or **as a brick** : *he's as thick as two short planks* or *as a brick* il est bête comme ses pieds **10.** UK *inf* [unreasonable] ▸ **that's** or **it's a bit thick** ça, c'est un peu dur à avaler or fort or raide / *it's a bit thick expecting us to pay* nous demander de payer, ils abusent. ◆ adv [spread] en couche épaisse ; [cut] en tranches épaisses, en grosses tranches / *the snow lay thick on the ground* il y avait une épaisse couche de neige sur le sol / *the grass grows thick at the bottom of the hill* l'herbe pousse dru en bas de la colline ▸ **thick and fast** : *arrows started falling thick and fast around them* les flèches pleuvaient autour d'eux / *invitations / phone calls began to come in thick and fast* il y eut une avalanche d'invitations / de coups de téléphone ▸ **to lay it on thick** en rajouter. ◆ n phr ▸ **to stick** or **to stay with sb through thick and thin** rester fidèle à qqn contre vents et marées or quoi qu'il arrive.

❖ **in the thick of** prep phr au milieu or cœur de, en plein, en plein milieu de / *in the thick of the battle* en plein milieu or au plus fort de la bataille / *in the thick of the discussion* en pleine discussion / *he's really in the thick of it* [dispute, activity] il est vraiment dans le feu de l'action.

thicken [ˈθɪkn] ◆ vi **1.** [fog, clouds, smoke] s'épaissir, devenir plus épais ; [bushes, forest] s'épaissir **2.** [sauce] épaissir ; [jam, custard] durcir **3.** [crowd] grossir **4.** [mystery] s'épaissir / *the plot thickens* les choses se compliquent or se corsent, l'histoire se corse. ◆ vt [sauce, soup] épaissir.

thickener ['θɪknəʳ] n [for sauce, soup] liant *m* ; [for oil, paint] épaississant *m*.

thickening ['θɪknɪŋ] ◆ n **1.** [of fog, clouds, smoke] épaississement *m* ; [of sauce] liaison *f* **2.** CULIN [thickener] liant *m*. ◆ adj [agent] épaississant ; [process] d'épaississement.

thicket ['θɪkɪt] n fourré *m*.

thickhead ['θɪkhed] n *inf* bêta *m*, -asse *f*, imbécile *mf*, andouille *f*.

thickheaded [,θɪk'hedɪd] adj *inf* obtus, bouché.

thickie ['θɪkɪ] (*pl* **thickies**) n UK *inf* bêta *m*, -asse *f*, imbécile *mf*, andouille *f*.

thickly ['θɪklɪ] adv **1.** [spread] en couche épaisse ; [cut] en tranches épaisses / *the windows were thickly covered in* or *with ice* les vitres étaient recouvertes d'une épaisse couche de givre / *thickly buttered toast* pain grillé avec une épaisse couche de beurre **2.** [densely] dru / *to grow thickly* [vegetation, beard] pousser dru / *thickly populated* très peuplé, à forte densité de population / *the snow fell thickly* la neige tombait dru **3.** [speak] d'une voix rauque or pâteuse.

thickness ['θɪknɪs] n **1.** [of wall, snow, layer] épaisseur *f* ; [of string, bolt] épaisseur *f*, grosseur *f* **2.** [of beard, hair] épaisseur *f*, abondance *f* **3.** [of fog, smoke, forest] épaisseur *f*, densité *f*.

thicko ['θɪkəʊ] n *v inf* débile *mf*.

thickset [,θɪk'set] adj trapu, costaud.

thick-skinned [-'skɪnd] adj peu sensible, qui a la peau dure / *she's very thick-skinned* elle est capable de supporter beaucoup de choses.

thicky ['θɪkɪ] (*pl* **thickies**) UK *inf* = **thickie.**

thief [θi:f] (*pl* **thieves** [θi:vz]) n voleur *m*, -euse *f* ▸ **stop thief!** au voleur ! ▸ **thieves' kitchen** repaire *m* de brigands / **'The Thief of Baghdad'** *Powell* 'le Voleur de Bagdad'.

thieve [θi:v] vi & vt *inf* voler.

thieves [θi:vz] pl ⟶ **thief.**

thieving ['θi:vɪŋ] *inf* ◆ adj voleur ▸ **keep your thieving hands off!** pas touche !, bas les pattes ! / **'The Thieving Magpie'** *Rossini* 'la Pie voleuse'. ◆ n *(U)* vol *m*, vols *mpl*.

thigh [θaɪ] n cuisse *f*.

thighbone ['θaɪbəʊn] n fémur *m*.

thigh boots, thigh-high boots pl n cuissardes *fpl*.

thigh-length adj [dress, coat] qui descend jusqu'à mi-cuisse ▸ **thigh-length boots** cuissardes *fpl*.

thimble ['θɪmbl] n dé *m* à coudre.

thimbleful ['θɪmblfʊl] n *fig* [of liquid] doigt *m*, goutte *f*.

thin [θɪn] (*compar* **thinner** ; *superl* **thinnest**, *pt & pp* **thinned**, *cont* **thinning**) ◆ adj **1.** [layer, wall, wire, etc.] mince, fin ; [person, leg, neck] mince, maigre ; [clothing, blanket] léger, fin ; [carpet] ras ; [crowd] peu nombreux, épars ▸ **to become** or **to get** or **to grow thin** [person] maigrir ▸ **to be as thin as a rake** UK or **as a rail** US : *he's as thin as a rake* il est maigre comme un clou ▸ **it's the thin end of the wedge** cela ne présage rien de bon ▸ **to be thin on the ground** : *cheap hotels are thin on the ground* les hôtels bon marché sont rares **2.** [beard, hair] clairsemé / *he's getting a bit thin on top* il commence à perdre ses cheveux, il se dégarnit **3.** [soup, sauce] clair ; [cream] liquide ; [paint, ink] délayé, dilué ; [blood] appauvri, anémié **4.** [smoke, clouds, mist] léger ; [air] raréfié ▸ **to vanish into thin air** : *she seemed to vanish into thin air* elle semblait s'être volatilisée **5.** [excuse, argument] mince, peu convaincant / *the report is rather thin on facts* le rapport ne présente pas beaucoup de faits concrets **6.** [profits] maigre ▸ **to have a thin time of it** passer une période or un moment difficile **7.** [voice] grêle. ◆ adv [spread] en fine couche, en couche mince ; [cut] en tranches minces or fines. ◆ vt [sauce, soup] allonger, délayer, éclaircir. ◆ vi [crowd] s'éclaircir, se disperser ; [fog] se lever, devenir moins dense or épais ; [smoke] devenir moins dense or épais ; [population] se réduire / *his hair is thinning* il perd ses cheveux.

❖ **thin down** ◆ vt sep [sauce, soup] allonger, éclaircir, délayer ; [paint] délayer, diluer. ◆ vi [person] maigrir.

❖ **thin out** ◆ vt sep [plants] éclaircir. ◆ vi [crowd] se disperser ; [population] se réduire, diminuer ; [fog] se lever.

thin-bodied adj [wine] maigre.

thine [ðaɪn] *arch* ◆ poss adj BIBLE ton *m*, ta *f*, tes *mf pl*. ◆ pron BIBLE le tien *m*, la tienne *f*, les tiens *mpl*, les tiennes *fpl* ▸ **for thee and thine** pour toi et les tiens.

thing [θɪŋ]

◆ n

A. CONCRETE - OBJECT OR ACTIVITY
B. ABSTRACT - IDEA OR REMARK
C. OTHER USES

A. CONCRETE - OBJECT OR ACTIVITY **1.** [object, item] chose *f*, objet *m* / *what's that yellow thing on the floor?* qu'est-ce que c'est que ce truc jaune par terre ? / *what's that thing for?* à quoi ça sert, ça ? / *what's this knob thing for?* à quoi sert cette espèce de bouton ? / *where's my hat? I can't find the thing anywhere* où est mon chapeau ? je ne le trouve nulle part / *the only thing I could hear was a dripping tap* la seule chose que j'entendais c'était un robinet qui fuyait / *any idea how to work this thing?* tu sais comment ça marche ? / *I had to rewrite the whole thing* j'ai dû tout réécrire / *the thing he loves most is his pipe* ce qu'il aime le plus, c'est sa pipe / *I need a few things from the shop* j'ai besoin de faire quelques courses / *she loves books and posters and things* elle aime les livres, les posters, ce genre de choses / *he likes making things with his hands* il est très manuel / *she enjoys the good things in life* elle apprécie les bonnes choses de la vie / *I must be seeing things* je dois avoir des visions / *I must be hearing things* je dois rêver, j'entends des voix / *things that go bump in the night hum* les bruits *mpl* étranges de la nuit / *they were treated as things not people* on les traitait comme des choses, pas comme des êtres humains **2.** [activity, event] chose *f* / *he likes things like gardening* il aime le jardinage et les choses dans ce goût-là / *she's still into this art thing in a big way inf* elle est encore très branchée art / *the thing to do is to pretend you're asleep* vous n'avez qu'à faire semblant de dormir / *the first thing to do is (to) ring the police* la première chose à faire, c'est d'appeler la police / *the next thing on the agenda* le point suivant à l'ordre du jour / *it's the best thing to do* c'est ce qu'il y a de mieux à faire / *that was a silly thing to do!* ce n'était pas la chose à faire ! / *how could you do such a thing?* comment avez-vous pu faire une chose pareille ? / *I have lots of things to do* j'ai des tas de choses à faire / *she certainly gets things done* avec elle, ça ne traîne pas **3.** [in negative clauses] : *I don't know a thing about what happened* j'ignore tout de ce qui s'est passé / *not a thing was overlooked* pas un détail n'a été négligé / *I didn't understand a thing she said* je n'ai rien compris à ce qu'elle disait, je n'ai pas compris un mot de ce qu'elle disait / *we couldn't do a thing about it* nous n'y pouvions absolument rien / *I couldn't do a thing to help* je n'ai rien pu faire pour me rendre utile / *she hadn't got a thing on* elle était entièrement nue / *I haven't got a thing to wear* je n'ai rien à me mettre sur le dos **4.** [creature, being] créature *f*, être *m* / *the thing he loves most is his dog* ce qu'il aime le plus, c'est son chien / *there wasn't a living thing around* il n'y avait pas âme qui vive / *what a sweet little thing!* quel amour ! / *she's a dear old thing* c'est une charmante petite vieille / *you silly thing* espèce d'idiot / *poor thing!* **a)** [said about somebody] le / la pauvre ! **b)** [said to somebody] mon / ma pauvre ! **c)** [animal] (la) pauvre bête ! **5.** [monster] : *the thing from outer space* le monstre de l'espace.

B. ABSTRACT - IDEA OR REMARK **1.** [idea, notion] idée *f*, chose *f* / *the best thing would be to ask them* le mieux serait de leur demander / *it would be a good thing if we all went together* ce serait une bonne chose que nous y allions tous ensemble / *it's a good thing (for you) no one knew* heureusement (pour vous) que personne ne savait ▸ **to be on to a good thing** être sur une bonne affaire ▸ **to know a thing or two about sthg** s'y connaître en qqch / *I could show him a thing or two about hang gliding* je pourrais lui apprendre une ou deux petites choses en deltaplane **2.** [matter, question] chose *f*, question *f* / *the thing is, we can't really afford it* le problème, c'est qu'on n'a pas vraiment les moyens / *the thing is, will she want to come?* le problème c'est qu'on ne sait pas si elle voudra venir / *the main thing is to succeed* ce qui importe, c'est de réussir / *the important thing is not to stop* ce qui compte, c'est de ne pas arrêter ▸ **it's one thing to talk but quite another to act** parler est une chose, agir en est une autre / *we talked of one thing and another* nous avons parlé de choses et d'autres / *what with one thing and another, I haven't had time* avec tout ce qu'il y avait à faire, je n'ai pas eu le temps ▸ **if it's not one thing, it's another** ça ne s'arrête jamais ▸ **taking one thing with another** à tout prendre, somme toute **3.** [remark] : *that's not a very nice thing to say* ce n'est pas très gentil de dire ça / *she said some nasty things about him* elle a dit des méchancetés sur lui / *how can you say such a thing?* comment pouvez-vous dire une chose pareille ? / *I said no such thing!* je n'ai rien dit de tel ! / *I said the first thing that came into my head* j'ai dit la première chose qui m'est venue à l'esprit **4.** [quality, characteristic] chose *f* / *one of the things I like about her is her sense of humour* une des choses que j'aime chez elle, c'est son sens de l'humour / *the town has a lot of things going for it* la ville a beaucoup de bons côtés.

C. OTHER USES **1.** *inf* [strong feeling] ▸ **to have a thing about sthg a)** [like] aimer qqch **b)** [dislike] ne pas aimer qqch / *I have a thing about jazz* **a)** [like] j'aime vraiment le jazz **b)** [dislike] je n'aime vraiment pas le jazz / *he has a thing about red hair* **a)** [likes] il adore les cheveux roux **b)** [dislikes] il a quelque chose contre les cheveux roux / *it's a bit of a thing with me* **a)** [like] j'aime assez ça **b)** [dislike] c'est ma bête noire **2.** [interest] : *it's not really my thing* ce n'est pas vraiment mon truc ▸ **to do one's own thing** : *he went off to the States to do his own thing* il est parti aux États-Unis vivre sa vie **3.** [what is needed, required] idéal *m* / *hot cocoa is just the thing on a winter's night* un chocolat chaud c'est l'idéal les soirs d'hiver / *that's the very thing for my bad back!* c'est juste ce dont j'avais besoin pour mon mal de dos ! **4.** [fashion] mode *f* / *it's the latest thing in swimwear* c'est la dernière mode en matière de maillots de bain / *it's quite the thing* c'est très à la mode / *natural food is the thing just now* les aliments biologiques sont la grande mode en ce moment / *a thing of the past* une chose du passé **5.** [fuss] ▸ **to make a big thing about sthg** faire (tout) un plat de qqch / *he made a big thing out of my not going* il a fait tout un plat parce que je n'y allais pas / *there's no need to make a big thing out of it!* ce n'est pas la peine d'en faire tout un plat or toute une montagne ! **6.** [relationship] ▸ **to have a thing with sb** avoir une liaison avec qqn.

❖ **things** pl n **1.** [belongings] effets *mpl*, affaires *fpl* ; [clothes] affaires *fpl* ; [equipment] affaires *fpl*, attirail *m* ; [tools] outils *mpl*, ustensiles *mpl* / *put your things away* ramassez vos affaires / *take your wet things off* enlevez vos affaires humides / *you can take your things off in the bedroom* vous pouvez vous déshabiller dans la chambre / *have you brought your fishing / swimming things?* avez-vous apporté votre attirail de pêche / vos affaires de piscine ? / *have you washed the breakfast things?* as-tu fait la vaisselle du petit déjeuner ? / *to take the tea things away* desservir la table (après le thé) **2.** [situation, circumstances] choses *fpl* / *how's inf* or *how are things?* comment ça va ? / *things are getting better* les choses vont mieux / *things began to get rather dangerous* les choses ont commencé à devenir assez dangereuses / *I feel rather out of things* je n'ai pas l'impression d'être vraiment dans le bain / *you take things too seriously* vous prenez les choses trop au sérieux / *I need time to think things over* j'ai besoin de temps pour réfléchir ▸ **as things are** or **stand, things being what they are** dans l'état actuel des choses, les choses étant ce qu'elles sont

▸ **it's just one of those things** ce sont des choses qui arrivent **3.** [specific aspect of life] choses *fpl* / *things of the mind* les choses de l'esprit / *she's interested in all things French* elle s'intéresse à tout ce qui est français / *moderation in all things* de la modération en tout / *she wants to be an airline pilot of all things!* elle veut être pilote de ligne, non mais vraiment ! **4.** [facts, actions, etc.] choses *fpl* / *they did terrible things to their prisoners* ils ont fait des choses atroces à leurs prisonniers / *I've heard good things about his work* on dit du bien de son travail **5.** LAW [property] biens *mpl*.

❖ **for one thing** adv phr (tout) d'abord ▸ **for one thing... and for another** (tout) d'abord... et puis / *well for one thing, we can't afford it* pour commencer, nous n'en avons pas les moyens.

thingahoochie ['θɪŋə,hu:ʧɪ] n US *inf* truc *m*.

thingamabob ['θɪŋəmə,bɒb], **thingamajig** ['θɪŋəmədʒɪg], **thingumajig** ['θɪŋəmədʒɪg], **thingummy** ['θɪŋəmɪ] n *inf* machin *m*, truc *m*, bidule *m* / *do you remember Mr thingamabob?* tu te souviens de M. Machin ?

thingy ['θɪŋɪ] n *inf* [object] truc *m*, bidule *m*, machin *m*, bitoniau *m* / *have you seen the thingy for the food processor?* tu as vu le bitoniau du robot de cuisine ? ; [person] Machin-Chose, Trucmuche / *I saw thingy who you used to work with last week* la semaine dernière, j'ai vu Machin-Chose avec qui tu travaillais dans le temps.

think [θɪŋk] (*pt & pp* **thought** [θɔ:t]) ◆ vi **1.** [reason] penser, raisonner ▸ **to think for oneself** se faire ses propres opinions / *sorry, I wasn't thinking clearly* désolé, je n'avais pas les idées claires ▸ **to think aloud** penser tout haut ▸ **to think big** *inf* voir les choses en grand / *she always thinks big* elle voit toujours les choses en grand / *think big!* sois ambitieux ! / *think thin!* pensez minceur ! ▸ **to think on one's feet** réfléchir vite / *you couldn't hear yourself think* il n'était pas possible de se concentrer ▸ **to think straight** : *I can't think straight with this headache* ce mal de tête m'embrouille les idées **2.** [ponder, reflect] penser, réfléchir / *he thought for a moment* il a réfléchi un instant / *she doesn't say much but she thinks a lot* elle ne dit pas grand-chose, mais elle n'en pense pas moins / *think before you speak* réfléchissez avant de parler / *think again!* **a)** [reconsider] repensez-y ! **b)** [guess] vous n'y êtes pas, réfléchissez donc ! / *let me think* laisse-moi réfléchir / *think carefully before deciding* réfléchissez bien avant de vous décider / *I thought hard* j'ai beaucoup réfléchi / *I thought twice before accepting* j'ai réfléchi à deux fois avant d'accepter / *to act without thinking* agir sans réfléchir / *that's what set me thinking* c'est ce qui m'a fait réfléchir **3.** [imagine] (s')imaginer / *if you think I'd lend you my car again...* si tu t'imagines que je te prêterai encore ma voiture... / *just think!* imaginez(-vous) un peu ! / *just think, you might have married him!* imagine(-toi) que tu aurais pu l'épouser ! **4.** [believe, have as opinion] penser, croire / *she thinks as I do* elle pense comme moi / *to her way of thinking* à son avis / *it's a lot harder than I thought* c'est beaucoup plus difficile que je ne croyais / *oh, he's so honest, I don't think!* honnête, mon œil, oui ! ◆ vt **1.** [ponder, reflect on] penser à, réfléchir à / *he was thinking what they could do next* il se demandait ce qu'ils allaient pouvoir faire ensuite / *I'm thinking how to go about it* je me demande comment il faudrait s'y prendre / *I was just thinking how ironic it all is* je pensais simplement à l'ironie de la chose / *guess what we're thinking* essaye de deviner à quoi nous pensons / *I kept thinking "why me?"* je n'arrêtais pas de me dire : pourquoi moi ? / *I'm happy to think she's not all alone* je suis content de savoir qu'elle n'est pas toute seule ▸ **to think deep / evil thoughts** avoir des pensées profondes / de mauvaises pensées **2.** [believe] penser, croire / *I think so* je crois / *I think not* je ne crois pas / *he's a crook — I thought so* or *I thought as much* c'est un escroc — je m'en doutais / *I think you mean Johnson not Boswell* je crois que tu veux dire Johnson, pas Boswell / *more tea? — I don't think I will, thank you* encore un peu de thé ? — non merci, je ne pense pas / *she didn't think he would actually leave* elle ne pensait pas qu'il partirait vraiment / *she thinks you should leave town* elle croit que tu devrais quitter la ville / *they asked me what I thought* ils m'ont demandé mon avis / *what does he think I should do?* que pense-t-il or croit-il que je doive faire ? / *he wants cream walls — what do you think?* il veut des murs crème — qu'est-ce que tu en penses ? / *I thought I heard a noise* j'ai cru or il m'a semblé entendre un bruit / *it's expensive, don't you think?* c'est cher, tu ne trouves pas ? / *I don't know what to think* je ne sais pas quoi penser / *he thinks he knows everything* il croit tout savoir / *she thinks she's talented* elle se croit or se trouve douée / *that's what you think!* tu te fais des illusions ! / *what will people think?* qu'en dira-t-on ?, qu'est-ce que les gens vont penser ? / *anyone would think he owned the place* on croirait que c'est lui le propriétaire / *anybody would think it was Sunday* on dirait un dimanche / *(just) who does he think he is?* (mais) pour qui se prend-il ? / *you always think the best* / *the worst of everyone* vous avez toujours une très bonne / mauvaise opinion de tout le monde **3.** [judge, consider] juger, considérer / *we think the rule unfair* nous trouvons le règlement injuste / *you must think me very nosy* vous devez me trouver très curieux / *she is thought to be one of the best* on dit qu'elle fait partie des meilleurs / *if you think it necessary* si vous le jugez nécessaire **4.** [imagine] (s')imaginer / *I can't think why he refused* je ne vois vraiment pas pourquoi il a refusé / *you'd think she'd be pleased* elle devrait être contente / *who'd have thought she'd become president!* qui aurait dit qu'elle serait un jour présidente ! / *who'd have thought it!* qui l'eût cru ! / *just think what we can do with all that money!* imaginez ce qu'on peut faire avec tout cet argent ! / *and to think she did it all by herself* et dire or quand on pense qu'elle a fait cela toute seule **5.** [remember] penser à, se rappeler / *I can't think what his name is* je n'arrive pas à me rappeler son nom, son nom m'échappe / *he couldn't think which countries belonged to the EC* il n'arrivait pas à se rappeler quels pays étaient membres de la CE ▸ **to think to do sthg** penser à faire qqch / *they didn't think to invite her* ils n'ont pas pensé à l'inviter / *did you think to buy some bread?* as-tu pensé à acheter du pain ? **6.** [expect] penser, s'attendre à / *I don't think she'll come* je ne pense pas qu'elle viendra or vienne / *I didn't think to find you here* je ne m'attendais pas à vous trouver ici **7.** [have as intention] : *I think I'll go for a walk* je crois que je vais aller me promener **8.** [in requests] : *do you think you could help me?* pourriez-vous m'aider ? ◆ n : *we've had a think about it* nous y avons réfléchi / *she had a good think about their offer* elle a bien réfléchi à leur proposition / *I'll have another think about it* je vais encore y réfléchir ▸ **you've got another think coming!** *inf* tu te fais des illusions !

❖ **think about** vt insep **1.** [ponder, reflect on] ▸ **to think about sthg / doing sthg** penser à qqch / à faire qqch / *what are you thinking about?* à quoi pensez-vous ? / *we were just thinking about the holidays* nous pensions justement aux vacances / *I've thought about your proposal* j'ai réfléchi à votre proposition / *it's not a bad idea, if you think about it* ce n'est pas une mauvaise idée, si tu réfléchis bien / *she's thinking about starting a business* elle pense à or envisage de monter une affaire / *we'll think about it* nous allons y penser or réfléchir / *she has a lot to think about just now* elle est très préoccupée en ce moment / *there's so much to think about when you buy a house* il y a tant de choses à prendre en considération quand on achète une maison / *the conference gave us much to think about* la conférence nous a donné matière à réflexion / *I'll give you something to think about!* je vais te donner de quoi réfléchir ! **2.** [consider seriously] penser / *all he thinks about is money* il n'y a que l'argent qui l'intéresse / *he's always thinking about food — what else is there to think about?* il ne pense qu'à manger — c'est ce qu'il y a de plus intéressant, non ?

❖ **think ahead** vi prévoir / *you have to learn to think ahead* il faut apprendre à prévoir.

❖ **think back** vi ▸ **to think back to sthg** se rappeler qqch / *think back to that night* essayez de vous souvenir de or vous rappeler cette nuit-là / *I thought back over the years* j'ai repensé aux années passées.

❖ **think of** vt insep **1.** [have as tentative plan] penser à, envisager de / *she's thinking of starting a business* elle pense à or envisage de monter une affaire **2.** [have in mind] : *whatever were you thinking of?* où avais-tu la tête ? ▸ **come to think of it** : *come to think of it, that's not a bad idea* à la réflexion, ce n'est pas une mauvaise idée **3.** [remember] penser à, se rappeler / *I can't think of the address* je n'arrive pas à me rappeler l'adresse / *he couldn't think of the name* il ne se rappelait pas le nom, le nom ne lui venait pas / *that makes me think of my childhood* ça me rappelle mon enfance **4.** [come up with - idea, solution] : *she's the one who thought of double-checking it* c'est elle qui a eu l'idée de le vérifier / *it's the only way they could think of doing it* ils ne voyaient pas d'autre façon de s'y prendre / *I thought of the answer* j'ai trouvé la réponse / *I've just thought of something, she'll be out* j'avais oublié or je viens de me rappeler, elle ne sera pas là / *I've just thought of something else* il y a autre chose or ce n'est pas tout / *I'd never have thought of that* je n'y aurais jamais pensé / *whatever will they think of next?* qu'est-ce qu'ils vont bien pouvoir trouver ensuite ? / *think of a number between 1 and 10* pensez à un chiffre entre 1 et 10 / *I thought better of it* je me suis ravisé / *he thought nothing of leaving the baby alone for hours at a time* il trouvait (ça) normal de laisser le bébé seul pendant des heures / *thank you — think nothing of it!* merci — mais je vous en prie or mais c'est tout naturel ! **5.** [judge, have as opinion] estimer / *what do you think of the new teacher?* comment trouvez-vous le or que pensez-vous du nouveau professeur ? / *she thinks very highly of* or *very well of him* elle a une très haute opinion de lui / *he thinks of himself as an artist* il se prend pour un artiste / *as a doctor she is very well thought of* elle est très respectée en tant que médecin / *I hope you won't think badly of me if I refuse* j'espère que vous ne m'en voudrez pas si je refuse / *I don't think much of that idea* cette idée ne me dit pas grand-chose / *he doesn't think much of his brother* il n'a pas une haute opinion de son frère **6.** [imagine] penser à, imaginer / *I always thought of her as being blonde* je la croyais blonde / *just think of it, me as president!* imaginez un peu : moi président !, vous m'imaginez président ? / *when I think of how things might have turned out* quand je pense à la manière dont les choses auraient pu finir / *you might have married him, think of that!* tu aurais pu l'épouser, imagine un peu ! **7.** [take into consideration] penser à, considérer / *I have my family to think of* il faut que je pense à ma famille / *she never thinks of anyone but herself* elle ne pense qu'à elle-même / *think of your mother's feelings* pense un peu à ta mère / *he never thinks of her* il n'a aucun égard or aucune considération pour elle / *you never think of the expense* tu ne regardes jamais à la dépense / *think of how much it will cost!* pense un peu à ce que ça va coûter ! / *you can't think of everything* on ne peut pas penser à tout.

❖ **think out** vt sep [plan] élaborer, préparer ; [problem] bien étudier or examiner ; [solution] bien étudier / *it needs thinking out* cela demande mûre réflexion / *a carefully thought-out answer* une réponse bien pesée / *a well-thought-out plan* un projet bien conçu or ficelé.

❖ **think over** vt sep bien examiner, bien réfléchir à / *we'll have to think it over* il va falloir que nous y réfléchissions / *this needs thinking over* cela mérite réflexion / *think the offer over carefully* réfléchissez bien à cette proposition / *on thinking things over we've decided not to sell the house* réflexion faite, on a décidé de ne pas vendre la maison / *I need some time to think things over* j'ai besoin de temps pour réfléchir.

❖ **think up** vt sep [excuse, plan] trouver.

See box at croire.

Note that when used negatively, **penser que** is followed by a verb in the subjunctive:

I think we should go now. *Je pense qu'il faut* **(indicative)** *partir maintenant.*

But

I don't think we should worry. *Je ne pense pas qu'il faille* **(subjunctive)** *s'inquiéter.*

thinkable ['θɪŋkəbl] adj pensable, concevable, imaginable.

thinker ['θɪŋkəʳ] n penseur *m*, -euse *f* / **'The Thinker'** *Rodin* 'le Penseur'.

thinking ['θɪŋkɪŋ] ◆ adj [person] pensant, rationnel, qui réfléchit / *it's the thinking man's answer to pulp fiction* c'est un roman de hall de gare en plus intelligent. ◆ n **1.** [act] pensée *f*, pensées *fpl*, réflexion *f* / *I've done some serious thinking about the situation* j'ai bien or sérieusement or mûrement réfléchi à la situation **2.** [opinion, judgment] point *m* de vue, opinion *f*, opinions *fpl* / *my thinking on disarmament has changed* mes opinions sur le désarmement ont changé / *she finally came round to my way of thinking* elle s'est finalement ralliée à mon point de vue / *to his way of thinking it was wrong* pour lui, ce n'était pas bien.

thinking cap n ▸ **to put on one's thinking cap** *inf & fig* se mettre à réfléchir, cogiter.

think tank n groupe *m* d'experts.

thinly ['θɪnlɪ] adv [spread] en couche mince ; [cut] en fines tranches / *a thinly disguised insult* une insulte à peine voilée / *a thinly clad child* un enfant insuffisamment or trop légèrement vêtu / *the area is thinly populated* la région n'est pas très peuplée.

thinner ['θɪnəʳ] ◆ compar ⟶ **thin.** ◆ n [solvent] diluant *m*.

thinness ['θɪnnɪs] n **1.** [of layer, wall] minceur *f*, finesse *f* ; [of person] minceur *f*, maigreur *f* ; [of wire] finesse *f* ; [of clothing, blanket, carpet] légèreté *f*, finesse *f* **2.** [of beard, hair] finesse *f*, rareté *f* **3.** [of excuse] faiblesse *f*, insuffisance *f*.

thin-skinned [-'skɪnd] adj *fig* susceptible.

third [θɜːd] ◆ det troisième ▸ **third finger** annulaire *m* ▸ **third person** GRAM troisième personne *f* / *in the third person* à la troisième personne ▸ **third time lucky** la troisième fois sera la bonne / **'The Third Man'** *Greene, Reed* 'le Troisième Homme'. ◆ n **1.** [gen] troisième *mf* **2.** [fraction] tiers *m* **3.** MUS tierce *f* **4.** AUTO ▸ **third (gear)** troisième *f* / *in third (gear)* en troisième **5.** UK UNIV ≃ licence *f* sans mention. ◆ adv en troisième place *f* or position *f*. **See also fifth.**

third base n [in baseball] troisième base *f*.

third class ◆ n **1.** [for travel] troisième classe *f* ; [for accommodation] troisième catégorie *f* **2.** US [for mail] ≃ tarif *m* « imprimés » ; ≃ tarif *m* lent. ◆ adv **1.** [travel] en troisième classe **2.** US ▸ **to mail a package third class** ≃ envoyer un colis au tarif lent.

❖ **third-class** adj **1.** [ticket, compartment] de troisième classe ; [hotel, accommodation] de troisième catégorie **2.** [inferior - merchandise] de qualité inférieure, de pacotille ; [- restaurant] de qualité inférieure **3.** UK UNIV ▸ **third-class degree** ≃ licence *f* sans mention **4.** US [mail] au tarif « imprimés », au tarif lent.

third degree n *inf* ▸ **to get the third degree** passer à l'interrogatoire ▸ **to give sb the third degree a)** [torture] passer qqn à tabac **b)** [interrogate] cuisiner qqn.

third-degree burn n brûlure *f* au troisième degré.

Third Estate n HIST ▸ **the Third Estate** le tiers état.

third-generation adj COMPUT & TELEC de troisième génération, 3G.

third grade n US SCH *classe de l'enseignement primaire correspondant au CE2 (7-8 ans).*

thirdhand [,θɜːd'hænd] ◆ adj [car, information] de troisième main. ◆ adv [buy] en troisième main.

thirdly ['θɜːdlɪ] adv troisièmement, en troisième lieu, tertio.

third party n tierce personne *f*, tiers *m*.

❖ **third-party** adj ▸ **third-party insurance** assurance *f* au tiers.

third-rate adj de qualité inférieure.

third reading n [of a bill] *dernière lecture.*

Third World n ▸ **the Third World** le tiers-monde.

❖ **Third-World** comp du tiers-monde.

thirst [θɜːst] ◆ n *lit & fig* soif *f* / *all that hard work has given me a thirst* ça m'a donné soif de travailler dur comme ça / *he has a thirst for adventure fig* il a soif d'aventure. ◆ vi ▸ **to thirst for sthg** avoir soif de qqch / *he was thirsting for a beer* il avait soif d'une bière / *a jealous husband thirsting for revenge fig* un mari jaloux assoiffé de vengeance / *to thirst for knowledge fig* être avide de connaissances.

thirst-quenching [-kwentʃɪŋ] adj désaltérant.

thirsty ['θɜːstɪ] (*compar* **thirstier**, *superl* **thirstiest**) adj **1.** ▸ **to be thirsty** avoir soif / *I feel very thirsty* j'ai très soif / *salted peanuts make you thirsty* les cacahuètes salées donnent soif / *it's thirsty work* ça donne soif **2.** *fig* [for knowledge, adventure] assoiffé / *she was thirsty for revenge* elle était assoiffée de vengeance **3.** [plant] qui a besoin de beaucoup d'eau ; [soil] desséché.

thirteen [,θɜː'tiːn] ◆ det treize. ◆ n treize *m inv*. ◆ pron treize. **See also five.**

thirteenth [,θɜː'tiːnθ] ◆ det treizième. ◆ n treizième *mf*. **See also fifth.**

thirtieth ['θɜːtɪəθ] ◆ det trentième. ◆ n trentième *mf*. **See also fifth.**

thirty ['θɜːtɪ] (*pl* **thirties**) ◆ n trente *m inv*. ◆ det trente ▸ **the Thirty Years' War** HIST la guerre de Trente Ans / **'The Thirty-Nine Steps'** *Buchan, Hitchcock* 'les Trente-Neuf Marches'. ◆ pron trente. **See also fifty.**

thirty-second note n US triple croche *f*.

thirty-second rest n huitième *m* de soupir.

thirty-something adj *caractéristique des personnes ayant la trentaine.*

thirty-three n [record] trente-trois tours *m inv*.

this [ðɪs] (*pl* **these** [ðiːz]) ◆ dem pron **1.** [person, situation, statement, thing indicated] ceci, ce / *what's this?* qu'est-ce que c'est (que ça)? / *who's this?* **a)** [gen] qui est-ce? **b)** [on phone] qui est à l'appareil? / *this is for you* tiens, c'est pour toi / *this is Mr Smith speaking* [on phone] M. Smith à l'appareil, c'est M. Smith / *this is my mother* **a)** [in introduction] je vous présente ma mère **b)** [in picture] c'est ma mère / *this is the place I was talking about* c'est or voici l'endroit dont je parlais / *this is terrible* c'est affreux / *this is what he told me* voici ce qu'il m'a dit / *this is where I live* c'est ici que j'habite / *what's this I hear about your leaving?* on me dit que vous partez? / *it was like this* voici comment les choses se sont passées / *do it like this* voici comment il faut faire / *I didn't want it to end like this* je ne voulais pas que ça finisse or se termine comme ça / *that it should come to this* qu'on en arrive là / *and there's no way she could live with you? — well, this is it* et elle ne pourrait pas vivre avec toi? — non, justement / *this is it, wish me luck* voilà, souhaite-moi bonne chance / *I'll tell you this...* je vais te dire une chose... / *after* / *before this* après / avant ça / *at or with this, he left the room* là-dessus or sur ce, il a quitté la pièce ▸ **this and that** : *what did you talk about? — oh, this and that* de quoi avez-vous parlé? — oh, de choses et d'autres ▸ **this, that and the other** : *they sat chatting about this, that and the other* ils étaient là, assis, à bavarder de choses et d'autres / *it's always John this and John that* c'est John par-ci, John par-là **2.** [contrasted with 'that'] celui-ci *m*, celle-ci *f* ▸ **these** ceux-ci *mpl*, celles-ci *fpl* / *this is a rose, that is a peony* ceci est une rose, ça c'est une pivoine / *I want these, not those!* je veux ceux-ci, pas ceux-là! / *is this more expensive than that?* celui-ci est-il plus cher que celui-là? ◆ det **1.** [referring to a particular person, idea, time or thing] ce *m*, cet *m (before vowel or silent 'h')*, cette *f* ▸ **these** ces *mf pl* / *this man* cet homme / *these ideas* ces idées / *this plan of yours won't work* votre projet ne marchera pas / *this book you wanted* le livre que vous vouliez / *he's lived in this country for years* ça fait des années qu'il vit dans ce pays / *this way please* par ici s'il vous plaît / *this funny little man came up to me* un petit bonhomme à l'air bizarre est venu vers moi / *there were these two Germans...* il y avait ces deux Allemands... / *who's this friend of yours?* c'est qui, cet ami? / *this here bicycle regional* ce vélo-ci / *by this time tomorrow he'll be gone* demain à cette heure-ci, il sera parti / *this time last week* la semaine dernière à la même heure / *this time next year* l'année prochaine à la même époque / *this coming week* la semaine prochaine or qui vient / *saving money isn't easy these days* faire des économies n'est pas facile aujourd'hui or de nos jours / *he's worked hard these last two months* il a beaucoup travaillé ces deux derniers mois / *I've been watching you this past hour* ça fait une heure or voici une heure que je vous regarde / *what are you doing this Christmas?* qu'est-ce que vous faites pour Noël cette année? **2.** [contrasted with 'that'] ce...-ci *m*, cet...-ci *m (before vowel or silent 'h')*, cette...-ci *f* ▸ **these** ces...-ci *mf pl* / *this table over here* cette table-ci / *which do you prefer, this one or that one?* lequel tu préfères, celui-ci ou celui-là? / *this dress is cheaper than that one* cette robe-ci est moins chère que celle-là or que l'autre / *people ran this way and that* les gens couraient dans tous les sens. ◆ adv aussi, si / *it was this high* c'était haut comme ça / *we've come this far, we might as well go on* **a)** [on journey] nous sommes venus jusqu'ici, alors autant continuer **b)** [on project] maintenant que nous en sommes là, autant continuer.

thistle ['θɪsl] n chardon *m*.

Thistle

Le chardon est l'emblème de l'Écosse.

thistledown ['θɪsəldaʊn] n duvet *m* de chardon.

thistly ['θɪslɪ] adj couvert de chardons.

thither ['ðɪðəʳ] adv *fml & liter* là ▸ **go thither** allez-y.

thitherto [,ðɪðə'tuː] adv *fml & liter* jusqu'alors.

THNQ MESSAGING written abbr of **thank you.**

tho, tho' [ðəʊ] = **though.**

thole [θəʊl], **tholepin** ['θəʊlpɪn] n NAUT tolet *m*, dame *f* de nage.

Thomas ['tɒməs] pr n ▸ **Saint Thomas** saint Thomas.

thong [θɒŋ] n **1.** [strip - of leather, rubber] lanière *f* **2.** [G-string] cache-sexe *m*.

❖ **thongs** pl n US tongs *fpl*.

Thor [θɔːʳ] pr n Thor.

thoraces ['θɔːrəsiːz] pl ⟶ **thorax.**

thoracic [θɔː'ræsɪk] adj thoracique.

thorax ['θɔːræks] (*pl* **thoraxes** *or* **thoraces** ['θɔːrəsiːz]) n thorax *m*.

thorium ['θɔːrɪəm] n thorium *m* ▸ **thorium series** famille *f* du thorium.

thorn [θɔːn] n **1.** [prickle] épine *f* ▸ **to be a thorn in sb's side** or **flesh** : *it's a thorn in his side* or *flesh* c'est une source d'irritation constante pour lui, c'est sa bête noire **2.** [tree, shrub] arbuste *m* épineux ; [hawthorn] aubépine *f*.

thorn apple n stramoine *f*.

thornback ['θɔːnbæk] n raie *f* bouclée.

thornbill ['θɔːnbɪl] n colibri *m*.

thornbush ['θɔːnbʊʃ] n buisson *m* épineux.

thornless ['θɔːnlɪs] adj sans épines.

thorny ['θɔːnɪ] (*compar* **thornier**, *superl* **thorniest**) adj *lit & fig* épineux.

thorough ['θʌrə] adj **1.** [complete - inspection, research] minutieux, approfondi / *to give sthg a thorough cleaning* / *dusting* nettoyer / épousseter qqch à fond / *she has a thorough knowledge of her subject* elle a une connaissance parfaite de son sujet, elle connaît son sujet à fond or sur le bout des doigts / *she was subjected to a thorough cross-examination* elle a subi un contre-interrogatoire minutieux / *they were given a thorough telling-off* ils ont reçu un bon savon **2.** [conscientious - work, worker] consciencieux, sérieux **3.** [as intensifier] absolu, complet (complète) / *what a thorough bore this book is!* qu'est-ce qu'il est ennuyeux, ce livre! / *the man is a thorough scoundrel!* ce type est une crapule finie! / *it's a thorough nuisance!* c'est vraiment très embêtant!

thoroughbred ['θʌrəbred] ◆ adj [horse] pur-sang *(inv)* ; [animal - gen] de race. ◆ n **1.** [horse] pur-sang *m*

THIS / THAT

This et **that** sont très fréquents en anglais. Ce sont des déictiques, c'est-à-dire des mots que l'on utilise pour désigner un élément (mots du contexte ou objets / personnes dans la réalité). Pour désigner tout ce qui est *proche* (physiquement ou psychologiquement) de l'énonciateur, on emploie **this**. Pour désigner tout ce qui est ***éloigné*** de l'énonciateur, on choisira **that**.

This et **that** peuvent être déterminants ou pronoms et s'accordent en nombre avec le nom qui suit ou celui auquel ils réfèrent :

singulier	this man	that man
pluriel	these men	those men

❶ Proximité : this

Lorsque l'élément auquel on réfère est physiquement ou affectivement proche de l'énonciateur, on peut utiliser **this** :

Which one do you want? This one or that one? Lequel veux-tu ? Celui-ci ou celui-là ?
Dans cet exemple, l'énonciateur présente ce qui est proche de lui avec **this**, et le contraste avec **that** qui désigne ce qui est plus éloigné (physiquement ou affectivement).

Can you sign this form for me? Pouvez-vous signer ce formulaire ?
Le formulaire désigné est situé tout près de l'énonciateur.

Do it like this. Fais comme ça.
Ici l'énonciateur donne l'exemple et montre comment faire.

On utilise **this** dans les présentations :
Hello, this is Lynn Evans. Bonjour, Lynn Evans à l'appareil.
Joe, this is Alice. Joe, je te présente Alice.

❷ Distance : that

That permet de renvoyer à des éléments éloignés de l'énonciateur, soit physiquement, soit mentalement. Grâce à **that**, l'énonciateur prend ses distances par rapport à l'élément auquel il se réfère.

I've never liked that silly cousin of hers. Je n'ai jamais aimé son idiot de cousin. *[dépréciatif]*

Who's that? Is that the girl you told me about? Qui est-ce ? Est-ce que c'est la fille dont tu m'as parlé ?
La fille en question est plutôt éloignée du locuteur. Si elle avait été suffisamment proche pour l'entendre, il aurait employé **this**.

In those days, it was difficult to get a home. À cette époque, il était difficile de se loger.
Those indique que le temps dont on parle est éloigné du moment de l'énonciation et donc est révolu.

À noter : **these days** signifie *ces jours-ci*.

❸ Proximité dans le discours : this et that

Pour annoncer quelque chose : this

This pronom est fréquent en anglais parlé, dans un registre familier, pour désigner l'élément ou la personne à propos duquel ou de laquelle on va raconter quelque chose :

We met this girl in the hotel. Nous avons rencontré une fille à l'hôtel.
[celle dont on va parler]

There was this strange man sitting next to me on the train. Il y avait un type bizarre assis à côté de moi dans le train.

I've been getting these pains in my shoulder. Cela fait un moment que j'ai des douleurs à l'épaule.

Pour reprendre quelque chose : this et that

À l'écrit, **this** pronom permet de reprendre quelque chose qui vient d'être mentionné ou d'annoncer un élément :

The girl was afraid and her mother had sensed this. La petite fille avait peur et sa mère l'avait senti.

The president has not left his house for a week, and this has caused a lot of speculation about his health. Le président n'a pas quitté sa maison pendant une semaine, ce qui a suscité beaucoup d'interrogations sur son état de santé.

Dans cet exemple, **that** est grammaticalement possible mais inélégant à l'écrit.

Mais ***à l'oral***, c'est **that** pronom qui est le plus fréquemment utilisé pour reprendre quelque chose qui vient d'être mentionné :

My usual train was cancelled. That's why I'm so late. Mon train habituel a été annulé. C'est pour cela que je suis tellement en retard.

I'm hungry. — That's impossible, you've just had your breakfast.
J'ai faim. — C'est impossible, tu viens juste de prendre ton petit déjeuner.

Dans ces exemples, **this** ne serait pas naturel.

❹ This et that adverbes de degré

This et **that** peuvent aussi être employés comme adverbes de degré devant un adjectif. Ils ne peuvent être interprétés qu'en contexte.

The dog's about this big. Le chien est à peu près grand comme ça.
L'énonciateur fait un geste de la main pour indiquer la taille du chien.

She's too young to walk that far. Elle est trop jeune pour marcher aussi loin.
Dans cet exemple, on emploie **that** car la distance en question vient d'être mentionnée. Si l'énonciateur regardait une carte au moment de l'énonciation, il pourrait montrer la carte et dire : She's too young to walk this far.

On peut aussi utiliser **this** et **that** adverbes de degré avec **much** et **many** :

I've never seen this many people here.
[I am looking at the people → **this**]
Je n'ai jamais vu autant de monde ici.

I'd never seen that many people here.
[yesterday → **that**]
Je n'avais jamais vu autant de monde ici.

Do you usually drink this much?
[the other person is drinking → **this**]
Est-ce que vous avez l'habitude de boire autant ?

Do you really love him that much?
[as much as you have just said → **that**]
Est-ce que vous l'aimez vraiment autant que cela ?

En anglais parlé, **that much** est souvent employé à la place de **a lot** :

I didn't like it that much. Ça ne m'a pas trop plu.

inv ; [animal - gen] bête *f* de race **2.** [person] : *she's a thoroughbred* elle a de la classe, elle est racée.

thoroughfare ['θʌrəfeəʳ] n voie *f* de communication ▸ **the main thoroughfare** la rue or l'artère *f* principale / **'no thoroughfare' a)** [no entry] 'passage interdit' **b)** [cul-de-sac] 'voie sans issue' ▸ **public thoroughfare** voie publique.

thoroughgoing ['θʌrə,gəʊɪŋ] adj [search, investigation] minutieux, approfondi, complet (complète) / *he's a thoroughgoing nuisance* il est vraiment pénible.

thoroughly ['θʌrəlɪ] adv **1.** [minutely, in detail - search] à fond, de fond en comble ; [- examine] à fond, minutieusement / *the carpet has been thoroughly cleaned* le tapis a été nettoyé à fond / *read all the questions thoroughly* lisez très attentivement toutes les questions **2.** [as intensifier] tout à fait, absolument / *it's thoroughly disgraceful* c'est absolument honteux, c'est un véritable scandale, c'est une honte / *I thoroughly agree* je suis tout à fait d'accord.

thoroughness ['θʌrənɪs] n minutie *f*.

those [ðəʊz] pl ⟶ that.

thou[1] [ðaʊ] pron BIBLE & *regional* tu ; [stressed form] toi.

thou[2] [θaʊ] (*pl* **thou** *or* **thous**) n **1.** abbr of thousand **2.** abbr of thousandth of an inch.

though [ðəʊ] ◆ conj bien que, quoique / *though young, she's very mature* bien qu'elle soit jeune or quoique jeune, elle est très mûre / *though it's a difficult language, I intend to persevere* bien que ce soit une langue difficile, j'ai l'intention de persévérer / *everyone knows, though nobody can prove it* tout le monde le sait, bien que or encore que personne ne puisse le prouver / *he enjoyed the company though not the food* il appréciait les gens avec qui il était mais pas ce qu'il mangeait / *kind though she was, we never really got on* malgré sa gentillesse, nous ne nous sommes jamais très bien entendus / *it's an excellent book, though I say so myself* c'est un très bon livre, sans fausse modestie / *strange though it may seem* aussi étrange que cela puisse paraître. ◆ adv pourtant / *he's a difficult man; I like him though* il n'est pas facile à vivre ; pourtant je l'aime bien / *it's nice, though, isn't it?* c'est joli quand même, tu ne trouves pas ? **See note on next page**.

Note that bien que, quoique and encore que are followed by verbs in the subjunctive:
Some women choose this profession, though this is less common. *Certaines femmes choisissent ce métier, bien que ce soit plus rare.*
Though it was a long and bitter struggle... *Quoique le combat fût long et acharné...*
... though no one here has ever been convicted of such a crime ... *encore que personne ici n'ait jamais été condamné pour un tel crime.*

thought [θɔːt] ◆ pt & pp ⟶ think. ◆ n **1.** *(U)* [reflection] pensée *f*, réflexion *f* ▸ **to give a problem much** or **a lot of thought** bien réfléchir à un problème / *after much thought* après mûre réflexion, après avoir mûrement réfléchi / *we gave some thought to the matter* nous avons réfléchi à la question / *this problem needs careful thought* nous devons bien réfléchir à ce problème / *she was lost* or *deep in thought* elle était absorbée par ses pensées or plongée dans ses pensées **2.** *(C)* [consideration] considération *f*, pensée *f* / *have you given my proposal a single thought?* avez-vous pensé un seul instant à ma proposition ? / *I haven't given it a thought* je n'y ai pas pensé / *don't give it another thought* n'y pensez plus ▸ **to collect one's thoughts** rassembler ses esprits / *my thoughts were elsewhere* j'avais l'esprit ailleurs / *my thoughts went back to the time I had spent in Tunisia* j'ai repensé au temps où j'étais en Tunisie / *she accepted the job with no thought of her family* elle a accepté le travail sans tenir compte de sa famille / *he had no thought for his own safety* il ne pensait pas à sa propre sécurité / *our thoughts are with you* nos pensées vous accompagnent **3.** [idea, notion] idée *f*, pensée *f* / *the thought occurred to me that you might like to come* l'idée m'est venue or je me suis dit que cela vous ferait peut-être plaisir de venir / *I had to give up all thought* or *thoughts of finishing on time* j'ai dû finalement renoncer à l'idée de terminer à temps / *the mere thought of it makes me feel ill* rien que d'y penser, ça me rend malade / *that's a thought!* ça, c'est une idée ! / *what an awful thought!* quelle horreur ! / *what a kind thought!* quelle aimable attention ! **4.** [intention] idée *f*, intention *f* / *we have thoughts of going to Australia* nous avons dans l'idée d'aller or nous songeons à aller en Australie / *her one thought was to reach the top* sa seule idée était d'atteindre le sommet / *I have no thought of resigning* je n'ai pas l'intention de démissionner / *it's the thought that counts* c'est l'intention qui compte **5.** [opinion] opinion *f*, avis *m* / *we'd like your thoughts on the matter* nous aimerions savoir ce que vous en pensez **6.** *(U)* [doctrine, ideology] pensée *f* / *contemporary political thought* la pensée politique contemporaine **7.** *dated* [small amount] : *a thought too salty* un tout petit peu trop salé.

thoughtful [ˈθɔːtfʊl] adj **1.** [considerate, kind] prévenant, gentil, attentionné / *it was a thoughtful gesture* c'était un geste plein d'attention / *be more thoughtful next time* pensez un peu plus aux autres la prochaine fois / *it was very thoughtful of them to send the flowers* c'était très aimable à eux or gentil de leur part d'envoyer les fleurs **2.** [pensive] pensif **3.** [reasoned - decision, remark, essay] réfléchi ; [- study] sérieux.

thoughtfully [ˈθɔːtfʊlɪ] adv **1.** [considerately, kindly] avec prévenance or délicatesse, gentiment / *she very thoughtfully offered to help* elle a très gentiment proposé de m'aider **2.** [pensively] pensivement **3.** [with careful thought] d'une manière réfléchie / *it's a thoughtfully written article* c'est un article écrit de façon réfléchie.

thoughtfulness [ˈθɔːtfʊlnɪs] n **1.** [kindness] prévenance *f*, délicatesse *f*, gentillesse *f* **2.** [pensiveness] air *m* pensif.

thoughtless [ˈθɔːtlɪs] adj **1.** [inconsiderate - person, act, behaviour] inconsidéré, irréfléchi, qui manque de délicatesse ; [- remark] irréfléchi / *it was thoughtless of me* ce n'était pas très délicat de ma part / *what a thoughtless thing to do!* quel manque de délicatesse ! **2.** [hasty, rash - decision, action] irréfléchi, hâtif ; [- person] irréfléchi, léger.

thoughtlessly [ˈθɔːtlɪslɪ] adv **1.** [inconsiderately] sans aucun égard, sans aucune considération **2.** [hastily] hâtivement, sans réfléchir.

thoughtlessness [ˈθɔːtlɪsnɪs] n *(U)* manque *m* d'égards or de prévenance.

thought-provoking adj qui pousse à la réflexion, stimulant.

thought transference n transmission *f* de pensée.

thousand [ˈθaʊznd] ◆ det mille / *a thousand years* mille ans, un millénaire / *five thousand people* cinq mille personnes / *I've already told you a thousand times* je te l'ai déjà dit mille fois / **'The Thousand and One Nights'** 'les Mille et Une Nuits'. ◆ n mille *m inv* / *in the year two thousand* en l'an deux mille / *there were thousands of people* il y avait des milliers de personnes.

thousandfold [ˈθaʊzndfəʊld] ◆ adj multiplié par mille. ◆ adv mille fois autant.

Thousand Island dressing n *sauce à base de mayonnaise, de ketchup et de cornichons hachés.*

thousandth [ˈθaʊzntθ] ◆ det millième. ◆ n millième *m*.

Thrace [θreɪs] pr n Thrace *f*.

thraldom UK, **thralldom** US [ˈθrɔːldəm] n *fml* servitude *f*, esclavage *m*.

thrall [θrɔːl] n *fml* **1.** [state] servitude *f*, esclavage *m* ▸ **to be in thrall to sb** être l'esclave de qqn **2.** [person] esclave *mf*.

thralldom US = **thraldom**.

thrash [θræʃ] ◆ vt **1.** [in punishment] battre / *he thrashed the hedge with a stick* il donna des grands coups de bâton dans la haie / *the horse reared and thrashed the air with its hooves* le cheval se cabra et fouetta l'air de ses sabots **2.** SPORT [defeat] battre à plate couture or à plates coutures / *Liverpool thrashed Arsenal* Liverpool a battu Arsenal à plate couture **3.** [move vigorously] ▸ **to thrash one's arms / legs (about)** battre des bras / jambes / *the dolphin thrashed its tail and disappeared* le dauphin donna de grands coups de queue et disparut **4.** [thresh - corn] battre. ◆ vi [move violently] se débattre / *the waves thrashed against the rocks / boat* les vagues battaient violemment contre les rochers / le bateau. ◆ n **1.** [stroke] battement *m* / *with a few thrashes of its tail, the fish was gone* quelques battements de queue et le poisson disparut **2.** UK *inf* [party] sauterie *f*.

❖ **thrash about, thrash around** ◆ vi [person, fish] se débattre / *she was thrashing about in bed* elle se débattait or elle remuait dans le lit / *he thrashed about to free himself* il se débattait pour se libérer / *he was thrashing about in the undergrowth with a stick* il battait les broussailles de son bâton. ◆ vt sep [arms, legs, tail] battre de ; [stick] agiter.

❖ **thrash out** vt sep [problem] débattre de ; [agreement] finir par trouver / *we'll thrash it out over lunch* on démêlera or éclaircira cette affaire pendant le repas.

thrashing [ˈθræʃɪŋ] n **1.** [punishment] raclée *f*, correction *f* / *I gave him a good thrashing* je lui ai donné une bonne correction **2.** SPORT ▸ **to get a thrashing** se faire battre à plates coutures / *we gave the team a thrashing* on a battu l'équipe à plates coutures **3.** [of corn] battage *m*.

thread [θred] ◆ n **1.** SEW & MED fil *m* / *polyester thread* fil polyester / *his life hung by a thread fig* sa vie ne tenait qu'à un fil **2.** *fig* [of water, smoke] filet *m* ; [of light] mince rayon *m* ; [of story, argument] fil *m* / *I've lost the thread of what I was saying* j'ai perdu le fil de ce que je disais / *it's difficult to follow the thread of her argument* il est difficile de suivre le fil de ses idées **3.** TECH [of screw] pas *m*, filetage *m* **4.** INTERNET [chain of emails] fil *m*. ◆ vt **1.** [needle, beads, cotton] enfiler / *she threaded black cotton through the needle* elle a enfilé une aiguillée de coton noir / *she threaded the needle* elle a enfilé l'aiguille / *she quickly threaded the film into the projector* elle a vite monté le film sur le projecteur / *you have to thread the elastic through the loops* il faut enfiler or faire passer l'élastique dans les boucles / *she threaded her way through the crowd / market fig* elle s'est faufilée parmi la foule / à travers le marché **2.** TECH [screw] tarauder, fileter. ◆ vi [needle, cotton] s'enfiler / *the tape threads through the slot* la bande passe dans la fente.

❖ **threads** pl n US *inf* [clothes] fringues *fpl*.

❖ **thread together** vt sep [beads] enfiler.

threadbare [ˈθredbeəʳ] adj **1.** [carpet, clothing] usé, râpé / *he lived a threadbare existence* il menait une existence miséreuse **2.** [joke, excuse, argument] usé, rebattu.

thread mark n filigrane *m (des billets de banque)*.

threadworm [ˈθredwɜːm] n oxyure *m*.

threat [θret] n *lit & fig* menace *f* ▸ **to make threats against sb** proférer des menaces contre qqn / *they got what they wanted by threats* ils ont obtenu ce qu'ils voulaient par la menace / *terrorist attacks are a constant threat to our security* les attentats terroristes représentent une menace constante pour notre sécurité / *he's a threat to our security* il constitue une menace pour notre sécurité / *political unrest poses a threat to peace in the area* l'agitation politique menace la paix dans la région / *he is under threat of death* il est menacé de mort / *the country lives under (the) threat of war* le pays vit sous la menace de la guerre.

threaten [ˈθretn] ◆ vt **1.** [make threats against - person] menacer ▸ **to threaten to do sthg** menacer de faire qqch / *he threatened her with a gun* il l'a menacée avec un pistolet / *he started threatening me* il s'est fait menaçant, il s'est mis à me menacer / *we were threatened with the sack* on nous a menacés de licenciement ▸ **to threaten proceedings against sb, to threaten sb with proceedings** LAW menacer de poursuivre qqn, menacer qqn de poursuites **2.** [subj: danger, unpleasant event] menacer / *the species is threatened with extinction* l'espèce est menacée or en voie de disparition / *our jobs are threatened* nos emplois sont menacés / *it's threatening to rain / to snow* la pluie / la neige menace **3.** [be a danger for - society, tranquillity] menacer, être une menace pour. ◆ vi [danger, storm] menacer.

threatened [ˈθretnd] adj menacé.

threatening [ˈθretnɪŋ] adj [danger, sky, storm, person] menaçant ; [letter] de menaces ; [gesture] menaçant, de menace / *she gave me a threatening look* elle m'a lancé un regard menaçant / *to use threatening language* prononcer des paroles menaçantes.

threateningly [ˈθretnɪŋlɪ] adv [behave, move] de manière menaçante, d'un air menaçant ; [say] d'un ton or sur un ton menaçant.

three [θriː] ◆ det trois / **'Three Men in a Boat'** *Jerome* 'Trois Hommes dans un bateau' / **'The Three Musketeers'** *Dumas* 'les Trois Mousquetaires' / **'The Three Sisters'** *Chekhov* 'les Trois Sœurs'. ◆ n trois *m*. ◆ pron trois. **See also five.**

three-card trick n bonneteau *m*.

three-cornered adj triangulaire ▸ **three-cornered discussion** débat *m* à trois ▸ **three-cornered hat** tricorne *m*.

three-course adj [meal] complet *(entrée, plat, dessert)*.

three-D, 3-D [ˌθriːˈdiː], **three-dimensional** [-dɪˈmenʃənl] adj **1.** [object] à trois dimensions, tridimensionnel ; [film] en relief ; [image] en trois dimensions, en 3-D **2.** [character - in book, play, etc.] qui semble réel.

three-day event n EQUIT concours *m* hippique sur trois jours.

three-dimensional [-dɪˈmenʃənl] adj = **three-D**.

threefold [ˈθriːfəʊld] ◆ adj triple. ◆ adv trois fois autant.

three-four time n MUS trois-quatre *m inv* / *in three-four time* en trois-quatre.

three-legged [-ˈlegɪd] adj [stool, table] à trois pieds ; [animal] à trois pattes.

three-legged race [-'legɪd-] n *course où les participants courent par deux, la jambe gauche de l'un attachée à la droite de l'autre.*

three-line whip n POL *invitation urgente faite à un député par un « whip » à prendre part à un débat ou à un vote.*

Three Mile Island pr n Three Mile Island *(théâtre d'un accident dans une centrale nucléaire aux États-Unis en 1979).*

threepence ['θrepəns] n UK trois (anciens) pence *mpl.*

threepenny ['θrepənɪ] UK ◆ n ▸ **threepenny (bit or piece)** *ancienne pièce de trois pence* ▸ **threepenny bits** UK *inf* [breasts] nénés *mpl*, nichons *mpl*. ◆ adj à trois pence, coûtant trois pence / **'The Threepenny Opera'** *Brecht* 'l'Opéra de quat' sous'.

three-phase adj triphasé.

three-piece adj ▸ **three-piece suite** UK, **three-piece set** US *salon comprenant un canapé et deux fauteuils assortis* ▸ **three-piece (suit)** (costume *m*) trois-pièces *m inv.*

three-pin adj ▸ **three-pin plug** prise *f* à trois fiches.

three-ply adj [wool] à trois fils ; [rope] à trois brins ▸ **three-ply wood** contreplaqué *m (à trois épaisseurs).*

three-point landing n AERON atterrissage *m* trois points.

three-point turn n AUTO demi-tour *m* en trois manœuvres.

three-quarter ◆ adj [sleeve] trois-quarts *(inv)* ; [portrait] de trois-quarts ▸ **three-quarter (length) jacket** veste *f* trois-quarts. ◆ n [in rugby] ▸ **three-quarter (back)** trois-quart *m inv.*

three-quarters ◆ pl n trois quarts *mpl*. ◆ adv aux trois quarts / *the tank is three-quarters full* le réservoir est aux trois quarts plein.

three-ring circus n US cirque *m* à trois pistes / *it's a real three-ring circus fig* c'est un véritable cirque.

threescore [,θri:'skɔ:ʳ] *liter* ◆ adj soixante. ◆ n soixante *m.*

three-sided adj [shape] à trois côtés or faces ; [discussion] à trois.

threesome ['θri:səm] n **1.** [group] groupe *m* de trois personnes / *we went as a threesome* nous y sommes allés à trois **2.** [in cards, golf] partie *f* or jeu *m* à trois / *she came along to make up a threesome* elle est venue pour que nous soyons trois (joueurs).

three-speed adj à trois vitesses ▸ **three-speed gearbox** boîte *f* trois vitesses.

three-star adj trois étoiles.

three-way adj [discussion, conversation] à trois ; [division] en trois ; [switch] à trois voies or directions.

three-wheeler n [tricycle] tricycle *m* ; [car] voiture *f* à trois roues.

threnody ['θrenədɪ] *(pl* **threnodies***)* n thrène *m*, chant *m* funèbre.

thresh [θreʃ] vt [corn, wheat] battre.

thresher ['θreʃəʳ] n AGR **1.** [person] batteur *m*, -euse *f* **2.** [machine] batteuse *f.*

threshing ['θreʃɪŋ] n battage *m.*

threshing machine n batteuse *f.*

threshold ['θreʃhəʊld] ◆ n **1.** [doorway] seuil *m*, pas *m* de la porte ▸ **to cross the threshold** franchir le seuil **2.** *fig* seuil *m*, début *m* / *we are on the threshold of new discoveries* nous sommes sur le point de faire de nouvelles découvertes / *she is on the threshold of a new career* elle débute une nouvelle carrière **3.** ECON & FIN niveau *m*, limite *f* / *the government has raised tax thresholds in line with inflation* le gouvernement a relevé les tranches de l'impôt pour tenir compte de l'inflation **4.** ANAT & PSYCHOL seuil *m*. ◆ comp **1.** UK ECON ▸ **threshold (wage) agreement / policy** accord *m* / politique *f* d'indexation des salaires sur les prix **2.** ELEC [current, voltage] de seuil **3.** LING ▸ **threshold level** niveau *m* seuil.

threw [θru:] pt ⟶ **throw.**

thrice [θraɪs] adv *liter & arch* trois fois.

thrift [θrɪft] n **1.** [care with money] économie *f*, esprit *m* d'économie **2.** US [savings bank] ▸ **thrift (institution)** caisse *f* d'épargne.

thriftiness ['θrɪftɪnɪs] n sens *m* de l'économie.

thriftless ['θrɪftlɪs] adj dépensier, peu économe.

thrift shop n US *magasin vendant des articles d'occasion au profit d'œuvres charitables.*

thrifty ['θrɪftɪ] *(compar* **thriftier***, superl* **thriftiest***)* adj économe, peu dépensier.

thrill [θrɪl] ◆ n [feeling of excitement] frisson *m* ; [exciting experience, event] sensation *f*, émotion *f* / *with a thrill of anticipation / pleasure* en frissonnant d'avance / de plaisir / *it was a real thrill to meet the president* j'ai ressenti une grande émotion à rencontrer le président / *the film gave the audience plenty of thrills* le film a procuré aux spectateurs beaucoup de sensations fortes / *they got quite a thrill out of the experience* ils ont été ravis or enchantés de l'expérience / *what a thrill for you!* quelle émotion vous avez dû ressentir ! ◆ vt transporter, électriser / *the magician thrilled the audience with his tricks* le prestidigitateur a électrisé les spectateurs avec ses tours / *the sight of the pyramids thrilled us* le spectacle des pyramides nous a procuré une vive émotion. ◆ vi [with joy] tressaillir, frissonner / *they thrilled to the sound of the drums* le bruit des tambours les fit frissonner / *I thrilled at the sight* à la vue de ce spectacle, j'ai ressenti une vive émotion.

thrilled [θrɪld] adj ravi / *she was thrilled to be chosen* elle était ravie d'avoir été choisie / *I was thrilled with the new chairs* j'étais très content des nouvelles chaises ▸ **to be thrilled to bits** *inf* être aux anges.

thriller ['θrɪləʳ] n [film, book] thriller *m.*

thrilling ['θrɪlɪŋ] adj [adventure, film, story] palpitant, saisissant, excitant ; [speech] passionnant / *what a thrilling experience!* quelle expérience excitante !

thrips [θrɪps] *(pl* **thrips***)* n thrips *m.*

thrive [θraɪv] *(pt* **thrived** *or* **throve** [θrəʊv], *pp* **thrived** *or* **thriven** ['θrɪvn]*)* vi **1.** [plant] pousser (bien) ; [child] grandir, se développer ; [adult] se porter bien, respirer la santé / *the plants thrive in peaty soil* les plantes poussent bien dans un sol tourbeux / *she thrived on the mountain air* l'air des montagnes lui réussissait très bien / *he thrives on hard work* il aime bien travailler dur **2.** [business, company] prospérer, être florissant ; [businessman] prospérer, réussir.

thriving ['θraɪvɪŋ] adj **1.** [person] florissant de santé, vigoureux ; [animal] vigoureux ; [plant] robuste, vigoureux **2.** [business, company] prospère, florissant ; [businessman] prospère.

thro' [θru:] *liter* = **through.**

throat [θrəʊt] n gorge *f* / *he was wearing a scarf round his throat* il portait une écharpe autour du cou / *get this drink / medicine down your throat!* *hum* avalez-moi cette boisson / ce médicament ! / *he grabbed him by the throat* il l'a pris à la gorge ▸ **to clear one's throat** s'éclaircir la voix ▸ **to be at each other's throats** : *the two brothers are always at each other's throats* les deux frères sont toujours en train de se battre ▸ **to jump down sb's throat** *inf* : *she's always jumping down my throat* elle est toujours à me crier dessus ▸ **to ram** or **to shove sthg down sb's throat** *inf* : *he never misses the chance to ram* or *to shove his success down my throat* il ne manque jamais une occasion de me rebattre les oreilles avec sa réussite.

throat-microphone, throat-mike n laryngophone *m.*

throaty ['θrəʊtɪ] *(compar* **throatier***, superl* **throatiest***)* adj [voice, laugh, etc.] guttural, rauque ▸ **a throaty cough** une toux rauque.

throb [θrɒb] *(pt & pp* **throbbed***, cont* **throbbing***)* ◆ vi **1.** [music] vibrer ; [drums] battre (rythmiquement) ; [engine, machine] vrombir, vibrer / *the place was throbbing (with life) fig* l'endroit grouillait de vie **2.** [heart] battre fort, palpiter **3.** [pain] lanciner / *my head is throbbing* j'ai très mal à la tête / *my finger still throbs where I hit it* j'ai encore des élancements dans le doigt là où je l'ai cogné. ◆ n **1.** [of music, drums] rythme *m*, battement *m* rythmique, battements *mpl* rythmiques ; [of engine, machine] vibration *f*, vibrations *fpl*, vrombissement *m*, vrombissements *mpl* **2.** [of heart] battement *m*, battements *mpl*, pulsation *f*, pulsations *fpl* **3.** [of pain] élancement *m.*

throbbing ['θrɒbɪŋ] adj **1.** [rhythm] battant ; [drum] qui bat rythmiquement ; [engine, machine] vibrant, vrombissant **2.** [heart] battant, palpitant **3.** [pain] lancinant / *I've got a throbbing headache* j'ai un mal de tête lancinant.

throes pl n ⟶ **death throes.**

❖ **in the throes of** prep phr : *in the throes of war / illness* en proie à la guerre / la maladie ▸ **to be in the throes of doing sthg** être en train de faire qqch / *they are in the throes of moving house* ils sont en plein déménagement.

thrombi ['θrɒmbaɪ] pl ⟶ **thrombus.**

thrombosis [θrɒm'bəʊsɪs] *(pl* **thromboses** [-si:z]*)* n thrombose *f*, thromboses *fpl.*

thrombus ['θrɒmbəs] *(pl* **thrombi** ['θrɒmbaɪ]*)* n thrombus *m*, caillot *m* de sang.

throne [θrəʊn] ◆ n trône *m* ▸ **to come to the throne** monter sur le trône ▸ **on the throne** sur le trône ▸ **to be on the throne** *euph* [on the toilet] être sur le trône. ◆ vt [monarch] mettre sur le trône ; [bishop] introniser.

throne room n salle *f* du trône.

throng [θrɒŋ] ◆ n foule *f*, multitude *f* / *throngs of people were doing their Christmas shopping* une foule de gens faisaient leurs achats de Noël or faisait ses achats de Noël. ◆ vt : *demonstrators thronged the streets* des manifestants se pressaient dans les rues / *the shops were thronged with people* les magasins grouillaient de monde or étaient bondés. ◆ vi affluer, se presser / *crowds of people thronged towards the stadium* les gens se dirigeaient en masse vers le stade / *people thronged into the square to get a glimpse of the president* les gens se sont pressés sur la place pour apercevoir le président.

throttle ['θrɒtl] ◆ n [of car] accélérateur *m* ; [of motorcycle] poignée *f* d'accélération or des gaz ; [of aircraft] commande *f* des gaz ▸ **to open / to close the throttle** mettre / réduire les gaz ▸ **at full throttle** (à) pleins gaz. ◆ comp [controls] ▸ **throttle valve** papillon *m* des gaz, soupape *f* d'étranglement. ◆ vt [strangle] étrangler / *I could throttle you!* je pourrais t'étrangler !

❖ **throttle down, throttle back** vt sep mettre au ralenti.

through [θru:] ◆ prep **1.** [from one end or side to the other] à travers / *to walk through the streets* se promener dans or à travers les rues / *they drove through the countryside* ils ont roulé à travers la campagne / *we travelled through America* nous avons parcouru les États-Unis / *he swam quickly through the water* il nageait rapidement / *the river flows through a deep valley* le fleuve traverse une vallée profonde / *the police let them through the roadblock* la police les a laissés passer à travers le barrage routier / *the bullet went straight through his shoulder* la balle lui a traversé l'épaule de part en part / *we went through a door* nous avons passé une porte / *water poured through the hole* l'eau coulait par le trou / *he could see her through the window* il pouvait la voir par la fenêtre / *can you see through it?* est-ce que tu peux voir au travers ? / *I can't see much through the fog* je ne vois pas grand-chose à travers le brouillard / *what can you see through the telescope?* qu'est-ce que vous voyez dans or à travers le télescope ? / *I could hear them through the wall* je les entendais à travers le mur / *she couldn't feel anything through her gloves* elle ne sentait rien à travers ses gants / *a shiver ran through him* il fut parcouru d'un frisson / *he drove through a red light* il a brûlé un feu rouge / *to slip through the net lit & fig* passer à travers les mailles du filet / *he goes through his money very quickly* l'argent lui brûle les doigts / *she ate her way through a whole box of chocolates* elle a mangé toute une boîte de chocolats **2.** [in] dans, à travers / *he got a bullet through the leg* une balle lui a traversé la jambe / *she was shot through the heart* on lui a tiré une balle dans le cœur / *the bull had a ring through its nose* le taureau avait un anneau dans le nez / *to make a hole through sthg* percer un trou à travers qqch **3.** [from beginning to end of] à travers / *through the ages* à travers les âges / *halfway through the performance* à la moitié or au milieu de la représentation / *she has lived through some difficult times* elle a connu or traversé des moments difficiles / *we had to sit through a boring lecture* nous avons dû rester à écouter une conférence ennuyeuse / *I slept through the storm* l'orage ne m'a pas réveillé / *will he live through the night?* passera-t-il la nuit? / *the war lasted all through 1914-18* la guerre a duré de 1914 (jusqu')à 1918 / *she maintained her dignity through it all* elle a toujours gardé sa dignité **4.** US [to, until] : *80 through 100* de 80 à 100 / *April through July* d'avril jusqu'à juillet, d'avril à juillet **5.** [by means of] par, grâce à / *I sent it through the post* je l'ai envoyé par la poste / *she can only be contacted through her secretary* on ne peut la contacter que par l'intermédiaire de sa secrétaire / *it was only through his intervention that we were allowed out* c'est uniquement grâce à son intervention qu'on nous a laissés sortir / *I met a lot of people through him* il m'a fait rencontrer beaucoup de gens / *she was interviewed through an interpreter* on l'a interviewée par l'intermédiaire d'un interprète / *change must be achieved through peaceful means* le changement doit être obtenu par des moyens pacifiques **6.** [because of] à cause de / *through no fault of his own, he lost his job* il a perdu son emploi sans que ce soit de sa faute / *it all came about through a misunderstanding* tout est arrivé à cause d'un malentendu. ◆ adv **1.** [from one side to the other] : *please go through into the lounge* passez dans le salon, s'il vous plaît / *I couldn't get through* je ne pouvais pas passer / *we shoved our way through* nous nous sommes frayé un chemin en poussant / *the police let us through* la police nous a laissés passer / *the rain was coming through* la pluie passait au travers / *the nail had gone right through* le clou était passé au travers **2.** [from beginning to end] : *I slept through until 8* j'ai dormi (sans me réveiller) jusqu'à 8 h / *I slept the whole night through* j'ai dormi d'un trait jusqu'au matin / *I saw the film all the way through* j'ai vu le film jusqu'au bout / *I read the letter through* j'ai lu la lettre jusqu'au bout / *I left halfway through* je suis parti au milieu **3.** [directly] : *the train goes through to Paris without stopping* le train va directement à Paris or est sans arrêt jusqu'à Paris / *can you get a bus right through to the port?* est-ce qu'il y a un bus direct pour le port? **4.** [completely] ▸ **to be wet through** être complètement trempé / *she's an aristocrat through and through* c'est une aristocrate jusqu'au bout des ongles **5.** TELEC : *can you put me through to Elaine / to extension 363?* pouvez-vous me passer Elaine / le poste 363? / *I'm putting you through now* je vous passe votre correspondant or communication / *I tried ringing him, but I couldn't get through* j'ai essayé de l'appeler mais je n'ai pas réussi à l'avoir / *you're through now* vous êtes en ligne. ◆ adj **1.** [direct -train, ticket] direct ; [traffic] en transit, de passage / *all through passengers must remain seated* tous les passagers en transit doivent garder leur place / *a through train to London* un train direct pour Londres / **'no through road** UK**, not a through street** US**'** 'voie sans issue' **2.** [finished] : *are you through?* avez-vous fini?, c'est fini? / *he's through with his work at last* il a enfin terminé tout son travail / *I'll be through reading the newspaper in a minute* j'aurai fini de lire le journal dans un instant / *I'm through with smoking* la cigarette, c'est fini / *she's through with him* elle en a eu assez de lui / *you can do your own typing, I'm through!* tu n'as qu'à le taper toi-même, moi c'est fini or j'en ai assez!

throughout [θru:'aʊt] ◆ prep **1.** [in space] partout dans / *throughout the world* dans le monde entier, partout dans le monde / *throughout Europe* à travers or dans toute l'Europe, partout en Europe **2.** [in time] : *throughout the year* pendant toute l'année / *throughout my life* (durant) toute ma vie / *throughout this period* pendant toute cette période. ◆ adv **1.** [everywhere] partout / *the house has been repainted throughout* la maison a été entièrement repeinte **2.** [all the time] (pendant) tout le temps / *she remained silent throughout* elle est restée silencieuse du début jusqu'à la fin.

throughput ['θru:pʊt] n COMPUT débit *m*.

throughway ['θru:weɪ] = **thruway**.

throve [θrəʊv] pt ⟶ **thrive**.

throw [θrəʊ] (*pt* **threw** [θru:], *pp* **thrown** [θrəʊn]) ◆ vt **1.** [stone] lancer, jeter ; [ball] lancer ; [coal onto fire] mettre / *throw me the ball* or *throw the ball to me* lance-moi le ballon / *he threw the ball over the wall* il a lancé or envoyé le ballon par-dessus le mur / *a bomb was thrown into the crowded waiting room* une bombe a été lancée dans la salle d'attente bondée / *could you throw me my lighter?* peux-tu me lancer mon briquet? / *she threw the serviette into the bin* elle a jeté la serviette à la poubelle / *children were throwing bread to the birds* les enfants jetaient or lançaient du pain aux oiseaux / *he threw his jacket over a chair* il a jeté sa veste sur une chaise / *she threw a few clothes into a suitcase* elle a jeté quelques affaires dans une valise / *I threw some cold water on my face* je me suis aspergé la figure avec de l'eau froide / *a group of rioters threw stones at the police* un groupe de manifestants a lancé or jeté des pierres sur les policiers / *he threw two sixes* [in dice] il a jeté deux six ▸ **to throw sb into prison** or **jail** jeter qqn en prison **2.** [opponent, rider] jeter (par terre) / *his opponent threw him to the ground* **a)** [in fight] son adversaire l'a jeté à terre **b)** [in wrestling match] son adversaire l'a envoyé au sol or au tapis / *the horse threw him* le cheval le désarçonna or le jeta à terre **3.** [with force, violence] projeter / *she was thrown clear* [in car accident] elle a été éjectée / *the force of the explosion threw them against the wall* la force de l'explosion les a projetés contre le mur ▸ **to throw open** ouvrir en grand or tout grand / *she threw open the door / windows* elle a ouvert la porte / les fenêtres en grand / *the House of Commons has been thrown open to television cameras fig* la Chambre des communes a été ouverte aux caméras de télévision / *she threw herself into an armchair* elle s'est jetée dans un fauteuil / *he threw himself at her feet* il s'est jeté à ses pieds / *she threw herself at him* **a)** [attacked] elle s'est jetée or s'est ruée sur lui **b)** [as lover] elle s'est jetée sur lui or à sa tête / *he threw himself on the mercy of the king fig* il s'en est remis au bon vouloir du roi **4.** [plunge] plonger / *the news threw them into confusion / a panic* les nouvelles les ont plongés dans l'embarras / les ont affolés / *the scandal has thrown the country into confusion* le scandale a semé la confusion dans le pays ▸ **to throw o.s. into** : *to throw o.s. into one's work* se plonger dans son travail / *she threw herself into the job of organizing the wedding* elle s'est plongée avec enthousiasme dans l'organisation des noces **5.** [direct, aim -look, glance] jeter, lancer ; [-accusation, reproach] lancer, envoyer ; [-punch] lancer, porter ; [cast -light, shadows] projeter ▸ **to throw a question at sb** poser une question à brûle-pourpoint à qqn / *don't throw that one at me!* ne me faites pas ce reproche!, ne me jetez pas ça à la figure! ▸ **to throw one's voice** THEAT projeter sa voix ▸ **to throw a bridge over a river** CONSTR jeter un pont sur une rivière **6.** [confuse] désarçonner, dérouter, déconcerter / *that question really threw me!* cette question m'a vraiment désarçonné!, je ne savais vraiment pas quoi répondre à cette question! / *I was completely thrown for a few seconds* je suis resté tout interdit pendant quelques secondes **7.** [activate -switch, lever, clutch] actionner **8.** SPORT [race, match] perdre délibérément **9.** [silk] tordre ; [subj: potter] ▸ **to throw a pot** tourner un vase **10.** VET [subj: cat, pig] ▸ **to throw a litter** mettre bas. ◆ n **1.** [of ball, javelin] jet *m*, lancer *m* ; [of dice] lancer *m* / *his whole fortune depended on a single throw of the dice* toute sa fortune dépendait d'un seul coup de dés ▸ **a free throw** SPORT un lancer franc / *that was a good throw!* vous avez bien visé! **2.** *inf* [go, turn] coup *m*, tour *m* / *10p a throw* 10 pence le coup / *at £20 a throw I can't afford it* à 20 livres chaque fois, je ne peux pas me l'offrir / *give me another throw* laissez-moi encore une chance / *it's your throw* à toi **3.** [cover] couverture *f* ; [piece of fabric] jeté *m* de fauteuil or de canapé.

✣ **throw about** UK**, throw around** vt sep **1.** [toss] lancer ; [scatter] jeter, éparpiller / *the boys were throwing a ball about* les garçons jouaient à la balle / *don't throw your books / toys about like that* ne lance pas tes livres / jouets comme ça ▸ **to be thrown about** être ballotté **2.** [move violently] ▸ **to throw o.s. about** s'agiter, se débattre / *she was throwing her arms about wildly* elle agitait frénétiquement les bras.

✣ **throw aside** vt sep [unwanted object] rejeter, laisser de côté ; [friend, work] laisser tomber, laisser de côté ; [idea, suggestion] rejeter, repousser.

✣ **throw away** ◆ vt sep **1.** [old clothes, rubbish] jeter **2.** *fig* [waste -advantage, opportunity, talents] gaspiller, gâcher ; [-affection, friendship] perdre / *don't throw your money away on expensive toys* ne gaspille pas ton argent à acheter des jouets coûteux / *you're throwing away your only chance of happiness* vous êtes en train de gâcher votre seule chance de bonheur / *his presents are just thrown away on her* elle ne sait pas apprécier les cadeaux qu'il lui fait **3.** THEAT [line, remark] laisser tomber. ◆ vi [in cards] se défausser.

✣ **throw back** vt sep **1.** [gen] relancer, renvoyer ; [fish] rejeter (à l'eau) ; *fig* [image, light] réfléchir, renvoyer / *she threw his words of love back at him fig* elle lui a jeté tous ses mots d'amour à la tête **2.** [hair, head] rejeter en arrière ; [shoulders] redresser, jeter en arrière **3.** [curtains] ouvrir ; [shutters] repousser, ouvrir tout grand ; [bedclothes] repousser **4.** [force to rely on] : *we were thrown back on our own resources* on a dû se rabattre sur nos propres ressources.

✣ **throw down** vt sep **1.** [to lower level] jeter / *can you throw the towel down to me?* pouvez-vous me lancer la serviette? / *she threw her bag down on the floor* elle a jeté son sac par terre / *to throw o.s. down on the ground / on one's knees* se jeter par terre / à genoux / *he threw his cards down on the table* il a jeté ses cartes sur la table / *I threw the money down on the counter* j'ai jeté l'argent sur le comptoir **2.** [weapons] jeter, déposer / *they threw down their arms* ils ont déposé les armes **3.** *fig* [challenge] lancer **4.** PHR **it's throwing it down** UK [raining] il pleut à verse, il tombe des cordes.

✣ **throw in** ◆ vt sep **1.** [into box, cupboard, etc.] jeter ; [through window] jeter, lancer ▸ **to throw in the towel** SPORT & *fig* jeter l'éponge ▸ **to throw in one's hand** abandonner la partie, s'avouer vaincu **2.** [interject -remark, suggestion] placer / *she threw in a few comments about housing problems* elle a placé quelques remarques sur les problèmes de logement ; [include] : *breakfast is thrown in* le petit déjeuner est compris / *the salesman said he'd throw in a free door if we bought new windows* le vendeur nous a promis une porte gratuite pour l'achat de fenêtres neuves / *with a special trip to Stockholm thrown in* avec en prime une excursion à Stockholm **3.** SPORT [ball] remettre en jeu. ◆ vi US ▸ **to throw in with sb** s'associer à or avec qqn.

✣ **throw off** vt sep **1.** [discard -clothes] enlever or ôter (à la hâte) ; [-mask, disguise] jeter / *he threw off his shirt and dived into the water* il enleva sa chemise et plongea dans l'eau **2.** [get rid of -habit, inhibition] se défaire de, se débarrasser de ; [-burden] se libérer de, se débarrasser de ; [-cold, infection] se débarrasser de **3.** [elude -pursuer] perdre, semer / *he managed to throw the dogs off the trail* il a réussi à dépister les chiens.

✣ **throw on** vt sep [clothes] enfiler or passer (à la hâte) / *she threw on some make-up / an old coat* elle s'est maquillée / a enfilé un vieux manteau à la hâte.

✣ **throw out** vt sep **1.** [rubbish, unwanted items] jeter, mettre au rebut **2.** [eject -from building] mettre à la porte, jeter dehors ; [-from night club] jeter dehors, vider ; [evict -from accommodation] expulser ; [expel -from school, army] renvoyer, expulser / *we were thrown out of our jobs* on s'est fait mettre à la porte **3.** [reject -bill, proposal] rejeter, repousser **4.** [extend -arms, leg] tendre, étendre ▸ **to throw out one's chest** bomber le torse **5.** [make -remark, suggestion] émettre, laisser tomber ▸ **to throw out a challenge** lancer un défi **6.** [disturb -person] déconcerter, désorienter ; [upset -calculation, results] fausser **7.** [emit -light] émettre, diffuser ; [-smoke, heat] émettre, répandre.

throw over vt sep *inf* [girlfriend, boyfriend] quitter, laisser tomber ; [plan] abandonner, renoncer à / *she threw me over for another guy* elle m'a laissé tomber pour un autre.

throw together vt sep **1.** *inf* [make quickly - equipment, table] fabriquer à la hâte, bricoler / *he managed to throw a meal together* il a réussi à improviser un repas / *she threw the report together the night before* elle a rédigé le rapport en vitesse la veille au soir **2.** [gather] rassembler à la hâte / *she threw a few things together and rang for a taxi* elle a jeté quelques affaires dans un sac et a appelé un taxi **3.** [by accident] réunir par hasard / *Fate had thrown them together* le destin les avait réunis.

throw up ◆ vt sep **1.** [above one's head] jeter or lancer en l'air / *can you throw me up my towel?* peux-tu me lancer ma serviette ? / *they threw their hats up into the air* ils ont lancé leur chapeau en l'air / *she threw up her hands in horror* elle a levé les bras en signe d'horreur **2.** [produce - problem] produire, créer ; [- evidence] mettre à jour ; [- dust, dirt] soulever ; [- artist] produire **3.** [abandon - career, studies] abandonner, laisser tomber ; [- chance, opportunity] laisser passer, gaspiller **4.** *pej* [construct - building] construire or bâtir en moins de deux **5.** *inf* [vomit] vomir. ◆ vi vomir, rendre / *it makes you want to throw up* c'est à vomir.

throwaway ['θrəʊə,weɪ] ◆ adj [line, remark] fait comme par hasard or comme si de rien n'était. ◆ n **1.** [bottle] bouteille *f* sans consigne ; [container] emballage *m* perdu or jetable **2.** US [handbill] prospectus *m*. ◆ comp [bottle, carton, etc.] jetable, à jeter, à usage unique / *we live in a throwaway society* nous vivons dans une société de gaspillage.

throwback ['θrəʊbæk] n **1.** ANTHR & BIOL régression *f* atavique **2.** [of fashion, custom] : *those new hats are a throwback to the 1930s* ces nouveaux chapeaux marquent un retour aux années 1930 or sont inspirés des années 1930.

thrower ['θrəʊəʳ] n lanceur *m*, -euse *f*.

throw-in n FOOT rentrée *f* en touche.

thrown [θrəʊn] pp ⟶ **throw**.

throw pillow n US coussin *m*.

thru [θru:] US = **through**.

thrum [θrʌm] ◆ vi **1.** [engine, machine] vibrer, vrombir ; [rain] tambouriner **2.** [guitarist] gratter les cordes ▸ **to thrum on a guitar** gratter de la guitare. ◆ vt **1.** [repeat] réciter or répéter d'une manière monotone **2.** [guitar] gratter de, taquiner ▸ **to thrum a tune on the guitar** racler un air sur la guitare.

thrush [θrʌʃ] n **1.** [bird] grive *f* **2.** *(U)* MED [oral] muguet *m* ; [vaginal] mycose *f*, candidose *f*.

thrust [θrʌst] *(pt & pp* **thrust***)* ◆ vt **1.** [push, shove] enfoncer, fourrer, plonger / *he thrust his finger / elbow into my ribs* il m'a enfoncé le doigt / le coude dans les côtes / *I thrust the stick into the jar* j'ai plongé le bâton dans le pot / *he thrust his sword into its scabbard* il a glissé son épée dans son fourreau / *to thrust one's hands into one's pockets* enfoncer or fourrer les mains dans ses poches / *he thrust her into the cell* il l'a poussée violemment dans la cellule / *she thrust the money towards him* elle a brusquement poussé l'argent vers lui / *she thrust the money into his hands / into his bag* elle lui a fourré l'argent dans les mains / dans le sac / *I had a gun thrust at me* on a brandi un pistolet dans ma direction / *she thrust me to the front* elle m'a poussé devant / *to thrust one's way through the crowd / to the front* se frayer un chemin à travers la foule / pour être devant **2.** [force - responsibility, fame] imposer / *the job was thrust upon me* on m'a imposé ce travail / *fame was thrust upon her overnight* la gloire lui est tombée dessus du jour au lendemain / *he was thrust into the limelight* il a été mis en vedette ▸ **to thrust o.s. on** or **upon sb** imposer sa présence à qqn, s'imposer à qqn. ◆ vi **1.** [push] : *he thrust past her* **a)** [rudely] il l'a bousculée en passant devant elle **b)** [quickly] il est passé devant elle comme une flèche / *towers thrusting upwards into the sky* *fig* des tours qui s'élancent vers le ciel **2.** FENCING allonger or porter une botte / *he thrust at him with a knife* il a essayé de lui donner un coup de couteau. ◆ n **1.** [lunge] poussée *f* ; [stab] coup *m* / *with a single thrust of his sword* d'un seul coup d'épée **2.** *fig* [remark] pointe *f* / *a few well-aimed thrusts at the opposition parties* quelques pointes bien senties contre les partis de l'opposition **3.** *(U)* [force - of engine] poussée *f* ; *fig* [drive] dynamisme *m*, élan *m* **4.** [of argument, story] sens *m*, idée *f* ; [of policy] idée *f* directrice ; [of research] aspect *m* principal / *the main thrust of her argument* l'idée maîtresse de son argument **5.** *(U)* ARCHIT & GEOL poussée *f*.

thrust aside vt sep [person, thing] écarter brusquement ; [suggestion] écarter or rejeter brusquement.

thrust away vt sep repousser.

thrust forward vt sep pousser en avant brusquement ▸ **to thrust o.s. forward** **a)** *lit* se frayer un chemin **b)** *fig* se mettre en avant.

thrust in ◆ vi [physically] s'introduire de force. ◆ vt sep [finger, pointed object] enfoncer / *she thrust her hand in* elle a brusquement mis la main dedans ▸ **to thrust one's way in** se frayer un passage pour entrer.

thrust out vt sep **1.** [arm, leg] allonger brusquement ; [hand] tendre brusquement ; [chin] projeter en avant / *she thrust her head out of the window* elle a brusquement passé la tête par la fenêtre ▸ **to thrust out one's chest** bomber la poitrine ▸ **to thrust one's way out** se frayer un chemin pour sortir **2.** [eject] pousser dehors.

thrust up vi s'élancer, jaillir.

thruster ['θrʌstəʳ] n ASTRONAUT [rocket] micropropulseur *m*.

thrusting ['θrʌstɪŋ] adj [dynamic] dynamique, entreprenant, plein d'entrain ; *pej* qui se fait valoir, qui se met en avant / *one of these thrusting young salesmen* un de ces jeunes vendeurs qui cherchent à se mettre en avant.

thruway ['θru:weɪ] n US ≃ autoroute *f (à cinq ou six voies)*.

Thucydides [θju:'sɪdɪdi:z] pr n Thucydide.

thud [θʌd] *(pt & pp* **thudded***, cont* **thudding***)* ◆ vi **1.** faire un bruit sourd ; [falling object] tomber en faisant un bruit sourd / *we could hear the cannon thudding in the distance* on entendait gronder les canons au loin **2.** [walk or run heavily] ▸ **to thud across / in / past** traverser / entrer / passer à pas pesants / *we could hear people thudding about in the flat above* on entendait les gens du dessus marcher à pas lourds / *footsteps thudded up the stairs* quelqu'un montait l'escalier d'un pas lourd **3.** [heart] battre fort. ◆ n bruit *m* sourd / *the book fell to the floor with a thud* le livre est tombé par terre avec un bruit sourd.

thug [θʌg] n voyou *m* / *a gang of thugs* une bande de voyous.

thuggery ['θʌgərɪ] n brutalité *f*, violence *f*.

thulium ['θu:lɪəm] n thulium *m*.

thumb [θʌm] ◆ n pouce *m* ▸ **to be under sb's thumb** être sous la coupe de qqn / *his mother's really got him under her thumb* sa mère a vraiment de l'emprise sur lui or en fait vraiment ce qu'elle veut ▸ **to be all (fingers and) thumbs** être maladroit ▸ **to stick out like a sore thumb** **a)** [be obvious] crever les yeux **b)** [be obtrusive] *that factory sticks out like a sore thumb* cette usine gâche le paysage. ◆ vt **1.** [book, magazine] feuilleter, tourner les pages de ; [pages] tourner / *the catalogue has been well thumbed* les pages du catalogue sont bien écornées **2.** [hitch] ▸ **to thumb a lift** UK or **ride** US faire du stop or de l'auto-stop / *they thumbed a lift to Exeter* ils sont allés à Exeter en stop / *I had to thumb a lift home* j'ai dû rentrer (chez moi) en stop / *she thumbed a lift from a passing motorist* elle a réussi à se faire prendre en stop par une voiture qui passait **3.** PHR **to thumb one's nose at sb** faire un pied de nez à qqn. ◆ vi US *inf* faire du stop or de l'auto-stop.

thumb through vt insep [book, magazine] feuilleter ; [files] consulter rapidement ; [pages] tourner.

thumb index n répertoire *m* à onglets.

thumbnail ['θʌmneɪl] n ongle *m* du pouce ▸ **thumbnail sketch** **a)** [of plan] aperçu *m*, croquis *m* rapide **b)** [of personality] bref portrait *m*.

thumbprint ['θʌmprɪnt] n empreinte *f* du pouce.

thumbscrew ['θʌmskru:] n **1.** TECH vis *f* à papillon or à ailettes **2.** [instrument of torture] poucettes *fpl*.

thumbs-down n : *he gave her the thumbs-down as he came out* en sortant, il lui a fait signe que cela avait mal marché ▸ **to get the thumbs-down** : *my proposal got the thumbs-down* ma proposition a été rejetée.

thumbstall ['θʌmstɔ:l] n poucier *m*.

thumbs-up n ▸ **to give sb the thumbs-up** **a)** [all OK] faire signe à qqn que tout va bien **b)** [in encouragement] faire signe à qqn pour l'encourager / *he gave her the thumbs-up as he came out* en sortant, il lui a fait signe que cela avait bien marché / *they've given me the thumbs-up for my thesis* ils m'ont donné le feu vert pour ma thèse.

thumbtack ['θʌmtæk] n US punaise *f*.

thump [θʌmp] ◆ vt donner un coup de poing à, frapper d'un coup de poing / *he thumped me in the stomach / on the head* il m'a donné un coup de poing à l'estomac / à la tête / *to thump sb on the back* donner une grande tape dans le dos à qqn / *he thumped his fist on the table* il a frappé du poing sur la table. ◆ vi **1.** [bang] cogner / *he thumped on the door / wall* il a cogné à la porte / contre le mur / *she was thumping away on the piano* elle tapait sur le piano comme une sourde / *my heart was thumping with fear / excitement* la peur / l'émotion me faisait battre le cœur **2.** [run or walk heavily] ▸ **to thump in / out / past** entrer / sortir / passer à pas lourds / *heavy boots thumped up the stairs* on entendait de lourds bruits de bottes dans l'escalier. ◆ n **1.** [blow - gen] coup *m* ; [- with fist] coup *m* de poing ; [- with stick] coup *m* de bâton ▸ **to give sb a thump** asséner un coup de poing à qqn / *he got a thump in the stomach* il a reçu un coup de poing à l'estomac **2.** [sound] bruit *m* sourd / *the log fell to the ground with a thump* la bûche est tombée par terre lourdement or avec un bruit sourd. ◆ adv ▸ **to go thump** *inf* faire boum.

thump out vt sep ▸ **to thump out a tune on the piano** marteler un air au piano.

thumping ['θʌmpɪŋ] UK *inf* ◆ adj [success] énorme, immense, phénoménal ; [difference] énorme. ◆ adv *dated* [as intensifier] : *a thumping great meal* un repas énorme / *that was a thumping good show!* ce spectacle était formidable !

thunder ['θʌndəʳ] ◆ n **1.** METEOR tonnerre *m* / *there was a lot of thunder last night* il a beaucoup tonné la nuit dernière / *there's thunder in the air* le temps est à l'orage ▸ **to be as black as thunder** [angry] être dans une colère noire **2.** [of applause, guns] tonnerre *m* ; [of engine, traffic] bruit *m* de tonnerre ; [of hooves] fracas *m* / *we could hear the thunder of the waves crashing on the rocks below* on entendait le fracas des vagues qui s'écrasaient sur les rochers en contrebas / *his voice was like thunder* il avait une voix de tonnerre **3.** UK *dated* ▸ **by thunder!** tonnerre ! ◆ vi **1.** METEOR tonner / *it's thundering* il tonne, ça tonne **2.** [guns, waves] tonner, gronder ; [hooves] retentir / *a train thundered past* le train est passé dans un grondement de tonnerre **3.** [shout] ▸ **to thunder at sb / against sthg** tonner contre qqn / contre qqch. ◆ vt [order, threat, applause] lancer d'une voix tonitruante or tonnante / *"damn them!", he thundered* « qu'ils aillent au diable ! », tonna-t-il / *the audience thundered their delight* le public manifesta son plaisir par un tonnerre d'applaudissements.

thunder out vt sep [order] lancer d'une voix tonitruante.

thunderbolt ['θʌndəbəʊlt] n METEOR éclair *m* ; *fig* coup *m* de tonnerre.

thunderbox ['θʌndəbɒks] n *inf & hum* petit coin *m*, cabinets *mpl*.

thunderclap ['θʌndəklæp] n coup *m* de tonnerre.

thundercloud ['θʌndəklaʊd] n METEOR nuage *m* orageux ; *fig* nuage *m* noir.

Thunderer ['θʌndərəʳ] n **1.** MYTH ▸ **the Thunderer** Jupiter **2.** PRESS ▸ **the Thunderer** *surnom du « Times »*.

thunderhead ['θʌndəhed] n US cumulo-nimbus *m*.

thundering ['θʌndərɪŋ] UK *inf & dated* ◆ adj **1.** [terrible] ▸ **to be in a thundering temper** or **rage** être dans une colère noire or hors de soi / *it's a thundering nuisance!* quelle barbe ! **2.** [superb - success] foudroyant, phénoménal. ◆ adv : *it's a thundering good read* c'est un livre formidable.

thunderous ['θʌndərəs] adj [shouts, noise] retentissant / *there was thunderous applause* il y eut un tonnerre d'applaudissements.

thunder sheet n THEAT *plaque de métal servant à imiter le bruit du tonnerre.*

thunderstorm ['θʌndəstɔːm] n orage *m*.

thunderstruck ['θʌndəstrʌk] adj foudroyé, abasourdi / *she was thunderstruck by the news* la nouvelle la foudroya.

thunderthighs ['θʌndəθaɪz] n *inf & hum terme péjoratif désignant une femme aux grosses cuisses.*

thundery ['θʌndərɪ] adj METEOR orageux / *thundery weather is forecast* la météo prévoit de l'orage.

Thur, Thurs (written abbr of **Thursday**) jeu.

thurible ['θjʊərɪbl] n encensoir *m*.

thurifer ['θjʊərɪfəʳ] n thuriféraire *m*.

Thuringia [θjʊ'rɪndʒɪə] pr n Thuringe *f* / *in Thuringia* en Thuringe.

Thursday ['θɜːzdeɪ] n jeudi *m* ▸ **Black Thursday** Jeudi noir *(jour du krach de Wall Street qui déclencha la crise de 1929)*. **See also Friday.**

thus [ðʌs] adv [so] ainsi, donc ; [as a result] ainsi, par conséquent ; [in this way] ainsi ▸ **thus far a)** [in present] jusqu'ici **b)** [in past] jusque-là / **'Thus Spake Zarathustra'** *Nietzsche* 'Ainsi parlait Zarathoustra'.

thwack [θwæk] ◆ n **1.** [blow] grand coup *m* ; [slap] claque *f* / *he gave the hedge a thwack with his stick* il donna un grand coup de canne dans la haie **2.** [sound] claquement *m*, coup *m* sec. ◆ vt donner un coup sec à ; [slap - person] gifler / *the player thwacked the ball into the crowd* le joueur envoya la balle dans le public d'un vigoureux coup de pied.

thwart [θwɔːt] vt [plan] contrecarrer, contrarier ; [person - in efforts] contrarier les efforts de ; [- in plans] contrarier les projets de ; [- in attempts] contrecarrer les tentatives de / *I was thwarted in my attempts to leave the country* mes tentatives de quitter le pays ont été contrecarrées.

Thx, THX, Thnx MESSAGING written abbr of **thanks**.

thy [ðaɪ] poss adj BIBLE & *regional & liter* ton *m*, ta *f*, tes *mf*.

thyme [taɪm] n *(U)* thym *m*.

thymine ['θaɪmiːn] n thymine *f*.

thymol ['θaɪmɒl] n thymol *m*.

thymus ['θaɪməs] n thymus *m*.

thyristor [θaɪ'rɪstəʳ] n thyristor *m*.

thyroid ['θaɪrɔɪd] ◆ n thyroïde *f*. ◆ adj thyroïde.

thyroxin(e) [θaɪ'rɒksɪn] n thyroxine *f*.

thyself [ðaɪ'self] pers pron *(reflexive)* BIBLE & *regional & liter* te ; *(intensifier)* toi-même.

ti [tiː] = **te.**

TIA MESSAGING written abbr of **thanks in advance**.

Tiananmen Square ['tjænənmen-] pr n la place Tian'anmen.

tiara [tɪ'ɑːrə] n [gen] diadème *m* ; RELIG tiare *f*.

Tiber ['taɪbəʳ] pr n ▸ **the (River) Tiber** le Tibre.

Tiberias [taɪ'bɪərɪæs] pr n ▸ **Lake Tiberias** le lac de Tibériade.

Tiberius [taɪ'bɪərɪəs] pr n Tibère.

Tibesti [tɪ'bestɪ] pr n ▸ **the Tibesti (Massif)** le Tibesti.

Tibet [tɪ'bet] pr n Tibet *m* / *in Tibet* au Tibet.

Tibetan [tɪ'betn] ◆ n **1.** [person] Tibétain *m*, -e *f* **2.** LING tibétain *m*. ◆ adj tibétain.

tibia ['tɪbɪə] *(pl* **tibias** *or* **tibiae** [-bɪiː]) n tibia *m*.

tic [tɪk] n ▸ **(nervous) tic** tic *m* (nerveux).

TIC MESSAGING written abbr of **tongue in cheek**.

tich [tɪtʃ] n UK *inf* microbe *m* / *he's a real tich* [person] il est haut comme trois pommes.

tichy ['tɪtʃɪ] adj UK *inf* minuscule, tout petit.

Ticino [tɪ'tʃiːnəʊ] pr n Tessin *m*.

tick [tɪk] ◆ vi [clock, time-bomb] faire tic-tac ; [motivation] : *I wonder what makes him tick* je me demande ce qui le motive. ◆ vt UK [mark - name, item] cocher, pointer ; [- box, answer] cocher ; [SCH - as correct] marquer juste. ◆ n **1.** [of clock] tic-tac *m* **2.** UK *inf* [moment] instant *m* / *just a tick!* un instant ! / *I'll be ready in a tick* / *in a couple of ticks* je serai prêt dans une seconde / en moins de deux / *I'll only be a tick* j'en ai pour une seconde **3.** UK [mark] coche *f* ▸ **to put a tick against sthg** cocher qqch **4.** ZOOL tique *f* **5.** UK *inf* [credit] crédit *m* ▸ **to buy sthg on tick** acheter qqch à crédit **6.** TEXT [ticking] toile *f* à matelas ; [covering - for mattress] housse *f* (de matelas) ; [- for pillow] housse *f* (d'oreiller), taie *f*.

❖ **tick away** vi **1.** [clock] faire tic-tac ; [taximeter] tourner **2.** [time] passer / *the minutes ticked away* or *by* les minutes passaient.

❖ **tick off** vt sep **1.** [name, item] cocher, pointer **2.** *fig* [count - reasons, chapters] compter, énumérer / *he ticked off the EU countries on his fingers* il compta les pays de l'UE sur ses doigts **3.** UK *inf* [scold] attraper, passer un savon à / *she got ticked off for being late* elle s'est fait attraper pour être arrivée en retard **4.** US *inf* [annoy] agacer, taper sur le système à.

❖ **tick over** vi **1.** UK [car engine] tourner au ralenti ; [taximeter] tourner **2.** *fig* [business, production] tourner normalement / *everything's ticking over nicely* tout tourne bien.

tick box n case *f* à cocher.

ticked [tɪkt] adj US *inf* en rogne.

ticker ['tɪkəʳ] n **1.** US [printer] téléscripteur *m*, téléimprimeur *m* **2.** *inf* [heart] palpitant *m*, cœur *m* **3.** *inf* [watch] tocante *f*, toquante *f*.

tickertape ['tɪkəteɪp] n **1.** [tape] bande *f* de téléscripteur or de téléimprimeur **2.** US *fig* ▸ **to get a tickertape reception** or **welcome** recevoir un accueil triomphal.

tickertape parade n *aux États-Unis, défilé où l'on accueille un héros national sous une pluie de serpentins.*

ticket ['tɪkɪt] ◆ n **1.** [for travel - on coach, plane, train] billet *m* ; [- on bus, underground] billet *m*, ticket *m* ; [for entry - to cinema, theatre, match] billet *m* ; [- to car park] ticket *m* (de parking) ; [for membership - of library] carte *f* / *to buy a ticket* prendre or acheter un billet / *this play's the hottest ticket in town* c'est le spectacle dont tout le monde parle en ce moment **2.** [receipt - in shop] ticket *m* (de caisse), reçu *m* ; [- for left-luggage, cloakroom] ticket *m* (de consigne) ; [- from pawnshop] reconnaissance *f* **3.** [label] étiquette *f* **4.** AUTO [fine] P-V *m*, contravention *f*, amende *f* ▸ **to give sb a ticket** mettre un P-V or une contravention à qqn ▸ **to get a ticket** avoir un P-V **5.** US POL [set of principles] : *he fought the election on a Democratic ticket* il a basé son programme électoral sur les principes du parti démocrate **6.** *inf* AERON & NAUT [certificate] brevet *m* **7.** UK *mil sl* ▸ **to get one's ticket** être libéré des obligations militaires **8.** PHR **that's (just) the ticket!** *inf* voilà exactement ce qu'il faut ! ◆ vt **1.** [label] étiqueter **2.** [earmark] désigner, destiner **3.** US [issue with a ticket] donner un billet à / *I'm ticketed on the 7.30 flight* j'ai un billet pour le vol de 7 h 30 **4.** US [issue with a parking ticket] mettre un P-V à.

ticket agency n **1.** THEAT agence *f* de spectacles **2.** RAIL agence *f* de voyages.

ticket collector n RAIL contrôleur *m*, -euse *f*.

ticket day n UK ST. EX jour *m* de déclaration des noms.

ticket holder n personne *f* munie d'un billet.

ticket inspector = **ticket collector.**

ticketless ['tɪkɪtlɪs] adj ▸ **ticketless travel** AERON *système permettant de voyager sans billet papier.*

ticket machine n distributeur *m* de tickets, billetterie *f* automatique.

ticket office n bureau *m* de vente des billets, guichet *m*.

ticket taker n US contrôleur *m*.

ticket tout n UK revendeur *m*, -euse *f* de billets *(sur le marché noir)*.

tickety-boo [,tɪkɪtɪ'buː] adj UK *inf & dated* au poil / *everything's tickety-boo* tout baigne dans l'huile, tout est au poil.

ticking ['tɪkɪŋ] n **1.** [of clock] tic-tac *m* **2.** TEXT toile *f* (à matelas).

ticking off *(pl* **tickings off**) n UK *inf* ▸ **to give sb a ticking off** enguirlander qqn, tirer les oreilles à qqn / *she got a ticking off for being late* elle s'est fait enguirlander parce qu'elle était en retard / *he needs a good ticking off* il a besoin de se faire enguirlander or tirer les oreilles.

tickle ['tɪkl] ◆ vt **1.** *lit* [by touching] chatouiller / *don't tickle my feet!* ne me chatouille pas les pieds ! ▸ **to tickle sb in the ribs** / **under the chin** chatouiller les côtes / le menton à qqn / *the blanket tickled her nose* la couverture lui chatouillait le nez **2.** *fig* [curiosity, vanity] chatouiller **3.** *fig* [amuse] amuser, faire rire ; [please] faire plaisir à / *she was really tickled by the news* **a)** [amused] la nouvelle l'a vraiment amusée **b)** [pleased] la nouvelle lui a vraiment fait plaisir ▸ **to be tickled pink** or **to death** être ravi or aux anges / *he was tickled pink at becoming a grandfather* il était ravi de devenir grand-père / *she was tickled to death to think he actually liked her* elle était enchantée de penser qu'en fait il l'aimait bien. ◆ vi [person, blanket] chatouiller ; [beard] piquer / *don't tickle!* ne me chatouille pas ! ◆ n [on body] chatouillement *m* ▸ **to give sb a tickle** chatouiller qqn, faire des chatouilles à qqn ; [in throat] picotement *m* / *I've got an awful tickle in my throat* j'ai la gorge qui picote atrocement.

tickler ['tɪkləʳ] n **1.** *inf* [question] colle *f* ; [problem] casse-tête *m inv* ; [situation] situation *f* délicate or épineuse **2.** US [memorandum book] pense-bête *m*.

tickling ['tɪklɪŋ] ◆ n *(U)* [of person] chatouilles *fpl* ; [of blanket] picotement *m*. ◆ adj [throat] qui grattouille or picote ; [cough] d'irritation, qui gratte la gorge / *you get a tickling sensation in your feet* on a une sensation de picotement dans les pieds.

ticklish ['tɪklɪʃ] adj **1.** [person, feet] chatouilleux ; [sensation] de chatouillement **2.** *inf* [touchy] chatouilleux / *she's very ticklish about certain subjects* il y a des sujets qu'il ne faut pas aborder avec elle **3.** *inf* [delicate - situation, topic] délicat, épineux ; [- moment] crucial ; [- negotiations] délicat.

tickly ['tɪklɪ] adj *inf* [sensation] de chatouillis ; [blanket] qui chatouille ; [beard] qui pique.

ticktack ['tɪk,tæk] = **tic tac.**

tick-tack man = **tic tac man.**

tick-tack-toe US = **tic-tac-toe.**

ticktock ['tɪktɒk] n [of clock] tic-tac *m*.

ticky-tacky ['tɪkɪ,tækɪ] *inf* ◆ adj de pacotille. ◆ n pacotille *f*.

tic tac ['tɪk,tæk] n **1.** UK gestuelle *f* des bookmakers *(pour indiquer la cote)* **2.** US tic-tac *m*.

tic tac man n *sur un terrain de courses, bookmaker qui donne des renseignements à des collègues en faisant des signaux avec les mains et les bras.*

tic-tac-toe n US morpion *m (jeu)*.

tidal ['taɪdl] adj [estuary, river] qui a des marées ; [current, cycle, force] de la marée ; [ferry] dont les horaires sont fonction de la marée ; [energy] marémoteur.

tidal wave n raz-de-marée *m inv* ; *fig* [of sympathy] élan *m*.

tidbit ['tɪdbɪt] US = **titbit.**

tiddledywinks ['tɪdldɪwɪŋks] n US = **tiddlywinks.**

tiddler ['tɪdləʳ] n *inf* **1.** [fish] petit poisson *m* ; [minnow] fretin *m* ; [stickleback] épinoche *f* **2.** UK [child] mioche *m*.

tiddly ['tɪdlɪ] (*compar* **tiddlier**, *superl* **tiddliest**) adj UK *inf* **1.** [tiny] tout petit, minuscule **2.** [tipsy] éméché, paf.

tiddlywink ['tɪdlɪwɪŋk] n pion *m* (du jeu de puce).

❖ **tiddlywinks** n *(U)* jeu *m* de puce.

tide [taɪd] n **1.** [of sea] marée *f* / *at high / low tide* à marée haute / basse / *high tide is at 17.29* la mer est haute à 17 h 29, la marée haute est à 17 h 29 / *the raft was swept out to sea on the tide* la marée a emporté le radeau au large / *they left on the first tide* ils sont partis avec la première marée **2.** [of opinion] courant *m* ; [of discontent, indignation] vague *f* ; [of events] cours *m*, marche *f* / *the tide has turned* la chance a tourné / *there is a rising tide of unrest amongst the workforce* il y a une agitation grandissante parmi le personnel.

❖ **tide over** vt sep dépanner / *to tide sb over a difficult patch* dépanner qqn qui se trouve en difficulté / *here's £20 to tide you over until Monday* voici 20 livres pour vous dépanner jusqu'à lundi.

tide gauge n marégraphe *m*.

tideland ['taɪdlænd] n US laisse *f* (de la marée).

tideline ['taɪdlaɪn] = **tidemark**.

tidemark ['taɪdmɑːk] n **1.** [on shore] laisse *f* de haute mer **2.** *fig & hum* [round bath, neck] marque *f* de crasse.

tide race n courant *m* de marée rapide.

tide table n échelle *f* or table *f* des marées, almanach *m* (des marées).

tidewater ['taɪd,wɔːtər] n *(U)* **1.** UK [water] (eaux *fpl* de) marée *f* **2.** US [land] côte *f* (baignée par des eaux de marée).

tideway ['taɪdweɪ] n [channel] lit *m* de la marée ; [part of river] estuaire *m*, aber *m*.

tidily ['taɪdɪlɪ] adv [pack, fold] soigneusement, avec soin / *tidily dressed* **a)** [adult] bien habillé or mis **b)** [child] habillé proprement / *her hair was tied back tidily* ses cheveux étaient soigneusement attachés / *put your books / clothes away tidily* range bien tes livres / habits.

tidiness ['taɪdɪnɪs] n **1.** [of drawer, desk, room] ordre *m* / *lack of tidiness* désordre *m* **2.** [of appearance] netteté *f* **3.** [of work, exercise book] propreté *f*, netteté *f* ; [of writing] netteté *f*.

tidings ['taɪdɪŋz] pl n *arch & liter* nouvelles *fpl* / *we bring you tidings of great joy* nous vous apportons de joyeuses nouvelles.

tidy ['taɪdɪ] (*compar* **tidier**, *superl* **tidiest**, *pl* **tidies**, *pt & pp* **tidied**) ◆ adj **1.** [room, house, desk] rangé, ordonné, en ordre ; [garden, town] propre ▸ **neat and tidy** propre et net / *he keeps his flat very tidy* il tient son appartement bien rangé / *can't you make the room a bit tidier?* tu ne peux pas mettre un peu (plus) d'ordre dans cette pièce ? **2.** [in appearance -person] soigné ; [-clothes, hair] soigné, net **3.** [work, writing] soigné, net **4.** [in character -person] ordonné, méthodique / *she has a very tidy mind* elle a l'esprit très méthodique **5.** *inf* [sum, profit] joli, coquet / *a tidy bit of my income goes in tax* une bonne partie de mes revenus part en impôts. ◆ n **1.** [receptacle] vide-poches *m inv* **2.** US [on chair] têtière *f*. ◆ vt [room] ranger, mettre de l'ordre dans ; [desk, clothes, objects] ranger / *to tidy one's hair* se recoiffer / *tidy those books into a cupboard* range ces livres dans un placard.

❖ **tidy away** vt sep ranger, ramasser.

❖ **tidy out** vt sep [drawer, wardrobe, garden shed] ranger de fond en comble, mettre de l'ordre dans ; [newspapers] ranger, trier / *go and tidy out your room* va mettre de l'ordre dans or ranger ta chambre.

❖ **tidy up** ◆ vi **1.** [in room] tout ranger / *after the last guests had gone she was left to tidy up* elle a dû tout remettre en ordre or tout ranger après le départ des derniers invités **2.** [in appearance] s'arranger / *you'd better tidy up before they arrive* tu ferais mieux de t'arranger un peu avant qu'ils arrivent. ◆ vt sep [room, clothes] ranger, mettre de l'ordre dans ; [desk] ranger ▸ **to tidy o.s. up** s'arranger / *tidy your things up* **a)** [make tidy] range tes affaires **b)** [put away] range or ramasse tes affaires.

tidy-out n *inf* ▸ **to have a tidy-out a)** [make tidy] faire du (grand) rangement **b)** [clear out] faire du rangement par le vide / *we gave the room a good tidy-out* on a rangé la pièce de fond en comble.

tidy-up n *inf* ▸ **to have a tidy-up** faire du rangement / *we'll have to give the place a tidy-up before the guests arrive* il va falloir mettre de l'ordre or faire du rangement dans la maison avant l'arrivée des invités.

tie [taɪ] ◆ n **1.** [necktie] cravate *f* **2.** [fastener -gen] attache *f* ; [-on apron] cordon *m* ; [-for curtain] embrasse *f* ; [-on shoes] lacet *m* **3.** [bond, link] lien *m*, attache *f* / *emotional ties* liens affectifs / *family ties* liens de parenté or familiaux / *there are strong ties between the two countries* les deux pays entretiennent d'étroites relations **4.** [restriction] entrave *f* / *pets / young children can be a tie* les animaux / les jeunes enfants peuvent être une entrave **5.** SPORT [draw] égalité *f* ; [drawn match] match *m* nul / *the match ended in a tie* les deux équipes ont fait match nul ; [in competition] *compétition dont les gagnants sont ex aequo* / *it was a tie for first / second place* il y avait deux premiers / seconds ex aequo ; POL égalité *f* de voix / *the election resulted in a tie* les candidats ont obtenu le même nombre de voix or étaient à égalité des voix **6.** FOOT [match] match *m* / *a championship tie* un match de championnat / *a European cup tie* un match de la coupe européenne **7.** MUS liaison *f* **8.** US RAIL traverse *f* **9.** CONSTR tirant *m*. ◆ vt **1.** [with string, rope -parcel] attacher, ficeler / *is it tied properly?* est-ce que c'est bien attaché ? / *they tied him to a tree* il l'ont attaché or ligoté à un arbre / *his hands and feet were tied* ses mains et ses pieds étaient ligotés **2.** [necktie, scarf, shoelaces] attacher, nouer / *to tie one's shoelaces* attacher or nouer ses lacets (de chaussures) / *to tie a scarf round one's neck* nouer une écharpe autour de son cou / *why not tie some string to the handle?* pourquoi ne pas attacher une ficelle à la poignée ? / *she tied the ribbon in a bow* elle a fait un nœud au ruban / *she tied a bow / a ribbon in her hair* elle s'est mis un nœud / un ruban dans les cheveux ▸ **to tie a knot in sthg, to tie sthg in a knot** faire un nœud à qqch ▸ **to be tied to one's mother's apron strings** : *he's still tied to his mother's apron strings* il n'a pas encore quitté les jupes de sa mère **3.** [confine -subj: responsibility, job, etc.] : *she's tied to the house* **a)** [unable to get out] elle est clouée à la maison **b)** [kept busy] la maison l'accapare beaucoup / *the job keeps me very much tied to my desk* mon travail m'oblige à passer beaucoup de temps devant mon bureau / *they're tied to* or *by the conditions of the contract* ils sont liés par les conditions du contrat **4.** MUS lier. ◆ vi **1.** [apron, shoelace, etc.] s'attacher, se nouer / *the dress ties at the back* la robe s'attache par-derrière **2.** [draw -players] être à égalité ; [-in match] faire match nul ; [-in exam, competition] être ex aequo ; [-in election] obtenir le même score or nombre de voix / *they tied for third place in the competition* ils étaient troisièmes ex aequo au concours.

❖ **tie back** vt sep [hair] attacher (en arrière) ; [curtains, plant] attacher / *her hair was tied back in a bun* ses cheveux étaient ramassés en chignon.

❖ **tie down** vt sep **1.** [with string, rope -person, object] attacher / *they had to tie him down* ils ont dû l'attacher **2.** *fig* [restrict] accaparer / *she doesn't want to feel tied down* elle ne veut pas perdre sa liberté / *children can really tie you down* il arrive que les enfants vous accaparent totalement / *I'd rather not be tied down to a specific time* je préférerais qu'on ne fixe pas une heure précise / *we must tie them down to the terms of the contract* il faut les obliger à respecter les termes du contrat.

❖ **tie in** ◆ vi **1.** [be connected] être lié or en rapport / *everything seems to tie in* tout semble se tenir / *this ties in with what I said before* cela rejoint ce que j'ai dit avant **2.** [correspond] correspondre, concorder / *the evidence doesn't tie in with the facts* les indices dont nous disposons ne correspondent pas aux faits or ne cadrent pas avec les faits. ◆ vt sep : *how is this tied in with your previous experiments?* quel est le lien or le rapport avec vos expériences antérieures ? / *she's trying to tie her work experience in with her research* elle essaie de faire coïncider son expérience professionnelle et ses recherches.

❖ **tie on** vt sep attacher, nouer / *she had a basket tied on to the handlebars* elle avait un panier attaché à son guidon.

❖ **tie together** ◆ vi : *it all ties together* tout se tient / *his story doesn't tie together very well* son histoire ne tient pas vraiment debout. ◆ vt sep [papers, sticks] attacher (ensemble) / *to tie sb's hands / feet together* attacher les mains / les pieds de qqn / *the letters had been tied together in bundles* les lettres avaient été mises en liasses.

❖ **tie up** ◆ vt sep **1.** [parcel, papers] ficeler ; [plant, animal] attacher ; [prisoner] attacher, ligoter ; [boat] attacher, arrimer ; [shoelace] nouer, attacher / *the letters were tied up in bundles* les lettres étaient ficelées en liasses / *the dog was tied up to a post* le chien était attaché à un poteau **2.** *(usu passive)* [money, supplies] immobiliser / *their money is all tied up in shares* leur argent est entièrement investi dans des actions / *her inheritance is tied up until her 21st birthday* elle ne peut toucher à son héritage avant son 21e anniversaire **3.** [connect -company, organization] lier par des accords **4.** [complete, finalize -deal] conclure ; [-terms of contract] fixer / *I'd like to get everything tied up before the holidays* je voudrais arriver à tout régler avant les vacances / *there are still a few loose ends to tie up* il y a encore quelques points de détail à régler **5.** [impede -traffic] bloquer ; [-progress, production] freiner, entraver. ◆ vi **1.** [be connected] être lié / *how does this tie up with the Chicago gang killings?* quel est le rapport avec les assassinats du gang de Chicago ? / *it's all beginning to tie up* tout commence à s'expliquer **2.** NAUT accoster.

tieback ['taɪbæk] n [cord] embrasse *f* (de rideaux) ; [curtain] rideau *m* *(retenu par une embrasse)*.

tie beam n CONSTR longrine *f*.

tiebreak(er) ['taɪbreɪk(ər)] n TENNIS tie-break *m* ; [in game, contest] épreuve *f* subsidiaire ; [in quiz] question *f* subsidiaire.

tie clasp, tie clip n fixe-cravate *m*.

tied [taɪd] adj **1.** SPORT ▸ **to be tied a)** [players] être à égalité **b)** [game] être nul **2.** [person -by obligation, duties] pris, occupé / *he doesn't want to feel tied* il ne veut pas s'engager / *she feels very tied by the new baby* elle est très prise par le nouveau bébé / *she isn't tied by any family obligations* elle n'a or elle n'est tenue par aucune obligation familiale **3.** MUS [note] lié.

tied cottage n UK *logement attaché à une ferme et occupé par un employé agricole*.

tied house n [pub] *pub lié par contrat à une brasserie qui l'approvisionne* ; [house] logement *m* de fonction.

tied up adj [busy] ▸ **to be tied up** être occupé or pris / *she's tied up with the children every Wednesday* elle est prise par les enfants tous les mercredis / *he's tied up in a meeting until 5* il est en réunion jusqu'à 17 h / *I'll be tied up all weekend writing these wretched reports* je vais devoir passer tout le week-end à rédiger ces maudits rapports.

tie-dye vt teindre en nouant *(pour obtenir une teinture non uniforme)*.

tie-dyeing n *procédé de teinture qui consiste à nouer le tissu pour qu'il se teinte de manière irrégulière*.

tie-in n **1.** [connection] lien *m*, rapport *m* **2.** US COMM [sale] vente *f* par lots ; [items] lot *m* **3.** [in publishing] *livre, cassette, etc., liés à un film ou une émission* / *there may be a film tie-in* on pourrait en tirer un film.

tie line n TELEC ligne *f* interautomatique.

tie-on adj [label] à œillet.

tiepin ['taɪpɪn] n épingle *f* de cravate.

tier [tɪər] ◆ n **1.** [row of seats -in theatre, stadium] gradin *m*, rangée *f* ; [level] étage *m* / *to arrange seats in tiers* disposer des sièges en gradins **2.** ADMIN échelon *m*, niveau *m* / *a five-tier system* un système à cinq niveaux **3.** [of cake] étage *m* / *a three-tier wedding cake* un gâteau de mariage à trois étages. ◆ vt [seating] disposer en gradins.

tie rack n porte-cravates *m*.

tiered ['tiəd] adj [seating] en gradins ; [system] à plusieurs niveaux.

tie-rod n AUTO tirant *m*.

Tierra del Fuego [tɪ,erədel'fweɪgəʊ] pr n Terre de Feu *f* / *in Tierra del Fuego* en Terre de Feu.

tie-tack n US fixe-cravate *m*.

tie-up n **1.** [connection] lien *m*, rapport *m* **2.** FIN [merger] fusion *f* **3.** US [stoppage] arrêt *m*, interruption *f* **4.** US [traffic jam] embouteillage *m*, bouchon *m*.

tiff [tɪf] n UK *inf* prise *f* de bec / *they've had a bit of a tiff* ils se sont un peu disputés ▸ **a lover's tiff** une dispute d'amoureux.

tiffin ['tɪfɪn] n UK *dated* repas *m* de midi.

tig [tɪg] n (jeu *m* du) chat *m* ▸ **to play tig** jouer à chat.

tiger ['taɪgəʳ] n tigre *m* ▸ **to fight like a tiger** se battre comme un tigre ▸ **to get off the tiger** or **the tiger's back** se tirer d'embarras ▸ **to have a tiger by the tail** se trouver pris dans une situation dont on n'est plus maître ▸ **to ride the tiger** vivre dangereusement.

Tiger balm® n baume *m* du tigre *(pommade menthollée utilisée comme panacée)*.

tiger cub n petit *m* du tigre.

tiger economy n *pays à l'économie très performante* ▸ **the (Asian) tiger economies** les tigres *mpl* asiatiques.

tiger lily n lis *m* tigré.

tiger moth n ENTOM écaille *f*.

tiger's-eye n [stone] œil-de-tigre *m*.

tiger shark n requin-tigre *m*.

tight [taɪt] ◆ adj **1.** [garment, footwear] serré, étroit / *these shoes are a bit tight* ces chaussures sont un peu trop serrées / *it's a tight fit* c'est trop serré or juste / *tight jeans* **a)** [too small] un jean trop serré **b)** [close-fitting] un jean moulant / *a tight skirt* **a)** [too small] une jupe trop serrée **b)** [close-fitting] une jupe moulante / *my tie is too tight* ma cravate est trop serrée **2.** [stiff - drawer, door] dur à ouvrir ; [- tap] dur à tourner ; [- lid] dur à enlever ; [- screw] serré ; [constricted] pesant / *I've got a tight feeling across my chest* j'ai comme un poids sur la poitrine / *it was a tight squeeze but we got everyone in* on a eu du mal mais on a réussi à faire entrer tout le monde ▸ **to be in a tight corner** or **spot** être dans une situation difficile **3.** [taut - rope] raide, tendu ; [- bow] tendu ; [- net, knitting, knot] serré ; [- skin] tiré ; [- group] serré / *her face looked tight and drawn* elle avait les traits tirés / *they marched in tight formation* ils marchaient en ordre serré ; [firm] ▸ **to keep (a) tight hold** or **grasp on sthg** bien tenir qqch / *she kept a tight hold on the rail* elle s'agrippait à la balustrade / *she kept a tight hold on the expenses* elle surveillait les dépenses de près / *you should keep a tighter rein on the children* / *your emotions* il faudrait surveiller les enfants de plus près / mieux maîtriser vos émotions ▸ **to keep sb on a tight rein** or US **leash** tenir la bride haute à qqn **4.** [sharp - bend, turn] brusque / *we had to make a tight turn to avoid the car* nous avons dû effectuer un virage serré pour éviter la voiture **5.** [strict - control, restrictions] strict, sévère ; [- security] strict ▸ **to run a tight ship** mener son monde à la baguette **6.** [limited - budget, credit] serré, resserré ▸ **to work on a tight budget** travailler avec un budget serré / *money is a bit tight* or *things are a bit tight at the moment* l'argent manque un peu en ce moment **7.** [close - competition] serré **8.** [busy - schedule] serré, chargé / *it was tight but I made it in time* c'était juste, mais je suis arrivé à temps **9.** *inf* [mean] radin, pingre / *he's very tight with his money* il est très près de ses sous **10.** *inf* [drunk] soûl, rond / *he gets tight on one glass of wine* un verre de vin suffit à le soûler **11.** US *inf* [cool] : *that's tight* c'est cool. ◆ adv [close, fasten] bien / *packed tight* **a)** [bag] bien rempli or plein **b)** [pub, room] bondé / *hold tight!* tenez-vous bien !, accrochez-vous bien ! / *she held the rabbit tight in her arms* elle serrait le lapin dans ses bras / *pull the thread tight* tirez or tendez bien le fil / *is that window shut tight?* cette fenêtre est-elle bien fermée ? / *it needs to be turned* / *screwed tight* il faut le serrer / le visser à fond.

❖ **tights** pl n UK ▸ **(pair of) tights** collant *m*, collants *mpl*.

tight-arsed UK [-ɑ:st], **tight-assed** US [-æst] adj *vulg* coincé, constipé.

tighten ['taɪtn] ◆ vt **1.** [belt, strap] resserrer / *he tightened his grasp on the rail* il agrippa plus fermement la balustrade ▸ **to tighten one's belt** **a)** *lit* resserrer sa ceinture **b)** *fig* se serrer la ceinture **2.** [nut, screw] serrer, bien visser ; [knot] serrer ; [cable, rope] serrer, tendre **3.** [control, security, regulations] renforcer ; [credit] resserrer. ◆ vi **1.** [grip] : *his finger tightened on the trigger* son doigt se serra sur la gâchette / *her grasp tightened on my arm* elle serra mon bras plus fort **2.** [nut, screw, knot] se resserrer ; [cable, rope] se raidir, se tendre **3.** [control, security, regulation] être renforcé ; [credit] se resserrer **4.** [throat, stomach] se nouer.

❖ **tighten up** vt sep **1.** [nut, screw] serrer **2.** [control, security, regulation] renforcer / *the law on drug peddling has been tightened up* la loi sur le trafic de drogue a été renforcée.

❖ **tighten up on** vt insep : *to tighten up on discipline* / *security* renforcer la discipline / la sécurité / *the government are tightening up on drug pushers* / *tax evasion* le gouvernement renforce la lutte contre les revendeurs de drogue / la fraude fiscale.

tightening ['taɪtnɪŋ] n [of screw, credit] resserrement *m* ; [of control, regulation] renforcement *m* / *he felt a tightening in his throat* il sentit sa gorge se nouer.

tightfisted [,taɪt'fɪstɪd] adj *pej* avare, pingre.

tight-fitting adj [skirt, trousers] moulant ; [lid] qui ferme bien.

tight-knit [-'nɪt] adj [community, family] (très) uni.

tight-lipped [-'lɪpt] adj : *he sat tight-lipped and pale* il était assis, pâle et muet / *she sat in tight-lipped silence* elle se tenait assise, sans desserrer les dents.

tightly ['taɪtlɪ] adv **1.** [firmly - hold, fit, screw] (bien) serré / *he held his daughter tightly to him* il serrait sa fille tout contre lui / *hold on tightly* tenez-vous or accrochez-vous bien / *we held on tightly to the rail* nous nous sommes agrippés fermement à la balustrade / *make sure the lid fits tightly* vérifiez que le couvercle est bien fermé / *the cases were tightly sealed* les caisses étaient bien scellées / *her eyes were tightly shut* elle avait les yeux bien fermés / *news is tightly controlled* les informations sont soumises à un contrôle rigoureux / *tightly curled hair* des cheveux frisés **2.** [densely] : *the lecture hall was tightly packed* l'amphithéâtre était bondé or plein à craquer.

tightness ['taɪtnɪs] n **1.** [of garment, shoes] étroitesse *f* **2.** [stiffness - of drawer, screw, tap] dureté *f* **3.** [tautness - of bow, rope] raideur *f* / *he felt a sudden tightness in his throat* il sentit soudain sa gorge se nouer / *he felt a sudden tightness in his chest* **a)** [physical] il ressentit soudain une douleur dans la poitrine **b)** [emotional] il sentit soudain son cœur se serrer **4.** [strictness - of control, regulation] rigueur *f*, sévérité *f* ; [- of security] rigueur *f*.

tightrope ['taɪtrəʊp] n corde *f* raide ▸ **to walk the tightrope** marcher sur la corde raide / *she's walking a political tightrope* *fig* elle s'est aventurée sur un terrain politique glissant or dangereux.

tightrope walker n funambule *mf*.

tightwad ['taɪtwɒd] n US *inf & pej* radin *m*, -e *f* / *he's a real tightwad* il est vraiment grippe-sou.

Tigré ['ti:greɪ] pr n Tigré *m* / *in Tigré* dans le Tigré.

tigress ['taɪgrɪs] n ZOOL & *fig* tigresse *f*.

Tigris ['taɪgrɪs] pr n ▸ **the (River) Tigris** le Tigre.

tike [taɪk] = **tyke**.

tikka ['ti:kə] n CULIN : *chicken* / *lamb tikka* poulet *m* / agneau *m* tikka *(mariné et cuit au four)* / *chicken* / *lamb tikka masala* poulet / agneau tikka masala *(servi dans une sauce légèrement épicée)*.

tilapia [tɪ'læpɪə] n ZOOL tilapia *m*.

tilde ['tɪldə] n tilde *m*.

tile [taɪl] ◆ n [for roof] tuile *f* ; [for wall, floor] carreau *m* ▸ **to have a night (out) on the tiles** *inf* faire la noce. ◆ vt [roof] couvrir de tuiles ; [floor, wall] carreler.

tiled [taɪld] adj [floor, wall] carrelé ▸ **tiled bathroom** salle de bains *f* carrelée ▸ **tiled floor** sol *m* carrelé ▸ **tiled roof** toit *m* de tuiles.

tiler ['taɪləʳ] n [of roof] couvreur *m (de toits en tuiles)* ; [of floor, wall] carreleur *m*.

tiling ['taɪlɪŋ] n *(U)* **1.** [putting on tiles - on roof] pose *f* des tuiles ; [- on floor, in bathroom] carrelage *m* **2.** [tiles - on roof] tuiles *fpl* ; [- on floor, wall] carrelage *m*, carreaux *mpl*.

till [tɪl] ◆ conj & prep = **until**. ◆ n **1.** [cash register] caisse *f* (enregistreuse) ; [drawer] tiroir-caisse *m* ▸ **to be caught with one's fingers** or **hands in the till** être pris en flagrant délit or la main dans le sac / *pay at the till* payez à la caisse **2.** [money] caisse *f*. ◆ vt AGR labourer ▸ **to till the soil** labourer la terre.

tillage ['tɪlɪʤ] n **1.** [act] labour *m*, labourage *m* **2.** [land] labour *m*, pièce *f* labourée.

tiller ['tɪləʳ] n **1.** NAUT barre *f*, gouvernail *m* **2.** BOT pousse *f*, talle *f*.

tilt [tɪlt] ◆ vt **1.** [lean] pencher, incliner / *to tilt one's chair (back)* se balancer sur sa chaise / *he tilted his head to one side* il pencha or inclina la tête sur le côté / *to tilt one's head back* renverser la tête en arrière / *her hat was tilted over one eye* son chapeau était penché sur le côté / *this may tilt the odds in our favour* *fig* cela peut faire pencher la balance de notre côté **2.** [cover - gen] bâcher ; NAUT tauder. ◆ vi **1.** [lean] se pencher, s'incliner / *to tilt backwards* / *forwards* se pencher en arrière / en avant / *don't tilt back on your chair* ne te balance pas sur ta chaise **2.** HIST [joust] jouter ▸ **to tilt at sb** **a)** HIST diriger un coup de lance contre qqn **b)** *fig* lancer des piques à qqn ▸ **to tilt at windmills** se battre contre des moulins à vent. ◆ n **1.** [angle] inclinaison *f* ; [slope] pente *f* / *the room has a definite tilt to it* la pièce penche nettement / *she wore her hat at a tilt* elle portait son chapeau incliné / *I'm sure that picture's on a tilt* je suis sûr que le tableau penche **2.** HIST [joust] joute *f* ; [thrust] coup *m* de lance ; *fig* ▸ **to have a tilt at sb** s'en prendre à qqn, décocher des pointes à qqn / *that was obviously a tilt at you* c'était une pointe qui vous était destinée **3.** [awning] store *m* (de toile), bâche *f* ; NAUT taud *m*.

❖ **full tilt** adv phr : *he ran full tilt into her* il lui est rentré en plein dedans / *he ran full tilt into the door* il est rentré en plein dans la porte.

❖ **tilt over** vi **1.** [slant] pencher **2.** [overturn] se renverser, basculer.

tilth [tɪlθ] n [act of tilling] labourage *m* ; [soil] terre *f* arable.

timber ['tɪmbəʳ] ◆ n **1.** [wood] bois *m* de charpente or de construction or d'œuvre **2.** *(U)* [trees] arbres *mpl*, bois *m* ▸ **land under timber** terre *f* boisée ▸ **to put land under timber** boiser un terrain ▸ **standing timber** bois sur pied **3.** [beam] madrier *m*, poutre *f* ; [on ship] membrure *f* **4.** PHR **shiver me timbers!** *expression stéréotypée de marin* ; ≃ mille sabords ! ◆ comp [roof, fence] en bois. ◆ vt [tunnel] boiser. ◆ interj ▸ **timber!** attention !

timbered ['tɪmbəd] adj [region, land] boisé ; [house] en bois.

timberhead ['tɪmbəhed] n NAUT bitte *f* (d'amarrage), bollard *m*.

timbering ['tɪmbərɪŋ] n boisage *m*.

timberland ['tɪmbəlænd] n US terre *f* or région *f* boisée *(pour l'abattage)*.

timberline ['tɪmbəlaɪn] n limite *f* des arbres.

timber merchant n marchand *m* de bois.

timber wolf n loup *m* gris.

timberwork ['tɪmbəwɜ:k] n structure *f* en bois.

timberyard ['tɪmbəjɑ:d] n chantier *m* de bois.

timbre ['tæmbrə or 'tɪmbəʳ] n LING & MUS timbre *m*.

Timbuktu [,tɪmbʌk'tu:] pr n Tombouctou.

time [taɪm] ◆ n **1.** [continuous stretch of time] temps *m* / *as time goes by* avec le temps / *the price has gone up over time* le prix a augmenté avec le temps / *it's only a matter* or *a question of time* ce n'est qu'une question de temps / *these things take time* cela ne se fait pas du jour au lendemain ▸ **to have time on one's hands** or **time to spare** avoir du temps / *time hangs heavy on his hands* le temps lui pèse, il trouve le temps long / *since the dawn of time* depuis la nuit des temps / *time flies* le temps passe vite / *doesn't time fly!* comme le temps passe vite ! / *time heals all wounds* le temps guérit tout / *only time will tell* seul l'avenir nous le dira / *time will prove me right* l'avenir me donnera raison / *it's a race against time* c'est une course contre la montre / *they're working against time to save her* ils ne disposent que de très peu de temps pour la sauver / *time is on our side* le temps joue en notre faveur ▸ **time out of mind** de temps immémorial, de toute éternité ▸ **to take Time by the forelock** *liter* saisir l'occasion (par les cheveux) ▸ **time is money** *prov* le temps, c'est de l'argent *prov* ▸ **time and tide wait for no man** *prov* les événements n'attendent personne **2.** [period of time spent on particular activity] temps *m* / *there's no time to lose* il n'y a pas de temps à perdre / *he lost no time in telling me* il s'est empressé de me le dire ▸ **to make up for lost time** rattraper le temps perdu ▸ **to make good** / **poor time doing sthg** mettre peu de temps / longtemps à faire qqch / *I passed the time reading* j'ai passé mon temps à lire / *take your time* prenez votre temps / *take your time over it* prenez le temps qu'il faudra / *it took me all my time just to get here!* avec le temps que j'ai mis pour arriver ici ! / *you took your time about it!* tu en as mis du temps ! / *she made the time to read the report* elle a pris le temps de lire le rapport / *I spend half / all my time cleaning up* je passe la moitié de / tout mon temps à faire le ménage / *half the time he doesn't know what he's doing* la moitié du temps il ne sait pas ce qu'il fait / *most of the time* la plupart du temps / *he was ill part* or *some of the time* il a été malade une partie du temps / *it rained part* or *some of the time* il a plu par moments / *we spend the better part of our time working* nous passons le plus clair de notre temps à travailler / *I start in three weeks' time* je commence dans trois semaines / *they'll have finished the project in three weeks' time* ils auront terminé le projet dans trois semaines ▸ **all in good time!** chaque chose en son temps ! ▸ **to do sthg in one's own (good) time** : *I'll finish it in my own good time* je le finirai quand bon me semblera **3.** [available period of time] temps *m* / *I haven't (the) time to do the shopping* je n'ai pas le temps de faire les courses / *I've no time for gossip* **a)** *lit* je n'ai pas le temps de papoter **b)** *fig* je n'ai pas de temps à perdre en bavardages / *my time is my own* mon temps m'appartient / *my time is not my own* je ne suis pas libre de mon temps / *he has no time for sycophants* il n'a pas de temps à perdre avec les flatteurs / *we've just got time to catch the train* on a juste le temps d'attraper le train / *that doesn't leave them much time to get ready* cela ne leur laisse guère de temps pour se préparer / *you'll have to find the time to see her* il faut que tu trouves le temps de la voir / *you have plenty of time to finish it* vous avez largement le temps de le finir / *we've got plenty of time* or *all the time in the world* nous avons tout le temps **4.** [while] temps *m* / *after a time* après un (certain) temps ▸ **a long time** longtemps / *a long time ago* il y a longtemps / *it's a long time since we've been out for a meal together* ça fait longtemps que nous ne sommes pas sortis dîner ensemble / *she's been dreaming of this for a long time now* voilà longtemps qu'elle en rêve / *he waited for a long time* il a attendu longtemps / *I worked for a long time as a translator* j'ai travaillé (pendant) longtemps comme traducteur / *for a long time he refused to eat meat* il a (pendant) longtemps refusé de manger de la viande / *it'll be a long time before I do that again* je ne suis pas près de recommencer, je ne recommencerai pas de si tôt or de sitôt / *the car takes a long time to warm up* la voiture met longtemps à chauffer / *you took a long time!* tu en as mis du temps !, il t'en a fallu du temps ! ▸ **long time no see!** *inf* ça faisait longtemps ! ▸ **a short time** peu de temps / *after a short time* peu (de temps) après / *a short time before their wedding* peu avant leur mariage / *she's going to stay with us for a short time* elle va rester avec nous pendant quelque temps / *in the shortest possible time* dans les plus brefs délais, le plus vite or tôt possible / *after some time* au bout de quelque temps, après un certain temps / *some time after their trip* quelque temps après leur voyage / *some time ago* il y a quelque temps / *it's the best film I've seen for some time* c'est le meilleur film que j'aie vu depuis un moment / *it will take (quite) some time to repair* il va falloir pas mal de temps pour le réparer **5.** [time taken or required to do something] temps *m*, durée *f* / *the flying time to Madrid is two hours* la durée du vol pour Madrid est de deux heures / *the cooking time is two hours* le temps de cuisson est de deux heures / *the winner's time was under four minutes* le gagnant a fait un temps de moins de quatre minutes / *how much time will it take?* combien de temps cela prendra-t-il ? / *she finished in half the time it took me to finish* elle a mis deux fois moins de temps que moi pour finir **6.** [by clock] heure *f* / *what time is it?* or *what's the time?* quelle heure est-il ? / *what time do you make it?* quelle heure avez-vous ? / *have you got the right time on you?* avez-vous l'heure juste ? / *the time is twenty past three* il est trois heures vingt / *what time are we leaving?* à quelle heure partons-nous ? / *do you know how to tell the time?* est-ce que tu sais lire l'heure ? / *could you tell me the time?* pourriez-vous me dire l'heure (qu'il est) ? / *have you seen the time?* avez-vous vu l'heure ? / *I looked at the time* j'ai regardé l'heure / *this old watch still keeps good time* cette vieille montre est toujours à l'heure or exacte / *at this time of day* à cette heure de la journée / *we'll have to keep an eye on the time* il faudra surveiller l'heure / *it is almost time to leave / for my bus* il est presque l'heure de partir / de mon bus / *it's time I was going* il est temps que je parte / *it's dinner time* or *it's time for dinner* c'est l'heure de dîner / *there you are, it's about time!* te voilà, ce n'est pas trop tôt ! / *I wouldn't give him the time of day* je ne lui dirais même pas bonjour ▸ **to pass the time of day with sb** échanger quelques mots avec qqn **7.** [system] ▸ **local time** heure *f* locale / *it's 5 o'clock Tokyo time* il est 5 h, heure de Tokyo **8.** [schedule] : *is the bus running to time?* est-ce que le bus est à l'heure ? / *within the required time* dans les délais requis **9.** [particular point in time] moment *m* / *at that time I was in Madrid* à ce moment-là j'étais or j'étais alors à Madrid / *I worked for her at one time* à un moment donné j'ai travaillé pour elle ▸ **at the present time** en ce moment, à présent / *he is president at the present time* il est actuellement président ▸ **at a later time** plus tard ▸ **at a given time** à un moment donné ▸ **at any one time** à la fois / *there's room for 15 people at any one time* il y a de la place pour 15 personnes à la fois / *an inconvenient time* un moment inopportun / *you called at a most inconvenient time* vous avez appelé à un très mauvais moment / *there are times when I could scream* il y a des moments où j'ai envie de hurler ▸ **at the best of times** même quand tout va bien / *even at the best of times he is not that patient* même dans ses bons moments il n'est pas particulièrement patient / *at no time did I agree to that* je n'ai jamais donné mon accord pour cela / *by the time you get this...* le temps que tu reçoives ceci..., quand tu auras reçu ceci... / *by that time it will be too late* à ce moment-là il sera trop tard / *by that time we'll all be dead* d'ici là nous serons tous morts / *by this time next week* d'ici une semaine, dans une semaine / *this time next week* la semaine prochaine à cette heure-ci / *this time last week* il y a exactement une semaine / *from that time on we had nothing to do with them* à partir de ce moment-là, nous avons refusé d'avoir affaire à eux ▸ **in between times** entre-temps / *until such time as I hear from them* jusqu'à ce que or en attendant que j'aie de leurs nouvelles **10.** [suitable moment] moment *m* / *she chose her time badly* elle a mal choisi son moment / *this is no time for you to leave* ce n'est pas le moment de partir / *now's our time to tell her* c'est maintenant que nous devrions or voici venu le moment de le lui dire / *now is the time to invest* c'est maintenant qu'il faut investir / *when the time comes* (quand) le moment (sera) venu / *we'll talk about that when the time comes* nous en parlerons en temps utile / *the time has come to make a stand* c'est le moment d'avoir le courage de ses opinions / *it's about time we taught her a lesson* il est grand temps que nous lui donnions une bonne leçon / *there's no time like the present* [let's do it now] faisons-le maintenant / *there's a time and a place for everything* il y a un temps et un lieu pour or à tout **11.** [occasion, instance] fois *f* / *I'll forgive you this time* je vous pardonne cette fois-ci or pour cette fois ▸ **each** or **every time** chaque fois / *she succeeds every time* elle réussit à chaque fois / *the last time he came* la dernière fois qu'il est venu / *the time before* la fois précédente or d'avant ▸ **another** or **some other time** une autre fois / *I called her three times* je l'ai appelée trois fois ▸ **many times** bien des fois, très souvent / *many a time I've wondered...* je me suis demandé plus d'une or bien des fois... ▸ **several times** plusieurs fois / *several times in the past* plusieurs fois déjà / *he asked me several times if...* il m'a demandé plusieurs fois si... / *it costs 15 cents a time* ça coûte 15 cents à chaque fois / *the one time I'm winning, he wants to stop playing* pour une fois que je gagne, il veut arrêter de jouer / *nine times out of ten the machine doesn't work* neuf fois sur dix la machine ne marche pas / *we'll have to decide some time or other* tôt ou tard or un jour ou l'autre il va falloir nous décider / *do you remember that time we went to Germany?* tu te rappelles la fois où nous sommes allés en Allemagne ? / *there's always a first time* il y a un début à tout / *I've told you a hundred times!* je te l'ai dit vingt or cent fois ! / *give me a good detective story every time!* rien ne vaut un bon roman policier ! **12.** [experience] : *to have a good time* bien s'amuser / *she's had a terrible time of it* elle a beaucoup souffert / *I had the time of my life* jamais je ne me suis si bien or autant amusé / *we had an awful time at the picnic* nous nous sommes ennuyés à mourir au pique-nique / *it was a difficult time for all of us* c'était une période difficile pour nous tous / *she had a hard time bringing up five children alone* ça a été difficile pour elle d'élever cinq enfants seule / *what a time I had with him!* **a)** [fun] qu'est-ce que j'ai pu m'amuser avec lui ! **b)** [trouble] qu'est-ce qu'il m'en a fait voir ! **13.** [hours of work] ▸ **to put in time** faire des heures (de travail) ▸ **to work part** / **full time** travailler à temps partiel / à plein temps / *in company time* UK, *on company time* US pendant les heures de travail / *in your own time* UK, *on your own time* US pendant votre temps libre, en dehors des heures de travail **14.** [hourly wages] : *we pay time and a half on weekends* nous payons les heures du week-end une fois et demie le tarif normal / *overtime is paid at double time* les heures supplémentaires sont payées or comptées double **15.** *(usu pl)* [era] époque *f*, temps *m* / *in Victorian times* à l'époque victorienne / *in the time of Henry IV* à l'époque d'Henri IV, du temps d'Henri IV / *in times past* or *in former times* autrefois, jadis / *in times to come* à l'avenir / *at one time, things were different* autrefois or dans le temps les choses étaient différentes / *the house has seen better times* la maison a connu des jours meilleurs / *in time(s) of need* / *war* en temps de pénurie / de guerre / *time was when doctors made house calls* il fut un temps où les médecins faisaient des visites à domicile / *those were happy times!* c'était le bon (vieux) temps ! / *times are hard* les temps sont durs / *in our time* de nos jours / *the times we live in* l'époque où nous vivons / *in my time children didn't talk back* de mon temps les enfants ne répondaient pas ▸ **to be ahead of** or **before one's time** être en avance sur son époque or sur son temps ▸ **to be behind the times** être en retard sur son époque or sur son temps ▸ **to keep up with the times** vivre avec son temps ▸ **to move with the times** évoluer avec son temps ▸ **times have changed** autres temps, autres mœurs *prov* **16.** [lifetime] : *I've heard some odd things in my time!* j'en ai entendu, des choses, dans ma vie ! / *it won't happen in our time* nous ne serons pas là pour voir ça / *at my time of life* à mon âge / *that was before your time* **a)** [birth] vous n'étiez pas encore né **b)** [arrival] vous n'étiez pas encore là / *her time has come* **a)** [childbirth] elle arrive à son terme **b)** [death] son heure est venue or a sonné **c)** [success] son heure est venue / *he died before his time* il est mort avant l'âge **17.** [season] : *it's hot for the time of year* il fait chaud pour la saison **18.** [end of period] fin *f* ▸ **time's up a)** [on exam, visit] c'est l'heure **b)** [on meter, telephone] le temps est écoulé

▸ **time, (gentlemen) please!** UK [in pub] on ferme ! / *the referee called time* SPORT l'arbitre a sifflé la fin du match **19.** US COMM ▸ **to buy sthg on time** acheter qqch à tempérament or à terme or à crédit **20.** *v inf* [in prison] ▸ **to do time** faire de la taule / *he's serving time for murder* il est en taule pour meurtre **21.** MUS mesure *f* / *he beat time with his foot* il battait or marquait la mesure du pied / *in triple* or *three-part time* à trois temps ▸ **time (value)** valeur *f (d'une note)* **22.** RADIO & TV espace *m* ▸ **to buy / to sell time on television** acheter / vendre de l'espace publicitaire à la télévision **23.** PHR ▸ **to make time with sb** US **a)** *inf* [pursue] draguer qqn **b)** [be with] être avec qqn *(en couple)*. ◆ vt **1.** [on clock - runner, worker] chronométrer / *they timed her at four minutes a mile* ils l'ont chronométrée or ils ont chronométré son temps à quatre minutes au mille / *time how long she takes to finish* regardez combien de temps elle met pour finir / *he timed his speech to last 20 minutes* il a fait en sorte que son discours dure 20 minutes / *to time an egg* minuter le temps de cuisson d'un œuf **2.** [schedule] fixer or prévoir (l'heure de) / *they timed the attack for 6 o'clock* l'attaque était prévue pour 6 h **3.** [choose right moment for] choisir or calculer le moment de / *she timed her entrance well* elle a bien choisi le moment pour faire son entrée / *he timed the blow perfectly* il a frappé au bon moment / *your remark was perfectly / badly timed* votre observation est venue au bon / au mauvais moment **4.** [synchronize] régler, ajuster / *she tried to time her steps to the music* elle essayait de régler ses pas sur la musique.

❖ **times** ◆ pl n [indicating degree] fois *f* / *she's ten times cleverer than he is* elle est dix fois plus intelligente que lui / *he ate four times as much cake as I did* il a mangé quatre fois plus de gâteau que moi. ◆ prep MATH : *3 times 2 is 6* 3 fois 2 font or égalent 6 / *1 times 6 is 6* une fois six fait or égale six.

❖ **ahead of time** adv phr en avance / *I'm ten minutes ahead of time* j'ai dix minutes d'avance.

❖ **all the time** adv phr : *he talked all the time we were at lunch* il a parlé pendant tout le déjeuner / *he's been watching us all the time* il n'a pas cessé de nous regarder / *I knew it all the time* je le savais depuis le début.

❖ **any time** adv phr n'importe quand / *come over any time* venez quand vous voulez / *you're welcome any time* vous serez toujours le bienvenu / *thanks for all your help — any time* merci de votre aide — de rien.

❖ **at a time** adv phr : *for days at a time* pendant des journées entières, des journées durant / *take one book at a time* prenez les livres un par un or un (seul) livre à la fois / *she ran up the stairs two at a time* elle a monté les marches quatre à quatre.

❖ **at all times** adv phr à tous moments.

❖ **at any time** adv phr à toute heure / *hot meals at any time* repas chauds à toute heure / *at any time of day or night* à n'importe quelle heure du jour ou de la nuit / *at any time during office hours* n'importe quand pendant les heures de bureau / *he could die at any time* il peut mourir d'un moment à l'autre.

❖ **at the same time** adv phr **1.** [simultaneously] en même temps / *they all spoke at the same time* ils se sont mis à parler tous en même temps / *they arrived at the same time (as) he did* ils sont arrivés en même temps que lui **2.** [yet] en même temps / *she was pleased but at the same time a bit concerned* elle était contente mais en même temps un peu inquiète **3.** [nevertheless] pourtant, cependant / *at the same time, we must not forget...* pourtant or cependant, il ne faut pas oublier...

❖ **at the time** adv phr : *at the time of their wedding* au moment de leur mariage / *I didn't pay much attention at the time* sur le moment je n'ai pas fait vraiment attention.

❖ **at times** adv phr parfois, par moments.

❖ **behind time** adv phr en retard / *we're a bit behind time* nous sommes légèrement en retard / *the project was running behind time* le projet avait du retard.

❖ **for a time** adv phr pendant un (certain) temps / *for a time, he was unable to walk* pendant un certain temps, il n'a pas pu marcher.

❖ **for all time** adv phr pour toujours.

❖ **for the time being** adv phr pour le moment.

❖ **from time to time** adv phr de temps en temps, de temps à autre.

❖ **in time** adv phr **1.** [eventually] : *she'll come to her senses in time* elle finira par revenir à la raison / *he'll forget about it in (the course of) time* il finira par l'oublier (avec le temps) **2.** [not too late] : *let me know in (good) time* prévenez-moi (bien) à l'avance / *she arrived in time for the play* elle est arrivée à l'heure pour la pièce / *you're just in time to greet our guests* tu arrives juste à temps pour accueillir nos invités / *I'll be back in time for the film* je serai de retour à temps pour le film **3.** MUS en mesure ▸ **to be** or **keep in time (with the music)** être en mesure (avec la musique).

❖ **in (next to) no time, in no time at all** adv phr en un rien de temps.

❖ **of all time** adv phr de tous les temps.

❖ **of all times** adv phr : *why now of all times?* pourquoi faut-il que ce soit juste maintenant ?

❖ **on time** adv phr à l'heure / *she arrived right on time* elle est arrivée juste à l'heure / *is the bus on time?* est-ce que le bus est à l'heure ?

❖ **out of time** adv phr : *he got out of time* il a perdu la mesure.

❖ **time after time, time and (time) again** adv phr maintes (et maintes) fois.

> Note that **il est (grand) temps que** is followed by a verb in the subjunctive:
> **It's (high) time they were caught and brought to justice.** *Il est (grand) temps qu'ils soient capturés et jugés.*

time-and-motion n ▸ **time-and-motion study** étude *f* de productivité *(qui se concentre sur l'efficacité des employés)* ▸ **time-and-motion expert** expert *m* en productivité.

time bomb n *lit & fig* bombe *f* à retardement / *they're sitting on a time bomb fig* ils dansent sur un volcan.

time capsule n capsule *f* témoin *(qui doit servir de témoignage historique aux générations futures)*.

time card n INDUST carte *f* or fiche *f* de pointage.

time chart n **1.** [showing time zones] carte *f* des fuseaux horaires **2.** [showing events] table *f* d'événements historiques **3.** [showing planning] calendrier *m*, planning *m*.

time check n [on radio] rappel *m* de l'heure.

time clock n INDUST pointeuse *f*.

time code n code *m* temporel.

time-consuming adj [work] qui prend beaucoup de temps, prenant ; [tactics] dilatoire.

time-critical adj critique en termes de temps.

time deposit n US FIN dépôt *m* à terme.

time difference n décalage *m* horaire.

time-efficient adj US efficace, qui fait gagner du temps.

time-expired adj périmé.

time exposure n **1.** [of film] pose *f* **2.** [photograph] photo *f* prise en pose.

time-filler n : *I'm just doing this job as a time-filler* je fais ce travail uniquement pour tuer le temps.

time frame n délai *m* / *what's our time frame?* de combien de temps disposons-nous ?

time fuse n détonateur *m* or fusée *f* à retardement.

time-honoured [-,ɒnəd] adj consacré (par l'usage).

timekeeper ['taɪm,kiːpəʳ] n **1.** [watch] montre *f* ; [clock] horloge *f* ; [stopwatch] chronomètre *m* / *this watch is a good timekeeper* cette montre est toujours à l'heure **2.** [supervisor] pointeau *m* **3.** [employee, friend] : *he's a good timekeeper* il est toujours à l'heure, il est toujours très ponctuel / *he's a bad timekeeper* il n'est jamais à l'heure **4.** SPORT chronométreur *m* (officiel), chronométreuse *f* (officielle).

timekeeping ['taɪm,kiːpɪŋ] n [of employee] ponctualité *f*.

time lag n **1.** [delay] décalage *m* dans le temps **2.** [in time zones] décalage *m* horaire.

time lapse n décalage *m* horaire.

time-lapse photography n photographie *f* accélérée.

timeless ['taɪmlɪs] adj éternel, hors du temps, intemporel.

time limit n [gen] délai *m*, date *f* limite ; LAW délai *m* de forclusion / *there is a strict time limit for applications* il y a un délai impératif or de rigueur pour la remise des dossiers de candidature / *we'll have to set ourselves a time limit for the work* il va falloir nous imposer un délai pour finir ce travail / *the work must be completed within the time limit* le travail doit être terminé avant la date limite.

timeline ['taim,laɪn] n frise *f* chronologique.

timeliness ['taɪmlɪnɪs] n [of remark] à-propos *m*, opportunité *f* ; [of visit] opportunité *f*.

time loan n emprunt *m* à terme.

timely ['taɪmlɪ] adj [remark, intervention, warning] qui tombe à point nommé, opportun ; [visit] opportun / *he made a timely escape* il s'est échappé juste à temps.

time machine n machine *f* à voyager dans le temps / **'The Time Machine'** *Wells* 'la Machine à explorer le temps'.

time off n temps *m* libre / *what do you do in your time off?* qu'est-ce que vous faites de votre temps libre ?

time out n **1.** SPORT temps *m* mort ; [in chess match] temps *m* de repos **2.** [break] : *I took time out to travel* **a)** [from work] je me suis mis en congé pour voyager **b)** [from studies] j'ai interrompu mes études pour voyager / *she took time out to read the report* elle a pris le temps de lire le rapport.

timepiece ['taɪmpiːs] n *fml & dated* [watch] montre *f* ; [clock] horloge *f*, pendule *f*.

timer ['taɪməʳ] n **1.** CULIN minuteur *m* ▸ **(egg) timer** sablier *m*, compte-minutes *m inv* **2.** [counter] compteur *m* **3.** [for lighting] minuterie *f* **4.** [stopwatch] chronomètre *m* **5.** SPORT [timekeeper] chronométreur *m*, -euse *f* **6.** AUTO distributeur *m* (d'allumage).

time-saver n : *a dishwasher is a great time-saver* on gagne beaucoup de temps avec un lave-vaisselle, un lave-vaisselle permet de gagner beaucoup de temps.

time-saving ◆ adj qui économise or fait gagner du temps / *it's a time-saving device* cet appareil fait gagner du temps. ◆ n gain *m* de temps.

time scale n échelle *f* dans le temps.

timeserver ['taɪm,sɜːvəʳ] n **1.** [opportunist] opportuniste *mf* **2.** [employee] tire-au-flanc *m inv*.

time-serving ◆ adj opportuniste. ◆ n opportunisme *m*.

time-share ◆ n ▸ **to buy a time-share in a flat** acheter un appartement en multipropriété. ◆ adj [flat] en multipropriété ; [computer] en temps partagé.

time-sharing n **1.** [of flat, villa] multipropriété *f* **2.** COMPUT (travail *m*) en temps *m* partagé.

time sheet n fiche *f* horaire.

timeshifting ['taɪmʃɪftɪŋ] n TV décalage *m* temporel.

time signal n RADIO signal *m* or top *m* horaire.

time signature n MUS indication *f* de la mesure.

time slice n COMPUT tranche *f* de temps.

timespan ['taɪmspæn] n intervalle *m* de temps.

time switch n [for oven, heating] minuteur *m* ; [for lighting] minuterie *f*.

timetable ['taɪm,teɪbl] ◆ n **1.** [for transport] horaire *m* ▸ **bus timetable** indicateur *m* or horaire des autobus **2.** [schedule] emploi *m* du temps / *I have a very full timetable* j'ai un emploi du temps très chargé **3.** [calendar] calendrier *m* ▸ **exam timetable** dates *fpl* or calendrier des examens. ◆ vt [meeting - during day] fixer une heure pour ; [- during week, month] fixer une date pour ; SCH [classes, course] établir un emploi du temps pour / *the train is timetabled to arrive at six o'clock* l'arrivée du train est prévue à 6 h / *her visit is timetabled to coincide with the celebrations* sa visite devrait coïncider avec les festivités.

time to market n délai *m* de mise sur le marché.

time travel n voyage *m* dans le temps.

time trial n SPORT course *f* contre la montre.

time value n MUS valeur *f*.

time warp n : *it's like living in a time warp* c'est comme si on vivait hors du temps / *the country seems to have entered a time warp* le temps semble s'être arrêté dans le pays.

timewaster ['taɪm,weɪstəʳ] n fainéant *m*, -e *f* / *no timewasters please* [in advertisement] pas sérieux s'abstenir.

timewasting ['taɪmweɪstɪŋ] n perte *f* de temps / *the team was accused of timewasting* on a reproché à l'équipe d'avoir joué la montre.

timework ['taɪmwɜːk] n [hourly] travail *m* payé à l'heure ; [daily] travail *m* payé à la journée ▸ **to be on timework a)** [hourly] être payé or travailler à l'heure **b)** [daily] être payé or travailler à la journée.

timeworker ['taɪmwɜːkəʳ] n [paid - hourly] horaire *mf* ; [- daily] journalier *m*, -ère *f*.

timeworn ['taɪmwɔːn] adj [object] usé par le temps, vétuste ; *fig* [idea, phrase] rebattu, éculé.

time zone n fuseau *m* horaire.

timid ['tɪmɪd] adj timide.

timidity [tɪ'mɪdətɪ] n timidité *f*.

timidly ['tɪmɪdlɪ] adv timidement.

timidness ['tɪmɪdnɪs] n timidité *f*.

timing ['taɪmɪŋ] n **1.** [of actor] minutage *m* (du débit) ; [of musician] sens *m* du rythme ; [of tennis player] timing *m* ; [of stunt driver] synchronisation *f* / *you need a good sense of timing* il faut savoir choisir le bon moment / *cooking such a big meal requires careful timing* pour préparer un si grand repas, il faut organiser son temps avec soin / *that was good timing!* voilà qui était bien calculé ! **2.** [chosen moment - of operation, visit] moment *m* choisi / *the timing of the statement was unfortunate* cette déclaration est vraiment tombée à un très mauvais moment **3.** SPORT chronométrage *m* **4.** AUTO réglage *m* de l'allumage.

timing device n [for bomb] mécanisme *m* d'horlogerie ; [for lights] minuterie *f*.

timing mechanism n [for bomb, in clock] mécanisme *m* d'horlogerie.

Timor ['tiːmɔːʳ] n Timor *m* / *East Timor* le Timor-Oriental.

Timorese ['tiːmɔːriːz] (*pl* **Timorese**) ◆ pl n : *the Timorese* les Timorais *mpl* / *the East Timorese* les Est-Timorais *mpl*. ◆ n [person] Timorais *m*, -e *f* / *East Timorese* Est-Timorais *m*, -e *f*. ◆ adj timorais / *East Timorese* est-timorais.

timorous ['tɪmərəs] adj timoré, craintif.

timorously ['tɪmərəslɪ] adv craintivement.

Timothy ['tɪməθɪ] pr n Timothée.

timpani ['tɪmpənɪ] pl n MUS timbales *fpl*.

timpanist ['tɪmpənɪst] n timbalier *m*.

tin [tɪn] (*pt & pp* **tinned**, *cont* **tinning**) ◆ n **1.** [metal] étain *m* ▸ **tin (plate)** fer-blanc *m* **2.** UK [can] boîte *f* (en fer-blanc) ▸ **tins of beans / of food** des boîtes de haricots / de conserve ▸ **a tin of paint** un pot de peinture ▸ **to live out of tins** se nourrir de conserves **3.** [for storing] boîte *f* en fer ▸ **biscuit tin a)** [empty] boîte *f* à biscuits **b)** [full] boîte *f* de biscuits **4.** [for cooking meat] plat *m* ; [for cooking bread, cakes, etc.] moule *m*. ◆ comp [made of tin] en étain ; [made of tinplate] en fer-blanc ; [box] en fer ; [roof] en tôle / **'The Tin Drum'** *Grass* 'le Tambour'. ◆ vt **1.** UK [food] mettre en conserve or en boîte **2.** [plate] étamer.

tin can n boîte *f* (en fer-blanc).

tincture ['tɪŋktʃəʳ] ◆ n **1.** CHEM & PHARM teinture *f* ▸ **tincture of iodine** teinture d'iode **2.** [colour, tint] teinte *f*, nuance *f* **3.** *liter* [trace, hint] teinte *f*, touche *f*. ◆ vt *lit & fig* teinter.

tinder ['tɪndəʳ] n *(U)* [in tinderbox] amadou *m* ; [dry wood] petit bois *m* ; [dry grass] herbes *fpl* sèches / *his words were tinder to the mob's fury fig* ses paroles ont eu un effet incendiaire sur la foule en colère.

tinderbox ['tɪndəbɒks] n **1.** [lighter] briquet *m* à amadou **2.** [dry place] endroit *m* sec **3.** *fig* [explosive situation] poudrière *f*, situation *f* explosive.

tinder-dry adj très sec.

tindery ['tɪndərɪ] adj hautement inflammable, sec (comme de l'amadou).

tine [taɪn] n [of fork] dent *f* ; [of antler] andouiller *m*.

tin ear n US : *he's got a tin ear* il n'a pas l'oreille musicale.

tinfoil ['tɪnfɔɪl] n papier *m* d'aluminium.

ting [tɪŋ] ◆ onomat ding. ◆ vi tinter. ◆ vt faire tinter.

ting-a-ling ◆ onomat [of phone, doorbell, bike] dring-dring. ◆ n dring-dring *m*.

tinge [tɪndʒ] ◆ n teinte *f*, nuance *f*. ◆ vt teinter / *her smile was tinged with sadness fig* son sourire était empreint de tristesse.

tingle ['tɪŋgl] ◆ vi **1.** [with heat, cold - ears, cheeks, hands] fourmiller, picoter / *the cold wind made my face tingle* le vent froid me piquait le visage / *his cheeks were tingling* les joues lui picotaient / *my whole body was tingling* j'avais des picotements or des fourmis dans tout le corps / *my face still tingled from the blow* le visage me cuisait encore à cause du coup (que j'avais) reçu / *it makes my tongue tingle* ça me pique la langue **2.** [with excitement, pleasure] frissonner, frémir / *she was tingling with excitement* elle tremblait d'excitation / *the insult left me tingling with indignation* l'insulte me fit frémir d'indignation. ◆ n **1.** [stinging] picotements *mpl*, fourmillements *mpl* **2.** [thrill] frisson *m*, frémissement *m*.

tingling ['tɪŋglɪŋ] ◆ n [stinging] picotement *m*, fourmillement *m* ; [from excitement] frisson *m*, frémissement *m*. ◆ adj [sensation] de picotement, de fourmillement.

tingly ['tɪŋglɪ] adj [sensation] de picotement, de fourmillement / *my fingers have gone all tingly* j'ai des fourmis dans les doigts.

tin god n demi-dieu *m* / *he's nothing but a little tin god* il se croit sorti de la cuisse de Jupiter.

tin hat n casque *m* (militaire).

tinhorn ['tɪnhɔːn] *inf* ◆ n US petit prétentieux *m*, petite prétentieuse *f*. ◆ adj de pacotille, clinquant.

tinker ['tɪŋkəʳ] ◆ n **1.** [pot mender] rétameur *m* ; [gipsy] romanichel *m*, -elle *f* ▸ **I don't give a tinker's cuss** or **damn!** *inf* je m'en fiche comme de ma première chemise ! ▸ **it's not worth a tinker's cuss** *inf* ça vaut des clopinettes ▸ **tinker, tailor, soldier, sailor…** [child's rhyme] ≃ il m'aime un peu, beaucoup, passionnément… **2.** UK *inf* [child] voyou *m*, garnement *m* / *you little tinker!* petit garnement ! **3.** [act of tinkering] bricolage *m*. ◆ vi ▸ **to tinker about** bricoler / *he spends hours tinkering with that car* il passe des heures à bricoler cette voiture / *someone has tinkered with this report* quelqu'un a trafiqué ce rapport / *so far you've only been tinkering with the problem* pour l'instant, tu n'as résolu le problème qu'à moitié.

tinkle ['tɪŋkl] ◆ vi [bell] tinter. ◆ vt faire tinter. ◆ n **1.** [ring] tintement *m* / *I heard the tinkle of a bell* j'ai entendu tinter une sonnette **2.** UK [phone call] ▸ **to give sb a tinkle** *inf* donner or passer un coup de fil à qqn **3.** *inf* [act of urinating] ▸ **to go for a tinkle** aller faire pipi.

tinkling ['tɪŋklɪŋ] ◆ n tintement *m*. ◆ adj [bell] qui tinte ; [water] qui murmure.

tinkly ['tɪŋklɪ] = **tinkling** *(adj)*.

tin lizzie [-'lɪzɪ] n *inf* vieille guimbarde *f*.

tin mine n mine *f* d'étain.

tinned [tɪnd] adj UK [sardines, fruit, etc.] en boîte, en conserve ▸ **tinned food** conserves *fpl*.

tinnitus [tɪ'naɪtəs] n *(U)* MED acouphène *m*.

tinny ['tɪnɪ] (*compar* **tinnier**, *superl* **tinniest**) ◆ adj **1.** [sound] métallique, de casserole ; [taste] métallique **2.** *inf* [poor quality] de quatre sous ▸ **tinny piano** casserole *f*. ◆ n AUSTR *inf* canette *f* de bière.

tin opener n UK ouvre-boîte *m*, ouvre-boîtes *m inv*.

Tin Pan Alley n : *he works in Tin Pan Alley* il travaille dans la musique pop.

tinplate ['tɪnpleɪt] n fer-blanc *m*.

tin-pot adj UK **1.** [worthless - car, machine] qui ne vaut rien **2.** [insignificant, hopeless] médiocre / *a tin-pot regime / dictator* un régime / un dictateur fantoche / *a tin-pot frontier town* une petite ville frontalière sans importance.

tinsel ['tɪnsl] (UK *pt & pp* **tinselled**, *cont* **tinselling** ; US *pt & pp* **tinseled**, *cont* **tinseling**) ◆ n *(U)* **1.** [for Christmas tree] guirlandes *fpl* de Noël ; [in fine strands] cheveux *mpl* d'ange **2.** *fig* clinquant *m* ▸ **Tinsel Town** *hum & pej surnom de Hollywood*. ◆ vt [tree] orner or décorer de guirlandes.

tinsmith ['tɪnsmɪθ] n étameur *m*, ferblantier *m*.

tin soldier n soldat *m* de plomb.

tint [tɪnt] ◆ n **1.** [colour, shade] teinte *f*, nuance *f* **2.** [hair dye] shampooing *m* colorant **3.** [in engraving, printing] hachure *f*, hachures *fpl*. ◆ vt teinter / *blue-tinted walls* des murs bleutés ▸ **tinted lenses** verres *mpl* teintés ▸ **to tint one's hair** se faire un shampooing colorant / *she tints her hair* elle se teint les cheveux.

tintack ['tɪntæk] n clou *m* de tapissier, semence *f*.

tintinnabulation ['tɪntɪ,næbjʊ'leɪʃn] n *liter* tintamarre *m*.

Tintoretto [,tɪntə'retəʊ] pr n le Tintoret / *a painting by Tintoretto* un tableau du Tintoret.

tinware ['tɪnweəʳ] n *(U)* articles *mpl* en fer-blanc.

tin whistle n flûtiau *m*, pipeau *m*.

tinworks ['tɪnwɜːks] (*pl* **tinworks**) n ferblanterie *f*.

tiny ['taɪnɪ] (*compar* **tinier**, *superl* **tiniest**) adj tout petit, minuscule / *a tiny baby* un tout petit bébé / *a tiny bit* un tout petit peu / *the meat is a tiny bit overdone* la viande est un tantinet trop cuite.

tiny tot n petit enfant *m*, petite enfant *f* / *games for tiny tots* des jeux pour les tout-petits.

tip [tɪp] (*pt & pp* **tipped**, *cont* **tipping**) ◆ n **1.** [extremity - of ear, finger, nose] bout *m* ; [- of tongue] bout *m*, pointe *f* ; [- of cigarette, wing] bout *m* ; [- of blade, knife, fork] pointe *f* / *stand on the tips of your toes* mettez-vous sur la pointe des pieds / *six metres from tip to tip* six mètres d'envergure or de long / *his name is on the tip of my tongue* j'ai son nom sur le bout de la langue **2.** [of island, peninsula] extrémité *f*, pointe *f* ▸ **it's just the tip of the iceberg** *fig* ce n'est que la partie émergée de l'iceberg **3.** [cap - on walking stick, umbrella] embout *m* ; [- on snooker cue] procédé *m* **4.** UK [dump - for rubbish] dépotoir *m*, dépôt *m* d'ordures ; [- for coal] terril *m* ; *fig* : *your room is a real tip inf !* quel bazar, ta chambre ! / *the house is a bit of a tip inf* la maison est un peu en désordre **5.** [hint - for stock market, race] tuyau *m* ; [advice] conseil *m* ▸ **to give sb a tip a)** [for race] donner un tuyau à qqn **b)** [for repairs, procedure] donner un tuyau or un conseil à qqn / *if you take my tip, you'll wait a bit longer before selling* si vous voulez un bon conseil, attendez encore un peu avant de vendre / *any tips for the 4.30?* avez-vous un tuyau pour la course de 16 h 30 ? / *Orlando's my tip* je pense qu'Orlando va gagner ▸ **"Handy Tips for Successful Gardening"** [book title] « Comment réussir votre jardin » **6.** [money] pourboire *m* ▸ **to give sb a tip** donner un pourboire à qqn / *how much tip shall I leave?* combien de pourboire dois-je laisser ? ◆ vt **1.** [cane] mettre un embout à ; [snooker cue] mettre un procédé à / *an ivory-tipped cane* une canne à pommeau d'ivoire / *arrows tipped with poison* des flèches empoisonnées **2.** [tilt, lean] incliner, pencher / *she tipped her head to one side* elle a penché la tête sur le côté ▸ **to tip one's hat to sb** saluer qqn d'un coup de chapeau / *the boxer tipped the scales* *at 80 kg* le boxeur pesait 80 kg ▸ **to tip the scales in sb's favour** *fig* faire pencher la balance en faveur de qqn / *the election tipped the balance of power* avec les élections, l'équilibre des forces politiques a été inversé **3.** [upset, overturn] renverser, faire chavirer / *I was tipped off my stool / into the water* on m'a fait tomber de mon tabouret / dans l'eau **4.** UK [empty, pour] verser ; [unload] déverser, décharger / *she tipped the sugar into the bowl* elle a versé or vidé le sucre dans le bol / *the lorry tipped the rubbish into the field* le camion a déchargé or déversé les déchets dans le champ **5.** [winning horse] pronostiquer / *Orlando is tipped for the 2.30* or *to win the 2.30* Orlando est donné gagnant dans la course de 14 h 30 / *he tipped the winner* il a pronostiqué or donné le cheval gagnant / *you've tipped a winner there fig* vous avez trouvé un bon filon / *he's tipped to be the next president* or *as the next president* on pronostique qu'il sera le prochain président ▸ **to tip sb the wink** *inf* avertir or prévenir qqn **6.** [porter, waiter] donner un pourboire à / *she tipped him £1* elle lui a donné une livre de pourboire. ◆ vi **1.** UK [tilt] incliner, pencher / *to tip to the left* pencher à gauche **2.** UK [overturn] basculer, se renverser **3.** UK [rubbish] / **'no tipping'** 'défense de déposer des ordures' **4.** [give money] laisser un pourboire / *how much do you usually tip?* combien de pourboire laissez-vous habituellement ?

❖ **tip back** ◆ vi se rabattre en arrière, s'incliner en arrière / *don't tip back on your chair* ne te balance pas sur ta chaise. ◆ vt sep faire basculer (en arrière) / *don't tip your chair back too far* ne te penche pas trop en arrière sur ta chaise.

❖ **tip down** UK *inf* ◆ vi : *the rain is tipping down* or *it's tipping down (with rain)* il pleut des cordes. ◆ vt sep : *it's tipping it down* il pleut des cordes.

❖ **tip off** vt sep avertir, prévenir / *the police had been tipped off about the robbery* la police avait été avertie que le hold-up aurait lieu / *someone must have tipped them off* quelqu'un a dû les prévenir.

❖ **tip out** vt sep UK **1.** [empty - liquid, small objects] vider, verser ; [- rubbish, larger objects] déverser, décharger / *tip the tea out into the sink* vide or verse le thé dans l'évier / *she tipped the coins out into my hand* elle a fait tomber les pièces dans ma main **2.** [overturn, toss] faire basculer / *we were tipped out of the cart into the water* on nous a fait basculer de la charrette pour nous faire tomber dans l'eau.

❖ **tip over** ◆ vi **1.** [tilt] pencher **2.** [overturn - boat] chavirer, se renverser. ◆ vt sep faire basculer, renverser.

❖ **tip up** ◆ vi **1.** [cinema seat] se rabattre ; [bunk, plank, cart] basculer / *the table tipped up when I sat on it* la table a basculé quand je me suis assis dessus **2.** [bucket, cup, vase] se renverser. ◆ vt sep **1.** [seat, table] faire basculer, rabattre **2.** [upside down - bottle, barrel] renverser.

tip cart n tombereau *m*.

tip-off n *inf* ▸ **to give sb a tip-off a)** [hint] filer un tuyau à qqn **b)** [warning] avertir or prévenir qqn / *a tip-off to the police led to his arrest* quelqu'un l'a donné à la police.

tipped ['tɪpt] adj : *tipped with felt / steel* à bout feutré / ferré ; [cigarettes] (à) bout filtre *(inv)*.

-tipped in comp à bout... / *steel / felt-tipped* à bout ferré / feutré ▸ **a felt-tipped pen** un crayon-feutre, un feutre.

tipper ['tɪpəʳ] n **1.** = **tipper truck 2.** [tipping device] benne *f* (basculante) **3.** [customer] : *he's a generous tipper* il laisse toujours de bons pourboires.

tipper truck n camion *m* à benne (basculante).

tippet ['tɪpɪt] n étole *f*.

Tipp-Ex® ['tɪpeks] n correcteur *m* liquide, Tipp-Ex® *m*.

❖ **tippex out** vt sep ▸ **to tippex sthg out** effacer qqch (avec du Tipp-Ex).

tipping point n point *m* de basculement / *the climate is close to tipping point* le climat est proche du point de basculement / *things have reached a tipping point* les choses sont sur le point de basculer.

tipple ['tɪpl] ◆ vi *inf* picoler. ◆ n **1.** *inf* [drink] : *he likes a tipple now and then* il aime boire un coup de temps à autre / *what's your tipple then?* qu'est-ce que vous prendrez ? **2.** MIN [device] culbuteur *m* ; [place - for loading] aire *f* de chargement ; [- for unloading] aire *f* de déchargement.

tippler ['tɪpləʳ] n *inf* picoleur *m*, -euse *f*.

tipsily ['tɪpsɪlɪ] adv *inf* : *he got tipsily to his feet* il s'est levé en titubant.

tipstaff ['tɪpstɑːf] n **1.** UK LAW huissier *m* **2.** [staff] bâton *m* ferré (cérémonial).

tipster ['tɪpstəʳ] n ▸ **(racing) tipster** pronostiqueur *m*, -euse *f*.

tipsy ['tɪpsɪ] (*compar* **tipsier**, *superl* **tipsiest**) adj *inf* pompette, rond ▸ **to get tipsy** se griser / *white wine makes me tipsy* le vin blanc me monte à la tête.

tipsy cake n UK gâteau *m* imbibé d'alcool ; ≃ baba *m* au rhum.

tiptoe ['tɪptəʊ] ◆ n ▸ **on tiptoe** sur la pointe des pieds. ◆ vi marcher sur la pointe des pieds ▸ **to tiptoe in / out** entrer / sortir sur la pointe des pieds / *he tiptoed downstairs* il est descendu sur la pointe des pieds or sans faire de bruit.

tip-top adj *inf* de premier ordre, de toute première qualité / *in tip-top condition* en excellent état.

tip-up adj ▸ **tip-up seat a)** [in cinema, theatre] siège *m* rabattable, strapontin *m* **b)** [in metro] strapontin *m* ▸ **tip-up truck** UK camion *m* à benne (basculante).

tirade [taɪ'reɪd] n diatribe *f* / *a tirade of abuse* une bordée d'injures / *he launched into a long tirade against bureaucrats* il s'est lancé dans une longue diatribe contre les bureaucrates.

tiramisu [ˌtɪrəmɪ'suː] n CULIN tiramisu *m*.

Tirana, Tiranë [tɪ'rɑːnə] pr n Tirana.

tire ['taɪəʳ] ◆ vi **1.** [become exhausted] se fatiguer / *she tires easily* elle est vite fatiguée **2.** [become bored] se fatiguer, se lasser / *he soon tired of her / of her company* il se lassa vite d'elle / de sa compagnie / *he never tires of talking about the war* il ne se lasse jamais de parler de la guerre. ◆ vt **1.** [exhaust] fatiguer **2.** [bore] fatiguer, lasser. ◆ n US = **tyre**.

❖ **tire out** vt sep épuiser, éreinter / *the long walk had tired us all out* cette longue marche nous avait tous épuisés / *I'm tired out!* je n'en peux plus ! / *you'll tire yourself out moving all those boxes* vous allez vous épuiser à déplacer toutes ces caisses.

tired ['taɪəd] adj **1.** [exhausted] fatigué ▸ **to feel tired** se sentir fatigué ▸ **to get tired** se fatiguer / *the walk made me tired* la marche m'a fatigué / *I'm so tired I could drop* je tombe de sommeil / *my eyes are tired* j'ai les yeux fatigués / *in a tired voice* d'une voix lasse **2.** [fed up] fatigué, las (lasse) ▸ **to be tired of sthg / sb** en avoir assez de qqch / qqn / *I'm tired of their excuses* j'en ai assez de leurs excuses / *I'm tired of telling them* j'en ai assez de le leur répéter / *she soon got tired of him* elle se fatigua or se lassa vite de lui / *I got rather tired of playing cards* j'en ai eu assez de jouer aux cartes / *the children make me tired with their constant whining* les enfants me fatiguent avec leur pleurnicheries continuelles **3.** [hackneyed] rebattu **4.** *fig* [old - skin] desséché ; [- vegetable] défraîchi, flétri ; [- upholstery, springs, car] fatigué.

tiredly ['taɪədlɪ] adv [say] d'une voix lasse ; [move, walk] avec lassitude.

tiredness ['taɪədnɪs] n **1.** [exhaustion] fatigue *f* / *tiredness began to set in* la fatigue commença à se faire sentir **2.** [tedium] fatigue *f*, lassitude *f*.

tireless ['taɪəlɪs] adj [effort] infatigable, inlassable ; [energy] inépuisable.

tirelessly ['taɪəlɪslɪ] adv infatigablement, inlassablement, sans ménager ses efforts.

tiresome ['taɪəsəm] adj [irritating] agaçant, ennuyeux ; [boring] assommant, ennuyeux / *how tiresome!* que c'est ennuyeux ! / *you're being very tiresome!* tu m'ennuies !, tu es vraiment agaçant !

tiring ['taɪərɪŋ] adj fatigant.

tiro ['taɪrəʊ] = **tyro**.

Tirol [tɪ'rəʊl] = **Tyrol**.

'tis [tɪz] *regional & liter* **abbr of it is**.

tisane [tiː'zæn] n tisane *f*.

tissue ['tɪʃuː] n **1.** ANAT & BOT tissu *m* **2.** TEXT tissu *m*, étoffe *f* ▸ **a tissue of lies** *fig* un tissu de mensonges **3.** [paper handkerchief] mouchoir *m* en papier, Kleenex® *m* ; [toilet paper] papier *m* hygiénique.

tissue paper n papier *m* de soie.

tissue type n groupe *m* tissulaire.

tit [tɪt] n **1.** ORNITH mésange *f* **2.** *v inf* [breast] nichon *m* ▸ **to go tits up** partir en couille **3.** *v inf & pej* imbécile *mf* **4.** PHR **it's tit for tat!** c'est un prêté pour un rendu !

Titan ['taɪtn] n ASTRON Titan ; MYTH Titan *m* ▸ **the Titans** les Titans.

titanic [taɪ'tænɪk] adj **1.** [huge] titanesque, colossal **2.** CHEM au titane ▸ **titanic acid** acide *m* de titane.

titanium [taɪ'teɪnɪəm] n titane *m*.

titbit ['tɪtbɪt] n UK **1.** CULIN bon morceau *m*, morceau *m* de choix **2.** [of information, of scandal] détail *m* croustillant / *titbit of gossip* potin *m*, racontar *m*.

titch [tɪʧ] = **tich**.

titchy ['tɪʧɪ] = **tichy**.

titfer ['tɪtfəʳ] n UK *inf & dated* galurin *v inf m*.

tithe [taɪð] ◆ n HIST dîme *f* ▸ **to pay tithes** payer la dîme. ◆ vt lever la dîme sur.

tithe barn n *grange où l'on mettait les recettes de la dîme*.

titian ['tɪʃn] adj blond vénitien *(inv)*.

Titian ['tɪʃn] pr n (le) Titien.

Titicaca [tɪtɪ'kɑːkɑː] pr n ▸ **Lake Titicaca** le lac Titicaca.

titillate ['tɪtɪleɪt] vt titiller.

titillating ['tɪtɪleɪtɪŋ] adj titillant.

titillation [ˌtɪtɪ'leɪʃn] n titillation *f*.

titivate ['tɪtɪveɪt] *inf & hum* ◆ vi se bichonner, se pomponner. ◆ vt bichonner.

titivation [ˌtɪtɪ'veɪʃn] n *inf* bichonnage *m*.

title ['taɪtl] ◆ n **1.** [indicating rank, status] titre *m* / *he has the title of Chief Executive Officer* son titre officiel est directeur général / *he was given a title for services to industry* **a)** [sir] on lui a conféré un titre pour services rendus à l'industrie **b)** [lord] on l'a anobli pour services rendus à l'industrie / *the monarch bears the title of Defender of the Faith* le monarque porte le titre de défenseur de la foi ; [nickname] surnom *m* / *she earned the title "Iron Lady"* on l'a surnommée « la Dame de Fer » **2.** [of book, film, play, song] titre *m* ; [of newspaper article] titre *m*, intitulé *m* **3.** PRINT titre *m* / *they published 200 titles last year* ils ont publié 200 titres l'an dernier **4.** SPORT titre *m* ▸ **to win the title** remporter le titre / *he holds the world heavyweight boxing title* il détient le titre de champion du monde de boxe des poids lourds **5.** LAW droit *m*, titre *m*. ◆ comp [music] du générique. ◆ vt [book, chapter, film] intituler.

❖ **titles** pl n CIN & TV [credits] générique *m*.

title bar n COMPUT barre *f* de titre.

titled ['taɪtld] adj [person, family] titré / *the titled classes* les classes *fpl* titrées.

titleholder ['taɪtlˌhəʊldəʳ] n détenteur *m*, -trice *f* du titre, tenant *m*, -e *f* du titre.

title page n page *f* de titre.

title role n rôle-titre *m* / *with Vanessa Redgrave in the title role* avec Vanessa Redgrave dans le rôle-titre.

title track n morceau *m* qui donne son titre à l'album.

titmouse ['tɪtmaʊs] (*pl* **titmice** [-maɪs]) n ORNITH mésange *f*.

Titoism ['tiːtəʊɪzm] n titisme *m*.

Titoist ['tiːtəʊɪst] ◆ adj titiste. ◆ n titiste *mf*.

titrate [UK 'taɪtreɪt US taɪ'treɪt] vt CHEM titrer.

titration [taɪ'treɪʃn] n CHEM titrage *m*.

titter ['tɪtəʳ] ◆ vi rire bêtement or sottement, glousser. ◆ n petit rire *m* bête or sot, gloussement *m*.

tittivate ['tɪtɪveɪt] *inf* = **titivate**.

tittle ['tɪtl] n TYPO signe *m* diacritique, iota *m*.

tittle-tattle [-,tætl] ◆ n *(U)* potins *mpl*, cancans *mpl*. ◆ vi jaser, cancaner.

titty ['tɪtɪ] n *v inf* néné *m* ▸ **tough titty!** tant pis!

titular ['tɪtjʊləʳ], **titulary** ['tɪtjʊlərɪ] adj nominal.

Titus ['taɪtəs] pr n Tite / **'Titus Andronicus'** *Shakespeare* 'Titus Andronicus'.

tiz-woz ['tɪzwɒz] UK *inf* = **tizzy**.

tizz [tɪz] *inf* = **tizzy**.

tizzy ['tɪzɪ] n *inf* panique *f* ▸ **to be in a tizzy** paniquer / *don't get into a tizzy about it* ne t'affole pas pour ça.

T-joint n assemblage *m* en T.

T-junction n intersection *f* en T.

Tks MESSAGING written abbr of **thanks**.

TLC n abbr of **tender loving care**.

TLS pr n (abbr of **Times Literary Supplement**) *supplément littéraire du « Times »*.

T lymphocyte n lymphocyte *m* T.

TM ◆ n (abbr of **transcendental meditation**) MT *f*. ◆ written abbr of **trademark**.

TMB MESSAGING written abbr of **text me back**.

tmesis ['tmi:sɪs] n tmèse *f*.

TMI MESSAGING written abbr of **too much information**.

TN written abbr of **Tennessee**.

TNT (abbr of **trinitrotoluene**) n TNT *m*.

to *(strong form* [tu:]*, weak form before vowel* [tʊ]*, weak form before consonant* [tə]*)*
◆ prep

- **A. IN SPACE**
- **B. IN TIME**
- **C. FOLLOWED BY INFINITIVE**
- **D. RECIPIENT OR RESULTING STATE**
- **E. IN COMPARISON OR RELATIONSHIP**
- **F. AS REGARDS, IN ACCORDANCE**
- **G. ADDITION, CALCULATION, ETC.**

A. IN SPACE **1.** [indicating direction] ▸ **to go to school / the cinema** aller à l'école / au cinéma / *let's go to town* allons en ville / *he climbed to the top* il est monté jusqu'au sommet or jusqu'en haut / *she ran to where her mother was sitting* elle a couru (jusqu')à l'endroit où sa mère était assise / *we've been to it before* nous y sommes déjà allés / *the vase fell to the ground* le vase est tombé par or à terre / *I invited them to dinner* je les ai invités à dîner / *he returned to his work* il est retourné à son or il a repris son travail / *let's go to Susan's* allons chez Susan ▸ **to go to the doctor** or **doctor's** aller chez le médecin / *he pointed to the door* il a pointé son doigt vers la porte / *the road to the south* la route du sud / *our house is a mile to the south* notre maison est à un mille au sud / *it's 12 miles to the nearest town* **a)** [from here] nous sommes à 12 miles de la ville la plus proche **b)** [from there] c'est à 12 miles de la ville la plus proche / *what's the best way to the station?* quel est le meilleur chemin pour aller à la gare ? / *she turned his photograph to the wall* elle a retourné sa photo contre le mur / *I sat with my back to her* j'étais assis lui tournant le dos / *tell her to her face* dites-le-lui en face **2.** [indicating location, position] à / *the street parallel to this one* la rue parallèle à celle-ci / *she lives next door to us* elle habite à côté de chez nous ▸ **to one side** d'un côté ▸ **to the left / right** à gauche / droite ▸ **to leave sthg to one side** laisser qqch de côté **3.** [with geographical names] : *to Madrid* à Madrid / *to Le Havre* au Havre / *to France* en France / *to Argentina* en Argentine / *to Japan* au Japon / *to the United States* aux États-Unis / *I'm off to Paris* je pars à or pour Paris / *the road to Chicago* la route de Chicago / *on the way to Milan* en allant à Milan, sur la route de Milan / *planes to and from Europe* les vols à destination et en provenance de l'Europe **4.** [indicating age, amount or level reached] jusqu'à / *the snow came (up) to her knees* la neige lui arrivait aux genoux / *unemployment is up to nearly 9%* le (taux de) chômage atteint presque les 9 % / *they cut expenses down to a minimum* ils ont réduit les frais au minimum / *she can count (up) to one hundred* elle sait compter jusqu'à cent / *it's accurate to the millimetre* c'est exact au millimètre près / *it weighs 8 to 9 pounds* ça pèse entre 8 et 9 livres / *moderate to cool temperatures* des températures douces ou fraîches / *to live to a great age* vivre jusqu'à un âge avancé **5.** [so as to make contact with] à, contre / *she pinned the brooch to her dress* elle a épinglé la broche sur sa robe / *they sat in bumper-to-bumper traffic* ils étaient coincés pare-chocs contre pare-chocs / *they danced cheek to cheek* ils dansaient joue contre joue / *he clutched the baby to his chest* il a serré l'enfant contre lui.

B. IN TIME **1.** UK [before the specified hour or date] : *it's ten minutes to three* il est trois heures moins dix / *we left at a quarter to six* nous sommes partis à six heures moins le quart / *it's twenty to* il est moins vingt / *how long is it to dinner?* on dîne dans combien de temps ? / *there's only two weeks to Christmas* il ne reste que deux semaines avant Noël **2.** [up to and including] (jusqu')à / *from Tuesday night to Thursday morning* du mardi soir (jusqu')au jeudi matin / *from March to June* de mars (jusqu')à juin / *a nine-to-five job* des horaires de fonctionnaire / *it was three years ago to the day since I saw her last* il y a trois ans jour pour jour que je l'ai vue pour la dernière fois / *he was brave (up) to the last* il a été courageux jusqu'au bout or jusqu'à la fin / *from day to day* de jour en jour / *I read it from beginning to end* je l'ai lu du début (jusqu')à la fin / *from bad to worse* de mal en pis / *I do everything from scrubbing the floor to keeping the books* je fais absolument tout, depuis le ménage jusqu'à la comptabilité.

C. FOLLOWED BY INFINITIVE **1.** [before infinitive] : *to talk* parler / *to open* ouvrir / *to answer* répondre **2.** [after verb] : *she lived to be 100* elle a vécu jusqu'à 100 ans / *we are to complete the work by Monday* nous devons finir le travail pour lundi / *she went on to become a brilliant guitarist* elle est ensuite devenue une excellente guitariste / *I finally accepted (only) to find that they had changed their mind* lorsque je me suis décidé à accepter, ils avaient changé d'avis / *she turned round to find him standing right in front of her* lorsqu'elle s'est retournée, elle s'est retrouvée nez à nez avec lui / *he dared to speak out against injustice* il a osé s'élever contre l'injustice / *you can leave if you want to* vous pouvez partir si vous voulez / *why? — because I told you to* pourquoi ? — parce que je t'ai dit de le faire / *would you like to come? — we'd love to* voulez-vous venir ? — avec plaisir *fml* or oh, oui ! **3.** [after noun] : *I have a lot to do* j'ai beaucoup à faire / *that's no reason to leave* ce n'est pas une raison pour partir / *I haven't got money to burn* *inf* je n'ai pas d'argent à jeter par les fenêtres / *the first to complain* le premier à se plaindre / *the house to be sold* la maison à vendre / *that's the way to do it* voilà comment il faut faire **4.** [after adjective] : *I'm happy / sad to see her go* je suis content / triste de la voir partir / *pleased to meet you* enchanté (de faire votre connaissance) / *difficult / easy to do* difficile / facile à faire / *it was strange to see her again* c'était bizarre de la revoir / *she's too proud to apologize* elle est trop fière pour s'excuser / *he's old enough to understand* il est assez grand pour comprendre **5.** [after 'how', 'which', 'where', etc.] : *do you know where to go?* savez-vous où aller ? / *he told me how to get there* il m'a dit comment y aller / *can you tell me when to get off?* pourriez-vous me dire quand je dois descendre ? / *she can't decide whether to go or not* elle n'arrive pas à décider si elle va y aller ou non **6.** [indicating purpose] pour / *I did it to annoy her* je l'ai fait exprès pour l'énerver / *to answer that question, we must…* pour répondre à cette question, il nous faut… **7.** [introducing statement] pour ▸ **to be honest / frank** pour être honnête / franc ▸ **to put it another way** en d'autres termes **8.** [in exclamations] : *oh, to be in England!* ah, si je pouvais être en Angleterre ! / *and to think I nearly married him!* quand je pense que j'ai failli l'épouser ! **9.** [in headlines] : *unions to strike* les syndicats s'apprêtent à déclencher la grève / *Russia to negotiate with Baltic States* la Russie va négocier avec les pays Baltes.

D. RECIPIENT OR RESULTING STATE **1.** [indicating intended recipient, owner] à / *I showed the picture to her* je lui ai montré la photo / *I showed it to her* je le lui ai montré / *show it to her* montrez-le-lui / *the person I spoke to* la personne à qui j'ai parlé / *that book belongs to her* ce livre lui appartient / *be kind to him / to animals* soyez gentil avec lui / bon envers les animaux / *what's it to him?* qu'est-ce que cela peut lui faire ? / *it doesn't matter to her* ça lui est égal / *did you have a room to yourself?* avais-tu une chambre à toi or pour toi tout seul ? / *to keep sthg to o.s.* garder qqch pour soi / *I said to myself* je me suis dit / *he is known to the police* il est connu de la police **2.** [in the opinion of] pour / *$2 is a lot of money to some people* il y a des gens pour qui 2 dollars représentent beaucoup d'argent / *it sounds suspicious to me* cela me semble bizarre / *it didn't make sense to him* ça n'avait aucun sens pour lui **3.** [indicating intention] : *with a view to clarifying matters* dans l'intention d'éclaircir la situation / *it's all to no purpose* tout cela ne sert à rien or est en vain **4.** [indicating resulting state] : *the light changed to red* le feu est passé au rouge / *the noise drove him to distraction* le bruit le rendait fou / *the rain turned to snow* la pluie avait fait place à la neige / *her admiration turned to disgust* son admiration s'est transformée en dégoût / *(much) to my relief / surprise / delight* à mon grand soulagement / mon grand étonnement / ma grande joie / *(much) to my horror, I found the money was missing* c'est avec horreur que je me suis rendu compte que l'argent avait disparu / *the meat was done to perfection* la viande était cuite à la perfection / *smashed to pieces* brisé en mille morceaux / *he was beaten to death* il a été battu à mort / *they starved to death* ils sont morts de faim / *she rose rapidly to power* elle est arrivée au pouvoir très rapidement / *she sang the baby to sleep* elle a chanté jusqu'à ce que le bébé s'endorme / *the court sentenced him to death* le juge l'a condamné à mort.

E. IN COMPARISON OR RELATIONSHIP **1.** [indicating comparison] ▸ **inferior to** inférieur à / *they compare her to Callas* on la compare à (la) Callas / *that's nothing compared to what I've seen* ce n'est rien à côté de ce que j'ai vu / *inflation is nothing (compared) to last year* l'inflation n'est rien à côté de or en comparaison de l'année dernière / *as a cook she's second to none* comme cuisinière on ne fait pas mieux ▸ **to prefer sthg to sthg** préférer qqch à qqch **2.** [of] de / *the key to this door* la clé de cette porte / *he's secretary to the director / to the committee* c'est le secrétaire du directeur / du comité / *she's assistant to the president* c'est l'adjointe du président / *the French ambassador to Algeria* l'ambassadeur français en Algérie / *ambassador to the King of Thailand* ambassadeur auprès du roi de Thaïlande / *she's interpreter to the president* c'est l'interprète du président / *Susan, sister to Mary* Susan, sœur de Mary / *he's been like a father to me* il est comme un père pour moi.

F. AS REGARDS, IN ACCORDANCE **1.** [as regards] : *the answer to your question* la réponse à votre question / *a hazard to your health* un danger pour votre santé / *what's your reaction to all this?* comment réagissez-vous à tout ça ? / *no one was sympathetic to his ideas* ses idées ne plaisaient à personne / *what would you say to a game of bridge?* que diriez-vous d'un bridge ?, si on faisait un bridge ? ▸ **that's all there is to it** c'est aussi simple que ça ▸ **there's nothing to it** il n'y a rien de plus simple / **'to translating annual report: $300'** COMM [on bill] 'traduction du rapport annuel : 300 dollars' / **'to services rendered'** 'pour services rendus' **2.** [in accordance with] : *to his way of thinking* or *to his mind* à son avis / *to hear him talk, you'd think he was an expert* à l'entendre parler, on croirait que c'est un expert / *to my knowledge, she never met him* elle ne l'a jamais rencontré (pour) autant que je sache / *it's to your advantage to do it* c'est (dans) ton intérêt de le faire / *the climate is not to my liking* le climat ne me plaît pas / *add salt to taste* salez selon votre goût or à volonté / *she made out a cheque to the amount of £15* elle a fait un chèque de 15 livres **3.** [indicating accompaniment, simultaneity] : *we* *danced to live music* nous avons dansé sur la musique d'un orchestre / *in time to the music* en mesure avec la musique **4.** [in honour of] à / *let's drink to his health* buvons à sa santé / *(here's) to your health!* à la vôtre ! / *(here's) to the bride!* à la mariée ! / *to my family* [in dedication] à ma famille / *his book is dedicated to his mother* son livre est dédié à sa mère / *a monument to the war dead* un monument aux morts.

G. ADDITION, CALCULATION, ETC. **1.** [indicating addition] : *add flour to the list* ajoutez de la farine sur la liste / *add 3 to 6* additionnez 3 et 6, ajoutez 3 à 6 / *in addition to Charles, there were three women* en plus de Charles, il y avait trois femmes **2.** MATH ▸ **to the power...** à la puissance... / *2 to the 3rd power* or *2 to the 3rd* 2 (à la) puissance 3 **3.** [indicating composition or proportion] : *there are 16 ounces to a pound* il y a 16 onces dans une livre / *you get about one and a half dollars to the euro* l'euro vaut environ 1,5 dollar / *there are 25 chocolates to a box* il y a 25 chocolats dans chaque or par boîte / *one cup of sugar to every three cups of fruit* une tasse de sucre pour trois tasses de fruits / *Milan beat Madrid by 4 (points) to 3* Milan a battu Madrid 4 (points) à 3 / *I'll bet 100 to 1* je parierais 100 contre 1 / *the odds are 1,000 to 1 against it happening again* il y a 1 chance sur 1 000 que cela se produise à nouveau / *the vote was 6 to 3* il y avait 6 voix contre 3 **4.** [per] : *how many miles do you get to the gallon?* ≃ vous faites combien de litres au cent ?

◆ adv **1.** [closed] fermé / *the wind blew the door to* un coup de vent a fermé la porte **2.** [back to consciousness] ▸ **to come to** revenir à soi, reprendre connaissance **3.** NAUT ▸ **to bring a ship to** mettre un bateau en panne.

toad [təʊd] n **1.** ZOOL crapaud *m* **2.** *inf & fig* [person] rat *m*.

toad-in-the-hole n UK CULIN *plat composé de saucisses cuites au four dans une sorte de pâte à crêpes.*

toadstool ['təʊdstu:l] n champignon *m* vénéneux.

toady ['təʊdɪ] (*pl* **toadies**, *pt & pp* **toadied**) *pej* ◆ n flatteur *m*, -euse *f*. ◆ vi être flatteur ▸ **to toady to sb** passer de la pommade à qqn.

toadying ['təʊdɪɪŋ] n *pej* flagornerie *f*.

to and fro adv phr ▸ **to go to and fro** aller et venir, se promener de long en large ▸ **to swing to and fro** se balancer d'avant en arrière.

❖ **to-and-fro** adj ▸ **a to-and-fro movement** un mouvement de va-et-vient.

toast [təʊst] ◆ n **1.** [bread] pain *m* grillé ▸ **a piece** or **slice of toast** une tartine grillée, un toast / *three slices* or *rounds of toast* trois tartines grillées / *don't burn the toast* ne brûle pas le pain / *cheese / sardines on toast* fromage fondu / sardines sur du pain grillé ▸ **to have sb on toast** *inf* tenir qqn ▸ **you're toast!** *inf* t'es grillé ! **2.** [drink] toast *m* ▸ **to drink a toast to sb** porter un toast à qqn, boire à la santé de qqn / *we drank a toast to their success / future happiness* on a bu à leur succès / bonheur futur ▸ **to propose a toast to sb** porter un toast à qqn / *she was the toast of the town* elle était la coqueluche de la ville. ◆ vt **1.** [grill] griller / *he was toasting himself / his toes by the fire* *fig* il se chauffait / il se rôtissait les orteils devant la cheminée **2.** [drink to - person] porter un toast à, boire à la santé de ; [- success, win] arroser ▸ **to toast sb's success** arroser la réussite de qqn ▸ **to toast sb's health** boire à la santé de qqn / *they toasted her victory in champagne* ils ont arrosé sa victoire au champagne **3.** [pay homage to] rendre hommage à, saluer.

toasted ['təʊstɪd] adj **1.** [grilled] grillé ▸ **toasted cheese** fromage *m* fondu ▸ **toasted cheese sandwich** ≃ croque-monsieur *m inv* ▸ **toasted sandwich** sandwich *m* grillé **2.** US *inf* [drunk] bourré.

toaster ['təʊstəʳ] n grille-pain *m inv* (électrique), toaster *m*.

toastie ['təʊstɪ] n *inf* sandwich *m* grillé.

toasting fork ['təʊstɪŋ] n fourchette *f* à griller le pain.

toastmaster ['təʊst,mɑ:stəʳ] n animateur *m (qui annonce les toasts ou les discours lors d'une réception).*

toast rack n porte-toasts *m inv*.

toasty ['təʊstɪ] *inf* ◆ adj **1.** US [warm] : *it's toasty in here* il fait bon ici **2.** [wine] aux arômes de pain grillé. ◆ n [sandwich] = **toastie**.

tobacco [tə'bækəʊ] (*pl* **tobaccos**) ◆ n **1.** tabac *m* **2.** BOT ▸ **tobacco (plant)** (pied *m* de) tabac *m*. ◆ comp [leaf, plantation, smoke] de tabac ; [industry] du tabac.

tobacco brown ◆ adj tabac *(inv)*. ◆ n couleur *f* tabac.

tobacconist [tə'bækənɪst] n marchand *m*, -e *f* de tabac, buraliste *mf* ▸ **tobacconist's (shop)** UK (bureau *m* de) tabac *m*.

tobacco pouch n blague *f* à tabac.

Tobago [tə'beɪgəʊ] ⟶ **Trinidad and Tobago.**

-to-be in comp ▸ **mother-to-be** future mère *f* ▸ **father-to-be** futur père *m*.

toboggan [tə'bɒgən] ◆ n luge *f*. ◆ comp [race] de luge. ◆ vi **1.** SPORT ▸ **to toboggan** or **go tobogganing** faire de la luge / *they tobogganed down the slope* ils ont descendu la pente en luge **2.** US [prices, sales] dégringoler.

toboggan run n piste *f* de luge.

Tobruk [tə'brʊk] pr n Tobrouk.

toby jug ['təʊbɪ] n *tasse ou cruche en forme d'homme assis portant un tricorne et fumant la pipe.*

toccata [tə'kɑ:tə] n toccata *f*.

tocsin ['tɒksɪn] n tocsin *m*.

tod [tɒd] n ▸ **to be on one's tod** UK *inf* être tout seul.

today [tə'deɪ] ◆ adv aujourd'hui ▸ **a week today** **a)** [past] il y a huit jours aujourd'hui **b)** [future] dans huit jours aujourd'hui / *they arrived a week ago today* ils sont arrivés il y a huit jours / *they've been here a week today* ils sont là depuis exactement une semaine / *he died 5 years ago today* cela fait 5 ans aujourd'hui qu'il est mort / *she's more popular today than she was 10 years ago* elle est plus populaire aujourd'hui qu'il y a 10 ans ▸ **here today and gone tomorrow** ça va ça vient. ◆ n aujourd'hui *m* / *what's today's date?* quelle est la date d'aujourd'hui ? / *what day is it today?* quel jour est-on (aujourd'hui) ? / *today is March 17th* aujourd'hui, on est le 17 mars / *it's Monday today* on est lundi aujourd'hui / *a week from today* dans une semaine aujourd'hui / *three weeks from today* dans trois semaines / *as from today* à partir d'aujourd'hui / *have you seen today's paper?* as-tu vu le journal d'aujourd'hui ? / *the youth of today* or *today's youth* la jeunesse d'aujourd'hui ▸ **today's the day!** c'est le grand jour !

toddle ['tɒdl] ◆ vi **1.** [start to walk - child] faire ses premiers pas ; [walk unsteadily] marcher d'un pas chancelant / *he's just started to toddle* il vient de commencer à marcher / *he managed to toddle across the room* il a réussi à faire quelques pas dans la pièce **2.** *inf* [go] aller ; [stroll] se balader ; [go away] s'en aller, partir / *she toddled along after him* elle trottinait derrière lui / *could you just toddle down to the shops for me?* pourrais-tu faire une ou deux courses pour moi ? ◆ n *inf* : *I'm just going for a little toddle* je vais faire un petit tour or une petite balade.

❖ **toddle off** vi *inf* [go] aller ; [go away] s'en aller, partir bien gentiment / *she toddled off somewhere on her own* elle est partie faire un tour toute seule / *he toddled off to the pub* il est allé au bistrot.

toddler ['tɒdləʳ] n tout petit *m (enfant qui fait ses premiers pas)* / *she's just a toddler* elle sait à peine marcher / *their children are still toddlers* leurs enfants sont tout juste en âge de marcher.

toddy ['tɒdɪ] (*pl* **toddies**) n **1.** [drink] ▸ **(hot) toddy** ≃ grog *m* **2.** [sap] sève *f* de palmier *(utilisée comme boisson).*

todger ['tɒdʒəʳ] n UK *inf* [penis] zizi *m*.

to-die-for adj *inf* de rêve.

to-do n *inf* **1.** [fuss] remue-ménage *m inv*, tohu-bohu *m inv* / *she made a great to-do about it* elle en a fait tout un plat / *there was a great to-do over her wedding* son mariage a fait grand bruit ▸ **what a to-do!** quelle affaire !, quelle histoire ! **2.** US [party] bringue *f*.

to-do list n liste *f* de tâches.

toe [təʊ] ◆ n **1.** ANAT orteil *m*, doigt *m* de pied ▸ **big / little toe** gros / petit orteil ▸ **to stand on one's toes** se dresser sur la pointe des pieds ▸ **to step** or **to tread on sb's toes** *lit & fig* marcher sur les pieds de qqn / *she kept us on our toes* elle ne nous laissait aucun répit **2.** [of sock, shoe] bout *m* / *there's a hole in the toe* le bout est troué ▸ **the toe of Italy** *fig* le bout de l'Italie. ◆ vt **1.** [ball] toucher du bout du pied **2.** PHR ▸ **to toe the line** or US **mark** se mettre au pas, obtempérer ▸ **to toe the party line** POL s'aligner sur le or suivre la ligne du parti.

toe cap n bout *m* renforcé *(de soulier)* ▸ **steel toe cap** bout *m* ferré.

toe clip n cale-pied *m*.

-toed [təʊd] in comp ▸ **six-toed** à six orteils.

TOEFL ['təʊfl] (abbr of **Test of English as a Foreign Language**) n *test évaluant le niveau d'anglais universitaire reconnu internationalement.*

toehold ['təʊhəʊld] n prise *f* de pied ▸ **to get** or **to gain a toehold** **a)** [climber] trouver une prise (pour le pied) **b)** *fig* prendre pied, s'implanter / *the company now has a toehold in the foreign market* *fig* l'entreprise a désormais un pied sur le marché étranger.

toeless ['təʊlɪs] adj **1.** ANAT sans orteil or orteils **2.** [sock, shoe] (à bout) ouvert.

toenail ['təʊneɪl] n ongle *m* de pied.

toe-piece n [of ski] butée *f*.

toerag ['təʊræg] n UK *v inf & pej* ordure *f*.

toe-strap n lanière *f* de gros orteil.

toff [tɒf] n UK *inf* aristo *m*.

toffee ['tɒfɪ] n UK caramel *m* (au beurre) / *he can't dance for toffee* *inf* il danse comme un pied / *I can't speak Italian for toffee* *inf* je suis incapable de parler italien.

toffee apple n pomme *f* d'amour *(confiserie)*.

toffee-nosed adj UK *inf* bêcheur, snob.

tofu ['təʊfu:] n tofu *m inv*.

tofurky [tə'fɜ:kɪ] n US *succédané de dinde fait avec de la pâte de soja.*

tog [tɒg] (*pt & pp* **togged**, *cont* **togging**) n [measurement of warmth] pouvoir *m* adiathermique, PA *m* ▸ **tog number** indice *m* de PA.

❖ **togs** pl n *inf* [clothes] fringues *fpl* ; SPORT affaires *fpl*.

❖ **tog out, tog up** vt sep *inf* nipper, fringuer / *she was all togged up in her best clothes* elle était super sapée / *he hates getting togged up for special occasions* il a horreur de se saper pour les grandes occasions / *they were all togged out for the match* ils s'étaient tous mis en tenue pour le match.

toga ['təʊgə] n toge *f*.

together [tə'geðəʳ] ◆ adv **1.** [with each other] ensemble / *we went shopping together* nous sommes allés faire des courses ensemble / *are you together?* êtes-vous ensemble ? / *they get on well together* ils s'entendent bien / *we're all in this together!* on est tous logés à la même enseigne ! / *those colours go well together* ces couleurs vont bien ensemble / *they were together for six years before getting married* ils ont été ensemble six ans avant de se marier **2.** [jointly] : *she's cleverer than both of them put together* elle est plus intelligente qu'eux deux réunis / *even taken together, their efforts don't amount to much* même si on les considère dans leur ensemble, leurs efforts ne représentent pas grand-chose / *together we can change things* ensemble, nous pouvons changer les choses **3.** [indicating proximity] : *tie the two ribbons together* attachez les deux rubans l'un à l'autre / *she tried to bring the two sides together* elle a essayé de rapprocher les deux camps / *we were crowded together into the room* on nous a tous entassés dans la pièce / *they were bound together by their beliefs* leurs convictions les unissaient **4.** [at the same time] à la fois, en même temps, ensemble / *all together now!* **a)** [pull] tous ensemble !, ho hisse ! **b)** [sing, recite] tous ensemble or en chœur ! **5.** [consecutively] : *for 12 hours together* pendant 12 heures d'affilée or de suite. ◆ adj *inf* [person] équilibré, bien dans sa peau.

❖ **together with** conj phr ainsi que, en même temps que / *pick up a leaflet together with an entry form* prenez un imprimé et une feuille d'inscription.

togetherness [tə'geðənɪs] n [unity] unité *f* ; [solidarity] solidarité *f* ; [comradeship] camaraderie *f*.

toggle ['tɒgl] ◆ n **1.** [peg] cheville *f* **2.** SEW bouton *m* de duffle-coat **3.** NAUT cabillot *m*. ◆ vt NAUT attacher avec un cabillot. ◆ vi COMPUT basculer ▸ **to toggle between** alterner entre.

toggle joint n TECH genouillère *f*.

toggle switch n ELEC interrupteur *m* à bascule ; COMPUT bascule *f* or interrupteur *m* de changement de mode.

Togo ['təʊgəʊ] pr n Togo *m* / *in Togo* au Togo.

Togolese [ˌtəʊgə'li:z] (*pl* **Togolese**) ◆ n Togolais *m*, -e *f*. ◆ adj togolais.

toil [tɔɪl] ◆ vi **1.** [labour] travailler dur, peiner / *he toiled over his essay for weeks* il a peiné or il a sué sur sa dissertation pendant des semaines **2.** [as verb of movement] avancer péniblement / *they toiled up the hill on their bikes / on foot* ils montèrent péniblement la colline à vélo / à pied / *they toiled on over the rough ground* ils poursuivirent péniblement leur chemin sur le terrain accidenté. ◆ n labeur *m liter*, travail *m* (pénible).

❖ **toil away** vi travailler dur, peiner.

toile [twɑ:l] n TEXT toile *f*.

toilet ['tɔɪlɪt] n **1.** [lavatory] toilettes *fpl* ▸ **to go to the toilet** aller aux toilettes or aux cabinets / *the toilet won't flush* la chasse d'eau ne marche pas / *he threw it down the toilet* il l'a jeté dans les toilettes / **'Public Toilets'** 'Toilettes', 'W-C Publics' **2.** = **toilette.**

toilet bag n UK trousse *f* de toilette.

toilet bowl n cuvette *f* (de WC).

toilet humour n humour *m* scatologique.

toilet paper n papier *m* hygiénique.

toiletries ['tɔɪlɪtrɪz] pl n articles *mpl* de toilette.

toilet roll n rouleau *m* de papier hygiénique ▸ **toilet roll holder** porte-papier *m*.

toilet seat n siège *m* des cabinets or W-C or toilettes.

toilet soap n savon *m* de toilette.

toilet tank n réservoir *m* de chasse d'eau.

toilette [twɑ:'let] n *dated & fml* toilette *f (action de se laver).*

toilet tissue = **toilet paper.**

toilet-train vt ▸ **to toilet-train a child** apprendre à un enfant à être propre.

toilet-trained [-ˌtreɪnd] adj propre.

toilet training n apprentissage *m* de la propreté *(pour un enfant).*

toilet water n eau *f* de toilette.

toils [tɔɪlz] pl n *liter* rets *mpl liter*, filets *mpl*.

toilsome ['tɔɪlsəm] adj pénible, laborieux.

to-ing and fro-ing [ˌtu:ɪŋən'frəʊɪŋ] n *(U) inf* allées et venues *fpl*.

toke [təʊk] *inf* ◆ n US [of cigarette] taffe *f*. ◆ vi prendre une taffe.

token ['təʊkn] ◆ n **1.** [of affection, appreciation, esteem, etc.] marque *f*, témoignage *m* / *as a token of* or *in token of my gratitude* en témoignage or en gage de ma reconnaissance / *a love token* un gage d'amour / *as a token of our love* en gage de notre amour **2.** [indication] signe *m* **3.** [souvenir, gift] souvenir *m* / *we'd like you to accept this little token to remind you of your visit* nous aimerions que vous acceptiez ce petit cadeau en souvenir de votre visite **4.** [for machine] jeton *m* **5.** [voucher] bon *m* **6.** LING occurrence *f*. ◆ adj [gesture, effort] symbolique, pour la forme ; [increase, protest] symbolique, de pure forme / *they only pay a token rent* ils ne paient qu'un loyer symbolique / *to put up a token resistance* opposer une résistance symbolique.

❖ **by the same token** adv phr de même, pareillement.

tokenism ['təʊkənɪzm] n politique *f* minimaliste or de pure forme.

token money n monnaie *f* fiduciaire.

token payment n paiement *m* symbolique (d'intérêts).

token strike n grève *f* symbolique or d'avertissement.

token vote n vote *m* symbolique.

Tokyo ['təʊkjəʊ] pr n Tokyo.

told [təʊld] pt & pp ⟶ **tell.**

Toledo [tɒ'leɪdəʊ] pr n Tolède.

tolerable ['tɒlərəbl] adj **1.** [pain, situation, behaviour] tolérable ; [standard] admissible **2.** [not too bad] pas trop mal, passable.

tolerably ['tɒlərəblɪ] adv passablement / *she performed tolerably (well)* elle n'a pas trop mal joué / *I'm tolerably well* je me porte assez bien / *they were tolerably pleased with the results* ils étaient assez contents des résultats.

tolerance ['tɒlərəns] n tolérance *f* / *they showed great tolerance* ils ont fait preuve de beaucoup de tolérance, ils ont été très tolérants ▸ **religious / racial tolerance** tolérance religieuse / raciale ▸ **to develop (a) tolerance to a drug** développer une accoutumance à un médicament / *they have little tolerance to cold* ils ont peu de résistance au froid / *a tolerance of a thousandth of a millimetre* TECH une tolérance d'un millième de millimètre.

tolerant ['tɒlərənt] adj tolérant / *he's not very tolerant of others* il n'est pas très tolérant envers les autres / *she's not very tolerant of criticism* elle ne supporte pas bien les critiques ▸ **tolerant to heat / cold** PHYS résistant à la chaleur / au froid.

tolerantly ['tɒlərəntlɪ] adv avec tolérance.

tolerate ['tɒləreɪt] vt tolérer.

toleration [ˌtɒlə'reɪʃn] n tolérance *f*.

toll [təʊl] ◆ n **1.** [on bridge, road] péage *m* **2.** [of victims] nombre *m* de victimes ; [of casualties] nombre *m* de blessés ; [of deaths] nombre *m* de morts / *the epidemic took a heavy toll of* or *among the population* l'épidémie a fait beaucoup de morts or de victimes parmi la population / *the years have taken their toll* les années ont laissé leurs traces / *her illness took its toll on her family* sa maladie a ébranlé sa famille **3.** [of bell] sonnerie *f*. ◆ vt [bell] sonner ▸ **to toll sb's death** sonner le glas pour qqn. ◆ vi [bell] sonner.

tollbooth ['təʊlbu:θ] n (poste *m* de) péage *m*.

toll bridge n pont *m* à péage.

toll call n US & NZ TELEC communication *f* interurbaine.

toll charge n **1.** [for bridge] (coût *m* du) péage *m* **2.** NZ TELEC tarif *m* interurbain.

toll-free US ◆ adj ▸ **toll-free number** numéro *m* vert. ◆ adv ▸ **to call toll-free** appeler un numéro vert.

tollgate ['təʊlgeɪt] n (barrière *f* de) péage *m*.

tollhouse ['təʊlhaʊs] (*pl* [-haʊzɪz]) n (bureau *m* de) péage *m*.

tollhouse cookie n US cookie *m* aux pépites de chocolat.

tollroad ['təʊlrəʊd] n route *f* à péage.

Tolstoy ['tɒlstɔɪ] pr n ▸ **Leon Tolstoy** Léon Tolstoï.

tom [tɒm] n [cat] matou *m*.

Tom [tɒm] pr n [dimin of Thomas] ▸ **any** or **every Tom, Dick or Harry** n'importe qui, le premier venu / **'The Adventures of Tom Sawyer'** *Twain* 'les Aventures de Tom Sawyer' / **'Tom Thumb'** 'Tom Pouce'.

tomahawk ['tɒməhɔ:k] n tomahawk *m*.

tomato UK tə'mɑ:təʊ US tə'meɪtəʊ (*pl* **tomatoes**) ◆ n tomate *f*. ◆ comp [juice, salad, soup] de tomates ▸ **tomato ketchup** ketchup *m* ▸ **tomato plant** (pied *m* de) tomate *f* ▸ **tomato purée** concentré *m* or purée *f* de tomates ▸ **tomato sauce** sauce *f* tomate.

tomb [tu:m] n tombeau *m*, tombe *f*.

tombola [tɒm'bəʊlə] n UK tombola *f*.

tomboy ['tɒmbɔɪ] n garçon *m* manqué / *she looks a bit of a tomboy* elle fait un peu garçon manqué.

tomboyish ['tɒmbɔɪɪʃ] adj de garçon manqué, garçonnier.

tombstone ['tu:mstəʊn] ◆ n pierre *f* tombale. ◆ vi [dive] faire du « tombstoning » *(plonger d'une falaise ou d'un haut rocher).*

tombstoner ['tu:mstəʊnər] n adepte *mf* du « tombstoning ».

tombstoning ['tu:mstəʊnɪŋ] n *activité qui consiste à plonger dans la mer depuis une falaise ou un haut rocher.*

tomcat ['tɒmkæt] n chat *m*, matou *m*.

Tom Collins [-'kɒlɪns] n *boisson glacée au gin et au jus de citron.*

tome [təʊm] n gros volume *m*.

tomfool [ˌtɒm'fu:l] *inf* ◆ n idiot *m*, -e *f*, imbécile *mf*. ◆ adj idiot, imbécile.

tomfoolery [tɒm'fu:lərɪ] n *(U) inf* [foolish words] absurdités *fpl*, idioties *fpl*, bêtises *fpl* ; [foolish behaviour] bêtises *fpl*.

Tommy ['tɒmɪ] (*pl* **Tommies**) pr n *dated surnom donné autrefois aux soldats britanniques.*

tommy gun n *inf* mitraillette *f*.

tommyrot ['tɒmɪrɒt] n *(U)* UK *inf & dated* balivernes *fpl*, bêtises *fpl* ▸ **tommyrot!** mon œil !

tomorrow [tə'mɒrəʊ] ◆ adv demain / *tomorrow morning / evening* demain matin / soir / *see you tomorrow!* à demain ! ▸ **a week tomorrow a)** [past] cela fera huit jours demain **b)** [future] dans une semaine demain / *they arrived / they will have been here a week tomorrow* ça fera huit jours demain qu'ils sont arrivés / qu'ils sont là. ◆ n **1.** *lit* demain *m* / *what's tomorrow's date?* le combien serons-nous demain ? / *what day is it* or *will it be tomorrow?* quel jour serons-nous demain ? / *tomorrow is* or *will be March 17th* demain, on sera le 17 mars / *tomorrow is Monday* demain, c'est lundi / *a week from tomorrow* dans une semaine demain / *three weeks from tomorrow* dans trois semaines demain / *the day after tomorrow* après-demain, dans deux jours / *tomorrow may never come* qui sait où nous serons demain / *tomorrow never comes* demain n'arrive jamais / *tomorrow is another day* demain il fera jour ▸ **never put off till tomorrow what you can do today** *prov* il ne faut jamais remettre au lendemain ce que l'on peut faire le jour même *prov* **2.** *fig* [future] demain *m*, lendemain *m* / *we look forward to a bright tomorrow* nous espérons des lendemains qui chantent / *tomorrow's world* le monde de demain / *he spends money like there was no tomorrow inf* il dépense (son argent) comme si demain n'existait pas.

tomtit ['tɒmtɪt] n mésange *f*.

tom-tom n tam-tam *m*.

ton [tʌn] n **1.** [weight] tonne *f* / *a 35-ton lorry* un 35-tonnes ; *fig* : *it's a ton weight!* ça pèse une tonne ! / *this suitcase weighs a ton!* cette valise pèse une tonne ! / *a ton of money inf* des tonnes d'argent ▸ **(register) ton** NAUT tonneau *m* **2.** *inf* [speed] ▸ **to do a ton** rouler à plus de 150.

❖ **tons** pl n *inf* [lots] : *tons of money* des tas or des tonnes d'argent / *tons of people* des tas de gens / *tons better* beaucoup mieux.

tonal ['təʊnl] adj tonal.

tonality [tə'nælətɪ] (*pl* **tonalities**) n MUS tonalité *f*.

tone [təʊn] ◆ n **1.** [of voice] ton *m* (de la voix) / *don't (you) speak to me in that tone (of voice)!* ne me parle pas sur ce ton ! / *I don't like your tone!* je n'aime pas votre ton ! / *I didn't much like the tone of her remarks* je n'ai pas beaucoup aimé le ton de ses remarques ▸ **to raise / to lower the tone of one's voice** hausser / baisser le ton / *he spoke to me in soft tones* or *in a soft tone* il m'a parlé d'une voix douce **2.** [sound -of voice, musical instrument] sonorité *f* ; [of singer] timbre *m* (de la voix) / *the rich bass tones of his voice* la richesse de sa voix dans les tons graves / *the stereo has an excellent tone* la stéréo a une excellente sonorité / *I thought I recognized those dulcet tones hum* j'ai cru reconnaître cette douce voix **3.** MUS ton *m* **4.** LING ton *m* ▸ **rising / falling tone** ton ascendant / descendant **5.** TELEC tonalité *f* / *please speak after the tone* veuillez parler après le signal sonore **6.** [control - of amplifier, radio] tonalité *f* **7.** [shade] ton *m* / *in matching tones of red and gold* dans des tons rouge et or assortis / *soft blue tones* des tons bleu pastel / *a two-tone colour scheme* une palette de couleurs à deux tons **8.** [style, atmosphere - of poem, article] ton *m* ▸ **to set the tone** donner le ton **9.** [classiness] chic *m*, classe *f* ▸ **to give / to lend tone to sthg** donner de la classe / apporter un plus à qqch / *it lowers / raises the tone of the neighbourhood* cela rabaisse / rehausse le standing du quartier **10.** FIN [of market] tenue *f* **11.** PHYSIOL [of muscle, nerves] tonus *m* **12.** US [single musical sound] note *f*. ◆ vi [colour] s'harmoniser / *the wallpaper doesn't tone well with the carpet* le papier peint n'est pas bien assorti à la moquette. ◆ vt = **tone up.**

❖ **tone down** vt sep **1.** [colour, contrast] adoucir **2.** [sound, voice] atténuer, baisser **3.** [moderate - language, statement, views] tempérer, modérer ; [- effect] adoucir, atténuer / *his article had to be toned down for publication* son article a dû être édulcoré avant d'être publié.

❖ **tone in** vi s'harmoniser, s'assortir / *the curtains tone in well with the carpet* les rideaux sont bien dans le ton du tapis.

❖ **tone up** vt sep [body, muscles] tonifier.

tone arm n bras *m* de lecture.

tone colour n timbre *m*.

tone control n bouton *m* de tonalité.

tone-deaf adj : *to be tone-deaf* ne pas avoir d'oreille.

tone deafness n manque *m* d'oreille.

tone language n LING langue *f* à tons.

toneless ['təʊnlɪs] adj [voice] blanc (blanche), sans timbre ; [colour] terne.

tonelessly ['təʊnlɪslɪ] adv [say, speak] d'une voix blanche.

toneme ['təʊni:m] n tonème *m*.

tone poem n poème *m* symphonique.

toner ['təʊnəʳ] n [for hair] colorant *m* ; [for skin] lotion *f* tonique ; PHOT toner *m*, encre *f*.

tonetic [təʊ'netɪk] adj à tons.

Tonga ['tɒŋgə] pr n Tonga / *in Tonga* à Tonga.

Tongan ['tɒŋgən] ◆ n **1.** [person] Tongan *m*, -e *f* **2.** LING tongan *m*. ◆ adj tongan.

tongs [tɒŋz] pl n ▸ **(pair of) tongs** pinces *fpl* ▸ **fire tongs** pincettes *fpl* ▸ **(sugar) tongs** pince *f* (à sucre).

tongue [tʌŋ] ◆ n **1.** ANAT langue *f* ▸ **to put** or **to stick one's tongue out (at sb)** tirer la langue (à qqn) / *his tongue was practically hanging out* **a)** *fig* [very eager] il en salivait littéralement **b)** [very thirsty] il était pratiquement mort de soif **2.** *fig* [for speech] langue *f* ▸ **to lose / to find one's tongue** perdre / retrouver sa langue ▸ **hold your tongue!** tenez votre langue !, taisez-vous ! ▸ **try to keep a civil tongue in your head!** essayez de rester courtois or correct ! / *I can't get my tongue round his name* UK je n'arrive pas à prononcer correctement son nom ▸ **to have a sharp tongue** avoir la langue acérée / *she has a quick tongue* elle n'a pas sa langue dans sa poche / *tongues will wag* les langues iront bon train, ça va jaser / *the news set tongues wagging* la nouvelle a fait jaser (les gens) ▸ **tongue in cheek** ironiquement / *she said it (with) tongue in cheek* elle l'a dit avec une ironie voilée, il ne faut pas prendre au sérieux ce qu'elle a dit **3.** *fml & liter* [language] langue *f* ▸ **to speak in tongues** RELIG avoir le don des langues **4.** *(U)* CULIN langue *f* (de bœuf) **5.** [of shoe] languette *f* ; [of bell] battant *m* ; [of buckle] ardillon *m* ; TECH langue *f*, languette *f* **6.** [of flame, land, sea] langue *f*. ◆ vt **1.** MUS [note] détacher ; [phrase] détacher les notes de **2.** [in woodworking] langueter.

tongue-and-groove joint n assemblage *m* à languette.

tongue-in-cheek adj ironique / *it was all very tongue-in-cheek* c'était du deuxième degré.

tongue-lashing n *inf* ▸ **to give sb a tongue-lashing** sonner les cloches à qqn.

tongue-tied adj muet *fig*, trop timide (pour parler) / *she was completely tongue-tied* elle semblait avoir perdu sa langue.

tongue-twister n *mot ou phrase très difficile à prononcer* / *his name's a real tongue-twister* son nom est impossible à prononcer.

tonguing ['tʌŋɪŋ] n MUS coup *m* de langue.

tonic ['tɒnɪk] ◆ n **1.** MED tonique *m*, fortifiant *m* ; *fig* : *the news was a tonic to us all* la nouvelle nous a remonté le moral à tous / *it's a tonic to see you looking so happy* ça me fait du bien or me remonte le moral de te voir si heureux **2.** [cosmetic] lotion *f* tonique ▸ **hair tonic** lotion *f* capillaire **3.** [drink] tonic *m* **4.** MUS tonique *f* **5.** LING syllabe *f* tonique or accentuée. ◆ adj tonique / *the tonic effect of sea air* l'effet tonique or vivifiant de l'air marin ▸ **tonic syllable / stress** LING syllabe *f* / accent *m* tonique.

tonicity [tə'nɪsətɪ] n [gen] tonicité *f* ; PHYSIOL tonus *m*.

tonic sol-fa n solfège *m*.

tonic water n tonic *m* ; ≃ Schweppes® *m*.

tonic wine n vin *m* tonique.

tonight [tə'naɪt] ◆ n [this evening] ce soir ; [this night] cette nuit / *in tonight's newspaper* dans le journal de ce soir / *tonight's the night* c'est le grand soir. ◆ adv [this evening] ce soir / *shall we go dancing tonight?* si on allait danser ce soir ? ; [this night] cette nuit *f* / *I hope I sleep well tonight* j'espère que je dormirai bien cette nuit.

toning ['təʊnɪŋ] n PHOT virage *m*.

toning lotion n lotion *f* tonifiante.

tonnage ['tʌnɪdʒ] n **1.** [total weight] poids *m* total d'une chose **2.** [capacity - of a ship] tonnage *m*, jauge *f* ; [of a port] tonnage *m*.

tonne [tʌn] n tonne *f* (métrique).

tonneau ['tɒnəʊ] (*pl* **tonneaus** *or* **tonneaux** ['tɒnəʊz]) n **1.** AUTO capote *f* **2.** [of wine] tonneau *m*.

-tonner ['tʌnəʳ] in comp ▸ **a thousand-tonner** un navire de mille tonneaux.

tonometer [təʊ'nɒmɪtəʳ] n MED & MUS tonomètre *m*.

tonsil ['tɒnsl] n *(usu pl)* amygdale *f* / *enlarged tonsils* des amygdales hypertrophiées / *your tonsils are inflamed* vous avez une inflammation des amygdales ▸ **to have one's tonsils out** se faire opérer des amygdales.

tonsillectomy [,tɒnsɪ'lektəmɪ] (*pl* **tonsillectomies**) n amygdalectomie *f*, tonsillectomie *f*.

tonsillitis [,tɒnsɪ'laɪtɪs] n *(U)* angine *f*, amygdalite *f* *spec* / *to have tonsillitis* avoir une angine.

tonsorial [tɒn'sɔ:rɪəl] adj *hum* de coiffeur, capillaire.

tonsure ['tɒnʃəʳ] ◆ n tonsure *f*. ◆ vt tonsurer.

tontine [tɒn'ti:n] n FIN tontine *f*.

ton-up boy n UK *inf* fou *m* de moto.

tonus ['təʊnəs] n PHYSIOL tonus *m*.

tony ['təʊnɪ] (*compar* **tonier**, *superl* **toniest**) adj US *inf* chic, de grande classe / *a tony neighbourhood* un quartier élégant.

Tony (Award) n US Tony *m* *(Oscar du théâtre)*.

too [tu:] adv **1.** [as well] aussi, également / *I like jazz — I do too* or *me too* j'aime le jazz — moi aussi / *he's a professor too* **a)** [as well as sthg else] il est également professeur **b)** [as well as sb else] lui aussi est professeur / *would I too fail? liter* allais-je échouer moi aussi ? / *stylistically, too, they are similar* du point de vue du style également, ils se ressemblent **2.** [excessively] trop / *she works too hard* elle travaille trop / *I have one apple too many* j'ai une pomme de trop / *that's too bad* **a)** c'est vraiment dommage **b)** *iro* tant pis ! / *too little money* trop peu d'argent / *too few people* trop peu de gens / *she's too tired to go out* elle est trop fatiguée pour sortir / *all too soon we had to go home* très vite, nous avons dû rentrer / *you're going too far fig* tu exagères, tu vas trop loin / *you're too kind* vous êtes trop aimable **3.** [with negatives] trop / *the first ski slope wasn't too bad* la première descente n'était pas trop difficile / *I wasn't too happy about it* ça ne me réjouissait pas trop / *she hasn't been too well* elle ne va pas trop bien depuis quelque temps **4.** [moreover] en outre, en plus / *he's so silly! — and a grown man too!* qu'est-ce qu'il peut être bête ! — et il en a passé l'âge en plus ! **5.** [for emphasis] : *and quite right too!* tu as / il a / etc. bien fait / *about time too!* ce n'est pas trop tôt ! / *I should think so too!* j'espère bien ! / *too true!* ça, c'est vrai ! **6.** US [indeed] : *you didn't do your homework — I did too!* tu n'as pas fait tes devoirs — si ! / *you will too behave!* si, tu vas être sage !

toodle-oo [,tu:dl'u:], **toodle-pip** interj UK *inf & dated* salut.

took [tʊk] pt ⟶ **take.**

tool [tu:l] ◆ n **1.** [instrument] outil *m* ▸ **set of tools** outillage *m* ▸ **the tools of the trade** les instruments de travail / *the computer has become an essential tool for most business* l'ordinateur est devenu un outil essentiel pour la plupart des entreprises ▸ **to down tools** cesser le travail, se mettre en grève, débrayer **2.** TYPO fer *m* de reliure **3.** [dupe] : *he was nothing but a tool of the government* il n'était que le jouet or l'instrument du gouvernement **4.** *v inf* [penis] engin *m* **5.** UK *crime sl* [gun] arme *f*. ◆ vt [decorate - wood] travailler, façonner ; [- stone] sculpter ; [- book cover] ciseler ▸ **tooled leather** cuir *m* repoussé. ◆ vi *inf* rouler *(en voiture)* / *I was tooling along at 30 mph* je roulais peinardement à 50 km/h.

❖ **tool around** vi US *inf* traîner / *all I ever did in high school was tool around with the guys* je n'ai jamais rien fait au lycée à part traîner avec les copains.

❖ **tool up** ◆ vi s'équiper. ◆ vt sep outiller, équiper / *they are preparing to tool up the new factory* ils s'apprêtent à outiller or équiper la nouvelle usine.

toolbag ['tu:lbæg] n trousse *f* à outils.

tool bar n COMPUT barre *f* d'outils.

toolbox ['tu:lbɒks] (*pl* **toolboxes**) n boîte *f* à outils.

toolcase ['tu:lkeɪs] n caisse *f* à outils.

toolchest ['tu:ltʃest] n coffre *m* à outils.

toolholder ['tu:l,həʊldəʳ] n porte-outil *m*.

tooling ['tu:lɪŋ] n **1.** [decoration] façonnage *m* ; [on leather] repoussé *m* ; [in stone] ciselure *f* **2.** [equipment] outillage *m*.

toolkit ['tu:lkɪt] n jeu *m* d'outils.

toolmaker ['tu:l,meɪkəʳ] n outilleur *m*.

toolmaking ['tu:l,meɪkɪŋ] n fabrication *f* d'outils.

toolroom ['tu:lrʊm] n atelier *m* d'outillage.

toolshed ['tu:lʃed] n remise *f*, resserre *f*.

tooltip ['tu:ltɪp] n COMPUT infobulle *f*.

toot [tu:t] ◆ vi [car] klaxonner ; [train] siffler. ◆ vt : *he tooted his horn* AUTO il a klaxonné or donné un coup de klaxon. ◆ n **1.** [sound] appel *m* / *the tugboat gave a toot* le remorqueur a donné un coup de sirène / *a toot of the horn* AUTO un coup de klaxon **2.** *drugs sl* drogue *f* à sniffer **3.** US *v inf* [drinking spree] ▸ **to go on the toot** prendre une cuite.

tooth [tu:θ] (*pl* **teeth**) ◆ n **1.** ANAT dent *f* ▸ **permanent teeth** dents permanentes ▸ **a set of teeth** une denture, une dentition ▸ **a false tooth** une fausse dent ▸ **a set of false teeth** un dentier ▸ **to have a tooth out** se faire arracher une dent ▸ **to have good / bad teeth** avoir de bonnes / mauvaises dents ▸ **to bare** or **to show one's teeth** montrer les dents ▸ **baby teeth** dents *fpl* de lait ▸ **to have no teeth** **a)** *lit* être édenté **b)** *fig* manquer de force / *the amendment will give the law some teeth* l'amendement renforcera quelque peu le pouvoir de la loi **2.** [of comb, file, cog, saw] dent *f* **3.** PHR ▸ **to be fed up** or **sick to the back teeth** *inf* en avoir plein le dos or ras le bol ▸ **to fight tooth and nail** se battre bec et ongles ▸ **to get one's teeth into sthg** se mettre à fond à qqch / *she needs something to get her teeth into* elle a besoin de quelque chose qui la mobilise / *the play gives you nothing to get your teeth into* la pièce manque de substance ▸ **it was a real kick in the teeth** *inf* ça m'a fichu un sacré coup ▸ **it's better than a kick in the teeth** c'est mieux que rien ▸ **to set sb's teeth on edge** faire grincer qqn des dents ▸ **to be a bit long in the tooth** : *she's a bit long in the tooth* elle n'est plus toute jeune. ◆ vi [cogwheels] s'engrener.

❖ **in the teeth of** prep phr malgré / *he acted in the teeth of fierce opposition* il a agi malgré une opposition farouche.

toothache ['tu:θeɪk] n mal *m* de dents / *to have toothache* or US *a toothache* avoir mal aux dents.

toothbrush ['tu:θbrʌʃ] (*pl* **toothbrushes**) n brosse *f* à dents.

toothcomb ['tu:θkəʊm] ⟶ **fine-tooth(ed) comb.**

toothed [tu:θt] adj [wheel] denté.

tooth glass n verre *m* à dents.

toothless ['tu:θlɪs] adj **1.** *lit* édenté, sans dents **2.** *fig* sans pouvoir or influence.

tooth mug n verre *m* à dents.

toothpaste ['tu:θpeɪst] n dentifrice *m*, pâte *f* dentifrice / *a tube of toothpaste* un tube de dentifrice / *toothpaste dispenser* doseur *m* de dentifrice.

toothpick ['tu:θpɪk] n cure-dents *m inv.*

tooth powder n poudre *f* dentifrice.

toothsome ['tu:θsəm] adj *liter & hum* **1.** [food] appétissant **2.** [person] séduisant.

toothy ['tu:θɪ] (*compar* **toothier**, *superl* **toothiest**) adj *inf* ▸ **a toothy grin** un sourire tout en dents.

tootle ['tu:tl] *inf* ◆ vi **1.** [on musical instrument] jouer un petit air / *he was tootling on a recorder* il jouait un petit air sur sa flûte **2.** UK [drive] : *we were tootling along quite nicely until the tyre burst* nous suivions notre petit bonhomme de chemin lorsque le pneu a éclaté / *I'm going to tootle into town this afternoon* je vais aller faire un petit tour en ville cet après-midi. ◆ n **1.** [on musical instrument] petit air *m* **2.** [drive] petit tour *m* en voiture.

toots [tʊts] (*pl* **tootses**) *inf* = **tootsie.**

tootsie, **tootsy** ['tʊtsɪ] (*pl* **tootsies**) n *inf* **1.** *baby talk* [foot] pied *m*, peton *m* ; [toe] doigt *m* de pied, orteil *m* **2.** US [term of address] chéri *m*, -e *f*, mon petit chou *m*.

tootsie-wootsie [-'wʊtsɪ] n *inf & baby talk* petit peton *m*.

top [tɒp] (*pt & pp* **topped**, *cont* **topping**) ◆ n **1.** [highest point] haut *m*, sommet *m* ; [of tree] sommet *m*, cime *f* ▸ **carrot tops** fanes *fpl* de carottes / *at the top of the stairs* en haut de l'escalier / *he searched the house from top to bottom* il a fouillé la maison de fond en comble / *she filled the jar right to the top* elle a rempli le bocal à ras bord / *the page number is at the top of the page* la numérotation se trouve en haut de la page / *the wreckage floated on top of the water* l'épave flottait sur l'eau ; [surface] dessus *m*, surface *f* ; [end] : *at the top of the street* au bout de la rue / *at the top of the garden* au fond du jardin ▸ **to blow one's top** *inf* piquer une crise, exploser ▸ **from top to toe** UK de la tête aux pieds ▸ **to get thin on top** : *he's getting thin on top* il commence à se dégarnir ▸ **to come out on top** avoir le dessus / *he doesn't have much up top* UK *inf* il n'est pas très futé ▸ **over the top** : *the soldiers went over the top* *lit* les soldats sont montés à l'assaut / *I think he went a bit over the top* UK *inf & fig* à mon avis, il est allé trop loin / *he's a bit over the top* il en fait un peu trop **2.** [cap, lid] couvercle *m* / *where's the top to my pen?* où est le capuchon de mon stylo? ▸ **bottle top a)** [screw-on] bouchon *m* (de bouteille) **b)** [on beer bottle] capsule *f* (de bouteille) **3.** [highest degree] : *he is at the top of his form* il est au meilleur de sa forme ▸ **at the top of one's voice** à tue-tête **4.** [most important position] : *at the top of the table* UK à la place d'honneur / *she's top of her class* elle est première de sa classe / *someone who has reached the top in their profession* quelqu'un qui est arrivé en haut de l'échelle dans sa profession ▸ **to be (at the) top of the bill** THEAT être en tête d'affiche ▸ **to reach the top of the tree** arriver en haut de l'échelle ▸ **it's tough at the top!** c'est la rançon de la gloire ! ▸ **top of the range** : *this car is the top of the range* c'est une voiture haut de gamme ▸ **top of the morning!** IR bien le bonjour ! **5.** UK AUTO : *she changed into top* elle a enclenché la quatrième or la cinquième **6.** [garment] haut *m* / *does this top go with my skirt?* est-ce que ce haut va avec ma jupe? **7.** [beginning] : *play it again from the top* reprends au début / *let's take it from the top* commençons par le commencement **8.** [toy] toupie *f* ▸ **to spin a top** lancer or fouetter une toupie ▸ **to sleep like a top** UK dormir comme un loir **9.** *inf* [active sexual partner] ▸ **to be a top** être actif. ◆ vt **1.** [form top of] couvrir / *a cake topped with chocolate* un gâteau recouvert de chocolat / *snow topped the mountains* les sommets (des montagnes) étaient recouverts de neige **2.** UK [trim] écimer, étêter / *she was topping the carrots* elle coupait les fanes des carottes / *to top and tail gooseberries* équeuter des groseilles **3.** [exceed] dépasser / *production topped five tons last month* le mois dernier, la production a dépassé les cinq tonnes / *he topped her offer* il a renchéri sur son offre / *his score tops the world record* avec ce score, il bat le record du monde / *his story topped them all* son histoire était la meilleure de toutes ▸ **that tops the lot!** UK ça, c'est le bouquet ! **4.** [be at the top of] : *the book topped the best-seller list* ce livre est arrivé en tête des best-sellers / *she topped the polls in the last election* aux dernières élections, elle est arrivée en tête de scrutin **5.** UK *v inf* [kill] faire la peau à ▸ **to top o.s.** faire hara-kiri. ◆ adj : *the top floor* or *storey* le dernier étage / *the top shelf* l'étagère du haut / *the top button of her dress* le premier bouton de sa robe / *in the top right-hand corner* dans le coin en haut à droite / *top management* la direction générale / *the top banks in the country* les grandes banques du pays / *the top speed of this car is 150 mph* la vitesse maximum de cette voiture est de 240 km/h ▸ **to be on top form** être en pleine forme / *is he top or bottom?* *inf* [referring to sexual role] il est actif ou passif ? ▸ **the top brass** UK *inf* MIL les officiers *mpl* supérieurs, les gros bonnets *mpl* ▸ **to pay top whack for sthg** UK *inf* payer qqch au prix fort / *I can offer you £20 top whack* *inf* je vous en donne 20 livres, c'est mon dernier prix.

❖ **on top of** prep phr : *suddenly the lorry was on top of him* d'un seul coup, il a réalisé que le camion lui arrivait dessus / *we're living on top of each other* nous vivons les uns sur les autres ▸ **on top of everything else** pour couronner le tout ▸ **it's just one thing on top of another** ça n'arrête pas ▸ **to be on top of things** : *don't worry, I'm on top of things* ne t'inquiète pas, je m'en sors très bien / *it's all getting on top of him* il est dépassé par les événements ▸ **to feel on top of the world** avoir la forme.

❖ **top off** vt sep **1.** UK [conclude] terminer, couronner / *and to top off a miserable day, it started to rain* et pour conclure cette triste journée, il s'est mis à pleuvoir **2.** US [fill to top] remplir.

❖ **top out** vt insep [building] fêter l'achèvement de.

❖ **top up** vt sep UK [fill up] remplir / *can I top up your drink* or *top you up?* encore une goutte ? ▸ **to top up the battery** AUTO ajouter de l'eau dans la batterie ▸ **to top up a subsidy** / **grant** / **loan** compléter une subvention / une bourse / un prêt ▸ **to top up a phone** acheter du crédit pour un téléphone / *I've topped up my account* / *my card* j'ai recrédité mon compte / ma carte.

topaz ['təʊpæz] n topaze *f* / *a topaz bracelet* un bracelet de topazes.

top boots pl n UK bottes *f* hautes.

top-bracket adj de première catégorie.

top-class adj excellent.

topcoat ['tɒpkəʊt] n **1.** [clothing] pardessus *m*, manteau *m* **2.** [paint] couche *f* de finition.

top copy n original *m*.

top dog n *inf* chef *m* / *he's top dog around here* c'est lui qui commande ici.

top-down adj hiérarchisé.

top drawer n UK *inf* : *a family right out of the top drawer* une famille de la haute.

❖ **top-drawer** adj UK *inf* de tout premier rang / *he's a top-drawer musician* c'est un musicien de haute volée.

top-dress vt AGR fumer en surface.

top-dressing n AGR fumure *f* en surface.

tope [təʊp] vi *liter* boire.

topee ['təʊpi:] n UK casque *m* colonial *(des Indes).*

toper ['təʊpər] n *liter* alcoolique *mf*, buveur *m*, -euse *f*.

top-flight adj de premier ordre.

top gear n vitesse *f* supérieure.

top hat n (chapeau *m*) haut-de-forme *m*.

top-hatted [-'hætɪd] adj qui porte un haut-de-forme.

top-heavy adj **1.** [unbalanced] trop lourd du haut, déséquilibré ▸ **a top-heavy bureaucracy** *fig* une bureaucratie à structure dirigeante trop lourde **2.** FIN surcapitalisé **3.** *inf* [big-breasted] ▸ **to be top-heavy** avoir de gros seins.

top-hole adj UK *inf & dated* épatant, formidable.

topi ['təʊpɪ] = **topee.**

topiary ['təʊpjərɪ] ◆ n art *m* de tailler les arbres, topiaire *f spec.* ◆ adj topiaire.

topic ['tɒpɪk] n [theme] sujet *m*, thème *m* / *tonight's topic for debate is unemployment* le débat de ce soir porte sur le chômage.

topical ['tɒpɪkl] adj **1.** [current] actuel / *a topical question* une question d'actualité / *a timely and topical report* un rapport qui vient à point nommé **2.** MED topique, à usage local.

topicality [,tɒpɪ'kælətɪ] (*pl* **topicalities**) n actualité *f*.

topknot ['tɒpnɒt] n **1.** [of hair] chignon *m* ; [of ribbons] ornement *m* fait de rubans ; [of feathers] aigrette *f* **2.** ZOOL pleuronectidé *m*.

topless ['tɒplɪs] adj [sunbather] aux seins nus ▸ **to go topless** ne pas porter de haut ▸ **topless bar** bar *m* topless.

top-level adj de très haut niveau.

top-loader n [washing machine] machine *f* à laver à chargement par le haut.

topmast ['tɒpmɑ:st] n mât *m* de hune.

topmost ['tɒpməʊst] adj le plus haut, le plus élevé.

top-notch ['tɒp'nɒtʃ] adj *inf* excellent.

top-of-the-range adj haut de gamme *(inv).*

topographer [tə'pɒgrəfər] n topographe *mf*.

topographical [,tɒpə'græfɪkl] adj topographique.

topography [tə'pɒgrəfɪ] n topographie *f*.

topological [,tɒpə'lɒdʒɪkl] adj topologique.

topology [tə'pɒlədʒɪ] n topologie *f*.

toponym ['tɒpənɪm] n toponyme *m*.

toponymy [tə'pɒnəmɪ] n toponymie *f*.

topper ['tɒpər] n UK *inf* [top hat] (chapeau *m*) haut-de-forme *m*.

topping ['tɒpɪŋ] ◆ n dessus *m* ; CULIN garniture *f* / *a cake with a chocolate topping* un gâteau recouvert de chocolat. ◆ adj UK *inf & dated* épatant, formidable.

topple ['tɒpl] ◆ vi [fall] basculer ; [totter] vaciller / *the whole pile toppled over* toute la pile s'est effondrée / *he toppled over backwards* il a perdu l'équilibre et est tombé en arrière. ◆ vt **1.** [cause to fall] faire tomber, faire basculer **2.** *fig* renverser / *the scandal almost toppled the government* ce scandale a failli faire tomber le gouvernement.

top-quality adj de qualité supérieure.

top-ranking adj de premier rang, haut placé / *a top-ranking official* un haut fonctionnaire.

tops [tɒps] n *inf & dated* ▸ **it's the tops!** c'est bath !

topsail ['tɒpsl or 'tɒpseɪl] n hunier *m*.

top-secret adj top secret *(inv)*, ultraconfidentiel.

top-security adj de haute sécurité ▸ **top-security prison** ≃ quartier *m* de haute sécurité.

top-shelf adj ▸ **top-shelf magazines** UK revues *fpl* érotiques.

topside ['tɒpsaɪd] n UK [of beef] tende-de-tranche *m*.
❖ **topsides** pl n NAUT accastillage *m*.

topsider ['tɒpsaɪdəʳ] n [shoe] chaussure *f* bateau.

topsoil ['tɒpsɔɪl] n terre *f* superficielle, couche *f* arable.

topspin ['tɒpspɪn] n ▸ **to put topspin on a ball** donner de l'effet à une balle.

topsy-turvy [,tɒpsɪ'tɜ:vɪ] adj & adv sens dessus dessous / *a topsy-turvy world* le monde à l'envers / *everything is topsy-turvy* tout est sens dessus dessous / *the war turned their lives topsy-turvy* la guerre a bouleversé leur vie.

top table n [at wedding] table *f* d'honneur.

top ten n *hit parade des dix meilleures ventes de disques pop et rock.*

top-up n UK : *can I give you a top-up?* je vous ressers ?, encore une goutte ?

top-up card n TELEC recharge *f* de téléphone mobile.

toque [təʊk] n toque *f* ; CAN bonnet *m*.

tor [tɔ:ʳ] n colline *f* rocailleuse *(notamment dans le sud-ouest de l'Angleterre).*

Torah ['tɔ:rə] pr n Torah *f*.

torch [tɔ:tʃ] (*pl* **torches**) ◆ n **1.** UK [electric] lampe *f* de poche **2.** [flaming stick] torche *f*, flambeau *m* ▸ **to put a torch to sthg** mettre le feu à qqch ▸ **to carry a torch for sb** en pincer pour qqn **3.** TECH [for welding, soldering, etc.] chalumeau *m*. ◆ vt mettre le feu à / *they torched the old barn* ils ont mis le feu à la vieille grange.

torchbearer ['tɔ:tʃ,beərəʳ] n porteur *m* de flambeau.

torchlight ['tɔ:tʃlaɪt] ◆ n lumière *f* de flambeau or de torche / *by torchlight* à la lueur des flambeaux. ◆ comp ▸ **a torchlight procession** une retraite aux flambeaux.

torch song n chanson *f* d'amour populaire.

tore [tɔ:ʳ] pt ⟶ **tear.**

toreador ['tɒrɪədɔ:ʳ] n torero *m*, toréador *m*.

toreador pants pl n pantalon *m* corsaire.

torero [tɒ'reərəʊ] n torero *m*.

torment ◆ n ['tɔ:ment] **1.** [suffering] supplice *m* ; *liter* tourment *m* ▸ **to be in torment** être au supplice / *her face showed her inner torment* son tourment intérieur se lisait sur son visage ▸ **to suffer torment** souffrir le martyre **2.** [ordeal] rude épreuve *f* **3.** [pest] démon *m* / *that child is a real torment* cet enfant est vraiment insupportable. ◆ vt [tɔ:'ment] **1.** [cause pain to] torturer / *tormented by doubt* harcelé de doutes **2.** [harass] tourmenter, harceler / *stop tormenting your sister!* laisse ta sœur tranquille !

tormenter, tormentor [tɔ:'mentəʳ] n persécuteur *m*, -trice *f*, bourreau *m*.

torn [tɔ:n] pp ⟶ **tear.**

tornado [tɔ:'neɪdəʊ] (*pl* **tornados** *or* **tornadoes**) n [storm] tornade *f* ; *fig* [person, thing] ouragan *m*.

Toronto [tə'rɒntəʊ] pr n Toronto.

torpedo [tɔ:'pi:dəʊ] (*pl* **torpedoes**, *pt & pp* **torpedoed**) ◆ n **1.** MIL torpille *f* **2.** US [firework] pétard *m*. ◆ vt **1.** MIL torpiller **2.** *fig* [destroy - plan] faire échouer, torpiller.

torpedo boat n torpilleur *m*, vedette *f* lance-torpilles.

torpedo tube n tube *m* lance-torpilles.

torpid ['tɔ:pɪd] adj *fml* léthargique / *a torpid mind* un esprit engourdi.

torpor ['tɔ:pəʳ] n *fml* torpeur *f*, léthargie *f*, engourdissement *m*.

torque [tɔ:k] n **1.** [rotational force] moment *m* de torsion ; AUTO couple *m* moteur **2.** HIST [collar] torque *m*.

torque converter n convertisseur *m* de couple.

torque wrench n clef *f* dynamométrique.

torrent ['tɒrənt] n **1.** [of liquid] torrent *m* / *the rain came down in torrents* il pleuvait à torrents or à verse **2.** [of emotion, abuse, etc.] torrent *m* / *a torrent of insults* un torrent or flot d'injures.

torrential [tə'renʃl] adj torrentiel.

torrid ['tɒrɪd] adj **1.** [hot] torride ▸ **the torrid zone** la zone intertropicale **2.** [passionate] passionné, ardent.

torsion ['tɔ:ʃn] n torsion *f*.

torsion balance n balance *f* de torsion.

torsion bar n barre *f* de torsion.

torso ['tɔ:səʊ] (*pl* **torsos**) n [human] torse *m* ; [sculpture] buste *m*.

tort [tɔ:t] n LAW délit *m*, préjudice *m* ▸ **torts lawyer** US avocat *m* spécialisé en responsabilité délictuelle.

tortilla [tɔ:'ti:lə] n tortilla *f (galette de maïs)* ▸ **tortilla chips** chips *fpl* de maïs.

tortoise ['tɔ:təs] n tortue *f*.

tortoiseshell ['tɔ:təsʃel] ◆ n **1.** [substance] écaille *f* (de tortue) **2.** [cat] chat *m* roux tigré **3.** [butterfly] vanesse *f*. ◆ adj **1.** [comb, ornament] en écaille **2.** [cat] roux tigré.

tortuous ['tɔ:tjʊəs] adj **1.** [path] tortueux, sinueux **2.** [argument, piece of writing] contourné, tarabiscoté ; [mind] retors.

tortuously ['tɔ:tjʊəslɪ] adv tortueusement, de manière tortueuse.

torture ['tɔ:tʃəʳ] ◆ n **1.** [cruelty] torture *f*, supplice *m* ▸ **to be subjected to torture** être torturé, subir des tortures ▸ **instruments of torture** instruments *mpl* de torture **2.** *fig* torture *f*, tourment *m* / *the waiting was sheer torture!* cette attente fut un vrai supplice ! ◆ vt **1.** [inflict pain on] torturer / *they tortured her until she confessed* ils l'ont torturée jusqu'à ce qu'elle avoue **2.** [torment] torturer / *tortured by remorse* tenaillé par le remords **3.** [distort] : *she tortures the Spanish language* elle écorche la langue espagnole / *to torture a song* massacrer une chanson.

torture chamber n chambre *f* de torture.

torturer ['tɔ:tʃərəʳ] n tortionnaire *mf*, bourreau *m*.

Tory ['tɔ:rɪ] (*pl* **Tories**) ◆ n POL tory *m*, membre *m* du parti conservateur. ◆ adj [party, MP] tory, conservateur.

Toryism ['tɔ:rɪɪzm] n POL torysme *m*.

tosh [tɒʃ] n *(U)* UK *inf* sornettes *fpl* ▸ **absolute tosh!** n'importe quoi !

toss [tɒs] ◆ vt **1.** [throw] lancer, jeter / *she tossed him the ball* elle lui a lancé la balle / *I tossed some herbs into the soup* j'ai ajouté une poignée de fines herbes à la soupe / *the horse nearly tossed its rider into the ditch* le cheval a failli faire tomber son cavalier dans le fossé / *he was tossed by the bull* le taureau l'a projeté en l'air ▸ **to toss pancakes** UK faire sauter des crêpes ▸ **to toss a coin** jouer à pile ou face / *she tossed back her head with a laugh* elle rejeta la tête en arrière en riant **2.** CULIN mélanger ▸ **to toss the salad** remuer or retourner la salade / *toss the carrots in butter* ajoutez du beurre et mélangez aux carottes. ◆ vi s'agiter ▸ **to toss and turn in bed** avoir le sommeil agité / *the trees were tossing in the wind* le vent secouait les arbres ▸ **to pitch and toss** [boat] tanguer / *shall we toss for it?* on joue à pile ou face ? ◆ n **1.** [throw - gen] lancer *m*, lancement *m* ; [- of a coin] coup *m* de pile ou face ; SPORT tirage *m* au sort ▸ **to win** / **to lose the toss** gagner / perdre à pile ou face / *our team won the toss* notre équipe a gagné au tirage au sort ▸ **to argue the toss** UK ergoter, chicaner ▸ **I don't give a toss** UK *inf* je m'en fiche **2.** [of head] mouvement *m* brusque **3.** [fall from horse] chute *f* ▸ **to take a toss** [from horse] être désarçonné, faire une chute.

❖ **toss about** UK, **toss around** ◆ vt sep **1.** [rock, buffet] ballotter, secouer / *we were tossed about by the bumpy road* nous avons été ballottés sur cette route cahoteuse / *the boat was tossed about by the waves* les vagues faisaient tanguer le bateau **2.** *fig* : *they were tossing ideas about* ils lançaient toutes sortes d'idées / *figures of £5,000 were being tossed around* on avançait allègrement des chiffres de l'ordre de 5 000 livres. ◆ vi s'agiter.

❖ **toss off** ◆ vt sep **1.** [do hastily] expédier / *to toss off a letter* écrire une lettre au pied levé **2.** [drink quickly] boire d'un coup, lamper **3.** UK *vulg* [masturbate] branler. ◆ vi UK *vulg* [masturbate] se branler.

❖ **toss up** ◆ vt sep lancer, jeter / *she tossed the ball up into the air* elle a lancé le ballon en l'air. ◆ vi jouer à pile ou face.

tosser ['tɒsəʳ] n UK *v inf* [stupid person] connard *m*.

tosspot ['tɒspɒt] n **1.** *arch & liter* [drunk] ivrogne *m* **2.** *v inf* [stupid person] connard *m*.

toss-up n coup *m* de pile ou face / *it's a toss-up whether he'll get the job or not* *fig* s'il obtient le poste, ça se jouera vraiment à pile ou face.

tot [tɒt] (*pt & pp* **totted**, *cont* **totting**) n **1.** *inf* [child] petit enfant *m* ▸ **tiny tots** les tout-petits *mpl* **2.** UK [of alcohol] goutte *f* / *a tot of rum* un petit verre de rhum.

❖ **tot up** UK ◆ vt sep additionner / *I'll tot up your bill* je vais vous faire l'addition. ◆ vi : *that tots up to £3* ça fait 3 livres en tout.

total ['təʊtl] (UK *pt & pp* **totalled**, *cont* **totalling** ; US *pt & pp* **totaled**, *cont* **totaling**) ◆ adj **1.** [amount, number] total / *the total cost* le coût total / *the total gains / losses* le total des profits / pertes **2.** [as intensifier] complet (complète) / *total silence* un silence absolu / *we are in total disagreement* nous ne sommes pas d'accord du tout / *that's total nonsense!* c'est complètement absurde ! / *he was a total stranger to me* je ne le connaissais ni d'Ève ni d'Adam. ◆ n total *m* / *she wrote a total of ten books* elle a écrit dix livres en tout / *that comes to a total of £2* ça fait 2 livres en tout. ◆ vt **1.** [add up] additionner, faire le total de **2.** [amount to] s'élever à / *the groceries total £10* la note d'épicerie s'élève à 10 livres / *the collection totalled 50 cars* cette collection comptait 50 voitures en tout **3.** US *inf* [wreck] démolir / *he totaled his car* sa voiture est bonne pour la casse.

❖ **in total** adv phr au total / *there are three hundred students in total* au total, il y a trois cents étudiants.

totalitarian [,təʊtælɪ'teərɪən] adj totalitaire.

totalitarianism [,təʊtælɪ'teərɪənɪzm] n totalitarisme *m*.

totality [təʊ'tælətɪ] (*pl* **totalities**) n **1.** totalité *f* / *in its totality* dans sa totalité, intégralement **2.** ASTRON occultation *f* totale.

totalizator ['təʊtəlaɪzeɪtəʳ] n **1.** [adding machine] totalisateur *m*, machine *f* totalisatrice **2.** UK [in betting] pari *m* mutuel.

totalize, totalise ['təʊtəlaɪz] vt totaliser, additionner.

totalizer ['təʊtəlaɪzəʳ] = **totalizator.**

totally ['təʊtəlɪ] adv **1.** [completely] totalement, entièrement, complètement / *do you agree? — yes, totally* êtes-vous d'accord ? — oui, tout à fait **2.** US *inf* [expressing agreement] absolument.

total quality management n qualité *f* totale.

tote [təʊt] ◆ n **1.** (abbr of **totalizator**) pari *m* mutuel ▸ **tote board** tableau *m* électronique **2.** = **tote bag.** ◆ vt *inf* porter / *I've been toting that thing around all day* j'ai trimballé ce truc toute la journée / *he was toting a gun* il avait un fusil sur lui.

tote bag n grand sac *m*, fourre-tout *m inv*.

totem ['təʊtəm] n totem *m*.

totemic [təʊ'temɪk] adj totémique.

totemism ['təʊtəmɪzm] n totémisme *m*.

totem pole n mât *m* totémique.

t'other, tother ['tʌðəʳ] UK *inf & hum* = **the other.**

toto ['təʊtəʊ] ❖ **in toto** adv phr *fml* entièrement, complètement.

totter ['tɒtəʳ] ◆ vi **1.** *lit* [person] chanceler, tituber ; [pile, vase] chanceler / *he tottered down the stairs* il descendit les escaliers en chancelant / *the child tottered into / out of the room* l'enfant est entré dans / sorti de la pièce d'un pas mal assuré **2.** *fig* [government, company, etc.] chanceler, être dans une mauvaise passe. ◆ n vacillement *m* ; [gait] démarche *f* titubante or chancelante / *with a totter* d'un pas chancelant, en chancelant.

tottering [ˈtɒtərɪŋ], **tottery** [ˈtɒtərɪ] adj chancelant ; [building] branlant ; [government] chancelant, déstabilisé / *with tottering steps* en titubant.

totting [ˈtɒtɪŋ] n UK *inf recherche d'objets récupérables dans les décharges.*

totty [ˈtɒtɪ] n UK *inf* [attractive women] belles nanas *fpl*, belles gonzesses *fpl*.

toucan [ˈtuːkən] n toucan *m*.

toucan crossing n UK passage *m* mixte piétons-cyclistes.

touch [tʌtʃ] (*pl* **touches**) ◆ n **1.** [sense] toucher *m* / *sense of touch* sens *m* du toucher / *soft to the touch* doux au toucher **2.** [physical contact] toucher *m*, contact *m* ; [light brushing] effleurement *m*, frôlement *m* / *she felt the touch of his hand* elle a senti le frôlement de sa main / *she felt a touch on her shoulder* elle sentit qu'on lui touchait l'épaule / *the machine works at the touch of a button* il suffit de toucher un bouton pour mettre en marche cet appareil **3.** [style] touche *f* / *this painting has the Hopper touch* on reconnaît dans ce tableau la patte de Hopper / *the pianist has a light touch* ce pianiste a le toucher léger ; *fig* ▸ **to give sthg a personal touch** ajouter une note personnelle à qqch ▸ **to have the right touch with sthg / sb** savoir s'y prendre avec qqch / qqn / *the house needed a woman's touch* il manquait dans cette maison une présence féminine / *the cook has lost his touch* le cuisinier a perdu la main **4.** [detail] ▸ **to put the final** or **finishing touches to sthg** apporter la touche finale à qqch / *that logo in the bottom corner is a nice touch* c'est une bonne idée d'avoir mis ce logo dans le coin en bas ; [slight mark] coup *m* / *with a touch of the pen* d'un coup de stylo / *to add a few touches to a picture* faire quelques retouches à un tableau **5.** [small amount, hint] note *f*, pointe *f* / *a touch of madness* un grain de folie / *there's a touch of spring in the air* ça sent le printemps / *he answered with a touch of bitterness* il a répondu avec une pointe d'amertume / *I got a touch of sunstroke* j'ai eu une petite insolation / *I've got a touch of flu* je suis un peu grippé, j'ai une petite grippe / *to add a touch of class to sthg* rendre qqch plus distingué **6.** [contact] ▸ **to be / to keep in touch with sb** être / rester en contact avec qqn / *I'll be in touch!* je te contacterai ! / *keep* or *stay in touch!* donne-nous de tes nouvelles ! ▸ **to get in touch with sb** contacter qqn / *you can get in touch with me at this address* vous pouvez me joindre à cette adresse / *he put me in touch with the director* il m'a mis en relation avec le directeur / *she is or keeps in touch with current events* elle se tient au courant de l'actualité / *I'll keep in touch with developments* je me tiendrai au courant de la situation / *I am out of touch with her now* je ne suis plus en contact avec elle / *she is out of touch with politics* elle ne suit plus l'actualité politique / *they lost touch long ago* ils se sont perdus de vue il y a longtemps / *he has lost touch with reality* il a perdu le sens des réalités **7.** [of an instrument] toucher *m* ; [of a typewriter] frappe *f* / *a keyboard with a light touch* un clavier à frappe légère **8.** SPORT touche *f* ▸ **to kick the ball into touch** mettre le ballon en touche / *the ball landed in touch* le ballon est sorti en touche ▸ **to kick sthg into touch** *fig* mettre qqch au rencart ▸ **to kick sb into touch** UK *inf & fig* mettre qqn sur la touche **9.** PHR **to be an easy** or **soft touch** *inf* se laisser taper trop facilement. ◆ vt **1.** [make contact with] toucher / *to touch lightly* frôler, effleurer / *his arm touched hers* son bras a touché le sien / *she touched it with her foot* elle l'a touché du pied / *he loved to touch her hair* il adorait lui caresser les cheveux / *a smile touched her lips* un sourire effleura ses lèvres / *he touched his hat to her* il a porté la main à son chapeau pour la saluer / *since they met, her feet haven't touched the ground* depuis leur rencontre, elle est sur un nuage / *can you touch the bottom?* as-tu pied ? / *the boat touched land* le bateau a accosté / *the law can't touch him* la loi ne peut rien contre lui **2.** [handle] toucher à / *don't touch her things* ne dérangez pas ses affaires / *I didn't touch it!* je n'y ai pas touché ! / *don't touch anything until I get home* ne touchez à rien avant mon retour / *he swears he never touched her* il jure qu'il ne l'a jamais touchée / *I didn't touch him!* je n'ai pas touché à un cheveu de sa tête ! **3.** [adjoin] jouxter / *Alaska touches Canada* l'Alaska et le Canada sont limitrophes **4.** *(usu neg)* [eat, drink] toucher à / *I never touch meat* je ne mange jamais de viande / *she didn't touch her vegetables* elle n'a pas touché aux légumes **5.** [move emotionally] émouvoir, toucher / *he touched the right note* il a touché la corde sensible / *he was very touched by her generosity* il a été très touché par sa générosité / *his remark touched a (raw) nerve* sa réflexion a touché un point sensible ▸ **to touch sb to the quick** UK toucher qqn au vif **6.** [damage] : *fruit touched by frost* fruits abîmés par le gel / *the fire didn't touch the pictures* l'incendie a épargné les tableaux / *the war didn't touch this area* cette région a été épargnée par la guerre **7.** [concern] concerner, toucher / *the problem touches us all* ce problème nous concerne tous **8.** *(usu neg) inf* [rival] valoir, égaler / *nothing can touch butter for cooking* rien ne vaut la cuisine au beurre / *no professor can touch him* c'est un professeur sans égal **9.** US [dial] : *touch 645* faites le 645 **10.** PHR **to touch sb for a loan** *inf* taper qqn. ◆ vi **1.** [be in contact] se toucher **2.** [adjoin - properties, areas] se toucher, être contigus **3.** [handle] / **'do not touch!'** 'défense de toucher' **4.** NAUT : *the ship touches at Hong Kong* le navire fait escale à Hongkong.

❖ **a touch** adv phr : *there was a touch too much pepper in the soup* le potage était un petit peu trop poivré.

❖ **touch down** ◆ vi **1.** [aeroplane, spacecraft - on land] atterrir ; [- on sea] amerrir **2.** RUGBY marquer un essai. ◆ vt sep RUGBY ▸ **to touch the ball down** marquer un essai.

❖ **touch off** vt sep [explosive] faire exploser, faire détoner ; *fig* déclencher, provoquer / *the ruling touched off widespread rioting* cette décision a provoqué une vague d'émeutes.

❖ **touch on** vt insep aborder / *his speech barely touched on the problem of unemployment* son discours a à peine effleuré le problème du chômage.

❖ **touch up** vt sep **1.** [painting, photograph] faire des retouches à, retoucher ; [paintwork] refaire **2.** UK *v inf* [sexually] peloter.

touch-and-go adj : *a touch-and-go situation* une situation dont l'issue est incertaine / *it was touch-and-go with him* il revient de loin / *it was touch-and-go whether we'd make it in time* nous avons bien failli ne pas arriver à temps.

touchdown [ˈtʌtʃdaʊn] n **1.** [on land] atterrissage *m* ; [on sea] amerrissage *m* **2.** [in American football] but *m*.

touché [ˈtuːʃeɪ] interj **1.** [fencing] touché **2.** *fig* très juste.

touched [tʌtʃt] adj **1.** [with gratitude] touché / *she was touched by his thoughtfulness* elle était touchée par sa délicatesse **2.** UK *inf* [mad] toqué, timbré.

touch football n US *sorte de football sans plaquages.*

touchiness [ˈtʌtʃɪnɪs] n susceptibilité *f*.

touching [ˈtʌtʃɪŋ] ◆ adj touchant, émouvant. ◆ prep *liter* touchant.

touchingly [ˈtʌtʃɪŋlɪ] adv d'une manière touchante.

touch-in goal n RUGBY en-but *m*.

touch judge n RUGBY juge *m* de touche.

touch kick n RUGBY coup *m* de pied en touche.

touchline [ˈtʌtʃlaɪn] n SPORT ligne *f* de touche.

touch-me-not n impatiens *f*, balsamine *f*.

touchpaper [ˈtʌtʃˌpeɪpəʳ] n papier *m* nitraté.

touch rugby n *sorte de rugby sans plaquages.*

touch screen n COMPUT écran *m* tactile.

touch-sensitive adj [screen] tactile ; [key, switch] à effleurement.

touchstone [ˈtʌtʃstəʊn] n MINER & *fig* pierre *f* de touche.

touch-tone adj ▸ **touch-tone telephone** téléphone *m* à touches.

touch-type vi taper sans regarder le clavier.

touch-typing [-ˌtaɪpɪŋ] n dactylographie *f* (sans regarder le clavier).

touch-up n ART & PHOT retouche *f* ; [of object] restauration *f*.

touchwood [ˈtʌtʃwʊd] n amadou *m*.

touchy [ˈtʌtʃɪ] (*compar* **touchier**, *superl* **touchiest**) adj **1.** [oversensitive] susceptible, ombrageux / *she's touchy about her weight* elle est susceptible or chatouilleuse sur la question de son poids / *he's very touchy* il se froisse or vexe pour un rien **2.** [matter, situation] délicat, épineux.

touchy-feely [ˈfiːlɪ] adj *pej* qui affectionne les contacts physiques.

tough [tʌf] ◆ adj **1.** [resilient - person] solide, résistant, robuste ; [- meat] dur, coriace ; [- animal, plant] résistant, robuste ; [- substance, fabric] solide, résistant / *you have to be tough to make it here* il faut être solide pour s'en tirer ici / *she's tough enough to win* elle a assez d'endurance pour gagner ▸ **to be as tough as old boots** UK : *he's as tough as old boots* il est coriace / *this steak is as tough as old boots* ce n'est pas du bifteck, c'est de la semelle **2.** [difficult] dur, pénible / *a tough problem* un problème épineux / *it's tough on him* c'est un coup dur pour lui / *she made it tough for him* elle lui a mené la vie dure / *that's a tough act to follow* c'est difficile de faire mieux / *I gave them a tough time* je leur en ai fait voir de toutes les couleurs / *it's tough work* c'est un travail pénible / *she had a tough life* elle n'a pas eu une vie facile / *he had a tough time passing the exam* il a eu du mal à réussir son examen / *Wall Street is a tough environment* Wall Street est un milieu très dur **3.** [severe] sévère / *a tough economic policy* une politique économique draconienne / *a tough boss* un patron sévère ▸ **to get tough with sb** se montrer dur avec qqn / *the boss takes a tough line with people who are late* le patron ne plaisante pas avec les retardataires ; [resolute] dur, inflexible / *she's a tough person to deal with* elle ne fait pas de concessions ▸ **a tough cookie** US *inf* : *he's a tough cookie* il n'est pas commode ▸ **a tough customer** : *they're tough customers* ce sont des durs à cuire **4.** [rough, hardened] dur / *a tough criminal* un criminel endurci / *a real tough guy inf* un vrai dur *v inf* / *stay out of the tough neighbourhoods* évitez les quartiers dangereux **5.** *inf* [unfortunate] malheureux / *that's really tough* ça, c'est vraiment vache ▸ **tough luck!** pas de pot ! ▸ **that's your tough luck!** tant pis pour vous ! ◆ adv *inf* ▸ **to talk tough, to act tough** jouer au dur. ◆ vt ▸ **to tough it out** *inf* tenir bon. ◆ n *inf* dur *m*, -e *f*.

toughen [ˈtʌfn] ◆ vt [metal, leather] rendre plus solide, renforcer ; [person] endurcir ; [conditions] rendre plus sévère ▸ **toughened glass** verre *m* trempé. ◆ vi [metal, glass, leather] durcir ; [person] s'endurcir.

❖ **toughen up** vt sep & vi = **toughen.**

toughened [ˈtʌfnd] adj [glass] trempé.

toughie [ˈtʌfɪ] n *inf* [person] dur *m*, -e *f* ; [problem] casse-tête *m*, cactus *m*.

toughly [ˈtʌflɪ] adv [fight] avec acharnement, âprement ; [speak] durement, sans ménagement.

tough-minded adj : *he's a tough-minded man* il a la tête froide.

toughness [ˈtʌfnɪs] n **1.** [of fabric, glass, leather] solidité *f* ; [of meat] dureté *f* ; [of metal] ténacité *f*, résistance *f* **2.** [of job] difficulté *f* ; [of struggle] acharnement *m*, âpreté *f* **3.** [of character - strength] force *f*, résistance *f* ; [- hardness] dureté *f* ; [- severity] inflexibilité *f*, sévérité *f*.

toupee [ˈtuːpeɪ] n postiche *m*.

tour [tʊəʳ] ◆ n **1.** [trip] voyage *m* / *we're going on a tour of Eastern Europe* nous allons visiter les pays de l'Est ▸ **a day tour** une excursion (d'un jour) ▸ **a walking tour** : *she's on a walking tour in Wales* elle fait une randonnée à pied dans le pays de Galles ▸ **a world tour** : *they're off on a world tour* ils sont partis faire le tour du monde **2.** [of a building] visite *f* / *we went on a tour of the factory* nous avons visité l'usine **3.** [official journey] tournée *f* / *the dance company is on tour* la troupe de danseurs est en tournée ▸ **to go on tour** faire une tournée / *is he taking the team on tour?* est-ce qu'il emmène l'équipe en tournée ? / *she's taking the play on tour* elle donne la pièce en tournée ▸ **the Tour of Spain** SPORT le Tour d'Espagne ▸ **tour of duty** MIL service *m* ▸ **tour of inspection** tournée *f* d'inspection. ◆ vt **1.** [visit] visiter / *they're touring Italy* ils visitent l'Italie, ils font du tourisme en Italie **2.** SPORT & THEAT : *the orchestra is touring the provinces* l'orchestre est en tournée en province. ◆ vi voyager, faire du tourisme.

tourer ['tʊərər] n voiture *f* de tourisme.

Tourette's Syndrome [tə'rets-], **Tourette syndrome** [tə'ret-] n MED syndrome *m* Gilles de la Tourette.

tour guide n [person] guide *m* ; [book] guide *m* touristique.

touring ['tʊərɪŋ] ◆ adj ▸ **touring bicycle** vélo *m* de randonnée ▸ **touring company a)** THEAT [permanently] troupe *f* ambulante **b)** [temporarily] troupe *f* en tournée ▸ **touring party** SPORT équipe *f* en tournée. ◆ n *(U)* tourisme *m*, voyages *mpl* touristiques.

tourism ['tʊərɪzm] n tourisme *m*.

tourist ['tʊərɪst] ◆ n touriste *mf* ▸ **the tourists** SPORT les visiteurs *mpl*. ◆ comp [agency, centre] de tourisme ; [attraction, information, ticket] touristique ▸ **tourist (information) office** office *m* de tourisme, syndicat *m* d'initiative ▸ **tourist visa** visa *m* de touriste.

tourist class n UK classe *f* touriste.

tourist trade n tourisme *m* / *the country relies on its tourist trade* le pays vit du tourisme.

tourist traffic n flot *m* des touristes.

tourist trap n attrape-touristes *m inv*.

touristy ['tʊərɪstɪ] adj *inf & pej* trop touristique.

tourmaline ['tɔ:məli:n] n tourmaline *f*.

tournament ['tɔ:nəmənt] n tournoi *m*.

tourney ['tʊənɪ] n tournoi *m*.

tourniquet ['tʊənɪkeɪ] n garrot *m*.

tour operator n [travel agency] tour-opérateur *m*, voyagiste *m* ; [bus company] compagnie *f* de cars *(qui organise des voyages)*.

tousle ['taʊzl] vt [hair] ébouriffer ; [clothes] friper, froisser.

tousled ['taʊzld] adj [hair] ébouriffé ; [clothes] fripé, froissé / *his tousled appearance* son aspect débraillé.

tout [taʊt] UK ◆ n **1.** ▸ **(ticket) tout** revendeur *m*, -euse *f* de billets *(au marché noir)* **2.** [in racing] pronostiqueur *m*, -euse *f*. ◆ vt **1.** [peddle - tickets] revendre *(au marché noir)* ; [- goods] vendre *(en vantant sa marchandise)* / *the cries of the market traders touting their wares* les cris des marchands essayant de raccrocher les clients / *he's been touting those records around for days* ça fait des jours qu'il essaie de revendre ces disques **2.** [promote] : *he is being touted as a future prime minister* on veut faire de lui un futur Premier ministre. ◆ vi **1.** : *salesmen touting for custom* des vendeurs qui essaient d'attirer les clients / *they've been touting around for work / business* ils essayaient de trouver du travail / de se constituer une clientèle **2.** [racing] vendre des pronostics.

tow [təʊ] ◆ vt tirer ; [boat, car] remorquer ; [barge] haler / *to tow a car* remorquer une voiture / *the police towed my car away* la police a emmené ma voiture à la fourrière / *the ship was towed out of harbour* le navire a été remorqué hors du port / *they were towing a trailer* leur voiture tirait une remorque. ◆ n **1.** [action] remorquage *m* ; [vehicle] véhicule *m* en remorque ▸ **to be on tow** être en remorque / *can you give me a tow?* pourriez-vous remorquer ma voiture ? / *he took my car in tow* il a pris ma voiture en remorque / *they arrived with all the kids in tow fig* ils sont arrivés avec tous leurs enfants **2.** [line] câble *m* de remorquage **3.** TEXT filasse *f*, étoupe *f*.

towage ['təʊɪdʒ] n *(U)* [act] remorquage *m* ; [fee] frais *mpl* de remorquage.

towards UK [tə'wɔ:dz], **toward** US [tə'wɔ:d] prep **1.** [in the direction of] dans la direction de, vers / *he turned towards her* il s'est tourné vers elle / *we headed towards Chicago* nous avons pris la direction de Chicago / *she was standing with her back towards him* elle lui tournait le dos / *the negotiations are a first step towards peace fig* les négociations sont un premier pas sur le chemin de la paix / *they are working towards a solution fig* ils cherchent une solution / **'Towards a New Humanism'** 'Vers un nouvel humanisme' **2.** [indicating attitude] envers / *she's very hostile towards me* elle est très hostile à mon égard / *the public's attitude towards crime* l'attitude de l'opinion publique face à la criminalité / *his feelings towards her* ses sentiments pour elle, les sentiments qu'il éprouve pour elle **3.** [as contribution to] pour / *the money is going towards a new car* l'argent contribuera à l'achat d'une nouvelle voiture / *I'll give you something towards your expenses* je vous donnerai quelque chose pour payer une partie de vos frais **4.** [near - in time] vers ; [- in space] près de / *towards the end of his life* vers or sur la fin de sa vie / *towards the end of the century* vers la fin du siècle / *towards the middle* vers le milieu.

> **vers** or **envers?**
> Both these words broadly mean towards, but **vers** refers to physical movement (**avancez vers la porte** *walk towards the door*) while **envers** is used in an abstract sense (**son attitude envers les musulmans** *his attitude towards Muslims*; **la maltraitance envers les animaux** *mistreatment of animals*).

tow-away zone ['təʊəweɪ-] n US *zone où il est interdit de stationner sous peine d'enlèvement du véhicule par la fourrière.*

towbar ['təʊbɑ:r] n barre *f* de remorquage.

towboat ['təʊbəʊt] n remorqueur *m*.

tow-coloured [taʊ-] adj (blond) filasse *(inv)*.

towel ['taʊəl] (UK *pt & pp* **towelled**, *cont* **towelling** ; US *pt & pp* **toweled** *or* **towelled**, *cont* **toweling** *or* **towelling**) ◆ n serviette *f* (de toilette) ; [for hands] essuie-mains *m inv* ; [for glasses] essuie-verres *m inv* ▸ **(dish) towel** torchon *m* à vaisselle ▸ **towel rack** or **rail** or **ring** porte-serviettes *m inv*. ◆ vt frotter avec une serviette ▸ **to towel o.s. dry** or **down** s'essuyer or se sécher avec une serviette.

❖ **towel off** vi se sécher.

towelette [taʊ'let] n US lingette *f*.

towelhead ['taʊəlhed] n *offens* [Arab] *terme injurieux désignant un Arabe.*

towelling UK, **toweling** US ['taʊəlɪŋ] ◆ n **1.** [material] tissu *m* éponge **2.** [drying] ▸ **to give sb a towelling (down)** frictionner qqn avec une serviette. ◆ comp [robe, shirt] en tissu éponge.

tower ['taʊər] ◆ n tour *f* ▸ **church tower** clocher *m* ▸ **to be a tower of strength** : *he's a tower of strength* c'est un roc / *you've been a tower of strength to me* ton soutien m'a été précieux / **'Barchester Towers'** *Trollope* 'les Tours de Barchester'. ◆ vi : *the skyscraper towers above* or *over the city* le gratte-ciel domine la ville / *he towered above* or *over me* j'étais tout petit à côté de lui / *she towers above* or *over her contemporaries fig* elle domine de loin ses contemporains.

tower block n UK tour *f* (d'habitation), gratte-ciel *m*.

tower crane n grue *f* à pylône.

towering ['taʊərɪŋ] adj **1.** [very high - skyscraper, tree, statue] très haut, imposant **2.** [excessive] démesuré ▸ **in a towering rage** dans une colère noire.

tow-headed adj UK aux cheveux (blonds) filasse.

towline ['təʊlaɪn] = **towrope**.

town [taʊn] n ville *f* / *a country town* une ville de province / *I work in town* je travaille en ville / *to live in a small town* habiter une or dans une petite ville / *she's going into town* elle va en ville / *he's out of town this week* il n'est pas là or il est en déplacement cette semaine / *we're from out of town* US nous ne sommes pas d'ici ▸ **town gas** gaz *m* de ville ▸ **it's the talk of the town** toute la ville en parle ▸ **town and gown** *expression désignant collectivement les habitants et les étudiants de certaines villes universitaires et soulignant les différences de culture entre les deux milieux* ▸ **to go out on the town** *inf* : *they went out on the town last night* hier soir, ils ont fait une virée en ville ▸ **to have a night (out) on the town** *inf* faire la noce or la java en ville ▸ **to go to town on sthg** *inf* : *they really went to town on the stadium* pour le stade ils n'ont pas fait les choses à moitié or ils ont vraiment mis le paquet.

town centre n centre-ville *m*.

town clerk n secrétaire *mf* de mairie.

town council n conseil *m* municipal.

town councillor n conseiller *m* municipal, conseillère *f* municipale.

town crier n garde champêtre *m*.

town dweller n citadin *m*, -e *f*.

townee UK, **townie** US [taʊ'ni:] n *inf* citadin *m*, -e *f*, rat *m* des villes.

town hall n UK hôtel de ville *m*, mairie *f*.

townhome ['taʊnhəʊm] n US maison *f* mitoyenne.

town house n **1.** [gen] maison *f* en ville ; [more imposing] ≃ hôtel *m* particulier **2.** US maison *f* mitoyenne (en ville).

town meeting n US *assemblée générale des habitants d'une ville.*

town planner n urbaniste *mf*.

town planning n urbanisme *m*.

townscape ['taʊnskeɪp] n paysage *m* urbain.

townsfolk ['taʊnzfəʊk] pl n citadins *mpl*.

township ['taʊnʃɪp] n **1.** [gen] commune *f* ; US canton *m* **2.** SAfr township *f* ▸ **township violence** la violence dans les ghettos noirs.

townsman ['taʊnzmən] *(pl* **townsmen** [-mən]*)* n citadin *m* / *my fellow townsmen* mes concitoyens.

townspeople ['taʊnz,pi:pl] pl n citadins *mpl*.

towny ['taʊni:] *(pl* **townies**) *inf* = **townee**.

towpath ['təʊpɑ:θ] *(pl* [-pɑ:ðz]*)* n chemin *m* de halage.

towrope ['təʊrəʊp] n câble *m* de remorque ; [to towpath] câble *m* de halage.

tow-start n AUTO ▸ **to give sb a tow-start** faire démarrer qqn en remorque.

tow truck US = **breakdown lorry**.

toxaemia UK, **toxemia** US [tɒk'si:mɪə] n toxémie *f*.

toxic ['tɒksɪk] adj toxique ▸ **toxic assets** FIN titres *mpl* toxiques ▸ **toxic debt** FIN dette *f* toxique.

toxicant ['tɒksɪkənt] ◆ adj toxique. ◆ n toxique *m*.

toxicity [tɒk'sɪsətɪ] n toxicité *f*.

toxicological [,tɒksɪkə'lɒdʒɪkl] adj toxicologique.

toxicologist [,tɒksɪ'kɒlədʒɪst] n toxicologue *mf*.

toxicology [,tɒksɪ'kɒlədʒɪ] n toxicologie *f*.

toxicosis [,tɒksɪ'kəʊsɪs] *(pl* **toxicoses** [-si:z]*)* n toxicose *f*.

toxic shock syndrome n syndrome *m* du choc toxique.

toxic waste n déchets *mpl* toxiques.

toxin ['tɒksɪn] n toxine *f*.

toxoplasmosis [,tɒksəʊplæz'məʊsɪs] n toxoplasmose *f*.

toy [tɔɪ] *(pl* **toys**) ◆ n jouet *m* ▸ **to throw one's toys out of the pram** *inf* piquer une crise de colère. ◆ comp **1.** [car, train] miniature ▸ **toy soldier** soldat *m* de plomb ▸ **toy theatre** théâtre *m* de marionnettes ▸ **toy trumpet** trompette *f* d'enfant **2.** [box, chest, drawer] à jouets **3.** [dog] nain.

❖ **toy with** vt insep jouer avec ▸ **to toy with one's food** manger du bout des dents / *she toyed with the idea of going home* elle jouait avec l'idée de rentrer chez elle / *he was toying with her affections* il jouait avec ses sentiments.

toy boy n *inf & pej jeune homme qui sort avec une femme plus mûre.*

toy dog n chien *m* nain.

toymaker ['tɔɪ,meɪkəʳ] n fabricant *m* de jouets.

toy shop n magasin *m* de jouets.

T+ MESSAGING written abbr of **think positive.**

TPTB MESSAGING written abbr of **the powers that be.**

trace [treɪs] ◆ n **1.** [sign] trace *f* ▸ **to disappear** or **to sink without trace** disparaître sans laisser de traces / *there is no trace of it now* il n'en reste plus aucune trace / *we've lost all trace of her* nous ignorons ce qu'elle est devenue / *traces of cocaine were found in his blood* l'analyse de son sang a révélé des traces de cocaïne / *a trace of a smile* un sourire à peine esquissé / *without a trace of fear* sans la moindre peur **2.** [trail] trace *f* de pas, piste *f* ; US [path] piste *f*, sentier *m* **3.** [drawing] tracé *m* **4.** TECH ▸ **a radar trace** la trace d'un spot **5.** [harness] trait *m*. ◆ vt **1.** [follow trail of] suivre la trace de ; [track down - object] retrouver / *she traced him as far as New York* elle a suivi sa piste jusqu'à New York / *I can't trace any reference to that letter* je ne trouve aucune mention de cette lettre / *they traced the murder to him* ils ont finalement établi qu'il était le meurtrier / *they traced the lost shipment* ils ont retrouvé la cargaison égarée / *we eventually traced the problem to a computer error* nous avons finalement découvert que le problème était dû à une erreur de l'ordinateur **2.** [follow development of] suivre / *the film traces the rise to power of a gangland boss* ce film relate l'ascension d'un chef de gang **3.** [mark outline of] tracer, dessiner ; [with tracing paper] décalquer / *he traced (out) a map in the sand with his finger* avec son doigt, il a dessiné un plan sur le sable.

❖ **trace back** ◆ vt sep ▸ **to trace sthg back to its source** retrouver l'origine de qqch / *she can trace her ancestry back to the 15th century* sa famille remonte au XVᵉ siècle / *he traced the rumour back to her* il a découvert qu'elle était à l'origine de cette rumeur / *the cause of the epidemic was traced back to an infected water supply* on a découvert que l'épidémie était due à la contamination de l'alimentation en eau. ◆ vi US **1.** [go back] ▸ **to trace back to** remonter à / *his family traces back to the Norman Conquest* sa famille remonte à la conquête de l'Angleterre par les Normands **2.** [be due to] être dû à.

traceability [,treɪsə'bɪlɪtɪ] n [of food product] traçabilité *f*.

traceable ['treɪsəbl] adj [object] retrouvable, qui peut être retrouvé ; [food product] traçable.

trace element n oligoélément *m*.

trace gas n ECOL gaz *m* en trace.

tracer ['treɪsəʳ] n **1.** [person] traceur *m*, -euse *f* ; [device] traçoir *m* **2.** CHEM traceur *m*.

tracer bullet n balle *f* traçante.

traceried ['treɪsərɪd] adj à nervures.

tracery ['treɪsərɪ] (*pl* **traceries**) n filigrane *m*, dentelles *fpl* ; [on leaf, insect wing] nervures *fpl* ; ARCHIT réseau *m*.

trachea [trə'kiːə] (*pl* **tracheae** [-'kiːiː] *or* **tracheas**) n trachée *f*.

tracheotomy [,trækɪ'ɒtəmɪ] (*pl* **tracheotomies**) n trachéotomie *f*.

trachoma [trə'kəʊmə] n trachome *m*.

tracing ['treɪsɪŋ] n [process] calquage *m* ; [result] calque *m*.

tracing paper n papier-calque *m inv*, papier *m* à décalquer.

track [træk] ◆ n **1.** [path, route] chemin *m*, sentier *m* ; [of planet, star, aeroplane] trajectoire *f* ▸ **a mountain track** un sentier de montagne ▸ **a farm track** un chemin de campagne ; *fig* ▸ **to be on the right track** être sur la bonne voie / *he's on the wrong track* il fait fausse route / *you're way off track!* *inf* tu es complètement à côté de la plaque ! **2.** SPORT ▸ **motor-racing track** UK autodrome *m* ▸ **test track** piste *f* d'essai ▸ **track and field** athlétisme *m* ▸ **track and field events** épreuves *fpl* d'athlétisme **3.** RAIL voie *f*, rails *mpl* / *the train jumped the tracks* le train a déraillé or a quitté les rails ▸ **to be born on the wrong side of the tracks** être né dans un quartier pauvre or du mauvais côté de la rue **4.** [mark, trail] trace *f*, piste *f* ; [of animal, person] piste *f* ; [of boat] sillage *m* ▸ **to be on sb's track** or **tracks** être sur la piste de qqn / *the terrorists had covered their tracks well* les terroristes n'avaient pas laissé de traces / *that should throw them off my track* avec ça, je devrais arriver à les semer ▸ **to keep track of** suivre / *it's hard to keep track of her, she moves around so much* il est difficile de rester en contact avec elle, elle bouge tout le temps / *we like to keep track of current events* nous aimons nous tenir au courant de l'actualité / *why can't you keep track of your things?* tu ne peux pas faire attention où tu mets tes affaires ? / *we'll have to keep track of the time!* il ne faudra pas oublier l'heure ! ▸ **to lose track of** : *don't lose track of those files* n'égarez pas ces dossiers / *they've lost track of the situation* ils ne suivent plus or ne sont plus au courant de ce qui se passe / *I lost track of them years ago* j'ai perdu le contact avec eux or je les ai perdus de vue il y a des années / *she lost all track of time* elle a perdu toute notion du temps / *he lost track of what he was saying* il a perdu le fil de ce qu'il disait ▸ **to make tracks** *inf* mettre les voiles / *she made tracks for home* elle a filé chez elle **5.** [on LP, tape] plage *f* ; COMPUT piste *f* **6.** AUTO [tyre tread] chape *f* ; [space between wheels] écartement *m* ▸ **track vehicle** véhicule *m* chenillé **7.** US SCH classe *f* de niveau ▸ **track system** *répartition des élèves en sections selon leurs aptitudes* **8.** *drugs sl* trace *f* de piqûre. ◆ vt **1.** [follow - animal] suivre à la trace, filer ; [- rocket] suivre la trajectoire de ; [criminal] traquer ▸ **to track an order** suivre une commande **2.** US : *don't track mud into the house!* ne traîne pas de boue dans la maison ! ◆ vi **1.** [stylus] suivre le sillon **2.** [with camera] faire un travelling or travelling.

❖ **track down** vt sep retrouver, localiser ; [animal, criminal] traquer et capturer.

trackball ['trækbɔːl] n COMPUT boule *f* de commande, trackball *m*.

tracked [trækt] adj chenillé, à chenilles.

tracker ['trækəʳ] n **1.** [person - gen] poursuivant *m*, -e *f* ; [- in hunting] traqueur *m*, -euse *f* **2.** [device] appareil *m* de poursuite.

tracker dog n chien *m* policier.

tracker fund n FIN fonds *m* indiciel or à gestion indicielle, tracker *m*.

track event n épreuve *f* sur piste.

tracking ['trækɪŋ] ◆ n **1.** poursuite *f* ; [of missile] repérage *m* **2.** US SCH *répartition des élèves en sections selon leurs aptitudes.* ◆ comp [radar, satellite] de poursuite.

tracking shot n CIN traveling *m*, travelling *m*.

tracking station n station *f* d'observation.

tracklayer ['træk,leɪəʳ] n US poseur *m* de rails.

trackless ['træklɪs] adj **1.** [forest] sans chemins, sans sentiers **2.** [vehicle] sans chenilles.

tracklist ['træklɪst] n liste *f* des morceaux or des chansons.

trackman ['trækmən] (*pl* **trackmen** [-mən]) n US *responsable de l'entretien de la voie.*

track meet n US rencontre *f* d'athlétisme.

trackpad ['trækpæd] n COMPUT tablette *f* tactile.

track racing n *(U)* courses *fpl* sur piste.

track record n SPORT & *fig* dossier *m*, carrière *f* / *she has a good track record* elle a fait ses preuves / *given his track record* vu ce qu'il a déjà accompli.

track rod n UK biellette *f* de connexion.

track shoe n chaussure *f* d'athlétisme.

tracksuit ['træk,suːt] n survêtement *m*.

tract [trækt] n **1.** [pamphlet] tract *m* **2.** [large area] étendue *f* ; US [housing estate] lotissement *m* ; [mining] gisement *m* ▸ **a tract house** un pavillon **3.** ANAT ▸ **digestive** / **respiratory tract** appareil *m* digestif / respiratoire.

tractable ['træktəbl] adj [person, animal] accommodant ; [material] malléable ; [problem] soluble, facile à résoudre.

Tractarianism [træk'teərɪənɪzm] n le mouvement *m* d'Oxford.

traction ['trækʃn] n **1.** MECH traction *f* ▸ **electric** / **steam traction** traction électrique / à vapeur **2.** MED ▸ **to be in traction** être en extension ▸ **traction splint** attelle *f* d'extension ▸ **traction of the tongue** [artificial respiration] tractions *fpl* rythmées de la langue.

traction engine n locomotive *f*.

tractive force ['træktɪv-] n effort *m* de traction.

tractor ['træktəʳ] n [on farm] tracteur *m* ; TECH locomobile *f*.

tractorfeed ['træktəfiːd] n COMPUT dispositif *m* d'entraînement à picots.

tractor-trailer n US semi-remorque *m*.

trad [træd] *inf* ◆ adj MUS traditionnel. ◆ n ▸ **trad (jazz)** jazz traditionnel des années 1930.

trade [treɪd] ◆ n **1.** *(U)* COMM commerce *m*, affaires *fpl* / *the clothing trade* la confection, l'industrie *f* de la confection / *she is in the tea trade* elle est dans le commerce du thé, elle est négociante en thé / *trade is brisk* les affaires vont bien ▸ **to do a good** or **roaring trade** faire des affaires en or ▸ **domestic** / **foreign trade** commerce intérieur / extérieur ▸ **retail** / **wholesale trade** commerce de détail / de gros ▸ **Minister of Trade** UK, **Secretary of Trade** US ministre *m* du Commerce **2.** [illicit dealings] trafic *m* ▸ **the drug trade** le trafic de drogue **3.** [vocation, occupation] métier *m* / *she is an electrician by trade* elle est électricienne de (son) métier or de son état ▸ **to be in the trade** être du métier / *as we say in the trade* comme on dit dans le métier / *open to members of the trade only* pour les membres de la profession seulement **4.** [exchange] échange *m* **5.** [regular customers] clientèle *f* **6.** US [transaction] transaction *f* commerciale. ◆ comp **1.** COMM [agreement, balance] commercial ▸ **trade agreement** accord *m* commercial ▸ **trade deficit** balance *f* commerciale déficitaire, déficit *m* extérieur ▸ **trade figures** résultats *mpl* financiers **2.** [publication] spécialisé. ◆ vt [exchange] échanger, troquer / *he traded a marble for a toffee* il a échangé or troqué une bille contre un caramel / *they traded insults over the dinner table* ils ont échangé des insultes pendant le dîner. ◆ vi **1.** [businessman, country] faire du commerce / *he trades in clothing* il est négociant en confection, il est dans la confection / *what name do you trade under?* quel est votre raison sociale ? ▸ **to trade at a loss** vendre à perte ▸ **to trade with sb** avoir or entretenir des relations commerciales avec qqn / *they stopped trading with Iran* ils ont arrêté toute relation commerciale avec l'Iran **2.** US [private individual] faire ses achats ▸ **to trade at** or **with** faire ses courses à or chez **3.** ST. EX [currency, commodity] : *corn is trading at £25* le maïs se négocie à 25 livres.

❖ **trades** pl n [winds] alizés *mpl*.

❖ **trade in** vt sep faire reprendre / *I traded my television in for a new one* ils ont repris mon vieux téléviseur quand j'ai acheté le nouveau.

❖ **trade off** ◆ vt sep échanger, troquer ; [as a compromise] accepter en compensation ▸ **to trade sthg off against sthg** laisser or abandonner qqch pour qqch. ◆ vi US : *they trade off every year for first place* ils sont premiers chacun leur tour tous les ans.

❖ **trade on** vt insep exploiter, profiter de / *he trades on her gullibility* il profite de sa crédulité / *I'd hate to trade on* or *upon your kindness* je ne voudrais pas abuser de votre gentillesse.

trade association n association *f* professionnelle.

trade barriers pl n barrières *fpl* douanières.

trade cycle n cycle *m* économique.

Trade Descriptions Act pr n *loi britannique contre la publicité mensongère.*

trade directory n annuaire *m* de commerce.

trade discount n remise *f* professionnelle or au détaillant.

traded option ['treɪdɪd-] n ST. EX option *f* négociable.

trade fair n foire *f* or exposition *f* commerciale.

trade gap n déficit *m* commercial.

trade-in n reprise *f* / *will he accept a trade-in?* acceptera-t-il la reprise ? / *they took my old refrigerator as a trade-in* ils ont repris mon vieux réfrigérateur / *the trade-in price / value of your old car* le prix / la valeur à la reprise de votre ancienne voiture.

trademark ['treɪdmɑ:k] ◆ n marque *f* (de fabrique) ; *fig* signe *m* caractéristique. ◆ vt [label a product] apposer une marque sur ; [register a product] déposer.

trade name n [of product] nom *m* de marque ; [of firm] raison *f* commerciale.

trade-off n échange *m* ; [compromise] compromis *m* / *there's always a trade-off between speed and accuracy* il faut toujours faire un compromis entre la vitesse et la précision.

trade paper n revue *f* spécialisée.

trade plate n plaque *f* d'immatriculation provisoire.

trade price n prix *m* de gros.

trader ['treɪdəʳ] n **1.** [gen] commerçant *m*, -e *f*, marchand *m*, -e *f* ; [on large scale] négociant *m*, -e *f* **2.** [ship] navire *m* marchand or de commerce **3.** US ST. EX contrepartiste *m*.

trade route n route *f* commerciale.

trade secret n secret *m* de fabrication / *she won't tell me her recipe, she says it's a trade secret!* *hum* elle ne veut pas me donner sa recette, elle dit que c'est un secret !

trade show n salon *m* (professionnel).

tradesman ['treɪdzmən] (*pl* **tradesmen** [-mən]) n **1.** [trader] commerçant *m*, marchand *m* ▶ **tradesman's entrance** entrée *f* de service or des fournisseurs **2.** [skilled workman] ouvrier *m* qualifié.

tradespeople ['treɪdz,pi:pl] pl n UK commerçants *mpl*.

trade(s) union n syndicat *m* ▶ **to join a trades union** se syndiquer / *the workers formed a trades union* les ouvriers ont formé un syndicat / *I am in the trades union* je suis syndiqué, j'appartiens au syndicat.

Trades Union Congress n *confédération des syndicats britanniques.*

trade(s) unionist n syndicaliste *mf*.

trade unionism n syndicalisme *m*.

trade wind n alizé *m*.

trading ['treɪdɪŋ] ◆ n commerce *m*, négoce *m* ; [illicit dealing] trafic *m* / *trading on the Stock Exchange was heavy* le volume de transactions à la Bourse était important / *trading losses for the past year were heavy* les pertes subies pour l'exercice de l'année écoulée ont été lourdes. ◆ comp [company, partner] commercial ▶ **trading nation** nation *f* commerçante ▶ **trading standards** normes *fpl* de conformité ▶ **trading standards office** ≃ Direction *f* de la consommation et de la répression des fraudes ▶ **trading standards officer** fonctionnaire *m* du service de la répression des fraudes ▶ **trading year** COMM année *f* d'exploitation, exercice *m*.

trading estate n UK zone *f* artisanale et commerciale.

trading floor n ST. EX corbeille *f*.

trading hours n heures *fpl* d'ouverture.

trading post n US comptoir *m* commercial.

trading profit n bénéfices *mpl* d'exploitation.

trading rate n ST. EX cours *m*.

trading stamp n timbre-prime *m*, vignette-épargne *f*.

tradition [trə'dɪʃn] n tradition *f*, coutume *f* / *it's in the best tradition of New Year's Eve parties* c'est dans la plus pure tradition des réveillons du Nouvel An ▶ **tradition has it that...** la tradition veut que... ▶ **the tradition that...** la tradition selon laquelle... or qui veut que... / *a comedian in the tradition of Chaplin* un comédien dans la lignée de Chaplin ▶ **to break with tradition** rompre avec la tradition.

traditional [trə'dɪʃənl] adj traditionnel / *it is traditional to sing Auld Lang Syne at New Year* il est de tradition de chanter Auld Lang Syne au Nouvel An / *traditional dress* costume *m* traditionnel / *this school is a very traditional one* cette école est très traditionnelle.

traditionalism [trə'dɪʃnəlɪzm] n traditionalisme *m*.

traditionalist [trə'dɪʃnəlɪst] ◆ n traditionaliste *mf*. ◆ adj traditionaliste.

traditionally [trə'dɪʃnəlɪ] adv traditionnellement.

traduce [trə'dju:s] vt *fml* [malign] calomnier, diffamer.

traffic ['træfɪk] (*pt & pp* **trafficked**, *cont* **trafficking**) ◆ n **1.** [on roads] circulation *f* ; [rail, air, maritime] trafic *m* / *holiday traffic* **a)** [outward] la circulation des grands départs **b)** [homeward] la circulation des grands retours / *the traffic is heavy / light* la circulation est dense / fluide / *traffic is building up* la circulation augmente / *there is a great deal of traffic on the roads* les routes sont encombrées / *traffic in and out of the city* circulation à destination et en provenance de la ville / *watch out for traffic when crossing!* (fais) attention aux voitures en traversant ! / *road closed to heavy traffic* route interdite aux poids lourds / *eastbound traffic* circulation ouest-est / *the cyclist weaved through the traffic* le cycliste se faufila entre les voitures / *the resort experiences heavy ski traffic in winter* *fig* il y a beaucoup de skieurs en hiver dans cette station ▶ **traffic calming** *mesures visant à ralentir la circulation* **2.** COMM commerce *m* ; [illicit] trafic *m* ; US [customers] clientèle *f* / *the traffic in arms / drugs* le trafic des armes / de drogue **3.** [to website] trafic *m* **4.** UK [dealings] échange *m* / *you should have no traffic with these people* évitez d'avoir affaire à ces gens. ◆ vi ▶ **to traffic in** faire le commerce de / *organizations trafficking in arms / drugs* des organisations spécialisées dans le trafic d'armes / de drogue.

trafficator ['træfɪkeɪtəʳ] n UK *dated* flèche *f* de direction.

traffic circle n US rond-point *m*, sens *m* giratoire.

traffic control n régulation *f* de la circulation ; AERON, NAUT & RAIL contrôle *m* du trafic ▶ **traffic control tower** tour *f* de contrôle.

traffic controller n contrôleur *m*, -euse *f* de la navigation aérienne, aiguilleur *m* du ciel.

traffic cop n US *inf* agent *m* de la circulation.

traffic island n TRANSP refuge *m*.

traffic jam n UK embouteillage *m*, bouchon *m*.

trafficker ['træfɪkəʳ] n trafiquant *m*, -e *f* ▶ **drug trafficker** trafiquant *m* de drogue.

traffic lights pl n feu *m* de signalisation / *the traffic lights are (on) green* le feu est (au) vert / *carry on to the next set of traffic lights* continuez jusqu'aux prochains feux.

traffic offence n UK infraction *f* au code de la route.

traffic pattern n AERON couloir *m* or position *f* d'approche.

traffic police n [speeding, safety] police *f* de la route ; [point duty] police *f* de la circulation.

traffic policeman n agent *m* de police ; [on point duty] agent *m* de la circulation.

traffic sign n panneau *m* de signalisation, poteau *m* indicateur.

traffic signal n feu *m* de signalisation.

traffic violation US = **traffic offence**.

traffic warden n UK contractuel *m*, -elle *f*.

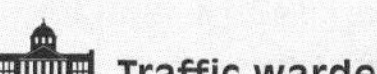

Traffic warden

En Grande-Bretagne, les contractuels sont non seulement habilités à dresser les procès-verbaux mais aussi à régler la circulation.

tragedian [trə'dʒi:dɪən] n [author] auteur *m* tragique ; [actor] tragédien *m*.

tragedienne [trə,dʒi:dɪ'en] n tragédienne *f*.

tragedy ['trædʒədɪ] (*pl* **tragedies**) n [gen & THEAT] tragédie *f* / *it's a tragedy that this should happen to her* c'est tragique que ça lui arrive à elle / *what a tragedy!* quel malheur !, quelle tragédie !

tragic ['trædʒɪk] adj tragique.

tragically ['trædʒɪklɪ] adv tragiquement / *the trip went tragically wrong* le voyage a tourné au drame.

tragic irony n ironie *f* tragique.

tragicomedy [,trædʒɪ'kɒmədɪ] (*pl* **tragicomedies**) n tragi-comédie *f*.

tragicomic [,trædʒɪ'kɒmɪk] adj tragi-comique.

trail [treɪl] ◆ n **1.** [path] sentier *m*, chemin *m* ; [through jungle] piste *f* ▶ **ski trail** piste de ski ▶ **to break a trail** faire la trace, tracer ▶ **to hit the campaign trail** *fig* : *he hit the campaign trail* il est parti en campagne (électorale) ▶ **the end of the trail** US le bout de la piste *(nom donné à la Californie par les pionniers américains)* ▶ **the trail of tears** US HIST le chemin des larmes **2.** [traces of passage] piste *f*, trace *f* ▶ **to be on the trail of sb / sthg** être sur la piste de qqn / qqch / *the police were on his trail* la police était sur sa trace / *a false trail* une fausse piste / *the storm left a trail of destruction* l'orage a tout détruit sur son passage / *she leaves a trail of broken hearts behind her* *fig* elle laisse beaucoup de cœurs brisés derrière elle **3.** [of blood, smoke] traînée *f* ; [of comet] queue *f* **4.** [of gun] crosse *f* or flèche *f* d'affût. ◆ vt **1.** [follow] suivre, filer ; [track] suivre la piste de ; [animal, criminal] traquer **2.** [drag behind, tow] traîner ; [boat, trailer] tirer, remorquer / *she trailed her hand in the water* elle laissait traîner sa main dans l'eau / *he was trailing a sack of coal behind him* il traînait or tirait un sac de charbon derrière lui ▶ **to trail one's coat** chercher la bagarre **3.** [lag behind] être en arrière par rapport à / *he trails all his classmates* il est en retard par rapport aux autres élèves **4.** [gun] porter à la main **5.** [advertise] diffuser (une bande-annonce). ◆ vi **1.** [long garment] traîner ; [plant] ramper / *smoke trailed from the chimney* de la fumée sortait de la cheminée **2.** [move slowly] traîner / *he trailed along at a snail's pace* il avançait comme un escargot / *the prisoners trailed slowly past* les prisonniers passaient lentement à la queue leu leu / *he trailed in last* SPORT il est arrivé bon dernier **3.** [lag behind in contest] être à la traîne / *he's trailing in the polls* il est à la traîne dans les sondages **4.** [follow] suivre, filer / *with five children trailing behind her* avec cinq enfants dans son sillage.

❖ **trail away** vi s'estomper / *his voice trailed away to a whisper* sa voix ne fut plus qu'un murmure.

❖ **trail off** vi s'estomper / *he trailed off in mid sentence* il n'a pas terminé sa phrase.

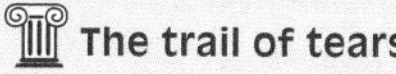

The trail of tears

Nom donné au trajet que les Indiens d'Amérique parcoururent sous la contrainte en 1938 pour rejoindre les réserves situées à l'ouest du Mississippi où ils devaient vivre. Un grand nombre d'entre eux succombèrent à la maladie et aux mauvais traitements.

trail bike n moto *f* de cross.

trailblazer ['treɪl,bleɪzəʳ] n *fig* pionnier *m*, -ère *f*.

trailblazing ['treɪl,bleɪzɪŋ] adj de pionnier.

trailer ['treɪləʳ] n **1.** AUTO remorque *f* ; US camping-car *m* ▶ **trailer court** or **trailer park** US *terrain aménagé pour les camping-cars* ▶ **trailer home** caravane *f* ▶ **trailer tent** tente *f* remorque **2.** CIN & TV bande-annonce *f* **3.** [end of film roll] amorce *f*.

trailer hitch n US attache *f* caravane.

trailer trash n US *inf pauvres vivant dans des mobile-homes.*

trailer-truck n US semi-remorque *m*.

trailing ['treɪlɪŋ] adj traînant ; [plant] rampant ▸ **trailing edge** AERON bord *m* de fuite.

trail mix n US *mélange de cacahuètes et de fruits secs.*

train [treɪn] ◆ n **1.** [railway] train *m* ; [underground] métro *m*, rame *f* ▸ **to go by train** prendre le train, aller en train / *I met a friend on the train* j'ai rencontré un ami dans le train ▸ **to transport goods by train** transporter des marchandises par voie ferrée or rail / **'to the trains'** 'accès aux quais' **2.** [procession - of vehicles] file *f*, cortège *m* ; [- of mules] file *f* ; [- of camels] caravane *f* ; MIL convoi *m* ; [retinue] suite *f*, équipage *m* ; MIL équipage *m* / *the famine brought disease in its train* la maladie succéda à la famine **3.** [of dress] traîne *f* **4.** [connected sequence] suite *f*, série *f* / *in an unbroken train* en succession ininterrompue ▸ **a train of thought** un enchaînement d'idées ▸ **a train of events** une suite d'événements / *my remark interrupted her train of thought* ma remarque a interrompu le fil de sa pensée or ses pensées ▸ **to follow sb's train of thought** suivre le raisonnement de qqn **5.** MECH train *m* ▸ **train of gears** train d'engrenage **6.** *fml* [progress] ▸ **in train** en marche ▸ **to set sthg in train** mettre qqch en marche **7.** [fuse] amorce *f* ; [of gunpowder] traînée *f* (de poudre). ◆ comp [dispute, strike] des cheminots, des chemins de fer ; [reservation, ticket] de train / *there is a good train service to the city* la ville est bien desservie par le train / *there is an hourly train service* il y a des trains toutes les heures ▸ **train station** gare *f (de chemin de fer)*. ◆ vt **1.** [employee, soldier] former ; [voice] travailler ; [animal] dresser ; [mind] former ; SPORT entraîner ; [plant - by pruning] tailler ; [- by tying] palisser ; [climbing plant] diriger, faire grimper / *he is training sb to take over from him* il forme son successeur ▸ **to train sb in a trade** apprendre un métier à qqn, préparer qqn à un métier / *she was trained in economics* elle a reçu une formation d'économiste / *he was trained at Sandhurst* il a fait ses classes à Sandhurst ▸ **to train sb to use sthg** apprendre à qqn à utiliser qqch ▸ **to train sb up** former or préparer qqn / *he has been trained in the use of explosives* il a été formé au maniement des explosifs / *the dogs have been trained to detect explosives* les chiens ont été dressés pour détecter les explosifs **2.** [direct, aim] viser / *he trained his gun on us* il a braqué son arme sur nous **3.** *inf* RAIL : *we trained it down to the South of France* nous sommes allés en train jusque dans le Midi de la France. ◆ vi **1.** recevoir une formation / *I trained as a translator* j'ai reçu une formation de traducteur / *she's training as a teacher* elle suit une formation pédagogique / *where did you train?* où avez-vous reçu votre formation ? **2.** SPORT s'entraîner, se préparer.

trainbearer ['treɪn,beərəʳ] n *personne qui porte la traîne d'un dignitaire* ; [at wedding] demoiselle *f* or dame *f* d'honneur ; [boy] page *m*.

trained [treɪnd] adj compétent, qualifié ; [engineer] breveté, diplômé ; [nurse, translator] diplômé, qualifié / *he's not trained for this job* il n'est pas qualifié or n'a pas la formation requise pour ce poste / *we need a well trained employee* il nous faut quelqu'un qui ait une bonne formation / *she has her boss well trained!* hum elle a bien dressé son patron ! ▸ **a trained eye** un œil exercé ▸ **a trained ear** une oreille exercée / *he has a trained voice* il a travaillé sa voix ; [animal] dressé / *a trained parrot* un perroquet savant / *a well trained horse* un cheval bien dressé.

trainee [treɪ'ni:] ◆ n stagiaire *mf* ▸ **sales trainee** stagiaire de vente. ◆ comp stagiaire, en stage ; [in trades] en apprentissage ▸ **trainee journalist** journaliste *mf* stagiaire ▸ **trainee computer programmer** élève *mf* programmeur.

traineeship [treɪ'ni:ʃɪp] n stage *m*.

trainer ['treɪnəʳ] n **1.** SPORT entraîneur *m* **2.** [of animal] dresseur *m*, -euse *f* ; [of racehorses] entraîneur *m* ; [of lion] dompteur *m*, -euse *f* **3.** AERON [simulator] simulateur *m* ▸ **trainer (aircraft)** avion-école *m* **4.** UK [shoe] chaussure *f* de sport, basket *f*.

training ['treɪnɪŋ] ◆ n **1.** formation *f* ; [of soldier] instruction *f* ; [of animal] dressage *m* / *further training* perfectionnement *m* / *he is a carpenter by training* il est menuisier de formation / *I have had some business training* j'ai suivi une petite formation commerciale ▸ **to do one's basic training** MIL faire ses classes **2.** SPORT entraînement *m*, préparation *f* ▸ **to be in training** être en cours d'entraînement or de préparation / *I'm out of training* j'ai perdu la forme ▸ **to be in training for sthg** s'entraîner pour or se préparer à qqch. ◆ comp [centre, programme, scheme] de formation ▸ **training manual** manuel *m* d'instruction.

Training Agency pr n ▸ **the Training Agency** *organisme britannique créé en 1989, qui propose des stages de formation et de recyclage.*

training camp n camp *m* d'entraînement ; MIL base *f* école.

training college n école *f* spécialisée or professionnelle.

training course n stage *m* de formation.

training ship n navire-école *m*.

training shoes pl n chaussures *fpl* de sport.

training video n vidéo *f* d'entraînement.

train manager n UK chef *mf* de train.

trainsick ['treɪnsɪk] adj ▸ **to be** or **to get trainsick** être malade en train.

trainspotter n UK **1.** [train enthusiast] *amateur de trains dont la passion consiste à relever les numéros d'immatriculation des locomotives* **2.** [nerd] crétin *m*, -e *f*.

trainspotting [-'spɒtɪŋ] n ▸ **to go trainspotting** observer les trains.

traipse [treɪps] *inf* ◆ vi : *we all traipsed off to the shops* nous sommes tous partis traîner dans les magasins / *she came traipsing in* elle est entrée en traînassant ▸ **to traipse about** or **around** se balader, vadrouiller / *they traipsed from one museum to another* ils ont fait tous les musées. ◆ n longue promenade / *it's quite a traipse* ça fait une trotte.

trait [treɪ or treɪt] n trait *m*.

traitor ['treɪtəʳ] n traître *m* / *a traitor to his country* un traître envers son pays / *you're a traitor to your country / to the cause* vous trahissez votre pays / la cause / *he turned traitor* **a)** [gen] il s'est mis à trahir **b)** [soldier, spy] il est passé or s'est vendu à l'ennemi.

traitorous ['treɪtərəs] adj *fml* traître, perfide.

traitress ['treɪtrɪs] n traîtresse *f*.

trajectory [trə'dʒektərɪ] (*pl* **trajectories**) n trajectoire *f*.

tra-la(-la) [trɑ:'lɑ:, ,trɑ:lɑ:'lɑ:] onomat *refrain de chanson sans sens particulier.*

tram [træm] n UK tram *m*, tramway *m* ; MIN berline *f*, benne *f* roulante ▸ **to go by tram** prendre le tram ▸ **the trams** le réseau des tramways ▸ **to work on the trams** travailler dans les tramways.

tramcar ['træmkɑ:ʳ] n UK tram *m*, tramway *m*.

tramline ['træmlaɪn] n UK [rails] voie *f* de tramway ; [route] ligne *f* de tramway.

❖ **tramlines** pl n [in tennis, badminton] lignes *fpl* de côté.

trammel ['træml] (UK *pt & pp* **trammelled**, *cont* **trammelling** ; US *pt & pp* **trammeled**, *cont* **trammeling**) ◆ vt *lit & fig* entraver. ◆ n **1.** ▸ **the trammels of society** les entraves de la société **2.** FISHING tramail *m*, trémail *m*.

tramp [træmp] ◆ n **1.** [vagabond] clochard *m*, -e *f*, chemineau *m* *dated* / **'The Tramp'** *Chaplin* 'le Vagabond' **2.** [sound] bruit *m* de pas / *I could hear the tramp of soldiers' feet* j'entendais le pas lourd des soldats **3.** [long walk] randonnée *f* (à pied), promenade *f* / *it's a long tramp into town* il y a un bon bout de chemin à faire jusqu'à la ville **4.** [ship] ▸ **tramp (steamer)** tramp *m* **5.** US *inf & pej* traînée. ◆ vi [hike] marcher, se promener ; [walk heavily] marcher d'un pas lourd / *we tramped along in silence for a while* nous avons poursuivi notre chemin en silence pendant un moment ▸ **to tramp up and down** faire les cent pas. ◆ vt parcourir / *he tramped the streets in search of work* il a battu le pavé pour trouver du travail.

❖ **tramp down, tramp in** vt sep tasser du pied.

trample ['træmpl] ◆ vt piétiner, fouler aux pieds / *the crowd trampled the man to death* l'homme est mort piétiné par la foule ; [sb's feelings] bafouer / *he trampled my arguments underfoot* il a piétiné or pulvérisé mes arguments. ◆ vi marcher d'un pas lourd. ◆ n [action] piétinement *m* ; [sound] bruit *m* de pas.

❖ **trample on, trample over** vt insep piétiner ; *fig* [sb's feelings] bafouer ; [objections] passer outre à.

trampoline ['træmpəli:n] ◆ n trampoline *m*. ◆ vi ▸ **to trampoline, to go trampolining** faire du trampoline.

tramp stamp n *inf* tatouage *m*.

tramway ['træmweɪ] (*pl* **tramways**) n UK [rails] voie *f* de tramway ; [route] ligne *f* de tramway.

trance [trɑ:ns] n transe *f* ; MED catalepsie *f* ▸ **to go** or **to fall into a trance a)** entrer en transe **b)** MED tomber en catalepsie / *he put me into a trance* il m'a hypnotisé, il m'a fait entrer en transe.

tranche [trɑ̃ʃ] n [of loan, payment, shares] tranche *f*.

trannie, tranny ['trænɪ] (*pl* **trannies**) n UK *inf* **1.** [transvestite] travelo *m* **2.** *dated* [transistor radio] transistor *m*.

tranquil ['træŋkwɪl] adj tranquille, paisible.

tranquillity UK, **tranquility** US [træŋ'kwɪlɪtɪ] n tranquillité *f*, calme *m*.

tranquillize, tranquillise UK, **tranquilize** US ['træŋkwɪlaɪz] vt calmer, apaiser ; MED mettre sous tranquillisants.

tranquillizer UK, **tranquilizer** US ['træŋkwɪlaɪzəʳ] n tranquillisant *m*, calmant *m*.

transact [træn'zækt] vt traiter, régler / *the deal was successfully transacted* l'affaire a été conclue avec brio.

transaction [træn'zækʃn] n **1.** [gen & BANK] opération *f*, affaire *f* ▸ **cash transaction** opération *f* au comptant ; ECON, FIN & ST. EX transaction *f* / *cash transactions have increased* les mouvements d'espèces ont augmenté ▸ **Stock Exchange transactions** opérations *fpl* de Bourse **2.** [act of transacting] conduite *f*, gestion *f* / *transaction of business will continue as normal* la conduite des affaires se poursuivra comme à l'accoutumée **3.** COMPUT mouvement *m*.

❖ **transactions** pl n [proceedings of an organization] travaux *mpl* ; [minutes] actes *mpl*.

transactional [træn'zækʃənl] adj transactionnel ▸ **transactional analysis** PSYCHOL analyse *f* transactionnelle.

transalpine [,trænz'ælpaɪn] adj transalpin.

transaminase [trænz'æmɪneɪz] n transaminase *f*.

transatlantic [,trænzət'læntɪk] adj transatlantique.

Transcaucasia [,trænskɔ:'keɪzjə] pr n Transcaucasie *f*.

transceiver [træn'si:vəʳ] n émetteur-récepteur *m*.

transcend [træn'send] vt **1.** [go beyond] transcender, dépasser ; PHILOS & RELIG transcender / *the issue transcends party loyalties* le problème dépasse les clivages partisans **2.** [surpass] surpasser.

transcendence [træn'sendəns], **transcendency** [træn'sendənsɪ] n transcendance *f*.

transcendent [træn'sendənt] adj transcendant.

transcendental [,trænsen'dentl] adj transcendantal.

transcendentalism [,trænsen'dentəlɪzm] n transcendantalisme *m*.

transcendental meditation n méditation *f* transcendantale.

transcoder [trænz'kəʊdəʳ] n transcodeur *m*.

transcontinental ['trænz,kɒntɪ'nentl] adj transcontinental ▸ **the Transcontinental Railroad** la Transcontinentale.

The Transcontinental Railroad

Voie de chemin de fer traversant les États-Unis d'est en ouest. Achevée en 1869, elle fut construite par deux compagnies : la **Union Pacific** et la **Central Pacific**, qui, parties respectivement de la côte est et de la côte ouest, se rejoignirent dans l'Utah.

transcribe [træn'skraɪb] vt transcrire.

transcript ['trænskrɪpt] n transcription *f* ; US SCH & UNIV *dossier complet de la scolarité*.

transcriptase [træn'skrɪpteɪz] n BIOL transcriptase *f*.

transcription [træn'skrɪpʃn] n transcription *f*.

transduce [trænz'djuːs] vt transformer, convertir.

transducer [trænz'djuːsəʳ] n transducteur *m*.

transduction [trænz'dʌkʃn] n transduction *f*.

transect [træn'sekt] vt sectionner transversalement.

transection [træn'sekʃn] n coupe *f* or section *f* transversale.

transept ['trænsept] n transept *m*.

trans fat ['trænz-] n BIOL & CHEM acide *m* gras trans.

transfer ◆ vt [træns'fɜːʳ] **1.** [move] transférer ; [employee, civil servant] transférer, muter ; [soldier] muter ; [player] transférer ; [passenger] transférer, transborder ; [object, goods] transférer, transporter ; [money] virer / *can this ticket be transferred to another airline?* peut-on utiliser ce billet d'avion sur une autre compagnie ? / *I transferred the funds to my bank account* j'ai fait virer l'argent sur mon compte bancaire **2.** [convey - property, ownership] transmettre, transférer ; [- power, responsibility] passer ; LAW faire cession de, céder / *she will transfer the rights over to him* elle va lui céder or passer les droits **3.** TELEC : *I'd like to transfer the charges* UK je voudrais téléphoner en PCV / *I'm transferring you now* [operator] je vous mets en communication ▶ **transferred charge call** UK communication *f* en PCV **4.** [displace - design, picture] reporter, décalquer / *to transfer a design from one surface to another* décalquer un dessin d'un support sur un autre / *she transferred her affection / allegiance to him fig* elle a reporté son affection / sa fidélité sur lui. ◆ vi [træns'fɜːʳ] **1.** [move] être transféré ; [employee, civil servant] être muté or transféré ; [soldier] être muté ; SPORT [player] être transféré / *she transferred to another school* US elle a changé d'école / *I'm transferring to history* je me réoriente en histoire **2.** [change mode of transport] être transféré or transbordé / *they had to transfer to a train* ils ont dû changer et prendre le train. ◆ n ['trænsfɜːʳ] **1.** [gen] transfert *m* ; [of employee, civil servant] mutation *f* ; [of passenger] transfert *m*, transbordement *m* ; [of player] transfert *m* ; [of goods, objects] transfert *m*, transport *m* ; [of money] virement *m* / *he has asked for a transfer* il a demandé son transfert or à être muté ▶ **transfer of a debt** cession *f* or revirement *m* d'une créance ▶ **bank transfer** virement *m* bancaire **2.** LAW transmission *f*, cession *f* ▶ **transfer of ownership from sb to sb** transfert *m* or translation *f* de propriété de qqn à qqn ▶ **application for transfer of proceedings** demande *f* de renvoi devant une autre juridiction **3.** POL ▶ **transfer of power** passation *f* de pouvoir **4.** [design, picture] décalcomanie *f* ; [rub-on] autocollant *m* ; [sew-on] décalque *m* **5.** [change of mode of travel] transfert *m* ; [at airport, train station] correspondance *f* ▶ **free transfer** transfert *m* gratuit ▶ **transfer bus** navette *f* ▶ **transfer (ticket)** US billet *m* de correspondance.

transferable [træns'fɜːrəbl] adj transmissible ; LAW cessible / *this ticket is not transferable* ce billet est strictement personnel ▶ **transferable securities** FIN valeurs *fpl* négociables.

transferable vote n *voix pouvant se reporter sur un autre candidat*.

transferee [,trænsfɜː'riː] n LAW & FIN cessionnaire *mf*, bénéficiaire *mf*.

transference ['trænsfərəns] n [gen & PSYCHOL] transfert *m* ; [of employee, civil servant] mutation *f* ; [of money] virement *m* ; [of power] passation *f* ; [of ownership] transfert *m* or translation *f* de propriété.

transfer fee n FOOT prix *m* du transfert.

transfer list n UK liste *f* des joueurs transférables.

transfer-listed adj UK ▶ **to be transfer-listed** être sur la liste des joueurs transférables.

transferor, **transferrer** [træns'fɜːrəʳ] n LAW cédant *m*, -e *f*.

transfer passenger n [between flights] voyageur *m*, -euse *f* en transit.

transfiguration [,trænsfɪgə'reɪʃn] n transfiguration *f* ▶ **the Transfiguration** RELIG la Transfiguration.

transfigure [træns'fɪgəʳ] vt transfigurer.

transfinite [træns'faɪnaɪt] adj transfini.

transfix [træns'fɪks] vt *lit* transpercer ; *fig* pétrifier ▶ **to be transfixed with fear** être paralysé par la peur / *she stood transfixed* elle est restée clouée sur place.

transform [træns'fɔːm] ◆ vt **1.** [change - gen] transformer, métamorphoser ▶ **to transform sthg into sthg** transformer qqch en qqch / *her year abroad has completely transformed her* son année à l'étranger l'a complètement métamorphosée **2.** ELEC transformer ; CHEM, MATH & PHYS transformer, convertir **3.** GRAM transformer. ◆ n **1.** LING transformation *f* **2.** MATH transformée *f*.

transformation [,trænsfə'meɪʃn] n transformation *f*, métamorphose *f* ; ELEC & MATH transformation *f* ; CHEM & PHYS conversion *f* ; LING transformation *f*.

transformational grammar [,trænsfə'meɪʃənl-] n grammaire *f* transformationnelle.

transformer [træns'fɔːməʳ] ◆ n transformateur *m*. ◆ comp ▶ **transformer station** station *f* de transformation.

transfuse [træns'fjuːz] vt [gen & MED] transfuser.

transfusion [træns'fjuːʒn] n [gen & MED] transfusion *f* / *they gave him a transfusion* ils lui ont fait une transfusion.

transgender [,træns'dʒendəʳ] adj transgenre, transsexuel.

transgene ['trænz,dʒiːn] n transgène *m*.

transgenic [trænz'dʒenɪk] adj transgénique.

transgress [træns'gres] *fml* ◆ vt transgresser, enfreindre. ◆ vi pécher.

transgression [træns'greʃn] n *fml* **1.** [overstepping] transgression *f* **2.** [crime] faute *f*, violation *f (d'une loi)* ; RELIG péché *m*.

transgressor [træns'gresəʳ] n [gen & LAW] transgresseur *m* ; RELIG pécheur *m*, -eresse *f*.

tranship [træns'ʃɪp] = **transship**.

transhipment = **transshipment**.

transience ['trænzɪəns] n caractère *m* éphémère or transitoire.

transient ['trænzɪənt] ◆ adj [temporary] transitoire, passager ; [fleeting] éphémère. ◆ n US [homeless person] personne *f* sans domicile fixe, SDF *mf*.

transistor [træn'zɪstəʳ] n transistor *m*.

transistorize, **transistorise** [træn'zɪstəraɪz] vt transistoriser ▶ **transistorized circuit** circuit *m* à transistors.

transistor radio n transistor *m*.

transit ['trænsɪt] ◆ n [of goods, passengers] transit *m* ; ASTRON passage *m* ▶ **in transit** en transit / *goods lost in transit* marchandises égarées pendant le transport. ◆ comp [goods, passengers] en transit ; [documents, port] de transit ▶ **transit authority** US régie *f* des transports (en commun) ▶ **transit lounge** salle *f* de transit. ◆ vt [goods, passengers] transiter ; ASTRON passer sur.

transit camp n camp *m* de transit.

transition [træn'zɪʃn] ◆ n transition *f*, passage *m* / *the transition from childhood to maturity* le passage de l'enfance à l'âge adulte. ◆ comp [period] de transition.

transitional [træn'zɪʃənl] adj de transition, transitoire ▶ **transitional relief** UK ADMIN *aide financière de l'État pour faciliter la mise en place d'une réforme administrative*.

transitive ['trænzɪtɪv] adj transitif.

transitively ['trænzɪtɪvlɪ] adv transitivement.

transitory ['trænzɪtrɪ] adj transitoire, passager.

translatable [træns'leɪtəbl] adj traduisible.

translate [træns'leɪt] ◆ vt **1.** traduire / *to translate sthg from Spanish into English* traduire qqch de l'espagnol en anglais / *how do you translate "hunger"?* comment traduit-on « hunger » ? / *it can be translated as...* on peut le traduire par... / *translated into Fahrenheit* exprimé or converti en Fahrenheit / *he translated her silence as a refusal fig* il a interprété son silence comme un refus / *to translate ideas into action* traduire des idées en actes **2.** RELIG [transfer - cleric, relics] transférer ; [convey to heaven] ravir. ◆ vi **1.** [words] se traduire / *it doesn't translate* c'est intraduisible **2.** [person] traduire.

translation [træns'leɪʃn] n **1.** traduction *f* ; SCH version *f* / *the book is a translation from (the) Chinese* le livre est traduit du chinois / *the text loses something in the translation* le texte perd quelque chose à la traduction **2.** RELIG [of cleric, relics] translation *f* ; [conveying to heaven] ravissement *m*.

translator [træns'leɪtəʳ] n traducteur *m*, -trice *f*.

transliterate [trænz'lɪtəreɪt] vt translitérer, translittérer.

transliteration [,trænzlɪtə'reɪʃn] n translitération *f*, translittération *f*, transcription *f*.

translocate [,trænzləʊ'keɪt] vt déplacer.

translucence [trænz'luːsns] n translucidité *f*.

translucent [trænz'luːsnt] adj translucide, diaphane.

transmigrate [,trænzmaɪ'greɪt] vi [soul] transmigrer ; [people] émigrer.

transmigration [,trænzmaɪ'greɪʃn] n [of souls] transmigration *f* ; [of people] émigration *f*.

transmissible [trænz'mɪsəbl] adj transmissible.

transmission [trænz'mɪʃn] n **1.** transmission *f* ; [broadcast] retransmission *f* **2.** AUTO transmission *f* ; US boîte *f* de vitesses ▶ **transmission shaft** arbre *m* de transmission.

transmit [trænz'mɪt] (*pt & pp* **transmitted**, *cont* **transmitting**) ◆ vt transmettre ; TELEC émettre, diffuser. ◆ vi RADIO, TELEC & TV émettre, diffuser.

transmitter [trænz'mɪtəʳ] n transmetteur *m* ; RADIO & TV émetteur *m* ; [in telephone] microphone *m* (téléphonique).

transmitting [trænz'mɪtɪŋ] ◆ adj TELEC émetteur *m*. ◆ n transmission *f*.

transmogrify [trænz'mɒgrɪfaɪ] (*pt & pp* **transmogrified**) vt *hum* métamorphoser, changer.

transmutable [trænz'mjuːtəbl] adj transmuable, transmutable.

transmutation [,trænzmjuː'teɪʃn] n transmutation *f*.

transmute [trænz'mjuːt] vt transmuer, transmuter / *the process transmutes the metal into gold* le processus transforme or transmute le métal en or.

transnational [,trænz'næʃənl] adj transnational.

transom ['trænsəm] n **1.** [in window] petit bois *m* horizontal ; [above door] traverse *f* d'imposte **2.** US [fanlight] ▶ **transom (window)** imposte *f* (semi-circulaire).

transonic [træn'sɒnɪk] adj transsonique.

transparency [træns'pærənsɪ] (*pl* **transparencies**) n **1.** [gen & PHYS] transparence *f* **2.** [for overhead projector] transparent *m* ; UK [slide] diapositive *f*.

transparent [træns'pærənt] adj [gen & PHYS] transparent.

transpiration [,trænspɪ'reɪʃn] n BOT & PHYSIOL transpiration *f*.

transpire [træn'spaɪəʳ] ◆ vi **1.** [be discovered, turn out] apparaître / *it transpired that he had been embezzling funds* on a appris or on s'est aperçu qu'il avait détourné des fonds **2.** [happen] se passer, arriver / *the events that transpired later that day* les événements intervenus plus tard dans la journée **3.** BOT & PHYSIOL transpirer. ◆ vt BOT & PHYSIOL transpirer.

transplant ◆ vt [træns'plɑ:nt] **1.** BOT [plant] transplanter ; [seedling] repiquer **2.** MED [organ] greffer, transplanter ; [tissue] greffer **3.** [population] transplanter. ◆ n ['træns,plɑ:nt] MED [organ] transplant *m* ; [tissue] greffe *f* ; [operation] greffe *f* ▸ **kidney transplant** : *she's had a kidney transplant* on lui a fait une greffe du rein ▸ **heart transplant** : *she's had a heart transplant* on lui a greffé un cœur.

transplantation [,trænsplɑ:n'teɪʃn] n **1.** BOT [of seedling] repiquage *m* ; [of plant] transplantation *f* **2.** *fig* [of people] transplantation *f*.

transponder [træn'spɒndə^r] n transpondeur *m*.

transport ◆ n ['trænspɔ:t] **1.** *(U)* UK [system] transport *m*, transports *mpl* **2.** [means] moyen *m* de transport or de locomotion / *have you got transport for tonight?* UK *inf* tu as un moyen de locomotion pour ce soir ? ▸ **transport plane** avion *m* de transport ▸ **transport ship** navire *m* de transport ▸ **troop transport** MIL transport *m* de troupes **3.** [of goods] transport *m* **4.** *liter* [of joy] transport *m* ; [of anger] accès *m* / *he went into transports of delight* il fut transporté de joie. ◆ vt [træn'spɔ:t] transporter.

transportable [træn'spɔ:təbl] adj transportable.

transportation [,trænspɔ:'teɪʃn] n **1.** US [transport] transport *m* ▸ **public transportation** transports publics ▸ **transportation system** système *m* des transports ▸ **Secretary of Transportation** POL ministre *m* des Transports **2.** [of criminals] transportation *f*.

transport café n UK ≃ routier *m (restaurant)*.

transporter [træn'spɔ:tə^r] n **1.** MIL [for troops -lorry] camion *m* de transport ; [-ship] navire *m* de transport ; [for tanks] camion *m* porte-char **2.** [for cars -lorry] camion *m* pour transport d'automobiles ; [-train] wagon *m* pour transport d'automobiles.

transporter bridge n pont *m* transbordeur.

Transport House pr n *bâtiment à Londres abritant le siège de la TGWU et, jusqu'en 1980, le parti travailliste.*

transpose [træns'pəʊz] vt transposer.

transposition [,trænspə'zɪʃn] n transposition *f*.

transputer [træns'pju:tə^r] n COMPUT transputer *m*.

transsexual [træns'sekʃʊəl] n transsexuel *m*, -elle *f*.

transship [træns'ʃɪp] *(pt & pp* **transshipped**, *cont* **transshipping**) vt transborder.

transshipment [træns'ʃɪpmənt] n transbordement *m* ▸ **transshipment bill of lading** connaissement *m* de transbordement.

Trans-Siberian ['trænz-] adj ▸ **the Trans-Siberian (Railway)** le Transsibérien.

transsonic [træn'sɒnɪk] = **transonic**.

transubstantiate [,trænsəb'stænʃɪeɪt] ◆ vt transmuer, transmuter. ◆ vi RELIG subir la transsubstantiation.

transubstantiation ['trænsəb,stænʃɪ'eɪʃn] n transsubstantiation *f*.

transumer [,træn'sjuːmə^r] n *consommateur avide d'expériences nouvelles.*

transuranic [,trænsjʊ'rænɪk] adj transuranien.

Transvaal ['trænzvɑ:l] pr n Transvaal *m* / *in the Transvaal* au Transvaal.

transversal [trænz'vɜ:sl] ◆ adj transversal. ◆ n GEOM transversale *f*.

transversally [trænz'vɜ:səlɪ] adv transversalement.

transverse ['trænzvɜ:s] ◆ adj [beam, line] transversal ; ANAT transverse ▸ **transverse engine** AUTO moteur *m* transversal. ◆ n [gen] partie *f* transversale ; GEOM axe *m* transversal *(d'une hyperbole)*.

transversely [,trænz'vɜ:slɪ] adv transversalement.

transverter [trænz'vɜ:tə^r] n RADIO émetteur-récepteur *m* additionnel.

transvestism [trænz'vestɪzm] n travestisme *m*, transvestisme *m*.

transvestite [trænz'vestaɪt] n travesti *m*.

Transylvania [,trænsɪl'veɪnjə] pr n Transylvanie *f* / *in Transylvania* en Transylvanie.

Transylvanian [,trænsɪl'veɪnjən] ◆ n Transylvanien *m*, -enne *f*. ◆ adj transylvanien.

trap [træp] *(pt & pp* **trapped**, *cont* **trapping**) ◆ n **1.** [snare] piège *m* ; [dug in ground] trappe *f* ; [gintrap] collet *m* / *to set* or *to lay a trap for hares* dresser or tendre un piège pour les lièvres / *the badger was caught in a trap* le blaireau était pris dans un piège **2.** *fig* piège *m*, traquenard *m* ▸ **to set** or **to lay a trap for sb** tendre un piège à qqn / *they fell into the trap* ils sont tombés dans le piège ▸ **the poverty trap** le piège de la pauvreté **3.** [in drain] siphon *m* **4.** SPORT [in dog racing] box *m* de départ ; [for shooting] ball-trap *m* **5.** [carriage] cabriolet *m*, charrette *f* anglaise **6.** [trapdoor] trappe *f* **7.** *v inf* [mouth] gueule *f* ▸ **shut your trap!** ta gueule !, ferme-la ! ◆ vt **1.** [animal] prendre au piège, piéger **2.** *fig* [opponent] piéger / *now you're trapped!* maintenant vous êtes piégé or pris ! / *he trapped me into thinking I was safe* il m'a piégé en me faisant croire que j'étais hors de danger / *we got trapped into going* on s'est fait piéger et on a dû y aller / *she trapped him into marrying her* elle l'a piégé en le forçant à l'épouser **3.** [immobilize, catch] bloquer, immobiliser / *they were trapped* or *they got trapped in the lift* ils ont été bloqués dans l'ascenseur / *we were trapped by the incoming tide* on a été surpris par la marée montante / *I trapped my leg* or *my leg got trapped under the table* je me suis coincé la jambe or j'avais la jambe coincée sous la table / *she trapped her fingers in the door* elle s'est pris les doigts dans la porte / *the window blew shut and trapped my hand* un coup de vent a fermé la fenêtre et ma main est restée coincée / *they were trapped in the rubble* ils étaient coincés or immobilisés sous les décombres / *he trapped the ball skilfully* FOOT il a habilement bloqué le ballon **4.** [hold back - water, gas] retenir / *there's a grid to trap dead leaves* il y a une grille pour retenir les feuilles mortes.

trapdoor [,træp'dɔ:^r] n trappe *f*.

trapdoor spider n cténize *f*, mygale *f* maçonne.

trapes [treɪps] *inf* = **traipse**.

trapeze [trə'pi:z] n trapèze *m (de cirque)* ▸ **trapeze artist** trapéziste *mf*.

trapezium [trə'pi:zjəm] *(pl* **trapeziums** *or* **trapezia** [-zjə]) n **1.** UK GEOM trapèze *m* ; US quadrilatère *m* trapézoïdal **2.** ANAT trapèze *m*.

trapezoid ['træpɪzɔɪd] ◆ n **1.** UK GEOM quadrilatère *m* trapézoïdal ; US trapèze *m* **2.** ANAT trapézoïde *m*. ◆ adj trapézoïde.

trapper ['træpə^r] n trappeur *m*.

trappings ['træpɪŋz] pl n **1.** [accessories] ornements *mpl* / *the trappings of power* les signes extérieurs du pouvoir **2.** [harness] harnachement *m*, caparaçon *m*.

Trappist ['træpɪst] ◆ n trappiste *m*. ◆ comp [monk, monastery] de la Trappe.

traps [træps] pl n [luggage] bagages *mpl*, affaires *fpl*.

trapshooting ['træp,ʃu:tɪŋ] n ball-trap *m* ▸ **to go trapshooting** faire du ball-trap.

trash [træʃ] ◆ n *(U)* **1.** [nonsense] bêtises *fpl*, âneries *fpl* / *he talks* / *writes a lot of trash* il dit / écrit beaucoup d'âneries / *what utter trash!* c'est vraiment n'importe quoi ! / *how can you watch that trash?* comment peux-tu regarder de telles nullités or idioties ? **2.** [goods] camelote *f* / *they sell a lot of trash* ils vendent beaucoup de camelote **3.** US [waste] ordures *fpl* ▸ **to put something in the trash** mettre qqch à la poubelle ▸ **trash heap** tas *m* d'ordures **4.** COMPUT [icon, file] corbeille *f* ▸ **to drag a file into the trash** déplacer un fichier dans la corbeille **5.** *inf* [people] racaille *f* / *he's just trash, they're just trash* c'est de la racaille. ◆ vt *inf* **1.** [reject] jeter, bazarder / *they trashed all my ideas* ils ont rejeté toutes mes idées **2.** [criticize] débiner, éreinter **3.** [vandalize] vandaliser, saccager **4.** US SPORT [opponent] démolir.

trash bag n US sac-poubelle *m*.

trash barrel n US (grande) poubelle *f*.

trashcan ['træʃkæn] n US poubelle *f*.

trash compactor n US compacteur *m* d'ordures ménagères.

trashed [træʃt] adj US *inf* [drunk] bourré ▸ **to get trashed** se bourrer la gueule.

trasher ['træʃə^r] n US vandale *m*, voyou *m*.

trashman ['træʃmæn] *(pl* **trashmen** [-men]) n US éboueur *m*.

trashy ['træʃɪ] *(compar* **trashier**, *superl* **trashiest**) adj [goods] de pacotille ; [magazine, book] de quatre sous ; [idea, article] qui ne vaut rien ; [programme] lamentable, au-dessous de tout.

trauma UK 'trɔ:mə US 'traʊmə] *(pl* **traumas** *or* **traumata** [-mətə]) n [gen & PSYCHOL] trauma *m spec*, traumatisme *m* ; MED traumatisme *m*.

traumatic [trɔ:'mætɪk] adj [gen & PSYCHOL] traumatisant ; MED traumatique.

traumatism UK 'trɔ:mətɪzm US 'traʊmətɪzm] n traumatisme *m*.

traumatize, **traumatise** UK 'trɔ:mətaɪz US 'traʊmətaɪz] vt traumatiser.

travail ['træveɪl] ◆ n *arch & liter* **1.** [work] labeur *m* **2.** [in childbirth] douleurs *fpl* de l'enfantement, travail *m*. ◆ vi *arch & liter* **1.** [work] peiner **2.** [in childbirth] être en travail or en couches.

❖ **travails** pl n vicissitudes *fpl*.

travel ['trævl] (UK *pt & pp* **travelled**, *cont* **travelling** ; US *pt & pp* **traveled**, *cont* **traveling**) ◆ vi **1.** [journey - traveller] voyager ▸ **to travel by air** / **car** voyager en avion / en voiture / *they travelled to Greece by boat* ils sont allés en Grèce en bateau / *they've travelled a lot together* ils ont beaucoup voyagé ensemble ▸ **to travel round the world** faire le tour du monde / *she's travelling (about* or *around) somewhere in Asia* elle est en voyage quelque part en Asie / *we travelled across France by train* nous avons traversé la France en train / *they've travelled far and wide* ils ont voyagé partout dans le monde ▸ **to travel light** voyager avec peu de bagages ▸ **to travel back** revenir, rentrer / *let's travel back in time to 1940* retournons en 1940 **2.** COMM être voyageur or représentant de commerce / *he travels in confectionery* UK il est représentant en confiserie **3.** [go, move - person] aller ; [-vehicle, train] aller, rouler ; [-piston, shuttle] se déplacer ; [-light, sound] se propager / *the train travelled at high speed through the countryside* le train roulait à toute vitesse à travers la campagne / *we were travelling at an average speed of 60 m.p.h.* on faisait du 90 km / h de moyenne / *the signals travel along different routes* les signaux suivent des trajets différents / *the components travel along a conveyor belt* les pièces détachées sont transportées sur un tapis roulant **4.** *inf* [go very fast] rouler (très) vite / *we were really travelling* on roulait vraiment très vite / *this car certainly travels!* elle bombe, cette voiture ! **5.** *fig* [thoughts, mind] : *my mind travelled back to last June* mes pensées m'ont ramené au mois de juin dernier **6.** [news, rumour] se répandre, se propager, circuler / *news travels fast* les nouvelles vont vite **7.** [food] supporter le voyage. ◆ vt **1.** [distance] faire, parcourir / *I travelled 50 miles to get here* j'ai fait 80 km pour venir ici **2.** [area, road] parcourir / *I've travelled these roads for years* j'ai parcouru ces routes pendant des années / *we travelled the country from west to east* on a parcouru or traversé le pays d'ouest en est. ◆ n *(U)* [journeys] voyage *m*, voyages *mpl* / *travel broadens the mind* les voyages ouvrent l'esprit / *I've done a lot of foreign travel* j'ai beaucoup voyagé à l'étranger. ◆ comp [book] de voyages ; [guide, brochure] touristique ; [writer] qui écrit des récits de voyage.

❖ **travels** pl n [journeys] voyages *mpl* ; [comings and goings] allées et venues *fpl* / *I met them on my travels in China* je les ai rencontrés au cours de mes voyages en Chine / *did you see my glasses on your travels?* *hum* tu n'as pas vu mes lunettes quelque part ? / **'Gulliver's Travels'** *Swift* 'les Voyages de Gulliver'.

travel agency n agence *f* de voyages.

travel agent n agent *m* de voyages ▸ **travel agent's** agence *f* de voyages.

travelator ['trævəleɪtə^r] = **travolator**.

travel book n récit *m* de voyages.

travel brochure n dépliant *m* touristique.

travel bureau n agence *f* de voyages.

Travelcard ['trævlkɑ:d] n carte *f* d'abonnement *(pour les transports en commun à Londres)*.

traveled ['trævld] US = **travelled**.

traveler ['trævlər] US = **traveller**.

travel insurance n *(U)* ▸ **to take out travel insurance** prendre une assurance-voyage.

travelled UK, **traveled** US ['trævld] adj **1.** [person] qui a beaucoup voyagé / *he's a well-travelled man* il a beaucoup voyagé **2.** [road, path] fréquenté / *this is a much travelled road* c'est une route très fréquentée.

traveller UK, **traveler** US ['trævlər] n **1.** [gen] voyageur *m*, -euse *f* / *I'm not a good traveller* je supporte mal les voyages **2.** [salesman] voyageur *m*, -euse *f* de commerce **3.** [gipsy] bohémien *m*, -enne *f* **4.** [lifestyle] ▸ **New Age traveller** nomade *mf* New Age.

traveller's cheque n chèque *m* de voyage, traveller's cheque *m*.

travelling UK, **traveling** US ['trævlɪŋ] ◆ n *(U)* voyage *m*, voyages *mpl*. ◆ adj [companion, bag] de voyage ; [preacher, musician] itinérant ; [crane] mobile.

travelling clock n réveil *m* de voyage.

travelling library n ≃ bibliobus *m*.

travelling people pl n gens *mpl* du voyage.

travelling rug n plaid *m*.

travelling salesman n représentant *m* or voyageur *m* de commerce.

travelogue UK, **travelog** US ['trævəlɒg] n [lecture, book] récit *m* de voyage ; [film] film *m* de voyage.

travel-sick adj UK ▸ **to be travel-sick a)** [in car] avoir mal au cœur en voiture, avoir le mal de la route **b)** [in boat] avoir le mal de mer **c)** [in plane] avoir le mal de l'air / *I get travel-sick in buses* je suis malade or j'ai mal au cœur en bus.

travel sickness n mal *m* de la route.

travel-size adj [shampoo, etc.] de voyage.

travel-stained adj sali par le voyage or les voyages.

travel-weary adj fatigué par le voyage ou les voyages.

traverse ['trævəs or ˌtrə'vɜ:s] ◆ vt *fml* traverser. ◆ vi [in climbing, skiing] faire une traversée, traverser. ◆ n **1.** [beam] traverse *f* **2.** [gallery] galerie *f* transversale.

travesty ['trævəstɪ] (*pl* **travesties**, *pt & pp* **travestied**) ◆ n [parody] parodie *f*, pastiche *m* ; *pej* [mockery, pretence] simulacre *m*, travestissement *m* / *the trial was a travesty of justice* le procès n'était qu'un simulacre de justice. ◆ vt [justice] bafouer.

travolator ['trævəleɪtər] n tapis *m* or trottoir *m* roulant.

trawl [trɔ:l] ◆ n **1.** FISHING ▸ **trawl (net)** chalut *m* ▸ **trawl line** palangre *f* **2.** [search] recherche *f*. ◆ vi **1.** FISHING pêcher au chalut ▸ **to trawl for mackerel** pêcher le maquereau au chalut **2.** [search] chercher ▸ **to trawl for information** chercher des renseignements, aller à la pêche (aux renseignements). ◆ vt [net] traîner, tirer ; [sea] pêcher dans ▸ **to trawl the Web** faire des recherches sur le Net.

trawler ['trɔ:lər] n [boat, fisherman] chalutier *m*.

tray [treɪ] n **1.** [for carrying] plateau *m* **2.** [for papers] casier *m* (de rangement) ; [for mail] corbeille *f* ▸ **in / out tray** corbeille arrivée / départ.

traycloth ['treɪklɒθ] n napperon *m* (de plateau).

trayful ['treɪfʊl] n plein plateau *m*.

treacherous ['tretʃərəs] adj **1.** [disloyal - ally] traître, perfide ; *fig* [memory] infidèle **2.** [dangerous - water, current, ice] traître / *the roads are treacherous* les routes sont très glissantes.

treacherously ['tretʃərəslɪ] adv [act] traîtreusement / *the currents are treacherously strong* les courants sont traîtres tellement ils sont forts.

treachery ['tretʃərɪ] (*pl* **treacheries**) n perfidie *f*, traîtrise *f*.

treacle ['tri:kl] n UK [molasses] mélasse *f* ; [golden syrup] mélasse *f* raffinée.

treacle pudding n UK pudding *m* à la mélasse.

treacle tart n UK tarte *f* à la mélasse.

treacly ['tri:klɪ] adj [sweet] sirupeux ; *fig* [sentimental] mièvre, sirupeux.

tread [tred] (*pt* **trod** [trɒd], *pp* **trod** *or* **trodden** ['trɒdn]) ◆ vt **1.** [walk] : *a path had been trodden through the grass* les pas des marcheurs avaient tracé un chemin dans l'herbe / *she trod the streets looking for him* elle a battu le pavé or parcouru la ville à sa recherche / *the path had been trodden by generations of hikers* des générations de randonneurs avaient foulé ce chemin ▸ **to tread the boards** monter sur les planches **2.** [trample] fouler ▸ **to tread grapes** fouler du raisin ▸ **to tread sthg underfoot** fouler qqch aux pieds, piétiner qqch ▸ **to tread water** nager sur place **3.** [stamp] enfoncer, écraser / *she trod the cigarette into the sand* elle a écrasé du pied le mégot dans le sable / *don't tread the crumbs into the carpet* ne piétinez pas les miettes sur la moquette. ◆ vi **1.** [walk] marcher ▸ **to tread lightly** marcher d'un pas léger ▸ **to tread carefully** or **warily** *fig* y aller doucement or avec précaution **2.** [step] ▸ **to tread on sthg a)** [accidentally] marcher sur qqch **b)** [deliberately] marcher (exprès) sur qqch / *I must have trodden in something* j'ai dû marcher sur or dans quelque chose / *he trod on my foot* il m'a marché sur le pied ▸ **to tread on sb's heels** talonner qqn, suivre qqn de près ▸ **to tread on sb's toes** marcher sur les pieds de qqn. ◆ n **1.** [footstep] pas *m* ▸ **to walk with a heavy tread** marcher d'un pas lourd ; [sound of steps] bruit *m* de pas **2.** [of stairs] marche *f*, giron *m spec* **3.** [of shoe] semelle *f* ; [of tyre - depth] bande *f* de roulement ; [- pattern] sculptures *fpl* / *there's no tread left* **a)** [on shoe] la semelle est usée **b)** [on tyre] le pneu est lisse.

❖ **tread down** vt sep tasser (du pied).

❖ **tread in** vt sep [plant] tasser la terre autour de.

treadle ['tredl] ◆ n pédale *f (sur un tour ou sur une machine à coudre)*. ◆ vi actionner la pédale.

treadmill ['tredmɪl] n [machine] manège *m* ; HIST *roue ou manège mus par un homme ou un animal et actionnant une machine* / *I feel like I'm on a treadmill* je ne supporte pas cette routine.

treas. (written abbr of **treasurer**) trés.

treason ['tri:zn] n trahison *f*.

treasonable ['tri:znəbl] adj [action, statement] qui constitue une trahison.

treasure ['treʒər] ◆ n **1.** [valuables] trésor *m* / **'Treasure Island'** *Stevenson* 'l'Île au trésor' **2.** [art] joyau *m*, trésor *m* / *the museum has many treasures of Renaissance art* le musée contient de nombreux joyaux de la Renaissance **3.** *inf* [person] trésor *m*, ange *m* / *she's a real treasure* c'est un vrai trésor / *come here, my little treasure* viens là, mon (petit) trésor. ◆ vt **1.** [friendship, possession] tenir beaucoup à **2.** [gift] garder précieusement, être très attaché à ; [memory] conserver précieusement, chérir *fml* ; [moment] chérir *fml*.

treasure house n **1.** [museum] trésor *m (lieu)* **2.** [room, library] mine *f*, trésor *m* **3.** *fig* [person] : *she's a treasure house of information* c'est un puits de science or une mine de renseignements.

treasure hunt n chasse *f* au trésor.

treasurer ['treʒərər] n **1.** [of club] trésorier *m*, -ère *f* **2.** US [of company] directeur *m* financier.

treasure trove n trésor *m*.

treasury ['treʒərɪ] (*pl* **treasuries**) n **1.** [building] trésorerie *f* **2.** *fig* [of information] mine *f* ; [of poems] recueil *m* **3.** ADMIN ▸ **the Treasury** la Trésorerie ; ≃ le ministère des Finances ▸ **Secretary / Department of the Treasury** US ≃ ministre *m* / ministère *m* des Finances.

Treasury bench n banc *m* des ministres *(au Parlement britannique)*.

treasury bill n ≃ bon *m* du Trésor.

Treasury Department pr n US ▸ **the Treasury Department** le ministère des Finances.

treat [tri:t] ◆ vt **1.** [deal with] traiter / *he treats them with contempt* il est méprisant envers eux / *teachers expect to be treated with respect by their pupils* les professeurs exigent que leurs élèves se conduisent respectueusement envers eux / *you shouldn't treat them like children* vous ne devriez pas les traiter comme des enfants / *the firm treats its customers extremely well / badly* la compagnie traite extrêmement bien / mal ses clients / *the hostages said that they had been well treated* les otages ont déclaré qu'ils avaient été bien traités **2.** [handle - substance, object] utiliser, se servir de / *the weedkiller needs to be treated with great care* il faut se servir du désherbant avec beaucoup de précaution ; [claim, request] traiter **3.** [consider - problem, question] traiter, considérer / *the whole episode was treated as a joke* on a pris or on a considéré tout cet épisode comme une plaisanterie / *she treated the subject rather superficially* elle a traité le sujet assez superficiellement **4.** MED [patient] soigner ; [illness] traiter / *she's being treated for cancer* on la soigne pour un cancer **5.** [fruit, timber, crops] traiter / *the land has been treated with fertilizer* la terre a été traitée aux engrais **6.** [buy] ▸ **to treat sb to sthg** offrir or payer qqch à qqn / *she treated them all to ice cream* elle a payé or offert une glace à tout le monde / *I treated myself to a new coat* je me suis offert or payé un manteau neuf / *go on, treat yourself!* vas-y, gâte-toi or fais-toi plaisir ! ◆ vi *fml* **1.** ▸ **to treat of** [deal with] traiter de / *the book treats of love* le livre traite de l'amour **2.** [negotiate] ▸ **to treat with sb** traiter avec qqn / *the government refuses to treat with terrorists* le gouvernement refuse de traiter avec les terroristes. ◆ n **1.** [on special occasion - enjoyment] gâterie *f*, (petit) plaisir *m* ; [- surprise] surprise *f* ; [- present] cadeau *m* ; [- outing] sortie *f* / *as a special treat we went to the planetarium* on nous a offert tout spécialement une visite au planétarium / *I've got a treat for you* j'ai une bonne surprise pour toi / *let's give her a treat* faisons-lui un petit plaisir / *this is my treat* c'est moi qui offre / *you've got a treat in store* on te réserve une surprise, attends-toi à une surprise / *it used to be a real treat to travel by train* autrefois, on se faisait une vraie fête de voyager en train **2.** [pleasure] plaisir *m* / *it's a treat for us to see you looking so happy* cela nous fait vraiment plaisir or pour nous c'est une grande joie de vous voir si heureuse.

❖ **a treat** adv phr UK *inf* à merveille / *he's coming on a treat* il fait de sacrés progrès / *the idea worked a treat* l'idée a marché à merveille.

treatise ['tri:tɪs] n traité *m* / *a treatise on racism* un traité sur le racisme.

treatment ['tri:tmənt] n **1.** [of person] traitement *m* / *we complained of ill treatment* nous nous sommes plaints d'avoir été mal traités / *they gave him preferential treatment* ils lui ont accordé un traitement préférentiel or de faveur / *I got very good treatment* on m'a très bien traité ▸ **to give sb the (full) treatment** traiter qqn avec tous les égards **2.** *(U)* MED soins *mpl*, traitement *m* ▸ **a course of treatment** un traitement / *she was sent to Madrid for treatment* on l'a envoyée se faire soigner à Madrid ▸ **to receive / to undergo treatment** recevoir / suivre un traitement / *is he responding to treatment?* est-ce qu'il réagit au traitement ? / *no doctor has the right to refuse treatment* aucun médecin n'a le droit de refuser ses soins à un malade ▸ **cancer treatment** traitement du cancer ▸ **X-ray treatment** traitement par rayons X **3.** [of subject] traitement *m*, façon *f* de traiter **4.** [of crops, timber] traitement *m* **5.** [chemical] produit *m* chimique **6.** CIN traitement *m*.

treaty ['tri:tɪ] (*pl* **treaties**) n **1.** POL traité *m* ▸ **to sign a treaty (with sb)** signer or conclure un traité (avec qqn) ▸ **Amsterdam / Maastricht / Rome treaty** traité d'Amsterdam / de Maastricht / de Rome / *there is a treaty between the two countries* les deux pays sont liés par traité **2.** LAW : *they sold the property by private treaty* ils ont vendu la propriété par accord privé.

treble ['trebl] ◆ adj **1.** [triple] triple / *my phone number is 70 treble 4* UK mon numéro de téléphone est le soixante-dix, quatre cent quarante-quatre **2.** MUS [voice] de soprano ; [part] pour voix de soprano. ◆ n **1.** MUS [part, singer] soprano *m* **2.** *(U)* [in hi-fi] aigus *mpl*. ◆ vt & vi tripler. ◆ adv ▸ **to sing treble** chanter dans un registre de soprano.

treble chance n UK *méthode de pari en football.*

treble clef n clef *f* de sol.

trebly ['trebli] adv triplement, trois fois plus / *trebly difficult* trois fois plus difficile.

tree [tri:] ◆ n **1.** BOT arbre *m* ▸ **the Tree of Knowledge / Life** BIBLE l'arbre de la science du bien et du mal / de vie ▸ **to be up a tree** US être dans une impasse **2.** [diagram] ▸ **tree (diagram)** représentation *f* en arbre or arborescente, arborescence *f* **3.** [for shoes] embauchoir *m*, forme *f* **4.** [of saddle] arçon *m*. ◆ vt **1.** [hunter, animal] forcer or obliger à se réfugier dans un arbre **2.** US *inf & fig* [trap] piéger.

tree creeper n ORNITH grimpereau *m*.

tree fern n fougère *f* arborescente.

tree frog n rainette *f*.

treehouse ['tri:haus] *(pl* [-hauzɪz]*)* n *cabane construite dans un arbre.*

tree-hugger [-hʌgər] n *inf & pej* écolo *mf*.

treeless ['tri:lɪs] adj sans arbres, dénudé.

tree-lined adj bordé d'arbres.

tree ring n cercle *m* d'arbres.

tree sparrow n friquet *m*.

treestump ['tri:stʌmp] n souche *f*.

tree surgeon n arboriculteur *m*, -trice *f (qui s'occupe de soigner et d'élaguer les arbres).*

tree surgery n arboriculture *f (traitement des arbres malades).*

treetop ['tri:tɒp] n cime *f* or haut *m* or faîte *m* d'un arbre / *in the treetops* au faîte or au sommet des arbres.

tree trunk n tronc *m* d'arbre.

trefoil ['trefɔɪl] n ARCHIT & BOT trèfle *m*.

trek [trek] *(pt & pp* **trekked**, *cont* **trekking***)* ◆ n **1.** [walk] marche *f* ; [hike] randonnée *f* ▸ **to go on a trek** faire une marche or une randonnée ; [arduous trip] marche *f* pénible / *it was a real trek to get here* ça a été une véritable expédition pour arriver ici / *it's a bit of a trek to the shops* il y a un bout de chemin jusqu'aux magasins **2.** SAFR HIST voyage *m* en char à bœufs. ◆ vi **1.** [walk] avancer avec peine ; [hike] faire de la randonnée / *we had to trek across fields to get here* il a fallu passer à travers champs pour arriver ici ; [drag o.s.] se traîner / *they trekked all the way out here to see us* ils ont fait tout ce chemin pour venir nous voir / *I can't be bothered to trek over to the supermarket again* je n'ai pas le courage de refaire tout ce chemin jusqu'au supermarché **2.** SAFR HIST voyager en char à bœufs. ◆ vt SAFR [load] tirer, traîner.

Trekkie ['treki] n *inf* fan *mf* de Star Trek.

trekking ['trekɪŋ] n [as holiday activity] randonnée *f*, trekking *m* / *I went on a trekking holiday in Nepal* je suis allé faire de la randonnée au Népal.

trellis ['trelɪs] ◆ n treillage *m*, treillis *m*. ◆ vt [wood strips] faire un treillage de ; [plant] treillager.

trelliswork ['trelɪs,wɜ:k] n treillage *m*.

tremble ['trembl] ◆ vi **1.** [person - with cold] trembler, frissonner ; [- from fear, excitement, rage] trembler, frémir ; [hands] trembler / *to tremble with fear* trembler de peur **2.** [voice - from emotion] trembler, vibrer ; [- from fear] trembler ; [- from old age] trembler, chevroter / *her voice trembled with emotion* sa voix tremblait d'émotion **3.** [bridge, house, ground] trembler ; [engine] vibrer **4.** *fig* [be anxious] frémir / *he trembled for their safety* il tremblait pour eux / *she trembled at the thought* elle frémissait à cette seule pensée. ◆ n **1.** [from fear] tremblement *m* ; [from excitement, rage] frémissement *m* ; [from cold] frissonnement *m* ▸ **to be all of a tremble** *inf* trembler comme une feuille **2.** [in voice] frémissement *m*, frisson *m*.

trembling ['tremblɪŋ] ◆ adj **1.** [body - with cold] frissonnant, grelottant ; [- in fear, excitement] frémissant, tremblant ; [hands] tremblant **2.** [voice - with emotion] vibrant ; [- with fear] tremblant ; [- because of old age] chevrotant / *with a trembling voice* **a)** [speaker] d'une or la voix tremblante **b)** [singer] d'une or la voix chevrotante. ◆ n [from cold] tremblement *m*, frissonnement *m* ; [from fear] tremblement *m*, frémissement *m*.

tremendous [trɪ'mendəs] adj **1.** [number, amount] énorme, très grand ; [cost, speed] très élevé, vertigineux ; [building, arch] énorme ; [height] vertigineux, très grand ; [undertaking] énorme, monumental ; [admiration, disappointment, pride] très grand, extrême ; [crash, noise] terrible, épouvantable / *the fair was a tremendous success* la foire a été une très grande réussite / *there's been a tremendous improvement in her work* son travail s'est énormément amélioré / *there was a tremendous crowd* il y avait un monde fou or une foule énorme / *you've been a tremendous help* vous m'avez été d'une aide précieuse **2.** [wonderful] sensationnel, formidable / *I had a tremendous time* je me suis amusé comme un fou / *she looks tremendous in black* elle a beaucoup d'allure en noir / *he scored a tremendous goal* il a mis un but de toute beauté.

tremendously [trɪ'mendəslɪ] adv [as intensifier] extrêmement / *we heard a tremendously loud explosion* on a entendu une formidable explosion / *we enjoyed it tremendously* cela nous a énormément plu / *he did tremendously well* il a extrêmement bien réussi / *I'm not tremendously keen on his plays* je n'aime pas vraiment ses pièces.

tremolo ['treməlәu] *(pl* **tremolos***)* n MUS trémolo *m* ▸ **tremolo arm** *levier sur une guitare électrique qui sert à varier le ton d'une note.*

tremor ['tremər] n **1.** GEOL secousse *f* (sismique) **2.** [in voice] frémissement *m*, frisson *m*, tremblement *m* **3.** [of fear, thrill] frisson *m* / *a tremor of anticipation ran through the audience* à l'idée de ce qui allait suivre, la salle fut parcourue d'un frisson.

tremulous ['tremjʊləs] adj *liter* **1.** [with fear] tremblant ; [with excitement, nervousness] frémissant ; [handwriting] tremblé / *he was tremulous with emotion / fear* il tremblait d'émotion / de peur / *her voice was tremulous with joy* sa voix vibrait de joie **2.** [timid - person, manner] timide, craintif ; [- animal] craintif, effarouché ; [- smile] timide.

tremulously ['tremjʊləslɪ] adv *liter* **1.** [with fear, emotion] en tremblant ▸ **to sing / to answer tremulously** chanter / répondre d'une voix tremblante **2.** [timidly] timidement, craintivement.

trench [trentʃ] ◆ n [gen, CONSTR & MIL] tranchée *f* ; [ditch] fossé *m* / *life in the trenches* la vie dans les tranchées / *my grandfather fought in the trenches* mon grand-père a fait la guerre des tranchées. ◆ vt [field] creuser une tranchée or des tranchées dans ; MIL retrancher. ◆ vi creuser une tranchée or des tranchées.

trenchant ['trentʃənt] adj incisif, tranchant.

trenchantly ['trentʃəntlɪ] adv [speak] d'un ton tranchant or incisif ; [write] d'une manière incisive.

trench coat n trench-coat *m*.

trencher ['trentʃər] n tranchoir *m*.

trencherman ['trentʃəmən] *(pl* **trenchermen** [-mən]*)* n *liter & hum* gros mangeur *m* / *he's a good / great trencherman* il a un bon coup de fourchette.

trench fever n *(U)* rickettsiose *f*.

trench foot n *(U)* pied *m* de tranchée.

trench mouth n *(U)* angine *f* ulcéreuse or de Vincent.

trench warfare n guerre *f* de tranchées.

trend [trend] ◆ n [tendency] tendance *f* ; [fashion] mode *f* / *the trend is towards shorter skirts* la tendance est aux jupes plus courtes / *there is a trend away from going abroad for holidays* on a tendance à délaisser les vacances à l'étranger / *political / electoral trends* tendances politiques / électorales / *house prices are on an upward trend again* le prix des maisons est de nouveau à la hausse ▸ **the trend of events** le cours or la tournure des événements / *the latest trends* la dernière mode ▸ **to set a / the trend a)** [style] donner un / le ton **b)** [fashion] lancer une / la mode. ◆ vi [extend - mountain range] s'étendre ; [veer - coastline] s'incliner ; [turn - prices, opinion] s'orienter.

trendily ['trendɪlɪ] adv *inf* [dress] branché *(adv).*

trendsetter ['trend,setər] n [person - in style] personne *f* qui donne le ton ; [- in fashion] personne *f* qui lance une mode.

trendsetting ['trend,setɪŋ] ◆ adj [person] qui lance une mode ; [idea, garment] d'avant-garde. ◆ n lancement *m* d'une mode.

trendy ['trendɪ] *(compar* **trendier**, *superl* **trendiest**, *pl* **trendies***)* *inf* ◆ adj [music, appearance] branché ; [ideas] à la mode, branché ; [clothes] branché ; [place, resort] à la mode, branché / *he's a very trendy dresser* il est toujours habillé à la dernière mode ▸ **trendy lefty** intello *mf* de gauche. ◆ n *pej* branché *m*, -e *f*.

Trento ['trentәu] pr n Trente.

trepan [trɪ'pæn] *(pt & pp* **trepanned**, *cont* **trepanning***)* ◆ vt **1.** MIN forer **2.** MED trépaner. ◆ n **1.** MIN foreuse *f* ; [for metal, plastic] foret *m* **2.** MED trépan *m*.

trepidation [,trepɪ'deɪʃn] n **1.** [alarm] inquiétude *f* / *with great trepidation* avec une vive inquiétude **2.** [excitement] agitation *f*.

trespass ['trespəs] ◆ vi **1.** LAW s'introduire dans une propriété privée / *you're trespassing* vous êtes sur une propriété privée ▸ **to trespass on sb's land** s'introduire or entrer sans autorisation dans une propriété privée / **'no trespassing'** 'défense d'entrer', propriété privée **2.** *fig* [encroach] : *I don't want to trespass on your time / hospitality* je ne veux pas abuser de votre temps / hospitalité / *he's trespassing on my area of responsibility* il empiète sur mon terrain **3.** BIBLE ▸ **to trespass against sb** offenser qqn ▸ **to trespass against the law** enfreindre la loi (divine). ◆ n **1.** *(U)* LAW entrée *f* non autorisée ▸ **to commit trespass** s'introduire dans une propriété privée **2.** BIBLE péché *m* ▸ **forgive us our trespasses** pardonne-nous nos offenses.

> ⚠ **Trépasser** means to die, not to trespass.

trespasser ['trespəsər] n **1.** LAW intrus *m*, -e *f (dans une propriété privée)* / **'trespassers will be prosecuted'** 'défense d'entrer sous peine de poursuites' **2.** BIBLE pécheur *m*, -eresse *f*.

tress [tres] n *liter* ▸ **a tress (of hair)** une mèche or une boucle de cheveux / *her golden tresses* sa blonde chevelure.

trestle ['tresl] n **1.** [for table] tréteau *m* **2.** CONSTR chevalet *m*.

trestle bridge n pont *m* sur chevalets.

trestle table n table *f* à tréteaux.

trews [tru:z] pl n SCOT pantalon *m* (écossais).

triable ['traɪəbl] adj LAW [case] susceptible d'être porté en justice.

triad ['traɪæd] n [gen] triade *f* ; MUS accord *m* parfait.

triage ['tri:ɑ:ʒ] n MED triage *m (des malades, des blessés).*

trial ['traɪəl] ◆ n **1.** LAW procès *m* / *he pleaded guilty at the trial* il a plaidé coupable à son procès or devant le tribunal / *many witnesses were brought forward at the trial* de nombreux témoins sont venus à la barre au cours du procès ▸ **to be** or **to go on trial for sthg, to stand trial for sthg** passer en jugement or en justice pour qqch / *he was put on* or *sent for trial for murder* il a été jugé pour meurtre ▸ **to bring sb to trial** faire passer or traduire qqn en justice / *his case comes up for trial in September* son affaire passe en jugement en septembre ▸ **trial by jury** jugement *m* par jury / **'The Trial'** *Kafka* 'le Procès' **2.** [test] essai *m* ▸ **to give sthg a trial** mettre qqch à l'essai, essayer qqch ▸ **to be on trial** être à l'essai / *give her a month's trial before you take her on* prenez-la un mois à l'essai avant de l'embaucher / *it was a trial of strength* c'était une épreuve de force ▸ **by trial and error** par tâtonnements, par essais et erreurs / *it was just trial and error* ce n'était qu'une suite d'approximations **3.** [hardship, adversity] épreuve *f*

/ *the trials of married life* les vicissitudes de la vie conjugale ▸ **trials and tribulations** tribulations *fpl* / *her arthritis was a great trial to her* son arthrite l'a beaucoup fait souffrir ; [person] : *he's always been a trial to his parents* il a toujours donné du souci à ses parents. ◆ adj **1.** [test - flight] d'essai ; [- marriage] à l'essai ▸ **on a trial basis** à titre d'essai ▸ **for a trial period** pendant une période d'essai ▸ **trial separation** séparation *f* à l'essai ▸ **trial balloon** *lit & fig* ballon *m* d'essai **2.** US LAW ▸ **trial attorney** or **lawyer** avocat *m* ▸ **trial court** tribunal *m* de première instance ▸ **trial judge** ≃ juge *m* d'instance ▸ **trial jury** jury *m*. ◆ vi tester / *the vehicle is being trialled* le véhicule subit actuellement des essais.
❖ **trials** pl n [competition] concours *m* ; [for selection - match] match *m* de sélection ; [- race] épreuve *f* de sélection.

trial balance n FIN balance *f* d'inventaire.

trial run n essai *m* ▸ **to give sthg a trial run** essayer qqch, faire un essai avec qqch / *we'll have a trial run before we record* on fera un essai avant d'enregistrer.

trial-size(d) adj [pack, box] d'essai.

triangle ['traɪæŋgl] n **1.** GEOM triangle *m* ; US [set square] équerre *f* **2.** MUS triangle *m*.

triangular [traɪ'æŋgjʊlər] adj triangulaire.

triangulate [traɪ'æŋgjʊleɪt] ◆ vt **1.** GEOM diviser en triangles **2.** GEOG [region] trianguler. ◆ vi US *fig* [seek third way] chercher une troisième voie.

triangulation [traɪ,æŋgjʊ'leɪʃn] n **1.** *lit* triangulation *f* **2.** US *fig* [seeking third way] recherche *f* d'une troisième voie.

triangulation station n point *m* géodésique.

Triassic [traɪ'æsɪk] ◆ n trias *m*. ◆ adj triasique.

triathlete [traɪ'æθli:t] n triathlète *mf*.

triathlon [traɪ'æθlɒn] n triathlon *m*.

tribadism ['trɪbədɪzm] n tribadisme *m*.

tribal ['traɪbl] adj [games, rites, warfare] tribal ; [loyalty] à la tribu.

tribalism ['traɪbəlɪzm] n tribalisme *m*.

tribalistic [,traɪbə'lɪstɪk] adj tribal.

tri-band adj TELEC tribande.

tribe [traɪb] n **1.** HIST, SOCIOL & ZOOL tribu *f* **2.** *inf & fig* tribu *f*, smala *f*.

tribesman ['traɪbzmən] (*pl* **tribesmen** [-mən]) n membre *m* d'une tribu ; [of particular tribe] membre *m* de la tribu.

tribespeople ['traɪbz,pi:pl] pl n [tribes] tribus *fpl* ; [members of particular tribe] membres *mpl* de la tribu / *the Negrito tribespeople* les membres *mpl* de la tribu des Négritos, les Négritos *mpl*.

tribeswoman ['traɪbz,wʊmən] (*pl* **tribeswomen** [-wɪmɪn]) n membre *m* d'une tribu ; [of particular tribe] membre *m* de la tribu.

triboelectricity ['traɪbəʊɪlek'trɪsətɪ] n tribo-électricité *f*.

tribrach ['trɪbræk] n LITER tribraque *m*.

tribulation [,trɪbjʊ'leɪʃn] n *liter* affliction *f* *liter*, malheur *m* / *in times of tribulation* en temps de malheurs.

tribunal [traɪ'bju:nl] n [gen & LAW] tribunal *m* / *the tribunal of public opinion* *fig* le jugement de l'opinion publique ▸ **tribunal of inquiry** commission *f* d'enquête ▸ **military tribunal** tribunal militaire.

tribune ['trɪbju:n] n **1.** ANTIQ tribun *m* **2.** [platform] tribune *f* / *the newspaper provides a tribune for the views of young people* *fig* le journal offre une tribune à des jeunes pour faire connaître leurs points de vue ▸ **Tribune** PRESS *magazine politique et littéraire exprimant le point de vue de l'aile gauche du parti travailliste* **3.** [defender] tribun *m*.

Tribune Group pr n POL ▸ **the Tribune Group** *le groupe des députés de gauche du parti travailliste britannique.*

tributary ['trɪbjʊtrɪ] (*pl* **tributaries**) ◆ n **1.** [ruler, state] tributaire *m* **2.** GEOG [stream] affluent *m*. ◆ adj tributaire.

tribute ['trɪbju:t] n **1.** [mark of respect] hommage *m* ▸ **to pay tribute to sb** rendre hommage à qqn / *we stood in silent tribute* nous lui avons rendu un hommage silencieux **2.** [indication of efficiency] témoignage *m* / *it is a tribute to their organizational skills that everything went so smoothly* si tout a si bien marché, c'est grâce à leurs qualités d'organisateurs **3.** HIST & POL tribut *m*.

tribute band n *groupe qui interprète les chansons d'un groupe célèbre.*

trice [traɪs] ◆ n [moment] ▸ **in a trice** en un clin d'œil, en un rien de temps. ◆ vt NAUT [sail] hisser.

tricentennial [,traɪsen'tenjəl] ◆ n tricentenaire *m*. ◆ adj tricentenaire ; [celebrations] du tricentenaire.

triceps ['traɪseps] (*pl* **tricepses** [-sɪz]) n triceps *m*.

triceratops [traɪ'serətɒps] n tricératops *m*.

trichloride [traɪ'klɔ:raɪd] n trichlorure *m*.

trichology [trɪ'kɒlədʒɪ] n trichologie *f*.

trichromatic [,traɪkrəʊ'mætɪk] adj trichrome.

trichromatism [traɪ'krəʊmətɪzm] n trichromie *f*.

trick [trɪk] ◆ n **1.** [deception, ruse] ruse *f*, astuce *f* ; [stratagem] stratagème *m* / *it's just a trick to get you to open the door* c'est une ruse or une astuce pour vous amener à ouvrir la porte ▸ **a trick of the light** un effet d'optique ▸ **how's tricks?** *inf* comment va ?, quoi de neuf ? **2.** [joke, prank] tour *m*, farce *f*, blague *f* ▸ **to play a trick on sb** faire une farce or jouer un tour à qqn ▸ **what a dirty** or **mean** or **nasty trick to play!** quel sale tour ! ▸ **"trick or treat"** « des bonbons ou une farce » *(phrase rituelle des enfants déguisés qui font la quête la veille de la fête de Halloween)* **3.** *(usu pl)* [silly behaviour] bêtise *f* / *none of your tricks!* et pas de bêtises, hein ! / *he's up to his old tricks again* il fait encore des siennes **4.** [knack] truc *m*, astuce *f* ; [in conjuring, performance] tour *m* / *there, that should do the trick* voilà, ça fera l'affaire / *he knows a trick or two* il a plus d'un tour dans son sac, c'est un malin ▸ **to have a trick up one's sleeve** : *she still has a few tricks up her sleeve* il lui reste plus d'un tour dans son sac ▸ **the tricks of the trade** : *it's one of the tricks of the trade* c'est une vieille ficelle or un truc du métier **5.** [habit] habitude *f*, manie *f* ; [particularity] particularité *f* ; [gift] don *m* ; [mannerism] manie *f*, tic *m* / *he has a trick of turning up at mealtimes* il a le don d'arriver à l'heure des repas **6.** [in card games] pli *m*, levée *f* ▸ **to make** or **to take a trick** faire un pli or une levée **7.** US *v inf* [prostitute's client] micheton *m* **8.** NAUT tour *m* de barre. ◆ adj **1.** [for jokes] d'attrape, faux (fausse), de farces et attrapes ▸ **trick soap** savon *m* d'attrape, faux savon ▸ **trick spoon** cuiller *f* d'attrape, fausse cuiller **2.** [deceptive - lighting] truqué ▸ **trick photograph** photo *f* truquée ▸ **trick photography** truquage *m* photographique ▸ **trick question** question-piège *f* **3.** US [weak - knee] faible ; [- leg] boîteux. ◆ vt [deceive] tromper, rouler ; [swindle] escroquer ; [catch out] attraper / *you've been tricked!* vous vous êtes fait rouler ! / *I was tricked into leaving* on a manœuvré pour me faire partir / *she was tricked out of her inheritance* on lui a escroqué son héritage.
❖ **trick out, trick up** vt sep *liter* parer / *they were tricked out to look like circus performers* ils étaient déguisés en artistes de cirque / *she was tricked out in all her finery* elle était sur son trente et un.

trick cyclist n **1.** [in circus] cycliste *m* acrobate **2.** UK *v inf & pej* [psychiatrist] psy *mf*.

trickery ['trɪkərɪ] n ruse *f*, supercherie *f* / *through* or *by trickery* par la ruse.

trickle ['trɪkl] ◆ vi **1.** [liquid] dégoutter, tomber en un (mince) filet / *rainwater trickled from the gutters* l'eau de pluie coulait peu à peu des gouttières / *I felt the blood trickle slowly down my leg* je sentis le sang couler doucement le long de ma jambe / *water trickled down the window pane* un filet d'eau coulait or dégoulinait le long de la vitre / *tears trickled down his face* les larmes coulaient or dégoulinaient sur son visage **2.** *fig* : *information began to trickle out from behind enemy lines* l'information commença à filtrer depuis l'arrière des lignes ennemies / *cars began to trickle over the border* la circulation a repris progressivement à la frontière / *the ball trickled into the goal* le ballon roula tranquillement dans les buts. ◆ vt **1.** [liquid] faire couler goutte à goutte / *he trickled a few drops of milk into the flour* il a versé quelques gouttes de lait dans la farine / *she trickled some oil out of the can* elle a versé un peu d'huile de la boîte **2.** [sand, salt] faire glisser or couler / *to trickle sand through one's fingers* faire glisser or couler du sable entre ses doigts. ◆ n **1.** [liquid] filet *m* / *the flow from the spring dwindled to a trickle* la source ne laissait plus échapper qu'un mince filet d'eau / *the trickle of lava soon became a torrent* le filet de lave se transforma bientôt en torrent / *there was only a trickle of water from the tap* un maigre filet d'eau coulait du robinet **2.** *fig* : *a trickle of applications began to come in* les candidatures commencèrent à arriver au compte-gouttes / *there was only a trickle of visitors* il n'y avait que quelques rares visiteurs, les visiteurs étaient rares.
❖ **trickle away** vi **1.** [liquid] s'écouler lentement / *the water trickled away down the plughole* l'eau s'écoulait lentement dans le trou de l'évier **2.** *fig* [money, savings] disparaître petit à petit ; [crowd] se disperser petit à petit ; [people] s'en aller progressivement.
❖ **trickle in** vi **1.** [rain] entrer goutte à goutte **2.** [spectators] entrer par petits groupes **3.** *fig* : *offers of help began to trickle in* quelques offres d'aide commençaient à arriver / *information on the disaster only trickled in at first* au début les informations sur le désastre arrivaient au compte-gouttes.

trickle charger n chargeur *m* à régime lent.

trickle-down adj ▸ **trickle-down economics** *théorie selon laquelle le bien-être des riches finit par profiter aux classes sociales défavorisées.*

trickster ['trɪkstər] n [swindler] filou *m*, escroc *m*.

tricksy ['trɪksɪ] (*compar* **tricksier**, *superl* **tricksiest**) adj **1.** [mischievous] espiègle **2.** [sly] malin (maligne), rusé.

tricky ['trɪkɪ] (*compar* **trickier**, *superl* **trickiest**) adj **1.** [complex, delicate - job, situation, negotiations] difficile, délicat ; [- problem] épineux, difficile / *the path is tricky in places* le chemin est difficile or peu praticable par endroits **2.** [sly - person] rusé, fourbe.

tricolour UK, **tricolor** US ['trɪkələr] n drapeau *m* tricolore.

tricorn ['traɪkɔ:n] ◆ adj à trois cornes. ◆ n tricorne *m*.

trictrac, tricktrack ['trɪk,træk] n trictrac *m*.

tricuspid [traɪ'kʌspɪd] adj tricuspide.

tricycle ['traɪsɪkl] ◆ n tricycle *m*. ◆ vi faire du tricycle.

trident ['traɪdnt] n trident *m*.

Tridentine Mass [trɪ'dentaɪn-] n messe *f* traditionnelle en latin.

tried [traɪd] pt & pp ⟶ **try**.

tried-and-tested adj qui a fait ses preuves.

triennial [traɪ'enjəl] ◆ adj triennal ; BOT trisannuel. ◆ n **1.** [anniversary] troisième anniversaire *m* **2.** [period] période *f* de trois ans **3.** BOT plante *f* trisannuelle.

triennially [traɪ'enjəlɪ] adv tous les trois ans.

trier ['traɪər] n ▸ **to be a trier** être persévérant / *he's a real trier* il ne se laisse jamais décourager.

Trier ['trɪər] pr n Trèves.

Trieste [tri:'est] pr n Trieste.

trifle ['traɪfl] n **1.** [unimportant thing, small amount] bagatelle *f*, broutille *f*, rien *m* / *don't waste your time on trifles* ne perdez pas votre temps à des bagatelles / *she doesn't worry over trifles like money* l'argent est le cadet de ses soucis / *they quarrel over trifles* il se disputent pour un oui pour un non or pour un rien / *I bought it for a trifle* je l'ai acheté pour une bouchée de pain or pour trois fois rien / *£100 is a mere trifle to them* 100 livres, c'est peu de chose pour eux **2.** CULIN ≃ charlotte *f*.

❖ **a trifle** adv phr un peu, un tantinet / *it's a trifle easier than it was* c'est un peu or un rien plus facile qu'avant.

❖ **trifle with** vt insep ▸ **to trifle with sb's affections** jouer avec les sentiments de qqn / *he's not a man to be trifled with* avec lui, on ne plaisante pas.

trifling ['traɪflɪŋ] adj insignifiant.

trifocal [traɪ'fəʊkl] ◆ adj [lens] à triple foyer. ◆ n [lens] lentille *f* à triple foyer.

❖ **trifocals** pl n [spectacles] lunettes *fpl* à triple foyer.

trifoliate [traɪ'fəʊlɪɪt] adj à trois feuilles ; BOT trifolié.

triforium [traɪ'fɔːrɪəm] (*pl* **triforia** [-rɪə]) n triforium *m*.

triform ['traɪfɔːm] adj en or à trois parties.

trig [trɪg] n *inf* abbr of **trigonometry**.

trigger ['trɪgəʳ] ◆ n **1.** [in gun] gâchette *f*, détente *f* ▸ **to pull** or **to squeeze the trigger** appuyer sur la gâchette / *he's fast* or *quick on the trigger* **a)** *lit* il tire vite **b)** *fig* il réagit vite **2.** *fig* [initiator] déclenchement *m* / *the strike was the trigger for nationwide protests* la grève a donné le signal d'un mouvement de contestation dans tout le pays. ◆ vt [mechanism, explosion, reaction] déclencher ; [revolution, protest] déclencher, provoquer, soulever.

❖ **trigger off** vt sep = **trigger** *(vt)*.

trigger finger n index *m (avec lequel on appuie sur la gâchette)*.

trigger-happy adj *inf* [individual] qui a la gâchette facile ; [country] prêt à déclencher la guerre pour un rien, belliqueux.

triggering factor ['trɪgərɪŋ-] n facteur *m* déclenchant.

trigger spray n spray *m*, pulvérisateur *m*.

trigonometric [ˌtrɪgənə'metrɪk] adj trigonométrique.

trigonometry [ˌtrɪgə'nɒmətrɪ] n trigonométrie *f*.

trig point n station *f* géodésique.

trigram ['traɪgræm] n trigramme *m*.

trigraph ['traɪgrɑːf] n trigramme *m*.

trike [traɪk] n *inf* tricycle *m*.

trilateral [ˌtraɪ'lætərəl] adj trilatéral, à trois côtés.

trilby ['trɪlbɪ] n UK ▸ **trilby (hat)** (chapeau *m* en) feutre *m*.

trilingual [traɪ'lɪŋgwəl] adj trilingue.

trill [trɪl] ◆ n MUS & ORNITH trille *m* ; LING consonne *f* roulée. ◆ vi triller, faire des trilles. ◆ vt **1.** [note, word] triller **2.** [consonant] rouler.

trillion ['trɪljən] n UK trillion *m* ; US billion *m* / *trillions of stars* des milliards d'étoiles.

trilogy ['trɪlədʒɪ] (*pl* **trilogies**) n trilogie *f*.

trim [trɪm] (*compar* **trimmer**, *superl* **trimmest**, *pt & pp* **trimmed**, *cont* **trimming**) ◆ adj **1.** [neat - appearance] net, soigné ; [- person] d'apparence soignée ; [- garden, flowerbed] bien tenu, bien entretenu ; [- ship] en bon ordre / *the garden is looking very trim* le jardin a l'air très bien entretenu **2.** [svelte - figure] svelte, mince **3.** [fit] en bonne santé, en forme. ◆ vt **1.** [cut - roses] tailler, couper ; [- hair, nails] couper ; [- beard] tailler ; [- candle wick] tailler, moucher ; [- paper, photo] rogner / *to trim one's nails* se couper les ongles / *I had my hair trimmed* je me suis fait raccourcir les cheveux / *trim the frayed edges off* égalisez les bords du tissu **2.** [edge] orner, garnir / *a hat trimmed with fur* un chapeau bordé or orné de fourrure / *the collar was trimmed with lace* le col était bordé or garni de dentelle ; [decorate] : *we trimmed the Christmas tree with tinsel* on a décoré le sapin de Noël avec des guirlandes **3.** AERON & NAUT [plane, ship] équilibrer ; [sails] régler ▸ **to trim one's sails** *fig* réviser son jugement **4.** [cut back - budget, costs] réduire, limiter / *they were able to trim several thousand pounds from the budget* ils ont pu réduire le budget de plusieurs milliers de livres. ◆ n **1.** [neat state] ordre *m*, bon état *m* ▸ **to be in good trim** être en bon état or ordre / *the garden doesn't look in very good trim* le jardin a l'air un peu à l'abandon **2.** [fitness] forme *f* ▸ **to get in** or **into trim** se remettre en forme / *are you in (good) trim for the match?* êtes-vous en forme pour le match ? **3.** [cut] coupe *f*, taille *f* / *she gave the hedge a trim* elle a taillé la haie / *she gave her nails a trim* elle s'est coupé les ongles ▸ **to have a trim** [at hairdresser's] se faire raccourcir les cheveux / *just a trim, please* simplement rafraîchi, s'il vous plaît **4.** *(U)* [moulding, decoration] moulures *fpl* ; [on car] aménagement *m* intérieur, finitions *fpl* intérieures ; [on dress] garniture *f* ; US [in shop window] composition *f* d'étalage **5.** NAUT [of sails] orientation *f*, réglage *m* **6.** CIN coupe *f*.

❖ **trim down** vt sep **1.** [wick] tailler, moucher **2.** [budget, costs] réduire.

❖ **trim off** vt sep [edge] enlever, couper ; [hair] couper ; [branch] tailler ; [jagged edges] ébarber.

trimaran ['traɪməræn] n trimaran *m*.

trimester [traɪ'mestəʳ] n **1.** US trimestre *m* **2.** [gen] trois mois *mpl*.

trimmer ['trɪməʳ] n **1.** CONSTR linçoir *m*, linsoir *m* **2.** [for timber] trancheuse *f (pour le bois)* ▸ **(hedge) trimmer** taille-haie *m* **3.** ELECTRON trimmer *m*, condensateur *m* ajustable **4.** *pej* [person] opportuniste *mf*.

trimming ['trɪmɪŋ] n **1.** SEW parement *m* ; [lace, ribbon] passement *m* **2.** CULIN garniture *f*, accompagnement *m* / *turkey with all the trimmings* la dinde avec sa garniture habituelle **3.** [accessory] accessoire *m* / *it's the trimmings you pay for* ce sont les accessoires que vous payez **4.** US *inf* [defeat] raclée *f* ▸ **to get a trimming** prendre une raclée, se faire battre à plate couture.

❖ **trimmings** pl n [scraps] chutes *fpl*, rognures *fpl*.

trimonthly [traɪ'mʌnθlɪ] adj trimestriel.

trim track, **trim trail** n parcours-santé *m*.

trinary ['traɪnərɪ] adj ternaire.

Trinidad ['trɪnɪdæd] pr n (l'île *f* de) la Trinité / *in Trinidad* à la Trinité.

Trinidad and Tobago [-tə'beɪgəʊ] pr n Trinité-et-Tobago / *in Trinidad and Tobago* à Trinité-et-Tobago.

Trinidadian [ˌtrɪnɪ'dædɪən] ◆ n Trinidadien *m*, -enne *f*, habitant *m*, -e *f* de la Trinité. ◆ adj trinidadien, de la Trinité.

trinitroglycerin [traɪˌnaɪtrəʊ'glɪsəriːn] n nitroglycérine *f*.

trinitrotoluene [traɪˌnaɪtrəʊ'tɒljʊiːn] n trinitrotoluène *m*.

trinity ['trɪnɪtɪ] (*pl* **trinities**) n *fml & liter* trio *m*, groupe *m* de trois.

❖ **Trinity** n RELIG **1.** [union] ▸ **the Trinity** la Trinité **2.** [feast] ▸ **Trinity (Sunday)** (la fête de) la Trinité / *the first Sunday after Trinity* le premier dimanche après la Trinité.

Trinity term n UNIV troisième trimestre *m*.

trinket ['trɪŋkɪt] n [bauble] bibelot *m*, babiole *f* ; [jewel] colifichet *m* ; [on bracelet] breloque *f*.

trinomial [traɪ'nəʊmjəl] ◆ n trinôme *m*. ◆ adj à trois termes.

trio ['triːəʊ] (*pl* **trios**) n **1.** MUS trio *m (morceau)* **2.** [group] trio *m*, groupe *m* de trois ; MUS trio *(joueurs)*.

triode ['traɪəʊd] n triode *f*.

triolet ['triːəʊlet] n triolet *m*.

trio sonata n sonate *f* en trio.

trip [trɪp] (*pt & pp* **tripped**, *cont* **tripping**) ◆ n **1.** [journey] voyage *m* ▸ **to go on a trip** partir or aller en voyage / *we went on a long bus trip* on a fait un long voyage en bus / *I had to make three trips into town* j'ai dû aller trois fois en ville or faire trois voyages en ville / *to make a trip to the dentist's* aller chez le dentiste **2.** [excursion] promenade *f*, excursion *f* / *we had a lovely trip to Devon* nous avons fait une très belle promenade dans le Devon / *she took the children on a trip to the seaside* elle a emmené les enfants en promenade au bord de la mer ; [outing] promenade *f*, sortie *f* ▸ **school trip** sortie scolaire / *it's a trip and a half inf* **a)** [amazing journey] c'est un voyage incroyable **b)** [bizarre experience] c'est un truc de ouf / *he's a trip and a half inf* **a)** [strange] c'est un mec vraiment bizarre **b)** [brilliant] c'est un mec vraiment génial **3.** *drugs sl* trip *m* ▸ **an LSD trip** un trip au LSD ▸ **to have a bad trip** faire un mauvais trip or voyage ; *fig* [experience] : *he seems to be on some kind of nostalgia trip* il semble être en pleine crise de nostalgie. ◆ vt **1.** [person - make stumble] faire trébucher ; [- make fall] faire tomber ; [intentionally] faire un croche-pied or un croc-en-jambe à / *he tripped me* il m'a fait un croche-pied **2.** [switch, alarm] déclencher **3.** PHR **to trip the light fantastic** *hum* danser. ◆ vi **1.** [stumble] trébucher / *I tripped and fell* j'ai trébuché et je suis tombé / *she tripped on* or *over the wire* elle s'est pris le pied dans le fil / *I tripped on a pile of books* j'ai buté contre or trébuché sur une pile de livres **2.** [step lightly] ▸ **to trip in** / **out** entrer / sortir en sautillant / *she tripped down the lane* elle descendit le chemin d'un pas léger / *her name doesn't exactly trip off the tongue fig* son nom n'est pas très facile à prononcer **3.** *drugs sl* faire un trip ▸ **to trip on acid** faire un trip à l'acide.

❖ **trip out** vi *drugs sl* faire un trip.

❖ **trip over** ◆ vi trébucher, faire un faux pas. ◆ vt insep buter sur or contre, trébucher sur or contre.

❖ **trip up** ◆ vt sep **1.** [cause to fall] faire trébucher ; [deliberately] faire un croche-pied à **2.** [trap] désarçonner / *her questions are often designed to trip people up* ses questions sont souvent conçues pour désarçonner les gens. ◆ vi **1.** [fall] trébucher / *I tripped up on a stone* j'ai trébuché or buté contre une pierre **2.** [make a mistake] gaffer, faire une gaffe / *I tripped up badly there* là-dessus, j'ai fait une grosse gaffe.

tripartite [ˌtraɪ'pɑːtaɪt] adj [division, agreement] tripartite, triparti.

tripe [traɪp] n *(U)* **1.** CULIN tripes *fpl* **2.** UK *inf* [nonsense] foutaises *fpl*, bêtises *fpl* / *what a load of tripe!* quelles foutaises ! / *the film is utter tripe* le film est vraiment nul.

triphammer ['trɪpˌhæməʳ] n marteau *m* à bascule.

triphase ['traɪfeɪz] adj ELEC triphasé.

trip-hop n MUS trip-hop *m*.

triphthong ['trɪfθɒŋ] n triphtongue *f*.

triplane ['traɪpleɪn] n triplan *m*.

triple ['trɪpl] ◆ adj **1.** [in three parts] triple / *she has a triple role of actress, director and producer* elle a le triple rôle d'actrice, de metteur en scène et de productrice / *the organization serves a triple purpose* le but de l'organisation est triple **2.** [treble] triple / *a triple brandy* un triple cognac / *a triple murder* un triple meurtre / *triple the usual amount* trois fois la dose habituelle. ◆ n triple *m*. ◆ vi & vt tripler.

Triple Alliance pr n HIST ▸ **the Triple Alliance** **a)** [1668] la Triple Alliance **b)** [1882-1914] la Triple-Alliance, la Triplice.

triple jump n triple saut *m*.

triplet ['trɪplɪt] n **1.** [child] triplé *m*, -e *f* ▸ **triplets** des triplés *mpl*, des triplées *fpl* **2.** MUS triolet *m* ; LITER tercet *m*.

triple time n ▸ **in triple time** à trois temps.

Triplex® ['trɪpleks] n UK ▸ **Triplex (glass)** Triplex® *m*, (verre *m*) Sécurit *m* ▸ **Triplex windscreen** pare-brise *m inv* en (verre) Sécurit.

triplex ['trɪpleks] ◆ adj [triple] triple. ◆ n US [apartment] triplex *m*.

triplicate ◆ adj ['trɪplɪkət] en trois exemplaires, en triple exemplaire. ◆ n ['trɪplɪkət] **1.** [document] ▸ **in triplicate** en trois exemplaires, en triple exemplaire **2.** [third copy] triplicata *m*. ◆ vt ['trɪplɪkeɪt] multiplier par trois, tripler.

triply ['trɪplɪ] adv triplement.

tripod ['traɪpɒd] n trépied *m*.

Tripoli ['trɪpəlɪ] pr n Tripoli.

tripos ['traɪpɒs] n *examen de licence de lettres à l'université de Cambridge.*

tripper ['trɪpəʳ] n UK [on day trip] excursionniste *mf* ; [on holiday] vacancier *m*, -ère *f*.

trippy ['trɪpɪ] adj *inf* psychédélique.

trip recorder n AUTO compteur *m* journalier, totalisateur *m* partiel.

trip switch n interrupteur *m*.

triptych ['trɪptɪk] n triptyque *m*.

tripwire ['trɪpwaɪəʳ] n fil *m* de détente.

trireme ['trɪri:m] n trirème *f*, trière *f*.

trisect [traɪ'sekt] vt diviser en trois parties égales.

Tristan ['trɪstən] pr n / **'Tristan and Isolde'** *Wagner* 'Tristan et Isolde'.

trisyllabic [,traɪsɪ'læbɪk] adj trisyllabique, trisyllabe.

trisyllable [,traɪ'sɪləbl] n trisyllabe *m*.

trite [traɪt] adj [theme, picture] banal / *he made a trite remark* il a dit une banalité / *I know it sounds a bit trite, but I do care* je sais que ça peut paraître banal de dire ça, mais vraiment je me sens concernée.

tritely ['traɪtlɪ] adv banalement.

tritium ['trɪtɪəm] n tritium *m*.

triton n **1.** ['traɪtn] ZOOL triton *m* **2.** ['traɪtɒn] PHYS triton *m*.

❖ **Triton** pr n MYTH Triton.

tritone ['traɪtəʊn] n MUS triton *m*.

triturate ['trɪtjʊreɪt] vt triturer.

trituration [,trɪtjʊ'reɪʃn] n trituration *f*.

triumph ['traɪəmf] ◆ n **1.** [jubilation] (sentiment *m* de) triomphe *m* / *to return in triumph* rentrer triomphalement / *she had a look of triumph on her face* elle avait une expression triomphante **2.** [victory] victoire *f*, triomphe *m* ; [success] triomphe *m*, (grande) réussite *f* / *the musical was an absolute triumph* la comédie musicale a été or a fait un véritable triomphe / *the triumph of reason over passion* le triomphe de la raison sur la passion / *the agreement will be seen as a personal triumph for the President* cet accord sera considéré comme un triomphe personnel pour le président **3.** [in ancient Rome] triomphe *m*. ◆ vi triompher ▸ **to triumph over difficulties** / **a disability** triompher des difficultés / d'une infirmité, vaincre les difficultés / une infirmité.

triumphal [traɪ'ʌmfl] adj triomphal.

triumphalist [traɪ'ʌmfəlɪst] adj triomphaliste.

triumphant [traɪ'ʌmfənt] adj [team] victorieux, triomphant ; [return] triomphal ; [cheer, smile] de triomphe, triomphant ; [success] triomphal.

triumphantly [traɪ'ʌmfəntlɪ] adv [march] en triomphe, triomphalement ; [cheer, smile] triomphalement ; [announce] d'un ton triomphant, triomphalement ; [look] d'un air triomphant, triomphalement.

triumvirate [traɪ'ʌmvɪrət] n triumvirat *m*.

triune ['traɪju:n] adj RELIG trin.

trivalent [traɪ'veɪlənt] adj trivalent.

trivet ['trɪvɪt] n [when cooking] trépied *m*, chevrette *f* ; [for table] dessous-de-plat *m inv*.

trivia ['trɪvɪə] pl n [trifles] bagatelles *fpl*, futilités *fpl* ; [details] détails *mpl* / *the trivia of everyday life* les petites choses de la vie quotidienne.

trivial ['trɪvɪəl] adj **1.** [insignificant - sum, reason] insignifiant, dérisoire / *it's only a trivial offence* ce n'est qu'une peccadille, c'est sans gravité **2.** [pointless - discussion, question] sans intérêt, futile **3.** [banal - story] banal.

> ⚠ The French word **trivial** usually means vulgar or ordinary, not trivial.

triviality [,trɪvɪ'ælətɪ] (*pl* **trivialities**) n **1.** [of sum] insignifiance *f*, caractère *m* insignifiant ; [of discussion] insignifiance *f*, caractère *m* oiseux ; [of film] banalité *f* **2.** [trifle] futilité *f*, bagatelle *f* / *don't waste your time on trivialities* ne perdez pas votre temps à des bagatelles.

trivialize, trivialise ['trɪvɪəlaɪz] vt [make insignificant] banaliser, dévaloriser / *her work's very important to her, don't trivialize it* son travail est très important pour elle, ne le dévalorisez pas / *the tabloids trivialize even the most important events* la presse populaire banalise même les événements les plus importants.

triweekly [traɪ'wi:klɪ] (*pl* **triweeklies**) ◆ adv **1.** [every three weeks] toutes les trois semaines **2.** [three times a week] trois fois par semaine. ◆ adj [newspaper] qui paraît toutes les trois semaines ; [visit, class] qui se produit trois fois par semaine. ◆ n journal *m* qui paraît toutes les trois semaines.

t-RNA (abbr of **transfer RNA**) n ARN *m* de transfert.

trochaic [trəʊ'keɪɪk] adj trochaïque.

trochee ['trəʊki:] n trochée *m*.

trod [trɒd] pt & pp ⟶ **tread.**

trodden ['trɒdn] pp ⟶ **tread.**

trog [trɒg] (*pt & pp* **trogged**, *cont* **trogging**) vi UK *inf* se traîner.

troglodyte ['trɒglədaɪt] ◆ n troglodyte *m*. ◆ adj troglodytique.

troika ['trɔɪkə] n troïka *f*.

troilism ['trɔɪlɪzm] n triolisme *m*.

Troilus ['trɔɪləs] pr n / **'Troilus and Cressida'** *Shakespeare* 'Troïlus et Cressida'.

Trojan ['trəʊdʒən] ◆ adj troyen ▸ **Trojan work** travail *m* de titan / **'The Trojan Women'** *Euripides* 'les Troyennes'. ◆ n Troyen *m*, -enne *f* ▸ **to work like a Trojan** travailler comme un forçat.

Trojan Horse n HIST & COMPUT cheval *m* de Troie.

Trojan War pr n guerre *f* de Troie.

troll [trəʊl] ◆ n **1.** [goblin, blogger] troll *m* **2.** *v inf* [ugly woman] cageot *m*. ◆ vi **1.** FISHING pêcher à la traîne **2.** UK *inf* [stroll] se balader **3.** *arch* [sing] chanter vigoureusement.

trolley ['trɒlɪ] (*pl* **trolleys**) n **1.** [handcart] chariot *m* ; [two-wheeled] diable *m* ; [for child] poussette *f* ; [in supermarket] chariot *m*, Caddie® *m* ; [in restaurant] chariot *m* ▸ **drinks trolley** chariot *m* à boissons ▸ **to be off one's trolley** UK *inf* être cinglé **2.** [on rails - in mine] wagonnet *m*, benne *f* **3.** [for tram] trolley *m (électrique)* **4.** US [tram] tramway *m*, tram *m*.

trolleybus ['trɒlɪbʌs] n trolleybus *m*, trolley *m*.

trolley car n US tramway *m*, tram *m*.

trollop ['trɒləp] n *dated & pej* [prostitute] putain *f* ; [slut] souillon *f*.

trombone [trɒm'bəʊn] n trombone *m (instrument)*.

trombonist [trɒm'bəʊnɪst] n tromboniste *mf*, trombone *m (musicien)*.

troop [tru:p] ◆ n [band - of schoolchildren] bande *f*, groupe *m* ; [- of scouts] troupe *f* ; [- of animals] troupe *f* ; MIL [of cavalry, artillery] escadron *m*. ◆ vi ▸ **to troop by** or **past** passer en troupe ▸ **to troop in** / **out** entrer / sortir en troupe / *the children trooped back to school* les enfants sont repartis à l'école en bande. ◆ vt UK MIL ▸ **to troop the colour** faire le salut au drapeau.

❖ **troops** pl n [gen & MIL] troupes *fpl*.

troop carrier n [ship] transport *m* de troupes ; [plane] avion *m* de transport militaire.

trooper ['tru:pəʳ] n **1.** [soldier] soldat *m* de cavalerie **2.** US & AUSTR [mounted policeman] membre *m* de la police montée ▸ **(state) trooper** ≃ gendarme *m* **3.** UK MIL [ship] transport *m* de troupes.

trooping ['tru:pɪŋ] n UK ▸ **trooping (of) the colour** salut *m* au drapeau ▸ **Trooping the Colour** *défilé de régiments ayant lieu chaque année le jour officiel de l'anniversaire de la reine d'Angleterre.*

troopship ['tru:pʃɪp] n navire *m* de transport.

trope [trəʊp] n trope *m*.

trophic ['trɒfɪk] adj trophique.

trophy ['trəʊfɪ] (*pl* **trophies**) n trophée *m*.

trophy wife (*pl* **trophy wives**) n *inf épouse exhibée comme signe extérieur de réussite sociale.*

tropic ['trɒpɪk] ◆ n tropique *m* ▸ **the Tropic of Capricorn** / **Cancer** le tropique du Capricorne / du Cancer. ◆ adj *liter* = **tropical.**

❖ **tropics** pl n ▸ **the tropics** les tropiques / *in the tropics* sous les tropiques.

tropical ['trɒpɪkl] adj [region] des tropiques, tropical ; [weather, forest, medicine] tropical.

tropism ['trəʊpɪzm] n tropisme *m*.

troposphere ['trɒpəsfɪəʳ] n troposphère *f*.

trot [trɒt] (*pt & pp* **trotted**, *cont* **trotting**) ◆ n **1.** [of horse] trot *m* ▸ **to go at a trot** aller au trot, trotter ; [of person] : *he went off at a trot* il est parti au pas de course **2.** [ride] promenade *f* à cheval ; *inf* [run] petite course *f* ▸ **to go for a trot a)** [on horseback] aller faire une promenade à cheval **b)** *inf* [on foot] aller faire une promenade ▸ **on the trot a)** UK *inf* [busy] affairé **b)** [in succession] d'affilée, de suite / *they kept me on the trot all afternoon* ils m'ont fait courir tout l'après-midi, ils ne m'ont pas accordé un moment de répit de tout l'après-midi / *he conducted ten interviews on the trot (that morning)* (ce matin-là,) il a fait dix interviews d'affilée or de suite **3.** US *inf* [crib] anti-sèche *f*. ◆ vi **1.** [horse, rider] trotter / *he trotted up to us* il est venu vers nous au trot **2.** [on foot] ▸ **to trot in** / **out** / **past** entrer / sortir / passer en courant / *can you trot down to the shops for me?* peux-tu faire un saut pour moi jusqu'aux magasins ? ◆ vt [horse] faire trotter.

❖ **trot along** vi **1.** [horse] trotter, aller au trot **2.** *inf* [person] partir / *trot along now* sauve-toi maintenant.

❖ **trot away** vi **1.** [horse] partir au trot **2.** *inf* [person] partir au pas de course.

❖ **trot out** vt sep UK *inf* [excuse, information] débiter *pej* ; [story, list] débiter *pej*, réciter *pej* / *she trotted out the usual excuses* elle débita or sortit les excuses habituelles.

❖ **trot over** vi **1.** [rider] venir à cheval **2.** *inf* [person] venir, faire un saut / *why don't you trot over to see me some time?* viens donc faire un saut un de ces jours / *she trotted over to the shops* elle a fait un saut jusqu'aux magasins.

❖ **trots** pl n UK *inf* diarrhée *f* ▸ **to have the trots** avoir la courante.

Trot [trɒt] n *inf & pej* abbr of **Trotskyist.**

troth [trəʊθ] n *arch* ▸ **by my troth!** ma foi !, pardieu ! *arch* ▸ **in troth** en vérité.

trotline ['trɒtlaɪn] n FISHING *ligne qui traverse une rivière et à laquelle on suspend des hameçons.*

Trotsky ['trɒtskɪ] pr n Trotski.

Trotskyism ['trɒtskɪɪzm] n trotskisme *m*.

Trotskyist ['trɒtskɪɪst] ◆ adj trotskiste. ◆ n trotskiste *mf*.

Trotskyite ['trɒtskɪaɪt] ◆ adj trotskiste. ◆ n trotskiste *mf*.

trotter ['trɒtəʳ] n **1.** [horse] trotteur *m*, -euse *f* **2.** CULIN ▸ **pig's** / **sheep's trotters** pieds *mpl* de porc / de mouton.

troubadour ['tru:bədɔ:ʳ] n troubadour *m*.

trouble ['trʌbl] ◆ n **1.** *(U)* [conflict - esp with authority] ennuis *mpl*, problèmes *mpl* ; [discord] discorde *f* ▸ **to be in trouble** avoir des ennuis / *you're really in trouble now!* tu es dans de beaux draps or te voilà bien maintenant ! / *I've never been in trouble with the police* je n'ai jamais eu d'ennuis or d'histoires avec la police ▸ **to get into trouble** s'attirer des ennuis, se faire attraper / *her sharp tongue often gets her into trouble* sa causticité lui attire souvent des ennuis / *he got into trouble for stealing apples* il s'est fait attraper pour avoir volé des pommes / *he got his friends into trouble* il a causé des ennuis à ses amis ▸ **to get sb out of trouble** tirer qqn d'affaire ▸ **to keep sb out of trouble** éviter des ennuis à qqn / *he's just looking* or *asking for trouble* il cherche les ennuis / *it's asking for trouble driving without insurance* on cherche les histoires quand on conduit sans assurance / *there's trouble brewing* ça sent le roussi / *she caused a lot of trouble between them* elle a semé la discorde entre eux / *this means trouble* ça va mal se passer **2.** *(U)* [difficulties, problems] difficultés *fpl*, ennuis *mpl*, mal *m* ▸ **to make** or **to create trouble for sb** causer des ennuis à qqn / *he's given his parents a lot of trouble* **a)** [hard time] il a donné du fil à retordre à ses parents **b)** [worry] il a donné beaucoup de soucis à ses parents / *the baby hardly gives me any trouble* le bébé ne me donne pratiquement aucun mal ▸ **to have trouble (in) doing sthg** avoir du mal or des difficultés à faire qqch ▸ **to be in / to get into trouble** [climber, swimmer, business] être / se trouver en difficulté ▸ **to get a girl into trouble** UK *euph* mettre une fille dans une position intéressante **3.** [inconvenience, bother] mal *m*, peine *f* ▸ **to go to a lot of trouble to do** or **doing sthg** se donner beaucoup de mal or de peine pour faire qqch / *she went to considerable trouble to get the tickets* elle s'est donné énormément de mal pour obtenir les billets / *you shouldn't have gone to all this trouble* il ne fallait pas vous donner tout ce mal or tant de peine / *I went to a lot of trouble for nothing* je me suis donné beaucoup de mal pour rien ▸ **to put sb to trouble** donner du mal à qqn, déranger qqn / *I hope we're not putting you to too much trouble* j'espère que nous ne vous donnons pas trop de mal / *he didn't even take the trouble to read the instructions* il ne s'est même pas donné or il n'a même pas pris la peine de lire les instructions / *I don't want to be any trouble* je ne veux pas vous déranger / *it's no trouble (at all)* cela ne me dérange pas (du tout) / *nothing is too much trouble for her* elle se donne vraiment beaucoup de mal / *it's not worth the trouble* or *it's more trouble than it's worth* cela n'en vaut pas la peine, le jeu n'en vaut pas la chandelle **4.** [drawback] problème *m*, défaut *m* / *the trouble with him is that he's too proud* le problème avec lui, c'est qu'il est trop fier / *the only trouble with your solution is that it's expensive* ta solution n'a qu'un défaut, c'est qu'elle revient cher / *the trouble is that no one understands him* l'ennui or le problème, c'est que personne ne le comprend / *that's the trouble* c'est ça l'ennui **5.** *(U)* [mechanical failure] ennuis *mpl*, problèmes *mpl* / *I'm having a bit of engine trouble* j'ai des problèmes de moteur / *they've had trouble with the new dishwasher* ils ont eu des problèmes avec leur nouveau lave-vaisselle / *have you found out what the trouble is?* avez-vous trouvé d'où vient la panne ? / *what seems to be the trouble?* qu'est-ce qui ne va pas ? **6.** [worry, woe] ennui *m*, souci *m*, problème *m* / *money troubles* ennuis d'argent / *at last your troubles are over* enfin vos soucis sont terminés / *her troubles are not at an end yet* elle n'est pas encore au bout de ses peines ▸ **the trouble and strife** UK *inf & hum* ma légitime ▸ **here comes trouble!** *inf* tiens, voilà les ennuis qui arrivent ! **7.** *(U)* [friction] troubles *mpl*, conflits *mpl* ; [disorder, disturbance] troubles *mpl*, désordres *mpl* / *the trouble began when the police arrived* l'agitation a commencé quand la police est arrivée / *industrial* or *labour troubles* conflits sociaux / *there's some sort of trouble down at the mine* il y a de l'agitation à la mine / *there was trouble on the pitch / on the terraces* il y a eu des histoires sur le terrain / dans les gradins **8.** *(U)* MED ennuis *mpl*, problèmes *mpl* / *I have kidney / back trouble* j'ai des ennuis rénaux / des problèmes de dos. ◆ vt **1.** [worry] inquiéter ; [upset] troubler / *what troubles me is that we've had no news* ce qui m'inquiète, c'est que nous n'avons pas eu de nouvelles / *he didn't want to trouble her with bad news* il ne voulait pas l'inquiéter en lui annonçant de mauvaises nouvelles / *nothing seems to trouble him* il ne s'en fait jamais, il ne se fait jamais de souci **2.** [cause pain to] gêner / *his back is troubling him* il a des problèmes de dos / *she's often troubled by nightmares* elle est sujette aux cauchemars **3.** [bother, disturb] déranger / *I won't trouble you with the details just now* je vous ferai grâce des or épargnerai les détails pour l'instant / *he didn't even trouble himself to phone* il ne s'est même pas donné la peine de téléphoner / *don't trouble yourself!* **a)** *lit* ne vous dérangez or tracassez pas ! **b)** *iro* ne vous dérangez surtout pas ! **4.** [in polite phrases] déranger / *can I trouble you to open the window?* est-ce que je peux vous demander d'ouvrir la fenêtre ? / *I'm sorry to trouble you, but could I have the newspaper?* excusez-moi de vous déranger, mais puis-je avoir le journal ? / *may I trouble you for a light / the salt?* puis-je vous demander du feu / le sel ? / *I'll trouble you to be more polite next time!* UK [in reproach] vous allez me faire le plaisir d'être plus poli la prochaine fois ! **5.** *liter* [disturb -water] troubler / *a light breeze troubled the surface of the lake* une légère brise troublait la surface du lac. ◆ vi **1.** [bother] se déranger / *don't trouble to do the washing-up now* ne faites pas la vaisselle maintenant, ce n'est pas la peine **2.** [worry] se faire du souci, s'en faire / *don't trouble about it* ne vous faites pas de souci or ne vous en faites pas (pour ça).

❖ **Troubles** pl n HIST ▸ **the Troubles** *le conflit politique en Irlande du Nord.*

troubled ['trʌbld] adj **1.** [worried -mind, look] inquiet (inquiète), préoccupé / *he seems troubled about something* il semble préoccupé par quelque chose **2.** [disturbed -sleep, night, breathing] agité ; [-water] troublé ; [turbulent -marriage, life] agité, mouvementé / *we live in troubled times* nous vivons une époque troublée or agitée.

trouble-free adj [journey, equipment] sans problème, sans histoires ; [period of time, visit] sans histoires ; [life] sans soucis, sans histoires ; [industry] sans grèves.

troublemaker ['trʌbl,meɪkər] n provocateur *m*, -trice *f*.

troubleshoot ['trʌbl,ʃu:t] vi **1.** [overseer, envoy] régler un problème **2.** [mechanic] localiser une panne.

troubleshooter ['trʌbl,ʃu:tər] n **1.** [in crisis] expert *m (appelé en cas de crise)* ; INDUST & POL [in conflict] médiateur *m*, -trice *f* **2.** [mechanic] dépanneur *m*, -euse *f*.

troubleshooting ['trʌbl,ʃu:tɪŋ] n **1.** [in crisis] médiation *f* **2.** [in mechanism] dépannage *m*.

troublesome ['trʌblsəm] adj **1.** [annoying -person, cough] gênant, pénible / *he was always a troublesome child* ça a toujours été un enfant difficile **2.** [difficult -situation] difficile ; [-request] gênant, embarrassant ; [-job] difficile, pénible.

trouble spot n point *m* chaud, zone *f* de conflit.

troubling ['trʌblɪŋ] adj [news, etc.] inquiétant.

trough [trɒf] n **1.** [for animals -drinking] abreuvoir *m* ; [-eating] auge *f* **2.** [depression -in land] dépression *f* ; [-between waves] creux *m* **3.** METEOR dépression *f*, zone *f* dépressionnaire / *a trough of low pressure* une zone de basse pression **4.** [on graph, in cycle] creux *m* ; FIN creux *m*, dépression *f* **5.** [gutter] gouttière *f* ; [channel] chenal *m*.

trounce [traʊns] vt [defeat] écraser, battre à plate couture or plates coutures.

trouncing ['traʊnsɪŋ] n : *we gave Rovers a real trouncing* SPORT nous avons écrasé les Rovers.

troupe [tru:p] n THEAT troupe *f*.

trouper ['tru:pər] n acteur *m*, -trice *f (de théâtre)* / *he's a real trouper inf & fig* c'est un vieux de la vieille.

trouser ['traʊzər] comp UK de pantalon.

trouser press n UK presse *f* à pantalons.

trousers ['traʊzəz] pl n UK pantalon *m* ▸ **(a pair of) trousers** un pantalon / *I need some new trousers* il me faut un pantalon neuf / *she wears the trousers fig* c'est elle qui porte la culotte.

trouser suit n UK tailleur-pantalon *m*.

trousseau ['tru:səʊ] *(pl* **trousseaus** *or* **trousseaux** [-əʊz]) n trousseau *m (de jeune mariée)*.

trout [traʊt] *(pl* **trout** *or* **trouts)** n truite *f* ▸ **trout fishing** la pêche à la truite.

trove [trəʊv] ⟶ **treasure trove.**

trow [trəʊ] vi & vt *arch* croire.

trowel ['traʊəl] n [for garden] déplantoir *m* ; [for cement, plaster] truelle *f*.

troy [trɔɪ] n ▸ **troy (weight)** troy *m*, troy-weight *m*.

Troy [trɔɪ] pr n Troie.

truancy ['tru:ənsɪ] n absentéisme *m* (scolaire) / *they were punished for truancy* ils ont été punis pour avoir manqué l'école.

truant ['tru:ənt] ◆ n élève *mf* absentéiste ▸ **to play truant** UK faire l'école buissonnière. ◆ vi ADMIN manquer les cours. ◆ adj *liter* [thought] vagabond.

> ⚠ **Un truand** is a gangster, not a truant.

truant officer n UK *responsable municipal chargé de résoudre les problèmes touchant à la vie des établissements scolaires (absentéisme, discipline, etc.).*

truce [tru:s] n trêve *f* ▸ **to call a truce a)** *lit* conclure or établir une trêve **b)** *fig* faire la paix.

truck [trʌk] ◆ n **1.** US [lorry] camion *m* / *the sheep were taken away by truck* les moutons ont été emmenés or transportés en camion **2.** UK [open lorry] camion *m* à plate-forme ; [van] camionnette *f* **3.** UK RAIL wagon *m* ouvert, truck *m* **4.** *(U)* [dealings] ▸ **to have no truck with sb / sthg** refuser d'avoir quoi que ce soit à voir avec qqn / qqch / *they refused to have any truck with him* ils ont refusé d'avoir affaire à lui **5.** *(U)* US [produce] produits *mpl* maraîchers **6.** [barter] troc *m*, échange *m* **7.** UK [payment] paiement *m* en nature / *I was paid in truck* on m'a payé en nature. ◆ vt US [goods, animals] camionner, transporter par camion. ◆ vi US aller or rouler en camion ▸ **keep on trucking!** *inf* continuez !

truckage ['trʌkɪdʒ] n US camionnage *m*.

truck driver n US camionneur *m*, (chauffeur *m*) routier *m*.

trucker ['trʌkər] n US **1.** [driver] (chauffeur *m*) routier *m*, camionneur *m* **2.** AGR maraîcher *m*, -ère *f*.

truck farm n US jardin *m* maraîcher.

truck farmer n US maraîcher *m*, -ère *f*.

truck garden n US jardin *m* maraîcher.

trucking ['trʌkɪŋ] n US camionnage *m*, transport *m* par camion.

truckle ['trʌkl] ◆ n [castor] roulette *f*. ◆ vt [furniture] déplacer sur des roulettes. ◆ vi ▸ **to truckle to sb** s'abaisser or s'humilier devant qqn.

truckle bed n lit *m* gigogne.

truckload ['trʌkləʊd] n **1.** US [lorryload] cargaison *f (d'un camion)* / *a truckload of soldiers* un camion de soldats / *medical aid arrived by the truckload* l'aide médicale arriva par camions entiers **2.** US *inf & fig* ▸ **a truckload of** un tas de.

truckman ['trʌkmən] *(pl* **truckmen** [-mən]) n US (chauffeur *m*) routier *m*, camionneur *m*.

truck stop n US (relais *m*) routier *m*.

truculence ['trʌkjʊləns] n agressivité *f*, brutalité *f*.

> ⚠ The French word **truculence** refers to vivid colours, not truculence.

truculent ['trʌkjʊlənt] adj belliqueux, agressif.

> ⚠ The French word **truculent** means colourful, not truculent.

truculently ['trʌkjʊləntlɪ] adv agressivement.

trudge [trʌdʒ] ◆ vi marcher péniblement or en traînant les pieds / *we trudged wearily along the path* nous avons marché or avancé péniblement le long du chemin / *the prisoners trudged past* les prisonniers passaient en traînant les pieds / *she trudged home through the snow* elle rentra chez elle en marchant péniblement dans la neige / *we trudged from shop to shop* nous nous sommes traînés de magasin en magasin. ◆ vt : *to trudge the streets* se traîner de rue en rue. ◆ n marche *f* pénible / *they began the long trudge up the hill* ils ont entrepris la longue ascension de la colline.

true [tru:] ◆ adj **1.** [factual -statement, story] vrai, véridique ; [-account, description] exact, véridique / *a true story* une histoire vraie / *is it true that they were lovers?* c'est vrai qu'ils étaient amants ? / *it is not true that he has disappeared* ce n'est pas vrai qu'il a disparu / *can it be true?* est-ce possible ? / *he's a complete idiot — (that's) true, but he's very lovable* il est complètement idiot — ça c'est vrai, mais il est très sympathique / *the same is* or *holds true for many people* il en va de même pour or c'est vrai aussi pour beaucoup de gens ▸ **to come true a)** [dream] se réaliser **b)** [prophecy] se réaliser, se vérifier ▸ **too true!** c'est vrai ce que vous dites !, ah oui alors ! / *he's so stingy, it's not true!* *inf* ce n'est pas possible d'être aussi radin ! **2.** [precise, exact - measurement] exact, juste ; [MUS - note] juste ; [-copy] conforme / *I certify that this is a true copy of the diploma* je certifie que ceci est une copie conforme du diplôme / *he's not a genius in the true sense of the word* ce n'est pas un génie au vrai sens du terme / *his aim is true* *lit & fig* il vise juste **3.** [genuine - friendship, feelings] vrai, véritable, authentique ; [-friend, love] vrai, véritable ; [real, actual - nature, motive] réel, véritable / *she was a true democrat* c'était une démocrate dans l'âme / *a story of true love* l'histoire d'un grand amour / *it's not a true amphibian* ce n'est pas vraiment un amphibie / *spoken like a true soldier!* voilà qui est bien dit ! **4.** [faithful - lover] fidèle ; [-portrait] fidèle, exact / *a true likeness* une ressemblance parfaite ▸ **to be true to sb** être fidèle à or loyal envers qqn / *to be true to one's ideals* être fidèle à ses idéaux / *she was true to her word* elle a tenu parole / *the painting is very true to life* le tableau est très ressemblant ▸ **to be** or **to run true to type** être typique / *true to form, he arrived half an hour late* fidèle à son habitude or comme à son habitude, il est arrivé avec une demi-heure de retard / *the horse hasn't been running true to form lately* ces derniers temps, le cheval n'a pas couru comme à son habitude or comme on pouvait s'y attendre. ◆ adv **1.** [aim, shoot, sing] juste ▸ **to breed true** BIOL se reproduire dans la conformité de l'espèce ▸ **to ring true** : *it doesn't ring true* cela sonne faux **2.** *liter* [truly] : *tell me true* dites-moi la vérité / *love me true* aime-moi fidèlement.

❖ **out of true** adj phr UK [wall] hors d'aplomb ; [beam] tordu ; [wheel] voilé ; [axle] faussé ; [painting] de travers.

❖ **true up** vt sep aligner, ajuster.

true-blue adj **1.** [loyal] loyal **2.** UK POL conservateur, tory ▸ **true-blue Tories** des fidèles du parti conservateur.

trueborn ['tru:,bɔ:n] adj véritable, authentique.

truebred ['tru:,bred] adj de race pure.

truehearted [,tru:'hɑ:tɪd] adj *liter* loyal, sincère.

true-life adj vrai, vécu / *a true-life story* une histoire vécue.

truelove ['tru:lʌv] n *liter* bien-aimé *m*, -e *f*.

true north n vrai nord *m*, nord géographique.

truffle ['trʌfl] n truffe *f* ▸ **chocolate truffles** truffes au chocolat ▸ **truffle hound** chien *m* truffier.

trug [trʌg] n UK corbeille *f* de jardinier.

truism ['tru:ɪzm] n truisme *m*, lapalissade *f*.

truly ['tru:lɪ] adv **1.** *fml* [really] vraiment, réellement / *I'm truly sorry for what I've done* je suis vraiment navré de ce que j'ai fait / *they truly believe they'll succeed* ils croient réellement qu'ils vont réussir / *he really said yes?* — *truly he did* il a vraiment dit oui ? — vraiment, je te le jure / *truly it was the last thing on my mind* je vous assure que j'étais loin de penser à ça / *tell me truly now, do you want the job?* maintenant, dites-moi sincèrement, voulez-vous ce travail ? **2.** [as intensifier] vraiment, absolument / *it was a truly awful film* c'était absolument épouvantable comme film / *the meal was truly delicious* le repas était vraiment délicieux / *hers is a truly amazing talent* elle a vraiment un talent étonnant **3.** [in letterwriting] : *yours truly, Kathryn Schmidt* US je vous prie d'agréer, Monsieur or Madame, l'expression de mes sentiments respectueux, Kathryn Schmidt ; [myself] ▸ **yours truly** *inf & hum* votre humble serviteur.

trump [trʌmp] ◆ n **1.** [in cards] atout *m* ; *fig* atout *m*, carte *f* maîtresse ▸ **to play a trump** jouer (un) atout / *what's trumps?* quel est l'atout ? / *diamonds are trumps* (c'est) atout carreau / *the six of trumps* le six d'atout ▸ **no trump** sans-atout *m inv* ▸ **to hold all the trumps** avoir tous les atouts dans son jeu or en main ▸ **to turn up** or **to come up trumps** UK sauver la mise **2.** BIBLE [trumpet] trompette *f* ▸ **the last trump** la trompette du Jugement dernier. ◆ vt **1.** [card] couper, jouer atout sur ; [trick] remporter avec un atout **2.** [outdo - remark, action] renchérir sur.

trump card n *lit & fig* atout *m* ▸ **to play one's trump card** *fig* jouer ses atouts.

trumped-up [trʌmpt-] adj [story, charge] inventé de toutes pièces.

trumpery ['trʌmpərɪ] (*pl* **trumperies**) *liter* ◆ n **1.** [nonsense] bêtises *fpl* **2.** [trinkets] pacotille *f*. ◆ adj **1.** [flashy] tapageur, criard **2.** [worthless] sans valeur, insignifiant.

trumpet ['trʌmpɪt] ◆ n **1.** [instrument] trompette *f* / *Armstrong is on trumpet* Armstrong est à la trompette **2.** [trumpeter] trompettiste *mf* ; [in military band] trompette *f* **3.** [of elephant] barrissement *m* **4.** [hearing aid] ▸ **(ear) trumpet** cornet *m* acoustique. ◆ vi [elephant] barrir. ◆ vt [secret, news] claironner / *there's no need to trumpet it abroad* il n'est pas nécessaire de le crier sur les toits / *the government's much trumpeted land reforms* le battage fait par le gouvernement autour de la réforme agraire.

trumpet call n MUS sonnerie *f* de trompette ; *fig* [appeal] appel *m* / *a trumpet call to liberty* *fig* un appel vibrant à la liberté.

trumpeter ['trʌmpɪtəʳ] n trompettiste *mf* ; [in orchestra] trompette *m*.

trumpeting ['trʌmpɪtɪŋ] n **1.** [of elephant] barrissement *m*, barrissements *mpl* **2.** MUS coup *m* or coups *mpl* de trompette.

truncate [trʌŋ'keɪt] vt [gen & COMPUT] tronquer.

truncated [trʌŋ'keɪtɪd] adj tronqué.

truncheon ['trʌntʃən] ◆ n matraque *f*. ◆ vt matraquer.

trundle ['trʌndl] ◆ vi [heavy equipment, wheelbarrow] avancer or rouler lentement ; [person] aller or avancer tranquillement ▸ **to trundle in** / **out** / **past** entrer / sortir / passer tranquillement / *the lorry trundled slowly along* le camion avançait lentement / *I could hear the wheelbarrow trundling down the path* j'entendais quelqu'un pousser bruyamment la brouette sur le chemin / *do you fancy trundling down to the pub?* UK *hum* ça vous dit d'aller faire un tour au pub ? ◆ vt [push] pousser (avec effort) ; [pull] traîner (avec effort) ; [wheel] faire rouler bruyamment / *he trundled the trolley along behind him* il traînait le chariot derrière lui / *she trundled the piano across the room* elle a fait rouler le piano bruyamment à travers la pièce. ◆ n *inf & hum* [walk] balade *f*.

trundle bed n lit *m* gigogne.

trunk [trʌŋk] n **1.** [of tree, body] tronc *m* **2.** [of elephant] trompe *f* **3.** [case] malle *f* ; [metal] cantine *f* **4.** US AUTO coffre *m*.

❖ **trunks** pl n [underwear] slip *m* (d'homme) ▸ **a pair of trunks a)** [underwear] un slip **b)** [for swimming] un slip de bain ▸ **(swimming) trunks** maillot *m* or slip de bain.

trunk call n UK *dated* appel *m* interurbain.

trunk line n **1.** TELEC inter *m dated*, interurbain *m* **2.** RAIL grande ligne *f*.

trunk road n UK (route *f*) nationale *f*.

trunnion ['trʌnjən] n tourillon *m*.

truss [trʌs] ◆ vt **1.** [prisoner, animal] ligoter ; [poultry] trousser ; [hay] botteler **2.** CONSTR armer, renforcer. ◆ n **1.** [of hay] botte *f* ; [of fruit] grappe *f* **2.** CONSTR ferme *f* **3.** MED bandage *m* herniaire.

❖ **truss up** vt sep [prisoner] ligoter ; [poultry] trousser.

truss bridge n pont *m* à fermes.

trust [trʌst] ◆ vt **1.** [have confidence in - person] faire confiance à, avoir confiance en ; [-method, feelings, intuition] faire confiance à, se fier à ; [-judgment, memory] se fier à / *you can trust me* vous pouvez me faire confiance or avoir confiance en moi / *can we trust his account of events?* peut-on se fier à sa version des faits ? ▸ **to trust sb to do sthg** faire confiance à qqn or compter sur qqn pour faire qqch / *we're trusting you to save the company* nous comptons sur vous pour sauver la société / *I can't trust him to do the job properly* je ne peux pas compter sur lui pour faire le travail correctement / *he can't be trusted out of your sight* impossible de le lâcher des yeux, on ne peut pas lui faire confiance / *trust Mark to put his foot in it!* *hum* pour mettre les pieds dans le plat, on peut faire confiance à Mark ! / *trust you!* cela ne m'étonne pas de toi ! / *I wouldn't trust her as far as I could throw her!* je ne lui ferais absolument pas confiance ! **2.** [entrust] confier / *I certainly wouldn't trust him with any of my personal secrets* je ne lui confierais certainement pas un secret **3.** *fml* [suppose] supposer ; [hope] espérer / *I trust (that) everyone enjoyed themselves* j'espère que tout le monde s'est bien amusé / *I trust not* j'espère que non. ◆ vi **1.** [believe] ▸ **to trust in God** croire en Dieu **2.** [have confidence] ▸ **to trust to luck** s'en remettre à la chance / *we'll just have to trust to luck that it doesn't rain* espérons qu'avec un peu de chance il ne pleuvra pas. ◆ n **1.** [confidence, faith] confiance *f*, foi *f* ▸ **to betray sb's trust** trahir la confiance de qqn ▸ **to place one's trust in sb / sthg** avoir confiance en qqn / qqch, se fier à qqn / qqch ▸ **to take sthg on trust** prendre or accepter qqch en toute confiance or les yeux fermés / *you can't take everything he says on trust* on ne peut pas croire sur parole tout ce qu'il dit / *I bought the machine on trust* j'ai acheté la machine les yeux fermés / *the garage lent me the car on trust* au garage on m'a prêté la voiture parce qu'on me fait confiance **2.** [responsibility] responsabilité *f* / *he has a position of trust* il a un poste de confiance or à responsabilités **3.** [care] charge *f* ▸ **to give** or **to place sthg into sb's trust** confier qqch aux soins de qqn **4.** *(C)* FIN & LAW [group of trustees] administrateurs *mpl* / *the scholarship is run by a trust* la gestion de la bourse (d'études) a été confiée à un groupe d'administrateurs ; [investment] fidéicommis *m* ▸ **to set up a trust for sb** instituer un fidéicommis pour qqn ▸ **to leave money in trust for sb** faire administrer un legs par fidéicommis pour qqn / *the money was held in trust until her eighteenth birthday* l'argent a été administré par fidéicommis jusqu'à ses dix-huit ans **5.** [cartel] trust *m*.

trust account n compte *m* en fidéicommis.

trustbuster ['trʌst,bʌstəʳ] n US *fonctionnaire chargé de lutter contre les cartels.*

trustbusting ['trʌst,bʌstɪŋ] US ◆ n démantèlement *m* des trusts. ◆ adj qui a trait au démantèlement des trusts.

trust company n société *f* fiduciaire.

trust deed n document *m* de fidéicommis.

trusted ['trʌstɪd] adj [method] éprouvé ; [figures] fiable / *he's a trusted friend* c'est un ami en qui j'ai entièrement confiance.

trusted third party n COMPUT [for Internet transactions] tierce partie *f* de confiance.

trustee [trʌs'ti:] n **1.** FIN & LAW fidéicommissaire *m* ; [for minor] curateur *m* ; [in bankruptcy] syndic *m* **2.** ADMIN administrateur *m*, -trice *f* ▸ **board of trustees** conseil *m* d'administration.

trusteeship [,trʌs'ti:ʃɪp] n **1.** FIN & LAW fidéicommis *m* ; [for minor] curatelle *f* **2.** ADMIN poste *m* d'administrateur / *she accepted the trusteeship* elle a accepté d'être administratrice.

trustful ['trʌstfʊl] = **trusting.**

trustfully ['trʌstfʊlɪ] adv avec confiance.

trust fund n fonds *m* en fidéicommis.

trust hospital n *hôpital britannique ayant opté pour l'autogestion mais qui reçoit toujours son budget de l'État.*

trusting ['trʌstɪŋ] adj [nature, person] qui a confiance ; [look] confiant / *he's too trusting of people* il fait trop confiance aux gens.

trustingly ['trʌstɪŋlɪ] adv en toute confiance / *he looked at me trustingly* il m'a lancé un regard confiant.

trust territory n territoire *m* sous tutelle.

trustworthiness ['trʌst,wɜ:ðɪnɪs] n **1.** [reliability - of person] loyauté *f*, sérieux *m* ; [-of information, source] fiabilité *f* **2.** [accuracy - of report, figures] fiabilité *f*, justesse *f* **3.** [honesty] honnêteté *f*.

trustworthy ['trʌst,wɜ:ðɪ] adj **1.** [reliable - person] sur qui on peut compter, à qui on peut faire confiance ;

[- information, source] sûr, fiable **2.** [accurate - report, figures] fidèle, précis **3.** [honest] honnête.

trusty ['trʌstɪ] (*compar* **trustier**, *superl* **trustiest**, *pl* **trusties**) ◆ adj *arch & hum* [steed, sword] loyal, fidèle. ◆ n [prisoner] *détenu bénéficiant d'un régime de faveur.*

truth [tru:θ] (*pl* **truths** [tru:ðz]) n **1.** [true facts] vérité *f* / *I then discovered the truth about Neil* j'ai alors découvert la vérité sur Neil / *there isn't a grain* or *an ounce of truth in what he says* il n'y a pas une once de vérité dans ce qu'il dit / *there's some truth in what he says* il y a du vrai dans ce qu'il dit / *there is no truth in the rumour* il n'y a rien de vrai dans cette rumeur / *the truth of the matter is I really don't care any more* la vérité c'est que maintenant je m'en fiche vraiment ▸ **to tell the truth** dire la vérité ▸ **to tell (you) the truth** à vrai dire, à dire vrai ▸ **truth to tell** *liter* à dire vrai ▸ **(the) truth will out** *prov* la vérité finit toujours par se savoir **2.** [fact, piece of information] vérité *f* / *he learned some important truths about himself* on lui a dit ses quatre vérités / *universal truths* vérités universelles.

❖ **in truth** adv phr en vérité.

truth-condition n LOGIC & PHILOS condition *f* nécessaire et préalable.

truth drug n sérum *m* de vérité.

truthful ['tru:θfʊl] adj [person] qui dit la vérité ; [character] honnête ; [article, statement] fidèle à la réalité, vrai ; [story] véridique, vrai ; [portrait] fidèle.

truthfully ['tru:θfʊlɪ] adv [answer, speak] honnêtement, sans mentir ; [sincerely] sincèrement, vraiment.

truthfulness ['tru:θfʊlnɪs] n [of person] honnêteté *f* ; [of portrait] fidélité *f* ; [of story, statement] véracité *f*.

truth-function n LOGIC fonction *f* vériconditionnelle.

truth set n LOGIC & MATH *ensemble qui n'a pas de solution unique.*

truth-value n LOGIC & PHILOS valeur *f* de vérité.

try [traɪ] (*pt & pp* **tried**, *pl* **tries**) ◆ vt **1.** [attempt] essayer ▸ **to try to do** or **doing sthg** essayer or tâcher de faire qqch, chercher à faire qqch / *I've tried to give up smoking before* j'ai déjà essayé d'arrêter de fumer / *try phoning later* essaie de rappeler plus tard / *she tried not to think about it* elle essaya de ne pas y penser or d'éviter d'y penser / *I tried hard to understand* j'ai tout fait pour essayer de comprendre, j'ai vraiment cherché à comprendre ▸ **to try one's best** or **hardest** faire de son mieux / *he tried his best to explain* il a essayé d'expliquer de son mieux / *I'm willing to try anything once!* je suis prêt à tout essayer au moins une fois ! / *it's trying to rain* on dirait qu'il va pleuvoir / *and don't try any funny business!* *inf* et pas d'entourloupe ! / *just you try it!* [as threat] essaie un peu pour voir ! **2.** [test - method, approach, car] essayer / *have you tried acupuncture?* avez-vous essayé l'acupuncture ? / *the method has been tried and tested* la méthode a fait ses preuves / *he has been tried and found wanting* il ne s'est pas montré à la hauteur ▸ **(just) try me!** *inf* essaie toujours ! ▸ **to try one's strength against sb** se mesurer à qqn ▸ **to try one's luck (at sthg)** tenter sa chance (à qqch) **3.** [sample - recipe, wine] essayer, goûter à ; [- clothes] essayer / *try it, you'll like it* essayez or goûtez-y donc, vous aimerez / *just try the dress and see if it suits you* essaie donc la robe, pour voir si elle te va / *try this for size* **a)** *lit* [garment] essayez ceci pour voir la taille **b)** [shoe] essayez ceci pour voir la pointure **c)** *fig* essayez ceci pour voir si ça va **4.** [attempt to open - door, window] essayer / *we tried the door, but it was locked* on a essayé la porte, mais elle était fermée à clé **5.** TELEC essayer / *try the number again* refaites le numéro / *try him later* *inf* essayez de le rappeler plus tard **6.** [visit] essayer / *I've tried six shops already* j'ai déjà essayé six magasins / *he tried the embassy first* il a d'abord essayé l'ambassade **7.** LAW [person, case] juger / *he was tried for murder* il a été jugé pour meurtre **8.** [tax, strain - patience] éprouver, mettre à l'épreuve / *these things are sent to try us!* c'est le ciel qui nous envoie ces épreuves ! / *it's enough to try the patience of a saint* même un ange n'aurait pas la patience ▸ **to be sorely tried** *liter & hum* être durement éprouvé. ◆ vi essayer ▸ **to try and do sthg** essayer de faire qqch / *try again* refaites un essai, recommencez / *try later* essayez plus tard / *we can but try* on peut toujours essayer / *you can do it if you try* quand on veut, on peut / *just (you) try!* essaie donc un peu ! ▸ **to try for sthg** essayer d'obtenir qqch / *she's trying for a place at Oxford* elle essaie d'être admise à l'université d'Oxford / *why don't you at least try for the job?* pourquoi ne pas au moins vous présenter pour le poste ? / *she's trying for a gold medal* elle essaie de décrocher une médaille d'or. ◆ n **1.** [attempt] essai *m*, tentative *f* ▸ **to have a try at sthg / at doing sthg** essayer qqch / de faire qqch / *good try!* bien essayé ! / *it's worth a try* cela vaut la peine d'essayer / *I managed it at the first try* j'ai réussi du premier coup / *he had several tries at opening the box* il a essayé plusieurs fois d'ouvrir la boîte **2.** [test, turn] essai *m* ▸ **to give sthg a try** essayer qqch / *do you want a try on my bike?* veux-tu essayer mon vélo ? **3.** SPORT [in rugby] essai *m* ▸ **to score a try** marquer un essai.

❖ **try on** vt sep **1.** [garment] essayer / *try it on for size* essayez-le pour voir la taille **2.** PHR **to try it on with sb** **a)** UK *inf* essayer de voir jusqu'où on peut pousser qqn **b)** [flirt] essayer de flirter avec qqn / *he's just trying it on to see how far he can go* il essaie juste de voir jusqu'où il peut aller / *don't you try anything on with me!* **a)** [gen] ne fais pas le malin avec moi ! **b)** [flirt] n'essaie pas de flirter avec moi !

❖ **try out** ◆ vt sep [new car, bicycle] essayer, faire un essai avec, faire l'essai de ; [method, chemical, recipe] essayer ; [employee] mettre à l'essai. ◆ vi US ▸ **to try out for a team** faire un essai pour se faire engager dans une équipe.

❖ **try over** vt sep [music] jouer à titre d'essai.

trying ['traɪɪŋ] adj [experience] pénible, douloureux, éprouvant ; [journey, job] ennuyeux, pénible ; [person] fatigant, pénible / *he had a very trying time* **a)** [moment] il a passé un moment très difficile **b)** [period] il a vécu une période très difficile **c)** [experience] il a vécu une expérience très difficile or éprouvante.

try-on n UK *inf* ▸ **it's a try-on** c'est du bluff.

try-out n essai *m*.

trysail ['traɪsəl] n voile *f* goélette.

tryst [trɪst] n *liter* rendez-vous *m* (d'amour).

tsar [zɑ:ʳ] n tsar *m*, tzar *m*, czar *m*.

tsarevitch ['zɑ:rəvɪtʃ] n tsarévitch *m*, tzarévitch *m*.

tsarina [zɑ:'ri:nə] n tsarine *f*, tzarine *f*.

tsarism ['zɑ:rɪzm] n tsarisme *m*.

tsarist ['zɑ:rɪst] ◆ adj tsariste. ◆ n tsariste *mf*.

T-section n profil *m* en T.

tsetse fly ['tsetsɪ-] n mouche *f* tsé-tsé.

T-shaped adj en forme de T.

T-shirt n tee-shirt *m*, t-shirt *m*.

tsp. (written abbr of **teaspoon**) cc.

T-square n équerre *f* en T, té *m*, T *m* *(règle)*.

TSS (abbr of **toxic shock syndrome**) n SCT *m*.

T-stop n PHOT diaphragme *m*.

T-strap n [on shoe] fermeture *f* en té.

tsunami [tsu:'nɑ:mɪ] n tsunami *m*.

TT ◆ adj abbr of **teetotal**. ◆ pr n (abbr of **Tourist Trophy**) ▸ **TT races** *courses de moto sur l'île de Man.*

TTFN MESSAGING written abbr of **ta ta for now**.

TTL (abbr of **through the lens**) adj ▸ **TTL flash** flash *m* TTL ▸ **TTL measurement** mesure *f* à travers l'objectif or TTL.

TTP (abbr of **trusted third party**) n COMPUT [for Internet transactions] TPC *f*.

T2Go MESSAGING written abbr of **time to go**.

T2ul MESSAGING (written abbr of **talk to you later**) @+.

TTYL, TTYL8R MESSAGING (written abbr of **talk to you later**) @+.

TU n abbr of **trade union**.

Tuareg ['twɑ:reg] (*pl* **Tuareg** *or* **Tuaregs**) ◆ n **1.** [person] Touareg *m*, -ègue *f* **2.** LING touareg *m*. ◆ adj touareg.

tub [tʌb] n **1.** [container - for liquid] cuve *f*, bac *m* ; [- for flowers] bac *m* ; [- for washing clothes] baquet *m* ; [- in washing machine] cuve *f* **2.** [contents - of washing powder] baril *m* ; [- of wine, beer] tonneau *m* ; [- of ice cream, yoghurt] pot *m* **3.** *inf* [bath] : *he's in the tub* il prend un bain **4.** *inf* [boat] rafiot *m*.

tuba ['tju:bə] n tuba *m*.

tubby ['tʌbɪ] (*compar* **tubbier**, *superl* **tubbiest**) adj *inf* dodu, rondelet.

tube [tju:b] ◆ n **1.** [pipe] tube *m* / *he was fed through a tube* on l'a nourri à la sonde **2.** ANAT tube *m*, canal *m* **3.** [of glue, toothpaste] tube *m* **4.** [in tyre] ▸ **(inner) tube** chambre *f* à air **5.** TV : *what's on the tube tonight?* *inf* qu'est-ce qu'il y a à la télé ce soir ? ▸ **(cathode-ray) tube** tube *m* (cathodique) **6.** UK [underground] ▸ **the tube** *le métro londonien* ▸ **to go by tube, to take the tube** aller en métro, prendre le métro **7.** PHR **to go down the tubes** *inf* tomber à l'eau. ◆ comp [map, station] de métro.

tube dress n UK robe *f* tube.

tube-feed vt nourrir à la sonde.

tubeless ['tju:blɪs] adj UK ▸ **tubeless tyre** pneu *m* sans chambre (à air).

tuber ['tju:bəʳ] n ANAT & BOT tubercule *m*.

tubercle ['tju:bəkl] n tubercule *m*.

tubercular [tju:'bɜ:kjʊləʳ] adj tuberculeux.

tuberculin [tju:'bɜ:kjʊlɪn] n tuberculine *f*.

tuberculin-tested [-'testɪd] adj [cow] tuberculinisé, tuberculiné ▸ **tuberculin-tested milk** ≃ lait *m* certifié.

tuberculosis [tju:,bɜ:kjʊ'ləʊsɪs] n *(U)* tuberculose *f* / *he has tuberculosis* il a la tuberculose, il est tuberculeux.

tuberculous [tju:'bɜ:kjʊləs] adj tuberculeux.

tuberose ['tju:bərəʊs] ◆ n BOT tubéreuse *f*. ◆ adj BOT tubéreux.

tube skirt n UK jupe *f* tube.

tubing ['tju:bɪŋ] n *(U)* tubes *mpl*, tuyaux *mpl* / *a piece of plastic tubing* un tube en plastique.

tub-thumper [-'θʌmpəʳ] n UK *inf* orateur *m* démagogue.

tub-thumping UK *inf* ◆ n démagogie *f*. ◆ adj démagogique.

Tubuai Islands [,tu:bu:'aɪ-] pl pr n ▸ **the Tubuai Islands** les îles *fpl* Australes.

tubular ['tju:bjʊləʳ] adj [furniture, shape] tubulaire ▸ **tubular bells** MUS carillon *m* d'orchestre.

TUC (abbr of **Trades Union Congress**) pr n *la Confédération des syndicats britanniques* ▸ **the TUC annual conference** le congrès annuel des syndicats.

tuck [tʌk] ◆ vt **1.** [shirt] rentrer ; [sheet] rentrer, border / *he tucked his shirt into his trousers* il rentra sa chemise dans son pantalon / *she tucked the sheets under the mattress* elle borda le lit **2.** [put] mettre ; [slip] glisser / *she tucked the book under the bedclothes* elle glissa le livre sous les draps / *he had a newspaper tucked under his arm* il avait un journal sous le bras / *she tucked her hair behind her ears* elle ramena ses cheveux derrière ses oreilles / *his mother came to tuck him into bed* sa mère est venue le border dans son lit. ◆ n **1.** SEW rempli *m* ▸ **to put** or **to make a tuck in sthg** faire un rempli dans qqch **2.** [in diving] plongeon *m* groupé **3.** UK *inf* SCH boustifaille *f*.

❖ **tuck away** vt sep **1.** [hide] cacher ; [put] mettre, ranger / *the house was tucked away in the hills* la maison était cachée or perdue dans les collines **2.** *inf* [food] s'enfiler, avaler / *he tucked away three helpings* il s'est enfilé trois portions.

❖ **tuck in** ◆ vt sep **1.** [shirt, stomach] rentrer **2.** [child] border / *he tucked her in for the night* il la borda pour la nuit. ◆ vi *inf* [eat] : *we tucked in to a lovely meal* nous avons attaqué un excellent repas / *don't wait for me, tuck in!* ne m'attendez pas, attaquez !

tuck up vt sep **1.** [person] border (dans son lit) / *all the children were safely tucked up in bed* les enfants étaient tous bien bordés dans leurs lits **2.** [skirt, sleeves] remonter ; [hair] rentrer **3.** [legs] replier, rentrer.

tuck box n UK SCH gamelle *f (d'écolier).*

tucker ['tʌkər] ◆ n **1.** [on dress] fichu *m* **2.** AUSTR & NZ *inf* [food] bouffe *f.* ◆ vt US *inf* [exhaust] crever / *you look tuckered out!* tu as l'air complètement crevé !

tuck-in n UK *inf* : *we had a great tuck-in* on a bien bouffé.

tuck shop n UK SCH *petite boutique où les écoliers achètent bonbons, gâteaux, etc.*

tude [tu:d] n US *inf* [attitude] *attitude insolente ou arrogante / hey, what's that tude you got?* eh, pas de ça avec moi !

Tudor ['tju:dər] ◆ adj [family, period] des Tudors ; [king, architecture] Tudor *(inv).* ◆ n Tudor *m inv*, membre *m* de la famille des Tudors.

Tue., Tues. (written abbr of **Tuesday**) mar.

Tuesday ['tju:zdeɪ] n mardi *m.* **See also Friday.**

tufa ['tju:fə] n tuf *m* calcaire.

tuffet ['tʌfɪt] n *arch* **1.** [of grass] touffe *f* d'herbe **2.** [stool] petit tabouret *m.*

tuft [tʌft] n **1.** [of hair, grass] touffe *f* **2.** ORNITH ▸ **tuft (of feathers)** huppe *f*, aigrette *f.*

tufted ['tʌftɪd] adj **1.** [bird] huppé **2.** [grass] en touffe or touffes **3.** [carpet] tufté.

tufted duck n morillon *m.*

tug [tʌg] (*pt & pp* **tugged**, *cont* **tugging**) ◆ n **1.** [pull] petit coup *m* / *give the rope a tug, will you?* tire un peu sur la corde, tu veux ? / *he felt a tug at his sleeve* il sentit qu'on le tirait par la manche **2.** NAUT remorqueur *m.* ◆ vt **1.** [handle, sleeve] tirer sur ; [load] tirer, traîner / *he tugged the heavy crate along the path* il traîna la lourde caisse le long de l'allée **2.** NAUT remorquer. ◆ vi ▸ **to tug at** or **on sthg** tirer sur qqch / *the music tugged at her heartstrings* *fig* cette musique l'émouvait.

tugboat ['tʌgbəʊt] n remorqueur *m.*

tug-of-love n UK *inf conflit entre des parents en instance de divorce pour avoir la garde d'un enfant* ▸ **tug-of-love children** *les enfants dont les parents se disputent la garde.*

tug-of-war n SPORT tir *m* à la corde ; *fig* lutte *f* acharnée.

tuition [tju:'ɪʃn] n *(U)* **1.** UK [instruction] cours *mpl* / *I give tuition in Spanish* je donne des cours d'espagnol **2.** UNIV ▸ **tuition (fees)** frais *mpl* de scolarité.

TUL MESSAGING **written abbr of tell you later.**

tulip ['tju:lɪp] n tulipe *f.*

tulip tree n tulipier *m.*

tulle [tju:l] n tulle *m.*

tum [tʌm] n UK *inf* ventre *m.*

tumble ['tʌmbl] ◆ vi **1.** [fall - person] faire une chute, dégringoler ; [- ball, objects] dégringoler / *he tumbled down the stairs* il a fait une culbute dans or il a dégringolé (dans) l'escalier ▸ **to tumble head over heels** faire une culbute or un roulé-boulé / *the bottles came tumbling off the shelf* les bouteilles ont dégringolé de l'étagère **2.** [collapse - prices] dégringoler, s'effondrer / *the Chancellor's resignation sent share prices tumbling* la démission du ministre des Finances a fait dégringoler le prix des actions **3.** [rush] se précipiter / *the children tumbled into the kitchen* les enfants se ruèrent or se précipitèrent dans la cuisine / *they came tumbling after me* ils se sont lancés à ma poursuite **4.** [perform somersaults] faire des sauts périlleux. ◆ vt [knock, push - person] renverser, faire tomber or dégringoler / *she tumbled me into the pool* elle m'a fait tomber dans la piscine. ◆ n [fall] chute *f*, culbute *f*, roulé-boulé *m* ; [somersault] culbute *f*, cabrioles *fpl* / *he had a bad tumble on the ice* il a fait une mauvaise chute sur la glace ▸ **to take a tumble** faire une chute or une culbute / *his pride took a tumble* *fig* son orgueil a souffert / *share prices took a tumble today* le prix des actions s'est effondré aujourd'hui.

tumble about ◆ vi [children] gambader, batifoler ; [acrobat] faire des cabrioles ; [swimmer] s'ébattre ; [water] clapoter. ◆ vt sep mettre en désordre / *the waves tumbled us about* nous étions ballotés par les vagues.

tumble down vi [person] faire une culbute, dégringoler ; [pile] dégringoler ; [wall, building] s'effondrer / *the whole building came tumbling down* tout l'édifice s'est effondré or écroulé.

tumble out ◆ vi **1.** [person - from tree, loft] faire une culbute, dégringoler ; [- from bus, car] se jeter, sauter ; [possessions, contents] tomber (en vrac) / *the apples tumbled out of her basket* les pommes ont roulé de son panier / *the tablets tumbled out onto the table* les comprimés ont roulé sur la table / *he tumbled out of bed at midday* il est tombé du lit à midi *hum* **2.** [news, confession] s'échapper / *all their secrets came tumbling out* ils nous ont déballé tous leurs secrets. ◆ vt sep faire tomber en vrac or en tas.

tumble over ◆ vi [person] culbuter, faire une culbute ; [pile, vase] se renverser. ◆ vt sep renverser, faire tomber.

tumble to vt insep UK *inf* [fact, secret, joke] piger, saisir, comprendre / *I finally tumbled to their little game* j'ai enfin compris leur petit manège.

tumbledown ['tʌmbldaʊn] adj en ruines, délabré.

tumble-drier n sèche-linge *m inv.*

tumble-dry vt faire sécher dans le sèche-linge.

tumbler ['tʌmblər] n **1.** [glass] verre *m* (droit) ; [beaker] gobelet *m*, timbale *f* / *a tumbler of orange (juice)* un verre de jus d'orange **2.** [acrobat] acrobate *mf* **3.** [in lock] gorge *f* (de serrure) **4.** = **tumble-drier** **5.** [pigeon] pigeon *m* culbutant.

tumbler switch n interrupteur *m* à bascule.

tumbleweed ['tʌmblwi:d] n amarante *f.*

tumbrel ['tʌmbrəl], **tumbril** ['tʌmbrɪl] n tombereau *m.*

tumefaction [ˌtju:mɪ'fækʃn] n tuméfaction *f.*

tumescent [ˌtju:'mesnt] adj tumescent.

tumid ['tju:mɪd] adj **1.** MED tuméfié **2.** *liter* [style] ampoulé, boursouflé.

tummy ['tʌmɪ] *inf* ◆ n ventre *m.* ◆ comp ▸ **to have (a) tummy ache** avoir mal au ventre ▸ **to have a tummy bug** avoir une gastro ▸ **tummy button** nombril *m* ▸ **tummy tuck** plastie *f* abdominale.

tumour UK, **tumor** US ['tju:mər] n tumeur *f.*

tumuli ['tju:mjʊlaɪ] pl ⟶ **tumulus.**

tumult ['tju:mʌlt] n **1.** [noise] tumulte *m* ; [agitation] tumulte *m*, agitation *f* / *in (a) tumult* dans le tumulte **2.** *fml & liter* [of feelings] émoi *m.*

tumultuous ['tju:mʌltjʊəs] adj [crowd, noise] tumultueux ; [applause] frénétique ; [period] tumultueux, agité / *he got a tumultuous welcome* il a reçu un accueil enthousiaste.

tumulus ['tju:mjʊləs] (*pl* **tumuli** ['tju:mjʊlaɪ]) n tumulus *m.*

tun [tʌn] n fût *m*, tonneau *m.*

tuna [UK 'tju:nə US 'tu:nə] n ▸ **tuna (fish)** thon *m.*

tuna melt n *sandwich chaud au thon et au fromage fondu.*

tundra ['tʌndrə] n toundra *f.*

tune [tju:n] ◆ n [melody] air *m*, mélodie *f* / *give us a tune on the mouth organ* joue-nous un petit air d'harmonica / *the band played some old Irish tunes* l'orchestre joua de vieilles mélodies irlandaises / *they marched to the tune of Rule Britannia* ils marchèrent sur l'air de or aux accents de Rule Britannia / *it's got no tune to it* cela manque de mélodie, ce n'est pas mélodieux ▸ **to call the tune** UK *inf* faire la loi. ◆ vt **1.** [musical instrument] accorder / *the strings are tuned to the key of G* les cordes sont en sol **2.** [regulate - engine, machine] mettre au point, régler **3.** [radio, television] régler / *the radio is tuned to Voice of America* la radio est réglée sur la Voix de l'Amérique / *we can't tune our TV to Channel 5* nous ne pouvons pas capter la chaîne 5 sur notre télé / *stay tuned!* restez à l'écoute ! **4.** [adapt] : *politicians always tune their remarks to suit their audience* les hommes politiques se mettent toujours au diapason de leur auditoire, les hommes politiques adaptent toujours leurs commentaires à leur auditoire.

in tune ◆ adj phr [instrument] accordé, juste ; [singer] qui chante juste / *the violins are not in tune with the piano* les violons ne sont pas accordés avec le piano ▸ **to be in tune with** *fig* être en accord avec / *he is completely in tune with current political thinking* il est complètement en accord avec la pensée politique actuelle. ◆ adv phr juste ▸ **to play / to sing in tune** jouer / chanter juste.

out of tune ◆ adj phr [instrument] faux (fausse), désaccordé ; [singer] qui chante faux ▸ **to be out of tune with** *fig* être en désaccord avec / *the MP was out of tune with the rest of his party* le député n'était pas sur la même longueur d'onde que les autres membres de son parti or était en désaccord avec les autres membres de son parti. ◆ adv phr faux ▸ **to play / to sing out of tune** jouer / chanter faux.

to the tune of prep phr : *they were given grants to the tune of £100,000* on leur a accordé des subventions qui s'élevaient à 100 000 livres.

tune in ◆ vi RADIO & TV se mettre à l'écoute / *tune in to this channel next week* soyez à l'écoute de cette chaîne la semaine prochaine / *I tuned in to Radio Ultra* je me suis mis à l'écoute de Radio Ultra. ◆ vt sep **1.** [radio, television] régler sur **2.** *inf & fig* ▸ **to be tuned in to sthg** être branché sur qqch.

tune out US ◆ vi [refuse to listen] faire la sourde oreille ; [stop listening] décrocher. ◆ vt sep **1.** [remark] ignorer **2.** [radio] éteindre / *he is completely tuned out* *inf & fig* il n'est pas du tout branché.

tune up ◆ vi MUS [player] accorder son instrument ; [orchestra] accorder ses instruments. ◆ vt sep **1.** MUS accorder **2.** AUTO mettre au point, régler.

tuned-in [tju:nd-] adj *inf* branché.

tuneful ['tju:nfʊl] adj [song, voice] mélodieux ; [singer] à la voix mélodieuse.

tunefully ['tju:nfʊlɪ] adv mélodieusement.

tuneless ['tju:nlɪs] adj peu mélodieux, discordant.

tunelessly ['tju:nlɪslɪ] adv [with no tune] de manière peu mélodieuse ; [out of tune] faux *(adv).*

tuner ['tju:nər] n **1.** [of piano] accordeur *m* **2.** RADIO & TV tuner *m*, syntonisateur *m spec.*

tuner amplifier n ampli-tuner *m.*

tune-up n AUTO réglage *m*, mise *f* au point ▸ **to have a tune-up** faire faire une mise au point or un réglage.

tungsten ['tʌŋstən] n tungstène *m.*

tungsten carbide n carbure *m* de tungstène.

tungsten lamp n lampe *f* au tungstène.

tungsten steel n acier *m* au tungstène.

tunic ['tju:nɪk] n [gen & BOT] tunique *f.*

tuning ['tju:nɪŋ] n **1.** MUS accord *m* **2.** RADIO & TV réglage *m* **3.** AUTO réglage *m*, mise *f* au point.

tuning fork n diapason *m.*

tuning key n accordoir *m.*

tuning knob n bouton *m* de réglage.

Tunis ['tju:nɪs] pr n Tunis.

Tunisia [tju:'nɪzɪə] pr n Tunisie *f* / *in Tunisia* en Tunisie.

Tunisian [tju:'nɪzɪən] ◆ n Tunisien *m*, -enne *f.* ◆ adj tunisien.

tunnage ['tʌnɪdʒ] = **tonnage.**

tunnel ['tʌnl] (UK *pt & pp* **tunnelled**, *cont* **tunnelling** ; US *pt & pp* **tunneled**, *cont* **tunneling**) ◆ n [gen & RAIL] tunnel *m* ; MIN galerie *f* ; [of mole, badger] galerie *f* ▸ **to make** or **to dig a tunnel a)** [gen] percer or creuser un tunnel **b)** MIN percer or creuser une galerie. ◆ vt [hole, passage] creuser, percer ▸ **to tunnel one's way through the earth a)** CONSTR creuser un tunnel dans la terre **b)** [mole] creuser une galerie dans la terre / *the prisoners tunnelled their way to freedom* les prisonniers se sont évadés en creusant un tunnel. ◆ vi [person] creuser or percer un tunnel or des tunnels ; [badger, mole] creuser une galerie or des galeries / *they tunnelled into the mountain* **a)** CONSTR ils ont percé un tunnel dans la montagne **b)** MIN ils ont percé une galerie dans la montagne / *the machines had to tunnel through granite* les machines ont dû creuser dans le granite.

tunnel effect n effet *m* tunnel.

tunnelling machine ['tʌnlɪŋ-] n foreuse *f*.

tunnel vision n **1.** OPT rétrécissement *m* du champ visuel **2.** *fig* esprit *m* borné ▸ **to have tunnel vision** avoir des vues étroites, voir les choses par le petit bout de la lorgnette.

tunny ['tʌnɪ] = **tuna.**

tup [tʌp] (*pt & pp* **tupped**, *cont* **tupping**) ◆ n **1.** UK [ram] bélier *m* **2.** [on pile-driver] mouton *m*. ◆ vt [subj: ram] s'accoupler à ; [ram] accoupler.

tuppence ['tʌpəns] n UK deux pence *mpl* / *the picture isn't worth tuppence* **a)** *inf* [in price] le tableau ne vaut pas un rond or ne vaut rien **b)** [in quality] le tableau ne vaut pas un clou / *I don't care tuppence for your opinion inf* je me fiche pas mal de votre opinion or de ce que vous pensez.

tuppenny ['tʌpnɪ] adj UK de or à deux pence / *I don't give a tuppenny damn inf* je m'en fiche (et je m'en contrefiche).

tuppenny-ha'penny ['tʌpnɪˌheɪpnɪ] adj UK *inf* de rien du tout, de quatre sous.

Tupperware® ['tʌpəweəʳ] ◆ n Tupperware® *m* ▸ **Tupperware party** réunion *f* Tupperware®. ◆ comp en Tupperware.

turban ['tɜ:bən] n turban *m*.

turbaned ['tɜ:bənd] adj [person] en turban ; [head] coiffé d'un turban, enturbanné.

turbid ['tɜ:bɪd] adj trouble.

turbine ['tɜ:baɪn] n turbine *f* ▸ **gas / steam turbine** turbine *f* à gaz / à vapeur.

turbo ['tɜ:bəʊ] (*pl* **turbos**) n **1.** AUTO turbo *m* **2.** [turbine] turbine *f*.

turbocharged ['tɜ:bəʊtʃɑ:ʤd] adj turbo.

turbocharger ['tɜ:bəʊtʃɑ:ʤəʳ] n turbocompresseur *m*.

turbodiesel ['tɜ:bəʊˌdi:zl] n turbodiesel *m*.

turboelectric [ˌtɜ:bəʊɪ'lektrɪk] adj turboélectrique.

turbofan ['tɜ:bəʊfæn] n ▸ **turbofan engine** turboventilateur *m*, turbofan *m*.

turbogenerator ['tɜ:bəʊˌʤenəreɪtəʳ] n turbogénérateur *m*.

turbojet ['tɜ:bəʊˌʤet] n [engine] turboréacteur *m* ; [plane] avion *m* à turboréacteur.

turboprop ['tɜ:bəʊˌprɒp] n [engine] turbopropulseur *m* ; [plane] avion *m* à turbopropulseur.

turbosupercharger [ˌtɜ:bəʊ'su:pəˌtʃɑ:ʤəʳ] n turbocompresseur *m* de suralimentation.

turbot ['tɜ:bət] (*pl* **turbot** *or* **turbots**) n turbot *m*.

turbulence ['tɜ:bjʊləns] n **1.** [unrest] turbulence *f*, agitation *f* **2.** [in air] turbulence *f* ; [in sea] agitation *f* **3.** PHYS turbulence *f*.

turbulent ['tɜ:bjʊlənt] adj [crowd, period, emotions] tumultueux ; [sea] agité ; [meeting] houleux.

Turco- ['tɜ:kəʊ] in comp turco- ▸ **Turco-Persian** turco-persan.

turd [tɜ:d] n *v inf* **1.** [excrement] merde *f* **2.** *pej* [person] con *m*, salaud *m*.

tureen [tə'ri:n] n soupière *f*.

turf [tɜ:f] (*pl* **turfs** *or* **turves** [tɜ:vz]) ◆ n **1.** [grass] gazon *m* **2.** [sod] motte *f* de gazon **3.** SPORT turf *m* ▸ **to follow the turf** être turfiste **4.** [peat] tourbe *f* **5.** US *v inf* [of gang] territoire *m* réservé, chasse *f* gardée. ◆ vt **1.** [with grass] ▸ **turf (over)** gazonner **2.** UK *inf* [throw] balancer, flanquer, jeter / *she turfed the old magazines into the box* elle a balancé les vieux magazines dans la boîte.

❖ **turf out** vt sep UK *inf* [eject, evict - person] vider, flanquer à la porte ; [remove - furniture, possessions] sortir, enlever ; [throw away - rubbish] bazarder / *he turfed everything out of the cupboard* il a tout sorti du placard, il a bazardé tout ce qu'il y avait dans le placard / *he was turfed out of the club* il s'est fait virer or vider du club.

turf accountant n UK *fml* bookmaker *m*.

turfman ['tɜ:fmən] (*pl* **turfmen** [-mən]) n US turfiste *m*.

Turgenev [tɜ:'geɪnjev] pr n Tourgueniev.

turgid ['tɜ:ʤɪd] adj **1.** [style, prose] ampoulé, boursouflé **2.** MED enflé, gonflé.

Turin [tjʊ'rɪn] pr n Turin.

Turin Shroud pr n ▸ **the Turin Shroud** le saint suaire.

Turk [tɜ:k] n Turc *m*, Turque *f*.

Turkestan, Turkistan [ˌtɜ:kɪ'stɑ:n] pr n Turkistan *m* / *in Turkestan* au Turkistan.

turkey ['tɜ:kɪ] (*pl* **turkey** *or* **turkeys**) n **1.** [bird - cock] dindon *m* ; [- hen] dinde *f* ▸ **turkey shoot** US *lit* partie *f* de chasse au dindon ; *fig* : *it was a real turkey shoot* US c'était gagné d'avance **2.** CULIN dinde *f* **3.** US *inf* [fool] idiot *m*, -e *f*, imbécile *mf* **4.** US *inf* [flop] bide *m* ; THEAT four *m* **5.** PHR ▸ **to talk turkey** US : *let's talk turkey* parlons franc.

Turkey ['tɜ:kɪ] pr n Turquie *f* / *in Turkey* en Turquie.

turkey buzzard n vautour *m* aura.

turkey cock n dindon *m* ; *inf & fig* crâneur *m*, -euse *f*.

Turkish ['tɜ:kɪʃ] ◆ n LING turc *m*. ◆ adj turc.

Turkish bath n bain *m* turc.

Turkish coffee n café *m* turc.

Turkish delight n loukoum *m*.

Turkistan [ˌtɜ:kɪ'stɑ:n] = **Turkestan.**

Turkman ['tɜ:kmən] (*pl* **Turkmans** *or* **Turkmen** [-men]) ◆ n Turkmène *mf*. ◆ adj turkmène.

Turkmen [-men] n LING turkmène *m*.

Turkmenia [tɜ:k'mi:nɪə] = **Turkmenistan.**

Turkmenian [ˌtɜ:k'menɪən] adj turkmène.

Turkmenistan [ˌtɜ:kmenɪ'stɑ:n], **Turkmenia** [tɜ:k'mi:nɪə] pr n Turkménistan *m* / *in Turkmenistan* au Turkménistan.

Turks and Caicos Islands [-'keɪkəs-] pl pr n ▸ **the Turks and Caicos Islands** les îles *fpl* Turks et Caicos / *in the Turks and Caicos Islands* aux îles Turks et Caicos.

turmeric ['tɜ:mərɪk] n curcuma *m*.

turmoil ['tɜ:mɔɪl] n **1.** [confusion] agitation *f*, trouble *m*, chaos *m* / *the country was in turmoil* le pays était en ébullition or en effervescence **2.** [emotional] trouble *m*, émoi *m* / *her mind was in (a) turmoil* elle avait l'esprit troublé, elle était en émoi.

turn [tɜ:n] ◆ vt **1.** [cause to rotate, move round] tourner ; [shaft, axle] faire tourner, faire pivoter ; [direct] diriger / *she turned the key in the lock* **a)** [to lock] elle a donné un tour de clé (à la porte), elle a fermé la porte à clé **b)** [to unlock] elle a ouvert la porte avec la clé / *turn the wheel all the way round* faites faire un tour complet à la roue / *to turn the (steering) wheel* AUTO tourner le volant / *turn the knob to the right* tournez le bouton vers la droite / *turn the knob to "record"* mettez le bouton en position « enregistrer » / *she turned the oven to its highest setting* elle a allumé or mis le four à la température maximum / *she turned her chair towards the window* elle a tourné sa chaise face à la fenêtre / *he turned the car into the drive* il a engagé la voiture dans l'allée / *we turned our steps homeward* nous avons dirigé nos pas vers la maison / *turn your head this way* tournez la tête de ce côté **2.** [send away] : *he turned the beggar from his door* il a chassé le mendiant / *they turned the poachers off their land* ils ont chassé les braconniers de leurs terres **3.** *fig* [change orientation of] : *she turned the conversation to sport* elle a orienté la conversation vers le sport / *their votes could turn the election in his favour* leurs voix pourraient faire basculer les élections en sa faveur / *he would not be turned from his decision to resign* il n'y a pas eu moyen de le faire revenir sur sa décision de démissionner / *nothing would turn the rebels from their cause* rien ne pourrait détourner les rebelles de leur cause / *you've turned my whole family against me* vous avez monté toute ma famille contre moi / *we turned his joke against him* nous avons retourné la plaisanterie contre lui / *let's turn our attention to the matter in hand* occupons-nous de l'affaire en question / *she turned her attention to the problem* elle s'est concentrée sur le problème / *research workers have turned the theory to practical use* les chercheurs ont mis la théorie en pratique / *how can we turn this policy to our advantage* or *account?* comment tirer parti de cette politique ?, comment tourner cette politique à notre avantage ? ▸ **to turn one's back on sb** *lit* tourner le dos à qqn / *she looked at the letter the minute his back was turned* dès qu'il a eu le dos tourné, elle a jeté un coup d'œil à la lettre / *how can you turn your back on your own family?* comment peux-tu abandonner ta famille ? / *she turned her back on her friends* elle a tourné le dos à ses amis ▸ **to turn one's back on the past** tourner la page, tourner le dos au passé / *she was so pretty that she turned heads wherever she went* elle était si jolie que tout le monde se retournait sur son passage / *success had not turned his head* la réussite ne lui avait pas tourné la tête, il ne s'était pas laissé griser par la réussite / *all their compliments had turned her head* tous leurs compliments lui étaient montés à la tête or lui avaient tourné la tête ▸ **to turn the tables on sb** reprendre l'avantage sur qqn ▸ **now the tables are turned** maintenant les rôles sont renversés, tel est pris qui croyait prendre *prov* **4.** [flip over - page] tourner ; [- collar, mattress, sausages, soil] retourner / *the very thought of food turns my stomach* l'idée même de manger me soulève le cœur ▸ **to turn sthg on its head** bouleverser qqch, mettre qqch sens dessus dessous **5.** [ankle] tordre / *I've turned my ankle* je me suis tordu la cheville **6.** [release, let loose] : *he turned the cattle into the field* il a fait rentrer le bétail dans le champ **7.** [go round - corner] tourner **8.** [do, perform] faire / *the skater turned a circle on the ice* la patineuse a décrit un cercle sur la glace ▸ **to turn a cartwheel** faire la roue **9.** [reach - in age, time] passer, franchir / *I had just turned twenty* je venais d'avoir vingt ans / *she's turned thirty* elle a trente ans passés, elle a dépassé le cap de la trentaine / *it has only just turned four o'clock* il est quatre heures passées de quelques secondes **10.** [transform, change] changer, transformer ; [make] faire devenir, rendre ▸ **to turn sthg into sthg** transformer or changer qqch en qqch / *bitterness turned their love into hate* l'amertume a transformé leur amour en haine / *she turned the remark into a joke* elle a tourné la remarque en plaisanterie / *they're turning the book into a film* ils adaptent le livre pour l'écran / *the sight turned his heart to ice* le spectacle lui a glacé le cœur or l'a glacé / *you should turn your shares into cash* ST. EX vous devriez réaliser vos actions ; [in colour] : *time had turned the pages yellow* le temps avait jauni les pages **11.** [make bad, affect] : *the lemon juice turned the milk (sour)* le jus de citron a fait tourner le lait **12.** US COMM [goods] promouvoir la vente de ; [money] gagner ▸ **to turn a good profit** faire de gros bénéfices / *he turns an honest penny* il gagne sa vie honnêtement / *he was out to turn a fast buck inf* il cherchait à gagner or faire du fric facilement **13.** TECH [shape] tourner, façonner au tour ▸ **a well turned leg** une jambe bien faite ▸ **to turn a phrase** *fig* faire des phrases. ◆ vi **1.** [move round - handle, key, wheel] tourner ; [- shaft] tourner, pivoter ; [- person] se tourner ▸ **to turn on an axis** tourner autour d'un axe / *the crane turned (through) 180°* la grue a pivoté de 180° / *the key won't turn* la clé ne tourne pas / *he turned right round* il a fait volte-face / *they turned towards me* ils se sont tournés vers moi or de mon côté / *they turned from the gruesome sight* ils se sont détournés de cet horrible spectacle / *turn (round) and face the front* tourne-toi et regarde devant toi **2.** [flip over - page] tourner ; [- car, person, ship] se retourner ; *fig* : *the smell made my stomach turn* l'odeur m'a soulevé le cœur **3.** [change direction -person] tourner ; [-vehicle] tourner, virer ; [-luck, wind] tourner, changer ; [-river, road] faire un coude ; [-tide] changer de direction / *turn (to the) right* **a)** [walking] tournez à droite **b)** [driving] tournez ou prenez à droite / *we turned towards town* nous nous sommes dirigés vers la ville / *he turned (round) and went back* il a fait demi-tour et est revenu sur ses pas / *the road turns south* la route tourne vers le sud / *the car turned into our street* la voiture a tourné dans notre rue / *we turned onto the main road* nous nous sommes engagés dans or nous avons pris la grand-route / *the market turned downwards / upwards* ST. EX le marché était à la baisse / à la hausse / *I don't know where* or *which way to turn fig* je ne sais plus quoi faire **4.** *(with adj or noun complement)* [become] devenir / *the weather's turned bad* le temps s'est gâté / *the argument turned nasty* la dispute s'est envenimée / *she turned angry when he refused* elle s'est mise en colère quand il a refusé / *a lawyer turned politician* un avocat devenu homme politique / *to turn professional* passer or devenir professionnel / *the whole family turned Muslim* toute la famille s'est convertie à l'islam **5.** [transform] se changer, se transformer / *the pumpkin turned into a carriage* la citrouille s'est transformée en carrosse / *the rain turned to snow* la pluie s'est transformée en neige / *the little girl had turned into a young woman* la petite fille était devenue une jeune femme / *their love turned to hate* leur amour se changea en haine or fit place à la haine **6.** [leaf] tourner, jaunir ; [milk] tourner / *the weather has turned* le temps a changé. ◆ n **1.** [revolution, rotation] tour *m* / *he gave the handle a turn* il a tourné la poignée / *give the screw another turn* donnez un autre tour de vis / **'The Turn of the Screw'** *James* 'le Tour d'écrou' **2.** [change of course, direction] tournant *m* ; [in skiing] virage *m* ▸ **to make a right turn a)** [walking] tourner à droite **b)** [driving] tourner or prendre à droite / *take the second turn on the right* prenez la deuxième à droite / **'no right turn'** 'défense de tourner à droite' ; *fig* ▸ **at every turn** à tout instant, à tout bout de champ **3.** [bend, curve in road] virage *m*, tournant *m* / *there is a sharp turn to the left* la route fait un brusque virage or tourne brusquement à gauche **4.** [change in state, nature] tour *m*, tournure *f* / *the conversation took a new turn* la conversation a pris une nouvelle tournure / *it was an unexpected turn of events* les événements ont pris une tournure imprévue / *things took a turn for the worse / better* les choses se sont aggravées / améliorées / *the patient took a turn for the worse / better* l'état du malade s'est aggravé / amélioré / *the situation took a tragic turn* la situation a tourné au tragique ▸ **to be on the turn** UK être sur le point de changer / *the milk is on the turn* le lait a commencé à tourner **5.** [time of change] : *at the turn of the year* vers la fin de l'année / *at the turn of the century* au tournant du siècle **6.** [in game, order, queue] tour *m* / *it's my turn* c'est à moi, c'est mon tour / *whose turn is it?* **a)** [in queue] (c'est) à qui le tour? **b)** [in game] c'est à qui de jouer? / *it's his turn to do the dishes* c'est à lui or c'est son tour de faire la vaisselle / *you'll have to wait your turn* il faudra attendre ton tour / *they laughed and cried by turns* ils passaient tour à tour du rire aux larmes ▸ **to take it in turns to do sthg** faire qqch à tour de rôle / *let's take it in turns to drive* relayons-nous au volant / *we took turns sleeping on the floor* nous avons dormi par terre à tour de rôle ▸ **turn and turn about** à tour de rôle ; [shift] ▸ **turn of duty a)** [gen] tour *m* de service **b)** MIL tour *m* de garde **7.** [action, deed] ▸ **to do sb a good / bad turn** rendre service / jouer un mauvais tour à qqn / *he did them a bad turn* il leur a joué un mauvais tour / *I've done my good turn for the day* j'ai fait ma bonne action de la journée ▸ **one good turn deserves another** *prov* un service en vaut un autre, un service rendu en appelle un autre **8.** *inf* [attack of illness] crise *f*, attaque *f* / *she had one of her (funny) turns this morning* elle a eu une de ses crises ce matin **9.** *inf* [shock] : *you gave me quite a turn!* tu m'as fait une sacrée peur!, tu m'as fait une de ces peurs! **10.** *dated* [short trip, ride, walk] tour *m* / *let's go for* or *take a turn in the garden* allons faire un tour dans le jardin **11.** [tendency, style] : *to have an optimistic turn of mind* être optimiste de nature or d'un naturel optimiste / *he has a strange turn of mind* il a une drôle de mentalité ▸ **to have a good turn of speed** rouler vite ▸ **turn of phrase** tournure *f* or tour *m* de phrase / *she has a witty turn of phrase* elle est très spirituelle or pleine d'esprit **12.** [purpose, requirement] exigence *f*, besoin *m* / *this book has served its turn* ce livre a fait son temps **13.** MUS doublé *m* **14.** ST. EX [transaction] transaction *f (qui comprend l'achat et la vente)* ; UK [difference in price] écart *m* entre le prix d'achat et le prix de vente **15.** UK THEAT numéro *m* ▸ **a comedy turn** un numéro de comédie **16.** PHR **done to a turn** UK *inf* CULIN : *the chicken was done to a turn* le poulet était cuit à point.

❖ **in turn** adv phr : *she interviewed each of us in turn* elle a eu un entretien avec chacun de nous l'un après l'autre / *I told Sarah and she in turn told Paul* je l'ai dit à Sarah qui, à son tour, l'a dit à Paul / *I worked in turn as a waiter, an actor and a teacher* j'ai travaillé successivement or tour à tour comme serveur, acteur et enseignant.

❖ **on the turn** adj phr : *the tide is on the turn* **a)** *lit* c'est le changement de marée **b)** *fig* le vent tourne / *the milk is on the turn* le lait commence à tourner.

❖ **out of turn** adv phr : *don't play out of turn* attends ton tour pour jouer ▸ **to speak out of turn** *fig* faire des remarques déplacées, parler mal à propos.

❖ **turn against** vt insep se retourner contre, s'en prendre à.

❖ **turn around** = **turn round**.

❖ **turn aside** ◆ vi [move to one side] s'écarter ; *lit & fig* [move away] se détourner / *she turned aside to blow her nose* elle se détourna pour se moucher. ◆ vt sep *lit & fig* écarter, détourner.

❖ **turn away** ◆ vt sep **1.** [avert] détourner / *she turned her head away from him* elle s'est détournée de lui **2.** [reject -person] renvoyer ; [stronger] chasser / *the college turned away hundreds of applicants* l'université a refusé des centaines de candidats / *she turned the salesman away* elle chassa le représentant. ◆ vi se détourner / *he turned away from them in anger* en or de colère, il leur a tourné le dos.

❖ **turn back** ◆ vi **1.** [return -person] revenir, rebrousser chemin ; [-vehicle] faire demi-tour / *it was getting dark so we decided to turn back* comme il commençait à faire nuit, nous avons décidé de faire demi-tour / *my mind is made up, there is no turning back* ma décision est prise, je n'y reviendrai pas **2.** [go back in book] : *turn back to chapter one* revenez or retournez au premier chapitre. ◆ vt sep **1.** [force to return] faire faire demi-tour à ; [refugee] refouler **2.** [fold -collar, sheet] rabattre ; [-sleeves] remonter, retrousser ; [-corner of page] corner **3.** PHR **to turn the clock back** remonter dans le temps, revenir en arrière.

❖ **turn down** ◆ vt sep **1.** [heating, lighting, sound] baisser **2.** [fold -sheet] rabattre, retourner ; [-collar] rabattre ▸ **to turn down the corner of a page** corner une page **3.** [reject -offer, request, suitor] rejeter, repousser ; [-candidate, job] refuser / *she turned me down flat inf* elle m'a envoyé balader. ◆ vi [move downwards] tourner vers le bas / *the corners of his mouth turned down* il a fait la moue or une grimace désapprobatrice.

❖ **turn in** ◆ vt sep **1.** [return, give in -borrowed article, equipment, piece of work] rendre, rapporter ; [-criminal] livrer à la police / *they turned the thief in* **a)** [took him to the police] ils ont livré le voleur à la police **b)** [informed on him] ils ont dénoncé le voleur à la police **2.** [fold in] : *turn in the edges* rentrez les bords **3.** [produce] : *the actor turned in a good performance* l'acteur a très bien joué / *the company turned in record profits* l'entreprise a fait des bénéfices record. ◆ vi **1.** [feet, toes] : *my toes turn in* j'ai les pieds en dedans **2.** *inf* [go to bed] se coucher **3.** PHR **to turn in on o.s.** se replier sur soi-même.

❖ **turn off** ◆ vt sep **1.** [switch off -light] éteindre ; [-heater, radio, television] éteindre, fermer ; [cut off at mains] couper ; [tap] fermer / *she turned the ignition / engine off* elle a coupé le contact / arrêté le moteur **2.** *inf* [fail to interest] rebuter / *her superior attitude really turns me off* son air suffisant me rebute ; [sexually] couper l'envie à. ◆ vi **1.** [leave road] tourner / *we turned off at junction 5* nous avons pris la sortie d'autoroute 5 **2.** [switch off] s'éteindre / *the heater turns off automatically* l'appareil de chauffage s'éteint or s'arrête automatiquement.

❖ **turn on** ◆ vt sep **1.** [switch on -electricity, heating, light, radio, television] allumer ; [-engine] mettre en marche ; [-water] faire couler ; [-tap] ouvrir ; [open at mains] ouvrir / *she can turn on the charm / the tears whenever necessary fig* elle sait faire du charme / pleurer quand il le faut **2.** *inf* [person -interest] intéresser ; [-sexually] exciter ; [-introduce to drugs] initier à la drogue / *the movie didn't turn me on at all* le film ne m'a vraiment pas emballé / *he turned us on to this new pianist* il nous a fait découvrir ce nouveau pianiste. ◆ vt insep [attack] attaquer / *the dogs turned on him* les chiens l'ont attaqué or se sont jetés sur lui / *his colleagues turned on him and accused him of stealing* ses collègues s'en sont pris à lui et l'ont accusé de vol. ◆ vi **1.** [switch on] s'allumer / *the oven turns on automatically* le four s'allume automatiquement **2.** [depend, hinge on] dépendre de, reposer sur / *the whole case turned on* or *upon this detail* toute l'affaire reposait sur ce détail / *everything turns on whether he continues as president* tout dépend s'il reste président ou non.

❖ **turn out** ◆ vt sep **1.** [switch off -light] éteindre ; [-gas] éteindre, couper **2.** [point outwards] : *she turns her toes out when she walks* elle marche en canard **3.** [dismiss, expel] mettre à la porte ; [tenant] expulser, déloger / *he turned his daughter out of the house* il a mis sa fille à la porte or a chassé sa fille de la maison / *he was turned out of his job* il a été renvoyé **4.** [empty -container, pockets] retourner, vider ; [-contents] vider ; [-jelly] verser / *turn the cake out onto a plate* démoulez le gâteau sur une assiette **5.** UK [clean] nettoyer à fond / *to turn out a room* faire une pièce à fond **6.** [produce] produire, fabriquer / *he turns out a book a year* il écrit un livre par an / *few schools turn out the kind of people we need* peu d'écoles forment le type de gens qu'il nous faut **7.** [police, troops] envoyer / *turn out the guard!* faites sortir la garde! **8.** *(usu passive)* [dress] habiller / *nicely* or *smartly turned out* élégant / *he was turned out in a suit and a tie* il portait un costume-cravate / *she always turns her children out beautifully* elle habille toujours bien ses enfants. ◆ vi **1.** [show up] venir, arriver ; MIL [guard] (aller) prendre la faction ; [troops] aller au rassemblement / *thousands turned out for the concert* des milliers de gens sont venus or ont assisté au concert **2.** [car, person] sortir, partir / *the car turned out of the car park* la voiture est sortie du parking **3.** [point outwards] : *my feet turn out* j'ai les pieds en canard or en dehors **4.** [prove] se révéler, s'avérer / *his statement turned out to be false* sa déclaration s'est révélée fausse / *her story turned out to be true* ce qu'elle a raconté était vrai / *he turned out to be a scoundrel* il s'est révélé être un vaurien, on s'est rendu compte que c'était un vaurien ; [end up] : *I don't know how it turned out* je ne sais pas comment cela a fini / *the story turned out happily* l'histoire s'est bien terminée or a bien fini / *the evening turned out badly* la soirée a mal tourné / *everything will turn out fine* tout va s'arranger or ira bien / *as it turns out, he needn't have worried* en l'occurrence or en fin de compte, ce n'était pas la peine de se faire du souci **5.** UK *inf* [get out of bed] se lever, sortir du lit.

❖ **turn over** ◆ vt sep **1.** [playing card, mattress, person, stone] retourner ; [page] tourner ; [vehicle] retourner ; [boat] faire chavirer / *I was turning over the pages of the magazine* je feuilletais la revue ▸ **to turn over a new leaf** s'acheter une conduite **2.** [consider] réfléchir à or sur / *I was turning the idea over in my mind* je tournais et retournais or ruminais l'idée dans ma tête **3.** [hand over, transfer] rendre, remettre / *he turned the responsibility over to his deputy* il s'est déchargé de la responsabilité sur son adjoint ▸ **to turn sb over to the authorities** livrer qqn aux autorités **4.** [change] transformer, changer / *he's turning the land over to cattle farming* il reconvertit sa terre dans l'élevage du bétail **5.** COMM : *the store turns over £1,000 a week* la boutique fait un chiffre d'affaires de 1 000 livres par semaine **6.** [search through] fouiller **7.** UK *inf* [rob -person] voler, dévaliser ; [-store] dévaliser ; [-house] cambrioler. ◆ vi **1.** [roll over -person] se retourner ; [-vehicle] se retourner, faire un tonneau ;

[-boat] se retourner, chavirer **2.** [engine] commencer à tourner **3.** [when reading] tourner ▸ **please turn over** [in letter] = **PTO** **4.** COMM [merchandise] s'écouler, se vendre.

❖ **turn round** ◆ vi UK **1.** [rotate - person] se retourner ; [- object] tourner / *she turned round and waved goodbye* elle se retourna et dit au revoir de la main / *the dancers turned round and round* les danseurs tournaient or tournoyaient (sur eux-mêmes) **2.** [face opposite direction - person] faire volte-face, faire demi-tour ; [- vehicle] faire demi-tour / *she turned round and accused us of stealing fig* elle s'est retournée contre nous et nous a accusés de vol. ◆ vt sep **1.** [rotate - head] tourner ; [- object, person] tourner, retourner ; [- vehicle] faire faire demi-tour à / *could you turn the car round please?* tu peux faire demi-tour, s'il te plaît ? **2.** [quantity of work] traiter **3.** [change nature of] ▸ **to turn a situation round** renverser une situation ▸ **to turn a company round** COMM faire prospérer une entreprise qui périclitait, sauver une entreprise de la faillite **4.** [sentence, idea] retourner.

❖ **turn to** vt insep **1.** *lit* [person] se tourner vers ; [page] aller à / *turn to chapter one* allez au premier chapitre **2.** [seek help from] s'adresser à, se tourner vers ▸ **to turn to sb for advice** consulter qqn, demander conseil à qqn / *I don't know who to turn to* je ne sais pas à qui m'adresser or qui aller trouver / *he turned to his mother for sympathy* il s'est tourné vers sa mère pour qu'elle le console / *she won't turn to me for help* elle ne veut pas me demander de l'aide / *he turned to the bottle* il s'est mis à boire **3.** *fig* [shift, move on to] : *her thoughts turned to her sister* elle se mit à penser à sa sœur / *the discussion turned to the war* on se mit à discuter de la guerre ; [address - subject, issue, etc.] aborder, traiter / *we shall now turn to the problem of housing* nous allons maintenant aborder le problème du logement / *let us turn to another topic* passons à un autre sujet.

❖ **turn up** ◆ vt sep **1.** [heat, lighting, radio, TV] mettre plus fort / *to turn the sound up* augmenter or monter le volume / *she turned the oven up* elle a mis or réglé le four plus fort, elle a augmenté la température du four ▸ **turn it up!** UK *v inf* la ferme ! **2.** [find, unearth] découvrir, dénicher ; [buried object] déterrer / *her research turned up some interesting new facts* sa recherche a révélé de nouveaux détails intéressants **3.** [point upwards] remonter, relever / *she has a turned-up nose* elle a le nez retroussé **4.** [collar] relever ; [trousers] remonter ; [sleeve] retrousser, remonter. ◆ vi **1.** [appear] apparaître ; [arrive] arriver / *she turned up at my office this morning* elle s'est présentée à mon bureau ce matin / *he'll turn up again one of these days* il reviendra bien un de ces jours / *I'll take the first job that turns up* je prendrai le premier poste qui se présentera ▸ **to turn up like a bad penny** : *he turns up like a bad penny* il arrive (toujours) au mauvais moment **2.** [be found] être trouvé or retrouvé / *her bag turned up eventually* elle a fini par retrouver son sac **3.** [happen] se passer, arriver / *don't worry, something will turn up* ne t'en fais pas, tu finiras par trouver quelque chose / *until something better turns up* en attendant mieux.

turnabout ['tɜːnəbaʊt] n volte-face *f inv.*

turnaround ['tɜːnəraʊnd] US = **turnround.**

turncoat ['tɜːnkəʊt] n renégat *m*, -e *f*, transfuge *mf* / *he's accused of being a turncoat* on l'accuse d'avoir retourné sa veste.

turndown ['tɜːndaʊn] ◆ n **1.** [rejection] refus *m* **2.** [in prices] tendance *f* à la baisse ; [in the economy] (tendance à la) baisse *f*. ◆ adj [collar] rabattu ; [edge] à rabattre.

turned [tɜːnd] adj **1.** [milk] tourné **2.** TYPO ▸ **turned comma** ≃ guillemet *m* ▸ **turned period** point *m* décimal ; ≃ virgule *f*.

turned-on adj *inf* **1.** [up-to-date] branché, câblé **2.** [aroused] excité ▸ **to get turned-on** s'exciter.

turner ['tɜːnəʳ] n **1.** [lathe operator] tourneur *m* **2.** US [gymnast] gymnaste *mf*.

turnery ['tɜːnərɪ] (*pl* **turneries**) n atelier *m* de tournage.

turning ['tɜːnɪŋ] n **1.** UK [side road] route *f* transversale ; [side street] rue *f* transversale, petite rue / *take the third turning on the right* prenez la troisième à droite **2.** UK [bend - in river] coude *m* ; [- in road] virage *m* ; [fork] embranchement *m*, carrefour *m* **3.** INDUST tournage *m*.

turning circle n UK AUTO rayon *m* de braquage.

turning point n [decisive moment] moment *m* décisif ; [change] tournant *m* / *2006 marked a turning point in my career* l'année 2006 a marqué un tournant dans ma carrière / *it was a turning point in her life* ce fut un tournant dans sa vie.

turning radius US = **turning circle.**

turnip ['tɜːnɪp] n navet *m*.

turnkey ['tɜːnkiː] ◆ n [jailer] geôlier *m*, -ère *f*. ◆ adj CONSTR [project] clés en main.

turnkey system n COMPUT système *m* clés en main.

turn-off n **1.** [road] sortie *f* (de route), route *f* transversale, embranchement *m* **2.** *inf* [loss of interest] : *it's a real turn-off* **a)** [gen] c'est vraiment à vous dégoûter **b)** [sexual] ça vous coupe vraiment l'envie.

turn-on n *inf* : *what a turn-on!* c'est excitant ! / *he finds leather a turn-on* il trouve le cuir excitant, le cuir l'excite.

turnout ['tɜːnaʊt] n **1.** [attendance - at meeting, concert] assistance *f* ; POL [at election] (taux *m* de) participation *f* / *there was a good turnout* **a)** [gen] il y avait beaucoup de monde, beaucoup de gens sont venus **b)** POL il y avait un fort taux de participation **2.** [dress] mise *f*, tenue *f* **3.** UK [clearout] : *we had a good turn-out of the attic* on a nettoyé or fait le grenier à fond / *I had a turnout of my old clothes for the jumble sale* j'ai trié mes vieux vêtements pour la vente de charité **4.** US AUTO refuge *m* (*pour se laisser doubler*).

turnover ['tɜːn,əʊvəʳ] n **1.** UK FIN chiffre *m* d'affaires **2.** [of staff, tenants] renouvellement *m* / *there is a high turnover of tenants* les locataires changent souvent **3.** US [of stock] vitesse *f* de rotation ; [of shares] mouvement *m* / *computer magazines have a high turnover* les revues d'informatique se vendent bien **4.** CULIN ▸ **apple turnover** chausson *m* aux pommes.

turnpike ['tɜːnpaɪk] n **1.** [barrier] barrière *f* de péage **2.** US [road] autoroute *f* à péage.

turnround ['tɜːnraʊnd] n UK **1.** ▸ **turnround (time)** **a)** [of passenger ship, plane] temps *m* nécessaire entre deux voyages **b)** [for freight] temps nécessaire pour le déchargement **c)** NAUT estarie *f*, starie *f* **d)** COMPUT temps de retournement, délai *m* d'exécution **2.** [reversal - of fortunes] retournement *m*, renversement *m* ; [- of opinions] revirement *m*, volte-face *f inv.*

turn signal lever n US (manette *f* de) clignotant *m*.

turnspit ['tɜːnspɪt] n tournebroche *m* (*personne*).

turnstile ['tɜːnstaɪl] n tourniquet *m* (*barrière*).

turntable ['tɜːn,teɪbl] n **1.** [on record player] platine *f* **2.** RAIL plaque *f* tournante **3.** [on microscope] platine *f* **4.** AUSTR [turning space] endroit *m* pour manœuvrer.

turntable ladder n échelle *f* pivotante (*des pompiers*).

turn-up n UK **1.** [on trousers] revers *m* **2.** *inf* [surprise] surprise *f* ▸ **that's a turn-up for the book** or **books** c'est une sacrée surprise.

turpentine ['tɜːpəntaɪn] n UK (essence *f* de) térébenthine *f*.

turpitude ['tɜːpɪtjuːd] n turpitude *f*.

turps [tɜːps] (*U*) UK = **turpentine.**

turquoise ['tɜːkwɔɪz] ◆ n **1.** [gem] turquoise *f* **2.** [colour] turquoise *m inv.* ◆ adj **1.** [bracelet, ring] de or en turquoise **2.** [in colour] turquoise (*inv*).

turret ['tʌrɪt] n tourelle *f*.

turret gun n canon *m* de tourelle.

turtle ['tɜːtl] n **1.** [in sea] tortue *f* marine ; US [on land] tortue *f* **2.** PHR ▸ **to turn turtle** se renverser.

turtleback ['tɜːtlbæk] n NAUT pont *m* en carapace de tortue.

turtledove ['tɜːtldʌv] n tourterelle *f*.

turtleneck ['tɜːtlnek] ◆ adj [sweater, dress] à col montant, à encolure montante ; US à col roulé. ◆ n col *m* montant, encolure *f* montante ; US (pull *m* à) col *m* roulé.

turves [tɜːvz] pl ⟶ **turf.**

Tuscan ['tʌskən] ◆ n **1.** [person] Toscan *m*, -e *f* **2.** LING toscan *m*. ◆ adj toscan.

Tuscany ['tʌskənɪ] pr n Toscane *f* / *in Tuscany* en Toscane.

tush [tʌʃ] n US *inf* [buttocks] fesses *fpl*.

tusk [tʌsk] n [of elephant, boar] défense *f*.

tusker ['tʌskəʳ] n [elephant] éléphant *m* (*adulte*) ; [boar] sanglier *m* (*adulte*).

tussle ['tʌsl] ◆ n **1.** [scuffle] mêlée *f*, bagarre *f* ▸ **to have a tussle with sb** se battre contre qqn, en venir aux mains avec qqn **2.** [struggle] lutte *f* / *it was quite a tussle to get him to agree* il a fallu pas mal lutter or faire des pieds et des mains pour qu'il accepte **3.** [quarrel] dispute *f* ▸ **to have a tussle with sb** se disputer avec qqn. ◆ vi [scuffle, fight] se battre / *I tussled with her for the ball* je me suis battu avec elle pour avoir la balle, on s'est disputé la balle / *the kids were tussling over the toy* les gosses se disputaient le jouet.

tussock ['tʌsək] n touffe *f* d'herbe.

tut [tʌt] (*pt & pp* **tutted**, *cont* **tutting**) ◆ interj ▸ **tut!, tut-tut!** **a)** [in disapproval] allons donc ! **b)** [in annoyance] zut ! ◆ vi [in disapproval] pousser une exclamation désapprobatrice ; [in annoyance] exprimer son mécontentement / *she tutted with disapproval* elle eut une exclamation désapprobatrice.

Tutankhamen [,tuːtəŋ'kɑːmən], **Tutankhamun** [,tuːtəŋkɑː'muːn] pr n Toutankhamon.

tutelage ['tjuːtɪlɪdʒ] n *fml* tutelle *f* / *under his tutelage* sous sa tutelle.

tutelary ['tjuːtɪlərɪ] adj *fml* tutélaire.

tutor ['tjuːtəʳ] ◆ n **1.** [teacher] professeur *m* particulier ; [full-time] précepteur *m*, -trice *f* / *piano tutor* professeur de piano / *she has a private German tutor* elle prend des cours particuliers avec un professeur d'allemand **2.** UK UNIV [teacher] professeur *m* (*qui dirige et supervise les travaux d'un groupe d'étudiants*) ; UK SCH professeur *m* principal (*surtout dans les écoles privées*) **3.** SCOT LAW [guardian] tuteur *m*, -trice *f*. ◆ vt **1.** [instruct] donner des cours (particuliers) à / *I'm tutoring her in maths* je lui donne des cours particuliers de maths **2.** UK UNIV diriger les études de **3.** SCOT LAW être le tuteur de. ◆ vi **1.** [pupil] suivre des cours particuliers **2.** [teacher] donner des cours particuliers.

tutorial [tjuː'tɔːrɪəl] ◆ n UNIV (séance *f* de) travaux *mpl* dirigés, TD *mpl* / *a maths tutorial* des TD de maths. ◆ adj UNIV [work] de travaux dirigés ; [duties] de directeur d'études.

tutti frutti [,tuːtɪ'fruːtɪ] (*pl* **tutti fruttis**) ◆ n plombières *f*, tutti-frutti *m*. ◆ adj [ice cream, flavour] tutti-frutti.

tut-tut = **tut.**

tutu ['tuːtuː] n tutu *m*.

Tuvalu [tuː'vɑːluː] n Tuvalu *m*.

tu-whit tu-whoo [tə'wɪttə'wuː] onomat hou-hou.

tux [tʌks] n *inf* abbr of **tuxedo.**

tuxedo [tʌk'siːdəʊ] (*pl* **tuxedos**) n US smoking *m*.

TV ◆ n (abbr of **television**) TV *f*. ◆ comp [programme, set, star] de télé ▸ **TV dinner** plateau-repas *m*, repas *m* tout prêt or prêt à consommer (*que l'on mange devant la télé*).

TV movie n téléfilm *m*, film *m* de télévision.

twaddle ['twɒdl] n (*U*) UK *inf* bêtises *fpl*, âneries *fpl*, imbécillités *fpl* / *what a load of twaddle!* quelles âneries !

twain [tweɪn] n *liter* ▸ **never the twain shall meet** les deux sont inconciliables, les deux ne pourront jamais se mettre d'accord.

twang [twæŋ] ◆ n **1.** [of wire, guitar] son *m* de corde pincée **2.** [in voice] ton *m* nasillard / *she speaks with a twang* elle parle du nez, elle nasille **3.** [accent] accent *m* / *he has a slight Australian twang* il a un léger accent australien. ◆ vt [string instrument] pincer les cordes de. ◆ vi [arrow, bow, wire] vibrer / *the arrow twanged through the air* la flèche a traversé l'air en vibrant.

'twas [twɒz] *liter & regional* abbr of **it was**.

twat [twæt or twɒt] n *vulg* **1.** [female genitals] chatte *f* **2.** [fool] con *m*.

tweak [twi:k] ◆ vt **1.** [twist - ear, nose] tordre (doucement), pincer ; [pull] tirer (sur) **2.** AUTO mettre au point ; COMPUT & *fig* peaufiner, mettre au point. ◆ n (petit) coup *m* sec / *he gave my ear a tweak* il m'a tiré l'oreille.

twee [twi:] adj UK *inf* [person] chichiteux ; [idea, sentiment] mièvre ; [decor] cucul *(inv)*.

tweed [twi:d] ◆ n [cloth] tweed *m*. ◆ comp [jacket, skirt] de tweed, en tweed.

❖ **tweeds** pl n [clothes] vêtements *mpl* de tweed ; [suit] costume *m* de tweed / *a smart lady in tweeds* une femme élégante en tailleur de tweed.

tweedy ['twi:dɪ] (*compar* **tweedier**, *superl* **tweediest**) adj **1.** [fabric] qui ressemble au tweed **2.** *pej* [man] qui a le genre gentleman-farmer ; [woman] qui fait bourgeoise de campagne.

tween [twi:n] n US *inf adolescente entre 10 et 13 ans.*

'tween [twi:n] *liter* abbr of **between**.

tweenage ['twi:neɪdʒ] adj *inf* préadolescent / *tweenage problems* des problèmes chez les préadolescents.

tweenager ['twi:neɪdʒər] n *inf* préado *mf*, préadolescent *m*, -e *f*.

tweeny ['twi:nɪ] (*pl* **tweenies**) n UK *inf* [maid] bonne *f*.

tweet [twi:t] ◆ n pépiement *m*. ◆ onomat cui-cui. ◆ vi pépier.

tweeter ['twi:tər] n tweeter *m*, haut-parleur *m* d'aigus.

tweeze [twi:z] vt US [eyebrows] épiler.

tweezers ['twi:zəz] pl n ▸ **(pair of) tweezers** pince *f* à épiler.

twelfth [twelfθ] ◆ det douzième. ◆ n **1.** [ordinal] douzième *mf* **2.** [fraction] douzième *m*. See also **fifth**.

twelfth grade n US SCH *classe de l'enseignement secondaire correspondant à la terminale (17-18 ans).*

Twelfth Night n la fête des Rois / **'Twelfth Night'** *Shakespeare* 'la Nuit des rois'.

twelve [twelv] ◆ det douze *(inv)* ▸ **the Twelve Apostles** les douze apôtres. ◆ n douze *m inv*. ◆ pron douze. See also **five**.

twelvemonth ['twelvmʌnθ] n UK *arch & liter* année *f*, an *m*.

twelve-tone adj MUS dodécaphonique ▸ **twelve-tone system** dodécaphonisme *m*.

twentieth ['twentɪəθ] ◆ det vingtième. ◆ n **1.** [ordinal] vingtième *mf* **2.** [fraction] vingtième *m*. See also **fiftieth**.

twenty ['twentɪ] ◆ det vingt *(inv)* ▸ **to smoke twenty a day** fumer un paquet par jour / **'Twenty Thousand Leagues under the Sea'** *Verne* 'Vingt Mille Lieues sous les mers'. ◆ n vingt *m*. ◆ pron vingt. See also **fifty**.

twenty-first n [birthday] vingt-et-unième anniversaire *m*.

twenty-four adj : *a twenty-four-hour petrol station* une station-service ouverte jour et nuit or vingt-quatre heures sur vingt-quatre / *twenty-four-hour service* service *m* vingt-quatre heures sur vingt-quatre or jour et nuit / *open twenty-four hours a day* ouvert vingt-quatre heures sur vingt-quatre.

twenty-four seven adv vingt-quatre heures sur vingt-quatre, sept jours sur sept.

twenty-one n US [pontoon] vingt-et-un *m inv (jeu).*

twenty-twenty vision n ▸ **to have twenty-twenty vision** avoir dix dixièmes à chaque œil.

'twere [twɜ:r] *liter & regional* abbr of **it were**.

twerp [twɜ:p] n *inf* andouille *f*, crétin *m*, -e *f*.

twice [twaɪs] ◆ adv **1.** [with noun] deux fois / *twice 3 is 6* deux fois 3 font 6 **2.** [with verb] deux fois / *I've already told you twice* je te l'ai déjà dit deux fois, je te l'ai déjà répété / *they didn't need to be asked* or *told twice* ils ne se sont pas fait prier, ils ne se le sont pas fait dire deux fois **3.** [with adj or adv] : *twice weekly / daily* deux fois par semaine / jour / *she can run twice as fast as me* elle court deux fois plus vite que moi / *it's twice as good* c'est deux fois mieux / *twice as much time / as many apples* deux fois plus de temps / de pommes. ◆ predet deux fois / *twice a day* deux fois par jour / *twice the price* deux fois plus cher / *he's almost twice your height* il est presque deux fois plus grand que vous / *since the operation he is twice the man he was* depuis son opération il est transformé or en pleine forme / *he's twice the man you are!* il vaut deux fois mieux que toi !

twiddle ['twɪdl] ◆ vt [knob, dial] tourner, manier ; [moustache] tripoter, jouer avec ▸ **to twiddle one's thumbs** *lit & fig* se tourner les pouces. ◆ vi : *to twiddle with the knob* tourner le bouton / *to twiddle with the radio* jouer avec la radio / *she sat there twiddling with a ruler* elle était assise là à jouer avec une règle. ◆ n : *give the knob a twiddle* tournez le bouton.

twig [twɪg] (*pt & pp* **twigged**, *cont* **twigging**) ◆ vi & vt UK *inf* [understand] piger. ◆ n [for fire] brindille *f* ; [on tree] petite branche *f*.

twilight ['twaɪlaɪt] ◆ n **1.** [in evening] crépuscule *m* ; [in morning] aube *f* / *at twilight* **a)** [evening] au crépuscule **b)** [morning] à l'aube **2.** [half-light] pénombre *f*, obscurité *f*, demi-jour *m* / *I could hardly see you in the twilight* je vous voyais à peine dans la pénombre **3.** *fig* [last stages, end] crépuscule *m* / *in the twilight of his life* au crépuscule de sa vie. ◆ comp ▸ **a twilight world** un monde nébuleux ▸ **twilight years** : *his twilight years* les dernières années de sa vie ▸ **twilight sleep** MED demi-sommeil *m* provoqué.

twilight zone n **1.** [in city] quartier *m* délabré *(qui entoure un quartier commercial)* **2.** [in ocean] zone *f* crépusculaire **3.** *fig* zone *f* d'ombre, zone floue.

twill [twɪl] n sergé *m*.

'twill [twɪl] *liter & regional* abbr of **it will**.

twin [twɪn] (*pt & pp* **twinned**, *cont* **twinning**) ◆ n jumeau *m*, -elle *f* / *she gave birth to twins* elle a donné naissance à des jumeaux. ◆ adj **1.** [child, sibling] : *they have twin boys / girls* ils ont des jumeaux / des jumelles / *my twin sister* ma sœur jumelle **2.** [dual - spires, hills] double, jumeau ; [- aims] double / *the twin towers overlooking the bay* les deux tours qui surplombent la baie ▸ **the Twin Cities** *surnom des villes jumelles de Saint-Paul et Minneapolis.* ◆ vt [town] jumeler / *our town is twinned with Hamburg* notre ville est jumelée avec Hambourg.

twin-bedded [-'bedɪd] adj [room] à deux lits.

twin beds pl n lits *m* jumeaux.

twin bill n US *inf* CIN programme *m* de deux longs métrages.

twin-cam n double arbre *m* à cames.

twin carburettor n carburateur *m* double-corps.

twin cylinder ◆ n moteur *m* à deux cylindres. ◆ adj à deux cylindres.

twine [twaɪn] ◆ vt **1.** [wind - hair, string] entortiller, enrouler / *she twined the rope round a post* elle enroula la corde autour d'un poteau / *the honeysuckle had twined itself around the tree* le chèvrefeuille s'était enroulé autour de l'arbre **2.** [weave] tresser. ◆ vi **1.** [stem, ivy] s'enrouler / *the honeysuckle had twined around the tree* le chèvrefeuille s'était enroulé autour de l'arbre **2.** [path, river] serpenter. ◆ n *(U)* (grosse) ficelle *f*.

twin-engined [-'endʒɪnd] adj bimoteur.

twinge [twɪndʒ] n **1.** [of guilt, shame] sentiment *m* / *to have* or *to feel a twinge of remorse* ressentir un certain remords / *he watched her leave with a twinge of sadness* il la regarda partir avec (une certaine) tristesse **2.** [of pain] élancement *m*, tiraillement *m* / *she felt a twinge in her back* elle sentit une petite douleur dans le dos.

twining ['twaɪnɪŋ] adj [plant] volubile.

twinjet [twɪn'dʒet] n biréacteur *m*.

twinkie ['twɪŋkɪ] n US *inf* [effeminate youth] *jeune homme efféminé.*

❖ **Twinkie®** n US [cake] *petit gâteau fourré à la crème.*

twinkle ['twɪŋkl] ◆ vi **1.** [star, diamond] briller, scintiller **2.** [eyes] briller, pétiller / *her eyes twinkled with excitement* ses yeux brillaient d'excitation. ◆ n **1.** [of star, diamond, light] scintillement *m* **2.** [in eye] pétillement *m* / *he had a twinkle in his eye* il avait les yeux pétillants ▸ **when you were just a twinkle in your father's eye** *hum* bien avant que tu ne fasses ton entrée dans le monde.

twinkling ['twɪŋklɪŋ] ◆ adj **1.** [star, gem, sea] scintillant, brillant **2.** [eyes] pétillant, brillant **3.** *fig* [feet] agile. ◆ n *(U)* **1.** [of star, light, gem] scintillement *m* **2.** [in eyes] pétillement *m* ▸ **in the twinkling of an eye** en un clin d'œil.

twin-lens reflex n PHOT ▸ **twin-lens reflex (camera)** appareil *m* reflex à deux objectifs.

twinning ['twɪnɪŋ] n jumelage *m* (de villes).

twin room n chambre *f* à deux lits.

twin-screw adj [boat] à deux hélices.

twinset ['twɪn,set] n twin set *m* ▸ **she's a bit twinset and pearls** UK *inf & pej* ≃ elle fait un peu foulard Hermès et collier de perles ; ≃ elle fait plutôt BCBG.

twin town n ville *f* jumelée or jumelle.

twin tub n machine *f* à laver à deux tambours.

twirl [twɜ:l] ◆ vt **1.** [spin - stick, parasol, handle] faire tournoyer ; [- lasso] faire tourner / *she twirled the stick (round) in the air* elle jeta le bâton en l'air en le faisant tournoyer **2.** [twist - moustache, hair] tortiller, friser. ◆ vi [dancer, lasso, handle] tournoyer / *she twirled round to face us* elle se tourna pour nous faire face, elle fit volte-face vers nous. ◆ n **1.** [whirl - of body, stick] tournoiement *m* ; [pirouette] pirouette *f* / *I gave the top / wheel a twirl* j'ai fait tourner la toupie / la roue ▸ **to do a twirl** tourner sur soi-même, faire une pirouette **2.** [written flourish] fioriture *f*.

twirp [twɜ:p] *inf* = **twerp**.

twist [twɪst] ◆ vt **1.** [turn - round and round] tourner ; [- round axis] tourner, visser ; [- tightly] tordre / *try twisting the dial to the left* essaie de tourner le cadran vers la gauche / *you have to twist the lid clockwise* il faut visser le couvercle dans le sens des aiguilles d'une montre / *she twisted her hankie nervously* elle tordait nerveusement son mouchoir / *to twist sthg into a ball* faire une boule de qqch / *he twisted the wire into the shape of a dog* il a tordu le fil pour lui donner la forme d'un chien / *the railings were twisted out of shape* les grilles étaient toutes tordues / *he twisted the keys from my hand* il m'a arraché les clés des mains **2.** [twine] tresser, entortiller ; [wind] enrouler, tourner / *she twisted her hair into a bun* elle s'est coiffée en chignon, elle a torsadé ses cheveux pour faire un chignon / *the seat-belt got twisted* la ceinture (de sécurité) s'est entortillée / *the wires got twisted* les fils se sont entortillés / *he twisted the threads into a rope* il a tressé or torsadé les fils pour en faire une corde **3.** [body, part of body] tourner / *I twisted my head (round) to the left* j'ai tourné la tête vers la gauche / *he twisted himself free* il s'est dégagé en se tortillant / *her face was twisted with pain* *fig* ses traits étaient tordus par la douleur, la douleur lui tordait le visage ▸ **to twist sb's arm** **a)** *lit* tordre le bras à qqn **b)** *fig* forcer la main à qqn / *if you twist his arm, he'll agree to go* si tu insistes un peu, il voudra bien y aller **4.** [sprain - ankle, wrist] tordre, fouler / *I've twisted my ankle* je me suis tordu or foulé la cheville / *I seem to have twisted my neck* je crois que j'ai attrapé un torticolis **5.** [distort - words] déformer ; [- argument] déformer, fausser / *don't twist the facts to suit your argument* ne déformez pas les faits pour étayer votre argument /

she twists everything I say elle déforme tout ce que je dis **6.** UK *inf* [cheat, swindle] arnaquer / *I've been twisted* je me suis fait avoir. ◆ vi **1.** [road, stream] serpenter / *the path twisted and turned through the forest* le chemin zigzaguait à travers la forêt **2.** [become twined] s'enrouler / *the ivy twisted round the tree* le lierre s'enroulait autour de l'arbre **3.** [body, part of body] se tortiller / *he twisted and turned to get himself free* il s'est tortillé tant qu'il a pu pour se dégager / *the dog twisted out of my arms* le chien s'est dégagé de mes bras en se tortillant / *his mouth twisted into a smile* il eut un rictus **4.** [be sprained - ankle] se tordre, se fouler ; [- knee] se tordre **5.** [dance] twister **6.** [in pontoon] ▸ **twist!** encore une carte ! ◆ n **1.** [turn, twirl] tour *m*, torsion *f* ▸ **to give sthg a twist a)** [dial, handle, lid] (faire) tourner qqch **b)** [wire] tordre qqch / *there's a twist in the tape* la bande est entortillée ▸ **to get (o.s.) into a twist about sthg a)** [get angry] se fâcher or s'énerver au sujet de qqch **b)** [get upset] prendre qqch au tragique, se mettre dans tous ses états / *the string is in an awful twist* la ficelle est tout emmêlée **2.** [in road] tournant *m*, virage *m* ; [in river] coude *m* ; [in staircase] tournant *m* ; *fig* [in thinking] détour *m* / *the road has many twists and turns* la route a beaucoup de tournants et de virages or fait de nombreux tours et détours / *it's difficult to follow the twists and turns of his argument* / *of government policy* il est difficile de suivre les méandres de son argumentation / de la politique gouvernementale **3.** [coil - of tobacco] rouleau *m* ; [- of paper] tortillon *m* **4.** CULIN ▸ **a twist of lemon** un zeste de citron **5.** [in story, plot] tour *m* / *the film has an exciting twist at the end* le film se termine par un coup de théâtre passionnant / *there is an ironic twist to the story* l'histoire comporte un tour ironique / *the book gives a new twist to the old story* le livre donne une nouvelle tournure or un tour nouveau à cette vieille histoire / *by a strange twist of fate, we met again years later in Zimbabwe* par un hasard extraordinaire or un caprice du destin, nous nous sommes retrouvés au Zimbabwe des années après **6.** [dance] twist *m* ▸ **to do** or **to dance the twist** twister **7.** UK *inf* [cheat] arnaque *f* / *it's a real twist!* c'est vraiment de l'arnaque or du vol ! / *what a twist!* on s'est bien fait avoir ! *inf* **8.** UK *inf* PHR **to be completely round the twist** être complètement dingue or cinglé ▸ **to drive sb round the twist** : *they're driving me round the twist!* ils me rendent dingue !

❖ **twist about** UK, **twist around** vi **1.** [wire, rope] s'entortiller, s'emmêler **2.** [road] serpenter, zigzaguer.

❖ **twist off** ◆ vt sep [lid] dévisser ; [cork] enlever en tournant ; [branch] enlever or arracher en tordant. ◆ vi [cap, lid] se dévisser.

❖ **twist out** vt sep [nail, cork] enlever en vissant or en tournant.

❖ **twist round** UK ◆ vt sep [rope, tape] enrouler ; [lid] tourner, visser ; [handle] (faire) tourner ; [swivel chair] faire tourner or pivoter ; [hat] tourner ; [head] tourner / *I twisted myself round on my chair* je me suis retourné sur ma chaise. ◆ vi **1.** [person] se retourner **2.** [strap, rope] se tortiller ; [swivel chair] se tourner, pivoter **3.** [path] serpenter, zigzaguer.

❖ **twist together** vt sep [threads] tresser, enrouler ; [wires] enrouler.

❖ **twist up** ◆ vt sep [threads, wires] enrouler, emmêler. ◆ vi **1.** [threads, wires] s'emmêler, s'enchevêtrer **2.** [smoke] monter en volutes.

twisted ['twɪstɪd] adj **1.** [personality, smile] tordu ; [mind] tordu, mal tourné **2.** [logic, argument] faux (fausse), tordu / *by a kind of twisted logic* selon une sorte de logique tordue or fausse **3.** [dishonest] malhonnête ; [politician, lawyer, businessman] malhonnête, véreux **4.** *inf* [crazy] tordu.

twister ['twɪstər] n *inf* **1.** UK [crook] escroc *m* **2.** US [tornado] tornade *f*.

twist grip n [accelerator] poignée *f* d'accélération ; [gear change] poignée *f* de changement de vitesses.

twisty ['twɪstɪ] adj [road, river] sinueux, qui serpente.

twit [twɪt] ◆ vt *dated* [tease] taquiner / *they twitted him about his hat* ils l'ont taquiné sur or à propos de son chapeau. ◆ n UK *inf* [idiot] crétin *m*, -e *f*, imbécile *mf* / *you silly twit!* espèce d'idiot or de crétin !

twitch [twɪtʃ] ◆ vi **1.** [jerk - once] avoir un mouvement convulsif ; [- habitually] avoir un tic ; [muscle] se contracter convulsivement / *his hands twitched nervously* ses mains se contractaient nerveusement / *his right eye twitches* il a un tic à l'œil droit / *the rabbit's nose twitched* le lapin a remué le nez **2.** [wriggle] s'agiter, se remuer / *stop twitching about on your chair!* arrête de t'agiter or de te tortiller sur ta chaise ! ◆ vt [ears, nose] remuer, bouger ; [curtain, rope] tirer d'un coup sec, donner un coup sec à / *she twitched my sleeve* elle tira ma manche d'un petit coup sec / *she twitched the scarf out of my hands* elle m'arracha l'écharpe des mains. ◆ n **1.** [nervous tic] tic *m* ; [muscular spasm] spasme *m* ▸ **to have a (nervous) twitch** avoir un tic (nerveux) / *the rabbit's ears gave a twitch* le lapin a remué les oreilles **2.** [tweak, pull - on hair, rope] coup *m* sec, saccade *f* / *a twitch of the whip* un petit coup de fouet.

twitcher ['twɪtʃər] n passionné *m*, -e *f* d'ornithologie.

twitchy ['twɪtʃɪ] adj [person] agité, nerveux.

twitter ['twɪtər] ◆ vi **1.** [bird] gazouiller, pépier **2.** [person - chatter] jacasser / *she's always twittering (on) about her daughter* elle ne parle que de sa fille. ◆ n **1.** [of bird] gazouillement *m*, pépiement *m* **2.** [of person] bavardage *m* **3.** *inf* [agitation] état *m* d'agitation ▸ **to be all of a** or **in a twitter about sthg** être dans tous ses états or sens dessus dessous à cause de qqch.

'twixt [twɪkst] *liter* abbr of **betwixt**.

two [tu:] (*pl* **twos**) ◆ det deux *(inv)* / **'The Two Gentlemen of Verona'** *Shakespeare* 'les Deux Gentilshommes de Vérone'. ◆ n **1.** deux *m inv* ▸ **to cut sthg in two** couper qqch en deux / *in twos* or *two by two* deux par deux / *in twos and threes* par (groupes de) deux ou trois / *two at a time* deux à la fois **2.** PHR **to put two and two together** faire le rapport (entre deux choses) et tirer ses conclusions ▸ **to put two and two together, and make five** : *she put two and two together, and made five* elle en a tiré des conclusions erronées ▸ **they're two of a kind** ils sont du même genre, ils se ressemblent tous les deux ▸ **that makes two of us** vous n'êtes pas le seul, moi c'est pareil ▸ **two's company, three's a crowd** deux ça va, trois c'est trop. ◆ pron deux *mf* / *there are two (of them)* il y en a deux. **See also five.**

2 MESSAGING **1.** written abbr of **to 2.** written abbr of **too**.

two-bit adj US *inf & pej* à deux balles.

two-by-four ◆ n *bois d'œuvre de 2 pouces sur 4 de section.* ◆ adj US *inf* [small] exigu ; [worthless] minable.

twoccer ['twɒkər] n = **twocker**.

twoccing ['twɒkɪŋ] n = **twocking**.

two-chamber system n POL système *m* bicaméral.

twocker ['twɒkər] n UK *inf* voleur *m*, -euse *f* de voiture.

twocking ['twɒkɪŋ] n UK *inf* vol *m* de voitures.

two-cycle adj US [engine] à deux temps.

two-cylinder adj à deux cylindres.

2DAY MESSAGING written abbr of **today**.

2d4 MESSAGING written abbr of **to die for**.

two-dimensional adj **1.** [figure, drawing] à deux dimensions **2.** [simplistic - character] sans profondeur, simpliste.

two-door adj [car] à deux portes.

two-edged adj [sword, policy, argument] à double tranchant.

two-faced adj hypocrite.

twofold ['tu:fəʊld] ◆ adj double / *their aims are twofold* ils ont deux objectifs or un objectif double / *there has been a twofold increase in attendance* l'assistance a doublé. ◆ adv [increase] au double / *prices have risen twofold* les prix ont doublé.

two-four time n MUS mesure *f* à deux temps, deux-quatre *m inv*.

two-handed adj [tool] à deux poignées ; [saw] à deux mains, forestière ; [sword] à deux mains ; [game] qui se joue à deux, pour deux joueurs / *a two-handed backhand* [in tennis] un revers à deux mains.

two-hander n [film] film *m* à deux personnages ; [play] pièce *f* à deux personnages.

two-lane adj US [highway] à deux voies.

two-legged [-'legɪd] adj bipède.

2L8 MESSAGING written abbr of **too late**.

two-level adj à deux niveaux.

two-line whip n UK POL *convocation d'un député par un "whip" à un débat ou à un vote lors d'une séance parlementaire.*

two-liter n US [bottle] grande bouteille *f (contenant deux litres).*

2MORO MESSAGING (written abbr of **tomorrow**) 2m1.

2NITE MESSAGING written abbr of **tonight**.

twonk ['twɒŋk] n UK *inf* [stupid person] imbécile *mf*.

two-party adj [coalition, system] biparti, bipartite.

twopence ['tʌpəns] n UK deux pence *mpl* / *I don't give twopence for what he thinks inf* je me moque bien or je me fiche pas mal de ce qu'il pense.

twopenny ['tʌpnɪ] adj UK *inf* à or de deux pence.

twopenny-halfpenny adj *inf* qui ne vaut rien, de quatre sous.

two-phase adj ELEC diphasé, biphasé.

two-piece ◆ adj en deux parties ▸ **two-piece swimming costume** (maillot *m* de bain) deux-pièces *m* ▸ **two-piece suit a)** [man's] costume *m* deux-pièces **b)** [woman's] tailleur *m*. ◆ n [bikini] deux-pièces *m* ; [man's suit] costume *m* deux-pièces ; [woman's suit] tailleur *m*.

two-ply adj [wool] à deux fils ; [rope] à deux brins ; [tissue] double, à double épaisseur ; [wood] à deux épaisseurs.

two-seater ◆ adj à deux places. ◆ n [plane] avion *m* à deux places ; [car] voiture *f* à deux places.

two-sided adj **1.** [problem] qui a deux aspects ; [argument] discutable, qui comporte deux points de vue **2.** [copy] en recto verso.

twosome ['tu:səm] n **1.** [couple] couple *m* **2.** [match] partie *f* à deux.

two-star ◆ adj **1.** [restaurant, hotel] deux étoiles **2.** UK [petrol] ordinaire. ◆ n UK [petrol] (essence *f*) ordinaire *m*.

two-step n [dance, music] pas *m* de deux.

two-storey adj à deux étages.

two-stroke adj [engine] à deux temps.

Two Thousand Guineas pr n *course de chevaux qui se déroule à Newmarket en Angleterre.*

two-tier adj [cake, management] à deux étages.

two-time vt *inf* [lover] tromper, être infidèle à.

two-timer n *inf* [lover] amant *m*, maîtresse *f* infidèle.

two-timing adj *inf* infidèle.

two-tone adj [in colour] à deux tons ; [in sound] de deux tons.

'twould [twʊd] *liter & regional* abbr of **it would**.

two-way adj [traffic] dans les deux sens ; [street] à double sens ; [agreement, process] bilatéral ▸ **two-way mirror** glace *f* sans tain ▸ **two-way radio** TELEC émetteur-récepteur *m* ▸ **two-way switch** ELEC va-et-vient *m inv*.

two-way street n rue *f* à double sens / *it's a two-way street fig* ça marche dans les deux sens.

two-wheeler n [motorbike] deux-roues *m* ; [bicycle] vélo *m*, deux-roues *m*.

2WIMC MESSAGING written abbr of **to whom it may concern**.

TX written abbr of **Texas**.

TXT BAC MESSAGING written abbr of **text back**.

tycoon [taɪ'ku:n] n homme *m* d'affaires important, magnat *m* / *oil / newspaper tycoon* magnat du pétrole / de la presse.

tyke [taɪk] n **1.** [dog] chien *m* bâtard **2.** *inf* [child] sale gosse *mf*.

Tylenol® ['taɪlənɒl] n *marque d'analgésique.*

tympani ['tɪmpənɪ] = **timpani.**

tympanist ['tɪmpənɪst] = **timpanist.**

tympanum ['tɪmpənəm] (*pl* **tympana** [-nə] *or* **tympanums**) n **1.** ANAT, ARCHIT & ZOOL tympan *m* **2.** MUS timbale *f*.

type [taɪp] ◆ n **1.** [gen & BIOL] ▸ **blood / hair type** type *m* sanguin / de cheveux **2.** [sort, kind] sorte *f*, genre *m*, espèce *f* ; [make - of coffee, shampoo, etc.] marque *f* ; [model - of car, plane, equipment, etc.] modèle *m* / *what type of washing powder do you use?* quelle (marque de) lessive utilisez-vous ? / *what type of car do you drive?* qu'est-ce que vous avez comme voiture ?, quel modèle de voiture avez-vous ? / *a new type of warship / of phone* un nouveau modèle de navire de guerre / de téléphone / *this type of thing* ce genre de choses / *you know the type of thing* tu vois le genre de choses **3.** [referring to person] genre *m*, type *m* / *she's not that type (of person)* ce n'est pas son genre / *he's not my type* ce n'est pas mon type (d'homme) / *men of his type* les hommes de son genre or son espèce / *I know his / their type* je connais les gens de son espèce / de cette espèce / *the blond fair-skinned type* le type cheveux blonds et peau blanche / *she's one of those sporty types* elle est du genre sportif **4.** [typical example] type *m*, exemple *m* **5.** *(U)* TYPO [single character] caractère *m* ; [block of print] caractères *mpl* (d'imprimerie) ▸ **to set type** composer. ◆ vt **1.** [subj: typist] taper (à la machine) ▸ **to type sthg into a computer** saisir qqch à l'ordinateur ▸ **to type a letter** taper une lettre **2.** MED [blood sample] classifier, déterminer le type de. ◆ vi [typist] taper (à la machine) / *I can only type with two fingers* je ne tape qu'avec deux doigts.

❖ **type out** vt sep **1.** [letter] taper (à la machine) **2.** [error] effacer (à la machine).

❖ **type over** vt insep COMPUT écraser.

❖ **type up** vt sep [report, notes] taper (à la machine).

-type in comp du type, genre / *western-type governments* des gouvernements du type occidental / *collie-type dogs* des chiens genre colley.

typebar ['taɪpbɑ:ʳ] n barre *f* porte-caractères, barre *f* d'impression.

typecase ['taɪpkeɪs] n TYPO casse *f*.

typecast ['taɪpkɑ:st] (*pt & pp* **typecast**) vt [actor] enfermer dans le rôle de / *he is always typecast as a villain* on lui fait toujours jouer des rôles de bandit.

typeface ['taɪpfeɪs] n œil *m* du caractère / *try another typeface* essaie avec un autre caractère.

typeover ['taɪp,əʊvəʳ] n / **'typeover'** '(mode) écraser'.

typescript ['taɪpskrɪpt] n texte *m* dactylographié, tapuscrit *m*.

typeset ['taɪpset] (*pt & pp* **typeset**, *cont* **typesetting**) vt PRINT composer ; [photocompose] photocomposer.

typesetter ['taɪp,setəʳ] n [worker] compositeur *m*, -trice *f*.

typesetting ['taɪp,setɪŋ] n PRINT composition *f* ; [photocomposition] photocomposition *f*.

typewrite ['taɪpraɪt] vi & vt taper à la machine.

typewriter ['taɪp,raɪtəʳ] n machine *f* à écrire.

typewritten ['taɪp,rɪtn] adj dactylographié, tapé à la machine.

typhlology [tɪf'lɒləʤɪ] n soin *m* des aveugles.

typhoid ['taɪfɔɪd] ◆ n *(U)* typhoïde *f*. ◆ comp [injection] antityphoïdique ; [symptoms] de la typhoïde ▸ **typhoid fever** (fièvre *f*) typhoïde *f*.

typhoon [taɪ'fu:n] n typhon *m*.

typhus ['taɪfəs] n typhus *m*.

typical ['tɪpɪkl] adj typique, caractéristique / *such behaviour is typical of young people nowadays* un tel comportement est typique or caractéristique des jeunes d'aujourd'hui / *it was typical of him to offer to pay* c'était bien son genre de proposer de payer / *it's a typical example of Aztec pottery* c'est un exemple type de poterie aztèque / *the typical American* l'Américain typique or type / *that's typical of her!* *pej* c'est bien d'elle ! / *he said with typical self-deprecation* il dit avec son humilité habituelle / *typical man!* c'est bien un homme !

typically ['tɪpɪklɪ] adv **1.** [normally] d'habitude / *we typically deal with 20 phone calls a day* d'habitude nous répondons à 20 appels téléphoniques par jour / *it was a typically sunny day* c'était une journée ensoleillée comme d'habitude **2.** [characteristically] typiquement / *she's typically English* elle est typiquement anglaise, c'est l'Anglaise type or typique / *it's a typically French scene* c'est une scène bien française or typiquement française / *a group of typically noisy schoolboys* un groupe de lycéens bruyants comme le sont tous les lycéens / *typically, she changed her mind at the last minute* comme à son habitude, elle a changé d'avis au dernier moment.

typify ['tɪpɪfaɪ] (*pt & pp* **typified**) vt **1.** [be typical of] être typique or caractéristique de / *the building typifies the Baroque style* l'édifice est caractéristique du style baroque **2.** [embody, symbolize] symboliser, être le type même de / *she typifies the modern career woman* c'est le type même de la femme moderne qui poursuit une carrière.

typing ['taɪpɪŋ] n **1.** [typing work] : *he had 10 pages of typing to do* il avait 10 pages à taper or dactylographier **2.** [typescript] tapuscrit *m*, texte *m* dactylographié **3.** [skill] dactylo *f*, dactylographie *f*.

typing error n faute *f* de frappe.

typing paper n papier *m* machine.

typing pool n bureau *m* or pool *m* des dactylos.

typing speed n vitesse *f* de frappe / *I have a typing speed of 30 words a minute* je tape 30 mots à la minute.

typist ['taɪpɪst] n dactylo *mf*, dactylographe *mf*.

typo ['taɪpəʊ] (*pl* **typos**) n *inf* [in typescript] faute *f* de frappe ; [in printed text] coquille *f*.

typographer [taɪ'pɒgrəfəʳ] n typographe *mf*.

typographic [,taɪpə'græfɪk] adj typographique.

typography [taɪ'pɒgrəfɪ] n typographie *f*.

typological [,taɪpə'lɒʤɪkl] adj typologique.

typology [taɪ'pɒləʤɪ] n typologie *f*.

tyramine ['taɪrəmi:n] n tyramine *f*.

tyrannical [tɪ'rænɪkl] adj tyrannique.

tyrannically [tɪ'rænɪklɪ] adv tyranniquement, avec tyrannie.

tyrannicide [tɪ'rænɪsaɪd] n **1.** [person] tyrannicide *mf* **2.** [act] tyrannicide *m*.

tyrannize, tyrannise ['tɪrənaɪz] ◆ vt tyranniser. ◆ vi ▸ **to tyrannize over sb** tyranniser qqn.

tyrannosaur [tɪ'rænəsɔ:ʳ], **tyrannosaurus** [tɪ,rænə'sɔ:rəs] n tyrannosaure *m*.

tyranny ['tɪrənɪ] (*pl* **tyrannies**) n tyrannie *f*.

tyrant ['taɪrənt] n tyran *m*.

tyre UK, **tire** US ['taɪəʳ] n pneu *m*.

Tyre ['taɪəʳ] pr n Tyr.

tyre fitter n monteur *m* de pneus.

tyre gauge n manomètre *m* *(pour pneus)*.

tyre iron, tyre lever n démonte-pneu *m*.

tyre pressure n pression *f* des pneus.

tyro ['taɪrəʊ] (*pl* **tyros**) n *fml* débutant *m*, -e *f*, novice *mf*.

Tyrol [tɪ'rəʊl] pr n Tyrol *m* / *in the Tyrol* dans le Tyrol.

Tyrolean [tɪrə'lɪən], **Tyrolese** [,tɪrə'li:z] ◆ n Tyrolien *m*, -enne *f*. ◆ adj tyrolien.

Tyrrhenian Sea [tɪ'ri:nɪən-] pr n ▸ **the Tyrrhenian Sea** la mer Tyrrhénienne.

TYVM MESSAGING written abbr of **thank you very much.**

tzar [zɑ:ʳ] = **tsar.**

tzetze fly ['tsetsɪ-] = **tsetse fly.**

u (*pl* **u's** *or* **us**), **U** (*pl* **U's** *or* **Us**) [juː] n [letter] u *m*, U *m*. See also **f**.

U ◆ n (abbr of **universal**) *désigne un film tous publics en Grande-Bretagne.* ◆ **1.** written abbr of **united 2.** written abbr of **unionist 3.** MESSAGING written abbr of **you.** ◆ adj UK *inf* [upper-class -expression, activity] ≃ distingué ▸ **U / non-U language** langage *m* distingué / vulgaire.

UAE (abbr of **United Arab Emirates**) pr n EAU *mpl*.

UAR (abbr of **United Arab Republic**) pr n RAU *f*.

UAW (abbr of **United Auto Workers**) pr n *syndicat américain.*

U-bend n **1.** [in pipe] coude *m* ; [under sink] siphon *m* **2.** UK [in road] virage *m* en épingle à cheveux.

ubiquitin [juːˈbɪkwɪtɪn] n ubiquitine *f*.

ubiquitinate [juːˈbɪkwɪtɪneɪt] vt ubiquitiner.

ubiquitination [ˌjuːbɪkwɪtɪˈneɪʃn] n ubiquitination *f*.

ubiquitous [juːˈbɪkwɪtəs] adj [gen] omniprésent, que l'on trouve partout ; [person] doué d'ubiquité, omniprésent.

ubiquity [juːˈbɪkwətɪ] n ubiquité *f*, omniprésence *f*.

U-boat n sous-marin *m* allemand.

U-bolt n agrafe *f* filetée, étrier *m*.

UCAS [ˈjuːkæs] (abbr of **Universities and Colleges Admissions Service**) n UNIV & SCH service *m* des admissions dans les universités en Grande-Bretagne.

UCATT [ˈjuːkæt] (abbr of **Union of Construction, Allied Trades and Technicians**) pr n *syndicat britannique des employés du bâtiment.*

UCL (abbr of **University College, London**) pr n *l'une des facultés de l'Université de Londres.*

UCLA (abbr of **University of California, Los Angeles**) pr n *un des dix campus de l'Université de Californie, situé à Los Angeles.*

UDA (abbr of **Ulster Defence Association**) pr n *organisation paramilitaire protestante en Irlande du Nord déclarée hors la loi en 1992.*

udder [ˈʌdəʳ] n mamelle *f*, pis *m*.

UDI (abbr of **Unilateral Declaration of Independence**) n *déclaration unilatérale d'indépendance.*

UDM (abbr of **Union of Democratic Mineworkers**) pr n *syndicat britannique de mineurs.*

UDR (abbr of **Ulster Defence Regiment**) pr n *ancien régiment de réservistes en Irlande du Nord qui fait aujourd'hui partie du Royal Irish Regiment.*

UEFA [juːˈeɪfə] (abbr of **Union of European Football Associations**) pr n UEFA *f*.

UFO [ˌjuːefˈəʊ or ˈjuːfəʊ] (abbr of **unidentified flying object**) n OVNI *m*, ovni *m*.

ufologist [juːˈfɒləʤɪst] n spécialiste *mf* d'ufologie.

ufology [ˌjuːˈfɒləʤɪ] n ufologie *f*.

U4E MESSAGING written abbr of **yours forever.**

Uganda [juːˈgændə] pr n Ouganda *m* / *in Uganda* en Ouganda.

Ugandan [juːˈgændən] ◆ n Ougandais *m*, -e *f*. ◆ adj ougandais.

ugh [ʌg] interj ▸ **ugh!** beurk !, berk !, pouah !

ugli fruit [ˈʌglɪ] (*pl* **ugli fruit** *or* **ugli fruits**) n tangelo *m*.

uglify [ˈʌglɪfaɪ] (*pt & pp* **uglified**) vt *inf* [city, building] enlaidir.

ugliness [ˈʌglɪnɪs] n laideur *f*.

ugly [ˈʌglɪ] (*compar* **uglier**, *superl* **ugliest**) adj **1.** [in appearance -person, face, building] laid, vilain / *it was an ugly sight* ce n'était pas beau à voir ▸ **as ugly as sin** laid à faire peur **2.** [unpleasant, nasty -habit] sale, désagréable ; [-behaviour] répugnant ; [-quarrel] mauvais ; [-clouds, weather] vilain, sale ; [-rumour, word] vilain ; [-situation] fâcheux, mauvais / *there were some ugly scenes* il y a eu du vilain / *he has an ugly bruise on his face* il a un vilain bleu au visage / *the ugly truth is...* la vérité, dans toute son horreur, c'est que... / *he was in an ugly mood* il était d'une humeur massacrante, il était de fort méchante humeur / *she gave me an ugly look* elle m'a regardé d'un sale œil / *he's an ugly customer* c'est un sale individu, il n'est pas commode ▸ **to turn** or **to get ugly a)** [person] devenir or se faire menaçant **b)** [situation] prendre mauvaise tournure or une sale tournure / *things took an ugly turn* les choses ont pris une mauvaise or vilaine tournure.

ugly duckling n vilain petit canard *m* / **'The Ugly Duckling'** *Andersen* 'le Vilain Petit Canard'.

Ugly Sisters pl pr n ▸ **the Ugly Sisters** *les sœurs de Cendrillon, personnages de la « pantomime » anglaise.*

UHF (abbr of **ultra-high frequency**) n UHF *f*.

uh-huh [ʌˈhʌ] interj *inf* ▸ **uh-huh! a)** [as conversation filler] ah ah ! **b)** [in assent] oui oui !, OK ! ▸ **uh-huh? a)** [in question] ah ha ? **b)** [in surprise] ah bon ?, ah ouais ?

UHT (abbr of **ultra heat treated**) adj UHT.

uh-uh [ˈʌʌ] interj *inf* [no] non non ! ; [in warning] hé !, hein !

UK ◆ pr n (abbr of **United Kingdom**) Royaume-Uni *m* ▸ **in the UK** au Royaume-Uni. ◆ comp du Royaume-Uni.

uke [juːk] n *inf* abbr of **ukulele.**

ukelele [ˌjuːkəˈleɪlɪ] = **ukulele.**

Ukraine [juːˈkreɪn] pr n Ukraine *f* / *in Ukraine* en Ukraine.

Ukrainian [juːˈkreɪnjən] ◆ n **1.** [person] Ukrainien *m*, -enne *f* **2.** LING ukrainien *m*. ◆ adj ukrainien ▸ **the Ukrainian Soviet Socialist Republic** la République soviétique d'Ukraine.

ukulele [ˌjuːkəˈleɪlɪ] n guitare *f* hawaïenne, ukulélé *m*.

Ulan Bator [ʊˈlɑːnˈbɑːtɔːʳ] pr n Oulan-Bator.

ulcer [ˈʌlsəʳ] n **1.** MED [in stomach] ulcère *m* ; [in mouth] aphte *m* **2.** *fig* plaie *f*.

ulcerate [ˈʌlsəreɪt] ◆ vt ulcérer. ◆ vi s'ulcérer.

ulcerated [ˈʌlsəreɪtɪd] adj ulcéreux.

ulceration [ˌʌlsəˈreɪʃn] n ulcération *f*.

ulcerous [ˈʌlsərəs] adj **1.** [ulcerated] ulcéreux **2.** [causing ulcers] ulcératif.

ullage [ˈʌlɪʤ] n **1.** [in transport] *quantité de liquide perdue par l'évaporation ou par des fuites au cours du transport* **2.** [in wine bottle] ouillage *m*.

'ullo [ˈʌləʊ] interj *inf* [greeting] salut ; [doubtful] tiens, tiens.

ulna [ˈʌlnə] (*pl* **ulnae** [-niː] *or* **ulnas**) n cubitus *m*.

ulster [ˈʌlstəʳ] n [coat] *gros pardessus.*

Ulster [ˈʌlstəʳ] pr n **1.** [province] Ulster *m* / *in Ulster* dans l'Ulster **2.** [N. Ireland] Irlande *f* du Nord, Ulster *m*.

Ulster Democratic Unionist Party pr n *parti politique essentiellement protestant exigeant le maintien de l'Ulster au sein du Royaume-Uni.*

Ulsterman [ˈʌlstəmən] (*pl* **Ulstermen** [-mən]) n Ulstérien *m*, habitant *m* de l'Irlande du Nord.

Ulsterwoman [ˈʌlstəˌwʊmən] (*pl* **Ulsterwomen** [-ˌwɪmɪn]) n Ulstérienne *f*, habitante *f* de l'Irlande du Nord.

ult [ʌlt] *fml* written abbr of **ultimo.**

ulterior [ʌlˈtɪərɪəʳ] adj [hidden, secret] secret (secrète), dissimulé ▸ **ulterior motive** arrière-pensée *f*.

ultima [ˈʌltɪmə] n dernière syllabe *f* d'un mot.

ultimata [ˌʌltɪˈmeɪtə] pl ⟶ **ultimatum.**

ultimate [ˈʌltɪmət] ◆ adj **1.** [eventual, final -ambition, power, responsibility] ultime ; [-cost, destination, objective] ultime, final ; [-solution, decision, answer] final, définitif / *her tragic illness and ultimate death deprived the world of a great artist* sa mort survenue à l'issue d'une tragique maladie a privé le monde d'une grande artiste / *I believe in the party's ultimate victory* je crois à la victoire finale du parti / *they regard nuclear weapons as the ultimate deterrent* ils considèrent les armes nucléaires comme l'ultime moyen de dissuasion **2.** [basic, fundamental -cause] fondamental, premier ; [-truth] fondamental, élémentaire / *the ultimate meaning of life* le sens fondamental de la vie **3.** [extreme, supreme -authority, insult] suprême ; [-cruelty, stupidity] suprême, extrême / *it's their idea of the ultimate holiday* c'est leur conception des vacances idéales / *the ultimate sacrifice* le sacrifice suprême **4.** [furthest] le plus éloigné / *the ultimate origins of mankind* les origines premières de l'homme. ◆ n comble *m*, summum *m* / *the ultimate in comfort* le summum du confort / *the ultimate in hi-fi* le nec plus ultra de la hi-fi.

ultimately ['ʌltɪmətlɪ] adv **1.** [eventually, finally] finalement, en fin de compte, à la fin ; [later] par la suite / *a solution will ultimately be found* on finira bien par trouver une solution / *ultimately there will be peace* tôt ou tard, il y aura la paix **2.** [basically] en dernière analyse, en fin de compte / *ultimately, the problem is a shortage of money* en dernière analyse, le problème est lié à un manque d'argent / *responsibility ultimately lies with you* en fin de compte c'est vous qui êtes responsable.

ultimatum [,ʌltɪ'meɪtəm] (*pl* **ultimatums** *or* **ultimata** [,ʌltɪ'meɪtə]) n ultimatum *m* ▸ **to give** or **to issue** or **to deliver an ultimatum to sb** adresser un ultimatum à qqn.

ultimo ['ʌltɪməʊ] adv *fml* du mois dernier / *the 16th ultimo* le 16 du mois dernier.

ultra ['ʌltrə] (*pl* **ultras**) ◆ adj ultra, extrémiste. ◆ n ultra *mf*.

ultra- in comp ultra-, hyper- ▸ **ultra-bright** ultralumineux ▸ **ultra-right-wing** d'extrême droite ▸ **ultra-trendy** *inf* hyper-branché.

ultraclean [,ʌltrə'kli:n] adj hyper-propre.

ultraconservative [,ʌltrəkən'sɜ:vətɪv] ◆ adj ultraconservateur. ◆ n ultraconservateur *m*, -trice *f*.

ultra-fashionable adj ultra-chic.

ultrafiche ['ʌltrəfi:ʃ] n microfiche *f*.

ultrahigh frequency [,ʌltrə'haɪ-] n ultra haute fréquence *f*.

ultraleft [,ʌltrə'left] ◆ adj POL d'extrême gauche. ◆ n POL extrême gauche *f*.

ultralight ◆ adj [,ʌltrə'laɪt] ultraléger. ◆ n ['ʌltrəlaɪt] ULM *m*, ultraléger motorisé *m*.

ultra-low-sulphur petrol n AUTO essence *f* à faible teneur en soufre.

ultramarine [,ʌltrəmə'ri:n] adj bleu outremer *(inv)*.

ultramicroscope [,ʌltrə'maɪkrəskəʊp] n ultramicroscope *m*.

ultramicroscopic ['ʌltrə,maɪkrə'skɒpɪk] adj ultramicroscopique.

ultramodern [,ʌltrə'mɒdən] adj ultramoderne.

ultramontane [,ʌltrə'mɒnteɪn] ◆ adj ultramontain. ◆ n ultramontain *m*, -e *f*.

ultranationalist [,ʌltrə'næʃnəlɪst] ◆ n extrémiste *mf* nationaliste, ultranationaliste *mf*. ◆ adj d'un nationalisme extrémiste, ultranationaliste.

ultraright [,ʌltrə'raɪt] ◆ adj POL d'extrême droite. ◆ n POL extrême droite *f*.

ultrashort [,ʌltrə'ʃɔ:t] adj ultracourt.

ultrasonic [,ʌltrə'sɒnɪk] adj ultrasonique.

❖ **ultrasonics** n *(U)* science *f* des ultrasons.

ultrasound ['ʌltrəsaʊnd] n ultrason *m*.

ultrasound scan n échographie *f*.

ultraviolet [,ʌltrə'vaɪələt] ◆ adj ultraviolet. ◆ n ultraviolet *m*.

ultra vires [-'vaɪəri:z] adj & adv ▸ **to be ultra vires** constituer un abus de pouvoir.

ultravirus [,ʌltrə'vaɪərəs] n ultravirus *m*.

ululate ['ju:ljʊleɪt] vi *fml* [owl] ululer, hululer ; [dog] hurler.

ululation [,ju:ljʊ'leɪʃn] n *fml* [of owl] ululement *m*, hululement *m* ; [of wolf, dog] hurlement *m*.

Ulysses [ju:'lɪsi:z] pr n Ulysse / **'Ulysses'** *Joyce* 'Ulysse'.

um [ʌm] (*pt & pp* **ummed**, *cont* **umming**) *inf* ◆ interj euh. ◆ vi dire euh ▸ **to um and ah** tergiverser, hésiter / *he's always umming and ahing* il n'arrive jamais à se décider.

umbel ['ʌmbəl] n ombelle *f*.

umbelliferous [,ʌmbe'lɪfərəs] adj ombellifère.

umber ['ʌmbəʳ] ◆ adj [colour, paint] terre d'ombre *(inv)*. ◆ n [clay] terre *f* d'ombre or de Sienne.

umbilical [ʌm'bɪlɪkl] adj ombilical.

umbilical cord n cordon *m* ombilical.

umbilicus [ʌm'bɪlɪkəs] (*pl* **umbilici** [-saɪ]) n MED ombilic *m*, nombril *m*.

umbra ['ʌmbrə] (*pl* **umbras** *or* **umbrae** [-bri:]) n ASTRON ombre *f*.

umbrage ['ʌmbrɪdʒ] n [offence] ▸ **to take umbrage at sthg** prendre ombrage de qqch, s'offenser de qqch.

umbrella [ʌm'brelə] ◆ n **1.** parapluie *m* ▸ **to put up** / **down an umbrella** ouvrir / fermer un parapluie **2.** *fig* [protection, cover] protection *f* ; MIL écran *m* or rideau *m* de protection **3.** [of jellyfish] ombrelle *f*. ◆ comp [term] général ; [organization] qui en recouvre or chapeaute plusieurs autres.

umbrella fund n fonds *m* parapluie.

umbrella group n [coalition of countries] groupe *m* parapluie.

umbrella pine n pin *m* parasol.

umbrella plant n laîche *f*, carex *m*.

umbrella stand n porte-parapluie *m*.

umbrella tree n magnolia *m* parasol.

Umbria ['ʌmbrɪə] pr n Ombrie *f*.

Umbrian ['ʌmbrɪən] ◆ n Ombrien *m*, -enne *f*. ◆ adj ombrien.

umlaut ['ʊmlaʊt] n [in German] umlaut *m*, inflexion *f* vocalique ; [diaeresis] tréma *m*.

ump [ʌmp] (abbr of **umpire**) n US arbitre *mf*.

umph [hm] excl [in disbelief, displeasure] hum !

umpire ['ʌmpaɪəʳ] ◆ n arbitre *m*. ◆ vt [match, contest] arbitrer. ◆ vi servir d'arbitre, être arbitre.

umpteen [,ʌmp'ti:n] *inf* ◆ adj je ne sais combien de, des tas de / *she's got umpteen dresses* elle a je ne sais combien de robes or des quantités de robes / *I've told you umpteen times* je te l'ai dit trente-six fois or cent fois / *umpteen people* des dizaines de gens, des tas de gens. ◆ pron : *there were umpteen of them* il y en avait des quantités or je ne sais combien.

umpteenth [,ʌmp'ti:nθ] adj *inf* énième, n-ième / *for the umpteenth time* pour la énième fois.

UMWA (abbr of **United Mine Workers of America**) pr n *syndicat américain de mineurs*.

UN (abbr of **United Nations**) ◆ pr n ▸ **the UN** l'ONU *f*, l'Onu *f*. ◆ comp de l'ONU ▸ **the UN peace-keeping forces** les casques *mpl* bleus.

'un [ʌn] pron *inf* : *he's only a young 'un* ce n'est qu'un petit gars / *the little 'uns* les petiots *mpl* / *the young 'uns* les jeunots *mpl*.

unabashed [,ʌnə'bæʃt] adj **1.** [undeterred] nullement décontenancé or déconcerté, imperturbable / *she was quite unabashed by the criticism* elle ne se laissa pas intimider or elle ne fut nullement décontenancée par les critiques / *to carry on unabashed* continuer sans se démonter or décontenancer **2.** [unashamed] sans honte, qui n'a pas honte.

unabated [,ʌnə'beɪtɪd] ◆ adv [undiminished] sans diminuer / *the storm* / *the noise continued unabated for most of the night* la tempête / le bruit a continué sans répit pendant une grande partie de la nuit. ◆ adj non diminué / *their enthusiasm was unabated* leur enthousiasme ne diminuait pas, ils montraient toujours autant d'enthousiasme.

unabbreviated [,ʌnə'bri:vɪeɪtɪd] adj [word] sans abréviation / *in its unabbreviated form* sous sa forme non abrégée, en toutes lettres.

unable [ʌn'eɪbl] adj ▸ **to be unable to do sthg a)** [gen] ne pas pouvoir faire qqch **b)** [not know how to] ne pas savoir faire qqch **c)** [be incapable of] être incapable de faire qqch **d)** [not be in a position to] ne pas être en mesure de faire qqch **e)** [be prevented from] être dans l'impossibilité de faire qqch / *children who are unable to read* / *swim* les enfants qui ne savent pas lire / nager / *he seems totally unable to understand* il semble tout à fait incapable de comprendre / *he was unable to pay* il n'était pas en mesure de payer / *unfortunately I'm unable to come* malheureusement, je ne peux pas venir or il m'est impossible de venir.

unabridged [,ʌnə'brɪdʒd] adj [text, version, edition] intégral / *the film is unabridged* le film est dans sa version intégrale.

unacceptable [,ʌnək'septəbl] adj **1.** [intolerable -violence, behaviour] inadmissible, intolérable ; [-language] inacceptable / *it is unacceptable that anyone should have to* or *for anyone to have to sleep rough* il est inadmissible que des gens soient obligés de coucher dehors / *the unacceptable face of capitalism (allusion) Edward Heath* la face honteuse du capitalisme **2.** [gift, proposal] inacceptable.

unacceptably [,ʌnək'septəblɪ] adv [noisy, rude] à un point inacceptable or inadmissible / *the film was unacceptably violent* le film était d'une violence inacceptable.

unaccompanied [,ʌnə'kʌmpənɪd] adj **1.** [child, traveller] non accompagné, seul / *unaccompanied by an adult* non accompagné par un adulte **2.** MUS [singing] sans accompagnement, a capella ; [singer] non accompagné, a capella ; [song] sans accompagnement ; [choir] a capella / *for unaccompanied violin* pour violon seul.

unaccomplished [,ʌnə'kʌmplɪʃt] adj **1.** [incomplete -task] inachevé, inaccompli **2.** [unfulfilled -wish, plan] non réalisé, non accompli **3.** [untalented -actor, player] sans grand talent, médiocre ; [-performance] médiocre.

unaccountable [,ʌnə'kaʊntəbl] adj **1.** [inexplicable -disappearance, reason] inexplicable **2.** [to electors, public, etc.] : *representatives who are unaccountable to the general public* les représentants qui ne sont pas responsables envers le grand public.

unaccountably [,ʌnə'kaʊntəblɪ] adv inexplicablement, de manière inexplicable / *she was unaccountably delayed* elle a été retardée sans que l'on sache (trop) pourquoi.

unaccounted [,ʌnə'kaʊntɪd] ❖ **unaccounted for** adj phr **1.** [money] qui manque / *there is still a lot of money unaccounted for* il manque encore beaucoup d'argent **2.** [person] qui manque, qui a disparu ; [plane] qui n'est pas rentré / *by nightfall, two children were still unaccounted for* à la tombée de la nuit, il manquait encore deux enfants.

unaccustomed [,ʌnə'kʌstəmd] adj **1.** [not used to -person] : *he is unaccustomed to wearing a tie* il n'a pas l'habitude de mettre des cravates / *unaccustomed as I am to public speaking* bien que je n'aie guère l'habitude de prendre la parole en public **2.** [unusual, uncharacteristic -rudeness, light-heartedness] inhabituel, inaccoutumé.

unacknowledged [,ʌnək'nɒlɪdʒd] adj **1.** [unrecognized -truth, fact] non reconnu ; [-qualities, discovery] non reconnu, méconnu / *he's an unacknowledged genius* c'est un génie méconnu **2.** [ignored -letter] resté sans réponse.

unacquainted [,ʌnə'kweɪntɪd] adj **1.** [ignorant] ▸ **to be unacquainted with sthg** ne pas être au courant de qqch **2.** [two people] : *I am unacquainted with her* je ne la connais pas, je n'ai pas fait sa connaissance.

unadopted [,ʌnə'dɒptɪd] adj **1.** UK [road] non pris en charge or entretenu par la commune **2.** [resolution, bill] non adopté, rejeté **3.** [child] qui n'est pas adopté.

unadorned [,ʌnə'dɔ:nd] adj [undecorated] sans ornement, naturel, simple.

unadulterated [,ʌnə'dʌltəreɪtɪd] adj **1.** [milk, flour] pur, naturel ; [wine] non frelaté **2.** [pleasure, joy] pur (et simple), parfait / *it's unadulterated rubbish!* c'est de la pure bêtise !

unadventurous [,ʌnəd'ventʃərəs] adj [person] qui ne prend pas de risques, qui manque d'audace ; [lifestyle] conventionnel, banal ; [performance] terne ; [holiday] banal / *she is an unadventurous cook* c'est une cuisinière qui manque d'imagination.

unadvertised [,ʌn'ædvətaɪzd] adj [job] non affiché, pour lequel il n'y a pas eu d'annonce ; [meeting, visit] discret (discrète), sans publicité.

unadvisable [ˌʌnəd'vaɪzəbl] adj imprudent, à déconseiller / *it is unadvisable for her to travel* les voyages lui sont déconseillés, il vaut mieux qu'elle évite de voyager.

unaffected [ˌʌnə'fektɪd] adj **1.** [resistant] non affecté, qui résiste / *unaffected by cold* qui n'est pas affecté par le or qui résiste au froid / *unaffected by heat* qui résiste à la chaleur **2.** [unchanged, unaltered] qui n'est pas touché or affecté / *we were unaffected by the war* nous n'avons pas été affectés or touchés par la guerre / *children cannot remain unaffected by TV violence* il est impossible que les enfants ne soient pas affectés or marqués par la violence qu'ils voient à la télé **3.** [indifferent] indifférent, insensible / *he seems quite unaffected by his loss* sa perte ne semble pas l'émouvoir, sa perte n'a pas du tout l'air de le toucher **4.** [natural - person, manners, character] simple, naturel, sans affectation ; [- style] simple, sans recherche.

unaffectedly [ˌʌnə'fektɪdlɪ] adv [speak, behave] sans affectation ; [write, dress] simplement, sans recherche.

unaffectionate [ˌʌnə'fekʃənət] adj [person] froid, qui n'est pas affectueux ; [kiss] froid, forcé.

unaffiliated [ˌʌnə'fɪlɪeɪtɪd] adj [unions] indépendant.

unafraid [ˌʌnə'freɪd] adj sans peur, qui n'a pas peur / *he was quite unafraid* il n'avait pas du tout peur.

unaided [ˌʌn'eɪdɪd] ◆ adj sans aide (extérieure) / *it is his own unaided work* c'est un travail qu'il a fait tout seul or sans l'aide de personne / *an impossible task for an unaided person* une tâche qu'il est impossible d'accomplir seul or sans se faire aider. ◆ adv [work] tout seul, sans être aidé.

unaligned [ˌʌnə'laɪnd] adj **1.** [wheels, posts] non aligné, qui n'est pas aligné **2.** POL non-aligné.

unalike [ˌʌnə'laɪk] adj différent, peu ressemblant / *the two sisters are quite unalike* les deux sœurs ne se ressemblent pas du tout, les deux sœurs sont très différentes / *they look* or *seem quite unalike* ils ne se ressemblent absolument pas.

unalloyed [ˌʌnə'lɔɪd] adj **1.** [joy, enthusiasm] sans mélange, parfait **2.** [metal] pur, sans alliage.

unalterable [ʌn'ɔːltərəbl] adj [fact] immuable ; [decision] irrévocable ; [truth] certain, immuable.

unaltered [ˌʌn'ɔːltəd] adj inchangé, non modifié / *the original building remains unaltered* le bâtiment d'origine reste tel quel or n'a pas subi de modifications.

unambiguous [ˌʌnæm'bɪgjʊəs] adj [wording, rule] non ambigu, non équivoque ; [thinking] clair.

unambiguously [ˌʌnæm'bɪgjʊəslɪ] adv sans ambiguïté, sans équivoque.

unambitious [ˌʌnæm'bɪʃəs] adj sans ambition, peu ambitieux.

un-American adj **1.** [uncharacteristic] peu américain / *it's very un-American* ce n'est pas du tout américain **2.** [anti-American] antiaméricain.

unamused [ˌʌnə'mjuːzd] adj qui n'est pas amusé.

unanimity [ˌjuːnə'nɪmətɪ] n unanimité *f* / *there must be unanimity on the issue* il faut qu'il y ait unanimité à ce sujet.

unanimous [juː'nænɪməs] adj unanime / *passed by a unanimous vote* voté à l'unanimité / *we must give him our unanimous support* il faut que nous soyons unanimes à le soutenir / *the audience was unanimous in its approval* le public a approuvé à l'unanimité.

unanimously [juː'nænɪməslɪ] adv [decide, agree] à l'unanimité, unanimement ; [vote] à l'unanimité.

unannounced [ˌʌnə'naʊnst] ◆ adj [arrival, event] inattendu / *their unannounced arrival caused some confusion* leur arrivée inattendue a provoqué une certaine confusion. ◆ adv [unexpectedly] de manière inattendue, sans se faire annoncer ; [suddenly] subitement / *he turned up unannounced* il est arrivé à l'improviste.

unanswerable [ˌʌn'ɑːnsərəbl] adj **1.** [impossible - question, problem] auquel il est impossible de répondre **2.** [irrefutable - argument, logic] irréfutable, incontestable.

unanswered [ˌʌn'ɑːnsəd] adj **1.** [question] qui reste sans réponse ; [prayer] inexaucé / *my main argument was left unanswered* on n'a toujours pas réfuté mon argument principal / *an unanswered charge* LAW une accusation non réfutée or irréfutée **2.** [unsolved - mystery, puzzle] non résolu **3.** [letter] (resté) sans réponse / *I have 6 unanswered letters to deal with* il y a 6 lettres auxquelles je n'ai pas encore répondu.

unanticipated [ˌʌnæn'tɪsɪpeɪtɪd] adj [success, arrival] inattendu ; [situation, event, result, outcome] imprévu, inattendu ; [announcement] inattendu, surprenant.

unappealing [ˌʌnə'piːlɪŋ] adj peu attrayant, peu attirant.

unappetizing, **unappetising** [ˌʌn'æpɪtaɪzɪŋ] adj peu appétissant.

unappreciated [ˌʌnə'priːʃɪeɪtɪd] adj [person, talents] méconnu, incompris ; [efforts, kindness] non apprécié, qui n'est pas apprécié.

unappreciative [ˌʌnə'priːʃɪətɪv] adj [audience] froid, indifférent ▸ **to be unappreciative of sthg** être indifférent à qqch.

unapproachable [ˌʌnə'prəʊtʃəbl] adj **1.** [person] inabordable, d'un abord difficile **2.** [place] inaccessible, inabordable / *unapproachable by road* inaccessible par la route.

unarguable [ʌn'ɑːgjʊəbl] adj incontestable.

unarguably [ʌn'ɑːgjʊəblɪ] adv incontestablement.

unarmed [ˌʌn'ɑːmd] adj **1.** [person, vehicle] sans armes, non armé **2.** BOT sans épines.

unarmed combat n combat *m* à mains nues.

unary ['juːnərɪ] adj unaire, monadique.

unashamed [ˌʌnə'ʃeɪmd] adj [curiosity, gaze] sans gêne ; [greed, lie, hypocrisy] effronté, sans scrupule ; [person] sans honte / *he was quite unashamed about* or *of his huge wealth* il ne se cachait pas de son immense richesse, il étalait son immense richesse sans vergogne or sans pudeur.

unashamedly [ˌʌnə'ʃeɪmɪdlɪ] adv [brazenly] sans honte, sans scrupule ; [openly] sans honte, sans se cacher / *she lied quite unashamedly* elle mentait absolument sans vergogne, c'était une menteuse tout à fait éhontée / *he is unashamedly greedy* il est d'une gourmandise éhontée.

unasked [ˌʌn'ɑːskt] ◆ adj [question] que l'on n'a pas posé / *the central question is still unasked* la question essentielle reste à poser. ◆ adv : *he came unasked* il est venu sans avoir été invité / *they did the job unasked* ils ont fait le travail sans qu'on le leur ait demandé or spontanément.

unassailable [ˌʌnə'seɪləbl] adj [fort, city] imprenable, inébranlable ; [certainty, belief] inébranlable ; [reputation] inattaquable ; [argument, reason] inattaquable, irréfutable ▸ **to be in an unassailable position** être dans une position inattaquable.

unassigned [ˌʌnə'saɪnd] adj [office, room - for person] non attribué ; [- for purpose] non affecté ; [task] non assigné.

unassisted [ˌʌnə'sɪstɪd] ◆ adv sans aide, tout seul. ◆ adj sans aide.

unassuming [ˌʌnə'sjuːmɪŋ] adj modeste, sans prétentions.

unassumingly [ˌʌnə'sjuːmɪŋlɪ] adv modestement, sans prétention.

unattached [ˌʌnə'tætʃt] adj **1.** [unconnected - building, part, group] indépendant **2.** [not married] libre, sans attaches.

unattainable [ˌʌnə'teɪnəbl] adj [goal, place] inaccessible.

unattended [ˌʌnə'tendɪd] adj **1.** [vehicle, luggage] laissé sans surveillance / *do not leave small children unattended* ne laissez pas de jeunes enfants sans surveillance or tout seuls / *do not leave luggage unattended* ne laissez pas vos bagages sans surveillance **2.** [person] sans escorte, seul / *I can't even go to the toilet unattended* je ne peux même pas aller aux toilettes seul.

unattractive [ˌʌnə'træktɪv] adj [face, room, wallpaper] peu attrayant, assez laid ; [habit] peu attrayant, désagréable ; [personality] déplaisant, peu sympathique ; [prospect] désagréable, peu attrayant, peu agréable.

unauthenticated [ˌʌnɔː'θentɪkeɪtɪd] adj [story] non vérifié ; [painting, handwriting] non authentifié ; [evidence] non établi.

unauthorized, **unauthorised** [ˌʌn'ɔːθəraɪzd] adj [absence, entry] non autorisé, fait sans autorisation ▸ **unauthorized access** COMPUT accès *m* non autorisé.

unavailable [ˌʌnə'veɪləbl] adj [person] indisponible, qui n'est pas libre ; [resources] indisponible, qu'on ne peut se procurer / *the book is unavailable* **a)** [in library, bookshop] le livre n'est pas disponible **b)** [from publisher] le livre est épuisé / *Mr Fox is unavailable* M. Fox n'est pas disponible or libre / *the Minister was unavailable for comment* le ministre s'est refusé à tout commentaire.

unavailing [ˌʌnə'veɪlɪŋ] adj [effort, attempt] vain, inutile ; [method] inefficace.

unavailingly [ˌʌnə'veɪlɪŋlɪ] adv en vain, sans succès.

unavoidable [ˌʌnə'vɔɪdəbl] adj [accident, delay] inévitable ▸ **it is unavoidable that…** il est inévitable que…

unavoidable costs pl n FIN coûts *mpl* induits.

unavoidably [ˌʌnə'vɔɪdəblɪ] adv [happen] inévitablement ; [detain] malencontreusement / *I was unavoidably delayed* j'ai été retardé malgré moi or pour des raisons indépendantes de ma volonté.

unaware [ˌʌnə'weəʳ] adj [ignorant] inconscient, qui ignore ▸ **to be unaware of a)** [facts] ignorer, ne pas être au courant de **b)** [danger] être inconscient de, ne pas avoir conscience de / *I was unaware that they had arrived* j'ignorais or je ne savais pas qu'ils étaient arrivés / *he continued unaware of what was happening* il a continué, ignorant de ce qui se passait or sans savoir ce qui se passait / *she is politically unaware* elle n'a aucune conscience politique, elle ignore tout de la politique / *he seemed quite unaware that he was being watched* il semblait tout à fait ignorer qu'on l'observait, il ne semblait pas du tout remarquer qu'on l'observait.

unawares [ˌʌnə'weəz] adv **1.** [by surprise] au dépourvu, à l'improviste ▸ **to catch** or **to take sb unawares** prendre qqn à l'improviste or au dépourvu / *the photographer caught us unawares* le photographe nous a pris sans qu'on s'en rende compte or à notre insu **2.** [unknowingly] inconsciemment **3.** [by accident] par mégarde, par inadvertance.

unbalance [ˌʌn'bæləns] ◆ vt déséquilibrer. ◆ n déséquilibre *m*.

unbalanced [ˌʌn'bælənst] adj **1.** [load] mal équilibré **2.** [person, mind] déséquilibré, désaxé **3.** [reporting] tendancieux, partial **4.** FIN [economy] déséquilibré ; [account] non soldé **5.** ELEC [circuit, load] déséquilibré.

unbaptized, **unbaptised** [ˌʌnbæp'taɪzd] adj non baptisé.

unbar [ˌʌn'bɑːʳ] (*pt & pp* **unbarred**, *cont* **unbarring**) vt **1.** [door, gate] enlever la barre de **2.** *fig* [path, road] ouvrir / *the decision could unbar the way to a lasting solution* cette décision pourrait bien ouvrir la voie à une solution durable.

unbearable [ʌn'beərəbl] adj insupportable / **'The Unbearable Lightness of Being'** *Kundera* 'l'Insoutenable légèreté de l'être'.

unbearably [ʌn'beərəblɪ] adv insupportablement / *he is unbearably conceited* il est d'une vanité insupportable / *it's unbearably hot* il fait une chaleur insupportable.

unbeatable [ˌʌn'biːtəbl] adj [champion, prices] imbattable / *it's unbeatable value for money* le rapport qualité-prix est imbattable.

unbeaten [ˌʌn'biːtn] adj [fighter, team] invaincu ; [record, price] non battu / *the record has remained unbeaten for 20 years* le record n'a pas été battu depuis 20 ans.

unbecoming [ˌʌnbɪ'kʌmɪŋ] adj **1.** [dress, colour, hat] peu seyant, qui ne va pas / *that coat is rather unbecoming* ce manteau ne lui / te va pas **2.** [behaviour] malséant.

unbeknown(st) [ˌʌnbɪ'nəʊn(st)] adv ▸ **unbeknownst to** à l'insu de / *unbeknownst to him* à son insu, sans qu'il le sache.

unbelief [ˌʌnbɪ'li:f] n **1.** [incredulity] incrédulité *f* **2.** RELIG incroyance *f.*

unbelievable [ˌʌnbɪ'li:vəbl] adj **1.** [extraordinary] incroyable / *it's unbelievable that they should want to marry so young* il est incroyable or je n'arrive pas à croire qu'ils veuillent se marier si jeunes / *unbelievable stupidity* stupidité incroyable / *unbelievable good fortune* chance insolente or incroyable **2.** [implausible] incroyable, invraisemblable / *his story was totally unbelievable* son histoire était totalement incroyable or à dormir debout.

unbelievably [ˌʌnbɪ'li:vəblɪ] adv **1.** [extraordinarily] incroyablement, extraordinairement / *unbelievably beautiful / cruel* d'une beauté / cruauté incroyable or extraordinaire / *unbelievably, he agreed* aussi incroyable que cela puisse paraître, il a accepté **2.** [implausibly] invraisemblablement, incroyablement.

unbeliever [ˌʌnbɪ'li:vər] n incroyant *m*, -e *f.*

unbelieving [ˌʌnbɪ'li:vɪŋ] adj [gen] incrédule, sceptique ; RELIG incroyant.

unbelievingly [ˌʌnbɪ'li:vɪŋlɪ] adv [look, speak] d'un air incrédule.

unbend [ˌʌn'bend] (*pt & pp* **unbent** [-'bent]) ◆ vt [fork, wire] redresser, détordre. ◆ vi [relax] se détendre.

unbending [ˌʌn'bendɪŋ] adj **1.** [will, attitude] intransigeant, inflexible / *she remained unbending on the issue* elle est restée intransigeante sur la question / *his unbending puritanism* son puritanisme rigide **2.** [pipe, metal] rigide, non flexible.

unbias(s)ed [ˌʌn'baɪəst] adj impartial.

unbidden [ˌʌn'bɪdn] adv *liter* spontanément, sans que l'on demande / *she did it unbidden* elle l'a fait de son propre chef or sans qu'on le lui ait demandé / *she entered unbidden* elle est entrée sans y avoir été invitée / *the thought came unbidden to my mind* l'idée m'est venue spontanément.

unbind [ˌʌn'baɪnd] (*pt & pp* **unbound** [ˌʌn'baʊnd]) vt [prisoner] délier ; [bandage] défaire, dérouler.

unbleached [ˌʌn'bli:ʧt] adj [fabric] non traité.

unblemished [ˌʌn'blemɪʃt] adj [purity, skin, colour, reputation] sans tache, sans défaut / *an unblemished record* un parcours sans faute.

unblinking [ˌʌn'blɪŋkɪŋ] adj [impassive] impassible ; [fearless] impassible, imperturbable / *she stared at me with unblinking eyes* elle me regarda fixement sans ciller.

unblock [ˌʌn'blɒk] vt [sink] déboucher ; [traffic jam] dégager.

unblushing [ˌʌn'blʌʃɪŋ] adj éhonté.

unbolt [ˌʌn'bəʊlt] vt [door] déverrouiller, tirer le verrou de ; [scaffolding] déboulonner.

unborn [ˌʌn'bɔ:n] adj [child] qui n'est pas encore né.

unbosom [ˌʌn'bʊzəm] vt *liter* [secret, emotions] confesser ▸ **to unbosom o.s. to sb** ouvrir son cœur à qqn, se confier à qqn.

unbound [ˌʌn'baʊnd] ◆ pt & pp ⟶ **unbind.** ◆ adj **1.** [prisoner, hands] non lié / **'Prometheus Unbound'** *Shelley* 'Prométhée délivré' **2.** [book, periodical] non relié **3.** LING [morpheme] libre.

unbounded [ˌʌn'baʊndɪd] adj [gratitude, admiration] illimité, sans bornes ; [pride, greed] démesuré.

unbowed [ˌʌn'baʊd] adj insoumis, invaincu / *they stood with their heads unbowed* ils étaient debout, la tête haute.

unbreakable [ˌʌn'breɪkəbl] adj **1.** [crockery] incassable **2.** [habit] dont on ne peut pas se débarrasser **3.** [promise] sacré ; [will, spirit] inébranlable, que l'on ne peut briser.

unbridled [ˌʌn'braɪdld] adj [horse] débridé, sans bride ; [anger, greed] sans retenue, effréné.

unbroken [ˌʌn'brəʊkn] adj **1.** [line] continu ; [surface, expanse] continu, ininterrompu ; [sleep, tradition, peace] ininterrompu **2.** [crockery, eggs] intact, non cassé ; [fastening, seal] intact, non brisé ; [record] non battu **3.** *fig* [promise] tenu, non rompu / *despite all her troubles, her spirit remains unbroken* malgré tous ses ennuis, elle garde le moral or elle ne se laisse pas abattre **4.** [voice] qui n'a pas (encore) mué **5.** [horse] indompté.

unbuckle [ˌʌn'bʌkl] vt [belt] déboucler, dégrafer ; [shoe] défaire la boucle de.

unburden [ˌʌn'bɜ:dn] vt **1.** *lit & fml* décharger (d'un fardeau) / *can I unburden you of your bags?* puis-je vous décharger de vos sacs ? **2.** *fig* [heart] livrer, épancher, soulager ; [grief, guilt] se décharger de ; [conscience, soul] soulager ▸ **to unburden o.s. to sb** se confier à qqn, s'épancher auprès de qqn / *she unburdened her heart to me* elle s'est confiée à moi, elle m'a ouvert son cœur.

unburied [ˌʌn'berɪd] adj non enterré, non enseveli.

unbutton [ˌʌn'bʌtn] ◆ vt [shirt, jacket] déboutonner. ◆ vi *inf & fig* se déboutonner.

uncalled-for [ˌʌn'kɔ:ld-] adj [rudeness, outburst] qui n'est pas nécessaire, injustifié ; [remark] mal à propos, déplacé.

uncannily [ʌn'kænɪlɪ] adv [accurate, familiar] étrangement ; [quiet] mystérieusement, étrangement.

uncanny [ʌn'kænɪ] (*compar* **uncannier**, *superl* **uncanniest**) adj **1.** [eerie - place] sinistre, qui donne le frisson ; [- noise] mystérieux, sinistre ; [- atmosphere] étrange, sinistre **2.** [strange - accuracy, likeness, ability] troublant, étrange / *it's uncanny how you always know what I'm thinking* c'est curieux or bizarre ce don que tu as de toujours savoir ce que je pense.

uncap [ˌʌn'kæp] (*pt & pp* **uncapped**, *cont* **uncapping**) vt [bottle, jar] décapsuler, déboucher.

uncared-for [ˌʌn'keəd-] adj [appearance] négligé, peu soigné ; [house, bicycle] négligé, (laissé) à l'abandon ; [child] laissé à l'abandon, délaissé.

uncaring [ˌʌn'keərɪŋ] adj [unfeeling] insensible, dur.

uncaught [ˌʌn'kɔ:t] adj [escapee] qui n'a pas été appréhendé.

unceasing [ˌʌn'si:sɪŋ] adj incessant, continuel.

unceasingly [ˌʌn'si:sɪŋlɪ] adv sans cesse, continuellement.

uncelebrated [ˌʌn'selɪbreɪtɪd] adj [birthday, success] non célébré or fêté.

uncensored [ˌʌn'sensəd] adj non censuré.

unceremonious ['ʌnˌserɪ'məʊnjəs] adj **1.** [abrupt] brusque **2.** [without ceremony] sans façon / *his unceremonious dismissal* son brusque renvoi.

unceremoniously ['ʌnˌserɪ'məʊnjəslɪ] adv **1.** [abruptly] avec brusquerie, brusquement **2.** [without ceremony] sans cérémonie / *they were pushed unceremoniously into the back of the police van* on les a poussés brutalement à l'arrière de la voiture cellulaire.

uncertain [ʌn'sɜ:tn] adj **1.** [unsure] incertain / *we were uncertain whether to continue or we should continue* nous ne savions pas trop si nous devions continuer / *they were uncertain how to begin* ils ne savaient pas trop comment commencer ▸ **to be uncertain about sthg** être inquiet au sujet de or incertain de qqch **2.** [unpredictable - result, outcome] incertain, aléatoire ; [- weather] incertain / *it's uncertain whether we'll succeed or not* il n'est pas sûr or certain que nous réussissions ▸ **in no uncertain terms** en termes on ne peut plus clairs, sans mâcher ses mots **3.** [unknown] inconnu, incertain / *the cause of her death is still uncertain* la cause de sa mort reste inconnue, on ignore encore la cause de sa mort **4.** [unsteady - voice, steps] hésitant, mal assuré **5.** [undecided - plans] incertain, pas sûr.

uncertainly [ʌn'sɜ:tnlɪ] adv avec hésitation, d'une manière hésitante.

uncertainty [ʌn'sɜ:tntɪ] (*pl* **uncertainties**) n incertitude *f*, doute *m* ▸ **to be in a state of uncertainty** être dans le doute / *I am in some uncertainty as to whether I should tell him* je ne sais pas trop or je ne suis pas trop sûre si je dois le lui dire ou non / *is there any uncertainty about what to do?* est-ce que quelqu'un a des doutes sur ce qu'il faut faire ? / *financial uncertainties* incertitudes financières.

uncertainty principle n principe *m* d'incertitude or d'indétermination de Heisenberg.

uncertified [ˌʌn'sɜ:tɪfaɪd] adj [copy] non certifié ; [doctor, teacher] non diplômé ▸ **uncertified teacher** US ≃ maître *m* auxiliaire.

unchain [ˌʌn'ʧeɪn] vt [door, dog] enlever or défaire les chaînes de, désenchaîner ; [emotions] déchaîner.

unchallenged [ˌʌn'ʧælənʤd] ◆ adj **1.** [authority, leader] incontesté, indiscuté ; [version] non contesté / *his position / his authority remains unchallenged* sa position / son autorité reste incontestée **2.** LAW [witness] non récusé ; [evidence] non contesté. ◆ adv **1.** [unquestioned] sans discussion, sans protestation / *her decisions always go unchallenged* ses décisions ne sont jamais contestées or discutées / *that remark cannot go unchallenged* on ne peut pas laisser passer cette remarque sans protester **2.** [unchecked] sans rencontrer d'opposition / *he walked into the army base unchallenged* il est entré dans la base militaire sans être interpellé or sans rencontrer d'opposition.

unchangeable [ˌʌn'ʧeɪnʤəbl] adj immuable, invariable.

unchanged [ˌʌn'ʧeɪnʤd] adj inchangé.

unchanging [ˌʌn'ʧeɪnʤɪŋ] adj invariable, immuable.

uncharacteristic ['ʌnˌkærəktə'rɪstɪk] adj peu caractéristique, peu typique / *it's uncharacteristic of him* cela ne lui ressemble pas.

uncharacteristically ['ʌnˌkærəktə'rɪstɪklɪ] adv d'une façon peu caractéristique.

uncharitable [ˌʌn'ʧærɪtəbl] adj [unkind] peu charitable, peu indulgent.

uncharted [ˌʌn'ʧɑ:tɪd] adj **1.** [unmapped - region, forest, ocean] dont on n'a pas dressé la carte ; [not on map] qui n'est pas sur la carte **2.** *fig* : *we're moving into uncharted waters* nous faisons un saut dans l'inconnu / *we're sailing in uncharted waters* nous ne savons pas où nous allons / *the uncharted regions of the mind* les coins inexplorés de l'esprit.

unchaste [ˌʌn'ʧeɪst] adj *liter* impudique, non chaste.

uncheck [ʌn'ʧek] vt [box] décocher.

unchecked [ˌʌn'ʧekt] ◆ adj **1.** [unrestricted - growth, expansion, tendency] non maîtrisé ; [anger, instinct] non réprimé, auquel on laisse libre cours **2.** [unverified - source, figures] non vérifié ; [proofs] non relu. ◆ adv **1.** [grow, expand] continuellement, sans arrêt ; [continue] impunément, sans opposition / *such rudeness can't go unchecked* on ne peut pas laisser passer une telle impolitesse or grossièreté / *the growth of industry continued unchecked* la croissance industrielle s'est poursuivie de façon constante **2.** [advance] sans rencontrer d'opposition.

unchivalrous [ˌʌn'ʃɪvəlrəs] adj peu galant, discourtois.

unchristian [ˌʌn'krɪsʧən] adj **1.** RELIG peu chrétien **2.** *fig* barbare / *this is an unchristian hour to phone someone!* on ne téléphone pas aux gens à des heures indues !

uncial ['ʌnsɪəl] ◆ adj oncial. ◆ n onciale *f.*

uncircumcised [ˌʌn'sɜ:kəmsaɪzd] adj incirconcis.

uncivil [ˌʌn'sɪvl] adj impoli, grossier ▸ **to be uncivil to sb** être impoli envers or à l'égard de qqn.

uncivilized, uncivilised [ˌʌn'sɪvɪlaɪzd] adj **1.** [people, tribe] non civilisé **2.** [primitive, barbaric - behaviour, conditions] barbare ; [- people] barbare, inculte **3.** *fig* [ridiculous] impossible, extraordinaire / *the plane arrives at the uncivilized hour of 4 a.m.* l'avion arrive à une heure indue, 4 h du matin.

unclad [ˌʌn'klæd] adj *liter* sans vêtements, nu.

unclaimed [ˌʌn'kleɪmd] adj [property, reward] non réclamé ; [rights] non revendiqué.

unclasp [ˌʌn'klɑ:sp] vt [hands] ouvrir ; [bracelet] dégrafer, défaire / *he was continually clasping and unclasping his hands* il n'arrêtait pas de se tordre les mains nerveusement.

unclassified [ˌʌn'klæsɪfaɪd] adj **1.** [not sorted - books, papers] non classé **2.** UK [road] non classé **3.** [information] non secret.

uncle ['ʌŋkl] n **1.** [relative] oncle *m* / *"hello Uncle"* « bonjour mon oncle », « bonjour tonton » / *Uncle Peter* l'oncle Peter, tonton Peter ▸ **to cry** or **to say uncle** US *inf* s'avouer vaincu, se rendre / **'Uncle Tom's Cabin'** *Stowe* 'la Case de l'oncle Tom' / **'Uncle Vanya'** *Chekhov* 'Oncle Vania' **2.** UK *inf & dated* [pawnbroker] prêteur *m* sur gages.

unclean [ˌʌn'kli:n] adj **1.** [dirty - water] sale ; [- habits] sale **2.** RELIG impur.

unclear [ˌʌn'klɪəʳ] adj **1.** [confused, ambiguous - thinking, purpose, reason] pas clair, pas évident / *the instructions were unclear* les instructions n'étaient pas claires / *I'm still unclear about what exactly I have to do* je ne sais pas encore très bien ce que je dois faire exactement **2.** [uncertain - future, outcome] incertain / *it is now unclear whether the talks will take place or not* nous ne savons pas bien pour le moment si la conférence va avoir lieu **3.** [indistinct - sound, speech] indistinct, inaudible ; [- outline] flou.

unclench [ˌʌn'klentʃ] vt [fist, teeth] desserrer.

Uncle Sam [-sæm] pr n Oncle Sam *(personnage représentant les États-Unis dans la propagande pour l'armée).*

Uncle Tom n US *v inf & pej Noir qui se comporte de façon obséquieuse avec les Blancs.*

uncloak [ˌʌn'kləʊk] vt [mystery] dévoiler.

unclog [ˌʌn'klɒg] (*pt & pp* **unclogged**, *cont* **unclogging**) vt [drain] déboucher ; [wheel] débloquer.

unclothed [ˌʌn'kləʊðd] adj dévêtu, nu.

unclouded [ˌʌn'klaʊdɪd] adj **1.** [sky] dégagé, sans nuages ; *fig* [thinking] limpide ; [mind] clair / *a future unclouded by financial worries* un avenir sans soucis financiers **2.** [liquid] clair, limpide.

uncluttered [ˌʌn'klʌtəd] adj [room] dépouillé, simple ; [style of writing] sobre ; [design] dépouillé ; [mind, thinking] clair, net / *the room is spacious and uncluttered* la pièce est spacieuse et simple / *the diagram should be neat and uncluttered* le diagramme devrait être net et concis.

uncoil [ˌʌn'kɔɪl] ◆ vt dérouler. ◆ vi se dérouler.

uncombed [ʌn'kəʊmd] adj [hair] mal peigné, ébouriffé ; [wool] non peigné.

uncomfortable [ˌʌn'kʌmftəbl] adj **1.** [physically - chair, bed, clothes] inconfortable, peu confortable ; [- position] inconfortable, peu commode / *this chair is very uncomfortable* cette chaise n'est pas du tout confortable, on est très mal sur cette chaise / *I feel most uncomfortable perched on this stool* je ne me sens pas du tout à l'aise perché sur ce tabouret **2.** *fig* [awkward, uneasy person] mal à l'aise, gêné ; [difficult, embarrassing - situation, truth] difficile, gênant ; [unpleasant] désagréable / *I feel uncomfortable about the whole thing* je me sens mal à l'aise avec tout ça ▸ **to make sb (feel) uncomfortable** mettre qqn mal à l'aise / *I've an uncomfortable feeling this isn't going to work* je ne peux pas m'empêcher de penser que ça ne va pas marcher ▸ **to make life** or **things (very) uncomfortable for sb** créer des ennuis à qqn.

uncomfortably [ˌʌn'kʌmftəblɪ] adv **1.** [lie, sit, stand] inconfortablement, peu confortablement ; [dressed] mal, inconfortablement **2.** [unpleasantly - heavy, hot] désagréablement / *the train was uncomfortably crowded* le train était désagréablement bondé / *he came uncomfortably close to discovering the truth* il a été dangereusement près de découvrir la vérité **3.** [uneasily] avec gêne / *he shifted uncomfortably in his seat* il bougeait avec embarras sur son siège.

uncommercial [ˌʌnkə'mɜ:ʃl] adj peu commercial.

uncommitted [ˌʌnkə'mɪtɪd] adj [person, literature] non engagé / *he remains politically uncommitted* il reste neutre politiquement / *an uncommitted relationship* une relation libre.

uncommon [ʌn'kɒmən] adj **1.** [rare, unusual - disease, species] rare, peu commun / *it's not uncommon for the heating to break down* il n'est pas rare que le chauffage soit en panne **2.** *fml* [exceptional] singulier, extraordinaire / *a child of uncommon abilities* un enfant aux dons singuliers.

uncommonly [ʌn'kɒmənlɪ] adv **1.** [rarely] rarement, inhabituellement **2.** *fig* [exceptionally - clever, cold, polite] singulièrement, exceptionnellement.

uncommunicative [ˌʌnkə'mju:nɪkətɪv] adj peu communicatif, taciturne ▸ **to be uncommunicative about sthg** se montrer réservé sur qqch.

uncomplaining [ˌʌnkəm'pleɪnɪŋ] adj qui ne se plaint pas / *he has a calm and uncomplaining wife* il a une femme calme et résignée.

uncomplainingly [ˌʌnkəm'pleɪnɪŋlɪ] adv sans se plaindre.

uncompleted [ˌʌnkəm'pli:tɪd] adj inachevé.

uncomplicated [ˌʌn'kɒmplɪkeɪtɪd] adj peu compliqué, simple.

uncomplimentary ['ʌnˌkɒmplɪ'mentərɪ] adj peu flatteur / *he was very uncomplimentary about you* ce qu'il a dit de vous était loin d'être flatteur.

uncomprehending ['ʌnˌkɒmprɪ'hendɪŋ] adj qui ne comprend pas.

uncomprehendingly ['ʌnˌkɒmprɪ'hendɪŋlɪ] adv sans comprendre.

uncompromising [ˌʌn'kɒmprəmaɪzɪŋ] adj [rigid - attitude, behaviour] rigide, intransigeant, inflexible ; [committed - person] convaincu, ardent.

uncompromisingly [ˌʌn'kɒmprəmaɪzɪŋlɪ] adv sans concession, de manière intransigeante / *uncompromisingly honest* d'une honnêteté absolue.

unconcealed [ˌʌnkən'si:ld] adj [joy, anger] évident, non dissimulé.

unconcern [ˌʌnkən'sɜ:n] n **1.** [indifference] indifférence *f* / *unconcern for others / for danger* indifférence envers les autres / au danger **2.** [calm] sang-froid *m inv* / *she continued with apparent unconcern* elle poursuivit avec un sang-froid apparent.

unconcerned [ˌʌnkən'sɜ:nd] adj **1.** [unworried, calm] qui ne s'inquiète pas, insouciant / *he seemed quite unconcerned about the exam / her health* il ne semblait pas du tout s'inquiéter de l'examen / de sa santé **2.** [uninterested] indifférent / *she's unconcerned with political matters* elle est indifférente aux questions politiques.

unconcernedly [ˌʌnkən'sɜ:nɪdlɪ] adv **1.** [calmly] sans s'inquiéter, sans se laisser troubler **2.** [uninterestedly] avec indifférence or insouciance.

unconditional [ˌʌnkən'dɪʃənl] adj **1.** [support, submission] inconditionnel, sans condition ▸ **unconditional discharge** LAW libération *f* inconditionnelle ▸ **unconditional surrender** reddition *f* inconditionnelle **2.** MATH [equality] sans conditions.

unconditionally [ˌʌnkən'dɪʃnəlɪ] adv [accept, surrender] inconditionnellement, sans condition.

unconditioned [ˌʌnkən'dɪʃənd] adj **1.** PSYCHOL [reflex] inconditionnel ▸ **unconditioned response** réponse *f* inconditionnelle ▸ **unconditioned stimulus** stimulus *m* inconditionnel **2.** PHILOS absolu, inconditionné.

unconfined [ˌʌnkən'faɪnd] adj *liter* illimité, sans bornes / *let joy be unconfined* que la joie éclate.

unconfirmed [ˌʌnkən'fɜ:md] adj non confirmé.

uncongenial [ˌʌnkən'dʒi:njəl] adj [surroundings] peu agréable ; [personality] antipathique.

unconnected [ˌʌnkə'nektɪd] adj [unrelated - facts, incidents] sans rapport ; [- ideas, thoughts] sans suite, décousu / *the riot was unconnected with food prices* l'émeute n'avait pas de rapport or était sans rapport avec les prix alimentaires / *the two incidents are not unconnected* les deux incidents ne sont pas sans lien.

unconquerable [ˌʌn'kɒŋkərəbl] adj [opponent, peak] invincible ; [obstacle, problem] insurmontable ; [instinct, will] irrépressible.

unconquered [ˌʌn'kɒŋkəd] adj [nation, territory] qui n'a pas été conquis ; [mountain] invaincu.

unconscionable [ʌn'kɒnʃənəbl] adj *fml* **1.** [liar] sans scrupules **2.** [demand] déraisonnable ; [time] extraordinaire.

unconscionably [ʌn'kɒnʃənəblɪ] adv *fml* **1.** [shamelessly] sans vergogne or scrupules **2.** [excessively] excessivement, démesurément.

unconscious [ʌn'kɒnʃəs] ◆ adj **1.** [in coma] sans connaissance ▸ **to knock sb unconscious** assommer qqn / *he lay unconscious for 5 days* il est resté sans connaissance pendant 5 jours ; [in faint] évanoui / *she remained unconscious for some minutes* elle est restée évanouie pendant quelques minutes **2.** [unaware] inconscient / *she seemed unconscious of all the noise around her* elle semblait ne pas avoir conscience de tout le bruit autour d'elle / *they are unconscious of the fact* ils ne sont pas conscients du fait **3.** [unintentional] inconscient, involontaire / *it was an unconscious pun* c'était un jeu de mots involontaire / *there was an unconscious bias in his selection of candidates* il y avait un parti pris involontaire dans sa sélection des candidats **4.** PSYCHOL [motives] inconscient ▸ **the unconscious mind** l'inconscient *m*. ◆ n [gen & PSYCHOL] inconscient *m* ▸ **the unconscious** l'inconscient.

unconsciously [ʌn'kɒnʃəslɪ] adv inconsciemment, sans s'en rendre compte / *I think, unconsciously, she resents me* je crois qu'inconsciemment, elle ne m'apprécie pas.

unconsciousness [ʌn'kɒnʃəsnɪs] n *(U)* **1.** MED [coma] perte *f* de connaissance ; [fainting] évanouissement *m* / *in a state of unconsciousness* sans connaissance **2.** [lack of awareness] inconscience *f*.

unconsecrated [ˌʌn'kɒnsɪkreɪtɪd] adj non consacré.

unconsidered [ˌʌnkən'sɪdəd] adj **1.** [thought, action] irréfléchi **2.** *fml* [object] sans importance.

unconstitutional ['ʌnˌkɒnstɪ'tju:ʃənl] adj inconstitutionnel.

unconstrained [ˌʌnkən'streɪnd] adj [feelings] sans contrainte, non contraint ; [action] spontané ; [manner] aisé / *he is unconstrained by inhibitions* les inhibitions ne l'arrêtent pas.

unconsummated [ˌʌn'kɒnsəmeɪtɪd] adj [marriage] non consommé.

uncontaminated [ʌnkən'tæmɪneɪtɪd] adj non contaminé.

uncontested [ˌʌnkən'testɪd] adj [position, authority] non disputé, incontesté / *the seat was uncontested* POL il n'y avait qu'un candidat pour le siège.

uncontrollable [ˌʌnkən'trəʊləbl] adj **1.** [fear, desire, urge] irrésistible, irrépressible ; [stammer] que l'on ne peut maîtriser or contrôler / *to be seized by uncontrollable laughter / anger* être pris d'un fou rire / d'un accès de colère **2.** [animal] indomptable ; [child] impossible à discipliner **3.** [inflation] qui ne peut être freiné, galopant.

uncontrollably [ˌʌnkən'trəʊləblɪ] adv **1.** [helplessly] irrésistiblement / *he was laughing uncontrollably* il avait le fou rire / *I shook uncontrollably* je tremblais sans pouvoir m'arrêter **2.** [out of control] : *the boat rocked uncontrollably* on n'arrivait pas à maîtriser le tangage du bateau **3.** [fall, increase] irrésistiblement / *prices are rising uncontrollably* les prix augmentent irrésistiblement.

uncontrolled [ˌʌnkən'trəʊld] adj **1.** [unrestricted - fall, rise] effréné, incontrôlé ; [- population growth] non contrôlé / *inflation cannot remain uncontrolled* l'inflation ne peut demeurer incontrôlée ; [anger, emotion] incontrôlé, non retenu / *scenes of uncontrolled violence* des scènes de violence incontrôlée or d'une extrême violence **2.** [unverified - experiment] non contrôlé.

uncontroversial ['ʌnˌkɒntrə'vɜ:ʃl] adj qui ne prête pas à controverse, incontestable.

unconventional [ˌʌnkən'venʃənl] adj non conformiste.

unconventionally [ˌʌnkən'venʃnəlɪ] adv [live, think] d'une manière originale or peu conventionnelle ; [dress] d'une manière originale.

unconvinced [ˌʌnkən'vɪnst] adj incrédule, sceptique / *I'm unconvinced* je ne suis pas convaincu, je reste sceptique ▸ **to be / to remain unconvinced by sthg** être / rester sceptique à l'égard de qqch.

unconvincing [ˌʌnkən'vɪnsɪŋ] adj peu convaincant.

unconvincingly [ˌʌnkən'vɪnsɪŋlɪ] adv [argue, lie] d'un ton or d'une manière peu convaincante, peu vraisemblablement.

uncooked [ˌʌn'kʊkt] adj non cuit, cru.

uncool [ˌʌn'kuːl] adj *inf* **1.** pas cool **2.** *dated* pas branché.

uncooperative [ˌʌnkəʊ'ɒpərətɪv] adj peu coopératif.

uncoordinated [ˌʌnkəʊ'ɔːdɪneɪtɪd] adj **1.** [movements] mal coordonné / *her hand and eye movements are uncoordinated* les mouvements de ses yeux et de ses mains ne sont pas coordonnés **2.** [clumsy] maladroit **3.** [unorganized - efforts] qui manque de coordination, mal organisé.

uncork [ˌʌn'kɔːk] vt [bottle] déboucher ; *fig* [emotions] déchaîner.

uncorroborated [ˌʌnkə'rɒbəreɪtɪd] adj non corroboré.

uncountable [ˌʌn'kaʊntəbl] adj **1.** [numberless] incalculable, innombrable **2.** GRAM non dénombrable ▸ **uncountable noun** nom *m* non dénombrable.

uncouple [ˌʌn'kʌpl] vt [engine] découpler ; [carriage] dételer ; [cart, trailer] détacher.

uncouth [ʌn'kuːθ] adj grossier, fruste.

uncover [ʌn'kʌvəʳ] vt découvrir.

uncovered [ʌn'kʌvəd] adj **1.** *lit* découvert / *food should not be left uncovered* la nourriture ne doit pas rester à l'air **2.** FIN sans couverture.

uncritical [ˌʌn'krɪtɪkl] adj [naïve] dépourvu d'esprit critique, non critique ; [unquestioning] inconditionnel.

uncross [ˌʌn'krɒs] vt décroiser.

uncrossed [ˌʌn'krɒst] adj **1.** [cheque] non barré **2.** [legs] décroisé.

uncrowded [ˌʌn'kraʊdɪd] adj où il n'y a pas beaucoup de monde / *long, uncrowded beaches* de longues plages presque désertes.

uncrowned [ˌʌn'kraʊnd] adj sans couronne, non couronné / *the uncrowned king of rock and roll* le roi sans couronne du rock'n'roll.

uncrushable [ˌʌn'krʌʃəbl] adj [fabric] infroissable.

UNCTAD ['ʌŋktæd] (abbr of **United Nations Conference on Trade and Development**) pr n CNUCED *f.*

unction ['ʌŋkʃn] n onction *f.*

unctuous ['ʌŋktjʊəs] adj *fml* mielleux, onctueux.

unctuously ['ʌŋktjʊəslɪ] adv *fml* mielleusement, onctueusement.

unctuousness ['ʌŋktjʊəsnɪs] n *(U)* *fml* manières *fpl* onctueuses.

uncultivated [ˌʌn'kʌltɪveɪtɪd] adj **1.** [land] inculte, en friche **2.** = **uncultured.**

uncultured [ˌʌn'kʌltʃəd] adj [manners, person] inculte ; [accent, speech] qui manque de raffinement.

uncurl [ˌʌn'kɜːl] ◆ vt [rope] dérouler ; [body, toes] étirer. ◆ vi [leaf] s'ouvrir.

uncut [ˌʌn'kʌt] adj **1.** [hair, nails] non coupé ; [hedge, stone] non taillé ; [diamond] non taillé, brut ; [corn, wheat] non récolté, sur pied ; [pages] non rogné ; [drugs] pur **2.** [uncensored - film, text] intégral, sans coupures / *the uncut version* la version longue **3.** *inf* [uncircumcised] non circoncis.

undamaged [ˌʌn'dæmɪdʒd] adj **1.** [car, contents, merchandise, building, roof] indemne, intact, non endommagé **2.** *fig* [reputation] intact.

undamped [ˌʌn'dæmpt] adj **1.** [enthusiasm, feelings] intact, non affaibli **2.** [piano string] non étouffé **3.** RADIO [oscillation] non amorti, entretenu.

undated [ˌʌn'deɪtɪd] adj non daté, sans date.

undaunted [ˌʌn'dɔːntɪd] adj **1.** [not discouraged] qui ne se laisse pas décourager or démonter / *she was undaunted by their criticism* leurs critiques ne la décourageaient pas / *he carried on undaunted* il a continué sans se laisser décourager **2.** [fearless] sans peur.

undecagon [ˌʌn'dekəgən] n hendécagone *m.*

undeceive [ˌʌndɪ'siːv] vt *liter* détromper.

undecided [ˌʌndɪ'saɪdɪd] adj [person, issue] indécis ; [outcome] incertain / *he is undecided whether to stay or go* il n'a pas décidé s'il restera ou s'il partira / *the matter is still undecided* la question n'a pas encore été résolue.

undecipherable [ˌʌndɪ'saɪfərəbl] adj [writing] indéchiffrable, illisible ; [code] indéchiffrable.

undeclared [ˌʌndɪ'kleəd] adj [goods] non déclaré ; [love] non avoué.

undefeated [ˌʌndɪ'fiːtɪd] adj invaincu.

undefended [ˌʌndɪ'fendɪd] adj **1.** MIL [fort, town] sans défense **2.** LAW [lawsuit] où on ne présente pas de défense.

undefinable [ˌʌndɪ'faɪnəbl] adj indéfinissable, impossible à définir.

undelivered [ˌʌndɪ'lɪvəd] adj [letter] non remis, non distribué / *if undelivered please return to sender* en cas de non-distribution, prière de retourner à l'expéditeur.

undemanding [ˌʌndɪ'mɑːndɪŋ] adj [person] facile à vivre, qui n'est pas exigeant ; [work] simple, qui n'est pas astreignant.

undemocratic ['ʌnˌdeməʊ'krætɪk] adj antidémocratique, peu démocratique.

undemonstrative [ˌʌndɪ'mɒnstrətɪv] adj réservé, peu démonstratif.

undeniable [ˌʌndɪ'naɪəbl] adj indéniable, incontestable.

undeniably [ˌʌndɪ'naɪəblɪ] adv [true] incontestablement, indiscutablement / *he's undeniably a very clever man* c'est incontestablement un homme très intelligent.

undenominational ['ʌndɪˌnɒmɪ'neɪʃənl] adj non confessionnel.

under ['ʌndəʳ] ◆ prep **1.** [beneath, below] sous / *the newspaper was under the chair / cushion* le journal était sous la chaise / le coussin / *the pantry is under the stairs* le garde-manger est sous l'escalier / *I can't see anything under it* je ne vois rien (en) dessous / *there is a coat of paint under the wallpaper* il y a une couche de peinture sous le papier peint / *the body was lying under a sheet* le cadavre était étendu sous un drap / *he wore a white shirt under his jacket* il portait une chemise blanche sous sa veste / *he pulled a wallet from under his jersey* il a sorti un portefeuille de sous son pull / *he was carrying a paper under his arm* il portait un journal sous le bras / *hold your hand under the tap* mettez votre main sous le robinet / *stand under my umbrella* mettez-vous sous mon parapluie / *we took shelter under a tree* nous nous sommes abrités sous un arbre / *to be born under Aries / Leo* être né sous le signe du Bélier / du Lion / *it can only be seen under a microscope* on ne peut le voir qu'au microscope ; [with verbs of movement] : *we had to crawl under the barbed wire* on a dû passer sous les barbelés en rampant / *the tunnel ran under the sea* le tunnel passait sous la mer / *she was swimming under water / under the bridge* elle nageait sous l'eau / sous le pont / *it's unlucky to walk under a ladder* ça porte malheur de passer sous une échelle **2.** [less than] moins de, au-dessous de / *under £7,000* moins de 7 000 livres / *everything is under £5* tout est à moins de 5 livres / *is she under 16?* est-ce qu'elle a moins de 16 ans ? **3.** [weighed down by] sous le poids de / *he staggered under his heavy load* il chancelait sous le poids de son lourd chargement / *to sink under the weight of one's debts* *fig* sombrer sous le poids de ses dettes **4.** [indicating conditions or circumstances] sous, dans / *we had to work under appalling conditions* on a dû travailler dans des conditions épouvantables / *she was murdered under strange circumstances* elle a été tuée dans d'étranges circonstances ; [subject to] sous / *under duress / threat* sous la contrainte / la menace ; MED sous / *under sedation / treatment* sous calmants / traitement **5.** [directed, governed by] sous (la direction de) / *he studied under Fox* il a été l'élève de Fox / *she has two assistants under her* elle a deux assistants sous ses ordres / *the Bristol Chamber Orchestra under Martin Davenport* MUS l'orchestre de (musique de) chambre de Bristol sous la direction de Martin Davenport / *I served under General White* j'ai servi sous le général White / *the book describes Uganda under Amin Dada* le livre décrit l'Ouganda sous (le régime d')Amin Dada / *under her management, the firm prospered* sous sa direction, l'entreprise prospérait / *under fascism, many groups were outlawed* sous le régime fasciste, de nombreux groupes furent interdits **6.** [according to] conformément à, en vertu de, selon / *under the new law, all this will change* avec la nouvelle loi, tout ceci va changer / *under the new law, elections will be held every four years* en vertu de or selon la nouvelle loi, les élections auront lieu tous les quatre ans / *under the Emergency Powers Act* conformément à la loi instituant l'état d'urgence / *under this system, the President has little real power* dans ce système, le président a peu de pouvoir véritable / *under (the terms of) his will / the agreement* selon (les termes de) son testament / l'accord **7.** [in the process of] en cours de / *under construction* en cours de construction / *the matter is under consideration / discussion* on est en train d'étudier / de discuter la question **8.** AGR : *under wheat / barley* en blé / orge **9.** [in classification] : *you'll find the book under philosophy* vous trouverez le livre sous la rubrique philosophie / *you'll find my number under Magee* vous trouverez mon numéro sous Magee / *she writes under the name of Heidi Croft* elle écrit sous le nom de Heidi Croft / *few singers perform under their own name* peu de chanteurs gardent leur vrai nom. ◆ adv **1.** *(with verbs)* [below ground, water, door, etc.] ▸ **to slide** or **to slip under** se glisser dessous ▸ **to pass under** passer dessous ▸ **to stay under** [under water] rester sous l'eau **2.** MED [anaesthetized] sous l'effet de l'anesthésie **3.** [less - in age, price] : *you have to be 16 or under to enter* il faut avoir 16 ans ou moins pour se présenter / *items at £20 and under* des articles à 20 livres maximum.

under- in comp **1.** [below] sous- / *holidays for the under-30s* vacances pour les moins de 30 ans **2.** [junior] sous- ▸ **under-gardener** sous-jardinier *m.*

underachieve [ˌʌndərə'tʃiːv] vi ne pas obtenir les résultats attendus / *he constantly underachieves* il n'obtient jamais les résultats dont il est capable.

underachiever [ˌʌndərə'tʃiːvəʳ] n [gen] *personne ou élève qui n'obtient pas les résultats escomptés* / *he's always been an underachiever* il a toujours été en deçà de ses possibilités.

underactive [ˌʌnder'æktɪv] adj ▸ **to have an underactive thyroid** faire de l'hypothyroïdie.

underage [ˌʌndər'eɪdʒ] adj [person] mineur ▸ **underage drinking** consommation *f* d'alcool par les mineurs ▸ **underage sex** rapports *mpl* sexuels avant l'âge légal.

underarm ['ʌndərɑːm] ◆ adv SPORT [bowl, hit] (par) en dessous. ◆ adj [deodorant] pour les aisselles ; [hair] sous les bras or les aisselles ; SPORT [bowling, throw] par en dessous.

underbelly ['ʌndəˌbelɪ] (*pl* **underbellies**) n **1.** *lit* bas-ventre *m* **2.** *fig* point *m* faible / *the soft underbelly of society* le point faible de la société.

underbid [ˌʌndə'bɪd] (*pt & pp* **underbid**, *cont* **underbidding**) vi [in bridge] annoncer au-dessous de sa force ; [in auction] ne pas offrir assez, faire une enchère insuffisamment élevée.

underblanket ['ʌndəˌblæŋkɪt] n alaise *f.*

underbody ['ʌndəˌbɒdɪ] n AUTO dessous *m* de caisse.

underbrush ['ʌndəbrʌʃ] n *(U)* US sous-bois *m*, broussailles *fpl.*

undercapitalized, **undercapitalised** [ˌʌndə'kæpɪtəlaɪzd] adj [entrepreneur, company] qui n'a pas or ne dispose pas de fonds suffisants.

undercarriage ['ʌndəˌkærɪdʒ] n [of aeroplane] train *m* d'atterrissage ; [of vehicle] châssis *m* ▸ **to get the undercarriage down** sortir le train d'atterrissage.

undercharge [ˌʌndə'tʃɑːdʒ] vt **1.** [customer] faire payer insuffisamment or moins cher à / *I was undercharged* on m'a fait payer moins cher, on ne m'a pas fait payer le prix indiqué / *she undercharged him by £6* elle lui a fait payer 6 livres de moins que le prix **2.** [gun] charger insuffisamment.

underclass [,ʌndə'klɑːs] n ▸ **the underclass** les exclus, le quart-monde.

underclothes ['ʌndəkləʊðz] pl n sous-vêtements *mpl* ; [for women] lingerie *f*, dessous *mpl*.

underclothing ['ʌndə,kləʊðɪŋ] n *(U)* = **underclothes.**

undercoat ['ʌndəkəʊt] n [of paint] sous-couche *f* ; [of anti-rust] couche *f* d'antirouille.

undercook [,ʌndə'kʊk] vt ne pas assez cuire / *the potatoes were undercooked* les pommes de terre n'étaient pas assez cuites or n'avaient pas cuit assez longtemps.

undercover ['ʌndə,kʌvər] adj [methods, work] secret (secrète), clandestin ▸ **undercover agent** agent *m* secret.

undercrackers ['ʌndəkrækəz] pl n UK *inf* [underpants] slip *m*.

undercurrent ['ʌndə,kʌrənt] n **1.** [in sea] courant *m* sous-marin ; [in river] courant *m* **2.** *fig* [feeling] sentiment *m* sous-jacent / *there was an undercurrent of hostility throughout the discussion* il y eut une hostilité sous-jacente tout au long de la discussion.

undercut [,ʌndə'kʌt] *(pt & pp* **undercut**, *cont* **undercutting)** ◆ vt **1.** COMM [competitor] vendre moins cher que ; [prices] casser **2.** [undermine - efforts, principle] amoindrir **3.** SPORT [ball] lifter. ◆ n **1.** SPORT lift *m* **2.** CULIN [meat] (morceau *m* de) filet *m*.

underdeveloped [,ʌndədɪ'veləpt] adj **1.** [country, society] en voie de développement **2.** [stunted - foetus, plant] qui n'est pas complètement développé or formé **3.** *fig* [argument, idea] insuffisamment développé or exposé **4.** PHOT [film, print] insuffisamment développé.

underdo [,ʌndə'duː] *(pt* **underdid** [-'dɪd], *pp* **underdone** [-'dʌn]) vt [food] faire cuire insuffisamment.

underdog ['ʌndədɒg] n ▸ **the underdog a)** [in fight, contest] celui *m* / celle *f* qui risque de perdre or qui part perdant **b)** [in society] le laissé-pour-compte *m*, la laissée-pour-compte *f*, opprimé *m*, -e *f*.

underdone [,ʌndə'dʌn] adj [accidentally] pas assez cuit ; [deliberately - meat] saignant ; [- vegetable, cake] pas trop cuit.

underdressed [,ʌndə'drest] adj [lightly clad] trop légèrement vêtu ; [informally dressed] habillé trop sport / *I feel positively underdressed in these jeans* avec ce jean, je me trouve très mal habillé pour la circonstance.

under-18 n *(usu pl)* personne *f* de moins de 18 ans, mineur *m*, -e *f*.

underemployed [,ʌndərɪm'plɔɪd] adj [worker, equipment] sous-employé ; [resources] sous-exploité / *he feels underemployed* il trouve qu'il n'a pas assez de travail.

underemployment [,ʌndərɪm'plɔɪmənt] n [of workers] sous-emploi *m* ; [of resources] sous-exploitation *f*.

underestimate ◆ vt [,ʌndər'estɪmeɪt] [size, strength] sous-estimer ; [person, value] sous-estimer, mésestimer. ◆ n [,ʌndər'estɪmət] sous-estimation *f*.

underestimation ['ʌndər,estɪ'meɪʃn] n sous-estimation *f*.

underexpose [,ʌndərɪk'spəʊz] vt **1.** PHOT [print, film] sous-exposer **2.** [person] faire insuffisamment la publicité de.

underexposure [,ʌndərɪk'spəʊʒər] n **1.** PHOT [lack of exposure] sous-exposition *f* ; [photo, print] photo *f* sous-exposée **2.** [to publicity] manque *m* de publicité / *the campaign suffered from underexposure in the media* la campagne a souffert d'un manque de publicité dans les médias ; [social] : *underexposure to other children may inhibit development* le manque de contact avec d'autres enfants freine le développement.

underfed [,ʌndə'fed] ◆ pt & pp ⟶ **underfeed.** ◆ adj [person] sous-alimenté.

underfeed [,ʌndə'fiːd] *(pt & pp* **underfed** [,ʌndə'fed]) vt sous-alimenter.

underfelt ['ʌndəfelt] n thibaude *f*.

underfinanced [,ʌndə'faɪnænst] adj [business, scheme, school] qui manque de fonds.

underfloor ['ʌndəflɔːr] adj [pipes, wiring] qui se trouve sous le plancher ▸ **underfloor heating** chauffage *m* par le sol.

underflow ['ʌndəfləʊ] n **1.** [current - in sea] courant *m* sous-marin **2.** COMPUT dépassement *m* par valeurs inférieures.

underfoot [,ʌndə'fʊt] adv sous les pieds / *the grass is wet underfoot* l'herbe est humide / *I felt the gravel crunch underfoot* j'ai senti les graviers crisser sous mes pieds ▸ **to trample sb / sthg underfoot a)** *lit & fig* [person] fouler qqn / qqch aux pieds **b)** [animal] piétiner qqn / qqch.

underfunded [ʌndə'fʌndɪd] = **underfinanced.**

underfunding [ʌndə'fʌndɪŋ] n financement *m* insuffisant.

undergarment ['ʌndə,gɑːmənt] n sous-vêtement *m*.

underglaze ['ʌndəgleɪz] n sous-couche *f*.

undergo [,ʌndə'gəʊ] *(pt* **underwent** [-'went], *pp* **undergone** [-'gɒn]) vt **1.** [experience - change] subir ; [- hardship] subir, éprouver **2.** [test, trials] subir, passer ; [training] suivre **3.** [be subject to] subir / *the building / the system is undergoing modernization* l'immeuble / le système est en cours de modernisation **4.** MED ▸ **to undergo an operation** subir une intervention chirurgicale ▸ **to undergo treatment** suivre un traitement.

undergrad ['ʌndəgræd] n *inf* étudiant *m*, -e *f (qui prépare une licence).*

undergraduate [,ʌndə'grædʒʊət] ◆ n étudiant *m*, -e *f (qui prépare une licence)* / *she was an undergraduate at Manchester* elle était en licence à Manchester ▸ **undergraduate student** étudiant *m*, -e *f* en licence. ◆ adj [circles, life] estudiantin, étudiant ; [course] pour les étudiants de licence ; [accommodation, grant] pour étudiants ; [humour] d'étudiant.

underground ◆ adj ['ʌndəgraʊnd] **1.** [subterranean - explosion] souterrain ; [- car park] en sous-sol, souterrain ▸ **underground railway** métro *m* **2.** [secret] secret (secrète), clandestin / *they joined an underground movement* **a)** [clandestine] ils sont entrés dans un mouvement clandestin **b)** [resistance] ils sont entrés dans un mouvement de résistance ▸ **the underground press** la presse clandestine ▸ **the Underground Railroad** HIST *réseau clandestin qui permettait aux fugitifs noirs des États esclavagistes de rejoindre le nord des États-Unis ou le Canada* **3.** [unofficial - literature, theatre] d'avant-garde, underground *(inv)* ; [- institutions] parallèle **4.** [illegal - methods] illégal. ◆ n ['ʌndəgraʊnd] **1.** MIL & POL [resistance] résistance *f* ; [secret army] armée *f* secrète **2.** ART, MUS & THEAT avant-garde *f*, underground *m inv* **3.** UK [railway] métro *m* ▸ **to go by underground** aller en métro. ◆ adv [,ʌndə'graʊnd] **1.** [below surface] sous (la) terre **2.** [in hiding] ▸ **to go underground** passer dans la clandestinité, prendre le maquis.

underground economy n économie *f* souterraine or immergée.

undergrowth ['ʌndəgrəʊθ] n *(U)* sous-bois *m* ; [scrub] broussailles *fpl*.

underhand [,ʌndə'hænd] ◆ adj **1.** [action] en dessous, en sous-main ; [person] sournois / *in an underhand way* sournoisement **2.** SPORT par en dessous. ◆ adv sournoisement.

underhanded [,ʌndə'hændɪd] adj **1.** = **underhand 2.** [shorthanded] qui manque de personnel.

underhandedly [,ʌndə'hændɪdlɪ] adv en dessous, sournoisement.

underhung [,ʌndə'hʌŋ] adj **1.** [jaw] prognathe, saillant **2.** [door] à coulisse.

underinsure [,ʌndərɪn'ʃɔːr] vt sous-assurer.

underinvestment [,ʌndərɪn'vestmənt] n insuffisance *f* d'investissement.

underlain [,ʌndə'leɪn] pp ⟶ **underlie.**

underlay ◆ pt ⟶ **underlie.** ◆ vt [,ʌndə'leɪ] *(pt & pp* **underlaid** [-'leɪd]) [carpet] doubler. ◆ n ['ʌndəleɪ] [felt] thibaude *f* ; [foam] doublure *f*.

underlie [,ʌndə'laɪ] *(pt* **underlay** [,ʌndə'leɪ], *pp* **underlain** [,ʌndə'leɪn]) vt sous-tendre, être à la base de.

underline [,ʌndə'laɪn] vt *lit & fig* souligner.

underling ['ʌndəlɪŋ] n *pej* subalterne *mf*, sous-fifre *m*.

underlining [,ʌndə'laɪnɪŋ] n soulignage *m*, soulignement *m*.

underlying [,ʌndə'laɪɪŋ] adj sous-jacent.

undermanned [,ʌndə'mænd] adj à court de personnel ; NAUT à équipage incomplet.

undermentioned [,ʌndə'menʃnd] adj *fml* ADMIN ci-dessous (mentionné).

undermine [,ʌndə'maɪn] vt [cliff] miner, saper ; [authority, person] saper ; [health] user ; [confidence] ébranler.

undermost ['ʌndəməʊst] ◆ adj [in heap] le dernier, le plus bas ; [in depth] le plus profond or bas. ◆ adv tout en bas.

undernamed [,ʌndə'neɪmd] *(pl* **undernamed)** ◆ n personne *f* nommée ci-dessous or dont le nom suit. ◆ adj nommé ci-dessous.

underneath [,ʌndə'niːθ] ◆ prep sous, au-dessous de, en dessous de / *the cat slipped underneath the fence* le chat s'est glissé or est passé sous or par-dessous le grillage / *she was wearing two pullovers underneath her coat* elle portait deux pull-overs sous son manteau / *the noise was coming from underneath the floorboards* le bruit venait de sous le plancher. ◆ adv **1.** [in space] (en) dessous, au-dessous / *I've got a pullover on underneath* j'ai un pull dessous **2.** [within oneself] : *he smiled, but underneath he felt afraid / helpless* il a souri, mais dans le fond il avait peur / il se sentait impuissant. ◆ n dessous *m* / *what's written on the underneath?* qu'est-ce qui est écrit sur le dessous ? ◆ adj dessous, d'en dessous.

undernourished [,ʌndə'nʌrɪʃt] adj sous-alimenté.

undernourishment [,ʌndə'nʌrɪʃmənt] n sous-alimentation *f*.

underpaid ◆ adj ['ʌndəpeɪd] sous-payé. ◆ pt & pp [,ʌndə'peɪd] ⟶ **underpay.**

underpants ['ʌndəpænts] pl n **1.** [for men] slip *m (d'homme)* ▸ **a pair of underpants** un caleçon **2.** US [for women] culotte *f*.

underpart ['ʌndəpɑːt] n ZOOL [underside] dessous *m*, partie *f* inférieure.

❖ **underparts** pl n [abdomen] ventre *m*.

underpass ['ʌndəpɑːs] n **1.** [subway] passage *m* souterrain **2.** [road] route *f* inférieure.

underpay [,ʌndə'peɪ] *(pt & pp* **underpaid** [,ʌndə'peɪd]) vt sous-payer.

underperform [,ʌndəpə'fɔːm] vi rester en deçà de ses possibilités.

underpin [,ʌndə'pɪn] *(pt & pp* **underpinned**, *cont* **underpinning)** vt *lit & fig* soutenir, étayer.

underpinning [,ʌndə'pɪnɪŋ] n soutien *m*, étayage *m*.

underplay [,ʌndə'pleɪ] ◆ vt **1.** [minimize - importance] minimiser ; [- event] réduire or minimiser l'importance de ▸ **to underplay one's hand a)** [in cards] jouer volontairement une petite carte **b)** *fig* cacher son jeu **2.** THEAT [role] jouer avec retenue. ◆ vi [in cards] jouer volontairement une petite carte.

underpopulated [,ʌndə'pɒpjʊleɪtɪd] adj sous-peuplé.

underpowered [,ʌndə'paʊəd] adj qui manque de puissance / *an underpowered performance fig* un jeu qui manque de puissance.

underprice [,ʌndə'praɪs] vt **1.** [for sale] vendre au-dessous de sa valeur **2.** [for estimate] sous-évaluer.

underprivileged [,ʌndə'prɪvɪlɪdʒd] ◆ adj [person, social class] défavorisé, déshérité. ◆ pl n ▸ **the underprivileged** les économiquement faibles *mpl*.

underproduce [,ʌndəprə'djuːs] ◆ vt produire insuffisamment de. ◆ vi produire insuffisamment.

underproduction [,ʌndəprə'dʌkʃn] n sous-production *f*.

underquote [,ʌndə'kwəʊt] vt **1.** [goods, securities, services] *proposer à un prix inférieur à celui du marché* **2.** [competitor] vendre moins cher que.

underrate [ˌʌndəˈreɪt] vt sous-estimer.

underrated [ˌʌndəˈreɪtɪd] adj [person] méconnu ; [book, film] sous-estimé.

underrehearsed [ˌʌndərɪˈhɜːst] adj MUS & THEAT insuffisamment répété.

underripe [ˌʌndəˈraɪp] adj pas mûr.

underscore [ˌʌndəˈskɔːʳ] ◆ vt souligner. ◆ n soulignage *m*, soulignement *m*.

undersea [ˈʌndəsiː] ◆ adj sous-marin. ◆ adv sous la mer.

underseal [ˈʌndəsiːl] UK ◆ n AUTO **1.** [product] produit *m* antirouille **2.** [act, result] couche *f* antirouille. ◆ vt AUTO faire un traitement antirouille.

underseas [ˌʌndəˈsiːz] = **undersea** *(adv).*

undersecretary [ˌʌndəˈsekrətərɪ] *(pl* **undersecretaries)** n POL **1.** UK [in department] chef *m* de cabinet **2.** [politician] sous-secrétaire *m* ▶ **undersecretary of state** sous-secrétaire d'État.

undersell [ˌʌndəˈsel] *(pt & pp* **undersold** [ˌʌndəˈsəʊld]) ◆ vt [competitor] vendre moins cher que ; [goods] vendre au rabais ▶ **to undersell o.s.** *fig* se sous-estimer / **'never knowingly undersold'** ≃ prix défiant toute concurrence. ◆ vi [goods] se vendre mal.

undersexed [ˌʌndəˈsekst] adj qui manque de libido.

undersheet [ˈʌndəʃiːt] n alaise *f*.

undershirt [ˈʌndəʃɜːt] n US maillot *m* or tricot *m* de corps.

undershoot [ˌʌndəˈʃuːt] *(pt & pp* **undershot** [ˌʌndəˈʃɒt]) vt : *the plane undershot the runway* l'avion s'est posé avant d'atteindre la piste d'atterrissage / *he undershot the target* son coup n'a pas atteint la cible.

undershorts [ˈʌndəʃɔːts] pl n US caleçon *m*, slip *m*.

undershot [ˌʌndəˈʃɒt] ◆ pt & pp ⟶ **undershoot.** ◆ adj **1.** [jaw] proéminent, saillant **2.** [waterwheel] à aubes.

underside [ˈʌndəsaɪd] n ▶ **the underside** le dessous, la face inférieure.

undersigned [ˈʌndəsaɪnd] *(pl* **undersigned)** *fml* ◆ n ▶ **the undersigned** le soussigné, la soussignée ▶ **I, the undersigned** je soussigné. ◆ adj soussigné.

undersize(d) [ˌʌndəˈsaɪz(d)] adj trop petit.

underskirt [ˈʌndəskɜːt] n jupon *m*.

underslung [ˌʌndəˈslʌŋ] adj très bas ; AUTO surbaissé.

undersoil [ˈʌndəsɔɪl] n AGR sous-sol *m*.

undersold [ˌʌndəˈsəʊld] pt & pp ⟶ **undersell.**

understaffed [ˌʌndəˈstɑːft] adj qui manque de personnel.

understand [ˌʌndəˈstænd] *(pt & pp* **understood** [-ˈstʊd]) ◆ vt **1.** [meaning] comprendre / *I understand what you mean* je comprends ce que vous voulez dire / *is that understood?* est-ce compris ? ▶ **to make o.s. understood** se faire comprendre / *do I make myself understood?* [as threat] est-ce que je me suis bien fait comprendre ? / *she didn't understand a single word* elle n'a pas compris un traître mot / *I can't understand it!* je ne comprends pas !, cela me dépasse ! **2.** [subject, theory] comprendre, entendre / *I don't understand a thing about economics* je ne comprends rien à l'économie **3.** [character, person] comprendre / *he claims his wife doesn't understand him* il affirme que sa femme ne le comprend pas / *I understand your need to be independent* je comprends bien que vous ayez besoin d'être indépendant / *we understand each other perfectly* nous nous comprenons parfaitement / *she didn't understand why no one was interested* elle ne comprenait pas pourquoi personne n'était intéressé **4.** [believe] comprendre, croire / *I understand you need a loan* j'ai cru comprendre que or si j'ai bien compris, vous avez besoin d'un prêt / *am I to understand that they refused?* dois-je comprendre qu'ils ont refusé ? / *they are understood to have fled the country* il paraît qu'ils ont fui le pays / *we were given to understand that he was very ill* on nous a fait comprendre or donné à entendre qu'il était très malade / *so I understand* c'est ce que j'ai compris **5.** [interpret] entendre / *what do you understand by "soon"?* qu'est-ce que vous entendez par « bientôt » ? / *as I understand it, there's nothing to pay* d'après ce que j'ai compris, il n'y a rien à payer **6.** [leave implicit] entendre, sous-entendre / *she let it be understood that she preferred to be alone* elle a laissé entendre or donné à entendre qu'elle préférait être seule / *the object of the sentence is understood* GRAM l'objet de la phrase est sous-entendu. ◆ vi comprendre / *of course, I understand* bien sûr, je comprends (bien) / *if you do that once more you're out, understand?* faites ça encore une fois et vous êtes viré, compris ? / *they understand about international finance* ils comprennent la or ils s'y connaissent en finance internationale.

> Note that **comprendre que** is followed by a verb in the subjunctive when the situation being talked about is open to interpretation:
> **I understand the fact that you're angry.** *Je comprends que vous soyez en colère.*
> **I don't understand how anyone can be that stupid.** *Je ne comprends pas qu'on puisse être aussi idiot.*
> *But*
> **They've understood that there is no hope left.** *Ils ont compris qu'il n'y a* or *avait* **(indicative)** *plus d'espoir.*
> **Do you understand that this is against the law?** *Comprenez-vous que ceci est* **(indicative)** *interdit par la loi ?*

understandable [ˌʌndəˈstændəbl] adj compréhensible / *that's perfectly understandable* cela se comprend parfaitement.

> Note that **il est compréhensible que** is followed by a verb in the subjunctive:
> **It's understandable that they don't want to repeat the same mistakes.** *Il est compréhensible qu'ils ne veuillent pas commettre les mêmes erreurs.*

understandably [ˌʌndəˈstændəblɪ] adv **1.** [naturally] naturellement / *they were, understandably (enough), deeply embarrassed* ils étaient profondément gênés, ce qui se comprend parfaitement **2.** [speak, write] de manière compréhensible.

understanding [ˌʌndəˈstændɪŋ] ◆ n **1.** *(U)* [comprehension] compréhension *f* ; [intelligence] intelligence *f* ; [knowledge] connaissance *f*, connaissances *fpl* / *it is our understanding that they have now left the country* d'après ce que nous avons compris, ils ont quitté le pays à présent / *they have little understanding of what the decision involves* ils ne comprennent pas très bien ce que la décision entraînera / *it's beyond all understanding!* cela dépasse l'entendement !, c'est à n'y rien comprendre ! **2.** [agreement] accord *m*, arrangement *m* ▶ **to come to an understanding about sthg (with sb)** s'entendre (avec qqn) sur qqch / *there's some kind of understanding between them* il y a quelque arrangement entre eux **3.** [interpretation] compréhension *f*, interprétation *f* ; [conception] conception *f* / *my understanding of the matter is that he's resigned* ma conception des choses, c'est qu'il a démissionné **4.** [relationship - between people] bonne intelligence *f*, entente *f* ; [- between nations] entente *f* **5.** [sympathy] : *he showed great understanding* il a fait preuve de beaucoup de compréhension **6.** [condition] condition *f*. ◆ adj compréhensif, bienveillant.

❖ **on the understanding that** conj phr à condition que / *on the understanding that the money is given to charity* à condition que l'argent soit donné à des bonnes œuvres.

understandingly [ˌʌndəˈstændɪŋlɪ] adv avec compréhension, avec bienveillance.

understate [ˌʌndəˈsteɪt] vt **1.** [minimize] minimiser (l'importance de) **2.** [state with restraint] dire avec retenue, modérer l'expression de.

understated [ˌʌndəˈsteɪtɪd] adj discret (discrète).

understatement [ˌʌndəˈsteɪtmənt] n **1.** affirmation *f* en dessous de la vérité / *that's a bit of an understatement!* c'est peu dire ! / *I'd say that calling him lazy was something of an understatement* à mon avis, le traiter de paresseux, c'est peu dire / *that's the understatement of the year!* *hum* c'est le moins qu'on puisse dire ! **2.** LING & LITER litote *f* / *typical British understatement* euphémisme *m* typique des Britanniques.

understeer [ˌʌndəˈstɪəʳ] vi AUTO sous-virer.

understock [ˌʌndəˈstɒk] vt [shop] mal approvisionner / *the farm is understocked* la ferme manque de bétail.

understood [-ˈstʊd] pt & pp ⟶ **understand.**

understudy [ˈʌndəˌstʌdɪ] *(pl* **understudies**, *pt & pp* **understudied)** ◆ n THEAT doublure *f*. ◆ vt [role] apprendre un rôle en tant que doublure ; [actor] doubler.

undertake [ˌʌndəˈteɪk] *(pt* **undertook** [-ˈtʊk], *pp* **undertaken** [-ˈteɪkn]) vt *fml* **1.** [take up - job, project] entreprendre ; [- experiment] entreprendre, se lancer dans ; [- responsibility] assumer, se charger de ; [- change] entreprendre, mettre en œuvre **2.** [agree, promise] s'engager à / *he undertook to pay half the costs* il s'est engagé à payer la moitié des frais.

undertaker [ˈʌndəˌteɪkəʳ] n UK ordonnateur *m* des pompes funèbres.

undertaking [ˌʌndəˈteɪkɪŋ] n **1.** [promise] engagement *m* ▶ **to give a (written) undertaking to do sthg** s'engager (par écrit) à faire qqch / *she gave an undertaking that she wouldn't intervene* elle a promis de ne pas intervenir **2.** [enterprise] entreprise *f*.

under-the-counter *inf* ◆ adj [agreement, offer, sale] en douce, clandestin ▶ **an under-the-counter payment** un dessous-de-table. ◆ adv clandestinement, sous le manteau ▶ **to sell sthg under-the-counter** vendre qqch sous le manteau.

underthings [ˈʌndəθɪŋz] pl n *inf* dessous *mpl*, sous-vêtements *mpl*.

undertip [ˌʌndəˈtɪp] *(pt & pp* **undertipped**, *cont* **undertipping)** vi donner un pourboire trop petit.

undertone [ˈʌndətəʊn] n **1.** [in speech] voix *f* basse ▶ **to speak in an undertone** parler à voix basse or à mi-voix **2.** [of feeling] nuance *f* / *the situation had distinctly comic undertones* la situation avait un net comique sous-jacent / *all her poetry has a tragic undertone* toute sa poésie a un fond de tragique.

undertook [-ˈtʊk] pt ⟶ **undertake.**

undertow [ˈʌndətəʊ] n courant *m* de retour / *I sensed an undertow of resentment in her words* *fig* je sentais un vague ressentiment dans ses paroles.

undertrick [ˈʌndətrɪk] n [in bridge] *trick qui ne remplit pas le contrat.*

undertrump [ˌʌndəˈtrʌmp] vt CARDS *jouer un atout inférieur à un autre déjà joué.*

underuse [ˌʌndəˈjuːz] vt sous-utiliser.

underused [ˌʌndəˈjuːzd], **underutilized** [ˌʌndəˈjuːtəlaɪzd] adj [facilities, land, resources] sous-exploité.

undervalue [ˌʌndəˈvæljuː] vt [object] sous-évaluer, sous-estimer ; [person, help] sous-estimer.

undervest [ˈʌndəvest] n UK tricot *m* or maillot *m* de corps.

underwater [ˌʌndəˈwɔːtəʳ] ◆ adj sous-marin. ◆ adv sous l'eau.

underwear [ˈʌndəweəʳ] n *(U)* sous-vêtements *mpl*.

underweight [ˌʌndəˈweɪt] adj **1.** [person] qui ne pèse pas assez, trop maigre / *to be underweight* être en dessous de son poids normal **2.** [goods] d'un poids insuffisant / *all the packets are 20 grams underweight* il manque 20 grammes à chaque paquet.

underwent [-ˈwent] pt ⟶ **undergo.**

underwhelm [ˌʌndəˈwelm] vt *hum* décevoir, désappointer / *I found the whole affair distinctly under-*

whelming j'ai trouvé toute l'affaire vraiment décevante / *she felt rather underwhelmed by it all* elle a été plutôt déçue par tout ça.

underwired ['ʌndə,waɪəd] adj ▸ **underwired bra** soutien-gorge *m* avec armature.

underworld ['ʌndə,wɜ:ld] ◆ n **1.** [of criminals] pègre *f*, milieu *m* **2.** MYTH ▸ **the underworld** les Enfers *mpl*. ◆ comp [activity] du milieu ; [contact] dans or avec le milieu.

underwrite ['ʌndəraɪt] (*pt* **underwrote** [-'rəʊt], *pp* **underwritten** [-'rɪtn]) vt **1.** [for insurance -policy] garantir ; [-risk] garantir, assurer contre **2.** ST. EX [shares] garantir **3.** [support -financially] soutenir or appuyer financièrement ; [-by agreement] soutenir, souscrire à.

underwriter ['ʌndə,raɪtəʳ] n **1.** [of insurance] assureur *m* ▸ **Underwriters' Laboratories** *organisme américain contrôlant la sécurité des appareils électriques* **2.** ST. EX syndicataire *mf*.

underwritten [-'rɪtn] pp ⟶ **underwrite.**

underwrote [-'rəʊt] pt ⟶ **underwrite.**

undescended [,ʌndɪ'sendɪd] adj ANAT [testis] qui n'est pas descendu.

undeserved [,ʌndɪ'zɜ:vd] adj immérité, injuste.

undeservedly [,ʌndɪ'zɜ:vɪdlɪ] adv injustement, indûment.

undeserving [,ʌndɪ'zɜ:vɪŋ] adj [person] peu méritant ; [cause] peu méritoire / *he is quite undeserving of such praise* il est parfaitement indigne de or il ne mérite pas du tout de telles louanges.

undesirable [,ʌndɪ'zaɪərəbl] ◆ adj indésirable ▸ **undesirable alien** étranger *m* indésirable / *highly undesirable* tout à fait inopportun. ◆ n indésirable *mf*.

undetected [,ʌndɪ'tektɪd] adj [error] non détecté, non décelé ; [disease] non détecté, non dépisté ▸ **to go undetected** passer inaperçu.

undetermined [,ʌndɪ'tɜ:mɪnd] adj **1.** [unknown] inconnu, indéterminé / *an artefact of undetermined origin* un objet fabriqué d'origine inconnue / *for an undetermined sum of money* pour une somme d'argent non fixée **2.** [hesitant] irrésolu, indécis.

undeterred [,ʌndɪ'tɜ:d] adj sans se laisser décourager / *she was undeterred by this setback* elle ne s'est pas laissé décourager par ce revers.

undeveloped [,ʌndɪ'veləpt] adj **1.** non développé ; [country] en développement ; [muscles, organs] non formé ; [land, resources] non exploité **2.** [immature] immature.

undid [,ʌn'dɪd] pt ⟶ **undo.**

undies ['ʌndɪz] pl n *inf* dessous *mpl*.

undigested [,ʌndɪ'dʒestɪd] adj mal digéré, non digéré.

undignified [ʌn'dɪgnɪfaɪd] adj [behaviour, person] qui manque de dignité.

undiluted [,ʌndaɪ'lju:tɪd] adj **1.** [juice] non dilué **2.** *fig* [emotion] sans mélange, parfait / *it's pure, undiluted maliciousness* c'est de la méchanceté à l'état pur.

undiminished [,ʌndɪ'mɪnɪʃt] adj intact, non diminué.

undimmed [,ʌn'dɪmd] adj *liter* **1.** [light, faculty] non diminué **2.** *fig* [fame, lustre] non terni ; [memory] intact.

undiplomatic [,ʌndɪplə'mætɪk] adj [action] peu diplomatique ; [person] peu diplomate, qui manque de diplomatie.

undipped [,ʌn'dɪpt] adj UK AUTO ▸ **to drive on undipped headlights** rouler en pleins phares.

undirected [,ʌndɪ'rektɪd] adj **1.** [effort] sans but **2.** [mail] sans adresse.

undischarged [,ʌndɪs'tʃɑ:dʒd] adj LAW [bankrupt] non réhabilité ; [debt] non liquidé.

undisciplined [ʌn'dɪsɪplɪnd] adj indiscipliné.

undisclosed [,ʌndɪs'kləʊzd] adj non divulgué / *for an undisclosed sum* pour une somme dont le montant n'a pas été révélé.

undiscovered [,ʌndɪ'skʌvəd] adj non découvert / *the manuscript lay undiscovered for centuries* le manuscrit est resté inconnu des siècles durant / *an undiscovered land* une terre inconnue.

undiscriminating [,ʌndɪs'krɪmɪneɪtɪŋ] adj qui manque de discernement.

undisguised [,ʌndɪs'gaɪzd] adj non déguisé, non dissimulé.

undismayed [,ʌndɪs'meɪd] adj qui ne se laisse pas décourager / *he seemed quite undismayed by his defeat* sa défaite ne semblait pas du tout l'avoir découragé.

undisputed [,ʌndɪ'spju:tɪd] adj incontesté.

undistinguished [,ʌndɪ'stɪŋgwɪʃt] adj **1.** [person] peu distingué, sans distinction **2.** [style, taste] banal, quelconque.

undisturbed [,ʌndɪ'stɜ:bd] adj **1.** [in peace] tranquille / *I want to be left undisturbed for a while* je veux qu'on me laisse tranquille un moment **2.** [unchanged, untroubled] inchangé, tranquille / *village life has gone on here undisturbed for centuries* la vie du village s'est poursuivie tranquillement depuis des siècles / *the population remained largely undisturbed by the war* en général, la population n'a pas été affectée par la guerre **3.** [untouched -body, ground, papers] non dérangé, non déplacé.

undivided [,ʌndɪ'vaɪdɪd] adj **1.** [whole] entier / *this job requires your undivided attention* ce travail nécessite toute votre attention or votre entière attention / *you have my undivided love* vous avez tout mon amour **2.** [unanimous] unanime.

undo [,ʌn'du:] (*pt* **undid** [-dɪd], *pp* **undone** [-'dʌn]) ◆ vt **1.** [bow, knot] défaire ▸ **to come undone** se défaire **2.** [ruin -work] détruire ; [-effect] annuler ; [-plan] mettre en échec **3.** [repair -wrong] réparer. ◆ vt & vi COMPUT annuler.

undock [,ʌn'dɒk] ◆ vt ASTRONAUT larguer. ◆ vi **1.** ASTRONAUT se séparer ▸ **undocking manoeuvre** manœuvre *f* de désaccouplement **2.** NAUT quitter le quai.

undocumented [,ʌn'dɒkjʊmentɪd] adj non documenté.

undoing [,ʌn'du:ɪŋ] n (cause *f* de) perte *f* / *his indecision proved to be his undoing* son indécision aura causé sa perte.

undone [-'dʌn] ◆ pp ⟶ **undo.** ◆ adj **1.** [button, clothes, hair] défait **2.** [task] non accompli **3.** *arch* [hope, plan] ruiné, anéanti / *we are undone! arch & hum* nous sommes perdus !

undoubted [ʌn'daʊtɪd] adj indubitable.

undoubtedly [ʌn'daʊtɪdlɪ] adv indubitablement.

undrawn [,ʌn'drɔ:n] adj [cheque] qu'on n'a pas tiré.

undreamed-of [ʌn'dri:mdɒv], **undreamt-of** [ʌn'dremtɒv] adj inconcevable, impensable, auquel on ne songe pas.

undress [,ʌn'dres] ◆ vt déshabiller. ◆ vi se déshabiller. ◆ n ▸ **in a state of undress** *hum* en petite tenue.

undressed [,ʌn'drest] adj **1.** [person] déshabillé ▸ **to get undressed** se déshabiller **2.** [wound] non pansé **3.** [salad] non assaisonné.

undrinkable [,ʌn'drɪŋkəbl] adj **1.** [bad-tasting] imbuvable **2.** [unfit for drinking] non potable.

undue [,ʌn'dju:] adj excessif / *with undue haste* avec une hâte excessive.

undulate ['ʌndjʊleɪt] vi onduler.

undulating ['ʌndjʊleɪtɪŋ] adj [curves, hills] onduleux.

undulation [,ʌndjʊ'leɪʃn] n ondulation *f*.

undulatory ['ʌndjʊlətrɪ] adj [gen] ondulant ; PHYS ondulatoire.

unduly [,ʌn'dju:lɪ] adv excessivement, trop.

undying [ʌn'daɪɪŋ] adj [faith] éternel ▸ **to swear one's undying love (for sb)** jurer un amour éternel (à qqn).

unearned [,ʌn'ɜ:nd] adj **1.** [undeserved -fame, privilege] non mérité, immérité **2.** ECON non gagné en travaillant or par le travail ▸ **unearned increment** plus-value *f*.

unearned income n (U) revenus *mpl* non professionnels, rentes *fpl*.

unearth [,ʌn'ɜ:θ] vt **1.** [dig up] déterrer **2.** *fig* [find -equipment, fact] dénicher, trouver ; [-old ideas] ressortir, ressusciter.

unearthly [ʌn'ɜ:θlɪ] adj **1.** [weird] étrange ; [unnatural] surnaturel ; [mysterious] mystérieux ; [sinister] sinistre **2.** *fig* ▸ **at an unearthly hour** à une heure indue.

unease [ʌn'i:z] n *liter* **1.** [of mind] inquiétude *f*, malaise *m* ; [embarrassment] malaise *m*, gêne *f* / *I tried to ignore my growing unease* j'essayais d'ignorer mon malaise grandissant **2.** POL [unrest] troubles *mpl* ; [tension] tension *f*.

uneasily [ʌn'i:zɪlɪ] adv **1.** [anxiously -wait, watch] anxieusement, avec inquiétude ; [-sleep] d'un sommeil agité **2.** [with embarrassment] avec gêne, mal à l'aise.

uneasiness [ʌn'i:zɪnɪs] n **1.** [of mind] inquiétude *f*, malaise *m* ; [of conscience] trouble *m* ; [of sleep] agitation *f* / *she felt a growing uneasiness* elle sentait une inquiétude croissante **2.** [embarrassment] malaise *m*, gêne *f*.

uneasy [ʌn'i:zɪ] (*compar* **uneasier**, *superl* **uneasiest**) adj **1.** [troubled -person] inquiet (inquiète) ; [-sleep] agité / *I had the uneasy feeling we were being followed* j'avais la désagréable impression que l'on nous suivait / *she was uneasy in her mind* elle se sentait inquiète ▸ **to feel uneasy about (doing) sthg** se sentir inquiet à l'idée de (faire) qqch / *I had an uneasy conscience about it* je n'avais pas la conscience tranquille à ce sujet **2.** [embarrassed -person] mal à l'aise, gêné ; [-silence] gêné / *I feel uneasy in her presence* je me sens mal à l'aise en sa présence **3.** [uncertain -peace, situation] précaire.

uneatable [,ʌn'i:təbl] adj immangeable.

uneaten [,ʌn'i:tn] adj qui n'a pas été mangé / *he left his meal uneaten* il n'a pas touché à son repas.

uneconomic ['ʌn,i:kə'nɒmɪk] adj **1.** [expensive] peu économique ; [unproductive] non rentable **2.** = **uneconomical.**

uneconomical ['ʌn,i:kə'nɒmɪkl] adj [wasteful] peu rentable.

unedifying [,ʌn'edɪfaɪɪŋ] adj peu édifiant.

unedited [,ʌn'edɪtɪd] adj CIN & TV non monté ; [speech, text] non édité, non révisé.

uneducated [,ʌn'edjʊkeɪtɪd] adj **1.** [person] sans instruction **2.** [behaviour, manners] sans éducation, inculte ; [writing] informe ; [speech] populaire.

UNEF ['ju:nef] (abbr of **United Nations Emergency Force**) pr n FUNU *f*.

unelectable [,ʌnɪ'lektəbl] adj [person] inéligible ; [party] incapable de remporter des élections.

unemotional [,ʌnɪ'məʊʃənl] adj [person] impassible ; [behaviour, reaction] qui ne trahit aucune émotion ; [voice] neutre ; [account, style] sans passion, neutre.

unemployable [,ʌnɪm'plɔɪəbl] adj [person] inapte au travail, que l'on ne peut pas embaucher.

unemployed [,ʌnɪm'plɔɪd] ◆ pl n ▸ **the unemployed** les chômeurs *mpl*, les demandeurs *mpl* d'emploi. ◆ adj au chômage.

unemployment [,ʌnɪm'plɔɪmənt] ◆ n chômage *m*. ◆ comp [compensation, rate] de chômage ▸ **unemployment figures** les chiffres *mpl* du chômage ▸ **unemployment insurance** assurance *f* chômage.

unemployment benefit n UK allocation *f* de chômage.

unencumbered [,ʌnɪn'kʌmbəd] adj [passage] dégagé, non encombré ; [person] non encombré / *unencumbered by children or mortgage* sans enfants ni hypothèque.

unending [ʌn'endɪŋ] adj sans fin, interminable.

unendurable [,ʌnɪn'djʊərəbl] adj intolérable.

unenforceable [,ʌnɪn'fɔ:səbl] adj inapplicable.

unenlightened [,ʌnɪn'laɪtnd] adj [person] ignorant, peu éclairé ; [practice] arriéré.

unenterprising [ˌʌn'entəpraɪzɪŋ] adj [person] peu entreprenant ; [measure] timoré.

unenthusiastic [ʌnɪnˌθju:zɪ'æstɪk] adj peu enthousiaste / *she seemed rather unenthusiastic about it* ça n'avait pas l'air de l'enthousiasmer.

unenthusiastically [ˌʌnɪnθju:zɪ'æstɪklɪ] adv [say] sans enthousiasme ; [welcome] tièdement.

unenviable [ˌʌn'envɪəbl] adj [conditions, situation, task] peu enviable.

unequal [ˌʌn'i:kwəl] adj **1.** [amount, number, result] inégal **2.** [contest, struggle] inégal, non équilibré **3.** *fml* [incapable] ▸ **to be unequal to a job / to a task** ne pas être à la hauteur d'un travail / d'une tâche.

unequalled UK, **unequaled** US [ˌʌn'i:kwəld] adj inégalé, sans pareil.

unequally [ˌʌn'i:kwəlɪ] adv inégalement.

unequivocal [ˌʌnɪ'kwɪvəkl] adj sans équivoque.

unequivocally [ˌʌnɪ'kwɪvəklɪ] adv sans équivoque, clairement.

unerring [ˌʌn'ɜ:rɪŋ] adj infaillible, sûr ; [accuracy, judgement] infaillible, sûr ; [aim] sûr.

unerringly [ˌʌn'ɜ:rɪŋlɪ] adv infailliblement.

UNESCO [ju:'neskəʊ] (abbr of **United Nations Educational, Scientific and Cultural Organization**) pr n UNESCO *f*, Unesco *f*.

unescorted [ˌʌn'ɪskɔ:tɪd] adj non accompagné / *an unescorted woman* une femme non accompagnée.

unessential [ˌʌnɪ'senʃl] = **inessential**.

unethical [ʌn'eθɪkl] adj contraire à l'éthique.

uneven [ˌʌn'i:vn] adj **1.** [line] irrégulier, qui n'est pas droit ; [surface] irrégulier, rugueux ; [ground] raboteux, accidenté ; [edge] inégal / *she has uneven teeth* ses dents sont irrégulières **2.** [unequal - contest, quality, distribution] inégal / *his performance was very uneven* *fig* il a joué de façon très inégale **3.** [number] impair.

unevenly [ˌʌn'i:vnlɪ] adv **1.** [divide, spread] inégalement / *the contestants are unevenly matched* les adversaires ne sont pas de force égale **2.** [cut, draw] irrégulièrement.

unevenness [ˌʌn'i:vnnɪs] n **1.** [of edge, ground, line, surface] irrégularité *f* **2.** [of contest, distribution, quality] inégalité *f*.

uneventful [ˌʌnɪ'ventfʊl] adj [day] sans événement marquant, sans histoires / *to lead an uneventful life* mener une vie sans histoires or paisible / *an uneventful journey* un voyage sans histoires or sans encombre / *an uneventful career* une carrière sans histoires.

uneventfully [ˌʌnɪ'ventfʊlɪ] adv sans incidents.

unexceptionable [ˌʌnɪk'sepʃnəbl] adj *fml* irréprochable.

unexceptional [ˌʌnɪk'sepʃənl] adj qui n'a rien d'exceptionnel, banal.

unexciting [ˌʌnɪk'saɪtɪŋ] adj [life] peu passionnant ; [film] sans grand intérêt ; [food] quelconque.

unexpected [ˌʌnɪk'spektɪd] adj inattendu, imprévu / *their marriage was totally unexpected* leur mariage était totalement inattendu.

unexpectedly [ˌʌnɪk'spektɪdlɪ] adv **1.** [arrive] à l'improviste, de manière imprévue ; [fail, succeed] contre toute attente, de manière inattendue **2.** [surprisingly] étonnamment.

unexplained [ˌʌnɪk'spleɪnd] adj [mystery, reason] inexpliqué.

unexploded [ˌʌnɪk'spləʊdɪd] adj non explosé.

unexplored [ˌʌnɪk'splɔ:d] adj inexploré, inconnu ; [solution, possibility] inexploré.

unexposed [ˌʌnɪk'spəʊzd] adj PHOT [film] vierge.

unexpressed [ˌʌnɪk'sprest] adj inexprimé.

unexpurgated [ˌʌn'ekspəgeɪtɪd] adj non expurgé, intégral.

unfading [ʌn'feɪdɪŋ] adj [colour, feeling, pleasure] toujours vif *(malgré le temps)* ; [memory] toujours vif, ineffaçable.

unfailing [ʌn'feɪlɪŋ] adj [loyalty, support] sûr, à toute épreuve ; [courage] inébranlable, à toute épreuve ; [energy, supply] intarissable, inépuisable ; [good mood, interest] constant, inaltérable.

unfailingly [ʌn'feɪlɪŋlɪ] adv inlassablement, toujours.

unfair [ˌʌn'feər] adj [advantage, decision, treatment] injuste ; [system] injuste, inique ; [judgement] inique ; [competition, play] déloyal ▸ **to be unfair to sb** se montrer injuste envers qqn.

unfair dismissal n licenciement *m* abusif / *he's claiming unfair dismissal* il prétend avoir fait l'objet d'un licenciement abusif.

unfairly [ˌʌn'feəlɪ] adv [treat] injustement ; [compete] de façon déloyale ▸ **to be unfairly dismissed** être victime d'un licenciement abusif.

unfairness [ˌʌn'feənɪs] n *(U)* injustice *f*.

unfaithful [ˌʌn'feɪθfʊl] adj infidèle ▸ **to be unfaithful to sb** être infidèle à qqn.

unfaithfully [ˌʌn'feɪθfʊlɪ] adv infidèlement.

unfaithfulness [ˌʌn'feɪθfʊlnɪs] n infidélité *f*.

unfaltering [ʌn'fɔ:ltərɪŋ] adj [speech, steps] ferme, assuré / *she was unfaltering in her support of the reform* elle soutenait fermement la réforme.

unfalteringly [ʌn'fɔ:ltərɪŋlɪ] adv fermement, sans hésitation.

unfamiliar [ˌʌnfə'mɪljər] adj [face, person, surroundings] inconnu ; [ideas] peu familier, que l'on connaît mal / *I'm unfamiliar with his writings* je connais mal ses écrits.

unfamiliarity ['ʌnfəˌmɪlɪ'ærətɪ] n [strangeness - of faces, ideas, surroundings] aspect *m* peu familier, étrangeté *f* ; [newness] nouveauté *f* / *my unfamiliarity with the city put me at a disadvantage* mon inexpérience de la ville a été un inconvénient.

unfashionable [ˌʌn'fæʃnəbl] adj **1.** [clothes, ideas] démodé **2.** [area] peu chic.

unfasten [ˌʌn'fɑ:sn] vt [button, lace] défaire ; [gate] ouvrir ; [belt, bonds, rope] détacher.

unfathomable [ʌn'fæðəməbl] adj insondable.

unfathomed [ʌn'fæðəmd] adj inexploré, insondé.

unfavourable UK, **unfavorable** US [ˌʌn'feɪvrəbl] adj défavorable.

unfavourably UK, **unfavorably** US [ˌʌn'feɪvrəblɪ] adv défavorablement.

unfazed [ʌn'feɪzd] adj *inf* imperturbable, impassible.

unfeeling [ʌn'fi:lɪŋ] adj insensible, dur.

unfeelingly [ʌn'fi:lɪŋlɪ] adv avec dureté, sans pitié.

unfeigned [ʌn'feɪnd] adj non feint, réel.

unfeminine [ˌʌn'femɪnɪn] adj qui manque de féminité, peu féminin.

unfettered [ˌʌn'fetəd] adj *fml* [action] sans contrainte, sans entrave ; [imagination, violence] débridé / *unfettered by moral constraints* libre de toute contrainte morale.

unfinished [ˌʌn'fɪnɪʃt] adj **1.** [incomplete] incomplet (incomplète), inachevé / *an unfinished piece of work* un travail inachevé ▸ **unfinished business a)** *lit* affaires *fpl* à régler **b)** *fig* questions *fpl* à régler / **'The Unfinished Symphony'** *Schubert* 'la Symphonie inachevée' **2.** [rough - furniture] brut, non fini ; TEXT sans apprêt.

unfit [ˌʌn'fɪt] (*pt & pp* **unfitted**, *cont* **unfitting**) ◆ adj **1.** [unsuited - permanently] inapte ; [- temporarily] qui n'est pas en état / *he is unfit for life in the army* il est inapte à la vie militaire / *unfit for human consumption* impropre à la consommation / *she is unfit for social work or to be a social worker* elle n'est pas faite pour être assistante sociale / *he's still unfit for work* il n'est toujours pas en état de reprendre le travail **2.** [unhealthy - person] qui n'est pas en forme, qui est en mauvaise forme ; [- condition] mauvais / *three of our star players have been declared unfit* trois de nos joueurs vedettes ont été déclarés hors d'état de jouer. ◆ vt *fml* rendre inapte / *his past record unfitted him for public office* sa conduite passée lui interdisait toute fonction officielle.

unfitness [ˌʌn'fɪtnɪs] n **1.** [unsuitability] inaptitude *f*, incapacité *f* / *unfitness for public office* inaptitude à toute fonction officielle **2.** [lack of health, physical fitness] mauvaise forme *f*.

unfitted [ˌʌn'fɪtɪd] adj *fml* [unprepared] mal préparé ; [unsuitable] inapte ▸ **to be unfitted to do sthg** être inapte à faire qqch ▸ **unfitted for** inapte / *he is quite unfitted for a job in management* il est totalement inapte à un poste de direction.

unfitting [ˌʌn'fɪtɪŋ] adj [remarks] déplacé, inconvenant ; [behaviour] inconvenant.

unfix [ˌʌn'fɪks] vt [bayonet] remettre.

unflagging [ˌʌn'flægɪŋ] adj [courage] infatigable, inlassable ; [enthusiasm] inépuisable / *with unflagging interest* avec un intérêt toujours soutenu.

unflaggingly [ˌʌn'flægɪŋlɪ] adv infatigablement, inlassablement.

unflappable [ˌʌn'flæpəbl] adj UK *inf* imperturbable, qui ne se laisse pas démonter.

unflattering [ˌʌn'flætərɪŋ] adj peu flatteur.

unfledged [ˌʌn'fledʒd] adj **1.** ZOOL sans plumes **2.** *fig* inexpérimenté, novice.

unflinching [ʌn'flɪntʃɪŋ] adj intrépide, qui ne bronche pas.

unflinchingly [ʌn'flɪntʃɪŋlɪ] adv stoïquement, sans broncher.

unfocus(s)ed [ˌʌn'fəʊkəst] adj [gaze, photo] flou ▸ **unfocussed energy** *fig* énergie sans but.

unfold [ʌn'fəʊld] ◆ vt **1.** [spread out - cloth, map] déplier **2.** [reveal - intentions, plans] exposer, révéler ; [- story] raconter, dévoiler ; [- secret] dévoiler ; [- reasons] faire connaître. ◆ vi **1.** [cloth, map] se déplier ; [wings] se déployer **2.** [plan, story] se dévoiler, se développer ; [view] se dérouler, s'étendre / *the drama unfolded before our eyes* le drame se déroulait devant nos yeux / *a spectacular view unfolded before us* un spectaculaire panorama s'étendait devant nous.

unforeseeable [ˌʌnfɔ:'si:əbl] adj imprévisible.

unforeseen [ˌʌnfɔ:'si:n] adj imprévu, inattendu.

unforgettable [ˌʌnfə'getəbl] adj inoubliable.

unforgettably [ˌʌnfə'getəblɪ] adv inoubliablement.

unforgivable [ˌʌnfə'gɪvəbl] adj impardonnable.

unforgivably [ˌʌnfə'gɪvəblɪ] adv de façon impardonnable.

unforgiving [ˌʌnfə'gɪvɪŋ] adj implacable, impitoyable, sans merci.

unforgotten [ˌʌnfə'gɒtn] adj inoublié.

unformatted [ˌʌn'fɔ:mætɪd] adj COMPUT non formaté.

unformed [ˌʌn'fɔ:md] adj **1.** [undeveloped] non formé **2.** [shapeless] informe, sans forme.

unforthcoming [ʌnˌfɔ:θ'kʌmɪŋ] adj : *he was very unforthcoming about the date of the elections* il s'est montré très discret sur la date des élections.

unfortunate [ʌn'fɔ:tʃnət] ◆ adj **1.** [unlucky] malheureux, malchanceux / *hundreds of unfortunate people are now homeless* des centaines de malheureux sont maintenant sans abri **2.** [regrettable - incident, situation] fâcheux, regrettable ; [- joke, remark] malencontreux / *it's just unfortunate things turned out this way* il est malheureux or regrettable que les choses se soient passées ainsi. ◆ n *euph & fml* malheureux *m*, -euse *f*.

unfortunately [ʌn'fɔ:tʃnətlɪ] adv malheureusement ▸ **unfortunately not** malheureusement pas.

unfounded [ˌʌn'faʊndɪd] adj infondé, dénué de fondement.

unframed [ˌʌn'freɪmd] adj sans cadre.

unfreeze [ˌʌn'fri:z] (*pt* **unfroze** [-'frəʊz], *pp* **unfrozen** [-'frəʊzn]) ◆ vt **1.** [de-ice] dégeler **2.** FIN [credit, rent] débloquer, dégeler. ◆ vi (se) dégeler.

unfrequented [ˌʌnfrɪ'kwentɪd] adj peu fréquenté.

unfriendliness [ˌʌn'frendlɪnɪs] n hostilité *f*, froideur *f*.

unfriendly [,ʌn'frendlɪ] (*compar* **unfriendlier**, *superl* **unfriendliest**) adj inamical, froid.

unfrock [,ʌn'frɒk] vt défroquer.

unfroze [-'frəʊz] pt ⟶ **unfreeze.**

unfrozen [-'frəʊzn] pp ⟶ **unfreeze.**

unfruitful [,ʌn'fru:tfʊl] adj **1.** [barren] stérile, improductif **2.** *fig* [efforts, search] infructueux, vain.

unfulfilled [,ʌnfʊl'fɪld] adj [person] insatisfait, frustré ; [dream] non réalisé ; [ambition, hopes] inaccompli ; [promise] non tenu ▸ **to feel unfulfilled** éprouver un sentiment d'insatisfaction.

unfunded [,ʌn'fʌndɪd] adj sans subvention ▸ **unfunded debt** FIN dette *f* non provisionnée.

unfunny [,ʌn'fʌnɪ] adj [experience, joke, situation] qui n'a rien d'amusant / *I find that most unfunny* je ne trouve pas ça amusant du tout.

unfurl [,ʌn'fɜ:l] ◆ vt [flag, sail] déferler, déployer. ◆ vi se déployer.

unfurnished [,ʌn'fɜ:nɪʃt] adj [flat, room] non meublé.

unfussy [,ʌn'fʌsɪ] adj [clothes, manners, person] simple, pas compliqué ; [design, furniture] simple.

ungainliness [ʌn'geɪnlɪnɪs] n maladresse *f*, gaucherie *f*.

ungainly [ʌn'geɪnlɪ] (*compar* **ungainlier**, *superl* **ungainliest**) adj [in movement] maladroit, gauche ; [in appearance] dégingandé, disgracieux.

ungallant [ʌn'gælənt] = **ungentlemanly.**

ungenerous [,ʌn'dʒenərəs] adj **1.** [allowance, person] peu généreux / *the offer was not ungenerous* l'offre n'était pas peu généreuse **2.** [criticism, remark] mesquin.

ungentlemanly [ʌn'dʒentlmənlɪ] adj [attitude, conduct, remark] peu courtois, peu galant.

ungetatable [,ʌnget'ætəbl] adj *inf* inaccessible, hors de portée.

ungodliness [,ʌn'gɒdlɪnɪs] n impiété *f*.

ungodly [,ʌn'gɒdlɪ] adj **1.** *liter* irréligieux, impie **2.** *hum & fig* [noise] infernal ▸ **at an ungodly hour** à une heure impossible or indue.

ungovernable [,ʌn'gʌvənəbl] adj **1.** [feelings, temper] irrépressible **2.** [country] ingouvernable.

ungracious [,ʌn'greɪʃəs] adj désagréable.

ungraciously [,ʌn'greɪʃəslɪ] adv de mauvaise grâce.

ungrammatical [,ʌngrə'mætɪkl] adj agrammatical, non grammatical.

ungrammatically [,ʌngrə'mætɪklɪ] adv LING incorrectement.

ungrateful [ʌn'greɪtfʊl] adj **1.** [person] ingrat ▸ **to be ungrateful to sb** manquer de reconnaissance envers qqn **2.** *fml & liter* [task] ingrat.

ungratefully [ʌn'greɪtfʊlɪ] adv de manière ingrate, avec ingratitude.

ungratefulness [ʌn'greɪtfʊlnɪs] n ingratitude *f*.

ungrudging [,ʌn'grʌdʒɪŋ] adj [expense, help] généreux, sans compter.

ungrudgingly [,ʌn'grʌdʒɪŋlɪ] adv généreusement, de bon cœur.

unguarded [,ʌn'gɑ:dɪd] adj **1.** [house] non surveillé, non gardé ; [suitcase] sans surveillance, non surveillé **2.** [fire] sans pare-feu **3.** [machinery] sans dispositif de protection **4.** [remark] irréfléchi ▸ **in an unguarded moment** dans un moment d'inattention **5.** [feelings] franc (franche) / *she gave unguarded support for the scheme* elle n'a pas hésité à soutenir ce projet.

unguent ['ʌŋgwənt] n *liter* onguent *m*, pommade *f*.

ungulate ['ʌŋgjʊleɪt] ◆ adj ongulé. ◆ n ongulé *m*.

unhallowed [,ʌn'hæləʊd] adj **1.** RELIG [ground] non consacré **2.** [ungodly - act, behaviour] impie.

unhampered [,ʌn'hæmpəd] adj non entravé, libre.

unhand [,ʌn'hænd] vt *arch & hum* lâcher / *unhand me, sir!* monsieur, lâchez-moi !

unhappily [ʌn'hæpɪlɪ] adv **1.** [sadly] tristement / *she looked at me unhappily* elle me regarda d'un air triste or malheureux **2.** *fml* [unfortunately] malheureusement / *unhappily, all her friends had left* malheureusement or par malheur tous ses amis étaient partis.

unhappiness [ʌn'hæpɪnɪs] n chagrin *m*, peine *f* / *her departure caused me great unhappiness* son départ m'a fait beaucoup de peine.

unhappy [ʌn'hæpɪ] (*compar* **unhappier**, *superl* **unhappiest**) adj **1.** [sad] triste, malheureux ▸ **to make sb unhappy** rendre qqn malheureux / *he had an unhappy time abroad* il a fait un mauvais séjour à l'étranger **2.** *fml* [unfortunate - coincidence] malheureux, regrettable ; [- remark] malheureux, malencontreux / *an unhappy turn of phrase* une tournure malheureuse / *it's a most unhappy state of affairs* c'est une situation tout à fait regrettable or fâcheuse / *the unhappy fellow drowned* UK le pauvre malheureux s'est noyé **3.** [displeased] mécontent ; [worried] inquiet (inquiète) ▸ **to be unhappy about** or **with sthg** être mécontent de qqch / *she was unhappy about me spending so much money* **a)** [displeased] elle n'aimait pas que je dépense tant d'argent **b)** [worried] cela l'inquiétait que je dépense tant d'argent.

unharmed [,ʌn'hɑ:md] adj **1.** [person] sain et sauf, indemne / *to escape unharmed* s'en sortir indemne / *they released two boys unharmed* ils ont relâché deux garçons sains et saufs **2.** [vase] intact ; [house, paintwork] non endommagé.

unharness [,ʌn'hɑ:nɪs] vt [remove harness from] déharnacher ; [unhitch] dételer.

UNHCR (abbr of **(Office of the) United Nations High Commissioner for Refugees**) pr n HCR *m*.

unhealthily [ʌn'helθɪlɪ] adv d'une manière malsaine / *to be unhealthily thin* être d'une maigreur malsaine.

unhealthy [ʌn'helθɪ] (*compar* **unhealthier**, *superl* **unhealthiest**) adj **1.** [person] malade ; [complexion] maladif / *he had an unhealthy look about him* il avait un air maladif **2.** [air, place] malsain, insalubre **3.** *fig* [curiosity, interest] malsain, morbide.

unheard [,ʌn'hɜ:d] adj non entendu / *his cries for help went unheard* personne n'a entendu ses appels à l'aide ; LAW [case] non jugé ▸ **to be judged unheard** être jugé sans être entendu.

unheard-of adj **1.** [extraordinary] inouï, sans précédent / *unheard-of cruelty* une cruauté inouïe **2.** [unprecedented] inconnu, sans précédent / *such an occurrence is quite unheard of* pareil événement n'est pratiquement jamais arrivé **3.** [unknown] inconnu, ignoré / *several previously unheard-of painters were included in the exhibition* plusieurs peintres inconnus jusqu'alors ont participé à l'exposition.

unheated [,ʌn'hi:tɪd] adj sans chauffage.

unheeded [,ʌn'hi:dɪd] adj [ignored - message, warning] ignoré, dont on ne tient pas compte / *his instructions went* or *were unheeded* ses instructions n'ont pas été suivies ; [unnoticed] inaperçu / *the announcement went unheeded* on n'a pas tenu compte de l'annonce.

unheeding [,ʌn'hi:dɪŋ] adj **1.** [unconcerned] insouciant, indifférent **2.** [inattentive] inattentif.

unhelpful [,ʌn'helpfʊl] adj [person] peu secourable or serviable ; [instructions, map] qui n'est d'aucun secours ; [advice] inutile / *you're being deliberately unhelpful* vous faites exprès de ne pas nous aider.

unhelpfully [,ʌn'helpfʊlɪ] adv **1.** [act] sans aider, sans coopérer **2.** [advise, say, suggest] inutilement.

unhelpfulness [,ʌn'helpfʊlnɪs] n inutilité *f* ; [of person] manque *m* d'obligeance.

unheralded [,ʌn'herəldɪd] adj [unannounced] non annoncé ; [unexpected] inattendu.

unhesitating [ʌn'hezɪteɪtɪŋ] adj [reply] immédiat, spontané ; [belief] résolu, ferme ; [person] résolu, qui n'hésite pas.

unhesitatingly [ʌn'hezɪteɪtɪŋlɪ] adv sans hésitation.

unhindered [ʌn'hɪndəd] adj sans entrave or obstacle / *we crossed the border unhindered* nous avons passé la frontière sans encombre.

unhinge [,ʌn'hɪndʒ] vt **1.** [door, window] démonter, enlever de ses gonds **2.** *fig* [mind, person] déséquilibrer, déranger.

unhinged [,ʌn'hɪndʒd] adj déséquilibré.

unhitch [,ʌn'hɪtʃ] vt **1.** [rope] détacher, décrocher **2.** [horse, ox] dételer.

unholy [,ʌn'həʊlɪ] (*compar* **unholier**, *superl* **unholiest**) adj **1.** RELIG profane, impie / *an unholy alliance fig* une alliance *f* contre nature **2.** *inf* [awful - noise, mess] impossible, invraisemblable ▸ **at an unholy hour** à une heure impossible or indue.

unhook [,ʌn'hʊk] ◆ vt **1.** [remove, take down] décrocher **2.** [bra, dress] dégrafer, défaire. ◆ vi [bra, dress] se dégrafer.

unhoped-for [ʌn'həʊpt-] adj inespéré.

unhopeful [ʌn'həʊpfʊl] adj **1.** [person] pessimiste, sans illusion **2.** [situation] décourageant.

unhorse [,ʌn'hɔ:s] vt **1.** EQUIT démonter, désarçonner **2.** *fig* [from power] faire tomber, renverser.

unhurried [ʌn'hʌrɪd] adj [person] qui ne se presse pas ; [manner] tranquille, serein / *we enjoyed an unhurried lunch* nous avons pris plaisir à déjeuner sans nous presser.

unhurriedly [ʌn'hʌrɪdlɪ] adv calmement, sans se presser.

unhurt [,ʌn'hɜ:t] adj indemne, sans blessure / *to escape unhurt* sortir sain et sauf or indemne.

unhygienic [,ʌnhaɪ'dʒi:nɪk] adj antihygiénique, non hygiénique.

uni ['ju:nɪ] (abbr of **university**) n *inf* fac *f*.

unibrow ['ju:nɪbraʊ] n : *to have a unibrow* avoir les sourcils qui se rejoignent au milieu.

unicameral [,ju:nɪ'kæmərəl] adj monocaméral.

UNICEF ['ju:nɪ,sef] (abbr of **United Nations International Children's Emergency Fund**) pr n UNICEF *m*, Unicef *m*.

unicellular [,ju:nɪ'seljʊləʳ] adj unicellulaire.

Unicode ['ju:nɪkəʊd] n COMPUT Unicode *m*.

unicorn ['ju:nɪkɔ:n] n MYTH licorne *f*.

unicycle ['ju:nɪsaɪkl] n monocycle *m*.

unidentifiable [,ʌnaɪ'dentɪfaɪəbl] adj non identifiable.

unidentified [,ʌnaɪ'dentɪfaɪd] adj non identifié.

unidentified flying object n objet *m* volant non identifié.

unidirectional [,ju:nɪdɪ'rekʃənl] adj unidirectionnel.

UNIDO [ju:'ni:dəʊ] (abbr of **United Nations Industrial Development Organization**) pr n ONUDI *f*.

unification [,ju:nɪfɪ'keɪʃn] n unification *f* ▸ **the Unification Church** *nom officiel de la secte mooniste.*

uniform ['junɪfɔ:m] ◆ n uniforme *m* / *in uniform* **a)** [gen] en uniforme **b)** MIL sous les drapeaux / *in school uniform* en uniforme d'école ▸ **to wear uniform** porter l'uniforme. ◆ adj [identical] identique, pareil ; [constant] constant ; [unified] uniforme.

uniform business rate n [in UK] ≃ taxe *f* professionnelle.

uniformed ['ju:nɪfɔ:md] adj [gen] en uniforme ; [policeman, soldier] en tenue.

uniformity [,ju:nɪ'fɔ:mətɪ] (*pl* **uniformities**) n uniformité *f*.

uniformly ['ju:nɪfɔ:mlɪ] adv uniformément.

unify ['ju:nɪfaɪ] (*pt & pp* **unified**) vt **1.** [unite - country] unifier **2.** [make uniform - legislation, prices] uniformiser.

unifying ['ju:nɪfaɪɪŋ] adj unificateur.

unilateral [,ju:nɪ'lætərəl] adj **1.** [action, decision] unilatéral / *unilateral declaration of independence* déclaration *f* unilatérale d'indépendance **2.** MED [paralysis] hémiplégique.

unilateral disarmament n désarmement *m* unilatéral.

unilateralism [ˌjuːnɪ'lætərəlɪzm] n doctrine *f* du désarmement unilatéral.

unilateralist [ˌjuːnɪ'lætərəlɪst] n partisan *m* du désarmement unilatéral.

unilaterally [ˌjuːnɪ'lætərəlɪ] adv **1.** [act, decide] unilatéralement **2.** MED ▸ **to be paralysed unilaterally** être paralysé d'un seul côté, être hémiplégique.

unilingual [ˌjuːnɪ'lɪŋgwəl] adj monolingue, unilingue.

unimaginable [ˌʌnɪ'mæʤɪnəbl] adj inimaginable, inconcevable.

unimaginably [ˌʌnɪ'mæʤɪnəblɪ] adv incroyablement, invraisemblablement.

unimaginative [ˌʌnɪ'mæʤɪnətɪv] adj manquant d'imagination, peu imaginatif.

unimaginatively [ˌʌnɪ'mæʤɪnətɪvlɪ] adv sans imagination.

unimpaired [ˌʌnɪm'peəd] adj [faculty, strength] intact ; [health] non altéré / *her political prestige remains unimpaired* son prestige politique demeure intact.

unimpeachable [ˌʌnɪm'piːʧəbl] adj *fml* [source, evidence] incontestable ; [reputation, honesty] irréprochable.

unimpeded [ˌʌnɪm'piːdɪd] adj sans obstacle, libre.

unimportant [ˌʌnɪm'pɔːtənt] adj **1.** [detail, matter, question] sans importance, insignifiant **2.** [person] sans influence, sans importance.

unimposing [ˌʌnɪm'pəʊzɪŋ] adj **1.** [unimpressive] peu imposant or impressionnant **2.** [insignificant] insignifiant.

unimpressed [ˌʌnɪm'prest] adj non impressionné / *I was unimpressed by her* elle ne m'a pas fait une grosse impression / *they were unimpressed by your threats* ils n'étaient pas impressionnés par vos menaces.

unimpressive [ˌʌnɪm'presɪv] adj guère impressionnant / *their record is unimpressive* leur dossier n'est pas très impressionnant or est très quelconque.

unimproved [ˌʌnɪm'pruːvd] adj **1.** [no better] non amélioré / *his condition is unimproved* son état ne s'est pas amélioré **2.** [land] non amendé ; [resources] inexploité, inutilisé ▸ **unimproved value** valeur *f* non bâtie *(d'un terrain)*.

unincorporated [ˌʌnɪn'kɔːpəreɪtɪd] adj **1.** [not included] non incorporé or intégré **2.** COMM & LAW non enregistré.

uninformative [ˌʌnɪn'fɔːmətɪv] adj [book, leaflet, person] qui n'apprend rien ; [conversation] qui n'est pas très instructif.

uninformed [ˌʌnɪn'fɔːmd] adj [person] non informé ; [opinion] mal informé ; [reader] non averti / *uninformed critics* critiques non avertis / *to make an uninformed guess* deviner au hasard.

uninhabitable [ˌʌnɪn'hæbɪtəbl] adj inhabitable.

uninhabited [ˌʌnɪn'hæbɪtɪd] adj inhabité.

uninhibited [ˌʌnɪn'hɪbɪtɪd] adj [person] sans inhibition or inhibitions ; [behaviour, reaction] non réfréné, non réprimé ; [laughter] franc et massif, sans retenue.

uninitiated [ˌʌnɪ'nɪʃɪeɪtɪd] ◆ pl n ▸ **the uninitiated** les profanes *mpl*, les non-initiés *mpl*, les non-initiées *fpl* ▸ **to** or **for the uninitiated** pour le profane. ◆ adj non initié.

uninjured [ˌʌn'ɪnʤəd] adj [person] indemne, sain et sauf / *miraculously she was uninjured* par miracle, elle était indemne.

uninspired [ˌʌnɪn'spaɪəd] adj qui manque d'inspiration.

uninspiring [ˌʌnɪn'spaɪrɪŋ] adj [dull] qui n'inspire pas ; [mediocre] médiocre ; [unexciting] qui n'est pas passionnant ; [uninteresting] sans intérêt.

uninstall [ˌʌnɪn'stɔːl] vt COMPUT désinstaller.

unintelligent [ˌʌnɪn'telɪʤənt] adj inintelligent, qui manque d'intelligence / *he's not an unintelligent lad* ce garçon n'est pas bête.

unintelligible [ˌʌnɪn'telɪʤəbl] adj inintelligible ; [writing] illisible.

unintended [ˌʌnɪn'tendɪd] adj non intentionnel, accidentel, fortuit.

unintentional [ˌʌnɪn'tenʃənl] adj involontaire, non intentionnel.

unintentionally [ˌʌnɪn'tenʃnəlɪ] adv sans le vouloir, involontairement.

uninterested [ˌʌn'ɪntrəstɪd] adj [indifferent] indifférent ▸ **to be uninterested in sb / sthg** être indifférent à qqn / qqch.

uninteresting [ˌʌn'ɪntrəstɪŋ] adj [subject] inintéressant, sans intérêt ; [book] inintéressant, ennuyeux ; [person] ennuyeux.

uninterrupted ['ʌnˌɪntə'rʌptɪd] adj continu, ininterrompu.

uninterruptedly ['ʌnˌɪntə'rʌptɪdlɪ] adv de façon ininterrompue, sans interruption.

uninvited [ˌʌnɪn'vaɪtɪd] adj **1.** [person] qu'on n'a pas invité / *an uninvited guest* un invité inattendu / *he turned up uninvited at the party* il a débarqué à la soirée sans y avoir été invité **2.** [comment] non sollicité.

uninviting [ˌʌnɪn'vaɪtɪŋ] adj [place] peu accueillant ; [prospect] peu attrayant ; [smell] peu attirant.

union ['juːnjən] ◆ n **1.** [act of linking, uniting] union *f* ; COMM regroupement *m*, fusion *f* **2.** INDUST syndicat *m* **3.** [association] association *f*, union *f* **4.** [marriage] union *f*, mariage *m* **5.** MATH union *f*. ◆ comp [dues, leader, meeting] syndical ; [member] d'un or du syndicat ▸ **union shop** US atelier *m* d'ouvriers syndiqués, union shop *m*.

❖ **Union** n **1.** POL [country] ▸ **the Union of South Africa** la République d'Afrique du Sud **2.** HIST ▸ **the Union a)** UK [with Scotland] l'Union *f* de l'Angleterre et de l'Écosse **b)** [with Northern Ireland] l'Union de l'Angleterre et de l'Irlande du Nord **c)** US les États *mpl* de l'Union.

union-bashing n UK antisyndicalisme *m*.

Union Flag = **Union Jack**.

unionism ['juːnjənɪzm] n **1.** INDUST syndicalisme *m* **2.** POL unionisme *m*.

unionist ['juːnjənɪst] ◆ adj INDUST syndicaliste. ◆ n **1.** INDUST syndicaliste *mf* **2.** POL unioniste *mf* ; [in American Civil War] nordiste *mf*.

unionize, unionise ['juːnjənaɪz] ◆ vi se syndicaliser, se syndiquer. ◆ vt syndicaliser, syndiquer.

Union Jack n Union Jack *m* *(drapeau officiel du Royaume-Uni)*.

The Union Jack

Le drapeau du Royaume-Uni est composé de trois éléments. Il rassemble en effet la croix de Saint-Georges anglaise (rouge sur fond blanc), la croix de Saint-André écossaise (blanche sur fond bleu) et la croix de Saint-Patrick irlandaise (rouge). Le drapeau gallois, dragon rouge sur fond vert, ne fait pas partie de l'Union Jack. À strictement parler, le terme **Union Jack** ne désigne ce drapeau que lorsqu'il est arboré par un navire de la **Royal Navy** ; autrement on devrait dire **Union Flag**. Mais le public ne fait généralement pas la distinction.

uniparous [juː'nɪpərəs] adj unipare.

uniprocessor [ˌjuːnɪ'prəʊsesəʳ] n COMPUT monoprocesseur *m*.

uniprogramming [ˌjuːnɪ'prəʊgræmɪŋ] n COMPUT monoprogrammation *f*.

unique [juː'niːk] adj **1.** [sole, single] unique ; [particular] particulier, propre / *a problem unique to this region* un problème propre à cette région **2.** [exceptional] exceptionnel, remarquable / *his work is quite unique* son travail est tout à fait exceptionnel.

uniquely [juː'niːklɪ] adv [particularly] particulièrement ; [remarkably] exceptionnellement, remarquablement.

uniqueness [juː'niːknɪs] n originalité *f*.

unique selling point, unique selling proposition n proposition *f* unique de vente.

unironed [ʌn'aɪənd] adj non repassé.

unisex ['juːnɪseks] adj unisexe.

unison ['juːnɪzn] n unisson *m* ▸ **in unison** à l'unisson.

UNISON ['juːnɪzən] pr n *« super-syndicat » de la fonction publique en Grande-Bretagne.*

unit ['juːnɪt] ◆ n **1.** [constituent, component] unité *f* / *administrative unit* unité administrative / *the parish is the basic church unit* la paroisse est l'unité de base de l'Église **2.** [group] unité *f* ; [team] équipe *f*, unité *f* ▸ **army unit** unité de l'armée ▸ **family unit** cellule *f* familiale ▸ **production unit** unité de production **3.** [department] service *m* ; [centre] centre *m* ; [building] locaux *mpl* ; [offices] bureaux *mpl* ▸ **child care unit** service de pédiatrie ▸ **operating unit** bloc *m* opératoire **4.** [in amounts, measurement] unité *f* ▸ **unit of length / time** unité de longueur / de temps / *two units of morphine* MED deux unités de morphine ▸ **unit of currency** unité monétaire **5.** [part -of furniture] élément *m* ; [-of mechanism, system] bloc *m*, élément *m* ▸ **transformer unit** bloc transformateur **6.** SCH [lesson] unité *f* / *unit 5* unité 5. ◆ comp [furniture] par éléments, modulaire.

❖ **units** pl n MATH ▸ **the units** les unités *fpl*.

Unitarian [ˌjuːnɪ'teərɪən] ◆ n RELIG unitaire *mf*, unitarien *m*, -enne *f*. ◆ adj unitaire, unitarien.

Unitarianism [ˌjuːnɪ'teərɪənɪzm] n RELIG unitarisme *m*.

unitary ['juːnɪtrɪ] adj **1.** [united, single] unitaire **2.** [government] centralisé.

unit charge n TELEC taxe *f* unitaire.

unit cost n COMM coût *m* unitaire.

unite [juː'naɪt] ◆ vt **1.** [join, link -forces] unir, rassembler **2.** [unify -country, party] unifier, unir **3.** [bring together -people, relatives] réunir. ◆ vi s'unir / *they united in their efforts to defeat the enemy* ils ont conjugué leurs efforts pour vaincre l'ennemi / *the two countries united in opposing* or *to oppose oppression* les deux pays se sont unis pour s'opposer à l'oppression / *they seem to have united against me* ils semblent s'être unis contre moi.

united [juː'naɪtɪd] adj [family] uni ; [efforts] conjugué ; [country, party] uni, unifié ▸ **to present a united front** montrer un front uni ▸ **to be united against sb / sthg** être uni contre qqn / qqch / *we are united in our aims* nous sommes d'accord dans nos objectifs, nous partageons les mêmes objectifs ▸ **Melchester United** SPORT Melchester United ▸ **united we stand, divided we fall** *prov* l'union fait la force *prov.*

United Arab Emirates pl pr n ▸ **the United Arab Emirates** les Émirats *mpl* arabes unis / *in the United Arab Emirates* dans les Émirats arabes unis.

United Arab Republic pr n République *f* arabe unie / *in the United Arab Republic* dans la République arabe unie.

United Kingdom pr n Royaume-Uni *m* / *in the United Kingdom* au Royaume-Uni.

United Nations pr n Nations *fpl* unies.

United Provinces pl pr n ▸ **the United Provinces** les Provinces-Unies *fpl* / *in the United Provinces* dans les Provinces-Unies.

United Reformed Church pr n *Église fondée en 1972 par la réunion de l'Église presbytérienne et l'Église congrégationaliste.*

United States pr n États-Unis *mpl* / *in the United States* aux États-Unis ▸ **the United States of America** les États-Unis d'Amérique.

United Way pr n *association caritative américaine.*

unit price n prix *m* unitaire or à l'unité.

unit trust n UK FIN fonds *m* commun de placement ; ≃ SICAV *f*.

unity ['ju:nətɪ] (*pl* **unities**) n **1.** [union] unité *f*, union *f* ▸ **national / political unity** unité nationale / politique ▸ **strength lies in unity** l'union fait la force **2.** [identity - of purpose] identité *f* ; [- of views] unité *f* **3.** [harmony] harmonie *f* ▸ **to live in unity** vivre en harmonie **4.** THEAT unité *f* ▸ **the dramatic unities** les unités dramatiques **5.** MATH unité *f*.

Univ. written abbr of **university**.

univalent [,ju:nɪ'veɪlənt] ◆ adj BIOL & CHEM univalent, monovalent. ◆ n chromosome *m* univalent.

univalve ['ju:nɪvælv] ◆ adj ZOOL univalve. ◆ n mollusque *m* univalve.

universal [,ju:nɪ'vɜ:sl] ◆ adj [belief, education, language] universel / *topics of universal interest* sujets qui intéressent tout le monde ▸ **universal product code** US code *m* barres. ◆ n **1.** [truth] vérité *f* universelle ; [proposition] proposition *f* universelle **2.** LING & PHILOS ▸ **universals** universaux *mpl*.

universal grammar n grammaire *f* universelle.

universality [,ju:nɪvɜ:'sælətɪ] n universalité *f*.

universalize, **universalise** [,ju:nɪ'vɜ:səlaɪz] vt universaliser, généraliser.

universal joint n (joint *m* de) cardan *m*.

universally [,ju:nɪ'vɜ:səlɪ] adv universellement / *a universally held opinion* une opinion qui prévaut partout / *he is universally liked / admired* tout le monde l'aime bien / l'admire.

universe ['ju:nɪvɜ:s] n univers *m* / *in the universe* dans l'univers.

university [,ju:nɪ'vɜ:sətɪ] (*pl* **universities**) ◆ n université *f* ▸ **to go to university** aller à l'université, faire des études universitaires ▸ **to be at university** être à l'université or en faculté / *she studied at Cambridge university* elle était à l'université de Cambridge. ◆ comp [building, campus, team] universitaire ; [professor, staff] d'université ; [education, studies] supérieur, universitaire ▸ **university fees** frais *mpl* d'inscription à l'université.

University

Les universités britanniques se divisent en deux catégories : les **old universities** et les **new universities**. La première catégorie recouvre non seulement les vieilles universités à tradition historique (Oxford, Cambridge, Durham...), mais aussi celles qui furent établies au cours de la période d'expansion suivant la Seconde Guerre mondiale (les **redbrick universities**). La plupart des **new universities** sont d'anciennes **polytechnics**, qui sont l'équivalent des IUT plutôt orientées vers la technologie et la formation professionnelle.

Aujourd'hui, même si des différences importantes demeurent, la distinction entre les deux types d'institution est officiellement abolie et toutes se font concurrence pour attirer des étudiants et des fonds de recherche. Toutes les universités, **old** et **new**, se trouvent dans la nécessité de s'adapter à la montée en flèche du nombre d'inscriptions.

univocal [,ju:nɪ'vəʊkl] ◆ adj [message, term, text] univoque. ◆ n LING mot *m* univoque.

unjust [,ʌn'ʤʌst] adj injuste.

unjustifiable [ʌn'ʤʌstɪfaɪəbl] adj [behaviour] injustifiable, inexcusable ; [claim] que l'on ne peut justifier ; [error] injustifié.

unjustifiably [ʌn'ʤʌstɪfaɪəblɪ] adv sans justification.

unjustified [ʌn'ʤʌstɪfaɪd] adj [unwarranted] injustifié / *unjustified absences* absences sans motif valable / *such accusations are unjustified* de telles plaintes sont sans fondement or sont injustifiées.

unjustly [,ʌn'ʤʌstlɪ] adv injustement, à tort.

unkempt [,ʌn'kempt] adj [hair] mal peigné, en bataille ; [beard] hirsute ; [appearance, person] négligé, débraillé ; [garden] mal entretenu, en friche.

unkind [ʌn'kaɪnd] adj **1.** [person] peu aimable, qui n'est pas gentil ; [manner] peu aimable ; [thought] vilain, méchant ; [remark] désobligeant, méchant / *he was rather unkind to me* il n'a pas été très gentil à mon égard or avec moi **2.** [climate] rigoureux, rude.

unkindly [ʌn'kaɪndlɪ] ◆ adv [cruelly] méchamment, cruellement ; [roughly] sans ménagement / *I hope you won't take it unkindly but I'll have to decline your invitation* j'espère que vous ne serez pas offensé mais je dois décliner votre invitation / *she didn't mean it unkindly* elle n'a voulu blesser or offenser personne. ◆ adj *liter* [person] peu aimable or gentil ; [action] vilain ; [remark] désobligeant.

unkindness [ʌn'kaɪndnɪs] n **1.** [of person] manque *m* de gentillesse, méchanceté *f* ; [of behaviour, manner] méchanceté *f* **2.** [of climate] rigueur *f*.

unknit [,ʌn'nɪt] (*pt & pp* **unknitted**, *cont* **unknitting**) vt **1.** [pullover] défaire, détricoter **2.** *fig & liter* [alliance, friendship] rompre.

unknowable [,ʌn'nəʊəbl] ◆ adj inconnaissable. ◆ n inconnaissable *m*.

unknowing [,ʌn'nəʊɪŋ] adj inconscient / *they went, all unknowing, to their deaths* ils allaient, sans le savoir, au-devant de leur mort.

unknowingly [,ʌn'nəʊɪŋlɪ] adv à mon / son / etc. insu, sans m'en / s'en / etc. apercevoir.

unknown [,ʌn'nəʊn] ◆ adj **1.** [not known] inconnu / *for reasons unknown to us* pour des raisons que nous ignorons or qui nous sont inconnues / *unknown to his son, he sold the house* à l'insu de son fils or sans que son fils le sache, il a vendu la maison / *these drugs are unknown to most family doctors* ces médicaments sont inconnus de la plupart des généralistes ▸ **unknown quantity** MATH & *fig* inconnue *f* **2.** [obscure - cause] inconnu, mystérieux ; [- place] inconnu **3.** [obscure - actor, writer] inconnu, méconnu. ◆ n **1.** [person] inconnu *m*, -e *f* **2.** [place, situation] inconnu *m* / *the great unknown* le grand inconnu / *the explorers set off into the unknown* les explorateurs se lancèrent vers l'inconnu **3.** MATH & LOGIC inconnue *f*.

Unknown Soldier, **Unknown Warrior** n ▸ **the Unknown Soldier** le Soldat *m* inconnu.

unlabelled [,ʌn'leɪbld] adj non étiqueté, sans étiquette.

unlace [,ʌn'leɪs] vt [bodice, shoe] délacer, défaire le lacet or les lacets de.

unladen [,ʌn'leɪdn] adj **1.** [goods] déchargé **2.** [lorry, ship] à vide ▸ **unladen weight** poids *m* à vide.

unladylike [,ʌn'leɪdɪlaɪk] adj [girl] mal élevé ; [behaviour, posture] peu distingué / *it's unladylike to whistle* une jeune fille bien élevée ne siffle pas.

unlamented [,ʌnlə'mentɪd] adj regretté de personne / *his death was unlamented* or *he died unlamented* personne ne l'a pleuré.

unlatch [,ʌn'læʧ] ◆ vt [door] soulever le loquet de, ouvrir / *the door was left unlatched* la porte est restée entrouverte, on n'avait pas fermé le loquet de la porte. ◆ vi [door] s'ouvrir.

unlawful [,ʌn'lɔ:fʊl] adj illicite, illégal / *it is unlawful to use a television set without a licence* il est interdit d'utiliser une télévision sans payer de redevance / *their marriage was deemed unlawful* leur mariage fut jugé illégitime ▸ **unlawful assembly** LAW réunion *f* illégale, attroupement *m* illégal ▸ **unlawful killing** meurtre *m*.

unlawfully [,ʌn'lɔ:fʊlɪ] adv illicitement, illégalement.

unleaded [,ʌn'ledɪd] ◆ adj [petrol] sans plomb. ◆ n *inf* [petrol] sans-plomb *m inv*.

unlearn [,ʌn'lɜ:n] (*pt & pp* **unlearned** *or* **unlearnt** [-'lɜ:nt]) vt désapprendre.

unlearned adj **1.** [,ʌn'lɜ:nɪd] [person] non instruit, ignorant **2.** [,ʌn'lɜ:nd] ⟶ **unlearnt**.

unlearnt [-'lɜ:nt] adj [lesson] non appris ; [reflex] inné, non acquis.

unleash [,ʌn'li:ʃ] vt **1.** [dog] lâcher **2.** *fig* [anger, violence] déchaîner / *she unleashed a stream of invective* elle lâcha une bordée d'injures.

unleavened [,ʌn'levnd] adj CULIN [bread] sans levain ; RELIG azyme / *the speech was unleavened by even a trace of humour liter* le discours n'était même pas égayé par une pointe d'humour.

unless [ən'les] conj à moins que *(+ subjunctive)*, à moins de *(+ infinitive)* / *I'll go unless he phones first* j'irai, à moins qu'il téléphone d'abord / *unless I'm very much mistaken* à moins que je ne me trompe / *unless he pays me tomorrow, I'm leaving* s'il ne m'a pas payé demain, je m'en vais / *you won't win unless you practise* vous ne gagnerez pas si vous ne vous entraînez pas / *they won't agree unless I go myself* ils n'accepteront pas si je n'y vais pas moi-même / *don't speak unless spoken to* ne parle que lorsqu'on t'adresse la parole / *unless I hear otherwise* or *to the contrary* sauf avis contraire, sauf contrordre.

Note that **à moins que** is followed by **ne** and a verb in the subjunctive:
Get there well in advance – unless you've already purchased a ticket. *Arrivez bien à l'avance – à moins que vous n'ayez déjà acheté votre place.*

unlettered [,ʌn'letəd] adj *liter* [uneducated] sans instruction ; [illiterate] illettré, analphabète.

unliberated [,ʌn'lɪbəreɪtɪd] adj non libéré / *unliberated slaves* les esclaves non émancipés / *the unliberated woman* la femme non libérée.

unlicensed, **unlicenced** US [,ʌn'laɪsənst] adj [parking, sale] illicite, non autorisé ; [fishing, hunting] sans permis, illicite ; [car] sans vignette ; [premises] qui n'a pas de licence de débit de boissons.

unlikable [,ʌn'laɪkəbl] adj [person] peu sympathique ; [place, thing] peu agréable.

unlike [,ʌn'laɪk] ◆ adj [dissimilar] dissemblable ; [different] différent ; [showing no likeness] peu ressemblant ; [unequal] inégal / *the two sisters are quite unlike each other* les deux sœurs ne se ressemblent pas du tout. ◆ prep **1.** [different from] différent de, qui ne ressemble pas à / *he's quite unlike his brother* il ne ressemble pas à son frère / *she is not unlike your sister in looks* elle n'est pas sans ressembler à votre sœur / *your situation is quite unlike mine* votre situation est très différente de la mienne **2.** [uncharacteristic of] : *that's (very) unlike him!* cela ne lui ressemble pas (du tout) ! **3.** [in contrast to] à la différence de, contrairement à / *unlike you, I prefer a quiet life* contrairement à vous, je préfère une vie tranquille.

unlikeable [,ʌn'laɪkəbl] = **unlikable**.

unlikelihood [ʌn'laɪklɪhʊd] n improbabilité *f*.

unlikely [ʌn'laɪklɪ] adj **1.** [improbable - event, outcome] improbable, peu probable / *it is very* or *most unlikely that it will rain* il est très peu probable qu'il pleuve, il y a peu de chances qu'il pleuve / *in the unlikely event of my winning* au cas improbable où je gagnerais **2.** [person] peu susceptible, qui a peu de chances / *he is unlikely to come / to fail* il est peu probable qu'il vienne / échoue, il est peu susceptible de venir / d'échouer / *she is unlikely to choose him* elle a peu de chances de le choisir, il y a peu de chances pour qu'elle le choisisse **3.** [implausible - excuse, story] invraisemblable **4.** [unexpected - situation, undertaking, costume, etc.] extravagant, invraisemblable ; [- person] peu indiqué / *he turns up at the most unlikely times* il débarque à des heures invraisemblables / *the manager chose the most unlikely person to run the department* le directeur a choisi la personne la moins indiquée au monde pour diriger le service / *he seems an unlikely choice* il semble un choix peu judicieux. **See note on next page**.

Note that peu probable que is followed by a verb in the subjunctive:
It's highly unlikely his brother witnessed the incident. *Il est très peu probable que son frère ait été témoin de cet incident.*

unlimited [ʌn'lɪmɪtɪd] adj **1.** [possibilities, space] illimité, sans limites ; [power] illimité, sans bornes ; [time] infini, illimité **2.** UK FIN ▸ **unlimited liability** responsabilité *f* illimitée.

unlimited-access highway n US *autoroute pour tous les véhicules, y compris les poids lourds.*

unlined [,ʌn'laɪnd] adj **1.** [paper] non réglé, uni **2.** [curtain, clothes] sans doublure **3.** [face] sans rides.

unlisted [ʌn'lɪstɪd] adj **1.** [not on list - name] qui ne paraît pas sur la liste **2.** US TELEC qui est sur la liste rouge **3.** ST. EX non coté (en Bourse) ▸ **the unlisted securities market** le marché secondaire.

unlit [,ʌn'lɪt] adj **1.** [candle, fire] non allumé **2.** [room, street] non éclairé.

unload [,ʌn'ləʊd] ◆ vt **1.** [remove load from - gun, ship, truck] décharger / *have you unloaded the washing machine?* avez-vous enlevé le linge de la machine ? **2.** [remove - cargo, furniture] décharger ; [- film] enlever / *to unload bricks from a cart* décharger les briques d'une charrette **3.** *inf* [get rid of] se débarrasser de, se défaire de ▸ **to unload sthg onto sb** se décharger de qqch sur qqn **4.** *fig* [responsibility, worries] décharger. ◆ vi [ship, truck] décharger.

unloading [,ʌn'ləʊdɪŋ] n déchargement *m*.

unlock [,ʌn'lɒk] ◆ vt **1.** [door] ouvrir **2.** *fig* [mystery, puzzle] résoudre, donner la clé de ; [secret] dévoiler **3.** [computer] déverrouiller ▸ **to unlock a phone** [using password] déverrouiller un téléphone ▸ **to buy an unlocked phone** acheter un téléphone désimlocké. ◆ vi s'ouvrir.

unlooked-for [,ʌn'lʊkt-] adj inattendu, imprévu.

unloose(n) [,ʌn'lu:s(n)] vt [belt, grip] relâcher, desserrer.

unlovable [,ʌn'lʌvəbl] adj peu attachant.

unloved [,ʌn'lʌvd] adj privé d'affection, mal aimé ▸ **to feel unloved** se sentir mal aimé.

unlovely [,ʌn'lʌvlɪ] adj laid, déplaisant.

unloving [,ʌn'lʌvɪŋ] adj peu affectueux.

unluckily [ʌn'lʌkɪlɪ] adv malheureusement / *unluckily for us, it rained* malheureusement pour nous, il a plu.

unlucky [ʌn'lʌkɪ] (*compar* **unluckier**, *superl* **unluckiest**) adj **1.** [person] malchanceux ; [day] de malchance / *she was rather unlucky* elle a été plutôt malchanceuse / *we were unlucky enough to get caught in a jam* nous avons eu la malchance d'être pris dans un embouteillage ▸ **to be unlucky in love** être malheureux en amour **2.** [colour, number] qui porte malheur ; [omen] funeste, mauvais / *it's supposed to be unlucky to break a mirror* c'est censé porter malheur de casser un miroir.

unmade [,ʌn'meɪd] ◆ pt & pp ⟶ **unmake.** ◆ adj **1.** [bed] défait **2.** UK [road] non goudronné.

unmade-up adj [face] non maquillé, sans maquillage.

unmake [,ʌn'meɪk] (*pt & pp* **unmade** [,ʌn'meɪd]) vt **1.** [bed] défaire **2.** *fml & liter* [reputation] démolir, ruiner ; [man] briser, ruiner ; [ruler] déposer.

unman [,ʌn'mæn] (*pt & pp* **unmanned**, *cont* **unmanning**) vt **1.** NAUT renvoyer l'équipage de **2.** *liter* [person] faire perdre courage à.

unmanageable [ʌn'mænɪdʒəbl] adj **1.** [vehicle] peu maniable ; [object] peu maniable, difficile à manier / *the trailer was of an unmanageable length* à cause de sa longueur, la caravane était difficile à manœuvrer **2.** [animal] difficile, indocile ; [children] difficile, impossible **3.** [situation] difficile à gérer / *the problem has become unmanageable* le problème est devenu impossible à gérer or à régler **4.** [hair] difficile à coiffer, rebelle.

unmanly [,ʌn'mænlɪ] adj **1.** [effeminate] efféminé, peu viril **2.** [cowardly] lâche.

unmanned [,ʌn'mænd] adj [without crew - plane, ship] sans équipage ; [- spacecraft, flight] inhabité ; [RAIL - station] sans personnel ; [- level crossing] non gardé, automatique / *unmanned space travel* vols *mpl* spatiaux non habités / *the border post / switchboard was unmanned* il n'y avait personne au poste frontière / au standard / *the control centre was left unmanned* le centre de contrôle est resté sans surveillance.

unmannerly [ʌn'mænəlɪ] adj *fml* [person] discourtois, mal élevé ; [behaviour] mal élevé.

unmapped [,ʌn'mæpt] adj [area] pour lequel il n'existe pas de carte, dont on n'a pas dressé la carte.

unmarked [,ʌn'mɑ:kt] adj **1.** [face, furniture, page] sans marque, sans tache **2.** [without identifying features] : *the radioactive waste was carried in unmarked drums* les déchets radioactifs étaient transportés dans des barils non identifiés / *an unmarked police car* une voiture de police banalisée **3.** [without name tag, label] sans nom, non marqué **4.** [essay] non corrigé **5.** LING non marqué **6.** SPORT [player] démarqué.

unmarketable [,ʌn'mɑ:kɪtəbl] adj invendable.

unmarred [,ʌn'mɑ:d] adj *liter* non abîmé ; [reputation] sans tache, entier.

unmarriageable [,ʌn'mærɪdʒəbl] adj immariable.

unmarried [,ʌn'mærɪd] adj non marié, célibataire ▸ **unmarried mother** mère *f* célibataire.

unmask [,ʌn'mɑ:sk] vt démasquer.

unmatched [,ʌn'mætʃt] adj inégalé, sans égal or pareil.

unmeasurable [,ʌn'meʒərəbl] adj incommensurable.

unmeasured [,ʌn'meʒəd] adj **1.** [gen] sans mesure, démesuré **2.** MUS sans mesure, non mesuré.

unmentionable [ʌn'menʃnəbl] ◆ adj [subject] dont il ne faut pas parler, interdit ; [word] qu'il ne faut pas prononcer, interdit. ◆ n ▸ **the unmentionable** **a)** [forbidden subject] le sujet interdit or dont il ne faut pas parler **b)** [taboo] le sujet tabou.

❖ **unmentionables** pl n *euph & hum* [underwear] dessous *mpl*, sous-vêtements *mpl*.

unmerciful [ʌn'mɜ:sɪfʊl] adj impitoyable, sans pitié ▸ **to be unmerciful to** or **towards sb** être sans pitié pour qqn.

unmercifully [ʌn'mɜ:sɪfʊlɪ] adv [treat] impitoyablement, sans pitié ; [tease] sans répit.

unmerited [,ʌn'merɪtɪd] adj [undeserved] immérité ; [unjust] injuste.

unmetered [ʌn'mi:təd] adj illimité.

unmindful [ʌn'maɪndfʊl] adj *fml* [uncaring] peu soucieux ; [forgetful] oublieux ; [inattentive] inattentif / *he is unmindful of other people's feelings* il est peu soucieux des sentiments des autres, il ne tient pas compte des sentiments des autres.

unmistakable [,ʌnmɪ'steɪkəbl] adj [not mistakeable] facilement reconnaissable / *the unmistakable sound of bagpipes* le son aisément reconnaissable de la cornemuse ; [clear, obvious] indubitable, manifeste, évident / *she began to show unmistakable signs of fatigue* elle commença à montrer des signes évidents de fatigue.

unmistakably [,ʌnmɪ'steɪkəblɪ] adv **1.** [undeniably] indéniablement, sans erreur possible **2.** [visibly] visiblement, manifestement.

unmistakeable [,ʌnmɪ'steɪkəbl] = **unmistakable.**

unmitigated [ʌn'mɪtɪgeɪtɪd] adj **1.** [total - disaster, chaos] total ; [- stupidity] pur, total / *the whole project was an unmitigated disaster* tout le projet a été un véritable désastre **2.** [undiminished] non mitigé.

unmixed [,ʌn'mɪkst] adj non mélangé, pur.

unmould [ʌn'məʊld] vt démouler.

unmounted [,ʌn'maʊntɪd] adj **1.** [rider] sans monture **2.** [photograph] non monté **3.** [jewel] non monté or serti.

unmourned [,ʌn'mɔ:nd] adj : *he died unmourned* personne ne l'a pleuré.

unmoved [,ʌn'mu:vd] adj indifférent, insensible ▸ **to be unmoved by sthg** rester insensible à qqch / *the music left me unmoved* la musique ne m'a pas ému / *he remained unmoved* il a continué, imperturbable or impassible.

unmusical [,ʌn'mju:zɪkl] adj **1.** [sound] peu musical **2.** [person] peu musicien.

unnameable [,ʌn'neɪməbl] adj innommable, sans nom.

unnamed [,ʌn'neɪmd] adj **1.** [anonymous] anonyme ; [unspecified] non précisé **2.** [having no name - child] sans nom, qui n'a pas reçu de nom ; [- desire, fear] inavoué.

unnatural [ʌn'nætʃrəl] adj **1.** [affected - behaviour, manner, tone] affecté, peu naturel ; [- laughter] peu naturel, forcé **2.** [odd, abnormal - circumstances, state] anormal ; [- phenomenon] surnaturel **3.** [perverse - love, passion] contre nature.

unnaturally [ʌn'nætʃrəlɪ] adv [behave, laugh, walk] bizarrement, de façon peu naturelle / *he not unnaturally decided to resign* naturellement, il a décidé de démissionner.

unnecessarily [UK ʌn'nesəsərɪlɪ US ,ʌnnesə'serəlɪ] adv sans nécessité or raison.

unnecessary [ʌn'nesəsərɪ] adj superflu, inutile / *it's quite unnecessary for you all to attend* il n'est vraiment pas nécessaire or utile que vous y alliez tous / *it's a lot of unnecessary fuss* c'est beaucoup d'agitation pour rien.

unneighbourly UK, **unneighborly** US [,ʌn'neɪbəlɪ] adj [unfriendly] peu obligeant, qui n'agit pas en bon voisin ; [unhelpful] peu serviable.

unnerve [,ʌn'nɜ:v] vt démonter, déconcerter.

unnerving [,ʌn'nɜ:vɪŋ] adj [event, experience] déconcertant, perturbant.

unnoticed [,ʌn'nəʊtɪst] adj inaperçu ▸ **to pass unnoticed** passer inaperçu.

unnumbered [,ʌn'nʌmbəd] adj **1.** [seats, tickets, copies] non numéroté **2.** *fig & fml* [descendants, followers, stars] innombrable, sans nombre.

UNO (abbr of **United Nations Organization**) pr n ONU *f*.

unobjectionable [,ʌnəb'dʒekʃnəbl] adj [idea, activity] acceptable ; [behaviour, person] qui ne peut être critiqué.

unobservant [,ʌnəb'zɜ:vənt] adj peu observateur.

unobserved [,ʌnəb'zɜ:vd] adj inaperçu / *she crept past unobserved* elle s'est faufilée sans se faire remarquer.

unobstructed [,ʌnəb'strʌktɪd] adj **1.** [entry, passage, view] non obstrué, libre **2.** [activity, progress] sans obstacle.

unobtainable [,ʌnəb'teɪnəbl] adj impossible à obtenir ▸ **the unobtainable tone** UK TELEC *tonalité continue indiquant qu'un numéro n'est pas en service.*

unobtrusive [,ʌnəb'tru:sɪv] adj [person] discret (discrète), effacé ; [object] discret (discrète), pas trop visible ; [smell] discret (discrète).

unobtrusively [,ʌnəb'tru:sɪvlɪ] adv discrètement / *she stood unobtrusively in a corner* elle se tenait dans un coin sans se faire remarquer.

unoccupied [,ʌn'ɒkjʊpaɪd] adj **1.** [person] qui ne fait rien, oisif **2.** [house] inoccupé, vide ; [seat] libre **3.** MIL [zone, territory] non occupé, libre.

unofficial [,ʌnə'fɪʃl] adj **1.** [unconfirmed - report] officieux, non officiel **2.** [informal - appointment] non officiel, privé **3.** INDUST ▸ **unofficial strike** grève *f* sauvage.

unofficially [,ʌnə'fɪʃəlɪ] adv [informally] officieusement ; [in private] en privé.

unopened [,ʌn'əʊpənd] adj **1.** [letter, bottle] fermé **2.** BOT non éclos.

unopposed [,ʌnə'pəʊzd] adj : *she was elected unopposed* elle était la seule candidate (et elle a été élue).

unorganized, **unorganised** [,ʌn'ɔ:gənaɪzd] adj inorganisé, non organisé.

unoriginal [,ʌnə'rɪdʒənl] adj sans originalité.

unorthodox [ˌʌn'ɔ:θədɒks] adj non orthodoxe, pas très orthodoxe ; RELIG hétérodoxe.

unpack [ˌʌn'pæk] ◆ vt **1.** [bag, suitcase] défaire ; [books, clothes, shopping] déballer ▸ **to get unpacked** défaire ses bagages / *can you unpack the cases from the boot?* pouvez-vous sortir les valises du coffre ? **2.** COMPUT décompresser. ◆ vi défaire ses bagages.

unpacking [ˌʌn'pækɪŋ] n déballage *m* ▸ **to do the unpacking** déballer ses affaires.

unpaid [ˌʌn'peɪd] adj **1.** [helper, job] bénévole, non rémunéré **2.** [bill, salary] impayé ; [employee] non payé ▸ **unpaid holiday** congé *m* sans solde.

unpalatable [ʌn'pælətəbl] adj [food] immangeable ; *fig* [idea] dérangeant ; [truth] désagréable à entendre.

unparalleled [ʌn'pærəleld] adj [unequalled] sans pareil ; [unprecedented] sans précédent.

unpardonable [ʌn'pɑ:dnəbl] adj impardonnable, inexcusable.

unpardonably [ʌn'pɑ:dnəblɪ] adv de manière inexcusable / *he was unpardonably rude* il a été d'une impolitesse inexcusable or impardonnable.

unparliamentary ['ʌnˌpɑ:lə'mentərɪ] adj [behaviour] peu courtois ▸ **unparliamentary language** UK POL langage *m* grossier.

unpatriotic ['ʌnˌpætrɪ'ɒtɪk] adj [person] peu patriote ; [sentiment, song] peu patriotique.

unpaved [ˌʌn'peɪvd] adj [street] non pavé.

unperturbed [ˌʌnpə'tɜ:bd] adj imperturbable, impassible ▸ **to be unperturbed by sthg** rester imperturbable face à qqch / *he remained unperturbed* il est resté impassible.

unpick [ˌʌn'pɪk] vt découdre.

unpin [ˌʌn'pɪn] (*pt & pp* **unpinned**, *cont* **unpinning**) vt [seam] enlever les épingles de.

unplaced [ˌʌn'pleɪst] adj [horse, competitor] non placé.

unplanned [ˌʌn'plænd] adj [visit, activity] imprévu.

unplayable [ˌʌn'pleɪəbl] adj [pitch] impraticable ; [ball, shot - in tennis, squash, etc.] qu'on ne peut rattraper ; [- in golf] impossible à jouer.

unpleasant [ʌn'pleznt] adj [person] désagréable ; [smell, weather] désagréable, mauvais ; [remark] désagréable, désobligeant ; [memory] pénible / *it was a most unpleasant experience* ce fut une expérience fort *fml* or extrêmement désagréable / *the boss was most unpleasant to her* le patron était très désagréable avec elle.

unpleasantly [ʌn'plezntlɪ] adv désagréablement, de façon déplaisante / *her remarks were unpleasantly close to the truth* ses remarques tombaient si juste que c'en était désagréable.

unpleasantness [ʌn'plezntnɪs] n **1.** [of person] côté *m* désagréable ; [of experience, weather] désagrément *m* **2.** [discord] friction *f*, dissension *f* / *the disputes caused a lot of unpleasantness* le conflit a provoqué beaucoup de frictions.

unpleasing [ˌʌn'pli:zɪŋ] adj déplaisant, désagréable.

unplug [ʌn'plʌg] (*pt & pp* **unplugged**, *cont* **unplugging**) vt ELEC débrancher.

unplumbed [ˌʌn'plʌmd] adj [depths, area of knowledge] insondé.

unpolished [ˌʌn'pɒlɪʃt] adj **1.** [furniture, brass] non poli ; [floor, shoes] non ciré **2.** *fig* [person] qui manque de savoir-vivre ; [manners, style] peu raffiné, peu élégant.

unpolluted [ˌʌnpə'lu:tɪd] adj non pollué.

unpopular [ˌʌn'pɒpjʊləʳ] adj impopulaire, peu populaire / *this style is unpopular with the younger generation* ce style est peu populaire chez les jeunes, les jeunes n'aiment pas beaucoup ce style / *I'm rather unpopular with the bosses* je ne suis pas très bien vu des patrons ▸ **to make o.s. unpopular** se rendre impopulaire.

unpopularity ['ʌnˌpɒpjʊ'lærətɪ] n impopularité *f*.

unpractised UK, **unpracticed** US [ʌn'præktɪst] adj inexpérimenté.

unprecedented [ʌn'presɪdəntɪd] adj sans précédent.

unpredictability [ʌnprɪdɪktə'bɪlətɪ] n imprévisibilité *f*.

unpredictable [ˌʌnprɪ'dɪktəbl] adj imprévisible.

unpredictably [ˌʌnprɪ'dɪktəblɪ] adv de façon imprévisible.

unprejudiced [ˌʌn'predʒʊdɪst] adj impartial, sans parti pris.

unpremeditated [ˌʌnprɪ'medɪteɪtɪd] adj sans préméditation.

unprepared [ˌʌnprɪ'peəd] adj mal préparé / *I was unprepared for what happened* je n'étais pas préparé à ce qui s'est passé.

unpreparedness [ˌʌnprɪ'peərɪdnɪs] n manque *m* de préparation.

unprepossessing ['ʌnˌpri:pə'zesɪŋ] adj [place] peu attrayant ; [person, smile] peu avenant or engageant.

unpretentious [ˌʌnprɪ'tenʃəs] adj sans prétention.

unpriced [ˌʌn'praɪst] adj non étiqueté, qui n'a pas d'étiquette de prix.

unprincipled [ʌn'prɪnsəpld] adj [person, behaviour] sans scrupules.

unprintable [ˌʌn'prɪntəbl] adj [language] grossier / *her reply was unprintable* la décence m'empêche de rapporter sa réponse.

unprocessed [ʌn'prəʊsest] adj **1.** [food, wool] non traité, naturel **2.** PHOT [film] non développé **3.** [data] brut.

unproductive [ˌʌnprə'dʌktɪv] adj [land] improductif, stérile ; [discussion, weekend] improductif.

unprofessional [ˌʌnprə'feʃənl] adj [attitude, conduct] peu professionnel.

unprofitable [ˌʌn'prɒfɪtəbl] adj **1.** [business] peu rentable **2.** [discussions] peu profitable ; [action] inutile.

UNPROFOR ['ʌnprəfɔ:] (abbr of United Nations Protection Force) n FORPRONU *f*.

unpromising [ˌʌn'prɒmɪsɪŋ] adj peu prometteur.

unprompted [ˌʌn'prɒmptɪd] adj [action, words] spontané.

unpronounceable [ˌʌnprə'naʊnsəbl] adj imprononçable.

unprotected [ˌʌnprə'tektɪd] adj **1.** [person] sans protection, non défendu / *children over 15 are unprotected by the legislation* les enfants de plus de 15 ans ne sont pas protégés par la législation ▸ **unprotected sex** rapports *mpl* non protégés **2.** [machinery] sans protection, non protégé **3.** [wood] non traité **4.** [exposed] exposé (aux intempéries) / *the house is unprotected from the east wind* la maison est exposée aux vents d'est.

unprovoked [ˌʌnprə'vəʊkt] adj [attack, insult] injustifié.

unpublishable [ˌʌn'pʌblɪʃəbl] adj impubliable / *an unpublishable manuscript* un très mauvais manuscrit.

unpublished [ˌʌn'pʌblɪʃt] adj [manuscript, book] inédit, non publié.

unpunctual [ˌʌn'pʌŋktʃʊəl] adj peu ponctuel, souvent en retard.

unpunished [ˌʌn'pʌnɪʃt] adj impuni / *he can't be allowed to go unpunished* il ne peut pas rester impuni.

unputdownable [ˌʌnpʊt'daʊnəbl] adj UK *inf* [book, novel] passionnant, dont on a du mal à s'arracher.

unqualified [ˌʌn'kwɒlɪfaɪd] adj **1.** [unskilled] non qualifié ; [without diploma] qui n'a pas les diplômes requis ; [unsuitable] qui n'a pas les qualités requises / *he is unqualified for the job of chairman* il n'est pas qualifié pour le poste de président **2.** [not competent] non qualifié or compétent / *she is unqualified to decide* elle n'est pas qualifiée pour décider **3.** [unrestricted - admiration, approval] inconditionnel, sans réserve ; [- success] complet (complète).

unquenchable [ˌʌn'kwentʃəbl] adj *liter* [curiosity, desire, thirst] insatiable.

unquestionable [ʌn'kwestʃənəbl] adj **1.** [undeniable] incontestable, indubitable **2.** [above suspicion] qui ne peut être mis en question.

unquestionably [ʌn'kwestʃənəblɪ] adv indéniablement, incontestablement.

unquestioned [ʌn'kwestʃənd] adj [decision, leader, principle] indiscuté, incontesté.

unquestioning [ʌn'kwestʃənɪŋ] adj [faith, love, obedience, belief] absolu, aveugle.

unquestioningly [ʌn'kwestʃənɪŋlɪ] adv aveuglément.

unquiet [ˌʌn'kwaɪət] adj *liter* [person] troublé, inquiet (inquiète), tourmenté ; [mind] perturbé, tourmenté ; [period] troublé, agité.

unquote [ˌʌn'kwəʊt] adv fin de citation ; [in dictation] fermez les guillemets.

unquoted [ˌʌn'kwəʊtɪd] adj ▸ **unquoted company** UK société *f* non cotée (en Bourse) ▸ **unquoted shares** actions *fpl* non cotées (en Bourse).

unravel [ʌn'rævl] (UK *pt & pp* **unravelled**, *cont* **unravelling** ; US *pt & pp* **unraveled**, *cont* **unraveling**) ◆ vt **1.** [knitting] défaire ; [textile] effiler, effilocher **2.** [untangle - knots, string] démêler ; *fig* [mystery] débrouiller, éclaircir. ◆ vi [knitting] se défaire ; [textile] s'effilocher.

unread [ˌʌn'red] adj **1.** [person] qui a peu lu **2.** [book, report] qui n'a pas été lu.

unreadable [ˌʌn'ri:dəbl] adj **1.** [handwriting, signature] illisible **2.** [book, report] illisible, ennuyeux.

unreadiness [ˌʌn'redɪnɪs] n **1.** [unpreparedness] manque *m* de préparation **2.** [unwillingness] manque *m* d'empressement.

unready [ˌʌn'redɪ] adj **1.** [unprepared] non préparé, qui n'est pas prêt **2.** [unwilling] peu disposé.

unreal [ˌʌn'rɪəl] adj **1.** [appearance, feeling] : *it all seems so unreal* tout paraît si irréel / *an unreal situation* une situation artificielle **2.** *v inf* [very good] incroyable.

unrealistic [ˌʌnrɪə'lɪstɪk] adj irréaliste, peu réaliste.

unrealistically [ˌʌnrɪə'lɪstɪklɪ] adv : *his hopes were unrealistically high* ses espoirs étaient trop grands pour être réalistes.

unreality [ˌʌnrɪ'ælətɪ] n irréalité *f*.

unrealizable, **unrealisable** [ˌʌn'rɪəlaɪzəbl] adj [aim, dream] irréalisable ; [fact, situation, state] inconcevable.

unreason [ˌʌn'ri:zn] n *fml* déraison *f fml*, folie *f*.

unreasonable [ʌn'ri:znəbl] adj **1.** [absurd, preposterous] déraisonnable / *you're being unreasonable* vous n'êtes pas raisonnable / *it's unreasonable to stay up so late* ce n'est pas raisonnable de veiller si tard **2.** [excessive] excessif, déraisonnable.

unreasonably [ʌn'ri:znəblɪ] adv déraisonnablement.

unreasoning [ʌn'ri:znɪŋ] adj irrationnel.

unreclaimed [ˌʌnrɪ'kleɪmd] adj **1.** [belongings, parcel] non réclamé **2.** [land] non défriché, laissé en friche ; [marshes] non asséché.

unrecognizable, **unrecognisable** [ˌʌn'rekəgnaɪzəbl] adj méconnaissable.

unrecognized, **unrecognised** [ˌʌn'rekəgnaɪzd] adj **1.** [without being recognized] : *he slipped out unrecognized* il s'est glissé vers la sortie sans être reconnu **2.** [not acknowledged - talent, achievement] méconnu / *he is unrecognized by the scientific community* il n'est pas reconnu par la communauté scientifique / *her discoveries went largely unrecognized* ses découvertes sont restées méconnues pour la plupart.

unreconstructed [ˌʌnri:kən'strʌktɪd] adj [person, ideas] rétrograde.

unrecorded [ˌʌnrɪ'kɔ:dɪd] adj **1.** [remark, fact] qui n'a pas été enregistré **2.** [music] qui n'a pas encore été enregistré.

unredeemed [ˌʌnrɪ'di:md] adj **1.** [from pawn] non dégagé or racheté **2.** [promise] non tenu ; [obligation] non rempli **3.** [sinner] impénitent ; [sin] inexpié, non racheté.

unreel [ˌʌn'riːl] ◆ vt dérouler. ◆ vi se dérouler.

unrefined [ˌʌnrɪ'faɪnd] adj **1.** [petrol] brut, non raffiné ; [sugar] non raffiné ; [flour] non bluté **2.** [person, manners] peu raffiné, fruste.

unreflecting [ˌʌnrɪ'flektɪŋ] adj **1.** [person, action, behaviour] irréfléchi **2.** [surface] non réfléchissant.

unregistered [ˌʌn'redʒɪstəd] adj **1.** [luggage, complaint] non enregistré **2.** [mail] non recommandé **3.** [car] non immatriculé **4.** [voter, student] non inscrit ; [birth] non déclaré ▸ **unregistered childminder** UK nourrice *f* non agréée.

unrehearsed [ˌʌnrɪ'hɜːst] adj **1.** [improvised] improvisé, spontané **2.** MUS & THEAT sans répétition, qui n'a pas été répété.

unrelated [ˌʌnrɪ'leɪtɪd] adj **1.** [unconnected] sans rapport / *the two incidents are unrelated* les deux incidents sont sans rapport l'un avec l'autre / *his answer was completely unrelated to the question* sa réponse n'avait absolument aucun rapport or absolument rien à voir avec la question **2.** [people] sans lien de parenté.

unrelenting [ˌʌnrɪ'lentɪŋ] adj **1.** [activity, effort] soutenu, continuel **2.** [person] tenace, obstiné.

unrelentingly [ˌʌnrɪ'lentɪŋlɪ] adv sans répit.

unreliability ['ʌnrɪˌlaɪə'bɪlətɪ] n **1.** [of person] manque *m* de sérieux **2.** [of method, machine] manque *m* de fiabilité.

unreliable [ˌʌnrɪ'laɪəbl] adj **1.** [person] peu fiable, sur qui on ne peut pas compter / *he's too unreliable* on ne peut vraiment pas compter sur lui or lui faire confiance **2.** [car, machinery] peu fiable **3.** [service] peu fiable, peu sûr ; [business, company] qui n'inspire pas confiance **4.** [information, memory] peu fiable.

unreliably [ˌʌnrɪ'laɪəblɪ] adv de manière peu fiable.

unrelieved [ˌʌnrɪ'liːvd] adj [pain] constant, non soulagé ; [gloom, misery] constant, permanent ; [boredom] mortel ; [black] uniforme ; [landscape, routine] monotone.

unremarkable [ˌʌnrɪ'mɑːkəbl] adj peu remarquable, quelconque.

unremarked [ˌʌnrɪ'mɑːkt] adj inaperçu.

unremitting [ˌʌnrɪ'mɪtɪŋ] adj [activity, rain] incessant, ininterrompu ; [demands, efforts] inlassable, infatigable ; [opposition] implacable, opiniâtre / *they were unremitting in their efforts to find a solution* ils se sont efforcés avec assiduité de trouver une solution.

unremittingly [ˌʌnrɪ'mɪtɪŋlɪ] adv [work] sans cesse, inlassablement ; [rain] sans cesse, sans interruption ; [hostile, opposed] implacablement, opiniâtrement.

unrepeatable [ˌʌnrɪ'piːtəbl] adj [remark] qu'on n'ose pas répéter, trop grossier pour être répété ; [offer, performance] exceptionnel, unique.

unrepentant [ˌʌnrɪ'pentənt] adj impénitent.

unreported [ˌʌnrɪ'pɔːtɪd] adj non signalé or mentionné / *the accident went unreported* l'accident n'a pas été signalé.

unrepresentative [ˌʌnreprɪ'zentətɪv] adj non représentatif / *his opinions are unrepresentative of the group* ses opinions ne représentent pas celles du groupe.

unrepresented [ˌʌnreprɪ'zentɪd] adj POL qui n'est pas représenté.

unrequited [ˌʌnrɪ'kwaɪtɪd] adj *liter* non réciproque, non partagé ▸ **unrequited love** amour non partagé.

unreserved [ˌʌnrɪ'zɜːvd] adj **1.** [place] non réservé **2.** [unqualified] sans réserve, entier.

unreservedly [ˌʌnrɪ'zɜːvɪdlɪ] adv **1.** [without qualification] sans réserve, entièrement **2.** [frankly] sans réserve, franchement.

unresolved [ˌʌnrɪ'zɒlvd] adj [issue, problem] non résolu.

unresponsive [ˌʌnrɪ'spɒnsɪv] adj [without reaction] qui ne réagit pas ; [unaffected] insensible ; [audience] passif / *management was unresponsive to workers' demands* l'administration n'a pas répondu aux exigences des ouvriers.

unrest [ˌʌn'rest] n *(U)* agitation *f*, troubles *mpl*.

unrestrained [ˌʌnrɪ'streɪnd] adj [anger, growth, joy] non contenu / *the unrestrained use of force* l'usage sans limites de la force.

unrestricted [ˌʌnrɪ'strɪktɪd] adj [access, parking] libre ; [number, time] illimité ; [power] absolu.

unrewarded [ˌʌnrɪ'wɔːdɪd] adj [person] non récompensé ; [effort, search] vain, infructueux / *our efforts went unrewarded* nos efforts sont restés sans récompense.

unrewarding [ˌʌnrɪ'wɔːdɪŋ] adj **1.** [financially] pas très intéressant financièrement **2.** *fig* [work, experience] ingrat.

unrighteous [ʌn'raɪtʃəs] pl n *liter* ▸ **the unrighteous a)** [not pious] les impies *mpl* **b)** [sinful] les pécheurs *mpl*.

unripe [ˌʌn'raɪp] adj vert.

unrivalled UK, **unrivaled** US [ʌn'raɪvld] adj sans égal or pareil, incomparable.

unroadworthy [ˌʌn'rəʊdˌwɜːðɪ] adj [vehicle] qui n'est pas en état de rouler.

unroll [ˌʌn'rəʊl] vt dérouler.

unromantic [ˌʌnrə'mæntɪk] adj [person - unsentimental] peu romantique ; [- down-to-earth] prosaïque, terre à terre *(inv)* ; [ideas, place] peu romantique.

unruffled [ˌʌn'rʌfld] adj **1.** [person] imperturbable, qui ne perd pas son calme / *she remained completely unruffled* elle n'a pas sourcillé or bronché **2.** [hair] lisse ; [water] calme, lisse.

unruled [ʌn'ruːld] adj blanc (blanche), non réglé.

unruly [ʌn'ruːlɪ] adj **1.** [children] indiscipliné, turbulent ; [mob] incontrôlé **2.** [hair] indiscipliné.

unsaddle [ˌʌn'sædl] vt [horse] desseller ; [rider] désarçonner.

unsafe [ˌʌn'seɪf] adj **1.** [dangerous - machine, neighbourhood] peu sûr, dangereux ; [- building, bridge] peu solide, dangereux / *the water is unsafe to drink* l'eau n'est pas potable ▸ **unsafe sex** rapports *mpl* non protégés **2.** [endangered] en danger / *I feel very unsafe here* je ne me sens pas du tout en sécurité ici.

unsaid [ˌʌn'sed] adj non dit, inexprimé / *a lot was left unsaid* beaucoup de choses ont été passées sous silence.

unsal(e)able [ˌʌn'seɪləbl] adj invendable.

unsalted [ˌʌn'sɔːltɪd] adj non salé.

unsatisfactory ['ʌnˌsætɪs'fæktərɪ] adj peu satisfaisant, qui laisse à désirer.

unsatisfied [ˌʌn'sætɪsfaɪd] adj **1.** [person - unhappy] insatisfait, mécontent ; [- unconvinced] non convaincu / *they remain unsatisfied with her work* ils sont toujours mécontents de son travail **2.** [desire] insatisfait, inassouvi.

unsatisfying [ˌʌn'sætɪsfaɪɪŋ] adj **1.** [activity, task] peu gratifiant, ingrat **2.** [unconvincing] peu convaincant **3.** [meal - insufficient] insuffisant, peu nourrissant ; [- disappointing] décevant.

unsaturated [ˌʌn'sætʃəreɪtɪd] adj non saturé.

unsavoury UK, **unsavory** US [ˌʌn'seɪvərɪ] adj **1.** [behaviour, habits] répugnant, très déplaisant ; [person] peu recommandable ; [place] louche ; [reputation] douteux **2.** [smell] fétide, nauséabond.

unsay [ˌʌn'seɪ] (*pt & pp* **unsaid** [ˌʌn'sed]) vt retirer, revenir sur.

unscathed [ˌʌn'skeɪðd] adj [physically] indemne, sain et sauf ; [psychologically] non affecté.

unscheduled [UK ˌʌn'ʃedjuːld US ˌʌn'skedʒʊld] adj imprévu.

unschooled [ˌʌn'skuːld] adj *fml* **1.** [person] qui n'a pas d'instruction **2.** [talent] inné, naturel.

unscientific ['ʌnˌsaɪən'tɪfɪk] adj non or peu scientifique.

unscramble [ˌʌn'skræmbl] vt [code, message] déchiffrer ; *fig* [problem] résoudre.

unscrambler [ˌʌn'skræmbləʳ] n déchiffreur *m*.

unscrew [ˌʌn'skruː] ◆ vt dévisser. ◆ vi se dévisser.

unscripted [ˌʌn'skrɪptɪd] adj [play, speech] improvisé ; [item, subject] non programmé.

unscrupulous [ʌn'skruːpjʊləs] adj [person] sans scrupules, peu scrupuleux ; [behaviour, methods] malhonnête, peu scrupuleux.

unscrupulously [ʌn'skruːpjʊləslɪ] adv sans scrupules, peu scrupuleusement.

unscrupulousness [ʌn'skruːpjʊləsnɪs] n [of person] manque *m* de scrupules, malhonnêteté *f* ; [of behaviour, methods] malhonnêteté *f*.

unseal [ˌʌn'siːl] vt [open - letter] ouvrir, décacheter ; [- deed, testament] desceller ▸ **to unseal one's lips** *fig* rompre le silence, parler.

unsealed [ˌʌn'siːld] adj [letter] ouvert, décacheté ; [deed, testament] descellé.

unseasonable [ʌn'siːznəbl] adj [clothing, weather] qui n'est pas de saison.

unseasonably [ʌn'siːznəblɪ] adv : *an unseasonably cold night* une nuit fraîche pour la saison.

unseasoned [ˌʌn'siːznd] adj **1.** [food] non assaisonné **2.** [wood] vert.

unseat [ˌʌn'siːt] vt [rider] désarçonner ; [government, king] faire tomber.

unsecured [ˌʌnsɪ'kjʊəd] adj **1.** [door, window - unlocked] qui n'est pas fermé à clé ; [- open] mal fermé **2.** FIN [creditor, loan] sans garantie.

unseeded [ˌʌn'siːdɪd] adj SPORT non classé.

unseeing [ˌʌn'siːɪŋ] adj *liter* aveugle / *he looked at her with unseeing eyes* il l'a regardée sans (vraiment) la voir.

unseemly [ʌn'siːmlɪ] adj *liter* [improper - behaviour] inconvenant, déplacé ; [- dress] inconvenant, peu convenable ; [rude] indécent, grossier.

unseen [ˌʌn'siːn] ◆ adj **1.** [invisible] invisible ; [unnoticed] inaperçu / *she passed unseen through the crowd* elle est passée inaperçue dans la foule **2.** [not seen previously] ▸ **to buy sthg sight unseen** acheter qqch sans l'avoir vu ▸ **an unseen translation** UK SCH & UNIV une traduction sans préparation or à vue. ◆ n UK SCH & UNIV traduction *f* sans préparation or à vue.

unsegregated [ˌʌn'segrɪˌgeɪtɪd] adj où la ségrégation n'est pas appliquée.

unselfconscious [ˌʌnself'kɒnʃəs] adj naturel / *she's quite unselfconscious about speaking up* elle n'a vraiment pas peur de dire ce qu'elle pense, elle dit ce qu'elle pense sans la moindre gêne.

unselfish [ˌʌn'selfɪʃ] adj [person, act] généreux, désintéressé.

unselfishly [ˌʌn'selfɪʃlɪ] adv généreusement, sans penser à soi.

unselfishness [ˌʌn'selfɪʃnɪs] n [of person, act] générosité *f*, désintéressement *m*.

unset [ʌn'set] adj [diamond, emerald] non serti, non enchâssé.

unsettle [ˌʌn'setl] vt **1.** [person] inquiéter, troubler **2.** [stomach] déranger.

unsettled [ˌʌn'setld] adj **1.** [unstable - conditions, situation] instable, incertain ; [- person] troublé, perturbé, inquiet (inquiète) ; [- stomach] dérangé ; [- weather] incertain, changeant / *I feel unsettled in my job* je ne suis pas bien dans mon boulot **2.** [unfinished - issue, argument, dispute] qui n'a pas été réglé **3.** [account, bill] non réglé, impayé **4.** [area, region] inhabité, sans habitants.

unsettling [ˌʌn'setlɪŋ] adj [disturbing] troublant, perturbateur.

unsex [ˌʌn'seks] vt *liter* [woman] faire perdre sa féminité à ; [man] faire perdre sa virilité à.

unshackle [ˌʌn'ʃækl] vt *lit* désenchaîner, ôter ses fers à ; *fig* libérer, émanciper.

unshakeable [ʌn'ʃeɪkəbl] adj [conviction, faith] inébranlable ; [decision] ferme.

unshakeably [ʌn'ʃeɪkəblɪ] adv irréductiblement.

unshaken [ˌʌn'ʃeɪkən] adj inébranlable.

unshaven [ˌʌn'ʃeɪvn] adj non rasé.

unsheathe [ˌʌn'ʃiːð] vt dégainer.

unshockable [ˌʌn'ʃɒkəbl] adj imperturbable, impassible.

unshod [ˌʌn'ʃɒd] adj [horse] qui n'est pas ferré.

unsighted [ˌʌn'saɪtɪd] adj SPORT : *the goalkeeper was unsighted* quelqu'un empêchait le gardien de but de voir le ballon.

unsightliness [ʌn'saɪtlɪnɪs] n laideur *f*, aspect *m* disgracieux.

unsightly [ʌn'saɪtlɪ] adj disgracieux, laid.

unsigned [ˌʌn'saɪnd] adj non signé, sans signature.

unsinkable [ˌʌn'sɪŋkəbl] adj [boat] insubmersible ; *fig* [person] qui ne se démonte pas facilement.

unskilful UK, **unskillful** US [ˌʌn'skɪlfʊl] adj [lacking skill] inexpert, malhabile ; [clumsy] maladroit.

unskilled [ˌʌn'skɪld] adj **1.** [worker] sans formation professionnelle, non spécialisé, non qualifié ▸ **unskilled labourer** UK ouvrier *m* non spécialisé, ouvrière *f* non spécialisée **2.** [job, work] qui ne nécessite pas de connaissances professionnelles.

unskillful US = unskilful.

unsmiling [ˌʌn'smaɪlɪŋ] adj [person, face] austère, sérieux.

unsociable [ʌn'səʊʃəbl] adj [person] sauvage, peu sociable ; [place] peu accueillant ▸ **to feel unsociable** ne pas avoir envie de voir du monde / *don't be so unsociable!* ne sois pas si sauvage !

unsocial [ˌʌn'səʊʃl] adj : *she works unsocial hours* elle travaille en dehors des heures normales.

unsold [ˌʌn'səʊld] adj invendu.

unsolicited [ˌʌnsə'lɪsɪtɪd] adj non sollicité.

unsolved [ˌʌn'sɒlvd] adj [mystery] non résolu, inexpliqué ; [problem] non résolu.

unsophisticated [ˌʌnsə'fɪstɪkeɪtɪd] adj **1.** [person - in dress, tastes] simple ; [- in attitude] simple, naturel **2.** [dress, style] simple, qui n'est pas sophistiqué **3.** [device, machine] (de conception) simple ; [approach, method] rudimentaire, simpliste *pej*.

unsorted [ˌʌn'sɔːtɪd] adj [clothing, mail] non trié ; [documents] non classé.

unsought [ˌʌn'sɔːt] adj [advice, compliment] non sollicité, non recherché.

unsound [ˌʌn'saʊnd] adj **1.** [argument, conclusion, reasoning] mal fondé, peu pertinent ; [advice, decision] peu judicieux, peu sensé ; [enterprise, investment] peu sûr, risqué ; [business] peu sûr, précaire / *the project is economically unsound* le projet n'est pas sain or viable sur le plan économique **2.** [building, bridge] peu solide, dangereux **3.** PHR **to be of unsound mind** ne pas jouir de toutes ses facultés mentales.

unsparing [ʌn'speərɪŋ] adj **1.** [generous] généreux, prodigue / *they were unsparing in their efforts to help us* ils n'ont pas ménagé leurs efforts pour nous aider **2.** [harsh] sévère.

unsparingly [ʌn'speərɪŋlɪ] adv **1.** [lavishly] généreusement, libéralement **2.** [criticize, mock] sévèrement, sans mâcher ses mots.

unspeakable [ʌn'spiːkəbl] adj **1.** [crime, pain] épouvantable, atroce **2.** [beauty, joy] indicible, ineffable.

unspeakably [ʌn'spiːkəblɪ] adv [cruel, rude] épouvantablement, atrocement ; [beautiful] indiciblement, ineffablement.

unspecified [ˌʌn'spesɪfaɪd] adj non spécifié.

unspent [ˌʌn'spent] ◆ adj non dépensé, restant. ◆ adv : *the money went unspent* l'argent n'a pas été dépensé.

unspoiled [ˌʌn'spɔɪld], **unspoilt** [ˌʌn'spɔɪlt] adj **1.** [person] (qui est resté) naturel / *they were unspoiled by fame* ils sont restés simples or naturels malgré leur succès **2.** [beauty, town] qui n'est pas gâté or défiguré **3.** [flavour] naturel.

unspoken [ˌʌn'spəʊkən] adj **1.** [agreement] tacite **2.** [thought, wish] inexprimé ; [word] non prononcé.

unsporting [ˌʌn'spɔːtɪŋ], **unsportsmanlike** [ʌn'spɔːtsmənlaɪk] adj déloyal / *it was unsporting of him just to quit like that* ce n'était pas fair-play de sa part d'abandonner comme ça.

unsprung [ˌʌn'sprʌŋ] adj **1.** [mattress] sans ressorts **2.** [trap] qui ne s'est pas déclenché.

unstable [ˌʌn'steɪbl] adj **1.** [chair, government, price, situation] instable **2.** [marriage] peu solide **3.** [person] déséquilibré, instable.

unstained [ˌʌn'steɪnd] adj **1.** [reputation] sans tache **2.** [wood] non teinté.

unstamped [ˌʌn'stæmpt] adj [letter] non affranchi, non timbré ; [document] non tamponné.

unstated [ˌʌn'steɪtɪd] adj **1.** [agreement] tacite **2.** [desire] inexprimé.

unstatesmanlike [ˌʌn'steɪtsmənlaɪk] adj peu digne.

unsteadily [ˌʌn'stedɪlɪ] adv [walk] d'un pas chancelant or incertain, en titubant ; [speak] d'une voix mal assurée ; [hold, write] d'une main tremblante.

unsteadiness [ˌʌn'stedɪnɪs] n [of step, voice, writing] manque *m* d'assurance ; [of table] manque de stabilité *f*.

unsteady [ˌʌn'stedɪ] (*compar* **unsteadier**, *superl* **unsteadiest**) adj **1.** [chair, ladder] instable, branlant **2.** [step, voice] mal assuré, chancelant ; [hand] tremblant ▸ **to be unsteady on one's feet a)** [from illness, tiredness] ne pas être très solide sur ses jambes **b)** [from drink] tituber **3.** [rhythm, speed, temperature] irrégulier ; [flame] vacillant.

unstick [ˌʌn'stɪk] (*pt & pp* **unstuck** [ˌʌn'stʌk]) ◆ vt décoller. ◆ vi se décoller.

unstinting [ˌʌn'stɪntɪŋ] adj [care] infini ; [help] généreux ; [efforts] incessant, illimité ; [support] sans réserve, inconditionnel ; [person] généreux, prodigue / *the firm has been unstinting in its efforts to help us* l'entreprise ne ménage pas ses efforts pour nous aider / *he was unstinting in his praise of the project* il a soutenu le projet sans réserve.

unstitch [ˌʌn'stɪtʃ] vt découdre / *the hem came unstitched* l'ourlet s'est décousu.

unstop [ˌʌn'stɒp] (*pt & pp* **unstopped**, *cont* **unstopping**) vt [drain, sink] déboucher.

unstoppable [ˌʌn'stɒpəbl] adj qu'on ne peut pas arrêter.

unstrap [ˌʌn'stræp] (*cont* **unstrapping**, *pt & pp* **unstrapped**) vt défaire les sangles de ▸ **to unstrap sthg from sthg** détacher qqch de qqch.

unstressed [ˌʌn'strest] adj LING inaccentué, atone.

unstructured [ˌʌn'strʌktʃəd] adj [activity] non structuré ; [group] non organisé.

unstrung [ʌn'strʌŋ] ◆ adj [wireless] sans fil. ◆ adv : *to come unstrung* **a)** [tennis racket] se décorder **b)** [pearls, beads] se défiler.

unstuck [ˌʌn'stʌk] ◆ pt & pp ⟶ **unstick**. ◆ adj [envelope, label] décollé ▸ **to come unstuck a)** *lit* se décoller **b)** *fig* [plan, system] tomber à l'eau **c)** [person] échouer.

unstudied [ˌʌn'stʌdɪd] adj [natural] naturel ; [spontaneous] spontané.

unsubscribe [ˌʌnsəb'skraɪb] vi se désabonner ▸ **to unsubscribe (from sthg)** se désabonner (de qqch).

unsubstantiated [ˌʌnsəb'stænʃɪeɪtɪd] adj [report, story] non confirmé ; [accusation] non fondé.

unsubtle [ˌʌn'sʌtl] adj [person, remark] peu subtil, sans finesse ; [joke] gros (grosse).

unsuccessful [ˌʌnsək'sesfʊl] adj [plan, project] qui est un échec, qui n'a pas réussi ; [attempt] vain, infructueux ; [person] qui n'a pas de succès ; [application, demand] refusé, rejeté ; [marriage] malheureux / *after several unsuccessful attempts* après plusieurs essais infructueux ▸ **to be unsuccessful** échouer / *I was unsuccessful in my attempts to find her* je n'ai pas réussi or je ne suis pas arrivé à la trouver, je l'ai cherchée en vain or sans succès / *to be unsuccessful in an exam* échouer or ne pas être reçu à un examen.

unsuccessfully [ˌʌnsək'sesfʊlɪ] adv en vain, sans succès.

unsuitable [ˌʌn'suːtəbl] adj [arrangement, candidate, qualities] qui ne convient pas ; [behaviour, language] inconvenant ; [moment, time] inopportun ; [clothing] peu approprié, inadéquat / *he chose an unsuitable time to call* il a mal choisi le moment pour appeler / **'unsuitable for children'** 'ne convient pas aux enfants' / *the land is unsuitable for farming* le sol n'est pas propice aux cultures or n'est pas cultivable.

unsuitably [ˌʌn'suːtəblɪ] adv [behave] de façon inconvenante ; [dress] d'une manière inadéquate.

unsuited [ˌʌn'suːtɪd] adj [person] inapte ; [machine, tool] mal adapté, impropre / *he is unsuited to politics* il n'est pas fait pour la politique / *as a couple they seem totally unsuited* ils forment un couple mal assorti, ils ne vont pas du tout ensemble.

unsullied [ˌʌn'sʌlɪd] adj *liter* sans souillure *liter*, sans tache.

unsung [ˌʌn'sʌŋ] adj *liter* [deed, hero] méconnu.

unsupervised [ʌn'suːpəvaɪzd] adj [child] non surveillé / **'unsupervised minors not admitted'** 'interdit aux enfants non accompagnés'.

unsupported [ˌʌnsə'pɔːtɪd] adj **1.** [argument, theory] non vérifié ; [accusation, statement] non fondé **2.** [wall, aperture] sans support **3.** *fig* [person - financially, emotionally] ▸ **to be unsupported** n'avoir aucun soutien.

unsure [ˌʌn'ʃɔːʳ] adj [lacking self-confidence] qui manque d'assurance, qui n'est pas sûr de soi ; [hesitant] incertain ▸ **to be unsure of o.s.** manquer d'assurance / *I'm unsure about going* je ne suis pas certain d'y aller / *they were unsure of his reaction* ils ignoraient quelle serait sa réaction.

unsurpassable [ˌʌnsə'pɑːsəbl] adj insurpassable.

unsurpassed [ˌʌnsə'pɑːst] adj sans égal or pareil.

unsurprisingly [ˌʌnsə'praɪzɪŋlɪ] adv bien entendu, évidemment.

unsuspected [ˌʌnsə'spektɪd] adj insoupçonné.

unsuspecting [ˌʌnsə'spektɪŋ] adj qui ne soupçonne rien, qui ne se doute de rien.

unsuspectingly [ˌʌnsə'spektɪŋlɪ] adv sans se douter de rien, sans se méfier.

unsustainable [ˌʌnsə'steɪnəbl] adj non viable.

unsweetened [ˌʌn'swiːtnd] adj sans sucre, non sucré.

unswerving [ʌn'swɜːvɪŋ] adj [devotion, loyalty] indéfectible, à toute épreuve ; [determination] inébranlable.

unswervingly [ʌn'swɜːvɪŋlɪ] adv : *unswervingly loyal* d'une loyauté à toute épreuve.

unsympathetic [ˈʌnˌsɪmpə'θetɪk] adj **1.** [unfeeling] insensible, incompréhensif ▸ **to be unsympathetic to a cause** être opposé or hostile à une cause **2.** [unlikeable] antipathique.

unsympathetically [ˈʌnˌsɪmpə'θetɪklɪ] adv [speak, behave] sans montrer la moindre sympathie.

unsystematic [ˌʌnsɪstə'mætɪk] adj non systématique, non méthodique.

untainted [ˌʌn'teɪntɪd] adj [water] pur ; *fig* [reputation] sans tache / *his work is untainted by commercialism* son œuvre est dénuée de mercantilisme.

untam(e)able [ʌn'teɪməbl] adj indomptable, inapprivoisable.

untamed [ˌʌn'teɪmd] adj **1.** [animal - undomesticated] sauvage, inapprivoisé ; [- untrained] non dressé ; [lion, tiger] indompté **2.** [land] sauvage **3.** [person] insoumis, indompté ; [spirit] indompté, rebelle.

untangle [ˌʌn'tæŋgl] vt [hair, necklace, rope] démêler ; *fig* [mystery] débrouiller, éclaircir.

untapped [ˌʌn'tæpt] adj inexploité.

untarnished [ˌʌn'tɑːnɪʃt] adj [silver] non terni ; *fig* [reputation] non terni, sans tache.

untasted [ˌʌn'teɪstɪd] adj auquel on n'a pas goûté / *he sent the wine back untasted* il a renvoyé le vin sans y avoir goûté or touché.

untaxed [,ʌn'tækst] adj [items] non imposé, exempt de taxes ; [income] non imposable, exonéré d'impôts.

unteachable [,ʌn'ti:ʧəbl] adj [person] à qui on ne peut rien apprendre ; [skill] impossible à enseigner or à inculquer.

untenable [,ʌn'tenəbl] adj [argument, theory] indéfendable ; [position] intenable.

untenanted [,ʌn'tenəntɪd] adj inoccupé, sans locataire.

untested [,ʌn'testɪd] adj [employee, method, theory] qui n'a pas été mis à l'épreuve ; [invention, machine, product] qui n'a pas été essayé ; [drug] non encore expérimenté.

unthinkable [ʌn'θɪŋkəbl] adj impensable, inconcevable.

unthinking [ʌn'θɪŋkɪŋ] adj [action, remark] irréfléchi, inconsidéré ; [person] irréfléchi, étourdi.

unthinkingly [ʌn'θɪŋkɪŋlɪ] adv sans réfléchir, inconsidérément.

untidily [ʌn'taɪdɪlɪ] adv sans soin, d'une manière négligée / *the children's clothes were strewn untidily across the floor* les vêtements des enfants jonchaient le plancher / *she stuffed everything untidily into a drawer* elle a tout fourré pêle-mêle dans un tiroir.

untidiness [ʌn'taɪdɪnɪs] n [of dress] manque *m* de soin, débraillé *m* ; [of person] manque *m* d'ordre ; [of room] désordre *m*.

untidy [ʌn'taɪdɪ] (*compar* **untidier**, *superl* **untidiest**) adj [cupboard, desk, room] mal rangé, en désordre ; [appearance] négligé, débraillé ; [person] désordonné.

untie [,ʌn'taɪ] vt [string] dénouer ; [knot] défaire ; [bonds] défaire, détacher ; [package] défaire, ouvrir ; [prisoner] détacher, délier.

untied [ʌn'taɪd] adj : *your shoes are untied* tes lacets sont défaits ▸ **to come untied** se défaire.

until [ən'tɪl] ◆ prep **1.** [up to] jusqu'à / *until midnight / Monday* jusqu'à minuit / lundi / *stay on the motorway until junction 13* restez sur l'autoroute jusqu'à la sortie 13 / *until such time as you are ready* jusqu'à ce que or en attendant que vous soyez prêt / *she was here (up) until February* elle était ici jusqu'en février ▸ **(up) until now** jusqu'ici, jusqu'à présent ▸ **(up) until then** jusque-là **2.** *(with neg)* [before] : *they didn't arrive until 8 o'clock* ils ne sont arrivés qu'à 8 h / *your car won't be ready until next week* votre voiture ne sera pas prête avant la semaine prochaine. ◆ conj [up to the specified moment - in present] jusqu'à ce que ; [- in past] avant que, jusqu'à ce que / *I'll wait here until you come back* j'attendrai ici jusqu'à ce que tu reviennes / *wait until she says hello* attendez qu'elle dise bonjour / *they stayed until everybody had gone* ils sont restés jusqu'à ce que tout le monde soit parti / *I laughed until I cried* j'ai ri aux larmes ; [with negative main clause] : *until she spoke I didn't realize she was Spanish* jusqu'à ce qu'elle commence à parler, je ne m'étais pas rendu compte qu'elle était espagnole / *she won't go to sleep until her mother comes home* elle ne s'endormira pas avant que sa mère (ne) soit rentrée or tant que sa mère n'est pas rentrée / *he can't leave hospital until the wound has completely healed* il ne peut pas quitter l'hôpital tant que sa blessure n'est pas complètement guérie, il ne quittera pas l'hôpital avant que sa blessure (ne) soit complètement guérie / *don't sign anything until the boss gets there* ne signez rien avant que le patron n'arrive, attendez le patron pour signer quoi que ce soit / *the play didn't start until everyone was seated* la pièce n'a commencé qu'une fois que tout le monde a été assis.

> Note that jusqu'à ce que is followed by a verb in the subjunctive:
> **Put the peppers under the grill until they are completely blackened.** *Mettez les poivrons sous le gril jusqu'à ce qu'ils soient complètement grillés.*

untilled [,ʌn'tɪld] adj [uncultivated] non cultivé ; [not ploughed] non labouré.

untimely [ʌn'taɪmlɪ] adj **1.** [premature] prématuré, précoce / *an untimely death* une mort prématurée **2.** [inopportune - remark] inopportun, déplacé ; [- moment] inopportun, mal choisi ; [- visit] intempestif.

untiring [ʌn'taɪərɪŋ] adj [efforts] inlassable, infatigable / *they were untiring in their efforts* ils n'ont pas ménagé leurs efforts.

untiringly [ʌn'taɪərɪŋlɪ] adv inlassablement, infatigablement.

untitled [,ʌn'taɪtld] adj [painting] sans titre ; [person] non titré.

unto ['ʌntu:] prep *arch & liter* **1.** *(indicating dative)* [to] à / *do unto others as you would have them do unto you* ne faites pas à autrui ce que vous ne voudriez pas qu'il vous fît **2.** [until] jusqu'à / *unto death* jusqu'à la mort.

untogether [,ʌntə'geðər] adj *inf* : *he's very untogether* **a)** [in work] il est très mal organisé **b)** [emotionally] il est vraiment mal dans sa peau.

untold [,ʌn'təʊld] adj **1.** [tale] jamais raconté ; [secret] jamais dévoilé / *the story remains untold* cette histoire reste secrète or n'a jamais été racontée **2.** [great - joy, suffering] indicible, indescriptible ; [- amount, number] incalculable.

untouchable [,ʌn'tʌʧəbl] ◆ adj intouchable. ◆ n [in India] intouchable *mf* ; *fig* paria *m*.

untouched [,ʌn'tʌʧt] adj **1.** [not changed] auquel on n'a pas touché, intact / *her coffee was untouched* elle n'a pas touché à son café **2.** [unharmed - person] indemne, sain et sauf ; [- thing] indemne, intact.

untoward [,ʌntə'wɔ:d] adj *fml* [unfortunate - circumstances] fâcheux, malencontreux ; [- effect] fâcheux, défavorable / *I hope nothing untoward has happened* j'espère qu'il n'est rien arrivé de fâcheux.

untrained [,ʌn'treɪnd] adj [person] sans formation ; [ear] inexercé ; [mind] non formé ; [voice] non travaillé ; [dog, horse] non dressé ▸ **to the untrained eye** pour un œil inexercé.

untrammelled UK, **untrammeled** US [ʌn'træməld] adj *liter* sans contrainte, sans entraves / *untrammelled by convention* libre de toute convention.

untranslatable [,ʌntræns'leɪtəbl] adj intraduisible.

untravelled UK, **untraveled** US [,ʌn'trævld] adj [road] peu utilisé or fréquenté ; [person] qui n'a pas voyagé.

untreated [,ʌn'tri:tɪd] adj **1.** [unprocessed - food, wood] non traité ; [- sewage] brut **2.** [infection, tumour] non traité, non soigné / *her condition will worsen if left untreated* son état empirera si elle ne reçoit pas de traitement.

untried [,ʌn'traɪd] adj [method, recruit, theory] qui n'a pas été mis à l'épreuve ; [invention, product] qui n'a pas été essayé.

untrodden [,ʌn'trɒdn] adj [ground, wilderness] inexploré, vierge ; [path] non utilisé or fréquenté.

untroubled [,ʌn'trʌbld] adj tranquille, paisible / *they seemed untroubled by the situation* ils ne semblaient pas (être) affectés par la situation.

untrue [,ʌn'tru:] adj **1.** [incorrect - belief, statement] faux (fausse), erroné ; [- measurement, reading] erroné, inexact **2.** [disloyal] ▸ **to be untrue to sb** être déloyal envers or infidèle à qqn.

untrustworthy [,ʌn'trʌst,wɜ:ðɪ] adj [person] qui n'est pas digne de confiance.

untruth [,ʌn'tru:θ] n *euph & fml* [lie] mensonge *m*, invention *f* ▸ **to tell an untruth** mentir, dire un mensonge.

untruthful [,ʌn'tru:θfʊl] adj [statement] mensonger ; [person] menteur ▸ **to say untruthful things** mentir, dire des mensonges.

untruthfully [ʌn'tru:θflɪ] adv d'une façon mensongère.

untuneful [,ʌn'tju:nfʊl] adj [song, voice] peu mélodieux.

untutored [,ʌn'tju:təd] adj **1.** [person] sans instruction ; [eye, ear] inexercé ; [voice] non travaillé ; [mind] non formé **2.** [skill, talent] inné, naturel.

untwist [ʌn'twɪst] vt détordre.

unusable [,ʌn'ju:zəbl] adj inutilisable.

unused adj **1.** [,ʌn'ju:zd] [not in use] inutilisé ; [new - machine, material] neuf, qui n'a pas servi ; [- clothing, shoes] neuf, qui n'a pas été porté **2.** [ʌn'ju:st] [unaccustomed] ▸ **to be unused to sthg** ne pas avoir l'habitude de qqch, ne pas être habitué à qqch / *I'm unused to (eating) spicy food* je n'ai pas l'habitude de manger or je suis peu habitué à manger épicé.

unusual [ʌn'ju:ʒl] adj [uncommon] peu commun, inhabituel ; [odd] étrange, bizarre / *it's unusual for her to be so brusque* il est rare qu'elle soit si brusque, ça ne lui ressemble pas or ce n'est pas son genre d'être aussi brusque / *it's not unusual to see flooding in these parts* il n'est pas rare or il arrive assez fréquemment qu'il y ait des inondations par ici.

unusually [ʌn'ju:ʒəlɪ] adv [exceptionally] exceptionnellement, extraordinairement / *she is unusually intelligent* elle est d'une intelligence exceptionnelle ; [abnormally] exceptionnellement, anormalement / *he was unusually silent that day* il était étrangement or anormalement silencieux ce jour-là / *unusually, it wasn't raining* chose rare, il ne pleuvait pas.

unutterable [ʌn'ʌtərəbl] adj *fml* [misery, pain] indicible, indescriptible ; [boredom] mortel ; [joy] inexprimable / *he's an unutterable fool!* c'est vraiment un imbécile fini !

unutterably [ʌn'ʌtərəblɪ] adv *fml* [miserable, tired] terriblement, horriblement ; [happy] extrêmement, extraordinairement / *he's unutterably stupid* il est d'une stupidité invraisemblable or inouïe.

unuttered [,ʌn'ʌtəd] adj inexprimé.

unvaried [ʌn'veərɪd] adj qui manque de variété, monotone / *an unvaried diet* une alimentation peu variée.

unvarnished [,ʌn'vɑ:nɪʃt] adj **1.** [furniture] non verni **2.** *fig* [plain, simple] simple, sans fard / *the unvarnished truth* la vérité pure et simple or toute nue.

unvarying [ʌn'veərɪɪŋ] adj invariable, uniforme.

unvaryingly [ʌn'veərɪŋlɪ] adv invariablement.

unveil [,ʌn'veɪl] vt [painting] dévoiler, inaugurer ; *fig* [secret] dévoiler, révéler.

unveiling [,ʌn'veɪlɪŋ] n [of painting, sculpture] dévoilement *m*, inauguration *f* ; [of secret] dévoilement *m*, révélation *f*.

unverified [,ʌn'verɪfaɪd] adj non vérifié.

unversed [,ʌn'vɜ:st] adj *fml* peu versé ▸ **to be unversed in sthg** être peu versé dans qqch.

unvoiced [,ʌn'vɔɪst] adj **1.** [desire, objection] inexprimé **2.** PHON non voisé, sourd.

unwaged [,ʌn'weɪʤd] ◆ adj [unsalaried] non salarié ; [unemployed] sans emploi, au chômage. ◆ pl n ▸ **the unwaged** les sans-emploi *mpl*.

unwanted [,ʌn'wɒntɪd] adj [child, pregnancy] non désiré, non souhaité ; [books, clothing] dont on n'a plus besoin, dont on veut se séparer ; [hair] superflu / *I felt unwanted as a child* j'ai été privé d'affection dans mon enfance.

unwarranted [ʌn'wɒrəntɪd] adj [concern, criticism] injustifié ; [remark, interference] déplacé.

unwary [ʌn'weərɪ] adj [person, animal] qui n'est pas méfiant or sur ses gardes.

unwashed [,ʌn'wɒʃt] ◆ adj [dishes, feet, floor] non lavé ; [person] qui ne s'est pas lavé. ◆ pl n ▸ **the great unwashed** UK *hum & pej* la populace.

unwavering [ʌn'weɪvərɪŋ] adj [devotion, support] indéfectible, à toute épreuve ; [look] fixe ; [person] inébranlable, ferme / *they were unwavering in their belief* ils étaient inébranlables dans leur conviction.

unwaveringly [ʌn'weɪvərɪŋlɪ] adv [believe, support] sans réserve, fermement ; [look] fixement.

unwed [,ʌn'wed] adj célibataire.

unwelcome [ʌn'welkəm] adj [advances, attention] importun ; [advice] non sollicité ; [visit] inopportun ; [visitor] importun, gênant ; [news, situation] fâcheux / *he made his mother feel unwelcome* il a donné l'impression à sa mère qu'elle gênait.

unwelcoming [ʌn'welkəmɪŋ] adj [person, look] hostile, froid ; [place] peu accueillant.

unwell [,ʌn'wel] adj [indisposed] souffrant, indisposé *fml* ; [ill] malade.

unwholesome [,ʌn'həʊlsəm] adj [climate] malsain, insalubre ; [activity, habits, thoughts] malsain, pernicieux ; [fascination, interest] malsain, morbide ; [drink, food] peu sain, nocif.

unwieldy [ʌn'wi:ldɪ] adj **1.** [chair, package] peu maniable, encombrant **2.** [argument, method] maladroit ; [bureaucracy, system] lourd.

unwilling [,ʌn'wɪlɪŋ] adj [helper, student] réticent, peu enthousiaste / *he was unwilling to cooperate* il n'était pas vraiment disposé à coopérer / *I was their unwilling accomplice* j'étais leur complice malgré moi or à mon corps défendant.

unwillingly [ʌn'wɪlɪŋlɪ] adv à contrecœur, contre son gré.

unwillingness [ʌn'wɪlɪŋnɪs] n manque *m* d'enthousiasme, réticence *f* / *she showed her usual unwillingness to compromise* comme d'habitude, elle s'est montrée réticente à accepter le compromis.

unwind [,ʌn'waɪnd] (*pt & pp* **unwound** [,ʌn'waʊnd]) ◆ vt dérouler. ◆ vi **1.** [bail of yarn, cord] se dérouler **2.** *fig* [relax] se détendre, se relaxer.

unwise [,ʌn'waɪz] adj [action, decision] peu judicieux, imprudent / *it would be unwise of you to go* vous auriez tort or il serait imprudent de votre part d'y aller.

unwisely [,ʌn'waɪzlɪ] adv imprudemment.

unwitting [ʌn'wɪtɪŋ] adj *fml* [accomplice] involontaire, malgré soi ; [insult] non intentionnel, involontaire.

unwittingly [ʌn'wɪtɪŋlɪ] adv involontairement, sans (le) faire exprès.

unwomanly [ʌn'wʊmənlɪ] adj peu féminin.

unwonted [ʌn'wəʊntɪd] adj *fml* [event] exceptionnel ; [generosity, kindness] inaccoutumé, inhabituel.

unworkable [,ʌn'wɜ:kəbl] adj [idea, plan] impraticable, impossible à réaliser / *your project is unworkable* votre projet ne marchera pas or est infaisable.

unworldly [,ʌn'wɜ:ldlɪ] adj **1.** [spiritual] spirituel, détaché de ce monde ; [ascetic] d'ascète, ascétique **2.** [naive] naïf, ingénu.

unworn [,ʌn'wɔ:n] adj [clothing] qui n'a pas été porté, (comme) neuf ; [carpet] qui n'est pas usé.

unworthiness [ʌn'wɜ:ðɪnɪs] n [of person] indignité *f*, manque *m* de mérite ; [of action] indignité *f*.

unworthy [ʌn'wɜ:ðɪ] adj [unbefitting] indigne ; [undeserving] indigne, peu méritant / *he felt unworthy of such praise* il se croyait indigne de or il ne croyait pas mériter de telles louanges / *such behaviour is unworthy of you!* une telle conduite est indigne de vous ! / *such details are unworthy of her attention* de tels détails ne méritent pas son attention.

unwound [,ʌn'waʊnd] ◆ pt & pp ⟶ **unwind.** ◆ adj ▸ **to come unwound** se dérouler.

unwounded [,ʌn'wu:ndɪd] adj non blessé, indemne.

unwrap [,ʌn'ræp] (*pt & pp* **unwrapped**, *cont* **unwrapping**) vt déballer, ouvrir.

unwritten [,ʌn'rɪtn] adj [legend, story] non écrit ; [agreement] verbal, tacite / *an unwritten rule* une règle tacitement admise ▸ **unwritten law** droit *m* coutumier.

unyielding [ʌn'ji:ldɪŋ] adj [ground, material] très dur ; [person] inflexible, intransigeant ; [determination, principles] inébranlable.

unyoke [,ʌn'jəʊk] vt dételer.

unzip [,ʌn'zɪp] (*pt & pp* **unzipped**, *cont* **unzipping**) ◆ vt **1.** ouvrir or défaire (la fermeture Éclair® de) **2.** COMPUT [file] dézipper, décompresser. ◆ vi se dégrafer.

up [ʌp] (*pt & pp* **upped**, *cont* **upping**)

◆ adv

- A. TOWARDS OR IN HIGHER POSITION
- B. DIRECTION OR PROXIMITY
- C. STRENGTH, AMOUNT OR VOLUME
- D. COMPLETION OR DESTRUCTION
- E. IN FRONT OF AUDIENCE
- F. INDICATING SUPPORT

A. TOWARDS OR IN HIGHER POSITION **1.** [towards a higher position or level] en haut / *he's on his way up* il monte / *they had coffee sent up* ils ont fait monter du café / *hang it higher up* accrochez-le plus haut / *wait till the moon comes up* attends que la lune se lève **2.** [in a higher position, at a higher level] : *she wears her hair up* elle porte ses cheveux relevés / *hold your head up high!* redressez la tête ! ▸ **heads up!** attention ! ; [in a high place or position] ▸ **up above** au-dessus / *the glasses are up above the plates* les verres sont au-dessus des assiettes / *up in the air* en l'air / *look at the kite up in the sky* regardez le cerf-volant (là-haut) dans le ciel / *I live eight floors up* j'habite au huitième (étage) / *she lives three floors up from us* elle habite trois étages au-dessus de chez nous / *she's up in her room* elle est en haut dans sa chambre / *we spend our holidays up in the mountains* nous passons nos vacances à la montagne / *from up on the mountain* du haut de la montagne / *do you see her up on that hill?* la voyez-vous en haut de or sur cette colline ? / *what are you doing up there?* qu'est-ce que vous faites là-haut ? / *the captain is up on deck* le capitaine est en haut sur le pont / *have you ever been up in a plane?* avez-vous déjà pris l'avion ? ▸ **up the top** tout en haut / *it's up on top of the wardrobe* c'est sur le dessus de l'armoire / *she's up there with the best (of them)* *fig* elle est parmi or dans les meilleurs / *the experience was up there with diving and bungee jumping* l'expérience était tout aussi passionnante que la plongée et le saut à l'élastique / *a weekend here isn't exactly up there with a romantic break in Paris, but...* un week-end ici ne vaut certes pas un séjour en amoureux à Paris, mais... **3.** [in a raised position] levé / *Charles has his hand up* Charles a la main levée / *wind the window up* [in car] remontez la vitre / *put your hood up* relève or mets ta capuche / *she turned her collar up* elle a relevé son col **4.** [into an upright position] debout / *up you get!* debout ! / *he helped me up* il m'a aidé à me lever or à me mettre debout / *sit up straight!* tiens-toi droit ! / *the trunk was standing up on end* la malle était debout ▸ **up and at them!** *inf* grouillez-vous ! **5.** [out of bed] : *get up!* debout ! / *she got up late this morning* elle s'est levée tard ce matin / *she's always up and doing* elle n'arrête jamais **6.** [facing upwards] : *the body was lying face up* le corps était couché sur le dos / *I turned the poster right side up* j'ai mis l'affiche dans le bon sens or à l'endroit / *he turned his hand palm up* il a tourné la main paume vers le haut / **'fragile — this way up'** 'fragile — haut' / *I don't know which end is up anymore* *fig* je suis complètement déboussolé **7.** [erected, installed] : *they're putting up a new hotel there* ils construisent un nouvel hôtel là-bas / *help me get the curtains / the pictures up* aide-moi à accrocher les rideaux / les tableaux **8.** [on wall] : *up on the blackboard* au tableau / *I saw an announcement up about it* je l'ai vu sur une affiche.

B. DIRECTION OR PROXIMITY **1.** [towards north] : *they came up for the weekend* ils sont venus pour le week-end / *it's cold up here* il fait froid ici ▸ **up there** là-bas ▸ **up north** dans le nord **2.** [in, to or from a larger place] : *up in Madrid* à Madrid / *she's up in Maine for the week* elle passe une semaine dans le Maine / *we're up from Munich* nous venons or arrivons de Munich / *he was on his way up to town* il allait en ville **3.** UK [at university] : *he's up at Oxford* il est à Oxford **4.** [further] : *there's a café up ahead* il y a un café plus loin / *the sign up ahead says 10 miles* la pancarte là-bas indique 10 miles **5.** [in phrasal verbs] : *the clerk came up to him* le vendeur s'est approché de lui or est venu vers lui / *a car drew up at the petrol pump* une voiture s'est arrêtée à la pompe à essence / *up came a small, blonde child* (alors,) un petit enfant blond s'est approché **6.** [close to] ▸ **up close** de près / *I like to sit up front* j'aime bien m'asseoir devant / *when you get right up to her* quand vous la voyez de près / *they stood up close to one another* ils se tenaient l'un contre l'autre or tout près l'un de l'autre.

C. STRENGTH, AMOUNT OR VOLUME **1.** [towards a higher level] : *prices have gone up by 10 per cent* les prix ont augmenté or monté de 10 pour cent / *bread has gone up again* le pain a encore augmenté / *the temperature soared up into the thirties* la température est montée au-dessus de trente degrés / *they can cost anything from £750 up* ils coûtent au moins 750 livres, on en trouve à partir de 750 livres **2.** [more loudly, intensely] plus fort / *he turned the radio up* il a mis la radio plus fort.

D. COMPLETION OR DESTRUCTION **1.** *inf* [indicating completion] : *drink up!* finissez vos verres ! / *eat up your greens* mange tes légumes / *the river had dried up* la rivière s'était asséchée **2.** *inf* [into small pieces] : *he ripped the shirt up* il a mis la chemise en lambeaux / *I tore up the letter* j'ai déchiré la lettre (en petits morceaux) **3.** *inf* [together] : *add these figures up* additionnez ces chiffres / *the teacher gathered up his notes* le professeur a ramassé ses notes.

E. IN FRONT OF AUDIENCE [before an authority] : *he came up before the judge for rape* il a comparu (devant le juge) pour viol / *the murder case came up before the court today* le meurtre a été jugé aujourd'hui / *she comes up before the board tomorrow* elle paraît devant le conseil demain.

F. INDICATING SUPPORT *inf* : *up (with) the Revolution!* vive la révolution ! / *up the Lakers!* SPORT allez les Lakers !

◆ adj **1.** [at or moving towards higher level] haut / *the river is up* le fleuve est en crue / *the tide is up* la marée est haute / *prices are up on last year* les prix ont augmenté par rapport à l'année dernière / *the temperature is up in the twenties* la température a dépassé les vingt degrés **2.** [in a raised position] levé / *the blinds are up* les stores sont levés / *keep the windows up* [in car] n'ouvrez pas les fenêtres / *her hair was up (in a bun)* elle avait un chignon / *her hood was up so I couldn't see her face* sa capuche était relevée, si bien que je ne voyais pas sa figure / *his defences were up* *fig* il était sur ses gardes **3.** [in an upwards direction] : *the up escalator* l'escalier roulant ascendant **4.** UK RAIL [heading for a larger city] : *the up train* le train qui va en ville / *the up platform* le quai où l'on prend le train qui va en ville **5.** [out of bed] : *is she up yet?* est-elle déjà levée or debout ? / *we're normally up at 6* d'habitude nous nous levons à 6 h / *she was up late last night* elle s'est couchée or elle a veillé tard hier soir / *they were up all night* ils ne se sont pas couchés de la nuit, ils ont passé une nuit blanche **6.** [in tennis] : *was the ball up?* la balle était-elle bonne ? **7.** [road] en travaux / **'road up'** 'travaux' **8.** [erected, installed] : *these buildings haven't been up long* ça ne fait pas longtemps que ces immeubles ont été construits / *are the new curtains up yet?* les nouveaux rideaux ont-ils été posés ? **9.** [finished, at an end] terminé ▸ **time is up! a)** [on exam, visit] c'est l'heure ! **b)** [in game, on meter] le temps est écoulé ! / *when the month was up he left* à la fin du mois, il est parti **10.** [ahead] : *I'm $50 up on you* *inf* j'ai 50 dollars de plus que vous / *Madrid was two goals up* SPORT Madrid menait de deux buts / *Georgetown was 13 points up on Baltimore* SPORT Georgetown avait 13 points d'avance sur Baltimore ▸ **to be one up on sb** *inf* avoir un avantage sur qqn **11.** *inf* [ready] prêt / *dinner's up* le dîner est prêt **12.** [in operation] : *the computer's up again* l'ordinateur fonctionne à nouveau **13.** *inf* [cheerful] gai / *he seemed very up when I saw him* il avait l'air en pleine forme quand je l'ai vu **14.** *inf* [well-informed] ▸ **to be up on sthg** être au fait de qqch / *he's really up on history* il est fort or calé en histoire / *she's always up with the latest trends* elle est toujours au courant de la dernière mode **15.** [before an authority] comparaître ▸ **to be up before a court / a judge** comparaître devant un tribunal / un juge / *she's up before the board tomorrow* elle comparaît devant le conseil demain **16.** *inf* PHR **something's up a)** [happening] il se passe quelque chose **b)** [wrong] quelque chose ne va pas ▸ **what's up? a)** [happening] qu'est-ce qui se passe ? **b)** [wrong] qu'est-ce qu'il y a ? **c)** US [as greeting] quoi de neuf ? / *what's up with you?* **a)** [happening] quoi de neuf ? **b)** [wrong] qu'est-ce que tu as ? / *do you know what's up?* est-ce que tu sais ce qui se passe ? / *something's up with Mum* il y a quelque chose qui ne va pas chez maman, maman a quelque chose.

◆ prep **1.** [indicating motion to a higher place or level] : *we carried our suitcases up the stairs* nous avons monté nos valises / *he ran up the stairs* il a monté l'escalier en courant / *she was up and down stairs all day* elle montait et descendait les escaliers toute la journée / *I climbed up the ladder* je suis monté à l'échelle / *the cat climbed up the tree* le chat a grimpé dans l'arbre / *further up the wall* plus haut sur le mur ▸ **up hill and down dale** *liter* par monts et par vaux **2.** [at or to the far end of] : *her flat is up those stairs* son appartement est en haut de cet escalier / *we walked up the street* nous avons monté la rue / *she pointed up the street* elle a montré le haut de la rue / *she lives up this street* elle habite dans cette rue / *the café is just up the road* le café se trouve plus loin or plus haut dans la rue **3.** [towards the source of] : *up the river* en amont / *a voyage up the Amazon* une remontée de l'Amazone **4.** UK *v inf* [out at] à / *he's up the pub* il est au pub **5.** PHR **up yours!** *v inf* va te faire voir !

◆ vt **1.** [increase] augmenter / *they have upped their prices by 25 per cent* ils ont augmenté leurs prix de 25 pour cent **2.** [promote] lever, relever / *the boss upped him to district manager* le patron l'a bombardé directeur régional.

◆ vi *inf* : *she upped and left* elle a fichu le camp / *he upped and married her* en moins de deux, il l'a épousée.

◆ n **1.** [high point] haut *m* ▸ **ups and downs a)** [in land, road] accidents *mpl* **b)** [of market] fluctuations *fpl* ; [in life] : *I've had a lot of ups and downs in my life* j'ai connu des hauts et des bas / *we all have our ups and downs* nous avons tous des hauts et des bas **2.** [increase] : *the market is on the up* le marché est à la hausse / *prices are on the up* les prix sont en train d'augmenter.

❖ **up against** prep phr **1.** [touching] contre / *lean the ladder up against the window* appuyez l'échelle contre la fenêtre **2.** [in competition or conflict with] : *you're up against some good candidates* vous êtes en compétition avec de bons candidats / *they don't know what they're up against!* ils ne se rendent pas compte de ce qui les attend ! ▸ **to be up against the law** être dans l'illégalité ▸ **to be up against it** *inf* être dans le pétrin.

❖ **up and about, up and around** adj phr [gen] : *I've been up and about since 7 o'clock* je suis debout depuis 7 h ; [after illness] : *so you're up and about again?* alors tu n'es plus cloué au lit ?

❖ **up and down** ◆ adv phr **1.** [upwards and downwards] : *he was jumping up and down* il sautait sur place / *she looked us up and down* elle nous a regardés de haut en bas / *the bottle bobbed up and down on the waves* la bouteille flottait sur les vagues / *I was up and down all night* [in and out of bed] je n'ai pas arrêté de me lever la nuit dernière **2.** [to and fro] de long en large / *I could hear him walking up and down* je l'entendais faire les cent pas or marcher de long en large / *she walked up and down the platform* elle faisait les cent pas sur le quai **3.** [in all parts of] : *up and down the country* dans tout le pays. ◆ adj phr : *she's been very up and down lately* elle a eu beaucoup de hauts et de bas ces derniers temps.

❖ **up for** prep phr **1.** [under consideration, about to undergo] à / *the house is up for sale* la maison est à vendre / *the project is up for discussion* on va discuter du projet / *she's up for election* elle est candidate or elle se présente aux élections **2.** [due to be tried for] être jugé / *he's up for murder / speeding* il va être jugé pour meurtre / excès de vitesse **3.** *inf* [interested in, ready for] : *are you still up for supper tonight?* tu veux toujours qu'on dîne ensemble ce soir ? / *he's up for anything* il est toujours partant.

❖ **up to** prep phr **1.** [as far as] jusqu'à / *he can count up to 100* il sait compter jusqu'à 100 / *the river is up to 25 feet wide* le fleuve a jusqu'à 25 pieds de largeur / *the bus can take up to 50 passengers* le bus peut accueillir jusqu'à 50 passagers / *I'm up to page 120* j'en suis à la page 120 / *up to and including Saturday* jusqu'à samedi inclus / *up to here* jusqu'ici ▸ **up to** or **up until now** jusqu'à maintenant, jusqu'ici ▸ **up to** or **up until then** jusqu'alors, jusque-là / *we were up to our knees in mud* nous avions de la boue jusqu'aux genoux **2.** [the responsibility of] : *should he attend the meeting? — that's up to him* devrait-il assister à la réunion ? — il fait ce qu'il veut or c'est à lui de voir / *which film do you fancy? — it's up to you* quel film est-ce que tu veux voir ? — c'est comme tu veux / *if it were up to me...* si c'était moi qui décidais or à moi de décider... / *it's up to them to pay damages* c'est à eux or il leur appartient de payer les dégâts **3.** [capable of] ▸ **to be up to doing sthg** être capable de faire qqch / *he's not up to heading the team* il n'est pas capable de diriger l'équipe / *my German is not up to translating novels* mon niveau d'allemand ne me permet pas de traduire des romans / *are you going out tonight? — no, I don't feel up to it* tu sors ce soir ? — non, je n'en ai pas tellement envie / *are you up to working* or *to work?* êtes-vous capable de or en état de travailler ? / *I'm not up to going back to work* je ne suis pas encore en état de reprendre le travail / *the football team isn't up to much* *inf* l'équipe de foot ne vaut pas grand-chose **4.** [as good as] : *his work is not up to his normal standard* son travail n'est pas aussi bon que d'habitude / *the levels are up to standard* les niveaux sont conformes aux normes / *I don't feel up to par* je ne me sens pas en forme **5.** [engaged in, busy with] : *let's see what she's up to* allons voir ce qu'elle fait or fabrique / *what have you been up to lately?* qu'est-ce que tu deviens ? / *what's he been up to now?* qu'est-ce qu'il a encore inventé ? / *they're up to something* ils manigancent quelque chose / *she's up to no good* elle prépare un mauvais coup / *the things we got up to in our youth!* qu'est-ce qu'on ne faisait pas quand on était jeunes !

up-and-coming adj plein d'avenir, qui promet, qui monte.

up-and-down adj **1.** [movement] qui monte et qui descend, ascendant et descendant **2.** [unstable] : *his career has been very up-and-down* sa carrière a connu des hauts et des bas / *I've been very up-and-down lately* UK j'ai eu des hauts et des bas ces derniers temps.

up-and-over adj ▸ **up-and-over door** porte *f* basculante *(d'un garage, etc.)*.

up-and-under n [in rugby] chandelle *f*.

up-and-up n ▸ **to be on the up-and-up a)** UK [improving] aller de mieux en mieux **b)** US [honest] être honnête.

upbeat ['ʌpbi:t] ◆ adj [mood, person] optimiste ; [music] entraînant. ◆ n MUS levé *m*.

upbraid [ʌp'breɪd] vt *fml* réprimander.

upbringing ['ʌp,brɪŋɪŋ] n éducation *f* / *to rebel against one's upbringing* se révolter contre son éducation.

upchuck ['ʌptʃʌk] vi US *v inf* dégueuler, vomir.

upcoming ['ʌp,kʌmɪŋ] adj [event] à venir, prochain ; [book] à paraître, qui va paraître ; [film] qui va sortir / *Ford's upcoming film* le prochain film de Ford / *the upcoming elections* les élections qui vont bientôt avoir lieu / **'upcoming attractions'** 'prochainement'.

up-country ◆ adj [inland] de l'intérieur ; *pej* [unsophisticated] provincial. ◆ n intérieur *m*. ◆ adv [go, move] vers l'intérieur ; [live] à l'intérieur.

update ◆ vt [,ʌp'deɪt] [information, record] mettre à jour, actualiser ; [army, system] moderniser. ◆ n ['ʌpdeɪt] [of information, record] mise *f* à jour, actualisation *f* ; [of army, system] modernisation *f* / *an update on the situation* une mise au point sur la situation.

updated [,ʌp'deɪtɪd] adj [records] mis à jour ; [army, system] modernisé.

upend [ʌp'end] vt **1.** *lit* [object] mettre debout ; [person] mettre la tête en bas **2.** *fig* [upset] bouleverser.

upfront [,ʌp'frʌnt] adj *inf* **1.** [frank - person] franc (franche), ouvert ; [- remark] franc (franche), direct **2.** [payment] d'avance.

upgradable [ʌp'greɪdəbl] adj COMPUT extensible.

upgrade ◆ vt [,ʌp'greɪd] **1.** [improve] améliorer ; [increase] augmenter ; [modernize - computer system] moderniser, actualiser / *I was upgraded to business class* [on plane] on m'a mis en classe affaires **2.** [job] revaloriser ; [employee] promouvoir / *I was upgraded* je suis monté en grade / *she was upgraded to sales manager* elle a été promue directrice des ventes. ◆ vi [,ʌp'greɪd] : *we've upgraded to a more powerful system* on est passés à un système plus puissant. ◆ n ['ʌpgreɪd] **1.** US [slope] montée *f* **2.** COMPUT [of software] actualisation *f* ; [of system] extension *f* **3.** PHR **to be on the upgrade a)** [price, salary] augmenter, être en hausse **b)** [business, venture] progresser, être en bonne voie **c)** [sick person] être en voie de guérison / *his career is on the upgrade* sa carrière est en bonne voie.

upgradeable = **upgradable**.

upheaval [ʌp'hi:vl] n [emotional, political, etc.] bouleversement *m* ; [social unrest] agitation *f*, perturbations *fpl* / *the war brought a lot of upheaval* la guerre a entraîné de nombreux bouleversements.

upheld [ʌp'held] pt & pp ⟶ **uphold**.

uphill [,ʌp'hɪl] ◆ adj **1.** [road, slope] qui monte **2.** *fig* [task] ardu, pénible ; [battle] rude, acharné / *it was an uphill struggle convincing him* j'ai eu beaucoup de mal à le convaincre. ◆ adv ▸ **to go uphill a)** [car, person] monter (la côte) **b)** [road] monter.

uphold [ʌp'həʊld] *(pt & pp* **upheld** [ʌp'held]) vt **1.** [right] défendre, faire respecter ; [law, rule] faire respecter or observer **2.** LAW [conviction, decision] maintenir, confirmer.

upholder [ʌp'həʊldər] n défendeur *m*.

upholster [ʌp'həʊlstər] vt recouvrir, tapisser / *upholstered in leather* recouvert or tapissé de cuir ▸ **to be well upholstered** *hum* être enrobé or bien en chair.

upholsterer [ʌp'həʊlstərər] n tapissier *m*, -ère *f*.

upholstery [ʌp'həʊlstərɪ] n *(U)* **1.** [covering - fabric] tissu *m* d'ameublement ; [- leather] cuir *m* ; [- in car] garniture *f* ▸ **upholstery tack** clou *m* de tapissier **2.** [trade] tapisserie *f*.

upkeep ['ʌpki:p] n *(U)* [maintenance] entretien *m* ; [cost] frais *mpl* d'entretien.

upland ['ʌplənd] ◆ n ▸ **the upland** or **uplands** les plateaux *mpl*, les hautes terres *fpl*. ◆ adj des plateaux.

uplift ◆ vt [ʌp'lɪft] [person - spiritually] élever (l'esprit de) ; [- morally] encourager / *he felt uplifted by the news* la nouvelle lui a redonné courage. ◆ comp ['ʌplɪft] ▸ **uplift bra** soutien-gorge *m* de maintien.

uplifting [ʌp'lɪftɪŋ] adj édifiant.

uplighter ['ʌplaɪtər] n *applique ou lampadaire diffusant la lumière vers le haut.*

uplink ['ʌplɪŋk] n COMPUT liaison *f* montante.

upload ['ʌpləʊd] ◆ n COMPUT téléchargement *m (vers le serveur)*. ◆ vt & vi COMPUT télécharger *(vers le serveur)*.

up-market ◆ adj [goods, service, area] haut de gamme, de première qualité ; [newspaper, television programme] qui vise un public cultivé ; [audience] cultivé. ◆ adv : *she's moved up-market* elle fait dans le haut de gamme maintenant.

upmost ['ʌpməʊst] = **uppermost**.

upon [ə'pɒn] prep **1.** *fml* [indicating position or place] : *upon the grass / the table* sur la pelouse / la table / *she had a sad look upon her face* elle avait l'air triste / *the ring upon her finger* la bague à son doigt **2.** *fml* [indicating person or thing affected] : *attacks upon old people are on the increase* les attaques contre les personnes âgées sont de plus en plus fréquentes **3.** *fml* [immediately after] à / *upon our arrival in Rome* à notre arrivée à Rome / *upon hearing the news, he rang home* lorsqu'il a appris la nouvelle, il a appelé chez lui / *upon request* sur simple demande **4.** [indicating large amount] et / *mile upon mile of desert* des kilomètres et des kilomètres de désert / *we receive thousands upon thousands of offers each year* nous recevons plusieurs milliers de propositions chaque année **5.** [indicating imminence] : *the holidays are nearly upon us* les vacances approchent **6.** PHR **upon my word!** *dated* ma parole !

upper ['ʌpəʳ] ◆ adj **1.** [physically higher] supérieur, plus haut *or* élevé ; [top] du dessus, du haut ▸ **upper lip** lèvre supérieure / *temperatures are in the upper 30s* la température dépasse 30 degrés ▸ **to have the upper hand** avoir le dessus ▸ **to get** *or* **to gain the upper hand** prendre le dessus *or* l'avantage **2.** [higher in order, rank] supérieur ▸ **the Upper House a)** [gen] la Chambre haute **b)** [in England] la Chambre des lords **3.** GEOG [inland] haut / *the upper valley of the Nile* la haute vallée du Nil. ◆ n **1.** [of shoe] empeigne *f* ▸ **to be on one's uppers** UK *inf* manger de la vache enragée, être fauché **2.** *drugs sl* excitant *m*, stimulant *m*.

upper case n TYPO haut *m* de casse.

✧ **upper-case** adj ▸ **an upper-case letter** une majuscule.

upper class n ▸ **the upper class, the upper classes** *l'aristocratie et la haute bourgeoisie.*

✧ **upper-class** adj **1.** [accent, family] aristocratique ▸ **upper class twit** *inf expression péjorative caricaturant l'aristocratie peu intelligente* **2.** US UNIV [student] *de troisième ou quatrième année.*

upper-crust adj *inf* aristocratique.

uppercut ['ʌpəkʌt] (*pt & pp* **uppercut**, *cont* **uppercutting**) ◆ n uppercut *m*. ◆ vt frapper d'un uppercut.

upper middle class n ▸ **the upper middle class** *classe sociale réunissant les professions libérales et universitaires, les cadres de l'industrie et les hauts fonctionnaires.*

uppermost ['ʌpəməʊst] ◆ adj **1.** [part, side] le plus haut *or* élevé ; [drawer, storey] du haut, du dessus **2.** [most prominent] le plus important / *it's not uppermost in my mind* ce n'est pas ma préoccupation essentielle en ce moment / *human rights are uppermost on his list of priorities* les droits de l'homme sont en tête de ses priorités. ◆ adv [most prominently] : *the question that comes uppermost in my mind* la question que je me pose en premier *or* avant toute autre.

upper school n UK ▸ **the upper school** les grandes classes *fpl*.

upper sixth n UK SCH (classe *f*) terminale *f*.

Upper Volta [-'vɒltə] pr n Haute-Volta *f* / *in Upper Volta* en Haute-Volta.

uppity ['ʌpətɪ] adj *inf* [arrogant] arrogant, suffisant ; [snobbish] snob *(inv)* / *you don't have to get so uppity about it!* inutile de le prendre de si haut !

Uppsala ['ʌpsɑːlə] pr n Uppsala.

upraised [ʌp'reɪzd] adj levé.

upright ['ʌpraɪt] ◆ adj **1.** [erect] droit ▸ **upright freezer** congélateur *m* armoire ▸ **upright piano** piano *m* droit ▸ **upright vacuum cleaner** aspirateur-balai *m* **2.** [honest] droit. ◆ adv **1.** [sit, stand] droit / *he sat bolt upright* il se redressa (sur son siège) **2.** [put] droit, debout. ◆ n **1.** [of door, bookshelf] montant *m*, portant *m* ; [of goal post] montant *m* du but ; ARCHIT pied-droit *m* **2.** [piano] piano *m* droit **3.** [vacuum cleaner] aspirateur-balai *m*.

uprising ['ʌp,raɪzɪŋ] n soulèvement *m*, révolte *f*.

upriver [,ʌp'rɪvəʳ] ◆ adj (situé) en amont, d'amont. ◆ adv [be] en amont ; [move] vers l'amont ; [row, swim] contre le courant.

uproar ['ʌprɔːʳ] n [noise] tumulte *m*, vacarme *m* ; [protest] protestations *fpl*, tollé *m* / *his speech caused quite an uproar* **a)** [protests] son discours a mis le feu aux poudres **b)** [shouting] son discours a déclenché le tumulte / *the town was in (an) uproar over the new taxes* la ville entière s'est élevée contre le nouvel impôt.

uproarious [ʌp'rɔːrɪəs] adj [crowd, group] hilare ; [film, joke] hilarant, désopilant ; [laughter] tonitruant.

uproariously [ʌp'rɔːrɪəslɪ] adv [laugh] aux éclats ▸ **uproariously funny** désopilant, tordant.

uproot [ʌp'ruːt] vt *lit & fig* déraciner.

upsadaisy [,ʌpsə'deɪzɪ] UK *inf* = **upsydaisy**.

upscale ['ʌpskeɪl] adj US haut de gamme.

upset (*pt & pp* **upset**, *cont* **upsetting**) ◆ vt [ʌp'set] **1.** [overturn - chair, pan] renverser ; [- milk, paint] renverser, répandre ; [- boat] faire chavirer **2.** [disturb - plans, routine] bouleverser, déranger ; [- procedure] bouleverser ; [- calculations, results] fausser ; [- balance] rompre, fausser **3.** [person - annoy] contrarier, ennuyer ; [- offend] fâcher, vexer ; [- worry] inquiéter, tracasser / *the least little thing upsets her* elle se fait du mauvais sang pour rien / *it's not worth upsetting yourself over* ce n'est pas la peine de vous en faire **4.** [make ill - stomach] déranger ; [- person] rendre malade / *sea food always upsets me* or *my stomach* les fruits de mer me rendent toujours malade. ◆ adj [ʌp'set] **1.** [annoyed] ennuyé, contrarié ; [offended] fâché, vexé ; [worried] inquiet (inquiète) / *there's no reason to get so upset* il n'y a pas de quoi en faire un drame *or* te fâcher / *he's upset about losing the deal* cela l'ennuie d'avoir perdu l'affaire / *I was most upset that she left* j'étais très ennuyé qu'elle soit partie / *why is she so upset?* qu'est-ce qu'elle a ? **2.** [stomach] dérangé ▸ **to have an upset stomach** avoir une indigestion. ◆ n ['ʌpset] **1.** [in plans] bouleversement *m* ; [of government] renversement *m* ; [of team] défaite *f* / *the result caused a major political upset* le résultat a entraîné de grands bouleversements politiques **2.** [emotional] bouleversement *m* **3.** [of stomach] indigestion *f* / *he often gets stomach upsets* il a souvent des indigestions.

upset price ['ʌpset-] n US & Scot mise *f* à prix.

upsetting [ʌp'setɪŋ] adj [annoying] ennuyeux, contrariant ; [offensive] vexant ; [saddening] attristant, triste ; [worrying] inquiétant.

upshot ['ʌpʃɒt] n résultat *m*, conséquence *f*.

upside ['ʌpsaɪd] n **1.** [surface] dessus *m* **2.** [of situation] avantage *m*, bon côté *m*.

upside down ◆ adj **1.** [cup, glass] à l'envers, retourné / *upside-down logic fig* raisonnement *m* tordu ▸ **upside-down cake** gâteau *m* renversé **2.** [room, house] sens dessus dessous. ◆ adv **1.** [in inverted fashion] à l'envers / *she hung upside down from the bar* elle s'est suspendue à la barre la tête en bas ▸ **to read sthg upside down** lire qqch à l'envers **2.** [in disorderly fashion] sens dessus dessous / *we turned the house upside down looking for the keys* nous avons mis la maison sens dessus dessous en cherchant les clés / *the news turned our world upside down* la nouvelle a bouleversé notre univers.

upskill ['ʌpskɪl] ◆ vt améliorer les compétences de, former. ◆ vi améliorer ses compétences, se former.

upstage [,ʌp'steɪdʒ] ◆ adv [move] vers le fond de la scène ; [enter, exit] par le fond de la scène ; [stand] au fond de la scène. ◆ vt *fig* éclipser, voler la vedette à.

upstairs [,ʌp'steəz] ◆ adv en haut, à l'étage / *there are three bedrooms upstairs* il y a trois chambres en haut *or* à l'étage ▸ **to go upstairs** monter (à l'étage) / *she ran back upstairs* elle est remontée en courant / *I'll take your bags upstairs* je monterai vos bagages / *let me show you upstairs* permettez que je vous fasse monter / *he hasn't got much upstairs* il n'est pas très futé *or* dégourdi. ◆ adj [room, window] du haut, (situé) à l'étage ; [flat, neighbour] du dessus. ◆ n étage *m* / *we rent out the upstairs* nous louons (les pièces de) l'étage.

upstanding [,ʌp'stændɪŋ] adj **1.** [in character] intègre, droit ; [in build] bien bâti **2.** *fml* [on one's feet] ▸ **be upstanding** levez-vous.

upstart ['ʌpstɑːt] n *pej* parvenu *m*, -e *f* / *that young upstart!* ce petit morveux !

upstate [,ʌp'steɪt] US ◆ adv [live] dans le nord (de l'État) ; [move] vers le nord (de l'État) / *he moved upstate* il est allé s'installer dans le nord (de l'État). ◆ adj au nord (de l'État) ▸ **upstate New York** *la partie nord de l'État de New York.*

upstream [,ʌp'striːm] ◆ adv **1.** [live] en amont ; [move] vers l'amont ; [row, swim] contre le courant **2.** ECON en amont. ◆ adj **1.** [gen] d'amont, (situé) en amont **2.** ECON en amont.

upstroke ['ʌpstrəʊk] n [of pen] délié *m* ; [of piston] mouvement *m* ascendant.

upsurge ['ʌpsɜːdʒ] n [gen] mouvement *m* vif ; [of anger, enthusiasm] vague *f*, montée *f* ; [of interest] renaissance *f*, regain *m* ; [in production, sales] montée *f*, augmentation *f*.

upswing ['ʌpswɪŋ] n **1.** [movement] mouvement *m* ascendant, montée *f* **2.** [improvement] amélioration *f* / *the stock market is on the upswing* la Bourse est en hausse / *there's been an upswing in sales* il y a eu une progression des ventes.

upsydaisy [,ʌpsə'deɪzɪ] interj *inf* ▸ **upsydaisy!** allez, hop !

uptake ['ʌpteɪk] n **1.** [of air] admission *f* ; [of water] prise *f*, adduction *f* **2.** [of offer, allowance] : *a campaign to improve the uptake of child benefit* une campagne pour inciter les gens à réclamer leurs allocations familiales **3.** PHR **to be quick on the uptake** avoir l'esprit vif *or* rapide, comprendre vite ▸ **to be slow on the uptake** être lent à comprendre *or* à saisir.

upthrust ['ʌpθrʌst] n [of piston] poussée *f* ascendante ; GEOL soulèvement *m*.

uptick ['ʌptɪk] n US [increase] augmentation *f*.

uptight [ʌp'taɪt] adj *inf* **1.** [tense] tendu, crispé ; [irritable] irritable, énervé ; [nervous] nerveux, inquiet (inquiète) / *he gets so uptight whenever I mention it* **a)** [tense] il se crispe chaque fois que j'en parle **b)** [annoyed] il s'énerve chaque fois que j'en parle **2.** [prudish] coincé, collet monté *(inv)* / *he's very uptight about sex* il est très coincé quand il s'agit de sexe.

uptime ['ʌptaɪm] n COMPUT temps *m* de bon fonctionnement.

up-to-date adj **1.** [information, report - updated] à jour ; [- most current] le plus récent / *I try to keep up-to-date on the news* j'essaie de me tenir au courant de l'actualité ▸ **to bring sb up-to-date on sthg** mettre qqn au courant de qqch / *they brought the reports up-to-date* ils ont mis les rapports à jour **2.** [modern - machinery, methods] moderne.

up-to-the-minute adj le plus récent / *up-to-the-minute news reporting* bulletins *mpl* (d'information) de dernière minute.

uptown [,ʌp'taʊn] US ◆ adj des quartiers résidentiels. ◆ adv [be, live] dans les quartiers résidentiels ; [move] vers les quartiers résidentiels. ◆ n les quartiers *mpl* résidentiels.

upturn ◆ n ['ʌptɜːn] [in economy, situation] amélioration *f* ; [in production, sales] progression *f*, reprise *f* / *there's been an upturn in the market* il y a eu une progression du marché. ◆ vt [ʌp'tɜːn] [turn over] retourner ; [turn upside down] mettre à l'envers ; [overturn] renverser.

upturned [ʌp'tɜːnd] adj **1.** [nose] retroussé / *upturned faces* visages tournés vers le haut **2.** [upside down] retourné, renversé.

upward ['ʌpwəd] ◆ adj [movement] ascendant ; [trend] à la hausse. ◆ adv US = **upwards**.

upward-compatible adj COMPUT compatible vers le haut.

upwardly mobile ['ʌpwədlɪ-] adj susceptible de promotion sociale.

upward mobility n mobilité *f* sociale.

upwards ['ʌpwədz] adv **1.** [move, climb] vers le haut ▸ **to slope upwards** monter / *we looked upwards* nous avons levé les yeux *or* regardé vers le haut / *if you look upwards you can see...* si vous levez la tête *or* les yeux, vous voyez... / *prices are moving upwards* les prix sont à la hausse **2.** [facing up] : *she placed the photos (face) upwards on the table* elle a posé les photos sur la table face vers le haut / *he lay on the floor face upwards* il était allongé par terre sur le dos **3.** [onwards] : *from 15 years upwards* à partir de 15 ans / *from her youth upwards* depuis sa jeunesse.

✧ **upwards of** prep phr : *upwards of 100 candidates applied* plus de 100 candidats se sont présentés / *they can cost upwards of £150* ils peuvent coûter 150 livres et plus.

upwind [,ʌp'wɪnd] ◆ adv du côté du vent, contre le vent. ◆ adj dans le vent, au vent ▸ **to be upwind of sthg** être dans le vent *or* au vent par rapport à qqch.

Ur [ɜː] pr n Our, Ur.

UR MESSAGING written abbr of **you are**.

uraemia [ˌjʊəˈriːmjə] UK = **uremia**.

Ural [ˈjʊərəl] adj ▸ **the Ural Mountains** les monts *mpl* Oural, l'Oural *m* ▸ **the Ural River** l'Oural *m*.

Urals [ˈjʊərəlz] pl pr n ▸ **the Urals** l'Oural *m* / *in the Urals* dans l'Oural.

uranite [ˈjʊərənaɪt] n uranite *f*.

uranium [jʊˈreɪnjəm] n uranium *m* ▸ **uranium series** série *f* uranique.

Uranus [ˈjʊərənəs] pr n ASTRON & MYTH Uranus.

urban [ˈɜːbən] adj urbain ▸ **urban area** zone *f* urbaine, agglomération *f* ▸ **urban blight** or **decay** dégradation *f* urbaine ▸ **urban caving** spéléologie *f* urbaine ▸ **urban district** UK ADMIN district *m* urbain ▸ **urban folklore** folklore *m* urbain ▸ **urban guerrilla** personne *f* qui pratique la guérilla urbaine ▸ **the urban jungle** la jungle de la ville ▸ **urban legend** légende *f* urbaine ▸ **urban myth** mythe *m* urbain ▸ **urban renewal** rénovations *fpl* urbaines ▸ **urban unemployment** chômage *m* dans les zones urbaines.

urbane [ɜːˈbeɪn] adj [person] poli, qui a du savoir-vivre ; [manner] poli, raffiné.

urbanely [ɜːˈbeɪnlɪ] adv avec mondanité.

urbanism [ˈɜːbənɪzm] n urbanisme *m*.

urbanite [ˈɜːbənaɪt] n citadin *m*, -e *f*.

urbanity [ɜːˈbænətɪ] n urbanité *f fml*, savoir-vivre *m*.

urbanization [ˌɜːbənaɪˈzeɪʃn] n urbanisation *f*.

urbanize, **urbanise** [ˈɜːbənaɪz] vt urbaniser.

urchin [ˈɜːtʃɪn] n galopin *m*, polisson *m*, -onne *f*.

urchin cut n coupe *f* or coiffure *f* à la garçonne.

Urdu [ˈʊəduː] n ourdou *m*, urdu *m*.

urea [ˈjʊərɪə] n urée *f*.

uremia [ˌjʊəˈriːmjə] n US urémie *f*.

ureter [ˌjʊəˈriːtə] n uretère *m*.

urethra [ˌjʊəˈriːθrə] n urètre *m*.

urethritis [ˌjʊərɪˈθraɪtɪs] n *(U)* urétrite *f*.

urge [ɜːdʒ] ◆ n forte envie *f*, désir *m* / *I felt* or *I had a sudden urge to tell her* j'avais tout à coup très envie de lui dire ▸ **the sexual urge** les pulsions *fpl* sexuelles. ◆ vt **1.** [person - incite] exhorter, presser / *I urge you to reconsider* je vous conseille vivement de reconsidérer votre position / *she urged us not to sell the house* elle nous a vivement déconseillé de vendre la maison / *he urged them to revolt* il les a incités à la révolte or à se révolter **2.** [course of action] conseiller vivement, préconiser ; [need, point] insister sur / *they urged the need for new schools* ils ont insisté sur la nécessité de construire de nouvelles écoles / *we urged caution* nous avons préconisé la prudence.

❖ **urge on** vt sep talonner, presser ; [person, troops] faire avancer ▸ **to urge sb on to do sthg** inciter qqn à faire qqch.

urgency [ˈɜːdʒənsɪ] n urgence *f* / *it's a matter of great urgency* c'est une affaire très urgente / *there's no great urgency* cela n'est pas urgent or ne presse pas / *there was a note of urgency in her voice* il y avait de l'insistance dans sa voix.

urgent [ˈɜːdʒənt] adj **1.** [matter, need] urgent, pressant ; [message] urgent / *it's not urgent* ce n'est pas urgent, ça ne presse pas / *is it urgent?* est-ce urgent ? / *the roof is in urgent need of repair* le toit a un besoin urgent d'être réparé **2.** [manner, voice] insistant / *he was urgent in his demands for help* il a insisté pour qu'on lui vienne en aide.

urgently [ˈɜːdʒəntlɪ] adv d'urgence, de toute urgence / *they appealed urgently for help* ils ont demandé du secours avec insistance / *the matter is urgently in need of attention* l'affaire demande à être traitée immédiatement or sans délais / *supplies are urgently needed* un ravitaillement est absolument nécessaire.

Uriah Heep [jʊˈraɪəˌhiːp] pr n *personnage cruel dans « David Copperfield » de Charles Dickens.*

uric [ˈjʊərɪk] adj urique ▸ **uric acid** acide *m* urique.

urinal [ˈjʊərɪnl] n [fitting] urinal *m* ; [building] urinoir *m*.

urinary [ˈjʊərɪnərɪ] adj urinaire ▸ **urinary tract** appareil *m* urinaire.

urinate [ˈjʊərɪneɪt] vi uriner.

urine [ˈjʊərɪn] n urine *f*.

urinogenital [ˌjʊərɪnəʊˈdʒenɪtl] = **urogenital**.

URL (abbr of **uniform resource locator**) n URL *m*.

urn [ɜːn] n **1.** [container - gen] urne *f* **2.** [for ashes] urne *f* (funéraire) **3.** [for coffee, tea] fontaine *f*.

urogenital [ˌjʊərəʊˈdʒenɪtl] adj urogénital.

urologist [jʊəˈrɒlədʒɪst] n urologue *mf*.

urology [jʊəˈrɒlədʒɪ] n urologie *f*.

Ursa [ˈɜːsə] pr n ▸ **Ursa Major / Minor** la Grande / Petite Ourse.

urticaria [ˌɜːtɪˈkeərɪə] n urticaire *f*.

URT1 MESSAGING written abbr of **you are the one**.

Uruguay [ˈjʊərəgwaɪ] pr n Uruguay *m* / *in Uruguay* en Uruguay.

Uruguayan [ˌjʊərʊˈgwaɪən] ◆ n Uruguayen *m*, -enne *f*. ◆ adj uruguayen.

us [ʌs] pron **1.** [object form of 'we'] nous / *tell us the truth* dites-nous la vérité / *it's us!* c'est nous ! / *it's us she's looking for* c'est nous qu'elle cherche / *most of us are students* nous sommes presque tous des étudiants / *all four of us went* nous y sommes allés tous les quatre / *there are three of us* nous sommes trois / *they're with us* ils sont avec nous **2.** *inf* [me - direct object] me ; [- indirect object] me, moi / *give us a kiss!* embrasse-moi ! / *give us a chance, I've only just got here!* je t'en prie, je viens d'arriver !

US ◆ pr n (abbr of **United States**) ▸ **the US** les USA *mpl* / *in the US* aux USA, aux États-Unis. ◆ comp des États-Unis, américain.

USA pr n **1.** (abbr of **United States of America**) ▸ **the USA** les USA *mpl* / *in the USA* aux USA, aux États-Unis ▸ **USA Today** US PRESS *quotidien américain de qualité* **2.** (abbr of **United States Army**) *armée des États-Unis.*

usable [ˈjuːzəbl] adj utilisable.

USAF (abbr of **United States Air Force**) pr n *armée de l'air des États-Unis.*

usage [ˈjuːzɪdʒ] n **1.** [custom, practice] coutume *f*, usage *m* **2.** [of term, word] usage *m* / *accepted usage* le bon usage / *the term is in common usage* le terme est employé couramment / *that phrase has long since dropped out of usage* cette expression n'est plus usitée depuis longtemps **3.** [employment] usage *m*, emploi *m* ; [treatment - of material, tool] manipulation *f* ; [- of person] traitement *m* / *designed for rough usage* conçu pour résister aux chocs / *these books are not meant for rough usage* ces livres ne sont pas faits pour être malmenés.

USB [ˌjuːesˈbiː] (abbr of **universal serial bus**) n COMPUT USB *m*.

USB key, **USB pen** n clé *f* USB.

USCG (abbr of **United States Coast Guard**) pr n *service de surveillance côtière américain.*

USDA (abbr of **United States Department of Agriculture**) pr n *ministère américain de l'Agriculture.*

USDAW [ˈʌzdɔː] (abbr of **Union of Shop, Distributive and Allied Workers**) pr n *syndicat britannique des personnels de la distribution.*

use[1] [juːs] n **1.** [utilization - of materials] utilisation *f*, emploi *m* ; [consumption - of water, resources, etc.] consommation *f* ; [being used, worn, etc.] usage *m* / *the use of brick in building* l'emploi or l'utilisation de la brique dans la construction ▸ **to stretch (out) with use** se détendre à l'usage ▸ **to wear out with use** s'user / *the dishes are for everyday use* c'est la vaisselle de tous les jours / *ready for use* prêt à l'emploi / **'directions for use'** 'mode d'emploi' / **'for your personal use'** 'pour votre usage personnel' / **'for customer use only'** 'réservé à notre clientèle' / **'for external / internal use only'** MED 'à usage externe / interne' / **'for use in case of emergency'** 'à utiliser en cas d'urgence' / *the film is for use in teaching* le film est destiné à l'enseignement ▸ **in use a)** [machine, system] en usage, utilisé **b)** [lift, cash point] en service **c)** [phrase, word] usité ▸ **in general use** d'emploi courant, d'utilisation courante / **'not in use, out of use' a)** 'hors d'usage' **b)** [lift, cash point] 'hors service' / *the phrase is no longer in use* l'expression est inusitée or ne s'utilise plus ▸ **to come into use** entrer en service ▸ **to go out of use** [machine] être mis au rebut / *steam engines went out of use in 1950* on a cessé d'utiliser or d'employer les machines à vapeur en 1950 ▸ **to make use of sthg** se servir de or utiliser qqch / *schools are making increasing use of audio-visual aids* les écoles se servent de plus en plus de supports audiovisuels ▸ **to make good use of, to put to good use a)** [machine, money] faire bon usage de **b)** [opportunity, experience] tirer profit de **2.** [ability or right to use] usage *m*, utilisation *f* / *we gave them the use of our car* nous leur avons laissé l'usage de notre voiture / *he only has the use of one arm* il n'a l'usage que d'un bras / *she lost the use of her legs* elle a perdu l'usage de ses jambes / *the old man still has the full use of his faculties* le vieil homme jouit encore de toutes ses facultés **3.** [practical application] usage *m*, emploi *m* / *this tool has many uses* cet outil a de nombreux usages or emplois / *we found a use for the old fridge* nous avons trouvé un emploi pour le vieux frigo ▸ **I have my uses** *hum* il m'arrive de servir à quelque chose **4.** [need] besoin *m*, usage *m* / *do you have any use for this book?* avez-vous besoin de ce livre ? ▸ **to have no use for sthg a)** *lit* ne pas avoir besoin de qqch **b)** *fig* n'avoir que faire de qqch / *I have no use for idle gossip* je n'ai que faire des cancans / *this department has no use for slackers* il n'y a pas de place pour les fainéants dans ce service **5.** [usefulness] ▸ **to be of use (to sb)** être utile (à qqn), servir (à qqn) / *this dictionary might be of use to you* ce dictionnaire pourrait vous être utile or vous servir / *were the instructions (of) any use?* est-ce que le mode d'emploi a servi à quelque chose ? / *I found his advice to be of little use* or *his advice was of little use to me* je n'ai pas trouvé ses conseils très utiles / *the book would be of more use if it had illustrations* le livre serait plus utile s'il contenait des illustrations / *he's not much use as a secretary* il n'est pas brillant comme secrétaire ▸ **to be (of) no use a)** [thing] ne servir à rien **b)** [person] n'être bon à rien / *they were no use at all during the move* ils n'ont rien fait pendant le déménagement / *you're no use!* tu n'es bon à rien ! / *it's* or *there's no use complaining* inutile de or ça ne sert à rien de se plaindre / *there's no use shouting* ça ne sert à rien de crier, (c'est) inutile de crier / *it's no use, we might as well give up* c'est inutile or ça ne sert à rien, autant abandonner / *I tried to convince her but it was no use* j'ai essayé de la convaincre mais il n'y avait rien à faire / *is it any use calling her?* est-ce que ça servira à quelque chose de l'appeler ? / *what's the use of waiting?* à quoi bon attendre ?, à quoi ça sert d'attendre ? / *oh, what's the use?* à quoi bon ? ▸ **that's a fat lot of use!** *inf & iro* ça nous fait une belle jambe ! **6.** LING usage *m* / *that's an old-fashioned use* c'est un usage vieilli **7.** RELIG usage *m*.

use[2] [juːz] ◆ vt **1.** [put into action - service, tool, skills] se servir de, utiliser ; [- product] utiliser ; [- method, phrase, word] employer ; [- name] utiliser, faire usage de ; [- vehicle, form of transport] prendre / *these are the notebooks he used* ce sont les cahiers dont il s'est servi or qu'il a utilisés / *is anyone using this book?* est-ce que quelqu'un se sert de or a besoin de ce livre ? / *it's very easy to use* c'est très facile à utiliser / *it's no longer used* [machine, tool] ça ne sert plus / *am I using the term correctly?* est-ce comme ça qu'on utilise le terme ? / *I'd like to use my language skills more* j'aimerais utiliser davantage mes connaissances en langues / *I always use public transport* je prends toujours les transports en commun / *we use this room as an office* nous nous servons de cette pièce comme bureau, cette pièce nous sert de bureau / *what is this used for* or *as?* à quoi cela sert-il ? / *it's used for identifying the blood type* cela sert à identifier le groupe sanguin / *I use it for opening* or *to open letters* je m'en sers or je l'utilise pour ouvrir les lettres / *what battery does this radio use?* quelle

USED TO ET BE USED TO

DEUX CONSTRUCTIONS À NE PAS CONFONDRE

On confond souvent **used to** et **be used to** du fait de leur forme similaire. Ces deux constructions sont pourtant bien distinctes.

USED TO + BASE VERBALE

❶ Formation

Used : ce verbe n'est employé qu'au prétérit.

To : dans cette construction, **to** est employé comme marqueur de l'*infinitif*. Le verbe qui suit ne porte donc pas de marque de conjugaison (par exemple le **s** de la 3e personne au singulier du présent simple).

He used to live in Quebec. Avant, il vivait au Québec.

❷ Emploi

Used to permet d'insister sur le ***décalage*** entre le moment où l'on parle et le moment de l'événement (« c'est bel et bien fini »). En français, on traduit cette coupure chronologique par ***jadis***, ***autrefois***, ***avant***, etc., et par l'emploi de l'imparfait :

Stephen used to smoke. Autrefois, Stephen fumait.
[à présent, ce n'est plus le cas, il a arrêté]

Cette construction apparaît souvent dans des contextes exprimant l'idée d'***habitude*** :

Stephen used to smoke ten cigarettes a day. Autrefois, Stephen fumait dix cigarettes par jour.

Le repère temporel « **a day** » indique que l'événement « **smoke ten cigarettes** » est une habitude. **Used to** signale que cette habitude est révolue.

BE USED TO + V-ING

❶ Formation

Be used : l'élément qui précède **used** est le plus souvent **be**, mais on trouve aussi **become**, **get** ou **grow**. La construction ne se limite pas au prétérit :

You'll soon become / get / grow used to the idea. Tu te feras vite à l'idée.

To est ici une préposition, c'est-à-dire un mot grammatical qui introduit d'ordinaire un groupe nominal :

I am not used to so much work. Je ne suis pas habitué à avoir autant de travail.
prép. *G.N.*

On peut employer un verbe après une préposition à condition de le ***nominaliser*** (c'est-à-dire de l'utiliser comme un nom). Il suffit pour cela de mettre ce verbe à la forme en **-ing**, et le tour est joué :

I am not used to working so much. Je n'ai pas l'habitude de travailler autant.
prép. *V-ing*

❷ Emploi

Be used to + V-**ing** s'emploie pour exprimer une habitude.

I'm not used to drinking strong coffee. Je n'ai pas l'habitude de boire du café fort. *[je n'y suis pas accoutumé]*

Bien souvent, le sujet doit s'adapter à une contrainte :

My father is used to getting up early. Mon père est habitué à se lever tôt.

Pour résumer

Avec **used to** (+ **infinitif**), on insiste sur le fait que l'événement est révolu.

Avec **be / get used to** (+ V-**ing**), le sujet s'adapte à quelque chose de subi.

pile faut-il pour cette radio ? / *my car uses unleaded petrol* ma voiture marche à l'essence sans plomb / *may I use the phone?* puis-je téléphoner ? / *he asked to use the toilet* UK or *bathroom* US il a demandé à aller aux toilettes / *to use force* / *violence* avoir recours à la force / violence / *the police often use tear gas* la police a souvent recours au gaz lacrymogène / *use your imagination!* utilise ton imagination ! / *use your initiative!* fais preuve d'initiative ! / *use your head* or *your brains!* réfléchis un peu ! / *use your eyes!* ouvrez l'œil ! / *he could certainly use some help* inf un peu d'aide ne lui ferait pas de mal / *we could all use a holiday!* inf nous aurions tous bien besoin de vacances ! **2.** [exploit, take advantage of - opportunity] profiter de ; [- person] se servir de / *use it to your advantage!* profitez-en ! / *he's only using you to get ahead* il ne fait que se servir de toi pour avancer / *I feel used* j'ai l'impression qu'on s'est servi de moi **3.** [consume] consommer, utiliser ; [finish, use up] finir, épuiser / *the car's using a lot of oil* la voiture consomme beaucoup d'huile / *have you used all the shampoo?* as-tu utilisé tout le shampooing ? **4.** fml [treat physically] traiter ; [behave towards] agir envers / *they used the workers well* ils ont bien traité les ouvriers, ils ont bien agi envers les ouvriers / *I consider I was ill used* je considère qu'on ne m'a pas traité comme il faut **5.** v inf [drug] prendre. ◆ vi US [use drugs] se droguer / *he's using again* il se drogue à nouveau. ◆ modal vb *(only in past tense)* : *they used to live here* (avant) ils habitaient ici / *he used to drink a lot* il buvait beaucoup avant / *it used to be true* c'était vrai autrefois / *she can't get about the way she used to* elle ne peut plus se déplacer comme avant / *she never used to smoke* elle ne fumait pas avant / *we used not* or *we didn't use to eat meat* avant, nous ne mangions pas de viande / *did he use to visit her?* venait-il la voir avant ?

❖ **use up** vt sep [consume] consommer, prendre ; [exhaust - paper, soap] finir ; [- patience, energy, supplies] épuiser / *she used up the leftovers to make the soup* elle a utilisé les restes pour faire un potage / *did you use up all your money?* as-tu dépensé tout ton argent ? / *the paper was all used up* il ne restait plus de papier.

use-by date n date f limite de consommation.

used[1] [ju:zd] adj [book, car] d'occasion ; [clothing] d'occasion, usagé ; [glass, linen] sale, qui a déjà servi.

used[2] [ju:st] adj [accustomed] ▸ **to be used to (doing) sthg** avoir l'habitude de or être habitué à (faire) qqch / *I'm used to working alone* j'ai l'habitude de or je suis habitué à travailler tout seul / *they're not used to it* ils n'y sont pas habitués, ils n'en ont pas l'habitude ▸ **to be used to sb** être habitué à qqn ▸ **to get used to sthg** s'habituer à qqch / *he can't get used to it* il n'arrive pas à s'y habituer / *you'll soon get used to the idea* tu te feras à l'idée.

useful ['ju:sfʊl] adj **1.** [handy - book, information, machine] utile, pratique ; [- discussion, experience] utile, profitable ; [- method] utile, efficace / *does it serve any useful purpose?* est-ce utile ?, est-ce que cela sert à quelque chose ? / *I felt as if I was doing something useful* j'avais l'impression de faire quelque chose d'utile or de me rendre utile / *you could be useful to the director* vous pourriez rendre service au directeur / *the information was useful to us in making a decision* les renseignements nous ont aidés à prendre une décision / *make yourself useful and help me tidy up* rends-toi utile et aide-moi à ranger / *she's a useful person to know* c'est une femme qu'il est bon de connaître / *he's very useful around the house* il est très utile or il rend beaucoup de services dans la maison / *they're useful when it comes to financial affairs* ils sont très compétents dans le domaine financier / *this map could be very useful* cette carte pourrait être très utile or d'une grande utilité **2.** inf [satisfactory - performance, score] honorable / *he's a very useful player* c'est un joueur très compétent.

Note that être utile que is followed by a verb in the subjunctive:
It would be useful for them to be informed in advance. *Il serait utile qu'ils en soient informés par avance.*

usefully ['ju:sfʊlɪ] adv utilement / *his free time was usefully employed in improving his languages* il a employé utilement son temps libre à améliorer ses langues / *you could usefully devote a further year's study to the subject* tu pourrais consacrer avec profit une année d'étude supplémentaire au sujet.

usefulness ['ju:sfʊlnɪs] n utilité f / *it's outlived its usefulness* ça a fait son temps, ça ne sert plus à rien.

useless ['ju:slɪs] adj **1.** [bringing no help - book, information, machine] inutile ; [- discussion, experience] vain, qui n'apporte rien ; [- advice, suggestion] qui n'apporte rien, qui ne vaut rien , [- attempt, effort] inutile, vain / *the contract is useless to them* le contrat leur est inutile / *it's useless trying to reason with him* or *it's useless to try and reason with him* ça ne sert à rien or c'est inutile d'essayer de lui faire entendre raison / *the computer is useless without the instructions* l'ordinateur est inutilisable or on ne peut pas se servir de l'ordinateur sans mode d'emploi **2.** inf [incompetent] nul / *she makes me feel useless* elle me donne l'impression d'être bon à rien / *I'm useless at history* / *maths* je suis nul en histoire / math / *she's useless as a navigator* elle est nulle or elle ne vaut rien en tant que navigateur / *her brother is absolutely useless* son frère est nul or bon à rien.

uselessly ['ju:slɪslɪ] adv inutilement.

Usenet® ['ju:znet] n Usenet® m, forum m électronique.

user ['ju:zər] ◆ n [of computer, machine] utilisateur m, -trice f ; [of airline, public service, road] usager m ; [of electricity, gas, oil] usager m, utilisateur m, -trice f ; [of drugs] consommateur m, -trice f, usager m / *users of public transport* usagers des transports en commun. ◆ in comp par l'utilisateur ▸ **user-created content** contenus mpl créés par l'utilisateur.

user-definable, **user-defined** [-dɪ'faɪnd] adj COMPUT [characters, keys] définissable par l'utilisateur.

user-fittable [-fɪtəbl] adj qui peut être installé par l'utilisateur.

user-friendliness n COMPUT convivialité f.

user-friendly adj [gen & COMPUT] convivial, facile à utiliser.

user ID n = **user name.**

user-interface n COMPUT interface *f* utilisateur.

user name n COMPUT nom *m* d'utilisateur.

user profile n profil *m* utilisateur.

user-programmable adj COMPUT programmable par l'utilisateur.

U-shaped adj en (forme de) U.

usher ['ʌʃəʳ] ◆ vt conduire, accompagner / *I ushered them to their seats* je les ai conduits à leur place / *he ushered us into / out of the living room* il nous a fait entrer au / sortir du salon. ◆ n **1.** [at concert, theatre, wedding] placeur *m*, -euse *f* **2.** [doorkeeper] portier *m* ; LAW huissier *m*.

❖ **usher in** vt sep *fig* inaugurer, marquer le début de / *the printing press ushered in a new era* l'imprimerie a inauguré or annoncé une nouvelle ère.

usherette [,ʌʃə'ret] n ouvreuse *f*.

USN (abbr of **United States Navy**) pr n *marine de guerre des États-Unis.*

USP (abbr of **unique selling point** or **proposition**) n PUV *f*.

USPHS (abbr of **United States Public Health Service**) pr n *direction américaine des Affaires sanitaires et sociales.*

USS (abbr of **United States Ship**) *initiales précédant le nom des navires américains* / *the USS Washington* le Washington.

USSR (abbr of **Union of Soviet Socialist Republics**) pr n ▸ **the USSR** l'URSS *f* / *in the USSR* en URSS.

usu. written abbr of **usually.**

usual ['ju:ʒəl] ◆ adj [customary -activity, place] habituel ; [-practice, price] habituel, courant ; [-expression, word] courant, usité / *we sat at our usual table* nous nous sommes assis à notre table habituelle ; [doctor] habituel, traitant, de famille / *they asked the usual questions* ils ont posé les questions habituelles / *my usual diet consists of fish and vegetables* généralement or d'habitude je mange du poisson et des légumes / *let's meet at the usual time* retrouvons-nous à l'heure habituelle or à la même heure que d'habitude / *6 o'clock is the usual time he gets home* d'habitude or en général il rentre à 18 h / *later than usual* plus tard que d'habitude / *he drank more than usual* il a bu plus que d'habitude / *she was her usual cheery self* elle était gaie comme d'habitude / *she's her usual self again* elle est redevenue elle-même / *with her usual optimism* avec son optimisme habituel, avec l'optimisme qui est le sien or qui la caractérise / *it's not usual for him to be so bitter* il est rarement si amer, c'est rare qu'il soit si amer / *it's the usual story* c'est toujours la même histoire / *it's quite usual to see flooding in the spring* il y a souvent des inondations au printemps / *I believe it's the usual practice* je crois que c'est ce qui se fait d'habitude / *as is usual with young mothers* comme d'habitude avec les jeunes mamans. ◆ n *inf* [drink, meal] : *what will you have? — the usual, please* que prends-tu ? — comme d'habitude, s'il te plaît.

❖ **as usual, as per usual** adv phr comme d'habitude / *as usual, the opposition objected* comme d'habitude or comme toujours, l'opposition a élevé une objection / *life goes on as usual* la vie continue / **'business as usual'** [during building work] 'le magasin reste ouvert pendant la durée des travaux' / *it's business as usual fig* il n'y a rien à signaler.

usually ['ju:ʒəlɪ] adv généralement, d'habitude, d'ordinaire / *I usually get to work early* généralement or d'habitude j'arrive tôt au bureau / *she's not usually late* il est rare qu'elle soit en retard, elle est rarement en retard / *we don't usually eat dessert* d'habitude nous ne mangeons pas de dessert / *what route do you usually take?* quelle route prenez-vous d'habitude or d'ordinaire ? / *the roads were more than usually busy* il y avait encore plus de trafic que d'habitude or d'ordinaire or de coutume sur les routes.

usufruct ['ju:sju:frʌkt] n usufruit *m*.

usurer ['ju:ʒərəʳ] n usurier *m*, -ère *f*.

usurp [ju:'zɜ:p] vt usurper.

usurpation [,ju:zɜ:'peɪʃn] n usurpation *f*.

usurper [ju:'zɜ:pəʳ] n usurpateur *m*, -trice *f*.

usury ['ju:ʒʊrɪ] n usure *f (intérêt).*

UT written abbr of **Utah.**

Utah ['ju:tɑ:] pr n Utah *m* / *in Utah* dans l'Utah.

ute [ju:t] (abbr of **utility vehicle** or **utility truck**) n AUSTR *inf* camionnette *f*.

utensil [ju:'tensl] n ustensile *m*, outil *m* ▸ **cooking utensils** ustensiles de cuisine.

uterine ['ju:təraɪn] adj utérin.

uterus ['ju:tərəs] (*pl* **uteri** [-raɪ] *or* **uteruses**) n utérus *m*.

utilitarian [,ju:tɪlɪ'teərɪən] ◆ adj **1.** [functional] utilitaire, fonctionnel **2.** PHILOS utilitariste. ◆ n utilitariste *mf*.

utilitarianism [,ju:tɪlɪ'teərɪənɪzm] n utilitarisme *m*.

utility [ju:'tɪlətɪ] (*pl* **utilities**) ◆ n **1.** [usefulness] utilité *f* **2.** [service] service *m* / *they plan to improve (public) utilities* ils ont l'intention d'améliorer les services publics **3.** COMPUT utilitaire *m*, programme *m* utilitaire **4.** US [room] = **utility room.** ◆ adj [fabric, furniture] utilitaire, fonctionnel ; [vehicle] utilitaire.

❖ **utilities** US [service charges] charges *fpl*.

utility man n US [worker] *ouvrier capable d'occuper différents postes* ; [for gas, electricity] *employé des services publics* ; [actor] *acteur qui joue les utilités.*

utility player n SPORT *joueur capable d'occuper différents postes.*

utility program n COMPUT (logiciel *m*) utilitaire *m*.

utility room n *pièce servant à ranger les appareils ménagers, provisions, etc.*

utilizable ['ju:tɪlaɪzəbl] adj utilisable.

utilization [,ju:tɪlaɪ'zeɪʃn] n utilisation *f*.

utilize, utilise ['ju:tɪlaɪz] vt [use] utiliser, se servir de ; [make best use of] exploiter / *you could have utilized your time better* vous auriez pu tirer meilleur parti de votre temps or mieux profiter de votre temps.

utmost ['ʌtməʊst] ◆ adj **1.** [greatest] le plus grand / *it's a matter of the utmost seriousness* c'est une affaire extrêmement sérieuse / *in the utmost secrecy* dans le plus grand secret / *it's of the utmost importance that I see him* il est extrêmement important or il est d'une importance capitale que je le voie / *with the utmost respect, I cannot agree with your conclusions* avec tout le respect que je vous dois, je ne peux pas partager vos conclusions **2.** [farthest] : *to the utmost ends of the earth* au bout du monde. ◆ n **1.** [maximum] maximum *m*, plus haut degré *m* / *the utmost in comfort* ce qui se fait de mieux en matière de confort **2.** [best effort] : *we did our utmost to fight the new taxes* nous avons fait tout notre possible or tout ce que nous pouvions pour lutter contre les nouveaux impôts / *she tried her utmost* elle a fait de son mieux.

utopia, Utopia [ju:'təʊpjə] n utopie *f* / **'Utopia'** *More* 'l'Utopie'.

utopian, Utopian [ju:'təʊpjən] ◆ adj utopique. ◆ n utopiste *mf*.

utopianism, Utopianism [ju:'təʊpjənɪzm] n utopisme *m*.

Utrecht ['ju:trekt] pr n Utrecht.

utter ['ʌtəʳ] ◆ vt **1.** [pronounce -word] prononcer, proférer ; [-cry, groan] pousser / *he didn't utter a sound* il n'a pas ouvert la bouche, il n'a pas soufflé mot **2.** LAW [libel] publier ; [counterfeit money] émettre, mettre en circulation. ◆ adj [amazement, bliss] absolu, total ; [fool] parfait, fini / *he shows an utter disregard for his family's welfare* il affiche une indifférence absolue pour le bien-être de sa famille / *he's talking utter rubbish* ce qu'il dit n'a aucun sens or est absolument idiot / *it's an utter scandal* c'est un véritable scandale / *an utter fool* un parfait crétin, un crétin fini.

utterance ['ʌtərəns] n **1.** [statement] déclaration *f* ; LING énoncé *m* **2.** [expression] expression *f*, énonciation *f* ▸ **to give utterance to sthg** exprimer qqch.

utterly ['ʌtəlɪ] adv complètement, tout à fait.

uttermost ['ʌtəməʊst] = **utmost.**

U-turn n **1.** AUTO demi-tour *m* ▸ **to make a U-turn** faire (un) demi-tour / **'no U-turns'** 'défense de faire demi-tour' **2.** *fig* volte-face *f inv*, revirement *m* / *the government were accused of making a U-turn on health policy* le gouvernement a été accusé de faire volte-face en matière de politique de santé.

U2 MESSAGING written abbr of **you too.**

UV (abbr of **ultra-violet**) n UV *m*.

UV-A, UVA (abbr of **ultra-violet-A**) n UVA *m*.

UV-B, UVB (abbr of **ultra-violet-B**) n UVB *m*.

uvula ['ju:vjʊlə] (*pl* **uvulas** *or* **uvulae** [-li:]) n luette *f*, uvule *f spec*, uvula *f spec*.

uvular ['ju:vjʊləʳ] adj uvulaire.

uxorious [ʌk'sɔ:rɪəs] adj *fml & liter* excessivement dévoué à sa femme.

Uzbek ['ʊzbek] n **1.** [person] Ouzbek *mf* **2.** LING ouzbek *m*.

Uzbekistan [ʊz,bekɪ'stɑ:n] pr n Ouzbékistan *m* / *in Uzbekistan* en Ouzbékistan.

v **1.** written abbr of **velocity** **2.** (written abbr of **verb**) v **3.** (written abbr of **verse**) v **4.** written abbr of **very** **5.** written abbr of **versus** **6.** (written abbr of **vide**) v.

V (*pl* **v's** *or* **vs**), **V** (*pl* **V's** *or* **Vs**) [viː] n [letter] v *m*, V *m* / *V for Victor* V comme Victor ▶ **V-1 (bomb)** V1 *m* ▶ **V-2 (rocket)** V2 *m* ▶ **V-8 (engine)** moteur *m* à huit cylindres en V. **See also f.**

V ◆ n [Roman numeral] V *m*. ◆ (written abbr of **volt**) V.

VA written abbr of **Virginia**.

vac [væk] (abbr of **vacation**) n UK *inf* UNIV [recess] vacances *fpl* / *the Easter vac* les vacances de Pâques.

vacancy [ˈveɪkənsɪ] (*pl* **vacancies**) n **1.** [emptiness] vide *m* **2.** [lack of intelligence] ineptie *f*, esprit *m* vide / *he had a look of utter vacancy on his face* il avait l'air complètement idiot **3.** [in hotel] chambre *f* libre / **'no vacancies'** 'complet' **4.** [job] poste *m* vacant or libre, vacance *f* / *do you have any vacancies?* avez-vous des postes à pourvoir ?, est-ce qu'il y a de l'embauche ? / *we have a vacancy for a sales clerk* nous avons un poste de vendeur à pourvoir, nous cherchons un vendeur / *the vacancy has been filled* le poste a été pourvu / **'no vacancies'** pas d'embauche / **'vacancies for waitresses'** 'cherchons serveuses'.

vacant [ˈveɪkənt] adj **1.** [house, room - to rent] libre, à louer ; [- empty] inoccupé ; [seat] libre, inoccupé / *is this seat vacant?* y a-t-il quelqu'un à cette place ?, est-ce que cette place est libre ? / *the room becomes vacant tomorrow* la chambre sera libérée or disponible demain / *apartments sold with vacant possession* appartements libres à la vente **2.** [job, position] vacant, libre / *there are several vacant places to be filled* il y a plusieurs postes à pourvoir / *I found the job through the "situations vacant" column* j'ai trouvé le poste grâce à la rubrique des offres d'emploi / *a secretarial job became* or *fell vacant* un poste de secrétaire est devenu disponible or vacant **3.** [empty - mind, look] vide ; [stupid - person, look] niais, idiot / *I asked a question and she just looked vacant* j'ai posé une question et elle a eu l'air de ne pas comprendre **4.** [time] de loisir, perdu ; [hour] creux, de loisir.

vacant lot n US terrain *m* vague.

vacantly [ˈveɪkəntlɪ] adv [expressionlessly] d'un air absent or vague ; [stupidly] d'un air niais or idiot / *he looked at us vacantly* **a)** [expressionlessly] il nous a regardés avec des yeux vides or sans expression **b)** [stupidly] il nous a regardés niaisement / *she stared vacantly into space* elle avait le regard perdu dans le vague.

vacate [vəˈkeɪt] vt [hotel room] libérer, quitter ; [flat, house] quitter, déménager de ; [job] démissionner de / *they vacated the premises yesterday* ils ont quitté or libéré les lieux hier.

vacation [vəˈkeɪʃn] ◆ n **1.** UK UNIV [recess] vacances *fpl* ; LAW vacations *fpl*, vacances *fpl* judiciaires / *over the vacation* pendant les vacances ▶ **vacation course** UNIV cours *mpl* d'été **2.** US [holiday] vacances *fpl* / *they went to Italy on vacation* ils ont passé leurs vacances en Italie / *when are you going on* or *taking vacation?* quand est-ce que vous prenez vos vacances ? ◆ vi US prendre or passer des vacances / *they're vacationing in the mountains* ils sont en vacances à la montagne.

vacationer [vəˈkeɪʃənəʳ], **vacationist** [vəˈkeɪʃənɪst] n US vacancier *m*, -ère *f*.

vacation resort n US camp *m* de vacances.

vaccinate [ˈvæksɪneɪt] vt vacciner / *have you been vaccinated against polio?* est-ce que vous êtes vacciné or est-ce que vous vous êtes fait vacciner contre la polio ?

vaccination [ˌvæksɪˈneɪʃn] n vaccination *f* / *polio vaccination* or *vaccination against polio* vaccination contre la polio / *the children all had vaccinations against polio* les enfants étaient tous vaccinés contre la polio.

vaccine [UK ˈvæksiːn US vækˈsiːn] n vaccin *m* / *smallpox vaccine* vaccin contre la variole.

vacillate [ˈvæsəleɪt] vi hésiter.

vacillating [ˈvæsəleɪtɪŋ] ◆ adj [behaviour] indécis, irrésolu. ◆ n indécision *f*.

vacillation [ˌvæsəˈleɪʃn] n hésitation *f*, indécision *f*.

vacuity [væˈkjuːətɪ] (*pl* **vacuities**) n *fml* **1.** [of person, reasoning] vacuité *f* **2.** [statement] ânerie *f*, niaiserie *f*.

vacuous [ˈvækjʊəs] adj *fml* [eyes, look] vide, sans expression ; [remark] sot (sotte), niais ; [film, novel] idiot, dénué de tout intérêt ; [life] vide de sens.

vacuum [ˈvækjʊəm] (*pl* **vacuums** *or* **vacua** [-jʊə]) ◆ n **1.** [void] vide *m* / *his death left a vacuum in her life* sa mort a laissé un vide dans sa vie **2.** PHYS vacuum *m* **3.** [machine] ▶ **vacuum (cleaner)** aspirateur *m* / *I gave the room a quick vacuum* j'ai passé l'aspirateur en vitesse dans la pièce. ◆ vt [carpet] passer l'aspirateur sur ; [flat, room] passer l'aspirateur dans.

vacuum bottle US = **vacuum flask**.

vacuum brake n frein *m* à vide.

vacuum-clean = **vacuum** *(vt)*.

vacuum cleaner n aspirateur *m* / *vacuum cleaner accessories* accessoires *mpl* pour aspirateur.

vacuum flask n UK (bouteille *f*) Thermos® *f*.

vacuum-packed adj emballé sous vide.

vacuum pump n pompe *f* à vide.

vacuum tube n US tube *m* électronique or à vide.

vade mecum [ˌvɑːdɪˈmeɪkʊm] (*pl* **vade mecums**) n vade-mecum *m inv*.

vagabond [ˈvægəbɒnd] ◆ n [wanderer] vagabond *m*, -e *f* ; [tramp] clochard *m*, -e *f*. ◆ adj vagabond, errant.

vagal [ˈveɪgəl] adj MED vagal.

vagary [ˈveɪgərɪ] (*pl* **vagaries**) n caprice *m*.

vagina [vəˈdʒaɪnə] (*pl* **vaginas** *or* **vaginae** [-niː]) n vagin *m*.

vaginal [vəˈdʒaɪnl] adj vaginal ▶ **vaginal discharge** pertes *fpl* blanches ▶ **vaginal smear** frottis *m* vaginal.

vaginismus [ˌvædʒɪˈnɪzməs] n MED vaginisme *m*.

vaginitis [ˌvædʒɪˈnaɪtɪs] n vaginite *f*.

vagrancy [ˈveɪgrənsɪ] n [gen & LAW] vagabondage *m*.

vagrant [ˈveɪgrənt] ◆ n [wanderer] vagabond *m*, -e *f* ; [tramp] clochard *m*, -e *f* ; [beggar] mendiant *m*, -e *f*. ◆ adj vagabond.

vague [veɪg] adj **1.** [imprecise - promise, statement] vague, imprécis ; [- person] vague / *she had only a vague idea of what he meant* elle ne comprenait que vaguement ce qu'il voulait dire / *he made a vague gesture toward the office* d'un geste vague il désigna le bureau / *don't be so vague* précisez ce que vous voulez dire, soyez plus précis / *his instructions were vague* ses instructions manquaient de précision / *they were vague about their activities* **a)** [imprecise] ils n'ont pas précisé la nature de leurs activités **b)** [evasive] ils sont restés vagues sur la nature de leurs activités ; [unsure] : *I'm still vague about how to get there* je ne comprends toujours pas comment y aller / *I haven't the vaguest idea* je n'en ai pas la moindre idée **2.** [dim - memory, feeling] vague, confus / *I have a vague recollection of summers spent in Greece* je me rappelle vaguement les étés passés en Grèce **3.** [indistinct - shape] flou, indistinct **4.** [absent-minded] distrait / *she looked vague* elle avait un air distrait.

vaguely [ˈveɪglɪ] adv **1.** [not clearly - promise, say] vaguement ; [- remember, understand] vaguement, confusément / *I vaguely remember dining here before* j'ai le vague souvenir or je me souviens vaguement d'avoir déjà mangé ici **2.** [a bit] vaguement, peu / *it tastes vaguely like coffee* cela a vaguement un goût de café / *she resembles her sister only vaguely* elle ne ressemble pas beaucoup à sa sœur **3.** [absent-mindedly] distraitement / *he looked vaguely around him* il regardait autour de lui d'un air vague or distrait.

vagueness [ˈveɪgnɪs] n **1.** [imprecision - of instructions, statement] imprécision *f*, manque *m* de clarté **2.** [of memory] imprécision *f*, manque *m* de précision ; [of feeling] vague *m*, caractère *m* vague or indistinct **3.** [of shape] flou *m*, caractère *m* indistinct **4.** [absent-mindedness] distraction *f*.

vagus [ˈveɪgəs] (*pl* **vagi** [-dʒaɪ]) n nerf *m* vague or pneumogastrique, pneumogastrique *m*.

vain [veɪn] adj **1.** [conceited] vaniteux / *he's very vain about his looks* il s'occupe beaucoup de sa petite personne **2.** [unsuccessful - attempt, effort] vain, inutile ; [- hope, plea, search] vain, futile **3.** [idle - promise] vide, en l'air ; [- word] creux, en l'air.

❖ **in vain** adv phr [unsuccessfully] en vain, inutilement / *they tried in vain to free the driver* ils ont essayé sans succès or en vain de libérer le conducteur / *all their efforts were in vain* leurs efforts n'ont servi à rien or étaient vains / *it was all in vain* c'était peine perdue ▶ **to take sb's**

name in vain a) [show disrespect] manquer de respect envers le nom de qqn **b)** [mention name] parler de qqn en son absence / *are you taking my name in vain again? hum* vous parlez encore de moi derrière mon dos ?

vainglorious [ˌveɪnˈglɔːrɪəs] adj *liter* [proud] vaniteux, orgueilleux ; [boastful] vantard.

vainglory [veɪnˈglɔːrɪ] n *liter* vanité *f*, orgueil *m*.

vainly [ˈveɪnlɪ] adv **1.** [conceitedly] avec vanité, vaniteusement **2.** [unsuccessfully - try] en vain, inutilement ; [- hope] en vain.

valance [ˈvæləns] n [round bed frame] frange *f* de lit ; [round shelf, window] lambrequin *m*, frange *f*.

valanced sheet [ˈvælənst-] n housse *f* cache-sommier.

vale [veɪl] n *liter* vallée *f*, val *m liter*.

valediction [ˌvælɪˈdɪkʃn] n [act] adieux *mpl* ; [speech] discours *m* d'adieu ▸ **to give the valediction** prononcer le discours d'adieu.

valedictorian [ˌvælɪdɪkˈtɔːrɪən] ◆ adj d'adieu. ◆ n US SCH & UNIV *major de la promotion (qui prononce le discours d'adieu)*.

valedictory [ˌvælɪˈdɪktərɪ] (*pl* **valedictories**) *fml* ◆ adj d'adieu. ◆ n discours *m* d'adieu.

valence [ˈveɪləns] n **1.** US = **valency 2.** [bonding capacity] atomicité *f*.

Valencia [vəˈlenʃɪə] pr n Valence.

valency [ˈveɪlənsɪ] (*pl* **valencies**) n CHEM & LING valence *f*.

valentine [ˈvæləntaɪn] n **1.** [card] ▸ **valentine (card)** carte *f* de la Saint-Valentin **2.** [person] bien-aimé *m*, -e *f* ▸ **be my valentine** c'est toi que j'aime.

Valentine [ˈvæləntaɪn] pr n ▸ **Saint Valentine** Saint Valentin ▸ **(Saint) Valentine's Day** la Saint-Valentin ▸ **the Saint Valentine's Day Massacre** US HIST le massacre de la Saint-Valentin.

> **The Saint Valentine's Day Massacre**
>
> Assassinat de sept membres d'un gang de Chicago par une bande rivale, le 14 février 1929. Bien que sa culpabilité n'ait jamais pu être prouvée, Al Capone fut soupçonné d'en avoir été l'instigateur.

valerian [vəˈlɪərɪən] n valériane *f*.

Valerian [vəˈlɪərɪən] pr n Valérien.

valet ◆ n [ˈvælɪt or ˈvæleɪ] **1.** [manservant] valet *m* de chambre ▸ **valet service** le pressing de l'hôtel **2.** [clothing rack] valet *m* **3.** [for cars] / **'valet parking'** 'voiturier'. ◆ vt [ˈvælɪt] AUTO ▸ **to have one's car valeted** faire faire un lavage-route à sa voiture.

valeting [ˈvælɪtɪŋ] n AUTO lavage-route *m*.

Valetta [vəˈletə] = **Valletta.**

valetudinarian [ˌvælɪtjuːdɪˈneərɪən] *arch & liter* ◆ adj valétudinaire. ◆ n valétudinaire *mf*.

Valhalla [vælˈhælə] n Walhalla *m*.

valiance [ˈvæljəns] n *liter* vaillance *f liter*, bravoure *f*.

valiant [ˈvæljənt] adj [person] vaillant, courageux ; [behaviour, deed] courageux, brave / *she made a valiant attempt to put out the fire* elle a tenté avec courage or courageusement d'éteindre l'incendie / *he made a valiant effort not to cry out* il a fait un gros effort pour ne pas crier.

valiantly [ˈvæljəntlɪ] adv vaillamment, courageusement.

valid [ˈvælɪd] adj **1.** [argument, reasoning] valable, fondé ; [excuse] valable **2.** [contract, passport] valide, valable / *a valid driving licence* un permis de conduire valable or valide or en règle / *my driver's licence is no longer valid* mon permis de conduire est périmé / *valid for two months* [on train ticket] valable deux mois.

>  **valide** or **valable?**
>
> The adjective **valide** is used for valid documents or files, and also means able-bodied. In other contexts, such as valid reasons or valid information, it is safer to use **valable**.

validate [ˈvælɪdeɪt] vt **1.** [argument, claim] confirmer, prouver la justesse de **2.** [document] valider.

validation [ˌvælɪˈdeɪʃn] n **1.** [of argument, claim] confirmation *f*, preuve *f* **2.** [of document] validation *f*.

validity [vəˈlɪdətɪ] n **1.** [of argument, reasoning] justesse *f*, solidité *f* **2.** [of document] validité *f*.

valine [ˈveɪliːn] n valine *f*.

valise UK vəˈliːz US vəˈliːs] n mallette *f*.

Valium® [ˈvælɪəm] (*pl* **Valium**) n Valium® *m*.

Valkyrie [vælˈkɪərɪ] n Walkyrie *f*, Valkyrie *f* / **'The Valkyrie'** *Wagner* 'la Walkyrie'.

Valletta [vəˈletə] pr n La Valette.

valley [ˈvælɪ] n vallée *f* ; [small] vallon *m* ▸ **the Valleys** *le sud du pays de Galles* ▸ **the Loire / Rhone valley** la vallée de la Loire / du Rhône / **'How Green Was My Valley'** *Llewellyn* 'Qu'elle était verte, ma vallée' / **'Valley of the Dolls'** *Robson* 'la Vallée des poupées'.

valor US = **valour.**

valorize, valorise [ˈvæləraɪz] vt valoriser.

valour UK, **valor** US [ˈvælər] n *liter* courage *m*, bravoure *f*, vaillance *f liter*.

Valparaiso [ˌvælpəˈraɪzəʊ] pr n Valparaiso.

valuable [ˈvæljʊəbl] ◆ adj **1.** [of monetary worth] de (grande) valeur / *a valuable antique* un objet ancien de grande valeur **2.** [advice, friendship, time] précieux. ◆ n (*usu pl*) ▸ **valuables** objets *mpl* de valeur / *do not leave valuables in your car* ne pas laisser des objets de valeur dans la voiture.

> 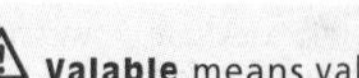
>
> **Valable** means valid, not valuable.

valuate [ˈvæljʊeɪt] vt US estimer, expertiser / *the house was valuated at $100,000* la maison a été expertisée or estimée or évaluée à 100 000 dollars.

valuation [ˌvæljʊˈeɪʃn] n expertise *f*, estimation *f* / *we asked for a valuation of the house* nous avons fait expertiser or estimer la maison / *the valuation of* or *the valuation (put) on the business is £50,000* l'affaire a été estimée or évaluée à 50 000 livres.

valuator [ˈvæljʊeɪtər] n expert *m (en expertise de biens)*.

value [ˈvæljuː] ◆ n **1.** [monetary worth] valeur *f* / *they own nothing of value* ils ne possèdent rien de valeur or rien qui ait de la valeur / *this necklace is of great value* ce collier vaut cher / *this necklace is of little value* ce collier ne vaut pas grand-chose or a peu de valeur / *it's of no value* c'est sans valeur / *it's excellent value for money* le rapport qualité-prix est excellent / *it's good value at £10* ce n'est pas cher à 10 livres / *we got good value for our money* nous en avons eu pour notre argent / *which of the brands gives the best value?* laquelle des marques est la plus avantageuse ? / *the airline paid her the value of the lost luggage* la compagnie aérienne l'a dédommagée de la perte de ses bagages / *property is going up / down in value* l'immobilier prend / perd de la valeur ▸ **to depreciate in value** se déprécier / *the increase in value* la hausse de valeur, l'appréciation / *the loss in value* la perte de valeur, la dépréciation ▸ **to put a value on sthg** évaluer or estimer qqch / *they put a value of £50,000 on the house* ils ont estimé or expertisé la maison à 50 000 livres **2.** [merit, importance - of method, work] valeur *f* ; [- of person] valeur *f*, mérite *m* / *he had nothing of value to add* il n'avait rien d'important or de valable à ajouter / *these books may be of value to them* ces livres peuvent leur servir, ils peuvent avoir besoin de ces livres / *they place little / a high value on punctuality* ils font peu de cas / grand cas de l'exactitude, ils attachent peu d'importance / beaucoup d'importance à l'exactitude **3.** (*usu pl*) [principles] ▸ **values** valeurs *fpl* / *he has old-fashioned values* il est très vieux jeu **4.** [feature] particularité *f* **5.** [of colour] valeur *f* **6.** LING, LOGIC, MATH & MUS valeur *f*. ◆ vt **1.** [assess worth of] expertiser, estimer, évaluer / *they valued the house at £50,000* ils ont estimé or évalué la maison à 50 000 livres / *we had our paintings valued* nous avons fait expertiser or estimer or évaluer nos tableaux **2.** [have high regard for - friendship] apprécier, estimer ; [- honesty, punctuality] faire grand cas de / *if you value your freedom / your life you'd better leave* si vous tenez à votre liberté / à la vie, vous feriez mieux de partir / *we greatly value your help* nous apprécions beaucoup or nous vous sommes très reconnaissants de votre aide / *does he value your opinion?* votre opinion lui importe-t-elle ?

value-added tax n UK taxe *f* sur la valeur ajoutée.

valued [ˈvæljuːd] adj [opinion] estimé ; [advice, friend] précieux.

value judgment n jugement *m* de valeur.

valueless [ˈvæljʊlɪs] adj sans valeur.

valuer [ˈvæljʊər] n expert *m (en expertise de biens)*.

valve [vælv] n **1.** [in pipe, tube, air chamber] valve *f* ; [in machine] soupape *f*, valve *f* **2.** ANAT valve *f* ; [small] valvule *f* **3.** BOT & ZOOL valve *f* **4.** MUS piston *m*.

valvular [ˈvælvjʊlər] adj **1.** [machine] à soupapes or valves **2.** ANAT, BOT & ZOOL valvulaire **3.** MUS [instrument] à pistons.

vamoose [vəˈmuːs] vi US *inf* filer ▸ **vamoose!** fiche le camp !

vamp [væmp] ◆ n **1.** *inf* [woman] vamp *f* **2.** [piecing together] rafistolage *m* **3.** [of story] enjolivement *m* ; MUS improvisation *f* **4.** [of shoe] devant *m*. ◆ vt **1.** *inf* [seduce] vamper **2.** [repair] rafistoler ; [renovate] rénover **3.** [story] enjoliver **4.** MUS [piece, song] improviser des accompagnements à ; [accompaniment] improviser. ◆ vi *inf* [woman] jouer la vamp.

❖ **vamp up** vt sep = **vamp** *(vt)*.

vampire [ˈvæmpaɪər] n [bat, monster] vampire *m* ; [person] vampire *m*, sangsue *f*.

vampire bat n vampire *m (chauve-souris)*.

vampirism [ˈvæmpaɪərɪzm] n vampirisme *m*.

van [væn] n **1.** [small vehicle] camionnette *f*, fourgonnette *f* ; [large vehicle] camion *m*, fourgon *m* **2.** UK RAIL fourgon *m*, wagon *m* **3.** [caravan] caravane *f* **4.** UK *inf* [advantage - in tennis] avantage *m* ▸ **van in / out** avantage dedans / dehors **5.** MIL [vanguard] avant-garde *f* ▸ **in the van** en tête / *in the van of abstract art fig* à l'avant-garde de l'art abstrait.

vanadium [vəˈneɪdɪəm] n vanadium *m*.

Vancouver [vænˈkuːvər] pr n Vancouver.

V and A (abbr of **Victoria and Albert Museum**) pr n *grand musée londonien des arts décoratifs*.

vandal [ˈvændl] n [hooligan] vandale *mf*.

❖ **Vandal** n HIST Vandale *mf*.

vandalism [ˈvændəlɪzm] n vandalisme *m*.

vandalize, vandalise [ˈvændəlaɪz] vt saccager.

Vandyke [ˌvænˈdaɪk] n ▸ **Vandyke (beard)** barbiche *f*, bouc *m*.

vane [veɪn] n **1.** [blade - of propeller] pale *f* ; [- of windmill] aile *f* ; [- of turbine] aube *f* **2.** ▸ **(weather) vane** girouette *f* **3.** ORNITH [of feather] barbe *f*.

vanguard [ˈvæŋgɑːd] n MIL avant-garde *f* / *in the vanguard of the division* en tête de la division / *in the vanguard of progress fig* à l'avant-garde or à la pointe du progrès.

vanilla [vəˈnɪlə] n [plant] vanillier *m* ; [flavour] vanille *f* ▸ **vanilla ice cream / flavour** glace *f* / parfum *m* à la vanille ▸ **vanilla essence** extrait *m* de vanille.

vanilla bean n gousse *f* de vanille.

vanilla pod n gousse *f* de vanille.

vanilla sugar n sucre *m* vanillé.

vanillin ['vænɪlɪn] n vanilline *f.*

vanish ['vænɪʃ] vi [object, person, race] disparaître ; [hopes, worries] disparaître, se dissiper / *the aeroplane vanished from sight* l'avion a disparu / *the sun vanished behind the mountains* le soleil a disparu derrière les montagnes / *she vanished into the crowd* elle s'est perdue dans la foule / *entire species have vanished from the face of the earth* des espèces entières ont disparu de la surface du globe / *just when you need him he vanishes!* dès que vous avez besoin de lui, il s'éclipse ! / *she did a vanishing act fig* elle s'est éclipsée.

vanishing cream ['vænɪʃɪŋ-] n crème *f* de beauté.

vanishing point n point *m* de fuite.

vanishing trick n tour *m* de passe-passe / *he did a vanishing trick fig* [disappeared] il a disparu.

vanity ['vænətɪ] (*pl* **vanities**) n **1.** [conceit] vanité *f*, orgueil *m* / *she refused to use a walking stick out of (sheer) vanity* par (pure) vanité elle a refusé d'utiliser une canne / *I think I can without vanity claim to be the most competent* sans vanité or sans vouloir me vanter, je peux prétendre être le plus compétent / **'Vanity Fair'** *Thackeray* 'la Foire aux vanités' **2.** *fml & liter* [futility] futilité *f*, insignifiance *f*, vanité *f liter* / *all is vanity* tout n'est que vanité **3.** US [dressing table] coiffeuse *f*, table *f* de toilette.

vanity bag n trousse *f* de toilette *(pour femme).*

vanity case n petite valise *f* de toilette, vanity-case *m.*

vanity mirror n miroir *m* de courtoisie.

vanity plate n US plaque *f* d'immatriculation personnalisée.

vanity press n maison *f* d'édition à compte d'auteur.

vanity publishing n publication *f* à compte d'auteur.

vanity table n coiffeuse *f*, table *f* de toilette.

vanity unit n *meuble de salle de bains avec lavabo encastré.*

vanquish ['væŋkwɪʃ] vt vaincre.

vanquisher ['væŋkwɪʃər] n vainqueur *m.*

vantage ['vɑːntɪdʒ] n **1.** [advantageous situation] avantage *m*, supériorité *f* ▸ **point of vantage** point de vue *m* privilégié **2.** [in tennis] avantage *m.*

vantage ground n [gen] point de vue *m* (privilégié) ; MIL position *f* stratégique.

vantage point n point de vue *m* (privilégié).

Vanuatu [vænʊ'ɑːtuː] n Vanuatu *m*

vapid ['væpɪd] adj [conversation, remark] fade, insipide ; [style] fade, plat ; [person] écervelé.

vapidity [væ'pɪdətɪ] n [of conversation] insipidité *f* ; [of style] platitude *f*, caractère *m* plat ; [of person] frivolité *f*, fadeur *f.*

vapor US = **vapour.**

vaporization [ˌveɪpəraɪ'zeɪʃn] n vaporisation *f.*

vaporize, vaporise ['veɪpəraɪz] ◆ vt vaporiser. ◆ vi se vaporiser.

vaporizer ['veɪpəraɪzər] n **1.** [gen] vaporisateur *m* ; [for perfume, spray] atomiseur *m*, pulvérisateur *m* **2.** MED [inhaler] inhalateur *m* ; [for throat] pulvérisateur *m.*

vaporous ['veɪpərəs] adj vaporeux.

vapour UK, **vapor** US ['veɪpər] ◆ n vapeur *f* ; [on window] buée *f.* ◆ vi **1.** PHYS s'évaporer **2.** US *inf* [brag] se vanter, fanfaronner.

❖ **vapours** pl n *arch* ▸ **to have (an attack of) the vapours** avoir des vapeurs.

vapour bath n bain *m* de vapeur.

vapour density n densité *f* de vapeur.

vapour lock n bouchon *m* de vapeur.

vapour pressure n pression *f* or tension *f* de vapeur.

vapour trail n AERON traînée *f* de condensation.

variability [ˌveərɪə'bɪlətɪ] n variabilité *f.*

variable ['veərɪəbl] ◆ adj **1.** [weather] variable, changeant ; [quality] variable, inégal ; [performance, work] de qualité inégale, inégal **2.** COMPUT & MATH variable. ◆ n variable *f.*

variable costs n coûts *mpl* variables.

variable-geometry adj à géométrie variable.

variable star n étoile *f* variable.

variance ['veərɪəns] n **1.** [in statistics] désaccord *m*, divergence *f* ; [in law] divergence *f*, différence *f* **2.** CHEM & MATH variance *f* **3.** PHR **to be at variance with sb** être en désaccord avec qqn ▸ **to be at variance with sthg** ne pas cadrer avec or ne pas concorder avec qqch / *she is at variance with her colleagues on* or *over this issue* elle est en désaccord avec ses collègues à ce sujet / *this announcement is at variance with his previous statements* cette annonce est en contradiction avec or ne s'accorde pas avec ses déclarations antérieures.

variant ['veərɪənt] ◆ n [gen & LING] variante *f.* ◆ adj **1.** [different] autre, différent / *variant interpretation* or *reading* une interprétation or lecture différente / *a variant spelling* une variante orthographique **2.** [various] varié, divers **3.** LING variant.

variation [ˌveərɪ'eɪʃn] n **1.** [change, modification] variation *f*, modification *f* / *variations in temperature* variations or changements de température / *the level of demand is subject to considerable variation* le niveau de la demande peut varier considérablement / *the different legends are variations of the same basic story* ces différentes légendes sont des variantes de la même histoire originelle **2.** MUS variation *f* / *theme and variations* thème et variations / *variations on a theme* variations sur un thème **3.** BIOL variation *f.*

varicoloured UK, **varicolored** US ['veərɪˌkʌləd] adj multicolore, aux couleurs variées, bigarré ; *fig* divers.

varicose ['værɪkəʊs] adj [ulcer] variqueux ▸ **to have** or **to suffer from varicose veins** avoir des varices.

varied ['veərɪd] adj varié, divers.

variegated ['veərɪgeɪtɪd] adj **1.** [gen] bigarré **2.** BOT panaché.

variegation [ˌveərɪ'geɪʃn] n bigarrure *f.*

varietal [və'raɪətl] adj variétal.

variety [və'raɪətɪ] (*pl* **varieties**) ◆ n **1.** [diversity] variété *f*, diversité *f* / *there isn't much variety in the menu* le menu n'est pas très varié or n'offre pas un grand choix / *he needs more variety in his diet* il a besoin d'un régime plus varié / *the work lacks variety* le travail manque de variété or n'est pas assez varié ▸ **variety is the spice of life** *prov* la diversité est le sel de la vie **2.** [number, assortment] nombre *m*, quantité *f* / *for a variety of reasons* **a)** [various] pour diverses raisons **b)** [many] pour de nombreuses raisons / *in a variety of ways* de diverses manières / *the dresses come in a variety of sizes* les robes sont disponibles dans un grand nombre de tailles / *there is a wide variety of colours / styles to choose from* il y a un grand choix de couleurs / styles **3.** [type] espèce *f*, genre *m* / *different varieties of cheese* différentes sortes de fromage, fromages variés **4.** BOT & ZOOL [strain] variété *f* **5.** *(U)* THEAT & TV variétés *fpl.* ◆ comp [artiste, show, theatre] de variétés, de music-hall.

variety meat n US abats *mpl.*

variety store n US grand magasin *m.*

varifocals [veərɪ'fəʊkəlz] pl n lunettes *fpl* à verres progressifs.

variola [və'raɪələ] n variole *f*, petite vérole *f.*

variorum [ˌveərɪ'ɔːrəm] ◆ n (édition *f*) variorum *m inv.* ◆ adj variorum *(inv).*

various ['veərɪəs] adj **1.** [diverse] divers, différent ; [several] plusieurs / *she writes under various names* elle écrit sous divers pseudonymes / *at various times in his life* à différents moments or à plusieurs reprises dans sa vie / *at various intervals* de temps à autre **2.** [varied, different] varié / *his reasons were many and various* ses raisons étaient nombreuses et variées.

variously ['veərɪəslɪ] adv [in different ways] diversement, de différentes or diverses façons / *he was variously known as soldier, king and emperor* on le connaissait à la fois comme soldat, roi et empereur.

varlet ['vɑːlɪt] n **1.** *arch* [servant] valet *m* **2.** *pej & liter* fripon *m*, gredin *m.*

varmint ['vɑːmɪnt] n *inf & dated* coquin *m*, -e *f*, vaurien *m*, -enne *f.*

varnish ['vɑːnɪʃ] ◆ n *lit & fig* vernis *m.* ◆ vt [nails, painting, wood] vernir ; [pottery] vernir, vernisser ▸ **to varnish (over) the truth** *fig* maquiller la vérité.

varnishing ['vɑːnɪʃɪŋ] n vernissage *m.*

varnishing day n ART (jour *m* du) vernissage *m.*

varoom [və'ruːm] = **vroom.**

varsity ['vɑːsətɪ] (*pl* **varsities**) *inf* ◆ n UK *dated* université *f*, fac *f* ▸ **varsity match** match *m* interuniversitaire *(entre Oxford et Cambridge).* ◆ adj US SPORT *qui représente l'université au plus haut niveau.*

vary ['veərɪ] ◆ vi **1.** [be different] varier / *opinions on this question vary* les opinions varient sur ce sujet / *the students vary considerably in ability* les étudiants ont des niveaux très différents / *they vary in size from small to extra large* ils vont de la plus petite taille à la plus grande **2.** [change, alter] changer, se modifier / *his mood varies with the weather* il est très lunatique / *the colour of the wood varies with age* ce bois change de couleur en vieillissant. ◆ vt [diet, menu] varier ; [temperature] faire varier.

varying ['veərɪɪŋ] adj variable, qui varie / *with varying degrees of success* avec plus ou moins de succès.

vascular ['væskjʊlər] adj vasculaire.

vas deferens [ˌvæs'defərenz] (*pl* **vasa deferentia** [ˌveɪsədefə'renʃɪə]) n canal *m* déférent.

vase [UK vɑːz US veɪz] n vase *m.*

vasectomy [væ'sektəmɪ] (*pl* **vasectomies**) n vasectomie *f* / *to have a vasectomy* subir une vasectomie.

Vaseline® ['væsəliːn] ◆ n ▸ **Vaseline (jelly)** vaseline *f.* ◆ vt enduire de vaseline, vaseliner.

vasoconstriction [ˌveɪzəʊkən'strɪkʃən] n MED vasoconstriction *f.*

vasoconstrictor [ˌveɪzəʊkən'strɪktər] n vasoconstricteur *m.*

vasodilation [ˌveɪzəʊdaɪ'leɪʃən] n MED vasodilatation *f.*

vasodilator [ˌveɪzəʊdaɪ'leɪtər] n vasodilatateur *m.*

vasomotor [ˌveɪzəʊ'məʊtər] adj vasomoteur.

vassal ['væsl] ◆ adj vassal. ◆ n vassal *m.*

vassalage ['væsəlɪdʒ] n vassalité *f*, vasselage *m.*

vast [vɑːst] adj vaste, immense, énorme / *vast sums of money* des sommes énormes, énormément d'argent / *it's a vast improvement on his last performance* c'est infiniment mieux que sa dernière interprétation / *she has vast experience in this area* elle a beaucoup d'expérience dans ce domaine.

vastly ['vɑːstlɪ] adv [wealthy] extrêmement, immensément ; [grateful] infiniment / *the show was vastly successful* le spectacle a eu un immense succès / *he is vastly improved* **a)** [in health] il va infiniment mieux **b)** [in work, performance] il est infiniment meilleur.

vastness ['vɑːstnɪs] n immensité *f.*

vat [væt] n cuve *f*, bac *m.*

VAT [væt or ˌviːeɪ'tiː] (abbr of **value added tax**) n TVA *f.*

Vatican ['vætɪkən] ◆ pr n ▸ **the Vatican** le Vatican / *in the Vatican* au Vatican. ◆ comp [edict, bank, policy] du Vatican.

Vatican City pr n l'État *m* de la cité du Vatican, le Vatican / *in Vatican City* au Vatican.

Vatican council n ▸ **the first / second Vatican council** le premier / deuxième concile du Vatican.

vatman ['vætmæn] (*pl* **vatmen** [-men]) n UK *inf* ▸ **the vatman** le service de la TVA.

vaudeville ['vɔːdəvɪl] ◆ n US vaudeville *m.* ◆ comp [artiste, theatre] de vaudeville, de music-hall.

vault [vɔ:lt] ◆ n **1.** ARCHIT voûte *f* ▸ **the vault of heaven** *fig* la voûte céleste **2.** ANAT voûte *f* **3.** [cellar] cave *f*, cellier *m* ; [burial chamber] caveau *m* ▸ **a family vault** un caveau de famille **4.** [in bank] chambre *f* forte ▸ **a bank vault** les coffres d'une banque, la salle des coffres **5.** [jump] (grand) saut *m* ; SPORT saut *m* (à la perche). ◆ vi [jump] sauter ; SPORT sauter (à la perche) / *he vaulted over the fence* il a sauté par-dessus la clôture. ◆ vt **1.** ARCHIT voûter, cintrer **2.** [jump] sauter par-dessus.

vaulted ['vɔ:ltɪd] adj ARCHIT voûté, en voûte.

vaulting ['vɔ:ltɪŋ] ◆ n **1.** ARCHIT voûte *f*, voûtes *fpl* **2.** SPORT saut *m* à la perche. ◆ adj **1.** SPORT [pole] de saut **2.** *fig & liter* [arrogance] outrecuidant ; [ambition] démesuré.

vaulting horse n cheval-d'arçons *m inv*.

vaunt [vɔ:nt] ◆ vt *liter* vanter, se vanter de / *her much vaunted charms* ses charmes tant vantés. ◆ vi *liter* se vanter, fanfaronner.

VBG MESSAGING written abbr of **very big grin**.

VC ◆ n **1.** abbr of **Victoria Cross 2.** abbr of **vice-chancellor 3.** abbr of **vice-chairman.** ◆ pr n abbr of **Vietcong**.

VCR (abbr of **video cassette recorder**) n magnétoscope *m*.

VD (abbr of **venereal disease**) n *(U)* MST *f*.

VDT n abbr of **visual display terminal**.

VDU n abbr of **visual display unit**.

veal [vi:l] ◆ n CULIN veau *m*. ◆ comp [cutlet] de veau.

vector ['vektəʳ] ◆ n **1.** MATH & MED vecteur *m* **2.** AERON direction *f*. ◆ comp MATH vectoriel. ◆ vt AERON radioguider.

vector-borne disease n MED maladie *f* vectorielle.

vector graphic n COMPUT image *f* vectorielle.

vectorial [vek'tɔ:rɪəl] adj vectoriel.

Veda ['veɪdə] n Veda *mpl*.

Vedaism ['veɪdəɪzm] n védisme *m*.

VE day (abbr of **Victory in Europe Day**) n *jour de l'armistice du 8 mai 1945*.

vedette [vɪ'det] n MUS & NAUT vedette *f*.

Vedic ['veɪdɪk] adj védique.

vee [vi:] n *objet en forme de V*.

veep [vi:p] n US *inf* vice-président *m*, -e *f*.

veer [vɪəʳ] ◆ vi **1.** [vehicle, road] virer, tourner ; [ship] virer de bord ; [wind] tourner, changer de direction / *the car veered (over) to the left* la voiture a viré vers la ou à gauche / *the wind has veered (round) to the east* le vent a tourné à l'est / *the deer veered away from us* le cerf s'est éloigné de nous / *the car veered off into the ditch* la voiture a quitté la route et a basculé dans le fossé ▸ **to veer off course a)** [car] quitter sa route **b)** [boat, plane, wind-surfer] quitter sa trajectoire **2.** *fig* : *the conversation veered round to the elections* la conversation a dévié sur les élections / *the speaker kept veering off the subject* l'orateur s'éloignait sans cesse du sujet / *her mood veers between euphoria and black depression* son humeur oscille entre l'euphorie et un profond abattement or va de l'euphorie à un profond abattement. ◆ vt **1.** [ship, car] faire virer **2.** [cable] filer.

veg [vedʒ] (abbr of **vegetable/vegetables**) n *inf* légumes *mpl* ▸ **meat and two veg** viande avec deux légumes différents.

vegan ['vi:gən] ◆ n végétalien *m*, -enne *f*. ◆ adj végétalien.

veganism ['vi:gənɪzm] n végétalisme *m*.

vegeburger ['vedʒə,bɜ:gəʳ] n hamburger *m* végétarien.

vegetable ['vedʒtəbl] ◆ n **1.** CULIN & HORT légume *m* ; BOT [plant] végétal *m* ▸ **early vegetables** primeurs *mpl* ▸ **root vegetables** racines *fpl (comestibles)* **2.** *inf & fig* [person] légume *m*. ◆ comp [matter] végétal ; [soup] de légumes / *he's reduced to a vegetable existence* il est réduit à un état végétatif.

vegetable butter n beurre *m* végétal.

vegetable dish n plat *m* à légumes, légumier *m*.

vegetable garden n (jardin *m*) potager *m*.

vegetable knife n couteau *m* à légumes, éplucheur *m*.

vegetable marrow n courge *f*.

vegetable oil n huile *f* végétale.

vegetable peeler n épluche-légumes *m inv*.

vegetable slicer n coupe-légumes *m inv*.

vegetal ['vedʒɪtl] adj végétal.

vegetarian [,vedʒɪ'teərɪən] ◆ n végétarien *m*, -enne *f*. ◆ adj végétarien.

vegetarianism [,vedʒɪ'teərɪənɪzm] n végétarisme *m*.

vegetate ['vedʒɪteɪt] vi *lit & fig* végéter.

vegetation [,vedʒɪ'teɪʃn] n végétation *f*.

vegetative ['vedʒɪtətɪv] adj *lit & fig* végétatif.

veggie ['vedʒɪ] n & adj *inf* **1.** abbr of **vegetarian 2.** abbr of **vegetable**.

veggieburger ['vedʒɪ,bɜ:gəʳ] n hamburger *m* végétarien.

vehemence ['vi:ɪməns] n [of emotions] ardeur *f*, véhémence *f* ; [of actions, gestures] violence *f*, véhémence *f* ; [of language] véhémence *f*, passion *f*.

vehement ['vi:ɪmənt] adj [emotions] ardent, passionné, véhément ; [actions, gestures] violent, véhément ; [language] véhément, passionné / *she launched a vehement attack on the government* elle s'est lancée dans une attaque véhémente contre or elle a violemment attaqué le gouvernement.

vehemently ['vi:ɪməntlɪ] adv [speak] avec passion, avec véhémence ; [attack] avec violence ; [gesticulate] frénétiquement.

vehicle ['vi:ɪkl] n **1.** [gen & AUTO] véhicule *m* / **'heavy vehicles turning'** 'passage d'engins' ▸ **vehicle emissions** gaz *mpl* d'échappement **2.** PHARM véhicule *m* **3.** *fig* véhicule *m* / *the newspaper is merely a vehicle for state propaganda* le journal n'est qu'un véhicule de la propagande gouvernementale.

vehicular [vɪ'hɪkjʊləʳ] adj [gen & AUTO] de véhicules, de voitures ▸ **vehicular traffic** circulation automobile ▸ **vehicular access** accès aux véhicules.

veil [veɪl] ◆ n **1.** [over face] voile *m* ; [on hat] voilette *f*, voile *m* / *she was wearing a veil* elle était voilée **2.** *fig* voile *m* ▸ **to draw a veil over sthg** mettre un voile sur qqch / *under the veil of secrecy* sous le voile du secret / *a veil of mist / of silence* un voile de brume / de silence **3.** RELIG ▸ **to take the veil** prendre le voile. ◆ vt **1.** [face] voiler, couvrir d'un voile ▸ **to veil o.s.** se voiler **2.** *fig* [truth, feelings, intentions] voiler, dissimuler, masquer.

veiled [veɪld] adj **1.** [wearing a veil] voilé **2.** [hidden, disguised -expression, meaning] voilé, caché ; [-allusion, insult] voilé ; [-hostility] sourd.

veiling ['veɪlɪŋ] n **1.** TEXT voilage *m* **2.** *fig* [of truth] dissimulation *f*.

vein [veɪn] n **1.** ANAT veine *f* / *she has Polish blood in her veins* elle a du sang polonais dans les veines **2.** [on insect wing] veine *f* ; [on leaf] nervure *f* **3.** [in cheese, wood, marble] veine *f* ; [of ore, mineral] filon *m*, veine *f* / *a rich vein of irony runs through the book* le livre est parcouru d'une ironie sous-jacente **4.** [mood] esprit *m* ; [style] veine *f*, style *m* / *in a more frivolous vein* dans un esprit plus frivole / *in the same vein* dans le même style or la même veine / *written in an imaginative vein* écrit dans un style plein d'imagination.

veined [veɪnd] adj **1.** [hand, skin] veiné **2.** [leaf] nervuré **3.** [cheese, stone] marbré, veiné / *green-veined marble* marbre veiné de vert.

veining ['veɪnɪŋ] n *(U)* **1.** ANAT veines *fpl* **2.** BOT [on leaf] nervures *fpl* **3.** [in wood, marble, cheese] veines *fpl*.

veiny ['veɪnɪ] adj [leaf, wood] veineux.

velar ['vi:ləʳ] adj ANAT & LING vélaire.

velarize, velarise ['vi:ləraɪz] vt vélariser.

Velcro® ['velkrəʊ] n (bande *f*) Velcro® *m*.

veld(t) [velt] n veld *m*, veldt *m*.

vellum ['veləm] ◆ n vélin *m*. ◆ adj de vélin ▸ **vellum paper** papier *m* vélin.

velocipede [vɪ'lɒsɪpi:d] n vélocipède *m*.

velocity [vɪ'lɒsətɪ] (*pl* **velocities**) n vélocité *f*.

velodrome ['velədrəʊm] n vélodrome *m*.

velour(s) [və'lʊəʳ] (*pl* **velours**) ◆ n velours *m*. ◆ comp de or en velours.

velum ['vi:ləm] n ANAT voile *m* du palais.

velvet ['velvɪt] ◆ n velours *m* ▸ **to be on velvet** *inf & fig* jouer sur le velours. ◆ comp [curtains, dress] de or en velours ; *fig* [skin, voice] velouté, de velours ▸ **to walk with a velvet tread** marcher à pas de velours or à pas feutrés ▸ **an iron hand in a velvet glove** *fig* une main de fer dans un gant de velours.

velveteen [,velvɪ'ti:n] ◆ n velvet *m*, velventine *f*, velvantine *f*. ◆ adj en or de velventine.

Velvet Revolution pr n ▸ **the Velvet Revolution** la révolution de velours.

velvety ['velvɪtɪ] adj [cloth, complexion, texture] velouteux, velouté ; *fig* [cream, voice] velouté.

venal ['vi:nl] adj vénal.

venality [vi:'nælətɪ] n vénalité *f*.

vend [vend] vt *fml* LAW vendre.

vendee [ven'di:] n LAW acquéreur *m*.

vendetta [ven'detə] n vendetta *f*.

vending ['vendɪŋ] n *fml* LAW vente *f*.

vending machine n distributeur *m* automatique.

vendor ['vendɔ:ʳ] n **1.** COMM marchand *m*, -e *f* ▸ **ice-cream vendor** marchand de glaces **2.** [machine] distributeur *m* automatique **3.** LAW vendeur *m*, -euse *f*.

veneer [və'nɪəʳ] ◆ n **1.** [of wood] placage *m* (de bois) / *walnut veneer* placage noyer **2.** *fig* vernis *m*, masque *m*, apparence *f* / *a veneer of respectability* un vernis de respectabilité. ◆ vt plaquer / *veneered in* or *with walnut* plaqué noyer.

venepuncture ['veni,pʌŋktʃəʳ] n MED ponction *f* d'une veine.

venerable ['venərəbl] adj [gen & RELIG] vénérable.

venerate ['venəreɪt] vt vénérer.

veneration [,venə'reɪʃn] n vénération *f*.

venereal [vɪ'nɪərɪəl] adj vénérien.

venereal disease n maladie *f* vénérienne.

venereologist [vɪ,nɪərɪ'ɒlədʒɪst] n vénéréologue *mf*.

venereology [vɪ,nɪərɪ'ɒlədʒɪ] n vénéréologie *f*, vénérologie *f*.

Venetian [vɪ'ni:ʃn] ◆ n Vénitien *m*, -enne *f*. ◆ adj vénitien, de Venise ▸ **Venetian glass** verre *m* or cristal *m* de Venise ▸ **Venetian blind** store *m* vénitien.

Veneto ['venətəʊ] pr n Vénétie *f*.

Venezuela [,venɪ'zweɪlə] pr n Venezuela *m* / *in Venezuela* au Venezuela.

Venezuelan [,venɪ'zweɪlən] ◆ n Vénézuélien *m*, -enne *f*. ◆ adj vénézuélien.

vengeance ['vendʒəns] n **1.** [revenge] vengeance *f* ▸ **to take** or **to wreak vengeance on** or **upon sb (for sthg)** se venger sur qqn (de qqch) ▸ **to seek vengeance for sthg** vouloir tirer vengeance de qqch, chercher à se venger de qqch **2.** PHR **with a vengeance** très fort / *by then it was raining with a vengeance* à ce moment-là, la pluie tombait à torrents / *to work with a vengeance* travailler d'arrache-pied or à un rythme d'enfer / *she's back with a vengeance* elle fait un retour en force.

vengeful ['vendʒfʊl] adj vindicatif.

venial ['vi:njəl] adj [gen & RELIG] véniel.

veniality [,vi:nɪ'ælətɪ] n caractère *m* véniel.

Venice ['venɪs] pr n Venise.

venipuncture ['veni,pʌŋktʃəʳ] = **venepuncture**.

venisection ['venɪsekʃn] n phlébotomie *f*.

venison ['venɪzn] n venaison *f*.

Venn diagram [ven-] n diagramme *m* de Venn.

venom ['venəm] n *lit & fig* venin *m* / *with venom fig* d'une manière venimeuse.

venomous ['venəməs] adj *lit* venimeux ; *fig* [remark, insult] venimeux, malveillant ; [look] haineux, venimeux / *he has a venomous tongue* il a une langue de vipère.

venomously ['venəməslɪ] adv d'une manière venimeuse.

venous ['vi:nəs] adj veineux.

vent [vent] ◆ n **1.** [outlet - for air, gas, liquid] orifice *m*, conduit *m* ; [- in chimney] conduit *m*, tuyau *m* ; [- in volcano] cheminée *f* ; [- in barrel] trou *m* ; [- for ventilation] conduit *m* d'aération **2.** [in jacket, skirt] fente *f* **3.** PHR **to give vent to sthg** donner or laisser libre cours à qqch / *he gave full vent to his feelings* il a donné or laissé libre cours à ses émotions / *she gave vent to her anger* elle a laissé échapper sa colère. ◆ vt **1.** [barrel] pratiquer un trou dans, trouer ; [pipe, radiator] purger **2.** [release - smoke] laisser échapper ; [- gas] évacuer **3.** *fig* [express - anger] décharger ▸ **to vent one's anger / one's spleen on sb** décharger sa colère / sa bile sur qqn.

ventilate ['ventɪleɪt] vt **1.** [room] ventiler, aérer / *a well / badly ventilated room* une pièce bien / mal aérée **2.** *fig* [controversy, question] agiter (au grand jour) ; [grievance] étaler (au grand jour) **3.** MED [blood] oxygéner.

ventilation [,ventɪ'leɪʃn] n aération *f*, ventilation *f* ▸ **a ventilation shaft** un conduit d'aération or de ventilation.

ventilator ['ventɪleɪtəʳ] n **1.** [in room, building] ventilateur *m* ; AUTO déflecteur *m* **2.** MED respirateur *m* (artificiel).

Ventimiglia [ventɪ'mɪljə] pr n Vintimille.

ventral ['ventrəl] adj ventral.

ventricle ['ventrɪkl] n ventricule *m*.

ventriloquism [ven'trɪləkwɪzm] n ventriloquie *f*.

ventriloquist [ven'trɪləkwɪst] n ventriloque *mf*.

ventriloquy [ven'trɪləkwɪ] = **ventriloquism**.

venture ['ventʃəʳ] ◆ n **1.** [undertaking] entreprise *f* périlleuse or risquée ; [adventure] aventure *f* ; [project] projet *m*, entreprise *f* / *his latest film venture* sa dernière entreprise cinématographique / *it's his first venture into politics* c'est la première fois qu'il s'aventure dans le domaine politique **2.** COMM & FIN [firm] entreprise *f* ▸ **a business venture** une entreprise commerciale, un coup d'essai commercial **3.** PHR **at a venture** au hasard. ◆ vt **1.** [risk - fortune, life] hasarder, risquer / *he ventured a glance at her* il risqua un coup d'œil dans sa direction ▸ **nothing ventured nothing gained** *prov* qui ne risque rien n'a rien *prov* **2.** [proffer - opinion, suggestion] hasarder, avancer, risquer / *she didn't dare venture an opinion on the subject* elle n'a pas osé exprimer sa pensée à ce sujet / *if I may venture a guess / an opinion* si je peux me permettre d'avancer une hypothèse / une opinion **3.** [dare] oser ▸ **to venture to do sthg** s'aventurer or se hasarder à faire qqch / *he ventured to contradict her* il a osé la contredire. ◆ vi **1.** [embark] se lancer / *the government has ventured on a new defence policy* le gouvernement s'est lancé dans or a entrepris une nouvelle politique de défense / *to venture into politics* se lancer dans la politique **2.** *(verb of movement)* ▸ **to venture in / out** prendre le risque d'entrer / de sortir, se risquer à entrer / à sortir / *I wouldn't venture out of doors in this weather* je ne me risquerais pas à sortir par ce temps / *don't venture too far across the ice* ne va pas trop loin sur la glace / *don't venture too far from the beach* ne t'éloigne pas trop de la plage / *he ventured into the woods* il s'est hasardé dans les bois / *the explorers ventured forth into the jungle liter* les explorateurs se sont lancés dans la jungle.

venture capital n capital-risque *m*.

venture capitalist n investisseur *m* en capital-risque.

Venture Scout n UK éclaireur *m (de grade supérieur)*.

venturesome ['ventʃəsəm] adj *liter* **1.** [daring - nature, person] aventureux, entreprenant **2.** [hazardous - action, journey] hasardeux, risqué.

venue ['venju:] n **1.** [setting] lieu *m* (de rendez-vous or de réunion) / *he hasn't decided on a venue for the concert* il n'a pas décidé où le concert aura lieu / *they've changed the venue for tonight's meeting* ils ont changé le lieu de réunion de ce soir **2.** LAW lieu *m* du procès.

Venus ['vi:nəs] pr n ASTRON & MYTH Vénus *f* / **'The Venus de Milo'** 'la Vénus de Milo'.

Venus flytrap n dionée *f*.

Venus shell n ZOOL vénus *f*.

veracious [və'reɪʃəs] adj véridique.

veracity [və'ræsətɪ] n véracité *f*.

veranda(h) [və'rændə] n véranda *f*.

verb [vɜ:b] n verbe *m* ▸ **verb phrase** syntagme *m* or groupe *m* verbal. **See box on next page.**

verbal ['vɜ:bl] adj **1.** [spoken - account, agreement, promise] verbal, oral ; [- confession] oral ▸ **verbal memory** mémoire *f* auditive **2.** [related to words] ▸ **verbal skills** aptitudes *fpl* à l'oral **3.** [literal - copy, translation] mot à mot, littéral, textuel **4.** GRAM verbal.

❖ **verbals** pl n LAW aveux *mpl* faits oralement or de vive voix.

verbalize, **verbalise** ['vɜ:bəlaɪz] vt [feelings, ideas] verbaliser, exprimer par des mots.

verbally ['vɜ:bəlɪ] adv verbalement, oralement ▸ **verbally deficient** illettré, analphabète.

verbal noun n GRAM nom *m* verbal.

verbatim [vɜ:'beɪtɪm] ◆ adj mot pour mot ▸ **verbatim report** procès-verbal *m (d'une réunion)*. ◆ adv textuellement.

verbena [vɜ:'bi:nə] n [herb, plant] verveine *f* ; [genus] verbénacées *fpl*.

verbiage ['vɜ:bɪɪdʒ] n verbiage *m*.

verbose [vɜ:'bəʊs] adj verbeux, prolixe.

verbosity [vɜ:'bɒsətɪ] n verbosité *f*.

verdant ['vɜ:dənt] adj *liter* verdoyant.

verdict ['vɜ:dɪkt] n **1.** LAW verdict *m* ▸ **to reach a verdict** arriver à un verdict ▸ **a verdict of guilty / not guilty** un verdict de culpabilité / non-culpabilité / *the jury returned a verdict of not guilty / guilty* le jury a déclaré l'accusé non-coupable / coupable **2.** *fig* [conclusion] verdict *m*, jugement *m* ▸ **to give one's verdict on sthg** donner son verdict sur qqch / *what is your / the verdict?* quel est votre / le verdict ?

verdigris ['vɜ:dɪgrɪs] ◆ n vert-de-gris *m inv*. ◆ adj vert-de-grisé.

verdure ['vɜ:dʒəʳ] n *liter* verdure *f*.

verge [vɜ:dʒ] ◆ n **1.** [edge - of lawn] bord *m* ; [- by roadside] accotement *m*, bas-côté *m* ; [- of forest] orée *f* / *grass verge* **a)** [round flowerbed] bordure *f* en gazon **b)** [by roadside] herbe *f* au bord de la route **c)** [in park, garden] bande *f* d'herbe / *the car skidded onto the verge* la voiture a dérapé et est montée sur l'accotement or sur le bas-côté **2.** *fig* [brink] bord *m* ; [threshold] seuil *m* / *to be on the verge of tears* être au bord des larmes / *to be on the verge of bankruptcy / of a nervous breakdown* être au bord de la faillite / de la dépression nerveuse / *to be on the verge of adolescence / old age* être au seuil de l'adolescence / de la vieillesse ▸ **to be on the verge of doing sthg** être sur le point de faire qqch / *I was on the verge of telling him* j'étais sur le point de lui dire, j'étais à deux doigts de lui dire / *he's on the verge of sixty* il frôle or frise la soixantaine / *the country has been brought to the verge of civil war* le pays a été amené au seuil de la guerre civile. ◆ vt [road, lawn] border.

❖ **verge on**, **verge upon** vt insep [be close to] côtoyer, s'approcher de / *they are verging on bankruptcy* ils sont au bord de la faillite, la faillite les menace / *his feeling was one of panic verging on hysteria* il ressentait une sorte de panique proche de l'hystérie or qui frôlait l'hystérie / *she's verging on thirty* elle frise la trentaine / *green verging on blue* du vert qui tire sur le bleu.

verger ['vɜ:dʒəʳ] n RELIG bedeau *m*, suisse *m* ; [at ceremony] huissier *m* à verge, massier *m*.

Vergil ['vɜ:dʒɪl] = **Virgil**.

verifiable ['verɪfaɪəbl] adj vérifiable.

verification [,verɪfɪ'keɪʃn] n vérification *f*.

verify ['verɪfaɪ] (*pt & pp* **verified**) vt [prove - information, rumour] vérifier ; [confirm - truth] vérifier, confirmer / *this verifies my worst suspicions* ceci vérifie or confirme mes pires soupçons / *I have witnesses who can verify what I have said* j'ai des témoins qui peuvent confirmer mes dires.

verily ['verəlɪ] adv *arch* vraiment, véritablement.

verisimilitude [,verɪsɪ'mɪlɪtju:d] n *fml* vraisemblance *f*.

verism ['vɪərɪzm] n vérisme *m*.

veritable ['verɪtəbl] adj véritable / *he is a veritable genius* c'est un véritable or un vrai génie.

veritably ['verɪtəblɪ] adv véritablement.

verity ['verətɪ] (*pl* **verities**) n *fml* vérité *f*.

vermicelli [,vɜ:mɪ'selɪ] n *(U)* vermicelle *m*, vermicelles *mpl*.

vermicide ['vɜ:mɪsaɪd] n vermicide *m*.

vermifugal [,vɜ:mɪ'fju:gəl] adj vermifuge.

vermil(l)ion [və'mɪljən] ◆ n vermillon *m*. ◆ adj vermillon *(inv)*.

vermin ['vɜ:mɪn] pl n **1.** [rodents] animaux *mpl* nuisibles ; [insects] vermine *f* **2.** *pej* [people] vermine *f*, racaille *f*.

verminous ['vɜ:mɪnəs] adj **1.** [place] infesté de vermine or d'animaux nuisibles, pouilleux ; [clothes] pouilleux, couvert de vermine ; MED [disease] vermineux **2.** *pej* [person] infect, ignoble.

Vermont [vɜ:'mɒnt] pr n Vermont *m* / *in Vermont* dans le Vermont.

vermouth ['vɜ:məθ] n vermouth *m*.

vernacular [və'nækjʊləʳ] ◆ n **1.** LING (langue *f*) vernaculaire *m* / *in the vernacular* **a)** LING en langue vernaculaire **b)** [everyday language] en langage courant **2.** BOT & ZOOL nom *m* vernaculaire **3.** ARCHIT style *m* typique (du pays). ◆ adj **1.** BOT, LING & ZOOL vernaculaire **2.** [architecture, style] indigène.

vernal ['vɜ:nl] adj *liter* [flowers, woods, breeze] printanier.

vernal equinox n point *m* vernal.

vernier ['vɜ:njəʳ] n vernier *m*.

Verona [və'rəʊnə] pr n Vérone.

Veronese [,verə'neɪzɪ] pr n Véronèse.

veronica [və'rɒnɪkə] n BOT véronique *f*.

verruca [və'ru:kə] (*pl* **verrucas** *or* **verrucae** [-kaɪ]) n verrue *f* (plantaire).

versatile ['vɜ:sətaɪl] adj **1.** [person] aux talents variés, doué dans tous les domaines ; [mind] souple ; [tool] polyvalent, à usages multiples / *a politician has to be very versatile* un politicien doit avoir des talents variés **2.** BOT versatile **3.** ZOOL mobile, pivotant **4.** *inf* [sexually active and passive] actif et passif.

versatility [,vɜ:sə'tɪlətɪ] n **1.** [of person] faculté *f* d'adaptation, variété *f* de talents ; [of mind] souplesse *f* ; [of tool] polyvalence *f* **2.** BOT & ZOOL versatilité *f*.

verse [vɜ:s] ◆ n **1.** [stanza - of poem] strophe *f* ; [- of song] couplet *m* ; [- in bible] verset *m* **2.** *(U)* [poetry] vers *mpl*, poésie *f* / *in verse* en vers. ◆ comp [line, epic] en vers.

versed [vɜ:st] adj ▸ **versed in a)** [knowledgeable] versé dans **b)** [experienced] rompu à / *he is well / not very well versed in current affairs* il est très / peu versé dans les questions d'actualité.

versification [,vɜ:sɪfɪ'keɪʃn] n versification *f*.

versifier ['vɜ:sɪfaɪəʳ] n *pej* versificateur *m*, -trice *f*.

versify ['vɜ:sɪfaɪ] (*pt & pp* **versified**) ◆ vt versifier, mettre en vers. ◆ vi rimer, faire des vers.

version ['vɜ:ʃn] n **1.** [account of events] version *f* **2.** [form - of book, song] version *f* / *did you see the film in the original version?* est-ce que vous avez vu le film dans sa version originale ? / *the screen* or *film version of the book* l'adaptation cinématographique du livre /

LES VERBES À PARTICULES

Un certain nombre de verbes anglais peuvent s'associer à de petits mots que l'on appelle particules.

On distingue :

- Les ***verbes de mouvement***, qui expriment la manière dont s'effectue un déplacement, et qui sont librement associés par le locuteur à une particule exprimant la direction de ce mouvement.
- Les ***verbes prépositionnels***, suivis d'une préposition qui introduit un complément d'objet : la préposition est imposée, il s'agit donc d'une association contrainte.
- Les **phrasal verbs**, constitués d'un verbe et d'une particule adverbiale et formant un bloc de sens ; l'association entre verbe et particule est obligatoire.

ASSOCIATION LIBRE : LES VERBES DE MOUVEMENT ET DE DÉPLACEMENT

Les mouvements et déplacements sont exprimés de manière très différente en français et en anglais.

- En français, le chemin parcouru par le sujet de la phrase est exprimé par le verbe et la manière dont s'effectue le déplacement est exprimée par un complément optionnel.

  Il a traversé la Manche (à la nage / en bateau / en avion).
  V chemin *cplt manière*

  Le « chemin » emprunté est exprimé par le verbe ***traverser***. La manière dont la traversée a été effectuée est précisée par les compléments « à la nage », « en bateau », « en avion ».

- En anglais, c'est très souvent le verbe qui exprime la manière dont s'effectue le déplacement. La direction du déplacement est exprimée par un « satellite » du verbe : une particule.

  He swam / he sailed / he flew across the Channel.
  V manière *« satellite » chemin*

Contrairement à ce qui se passe en français, ici le « chemin » emprunté est indiqué par le groupe prépositionnel « across the Channel » et la manière dont la traversée a été effectuée est exprimée par les verbes **swim**, **sail** ou **fly**.

En anglais, on doit donc obligatoirement exprimer la ***manière*** dont s'effectue le déplacement (verbe) et la ***direction*** de ce déplacement (satellite).

Pour l'expression des mouvements, les anglophones bénéficient de la très grande souplesse de leur langue. La libre association de verbes exprimant la manière dont s'effectue un mouvement et de particules indiquant la direction de ce mouvement permet une très grande précision dans la description des déplacements :

He managed to crawl out of the cave. Il a réussi à sortir de la grotte en rampant.

Can I squeeze through? Puis-je me faufiler entre vous ?
[Question que l'on peut poser par exemple dans une boutique bondée au moment des soldes.]

ASSOCIATION CONTRAINTE : VERBES PRÉPOSITIONNELS

Certains verbes ont besoin d'une préposition pour introduire un complément :

To think about something. Penser à quelque chose.

To borrow something from somebody. Emprunter quelque chose à quelqu'un.

Dans ces constructions verbales, le sens initial de la particule n'a pas complètement disparu ; toutefois, contrairement à ce qui se passe pour les verbes de mouvement et de déplacement, on n'a pas le choix de la préposition.

Remarque : on peut insérer un adverbe entre le verbe et sa préposition.

The doctor listens carefully to his patient. Le docteur écoute attentivement son patient.

ASSOCIATION OBLIGATOIRE : PHRASAL VERBS

En anglais, le mot **phrase** veut dire ***expression*** ; les **phrasal verbs** sont des verbes qui sont toujours suivis d'une particule et qui prennent un sens différent de celui du verbe additionné de celui de la particule. Ils forment ainsi un nouveau bloc de sens. Et il faut donc les apprendre un par un !

- to blow up = faire sauter [un immeuble] / agrandir [une photo] / gonfler [un ballon]
- to run away = se sauver
- to give up = abandonner

Dans ce dictionnaire, les **phrasal verbs** sont présentés en sous-entrée, et affectés de la catégorie grammaticale ***vt*** ou ***vi*** selon qu'ils sont transitifs ou intransitifs.

Les **phrasal verbs** transitifs qui peuvent être « séparés » par le complément d'objet portent la mention **sep** ; ceux qui ne le peuvent pas portent la mention **insep**.

Certains **phrasal verbs** transitifs sont inséparables :

They found out the truth. Ils ont découvert la vérité.
[They found the truth out ne serait pas naturel.]

Toutefois, lorsque les **phrasal verbs** sont transitifs et séparables, on a souvent le choix : le complément d'objet peut se placer après le bloc verbe + particule, ou être intercalé entre les deux. Ceci est obligatoirement le cas s'il s'agit d'un pronom :

I filled in the form. / I filled the form in. J'ai rempli le formulaire.
Phrasal V *CO* *V* *CO* *particule*

I filled it in. Je l'ai rempli.

We put off the wedding. / We put the wedding off. Nous avons remis le mariage.

Certains **phrasal verbs** forment des blocs constitués de trois éléments inséparables : le verbe suivi d'une particule adverbiale et d'une préposition introduisant un complément :

To put up with sb / sthg. Supporter qqn / qqch.
To stand up for sb. Prendre la défense de quelqu'un.
To look forward to sthg. Attendre qqch avec impatience.

---

he looks like a younger version of his father fig c'est l'image de son père en plus jeune **3.** [model - of car, plane] modèle *m*, version *f* **4.** [translation] version *f*.

verso ['vɜːsəʊ] (*pl* **versos**) n [of page] verso *m* ; [of coin, medal] revers *m*.

versus ['vɜːsəs] prep **1.** [against] contre / *it's the government versus the trade unions* c'est le gouvernement contre les syndicats, c'est une lutte entre le gouvernement et les syndicats / *Italy versus France* SPORT Italie-France / *Dickens versus Dickens* LAW Dickens contre Dickens **2.** [compared with] par rapport à, par opposition à / *country versus city life* la vie à la campagne par opposition à or par rapport à la vie citadine / *the advantages of living in a house versus (living in) a flat* les avantages d'une maison or d'habiter une maison par rapport à un appartement.

vertebra ['vɜːtɪbrə] (*pl* **vertebras** *or* **vertebrae** [-briː]) n vertèbre *f*.

vertebral ['vɜːtɪbrəl] adj vertébral ▸ **vertebral column** colonne *f* vertébrale.

vertebrate ['vɜːtɪbreɪt] ◆ adj vertébré. ◆ n vertébré *m*.

vertex ['vɜːteks] (*pl* **vertexes** *or* **vertices** [-tɪsiːz]) n MATH sommet *m* ; ASTRON apex *m* ; ANAT vertex *m*.

vertical ['vɜːtɪkl] ◆ adj **1.** [gen & GEOM] vertical ▸ **a vertical cliff** une falaise à pic or qui s'élève à la verticale ▸ **a vertical line** une ligne verticale ▸ **a vertical drop** une descente or une pente verticale **2.** *fig* [structure, organization, integration] vertical. ◆ n verticale *f* ▸ **out of the vertical** écarté de la verticale, hors d'aplomb.

vertical angles pl n GEOM angles *mpl* de pointe.

vertical circle n ASTRON vertical *m*.

vertical drinking n *consommation d'alcool debout.*

vertically ['vɜːtɪklɪ] adv verticalement ▸ **to take off vertically** AERON décoller à la verticale.

vertical market n marché *m* vertical.

vertical takeoff ◆ n décollage *m* vertical. ◆ comp ▸ **vertical takeoff aircraft** avion *m* à décollage vertical.

vertical union n US confédération *f* syndicale.

vertiginous [vɜː'tɪdʒɪnəs] adj *fml* vertigineux.

vertigo ['vɜːtɪgəʊ] n *(U)* vertige *m* / *heights give me vertigo* les hauteurs me donnent le vertige / *to suffer from* or *to have vertigo* avoir le vertige / **'Vertigo'** *Hitchcock* 'Sueurs froides'.

verve [vɜːv] n verve *f*, brio *m*.

very ['verɪ] (*compar* **verier**, *superl* **veriest**) ◆ adv **1.** [with adj or adv] très, bien / *it was very pleasant* c'était très or bien agréable / *was the pizza good? — very / not very* la pizza était-elle bonne ? — très / pas très / *I'm not very impressed with the results* je ne suis pas très or tellement impressionné par les résultats / *be very careful* faites très or bien attention / *he was very hungry / thirsty* il avait très faim / soif / *I very nearly fell* j'ai bien failli tomber / *very few / little* très peu / *there were very few of them* **a)** [people] ils étaient très peu nombreux **b)** [objects] il y en avait très peu / *he takes very little interest in what goes on* il s'intéresse très peu à ce qui se passe / *there weren't very many people* il n'y avait pas beaucoup de gens, il n'y avait pas grand monde ▸ **very good!** or **very well!** [expressing agreement, consent] très bien ! / *you can't very well ask outright* tu ne peux pas vraiment demander directement ▸ **that's all very well but...** tout ça, c'est très bien mais... **2.** *(with superl)* [emphatic use] : *our very best wine* notre meilleur vin / *the very best of friends* les meilleurs amis du monde / *it's the very worst thing that could have happened* c'est bien la pire chose qui pouvait arriver / *the very latest designs* les créations les plus récentes / *at the very latest* au plus tard / *at the very least* / *most* tout au moins / plus / *the very first* / *last person* la (toute) première / dernière personne / *the very next day* le lendemain même, dès le lendemain / *the very next person I met was his brother* la première personne que j'ai rencontrée était son frère / *we'll stop at the very next town* nous nous arrêterons à la prochaine ville / *it's nice to have your very own car* or *a car of your very own* c'est agréable d'avoir sa voiture à soi / *it's my very own* c'est à moi / *the very same day* le jour même / *on the very same date* exactement à la même date. ◆ adj **1.** [extreme, far] : *at the very end* **a)** [of street, row, etc.] tout au bout **b)** [of story, month, etc.] tout à la fin / *to the very end* **a)** [in space] jusqu'au bout **b)** [in time] jusqu'à la fin / *at the very back* tout au fond / *at the very top* / *bottom of the page* tout en haut / en bas de la page / *at the very bottom of the sea* au plus profond de la mer **2.** [exact] : *at that very moment* juste à ce moment-là / *the very man I need* juste l'homme qu'il me faut / *those were his very words* ce sont ses propos mêmes, c'est exactement ce qu'il a dit / *this is the very room where they were murdered* c'est dans cette pièce même qu'ils ont été tués **3.** [emphatic use] : *the very idea!* quelle idée ! / *the very thought of it makes me shiver* je frissonne rien que d'y penser / *it happened before my very eyes* cela s'est passé sous mes yeux.

❖ **very much** ◆ adv phr **1.** [greatly] beaucoup, bien / *I like jazz very much* j'aime beaucoup le jazz / *I very much hope to be able to come* j'espère bien que je pourrai venir / *very much better* / *bigger* beaucoup mieux / plus grand / *unless I'm very much mistaken* à moins que je ne me trompe / *were you impressed? — very much so* ça vous a impressionné ? — beaucoup **2.** [to a large extent] : *the situation remains very much the same* la situation n'a guère évolué / *it's very much a question of who to believe* la question est surtout de savoir qui on doit croire. ◆ det phr beaucoup de / *there wasn't very much wine* il n'y avait pas beaucoup de vin. ◆ pron phr beaucoup / *she doesn't say very much* elle parle peu, elle ne dit pas grand-chose.

very high frequency ['verɪ-] n *(U)* très haute fréquence *f*, (gamme *f* des) ondes *fpl* métriques.

Very light ['vɪərɪ-] n fusée *f* éclairante.

very low frequency ['verɪ-] n très basse fréquence *f*.

Very pistol ['vɪərɪ-] n pistolet *m* lance-fusées.

Very Reverend ['verɪ-] adj RELIG : *the Very Reverend Alan Scott* le très révérend Alan Scott.

vesicle ['vesɪkl] n vésicule *f*.

Vespasian [ves'peɪʒən] pr n Vespasien.

vespers ['vespəz] pl n vêpres *fpl*.

vessel ['vesl] n **1.** *liter* [container] récipient *m* ▸ **a drinking vessel** une timbale, un gobelet **2.** NAUT vaisseau *m* **3.** ANAT & BOT vaisseau *m*.

vest [vest] ◆ n **1.** UK [singlet - for boy, man] maillot *m* de corps, tricot *m* de peau ; [- for woman] chemise *f* **2.** US [waistcoat] gilet *m* (de costume). ◆ vt *fml* investir ▸ **to vest sb with power / authority** investir qqn de pouvoir / d'autorité ▸ **to vest sthg in sb** assigner or attribuer qqch à qqn / *the power vested in the government* le pouvoir dont le gouvernement est investi / *the president is vested with the power to veto the government* le président est doté du pouvoir d'opposer son veto aux projets du gouvernement / *legislative authority is vested in Parliament* le Parlement est investi du pouvoir législatif.

⚠ **Une veste** is a jacket, not a vest.

vestal virgin ['vestl-] n vestale *f*.

vested interest ['vestɪd-] n ▸ **vested interests a)** [rights] droits *mpl* acquis **b)** [investments] capitaux *mpl* investis **c)** [advantages] intérêts *mpl* / *there are vested interests in industry opposed to trade union reform* ceux qui ont des intérêts dans l'industrie s'opposent à la réforme des syndicats / *there are too many vested interests* cela dérange trop de gens influents ▸ **to have a vested interest in doing sthg** avoir directement intérêt à faire qqch / *she has a vested interest in keeping it secret* elle a tout intérêt à garder le secret.

vestibule ['vestɪbju:l] n **1.** [in house, church] vestibule *m* ; [in hotel] vestibule *m*, hall *m* d'entrée **2.** ANAT vestibule *m* **3.** US RAIL sas *m*.

vestige ['vestɪdʒ] n **1.** [remnant] vestige *m* / *he clung on to the last vestiges of power* il s'est accroché aux derniers vestiges de son autorité / *not a vestige of the original building remains* il ne reste plus un seul vestige de l'édifice d'origine / *there's not a vestige of truth in the story* il n'y a pas un grain or une once de vérité dans cette histoire **2.** ANAT & ZOOL organe *m* rudimentaire / *the vestige of a tail* une queue rudimentaire.

vestigial [ve'stɪdʒɪəl] adj **1.** [remaining] résiduel **2.** ANAT & ZOOL [organ, tail] rudimentaire, atrophié.

vestment ['vestmənt] n habit *m* de cérémonie ; RELIG vêtement *m* sacerdotal.

vest-pocket US ◆ n poche *f* de gilet. ◆ adj [book, object] de poche ; *fig* minuscule, tout petit.

vestry ['vestrɪ] (*pl* **vestries**) n **1.** [room] sacristie *f* **2.** [committee] conseil *m* paroissial.

Vesuvius [vɪ'su:vjəs] pr n ▸ **(Mount) Vesuvius** le Vésuve.

vet [vet] (*pt & pp* **vetted**, *cont* **vetting**) ◆ n **1.** (abbr of **veterinary surgeon/veterinary**) vétérinaire *mf* **2.** (abbr of **veteran**) US *inf* ancien combattant *m*, vétéran *m*. ◆ adj (abbr of **veteran**) US *inf* [association, rally] d'anciens combattants. ◆ vt **1.** [check - application] examiner minutieusement, passer au crible ; [- claims, facts, figures] vérifier soigneusement, passer au crible ; [- documents] contrôler ; [- person] enquêter sur / *she was thoroughly vetted for the job* ils ont soigneusement examiné sa candidature avant de l'embaucher / *all sources must be carefully vetted before publication* toutes les sources doivent être soigneusement vérifiées avant publication / *the committee has to vet any expenditure exceeding £100* le comité doit approuver toute dépense au-delà de 100 livres **2.** VET [examine] examiner ; [treat] soigner.

vetch [vetʃ] n vesce *f*.

veteran ['vetrən] ◆ n **1.** MIL ancien combattant *m*, vétéran *m* ▸ **Veterans Affairs** US *organisme de soutien aux anciens combattants* ▸ **Veterans Day** US fête *f* de l'armistice *(le 11 novembre)* **2.** [experienced person] personne *f* chevronnée or expérimentée, vieux *m* de la vieille **3.** [car] voiture *f* ancienne or d'époque ; [machinery] vieille machine *f*. ◆ adj [experienced] expérimenté, chevronné / *she's a veteran campaigner for civil rights* c'est un vétéran de la campagne pour les droits civiques.

veteran car n UK voiture *f* de collection *(normalement antérieure à 1905)*.

veterinarian [,vetərɪ'neərɪən] n US vétérinaire *mf*.

veterinary ['vetərɪnrɪ] adj [medicine, science] vétérinaire.

veterinary surgeon n UK vétérinaire *mf*.

vetiver ['vetɪvər] n BOT vétiver *m*.

veto ['vi:təʊ] (*pl* **vetoes**) ◆ n **1.** *(U)* [power] droit *m* de veto ▸ **to use one's veto** exercer son droit de veto **2.** [refusal] veto *m* ▸ **to put a veto on sthg** mettre or opposer son veto à qqch. ◆ vt POL & *fig* mettre or opposer son veto à.

vetting ['vetɪŋ] n *(U)* enquêtes *fpl* ▸ **to undergo positive vetting** être soumis à une enquête de sécurité ▸ **security vetting** enquêtes de sécurité.

vex [veks] vt contrarier, ennuyer.

vexation [vek'seɪʃn] n *fml* **1.** [anger] ennui *m*, agacement *m* / *she threw it down in vexation* elle le jeta avec agacement **2.** [difficulty, annoyance] ennui *m*, tracasserie *f* / *one of life's vexations* une de ces contrariétés que nous réserve la vie.

vexatious [vek'seɪʃəs] adj *fml* contrariant, ennuyeux.

vexed [vekst] adj *fml* **1.** [annoyed] fâché, ennuyé, contrarié ▸ **to become vexed** se fâcher ▸ **to be vexed with sb** être fâché contre qqn, en vouloir à qqn / *she was vexed at his behaviour* elle était contrariée par son comportement, son comportement l'avait contrariée / *she was vexed to discover that she had left her purse behind* elle a été contrariée quand elle a réalisé qu'elle avait oublié son porte-monnaie **2.** [controversial] controversé ; [question] épineux / *it's a very vexed period in our history* c'est une période délicate de notre histoire.

vexing ['veksɪŋ] adj **1.** [annoying] contrariant, ennuyeux, fâcheux **2.** [frustrating - issue, riddle] frustrant.

VFD (abbr of **volunteer fire department**) n *pompiers bénévoles aux États-Unis*.

VG (written abbr of **very good**) TB.

VGA [,vi:dʒi:'eɪ] (abbr of **video graphics array** or **video graphics adapter**) n COMPUT VGA *m* ▸ **VGA monitor** moniteur *m* VGA.

vgc (written abbr of **very good condition**) tbe.

VHF (abbr of **very high frequency**) n VHF *f*.

VHS (abbr of **video home system**) n VHS *m*.

VI written abbr of **Virgin Islands**.

via ['vaɪə] prep **1.** [by way of] via, par / *they travelled from Paris to Rome via Florence* ils ont voyagé de Paris à Rome via or en passant par Florence / *the trip is shorter if you travel via Calais* le trajet est plus court par Calais **2.** [by means of] par, au moyen de / *contact me via this number* / *via my secretary* contactez-moi à ce numéro / par l'intermédiaire de ma secrétaire / *she sent him the letter via her sister* elle lui a envoyé la lettre par l'intermédiaire de sa sœur / *these pictures come via satellite* ces images arrivent par satellite / *the best way to get into films is via drama school* le meilleur moyen d'entrer dans le monde du cinéma est de passer par une école d'art dramatique / *the patient was fed via a tube* le malade était alimenté au moyen d'un tube.

viability [,vaɪə'bɪlətɪ] n *(U)* **1.** ECON [of company, state] viabilité *f* **2.** [of plan, programme, scheme] chances *fpl* de réussite, viabilité *f* **3.** MED & BOT viabilité *f*.

viable ['vaɪəbl] adj **1.** ECON [company, economy, state] viable **2.** [practicable - plan, programme] viable, qui a des chances de réussir / *there is no viable alternative* il n'y a pas d'autre solution viable / *it's not a viable proposition* cette proposition n'est pas viable **3.** MED & BOT viable.

viaduct ['vaɪədʌkt] n viaduc *m*.

Viagra® [vaɪ'ægrə] n Viagra® *m*.

vial ['vaɪəl] n *liter* fiole *f* ; PHARM ampoule *f*.

viand ['vaɪənd] n *arch & liter* friandise *f*.

❖ **viands** pl n *arch* aliments *mpl*.

viaticum [vaɪ'ætɪkəm] (*pl* **viaticums** *or* **viatica** [-kə]) n viatique *m*.

vibes [vaɪbz] pl n *inf* **1.** abbr of **vibraphone 2.** (abbr of **vibrations**) atmosphère *f*, ambiance *f* / *they give off really good* / *bad vibes* avec eux le courant passe vraiment bien / ne passe vraiment pas / *I get really bad vibes from her* je la sens vraiment mal / *I don't like the vibes in this place* je n'aime pas l'ambiance ici.

vibraharp ['vaɪbrəhɑ:p] US = **vibraphone**.

vibrancy ['vaɪbrənsɪ] n enthousiasme *m*.

vibrant ['vaɪbrənt] ◆ adj **1.** [vigorous, lively - person] vif ; [- programme, atmosphere] vibrant, touchant, émouvant ▸ **to be vibrant with life** être plein de vie **2.** [resonant - sound, voice] vibrant, résonant **3.** [bright - colour, light] brillant. ◆ n LING vibrante *f*.

vibraphone ['vaɪbrəfəʊn] n vibraphone *m*.

vibrate [vaɪ'breɪt] vi **1.** [shake, quiver] vibrer **2.** [sound] vibrer, retentir **3.** PHYS [oscillate] osciller, vibrer.

vibration [vaɪ'breɪʃn] n vibration *f*.

❖ **vibrations** pl n *inf* [feeling] ambiance *f* / *good vibrations* bonne ambiance.

vibrato [vɪ'brɑːtəʊ] (*pl* **vibratos**) ◆ n MUS vibrato *m*. ◆ adv avec vibrato.

vibrator [vaɪ'breɪtər] n **1.** ELEC vibrateur *m* **2.** [medical or sexual] vibromasseur *m*.

vibratory ['vaɪbrətrɪ] adj vibratoire.

viburnum [vaɪ'bɜːnəm] n viorne *f*.

vicar ['vɪkər] n pasteur *m* ▸ **the Vicar of Christ** le vicaire de Jésus-Christ.

vicarage ['vɪkərɪdʒ] n presbytère *m*.

vicar apostolic n vicaire *m* apostolique.

vicar general n vicaire *m* général.

vicarious [vɪ'keərɪəs] adj **1.** [indirect, second-hand -feeling, pride, enjoyment] indirect, par procuration or contrecoup / *they got vicarious satisfaction from their son's success* le succès de leur fils les a satisfaits par procuration **2.** [punishment] (fait) pour autrui ; [suffering, pain] subi pour autrui **3.** [power, authority] délégué **4.** MED vicariant.

vicariously [vɪ'keərɪəslɪ] adv **1.** [experience] indirectement / *she lived vicariously through her reading* elle vivait par procuration à travers ses lectures **2.** [authorize] par délégation, par procuration.

vice ◆ n [vaɪs] **1.** [depravity] vice *m* **2.** [moral failing] vice *m* ; [less serious] défaut *m* / *I'm afraid chocolate is one of my little vices* j'ai bien peur que le chocolat ne soit l'un de mes petits vices **3.** TECH étau *m* / *he held her in a vice-like grip* il la serrait comme dans un étau **4.** US = **vice squad**. ◆ prep ['vaɪsɪ] *fml* [instead of] à la place de, en remplacement de.

vice- [vaɪs] in comp vice-.

vice-admiral n vice-amiral *m* d'escadre.

vice-chairman n vice-président *m*, -e *f*.

vice-chancellor n **1.** UK UNIV président *m*, -e *f* d'université **2.** US LAW vice-chancelier *m*.

vice-consul n vice-consul *m*.

vicelike ['vaɪslaɪk] adj : *held in a vicelike grip* serré dans une poigne de fer, serré comme dans un étau.

Vicenza [viː'tʃentsə] pr n Vicence.

vice-premier [,vaɪs-] n vice-premier ministre *m*.

vice-presidency n vice-présidence *f*.

vice-president n vice-président *m*, -e *f*.

vice-presidential [,vaɪs-] adj vice-présidentiel ▸ **vice-presidential candidate** candidat *m* à la vice-présidence.

vice-principal n SCH directeur *m* adjoint, directrice *f* adjointe.

viceregal [,vaɪs'riːgl] adj de or du vice-roi.

vicereine [,vaɪs'reɪn] n vice-reine *f*.

viceroy ['vaɪsrɔɪ] n vice-roi *m*.

viceroyalty ['vaɪsrɔɪəltɪ] n vice-royauté *f*.

vice squad n brigade *f* des mœurs.

vice versa [,vaɪsɪ'vɜːsə] adv vice versa, inversement.

Vichy ['viːʃiː] pr n Vichy.

Vichy water n eau *f* de Vichy.

vicinity [vɪ'sɪnətɪ] (*pl* **vicinities**) n **1.** [surrounding area] environs *mpl*, alentours *mpl* ; [neighbourhood] voisinage *m*, environs *mpl* ; [proximity] proximité *f* / *is there a good school in the vicinity?* est-ce qu'il y a une bonne école dans les alentours or dans le quartier ? / *he's somewhere in the vicinity* il est quelque part dans les environs or dans le coin / *in the vicinity of the town centre* **a)** [in the area] dans les environs du centre-ville **b)** [close] à proximité du centre-ville / *in the immediate vicinity* dans les environs immédiats / *one good thing about the house is its vicinity to the station* *fml* un des bons côtés de la maison, c'est qu'elle est située tout près de la gare **2.** [approximate figures, amounts] : *his salary is in the vicinity of £18,000* son salaire est aux alentours de or de l'ordre de 18 000 livres / *its weight is in the vicinity of 500 lb* cela pèse dans les 500 livres.

vicious ['vɪʃəs] adj **1.** [cruel, savage -attack, blow] brutal, violent / *a vicious wind* un vent violent **2.** [malevolent -criticism, gossip, remarks] méchant, malveillant / *he has a vicious tongue* il a une langue de vipère **3.** [dog] méchant ; [horse] vicieux, rétif **4.** [perverse -behaviour, habits] vicieux, pervers.

⚠ When vicious means cruel, it is not translated by **vicieux**, which most commonly denotes sexual perversity.

vicious circle n cercle *m* vicieux.

viciously ['vɪʃəslɪ] adv [attack, beat] brutalement, violemment ; [criticize] avec malveillance, méchamment.

⚠ **Vicieusement** means lecherously, not viciously.

viciousness ['vɪʃəsnɪs] n [of attack, beating] brutalité *f*, violence *f* ; [of criticism, gossip] méchanceté *f*, malveillance *f*.

vicissitude [vɪ'sɪsɪtjuːd] n *fml* vicissitude *f*.

victim ['vɪktɪm] n **1.** [physical sufferer] victime *f* ▸ **to fall victim to sthg** devenir la victime de qqch / *the fire claimed many victims* l'incendie a fait de nombreuses victimes / *road accident victims* les victimes or les accidentés de la route / *a fund for victims of cancer* des fonds pour les cancéreux or les malades du cancer **2.** *fig* victime *f* / *to fall victim to sb's charms* succomber aux charmes de qqn / *many people fall victim to these fraudulent schemes* beaucoup de gens se font avoir par ces combines frauduleuses / *he was a victim of his own ambition* il a été victime de sa propre ambition / *education is always the first victim of government spending cuts* l'éducation est toujours la première à souffrir des réductions des dépenses publiques.

victimhood ['vɪktɪmhʊd] n mentalité *f* de victime.

victimization [,vɪktɪmaɪ'zeɪʃn] n [for beliefs, race, differences] fait *m* de prendre pour victime ; [reprisals] représailles *fpl* / *there must be no further victimization of workers* il ne doit pas y avoir d'autres représailles contre les ouvriers.

victimize, victimise ['vɪktɪmaɪz] vt [make victim of] faire une victime de, prendre pour victime ; [take reprisals against] exercer des or user de représailles sur / *she was victimized at school because of her accent / of her colour* elle a été prise pour victime à l'école à cause de son accent / de la couleur de sa peau / *immigrant workers are being victimized by some of the foremen* les travailleurs immigrés sont pris pour victimes or pour cibles par certains contremaîtres / *the strikers feel they are being victimized* les grévistes estiment qu'ils sont victimes de représailles.

victimless crime ['vɪktɪmlɪs-] n délit *m* sans victime.

victor ['vɪktər] n vainqueur *m* / *Labour were the victors in the election* le parti travailliste a remporté la victoire aux élections.

Victoria [vɪk'tɔːrɪə] pr n **1.** [person] ▸ **Queen Victoria** la reine Victoria **2.** [state] Victoria *m* / *in Victoria* dans le Victoria **3.** [lake] ▸ **Lake Victoria** le lac Victoria.

Victoria Cross n MIL croix *f* de Victoria *(en Grande-Bretagne, décoration militaire très prestigieuse).*

Victoria Falls pl pr n les chutes *fpl* Victoria.

Victorian [vɪk'tɔːrɪən] ◆ adj victorien / *a return to Victorian values* un retour aux valeurs victoriennes or de l'époque victorienne. ◆ n Victorien *m*, -enne *f*.

Victoriana [,vɪktɔːrɪ'ɑːnə] n *(U)* antiquités *fpl* victoriennes, objets *mpl* de l'époque victorienne.

victorious [vɪk'tɔːrɪəs] adj [army, campaign, party] victorieux ; [army] vainqueur ; [cry] de victoire ▸ **to be victorious over sb** être victorieux de qqn, remporter la victoire sur qqn.

victoriously [vɪk'tɔːrɪəslɪ] adv victorieusement.

victory ['vɪktərɪ] (*pl* **victories**) n victoire *f* ▸ **to gain** or **to win a victory over sb** remporter la victoire sur qqn.

victory roll n AERON *looping pour marquer une victoire.*

victory sign n V *m* de la victoire.

victual ['vɪtl] (*pt & pp* **victualled**, *cont* **victualling**) *arch* ◆ vt ravitailler, approvisionner. ◆ vi se ravitailler, s'approvisionner.

❖ **victuals** pl n *arch* victuailles *fpl*.

victualler ['vɪtlər] n fournisseur *m* (de provisions).

vicuna [vɪ'kjuːnə] n vigogne *f*.

vide ['vaɪdiː] impers vb [in text] voir, cf.

videlicet [vɪ'diːlɪset] adv *fml* à savoir.

video ['vɪdɪəʊ] (*pl* **videos**) ◆ n **1.** [medium] vidéo *f* / *I use video a lot in my teaching* j'utilise beaucoup la vidéo pendant mes cours **2.** [VCR] magnétoscope *m* / *they recorded the series on video* ils ont enregistré le feuilleton au magnétoscope **3.** [cassette] vidéocassette *f* ; [recording] vidéo *f* ; [for pop-song] clip *m*, vidéoclip *m* / *they rented a video for the night* ils ont loué une vidéo or vidéocassette pour la soirée / *we've got a video of the film* on a le film en vidéocassette **4.** US *inf* [television] télé *f*. ◆ comp **1.** [film, version] (en) vidéo ; [services, equipment, signals] vidéo *(inv)* ▸ **video rental** location *f* de vidéos ▸ **a video shop** un magasin vidéo **2.** US [on TV] télévisé. ◆ vt enregistrer sur magnétoscope.

video arcade n salle *f* de jeux vidéo.

video art n art *m* vidéo.

video call n TELEC appel *m* vidéo.

video camera n caméra *f* vidéo.

video card n COMPUT carte *f* vidéo.

video cassette n vidéocassette *f*.

video cassette recorder n magnétoscope *m*.

videocast ['vɪdɪəʊkɑːst] n vidéocast *m*, émission *f* vidéo téléchargeable.

video clip n clip *m*, vidéoclip *m*, clip *m* vidéo.

video club n club *m* vidéo.

video conference n vidéoconférence *f*, visioconférence *f*.

video conferencing n vidéoconférence *f*.

video diary n journal *m* vidéo.

videodisc UK, **videodisk** US ['vɪdɪəʊdɪsk] n vidéodisque *m*.

video frequency n vidéofréquence *f*.

video game n jeu *m* vidéo.

video library n vidéothèque *f*.

video machine = **videorecorder**.

video nasty n UK *inf film vidéo à caractère violent et souvent pornographique.*

video on demand n *(U)* vidéo *f* à la demande.

videophone ['vɪdɪəʊfəʊn] n vidéophone *m*.

video player = **videorecorder**.

video projector n vidéoprojecteur *m*.

video-record vt enregistrer sur vidéo.

videorecorder ['vɪdɪəʊrɪ,kɔːdər] n magnétoscope *m*.

video recording n enregistrement *m* sur magnétoscope.

videotape ['vɪdɪəʊteɪp] ◆ n bande *f* vidéo. ◆ vt enregistrer sur magnétoscope, magnétoscoper.

video telephone n visiophone *m*, vidéophone *m*.

videotext ['vɪdɪəʊtekst] n vidéotex *m*, vidéographie *f* interactive.

video wall n mur *m* d'images.

vie [vaɪ] (*pt & pp* **vied**, *cont* **vying**) vi rivaliser, lutter ▸ **to vie with sb for sthg** disputer qqch à qqn / *the two children vied with each other for attention* les deux enfants rivalisaient l'un avec l'autre pour attirer l'attention / *several companies were vying with each other to sponsor the event* plusieurs firmes se battaient pour parrainer l'évènement.

Vienna [vɪ'enə] ◆ pr n Vienne. ◆ comp viennois, de Vienne.

Viennese [,vɪə'niːz] (*pl* **Viennese**) ◆ n Viennois *m*, -e *f*. ◆ adj viennois.

Vietcong [ˌvjet'kɒŋ] (*pl* **Vietcong**) ◆ pr n Viêt-cong *m* ◆ n Viêt-cong *mf*.

Vietnam [UK ˌvjet'næm US ˌvjet'nɑ:m] pr n Viêt Nam *m* / *in Vietnam* au Viêt Nam ▸ **the Vietnam War** la guerre du Viêt Nam.

The Vietnam War

Conflit qui opposa, de 1954 à 1975, le Viêt Nam du Nord, communiste, au Viêt Nam du Sud, soutenu militairement par les États-Unis. Aussitôt critiqué par l'opinion publique nationale, l'effort de guerre américain s'intensifia considérablement au milieu des années 1960, sans parvenir pour autant à faire basculer l'issue du conflit. À partir de 1970, sous la présidence de R. Nixon, un processus de cessez-le-feu fut engagé, aboutissant au retrait des troupes américaines en 1973. Un an plus tard, le sud du pays passa aux mains des communistes. Véritable traumatisme national, la guerre du Viêt Nam est sans doute l'un des épisodes les plus pénibles de l'histoire des États-Unis. La longueur du conflit, les atrocités commises de part et d'autre, le nombre très élevé de victimes, mais surtout les interrogations sur la finalité de cette guerre remirent dramatiquement en question la légitimité de l'ingérence américaine et provoquèrent chez les jeunes Américains de l'époque un mouvement antimilitariste d'une ampleur sans précédent.

Vietnamese [ˌvjetnə'mi:z] (*pl* **Vietnamese**) ◆ n **1.** [person] Vietnamien *m*, -enne *f* **2.** LING vietnamien *m*. ◆ adj vietnamien.

Viet Vet [vɪet'vet] n US *inf* MIL ancien *m* du Viêt Nam.

view [vju:] ◆ n **1.** [sight] vue *f* ▸ **to come into view** apparaître / *we came into view of the shore* nous sommes arrivés en vue du rivage, nous avons aperçu le rivage / *he turned the corner and disappeared from view* il a tourné au coin et on l'a perdu de vue or il a disparu / *it happened in full view of the television cameras / police* cela s'est passé juste devant les caméras de télévision / sous les yeux de la police ▸ **to be on view a)** [house] être ouvert aux visites **b)** [picture] être exposé / *the woods are within view of the house* de la maison on voit les bois ▸ **to hide sthg from view a)** [accidentally] cacher qqch de la vue **b)** [deliberately] cacher qqch aux regards **2.** [prospect] vue *f* / *the house has a good view of the sea* la maison a une belle vue sur la mer / *a room with a view* une chambre avec vue / *there's a nice view from the window* de la fenêtre il y a une très belle vue / *there are nice views of the coast from that hill* de cette colline on a de belles vues sur la côte / *from here we have a side view of the cathedral* d'ici nous avons une vue de profil de la cathédrale / *you get a better view from here* on voit mieux d'ici / *the man in front of me blocked my view of the stage* l'homme devant moi m'empêchait de voir la scène / *a comprehensive view of English literature fig* une vue d'ensemble de la littérature anglaise **3.** [future perspective] ▸ **in view** en vue / *there appears to be no solution in view* il semble n'y avoir aucune solution en vue / *what do you have in view as regards work?* quelles sont vos intentions en ce qui concerne le travail ? / *with this end in view* avec or dans cette intention / *she has in view the publication of a new book* elle envisage de publier un nouveau livre ▸ **to take the long view of sthg** voir qqch à long terme **4.** [aim, purpose] but *m*, intention *f* ▸ **with a view to doing sthg** en vue de faire qqch, dans l'intention de faire qqch / *they bought the house with a view to their retirement* ils ont acheté la maison en pensant à leur retraite **5.** [interpretation] vue *f* / *an overall view* une vue d'ensemble / *he has* or *takes a gloomy view of life* il a une vue pessimiste de la vie, il envisage la vie d'une manière pessimiste **6.** [picture, photograph] vue *f* / *views of Venice* vues de Venise / *an aerial view of New York* une vue aérienne de New York **7.** [opinion] avis *m*, opinion *f* / *in my view* à mon avis / *I respect her political views* je respecte ses opinions politiques / *that seems to be the generally accepted view* ceci semble être l'opinion générale or courante / *that's the official view* c'est le point de vue officiel / *everybody has their own view of the situation* chacun comprend la situation à sa façon, chacun a sa propre façon de voir la situation / *he takes the view that they are innocent* il pense or estime or soutient qu'ils sont innocents / *I don't take that view* je ne partage pas cet avis / *she took a poor* or *dim view of his behaviour* elle n'appréciait guère son comportement / *she holds* or *has strong views on the subject* elle a des opinions or des idées bien nettes sur le sujet / *he's changed his views on disarmament* il a changé d'avis sur le désarmement. ◆ vt **1.** [look at] voir, regarder ; [film] regarder ▸ **viewed from above** / **from afar** vu d'en haut / de loin **2.** [examine - slides] visionner ; [- through microscope] regarder ; [- flat, showhouse] visiter, inspecter / *the house may be viewed at weekends only* on peut visiter la maison pendant les week-ends uniquement **3.** *fig* [consider, judge] considérer, envisager / *the committee viewed his application favourably* la commission a porté un regard favorable sur sa candidature / *he was viewed as a dangerous maniac* on le considérait comme un fou dangereux / *how do you view this matter?* quel est votre avis sur cette affaire ? / *the government views the latest international developments with alarm* le gouvernement porte un regard inquiet sur les derniers développements internationaux / *I would view his departure with equanimity* j'envisagerais son départ avec sérénité **4.** HUNT [fox] apercevoir **5.** COMPUT visualiser, afficher. ◆ vi TV regarder la télévision.

❖ **in view of** prep phr étant donné, vu / *in view of his age* étant donné son âge, vu son âge / *in view of what has happened* en raison de or étant donné ce qui s'est passé / *in view of this* ceci étant.

viewable area ['vju:əbl-] adj COMPUT [of monitor] zone *f* d'affichage.

viewer ['vju:ər] n **1.** TV téléspectateur *m*, -trice *f* / *the programme has* or *attracts a lot of women viewers / young viewers* l'émission est beaucoup regardée par les femmes / les jeunes **2.** PHOT [for slides] visionneuse *f* ; [viewfinder] viseur *m*.

viewfinder ['vju:ˌfaɪndər] n PHOT viseur *m* ▸ **viewfinder camera** appareil *m* à visée télémétrique.

viewing ['vju:ɪŋ] ◆ n *(U)* **1.** TV programme *m*, programmes *mpl*, émissions *fpl* / *late-night viewing on BBC 2* émissions de fin de soirée sur BBC 2 / *his latest film makes exciting viewing* son dernier film est un spectacle passionnant / *a good evening's viewing* une soirée passée devant de bons programmes de télévision **2.** [of showhouse, exhibition] visite *f* / *viewing at weekends only* visites uniquement le week-end **3.** ASTRON observation *f*. ◆ comp **1.** TV [time, patterns] d'écoute ▸ **viewing audience** : *a young viewing audience* de jeunes téléspectateurs ▸ **viewing figures** taux *m* or indice *m* d'écoute ▸ **viewing hours** heures *fpl* d'écoute / *at peak viewing hours* aux heures de grande écoute **2.** ASTRON & METEOR [conditions] d'observation **3.** ▸ **viewing platform** plate-forme *f* d'observation.

viewless ['vju:lɪs] adj **1.** [site, windows] qui n'offre pas de vue **2.** [person] sans opinion or opinions.

viewphone ['vju:fəʊn] n vidéophone *m*, visiophone *m*.

viewpoint ['vju:pɔɪnt] n **1.** [opinion] point de vue *m* **2.** [viewing place] point de vue *m*, panorama *m*.

viewshed ['vju:ʃed] n ARCHIT [landscape] paysage *m* visible ▸ **viewshed analysis** analyse *f* du paysage visible.

vig [vɪg] n US *v inf* intérêts *mpl*.

vigil ['vɪdʒɪl] n **1.** [watch] veille *f* ; [in sickroom] veillée *f* ; [for dead person] veillée *f* funèbre ▸ **to keep (an all-night) vigil by sb's bedside** veiller (toute la nuit) au chevet de qqn **2.** [demonstration] manifestation *f* silencieuse (nocturne) **3.** RELIG vigile *f*.

vigilance ['vɪdʒɪləns] n vigilance *f*.

vigilance committee n US groupe *m* d'autodéfense.

vigilant ['vɪdʒɪlənt] adj vigilant, éveillé.

vigilante [ˌvɪdʒɪ'læntɪ] n *membre d'un groupe d'autodéfense* ▸ **vigilante group** groupe *m* d'autodéfense.

vigilantism [ˌvɪdʒɪ'læntɪzm] n *attitude agressive typique des groupes d'autodéfense.*

vigilantly ['vɪdʒɪləntlɪ] adv avec vigilance, attentivement.

vignette [vɪ'njet] ◆ n [illustration] vignette *f* ; ART & PHOT portrait *m* en buste dégradé ; LITER esquisse *f* de caractère, portrait *m*. ◆ vt [picture, photograph] dégrader, estomper ; [character] esquisser ; [book, page] orner de vignettes.

vigor US = **vigour**.

vigorous ['vɪgərəs] adj **1.** [robust - person, plant] vigoureux ; [enthusiastic - person] enthousiaste **2.** [forceful - opposition, campaign, support] vigoureux, énergique **3.** [energetic - exercise] énergique.

vigorously ['vɪgərəslɪ] adv vigoureusement, énergiquement / *he nodded his head vigorously* il acquiesça vivement de la tête.

vigour UK, **vigor** US ['vɪgər] n **1.** [physical vitality] vigueur *f*, énergie *f*, vitalité *f* ; [mental vitality] vigueur *f*, vivacité *f* / *he is no longer in the full vigour of youth* il n'a plus toute la vigueur de la jeunesse **2.** [of attack, style] vigueur *f* ; [of storm] violence *f* **3.** US LAW ▸ **in vigour** en vigueur.

Viking ['vaɪkɪŋ] ◆ adj viking. ◆ n Viking *mf*.

Viking ship n drakkar *m*.

vile [vaɪl] adj **1.** [morally wrong - deed, intention, murder] vil, ignoble, infâme / *he made some vile accusations* il a porté des accusations ignobles or infâmes **2.** [disgusting - person, habit, food, taste] abominable, exécrable ; [- smell] infect, nauséabond / *it smells vile!* ça pue ! / *spitting is a vile habit* cracher est une sale habitude / *he used some vile language* il a employé des termes ignobles **3.** [very bad - temper] exécrable, massacrant ; [- weather] exécrable / *to be in a vile temper* être d'une humeur massacrante / *what vile weather!* quel sale temps !

vilely ['vaɪllɪ] adv vilement, bassement.

vileness ['vaɪlnɪs] n **1.** [of deed, intention] vilenie *f*, bassesse *f* **2.** [of smell, taste, weather] caractère *m* exécrable or abominable.

vilification [ˌvɪlɪfɪ'keɪʃn] n *fml* diffamation *f*, calomnie *f*.

vilify ['vɪlɪfaɪ] vt *fml* diffamer, calomnier.

villa ['vɪlə] n [in country] maison *f* de campagne ; [by sea] villa *f* ; UK [in town] villa *f* or pavillon *m* (de banlieue) ; HIST villa *f*.

village ['vɪlɪdʒ] ◆ n village *m* ▸ **the global village** le village planétaire. ◆ comp du village.

village green n *pelouse au centre du village.*

Village green

Souvent situé au centre du village, le **village green** est une grande pelouse publique, accueillant kermesses et manifestations sportives.

village hall n salle *f* des fêtes.

village idiot n idiot *m* du village.

villager ['vɪlɪdʒər] n villageois *m*, -e *f*.

Village Voice pr n ▸ **the Village Voice** US PRESS *hebdomadaire publié à Greenwich Village.*

villain ['vɪlən] n **1.** [ruffian, scoundrel] scélérat *m*, -e *f*, vaurien *m*, -enne *f* ; [in film, story] méchant *m*, -e *f*, traître *m*, -esse *f* ▸ **the villain of the piece** THEAT & *fig* le méchant, le coupable **2.** *inf* [rascal] coquin *m*, -e *f*, vilain *m*, -e *f* / *you little villain!* petit coquin !, vilain ! **3.** *crime sl* [criminal] bandit *m*, malfaiteur *m* **4.** HIST = **villein**.

villainous ['vɪlənəs] adj **1.** [evil - act, person] vil, ignoble, infâme / *a villainous deed* une infamie or bassesse **2.** [foul - food, weather] abominable, exécrable.

villainy ['vɪlənɪ] (*pl* **villainies**) n infamie *f*, bassesse *f*.

villein ['vɪlɪn] n HIST [free] vilain *m*, -e *f* ; [unfree] serf *m*, serve *f*.

villus ['vɪləs] (*pl* **villi** [-laɪ]) n BOT poil *m* ; ANAT & ZOOL villosité *f*.

Vilnius ['vɪlnɪəs] pr n Vilnius.

vim [vɪm] n *inf* énergie *f*, entrain *m* ▸ **full of vim (and vigour)** plein d'entrain.

VIN (abbr of **vehicle identification number**) n AUTO numéro *m* d'immatriculation.

vinaigrette [,vɪnɪ'gret] n vinaigrette *f*.

vindaloo [vɪndə'lu:] n *plat indien au curry très épicé*.

vindicate ['vɪndɪkeɪt] vt **1.** [justify] justifier / *this vindicates my faith in him* ceci prouve que j'avais raison d'avoir confiance en lui, ceci prouve que la confiance que j'avais en lui était justifiée / *his opinions were vindicated* ses opinions ont été justifiées **2.** [uphold - claim, right] faire valoir, revendiquer.

vindication [,vɪndɪ'keɪʃn] n justification *f* / *he spoke in vindication of his behaviour* il s'expliqua pour justifier son comportement.

vindictive [vɪn'dɪktɪv] adj vindicatif.

vindictively [vɪn'dɪktɪvlɪ] adv vindicativement.

vindictiveness [vɪn'dɪktɪvnɪs] n caractère *m* vindicatif / *she did it out of sheer vindictiveness* elle l'a fait par simple envie de vengeance.

vine [vaɪn] ◆ n **1.** [grapevine] vigne *f* **2.** [plant - climbing] plante *f* grimpante ; [- creeping] plante *f* rampante. ◆ comp [leaf] de vigne ; [disease] de la vigne ▸ **vine grower** viticulteur *m*, vigneron *m* ▸ **vine growing** viticulture *f* ▸ **vine harvest** vendange *f*, vendanges *fpl*.

vinegar ['vɪnɪgəʳ] n vinaigre *m*.

vinegar fly n mouche *f* du vinaigre.

vinegary ['vɪnɪgərɪ] adj **1.** [smell, taste] de vinaigre ; [wine] qui a un goût de vinaigre **2.** *fig* [tone, reply] acide, acerbe ; [temper] acide, acariâtre.

vineleaf ['vaɪnli:f] (*pl* **vineleaves** ['vaɪnli:vz]) n feuille *f* de vigne.

vineyard ['vɪnjəd] n vignoble *m*.

viniculture ['vɪnɪkʌltʃəʳ] n viniculture *f*.

vinification [,vɪnɪfɪ'keɪʃn] n vinification *f*.

vino ['vi:nəʊ] n *inf* pinard *m*.

vinous ['vaɪnəs] adj vineux.

vintage ['vɪntɪdʒ] ◆ n **1.** OENOL [wine] vin *m* de cru ; [year] cru *m*, millésime *m* / *this claret is an excellent vintage* ce bordeaux est un très grand cru / *1982 was a good vintage* 1982 a été une bonne année pour le vin / *a 1983 vintage* un vin de 1983 / *what vintage is this wine?* quel est le millésime or quelle est l'année de ce vin ? **2.** [crop] récolte *f* ; [harvesting] vendange *f*, vendanges *fpl* **3.** [period] époque *f* / *an old radio of pre-war vintage* une vieille radio d'avant-guerre. ◆ adj **1.** [old] antique, ancien **2.** [classic, superior] classique / *a season of vintage films* une saison de films classiques / *it was vintage Agatha Christie* c'était de l'Agatha Christie du meilleur style or cru **3.** [port, champagne] de cru. ◆ vt vendanger.

vintage car n UK voiture *f* de collection *(normalement construite entre 1919 et 1930)*.

vintage model n modèle *m* or pièce *f* d'époque.

vintage wine n vin *m* de grand cru, grand vin *m*.

vintage year n [for wine] grand cru *m*, grande année *f* ; [for books, films] très bonne année *f* / *it was a vintage year for the British film industry* ce fut une excellente année pour l'industrie cinématographique britannique.

vintner ['vɪntnəʳ] n négociant *m* en vins.

vinyl ['vaɪnɪl] ◆ n vinyle *m*. ◆ adj [wallpaper, tiles, coat] de or en vinyle ; [paint] vinylique.

viol ['vaɪəl] ◆ n viole *f*. ◆ comp ▸ **viol player** violiste *mf*.

viola [vɪ'əʊlə] ◆ n **1.** MUS alto *m* **2.** BOT [genus] violacée *f* ; [flower] pensée *f*, violette *f*. ◆ comp ▸ **viola player** altiste *mf*.

viola da gamba [vɪ,əʊlədə'gæmbə] (*pl* **viole da gamba** [vɪ,əʊle-]) n viole *f* de gambe.

viola d'amore [vɪ,əʊlədæ'mɔ:rɪ] (*pl* **viole d'amore** [vɪ,əʊle-]) n viole *f* d'amour.

violate ['vaɪəleɪt] vt **1.** [promise, secret, treaty] violer ; [law] violer, enfreindre ; [rights] violer, bafouer **2.** [frontier, property] violer **3.** [peace, silence] troubler, rompre / *to violate sb's privacy* déranger qqn dans son intimité or dans sa vie privée **4.** [sanctuary, tomb] violer, profaner **5.** *fml* [rape] violer, violenter.

violation [,vaɪə'leɪʃn] n **1.** [of promise, rights, secret] violation *f* ; [of law] violation *f*, infraction *f* ; SPORT faute *f* / *they acted in violation of the treaty* ils ont contrevenu au traité **2.** [of frontier, property] violation *f* / *it's a violation of my privacy* c'est une atteinte à ma vie privée **3.** ADMIN ▸ **violation of the peace** trouble *m* de l'ordre public **4.** [of sanctuary, tomb] violation *f*, profanation *f* **5.** US LAW infraction *f* **6.** *fml* [rape] viol *m*.

violator ['vaɪəleɪtəʳ] n **1.** [gen] violateur *m* **2.** US LAW contrevenant *m*.

violence ['vaɪələns] n *(U)* **1.** [physical] violence *f* ▸ **acts / scenes of violence** actes *mpl* / scènes *fpl* de violence ▸ **football / TV violence** violence sur les terrains de football / à la télévision ▸ **the men of violence** [terrorists] les terroristes *mpl* / *violence broke out in the streets* il y a eu de violents incidents or des bagarres ont éclaté dans les rues **2.** LAW violences *fpl* ▸ **crimes of violence** crimes *mpl* de violence ▸ **robbery with violence** vol avec coups et blessures **3.** [of language, passion, storm] violence *f* **4.** PHR ▸ **to do violence to** faire violence à.

violent ['vaɪələnt] adj **1.** [attack, crime, person] violent / *by violent means* par la violence ▸ **to be violent with sb** se montrer or être violent avec qqn / *he began to get violent* il a commencé à se montrer violent / *he gave the door a violent kick* il a donné un violent coup de pied dans la porte ▸ **to die a violent death** mourir de mort violente **2.** [intense - pain] violent, aigu (aiguë) ; [furious - temper] violent ; [strong, great - contrast, change] violent, brutal ; [- explosion] violent / *she took a violent dislike to him* elle s'est prise d'une vive aversion à son égard / *I've got a violent toothache / headache* j'ai une rage de dents / un mal de tête atroce **3.** [forceful, impassioned - argument, language, emotions] violent **4.** [wind, weather] violent **5.** [colour] criard, voyant / *the walls had been painted a violent red* on avait peint les murs d'un rouge criard.

violently ['vaɪələntlɪ] adv [attack, shake, struggle] violemment ; [act, react] violemment, avec violence / *to behave violently* avoir un comportement violent / *he was violently sick* il fut pris de vomissements violents / *he was shaking / shivering violently* il était secoué de tremblements / de frissons violents.

violet ['vaɪələt] ◆ n **1.** BOT violette *f* **2.** [colour] violet *m*. ◆ adj violet.

violin [,vaɪə'lɪn] ◆ n violon *m*. ◆ comp [concerto] pour violon ; [lesson] de violon ▸ **violin case** étui *m* à violon ▸ **violin maker** luthier *m*.

violinist [,vaɪə'lɪnɪst] n violoniste *mf*.

violoncellist [,vaɪələn'tʃelɪst] n violoncelliste *mf*.

violoncello [,vaɪələn'tʃeləʊ] n violoncelle *m*.

VIP (abbr of **very important person**) ◆ n VIP *mf*, personnalité *f*, personnage *m* de marque. ◆ comp [guests, visitors] de marque, éminent, très important ▸ **to give sb the VIP treatment** traiter qqn comme un personnage de marque / *we got VIP treatment* on nous a réservé un accueil princier, on nous a traités comme des rois ▸ **VIP lounge** salon *m*.

viper ['vaɪpəʳ] n ZOOL & *fig* vipère *f* ▸ **a vipers' nest** *fig* un nœud de vipères.

viperish ['vaɪpərɪʃ] adj [tongue] de vipère ; [person] qui a une langue de vipère.

viper's bugloss [-'bju:glɒs] n vipérine *f*.

virago [vɪ'rɑ:gəʊ] (*pl* **viragoes** *or* **viragos**) n mégère *f*, virago *f*.

viral ['vaɪrəl] adj viral ▸ **a viral infection** une infection virale.

viral marketing n marketing *m* viral.

viremia [vaɪ'ri:mjə] n virémie *f*.

Virgil ['vɜ:dʒɪl] pr n Virgile.

Virgilian [vɜ:'dʒɪlɪən] adj virgilien.

virgin ['vɜ:dʒɪn] ◆ n [girl] vierge *f*, pucelle *f* ; [boy] puceau *m*. ◆ adj **1.** [sexually] vierge **2.** [forest, soil, olive oil] vierge ; [fresh] virginal / *virgin snow* neige *f* fraîche / *virgin white sheets* draps d'un blanc immaculé.
❖ **Virgin** pr n RELIG ▸ **the Virgin** la Vierge.

virginal ['vɜ:dʒɪnl] ◆ n MUS ▸ **virginals** virginal *m*. ◆ adj virginal.

Virgin birth n ▸ **the Virgin birth** l'Immaculée Conception *f*.

Virginia [və'dʒɪnjə] pr n Virginie *f* / *in Virginia* en Virginie.

Virginia creeper n vigne *f* vierge.

Virginian [və'dʒɪnjən] ◆ n Virginien *m*, -enne *f*. ◆ adj virginien.

Virginia stock n malcolmia *m*.

Virginia tobacco n virginie *m*, tabac *m* de Virginie.

Virgin Islands pl pr n ▸ **the Virgin Islands** les îles *fpl* Vierges / *in the Virgin Islands* dans les îles Vierges.

virginity [və'dʒɪnətɪ] n virginité *f* ▸ **to lose one's virginity** perdre sa virginité.

Virgin Mary pr n ▸ **the Virgin Mary** la Vierge Marie.

Virgo ['vɜ:gəʊ] pr n ASTROL & ASTRON Vierge *f* / *he's a Virgo* il est (du signe de la) Vierge.

virile ['vɪraɪl] adj viril.

virility [vɪ'rɪlətɪ] n virilité *f*.

virologist [,vaɪ'rɒlədʒɪst] n virologue *mf*, virologiste *mf*.

virology [,vaɪ'rɒlədʒɪ] n virologie *f*.

virtual ['vɜ:tʃʊəl] adj **1.** [near, as good as] : *the country is in a state of virtual anarchy* c'est pratiquement l'anarchie dans le pays / *the strike led to a virtual halt in production* la grève a provoqué une interruption quasi totale de la production / *it's a virtual impossibility / dictatorship* c'est une quasi-impossibilité / une quasi-dictature **2.** [actual, effective] : *they are the virtual rulers of the country* en fait ce sont eux qui dirigent le pays, ce sont eux les dirigeants de fait du pays **3.** COMPUT & PHYS virtuel.

> ⚠ **Virtuel** means virtual in the computing sense; it should not be used to translate virtual when it means 'near'.

virtual image n image *f* virtuelle.

virtual learning environment n environnement *m* virtuel d'apprentissage.

virtually ['vɜ:tʃʊəlɪ] adv **1.** [almost] pratiquement, quasiment, virtuellement / *it's virtually impossible* c'est pratiquement or quasiment impossible / *it's virtually finished* c'est presque or quasiment fini / *I'm virtually certain* je suis pratiquement certain / *she virtually insulted me* elle m'a pratiquement insulté **2.** [actually, in effect] en fait / *he is virtually the manager* en fait or en pratique, c'est lui le directeur.

virtual memory n COMPUT mémoire *f* virtuelle.

virtual reality n réalité *f* virtuelle.

virtual storage = **virtual memory**.

virtue ['vɜ:tju:] n **1.** [goodness] vertu *f* ▸ **to make a virtue of necessity** faire de nécessité vertu ▸ **a woman of easy virtue** une femme de petite vertu ▸ **virtue is its own reward** *prov* la vertu est sa propre récompense **2.** [merit] mérite *m*, avantage *m* / *she at least has the virtue of being discreet* elle a au moins le mérite d'être discrète / *the flat has the virtue of being centrally heated* l'appartement a l'avantage d'avoir le chauffage central **3.** *arch* [efficacy] vertu *f*, efficacité *f*.

✧ **by virtue of** prep phr en vertu or en raison de / *by virtue of her age* en vertu or en raison de son âge / *by virtue of being the eldest* en vertu or en raison du fait qu'il est l'aîné.

virtuosity [ˌvɜːtjʊ'ɒsɪtɪ] n virtuosité *f*.

virtuoso [ˌvɜːtjʊ'əʊzəʊ] (*pl* **virtuosos** *or* **virtuosi** [-siː]) ◆ n [gen & MUS] virtuose *mf*. ◆ adj de virtuose / *it was a virtuoso performance* **a)** MUS c'était une interprétation de virtuose **b)** *fig* c'était un tour de force.

virtuous ['vɜːtʃʊəs] adj vertueux.

virtuously ['vɜːtʃʊəslɪ] adv vertueusement.

virulence ['vɪrʊləns] n virulence *f*.

virulent ['vɪrʊlənt] adj virulent.

virulently ['vɪrʊləntlɪ] adv avec virulence.

virus ['vaɪrəs] ◆ n MED & COMPUT virus *m* / *the flu virus* le virus de la grippe. ◆ comp **1.** MED ▶ **a virus infection** une infection virale **2.** COMPUT ▶ **virus check** détection *f* de virus ▶ **virus detector** détecteur *m* de virus.

virus-free adj COMPUT dépourvu de virus.

visa ['viːzə] ◆ n visa *m* / *he has applied for an American visa* il a demandé un visa pour l'Amérique. ◆ vt ADMIN viser.

visage ['vɪzɪdʒ] n *liter* visage *m*, figure *f*.

vis-à-vis [ˌviːzɑː'viː] (*pl* **vis-à-vis**) ◆ prep **1.** [in relation to] par rapport à **2.** [opposite] vis-à-vis de. ◆ adv vis-à-vis. ◆ n **1.** [person or thing opposite] vis-à-vis *m inv* **2.** [counterpart] homologue *mf*.

viscera ['vɪsərə] pl n viscères *mpl*.

visceral ['vɪsərəl] adj viscéral.

viscid ['vɪsɪd] adj visqueux.

viscose ['vɪskəʊs] ◆ n viscose *f*. ◆ adj visqueux.

viscosity [vɪ'skɒsətɪ] (*pl* **viscosities**) n viscosité *f*.

viscount ['vaɪkaʊnt] n vicomte *m*.

viscountcy ['vaɪkaʊntsɪ] n vicomté *f*.

viscountess ['vaɪkaʊntɪs] n vicomtesse *f*.

viscounty ['vaɪkaʊntɪ] = **viscountcy**.

viscous ['vɪskəs] adj visqueux, gluant.

vise [vaɪs] US = **vice**.

visibility [ˌvɪzɪ'bɪlətɪ] n visibilité *f* / *visibility is down to a few yards* la visibilité est réduite à quelques mètres.

visible ['vɪzəbl] adj **1.** [gen & OPT] visible / *to become visible* devenir visible / *clearly visible to the naked eye* clairement visible à l'œil nu / *only visible under a microscope* seulement visible au microscope ▶ **visible panty line** : *wear a thong to avoid a visible panty line* portez un string pour éviter qu'on voie les marques de la culotte **2.** [evident] visible, apparent, manifeste / *his nervousness was clearly visible* sa nervosité était manifeste or évidente / *it serves no visible purpose* on n'en voit pas vraiment l'utilité, on ne voit pas vraiment à quoi cela sert / *with no visible means of support* ADMIN sans ressources apparentes **3.** *inf* ECON visible ▶ **visible earnings** bénéfices *mpl* visibles.

visibly ['vɪzəblɪ] adv visiblement / *he was visibly surprised / annoyed* il était visiblement surpris / ennuyé, sa surprise / son ennui était manifeste.

Visigoth ['vɪzɪˌgɒθ] pr n Visigoth *m*, -e *f*, Wisigoth *m*, -e *f*.

Visigothic [ˌvɪzɪ'gɒθɪk] adj visigoth, wisigoth.

vision ['vɪʒn] n **1.** *(U)* OPT [sight] vision *f*, vue *f* ▶ **to suffer from defective vision** avoir une vision défectueuse ▶ **outside / within one's field of vision** hors de / en vue **2.** [insight] vision *f*, clairvoyance *f* / *a man of vision* un homme clairvoyant / *we need people with vision and imagination* nous avons besoin de gens inspirés et imaginatifs **3.** [dream, fantasy] vision *f* ▶ **to have a vision** RELIG avoir une vision ▶ **to have visions** MED & PSYCHOL avoir des visions / *he has visions of being rich and famous* il se voit riche et célèbre / *I had visions of you lying in a hospital bed* je vous voyais couché dans un lit d'hôpital **4.** [conception] vision *f*, conception *f* / *what is your vision of the new town centre?* comment voyez-vous or comment concevez-vous le nouveau centre-ville ? **5.** [apparition] vision *f*, apparition *f* ; [lovely sight] magnifique spectacle *m* / *she was a vision in white lace* elle était ravissante en dentelle blanche / *a vision of loveliness* une apparition de charme **6.** TV image *f*.

visionary ['vɪʒənrɪ] (*pl* **visionaries**) ◆ adj visionnaire. ◆ n visionnaire *mf*.

vision mixer n TV **1.** [equipment] mixeur *m*, mélangeur *m* de signaux **2.** [person] opérateur *m* de mixage.

vision mixing n TV mixage *m* d'images.

visit ['vɪzɪt] ◆ n **1.** [call] visite *f* ▶ **to pay sb a visit** rendre visite à qqn / *I haven't paid a visit to the cathedral yet* je n'ai pas encore visité or je ne suis pas encore allé voir la cathédrale / *you must pay them a return visit* il faut leur rendre leur visite / *she met him on a return visit to her home town* elle l'a rencontré quand elle est retournée en visite dans sa ville natale ▶ **to pay a visit** UK *inf & euph* aller au petit coin **2.** [stay] visite *f*, séjour *m* ; [trip] voyage *m*, séjour *m* / *she's on a visit to her aunt's* elle est en visite chez sa tante / *she's on a visit to Amsterdam* elle fait un séjour à Amsterdam / *did you enjoy your visit to California?* avez-vous fait un bon séjour en Californie ? / *the President is on an official visit to Australia* le président est en visite officielle en Australie **3.** US [chat] causette *f*, bavardage *m* **4.** [Internet] visite *f* (d'un site). ◆ vt **1.** [person - go to see] rendre visite à, aller voir ; [- stay with] rendre visite à, séjourner chez / *she went to visit her aunt in hospital* elle est allée rendre visite à sa tante or allée voir sa tante à l'hôpital / *not many people come to visit her* il n'y a pas beaucoup de gens qui viennent lui rendre visite / *to visit the sick* visiter les malades / *he's away visiting friends at the moment* il séjourne chez des amis en ce moment **2.** [museum, town] visiter, aller voir / *in the afternoon they went to visit Pisa* l'après-midi ils sont allés voir or visiter Pise **3.** [inspect - place, premises] visiter, inspecter, faire une visite d'inspection à / *to visit the scene of the crime* LAW se rendre sur les lieux du crime **4.** *liter* [inflict] ▶ **to visit a punishment on sb** punir qqn / *the sins of the fathers are visited upon their sons* les fils sont punis pour les péchés de leurs pères / *the city was visited by the plague in the 17th century* la ville a été atteinte par la peste au XVIIe siècle **5.** [Internet] visiter (un site). ◆ vi visiter / *we're just visiting* nous sommes simplement en visite or de passage.

✧ **visit with** vt insep US [call on] passer voir ; [talk with] bavarder avec.

⚠ As the entry shows, **visiter** is more restricted in use than to visit. **Rendre visite à** is preferable to **visiter** when talking about informal visits to people.

visitant ['vɪzɪtənt] n **1.** *liter* [ghost] revenant *m*, fantôme *m* **2.** [bird] oiseau *m* migrateur or de passage.

visitation [ˌvɪzɪ'teɪʃn] n **1.** [official visit, inspection] visite *f* or tour *m* d'inspection ; RELIG visite *f* épiscopale or pastorale **2.** [social visit] visite *f* ; *hum* [prolonged] visite *f* trop prolongée **3.** *fml* [affliction] punition *f* du ciel ; [reward] récompense *f* divine.

✧ **Visitation** n RELIG ▶ **the Visitation** la Visitation.

visiting ['vɪzɪtɪŋ] adj [circus, performers] de passage ; [lecturer] invité ; [birds] de passage, migrateur ▶ **the visiting team** SPORT les visiteurs.

visiting card n UK carte *f* de visite / *the dog left its visiting card* *hum & euph* le chien a laissé sa carte de visite.

visiting fireman n US *inf* visiteur *m* de marque.

visiting hours pl n heures *fpl* de visite.

visiting nurse n US infirmier *m*, -ère *f* à domicile.

visiting professor n UNIV professeur *m* associé or invité.

visiting time = **visiting hours**.

visitor ['vɪzɪtər] n **1.** [caller - at hospital, house, prison] visiteur *m*, -euse *f* / *you have a visitor* vous avez de la visite / *they are not allowed any visitors after 10 p.m.* ils n'ont pas le droit de recevoir des visiteurs or des visites après 22 h **2.** [guest - at private house] invité *m*, -e *f* ; [- at hotel] client *m*, -e *f* / *we have visitors* on a du monde or des invités **3.** [visiting town, monument, exhibition] visiteur *m*, -euse *f* / *visitors to the exhibition are requested not to take photographs* il est demandé aux visiteurs de ne pas prendre des photos / *we had 40,000 visitors last year* on a eu 40 000 visiteurs l'an dernier / *we get lots of American visitors in the town* nous avons énormément de visiteurs américains dans la ville **4.** ORNITH oiseau *m* passager / *this bird is a visitor to these shores* cet oiseau est seulement de passage dans ce pays.

visitors' book n [in house, museum] livre *m* d'or ; [in hotel] registre *m*.

visitors' gallery n tribune *f* du public.

visitor's passport n passeport *m* temporaire.

visor, vizor ['vaɪzər] n [on hat] visière *f* ; [in car] pare-soleil *m*.

vista ['vɪstə] n **1.** [view] vue *f*, perspective *f* / *a mountain vista* une vue sur les montagnes, une perspective de montagnes **2.** *fig* [perspective] perspective *f*, horizon *m* ; [image - of past] vue *f*, vision *f* ; [- of future] perspective *f*, vision *f* ▶ **to open up new vistas** ouvrir de nouvelles perspectives or de nouveaux horizons.

VISTA ['vɪstə] (abbr of **Volunteers in Service to America**) pr n *programme américain d'aide aux personnes les plus défavorisées.*

vista point n point *m* de vue.

visual ['vɪʒʊəl] adj **1.** [image, impression, faculty] visuel ▶ **visual memory** mémoire *f* visuelle **2.** AERON [landing, navigation] à vue.

✧ **visuals** pl n supports *mpl* visuels.

visual aid n support *m* visuel.

visual arts pl n arts *mpl* plastiques.

visual display terminal, visual display unit n écran *m* (de visualisation), moniteur *m*.

visual field n champ *m* visuel.

visual handicap n handicap *m* visuel.

visualization [ˌvɪʒʊəlaɪ'zeɪʃn] n **1.** [visual presentation] visualisation *f* **2.** [imagination] visualisation *f*, évocation *f*.

visualize, visualise ['vɪʒʊəlaɪz] vt **1.** [call to mind - scene] se représenter, évoquer ; [imagine] s'imaginer, visualiser, se représenter / *I remember the name but I can't visualize his face* je me souviens de son nom mais je ne revois plus son visage / *he tried to visualize what it would be like* il essaya de s'imaginer comment ce serait / *she tried to visualize herself travelling through the Amazon* elle essayait de se représenter or s'imaginer en train de traverser l'Amazone **2.** [foresee] envisager, prévoir / *I can't visualize things getting any better* je n'envisage aucune amélioration **3.** TECH [make visible] visualiser ; MED rendre visible par radiographie.

visually ['vɪʒʊəlɪ] adv visuellement.

visually handicapped, visually impaired ◆ adj malvoyant, amblyope *spec*. ◆ pl n ▶ **the visually handicapped** les malvoyants *mpl*.

vital ['vaɪtl] adj **1.** [essential - information, services, supplies] vital, essentiel, indispensable / *of vital importance* d'une importance capitale / *this drug is vital to the success of the operation* ce médicament est indispensable au succès de l'opération / *it's vital that I know the truth* il est indispensable que je sache la vérité **2.** [very important - decision, matter] vital, fondamental / *tonight's match is vital* le match de ce soir est décisif **3.** BIOL [function, organ] vital ▶ **a vital force** une force vitale **4.** [energetic] plein d'entrain, dynamique.

✧ **vitals** pl n **1.** *hum* organes *mpl* vitaux **2.** [essential elements] parties *fpl* essentielles.

Note that il est vital que is followed by a verb in the subjunctive:
It is vital that these people should have access to medical care. *Il est vital que ces gens puissent avoir accès à des soins médicaux.*

vital capacity n MED capacité *f* thoracique.

vitality [vaɪ'tælətɪ] n vitalité *f*.

vitalize, vitalise ['vaɪtəlaɪz] vt vivifier, dynamiser.

vitally ['vaɪtəlɪ] adv absolument / *it's vitally important that you attend this meeting* il est extrêmement important or il est essentiel que vous assistiez à cette réunion / *this question is vitally important* cette question est d'une importance capitale.

vital statistics pl n **1.** [demographic] statistiques *fpl* démographiques **2.** *hum* [of woman] mensurations *fpl*.

vitamin UK 'vɪtəmɪn US 'vaɪtəmɪn] n vitamine *f* ▸ **vitamin C / E** vitamine C / E ▸ **with added vitamins** vitaminé.

vitamin deficiency n carence *f* vitaminique.

vitamin pill n comprimé *m* de vitamines.

vitiate ['vɪʃɪeɪt] vt *fml* vicier.

viticulture ['vɪtɪkʌltʃər] n viticulture *f*.

vitiligo [,vɪtɪ'laɪgəʊ] n MED vitiligo *m*.

vitreous ['vɪtrɪəs] adj **1.** [china, rock] vitreux ; [enamel] vitrifié **2.** ANAT vitré ▸ **vitreous humour** humeur *f* vitrée.

vitrifaction [,vɪtrɪ'fækʃn], **vitrification** [,vɪtrɪfɪ'keɪʃn] n vitrification *f*.

vitrify ['vɪtrɪfaɪ] (*pt & pp* **vitrified**) ◆ vt vitrifier. ◆ vi se vitrifier.

vitriol ['vɪtrɪəl] n CHEM & *fig* vitriol *m*.

vitriolic [,vɪtrɪ'ɒlɪk] adj **1.** CHEM de vitriol **2.** [attack, description, portrait] au vitriol ; [tone] venimeux.

vitriolize, vitriolise ['vɪtrɪəlaɪz] vt vitrioler.

vittle ['vɪtl] *regional* = **victual.**

vituperate [vɪ'tju:pəreɪt] *liter* ◆ vt vitupérer (contre), vilipender. ◆ vi vitupérer ▸ **to vituperate against sthg / sb** vitupérer (contre) qqch / qqn.

vituperation [vɪ,tju:pə'reɪʃn] n *(U)* vitupérations *fpl*.

vituperative [vɪ'tju:pərətɪv] adj injurieux.

viva¹ ['vi:və] ◆ interj ▸ **viva!** vive ! ◆ n vivat *m*.

viva² ['vaɪvə] = **viva voce** *(noun)*.

vivacious [vɪ'veɪʃəs] adj **1.** [manner, person] enjoué, exubérant **2.** BOT vivace.

vivaciously [vɪ'veɪʃəslɪ] adv avec vivacité.

vivacity [vɪ'væsətɪ] n [in action] vivacité *f* ; [in speech] verve *f*.

Vivaldi [vɪ'vældɪ] pr n Vivaldi.

vivarium [vaɪ'veərɪəm] (*pl* **vivariums** *or* **vivaria** [-rɪə]) n vivarium *m*.

viva voce [,vaɪvə'vəʊsɪ] ◆ n UK UNIV [gen] épreuve *f* orale, oral *m* ; [for thesis] soutenance *f* de thèse. ◆ adj oral. ◆ adv de vive voix, oralement.

vivid ['vɪvɪd] adj **1.** [bright - colour, light] vif, éclatant ; [- clothes] voyant / *vivid green paint* peinture d'un vert éclatant **2.** [intense - feeling] vif / *he has a vivid sense of colour* il a un sens aigu de la couleur **3.** [lively - personality] vif, vivant ; [- imagination] vif ; [- language] coloré / *it was a very vivid performance* c'était une interprétation pleine de verve **4.** [graphic - account, description] vivant ; [- memory] vif, net ; [- example] frappant / *he paints a vivid picture of 18th century life* il dresse un tableau très vivant de la vie au XVIIIe siècle.

vividly ['vɪvɪdlɪ] adv **1.** [coloured] de façon éclatante ; [painted, decorated] avec éclat, de façon éclatante **2.** [describe] de façon frappante or vivante / *I can vividly remember the day we first met* j'ai un vif souvenir du jour où nous nous sommes rencontrés.

vividness ['vɪvɪdnɪs] n **1.** [of colour, light] éclat *m*, vivacité *f* **2.** [of description, language] vivacité *f* ; [of memory] clarté *f* / *she could remember him with great vividness* elle se souvenait très nettement de lui.

vivify ['vɪvɪfaɪ] (*pt & pp* **vivified**) vt vivifier.

viviparous [vɪ'vɪpərəs] adj vivipare.

vivisect [,vɪvɪ'sekt] vt pratiquer la vivisection sur.

vivisection [,vɪvɪ'sekʃn] n vivisection *f*.

vivisectionist [,vɪvɪ'sekʃənɪst] n **1.** [practitioner] vivisecteur *m* **2.** [advocate] partisan *m*, -e *f* de la vivisection.

vixen ['vɪksn] n **1.** ZOOL renarde *f* **2.** *pej* [woman] mégère *f*.

Viyella® [vaɪ'elə] n *tissu mélangé (laine et coton).*

viz [vɪz] (**written abbr of videlicet**) c-à-d.

vizier [vɪ'zɪər] n vizir *m*.

vizor ['vaɪzər] = **visor.**

VLE (**abbr of virtual learning environment**) n EVA *m*.

VLF n **abbr of very low frequency.**

VLSI (**abbr of very large-scale integration**) n COMPUT intégration *f* à très grande échelle.

V-neck ◆ n encolure *f* en V. ◆ adj = **V-necked.**

V-necked adj [pullover] à encolure or col en V.

VOA (**abbr of Voice of America**) pr n *station de radio américaine émettant dans le monde entier.*

vocab ['vəʊkæb] n *inf* **abbr of vocabulary.**

vocable ['vəʊkəbl] n vocable *m*.

vocabulary [və'kæbjʊlərɪ] (*pl* **vocabularies**) n vocabulaire *m* ; LING vocabulaire *m*, lexique *m*.

vocal ['vəʊkl] ◆ adj **1.** ANAT vocal ▸ **the vocal organs** les organes *mpl* vocaux **2.** [oral - communication] oral, verbal **3.** [outspoken - person, minority] qui se fait bien entendre / *the most vocal member of the delegation* le membre de la délégation qui s'est fait le plus entendre or qui s'est exprimé le plus énergiquement **4.** [noisy - assembly, meeting] bruyant **5.** MUS vocal **6.** LING [sound] vocalique ; [consonant] voisé. ◆ n LING son *m* vocalique.

❖ **vocals** pl n MUS chant *m*, musique *f* vocale / *Chrissie Webb on vocals* chanteuse : Chrissie Webb.

⚠ The French adjective **vocal** never means outspoken or noisy.

vocal cords pl n cordes *fpl* vocales ▸ **false vocal cords** fausses cordes vocales, bandes *fpl* ventriculaires ▸ **true vocal cords** (vraies) cordes vocales.

vocalic [və'kælɪk] adj vocalique.

vocalist ['vəʊkəlɪst] n chanteur *m*, -euse *f (dans un groupe pop).*

vocalization [,vəʊkəlaɪ'zeɪʃn] n vocalisation *f*.

vocalize, vocalise ['vəʊkəlaɪz] ◆ vt **1.** [gen - articulate] exprimer **2.** LING [sound] vocaliser **3.** [text] vocaliser, marquer des points-voyelles sur. ◆ vi MUS vocaliser, faire des vocalises.

vocally ['vəʊkəlɪ] adv vocalement.

vocal score n partition *f* chorale.

vocation [vəʊ'keɪʃn] n [gen & RELIG] vocation *f* / *he has no vocation for teaching / acting* il n'a pas la vocation de l'enseignement / du théâtre.

vocational [vəʊ'keɪʃənl] adj professionnel ▸ **vocational course a)** [short] stage *m* de formation professionnelle **b)** [longer] enseignement *m* professionnel ▸ **vocational guidance** orientation *f* professionnelle ▸ **vocational training** formation *f* professionnelle.

vocationally [vəʊ'keɪʃnəlɪ] adv ▸ **vocationally oriented** à vocation professionnelle ▸ **vocationally relevant subjects** des matières à vocation professionnelle.

vocative ['vɒkətɪv] ◆ n GRAM vocatif *m* / *in the vocative* au vocatif. ◆ adj ▸ **the vocative case** le vocatif.

vociferate [və'sɪfəreɪt] vi vociférer, hurler.

vociferous [və'sɪfərəs] adj bruyant, vociférateur.

vociferously [və'sɪfərəslɪ] adv bruyamment, en vociférant.

vocoder [,vəʊ'kəʊdər] n vocodeur *m*.

VOD (**abbr of video-on-demand**) n vidéo *f* à la demande, VOD *f*.

vodcast ['vɒdkɑ:st] n vidéo *f* téléchargeable, vodcast *m*.

vodcasting n diffusion *f* de vidéos téléchargeables, vodcasting *m*.

vodka ['vɒdkə] n vodka *f*.

vogue [vəʊg] ◆ n [fashion] vogue *f*, mode *f* ▸ **to come into vogue** devenir à la mode / *that hairstyle was much in vogue in the 1930s* cette coiffure était très en vogue or très à la mode dans les années trente / *the vogue for long hair is on the way out* les cheveux longs passent de mode / *mini skirts are back in vogue* les mini-jupes sont de nouveau à la mode. ◆ adj [style, word] en vogue, à la mode.

voice [vɔɪs] ◆ n **1.** [speech] voix *f* / *in a low voice* à voix basse / *in a loud voice* d'une voix forte / *to have a good speaking voice* avoir une bonne voix / *we heard the sound of voices* on entendait des gens parler / *he likes the sound of his own voice* **a)** [talkative] il parle beaucoup **b)** [conceited] il s'écoute parler ▸ **to shout at the top of one's voice** crier à tue-tête ▸ **to give voice to sthg** exprimer qqch ▸ **to hear voices** [gen & RELIG] entendre des voix / *keep your voices down* ne parlez pas si fort ▸ **to raise one's voice a)** [speak louder] parler plus fort **b)** [get angry] hausser le ton / *don't you raise your voice at* or *to me!* ne prenez pas ce ton-là avec moi ! / *several voices were raised in protest* plusieurs voix se sont élevées pour protester / *the voice of conscience / reason fig* la voix de la conscience / de la raison / *with one voice* d'une seule voix / *the government must be seen to speak with one voice* le gouvernement doit donner l'impression qu'il parle d'une seule voix ▸ **Voice of America** = **VOA 2.** [of singer] voix *f* ▸ **to have a good (singing) voice** avoir une belle voix ▸ **to be in good voice** être bien en voix **3.** [say] voix *f* / *did you have a voice in deciding who should be invited?* avez-vous participé à l'élaboration de la liste des invités ? **4.** GRAM voix *f* / *in the active / passive voice* à la voix active / passive. ◆ vt **1.** [express - feelings] exprimer, formuler ; [- opposition, support] exprimer / *to voice one's anxieties* exprimer ses angoisses **2.** LING [consonant] voiser **3.** MUS [organ] harmoniser.

voice-activated adj à commande vocale.

voice bank n TELEC boîte *f* vocale.

voice box n larynx *m*.

voiced [vɔɪst] adj LING [consonant] sonore, voisé.

-voiced in comp ▸ **low / soft-voiced** à voix basse / douce.

voice dialling n TELEC numérotation *f* vocale.

voice-driven adj à commande vocale.

voice input n COMPUT entrée *f* vocale.

voiceless ['vɔɪslɪs] adj **1.** MED aphone **2.** [with no say] sans voix ▸ **the voiceless masses** les masses sans voix or qui ne peuvent pas s'exprimer **3.** LING [consonant] non-voisé, sourd.

voice mail n [device] boîte *f* vocale ; [system] messagerie *f* vocale ▸ **to check one's voice mail** consulter sa boîte vocale.

voice-over n CIN & TV voix *f* off.

voiceprint ['vɔɪsprɪnt] n empreinte *f* vocale.

voice recognition n COMPUT reconnaissance *f* de la parole.

voice response n COMPUT réponse *f* vocale.

voice training n *(U)* MUS cours *mpl* de chant ; THEAT cours *mpl* de diction or d'élocution.

voice vote n US POL vote *m* par acclamation.

void [vɔɪd] ◆ n **1.** PHYS & ASTRON vide *m* **2.** [chasm] vide *m* **3.** [emptiness] vide *m* ▸ **to fill a void** combler un vide / *her husband's death left an aching void in her life* la mort de son mari a laissé un grand vide or un vide douloureux dans sa vie. ◆ adj **1.** [empty] vide / *void of interest* dépourvu d'intérêt, sans aucun intérêt **2.** LAW nul ▸ **to make sthg void** annuler or rendre nul qqch **3.** [vacant - position] vacant. ◆ vt **1.** *fml* [empty] vider ; [discharge - bowels] évacuer **2.** LAW annuler, rendre nul.

voidance ['vɔɪdəns] n LAW résiliation *f*.

voile [vɔɪl] n TEXT voile *m*.

Vojvodina ['vɔɪvɒdiːnə] pr n Vojvodine *f*.

vol. (written abbr of **volume**) vol.

volatile [UK 'vɒlətaɪl US 'vɒlətl] ◆ adj **1.** CHEM volatil **2.** [person - changeable] versatile, inconstant ; [- temperamental] lunatique **3.** [unstable - situation] explosif, instable ; [- market] instable **4.** *liter* [transitory] fugace **5.** COMPUT [memory] volatil. ◆ n CHEM substance *f* volatile.

volatility [,vɒlə'tɪlətɪ] n **1.** CHEM volatilité *f* **2.** [of person - changeability] versatilité *f*, inconstance *f* **3.** [of situation, market] instabilité *f*.

volatilize, volatilise [vɒ'lætɪlaɪz] ◆ vt volatiliser. ◆ vi se volatiliser, s'évaporer.

vol-au-vent ['vɒləʊvɑ̃] n vol-au-vent *m inv*.

volcanic [vɒl'kænɪk] adj volcanique.

volcano [vɒl'keɪnəʊ] (*pl* **volcanoes** *or* **volcanos**) n volcan *m*.

volcanologist [,vɒlkə'nɒlədʒɪst] n volcanologue *mf*, vulcanologue *mf*.

volcanology [,vɒlkə'nɒlədʒɪ] n volcanologie *f*, vulcanologie *f*.

vole [vəʊl] n ZOOL campagnol *m*.

Volga ['vɒlgə] pr n ▸ **the (River) Volga** la Volga.

volition [və'lɪʃn] n [gen & PHILOS] volition *f*, volonté *f* ▸ **of one's own volition** de son propre gré.

volitional [və'lɪʃənl] adj volontaire.

volitive ['vɒlɪtɪv] adj *fml* volitif.

volley ['vɒlɪ] ◆ n **1.** [of gunshots] volée *f*, salve *f* ; [of arrows, missiles, stones] volée *f*, grêle *f* ; [of blows] volée *f* **2.** [of insults] grêle *f*, bordée *f*, torrent *m* ; [of curses] bordée *f*, torrent *m* ; [of questions] feu *m* roulant ; [of applause] salve *f* **3.** SPORT volée *f*. ◆ vt **1.** [missile, shot] tirer une volée or une salve de **2.** [curses, insults] lâcher une bordée or un torrent de **3.** SPORT reprendre de volée. ◆ vi **1.** MIL tirer par salves **2.** SPORT [in tennis] volleyer ; [in football] reprendre le ballon de volée.

volleyball ['vɒlɪbɔːl] n volley-ball *m*, volley *m* ▸ **volleyball player** volleyeur *m*, -euse *f*.

volt [vəʊlt] n volt *m*.

Volta ['vɒltə] pr n Volta *f* ▸ **the Black Volta** la Volta Noire ▸ **the White Volta** la Volta Blanche.

voltage ['vəʊltɪdʒ] n voltage *m*, tension *f spec* ▸ **high / low voltage** haute / basse tension.

voltaic [vɒl'teɪɪk] adj voltaïque.

voltaic pile n pile *f* voltaïque.

voltameter [vɒl'tæmɪtər] n voltametre *m*.

volt-ampere n voltampère *m*.

volte-face [,vɒlt'fɑːs] n volte-face *f inv* / *the speech represents a complete volte-face* ce discours marque un revirement complet.

voltmeter ['vəʊlt,miːtər] n voltmètre *m*.

volubility [,vɒljʊ'bɪlətɪ] n volubilité *f*.

voluble ['vɒljʊbl] adj volubile, loquace.

volubly ['vɒljʊblɪ] adv avec volubilité.

volume ['vɒljuːm] n **1.** [gen & PHYS] volume *m* ; [capacity] volume *m*, capacité *f* ; [amount] volume *m*, quantité *f* ▸ **to increase in volume** augmenter de volume / *the volume of traffic has greatly increased* le volume de la circulation a beaucoup augmenté / *the volume of business / imports* le volume des affaires / des importations ▸ **volume of sales** volume *m* de ventes, chiffre *m* d'affaires **2.** ACOUST volume *m* ▸ **to turn the volume up / down** augmenter / baisser le volume **3.** [book] volume *m*, tome *m* / *an encyclopedia in 20 volumes* une encyclopédie en 20 volumes / *the third volume of his memoirs* le troisième tome or volume de ses mémoires / *a rare volume* un exemplaire or un livre rare **4.** [in hairstyle] volume *m* **5.** COMPUT volume *m*.

volume mailing n multipostage *m*, publipostage *m* groupé.

volumetric [,vɒljʊ'metrɪk] adj volumétrique.

voluminous [və'luːmɪnəs] adj volumineux.

voluntarily [UK 'vɒləntrɪlɪ US ,vɒlən'terəlɪ] adv **1.** [willingly] volontairement, de son plein gré **2.** [without payment] bénévolement.

voluntary ['vɒləntrɪ] (*pl* **voluntaries**) ◆ adj **1.** [freely given - statement, donation, gift] volontaire, spontané **2.** [optional] facultatif / *attendance on the course is purely voluntary* la participation au cours est facultative **3.** [unpaid - help, service] bénévole / *the shop is run on a voluntary basis* le personnel du magasin se compose de bénévoles, le magasin est tenu par des bénévoles ▸ **voluntary shop** magasin *m* tenu par des bénévoles **4.** PHYSIOL volontaire. ◆ n **1.** RELIG & MUS morceau *m* d'orgue **2.** [unpaid work] travail *m* bénévole, bénévolat *m*.

voluntary agency, voluntary body n organisme *m* bénévole.

voluntary-aided school n UK *école financée principalement par l'État mais également par l'Église, ce qui donne à celle-ci un droit de regard sur l'instruction religieuse.*

voluntary-controlled school n UK école *f* publique.

voluntary liquidation n UK dépôt *m* de bilan ▸ **to go into voluntary liquidation** déposer son bilan.

voluntary manslaughter n homicide *m* volontaire.

voluntary redundancy n UK départ *m* volontaire / *he decided to take voluntary redundancy* il a négocié son licenciement.

voluntary school n ≃ école *f* libre.

Voluntary Service Overseas = **VSO**.

voluntary work n travail *m* bénévole, bénévolat *m*.

voluntary worker n bénévole *mf*.

volunteer [,vɒlən'tɪər] ◆ n **1.** [gen & MIL] volontaire *mf* **2.** [unpaid worker] bénévole *mf*. ◆ comp **1.** [army, group] de volontaires **2.** [work, worker] bénévole. ◆ vt **1.** [advice, information, statement] donner or fournir spontanément ; [help, services] donner or proposer volontairement / *he volunteered his services as a guide* il s'est offert or s'est proposé comme guide ▸ **to volunteer to do sthg** se proposer pour or offrir de faire qqch **2.** [say] dire spontanément / *"I saw them yesterday", she volunteered* « je les ai vus hier », dit-elle spontanément. ◆ vi [gen] se porter volontaire ; MIL s'engager comme volontaire / *to volunteer for extra work / guard duty* se porter volontaire pour (faire) du travail supplémentaire / pour être de garde / *why not volunteer for the Marines?* pourquoi ne pas vous engager comme volontaire dans la marine ?

voluptuary [və'lʌptʃʊərɪ] (*pl* **voluptuaries**) *liter* ◆ n voluptueux *m*, -euse *f*, sybarite *mf*. ◆ adj = **voluptuous**.

voluptuous [və'lʌptʃʊəs] adj voluptueux, sensuel.

voluptuously [və'lʌptʃʊəslɪ] adv voluptueusement.

voluptuousness [və'lʌptʃʊəsnɪs] n volupté *f*, sensualité *f*.

volute [və'luːt] n volute *f*.

voluted [və'luːtɪd] adj en volute.

volution [və'luːʃn] n enroulement *m*.

volva ['vɒlvə] (*pl* **volvas** *or* **volvae** [-viː]) n volve *f*.

vomit ['vɒmɪt] ◆ n vomissement *m*, vomi *m*. ◆ vt *lit & fig* vomir ▸ **to vomit blood** vomir du sang.

❖ **vomit out, vomit up** vt sep vomir.

vomiting ['vɒmɪtɪŋ] n *(U)* vomissements *mpl*.

voodoo ['vuːduː] (*pl* **voodoos**) ◆ n vaudou *m*. ◆ adj vaudou *(inv)*. ◆ vt envoûter, ensorceler.

voodooism ['vuːduːɪzm] n vaudou *m*.

voracious [və'reɪʃəs] adj [appetite, energy, person] vorace ; [reader] avide.

voraciously [və'reɪʃəslɪ] adv [consume, eat] voracement, avec voracité ; [read] avec voracité, avidement.

voracity [vɒ'ræsətɪ] n voracité *f*.

vortex ['vɔːteks] (*pl* **vortexes** *or* **vortices** [-tɪsiːz]) n [of water, gas] vortex *m*, tourbillon *m* ; *fig* tourbillon *m*, maelström *m*.

Vorticism ['vɔːtɪsɪzm] n vorticisme *m (mouvement artistique et littéraire, lié au cubisme et au futurisme, fondé en Angleterre vers 1914)*.

votary ['vəʊtərɪ] (*pl* **votaries**) n RELIG & *fig* fervent *m*, -e *f*.

vote [vəʊt] ◆ n **1.** [ballot] vote *m* ▸ **to have a vote on sthg** voter sur qqch, mettre qqch au vote ▸ **to put a question to the vote** mettre une question au vote or aux voix ▸ **to take a vote on sthg a)** [gen] voter sur qqch **b)** ADMIN & POL procéder au vote de qqch / *if it comes to a* or *the vote, I know where I stand* s'il est procédé à un vote, je sais quelle est ma position ▸ **vote of thanks** discours *m* de remerciement / *I propose a vote of thanks to our charming hostesses* je propose que l'on remercie chaleureusement nos charmantes hôtesses **2.** [in parliament] vote *m*, scrutin *m* / *70 MPs were present for the vote* 70 députés étaient présents pour le vote / *the vote went in the government's favour / against the government* les députés se sont prononcés en faveur du / contre le gouvernement ▸ **vote of confidence** vote *m* de confiance ▸ **vote of no confidence** motion *f* de censure **3.** [individual choice] vote *m*, voix *f* ▸ **to give one's vote to sb** voter pour qqn ▸ **to count the votes a)** [gen] compter les votes or les voix **b)** POL dépouiller le scrutin / *the candidate got 15,000 votes* le candidat a recueilli 15 000 voix ▸ **one member, one vote** *système de scrutin « un homme, une voix »* **4.** [ballot paper] bulletin *m* de vote **5.** [suffrage] droit *m* de vote ▸ **to have the vote** avoir le droit de vote ▸ **to give the vote to sb** accorder le droit de vote à qqn / *the suffragettes campaigned for votes for women* les suffragettes ont fait campagne pour qu'on accorde le droit de vote aux femmes **6.** *(U)* [collectively - voters] vote *m*, voix *fpl* ; [- votes cast] voix *fpl* exprimées / *they hope to win the working-class vote* ils espèrent gagner les voix des ouvriers / *the Scottish vote went against the government* le vote écossais a été défavorable au gouvernement / *they won 40% of the vote* ils ont remporté 40 % des voix or des suffrages **7.** UK POL [grant] vote *m* de crédits / *a vote of £100,000* un vote de crédits de 100 000 livres. ◆ vt **1.** [in election] voter / *vote Malone!* votez Malone ! / *to vote Labour / Republican* voter travailliste / républicain / *our family have always voted Conservative* notre famille a toujours voté conservateur or pour le parti conservateur **2.** [in parliament, assembly - motion, law, money] voter / *they voted that the sitting (should) be suspended* ils ont voté la suspension de la séance **3.** [elect] élire ; [appoint] nommer / *she was voted president* elle a été élue présidente **4.** [declare] proclamer / *the party was voted a great success* de l'avis de tous, la soirée a été un grand succès **5.** [suggest] proposer / *I vote we all go to bed* je propose qu'on aille tous se coucher. ◆ vi voter / *France is voting this weekend* la France va aux urnes ce week-end / *how did the country vote?* comment est-ce que le pays a voté ? ▸ **to vote for / against sb** voter pour / contre qqn / *I'm going to vote for Barron* je vais voter (pour) Barron or donner ma voix à Barron / *most of the delegates voted against the chairman* la plupart des délégués ont voté contre le président ▸ **to vote in favour of / against sthg** voter pour / contre qqch / *the party conference voted on the question of nuclear disarmament* le congrès du parti a voté sur la question du désarmement nucléaire / *let's vote on it!* mettons cela aux voix ! ▸ **to vote by a show of hands** voter à main levée ▸ **to vote with one's feet** UK partir en signe de désaccord or pour montrer son désaccord.

❖ **vote down** vt sep [bill, proposal] rejeter *(par le vote)*.

❖ **vote in** vt sep [person, government] élire ; [new law] voter, adopter.

❖ **vote out** vt sep [suggestion] rejeter ; [minister] relever de ses fonctions / *the bill was voted out* le projet de loi n'a pas été adopté or a été rejeté.

❖ **vote through** vt sep [bill, reform] voter, ratifier.

vote-catcher n politique *f* électoraliste.

vote-catching adj [plan, strategy] électoraliste.

vote-loser n politique *f* qui risque de faire perdre des voix, politique *f* peu populaire.

voter ['vəʊtəʳ] n électeur *m*, -trice *f*.

voter registration n inscription *f* sur les listes électorales.

voting ['vəʊtɪŋ] n vote *m*, scrutin *m* / *voting takes place on Sunday* le scrutin a lieu dimanche, les électeurs vont aux urnes dimanche / *I don't know how the voting will go* je ne sais pas comment les gens vont voter.

voting booth n isoloir *m*.

voting machine n US machine *f* à enregistrer les votes.

voting paper n bulletin *m* de vote.

voting precinct n US POL circonscription *f* électorale.

voting rights pl n droit *m* de vote.

voting share n FIN action *f* avec droit de vote.

votive ['vəʊtɪv] adj votif.

vouch [vaʊʧ] vi ▸ **to vouch for sb / sthg** se porter garant de qqn / qqch, répondre de qqn / qqch / *he needs somebody to vouch for his honesty* il lui faut quelqu'un qui se porte garant de son honnêteté / *I can vouch for the truth of her story* je peux attester or témoigner de la véracité de sa déclaration.

voucher ['vaʊʧəʳ] n **1.** UK [for restaurant, purchase, petrol] bon *m* / *when you've collected five vouchers, you get a free car wash* quand vous avez réuni cinq bons, vous avez droit à un lavage auto gratuit ▸ **cash voucher** bon *m* de caisse ▸ **credit voucher** bon *m* d'achat **2.** [receipt] reçu *m*, récépissé *m* **3.** LAW pièce *f* justificative.

vouchsafe [vaʊʧ'seɪf] vt *fml* **1.** [grant - help, support] accorder, octroyer ; [- answer] accorder / *he vouchsafed us no reply* il n'a pas daigné nous répondre **2.** [undertake] ▸ **to vouchsafe to do sthg a)** [willingly] accepter gracieusement de faire qqch **b)** [reluctantly] condescendre à or daigner faire qqch.

vow [vaʊ] ◆ n **1.** [promise] serment *m*, promesse *f* ▸ **to make** or **take a vow to do sthg** promettre or jurer de faire qqch / *I'm under a vow of silence* j'ai promis de ne rien dire / *she took a solemn vow to return once a year* elle a juré solennellement de revenir une fois par an **2.** RELIG vœu *m* ▸ **to take one's vows** prononcer ses vœux ▸ **to take a vow of poverty / chastity** faire vœu de pauvreté / de chasteté. ◆ vt [swear] jurer ▸ **to vow to do sthg** jurer de faire qqch ▸ **to vow obedience / secrecy** faire vœu d'obéissance / de discrétion / *she vowed never to return* or *that she would never return* elle s'est juré de ne jamais revenir.

vowel ['vaʊəl] ◆ n voyelle *f*. ◆ comp [harmony, pattern, sound] vocalique.

vowel point n point-voyelle *m*.

vowel shift n mutation *f* vocalique.

vox pop [,vɒks'pɒp] n UK *inf émission de radio ou de TV avec intervention du public.*

vox populi [vɒks'pɒpjʊlaɪ] n vox populi *f inv*.

voyage ['vɔɪɪʤ] ◆ n voyage *m* / *a transatlantic voyage* un voyage or une traversée transatlantique ▸ **to go on a voyage** partir en voyage / *a round-the-world voyage* un voyage autour du monde / *a voyage into the unknown* un voyage dans l'inconnu / *a voyage to Jupiter* un voyage vers Jupiter / *great voyages of discovery* grands voyages d'exploration / **'Voyage to the Centre of the Earth'** *Verne* 'Voyage au centre de la Terre'. ◆ vt NAUT traverser, parcourir. ◆ vi **1.** NAUT voyager par mer / *they voyaged across the Atlantic / the desert* ils ont traversé l'Atlantique / le désert / *to voyage round the world* voyager autour du monde **2.** US AERON voyager par avion.

voyager ['vɔɪəʤəʳ] n **1.** [traveller] voyageur *m*, -euse *f* **2.** [explorer] navigateur *m*, -trice *f*.

voyeur [vwɑː'jɜːʳ] n voyeur *m*, -euse *f*.

voyeurism [vwɑː'jɜːrɪzm] n voyeurisme *m*.

voyeuristic [,vɔɪə'rɪstɪk] adj de voyeur.

VP n (abbr of **vice-president**) VP *m*.

VPL n abbr of **visible panty line**.

vroom ['vruːm] interj ▸ **vroom!** vroom !, vroum !

vs written abbr of **versus**.

V-shaped adj en (forme de) V.

V-sign n ▸ **to give the V-sign** [for victory, approval] faire le V de la victoire ▸ **to give sb the V-sign** UK [as insult] ≃ faire un bras d'honneur à qqn.

VSO (abbr of **Voluntary Service Overseas**) n *coopération technique à l'étranger (non rémunérée).*

VSOP (abbr of **very special old pale**) VSOP.

VT written abbr of **Vermont**.

VTOL ['viːtɒl] (abbr of **vertical takeoff and landing**) n [system] décollage *m* et atterrissage *m* vertical ; [plane] ADAV *m*, avion *m* à décollage et atterrissage vertical.

Vulcan ['vʌlkən] pr n MYTH Vulcain.

vulcanite ['vʌlkənaɪt] n ébonite *f*.

vulcanization [,vʌlkənaɪ'zeɪʃn] n vulcanisation *f*.

vulcanize, vulcanise ['vʌlkənaɪz] vt vulcaniser.

vulcanologist [,vʌlkə'nɒləʤɪst] n volcanologue *mf*, vulcanologue *mf*.

vulcanology [,vʌlkə'nɒləʤɪ] n volcanologie *f*, vulcanologie *f*.

vulgar ['vʌlgəʳ] adj **1.** [rude] vulgaire, grossier **2.** [common - person, taste, decor] vulgaire, commun ▸ **the vulgar tongue** la langue commune.

vulgar fraction n fraction *f* ordinaire.

vulgarian [vʌl'geərɪən] n personne *f* vulgaire.

vulgarism ['vʌlgərɪzm] n **1.** [uneducated language] vulgarisme *m* ; [rude word] grossièreté *f* **2.** = **vulgarity**.

vulgarity [vʌl'gærətɪ] n vulgarité *f*.

vulgarization [,vʌlgəraɪ'zeɪʃn] n vulgarisation *f*.

vulgarize, vulgarise ['vʌlgəraɪz] vt **1.** [appearance, language] rendre vulgaire **2.** [popularize] vulgariser, populariser.

Vulgar Latin n latin *m* vulgaire.

vulgarly ['vʌlgəlɪ] adv **1.** [coarsely] vulgairement, grossièrement **2.** [commonly] vulgairement, communément.

Vulgate ['vʌlgeɪt] n Vulgate *f*.

vulnerability [,vʌlnərə'bɪlətɪ] n vulnérabilité *f*.

vulnerable ['vʌlnərəbl] adj vulnérable ▸ **to be vulnerable to sthg** être vulnérable à qqch.

vulpine ['vʌlpaɪn] adj *lit* vulpin ; *fig & liter* sournois.

vulture ['vʌlʧəʳ] n ORNITH & *fig* vautour *m*.

vulva ['vʌlvə] (*pl* **vulvas** *or* **vulvae** [-viː]) n vulve *f*.

vying ['vaɪɪŋ] n rivalité *f*.

W (*pl* **W's** *or* **Ws**), **W** (*pl* **W's** *or* **Ws**) ['dʌblju:] n [letter] w *m*, W *m*.

W 1. (written abbr of **west**) O **2.** (written abbr of **watt**) w **3.** MESSAGING written abbr of **with**.

W@ MESSAGING (written abbr of **what**) koi, koa, kwa.

WA 1. written abbr of **Washington (State) 2.** written abbr of **Western Australia**.

WAAC [wæk] (abbr of **Women's Army Auxiliary Corps**) pr n HIST *pendant la Seconde Guerre mondiale, section féminine auxiliaire de l'armée de terre britannique.*

WAAF [wæf] (abbr of **Women's Auxiliary Air Force**) pr n *pendant la Seconde Guerre mondiale, section féminine auxiliaire de l'armée de l'air britannique.*

WABOL MESSAGING written abbr of **with a bit of luck**.

wack ['wæk] n **1.** UK *inf & regional* : *hiya wack!* salut, mon pote ! **2.** US *inf* [nothing] que dalle / *he don't know wack* il y connaît que dalle.

wackiness ['wækɪnɪs] n *inf* loufoquerie *f*.

wacko ['wækəʊ] (*pl* **wackos**) ◆ n *inf* cinglé *m*, -e *f*, dingue *mf*. ◆ adj cinglé, dingue.

wacky ['wækɪ] (*compar* **wackier**, *superl* **wackiest**) adj *inf* loufoque.

wad [wɒd] (*pt & pp* **wadded**, *cont* **wadding**) ◆ n **1.** [of cotton wool, paper] tampon *m*, bouchon *m* ; [of tobacco] chique *f* ; [of straw] bouchon *m* ; [of gum] boulette *f* ; [for cannon, gun] bourre *f* **2.** [of letters, documents] liasse *f*, paquet *m* / *he pulled out a thick wad of banknotes* il a sorti une grosse liasse de billets **3.** *v inf* ▸ **to shoot one's wad** [ejaculate] tirer son coup. ◆ vt **1.** [cloth, paper] faire un tampon de ; [tobacco, chewing gum] faire une boulette de **2.** [hole, aperture] boucher (avec un tampon) ; MIL [barrel, cannon] bourrer **3.** [quilt, garment] rembourrer ▸ **a wadded jacket** une veste ouatée or doublée d'ouate.

Waddenzee ['wædənzeɪ] pr n ▸ **the Waddenzee** la mer des Wadden.

wadding ['wɒdɪŋ] n **1.** MIL [in gun, cartridge] bourre *f* **2.** [stuffing - for furniture, packing] rembourrage *m*, capitonnage *m* ; [- for clothes] ouate *f*, ouatine *f*.

waddle ['wɒdl] ◆ vi [duck, person] se dandiner ▸ **to waddle along / in** avancer / entrer en se dandinant. ◆ n dandinement *m*.

wade [weɪd] ◆ vi patauger, avancer en pataugeant / *they waded across the stream* ils ont traversé le ruisseau en pataugeant / *we waded into the water* nous sommes entrés dans l'eau en pataugeant / *she waded out to the boat* elle s'avança dans l'eau vers le bateau. ◆ vt [river] passer or traverser à gué.

❖ **wade in** vi UK [in fight, quarrel] s'y mettre.

❖ **wade into** vt insep UK [work, task] attaquer, s'atteler à, se mettre à ; [meal] attaquer, entamer.

❖ **wade through** vt insep avancer or marcher péniblement dans ; *fig* : *I'm still wading through "War and Peace"* je suis toujours aux prises avec « Guerre et Paix » / *it took me a month to wade through that book* il m'a fallu un mois pour venir à bout de ce livre / *she's got a 100-page report to wade through* elle a un rapport de 100 pages à lire, elle doit se taper un rapport de 100 pages.

wader ['weɪdəʳ] n échassier *m*.

waders ['weɪdəz] pl n cuissardes *fpl (de pêcheur).*

wadge [wɒdʒ] n UK *inf* paquet *m* / *wadges of notes* des liasses de billets.

wadi ['wɒdɪ] n oued *m*.

wading ['weɪdɪŋ] n pataugeage *m*, barbotage *m*.

wading pool n US [in swimming pool] petit bassin *m* ; [inflatable] piscine *f* gonflable.

Waf [wæf] n *femme soldat ou femme officier de l'armée de l'air américaine.*

wafer ['weɪfəʳ] ◆ n **1.** CULIN gaufrette *f* **2.** RELIG hostie *f* **3.** [seal] cachet *m* (de papier rouge) **4.** COMPUT & TECH tranche *f*. ◆ vt **1.** [seal] cacheter (avec du papier rouge) **2.** COMPUT & TECH diviser en tranches.

wafer-thin, wafery ['weɪfərɪ] adj mince comme une feuille de papier à cigarette or comme une pelure d'oignon / *a wafer-thin majority* une majorité infime.

waffle ['wɒfl] ◆ n **1.** CULIN gaufre *f* **2.** UK *inf* [spoken] baratin *m*, bla bla *m inv* ; [written] remplissage *m*, baratin *m* / *it's just a load of waffle* ce n'est que du baratin / *cut the waffle and get to the point* arrêtez de parler pour ne rien dire et venez-en au fait. ◆ vi *inf* [in speaking] baratiner, parler pour ne rien dire ; [in writing] faire du remplissage / *he's been waffling away for over an hour* cela fait plus d'une heure qu'il raconte son baratin ▸ **to waffle on** UK bavarder, faire des laïus / *she's always waffling on about her children* elle n'arrête pas de parler de ses enfants.

waffle iron n gaufrier *m*.

waffler ['wɒfləʳ] n UK *inf* baratineur *m*, -euse *f*.

waffling ['wɒflɪŋ] n UK *inf* [spoken] baratin *m*, bla-bla *m inv* ; [written] baratin *m*, remplissage *m*.

waffly ['wɒflɪ] adj *inf* [speech, essay] plein de baratin.

waft [wɑ:ft or wɒft] ◆ vt [scent, sound] porter, transporter / *the breeze wafted the curtains gently to and fro* le vent léger faisait ondoyer les rideaux. ◆ vi [scent, sound] flotter / *a delicious smell wafted into the room* une délicieuse odeur envahit la pièce / *the papers wafted off the table* un souffle d'air emporta les papiers qui étaient sur la table / *Vanessa wafted into / out of the room fig* Vanessa entra dans / sortit de la pièce d'un pas léger. ◆ n [of smoke, air] bouffée *f*.

wag [wæg] (*pt & pp* **wagged**, *cont* **wagging**) ◆ vt [tail] agiter, remuer / *the dog wagged its tail enthusiastically* le chien agita la queue de contentement / *she wagged her finger at him* elle le menaça du doigt. ◆ vi [tail] remuer, frétiller. ◆ n **1.** [of tail] remuement *m*, frétillement *m* / *with a wag of its tail* en agitant or en remuant la queue **2.** UK [person] plaisantin *m*, farceur *m*, -euse *f*.

WAG [wæg] (abbr of **wives and girlfriends**) n *femme ou petite amie d'un footballeur.*

wage [weɪdʒ] ◆ n **1.** [pay - of worker] salaire *m*, paye *f*, paie *f* ; [- of servant] gages *mpl* / *her wage is* or *her wages are only £100 a week* elle ne gagne que 100 livres par semaine / *his employers took it out of his wages* ses employeurs l'ont prélevé sur sa paie ▸ **a wages and prices** or **a wage-price spiral** UK une spirale des prix et des salaires **2.** [reward] salaire *m*, récompense *f* ▸ **the wages of sin is death** BIBLE la mort est le salaire du péché. ◆ comp [claim, demand, settlement] salarial ; [increase, incentive] de salaire ▸ **wage differential** écart *m* de salaires. ◆ vt ▸ **to wage war on** or **against** faire la guerre contre / *the government have decided to wage war on drug trafficking* le gouvernement a résolu de partir en guerre contre les trafiquants de drogue ▸ **to wage a campaign for / against sthg** faire campagne pour / contre qqch.

wage bargaining n *(U)* négociations *fpl* salariales.

wage earner n salarié *m*, -e *f* / *they are both wage earners* ils sont salariés tous les deux, ils ont tous les deux un salaire.

wage freeze n blocage *m* des salaires.

wage packet n UK paie *f*, paye *f (surtout en espèces).*

wager ['weɪdʒəʳ] *fml* ◆ vt parier / *I'll wager £10 that he'll come* je parie 10 livres qu'il viendra. ◆ vi parier, faire un pari. ◆ n pari *m* ▸ **to make** or **to lay a wager** faire un pari.

wage scale n échelle *f* des salaires.

wage slave n employé *m* très mal payé, employée *f* très mal payée.

wage slip n fiche *f* de paie, bulletin *m* de salaire.

wageworker ['weɪdʒ,wɜ:kəʳ] n US salarié *m*, -e *f*.

waggish ['wægɪʃ] adj badin, facétieux.

waggishly ['wægɪʃlɪ] adv d'un ton badin or facétieux, facétieusement.

waggle ['wægl] ◆ vt [tail] agiter, remuer ; [pencil] agiter ; [loose tooth, screw] faire jouer ; [ears, nose] remuer. ◆ vi [tail] bouger, frétiller ; [loose tooth, screw] bouger, branler / *the knob waggles if you touch it* le bouton bouge si on y touche. ◆ n ▸ **to give sthg a waggle** agiter or remuer qqch.

waggon ['wægən] UK = **wagon**.

Wagner ['vɑ:gnəʳ] pr n Wagner.

Wagnerian [vɑ:g'nɪərɪən] ◆ adj wagnérien. ◆ n wagnérien *m*, -enne *f*.

wagon ['wægən] n **1.** [horse-drawn] chariot *m* **2.** [truck] camionnette *f*, fourgon *m* ▸ **(patrol) wagon** US fourgon cellulaire ▸ **(station) wagon** US break *m*

3. UK RAIL wagon *m* (de marchandises) **4.** US [drinks trolley] chariot *m* **5.** PHR **to be on the wagon** *inf* être au régime sec ▸ **to fall off the wagon** se remettre à boire.

⚠ **Un wagon** is a railway carriage, not a wagon in the sense of a cart.

wagoner ['wægənər] n charretier *m*.

wagonette [,wægə'net] n break *m* (attelé).

wagonload ['wægənləʊd] n AGR charretée *f* ; RAIL wagon *m*.

wagon train n convoi *m* de chariots *(en particulier de colons américains)*.

wagtail ['wægteɪl] n hochequeue *m*, bergeronnette *f*.

Wahhabi [wə'hɑ:bɪ] ◆ adj wahhabite. ◆ n Wahhabite *mf*.

wah-wah ['wɑ:,wɑ:] n & onomat effet *m* wah-wah or wa-wa.

wah-wah pedal n pédale *f* wah-wah.

waif [weɪf] n [child - neglected] enfant *m* malheureux, enfant *f* malheureuse ; [- homeless] enfant *m* abandonné, enfant *f* abandonnée ▸ **waifs and strays** [animals] animaux errants.

waiflike ['weɪflaɪk] adj frêle.

wail [weɪl] ◆ vi **1.** [person - whine, moan] gémir, pousser des gémissements ; [baby - cry] hurler ; [- weep] pleurer bruyamment / *that's enough weeping and wailing!* assez pleuré et gémi comme ça ! **2.** [wind] gémir ; [siren] hurler. ◆ vt dire en gémissant, gémir / *"you've broken it!" she wailed* « tu l'as cassé ! » gémit-elle. ◆ n **1.** [of person] gémissement *m* / *he gave a loud wail* il poussa un profond gémissement / *"he's gone!" she said with a wail* « il est parti ! » dit-elle en gémissant **2.** [of wind] gémissement *m* ; [of siren] hurlement *m*.

wailing ['weɪlɪŋ] ◆ n *(U)* [of person] gémissements *mpl*, plaintes *fpl* ; [of wind] gémissements *mpl*, plainte *f* ; [of siren] hurlement *m*, hurlements *mpl*. ◆ adj [person] gémissant ; [sound] plaintif.

Wailing Wall pr n ▸ **the Wailing Wall** le mur des Lamentations.

wain [weɪn] n *liter* chariot *m (de ferme)*.

❖ **Wain** pr n ASTRON ▸ **the Wain** le Grand Chariot, la Grande Ourse.

wainscot ['weɪnskət] n lambris *m (en bois)*.

wainscotting ['weɪnskətɪŋ] n UK lambrissage *m (en bois)*.

wainwright ['weɪnraɪt] n UK charron *m*.

waist [weɪst] n **1.** [of person, garment] taille *f* / *he measures 80 cm around the waist* or *his waist measures 80 cm* il fait 80 cm de tour de taille, son tour de taille est de 80 cm / *he put his arm around her waist* il l'a prise par la taille / *he was up to the* or *his waist in water* l'eau lui arrivait à la ceinture or à la taille ▸ **waist measurement** or **waist size** tour *m* de taille **2.** [of ship, plane] partie *f* centrale ; [of violin] partie *f* resserrée de la table.

waistband ['weɪstbænd] n ceinture *f (d'un vêtement)*.

waistcoat ['weɪskəʊt] n UK gilet *m (de costume)*.

waist-deep adj : *he was waist-deep in water* l'eau lui arrivait à la ceinture or à la taille / *the water was waist-deep* l'eau arrivait à la ceinture.

-waisted ['weɪstɪd] in comp ▸ **a low / high-waisted dress** une robe à taille basse / haute ▸ **to be slim / thick-waisted** avoir la taille fine / épaisse.

waist-high = **waist-deep**.

waistline ['weɪstlaɪn] n taille *f* ▸ **to watch one's waistline** surveiller sa ligne.

wait [weɪt] ◆ vi **1.** [person, bus, work] attendre / *I've been waiting for half an hour / since Easter* j'attends depuis une demi-heure / depuis Pâques / *just you wait!* **a)** [as threat] attends un peu, tu vas voir !, tu ne perds rien pour attendre ! **b)** [you'll see] vous verrez ! / *we'll just have to wait and see* on verra bien / *he didn't wait to be told twice* il ne se l'est pas fait dire deux fois / *letters waiting to be delivered* **a)** ADMIN lettres en souffrance **b)** lettres qui attendent d'être distribuées ▸ **to keep sb waiting** faire attendre qqn / *you shouldn't keep people waiting* vous ne devriez pas vous faire attendre or faire attendre les gens / *they do it while you wait* ils le font devant vous / **'repairs while you wait'** 'réparations minute' / **'keys cut while you wait'** 'clés minute' ▸ **everything comes to him who waits** *prov* tout vient à point à qui sait attendre *prov* **2.** [with 'can'] : *it can wait* cela peut attendre / *he can wait* laisse-le attendre / *I can't wait! iro* je brûle d'impatience ! / *it can't wait* cela ne peut pas attendre, c'est très urgent / *I can hardly wait to see them again* j'ai hâte de les revoir / *I can't wait for the weekend to arrive* j'attends le week-end avec impatience !, vivement le week-end ! **3.** [with 'until' or 'till'] : *wait until I've finished* attendez que j'aie fini / *wait until the film is over* attendez la fin du film / *you'll have to wait until you're old enough* il va falloir attendre que tu sois plus grand / *can't that wait until tomorrow?* cela ne peut pas attendre jusqu'à demain ? / *just wait till your parents hear about it* attends un peu que tes parents apprennent cela **4.** [serve] servir, faire le service ▸ **to wait at table** UK or **on table** US servir à table, faire le service. ◆ vt **1.** [period of time] attendre / *I waited half an hour* j'ai attendu (pendant) une demi-heure / *I waited all day for the repairman to come* j'ai passé toute la journée à attendre le réparateur / *wait a minute!* (attendez) une minute or un instant ! / *wait your turn!* attendez votre tour ! **2.** US [delay] : *don't wait dinner for me* ne m'attendez pas pour vous mettre à table **3.** US [serve at] ▸ **to wait tables** servir à table, faire le service. ◆ n attente *f* / *we had a long wait* nous avons dû attendre (pendant) longtemps / *she had a half hour* or *half hour's wait at Gatwick* il a fallu qu'elle attende une demi-heure or elle a eu une demi-heure d'attente à Gatwick / *there was an hour's wait between trains* il y avait une heure de battement or d'attente entre les trains ▸ **to lie in wait for** être à l'affût de, guetter / *the foxes lay in wait for the hares* les renards étaient à l'affût des lièvres / *the gunmen were lying in wait for the convoy* les bandits guettaient l'arrivée du convoi / *the detective was lying in wait for her outside her house* **a)** [arrival] le détective guettait son arrivée à la maison **b)** [departure] le détective guettait son départ de la maison.

❖ **waits** pl n UK MUS chanteurs *mpl* de Noël.

❖ **wait about** vi UK traîner, faire le pied de grue ▸ **to wait about for sb** attendre qqn, faire le pied de grue en attendant qqn / *I can't stand all this waiting about* cela m'énerve d'être obligé d'attendre or de traîner comme ça / *I can't wait about all evening until he comes home* je ne peux pas traîner toute la soirée à attendre qu'il rentre.

❖ **wait around** = **wait about**.

❖ **wait behind** vi rester ▸ **to wait behind for sb** rester pour attendre qqn / *they waited behind after the meeting* ils sont restés après la réunion.

❖ **wait for** vt insep ▸ **to wait for sb / sthg** attendre qqn / qqch / *I'm waiting for the children / the next train* j'attends les enfants / le prochain train / *I'm waiting for the bank to open* j'attends que la banque soit ouverte, j'attends l'ouverture de la banque / *wait for the signal* attendez le signal / *that was worth waiting for* cela valait la peine d'attendre / *what are you waiting for?* qu'est-ce que vous attendez ? / *wait for it!* UK *hum* tiens-toi bien ! / **'Waiting for Godot'** Beckett 'En attendant Godot'.

❖ **wait in** vi rester à la maison / *I waited in all evening for her* je suis resté chez moi toute la soirée à l'attendre.

❖ **wait on** vt insep **1.** [serve] : *I'm not here to wait on you!* **a)** [male] je ne suis pas ton serviteur ! **b)** [female] je ne suis pas ta servante or ta bonne ! ▸ **to wait on sb hand and foot** être aux petits soins pour qqn / *he expects to be waited on hand and foot* il veut que tout le monde soit à son service or à ses petits soins **2.** US [in restaurant] ▸ **to wait on tables** faire le service, servir à table.

❖ **wait out** vt sep [concert, film] rester jusqu'à la fin or jusqu'au bout de, attendre la fin de.

❖ **wait up** vi **1.** [at night] rester debout, veiller / *I'll be late so don't wait up (for me)* je rentrerai tard, ne veillez pas pour moi or couchez-vous sans m'attendre / *her parents always wait up for her* ses parents ne se couchent jamais avant qu'elle soit rentrée or attendent toujours qu'elle rentre pour se coucher / *the children were allowed to wait up until midnight* on a permis aux enfants de veiller jusqu'à minuit **2.** US *inf* [wait] ▸ **hey, wait up!** attendez-moi !

❖ **wait upon** = **wait on**.

waiter ['weɪtər] n serveur *m*, garçon *m* ▸ **waiter!** s'il vous plaît !, monsieur !

waiting ['weɪtɪŋ] ◆ n attente *f* / *after two hours of waiting* après deux heures d'attente, après avoir attendu deux heures / *this waiting is nerve-wracking* c'est angoissant d'avoir à attendre, cette attente est angoissante / **'no waiting'** 'stationnement interdit' ▸ **to be in waiting on sb** être au service de qqn. ◆ adj **1.** [person, taxi] qui attend **2.** [period] d'attente.

waiting game n ▸ **to play a waiting game a)** *fig* jouer la montre, attendre son heure **b)** MIL & POL mener une politique d'attentisme.

waiting list n liste *f* d'attente.

waiting room n [in office, surgery, airport, station] salle *f* d'attente.

waitlist ['weɪtlɪst] vt US mettre sur la liste d'attente / *I'm waitlisted for the next flight* je suis sur la liste d'attente pour le prochain vol.

waitperson ['weɪtpɜ:sn] n US serveur *m*, -euse *f*.

wait pointer n COMPUT pointeur *m* d'attente.

waitress ['weɪtrɪs] n serveuse *f* ▸ **waitress!** s'il vous plaît !, mademoiselle ! ▸ **waitress service** service *m* à table.

wait state n COMPUT état *m* d'attente.

waive [weɪv] vt [condition, requirement] ne pas insister sur, abandonner ; [law, rule] déroger à ; [claim, right] renoncer à, abandonner.

waiver ['weɪvər] n [of condition, requirement] abandon *m* ; [of law, rule] dérogation *f* ; [of claim, right] renonciation *f*, abandon *m* ▸ **full-collision waiver** US assurance *f* tous risques.

wake [weɪk] (*pt* **woke** [wəʊk] *or* **waked**, *pp* **woken** ['wəʊkən] *or* **waked**) ◆ vi **1.** [stop sleeping] se réveiller, s'éveiller / *the baby woke at six* le bébé s'est réveillé à 6 h / *he woke to the news that war had broken out* à son réveil or en se réveillant, il a appris que la guerre avait éclaté / *they woke to find themselves famous* du jour au lendemain, ils se sont retrouvés célèbres **2.** = **wake up** *(vi)*. ◆ vt **1.** [rouse from sleep] réveiller, tirer or sortir du sommeil / *wake me at seven* réveillez-moi à 7 h / *the noise was enough to wake the dead* il y avait un bruit à réveiller les morts **2.** [arouse - curiosity, jealousy] réveiller, éveiller, exciter ; [- memories] réveiller, éveiller, ranimer **3.** [alert] éveiller l'attention de. ◆ n **1.** [vigil] veillée *f* (mortuaire) / **'Finnegan's Wake'** Joyce 'Finnegan's Wake' **2.** [of ship] sillage *m*, eaux *fpl* ; *fig* sillage *m* / *famine followed in the wake of the drought* la famine a suivi la sécheresse / *he always brings trouble in his wake* il amène toujours des ennuis (dans son sillage) / *in the wake of the storm* après l'orage **3.** = **wakes**.

❖ **wakes** n & pl n [in Northern England] ▸ **wakes week** *la semaine de congé annuel (dans le nord de l'Angleterre)*.

❖ **wake up** ◆ vi **1.** [stop sleeping] se réveiller, s'éveiller / *wake up!* réveille-toi ! / *they woke up to find themselves famous* du jour au lendemain, ils se sont retrouvés célèbres **2.** [become alert] se réveiller, prendre conscience / *wake up and get down to work!* mais enfin réveille-toi or remue-toi or secoue-toi et mets-toi au travail ! / *it's time you woke up to the truth* il est temps que tu regardes la vérité en face. ◆ vt sep **1.** [rouse from sleep] réveiller, tirer or sortir du sommeil / *wake me up at seven* réveillez-moi à 7 h **2.** [alert] réveiller, secouer / *a little exercise will wake you up!* un peu d'exercice va vous réveiller ! / *the accident woke us up to the dangers of nuclear power* l'accident a attiré or éveillé notre attention sur les dangers de l'énergie nucléaire.

wakeboarding ['weɪkbɔ:dɪŋ] n SPORT wakeboard *m* / *to go wakeboarding* faire du wakeboard.

wakeful ['weɪkfʊl] adj **1.** [person - unable to sleep] qui ne dort pas, éveillé ; [- alert] vigilant **2.** [night, week] sans sommeil / *I had* or *I spent a wakeful night* j'ai passé une nuit blanche.

wakefulness ['weɪkfʊlnɪs] n [sleeplessness] insomnie *f* ; [alertness] vigilance *f*.

waken ['weɪkən] *liter* ◆ vi se réveiller, s'éveiller ▸ **to waken from sleep** se réveiller, s'éveiller, sortir du sommeil. ◆ vt réveiller, tirer or sortir du sommeil.

wake-up call n réveil *m* téléphonique.

wakey wakey [,weɪkɪ'weɪkɪ] interj UK *inf* ▸ **wakey wakey!** réveille-toi !, debout !

waking ['weɪkɪŋ] ◆ adj [hours] de veille / *she spends her waking hours reading* elle passe tout son temps à lire ▸ **a waking dream** une rêverie, une rêvasserie. ◆ n [state] (état *m* de) veille *f*.

waky waky [,weɪkɪ'weɪkɪ] *inf* = **wakey wakey**.

Waldorf salad ['wɔːldɔːf-] n *salade composée de pommes, de céleri et de noix, assaisonnée avec de la mayonnaise.*

wale [weɪl] n zébrure *f*, marque *f* de coup.

Wales [weɪlz] pr n pays *m* de Galles / *in Wales* au pays de Galles.

walk [wɔːk] ◆ vi **1.** marcher ; [go for a walk] se promener / *walk, don't run!* ne cours pas ! / *he walked along the beach* il marchait or se promenait le long de la plage / *we walked down / up the street* nous avons descendu / monté la rue à pied / *they walked through the park* ils ont traversé le parc à pied / *he walked slowly towards the door* il s'est dirigé lentement vers la porte / *she walked back and forth* elle marchait de long en large, elle faisait les cent pas / *let's walk a little* si nous marchions un peu ? / *walk with me to the shop* accompagnez-moi au magasin / *he walks in his sleep* il est somnambule / *he walked downstairs in his sleep* il a descendu l'escalier en dormant ▸ **to walk on one's hands** marcher sur les mains, faire l'arbre fourchu / *you have to walk before you can run fig* il faut apprendre petit à petit ▸ **to be walking on air** : *I'm walking on air!* je suis aux anges ! ▸ **to walk tall** US : *he's walking tall* il marche la tête haute **2.** [as opposed to drive, ride] aller à pied / *I walk to work* je vais au travail à pied / *did you walk all the way?* avez-vous fait tout le chemin à pied ? / *is it too far to walk?* est-ce trop loin pour y aller à pied ? **3.** [go free] être relâché. ◆ vt **1.** [cover on foot] faire à pied / *we walk 3 km a day* nous faisons 3 km (de marche) à pied par jour / *you can walk it in 10 minutes* il faut 10 minutes (pour y aller) à pied / *she walks this road every day* elle passe à pied par cette rue tous les jours ▸ **to walk the streets a)** [wander] se promener dans les rues **b)** [looking for something] arpenter les rues, battre le pavé **c)** [as prostitute] faire le trottoir ▸ **to walk a beat** [policeman] faire sa ronde **2.** [escort] accompagner, marcher avec / *I'll walk you to the station* je vais vous accompagner (à pied) à la gare / *may I walk you home?* puis-je vous raccompagner ? **3.** [take for walk - person] faire marcher ; [-dog] promener ; [-horse] conduire à pied / *his friend walked him up and down the room* son ami l'a fait marcher en long et en large dans la pièce / *she walked her mother round the garden* elle a fait faire un tour de jardin à sa mère / *they walked him forcibly to the door* ils l'ont dirigé de force vers la porte / *she walked the bike up the hill* elle a poussé le vélo dans la côte / *she has walked me off my feet* UK *inf* elle m'a fait tellement marcher que je ne tiens plus debout. ◆ n **1.** [movement] : *she slowed to a walk* elle a ralenti et s'est mise à marcher / *they moved along at a brisk walk* ils marchaient d'un pas rapide **2.** [stroll] promenade *f* ; [long] randonnée *f* ▸ **to go for** or **to take a walk** aller se promener, faire une promenade or un tour / *we had a long walk through the woods* nous avons fait une grande promenade or balade en forêt / *it'll be a nice walk for you* cela vous fera une belle promenade / *I take a 5 km walk each day* je fais chaque jour une promenade de 5 km / *it's a long walk to the office* ça fait loin pour aller à pied au bureau / *the station is a five-minute walk from here* la gare est à cinq minutes de marche or à cinq minutes à pied d'ici / *I took my mother for a walk* j'ai emmené ma mère en promenade or faire un tour / *did you take the dog for a walk?* as-tu promené or sorti le chien ? ▸ **it was a walk in the park** US c'était du gâteau, c'était une promenade de santé ▸ **take a walk!** US *inf* dégage ! **3.** [gait] démarche *f*, façon *f* de marcher / *you'll recognize her from her walk* tu la reconnaîtras à sa démarche or à sa façon de marcher or à la façon dont elle marche / *his walk reminds me of Groucho Marx* quand il marche, il me fait penser à Groucho Marx **4.** [path] promenade *f* ; [in garden] allée *f* ; [in forest] sentier *m*, chemin *m* ▸ **a coastal walk** un chemin côtier ▸ **the front walk** US l'allée *f (devant la maison)* **5.** [occupation] ▸ **people from all walks** or **from every walk of life** : *I meet people from all walks* or *from every walk of life* je rencontre des gens de tous milieux **6.** US [sidewalk] trottoir *m*.

❖ **walk about** vi UK se promener, se balader.

❖ **walk across** ◆ vi traverser (à pied). ◆ vt sep faire traverser (à pied).

❖ **walk around** = **walk about**.

❖ **walk away** vi partir, s'en aller / *she walked away from the group* elle s'est éloignée du groupe, elle a quitté le groupe / *he walked away from the accident* il est sorti de l'accident indemne / *you can't just walk away from the situation* tu ne peux pas te désintéresser comme ça de la situation.

❖ **walk away with** vt insep ▸ **to walk away with sthg a)** *lit* emporter qqch **b)** *fig* remporter or gagner qqch haut la main / *she walked away with all the credit* c'est elle qui a reçu tous les honneurs.

❖ **walk back** ◆ vi [return] revenir or retourner (à pied). ◆ vt sep raccompagner (à pied).

❖ **walk in** ◆ vi entrer / *she walked in and started complaining* elle est entrée et a commencé à se plaindre / *we walked in on her as she was getting dressed* nous sommes entrés sans prévenir pendant qu'elle s'habillait. ◆ vt sep faire entrer.

❖ **walk into** vt insep **1.** [enter - house, room] entrer dans ; [-job] obtenir (sans problème) ; [-situation] se retrouver dans ; [-trap] tomber dans / *you walked right into that one! inf* tu t'es bien fait piéger ! **2.** [bump into -chair, wall] se cogner à, rentrer dans ; [-person] rentrer dans.

❖ **walk off** ◆ vi partir, s'en aller. ◆ vt sep [get rid of -headache] faire passer en marchant ; [-weight] perdre en faisant de la marche.

❖ **walk off with** vt insep ▸ **to walk off with sthg a)** [take] emporter qqch **b)** [steal] voler qqch / *he walked off with all the prizes* il a remporté or gagné tous les prix (haut la main).

❖ **walk out** vi **1.** [go out] sortir ; [leave] partir, s'en aller / *we walked out of the meeting* nous avons quitté la réunion or nous sommes partis de la réunion (en signe de protestation) **2.** [worker] se mettre en grève **3.** UK *dated* [court] ▸ **to walk out with sb** faire la cour à qqn, courtiser qqn.

❖ **walk out on** vt insep [family, lover] quitter.

❖ **walk over** ◆ vt insep [bridge] traverser / *don't let them walk all over you fig* ne vous laissez pas avoir, ne vous laissez pas marcher sur les pieds. ◆ vi aller, faire un saut / *I'll walk over to her place tomorrow* je ferai un saut or je passerai chez elle demain / *the boss walked over to congratulate him* le patron s'est approché de lui pour le féliciter.

❖ **walk up** vi **1.** [go upstairs] monter **2.** [come close] s'approcher / *a complete stranger walked up to her* un inconnu s'est approché d'elle.

walkable ['wɔːkəbl] adj : *it's walkable* on peut y aller à pied.

walkabout ['wɔːkə,baʊt] n **1.** UK ▸ **to go on a walkabout** [actor, politician] prendre un bain de foule **2.** [of an Aborigine] *excursion périodique dans la brousse.*

walkaway ['wɔːkə,weɪ] n US *inf* : *the race was a walkaway for him* il a gagné la course haut la main or dans un fauteuil.

walker ['wɔːkər] n **1.** [person - stroller] promeneur *m*, -euse *f*, marcheur *m*, -euse *f* ; [-in mountains] randonneur *m*, -euse *f* ; SPORT marcheur *m*, -euse *f* / *are you a keen walker?* êtes-vous bon marcheur ?, aimez-vous la marche ? / *she's a fast / slow walker* elle marche vite / lentement **2.** [apparatus - for babies] trotte-bébé *m* ; [-for invalids] déambulateur *m*.

walkies ['wɔːkɪz] n UK *inf* ▸ **(let's go) walkies!** allez, on va se promener !

walkie-talkie [,wɔːkɪ'tɔːkɪ] n (poste *m*) émetteur-récepteur *m* portatif, talkie-walkie *m*.

walk-in adj **1.** [safe, wardrobe] de plain-pied ▸ **walk-in closet** or **cupboard a)** [gen] débarras *m* **b)** [for clothes] dressing *m* **2.** US *inf* [victory] facile.

walking ['wɔːkɪŋ] ◆ n **1.** [activity - gen] marche *f* (à pied), promenade *f*, promenades *fpl* ; [-hiking] randonnée *f* ; SPORT marche *f* (athlétique) **2.** [in basketball] marcher *m*. ◆ adj [clothing, shoes] de marche / *is it within walking distance?* est-ce qu'on peut y aller à pied ? / *a walking holiday in the Vosges* un séjour de randonnée dans les Vosges / *we went on a walking tour of the Alps* nous avons fait de la randonnée dans les Alpes / *the walking wounded* les blessés qui peuvent encore marcher / *he's a walking dictionary* or *encyclopedia hum* c'est un vrai dictionnaire ambulant.

walking frame n déambulateur *m*.

walking papers pl n US *inf* ▸ **to hand** or **to give sb their walking papers a)** [employee] renvoyer qqn, mettre or flanquer qqn à la porte **b)** [lover] plaquer qqn ▸ **to get one's walking papers** se faire mettre à la porte.

walking race n épreuve *f* de marche.

walking shoes n chaussures *fpl* de marche.

walking stick n **1.** [cane] canne *f* **2.** US [stick insect] phasme *m*.

Walkman® ['wɔːkmən] (*pl* **Walkmans**) n baladeur *m offic*, Walkman® *m*.

walk-on ◆ n rôle *m* de figurant. ◆ comp ▸ **walk-on part** rôle *m* de figurant.

walkout ['wɔːkaʊt] n [of members, spectators] départ *m* (en signe de protestation) ; [of workers] grève *f* ▸ **to stage a walkout a)** [negotiators, students] partir (en signe de protestation) **b)** [workers] se mettre en grève.

walkover ['wɔːk,əʊvər] n **1.** UK *inf* [victory] victoire *f* dans un fauteuil / *the race was a walkover for the German team* l'équipe allemande a gagné la course haut la main or dans un fauteuil **2.** [in horse racing] walk-over *m inv*.

walk-through n THEAT répétition *f*.

walk-up US ◆ adj [apartment] situé dans un immeuble sans ascenseur ; [building] sans ascenseur. ◆ n *appartement ou bureau situé dans un immeuble sans ascenseur* ; [building] *immeuble sans ascenseur* / *they live in a fifth-floor walk-up* ils habitent au quatrième étage sans ascenseur.

walkway ['wɔːkweɪ] n [path] sentier *m*, chemin *m* ; [passage] passage *m* or passerelle *f (pour piétons, entre deux bâtiments).*

walky-talky [,wɔːkɪ'tɔːkɪ] (*pl* **walky-talkies**) = **walkie-talkie**.

wall [wɔːl] ◆ n **1.** [of building, room] mur *m* ; [round field, garden] mur *m* de clôture ; [round castle, city] murs *mpl*, murailles *fpl*, remparts *mpl* / *the city walls of Langres* les remparts or murs de Langres / *within the city walls* dans les murs, dans la ville, intra-muros ▸ **the Great Wall of China** la Grande Muraille de Chine / *a wall of fire* une muraille de feu / *the prisoners went over the wall* les prisonniers ont fait le mur / *a wall of silence fig* un mur de silence ▸ **to drive** or **to send sb up the wall** *inf* rendre qqn fou or dingue / *I'll go up the wall if I have to work with her inf* je vais devenir fou si je dois travailler avec elle ▸ **to go to the wall a)** UK [business] faire faillite **b)** [employee] perdre la partie ▸ **walls have ears** les murs ont des oreilles **2.** [side - of box, cell, vein] paroi *f* ; [-of tyre] flanc *m* **3.** [of mountain] paroi *f*, face *f*. ◆ vt [garden, land] clôturer, entourer d'un mur ; [city] fortifier.

❖ **wall in** vt sep [garden] clôturer, entourer d'un mur / *she felt walled in by social convention fig* elle se sentait prisonnière des convenances.

❖ **wall off** vt sep séparer par un mur or par une cloison.

❖ **wall up** vt sep [door, window] murer, condamner ; [body, treasure] emmurer.

wallaby ['wɒləbɪ] (*pl* **wallabies**) n wallaby *m*.

wallah ['wɒlə] n *inf & dated* préposé *m*.

wall bars pl n espalier *m (pour exercices)*.

wallboard ['wɔ:lbɔ:d] n plaque *f* de plâtre.

wall bracket n support *m* mural.

wallchart ['wɔ:lʧɑ:t] n panneau *m* mural.

wall cupboard n placard *m* mural.

walled [wɔ:ld] adj [city] fortifié ; [garden] clos.

wallet ['wɒlɪt] n portefeuille *m*.

walleye ['wɔ:l,aɪ] n **1.** [squint] strabisme *m* ▸ **to have a walleye** loucher, avoir un strabisme **2.** [eye] œil *m* vairon.

walleyed ['wɔ:l,aɪd] adj **1.** [person] qui louche **2.** [eyes] aux yeux vairons.

wallflower ['wɔ:l,flaʊəʳ] n **1.** BOT giroflée *f* **2.** *inf* [person] : *I'm tired of being a wallflower* j'en ai assez de faire tapisserie.

wall game n *sorte de football pratiqué à Eton.*

wall hanging n tenture *f* murale.

Wallis and Futuna Islands ['wɒlɪsnfu:,tju:nə-] pl pr n ▸ **the Wallis and Futuna Islands** Wallis-et-Futuna / *in the Wallis and Futuna Islands* à Wallis-et-Futuna.

wall lamp, wall light n applique *f (lampe)*.

wall lighting n éclairage *m* par appliques.

wall-mounted adj [clock, telephone] mural.

Walloon [wɒ'lu:n] ◆ n **1.** [person] Wallon *m*, -onne *f* **2.** LING wallon *m*. ◆ adj wallon.

wallop ['wɒləp] *inf* ◆ vt **1.** [hit -person] flanquer un coup à, cogner sur ; [-ball] taper sur, donner un grand coup dans / *she walloped him on the jaw* elle lui a flanqué son poing sur la figure / *wallop him one!* fiche-lui une beigne ! **2.** [defeat] écraser, battre à plate couture. ◆ n **1.** [blow] beigne *f*, coup *m* / *he packs a real wallop* il a du punch **2.** [impact] : *she fell down with a wallop* et vlan ! elle est tombée par terre **3.** UK *v inf* [beer] bière *f*. ◆ adv UK ▸ **to run wallop into sthg** rentrer en plein dans qqch.

walloping ['wɒləpɪŋ] *inf* ◆ adj énorme, phénoménal. ◆ adv vachement. ◆ n **1.** [beating] raclée *f*, rossée *f* / *his mother gave him a good walloping* sa mère lui a flanqué une rossée **2.** [defeat] : *they gave our team a walloping* ils ont écrasé notre équipe, ils ont battu notre équipe à plate couture.

wallow ['wɒləʊ] ◆ vi **1.** [roll about] se vautrer, se rouler **2.** [indulge] se vautrer, se complaire / *to wallow in misery* se complaire dans la tristesse / *to wallow in self-pity* s'apitoyer sur soi-même **3.** NAUT être ballotté. ◆ n **1.** [mud] boue *f*, bourbe *f* ; [place] mare *f* bourbeuse **2.** *inf* [act of wallowing] ▸ **to have a good wallow a)** [in a bath] prendre un bon bain **b)** [in self-pity] s'apitoyer sur soi-même.

wall painting n peinture *f* murale.

wallpaper ['wɔ:l,peɪpəʳ] ◆ n **1.** [gen] papier *m* peint **2.** COMPUT fond *m* d'écran. ◆ vt tapisser (de papier peint).

wallposter ['wɔ:l,pəʊstəʳ] n affiche *f* murale.

wall socket n prise *f* murale.

Wall Street pr n Wall Street ▸ **the Wall Street Crash** le krach de Wall Street ▸ **The Wall Street Journal** US PRESS *quotidien financier américain.*

The Wall Street Crash

Krach financier à la Bourse de New York, le 24 octobre 1929 (« Jeudi noir »). Il entraîna la ruine de plusieurs milliers d'Américains, acculant certains d'entre eux au suicide. Cet événement est considéré comme le point de départ de la crise économique qu'allaient vivre les États-Unis pendant dix ans (« la grande dépression »).

wall-to-wall adj ▸ **wall-to-wall carpet** or **carpeting** moquette *f* ▸ **wall-to-wall sound** son *m* enveloppant.

wall unit n élément *m* mural.

wally ['wɒlɪ] (*pl* **wallies**) n UK *inf* imbécile *mf*, andouille *mf*.

walnut ['wɔ:lnʌt] ◆ n [tree, wood] noyer *m* ; [fruit] noix *f*. ◆ comp [furniture] de or en noyer ; [oil] de noix ; [cake] aux noix.

walrus ['wɔ:lrəs] (*pl* **walrus** *or* **walruses**) n morse *m* ▸ **walrus moustache** moustache *f* à la gauloise.

Walter Mitty [wɒltə'mɪtɪ] adj ▸ **to lead a Walter Mitty existence** vivre dans un monde imaginaire ▸ **a Walter Mitty character** un rêveur.

waltz [wɔ:ls] ◆ n valse *f*. ◆ vi **1.** [dancer] valser, danser une valse **2.** [move] danser / *she waltzed in / out of his office* **a)** [jauntily] elle est entrée dans / sortie de son bureau d'un pas joyeux **b)** [brazenly] elle est entrée dans / sortie de son bureau avec effronterie / *he waltzed right up to the boss* il s'est approché du patron sans hésitation ▸ **to waltz off** partir, s'en aller / *he waltzed off with her purse* il lui a volé son sac à main / *they waltzed off with first prize* ils ont remporté le premier prix haut la main. ◆ vt **1.** [dance] valser avec, faire valser / *he waltzed her round the room* il s'est mis à valser or danser avec elle à travers la chambre **2.** [propel] pousser, propulser.

Waltzing Matilda [-mə'tɪldə] n *chanson populaire australienne.*

Walworth Road ['wɒlwəθ-] pr n *rue de Londres où se trouve le siège du parti travailliste.*

wampum ['wɒmpəm] n *(U)* **1.** [beads] wampum *m* **2.** US *inf* [money] pognon *m*.

wan [wɒn] (*compar* **wanner**, *superl* **wannest**) adj [person -pale] pâle, blême, blafard ; [-sad] triste ; [smile] pâle, faible ; [light, star] pâle.

WAN [wæn] n abbr of **wide area network**.

wand [wɒnd] n [of fairy, magician] baguette *f* (magique).

wander ['wɒndəʳ] ◆ vi **1.** [meander -person] errer, flâner ; [-stream] serpenter, faire des méandres / *she wandered into a café* elle est entrée dans un café d'un pas nonchalant / *we wandered round the town* nous avons flâné en ville, nous nous sommes promenés au hasard dans la ville / *her eyes wandered over the crowd* elle a promené son regard sur la foule **2.** [stray -person] s'égarer / *he's wandered off somewhere* il est parti mais il n'est pas loin / *the tourists wandered into the red light district* les touristes se sont retrouvés par hasard dans le quartier chaud / *don't wander off the path* ne vous écartez pas du chemin **3.** [mind, thoughts] vagabonder, errer / *he wandered off the topic* il s'est écarté du sujet / *her attention began to wander* elle commença à être de moins en moins attentive / *I can't concentrate, my mind keeps wandering* je ne peux pas me concentrer, je suis trop distrait / *my mind wandered back to when we first met* mes pensées se sont reportées à l'époque où nous nous sommes connus / *her thoughts wandered to her holiday plans* sa pensée erra sur ses projets de vacances **4.** [become confused] divaguer, déraisonner / *her mother's mind* or *her mother has begun to wander* sa mère commence à divaguer. ◆ vt errer dans, parcourir (au hasard) / *their children wander the streets at night* leurs enfants errent dans les rues or courent les rues le soir / *the nomads wander the desert* les nomades parcourent le désert / *he spent his life wandering the world* il a passé sa vie à parcourir le monde. ◆ n promenade *f*, tour *m* / *we went for a wander round the town* nous sommes allés faire un tour dans la ville.

❖ **wander about** UK, **wander around** vi [without destination] errer, aller sans but ; [without hurrying] flâner, aller sans se presser.

wanderer ['wɒndərəʳ] n vagabond *m*, -e *f* / *she's a bit of a wanderer fig* elle n'aime pas trop se fixer.

wandering ['wɒndərɪŋ] ◆ adj **1.** [roaming -person] errant, vagabond ; [-tribe] nomade ; [-stream] qui serpente, qui fait des méandres ▸ **wandering minstrels** ménestrels *mpl* ▸ **the Wandering Jew** le Juif errant **2.** [distracted -mind, thoughts, attention] distrait, vagabond **3.** [confused -mind, person] qui divague, qui délire ; [-thoughts] incohérent. ◆ n **1.** [trip] = **wanderings 2.** [of mind] délire *m*.

❖ **wanderings** pl n [trip] vagabondage *m*, voyages *mpl* / *during his wanderings* pendant ses voyages.

wanderlust ['wɒndəlʌst] n envie *f* de voyager.

Wandsworth Prison ['wɒnzwəθ-] pr n *la plus grande prison de Grande-Bretagne.*

wane [weɪn] ◆ vi [moon] décroître, décliner ; [interest, power] diminuer ; [civilization, empire] décliner, être en déclin. ◆ n ▸ **to be on the wane a)** [moon] décroître, décliner **b)** [interest, power] diminuer **c)** [civilization, empire] décliner, être en déclin.

wangle ['wæŋgl] vt *inf* [obtain -through cleverness] se débrouiller pour avoir ; [-through devious means] obtenir par subterfuge, carotter / *can you wangle me an invitation?* est-ce que tu peux m'avoir or me dégotter une invitation ? / *can you wangle it?* peux-tu arranger ça ? / *he wangled his way into the job* c'est par combine qu'il a décroché le poste / *they wangled their way out of paying the fine* ils se sont débrouillés pour ne pas payer l'amende.

waning ['weɪnɪŋ] ◆ n [of moon] décroissement *m* ; [of interest, power] diminution *f* ; [of empire] déclin *m*. ◆ adj [moon] décroissant, à son déclin ; [interest, power] qui diminue ; [empire] sur son déclin, en déclin.

wank [wæŋk] UK *vulg* ◆ vi se branler. ◆ n branlette *f* ▸ **to have a wank** se faire une branlette.

wanker ['wæŋkəʳ] n UK *vulg* branleur *m*.

wankfest ['wæŋkfest] n UK *vulg* : *it's a total wankfest* c'est un tas de conneries.

wanly ['wɒnlɪ] adv **1.** [answer, smile] faiblement, tristement **2.** [shine] faiblement, avec une pâle or faible clarté.

wanna ['wɒnə] *v inf* **1.** abbr of **want to 2.** abbr of **want a**.

wannabe ['wɒnə,bi:] n *inf se dit de quelqu'un qui veut être ce qu'il ne peut pas être* / *a Michael Jackson wannabe* un clone de Michael Jackson.

wanness ['wɒnnɪs] n [of person -paleness] pâleur *f* ; [-sadness] tristesse *f* ; [of light] pâleur *f*, manque *m* de clarté.

want [wɒnt] ◆ vt **1.** [expressing a wish or desire] vouloir, désirer ▸ **to want sthg badly** avoir très envie de qqch / *what do you want?* qu'est-ce que vous voulez ? / *what do you want now?* qu'est-ce que tu veux encore ? / *I want a cup of coffee* je veux or voudrais une tasse de café / *I want my Mummy!* je veux ma maman ! / *all he wants is to go to bed* tout ce qu'il veut, c'est aller se coucher ▸ **to want to do sthg** avoir envie de or vouloir faire qqch / *they want to go to Spain on holiday* ils ont envie d'aller or ils veulent aller en vacances en Espagne / *she doesn't want to go* elle n'a pas envie d'y aller, elle ne veut pas y aller / *she doesn't want to* elle n'en a pas envie / *he doesn't want to know* il ne veut rien savoir / *I want you to wait here* je veux que tu attendes ici / *they never wanted (to have) children* ils n'ont jamais eu envie d'avoir des enfants, ils n'ont jamais voulu (avoir) d'enfants / *I don't want (to have) any trouble* je ne veux pas d'ennuis / *how much* or *what do you want for this table?* combien voulez-vous pour cette table ? / *what do you want with her?* qu'est-ce que tu lui veux ? / *she doesn't want much! iro* elle n'est pas difficile, elle au moins / *now I've got you where I want you! fig* je te tiens ! **2.** [desire sexually] désirer, avoir envie de **3.** [require to be present] demander, vouloir voir / *the boss wants you* le patron vous demande or veut vous voir or demande à vous voir / *someone wants you* or *you're wanted on the phone* quelqu'un vous demande au téléphone / *where do you want this wardrobe?* où voulez-vous qu'on mette cette armoire ? / *you won't be wanted this afternoon* on n'aura pas besoin de vous cet après-midi / *go away, you're not wanted here* va-t'en, tu n'es pas le bienvenu ici / *I know when I'm not wanted* je sais quand je suis de trop **4.** [hunt, look for]

WANT (TO)

Le verbe **want** a de multiples sens. Il intervient notamment dans l'expression du ***besoin***, du ***désir***, voire de l'***ordre***, du ***conseil*** et de l'***avertissement***.

DU MANQUE À LA VOLONTÉ

- À l'origine, **want** exprime un ***manque***. Le verbe a conservé un sens proche aujourd'hui, notamment en anglais britannique familier :

Your hair wants cutting. Tes cheveux ont besoin d'être coupés.

Your shoes want polishing. Tes chaussures ont besoin d'être cirées.

Want est ici suivi d'un gérondif, c'est-à-dire d'un verbe qui se comporte comme un nom (à la rigueur cutting et polishing peuvent se traduire par des noms, respectivement *une coupe* et *du cirage*). Ce n'est cependant pas obligatoire. **Want** peut en effet être suivi d'un groupe nominal, tout simplement :

The living-room wants a fresh coat of paint.
groupe nominal
Le salon a besoin d'une nouvelle couche de peinture / d'être repeint.

- **Want** exprime principalement le ***désir***, la ***volonté***. Dans l'exemple ci-dessous, **want** est suivi d'un complément d'objet direct :

I want a cup of coffee. Je veux / Je voudrais une tasse de café.
COD

Le verbe peut aussi être suivi d'un adverbe ou d'un complément à l'infinitif :

She wants out! Elle n'est plus de la partie !
adverbe

I want to tell you something.
complément à l'infinitif
Je veux / Je voudrais te dire quelque chose.

NB : Dans un registre familier, **want to** se contracte et devient **wanna**.

DE LA VOLONTÉ À L'ORDRE

Lorsqu'on veut imposer sa volonté aux autres, on donne un ***ordre*** :

I want you to wait here. Je veux que tu attendes ici.

Le locuteur (ici le sujet **I**) impose sa volonté (**want**) à l'interlocuteur (**you**), qui n'a pas le choix : il doit attendre à l'endroit indiqué. On est ici très proche du sens de la construction modale avec **must** dans la mesure où ce modal exprime également une obligation personnelle, qui émane du locuteur : you must wait here.

L'ordre émane parfois du sujet grammatical et pas toujours du locuteur :

They want their neighbours to leave. Ils veulent que leurs voisins s'en aillent.

DE LA VOLONTÉ AU CONSEIL ET À L'AVERTISSEMENT

Enfin, **want to** est de plus en plus employé pour exprimer un ***conseil*** ou un ***avertissement*** :

You want to see a doctor about your leg. Vous devriez montrer votre jambe à un médecin.

Le locuteur se met à la place de l'interlocuteur et lui présente un raisonnement logique : il est normal pour vous de vouloir montrer votre jambe à un médecin parce que c'est dans votre intérêt. **Want to** est ici proche des modaux **should** et **ought to**.

Cette construction est très pratique en anglais car elle permet de choisir à la place de la personne à qui l'on parle sans en avoir l'air :

You don't want to be late tomorrow morning. Tu n'as pas intérêt à être en retard demain matin.

Ici, je fais comme si c'était mon interlocuteur qui voulait être à l'heure alors qu'en réalité c'est moi qui décide. Ce type de construction avec **want to** a l'avantage de formuler un avertissement tout en conservant une certaine retenue.

Bien souvent, ce n'est en fait une retenue qu'en apparence :

You want to be careful when you make those kinds of accusations. Vous devriez faire attention lorsque vous lancez ce genre d'accusations.

[= je veux que vous fassiez attention]

Le locuteur lance ici un avertissement sans équivoque à l'interlocuteur.

Pour résumer

Les divers sens de **want (to)** sont liés entre eux par une certaine logique :

- on désire ce dont on a besoin, c'est-à-dire ce dont on manque,
- ordonner, c'est imposer sa volonté à l'autre,
- conseiller, c'est se mettre à la place de l'autre et lui montrer ce dont il a besoin,
- conseiller de manière appuyée, c'est avertir.

chercher, rechercher / *to be wanted by the police* être recherché par la police / *he's wanted for armed robbery* il est recherché pour attaque à main armée **5.** [need -subj: person] avoir besoin de ; [-subj: task, thing] avoir besoin de, nécessiter / *do you have everything you want?* avez-vous tout ce qu'il vous faut? / *I have more than I want* j'en ai plus qu'il n'en faut / *this room wants a fresh coat of paint* cette pièce a besoin d'une nouvelle couche de peinture / *that child wants a good hiding* cet enfant a besoin d'une bonne correction / *this coat wants cleaning very badly* ce manteau a besoin d'un bon nettoyage / *there are still a couple of things that want doing* il y a encore quelques petites choses à faire or qu'il faut faire / *what do you want with a car that size?* qu'allez-vous faire d'une voiture de cette taille? **6.** *inf* [ought] : *you want to see a doctor about that leg* vous devez montrer or il faut que vous montriez cette jambe à un médecin / *she wants to watch out, the boss is looking for her* elle devrait faire attention, le patron la cherche **7.** *liter* [lack -food, shelter] manquer de. ◆ vi *inf* : *the cat wants in / out* le chat veut entrer / sortir / *he wants in (on the deal)* il veut une part du gâteau / *I want out!* je ne suis plus de la partie ! / *to want away* vouloir partir. ◆ n **1.** [desire, wish] désir *m*, envie *f* ▸ **to satisfy sb's wants** satisfaire les envies or les désirs de qqn **2.** [requirement] besoin *m* ▸ **to have few wants** avoir peu de besoins, avoir besoin de peu / *she attends to all his wants* elle pourvoit à tous ses besoins **3.** [lack] manque *m* / *a want of generosity* un manque de générosité / *there's certainly no want of goodwill* ce ne sont certainement pas les bonnes volontés qui manquent ▸ **to be in want of sthg** avoir besoin de qqch **4.** [poverty] misère *f*, besoin *m* ▸ **to be in want** être dans le besoin or dans la misère.

❖ **for want of** prep phr faute de / *I'll take this novel for want of anything better* faute de mieux je vais prendre ce roman / *for want of anything better to do, she went for a walk* n'ayant rien de mieux à faire, elle est allée se promener / *the project fell through for want of funding* faute de financement, le projet est tombé à l'eau / *if we failed, it wasn't for want of trying* nous avons échoué mais ce n'est pas faute d'avoir essayé.

❖ **want for** vt insep manquer de / *they never wanted for friends* ils n'ont jamais manqué d'amis / *he wants for nothing* il ne manque de rien.

Note that vouloir que and souhaiter que are followed by a verb in the subjunctive:

I want you to pay more attention. *Je veux que / Je souhaite que tu sois plus attentif.*

want ad n US *inf* petite annonce *f*.

wantaway ['wɒntəweɪ] adj SPORT : *a wantaway player* un joueur qui a envie de quitter l'équipe.

wanted ['wɒntɪd] adj **1.** [in advertisements] / **'carpenter / cook wanted'** 'on recherche (un) charpentier / (un) cuisinier' / **'accommodation wanted'** 'cherche appartement' **2.** [murderer, thief] recherché / **'wanted for armed robbery'** recherché pour vol à main armée ▸ **wanted notice** avis *m* de recherche.

wanting ['wɒntɪŋ] adj **1.** [inadequate] ▸ **to be found wanting a)** [person] ne pas convenir, ne pas faire l'affaire **b)** [machine] ne pas convenir, ne pas être au point **2.** [lacking] manquant ▸ **to be wanting in sthg** manquer de qqch **3.** *euph* [weak-minded] simple d'esprit.

wanton ['wɒntən] ◆ adj **1.** [malicious -action, cruelty] gratuit, injustifié ; [-destroyer] vicieux **2.** *fml* [immoral -behaviour, thoughts] licencieux ; [-person] dévergondé **3.** *arch & liter* [uncontrolled -vegetation] abondant, exubérant **4.** *arch* or *liter* [playful -breeze] capricieux. ◆ n *liter* [man] dévergondé *m* ; [woman] dévergondée *f*, femme *f* légère.

wantonly ['wɒntənlɪ] adv **1.** [maliciously] gratuitement, sans justification **2.** *fml* [immorally] licencieusement **3.** *arch & liter* [playfully] capricieusement.

WAN2 MESSAGING written abbr of want to.

WAP [wæp] (abbr of wireless application protocol) n TELEC WAP *m* ▸ **WAP phone** téléphone *m* WAP.

war [wɔːr] (*pt & pp* **warred**, *cont* **warring**) ◆ n **1.** [armed conflict] guerre *f* ▸ **to be at war / to go to war with sb** être en guerre / entrer en guerre avec qqn / *Japan was at war with Russia* le Japon était en guerre avec la Russie / *Israel went to war with Syria over border disagreements* Israël est entré en guerre avec or contre la Syrie pour des problèmes territoriaux / *the Allies waged war against* or *on the Axis* les Alliés ont fait la guerre aux puissances de l'Axe / *he fought in* *the war* il a fait la guerre / *the troops went off to war* les troupes sont parties pour or sont allées à la guerre / *you've been in the wars! inf & hum* on dirait que tu reviens de la guerre !, tu t'es bien arrangé ! ▸ **to have a good war** [soldier] être vaillant au combat / *the period between the two (World) Wars* l'entre-deux-guerres *m inv* ▸ **war of attrition** guerre d'usure ▸ **war museum** musée *m* de guerre ▸ **the American War of Independence** la guerre d'Indépendance américaine ▸ **the War between the States** or **the War of Secession** la guerre de Sécession ▸ **the Wars of the Roses** la guerre des Deux-Roses / **'War and Peace'** *Tolstoy* 'Guerre et Paix' / **'The War of the Worlds'** *Wells* 'la Guerre des mondes' **2.** [conflict, struggle] guerre *f*, lutte *f* ▸ **to declare** or **to wage war on sthg** partir en guerre contre or déclarer la guerre à qqch / *a war of nerves / words* une guerre des nerfs / des mots / *the war against crime / drugs* la lutte contre le crime / la drogue. ◆ comp [criminal, diary, film, hero, pension, wound, zone] de guerre ▸ **war victims** victimes *mpl* de guerre ▸ **during the war years** pendant la guerre ▸ **the war effort** l'effort *m* de guerre ▸ **war record** passé *m* militaire / *he has a good war record* il s'est conduit honorablement pendant la guerre / *what's his war record?* qu'est-ce qu'il a fait pendant la guerre ? ◆ vi faire la guerre ▸ **to war with sb** faire la guerre à qqn.

The Wars of the Roses

Guerres qui, au XVe siècle, opposèrent les deux familles prétendant au trône d'Angleterre : la maison d'York, dont l'emblème était une rose blanche, et la maison de Lancastre, représentée par une rose rouge. Elles prirent fin en 1485 avec la victoire d'un Lancastre, le futur Henri VII, qui réconcilia les deux familles en épousant Élisabeth d'York.

The War of the Worlds

Pièce radiophonique adaptée du roman de H. G. Wells et mise en scène par Orson Welles, diffusée le 30 octobre 1938 par une radio new-yorkaise à l'occasion de Halloween. La description très réaliste de l'arrivée sur terre de Martiens fut prise au sérieux par de nombreux auditeurs, ce qui provoqua un début de panique (désertion des villes, embouteillages gigantesques, mais aussi crises d'hystérie) et suscita de vives protestations auprès de la station de radio CBS.

War. = Warks.

war baby n *enfant né pendant la guerre.*

warble ['wɔ:bl] ◆ vi & vt [subj: bird] gazouiller ; [subj: person] chanter (avec des trilles). ◆ n gazouillis *m*, gazouillement *m*.

warbler ['wɔ:blər] n fauvette *f*, pouillot *m*.

warbling ['wɔ:blɪŋ] n gazouillis *m*, gazouillement *m*.

war bond n titre *m* d'emprunt de guerre *(issu pendant la Seconde Guerre mondiale).*

war bride n mariée *f* de la guerre.

war cabinet n cabinet *m* de guerre.

war chest n *lit* caisse *f* spéciale *(affectée à une guerre)* ; *fig* caisse *f* spéciale *(d'un parti politique, d'hommes d'affaires, etc.).*

war clouds pl n nuages *mpl* or signes *mpl* précurseurs de guerre / *the war clouds are gathering* la guerre menace.

war correspondent n correspondant *m*, -e *f* de guerre.

war crime n crime *m* de guerre.

war cry n cri *m* de guerre.

ward [wɔ:d] n **1.** [of hospital - room] salle *f* ; [- section] pavillon *m* ; [of prison] quartier *m* **2.** POL [district] circonscription *f* électorale **3.** LAW [person] pupille *mf* ; [guardianship] tutelle *f* ▸ **to be in ward** être sous tutelle judiciaire / *she was placed in ward* elle a été placée sous tutelle judiciaire ▸ **ward of court** pupille *mf* sous tutelle judiciaire.

❖ **ward off** vt sep [danger, disease] éviter ; [blow] parer, éviter.

war dance n danse *f* de guerre or guerrière.

warden ['wɔ:dn] n **1.** [director - of building, institution] directeur *m*, -trice *f* ; US [of prison] directeur *m*, -trice *f* de prison **2.** [public official - of fortress, town] gouverneur *m* ; [- of park, reserve] gardien *m*, -enne *f* ▸ **Warden of the Cinque Ports** UK gouverneur des Cinq Ports **3.** UK UNIV portier *m*.

warder ['wɔ:dər] n UK [guard] gardien *m* or surveillant *m* (de prison).

ward heeler [-'hi:lər] n US POL agent *m* électoral *(qui sollicite des voix).*

wardress ['wɔ:drɪs] n UK gardienne *f* or surveillante *f* (de prison).

wardrobe ['wɔ:drəʊb] n UK **1.** [cupboard] armoire *f*, penderie *f* **2.** [clothing] garde-robe *f* ; THEAT costumes *mpl* / *Peter Taylor's wardrobe by...* CIN & THEAT Peter Taylor est habillé par..., les costumes de Peter Taylor sont de chez... / *this is my summer wardrobe* c'est ma garde-robe d'été / *she's had a wardrobe malfunction inf* elle est habillée n'importe comment.

wardrobe mistress n costumière *f*.

wardrobe trunk n malle *f (penderie).*

wardroom ['wɔ:drʊm] n [quarters] quartiers *mpl* des officiers *(excepté le capitaine)* ; [officers] officiers *mpl (excepté le capitaine).*

wardship ['wɔ:dʃɪp] n tutelle *f*.

warehouse ◆ n ['weəhaʊs] *(pl* [-haʊzɪz]*)* entrepôt *m*, magasin *m*. ◆ vt ['weəhaʊz] entreposer, emmagasiner.

warehouseman ['weəhaʊsmən] *(pl* **warehousemen** [-mən]*)* n magasinier *m*.

warehousing ['weə,haʊzɪŋ] n **1.** [of goods] entreposage *m* **2.** [of shares] parcage *m* **3.** ▸ **warehousing company** société *f* d'entrepôts ▸ **warehousing costs** frais *mpl* d'entreposage.

wares [weəz] pl n marchandises *fpl*.

warfare ['wɔ:feər] n MIL guerre *f* ; *fig* lutte *f*, guerre *f* ▸ **class warfare** lutte des classes ▸ **economic warfare** guerre économique ▸ **open warfare** MIL & *fig* guerre ouverte.

warfarin ['wɔ:fərɪn] n MED warfarine *f*.

war game n *(usu pl)* **1.** MIL [simulated battle with maps] kriegspiel *m*, wargame *m* ; [manoeuvres] manœuvres *fpl* militaires **2.** GAMES wargame *m*.

war grave n *tombeau d'un soldat tombé au champ d'honneur.*

warhead ['wɔ:hed] n ogive *f* ▸ **nuclear warhead** ogive *f* or tête *f* nucléaire.

warhorse ['wɔ:hɔ:s] n [horse] cheval *m* de bataille ; *inf & fig* [person] dur *m*, -e *f* à cuire / *he's an old warhorse of the party* c'est un vétéran du parti.

warily ['weərəlɪ] adv [carefully] prudemment, avec prudence or circonspection ; [distrustfully] avec méfiance.

wariness ['weərɪnɪs] n [caution] prudence *f*, circonspection *f* ; [distrust] méfiance *f*.

Warks written abbr of **Warwickshire.**

warlike ['wɔ:laɪk] adj guerrier, belliqueux.

war loan n UK titre *m* d'emprunt de guerre.

warlock ['wɔ:lɒk] n sorcier *m*.

warlord ['wɔ:lɔ:d] n seigneur *m* de la guerre.

warm [wɔ:m] ◆ adj **1.** [moderately hot] chaud / *a warm front* METEOR un front chaud / *a warm oven* un four moyen / *warm milk* lait chaud / *I can't wait for the warm weather* j'ai hâte qu'il fasse chaud / *this soup is barely warm* cette soupe est à peine chaude or est tiède / *will you keep dinner warm for me?* peux-tu me garder le dîner au chaud ? / *does that coat keep you warm?* est-ce que ce manteau te tient chaud ? / *it's a difficult house to keep warm* c'est une maison difficile à chauffer / *are you warm enough?* avez-vous assez chaud ? / *I can't seem to get warm* je n'arrive pas à me réchauffer / *the room is too warm* il fait trop chaud or on étouffe dans cette pièce / *the bedroom was nice and warm* il faisait bon or agréablement chaud dans la chambre ▸ **am I right? — you're getting warmer!** est-ce que j'y suis ? — tu chauffes ! **2.** [clothing] chaud, qui tient chaud **3.** [work] qui donne chaud **4.** [affectionate - feelings] chaud, chaleureux ; [- personality] chaleureux / *he's a very warm person* or *he has a warm heart* il est très chaleureux / *she has a warm relationship with her mother* elle a une relation très affectueuse avec sa mère / *give my warmest wishes to your wife* toutes mes amitiés à votre femme **5.** [hearty - greeting, welcome] chaleureux, cordial ; [- thanks] vif ; [- admirer, support] ardent, enthousiaste ; [- applause] chaleureux, enthousiaste **6.** [colour, sound] chaud ; [voice] chaud, chaleureux **7.** [scent, trail] récent. ◆ vt **1.** [heat - person, room] réchauffer ; [- food] (faire) chauffer / *she warmed her hands by the fire* elle s'est réchauffé les mains au-dessus du feu / *come and warm yourself at the fire* viens te chauffer or réchauffer près du feu ▸ **the sight was enough to warm the cockles of your heart!** c'était un spectacle à vous chauffer or réchauffer or réjouir le cœur ! **2.** [reheat] (faire) réchauffer. ◆ vi : *she warmed to the new neighbours* elle s'est prise de sympathie pour les nouveaux voisins / *you'll soon warm to the idea* tu verras, cette idée finira par te plaire / *the speaker began to warm to his subject* le conférencier s'est laissé entraîner par son sujet. ◆ n *inf* : *come into the warm* viens au chaud or où il fait chaud / *I'll give the coffee a warm* je vais réchauffer le café.

❖ **warm down** vi [after physical effort] *travailler lentement en étirement après un échauffement intense.*

❖ **warm over** vt sep US [food] (faire) réchauffer ; *pej* [idea] ressasser.

❖ **warm through** vt sep (faire) réchauffer complètement.

❖ **warm up** ◆ vt sep **1.** [heat - person, room] réchauffer ; [- food] (faire) chauffer ; [- engine, machine] faire chauffer **2.** [reheat] (faire) réchauffer **3.** [animate - audience] mettre en train, chauffer. ◆ vi **1.** [become hotter - person] se chauffer, se réchauffer ; [- room, engine, food] se réchauffer ; [- weather] devenir plus chaud, se réchauffer **2.** [get ready - athlete, comedian] s'échauffer, se mettre en train ; [- audience] commencer à s'animer **3.** [debate, discussion] s'animer / *the party began to warm up* la soirée commençait à s'animer.

war machine n machine *f* de guerre.

warm-blooded [-'blʌdɪd] adj ZOOL à sang chaud ; *fig* [ardent] ardent, qui a le sang chaud.

war memorial n monument *m* aux morts.

warm-hearted [-'hɑ:tɪd] adj [kindly] chaleureux, bon ; [generous] généreux.

warming pan ['wɔ:mɪŋ-] n bassinoire *f*.

warmly ['wɔ:mlɪ] adv **1.** [dress] chaudement / *the sun shone warmly* le soleil chauffait **2.** [greet, smile, welcome] chaleureusement, chaudement ; [recommend, thank] vivement, chaudement ; [support] avec enthousiasme, ardemment ; [applaud] avec enthousiasme, chaleureusement.

warmonger ['wɔ:,mʌŋgər] n belliciste *mf*.

warmongering ['wɔ:,mʌŋgərɪŋ] ◆ n *(U)* [activities] activités *fpl* bellicistes ; [attitude] bellicisme *m* ; [propaganda] propagande *f* belliciste. ◆ adj belliciste.

warmth [wɔ:mθ] n [of temperature] chaleur *f* ; [of greeting, welcome] chaleur *f*, cordialité *f* ; [of recommendation, thanks] chaleur *f*, vivacité *f* ; [of applause, support] enthousiasme *m* ; [of colour] chaleur *f*.

warm-up ◆ n [gen] préparation *f*, préparations *fpl* ; [of athlete, singer] échauffement *m* ; [of audience] mise *f* en train. ◆ comp ▸ **warm-up exercises** exercices *mpl* d'échauffement.

warmups ['wɔ:mʌps] pl n US survêtement *m*.

warn [wɔ:n] vt **1.** [inform] avertir, prévenir / *I warned them of the danger* je les ai avertis or prévenus du danger / *warn them that the bridge is unsafe* prévenez-les or avertissez-les que le pont n'est pas sûr / *she warned them that she would be late* elle les a prévenus qu'elle serait en retard / *consider yourself warned!* on vous aura averti or prévenu!, vous êtes prévenu! / *warn the police!* alertez la police! / *don't say I didn't warn you!* je t'aurai prévenu! **2.** [advise] conseiller, recommander / *he warned her about* or *against travelling at night, he warned her not to travel at night* il lui a déconseillé de voyager la nuit, il l'a mise en garde contre les voyages de nuit.

❖ **warn off** vt sep décourager / *the doctor has warned him off alcohol* le médecin lui a vivement déconseillé l'alcool / *the barbed wire is there to warn off intruders* des barbelés ont été installés pour décourager les intrus.

warning ['wɔ:nɪŋ] ◆ n **1.** [caution, notice] avertissement *m* / *let that be a warning to you* que cela vous serve d'avertissement / *thanks for the warning* merci de m'avoir prévenu or m'avoir averti / *the boss visited the office without (any) warning* le patron est venu visiter le bureau inopinément or à l'improviste / *he left without any warning* il est parti sans prévenir / *they gave us advance warning of the meeting* ils nous ont prévenus de la réunion / *there was a note of warning in her voice* il y avait comme un avertissement dans sa voix / *the police gave him a warning (about speeding)* la police lui a donné un avertissement (pour excès de vitesse) ▸ **to issue a warning against sthg** mettre qqn en garde contre qqch **2.** [alarm, signal] alerte *f*, alarme *f* **3.** [advice] conseil *m* / *he gave them a stern warning about the dangers of smoking* il les a sévèrement mis en garde contre les dangers du tabac. ◆ adj d'avertissement / *they fired a warning shot* **a)** [gen & MIL] ils ont tiré une fois en guise d'avertissement **b)** NAUT ils ont tiré un coup de semonce ▸ **warning device** avertisseur *m* ▸ **warning light** voyant *m* (avertisseur), avertisseur *m* lumineux ▸ **warning notice** avis *m*, avertissement *m* ▸ **warning sign** panneau *m* avertisseur ▸ **warning signal a)** [gen] signal *m* d'alarme or d'alerte **b)** AUTO signal *m* de détresse ▸ **warning triangle** UK AUTO triangle *m* de signalisation.

War Office n *ancien nom du ministère de la Défense britannique.*

War On Want pr n *association caritative britannique luttant pour les pays défavorisés.*

warp [wɔ:p] ◆ vt **1.** [wood] gauchir, voiler ; [metal, plastic] voiler **2.** *fig* [character, mind] pervertir ; [thinking] fausser, pervertir. ◆ vi [wood] gauchir, se voiler ; [metal, plastic] se voiler. ◆ n **1.** [fault - in wood] gauchissement *m*, voilure *f* ; [- in metal, plastic] voilure *f* **2.** TEXT [of yarn] chaîne *f*.

war paint n [of Indian] peinture *f* de guerre ; *fig & hum* [make-up] maquillage *m*, peinture *f* de guerre *hum*.

warpath ['wɔ:pɑ:θ] n ▸ **to be on the warpath** *lit* être sur le sentier de la guerre / *be careful, the boss is on the warpath fig* fais attention, le patron est d'une humeur massacrante.

warped [wɔ:pt] adj **1.** [wood] gauchi, voilé ; [metal, plastic] voilé **2.** *fig* [character, person] perverti ; [thinking, view] faux (fausse), perverti / *you've got a warped mind!* or *your mind is warped!* tu as l'esprit tordu! / *what a warped sense of humour!* quel humour morbide!

warplane ['wɔ:pleɪn] n avion *m* de guerre.

warrant ['wɒrənt] ◆ n **1.** LAW [written order] mandat *m* / *there's a warrant (out) for his arrest* il y a un mandat d'arrêt contre lui **2.** COMM & FIN [for payment] bon *m* ; [guarantee] garantie *f* **3.** MIL brevet *m*. ◆ vt **1.** [justify] justifier / *the situation warrants a new approach* la situation demande que l'on s'y prenne autrement / *costs are too high to warrant further investment* les frais sont trop élevés pour permettre or justifier d'autres investissements **2.** [declare with certainty] assurer, certifier / *I'll warrant (you) that's the last we see of her* c'est la dernière fois qu'on la voit, je vous le garantie.

warrantee [,wɒrən'ti:] n LAW titulaire *mf* d'une garantie.

warranter ['wɒrəntə] = **warrantor**.

warrant officer n adjudant *m (auxiliaire d'un officier).*

warrantor ['wɒrəntɔ:ʳ] n LAW garant *m*, -e *f*, débiteur *m*, -trice *f*.

warranty ['wɒrəntɪ] (*pl* **warranties**) n **1.** [guarantee] garantie *f* / *a one-year warranty* une garantie d'un an **2.** LAW garantie *f*.

warren ['wɒrən] n **1.** [of rabbit] terriers *mpl*, garenne *f* **2.** *fig* [maze of passageways] labyrinthe *m*, dédale *m*.

Warren Report pr n ▸ **the Warren Report** *rapport sur l'assassinat de John F. Kennedy qui récusa la thèse de la conspiration.*

warring ['wɔ:rɪŋ] adj [nations, tribes] en guerre ; *fig* [beliefs] en conflit ; [interests] contradictoire, contraire.

warrior ['wɒrɪəʳ] n guerrier *m*, -ère *f*.

Warsaw ['wɔ:sɔ:] pr n Varsovie.

Warsaw Pact pr n ▸ **the Warsaw Pact** le pacte de Varsovie ▸ **Warsaw Pact countries** pays *mpl* (membres) du pacte de Varsovie.

war-scarred adj [city, country] dévasté par la guerre.

warship ['wɔ:ʃɪp] n navire *m* or bâtiment *m* de guerre.

wart [wɔ:t] n **1.** MED verrue *f* ▸ **to describe sb warts and all** *fig* : *she described her family, warts and all* elle a fait un portrait sans complaisance de sa famille **2.** BOT excroissance *f*.

wart hog n phacochère *m*.

wartime ['wɔ:taɪm] ◆ n période *f* de guerre / *in wartime* en temps de guerre. ◆ comp de guerre ▸ **wartime rations** rations *fpl* de guerre.

war-torn adj déchiré par la guerre.

warty ['wɔ:tɪ] (*compar* **wartier**, *superl* **wartiest**) adj couvert de verrues, verruqueux *spec*.

war-weary adj las de la guerre.

war widow n veuve *f* de guerre ▸ **a war widow's pension** une pension de veuve de guerre.

wary ['weərɪ] (*compar* **warier**, *superl* **wariest**) adj [prudent - person] prudent, sur ses gardes ; [- look] prudent ; [- smile] hésitant ; [distrustful] méfiant / *I'm wary about promoting these ideas* j'hésite à promouvoir ces idées / *the people were wary of the new regime* les gens se méfiaient du nouveau régime / *he kept a wary eye on the dog* il surveillait le chien attentivement.

was (*weak form* [wəz], *strong form* [wɒz]) pt ⟶ **be**.

wasabi [wə'sɑ:bɪ] n wasabi *m*.

wash [wɒʃ] ◆ vt **1.** [clean] laver ▸ **to wash o.s. a)** [person] se laver, faire sa toilette **b)** [cat, dog] faire sa toilette / *go and wash your hands* va te laver les mains / *she washed her hair* elle s'est lavé la tête or les cheveux / *he washed the walls clean* il a bien lavé or nettoyé les murs ▸ **to wash the dishes** faire or laver la vaisselle ▸ **to wash clothes** faire la lessive / **'wash in cold / hot water'** 'laver à l'eau froide / chaude' ▸ **to wash one's hands of sthg** : *I wash my hands of the whole affair* je me lave les mains de toute cette histoire ▸ **to wash one's hands of sb** : *she washed her hands of him* elle s'est désintéressée de lui **2.** [subj: current, river, waves - move over] baigner ; [- carry away] emporter, entraîner / *the waves washed the shore* les vagues baignaient la côte / *the body was washed ashore* le cadavre s'est échoué or a été rejeté sur la côte / *the crew was washed overboard* l'équipage a été emporté par une vague / *he was washed out to sea* il a été emporté par la mer **3.** [coat, cover] badigeonner **4.** MIN [gold, ore] laver. ◆ vi **1.** [to clean oneself - person] se laver, faire sa toilette / *have you washed properly?* est-ce que tu as bien fait ta toilette? **2.** [be washable] se laver, être lavable / *this dress doesn't wash very well* cette robe ne supporte pas bien le lavage / *his story just doesn't wash with me* UK *inf* son histoire ne marche pas avec moi, il ne me fera pas avaler cette histoire. ◆ n **1.** [act of cleaning] nettoyage *m* / *this floor needs a good wash* ce plancher a bien besoin d'être lavé or nettoyé / *your hair needs a wash* il faut que tu te laves la tête / *I gave the car a wash* j'ai lavé la voiture / *he's having a wash* il se lave, il fait sa toilette / *I could do with a quick wash and brush-up* j'aimerais faire un brin de toilette or me débarbouiller **2.** [clothes to be washed] lessive *f*, linge *m* sale / *your shirt is in the wash* **a)** [laundry basket] ta chemise est au (linge) sale **b)** [machine] ta chemise est à la lessive / *the stain came out in the wash* la tache est partie au lavage ▸ **it'll all come out in the wash a)** UK [become known] ça finira par se savoir **b)** [turn out for the best] tout cela finira par s'arranger **3.** [movement of water - caused by current] remous *m* ; [- caused by ship] sillage *m*, remous *m* ; [sound of water] clapotis *m* **4.** [of paint] badigeon *m* **5.** MED [lotion] solution *f* **6.** ART ▸ **wash (drawing)** (dessin *m* au) lavis *m*. ◆ adj US lavable.

❖ **wash away** vt sep [carry off - boat, bridge, house] emporter ; [- river bank, soil] éroder / *the rain washed away the road* la route s'est effondrée sous l'action de la pluie ▸ **to wash one's sins away** *fig* laver ses péchés.

❖ **wash down** vt sep **1.** [clean] laver (à grande eau) **2.** [food] arroser ; [tablet] faire descendre / *roast beef washed down with Burgundy wine* rosbif arrosé d'un bourgogne.

❖ **wash off** ◆ vt sep [remove - with soap] enlever or faire partir au lavage ; [- with water] enlever or faire partir à l'eau. ◆ vi [disappear - with soap] s'en aller or partir au lavage ; [- with water] s'en aller or partir à l'eau / *the paint won't wash off* la peinture ne s'en va pas or ne part pas.

❖ **wash out** ◆ vt sep **1.** [remove - with soap] enlever or faire partir au lavage ; [- with water] enlever or faire partir à l'eau **2.** [clean] laver **3.** [carry away - bridge] emporter ; [- road] dégrader **4.** [cancel, prevent] : *the game was washed out* le match a été annulé à cause de la pluie. ◆ vi = **wash off**.

❖ **wash up** ◆ vi **1.** UK [wash dishes] faire or laver la vaisselle **2.** US [wash oneself] se laver, faire sa toilette. ◆ vt sep **1.** UK [glass, dish] laver / *whose turn is it to wash up the dishes?* à qui le tour de faire or laver la vaisselle? **2.** [subj: sea] rejeter / *several dolphins were washed up on shore* plusieurs dauphins se sont échoués sur la côte.

Wash pr n ▸ **the Wash** UK GEOG *grande baie sur la côte est de l'Angleterre.*

washable ['wɒʃəbl] adj lavable, lessivable.

wash-and-wear adj qui ne nécessite aucun repassage.

washbag ['wɒʃ,bæg] n trousse *f* de toilette.

washbasin ['wɒʃ,beɪsn] n UK [basin] cuvette *f*, bassine *f* ; [sink] lavabo *m*.

washboard ['wɒʃ,bɔ:d] n planche *f* à laver ▸ **to have washboard abs** or **a washboard stomach** avoir des abdos en tablette de chocolat.

washbowl ['wɒʃbəʊl] US = **washbasin**.

washcloth ['wɒʃ,klɒθ] n [for dishes] lavette *f* ; US [face flannel] ≃ gant *m* de toilette.

washday ['wɒʃ,deɪ] n jour *m* de lessive.

washed-out [,wɒʃt-] adj **1.** [faded - colour] délavé ; [- curtain, jeans] décoloré, délavé **2.** *inf* [exhausted] épuisé, lessivé.

washed-up adj *inf* fichu / *he's washed-up as a singer* sa carrière de chanteur est fichue or finie / *their marriage is washed-up* leur mariage est fichu or se casse la figure.

washer ['wɒʃəʳ] n **1.** CONSTR joint *m*, rondelle *f* ; [in tap] joint *m* **2.** [washing machine] machine *f* à laver, lave-linge *m inv*.

washer-dryer n machine *f* à laver séchante.

washer-up (*pl* **washers-up**) n UK *inf* [gen] laveur *m*, -euse *f* de vaisselle ; [in restaurant] plongeur *m*, -euse *f*.

washerwoman ['wɒʃə,wʊmən] (*pl* **washerwomen** [-,wɪmɪn]) n blanchisseuse *f*.

wash-hand basin UK = **washbasin**.

washhouse ['wɒʃhaʊs] *(pl* [-haʊzɪz]*)* n lavoir *m*.

washing ['wɒʃɪŋ] n **1.** [act - of car, floors] lavage *m* ; [- of laundry] lessive *f* **2.** [laundry] linge *m*, lessive *f* / *a pile of dirty washing* une pile de linge sale ▸ **to do the washing** faire la lessive, laver le linge / *where can I hang the washing?* où puis-je étendre le linge ? / *do you have a lot of washing to do?* avez-vous beaucoup de lessive or une grande lessive à faire ?

washing day = washday.

washing line n corde *f* à linge.

washing machine n machine *f* à laver, lave-linge *m inv*.

washing powder n lessive *f* or détergent *m (en poudre)*.

washing soda n cristaux *mpl* de soude.

Washington ['wɒʃɪŋtən] pr n **1.** [state] ▸ **Washington (State)** l'État *m* de Washington / *in Washington* dans l'État de Washington **2.** [town] ▸ **Washington (DC)** Washington ▸ **The Washington Post** US PRESS *quotidien américain de qualité*.

washing-up n UK vaisselle *f (à laver)* ▸ **to do the washing-up** faire la vaisselle.

washing-up liquid n UK produit *m* à vaisselle.

wash-leather n UK peau *f* de chamois.

washline ['wɒʃlaɪn] n corde *f* à linge.

washload ['wɒʃləʊd] n **1.** [washing capacity] capacité *f* de lavage **2.** [items to be washed] lessive *f*.

washout ['wɒʃaʊt] n *inf* [party, plan] fiasco *m*, échec *m* ; [person] raté *m*, -e *f*.

washrag ['wɒʃræg] n US lavette *f*.

washroom ['wɒʃrʊm] n **1.** [for laundry] buanderie *f* **2.** US [lavatory] toilettes *fpl*.

washstand ['wɒʃstænd] n table *f* de toilette.

washtub ['wɒʃtʌb] n [for laundry] bassine *f*, cuvette *f*.

wash-wipe n AUTO lavage-balayage *m*.

wasn't [wɒznt] abbr of **was not**.

wasp [wɒsp] n guêpe *f* ▸ **a wasp's nest** un guêpier.

Wasp, WASP [wɒsp] (abbr of **White Anglo-Saxon Protestant**) n US *inf Blanc d'origine anglo-saxonne et protestante, appartenant aux classes aisées et influentes*.

waspish ['wɒspɪʃ] adj [person - by nature] qui a mauvais caractère ; [- in bad mood] qui est de mauvaise humeur ; [reply, remark] mordant, méchant.

wasp waist n ▸ **to have a wasp waist** avoir une taille de guêpe.

wasp-waisted adj à la taille de guêpe.

wassail ['wɒseɪl] *arch* ◆ n **1.** [drink - beer] bière *f* épicée ; [- wine] vin *m* chaud **2.** [festivity] beuverie *f* **3.** [toast] toast *m*. ◆ vi chanter (des chants de Noël) ▸ **to go wassailing** aller de maison en maison en chantant (des noëls).

wast *(weak form* [wəst]*, strong form* [wɒst]*) arch* abbr of **(you) were**.

wastage ['weɪstɪdʒ] n *(U)* **1.** [loss - of materials, money] gaspillage *m*, gâchis *m* ; [- of time] perte *f* ; [- through leakage] fuites *fpl*, pertes *fpl* **2.** [in numbers, workforce] réduction *f* / *many students are lost by wastage* beaucoup d'étudiants abandonnent en cours de route.

waste [weɪst] ◆ vt **1.** [misuse - materials, money] gaspiller ; [- time] perdre ; [- life] gâcher / *very little is wasted in this family* on ne gaspille pas dans cette famille / *don't waste your life hanging around pubs* ne gâche pas ta vie à traîner dans les pubs / *I wasted an hour at the post office* j'ai perdu une heure à la poste / *don't waste your time worrying about her* ne t'en fais pas pour elle, tu perds ton temps / *she wasted no time in telling us about it* elle s'est empressée de nous le raconter / *her wit was wasted on them* ils n'ont pas compris or su apprécier son esprit ▸ **you're wasting your breath!** tu uses ta salive pour rien ! / *don't waste your breath trying to convince them* ne te fatigue pas or ne perds pas ton temps à essayer de les convaincre ▸ **waste not, want not** *prov* l'économie protège du besoin **2.** [wear away - limb, muscle] atrophier ; [- body, person] décharner / *her body was completely wasted by cancer* son corps était complètement miné par le cancer **3.** US *v inf* [kill] liquider. ◆ n **1.** [misuse - of materials, money] gaspillage *m*, gâchis *m* ; [- of time] perte *f* / *what a waste!* quel gâchis or gaspillage ! / *it's a waste of breath arguing about it* ce n'est pas la peine d'en discuter / *that book was a complete waste of money* ce livre, c'était de l'argent jeté par les fenêtres / *it's a waste of time talking to her* tu perds ton temps à discuter avec elle / *what a waste of time!* que de temps perdu ! / *our trip was a waste of time and energy* notre voyage a été une perte de temps et d'énergie / *it's an enormous waste of talent* c'est énormément de talent gâché ▸ **to go to waste a)** [gen] se perdre, être gaspillé **b)** [land] tomber en friche / *don't let all this food go to waste!* ne laissez pas or n'allez pas laisser tout ça se perdre ! / *I'm not going to let the opportunity go to waste* je ne vais pas laisser passer l'occasion **2.** *(U)* [refuse - gen] déchets *mpl* ; [- household] ordures *fpl* (ménagères) ; [- water] eaux *fpl* usées ▸ **industrial waste** déchets industriels **3.** [land] terrain *m* vague **4.** PHR **to lay waste to sthg, to lay sthg waste** ravager or dévaster qqch. ◆ adj **1.** [paper] de rebut ; [energy] perdu ; [water] sale, usé ; [food] qui reste ▸ **waste material** déchets *mpl* **2.** [ground] en friche ; [region] désert, désolé / **'The Waste Land'** *Eliot* 'la Terre Gaste'.

❖ **wastes** pl n terres *fpl* désolées, désert *m* ▸ **the polar wastes** le désert polaire.

❖ **waste away** vi dépérir.

wastebasket [,weɪst'bɑːskɪt] n US corbeille *f* (à papier).

waste bin n UK [in kitchen] poubelle *f*, boîte *f* à ordures ; [for paper] corbeille *f* (à papier).

waste carrier n transporteur *m* de déchets.

wasted ['weɪstɪd] adj **1.** [material, money] gaspillé ; [energy, opportunity, time] perdu ; [attempt, effort] inutile, vain ; [food] inutilisé / *a wasted journey* un voyage raté **2.** [figure, person] décharné ; [limb - emaciated] décharné ; [- enfeebled] atrophié.

waste disposal unit n broyeur *m* d'ordures.

wasteful ['weɪstfʊl] adj [habits] de gaspillage ; [person] gaspilleur ; [procedure] inefficace, peu rentable / *a wasteful use of natural resources* un gaspillage des ressources naturelles.

wastefully ['weɪstfʊlɪ] adv en gaspillant / *we spend our time so wastefully* on gaspille un temps fou.

wastefulness ['weɪstfʊlnɪs] n [of person] gaspillage *m*, manque *m* d'économie ; [of procedure] inefficacité *f*.

waste ground n *(U)* : *the children were playing on waste ground* les enfants jouaient sur un terrain vague.

wasteheap ['weɪsthiːp] n tas *m* de déchets ; MIN halde *f* de déblais.

wasteland ['weɪst,lænd] n [land - disused] terrain *m* vague ; [- uncultivated] terres *fpl* en friche or abandonnées ; [of desert, snow] désert *m* ▸ **a cultural wasteland** *fig* un désert culturel.

waste management n gestion *f* des déchets.

waste matter n déchets *mpl*.

waste paper n *(U)* papier *m* or papiers *mpl* de rebut.

wastepaper basket [,weɪst'peɪpər-] n UK corbeille *f* (à papier).

waste pipe n (tuyau *m* de) vidange *f*.

waste product n INDUST déchet *m* de production or de fabrication ; PHYSIOL déchet *m (de l'organisme)*.

waster ['weɪstər] n **1.** [gen] gaspilleur *m*, -euse *f* ; [of money] dépensier *m*, -ère *f* **2.** [good-for-nothing] bon *m* à rien, bonne *f* à rien.

wasting ['weɪstɪŋ] adj [disease] qui ronge or mine.

wastrel ['weɪstrəl] = **waster**.

watch [wɒtʃ] ◆ vt **1.** [look at, observe - event, film] regarder ; [- animal, person] regarder, observer / *they watch a lot of television* ils regardent beaucoup la télévision / *the crowds were watching the lions being fed* la foule regardait les lions qu'on était en train de nourrir / *we sat outside watching the world go by* nous étions assis dehors à regarder les gens passer / *watch how I do it* regardez or observez comment je fais / *I bet he ignores us, just you watch!* je parie qu'il va nous ignorer, tu vas voir ! ▸ **a watched pot never boils** *prov* inutile de s'inquiéter, ça ne fera pas avancer les choses **2.** [spy on - person] surveiller, observer ; [- activities, suspect] surveiller / *you'd better watch him* vous feriez bien de le surveiller or de l'avoir à l'œil / *I think we're being watched* **a)** [gen] j'ai l'impression qu'on nous observe or surveille **b)** [by police, thieves] j'ai l'impression qu'on nous surveille **3.** [guard, tend - children, pet] surveiller, s'occuper de ; [- belongings, house] surveiller, garder ; MIL monter la garde devant, garder **4.** [pay attention to - health, weight] faire attention à ; [- development, situation] suivre de près / *watch where you're going!* regardez devant vous ! / *watch what you're doing!* faites bien attention (à ce que vous faites) ! / *watch you don't spill the coffee* fais attention à or prends garde de ne pas renverser le café / *can you watch the milk?* peux-tu surveiller le lait ? / *I'm watching the classifieds for any job opportunities* je regarde les petites annonces pour les offres d'emploi / *watch you don't break anything* faites attention à ne rien casser / *we'd better watch the time* il faut que nous surveillions l'heure / *stop watching the clock and do some work!* arrêtez de surveiller la pendule et travaillez un peu ! / **'watch this space'** *annonce d'une publicité ou d'informations à paraître* / *watch your head!* attention or gare à votre tête ! / *watch your language!* surveille ton langage ! ▸ **watch it! a)** [warning] (fais) attention ! **b)** [threat] attention !, gare à vous ! ▸ **watch your step** *lit & fig* faites attention or regardez où vous mettez les pieds / *you should watch your step* or *watch yourself with the boss* vous feriez bien de vous surveiller quand vous êtes avec le patron. ◆ vi **1.** [observe] regarder, observer / *I watched to see how she would react* j'ai attendu pour voir quelle serait sa réaction / *he watched closely as I removed the bandage* il a regardé or observé attentivement quand j'ai enlevé le bandage / *I just came to watch* je suis simplement venu regarder, je suis venu en simple spectateur **2.** [keep vigil] veiller / *his mother watched by his bedside* sa mère a veillé à son chevet. ◆ n **1.** [timepiece] montre *f* / *it's 6 o'clock by my watch* il est 6 h à ma montre **2.** [lookout] surveillance *f* / *be on the watch for pickpockets* UK faites attention or prenez garde aux voleurs à la tire / *tax inspectors are always on the watch for fraud* UK les inspecteurs des impôts sont toujours à l'affût des fraudeurs / *a sentry was on watch* or *kept watch* une sentinelle montait la garde / *to keep watch by sb's bed* veiller au chevet de qqn / *the police kept a close watch on the suspect* la police a surveillé le suspect de près / *we'll keep watch on your house during your absence* nous surveillerons votre maison pendant votre absence / *we're keeping a watch on inflation rates* nous surveillons de près les taux d'inflation **3.** [person on guard - gen & MIL] sentinelle *f* ; NAUT homme *m* de quart ; [group of guards - gen & MIL] garde *f* ; NAUT quart *m* **4.** [period of duty - gen & MIL] garde *f* ; NAUT quart *m* / *who's on watch?* **a)** [gen & MIL] qui monte la garde ? **b)** NAUT qui est de quart ? **5.** [period when in charge] : *there will be no layoffs on my watch* il n'y aura pas de licenciements tant que c'est moi qui dirigerai l'entreprise / *it happened on Bush's watch* c'est arrivé pendant la présidence de Bush / *tax hikes? Not on my watch!* des augmentations d'impôts ? pas tant que je suis là ! / *whose watch was it when that happened?* [who was in power] qui était au pouvoir lorsque ceci est arrivé ? **6.** *liter* [period of the night] : *in the slow watches of the night* pendant les longues nuits sans sommeil.

❖ **watch for** vt insep guetter, surveiller / *he watched for a chance to approach the President* il attendait une occasion d'approcher le président / *watch for any sudden changes in temperature* surveillez toute variation soudaine de la température.

❖ **watch out** vi faire attention, prendre garde ▸ **watch out!** [warning] (faites) attention ! ▸ **to watch out for sthg a)** [be on lookout for] guetter qqch **b)** [be careful of] faire attention or prendre garde à qqch / *watch out for the* *bus* guettez le bus / *watch out for the fine print* faites bien attention à toutes les clauses.

❖ **watch over** vt insep garder, surveiller / *the shepherds were watching over their flocks* les bergers gardaient or surveillaient leurs troupeaux / *she watched over the children while we were gone* elle a surveillé les enfants or elle s'est occupée des enfants pendant notre absence / *God will watch over you* Dieu vous protégera.

watchable ['wɒtʃəbl] adj **1.** [able to be watched] que l'on peut regarder **2.** [enjoyable to watch] qui se laisse regarder.

watchband ['wɒtʃ,bænd] n US bracelet *m* de montre.

watch-case n étui *m* de montre.

watch chain n chaîne *f* de montre.

watch crystal n verre *m* de montre.

watchdog ['wɒtʃdɒg] ◆ n [dog] chien *m*, chienne *f* de garde ; *fig* [person] gardien *m*, -enne *f* / *the committee acts as watchdog on environmental issues* le comité veille aux problèmes d'environnement. ◆ comp [body, committee] de surveillance.

watcher ['wɒtʃəʳ] n observateur *m*, -trice *f* ; [spectator] spectateur *m*, -trice *f* ; [idle onlooker] curieux *m*, -euse *f*.

watchful ['wɒtʃful] adj vigilant, attentif / *he was watchful for any unusual behaviour* il était attentif à tout comportement inhabituel / *under the watchful eye of her mother* sous l'œil vigilant de sa mère ▸ **to keep a watchful eye on sthg / sb** avoir qqch / qqn à l'œil / *she kept a watchful eye on the situation* elle a suivi la situation de près.

watchglass ['wɒtʃglɑːs] n verre *m* de montre.

watching brief ['wɒtʃɪŋ-] n : *to have a watching brief* avoir un mandat de contrôle.

watchlist ['wɒtʃlɪst] n liste *f* de surveillance.

watchmaker ['wɒtʃ,meɪkəʳ] n horloger *m*, -ère *f*.

watchmaking ['wɒtʃ,meɪkɪŋ] n horlogerie *f*.

watchman ['wɒtʃmən] (*pl* **watchmen** [-mən]) n gardien *m*.

watch night n nuit *f* de la Saint-Sylvestre ▸ **watch night service** messe *f* (de minuit) de la Saint-Sylvestre.

watch pocket n gousset *m*.

watchstrap ['wɒtʃstræp] n bracelet *m* de montre.

watchtower ['wɒtʃ,taʊəʳ] n tour *f* de guet.

watchword ['wɒtʃwɜːd] n [password] mot *m* de passe ; [slogan] mot *m* d'ordre.

water ['wɔːtəʳ] ◆ n **1.** [liquid - gen] eau *f* / *I took a drink of water* j'ai bu de l'eau or un verre d'eau / *hot and cold running water* eau courante chaude et froide / *turn on the water* **a)** [at main] ouvre l'eau **b)** [at tap] ouvre le robinet / *prisoners were put on bread and water* on avait mis les prisonniers au pain (sec) et à l'eau / *they held his head under water* ils lui ont tenu la tête sous l'eau / *the cellar is under 2 metres of water* il y a 2 mètres d'eau dans la cave / *the water* or *waters of the Seine* l'eau or les eaux de la Seine / *the ship was making water* le bateau prenait l'eau or faisait eau / *they're in rough financial waters* *fig* ils sont dans une situation financière difficile ▸ **water main** conduite *f* or canalisation *f* d'eau ▸ **that idea won't hold water** cette idée ne tient pas debout ▸ **to be in hot water** *inf* : *you're in hot water now* tu vas avoir de gros ennuis, tu es dans de beaux draps / *her statement got us into hot water* sa déclaration nous a mis dans le pétrin or dans de beaux draps ▸ **to keep one's head above water** or **to stay above water** *inf* : *I'm trying to keep my head above water* or *to stay above water* j'essaye de me maintenir à flot or de faire face ▸ **the wine flowed like water** le vin coulait à flots ▸ **to spend money like water** jeter l'argent par les fenêtres ▸ **of the first water** UK *fml* : *he's an artist of the first water* c'est un artiste de premier ordre ▸ **to pour** or **throw cold water on an idea / a suggestion** : *they poured* or *threw cold water on our suggestion* ils n'ont pas été enthousiasmés par notre suggestion ▸ **it's like water off a duck's back** ça glisse comme sur les plumes d'un canard ▸ **it's water under the bridge** c'est du passé ▸ **a lot of water has passed under the bridge since then** il a coulé beaucoup d'eau sous les ponts depuis **2.** [body of water] eau *f* / *the children played at the water's edge* les enfants ont joué au bord de l'eau / *she fell in the water* elle est tombée à l'eau / *they sent the goods by water* ils ont envoyé la marchandise par bateau **3.** [tide] marée *f* ▸ **at high / low water** à marée haute / basse **4.** *euph* [urine] urine *f* ▸ **to make** or **to pass water** uriner **5.** MED ▸ **water on the brain** hydrocéphalie *f* / *the baby has water on the brain* le bébé est hydrocéphale ▸ **to have water on the knee** avoir un épanchement de synovie **6.** TEXT [of cloth] moiré *m*. ◆ vt **1.** [land, plants] arroser / *the land here is watered by the Seine* ici, la terre est arrosée or irriguée par la Seine **2.** [animal] donner à boire à, faire boire **3.** [dilute - alcohol] couper (d'eau) **4.** TEXT [cloth] moirer. ◆ vi **1.** [eyes] larmoyer **2.** [mouth] : *the smell made my mouth water* l'odeur m'a fait venir l'eau à la bouche.

❖ **waters** pl n **1.** [territorial] eaux *fpl* / *in Japanese waters* dans les eaux (territoriales) japonaises **2.** [spa water] ▸ **to take the waters** prendre les eaux, faire une cure thermale **3.** [of pregnant woman] poche *f* des eaux / *her waters broke* elle a perdu les eaux, la poche des eaux s'est rompue.

❖ **water down** vt sep [alcohol] couper (d'eau) ; *fig* [speech] édulcorer ; [complaint, criticism] atténuer.

water bag n outre *f* à eau.

water bailiff n UK garde-pêche *m* (*personne*).

water-based adj à l'eau.

water bed n matelas *m* à eau.

water beetle n gyrin *m*, tourniquet *m*.

water bird n oiseau *m* aquatique.

water birth n accouchement *m* sous l'eau.

water biscuit n UK biscuit *m* salé craquant.

water blister n ampoule *f*, phlyctène *f* *spec*.

water boatman n ENTOM notonecte *f*.

water bomb n bombe *f* à eau.

waterborne ['wɔːtəbɔːn] adj [vehicle] flottant ; [commerce, trade] effectué par voie d'eau ; [disease] d'origine hydrique.

water bottle n [gen] bouteille *f* d'eau ; [soldier's, worker's] bidon *m* à eau ; [in leather] outre *f*.

water buffalo n [India] buffle *m* d'Inde ; [Malaysia] karbau *m*, kérabau *m* ; [Asia] buffle *m* d'Asie.

water bug n nèpe *f*.

water bus n navette *f* (*sur eau*).

water butt n citerne *f* (à eau de pluie).

water cannon n canon *m* à eau.

water carrier n **1.** [container] bidon *m* à eau **2.** [person] porteur *m*, -euse *f* d'eau.

❖ **Water Carrier** pr n ASTROL & ASTRON ▸ **the Water Carrier** le Verseau.

water cart n [to sprinkle water] arroseuse *f* ; [to sell water] voiture *f* de marchand d'eau.

water chestnut n châtaigne *f* d'eau.

water chute n [in swimming pool] cascade *f*.

water clock n horloge *f* à eau, clepsydre *f*.

water closet n W-C *mpl*, toilettes *fpl*, cabinets *mpl*.

watercolour UK, **watercolor** US ['wɔːtə,kʌləʳ] ◆ n [paint] couleur *f* pour aquarelle ; [painting] aquarelle *f* / *painted in watercolour* peint à l'aquarelle. ◆ adj [paint] pour aquarelle, à l'eau ; [landscape, portrait] à l'aquarelle.

watercolourist UK, **watercolorist** US ['wɔːtə,kʌlərɪst] n aquarelliste *mf*.

water-cooled [-,kuːld] adj à refroidissement par eau.

water cooler n distributeur *m* d'eau fraîche.

watercourse ['wɔːtəkɔːs] n [river, stream] cours *m* d'eau ; [bed] lit *m* (*d'un cours d'eau*).

watercress ['wɔːtəkres] n cresson *m*.

water-diviner n sourcier *m*, -ère *f*, radiesthésiste *mf*.

water-driven adj hydromoteur.

watered-down [,wɔːtəd-] adj [alcohol] coupé (d'eau) ; [speech] édulcoré ; [complaint, criticism] atténué.

watered silk n soie *f* moirée.

waterfall ['wɔːtəfɔːl] n cascade *f*, chute *f* d'eau.

water feature n [pond] bassin *m* ; [fountain] fontaine *f*.

waterfinder ['wɔːtə,faɪndəʳ] US = **water-diviner**.

water flea n daphnie *f*, puce *f* d'eau.

Waterford crystal ['wɔːtəfəd-] n *cristal fabriqué à Waterford en Irlande*.

water fountain n [for decoration] jet *m* d'eau ; [for drinking] distributeur *m* d'eau fraîche.

waterfowl ['wɔːtəfaʊl] (*pl* **waterfowl** *or* **waterfowls**) n [bird] oiseau *m* aquatique ; [collectively] gibier *m* d'eau.

waterfront ['wɔːtəfrʌnt] n [at harbour] quais *mpl* ; [seafront] front *m* de mer / *on the waterfront* **a)** [at harbour] sur les quais **b)** [on seafront] face à la mer / **'On the Waterfront'** *Kazan* 'Sur les quais'.

water gas n gaz *m* à l'eau.

Watergate ['wɔːtə,geɪt] pr n Watergate *m*.

Watergate

Scandale politique qui entraîna, en août 1974, la démission du président américain républicain Richard Nixon, impliqué dans un vol de documents au siège du parti démocrate (situé dans l'immeuble du Watergate, à Washington) et dans une affaire d'écoutes clandestines. Alors que plusieurs de ses collaborateurs furent jugés et condamnés, R. Nixon démissionna avant sa mise en accusation, ce qui contribua à ébranler la confiance des Américains dans leur gouvernement. Le suffixe **-gate**, passé dans le langage courant, désigne désormais tout scandale ou toute affaire comparable au Watergate. On l'utilise accolé au nom de la personne ou du lieu associé au scandale : **Irangate, Dianagate, Monicagate**, etc.

water gauge n jauge *f* d'eau.

water glass n **1.** [for drinking] verre *m* à eau **2.** [water gauge] jauge *f* d'eau **3.** CHEM silicate *m* de potasse.

water gun = **water pistol**.

water heater n chauffe-eau *m inv*.

water hen n poule *f* d'eau.

waterhole ['wɔːtəhəʊl] n point *m* d'eau ; [in desert] oasis *f*.

water ice n UK sorbet *m*.

watering ['wɔːtərɪŋ] n [of garden, plants] arrosage *m* ; [of crops, fields] irrigation *f* / *azaleas need daily watering* il faut arroser les azalées chaque jour.

watering can n arrosoir *m*.

watering hole n [for animals] point *m* d'eau ; *inf & hum* [pub] ≃ bistrot *m* ; ≃ bar *m*.

watering place n **1.** [waterhole] point *m* d'eau **2.** UK [spa] station *f* thermale **3.** UK [seaside resort] station *f* balnéaire.

watering pot n arrosoir *m*.

water jacket n chemise *f* d'eau.

water jump n brook *m*.

water level n [of river, sea] niveau *m* de l'eau ; [in tank] niveau *m* d'eau.

water lily n nénuphar *m*.

waterline ['wɔːtəlaɪn] n **1.** [left by river] ligne *f* des hautes eaux ; [left by tide] laisse *f* de haute mer **2.** NAUT [on ship] ligne *f* de flottaison.

waterlogged ['wɔ:təlɒgd] adj [land, soil] détrempé ; [boat] plein d'eau ; [clothing, shoes] imbibé d'eau.

Waterloo [,wɔ:tə'lu:] ◆ pr n Waterloo ▶ **the Battle of Waterloo** la bataille de Waterloo. ◆ n ▶ **to meet one's Waterloo** essuyer un revers.

waterman ['wɔ:təmən] (*pl* **watermen** [-mən]) n batelier *m*.

watermark ['wɔ:təmɑ:k] ◆ n **1.** = **waterline 2.** [on paper] filigrane *m*. ◆ vt filigraner.

water meadow n prairie *f (souvent inondée)*.

watermelon ['wɔ:tə,melən] n pastèque *f*, melon *m* d'eau.

water meter n compteur *m* d'eau.

watermill ['wɔ:təmɪl] n moulin *m* à eau.

water nymph n naïade *f*.

water ox = **water buffalo**.

waterpark ['wɔ:təpɑ:k] n parc *m* aquatique.

water pipe n **1.** CONSTR conduite *f* or canalisation *f* d'eau **2.** [hookah] narguilé *m*.

water pistol n pistolet *m* à eau.

water polo n water-polo *m*.

water power n énergie *f* hydraulique, houille *f* blanche.

waterproof ['wɔ:təpru:f] ◆ adj [clothing, material] imperméable ; [container, wall, watch] étanche. ◆ n imperméable *m*. ◆ vt [clothing, material] imperméabiliser ; [barrel, wall] rendre étanche.

waterproofing ['wɔ:təpru:fɪŋ] n [process - for clothing, material] imperméabilisation *f* ; [- for barrel, wall] action *f* de rendre étanche ; [coating] imperméabilisation *f*.

water rat n rat *m* d'eau.

water rate n UK taxe *f* sur l'eau.

water-repellent adj imperméable, hydrofuge.

water-resistant adj [material] semi-imperméable ; [lotion] qui résiste à l'eau ; [ink] indélébile, qui résiste à l'eau.

watershed ['wɔ:təʃed] n **1.** [area of ground] ligne *f* de partage des eaux **2.** *fig* [event] grand tournant *m* / *the concert was a watershed in her career as a singer* ce concert fut un moment décisif or un grand tournant dans sa carrière de chanteuse **3.** UK TV *heure à partir de laquelle les chaînes peuvent diffuser des émissions pour adultes.*

waterside ['wɔ:təsaɪd] ◆ n bord *m* de l'eau. ◆ adj [house, path] au bord de l'eau ; [resident] riverain ; [flower] du bord de l'eau.

water ski n ski *m* nautique.
❖ **water-ski** vi faire du ski nautique.

water skier n skieur *m*, -euse *f* nautique.

water skiing n ski *m* nautique.

water snake n serpent *m* d'eau.

water softener n adoucisseur *m* d'eau.

water-soluble adj soluble dans l'eau.

water spaniel n épagneul *m (qui chasse du gibier d'eau).*

water spider n araignée *f* d'eau.

water sport n sport *m* nautique.

waterspout ['wɔ:təspaʊt] n **1.** [pipe] (tuyau *m* de) descente *f* **2.** METEOR trombe *f*.

water supply n [for campers, troops] provision *f* d'eau ; [to house] alimentation *f* en eau ; [to area, town] distribution *f* des eaux, approvisionnement *m* en eau / *the water supply has been cut off* l'eau a été coupée.

water table n surface *f* de la nappe phréatique.

water tank n réservoir *m* d'eau, citerne *f*.

watertight ['wɔ:tətaɪt] adj [box, door] étanche ; *fig* [argument, reasoning] inattaquable, indiscutable.

water torture n supplice *m* de l'eau.

water tower n château *m* d'eau.

water vapour n vapeur *f* d'eau.

water vole n rat *m* d'eau.

waterway ['wɔ:təweɪ] n cours *m* d'eau, voie *f* navigable.

waterweed ['wɔ:təwi:d] n élodée *f*.

waterwheel ['wɔ:təwi:l] n roue *f* hydraulique.

waterwings ['wɔ:təwɪŋz] pl n bouée *f* à bras, flotteur *m*.

waterworks ['wɔ:təwɜ:ks] (*pl* **waterworks**) ◆ n [establishment] station *f* hydraulique ; [system] système *m* hydraulique. ◆ pl n **1.** [fountain] jet *m* d'eau **2.** UK *inf & euph* [urinary system] voies *fpl* urinaires / *he has problems with his waterworks* il a des problèmes de vessie **3.** *inf & hum* [tears] : *she turned on the waterworks* elle s'est mise à pleurer comme une Madeleine.

watery ['wɔ:tərɪ] adj **1.** [surroundings, world] aquatique ; [ground, soil] détrempé, saturé d'eau / *the sailors found a watery grave* les marins ont été ensevelis par les eaux **2.** [eyes] larmoyant, humide **3.** [coffee, tea] trop léger ; [soup] trop liquide, fade ; [milk] qui a trop d'eau ; [taste] fade, insipide **4.** [light, sun, smile] faible ; [colour] délavé, pâle.

Watling Street ['wɒtlɪŋ-] pr n *route romaine allant du sud-est à l'ouest de l'Angleterre.*

watt [wɒt] n watt *m*.

wattage ['wɒtɪdʒ] n puissance *f* or consommation *f* (en watts).

watt-hour n wattheure *m*.

wattle ['wɒtl] n **1.** [of bird, lizard] caroncule *f* **2.** [sticks] clayonnage *m* ▶ **wattle and daub** clayonnage enduit de torchis ▶ **wattle walls** murs *mpl* en clayonnage.

wattmeter ['wɒt,mi:tər] n wattmètre *m*.

wave [weɪv] ◆ n **1.** [in sea] vague *f*, lame *f* ; [on lake] vague *f* ▶ **the waves** les flots *mpl* / *don't make waves fig* ne faites pas de vagues, ne créez pas de remous **2.** [of earthquake, explosion] onde *f* ; *fig* [of crime, panic] vague *f* ; [of anger] bouffée *f* ; [of disgust] vague *f* / *the refugees arrived in waves* les réfugiés sont arrivés par vagues / *there were several waves of attack* MIL il y eut plusieurs vagues d'assaut **3.** [in hair] cran *m*, ondulation *f* / *her hair has a natural wave to it* ses cheveux ondulent naturellement **4.** [gesture] geste *m* or signe *m* de la main / *our neighbour gave us a friendly wave* notre voisin nous a fait un signe amical / *with a wave of the hand* d'un geste or signe de la main **5.** RADIO onde *f*. ◆ vi **1.** [gesture] faire un signe or un geste de la main / *his sister waved at* or *to him* **a)** [greeted] sa sœur l'a salué d'un signe de la main **b)** [signalled] sa sœur lui a fait signe de la main / *she waved at* or *to them to come in* elle leur a fait signe d'entrer / *he waved vaguely towards the door* il a montré vaguement la porte d'un geste de la main **2.** [move - flag] flotter ; [- wheat] onduler, ondoyer ; [- branch] être agité. ◆ vt **1.** [brandish - flag] agiter, brandir ; [- pistol, sword] brandir **2.** [gesture] : *his mother waved him away* sa mère l'a écarté d'un geste de la main / *the guard waved us back* / *on* le garde nous a fait signe de reculer / d'avancer / *the policeman waved us through the crossroads* le policier nous a fait signe de traverser le carrefour / *we waved goodbye* nous avons fait au revoir de la main / *you can wave goodbye to your promotion! inf & fig* tu peux dire adieu à ta promotion ! **3.** [hair] onduler.
❖ **wave about** ◆ vi = **wave** *(vi)*. ◆ vt sep UK [flag, sign] agiter, brandir ; [pistol, sword] brandir / *he was waving his hands about* il gesticulait.
❖ **wave aside** vt sep [person] écarter or éloigner d'un geste ; [protest] écarter ; [help, suggestion] refuser, rejeter.
❖ **wave down** vt sep ▶ **to wave sb / a car down** faire signe à qqn / à une voiture de s'arrêter.

wave band n bande *f* de fréquences.

wave farm n ferme *f* hydrolienne.

wavefile ['weɪvfaɪl] n COMPUT fichier *m* son.

waveform ['weɪvfɔ:m] n courbe *f* d'onde.

wave function n fonction *f* d'onde.

waveguide ['weɪvgaɪd] n guide *m* d'ondes.

wavelength ['weɪvleŋθ] n PHYS & RADIO longueur *f* d'onde / *we're just not on the same wavelength fig* nous ne sommes pas sur la même longueur d'onde.

wavelet ['weɪvlɪt] n vaguelette *f*.

wave mechanics n *(U)* mécanique *f* ondulatoire.

wave pool n bassin *m* or piscine *f* à vagues.

wave power n énergie *f* des vagues.

waver ['weɪvər] vi **1.** [person] vaciller, hésiter ; [confidence, courage] vaciller, faiblir / *they didn't waver in their loyalty to the cause* leur attachement à la cause n'a pas faibli **2.** [flame, light] vaciller, osciller ; [temperature] osciller **3.** [voice] trembloter, trembler.

waverer ['weɪvərər] n irrésolu *m*, -e *f*, indécis *m*, -e *f*.

wavering ['weɪvərɪŋ] ◆ adj **1.** [person] irrésolu, indécis ; [confidence, courage] vacillant, défaillant **2.** [flame, light] vacillant, oscillant ; [steps] vacillant, chancelant ; [temperature] oscillant **3.** [voice] tremblotant, tremblant. ◆ n **1.** [of person] irrésolution *f*, indécision *f* ; [of confidence, courage] défaillance *f* **2.** [of flame, light] vacillement *m*, oscillation *f* ; [of temperature] oscillation *f*.

wavy ['weɪvɪ] (*compar* **wavier**, *superl* **waviest**) adj **1.** [line] qui ondule, ondulant **2.** [hair] ondulé, qui a des crans.

wavy-haired adj aux cheveux ondulés.

wax [wæks] ◆ n **1.** [for candles, car, floor, furniture] cire *f* ; [in ear] cérumen *m* ; [for skis] fart *m* ▶ **the whole ball of wax** US tout le tintouin **2.** UK *dated* ▶ **to be in a wax** *inf* être en rogne or en colère. ◆ comp [candle, figure] de or en cire ▶ **wax crayons** crayons *mpl* gras. ◆ vt **1.** [floor, table] cirer, encaustiquer ; [skis] farter ; [car] enduire de cire **2.** [legs] épiler (à la cire). ◆ vi **1.** [moon] croître ; [influence, power] croître, augmenter ▶ **to wax and wane a)** [moon] croître et décroître **b)** [influence, power] croître et décliner **2.** *arch & hum* [become] devenir / *he waxed poetic / sentimental* il se fit poète / sentimental / *she waxed eloquent* or *lyrical on the subject of country life* elle s'est montrée éloquente sur le thème de la vie à la campagne.

waxed paper [wækst-] n papier *m* paraffiné or sulfurisé.

waxen ['wæksən] adj [candle, figure] de or en cire ; [complexion, face] cireux.

wax jacket n ciré *m*.

wax museum n musée *m* de cire.

wax paper = **waxed paper**.

waxwing ['wækswɪŋ] n ORNITH jaseur *m*.

waxwork ['wækswɜ:k] n [object] objet *m* de or en cire ; [statue of person] statue *f* de cire.

waxworks ['wækswɜ:ks] (*pl* **waxworks**) n musée *m* de cire.

waxy ['wæksɪ] (*compar* **waxier**, *superl* **waxiest**) adj [complexion, texture] cireux ; [colour] cireux, jaunâtre ; [potato] ferme, pas farineux.

way [weɪ]
◆ n

A. PATH, DISTANCE, DIRECTION
B. METHOD, HABIT OR MANNER

A. PATH, DISTANCE, DIRECTION **1.** [thoroughfare, path] chemin *m*, voie *f* ; [for cars] rue *f*, route *f* / *we took the way through the woods* nous avons pris le chemin qui traverse le bois / *they're building a way across the desert* ils ouvrent une route à travers le désert / *they live across* or *over the way from the school* ils habitent en face de l'école ▶ **pedestrian way** voie or rue piétonne ▶ **private / public way** voie privée / publique ▶ **the Way of the Cross** RELIG le chemin de Croix **2.** [route leading to a specified place] chemin *m* / *this is the way to the library* la bibliothèque est par là / *could you tell me the way to the library?* pouvez-vous me dire comment aller à la bibliothèque ? / *what's the shortest* or *quickest way to town?* quel est le chemin le plus court pour aller en ville ? / *we took the long way (round)* nous avons pris le chemin le plus long / *which way does this bus go?* par où passe ce bus ? / *I had to ask the* or *my way* il a fallu que je demande mon chemin / *she knows the way to school* elle connaît le chemin de l'école / *they went the wrong way* ils se sont trompés de chemin, ils ont pris le mauvais chemin ▸ **to lose one's way a)** *lit* s'égarer, perdre son chemin **b)** *fig* s'égarer, se fourvoyer ▸ **to know one's way around a)** *lit* savoir s'orienter **b)** *fig* savoir se débrouiller **3.** [route leading in a specified direction] chemin *m*, route *f* ▸ **the way back** le chemin or la route du retour / *I got lost on the way back home* je me suis perdu sur le chemin du retour / *he couldn't find the way back home* il n'a pas trouvé le chemin pour rentrer (à la maison) / *on our way back we stopped for dinner* au retour or sur le chemin du retour nous nous sommes arrêtés pour dîner / *she showed us the easiest way down* / *up* elle nous a montré le chemin le plus facile pour descendre / monter / *the way up is difficult but the way down will be easier* la montée est difficile mais la descente sera plus facile / *do you know the way down* / *up?* savez-vous par où on descend / on monte ? ▸ **the way in** l'entrée *f* ▸ **the way out** la sortie / *we looked for a way in* / *out* nous cherchions un moyen d'entrer / de sortir / *I took the back way out* je suis sorti par-derrière / **'way in'** 'entrée' / **'way out'** 'sortie' ; *fig* : *miniskirts are on the way back in* la minijupe est de retour / *miniskirts are on the way out* la minijupe n'est plus tellement à la mode / *the director is on the way out* le directeur ne sera plus là très longtemps / *they found a way out of the deadlock* ils ont trouvé une solution pour sortir de l'impasse / *is there no way out of this nightmare?* n'y a-t-il pas moyen de mettre fin à ce cauchemar ? / *their decision left her no way out* leur décision l'a mise dans une impasse / *he left himself a way out* il s'est ménagé une porte de sortie **4.** [direction] direction *f*, sens *m* / *come this way* venez par ici / *he went that way* il est allé par là / **'this way to the chapel'** 'vers la chapelle' ▸ **this way and that** de-ci de-là, par-ci par-là / *look this way* regarde par ici / *I never looked their way* je n'ai jamais regardé dans leur direction ▸ **to look the other way a)** *lit* détourner les yeux **b)** *fig* fermer les yeux / *he didn't know which way to look* [embarrassed] il ne savait plus où se mettre / *which way is the wind blowing?* *lit* d'où vient le vent ? / *I could tell which way the wind was blowing* *fig* je voyais très bien ce qui allait se passer / *which way do I go from here?* **a)** *lit* où est-ce que je vais maintenant ? **b)** *fig* qu'est-ce que je fais maintenant ? / *get in, I'm going your way* montez, je vais dans la même direction que vous / *we each went our separate ways* **a)** [on road] nous sommes partis chacun de notre côté **b)** [in life] chacun de nous a suivi son propre chemin / *he went the wrong way* **a)** il a pris la mauvaise direction **b)** [down one-way street] il a pris la rue en sens interdit ▸ **to come one's way** se présenter / *any job that comes my way* n'importe quel travail qui se présente / *if ever the opportunity comes your way* si jamais l'occasion se présente / *everything's going my way* *inf* tout marche comme je veux en ce moment / *the vote went our way* le vote nous a été favorable / *the vote couldn't have gone any other way* les résultats du vote étaient donnés d'avance ▸ **to go one's own way** n'en faire qu'à sa tête, vivre à sa guise ▸ **to go the way of all flesh** or **of all things** mourir **5.** [side] sens *m* / *stand the box the other way up* posez le carton dans l'autre sens / **'this way up'** 'haut' / *hold the picture the right way up* tenez le tableau dans le bon sens / *is it the right way round?* est-ce qu'il est à l'endroit ? / *it's the wrong way up* c'est dans le mauvais sens / *it's the wrong way round* c'est dans le mauvais sens / *the curtains are the wrong way round* les rideaux sont à l'envers or dans le mauvais sens / *your sweater is the right* / *wrong way out* votre pull est à l'endroit / à l'envers / *try it the other way round* essayez dans l'autre sens / *cats hate having their fur brushed the wrong way* les chats détestent qu'on les caresse à rebrousse-poil / *SHE insulted him? you've got it the wrong way round* elle, elle l'a insulté ? mais c'est le contraire / *he invited her tonight, last time it was the other way round* ce soir c'est lui qui l'a invitée, la dernière fois c'était l'inverse **6.** [area, vicinity] parages *mpl* / *call in when you're up our way* passez nous voir quand vous êtes dans le coin or dans les parages / *I was out* or *over your way yesterday* j'étais près de or du côté de chez vous hier / *the blast came from Chicago way* l'explosion venait du côté de Chicago **7.** [distance - in space] : *we came part of the way by foot* nous avons fait une partie de la route à pied / *they were one-third of the way through their trip* ils avaient fait un tiers de leur voyage / *we've come most of the way* nous avons fait la plus grande partie du chemin / *he can swim quite a way* il peut nager assez longtemps ▸ **a long way off** or **away** loin ▸ **a little** or **short way off** pas très loin, à courte distance / *Susan sat a little way off* Susan était assise un peu plus loin / *I saw him from a long way off* je l'ai aperçu de loin / *it's a long way to Berlin* Berlin est loin / *it's a long way from Paris to Berlin* la route est longue de Paris à Berlin / *we're a long way from home* nous sommes loin de chez nous / *we've come a long way* **a)** [from far away] nous venons de loin **b)** [made progress] nous avons fait du chemin / *we've a long way to go* **a)** [far to travel] il nous reste beaucoup de route à faire **b)** [a lot to do] nous avons encore beaucoup à faire **c)** [a lot to collect, pay] nous sommes encore loin du compte / *he has a long way to go to be ready for the exam* il est loin d'être prêt pour l'examen ; [in time] : *it's a long way to Christmas* Noël est encore loin / *you have to go back a long way* il faut remonter loin ; *fig* : *I'm a long way from trusting him* je suis loin de lui faire confiance / *you're a long way off* or *out* [in guessing] vous n'y êtes pas du tout / *that's a long way from what we thought* ce n'est pas du tout ce qu'on croyait / *she'll go a long way* elle ira loin / *the scholarship will go a long way towards helping with expenses* la bourse va beaucoup aider à faire face aux dépenses / *a little goodwill goes a long way* un peu de bonne volonté facilite bien les choses / *she makes her money go a long way* elle sait ménager son argent ▸ **a little bit goes a long way** il en faut très peu / *a little of him goes a long way* *hum* il est sympa, mais à petites doses *hum* **8.** [space in front of person, object] : *a tree was in the way* un arbre bloquait or barrait le passage / *a car was in his way* une voiture lui barrait le passage or l'empêchait de passer / *I can't see, the cat is in the way* je ne vois pas, le chat me gêne / *is the lamp in your way?* la lampe vous gêne-t-elle ? / *put the suitcases under the bed out of the way* rangez les valises sous le lit, pour qu'elles ne gênent pas ▸ **to get out of the way** s'écarter (du chemin) / *we got out of his way* nous l'avons laissé passer / *out of my way!* pousse-toi !, laisse-moi passer ! / *the cars got out of the ambulance's way* les voitures ont laissé passer l'ambulance / *keep out of the way!* ne reste pas là ! ▸ **make way!** écartez-vous ! / *make way for the parade!* laissez passer le défilé ! / *make way for the President!* faites place au président ! ; *fig* : *her social life got in the way of her studies* ses sorties l'empêchaient d'étudier / *I don't want to get in the way of your happiness* je ne veux pas entraver votre bonheur / *I kept out of the boss's way* j'ai évité le patron / *he wants his boss out of the way* *inf* il veut se débarrasser de son patron / *once the meeting is out of the way* *inf* dès que nous serons débarrassés de la réunion / *they tore down the slums to make way for blocks of flats* ils ont démoli les taudis pour pouvoir construire des immeubles ▸ **to clear** or **prepare the way for sthg** préparer la voie à qqch ▸ **to put difficulties in sb's way** créer des difficultés à qqn **9.** [indicating a progressive action] : *the acid ate its way through the metal* l'acide est passé à travers le métal / *I fought* or *pushed my way through the crowd* je me suis frayé un chemin à travers la foule / *we made our way towards the train* nous nous sommes dirigés vers le train / *I made my way back to my seat* je suis retourné à ma place / *they made their way across the desert* ils ont traversé le désert / *they made their way down* / *up the hill* ils ont descendu / monté la colline / *she made her way up through the hierarchy* elle a gravi les échelons de la hiérarchie un par un / *she had to make her own way in the world* elle a dû faire son chemin toute seule / *she talked her way out of it* elle s'en est sortie avec de belles paroles / *he worked* or *made his way through the pile of newspapers* il a lu les journaux un par un / *I worked my way through college* j'ai travaillé pour payer mes études.

B. METHOD, HABIT OR MANNER 1. [means, method] moyen *m*, méthode *f* / *in what way can I help you?* comment or en quoi puis-je vous être utile ? / *there are several ways to go* or *of going about it* il y a plusieurs façons or moyens de s'y prendre / *I do it this way* voilà comment je fais / *they thought they would win that way* ils pensaient pouvoir gagner comme ça / *he's going to handle it his way* il va faire ça à sa façon / *she has her own way of cooking fish* elle a sa façon à elle de cuisiner le poisson / *the right* / *wrong way to do it* la bonne / mauvaise façon de le faire / *you're doing it the right* / *wrong way* c'est comme ça / ce n'est pas comme ça qu'il faut (le) faire / *do it the usual way* faites comme d'habitude / *there's no way* or *I can't see any way we'll finish on time* nous ne finirons jamais or nous n'avons aucune chance de finir à temps ▸ **ways and means** POL financement *m* ▸ **love will find a way** *hum* l'amour finit toujours par triompher ▸ **that's the way to do it!** c'est comme ça qu'il faut faire !, voilà comment il faut faire ! ▸ **way to go!** US *inf* bravo ! c'est bien ! ▸ **what a way to go! a)** [manner of dying] quelle belle mort ! **b)** [congratulations] bravo ! **2.** [particular manner, fashion] façon *f*, manière *f* / *in a friendly way* gentiment / *he spoke in a general way about the economy* il a parlé de l'économie d'une façon générale / *she doesn't like the way he is dressed* elle n'aime pas la façon dont il est habillé / *he doesn't speak the way his family does* il ne parle pas comme sa famille / *they see things in the same way* ils voient les choses de la même façon / *in their own (small) way they fight racism* à leur façon or dans la limite de leurs moyens, ils luttent contre le racisme / *in the same way, we note that...* de même, on notera que... / *that's one way to look at it* or *way of looking at it* c'est une façon or manière de voir les choses / *my way of looking at it* mon point de vue sur la question / *try to see it my way* mettez-vous à ma place / *to her way of thinking* à son avis / *the way she feels about him* les sentiments qu'elle éprouve à son égard / *I didn't think you would take it this way* je ne pensais pas que vous le prendriez comme ça / *if that's the way you feel about it!* si c'est comme ça que vous le prenez ! ▸ **way of life** : *the American way of life* la manière de vivre des Américains, le mode de vie américain / *being on the move is a way of life for the gypsy* le voyage est un mode de vie pour les gitans / *yearly strikes have become a way of life* les grèves annuelles sont devenues une habitude **3.** [custom] coutume *f*, usage *m* ; [habitual manner of acting] manière *f*, habitude *f* / *we soon got used to her ways* nous nous sommes vite habitués à ses manières / *the ways of God and men* les voies de Dieu et de l'homme / *he knows nothing of their ways* il les connaît très mal or ne les comprend pas du tout / *she has a way of tossing her head when she laughs* elle a une façon or manière de rejeter la tête en arrière quand elle rit / *they're happy in their own way* ils sont heureux à leur manière / *it's not my way to criticize* ce n'est pas mon genre or ce n'est pas dans mes habitudes de critiquer / *he's not in a bad mood, it's just his way* il n'est pas de mauvaise humeur, c'est sa façon d'être habituelle ▸ **to get into** / **out of the way of doing sthg** : *she got into* / *out of the way of rising early* elle a pris / perdu l'habitude de se lever tôt **4.** [facility, knack] : *she has a (certain) way with her* elle a le chic / *he has a way with children* il sait (comment) s'y prendre or il a le chic avec les enfants / *she has a way with words* elle a le chic pour s'exprimer / *trouble has a way of showing up when least expected* les ennuis ont le chic pour se manifester quand on ne s'y attend pas **5.** [indicating a condition, state of affairs] : *let me tell you the way it was* laisse-moi te raconter comment ça s'est passé / *we can't invite him given the way things are* on ne peut pas l'inviter étant donné la situation / *we left the flat the way it was* nous avons laissé l'appartement tel qu'il était or comme il était / *is he going to be staying here? — it looks that way* est-ce qu'il va loger ici ? — on dirait (bien) / *it's not the way it looks!* ce n'est pas ce que vous pensez ! / *it's not the way it used to be* ce n'est pas comme avant / *that's the way things are* c'est comme ça / *that's the way of the world* ainsi va le monde / *business is good and we're trying to keep it that way* les affaires vont bien et nous faisons en sorte que ça dure / *the train is late — that's always the way* le train est en retard — c'est toujours comme ça or pareil / *life goes on (in) the same old way* la vie va son train or suit son cours / *I don't like the way things are going* je n'aime pas la tournure que prennent les choses / *we'll never finish the way things are going* au train où vont les choses, on n'aura jamais fini ▸ **to be in a bad way** être en mauvais état / *he's in a bad way* il est dans un triste état / *their business is in a bad / good way* leurs affaires marchent mal / bien / *she's in a fair way to succeed / to becoming president* elle est bien partie pour réussir / pour devenir présidente **6.** [respect, detail] égard *m*, rapport *m* / *in what way?* à quel égard ?, sous quel rapport ? / *in this way* à cet égard, sous ce rapport / *it's important in many ways* c'est important à bien des égards / *in some ways* à certains égards, par certains côtés / *the job suits her in every way* le poste lui convient à tous égards or à tous points de vue / *I'll help you in every possible way* je ferai tout ce que je peux pour vous aider / *she studied the problem in every way possible* elle a examiné le problème sous tous les angles possibles / *useful in more ways than one* utile à plus d'un égard / *these two books, each interesting in its (own) way* ces deux livres, qui sont intéressants chacun dans son genre / *he's clever that way* sur ce plan-là il est malin ▸ **in a way** : *in a way you're right* en un sens vous avez raison / *I see what you mean in a way* d'une certaine manière or façon, je vois ce que tu veux dire ▸ **in no way** : *I am in no way responsible* je ne suis absolument pas or aucunement responsable / *this in no way changes your situation* cela ne change en rien votre situation / *without wanting in any way to criticize* sans vouloir le moins du monde critiquer **7.** [scale] ▸ **to do things in a big way** faire les choses en grand / *she went into politics in a big way* elle s'est lancée à fond dans la politique / *they're in the arms business in a big way* ils font de grosses affaires dans l'armement / *they helped out in a big way* ils ont beaucoup aidé / *a grocer in a big / small way* un gros / petit épicier / *we live in a small way* nous vivons modestement / *it does change the situation in a small way* ça change quand même un peu la situation **8.** *(usu pl)* [part, share] : *we divided the money four ways* nous avons partagé l'argent en quatre / *the committee was split three ways* le comité était divisé en trois groupes **9.** NAUT : *we're gathering / losing way* nous prenons / perdons de la vitesse / *the ship has way on* le navire a de l'erre. **10.** PHR ▸ **to get** or **to have one's way** : *she always gets* or *has her way* elle arrive toujours à ses fins / *he only wants it his way* il n'en fait qu'à sa tête / *I'm not going to let you have it all your way* je refuse de te céder en tout / *if I had my way, he'd be in prison* si cela ne tenait qu'à moi, il serait en prison ▸ **have it your way** : *I refuse to go — have it your way* je refuse d'y aller — fais ce que or comme tu veux / *no, it was 1789 — have it your way* non, c'était en 1789 — si tu le dis ▸ **to have it both ways** : *you can't have it both ways* il faut choisir ▸ **it works both ways** : *I can stop too, it works both ways* je peux m'arrêter aussi, ça marche dans les deux sens ▸ **there are no two ways about it** il n'y a pas le choix / *no two ways about it, he was rude* il n'y a pas à dire, il a été grossier ▸ **to have one's (wicked) way with sb** *hum* coucher avec qqn.

◆ adv *inf* **1.** [far - in space, time] très loin / *they live way over yonder* ils habitent très loin par là-bas / *way up the mountain* très haut dans la montagne / *way back in the distance* au loin derrière / *way back in the 1930s* déjà dans les années 1930 **2.** *fig* : *we know each other from way back* nous sommes amis depuis très longtemps / *you're way below the standard* tu es bien en dessous du niveau voulu / *he's way over forty* il a largement dépassé la quarantaine / *she's way ahead of her class* elle est très en avance sur sa classe / *he's way off in his guess* il est loin d'avoir deviné / *that is way cool* *inf* c'est trop cool.

❖ **ways** pl n NAUT [in shipbuilding] cale *f*.

❖ **all the way** adv phr : *the baby cried all the way* le bébé a pleuré tout le long du chemin / *don't close the curtains all the way* ne fermez pas complètement les rideaux / *prices go all the way from 200 to 1,000 dollars* les prix vont de 200 à 1 000 dollars / *I'm with you all the way* *fig* je vous suis or je vous soutiens jusqu'au bout ▸ **to go all the way (with sb)** *inf* aller jusqu'au bout (avec qqn).

❖ **along the way** adv phr en route / *I stopped several times along the way* je me suis arrêté plusieurs fois en (cours de) route / *their project had some problems along the way* *fig* leur projet a connu quelques problèmes en cours de route.

❖ **by a long way** adv phr : *I prefer chess by a long way* je préfère de loin or de beaucoup les échecs / *this is bigger by a long way* c'est nettement or beaucoup plus grand / *he's not as capable as you are by a long way* il est loin d'être aussi compétent que toi / *is your project ready? — not by a long way!* ton projet est-il prêt ? — loin de là !

❖ **by the way** ◆ adv phr [incidentally] à propos / *by the way, where did he go?* à propos, où est-il allé ? / *by the way, her brother sings much better* soit dit en passant, son frère chante beaucoup mieux / *I bring up this point by the way* je signale ce point au passage or en passant. ◆ adj phr [incidental] secondaire / *that point is quite by the way* ce détail est tout à fait secondaire.

❖ **by way of** prep phr **1.** [via] par, via / *to go by way of Brussels* passer par Bruxelles **2.** [as a means of] : *by way of illustration* à titre d'exemple / *she outlined the situation by way of introduction* elle a présenté un aperçu de la situation en guise d'introduction / *by way of introducing himself, he gave us his card* en guise de présentation, il nous a donné sa carte / *they receive money by way of grants* ils reçoivent de l'argent sous forme de bourses.

❖ **either way** adv phr **1.** [in either case] dans les deux cas / *either way I lose* dans les deux cas je suis perdant / *shall we take the car or the bus? — it's fine by me* or *I don't mind either way* tu préfères prendre la voiture ou le bus ? — n'importe, ça m'est égal **2.** [more or less] en plus ou en moins / *a few days either way could make all the difference* quelques jours en plus ou en moins et ça n'aurait plus rien à voir **3.** [indicating advantage] : *the match could have gone either way* le match était ouvert / *there's nothing in it either way* c'est pareil.

❖ **in such a way as to** conj phr de façon à ce que / *she answered in such a way as to make me understand* elle a répondu de façon à ce que je comprenne.

❖ **in such a way that** conj phr de telle façon or manière que.

❖ **in the way of** prep phr **1.** [in the form of] : *she receives little in the way of salary* son salaire n'est pas bien gros / *what is there in the way of food?* qu'est-ce qu'il y a à manger ? / *do you need anything in the way of paper?* avez-vous besoin de papier ? / *he doesn't have much in the way of brains* il n'a rien dans la tête **2.** [within the context of] : *we met in the way of business* nous nous sommes rencontrés dans le cadre du travail / *they put me in the way of making some money* ils m'ont indiqué un moyen de gagner de l'argent.

❖ **no way** adv phr *inf* pas question / *will you do it for me? — no way!* tu feras ça pour moi ? — pas question ! / *no way am I going to tell him!* (il n'est) pas question que je le lui dise !

❖ **on one's way, on the way** adv & adj phr **1.** [along the route] : *it's on my way* c'est sur mon chemin / *you pass it on your way to the office* vous passez devant en allant au bureau / *I'll catch up with you on the way* je te rattraperai en chemin or en route ; [coming, going] : *on the way to work* en allant au bureau / *I'm on my way!* j'y vais ! / *she's on her way home* elle rentre chez elle / *on his way to town he met his father* en allant en ville, il a rencontré son père / *we must be on our way* il faut que nous y allions ▸ **to go one's way** repartir, reprendre son chemin **2.** *fig* : *she has a baby on the way* elle attend un bébé / *her second book is on the way* **a)** [being written] elle a presque fini d'écrire son deuxième livre **b)** [being published] son deuxième livre est sur le point de paraître / *she's on the way to success* elle est sur le chemin de la réussite / *the patient is on the way to recovery* le malade est en voie de guérison / *she's (well) on the way to becoming president* elle est en bonne voie de devenir présidente / *the new school is well on the way to being finished* la nouvelle école est presque terminée.

❖ **one way and another** adv phr en fin de compte / *I've done quite well for myself one way and another* je me suis plutôt bien débrouillé en fin de compte.

❖ **one way or the other, one way or another** adv phr **1.** [by whatever means] d'une façon ou d'une autre / *one way or the other I'm going to get that job!* d'une façon ou d'une autre, j'aurai ce boulot ! **2.** [expressing impartiality or indifference] : *I've nothing to say one way or the other* je n'ai rien à dire, ni pour ni contre / *it doesn't matter to them one way or another* ça leur est égal **3.** [more or less] : *a month one way or the other* un mois de plus ou de moins.

❖ **out of one's way** adv phr : *I don't want to take you out of your way* je ne veux pas vous faire faire un détour / *don't go out of your way for me!* *fig* ne vous dérangez pas pour moi ! / *she went out of her way to find me a job* *fig* elle s'est donné du mal pour me trouver du travail.

❖ **under way** adj & adv phr ▸ **to be under way** **a)** [person, vehicle] être en route **b)** *fig* [meeting, talks] être en cours **c)** [plans, project] être en train ▸ **to get under way** **a)** [person, train] se mettre en route, partir **b)** [car] se mettre en route, démarrer **c)** *fig* [meeting, plans, talks] démarrer / *the meeting was already under way* la réunion avait déjà commencé / *they got the plans under way* ils ont mis le projet en route / *the project is well under way* le projet est en bonne voie de réalisation ; NAUT : *the ship is under way* le navire est en route / *the captain got (the ship) under way* le capitaine a appareillé / *the ship got under way* le navire a appareillé or a levé l'ancre.

-way in comp ▸ **one-way street** rue *f* à sens unique / *a four-way discussion* une discussion à quatre participants / *there was a three-way split of the profits* les bénéfices ont été divisés en trois.

waybill ['weɪbɪl] n feuille *f* de route, lettre *f* de voiture.

wayfarer ['weɪfeərəʳ] n voyageur *m*, -euse *f*.

wayfaring ['weɪfeərɪŋ] ◆ n *(U)* voyages *mpl*. ◆ adj voyageur.

wayfinding ['weɪfaɪndɪŋ] n navigation *f*.

waylay [ˌweɪ'leɪ] (*pt & pp* **waylaid** [-'leɪd]) vt [attack] attaquer, assaillir ; [stop] intercepter, arrêter (au passage).

waymark ['weɪmɑ:k] n [on trail, path, walk] indication *f*, balise *f*.

waymarked ['weɪmɑ:kt] adj [trail, path, walk] balisé.

way-out adj *inf* [unusual - film, style] bizarre, curieux ; [- person] excentrique, bizarre.

Ways and Means Committee pr n *commission américaine du budget à la Chambre des représentants.*

wayside ['weɪsaɪd] ◆ n bord *m* or côté *m* de la route. ◆ adj au bord de la route / *a wayside inn* une auberge au bord de la route / *wayside flowers* les fleurs qui bordent la route.

way station n US RAIL petite gare *f* ; *fig* étape *f* / *a way station on the road to success* une étape sur la route du succès.

wayward ['weɪwəd] adj **1.** [person - wilful] entêté, têtu ; [- unpredictable] qui n'en fait qu'à sa tête, imprévisible ; [behaviour] imprévisible ; [horse] rétif **2.** [fate] fâcheux, malencontreux.

wazoo [wɑ:'zu:] n US *inf* fesses *fpl*.

WB MESSAGING **1. written abbr of welcome back** **2. written abbr of write back.**

WBC (abbr of **World Boxing Council**) pr n Conseil *m* mondial de la boxe.

WBS MESSAGING **written abbr of write back soon.**

WC (abbr of **water closet**) n W-C *mpl*.

WCC pr n **abbr of World Council of Churches.**

WDYT MESSAGING **written abbr of what do you think?**

we [wi:] pron **1.** [oneself and others] nous / *we went for a walk* nous sommes allés nous promener / *we all stood up* nous nous sommes tous levés / *we, the people* nous, le peuple / *we Democrats believe that...* nous, les démocrates, croyons que... / *as we say back home* comme on dit chez nous / *as we will see in chapter two* comme nous le verrons or comme on le verra dans le chapitre deux / *we all make mistakes* tout le monde peut se tromper **2.** *fml* [royal] nous ▸ **the royal we** le nous or pluriel de majesté **3.** *inf* [you] : *and how are we today, John?* alors, comment allons-nous aujourd'hui, John ?

See box at lui.

WE MESSAGING written abbr of **whatever**.

weak [wi:k] ◆ adj **1.** [physically - animal, person] faible ; [- health] fragile, délicat ; [- eyes, hearing] faible, mauvais ▸ **to become** or **to get** or **to grow weak** or **weaker** s'affaiblir / *we were weak with* or *from hunger* nous étions affaiblis par la faim / *he felt weak with fear* il avait les jambes molles de peur / *I went weak at the knees* mes jambes se sont dérobées sous moi, j'avais les jambes en coton / *it's always the weakest who go to the wall* UK ce sont toujours les plus faibles qui trinquent ▸ **the weaker sex** le sexe faible **2.** [morally, mentally] mou *(before vowel or silent 'h' mol, f molle)*, faible / *he's far too weak to be a leader* il est beaucoup trop mou pour être un meneur / *in a weak moment* dans un moment de faiblesse ▸ **to be weak in the head** être faible d'esprit **3.** [feeble - argument, excuse] faible, peu convaincant ; [- army, government, institution] faible, impuissant ; [- structure] fragile, peu solide ; [- light, signal, currency, economy, stock market] faible / *she managed a weak smile* elle a réussi à sourire faiblement / *she answered in a weak voice* elle répondit d'une voix faible / *to have a weak hand* [in cards] avoir des cartes faibles / *he's the weak link in the chain* c'est lui le maillon faible de la chaîne **4.** [deficient, poor - pupil, subject] faible / *I'm weak in geography* or *geography is my weak subject* je suis faible en géographie / *she's rather weak on discipline* elle est plutôt laxiste **5.** [chin] fuyant ; [mouth] tombant **6.** [acid, solution] faible ; [drink, tea] léger ; AUTO & MECH [mixture] pauvre **7.** GRAM & LING [verb] faible, régulier ; [syllable] faible, inaccentué. ◆ pl n ▸ **the weak** les faibles *mpl*.

weaken ['wi:kn] ◆ vt **1.** [person] affaiblir ; [heart] fatiguer ; [health] miner **2.** [government, institution, team] affaiblir ; FIN [dollar, mark] affaiblir, faire baisser **3.** [argument] enlever du poids or de la force à ; [position] affaiblir ; [determination] affaiblir, faire fléchir **4.** [structure] affaiblir, rendre moins solide ; [foundations, cliff] miner, saper. ◆ vi **1.** [person - physically] s'affaiblir, faiblir ; [- morally] faiblir ; [voice, health, determination] faiblir / *her resolution began to weaken* sa détermination commençait à faiblir / *he finally weakened and gave in* il s'est finalement laissé fléchir et a cédé **2.** [influence, power] diminuer, baisser **3.** [structure] faiblir, devenir moins solide **4.** FIN [dollar, mark] s'affaiblir ; [prices] fléchir, baisser.

weakening ['wi:kənɪŋ] n [of person, resolve] affaiblissement *m* ; [of currency or structure] fléchissement *m*, affaiblissement *m*.

weak-kneed [-ni:d] adj mou *(before vowel or silent 'h' mol, f molle)*, lâche.

weakling ['wi:klɪŋ] n **1.** [physically] gringalet *m*, petite nature *f* **2.** [morally] faible *mf*, mauviette *f*.

weakly ['wi:klɪ] adv [get up, walk] faiblement ; [speak] faiblement, mollement.

weak-minded adj **1.** [not intelligent] faible or simple d'esprit **2.** [lacking willpower] faible, irrésolu.

weakness ['wi:knɪs] n **1.** [of person - physical] faiblesse *f* ; [- moral] point *m* faible / *in a moment of weakness* dans un moment de faiblesse / *sweets are one of his weaknesses* la confiserie est un de ses points faibles / *he has a weakness for sports cars* il a un faible pour les voitures de sport **2.** [of government, institution] faiblesse *f*, fragilité *f* **3.** [of structure] fragilité *f* **4.** FIN [of currency] faiblesse *f*.

weak-willed adj faible, velléitaire.

weal [wi:l] n **1.** [mark] marque *f* de coup, zébrure *f* / *his back was covered in weals* il avait le dos couvert de traces de coups **2.** *arch & liter* [wellbeing] bien *m*, bonheur *m* ▸ **the common** or **public weal** le bien public.

weald [wi:ld] n UK *arch* [open country] pays *m* découvert ; [wooded country] pays *m* boisé.

Weald [wi:ld] pr n [region] ▸ **the Weald** *région du sud-est de l'Angleterre.*

wealth [welθ] n *(U)* **1.** [richness - of family, person] richesse *f*, richesses *fpl*, fortune *f* ; [- of nation] richesse *f*, prospérité *f* / *a young woman of great wealth* une jeune femme très fortunée / *they have acquired considerable wealth* ils ont acquis une fortune considérable or des biens considérables / **'The Wealth of Nations'** *Smith* 'Recherches sur la nature et les causes de la richesse des nations' **2.** [large amount - of details, ideas] abondance *f*, profusion *f* / *he showed a wealth of knowledge about Egyptian art* il fit preuve d'une profonde connaissance de l'art égyptien.

wealth-creating [-kri:'eɪtɪŋ] adj générateur de richesses.

wealth tax n UK impôt *m* sur la fortune.

wealthy ['welθɪ] *(compar* **wealthier**, *superl* **wealthiest)** ◆ adj [person] riche, fortuné ; [country] riche / *a wealthy heiress* une riche héritière. ◆ pl n ▸ **the wealthy** les riches *mpl*.

wean [wi:n] vt [baby] sevrer / *a generation weaned on television* une génération qui a grandi avec la télévision.

❖ **wean off** vt sep ▸ **to wean sb off sthg** détourner qqn de qqch / *I've weaned him off cigarettes* je lui ai fait perdre l'habitude de fumer.

weaning ['wi:nɪŋ] ◆ n sevrage *m*. ◆ adj : *a weaning kitten / calf* un chaton / un veau en sevrage.

weapon ['wepən] n **1.** arme *f* / *carrying a weapon is illegal* le port d'armes est illégal / *patience is your best weapon in this situation* *fig* la patience est votre meilleure arme dans cette situation / *high interest rates are seen as a weapon against inflation* des taux d'intérêt élevés sont considérés comme une arme contre l'inflation **2.** [arm] armement *m* ▸ **weapons of mass destruction** armes *fpl* de destruction massive.

weaponize ['wepənaɪz] vt MIL militariser ▸ **weaponized plutonium** plutonium militaire.

weaponry ['wepənrɪ] n *(U)* armes *fpl* ; MIL matériel *m* de guerre, armements *mpl*.

weapons-grade adj militaire.

weapon system n dispositif *m* or système *m* militaire.

wear [weər] *(pt* **wore** [wɔ:r], *pp* **worn** [wɔ:n]) ◆ vt **1.** [beard, spectacles, clothing, etc.] porter / *what shall I wear?* qu'est-ce que je vais mettre ? / *I haven't a thing to wear* je n'ai rien à me mettre / *she wore a miniskirt* elle portait une minijupe, elle était en minijupe ▸ **to wear a seat belt** AUTO mettre la ceinture (de sécurité) / *the miniskirt is being worn again this year* la minijupe se porte de nouveau cette année / *he always wears good clothes* il est toujours bien habillé, il s'habille toujours bien / *he was wearing slippers / a dressing gown* il était en chaussons / en robe de chambre / *he wears a beard* il porte la barbe / *she wore a ribbon in her hair* elle portait or avait un ruban dans les cheveux / *she wears her hair in a bun* elle a un chignon / *do you always wear make-up?* tu te maquilles tous les jours ? / *she wore lipstick* elle s'était mis or elle avait mis du rouge à lèvres / *I often wear perfume / aftershave* je mets souvent du parfum / de la lotion après-rasage **2.** [expression] avoir, afficher ; [smile] arborer / *she wore an anxious look* son regard exprimait l'inquiétude, elle avait un air inquiet / *he wore a frown* il fronçait les sourcils **3.** [make by rubbing] user ▸ **to wear holes in sthg** trouer or percer peu à peu qqch / *her shoes were worn thin* ses chaussures étaient complètement usées / *he wore his coat threadbare* il a usé son manteau jusqu'à la corde / *a path had been worn across the lawn* un sentier avait été creusé à travers la pelouse par le passage des gens / *the wheel had worn a groove in the wood* la roue avait creusé le bois **4.** UK *inf* [accept - argument, behaviour] supporter, tolérer / *I won't wear it!* je ne marcherai pas ! **5.** PHR **to wear o.s. to a frazzle** or **a shadow** s'éreinter. ◆ vi **1.** [endure, last] durer / *wool wears better than cotton* la laine résiste mieux à l'usure or fait meilleur usage que le coton / *this coat has worn well* ce manteau a bien servi / *this rug should wear for years* ce tapis devrait durer or faire des années / *it will wear forever* cela durera pour toujours, c'est inusable ; *fig* : *their friendship has worn well* leur amitié est restée intacte malgré le temps / *she's worn well* UK *inf* elle est bien conservée **2.** [be damaged through use] s'user / *this rug has worn badly in the middle* ce tapis est très usé au milieu / *the carpet had worn thin* le tapis était usé or élimé / *the stone had worn smooth* la pierre était polie par le temps ; *fig* : *her patience was wearing thin* elle était presque à bout de patience / *his excuses are wearing a bit thin* ses excuses ne prennent plus / *his jokes are wearing a bit thin* ses plaisanteries ne sont plus drôles **3.** *liter* [time] passer / *as morning wore into afternoon* comme la matinée passait or l'après-midi approchait / *as the year wore to its close* comme l'année tirait à sa fin. ◆ n *(U)* **1.** [of clothes] : *for everyday wear* pour porter tous les jours / *clothes suitable for evening wear* tenue de soirée / *a suit for business wear* un costume pour le bureau ▸ **women's wear** vêtements *mpl* pour femmes ▸ **winter wear** vêtements *mpl* d'hiver **2.** [use] usage *m* / *these shoes will stand hard wear* ces chaussures feront un bon usage or résisteront bien à l'usure / *there's still plenty of wear in that dress* cette robe est encore très portable ▸ **to get a lot of wear from** or **out of sthg** faire durer qqch / *is there any wear left in them?* feront-ils encore de l'usage ? **3.** [deterioration] ▸ **wear (and tear)** usure *f* ▸ **fair** or **normal wear and tear** usure normale / *living in the big city puts a lot of wear and tear on people* les grandes villes sont une source de stress pour leurs habitants / *the sheets are beginning to show signs of wear* les draps commencent à être un peu usés or fatigués.

❖ **wear away** ◆ vt sep [soles] user ; [cliff, land] ronger, éroder ; [paint, design] effacer. ◆ vi [metal] s'user ; [land] être rongé or érodé ; [grass, topsoil] disparaître *(par usure)* ; [design] s'effacer.

❖ **wear down** ◆ vt sep [steps] user ; *fig* [patience, strength] épuiser petit à petit ; [courage, resistance] saper, miner / *in the end she wore me down* [I gave in to her] elle a fini par me faire céder / *the busy schedule finally wore her down* son emploi du temps chargé a fini par l'épuiser or l'exténuer. ◆ vi [pencil, steps, tyres] s'user ; [courage] s'épuiser / *the heels have worn down* les talons sont usés.

❖ **wear off** ◆ vi **1.** [marks, design] s'effacer, disparaître **2.** [excitement] s'apaiser, passer ; [anaesthetic, effects] se dissiper, disparaître ; [pain] se calmer, passer / *the novelty soon wore off* l'attrait de la nouveauté a vite passé. ◆ vt sep effacer par l'usure, user.

❖ **wear on** vi [day, season] avancer lentement ; [battle, discussion] se poursuivre lentement / *as time wore on* au fur et à mesure que le temps passait.

❖ **wear out** ◆ vt sep **1.** [clothing, machinery] user **2.** [patience, strength, reserves] épuiser ▸ **to wear out one's welcome** abuser de l'hospitalité de ses hôtes **3.** [tire] épuiser / *you're wearing yourself out working so hard* tu t'épuises or t'exténues à tant travailler ▸ **to be worn out** être exténué or éreinté / *worn out from arguing, he finally accepted their offer* de guerre lasse, il a fini par accepter leur offre / *their constant bickering wears me out* leurs chamailleries continuelles me fatiguent or m'épuisent. ◆ vi [clothing, shoes] s'user / *this material will never wear out* ce tissu est inusable.

❖ **wear through** ◆ vt sep trouer, percer. ◆ vi se trouer / *my jeans have worn through at the knees* mon jean est troué aux genoux.

wearable ['weərəbl] adj portable.

wearer ['weərər] n : *good news for wearers of glasses* bonnes nouvelles pour les personnes qui portent des lunettes.

wearily ['wɪərɪlɪ] adv avec lassitude / *"all right, if I must", she said wearily* « bien, s'il le faut », dit-elle d'un ton las / *he smiled wearily* il sourit d'un air fatigué / *we shuffled wearily along the platform* nous traînions les pieds sur le quai avec lassitude.

weariness ['wɪərɪnɪs] n **1.** [physical] lassitude *f*, fatigue *f* ; [moral] lassitude *f*, abattement *m* **2.** [boredom] lassitude *f*, ennui *m*.

wearing ['weərɪŋ] adj fatigant, épuisant.

wearisome ['wɪərɪsəm] adj **1.** [tiring] fatigant, épuisant **2.** [annoying] ennuyeux, lassant.

weary ['wɪərɪ] *(compar* **wearier**, *superl* **weariest**, *pt & pp* **wearied)** ◆ adj **1.** [tired - physically, morally] las (lasse) *fml*, fatigué / *she grew weary of reading* elle s'est lassée de lire / *I'm weary of his silly jokes* j'en ai assez de ses plaisanteries stupides / *he gave a weary* *sigh* il a soupiré d'un air las / *he spoke in a weary voice* il parlait d'une voix lasse / *I'm weary of life* j'en ai assez or je suis las de la vie **2.** [tiring - day, journey] fatigant, lassant. ◆ vt [tire] fatiguer, lasser ; [annoy] lasser, agacer / *they weary me with all their complaining* ils m'ennuient avec leurs plaintes continuelles. ◆ vi se lasser / *she began to weary of life in the country* elle commença à se lasser de la vie à la campagne.

weasel ['wi:zl] ◆ n belette *f* ; *pej* [person] fouine *f*. ◆ vi US ruser ; [in speaking] parler d'une façon ambiguë. ◆ vt : *he weaseled his way into the conversation* il s'est insinué dans la conversation.

❖ **weasel out** vi US *inf* ▸ **to weasel out of sthg** se tirer de qqch / *he weaseled out of the contract* il s'est débrouillé pour se dégager du contrat / *she always weasels out of doing the dishes* elle se débrouille toujours pour échapper à la vaisselle.

weasel words pl n paroles *fpl* ambiguës or équivoques, discours *m* ambigu or équivoque.

weather ['weðər] ◆ n **1.** METEOR temps *m* / *what's the weather (like) today?* quel temps fait-il aujourd'hui ? / *it's beautiful / terrible weather* il fait beau / mauvais / *the weather is awful* or *foul* il fait un temps de chien ▸ **weather permitting** si le temps le permet / *surely you're not going out in this weather?* vous n'allez tout de même pas sortir par un temps pareil ? / *in hot weather* par temps chaud, en période de chaleur / *in all weathers* par tous les temps / *there was a change in the weather* il y eut un changement de temps, le temps changea **2.** RADIO & TV ▸ **weather (forecast)** (bulletin *m*) météo *f* / *did you listen to the weather?* as-tu écouté la météo ? **3.** PHR ▸ **to feel under the weather** *inf* ne pas être dans son assiette. ◆ comp [forecast, map] météorologique ; [conditions] climatique, atmosphérique ; NAUT [side] du vent ▸ **to keep a** or **one's weather eye open** *inf* : *keep your weather eye open!* veillez au grain ! ▸ **to keep a weather eye on sb / sthg** *inf* : *I'll keep a weather eye on the kids* je vais surveiller les enfants. ◆ vt **1.** [survive - storm] réchapper à ; [- crisis] survivre à, réchapper à / *the ship weathered the storm* le navire a traversé la tempête / *will he weather the storm? fig* va-t-il se tirer d'affaire or tenir le coup ? **2.** [wood] exposer aux intempéries. ◆ vi [bronze, wood] se patiner ; [rock] s'éroder / *this paint weathers well* cette peinture vieillit bien or résiste bien aux intempéries.

weather balloon n ballon-sonde *m*.

weather-beaten adj [face, person] buriné ; [building, stone] dégradé par les intempéries.

weatherboard ['weðəbɔ:d] n **1.** *(U)* [on outer walls] planche *f* or planches *fpl* à recouvrement **2.** [on door] planche *f* de recouvrement.

weatherboarding ['weðəbɔ:dɪŋ] n *(U)* planches *fpl* à recouvrement.

weather-bound adj [aircraft, ship] immobilisé par le mauvais temps ; [event] reporté pour cause de mauvais temps.

weather bureau n US ≃ office *m* national de la météorologie.

weather centre n UK ≃ centre *m* météorologique régional ▸ **the London weather centre** la station de météorologie de Londres.

weathercock ['weðəkɒk] n *lit & fig* girouette *f*.

weather deck n [on ship] pont *m* découvert ; [on bus] impériale *f* découverte.

weathered ['weðəd] adj [bronze, wood] patiné par le temps ; [building, stone] érodé par le temps, usé par les intempéries ; [face] buriné.

weathergirl ['weðəgɜ:l] n présentatrice *f* de la météo.

weatherglass ['weðəglɑ:s] n baromètre *m*.

weather house n *sorte de baromètre décoratif représentant une petite maison d'où sortent deux figurines, l'une par beau temps, l'autre par mauvais temps.*

weathering ['weðərɪŋ] n désagrégation *f*, érosion *f*.

weatherly ['weðəlɪ] adj qui tient bien près du vent ▸ **a weatherly ship** un bateau ardent.

weatherman ['weðəmæn] (*pl* **weathermen** [-men]) n présentateur *m* de la météo.

weatherproof ['weðəpru:f] ◆ adj [clothing] imperméable ; [building] étanche. ◆ vt [clothing] imperméabiliser ; [building] rendre étanche.

weather report n bulletin *m* météorologique.

weather satellite n satellite *m* météorologique.

weather ship n navire *m* météorologique.

weather station n station *f* or observatoire *m* météorologique.

weather strip, **weather stripping** ['strɪpɪŋ] n bourrelet *m* étanche.

weather vane n girouette *f*.

weatherwoman ['weðə,wʊmən] (*pl* **weatherwomen** [-,wɪmɪn]) n présentatrice *f* de la météo.

weatherworn ['weðəwɔ:n] adj [face, person] buriné ; [building, stone] dégradé par le temps.

weave [wi:v] (*pp* **wove** [wəʊv] *or* **woven** ['wəʊvn]) ◆ vt **1.** [cloth, web] tisser ; [basket, garland] tresser / *she wove the strands together into a necklace* elle a tressé or entrelacé les fils pour en faire un collier **2.** [story] tramer, bâtir ; [plot] tisser, tramer ; [spell] jeter / *a tightly woven plot* une intrigue bien ficelée **3.** [introduce] introduire, incorporer / *he managed to weave all the facts together to make a fascinating report* il a réussi à incorporer tous les faits dans un rapport passionnant **4.** (*pt & pp* **weaved**) [as verb of movement] : *he weaved his way across the room / towards the bar* il s'est frayé un chemin à travers la salle / vers le bar / *I had to weave my way through the crowd* j'ai dû me frayer un chemin or me faufiler à travers la foule / *the cyclist weaved his way through the traffic* le cycliste se faufilait or se glissait à travers la circulation. ◆ vi **1.** TEXT tisser **2.** [road, river] serpenter **3.** (*pt & pp* **weaved**) [as verb of movement] se faufiler, se glisser / *he weaved unsteadily across the street* il a traversé la rue en titubant or en zigzaguant / *the boxer ducked and weaved* le boxeur a esquivé tous les coups ▸ **come on, get weaving!** *inf* allons, grouillez-vous ! ◆ n tissage *m* / *the basket has a loose weave* le panier a un tissage lâche.

weaver ['wi:vər] n **1.** TEXT tisserand *m*, -e *f* **2.** ORNITH tisserin *m*.

weaverbird ['wi:vəbɜ:d] n ORNITH tisserin *m*.

weaving ['wi:vɪŋ] ◆ n **1.** [of cloth] tissage *m* ; [of baskets, garlands] tressage *m* **2.** [of story] récit *m* ; [of plot] trame *f*. ◆ comp [industry, mill] de tissage.

web [web] n **1.** [of fabric, metal] tissu *m* ; [of spider] toile *f* ; *fig* [of lies] tissu *m* ; [of intrigue] réseau *m* **2.** [on feet - of duck, frog] palmure *f* ; [- of humans] palmature *f*.

❖ **Web** n COMPUT ▸ **the Web** le Web, le web, la Toile / *on the Web* sur le Web, sur la Toile.

web access n accès *m* à Internet.

web address n adresse *f* Web.

web administrator n administrateur *m*, -trice *f* Web.

web analytics n cybermétrie *f*.

web authoring n = **web design**.

web-aware adj [person] capable d'utiliser Internet ; [system] compatible avec le Web.

web-based adj [tool, application] en ligne.

webbed [webd] adj palmé ▸ **to have webbed feet** or **toes a)** [duck, frog] avoir les pattes palmées **b)** [human] avoir une palmature.

webbing ['webɪŋ] n *(U)* **1.** TEXT [material] toile *f* à sangles ; [on chair] sangles *fpl* **2.** ANAT [animal] palmure *f* ; [human] palmature *f*.

web browser n COMPUT navigateur *m*.

webcam ['webkæm] n webcam *f*.

webcast ['webkɑ:st] ◆ n COMPUT webcast *m*. ◆ vt COMPUT diffuser sur le Web.

webcasting ['webkɑ:stɪŋ] n COMPUT webcasting *m*.

webcentric [web'sentrɪk] adj webcentrique.

web-compatible adj compatible avec le Web.

webcrawler ['webkrɔ:lər] n webcrawler *m*, robot *m* de recherche.

web design n conception *f* or création *f* de sites Web / *web design software* logiciel de conception or de création de sites Web.

web designer n concepteur *m*, -trice *f* de sites Web.

web developer n développeur *m*, -euse *f* de sites Web.

web-enabled adj [file] optimisé Web / *you'll need a web-enabled computer* vous aurez besoin d'un ordinateur avec connexion Internet / *web-enabled solutions* solutions en ligne / *a web-enabled application / tool* une application / un outil Web.

web-enablement n optimisation *f* Web.

weber ['veɪbər] n weber *m*.

web-fed adj [printer] à alimentation de papier en continu.

webfeed ['webfi:d] n webfeed *m*.

webfoot ['webfʊt] (*pl* **webfeet** [-fi:t]) n **1.** [foot - of animal] patte *f* palmée ; [- of human] palmature *f* **2.** [kind of animal] palmipède *m*.

web-footed [-'fʊtɪd] adj [animal] palmipède, qui a les pattes palmées ; [human] qui a une palmature.

web form n formulaire *m* Web.

web host n hébergeur *m* Web.

web hosting n COMPUT hébergement *m* de sites Web.

webinar ['webɪnɑ:r] n séminaire *m* en ligne, cyberséminaire *m*.

webliography [,weblɪ'ɒgrəfɪ] n webographie *f*.

weblog ['weblɒg] n COMPUT weblog *m*.

webmail ['webmeɪl] n webmail *m*.

webmaster ['web,mɑ:stər] n webmaster *mf*, administrateur *m*, -trice *f* de sites Web.

web page n page *f* Web.

webphone ['webfəʊn] n téléphone *m* compatible Web.

web publisher n = **web designer**.

web publishing n = **web design**.

webquest ['webkwest] n cyberquête *f*.

web-ready adj optimisé Web.

webring ['webrɪŋ] n anneau *m* thématique, chaîne *f* de sites, webring *m*.

web server n serveur *m* Web.

web shopping n achats *mpl* en ligne, cybershopping *m*.

website ['websaɪt] n site *m* Web.

web space n COMPUT espace *m* Web.

web spider n robot *m* de recherche.

web user n internaute *mf*.

web weaver n = **web designer**.

webzine ['webzi:n] n COMPUT webzine *m*.

wed [wed] (*pt & pp* **wed** *or* **wedded**, *cont* **wedding**) ◆ vt *liter* **1.** [marry] épouser, se marier avec ▸ **to get wed** se marier **2.** *(usu passive)* [unite] allier / *intelligence wedded to beauty* l'intelligence alliée à la beauté / *he's wedded to the cause* il est véritablement marié à cette cause **3.** [subj: priest] marier. ◆ vi [in headline] se marier / *PM's son to wed* le fils du Premier ministre se marie.

we'd [wi:d] **1.** abbr of **we would 2.** abbr of **we had**.

Wed. (written abbr of **Wednesday**) mer.

wedded ['wedɪd] adj [person] marié ; [bliss, life] conjugal / *her lawful wedded husband* son époux légitime / *the newly wedded couple* les jeunes mariés *mpl*.

wedding ['wedɪŋ] ◆ n **1.** [marriage] mariage *m*, noces *fpl* ▸ **to have a church wedding** se marier à l'église / *we had a quiet wedding* nous nous sommes mariés or nous avons célébré le mariage dans l'intimité **2.** [uniting] union *f*. ◆ comp [night, trip] de noces ;

[ceremony, photograph, present] de mariage ▸ **wedding cake** gâteau *m* de noces ; ≃ pièce *f* montée ▸ **wedding invitation** invitation *f* de mariage.

wedding anniversary n anniversaire *m* de mariage / *our 10th wedding anniversary* notre 10e anniversaire de mariage.

wedding band = **wedding ring**.

wedding breakfast n *lunch servi après la cérémonie du mariage.*

wedding day n jour *m* du mariage / *on their wedding day* le jour de leur mariage.

wedding dress n robe *f* de mariée.

wedding list n liste *f* de mariage.

wedding march n marche *f* nuptiale.

wedding reception n réception *f* de mariage.

wedding ring n alliance *f*, anneau *m* de mariage.

wedeln ['veɪdəln] n godille *f*.

wedge [wedʒ] ◆ n **1.** [under door, wheel] cale *f* / *put a wedge under the door* calez la porte, mettez une cale sous la porte / *their political differences drove a wedge between the two friends fig* les deux amis se sont brouillés à cause de leurs divergences politiques **2.** [for splitting wood] coin *m* **3.** [of cheese, cake, pie] morceau *m*, part *f* **4.** [golf club] cale *f* **5.** [for climber] coin *m*. ◆ vt **1.** [make fixed or steady] caler / *the window was wedged open* la fenêtre était maintenue ouverte à l'aide d'une cale / *I wedged the door open / shut* j'ai maintenu la porte ouverte / fermée par une cale / *can you wedge the table with something? it's wobbling* pouvez-vous caler la table avec quelque chose or mettre une cale sous la table ? elle est branlante **2.** [squeeze, push] enfoncer ▸ **to wedge sthg apart** fendre or forcer qqch / *he wedged his foot in the door* il a bloqué la porte avec son pied / *she sat wedged between her two aunts* elle était assise coincée entre ses deux tantes / *I found the ring wedged down behind the cushion* j'ai trouvé la bague enfoncée derrière le coussin. ◆ comp ▸ **a wedge issue** POL une question qui divise l'opinion ▸ **wedge politics** *politique qui consiste à se focaliser sur des questions susceptibles de diviser l'opinion.*

❖ **wedge in** vt sep [object] faire rentrer, enfoncer ; [person] faire rentrer / *she was wedged in between two Italians* elle était coincée entre deux Italiens / *I wedged myself in at the back of the crowded hall* je me suis glissé au fond de la salle bondée / *the photo was wedged in between two books* la photo était glissée entre deux livres.

wedge heel n semelle *f* compensée.

wedge-heeled [-hiːld] adj à semelle compensée.

wedge-heeled shoe [-hiːld] n chaussure *f* à semelle compensée.

wedge-shaped adj en forme de coin.

wedgie ['wedʒiː] ◆ adj *inf* = **wedge-heeled shoe**. ◆ n US *inf* ▸ **to give sb a wedgie** remonter la culotte de qqn afin qu'elle ne lui rentre dans les fesses.

wedlock ['wedlɒk] n *fml* mariage *m* ▸ **to be born out of wedlock** être un enfant naturel, être né hors mariage.

Wednesday ['wenzdɪ] n mercredi *m*. **See also Friday.**

wee [wiː] ◆ adj Scot tout petit / *a wee bit* un tout petit peu / *a wee drop of whisky* une larme de whisky / *in the wee (small) hours of the morning* au petit matin, aux premières heures du jour / *a wee boy* un petit garçon ▸ **the Wee Free** *surnom de la Free Church of Scotland.* ◆ vi *inf* faire pipi. ◆ n *inf* pipi *m* ▸ **to have a wee** faire pipi.

weed [wiːd] ◆ n **1.** [plant] mauvaise herbe *f* / *that plant grows like a weed* cette plante pousse comme du chiendent **2.** *pej* [person] mauviette *f* **3.** *inf* [tobacco] ▸ **the weed** le tabac **4.** *drugs sl* herbe *f*. ◆ vt désherber, arracher les mauvaises herbes de ; [with hoe] sarcler. ◆ vi désherber, arracher les mauvaises herbes.

❖ **weeds** pl n vêtements *mpl* de deuil ▸ **in widow's weeds** en deuil.

❖ **weed out** vt sep éliminer ; [troublemakers] expulser ▸ **to weed out the bad from the good** faire le tri.

weeding ['wiːdɪŋ] n désherbage *m* ; [with hoe] sarclage *m* / *he does a little weeding every day* il désherbe un peu or enlève quelques mauvaises herbes tous les jours.

weedkiller ['wiːd,kɪlər] n herbicide *m*, désherbant *m*.

Weed Whacker® n US débroussailleuse *f* (à fil).

weedy ['wiːdɪ] (*compar* **weedier**, *superl* **weediest**) adj **1.** [ground] couvert or envahi de mauvaises herbes **2.** *inf & pej* [person] malingre.

Weejun® ['wiːdʒn] n US mocassin *m*.

week [wiːk] n semaine *f* / *next / last week* la semaine prochaine / dernière / *see you next week* à la semaine prochaine / *in one week* or *in one week's time* dans huit jours, d'ici une semaine / *two weeks ago* il y a deux semaines or quinze jours / *within a week* **a)** [gen] dans la semaine, d'ici une semaine **b)** ADMIN & COMM sous huitaine / *week ending 25th March* la semaine du 21 mars / *a week from today* d'ici huit jours / *a week from tomorrow* demain en huit / *yesterday week* or *a week yesterday* il y a eu une semaine hier / *Monday week* or *a week on Monday* lundi en huit / *twice a week* deux fois par semaine / *week in week out* or *week after week* or *week by week* semaine après semaine / *from week to week* de semaine en semaine / *it rained for weeks on end* il a plu pendant des semaines / *I haven't seen you in* or *for weeks* ça fait des semaines que je ne t'ai pas vu / *we're taking a week's holiday* nous prenons huit jours de congé ▸ **the working week** la semaine de travail / *a 40-hour / five-day week* une semaine de 40 heures / cinq jours / *she's paid by the week* elle est payée à la semaine / *I lost a week's pay* j'ai perdu une semaine de salaire.

weekday ['wiːk,deɪ] ◆ n jour *m* de la semaine ; ADMIN & COMM jour *m* ouvrable / *on weekdays* en semaine / **'weekdays only'** 'sauf samedi et dimanche'. ◆ comp [activities] de la semaine / *on weekday mornings* le matin en semaine.

weekend [,wiːk'end] ◆ n fin *f* de semaine, week-end *m* ▸ **at** UK or **on** US **the weekend** le week-end / *I'll do it at the weekend* je le ferai pendant le week-end / *what do you do at weekends?* que faites-vous (pendant) le week-end or les week-ends ? / *what are you doing this weekend?* quels sont tes projets pour le week-end ? / *he's staying with them for the weekend* il passe le week-end chez eux / *I'm going away for the weekend* je pars pour le week-end ▸ **a long weekend** un week-end prolongé. ◆ comp [schedule, visit] de or du week-end ▸ **weekend bag** or **case** sac *m* de voyage, mallette *f* ▸ **weekend break** *séjour d'un week-end* ▸ **a weekend cottage** une maison secondaire or de campagne. ◆ vi passer le week-end.

weekender [,wiːk'endər] n *personne en voyage pour le week-end* / *he's one of the weekenders who come here to ski* il fait partie des gens qui viennent skier ici le week-end / *most of the cottages belong to weekenders* la plupart des maisons sont des résidences secondaires.

weekend return n UK RAIL *billet aller-retour valable du vendredi au dimanche soir.*

weekly ['wiːklɪ] ◆ adj [visit, meeting] de la semaine, hebdomadaire ; [publication, payment, wage] hebdomadaire. ◆ n hebdomadaire *m*. ◆ adv [once a week] chaque semaine, une fois par semaine ; [each week] chaque semaine, tous les huit jours / *twice weekly* deux fois par semaine / *he's paid weekly* il est payé à la semaine.

weeknight ['wiːk,naɪt] n soir *m* de la semaine / *I can't go out on weeknights* je ne peux pas sortir le soir en semaine.

weenie ['wiːnɪ] n US *inf* **1.** [frankfurter] saucisse *f* (de Francfort) ▸ **weenie stand** *kiosque où l'on vend des hot-dogs* **2.** [penis] zizi *m* **3.** [person] imbécile *mf*.

weeny ['wiːnɪ] (*compar* **weenier**, *superl* **weeniest**) adj *inf* tout petit, minuscule / *would you like a brandy? — just a weeny one* voulez-vous un cognac ? — (j'en prendrai) juste un tout petit.

weenybopper [,wiːnɪ,bɒpər] n *inf jeune qui aime la musique pop.*

weep [wiːp] (*pt & pp* **wept** [wept]) ◆ vi **1.** [person] pleurer, verser des larmes / *to weep for joy / with vexation* pleurer de joie / de dépit / *she wept for her lost youth* elle pleurait sa jeunesse perdue ▸ **to weep for sb** pleurer qqn / *the little girl wept over her broken doll* la petite fille pleurait sur sa poupée cassée / *he wept to see her so ill* il a pleuré de la voir si malade / *that's nothing to weep about* or *over* il n'y a pas de quoi pleurer / *it's enough to make you weep! hum* c'est à faire pleurer ! / *I could have wept!* j'en aurais pleuré ! **2.** [walls, wound] suinter, suer. ◆ vt [tears] verser, pleurer / *he wept bitter tears* il pleura amèrement. ◆ n ▸ **to have a weep** pleurer, verser quelques larmes / *she had a little weep* elle a versé quelques larmes.

weeping ['wiːpɪŋ] ◆ adj [person] qui pleure ; [walls, wound] suintant. ◆ n *(U)* larmes *fpl*, pleurs *mpl* ▸ **a fit of weeping** une crise de larmes.

weeping willow n saule *m* pleureur.

weepy ['wiːpɪ] ◆ adj (*compar* **weepier**, *superl* **weepiest**) **1.** [tone, voice] larmoyant ; [person] qui pleure / *she is* or *feels weepy* elle a envie de pleurer, elle est au bord des larmes **2.** [film, story] sentimental, larmoyant. ◆ n (*pl* **weepies**) UK *inf* [film] mélo *m*, film *m* sentimental ; [book] mélo *m*, roman *m* à l'eau de rose.

weever ['wiːvər] n vive *f*.

weevil ['wiːvɪl] n charançon *m*.

wee-wee *inf & baby talk* ◆ n pipi *m* ▸ **to go (for a) wee-wee** faire pipi. ◆ vi faire pipi.

weft [weft] n TEXT trame *f*.

weigh [weɪ] ◆ vt **1.** [person, thing] peser ▸ **to weigh oneself** se peser ▸ **to weigh sthg in one's hand** soupeser qqch *lit* **2.** [consider] considérer, peser / *let's weigh the evidence* considérons les faits / *she weighed her words carefully* elle a bien pesé ses mots / *you have to weigh the pros and cons* il faut peser le pour et le contre ▸ **to weigh one thing against another** mettre deux choses en balance **3.** NAUT ▸ **to weigh anchor** lever l'ancre. ◆ vi **1.** [person, object] peser / *how much do you weigh?* combien pesez-vous ?, quel poids faites-vous ? / *the fish weighs one kilo* le poisson pèse un kilo / *he doesn't weigh much* il ne pèse pas lourd **2.** [influence] : *his silence began to weigh (heavy)* son silence commençait à devenir pesant / *the facts weigh heavily against him* les faits plaident lourdement en sa défaveur.

❖ **under weigh** adj phr NAUT appareillé, en marche.

❖ **weigh down** vt sep **1.** *lit* faire plier, courber / *the branches were weighed down with snow* les branches ployaient sous le poids de la neige / *she was weighed down with suitcases* elle pliait sous le poids des valises **2.** *fig* : *she's weighed down with financial problems* elle est en proie à des or accablée de problèmes financiers / *weighed down with debts / with sorrow* accablé de dettes / de tristesse.

❖ **weigh in** vi **1.** SPORT se faire peser *(avant une épreuve)* / *the boxer weighed in at 85 kilos* le boxeur faisait 85 kilos avant le match / *the jockey weighed in at 45 kilos* le jockey pesait 45 kilos avant la course **2.** [join in] intervenir / *he always has to weigh in with his opinions* il faut toujours qu'il intervienne pour imposer ses opinions.

❖ **weigh on** vt insep peser / *his worries weighed heavily on him* ses soucis lui pesaient beaucoup / *the exam weighed on his mind* l'examen le préoccupait or tracassait.

❖ **weigh out** vt sep peser.

❖ **weigh up** vt sep **1.** [consider] examiner, calculer ; [compare] mettre en balance ▸ **to weigh up the situation** peser la situation / *I'm weighing up whether to take the job or not* je me demande si je devrais prendre le poste ▸ **to weigh up the pros and cons** peser le pour et le contre **2.** [size up] mesurer / *I looked round, weighing up the opposition* je me suis retourné pour mesurer l'adversaire.

weighbridge ['weɪbrɪdʒ] n pont-bascule *m*.

weigh-in n SPORT pesage *m*, pesée *f*.

weighing machine ['weɪɪŋ-] n [for people] balance *f* ; [for loads] bascule *f*.

weight [weɪt] ◆ n **1.** [of person, package, goods] poids *m* / *she tested* or *felt the weight of the package* elle a soupesé le paquet / *what's your normal weight?* combien pesez-vous or quel poids faites-vous normalement ? / *my weight is 50 kg* or *I'm 50 kilos in weight* je pèse or je fais 50 kilos / *we're the same weight* nous faisons le même poids / *he's twice your weight* il pèse deux fois plus lourd que toi ▸ **to gain** or **to put on weight** grossir, prendre du poids ▸ **to lose weight** maigrir, perdre du poids / *she's watching her weight* elle fait attention à sa ligne / *what a weight!* **a)** [person] qu'il est lourd ! **b)** [stone, parcel] que c'est lourd ! ▸ **to sell sthg by weight** vendre qqch au poids ▸ **to be worth one's weight in gold** : *she's worth her weight in gold* elle vaut son pesant d'or ▸ **take the weight off your feet** *hum* assieds-toi un peu **2.** [force] poids *m* / *he put his full weight behind the blow* il a frappé de toutes ses forces ▸ **to pull one's weight** faire sa part du travail, y mettre du sien ▸ **to throw one's weight about** or **around** bousculer les gens **3.** [burden] poids *m* / *the weight of years* le poids des années / *he quailed under the weight of responsibility* le poids de la responsabilité l'a effrayé / *that's a weight off my mind* je suis vraiment soulagé **4.** [importance, influence] poids *m*, influence *f* / *the facts lend considerable weight to her argument* les faits donnent un poids considérable à son raisonnement / *their opinion carries quite a lot of weight* leur opinion a un poids or une autorité considérable / *she put* or *threw all her weight behind the candidate* elle a apporté tout son soutien au candidat / *she carries little weight with the authorities* elle n'a pas beaucoup d'influence or de poids auprès de l'administration **5.** [for scales] poids *m* ▸ **weights and measures** poids et mesures ▸ **a set of weights** une série de poids / *a one kilogramme weight* un poids d'un kilogramme **6.** SPORT poids *m* ▸ **to lift weights** soulever des poids or des haltères **7.** PHYS pesanteur *f*, poids *m*. ◆ comp ▸ **weight allowance** [in aeroplane] poids *m* de bagages autorisé ▸ **to have a weight problem** avoir un problème de poids. ◆ vt **1.** [put weights on] lester **2.** [hold down] retenir or maintenir avec un poids **3.** [bias] : *the system is weighted in favour of the wealthy* le système est favorable aux riches or privilégie les riches / *the electoral system was weighted against him* le système électoral lui était défavorable or jouait contre lui.

❖ **weight down** vt sep **1.** [body, net] lester **2.** [papers, tarpaulin] maintenir or retenir avec un poids.

W8 MESSAGING **written abbr of wait.**

weighted ['weɪtɪd] adj **1.** [body, net] lesté **2.** [statistics, average] pondéré.

W84M MESSAGING **written abbr of wait for me.**

weighting ['weɪtɪŋ] n **1.** [extra salary] indemnité *f*, allocation *f* **2.** [of statistics] pondération *f* ; SCH coefficient *m*.

weightless ['weɪtlɪs] adj très léger ; ASTRONAUT en état d'apesanteur.

weightlessness ['weɪtlɪsnɪs] n extrême légèreté *f* ; ASTRONAUT apesanteur *f*.

weightlifter ['weɪt,lɪftər] n haltérophile *mf*.

weightlifting ['weɪt,lɪftɪŋ] n haltérophilie *f*.

weight loss n perte *f* de poids.

W8N MESSAGING **written abbr of waiting.**

weight training n entraînement *m* aux haltères.

weightwatcher ['weɪt,wɒtʃər] n [person -on diet] personne *f* qui suit un régime ; [-figure-conscious] personne *f* qui surveille son poids.

weighty ['weɪtɪ] (*compar* **weightier**, *superl* **weightiest**) adj **1.** [suitcase, tome] lourd **2.** [responsibility] lourd ; [problem] important, grave ; [argument, reasoning] probant, de poids / *we're not qualified to consider such weighty matters* nous n'avons pas les compétences requises pour examiner des questions aussi importantes.

weir [wɪər] n barrage *m (sur un cours d'eau)*.

weird [wɪəd] adj **1.** [mysterious] mystérieux, surnaturel **2.** *inf* [peculiar] bizarre, étrange / *he has some weird ideas* il a de drôles d'idées.

weirdly ['wɪədlɪ] adv **1.** [mysteriously] mystérieusement **2.** [oddly] bizarrement, singulièrement.

weirdness ['wɪədnɪs] n étrangeté *f*, singularité *f*.

weirdo ['wɪədəʊ] (*pl* **weirdos**) *inf* ◆ n drôle d'oiseau *m* or de zèbre *m*. ◆ comp [hairdo] extravagant.

welch [welʃ] = **welsh.**

welcome ['welkəm] ◆ vt **1.** [greet, receive -people] accueillir / *I welcomed her warmly* je lui ai fait bon accueil or un accueil chaleureux / *they welcomed me in* ils m'ont chaleureusement invité à entrer / *we welcomed him with open arms* nous l'avons accueilli à bras ouverts / *a dinner to welcome the new members* un dîner pour accueillir les nouveaux membres / *the dog welcomes them home every evening* le chien leur fait la fête chaque soir lorsqu'ils rentrent / *would you please welcome Peter Robinson!* [to audience] voulez-vous applaudir Peter Robinson ! **2.** [accept gladly] être heureux d'avoir, recevoir avec plaisir / *I welcomed the opportunity to speak to her* j'étais content d'avoir l'occasion de lui parler / *he welcomed the news* il s'est réjoui de la nouvelle, il a accueilli la nouvelle avec joie / *she welcomed any comments* elle accueillait volontiers les remarques que l'on pouvait lui faire / *we'd welcome a cup of coffee* nous prendrions volontiers une tasse de café. ◆ n accueil *m* / *she said a few words of welcome* elle a prononcé quelques mots de bienvenue / *we bid them welcome* nous leur souhaitons la bienvenue / *they gave him a warm welcome* ils lui ont fait bon accueil or réservé un accueil chaleureux / *we gave her a big welcome home* nous lui avons fait fête à son retour à la maison / *let's give a warm welcome to Louis Armstrong!* [to audience] applaudissons très fort Louis Armstrong ! ▸ **to overstay** or **to outstay one's welcome** abuser de l'hospitalité de ses hôtes / *I don't want to outstay my welcome* je ne veux pas abuser de sa / votre / etc. hospitalité. ◆ adj **1.** [person] bienvenu ▸ **to be welcome** être le bienvenu / *she's always welcome here* elle est toujours la bienvenue ici / *they made us very welcome* ils nous ont fait un très bon accueil / *she didn't feel very welcome* elle s'est sentie de trop ▸ **to put out the welcome mat (for sb)** faire un accueil chaleureux (à qqn) **2.** [pleasant, desirable -arrival] bienvenu ; [-change, interruption, remark] opportun / *that's welcome news* nous sommes heureux de l'apprendre / *their offer was most welcome* leur suggestion m'a fait grand plaisir / *this cheque is most welcome* ce chèque arrive opportunément or tombe bien / *that's a welcome sight!* c'est un spectacle à réjouir le cœur ! / *a helping hand is always welcome* un coup de main est toujours le bienvenu or ne fait jamais de mal / *the news came as a welcome relief to him* la nouvelle a été un vrai soulagement pour lui, il a été vraiment soulagé d'apprendre la nouvelle / *the holiday came as a welcome break* les vacances ont été une coupure bienvenue or appréciable **3.** [permitted] : *you're welcome to join us* n'hésitez pas à vous joindre à nous / *he's welcome to borrow my book* qu'il n'hésite pas à emprunter mon livre / *you're welcome to anything you need* servez-vous si vous avez besoin de quelque chose / *you're welcome to try* je vous en prie, essayez ; [grudgingly] : *he's welcome to try!* libre à lui d'essayer !, qu'il essaie donc ! / *I don't need it, she's welcome to it* je n'en ai pas besoin, elle peut bien le prendre or je le lui donne volontiers / *she's welcome to him!* je ne le lui envie pas ! / *take it and welcome!* je te le donne bien volontiers ! **4.** [acknowledgment of thanks] ▸ **you're welcome!** je vous en prie !, il n'y a pas de quoi ! ◆ interj ▸ **welcome!** soyez le bienvenu ! ▸ **welcome back** or **home!** content de vous revoir ! ▸ **welcome to my home!** bienvenue chez moi or à la maison ! / **'welcome to Wales'** 'bienvenue au pays de Galles'.

❖ **welcome back** vt sep accueillir (à son retour) / *we welcomed her back after her illness* nous lui avons fait fête or l'avons accueillie chaleureusement après sa maladie.

welcome committee n comité *m* d'accueil.

welcome mat n paillasson *m* / *they put out the welcome mat for him* ils l'ont accueilli à bras ouverts.

welcoming ['welkəmɪŋ] adj [greeting, smile] accueillant ; [ceremony, committee] d'accueil / *the welcoming party took them to their hotel* la délégation venue les accueillir les a conduits à leur hôtel.

weld [weld] ◆ vt **1.** MECH & TECH souder ▸ **to weld parts together** souder des pièces ensemble / *he welded the bracket onto the shelf* il a soudé le support à l'étagère **2.** [unite] amalgamer, réunir / *a set of policies that will weld the party into a united political force* un ensemble de mesures qui cimentera le parti et en fera une force politique unie. ◆ vi souder. ◆ n soudure *f*.

welder ['weldər] n [person] soudeur *m*, -euse *f* ; [machine] soudeuse *f*, machine *f* à souder.

welding ['weldɪŋ] n soudage *m* ; [of groups] union *f*.

welding torch n chalumeau *m*.

welfare ['welfeər] ◆ n **1.** [well-being] bien-être *m* / *the welfare of the nation* le bien public / *the physical and spiritual welfare of the people* le bien-être physique et moral du peuple / *I am concerned about* or *for her welfare* je m'inquiète pour elle / *she's looking after his welfare* elle s'occupe de lui **2.** US [state aid] assistance *f* publique / *his family is on welfare* sa famille touche des prestations sociales or reçoit l'aide sociale ▸ **to live on welfare** vivre de l'aide sociale ▸ **people on welfare** assistés *mpl* sociaux. ◆ comp [meals, milk] gratuit ▸ **welfare benefits** US avantages *mpl* sociaux ▸ **welfare check** US (chèque *m* d')allocations *fpl* ▸ **welfare payments** prestations *fpl* sociales ▸ **welfare work** travail *m* social ▸ **welfare worker** assistant *m* social, assistante *f* sociale.

welfare centre n ≃ centre *m* d'assistance sociale.

welfare officer n *travailleur social ayant la charge d'une personne mise en liberté surveillée.*

welfare service n ≃ service *m* d'assistance sociale.

Welfare State n ▸ **the Welfare State** l'État *m* providence.

welfarism ['welfeərɪzm] n théorie *f* de l'État providence.

well¹ [wel] ◆ n **1.** [for water, oil] puits *m* **2.** [for lift, staircase] cage *f* ; [between buildings] puits *m*, cheminée *f* **3.** UK LAW barreau *m (au tribunal)*. ◆ vi = **well up.**

❖ **well out** vi [water] jaillir.

❖ **well up** vi [blood, spring, tears] monter, jaillir / *tears welled up in her eyes* les larmes lui montèrent aux yeux / *joy welled up within her* la joie monta en elle.

well² [wel] (*compar* **better** [betər], *superl* **best** [best]) ◆ adv **1.** [satisfactorily, successfully] bien / *she speaks French very well* elle parle très bien (le) français / *he plays the piano well* il joue bien du piano / *she came out of it rather well* elle s'en est plutôt bien sortie / *it's extremely well done* c'est vraiment très bien fait / *everything is going well* tout se passe bien / *the meeting went well* la réunion s'est bien passée / *those colours go really well together* ces couleurs vont vraiment bien ensemble / *the machine / system works well* la machine / le système marche bien / *things have worked out well* les choses se sont bien passées / *does she work as well as I do?* fait-elle son travail aussi bien que moi ? ▸ **to do well** s'en sortir / *she's doing very well* elle s'en sort très bien / *he did very well for a beginner* il s'est très bien débrouillé pour un débutant / *you did quite well in the exam* vous vous en êtes assez bien sorti à l'examen ▸ **to do well for o.s.** bien se débrouiller ▸ **to do well out of sb / sthg** bien s'en sortir avec qqn / qqch / *that boy will do well!* ce garçon ira loin ! / *the patient is doing well* le malade se rétablit bien or est en bonne voie de guérison / *we would do well to keep quiet* nous ferions bien de nous taire ▸ **well done!** bravo ! ▸ **well said!** bien dit ! / *it was money well spent* ce n'était pas de l'argent gaspillé **2.** [favourably, kindly] bien / *she treats her staff very well* elle traite très bien son personnel / *everyone speaks well of you* tout le monde dit du bien de vous / *his action speaks well of his courage* son geste montre bien son courage / *she won't take it well* elle ne va pas apprécier / *she thinks well of you* elle a de l'estime pour vous / *he wished her well* il lui souhaita bonne chance / *it's a card from someone wishing you well* c'est une carte de quelqu'un qui vous veut du bien ▸ **to do well by sb** traiter qqn comme il se doit **3.** [easily, readily] bien / *he could well decide to leave* il se pourrait tout à fait qu'il décide de partir / *I couldn't very well accept* je ne pouvais guère accepter / *you may well be right* il se peut bien que tu aies raison / *I can well believe it* je le crois facilement or sans peine / *she was* *angry, and well she might be* elle était furieuse, et à juste titre **4.** [to a considerable extent or degree] bien / *she's well over* or *past forty* elle a bien plus de quarante ans / *he's well into his seventies* il a largement dépassé les soixante-dix ans / *there were well over 5,000 demonstrators* il y avait bien plus de 5 000 manifestants / *he's well on in years* il n'est plus tout jeune / *well on into the morning* jusque tard dans la matinée / *the fashion lasted well into the 1960s* cette mode a duré une bonne partie des années 1960 / *it's well above / within the limit* c'est bien au-dessus de / inférieur à la limite / *it's well after midday* il est bien plus de midi / *the play went on until well after midnight* la partie s'est prolongée bien au-delà de minuit / *I woke well before dawn* je me suis réveillé bien avant l'aube / *let me know well in advance* prévenez-moi longtemps à l'avance / *the team finished well up the league* l'équipe a fini parmi les premières de sa division **5.** [thoroughly] bien / *shake / stir well* bien secouer / agiter / *be sure to cook it well* veillez à ce que ce soit bien cuit / *well cooked* or *done* bien cuit / *let it dry well first* attendez d'abord que ce soit bien sec / *I know her well* je la connais bien / *you know your subject well* vous connaissez bien votre sujet / *I know only too well how hard it is* je ne sais que trop bien à quel point c'est difficile / *how well I understand her feelings!* comme je comprends ce qu'elle ressent ! / *I'm well aware of the problem* je suis bien conscient or j'ai bien conscience du problème / *he was well annoyed* il était très contrarié / *I bet he was well pleased!* *iro* il devait être content ! *iro* / *I like him well enough* il ne me déplaît pas / *we got well and truly soaked* nous nous sommes fait tremper jusqu'aux os / *it's well and truly over* c'est bel et bien fini / *it's well worth the money* ça vaut largement la dépense / *it's well worth trying* ça vaut vraiment la peine d'essayer **6.** PHR **to be well away a)** [making good progress] être sur la bonne voie **b)** [drunk] être complètement parti ▸ **to be well in with sb** être bien avec qqn / *she's well in with all the right people* elle est très bien avec tous les gens qui peuvent servir ▸ **to be well out of it** s'en sortir à bon compte / *you're well out of it* tu as bien fait de partir ▸ **to be well rid of sb / sthg** : *she's well rid of him / it!* quel bon débarras pour elle ! ▸ **to be well up on sthg** s'y connaître en qqch / *she's well up on European law* elle s'y connaît en droit européen ▸ **to leave** or **let well alone a)** [equipment] ne pas toucher **b)** [situation] ne pas s'occuper de **c)** [person] laisser tranquille. ◆ adj **1.** [good] bien, bon / *all is not well with them* il y a quelque chose qui ne va pas chez eux / *owning a home is all very well, but...* c'est bien beau d'être propriétaire, mais... / *it's all very well pretending you don't care, but...* c'est bien beau de dire que ça t'est égal, mais... ▸ **all's well!** MIL rien à signaler ! ▸ **all's well that ends well** *prov* tout est bien qui finit bien *prov* **2.** [advisable] bien / *it would be well to start soon* nous ferions bien de commencer bientôt / *you'd be just as well to tell him* UK tu ferais mieux de (le) lui dire **3.** [in health] ▸ **to be well** aller or se porter bien / *how are you? — well, thank you* comment allez-vous ? — bien, merci / *he's been ill, but he's better now* il a été malade, mais il va mieux (maintenant) / *I don't feel well* je ne me sens pas bien / *she's not very well* elle ne va pas très bien ▸ **to get well** se remettre, aller mieux / **'get well soon'** [on card] 'bon rétablissement' / *I hope you're well* j'espère que vous allez bien / *you're looking* or *you look well* vous avez l'air en forme / *he's not a well man* il ne se porte pas bien. ◆ interj **1.** [indicating start or continuation of speech] bon, bien / *well, I would just say one thing* bon, je voudrais simplement dire une chose / *well, let me just add that...* alors, laissez-moi simplement ajouter que... / *well, here we are again!* et nous y revoilà ! **2.** [indicating change of topic or end of conversation] : *well, as I was saying...* donc, je disais que..., je disais donc que... / *right, well, let's move on to the next subject* bon, alors passons à la question suivante / *well thank you Mr Alderson, I'll be in touch* eh bien merci M. Alderson, je vous contacterai **3.** [softening a statement] : *well, obviously I'd like to come but...* disons que, bien sûr, j'aimerais venir mais... / *he was, well, rather unpleasant really* il a été, disons, assez désagréable, c'est le mot **4.** [expanding on or explaining a statement] : *he was rather fat, well stout might be a better word* il était plutôt gros, enfin disons corpulent / *I've known her for ages, well at least three years* ça fait des années que je la connais, enfin au moins trois ans / *you know John? well I saw him yesterday* tu connais John ? eh bien je l'ai vu hier **5.** [expressing hesitation or doubt] ben, eh bien / *did you ask? — well... I didn't dare actually* as-tu demandé ? — eh bien or ben, je n'ai pas osé / *are you ready? — well, I should really stay in and work* tu viens ? — eh bien, il vaudrait mieux que je reste à la maison pour travailler **6.** [asking a question] eh bien, alors / *well, who was it?* alors or eh bien, qui était-ce ? / *well, what of it?* et alors ? **7.** [expressing surprise or anger] : *well, look who's here!* ça alors, regardez qui est là ! ▸ **well, well, well** tiens, tiens ▸ **well, really!** ça alors ! ▸ **well I never!** *inf* ça par exemple ! ▸ **(well,) well, what do you know!** eh bien or ça alors, qui l'aurait cru ! **8.** [in relief] eh bien / *well, at least that's over!* eh bien, en tout cas, c'est terminé ! **9.** [in resignation] bon / *(oh) well, it can't be helped* bon tant pis, on n'y peut rien / *(oh) well, that's life* bon enfin, c'est la vie / *(oh) well, all right* bon allez, d'accord / *can I come too? — oh, very well, if you must* je peux venir aussi ? — bon allez, si tu y tiens. ◆ pl n ▸ **the well** ceux *mpl* qui sont en bonne santé.

❖ **all well and good** adv phr tout ça, c'est très bien / *so you want to go to drama school, all well and good, but...* alors comme ça, tu veux faire une école de théâtre ? tout ça, c'est très bien mais...

we'll [wi:l] **1.** abbr of **we shall 2.** abbr of **we will.**

well-adjusted adj [person - psychologically] équilibré ; [- to society, work] bien adapté.

well-advised adj sage, prudent / *he would be well-advised to leave* il aurait intérêt à partir.

well-aimed [-eɪmd] adj [shot] bien ajusté ; [criticism, remark] qui porte.

well-appointed [-ə'pɔɪntɪd] adj UK *fml* [house] bien équipé ; [hotel] de catégorie supérieure.

well-argued [-'ɑ:gju:d] adj bien argumenté / *a well-argued case* un point de vue bien argumenté.

well-attended [-ə'tendɪd] adj : *the meeting was well-attended* il y avait beaucoup de monde à la réunion.

well-balanced adj [person] équilibré, posé ; [diet] bien équilibré ; [sentence] bien construit.

well-behaved [-bɪ'heɪvd] adj [person] bien élevé ; [animal] bien dressé.

wellbeing [,wel'bi:ɪŋ] n bien-être *m inv* / *the general wellbeing of the population* le bien-être général de la population / *he felt a sense of wellbeing* il éprouvait une impression de bien-être / *for your own wellbeing* pour votre bien.

well-beloved adj *liter* bien-aimé.

well-born adj de bonne famille / *she was not sufficiently well-born to marry him* elle n'était pas assez bien née pour l'épouser.

well-bred adj **1.** [well-behaved] bien élevé **2.** [from good family] de bonne famille **3.** [animal] de (bonne) race ; [horse] pur-sang *(inv)*.

well-brought-up adj bien élevé.

well-built adj **1.** [person] bien bâti **2.** [building] bien construit.

well-chosen adj [present, words] bien choisi.

well-connected adj [of good family] de bonne famille ; [having influential friends] qui a des relations.

well-defined [-dɪ'faɪnd] adj **1.** [distinct - colour, contrasts, shape] bien défini, net **2.** [precise - problem] bien défini, précis / *within well-defined limits* dans des limites bien définies.

well-deserved [-dɪ'zɜ:vd] adj bien mérité.

well-designed [-dɪ'zaɪnd] adj bien conçu.

well-developed adj **1.** [person] bien fait ; [body, muscles] bien développé **2.** [scheme] bien développé ; [idea] bien exposé.

welldigger ['wel,dɪgər] n puisatier *m*.

well-disposed [-dɪ'spəʊzd] adj bien disposé ▸ **to be well-disposed to** or **towards sb** être bien disposé envers qqn ▸ **to be well-disposed to** or **towards sthg** voir qqch d'un bon œil.

well-documented [-'dɒkjʊmentɪd] adj bien documenté.

well-done adj [work] bien fait ; [meat] bien cuit.

well-dressed adj bien habillé.

well-earned [-ɜ:nd] adj bien mérité.

well-educated adj cultivé, instruit.

well-endowed [-ɪn'daʊd] adj *euph* ▸ **a well-endowed young man / woman** *fig* un jeune homme bien doté / une jeune femme bien dotée par la nature.

well-equipped [-ɪ'kwɪpt] adj [garage, kitchen, person] bien équipé ; [with tools] bien outillé / *the vans are well-equipped to deal with any emergency* les camionnettes sont équipées pour faire face à toute urgence.

well-established adj bien établi.

well-favoured adj *arch* beau ***(before vowel or silent 'h' bel, f belle)***.

well-fed adj [animal, person] bien nourri.

well-formed adj [gen & LING] bien formé.

well-founded [-'faʊndɪd] adj [doubt, suspicion] fondé, légitime.

well-groomed adj [person] soigné ; [hair] bien coiffé ; [horse] bien pansé ; [garden, lawn] bien entretenu.

wellhead ['welhed] n *lit & fig* source *f*.

well-heeled [-hi:ld] adj *inf* à l'aise.

well-hung adj **1.** [game] bien faisandé **2.** *v inf* [man] bien monté.

wellie ['welɪ] = **welly.**

well-in adj *inf* **1.** UK : *to be well-in with sb* être bien avec qqn **2.** AUSTR [rich] à l'aise.

well-informed adj [having information] bien informé or renseigné ; [knowledgeable] instruit / *in well-informed circles* dans les milieux bien informés / *he's very well-informed about current affairs* il est très au courant de l'actualité.

Wellington ['welɪŋtən] ◆ pr n Wellington. ◆ n UK ▸ **Wellington (boot)** botte *f* (en caoutchouc).

well-intentioned [-ɪn'tenʃnd] adj bien intentionné.

well-judged [-'dʒʌdʒd] adj [remark] bien vu, judicieux ; [shot, throw] bien ajusté ; [estimate] juste ; [moment] opportun.

well-kept adj **1.** [hands, nails] soigné ; [hair] bien coiffé ; [house] bien tenu ; [garden] bien entretenu **2.** [secret] bien gardé.

well-knit adj [person, body] bien bâti ; [argument] bien enchaîné.

well-known adj [person] connu, célèbre ; [fact] bien connu / *it is well-known* or *it is a well-known fact that she disagrees with the policy* tout le monde sait qu'elle n'est pas d'accord avec cette politique / *what is less well-known is that she's an accomplished actress* ce qu'on sait moins c'est que c'est une très bonne actrice.

well-liked [-laɪkt] adj apprécié.

well-loved adj très aimé.

well-made adj bien fait.

well-mannered adj qui a de bonnes manières, bien élevé.

well-matched adj [couple] faits l'un pour l'autre.

well-meaning adj bien intentionné.

well-meant adj [action, remark] bien intentionné.

wellness ['welnɪs] n bien-être *m* ▸ **wellness centre** centre *m* de bien-être.

well-nigh adv presque / *it's well-nigh impossible* c'est presque or quasi impossible.

well-off ◆ adj **1.** [financially] aisé **2.** [in a good position] : *they were still well-off for supplies* ils avaient encore largement assez de provisions / *you don't know when you're well-off* *fig* vous ne connaissez pas votre bonheur. ◆ pl n ▸ **the well-off** les riches *mpl* ▸ **the less well-off** ceux qui ont des moyens modestes.

well-oiled adj **1.** [machinery] bien graissé / *the operation ran like a well-oiled machine* l'opération s'est parfaitement déroulée **2.** *inf* [drunk] pompette.

well-padded adj *inf & euph* bien enveloppé.

well-paid adj bien payé.

well-placed [-pleɪst] adj bien placé / *to be well-placed to do sthg* être bien placé pour faire qqch.

well-prepared adj bien préparé.

well-preserved [-prɪ'zɜːvd] adj [person, building] bien conservé.

well-proportioned [-prə'pɔːʃnd] adj bien proportionné.

well-read [-red] adj cultivé, érudit / *she's very well-read* elle est très cultivée.

well-respected adj respecté.

well-rounded adj **1.** [complete - education] complet (complète) ; [- life] bien rempli **2.** [figure] rondelet **3.** [style] harmonieux ; [sentence] bien tourné.

well-spent adj [time] bien utilisé, qui n'est pas perdu ; [money] utilement dépensé, que l'on n'a pas gaspillé / *it's money well-spent* c'est un bon investissement.

well-spoken adj [person] qui s'exprime bien.

well-spoken-of adj : *she's very well-spoken-of in business circles* on dit beaucoup de bien d'elle dans le milieu des affaires.

wellspring ['welsprɪŋ] n *lit* source *f* ; *fig* source *f* intarissable.

well-stacked adj UK *v inf* [woman] plantureux.

well-stocked [-stɒkt] adj [shop] bien approvisionné.

well-thought-of adj bien considéré.

well-thought-out adj bien conçu.

well-thumbed [-θʌmd] adj [magazine] qui a été beaucoup feuilleté ; [book] lu et relu.

well-timed [-'taɪmd] adj [arrival, remark] opportun, qui tombe à point ; [blow] bien calculé.

well-to-do *inf* ◆ adj aisé, riche. ◆ pl n ▸ **the well-to-do** les nantis *mpl*.

well-travelled UK, **well-traveled** US adj qui a beaucoup voyagé / *he's well-travelled* il a beaucoup voyagé, il a roulé sa bosse *inf*.

well-tried adj éprouvé, qui a fait ses preuves.

well-trodden adj : *a well-trodden path* un chemin très fréquenté / *fig a well-trodden path to fame* le parcours classique vers la célébrité.

well-turned adj [ankle] fin ; [leg] bien galbé ; UK [sentence] bien tourné.

well-upholstered [-ʌp'həʊlstəd] adj *inf & euph* [person] bien rembourré.

well-versed adj ▸ **to be well-versed in sthg** bien connaître qqch.

well-wisher [-ˌwɪʃər] n [gen] personne *f* qui offre son soutien ; [of cause, group] sympathisant *m*, -e *f*, partisan *m* / *surrounded by well-wishers* entouré d'admirateurs.

well-woman clinic n centre *m* de santé pour femmes.

well-worn adj **1.** [carpet, clothes] usé, usagé **2.** [path] battu **3.** [expression, joke] rebattu / *a well-worn phrase* une banalité, un lieu commun.

welly ['welɪ] (*pl* **wellies**) n UK *inf* **1.** [boot] botte *f* (en caoutchouc) **2.** PHR **give it some welly!** du nerf !

welsh [welʃ] vi UK *inf* partir or décamper sans payer ▸ **to welsh on a debt** partir sans payer une dette ▸ **to welsh on a promise** ne pas tenir une promesse.

Welsh [welʃ] ◆ pl n ▸ **the Welsh** les Gallois *mpl*. ◆ n LING gallois *m*. ◆ adj gallois ▸ **the Welsh Guards** *régiment de l'armée britannique* ▸ **the Welsh Office** *secrétariat d'État aux affaires galloises.*

Welsh Assembly n Assemblée *f* galloise or du pays de Galles.

The Welsh Assembly

L'Assemblée galloise, qui siège à Cardiff, est constituée de 60 membres **(Assembly Members** ou **AMs)** dirigés par le président de l'Assemblée **(First Minister)**. Elle est chargée de voter la plupart des lois en matière de politique intérieure, mais, contrairement au Parlement écossais, elle n'est pas compétente dans le domaine des impôts. La politique étrangère, l'économie, la défense et les affaires européennes demeurent sous le contrôle du gouvernement britannique à Londres.

Welsh dresser n vaisselier *m*.

Welshman ['welʃmən] (*pl* **Welshmen** [-mən]) n Gallois *m*.

Welsh rabbit, **Welsh rarebit** n UK ≃ toast *m* au fromage.

Welshwoman ['welʃˌwʊmən] (*pl* **Welshwomen** [-ˌwɪmɪn]) n Galloise *f*.

welt [welt] n **1.** [on skin] zébrure *f* **2.** [on garment] bordure *f* ; [on shoe] trépointe *f*.

welter ['weltər] ◆ vi *liter* se vautrer, se rouler. ◆ n confusion *f* / *a welter of detail* une profusion de détails / *a welter of conflicting information* une avalanche d'informations contradictoires.

welterweight ['weltəweɪt] ◆ n poids *m* welter. ◆ comp [champion] des poids welter ; [fight, title] de poids welter.

Wembley ['wemblɪ] pr n ▸ **Wembley (Stadium)** *stade et salle de concerts à Londres.*

wen [wen] n **1.** MED loupe *f*, kyste *m* sébacé *spec* **2.** [city] ▸ **the great wen** Londres.

Wenceslas ['wensɪsləs] pr n Venceslas.

wench [wentʃ] ◆ n *arch & hum* jeune fille *f*, jeune femme *f*. ◆ vi *arch* ▸ **to go wenching** aller courir le jupon.

wend [wend] vt *liter* s'acheminer ▸ **to wend one's way home** s'acheminer vers chez soi / *he wended his way through the forest* il s'achemina à travers la forêt.

Wendy house ['wendɪ-] n UK *maison en miniature dans laquelle les jeunes enfants peuvent jouer.*

Wensleydale ['wenzlɪdeɪl] n *fromage anglais originaire de Wensleydale.*

went [went] pt ⟶ **go**.

wept [wept] pt & pp ⟶ **weep**.

were [wɜːr] pt ⟶ **be**.

we're [wɪər] abbr of **we are**.

weren't [wɜːnt] abbr of **were not**.

werewolf ['wɪəwʊlf] (*pl* **werewolves** [-wʊlvz]) n loup-garou *m*.

wert [wɜːt] UK BIBLE & *regional* = **were**.

Wesleyan ['wezlɪən] ◆ adj de Wesley, wesleyen ▸ **Wesleyan Methodists** méthodistes *mpl* wesleyens. ◆ n disciple *m* de Wesley.

west [west] ◆ n [direction] ouest *m* / *in the west of the country* dans l'ouest du pays / *the house lies 10 kilometres to the west (of the town)* la maison se trouve à 10 kilomètres à l'ouest (de la ville) / *two miles to the west* trois kilomètres à l'ouest / *look towards the west* regardez vers l'ouest / *the wind is coming from the west* le vent vient or souffle de l'ouest / *a storm is brewing in the west* un orage couve à l'ouest / *the wind is in the west* le vent est à l'ouest. ◆ adj ouest *(inv)* / *on the west side* du côté ouest / *the west coast* la côte ouest / *a west wind* un vent d'ouest / *in west London* dans l'ouest de Londres / **'West Side Story'** *Bernstein* 'West Side Story'. ◆ adv [to the west] vers l'ouest ; [from the west] de l'ouest / *he travelled west for three days* pendant trois jours il s'est dirigé en direction de or vers l'ouest / *the school lies further west of the town hall* l'école se trouve plus à l'ouest de la mairie / *drive due west* roulez droit vers l'ouest ▸ **to face west** [house] être exposé à l'ouest ▸ **to go west a)** *lit* aller à or vers l'ouest **b)** *inf & hum* [person] passer l'arme à gauche **c)** [thing] tomber à l'eau / *there's another job gone west! inf* encore un emploi de perdu !

❖ **West** n **1.** POL ▸ **the West** l'Occident *m*, les pays *mpl* occidentaux **2.** [in the U.S.] ▸ **the West** l'Ouest *m*.

West Africa pr n Afrique *f* occidentale.

West African ◆ n habitant *m*, -e *f* de l'Afrique occidentale. ◆ adj [languages, states] de l'Afrique occidentale, ouest-africain.

West Bank ◆ pr n ▸ **the West Bank** la Cisjordanie / *on the West Bank* en Cisjordanie. ◆ comp de Cisjordanie.

westbound ['westbaʊnd] adj [traffic] en direction de l'ouest ; [lane, carriageway] de l'ouest ; [road] vers l'ouest.

West Coast n côte *f* ouest *(des États-Unis).*

West Country pr n ▸ **the West Country** *le sud-ouest de l'Angleterre (Cornouailles, Devon et Somerset)* / *in the West Country* dans le sud-ouest de l'Angleterre.

West End ◆ pr n ▸ **the West End** le West End *(centre touristique et commercial de la ville de Londres connu pour ses théâtres)* / *in the West End* dans le West End. ◆ comp qui se situe dans le West End.

wester ['westər] vi [subj: sun, moon] passer à l'ouest.

westering ['westərɪŋ] adj *liter* qui passe à l'ouest ▸ **the westering sun** le soleil couchant.

westerly ['westəlɪ] (*pl* **westerlies**) ◆ adj [wind] d'ouest ; [position] à l'ouest, au couchant / *to head in a westerly direction* se diriger vers or en direction de l'ouest / *the most westerly point on the island* le point le plus à l'ouest de l'île. ◆ adv vers l'ouest. ◆ n vent *m* d'ouest.

❖ **Westerlies** pl n ▸ **the Westerlies** les Westerlies *mpl (vents d'ouest dominants).*

western ['westən] ◆ adj **1.** [in direction] ouest, de l'ouest / *in western Spain* dans l'ouest de l'Espagne / *the western coast* la côte ouest or occidentale / *on the western side of the state* dans l'ouest de l'État **2.** POL [powers, technology, world] occidental ▸ **Western Europe** l'Europe *f* de l'Ouest or occidentale. ◆ n [film] western *m* ; [book] roman-western *m*.

Western Australia pr n Australie-Occidentale *f* / *in Western Australia* en Australie-Occidentale.

Western Church n ▸ **the Western Church** l'Église *f* d'Occident or latine.

Westerner ['westənər] n habitant *m*, -e *f* de l'ouest ; POL Occidental *m*, -e *f*.

Western Isles pl pr n ▸ **the Western Isles** les Hébrides *fpl* / *in the Western Isles* aux Hébrides.

westernization [ˌwestənaɪ'zeɪʃn] n occidentalisation *f*.

westernize, **westernise** ['westənaɪz] vt occidentaliser / *Japan is becoming increasingly westernized* le Japon s'occidentalise de plus en plus.

westernmost ['westənməʊst] adj le plus à l'ouest.

Western Sahara pr n ▸ **the Western Sahara** le Sahara occidental / *in the Western Sahara* au Sahara occidental.

Western Samoa pr n Samoa *fpl* occidentales / *in Western Samoa* dans les Samoa occidentales.

Western Union pr n *compagnie américaine privée des télégraphes.*

west-facing adj orienté à l'ouest or au couchant.

West German ◆ n Allemand *m*, -e *f* de l'Ouest. ◆ adj ouest-allemand.

West Germany pr n ▸ **(former) West Germany** (ex-)Allemagne *f* de l'Ouest / *in West Germany* en Allemagne de l'Ouest.

West Ham pr n *équipe de football londonienne.*

West Indian ◆ n Antillais *m*, -e *f*. ◆ adj antillais.

West Indies pl pr n Antilles *fpl* / *in the West Indies* aux Antilles ▸ **the French West Indies** les Antilles françaises ▸ **the Dutch West Indies** les Antilles néerlandaises.

westing ['westɪŋ] n NAUT route *f* vers l'ouest, chemin *m* ouest.

Westminster ['westmɪnstər] pr n *quartier du centre de Londres où se trouvent le Parlement et le palais de Buckingham* ▸ **Westminster Abbey** l'abbaye *f* de Westminster.

 **Westminster**

C'est dans ce quartier que se trouvent le Parlement et le palais de Buckingham. Le nom de **Westminster** est également employé pour désigner le Parlement lui-même.

west-northwest ◆ n ouest-nord-ouest *m*. ◆ adj à or de l'ouest-nord-ouest / *a west-northwest wind* un vent d'ouest-nord-ouest. ◆ adv vers l'ouest-nord-ouest.

Westphalia [west'feɪljə] pr n Westphalie *f*.

West Point pr n *importante école militaire américaine*.

west-southwest ◆ n ouest-sud-ouest *m*. ◆ adj à or de l'ouest-sud-ouest / *a west-southwest wind* un vent d'ouest-sud-ouest. ◆ adv vers l'ouest-sud-ouest.

West Virginia pr n Virginie-Occidentale *f* / *in West Virginia* en Virginie-Occidentale.

westward ['westwəd] ◆ adj [to the west] vers l'ouest. ◆ adv en direction de or vers l'ouest.

westwards ['westwədz] adv vers l'ouest.

wet [wet] (*compar* **wetter**, *superl* **wettest**, *pt & pp* **wet** *or* **wetted**, *cont* **wetting**) ◆ adj **1.** [ground, person, umbrella - gen] mouillé ; [- damp] humide ; [- soaked] trempé ▸ **to get wet** se faire mouiller / *I got my jacket wet* j'ai mouillé ma veste / *I got my feet wet* je me suis mouillé les pieds / *try not to get your shoes wet* essaie de ne pas mouiller tes chaussures ▸ **to be wet through a)** [person] être trempé jusqu'aux os or complètement trempé **b)** [clothes, towel] être complètement trempé / *her eyes were wet with tears* elle avait les yeux baignés de larmes / *the roads can be slippery when wet* les routes mouillées peuvent être glissantes ▸ **to be (still) wet behind the ears** manquer d'expérience **2.** [ink, paint, concrete] frais (fraîche) / **'wet paint!'** 'peinture fraîche !' **3.** [climate, weather - damp] humide ; [- rainy] pluvieux ; [day] pluvieux, de pluie / *it's going to be very wet all weekend* il va beaucoup pleuvoir tout ce week-end / *in wet weather* par temps de pluie, quand il pleut / *the wet season* la saison des pluies **4.** UK *inf* [feeble] : *don't be so wet!* tu es une vraie lavette ! **5.** UK *inf* POL mou *(before vowel or silent 'h' mol, f molle)*, modéré **6.** US [wrong] ▸ **to be all wet** avoir tort **7.** US [state, town] *où l'on peut acheter librement des boissons alcoolisées*. ◆ vt [hair, sponge, towel] mouiller ▸ **to wet o.s.** or **one's pants** mouiller sa culotte ▸ **to wet the bed** faire pipi au lit ▸ **to wet one's lips** s'humecter les lèvres ▸ **to wet o.s. a)** [from worry] se faire de la bile **b)** [from laughter] rire aux larmes ▸ **to wet one's whistle** boire un coup. ◆ n **1.** UK [rain] pluie *f* ; [damp] humidité *f* ▸ **to go out in the wet** sortir sous la pluie / *let's get in out of the wet* entrons, ne restons pas sous la pluie / *he left his bike out in the wet* il a laissé son vélo dehors sous la pluie **2.** AUSTR ▸ **the wet** la saison des pluies **3.** UK *inf* POL modéré *m*, -e *f* or mou *m*, molle *f (du parti conservateur)* **4.** UK *inf & pej* [feeble person] lavette *f*.

wet and dry n *toile d'émeri très fine*.

wetback ['wetbæk] n US *vulg terme injurieux désignant un ouvrier mexicain entré illégalement aux États-Unis*.

wet bar n US *minibar avec un petit évier*.

wet blanket n *inf* rabat-joie *m inv*.

wet dock n bassin *m* à flot.

wet dream n éjaculation *f* or pollution *f* nocturne.

wet fish n poisson *m* frais.

wether ['weðər] n bélier *m* châtré, mouton *m*.

wetland ['wetlənd] n marécage *m*, marais *m*.

wet-look ◆ adj brillant / *a wet-look dress* une robe qui brille. ◆ n aspect *m* brillant.

wetness ['wetnɪs] n humidité *f*.

wet nurse n nourrice *f*.

❖ **wet-nurse** vt servir de nourrice à, élever au sein.

wet rot n *(U)* moisissure *f* humide.

wet suit n combinaison *f* or ensemble *m* de plongée.

wetting agent ['wetɪŋ-] n CHEM (agent *m*) mouillant *m*.

wetting solution ['wetɪŋ-] n [for contact lenses] solution *f* de rinçage.

wetware ['wetweər] n *inf* utilisateurs *mpl* (d'un système informatique).

WEU (abbr of **Western European Union**) pr n UEO *f*.

we've [wi:v] abbr of **we have**.

W4u MESSAGING written abbr of **waiting for you**.

WFTU (abbr of **World Federation of Trade Unions**) pr n FSM *f*.

whack [wæk] *inf* ◆ n **1.** [thump] claque *f*, grand coup *m* ; [sound] claquement *m*, coup *m* sec ▸ **to give sb / sthg a whack** donner un grand coup à qqn / qqch **2.** [try] essai *m* ▸ **to have a whack at sthg** essayer qqch **3.** UK [share] part *f* / *he paid more than his whack* il a payé plus que sa part / *she didn't do her fair whack* elle n'a pas fait sa part du travail **4.** [offer] : *I'll pay 50 pounds, top whack* je paierai 50 livres, et pas un sou de plus **5.** PHR **out of the whack** US déglingué. ◆ vt **1.** [thump] donner un coup or des coups à ; [spank] donner une claque sur les fesses à **2.** UK [defeat] flanquer une dérouillée or raclée à **3.** US [murder] liquider **4.** *inf* [put, send] : *whack it in the oven* mets-le dans le four / *whack it over to me and I'll take a look* envoie-le-moi et je le regarderai. ◆ interj vlan !

❖ **whack off** vi *vulg* se branler.

❖ **whack out** vt sep *inf* [write] sortir / *she whacks out an article from time to time* elle sort un article de temps en temps.

whacked [wækt] adj UK *inf* vanné, crevé.

whacked-out adj **1.** *inf* [tired] crevé **2.** [on drugs] défoncé **3.** [crazy] chtarbé.

whacker ['wækər] UK *inf* = **whopper**.

whacking ['wækɪŋ] *inf* ◆ adj UK énorme, colossal. ◆ adv extrêmement / *a whacking great dog / house* un chien / une maison absolument énorme. ◆ n ▸ **to get a whacking a)** [beating] prendre une raclée **b)** [defeat] prendre une raclée or une déculottée.

whacko [,wæk'əʊ] interj *inf & dated* épatant, bath.

whacky ['wækɪ] (*compar* **whackier**, *superl* **whackiest**) *inf* = **wacky**.

whale [weɪl] ◆ n **1.** *lit* baleine *f* **2.** PHR **to have a whale of a time** *inf* : *we had a whale of a time* on s'est drôlement bien amusés. ◆ vi **1.** pêcher la baleine **2.** US *inf* ▸ **to whale away at sthg** s'en prendre à qqch. ◆ vt US *inf* **1.** [thump] mettre une raclée à, rosser / *I'll whale the living daylights out of you!* je vais te mettre une de ces raclées ! **2.** SPORT [defeat] mettre une raclée à, battre à plate couture.

whaleboat ['weɪlbəʊt] n baleinière *f*.

whalebone ['weɪlbəʊn] n fanon *m* de baleine ; [in corset, dress] baleine *f*.

whale oil n huile *f* de baleine.

whaler ['weɪlər] n **1.** [person] pêcheur *m* de baleine **2.** [ship] baleinier *m*.

whale shark n requin-baleine *m*.

whaling ['weɪlɪŋ] ◆ n **1.** [industry] pêche *f* à la baleine **2.** US *inf* [thrashing] rossée *f*, raclée *f*. ◆ comp [industry, port] baleinier ▸ **whaling ship** baleinier *m* ▸ **International Whaling Commission** Commission *f* internationale baleinière.

wham [wæm] (*pt & pp* **whammed**, *cont* **whamming**) *inf* ◆ n : *we hit the wall with a wham* et vlan ! on est rentrés dans le mur. ◆ interj vlan. ◆ vt **1.** [hit - person] donner une raclée à ; [- ball] donner un grand coup dans / *she whammed the ball over the net* d'un grand coup elle a envoyé la balle par-dessus le filet **2.** [crash - heavy object, vehicle] rentrer dans.

wharf [wɔ:f] (*pl* **wharves** [wɔ:vz] *or* **wharfs**) n NAUT quai *m*.

wharfage ['wɔ:fɪdʒ] n droits *mpl* de quai.

whassup [wɒ'sʌp] interj US *inf* [hello] salut ; [what's going on] qu'est-ce qui se passe ?

what [wɒt] ◆ pron **1.** [in direct questions - as subject] qu'est-ce qui, que ; [- as object] (qu'est-ce) que, quoi / *what do you want?* qu'est-ce que tu veux ?, que veux-tu ? / *what's happening?* qu'est-ce qui se passe ?, que se passe-t-il ? / *what's new?* quoi de neuf ? / *what's up?* **a)** *inf* qu'est-ce qu'il y a ? **b)** US [as greeting] quoi de neuf ? / *what's the matter?* or *what is it?* qu'est-ce qu'il y a ? / *what's it to you?* *inf* qu'est-ce que ça peut te faire ? / *what's that?* qu'est-ce que c'est que ça ? / *what's that building?* qu'est-ce que c'est que ce bâtiment ? / *what's your phone number?* quel est votre numéro de téléphone ? / *what's her name?* comment s'appelle-t-elle ? / *what's the Spanish for "light"?* comment dit-on « lumière » en espagnol ? / *what's the boss like?* comment est le patron ? / *what is life without friends?* que vaut la vie sans amis ? / *what's up with him?* *inf* qu'est-ce qu'il a ? / *what did I tell you?* **a)** [gen] qu'est-ce que je vous ai dit ? **b)** [I told you so] je vous l'avais bien dit ! / *she must be, what, 50?* elle doit avoir, quoi, 50 ans ? / *Mum? — what? — can I go out?* Maman ? — quoi — est-ce que je peux sortir ; [with preposition] quoi / *what are you thinking about?* à quoi pensez-vous ? / *what did he die of?* de quoi est-il mort ? / *what do you take me for?* pour qui me prenez-vous ? / *to what do I owe this honour?* *fml & hum* qu'est-ce qui me vaut cet honneur ? **2.** [in indirect questions - as subject] ce qui ; [- as object] ce que, quoi / *tell us what happened* dites-nous ce qui s'est passé / *I wonder what she was thinking about!* je me demande ce qui lui est passé par la tête ! / *I asked what it was all about* j'ai demandé de quoi il était question / *he didn't understand what I said* il n'a pas compris ce que j'ai dit / *I don't know what to do* je ne sais pas quoi faire / *I don't know what to do to help him* je ne sais pas quoi faire pour l'aider / *I don't know what that building is* je ne sais pas ce qu'est ce bâtiment **3.** [asking someone to repeat something] comment / *what's that?* qu'est-ce que tu dis ? / *they bought what?* quoi, qu'est-ce qu'ils ont acheté ? **4.** [expressing surprise] : *what, another new dress?* quoi, encore une nouvelle robe ? / *what, no coffee!* comment or quoi ? pas de café ? / *he's going into the circus — what!* il va travailler dans un cirque — quoi ? / *I found $350 — you what!* j'ai trouvé 350 dollars — quoi ? / *I told her to leave — you did what!* je lui ai dit de partir — tu lui as dit quoi ? **5.** [how much] : *what's 17 minus 4?* combien or que fait 17 moins 4 ? / *what does it cost?* combien est-ce que ça coûte ? / *what do I owe you?* combien vous dois-je ? / *do you know what he was asking for it?* savez-vous combien il en demandait ? **6.** [that which - as subject] ce qui ; [- as object] ce que, quoi / *what you need is a hot bath* ce qu'il vous faut, c'est un bon bain chaud / *they spent what amounted to a week's salary* ils ont dépensé l'équivalent d'une semaine de salaire / *she has what it takes to succeed* elle a ce qu'il faut pour réussir / *that's what life is all about!* c'est ça la vie ! / *education is not what it used to be* l'enseignement n'est plus ce qu'il était / *it was pretty much what we expected* c'était plus ou moins ce qu'on avait imaginé / *what's done cannot be undone* ce qui est fait est fait / *and what is worse,...* et ce qui est pire **7.** [whatever, everything that] : *they rescued what they could* ils ont sauvé ce qu'ils ont pu / *say what you will* vous pouvez dire or vous direz tout ce que vous voudrez / *say what you will, I don't believe you* racontez tout ce que vous voulez, je ne vous crois pas / *come what may* advienne que pourra **8.** UK *inf & dated* [inviting agreement] n'est-ce pas / *an interesting book, what?* un livre intéressant, n'est-ce pas or pas vrai ? **9.** PHR **I'll tell you what...** écoute ! ▸ **you know what...?** tu sais quoi... ? ▸ **I know what** j'ai une idée ▸ **you'll never guess what** tu ne devineras jamais (quoi) ▸ **and what have you** or **and what not** *inf* : *docu-*

ments, reports and what have you or *and what not* des documents, des rapports et je ne sais quoi encore ▸ **and I don't know what** *inf* et que sais-je encore ▸ **and God knows what** *inf* et Dieu sait quoi / *have you got a flat, rooms or what?* vous avez un appartement, une chambre ou quoi ? / *look, do you want to come or what?* alors, tu veux venir ou quoi ? / *is this delicious or what? inf* mon dieu que c'est bon ! / *boy, was he angry or what? inf* mon dieu qu'il était en colère ! / *a trip to Turkey? — what next!* un voyage en Turquie ? — et puis quoi encore ! ▸ **what have we here?** mais que vois-je ? ▸ **what ho! a)** *dated* eh ! ho ! **b)** [as greeting] salut ! / *we need to find out what's what inf* il faut qu'on sache où en sont les choses / *she told me what was what inf* elle m'a mis au courant / *they know what's what in art inf* ils s'y connaissent en art / *I'll show him what's what! inf* je vais lui montrer de quel bois je me chauffe ! ◆ det **1.** [in questions] quel *m*, quelle *f*, quels *mpl*, quelles *fpl* / *what books did you buy?* quels livres avez-vous achetés ? / *what colour / size is it?* de quelle couleur / taille est-ce ? / *(at) what time will you be arriving?* à quelle heure arriverez-vous ? / *what day is it?* quel jour sommes-nous ? **2.** [as many as, as much as] : *I gave her what money I had* je lui ai donné le peu d'argent que j'avais / *he gathered what strength he had* il a rassemblé le peu de forces qui lui restaient / *what time we had left was spent (in) packing* on a passé le peu de temps qu'il nous restait à faire les valises / *they stole what little money she had* ils lui ont volé le peu d'argent qu'elle avait / *I gave her what comfort I could* je l'ai consolée autant que j'ai pu. ◆ predet [expressing an opinion or reaction] : *what a suggestion!* quelle idée ! / *what a strange thing!* comme c'est bizarre ! / *what a pity!* comme c'est ou quel dommage ! / *what an idiot he is!* comme il est bête !, qu'il est bête ! / *what lovely children you have!* quels charmants enfants vous avez ! / *you can't imagine what a time we had getting here* vous ne pouvez pas vous imaginer le mal qu'on a eu à venir jusqu'ici. ◆ adv [in rhetorical questions] : *what do I care?* qu'est-ce que ça peut me faire ? / *what does it matter?* qu'est-ce que ça peut faire ?

❖ **what about** adv phr : *what about lunch?* et si on déjeunait ? / *when shall we go? — what about Monday?* quand est-ce qu'on y va ? — (et si on disait) lundi ? / *what about your promise? — what about my promise?* et ta promesse ? — ben quoi, ma promesse ? / *what about it? inf* et alors ? / *do you remember Mary? — what about her?* tu te souviens de Mary ? — oui, et alors ? / *and what about you?* et vous donc ?

❖ **what for** adv phr **1.** [why] ▸ **what for?** pourquoi ? / *what did you say that for?* pourquoi as-tu dit cela ? / *I'm leaving town — what for?* je quitte la ville — pourquoi ? **2.** PHR **to give sb what for** *inf* passer un savon à qqn.

❖ **what if** conj phr : *what if we went to the beach?* et si on allait à la plage ? / *he won't come — and what if he doesn't?* [supposing] il ne va pas venir — et alors ?

❖ **what with** conj phr : *what with work and the children I don't get much sleep* entre le travail et les enfants je ne dors pas beaucoup / *what with paying for dinner and the cab he was left with no cash* après avoir payé le dîner et le taxi il n'avait plus d'argent / *what with one thing and another I never got there* pour un tas de raisons je n'y suis jamais allé.

whatchamacallit ['wɒtʃəmə,kɔːlɪt], **what-d'you-call-it** ['wɒtdjʊ,kɔːlɪt] n *inf* machin *m*, truc *m*.

what-d'ye-call-her ['wɒtjəkɔːləʳ] n *inf* [person] Machine *f*.

what-d'ye-call-him ['wɒtjəkɔːlɪm] n *inf* [person] Machin *m*.

what-d'ye-call-it ['wɒtjəkɔːlɪt] n *inf* [thing] machin *m*, truc *m*.

whate'er [wɒt'eəʳ] *liter* = **whatever.**

whatever [wɒt'evəʳ] ◆ pron **1.** [anything, everything] tout ce que / *do whatever he asks (you)* faites tout ce qu'il vous demande / *take whatever you need* prenez tout ce dont vous avez besoin / *I'll do whatever is necessary* je ferai le nécessaire / *whatever you like* ce que tu veux **2.** [no matter what] quoi que / *whatever I say, he always disagrees* quoi que je dise, il n'est jamais d'accord / *whatever happens, stay calm* quoi qu'il arrive, restez calme / *whatever you do, don't tell her what I said* surtout, ne lui répète pas ce que je t'ai dit / *whatever it may be* quoi que ce soit / *whatever the reason* quelle que soit la raison / *the doctors must operate whatever the risk* les médecins doivent opérer quel que soit le risque / *whatever it costs, I want that house* je veux cette maison à tout prix / *I won't do it, whatever you say* vous aurez beau dire or vous pouvez dire tout ce que vous voulez, je ne le ferai pas / *whatever you say, whatever you think best* comme tu voudras / *whatever you may think, I am telling the truth* vous pouvez penser ce que vous voulez, mais je dis la vérité **3.** [indicating surprise] : *whatever can that mean?* qu'est-ce que ça peut bien vouloir dire ? / *whatever do you want to do that for?* et pourquoi donc voulez-vous faire ça ? / *he wants to join the circus — whatever next!* il veut travailler dans un cirque — et puis quoi encore ! ; [indicating uncertainty] : *it's an urban regeneration area, whatever that means* c'est une zone de rénovation urbaine, si tu sais ce qu'ils entendent par là **4.** *inf* [some similar thing or things] : *they sell newspapers, magazines and whatever* ils vendent des journaux, des revues et ainsi de suite or et que sais-je encore / *I don't want to study English or philosophy or whatever* je ne veux étudier ni l'anglais, ni la philosophie, ou que sais-je encore **5.** [indicating lack of interest] : *shall I take the red or the green? — whatever inf* je prends le rouge ou le vert ? — n'importe. ◆ det **1.** [any, all] tout, n'importe quel / *she read whatever books she could find* elle lisait tous les livres qui lui tombaient sous la main / *he gave up whatever ambitions he still had* il a abandonné ce qui lui restait d'ambition / *I'll take whatever fruit you have* je prendrai ce que vous avez comme fruits **2.** [no matter what] : *for whatever reason, he changed his mind* pour une raison quelconque, il a changé d'avis / *she likes all films, whatever subject they have* elle aime tous les films quel qu'en soit le sujet. ◆ adv : *choose any topic whatever* choisissez n'importe quel sujet / *I have no doubt whatever* je n'ai pas le moindre doute / *I see no reason whatever to go* je ne vois absolument aucune raison d'y aller / *we have no intention whatever of giving up* nous n'avons pas la moindre intention d'abandonner / *he knew nothing whatever about it* il n'en savait absolument rien or rien du tout / *she has no money whatever* elle n'a pas un sou.

See box at que.

> Note that **quoi que** is followed by a verb in the subjunctive:
> **Whatever I say she gets angry.** *Quoi que je dise, elle se fâche.*

whatnot ['wɒtnɒt] n **1.** [furniture] étagère *f* **2.** PHR **and whatnot** *inf* et ainsi de suite.

what's [wɒts] **1.** abbr of **what is 2.** abbr of **what has.**

whatshername ['wɒtsəneɪm] n *inf* Machine *f* ▸ **(Mrs) whatshername** Madame Machin.

whatshisname ['wɒtsɪzneɪm] n *inf* Machin *m*, Machin Chouette *m* ▸ **Mr whatshisname** Monsieur Machin.

whatsit ['wɒtsɪt] n *inf* machin *m*, truc *m*.

whatsitsname ['wɒtsɪtsneɪm] n *inf* machin *m*, truc *m*.

whatsoever [,wɒtsəʊ'evəʳ] pron ▸ **none whatsoever** aucun / *he gave us no encouragement whatsoever* il ne nous a pas prodigué le moindre encouragement.

What's On n UK PRESS *magazine d'informations culturelles.*

wheat [wiːt] ◆ n blé *m* ▸ **to separate the wheat from the chaff** séparer le bon grain de l'ivraie. ◆ comp [flour] de blé, de froment ; [field] de blé.

wheat beer n bière *f* blanche.

wheatear ['wiːt,ɪəʳ] n traquet *m*, motteux *m*.

wheaten ['wiːtn] adj **1.** [bread] de blé or froment **2.** [colour] blond comme les blés.

wheat germ n germe *m* de blé.

wheatmeal ['wiːtmiːl] n ▸ **wheatmeal (flour)** farine *f* complète.

wheat rust n rouille *f* du blé.

Wheatstone bridge ['wiːtstən-] n pont *m* de Wheatstone.

whee [wiː] interj ▸ **whee!** ooooh !

wheedle ['wiːdl] vt enjôler ▸ **to wheedle sb into doing sthg** convaincre qqn de faire qqch à force de cajoleries ▸ **to wheedle sthg out of sb** obtenir qqch de qqn par des cajoleries.

wheedling ['wiːdlɪŋ] ◆ n *(U)* cajolerie *f*, cajoleries *fpl*. ◆ adj cajoleur, enjôleur / *a wheedling voice* une voix pateline.

wheel [wiːl] ◆ n **1.** [of bicycle, car, train] roue *f* ; [smaller] roulette *f* ; [for potter] tour *m* / *on wheels* sur roues or roulettes / *the wheel has come full circle fig* la boucle est bouclée ▸ **wheel alignment** AUTO parallélisme *m* des roues ▸ **the wheel of fortune** la roue de la fortune / *she's a big wheel around here* US elle est considérée comme une huile par ici **2.** AUTO ▸ **to be at the wheel a)** *lit* être au volant **b)** *fig* être aux commandes ▸ **to get behind** or **to take the wheel** se mettre au or prendre le volant ▸ **(steering) wheel** volant *m* ▸ **the City on Wheels** *surnom de Los Angeles* **3.** NAUT barre *f*, gouvernail *m* / *at the wheel* à la barre **4.** [of torture] roue *f*. ◆ vi **1.** [birds] tournoyer ; [procession] faire demi-tour ; MIL [column] effectuer une conversion ▸ **to wheel to the left** tourner sur la gauche ▸ **left wheel!** MIL à gauche ! ▸ **to wheel (round) a)** [person] se retourner, faire une volte-face **b)** [procession] faire demi-tour **c)** [horse] pirouetter **d)** [birds] tournoyer **2.** PHR **to wheel and deal a)** *inf* [do business] brasser des affaires **b)** *pej* magouiller. ◆ vt [bicycle, trolley] pousser ; [suitcase] tirer / *she wheeled the baby around the park* elle a promené le bébé dans le parc / *she wheeled in a trolley full of cakes* elle entra en poussant un chariot plein de gâteaux / *they wheeled on* or *out the usual celebrities fig* ils ont ressorti les mêmes célébrités.

❖ **wheels** pl n **1.** [workings] rouages *mpl* / *the wheels of government* les rouages du gouvernement ▸ **there are wheels within wheels** c'est plus compliqué que ça n'en a l'air **2.** *inf* AUTO [car] bagnole *f* / *he's got a new set of wheels* il a une nouvelle bagnole.

wheelbarrow ['wiːl,bærəʊ] n brouette *f*.

wheelbase ['wiːlbeɪs] n AUTO empattement *m*.

wheel brace n clef *f* en croix.

wheelchair ['wiːl,tʃeəʳ] n fauteuil *m* roulant ▸ **wheelchair access** accès *m* aux handicapés ▸ **the Wheelchair Olympics** les jeux *mpl* Olympiques handisport or pour handicapés.

wheelclamp ['wiːlklæmp] ◆ n sabot *m* de Denver. ◆ vt : *my car was wheelclamped* on a mis un sabot à ma voiture.

wheeled [wiːld] adj à roues, muni de roues.

-wheeled in comp à roues ▸ **four-wheeled** à quatre roues.

wheeler ['wiːləʳ] n **1.** [wheelmaker] charron *m* **2.** [horse] timonier *m*.

-wheeler in comp à roues.

wheeler-dealer n *inf & pej* affairiste *mf*.

wheelhouse ['wiːlhaʊs] *(pl* [-haʊzɪz]*)* n timonerie *f*.

wheelie ['wiːlɪ] n *inf* ▸ **to do a wheelie** faire une roue arrière *(sur une moto)*.

wheelie bin ['wiːlɪ-] n poubelle *f (avec des roues)*.

wheeling and dealing ['wiːlɪŋ-] n *(U) inf* combines *fpl*, manigances *fpl*.

wheelspin ['wiːlspɪn] n AUTO patinage *m*.

wheelwright ['wiːlraɪt] n charron *m*.

wheesht [hwiːʃt] SCOT *inf* ◆ excl chut ! ◆ n : *hold your wheesht!* retiens ta langue !, tais-toi !

wheeze [wiːz] ◆ vi [person] respirer bruyamment or comme un asthmatique ; [animal] souffler. ◆ vt dire d'une voix rauque / *the old accordion can still wheeze out a note or two* on peut encore tirer quelques notes du vieil accordéon. ◆ n **1.** [sound of breathing] respiration *f* difficile or sifflante **2.** UK *inf & dated* [trick] combine *f* **3.** UK *inf* [joke] blague *f* **4.** US [saying] dicton *m*.

wheezy ['wi:zɪ] (*compar* **wheezier**, *superl* **wheeziest**) adj [person] asthmatique ; [voice, chest] d'asthmatique ; [musical instrument, horse] poussif.

whelk [welk] n bulot *m*, buccin *m*.

whelp [welp] ◆ n **1.** [animal] petit *m*, -e *f* **2.** *pej* [youth] petit morveux *m*, petite morveuse *f*. ◆ vi [of animals] mettre bas.

when [wen] ◆ adv quand / *when are we leaving?* quand partons-nous ? / *when is the next bus?* à quelle heure est or quand passe le prochain bus ? / *when did the war end?* quand la guerre s'est-elle terminée ? / *when did the accident happen?* quand l'accident a-t-il eu lieu ? / *when was the Renaissance?* à quand remonte l'époque de la Renaissance ? / *when do you start your new job?* quand commencez-vous votre nouveau travail ? / *when do you use the subjunctive?* quand emploie-t-on le subjonctif ? / *you're open until when?* vous êtes ouvert jusqu'à quand ? / *when did you last see her?* quand l'avez-vous vue pour la dernière fois ? / *when do the Easter holidays begin?* quand est-ce que commencent les vacances de Pâques ? / *when is the best time to call?* quel est le meilleur moment pour appeler ? / *the homework is due when?* quand doit-on rendre les devoirs ? ◆ conj **1.** [how soon] quand / *I don't know when we'll see you again* je ne sais pas quand nous vous reverrons / *do you remember when we met?* te souviens-tu du jour où nous nous sommes connus ? / *do you know when he was born?* savez-vous quand il est né ?, connaissez-vous sa date de naissance ? / *I wonder when the shop opens* je me demande à quelle heure ouvre le magasin / *your contract states when you will be paid* votre contrat spécifie quand vous serez payé / *we don't agree on when it should be done* nous ne sommes pas d'accord sur le moment où il faudrait le faire **2.** [at which time] quand / *come back next week when we'll have more time* revenez la semaine prochaine quand nous aurons plus de temps / *he returned in the autumn, when the leaves were beginning to turn* il est revenu à l'automne, alors que les feuilles commençaient à jaunir **3.** [indicating a specific point in time] quand, lorsque / *he turned round when she called his name* il s'est retourné quand or lorsqu'elle l'a appelé / *when she's gone, he's unhappy* quand or lorsqu'elle n'est pas là, il est malheureux / *when I was a student* lorsque j'étais or à l'époque où j'étais étudiant / *will you still love me when I'm old?* m'aimeras-tu encore quand je serai vieux ? / *she's only happy when she's writing* elle n'est heureuse que lorsqu'elle écrit / *they were talking when he came in* ils étaient en train de discuter quand il est entré / *she's thinner than when I last saw her* elle a maigri depuis la dernière fois que je l'ai vue / *he left town when he was twenty* il a quitté la ville quand il avait or à l'âge de vingt ans / *when she was a child* quand or lorsqu'elle était enfant / *on Sunday, when I go to the market* **a)** [this week] dimanche, quand j'irai au marché **b)** [every week] le dimanche, quand je vais au marché / *I had just walked in the door / he was about to go to bed when the phone rang* je venais juste d'arriver / il était sur le point de se coucher quand le téléphone a sonné / *we hadn't been gone five minutes when Susan wanted to go home* ça ne faisait pas cinq minutes que nous étions partis et Susan voulait déjà rentrer **4.** [as soon as] quand, dès que ; [after] quand, après que / *put your pencils down when you have finished* posez votre crayon quand vous avez terminé / *when completed, the factory will employ 100 workers* une fois terminée, l'usine emploiera 100 personnes / *when he starts drinking, he can't stop* une fois qu'il a commencé à boire, il ne peut plus s'arrêter / *I'll answer any questions when the meeting is over* quand la réunion sera terminée, je répondrai à toutes vos questions / *when I had read my report, she suggested we take a break* après mon exposé, elle a suggéré qu'on fasse une pause / *when they had finished dinner, he offered to take her home* quand or après qu'ils eurent dîné, il lui proposa de la ramener / *when you see her you'll understand* quand vous la verrez vous comprendrez / *when she had talked to him, she left* après lui avoir parlé, elle est partie **5.** [the time that] : *remember when a coffee cost 10 cents?* vous souvenez-vous de l'époque où un café coûtait 10 cents ? / *he talked about when he was a soldier* il parlait de l'époque où il était soldat / *that's when it snowed so hard* c'est quand il a tant neigé / *that's when he got up and left* c'est à ce moment-là or c'est alors qu'il s'est levé et est parti / *that's when the shops close* c'est l'heure où les magasins ferment / *now is when we should stand up and be counted* c'est le moment d'avoir le courage de nos opinions **6.** [whenever] quand, chaque fois que / *when it's sunny, the children play outside* quand il y a du soleil, les enfants jouent dehors / *when I hear that song, I think of her* chaque fois que or quand j'entends cette chanson, je pense à elle / *I try to avoid seeing him when possible* j'essaie de l'éviter quand c'est possible **7.** [since, given that] quand, étant donné que / *what good is it applying when I don't qualify for the job?* à quoi bon me porter candidat quand or si je n'ai pas les capacités requises pour faire ce travail ? / *how can you treat her so badly when you know she loves you?* comment pouvez-vous la traiter si mal quand or alors que vous savez qu'elle vous aime ? / *why change jobs when you like what you do?* pourquoi changer de travail quand or puisque vous aimez ce que vous faites ? / *fancy having soup when you could have had caviar!* pourquoi manger de la soupe quand on peut manger du caviar ? **8.** [whereas] alors que / *she described him as being lax when in fact he's quite strict* elle l'a décrit comme étant négligent alors qu'en réalité il est assez strict. ◆ rel pron **1.** [at which time] : *an age when men were men* une époque où les hommes étaient des hommes / *in a period when business was bad* à une période où les affaires allaient mal / *she was president until 2007, when she left the company* elle fut présidente jusqu'en 2007, année où elle a quitté l'entreprise ; [which time] : *she started her job in May, since when she has had no free time* elle a commencé à travailler en mai et elle n'a pas eu de temps libre depuis / *the new office will be ready in January, until when we use the old one* le nouveau bureau sera prêt en janvier, jusque là or en attendant, nous utiliserons l'ancien **2.** [that] où / *do you remember the year when we went to Alaska?* tu te rappelles l'année où on est allés en Alaska ? / *what about the time when she didn't show up?* et la fois où elle n'est pas venue ? / *one day when he was out* un jour où il était sorti or qu'il était sorti / *it was only a minute later when he heard a scream* à peine une minute plus tard il entendait un cri / *on Monday, the day when I was supposed to start work* lundi, le jour où je devais commencer à travailler / *it's one of those days when everything goes wrong* c'est un de ces jours où tout va de travers / *there were times when she didn't know what to do* il y avait des moments où elle ne savait plus quoi faire.

whence [wens] adv & pron *fml* d'où.

whene'er [wen'eər] *liter* = **whenever**.

whenever [wen'evər] ◆ conj **1.** [every time that] quand, chaque fois que / *whenever we go on a picnic, it rains* chaque fois qu'on part en pique-nique, il pleut / *whenever it snows there's chaos on the roads* chaque fois qu'il neige c'est la panique sur les routes / *he can come whenever he likes* il peut venir quand il veut / *I go to visit her whenever I can* je vais la voir dès que je peux / *whenever there is an eclipse* à chaque éclipse **2.** [at whatever time] quand / *call me whenever you need me* appelez-moi si vous avez besoin de moi / *you can leave whenever you're ready* vous pouvez partir dès que vous serez prêt / *they try to help whenever possible* ils essaient de se rendre utiles quand c'est possible. ◆ adv **1.** [expressing surprise] quand / *whenever did you find the time?* mais quand donc avez-vous trouvé le temps ? **2.** [referring to an unknown or unspecified time] : *I'll pick you up at 6 o'clock or whenever is convenient* je te prendrai à 6 heures ou quand ça te convient / *let's assume he started work in April or whenever* *inf* supposons qu'il ait commencé à travailler en avril ou quelque chose comme ça / *we could have lunch on Thursday or Friday or whenever* *inf* on pourrait déjeuner ensemble jeudi, vendredi ou un autre jour.

See box at que.

whensoever [,wensəʊ'evər] *liter* = **whenever**.

where [weər] ◆ adv **1.** [at, in, to what place] où / *where is the restaurant?* où est le restaurant ? / *where are we going?* où allons-nous ? / *where are you from?* d'où est-ce que vous venez ?, d'où êtes-vous ? / *where did you put them?* où les avez-vous mis ? / *where is the entrance?* où est l'entrée ? / *the school is near where?* l'école est près d'où ? / *where does this road lead?* où va cette route ? **2.** [at what stage, position] : *where are you in your work / in the book?* où en êtes-vous dans votre travail / dans votre lecture ? / *where were we?* où en étions-nous ? / *where do you stand on this issue?* quelle est votre position or opinion sur cette question ? / *where do you stand with the boss?* quels sont vos rapports avec le patron ? / *where do I come into it?* qu'est-ce que j'ai à faire là-dedans, moi ? / *where would I be without you?* que serais-je devenu sans toi ? ◆ conj **1.** [the place at or in which] (là) où / *it rains a lot where we live* il pleut beaucoup là où nous habitons / *she told me where to go* **a)** [gave me directions] elle m'a dit où (il fallait) aller **b)** [was rude] elle m'a envoyé promener / *there is a factory where I used to go to school* il y a une usine là où or à l'endroit où j'allais autrefois à l'école / *how did you know where to find me?* comment avez-vous su où me trouver ? / *I wonder where my keys are* je me demande où sont mes clés / *you'll find your key where you left it* tu trouveras ta clé (là) où tu l'as laissée / *sit where you like* asseyez-vous où vous voulez or voudrez / *turn left where the two roads meet* tournez à gauche au croisement / *fishing is best where the Doubs meets the Saône* c'est au confluent du Doubs et de la Saône que l'on fait la meilleure pêche ; *fig* : *I just don't know where to begin* je ne sais vraiment pas par où commencer **2.** [the place that] là que, là où / *this is where I work* c'est là que je travaille / *so that's where I left my coat!* voilà où j'ai laissé mon manteau ! / *he showed me where the students live* il m'a montré l'endroit où habitent les étudiants / *this is where we get off the bus* c'est là que nous descendons / *the child ran up to where her mother was sitting* l'enfant a couru jusqu'à l'endroit où sa mère était assise / *we can't see well from where we're sitting* nous ne voyons pas bien d'où or de là où nous sommes assis ; *fig* : *I see where I went wrong* je vois où je me suis trompé / *that's where she's mistaken* c'est là qu'elle se trompe, voilà son erreur / *this is where you have to make up your mind* là, il faut que tu te décides **3.** [whenever, wherever] quand, là où / *the judge is uncompromising where drugs are concerned* le juge est intraitable lorsqu'il or quand il s'agit de drogue / *the situation is hopeless where defence is concerned* pour la défense, la situation est sans espoir / *he can't be objective where she's concerned* il ne peut pas être objectif lorsqu'il s'agit d'elle / *where x equals y* MATH où x égale y / *where possible* là où or quand c'est possible ▸ **where there's life, there's hope** *prov* tant qu'il y a de la vie, il y a de l'espoir *prov* **4.** [whereas, while] là où, alors que / *where others see a horrid brat, I see a shy little boy* là où les autres voient un affreux moutard, je vois un petit garçon timide **5.** PHR **where it's at** *inf* là où ça bouge. ◆ rel pron **1.** [in which, at which] où / *the place where we went on holiday* l'endroit où nous sommes allés en vacances / *the room where he was working* la pièce où or dans laquelle il travaillait / *the table where they were sitting* la table où or à laquelle ils étaient assis / *it was the kind of restaurant where tourists go* c'était le genre de restaurant que fréquentent les touristes ; *fig* : *I'm at the part where they discover the murder* j'en suis au moment où ils découvrent le meurtre / *it's reached a stage where I'm finding it difficult to work* ça en est au point où travailler me devient pénible **2.** [in or at which place] : *Boston, where I was born* Boston, où je suis né or ma ville natale / *sign at the bottom, where I've put a cross* signez en bas, là où j'ai mis une croix. ◆ n : *they discussed the where and how of his accident* ils ont parlé en détail des circonstances de son accident / *you can find that any old where* vous pouvez trouver cela n'importe où.

whereabouts ◆ adv [,weərə'baʊts] où / *whereabouts are you from?* d'où êtes-vous ? / *I used to live in*

Cumbria — oh, really, whereabouts? j'habitais dans le Cumbria — vraiment ? où ça or dans quel coin ? ◆ pl n ['weərəbaʊts] ▸ **to know the whereabouts of sb / sthg** savoir où se trouve qqn / qqch / *her exact whereabouts are unknown* personne ne sait exactement où elle se trouve.

whereafter [weər'ɑ:ftər] conj *arch & fml* après quoi.

whereas [weər'æz] conj **1.** [gen] alors que, tandis que **2.** *fml* LAW attendu que, considérant que.

whereat [weər'æt] *arch & fml* ◆ conj = **whereupon.** ◆ adv où.

whereby [weə'baɪ] rel pron *fml* par lequel, au moyen duquel / *there's a new system whereby everyone gets one day off a month* il y a un nouveau système qui permet à tout le monde d'avoir un jour de congé par mois.

wherefore ['weəfɔ:r] ◆ adv *arch & fml* pourquoi, pour quelle raison. ◆ conj *arch & fml* pour cette raison, donc. ◆ n ⟶ **why.**

wherein [weər'ɪn] *arch & fml* ◆ adv & conj en quoi, dans quoi. ◆ rel pron où, dans lequel.

whereof [weər'ɒv] *arch & fml* ◆ rel pron [person] dont, de qui ; [thing] dont, duquel. ◆ adv de quoi.

whereon [weər'ɒn] *arch & fml* ◆ rel pron sur quoi, sur lequel. ◆ adv sur quoi.

wheresoever [,weəsəʊ'evər] = **wherever.**

whereto [weə'tu:] *arch & fml* ◆ adv (vers) où. ◆ rel pron vers quoi.

whereupon [,weərə'pɒn] ◆ conj sur or après quoi, sur ce. ◆ adv *arch* sur quoi.

wherever [weər'evər] ◆ conj **1.** [every place] partout où ; [no matter what place] où que / *wherever you go in Europe, you meet other tourists* où que vous alliez en Europe, vous rencontrez d'autres touristes / *wherever you go it's the same thing* où que vous alliez c'est la même chose, c'est partout pareil / *wherever we went, he complained about the food* partout où on est allés, il s'est plaint de la nourriture **2.** [anywhere, in whatever place] (là) où / *he can sleep wherever he likes* il peut dormir (là) où il veut / *we'll have to sit wherever there's room* il faudra s'asseoir là où il y aura de la place / *she works wherever she's needed* elle travaille là où on a besoin d'elle / *he takes on work wherever he can find it* il accepte du travail où il en trouve / *we can go wherever we please* nous pouvons aller où bon nous semble / *wherever there is poverty there are social problems* là où il y a de la misère il y a des problèmes sociaux / *they're from Little Pucklington, wherever that is* ils viennent d'un endroit qui s'appellerait Little Pucklington **3.** [in any situation] quand / *I wish, wherever possible, to avoid job losses* je souhaite éviter toute perte d'emploi quand c'est possible / *grants are given wherever needed* des bourses sont accordées à chaque fois que c'est nécessaire. ◆ adv *inf* **1.** [indicating surprise] mais où donc / *wherever did you get that idea?* mais d'où sors-tu cette idée ? / *wherever have you been?* où étais-tu donc passé ? **2.** [indicating unknown or unspecified place] : *they're holidaying in Marbella or Málaga or wherever* ils passent leurs vacances à Marbella ou Malaga ou Dieu sait où.
See box at que.

wherewith [weə'wɪθ] conj *fml & liter* avec quoi, avec lequel.

wherewithal ['weəwɪðɔ:l] n UK ▸ **the wherewithal** les moyens *mpl* / *I don't have the wherewithal to buy a new coat* je n'ai pas les moyens de me payer un manteau neuf.

wherry ['werɪ] (*pl* **wherries**) n esquif *m* ; [fishing] canot *m*.

whet [wet] (*pt & pp* **whetted**, *cont* **whetting**) vt [cutting tool] affûter, aiguiser ; [appetite] aiguiser, ouvrir ▸ **to whet sb's appetite** ouvrir l'appétit à qqn / *her few days in Spain only whetted her appetite for more* *fig* ces quelques jours passés en Espagne n'ont fait que lui donner envie d'y revenir.

whether ['weðər] conj **1.** [if] si / *I asked whether I could come* j'ai demandé si je pouvais venir / *I don't know whether she's ready or not* je ne sais pas si elle est prête ou non / *I don't know now whether it's such a good idea* je ne suis plus sûr que ce soit une tellement or si bonne idée / *the question now is whether you want the job or not* la question est maintenant de savoir si tu veux cet emploi ou pas **2.** [no matter if] : *whether it rains or not* qu'il pleuve ou non / *whether you want to or not* que tu le veuilles ou non / *whether they open it now or later, it doesn't matter* qu'ils l'ouvrent maintenant ou plus tard, cela n'a pas d'importance / *whether by accident or design* que ce soit par hasard ou fait exprès.

> Note the use of the subjunctive with que when translating 'whether':
> **Whether he can actually solve the problem is another matter.** *Qu'il puisse réellement résoudre le problème est une autre question.*
> **They're coming with us whether they like it or not.** *Ils viennent avec nous que ça leur plaise ou non.*

whetstone ['wetstəʊn] n pierre *f* à aiguiser.

whew [fju:] interj [relief] ouf ; [admiration] oh là là / *whew! I'm glad that's over!* ouf ! je suis bien content que ça soit fini !

whey [weɪ] n petit-lait *m*.

whey-faced adj pâle.

which [wɪtʃ] ◆ det **1.** [indicating choice] quel *m*, quelle *f*, quels *mpl*, quelles *fpl* / *which book did you buy?* quel livre as-tu acheté ? / *which candidate are you voting for?* pour quel candidat allez-vous voter ? ▸ **which one?** lequel ? / laquelle ? ▸ **which ones?** lesquels ? / lesquelles ? / *which one of you spoke?* lequel de vous a parlé ? / *which one of the twins got married?* lequel des jumeaux s'est marié ? / *I saw several films — which ones?* j'ai vu plusieurs films — lesquels ? / *I wonder which route would be best* je me demande quel serait le meilleur chemin / *which way should we go?* par où devrions-nous aller ? / *keep track of which employees come in late* notez le nom des employés qui arrivent en retard **2.** [referring back to preceding noun or statement] : *he may miss his plane, in which case he'll have to wait* il est possible qu'il rate son avion, auquel cas il devra attendre / *she arrives at 5 p.m. at which time I'll still be at the office* elle arrive à 17 h, heure à laquelle je serai encore au bureau / *they lived in Madrid for one year, during which time their daughter was born* ils ont habité Madrid pendant un an, et c'est à cette époque que leur fille est née. ◆ pron **1.** [what one or ones] lequel *m*, laquelle *f*, lesquels *mpl*, lesquelles *fpl* / *which of the houses do you live in?* dans quelle maison habitez-vous ? / *which of these books is yours?* lequel de ces livres est le tien ? / *which is the freshest?* quel est le plus frais ? / *which is the more interesting of the two films?* lequel des deux films est le plus intéressant ? / *which of you saw the accident?* qui de vous a vu l'accident ? / *which of you three is the oldest?* lequel de vous trois est le plus âgé ?, qui est le plus âgé de vous trois ? / *she's from Chicago or Boston, I don't remember which* elle vient de Chicago ou de Boston, je ne sais plus lequel des deux / *we can play bridge or poker, I don't care which* on peut jouer au bridge ou au poker, peu m'importe / *I can't tell which is which* je n'arrive pas à les distinguer (l'un de l'autre) ▸ **which is which?** lequel est-ce ? **2.** [the one or ones that -as subject] celui qui *m*, celle qui *f*, ceux qui *mpl*, celles qui *fpl* ; [-as object] celui que *m*, celle que *f*, ceux que *mpl*, celles que *fpl* / *show me which you prefer* montrez-moi celui que vous préférez / *tell her which is yours* dites-lui lequel est le vôtre. ◆ rel pron **1.** [adding further information -as subject] qui ; [-as object] que / *the house, which is very old, needs urgent repairs* la maison, qui est très vieille, a besoin d'être réparée sans plus attendre / *the vases, each of which held white roses, were made of crystal* les vases, qui contenaient chacun des roses blanches, étaient en cristal / *the hand with which I write* la main avec laquelle j'écris / *the office in which she works* le bureau dans lequel or où elle travaille / *the hotels at which they stayed* les hôtels où ils sont allés or descendus **2.** [commenting on previous statement -as subject] ce qui ; [-as object] ce que / *it took her an hour, which isn't bad really* elle a mis une heure, ce qui n'est pas mal en fait / *he looked like a military man, which in fact he was* il avait l'air d'un militaire, et en fait c'en était un / *he says it was an accident, which I don't believe for an instant* il dit que c'était un accident, ce que je ne crois absolument pas or mais je ne le crois pas un seul instant / *I don't like it when rents go up, which they often do* je n'aime pas que les loyers augmentent, ce qui arrive souvent / *then they arrived, after which things got better* puis ils sont arrivés, après quoi tout est allé mieux / *she lied about the letter, from which I guessed she was up to something* elle a menti au sujet de la lettre, d'où j'ai deviné qu'elle combinait quelque chose / *he started shouting, upon which I left the room* il s'est mis à crier, sur quoi or et sur ce j'ai quitté la pièce.
❖ **Which?** pr n *magazine de l'Union des consommateurs britanniques connu pour ses essais comparatifs.*

whichever [wɪtʃ'evər] ◆ pron **1.** [the one that -as subject] celui qui *m*, celle qui *f*, ceux qui *mpl*, celles qui *fpl* ; [-as object] celui que *m*, celle que *f*, ceux que *mpl*, celles que *fpl* / *choose whichever most appeals to you* choisissez celui / celle qui vous plaît le plus / *choose whichever most appeal to you* choisissez ceux / celles qui vous plaisent le plus / *will whichever of you arrives first turn on the heating?* celui d'entre vous qui arrivera le premier pourra-t-il allumer le chauffage ? / *take whichever is (the) cheapest* prenez (celui qui est) le moins cher / *shall we go to the cinema or the theatre? — whichever you prefer* on va au cinéma ou au théâtre ? — choisis ce que tu préfères / *let's meet at 3.30 or 4, whichever is best for you* donnons-nous rendez-vous à 3 h 30 ou à 4 h, comme cela vous arrange le mieux / *we will reimburse half the value or $1,000, whichever is the greater* nous vous rembourserons la moitié de la valeur ou 1 000 dollars, soit la somme la plus avantageuse **2.** [no matter which one] : *whichever of the routes you choose, allow about two hours* quel que soit le chemin que vous choisissiez, comptez environ deux heures / *whichever of the houses you buy it will be a good investment* quelle que soit la maison que vous achetiez, ce sera un bon investissement / *whichever of the computers you buy will be installed free of charge* quel que soit l'ordinateur que vous achetiez, l'installation sera gratuite / *I'd like to speak either to Mr Brown or Mr Jones, whichever is available* j'aimerais parler à M. Brown ou à M. Jones, celui des deux qui est disponible. ◆ det **1.** [indicating the specified choice or preference] : *grants will be given to whichever students most need them* des bourses seront accordées à ceux des étudiants qui en ont le plus besoin / *I'll buy whichever car does the best mileage* je prendrai la voiture qui consomme le moins (d'essence), peu importe laquelle / *take whichever seat you like* asseyez-vous où vous voulez / *we'll travel by whichever train is fastest* nous prendrons le train le plus rapide(, peu importe lequel) / *keep whichever one appeals to you most* gardez celui qui vous plaît le plus **2.** [no matter what -as subject] quel que soit… qui ; [-as object] quel que soit… que / *whichever job you take, it will mean a lot of travelling* quel que soit le poste que vous preniez, vous serez obligé de beaucoup voyager / *whichever party is in power* quel que soit le parti au pouvoir / *we'll still be late whichever way we go* nous serons en retard de toute façon quel que soit le chemin que nous prenions / *whichever way you look at it, it's not fair* peu importe la façon dont on considère la question, c'est vraiment injuste.
See box at que.

whichsoever [,wɪtʃsəʊ'evər] = **whichever.**

whichways ['wɪtʃweɪz] adv US où / *she left the papers lying every whichways* elle a laissé les papiers traîner partout.

whiff [wɪf] ◆ n **1.** [gust, puff] bouffée *f* / *one whiff of this gas and you'd be out cold* *inf* une seule bouffée de ce gaz et vous tombez dans les pommes **2.** [smell] odeur *f* / *he got a sudden whiff of her perfume / of rotten eggs* il sentit soudain l'odeur de son parfum / une odeur d'œufs pourris / *get a whiff of this!* *inf* sens-moi

WHICH, WHO ET THAT

Les principaux pronoms relatifs de l'anglais sont **which**, **who** et **that**.

Ils introduisent :

- les relatives dites ***déterminatives*** ou ***restrictives***, qui permettent de déterminer l'antécédent en fournissant des informations importantes sur ce dernier ;
- les relatives dites ***appositives*** ou ***non restrictives***, qui apportent un renseignement complémentaire (mais pas indispensable) sur l'antécédent.

Yesterday, we went to the theatre to see a play. Hier, nous sommes allés au théâtre voir une pièce.
[proposition principale]

a) The actor who played the main character was absolutely fantastic.
L'acteur qui jouait le personnage principal était absolument génial.
*[relative **déterminative**]*

b) The main actor, who is a friend of mine, was absolutely fantastic.
L'acteur principal, qui est un ami, était absolument génial.
*[relative **appositive**]*

Dans l'énoncé ***a)***, la relative vient donner des informations sur l'antécédent afin de le déterminer. Dans l'énoncé ***b)***, on a une relative appositive : on pourrait la supprimer sans perte d'information essentielle : the main actor was absolutely fantastic.

- Dans les relatives ***déterminatives***, on rencontre **who**, **which** et **that**.
- Dans les relatives ***appositives***, on trouve seulement **who** et **which**.

Le relatif français « ***qui*** » peut se traduire par **who**, **which** ou **that**. Regardons maintenant comment faire le bon choix.

WHO OU WHICH ?

Il s'agit là de l'alternative la plus simple pour les francophones, le choix entre **who** et **which** se faisant en fonction de l'antécédent du pronom relatif.

- Si l'antécédent est une personne ou est pourvu de caractéristiques anthropomorphiques (animaux familiers, par exemple), on utilise **who** :
  Caroline, who is getting married at the end of August, lives in London. Caroline, qui se marie à la fin août, vit à Londres.
  She's marrying a man who loves travelling. Elle épouse un homme qui adore voyager.
- Dans les autres cas, on utilise **which**.
  John's house, which is situated on the seafront, is an old Victorian villa. La maison de John, qui est située sur le front de mer, est une vieille villa victorienne.

WHO OU WHOM ?

Dans les exemples contenant **who** ci-dessus, le pronom relatif est en position sujet. Dans ce cas-là, seul **who** est possible. Lorsqu'il est complément d'objet, on peut préférer **whom** à **who** si l'on vise à obtenir un style plus soigné, surtout à l'écrit.

The thousands of people who(m) they freed. Les milliers de personnes qu'ils ont libérées.

The family who lived here moved away. La famille qui habitait ici a déménagé.

Dans la première relative, **who** / **whom** est un pronom relatif objet ; dans la deuxième relative, **who** est en position sujet et **whom** est impossible.

WHICH / WHO OU THAT ?

Comme nous l'avons vu, dans les relatives ***appositives*** on ne peut trouver que **who** ou **which** (en fonction de la nature de l'antécédent), mais jamais **that**.
The main actor, who is a friend of mine, was absolutely fantastic.
John's house, which is situated on the seafront, is an old Victorian villa.

En ce qui concerne les relatives ***déterminatives***, deux cas sont à analyser.

- En **position sujet**, **which** / **that** et **who** / **that** sont interchangeables :
  This is the movie that won the Oscar.
  This is the movie which won the Oscar. C'est le film qui a gagné l'Oscar.

  This is the girl who lives with my brother.
  This is the girl that lives with my brother. C'est la fille qui habite avec mon frère.

  La différence est stylistique : **who** est beaucoup plus élégant que **that** et **that** est considéré comme plus élégant que **which** à l'écrit. En revanche, **which** peut permettre d'éviter la répétition de **that** :
  The various steps that have been taken, and which are intended to improve standards… Les diverses dispositions qui ont été prises, et qui visent à améliorer la qualité…
- En **position d'objet** dans la proposition qu'il introduit, le pronom relatif est couramment omis :
  The table which we bought…
  The table that we bought…
  The table we bought… La table que nous avons achetée…

  I just met some friends who(m) I know from university.
  I just met some friends I know from university. Je viens de rencontrer des amis que je connais depuis l'université.

Pour résumer

Who ne peut avoir qu'un antécédent humain :
the girl who is over there
Which ne peut avoir qu'un antécédent non humain :
the building which is over there
That et **Ø** peuvent avoir les deux types d'antécédents :
the doctor that I know
the doctor I know
the book that I am reading
the book I am reading

un peu ça ! / *a whiff of scandal fig* une odeur de scandale. ◆ vi *inf* sentir mauvais, puer.

whiffle ['wɪfl] vi **1.** [blow] souffler par bouffées légères or soudaines **2.** *fig* [person] se conduire capricieusement.

whiffy ['wɪfɪ] (*compar* **whiffier**, *superl* **whiffiest**) adj *inf* qui pue.

Whig [wɪg] ◆ adj whig. ◆ n whig *m*.

while [waɪl] ◆ conj **1.** [as] pendant que / *he read the paper while he waited* il lisait le journal en attendant / *while (you're) in London you should visit the British Museum* pendant que vous serez à Londres or pendant votre séjour à Londres, il faut visiter le British Museum / *she fell asleep while on duty* elle s'est endormie pendant le service / *he cut himself while (he was) shaving* il s'est coupé en se rasant / *while this was going on* pendant ce temps-là / **'heels repaired / keys cut while you wait'** 'talons / clés minute' / *while you're up could you fetch me some water?* puisque tu es debout, peux-tu aller me chercher de l'eau ? / *and while I'm about* or *at it…* et pendant que j'y suis… **2.** [although] bien que, quoique / *while I admit it's difficult, it's not impossible* j'admets que c'est difficile, mais ce n'est pas impossible / *while comprehensive, the report lacked clarity* bien que détaillé le rapport manquait de clarté **3.** [whereas] alors que, tandis que / *while he loves opera, I prefer jazz* il adore l'opéra alors que moi je préfère le jazz / *she's left-wing, while he's rather conservative* elle est de gauche tandis que lui est plutôt conservateur. ◆ n ▸ **to wait a while** attendre (un peu) ▸ **after a while** au bout de quelque temps / *for a while* / *a long while I believed her* pendant un certain temps / pendant assez longtemps je l'ai crue / *I was in the States a short while ago* j'étais aux États-Unis il y a peu (de temps) / *she was in the garden a short while ago* elle était dans le jardin il y a un instant / *it's been a good while since I've seen her* ça fait pas mal de temps que je ne l'ai pas vue / *it takes quite a while to get there* il faut un certain temps pour y aller ▸ **all the while** (pendant) tout ce temps ▸ **once in a while** de temps en temps or à autre.

❖ **while away** vt sep faire passer / *she whiled away the hours reading until he returned* elle passa le temps à lire jusqu'à son retour.

while-you-wait adj / **'while-you-wait heel repairs'** 'talons minute' / **'while-you-wait film development'** 'développement en une heure'.

whilst [waɪlst] UK = **while** *(conj)*.

whim [wɪm] n caprice *m*, fantaisie *f* / *it's just one of his little whims* ce n'est qu'une de ses petites lubies / *arrangements are altered at the whim of the King* les préparatifs sont changés sur un simple caprice du roi / *she indulges his every whim* elle lui passe tous ses caprices / *whenever the whim takes him* chaque fois que l'idée lui prend / *on a sudden whim I telephoned her mother* tout à coup l'idée m'a pris de téléphoner à sa mère.

whimper ['wɪmpər] ◆ vi [person] gémir, geindre ; *pej* pleurnicher ; [dog] gémir, pousser des cris plaintifs. ◆ vt gémir. ◆ n gémissement *m*, geignement *m* / *"don't" he said with a whimper* « non », dit-il d'un ton larmoyant or gémit-il / *I don't want to hear a whimper out of you* je ne veux pas t'entendre te plaindre / *she did it without a whimper* elle l'a fait sans se plaindre.

whimpering ['wɪmpərɪŋ] ◆ n *(U)* gémissements *mpl*, plaintes *fpl* / *stop your whimpering!* arrête de pleurnicher ! ◆ adj [voice] larmoyant ; [person] qui pleurniche.

whimsical ['wɪmzɪkl] adj **1.** [capricious] capricieux, fantasque **2.** [unusual] étrange, insolite / *he said, with a whimsical smile* dit-il avec un sourire étrange / *what a whimsical idea!* quelle idée saugrenue !

whimsicality [,wɪmzɪ'kælətɪ] (*pl* **whimsicalities**) n caractère *m* fantasque or curieux.

whimsically ['wɪmzɪklɪ] adv étrangement, curieusement.

whimsy ['wɪmsɪ] (*pl* **whimsies**) n **1.** [whimsicality] caractère *m* fantasque or fantaisiste / *a piece of pure whimsy* de la pure fantaisie / *full of whimsy* plein de fantaisie or de malice **2.** [idea] caprice *m*, fantaisie *f*.

whin [wɪn] n ajonc *m*.

whine [waɪn] ◆ vi **1.** [in pain, discomfort - person] gémir, geindre ; [- dog] gémir, pousser des gémissements **2.** [complain] se lamenter, se plaindre ▸ **to whine about sthg** se plaindre de qqch / *don't come whining to me about it* ne viens pas t'en plaindre à moi. ◆ vt dire en gémissant / *"I'm hungry", she whined* « j'ai faim », dit-elle d'une voix plaintive. ◆ n **1.** [from pain, discomfort] gémissement *m* **2.** [complaint] plainte *f*.

whiner ['waɪnər] n *inf & pej* pleurnichard *m*, -e *f*.

whinge [wɪndʒ] (*cont* **whingeing**) UK & AUSTR *inf & pej* ◆ vi geindre, pleurnicher / *he's always whingeing (about something)* il est toujours à pleurnicher (à propos de quelque chose) / *don't come whingeing to me about your problems* ne venez pas vous plaindre à moi de vos problèmes. ◆ n plainte *f*, pleurnicherie *f*.

whingeing ['wɪndʒɪŋ] UK & AUSTR *inf* ◆ n *(U)* gémissement *m* ; *pej* pleurnicherie *f*, plainte *f*. ◆ adj [person] pleurnicheur ; [voice] plaintif.

whinger ['wɪndʒər] n râleur *m*, -euse *f*.

whining ['waɪnɪŋ] ◆ n *(U)* **1.** [of person] gémissements *mpl* ; *pej* pleurnicheries *fpl* ; [of dog] gémissements *mpl* / *I've had enough of your whining!* j'en ai assez de tes pleurnicheries or jérémiades ! **2.** [of machinery, shells] gémissement *m*. ◆ adj *pej* [person] geignard, pleurnicheur ; [voice] geignard ; [dog] qui gémit.

whinny ['wɪnɪ] (*pt & pp* **whinnied**, *pl* **whinnies**) ◆ vi hennir. ◆ n hennissement *m*.

whiny ['waɪnɪ] adj pleurnichard.

whip [wɪp] (*pt & pp* **whipped**, *cont* **whipping**) ◆ vt **1.** [person, animal] fouetter / *the cold wind whipped her face* le vent glacial lui fouettait le visage / *the wind whipped her hair about* le vent agitait sa chevelure **2.** *inf* [defeat] vaincre, battre **3.** CULIN fouetter, battre au fouet / *whip the cream* fouettez la crème / *whip the egg whites* battez les blancs en neige **4.** *fig* : *his speech whipped them all into a frenzy* son discours les a tous rendus frénétiques / *I'll soon whip the team into shape* j'aurai bientôt fait de mettre l'équipe en forme / *I need time to whip the project into shape* il me faut du temps pour donner forme au projet ▸ **to whip sb into line** mettre qqn au pas **5.** UK *inf* [steal] faucher, piquer **6.** SEW surfiler **7.** [cable, rope] surlier. ◆ vi **1.** [lash] fouetter / *the rain whipped against the windows* la pluie fouettait or cinglait les vitres / *the flags whipped about in the wind* les drapeaux claquaient au vent **2.** [move quickly] aller vite, filer / *the car whipped along the road* la voiture filait sur la route / *she whipped around the corner* elle a pris le virage sur les chapeaux de roue / *the sound of bullets whipping through the air* le bruit des balles qui sifflaient / *the ball whipped past him into the net* la balle est passée devant lui comme un éclair pour finir au fond du filet / *I'll just whip down to the shop* je vais juste faire un saut au magasin / *can you whip round to the library for me?* pouvez-vous faire un saut à la bibliothèque pour moi ? ◆ n **1.** [lash] fouet *m* ; [for riding] cravache *f* **2.** POL [MP] *parlementaire chargé de la discipline de son parti et qui veille à ce que ses députés participent aux votes* **3.** UK POL [summons] convocation *f* **4.** UK POL [paper] *calendrier des travaux parlementaires envoyé par le « whip » aux députés de son parti* **5.** [dessert] ▸ **pineapple whip** crème *f* à l'ananas.

✤ **whip away** vt sep [subj: wind] emporter brusquement / *a sudden gust whipped my hat away* une rafale de vent a emporté mon chapeau.

✤ **whip in** ◆ vt sep **1.** HUNT ramener, rassembler **2.** UK POL [in parliament] battre le rappel de *(pour voter)* **3.** [supporters] rallier. ◆ vi **1.** [rush in] entrer précipitamment **2.** HUNT être piqueur.

✤ **whip off** vt sep [take off - jacket, shoes] se débarrasser de ; [write quickly - letter, memo] écrire en vitesse.

✤ **whip on** vt sep [horse] cravacher.

✤ **whip out** ◆ vt sep **1.** [take out] sortir vivement / *he whipped a notebook out of his pocket* il a vite sorti un carnet de sa poche / *she whipped out a gun* elle a soudain sorti un pistolet **2.** [grab] : *someone whipped my bag out of my hand* quelqu'un m'a arraché mon sac des mains. ◆ vi sortir précipitamment.

✤ **whip round** vi [person] se retourner vivement, faire volte-face.

✤ **whip through** vt insep *inf* [book] parcourir en vitesse ; [task] expédier, faire en quatrième vitesse.

✤ **whip up** vt sep **1.** [curiosity, emotion] attiser ; [support] obtenir **2.** [typhoon] susciter, provoquer ; [dust] soulever (des nuages de) **3.** CULIN battre au fouet, fouetter / *I'll whip up some lunch inf* je vais préparer de quoi déjeuner en vitesse.

whipcord ['wɪpkɔːd] ◆ n whipcord *m*. ◆ comp en whipcord.

whip hand n ▸ **to have the whip hand** être le maître ▸ **to have the whip hand over sb** avoir le dessus sur qqn.

whiplash ['wɪplæʃ] n **1.** [stroke of whip] coup *m* de fouet **2.** MED ▸ **whiplash effect** effet *m* du coup du lapin ▸ **whiplash injury** coup *m* du lapin, syndrome *m* cervical traumatique *spec.*

whipped [wɪpt] adj [cream] fouetté.

whipper-in [ˌwɪpər-] (*pl* **whippers-in**) n HUNT piqueur *m*.

whippersnapper ['wɪpəˌsnæpər] n *dated* freluquet *m*.

whippet ['wɪpɪt] n whippet *m*.

whipping ['wɪpɪŋ] n **1.** [as punishment - child] correction *f* ; [- prisoner] coups *mpl* de fouet / *his father gave him a good whipping* son père lui a donné une bonne correction **2.** *inf* [defeat] : *the team received a whipping* l'équipe a été battue à plate couture.

whipping boy n bouc *m* émissaire.

whipping cream n crème *f* fraîche (à fouetter), crème *f* fleurette.

whipping post n poteau *m (auquel étaient attachés les condamnés au fouet).*

whipping top n toupie *f*.

whippoorwill ['wɪpˌpʊəˌwɪl] n engoulevent *m* d'Amérique du Nord.

whippy ['wɪpɪ] adj [stick, cane] flexible, souple.

whip-round n UK *inf* collecte *f* / *they had a whip-round for her* ils ont fait une collecte pour elle.

whipsaw ['wɪpsɔː] ◆ n scie *f* à chantourner. ◆ vt chantourner / *the candidate whipsawed his opponent* US *fig* le candidat a battu son adversaire sur un double plan.

whir [wɜːr] = **whirr.**

whirl [wɜːl] ◆ vi **1.** [person, skater] tourner, tournoyer / *she whirled round the ice rink* elle a fait le tour de la piste en tourbillonnant **2.** [leaves, smoke] tourbillonner, tournoyer ; [dust, water] tourbillonner ; [spindle, top] tournoyer / *snowflakes whirled past the window* des flocons de neige passaient devant la fenêtre en tourbillonnant / *the water whirled away down the sink* l'eau s'est écoulée en tourbillonnant dans l'évier **3.** [head, ideas] tourner / *my head is whirling* (j'ai) la tête (qui) me tourne / *the news made her mind whirl* les nouvelles lui ont fait tourner la tête **4.** [move quickly] aller à toute vitesse / *the horses whirled past us* les chevaux sont passés devant nous à toute allure. ◆ vt **1.** [dancer, skater] faire tourner / *he whirled his partner around the floor* il faisait tournoyer sa partenaire autour de la piste **2.** [leaves, smoke] faire tourbillonner or tournoyer ; [dust, sand] faire tourbillonner / *the wind whirled the leaves about* le vent faisait tourbillonner les feuilles **3.** [take rapidly] : *she whirled us off on a trip round Europe* elle nous a embarqués pour un tour d'Europe. ◆ n **1.** [of dancers, leaves, events] tourbillon *m* ; *fig* : *my head is in a whirl* la tête me tourne / *her thoughts were in a whirl* tout tourbillonnait dans sa tête / *the mad social whirl hum* la folle vie mondaine / *the kitchen was a whirl of activity* la cuisine bourdonnait d'activité **2.** [try] ▸ **to give sthg a whirl** *inf* s'essayer à qqch / *why don't you give it a whirl?* pourquoi n'essayez-vous pas ? **3.** *inf* [trip] promenade *f*, tour *m*.

whirligig ['wɜːlɪgɪg] n UK **1.** [top] toupie *f* ; [toy windmill] moulin *m* à vent *(jouet)* **2.** [merry-go-round] manège *m* **3.** [of activity, events] tourbillon *m*.

whirligig beetle n tourniquet *m*, gyrin *m*.

whirlpool ['wɜːlpuːl] n *lit & fig* tourbillon *m*.

whirlpool bath n bain *m* à remous, Jacuzzi® *m*.

whirlwind ['wɜːlwɪnd] ◆ n tornade *f*, trombe *f* / *he went through the office accounts like a whirlwind fig* il a passé les comptes de la société en revue en un rien de temps. ◆ adj [trip, romance] éclair *(inv)*.

whirlybird ['wɜːlɪbɜːd] n *inf* hélico *m*.

whirr [wɜːr] ◆ n [of wings] bruissement *m* ; [of camera, machinery] bruit *m*, ronronnement *m* ; [of helicopter, propeller] bruit *m*, vrombissement *m* / *we could hear the whirr of the cameras* on entendait le ronronnement des caméras. ◆ vi [wings] bruire ; [camera, machinery] ronronner ; [propeller] vrombir.

whish [wɪʃ] = **swish** *(vi & noun)*.

whisht [hwiːʃt] SCOT ◆ excl chut ! ◆ n : *hold your whisht!* retiens ta langue !, tais-toi !

whisk [wɪsk] ◆ vt **1.** [put or take quickly] : *we whisked the money into the tin / off the counter* nous avons vite fait disparaître l'argent dans la boîte / du comptoir / *she whisked the gun back into her bag* elle remit vivement le pistolet dans son sac / *the car whisked us to the embassy* la voiture nous emmena à l'ambassade à toute allure / *she whisked the children out of the room* elle emmena rapidement les enfants hors de la pièce **2.** CULIN [cream, eggs] battre ; [egg whites] battre en neige / *whisk in the cream* incorporer la crème avec un fouet **3.** [flick] : *the horse / cow whisked its tail* le cheval / la vache agitait la queue. ◆ vi [move quickly] aller vite / *she just whisked in and out* elle n'a fait qu'entrer et sortir / *the train whisked through the countryside* le train filait or roulait à vive allure à travers la campagne. ◆ n **1.** [of tail, stick, duster] coup *m* / *the horse gave a whisk of its tail* le cheval agita la queue or donna un coup de queue / *give the bedroom a quick whisk with a duster* passez un coup de chiffon dans la chambre **2.** [for sweeping] époussette *f* ; [for flies] chasse-mouches *m inv* **3.** CULIN fouet *m* ; [electric] batteur *m* / *give the batter a good whisk* bien travailler la pâte au fouet.

✤ **whisk away** vt sep **1.** [dust] enlever, chasser ; [dishes, tablecloth] faire disparaître ; [flies - with fly swatter] chasser à coups de chasse-mouches ; [- with tail] chasser d'un coup de queue **2.** [take off] : *a car whisked us away to the embassy* **a)** [immediately] une voiture nous emmena sur-le-champ à l'ambassade **b)** [quickly] une voiture nous emmena à toute allure à l'ambassade.

✤ **whisk off** vt sep [quickly] emporter or emmener à vive allure ; [suddenly, immediately] conduire sur-le-champ / *the bus whisked us off to the airport* le bus nous emmena rapidement jusqu'à l'aéroport / *we were whisked off to the police station* on nous emmena sur-le-champ au poste de police.

whisker ['wɪskər] n poil *m* ▸ **to win / to lose by a whisker** *inf* : *she won the contest by a whisker* elle a gagné le concours de justesse / *he came within a whisker of discovering the truth inf* il s'en est fallu d'un cheveu or d'un poil qu'il apprenne la vérité.

✤ **whiskers** pl n [beard] barbe *f* ; [moustache] moustache *f* ; [on animal] moustaches *fpl*.

whiskered ['wɪskəd] adj [bearded] qui a une barbe ; [with moustache] qui a une moustache ; [animal] qui a des moustaches.

whiskery ['wɪskərɪ] = **whiskered.**

whiskey ['wɪskɪ] (*pl* **whiskeys**) US & IR = **whisky.**

whisky UK (*pl* **whiskies**), **whiskey** US & IR ['wɪskɪ] n whisky *m*, scotch *m* ; US bourbon *m* ▸ **a whisky and soda** un whisky soda ▸ **a whisky on the rocks** un whisky avec des glaçons.

whisky mac n *boisson qui se compose de whisky et de vin au gingembre.*

whisky sour n *cocktail avec du whisky et du jus de citron.*

whisper ['wɪspər] ◆ vi **1.** [person] chuchoter, parler à voix basse ▸ **to whisper to sb** parler or chuchoter à l'oreille de qqn / *stop whispering!* arrêtez de chuchoter ! / *what are you whispering about?* qu'est-ce que vous avez à chuchoter ? **2.** [leaves] bruire ; [water, wind] murmurer. ◆ vt **1.** [person] chuchoter, dire à voix basse ▸ **to whisper sthg to sb** chuchoter qqch à qqn / *I whispered the answer to her* je lui ai soufflé la réponse ▸ **to whisper sweet nothings to sb** susurrer des mots doux à l'oreille de qqn **2.** UK [rumour] : *it's whispered that her husband's left her* le bruit court or on dit que son mari l'a quittée / *I've heard it whispered that he's lost his fortune* j'ai entendu dire qu'il avait perdu toute sa fortune. ◆ n **1.** [of voice] chuchotement *m* ▸ **to speak in a whisper** parler tout bas or à voix basse / *we never raised our voices above a whisper* nous n'avons fait que murmurer / *not a whisper of this to anyone!* *fig* n'en soufflez mot à personne ! **2.** [of leaves] bruissement *m* ; [of water, wind] murmure *m* **3.** UK [rumour] rumeur *f*, bruit *m* / *there are whispers of his leaving* le bruit court or on dit qu'il va partir / *I've heard whispers that they're getting married* j'ai entendu dire qu'ils allaient se marier.

whispering ['wɪspərɪŋ] ◆ n **1.** [of voices] chuchotement *m*, chuchotements *mpl* **2.** [of leaves] bruissement *m* ; [of water, wind] murmure *m* **3.** *(usu pl)* UK [rumour] rumeur / *I've heard whisperings about the new president's private life* j'ai entendu toutes sortes de rumeurs sur la vie privée du nouveau président. ◆ adj **1.** [voice] qui chuchote **2.** [leaves, tree] qui frémit or murmure ; [water, wind] qui murmure.

whispering campaign n campagne *f* de diffamation.

whispering gallery n galerie *f* à écho.

whist [wɪst] n whist *m*.

whist drive n tournoi *m* de whist.

whistle ['wɪsl] ◆ vi **1.** [person - using lips] siffler ; [- using whistle] donner un coup de sifflet, siffler / *he walked in whistling happily* il est entré en sifflant joyeusement ▸ **to whistle to sb** siffler qqn / *I whistled to my dog* j'ai sifflé mon chien / *the porter whistled for a taxi* le portier a sifflé un taxi / *he whistles at all the girls* il siffle toutes les filles / *the audience booed and whistled* le public a hué et sifflé ▸ **you can whistle for it!** UK *inf* tu peux toujours courir or te brosser ! / *let him whistle for his lunch!* UK il peut toujours l'attendre, son repas ! ▸ **to whistle in the dark** essayer de se donner du courage **2.** [bird, kettle, train] siffler / *bullets whistled past him* des balles passaient près de lui en sifflant / *the wind whistled through the trees* le vent gémissait dans les arbres. ◆ vt [tune] siffler, siffloter / *the coach whistled them off the field* l'entraîneur a sifflé pour qu'ils quittent le terrain / *the players were whistled off the field by the crowd* les joueurs ont quitté le terrain sous les sifflements de la foule. ◆ n **1.** [whistling - through lips] sifflement *m* ; [- from whistle] coup *m* de sifflet / *the cheers and whistles of the crowd* les acclamations et les sifflements de la foule / *if you need me, just give a whistle* tu n'as qu'à siffler si tu as besoin de moi **2.** [of bird, kettle, train] sifflement *m* **3.** [instrument - of person, on train] sifflet *m* ▸ **to blow a whistle** donner un coup de sifflet / *the whistle blew for the end of the shift* le sifflet a signalé la fin du service / *the referee blew his whistle for half-time* l'arbitre a sifflé la mi-temps ▸ **to be as clean as a whistle** briller comme un sou neuf ▸ **it's got all the bells and whistles** il a tous les accessoires possibles et imaginables **4.** MUS ▸ **(penny)** or **tin whistle** flûtiau *m*, pipeau *m*.

❖ **whistle up** vt sep UK *inf* **1.** [by whistling] siffler / *I'll whistle up a cab* je vais siffler un taxi **2.** [find] dénicher, dégoter / *I managed to whistle up a van for the move* j'ai réussi à dégoter un camion pour le déménagement / *I can't whistle up a sofa just like that!* je ne peux pas faire apparaître un canapé comme par enchantement !

whistle-blower n *inf personne qui vend la mèche.*

whistle lines pl n rides *fpl* du sourire.

whistle-stop ◆ n US RAIL arrêt *m* facultatif ▸ **whistle-stop (town)** village *m* perdu. ◆ vi US POL *faire une tournée électorale en passant par des petites villes.* ◆ adj : *he made a whistle-stop tour of the West* il a fait une tournée rapide dans l'Ouest.

whit [wɪt] n *liter* petit peu *m* / *he hasn't changed a whit* il n'a absolument pas changé / *I care not a whit what people think* je me moque éperdument de ce que les gens pensent.

Whit [wɪt] ◆ n Pentecôte *f*. ◆ comp [holidays, week] de Pentecôte ▸ **Whit Sunday / Monday** dimanche *m* / lundi *m* de Pentecôte.

white [waɪt] ◆ adj **1.** [colour] blanc (blanche) / *he painted his house white* il a peint sa maison en blanc / *she wore a dazzling white dress* elle portait une robe d'un blanc éclatant / *his hair has turned white* ses cheveux ont blanchi ; [pale] : *she was white with fear / rage* elle était verte de peur / blanche de colère / *his face suddenly went white* il a blêmi tout d'un coup ▸ **whiter than white a)** *lit* plus blanc que blanc **b)** *fig* sans tache ▸ **to be as white as a ghost / sheet** : *you're as white as a ghost / sheet* vous êtes pâle comme la mort / un linge ▸ **as white as snow** blanc comme neige / **'White Fang'** *London* 'Croc-Blanc' ▸ **the White Pages** ≃ les Pages Blanches® **2.** [flour, rice] blanc (blanche) ▸ **(a loaf of) white bread** du pain blanc ▸ **white wine** vin *m* blanc **3.** [race] blanc (blanche) / *white folks* US les Blancs / *a white man* un Blanc / *a white woman* une Blanche / *white man's justice* la justice des Blancs / *an all-white neighbourhood* un quartier blanc / *white schools* écoles *fpl* pour les Blancs. ◆ n **1.** [colour] blanc *m* / *the bride wore white* la mariée était en blanc / *he was dressed all in white* il était tout en blanc / *dazzling white* blanc éclatant **2.** ANAT [of an eye] blanc *m* / *don't shoot until you see the whites of their eyes* *fig* ne tirez qu'au dernier moment **3.** CULIN ▸ **(egg) white** blanc *m* (d'œuf) **4.** [Caucasian] Blanc *m*, Blanche *f* / **'whites only'** 'réservé aux Blancs' / *they're trying to set white against black* ils essaient de monter les Blancs contre les Noirs. ◆ vi & vt *arch* blanchir.

❖ **whites** pl n [sportswear] tenue *f* de sport blanche *(tennis, cricket)* ; [linen] blanc *m*.

❖ **white out** vt sep effacer (au correcteur liquide) / *can you white out this word?* peux-tu effacer ce mot ?

white admiral n *papillon aux ailes marron marquées de blanc.*

whitebait ['waɪtbeɪt] n [for fishermen] blanchaille *f* ; CULIN petite friture *f*.

whitebeam ['waɪtbi:m] n cormier *m*.

white blood cell n globule *m* blanc.

whiteboard ['waɪtbɔ:d] n tableau *m* blanc.

whitecaps ['waɪtkæps] pl n [waves] moutons *mpl*.

white Christmas n Noël *m* blanc.

white-collar adj ▸ **white-collar crime** or **delinquency** délinquance *f* en col blanc ▸ **white-collar job** poste *m* d'employé de bureau ▸ **white-collar workers** les employés *mpl* de bureau, les cols *mpl* blancs.

whited sepulchre ['waɪtɪd-] n *fml* hypocrite *mf*.

white dwarf n naine *f* blanche.

white elephant n [useless object] *objet coûteux dont l'utilité ne justifie pas le coût* / *the new submarine has turned out to be a complete white elephant* le nouveau sous-marin s'est révélé être un luxe tout à fait superflu.

white elephant stall n UK étalage *m* d'objets inutiles.

White Ensign n *pavillon de la marine royale britannique.*

white fish n UK *poissons à chair blanche.*

whitefish ['waɪtfɪʃ] (*pl* **whitefish** *or* **whitefishes**) n corégone *m*.

white flag n drapeau *m* blanc.

whitefly ['waɪtflaɪ] (*pl* **whiteflies**) n aleurode *m*.

white gold n or *m* blanc.

white goods pl n [household equipment] appareils *mpl* ménagers ; [linen] linge *m* de maison, blanc *m*.

white-haired adj [person] aux cheveux blancs ; [animal] aux poils blancs / *his white-haired old mother* sa vieille mère aux cheveux blancs.

Whitehall ['waɪthɔ:l] pr n *rue du centre de Londres qui abrite de nombreux services gouvernementaux.*

 **Whitehall**

Cette rue, dont le nom est souvent employé pour désigner les fonctions administratives du gouvernement, réunit de nombreux services gouvernementaux.

white-headed adj [person] aux cheveux blancs ; [animal, bird] à la tête blanche.

white heat n PHYS & *fig* chaleur *f* incandescente / *in the white heat of passion* au plus fort de la passion / *anti-war feelings have reached white heat* les sentiments d'hostilité par rapport à la guerre ont atteint un paroxysme.

white hope n espoir *m* / *he's the (great) white hope of British athletics* c'est le grand espoir de l'athlétisme britannique.

white horses pl n [waves] moutons *mpl*.

white-hot adj PHYS & *fig* chauffé à blanc.

White House pr n ▸ **the White House** la Maison-Blanche.

white knight n *fig* sauveur *m*.

white-knuckle adj ▸ **white-knuckle ride** tour *m* de manège terrifiant.

white lead n blanc *m* de céruse or de plomb.

white lie n pieux mensonge *m*.

white light n lumière *f* blanche.

white magic n magie *f* blanche.

white meat n viande *f* blanche ; [of poultry] blanc *m*.

white metal n métal *m* blanc.

white meter n *système économique de chauffage qui utilise l'électricité pendant les heures où elle coûte moins cher.*

whiten ['waɪtn] vi & vt blanchir.

whitener ['waɪtnər] n agent *m* blanchissant.

whiteness ['waɪtnɪs] n blancheur *f* ; [of skin] blancheur *f*, pâleur *f*.

White Nile pr n ▸ **the White Nile** le Nil Blanc.

whitening ['waɪtnɪŋ] n **1.** [substance] blanc *m* **2.** [process - of walls] blanchiment *m* ; [- of linen] blanchissage *m*.

white noise n bruit *m* blanc.

White Out® n US correcteur *m* liquide.

whiteout ['waɪtaʊt] n brouillard *m* blanc.

white owl n harfang *m*, chouette *f* blanche.

white paper n UK [government report] livre *m* blanc.

white pepper n poivre *m* blanc.

White Russia pr n Russie *f* Blanche.

White Russian ◆ adj biélorusse. ◆ n **1.** [person] Biélorusse *mf* **2.** LING biélorusse *m*.

white sale n promotion *f* sur le blanc.

white sauce n sauce *f* blanche, béchamel *f*.

White Sea pr n ▸ **the White Sea** la mer Blanche.

white slavery, **white slave trade** n traite *f* des blanches.

white spirit n white-spirit *m*.

white supremacist n partisan *m*, -e *f* de la suprématie blanche.

white supremacy n suprématie *f* blanche.

white tie n [formal clothes] habit *m* / **'white tie'** [on invitation] ≃ tenue de soirée exigée.

❖ **white-tie** adj habillé / *it was a white tie dinner* c'était un dîner habillé.

white trash n *pej* pauvres blancs *mpl*.

whitewall ['waɪtwɔ:l] n pneu *m* à flanc blanc.

whitewash ['waɪtwɒʃ] ◆ n **1.** [substance] lait *m* de chaux **2.** *fig* [cover-up] : *the police report was simply a whitewash* le rapport de police visait seulement à étouffer l'affaire **3.** SPORT [crushing defeat] défaite *f* cuisante. ◆ vt **1.** [building, wall] blanchir à la chaux **2.** *fig* [cover up] blanchir, étouffer / *the minister tried to whitewash the affair* le ministre essaya d'étouffer l'affaire **3.** SPORT [defeat] écraser.

white water n eau *f* vive.

whitewater rafting ['waɪt,wɔ:tər-] n descente *f* en eau vive, rafting *m*.

white wedding n mariage *m* en blanc.

white witch n *sorcière qui a recours à la magie blanche.*

whitewood ['waɪtwʊd] n bois *m* blanc.

whitey ['waɪtɪ] n US *v inf & pej* Blanc *m*, Blanche *f*.

whither ['wɪðər] adv & conj *arch & liter* (vers) où / *whither Christianity?* [in headlines, titles] où va le christianisme ?

whiting ['waɪtɪŋ] n **1.** ZOOL merlan *m* **2.** [colouring agent] blanc *m*.

whitish ['waɪtɪʃ] adj blanchâtre / *her hair was whitish blond* ses cheveux étaient d'un blond presque blanc.

whitlow ['wɪtləʊ] n panaris *m*.

Whitsun(tide) ['wɪtsn(taɪd)] n Pentecôte *f* / *at Whitsuntide* à la Pentecôte.

whitter ['wɪtər] = **witter.**

whittle ['wɪtl] vi & vt tailler (au couteau) / *he whittled an arrow from an old stick* or *he whittled an old stick into an arrow* il a taillé une flèche dans un vieux bâton.
❖ **whittle away** ◆ vt sep *fig* amoindrir, diminuer / *they whittled away his resistance* ils ont amoindri sa résistance. ◆ vi [with a knife] tailler / *he sat there whittling away at a piece of wood* il était assis à tailler un morceau de bois avec un couteau / *their constant teasing whittled away at his patience fig* leurs moqueries constantes ont mis sa patience à bout.
❖ **whittle down** vt sep [with a knife] tailler (au couteau) ; *fig* amenuiser, amoindrir / *rising fuel costs have whittled down our profits* l'augmentation du prix du pétrole a fait baisser nos bénéfices.

whity ['waɪtɪ] US = **whitey.**

whiz(z) [wɪz] (*pt & pp* **whizzed,** *cont* **whizzing**) ◆ vi **1.** [rush] filer / *a car whizzed past* une voiture est passée à toute allure / *I'll whizz down to the shops* je vais faire un saut dans les magasins **2.** [hiss] : *bullets whizzed around* or *past him* des balles sifflaient tout autour or passaient près de lui en sifflant. ◆ n **1.** [hissing sound] sifflement *m* **2.** *inf* [swift movement] : *I'll just have a (quick) whizz round with the Hoover / duster* je vais juste passer un petit coup d'aspirateur / de chiffon **3.** *inf* [bright person] as *m* / *she's a whizz at chemistry* c'est un as en chimie / *he's a real computer whizz* c'est vraiment un as de l'informatique.

whiz(z)-bang *inf* ◆ n **1.** MIL [shell] obus *m* (*utilisé pendant la Première Guerre mondiale*) **2.** [fireworks] pétard *m*. ◆ adj [first-rate] champion.

whiz(z) kid n *inf* jeune prodige *m* / *she's a computer whizz kid* c'est un vrai génie de l'informatique.

who [hu:] ◆ pron [what person or persons - as subject] (qui est-ce) qui ; [- as object] qui est-ce que, qui / *who are you?* qui êtes-vous ? / *who is it?* [at door] qui est-ce ?, qui est là ? / *who is speaking?* **a)** [on telephone] qui est à l'appareil ? **b)** [asking for third person] c'est de la part de qui ? / *who's going with you?* qui est-ce qui or qui t'accompagne ? / *it's Michael — who?* c'est Michael — qui ça ? / *John's here — who?* John est là — qui ça ? / *I told him who I was* je lui ai dit qui j'étais / *find out who they are* voyez qui c'est or qui sont ces gens / *bring who you want* amenez qui vous voulez / *who do you think you are?* vous vous prenez pour qui ? / *who do you think you are, giving me orders?* de quel droit est-ce que vous me donnez des ordres ? / *who did you say was coming to the party?* qui avez-vous dit qui viendrait à la soirée ? / *who did they invite?* qui est-ce qu'ils ont invité ?, qui ont-ils invité ? / *you'll have to tell me who's who* il faudra que tu me dises qui est qui / *who is the film by?* de qui est le film ? / *who is the letter from?* la lettre est de qui ?, de qui est la lettre ? / *who did he go with?* avec qui y est-il allé ? ◆ rel pron qui / *the family who lived here moved away* la famille qui habitait ici a déménagé / *those of you who were late* ceux d'entre vous qui sont arrivés en retard / *anyone who so wishes may leave* ceux qui le souhaitent peuvent partir / *any reader who finds the story lacks imagination...* les lecteurs qui trouvent que l'histoire n'est pas très originale... / *Charles, who is a policeman, lives upstairs* Charles, qui est policier, vit en haut / *my mother, who I believe you've met,...* ma mère, que vous avez déjà rencontrée je crois,...
See box at which.

WHO (abbr of **World Health Organization**) pr n OMS *f*.

whoa [wəʊ] interj ▸ **whoa!** ho !, holà !

who'd [hu:d] **1.** abbr of **who had 2.** abbr of **who would.**

whodun(n)it [,hu:'dʌnɪt] n *inf* série *f* noire / *to read / to write whodunnits* lire / écrire des romans de série noire.

whoe'er [hu'eər] pron *liter* celui qui, quiconque.

whoever [hu:'evər] pron **1.** [any person who] qui / *whoever wants it can have it* celui qui le veut peut le prendre / *I'll give it to whoever needs it* je le donnerai à qui en a besoin / *invite whoever you like* invitez qui vous voulez **2.** [the person who] celui qui *m*, celle qui *f*, ceux qui *mpl*, celles qui *fpl* / *whoever answered the phone had a nice voice* la personne qui a répondu au téléphone avait une voix agréable / *contact whoever found the body* contactez celui qui or la personne qui a trouvé le corps **3.** [no matter who] : *come out, whoever you are!* montrez-vous, qui que vous soyez ! / *whoever gets the job will find it a real challenge* celui qui obtiendra cet emploi n'aura pas la tâche facile / *whoever you vote for, make sure he's honest* quel que soit celui pour qui vous votez, assurez-vous qu'il est honnête / *it's from John Smith, whoever he is* c'est de la part d'un certain John Smith, si ça te dit quelque chose **4.** [emphatic use] qui donc / *whoever can that be?* qui cela peut-il bien être ?
See box at que.

whole [həʊl] ◆ adj **1.** (*with singular nouns*) [entire, complete] entier, tout / *it took me a whole day to paint the kitchen* j'ai mis une journée entière or toute une journée pour peindre la cuisine / *I didn't read the whole book* je n'ai pas lu tout le livre or le livre en entier / *I've never seen anything like it in my whole life* je n'ai jamais vu une chose pareille de toute ma vie / *that was the whole point of going there* c'est uniquement pour ça que j'y suis allé / *she said nothing the whole time we were there* elle n'a rien dit tout le temps que nous étions là / *he spent the whole time watching television* il a passé tout son temps à regarder la télévision / *the whole truth* toute la vérité / *the whole world was watching* le monde entier regardait ; (*with plural nouns*) entier / *whole cities were devastated* des villes entières furent dévastées / *there are two whole months still to go* il reste deux mois entiers / *she won the whole lot* elle a gagné le tout / *the whole thing* or *business was a farce* ce fut un véritable fiasco / *I had to start the whole thing over again* j'ai dû tout recommencer / *forget the whole thing* n'en parlons plus **2.** [as intensifier] tout / *a whole pile of records inf* tout un tas de disques / *he's got a whole collection of old photographs* il a toute une collection de vieilles photographies / *there's a whole lot of things that need explaining* il y a beaucoup de choses qui doivent être expliquées ; (*with adj*) : *a whole new way of living* une façon de vivre tout à fait nouvelle **3.** [unbroken - china, egg yolk] intact ; [unhurt - person] indemne, sain et sauf / *the cups were still whole* les tasses étaient toujours intactes ; *arch* BIBLE ▸ **to make whole** sauver / *thy faith hath made thee whole* ta foi t'a sauvé **4.** CULIN [milk] entier ; [grain] complet (complète) **5.** [brother, sister] : *whole brothers* des frères qui ont les mêmes parents. ◆ n **1.** [complete thing, unit] ensemble *m* / *the whole of which this is just a part* l'ensemble dont ceci n'est qu'une partie **2.** [as quantifier] ▸ **the whole of** tout / *it will be cold over the whole of England* il fera froid sur toute l'Angleterre / *we spent the whole of August at the seaside* nous avons passé tout le mois d'août au bord de la mer / *she spent the whole of her fortune on paintings* elle a dépensé toute sa fortune or sa fortune tout entière en tableaux / *can you pay the whole of the amount?* pouvez-vous payer toute la somme or l'intégralité de la somme ? ◆ adv ▸ **to swallow sthg whole** avaler qqch en entier / *he swallowed her story whole inf & fig* il a gobé tout ce qu'elle lui a dit.
❖ **as a whole** adv phr **1.** [as a unit] entièrement / *as a whole or in part* entièrement ou en partie **2.** [overall] dans son ensemble / *is it true of America as a whole?* est-ce vrai pour toute l'Amérique or l'Amérique en général ? / *considered as a whole, the festival was a remarkable success* dans son ensemble, le festival a été un vrai succès.
❖ **a whole lot** adv phr (*with comparative adjectives*) *inf* beaucoup / *he's a whole lot younger than his wife* il est beaucoup plus jeune que sa femme.
❖ **on the whole** adv phr dans l'ensemble / *on the whole he made a good impression* dans l'ensemble il a fait bonne impression / *I agree with that on the whole* je suis d'accord dans l'ensemble.
See box at every.

wholefood ['həʊlfu:d] n aliment *m* complet / *the wholefood section of the supermarket* le rayon diététique du supermarché ▸ **wholefood shop** magasin *m* diététique.

wholegrain ['həʊlgreɪn] adj [bread, flour] complet.

wholehearted [,həʊl'hɑ:tɪd] adj [unreserved] sans réserve / *she gave them her wholehearted support* elle leur a donné un soutien sans réserve or sans faille / *you have my wholehearted sympathy* je compatis de tout mon cœur à votre peine / *he is a wholehearted supporter of our cause* [devoted] il est dévoué corps et âme à notre cause.

wholeheartedly [,həʊl'hɑ:tɪdlɪ] adv [unreservedly] de tout cœur / *I agree wholeheartedly* j'accepte de tout (mon) cœur / *he flung himself wholeheartedly into his new job* il s'est jeté corps et âme dans son nouveau travail.

wholemeal ['həʊlmi:l] adj UK [bread, flour] complet (complète).

wholeness ['həʊlnɪs] n [indivisibility] intégrité *f*, intégralité *f*.

whole note n US [semibreve] ronde *f*.

whole number n [integer] nombre *m* entier.

whole rest n US pause *f*.

wholesale ['həʊlseɪl] ◆ n (vente *f* en) gros *m*. ◆ adj **1.** COMM [business, price, shop] de gros ▸ **wholesale dealer** or **trader** grossiste *mf* **2.** *fig* [indiscriminate] en masse / *there was a wholesale massacre of civilians* il y a eu un massacre en masse de civils. ◆ adv **1.** COMM en gros / *they only sell wholesale* ils vendent uniquement en gros / *I can get it for you wholesale* je peux vous le procurer au prix de gros **2.** *fig* [in entirety] ▸ **to reject sthg wholesale** rejeter qqch en bloc.

wholesaler ['həʊl,seɪlər] n grossiste *mf*.

wholesome ['həʊlsəm] adj [healthy - food, attitude, image, life] sain ; [- air, climate, environment] salubre, salutaire ; [advice] salutaire / *a wholesome-looking boy* un garçon sain d'aspect.

wholewheat ['həʊlwi:t] adj US [bread, flour] complet (complète).

who'll [hu:l] **1.** abbr of **who will 2.** abbr of **who shall.**

wholly ['həʊlɪ] adv entièrement / *you will be wholly compensated for the damage* les dommages vous seront intégralement remboursés / *the firm has two wholly-owned subsidiaries* COMM la société a deux filiales à cent pour cent.

wholly-owned subsidiary n COMM filiale *f* à cent pour cent / *the firm has two wholly-owned subsidiaries* la société a deux filiales à cent pour cent.

whom [hu:m] *fml* ◆ pron [in questions] qui / *whom did you contact?* qui avez-vous contacté ? / *whom did she see?* qui a-t-elle vu ? / *for whom was the book written?* pour qui le livre a-t-il été écrit ? ◆ rel pron [as object of verb] que / *she is the person whom I most admire* c'est la personne que j'admire le plus ; [after preposition] : *the person to whom I am writing* la personne à qui or à laquelle j'écris / *she saw two men, neither of whom she recognized* elle a vu deux hommes mais elle n'a reconnu ni l'un ni l'autre / *a composer about whom little is known* un compositeur sur qui or sur lequel on sait peu de choses. **See box at which.**

whomever [hu:m'evər] *fml & liter* ◆ pron [in questions] : *whomever did you get that from?* qui donc vous a donné cela ? ◆ rel pron : *you may go with whomever you like* vous pouvez y aller avec qui vous voudrez / *he greeted whomever he met* il saluait tous ceux qu'il rencontrait.

whomp [wɒmp] vt US *inf* : *shut up or I'll whomp you one* tais-toi ou je vais t'en coller une.

whomsoever [,hu:msəʊ'evər] *fml & liter* = **whomever** *(rel pron).*

whoop [wu:p] ◆ n **1.** [yell] cri *m* / *whoops of delight came from the nursery* il y avait des cris de joie venant de la garderie **2.** MED quinte *f* de toux. ◆ vi **1.** [yell] : *she whooped with joy* elle poussa un cri de joie **2.** MED avoir un accès de toux coquelucheuse.

❖ **whoop up** vt sep *inf* ▸ **to whoop it up** [celebrate] faire la noce bruyamment.

whoopee *inf* ◆ interj [wʊ'pi:] ▸ **whoopee!** youpi ! ◆ n ['wʊpi:] ▸ **to make whoopee a)** [celebrate] faire la noce bruyamment **b)** [have sex] faire l'amour.

whoopee cushion ['wʊpi:-] n coussin-péteur *m*.

whooper swan ['wu:pə-] n cygne *m* chanteur or sauvage.

whooping cough ['hu:pɪŋ-] n MED coqueluche *f*.

whoops [wʊps], **whoops-a-daisy** interj *inf* ▸ **whoops!** houp-là !

whoosh [wʊʃ] *inf* ◆ n : *a whoosh of air* une bouffée d'air / *with a whoosh he was off* il est parti comme une flèche. ◆ vi : *fighter planes whooshed by overhead* des avions de combat passèrent en trombe au-dessus de nous / *the car whooshed through the puddles* la voiture passa en trombe dans les flaques. ◆ interj ▸ **whoosh!** zoum !

whop [wɒp] (*pt & pp* **whopped**, *cont* **whopping**) *inf* ◆ vt [beat] rosser ; [defeat] écraser. ◆ n [blow] coup.

whopper ['wɒpər] n *inf* **1.** [large object] : *he caught a real whopper* [fish] il a attrapé un poisson super géant / *he's got a whopper of a nose* il a un nez énorme / *that sandwich is a real whopper* c'est un énorme sandwich or un sandwich gigantesque / *what a whopper!* il est gigantesque ! **2.** [lie] gros mensonge *m*, mensonge *m* énorme ▸ **to tell a whopper** dire un mensonge gros comme une maison.

whopping ['wɒpɪŋ] *inf* ◆ adj énorme, géant / *inflation increased to a whopping 360%* l'inflation a atteint le taux colossal de 360 %. ◆ adv : *a whopping great lie* un mensonge énorme / *a whopping great fish* un poisson super géant.

whore [hɔ:r] *pej* ◆ n putain *f* ; BIBLE [sinner] pécheresse *f* / **'Tis Pity She's a Whore'** *Ford* 'Dommage qu'elle soit une putain'. ◆ vi **1.** *lit* ▸ **to go whoring a)** [prostitute o.s.] se prostituer **b)** [frequent prostitutes] fréquenter les prostituées, courir la gueuse **2.** *fig* ▸ **to whore after sthg** se prostituer pour obtenir qqch.

❖ **whore around** vi *inf & pej* se conduire comme une putain.

who're ['hu:ər] abbr of **who are.**

whorehouse ['hɔ:haʊs] (*pl* [-haʊzɪz]) n *inf* maison *f* close.

whoremonger ['hɔ:,mʌŋgər] n *arch* BIBLE vicieux *m*, fornicateur *m arch.*

whoring ['hɔ:rɪŋ] n *dated & liter* **1.** [by woman] prostitution *f* **2.** [by man] : *because of all his whoring* parce qu'il n'arrêtait pas de fréquenter les prostituées.

whorish ['hɔ:rɪʃ] adj *pej* dissolu, dépravé.

whorl [wɜ:l] n [on a shell] spire *f* ; [on a finger] sillon *m* ; BOT verticille *m* / *whorls of smoke rose from the chimney* la fumée montait en spirale de la cheminée, des volutes de fumée s'échappaient de la cheminée.

whortleberry ['wɜ:tl,berɪ] (*pl* **whortleberries**) n myrtille *f*.

who's [hu:z] **1.** abbr of **who is 2.** abbr of **who has.**

whose [hu:z] ◆ poss pron à qui / *whose is it?* à qui est-ce ? / *whose could it be?* à qui pourrait-il bien être ? / *whose was the winning number?* à qui était le numéro gagnant ? ◆ poss adj **1.** [in a question] à qui, de qui / *whose car was he driving?* à qui était la voiture qu'il conduisait ? / *whose child is she?* de qui est-elle l'enfant ? / *whose side are you on?* de quel côté êtes-vous ? / *whose fault is it?* à qui la faute ? / *on whose authority are you acting?* au nom de quelle autorité agissez-vous ? **2.** [in a relative clause] dont / *isn't that the man whose photograph was in the newspaper?* n'est-ce pas l'homme qui était en photo dans le journal ? / *the girl, both of whose parents had died, lived with her aunt* la fille, dont les deux parents étaient morts, vivait avec sa tante / *they had twins neither of whose names I can remember* ils avaient des jumeaux mais je ne me souviens pas de leurs prénoms.

whosoever [,hu:səʊ'evər] pron *fml & liter* celui qui, quiconque.

Who's Who pr n ≃ le Bottin® mondain.

who've [hu:v] abbr of **who have.**

WH question n *en anglais, question commençant par un « WH word ».*

WH word n *en anglais, mot servant à demander un renseignement (what, when, where, who, why, how).*

why [waɪ] ◆ adv pourquoi / *why am I telling you this?* pourquoi est-ce que je vous dis ça ? / *why is it that he never phones?* pourquoi est-ce qu'il ne téléphone jamais ? / *why continue the war at all?* pourquoi or à quoi bon continuer la guerre ? / *why pay more?* pourquoi payer davantage ? / *why the sudden panic?* pourquoi toute cette agitation ? / *why not?* pourquoi pas ? / *why not join us?* pourquoi ne pas vous joindre à nous ? / *why me?* pourquoi moi ? ◆ conj pourquoi / *I can't imagine why she isn't here* je ne comprends pas pourquoi elle n'est pas ici / *I wonder why he left* je me demande pourquoi il est parti / *that's why he dislikes you* c'est pour ça qu'il or voilà pourquoi il ne vous aime pas / *is that why she hasn't written?* est-ce pour ça qu'elle n'a pas écrit ? / *they've gone, I can't think why* ils sont partis, je ne sais pas pourquoi. ◆ rel pron [after 'reason'] : *the reason why I lied was that I was scared* j'ai menti parce que j'avais peur / *he didn't tell me the reason why* il ne m'a pas dit pourquoi / *this is the reason why I lied* voilà pourquoi j'ai menti / *there is no (good) reason why she shouldn't come* il n'y a pas de raison qu'elle ne vienne pas. ◆ interj [expressing surprise, indignation, etc.] : *why, it's your sister!* tiens, c'est ta sœur ! / *why, Mr Ricks, how kind of you to call!* M. Ricks ! comme c'est gentil à vous de téléphoner ! / *why, there's nothing to it!* oh, il n'y a rien de plus simple ! / *why, he's an impostor!* mais enfin, c'est un imposteur ! ◆ n ▸ **the whys and wherefores** le pourquoi et le comment.

WI ◆ pr n abbr of **Women's Institute.** ◆ **1.** written abbr of **West Indies 2.** written abbr of **Wisconsin.**

Wicca ['wɪkə] n Wicca *f*.

Wiccan ['wɪkən] adj & n Wiccan *mf*.

wick [wɪk] n **1.** [for a candle, lamp] mèche *f* **2.** PHR **to get on sb's wick** UK *inf* taper sur les nerfs à qqn.

wicked ['wɪkɪd] ◆ adj **1.** [evil - person, action, thought] mauvais, méchant ; [immoral, indecent] vicieux / *he's a wicked man* c'est un méchant or mauvais homme / *it was a wicked thing to do* ce n'était pas gentil / *what a wicked thing to say!* quelle méchanceté ! / *she felt as if she had done something very wicked* elle avait le sentiment d'avoir fait quelque chose de très mal / *it's a wicked waste of natural resources* *fig* c'est un gâchis scandaleux de ressources naturelles ▸ **wicked witch** méchante sorcière *f* ▸ **to have one's wicked way with sb** *hum* séduire qqn **2.** [very bad - weather] épouvantable ; [- temper] mauvais, épouvantable / *there are some wicked bends on those mountain roads* il y a quelques méchants virages sur ces routes de montagne / *prices have gone up something wicked* *inf* les prix ont augmenté quelque chose de bien **3.** [mischievous - person] malicieux ; [- smile, look, sense of humour] malicieux, coquin / *you're a wicked little boy* tu es un petit coquin / *a wicked remark* une réflexion malicieuse or espiègle **4.** *inf* [very good] formidable / *she has a wicked forehand* elle a un sacré coup droit / *it's wicked!* *v inf* c'est génial ! / *wicked trainers* *v inf* des baskets d'enfer. ◆ adv US *inf* vachement / *this bed is wicked comfortable* il est vachement confortable, ce lit. ◆ interj *inf* génial.

wickedly ['wɪkɪdlɪ] adv **1.** [with evil intent] méchamment, avec méchanceté **2.** [mischievously] malicieusement.

wickedness ['wɪkɪdnɪs] n **1.** RELIG [sin, evil] iniquité *f*, vilenie *f* ; [cruelty - of action, crime] méchanceté *f* ; [- of thought] méchanceté *f*, vilenie *f* / *he spoke of the wickedness in the world* il parla du mal qui règne dans le monde **2.** [mischievousness - of look, sense of humour, smile] caractère *m* malicieux or espiègle, malice *f*.

wicker ['wɪkər] ◆ n osier *m* / *made of wicker* en osier. ◆ adj [furniture] en osier ▸ **wicker basket** panier *m* en osier.

wickerwork ['wɪkəwɜ:k] ◆ n [material] osier *m* ; [objects] vannerie *f* / *is the chair made of wickerwork?* est-ce que la chaise est en osier ? / *they sell wickerwork* ils vendent de la vannerie. ◆ comp [furniture] en osier ; [shop] de vannerie.

wicket ['wɪkɪt] n **1.** US [window] guichet *m* **2.** [gate] (petite) porte *f*, portillon *m* **3.** [in cricket - stumps] guichet *m* ; [- area of grass] terrain *m* (entre les guichets) ▸ **to take a wicket** éliminer un batteur / *they were 275 for six wickets* ils étaient 275 pour six guichets.

wicket keeper n gardien *m* de guichet.

wide [waɪd] ◆ adj **1.** [broad] large / *how wide is it?* cela fait combien (de mètres) de large ?, quelle largeur ça fait ? / *do you know how wide it is?* en connaissez-vous la largeur ? / *the road is thirty metres wide* la route fait trente mètres de large / *they're making the street wider* ils élargissent la route / *wide hips / shoulders* hanches / épaules larges / *a wide forehead* un large front / *he gave a wide grin* il a fait un large sourire ▸ **a wide screen** CIN un grand écran, un écran panoramique / *there are wider issues at stake here* des problèmes plus vastes sont ici en jeu / *we need to see the problem in a wider context* il faut que nous envisagions le problème dans un contexte plus général / *I'm using the word in its widest sense* j'emploie ce mot au sens le plus large ; [fully open - eyes] grand ouvert / *she watched with wide eyes* elle regardait, les yeux grands ouverts / *his eyes were wide with terror* ses yeux étaient agrandis par l'épouvante **2.** [extensive, vast] étendu, vaste / *a wide plain* une vaste plaine ▸ **to travel the wide world** parcourir le vaste monde / *she has wide experience in this area* elle a une longue or grande expérience dans ce domaine / *he has very wide interests* il a des centres d'intérêt très larges / *he has a wide knowledge of music* il a de vastes connaissances or des connaissances approfondies en musique / *there are wide gaps in her knowledge* il y a des lacunes importantes dans ses connaissances / *the incident received wide publicity* l'événement a été largement couvert par les médias / *a wide range of products* COMM une gamme importante de produits / *a wide range of views was expressed* des points de vue très différents furent exprimés / *a wide variety of colours* un grand choix de couleurs **3.** [large - difference] : *the gap between rich and poor remains wide* l'écart (existant) entre les riches et les pauvres demeure considérable **4.** SPORT : *the ball was wide* la balle est passée à côté / *the shot was wide* le coup est passé à côté ▸ **to be wide of the mark a)** UK *lit* rater or être passé loin de la cible **b)** *fig* être loin de la vérité or du compte. ◆ adv **1.** [to full extent] : *open (your mouth) wide* ouvrez grand votre bouche / *she opened the windows wide* elle ouvrit les fenêtres en grand / *he flung his arms wide* il a ouvert grand les bras / *place your feet wide apart* écartez bien les pieds **2.** [away from target] à côté / *the missile went wide* le missile est tombé à côté.

-wide in comp ▸ **world-wide** à travers le monde (entier).

wide-angle lens n grand-angle *m*, grand-angulaire *m*.

wide area network n réseau *m* étendu.

wide-awake adj tout éveillé ; *fig* [alert] éveillé, vif.

wide-body adj ▸ **a wide-body aircraft** avion *m* à fuselage élargi, gros-porteur *m*.

wide boy n UK *inf & pej personnage frimeur, bluffeur et sans scrupules.*

wide-eyed adj **1.** [with fear, surprise] les yeux agrandis or écarquillés / *he looked at me in wide-eyed astonishment* il me regarda les yeux écarquillés d'étonnement / *she watched wide-eyed* elle regardait, les yeux écarquillés **2.** [naive] candide, ingénu *liter* / *he listened with wide-eyed innocence* il écoutait avec une innocence (toute) ingénue.

wide-lapelled UK, **wide-lapeled** US [-lə'peld] adj [jacket, shirt] à larges revers.

widely ['waɪdlɪ] adv **1.** [broadly] ▸ **to smile widely** faire un grand sourire ▸ **to yawn widely** bâiller profondément / *the houses were widely scattered / spaced* les maisons étaient très dispersées / espacées **2.** [extensively] : *she has travelled widely* elle a beaucoup voyagé / *the talk ranged widely over a variety of topics* la discussion embrassa un nombre de sujets très variés / *the drug is now widely available / used* le médicament est maintenant largement répandu / utilisé / *it was widely believed that war was inevitable* il était largement or communément admis que la guerre était inévitable / *the truth about the incident is not widely known* la vérité sur l'incident n'est pas connue du grand public / *widely held beliefs / opinions* des croyances / opinions très répandues / *widely held views* des points de vue très répandus ▸ **to be widely read a)** [writer, book] être très lu, avoir un grand public **b)** [person] avoir beaucoup lu, être très cultivé / *she is widely read in history* elle a beaucoup lu en histoire **3.** *fig* [significantly] : *prices vary widely* les prix varient très sensiblement / *the two versions differed widely* les deux versions étaient sensiblement différentes / *the students came from widely differing backgrounds* les étudiants venaient d'horizons très différents.

widen ['waɪdn] ◆ vt élargir, agrandir ; *fig* [experience, influence, knowledge] accroître, étendre / *the tax reform will widen the gap between rich and poor* la réforme fiscale va accentuer or agrandir l'écart entre les riches et les pauvres / *I've widened my study to include recent events* j'ai développé mon étude afin d'y inclure les derniers événements. ◆ vi s'élargir ; [eyes] s'agrandir ; [smile] s'accentuer / *the gulf between skilled and unskilled workers is widening* l'écart entre les travailleurs qualifiés et non qualifiés va en s'accentuant / *turn left where the road widens out* tournez à gauche à l'endroit où la route s'élargit.

wide-open adj **1.** [extensive] grand ouvert / *the wide-open spaces of Australia* les grands espaces de l'Australie **2.** [fully open] : *she stood there with her eyes / mouth wide open* elle était là, les yeux écarquillés / bouche bée **3.** *fig* [vulnerable] exposé / *he left himself wide open to attack / criticism* il prêtait ainsi le flanc aux attaques / critiques **4.** US [town] ouvert.

wide-ranging [-'reɪndʒɪŋ] adj **1.** [extensive] large, d'une grande ampleur / *she has wide-ranging interests* elle a des intérêts variés / *a wide-ranging cross-section of public opinion* un échantillon très large de l'opinion publique / *a wide-ranging report / survey* un rapport / une étude de grande envergure **2.** [far-reaching -effect] de grande portée / *the opposition called for wide-ranging reforms* l'opposition réclama des réformes de grande portée or de grande envergure.

widescreen ['waɪdskri:n] ◆ adj [TV set] à écran large ; [cinema] panoramique. ◆ n [TV set] téléviseur *m* à écran large.

widespread ['waɪdspred] adj **1.** [arms] en croix ; [wings] déployé / *she stood there arms widespread* elle se tenait là, les bras en croix **2.** [extensive] (très) répandu / *there has been widespread public concern* l'opinion publique se montre extrêmement préoccupée.

wide-wale ['waɪdweɪl] adj US ▸ **wide-wale corduroy** velours *m* côtelé à côtes épaisses.

widgeon ['wɪdʒən] = **wigeon.**

widget ['wɪdʒɪt] n *inf* truc *m*, machin *m*.

widow ['wɪdəʊ] ◆ n **1.** [woman] veuve *f* / *she's a widow* elle est veuve / *Widow Thomas arch* Madame veuve Thomas ▸ **a golf widow** UK *inf & hum une femme que son mari délaisse pour le golf* ▸ **widow's pension** allocation *f* veuvage ▸ **the widow's mite** BIBLE le denier de la veuve **2.** TYPO ligne *f* veuve *(dernière ligne d'un paragraphe se trouvant à la première ligne d'une page)* **3.** CARDS *main de cartes placée sur la table la face en dessous.* ◆ vt *(usu passive)* : *he was widowed last year* il a perdu sa femme l'année dernière / *she was widowed last year* elle a perdu son mari l'année dernière / *she is recently widowed* elle est veuve depuis peu, elle a perdu son mari il n'y a pas longtemps / *he is twice widowed* il est deux fois veuf.

widowed ['wɪdəʊd] adj : *she supports her widowed mother* elle fait vivre sa mère qui est veuve.

widower ['wɪdəʊər] n veuf *m*.

widowhood ['wɪdəʊhʊd] n veuvage *m*.

widow's peak n *ligne de cheveux sur le front en forme de v.*

width [wɪdθ] n **1.** [breadth] largeur *f* / *the room was ten metres in width* la pièce faisait dix mètres de largeur / *she swam the entire width of the river* elle a parcouru toute la largeur du fleuve à la nage ; [of swimming pool] largeur *f* / *she swam two widths* elle a fait deux largeurs de piscine **2.** TEXT laize *f*, lé *m* / *half a width of cloth* une demi-laize or un demi-lé de tissu.

widthways ['wɪdθweɪz], **widthwise** ['wɪdθwaɪz] adv dans le sens de la largeur.

wield [wi:ld] vt **1.** [weapon] brandir ; [pen, tool] manier **2.** [influence, power] exercer, user de *liter*.

wiener ['wi:nər] n US saucisse *f* de Francfort.

wife [waɪf] (*pl* **wives** [waɪvz]) n **1.** [spouse] femme *f*, épouse *f* ; ADMIN conjointe *f* ▸ **to take a wife** *arch* prendre femme / *do you take this woman to be your lawful, wedded wife? fml* prenez-vous cette femme pour épouse légitime ? ▸ **to take sb to wife** *arch* prendre qqn pour femme / *she's his second wife* elle est sa deuxième femme, il l'a épousée en secondes noces / *she's been a good wife to him* elle a été une bonne épouse pour lui ▸ **the farmer's wife** la fermière **2.** *arch & regional* [woman] femme *f*.

wifely ['waɪflɪ] adj de bonne épouse.

wife-swapping [-'swɒpɪŋ] n échangisme *m*.

wifey ['waɪfɪ] n *inf* [wife] épouse *f* / *the wifey* la ménagère, la bourgeoise.

Wifi ['waɪfaɪ] n COMPUT Wi-fi *m*.

wifie ['waɪfɪ] n Scot *inf* [in Edinburgh, Fife, any woman] bonne femme *f*.

Wifi hotspot n point *m* d'accès Wi-fi.

wig [wɪg] n perruque *f* ; [hairpiece] postiche *m*.

wigeon ['wɪdʒən] n canard *m* siffleur.

wigged [wɪgd] adj à perruque.

wigging ['wɪgɪŋ] n UK *inf* [scolding] savon *m* ▸ **to get a (good) wigging** se faire disputer, se faire passer un savon ▸ **to give sb a (good) wigging** passer un savon à qqn.

wiggle ['wɪgl] ◆ vt remuer ; [hips] remuer, tortiller. ◆ vi [person] (se) remuer, frétiller ; [loose object] branler. ◆ n **1.** [movement] tortillement *m* / *he gave his toes a wiggle* il remua ses orteils **2.** [wavy line] trait *m* ondulé.

wiggle room, wigglespace ['wɪglspeɪs] n marge *f* de manœuvre.

wiggly ['wɪglɪ] adj frétillant, qui remue ▸ **a wiggly line** un trait ondulé.

wight [waɪt] n *arch* être *m*.

wigmaker ['wɪg,meɪkər] n perruquier *m*.

wigwam ['wɪgwæm] n wigwam *m*.

wilco ['wɪlkəʊ] interj TELEC j'exécute.

wild [waɪld] ◆ adj **1.** [undomesticated] sauvage ; [untamed] farouche / *a wild beast* **a)** une bête sauvage **b)** *fig* une bête féroce / *a pack of wild dogs* une meute de chiens féroces or sauvages / *a wild rabbit* un lapin de garenne / *a wild horse* un cheval sauvage / **'The Wild Duck'** *Ibsen* 'le Canard sauvage' **2.** [uncultivated -fruit] sauvage ; [-flower, plant] sauvage, des champs / *wild strawberries* fraises *fpl* des bois / *many parts of the country are still wild* beaucoup de régions du pays sont encore à l'état sauvage **3.** [violent -weather] : *wild weather* du gros temps / *a wild wind* un vent violent or de tempête / *a wild sea* une mer très agitée / *it was a wild night* ce fut une nuit de tempête **4.** [mad] fou *(before vowel or silent 'h' fol, f folle)*, furieux / *to be wild with grief / happiness / jealousy* être fou de douleur / joie / jalousie / *that noise is driving me wild* ce bruit me rend fou / *he had wild eyes* or *a wild look in his eyes* il avait une lueur de folie dans le regard **5.** [dishevelled -appearance] débraillé ; [-hair] en bataille, ébouriffé / *a wild-looking young man* un jeune homme à l'air farouche **6.** [enthusiastic] : *the speaker received wild applause* l'orateur reçut des applaudissements frénétiques ▸ **to be wild about sb** *inf* être dingue de qqn ▸ **to be wild about sthg** *inf* être dingue de or emballé par qqch / *I'm not really wild about modern art* l'art moderne ne m'emballe pas vraiment **7.** [outrageous -idea, imagination] insensé, fantaisiste ; [-promise, talk] insensé ; [-rumour] délirant ; [-plan] extravagant / *he has some wild scheme for getting rich quick* il a un projet farfelu or abracadabrant pour devenir riche en peu de temps / *the book's success was beyond his wildest dreams* le succès de son livre dépassait ses rêves les plus fous ; [reckless] fou *(before vowel or silent 'h' fol, f folle)* / *they're always having wild parties* ils organisent toujours des soirées démentes / *that was in my wild youth* c'était au temps de ma folle jeunesse / *we had some wild times together* nous en avons fait des folies ensemble **8.** [random] ▸ **to take a wild swing at sthg** lancer le poing au hasard pour atteindre qqch ▸ **at a wild guess** à vue de nez / *aces are wild* CARDS les as sont libres ▸ **to play a wild card** prendre un risque **9.** PHR **wild and woolly** *inf* **a)** [idea, plan] peu réfléchi **b)** [place] sauvage, primitif. ◆ n ▸ **in the wild** en liberté ▸ **the call of the wild** l'appel *m* de la nature / *he spent a year living in the wild* or *wilds* il a passé un an dans la brousse / *the wilds of northern Canada* le fin fond du nord du Canada. ◆ adv **1.** [grow, live] en liberté / *strawberries grow wild in the forest* des fraises poussent à l'état sauvage dans la forêt / *the deer live wild in the hills* les cerfs vivent en liberté dans les collines **2.** [emotionally] ▸ **to go wild with joy / rage** devenir fou de joie / colère / *when he came on stage the audience went wild* les spectateurs hurlèrent d'enthousiasme quand il arriva sur le plateau **3.** [unconstrained] ▸ **to run wild a)** [animals] courir en liberté **b)** [children] être déchaîné / *they let their children run wild* **a)** *lit* ils laissent leurs enfants traîner dans la rue **b)** *fig* ils ne disciplinent pas du tout leurs enfants / *they've left the garden to run wild* ils ont laissé le jardin à l'abandon or revenir à l'état sauvage.

wild boar n sanglier *m*.

wild card n COMPUT joker *m* ▸ **wild card character** caractère *m* joker.

wildcat ['waɪldkæt] (*pl* **wildcat** *or* **wildcats**) ◆ n ZOOL chat *m* sauvage / *she's a real wildcat fig* c'est une vraie tigresse. ◆ adj [imprudent, ill-considered] aléatoire, hasardeux. ◆ vi MIN faire un puits d'exploration.

wildcat strike n grève *f* sauvage.

wild cherry n [fruit] merise *f* ; [tree] merisier *m*.

wildebeest ['wɪldɪbi:st] (*pl* **wildebeest** *or* **wildebeests**) n gnou *m*.

wilderness ['wɪldənɪs] ◆ n **1.** [uninhabited area] pays *m* désert, région *f* sauvage ; BIBLE désert *m* / *a wilderness of snow and ice* une région or une étendue de neige et de glace / *his warnings came like a voice in the wilderness* ses avertissements étaient comme une voix dans le désert ; *fig* : *she's been relegated to the political wilderness* elle en est réduite à une traversée du désert sur le plan politique / *a concrete wilderness* un désert de béton / *a cultural wilderness* fig un désert culturel **2.** [overgrown piece of land] jungle f / *the garden's like a wilderness* le jardin est une véritable jungle. ◆ adj [region] reculé ▸ **the wilderness years** fig la traversée du désert.

wilderness permit n *dans les parcs naturels américains, autorisation de se rendre dans les parties les plus sauvages.*

wild-eyed adj **1.** [crazed] au regard fou / *she watched in wild-eyed terror* elle regardait, les yeux remplis de terreur **2.** [impractical] extravagant.

wildfire ['waɪld,faɪəʳ] n ▸ **to spread like wildfire** se répandre comme une traînée de poudre / *news of the attack spread like wildfire* la nouvelle de l'attaque s'est répandue comme une traînée de poudre.

wildfowl ['waɪldfaʊl] pl n oiseaux *mpl* sauvages ; HUNT [collectively] sauvagine *f*, gibier *m* à plume.

wild-goose chase n : *you're on a wild-goose chase* tu es sur une fausse piste, tu perds ton temps / *I was sent on a wild-goose chase* on m'a envoyé courir au diable pour rien.

wild hyacinth n [bluebell] jacinthe *f* des bois.

wildlife ['waɪldlaɪf] ◆ n *(U)* [wild animals] faune *f* ; [wild animals and plants] la faune et la flore. ◆ comp de la vie sauvage ; [photographer] de la nature ; [programme] sur la nature or la vie sauvage ; [expert, enthusiast] de la faune et de la flore.

wildlife park n réserve *f* naturelle.

wildly ['waɪldlɪ] adv **1.** [violently] violemment, furieusement / *waves beat wildly against the rocks* les vagues venaient se heurter furieusement contre les rochers / *she struggled wildly to free herself* elle se débattait furieusement pour tenter de se libérer **2.** [enthusiastically] : *the crowd applauded wildly* la foule applaudissait frénétiquement **3.** [randomly] au hasard / *"you're a Scorpio, aren't you", I said, guessing wildly* « tu es Scorpion, non ? » ai-je demandé au hasard / *to swing wildly at sb / sthg* lancer le poing au hasard en direction de qqn / qqch / *he dashed about wildly* il s'agitait frénétiquement

WILL / WOULD

Le modal **will** ne se limite pas au renvoi à l'avenir. Il permet aussi d'exprimer la volonté, la caractéristique, la suggestion polie, tout comme **would**. Ces deux modaux ont chacun une forme contractée, respectivement **'ll** et **'d**.

WILL

❶ L'expression de l'avenir

Will indique une prédiction forte (« c'est sûr »), tellement forte en fait qu'on est proche du futur français :

The next meeting will be held in July. La prochaine réunion aura lieu en juillet.

What time will you be home tonight? À quelle heure rentrez-vous ce soir ?

Cette interprétation est confirmée par les repères temporels **in July** et **tonight**, qui font référence à l'avenir. Très souvent, ces repères sont implicites.

❷ La volonté et le refus

Étymologiquement, **will** exprime la ***volonté*** (pensez au proverbe where there's a will there's a way : quand on veut on peut). Ce sens n'a pas disparu, aussi ne faut-il pas manquer de le traduire le cas échéant :

Will you give me a hand? Vous voulez bien m'aider ?

I'll carry that for you. Laissez-moi porter ça.

The car won't start. La voiture ne veut pas démarrer.

You must come! — I won't! Il faut que vous veniez ! — Je refuse !

Will au sens de ***vouloir*** est particulièrement approprié dans les demandes polies :

If you will come with me. Si vous voulez bien venir avec moi.

Will you please put your cigarette out? Pouvez-vous éteindre votre cigarette, s'il vous plaît ?

❸ La caractéristique

Will est souvent employé pour exprimer une caractéristique du sujet :

The machine will wash up to 5 kilos of laundry. La machine peut laver jusqu'à 5 kilos de linge.

Lorsque cette caractéristique est un défaut prévisible, **will** traduit l'agacement du locuteur vis-à-vis du sujet :

She will have the last word. Il faut toujours qu'elle ait le dernier mot.

Dans ce cas, le modal est accentué et la forme contractée **'ll** impossible.

❹ La prédiction

Bien souvent avec **will**, le locuteur fait une prédiction à partir de la situation. Dans l'exemple ci-dessous, le locuteur sait que le facteur passe tous les jours à la même heure ; il y a donc de grandes chances pour que ce soit lui qui sonne à la porte :

There's someone at the door. That'll be the postman. On sonne à la porte. C'est sans doute le facteur.

❺ Dans les subordonnées de temps

Dans une subordonnée de temps qui exprime le futur (après **when**, **as soon as**, **as long as**, etc.), on n'emploie ni **shall** ni **will** mais le présent simple :

Will you still love me when I'm old?
principale *subordonnée*
M'aimeras-tu encore quand je serai vieux ?

En français, on utilise le futur dans la principale et la subordonnée.

WOULD

Would est la forme passée de **will**, mais n'a pas pour autant qu'un sens passé.

❶ L'hypothèse

Dans l'expression d'une hypothèse, **would** peut être traduit par le conditionnel en français :

They wouldn't have come if they had known. Ils ne seraient pas venus s'ils avaient su.

❷ La volonté et le refus

Tout comme **will**, **would** exprime l'idée de ***volonté*** et, à la tournure négative, de ***refus*** :

They would give their lives for the cause. *[volonté hypothétique]*
Ils donneraient volontiers leur vie pour la cause.

She wouldn't touch alcohol. *[refus dans le passé]*
Elle refusait de toucher à l'alcool.

Would apparaît également dans les demandes polies :

Would you mind driving me home? Est-ce que cela vous dérangerait de me reconduire chez moi ?

Would you like another cake? Voulez-vous un autre gâteau ?

Pour énoncer une préférence, on a le choix entre deux constructions idiomatiques, **would prefer** + infinitif en **to** et **would rather** / **sooner** + infinitif sans **to** :

I would prefer to go alone. J'aimerais mieux y aller seul.

I would rather / sooner go alone. Je préférerais y aller seul.

❸ La caractéristique

Would traduit également l'agacement du locuteur vis-à-vis d'un trait prévisible qui caractérise le sujet :

He would! C'est bien de lui !

He would say that, wouldn't he. C'est bien de lui de dire une chose pareille.

Would est alors accentué et sa forme contractée **'d** impossible.

❹ L'habitude

Dans une description au passé, **would** indique parfois qu'un événement s'est reproduit au point de devenir une ***habitude*** :

He would smoke a cigar after dinner. Il fumait un cigare après le dîner.

On dit que **would** est « fréquentatif ». En français, on utilise l'imparfait dans ce sens.

❺ La prédiction

Would apparaît parfois (mais assez rarement) dans l'expression d'une ***probabilité*** :

There was a woman there – that would be his wife. Il y avait une femme – ça devait être son épouse.

Pour résumer

Will et **would** posent souvent des problèmes d'emploi dans la mesure où ils ont des sens variés qui dépendent largement du contexte. Derrière cette myriade d'interprétations se cache cependant une certaine logique :

- la caractéristique, l'habitude et la prédiction traduisent la ***régularité***.
- nos comportements prévisibles sont souvent le fait de notre ***volonté***.

L'EXPRESSION DE L'AVENIR

L'avenir est la zone de temps postérieure au moment où l'on parle. En français, on utilise le temps grammatical du futur pour parler d'événements situés dans l'avenir (*-rai*, *-ras*, *-ra*, *-rons*, *-rez*, *-ront*). Ce temps n'existe pas en anglais. Pour projeter un événement dans l'avenir, il faut donc faire appel à d'autres formes grammaticales, à savoir des modaux (**shall / will**), d'autres temps (le présent simple), ou des constructions (**be going to, be about to, is to, be** + V-ing, etc.).

SHALL / WILL

Ces deux modaux peuvent chacun exprimer une ***prédiction*** : il y a de fortes chances pour que l'événement se produise. Dans ce cas, l'expression de l'avenir est une conséquence de cette valeur de forte prédiction : le futur, c'est ce qui va très certainement être (lat. ***futurus*** : « qui va être, à venir ») :

I shall / I'll see him tomorrow. Je le verrai demain.

He will / He'll visit us next month. Il nous rendra visite le mois prochain.

Shall comporte l'idée de ***devoir*** tandis que **will** est associé à celle de ***volonté***. Ces sens sont entièrement compatibles avec l'idée de futur : un événement a de grandes chances de se produire dans l'avenir si l'on ***doit*** ou si l'on ***veut*** l'accomplir.

NB : l'expression de l'avenir n'est que l'un des emplois de ces modaux. Ils ne s'y limitent pas : on ne peut donc pas les appeler des « auxiliaires du futur ». Voir **shall** et **will**.

LE PRÉSENT SIMPLE ET LE PRÉSENT PROGRESSIF

Cela peut paraître surprenant au premier abord, mais le présent simple renvoie, en anglais comme en français, à l'avenir, si le contexte s'y prête :

The plane leaves at 10:00 tomorrow. L'avion ***décolle*** à 10 h demain.

C'est le repère temporel tomorrow qui projette dans l'avenir l'information contenue dans the plane leaves at 10:00. C'est donc le contexte qui confère au présent simple une valeur de futur. En français on pourra tout aussi bien traduire cela par du présent simple.

En anglais, la forme progressive **be** + **V-ing** au présent renvoie également à l'avenir :

We are leaving for Mexico on Friday. Nous ***partons*** pour le Mexique vendredi.

Il y a cependant une légère différence de sens par rapport à la forme simple. Avec la forme progressive, le sujet de l'énoncé exprime une ***intention***.

Dans l'exemple ci-dessus, le sujet **we** exprime son intention de partir pour le Mexique : nous avons l'intention de partir pour le Mexique, les billets d'avion sont pris, les réservations d'hôtel faites, etc.

Notons que cette valeur est dominante si l'on retire le repère temporel **on Friday** (l'expression de l'avenir disparaît presque totalement au profit de l'intention). Voici un autre exemple :

I'm having lunch with my boss next Tuesday.
[intention + renvoi à l'avenir]
Je déjeune avec mon patron mardi prochain.

Ici, le sujet (**I**) a participé à la décision lorsque le rendez-vous a été pris pour le mardi suivant. Tout est arrangé, les deux personnes sont d'accord.

BE GOING TO

En anglais, on a fréquemment recours à **be going to** pour renvoyer à l'avenir, et plus spécifiquement pour marquer une intention de l'énonciateur :
I'm going to hit you if you don't stop! Je vais te frapper si tu n'arrêtes pas !

Attention !
On pourrait tout aussi bien avoir **will** dans cet exemple sans que le sens ne change : I'll hit you if you don't stop!

On emploie aussi **be going to** pour exprimer une prédiction faite à partir de l'observation de la situation :
Careful! The milk's going to boil over! Attention ! Le lait va déborder.
[on surveille la casserole]
I think it's going to rain. Je pense qu'il va pleuvoir. *[on observe le ciel]*
They know something awful is going to happen. Ils savent que quelque chose de terrible va se passer. *[on observe la situation]*

Remarque : en français comme en anglais, on emploie un verbe de déplacement (**go** : *aller*) pour renvoyer au futur. En effet, du déplacement géographique au déplacement imagé, il n'y a qu'un pas. Dans l'exemple suivant, Jenny se déplace de façon imagée vers l'achat de la maison, prévu dans l'avenir :
Jenny is going to buy a house in the suburbs. Jenny va acheter une maison en banlieue.

BE ABOUT TO

Be about to est employé lorsqu'on veut dire qu'une action est sur le point de s'accomplir :
The company is about to close down. L'entreprise est sur le point de fermer. La fermeture de l'entreprise est imminente.

En français, la meilleure traduction de **be about to** est ***être sur le point de***. On ne peut pas vraiment traduire cette construction par le futur dans la mesure où l'on perdrait cette idée d'imminence.

IS TO

Avec **is to**, tout est prévu ou planifié. Dans l'exemple ci-dessous, une décision a été prise au préalable :
She is to be placed in ward. Il est convenu de la placer sous tutelle judiciaire.

Attention !
À la forme négative, on quitte l'expression de l'avenir pour l'interdiction :
You are not to tell anyone about the secret. Tu ne dois parler de ce secret à personne.

Pour résumer
Contrairement au français, l'anglais ne dispose pas de temps futur. Il existe néanmoins un éventail assez large de formes pour exprimer le fait qu'un événement se situe dans l'avenir.

/ *exchange rates fluctuated wildly* les taux de change fluctuaient de façon aberrante **4.** [extremely] excessivement / *the reports are wildly inaccurate* les comptes rendus sont complètement faux / *wildly expensive* / *funny* follement cher / drôle / *he is wildly funny!* il est d'un drôle ! / *his stories are wildly funny* ses histoires sont à mourir de rire / *to be wildly jealous* / *happy* être fou de jalousie / bonheur / *I'm not wildly happy about the decision* cette décision ne m'enchante pas spécialement **5.** [recklessly] avec témérité / *he talked wildly of joining the foreign legion* il parlait avec témérité de s'engager dans la légion étrangère.

wild man n [savage] sauvage *m*.

wild oats pl n ▸ **to sow one's wild oats** *inf & euph* jeter sa gourme.

wild rice n zizania *f*, riz *m* sauvage.

wild rose n [dog rose] églantine *f*, églantier *m* ; [sweetbrier] églantier *m* odorant.

wild silk n soie *f* sauvage.

wild thyme n serpolet *m*.

wild west ◆ n ▸ **the wild west** le Far West. ◆ comp ▸ **wild west show** *spectacle sur le thème du Far West*.

wiles [waɪlz] pl n ruses *fpl* / *he fell victim to her feminine wiles* il se laissa prendre à ses ruses de femme.

wilful UK, **willful** US ['wɪlfʊl] adj **1.** [action] délibéré ; [damage] volontaire, délibéré / *he rebuked her for wilful disobedience* il l'a réprimandée pour avoir désobéi délibérément or à dessein **2.** [person] entêté, obstiné.

wilfully UK, **willfully** US ['wɪlfʊlɪ] adv **1.** [deliberately] délibérément / *he wilfully disregarded my advice* il n'a, délibérément or sciemment, tenu aucun compte de mes conseils **2.** [obstinately] obstinément, avec entêtement.

wilfulness UK, **willfulness** US ['wɪlfʊlnɪs] n **1.** [of action] caractère *m* délibéré ; [of damage] caractère *m* intentionnel **2.** [of character, person] obstination *f*, entêtement *m*.

will[1] [wɪl] modal vb **1.** [indicating the future] : *what time will you be home tonight?* à quelle heure rentrez-vous ce soir ? / *the next meeting will be held in July* la prochaine réunion aura lieu en juillet / *I will be there before ten o'clock* je serai là avant dix heures / *I don't think he will* or *he'll come today* je ne pense pas qu'il vienne or je ne crois pas qu'il viendra aujourd'hui / *do you think she'll marry him? — I'm sure she will* / *won't* est-ce que tu crois qu'elle va se marier avec lui ? — je suis sûr que oui / non / *he doesn't think he'll be able to fix it* il ne pense pas pouvoir or il ne croit pas qu'il pourra le réparer / *she's sure she'll have to work next weekend* elle est sûre qu'elle devra or elle est sûre de devoir travailler le week-end prochain / *while he's on holiday his wife will be working* pendant qu'il sera en vacances sa femme travaillera / *when they come home the children will be sleeping* quand ils rentreront, les enfants dormiront or seront endormis **2.** [indicating probability] : *that'll be the postman* ça doit être or c'est sans doute le facteur / *they'll be wanting their dinner* ils doivent attendre or ils attendent sans doute leur dîner / *she'll be grown up by now* elle doit être grande maintenant / *it won't be ready yet* ce n'est sûrement pas prêt **3.** [indicating resolution, determination] : *I'll steal the money if I have to* je volerai l'argent s'il le faut / *I won't go!* je n'irai pas ! / *I won't have it!* je ne supporterai or n'admettrai pas ça ! / *you must come! — I won't!* il faut que vous veniez ! — je ne viendrai pas ! / *I won't go — oh yes you will!* je n'irai pas — oh (que) si ! / *he can't possibly win — he will!* il ne peut pas gagner — mais si ! **4.** [indicating willingness] : *I'll carry your suitcase* je vais porter votre valise / *who'll volunteer? — I will!* qui se porte volontaire ? — moi ! / *will you marry me? — yes, I will / no, I won't* veux-tu m'épouser ? — oui / non / *my secretary will answer your questions* ma secrétaire répondra à vos questions / *our counsellors will help you to solve your financial difficulties* nos conseillers vous aideront à résoudre vos difficultés financières ▸ **will do!** *inf* d'accord ! **5.** [in requests, invitations] : *will you please stop smoking?* pouvez-vous éteindre votre cigarette, s'il vous plaît ? / *you won't forget, will you?* tu n'oublieras pas, n'est-ce pas ? / *you* WILL *remember to lock the door, won't you?* tu n'oublieras pas de fermer à clef, hein ? / *won't you join us for lunch?* vous déjeunerez bien avec nous ? / *if you will come with me* si vous voulez bien venir avec moi ; [in orders] : *stop complaining, will you!* arrête de te plaindre, tu veux ! / *he'll do as he's told* il fera ce qu'on lui dira / *you'll stop arguing this minute!* vous allez arrêter de vous disputer tout de suite ! / *will you be quiet!* vous allez vous taire ! **6.** [indicating basic ability, capacity] : *the machine will wash up to 5 kilos of laundry* la machine peut laver jusqu'à 5 kilos de linge / *this car won't do more than 75 miles per hour* cette voiture ne peut pas faire plus de 120 kilomètres à l'heure ; [indicating temporary state or capacity] : *the car won't start* la voiture ne veut pas démarrer / *it will start, but it dies after a couple of seconds* elle démarre, mais elle s'arrête tout de suite / *the television won't switch on* la télévision ne veut pas s'allumer **7.** [indicating habitual action] : *she'll play in her sandpit for hours* elle peut jouer des heures dans son bac à sable ; [indicating obstinacy] : *she* WILL *insist on calling me Uncle Roger* elle insiste pour or elle tient à m'appeler Oncle Roger / *it* WILL *keep on doing that* ça n'arrête pas de faire ça / *she* WILL *have the last word* il faut toujours qu'elle ait le dernier mot **8.** [used with 'have'] : *another ten years will have gone by* dix autres années auront passé ; [expressing probability] : *she'll have finished by now* elle doit avoir fini maintenant **9.** PHR **if you will** : *imagine, if you will, a beautiful landscape* imaginez, si vous le voulez bien, un magnifique paysage / *they're well-known people, celebrities if you will* ce sont des gens très connus, des célébrités si vous préférez or si vous voulez / *it's a questionnaire, or "poll" if you will* c'est un questionnaire, ou si vous préférez, un « sondage ». **See also box on page 2337.**

will² [wɪl] ◆ n **1.** [desire, determination] volonté *f* / *he has a weak / strong will* il a peu / beaucoup de volonté / *she succeeded by force of will* elle a réussi à force de volonté / *a battle of wills* une lutte d'influences / *she no longer has the will to live* elle n'a plus envie de vivre / *you must have the will to win / succeed* il faut avoir envie de gagner / de réussir / *it is the will of the people that…* le peuple veut que… / *his death was the will of God* sa mort était la volonté de Dieu ▸ **thy will be done** BIBLE que ta volonté soit faite ▸ **to have a will of iron** or **an iron will** avoir une volonté de fer ▸ **to have a will of one's own** n'en faire qu'à sa tête, être très indépendant ▸ **with the best will in the world** avec la meilleure volonté du monde ▸ **where there's a will there's a way** *prov* quand on veut on peut *prov* **2.** LAW testament *m* ▸ **last will and testament** dernières volontés *fpl* ▸ **to make a will** faire un testament / *did he leave me anything in his will?* m'a-t-il laissé quelque chose dans son testament ? ◆ vt **1.** [using willpower] : *I was willing her to say yes* j'espérais qu'elle allait dire oui / *she willed herself to keep walking* elle s'est forcée à poursuivre sa marche / *I could feel the crowd willing me on* je sentais que la foule me soutenait **2.** [bequeath] léguer / *she willed her entire fortune to charity* elle a légué toute sa fortune à des œuvres de charité **3.** *liter* [wish, intend] vouloir / *the Lord so willed it* le Seigneur a voulu qu'il en soit ainsi / *you can will the struggle, but you cannot will the outcome* vous pouvez décider de vous battre, mais il ne vous appartient pas de décider qui va gagner. ◆ vi *arch & liter* [wish] vouloir / *as you will* comme vous voulez.

❖ **against one's will** adv phr contre sa volonté / *he left home against his father's will* il est parti de chez lui contre la volonté de son père.

❖ **at will** adv phr à sa guise / *they can come and go at will here* ils peuvent aller et venir à leur guise ici ▸ **fire at will!** feu à volonté !

❖ **with a will** adv phr avec ardeur or acharnement / *we set to with a will* nous nous attelâmes à la tâche avec ardeur.

-willed [wɪld] in comp : *a strong-willed woman* une femme qui a beaucoup de volonté or très volontaire / *a weak-willed boy* un garçon qui manque de volonté.

willful US = **wilful**.

William ['wɪljəm] pr n ▸ **William of Orange** Guillaume d'Orange ▸ **William Rufus** Guillaume le Roux ▸ **William Tell** Guillaume Tell ▸ **William the Conqueror** Guillaume le Conquérant.

William and Mary n *style de mobilier du règne du roi Guillaume III d'Angleterre et de la reine Marie, vers la fin du XVIIᵉ siècle.*

willie ['wɪlɪ] UK = **willy**.

willies ['wɪlɪz] pl n *inf* : *he / it gives me the willies* il / ça me fiche la trouille.

willing ['wɪlɪŋ] adj **1.** [ready, prepared] : *are you willing to cooperate with us?* êtes-vous prêt à collaborer avec nous ? / *he isn't even willing to try* il ne veut même pas essayer ▸ **to be willing and able (to do sthg)** avoir l'envie et les moyens (de faire qqch) / *they were less than willing to take part* ils ont rechigné à participer / *he's more than willing to change jobs* il ne demande pas mieux que de changer d'emploi / *willing or not, they must lend a hand* qu'ils le veuillent ou non, ils devront nous aider **2.** [compliant] : *he's a willing victim* c'est une victime complaisante **3.** [eager, enthusiastic -helper] bien disposé, de bonne volonté / *she's a willing pupil* c'est une élève de bonne volonté **4.** PHR **to show willing** faire preuve de bonne volonté.

willingly ['wɪlɪŋlɪ] adv **1.** [eagerly, gladly] de bon cœur, volontiers / *they willingly gave up their time* ils n'ont pas été avares de leur temps / *I'll do it willingly* or *I'll willingly do it* je le ferai volontiers **2.** [voluntarily] volontairement, de plein gré / *I bet he didn't do it willingly* je parie qu'il ne l'a pas fait de bon cœur.

willingness ['wɪlɪŋnɪs] n **1.** [enthusiasm] : *he set to with great willingness* il s'est attelé à la tâche avec un grand enthousiasme **2.** [readiness] : *the soldiers were surprised at the enemy's willingness to fight* les soldats furent surpris que l'ennemi veuille se battre / *he admired her willingness to sacrifice her own happiness* il admirait le fait qu'elle soit prête à sacrifier son propre bonheur.

will-o'-the-wisp [,wɪləðə'wɪsp] n *lit & fig* feu *m* follet.

willow ['wɪləʊ] ◆ n **1.** BOT saule *m* **2.** *inf* CRICKET batte *f*. ◆ comp de saule ▸ **willow tree** saule *m*.

willow pattern n *motif de céramique chinois très répandu en Grande-Bretagne* ▸ **willow pattern plates** des assiettes à motif chinois.

willow warbler n pouillot *m* fitis.

willowy ['wɪləʊɪ] adj [figure, person] élancé, svelte ; [object] souple, flexible.

willpower ['wɪl,paʊəʳ] n volonté *f* / *he lacks the willpower to diet* il n'a pas suffisamment de volonté pour se mettre au régime / *he gave up smoking through sheer willpower* il a arrêté de fumer par la seule force de sa volonté.

willy ['wɪlɪ] (*pl* **willies**) n UK *inf* zizi *m*.

willy-nilly [,wɪlɪ'nɪlɪ] adv bon gré mal gré.

wilt¹ [wɪlt] vb *(2nd pers sg) arch & regional* ⟶ **will** *(modal vb).*

wilt² [wɪlt] ◆ vi [droop -flower, plant] se faner, se flétrir ; [-person] languir, s'alanguir / *to wilt under pressure* fléchir sous la pression / *he wilted under her fierce gaze* il perdit contenance sous son regard furieux. ◆ vt [cause to droop -flower, plant] faner, flétrir.

Wilts written abbr of **Wiltshire**.

wily ['waɪlɪ] (*compar* **wilier**, *superl* **wiliest**) adj [person] rusé, malin (maligne) ; [scheme, trick] habile, astucieux ▸ **a wily old devil** or **fox** un vieux malin or rusé.

wimble ['wɪmbl] ◆ n vrille *f*. ◆ vt vriller.

wimp [wɪmp] n *inf & pej* [person -physically weak] mauviette *f* ; [-morally weak, irresolute] mou *m*, molle *f*, pâte *f* molle / *don't be such a wimp!* ne sois pas aussi mollasson !

❖ **wimp out** vi *inf* se défiler.

WIMP (abbr of **window, icon, menu, pointing device**) n WIMP *m*.

wimpish ['wɪmpɪʃ] adj *inf & pej* mollasson.

wimple ['wɪmpl] n guimpe *f*.

wimpy ['wɪmpɪ] adj *inf & pej* [physically weak] malingre ; [morally weak] poule mouillée *(inv)*.

win [wɪn] (*pt & pp* **won** [wʌn], *cont* **winning**) ◆ vi [in competition] gagner / *she always wins at tennis* elle gagne toujours au tennis / *they're winning three nil* ils gagnent trois à zéro / *he won by only one point* il a gagné d'un point seulement / *did you win at cards?* avez-vous gagné aux cartes ? / *who do you think will win?* à votre avis qui va gagner or l'emporter ? / *he won by a length* [in horseracing] il a gagné d'une longueur ▸ **to let sb win** laisser gagner qqn ▸ **OK, you win!** bon, d'accord ! ▸ **I (just) can't win!** j'ai toujours tort ! ▸ **to win hands down** gagner haut la main. ◆ vt **1.** [in competition -award, prize] gagner ; [-scholarship] obtenir ; [-contract] gagner, remporter / *he won first prize* il a gagné or eu le premier prix / *he won £100 at poker* il a gagné 100 livres au poker / *win yourself a dream holiday!* gagnez des vacances de rêve ! / *she won a gold medal in the Olympics* elle a obtenu une médaille d'or aux jeux Olympiques / *his superior finishing speed won him the race* il a gagné la course grâce à sa vitesse supérieure dans la dernière ligne or au finish / *to win a place at university* UK obtenir une place à l'université / *he has won his place in history fig* il s'est fait un nom dans l'histoire ; [in war] : *we have won a great victory* nous avons remporté une grande victoire / *this offensive could win them the war* cette offensive pourrait leur faire gagner la guerre **2.** [obtain, secure -friendship, love] gagner ; [-sympathy] s'attirer ▸ **to win sb's heart** gagner or conquérir le cœur de qqn ▸ **to win sb's hand** *arch* obtenir la main de qqn / *his intransigence has won him many enemies* son intransigeance lui a valu de nombreux ennemis / *his impartiality has won him the respect of his colleagues* son impartialité lui a valu or fait gagner le respect de ses collègues **3.** MIN extraire **4.** *fml & liter* [reach] : *we finally won the shore after three days at sea* nous avons fini par gagner le rivage après trois jours en mer. ◆ n **1.** SPORT victoire *f* / *they've had an unprecedented run of wins* ils ont eu une série de victoires sans précédent / *we haven't had one win all season* nous n'avons pas remporté une seule victoire de toute la saison **2.** US [in horseracing] ▸ **win, place, show** gagnant, placé et troisième.

❖ **win back** vt sep [money, trophy] reprendre, recouvrer ; [land] reprendre, reconquérir ; [loved one] reconquérir ; [esteem, respect, support] retrouver, recouvrer ; POL [votes, voters, seats] récupérer, recouvrer / *they were determined to win back the Cup from the Australians* ils étaient décidés à reprendre la Coupe aux Australiens / *I won every penny back from him* je lui ai repris jusqu'au dernier centime / *you won't win back your wife with threats* tu ne vas pas reconquérir or retrouver l'amour de ta femme avec des menaces.

❖ **win out** vi triompher / *the need for peace won out over the desire for revenge* le besoin de paix triompha du désir de revanche.

❖ **win over** vt sep [convert, convince] rallier / *he has won several of his former opponents over to his ideas* il a rallié plusieurs de ses anciens adversaires à ses idées / *the report won her over to the protesters' cause* le rapport l'a gagnée à la cause des protestataires / *we won him over in the end* nous avons fini par le convaincre.

❖ **win round** UK = **win over**.

❖ **win through** vi remporter / *the striking rail workers won through in the end* les cheminots en grève ont fini par obtenir gain de cause.

wince [wɪns] ◆ vi [from pain] crisper le visage, grimacer / *she didn't even wince* elle n'a pas fait la moindre grimace / *to wince with pain* grimacer de douleur ; *fig* grimacer (de dégoût) / *she winced at the thought* cette pensée l'a fait grimacer de dégoût. ◆ n grimace *f*.

winceyette [ˌwɪnsɪ'et] UK ◆ n flanelle *f* de coton. ◆ adj [nightdress, pyjamas, sheets] en flanelle de coton.

winch [wɪntʃ] ◆ n treuil *m*. ◆ vt ▸ **to winch sb / sthg up / down** monter / descendre qqn / qqch au treuil / *the survivors were winched to safety* à l'aide d'un treuil on a hissé les rescapés hors de danger.

Winchester disk ['wɪntʃestə-] n disque *m* (dur) Winchester.

wind¹ [wɪnd] ◆ n **1.** METEOR vent *m* / *the wind has risen / dropped* le vent s'est levé / est tombé / *the wind is changing* le vent tourne ; NAUT ▸ **into the wind** contre le vent ▸ **off the wind** dans le sens du vent ▸ **before the wind** le vent en poupe ; *fig* : *the winds of change are blowing* il y a du changement dans l'air / *the cold wind of recession* le vent glacial de la récession ▸ **to get wind of sthg** avoir vent de qqch ▸ **to run like the wind** courir comme le vent ▸ **to be scattered to the four winds** être éparpillés aux quatre vents ▸ **there's something in the wind** il se prépare quelque chose ▸ **to take the wind out of sb's sails** couper l'herbe sous le pied à qqn ▸ **let's wait and see which way the wind is blowing** attendons de voir quelle tournure les événements vont prendre **2.** [breath] souffle *m* / *I haven't got my wind back yet* je n'ai pas encore repris haleine or mon souffle ▸ **to get one's second wind** reprendre haleine or son souffle / *he had the wind knocked out of him* SPORT on lui a coupé le souffle, on l'a mis hors d'haleine ▸ **to put the wind up sb** *inf* flanquer la frousse à qqn **3.** *inf* [empty talk] vent *m* / *his speech was just a lot of wind* son discours n'était que du vent **4.** *(U)* [air in stomach] vents *mpl*, gaz *mpl* / *broad beans give me wind* les fèves me donnent des vents or des gaz / *I've got terrible wind* j'ai de terribles vents ▸ **to break wind** lâcher des vents ▸ **to get a baby's wind up** faire faire son renvoi à un bébé **5.** MUS ▸ **the wind (section)** les instruments *mpl* à vent, les vents *mpl* / *the wind is* or *are too loud* les instruments à vent sont trop forts. ◆ vt **1.** [make breathless] ▸ **to wind sb** couper le souffle à qqn / *the blow winded him* le coup l'a mis hors d'haleine or lui a coupé le souffle / *she was quite winded by the walk uphill* la montée de la côte l'a essoufflée or lui a coupé le souffle / *don't worry, I'm only winded* ne t'inquiète pas, j'ai la respiration coupée, c'est tout **2.** [horse] laisser souffler **3.** [baby] faire faire son renvoi à **4.** HUNT [prey] avoir vent de.

wind² [waɪnd] (*pt & pp* **wound** [waʊnd]) ◆ vi [bend - procession, road] serpenter ; [coil - thread] s'enrouler / *the river winds through the valley* le fleuve décrit des méandres dans la vallée or traverse la vallée en serpentant. ◆ vt **1.** [wrap - bandage, rope] enrouler / *I wound a scarf round my neck* j'ai enroulé une écharpe autour de mon cou / *wind the string into a ball* enrouler la ficelle pour en faire une pelote / *the snake had wound itself around the man's arm* le serpent s'était enroulé autour du bras de l'homme ▸ **to wind sb in one's arms** *liter* enlacer qqn ▸ **to wind sb round** or **around one's little finger** mener qqn par le bout du nez **2.** [clock, watch, toy] remonter ; [handle] tourner, donner un tour de / *have you wound your watch?* avez-vous remonté votre montre ? **3.** *arch & hum* [travel] ▸ **to wind one's way home** prendre le chemin du retour. ◆ n **1.** MECH : *give the clock / watch a wind* remontez l'horloge / la montre / *she gave the handle another wind* elle tourna la manivelle encore une fois, elle donna un tour de manivelle de plus **2.** [bend - of road] tournant *m*, courbe *f* ; [- of river] coude *m*.

⇔ **wind back** vt sep rembobiner.

⇔ **wind down** ◆ vi **1.** [relax] se détendre, décompresser **2.** MECH [clock, watch] ralentir. ◆ vt sep **1.** MECH [lower] faire descendre ; [car window] baisser **2.** [bring to an end - business] mener (doucement) vers sa fin.

⇔ **wind forward** vt sep (faire) avancer.

⇔ **wind off** vt sep dérouler ; [from a spool or reel] dévider.

⇔ **wind on** vt sep enrouler.

⇔ **wind up** ◆ vt sep **1.** [conclude - meeting] terminer ; [- account, business] liquider / *the chairman wound up the debate* le président a clos le or mis fin au débat / *the business will be wound up by the end of the year* l'entreprise sera liquidée avant la fin de l'année **2.** [raise] monter, faire monter ; [car window] monter, fermer **3.** [string, thread] enrouler ; [on a spool] dévider **4.** MECH [clock, watch, toy] remonter ▸ **to be wound up (about sthg)** *inf & fig* être à cran (à cause de qqch) **5.** UK *inf* [annoy] asticoter ; [tease] faire marcher / *he's just trying to wind you up* il essaie tout simplement de te faire craquer. ◆ vi *inf* [end up] finir / *he wound up in jail* il a fini or s'est retrouvé en prison / *she'll wind up begging in the streets* elle finira par mendier dans la rue / *he wound up with a broken nose* il a fini avec le nez cassé.

windbag ['wɪndbæg] n *inf & pej* moulin *m* à paroles, jaseur *m*, -euse *f*.

windblown ['wɪndbləʊn] adj [hair] ébouriffé par le vent ; [trees] fouetté or cinglé par le vent.

wind-borne [wɪnd] adj anémophile, transporté par le vent.

windbreak ['wɪndbreɪk] n abrivent *m*, coupe-vent *m inv*.

windbreaker® ['wɪndˌbreɪkər] n US anorak *m*, coupe-vent *m inv*.

windbroken ['wɪndˌbrəʊkn] adj [horse] poussif.

windburn ['wɪndbɜ:n] n rougeurs *fpl* cutanées *(occasionnées par l'exposition au vent)*.

windcheater ['wɪndˌtʃi:tər] n UK anorak *m*, coupe-vent *m inv*.

windchill factor ['wɪndtʃɪl-] n facteur *m* de refroidissement au vent.

wind chimes [wɪnd-] pl n carillon *m* éolien.

wind cone [wɪnd-] n manche *f* à air.

wind-down [waɪnd-] n mise *f* en sommeil, ralentissement *m*.

winder ['waɪndər] n [for clock] remontoir *m* ; [for car window] lève-vitre *m*, lève-glace *m* ; [for thread, yarn] dévidoir *m*.

Windex® ['wɪndeks] n *produit pour nettoyer les vitres* ; ≃ Glassex®.

windfall ['wɪndfɔ:l] ◆ n **1.** [unexpected gain] (bonne) aubaine *f* **2.** [fruit] fruit *m* tombé. ◆ adj [fruit] tombé or abattu par le vent ▸ **windfall profits** or **revenues** / **dividends** profits *mpl* / dividendes *mpl* exceptionnels ▸ **windfall tax** impôt *m* sur les bénéfices exceptionnels.

windfarm ['wɪndfɑ:m] n champ *m* d'éoliennes.

wind gauge [wɪnd-] n anémomètre *m*.

Windhoek ['wɪndhʊk] pr n Windhoek.

winding ['waɪndɪŋ] ◆ adj [road, street] tortueux, sinueux ; [river] sinueux ; [staircase] en hélice, en colimaçon. ◆ n **1.** [process] enroulement *m* ; ELEC [wire] bobinage *m*, enroulement *m* **2.** [in a river] méandres *mpl*, coudes *mpl* ; [in a road] zigzags *mpl*.

winding sheet n linceul *m*.

winding-up n [of account, meeting] clôture *f* ; [of business] liquidation *f* ▸ **winding-up arrangement** [in bankruptcy] concordat *m*.

wind instrument [wɪnd-] n instrument *m* à vent.

windjammer ['wɪndˌdʒæmər] n **1.** NAUT grand voilier *m* marchand **2.** UK [light jacket] anorak *m*, coupe-vent *m inv*.

windlass ['wɪndləs] ◆ n treuil *m* ; NAUT guindeau *m*. ◆ vt [raise] monter au treuil ; [haul] tirer au treuil.

windless ['wɪndləs] adj *liter* sans vent.

wind machine [wɪnd-] n THEAT machine *f* à souffler le vent.

windmill ['wɪndmɪl] ◆ n **1.** [building] moulin *m* à vent ; [toy] moulinet *m* **2.** [wind turbine] aéromoteur *m*, éolienne *f*. ◆ vi **1.** [arms] tourner en moulinet **2.** AERON [propeller, rotor] tourner par la force du vent.

window ['wɪndəʊ] ◆ n **1.** [in room] fenêtre *f* ; [in car] vitre *f*, glace *f* ; [in front of shop] vitrine *f*, devanture *f* ; [in church] vitrail *m* ; [at ticket office] guichet *m* ; [on envelope] fenêtre *f* / *she looked out of* or *through the window* elle regarda par la fenêtre / *he jumped out of the window* il a sauté par la fenêtre / *to break a window* casser une vitre or un carreau / *can I try that dress in the window?* puis-je essayer cette robe (qui est) dans la or en vitrine ? ▸ **to go out (of) the window** : *all our plans have gone out the window* tous nos projets sont partis en fumée **2.** COMPUT fenêtre *f* **3.** [in diary] créneau *m*, moment *m* libre ▸ **a window of opportunity** une possibilité **4.** [insight] : *a window on the world of finance* un aperçu des milieux financiers **5.** [opportune time] ▸ **launch window** ASTRONAUT fenêtre *f* or créneau *m* de lancement ▸ **weather window** accalmie *f* *(permettant de mener à bien des travaux)*. ◆ comp de fenêtre ▸ **window frame** châssis *m* de fenêtre ▸ **window ledge** rebord *m* de fenêtre ▸ **window sash** *cadre vitré d'une fenêtre à guillotine*.

window box n jardinière *f*.

window cleaner n [person] laveur *m*, -euse *f* de vitres or carreaux ; [substance] nettoyant *m* pour vitres.

window display n étalage *m*.

window dresser n étalagiste *mf*.

window dressing n [merchandise on display] présentation *f* de l'étalage ; [activity] : *they need someone to do the window dressing* ils ont besoin de quelqu'un pour composer or faire l'étalage ; *fig* façade *f* / *that's just window dressing* ce n'est qu'une façade.

window envelope n enveloppe *f* à fenêtre.

windowing ['wɪndəʊɪŋ] n COMPUT fenêtrage *m*.

windowless ['wɪndəʊlɪs] adj sans fenêtres.

windowpane ['wɪndəʊpeɪn] n carreau *m*, vitre *f*.

window roller n US [in car] lève-vitre *m*.

window seat n [in room] banquette *f* sous la fenêtre ; [in train, plane] place *f* côté fenêtre.

window shade n US store *m*.

window-shop vi faire du lèche-vitrines.

window-shopper [-'ʃɒpə] n : *she's an inveterate window-shopper* elle adore faire du lèche-vitrines, c'est une adepte acharnée du lèche-vitrines.

window-shopping n lèche-vitrines *m inv* ▸ **to go window-shopping** faire du lèche-vitrines.

windowsill ['wɪndəʊsɪl] n rebord *m* de fenêtre.

window winder n AUTO lève-vitre *m*.

windpipe ['wɪndpaɪp] n trachée *f*.

wind-pollinated ['wɪnd'pɒləneɪtɪd] adj pollinisé par le vent.

wind-pollination ['wɪnd-] n pollinisation *f* par le vent.

wind power [wɪnd-] n énergie *f* du vent or éolienne *spec*.

windproof ['wɪndpru:f] adj protégeant du vent.

wind pump [wɪnd-] n éolienne *f*.

Windscale ['wɪndskeil] pr n *ancien nom de la centrale nucléaire de Sellafield*.

windscreen ['wɪndskri:n] n UK pare-brise *m inv*.

windscreen washer n UK lave-glace *m*.

windscreen wiper n UK essuie-glace *m*.

windshield ['wɪndʃi:ld] n US pare-brise *m inv*.

windshield wiper n US essuie-glace *m*.

wind sleeve [wɪnd-], **windsock** ['wɪndsɒk] n manche *f* à air.

Windsor ['wɪnzər] pr n ▸ **Windsor Castle** le château de Windsor ▸ **the Windsors** la famille royale britannique, les Windsor.

wind speed [wɪnd-] n vitesse *f* du vent.

windstorm ['wɪndstɔ:m] n (vent *m* de) tempête *f*.

windsurf ['wɪndsɜ:f] vi faire de la planche à voile.

windsurfer ['wɪndˌsɜ:fər] n [board] planche *f* à voile ; [person] véliplanchiste *mf*, planchiste *mf*.

windsurfing ['wɪndˌsɜ:fɪŋ] n planche *f* à voile ▸ **to go windsurfing** faire de la planche à voile.

windswept ['wɪndswept] adj [place] balayé par le vent ; [hair] ébouriffé par le vent / *you're looking very windswept* tu as l'air tout ébouriffé par le vent.

wind tunnel [wɪnd-] n tunnel *m* aérodynamique.

wind turbine n éolienne *f*.

wind-up [waɪnd-] ◆ adj [mechanism] ▸ **a wind-up toy** / **watch** un jouet / une montre à remontoir. ◆ n **1.** UK *inf* : *is this a wind-up?* est-ce qu'on veut me faire marcher ? **2.** [conclusion] conclusion *f*.

windward ['wɪndwəd] ◆ adj NAUT : *on the windward side* du côté du vent. ◆ n côté *m* du vent ▸ **to windward** au vent, contre le vent.

Windward Islands pl pr n ▸ **the Windward Islands** les îles *fpl* du Vent / *in the Windward Islands* aux îles du Vent.

windy ['wɪndɪ] (*compar* **windier**, *superl* **windiest**) adj **1.** METEOR : *tomorrow it will be very windy everywhere* demain il fera du vent or le vent soufflera partout / *it was terribly windy up on deck* il y avait un terrible vent or le vent soufflait terriblement sur le pont / *a cold, windy morning* un matin froid et de grand vent / *it's a very wet and windy place* c'est un endroit très pluvieux et très éventé ▸ **the Windy City** *surnom de Chicago* **2.** *inf* [pompous, verbose] ronflant, pompeux **3.** *inf & dated* [nervous] ▸ **to be** or **to get windy about sthg** paniquer à propos de qqch.

wine [waɪn] ◆ n vin *m* / *a bottle / glass of wine* une bouteille / un verre de vin ▸ **red** / **white wine** vin rouge / blanc / *the wines of Spain* les vins espagnols. ◆ comp [bottle, glass] à vin. ◆ vt ▸ **to wine and dine sb** emmener qqn faire un bon dîner bien arrosé. ◆ vi ▸ **to go out wining and dining** faire la fête au restaurant. ◆ adj [colour] lie-de-vin *(inv)* / *a wine-coloured dress* une robe lie-de-vin.

wine and cheese evening n *petite fête où l'on déguste du vin et du fromage.*

wine bar n [drinking establishment] bistrot *m*.

winebibber ['waɪn,bɪbər] n *liter & hum* ivrogne *mf*, grand amateur *m* de vin.

wine box n Cubitainer® *m*.

wine cellar n cave *f* (à vin), cellier *m*.

wine cooler n **1.** [container] seau *m* à rafraîchir (le vin) **2.** US [drink] *mélange de vin, de jus de fruits et d'eau gazeuse.*

wineglass ['waɪnglɑːs] n verre *m* à vin.

winegrower ['waɪn,grəʊər] n viticulteur *m*, -trice *f*, vigneron *m*, -onne *f*.

winegrowing ['waɪn,grəʊɪŋ] ◆ n viticulture *f*. ◆ adj [area, industry] vinicole, viticole.

wine gum n UK *bonbon gélifié aux fruits.*

wine lake n excédent *m* de vin.

wine list n carte *f* des vins.

wine merchant n [shopkeeper] marchand *m*, -e *f* de vin ; [wholesaler] négociant *m*, -e *f* en vins.

winepress ['waɪnpres] n pressoir *m* à vin.

wine rack n casier *m* à vin.

winery ['waɪnərɪ] n US établissement *m* vinicole.

wineskin ['waɪnskɪn] n outre *f* à vin.

wine taster n [person] dégustateur *m*, -trice *f* ; [cup] tâte-vin *m inv*, taste-vin *m inv*.

wine tasting [-,teɪstɪŋ] n dégustation *f* (de vins).

wine vinegar n vinaigre *m* de vin.

wine waiter n sommelier *m*.

wing [wɪŋ] ◆ n **1.** [on bird, insect] aile *f* ▸ **to take wing** *liter* prendre son envol or essor / *my heart took wing* mon cœur s'emplit de joie ▸ **to be on the wing** *liter* être en (plein) vol / *he shot the bird on the wing* il tira l'oiseau en vol / *desire gave* or *lent him wings liter* le désir lui donnait des ailes ▸ **wing tip** bout *m* de l'aile ▸ **to take sb under one's wing** prendre qqn sous son aile / **'The Wings of Desire'** *Wenders* 'les Ailes du désir' / **'The Wings of the Dove'** *James* 'les Ailes de la colombe' **2.** AERON aile *f* ; [badge] ▸ **to win one's wings** faire ses preuves, prendre du galon **3.** UK AUTO aile *f* **4.** POL [section] aile *f* / *the radical wing of the party* l'aile or la fraction radicale du parti ▸ **the left** / **right wing** l'aile gauche / droite **5.** ARCHIT aile *f* / *the west wing* l'aile ouest **6.** [on windmill] aile *f* **7.** SPORT [of field] aile *f* ; [player] ailier *m*. ◆ vt **1.** [wound -bird] blesser, toucher à l'aile ; [-person] blesser or toucher légèrement **2.** [fly] ▸ **to wing one's way** *lit & fig* voler **3.** *liter* [cause to fly -arrow] darder, décocher **4.** PHR ▸ **to wing it** *inf* [improvise] improviser. ◆ vi *liter* [fly] : *the plane winged over the mountains* l'avion survola les montagnes.

❖ **wings** pl n THEAT coulisse *f*, coulisses *fpl* ▸ **to wait in the wings** *lit & fig* se tenir dans la coulisse or les coulisses / *younger politicians are waiting in the wings to seize power fig* les jeunes politiciens se tiennent dans la coulisse or les coulisses en attendant de prendre le pouvoir.

wing case n élytre *m*.

wing chair n bergère *f* à oreilles.

wing collar n col *m* cassé.

wing commander n lieutenant-colonel *m*.

wingding ['wɪŋdɪŋ] n *inf* [party] fête *f*, bringue *f* / *we had a real wingding* on a vraiment fait la bringue.

winge [wɪndʒ] (*cont* **wingeing**) *inf* = **whinge**.

winged [wɪŋd] adj **1.** [possessing wings] ailé **2.** [wounded -bird, animal] blessé à l'aile ; [-person] blessé légèrement.

-winged in comp ▸ **white-winged** aux ailes blanches.

winger ['wɪŋər] n SPORT ailier *m*.

wing forward n [in rugby] ailier *m*.

wingless ['wɪŋlɪs] adj sans ailes ; [insect] aptère.

wingman ['wɪŋmæn] n US [assistant] assistant *m*.

wing mirror n rétroviseur *m* extérieur.

wing nut n papillon *m*, écrou *m* à ailettes.

wingspan ['wɪŋspæn] n envergure *f*.

wingspread ['wɪŋspred] n envergure *f*.

wing three-quarter n [in rugby] trois-quarts aile *m*.

wingtips ['wɪŋtɪps] pl n US *chaussures d'homme ornées de petits trous.*

wingwoman ['wɪŋwʊmən] n US [assistant] assistante *f*.

wink [wɪŋk] ◆ vi **1.** [person] faire un clin d'œil ▸ **to wink at sb** faire un clin d'œil à qqn ▸ **to wink at sthg** *fig* fermer les yeux sur qqch **2.** *liter* [light, star] clignoter / *the water sparkled and winked* l'eau miroitait et scintillait. ◆ vt ▸ **to wink an eye at sb** faire un clin d'œil à qqn. ◆ n clin *m* d'œil / *she gave them a knowing wink* elle leur a fait un clin d'œil entendu / *"hello darling", he said with a big wink* « bonjour chérie », dit-il en faisant un grand clin d'œil / *I didn't get a wink of sleep* or *sleep a wink last night* je n'ai pas fermé l'œil de la nuit ▸ **(as) quick as a wink** en un clin d'œil.

winker ['wɪŋkər] n UK AUTO clignotant *m*.

winking ['wɪŋkɪŋ] ◆ adj [lights] clignotant. ◆ n **1.** [of an eye] clins *mpl* d'œil / *it was all over in the winking of an eye liter* tout fut terminé en un clin d'œil **2.** [of lights, stars] clignotement *m*.

winkle ['wɪŋkl] n UK bigorneau *m*, vigneau *m*.

❖ **winkle out** vt sep *inf* [information] arracher, extirper ; [person] déloger ▸ **to winkle information out of sb** arracher des informations à qqn / *we finally managed to winkle him out of his room* nous avons finalement réussi à l'extirper de sa chambre.

winkle-pickers pl n UK *inf* chaussures *fpl* pointues.

Winnebago® [,wɪnɪ'beɪgəʊ] n camping-car *m*.

winner ['wɪnər] n **1.** [of prize] gagnant *m*, -e *f* ; [of battle, war] vainqueur *m* ; [of match] vainqueur *m*, gagnant *m* / *there will be neither winners nor losers in this war* il n'y aura ni vainqueurs ni vaincus dans cette guerre **2.** SPORT [winning point] : *he scored the winner* c'est lui qui a marqué le but décisif ; [successful shot] : *he played a winner* il a joué un coup gagnant **3.** [successful person] gagneur *m*, -euse *f* ; [successful thing] succès *m* / *she's one of life's winners* c'est une gagneuse, elle est de celles qui gagnent / *her latest book is a sure winner* son dernier livre va faire un vrai tabac ▸ **to be onto a winner** tirer le bon numéro, être parti pour gagner.

Winnie the Pooh [,wɪnɪðə'puː] pr n Winnie l'ourson.

winning ['wɪnɪŋ] adj **1.** [successful] gagnant ; SPORT [goal, stroke] décisif ▸ **to be on a winning streak** remporter victoire sur victoire **2.** [charming] engageant, charmant.

❖ **winnings** pl n gains *mpl*.

winning post n poteau *m* d'arrivée.

winnow ['wɪnəʊ] ◆ vt AGR vanner ; *fig* [separate] démêler, trier ▸ **to winnow out fact from fiction** démêler le réel d'avec l'imaginaire. ◆ n [machine] tarare *m*, vanneuse *f*.

wino ['waɪnəʊ] (*pl* **winos**) n *inf* ivrogne *mf*.

winsome ['wɪnsəm] adj *liter* [person] charmant, gracieux ; [smile] engageant, charmeur.

winter ['wɪntər] ◆ n hiver *m* / *it never snows here in (the) winter* il ne neige jamais ici en hiver / *she was born in the winter of 1913* elle est née pendant l'hiver 1913 / *we spent the winter in Nice* nous avons passé l'hiver à Nice / *a cold winter's day* une froide journée d'hiver / *a man of 75 winters liter* un homme qui a vu passer 75 hivers or *hum* de 75 printemps ▸ **the winter of discontent** *l'hiver 1978-1979 en Grande-Bretagne, marqué par de graves conflits sociaux* / **'The Winter's Tale'** *Shakespeare* 'le Conte d'hiver'. ◆ comp d'hiver ▸ **winter resort** station *f* de sports d'hiver ▸ **the winter season** la saison d'hiver. ◆ vi *fml* [spend winter] passer l'hiver, hiverner. ◆ vt [farm animals] hiverner.

The winter of discontent

Cette allusion à une citation de Shakespeare fait référence à l'hiver 1978-1979 où, en Grande-Bretagne, éclatèrent de graves conflits sociaux qui amenèrent la chute du gouvernement travailliste et l'arrivée au pouvoir des conservateurs. L'expression est utilisée pour désigner des hivers plus récents, perturbés par un climat social difficile.

winter barley n escourgeon *m*.

winterfeed ['wɪntəfiːd] (*pt & pp* **winterfed** [-fed]) vt nourrir en hiver.

winter-flowering adj hibernal.

wintergreen ['wɪntəgriːn] n gaulthérie *f* ▸ **oil of wintergreen** essence *f* de wintergreen.

winterize, **winterise** ['wɪntəraɪz] vt US aménager pour l'hiver.

winter solstice n solstice *m* d'hiver.

winter sports pl n sports *mpl* d'hiver.

wintertime ['wɪntətaɪm] n hiver *m* / *in (the) wintertime* en hiver.

winterweight ['wɪntəweɪt] adj [clothes] d'hiver.

wintry ['wɪntrɪ] adj hivernal ; *fig* [look, smile] glacial.

win-win adj : *it's a win-win situation* on ne peut que gagner, c'est une situation gagnant-gagnant.

wipe [waɪp] ◆ vt **1.** [with cloth] essuyer / *he wiped the plate dry* il a bien essuyé l'assiette / *go and wipe your hands* va t'essuyer les mains ▸ **to wipe one's feet** s'essuyer les pieds ▸ **to wipe one's nose** se moucher ▸ **to wipe one's bottom** s'essuyer / *she wiped the sweat from his brow* elle essuya la sueur de son front / *she wiped her knife clean* elle nettoya son couteau (d'un coup de torchon) ▸ **to wipe the floor with sb** *inf* réduire qqn en miettes / *he wiped the floor with me* il m'a complètement démoli ▸ **to wipe the slate clean** passer l'éponge, tout effacer **2.** [delete -from written record, magnetic tape] effacer / *the remark was wiped from the minutes* l'observation fut retirée du compte-rendu. ◆ vi essuyer / *she wiped round the sink with a wet cloth* elle a essuyé l'évier avec un chiffon humide. ◆ n **1.** [action of wiping] : *give the table a wipe* donne un coup d'éponge sur la table / *he gave the plate a quick wipe* il donna un coup de torchon rapide sur l'assiette **2.** [cloth] lingette *f* ▸ **antistatic wipe** chiffon *m* antistatique.

❖ **wipe away** vt sep [blood, tears] essuyer ; [dirt, dust] enlever / *he wiped the mud away with a cloth* il enleva or ôta la boue avec un (coup de) chiffon.

❖ **wipe down** vt sep [paintwork, walls] lessiver.

❖ **wipe off** vt sep **1.** [remove] enlever / *wipe that smile* or *grin off your face!* *inf* enlève-moi ce sourire idiot ! **2.** [erase] effacer / *he wiped off half the programme by accident* RADIO & TV il a effacé la moitié de l'émission par mégarde.

❖ **wipe out** vt sep **1.** [clean] nettoyer **2.** [erase] effacer ; *fig* [insult, disgrace] effacer, laver **3.** [destroy] anéantir, décimer **4.** *inf* [exhaust] crever / *I was wiped out after the match* j'étais crevé après le match.

❖ **wipe up** ◆ vt sep éponger, essuyer. ◆ vi UK essuyer (la vaisselle).

wipeout ['waɪpaʊt] n [in surfing] chute *f*.

wiper ['waɪpəʳ] n AUTO essuie-glace *m inv*.

wire ['waɪəʳ] ◆ n **1.** [of metal] fil *m* (métallique or de fer) / *a wire fence* un grillage / *they've cut the telephone wires* ils ont coupé les fils téléphoniques ▸ **cheese wire** fil *m* à couper / *he got his application in just under the wire* sa candidature est arrivée juste à temps / *we got our wires crossed* *inf* nous ne nous sommes pas compris, il y a eu un malentendu ▸ **to work down to the wire** travailler jusqu'au dernier moment ▸ **to go down to the wire** être incertain jusqu'au bout / *we're down to the wire* il nous reste très peu de temps, on est charrette *inf* **2.** US [telegram] télégramme *m* **3.** PRESS ▸ **the wires** les dépêches d'agences / *most of their material comes off the wires* la plupart de leurs articles sont écrits à partir de dépêches d'agences / *this news is hot* or *fresh off the wires* c'est une information toute récente. ◆ vt **1.** [attach] relier avec du fil de fer **2.** ELEC [building, house] mettre l'électricité dans, faire l'installation électrique dans ; [connect electrically] brancher / *the lamp is wired to the switch on the wall* la lampe est branchée sur or reliée à l'interrupteur sur le mur / *the room had been wired (up) for sound* la pièce avait été sonorisée **3.** US TELEC [person] envoyer un télégramme à, télégraphier à ; [money, information] envoyer par télégramme, télégraphier.

❖ **wire together** vt sep relier avec du fil de fer.

❖ **wire up** vt sep **1.** = **wire** *(vt)* **2.** US *inf* [make nervous] énerver / *he gets all wired up before exams* il est à cran avant les examens.

wire brush n brosse *f* métallique.

wirecoated [,waɪə'kəʊtɪd] adj à poils durs.

wire cutters pl n cisaille *f*, pinces *fpl* coupantes.

wired ['waɪəd] adj **1.** ELEC [to an alarm] relié à un système d'alarme **2.** [wiretapped] mis sur écoute **3.** [bra] à tiges métalliques **4.** *v inf* [psyched-up] surexcité.

wiredraw ['waɪədrɔː] *(pt* **wiredrew** [-druː], *pp* **wiredrawn** [-drɔːn]) vt METALL tréfiler.

wirefree ['waɪəfriː] adj sans fil.

wire gauge n calibre *m* pour fils métalliques.

wire gauze n toile *f* métallique.

wire glass n verre *m* armé.

wireless ['waɪəlɪs] ◆ n **1.** [mouse, keyboard, technology, network] sans fil **2.** UK *dated* radio *f* ▸ **wireless (set)** poste *m* de radio / *on the wireless* à la radio / *he sent us a message by wireless* il nous a envoyé un message par sans-fil. ◆ comp [broadcast] de radio.

wireless operator n *dated* radiotélégraphiste *mf*.

wireless room n *dated* cabine *f* radio *(inv)*.

wireless set n *dated* poste *m* de radio, radio *f*.

wireman ['waɪəmən] *(pl* **wiremen** [-mən]) n US câbleur *m*.

wire netting, **wire mesh** n grillage *m*, treillis *m* métallique.

wire-puller n US *inf* : *I'm not a wire-puller* je ne suis pas un manipulateur.

wire-pulling n US *inf* piston *m* / *he did some wire-pulling for me* il m'a pistonné.

wire rope n câble *m* métallique.

wire service n US agence *f* de presse *(envoyant des dépêches télégraphiques)*.

wirestripper ['waɪə,strɪpəʳ] n dénudeur *m* de fils électriques.

wiretap ['waɪətæp] *(pt & pp* **wiretapped**, *cont* **wiretapping**) ◆ vt mettre sur écoute. ◆ vi mettre un téléphone sur écoute. ◆ n : *they put a wiretap on his phone* ils ont mis son téléphone sur écoute.

wiretapping ['waɪə,tæpɪŋ] n mise *f* sur écoute des lignes téléphoniques.

wire wool n éponge *f* métallique.

wireworm ['waɪəwɜːm] n larve *f* de taupin.

wiring ['waɪərɪŋ] n installation *f* électrique / *the house needs new wiring* il faut refaire l'installation électrique or l'électricité dans la maison.

Wirral ['wɪrəl] pr n ▸ **the Wirral** *promontoire entre les embouchures de la Mersey et de la Dee.*

wiry ['waɪərɪ] *(compar* **wirier**, *superl* **wiriest**) adj **1.** [person] élancé et robuste ; [animal] nerveux, vigoureux **2.** [hair] peu souple, rêche **3.** [grass] élastique, flexible.

Wisconsin [wɪs'kɒnsɪn] pr n Wisconsin *m* / *in Wisconsin* dans le Wisconsin.

wisdom ['wɪzdəm] n **1.** [perspicacity, judgement] sagesse *f* / *I have my doubts about the wisdom of moving house this year* j'ai des doutes sur l'opportunité de déménager cette année **2.** [store of knowledge] sagesse *f* ▸ **folk wisdom** sagesse populaire **3.** [opinion] avis *m* (général), jugement *m* ▸ **(the) received** or **conventional wisdom** les idées *fpl* reçues / *Donald, in his wisdom, decided we should cancel* *hum* Donald, toujours prudent, décida que nous devions annuler.

wisdom tooth n dent *f* de sagesse.

wise [waɪz] ◆ adj **1.** [learned, judicious] sage / *you'd be wise to take my advice* vous seriez sage de suivre mes conseils / *do you think it's wise to invite his wife?* crois-tu que ce soit prudent d'inviter sa femme ? **2.** [clever, shrewd] habile, astucieux / *a wise move* [in board games] un coup habile or astucieux / *the president made a wise move in dismissing the attorney general* le président a été bien avisé de renvoyer le ministre de la justice / *it's always easy to be wise after the event* c'est toujours facile d'avoir raison après coup ▸ **the Three Wise Men** les Rois Mages *mpl* ▸ **to be none the wiser** ne pas être plus avancé / *do it while he's out, he'll be none the wiser* fais-le pendant qu'il est sorti et il n'en saura rien ▸ **to be wise to sthg** *inf* être au courant de qqch / *I'm wise to you* or *to your schemes* je sais ce que tu manigances ▸ **to get wise to sthg** *inf* : *you'd better get wise to what's going on* vous feriez bien d'ouvrir les yeux sur ce qui se passe. ◆ n *fml* : *he is in no wise* or *not in any wise satisfied with his new position* il n'est point or aucunement satisfait de son nouveau poste.

❖ **wise up** *inf* ◆ vi : *he'd better wise up!* il ferait bien de se mettre dans le coup ! / *she finally wised up to the fact that she'd never be a great musician* elle a enfin compris qu'elle ne serait jamais une grande musicienne. ◆ vt sep US mettre dans le coup.

-wise in comp **1.** [in the direction of] dans le sens de / *length-wise* dans le sens de la longueur **2.** [in the manner of] à la manière de, comme / *he edged crab-wise up to the bar* il s'approcha du bar en marchant de côté comme un crabe **3.** *inf* [as regards] côté / *money-wise the job leaves a lot to be desired* le poste laisse beaucoup à désirer côté argent.

wiseacre ['waɪz,eɪkəʳ] n *pej* bel esprit *m* *iro*.

wiseass ['waɪzæs] n US *inf* je-sais-tout *mf inv*.

wisecrack ['waɪzkræk] n *inf* sarcasme *m*.

wisecracking ['waɪz,krækɪŋ] adj *inf* blagueur.

wise guy n *inf* malin *m* / *don't be a wise guy!* ne fais pas le malin ! / *OK, wise guy, what would you do?* OK, gros malin, qu'est-ce que tu ferais ?

wisely ['waɪzlɪ] adv sagement, avec sagesse.

wisenheimer ['waɪzən,haɪməʳ] n US monsieur Je-sais-tout *m*.

wish [wɪʃ] ◆ vt **1.** [expressing something impossible or unlikely] souhaiter ▸ **to wish sb dead** souhaiter la mort de qqn / *she wished herself far away* elle aurait souhaité être loin / *I wish I were* or UK *inf was somewhere else* j'aimerais bien être ailleurs / *wish you were here* [on postcard] j'aimerais bien que tu sois là / *I wish you didn't have to leave* j'aimerais que tu ne sois pas or ce serait bien si tu n'étais pas obligé de partir / *I wish you hadn't said that* tu n'aurais pas dû dire ça / *I wish I'd never come!* je n'aurais jamais dû venir / *I wish I'd thought of that before* je regrette de n'y avoir pas pensé plus tôt / *why don't you come with us? — I wish I could* pourquoi ne venez-vous pas avec nous ? — j'aimerais bien ; [expressing criticism, reproach] : *I wish you'd be more careful* j'aimerais que vous fassiez plus attention / *I wish you wouldn't talk so much!* tu ne peux pas te taire un peu ? / *I wish you wouldn't play that music so loud* j'aimerais bien que tu ne mettes pas la musique aussi fort **2.** *fml* [want] souhaiter, vouloir / *I don't wish to appear rude, but...* je ne voudrais pas paraître grossier mais... / *he no longer wishes to discuss it* il ne veut or souhaite plus en parler / *do you wish to see me?* désirez-vous me voir ? / *how do you wish to pay?* comment désirez-vous payer ? **3.** [in greeting, expressions of goodwill] souhaiter / *I wished her a pleasant journey* je lui ai souhaité (un) bon voyage / *he wished them success in their future careers* il leur a souhaité de réussir dans leur carrière / *he wished us good day* il nous a souhaité le bonjour / *I wish you no harm* je ne vous veux pas de mal / *I wish you well* j'espère que tout ira bien pour vous / *I wish you (good) luck* je vous souhaite bonne chance ▸ **to wish sb joy of sthg** souhaiter bien du plaisir à qqn pour qqch. ◆ vi **1.** *fml* [want, like] vouloir, souhaiter / *may I see you again? — if you wish* puis-je vous revoir ? — si vous le voulez or le souhaitez / *do as you wish* faites comme vous voulez **2.** [make a wish] faire un vœu / *close your eyes and wish hard* ferme les yeux et fais un vœu ▸ **to wish upon a star** *liter* faire un vœu en regardant une étoile. ◆ n **1.** [act of wishing, thing wished for] souhait *m*, vœu *m* / *make a wish!* fais un souhait or vœu ! ▸ **to grant a wish** exaucer un vœu / *he got his wish* or *his wish came true* son vœu s'est réalisé **2.** [desire] désir *m* ▸ **to express a wish for sthg** exprimer le désir de qqch / *it is my (dearest) wish that...* *fml* c'est mon vœu le plus cher que... / *it was his last wish* c'était sa dernière volonté ▸ **your wish is my command** *liter & hum* vos désirs sont des ordres / *I have no wish to appear melodramatic, but...* *fml* je ne voudrais pas avoir l'air de dramatiser, mais... / *she had no great wish to travel* elle n'avait pas très envie de voyager ▸ **to respect sb's wishes** respecter les vœux de qqn / *she went against my wishes* elle a agi contre ma volonté / *he joined the navy against* or *contrary to my wishes* il s'est engagé dans la marine contre mon gré or ma volonté ▸ **wish list** desiderata *mpl* **3.** [regards] : *give your wife my best wishes* transmettez toutes mes amitiés à votre épouse / *my parents send their best wishes* mes parents vous font toutes leurs amitiés ; [in card] : *with every good wish* avec mes meilleurs vœux / *best wishes for the coming year* meilleurs vœux pour la nouvelle année / *best wishes for a Merry Christmas* joyeux Noël / *best wishes on your graduation (day)* toutes mes / nos félicitations à l'occasion de l'obtention de votre diplôme ; [in letter] ▸ **(with) best wishes** bien amicalement, toutes mes amitiés.

❖ **wish away** vt sep : *you can't simply wish away the things you don't like* on ne peut pas faire comme si les choses qui nous déplaisent n'existaient pas.

❖ **wish for** vt insep souhaiter / *what did you wish for?* quel était ton vœu ? / *what more could a man / woman wish for?* que peut-on souhaiter de plus ?

❖ **wish on** vt sep **1.** [fate, problem] souhaiter à / *I wouldn't wish this headache on anyone* je ne souhaite à personne d'avoir un mal de tête pareil **2.** [foist on] : *it's a terribly complicated system wished on us by head office* c'est un système très compliqué dont nous a fait cadeau la direction / *he'll probably wish the children on* *us for the afternoon* il nous fera sans doute cadeau des enfants pour l'après-midi.

See box at **if**.

wishbone ['wɪʃbəʊn] n **1.** ANAT [bone] bréchet *m*, fourchette *f* **2.** [in windsurfing] wishbone *m*.

wish fulfilment n accomplissement *m* d'un désir.

wishful thinking [wɪʃfʊl-] n : *I suppose it was just wishful thinking* je prenais mes rêves pour la réalité.

wishing well ['wɪʃɪŋ-] n *puits où l'on jette une pièce en faisant un vœu.*

wishy-washy ['wɪʃɪ,wɒʃɪ] adj *inf* [behaviour] mou *(before vowel or silent 'h'* **mol**, *f* **molle***)* ; [person] sans personnalité ; [colour] délavé ; [taste] fadasse.

wisp [wɪsp] n **1.** [of grass, straw] brin *m* ; [of hair] petite mèche *f* ; [of smoke, steam] ruban *m* / *a wisp of a girl fig* un petit bout de fillette **2.** *liter* [hint, trace] soupçon *m*, pointe *f* / *there wasn't a wisp of a cloud* il n'y avait pas le moindre nuage.

wispy ['wɪspɪ] (*compar* **wispier**, *superl* **wispiest**) adj [beard] effilé ; [hair] épars ; [person] (tout) menu.

wisteria [wɪ'stɪərɪə] n glycine *f*.

wistful ['wɪstfʊl] adj mélancolique, nostalgique.

wistfully ['wɪstfʊlɪ] adv d'un air triste et rêveur.

wit [wɪt] n **1.** [humour] esprit *m* ▸ **to have a quick / ready wit** avoir de la vivacité d'esprit / beaucoup d'esprit / *her prose sparkles with wit* sa prose est pétillante d'esprit **2.** [humorous person] : *he was a great wit* c'était un homme plein d'esprit **3.** [intelligence] esprit *m*, intelligence *f* / *he didn't have the wit to keep his mouth shut inf* il n'a pas eu l'intelligence de or il n'a pas été assez futé pour fermer son bec / *she has quick wits* elle a l'esprit fin, elle est très fine / *keep your wits about you while you're travelling* sois prudent or attentif pendant que tu voyages ▸ **to live by one's wits** vivre d'expédients ▸ **to collect** or **to gather one's wits** se ressaisir, reprendre ses esprits ▸ **to be at one's wits' end** : *I was at my wits' end* je ne savais plus quoi faire ▸ **to frighten the wits out of sb** : *you frightened the wits out of me!* tu m'as fait une de ces peurs ! **4.** *arch & liter* sens *m* ▸ **one's five wits** les cinq sens.

❖ **to wit** adv phr *fml* à savoir.

witch [wɪtʃ] ◆ n [sorceress] sorcière *f* / *it's that old witch of a landlady fig* c'est cette vieille sorcière de propriétaire / *you little witch!* petite garce ! ▸ **it's as cold as a witch's tit** or **titty** US *inf* ça caille ▸ **witches' Sabbath** sabbat *m* (de sorcières). ◆ vt [bewitch] envoûter.

witchcraft ['wɪtʃkrɑːft] n *(U)* sorcellerie *f* / *he claimed to have been a victim of witchcraft* il a prétendu qu'on lui avait jeté un sort.

witchdoctor ['wɪtʃ,dɒktər] n sorcier *m*.

witch elm n orme *m* blanc or de montagne.

witchery ['wɪtʃərɪ] n *liter* [witchcraft] sorcellerie *f* ; [charm, enchantment] ensorcellement *m*.

witch-hazel n hamamélis *m*.

witch-hunt n chasse *f* aux sorcières ; *fig* chasse *f* aux sorcières, persécution *f* (politique).

witching hour ['wɪtʃɪŋ-] n ▸ **the witching hour** l'heure *f* fatale.

with [wɪð] prep **1.** [by means of] avec / *she broke it with her hands* elle l'a cassé avec ses or les mains / *what did you fix it with?* avec quoi l'as-tu réparé ? / *I've got nothing / I need something to open this can with* je n'ai rien pour / j'ai besoin de quelque chose pour ouvrir cette boîte / *she painted the wall with a roller* elle a peint le mur avec un or au rouleau / *they fought with swords* ils se sont battus à l'épée / *his eyes filled with tears* ses yeux se remplirent de larmes / *covered / furnished / lined with* couvert / meublé / doublé de **2.** [describing a feature or attribute] à / *a boy with green eyes* un garçon aux yeux verts / *a woman with long hair* une femme aux cheveux longs / *which boy? — the one with the torn jacket* quel garçon ? — celui qui a la veste déchirée / *a man with one eye / a hump / a limp* un homme borgne / bossu / boiteux / *the house with the red roof* la maison au toit rouge / *a table with three legs* une table à trois pieds / *an old woman with no teeth* une vieille femme édentée / *a child with no home* un enfant sans foyer or famille / *she was left with nothing to eat or drink* on l'a laissée sans rien à manger ni à boire **3.** [accompanied by, in the company of] avec / *she went out with her brother* elle est sortie avec son frère / *can I go with you?* puis-je aller avec vous or vous accompagner ? / *I have no one to go with* je n'ai personne avec qui aller / *she stayed with him all night* **a)** [gen] elle est restée avec lui toute la nuit **b)** [sick person] elle est restée auprès de lui toute la nuit / *are you with him?* [accompanying] êtes-vous avec lui ? / *I'll be with you in a minute* je suis à vous dans une minute / *are you with me?* **a)** [supporting] vous êtes avec moi ? **b)** [understanding] vous me suivez ? / *I'm with you there* là, je suis d'accord avec toi / *I'm with you one hundred per cent* or *all the way* je suis complètement d'accord avec vous / *I'm not with you* [don't understand] je ne vous suis pas **4.** [in the home of] chez / *I'm (staying) with friends* je suis or loge chez des amis / *he stayed with a family* il a logé dans une famille / *she lives with her mother* elle vit chez sa mère / *I live with a friend* je vis avec un ami **5.** [an employee of] : *she's with the UN* elle travaille à l'ONU / *isn't he with Ford any more?* ne travaille-t-il plus chez Ford ? ; [a client of] : *we're with the Galena Building Society* nous sommes à la Galena Building Society / *she's decided to stay* or *stick with her present accountant* elle a décidé de garder le même comptable **6.** [indicating joint action] avec / *who did you dance with?* avec qui as-tu dansé ? / *stop fighting with your brother* arrête de te battre avec ton frère ; [indicating feelings towards someone else] : *angry / furious / at war with* fâché / furieux / en guerre contre / *in love / infatuated with* amoureux / entiché de / *pleased with* content de **7.** [including] : *does the meal come with wine?* est-ce que le vin est compris dans le menu ? / *the bill came to £16 with the tip* l'addition était de 16 livres service compris / *the radio didn't come with batteries* la radio était livrée sans piles ; CULIN à / *coffee with milk* café *m* au lait / *duck with orange sauce* canard *m* à l'orange / *pasta with eggs* pâtes *fpl* aux œufs **8.** [indicating manner] de, avec / *he knocked the guard out with one blow* il assomma le gardien d'un (seul) coup / *he spoke with ease* il s'exprima avec aisance / *she hit him with all her might* elle le frappa de toutes ses forces / *"you'll be late again", she said with a smile* « tu vas encore être en retard », dit-elle avec un sourire or en souriant / *with these words he left* sur ces mots, il partit **9.** [as regards, concerning] : *you never know with him* avec lui, on ne sait jamais / *it's an obsession with her* c'est une manie chez elle / *what's with you? inf, what's wrong with you?* qu'est-ce qui te prend ? / *he isn't very good with animals* il ne sait pas vraiment s'y prendre avec les bêtes **10.** [because of, on account of] de / *white with fear* vert de peur / *sick* or *ill with malaria* atteint du paludisme / *I was sick with worry fig* j'étais malade d'inquiétude / *with crime on the increase, more elderly people are afraid to go out* avec l'augmentation du taux de criminalité, de plus en plus de personnes âgées ont peur de sortir / *I can't draw with you watching* je ne peux pas dessiner si tu me regardes / *he'll never stop smoking with his friends offering him cigarettes all the time* il n'arrêtera jamais de fumer si ses amis continuent à lui proposer des cigarettes **11.** [in spite of] : *with all his money he's so stingy inf* il a beau avoir beaucoup d'argent, il est vraiment radin / *with all his bragging he's just a coward* il a beau se vanter, ce n'est qu'un lâche.

withal [wɪ'ðɔːl] adv *liter* [as well, besides] de plus, en outre ; [nevertheless] néanmoins.

withdraw [wɪð'drɔː] (*pt* **withdrew**, *pp* **withdrawn**) ◆ vt **1.** [remove] retirer / *they have withdrawn their support / offer* ils ont retiré leur soutien / offre / *the car has been withdrawn (from sale)* la voiture a été retirée de la vente / *he withdrew his hand from his pocket* il a retiré la main de sa poche **2.** [money] retirer / *I withdrew £500 from my account* j'ai retiré 500 livres de mon compte **3.** [bring out - diplomat] rappeler ; [- troops] retirer **4.** [statement] retirer, rétracter ; LAW [charge] retirer / *he withdrew his previous statements* il est revenu sur or il a retiré ses déclarations antérieures. ◆ vi **1.** [retire] se retirer / *the waiter withdrew discreetly* le serveur s'est discrètement retiré / *she has decided to withdraw from politics* elle a décidé de se retirer de la politique **2.** [retreat] se retirer ; [move back] reculer / *the troops withdrew to a new position* les troupes se sont retirées vers une nouvelle position / *he tends to withdraw into himself* il a tendance à se replier sur lui-même / *she often withdrew into a fantasy world* elle se réfugiait souvent dans un monde imaginaire **3.** [back out - candidate, competitor] se retirer, se désister ; [- partner] se rétracter, se dédire **4.** [after sex] se retirer.

withdrawal [wɪð'drɔːəl] ◆ n **1.** [removal - of funding, support, troops] retrait *m* ; [- of envoy] rappel *m* ; [- of candidate] retrait *m*, désistement *m* ; [- of love] privation *f* / *I support withdrawal from NATO* je soutiens notre retrait de l'OTAN **2.** [of statement, remark] rétraction *f* ; LAW [of charge] retrait *m*, annulation *f* **3.** PSYCHOL repli *m* sur soi-même, introversion *f* **4.** MED [from drugs] état *m* de manque ▸ **to experience withdrawal** être en (état de) manque **5.** [of money] retrait *m* ▸ **to make a withdrawal** faire un retrait. ◆ comp ▸ **withdrawal symptoms** symptômes *mpl* de manque ▸ **to have** or **to suffer from withdrawal symptoms** être en état de manque.

withdrawn [wɪð'drɔːn] ◆ pp ⟶ **withdraw**. ◆ adj [shy] renfermé, réservé.

withdrew [wɪð'druː] pt ⟶ **withdraw**.

wither ['wɪðər] ◆ vi **1.** [flower, plant] se flétrir, se faner ; [body - from age] se ratatiner ; [- from sickness] s'atrophier **2.** [beauty] se faner ; [hope, optimism] s'évanouir ; [memory] s'étioler / *his popularity has withered on the vine* sa popularité s'est effritée. ◆ vt **1.** [plant] flétrir, faner ; [body - subj: age] ratatiner ; [- subj: sickness] atrophier **2.** [beauty] altérer.

❖ **wither away** vi [flower, plant] se dessécher, se faner ; [beauty] se faner, s'évanouir ; [hope, optimism] s'évanouir ; [memory] disparaître, s'atrophier.

withered ['wɪðəd] adj **1.** [flower, plant] flétri, fané ; [face, cheek] fané, flétri / *he was old and withered* il était vieux et complètement desséché **2.** [arm] atrophié.

withering ['wɪðərɪŋ] ◆ adj [heat, sun] desséchant ; [criticism, remark] cinglant, blessant / *she gave me a withering look* elle m'a lancé un regard méprisant, elle m'a foudroyé du regard / *she spoke of him with withering scorn* elle parlait de lui avec un mépris cinglant. ◆ n [of plant] flétrissure *f* ; [of arm] atrophie *f* ; [of beauty] déclin *m* ; [of hope, optimism] évanouissement *m*.

witheringly ['wɪðərɪŋlɪ] adv avec un profond mépris.

withers ['wɪðəz] pl n garrot *m* (du cheval).

withhold [wɪð'həʊld] (*pt & pp* **withheld** [-'held]) vt **1.** [refuse - love, permission, support] refuser ; [refuse to pay - rent, tax] refuser de payer / *to withhold payment* refuser de payer / *he withheld his consent* il a refusé son consentement **2.** [keep back - criticism, news] taire, cacher / *to withhold the truth from sb* cacher la vérité à qqn / *they withhold 2% of the profits* ils retiennent 2 % des bénéfices.

withholding tax [wɪð'həʊldɪŋ-] n US retenue *f* à la source.

within [wɪ'ðɪn] ◆ prep **1.** [inside - place] à l'intérieur de, dans ; [- group, system] à l'intérieur de, au sein de ; [- person] en / *he lived and worked within these four walls* il a vécu et travaillé entre ces quatre murs / *a play within a play* une pièce dans une pièce / *new forces are at work within our society* des forces nouvelles sont à l'œuvre dans notre société / *the man's role within the family is changing* le rôle de l'homme au sein de la famille est en train de changer / *a small voice within her* une petite voix intérieure or au fond d'elle-même **2.** [inside the limits of] dans les limites de / *you must remain within the circle* tu dois rester dans le or à l'intérieur du cercle ▸ **to be within the law** être dans les limites de la loi / *within the framework of the agreement* dans le cadre de l'accord / *it is not within the bounds of possibility* ça dépasse le cadre du possible ▸ **to live within one's means** vivre selon ses moyens / *the car is well within his price range* la voiture est tout à fait dans ses prix or ses moyens **3.** [before the end of a specified period of time] en moins de / *within the hour* or *an hour she had finished* en moins d'une heure, elle avait fini / *I'll let you know within a week* je vous dirai ce qu'il en est dans le courant de la semaine / **'use within two days of purchase'** 'à consommer dans les deux jours suivant la date d'achat' / *within a week of taking the job, she knew it was a mistake* moins d'une semaine après avoir accepté cet emploi, elle sut qu'elle avait fait une erreur **4.** [indicating distance, measurement] : *they were within 10 km of Delhi* ils étaient à moins de 10 km de Delhi / *we are within walking distance of the shops* nous pouvons aller faire nos courses à pied / *accurate to within 0.1 of a millimetre* précis au dixième de millimètre près / *she came within seconds of beating the record* elle a failli battre le record à quelques secondes près **5.** [during] : *enormous changes have taken place within a single generation* de grands changements ont eu lieu en l'espace d'une seule génération / *did the accident take place within the period covered by the insurance?* l'accident a-t-il eu lieu pendant la période couverte par l'assurance ? ◆ adv dedans, à l'intérieur / **'enquire within'** 'renseignements à l'intérieur' ▸ **from within** de l'intérieur / *the appointment will be made from within* la nomination se fera au sein de l'entreprise.

with it adj *inf* **1.** [alert] réveillé / *she's not really with it this morning* elle n'est pas très bien réveillée ce matin ▸ **get with it!** réveille-toi !, secoue-toi ! **2.** *dated* [fashionable] dans le vent.

without [wɪ'ðaʊt] ◆ prep sans / *three nights without sleep* trois nuits sans dormir / *we couldn't have done it without you* on n'aurait pas pu le faire sans vous / *without milk or sugar* sans lait ni sucre / *with or without chocolate sauce?* avec ou sans sauce au chocolat ? / *to be without fear* / *shame* ne pas avoir peur / honte / *not without irony* non sans ironie / *he took it without so much as a thank you* il l'a pris sans même dire merci ; *(with present participle)* : *without looking up* sans lever les yeux / *I knocked without getting a reply* j'ai frappé sans obtenir de réponse / *leave the house without anybody knowing* quittez la maison sans que personne ne le sache. ◆ adv *liter* au dehors, à l'extérieur / *a voice from without* une voix de l'extérieur. ◆ conj *regional* [unless] : *without they go themselves* à moins qu'ils y aillent eux-mêmes.

Note that sans que is followed by a verb in the subjunctive:
Can I use the file without the software being installed? *Est-ce que je peux utiliser le fichier sans que le logiciel soit installé ?*
Learn French without it being a chore! *Apprenez le français sans que cela soit une corvée !*

withstand [wɪð'stænd] (*pt & pp* **withstood** [-'stʊd]) vt [heat, punishment] résister à / *to withstand the test of time* résister à l'épreuve du temps.

witless ['wɪtlɪs] adj sot (sotte), stupide.

witness ['wɪtnɪs] ◆ n **1.** [onlooker] témoin *m* / *the police are asking for witnesses of* or *to the accident* la police recherche des témoins de l'accident **2.** LAW [in court] témoin *m* ▸ **to call sb as (a) witness** citer qqn comme témoin ▸ **witness for the prosecution** / **defence** témoin à charge / décharge ; [to signature, will] témoin *m* / *two people must be witnesses to my signature* / *will* deux personnes doivent signer comme témoins de ma signature / de mon testament **3.** [testimony] ▸ **in witness of sthg** en témoignage de qqch ▸ **to be** or **to bear witness to sthg** témoigner de qqch ▸ **to give witness on behalf of sb** témoigner en faveur de qqn / *his vast bulk was witness to his gluttony* *liter* son énorme corpulence témoignait de sa gourmandise **4.** RELIG témoignage *m*. ◆ vt **1.** [see] être témoin de, témoigner de / *did she witness the accident?* a-t-elle été témoin de l'accident ? / *millions witnessed the first moon landing* des millions de gens ont vu le premier atterrissage sur la Lune **2.** [signature] être témoin de ; [will, document] signer comme témoin **3.** [experience - change] voir, connaître / *the 19th century witnessed many revolutions* le XIXe siècle a connu beaucoup de révolutions. ◆ vi [gen & LAW] témoigner, être témoin ▸ **to witness to sthg** témoigner de qqch ▸ **to witness against sb** témoigner contre qqn / *she witnessed to finding the body* elle a témoigné avoir découvert le cadavre.

witness box n UK barre *f* des témoins / *in the witness box* à la barre.

witness stand n US barre *f* des témoins ▸ **to take the witness stand** venir à la barre.

witter ['wɪtər] vi UK *inf & pej* : *they were wittering on about diets* ils parlaient interminablement de régimes / *do stop wittering on* arrête de parler pour ne rien dire, arrête tes jacasseries / *he's always wittering on about the army* il n'en finit pas de parler de l'armée.

witticism ['wɪtɪsɪzm] n bon mot *m*, trait *m* d'esprit.

wittily ['wɪtɪlɪ] adv spirituellement, avec beaucoup d'esprit.

wittiness ['wɪtɪnɪs] n esprit *m*, humour *m*.

wittingly ['wɪtɪŋlɪ] adv *fml* en connaissance de cause, sciemment.

witty ['wɪtɪ] (*compar* **wittier**, *superl* **wittiest**) adj spirituel, plein d'esprit / *a witty observation* un bon mot, une remarque spirituelle.

wives [waɪvz] pl ⟶ **wife**.

wiz [wɪz] n *inf* as *m*, crack *m*.

wizard ['wɪzəd] ◆ n **1.** [magician] enchanteur *m*, sorcier *m* / **'The Wizard of Oz'** *Fleming* 'le Magicien d'Oz' **2.** *fig* [expert] génie *m* / *she's a wizard with animals* elle sait vraiment s'y prendre avec les animaux / *she's a real wizard at drawing* en dessin, elle est vraiment douée / *he's a wizard with computers* c'est un champion de l'ordinateur / *a financial wizard* un génie de la finance. ◆ adj UK *inf & dated* épatant / *he's a wizard card player* il est épatant comme joueur de cartes / *she's got a wizard bike!* son vélo est génial ! ◆ interj UK *inf & dated* ▸ **wizard!** épatant !

wizardry ['wɪzədrɪ] n **1.** [magic] magie *f*, sorcellerie *f* **2.** *fig* [genius] génie *m* / *financial wizardry* le génie de la finance / *they've installed a new piece of technical wizardry in the office* ils ont installé une nouvelle merveille de la technique dans le bureau.

wizened ['wɪznd] adj [skin, hands] desséché ; [old person] desséché, ratatiné ; [face, fruit, vegetables] ratatiné.

wk (written abbr of **week**) sem.

WKD MESSAGING written abbr of **wicked**.

WKND MESSAGING (written abbr of **weekend**) we.

WMD (abbr of **weapons of mass destruction**) pl n ADM *fpl*.

wo [wəʊ] = **whoa**.

w/o written abbr of **without**.

WO n abbr of **warrant officer**.

woad [wəʊd] n guède *f*.

wobble ['wɒbl] ◆ vi **1.** [hand, jelly, voice] trembler ; [chair, table] branler, être branlant or bancal ; [compass needle] osciller ; [drunkard] tituber, chanceler ; [cyclist] aller de travers, aller en zigzag / *the stone wobbled as I stood on it* la pierre a oscillé quand je suis monté dessus / *the pile of books wobbled dangerously* la pile de livres oscilla dangereusement / *the tightrope walker wobbled and almost fell* le funambule oscilla et faillit tomber / *the child wobbled across the room* l'enfant traversa la pièce en chancelant / *she wobbled off* / *past on her bike* elle partit / passa sur son vélo, en équilibre instable **2.** *fig* [hesitate, dither] hésiter. ◆ vt [table] faire basculer. ◆ n : *after a few wobbles, he finally got going* après avoir cherché son équilibre, il se mit enfin en route.

wobbly ['wɒblɪ] (*compar* **wobblier**, *superl* **wobbliest**, *pl* **wobblies**) ◆ adj **1.** [table, chair] branlant, bancal ; [pile] chancelant ; [jelly] qui tremble / *that pile looks a bit wobbly* cette pile a l'air d'être en équilibre plutôt instable **2.** [hand, voice] tremblant / *I feel a bit wobbly* je me sens un peu faible / *she's rather wobbly on her feet* elle flageole un peu or elle ne tient pas très bien sur ses jambes **3.** [line] qui n'est pas droit ; [handwriting] tremblé. ◆ n UK *inf* ▸ **to throw a wobbly** piquer une crise.

wodge [wɒdʒ] n UK *inf* gros bloc *m*, gros morceau *m* / *great wodges of paper* de gros blocs de papier.

woe [wəʊ] *liter & hum* ◆ n malheur *m*, infortune *f* ▸ **a tale of woe** une histoire pathétique ▸ **woe betide...** : *woe betide anyone who lies to me* malheur à celui qui me raconte des mensonges ▸ **a cry of woe** un cri de détresse. ◆ interj hélas ▸ **woe is me!** pauvre de moi !

woebegone ['wəʊbɪ,gɒn] adj *liter & hum* désolé, abattu.

woeful ['wəʊfʊl] adj **1.** [sad - person, look, news, situation] malheureux, très triste ; [- scene, tale] affligeant, très triste **2.** [very poor] lamentable, épouvantable, consternant / *it shows a woeful lack of imagination* cela démontre un manque d'imagination consternant.

woefully ['wəʊfʊlɪ] adv **1.** [sadly - look, smile] très tristement **2.** [badly - perform, behave] lamentablement / *he is woefully lacking in common sense* le bon sens lui fait cruellement défaut / *our funds are woefully inadequate* nous manquons cruellement de fonds / *the garden was woefully neglected for several years* le jardin avait été très négligé pendant plusieurs années.

wog [wɒg] n UK *offens terme raciste désignant un Noir* ; ≃ nègre *m*, négresse *f*.

woggle ['wɒgl] n UK bague *f* en cuir *(pour cravate de scout)*.

wok [wɒk] n wok *m (poêle chinoise)*.

woke [wəʊk] pt ⟶ **wake**.

woken ['wəʊkn] pp ⟶ **wake**.

wold [wəʊld] n haute plaine *f*, plateau *m*.

wolf [wʊlf] (*pl* **wolves** [wʊlvz]) ◆ n **1.** ZOOL loup *m* ▸ **to be a wolf in sheep's clothing** : *he is a wolf in sheep's clothing* c'est un loup déguisé en brebis ▸ **to keep the wolf from the door** : *it helps keep the wolf from the door* c'est un travail purement alimentaire ▸ **to throw sb to the wolves** sacrifier qqn **2.** *inf* [seducer] tombeur *m*. ◆ vt = **wolf down**.

❖ **wolf down** vt sep *inf* [food] engloutir, dévorer.

wolf child n enfant *m* sauvage.

wolf cub n [animal] louveteau *m*.

❖ **Wolf Cub** n UK *inf & dated* [scout] louveteau *m*.

wolfhound ['wʊlfhaʊnd] n chien-loup *m*.

wolfish ['wʊlfɪʃ] adj [appearance] de loup ; [appetite] vorace.

wolfishly ['wʊlfɪʃlɪ] adv voracement.

wolf pack n meute *f* de loups.

wolfram ['wʊlfrəm] n tungstène *m*, wolfram *m*.

wolfsbane ['wʊlfsbeɪn] n aconit *m* jaune.

wolf whistle n sifflement *m (au passage d'une femme)*.

❖ **wolf-whistle** vt siffler *(une femme)*.

wolverine ['wʊlvəri:n] (*pl* **wolverine** *or* **wolverines**) n glouton *m*.

Wolverine [wʊlvəri:n] n US habitant *m*, -e *f* du Michigan.

wolves [wʊlvz] pl ⟶ **wolf**.

woman ['wʊmən] (*pl* **women** ['wɪmɪn]) ◆ n **1.** [gen] femme *f* / *a single* / *married woman* une femme célibataire / mariée / *a young woman* une jeune femme / *come here, young woman* venez-là, mademoiselle / *she's quite the young woman now* elle fait très jeune fille maintenant / *women and children first* les femmes et les enfants d'abord / *man's perception of woman* la façon dont les hommes voient les femmes, la vision de la femme qu'a l'homme / *women live longer than men* les femmes vivent plus longtemps que les hommes / *what is a woman supposed to do?* *hum* qu'est-ce qu'on peut faire ! / *a woman's work is never done* quand on est une femme, on a toujours quelque chose à faire / *I don't even know the woman!* je ne sais même pas qui elle est or qui c'est ! / *oh, damn the woman!* quelle idiote ! ▸ **a woman of letters** une femme de lettres ▸ **a woman of the world a)** [cultivated] une femme du monde **b)** [worldly-wise] une femme d'expérience ▸ **a working** / **career woman** : *she's a work-*

ing / *career woman* elle travaille / a une carrière ▸ **the women's page** [in newspaper] la page des lectrices ▸ **a woman's** or **women's magazine** un magazine féminin **2.** [employee] femme *f* / *a woman minds the children for me* j'ai une femme qui me garde les enfants / *the factory women left for work* les ouvrières sont parties travailler ▸ **(cleaning) woman** femme de ménage **3.** *inf* [wife] femme *f* ; [lover] maîtresse *f* ▸ **the little woman** ma or la petite femme ▸ **the other woman** l'autre femme **4.** *inf* [patronizing term of address] ▸ **my good woman** *dated* ma petite dame / *that's enough, woman!* assez, femme ! ◆ comp ▸ **woman doctor** docteure *f* ▸ **woman driver** conductrice *f* ▸ **woman friend** amie *f* ▸ **woman photographer** photographe *f* ▸ **woman police constable** agente *f* de police ▸ **woman teacher** professeure *f* / *they have a woman teacher* leur professeur est une femme.

woman-hater n misogyne *mf*.

womanhood ['wʊmənhʊd] n *(U)* **1.** [female nature] féminité *f* ▸ **to reach womanhood** devenir une femme **2.** [women collectively] les femmes *fpl*.

womanish ['wʊmənɪʃ] adj *pej* [man] efféminé ; [characteristic] de femme, féminin.

womanize, **womanise** ['wʊmənaɪz] vi courir les femmes.

womanizer ['wʊmənaɪzəʳ] n coureur *m* de jupons.

womanizing ['wʊmənaɪzɪŋ] n ≃ donjuanisme *m*.

womankind [,wʊmən'kaɪnd] n les femmes *fpl*.

womanliness ['wʊmənlɪnɪs] n féminité *f*.

womanly ['wʊmənlɪ] adj [virtue, figure] féminin, de femme ; [act] digne d'une femme, féminin.

womb [wu:m] n **1.** ANAT utérus *m* / *in his mother's womb* dans le ventre de sa mère **2.** *fig* sein *m*, entrailles *fpl*.

wombat ['wɒmbæt] n wombat *m*.

women ['wɪmɪn] pl ⟶ **woman**.

womenfolk ['wɪmɪnfəʊk] pl n ▸ **the womenfolk** les femmes *fpl*.

women's group n [campaigning organization] groupe *m* féministe ; [social club] groupe *m* de femmes.

Women's Institute pr n *association britannique des femmes au foyer.*

Women's Lib [-'lɪb] n MLF *m*, mouvement *m* de libération de la femme.

Women's Libber [-'lɪbə] n féministe *f*.

Women's Liberation n mouvement *m* de libération de la femme, MLF *m*.

Women's Movement n mouvement *m* féministe.

women's refuge n refuge *m* pour femmes battues.

women's rights pl n droits *mpl* de la femme.

women's room n US toilettes *fpl* des femmes.

women's shelter = **women's refuge**.

women's studies pl n *discipline universitaire ayant pour objet la sociologie et l'histoire des femmes, la création littéraire féminine, etc.*

won [wʌn] pt & pp ⟶ **win**.

wonder ['wʌndəʳ] ◆ n **1.** [marvel] merveille *f* / *the seven wonders of the world* les sept merveilles du monde / *the wonders of science* les miracles de la science / *the wonders of nature* les merveilles de la nature ▸ **to work** or **to do wonders a)** [person] faire des merveilles **b)** [action, event] faire merveille / *a hot bath worked wonders for her aching body* un bain chaud la soulagea à merveille de ses douleurs **2.** [amazing event or circumstances] : *the wonder (of it) is that he manages to get any work done at all* le plus étonnant dans tout cela, c'est qu'il arrive à travailler / *it's a wonder to me that anyone can work in such awful conditions* cela me semble incroyable qu'on puisse travailler dans des conditions aussi épouvantables / *it's a wonder that she didn't resign on the spot* c'est étonnant qu'elle n'ait pas démissionné sur-le-champ / *no wonder they refused* ce n'est pas étonnant qu'ils aient refusé ▸ **no wonder!** ce n'est pas étonnant !, cela vous étonne ? / *is it any wonder that he got lost?* cela vous étonne qu'il se soit perdu ? / *it's little* or *small wonder no one came* ce n'est guère étonnant que personne ne soit venu ▸ **wonders will never cease!** *hum* on n'a pas fini d'être étonné ! **3.** [awe] émerveillement *m* / *the children were filled with wonder* les enfants étaient émerveillés / *they looked on, lost in wonder* ils regardaient, totalement émerveillés or éblouis / *there was a look of wonder in his eyes* il avait les yeux pleins d'étonnement **4.** [prodigy] prodige *m*, génie *m* / *a boy wonder* un petit prodige or génie. ◆ comp [drug, detergent] miracle ; [child] prodige. ◆ vt **1.** [ask o.s.] se demander / *I wonder where she's gone* je me demande où elle est allée / *I wonder how he managed it* je me demande comment il s'y est pris / *I wonder why* je me demande bien pourquoi / *I often wonder that myself* je me pose souvent la question / *I wonder whether* or *if she'll come* je me demande si elle viendra ; [in polite requests] : *I was wondering if you were free tomorrow* est-ce que par hasard vous êtes libre demain ? / *I wonder if you could help me* pourriez-vous m'aider s'il vous plaît ? **2.** [be surprised] s'étonner / *I wonder that he wasn't hurt* je m'étonne or cela m'étonne qu'il n'ait pas été blessé. ◆ vi **1.** [think, reflect] penser, réfléchir / *it makes you wonder* cela donne à penser or réfléchir / *his remarks set me wondering* ses remarques m'ont laissé songeur or m'ont donné à réfléchir / *I'm wondering about going tomorrow* je me demande si je ne vais pas y aller demain / *I was wondering about it too* je me posais la même question / *the war will be over in a few days — I wonder* la guerre sera finie dans quelques jours — je n'en suis pas si sûr **2.** [marvel, be surprised] s'étonner, s'émerveiller ▸ **to wonder at sthg** s'émerveiller de qqch / *the people wondered at the magnificent sight* les gens s'émerveillaient de ce magnifique spectacle / *I don't wonder (that) you're annoyed* cela ne m'étonne pas que vous soyez contrariée / *I don't wonder* cela ne m'étonne pas.

wonderful ['wʌndəfʊl] adj [enjoyable] merveilleux, formidable ; [beautiful] superbe, magnifique ; [delicious] excellent ; [astonishing] étonnant, surprenant / *it was a wonderful sight* c'était un spectacle merveilleux or magnifique / *we had a wonderful time* / *holiday* on a passé des moments / des vacances formidables / *the weather was wonderful* il a fait un temps superbe / *what wonderful news!* quelle nouvelle formidable ! / *she has some wonderful ideas* elle a des idées formidables / *that's wonderful!* c'est merveilleux ! / *you've been wonderful* vous avez été formidable / *you look wonderful* tu es superbe.

wonderfully ['wʌndəfʊlɪ] adv **1.** *(with adj or adv)* merveilleusement, admirablement / *you look wonderfully well* vous avez une mine superbe / *she was wonderfully kind* elle était d'une gentillesse merveilleuse **2.** *(with verb)* merveilleusement, à merveille / *they got on wonderfully* ils s'entendirent à merveille / *I slept wonderfully* j'ai dormi à merveille, j'ai merveilleusement bien dormi / *she plays wonderfully* elle joue merveilleusement bien.

wondering ['wʌndərɪŋ] adj [pensive] songeur, pensif ; [surprised] étonné / *she looked at him with wondering eyes* elle le regarda d'un air perplexe.

wonderingly ['wʌndərɪŋlɪ] adv [look - pensively] d'un air songeur ; [- in surprise] d'un air étonné ; [speak] avec étonnement.

wonderland ['wʌndəlænd] n pays *m* des merveilles / *it's like wonderland* on se croirait au pays des merveilles / *a winter wonderland* un paysage hivernal féerique.

wonderment ['wʌndəmənt] n [wonder] émerveillement *m* ; [surprise] étonnement *m* / *he looked around in wonderment* il regarda autour de lui émerveillé.

wonderworker ['wʌndə,wɜ:kəʳ] n : *he's a real wonderworker* il accomplit de vrais miracles.

wondrous ['wʌndrəs] *liter* ◆ adj merveilleux. ◆ adv = **wondrously**.

wondrously ['wʌndrəslɪ] adv *liter* merveilleusement.

wonk [wɒŋk] n US *inf* **1.** [hard-worker] bosseur *m*, -euse *f* **2.** [intellectual, expert] intello *mf* *(qui ne s'intéresse qu'à sa discipline)* ▸ **policy wonk** conseiller *m*, -ère politique.

wonky ['wɒŋkɪ] *(compar* **wonkier**, *superl* **wonkiest***)* adj UK *inf* [table] bancal, branlant ; [bicycle] détraqué ; [radio, TV] déréglé, détraqué ; [argument, theory] bancal ; [line] qui n'est pas bien droit / *your tie is a bit wonky* ta cravate est un peu de travers / *I've got a wonky leg* j'ai une jambe faible / *the little girl did a rather wonky drawing of a cow* la petite fille a fait un dessin maladroit d'une vache.

wont [wəʊnt] *liter* ◆ n coutume *f*, habitude *f* / *as was his* / *her wont* comme de coutume. ◆ adj ▸ **to be wont to do sthg** avoir l'habitude or coutume de faire qqch.

won't [wəʊnt] abbr of **will not**.

wonted ['wəʊntɪd] adj *liter* coutumier.

woo [wu:] *(pt & pp* **wooed***)* vt **1.** *dated* [court] courtiser, faire la cour à **2.** [attract - customers, voters] chercher à plaire à, rechercher les faveurs de / *they tried to woo the voters with promises of lower taxes* ils cherchaient à s'attirer les faveurs de l'électorat en promettant de baisser les impôts.

wood [wʊd] ◆ n **1.** [timber] bois *m* / *the stove burns wood and coal* le poêle fonctionne au bois et au charbon / *a piece of wood* un bout de bois ▸ **to touch** UK or **knock on** US **wood** toucher du bois **2.** [forest, copse] bois *m* / *we went for a walk in the woods* nous sommes allés nous promener dans les bois ▸ **he can't see the wood for the trees** *fig* les arbres lui cachent la forêt ▸ **we're not out of the woods yet** *fig* on n'est pas encore sortis de l'auberge, on n'est pas encore tirés d'affaire **3.** OENOL tonneau *m* ▸ **matured in the wood** vieilli au tonneau ▸ **drawn from the wood** tiré au tonneau **4.** SPORT [in bowls] boule *f* ; [in golf] bois *m* ▸ **a (number) 3 wood** un bois 3. ◆ comp **1.** [wooden - floor, table, house] en bois, de bois **2.** [for burning wood - stove] à bois ; [- fire] de bois.

❖ **woods** pl n MUS bois *mpl*.

wood alcohol n esprit-de-bois *m*, alcool *m* méthylique.

wood anemone n anémone *f* des bois.

wood ant n fourmi *f* rousse.

woodbine ['wʊdbaɪn] n [honeysuckle] chèvrefeuille *m* ; US [Virginia creeper] vigne *f* vierge.

woodblock ['wʊdblɒk] n **1.** [for printing] bois *m* de graveur **2.** [for floor] pavé *m* de bois.

wood-burning adj [stove, boiler] à bois.

woodcarving ['wʊd,kɑ:vɪŋ] n **1.** [craft] sculpture *f* sur bois **2.** [object] sculpture *f* en bois.

woodchip ['wʊdtʃɪp] n [composite wood] aggloméré *m*.

woodchuck ['wʊdtʃʌk] n marmotte *f* d'Amérique.

woodcock ['wʊdkɒk] *(pl* **woodcock** *or* **woodcocks***)* n bécasse *f*.

woodcraft ['wʊdkrɑ:ft] n US **1.** [in woodland] connaissance *f* des bois et forêts **2.** [artistry] art *m* de travailler le bois.

woodcut ['wʊdkʌt] n gravure *f* sur bois.

woodcutter ['wʊd,kʌtəʳ] n bûcheron *m*, -onne *f*.

woodcutting ['wʊd,kʌtɪŋ] n **1.** [in forest] abattage *m* des arbres **2.** [engraving] gravure *f* sur bois.

wooded ['wʊdɪd] adj boisé / *densely wooded* très boisé.

wooden ['wʊdn] adj **1.** [made of wood] en bois, de bois / *a wooden leg* une jambe de bois ▸ **to try to sell sb wooden nickels** US *inf* essayer de rouler qqn ▸ **don't take any wooden nickels** ne te fais pas rouler ▸ **the Wooden Horse of Troy** le cheval de Troie **2.** [stiff - gesture, manner] crispé, raide ; [- performance, actor] raide, qui manque de naturel.

woodenhead ['wʊdnhed] n *inf* idiot *m*, -e *f*, imbécile *mf*.

woodenly ['wʊdnlɪ] adv [perform, move, smile, speak] avec raideur.

wooden spoon n *lit* cuillère *f* en bois ▸ **to win the wooden spoon** UK SPORT gagner la cuillère de bois.

woodland ['wʊdlənd] ◆ n région *f* boisée. ◆ adj [fauna] des bois / *woodland walks* promenades *fpl* à travers bois.

woodlark ['wʊdlɑːk] n alouette *f* des bois.

woodlouse ['wʊdlaʊs] (*pl* **woodlice** [-laɪs]) n cloporte *m*.

woodman ['wʊdmən] (*pl* **woodmen** [-mən]) n forestier *m*.

wood nymph n nymphe *f* des bois, dryade *f*.

woodpecker ['wʊd,pekər] n pic *m*, pivert *m*.

woodpigeon ['wʊd,pɪdʒn] n ramier *m*.

woodpile ['wʊdpaɪl] n tas *m* de bois.

wood pulp n pâte *f* à papier.

wood screw n vis *f* à bois.

woodshed ['wʊdʃed] n bûcher *m (abri)*.

woodsman ['wʊdzmən] (*pl* **woodsmen** [-mən]) n US forestier *m*.

wood sorrel n oxalide *f*, oxalis *m*.

wood spirit n esprit-de-bois *m*.

woodsy ['wʊdzɪ] (*compar* **woodsier**, *superl* **woodsiest**) adj US *inf* [flowers] des bois ; [smell] du bois ; [area] boisé.

woodwind ['wʊdwɪnd] ◆ adj [music] pour les bois ▸ **woodwind section** or **instruments** bois *mpl*. ◆ n **1.** [single instrument] bois *m* **2.** *(U)* [family of instruments] bois *mpl*.

woodwork ['wʊdwɜːk] n *(U)* **1.** [craft - carpentry] menuiserie *f* ; [- cabinet-making] ébénisterie *f* **2.** [in building - doors, windows] boiseries *fpl* ; [- beams] charpente *f* ▸ **to come** or **to crawl out of the woodwork** *inf* sortir d'un peu partout **3.** *inf* FOOT poteaux *mpl*.

woodworm ['wʊdwɜːm] n [insect] ver *m* de bois ; *(U)* [infestation] : *a chair affected* or *damaged by woodworm* une chaise vermoulue or mangée aux vers / *the sideboard has got woodworm* le buffet est vermoulu.

woody ['wʊdɪ] (*compar* **woodier**, *superl* **woodiest**) adj **1.** [plant, vegetation] ligneux **2.** [countryside] boisé **3.** [taste] de bois ; [smell] boisé.

wooer ['wuːər] n *dated* prétendant *m*.

woof¹ [wuːf] n TEXT trame *f*.

woof² [wʊf] ◆ n [bark] aboiement *m*. ◆ vi aboyer. ◆ onomat ouah ouah.

woofer ['wʊfər] n haut-parleur *m* de graves, woofer *m*.

woofter ['wʊftər] n UK *inf & pej* pédé *m*.

wool [wʊl] ◆ n laine *f* ▸ **pure new wool** pure laine vierge ▸ **a ball of wool** une pelote de laine / *she can't wear wool next to her skin* elle ne peut pas porter de laine à même la peau ▸ **all wool and a yard wide** US *inf* de première classe, de premier ordre ▸ **to pull the wool over sb's eyes** berner or duper qqn. ◆ adj [cloth] de laine ; [socks, dress] en laine.

woolen US = **woollen**.

wool fat n lanoline *f*.

woolgatherer ['wʊl,gæðərər] n rêvasseur *m*, -euse *f*, rêveur *m*, -euse *f*.

woolgathering ['wʊl,gæðərɪŋ] n ▸ **to be** or **to go woolgathering** rêvasser.

woolgrower ['wʊl,grəʊər] n éleveur *m*, -euse *f* de moutons *(à laine)*.

woollen UK, **woolen** US ['wʊlən] adj **1.** [fabric] de laine ; [jacket, gloves, blanket] en laine ▸ **woollen cloth** lainage *m*, étoffe *f* de laine **2.** [industry] lainière ; [manufacture] de lainages.

❖ **woollens** UK, **woolens** US pl n lainages *mpl*, vêtements *mpl* de laine.

woollen mill n lainerie *f*.

woolly UK, **wooly** US ['wʊlɪ] ◆ adj **1.** [socks, hat] en laine **2.** [sheep] laineux **3.** [clouds] cotonneux ; [hair] frisé **4.** [vague - thinking, ideas] confus, flou. ◆ n (UK *pl* **woollies** ; US *pl* **woolies**) UK *inf* [pullover] tricot *m*, lainage *m* ; [dress] robe *f* en laine ▸ **winter woollies** lainages *mpl* d'hiver.

woolly-headed adj [person] écervelé ; [ideas] vague, confus.

woolly-minded adj à l'esprit confus.

woolpack ['wʊlpæk] n balle *f* de laine.

woolsack ['wʊlsæk] n POL ▸ **the woolsack** *coussin rouge sur lequel s'assoit le président de la Chambre des lords.*

wooly US = **woolly**.

woops [wʊps] = **whoops**.

woozy ['wuːzɪ] (*compar* **woozier**, *superl* **wooziest**) adj *inf* **1.** [dazed] hébété, dans les vapes **2.** [sick] ▸ **to feel woozy** avoir mal au cœur **3.** [from drink] éméché, pompette.

wop [wɒp] n *v inf terme injurieux désignant un Italien* ; ≃ macaroni *v inf mf*.

Worcester sauce ['wʊstə-] n *sauce épicée en bouteille.*

Worcs written abbr of **Worcestershire**.

word [wɜːd] ◆ n **1.** [gen & LING - written] mot *m* ; [- spoken] mot *m*, parole *f* / *the words of a song* les paroles d'une chanson / *(what) fine words! iro* quelles belles paroles ! / *what is the Russian word for "head"?* or *what is the word for "head" in Russian?* comment dit-on « tête » en russe ? / *the Japanese don't have a word for it* les Japonais n'ont pas de mot pour dire cela / *she can't put her ideas / feelings into words* elle ne trouve pas les mots pour exprimer ses idées / ce qu'elle ressent / *I can't find (the) words to tell you how glad I am!* je ne saurais vous dire à quel point je suis content ! / *there are no words to describe* or *words cannot describe how I feel* aucun mot ne peut décrire ce que je ressens / *they left without (saying) a word* ils sont partis sans (dire) un mot / *with these words they left* sur ces mots or là-dessus, ils sont partis / *lazy isn't the word for it!* paresseux, c'est peu dire ! / *idle would be a better word* oisif serait plus juste / *he doesn't know the meaning of the word "generosity" fig* il ne sait pas ce que veut dire le mot « générosité » / *he's mad, there's no other word for it* il est fou, il n'y a pas d'autre mot / *I didn't understand a word of the lecture* je n'ai pas compris un mot de la conférence / *I don't believe a word of it!* je n'en crois pas un mot ! / *that's my last* or *final word on the matter* c'est mon dernier mot (sur la question) / *those were his dying words* ce sont les dernières paroles qu'il a prononcées avant de mourir / *she said a few words of welcome* elle a dit quelques mots de bienvenue / *I gave him a few words of advice* je lui ai donné quelques conseils / *I gave him a few words of encouragement* je lui ai dit quelques mots d'encouragement / *can I give you a word of warning / advice?* puis-je vous mettre en garde / conseiller ? / *he didn't say a word* il n'a rien dit, il n'a pas dit un mot / *and now a word from our sponsors* et maintenant, voici un message publicitaire de nos sponsors / *I'm a woman of few words* je ne suis pas quelqu'un qui fait de grands discours / *he's a man of few words* c'est un homme peu loquace, c'est quelqu'un qui n'aime pas beaucoup parler / *in the words of Shelley* comme l'a dit Shelley / *in the words of his boss, he's a layabout* à en croire son patron or d'après (ce que dit) son patron, c'est un fainéant / *tell me in your own words* dites-le-moi à votre façon or avec vos propres mots / *he told me in so many words that I was a liar* il m'a dit carrément or sans mâcher ses mots que j'étais menteur / *she didn't say it in so many words but her meaning was quite clear* elle n'a pas dit exactement cela, mais c'était sous-entendu ▸ **by** or **through word of mouth** oralement / *the news spread by word of mouth* la nouvelle se répandit de bouche à oreille / *too beautiful for words* d'une beauté extraordinaire / *too stupid for words* vraiment trop bête ▸ **word for word a)** [translate] littéralement, mot à mot **b)** [repeat] mot pour mot ▸ **from the word go** dès le départ ▸ **(upon) my word!** ma parole !, oh là là ! ▸ **to put words into sb's mouth** : *don't put words into my mouth* ne me faites pas dire ce que je n'ai pas dit ▸ **to take the words out of sb's mouth** : *he took the words out of my mouth* il a dit exactement ce que j'allais dire, il m'a enlevé les mots de la bouche ▸ **words fail me** les mots me manquent / *he never has a good word to say about anyone* personne ne trouve jamais grâce à ses yeux ▸ **to put in a (good) word for sb** glisser un mot en faveur de qqn ▸ **to have the last word** avoir le dernier mot ▸ **it's the last word in comfort** UK c'est ce qui se fait de mieux en matière de confort ▸ **it's the last word in luxury** UK c'est ce qu'on fait de plus luxueux **2.** [talk] mot *m*, mots *mpl*, parole *f*, paroles *fpl* ▸ **to have a word with sb about sthg** toucher un mot or deux mots à qqn au sujet de qqch / *can I have a word with you about the meeting?* est-ce que je peux vous dire deux mots à propos de la réunion ? / *can I have a word?* je voudrais vous parler un instant **3.** *(U)* [news] nouvelle *f*, nouvelles *fpl* ; [message] message *m*, mot *m* / *the word got out that there had been a coup* la nouvelle d'un coup d'État a circulé / *word came from Tokyo that the strike was over* la nouvelle arriva de Tokyo que la grève était terminée / *she brought them word of Tom* elle leur a apporté des nouvelles de Tom / *have you had any word from him?* avez-vous eu de ses nouvelles ? / *we have had no word from him* nous sommes sans nouvelles de lui / *she left word for us to follow* elle nous a laissé un message pour dire que nous devions la suivre / *spread the word that Mick's back in town* faites passer la nouvelle or faites dire que Mick est de retour en ville / *he sent word to say he had arrived safely* il a envoyé un mot pour dire qu'il était bien arrivé **4.** [promise] parole *f*, promesse *f* / *he gave his word that we wouldn't be harmed* il a donné sa parole qu'il ne nous ferait aucun mal / *I give you my word on it* je vous en donne ma parole / *she gave her solemn word* elle a juré or promis solennellement ▸ **to break one's word** manquer à sa parole ▸ **to go back on one's word** revenir sur sa parole / *we held* or *kept her to her word* nous l'avons obligée à tenir sa parole ▸ **to keep one's word** tenir parole, tenir (sa) promesse / *he was as good as his word* il a tenu parole / *she's a woman of her word* c'est une femme de parole / *I'm a man of my word* je suis un homme de parole ▸ **word of honour!** parole d'honneur ! / *we only have his word for it* il n'y a que lui qui le dit, personne ne peut prouver le contraire / *you can take my word for it* vous pouvez me croire sur parole / *we'll have to take your word for it* nous sommes bien obligés de vous croire / *take my word (for it), it's a bargain!* croyez-moi, c'est une affaire ! / *I took her at her word* je l'ai prise au mot / *it's your word against mine* c'est votre parole contre la mienne / *my word is my bond* je n'ai qu'une parole, je tiens toujours parole **5.** [advice] conseil *m* / *a word to travellers, watch your luggage!* un petit conseil aux voyageurs, surveillez vos bagages ! / *a quick word in your ear* je vous glisse un mot à l'oreille ▸ **a word to the wise** à bon entendeur, salut **6.** [rumour] bruit *m* / *(the) word went round that he was dying* le bruit a couru qu'il était sur le point de mourir **7.** [order] ordre *m* / *he gave the word to march* il a donné l'ordre or le signal de se mettre en marche / *his word is law* c'est lui qui fait la loi / *just give* or *say the word and we'll be off* vous n'avez qu'à donner le signal et nous partons **8.** [watchword] mot *m* d'ordre / *the word now is "democracy"* le mot d'ordre maintenant, c'est « démocratie » ; [password] mot *m* de passe. ◆ vt **1.** [letter, document] rédiger, formuler ; [contract] rédiger / *they worded the petition carefully* ils ont choisi les termes de la pétition avec le plus grand soin / *we sent a strongly worded protest* nous avons envoyé une lettre de protestation bien sentie **2.** AUSTR *inf* [advise] conseiller ; [inform] informer.

❖ **Word** n RELIG ▸ **the Word** le Verbe ▸ **the Word of God** la parole de Dieu.

❖ **words** pl n UK *inf* [argument] dispute *f* ▸ **to have words** se disputer, avoir des mots / *they had words about her drinking* ils se sont disputés sur le fait qu'elle boit.

❖ **in a word** adv phr en un mot.

❖ **in other words** adv phr autrement dit, en d'autres termes.

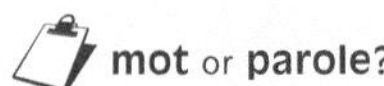 **mot** or **parole?**

Un mot is a word in the most general sense, while **une parole** refers specifically to the spoken word. The two are sometimes interchangeable, but note that written words are **mots** rather than **paroles**, and that the words to a song are **paroles**, not **mots**.

word association n association *f* d'idées par les mots.

word-blind adj UK dyslexique.

word-blindness n UK dyslexie *f*.

wordbook ['wɜ:dbʊk] n lexique *m*, vocabulaire *m*.

word class n LING classe *f* de mots.

word count n calcul *m* des mots.

word-for-word adj [repetition, imitation] mot pour mot ; [translation] littéral / *it's a word-for-word translation* c'est une traduction littérale, c'est du mot à mot.

word game n *jeu de lettres*.

wordiness ['wɜ:dɪnɪs] n verbosité *f*.

wording ['wɜ:dɪŋ] n *(U)* **1.** [of letter, speech] termes *mpl*, formulation *f* ; [of contract] termes *mpl* / *I think you should change the wording of the last sentence* je crois que vous devriez reformuler la dernière phrase / *the new wording sounds better* la nouvelle formulation sonne mieux / *the wording is rather strange* c'est bizarrement formulé **2.** ADMIN & LAW rédaction *f* / *I don't really understand the wording of the contract* je ne comprends pas vraiment les termes du contrat.

wordless ['wɜ:dlɪs] adj **1.** *liter* [silent - admiration] muet **2.** [without words - music] sans paroles.

wordlist ['wɜ:dlɪst] n [in notebook, textbook] lexique *m*, liste *f* de mots ; [in dictionary] nomenclature *f*.

word-of-mouth adj [account] oral, verbal.

word order n ordre *m* des mots.

word-perfect adj [recitation] que l'on connaît parfaitement or sur le bout des doigts / *she rehearsed her speech until she was word-perfect* elle a répété son discours jusqu'à le connaître parfaitement or sur le bout des doigts.

wordplay ['wɜ:dpleɪ] n *(U)* jeu *m* de mots.

word-process ◆ vi travailler sur traitement de texte. ◆ vt [text] saisir en traitement de texte.

word processing n traitement *m* de texte.

word processor n machine *f* de traitement de texte.

wordsmith ['wɜ:dsmɪθ] n manieur *m* de mots.

word wrap n COMPUT bouclage *m*.

wordy ['wɜ:dɪ] (*compar* **wordier**, *superl* **wordiest**) adj verbeux.

wore [wɔ:ʳ] pt ⟶ **wear**.

work [wɜ:k]

◆ n **1.** [effort, activity] travail *m*, œuvre *f* / *computers take some of the work out of filing* les ordinateurs facilitent le classement / *this report needs more work* il y a encore du travail à faire sur ce rapport, ce rapport demande plus de travail / *she's done a lot of work for charity* elle a beaucoup travaillé pour des associations caritatives / *keep up the good work!* continuez comme ça ! / *nice work!* c'est du bon travail ! / *that's fine work* or *a fine piece of work* c'est du beau travail / *your work has been useful* vous avez fait du travail utile / *work on the tunnel is to start in March* **a)** [existing tunnel] les travaux sur le tunnel doivent commencer en mars **b)** [new tunnel] la construction du tunnel doit commencer or le tunnel doit être commencé en mars ▸ **work in progress a)** ADMIN travail en cours **b)** [on sign] travaux en cours / *she put a lot of work into that book* elle a beaucoup travaillé sur ce livre ▸ **to start work, to set to work** se mettre au travail / *she set* or *went to work on the contract* elle a commencé à travailler sur le contrat / *he set to work undermining their confidence* il a entrepris de saper leur confiance / *I set him to work (on) painting the kitchen* je lui ai donné la cuisine à peindre / *let's get (down) to work!* (mettons-nous) au travail ! ▸ **all work and no play makes Jack a dull boy** *prov* beaucoup de travail et peu de loisirs ne réussissent à personne **2.** [duty, task] travail *m*, besogne *f* / *I've got loads of work to do* j'ai énormément de travail à faire / *she gave us too much work* elle nous a donné trop de travail / *he's trying to get some work done* il essaie de travailler un peu / *they do their work well* ils travaillent bien, ils font du bon travail / *it's hard work* c'est du travail, ce n'est pas facile / *it's thirsty work* ça donne soif ▸ **to make short** or **light work of sthg** expédier qqch ▸ **to make short work of sb** *fig* ne faire qu'une bouchée de qqn ▸ **it's nice work if you can get it!** *inf* c'est une bonne planque, encore faut-il la trouver ! **3.** [paid employment] travail *m*, emploi *m* / *what (kind of) work do you do?* qu'est-ce que vous faites dans la vie ?, quel travail faites-vous ? / *I do translation work* je suis traducteur, je fais des traductions ▸ **to find work** trouver du travail ▸ **to look for work** chercher du travail or un emploi ▸ **to be in work** travailler, avoir un emploi ▸ **to be out of work** être au chômage or sans travail or sans emploi / *he had a week off work* **a)** [holiday] il a pris une semaine de vacances **b)** [illness] il n'est pas allé au travail pendant une semaine ▸ **to take time off work** prendre des congés / *she's off work today* elle ne travaille pas aujourd'hui ▸ **to do a full day's work** faire une journée entière de travail / *people out of work* **a)** [gen] les chômeurs *mpl* **b)** ADMIN & ECON les inactifs *mpl* **4.** [place of employment] travail *m* ; ADMIN lieu *m* de travail / *I go to work by bus* je vais au travail en bus / *I'm late for work* je suis en retard pour le travail / *he's a friend from work* c'est un collègue / *where is your (place of) work?* où travaillez-vous ?, quel est votre lieu de travail ? / *on her way home from work* en rentrant du travail **5.** [papers, material, etc. being worked on] travail *m* / *to take work home* prendre du travail à la maison / *her work was all over the table* son travail était étalé sur la table **6.** [creation, artefact, etc.] œuvre *f* ; [on smaller scale] ouvrage *m* ; SEW ouvrage *m* / *it's all my own work* j'ai tout fait moi-même / *it's an interesting piece of work* **a)** [gen] c'est un travail intéressant **b)** ART, LITER & MUS c'est une œuvre intéressante / *these formations are the work of the wind* ces formations sont l'œuvre du vent / *the silversmith sells much of his work to hotels* l'orfèvre vend une grande partie de ce qu'il fait or de son travail à des hôtels / *the complete works of Shakespeare* les œuvres complètes or l'œuvre de Shakespeare / *a new work on Portugal* un nouvel ouvrage sur le Portugal / *a work of art* une œuvre d'art / *works of fiction* des ouvrages de fiction **7.** [research] travail *m*, recherches *fpl* / *there hasn't been a lot of work done on the subject* peu de travail a été fait or peu de recherches ont été faites sur le sujet **8.** [deed] œuvre *f*, acte *m* / *good works* or *charitable works* bonnes œuvres / *each man will be judged by his works* chaque homme sera jugé selon ses œuvres / *the murder is the work of a madman* le meurtre est l'œuvre d'un fou **9.** [effect] effet *m* / *wait until the medicine has done its work* attendez que le médicament ait agi or ait produit son effet **10.** PHYS travail *m*.

◆ vi

A. ACTIVITY, EMPLOYMENT, STUDIES
B. FUNCTION OR SUCCEED
C. CHANGE POSITION OR STATE

A. ACTIVITY, EMPLOYMENT, STUDIES **1.** [exert effort on a specific task, activity, etc.] travailler / *we worked for hours cleaning the house* nous avons passé des heures à faire le ménage / *they worked in the garden* ils ont fait du jardinage / *we work hard* nous travaillons dur ▸ **to work at** or **on sthg** : *she's working on a novel just now* elle travaille à un roman en ce moment / *he works at* or *on keeping himself fit* il fait de l'exercice pour garder la forme / *we have to work to a deadline* nous devons respecter des délais dans notre travail / *we have to work to a budget* nous devons travailler avec un certain budget / *I've worked with the handicapped before* j'ai déjà travaillé avec les handicapés / *I work with the Spanish on that project* je travaille (en collaboration) avec les Espagnols sur ce projet **2.** [be employed] travailler / *he works as a teacher* il a un poste d'enseignant / *I work in advertising* je travaille dans la publicité / *she works in* or *for a bank* elle travaille dans or pour une banque / *I work a forty-hour week* je travaille quarante heures par semaine, je fais une semaine de quarante heures ▸ **to work for a living** travailler pour gagner sa vie ▸ **to work to rule** INDUST faire la grève du zèle **3.** [strive for a specific goal or aim] ▸ **to work for sthg** : *they're working for better international relations* ils s'efforcent d'améliorer les relations internationales **4.** [study] travailler, étudier / *you're going to have to work if you want to pass the exam* il va falloir que tu travailles or étudies si tu veux avoir ton examen **5.** [use a specified substance] travailler / *this sculptor works in* or *with copper* ce sculpteur travaille avec le cuivre / *she has always worked in* or *with watercolours* elle a toujours travaillé avec de la peinture à l'eau.

B. FUNCTION OR SUCCEED **1.** [function, operate - machine, brain, system] fonctionner, marcher / *the lift doesn't work at night* l'ascenseur ne marche pas la nuit / *the lift never works* l'ascenseur est toujours en panne / *the radio works off batteries* la radio fonctionne avec des piles / *a pump worked by hand* une pompe actionnée à la main or manuellement / *she sat still, her brain* or *mind working furiously* elle était assise immobile, le cerveau en ébullition ; *fig* : *everything worked smoothly* tout s'est déroulé comme prévu / *your idea just won't work* ton idée ne peut pas marcher / *this relationship isn't working* cette relation ne marche pas / *that argument works both ways* ce raisonnement est à double tranchant / *how does the law work exactly?* comment la loi fonctionne-t-elle exactement ? **2.** [produce results, succeed] marcher, réussir / *it worked brilliantly* ça a très bien marché / *their scheme didn't work* leur complot a échoué **3.** [drug, medicine] agir, produire or faire son effet **4.** [act] agir / *the acid works as a catalyst* l'acide agit comme or sert de catalyseur / *events have worked against us* / *in our favour* les événements ont agi contre nous / en notre faveur / *I'm working on the assumption that they'll sign the contract* je pars du principe qu'ils signeront le contrat.

C. CHANGE POSITION OR STATE **1.** [reach a condition or state gradually] ▸ **to work loose** se desserrer ▸ **to work free** se libérer / *the nail worked through the sole of my shoe* le clou est passé à travers la semelle de ma chaussure **2.** [face, mouth] se contracter, se crisper **3.** [ferment] fermenter.

◆ vt

A. USE, EXPLOIT OR ACCOMPLISH
B. CONTROL OR MANOEUVRE
C. SHAPE OR PROVOKE

A. USE, EXPLOIT OR ACCOMPLISH **1.** [worker, employee] faire travailler / *the boss works his staff hard* le patron exige beaucoup de travail de ses employés / *you work yourself too hard* tu te surmènes ▸ **to work o.s. to death** se tuer à la tâche ▸ **to work one's fingers to the bone** s'user au travail **2.** [pay for with labour or service] : *they worked their passage to India* ils ont payé leur passage en Inde en travaillant / *I worked my way through college* j'ai travaillé pour payer mes études à l'université **3.** [carry on activity in] : *he works the southern sales area* il travaille pour le service commercial de la région sud / *the pollster worked both sides of the street* le sondeur a enquêté des deux côtés de la rue / *the candidate worked the crowd* *fig* le candidat s'efforçait de soulever l'enthousiasme de la foule / *a real-estate agent who works the phones* un agent immobilier qui fait de la prospection par téléphone / *she works the bars* [prostitute] elle travaille dans les bars **4.** [achieve, accomplish] : *the new policy will work major changes* la nouvelle politique opérera or entraînera des changements importants / *the story worked its magic* or *charm on the public* l'histoire a enchanté le public ▸ **to work a spell on sb** jeter un sort à qqn ▸ **to work miracles** faire or accomplir des miracles ▸ **to work wonders** faire merveille / *she has worked wonders with the children* elle a fait des merveilles avec les enfants **5.** [make use of, exploit - land] travailler, cultiver ; [- mine, quarry] exploiter, faire valoir.

B. CONTROL OR MANOEUVRE **1.** [operate] faire marcher, faire fonctionner / *this switch works the furnace* ce bouton actionne or commande la chaudière / *he knows how to work the drill* il sait se servir de la perceuse **2.** [manoeuvre] : *I worked the handle up and down* j'ai remué la poignée de haut en bas ; [progress slowly] : *I worked my way along the ledge* j'ai longé la saillie avec précaution / *he worked his way down / up the cliff* il a descendu / monté la falaise lentement / *the beggar worked his way towards us* le mendiant s'est approché de nous **3.** *inf* [contrive] s'arranger / *she managed to work a few days off* elle s'est arrangée or débrouillée pour avoir quelques jours de congé / *I worked it* or *worked things so that she's never alone* j'ai fait en sorte qu'elle or je me suis arrangé pour qu'elle ne soit jamais seule.

C. SHAPE OR PROVOKE **1.** [shape - leather, metal, stone] travailler, façonner ; [- clay, dough] travailler, pétrir ; [- object, sculpture] façonner / *she worked the silver into earrings* elle a travaillé l'argent pour en faire des boucles d'oreilles / *she worked a figure out of the wood* elle a sculpté une silhouette dans le bois / *work the putty into the right consistency* travaillez le mastic pour lui donner la consistance voulue **2.** [excite, provoke] : *the orator worked the audience into a frenzy* l'orateur a enflammé or galvanisé le public / *she worked herself into a rage* elle s'est mise dans une colère noire.

❖ **works** ◆ pl n **1.** [mechanism] mécanisme *m*, rouages *mpl* ; [of clock] mouvement *m* ▸ **to foul up** or **to gum up the works** *inf* tout foutre en l'air **2.** CIV ENG [construction] travaux *mpl* ; [installation] installations *fpl* ▸ **Minister / Ministry of Works** ministre *m* / ministère *m* des Travaux publics. ◆ n *(with singular verb)* **1.** INDUST [factory] usine *f* ▸ **a printing works** une imprimerie ▸ **a gas works** une usine à gaz ▸ **price ex works** prix *m* sortie usine **2.** *inf* [everything] ▸ **the (whole) works** tout le bataclan or le tralala ▸ **to shoot the works** US jouer le grand jeu / *we shot the works on the project* US nous avons mis le paquet sur le projet ▸ **to give sb the works a)** [special treatment] dérouler le tapis rouge pour qqn *fig* **b)** [beating] passer qqn à tabac.

❖ **at work** ◆ adj phr **1.** [person] ▸ **to be at work (on) sthg / doing sthg** travailler (à) qqch / à faire qqch / *he's at work on a new book* il travaille à un nouveau livre / *they're hard at work painting the house* ils sont en plein travail, ils repeignent la maison **2.** [having an effect] : *there are several factors at work here* il y a plusieurs facteurs qui entrent en jeu or qui jouent ici / *there are evil forces at work* des forces mauvaises sont en action. ◆ adv phr [at place of work] : *she's at work* **a)** [gen] elle est au travail **b)** [office] elle est au bureau **c)** [factory] elle est à l'usine / *I'll phone you at work* je t'appellerai au travail / *we met at work* on s'est connus au travail.

❖ **work away** vi travailler / *while he worked away at fixing the furnace* tandis qu'il travaillait à réparer la chaudière / *we worked away all evening* nous avons passé la soirée à travailler.

❖ **work down** vi glisser / *her socks had worked down around her ankles* ses chaussettes étaient tombées sur ses chevilles.

❖ **work in** vt sep **1.** [incorporate] incorporer / *work the ointment in thoroughly* faites bien pénétrer la pommade / *work the butter into the flour* CULIN incorporez le beurre à la farine **2.** [insert] faire entrer or introduire petit à petit / *he worked in a few sly remarks about the boss* il a réussi à glisser quelques réflexions sournoises sur le patron / *I'll try and work the translation in some time this week* [into schedule] j'essaierai de (trouver le temps de) faire la traduction dans le courant de la semaine.

❖ **work off** vt sep **1.** [dispose of - fat, weight] se débarrasser de, éliminer ; [- anxiety, frustration] passer, assouvir / *I worked off my excess energy chopping wood* j'ai dépensé mon trop-plein d'énergie en cassant du bois / *he worked off his tensions by running* il s'est défoulé en faisant du jogging **2.** [debt, obligation] : *it took him three months to work off his debt* il a dû travailler trois mois pour rembourser son emprunt.

❖ **work on** vt insep **1.** [person] essayer de convaincre / *we've been working on him but he still won't go* nous avons essayé de le persuader mais il ne veut toujours pas y aller / *I'll work on her* je vais m'occuper d'elle **2.** [task, problem] : *the police are working on who stole the jewels* la police s'efforce de retrouver celui qui a volé les bijoux / *have you got any ideas? — I'm working on it* as-tu des idées ? — je cherche.

❖ **work out** ◆ vt sep **1.** [discharge fully] acquitter en travaillant ▸ **to work out one's notice** faire son préavis **2.** [solve - calculation, problem] résoudre ; [- answer, total] trouver ; [- puzzle] faire, résoudre ; [- code] déchiffrer / *have they worked out their differences?* est-ce qu'ils ont réglé or résolu leurs différends ? / *things will work themselves out* les choses s'arrangeront toutes seules or d'elles-mêmes **3.** [formulate - idea, plan] élaborer, combiner ; [- agreement, details] mettre au point ▸ **to work out a solution** trouver une solution / *have you worked out yet when it's due to start?* est-ce que tu sais quand ça doit commencer ? / *she had it all worked out* elle avait tout planifié / *we worked out an easier route* nous avons trouvé un itinéraire plus facile **4.** [figure out] arriver à comprendre / *I finally worked out why he was acting so strangely* j'ai enfin découvert or compris pourquoi il se comportait si bizarrement / *I can't work her out* je n'arrive pas à la comprendre / *I can't work their relationship out* leurs rapports me dépassent **5.** [mine, well] épuiser. ◆ vi **1.** [happen] se passer / *it depends on how things work out* ça dépend de la façon dont les choses se passent / *the trip worked out as planned* le voyage s'est déroulé comme prévu / *I wonder how it will all work out* je me demande comment tout cela va s'arranger / *it all worked out for the best* tout a fini par s'arranger pour le mieux **2.** [have a good result - job, plan] réussir ; [- problem, puzzle] se résoudre / *she worked out fine as personnel director* elle s'est bien débrouillée comme directrice du personnel / *did the new job work out?* ça a marché pour le nouveau boulot ? / *it didn't work out between them* les choses ont plutôt mal tourné entre eux / *their project didn't work out* leur projet est tombé à l'eau **3.** [amount to] : *the average price for an apartment works out to* or *at $5,000 per square metre* le prix moyen d'un appartement s'élève or revient à 5 000 dollars le mètre carré / *that works out at three hours a week* ça fait trois heures par semaine / *electric heating works out expensive* le chauffage électrique revient cher **4.** [exercise] faire de l'exercice ; [professional athlete] s'entraîner.

❖ **work over** vt sep **1.** US [revise] revoir, réviser **2.** *inf* [beat up] tabasser, passer à tabac.

❖ **work round** ◆ vi **1.** [turn] tourner / *the wind worked round to the north* le vent a tourné au nord petit à petit **2.** *fig* [in conversation] : *he finally worked round to the subject of housing* il a fini par aborder le sujet du logement / *what's she working round to?* où veut-elle en venir ? ◆ vt sep [bring round] : *I worked the conversation round to my salary* j'ai amené la conversation sur la question de mon salaire.

❖ **work through** ◆ vt sep **1.** [insert] faire passer à travers **2.** [progress through] : *we worked our way through the crowd* nous nous sommes frayé un chemin à travers la foule / *he worked his way through the book* il a lu le livre du début à la fin / *I worked the problem through* *fig* j'ai étudié le problème sous tous ses aspects. ◆ vt insep **1.** [continue to work] : *she worked through lunch* elle a travaillé pendant l'heure du déjeuner **2.** [resolve] : *he worked through his emotional problems* il a réussi à assumer ses problèmes affectifs.

❖ **work up** ◆ vt sep **1.** [stir up, rouse] exciter, provoquer / *he worked up the crowd* il a excité la foule / *he works himself up* or *gets himself worked up over nothing* il s'énerve pour rien **2.** [develop] développer / *I want to work these ideas up into an article* je veux développer ces idées pour en faire un article / *to work up an appetite* se mettre en appétit / *we worked up a sweat / thirst playing tennis* jouer au tennis nous a donné chaud / soif / *I can't work up any enthusiasm for this work* je n'arrive pas à avoir le moindre enthousiasme pour ce travail / *he tried to work up an interest in the cause* il a essayé de s'intéresser à la cause **3.** PHR ▸ **to work one's way up** faire son chemin / *she worked her way up from secretary to managing director* elle a commencé comme secrétaire et elle a fait son chemin jusqu'au poste de P-DG / *I worked my way up from nothing* je suis parti de rien. ◆ vi **1.** [clothing] remonter **2.** [build up] : *the film was working up to a climax* le film approchait de son point culminant / *things were working up to a crisis* une crise se préparait, on était au bord d'une crise / *she's working up to what she wanted to ask* elle en vient à ce qu'elle voulait demander / *what are you working up to?* où veux-tu en venir ?

workability [ˌwɜːkəˈbɪlətɪ] n **1.** [of plan] caractère *m* réalisable **2.** [of mine] caractère *m* exploitable.

workable [ˈwɜːkəbl] adj **1.** [plan, proposal] réalisable, faisable / *do you really think it's workable?* croyez-vous vraiment que c'est faisable or que ça va marcher ? **2.** [mine, field] exploitable.

workaday [ˈwɜːkədeɪ] adj [clothes, routine] de tous les jours ; [man] ordinaire, banal ; [incident] courant, banal.

workaholic [ˌwɜːkəˈhɒlɪk] n *inf* bourreau *m* de travail, drogué *m*, -e *f* du travail.

work area n [in school, home] coin *m* de travail.

workbag [ˈwɜːkbæg] n sac *m* à ouvrage.

workbasket [ˈwɜːkˌbɑːskɪt] n corbeille *f* à ouvrage.

workbench [ˈwɜːkbentʃ] n établi *m*.

workbook [ˈwɜːkbʊk] n **1.** SCH [exercise book] cahier *m* d'exercices ; [record book] cahier *m* de classe **2.** [manual] manuel *m*.

workbox [ˈwɜːkbɒks] n boîte *f* à ouvrage.

work camp n **1.** [prison] camp *m* de travail **2.** [voluntary] chantier *m* de travail.

work coat n US blouse *f*.

workday [ˈwɜːkdeɪ] ◆ n **1.** [day's work] journée *f* de travail **2.** [working day] jour *m* ouvré or où l'on travaille / *Sunday is a workday for some people* il y a des gens qui travaillent le dimanche. ◆ adj = **workaday**.

worked up [ˌwɜːkt-] adj énervé, dans tous ses états ▸ **to get worked up** s'énerver, se mettre dans tous ses états.

worker [ˈwɜːkər] n **1.** [INDUST - gen] travailleur *m*, -euse *f*, employé *m*, -e *f* ; [- manual] ouvrier *m*, -ère *f*, travailleur *m*, -euse *f* / *relations between workers and management* les relations entre les travailleurs or les employés et la direction / *part-time worker* travailleur à temps partiel / *he's a fast worker!* il travaille vite ! / *she's a good worker* elle travaille bien / *she's a hard worker* elle travaille dur **2.** ENTOM ouvrière *f*.

worker ant n (fourmi) ouvrière *f*.

worker bee n (abeille) ouvrière *f*.

worker director n *ouvrier qui fait partie du conseil d'administration.*

worker participation n participation *f* des travailleurs or des ouvriers.

worker-priest n prêtre-ouvrier *m*.

work ethic n *exaltation des valeurs liées au travail.*

work experience n : *the course includes two months' work experience* le programme comprend un stage en entreprise de deux mois.

workfare [ˈwɜːkfeər] n POL *principe selon lequel les bénéficiaires de l'allocation de chômage doivent fournir un travail en échange.*

workflow [ˈwɜːkfləʊ] n workflow *m (modélisation de la gestion des processus opérationnels).*

workforce [ˈwɜːkfɔːs] n main-d'œuvre *f*, effectifs *mpl*.

workhorse [ˈwɜːkhɔːs] n **1.** [horse] cheval *m* de labour **2.** *fig* [worker] bourreau *m* de travail ; [machine, vehicle] bonne mécanique *f*.

workhouse [ˈwɜːkhaʊs] (*pl* **workhouses** [-haʊzɪz]) n **1.** HIST [in UK] hospice *m* **2.** [in US - prison] maison *f* de correction.

work-in n *occupation d'une entreprise par le personnel (avec poursuite du travail).*

working ['wɜ:kɪŋ] ◆ adj **1.** [mother] qui travaille ; [population] actif / *ordinary working people* les travailleurs ordinaires / *the party of the working man* le parti des travailleurs **2.** [day, hours] de travail / *Sunday is not a working day* le dimanche est chômé, on ne travaille pas le dimanche / *during a normal working day* pendant la journée de travail / *a working week of 40 hours* une semaine de 40 heures / *he spent his entire working life with the firm* il a travaillé toute sa vie dans l'entreprise ▸ **to be of working age** être en âge de travailler ▸ **a working breakfast / lunch** un petit déjeuner / déjeuner de travail **3.** [clothes, conditions] de travail / *we have a close working relationship* nous travaillons bien ensemble **4.** [functioning - farm, factory, model] qui marche ▸ **in (good) working order** en (bon) état de marche **5.** [theory, definition] de travail ; [majority] suffisant ; [agreement] de circonstance ; [knowledge] adéquat, suffisant. ◆ n **1.** [work] travail *m* **2.** [operation - of machine] fonctionnement *m* **3.** [of mine] exploitation *f* ; [of clay, leather] travail *m*.

❖ **workings** pl n **1.** [mechanism] mécanisme *m* ; *fig* [of government, system] rouages *mpl* / *it's difficult to understand the workings of his mind* il est difficile de savoir ce qu'il a dans la tête or ce qui se passe dans sa tête **2.** MIN chantier *m* d'exploitation / *old mine workings* anciennes mines *fpl*.

working capital n *(U)* fonds *mpl* de roulement.

working class n : *the working class* or *the working classes* la classe ouvrière, le prolétariat.

❖ **working-class** adj [district, origins] ouvrier ; [accent] des classes populaires / *she's working-class* elle appartient à la classe ouvrière / *a working-class hero* un héros de la classe ouvrière or du prolétariat.

working group = **working party**.

working lunch n déjeuner *m* de travail.

working majority n majorité *f* suffisante.

working man n UK ouvrier *m*.

working men's club n *club d'ouvriers, comportant un bar et une scène où sont présentés des spectacles de music-hall.*

working party n **1.** [committee - for study] groupe *m* de travail ; [- for enquiry] commission *f* d'enquête **2.** [group - of prisoners, soldiers] groupe *m* de travail.

working title n titre *m* provisoire.

working woman n **1.** [worker] ouvrière *f*, employée *f* **2.** [woman with job] femme *f* qui travaille.

work-life balance n équilibre *m* entre vie professionnelle et vie privée.

workload ['wɜ:kləʊd] n travail *m* à effectuer, charge *f* de travail / *my workload has eased off a bit* j'ai un peu moins de travail en ce moment / *I still have a heavy workload* je suis encore surchargé de travail.

workman ['wɜ:kmən] (*pl* **workmen** [-mən]) n **1.** [manual worker] ouvrier *m* / *the workmen came to fix the drainpipe* les ouvriers sont venus réparer la gouttière ▸ **workmen's compensation** US indemnité *f* pour accident de travail ▸ **a bad workman blames his tools** *prov* les mauvais ouvriers ont toujours de mauvais outils *prov* **2.** [craftsman] artisan *m* / *he is a good workman* il travaille bien, il fait du bon travail.

workmanlike ['wɜ:kmənlaɪk] adj **1.** [efficient - approach, person] professionnel / *she did the job in a workmanlike way* elle a fait du très bon travail **2.** [well made - artefact] bien fait, soigné / *he wrote a workmanlike report* il a fait un compte rendu très sérieux **3.** [serious - attempt, effort] sérieux.

workmanship ['wɜ:kmənʃɪp] n *(U)* **1.** [skill] métier *m*, maîtrise *f* **2.** [quality] exécution *f*, fabrication *f* / *she admired the fine workmanship of the carving* elle admira le ciselage délicat / *it was a shoddy piece of workmanship* c'était du travail mal fait or bâclé.

workmate ['wɜ:kmeɪt] n camarade *mf* de travail.

workout ['wɜ:kaʊt] n séance *f* d'entraînement ▸ **to have a workout** s'entraîner physiquement, faire une séance d'entraînement.

work party n [of soldiers] escouade *f* ; [of prisoners] groupe *m* de travail.

workpeople ['wɜ:k,pi:pl] pl n travailleurs *mpl*.

work permit [-,pɜ:mɪt] n permis *m* de travail.

workplace ['wɜ:kpleɪs] n lieu *m* de travail / *in the workplace* sur le lieu de travail.

workroom ['wɜ:krʊm] n salle *f* de travail.

works band n fanfare *m* *(d'une entreprise)*.

works committee, **works council** n comité *m* d'entreprise.

workshare ['wɜ:kʃeəʳ] n travail *m* en temps partagé ; [person] travailleur *m*, -euse *f* en temps partagé / *workshares are becoming more common* le partage du travail devient de plus en plus courant.

work-sharing n partage *m* du travail.

work sheet n COMPUT feuille *f* de travail.

workshop ['wɜ:kʃɒp] n **1.** INDUST [gen] atelier *m* **2.** [study group] atelier *m*, groupe *m* de travail.

workshy ['wɜ:kʃaɪ] adj fainéant, tire-au-flanc *(inv)*.

works manager n directeur *m*, -trice *f* d'usine.

work space n [at home] coin-travail *m* ; [in office] espace *m* de travail / *I need more work space* j'ai besoin de plus d'espace pour travailler.

workspace ['wɜ:kspeɪs] n COMPUT bureau *m*.

workstation ['wɜ:k,steɪʃn] n COMPUT poste *m* or station *f* de travail.

work-study n INDUST étude *f* des cadences.

work surface n surface *f* de travail.

worktable ['wɜ:k,teɪbl] n table *f* de travail.

worktop ['wɜ:ktɒp] n [in kitchen] plan *m* de travail.

work-to-rule n UK grève *f* du zèle.

work week n US semaine *f* de travail.

world [wɜ:ld]

◆ n

- A. PLANET
- B. SOCIETY OR POPULATION
- C. DOMAIN OR WAY OF LIFE
- D. SPIRITUAL SENSE
- E. SET PHRASES

A. PLANET **1.** [earth] monde *m* ▸ **to travel round the world** faire le tour du monde, voyager autour du monde ▸ **to see the world** voir du pays, courir le monde / *throughout the world* dans le monde entier / *in this part of the world* dans cette région / *the best in the world* le meilleur du monde / *I'm the world's worst photographer* il n'y a pas pire photographe que moi / *the world over* or *all over the world* dans le monde entier, partout dans le monde / *love is the same the world over* l'amour, c'est la même chose partout dans le monde **2.** [planet] monde *m* / *there may be other worlds out there* il existe peut-être d'autres mondes quelque part **3.** [universe] monde *m*, univers *m* / *since the world began* depuis que le monde existe.

B. SOCIETY OR POPULATION **1.** HIST & POL [part of the world] monde *m* / *the Arab World* le monde arabe / *the developing world* les pays *mpl* en (voie de) développement / *the Gaelic-speaking world* les régions où l'on parle le gaélique / *the Spanish-speaking world* le monde hispanophone **2.** [society] monde *m* / *she wants to change the world* elle veut changer le monde / *in the modern world* dans le monde moderne ▸ **to go up / down in the world** : *she's gone up in the world* elle a fait du chemin / *he's gone down in the world* il a connu de meilleurs jours ▸ **to come into the world** venir au monde ▸ **to bring a child into the world** mettre un enfant au monde / *they hesitated to bring children into the world* ils hésitaient à avoir des enfants ▸ **to make one's way in the world** faire son chemin / *you have to take the world as you find it* il faut prendre les choses comme elles viennent **3.** [general public] monde *m* / *the world awaits the outcome of the talks* le monde entier attend le résultat des pourparlers / *the news shook the world* la nouvelle a ébranlé le monde entier ; [people in general] : *we don't want the whole world to know* nous ne voulons pas que tout le monde le sache / *(all) the world and his wife* *inf & fig* le monde entier.

C. DOMAIN OR WAY OF LIFE **1.** [existence, particular way of life] monde *m*, vie *f* / *a whole new world opened up to me* un monde nouveau s'ouvrit à moi / *we live in different worlds* nous ne vivons pas sur la même planète ▸ **to be worlds apart a)** [in lifestyle] avoir des styles de vie complètement différents **b)** [in opinions] avoir des opinions complètement différentes ; [realm] monde *m* / *he lives in a world of his own* il vit dans un monde à lui / *a nightmare / fantasy world* un monde de cauchemar / de rêve / *the child's world* l'univers *m* des enfants / *they knew nothing of the world outside* ils ignoraient tout du monde extérieur / *the underwater world* le monde sous-marin **2.** [field, domain] monde *m*, milieu *m*, milieux *mpl* / *she is well known in the theatre world* elle est connue dans le milieu du théâtre / *the publishing world* le monde de l'édition **3.** [group of living things] monde *m* / *the animal / plant world* le règne animal / végétal.

D. SPIRITUAL SENSE RELIG monde *m* ▸ **to renounce the world** renoncer au monde / *in this world and the next* dans ce monde(-ci) et dans l'autre / *he isn't long for this world* il n'en a pas pour longtemps ▸ **world without end** *arch* BIBLE pour les siècles des siècles.

E. SET PHRASES ▸ **to do sb a** or **the world of good** : *a holiday will do you a* or *the world of good* des vacances vous feront le plus grand bien ▸ **to make a world of difference** : *it made a world of difference* ça a tout changé / *there's a world of difference between them* il y a un monde entre eux ▸ **to think the world of sb** : *he thinks the world of his daughter* il a une admiration sans bornes pour sa fille ▸ **to mean the world to sb** : *it means the world to me* c'est quelque chose qui me tient beaucoup à cœur.

◆ comp [champion, record] mondial, du monde ; [language, religion] universel ▸ **world economy** économie *f* mondiale ▸ **world opinion** l'opinion internationale ▸ **world peace** la paix mondiale ▸ **the world population** la population mondiale ▸ **on a world scale** à l'échelle mondiale.

❖ **for all the world** adv phr exactement / *she behaved for all the world as if she owned the place* elle faisait exactement comme si elle était chez elle.

❖ **for the world** adv phr : *I wouldn't hurt her for the world* je ne lui ferais de mal pour rien au monde.

❖ **in the world** adv phr **1.** [for emphasis] : *nothing in the world would change my mind* rien au monde ne me ferait changer d'avis / *I felt as if I hadn't a care in the world* je me sentais libre de tout souci / *we've got all the time in the world* nous avons tout le or tout notre temps / *all the good intentions in the world won't bring her back* on ne la ramènera pas, même avec les meilleures intentions du monde / *I wouldn't do it for all the money in the world!* je ne le ferais pas pour tout l'or du monde ! **2.** [expressing surprise, irritation, frustration] : *who in the world will believe you?* qui donc va vous croire ? / *where in the world have you put it?* où l'avez-vous donc mis ? / *what in the world made you do it?* pourquoi donc avez-vous fait ça ? / *why in the world didn't you tell me?* pourquoi donc ne me l'as-tu pas dit ?

❖ **out of this world** adj phr *inf* extraordinaire, sensationnel.

World Bank pr n Banque *f* mondiale.

world-beater n UK *inf* [person] champion *m*, -onne *f* / *this new car is going to be a world-beater* cette nouvelle voiture va faire un tabac.

world-beating adj *inf* [performance, achievement] inégalé, qui surpasse tous les autres / *of world-beating quality* d'une qualité inégalée / *the new world-beating X52* le X52, nouveau leader mondial.

world-class adj [player, runner] parmi les meilleurs du monde, de classe internationale.

World Council of Churches pr n ▸ **the World Council of Churches** le Conseil œcuménique des Églises.

World Cup pr n ▸ **the World Cup** la Coupe du monde.

World Fair pr n exposition *f* universelle.

world-famous adj de renommée mondiale, célèbre dans le monde entier.

World Health Organization pr n Organisation *f* mondiale de la santé.

worldliness ['wɜːldlɪnɪs] n **1.** [materialism] matérialisme *m* **2.** [experience of the world] mondanité *f*.

worldly ['wɜːldlɪ] (*compar* **worldlier**, *superl* **worldliest**) adj **1.** [material - possessions, pleasures, matters] matériel, de ce monde, terrestre ; RELIG temporel, de ce monde / *he is not interested in worldly things* les choses de ce monde ne l'intéressent pas / *all my worldly goods* tout ce que je possède au monde **2.** [materialistic - person, outlook] matérialiste **3.** [sophisticated - person] qui a l'expérience du monde ; [- attitude, manner] qui démontre une expérience du monde.

worldly-wise adj qui a l'expérience du monde.

world music n musiques *fpl* du monde.

world power n puissance *f* mondiale.

World Series n ▸ **the World Series** *le championnat américain de base-ball.*

World Service pr n RADIO *service étranger de la BBC.*

world-shaking [ˌʃeɪkɪŋ] adj stupéfiant, d'une importance considérable.

world-shattering adj [event, news] renversant, bouleversant.

World Trade Organization n COMM Organisation *f* mondiale du commerce.

world view n *vue métaphysique du monde.*

world war n guerre *f* mondiale ▸ **World War I, the First World War** la Première Guerre mondiale ▸ **World War II, the Second World War** la Seconde Guerre mondiale.

world-weariness n dégoût *m* du monde, ennui *m*.

world-weary adj [person] las du monde.

worldwide ['wɜːldwaɪd] ◆ adj [depression, famine, reputation] mondial. ◆ adv partout dans le monde, dans le monde entier.

World Wide Web n ▸ **the World Wide Web** le Web, la Toile.

worm [wɜːm] ◆ n **1.** [in earth, garden] ver *m* (de terre) ; [in fruit] ver *m* ; [for fishing] ver *m*, asticot *m* ▸ **the worm has turned** UK *fig* il en a eu assez de se faire marcher dessus **2.** [parasite - in body] ver *m* ▸ **to have worms** avoir des vers **3.** *inf & fig* [person] minable *mf* / *what a worm!* quel minable ! **4.** *liter* [troublesome thing] tourment *m*, tourments *mpl* / *the worm of jealousy* les affres *fpl* de la jalousie **5.** [computer program] ver *m*. ◆ vt **1.** [move] ▸ **to worm one's way under sthg** passer sous qqch à plat ventre or en rampant / *she wormed her way through a gap in the fence* en se tortillant elle s'est faufilée par une ouverture dans la palissade / *he managed to worm his way to the front* il a réussi à se faufiler jusqu'à l'avant **2.** *pej* [sneak] : *they have wormed their way into our party* ils se sont infiltrés or immiscés dans notre parti / *he wormed his way into her affections* il a trouvé le chemin de son cœur *(par sournoiserie)* **3.** [dog, sheep] débarrasser de ses vers.

❖ **worm out** vt sep [information] soutirer / *I tried to worm the truth out of him* j'ai essayé de lui soutirer la vérité / *he'll worm it out of her eventually* il finira par lui tirer les vers du nez.

WORM (abbr of write once read many times) COMPUT WORM.

worm cast n déjections *fpl* de ver.

worm drive n TECH transmission *f* par vis sans fin.

worm-eaten adj [apple] véreux ; [furniture] vermoulu, mangé aux vers ; *fig* [ancient] désuet (désuète), antédiluvien.

worm gear n TECH engrenage *m* de vis sans fin.

wormhole ['wɜːmhəʊl] n trou *m* de ver.

worming tablets ['wɜːmɪŋ-] pl n comprimés *mpl* vermifuges.

worm's-eye view n PHOT & CIN contre-plongée *f* / *he presents a worm's-eye view of events fig* il nous présente les événements vus par les humbles.

wormwood ['wɜːmwʊd] n **1.** [plant] armoise *f* **2.** *liter* [bitterness] fiel *m*, amertume *f*.

Wormwood Scrubs ['wɜːmwʊd-] pr n *prison, aux environs de Londres, pour hommes faisant l'objet d'une première condamnation.*

wormy ['wɜːmɪ] (*compar* **wormier**, *superl* **wormiest**) adj **1.** [apple] véreux ; [furniture] vermoulu, piqué aux vers **2.** [soil] plein de vers **3.** [in shape] vermiculaire.

worn [wɔːn] ◆ pp ⟶ **wear.** ◆ adj **1.** [shoes, rug, tyre] usé **2.** [weary - person] las (lasse).

worn-out adj **1.** [shoes, tyre] complètement usé ; [rug, dress] usé jusqu'à la corde ; [battery] usé **2.** [person] épuisé, éreinté.

worried ['wʌrɪd] adj [person, look] inquiet (inquiète) / *I'm worried that they may get lost* or *in case they get lost* j'ai peur qu'ils ne se perdent ▸ **to be worried about sthg / sb** être inquiet pour qqch / qqn / *she's worried about the future* elle est inquiète pour l'avenir / *a worried frown* un froncement inquiet des sourcils / *I'm worried about him* je suis inquiet or je m'inquiète pour lui ▸ **to be worried sick** or **to death (about sb)** être fou or malade d'inquiétude (pour qqn) / *you had me worried for a minute* vous m'avez fait peur pendant une minute / *I'm not worried either way* ça m'est égal.

worriedly ['wʌrɪdlɪ] adv [say] avec un air inquiet.

worrier ['wʌrɪəʳ] n anxieux *m*, -euse *f*, inquiet *m*, -ète *f* / *he's a born worrier* c'est un éternel inquiet.

worriment ['wʌrɪmənt] n US *inf* inquiétude *f*.

worrisome ['wʌrɪsəm] adj *dated* inquiétant.

worry ['wʌrɪ] (*pt & pp* **worried**, *pl* **worries**) ◆ vt **1.** [make anxious] inquiéter, tracasser / *you really worried me* je me suis vraiment inquiété à cause de toi / *he was worried by her sudden disappearance* il était inquiet de sa disparition subite / *I sometimes worry that they'll never be found* parfois je crains qu'on ne les retrouve jamais / *she is worrying herself to death about it* elle en est malade d'inquiétude / *nothing seems to worry her* rien ne semble l'inquiéter or la tracasser / *what's worrying you?* qu'est-ce qui vous tracasse ? / *don't worry your head inf* or *yourself about the details* ne vous inquiétez pas pour les détails **2.** [disturb, bother] inquiéter, ennuyer / *why worry him with your problems?* pourquoi l'ennuyer avec vos problèmes ? / *it doesn't worry me if you want to waste your life* cela m'est égal or ne me gêne pas si vous voulez gâcher votre vie **3.** [subj: dog - bone, ball] prendre entre les dents et secouer ; [- sheep] harceler. ◆ vi s'inquiéter, se faire du souci, se tracasser ▸ **to worry about** or **over sthg** s'inquiéter pour or au sujet de qqch / *she has enough to worry about* elle a assez de soucis comme ça / *there's nothing to worry about* il n'y a pas lieu de s'inquiéter ▸ **don't worry** ne vous inquiétez or tracassez pas / *they'll be found, don't you worry* on va les trouver, ne vous en faites pas / *stop worrying!* ne vous inquiétez pas comme ça !, ne vous en faites donc pas ! ▸ **not to worry!** ce n'est pas grave ! / *YOU should worry iro* ce n'est pas votre problème, il n'y a pas de raisons de vous en faire. ◆ n **1.** [anxiety] inquiétude *f*, souci *m* / *money is a constant source of worry* l'argent est un perpétuel souci or une perpétuelle source d'inquiétude / *her sons are a constant worry to her* ses fils lui causent constamment des soucis or du souci / *he was sick with worry about her* il se rongeait les sangs pour elle or à son sujet **2.** [concern] sujet *m* d'inquiétude, souci *m* ; [problem] problème *m* / *my greatest worry is my health* mon plus grand souci c'est ma santé / *he doesn't seem to have any worries* il n'a pas l'air d'avoir de soucis / *it's a real worry for her* cela la tracasse vraiment / *that's my worry* c'est mon problème / *that's the least of my worries* c'est le moindre or le cadet or le dernier de mes soucis ▸ **no worries!** *inf* pas de problème !

❖ **worry at** vt insep UK = **worry** *(vt).*

❖ **worry out** vt sep UK [problem] résoudre à force de considérer sous tous ses aspects ; [answer] trouver à force de chercher.

worry beads pl n chapelet *m*.

worryguts ['wʌrɪgʌts] n UK *inf* anxieux *m*, -euse *f*, éternel inquiet *m*, éternelle inquiète *f*.

worrying ['wʌrɪɪŋ] ◆ adj inquiétant / *the worrying thing is that it could happen again* ce qu'il y a d'inquiétant or ce qui est inquiétant, c'est que cela pourrait se reproduire. ◆ n inquiétude *f* / *worrying won't solve anything* cela ne résoudra rien de se faire du souci.

worryingly ['wʌrɪɪŋlɪ] adv : *the project is worryingly late* le projet a pris un retard inquiétant.

worrywart ['wʌrɪwɔːt] US *inf* = **worryguts.**

worse [wɜːs] *(adj compar of* **bad**, *adv compar of* **badly***)* ◆ adj **1.** [not as good, pleasant as] pire, plus mauvais / *the news is even worse than we expected* les nouvelles sont encore plus mauvaises que nous ne pensions / *your writing is worse than mine* votre écriture est pire que la mienne / *my writing is bad, but yours is worse* j'écris mal, mais vous, c'est pire / *the rain is worse than ever* il pleut de plus en plus / *things are worse than you imagine* les choses vont plus mal que vous l'imaginez / *it could have been worse!* ça aurait pu être pire ! / *I lost my money, and worse still* or *and what's worse, my passport* j'ai perdu mon argent, et ce qui est plus grave, mon passeport / *worse than before / than ever* pire qu'avant / que jamais / *worse than useless* complètement inutile ▸ **to get** or **to grow worse** empirer, s'aggraver ▸ **to get worse and worse** aller de mal en pis / *conditions got worse* les conditions se sont aggravées or détériorées / *his drug problem got worse* son problème de drogue ne s'est pas arrangé / *things will get worse before they get better* les choses ne sont pas près de s'améliorer / *his memory is getting worse* sa mémoire est de moins en moins bonne / *she's only making things* or *matters worse for herself* elle ne fait qu'aggraver son cas / *and, to make matters worse, he swore at the policeman* et pour tout arranger, il a insulté le policier / *to make things worse, I lost my camera* et pour tout arranger, j'ai perdu mon appareil photo ▸ **worse things happen at sea!** on a vu pire !, ce n'est pas la fin du monde ! ▸ **worse luck!** *inf* quelle poisse ! *v inf* **2.** [in health] plus mal / *I feel worse* je me sens encore plus mal or encore moins bien / *her headache got worse* son mal de tête s'est aggravé / *you'll only get worse if you go out in this awful weather* ton état ne peut que s'aggraver si tu sors par ce temps **3.** PHR ▸ **to look the worse for wear** : *this carpet is looking rather the worse for wear* cette moquette est plutôt défraîchie / *he's looking / feeling rather the worse for wear* **a)** [tired, old] il n'a pas l'air / il ne se sent pas très frais **b)** [drunk] il a l'air / il se sent plutôt éméché **c)** [ill] il n'a pas l'air / il ne se sent pas très bien / *he was rather the worse for drink* il était plutôt éméché. ◆ adv **1.** [less well] plus mal, moins bien / *he behaved worse than ever* il ne s'est jamais aussi mal conduit / *you could* or *might do worse than (to) marry him* l'épouser, ce n'est pas ce que vous pourriez faire de pire / *she doesn't think any the worse of her for it* elle ne l'en estime pas moins pour ça **2.** [more severely - snow, rain] plus fort. ◆ n pire *m* / *there's worse to come* or *worse is to come* **a)** [in situation] le pire est à venir **b)** [in story] il y a pire encore / *worse was to follow* le pire était encore à venir / *there's been a change for the worse* les choses se sont aggravées ▸ **to take a turn for the worse** [health, situation] se détériorer, se dégrader / *the economy has taken a turn for the worse* la situation économique s'est aggravée / *the patient has taken a turn for the worse* l'état du patient s'est aggravé ▸ **if worse comes to worse** US au pire, dans le pire des cas.

❖ **none the worse** adj phr pas plus mal / *he's apparently none the worse for his drinking session last night* il n'a pas l'air de se ressentir de sa beuverie d'hier soir / *the little girl is none the worse for the experience* la petite fille ne se ressent pas de son expérience.

worsen ['wɜːsn] ◆ vi [depression, crisis, pain, illness] empirer, s'aggraver ; [weather, situation] se gâter, se détériorer. ◆ vt [situation] empirer, rendre pire.

worsening ['wɜːsnɪŋ] ◆ adj [situation] qui empire ; [health] qui se détériore ; [weather] qui se gâte or se détériore. ◆ n aggravation *f*, détérioration *f*.

worse-off ◆ adj **1.** [financially] moins riche, plus pauvre / *tax increases mean we are worse-off than before* les augmentations d'impôts signifient que nous avons moins d'argent qu'auparavant / *I am worse-off than I was* ma situation financière est pire or moins bonne qu'avant **2.** [in worse state] dans une situation moins favorable / *the country is no worse-off for having a coalition government* le pays ne se porte pas plus mal d'avoir un gouvernement de coalition. ◆ pl n ▸ **the worse-off** les pauvres *mpl*, les moins nantis *mpl*.

worship ['wɜːʃɪp] (UK *pt & pp* **worshipped**, *cont* **worshipping** ; US *pt & pp* **worshiped**, *cont* **worshiping**) ◆ n **1.** RELIG [service] culte *m*, office *m* ; [liturgy] liturgie *f* ; [adoration] adoration *f* ▸ **church worship** office religieux ▸ **an act of worship a)** [veneration] un acte de dévotion **b)** [service] un culte, un office ▸ **freedom of worship** la liberté de culte ▸ **places of worship** les lieux du culte **2.** *fig* [veneration] adoration *f*, culte *m* / *the rock star has become an object of worship* la rock star est devenue un véritable objet de culte / *the worship of wealth and power* le culte de l'argent et du pouvoir. ◆ vt **1.** RELIG adorer, vénérer / *worship the Lord!* adorez or vénérez le Seigneur ! / *they worshipped Venus* ils rendaient un culte à Vénus, ils adoraient Vénus **2.** [person] adorer, vénérer ; [money, possessions] vouer un culte à, avoir le culte de / *he worships his mother* il adore sa mère / *they worshipped the ground she walked on* ils vénéraient jusqu'au sol sur lequel elle marchait. ◆ vi faire ses dévotions / *the church where she worshipped for 10 years* l'église où elle a fait ses dévotions pendant 10 ans / *they worshipped at the temple of Apollo* ils faisaient leurs dévotions au temple d'Apollon ▸ **to worship at the altar of success** *fig* vouer un culte au succès.

❖ **Worship** n UK *fml* [in titles] ▸ **His Worship the Mayor** Monsieur le Maire ▸ **Your Worship a)** [to a judge] Monsieur le Juge **b)** [to a mayor] Monsieur le Maire.

worshiper US = **worshipper**.

worshipful ['wɜːʃɪpfʊl] adj **1.** [respectful] respectueux **2.** UK *fml* [in titles] : *the Worshipful Mayor of Portsmouth* Monsieur le Maire de Portsmouth / *the Worshipful Company of Mercers* l'honorable compagnie des marchands de tissus.

worshipper UK, **worshiper** US ['wɜːʃɪpəʳ] n **1.** RELIG adorateur *m*, -trice *f*, fidèle *mf* / *thousands of worshippers came to the shrine* des milliers d'adorateurs sont venus au lieu saint / *the worshippers take off their shoes* les fidèles enlèvent leurs chaussures **2.** *fig* [of possessions, person] adorateur *m*, -trice *f*.

worst [wɜːst] (*adj superl of* **bad**, *adv superl of* **badly**) ◆ adj **1.** [least good, pleasant, etc.] le pire, le plus mauvais / *it's the worst book I've ever read* c'est le plus mauvais livre que j'aie jamais lu / *this is the worst thing that could have happened* c'est la pire chose qui pouvait arriver / *it has happened at the worst possible time* c'est arrivé au plus mauvais moment / *and, worst of all, I lost my keys* et le pire de tout, c'est que j'ai perdu mes clés / *we came off worst* **a)** [in deal] c'est nous qui étions perdants **b)** [in fight] c'est nous qui avons reçu le plus de coups / *I felt worst of all just after the operation* c'est juste après l'opération que je me suis senti le plus mal **2.** [most severe, serious - disaster, error] le plus grave ; [- winter] le plus rude / *the fighting was worst near the border* les combats les plus violents se sont déroulés près de la frontière. ◆ adv [most severely] : *the worst affected* le plus affecté or touché. ◆ n **1.** [worst thing] pire *m* / *the worst that can happen* le pire qui puisse arriver / *the worst of it is she knew all along* le pire, c'est qu'elle le savait depuis le début / *money brings out the worst in people* l'argent réveille les pires instincts (chez les gens) ▸ **to expect** / **to be prepared for the worst** s'attendre / être préparé au pire / *I fear the worst* je crains le pire / *the worst is still to come* le pire est encore à venir / *the worst was yet to come* le pire restait à venir ▸ **if the worst comes to the worst** au pire, dans le pire des cas / *he got the worst of it* c'est lui qui s'en est le moins bien sorti ▸ **do your worst!** *hum* allez-y, je suis prêt ▸ **at its worst, at their worst** : *the fever was at its worst last night* la fièvre était à son paroxysme hier soir / *when the storm was at its worst* au plus fort de l'orage / *when the situation was at its worst* alors que la situation était désespérée / *things* or *matters were at their worst* les affaires étaient au plus mal, les choses ne pouvaient pas aller plus mal **2.** [worst person] ▸ **the worst** le / la pire de tous / *to be the worst in the class* être le dernier de la classe / *when it comes to dancing, he's the world's worst* pour ce qui est de danser, il n'y a pas pire que lui. ◆ vt *liter* [opponent, rival] battre, avoir le dessus sur.

❖ **at (the) worst** conj phr au pire, dans le pire des cas.

worst- in comp ▸ **the worst-behaved** le moins sage ▸ **the worst-dressed** le moins bien habillé ▸ **to be the worst-off a)** [financially] être le moins riche **b)** [in situation] s'en sortir le moins bien.

worst-case adj ▸ **the worst-case scenario** le scénario catastrophe.

worsted ['wʊstɪd] ◆ n worsted *m*, laine *f* peignée. ◆ adj [suit] en worsted, en laine peignée ▸ **worsted cloth** worsted *m*, laine *f* peignée.

worth [wɜːθ] ◆ adj **1.** [financially, in value] : *to be worth £40,000* valoir 40 000 livres / *how much is the picture worth?* combien vaut le tableau ? / *it isn't worth much* cela ne vaut pas grand-chose / *£10 isn't worth much nowadays* 10 livres ne valent pas or ne représentent pas grand-chose de nos jours / *his uncle is worth several million pounds* la fortune de son oncle s'élève à plusieurs millions de livres / *it was worth every penny* ça en valait vraiment la peine / *what's it worth to you?* vous êtes prêt à y mettre combien ? / *it isn't worth the paper it's written on* *fig* ça ne vaut pas le papier sur lequel c'est écrit ▸ **to be worth one's weight in gold** valoir son pesant d'or ▸ **(to be) worth one's salt** UK : *any proofreader worth his salt would have spotted the mistake* n'importe quel correcteur digne de ce nom aurait relevé l'erreur **2.** [emotionally] : *it's worth a lot to me* j'y attache beaucoup de valeur or de prix / *the bracelet is worth a lot to me* j'attache beaucoup de prix au bracelet / *their friendship is worth a lot to her* leur amitié a beaucoup de prix pour elle / *it's more than my job's worth to cause a fuss* je ne veux pas risquer ma place en faisant des histoires / *I can't do it, it's more than my life is worth* je ne peux absolument pas prendre le risque de faire cela **3.** [valid, deserving] : *the church is (well) worth a visit* l'église vaut la peine d'être visitée or vaut le détour / *it's worth a try* or *trying* cela vaut la peine d'essayer / *it wasn't worth the effort* cela ne valait pas la peine de faire un tel effort, ça n'en valait pas la peine / *it's not worth waiting for him* cela ne vaut pas la peine de l'attendre / *is the film worth seeing?* est-ce que le film vaut la peine d'être vu ? / *don't bother to phone, it isn't worth it* inutile de téléphoner, cela n'en vaut pas la peine ▸ **if a thing is worth doing, it's worth doing well** *prov* si une chose vaut la peine d'être faite, elle vaut la peine d'être bien faite ▸ **the game isn't worth the candle** UK *inf* le jeu n'en vaut pas la chandelle **4.** PHR **to be worth sb's while** : *it would be worth your while to check* or *checking* vous auriez intérêt à vérifier / *it's not worth (my) while waiting* cela ne vaut pas la peine d'attendre or que j'attende / *I'll make it worth your while* je vous récompenserai de votre peine / *she was running for all she was worth* elle courait de toutes ses forces or aussi vite qu'elle pouvait / *I tried* / *shouted for all I was worth* j'ai essayé du mieux / crié aussi fort que j'ai pu ▸ **for what it's worth** pour ce que cela vaut. ◆ n **1.** [in money, value] valeur *f* / *£2,000 worth of damage* pour 2 000 livres de dégâts, des dégâts qui se montent à 2 000 livres / *he sold £50 worth of ice cream* il a vendu pour 50 livres de glaces **2.** [of person] valeur *f* / *she knows her own worth* elle sait ce qu'elle vaut, elle connaît sa propre valeur **3.** [equivalent value] équivalent *m* / *he got a day's worth of work out of me for nothing* j'ai travaillé pour lui l'équivalent d'une journée, pour rien / *a week's worth of supplies* suffisamment de provisions pour une semaine.

worthily ['wɜːðɪlɪ] adv [live, behave] dignement.

worthiness ['wɜːðɪnɪs] n [dignity] caractère *m* digne ; [praiseworthiness] caractère *m* louable.

worthless ['wɜːθlɪs] adj **1.** [goods, land, etc.] sans valeur, qui ne vaut rien / *it's less than worthless* ça vaut moins que rien **2.** [useless - attempt] inutile ; [- advice, suggestion] inutile, sans valeur **3.** [person] incapable, qui ne vaut rien / *he's a worthless wretch!* c'est un bon à rien !

worthlessness ['wɜːθlɪsnɪs] n **1.** [of goods, land, etc.] absence *f* totale de valeur **2.** [of attempt] inutilité *f* ; [of advice, suggestion] inutilité *f* **3.** [of person] nullité *f*.

worthwhile [ˌwɜːθ'waɪl] adj **1.** [useful - action, visit] qui vaut la peine ; [- job] utile, qui a un sens / *they didn't think it was worthwhile buying* or *to buy a new car* ils ne pensaient pas que ça valait la peine d'acheter une nouvelle voiture **2.** [deserving - cause, project, organization] louable, méritoire **3.** [interesting - book] qui vaut la peine d'être lu ; [- film] qui vaut la peine d'être vu.

worthy ['wɜːðɪ] (*compar* **worthier**, *superl* **worthiest**, *pl* **worthies**) ◆ adj **1.** [deserving - person] digne, méritant ; [- cause] louable, digne ▸ **to be worthy of sthg** être digne de or mériter qqch ▸ **to be worthy to do sthg** être digne or mériter de faire qqch / *they are worthy of praise* / *respect* ils sont dignes d'éloges / de respect, ils méritent des éloges / le respect / *she was a worthy winner* elle méritait bien de gagner / *it is worthy of note that…* il est intéressant de remarquer or de noter que… **2.** *hum* excellent, brave / *the worthy captain* l'excellent or le brave capitaine. ◆ n [important person] notable *mf* ; *hum* brave citoyen *m*, -enne *f*.

wot [wɒt] ◆ UK *inf* = **what**. ◆ vi & vt *arch* savoir ▸ **God wot** Dieu sait.

WOT MESSAGING (written abbr of **what**) koi, koa, kwa.

wotcha, **wotcher** ['wɒtʃə] interj UK *inf & regional* salut !

would [wʊd] ◆ pt ⟶ **will**. ◆ modal vb **1.** [speculating, hypothesizing] : *I'm sure they would come if you asked them* je suis sûr qu'ils viendraient si vous le leur demandiez / *he would be thirty now if he had lived* il aurait trente ans maintenant s'il avait vécu / *I wouldn't do that if I were you* je ne ferais pas ça si j'étais vous or à votre place / *you would think they had better things to do* on pourrait penser qu'ils ont mieux à faire / *I thought he would understand* je pensais qu'il comprendrait / *they wouldn't have come if they'd known* ils ne seraient pas venus s'ils avaient su / *he wouldn't have finished without your help* il n'aurait pas terminé sans votre aide / *she would have been 16 by now* elle aurait 16 ans maintenant **2.** [making polite offers, requests] : *would you please be quiet!* voulez-vous vous taire, s'il vous plaît ! / *would you mind driving me home?* est-ce que cela vous dérangerait de me reconduire chez moi ? / *would you like to see her?* aimeriez-vous or voudriez-vous la voir ? / *would you like another cup?* en voulez-vous encore une tasse ? / *I'll do it for you — would you?* je vais m'en occuper — vraiment ? **3.** [expressing preferences, desires] : *I would prefer to go* or *I would rather go alone* j'aimerais mieux or je préférerais y aller seul / *I would have preferred to go* or *I would rather have gone alone* j'aurais mieux aimé or j'aurais préféré y aller seul / *I would love to go* je serais ravi d'y aller **4.** [indicating willingness, responsiveness - subj: person, mechanism] : *they would give their lives for the cause* ils donneraient leur vie pour la cause / *she wouldn't touch alcohol* elle refusait de toucher à l'alcool / *I couldn't find anyone who would lend me a torch* je n'ai trouvé personne pour me prêter une lampe électrique / *the light wouldn't work* la lumière ne marchait pas / *the car wouldn't start* la voiture ne voulait pas démarrer **5.** [indicating habitual or characteristic behaviour] : *he would smoke a cigar after dinner* il fumait un cigare après le dîner / *she would often complain about the neighbours* elle se plaignait souvent des voisins / *they would go and break something!* il fallait qu'ils aillent casser quelque chose ! / *I didn't really enjoy the fish — you wouldn't, would you?* je n'ai pas tellement aimé le poisson — ça m'aurait étonné ! / *he would!* c'est bien de lui ! / *he would say that, wouldn't he* il fallait qu'il dise ça **6.** [expressing opinions] : *I would disagree there* je crains de n'être pas d'accord sur ce point / *I would* *imagine it's warmer than here* j'imagine qu'il fait plus chaud qu'ici / *I would think he'd be pleased* j'aurais cru que ça lui ferait plaisir **7.** [giving advice] : *I would have a word with her about it(, if I were you)* moi, je lui en parlerais (à votre place) **8.** [expressing surprise, incredulity] : *you wouldn't think she was only 15, would you?* on ne dirait pas qu'elle n'a que 15 ans, n'est-ce pas ? / *who would have thought it?* qui l'aurait cru ? / *I wouldn't have thought it possible* je ne l'aurais pas cru possible / *would you credit it!* tu te rends compte ! **9.** [indicating likelihood, probability] : *there was a woman there — that would be his wife* il y avait une femme — ça devait être sa femme **10.** [in reported speech] : *it was to be the last time I would see him before he left* c'était la dernière fois que je le voyais avant son départ **11.** [used with 'have'] : *they would have been happy if it hadn't been for the war* ils auraient vécu heureux si la guerre n'était pas survenue / *if you would have told the truth, this would never have happened* US si tu m'avais dit la vérité, ça ne serait jamais arrivé **12.** *(subjunctive use)* *fml* & *liter* [expressing wishes] : *would that it were true!* si seulement c'était vrai ! / *would to God that I still had it!* plût à Dieu que je l'eusse encore !

See box at will and at conditionnel.

would-be adj **1.** [hopeful] : *a would-be writer / MP* une personne qui veut être écrivain / député **2.** *pej* [so-called] prétendu, soi-disant *(inv)*.

wouldn't ['wʊdnt] abbr of **would not**.

wouldst [wʊdst] vb *(2nd pers sg) arch* ⟶ **would**.

would've ['wʊdəv] abbr of **would have**.

wound¹ [wu:nd] ◆ n **1.** [physical injury] blessure *f*, plaie *f* / *a bullet wound* une blessure par balle / *she had three bullet wounds* elle avait été blessée par trois balles / *she had three knife wounds* elle avait reçu trois coups de couteau / *they had serious head wounds* ils avaient été gravement blessés à la tête ▸ **to dress a wound** panser une blessure or une plaie **2.** *fig* [emotional or moral] blessure *f* / *he was still suffering from deep psychological wounds* il souffrait encore de graves blessures psychologiques. ◆ vt **1.** [physically] blesser / *the children were wounded by flying glass* les enfants ont été blessés par des éclats de verre / *she was wounded in the foot* elle a été blessée au pied **2.** *fig* [emotionally] blesser / *he was deeply wounded by their criticism* il a été profondément blessé par leurs critiques ▸ **to wound sb's pride** heurter l'amour-propre de qqn, blesser qqn dans son amour-propre.

wound² [waʊnd] pt & pp ⟶ **wind**.

wounded ['wu:ndɪd] ◆ adj **1.** [soldier, victim] blessé / *a wounded woman* une blessée **2.** *fig* [feelings, pride] blessé. ◆ pl n ▸ **the wounded** les blessés *mpl*.

Wounded Knee pr n Wounded Knee *(lieu situé dans le Dakota du Sud, où, le 29 décembre 1890, près de 200 Indiens Sioux détenus par des soldats américains furent abattus)*.

wounding ['wu:ndɪŋ] adj *fig* [hurtful] blessant.

wound-up [waʊnd-] adj **1.** [clock] remonté ; [car window] remonté, fermé **2.** *inf* [tense - person] crispé, très tendu.

wove [wəʊv] pt ⟶ **weave**.

woven ['wəʊvn] pp ⟶ **weave**.

wow [waʊ] *inf* ◆ interj génial !, super ! ◆ n **1.** : *it's a real wow!* c'est vraiment super ! / *he's a wow at hockey* c'est un super joueur de hockey **2.** ACOUST pleurage *m*. ◆ vt [impress] impressionner, emballer, subjuguer / *she wowed them with her piano playing* elle les a emballés quand elle a joué du piano.

wow factor n : *the wow factor kicks in as soon as you go through the door* dès qu'on franchit le seuil on est impressionné / *the house was OK, but it didn't have a wow factor* la maison n'était pas mal, mais elle n'avait rien d'exceptionnel / *the building's wow factor is its roof terrace* ce qui impressionne dans ce bâtiment, c'est avant tout la terrasse sur le toit.

WP ◆ n (written abbr of **word processing**, **word processor**) TTX *m*. ◆ written abbr of **weather permitting**.

WPC (abbr of **woman police constable**) n UK femme agent de police / *WPC Roberts* l'agent Roberts.

wpm (written abbr of **words per minute**) mots/min.

wrack [ræk] n **1.** [seaweed] varech *m* **2.** = **rack**.

wraith [reɪθ] n *liter* apparition *f*, spectre *m*.

wraithlike ['reɪθlaɪk] adj *liter* spectral.

wrangle ['ræŋgl] ◆ vi se disputer, se chamailler ▸ **to wrangle about** or **over sthg** se disputer à propos de qqch / *they were wrangling over who should pay* ils se disputaient pour savoir qui devait payer ▸ **to wrangle with sb** se disputer or se chamailler avec qqn. ◆ vt US [cattle, horses] garder. ◆ n dispute *f* / *a long legal wrangle over the amount of damages* une longue dispute juridique sur le montant des dommages-intérêts.

wrangler ['ræŋglər] n **1.** US [cowboy] cow-boy *m* **2.** UNIV [in UK] ≃ major *m* *(candidat en mathématiques à Cambridge qui reçoit une mention très bien)*.

wrangling ['ræŋglɪŋ] n *(U)* disputes *fpl* / *stop all this wrangling!* arrêtez toutes ces chamailleries !

wrap [ræp] *(pt & pp* **wrapped***)* ◆ vt **1.** [goods, parcel, gift, food] emballer, envelopper / *the fish was wrapped in foil* le poisson était enveloppé dans du papier d'aluminium / *shall I wrap it for you?* est-ce que je vous l'enveloppe ? / *she wrapped the scarf in tissue paper* elle a emballé or enveloppé l'écharpe dans du papier de soie **2.** [cocoon, envelop] envelopper, emmailloter / *the baby was wrapped in a blanket* le bébé était enveloppé dans une couverture / *her head was wrapped in a thick scarf* elle avait la tête enveloppée dans une grosse écharpe / *her visit was wrapped in mystery* *fig* sa visite était entourée de mystère **3.** [twist, wind] ▸ **to wrap round** or **around** enrouler / *she had a towel wrapped round her head* sa tête était enveloppée dans une serviette / *she had a towel wrapped round her body* elle s'était enveloppée dans une serviette / *he wrapped the bandage round her hand* il lui a enroulé la main dans une bande / *he wrapped his arms round her* il l'a prise dans ses bras / *he wrapped the car round a tree* *inf* & *fig* il s'est payé un arbre. ◆ n **1.** [housecoat] peignoir *m* ; [shawl] châle *m* ; [over ballgown] sortie-de-bal *f* ; [blanket, rug] couverture *f* **2.** CULIN wrap *m* *(sorte de sandwich sous forme de galette enroulée autour d'une garniture)* **3.** CIN ▸ **it's a wrap!** c'est dans la boîte !

❖ **wraps** pl n *fig* ▸ **to keep a plan / one's feelings under wraps** garder un plan secret / ses sentiments secrets / *when the wraps eventually came off* lorsque tout a été dévoilé.

❖ **wrap up** ◆ vt sep **1.** [goods, parcel, gift, food] envelopper, emballer, empaqueter / *he wrapped the sandwiches up in foil* il a enveloppé les sandwiches dans du papier d'aluminium **2.** [person - in clothes, blanket] envelopper / *wrap him up in a blanket* enveloppez-le dans une couverture / *she was well wrapped up in a thick coat* elle était bien emmitouflée dans un épais manteau / *wrap yourself up warmly* couvrez-vous bien **3.** *fig* : *politicians are skilled at wrapping up bad news in an acceptable form* les politiciens s'y connaissent pour présenter les mauvaises nouvelles sous un jour acceptable / *his meaning was wrapped up in diplomatic jargon* il enrobait ce qu'il disait de jargon diplomatique **4.** *inf* [conclude - job] terminer, conclure ; [- deal, contract] conclure, régler / *that wraps up business for today* c'est fini pour aujourd'hui / *let's get this matter wrapped up* finissons-en avec cette question **5.** US [summarize] résumer / *she wrapped up her talk with three points* elle a résumé son discours en trois points **6.** [engross] ▸ **to be wrapped up in sthg** être absorbé par qqch / *he's very wrapped up in his work* il est très absorbé par son travail / *they're wrapped up in their children* ils ne vivent que pour leurs enfants / *she's very wrapped up in herself* elle est très repliée sur elle-même **7.** [implicate] : *he was wrapped up in some shady dealings* il a été impliqué dans des transactions louches. ◆ vi **1.** [dress] s'habiller, se couvrir / *wrap up warmly* or *well!* couvrez-vous bien ! **2.** UK *v inf* [shut up] ▸ **wrap up!** la ferme !

wraparound ['ræpə,raʊnd] ◆ adj [skirt] portefeuille *(inv)* ; ▸ **wraparound sunglasses** lunettes *fpl* de soleil panoramiques ▸ **wraparound rear window** AUTO lunette *f* arrière panoramique. ◆ n **1.** [skirt] jupe *f* portefeuille **2.** COMPUT bouclage *m*.

❖ **wraparounds** pl n [sunglasses] lunettes *fpl* de soleil panoramiques.

wrapover ['ræp,əʊvər] adj [dress, skirt] portefeuille *(inv)*.

wrapped [ræpt] adj [bread, cheese] préemballé.

wrapper ['ræpər] n **1.** [for sweet] papier *m* ; [for parcel] papier *m* d'emballage **2.** [cover - on book] jaquette *f* ; [- on magazine, newspaper] bande *f* **3.** [housecoat] peignoir *m*.

wrapping ['ræpɪŋ] n [on parcel] papier *m* d'emballage ; [on sweet] papier *m* / *she tore the plastic wrapping from the box* elle a déchiré or arraché l'emballage en plastique de la boîte.

wrapping paper n [for gift] papier *m* cadeau ; [for parcel] papier *m* d'emballage.

wrasse [ræs] n labre *m*.

wrath [rɒθ] n *liter* colère *f*, courroux *m* / **'Aguirre, Wrath of God'** *Herzog* 'Aguirre, la colère de Dieu'.

wrathful ['rɒθfʊl] adj *liter* en colère, courroucé.

wrathfully ['rɒθfʊlɪ] adv *liter* avec colère, avec courroux.

wreak [ri:k] vt **1.** *(pt & pp* **wreaked** *or* **wrought** [rɔ:t]*)* [cause - damage, chaos] causer, provoquer / *the damage wreaked by the explosion* les dommages provoqués par l'explosion ▸ **to wreak havoc** faire des ravages, mettre sens dessus dessous / *the storm wreaked havoc with telephone communications* la tempête a sérieusement perturbé les communications téléphoniques / *it wreaked havoc with my holiday plans* *fig* cela a bouleversé mes projets de vacances **2.** [inflict - revenge, anger] assouvir ▸ **to wreak vengeance on sb** assouvir sa vengeance sur qqn.

wreath [ri:θ] *(pl* **wreaths** [ri:ðz]*)* n **1.** [for funeral] couronne *f* / *the President laid a wreath at the war memorial* le président a déposé une gerbe au monument aux morts ▸ **the laying of wreaths** MIL le dépôt *m* de gerbes **2.** [garland] guirlande *f* ▸ **a holly wreath** une guirlande de houx ▸ **a laurel wreath** une couronne de laurier **3.** *fig* [of mist] nappe *f* ; [of smoke] volute *f*.

wreathe [ri:ð] ◆ vt **1.** [shroud] envelopper / *the mountain top was wreathed in mist* le sommet de la montagne était enveloppé or disparaissait dans la brume / *he sat wreathed in smoke* il était assis dans un nuage de fumée ▸ **to be wreathed in smiles** *fig* être rayonnant **2.** [with flowers - person] couronner ; [- grave, window] orner / *a cross wreathed with chrysanthemums* une croix ornée de chrysanthèmes. ◆ vi [smoke] monter en volutes.

wreck [rek] ◆ n **1.** [wrecked remains - of ship] épave *f* ; [- of plane] avion *m* accidenté, épave *f* ; [- of train] train *m* accidenté ; [- of car, lorry, bus] véhicule *m* accidenté, épave *f* / *the car was a wreck* la voiture était une épave **2.** [wrecking - of ship] naufrage *m* ; [- of plane, car] accident *m* ; [- of train] déraillement *m* **3.** *inf* [dilapidated car] guimbarde *f* ; [old bike] clou *m* **4.** *inf* [person] épave *f*, loque *f* / *a human wreck* une loque humaine / *he's a wreck* **a)** [physically] c'est une épave **b)** [mentally] il est à bout / *I must look a wreck* je dois avoir une mine de déterré **5.** *fig* [of hopes, of plans] effondrement *m*, anéantissement *m*. ◆ vt **1.** [in accident, explosion - ship] provoquer le naufrage de ; [- car, plane] détruire complètement ; [- building] démolir / *the tanker was wrecked off the African coast* le pétrolier a fait naufrage au large des côtes africaines / *the car was completely wrecked in the accident* la voiture a été totalement détruite dans l'accident / *the store was wrecked by a bomb blast* une bombe a fait sauter le magasin, le magasin a été détruit par l'explosion d'une bombe **2.** [damage - furniture] casser, démolir ; [- mechanism] détruire, détraquer / *he wrecked the room in a* *fit of rage* il a tout cassé dans la pièce dans un accès de rage **3.** [upset - marriage, relationship] briser ; [- hopes, chances] anéantir ; [- health] briser, ruiner ; [- negotiations] faire échouer, saboter / *she's wrecked my plans* elle a ruiné mes plans.

wreckage ['rekɪdʒ] n **1.** *(U)* [debris - from ship, car] débris *mpl* ; [- from building] décombres *mpl* / *pieces of wreckage from the building lay in the street* les décombres du bâtiment jonchaient la rue / *a body was found in the wreckage of the plane* un corps a été trouvé dans les débris de l'avion ▸ **to pull sb from the wreckage** tirer qqn des décombres / *wreckage has been washed up on the beach* la marée a déposé des débris sur la plage **2.** [wrecked ship] épave *f*, navire *m* naufragé / *he clung to the wreckage* il s'agrippa à l'épave **3.** *fig* [of hopes, relationship] anéantissement *m*.

wrecked [rekt] adj **1.** [ship] naufragé ; [car, plane] complètement détruit ; [house] complètement démoli ▸ **wrecked remains a)** [of ship] épave *f* **b)** [of train, car] débris *mpl* **c)** [of building] décombres *mpl* ▸ **wrecked cars** épaves *fpl* d'automobiles, voitures *fpl* accidentées **2.** *fig* [relationship, hopes] anéanti **3.** UK *inf* [exhausted] épuisé, crevé **4.** UK *v inf* [drunk] plein, bourré.

wrecker ['rekər] n **1.** [destroyer] destructeur *m*, -trice *f*, démolisseur *m*, -euse *f* ▸ **marriage-wrecker** briseur *m*, -euse *f* de ménages **2.** US [demolition man - for buildings] démolisseur *m* ; [- for cars] ferrailleur *m*, casseur *m* **3.** US [breakdown van] dépanneuse *f* **4.** [of ships] naufrageur *m*.

wrecking ['rekɪŋ] n **1.** [of ship] naufrage *m* ; [of train] déraillement *m* **2.** *fig* [of relationship, hopes] anéantissement *m*.

wrecking bar n pied-de-biche *m*.

wrecking service n US service *m* de dépannage.

wren [ren] n roitelet *m*.

Wren [ren] n UK *auxiliaire féminine de la marine britannique.*

wrench [rentʃ] ◆ vt **1.** [pull] tirer violemment sur / *she wrenched the door open* elle a ouvert la porte d'un geste violent / *we'll have to wrench the lid off* nous allons être obligés de forcer le couvercle pour l'ouvrir / *someone wrenched the bag out of my hands* or *from my grasp* quelqu'un m'a arraché le sac des mains ▸ **to wrench o.s. free** se dégager d'un mouvement violent / *she wrenched herself free of my grasp* elle s'est dégagée brusquement de mon étreinte **2.** [eyes, mind] arracher, détacher / *I couldn't wrench my gaze (away) from the horrible sight* je ne pouvais pas détacher mon regard de cet horrible spectacle **3.** [ankle, arm] se faire une entorse à / *I've wrenched my shoulder* je me suis foulé l'épaule / *to wrench one's back* se donner un tour de reins. ◆ vi : *he wrenched free of his bonds* **a)** *lit* il s'est dégagé de ses liens d'un mouvement violent **b)** *fig* il s'est libéré de ses liens. ◆ n **1.** [tug, twist] mouvement *m* violent *(de torsion)* / *with a sudden wrench she pulled herself free* elle se dégagea d'un mouvement brusque / *he gave the handle a wrench* il a tiré brusquement or violemment sur la poignée / *with a sudden wrench, she threw the door open* d'un mouvement brusque, elle ouvrit la porte **2.** [to ankle, knee] entorse *f* / *I gave my ankle a wrench* je me suis fait une entorse à or je me suis foulé la cheville / *I gave my back a wrench* je me suis donné or fait un tour de reins **3.** *fig* [emotional] déchirement *m* / *it was a terrible wrench for me to leave home* ce fut un déchirement terrible pour moi de quitter la maison **4.** TECH [spanner] clé *f*, clef *f* ; [adjustable] clé *f* anglaise ; [for wheels] clé *f* en croix ▸ **to throw a wrench into the works** US : *he threw a wrench into the works* il nous a mis des bâtons dans les roues.

wrest [rest] vt *liter* **1.** [grab - object] arracher violemment / *he wrested the gun from me* or *from my grasp* il m'a arraché violemment le fusil des mains / *they wrested the stick out of my hands* ils m'ont arraché violemment le bâton des mains **2.** [extract - truth, secret] arracher / *he wrested the truth from her* il lui a arraché la vérité / *they just manage to wrest a living from the land* ils réussissent tout juste à vivre de la terre **3.** [control, power] ravir, arracher / *to wrest power from sb* ravir le pouvoir à qqn / *the Liberals wrested two seats from the Conservatives* les libéraux ont ravi or arraché deux sièges aux conservateurs.

wrestle ['resl] ◆ vi **1.** SPORT [Greek, Sumo] lutter, pratiquer la lutte ; [freestyle] catcher, pratiquer le catch ▸ **to wrestle with sb** lutter (corps à corps) avec qqn, se battre avec qqn **2.** *fig* [struggle] se débattre, lutter / *he died after wrestling with a long illness* il mourut après avoir lutté contre une longue maladie / *she wrestled with her conscience* elle se débattait avec sa conscience / *I wrestled with the problem all evening* je me suis débattu avec le problème toute la soirée **3.** [try to control] ▸ **to wrestle with sthg** se débattre avec qqch / *the woman wrestled to keep control of the car* la femme luttait pour garder le contrôle de la voiture. ◆ vt [fight - intruder, enemy] lutter contre ; SPORT [Greek, Sumo] rencontrer à la lutte ; [freestyle] rencontrer au catch / *he wrestled his attacker to the ground* en luttant avec son agresseur, il réussit à le clouer au sol. ◆ n lutte *f* ▸ **to have a wrestle with sb** lutter avec or contre qqn.

wrestler ['reslər] n SPORT [Greek, Sumo] lutteur *m*, -euse *f* ; [freestyle] catcheur *m*, -euse *f*.

wrestling ['reslɪŋ] ◆ n SPORT [Greek, Sumo] lutte *f* ; [freestyle] catch *m*. ◆ comp [hold, match - Greek, Sumo] de lutte ; [- freestyle] de catch.

wretch [retʃ] n **1.** [unfortunate person] pauvre diable *m*, malheureux *m*, -euse *f* / *the poor wretch* le pauvre malheureux **2.** *liter & hum* [scoundrel] scélérat *m*, -e *f*, misérable *mf* / *the wretch who stole my bag* le scélérat qui m'a volé mon sac **3.** [child] vilain *m*, -e *f*, coquin *m*, -e *f* / *you little wretch!* petit coquin !

wretched ['retʃɪd] ◆ adj **1.** [awful, poor - dwelling, clothes] misérable / *she had a wretched existence* elle a eu une existence misérable / *their living conditions are wretched* leurs conditions de vie sont misérables or épouvantables / *she receives a wretched wage* elle touche un salaire de misère **2.** [unhappy] malheureux ; [depressed] déprimé, démoralisé / *he was* or *felt wretched about what he had said* il se sentait coupable à cause de ce qu'il avait dit / *I felt cold and wretched* j'avais froid et je me sentais malheureux **3.** [ill] malade / *the flu made me feel really wretched* je me sentais vraiment très mal avec cette grippe **4.** *inf* [as expletive] fichu, maudit / *keep your wretched money!* garde-le, ton fichu argent ! **5.** [abominable - behaviour, performance, weather] lamentable / *what wretched luck!* quelle déveine ! / *I'm a wretched singer / writer* je suis un piètre chanteur / écrivain. ◆ pl n ▸ **the wretched** les déshérités *mpl*.

wretchedly ['retʃɪdlɪ] adv **1.** [poorly - live, dress] misérablement, pauvrement **2.** [unhappily - cry, look] pitoyablement, misérablement / *he apologized wretchedly* il a fait des excuses pitoyables **3.** [abominably - behave] abominablement ; [- play, perform] très mal, lamentablement / *a wretchedly small amount* une somme absolument dérisoire.

wretchedness ['retʃɪdnɪs] n **1.** [poverty - of living conditions] extrême pauvreté *f*, misère *f* **2.** [unhappiness] tristesse *f*, malheur *m* **3.** [meanness - of behaviour] mesquinerie *f* ; [- of sum, wage] caractère *m* dérisoire **4.** [in quality - of performance, of weather, of meal] médiocrité *f*.

wrick [rɪk] UK = **rick** *(vt, noun)*.

wriggle ['rɪgl] ◆ vt **1.** [toes, fingers] tortiller **2.** [subj: person] : *he wriggled his way under the fence* il est passé sous la clôture en se tortillant or à plat ventre ; [subj: snake, worm] : *the worm was wriggling its way across the grass* le ver avançait dans l'herbe en se tortillant. ◆ vi [person] remuer, gigoter ; [snake, worm] se tortiller ; [fish] frétiller / *the children were wriggling in their seats* les enfants gigotaient sur leur siège ▸ **to wriggle along a)** [person] avancer en rampant or à plat ventre **b)** [snake] avancer en se tortillant / *the fish / the little boy wriggled from her grasp* le poisson / le petit garçon réussit à s'échapper de ses mains en se tortillant / *he wriggled past the guards* il est passé devant les gardes en se glissant à plat ventre / *she wriggled under the fence* elle est passée sous la clôture à plat ventre or en se tortillant / *she wriggled under the blankets* elle s'est enfoncée sous les couvertures en se tortillant ▸ **to wriggle free a)** *lit* se libérer en se tortillant **b)** *fig* s'en sortir. ◆ n ▸ **to give a wriggle a)** [snake] se tortiller **b)** [fish] frétiller **c)** [person] se tortiller / *with a wriggle the rabbit shook itself free from the trap* en se tortillant le lapin parvint à se dégager du piège.

❖ **wriggle about** UK, **wriggle around** vi [eel, worm] se tortiller ; [fish] frétiller ; [person] gigoter, se trémousser / *stop wriggling about!* arrête de gigoter comme ça !

❖ **wriggle out** vi **1.** [fish, snake] sortir / *the fish wriggled out from under a rock* le poisson est sorti en frétillant de sous un rocher / *the fish wriggled out of the net* le poisson s'est échappé du filet en se tortillant **2.** [person] se dégager (en se tortillant) / *the little boy wriggled out of my grasp* le petit garçon s'est dégagé de mon étreinte en se tortillant / *I managed to wriggle out of the situation fig* j'ai réussi à me sortir de cette situation / *let's see him wriggle out of this one!* voyons comment il s'en sort cette fois-ci !

❖ **wriggle out of** vt insep [evade] ▸ **to wriggle out of a task** se dérober à or esquiver une tâche ▸ **to wriggle out of doing sthg** trouver un moyen de se défiler pour éviter de faire qqch / *he wriggled out of paying* il a trouvé un moyen d'éviter de payer.

wriggler ['rɪglər] n **1.** [person] : *he's a terrible wriggler* il n'arrête pas de gigoter, il ne se tient jamais tranquille **2.** ENTOM larve *f* de moustique.

wriggly ['rɪglɪ] adj [eel, snake] qui se tortille ; [fish] frétillant ; [person] remuant, qui gigote.

wring [rɪŋ] (*pt & pp* **wrung** [rʌŋ]) ◆ vt **1.** [wet cloth, clothes] essorer, tordre / *he wrung the towel dry* il a essoré la serviette / *she wrung the water from the sponge* elle a exprimé l'eau de l'éponge **2.** [neck] tordre / *she wrung the chicken's neck* elle a tordu le cou au poulet / *I'll wring his neck! fig* je vais lui tordre le cou ! **3.** [hand - in handshake] serrer / *he wrung her hand* il lui a serré la main vigoureusement ▸ **to wring one's hands (in despair)** se tordre les mains (de désespoir) / *it's no use sitting there wringing your hands fig* cela ne sert à rien de rester assis à vous désespérer **4.** [extract - confession] arracher ; [- money] extorquer / *she wrung every last detail from him* elle a réussi à lui extorquer tous les renseignements / *I'll wring the truth out of them* je vais leur arracher la vérité / *the blackmailer wrung £5,000 from her* le maître chanteur lui a extorqué 5 000 livres / *he's wringing the maximum publicity from the situation* il profite de la situation pour en tirer le maximum de publicité **5.** *fig* [heart] fendre / *her efforts to cope with four children on her own wrung my heart* ses efforts pour se débrouiller toute seule avec quatre enfants me fendaient le cœur. ◆ vi essorer ; [on label] / **'do not wring'** 'ne pas essorer'. ◆ n : *give the cloth a wring* essorez la serpillière.

❖ **wring out** vt sep = **wring** *(vt)*.

wringer ['rɪŋər] n essoreuse *f* (à rouleaux) ▸ **to put clothes through the wringer** essorer des vêtements (à la machine) / *he has really been through the wringer fig* on lui en a fait voir de toutes les couleurs.

wringing ['rɪŋɪŋ] adj ▸ **wringing (wet) a)** [clothes] complètement trempé **b)** [person] complètement trempé, trempé jusqu'aux os / *the shirt was wringing with sweat* la chemise était trempée de sueur.

wrinkle ['rɪŋkl] ◆ vt **1.** [nose] froncer ; [brow] plisser **2.** [skirt, carpet] faire des plis dans. ◆ vi **1.** [skin, hands] se rider ; [brow] se contracter, se plisser ; [nose] se froncer, se plisser ; [fruit] se ratatiner, se rider **2.** [skirt, stocking] faire des plis. ◆ n **1.** [on skin, fruit] ride *f* **2.** [in dress, carpet] pli *m* / *there are still some wrinkles in the plan which need ironing out fig* il reste encore quelques difficultés à aplanir **3.** UK *inf & dated* [trick] combine *f* ; [hint] tuyau *m*.

❖ **wrinkle up** vi & vt sep = **wrinkle** *(vi & vt)*.

wrinkled ['rɪŋkld] adj **1.** [skin, hands] ridé ; [brow, nose] plissé, froncé ; [fruit] ridé, ratatiné / *a wrinkled old man* un vieillard ratatiné **2.** [rug, skirt] qui fait des plis ; [stocking] qui fait des plis or l'accordéon.

wrinkly ['rɪŋklɪ] (*pl* **wrinklies**) ◆ adj **1.** [skin] ridé **2.** [stocking] qui fait des plis. ◆ n UK *inf & pej* vieux *m*, vieille *f*.

wrist [rɪst] n poignet *m*.

wristband ['rɪstbænd] n [on shirt, blouse] poignet *m* ; [sweat band] poignet *m* ; [of watch] bracelet *m*.

wristlet ['rɪstlɪt] n bracelet *m*.

wrist pin n UK MECH goujon *m* ; US goupille *f*.

wristwatch ['rɪstwɒtʃ] n montre-bracelet *f*.

writ [rɪt] ◆ pt & pp *arch* ⟶ **write.** ◆ n **1.** LAW ordonnance *f* ▸ **to issue a writ against sb a)** [for arrest] lancer un mandat d'arrêt contre qqn **b)** [for libel] assigner qqn en justice ▸ **to serve a writ on sb, to serve sb with a writ** assigner qqn ▸ **writ of attachment** ordonnance de saisie ▸ **writ of execution** titre *m* exécutoire ▸ **writ of subpoena** assignation *f* or citation *f* en justice **2.** POL [for elections] ordonnance *f (émanant du président de la Chambre des communes et convoquant les députés pour un vote)*. ◆ adj : *astonishment was writ large on everybody's face* l'étonnement se lisait sur tous les visages.

write [raɪt] (*pt* **wrote** [rəʊt], *pp* **written** ['rɪtn]) (*pt & pp archaic writ* [rɪt]) ◆ vt **1.** [letter] écrire ; [address, name] écrire, inscrire ; [initials] écrire, tracer ; [prescription, cheque] écrire, faire ; [will] faire ; [application form] compléter, rédiger ▸ **to write a letter to sb** écrire or envoyer une lettre à qqn / *write her a letter* envoyez-lui une lettre, écrivez-lui / *I have some letters to write* j'ai du courrier à faire / *they wrote me a letter of thanks* ils m'ont écrit pour me remercier / *he wrote her a postcard* il lui a envoyé une carte postale ▸ **to write sb** US écrire à qqn / *she wrote me about her father's illness* elle m'a écrit au sujet de la maladie de son père / *he can't speak Italian very well, but he can write it* il ne parle pas très bien l'italien, mais il peut l'écrire / *it is written in the Bible "thou shalt love thy neighbour as thyself"* il est écrit dans la Bible « tu aimeras ton prochain comme toi-même » / *perplexity was written all over his face fig* la perplexité se lisait sur son visage / *he had success written all over him* on voyait bien qu'il avait réussi ▸ **that's all she wrote** US il n'y a rien d'autre à dire **2.** [book] écrire ; [article, report] écrire, faire ; [essay] faire ; [music] écrire, composer / *well written* bien écrit / *written for brass ensemble* écrit pour ensemble de cuivres **3.** [send letter about] écrire / *he wrote that he was getting married* il a écrit (pour annoncer) qu'il se mariait **4.** [spell] écrire / *I never know how to write her name* je ne sais jamais comment s'écrit son nom **5.** COMPUT [program] écrire ; [data - store] stocker, sauvegarder ; [- transfer] transférer. ◆ vi **1.** [gen] écrire ▸ **to write in pencil / ink** écrire au crayon / à l'encre ▸ **to learn to read and write** apprendre à lire et à écrire / *I don't write very well* je n'ai pas une belle écriture **2.** [send letter] écrire ▸ **to write to sb** écrire à qqn ▸ **to write to thank / invite sb** écrire pour remercier / inviter qqn / *have you written to let her know?* lui avez-vous écrit pour l'avertir ? / *she wrote and told me about it* elle m'a écrit pour me le raconter / *please write (again) soon* écris-moi vite (à nouveau), s'il te plaît / *at the time of writing* au moment où j'écris / *they wrote (to him) asking* or *to ask for permission* ils (lui) ont écrit pour demander l'autorisation / *I've written for a catalogue* j'ai écrit pour demander or pour qu'on m'envoie un catalogue **3.** [professionally - as author] écrire, être écrivain ; [- as journalist] écrire, être journaliste / *he writes on home affairs for "The Economist"* il fait des articles de politique intérieure dans « The Economist » / *she writes for "The Independent"* elle écrit dans « The Independent » / *she writes for children's television* elle fait des émissions pour les enfants à la télévision / *she writes under a pseudonym* elle écrit sous un pseudonyme / *he writes on* or *about archeology* il écrit sur l'archéologie, il traite de questions d'archéologie / *they wrote about their experiences in the Amazon* ils ont décrit leurs expériences en Amazonie **4.** [pen, typewriter] écrire / *this pen doesn't write very well* ce stylo n'écrit pas or ne marche pas très bien.

❖ **write away** vi **1.** [correspond] écrire / *I had to write away to the publisher* j'ai dû écrire à la maison d'édition **2.** [order by post] écrire pour demander, commander par lettre / *I wrote away for a catalogue* j'ai écrit pour demander or pour qu'on m'envoie un catalogue / *I had to write away for spare parts* j'ai dû écrire pour commander des pièces.

❖ **write back** vi [answer] répondre (à une lettre) / *please write back soon* réponds-moi vite, s'il te plaît / *he wrote back to say he couldn't come* il a répondu qu'il ne pouvait pas venir / *he wrote back rejecting their offer* il a renvoyé une lettre refusant leur offre.

❖ **write down** vt sep **1.** [note] écrire, noter ; [put in writing] mettre par écrit / *unless you write the number down, you'll forget it* si vous ne notez pas le numéro or si vous ne mettez pas le numéro par écrit, vous allez l'oublier / *I had them written down as layabouts fig* je les considérais comme des bons à rien **2.** FIN & COMM [in price] réduire le prix de ; [in value] réduire la valeur de ; [undervalue] sous-évaluer.

❖ **write in** ◆ vi écrire / *to write in for a refund* écrire pour demander un remboursement / *hundreds wrote in to complain* des centaines de personnes ont écrit pour se plaindre. ◆ vt sep **1.** [on list, document - word, name] ajouter, insérer **2.** US POL [add - name] ajouter, inscrire *(sur un bulletin de vote)* ; [vote for - person] voter pour *(en ajoutant le nom sur le bulletin de vote)*.

❖ **write off** ◆ vt sep **1.** FIN [debt] passer aux profits et pertes **2.** [consider lost, useless] faire une croix sur, considérer comme perdu ; [cancel] renoncer à, annuler / *the plan had to be written off* le projet a dû être abandonné / *three months' hard work was simply written off* on a perdu trois mois de travail acharné / *he was written off as a failure* on a considéré qu'il n'y avait rien de bon à en tirer **3.** [in accident - subj : insurance company] considérer comme irréparable, mettre à la casse ; [- subj : driver] rendre inutilisable / *she wrote off her new car* UK elle a complètement démoli sa voiture neuve / *his car has been written off* UK sa voiture a été mise à la casse **4.** [letter, poem] écrire en vitesse. ◆ vi = **write away.**

❖ **write out** vt sep **1.** [report] écrire, rédiger ; [list, cheque] faire, établir / *can you write the amount out in full?* pouvez-vous écrire la somme en toutes lettres ? **2.** [copy up - notes] recopier, mettre au propre **3.** RADIO & TV [character] faire disparaître.

❖ **write up** vt sep **1.** [diary, impressions] écrire, rédiger ; PRESS [event] faire un compte rendu de, rendre compte de / *the demonstration was written up in the local newspaper* le journal local a fait un compte rendu de la manifestation / *he wrote up his ideas in a report* il a consigné ses idées dans un rapport **2.** [copy up - notes, data] recopier, mettre au propre **3.** FIN & COMM [in price] augmenter le prix de ; [in value] augmenter la valeur de ; [overvalue] surévaluer.

write-down n FIN dépréciation *f* / *the banks have taken huge write-downs* les banques ont effectué des dépréciations d'actifs colossales.

write head n TECH tête *f* d'enregistrement.

write-in n US POL [on ballot paper - addition of name] inscription *f*, rajout *m* ; [- name added] nom *m* rajouté.

write-off n **1.** FIN [of bad debt] passage *m* par profits et pertes ; [bad debt itself] perte *f* sèche **2.** [motor vehicle] ▸ **to be a write-off** être irréparable or bon pour la casse.

write-protect vt COMPUT protéger contre l'écriture.

write-protected adj COMPUT [disk] protégé (en écriture).

writer ['raɪtər] n **1.** [of novel, play] écrivain *m*, -e *f*, auteur *m*, -e *f* ; [of letter] auteur *m*, -e *f* / *a well-known writer of novels / poetry* un romancier / poète connu / *she's a fine writer* c'est une excellente écrivaine ▸ **technical writer** rédacteur *m*, -trice *f* technique / *I'm a bad letter-writer* je suis un mauvais correspondant **2.** [in handwriting] ▸ **to be a good writer** avoir une belle écriture ▸ **to be a bad writer** écrire mal.

writer's block n angoisse *f* de la page blanche / *he's suffering from writer's block* il n'arrive pas à écrire, c'est le vide or le blocage total.

writer's cramp n crampe *f* de l'écrivain.

write-up n **1.** [review] compte rendu *m*, critique *f* / *the play got a good write-up* la pièce a eu une bonne critique or a été bien accueillie par la critique / *the guide contains write-ups of several ski resorts* le guide contient des notices descriptives sur plusieurs stations de ski **2.** US [of assets] surestimation *f*.

writhe [raɪð] vi **1.** [in pain] se tordre, se contorsionner / *to writhe in* or *with agony* se tordre de douleur, être en proie à d'atroces souffrances **2.** *fig* : *her remarks made him writhe* **a)** [in disgust] ses remarques l'ont fait frémir **b)** [in embarrassment] ses remarques lui ont fait souffrir le martyre / *they writhed under his criticism* ils ont vivement ressenti ses critiques.

❖ **writhe about** UK, **writhe around** vi se tortiller / *the fish writhed about in the grass* le poisson se tortillait dans l'herbe / *to writhe about in pain* se tordre de douleur.

writing ['raɪtɪŋ] n **1.** [of books, letters] écriture *f* / *to devote one's time to writing* se consacrer à l'écriture / *writing as a career* la carrière or le métier d'écrivain / *it's a good piece of writing* c'est bien écrit / *this is clear, concise writing* c'est un style clair et concis, c'est écrit avec clarté et concision / *the report was four years in the writing* il a fallu quatre ans pour rédiger le rapport / *at time of writing* PRESS à l'heure où nous mettons sous presse **2.** [handwriting] écriture *f* / *I can't read your writing* je ne peux pas déchiffrer votre écriture or ce que vous avez écrit **3.** [written text] : *there was writing all over the board* il n'y avait plus de place pour écrire quoi que ce soit sur le tableau noir ▸ **the writing's on the wall** l'issue est inéluctable **4.** SCH [spelling] orthographe *f* ; [written language] écriture *f* ▸ **to learn reading and writing** apprendre à lire et à écrire, apprendre la lecture et l'écriture ▸ **writing materials** matériel *m* nécessaire pour écrire.

❖ **writings** pl n [written works] œuvre *f*, écrits *mpl*.

❖ **in writing** adv phr par écrit ▸ **to put sthg in writing** mettre qqch par écrit / *can we have that in writing?* pouvons-nous avoir cela par écrit ? / *you need her agreement in writing* il vous faut son accord écrit.

writing block n bloc *m* de papier à lettres.

writing case n nécessaire *m* à écrire.

writing desk n secrétaire *m (meuble)*.

writing pad n bloc-notes *m*.

writing paper n papier *m* à lettres.

writing table n ≃ secrétaire *m (meuble)*.

written ['rɪtn] ◆ pp ⟶ **write.** ◆ adj [form, text] écrit ▸ **to make a written request** faire une demande par écrit ▸ **written language** écrit *m* ▸ **the written word** l'écrit.

wrong [rɒŋ] ◆ adj **1.** [incorrect - address, answer, information] mauvais, faux (fausse), erroné ; [- decision] mauvais ; MUS [note] faux (fausse) ; TELEC [number] faux (fausse) / *to get things in the wrong order* mettre les choses dans le mauvais ordre / *they came on the wrong day* ils se sont trompés de jour pour leur venue / *to take the wrong road / train* se tromper de route / de train / *she went to the wrong address* elle s'est trompée d'adresse / *you've put your shoes on the wrong feet* vous vous êtes trompé (de pied) en mettant vos chaussures / *the biscuit went down the wrong way* j'ai avalé le gâteau de travers / *it was a wrong number* c'était une erreur / *to dial the wrong number* se tromper de numéro / *I'm sorry, you've got the wrong number* désolé, vous vous êtes trompé de numéro or vous faites erreur / *the clock / my watch is wrong* le réveil / ma montre n'est pas à l'heure / *the clock has always shown the wrong time* la pendule n'a jamais été à l'heure or n'a jamais indiqué l'heure exacte **2.** [mistaken - person] ▸ **to be wrong (about sthg)** avoir tort or se tromper (à propos de qqch) / *you were wrong to lose your temper* vous avez eu tort de vous emporter / *you were wrong to accuse him* or *it was wrong of you to accuse him* vous avez eu tort de l'accuser, vous n'auriez pas dû l'accuser ▸ **to be wrong about sb** se tromper sur le compte de qqn / *how wrong can you be!* comme quoi on peut se tromper ! / *I hope he won't get the wrong idea about me* j'espère qu'il ne se fera pas de fausses idées sur mon compte / *I hope you won't take this the wrong way, but...* ne le prends pas mal, mais... **3.** [unsuitable] mauvais, mal choisi / *you've got the wrong attitude* vous n'avez pas l'attitude qu'il faut or la bonne attitude / *it was the wrong thing to do / say* ce n'était pas la chose à faire / dire / *I said all the wrong things* j'ai dit tout ce qu'il ne fallait pas dire / *you're going about it in the wrong way* vous vous y prenez mal / *it's the wrong way to deal with the situation* ce n'est pas comme cela qu'il faut régler la situation / *he's the wrong man for the job* ce n'est pas l'homme qu'il faut pour le poste / *I think you're in the wrong job* **a)** *lit* je pense que ce n'est pas le travail qu'il vous faut **b)** *hum* vous vous êtes trompé de métier ! / *she was wearing the wrong shoes for a long walk* elle n'avait pas les chaussures qui conviennent or elle n'avait pas les bonnes chaussures pour une randonnée **4.** [immoral, bad] mal ; [unjust] injuste / *cheating is wrong* c'est mal de tricher / *slavery is wrong* l'esclavage est inacceptable / *it was wrong of him to take the money* ce n'était pas bien de sa part de prendre l'argent / *what's wrong with reading comics?* qu'est-ce qu'il y a de mal à lire des bandes dessinées ? / *what's wrong with that?* qu'est-ce qu'il y a de mal à ça ? / *there's nothing wrong with it* il n'y a rien à redire à cela, il n'y a pas de mal à cela / *it's wrong that anyone should have to live in poverty* il est injuste que des gens soient obligés de vivre dans la misère **5.** *(with 'something')* [amiss] : *something is wrong* or *there's something wrong with the lamp* la lampe ne marche pas bien or a un défaut / *something is wrong* or *there's something wrong with my elbow* j'ai quelque chose au coude / *there must be something seriously wrong* il doit y avoir un gros problème / *there's something wrong somewhere* il y a quelque chose qui ne va pas quelque part ; *(with 'nothing')* : *there's nothing at all wrong with the clock* la pendule marche parfaitement bien / *there's nothing wrong with your work* votre travail est très bon / *there's nothing wrong with her decision / reasoning* sa décision / son raisonnement est parfaitement valable / *there's nothing wrong with you* vous êtes en parfaite santé / *there's nothing wrong, thank you* tout va bien, merci / *there's nothing wrong with your eyes / hearing!* vous avez de bons yeux / de bonnes oreilles ! ; *(with 'what's')* ▸ **what's wrong?** qu'est-ce qui ne va pas ? / *what's wrong with the car?* qu'est-ce qu'elle a, la voiture ? / *what's wrong with your elbow?* qu'est-ce qu'il a, votre coude ? / *what's wrong with you?* qu'est-ce que vous avez ? / *there's very little wrong with you* dans l'ensemble vous êtes en très bonne santé / *there wasn't much wrong with the car* la voiture n'avait pas grand-chose ▸ **to be wrong in the head** UK *inf* avoir la tête fêlée or le cerveau fêlé, être fêlé or timbré **6.** TEXT : *the wrong side of the fabric* l'envers *m* du tissu ▸ **wrong side out** à l'envers **7.** PHR **to get (hold of) the wrong end of the stick** : *he got hold of the wrong end of the stick* il a tout compris de travers ▸ **to be caught on the wrong foot** UK être pris au dépourvu ▸ **to get off on the wrong foot** : *they got off on the wrong foot* ils se sont mal entendus au départ / *I'm (on) the wrong side of 50* UK j'ai 50 ans bien sonnés ▸ **to get out of bed on the wrong side** se lever du pied gauche ▸ **to get on the wrong side of sb** se faire mal voir de qqn. ◆ adv mal / *I guessed wrong* je suis tombé à côté, je me suis trompé / *you've spelt the word wrong* vous avez mal écrit or orthographié ce mot ▸ **to get sthg wrong** : *I got the answer wrong* je n'ai pas donné la bonne réponse / *to get one's sums wrong* **a)** MATH faire des erreurs dans ses opérations **b)** *fig* se tromper dans ses calculs / *she's got her facts wrong* elle se trompe, ce qu'elle avance est faux / *you've got it wrong, I never said that* vous vous trompez or vous n'avez pas compris, je n'ai jamais dit cela ▸ **to get sb wrong** : *don't get me wrong* comprenez-moi bien / *you've got her all wrong* vous vous trompez complètement sur son compte ▸ **to go wrong a)** [person] se tromper **b)** [plan] mal marcher, mal tourner **c)** [deal] tomber à l'eau **d)** [machine] tomber en panne / *something has gone wrong with the TV* la télé est tombée en panne / *something went wrong with her eyesight* elle a eu des ennuis avec sa vue / *we must have gone wrong somewhere* nous avons dû nous tromper quelque part / *you can't go wrong* vous ne pouvez pas vous tromper, c'est très simple / *you won't go far wrong if you follow her advice* vous ne risquez guère de vous tromper si vous suivez ses conseils / *you can't go wrong with a pair of jeans* vous êtes tranquille avec un jean / *you can't go wrong with a good book* **a)** [for reading] vous ne risquez pas de vous ennuyer avec un bon livre **b)** [as present] un bon livre, cela plaît toujours / *when did things start going wrong?* quand est-ce que les choses ont commencé à se gâter ? / *everything that could go wrong went wrong* tout ce qui pouvait aller de travers est allé de travers ▸ **to turn out wrong a)** [event] mal (se) terminer **b)** [calculation] se révéler faux **c)** [person] mal tourner. ◆ n **1.** [immorality, immoral act] mal *m* / *to know the difference between right and wrong* savoir distinguer le bien du mal / *I did no wrong* je n'ai rien fait de mal ▸ **two wrongs don't make a right** *prov* on ne répare pas une injustice par une autre **2.** [harm] tort *m*, injustice *f* ▸ **to suffer wrong** subir une injustice ▸ **to do sb wrong** faire du tort à or se montrer injuste envers qqn / *he did them a great wrong* il leur a fait subir une grave injustice, il leur a fait (un) grand tort **3.** [error] tort *m*, erreur *f* / *he can do no wrong in her eyes* tout ce qu'il fait trouve grâce à ses yeux **4.** LAW tort *m*. ◆ vt faire du tort à, traiter injustement / *he wronged his wife by accusing her of being unfaithful* il a traité injustement sa femme en l'accusant d'infidélité / *she felt deeply wronged* elle se sentait gravement lésée / *she has been badly wronged* **a)** [by words] on a dit à tort beaucoup de mal d'elle **b)** [by actions] on a agi de manière injuste envers elle.

❖ **in the wrong** adj & adv phr dans son tort ▸ **to be in the wrong** être dans son tort, avoir tort ▸ **to put sb in the wrong** mettre qqn dans son tort.

wrongdoer [,rɒŋ'du:əʳ] n **1.** [delinquent] malfaiteur *m*, délinquant *m*, -e *f* **2.** [sinner] pécheur *m*, -eresse *f*.

wrongdoing [,rɒŋ'du:ɪŋ] n mal *m*, méfait *m* / *a sense of wrongdoing* le sentiment de mal faire / *his many wrongdoings* ses nombreux méfaits.

wrong-foot vt SPORT & *fig* prendre à contre-pied.

wrongful ['rɒŋfʊl] adj [unjust] injuste ; [unjustified] injustifié ; [illegal] illégal, illicite ; LAW ▸ **wrongful arrest** arrestation *f* arbitraire ▸ **wrongful imprisonment** emprisonnement *m* injustifié ▸ **wrongful dismissal** INDUST renvoi *m* injustifié.

wrongfully ['rɒŋfʊlɪ] adv à tort / *I was wrongfully dismissed* INDUST j'ai été renvoyé à tort.

wrongheaded [,rɒŋ'hedɪd] adj **1.** [person] buté **2.** [idea] erroné, fou *(before vowel or silent 'h' fol, f folle)*.

wrongly ['rɒŋlɪ] adv **1.** [incorrectly] à tort, mal / *to be wrongly informed* être mal renseigné / *this word is spelt wrongly* ce mot est mal écrit or orthographié / *to be wrongly accused* être accusé à tort or faussement accusé / *I guessed wrongly* je suis tombé à côté, je me suis trompé / *the cat was wrongly described as a Siamese* le chat a été décrit à tort comme un siamois **2.** [by mistake] par erreur, à tort / *he was wrongly assigned to the night shift* il a été affecté par erreur or à tort à l'équipe de nuit.

wrongness ['rɒŋnɪs] n **1.** [error] erreur *f* **2.** [injustice] injustice *f* **3.** [immorality] immoralité *f*, mal *m*.

wrote [rəʊt] pt ⟶ **write.**

wrought [rɔ:t] ◆ pt & pp *arch* ⟶ **work.** ◆ adj *liter* : *wheels wrought by hand* des roues façonnées or fabriquées à la main / *carefully wrought prose* prose *f* finement ciselée ▸ **wrought copper** cuivre *m* martelé ▸ **wrought silk** soie *f* ouvragée.

wrought iron n fer *m* forgé.

❖ **wrought-iron** adj en fer forgé.

wrought-up adj énervé.

WRT MESSAGING written abbr of **with respect to.**

WRU MESSAGING written abbr of **where are you?**

wrung [rʌŋ] pt & pp ⟶ **wring.**

WRVS (abbr of **Women's Royal Voluntary Service**) pr n *association de femmes au service des déshérités.*

wry [raɪ] *(compar* **wrier** *or* **wryer**, *superl* **wriest** *or* **wryest**) adj **1.** [expression, glance - of distaste] désabusé / *she made a wry face* elle a fait la grimace **2.** [ironic - comment, smile] ironique, désabusé ▸ **wry humour** ironie *f*.

wryly ['raɪlɪ] adv de manière désabusée, ironiquement / *he smiled back at me wryly* il m'a répondu par un sourire ironique or désabusé.

wt. (written abbr of **weight**) pds.

WTF MESSAGING written abbr of **what the fuck.**

WTG MESSAGING written abbr of **way to go.**

WTH MESSAGING written abbr of **what the hell.**

WTMPI MESSAGING written abbr of **way too much personal information.**

WTO [,dʌblju:ti:'əʊ] (abbr of **World Trade Organization**) n OMC *f*.

WUF MESSAGING written abbr of **where are you from?**

wunderkind ['wʌndəkɪnd] n enfant *mf* prodige.

wurst [wɜ:st] n *grosse saucisse allemande.*

wuss [wʌs] n US *inf* mauviette *f*.

WUWH MESSAGING written abbr of **wish you were here.**

WV written abbr of **West Virginia.**

WW written abbr of **World War.**

WWF (abbr of **World Wide Fund for Nature**) pr n WWF *m*.

WWW n abbr of **World Wide Web.**

WY written abbr of **Wyoming.**

wych elm [wɪtʃ-] n orme *m*.

wynd [waɪnd] n Scot allée *f*.

Wyoming [waɪ'əʊmɪŋ] pr n Wyoming *m* / *in Wyoming* dans le Wyoming.

WYS MESSAGING written abbr of **whatever you say.**

WYSIWYG ['wɪzɪwɪg] (abbr of **what you see is what you get**) n & adj COMPUT WYSIWYG *(tel écran, tel écrit : ce que l'on voit sur l'écran est ce que l'on obtient à l'impression).*

X n MATH x *m*.

x (*pl* **x's** *or* **xs**), **X** (*pl* **X's** *or* **Xs**) [eks] n [letter] x *m*, X *m*. See also **f**.

X (*pt & pp* **X-ed** *or* **X'd**) ◆ n **1.** [unknown factor] X *m* ▸ **X marks the spot** l'endroit est marqué d'une croix ▸ **Mr X** monsieur X **2.** CIN film *m* interdit aux moins de 18 ans *(remplacé en 1982 par « 18 »)*. ◆ **1.** (**written abbr of kiss**) *formule affectueuse placée après la signature à la fin d'une lettre ou à la fin d'un SMS* **2. written abbr of Christ.** ◆ vt marquer d'une croix.

❖ **X out** vt sep biffer, rayer (avec des croix).

xanthene ['zænθi:n] n xanthène *m*.

x-axis n axe *m* des x, abscisse *f*.

X certificate n UK *signalait (jusqu'en 1982) un film interdit aux moins de 18 ans*.

X chromosome n chromosome *m* X.

x-coordinate n abscisse *f*.

xenon ['zi:nɒn] n xénon *m*.

xenophobe ['zenəfəʊb] n xénophobe *mf*.

xenophobia [ˌzenə'fəʊbjə] n xénophobie *f*.

xenophobic [ˌzenə'fəʊbɪk] adj xénophobe.

xerographic [ˌzɪərə'græfɪk] adj ▸ **xerographic copier** copieur *m*, photocopieuse *f*.

xerography [ˌzɪə'rɒgrəfɪ] n *(U)* photocopie *f*.

Xerox® ['zɪərɒks] n **1.** [machine] copieur *m*, photocopieuse *f* **2.** [process, copy] photocopie *f*.

xerox ['zɪərɒks] vt photocopier.

Xerxes ['zɜ:ksi:z] pr n Xerxès.

XL (**written abbr of extra-large**) n XL *m*.

XLNT MESSAGING **written abbr of excellent.**

Xmas **written abbr of Christmas.**

XML [ˌeksem'el] (**abbr of Extensible Markup Language**) n COMPUT XML *m*.

XO MESSAGING **written abbr of kiss and a hug.**

X-rated [-reɪtɪd] adj *dated* [film] interdit aux mineurs or aux moins de 18 ans.

x-ray, **X-ray** ◆ vt **1.** MED [examine - chest, ankle] radiographier, faire une radio de ; [- patient] faire une radio à **2.** [inspect - luggage] passer aux rayons X **3.** [treat] traiter aux rayons X. ◆ n **1.** MED radio *f* ▸ **to have an x-ray** passer une radio ▸ **to take an x-ray of sthg** radiographier qqch, faire une radiographie de qqch **2.** PHYS rayon *m* X. ◆ comp **1.** MED [examination] radioscopique ; [treatment] radiologique, par rayons X ▸ **x-ray diagnosis** radiodiagnostic *m* ▸ **x-ray photograph** radiographie *f*, radio *f* ▸ **x-ray therapy** radiothérapie *f* **2.** PHYS [astronomy, tube] à rayons X ▸ **x-ray star** *étoile émettant un rayonnement radioélectrique*.

xylene ['zaɪli:n] n xylène *m*.

xylograph ['zaɪləgrɑ:f] ◆ n xylographie *f*. ◆ vt [drawing, text] tirer à partir d'une gravure sur bois.

xylography [zaɪ'lɒgrəfɪ] n *(U)* xylographie *f*.

xylol ['zaɪlɒl] n xylol *m*.

xylophone ['zaɪləfəʊn] n xylophone *m*.

xylophonist [zaɪ'lɒfənɪst] n joueur *m*, -euse *f* de xylophone.

y n MATH y *m*.

y (*pl* **y's** *or* **ys**), **Y** (*pl* **Y's** *or* **Ys**) [waɪ] n [letter] y *m*, Y *m*. See also **f**.

Y **1.** written abbr of **yen** **2.** written abbr of **yuan** **3.** MESSAGING written abbr of **why**.

yabber [ˈjæbəʳ] AUSTR *inf* ◆ vi jacasser. ◆ n bavardage *m*, jacassement *m*.

yacht [jɒt] ◆ n [sailing boat] voilier *m* ; [pleasure boat] yacht *m*. ◆ comp [race] de voiliers, de yachts ▸ **yacht club** yacht-club *m*. ◆ vi faire du yachting ▸ **to go yachting** faire de la voile or du yachting.

yachting [ˈjɒtɪŋ] ◆ n yachting *m*, navigation *f* de plaisance. ◆ comp [holiday] en yacht, sur l'eau ; [magazine] de voile ; [cap] de marin.

yachtsman [ˈjɒtsmən] (*pl* **yachtsmen** [-mən]) n yachtman *m*, yachtsman *m*.

yachtswoman [ˈjɒts,wʊmən] (*pl* **yachtswomen** [-,wɪmɪn]) n yachtwoman *f*.

yack [jæk] = **yak** *(n & vi)*.

yackety-yak [,jækətɪˈjæk] *inf* ◆ vi jacasser. ◆ n *(U)* jacasserie *f*.

yadda yadda [ˈjædə-] excl US *inf* et cetera, et cetera.

yah [jɑː] interj *inf* **1.** [yes] ouais **2.** ▸ **yah boo (sucks)!** na !

yahoo (*pl* **yahoos**) ◆ n [ˈjɑːhuː] rustre *m*, butor *m*. ◆ interj [jɑːˈhuː] ouah !

yak [jæk] (*pt & pp* **yakked**, *cont* **yakking**) ◆ n **1.** ZOOL yak *m*, yack *m* **2.** *(U) inf* jacasserie *f*. ◆ vi *inf* ▸ **to yak on** UK, **to yak** jacasser.

Yale [jeɪl] pr n Yale *(prestigieuse université dans le Connecticut, faisant partie de la Ivy League)*.

Yale lock® [jeɪl-] n serrure *f* de sécurité *(à cylindre)*.

y'all [jɑːl] US *inf* = **you-all**.

Yalta [ˈjæltə] pr n Yalta ▸ **the Yalta Conference** la conférence de Yalta.

yam [jæm] n **1.** [plant, vegetable] igname *f* **2.** US CULIN patate *f* douce.

yammer [ˈjæməʳ] vi *inf* [person - whine] pleurnicher, geindre ; [- chatter] jacasser / *what are you yammering (on)* UK *about?* qu'est-ce que tu as à jacasser comme ça ?

yang [jæŋ] n yang *m*.

Yangtze [ˈjæŋtsɪ] pr n ▸ **the Yangtze** le Yangzi Jiang, le Yang-tseu-kiang.

yank [jæŋk] ◆ vt [hair, sleeve] tirer brusquement (sur), tirer d'un coup sec / *he was yanked to his feet* on l'a tiré brutalement pour l'obliger à se lever / *I yanked the lever back* j'ai tiré le levier en arrière d'un coup sec. ◆ n coup *m* sec / *I gave the wire / her hair a yank* j'ai tiré d'un coup sec sur le fil / sur ses cheveux.

❖ **yank off** vt sep [button, cover] arracher / *she yanked the cloth off the table* elle a enlevé la nappe de la table d'un coup sec.

❖ **yank out** vt sep [nail, tooth] arracher.

Yank [jæŋk] *inf* ◆ n **1.** UK *pej* Amerloque *mf* **2.** US Yankee *mf*. ◆ adj UK *pej* amerloque.

Yankee [ˈjæŋkɪ] ◆ n **1.** US Yankee *mf* **2.** UK *inf & pej* Amerloque *mf*. ◆ adj **1.** US yankee **2.** UK *inf & pej* amerloque.

Yaoundé [jɑːˈʊndeɪ] pr n Yaoundé.

yap [jæp] (*pt & pp* **yapped**, *cont* **yapping**) ◆ vi **1.** [dog] japper **2.** [person] jacasser / *the shop assistants were yapping away instead of serving* les vendeuses jacassaient au lieu de servir la clientèle. ◆ n [yelp] jappement *m*.

yappy [ˈjæpɪ] (*compar* **yappier**, *superl* **yappiest**) adj **1.** [dog] jappeur **2.** *inf* [person] jacasseur.

yarborough [ˈjɑːbərə] n [in bridge, whist] *main de treize cartes sans honneurs*.

yard [jɑːd] n **1.** [of factory, farm, house, school] cour *f* / *parked in the yard* garé dans la cour **2.** [work site] chantier *m* ▸ **builder's yard** chantier de construction **3.** [for storage] dépôt *m* **4.** RAIL voies *fpl* de garage **5.** [for animals - enclosure] enclos *m* ; [- pasture] pâturage *m* **6.** UK ▸ **the Yard** *inf* Scotland Yard / *Murphy of the Yard* Murphy de Scotland Yard **7.** US [backyard] cour *f* ; [garden] jardin *m* ▸ **yard work** jardinage *m* **8.** [unit of measure] yard *m (0,914 m)* / *it was about ten yards away* c'était à environ dix mètres / *it was ten yards wide* il avait dix mètres de large / *to buy cloth by the yard* acheter le tissu au mètre / *we still have yards of green velvet fig* nous avons toujours des quantités de velours vert / *his calculations were yards out fig* il s'était complètement trompé dans ses calculs / *his face was a yard long* il en faisait une tête, il faisait une tête d'enterrement **9.** *dated* SPORT : *the 100 yards* or *the 100 yards' dash* le cent mètres / *she won the 3,000 yards' steeple chase* elle a gagné le 3 000 mètres steeple **10.** NAUT vergue *f*.

yardage [ˈjɑːdɪdʒ] n TEXT ≃ métrage *m*.

yardarm [ˈjɑːdɑːm] n extrémité *f* d'une vergue carrée.

yardbird [ˈjɑːdbɜːd] n US *mil sl* bleu *m*, bidasse *m (empoté)*.

Yardie [ˈjɑːdɪ] n *membre d'une organisation criminelle d'origine jamaïcaine*.

yardman [ˈjɑːdmæn] n US jardinier *m*.

yard sale n US vide-grenier *m*.

yardstick [ˈjɑːdstɪk] n **1.** [instrument] mètre *m (en bois ou en métal)* **2.** *fig* critère *m* / *salary seems to be a yardstick for success fig* il semble que le salaire soit un critère de réussite.

yarmulke [jɑːˈmʊlkə] n kippa *f*.

yarn [jɑːn] ◆ n **1.** *(U)* TEXT fil *m (à tricoter ou à tisser)* **2.** [tall story] histoire *f* (incroyable or invraisemblable) ; [long story] longue histoire *f*. ◆ vi [tell tall stories] raconter des histoires ; [tell long stories] raconter de longues histoires.

yarrow [ˈjærəʊ] n mille-feuille *f*.

yashmak [ˈjæʃmæk] n litham *m*, litsam *m*.

yaw [jɔː] ◆ vi **1.** [ship] être déporté, faire une embardée **2.** [plane, missile] faire un mouvement de lacet. ◆ vt faire dévier de sa trajectoire. ◆ n **1.** [of ship] écart *m*, embardée *f* **2.** [of plane, missile] mouvement *m* de lacet.

yawl [jɔːl] n **1.** [sailing boat] yawl *m* **2.** [carried on ship] canot *m*.

yawn [jɔːn] ◆ vi **1.** [person] bâiller **2.** [chasm, opening] être béant, s'ouvrir. ◆ vt [utter with yawn] dire en bâillant ▸ **to yawn one's head off** *inf* : *she was yawning her head off* elle bâillait à se décrocher la mâchoire. ◆ n **1.** [of person] bâillement *m* ▸ **to give a big yawn** bâiller (bruyamment) la bouche grande ouverte **2.** *inf & fig* ▸ **to be a yawn** **a)** [meeting] être ennuyeux **b)** [film, book] être rasoir / *what a yawn!* qu'est-ce que c'est rasoir !

yawning [ˈjɔːnɪŋ] ◆ adj **1.** [person] qui bâille **2.** [gap, chasm] béant. ◆ n *(U)* bâillement *m*, bâillements *mpl*.

yawp [jɔːp] US *inf* ◆ vi **1.** [yawn] bâiller bruyamment **2.** [bawl] gueuler **3.** [bark] aboyer. ◆ n **1.** [bark] aboiement *m* **2.** [shout] cri *m*.

yaws [jɔːz] n *(U)* MED pian *m*.

y-axis n axe *m* des y or des ordonnées.

YBA n abbr of **young British artist**.

YBS MESSAGING written abbr of **you'll be sorry**.

Y chromosome n chromosome *m* Y.

y-coordinate n ordonnée *f*.

yd written abbr of **yard**.

ye [jiː] ◆ pron *arch* BIBLE vous / *ye who weep* vous qui versez des larmes. ◆ def art *arch* : *ye olde inne* la vieille hostellerie.

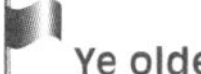

Ye olde

On utilise cette graphie ancienne de **the old** pour donner à des appellations souvent commerciales une apparence pseudo-historique : ainsi, dans une ville ancienne, on trouvera des salons de thé portant le nom de **ye olde tea shoppe**.

yea [jeɪ] ◆ adv **1.** [yes] oui / *you know you can say yea or nay to the plan* vous savez bien que vous avez la faculté d'accepter ou de refuser ce projet **2.** *arch & liter* [indeed] voire, vraiment. ◆ n [in vote] oui *m* ▸ **the yeas and nays** les oui et les non, les voix pour et contre.

yeah [jeə] adv & interj *inf* [yes] ouais.

year [jɪəʳ] n **1.** [period of time] an *m*, année *f* / *this year* cette année / *last year* l'an dernier, l'année dernière / *next year* l'année prochaine / *the year after next* dans deux ans ▸ **year by year** d'année en année ▸ **year after year** année après année ▸ **all (the) year round** (pendant) toute l'année ▸ **year in year out** année après année / *it was five years last Christmas* ça a fait cinq ans à Noël /

we'll have been here five years next Christmas cela fera cinq ans à Noël que nous sommes là / *after ten years in politics* après dix ans passés dans la politique / *he spent many years working for the same company* il a passé de nombreuses années dans la même société ; [with 'in'] : *in a few years* or *in a few years' time* dans quelques années / *in ten years* or *in ten years' time* dans dix ans / *in years to come* dans les années à venir / *in all my years as a social worker* au cours de toutes mes années d'assistante sociale ; [with 'for'] : *I haven't seen her for years* je ne l'ai pas vue depuis des années / *for a few years* pendant quelques années / *I haven't been home for two long years* cela fait deux longues années que je ne suis pas rentré chez moi / *for years and years* pendant des années / *she'll be busy writing her memoirs for years* elle en a pour des années de travail à écrire ses mémoires ; [with 'ago'] : *two years ago* il y a deux ans / *that was many years ago* cela remonte à bien des années ; [with 'last', 'take'] : *the batteries last (for) years* les piles durent des années / *it took me years to build up the collection* cela m'a demandé des années pour or j'ai mis des années à rassembler cette collection ; [with 'earn', 'cost', etc.] : *he earns over £40,000 a year* il gagne plus de 40 000 livres par an / *it cost me a year's salary* cela m'a coûté un an de salaire / *it costs at least £5,000 a year to run a car* rouler en voiture coûte au moins 5 000 livres par an / **'The Best Years of Our Lives'** *Wyler* 'les Plus Belles Années de notre vie' **2.** [in calendar] an *m*, année *f* / *in the year 1607* en (l'an) 1607 / *in the year of grace 1900* en l'an de grâce 1900 ▸ **since the year dot** UK, **since year one** US depuis une éternité, de tout temps **3.** [in age] : *he is 15 years old* or *of age* il a 15 ans / *the foundations are 4,000 years old* les fondations sont vieilles de 4 000 ans / *a man of 80 years* un homme (âgé) de 80 ans / *a man of your years* un homme de votre âge / *she died in her fiftieth year* elle est morte dans sa cinquantième année / *she's young for her years* elle fait jeune pour son âge, elle ne fait pas son âge / *I'm getting on in years* je prends de l'âge / *the experience put years on* / *took years off her* l'expérience l'a beaucoup vieillie / rajeunie / *the carpet is beginning to show its years* la moquette commence à trahir son âge **4.** SCH & UNIV année *f* / *he's in the first year* **a)** [at school] ≃ il est en sixième **b)** [at college, university] il est en première année **5.** [for wine, coin] année *f* / *1965 was a good year* 1965 était une bonne année or un bon millésime.

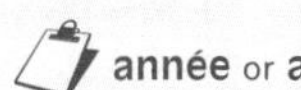

année or **an?**

Année is the most frequently used of these two terms, with the following exceptions. **An** is used in:

■ ***Set phrases expressing dates associated with ancient times or traditions***

le jour de l'An *New Year's day*
le Nouvel An *New Year's Eve*

but

bonne année ! *Happy New Year !*

Note: this applies only to years within a few dozen or so of the reference point – otherwise **année** is used, as for example **l'année 780 avant J.-C.**

■ ***Dates expressed through cardinal numerals***

Je suis né il y a exactement cinquante ans aujourd'hui. *I was born fifty years ago to the day.*

Note: if an adjective modifies the noun, **année** is used instead; for example:

les trente longues années de son règne *the thirty long years that his reign lasted.*

■ ***Age***

Elle va avoir trois ans dimanche. *She'll be three years old on Sunday.*

Note: if an ordinal numeral is used, **année** should be chosen instead of **an**; for example:

Il avait atteint sa quatre-vingtième année. *He'd reached his eightieth year.*

■ ***With the set phrase 'bon an mal an'***

On gagne assez bien notre vie, bon an mal an. *Taking the average year, we don't make a bad living.*

■ ***In the literary plural phrase 'les ans'***

Les ans n'ont rien enlevé à son talent. *The passing years have in no way diminished his talent.*

yearbook [ˈjɪəbʊk] n annuaire *m*, recueil *m* annuel.

Yearbook

Aux États-Unis, les écoles, les universités et certaines colonies de vacances ont un **yearbook**, qui rassemble des photos et des adresses mais aussi des anecdotes sur l'année écoulée. Plus récemment, cette tradition s'est également répandue dans les établissements scolaires en Grande-Bretagne.

year-end ◆ adj UK de fin d'année / *a year-end report* un rapport annuel. ◆ n : *at the year-end* à la fin de l'année, en fin d'année.

year-end accounts n résultats *mpl* de fin d'année.

year-end profits n bénéfices *mpl* de fin d'exercice.

yearling [ˈjɪəlɪŋ] ◆ n ZOOL petit *m* d'un an ; EQUIT yearling *m*. ◆ adj ZOOL (âgé) d'un an.

yearlong [ˌjɪəˈlɒŋ] adj de toute une année / *a yearlong drought* une sécheresse qui a duré toute une année.

yearly [ˈjɪəlɪ] (*pl* **yearlies**) ◆ adj annuel. ◆ adv annuellement. ◆ n PRESS publication *f* annuelle.

yearn [jɜːn] vi **1.** [desire, crave] languir, aspirer ; [pine] languir / *she yearned for love* or *to be loved* elle aspirait à l'amour, elle avait très envie d'être aimée ▸ **to yearn to do sthg** mourir d'envie or brûler de faire qqch / *he was yearning to see her again* il mourait d'envie de la revoir / *she yearned to see her home again* or *she yearned for home* elle avait la nostalgie du pays **2.** *liter* [be moved - person] s'attendrir, s'émouvoir ; [- heart] s'attendrir.

yearning [ˈjɜːnɪŋ] n [longing] désir *m* ardent ; [pining] nostalgie *f* / *he feels a constant yearning to see his old friends* or *for his old friends* il n'aspire qu'à une chose, revoir ses vieux amis / *I felt a sudden yearning for company* j'ai eu un soudain désir or besoin de compagnie.

year-on-year ◆ adj [growth, decline] d'une année à l'autre. ◆ adv [grow, decline] d'une année à l'autre.

year-round adj [activity] qui dure toute l'année, sur toute l'année ; [facility] qui fonctionne toute l'année.

yeast [jiːst] ◆ n levure *f*. ◆ vi mousser.

yeast cake n US bloc *m* de levure.

yeast infection n [vaginal thrush] mycose *f* vaginale.

yeasty [ˈjiːstɪ] (*compar* **yeastier**, *superl* **yeastiest**) adj **1.** [bread, rolls - in taste] qui a un goût de levure ; [- in smell] à l'odeur de levure **2.** [frothy] écumeux, qui mousse **3.** UK [trivial, frivolous] frivole, superficiel.

yecch [jek] interj US *inf* berk.

yegg [jeg] n US *v inf* [robber] cambrioleur *m*, -euse *f*.

yell [jel] ◆ vi crier (à tue-tête) ▸ **to yell at sb** crier après qqn ▸ **to yell about sthg** brailler au sujet de qqch ▸ **to yell at the top of one's voice** vociférer / *if you need me, just yell* si vous avez besoin de moi, vous n'avez qu'à crier. ◆ vt [shout out] hurler, crier ; [proclaim] clamer, crier / *he was yelling his head off* *inf* il beuglait comme un veau. ◆ n **1.** [shout] cri *m*, hurlement *m* / *to give a yell of terror* pousser un cri de terreur / *I heard a yell outside* j'ai entendu crier dehors **2.** US [from students, supporters] cri *m* de ralliement / *the Buffstone yell* **a)** [students] le cri de ralliement des étudiants de Buffstone **b)** [supporters] le cri de ralliement des supporters de Buffstone.

yelling [ˈjelɪŋ] n *(U)* cris *mpl*, hurlements *mpl* / *stop that yelling!* cesse de hurler comme ça !

yellow [ˈjeləʊ] ◆ adj **1.** [in colour] jaune / *the papers had gone* or *turned yellow with age* les papiers avaient jauni avec le temps ▸ **yellow cab** *taxi new-yorkais* **2.** *inf* [cowardly] lâche / *we all have a yellow streak* on est tous un peu lâches. ◆ n **1.** [colour] jaune *m* **2.** [yolk] jaune *m* (d'œuf) **3.** [in snooker] boule *f* jaune. ◆ vi jaunir ▸ **to yellow with age** jaunir avec le temps / *yellowing leaves* des feuilles jaunissantes. ◆ vt jaunir / *newspapers yellowed with age* des journaux jaunis par le temps.

yellowback [ˈjeləʊbæk] n *roman bon marché et à sensation du XIXe siècle.*

yellow-bellied [-ˈbelɪd] adj *inf* trouillard.

yellow-belly n *inf* trouillard *m*, -e *f*.

yellow card n FOOT carton *m* jaune.

yellow dog contract n US *dated contrat qui interdisait à l'employé de se syndiquer.*

yellow fever n fièvre *f* jaune.

yellow flag n NAUT pavillon *m* de quarantaine.

yellowhammer [ˈjeləʊˌhæməʳ] n **1.** bruant *m* jaune **2.** US *sorte de pivert.*

yellowish [ˈjeləʊɪʃ] adj jaunâtre, qui tire sur le jaune.

yellow jacket n US guêpe *f*.

yellow light n US feu *m* orange.

yellow line n bande *f* jaune ▸ **to park on a yellow line** ≃ se mettre en stationnement irrégulier ▸ **to be parked on a double yellow line** être en stationnement interdit.

Yellow lines

En Grande-Bretagne, une ligne jaune parallèle au trottoir signifie « arrêt autorisé réglementé » ; une double ligne jaune signifie « stationnement interdit ».

yellow metal n **1.** [brass] cuivre *m* jaune, laiton *m* **2.** [gold] métal *m* jaune, or *m*.

yellowness [ˈjeləʊnɪs] n **1.** [colour] couleur *f* jaune **2.** *inf* [cowardice] lâcheté *f*, poltronnerie *f*.

yellow ochre n ocre *f* jaune.

Yellow Pages® pl n ▸ **the Yellow Pages** ≃ les Pages Jaunes®.

yellow peril, Yellow Peril n *dated & offens* péril *m* jaune.

yellow press n presse *f* à sensation.

yellow ribbon n US *ruban jaune arboré en signe de patriotisme et de solidarité avec ceux qui sont au combat, prisonniers politiques, etc.*

Yellow River pr n ▸ **the Yellow River** le fleuve Jaune.

Yellow Sea pr n ▸ **the Yellow Sea** la mer Jaune.

Yellowstone National Park [ˈjeləʊstəʊn-] pr n le parc national de Yellowstone.

yellowy [ˈjeləʊɪ] adj un peu jaune, qui tire sur le jaune.

yelp [jelp] ◆ vi [dog] japper, glapir ; [person] crier, glapir / *to yelp in* or *with pain* **a)** [dog] glapir de douleur **b)** [person] crier de douleur. ◆ n [of dog] jappement *m*, glapissement *m* ; [of person] cri *m*, glapissement *m*.

Yeltsin [ˈjeltsɪn] pr n ▸ **Boris Yeltsin** Boris Eltsine.

Yemen [ˈjemən] pr n Yémen *m* / *in (the) Yemen* au Yémen ▸ **the Yemen Arab Republic** la République arabe du Yémen ▸ **the People's Democratic Republic of Yemen** la République démocratique et populaire du Yémen ▸ **the Yemen Republic** la république du Yémen.

Yemeni ['jemənɪ] ◆ n Yéménite *mf*. ◆ adj yéménite.

yen [jen] n **1.** (*pl* **yen**) [currency] yen *m* **2.** *inf* [desire] envie *f* ▶ **to have a yen for sthg / to do sthg** avoir très envie de or mourir d'envie de qqch / faire qqch.

Yenisei [,jenɪ'seɪ] pr n ▶ **the (River) Yenisei** l'Ienisseï *m*.

yenta ['jentə] n US *inf* [gossip] commère *f* / *she's a yenta* c'est une vraie concierge.

yeoman ['jəʊmən] (*pl* **yeomen** [-mən]) ◆ n **1.** [in UK] yeoman *m* ▶ **Yeoman of the Guard** yeoman de la garde **2.** MIL & NAUT [petty officer] quartier-maître *m*. ◆ comp ▶ **yeoman farmer** franc-tenancier *m*.

yeomanry ['jəʊmənrɪ] n yeomanry *f*, ensemble *m* des yeomen.

yep [jep] interj *inf* ouais.

yer [jəʳ] *inf* = **your**.

yes [jes] ◆ adv **1.** [gen] oui ; [in answer to negatives] si ; [answering knock on door] oui (entrez) ; [answering phone] allô, oui ; [encouraging a speaker to continue] oui, et puis ?, oui, et alors ? ▶ **to say / to vote yes** dire / voter oui / *is it raining?* — *yes (it is)* est-ce qu'il pleut ? — oui / *will you tell her?* — *yes (I will)* le lui direz-vous ? — oui (je vais le faire) / *yes? what do you want?* oui ? que voulez-vous ? / *did they enjoy the cruise?* — *oh, yes!* ont-ils aimé leur croisière ? — oh, oui ! / *oh yes?* [doubtful] c'est vrai ? / *you don't like me, do you?* — *yes I do!* vous ne m'aimez pas, n'est-ce pas ? — mais si (voyons) ! / *yes please* oui, s'il vous plaît / *yes of course* or *yes certainly* oui, bien sûr **2.** [introducing a contrary opinion] : *yes but...* oui or d'accord mais... **3.** [in response to command or call] oui / *yes, sir* oui or bien, monsieur / *James!* — *yes?* James ! — oui ? **4.** [indeed] en effet, vraiment / *she was rash, yes, terribly rash* elle a été imprudente, vraiment très imprudente. ◆ n [person, vote] ▶ **to count the yeses** compter les oui or les votes pour / *there are 10 yeses and 16 noes* il y a 10 oui et 16 non. ◆ comp ▶ **yes vote** vote *m* pour ▶ **to give a yes vote** voter pour.

❖ **yes and no** adv phr oui et non / *do you like him?* — *well, yes and no* vous l'aimez bien ? — ben, oui et non.

yeshiva [je'ʃi:və] n yeshiva *f*.

yes-man n *inf* béni-oui-oui *m inv*.

yesterday ['jestədɪ] ◆ adv **1.** hier / *he came yesterday* il est venu hier / *yesterday morning / afternoon* hier matin / après-midi / *yesterday week* UK, *a week yesterday, a week ago yesterday* il y a huit jours ▶ **I wasn't born yesterday** je ne suis pas né de la dernière pluie **2.** [in the past] hier, naguère. ◆ n **1.** [day before] hier *m* / *yesterday was Monday* hier c'était lundi / *yesterday's programme* le programme d'hier / *the day before yesterday* avant-hier / *it seems like (only) yesterday* c'est comme si c'était hier **2.** [former times] temps *mpl* passés or anciens / *yesterday's fashions* les coutumes d'hier or d'autrefois / *all our yesterdays* tout notre passé.

yesternight ['jestənaɪt] adv *arch* la nuit dernière, hier soir.

yesteryear ['jestəjɪəʳ] n *fml & liter* temps *m* jadis / *fashions of yesteryear* les coutumes d'autrefois or d'antan.

yet [jet] ◆ adv **1.** [up to now] déjà / *is he here yet?* est-il déjà là ? / *has he arrived yet?* est-il déjà arrivé ? / *have you been to London yet?* êtes-vous déjà allés à Londres ? / *did you go to the zoo yet?* US êtes-vous déjà allés au zoo ? **2.** [at the present time] ▶ **not yet** pas encore ▶ **not just yet** pas tout de suite / *she isn't here yet* elle n'est pas encore là / *I haven't finished yet* je n'ai pas encore fini / *they haven't had any answer yet* ils n'ont pas encore (reçu) de réponse / *it isn't time for a break yet* il n'est pas encore l'heure de faire une pause **3.** *(in affirmative statements)* [still] encore, toujours / *I have yet to meet her* je ne l'ai pas encore rencontrée / *the manuscripts have yet to be deciphered* les manuscrits n'ont pas encore été déchiffrés / *the best is yet to come* le meilleur est encore à venir or reste à venir / *there are another ten miles to go yet* il reste encore une quinzaine de kilomètres / *I won't be ready for another hour yet* j'en ai encore pour une heure / *they won't be here for another hour yet* ils ne seront pas là avant une heure / *they may yet be found* on peut encore les retrouver, il se peut encore qu'on les retrouve / *they may yet be alive* ils sont peut-être encore or toujours en vie **4.** *(with compar and superl)* [even] encore, même / *yet more expensive* encore plus cher / *yet more snow was expected* on prévoyait encore de la neige / *yet higher interest rates* des taux d'intérêt encore plus élevés / *a life of parties and yet more parties* une existence qui consiste à aller de fête en fête / *he is not handsome, nor yet well-dressed* *liter* il n'est pas beau, ni même bien habillé ; [emphasizing amount, frequency, etc.] : *yet another bomb* encore une bombe ▶ **yet again** encore une fois **5.** [so far - in present] jusqu'ici, jusque-là ; [- in past] jusque-là / *it's her best play yet* c'est sa meilleure pièce **6.** [despite everything] après tout, quand même / *she may yet surprise you all* elle va peut-être vous surprendre tous après tout / *I'll manage it yet!* j'y arriverai quand même ! ◆ conj [nevertheless] néanmoins, toutefois ; [however] cependant, pourtant ; [but] mais / *they had no income yet they still had to pay taxes* ils n'avaient pas de revenus et pourtant ils devaient payer des impôts / *he was firm yet kind* il était sévère mais juste.

yeti ['jetɪ] n yéti *m*.

yew [ju:] n **1.** ▶ **yew (tree)** if *m* **2.** [wood] (bois *m* d')if *m*.

Y-fronts® pl n slip *m* kangourou.

YGM MESSAGING written abbr of **you got mail**.

YHA (abbr of **Youth Hostels Association**) pr n UK *Fédération unie des auberges de jeunesse.*

yid, Yid [jɪd] n *offens terme antisémite désignant un juif* ; ≃ youpin *m*, -e *f v inf*.

Yiddish ['jɪdɪʃ] ◆ n yiddish *m*. ◆ adj yiddish.

yield [ji:ld] ◆ vi **1.** [give in - person] céder ; [surrender] se rendre / *he refused to yield* il a refusé de céder or se laisser fléchir ▶ **to yield to a)** [argument] céder or s'incliner devant **b)** [criticism, force] céder devant **c)** [blackmail, demand] céder à **d)** [pressure, threat] céder sous **e)** [desire, temptation] succomber à, céder à / *the city yielded after a month-long siege* la ville a capitulé après un mois de siège / *the countryside has had to yield to suburbia* la campagne a dû reculer au profit de la banlieue **2.** [break, bend - under weight, force] céder, fléchir / *the ice yielded under his weight* la glace céda sous son poids / *the window catch eventually yielded* le loqueteau de la fenêtre a fini par céder / *the door began to yield under the pressure* la porte a commencé à céder sous la pression **3.** US AUTO céder le passage or la priorité / **'yield'** 'cédez le passage' / **'yield to pedestrians'** 'priorité aux piétons' **4.** AGR [field] rapporter, rendre ; [crop] rapporter. ◆ vt **1.** [produce, bring in - gen] produire, rapporter ; [- land, crops] produire, rapporter, donner ; [- results] donner / *the orchard yielded plentiful amounts of fruit* le verger a produit or donné des fruits à profusion / *the investment bond will yield 5%* le bon d'épargne rapportera 5 % / *their research has yielded some interesting results* leur recherche a fourni or donné quelques résultats intéressants **2.** [relinquish, give up] céder, abandonner ▶ **to yield ground** MIL & *fig* céder du terrain / *he was forced to yield control of the party* il a dû céder le contrôle du parti ▶ **to yield a position** MIL abandonner une position ▶ **to yield a point to sb** céder à qqn sur un point, concéder un point à qqn **3.** US AUTO ▶ **to yield right of way** céder la priorité. ◆ n **1.** AGR & INDUST [output] rendement *m*, rapport *m* ; [of crops] récolte *f* ▶ **high-yield crops** récoltes à rendement élevé ▶ **rice yield** récolte de riz ▶ **yield per acre** ≃ rendement à l'hectare **2.** FIN [from investments] rapport *m*, rendement *m* ; [profit] bénéfice *m*, bénéfices *mpl* ; [from tax] recette *f*, rapport *m* / *an 8% yield on investments* des investissements qui rapportent 8 %. ◆ comp US ▶ **yield sign** panneau *m* de priorité.

❖ **yield up** vt sep UK **1.** [surrender - town, prisoner] livrer / *he yielded himself up to the police* il s'est livré à la police **2.** [reveal - secret] dévoiler.

yielding ['ji:ldɪŋ] ◆ adj **1.** [soft - ground] mou *(before vowel or silent 'h' mol, f molle)* **2.** [flexible - material, metal] flexible, extensible **3.** [person] complaisant, accommodant ; [character] docile. ◆ n [of town] reddition *f* ; [of rights, control] cession *f*.

yield point n limite *f* d'élasticité.

yikes [jaɪks] excl mince !

yin [jɪn] n ▶ **yin and yang** le yin et le yang.

yippee [UK jɪ'pi: US 'jɪpɪ] interj *inf* hourra.

YMCA (abbr of **Young Men's Christian Association**) pr n YMCA *m (association chrétienne de jeunes gens, surtout connue pour ses centres d'hébergement).*

yo [jəʊ] interj US *inf* salut / *yo, dude* salut, mec.

yob [jɒb] n UK *inf* loubard *m*.

yobbo ['jɒbəʊ] (*pl* **yobbos**) = **yob**.

yod [jɒd] n yod *m*.

yodel ['jəʊdl] (UK *pt & pp* **yodelled**, *cont* **yodelling** ; US *pt & pp* **yodeled**, *cont* **yodeling**) ◆ vi jodler, iodler. ◆ n tyrolienne *f*.

yoga ['jəʊgə] n yoga *m*.

yoghourt, yoghurt [UK 'jɒgət US 'jəʊgərt] n yaourt *m*, yogourt *m*, yoghourt *m*.

yogi ['jəʊgɪ] n yogi *m*.

yogurt [UK 'jɒgət US 'jəʊgərt] = **yoghourt**.

YOI n abbr of **Young Offender Institution**.

yoke [jəʊk] ◆ n **1.** [frame - for hitching oxen] joug *m* ; [- for carrying buckets] joug *m*, palanche *f* **2.** *fig* [burden, domination] joug *m* / *under the yoke of tyranny* sous le joug de la tyrannie / *a country struggling to cast off the yoke of foreign domination* un pays qui lutte pour rompre or secouer le joug de la domination étrangère **3.** [pair of animals] attelage *m*, paire *f* **4.** [of dress, skirt, blouse] empiècement *m* **5.** CONSTR [for beams] moise *f*, lien *m* **6.** *liter* : *the yoke of marriage* les liens *mpl* du mariage. ◆ vt **1.** [oxen] atteler ▶ **to yoke (up) oxen / bullocks to a plough** atteler des bouvillons / bœufs à une charrue **2.** [ideas, qualities] lier, joindre.

yokel ['jəʊkl] n *pej* péquenot *m*.

Yokohama [,jəʊkə'hɑ:mə] pr n Yokohama.

yolk [jəʊk] n ▶ **(egg) yolk** jaune *m* (d'œuf).

Yom Kippur [,jɒm'kɪpəʳ] n Yom Kippour *m inv*.

yomp [jɒmp] vt UK *inf* crapahuter.

yon [jɒn] dem adj *regional* or *arch* : *yon tree* cet arbre-là, l'arbre là-bas.

yonder ['jɒndəʳ] ◆ adj *liter* : *yonder tree* l'arbre là-bas. ◆ adv là-bas / *way over yonder* loin là-bas.

yonks [jɒŋks] n UK *inf* : *I haven't been there for yonks* il y a une paie or ça fait un bail que je n'y suis pas allé.

yoof [ju:f] adj UK *inf* [television, programme] pour jeunes ; [culture] des jeunes.

yoo-hoo ['ju:,hu:] interj ohé.

yore [jɔ:ʳ] n *arch & liter* ▶ **in days of yore** au temps jadis.

yorkie ['jɔ:kɪ] *inf* = **Yorkshire terrier**.

Yorks. written abbr of **Yorkshire**.

Yorkshire ['jɔ:kʃəʳ] pr n Yorkshire *m* ▶ **the Yorkshire Moors** les landes *fpl* du Yorkshire.

Yorkshireman ['jɔ:kʃəmən] (*pl* **Yorkshiremen** [-mən]) n habitant *m* du Yorkshire.

Yorkshire pudding n *crêpe épaisse salée traditionnellement servie avec du rôti de bœuf.*

Yorkshire terrier n yorkshire-terrier *m*, yorkshire *m*.

you [ju:] pron **1.** [as plural subject] vous ; [as singular subject - polite use] vous ; [- familiar use] tu ; [as plural object] vous ; [as singular object - polite use] vous ; [- familiar use] te, t' *(before vowel or silent 'h')* / *you didn't ask* vous n'avez pas / tu n'as pas demandé / *don't you dare!* je te le déconseille ! / *you and I will go together* vous et moi / toi et moi irons ensemble / *would you like a drink?* voulez-vous boire quelque chose ? / *you and yours* vous et les vôtres / toi et les tiens / *you there!* vous là-bas ! / *don't you say a word* je t'interdis de dire quoi que ce soit / *did he see you?* est-ce qu'il vous a vu / t'a vu ? / *I'll get you some dinner* je vais vous / te préparer à manger / *she gave you the keys* elle vous a donné / elle t'a donné les clés **2.** [after preposition] vous ; [familiar use] toi / *all of you* vous tous / *with you* avec vous / toi / *for you* pour vous / toi / *that's men for you* ah ! les hommes ! / *she gave the keys to you* elle vous a donné / elle t'a donné les clés / *between you and me* entre nous **3.** [before noun or adjective] : *you bloody fool!* v inf espèce de crétin ! / *you sweetie!* oh, le mignon / la mignonne ! / *you Americans are all the same* vous les Américains or vous autres Américains, vous êtes tous pareils **4.** [emphatic use] vous ; [familiar form] toi / *you mean they chose you* tu veux dire qu'ils t'ont choisie toi / *you wouldn't do that, would you?* vous ne feriez pas cela / tu ne ferais pas cela, n'est-ce pas ? **5.** [impersonal use] : *you never know* on ne sait jamais / *a hot bath does you a world of good* un bon bain chaud vous fait un bien immense / *you take the first on the left* prenez la première à gauche.

See box at lui.

you-all pron US inf & regional vous (tous).

you'd [ju:d] **1.** abbr of **you had 2.** abbr of **you would.**

you-know-what n inf & euph : *does he know about the you-know-what?* est-ce qu'il est au courant du... tu vois de quoi je veux parler or ce que je veux dire ? / *they were doing you-know-what* ils faisaient des choses.

you-know-who n inf & euph qui tu sais, qui vous savez.

you'll [ju:l] abbr of **you will.**

young [jʌŋ] (compar **younger** ['jʌŋgəʳ], superl **youngest** ['jʌŋgɪst]) ◆ adj **1.** [in age, style, ideas - person, clothes] jeune / *the young men and women of today* les jeunes gens et jeunes femmes d'aujourd'hui / *a young woman* une jeune femme / *young people* les jeunes mpl, la jeunesse f / *the younger generation* la jeune génération / *families with young children* les familles qui ont des enfants en bas âge / *my younger brother* mon frère cadet, mon petit frère / *I'm ten years younger than she is* j'ai dix ans de moins qu'elle / *I'm not as young as I was!* je n'ai plus (mes) vingt ans ! / *he is young for such responsibility* il est bien jeune pour de telles responsabilités / *you're only young once!* la jeunesse ne dure qu'un temps ! / *in my younger days* dans ma jeunesse, quand j'étais jeune / *the Young Conservatives / Liberals* les jeunes conservateurs / libéraux / *how is young Christopher?* UK comment va le jeune Christopher ? / *the young Mr Ford or Mr Ford the younger* le jeune M. Ford, M. Ford fils / *now listen here young man!* écoutez-moi bien, jeune homme ! / *her young man* dated son petit ami, son amoureux / *his young lady* dated sa petite amie / *young lady!* mademoiselle ! / *she's quite a young lady now* c'est une vraie jeune fille maintenant / *what do you have to say for yourself, young lady?* qu'avez-vous à dire, mademoiselle ? **2.** [youthful] jeune / *he is young for 45* il fait jeune pour 45 ans / *she is a young 45* elle a 45 ans, mais elle ne les fait pas / *he's young for his age* il est jeune pour son âge, il ne fait pas son âge ▸ **to be young at heart** avoir la jeunesse du cœur **3.** [recent - grass, plant] nouveau (*before vowel or silent 'h' nouvel, f nouvelle*) ; [- wine] jeune, vert ; [GEOL - rock formation] jeune, récent. ◆ pl n ▸ **the young a)** [people] les jeunes mpl, la jeunesse **b)** [animals] les petits mpl / *a game suitable for young and old alike* un jeu pour les jeunes et les moins jeunes ▸ **to be with young** [animal] être pleine or grosse.

young blood n [new attitudes, ideas, people] sang m nouveau or neuf.

youngish ['jʌŋɪʃ] adj plutôt jeune.

young-looking adj d'allure jeune.

young offender institution n [in UK] centre m de détention pour mineurs.

youngster ['jʌŋstəʳ] n **1.** [child] garçon m, fille f, gamin m, gamine f ; [youth] jeune homme m, jeune fille f **2.** EQUIT jeune cheval m.

Young Turk n POL jeune-turc m, jeune-turque f.

your [jɔ:ʳ] det **1.** [addressing one or more people - polite use] votre mf, vos mf ; [addressing one person - familiar use] ton m, ta f, tes mf / *your book* votre / ton livre / *your car* votre / ta voiture / *your books* vos / tes livres **2.** [with parts of body, clothes] : *don't put your hands in your pockets* ne mets pas tes mains dans les poches / *why are you scratching your head?* pourquoi est-ce que tu te grattes la tête ? / *hold on to your hat!* tenez bien votre chapeau ! / *I think you've broken your finger* je crois que vous vous êtes cassé le doigt / *does your wrist hurt?* est-ce que tu as mal au poignet ? **3.** [emphatic form] : *is this your book or his?* est-ce que c'est votre livre ou le sien ? / *oh it's* YOUR *book, is it?* ah, c'est à toi ce livre ! / *that's* YOUR *problem* c'est TON problème **4.** [impersonal use] : *if you don't stand up for your rights, no one else will* si vous ne défendez pas vos droits vous-même, personne ne le fera à votre place / *swimming is good for your heart and lungs* la natation est un bon exercice pour le cœur et les poumons / *where are your Churchills and your De Gaulles when you need them?* où sont vos Churchill et vos de Gaulle quand vous avez besoin d'eux ? / *it's not a film for your average cinema goer* ce n'est pas un film pour n'importe quel public **5.** [in titles] ▸ **Your Highness** Votre Majesté (*à un roi, une reine, un prince ou une princesse*) ▸ **Your Majesty** Votre Majesté (*à un roi ou une reine uniquement*).

you're [jɔ:ʳ] abbr of **you are.**

yours [jɔ:z] pron **1.** [addressing one or more people - polite use] le vôtre m, la vôtre f, les vôtres mf pl ; [addressing one person - familiar use] le tien m, la tienne f, les tiens mpl, les tiennes fpl / *is this book yours?* est-ce que ce livre est à vous / toi ? / *is this car yours?* c'est votre / ta voiture ? / *are these books yours?* ces livres sont-ils à vous / toi ? / *is he a friend of yours?* est-ce un de vos / tes amis ? / *yours is an unenviable task* votre tâche est peu enviable / *can't you control that wretched dog of yours?* vous ne pouvez pas retenir votre satané chien ? **2.** [up to you] : *it is not yours to decide* ce n'est pas à vous or il ne vous appartient pas de décider **3.** UK inf [in offering drinks] ▸ **what's yours?** qu'est-ce que vous buvez ?, qu'est-ce que je vous sers ? **4.** [in letter] : *yours, Peter* ≃ bien à vous or à bientôt, Peter ▸ **yours sincerely** cordialement vôtre ▸ **yours faithfully** ≃ veuillez agréer mes salutations distinguées.

yourself [jɔ:'self] (pl **yourselves** [-'selvz]) pron **1.** [personally - gen] vous-même ; [- familiar use] toi-même / *do it yourself* faites-le vous-même / fais-le toi-même / *do it yourselves* faites-le vous-mêmes / *you've kept the best seats for yourselves* vous avez gardé les meilleures places pour vous / *see for yourself* tu n'as qu'à voir par toi-même / *did you come by yourself?* vous êtes venu tout seul ? / *did you mend the fuse (by) yourself?* vous avez remplacé le fusible tout seul ? / *did you make it yourself?* l'avez-vous fait vous-même ? **2.** [reflexive use] : *did you hurt yourself?* est-ce que vous vous êtes / tu t'es fait mal ? / *did you enjoy yourself?* est-ce que c'était bien ? / *you were talking to yourself* tu parlais tout seul / *speak for yourself!* parle pour toi ! / *just look at yourself!* regarde-toi donc ! / *you don't seem yourself today* tu n'as pas l'air d'être dans ton assiette aujourd'hui **3.** [emphatic use] : *you told me yourself* or *you yourself told me* vous me l'avez dit vous-même, c'est vous-même qui me l'avez dit / *you must have known yourself that they wouldn't accept* vous-même, vous auriez dû savoir qu'ils n'accepteraient pas **4.** [impersonal use] : *you have to know how to look after yourself in the jungle* dans la jungle, il faut savoir se défendre tout seul or se débrouiller soi-même / *you're supposed to help yourself* on est censé se servir soi-même.

yours truly pron inf bibi, mézigue.

youth [ju:θ] (pl **youths** [ju:ðz]) ◆ n **1.** [young age] jeunesse f / *in my youth* dans ma jeunesse, quand j'étais jeune / *the optimism of youth* l'optimisme de la jeunesse **2.** [young man] adolescent m, jeune m. ◆ pl n [young people] : *the youth of today* les jeunes mpl or la jeunesse d'aujourd'hui / *the youth of the nation* la jeunesse du pays.

youth club n UK ≃ maison f des jeunes.

youth culture n culture f des jeunes.

youth custody n UK détention f de mineurs, éducation f surveillée.

youthful ['ju:θfʊl] adj **1.** [young - person] jeune ; [- appearance] d'allure jeune **2.** [typical of youth - idea] de jeunesse ; [- enthusiasm, expectations, attitude] juvénile / *youthful good humour* bonne humeur juvénile or propre à la jeunesse.

youthfulness ['ju:θfʊlnɪs] n [of person] jeunesse f ; [of appearance] allure f jeune ; [of mind, ideas] jeunesse f, fraîcheur f.

youth hostel n auberge f de jeunesse.

youth hosteller n habitué m, -e f des auberges de jeunesse.

youth hostelling n (U) ▸ **to go youth hostelling** passer ses vacances en auberges de jeunesse.

you've [ju:v] abbr of **you have.**

yowl [jaʊl] ◆ vi [cat] miauler (fort) ; [dog, person] hurler / *to yowl in pain* **a)** [cat] miauler de douleur **b)** [dog, person] hurler de douleur. ◆ n [of cat] miaulement m (déchirant) ; [of dog, person] hurlement m.

yo-yo ['jəʊjəʊ] (pl **yo-yos**) ◆ n **1.** [toy] Yo-Yo® m inv **2.** US v inf [fool] couillon m. ◆ vi inf fluctuer.

yr 1. written abbr of **your 2.** written abbr of **year.**

yrs written abbr of **yours.**

YT written abbr of **Yukon Territory.**

YTD n abbr of **year to date.**

Y2K (abbr of **the year 2000**) n [year] l'an 2000 ; [millenium bug] le bogue de l'an 2000.

ytterbium [ɪ'tɜ:bɪəm] n ytterbium m.

yttrium ['ɪtrɪəm] n yttrium m.

yuan [ju:'ɑ:n] (pl **yuan**) n yuan m.

Yucatan [,ju:kə'tɑ:n] pr n Yucatan m.

yucca ['jʌkə] n yucca m.

yuck [jʌk] interj inf berk, beurk.

yucky ['jʌkɪ] (compar **yuckier**, superl **yuckiest**) adj inf dégueulasse.

Yugoslav ['ju:gəʊ,slɑ:v] ◆ n Yougoslave mf. ◆ adj yougoslave.

Yugoslavia [,ju:gəʊ'slɑ:vɪə] pr n ▸ **former Yugoslavia** ex-Yougoslavie f / *in Yugoslavia* en Yougoslavie.

Yugoslavian [,ju:gəʊ'slɑ:vɪən] ◆ n Yougoslave mf. ◆ adj yougoslave.

yuk [jʌk] inf = **yuck.**

yukky ['jʌkɪ] (compar **yukkier**, superl **yukkiest**) inf = **yucky.**

Yukon Territory ['ju:kɒn-] pr n territoire m du Yukon.

yule, Yule [ju:l] n arch & liter Noël m.

yule log, Yule log n bûche f de Noël.

yuletide, Yuletide liter ['ju:ltaɪd] ◆ n (époque f de) Noël m / *at yuletide* à Noël. ◆ comp [greetings, festivities] de Noël.

yummy ['jʌmɪ] (compar **yummier**, superl **yummiest**) inf ◆ adj [food] succulent, délicieux. ◆ interj miam-miam.

yum-yum [,jʌm'jʌm] interj inf miam-miam.

Yunnan [ju:'næn] pr n Yunnan m.

yup [jʌp] adv US inf ouais.

yuppie, yuppy ['jʌpɪ] ◆ n (pl **yuppies**) yuppie mf ; ≃ jeune cadre m dynamique. ◆ adj [club] pour jeunes cadres dynamiques ; [lifestyle] des yuppies.

yuppie flu n inf & pej syndrome m de fatigue chronique, syndrome m des yuppies.

yuppify ['jʌpɪfaɪ] vt ▸ **to become yuppified** s'embourgeoiser.

YWCA (abbr of **Young Women's Christian Association**) pr n *association chrétienne de jeunes filles (surtout connue pour ses centres d'hébergement).*

z (*pl* **z's** *or* **zs**), **Z** (*pl* **Z's** *or* **Zs**) [UK zed US zi:] n z *m*, Z *m* ▶ **to catch** or **get** or **score some z's** US *inf* faire un petit somme. **See also f.**

Zacharias [ˌzækəˈraɪəs] pr n Zacharie.

Zagreb [ˈzɑ:greb] pr n Zagreb.

Zaïre [zɑ:ˈɪə^{r}] pr n Zaïre *m* / *in Zaïre* au Zaïre.

Zaïrean [zɑ:ˈɪərɪən] ◆ n Zaïrois *m*, -e *f*. ◆ adj zaïrois.

Zaïrese [zɑ:ɪəˈri:z] ◆ n Zaïrois *m*, -e *f*. ◆ adj zaïrois.

Zambesi, **Zambezi** [zæmˈbi:zɪ] pr n ▶ **the Zambesi** le Zambèze.

Zambia [ˈzæmbɪə] pr n Zambie *f* / *in Zambia* en Zambie.

Zambian [ˈzæmbɪən] ◆ n Zambien *m*, -enne *f*. ◆ adj zambien.

zander [zændə^{r}] n sandre *m*.

zany [ˈzeɪnɪ] (*compar* **zanier**, *superl* **zaniest**, *pl* **zanies**) *inf* ◆ adj farfelu, dingue, dingo. ◆ n THEAT bouffon *m*, zani *m*, zanni *m*.

Zanzibar [ˌzænzɪˈbɑ:^{r}] pr n Zanzibar *m* / *in Zanzibar* au Zanzibar.

zap [zæp] (*pt & pp* **zapped**, *cont* **zapping**) *inf* ◆ vi **1.** [go quickly] courir / *I'll zap over to see her* je file la voir, je vais faire un saut chez elle **2.** TV zapper / *stop zapping!* arrête de zapper ! ◆ vt **1.** [destroy by bombing - town] ravager, bombarder ; [- target] atteindre **2.** [kill - victim] tuer, descendre ; [- in video game] éliminer **3.** COMPUT [display, data] effacer, supprimer. ◆ n [energy] pêche *f*, punch *m*. ◆ interj vlan.

zapper [ˈzæpə^{r}] n *inf* [for TV] télécommande *f*.

zappy [ˈzæpɪ] (*compar* **zappier**, *superl* **zappiest**) adj UK *inf* qui a la pêche, plein de punch / *a zappy little car* une petite voiture nerveuse.

Zarathustra [ˌzærəˈθu:strə] pr n Zarathoustra.

z-axis n axe *m* des z.

Z-car n UK *dated* voiture *f* pie *(de la police)*.

Z chart n INDUST & MATH *table statistique de données journalières, hebdomadaires et mensuelles pour une année.*

zeal [zi:l] n zèle *m*, ferveur *f*, ardeur *f* / *full of zeal* plein de zèle / *she undertook the work with great zeal* elle a entrepris le travail avec beaucoup de zèle / *political / religious zeal* ferveur politique / religieuse.

Zealand [ˈzi:lənd] pr n Zélande *f*.

zealot [ˈzelət] n fanatique *mf* / *religious zealots* fanatiques religieux.

zealotry [ˈzelətrɪ] n fanatisme *m*.

zealous [ˈzeləs] adj [worker, partisan] zélé, actif ; [opponent] zélé, acharné / *she is zealous in carrying out her duties* elle fait ce qu'elle a à faire avec beaucoup de zèle or d'ardeur / *he's been rather too zealous in pursuing his inquiry* il a mené son enquête avec un peu trop de zèle.

zealously [ˈzeləslɪ] adv avec zèle or ardeur.

zebra [UK ˈzebrə US ˈzi:brə] (*pl* **zebra** *or* **zebras**) n zèbre *m*.

zebra crossing n UK passage *m* clouté or pour piétons.

zebu [ˈzi:bu:] n zébu *m*.

Zechariah [ˌzekəˈraɪə] pr n Zacharie.

zed UK [zed], **zee** US [zi:] n (lettre *f*) z *m*.

zeitgeist, **Zeitgeist** [ˈzaɪtgaɪst] n esprit *m* de l'époque.

Zen [zen] ◆ n zen *m*. ◆ adj zen *(inv)* ▶ **Zen Buddhism** les préceptes *mpl* du zen, le bouddhisme zen.

zenith [UK ˈzenɪθ US ˈzi:nəθ] n zénith *m* / *she had reached the zenith of her career* *fig* elle était au sommet or au faîte or à l'apogée de sa carrière / *when the British Empire was at its zenith* *fig* lorsque l'Empire britannique était à son apogée, à l'apogée de l'Empire britannique.

zeolite [ˈzi:əlaɪt] n zéolite *f*.

zephyr [ˈzefə^{r}] n TEXT & *liter* zéphyr *m*.

zeppelin [ˈzepəlɪn] n zeppelin *m*.

zero [UK ˈzɪərəʊ US ˈzi:rəʊ] (*pl* **zeros** *or* **zeroes**) ◆ n **1.** MATH zéro *m* **2.** [in temperature] zéro *m* / *40 below zero* 40 degrés au-dessous de zéro, moins 40 **3.** SPORT : *to win 3 zero* gagner 3 (à) zéro **4.** [nothing, nought] : *our chances have been put at zero* on considère que nos chances sont nulles. ◆ comp [altitude] zéro *(inv)* ; [visibility] nul / *the project has zero interest for me* le projet ne présente aucun intérêt pour moi ▶ **zero gravity** apesanteur *f* ▶ **zero growth** croissance *f* zéro ▶ **the zero option** POL l'option *f* zéro ▶ **zero tolerance** tolérance *f* zéro. ◆ vt [instrument] régler sur zéro.

❖ **zero in on** vt insep **1.** MIL [aim for] se diriger or piquer droit sur / *the police zeroed in on the terrorists' hideout* *inf* la police a investi la cachette des terroristes **2.** *inf* [concentrate on] se concentrer sur, faire porter tous ses efforts sur **3.** *inf* [pinpoint] mettre le doigt sur.

zero-carbon adj zéro-carbone.

zero hour n heure *f* H.

zero-rated [-ˌreɪtɪd] adj ▶ **zero-rated (for VAT)** exempt de TVA, non assujetti à la TVA.

zero-rating n exemption *f* de TVA.

zero sum n somme *f* nulle ▶ **a zero sum game** un jeu à somme nulle.

zest [zest] n **1.** [piquancy] piquant *m*, saveur *f* / *to add zest to a situation* ajouter du sel or du piquant à une situation **2.** [enthusiasm] enthousiasme *m*, entrain *m* ▶ **zest for life** joie *f* de vivre **3.** CULIN [of orange, lemon] zeste *m*.

zester [ˈzestə^{r}] n zesteur *m*.

zestful [ˈzestfʊl] adj [person] enthousiaste.

zeugma [ˈzju:gmə] n zeugma *m*, zeugme *m*.

Zeus [zju:s] pr n Zeus.

zig [zɪg] vi US : *I zigged before I zagged* j'ai fait tout à l'envers / *I zigged when I should have zagged* je n'ai pas fait les choses comme il fallait.

zigzag [ˈzɪgzæg] (*pt & pp* **zigzagged**, *cont* **zigzagging**) ◆ vi [walker, vehicle] avancer en zigzags, zigzaguer ; [road] zigzaguer ; [river] serpenter / *to zigzag across / up the road* traverser / monter la rue en zigzaguant / *the road zigzags through the valley* la route traverse la vallée en zigzaguant or serpente à travers la vallée. ◆ n [in design] zigzag *m* ; [on road] lacet *m* ; [in river] boucle *f*. ◆ adj [path, line] en zigzag ; [pattern] à zigzag or zigzags / *the path follows a zigzag course across the fields* le chemin traverse les champs en zigzaguant. ◆ adv en zigzag.

zilch [zɪltʃ] n US *inf* que dalle.

zillion [ˈzɪljən] (*pl* **zillion** *or* **zillions**) *inf* ◆ n foultitude *f* / *they earn / cost zillions* ils gagnent / coûtent des milliards / *we got zillions of replies* nous avons eu des tas et des tas or des tonnes de réponses. ◆ adj : *for a zillion reasons* pour des tas or une foultitude de raisons.

Zimbabwe [zɪmˈbɑ:bwɪ] pr n Zimbabwe *m* / *in Zimbabwe* au Zimbabwe.

Zimbabwean [zɪmˈbɑ:bwɪən] ◆ n Zimbabwéen *m*, -enne *f*. ◆ adj zimbabwéen.

Zimmer (frame)® [ˈzɪmə^{r}-] n déambulateur *m*.

zinc [zɪŋk] ◆ n zinc *m*. ◆ comp [chloride, sulphate, sulphide] de zinc ; [ointment] à l'oxyde de zinc ▶ **zinc white** oxyde *m* de zinc *(pigment)*.

zinc blend n blende *f*.

zinc ointment n pommade *f* à l'oxyde de zinc.

zinc oxide n oxyde *m* de zinc.

zine [zi:n] n *inf* revue *f*, magazine *m*.

zing [zɪŋ] *inf* ◆ onomat zim. ◆ n **1.** [of bullet] sifflement *m* **2.** [of person] punch *m*. ◆ vi [projectile] siffler, passer dans un sifflement / *the bullet zinged past me* la balle est passée à côté de moi dans un sifflement.

zinger [ˈzɪŋə^{r}] n US *inf* **1.** [pointed remark] pique *f* **2.** [impressive thing] : *it was a real zinger* c'était impressionnant / *a real zinger of a black eye* un œil au beurre noir pas croyable.

Zion [ˈzaɪən] pr n Sion.

Zionism [ˈzaɪənɪzm] n sionisme *m*.

Zionist [ˈzaɪənɪst] ◆ n sioniste *mf*. ◆ adj sioniste.

zip [zɪp] (*pt & pp* **zipped**, *cont* **zipping**) ◆ n **1.** [fastener] fermeture *f* Éclair® or à glissière **2.** [sound of bullet] sifflement *m* **3.** *inf* [liveliness] vivacité *f*, entrain *m* **4.** US code *m* postal **5.** US *inf* [nothing] rien *m*. ◆ vi **1.** [with zip fastener] ▶ **to zip open / shut** s'ouvrir / se fermer à l'aide d'une fermeture Éclair® or à glissière **2.** *inf* [verb of movement] ▶ **to zip past** passer comme une flèche ▶ **to zip upstairs** monter l'escalier quatre à quatre / *she zipped out to get a paper* elle a filé chercher un journal / *I zipped through the book / my work* j'ai lu ce livre / fait mon travail en quatrième vitesse **3.** [arrow, bullet] siffler / *bullets zipped past us* des balles sifflaient à nos oreilles. ◆ vt **1.** [with zip fastener] ▸ **to zip sthg open** / **shut** fermer / ouvrir la fermeture Éclair® or à glissière de qqch / *I zipped myself into my sleeping bag* je me suis mis dans mon sac de couchage en tirant la fermeture ▸ **zip it!** US *inf* [shut up] la ferme !, ta gueule ! **2.** *inf* [do quickly] : *I'll just zip this cake into the oven* je vais juste glisser le gâteau dans le four **3.** COMPUT zipper.

❖ **zip on** ◆ vt sep attacher (avec une fermeture à glissière). ◆ vi s'attacher avec une fermeture Éclair® or à glissière.

❖ **zip up** ◆ vt sep **1.** [clothing, sleeping bag] fermer avec la fermeture Éclair® or à glissière **2.** [subj: person] fermer la fermeture Éclair® or à glissière de. ◆ vi [dress] se fermer avec une fermeture Éclair® or à glissière.

zip code, **ZIP code** n US code *m* postal.

zip disk® n COMPUT disque *m* zip.

zip drive® n COMPUT lecteur *m* de zips.

zip fastener n UK fermeture *f* Éclair® or à glissière.

zip gun n US *inf* pistolet *m* rudimentaire *(à ressort)*.

zip-on adj [flap, hood] qui s'attache avec une fermeture Éclair® or à glissière.

zipper ['zɪpəʳ] **1.** US = **zip fastener 2.** US [on pants] braguette *f*.

zippy ['zɪpɪ] (*compar* **zippier**, *superl* **zippiest**) adj *inf* [person] vif ; [car] nerveux.

zip-up adj [bag, coat] à fermeture Éclair®, zippé.

zipwire ['zɪpwaɪəʳ] n tyrolienne *f*.

zircon ['zɜ:kɒn] n zircon *m*.

zirconium [zɜ:'kəʊnɪəm] n zirconium *m*.

zit [zɪt] n *inf* bouton *m (sur la peau)*.

zither ['zɪðəʳ] n cithare *f*.

zizz [zɪz] n UK *inf* ▸ **to have a zizz** faire un somme.

zodiac ['zəʊdɪæk] n zodiaque *m*.

zombie ['zɒmbɪ] n zombie *m*.

zonal ['zəʊnl] adj zonal.

zone [zəʊn] ◆ n **1.** [area] zone *f*, secteur *m* ▸ **the occupied zone** MIL la zone occupée **2.** [sphere] zone *f*, domaine *m* ▸ **to be in the zone** US *inf* **a)** [performing optimally] être au mieux de ses performances **b)** [ready] être dans les starting-blocks **3.** GEOG & METEOR zone *f*. ◆ vt **1.** [partition] diviser en zones **2.** [classify] désigner ▸ **to zone an area as industrial** / **residential** classer un secteur zone industrielle / résidentielle.

❖ **zone in on** vt US [move towards] se diriger vers ; [reach] atteindre.

❖ **zone out** ◆ vi [chill out] : *when I get home from work, I like to sit on the couch and zone out* quand je rentre du boulot, j'aime m'affaler sur le canapé et glander. ◆ vt : *it zoned me out* [music, drug] ça m'a fait planer / *he looked completely zoned out* il avait l'air de planer complètement.

zone defence n SPORT défense *f* de zone.

zoning ['zəʊnɪŋ] n zonage *m* ▸ **zoning board** US *comité chargé du zonage*.

zonked [zɒŋkt] adj *inf* **1.** [exhausted] vanné, claqué **2.** [drunk] bourré ; [drugged] défoncé.

zoo [zu:] (*pl* **zoos**) n zoo *m*, jardin *m* zoologique.

zookeeper ['zu:ˌki:pəʳ] n gardien *m*, -enne *f* du zoo.

zoological [ˌzəʊə'lɒdʒɪkl] adj zoologique ▸ **zoological garden** jardin *m* or parc *m* zoologique.

zoologist [zəʊ'ɒlədʒɪst] n zoologiste *mf*.

zoology [zəʊ'ɒlədʒɪ] n zoologie *f*.

zoom [zu:m] ◆ vi *inf* **1.** [verb of movement] : *the car zoomed up* / *down the hill* la voiture a monté / descendu la côte à toute allure / *the rocket zoomed up into the clouds* la fusée est montée en chandelle dans les nuages / *I'm just going to zoom into town to get some food* je vais faire un saut en ville pour acheter à manger **2.** [prices, costs, sales] monter en flèche / *inflation zoomed up* or *upwards* l'inflation est montée en flèche **3.** [engine] vrombir. ◆ n **1.** [of engine] vrombissement *m* **2.** PHOT [lens, effect] zoom *m*. ◆ onomat ▸ **zoom!** vroum !

❖ **zoom in** vi PHOT faire un zoom / *the camera zoomed in on the laughing children* la caméra a fait un zoom sur les enfants qui riaient.

❖ **zoom off** vi filer / *they're zooming off on holiday tomorrow* ils filent en vacances demain.

❖ **zoom out** vi PHOT faire or produire un effet d'éloignement avec le zoom.

zoom lens n zoom *m*.

zoomorphism [ˌzəʊə'mɔ:fɪzm] n zoomorphisme *m*.

zoophyte ['zəʊəfaɪt] n zoophyte *m*.

zooplankton [ˌzəʊə'plæŋtən] n zooplancton *m*.

zoot suit [zu:t-] n costume *m* zazou.

Zoroaster [ˌzɒrəʊ'æstəʳ] pr n Zoroastre.

Zoroastrian [ˌzɒrəʊ'æstrɪən] ◆ adj zoroastrien. ◆ n zoroastrien *m*, -enne *f*.

zounds [zu:ndz] interj *arch* morbleu.

zucchini [zu:'ki:nɪ] (*pl* **zucchini** *or* **zucchinis**) n US courgette *f*.

zugzwang ['zu:gzwæŋ] ◆ n [in chess] *situation du joueur qui ne peut déplacer une pièce qu'à son désavantage*. ◆ vt [opponent] *mettre dans une situation où tout déplacement entraîne un gros désavantage*.

Zulu ['zu:lu:] (*pl* **Zulu** *or* **Zulus**) ◆ n **1.** [person] Zoulou *m*, -e *f* **2.** LING zoulou *m*. ◆ adj zoulou.

Zululand ['zu:lu:lænd] pr n Zoulouland *m*, Zululand *m*.

Zürich ['zjʊərɪk] pr n Zurich.

zwieback® ['zwaɪbæk] n US biscotte *f*.

zygote ['zaɪgəʊt] n zygote *m*.

English irregular verbs

Verbes irréguliers anglais

verbes irréguliers
English irregular verbs

infinitif	prétérit	participe passé
abide	abode, abided	abode, abided
arise	arose	arisen
awake	awoke	awoken
backslide	backslid	backslid, backslidden
be	was, were	been
bear	bore	borne
beat	beat	beaten
become	became	become
befall	befell	befallen
beget	begot, begat	begotten
begin	began	begun
behold	beheld	beheld
bend	bent	bent
bereave	bereft, bereaved	bereft, bereaved
beseech	besought, beseeched	besought, beseeched
beset	beset	beset
bespeak	bespoke	bespoke, bespoken
bestrew	bestrewed	bestrewn, bestrewed
bestride	bestrode	bestridden
bet	bet, betted	bet, betted
betake	betook	betaken
bethink	bethought	bethought
bid [for auctions]	bid	bid
bid [say]	bade	bidden
bide	bode, bided	bided
bind	bound	bound
bite	bit	bitten
bleed	bled	bled
blow	blew	blown
break	broke	broken
breed	bred	bred
bring	brought	brought
broadcast	broadcast, broadcasted	broadcast, broadcasted
browbeat	browbeat	browbeaten
build	built	built
burn	burnt, burned	burnt, burned
burst	burst	burst
bust	bust, busted	bust, busted
buy	bought	bought
can	could	—
cast	cast	cast
catch	caught	caught
chide	chid, chided	chid, chidden
choose	chose	chosen
cleave	clove, cleaved	cloven, cleaved
cling	clung	clung
clothe	clothed, clad	clothed, clad
come	came	come
cost [vi]	cost	cost
countersink	countersank	countersunk
creep	crept	crept
crossbreed	crossbred	crossbred
cut	cut	cut
deal	dealt	dealt
dig	dug	dug
disprove	disproved	disproven, disproved
dive	dived (US also dove)	dived
do	did	done
draw	drew	drawn
dream	dreamt, dreamed	dreamt, dreamed
drink	drank	drunk
drive	drove	driven
dwell	dwelt, dwelled	dwelt, dwelled
eat	ate	eaten
fall	fell	fallen
feed	fed	fed
feel	felt	felt
fight	fought	fought
find	found	found
fit	UK fitted, US fit	UK fitted, US fit
flee	fled	fled
fling	flung	flung
floodlight	floodlit, floodlighted	floodlit, floodlighted
fly	flew	flown
forbear	forbore	forborne
forbid	forbade, forbad	forbidden
forecast	forecast, forecasted	forecast, forecasted
forego	forewent	foregone
foresee	foresaw	foreseen
foretell	foretold	foretold

infinitif	prétérit	participe passé
forget	forgot	forgotten
forgive	forgave	forgiven
forsake	forsook	forsaken
forswear	forswore	forsworn
freeze	froze	frozen
gainsay	gainsaid	gainsaid
get	got	got (US gotten)
ghostwrite	ghostwrote	ghostwritten
gild	gilded	gilt, gilded
gird	girt, girded	girt, girded
give	gave	given
go	went	gone
grind	ground	ground
grow	grew	grown
hamstring	hamstrung	hamstrung
handfeed	handfed	handfed
hang	hung, hanged	hung, hanged
have	had	had
hear	heard	heard
hew	hewed	hewn, hewed
hide	hid	hidden
hit	hit	hit
hold	held	held
hurt	hurt	hurt
inlay	inlaid	inlaid
input	input	input
inset	inset	inset
interbreed	interbred	interbred
interweave	interwove, interweaved	interwoven, interweaved
joyride	joyrode	joyridden
keep	kept	kept
kneel	knelt, kneeled	knelt, kneeled
knit	knit, knitted	knit, knitted
know	knew	known
lade	laded	laden, laded
lay	laid	laid
lead	led	led
lean	leant, leaned	leant, leaned
leap	leapt, leaped	leapt, leaped
learn	learnt, learned	learnt, learned
leave	left	left
lend	lent	lent
let	let	let
lie [position]	lay	lain
light	lit, lighted	lit, lighted
lose	lost	lost
make	made	made
may	might	—
mean	meant	meant
meet	met	met
miscast	miscast	miscast
misdeal	misdealt	misdealt
mishear	misheard	misheard
mishit	mishit	mishit
mislay	mislaid	mislaid
mislead	misled	misled
misread	misread	misread
misspell	misspelt, misspelled	misspelt, misspelled
misspend	misspent	misspent
mistake	mistook	mistaken
misunderstand	misunderstood	misunderstood
mow	mowed	mown, mowed
offset	offset	offset
outbid	outbid	outbid, outbidden
outdo	outdid	outdone
outgrow	outgrew	outgrown
outlay	outlaid	outlaid
output	output	output
outrun	outran	outrun
outsell	outsold	outsold
outshine	outshone	outshone
outspend	outspent	outspent
overbear	overbore	overborn
overbid	overbid	overbid
overcast	overcast	overcast
overcome	overcame	overcome
overdo	overdid	overdone
overdraw	overdrew	overdrawn
overeat	overate	overeaten
overfeed	overfed	overfed

infinitif	prétérit	participe passé
overfly	overflew	overflown
overhang	overhung	overhung
overhear	overheard	overheard
overlay	overlaid	overlaid
overpay	overpaid	overpaid
override	overrode	overridden
overrun	overran	overrun
oversee	oversaw	overseen
oversell	oversold	oversold
oversew	oversewed	oversewn, oversewed
overshoot	overshot	overshot
oversleep	overslept	overslept
overspend	overspent	overspent
overtake	overtook	overtaken
overthrow	overthrew	overthrown
overwind	overwound	overwound
overwrite	overwrote	overwritten
partake	partook	partaken
pay	paid	paid
photoset	photoset	photoset
plead	pleaded (US also pled)	pleaded (US also pled)
prepay	prepaid	prepaid
preset	preset	preset
proofread	proofread	proofread
prove	proved	proved (US also proven)
put	put	put
quit	quit, quitted	quit, quitted
read	read	read
rebuild	rebuilt	rebuilt
reeve	rove, reeved	rove, reeved
refreeze	refroze	refrozen
rend	rent	rent
reset	reset	reset
rewind	rewound	rewound
rewrite	rewrote	rewritten
rid	rid, ridded	rid, ridded
ride	rode	ridden
ring	rang	rung
rise	rose	risen
run	ran	run
saw	sawed	sawn, sawed
say	said	said
see	saw	seen
seek	sought	sought
sell	sold	sold
send	sent	sent
set	set	set
sew	sewed	sewn, sewed
shake	shook	shaken
shall	should	—
shear	sheared	shorn, sheared
shed	shed	shed
shew	shewed	shewn, shewed
shine [vi]	shone	shone
shit	shat	shat
shoe	shod	shod
shoot	shot	shot
show	showed	shown
shrink	shrank	shrunk
shrive	shrove, shrived	shriven, shrived
shut	shut	shut
sing	sang	sung
sink	sank	sunk
sit	sat	sat
slay	slew	slain
sleep	slept	slept
slide	slid	slid
sling	slung	slung
slink	slunk	slunk
slit	slit	slit
smell	smelt, smelled	smelt, smelled
smite	smote	smitten
sneak	sneaked (US also snuck)	sneaked (US also snuck)
sow	sowed	sown, sowed
speak	spoke	spoken
speed	sped, speeded	sped, speeded
spell	spelt, spelled	spelt, spelled
spend	spent	spent
spill	spilt, spilled	spilt, spilled
spin	spun	spun
spit	spat, spit	spat, spit
split	split	split
spoil	spoilt, spoiled	spoilt, spoiled
spotlight	spotlit	spotlit
spread	spread	spread
spring	sprang, sprung	sprung
stand	stood	stood
stave	stove, staved	stove, staved
steal	stole	stolen
stick	stuck	stuck
sting	stung	stung
stink	stank	stunk
strew	strewed	strewn, strewed
stride	strode	stridden
strike	struck	struck, stricken
string	strung	strung
strive	strove	striven
sublet	sublet	sublet
swear	swore	sworn
sweat	sweated (US also sweat)	sweated (US also sweat)
sweep	swept	swept
swell	swelled	swollen, swelled
swim	swam	swum
swing	swung	swung
take	took	taken
teach	taught	taught
tear	tore	torn
tell	told	told
think	thought	thought
thrive	throve, thrived	thriven, thrived
throw	threw	thrown
thrust	thrust	thrust
tread	trod	trod, trodden
typecast	typecast	typecast
typeset	typeset	typeset
unbind	unbent	unbent
underbid	underbid	underbid
undercut	undercut	undercut
underdo	underdid	underdone
underfeed	underfed	underfed
undergo	underwent	undergone
underlay	underlaid	underlaid
underlie	underlay	underlain
underpay	underpaid	underpaid
undersell	undersold	undersold
undershoot	undershot	undershot
understand	understood	understood
undertake	undertook	undertaken
underwrite	underwrote	underwritten
undo	undid	undone
unfreeze	unfroze	unfrozen
unlearn	unlearnt, unlearned	unlearnt, unlearned
unmake	unmade	unmade
unsay	unsaid	unsaid
unstick	unstuck	unstuck
unwind	unwound	unwound
uphold	upheld	upheld
uppercut	uppercut	uppercut
upset	upset	upset
wake	woke, waked	woken, waked
waylay	waylaid	waylaid
wear	wore	worn
weave	wove, weaved	woven, weaved
wed	wed, wedded	wed, wedded
weep	wept	wept
wet	wetted, wet	wetted, wet
will	would	—
win	won	won
wind	wound	wound
winterfeed	winterfed	winterfed
wiredraw	wiredrew	wiredrawn
withdraw	withdrew	withdrawn
withhold	withheld	withheld
withstand	withstood	withstood
wring	wrung	wrung
write	wrote	written

Imprimé en Italie par Rotolito Lombarda
Dépôt légal : mai 2010.302970
N° de projet : 11008512. Mai 2010

abréviation	**abr / abbr**	abbreviation
comptabilité	**ACCOUNT**	accounting
acoustique	**ACOUST**	acoustics
adjectif	**adj**	adjective
adjectif démonstratif	**adj dém**	demonstrative adjective
adjectif exclamatif	**adj excl**	exclamatory adjective
adjectif indéfini	**adj indéf**	indefinite adjective
adjectif interrogatif	**adj interr**	interrogative adjective
adjectif numéral	**adj num**	numeral adjective
locution adjectivale	**adj phr**	adjectival phrase
adjectif possessif	**adj poss**	possessive adjective
adjectif relatif	**adj rel**	relative adjective
administration	**ADMIN**	administration
adverbe	**adv**	adverb
adverbe exclamatif	**adv excl**	exclamatory adverb
adverbe interrogatif	**adv interr**	interrogative adverb
locution adverbiale	**adv phr**	adverbial phrase
adverbe relatif	**adv rel**	relative pronoun
aéronautique	**AÉRON / AERON**	aeronautics
agriculture	**AGRIC / AGR**	agriculture
anatomie	**ANAT**	anatomy
anthropologie	**ANTHR**	anthropology
antiquité	**ANTIQ**	antiquity
archaïque	**arch**	archaic
archéologie	**ARCHÉOL / ARCHEOL**	archaeology
architecture	**ARCHIT**	architecture
argot	**arg**	slang
argot du milieu	**arg crime**	crime slang
argot militaire	**arg mil**	military slang
argot scolaire	**arg scol**	school slang
armement	**ARM**	arms
article	**art**	article
article défini	**art déf**	definite article
article indéfini	**art indéf**	indefinite article
article partitif	**art partitif**	partitive article
astrologie	**ASTROL**	astrology
astronomie	**ASTRON**	astronomy
astronautique	**ASTRONAUT**	astronautics
automobile	**AUTO**	cars
auxiliaire	**aux**	auxiliary
biologie	**BIOL**	biology
botanique	**BOT**	botany
boxe	**BOX**	boxing
substantif comptable	**C**	countable noun
cardinal	**card**	cardinal
chimie	**CHIM / CHEM**	chemistry
cinéma	**CINÉ / CIN**	cinema
travaux publics	**CIV ENG**	civil engineering
commerce	**COMM**	commerce
composé	**comp**	compound
comparatif	**compar**	comparative
comptabilité	**COMPTA**	accounting
informatique	**COMPUT**	computing
conditionnel	**cond**	conditional
conjonction	**conj**	conjunction
locution conjonctive	**conj phr**	conjunctive phrase
construction	**CONSTR**	construction
progressif	**cont**	continuous
verbe copule	**cop vb**	copulative verb
couture	**COUT**	sewing
cuisine	**CULIN**	cooking
cyclisme	**CYCL**	cycling
article défini	**def art**	definite article
adjectif démonstratif	**dem adj**	demonstrative adjective
pronom démonstratif	**dem pron**	demonstrative pronoun
dentisterie	**DENT**	dentistry
déterminant	**dét / det**	determiner
locution ayant valeur de déterminant	**det phr**	phrase functioning as determiner
droit	**DR**	law
écologie	**ÉCOL / ECOL**	ecology
économie	**ÉCON / ECON**	economics
éducation	**ÉDUC**	education
électricité	**ÉLECTR / ELEC**	electricity
électronique	**ÉLECTRON / ELECTRON**	electronics
enseignement	**ENS**	teaching
entomologie	**ENTOM**	entomology
équitation	**ÉQUIT / EQUIT**	horse riding
ethnologie	**ETHN**	ethnology
euphémisme	**euphém / euph**	euphemism
exclamation	**excl**	exclamation
féminin	**f**	feminine
familier	**fam**	informal
figuré	**fig**	figurative
finance	**FIN**	finance
soutenu	**fml**	formal
football	**FOOT**	football
féminin pluriel	**fpl**	plural feminine noun
football	**FTBL**	football
généralement	**gén / gen**	generally
géographie	**GÉOGR / GEOG**	geography
géologie	**GÉOL / GEOL**	geology
géométrie	**GÉOM / GEOM**	geometry
grammaire	**GRAM**	grammar
héraldique	**HÉRALD / HERALD**	heraldry
histoire	**HIST**	history
horticulture	**HORT**	horticulture
humoristique	**hum**	humorous
chasse	**HUNT**	hunting
verbe impersonnel	**impers vb**	impersonal verb
imprimerie	**IMPR**	printing
dans des composés	**in comp**	in compounds
article indéfini	**indef art**	indefinite article
indicatif	**indic**	indicative
industrie	**INDUST**	industry
familier	**inf**	informal
infinitif	**infin**	infinitive
informatique	**INFORM**	computing
injurieux	**injur**	offensive
inséparable	**insép / insep**	inseparable
interjection	**interj**	interjection
invariable	**inv**	invariable
ironique	**iron / iro**	ironic
joaillerie	**JOAILL**	jewellery
linguistique	**LING**	linguistics
sens propre	**lit**	literal
littéraire	**litt / liter**	literary
littérature	**LITTÉR / LITER**	literature
locution	**loc**	locution
locution adjectivale	**loc adj**	adjectival phrase
locution adverbiale	**loc adv**	adverbial phrase
locution conjonctive	**loc conj**	conjunctive phrase
locution ayant valeur de déterminant	**loc dét**	phrase functioning as determiner
locution impersonnelle	**loc impers**	impersonal phrase
locution interjective	**loc interj**	exclamatory phrase
locution prépositionnelle	**loc prép**	prepositional phrase
locution pronominale	**loc pron**	pronominal phrase
masculin	**m**	masculine
mathématiques	**MATH**	mathematics
mécanique	**MÉCAN / MECH**	mechanics
médecine	**MÉD / MED**	medicine
menuiserie	**MENUIS**	carpentry
métallurgie	**MÉTALL / METALL**	metallurgy
météorologie	**MÉTÉOR / METEOR**	meteorology
masculin et féminin	**mf**	masculine and feminine
militaire	**MIL**	military
argot militaire	**mil sl**	military slang
mines	**MIN**	mining
minéralogie	**MINÉR / MINER**	mineralogy
modificateur	**modif**	noun modifier
masculin ou féminin	**m ou f**	masculine or feminine
masculin pluriel	**mpl**	plural masculine noun
musique	**MUS**	music
mythologie	**MYTH**	mythology
nom	**n**	noun
nautique	**NAUT**	nautical
négatif	**nég / neg**	negative
nom féminin	**nf**	feminine noun
nom féminin pluriel	**nfpl**	plural feminine noun